[标点全本]

康熙起居注

徐尚定 标点

第一册

人民东方出版传媒
東方出版社

图书在版编目（CIP）数据

康熙起居注：标点全本 / 徐尚定 标点. -- 北京 :东方出版社，2013.12

ISBN 978-7-5060-7001-0

Ⅰ.①康… Ⅱ.①徐… Ⅲ.①康熙帝（1654～1722）—起居注 Ⅳ.①K249.206

中国版本图书馆CIP数据核字（2013）第272554号

康熙起居注（标点全本）

作　　者：徐尚定　标点
责任编辑：王　艳　孙立英
特约编辑：张成之　芷　萱
出　　版：东方出版社
发　　行：人民东方出版传媒有限公司
地　　址：北京市东城区朝阳门内大街166号
邮政编码：100706
印　　刷：天津市豪迈印务有限公司
版　　次：2014年11月第1版
印　　次：2014年11月第1版印刷
开　　本：720毫米×1194毫米　1/16
印　　张：252.5
插页印张：18.5
字　　数：2925千字
书　　号：ISBN 978-7-5060-7001-0
定　　价：2680.00元（全八册）
发行电话：（010）64258117 64258115 64258112

康熙帝读书像

清宫廷画家绘。绢本，设色。纵138厘米，横106.5厘米。故宫博物院藏。

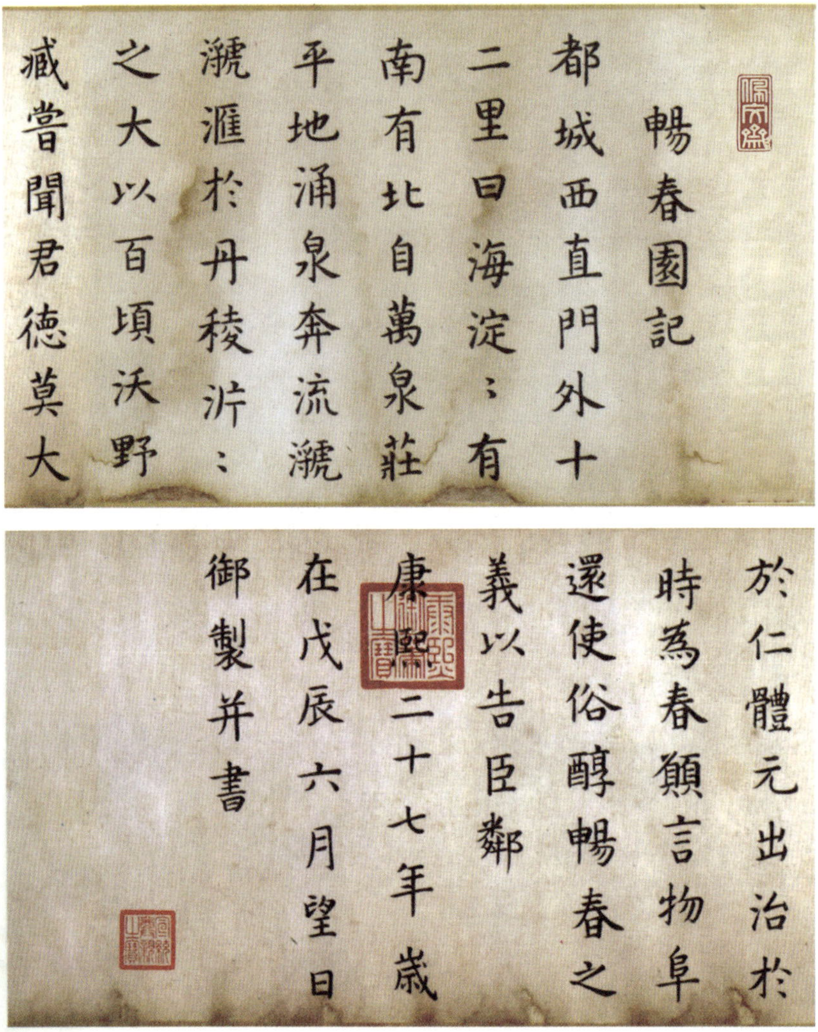

康熙帝楷书《畅春园记》卷（局部）

纸本 纵23.8厘米 横639.3厘米

康熙十年辛亥九月朔己酉
上以寰宇一統躬詣
太祖
太宗山陵展祭行告成禮初三日辛亥卯時
駕出午門素服不奏樂不設鹵簿在京王貝勒以
下及文武大小各官跪送王貝勒以下文武
大臣出城遠送是日

《康熙起居注》十年九月首页

“大清受命之宝”印

康熙朝起居注制度的兴与废

徐尚定

正如康熙一朝在中国历代王朝极具影响力一样，在浩如烟海的中国古代帝王文献史料中，《康熙起居注》无疑是最重要最令后人瞩目的典籍之一。有清一代起居注始于康熙一朝，其文本之完整和丰富，堪称官方史学传统的奇迹，也是清史学界的大幸。但即便如此，在上个世纪八十年代《康熙起居注》部分公布之前，学者只能依据诸如《圣祖实录》、《东华录》、《圣祖庭训》等探寻一代帝王的修齐治平，描述十七世纪下半叶至十八世纪前二十年帝国的历史变迁。相对于起居注“当时人记当时事”的史料属性而言，这些后世整理的史料，人们更多愿意将其作为第二手史料，而探寻、描述康熙一朝六十年的历史情景，无疑更应该关注、阅读煌煌三百五十万言的《康熙起居注》。

记录君主言行的起居注制度，最早可以上溯至周代。《礼记》“动则左史书之，言则右史书之”，应指此项制度而言。一般认为，起居注名称的使用，至迟从汉代已经开始，有所谓的汉武帝《禁中起居注》、后汉《明帝起居注》等。此类史籍现存最早的，应当算是晋代陆机所撰《惠帝起居注》。[1]唐宋以后，起居注文本渐渐丰富起来，其中又以明代的《万历起居注》保存较为完整。[2]作为王朝的中枢档案，起居注体现了其他史料无法体现的历史真实。但正是这种特殊史料属性，使它既无法公布于当时，甚至难览于后世。所以起居注制度虽然具有悠久的官方史学传统，历朝起居注文本却多为录而无存。而起居注文本系统完整的保存，则非清代莫属。自清圣祖康熙时代至清末诸帝的上千册起居注册几乎完整不缺地保存下来，堪称中国文献档案史上的奇迹。这不仅因为清代帝王高度重视起居注制度，也因为清代距离最近，且其覆亡时未经战乱，宫廷档册基本完好无毁。

清在入关前就开始设立起居注制度。史载皇太极天聪三年（1629），“上命儒臣分为两直”，“记注本朝政事，以昭信史”。[3]五年（1631），有帝王不观起居注的记载，所谓“驾幸文馆，遂入库尔禅直房，问所修何书，对曰，记注上所行事。上曰，此史臣之事，朕不宜观；十年（1636），改文馆为内三院，规定其中国史院记注皇上起居、诏令”等。[4]清军入关之初，摄政王多尔衮设立史臣，载录政事，保存至今的《多尔衮摄政日记》，与起居注颇为相似。顺治十二年（1655），有官员奏请仿汉制设起居注官，“凡皇上嘉言善行，一一记载，于以垂宪万世，传之无穷。”[5]事实上，入关以后相当长的时间战事仍频，重在武功，起居注制度的重要性，在最高统治层迟迟无法形成共识，所以，旋议旋停，很难落实。即便到了康熙初年，这一情况仍没有多少改变。史载康熙七年（1668）9月，时任内三院弘文院侍读熊赐履疏言设立起居注事，奏请皇帝“遴选儒臣，簪笔左右，圣躬一言一动，书之简册，以垂永久”，就受到了鳌拜等重臣的责难。[6]不久，因康熙铲除鳌拜集团、实际控制朝政，有清一代的起居注制度得以设立并最终实施。

康熙朝置起居注馆，而记注官则由日讲官兼任，所以又称日讲起居注官。起居注官就是在为皇帝讲授儒家经典的日讲官中挑选出来的，先有日讲的经历，方能司职记注。据《钦定大清会典事例》载，康熙九年（1670），始“置起居注馆于太和门外西廊，满汉记注官各一员侍直。事毕，以本日应记之事，用满汉记注。初设满记注官四员、汉记注官八员，俱以日讲官兼之。”实际上，由此开始至康熙五十七年起居注馆被裁撤，记注官员额设置前后变化很大。十二年（1673）增设满日讲起居注官一员、汉日讲起居注官二员，二十年（1681）增设汉日讲起居注官八员。经过逐年增设，此时满汉起居注官达到二十四人，其中满六员，汉十八员。

康熙朝日讲制度实际开始于康熙十年的三月，稍早于起居注制度实施。日讲官均由翰林院具奏词臣中才品优长者担任，日讲的内容主要是儒家经典。所以，由日讲官兼任的起居注官，自然具有很高的素质。最早一批的起居注官中，如熊赐履、陈廷敬、孙在丰、叶芳蔼、张英等，均具有很高的学养，很多就是当朝有名的学者和理学名臣。近距离的侍值，使他们与康熙的交流十分密切，甚至直接参与朝政事务的讨论。其中最具代表性的当数熊赐履。在日讲与记注的同时，康熙与熊可以讨论各地民生、社会风气、官员评价与选授等一系列问题。康熙二十五年停止日讲后，起居注官不再兼有日讲的任务，职责单纯了许多，但仍然是由学富五车的近臣担任。像徐乾学、徐元文、徐元梦、李光地、高士奇、揆叙、张廷玉等重臣，均有过起居注官的经历。

起居注制度的确立到正式实施，经过了一段时间的筹备。现存康熙起居注册，是在康熙十年（1671）九月一日开始的。记注的内容是：“上以寰宇一统，躬诣太祖、太宗山陵展祭，行告成礼”，至十一月三日回宫。期间侍从起居注官为“经筵日讲官起居注、翰林院掌院学士、礼部侍郎、加一级折库纳，经筵日讲官起居注、翰林院侍读学士、加一级傅达礼，侍从记注册”。这一记注，使折库纳、傅达礼成为康熙朝第一代起居注官中首先登场的两位。两位记录了康熙出关塞，抵盛京，祭皇陵等活动，草拟了康熙一朝第一份起居注册，称得上是有清一代起居注制度的最早见证人。

从康熙十年九月一日至五十七年三月十四日，康熙起居注工作存续了三十六年六个月。起居注官每日记注的册籍，各月满汉文各一册，年底封存，钤上翰林院印，贮于起居注馆大柜之中。再送内阁公验封锁，会同内阁学士送入内阁大库收藏，已是来年的二三月份了。除四十三、四十四、四十六至四十九年总计六年原档缺失外，目前所见康熙起居注，共九百八十二册，分满、汉两种文本，且有正本与稿本之别。其中汉文正本四百八十六册，稿本七册。全部文本，分藏于北京和台北两地。康熙十年九月至二十八年十二月、四十五年、五十三年正月至五十七年三月，共二十三年零七个月的原档，现藏于中国第一历史档案馆。康熙二十九年至四十二年、五十年至五十二年，共十七年的原档，几经展迁，现藏于台北故宫博物院。2009年，两岸出版机构联手，共同影印合刊了四百多年前的这部典籍。

康熙朝的起居注，基本是沿用明代制度。《大清会典》记述这一制度实施的历史情景：

> 凡记注官侍班，遇皇上御乾清门听政，各衙门官员奏事时，记注官立于西阶廊柱旁。康熙十八年谕，内阁启奏折本时，记注官亦令侍班；又题准启奏折本时，记注官较常立处少近前立，以便详听。九卿詹事科道启奏会议事，亦近前侍班。如内阁启全，则立于隔扇外之西。皇上御瀛台听政，记注官立于阶下。启奏折本时，亦于阶下少近前立。皇上升殿、视朝、赐宴、赐食，记注官列于右翼一等侍卫第一班之末。凡有事坛庙、谒陵、耕藉、视学、大阅校射、迎劳凯旋及驻南苑、巡幸搜狩，记注官皆扈从。皇上御保和殿视祝版，记注官侍班立于殿门外之西一等侍卫之末。经筵、文武殿试、读卷，皆侍班。凡外藩王、公、台台等及直省督抚提镇等朝见、陛辞、赐宴、赐食，该衙门知会记注馆直官侍班记。[7]

设立起居注制度，起居注册得以存在，对史家来说是幸事，对记注官来说是美事，而对皇帝来说，是不折不扣的纠结之事，甚至对帝王的身后名来说，就是一把双刃剑。康熙七年，熊赐履劝康熙设立起居注官，要将“圣躬一言一行，书之简册，以垂永久”，[8]这既是正面的理由，但同时也是康熙内心的纠葛所在。康熙五十七年三月三日，康熙终于决定裁撤起居馆，为此，他十分恼怒地说了一段话：

> 自古以来，设立起居注，立数月而废者有之，立一二年而废者有之，未有如朕设立之久者。今观记注官内，年少微员甚多，皆非经历事体之人。伊等自顾不暇，岂能详悉记朕之言？或有关系大臣之事央求于彼，即行任意粉饰，将朕之旨愈致错误，不能详记者甚多。记注之事关系甚重，一言失实，即启后世之疑。即如赵熊诏，亦曾私自抄录。若朕设立起居注，阅一二年即行裁革，或疑朕畏他人议论是非。朕御极已五十七年，与自古在位未久者不同，是非无烦伊等记注。此衙门甚属无益。尔等会同九卿，将作何裁革之处，详议具奏。

这段话，看起来没头没脑，实有着迫不得已的原因在。平心而论，没有康熙本人的支持，有清一代的起居注事自是另一番景象。康熙本人亲自遴选贤才，充实记注馆，并鼓励他们参与讨论国家大事，辅助治理国家。而且，起居注官汉儒居多，多多少少缓解了满汉对立的气氛。对康熙来说，起居注制度的设立，既是时政的需要，也体现了对汉文化传统和制度的尊重。所以，最初几年时间内，康熙本人为起居注制度付出了相当的精力，并试图带头尊重“天子不观起居注”这一重要传统。但也因为“君举必书”、“书法无隐”、“天子不观”这三条，使康熙很快产了疑虑。摘录现存起居注册的几条，极为清楚地展现康熙心态的变化。

（十四年四月二十三日）是日，谕学士傅达礼、侍读学士喇沙里曰："朕向诣两宫问安，尔等起居注官常行记注。朕思朝夕问安视膳，以尽孝道，乃为子孙者之恒礼，岂有一刻间断。此后，朕每诣两宫问安时，着衣都额真遣侍卫传知，侍直官不必随行。尔等即传旨谕知衣都额真。

先是取消了记注官入直内宫的职责。

（十八年九月二十二日）是日，大学士索额图、明珠、李霨、冯溥，学士噶尔图、佛伦、希福、项景襄面奉谕旨："朕每日听政时，起居注官除照常记注外，其一切折出票签，应加酌定者，皆国家切要政务，得失所系。今后有折出票签酌定时，仍令记注官侍班。如会议机密事情，及召诸臣出班近前有口谕事宜，记注官不必侍班。尔等可即传旨起居注衙门。

次则取消了记注官参与机密的职责。

（二十二年二月初一日）辰时，上御乾清门，听部院各衙门官员面奏政事。翰林院为康熙二十一年《起居注册》照例会同内阁诸臣看封贮库，以绿头签启奏。上曰："尔等可同内阁诸臣来奏，另有谕旨。"少顷，同内阁诸臣进。上曰："记注起居事迹，将以垂之史册，所关甚要。或在朕前原未陈奏，乃在外妄称如何上奏，如何奉旨，私自缘饰开写送起居馆。且每日止该直官二员记注，或因与己相善，特美其辞；与己不相善，故抑其辞，皆未可知。起居注官能必其尽君子乎？《记注册》朕不欲亲阅，朕所行政事，即不记注，其善与否，自有天下人记之。尔等传谕九卿、詹事、科、道等官会议，应作何公看。如以所无之事诬饰，记注者将严惩焉！

二十二年的这则记注，离起居注馆的设立不到十二年春秋。康熙显然放弃了“不观”或“不亲观”的做法，他发现，他亲自遴选的记注官未必都是君子，这使他对“垂之史册，所关甚要”的起居注册产生了深深的忧虑。次日，大学士明珠等代表“九卿公议”，作出了“日直记载俱系公同校阅，凡九卿所奏之事，从无私自缮写送进史馆记注之例。如有缮写送进者，起居注衙门必进呈览，方敢入册，向来定例如此”的解释。康熙也表示：“知道了。可仍照旧例。”发生这样的事，我们无法准确考出个中原因，但康熙对记注官的不信任已到了相当的程度，以至于说出我所行政事，你即使不加记注，其善与否，自有天下人记之的重话。如果一定要加以蠡测的话，那就是从康熙十三年底开始，八年的三藩之役，使清廷遭受入关以来最严重的危机，这是青年康熙心境最糟的时期之一。

康熙对记注一事的忧虑程度还在发展，二十五年发生更大的一件事，引起皇帝的再次发难。九月三十日，管翰林院事侍郎库勒纳奏学士张英、侍读学士德格勒“记注舛误”，康熙令三人对质。张的辩解是：“因天语严切，恐惧悚惶，不能悉记。错误之处是实，非有心遗漏”，并就此表白：“臣侍左右十余年，蒙皇上非常厚恩，若有心错记，死有余辜”；德的解释是：“臣极庸愚，止就臣所听者同张英记注耳”。二人的解释，显然不能令康熙满意。你张英自称在我这里侍讲有年，这几句话你就记不得了？“诿云惶惧不能记忆，可乎？”是实情，还是谎记，只有天知道。更重要的是，一叶知秋，一斑见豹，“观此一事，则他事亦有错记可知矣”。这才是康熙真正担心的。因此，任凭张、德二人如何解释，也尽管康熙当庭表示“阅记注档册，非朕之事，尔等议奏”，两天后的十月二日，他还是当庭宣布，“张英等交与吏部，其记注着改正”。德格勒的遭遇更惨，于二十七年的二月被刑部以“私抹记注、大干法纪”拟斩立决，经康熙法外开恩，受到“监斩候，秋后处决”的严惩。

因记注事而引起龙庭大怒，以至于祭出杀头的代价，是制度设计者无法想到也不愿意看到的，但是在记注官那里却不尽然。所以当一代英主唐太宗“尝欲亲观起居注”，朱子奢以“恐开后世史官之祸”为由，断然拒绝。他还说，“史官全身畏死，悠悠千载，尚有闻乎？”后世唐文宗提出同样的想法时，另一位记注官郑朗的拒绝更为直截了当：“史不隐善讳恶，人主或饰非护失，见之则史官无以自免，即不敢直笔。”当文宗提出“朕恐平日之言不合治体，庶一见得以改之耳”，郑“乃上之”，算是给了点面子。同样的理由，文宗在记注官魏暮那里却没有那么幸运了：“后帝又欲观魏暮起居注，暮曰：‘陛下但为善事，勿畏臣不书。’帝曰：‘我尝取观之。’暮曰：‘此史官失职也。陛下若一见之，自此执笔者须有回避，后世何以示信乎？’乃止。”[9]看来，文宗还是个明智的皇帝。

张、德事件后的三十年间，康熙与记注官围绕记注一事的争执虽不详于史载，但是这样的事肯定没有间断过。康熙五十五年十二月曾有蠲免江南旧欠的谕旨，转年三月，皇帝就“忘记”了这一茬。旧江南总督赫寿可没有忘记，三月一日，他题请户部落实三个月前的上谕，遭到户部满大臣的拒绝，固执的赫寿复奏。康熙断定其中必有“情弊”，甚至就是“京中大臣札托赫寿商议已定”，意在使皇帝难堪。康熙要搞清楚，这与赫寿商议之人究竟是谁，如不交代，“朕断不休，亦不宽恕”。

雷霆之下，焉有查不清楚的事情？三月十六日，皇帝亲自断清了原委：“记注官陈璋于今年三月内查阅档案，抄朕去年十二月所谕江南钱粮之旨与赵熊诏，伊等皆属有心，特以朕于去年曾谕江南旧欠钱粮相应蠲免，今年未行蠲免，意欲将朕前后互异之处指出书写耳。去年赫寿请颁特恩蠲免前项钱粮折奏，朕批令缮本具题。及缮本具题后，朕知赫寿受人嘱托，又私行通同商定具题欺朕，且以西边正用兵饷之时，故旧欠未准蠲免，照依部议分年带征。”西边用兵造成旧欠未准蠲免，自是道出实情。但是，皇帝话锋一转：我御极以来，蠲免天下钱粮数千万，岂有惜此些微钱粮之理？江南官员多，你赫寿无非是想沽取善誉于官。但老百姓并不感戴，所以才声名不堪。这些事，我见得多了，受骗不了，“若不将此故晓喻诸臣，尔必谓朕前后谕旨不符，所系非轻。”说完这段，再转到记注一事。皇帝说到，汉人著作文籍内，就有将未题奏之稿，说成准备具奏，但事情既已经完结，就没有必要再具奏了。这样的事都有，何况其他呢？

最后，康熙对自己亲自设立的记注制度进行颠覆性的批判：第一，设立记注制度，“原为敬慎起见”。但自古未有久行设立，或旋立旋止，皆由“所记不实故耳”。从当朝看，记注官所记谕旨，我从不检阅，只是交与大学士等校看。而大学士等事务繁多，也无暇细校。又可能因为师生同年，瞻顾情面，恐致仇怨，即例有错谬之处，也不愿指出。他们却忘记了，记注谕旨，虽一字皆有关系。第二，我听政之日，记注官忙于入侍，惊慌之处，在所难免，“岂能备记谕旨，详悉记载耶？”加上侍班汉官归寓后，将我的谕旨改写，数日方携至记注馆，数日再与满官校看，其多遗漏舛记可知。比较起来，则朱书谕旨及批本发科无疑更为“真确”。所以，“其起居注所记，难于凭信也。”第三，也是更为重要的是，或有大臣所办之事，功则归己，过则诿之年老糊涂，造成了记注之误难以追究。对此，老皇帝十分不悦，“今尔等以年老糊涂推诿，朕亦若尔等，以为年高糊涂，或料理失宜，诸臣其能堪此？”

康熙皇帝如此透彻的剖析，决定起居注一事命运停摆的时间节点很快到来。五十七年的三月，康熙终于祭出前文所引的那番言辞：自古以来，即使是仁君，谁愿意设立给自己找麻烦的记注制度？比较起来，有谁能比我设立更久呢？话说回来，如果我这朝旋立旋废，倒让人感觉我害怕他人言论是非。但我老皇帝御极五十七年，是非功过，自不烦各位记注。而且，现今之记注官内，“年少微员者甚多，皆非经历事体之人。伊等自顾不暇，岂能详悉记朕之言”，而且，或有关系大臣之事央求于彼，“即行任意粉饰，将朕之旨愈致错误，不能详记者甚多”。最后，老皇帝明确表示：“此衙门甚属无益。”

话说到这一个份上，记注一事足可寿终正寝了矣。三月十五日，记注官写下了“十五日甲子”五字之后，康熙一朝的起居注便嘎然而止。四天后，大臣们一份颇合上意的奏折：“皇上手书谕旨及理事时所降之旨并转传之旨，各处俱有记载档案。又如本章所批谕旨，六科衙门既经记载发抄，各部院又存档案，历可稽查，且记注官多年少微员，或有事关重大者，不能全记，以致将谕旨舛错遗漏，又妄行抄写与人。倘伊等所记之旨少有互异，关系甚巨。应将起居注衙门裁去。”说法实在勉强，早知如此，又何必当初呢？所以，此段已不遑见诸起居注，只载于《圣祖实录》，可看作为尊者讳，为贤者讳吧。

注释

[1] 晋陆机撰：《惠帝起居注》，广雅书局丛书本，民国九年番禺徐绍棨汇编重印。

[2] 《万历起居注》，北京大学出版社1988年版。

[3] 《钦定大清会典事例》卷一〇五五，第566页，上海古籍出版社1995年版。

[4] 清朱珪等编：《皇朝词林典故》卷二一，北京大学出版社1993年8月影印本。

[5] 《太宗文皇帝实录》卷二八，中华书局1985年6月版。

[6] 同[3]，第560页。

[7] 伊桑阿等:《大清会典》卷一五五，第7442-7443页，台北文海出版社1989年版。

[8] 同[3]，第560页。

[9] 赵翼：《二十二史札记》卷一九“天子不观起居注”条，第247页，中国书店1984年4月版。

总 目 录

第一册（康熙十年九月——十九年七月）

第二册（康熙十九年八月——二十二年十二月）

第三册（康熙二十三年正月——二十六年十二月）

第四册（康熙二十七年正月——三十二年十二月）

第五册（康熙三十三年正月——三十六年五月）

第六册（康熙三十六年六月——四十年十二月）

第七册（康熙四十一年正月——五十一年十二月）

第八册（康熙五十二年正月——五十七年三月）

第一册目录

康熙十年　辛亥

九　月/001　十　月/004　十一月/006　十二月/008

康熙十一年　壬子

正　月/013　二　月/017　三　月/022　四　月/024
五　月/029　六　月/032　七　月/036　闰七月/040
八　月/044　九　月/049　十　月/051　十一月/056
十二月/059

康熙十二年　癸丑

正　月/064　二　月/069　三　月/074　四　月/081
五　月/085　六　月/090　七　月/094　八　月/097
九　月/105　十　月/112　十一月/118　十二月/124

康熙十三年　甲寅

正　月/129　二　月/133　三　月/136　四　月/140
五　月/144　六　月/146　七　月/149　八　月/152
九　月/155　十　月/159　十一月/162　十二月/165

康熙十四年　乙卯

正　月/169　二　月/172　三　月/175　四　月/178

五　月/182　闰五月/186　六　月/190　七　月/192
八　月/196　九　月/200　十　月/204　十一月/208
十二月/212

康熙十五年　丙辰

正　月/216　二　月/219　三　月/223　四　月/226
五　月/230　六　月/233　七　月/236　八　月/239
九　月/242　十　月/246　十一月/250　十二月/253

康熙十六年　丁巳

正　月/257　二　月/260　三　月/263　四　月/268
五　月/273　六　月/278　七　月/282　八　月/286
九　月/290　十　月/294　十一月/299　十二月/303

康熙十七年　戊午

正　月/308　二　月/311　三　月/316　闰三月/318
四　月/320　五　月/323　六　月/327　七　月/330
八　月/333　九　月/338　十　月/342　十一月/344
十二月/346

康熙十八年　己未

正　月/350　二　月/353　三　月/357　四　月/360
五　月/364　六　月/368　七　月/371　八　月/376
九　月/385　十　月/390　十一月/408　十二月/419

康熙十九年　庚申

正　月/429　二　月/439　三　月/451　四　月/464
五　月/478　六　月/492　七　月/508

插 图 目 录

康熙帝读书像 5
康熙帝楷书《畅春园记》卷（局部） 6
《康熙起居注》十年九月首页 7
“大清受命之宝”印 8
康熙帝亲政诏书 9
顺治帝遗诏 10
乾清宫“正大光明”匾 11
《清史稿》康熙本纪 12
孝庄文皇后便服像 13
《清史稿》孝庄文皇后传 14
孝康皇后朝服像 15
孝诚仁皇后朝服像 16
“昭武通宝”铜钱 17
吴三桂颁发的信票 18
吴三桂颁发的兵部票 19
“靖南王章”印文 20
“精忠”印文 21
“尚之信印”印文 22
平定三逆方略 23
安民告谕 24
整饬海疆朱谕 25

平定台湾之朱谕……26
《台湾风俗图》之一……27
《台湾风俗图》之二……28
《台湾风俗图》之三……29
《台湾风俗图》之四……30
《台湾风俗图》之五……31
《台湾风俗图》之六……32
江宁织造曹寅奏谢钦点巡盐并请陛见折……33
江宁织造曹寅奏报禁革浮费折……34
江宁织造曹寅奏报校刊全唐诗不敢少怠折……35
江宁织造曹寅奏报米价及熊赐履行动并进诗稿折……36
江宁织造曹寅奏报粮价雨水及地方情形折……37
江宁织造曹寅奏谢复差巡视两淮盐政等情折……38
四川巡抚年羹尧奏报提督岳升龙两目病发折……39
四川巡抚年羹尧奏为劝惩之法与总督意见不一俟旨遵行折……40

康熙十年　辛亥

九　月

朔己酉　上以寰宇一统，躬诣太祖、太宗山陵展祭，行告成礼。

初三日辛亥　卯时，驾出午门，素服，不奏乐，不设卤簿。在京王、贝勒以下及文武大小各官跪送，王、贝勒以下文武大臣出城远送。

是日，上出朝阳门，驻跸三河县。地方文武官员来朝。

初四日壬子　驻跸别山。地方文武官员来朝。

初五日癸丑　驻跸沙里河。地方文武官员及科尔沁部镇国公都思哈儿来朝。

初六日甲寅　驻跸榛子镇。地方文武官员来朝。

初七日乙卯　驻跸范家店。地方文武官员来朝。

初八日丙辰　驻跸榆关。地方文武官员来朝。

初九日丁巳　出山海关，驻跸姜女寺。

初十日戊午　驻跸狗儿河。

十一日己未　驻跸烟台河。地方文武官员及喀喇沁部多罗杜棱郡王班达尔沙、镇国公乌忒巴喇等来朝。

十二日庚申　驻跸连山。地方文武官员及土默特部贝子顾穆，台吉、塔布囊等来朝。

十三日辛酉　驻跸小陵河。土默特部三等台吉沙克都儿来朝。

十四日壬戌　驻跸榆林堡。地方文武官员及敖汉部和硕额驸齐伦巴图鲁台吉等来朝。

十五日癸亥　驻跸盘山堡。柰曼部三等台吉鄂齐儿等来朝。

十六日甲子　驻跸小河山。科尔沁国多罗秉图郡王额机因及台吉、塔布囊等来朝。

十七日乙丑　驻跸双台。敖汉部多罗郡王布达、土默特部多罗达尔汉贝勒卓里克图及台吉、塔布囊等来朝。

十八日丙寅　渡辽河，驻跸。科尔沁国和硕卓里克图亲王鄂齐儿、和硕达尔汉亲王班第额驸、多罗郡王布达里、多罗贝勒鄂齐儿、辅国公图纳黑、多罗额驸额儿德尼、和硕额驸沙进及台吉等来朝。

十九日丁卯　至盛京，盛京及守陵文武官员在城外十里跪迎。既至，上谒福陵，率诸王、贝勒、文武大臣行三跪九叩礼。上三献爵举哀，众皆举哀毕，随谒昭陵，率诸王、贝勒、文武大臣行三跪九叩礼，上三献爵举哀，众皆举哀毕，遂入盛京城内观宫殿。

出城东北驻跸。

二十日戊辰　诣福陵，上率诸王、贝勒、文武大臣设牺牲酒帛等物，于隆恩殿前读祝，行告成礼。

二十一日己巳　设牲帛几筵等物于福陵前，上率诸王、贝勒、文武大臣举哀，读祝，皆跪。上三献爵举哀，众皆举哀。

祭毕，上回盛京，周视内外城池。城内外老少跪列道旁，凡年老无告鳏寡孤独者，皆赐银两。又谕盛京将军阿木儿图等，察披甲中伤老病退甲闲散之人具奏。

是日，科尔沁国头等台吉鄂齐儿等来朝。

二十二日庚午　诣昭陵，上率诸王、贝勒、文武大臣设牺牲酒帛等物，于隆恩殿前读祝，行告成礼。

是日，科尔沁国多罗郡王朱尔扎哈、扎鲁特部镇国公毛奇塔及台吉等来朝。

二十三日辛未　设牲帛几筵等物于昭陵前，上率诸王、贝勒、文武大臣举哀，读祝，皆跪。上三献爵举哀，众皆举哀。祭毕，遣王、贝子、内大臣诣永陵致祭，行告成礼。

是日，以礼成大宴颁赏。上设仪仗，奏乐，入盛京，御清宁宫大清门，面赐盛京将军、副都统、侍郎，年老致仕都统、副都统、侍郎及永陵、福陵、昭陵总管以下现任、解任文武大小官员蟒貂裘、貂袍、狐腋袍、狐裘、蟒袍、缎匹、镀金玲珑鞍辔、镶宝石玲珑撒袋、全付弓箭、镀金玲珑刀等物有差。

宴毕，上召将军、都统、副都统、侍郎、总管等官至御前，亲以金瓯赐酒，其余官员命内大臣遍赐之。又召八十以上耆民至御前，赐饮。上顾谓侍臣曰："朕展谒山陵，惓惓在念。今得至发祥故地，拜谒陵寝，聊展孝思，祭礼已成，朕怀大慰。"侍臣跪奏曰："皇上亲诣祖陵，告成致祭，精诚至孝，古帝王所未有也。"上又召披甲中伤老病退甲闲散四百余人至御前，各赐银二十五两。又谕将军阿木儿图等曰："此等闲散老病之人，卿等稽察之时，如有一二遗漏，未沾恩泽者，再行查出，陆续具奏，俾得均沾恩惠，以示朕轸恤之意。"又赐披甲执役人等银两。将军以下各官谢宴赏，行三跪九叩礼毕。

上召将军阿木儿图，副都统叶儿苏、鄂泰，侍郎纳桑阿、哈儿松阿、杭爱、敖色等面谕曰："此方人民淳朴，狱讼事简，无甚难理，卿等膺荷委任，惟抚戢军民，爱养招徕。满汉人民悉赖农桑，须多方劝谕，开垦耕种，俾各遂生计，以副朕重念发祥故地之意。钦哉。"

又召守陵总管、副总管等面谕曰："尔等职司祀典，凡一应祭品，尔等必亲加虔视，务尽诚敬，副朕孝思。钦哉。"又命赍银二万两，赏宁古塔兵丁。

是日，谕户、刑等衙门曰："奉天地方系祖宗发祥之地，奉天府、宁古塔等处，除十恶真正死罪不赦外，凡已结正未结正死罪，俱着减等。其军徙徒杖等罪，俱着豁免。自山海关至奉天府所属地方，康熙十年十一年分正项钱粮，俱着豁免，以示朕轸恤发祥故地人民之意。"

是日，遣官致祭诸王、功臣墓。

二十四日壬申 上以告祭礼毕，众军士秣马之暇，欲周览盛京畿内地方形胜，于辰时起行，驻跸懿路。是日，赐来朝蒙古王、贝子、公、台吉等貂帽袍褂、貂皮齐肩、银鼠皮褂、天马皮褂等物。地方文武官员及扎鲁特部多罗达尔汉贝勒巴达里、多罗贝勒扎穆，台吉、塔布囊等来朝。

二十五日癸酉 驻跸铁岭县。地方文武官员来朝。

二十六日甲戌 驻跸开元县。

二十七日乙亥 驻跸夜黑正北堡。

二十八日丙子　驻跸牙克萨。是日，上遣侍卫往宁古塔，赐将军巴海貂帽、貂袍、天马皮褂、镀金刀等物。

二十九日丁丑　驻跸古城。

三十日戊寅　驻跸穆当阿烟台。

十　月

朔己卯　驻跸拿尔浑。

初二日庚辰　驻跸达溪达尔巴。宁古塔将军巴海来朝。

初三日辛巳　上召宁古塔将军巴海入内，问宁古塔及瓦儿喀、胡尔哈人民风俗。谕曰："瓦儿喀、胡尔哈人皆暴戾奸诡，卿其善布教化，以副朕绥远至意。钦哉。"进午膳行在，命巴海射箭。

是日，驻跸爱新。

初四日壬午　驾旋，驻跸尼牙满渚。

初五日癸未　驻跸拿尔浑。

初六日甲申　驻跸勒甫布屯。

初七日乙酉　驻跸开元县。

初八日丙戌　驻跸三台堡。

初九日丁亥　驻跸范河。

初十日戊子　驻跸姚堡。

十一日己丑　驻跸盛京城北教场。盛京及看守两陵各官跪迎。上览盛京畿内地方，赐年老男妇银两。

十二日庚寅　上幸盛京清宁宫，仍驻跸城北教场。

十三日辛卯　上以还京，率诸王、贝勒、大臣诣福陵、昭陵行三跪九叩头礼毕。

幸盛京清宁宫，御大清门，命扈从部院官员及盛京将军阿木儿图等以下文武各官步射。上亲射数矢毕，仍驻跸城北教场。

十四日壬辰　召宁古塔将军巴海面谕曰："朕向闻卿贤能，今侍朕左右，朕益知卿矣。飞牙喀、黑折虽服，然其性暴戾，卿当善为防之。尤须广布教化，多方训迪，以副朕怀远至意。罗檫贼寇虽云投诚，尤当加意防御，操练士马，整备器械，毋堕狡计。至于地方应行大事，即行陈奏，毋得疑畏。卿膺边地重任，尚其黾勉，以报朕知遇之恩。钦哉。”巴海奏曰：“臣惟有钦奉纶音，拮据黾勉，以报殊恩。”

上观来朝蒙古王、贝勒、贝子、公、台吉等射。

是日，设仪仗，奏乐，辰时起行。盛京守陵将军以下文武各官及宁古塔将军，离城十里跪送。

上命年老致仕原任都统道拉等近前面谕曰：“朕仰体皇考未竟之志，来发祥故地，谒太祖、太宗山陵，祭告礼成。又见卿等年老旧臣，朕怀甚慰，卿等当亦愉快矣。”道拉等奏曰：“臣等年老解任，自分终身疏远，不期今日得睹天颜，蒙皇上亲赐尚酒，重加赏赉，顶沐皇恩，不胜欢忭。今车驾回銮，臣等无任瞻仰，倘得复觐龙颜，是臣等之大幸也。”

是日，驻跸老边。召将军阿木儿图面谕曰：“朕前已谕卿矣。今朕驾将还，观卿非无能之人，卿其镇守地方，勉副朕意。钦哉。”是日，翁牛忒部多罗达尔汉贝勒叟色及台吉等来朝。

十五日癸巳　过辽河桥。谕盛京工部侍郎敖色等曰：“此桥甚有便于行人，着存留勿毁。”

是日，扎鲁特部三等台吉多尔济等来朝。驻跸五道河。

十六日甲午　驻跸白旗堡。扎鲁特部达尔汉贝勒巴达里及台吉、塔布囊来朝。

十七日乙未　驻跸头道井。

十八日丙申　驻跸广宁县。

十九日丁酉　驻跸榆林堡。是日，翁牛忒部哈喇齐里克部镇国公奇他忒及台吉等来朝。

二十日戊戌　驻跸小陵河。

二十一日己亥　驻跸连山。是日，敖汉部多罗郡王布达及台吉等来朝。

二十二日庚子　驻跸宁远州温泉。

二十三日辛丑　驻跸东关站。

二十四日壬寅 驻跸狗儿河。是日，喀儿沁部塔布囊等来朝。

二十五日癸卯 驻跸老君屯。

二十六日甲辰 进山海关，驻跸石河。

二十七日乙巳 驻跸抚宁县。

二十八日丙午 驻跸永平府。

二十九日丁未 驻跸榛子镇。

十一月

初一日戊申 驻跸梁家店。

初二日己酉 驻跸蓟州。

初三日庚戌 辰时，进朝阳门，在京王、贝勒以下文武各官，穿朝服，于午门前跪迎。上躬诣太庙，行告至礼毕，入宫。

经筵日讲官起居注、翰林院掌院学士、礼部侍郎、加一级折库纳，经筵日讲官起居注、翰林院侍读学士、加一级傅达礼，侍从记注册。

初四日辛亥 早，上御乾清门，听部院各衙门官员面奏政事。

本日起居注官折库纳、宋德宜。

初五日壬子 早，上御太和殿视朝。文武升转官员谢恩毕，回宫。复御乾清门，听部院各衙门官员面奏政事。

本日起居注官傅达礼、史大成。

初六日癸丑 早，上御乾清门，听部院各衙门官员面奏政事。

本日起居注官李仙根、莽色。

初七日甲寅 早，上御乾清门，听部院各衙门官员面奏政事。

本日起居注官喇沙里、严我斯。

初八日乙卯 早，上御乾清门，听部院各衙门官员面奏政事。

本日起居注官折库纳、蔡启僔。

初九日丙辰 早，上御乾清门，听部院各衙门官员面奏政事。

巳时，御太和殿，因寰宇一统，亲诣福陵、昭陵展祭告成功礼成，诸王、贝勒、文武官员上表行庆贺礼毕，颁诏天下。

本日起居注官傅达礼、孙在丰。

初十日丁巳 早，上御乾清门，听部院各衙门官员面奏政事。

本日起居注官史大成、莽色。

十一日戊午 早，上御乾清门，听部院各衙门官员面奏政事。

本日起居注官李仙根、喇沙里。

十二日己未 早，上御乾清门，听部院各衙门官员面奏政事。

本日起居注官折库纳、严我斯。

十三日庚申 早，上御乾清门，听部院各衙门官员面奏政事。

本日起居注官傅达礼、蔡启僔。

十四日辛酉 早，上御乾清门，听部院各衙门官员面奏政事。

本日起居注官莽色、孙在丰。

十五日壬戌 早，上御太和殿视朝。文武升转官员谢恩毕，回宫。复御乾清门，听部院各衙门官员面奏政事。

本日起居注官史大成、喇沙里。

十六日癸亥 早，上亲诣天坛牺牲所视牲。

本日起居注官折库纳、李仙根。

十七日甲子 早，上御乾清门，听部院各衙门官员面奏政事。

本日起居注官傅达礼、严我斯。

十八日乙丑 早，上御乾清门，面谕山东巡抚张凤仪："尔敕书内开载未尽之处，尔其酌行。尔本微员，当副朕简用至意，必公廉自持，勤慎供职。钦哉。"张凤仪奏称："臣仰承皇上圣谕，惟有拮据效力，以图报称。"除该部照例赏赐外，又赏鞍辔马一匹。

本日起居注官莽色、蔡启僔。

二十一日戊辰 早，长至，上亲诣天坛恭祭。

本日起居注官傅达礼、李仙根。

二十二日己巳 早，上御太和殿，诸王、贝勒、文武官员上表，行庆贺冬至礼毕，回宫。复御乾清门，听部院各衙门官员面奏政事。

本日起居注官杨正中、莽色。

二十三日庚午 早，上御乾清门，听部院各衙门官员面奏政事。

本日起居注官杜臻、喇沙里。

二十四日辛未 早，上御乾清门，听部院各衙门官员面奏政事。

本日起居注官折库纳、严我斯。

二十五日壬申 早，上御乾清门，听部院各衙门官员面奏政事。

本日起居注官傅达礼、蔡启僔。

二十六日癸酉 早，上御乾清门，听部院各衙门官员面奏政事。

本日起居注官莽色、孙在丰。

二十七日甲戌 早，上御乾清门，听部院各衙门官员面奏政事。

本日起居注官史大成、喇沙里。

二十八日乙亥 早，上御乾清门，听部院各衙门官员面奏政事。

本日起居注官折库纳、李仙根。

二十九日丙子 上御乾清门，听部院各衙门官员面奏政事。

本日起居注官傅达礼、杨正中。

三十日丁丑 早，上御乾清门，听部院各衙门官员面奏政事。

本日起居注官莽色、杜臻。

十二月

初一日戊寅 早，上御乾清门，听部院各衙门官员面奏政事。

午时，上复御观德殿，召来朝苏尼忒部多罗郡王萨马扎额驸及其子二等台吉多尔济斯哈布，命射，上亦亲射。

本日起居注官傅达礼、喇沙里、严我斯。

初三日庚辰 早，上御乾清门，听部院各衙门官员面奏政事。

本日起居注官傅达礼、孙在丰。

初四日辛巳 早，上御乾清门，听部院各衙门官员面奏政事。通政使司官员启奏时，上问左通政使任克溥曰："尔何方人？"克溥跪奏曰："臣山东人。"又问："尔曾为御史乎？条陈弹劾几何？"奏曰："臣向承乏科员，条陈三十二事，弹劾一总督、一侍郎，又发科场大弊。”克溥退，上顾谓侍臣曰：“闻此人强干，果然也。”

本日起居注官史大成、莽色。

初五日壬午　早，上御太和殿视朝。文武升转官员谢恩毕，回宫。复御乾清门，听部院各衙门官员面奏政事。

本日起居注官李仙根、喇沙里。

初六日癸未　早，上御乾清门，听部院各衙门官员面奏政事。兵部侍郎色塞黑等启奏时，上谕曰：“每见尔部题补杭州、江南、西安府等处章京员缺，则属体面殷富之人。盛京、宁古塔等处员缺，则属庸弱家贫之人。护军校即补佐领，亦属越升。尔部宜加详察。”

本日起居注官折库纳、杨正中。

初七日甲申　早，上御乾清门，听部院各衙门官员面奏政事。

本日起居注官傅达礼、杜臻。

初八日乙酉　早，上御乾清门，听部院各衙门官员面奏政事。

本日起居注官莽色、严我斯。

初九日丙戌　早，上御乾清门，听部院各衙门官员面奏政事。前，兵部以四川建昌总兵官员缺，开列副将林本植等十员题请。奉旨：“这本内林本植、何德成着来京引见。”是日，四川松潘副将何德成至，该部奏闻。上召德成近前，问向日剿杀红土坡叛番缘由。

本日起居注官喇沙里、蔡启僔。

初十日丁亥　早，上御乾清门，听部院各衙门官员面奏政事。

本日起居注官傅达礼、孙在丰。

十一日戊子　早，上御乾清门，听部院各衙门官员面奏政事。遣郎中宜昌阿、程可则、宜桑阿往审大同总兵官赵良栋叩阍一事。面谕曰：“此案关系督、抚、藩、臬，皆属地方大吏，今拣选尔等往审，须精详公直。”宜昌阿等奏曰：“臣等惟期详审，上副纶音。”

本日起居注官史大成、莽色。

十二日己丑　早，上御乾清门，听部院各衙门官员面奏政事。

午时，上复御观德殿，召广东韶州副将林本植、四川松潘副将何德成，命射毕。谕曰：“为武将者，弓马固其所重，犹须兵民相安，方为尽职。”上起，亲射。

本日起居注官李仙根、喇沙里。

十三日庚寅　早，上御乾清门，听部院各衙门官员面奏政事。

本日起居注官傅达礼、杨正中。

十四日辛卯　早，上御乾清门，听部院各衙门官员面奏政事。

本日起居注官莽色、杜臻。

十五日壬辰　早，上御太和殿视朝。王及文武升转官员谢恩毕，回宫。复御乾清门，听部院各衙门官员面奏政事。

本日起居注官喇沙里、严我斯。

十六日癸巳　早，上御乾清门，听部院各衙门官员面奏政事。

本日起居注官傅达礼、蔡启僔。

十七日甲午　早，上御乾清门，听部院各衙门官员面奏政事。

本日起居注官莽色、孙在丰。

十八日乙未　早，上御乾清门，听部院各衙门官员面奏政事。翰林院掌院学士、礼部侍郎傅达礼进朝谢恩。该衣都额真一等侍卫噶思哈代奏：“臣原系包衣佐领末员，蒙皇上累升翰林院侍读学士，犹恐不能胜任。兹又蒙恩擢授今职，深恐庸陋不能称职，有负皇上知遇之隆。闻命惶悚，赴阙谢恩。”奉旨：“着于丹墀谢恩。”

傅达礼行礼毕，召至懋勤殿，谕曰：“尔原系包衣佐领下之人，世祖章皇帝时，以翻译出身。后辅臣将尔录用，众皆得罪，尔岂无过。但闻尔素行贤良，故特加宽宥。今翰林院起居注职任重大，关系机密，朕以尔才品优卓，实可信任，故行简用。尔其黾勉，以副朕意。”傅达礼奏曰：“臣蒙皇上殊恩，擢升今职，敢不恪遵圣谕，勉尽职业，以图报效。”上又问曰：“闻尔素习书法，试写几字来看。”傅达礼谢不能。上命侍臣取纸笔至，命速写来看。傅达礼书唐诗一首，呈览。上嘉奖之。

本日起居注官史大成、喇沙里。

十九日丙申　早，上御乾清门，听部院各衙门官员面奏政事。

本日起居注官傅达礼、李仙根。

二十日丁酉 早，上御乾清门，听部院各衙门官员面奏政事。

本日起居注官杨正中、莽色。

二十一日戊戌 早，上御乾清门，听部院各衙门官员面奏政事。

本日起居注官杜臻、喇沙里。

二十二日己亥 早，上御乾清门，听部院各衙门官员面奏政事。兵部尚书明珠等启奏时，上谕曰："步军校一官无甚关系，应选年老者补授。今见年老告退者甚多，此等虽年老，若可以效用，还应留任，至不便步履者方许告退。以后补授步军校，着补年老之人，以示怜恤之意。"

本日起居注官傅达礼、严我斯。

二十三日庚子 早，上御乾清门，听部院各衙门官员面奏政事。

巳时，上诣太皇太后、皇太后宫问安。

本日起居注官莽色、蔡启僔。

二十四日辛丑 早，上御乾清门，听部院各衙门官员面奏政事。

本日起居注官喇沙里、孙在丰。

二十五日壬寅 早，上御太和殿视朝。文武升转官员谢恩毕，回宫。复御乾清门，听部院各衙门官员面奏政事。

巳时，上诣太皇太后宫问安。

未时，复御乾清门，赐来贡翁牛忒等十一部公奇他忒等宴，俱召至御座前，以次赐饮。

本日起居注官傅达礼、史大成。

二十七日甲辰 早，上谕理藩院尚书阿木虎郎等曰："元旦来朝外藩王等，虽云已经出痘，朕犹虑之。伊等所云出痘，信耶，疑耶？若有未经出痘及虽经出痘而尚有疑虑，即欲回去者，着问明具奏。"尚书阿木虎郎等随传谕察哈尔和硕亲王布尔伣、柰曼部多罗达尔汉郡王扎马散、四子部多罗达尔汉卓礼克图郡王沙格都尔、苏尼忒部多罗杜棱郡王公格、阿霸垓部多罗郡王沙格沙僧格等。回奏云："臣等出痘虽未知是否，但特来庆贺元旦，仰赖皇上洪福，想亦无妨。俟行庆贺礼毕，始敢言还。"又喀尔喀部多罗卓礼克图郡王达尔扎、蒿齐特部多罗郡王阿儿巴坦等回奏云："臣等虽皆未经出痘，但特来庆贺元旦，俟礼毕敢回。"上许之。

巳时，上诣太皇太后、皇太后宫问安。

本日起居注官杨正中、喇沙里。

二十九日丙午 早，以岁除，上亲诣太庙恭祭。

本日起居注官胡密子、严我斯。

三十日丁未 巳时，上诣太皇太后、皇太后宫问安。

未时，以岁除，上御保和殿，赐来朝元旦外藩王、贝勒、贝子、公等及内大臣、满汉大学士、三旗都统、尚书、副都统、侍郎、学士、侍卫等官宴，乐舞作，进酒。上召外藩王、贝勒、贝子、公等至御座前，亲赐饮。又召内大臣、大学士、都统、尚书等至御座前，赐饮。召外台吉等阶下，赐饮。宴罢，众谢恩毕，上回宫。

本日起居注官莽色、蔡启僔。

康熙十一年　壬子

正　月

初一日戊申朔　早，上率诸王、贝勒、贝子、公等，内大臣、大学士、都统、尚书、侍卫等，往堂子行礼毕，回宫。

辰时，率诸王、贝勒、贝子、公等，内大臣、大学士、都统、尚书、精奇尼哈番、侍卫等官，诣太皇太后宫行礼，又诣皇太后宫行礼毕，回宫。

少顷，御中和殿，内大臣、侍卫、执事各官庆贺元旦礼毕。御太和殿，诸王、贝勒、贝子、公等文武官员及来朝元旦外藩贝勒、贝子、公、台吉等，朝鲜等国使臣，上庆贺元旦表。行礼毕，回宫。

巳时，又御保和殿，赐外藩王、贝勒、贝子、公等，内大臣、大学士、都统、尚书、侍卫及台吉等饭。

午时，又御太和殿，大宴诸王、贝勒、贝子、公等，内大臣、侍卫、文武各官及来朝元旦外藩王、贝勒、贝子、公、台吉等，朝鲜等国使臣，乐舞作，进酒。上召和硕康亲王杰淑、安亲王岳乐、裕亲王福全、庄亲王博果铎、简亲王喇布、察哈尔部和硕亲王布尔尼、多罗温郡王猛莪、惠郡王博翁果诺、平郡王罗可铎、信郡王鄂札、顺承郡王勒尔锦、多罗贝勒察尼、固山贝子尚善等至御座前，亲赐饮。又召贝勒、贝子、宗室公等及义王孙征纯、伊思旦进郡王、外藩王、贝勒、贝子、公等俱至御座前，赐饮。又召满汉大学士巴泰、李霨等，八旗满洲、蒙古、汉军都统拉哈达、朱满、范达礼等，满汉尚书对哈纳、黄机等及满汉侍郎等官至殿内，赐饮。宴罢，众谢恩毕，上回宫。

申时，上诣太皇太后宫问安。

本日起居注官傅达礼、孙在丰。

初二日己酉　未时，上诣太皇太后、皇太后宫问安。

本日起居注官胡密子、史大成。

初六日癸丑 巳时，上诣太皇太后、皇太后宫问安。

本日起居注官莽色、蔡启僔。

初八日乙卯 孟春。早，上诣太庙恭祭。

巳时，上诣正黄旗侍卫教场，详阅太皇太后往汤泉所驻行宫木城。

本日起居注官胡密子、史大成。

初九日丙辰 巳时，上诣太皇太后、皇太后宫问安。

本日起居注官李仙根、莽色。

初十日丁巳 早，上御乾清门，听部院各衙门官员面奏政事。

未时，来朝元旦察哈尔国和硕亲王布尔尼，柰曼部多罗郡王札马散，四子部达尔汉卓礼克图郡王沙格都尔，鄂尔多斯部多罗郡王固鲁，阿霸垓多罗郡王沙格沙僧格，喀尔喀部多罗郡王达尔札，苏尼忒部多罗杜棱郡王公格，乌朱穆秦多罗额尔得尼贝勒毛里海，苏尼忒部多罗贝勒贲布，喀尔喀部多罗贝勒索诺木，阿霸垓部固山达尔汉贝子绰博惠，巴林部固山贝子温春，鄂尔多斯固山贝子达尔札、顾禄世希，乌拉特部护国公察麻查，郭尔罗斯部辅国公昂阿等，令该部照常赏赐外，又出内库貂皮蟒袍、帽、带、靴等物，赏赐有差。上御保和殿，诸王、贝勒等谢恩毕，召入殿内，赐宴。上从容谓曰："王等皆善射乎？朕将亲试之。"宴毕，回宫。

少顷，上复御观德殿，命诸王、贝勒等射。

本日起居注官傅达礼、杜臻。

十三日庚申 午时，上诣太皇太后、皇太后宫问安。

本日起居注官傅达礼、史大成。

十四日辛酉 早，上诣大享殿，行祈谷礼。

午时，上御太和殿，宴外藩王、贝勒、贝子、公等，内大臣、满汉大学士、三旗都统、尚书、副都统、侍郎、学士、侍卫等，乐舞作，进酒。上召外藩王、贝勒、贝子、公等至御座前，亲赐饮。又召内大臣、大学士、都统、尚书等至御座前，亲赐饮。宴罢，众谢恩毕，回宫。

本日起居注官胡密子、李仙根。

十五日壬戌 早，上御太和殿视朝。文武升转官员谢恩毕，回宫。复御乾清门，听部院各衙门官员面奏政事。

巳时，又御保和殿，赐外藩王、贝勒、贝子、公等，内大臣、大学士、都统、尚书、侍卫及台吉等饭。午时，又御太和殿，大宴外藩王、贝勒、贝子、公等，内大臣、大学士、都统、尚书、副都统、侍郎、学士、侍卫、台吉等，乐舞作，进酒。上召外藩王、贝勒、贝子、公等至御座前，亲赐饮；台吉等召入殿内，赐饮。宴罢，众谢恩毕，回宫。

本日起居注官傅达礼、杜臻。

十六日癸亥　早，上御乾清门，听部院各衙门官员面奏政事。

辰时，上诣太皇太后宫问安。未时，复诣太皇太后宫，设灯节筵宴，并赐随驾大臣宴于宫门外。

本日起居注官胡密子、严我斯。

十七日甲子　早，上御乾清门，听部院各衙门官员面奏政事。

本日起居注官莽色、孙在丰。

十八日乙丑　早，上御乾清门，听部院各衙门官员面奏政事。

本日起居注官傅达礼、史大成。

十九日丙寅　早，上御乾清门，听部院各衙门官员面奏政事。

本日起居注官胡密子、李仙根。

二十日丁卯　早，上御乾清门，听部院各衙门官员面奏政事。

又朝贺元旦外藩王等陛辞礼毕，上召王、贝勒等于丹墀上，其贝子、公等在丹墀下，各赐茶毕。

又山西巡抚达尔布奔父丧回京，赴任陛辞，赐马一匹。谕曰："巡抚职任重大，特授尔此职，尔必清白自持，表率属员，抚绥地方人民，使之得所。务令兵民相安，方为称职。若不遵行，自有国典。尔其钦哉。"达尔布奏曰："臣蒙皇恩擢用，惟钦遵纶音，竭尽臣力，仰图报效。"

又广东总兵佟国卿、四川总兵何德成，赴任陛辞。谕曰："特授尔等总兵之职，务期清白自守，表率属员，统辖兵丁，使军民相安。毋侵克兵饷，照数全给，俾得其所。如有盗寇，作速剿灭，勿令滋蔓，方为称职。若不遵行，自有国典。尔其钦哉。"佟国卿、何德成奏曰："臣等惟钦遵纶音，竭力报效。"

巳时，上诣太皇太后、皇太后宫问安。

本日起居注官莽色、严我斯。

二十一日戊辰 早，上御乾清门，听部院各衙门官员面奏政事。

未时，上诣太皇太后宫问安。

本日起居注官喇沙里、蔡启僔。

二十二日己巳 早，上御乾清门，听部院各衙门官员面奏政事。

本日起居注官傅达礼、杨正中。

二十三日庚午 早，上御乾清门，听部院各衙门官员面奏政事。

巳时，上诣太皇太后、皇太后宫问安。

是日，太皇太后曰："我因身疾特甚，故往赤城温泉，汝若同往，恐误国事，可不必去。"上奏曰："太皇太后驾幸温泉，臣若不随往侍奉，于心何安？至国家政事，已谕内阁，着间二日驰奏一次，不至有误。"太皇太后曰："既如此，可便同往。"

本日起居注官胡密子、孙在丰。

二十四日辛未 太皇太后幸赤城温泉。卯时，上诣太皇太后宫。辰时，太皇太后登辇，上随辇步行，至神武门乘马，随辇出神武门。排设卤簿，在京王、贝勒等以下文武各官跪送出德胜门。

至进膳处，上亲视太皇太后降辇，入行宫后，上诣进膳处。膳毕，复诣太皇太后行宫，下马趋至近前侍立。太皇太后登乘舆，上亲扶辕驾乘行数十步，然后上马随行。至巩华城，驻跸。上步送太皇太后至宫门，亲视降乘舆入宫，上始回宫。

是日，昌平州巩华城文武各官来朝。

二十五日壬申 驻跸南口。将至时，太皇太后行宫未成，上驰往亲视设备毕，回奏太皇太后，送至宫内。随出居庸关，亲阅道路。

是日，延庆卫、居庸关、永宁路武职官员来朝。

上遣内大臣阿弥达、华善额驸，辛玉伯、佟国维、回色、朴尔喷公，飞扬固公，散秩大臣祖植松、赖图库、桑格侯、晋布、奇他忒等，致祭故明各陵。

二十六日癸酉 过八达岭，上至山麓下马，扶辇整辔。太皇太后曰：

"汝步行劳苦，其乘马前行。"上曰："此处道险，必扶辇整辔，于心始安。"仍步行至坦道，始乘马随行。至岔道，驻跸。

延庆州、永宁路、怀来卫文武官员来朝。

二十七日甲戌 上恐怀来城东浮桥不固，亲驰视验，方请太皇太后乘舆行。

是日，驻跸怀来卫。

二十八日乙亥 仍驻跸怀来卫。

二十九日丙子 驻跸新井堡。

二 月

初一日丁丑 驻跸东山庙。龙门城、雕鹗堡文武官员来朝。

是日，过长安岭，道路险隘，上自山麓下马，扶辇步行。太皇太后曰："此处甚险隘，汝步行可虞，且劳顿，其乘马。"上曰："因此处险隘，随辇步行，便于护持，并无劳苦，于心且安。"行至坦道始乘马。

初，东山庙止有一井，水甚涸，虽先期传谕备水，而人马虑不足用。山内十里许，有一泉，向亦未尝满溢。是日，泉水忽涌，庙南所修之路冲决成河，人马皆足供饮矣。

初二日戊寅 驻跸兴仁堡。是日，过浩门岭，上下马，欲扶辇步行。太皇太后曰："此岭道路平阔，不甚险隘，第乘马前引，步行劳顿，我心甚是不安。"上始遵慈旨，乘马护辇前引。至驻跸处，上送太皇太后入行宫，随诣温泉，视太皇太后宫及温池而还。

宣府、赤城堡、龙门所、云州堡、镇宁堡、云州路等处地方文武官员来朝。

初三日己卯 驻跸头堡。是日，太皇太后幸温泉宫，上送至宫所，俟入宫，方还驻跸处。上驻跸离温泉仅七里许，因近地狭隘，故驻跸于此。未时，又诣太皇太后行宫问安。酉时，还。

一路每逢险隘，必下马扶辇而行；平阔之地，则乘马随辇而行。每至进膳处，必亲视太皇太后降乘舆，入行宫，方回进膳。膳毕，复驰往太皇太后行宫。距宫门数十武，即下马，趋至近前侍立。太皇太后登乘舆，上亲为垂帘，扶辕驾乘行数武，然后乘马随行。或至进膳处及驻跸处，必躬诣太皇太后行宫内，视帏座铺设周备，方请太皇太后入宫，降乘舆必随侍。

初四日庚辰　上在头堡。辰时，诣太皇太后行宫问安。

巳时，还，路傍有二人持状，趋跪御前呼号，侍卫以犯跸，欲扑之。上曰："此愚民无知，且值严寒，其勿治。"

初五日辛巳　上在头堡。辰时，诣太皇太后行宫问安。巳时，还。

是日，镇守宣府、昌密等处总兵官都督佥事拜音达礼来朝。

初六日壬午　上在头堡。皇后所生长子承祜方四岁，天性聪慧，上甚爱之。是日寅时，包衣郎中多璧来奏，皇子染病，于初五日巳时卒。上痛悼之。辰时，含痛诣太皇太后行宫问安，笑语如常。出，谕内大臣他达曰："朕恐太皇太后闻之伤悼，故含痛问安。朕在此，恐诸王等闻信，前来慰朕，若至，俱令散去。"礼部郎中仲古尔代等来奏安葬皇子事宜，至太皇太后行宫。上恐太皇太后闻知，召仲古尔代等至僻静处，近前垂泪面谕安葬事宜。

未时，还。

初七日癸未　上在头堡。辰时，诣太皇太后行宫问安。午时，还。

上自闻皇子信，常含痛诣太皇太后行宫问安，还则深居简出，郁闷不已。两翼内大臣宗室公常舒、陶色，内大臣他达、噶布喇等，大学士巴泰等，兵部尚书明珠等奏曰："皇上闻皇子之变，每含悲痛诣太皇太后行宫问安，诚为孝思肫切。但臣等见皇上自闻皇子之变，问安回时，往往郁闷，臣等不胜忧虑。皇上悲痛皇子，固是天性，第深居简出，则郁闷愈增。臣等愿皇上移跸，借境舒怀，臣等幸甚。"上曰："朕每日诣太皇太后宫问安，颇可自慰。既随太皇太后至温泉，如太皇太后圣躬霍然全安，朕不胜欢忭。稚子事，朕不介意。卿等所奏，朕知道了。"

初八日甲申　上在头堡。辰时，诣太皇太后行宫问安。巳时，还。未时，又诣太皇太后行宫问安。申时，还。

是日，两翼和硕康亲王杰舒、安亲王岳洛率诸王、贝勒等奏曰："臣等见皇上数日郁闷，臣等不胜忧虑。皇上一身关系宗社，若如此郁闷不止，则臣等何敢自安。伏愿皇上随意游览，稍舒圣怀，臣等之幸，天下万民之幸也。”奉旨：“知道了。”

初九日乙酉 驻跸盘石台。是日，将移跸盘石台。早，集两翼王、贝勒、诸大臣于网城南门外，传谕曰：“两日内，诸王、贝勒、大臣启奏朕随意游览，可以稍遣闷怀，俱已有旨报闻。朕思尔等再三启奏，无非爱朕之心，所言甚是。朕欲于此行宫相近处，相一平阔之所，暂驻数日而还。”诸王、贝勒、大臣跪听宣旨毕，奏曰：“前臣等奏请之意，诚为皇上一身关系甚大，若如此郁闷，恐一时圣体违和，故敢奏闻。今蒙睿鉴，谕以温纶，不但臣等之幸，实天下万民之大幸也。”随奉旨于盘石台驻跸。

辰时，诣太皇太后行宫问安。申时，还盘石台。

初十日丙戌 上在盘石台。寅时，诣太皇太后行宫问安。午时，还。

十一日丁亥 上在盘石台。卯时，诣太皇太后行宫问安。午时，还。

十二日戊子 上在盘石台。

十三日己丑 上在盘石台。寅时，诣太皇太后行宫问安。午时，还。

十四日庚寅 至赤城驻跸。酉时，诣太皇太后行宫问安。戌时，还。

十五日辛卯 寅时，诣太皇太后行宫问安。辰时，还。

因本月二十日为耕耤之期，于巳时起行回京。是日，驻跸新井堡。

十六日壬辰 驻跸坌道。

十七日癸巳 未时，至京，进神武门。诣皇太后宫问安。申时，回宫。

十八日甲午 早，上御乾清门，听部院各衙门官员面奏政事。

巳时，上诣皇太后宫问安。

本日起居注官李仙根、喇沙里。

十九日乙未 早，上御乾清门，听部院各衙门官员面奏政事。

本日起居注官傅达礼、杨正中。

二十日丙申 上躬耕耤田。辰时，出正阳门，诣先农坛。巳时，祭先农之神。未时，上亲行耕耤礼，三推毕。登观耕台，观和硕康亲王杰舒、裕亲王福全、简亲王喇布五推及吏部左侍郎王清、户部尚书米斯翰、礼部尚书哈尔哈齐、兵部尚书明珠、刑部尚书莫洛、工部尚书王熙、都察院左都御史多诺、通政使司左通政任克溥、大理寺卿王胤祚等九推毕，上回宫。

本日起居注官杜臻、喇沙里。

二十一日丁酉 寅时，上出朝阳门，诣朝日坛躬祭。

本日起居注官胡密子、严我斯。

二十二日戊戌 因太皇太后在温泉，于寅时出德胜门，复往赤城。是日，驻跸狼山堡。

先是，因行耕耤礼回京，过怀来城，上欲拂尘少憩，幸原任山西临川县知县孙一桂家，赐银二十两。至是日过怀来城，上复幸一桂家，见前所御榻上陈设黄褥，上命兵部尚书明珠宣旨，敕谕一桂曰："朕因行耕耤礼，遵太皇太后懿旨，速往速来，经过此地，偶憩尔家，朕所过沿途俱有赏赉，原非因尔曾为职官给赏。尔倘不察，见朕幸尔家，又加赏赉，遂任意横行，借端招摇，是取祸之道矣。尔曾经筮仕，缘事废职，宜悛改前非，畏法守分，教尔子孙，为忠为孝，是尔之幸也。倘不出此，国法具在，断不宽宥。榻上黄褥以后毋得陈设，即命撤去。"一桂跪听，悚惧奏曰："臣愚昧无知，幸遇盛朝录用，寻以负罪削职。臣一子候选州同，一子武举，将来俱效力于圣主。自今深悔前非，教训臣子，以图报称，何敢罔行。"上谕曰："尔果如此，尔之福也。"

二十三日己亥 午时，过浩门岭，不往赤城，由别路诣温泉，问太皇太后安。酉时，回赤城内行宫。

二十四日庚子 上在赤城。辰时，诣太皇太后行宫问安毕，登周围看守山，上见看守地内有马畜踪迹，随传护军参领瓦代昂、阿色黑等谕曰："尔等职司看守，理应严肃。朕适登山上，见有马畜踪迹，皆系尔等怠忽，故马畜得入，尔等皆应拿问。但在太皇太后行在看守，又寒冷辛勤，姑从宽免。再若如此怠玩，决不宽贷！"复诣太皇太后行在。申时，还。

二十五日辛丑 巴林、阿布海、我尔多斯、苏尼忒、克什克屯、阿布哈纳儿王、贝勒、贝子、台吉等，及归化城等处都统等来朝。

辰时，诣太皇太后行宫问安。午时，还。

是日，召兵部尚书明珠谕曰："朕奉太皇太后幸温泉，除每日省问外，别无游幸。今来换班护军，着各减一名，每佐领止着二名来。马匹勿得多备，着量行带来。尔部即传知。”

二十六日壬寅 克什克屯部台吉等来朝。

巳时，诣太皇太后行宫问安。未时，还。

是日，召兵部尚书明珠谕曰：“闻随来官兵多有疾病，凡有病官兵，着领来与太医院官诊视医治。其病重不能来者，着太医院官前去医治。其传谕众人，咸使闻知。”又召太医院官谕曰：“凡有患病官兵来时，尔等即为医治。若病重不能来者，即着前去善为诊视医治。”

二十七日癸卯 上在赤城。是日，谕内务府总管噶禄曰：“闻此处货物甚稀，随来兵丁既无肉食，又且勤劳，大为可矜。若将口外羊只散给，瘦不堪食。着将朕御用羊只酌量少存，其余散给兵丁。尔可即传谕八旗护军统领及各营头等官，照兵丁数目，将羊只给散。”

二十八日甲辰 上在赤城。辰时，诣太皇太后行宫问安。申时，还。

是日，上见路傍跪一道士，令兵部尚书明珠问其故。道士奏云：“臣庙在金阁山，离此三十里，名灵真观。虽向有此名，然遭逢圣主，若得旌表，另赐名号，则光宠益甚。”上顾谓近臣曰：“此道士妄干侥幸，求赐名号，意欲蛊惑愚民。”遂谕曰：“朕亲政以来，此等求赐观庙名号者，概不准行。况自古人主好释老之教者，无益有损。梁武帝酷好佛教，舍身于寺，废宗庙之血食，以面为牲，后竟饿死台城。宋徽宗好道，父子皆为金虏。此可鉴也。道士止宜清静修身，何必求朕赐号。尔妄求侥幸，本应处治，姑从宽宥。以后若敢妄行，决不饶恕！”明珠奏曰：“自古惟孔孟之道大有益于世，其失于释老之教者，盖亦多矣。皇上此旨，诚万世之明鉴也。”

二十九日乙巳 上在赤城。辰时，诣太皇太后行宫问安。申时，还。

是日，翁牛忒都棱郡王必利棍大赖来朝。

三十日丙午 上在赤城。辰时，诣太皇太后行宫问安。未时，还。

是日，召兵部尚书明珠谕曰：“京城来换班步兵，皆系穷苦之徒，身负行李米粮而来，甚为可矜，尔部可给与官车装载。至于锅帐，着该部酌量给与。到此之日，着该部论日给与口粮。”

又召赤城同知胡之浚，问地方百姓生理。之浚奏曰：“此处人民淳朴，虽不富饶，然各务耕种，秋成所得，除完纳钱粮，尚可糊口。”上谕曰："朕因太皇太后幸汤泉，去冬修路及收买草料、木炭等物，皆用民夫，想甚劳苦，朕心大为不忍。尔在地方，若有所见，可据实陈奏，勿得畏惧。"之浚奏曰："修治道路，解运草料、木炭等物，虽用民夫，然皆论日给发脚钱，小民亦不甚苦。至于时值寒冷，修治道路，解运草料、木炭，虽则云劳，然皇上爱养百姓，一时偶用，亦属当然，何敢云劳。"上然之。

三　月

初一日丁未　上在赤城。

初二日戊申　上在赤城。卯时，诣太皇太后行宫问安。巳时，还。

初三日己酉　上在赤城。卯时，诣太皇太后行宫问安。申时，还。

初四日庚戌　上在赤城。

初五日辛亥　上在赤城。辰时，诣太皇太后行宫问安。未时，还。

初六日壬子　上在赤城。辰时，诣太皇太后行宫问安。未时，还。

是日，召户部侍郎班第谕曰："换去步甲，皆系穷苦之徒，其还家时，恐路费艰难，尔部酌量赏与银两。"

初七日癸丑　上在赤城。辰时，诣太皇太后行宫问安。午时，还。

初八日甲寅　上在赤城。

初九日乙卯　上在赤城。辰时，诣太皇太后行宫问安。申时，还。

初十日丙辰　上在赤城。辰时，诣太皇太后行宫问安。未时，还。

十一日丁巳　上在赤城。辰时，诣太皇太后行宫问安。未时，还。

鄂尔多斯二等台吉喇西来朝。

是日，户部侍郎班第等启奏：备秣御马草余剩五万七千束，相应交与地方官，照原价发卖。上曰："此余剩之草不必交与地方官发卖，八旗护军校、前锋护军，皆系穷苦之人，着均散给。"

十二日戊午　上在赤城。巳时，诣太皇太后行宫问安。未时，还。

十三日己未　上在赤城。

十四日庚申　上在赤城。辰时，诣太皇太后行宫问安。申时，还。

十五日辛酉　上在赤城。辰时，诣太皇太后行宫问安。申时，还。

十六日壬戌　上在赤城。

十七日癸亥　上在赤城。辰时，诣太皇太后行宫问安。未时，还。

十八日甲子　上在赤城。辰时，诣太皇太后行宫问安。午时，还。

十九日乙丑　上在赤城。辰时，诣太皇太后行宫问安。未时，还。

二十日丙寅　上在赤城。

二十一日丁卯　上在赤城。卯时，诣太皇太后行宫问安。巳时，还。申时，复诣太皇太后行宫问安。酉时，还。

二十二日戊辰　起驾回京。卯时，上诣汤泉视太皇太后登辇，上亲系帘，持辕行数武后，方乘马起行。至兴仁堡地方，亲视太皇太后降辇、入行宫，方回。

是日，驻跸兴仁堡。召镇守宣府、昌密等处总兵都督佥事拜音达礼入内，谕曰："总镇之职，关系甚重。朕观宣府一带，虽云安静，而昌平、密云、石匣等处，尚多盗案。地方有盗，民生不安，尔当与该抚会议，必期盗息民安。至于兵丁，俱赖于饷，尔必正己率属，切勿扣克军饷。否则，国法难容，尔其钦哉。"拜音达礼奏曰："微臣何敢不仰遵圣谕。"随命内务府总管噶禄赏拜音达礼缎五匹。

二十三日己巳　驻跸东山庙。

二十四日庚午　仍驻跸东山庙。

二十五日辛未　驻跸新井堡。是日，大雨滂沱，路甚泥泞。过长安岭，上下马步行泥中，护持辇辕。太皇太后曰："此地险峻，天雨路滑，汝若护行，泥中可虞，我甚忧念。况步行劳苦，可乘马。"再三劝谕。上奏曰："此处险峻，又兼天雨泥泞，路甚滑，臣步行护持，于心始安，无甚劳苦。"仍步行。至岭上，太皇太后欲少憩，上即趋行，命取凉棚至，亲视安置。及下岭时，上仍前步行护持，俟太皇太后辇至平地，方乘马傍辇而行。

二十六日壬申　驻跸怀来卫。

二十七日癸酉　驻跸岔道。

二十八日甲戌 驻跸巩华城。是日，过八达岭，上仍前步行，护持太皇太后辇。太皇太后再三令乘马。上曰："臣乘马于心不安。岭路崎岖，不似平地，臣如此中心始安，无甚劳苦，太皇太后无忧念臣。"仍步行至平地始乘马行。

二十九日乙亥 巳时，进德胜门，在京王、贝勒以下文武各官，于景山东跪接。上于神武门下马，随太皇太后辇至慈宁宫，扶持太皇太后降辇入宫后，上出，诣皇太后宫问安毕。未时，回宫。

是行也，凡过岭、进膳、登辇、降辇，皇上备极敬慎。一路往还，略无倦怠。其在赤城也，每间二日，必遣近侍至京问皇太后安。天性纯孝，古帝王未之有也。

经筵日讲官起居注、翰林院掌院学士、礼部侍郎、加一级傅达礼，日讲官起居注、翰林院侍读学士莽色侍从记注册。

四　月

初一日丙子 早，上御乾清门，听部院各衙门官员面奏政事毕。经筵日讲官起居注、翰林院掌院学士兼礼部侍郎熊赐履给假回籍省亲，至是，前来陛见。上召至御前问曰："尔母病痊否？"对曰："臣母年老多病，蒙皇上放臣归家，亲侍汤药，少将菽水，母病稍痊。臣母子顶沐天恩，世世衔结。"上命于丹墀谢恩。

赐履行礼毕，已退班，上复召至御前问曰："湖广百姓如何？"赐履奏曰："臣乡自西山用兵之后，继以水旱频仍，昨年旱荒更甚，颗粒无收，道殣相望，臣所目击。蒙皇上蠲本年额赋十分之三，民已感被德意。但今春米价腾贵，小民救死不暇，谷种尚未入土，税粮将何完纳，伏乞皇上加意轸恤，庶楚民有更生之望。"上为之恻然。问曰："别处年岁何如？"对曰："臣所经过地方，畿辅秋禾大熟，河南半收，惟汝南一带与湖广接壤，亦苦荒旱。总之，小民穷苦已极，端望逢年。今恭遇皇上耕耤劝农，自可感召天和，有丰亨大有之庆矣。"

上问曰："巡抚董国兴所参之朱二眉，解到京师，人多去问他休咎，尔以为何如？"赐履对曰："二眉虽与臣同乡，但他讲仙术，用符咒。臣读孔孟之书，学程朱之道，不与此辈交往，生平未睹其面，亦不信其说。"上笑曰："尔向日如此奏过。朕观其人，乃邪妄之小人也。"赐履对曰："诚如圣谕。"遂退。

巳刻，上诣太皇太后、皇太后宫问安。

本日起居注官傅达礼、喇沙里、孙在丰。

初二日丁丑 早，上御乾清门，听部院各衙门官员面奏政事。

本日起居注官史大成、莽色。

初三日戊寅 早，上御乾清门，听部院各衙门官员面奏政事。

本日起居注官胡密子、李仙根。

初四日己卯 早，上躬诣堂子致祭毕，回宫。复御乾清门，听部院各衙门官员面奏政事。

本日起居注官杨正中、喇沙里。

初五日庚辰 早，上御太和殿视朝。文武升转各官谢恩，及喀尔喀、土谢图汗请安、进贡使臣等行礼毕，回宫。

复御乾清门，听部院各衙门官员面奏政事。

巳时，诣太皇太后宫问安。

本日起居注官傅达礼、杜臻。

初六日辛巳 早，上御乾清门，听部院各衙门官员面奏政事。

本日起居注官莽色、蔡启僔。

初七日壬午 早，上御乾清门，听部院各衙门官员面奏政事。

未时，复御乾清门，赐来贡翁牛忒等三部台吉、塔布囊、都统及来请安科尔沁雍穆长公主下护卫等宴，俱召至御座前，以次赐饮。

本日起居注官胡密子、孙在丰。

初八日癸未 早，上御乾清门，听部院各衙门官员面奏政事。

本日起居注官史大成、喇沙里。

初九日甲申 早，上御乾清门，听部院各衙门官员面奏政事毕，寻即召经筵日讲官起居注翰林院掌院学士兼礼部侍郎熊赐履至弘德殿御座侧，详问湖广百姓疾苦及一路地方年岁。赐履奏对如前。

又问给事中柯耸何处人，对曰："浙江人。"上曰："朕前往赤城，路上一碑，碑上贴一纸条，写'害天下之民者给事中柯耸是也'数字，又无姓名。朕思若是真的，如何不写姓名？"赐履奏曰："从来匿名飞语，多是光棍害人之计。正使有姓名，焉知不是怀挟私仇，乘机诬陷？若遽行其说，恐伤国体，害善类。愿皇上加察。"上曰："然。"

赐履因奏曰："昨年皇上谒陵，大典也。今年同太皇太后幸赤城汤泉，至孝也。但海内未必知之，皆云万乘之尊，不居法宫，常常游幸关外，道路喧传，甚为不便。嗣后请皇上节巡游，慎起居，以塞天下之望。臣不胜拳拳。"上曰："朕知外面定有此议论。尔所奏的，朕知道了。"

上顾侍臣笑朱二眉邪妄，曰："朱二眉若是真正术数，还罢了，便不验亦不害事。他局面猖狂，行径诡僻，甚是可疑。他已去否？"对曰："听得他昨日已去，未知真假。"问曰："湖广有作乱的人否？"对曰："从来岁荒人穷，易于生事，然目今臣无所闻。"上曰："董国兴参朱二眉甚当。"对曰："封疆重臣防微杜渐，职分当然。"上首肯。

巳时，上诣太皇太后、皇太后宫问安。

还，召经筵日讲官起居注翰林院掌院学士兼礼部侍郎傅达礼至御辇侧，且行且问曰："自赤城回时，巩华城河桥石碑上贴一纸条，尔曾见否？"达礼奏曰："臣未见。"上曰："纸条上写'害天下之民者给事中柯耸是也'数字，又无名姓。此等事前经禁止，今若听信，则无辜之人多被诬矣。"达礼奏曰："从来匿名飞帖，皆系无端捏成，诬害良善，故屡经禁止。皇上洞鉴此情，诚天下之福也。"

本日起居注官傅达礼、熊赐履。

初十日乙酉 早，上御乾清门，听部院各衙门官员面奏政事。

本日起居注官莽色、李仙根。

十一日丙戌 早，上御乾清门，听部院各衙门官员面奏政事。

本日起居注官胡密子、杨正中。

十二日丁亥 早，上御乾清门，听部院各衙门官员面奏政事。

未时，上诣太皇太后宫问安。

本日起居注官杜臻、喇沙里。

十三日戊子 早，上御乾清门，听部院各衙门官员面奏政事。

本日起居注官傅达礼、蔡启僔。

十四日己丑 早，上御乾清门，听部院各衙门官员面奏政事。

本日起居注官莽色、孙在丰。

十五日庚寅 早，上御太和殿视朝。文武升转各官谢恩毕，回宫。

复御乾清门，听部院各衙门官员面奏政事。

巳时，上御弘德殿，讲官熊赐履、孙在丰进讲：子夏曰贤贤易色一章。

午时，诣太皇太后宫问安。

本日起居注官胡密子、史大成。

十六日辛卯 早，上御乾清门，听部院各衙门官员面奏政事。

本日起居注官李仙根、喇沙里。

十七日壬辰 早，上御乾清门，听部院各衙门官员面奏政事。

本日起居注官傅达礼、熊赐履。

十八日癸巳 早，上御乾清门，听部院各衙门官员面奏政事。

本日起居注官杨正中、莽色。

十九日甲午 早，上御乾清门，听部院各衙门官员面奏政事。辰时，上御弘德殿，讲官熊赐履、史大成、孙在丰进讲：子曰君子不重则不威一章。

巳时，诣太皇太后、皇太后宫问安。

本日起居注官胡密子、杜臻。

二十日乙未 早，上御乾清门，听部院各衙门官员面奏政事。

申时，诣太皇太后宫问安。

本日起居注官喇沙里、蔡启僔。

二十一日丙申 早，上御乾清门，听部院各衙门官员面奏政事。

本日起居注官傅达礼、严我斯。

二十二日丁酉 早，上御乾清门，听部院各衙门官员面奏政事。

巳时，上御弘德殿，讲官熊赐履、史大成、孙在丰进讲：曾子曰慎终追远一章。讲毕，上顾问曰："湖广、浙江今年麦田成熟否？"赐履等对曰："未知若何。但南方俱是稻田，秋成不系于麦。"上颔之。

本日起居注官莽色、孙在丰。

二十三日戊戌 早，上御乾清门，听部院各衙门官员面奏政事。

巳时，上诣太皇太后宫问安。

本日起居注官胡密子、史大成。

二十四日己亥 早，上御乾清门，听部院各衙门官员面奏政事。

辰时，上御弘德殿，讲官熊赐履、史大成、孙在丰进讲：子禽问于子贡曰夫子至于是邦也一章。

本日起居注官李仙根、喇沙里。

二十五日庚子 早，上御太和殿视朝。文武升转各官谢恩行礼毕，回宫。复御乾清门，听部院各衙门官员面奏政事。

本日起居注官傅达礼、熊赐履。

二十六日辛丑 早，上御乾清门，听部院各衙门官员面奏政事。

辰时，上御弘德殿，讲官熊赐履、史大成、孙在丰进讲：子曰父在观其志一章。

本日起居注官杨正中、莽色。

二十七日壬寅 早，上御乾清门，听部院各衙门官员面奏政事。

辰时，上诣太皇太后宫问安。

未时，复御乾清门，赐来贡苏尼忒四品台吉讷木施喜等宴，俱召至上前，以次赐饮。

本日起居注官胡密子、杜臻。

二十八日癸卯 早，上御乾清门，听部院各衙门官员面奏政事。

辰时，上御弘德殿，讲官傅达礼、熊赐履、史大成、孙在丰进讲：有子曰礼之用一章。讲毕，上命赐茶于乾清门，以为常。

本日起居注官喇沙里、严我斯。

二十九日甲辰 早，上御乾清门，听部院各衙门官员面奏政事。

本日起居注官傅达礼、蔡启僔。

三十日乙巳 早，上御乾清门，听部院各衙门官员面奏政事。

辰时，上御弘德殿，讲官傅达礼、熊赐履、史大成、孙在丰进讲：有子曰信近于义一章。

本日起居注官莽色、孙在丰。

五 月

初一日丙午 早，上御乾清门，听部院各衙门官员面奏政事。

巳时，上诣太皇太后、皇太后宫问安。

本日起居注官胡密子、史大成。

初二日丁未 早，上御乾清门，听部院各衙门官员面奏政事。

辰时，上御弘德殿，讲官傅达礼、熊赐履、史大成、孙在丰进讲：子曰君子食无求饱一章。

本日起居注官李仙根、喇沙里。

初三日戊申 早，上御乾清门，听部院各衙门官员面奏政事。

本日起居注官傅达礼、熊赐履。

初四日己酉 早，上御乾清门，听部院各衙门官员面奏政事。

辰时，上御弘德殿，讲官傅达礼、熊赐履、史大成、孙在丰进讲：子贡曰贫而无谄一章。

巳时，上诣太皇太后宫问安。少顷，驻跸瀛台。

本日起居注官杨正中、莽色。

初五日庚戌 早，上御瀛台，听部院各衙门官员面奏政事。

本日起居注官傅达礼、杜臻。

初六日辛亥 早，上御瀛台，听部院各衙门官员面奏政事。

本日起居注官喇沙里、严我斯。

初七日壬子 早，上御瀛台，听部院各衙门官员面奏政事。

本日起居注官傅达礼、蔡启僔。

初八日癸丑 早，上御瀛台，听部院各衙门官员面奏政事。

未时，上自瀛台诣太皇太后宫问安，回宫。

本日起居注官莽色、孙在丰。

初九日甲寅 早，上御乾清门，听部院各衙门官员面奏政事。

辰时，上御弘德殿，讲官傅达礼、熊赐履、史大成、孙在丰进讲：子曰不患人之不己知一章。

本日起居注官胡密子、史大成。

初十日乙卯　早，上御乾清门，听部院各衙门官员面奏政事。

本日起居注官李仙根、喇沙里。

十一日丙辰　早，上御乾清门，听部院各衙门官员面奏政事。兵部各官启奏时，上谕侍郎勒布等曰："从来国家承平，军事亦不宜废弛。太祖、太宗时，兵器端贵坚锐，不仅尚鲜明。今兵器虽多鲜明好看，然用时未必有益。此系尔部职掌，以后可详加点阅，以副朕不忘武备之意。"

辰时，上御弘德殿，讲官傅达礼、熊赐履、史大成、孙在丰进讲：子曰为政以德一章。

本日起居注官傅达礼、熊赐履。

十二日丁巳　早，上御乾清门，听部院各衙门官员面奏政事。

辰时，上诣太皇太后宫问安。

本日起居注官杨正中、莽色。

十三日戊午　早，上御乾清门，听部院各衙门官员面奏政事。

辰时，上御弘德殿，讲官傅达礼、熊赐履、史大成、孙在丰进讲：子曰诗三百一章。

午时，上诣太皇太后、皇太后宫问安。

本日起居注官胡密子、杜臻。

十四日己未　早，上御乾清门，听部院各衙门官员面奏政事。

本日起居注官喇沙里、严我斯。

十五日庚申　早，上御乾清门，听部院各衙门官员面奏政事。

辰时，上御弘德殿，讲官傅达礼、熊赐履、史大成、孙在丰进讲：子曰道之以政一章。

本日起居注官傅达礼、蔡启僔。

十六日辛酉　早，上御乾清门，听部院各衙门官员面奏政事。

本日起居注官莽色、孙在丰。

十七日壬戌　早，上御乾清门，听部院各衙门官员面奏政事。

辰时，上御弘德殿，讲官傅达礼、熊赐履、史大成、孙在丰进讲：子曰吾十有五而志于学一章。

本日起居注官胡密子、史大成。

十八日癸亥 早，上御乾清门，听部院各衙门官员面奏政事。

本日起居注官李仙根、喇沙里。

十九日甲子 早，上御乾清门，听部院各衙门官员面奏政事。

辰时，上御弘德殿，讲官傅达礼、熊赐履、史大成、孙在丰进讲：孟懿子问孝一章。

巳时，上诣太皇太后宫问安。

本日起居注官傅达礼、熊赐履。

二十日乙丑 因《世祖章皇帝实录》告成，卯时，上御太和殿，大设卤簿，奏乐。监修、总裁、副总裁、纂修等官奉表恭进，上立受尊藏。监修、总裁等官行礼毕，诸王、贝勒、贝子、公等及文武各官奏言："恭惟世祖章皇帝神功圣德，纂述成书，光华万世。臣等不胜欢忭，礼当庆贺。"上传制曰："世祖章皇帝功德配天，纂修已成，朕心欢庆，与卿等同。"诸王以下皆行礼毕，回宫。

复御乾清门，听部院各衙门官员面奏政事。

本日起居注官莽色、杨正中。

二十一日丙寅 早，上出德胜门观麦。本日回宫。

本日起居注官胡密子、杜臻。

二十二日丁卯 早，上御乾清门，听部院各衙门官员面奏政事。

辰时，上御弘德殿，讲官傅达礼、熊赐履、史大成、孙在丰进讲：孟武伯问孝一章。

巳时，上诣太皇太后、皇太后宫问安。

本日起居注官喇沙里、严我斯。

二十三日戊辰 因夏至祭地坛，斋戒免奏事。

本日起居注官傅达礼、蔡启僔。

二十四日己巳 斋戒免奏事。

本日起居注官莽色、孙在丰。

二十五日庚午 斋戒。卯时，上御太和殿视祝版。

本日起居注官胡密子、史大成。

二十六日辛未 早，上祭地于方泽毕，回宫。

本日起居注官李仙根、喇沙里。

二十七日壬申 早，上御乾清门，听部院各衙门官员面奏政事。

未时，上御观德殿，召推升云南总兵平西亲王藩下参领张足法，命射。

本日起居注官熊赐履、莽色。

二十八日癸酉 早，上御乾清门，听部院各衙门官员面奏政事。

巳时，上诣太皇太后宫问安。

未时，上复御乾清门，赐来贡扎鲁特部落三品台吉多尔济等宴。

本日起居注官胡密子、杨正中。

二十九日甲戌 早，上御乾清门，听部院各衙门官员面奏政事。

本日起居注官杜臻、喇沙里。

六 月

初一日乙亥 早，上御乾清门，听部院各衙门官员面奏政事。

本日起居注官莽色、严我斯。

初二日丙子 早，上御乾清门，听部院各衙门官员面奏政事。

本日起居注官胡密子、蔡启僔。

初三日丁丑 早，上御乾清门，听部院各衙门官员面奏政事。

本日起居注官喇沙里、孙在丰。

初四日戊寅 早，上御乾清门，听部院各衙门官员面奏政事。

巳时，上诣太皇太后、皇太后宫问安。

本日起居注官莽色、史大成。

初五日己卯 早，上御乾清门，听部院各衙门官员面奏政事。

本日起居注官胡密子、李仙根。

初六日庚辰 早，上御乾清门，听部院各衙门官员面奏政事。

本日起居注官熊赐履、喇沙里。

初七日辛巳 早，上御乾清门，听部院各衙门官员面奏政事。

本日起居注官莽色、杨正中。

初八日壬午 早，上御乾清门，听部院各衙门官员面奏政事。

辰时，上诣太皇太后宫问安。

本日起居注官胡密子、杜臻。

初九日癸未 早，上御乾清门，听部院各衙门官员面奏政事。

未时，上复御乾清门，赐来贡吴喇忒部落察木察公下四品台吉僧格察克等及请安科尔沁国端贞长公主下一等护卫沙进、端敏公主下三等护卫根特等宴。

本日起居注官喇沙里、严我斯。

初十日甲申 早，上御乾清门，听部院各衙门官员面奏政事。

巳时，上诣太皇太后、皇太后宫问安。

本日起居注官莽色、蔡启僔。

十一日乙酉 卯时，上诣太皇太后宫问安毕，幸南苑，驻跸西宫。

各部院衙门章奏，命送内阁转奏。

十六日庚寅 未时，上还自南苑，诣太皇太后、皇太后宫问安毕。申时，回宫。

起居注官傅达礼、胡密子扈从。

十七日辛卯 早，上御乾清门，听部院各衙门官员面奏政事。

巳时，上诣太皇太后宫问安。

本日起居注官李仙根、喇沙里。

十八日壬辰 早，上御乾清门，听部院各衙门官员面奏政事。

午时，上诣太皇太后宫问安。

未时，复御乾清门，赐承袭王爵科尔沁国固伦额驸拜雅思呼朗及来送册和硕额驸沙进宴。

本日起居注官莽色、杨正中。

十九日癸巳 早，上御乾清门，听部院各衙门官员面奏政事。

未时，御观德殿，召推补福建兴化总兵官马惟兴，命射。

本日起居注官傅达礼、熊赐履。

二十日甲午　早，上御乾清门，听部院各衙门官员面奏政事。

午时，上御乾清门，赐内大臣、侍卫等宴毕，召翰林院学士傅达礼至丹陛谕曰：“满洲大臣患病，皆遣医疗治。今闻礼部尚书龚鼎孳患病，朕满汉一视，尔其同近侍侍卫吴海，率御医如文照往龚鼎孳家诊视。”学士傅达礼承旨，同侍卫吴海、御医如文照往鼎孳家宣旨毕。鼎孳回奏云：“臣夙昔多病，今年五月二十九日，在衙门办事，忽头痛眼花，即还家，病益增剧，虽倩医调治，尚未痊愈。今蒙皇上殊恩，特差近臣看视，微臣何以克当。”御医如文照诊脉毕，傅达礼等将鼎孳奏言及御医如文照诊视病原回奏毕。上谕如文照曰：“尔其用心调治。”

遂召傅达礼至御座前，问曰：“方今时事若何？”达礼奏云：“臣蒙皇上殊恩，承乏翰院，时事虽不悉知，然观大概，皇上圣明，群工皆洗心涤虑，懋勉厥职，虽未臻至治，较诸昔时，觉稍整理。但年来水旱频仍，百姓疾苦。今岁皇上加意劝农，躬行耕耤，遂致上天霖雨以时，近畿田禾，秋成可望。若天下仰赖皇上洪庥，皆似近畿田禾，则生民稍苏，而治理可臻矣。”上曰：“年来天下苦于水旱，江南尤甚。今年又有蝗灾，朕甚忧之。”

上又谕曰：“人处世间，朋友所以切磋，岂可过绝？若过绝，则失和衷之道矣。”达礼奏云：“朋友固不可无，亦不可滥，有益友，有损友。若友邪人，不但无益，抑且祸害随之；友善人，则共相劝导，其为益也不可胜言。曾子曰，以友辅仁。朋友乃五伦之一，不可概绝。圣谕及此，诚万世不易之道也。”上又问曰：“尔与熊赐履共事，他与尔讲理学否？尔记得试说一二语来。”对曰：“臣曾向他问及。他云：理学不过正心诚意、日用伦常之事，原无奇特。我平日虽有理学虚名，不曾立讲学名色，我辈惟务躬行，不在口讲。臣观其意甚谦，不常论及。然听其平日议论，皆切于理。”上颔之。

原任大学士卫周祚奉召至京。未时，上复御乾清门，召入陛见。问曰：“卿之清操朕素闻之，不识有何献纳？”周祚对曰：“臣甫至京，一时不能备陈，容臣另日陈奏。”上命周祚退。

本日起居注官胡密子、严我斯。

初八日辛亥　早，上御乾清门，听部院各衙门官员面奏政事。

本日起居注官杜臻、喇沙里。

初九日壬子　早，上御乾清门，听部院各衙门官员面奏政事。

本日起居注官莽色、蔡启僔。

初十日癸丑　早，上御乾清门，听部院各衙门官员面奏政事。

辰时，上诣太皇太后宫问安。

未时，上复御乾清门，赐承袭王爵科尔沁国固伦额驸拜雅思呼朗及其弟和硕额驸沙进宴。

本日起居注官傅达礼、孙在丰。

十一日甲寅　早，上御乾清门，听部院各衙门官员面奏政事。

本日起居注官胡密子、史大成。

十二日乙卯　早，上御乾清门，听部院各衙门官员面奏政事。

申时，上诣太皇太后宫问安。

本日起居注官李仙根、喇沙里。

十三日丙辰　早，上出德胜门观禾。

酉时，还。诣太皇太后宫问安毕，回宫。

本日起居注官胡密子、杨正中。

十四日丁巳　早，上御乾清门，听部院各衙门官员面奏政事。

未时，上复御乾清门，赐进贡生额固山下一品台吉乌儿齐等宴毕。上召学士熊赐履至御前问之曰："今年田禾若何？"对曰："以臣所闻，大河以北，畿辅地方，俱可望有秋。臣乡湖南大熟，湖北仍苦亢旱。至淮扬一带，为东南重地，关系匪小，连年饥馑，民不聊生。兹又飞蝗蔽天，禾苗食尽，深为可忧。"上曰："天灾流行，何代无之，唯在修人事以格天心耳。"赐履曰："诚如圣谕。"

本日起居注官傅达礼，熊赐履。

十五日戊午　早，上御太和殿视朝。文武升转各官谢恩，及厄鲁特部落噶儿旦台吉进贡使臣巴颜白克及喀儿喀部落阿格敦达哈思浑额儿得尼伊尔登讷颜下护卫布呼等行礼毕，回宫。

复御乾清门，听部院各衙门官员面奏政事。

本日起居注官喇沙里、蔡启僔。

十六日己未　早，上御乾清门，听部院各衙门官员面奏政事。

本日起居注官胡密子、严我斯。

十七日庚申　早，上御乾清门，听部院各衙门官员面奏政事。

本日起居注官莽色、杜臻。

十八日辛酉　早，上御乾清门，听部院各衙门官员面奏政事。又召陕西按察使巴锡上丹陛谕曰："臬司职典刑名，关系最重。特简授尔此职。凡事须精详公慎，勿枉无辜，以副朕任用之意。"巴锡奏曰："臣蒙擢用此职，惟期黾勉，上报殊恩。"

辰时，上诣太皇太后宫问安。

本日起居注官傅达礼、孙在丰。

十九日壬戌　早，上御乾清门，听部院各衙门官员面奏政事。上命一等侍卫飞耀色传谕陕西按察使巴锡曰："因尔远任，特赐表里缎四匹。"巴锡奏曰："臣蒙皇上殊恩，惟有捐縻图报。"遂于太和殿前谢恩。

未时，上复御乾清门，赐进贡克什克屯部落扎萨克一品台吉托尔波和、吴喇忒部落四品台吉达拉海、苏尼忒部落四品台吉乌鲁勒等宴。

本日起居注官胡密子、史大成。

二十日癸亥　早，上御乾清门，听部院各衙门官员面奏政事。

本日起居注官李仙根、喇沙里。

二十一日甲子　早，上御乾清门，听部院各衙门官员面奏政事。

本日起居注官莽色、杨正中。

二十二日乙丑　早，上御乾清门，听部院各衙门官员面奏政事。

未时，上复御乾清门，赐进贡喀喇沁部落三品塔布囊班的、翁牛忒部落四品台吉顾穆、苏尼忒部落四品台吉伊尔毕斯、土默特部落四品台吉阿尔纳等宴。

本日起居注官傅达礼、熊赐履。

二十三日丙寅　早，上御乾清门，听部院各衙门官员面奏政事。

巳时，上诣太皇太后、皇太后宫问安。

本日起居注官胡密子、严我斯。

二十四日丁卯　早，上御乾清门，听部院各衙门官员面奏政事。未时，上复御乾清门，召新补福建兴化总兵官马维兴至丹陛，上赐宴毕，遣一等侍卫吴丹赐镀金鲜明盔甲全副、表里缎各二匹。传谕曰："兹授尔福建滨海重地，特加恩赉，异于别镇。尔至汛地，须加意镇守，以尽厥职。"维兴奏曰："臣蒙厚恩，到任之日，惟有操练兵马，坚守地方，务期兵民相安，以仰报皇上殊恩。"

本日起居注官喇沙里、蔡启僔。

二十五日戊辰　早，上御太和殿视朝。文武升转各官谢恩，及来贡喀尔喀部落土谢图汗弟巴土鲁台吉使臣察汉等行礼毕，回宫。复御乾清门，听部院各衙门官员面奏政事。

未时，上复御乾清门，赐进贡苏尼忒部落四品台吉沙尼忒、楮冲魁公下四品台吉毛戴、生额固山下四品台吉肯赍狠、敖汉部落四品台吉锡鲁克等宴。

本日起居注官莽色、孙在丰。

二十六日己巳　早，上御乾清门，听部院各衙门官员面奏政事。

本日起居注官傅达礼、史大成。

二十七日庚午　早，上御乾清门，听部院各衙门官员面奏政事。

巳时，上诣太皇太后宫问安。

本日起居注官胡密子、李仙根。

二十八日辛未　早，上御乾清门，听部院各衙门官员面奏政事。

本日起居注官杨正中、喇沙里。

二十九日壬申　早，上御乾清门，听部院各衙门官员面奏政事。

本日起居注官熊赐履、莽色。

三十日癸酉　早，上御乾清门，听部院各衙门官员面奏政事。

未时，上复御乾清门，赐进贡吴喇忒部落四品台吉库奴克等、乌朱穆秦部落四品台吉南第等、土默特部落二品塔布囊鄂齐儿等、喀尔喀部落四品台吉喇玛等、喀喇沁部落三品塔布囊扎穆苏等宴。

本日起居注官傅达礼、严我斯。

闰七月

初一日甲戌　早，上御乾清门，听部院各衙门官员面奏政事。

本日起居注官胡密子、蔡启僔。

初二日乙亥　早，上御乾清门，听部院各衙门官员面奏政事。

未时，上诣太皇太后宫问安。

本日起居注官喇沙里、孙在丰。

初三日丙子　早，上御乾清门，听部院各衙门官员面奏政事。

本日起居注官莽色、杜臻。

初四日丁丑　早，上御乾清门，听部院各衙门官员面奏政事。

未时，上复御乾清门，赐进贡喀尔喀部落二品台吉额尔格伯什等，生额固山二品台吉、三品台吉噶尔玛等，翁牛忒部落三品台吉布尔户搭克等宴。

本日起居注官傅达礼、史大成。

初五日戊寅　早，上御乾清门，听部院各衙门官员面奏政事。

申时，上诣太皇太后、皇太后宫问安。

本日起居注官胡密子、李仙根。

初六日己卯　早，上御乾清门，听部院各衙门官员面奏政事。

本日起居注官杨正中、喇沙里。

初七日庚辰　早，上御乾清门，听部院各衙门官员面奏政事。

辰时，上诣太皇太后宫问安。

本日起居注官傅达礼、熊赐履。

初八日辛巳　早，上御乾清门，听部院各衙门官员面奏政事。

未时，上复御乾清门，赐进贡吴喇忒部落三品台吉绰尔济等、乌朱穆秦部落四品台吉阿达礼等、土默特部落四品塔布囊绰一宋等、敖汉部落无品台吉诺尔布等宴。

本日起居注官胡密子、严我斯。

初九日壬午　早，上御乾清门，听部院各衙门官员面奏政事。吏部尚书对哈纳、郝惟纳，左侍郎勒德浑、王清，右侍郎舒书、陈敳永等奏："今九卿遵旨会议得，凡书办犯赃，若系京城部院书办，该管司官虽不知情，拟罚俸六个月。其在外官吏通同婪赃，将官脱卸，吏书自己承认，亦未可知，仍照失查例革职。若该管官不知情由，减其革职，拟罚俸一年。"上责之曰："衙役作弊，小民受害无穷，该管官员理应从重处分，以清弊蠹。今尔等俱已富贵，不念小民困苦，惟恐重处属员，致有干涉，故将在外该管官改议降级，将在京官止议罚俸，明系瞻徇。且对哈纳朕擢尔为吏部尚书，自应殚心为国，矢公报效，乃巧饰顺从，毫无主见，殊负朕擢用之恩矣。"

本日起居注官喇沙里、蔡启僔。

初十日癸未　早，上御乾清门，听部院各衙门官员面奏政事。

本日起居注官莽色、孙在丰。

十一日甲申　早，上御乾清门，听部院各衙门官员面奏政事。

本日起居注官傅达礼、杜臻。

十二日乙酉　早，上御乾清门，听部院各衙门官员面奏政事。

辰时，上诣太皇太后宫问安。

未时，上复御乾清门，赐进贡克什克屯部落二品台吉西达打等、苏尼忒部落四品台吉扎穆苏等、翁牛忒部落四品台吉巴里马特等、吴喇忒部落四品台吉察特希等、阿霸垓部落四品台吉生额等宴。

本日起居注官胡密子、李仙根。

十三日丙戌　早，上御乾清门，听部院各衙门官员面奏政事。

未时，上复御乾清门，赐进贡生额固山一品台吉阿育实等、四子部落四品台吉阿毕达等、喀儿喀部落一品台吉乌都等、翁牛忒部落三品台吉毛海等、苏尼忒部落四品台吉塔儿济等、郭尔罗斯部落一品台吉瞻巴拉等宴。

本日起居注官莽色、杨正中。

十四日丁亥　早，上御乾清门，听部院各衙门官员面奏政事。

午时，上幸瀛台，召山西布政使杭爱谕曰："朕以尔才能，向欲内用，今因外省事重，特简授尔此职。督、抚之下，藩司职掌重大，不但所司钱谷，凡属员臧否，皆关系焉。尔须持身清正，表率下僚，若有贪恶官吏，勿得徇纵，申详督、抚，即行参奏。地方百姓，尔必加意抚绥。克尽忠诚，以副朕简用之意。如果贤声克著，朕当优擢。”随赐表里各三匹。杭爱奏曰：“臣本庸材，蒙恩擢用，又叨重赏，惟有黾勉尽职，以图仰报殊恩。”

本日起居注官傅达礼、熊赐履。

十五日戊子　早，上御太和殿视朝。文武升转各官谢恩，及朝鲜国王因颁诏差来庆贺谢恩正使福平君李㮒等谢恩毕，回宫。复御乾清门，听部院各衙门官员面奏政事。

未时，上复御乾清门，赐进贡苏尼忒部落一品台吉顾穆什希等、吴喇忒部落四品台吉吴能欣等、阿霸垓部落四品台吉浑尽等、杜尔伯特部落一品台吉吴儿兔那苏兔等宴。

本日起居注官胡密子、严我斯。

十六日己丑　早，上御乾清门，听部院各衙门官员面奏政事。翰林院掌院学士傅达礼、熊赐履引见庶吉士毕。上曰：“方今秋爽，正宜讲书，尔等即于本月二十五日进讲。”

御试学习满文修撰蔡启僔、庶吉士张英等三十二员于太和殿前。

辰时，上诣太皇太后、皇太后宫问安。

未时，上复御乾清门，赐进贡翁牛忒部落四品台吉叟色等、喀尔喀部落四品台吉根都等、乌朱穆秦部落一品台吉喀喇等、吴喇忒部落四品台吉通奎等、土默忒部落四品台吉沙礼等、阿巴哈纳尔部落四品台吉土巴什希等宴。

本日起居注官杜臻、喇沙里。

十七日庚寅　早，上御乾清门，听部院各衙门官员面奏政事。

本日起居注官莽色、蔡启僔。

十八日辛卯　早，上御乾清门，听部院各衙门官员面奏政事。

未时，上复御乾清门，赐进贡翁牛忒部落四品台吉阿育什等、阿霸垓部落四品台吉图巴什希等、苏尼忒部落三品台吉噶儿马等、阿巴哈纳尔部落四品台吉色儿白德等、吴喇忒部落四品台吉巴济代等宴。

本日起居注官傅达礼、严我斯、孙在丰。

十九日壬辰　早，上御乾清门，听部院各衙门官员面奏政事。

本日起居注官胡密子、李仙根。

二十日癸巳　早，上御乾清门，听部院各衙门官员面奏政事。覆试蔡启僔等三十二员于太和殿前。

辰时，上诣太皇太后宫问安。

本日起居注官杨正中、喇沙里。

二十一日甲午　早，上御乾清门，听部院各衙门官员面奏政事。

本日起居注官莽色、严我斯。

二十二日乙未　早，上御乾清门，听部院各衙门官员面奏政事。

未时，上复御乾清门，赐承袭公爵吴喇忒部落纳们及进贡吴喇忒部落三品台吉本彼等、四子部落四品台吉扎穆苏等、苏尼忒部落三品台吉都思何儿等、阿霸垓部落四品台吉桑噶儿豸等、巴林部落淑慧长公主下长史希福等宴。

本日起居注官傅达礼、熊赐履。

二十三日丙申　早，上御乾清门，听部院各衙门官员面奏政事。

本日起居注官胡密子、杜臻。

二十四日丁酉　早，上御乾清门，听部院各衙门官员面奏政事。

未时，上复御乾清门，赐进贡苏尼忒部落四品台吉噶儿马什哈布等、蒿齐特部落图巴等、喀尔喀部落杜牙克等宴。

本日起居注官喇沙里、孙在丰。

二十五日戊戌　早，上御太和殿视朝。文武升转各官谢恩，及进贡使臣厄鲁特部落穆喇特护卫达赉等、喀尔喀部落乌尔特和罗齐等谢恩，赐茶毕，回宫。

复御乾清门，听部院各衙门官员面奏政事。

辰时，御弘德殿，讲官傅达礼、熊赐履、史大成、孙在丰进讲：子游问孝一章。

巳时，上诣太皇太后宫问安。

本日起居注官莽色、蔡启僔。

二十六日己亥　早，上御乾清门，听部院各衙门官员面奏政事。

申时，上诣太皇太后宫问安。

本日起居注官傅达礼、史大成。

二十七日庚子　早，上御乾清门，听部院各衙门官员面奏政事。

巳时，上御弘德殿，讲官傅达礼、熊赐履、史大成、孙在丰进讲：子夏问孝一章。

本日起居注官胡密子、李仙根。

二十八日辛丑　早，上御乾清门，听部院各衙门官员面奏政事。

辰时，上诣太皇太后、皇太后宫问安。

本日起居注官杨正中、喇沙里。

二十九日壬寅　早，上御乾清门，听部院各衙门官员面奏政事。

巳时，上御弘德殿，讲官傅达礼、熊赐履、史大成、孙在丰进讲：子曰吾与回言终日一章。

未时，上复御乾清门，赐进贡苏尼忒部落四品台吉阿于锡等、阿霸垓部落一品台吉国舅布搭西哈布等、四子部落绰什奚等、土默特部落俄齐尔等、蒿齐特部落四品台吉翁俄尔惠等宴。

本日起居注官熊赐履、莽色。

八　月

初一日癸卯　早，上御乾清门，听部院各衙门官员面奏政事。

本日起居注官傅达礼、杜臻。

初二日甲辰　早，上御乾清门，听部院各衙门官员面奏政事。

本日起居注官胡密子、孙在丰。

初三日乙巳　早，上御乾清门，听部院各衙门官员面奏政事。

本日起居注官喇沙里、蔡启僔。

初四日丙午　早，上御乾清门，听部院各衙门官员面奏政事。

巳时，上诣太皇太后、皇太后宫问安。

本日起居注官莽色、史大成。

初五日丁未 早，上御太和殿视祝版毕，复御乾清门，听部院各衙门官员面奏政事。

本日起居注官傅达礼、李仙根。

初六日戊申 早，上诣社稷坛，祭毕，复御乾清门，听部院各衙门官员面奏政事。

本日起居注官胡密子、杨正中。

初七日己酉 早，上御乾清门，听部院各衙门官员面奏政事。

本日起居注官熊赐履、喇沙里。

初八日庚戌 早，上御乾清门，听部院各衙门官员面奏政事。

巳时，上复御弘德殿，讲官傅达礼、熊赐履、史大成、孙在丰进讲：子曰视其所以一章。

未时，上复御乾清门，赐进贡俄尔多斯部落护国公杜棱、阿霸垓部落四品台吉萨木第等、乌朱穆秦部落二品台吉呼尔占等、土默特部落二品塔布囊山大、四子部落二品台吉占班等、蒿齐特部落三品台吉鲁古等、苏尼忒部落四品台吉豸桑五儿等、吴喇忒部落四品台吉达西等、翁牛忒部落搜色、巴林部落三等台吉绰克托等、喀喇沁部落四品塔布囊俄齐儿等宴。

本日起居注官莽色、孙在丰。

初九日辛亥 早，上御乾清门，听部院各衙门官员面奏政事。

巳时，上诣太皇太后宫问安。

本日起居注官杜臻、喇沙里。

初十日壬子 卯时，上幸南苑。酉时，还宫。

本日起居注官傅达礼、史大成。

十一日癸丑 早，上御乾清门，听部院各衙门官员面奏政事。

本日起居注官胡密子、李仙根。

十二日甲寅 早，上御乾清门，听部院各衙门官员面奏政事。

辰时，上御弘德殿，讲官傅达礼、熊赐履、史大成、孙在丰进讲：子曰温故而知新一章。

巳时，上诣太皇太后宫问安。

未时，上复御乾清门，赐进贡阿禄科尔沁国多罗郡王朱尔札噶、和硕额驸塞棱、二品台吉额林臣等，四子部落三品台吉吴巴什等，阿巴哈纳尔部落三品台吉博罗尔塞等，阿霸垓国舅衮楮克等及四品台吉阿津达等，喀尔喀部落四品台吉何东等，苏尼忒部落四品台吉额塞痕等，喀喇沁部落三品塔布囊布勒等宴毕。

上召兵部尚书明珠、都察院左都御史多诺面谕曰："历法乃国家要务，关系匪轻，已有旨命尔等会议南怀仁、杨燝南互相参告之事。朕于满汉内外总无异视，尔等务体朕心，勿执偏见，孰是孰非，虚公看验，务期永行无弊。至飞灰候气法，久不传，难以凭信。尔等其知之。"明珠、多诺对曰："臣等既蒙简命，又承面谕，惟有矢公矢慎，加意看验，以副圣怀。"

上又召学士熊赐履至懋勤殿，谕之曰："闻尔素通历法，故命尔同九卿、科、道等官，会看南怀仁、杨燝南等测验。治历明时，国家重务，尚其钦哉。"赐履对曰："历理精微，历数繁赜。三代而后，作历者不下七十余家，求其合于天行，号称无弊者，唐之《大衍》，元之《授时》而外，未之概见。臣章句小儒，从事于格物之学，故如步算占候之类亦尝讲求其理，然不过粗知梗概，未能洞悉精微。今既承圣谕，敢不尽心看验，以副简命。"上曰："新法、旧法纷纷聚讼，其差异处安在？"对曰："就中款项甚多，难以枚举。即如岁差，旧法是太阳退数，换宫不换宿，换太阳宫，不换经星宫；新法是经星进数，换宿兼换宫，换经星宫，不换太阳宫。所以旧法虽有岁差，宫宿不动。新法日积月累，宫宿那移。惟其宫宿那移，是以向来一切推算占候，阴阳五行、生克衰旺之说，都难以取合。此亦聚讼之一端也。至于岁实参差，岁差环转，节气游移，觜参颠倒，种种不同，大相径庭，是以纷纷辩论。"上曰："理明数著，吻合天行，固未易言。"赐履对曰："诚如圣谕。"

上又问曰："汉官中有与尔同讲学的否？"对曰："学问在实践，不在空讲。近见候补御史魏象枢、臣衙门翰林李光地、王宽兹三人，俱有志于理学。"上颔之。

因论及用人之道。赐履奏曰："凡取人以品行为本，至于才器大小，各有不同，难以概律。自古迄今，才全德备者有几？帝王随才器使，但用其长，不求其备。譬之宇宙间种种色象，万有不齐，一入洪钧大造，都成有用。天地无弃物，圣贤无弃人，其理一也。”上首肯。

本日起居注官杨正中、喇沙里。

十三日乙卯 早，上御乾清门，听部院各衙门官员面奏政事。

本日起居注官熊赐履、莽色。

十四日丙辰 早，上御乾清门，听部院各衙门官员面奏政事。

辰时，上御弘德殿，讲官傅达礼、熊赐履、史大成、孙在丰进讲：子曰君子不器一章。

午时，上诣太皇太后、皇太后宫问安。

未时，上御瀛台阁，赐阿禄科尔沁国多罗郡王朱尔札噶、和硕额驸塞棱、二品台吉额林臣宴。

本日起居注官傅达礼、杨正中、喇沙里、孙在丰。

十五日丁巳 早，上御太和殿视朝。文武升转各官谢恩，及进贡使臣喀尔喀部落克什克图、厄鲁特部落达尔汉喇玛行礼毕，回宫。

复御乾清门，听部院各衙门官员面奏政事。

未时，上复御乾清门，赐喀尔喀部落克什克图、厄鲁特部落木喇忒等宴。

本日起居注官胡密子、杜臻。

十六日戊午 早，上御乾清门，听部院各衙门官员面奏政事。

辰时，上御弘德殿，讲官傅达礼、熊赐履、史大成、孙在丰进讲：子贡问君子一章、子曰君子周而不比一章。

本日起居注官莽色、史大成。

十七日己未 早，上御乾清门，听部院各衙门官员面奏政事。

辰时，上御弘德殿，讲官傅达礼、熊赐履、史大成、孙在丰进讲：子曰学而不思则罔一章、子曰攻乎异端一章。

巳时，上诣太皇太后宫问安毕，回宫。

赐补授河南巡抚佟凤彩鞍马，及归化城满席里绰尔济，蒿齐特部落博地素额墨齐，科尔沁国二品台吉阿玉锡、尔济图、额尔得尼等蟒袍各一袭。未时，上御乾清门，赐凤彩及进贡喀喇沁部落杜棱郡王扎什、四品塔布囊巴图儿，蒿齐特部落郡王齐布屯、博地素额墨齐、四品台吉桑阿尔等，苏尼忒部落贝勒沙礼、四品台吉阿玉锡等，归化城满席里绰尔济、二品台吉那尔布等，科尔沁国二品台吉阿玉锡等，四子部落四品台吉塞棱等，吴喇忒部落三品台吉楚布古尔等，阿巴哈纳尔部落四品台吉萨喇尔等，翁牛忒部落四品台吉俄齐尔、扎萨克一品台吉乌尔木等宴。

本日起居注官李仙根、喇沙里。

十八日庚申 早，上御乾清门，听部院各衙门官员面奏政事。

辰时，上御保和殿，举行经筵大典。讲官常鼐、徐元文进讲《大学》所谓平天下一节，折库纳、宋德宜进讲《书经》后克艰厥后一节。讲毕，赐宴如例。

本日起居注官傅达礼、莽色、杨正中。

十九日辛酉 早，上御乾清门，听部院各衙门官员面奏政事。

巳时，上诣太皇太后、皇太后宫问安。

未时，上复御乾清门，赐进贡翁牛忒部落四品台吉塔尔巴等，苏尼忒部落四品台吉戴度等、那尔布都统下四品台吉巴济代等，阿霸垓部落四品台吉噶木克台，吴喇忒部落四品台吉恩克等宴。

本日起居注官熊赐履、喇沙里。

二十日壬戌 太皇太后幸遵化温泉。巳时，上诣太皇太后宫，候太皇太后登辇，上随辇行。出神武门，设卤簿，在京王、贝勒以下文武各官跪送。

出东直门，至进膳处，上扶掖太皇太后降辇，入行宫后，上诣进膳处。膳毕，复诣太皇太后行宫，下马趋至近前侍立，候太皇太后登辇，上扶辇行数武，然后乘马随行。渡通州河，至驻跸处，上步送太皇太后至行宫门，扶掖下辇，入宫后，上始回宫。

是日，通州等处文武各官来朝。

二十一日癸亥 驻跸三河县南。三河县等处文武各官来朝。是日，入三河县城内，命满洲兵丁环甲以观。

二十二日甲子 驻跸蓟州西。蓟州文武各官来朝。

是日，召蓟州官兵至驻跸处，命射毕。谕蓟州城守都司佥书蒋元泰等曰："尔等训练甚善，但兵以食为天，须全给军饷，俾沾实惠，毋得侵克。地方如有盗贼，须严行缉拿，毋致扰民。兵丁仍加意训练。"

二十三日乙丑　驻跸稻地里村南。玉田县文武各官来朝。

二十四日丙寅　驻跸明月山前。遵化县等处文武各官来朝。

二十五日丁卯　将至温泉，上先诣太皇太后行宫，亲视铺设毕，回启太皇太后，随行。巳时，至温泉。上于牌坊外下马，亲掖太皇太后辇至行宫，候降辇入宫，上始回鲇鱼池城内行宫。

更御素服，率王、贝勒、各大臣，诣孝陵明楼前，行三跪九叩礼，举哀。又三献爵，举哀毕。

酉时，回行宫。

二十六日戊辰　辰时，上诣太皇太后行宫问安。

二十七日己巳　辰时，上诣太皇太后行宫问安。

二十八日庚午　辰时，上诣太皇太后行宫问安。

二十九日辛未　辰时，上诣太皇太后行宫问安。

三十日壬申　辰时，上诣太皇太后行宫问安。

申时，上复诣太皇太后行宫问安。

是日，喀喇沁部落护国公俄忒巴拉及科尔沁国一品台吉玛尼德兑、俄齐尔、阿必达等进贡来朝。

九　月

初一日癸酉　辰时，上诣太皇太后行宫问安。

初二日甲戌　卯时，上诣太皇太后行宫问安。

初三日乙亥　辰时，上诣太皇太后行宫问安。

初四日丙子　内阁学士哈占升授工部侍郎，入内谢恩。上谕曰："尔为内阁学士有年，凡事谙练，朕特简用。尔其黾勉供职，以副朕倚任之意。"哈占奏曰："臣本寒微，蒙皇上简任学士，尝深蚊负之惧。况日侍皇上左右，罪过多端，屡邀圣恩宽宥。今复擢用此职，臣亦不敢妄行渎辞，惟有竭力报效，上答殊恩。"

辰时，上诣太皇太后行宫问安。

将于次日幸三屯营，召翰林院学士傅达礼、侍读学士胡密子谕曰：“朕奉太皇太后幸温泉，蒙慈旨，令朕游览近地，访问民生。朕仰承慈谕，将于翌日往三屯营。非有他故，特遵懿旨往景中山耳。”

初五日丁丑　卯时，上诣太皇太后行宫问安毕，遂幸景中山，驻跸三屯营南。

是日，过遵化县，命遵化县官兵俱于西门外陈列以观。三屯营、迁安县文武各官来朝。

初六日戊寅　驻跸滦河。

初七日己卯　上回鲇鱼池城，过三屯营，命本营官兵于东门外陈列以观。

酉时，至温泉，诣太皇太后行宫问安。

科尔沁国和硕卓里克图亲王俄齐儿，辅国公图纳黑，一品台吉奔博、齐巴忒、马什卓衣，四品台吉东胡里、伊尔国孙来朝。

初八日庚辰　辰时，上诣太皇太后行宫问安。

初九日辛巳　辰时，上诣太皇太后行宫问安。

初十日壬午　巳时，上诣太皇太后行宫问安。

是日，翁牛忒部落喀喇齐里克护国公奇他忒来朝。

十一日癸未　辰时，上诣太皇太后行宫问安。

十二日甲申　巳时，上诣太皇太后行宫问安。

十三日乙酉　巳时，上诣太皇太后行宫问安。

十四日丙戌　乌朱穆秦部落车陈亲王苏达尼来朝。

卯时，上诣太皇太后行宫问安毕，幸黄家营，驻跸稻沟峪。

十五日丁亥　申时，上回鲇鱼池城，诣太皇太后行宫问安。

十六日戊子　柰曼部落一品台吉俄齐尔来朝。

巳时，上诣太皇太后行宫问安。

十七日己丑　巳时，上诣太皇太后行宫问安。

十八日庚寅　午时，上诣太皇太后行宫问安。

十九日辛卯　巳时，上诣太皇太后行宫问安。

二十日壬辰　巳时，上诣太皇太后行宫问安。

二十一日癸巳　巳时，上诣太皇太后行宫问安。

二十二日甲午　巳时，上诣太皇太后行宫问安。

二十三日乙未　辰时，上诣太皇太后行宫问安。

二十四日丙申　辰时，上诣太皇太后行宫问安。

二十五日丁酉　巳时，上诣太皇太后行宫问安。

二十六日戊戌　辰时，上诣太皇太后行宫问安。

二十七日己亥　巳时，上诣太皇太后行宫问安。

二十八日庚子　辰时，上诣太皇太后行宫问安。

二十九日辛丑　巳时，上诣太皇太后行宫问安。

十　月

初一日壬寅　未时，上诣太皇太后行宫问安。

初二日癸卯　辰时，上诣太皇太后行宫问安。

初三日甲辰　卯时，上诣太皇太后行宫。

辰时，奉太皇太后驾回京，驻跸明月山前。

初四日乙巳　驻跸颜家公。

是日，闻皇后违和，上召学士傅达礼谕曰："前日自京城来奏，皇后有恙，朕召太医院官武超众问以方药。遂谕云：朕以太皇太后圣躬违和，奉驾来幸温泉，若得太皇太后霍然全愈，朕怀庶慰，尔等勿得妄行奏闻，恐致太皇太后忧虑。而武超众不解朕意，遂尔奏闻。蒙太皇太后慈谕云：我已痊愈，中宫有恙，可速往视之。朕奏云：中宫虽病，自有定数，臣去亦无益。况臣特奉太皇太后来此，必须同往，遂得不行。适又自京城来奏，皇后病剧。太皇太后慈谕云：尔欲奉我同行固是，但中宫病剧，可速往省视，若病势痊可，不妨再来相迎。况尔奉我同行，固为孝思，遵命前往，亦孝道也。朕不敢违太皇太后慈旨，即刻起行，一省皇后，仍即来迎。"遂于申时起驾，夤夜驰行。

初五日昧爽至京城，进东直门。寅时，回宫。卯时，诣皇太后宫问安。因皇后病痊，遂传谕往迎太皇太后。于初六日寅时，自京城起驾，出东直门。至平家潭，命众缓行。上酌从近臣侍卫前行，至邦郡，迎见太皇太后，启奏皇后病痊。遂奉太皇太后至三河县南驻跸。

三河县官员来朝。

初七日戊申　驻跸平家潭。顺义县文武各官来朝。

初八日己酉　未时，进东直门，在京王、贝勒以下文武各官于景山东跪接。

入神武门，上随太皇太后辇至慈宁宫，亲掖太皇太后降辇入宫后。上出，诣皇太后宫问安毕。申时，回宫。

是行也，部院各衙门章奏，每间三日，内阁官员驰送行在听理。上一路掖视太皇太后辇舆备极敬慎。凡驻跸、进膳、登辇、降辇，上必躬亲解系帘帷；沿途一茶一茗，必恭酌亲献。或太皇太后偶尔违和，辄忧形于色，数诣行宫问省，必俟痊可，然后豫悦。虽皇后病剧，亦秘不以闻。及太皇太后闻知，命之入京，上以废孝不行，再三强之，乃星驰入都。皇后稍痊，仍即往迓慈驾，急于定省，不惮苦劳。其在温泉也，每间二日，必遣近侍至京问皇太后安。矢诚致敬，略无间怠。圣孝之纯诚，篾以加矣。

经筵日讲官起居注翰林院掌院学士礼部侍郎加一级傅达礼，经筵日讲官起居注翰林院侍读学士胡密子侍从记注册。

初九日庚戌　早，上御乾清门，听部院各衙门官员面奏政事。

巳时，上诣太皇太后宫问安。

本日起居注官熊赐履、喇沙里。

初十日辛亥　早，上御乾清门，听部院各衙门官员面奏政事。

本日起居注官傅达礼、李仙根。

十一日壬子　早，上御乾清门，听部院各衙门官员面奏政事。

本日起居注官莽色、杨正中。

十二日癸丑　早，上御乾清门，听部院各衙门官员面奏政事。

未时，上复御乾清门，赐问安科尔沁国和硕卓里克图亲王鄂齐尔、镇国公图纳黑、一品台吉贲卜齐等宴。

本日起居注官胡密子、蔡启僔。

十三日甲寅　早，上御乾清门，听部院各衙门官员面奏政事。

辰时，上诣太皇太后宫问安。

本日起居注官杜臻、喇沙里。

十四日乙卯　早，上御乾清门，听部院各衙门官员面奏政事。

未时，上复御乾清门，赐问安来贡科尔沁国一品台吉玛尼等宴。

本日起居注官傅达礼、史大成。

十五日丙辰　早，上御太和殿视朝。文武升转官员谢恩，及进贡厄鲁特、喀尔喀等九部落头目巴图尔下并墨尔根豸桑等行礼毕，回宫。

复御乾清门，听部院各衙门官员面奏政事。

本日起居注官莽色、陈廷敬。

十六日丁巳　早，上御乾清门，听部院各衙门官员面奏政事。

辰时，上御弘德殿，讲官傅达礼、熊赐履、史大成、杜臻进讲：子曰由诲女知之乎一章、子张学干禄一章。

进讲毕，上召赐履至御前问曰："近来朝政何如？"对曰："皇上励精图治，旰食宵衣，可谓无逸作所矣。但凡事须求实际，不贵具文。前见上谕禁奢靡，崇节俭，人人皆以为当今第一要务。盖奢侈僭越至今日极矣。官贪吏酷，财尽民穷，种种弊蠹，皆由于此。但恐积习沉痼，猝难改移，有司视若虚文，奉行不力。唯在皇上躬行倡导，加意剔厘，太平无疆之业，端在是矣。"

上又问曰："从来治国在安民，安民在弭盗。如今外面盗贼稍息否？"对曰："圣谕及此，天下生灵之福也。臣阅报，见盗案烦多，实有其故。朝廷设兵以防盗，而兵即为盗；设官以弭盗，而官即讳盗。官之讳盗，由于处分之太严；兵之为盗，由于月饷之多克。畿辅响骑多凭社虎，有司不敢问也。山海流亡啸聚萑苻，将弁若罔闻也。欲求盗息民安，岂可得乎？今日弭盗之法，在足民，亦在足兵；在察吏，亦在察将。少宽缉盗之罚，重悬捕盗之赏，庶乎其可也。"上曰："诚然。"

赐履又曰："臣观今日大势，东南海孽，西北边情，惟严以备之，慎以防之而已。而根本之计，在内地，不在边疆；在朝廷，不在四方。内安斯外靖，本固则邦宁。目今河工一事，为国家大役，长此不竣，元气日耗。不幸水旱频仍，盗贼滋炽，颇费收拾，最为可虞。"上曰："河工重大，关系国计民生，告成无期，朕甚忧之。”

午时，上复御保和殿，赐来问安科尔沁国和硕卓里克图亲王鄂齐尔、镇国公图纳黑、一品台吉贲卜齐等及达赖喇嘛来使喇嘛等宴。

本日起居注官胡密子、杜臻。

十七日戊午　早，上御乾清门，听部院各衙门官员面奏政事。

巳时，上诣太皇太后宫问安。

本日起居注官傅达礼、李仙根。

十八日己未　早，上御乾清门，听部院各衙门官员面奏政事。

辰时，上御弘德殿，讲官傅达礼、熊赐履、史大成、杜臻进讲：哀公问曰何为则民服一章、季康子问使民敬忠以劝一章。

本日起居注官喇沙里、蔡启僔。

十九日庚申　早，上御乾清门，听部院各衙门官员面奏政事。

本日起居注官莽色、杨正中。

二十日辛酉　早，上御乾清门，听部院各衙门官员面奏政事。

辰时，上御弘德殿，讲官傅达礼、熊赐履、史大成、杜臻进讲：或谓孔子曰子奚不为政一章、子曰人而无信不知其可也一章。

未时，上御乾清门，赐问安来贡科尔沁国一品台吉玛尼等宴。

本日起居注官熊赐履、胡密子。

二十一日壬戌　早，上御乾清门，听部院各衙门官员面奏政事。

本日起居注官喇沙里、陈廷敬。

二十二日癸亥　早，上御乾清门，听部院各衙门官员面奏政事。

辰时，上御弘德殿，讲官傅达礼、熊赐履、史大成、孙在丰进讲：子张问十世可知一章、子曰非其鬼而祭之谄也一章。

巳时，上诣太皇太后宫问安。

本日起居注官傅达礼、史大成。

二十三日甲子　早，上御乾清门，听部院各衙门官员面奏政事。

巳时，上诣太皇太后、皇太后宫问安。

本日起居注官莽色、杜臻。

二十四日乙丑　早，上御乾清门，听部院各衙门官员面奏政事。

辰时，上御弘德殿，讲官傅达礼、熊赐履、史大成、孙在丰进讲：孔子谓季氏一章。

本日起居注官胡密子、李仙根。

二十五日丙寅　早，上御太和殿视朝。文武升转官员谢恩毕，及进贡厄鲁特部落使臣大允额尔克等行礼毕，回宫。

上复御乾清门，听部院各衙门官员面奏政事。

本日起居注官杨正中、喇沙里。

二十六日丁卯　早，上御乾清门，听部院各衙门官员面奏政事。

辰时，上御弘德殿，讲官傅达礼、熊赐履、史大成、孙在丰进讲：三家者以雍彻一章。

未时，上复御乾清门，赐进贡科尔沁国二品台吉王舒克、扎鲁特部落二品台吉特静、柰曼部落四品台吉噶尔玛、克什克屯部落三品台吉齐里克退等宴。

本日起居注官傅达礼、蔡启僔。

二十七日戊辰　早，上御乾清门，听部院各衙门官员面奏政事。

本日起居注官莽色、孙在丰。

二十八日己巳　早，上御乾清门，听部院各衙门官员面奏政事。

辰时，上御弘德殿，讲官傅达礼、熊赐履、史大成、孙在丰进讲：子曰人而不仁一章。

巳时，上诣太皇太后宫问安。

未时，上复御乾清门，赐来承袭王爵敖汉部落多罗郡王扎木苏、二品台吉滚布，进贡科尔沁国二品台吉敦鲁拍，土默特部落三品塔布囊桑图、四品塔布囊毕力克图等宴。

本日起居注官熊赐履、胡密子。

二十九日庚午　早，上御乾清门，听部院各衙门官员面奏政事。

本日起居注官喇沙里、陈廷敬。

三十日辛未　上因初三日冬至，有事南郊，斋戒不理政事。

本日起居注官傅达礼、史大成。

十九日庚寅 早，上御乾清门，听部院各衙门官员面奏政事。

巳时，上诣太皇太后宫问安。

本日起居注官傅达礼、熊赐履。

二十日辛卯 早，上御乾清门，听部院各衙门官员面奏政事。

本日起居注官喇沙里、陈廷敬。

二十一日壬辰 早，上御乾清门，听部院各衙门官员面奏政事。

未时，上复御乾清门，赐浙江巡抚田逢吉宴毕，召至御前谕之曰：“因尔谙练事务，故简任浙江巡抚。该省年来水旱频仍，百姓困苦。尔膺兹重任，须正己率属，抚绥百姓，以副朕任用之意。察吏安民，不在小节，惟在剪除大恶、剔厘大弊耳。为善为恶，俱在于尔。朕言不再，尔其勖哉。”逢吉奏曰：“臣本谫劣，荷蒙简用，惟有捐糜竭蹶，以仰答皇上殊恩。”于常赐鞍马一匹外，加赐走马一匹，表里十端。

本日起居注官莽色、杜臻。

二十二日癸巳 早，上御乾清门，听部院各衙门官员面奏政事。

巳时，上诣太皇太后宫问安。

未时，上复御保和殿，赐问安科尔沁国二品台吉朱根、扎鲁特部落四品台吉噶尔玛、土默特部落四品台吉都哈尔、喀喇沁部落四品台吉阿玉西等及达赖喇嘛使臣等宴。

本日起居注官胡密子、李仙根。

二十三日甲午 早，上御乾清门，听部院各衙门官员面奏政事。

本日起居注官傅达礼、杨正中。

二十四日乙未 早，上御乾清门，听部院各衙门官员面奏政事。

本日起居注官喇沙里、史鹤龄。

二十五日丙申 早，上御乾清门，听部院各衙门官员面奏政事。

未时，上御保和殿，赐科尔沁国多罗郡王额尔得尼、王弟一品台吉鄂齐尔等及达赖罕来使大云额尔喀等宴。

本日起居注官莽色、孙在丰。

二十六日丁酉 早，上御乾清门，听部院各衙门官员面奏政事。

巳时，上诣太皇太后宫问安。

本日起居注官胡密子、陈廷敬。

二十七日戊戌　早，上御乾清门，听部院各衙门官员面奏政事。

本日起居注官傅达礼、熊赐履。

二十八日己亥　早，上御乾清门，听部院各衙门官员面奏政事。

本日起居注官杜臻、喇沙里。

二十九日庚子　早，上御乾清门，听部院各衙门官员面奏政事。

巳时，上诣太皇太后、皇太后宫问安。

未时，上复御乾清门，赐新升浙江平阳总兵官李应魁并孝陵马兰关副将黄宫及进贡苏尼忒部落四品台吉东湖里等、喀尔沁部落二品塔布囊塞棱塔苏尔海等、科尔沁二等护卫岳喇等宴毕。赐应魁鞍马一匹。

本日起居注官莽色、李仙根。

三十日辛丑　昧爽，上诣南苑，视太皇太后行宫，不听政事。

本日起居注官胡密子、杨正中。

十二月

初一日壬寅　早，上御乾清门，听部院各衙门官员面奏政事。

本日起居注官傅达礼、史鹤龄。

初二日癸卯　早，上御乾清门，听部院各衙门官员面奏政事。

本日起居注官喇沙里、孙在丰。

初三日甲辰　早，上御乾清门，听部院各衙门官员面奏政事。

巳时，上诣太皇太后宫问安。

本日起居注官莽色、陈廷敬。

初四日乙巳　早，上御乾清门，听部院各衙门官员面奏政事。

本日起居注官熊赐履、胡密子。

初五日丙午　早，上御太和殿视朝。文武升转各官谢恩毕，回宫。复御乾清门，听部院各衙门官员面奏政事。

巳时，上诣太皇太后、皇太后宫问安。

本日起居注官李仙根、喇沙里。

初六日丁未 辰时，上奉太皇太后幸南苑，驻跸三日。

初九日庚戌 巳时，上奉太皇太后还，送入慈宁宫，上回宫。

起居注官傅达礼、莽色扈从。

初十日辛亥 早，上御乾清门，听部院各衙门官员面奏政事。

本日起居注官熊赐履、喇沙里。

十一日壬子 早，上御乾清门，听部院各衙门官员面奏政事。

未时，上复御乾清门，赐进贡科尔沁额尔得尼郡王、一品台吉桑阿儿寨等宴。

本日起居注官莽色、陈廷敬。

十二日癸丑 早，上御乾清门，听部院各衙门官员面奏政事。

辰时，上诣太皇太后宫问安。

本日起居注官傅达礼、杜臻。

十三日甲寅 早，上御乾清门，听部院各衙门官员面奏政事。

本日起居注官胡密子、李仙根。

十四日乙卯 早，上御乾清门，听部院各衙门官员面奏政事。

未时，上复御乾清门，赐进贡巴林多罗郡王鄂齐尔、多罗额驸阿喇巴覃、三等精奇尼哈番毕礼克等，土默特部落三品台吉察棍等，翁牛忒部落三品台吉布喇虎达克等，乌朱穆秦部落一等护卫叟塞达尔汉等宴。

本日起居注官杨正中、喇沙里。

十五日丙辰 早，上御乾清门，听部院各衙门官员面奏政事。

巳时，上诣太皇太后、皇太后宫问安。

本日起居注官莽色、史鹤龄。

十六日丁巳 早，上御乾清门，听部院各衙门官员面奏政事毕，召学士傅达礼谕曰："朕昨诣太皇太后宫问安。太皇太后谕云：予虽在宫壸，太宗行政亦略知之。彼时开创，甚重骑射。方今天下太平，四方宁谧，然安不可忘危，闲暇时仍宜训练武备。至如在朝诸臣奏事，岂无忠诚入告者？然不肖之类，假公行私，附己者即为引进，忤己者即加罔害，亦或有之。为人君者，务虚公裁断，一准于理，则事无差失矣。朕绎慈训，人君之道，诚莫要于虚公裁断之一言也。”

上遣一等侍卫衣都额真鄂尔多等视大学士卫周祚疾。

云南总督甘文焜请假葬母，至京。上遣一等侍卫衣都额真对亲等，赍茶酒至其家，问慰之。

本日起居注官傅达礼、孙在丰。

十七日戊午　早，上御乾清门，听部院各衙门官员面奏政事。

午时，上召学士熊赐履至懋勤殿问曰：“汉官中有以言官风闻言事请者，朕思忠爱之言，切中事理，患其不多；若其不肖之徒，借端生事，假公济私，人主不察，必至倾害善良，扰乱国政，为害甚巨。”赐履对曰：“言官渎奏乱政，固足为害，但言路通塞，关天下治乱。古者谏无专官，士庶亦得建白。盖人主深居九重，一日万几，若非兼听广纳，明目达聪，则政事得失，生灵休戚，何由周知其故。古人悬鼗设铎，止辇旌槛，良以此也。盖闻见不可以不广，而采纳不可以不慎。闻见不广，则病在壅塞；采纳不慎，则病在泛滥。好问好察，执两用中，舜之所以为大知也。”

上曰：“从来与民休息，道在不扰，与其多一事，不如省一事。朕观前代君臣，每多好大喜功，劳民伤财，紊乱旧章，虚耗元气，上下讧嚣，民生日蹙，深可为鉴。”赐履对曰：“《书》云，临下以简。又云，监于先王成宪。皇上此言，诚千古守成之要道也。但欲省事，必先省心，欲省心，必先正心。自强不息，方能无为而成；明作有功，方能垂拱而治。人主诚能清心寡欲，日新又新，则大本已立，凡举措设施可不劳而理矣。纷更繁扰，则丛挫罔功；怠窳废弛，则痿痹不振。历观前代，俱有明验也。”上曰：“居敬行简，方为帝王中正之道，尔言朕知之矣。”

本日起居注官熊赐履、胡密子。

十八日己未　早，上御乾清门，听部院各衙门官员面奏政事。

本日起居注官喇沙里、陈廷敬。

十九日庚申　早，上御乾清门，听部院各衙门官员面奏政事。

巳时，上诣太皇太后宫问安。

未时，上复御乾清门，赐进贡科尔沁国二品台吉莫伦泰等、翁牛忒部落无品台吉鄂齐尔等、四子部落二品台吉纳木札布、蒿齐忒部落二品台吉沙里等、阿禄科尔沁国三品台吉达第巴等、扎鲁特部落四品台吉达尔马等、土默特部落二品塔布囊赵图等、喀喇沁部落三品塔布囊多罗等宴。

本日起居注官莽色、杜臻。

二十日辛酉 早，上御乾清门，听部院各衙门官员面奏政事。

午时，上诣太皇太后、皇太后宫问安。

本日起居注官胡密子、李仙根。

二十一日壬戌 辰时，陈设卤簿，上出正阳门，幸南苑。

行经海会寺，召学士傅达礼谕曰："闻此寺内有一狂僧，自称得道，尔试往问之。"达礼承旨往问，回奏讫。又奏曰："臣观此僧，语言动静大似狂妄，勿论得道之僧，即使真正活佛，亦与国家何益？况此辈不耕而食，不织而衣，自谓得道，招摇鼓惑，深为可恶。至于黄天、弘阳等教，男女杂集，诵经说法，先经严禁，至今尚未革除。切思此等之人，自古以来，止足为害，实无裨益。若不预行禁止，恐愚民被其煽惑，深为不便。伏乞皇上斥逐此僧，且严禁黄天等邪教，以肃清京畿内地，则天下幸甚！"上曰："出家人止宜住深山穷谷，京师岂是修行之地。朕亦知此僧狂妄，自古以来，此等之人，往往为害不浅，尔言朕已知之。"

是日，驻跸东宫。部院各衙门章奏，命内阁学士赍奏。

二十二日癸亥 上驻跸南苑。

二十三日甲子 上驻跸南苑。

二十四日乙丑 上驻跸南苑。

二十五日丙寅 申时，上自南苑还，诣太皇太后宫问安毕，回宫。

起居注官傅达礼、喇沙里扈从。

二十六日丁卯 巳时，上诣太皇太后、皇太后宫问安。

本日起居注官莽色、杜臻。

二十七日戊辰 巳时，上诣皇太后宫问安。

本日起居注官傅达礼、李仙根。

二十八日己巳 早，上御太和殿视祝版。

未时，上诣太皇太后宫问安。

本日起居注官喇沙里、史鹤龄。

二十九日庚午　昧爽，以岁除，上亲诣太庙，恭祭毕，回宫。

辰时，上诣太皇太后宫问安。午时，上复诣太皇太后宫问安。

本日起居注官胡密子、孙在丰。

三十日辛未　巳时，上诣太皇太后宫问安。

午时，以岁除，上御保和殿，赐来朝元旦外藩王、贝勒、贝子、公等及内大臣、满汉大学士、三旗都统、尚书、副都统、侍郎、学士、侍卫等官宴，乐舞作，进酒。上召外藩王、贝勒、贝子及内大臣宗室公叶白、舒常、书陶色，和硕额驸吴应熊、尚之隆、耿昭忠、耿聚忠，内大臣国舅佟国纲，内大臣阿鲁哈等至御座前，亲赐饮。又召外藩台吉等至阶下赐饮。宴罢，众谢恩毕，上回宫。

盖上每日御乾清门，听部院各衙门面奏政事，及科道各官条陈，必亲览章奏，详加咨询。补授内外满汉文武各官，必引见丹陛，察其才具。内大臣、侍卫等官，每日御门赐食。外藩进贡王、贝勒、台吉、塔布囊等及赴任督、抚、提镇、藩、臬等官，上亦必亲赐宴飨。凡政事有可商酌，必召阁臣面议，亲加裁决。御门回宫，即御讲筵讲读，无少间怠。我皇上敬天爱民，讲学勤政，从古帝王所罕观也。

本日起居注官莽色、陈廷敬。

康熙十二年　癸丑

正　月

初一日壬申　早，上率诸王、贝勒、贝子、公等，内大臣、大学士、都统、尚书、侍卫等，往堂子行礼毕，回宫。

辰时，率诸王、贝勒、贝子、公等，内大臣、大学士、都统、尚书、精奇尼哈番、侍卫等官，诣太皇太后宫行礼，又诣皇太后宫行礼毕，回宫。

少顷，御中和殿，内大臣、侍卫及内阁、翰林院、礼部、都察院、鸿胪寺执事各官行礼毕，御太和殿。诸王、贝勒、贝子、公等文武官员及来朝元旦外藩王、贝勒、贝子、公等，台吉等，朝鲜等国使臣，上庆贺元旦表，行礼毕，回宫。

巳时，又御保和殿，赐外藩王、贝勒、贝子、公等，内大臣、大学士、都统、尚书、侍卫及台吉等饭。午时，又御太和殿，大宴诸王、贝勒、贝子、公等，内大臣、侍卫、文武各官及来朝元旦外藩王、贝勒、贝子、公、台吉等，朝鲜等国使臣，乐作，进酒。上召和硕康亲王杰淑，安亲王岳乐，裕亲王福全，庄亲王博果铎，简亲王喇布，多罗温郡王猛莪，惠郡王博翁果诺，平郡王罗可铎，多罗贝勒尚善，固山贝子傅拉塔、温齐、敦达，护国公杜兰等至御座前，亲赐饮。又召固山贝子张泰等，俱至御座前赐饮。又召满汉尚书米斯翰、郝惟讷等，八旗满洲、蒙古、汉军都统拉哈达、朱满、范达礼等及满汉侍郎、朝鲜国正使昌城君李霔，至殿内赐饮。宴罢，众谢恩毕，上回宫。

本日起居注官傅达礼、熊赐履。

初二日癸酉　午时，上诣太宗贵妃宫省视，又诣太皇太后、皇太后宫问安。

本日起居注官杜臻、喇沙里。

初三日甲戌

初四日乙亥 辰时，上诣太皇太后宫问安。

本日起居注官莽色、杨正中。

初五日丙子 上御中和殿视祝版。

巳时，上诣太皇太后宫问安。

本日起居注官傅达礼、史鹤龄。

初六日丁丑 早，以孟春，上诣太庙躬祭。

本日起居注官喇沙里、孙在丰。

初七日戊寅

初八日己卯 午时，上诣太皇太后、皇太后宫问安。

本日起居注官熊赐履、莽色。

初九日庚辰 上御太和殿视祝版。

本日起居注官莽色、杜臻。

初十日辛巳 早，上诣大享殿行祭祈谷礼。

午时，上诣太皇太后宫问安。

本日起居注官李仙根、喇沙里。

十一日壬午 早，上御乾清门，听部院各衙门官员面奏政事。

未时，上复御乾清门，赐进贡巴林部落多罗郡王俄齐儿、敖汉部落一品台吉吴巴什、苏尼忒部落四品台吉达锡等、阿禄科尔沁国三品台吉白尔赫等、巴林部落四品台吉巴颜等食。

本日起居注官胡密子、孙在丰。

十二日癸未 早，上御乾清门，听部院各衙门官员面奏政事。

本日起居注官熊赐履、莽色。

十三日甲申 早，上御乾清门，听部院各衙门官员面奏政事。

本日起居注官杨正中、喇沙里。

十四日乙酉 早，上御乾清门，听部院各衙门官员面奏政事。

辰时，上诣太皇太后宫问安。

午时，上御太和殿，宴外藩王、贝勒、贝子、公等，内大臣、满汉大学士、三旗都统、尚书、副都统、侍郎、学士、侍卫等，乐舞作，进酒。

上召外藩王、贝勒、贝子等至御座前，亲赐饮。又召大学士等至御座前，亲赐饮。宴罢，众谢恩毕，回宫。

本日起居注官胡密子、陈廷敬。

十五日丙戌 早，上御太和殿视朝。文武升转官员谢恩毕，回宫。

复御乾清门，听部院各衙门官员面奏政事。

巳时，又御保和殿，赐外藩王、贝勒、贝子、公等，内大臣、大学士、都统、尚书、侍卫及台吉等饭。午时，又御太和殿，大宴外藩王、贝勒、贝子、公等，内大臣、满汉大学士、三旗都统、尚书、副都统、侍郎、学士、侍卫、台吉等，乐舞作，进酒。召内大臣、大学士、都统、尚书、副都统、侍郎、学士、头等侍卫及外藩台吉等入殿内，赐酒。宴罢，众谢恩毕，上回宫。

本日起居注官莽色、史鹤龄。

十六日丁亥 早，上御乾清门，听部院各衙门官员面奏政事。

辰时，上诣太皇太后宫问安。

未时，上复诣太皇太后宫设灯节筵宴，乐舞作，赐随驾大臣、侍卫等宴于宫门外。

是日，上遣一等侍卫伊都额真吴丹，同医生诊视内大臣塞尔格病。

本日起居注官杜臻、喇沙里。

十七日戊子 早，上御乾清门，听部院各衙门官员面奏政事。

辰时，上诣太皇太后宫问安。

本日起居注官胡密子、李仙根。

十八日己丑 早，上御乾清门，听部院各衙门官员面奏政事。

辰时，上诣太皇太后、皇太后宫问安。

本日起居注官莽色、杨正中。

十九日庚寅 辰时，上服圆补黄袍，诣太皇太后宫问安毕，遂以大阅幸南苑。内大臣、侍卫及元旦来朝外藩王、贝勒等俱服蟒袍。上出午门，陈设卤簿，诸王、贝勒以下文武各官，俱跪送。诸王、贝勒等送出正阳门始还。上进大红门，驻跸东宫。

是日，谕兵部尚书明珠曰："朕每欲率部院大臣一行游览，只因政务殷繁，恐致废弛，是以未遂所怀。今因大阅，得以稍暇，令各尚书俱带弓矢来，随朕游览。”

巳时，上率和硕裕亲王福全、巴林部落多罗郡王鄂齐尔、敖汉部落多罗郡王布达、喀尔喀部落多罗贝勒衮布衣儿邓及户部尚书米斯翰、兵部尚书明珠、刑部尚书莫洛、工部尚书吴达礼、都察院左都御史多诺等，向南围猎。至东红门，上下马，令树侯，亲射毕，命巴林部落多罗郡王鄂齐尔等、尚书米斯翰等及侍卫等射。

酉时，上回东宫。

二十日辛卯 上预命内大臣、都统、护军统领、前锋统领，令八旗王以下四品武官以上，及护军、前锋俱各环甲于晾鹰台两旁，各按队伍排列。内阁满汉大学士、各部满汉尚书以下三品官以上，各衙门堂官、翰林、科、道等官，该部引至晾鹰台上，东首排立。元旦来朝科尔沁国和硕达尔汉亲王班第额驸、多罗郡王额尔得尼布达礼、多罗贝勒鄂齐尔、镇国公杜思哈尔、头等台吉得德衣、扎萨克头等台吉诺尔布，翁牛忒部落多罗杜棱郡王毕礼滚达赖，苏尼忒部落多罗郡王沙木札额驸多罗贝勒沙里，扎鲁特部落多罗达尔汉贝勒巴达礼、多罗贝勒图巴，土默特部落多罗达尔汉贝勒卓里克图，巴林部落多罗郡王鄂齐尔、多罗额驸阿拉布探、头等台吉顾禄，阿霸垓部落多罗卓里克图郡王敦白儿，敖汉部落多罗郡王布达，喀尔喀部落多罗贝勒衮布衣儿邓，鄂尔多斯部落固山贝子色棱、镇国公杜陵，阿巴哈纳尔部落固山贝子杜什下布，吴喇忒部落镇国公纳满、辅国公楮冲魁，喀喇沁部落多罗杜棱郡王扎锡，克什克屯扎萨克头等台吉阿育什等，理藩院引至晾鹰台上，分两翼排立。鸟枪手在晾鹰台西边排列。上辰时自东宫起驾，至晾鹰台，亲环甲，御黄幄。命三旗内大臣、都统、护军统领、前锋统领各领队伍，自西边行至东边排列。诸王、贝勒等亦各领本旗护卫官员，按队伍行至东边排列。闻鸟枪齐发，皆鸣号发喊，自东边结阵驰至西边，照两翼排列毕。上召兵部尚书明珠谕曰：“此陈列甚善，其永著为令。”

上遂命树侯台下，亲射五发，中三矢。又令内大臣国舅佟国维，内大臣阿米达，护军统领桑格，新升真定总兵张和善，头等侍卫飞耀色、对亲、吴丹，护军参领法喇那等射毕。上复骑射，一发即中。外藩王、贝勒、贝子、公、台吉等见上骑射熟娴，军容整肃，皆相视骇异。

上卸甲，服圆补黄袍，御黄幄。诸王、贝勒、贝子、宗室、公及外藩王、贝勒等，内大臣、侍卫、内阁、都察院官员，俱于台上分两翼坐。八旗都统、副都统、各部尚书、侍郎及文武各官，照两翼坐于台下，大宴。上进酒，令内大臣、侍卫赐诸王、贝勒等酒。宴罢，诸王、贝勒、文武各官谢恩讫。

上自南苑还，未赴阅文武各官，俱于午门外跪接。

上随诣太皇太后宫问安毕，申时，回宫。

盖上制治保邦、安不忘危之至意，欲与中外共见之。是日，八旗禁旅星罗棋布，军容甚盛，纪律严明。天气晴和，圣心豫悦，识者以为万世太平之兆云。

起居注官傅达礼、孙在丰、史鹤龄扈从。

二十一日壬辰 早，上御乾清门，听部院各衙门官员面奏政事。

本日起居注官喇沙里、陈廷敬。

二十二日癸巳 早，上御乾清门，听部院各衙门官员面奏政事。

午时，上幸景山，召拟补平西亲王下援剿后镇总兵员缺王府长史卫朴，命射。

本日起居注官熊赐履、胡密子。

二十三日甲午 早，上御乾清门，听部院各衙门官员面奏政事。

辰时，上诣太皇太后宫问安。申时，复诣太皇太后宫问安。

本日起居注官莽色、杜臻。

二十四日乙未 早，上御乾清门，听部院各衙门官员面奏政事。

本日起居注官傅达礼、李仙根。

二十五日丙申 早，上御太和殿视朝。文武升转官员谢恩，及进贡厄鲁忒部落达尔汉囊素等头目行礼毕，回宫。

复御乾清门，听部院各衙门官员面奏政事。

本日起居注官杨正中、喇沙里。

二十六日丁酉 早，上御乾清门，听部院各衙门官员面奏政事。

辰时，上诣太皇太后宫问安。

未时，上复御乾清门，赐进贡喀尔喀部落二品台吉衮齐肯、喀喇沁部落三品塔布囊扎穆苏等、苏尼忒部落四品台吉鄂齐尔等食。

本日起居注官胡密子、史鹤龄。

二十七日戊戌 早，上御乾清门，听部院各衙门官员面奏政事。

未时，上复御乾清门，赐新升真定总兵官张和善宴毕，召至御前谕曰："尔系近侍，与疏远不同，凡事须加谨慎。"和善奏曰："臣惟有黾勉效力，仰副纶音。"该部照例赏赐鞍马外，加赐内厩马一匹。

本日起居注官莽色、孙在丰。

二十八日己亥 早，上御乾清门，听部院各衙门官员面奏政事毕。上谕工部尚书吴达礼等曰："黄河堤岸清水潭一带要地工程，总河王光裕自抵任以来，将已竣未竣之处，并未奏闻，深轸朕怀。尔部选的当官一员，前往看视，即于明日引见。"

辰时，上诣太皇太后宫问安。

本日起居注官傅达礼、陈廷敬。

二十九日庚子 早，上御乾清门，听部院各衙门官员面奏政事。工部尚书吴达礼等，引见差往看视河工官，上命着郎中苏立泰去。遂谕之曰："清水潭七里沟决口，关系漕运。今春若不完工，夏间或遇霖雨，将若之何？尔其传谕总河王光裕知悉。"

辰时，上诣太皇太后宫问安。未时，又诣太皇太后宫问安毕。

复御乾清门，赐进贡翁牛忒部落四品台吉塞贲额什黑等、土默特部落四品塔布囊古穆、喀喇沁部落都统八牙儿等食。

本日起居注官熊赐履、喇沙里。

二　月

初一日辛丑 早，上御乾清门，听部院各衙门官员面奏政事。

辰时，上诣太皇太后、皇太后宫问安。

本日起居注官莽色、杜臻。

初二日壬寅　早，上御中和殿，视朝日坛祝版毕，御乾清门，听部院各衙门官员面奏政事。

酉时，上诣太皇太后宫问安。

本日起居注官傅达礼、李仙根。

初三日癸卯　早，上御乾清门，听部院各衙门官员面奏政事。

本日起居注官杨正中、喇沙里。

初四日甲辰　早，上御乾清门，听部院各衙门官员面奏政事。上以平西亲王吴三桂、平南王尚可喜宣力边疆，历有年所，特遣一等侍卫伊都额真吴丹、二等侍卫塞扈立，赍御用貂帽一顶、团龙面貂腋裘、青蟒狐腋袍各一袭、束带一围，前往云南颁赐；遣一等侍卫伊都额真古德、二等侍卫米哈纳，赍御用貂帽一顶、团龙天马裘、镶领蓝蟒面狐腋袍各一袭、束带一围，前往广东颁赐。

午时，上诣太皇太后宫问安。

未时，上复御乾清门，赐请安科尔沁国和硕端敏公主下头等护卫布颜图、进贡克什克屯部落扎萨克三品台吉伊马克他、翁牛忒部落三品台吉达尔马等、阿禄科尔沁国四品台吉魏勒七、喀喇沁部落四品塔布囊索宁等、苏尼忒部落四品台吉巴拜等食。

本日起居注官莽色、史鹤龄。

初五日乙巳　早，上御乾清门，听部院各衙门官员面奏政事。

本日起居注官喇沙里、孙在丰。

初六日丙午　早，上御乾清门，听部院各衙门官员面奏政事。

午时，上诣太皇太后、皇太后宫问安。

本日起居注官傅达礼、陈廷敬。

初七日丁未　早，上御中和殿视祝版。

少顷，御乾清门，听部院各衙门官员面奏政事。学士傅达礼等以开日讲事奏请，上曰："人主临御天下，建极绥猷，未有不以讲学明理为先务。朕听政之暇，即于宫中披阅典籍，殊觉义理无穷，乐此不疲。向来隔日进讲，朕心犹为未足，嗣后尔等须日侍讲读，阐发书旨，为学之功，庶可无间。”达礼奏曰：“圣心及此，诚日就月将为学不厌之芳规也，臣等惟有殚竭愚衷，仰裨高深于万一耳。”

本日起居注官莽色、杜臻。

初八日戊申 早，上诣社稷坛，恭祭毕，回宫。

率诸王、贝勒以下，内大臣、大学士、都统、精奇尼哈番、尚书、侍卫等，庆贺太皇太后圣诞。礼毕，遂御乾清门，听部院各衙门官员面奏政事。

巳时，上复诣太皇太后宫问安。

本日起居注官李仙根、喇沙里。

初九日己酉 早，上御乾清门，听部院各衙门官员面奏政事。

本日起居注官莽色、杨正中、杜臻。

初十日庚戌 早，上御乾清门，听部院各衙门官员面奏政事。

本日起居注官喇沙里、史鹤龄。

十一日辛亥 早，上御乾清门，听部院各衙门官员面奏政事。

本日起居注官傅达礼、陈廷敬。

十二日壬子 早，上御乾清门，听部院各衙门官员面奏政事。

巳时，上诣太皇太后宫问安。

本日起居官莽色、杜臻。

十三日癸丑 早，上御乾清门，听部院各衙门官员面奏政事。差往总河王光裕处郎中苏立泰回奏：“臣奉旨宣谕总河王光裕毕，光裕奏云：臣本微员，蒙皇上殊恩，特擢受兹重任。”奏未毕，上曰：“此皆套语，不必陈述，尔即将看过河工具奏。”立泰随奉绘图进呈御览。奏曰：“七里沟决口未经完工者，尚有二丈，清水潭决口未经完工者，尚有八丈，东堤尚未兴工。据河臣王光裕云，七里沟决口，本月十一日前可以堵塞；清水潭决口，本月内可以堵塞；其东堤俟西堤告竣之日方可兴工。至于江都、仪真等处粮艘，向赖江水运行，去年江水不至，江都、仪真河道因此阻浅。今已遣分司苏黑德前往疏浚，本月二十日内可以完工，今岁粮艘不致阻滞。又据漕臣帅颜保云，河水方至，即一时未能开导，先塞七里沟口，河水亦可无虞。但清水潭西堤工程虽竣，东堤尚未兴工。从来江水至时，接以湖水，粮运方不阻塞。若江水不至，湖水不接，粮艘停滞，亦未可定。”上曰：“尔既亲往看过，决口果能塞否？”立泰奏曰：“水势湍急，难以预料，但据光裕言能塞耳。”

巳时，上御保和殿，举行经筵大典。讲官常鼐、徐元文进讲《论语》宽则得众一节；折库讷、梁清标进讲《书经》惟天地万物父母一节。讲毕，赐宴如例。

本日起居注官李仙根、喇沙里。

十四日甲寅 早，上御乾清门，听部院各衙门官员面奏政事。

本日起居注官傅达礼、杨正中。

十五日乙卯 早，上御乾清门，听部院各衙门官员面奏政事。

辰时，上诣太皇太后宫问安。

本日起居注官莽色、史鹤龄。

十六日丙辰 早，上御乾清门，听部院各衙门官员面奏政事。

未时，上诣太皇太后、皇太后宫问安。

本日起居注官傅达礼、陈廷敬。

十七日丁巳 早，上御乾清门，听部院各衙门官员面奏政事。

本日起居注官胡密子、杜臻。

十八日戊午 早，上御乾清门，听部院各衙门官员面奏政事。

辰时，上诣太皇太后、皇太后宫问安。

本日起居注官李仙根、喇沙里。

十九日己未 早，上御乾清门，听部院各衙门官员面奏政事。

未时，上召学士傅达礼等至懋勤殿，谕曰：“尔衙门所进翻译《大学衍义》一书，朕恭呈太皇太后御览。奉慈谕云：人主居四海臣民之上，所关甚巨。然代天理物，端在躬行；致治兴化，必先修己。此书法戒毕陈，诚为切要。尔特加意是编，命儒臣翻译刊刻，更令颁赐诸臣，予心欣悦。用是，特出予内帑白金一千两，可即赉予在事官员。朕仰遵慈旨，特赐尔等在事官员，作何分给，其定议具奏。”达礼等奏曰：“编纂书籍，臣衙门职分当然。况臣等才庸学浅，虽遵旨翻译成书，正恐中多差谬，深切祇惧。兹蒙太皇太后格外重赏，臣等益深惶汗。”上曰：“太皇太后特赐尔等，其领承之。”

未时，上复御乾清门，赐进贡苏尼忒部落四品台吉多克新等、巴林部落一品台吉色白克等、阿霸垓部落四品台吉和尼齐等、喀喇沁部落二品塔布囊须住儿等、问安科尔沁国固龙永安长公主下佐领曼达尔汉等食。

本日起居注官莽色、杨正中。

二十日庚申　早，上御乾清门，听部院各衙门官员面奏政事。

学士傅达礼等以翻译《大学衍义》，蒙太皇太后赏赉，同各官于慈宁宫前谢恩毕，复诣太和殿前谢恩。

本日起居注官傅达礼、史鹤龄。

二十一日辛酉　早，上御乾清门，听部院各衙门官员面奏政事。

本日起居注官胡密子、李仙根。

二十二日壬戌　早，上御乾清门，听部院各衙门官员面奏政事。

辰时，上诣太皇太后宫问安。

本日起居注官杜臻、喇沙里。

二十三日癸亥　早，上御乾清门，听部院各衙门官员面奏政事。

本日起居注官莽色、陈廷敬。

二十四日甲子　早，上御乾清门，听部院各衙门官员面奏政事。户部右侍郎马绍曾、郎中董色，奉使保定清察钱粮，还奏所察缘由毕。上问曰："尔等回时，直隶地方曾有雨泽否？麦苗何如？"绍曾对曰："臣等来时尚未得雨，麦苗虽经发生，得雨方能畅茂。"上戚然良久。是夜天雨。诘旦，遣一等侍卫对亲等，出郊验视土膏深浅云。

辰时，上诣太皇太后宫问安。

本日起居注官傅达礼、杨正中。

二十五日乙丑　早，上御太和殿视朝。文武升转官员谢恩，及暹罗国正贡使握坤司吝喇耶迈低礼等行礼毕，回宫。

复御乾清门，听部院各衙门官员面奏政事。

本日起居注官胡密子、史鹤龄。

二十六日丙寅　早，上御乾清门，听部院各衙门官员面奏政事。

未时，上复御乾清门，赐升补云南援剿后镇总兵官卫朴食，仍赐鞍马一匹。

本日起居注官喇沙里、陈廷敬。

二十七日丁卯 早，上御乾清门，听部院各衙门官员面奏政事。

本日起居注官莽色、杜臻。

二十八日戊辰 早，上御乾清门，听部院各衙门官员面奏政事。

本日起居注官傅达礼、熊赐履。

二十九日己巳 早，上御乾清门，听部院各衙门官员面奏政事。

巳时，上诣太皇太后、皇太后宫问安。

本日起居注官胡密子、李仙根。

三十日庚午 早，上御乾清门，听部院各衙门官员面奏政事。学士傅达礼等奏："《大学衍义》除颁给诸王、文武各官外，仍存剩二十二部，请旨。"奉旨："这所剩书，着分给八旗官学各一部，以资肄习。余着尔衙门暂收。"

未时，上御乾清门，赐请安巴林部落淑慧固龙长公主下参领多尔济，及自盛京进贡南塔住持罗布藏喇嘛、东塔住持罗布藏尼马喇嘛、翁牛忒部落三品台吉毛等、苏尼忒部落四品台吉纳马世希等、喀喇沁部落四品塔布囊格勒尔等食。

本日起居注官喇沙里、史鹤龄。

三　月

初一日辛未 早，上恭诣堂子致祭毕，回宫。

少顷，御乾清门，听部院各衙门官员面奏政事。

本日起居注官莽色、孙在丰。

初二日壬申 早，上御乾清门，听部院各衙门官员面奏政事。理藩院郎中何托、员外郎奈马代等，奉差带参领吴海往科尔沁国对质。上谕曰："尔等审问外国之人不可加以威逼，亦不可徇庇中国之人，务从公讯问。"

辰时，上御弘德殿，讲官傅达礼、熊赐履、孙在丰进讲：林放问礼之本一章、子曰夷狄之有君一章、季氏旅于泰山一章。

本日起居注官傅达礼、陈廷敬。

初三日癸酉　早，上御乾清门，听部院各衙门官员面奏政事。

辰时，上御弘德殿，讲官傅达礼、熊赐履、孙在丰进讲：子曰君子无所争一章、子夏问曰巧笑倩兮一章。

讲毕，上召赐履至御前问曰："近日朝政若何？"对曰："自非圣人，外宁必有内忧。方今四方无事，正皇上兢兢业业、儆戒无虞之时也。"上曰："要务安在？"对曰："民为邦本，本固邦宁。今天下小民穷苦尚无起色，惟在休养抚息。务令家给人足，庶几教化可兴，此万世治平之基也。"上曰："民生不遂，由于吏治不清。长吏贤，则百姓自安。"对曰："诚如圣谕。"上曰："天下好事都是合该做的，近见有寸长片善便自矜炫，是好名也。"对曰："凡宇宙内皆分内事，君如尧舜，臣如皋夔，只是分量应然。治如唐虞，学如邹鲁，也是合当如此。天生斯人，全体大用，本无不备。人在世间，内而五德，外而五常，不知有多少亏欠，多少缺陷。圣贤教人，重实行不尚浮夸，贵闇修不求声誉，职此之故。但三代而后，非比往古，中材以下，难语上哲。苟能顾惜名节，犹胜于无所忌惮。好忠孝之名，是犹知有忠孝；好廉节之名，是犹知有廉节。始虽假托虚名，久之或即真实。皇上但当于假中求真，若并假而废之，则真益不可得矣。无所为而为善，遁世不见知而不悔，此圣人事，岂易多观哉。"上首肯，因问曰："有治人无治法何谓也？"对曰："从来无无弊之法。得其人，变化因心，自足以治；不得其人，虽典谟官礼，亦难尽善。皇上惟留意用人。人材得，则政事理，不易之道也。"上曰："真能办事的也难多得。"对曰："知人则哲，古帝其难。有平淡木讷若无所长，而中饶干济可以理烦任剧者；有才情气魄大似有为，而识养浅露反致偾事者。人之能否，俱未可以外貌定也。"上曰："朕观人先心术，次才学。心术不好，便有才学何用？"对曰："才有大小，学有浅深。朝廷因才器使，难拘一格。至立心制行，人之根本。圣贤衡品，帝王抡才，必首严其辨。圣谕及此，诚知人之要道也。"

本日起居注官胡密子、杜　臻。

初四日甲戌　早，上御乾清门，听部院各衙门官员面奏政事。

辰时，讲官傅达礼、熊赐履、孙在丰进讲。上召达礼至懋勤殿，谕曰："今缘修葺宫殿，明日移驻瀛台，暂居数日。讲书之事最要，不可少间。尔等仍照常每日至瀛台进讲，今日暂停。"

巳时，上又召达礼至懋勤殿，谕曰："尔衙门翰林官员职司修纂，所系匪轻。至日讲官，有讲读记注之职，所关尤重，必心术端厚，才学优长者，方克胜任。尔与熊赐履酌量考试具奏。"上又曰："人君讲究学问，若不实心体认，徒应故事，讲官进讲后，即置之度外，是务虚名也，于身心何益？朕于尔等进讲之后，仍再三阅绎，即心有所得，犹必考正于人，务期道理明彻乃止。至于听政之暇，无间寒暑，惟有读书写字而已。"上遂御书一行令观。达礼奏曰："皇上书法端楷，尽善尽美。一日万几，复孜孜于学，讲习讨论，惟日不足，真可谓无逸作所矣。但人君之学，与儒生不同。写字无甚关系，恐劳圣体。"上曰："人君之学，诚不在此。朕亦非专工书法，但暇时游情翰墨耳。尔言朕知之矣。"

午时，上诣太皇太后宫问安。

本日起居注官熊赐履、喇沙里。

初五日乙亥　早，上御中和殿，内大臣，内阁、翰林院、礼部、都察院等堂官，以赐《大学衍义》谢恩毕，又御太和殿视朝。诸王、贝勒、贝子、公等文武大臣，以赐《大学衍义》及升转各官俱谢恩。又进贡喀尔喀部落席达儿等行礼毕，回宫。

少顷，御乾清门，听部院各衙门官员面奏政事。

辰时，上御弘德殿，讲官傅达礼、熊赐履、孙在丰进讲：子曰夏礼吾能言之一章。

巳时，上诣太皇太后宫问安毕，随幸瀛台。

本日起居注官莽色、李仙根。

初六日丙子　早，上御瀛台，听部院各衙门官员面奏政事。

辰时，上复御瀛台，讲官傅达礼、熊赐履、孙在丰进讲：子曰禘自既灌而往者一章、或问禘之说一章。

讲毕，召学士傅达礼谕曰："朕移驻于此，非图游逸。因宫殿楹柱损坏，每逢霖雨渗漏，难以居住，故令修葺，暂来驻此。若朕欲游览，此间相距不远，可不时来游，况今值亢旱，方忧之不暇，更何心游逸也。虽至愚之人，亦不为此矣。”达礼奏曰：“圣虑忧勤如此，诚天下之福也。虽尧、舜之心，不过是矣。”

本日起居注官傅达礼、陈廷敬。

初七日丁丑 早，上御瀛台，听部院各衙门官员面奏政事。

辰时，上复御瀛台，讲官傅达礼、熊赐履、孙在丰进讲：祭如在一章、王孙贾问曰一章。

午时，上因久旱不雨，深切忧虑，出西直门看视麦苗。申时，回瀛台。

本日起居注官喇沙里、史鹤龄。

初八日戊寅 早，上御瀛台，听部院各衙门官员面奏政事。

辰时，上复御瀛台，讲官傅达礼、熊赐履、孙在丰进讲：子曰周监于二代一章。

召兵部尚书明珠谕曰：“朕初因修葺宫殿，暂驻瀛台。今天时亢旱，甚轸朕怀，修葺虽未告竣，即日回宫修省。”

巳时，自瀛台诣太皇太后、皇太后宫问安毕，回宫。

本日起居注官莽色、孙在丰。

初九日己卯 早，上御乾清门，听部院各衙门官员面奏政事。

辰时，上御弘德殿，讲官傅达礼、熊赐履、孙在丰进讲：子入太庙一章。讲毕，进呈考试翰林官四十六卷，上命留览。

本日起居注官傅达礼、杨正中。

初十日庚辰 早，上御乾清门，听部院各衙门官员面奏政事。

辰时，上御弘德殿，讲官傅达礼、熊赐履、孙在丰进讲：子曰射不主皮一章、子贡欲去告朔之饩羊一章、子曰事君尽礼一章。

本日起居注官胡密子、杜臻。

十一日辛巳 早，上御乾清门，听部院各衙门官员面奏政事。问刑部尚书莫洛、艾元征，侍郎阿范、任克溥曰：“据尔部所奏疏内，有奴仆马二者，持刀杀死伊主赵子金。此犯有可矜疑处否？”莫洛等奏曰：“马二虽不承认，但持刀杀主，凿凿有据，无可矜疑。”上又曰：“据奏今年死犯甚多，朕心甚为不忍。”莫洛等奏曰：“死犯共有八十余名，内有去秋缓决三次逃人三十余名，故似乎多。”上曰：“人命关系重大，尔等职司刑狱，凡审理之事，宜加详慎，以副朕钦恤之意。”

辰时，上御弘德殿，讲官傅达礼、熊赐履、孙在丰进讲：定公问君使臣一章。讲毕，进呈侍读学士李仙根等所献诗文手卷册页等项。上览毕，谓傅达礼、熊赐履曰：“翰林官系文学侍从之臣，朕前有旨，令其勤习学业，以备任用。今观尔等所进试卷及手卷册页，俱有可观。伊等勤学可知，朕心甚为嘉悦。”

本日起居注官熊赐履、喇沙里。

十二日壬午 早，上御乾清门，听部院各衙门官员面奏政事。

辰时，上御弘德殿，讲官傅达礼、熊赐履、孙在丰进讲：子曰关雎乐而不淫一章、哀公问社于宰我一章、子曰管仲之器小哉一章。

本日起居注官莽色、孙在丰。

十三日癸未 早，上御乾清门，听部院各衙门官员面奏政事。先是有旨，着福建总督范承谟来京陛见，至是承谟至。上召至御座前，问以地方情形。

辰时，上御弘德殿，讲官傅达礼、熊赐履、孙在丰进讲：子语鲁太师乐曰一章、仪封人请见一章。

讲毕，上召学士熊赐履至御前问曰：“雨泽衍期，朕心忧廑，何道可以感召天和，为民请命？”对曰：“皇上敬天勤民，遇灾修省，尧忧汤责，何以加兹，但敬灾一时之事，图治万世之事。总之，以实不以文，修意必修事也。上下交而其志同，阴阳和而雨泽降。皇上锐意治理，臣下奉行不力，未能宣布德意，俾膏泽下究于民。诏旨几属虚文，政纪总成故套，臣恐虽尧舜在上，难有升平之望。必也君臣上下一德，内外大小一心，有美意即有良法，有仁心必有仁政。六合如一家，四海如一人，联属通贯，略无隔滞。下令如流水，德泽不崇朝而遍天下，则一切灾祲，无足为虑。”上曰：“君臣果能一心图治，岂忧天下哉？从来此等光景未易多得，然朕与诸臣何可不交勉之。”赐履因奏曰：“为政端在得人，得其人矣，又必委任以成其志，鼓舞以尽其才。若善善而不举，恶恶而不去，赏不足劝，罚不足惩，虽二帝三王，亦难以为治。故用舍黜陟，人主出治之大权，最当审量者也。”上曰：“知人难，用人不易。然致治之道，全关于此，朕即欲不尽心，不可得也。”

巳时，上诣太皇太后宫问安。

本日起居注官傅达礼、杨正中。

十四日甲申　早，上御乾清门，听部院各衙门官员面奏政事。

本日起居注官胡密子、史鹤龄。

十五日乙酉　早，上御乾清门，听部院各衙门官员面奏政事。

辰时，上御弘德殿，讲官傅达礼、熊赐履、孙在丰进讲：子谓韶尽美矣一章、子曰居上不宽一章。

本日起居注官李仙根、喇沙里。

十六日丙戌　早，上御乾清门，听部院各衙门官员面奏政事。

先是，上因雨泽衍期，谕礼部等衙门，于十三日起祈祷三日，十五日雨自晨至午。是日，上遣一等侍卫依都额真对亲等出郊看视禾苗。

辰时，上御弘德殿，讲官傅达礼、熊赐履、孙在丰进讲：子曰里仁为美一章。

巳时，上诣太皇太后宫问安。

本日起居注官莽色、陈廷敬。

十七日丁亥　早，上御乾清门，听部院各衙门官员面奏政事。

本日起居注官胡密子、杜臻。

十八日戊子　早，万寿节，上率诸王、贝勒、文武大臣，诣太皇太后宫行礼，次诣皇太后宫行礼毕，回宫。

少顷，御中和殿，内大臣、侍卫，内阁、翰林院、都察院等官行礼毕，御太和殿。诸王、贝勒、文武各官上表庆贺，及暹罗国进贡正使握坤司吝喇耶迈低礼等、安南国谢恩进贡正使陈光华等行礼毕，回宫。

本日起居注官熊赐履、喇沙里。

十九日己丑　早，上御乾清门，听部院各衙门官员面奏政事。

本日起居注官莽色、李仙根。

二十日庚寅　早，上御乾清门，听部院各衙门官员面奏政事毕，殿试天下贡士韩菼等一百六十六名。

辰时，上诣太皇太后、皇太后宫问安。

本日起居注官胡密子、史鹤龄。

二十一日辛卯　早，上御乾清门，听部院各衙门官员面奏政事。

本日起居注官喇沙里、孙在丰。

二十二日壬辰　早，上御乾清门，听部院各衙门官员面奏政事。

辰时，上御弘德殿，讲官喇沙里、孙在丰进讲：子曰不仁者不可以久处约一章。

巳时，上诣太皇太后宫问安。

本日起居注官莽色、陈廷敬。

二十三日癸巳　早，上御太和殿。传胪第一甲第一名韩菼、第二名王度心、第三名徐秉义；二甲第一名顾汧等四十三名；三甲第一名缪锦宣等一百二十三名，赐进士及第出身有差。读卷官图海、冯溥等并执事各官及菼等行礼毕，上回宫。

少顷，御乾清门，听部院各衙门官员面奏政事。

本日起居注官杜臻、喇沙里。

二十四日甲午　早，上御乾清门，听部院各衙门官员面奏政事。京察留任内阁侍读学士以下等官，翰林院侍读学士以下等官，宗人府启心郎以下等官，吏部郎中以下等官，通政司左、右通政，国子监祭酒、司业，鸿胪寺正卿、少卿，钦天监监正、监副，上亲视之。

辰时，御弘德殿，讲官傅达礼、熊赐履、孙在丰进讲：子曰惟仁者一章、子曰苟志于仁矣一章、子曰富与贵是人之所欲也一章。

巳时，上诣太皇太后宫问安。

本日起居注官熊赐履、胡密子。

二十五日乙未　早，上御乾清门，听部院各衙门官员面奏政事。

辰时，上御弘德殿，讲官喇沙里、孙在丰进讲：子曰我未见好仁者一章。

巳时，上诣太皇太后宫问安。

本日起居注官喇沙里、史鹤龄。

二十六日丙申　早，上御乾清门，听部院各衙门官员面奏政事。

辰时，上御弘德殿，讲官傅达礼、熊赐履、孙在丰进讲：子曰人之过也各于其党一章、子曰朝闻道一章、子曰士志于道一章。

巳时，上诣太皇太后、皇太后宫问安。

本日起居注官莽色、杨正中。

二十七日丁酉　早，上御乾清门，听部院各衙门官员面奏政事。

本日起居注官胡密子、李仙根。

二十八日戊戌　早，上御乾清门，听部院各衙门官员面奏政事。

本日起居注官傅达礼、孙在丰。

二十九日己亥　早，上御中和殿视祝版毕，回宫。

少顷，御乾清门，听部院各衙门官员面奏政事。

上因二十七至二十八日霖雨大降，是日，遣一等侍卫依都额真对亲等出郊觇视田苗。

巳时，上诣太皇太后宫问安。

本日起居注官喇沙里、陈廷敬。

四　月

初一日庚子　早，以孟夏，上躬诣太庙致祭毕，回宫。

少顷，上御乾清门，听部院各衙门官员面奏政事。

本日起居注官莽色、杜臻。

初二日辛丑　早，上御乾清门，听部院各衙门官员面奏政事。

辰时，上出德胜门视田禾，酉时回宫。

本日起居注官胡密子、杨正中。

初三日壬寅　早，上御乾清门，听部院各衙门官员面奏政事。

辰时，上御弘德殿，讲官傅达礼、熊赐履、孙在丰进讲：子曰君子之于天下也一章、子曰君子怀德一章、子曰放于利而行一章、子曰能以礼让为国乎一章、子曰不患无位一章。

巳时，上诣太皇太后宫问安。

本日起居注官李仙根、喇沙里。

初四日癸卯 早，上御乾清门，听部院各衙门官员面奏政事。巡视南城御史参奏失火事，上谕曰："每遇失火，朕常遣侍卫往救。闻尔城上官员，即于失火时执拿家主。若尔，其家财物无人照看，必至匪类乘机窃盗，深属无辜。此后俟火息再行查议。"

巳时，上诣太皇太后、皇太后宫问安。

午时，上御观德殿，命推升四川重庆总兵官、原任云南沅江副将王起龙，陕西解州副将林忠射。

本日起居注官熊赐履、莽色。

初五日甲辰 早，上御太和殿视朝。文武升转各官及进万寿表衍圣公孔毓圻、安南国谢恩进贡正使陈光华等谢恩毕，回宫。

少顷，御乾清门，听部院各衙门官员面奏政事。殿试第一甲第一名进士韩菼等，于午门外上表谢恩。

辰时，上御弘德殿，讲官傅达礼、熊赐履、孙在丰进讲：子曰参乎吾道一以贯之一章。

未时，复御乾清门，赐浙江平阳总兵官蔡朝佐食毕，又赐鞍马一匹。

本日起居注官胡密子、史鹤龄。

初六日乙巳 早，上御乾清门，听部院各衙门官员面奏政事。

辰时，上御弘德殿，讲官傅达礼、熊赐履、孙在丰进讲：子曰君子喻以义一章、子曰见贤思齐焉一章。

本日起居注官喇沙里、孙在丰。

初七日丙午 早，上御乾清门，听部院各衙门官员面奏政事。

辰时，上御弘德殿，讲官傅达礼、熊赐履、孙在丰进讲：子曰事父母几谏一章、子曰父母在不远游一章、子曰父母之年不可不知也一章。

本日起居注官莽色、陈廷敬。

初八日丁未 早，上御乾清门，听部院各衙门官员面奏政事。

辰时，上御弘德殿，讲官傅达礼、熊赐履、孙在丰进讲：子曰古者言之不出一章、子曰以约失之者鲜矣一章、子曰君子欲讷于言一章。

本日起居注官傅达礼、杜臻。

初九日戊申　早，上御乾清门，听部院各衙门官员面奏政事。

辰时，上御弘德殿，讲官傅达礼、熊赐履、孙在丰进讲：子曰德不孤一章、子游曰事君数一章、子谓公冶长一章。

巳时，上诣太皇太后宫问安。

本日起居注官熊赐履、胡密子。

初十日己酉　早，上御乾清门，听部院各衙门官员面奏政事。

辰时，上御弘德殿，讲官傅达礼、熊赐履、孙在丰进讲：子谓子贱一章、子贡问曰赐也何如一章、或曰雍也仁而不佞一章。

本日起居注官李仙根、喇沙里。

十一日庚戌　早，上御乾清门，听部院各衙门官员面奏政事。

本日起居注官莽色、杨正中。

十二日辛亥　早，上御乾清门，听部院各衙门官员面奏政事。

辰时，上御弘德殿，讲官傅达礼、熊赐履、孙在丰进讲：子使漆雕开仕一章。

巳时，上诣太皇太后、皇太后宫问安。

上谓侍臣曰："此时满洲，朕不虑其不知满语，但恐后生子弟渐习汉语，竟忘满语，亦未可知。且满汉文义照字翻译，可通用者甚多。今之翻译者尚知辞意，酌而用之。后生子弟未必知此，不特差失大意，抑且言语欠当，关系不小。"因顾谓翰林院学士傅达礼曰："尔任翰苑之职，可体朕此意，将满语照汉文字汇发明，某字应如何用，某字当某处用，集成一书，使有益于后学。"傅达礼奏曰："皇上此旨，诚立教善后之盛心也。臣等虽不才，当只遵俞旨，编缉成书，敬呈御览。"上谕曰："此书不必太急，宜详慎为之，务致永远可传，方为善也。"

本日起居注官傅达礼、史鹤龄。

十三日壬子　早，上御乾清门，听部院各衙门官员面奏政事。

辰时，上御弘德殿，讲官傅达礼、熊赐履、孙在丰进讲：子曰道不行一章。

本日起居注官胡密子、杜臻。

十四日辛丑　早，上御乾清门，听部院各衙门官员面奏政事。

辰时，上御弘德殿，讲官傅达礼、熊赐履、孙在丰进讲：孟武伯问子路仁乎一章、子谓子贡曰女与回也孰愈一章。

巳时，上诣太皇太后宫问安。

本日起居注官喇沙里、陈廷敬。

十五日甲寅　早，上御太和殿视朝。京察留任大小各官及进贡喀尔喀部落阿果东达哈思浑厄儿德尼衣儿邓那颜葛楮尔等谢恩毕，回宫。

少顷，御乾清门，听部院各衙门官员面奏政事。

学士傅达礼启奏时，上谕曰："朕因时渐暑热，身少违和，欲暂幸南苑数日。"

未时，上诣太皇太后、皇太后宫问安。

本日起居注官莽色、杨正中。

十六日乙卯　辰时，上诣太皇太后宫问安。

出午门，设卤簿，由崇文门幸南苑，驻跸东宫。召学士傅达礼谕曰："南苑乃人君练武之地。迩来朕体不快，来此地游览，扈从讲官史鹤龄、编修张英，俱系词臣，着各作诗赋，于十八日进讲时进呈。"

十七日丙辰　上驻跸东宫。

十八日丁巳　辰时，上御前殿，讲官傅达礼、史鹤龄、编修张英进讲：宰予昼寝一章、子曰吾未见刚者一章。

讲毕，傅达礼将史鹤龄、张英遵旨作南苑赋各一章、诗各二首，进呈御览。上览毕，留中。

十九日戊午　辰时，上御前殿，讲官傅达礼、史鹤龄、编修张英进讲：子贡曰我不欲人之加诸我也一章、子贡曰夫子之文章可得而闻也一章、子路有闻一章。

二十日己未　辰时，上御前殿，讲官傅达礼、史鹤龄、编修张英进讲：子贡问曰孔文子何以谓之文也一章。

讲毕，上谕傅达礼曰："朕明晨诣太皇太后、皇太后宫问安，着暂停讲一日。"

二十一日庚申　卯时，上出大红门，至正阳门，进午门，诣太皇太后、皇太后宫问安。巳时，回宫。

未时，又诣太皇太后宫问安。由午门出正阳门，进大红门，回东宫。

二十二日辛酉　辰时，上御前殿，讲官傅达礼、史鹤龄、编修张英进讲：子谓子产一章、子曰晏平仲善与人交一章。

二十三日壬戌　卯时，上御前殿，讲官傅达礼、史鹤龄、编修张英进讲：子曰臧文仲居蔡一章、子张问曰令尹子文三仕为令尹一章。

辰时，上出大红门，至正阳门，进午门，诣太皇太后宫问安。未时，回宫。

少顷，又诣太皇太后宫问安。由午门出正阳门，进南苑大红门，回东宫。

二十四日癸亥　上驻跸东宫。

二十五日甲子　辰时，上御前殿，讲官傅达礼、史鹤龄、编修张英进讲：季文子三思而后行一章。

二十六日乙丑　辰时，上御前殿，讲官傅达礼、史鹤龄、编修张英进讲：子曰宁武子邦有道则智一章。

二十七日丙寅　上驻跸东宫。

二十八日丁卯　上出大红门，至正阳门，进午门，诣太皇太后、皇太后宫问安。申时，回宫。

扈从起居注官傅达礼、史鹤龄。

二十九日戊辰　早，上御乾清门，听部院各衙门官员面奏政事。

本日起居注官莽色、陈廷敬。

三十日己巳　早，上御乾清门，听部院各衙门官员面奏政事。

午时，上幸瀛台，召推升四川重庆总兵官、通州副将黄建中，命射。

本日起居注官熊赐履、胡密子。

五　月

初一日庚午　早，上御乾清门，听部院各衙门官员面奏政事。

辰时，上御弘德殿，讲官傅达礼、熊赐履、孙在丰进讲：子在陈曰归与归与一章、子曰伯夷叔齐不念旧恶一章、子曰孰谓微生高直一章、子曰巧言令色足恭一章。

巳时，上诣太皇太后宫问安。

本日起居注官李仙根、喇沙里。

初二日辛未 早，上御乾清门，听部院各衙门官员面奏政事。

本日起居注官傅达礼、杨正中。

初三日壬申 早，上御乾清门，听部院各衙门官员面奏政事。

辰时，上御弘德殿，讲官傅达礼、熊赐履、孙在丰进讲：颜渊季路侍一章。讲毕，傅达礼等以旧例夏至辍讲奏明，上曰："学问之道，必无间断，方有裨益。以后虽寒暑不必辍讲，待至六月溽暑，再来请旨。"

巳时，上诣太皇太后、皇太后宫问安。

本日起居注官莽色、史鹤龄。

初四日癸酉 上斋戒不理政事。

本日起居注官胡密子、孙在丰。

初五日甲戌 上斋戒不理政事。

辰时，上诣太皇太后宫问安。未时，复诣太皇太后宫问安。戌时，复诣太皇太后宫问安。

本日起居注官喇沙里、陈廷敬。

初六日乙亥 早，上御保和殿视祝版。

遂诣太皇太后宫问安毕，出时天颜悦豫，谕学士傅达礼曰："朕近日不时问安，因太皇太后圣体少有违和。昨朕躬奉汤药，今来省视，幸已大愈，朕心方慰，顷又进服滋补之药矣。"辰时，复诣太皇太后宫问安。午时，复诣太皇太后宫问安。

本日起居注官傅达礼、杜臻。

初七日丙子 早，上祭地于方泽毕，回宫。

辰时，上诣太皇太后宫问安。

本日起居注官莽色、史鹤龄。

初八日丁丑 早，上御乾清门，听部院各衙门官员面奏政事毕，上召新科进士，亲选庶吉士。

辰时，上诣太皇太后宫问安。

本日起居注官胡密子、李仙根。

初九日戊寅　早，上御乾清门，听部院各衙门官员面奏政事毕，上召新科进士，亲选庶吉士。

辰时，上诣太皇太后宫问安。申时，复诣太皇太后宫问安。

本日起居注官杨正中、喇沙里。

初十日己卯　早，上御乾清门，听部院各衙门官员面奏政事。

辰时，上御弘德殿，讲官傅达礼、熊赐履、孙在丰进讲：子曰已矣乎一章、子曰十室之邑一章。

巳时，上诣太皇太后宫问安。申时，复诣太皇太后宫问安。

本日起居注官莽色、孙在丰。

十一日庚辰　早，上御乾清门，听部院各衙门官员面奏政事。

辰时，上诣太皇太后宫问安。

本日起居注官胡密子、李仙根。

十二日辛巳　早，上御乾清门，听部院各衙门官员面奏政事。

辰时，上御弘德殿，讲官傅达礼、熊赐履、孙在丰进讲：子曰雍也可使南面一章、哀公问弟子孰为好学一章。

未时，上诣太皇太后宫问安。

本日起居注官喇沙里、陈廷敬。

十三日壬午　早，上御乾清门，听部院各衙门官员面奏政事。

辰时，上御弘德殿，讲官傅达礼、李仙根、孙在丰进讲：子华使于齐一章。

本日起居注官莽色、杜臻。

十四日癸未　早，上御乾清门，听部院各衙门官员面奏政事。

辰时，上御弘德殿，讲官傅达礼、李仙根、孙在丰进讲：子谓仲弓曰一章、子曰回也其心三月不违仁一章。

未时，上御观德殿，召陕西西宁总兵官王可臣、云南鹤庆总兵官赵德胜，命射。

本日起居注官胡密子、李仙根。

十五日甲申　早，上御太和殿视朝。文武升转各官谢恩毕，回宫。

少顷，御乾清门，听部院各衙门官员面奏政事。

辰时，上御弘德殿，讲官傅达礼、李仙根、孙在丰进讲：季康子问仲由可使从政也与一章、季氏使闵子骞为费宰一章、伯牛有疾一章。

巳时，上诣太皇太后、皇太后宫问安。

本日起居注官喇沙里、史鹤龄。

十六日乙酉 早，上御乾清门，听部院各衙门官员面奏政事。

辰时，上御弘德殿，讲官傅达礼、熊赐履、孙在丰进讲：子曰贤哉回也一章、冉求曰非不说子之道一章、子谓子夏曰女为君子儒一章。

本日起居注官莽色、孙在丰。

十七日丙戌 早，上御乾清门，听部院各衙门官员面奏政事。

辰时，上御弘德殿，讲官傅达礼、熊赐履、孙在丰进讲：子游为武城宰一章、子曰孟之反不伐一章。

本日起居注官胡密子、陈廷敬。

十八日丁亥 早，上御乾清门，听部院各衙门官员面奏政事。

辰时，上御弘德殿，讲官傅达礼、熊赐履、孙在丰进讲：子曰不有祝鮀之佞一章、子曰谁能出不由户一章。

申时，上诣太皇太后、皇太后宫问安。

本日起居注官傅达礼、杜臻。

十九日戊子 早，上御乾清门，听部院各衙门官员面奏政事。

本日起居注官熊赐履、喇沙里。

二十日己丑 早，上御乾清门，听部院各衙门官员面奏政事。

辰时，上御弘德殿，讲官傅达礼、熊赐履、孙在丰进讲：子曰质胜文则野一章、子曰人之生也直一章。

未时，上御乾清门，赐调补福建海澄总兵官员缺、陕西西宁总兵官王可臣食毕，复命一等侍卫依都额真吴丹、一等侍卫班第传谕曰："因将尔选取来京，赐尔鞍马一匹、表里十匹。"王可臣奏曰："臣守边疆，寸长未效，荷蒙皇上赐赉隆厚，不胜惶愧。惟期勉效涓涘，以报殊恩。"

本日起居注官莽色、杨正中。

二十一日庚寅 早，上御乾清门，听部院各衙门官员面奏政事。

辰时，上御弘德殿，讲官傅达礼、熊赐履、孙在丰进讲：子曰知之者不如好之者一章、子曰中人以上一章、樊迟问知一章。

巳时，上诣太皇太后宫问安。

未时，上御乾清门，赐总兵官王可臣食。

本日起居注官李仙根、喇沙里。

二十二日辛卯　早，上御乾清门，听部院各衙门官员面奏政事。

辰时，上御弘德殿，讲官傅达礼、熊赐履、孙在丰进讲：子曰知者乐水一章、子曰齐一变一章。

本日起居注官傅达礼、叶方蔼。

二十三日壬辰　早，上御乾清门，听部院各衙门官员面奏政事。

辰时，上御弘德殿，讲官傅达礼、熊赐履、孙在丰进讲：子曰觚不觚一章、宰我问曰一章。

未时，上御乾清门，赐进贡席勒图库伦席勒图绰尔济食。

本日起居注官胡密子、史鹤龄。

二十四日癸巳　早，上御乾清门，听部院各衙门官员面奏政事。

辰时，上御弘德殿，讲官傅达礼、熊赐履、孙在丰进讲：子曰君子博学于文一章、子见南子一章。

本日起居注官莽色、孙在丰。

二十五日甲午　早，上御太和殿视朝。文武升转各官谢恩毕，回宫。

少顷，御乾清门，听部院各衙门官员面奏政事。

辰时，上御弘德殿，讲官傅达礼、熊赐履、孙在丰进讲：子曰中庸之为德也一章、子贡曰如有博施于民一章、子曰述而不作一章。

巳时，上诣太皇太后宫问安。

本日起居注官喇沙里、陈廷敬。

二十六日乙未　早，上御乾清门，听部院各衙门官员面奏政事。

辰时，上御弘德殿，讲官傅达礼、熊赐履、孙在丰进讲：子曰默而识之一章、子曰德之不修一章、子之燕居一章、子曰甚矣吾衰也一章。

本日起居注官傅达礼、杜臻。

二十七日丙申　早，上御乾清门，听部院各衙门官员面奏政事。

辰时，上御弘德殿，讲官傅达礼、熊赐履、孙在丰进讲：子曰志于道一章、子曰自行束脩以上一章、子曰不愤不启一章、子食于有丧者之侧一章。

本日起居注官熊赐履、胡密子。

二十八日丁酉　早，上御乾清门，听部院各衙门官员面奏政事。

辰时，上御弘德殿，讲官傅达礼、熊赐履、孙在丰进讲：子谓颜渊曰用之则行一章、子曰富而可求也一章、子之所慎一章、子在齐闻韶一章。

巳时，上诣太皇太后宫问安。

本日起居注官莽色、杨正中。

二十九日戊戌　早，上御乾清门，听部院各衙门官员面奏政事。

辰时，上御弘德殿，讲官傅达礼、熊赐履、孙在丰进讲：冉有曰夫子为卫君乎一章、子曰饭蔬食饮水一章、子曰加我数年一章。

讲毕，傅达礼等奏曰："先因夏至奏暂停进讲，奉旨至六月大暑时再行请旨。皇上勤学如此，虽古帝王未之多见，臣等叨侍经幄，不胜忭舞。但今值炎暑，且皇上日理万几，恐圣躬过劳，谨遵前旨奏请。"上曰："朕御讲席，殊不觉劳。尔等退后，朕在宫中亦不时温习，未有间断。今既溽暑，姑停数日。讲章仍照常进呈，以便朝夕玩阅。"

本日起居注官李仙根、喇沙里。

六　月

初一日己亥　早，上御乾清门，听部院各衙门官员面奏政事。

未时，复御乾清门，赐福建海澄总兵官赵得盛食。

本日起居注官傅达礼、叶方蔼。

初二日庚子　早，上御乾清门，听部院各衙门官员面奏政事。

巳时，上诣太皇太后、皇太后宫问安。

本日起居注官胡密子、史鹤龄。

初三日辛丑　早，上御乾清门，听部院各衙门官员面奏政事。

本日起居注官莽色、孙在丰。

初四日壬寅　早，上御乾清门，听部院各衙门官员面奏政事。

辰时，上诣太皇太后宫问安。未时，上复诣太皇太后宫问安。

本日起居注官傅达礼、陈廷敬。

初五日癸卯　早，上御太和殿视朝。文武升转官员谢恩毕，回宫。

少顷，御乾清门，听部院各衙门官员面奏政事。

本日起居注官胡密子、杜臻。

初六日甲辰　早，上御乾清门，听部院各衙门官员面奏政事。

未时，复御乾清门，赐进贡喀喇沁部落三品塔布囊班第等、扎赖忒部落一品台吉超托等食。

本日起居注官熊赐履、莽色。

初七日乙巳　早，上御乾清门，听部院各衙门官员面奏政事。

本日起居注官胡密子、杨正中。

初八日丙午　早，上御乾清门，听部院各衙门官员面奏政事。

未时，上诣太皇太后宫问安。

本日起居注官李仙根、喇沙里。

初九日丁未　设宴瀛台，礼部官传诸王、贝勒等及内阁满汉大学士、学士、翰林院学士，六部、都察院、各卿寺、国子监堂上官，翰林、科、道等官，俱集瀛台门内桥边。辰时，礼部官奏宴备。上设卤簿，乘辇出西华门，进瀛台门。将至桥，诸王、贝勒等及满汉各官跪接。上御迎薰亭，诸王、贝勒皆在亭内，满汉各官在瀛台亭前，依次列坐，赐宴毕。

上命大学士索额图、兵部尚书明珠传谕曰："诸臣日理政务，略无休暇。今值荷花盛开，夏景堪赏，朕因特召诸王、贝勒等及尔诸臣同宴，以示君臣偕乐。虽非佳肴旨酒，务令尽欢，以副朕优渥至意。"大学士图海、李霨等奏曰："臣等躬际盛时，本无寸效，正愧不能仰酬万一。今荷皇上特恩赐宴，又蒙天语殷慰，虽家人父子无以逾此，臣等何以克当。惟益竭愚忠，以图报殊遇耳。"

于是，上率诸王、贝勒等登舟在南河，各官依次登舟在北河，往来赏宴毕，诸王、贝勒等各官谢恩，行一跪三叩礼。未时，礼部引诸王、贝勒等及各官，依前桥边列跪，送上回宫。

本日起居注官傅达礼、叶方蔼。

初十日戊申　早，上御乾清门，听部院各衙门官员面奏政事。

本日起居注官莽色、史鹤龄。

十一日己酉　早，上御乾清门，听部院各衙门官员面奏政事。

辰时，上诣太皇太后宫问安。

本日起居注官胡密子、孙在丰。

十二日庚戌　早，上御乾清门，听部院各衙门官员面奏政事。

本日起居注官喇沙里、陈廷敬。

十三日辛亥　早，上御乾清门，听部院各衙门官员面奏政事。

辰时，上诣太皇太后、皇太后宫问安。

本日起居注官傅达礼、杜臻。

十四日壬子　早，上御乾清门，听部院各衙门官员面奏政事。

本日起居注官熊赐履、胡密子。

十五日癸丑　早，上御乾清门，听部院各衙门官员面奏政事。

本日起居注官杨正中、喇沙里。

十六日甲寅　早，上御乾清门，听部院各衙门官员面奏政事。

本日起居注官傅达礼、李仙根。

十七日乙卯　早，上御乾清门，听部院各衙门官员面奏政事。

辰时，上诣太皇太后宫问安。

本日起居注官胡密子、叶方蔼。

十八日丙辰　早，上御乾清门，听部院各衙门官员面奏政事。

辰时，上诣太皇太后宫问安毕，幸瀛台。

本日起居注官莽色、孙在丰。

十九日丁巳　早，上御瀛台，听部院各衙门官员面奏政事。

本日起居注官喇沙里、史鹤龄。

二十日戊午　早，上御瀛台，听部院各衙门官员面奏政事。

辰时，上诣太皇太后、皇太后宫问安。

本日起居注官胡密子、陈廷敬。

二十一日己未　早，上御瀛台，听部院各衙门官员面奏政事。

本日起居注官莽色、杜臻。

二十二日庚申　早，上御瀛台，听部院各衙门官员面奏政事。

本日起居注官熊赐履、喇沙里。

二十三日辛酉　早，上御瀛台，听部院各衙门官员面奏政事。

辰时，上诣太皇太后宫问安毕，回宫。

未时，御乾清门，赐进贡克什克屯部落一品台吉阿玉席、喀尔喀部落二品台吉厄尔格布什、土默特部落四品台吉阿儿那、吴喇忒部落四品台吉海色、喀喇沁部落四品塔布囊杜拉儿等，及请安查哈儿国一等护卫波托何等食。

本日起居注官胡密子、杨正中。

二十四日壬戌　早，上御瀛台，听部院各衙门官员面奏政事。

本日起居注官莽色、李仙根。

二十五日癸亥　早，上御瀛台，听部院各衙门官员面奏政事。

辰时，上诣太皇太后宫问安。

本日起居注官喇沙里、叶方蔼。

二十六日甲子　早，上御瀛台，听部院各衙门官员面奏政事。

本日起居注官胡密子、史鹤龄。

二十七日乙丑　早，上御瀛台，听部院各衙门官员面奏政事。上谕兵部尚书明珠曰："和硕柔嘉公主曾经世祖皇帝宫中抚养，后又蒙太皇太后与朕一体鞠育。今闻公主病甚，朕将亲往视之。"未时，上幸柔嘉公主第视疾。

本日起居注官莽色、陈廷敬。

二十八日丙寅　早，上御瀛台，听部院各衙门官员面奏政事。

本日起居注官杜臻、喇沙里。

二十九日丁卯　早，上御瀛台，听部院各衙门官员面奏政事。

本日起居注官熊赐履、胡密子。

七　月

初一日戊辰　早，上御瀛台，听部院各衙门官员面奏政事。

辰时，自瀛台诣太皇太后宫问安毕，回宫。申时，上诣太皇太后、皇太后宫问安。

本日起居注官莽色、杨正中。

初二日己巳　早，上御乾清门，听部院各衙门官员面奏政事。

辰时，上诣太皇太后、皇太后宫问安。

申时，上遣一等侍卫衣都额真对亲传谕云贵总督甘文焜曰："以尔远赴任所，赐鞍马一匹。"

本日起居注官熊赐履、喇沙里。

初三日庚午　早，上御乾清门，听部院各衙门官员面奏政事。

辰时，上诣太皇太后宫问安。

本日起居注官胡密子、叶方蔼。

初四日辛未　早，上御乾清门，听部院各衙门官员面奏政事。

辰时，上诣太皇太后宫问安。

本日起居注官莽色、史鹤龄。

初五日壬申　早，上御太和殿视朝。文武升转官员谢恩及进贡厄鲁特部落头目等行礼毕，回宫。

少顷，诣太皇太后宫问安。

御乾清门，听部院各衙门官员面奏政事。

本日起居注官喇沙里、孙在丰。

初六日癸酉　早，上御乾清门，听部院各衙门官员面奏政事。

本日起居注官胡密子、陈廷敬。

初七日甲戌　早，上御乾清门，听部院各衙门官员面奏政事。

辰时，上诣太皇太后宫问安。

巳时，上御观德殿，召推升云南前镇总兵官平西亲王下护军参领陶继智，推升大同总兵官、汉中副将何傅，命射。

本日起居注官莽色、杜臻。

初八日乙亥　早，上御乾清门，听部院各衙门官员面奏政事。

辰时，上御弘德殿，讲官傅达礼、熊赐履、孙在丰进讲：子所雅言一章、叶公问孔子于子路一章、子曰我非生而知之者一章。

讲毕，召赐履至御前问曰："朝廷举动如何方可服人？"对曰："人有贵贱，心理都同。惟事事准乎道理，人心自尔悦服。不然，虽蚩蚩之众，不能强之使从也。"上曰："致治以服人心为本，人心服，更无余事矣。"赐履奏曰："人主深居高拱，几务殷繁，若非平时一一讲究明白，到临时方去料理，臣恐虽尧舜之圣，亦难免丛脞之虞矣。但所与讲论图维者，又必慎择其人耳。"上首肯。

巳时，上诣太皇太后、皇太后宫问安。

本日起居注官熊赐履、喇沙里。

初九日丙子　辰时，上诣太皇太后宫问安。

出午门，设卤簿，由正阳门幸南苑，驻跸东宫。

初十日丁丑　早，上御前殿，讲官傅达礼、孙在丰，编修张英进讲：子不语一章、子曰三人行一章、子曰天生德于予一章。

十一日戊寅　早，上御前殿，讲官傅达礼、孙在丰，编修张英进讲：子曰二三子以我为隐乎一章、子以四教一章。

讲毕，谕达礼曰："朕或出郊外，或幸南苑，常不辍讲，以故翰林官员每次随从。但翰林各官，俱系远离家乡，京城毫无资产，常川随朕，不免艰苦，殊为可念。嗣后扈从讲官所用帐房及一切应用物件，酌定数目，由内给与。此等物件，在何处驼载随行，着一并议奏。"

十二日己卯　早，上御前殿，讲官傅达礼、孙在丰，编修张英进讲：子曰圣人吾不得而见之矣一章，子钓而不网一章。

十三日庚辰　早，上御前殿，讲官傅达礼、孙在丰，编修张英进讲：子曰盖有不知而作之者一章、互乡难与言一章。

十四日辛巳　辰时，上自南苑诣太皇太后宫问安毕，回宫。申时，又诣太皇太后宫问安。随回南苑，驻跸东宫。

十五日壬午　早，上御前殿，讲官傅达礼、孙在丰，编修张英进讲：子曰仁远乎哉一章、陈司败问昭公知礼乎一章。

辰时，上诣晾鹰台，王以下副都统以上，命射。

十六日癸未　早，上御前殿，讲官傅达礼、孙在丰，编修张英进讲：子与人歌一章、子曰文莫吾犹人也一章、子曰若圣与仁则吾岂敢一章。

十七日甲申　早，上御前殿，讲官傅达礼、孙在丰、编修张英进讲：子疾病一章、子曰奢则不孙一章。

十八日乙酉　早，上御前殿，讲官傅达礼、孙在丰，编修张英进讲：子曰君子坦荡荡一章、子温而厉一章、子曰泰伯其可谓至德也已矣一章。

十九日丙戌　早，上御前殿，讲官傅达礼、孙在丰，编修张英进讲：子曰恭而无礼则劳一章、曾子有疾召门弟子曰一章、曾子有疾孟敬子问之一章、曾子曰以能问于不能一章。

二十日丁亥　早，上御前殿，讲官傅达礼、孙在丰，编修张英进讲：曾子曰可以托六尺之孤一章。

二十一日戊子　早，上御前殿，讲官傅达礼、孙在丰，编修张英进讲：曾子曰士不可以不弘毅一章。

二十二日己丑　早，上御前殿，讲官傅达礼、孙在丰，编修张英进讲：子曰兴于诗一章。

二十三日庚寅　早，上御前殿，讲官傅达礼、孙在丰，编修张英进讲：子曰民可使由之一章、子曰好勇疾贫乱也一章。

二十四日辛卯　早，上出大红门，至正阳门，进午门，诣太皇太后、皇太后宫问安。午时，回宫。

扈从起居注官傅达礼、喇沙里、孙在丰。

二十五日壬辰　早，上御太和殿视朝。文武升转官员谢恩，及进贡喀尔喀部落阿拉纳等行礼毕，回宫。

少顷，御乾清门，听部院各衙门官员面奏政事。

辰时，上诣太皇太后宫问安。

未时，上复御乾清门，赐河南总兵周邦宁、四川总兵黄建中食。该部照例各赏赐鞍马外，又加赐内厩鞍马一匹。

本日起居注官胡密子、陈廷敬。

二十六日癸巳　早，上御乾清门，听部院各衙门官员面奏政事。

辰时，上御弘德殿，讲官傅达礼、熊赐履、孙在丰进讲：子曰如有周公之才之美一章、子曰三年学一章。

巳时，上诣太皇太后宫问安。午时，上复诣太皇太后宫问安。

未时，上复御乾清门，赐总兵官黄建中及进贡苏尼忒部落一品台吉顾穆实希等，乌拉特部落四品台吉童惠等，翁牛忒部落三品台吉楮阳等，乌朱穆秦部落一等护卫达尔汉叟色等，克什克屯部落二品台吉西大达、那儿布都统下四品台吉乌把什等食。

本日起居注官杜臻、喇沙里。

二十七日甲午　早，上御乾清门，听部院各衙门官员面奏政事。

未时，上复御乾清门，赐浙江总督李之芳、湖广巡抚张朝珍食毕。赐之芳鞍马一匹、表里十端，朝珍鞍马一匹。

本日起居注官莽色、史鹤龄。

二十八日乙未　早，上御乾清门，听部院各衙门官员面奏政事。

巳时，上诣太皇太后、皇太后宫问安。

本日起居注官胡密子、杨正中。

二十九日丙申　早，上御乾清门，听部院各衙门官员面奏政事。

本日起居注官喇沙里、叶方蔼。

三十日丁酉　早，上御中和殿视祝版毕，回宫。

少顷，御乾清门，听部院各衙门官员面奏政事。

本日起居注官莽色、孙在丰。

八　月

初一日戊戌　早，以仲秋，上躬诣社稷坛致祭毕，回宫。

少顷，御乾清门，听部院各衙门官员面奏政事。

未时，上复御乾清门，赐浙江总督李之芳、湖广巡抚张朝珍食。

本日起居注官胡密子、史鹤龄。

初二日己亥　早，上御乾清门，听部院各衙门官员面奏政事。

辰时，上御弘德殿，讲官傅达礼、熊赐履、孙在丰进讲：子曰笃信好学一章、子曰不在其位一章。

未时，上复御乾清门，赐进贡下嫁科尔沁国端贞长公主下张佳，卓礼克图亲王鄂齐尔祖母妃下陶代，喀尔喀部落二品台吉色冷等，喀喇沁部落三品塔布囊多尔机，四子部落四品台吉索尼代等、那儿布都统下三品台吉温都尔虎等食。

本日起居注官喇沙里、陈廷敬。

初三日庚子　早，上御乾清门，听部院各衙门官员面奏政事。谕都察院左都御史多诺等曰："尔衙门职系言官，凡事宜各抒己见，岂可以公同具奏充数已乎？尔衙门所奏之事，虽皆曾经列名，但副都御史岳诺惠等，畏懦瞻顾，竟无建白。嗣后应公奏者公奏，若事应独奏，其各出己见以闻。"

辰时，上御弘德殿，讲官傅达礼、熊赐履、孙在丰进讲：子曰狂而不直一章。

巳时，上诣太皇太后宫问安。

本日起居注官莽色、杜臻。

初四日辛丑　早，上御乾清门，听部院各衙门官员面奏政事。

本日起居注官熊赐履、胡密子。

初五日壬寅　早，上御太和殿视朝。文武升转官员谢恩毕，回宫。

少顷，御乾清门，听部院各衙门官员面奏政事。

辰时，上御弘德殿，讲官傅达礼、熊赐履、孙在丰进讲：子曰学如不及一章、子曰巍巍乎舜禹之有天下也一章。

未时，上复御乾清门，赐总兵官陶继智及进贡苏尼忒部落二品台吉巴拜、四品台吉顾穆实希等，四子部落二品台吉卢布臧等，阿巴哈纳尔部落四品台吉萨露儿等，翁牛忒部落三品台吉阿难达等，阿霸垓部落四品台吉僧格等，乌朱穆秦部落四品台吉衮除克等，喀尔喀部参领品级达儿麻达儿汉喇嘛等食。

本日起居注官喇沙里、孙在丰。

初六日癸卯　早，上御乾清门，听部院各衙门官员面奏政事。

辰时，上御弘德殿，讲官傅达礼、熊赐履、孙在丰进讲：子曰大哉尧之为君也一章、舜有臣五人一章。

巳时，上诣太皇太后宫问安。

本日起居注官莽色、叶方蔼。

初七日甲辰　早，上御乾清门，听部院各衙门官员面奏政事。

辰时，上御弘德殿，讲官傅达礼、熊赐履、孙在丰进讲：子曰禹吾无间然矣一章、子罕言利与命与仁一章。

巳时，上诣太皇太后、皇太后宫问安。

本日起居注官杨正中、喇沙里。

初八日乙巳　早，上御乾清门，听部院各衙门官员面奏政事。

辰时，上御弘德殿，讲官傅达礼、熊赐履、孙在丰进讲：达巷党人曰大哉孔子一章、子曰麻冕礼也一章。

本日起居注官胡密子、杜臻。

初九日丙午　早，上御乾清门，听部院各衙门官员面奏政事。

巳时，上诣太皇太后宫问安。

本日起居注官莽色、史鹤龄。

初十日丁未　早，上御乾清门，听部院各衙门官员面奏政事。

辰时，上御弘德殿，讲官傅达礼、熊赐履、孙在丰进讲：子绝四一章、子畏于匡一章。试汉军、汉人科道官于保和殿。

本日起居注官陈廷敬、喇沙里。

十一日戊申　早，上御乾清门，听部院各衙门官员面奏政事。

本日起居注官胡密子、张英。

十二日己酉　早，上御中和殿视祝版毕。

少顷，上御乾清门，听部院各衙门官员面奏政事。

本日起居注官熊赐履、莽色。

十三日庚戌　早，上御乾清门，听部院各衙门官员面奏政事。

巳时，上诣太皇太后宫问安。

酉时，上夕月于西郊毕，戌时，回宫。

本日起居注官杨正中、喇沙里。

十四日辛亥 早，上御乾清门，听部院各衙门官员面奏政事。

未时，上复御乾清门，赐山西大同总兵官何傅及进贡乌朱穆秦部落四品台吉南第等、苏尼忒部落四品台吉顾穆什希等、乌拉特部落三品台吉鄂波果等、巴林部落四品台吉阿木胡郎等、土默特部落四品台吉阿尔纳等、喀尔喀部落二品台吉罗章等、阿巴哈纳儿部落四品台吉图布替尔等、四子部落三品台吉奇他忒等、阿霸垓部落四品台吉和尼齐等食。

本日起居注官胡密子、叶方蔼。

十五日壬子 早，上御太和殿视朝。文武升转官员谢恩，及请安喀尔喀部落满济等、及进贡墨尔济厄鲁特部落塞一得思拜等行礼毕，回宫。

少顷，御乾清门，听部院各衙门官员面奏政事。

辰时，上御弘德殿，讲官傅达礼、熊赐履、孙在丰进讲：子见齐衰者一章、颜渊喟然叹曰一章。

本日起居注官莽色、孙在丰。

十六日癸丑 早，上御乾清门，听部院各衙门官员面奏政事。

辰时，上御弘德殿，讲官傅达礼、熊赐履、孙在丰进讲：子曰有美玉于斯一章、子欲居九夷一章。

巳时，上诣太皇太后宫问安。

未时，上复御乾清门，赐进贡苏尼忒部落一品台吉毛、二品台吉沙克杜尔等，喀尔喀部落三品台吉巴打里，阿霸垓部落四品台吉春进等，土默特部落四品台基德而格拉西等，翁牛忒部落四品台吉搜色等，四子部落四品台吉班第等，喀喇沁部落四品塔布囊卓特巴等，蒿齐特部落四品台吉打克塔尔，吴喇忒部落四品台吉索诺木等食。

本日起居注官喇沙里、张英。

十七日甲寅 早，上御乾清门，听部院各衙门官员面奏政事。

未时，上复御乾清门，赐福建总督范承谟食。

本日起居注官胡密子、史鹤龄。

十八日乙卯 早，上御乾清门，听部院各衙门官员面奏政事。

辰时，上御弘德殿，讲官傅达礼、熊赐履、孙在丰进讲：子在川上曰一章、子曰吾未见好德一章。

上命一等侍卫吴丹传谕福建总督范承谟曰："尔向有贤声，与他人不同。且福建边疆重地，海氛未靖，尔其益加勉励，副朕简任。"于常例赏赐外，加赐尚帽一具、尚衣一袭、内厩鞍马一匹。

本日起居注官莽色、陈廷敬。

十九日丙辰 早，上御乾清门，听部院各衙门官员面奏政事。

巳时，上诣太皇太后宫、皇太后宫问安。

未时，上复御乾清门，赐进贡科尔沁国多罗额驸那木齐，乌朱穆秦部落三品台吉杜斯哈儿等，喀尔喀部落四品台吉布豸等，蒿齐特部落四品台吉翁果尔回、簿的素厄母齐喇玛等，吴喇忒部落三品台吉塞儿古冷等，苏尼忒部落四品台吉那马世稀等，阿霸垓部落四品台吉厄斯黑儿等，驻扎归化城德儿格儿格龙等食。

少顷，上御观德殿，选择善射者阅射毕，命将镶黄旗蒙古都统觉罗朱满，内大臣国舅佟国维，内大臣护军统领伯噶都，吏部侍郎觉罗舒恕，一等侍卫奇他特、尼堪、对亲，二等侍卫塞胡礼、米哈、那苏达，三等侍卫浑珠、胡马儿、戴都尔、马恩特，科尔科戴佐领下兵巴尔大、弘爱佐领下兵他哈那，正黄旗太子少师内大臣公法保、太子少师护军统领宜尔都齐，理藩院侍郎博罗特，一等侍卫鄂慕克图、木参、吴尔间、绰木拜、那木浑，辅国将军一等侍卫品级宗室齐木布，护军参领喀代、白龄格，二等侍卫班第、噶汉泰，三等侍卫色勒、吴达禅、勒尔特、中神木保，正白旗议政内大臣阿密达，理藩院尚书阿木胡郎，护军统领桑格，散秩大臣墨尔根下副都统马哈达，汉军副都统宜思孝，辅国将军宗室厄奇，一等侍卫稳达、尹达、胡西他，护军参领法喇那，二等侍卫何索礼，二等侍卫品级奉国将军宗室巴尔霸，三等侍卫莫落、丁山、金民泰、兴混，墨尔根下佐领下兵沙朗阿，内府喀拜所管护军张保三，正红旗都统觉罗巴尔布，蒙古副都统希福，阿思哈尼哈番散骑郎尹图，一等护卫木礼库，阿达哈哈番觉罗按图、郎图，佐领瓦尔达，三等护卫觉和托，七品官白尔黑、七品官觉罗巴济那，王府沙克星阿佐领下闲散宗室诺尔布，勒得佐领下前锋多赖，镶白旗护军统领厄思特，兵部侍郎色塞黑，一等护卫噶尔弼，奉国将军宗室吴礼，七品官牛钮、齐墨克图、石宝，他济礼佐领下前锋勒礼，镶红旗太子少保都统觉罗伊尔们，辅国将军宗室恩克布，一等护卫济兰、希佛，公府佐领牛钮，三等护卫舒德恨、达宁阿，八品官都兰台、刷颜，公府迈思汉佐领下闲散宗室黑色，马付塔佐领下拨什库沙哈连，正蓝旗都统勒贝，汉军都统伯西、贾宝，精奇尼哈番阿特浑，辅国将军宗室图沙，奉国将军宗室飞扬俄，护军参领达赖，一等护卫成珠，三等护卫车尔都、图书、桑格，桑阿礼佐领下前锋白奇，镶蓝旗辅国公品级宗室傅尔勤，镇国将军品级宗室马噶那，蒙古副都统席布，刑部侍郎觉罗阿范，辅国将军宗室惠兰，宗室顾梅，阿思哈尼哈番散骑郎诸神木保，一等护卫准塔，员外郎佐领苏柏林，三等护卫苏那海，八品官黑贝，王府都喀佐领下兵巴哈，记名。

本日起居注官杜臻、喇沙里。

二十日丁巳 早，上御乾清门，听部院各衙门官员面奏政事。

辰时，上御弘德殿，讲官傅达礼、熊赐履、孙在丰进讲：子曰譬如为山一章、子曰语之而不惰者一章。

本日起居注官熊赐履、胡密子。

二十一日戊午 早，上御乾清门，听部院各衙门官员面奏政事。

辰时，上御弘德殿，讲官傅达礼、熊赐履、孙在丰进讲：子谓颜渊曰一章、子曰苗而不秀者有矣夫一章。

本日起居注官莽色、杨正中。

二十二日己未 早，上御乾清门，听部院各衙门官员面奏政事。

巳时，上御保和殿，举行经筵大典。讲官折库讷、徐元文进讲《大学》大学之道一节，明珠、王熙进讲《书经》无教逸欲有邦一节。讲毕，赐宴如例。

本日起居注官喇沙里、叶方蔼。

二十三日庚申 早，上御乾清门，听部院各衙门官员面奏政事。

辰时，上御弘德殿，讲官傅达礼、熊赐履、孙在丰进讲：子曰后生可畏一章、子曰法语之言一章。

巳时，上诣太皇太后宫问安。

未时，上复御乾清门，赐进贡阿霸垓部落一品台吉布达什希卜等、苏尼忒部落二品台吉札布等、翁牛忒部落四品台吉纳木等、四子部落二品台吉绰什希等食。

本日起居注官胡密子、孙在丰。

二十四日辛酉 早，上御乾清门，听部院各衙门官员面奏政事。

辰时，上御弘德殿，讲官熊赐履、喇沙里、孙在丰进讲：子曰三军可夺帅也一章、子曰衣敝缊袍一章。

讲毕，上召赐履至御前，论及文章。对曰："六经斯文之祖，为往圣继绝学，为万世开太平，功用甚大。尧舜之勋华，宇宙之大文也。周孔之作述，古今之至文也。皇上诚崇隆儒术，振兴文教，俾唐虞之治再见，姬孔之道盛行，则天下文章莫大乎。是区区掞藻摛词，雕虫小技，奚足多乎。"上曰："文章以发挥义理、关系世道为贵，骚人词客，亦不过技艺之末，非朕之所贵也。"

是日，上手诏谕平西亲王吴三桂，令其迁移家口。命礼部侍郎折尔肯、翰林院学士傅达礼赍往云南。遣一等侍卫伊都额真吴丹传谕曰："因尔等远往云南料理迁移事务，特赐朕所佩刀各一、良马各二匹。"尔肯、达礼奏曰："臣等原系寒微，蒙皇上擢用，今奉命料理迁移重事，又蒙殊恩。臣等至滇，自当尽心竭力，以副委任。"

本日起居注官莽色、张英。

二十五日壬戌 早，上御乾清门，听部院各衙门官员面奏政事。

辰时，上御弘德殿，讲官熊赐履、喇沙里、孙在丰进讲：子曰岁寒然后知松柏之后凋也一章、子曰知者不惑一章。

未时，上复御乾清门，赐进贡阿霸垓部落都统多尼等、乌喇忒部落三品台吉本背等、喀尔喀部落三等精奇尼哈番都统库穆雅克、阿霸哈纳尔部落四品台吉固鲁等、四子部落四品台吉古穆扎穆苏等、苏牛忒部落二品台吉纳尔济等食。

本日起居注官喇沙里、史鹤龄。

二十六日癸亥 早，上御乾清门，听部院各衙门官员面奏政事。

辰时，上御弘德殿，讲官熊赐履、喇沙里、孙在丰进讲：子曰可与共学一章、唐棣之华一章。

讲毕，上召赐履至御前，论及治道。对曰："为治固患废弛，然求治甚急，将纷更从脞，为弊滋甚，所谓欲速不达也。”上曰：“致治诚不宜太骤，只合日积月累做将去，久之自有成效。”对曰：“求治太急，还是人欲用事，必无欲然后可以言王道。”上曰：“有纯心才有纯政。以后只看道理如何，合理的方行，不合理的只不行便了。”对曰：“合理的决行，不合理的决不行，虽二帝三王不过如是。然何以为合理，何以为不合理，必须讲究烂熟，方能泛应曲当，不然恐未免毫厘千里之谬也。”上曰：“明理最是紧要，朕平日读书穷理，总是要讲求治道，见诸措施。故明理之后，又须实行，不行，徒空谈耳。”对曰：“非知之艰，行之唯艰。然行之不力，正由知之不真也。”赐履又奏曰：“从古圣帝明王未有溺于佛老者。无论尊信其说，如秦皇、梁武贻笑千秋，即稍为假借，便累君德不小，望皇上始终以为深戒。”上曰：“此正论也，朕当切识之。”

巳时，上诣太皇太后、皇太后宫问安。

本日起居注官胡密子、陈廷敬。

二十七日甲子 早，上出阜成门观获。酉时，回宫。

是日起居注官莽色、杜臻。

二十八日乙丑 早，上御乾清门，听部院各衙门官员面奏政事。

辰时，上御弘德殿，讲官熊赐履、喇沙里、孙在丰进讲：孔子于乡党至色斯举矣，共十七章。

本日起居注官熊赐履、喇沙里。

二十九日丙寅 早，上御乾清门，听部院各衙门官员面奏政事。

辰时，上御弘德殿，讲官熊赐履、喇沙里、孙在丰进讲：子曰先进于礼乐一章、子曰从我于陈蔡者一章。

巳时，上诣太皇太后宫问安。

未时，上复御乾清门，赐进贡阿霸垓部落二品台吉瓦舒克等、乌拉忒部落三品台吉绰尔济等、四子部落三品台吉格色儿等、乌拉忒部落四品台吉阿穆呼浪等、翁牛忒部落四品台吉班第沙哈等、苏尼忒部落四品台吉博罗灰土等、喀喇沁部落三品塔布囊多尔济思哈布、阿巴哈纳儿部落三品台吉衮齐克查布等食。

本日起居注官胡密子、杨正中。

九　月

初一日丁卯　早，上躬诣堂子致祭毕，回宫。

少顷，御乾清门，听部院各衙门官员面奏政事。

本日起居注官莽色、叶方蔼。

初二日戊辰　早，上御乾清门，听部院各衙门官员面奏政事。

辰时，上御弘德殿，讲官熊赐履、喇沙里、孙在丰进讲：子曰回也非助我者也一章、子曰孝哉闵子骞一章、南容三复一章、季康子问弟子一章。

本日起居注官喇沙里、孙在丰。

初三日己巳　早，上御乾清门，听部院各衙门官员面奏政事。

辰时，上御弘德殿，讲官熊赐履、喇沙里、孙在丰进讲：颜渊死颜路请子之车一章、颜渊死子曰噫一章、颜渊死子哭之恸一章、颜渊死门人欲厚葬之一章、季路问事鬼神一章、闵子侍侧一章、鲁人为长府一章。

未时，上复御乾清门，赐进贡敖汉部落二品台吉罗布臧等、乌朱穆秦部落四品台吉阿尔西等、苏尼忒部落四品台吉西喇布等、四子部落无品台吉毕喇什等食。

本日起居注官胡密子、张英。

初四日庚午　早，上御乾清门，听部院各衙门官员面奏政事。

巳时，上诣太皇太后、皇太后宫问安。

本日起居注官莽色、史鹤龄。

初五日辛未　早，上御太和殿视朝。文武升转各官谢恩毕，回宫。

少顷，御乾清门，听部院各衙门官员面奏政事。

辰时，上御弘德殿，讲官熊赐履、喇沙里、孙在丰进讲：子曰由之瑟奚为于丘之门一章、子贡问师与商也孰贤一章、季氏富于周公一章、柴也愚一章、子曰回也其庶乎一章。

本日起居注官喇沙里、陈廷敬。

初六日壬申　早，上御乾清门，听部院各衙门官员面奏政事。

辰时，上御弘德殿，讲官熊赐履、喇沙里、孙在丰进讲：子张问善人之道一章、子曰论笃是与一章。

未时，上复御乾清门，赐进贡阿鲁科尔沁国三品台吉和托罗等、苏尼忒部落四品台吉公格等、阿霸垓部落三品台吉喀尔玛等、喀尔喀部落四品台吉舒鲁克等、驻扎归化城济牙班第大库图克土喇玛等食。

本日起居注官胡密子、叶方蔼。

初七日癸酉　早，上御乾清门，听部院各衙门官员面奏政事。

辰时，上御弘德殿，讲官熊赐履、喇沙里、孙在丰进讲：子路问闻斯行诸一章、子畏于匡一章。

讲毕，上召赐履至御前，谕曰："古今道理，阅历多了，自然融贯。"对曰："俯仰上下，只是一理。唯洞彻本原，扩充分量，存之心性之微，验之事为之实，则表里精粗，无有欠缺。总之，凡事有终始，有本末，人主根本既立，方讲得用人行政。盖用人行政，原无穷尽。先将道理讲明，根本立定，不惑于他岐，不迁于异物，一以二帝三王为法，而后用人行政，次第讲究施行，务期允当，不患不登斯世于上理也。"上问读书切要之法。对曰："凡读书全要得古圣人立言之意。得意忘言，中心默识，应事接物方才得力。不然，纸上陈言，无补身心之实。"上曰："诚然。"

户部侍郎达都请旨，上谕曰："尔往查看田地，凡贫民劳苦开荒，其房屋田地，俱不必看。除驻守官兵分内房屋田地外，有开荒田地，皇庄、马厂及王与大臣、侍卫等庄田房屋，并空闲之地，务尽行查看。此内如有不足，尔就近酌量查看。至山海关九门边墙外，亦不必看。此外若复不足，尔应于他处边墙外酌量查看来奏。"

上命头等侍卫对亲赐山西布政使土克善鞍马一匹。土克善奏曰："臣本末品庸流，蒙上恩简用，在部二十余年。兹复蒙殊恩，授以布政使，更蒙厚赐，臣到任之后，愿竭力黾勉，以图报称。"

本日起居注官莽色、张英。

初八日甲戌　早，上御乾清门，听部院各衙门官员面奏政事毕，上谕差往料理搬移平南王尚可喜、靖南王耿精忠家口所用夫役船只事务户部郎中席兰泰、兵部郎中党古礼曰："今差往搬移各藩诸大臣及各藩家口之来，尔等之往，皆经由驿递。向来驿递原属困苦，今则困苦更甚矣，尔等慎勿骚扰。若各藩搬移已至水次，尔等即宜应付船只，如稍有迟误，必加重处。尔等宜竭力以称任使之意。”

辰时，上御弘德殿，讲官熊赐履、喇沙里、孙在丰进讲：季子然问仲由冉求可谓大臣与一章。

讲毕，上召赐履至御前，谕曰：“朕观尔等所撰讲章，较张江陵直解更为切实。”对曰：“臣等章句小儒，不过敷陈文义，至于明理会心，见诸实用，则在皇上自得之也。”上曰：“看来讲明道理要紧，若无这道理，一切事务都无凭发落。”对曰：“古往今来，千变万化，都离不得圣贤这几句话。但人以迂阔视之，不肯遵信，故治日常少，乱日常多。然这道理，其要领一言可尽，而就中次第节目、原委分量，终身讲之莫穷，行之不尽。是以博学笃志、切问近思，为圣门求仁之方也。”上曰：“学问之道，毕竟以正心为本。”对曰：“圣谕及此，得千古圣学之心传矣。人主清心寡欲，如鉴空水止，声色不乱其聪明，便佞不惑其志气。以之读书，则义理昭融；以之处事，则几务明晰。若心体一有所著，便为外物所蔽，而本体失矣。本体一失，诸事尚可问乎！古之人臣，无时不以存敬畏、戒逸欲告诫其君者，良有以也。”上首肯。

本日起居注官杨正中、喇沙里。

初九日乙亥　早，上御乾清门，听部院各衙门官员面奏政事。

辰时，上御弘德殿，讲官熊赐履、喇沙里、孙在丰进讲：子路使子羔为费宰一章、子路曾晳冉有公西华侍坐一章、颜渊问仁一章。

巳时，上诣太皇太后、皇太后宫问安毕，回宫。

少顷，上复御懋勤殿，召起居注官胡密子，谕曰：“朕适诣太皇太后宫问安，太皇太后问朕曰：顷者地动，尔知之否？朕奏曰：臣知之。此皆臣罔尽君道上合天心，故特垂异以示警。太皇太后谕曰：人君遇有灾异，固当益加修省，然亦在平时用人行政敬合天心耳。朕仰绎慈训，诚为克谨天戒之要也，尔等其书诸册。”

本日起居注官胡密子、杜臻。

初十日丙子　早，上御乾清门，听部院各衙门官员面奏政事。

辰时，上御弘德殿，讲官熊赐履、喇沙里、孙在丰进讲：仲弓问仁一章、司马牛问仁一章、司马牛问君子一章。

讲毕，召学士熊赐履至御前，问曰："昨日地震，皆朕不德所致，心甚忧之！"对曰："皇上锐志典学，励精图治，圣躬有何阙失？唯是臣等奉职无状，灾变之来，实由臣等。"上曰："汝第言天人之理！"对曰："天人感应，靡有僭差。每见盛时亦有灾沴，衰世不无祥瑞，但盛时君臣平日兢兢业业，遇灾益加修省，故转灾为祥，不至为患。衰世君臣荒乐，虽休亦咎。愿皇上内而修德，外而修政，尽人格天，道当如此。人主一日万几，焉能事事尽善，一物不得其所，皆足感召天变，如之何不慎之又慎也。"上曰："朕实多愆，故上天示儆，唯有勉加惕励，挽回天意耳。"

未时，上御乾清门，赐进贡敖汉部落一品台吉乌巴希、翁牛忒部落二品台吉色冷等、阿霸垓部落四品台吉蓬初克等、巴林部落四品台吉鲁西下布等、吴喇忒部落四品台吉阿蓝都瓦、苏尼忒部落四品台吉多儿极、喀尔喀部落四品台吉奇他特等、喀喇沁部落四品塔布囊顾穆、蒿齐特部落都统扎母苏等、科尔沁国三等护卫毕里克图、土默特部落三品达尔汉鹅齐儿桑、驻扎归化城卫正喇嘛等食。

本日起居注官莽色、孙在丰。

十一日丁丑 早，上御乾清门，听部院各衙门官员面奏政事。

辰时，上御弘德殿，讲官熊赐履、喇沙里、孙在丰进讲：司马牛忧曰一章、子张问明一章、子贡问政一章。

本日起居注官喇沙里、叶方蔼。

十二日戊寅 早，上御乾清门，听部院各衙门官员面奏政事。

辰时，上御弘德殿，讲官熊赐履、喇沙里、孙在丰进讲：棘子成曰君子质而已矣一章、哀公问于有若曰一章、子张问崇德辨惑一章。

本日起居注官胡密子、史鹤龄。

十三日己卯 早，上御乾清门，听部院各衙门官员面奏政事。

辰时，上御弘德殿，讲官熊赐履、喇沙里、孙在丰进讲：齐景公问政于孔子一章、子曰片言可以折狱者一章、子曰听讼吾犹人也一章。

讲毕，上召赐履至御前，谕曰："朕昨观《大学》，格物二字最是切要工夫，盖格物即穷理也。”对曰：“圣贤本体工夫，只格物二字包括无余。内而身心意知，外而家国天下，皆物也。物无不格，斯知无不致，而德无不明。圣经贤传，千言万语，无非发明此理。但其间有根本，有切要，非泛骛于一草木、一器具之末，为支离无本之学也。孟子曰：‘物皆然，心为甚。’盖心又物之大者，万理之所具，而万事之所出也。”上曰：“天地古今，道理只是一个，故曰一以贯之。然则博文约礼，工夫合当如是。”对曰：“诚如圣谕。”

本日起居注官莽色、陈廷敬。

十四日庚辰　早，上御乾清门，听部院各衙门官员面奏政事。

辰时，上御弘德殿，讲官熊赐履、喇沙里、孙在丰进讲：子张问政一章、子曰君子成人之美一章、季康子问政一章。

巳时，上诣太皇太后宫问安。

未时，上复御乾清门，赐进贡喀尔喀部落一品台吉达儿扎等、土默特部落一品塔布囊班第、克什克屯部落一品台吉吴都等、吴喇忒部落三品台吉那林达等、翁牛忒部落四品台吉阿喇巴檀等、苏尼忒部落四品台吉噶儿马等食。

本日起居注官杜臻、喇沙里。

十五日辛巳　早，上御乾清门，听部院各衙门官员面奏政事。

辰时，上御弘德殿，讲官熊赐履、喇沙里、孙在丰进讲：季康子患盗问于孔子一章、季康子问政于孔子一章、子张问士一章、樊迟从游于舞雩之下一章。

本日起居注官胡密子、张英。

十六日壬午　早，上御乾清门，听部院各衙门官员面奏政事。

辰时，上御弘德殿，讲官熊赐履、喇沙里、孙在丰进讲：樊迟问仁一章、子贡问友一章。

本日起居注官莽色、杨正中。

十七日癸未　早，上御乾清门，听部院各衙门官员面奏政事。

辰时，上御弘德殿，讲官熊赐履、喇沙里、孙在丰进讲：曾子曰君子以文会友一章、子路问政一章、仲弓为季氏宰一章。

本日起居注官熊赐履、喇沙里。

十八日甲申 早，上御乾清门，听部院各衙门官员面奏政事。

辰时，上御弘德殿，讲官熊赐履、喇沙里、孙在丰进讲：子路曰卫君待子而为政一章。

巳时，上诣太皇太后、皇太后宫问安。

本日起居注官胡密子、孙在丰。

十九日乙酉 早，上御乾清门，听部院各衙门官员面奏政事。

辰时，上御弘德殿，讲官熊赐履、喇沙里、孙在丰进讲：樊迟请学稼一章、子曰诵诗三百一章、子曰其身正一章。

本日起居注官莽色、张英。

二十日丙戌 早，上御乾清门，听部院各衙门官员面奏政事。

辰时，上御弘德殿，讲官熊赐履、喇沙里、孙在丰进讲：子曰鲁卫之政一章、子谓卫公子荆善居室一章、子适卫冉有仆一章、子曰苟有用我者一章。

未时，上复御乾清门，赐进贡土默特部落三品台吉噶尔玛什希等、吴喇忒部落三品台吉巴达尔奇等、苏尼忒部落四品台吉纳木准等、喀喇沁部落三品塔布囊济干等食。

本日起居注官喇沙里、史鹤龄。

二十一日丁亥 早，上御乾清门，听部院各衙门官员面奏政事。

辰时，上御弘德殿，讲官熊赐履、喇沙里、孙在丰进讲：子曰善人为邦百年一章、子曰如有王者一章、子曰苟正其身矣一章。

本日起居注官胡密子、杜臻。

二十二日戊子 早，上御乾清门，听部院各衙门官员面奏政事。

辰时，上御弘德殿，讲官熊赐履、喇沙里、孙在丰进讲：冉有退朝一章、定公问一言而可以兴邦有诸一章。

本日起居注官莽色、陈廷敬。

二十三日己丑 早，上御乾清门，听部院各衙门官员面奏政事。

辰时，上御弘德殿，讲官喇沙里、孙在丰进讲：叶公问政一章、子夏为莒父宰问政一章、叶公语孔子曰一章、樊迟问仁一章。

巳时，上诣太皇太后宫问安。

未时，上复御乾清门，赐进贡科尔沁国二品台吉毕力克图等、翁牛忒部落一品台吉奇塔忒等、豸拉忒部落四品台吉那木齐等、乌朱穆秦部落四品台吉巴雅思虎郎、苏尼忒部落四品台吉巴郎等、乌拉忒部落四品台吉莽奈等食。

本日起居注官喇沙里、孙在丰。

二十四日庚寅　早，上御乾清门，听部院各衙门官员面奏政事。

辰时，上御弘德殿，讲官喇沙里、孙在丰、张英进讲：子贡问曰何如斯可谓之士矣一章、子曰不得中行而与之一章、子曰南人有言一章。

本日起居注官胡密子、杨正中。

二十五日辛卯　早，上御太和殿视朝。文武升转各官谢恩，及进贡喀尔喀部落额尔得尼格楚尔等、济巴兔等行礼毕，回宫。

少顷，复御乾清门，听部院各衙门官员面奏政事。

辰时，上御弘德殿，讲官熊赐履、喇沙里、孙在丰进讲：子曰君子和而不同一章、子贡问曰乡人皆好之一章。

本日起居注官莽色、叶方蔼。

二十六日壬辰　早，上御乾清门，听部院各衙门官员面奏政事。

辰时，上御弘德殿，讲官熊赐履、喇沙里、孙在丰进讲：子曰君子易事一章、子曰君子泰而不骄一章、子曰刚毅木讷一章、子路问曰何如斯可谓之士矣一章、子曰善人教民七年一章。

本日起居注官喇沙里、史鹤龄。

二十七日癸巳　早，上御乾清门，听部院各衙门官员面奏政事。

巳时，上诣太皇太后、皇太后宫问安。

本日起居注官熊赐履、胡密子。

二十八日甲午　早，上御乾清门，听部院各衙门官员面奏政事。

本日起居注官莽色、张英。

二十九日乙未　早，上御乾清门，听部院各衙门官员面奏政事。

巳时，上诣太皇太后、皇太后宫问安。

本日起居注官喇沙里、陈廷敬。

三十日丙申 早，上御中和殿视祝版，回宫。

少顷，上御乾清门，听部院各衙门官员面奏政事。

本日起居注官胡密子、杜臻。

十 月

初一日丁酉 早，上以孟冬，躬诣太庙致祭礼毕，回宫。

少顷，上御乾清门，听部院各衙门官员面奏政事。

巳时，上诣太皇太后宫问安。

本日起居注官莽色、史鹤龄。

初二日戊戌 早，上御乾清门，听部院各衙门官员面奏政事。

辰时，上御弘德殿，讲官熊赐履、喇沙里、孙在丰进讲：子曰以不教民战一章、宪问耻一章、克伐怨欲不行焉一章、子曰士而怀居一章、子曰邦有道危言危行一章。

讲毕，上召赐履至御前，谕曰："人心至灵，出入无向，一刻不亲书册，此心未免旁骛。朕在宫中，手不释卷，正为此也。"赐履对曰："天下义理，具于人心，载于书册。圣人虽心体浑全，而操存涵养，终身不敢间怠。读书穷理，亦存养之大端也。皇上典学体道，极深研几，允得精一执中之传矣。惟望始终如一，日新又新而已。"上曰："朕生来不好仙佛，所以向来尔讲辟异端，崇正学，朕一闻便信，更无摇惑。"对曰："帝王之道以尧舜为极。孔孟之学，即尧舜之道也。外此不特仙佛邪说在所必黜，即一切百家众技，支曲偏杂之论，皆当摈斥勿录，庶几大中至正，万世无弊。皇上徇齐敦敏，生知天纵，然亦必切实讲求，镜原达委，俾似是而非之说，无得乘机而中，则永无毫厘千里之失矣。"上曰："凡事必加以学问，方能经久，不然只是虚见，非实得也。"对曰："诚如圣谕。"

巳时，上诣太皇太后宫问安。

未时，上复御乾清门，赐进贡科尔沁国和硕亲王达尔汉额驸班第、一品台吉马尼俄栖尔等，扎鲁特部落二品台吉额尔德尼等，巴林部落四品台吉札木苏等，四子部落四品台吉毛奇塔挞，克什克屯部落四品台吉班第，科尔沁国永安固龙长公主下屠彰，归化城土默特部落二品台吉那尔布等食。

本日起居注官杨正中、喇沙里。

初三日己亥 早，上率诸王、贝勒以下，内大臣、大学士、都统、尚书、精奇尼哈番、侍卫等，庆贺皇太后圣诞礼毕，回宫。

少顷，御乾清门，听部院各衙门官员面奏政事。

辰时，上御弘德殿，讲官熊赐履、喇沙里、孙在丰进讲：子曰有德者必有言一章、南宫适问于孔子曰羿善射一章、子曰君子而不仁者有矣夫一章。

未时，上复御乾清门，赐江南总督阿席熙食。

本日起居注官胡密子、叶方蔼。

初四日庚子 早，上御乾清门，听部院各衙门官员面奏政事。

辰时，上御弘德殿，讲官熊赐履、喇沙里、孙在丰进讲：子曰爱之能勿劳乎一章、子曰为命裨谌草创之一章、或问子产一章、子曰贫而无怨难一章、子曰孟公绰为赵魏老则优一章。

未时，上复御乾清门，赐进贡科尔沁国二品台吉阿喇纳等、吴喇忒部落三品台吉杨我等及江南总督阿席熙食。

本日起居注官莽色、孙在丰。

初五日辛丑 早，上御乾清门，听部院各衙门官员面奏政事。

辰时，上御弘德殿，讲官喇沙里、孙在丰、张英进讲：子路问成人一章、子问公叔文子于公明贾曰一章。

是日，殿试天下武举芮复光等一百名。

本日起居注官喇沙里、张英。

初六日壬寅 早，上御乾清门，听部院各衙门官员面奏政事。

辰时，上御弘德殿，讲官喇沙里、孙在丰、张英进讲：子曰臧武仲以防求为后于鲁一章、子曰晋文公谲而不正一章、子路曰桓公杀公子纠一章。赐江南江西总督阿席熙衣一袭、鞍马一匹、撒袋全副。

本日起居注官胡密子、陈廷敬。

初七日癸卯 早，上御乾清门，听部院各衙门官员面奏政事。

辰时，上御弘德殿，讲官喇沙里、孙在丰、张英进讲：子贡曰管仲非仁者与一章、公叔文子之臣大夫僎一章、子言卫灵公之无道也一章。

巳时，上诣太皇太后宫问安。

遂幸瀛台，阅天下中式武举马步箭毕，回宫。

本日起居注官莽色、杜臻。

初八日甲辰 早，上御太和殿，传胪第一甲第一名郎天祚、第二名李世威、第三名赵文璧；二甲第一名陈丹忠等二十七名；三甲第一名卫若青等七十名。赐武进士及第出身有差。读卷官图海、李霨等并执事各官及天祚等行礼毕，回宫。

少顷，御乾清门，听部院各衙门官员面奏政事。

本日起居注官喇沙里、史鹤龄。

初九日乙巳 早，上御乾清门，听部院各衙门官员面奏政事。

辰时，上御弘德殿，讲官熊赐履、喇沙里、孙在丰进讲：子曰其言之不怍一章、陈成子弑简公一章。

讲毕，上召赐履至御前，谕曰："朕十岁时，一喇嘛来朝，提起西方佛法，朕即面辟其谬，彼竟语塞。盖朕生来便厌闻此种也。"对曰："二氏之书，臣虽未尽读，亦曾穷究，其指大都荒唐幻妄，不可容于尧舜之世。愚氓惑于福果，固无足怪，可笑从来英君达士，亦多崇信其说，毕竟是道理不明，聪明误用，直于愚民无知等耳。皇上亶聪作哲，允接二帝三王之正统，诚万世斯文之幸也。"上曰："朕观《朱文公家礼》、丧礼不作佛事。今民间一有丧事，便延集僧道，超度炼化，岂是正理？"对曰："总因习俗相沿，莫知其非。近见民间丧家，一面修斋诵经，一面演剧歌舞，甚至孝子痛饮，举家若狂，令人不忍见闻。诸如火葬焚化、跳神禳赛之类，伤财败俗，不可殚述。皇上既以尧、舜为法，一切陋习，力行禁革，转移风教，嘉与维新，化民成俗，未必不由此也。"上又曰："人主势位崇高，何求不得？但须有一段敬畏之意，自然不至差错。便有差错，也会省改。若任意率行，略不加谨，鲜有不失之纵佚者。朕每念及此，未尝一刻敢暇逸也。"对曰："圣谕及此，与尧兢舜业何以异。唯望常存此心，愈加慎密，则太平有道之基在是矣。"上曰："然。"

本日起居注官胡密子、杨正中。

初十日丙午　早，上御乾清门，听部院各衙门官员面奏政事。

辰时，上御弘德殿，讲官熊赐履、喇沙里、孙在丰进讲：子路问事君一章、子曰君子上达一章。

午时，上诣太皇太后、皇太后宫问安。

本日起居注官喇沙里、叶方蔼。

十一日丁未　早，上御乾清门，听部院各衙门官员面奏政事。

辰时，上御弘德殿，讲官熊赐履、喇沙里、孙在丰进讲：子曰古之学者为己一章、蘧伯玉使人于孔子一章。

未时，上复御乾清门，赐进贡敖汉部落和硕额驸齐伦巴土鲁、巴林部落贝子乌尔占等、札鲁特部落四品台吉多尔济思哈布等、克什克屯部落四品台吉阿尔塔等、翁牛特部落四品台吉巴布等、苏尼忒部落四品台吉达西等、土默特部落四品塔布囊阿必达等、满洲西里库图克图喇嘛等食。

本日起居注官莽色、孙在丰。

十二日戊申　早，上御乾清门，听部院各衙门官员面奏政事。

辰时，上御弘德殿，讲官熊赐履、喇沙里、孙在丰进讲：曾子曰君子思不出其位一章、子曰君子耻其言一章、子曰君子道者三一章。

巳时，上诣太皇太后、皇太后宫问安。

是日，上特赐满汉讲官貂皮、白金、表里。熊赐履等奏曰："臣等愚劣无状，蒙皇上拔置讲筵，涓埃未效，咎过甚多。皇上不加谴责，格外优容，已属万幸。复蒙重赏，臣等实切惶愧，难以祗受。敢辞。"上曰："尔等每日进讲，寒暑无间，著有勤劳。所赐略示朕优眷儒臣之意，尔等其祗受无辞。"赐履等遂遵旨谢恩于乾清门。

本日起居注官胡密子、张英。

十三日己酉　辰时，上诣太皇太后宫问安毕，出午门，自崇文门进南苑大红门，驻跸东宫。

十四日庚戌　早，上御南殿，讲官喇沙里、孙在丰、张英进讲：子贡方人一章、子曰不患人之不己知一章、子曰不逆诈一章。

十五日辛亥　早，上御南殿，讲官喇沙里、孙在丰、张英进讲：微生亩谓孔子曰一章、子曰骥不称其力一章。

十六日壬子　上驻跸南苑。

十七日癸丑　早，上御南殿，讲官喇沙里、孙在丰、张英进讲：或曰以德报怨一章、子曰莫我知也夫一章。

十八日甲寅　早，上御南殿，讲官喇沙里、孙在丰、张英进讲：公伯寮愬子路于季孙一章。

十九日乙卯　早，上御南殿，讲官喇沙里、孙在丰、张英进讲：子曰贤者辟世一章、子曰作者七人矣一章、子路宿于石门一章。

本日上驻跸西宫。

二十日丙辰　上复驻跸东宫。

二十一日丁巳　早，上御南殿，讲官喇沙里、孙在丰、张英进讲：子击磬于卫一章、子张曰书云一章、子曰上好礼一章。

二十二日戊午　早，上御南殿，讲官喇沙里、孙在丰、张英进讲：子路问君子一章、原壤夷俟一章、阙党童子将命一章、卫灵公问陈于孔子一章。

讲毕，巳时，上出大红门，自崇文门进午门，诣太皇太后、皇太后宫问安毕，未时，回宫。

扈从起居注官喇沙里、孙在丰、张英。

二十三日己未　早，上御乾清门，听部院各衙门官员面奏政事。

辰时，上御弘德殿，讲官熊赐履、喇沙里、孙在丰进讲：子曰赐也女以予为多学而识之者与一章、子曰由知德者鲜矣一章、子曰无为而治者一章。

巳时，上诣太皇太后、皇太后宫问安。

本日起居注官胡密子、杜臻。

二十四日庚申　早，上御乾清门，听部院各衙门官员面奏政事。

辰时，上御弘德殿，讲官熊赐履、喇沙里、孙在丰进讲：子张问行一章、子曰直哉史鱼一章。

巳时，上诣太皇太后宫问安。

未时，上复御乾清门，陕西总督哈占陛辞，命照常赏赐外，加赐内厩鞍马一匹、表里六匹。哈占奏曰："臣荷圣恩高厚，愧难图报。臣虽才不逮人，然报国之心自矢无二，惟益思竭力，仰报皇恩。但今睽隔天颜，凡有愚见，自当奏闻。且秦省边疆与蒙古接壤，虽赖皇上弘庥，四方安奠，而边疆防守仍不可弛。此后边地人缺相宜者，臣仍酌量题请补授，统惟圣明留意。”上曰：“朕特简卿秦督，卿其尽心地方，绥靖边境，以副朕委任之意。”

本日起居注官莽色、史鹤龄。

二十五日辛酉　早，上御太和殿视朝。文武升转官员谢恩，及进贡喀尔喀部落博尔极吉特秉图台吉下头目等、厄鲁特部落诺颜贺卓下头目等谢恩毕，回宫。

少顷，上御乾清门，听部院各衙门官员面奏政事。

辰时，上御弘德殿，讲官熊赐履、喇沙里、孙在丰进讲：子曰可与言而不与之言一章、子曰志士仁人一章、子贡问为仁一章。

本日起居注官杨正中、喇沙里。

二十六日壬戌　早，上御乾清门，听部院各衙门官员面奏政事。

辰时，上御弘德殿，讲官熊赐履、喇沙里、孙在丰进讲：颜渊问为邦一章、子曰人无远虑一章、子曰已矣乎一章、子曰臧文仲其窃位者与一章、子曰躬自厚一章。

巳时，上诣太皇太后宫问安。

本日起居注官胡密子、叶方蔼。

二十七日癸亥　早，上御乾清门，听部院各衙门官员面奏政事。

辰时，上御弘德殿，讲官熊赐履、喇沙里、孙在丰进讲：子曰不曰如之何如之何者一章、子曰群居终日一章、子曰君子义以为质一章、子曰君子病无能焉一章。

本日起居注官莽色、孙在丰。

二十八日甲子　早，上御乾清门，听部院各衙门官员面奏政事。

辰时，上御弘德殿，讲官熊赐履、喇沙里、孙在丰进讲：子曰君子疾没世一章、子曰君子求诸己一章、子曰君子矜而不争一章、子曰君子不以言举人一章。

巳时，上诣太皇太后宫问安。

本日起居注官喇沙里、张英。

二十九日乙丑 早，上御乾清门，听部院各衙门官员面奏政事。

辰时，上诣弘德殿，讲官熊赐履、喇沙里、孙在丰进讲：子贡问曰有一言而可以终身行之者乎一章、子曰吾之于人也一章、子曰吾犹及史之阙文也一章、子曰巧言乱德一章、子曰众恶之必察焉一章、子曰人能弘道一章。

讲毕，召赐履至御前，谕曰："朕思各衙门政事，一时差错，尚可改正，唯刑狱关系人命，死者不可复生，断者不可复续。朕每阅重犯章奏，中心恻然不忍。念小民无知，罹于狱谳，虽罪则难宥，而情实可悯。在上者若无哀矜钦恤之意，岂所以代天子民之道乎。朕已有旨谕刑部，嗣后凡各直省重犯章奏，俱令详其供招，先期奏谳，仍下九卿、科、道朝审，再三覆奏，庶几无甚冤滥耳。"赐履奏曰："皇上如天好生，真天下苍生之幸。《书》曰：刑期于无刑，民协于中。惟圣明始终留意。"

本日起居注官熊赐履、胡密子。

十一月

初一日丙寅 早，上御乾清门，听部院各衙门官员面奏政事。

辰时，上御弘德殿，讲官熊赐履、喇沙里、孙在丰进讲：子曰过而不改一章、子曰吾常终日不食一章、子曰君子谋道一章、子曰知及之仁不能守之一章、子曰君子不可小知一章、子曰民之于仁也一章、子曰当仁不让于师一章、子曰君子贞而不谅一章。

本日起居注官莽色、陈廷敬。

初二日丁卯 早，上御乾清门，听部院各衙门官员面奏政事。

辰时，上御弘德殿，讲官熊赐履、喇沙里、孙在丰进讲：子曰事君敬其事一章、子曰有教无类一章、子曰道不同一章、子曰辞达而已矣一章、师冕见一章、季氏将伐颛臾一章、孔子曰天下有道一章、孔子曰禄之去公室一章、孔子曰益者三友一章。

未时，上复御乾清门，赐进贡科尔沁国一品台吉索尼对等、翁牛忒部落三品台吉班第等、克什克屯部落一品台吉阿育什等食。

本日起居注官杜臻、喇沙里。

初三日戊辰　早，上御乾清门，听部院各衙门官员面奏政事。

辰时，上御弘德殿，讲官熊赐履、喇沙里、孙在丰进讲：孔子曰益者三乐一章、孔子曰侍于君子一章、孔子曰君子有三戒一章、孔子曰君子有三畏一章。

巳时，上诣太皇太后、皇太后宫问安。

本日起居注官胡密子、史鹤龄。

初四日己巳　早，上御乾清门，听部院各衙门官员面奏政事。

辰时，上御弘德殿，讲官熊赐履、喇沙里、孙在丰进讲：孔子曰生而知之者一章、孔子曰君子有九思一章、孔子曰见善如不及一章、齐景公有马千驷一章、陈亢问于伯鱼曰一章、邦君之妻一章、阳货欲见孔子一章、子曰性相近也一章。

讲毕，召赐履至御前，问曰："本然之性，气质之性，其指何居？"对曰："本然之性，即太极也，孟子所谓性善是也。气质之性，即二五万物也，孔子所谓性相近习相远也。究之气质之性，皆可化而为本然之性，故性善之说为不可易，而大有功于天下万世也。"问经权二字之义。对曰："经权非有二也，经是中，权是时。中至当恰好是经，随时随在无不至当恰好是权。若离经言权，则为权谋术数之权，而非圣人通变达权之权矣。"命讲一贯忠恕之指。讲毕，上首肯，因曰："看来一贯只是统言天地间道理，必须说到推己及物处方亲切。"赐履对曰："诚如圣谕。"命讲圣经一章大指。讲毕，上问曰："修身、明德是一是二？"对曰："明德为本，未有德不明而可言身修者。明德便是修身，故又曰修身为本。"上曰："善。"

本日起居注官莽色、杨正中。

初五日庚午　早，上御乾清门，听部院各衙门官员面奏政事。

辰时，上御弘德殿，讲官熊赐履、喇沙里、孙在丰进讲：子曰惟上知与下愚不移一章、子之武城一章、公山弗扰以费畔一章、子张问仁于孔子一章、佛肸召一章、子曰由也女闻六言一章、子曰小子何莫学夫诗一章、子谓伯鱼曰一章。

是日，上谕内大臣曰："朕闻镇守盛京将军阿木尔图患疾危笃，念系封疆大臣，着遣医看视。”遂命三等侍卫阿尔赛同太医院吏目孙之鼎前往疗治。

本日起居注官喇沙里、叶方蔼。

初六日辛未 早，上御乾清门，听部院各衙门官员面奏政事。

辰时，上御弘德殿，讲官熊赐履、喇沙里、孙在丰进讲：子曰礼云礼云一章、子曰色厉而内荏一章、子曰乡愿德之贼也一章、子曰道听而涂说一章、子曰鄙夫可与事君也与哉一章、子曰古者民有三疾一章、子曰恶紫之夺朱也一章。

未时，上复御乾清门，赐进贡敖汉部落亲王班第、齐纶巴土鲁等，翁牛忒部落二品台吉西喇布等，苏尼忒部落四品台吉温布等食。

本日起居注官胡密子、孙在丰。

初七日壬申 早，上御乾清门，听部院各衙门官员面奏政事。

辰时，上御弘德殿，讲官熊赐履、喇沙里、孙在丰进讲：子曰予欲无言一章、孺悲欲见孔子一章、宰我问三年之丧一章、子曰饱食终日一章。

讲毕，召侍读学士喇沙里，谕曰：“朕在宫中，博观典籍，见宋儒周敦颐所著《太极图》，义理精奥，实前贤所未发。朕欲究其指归，可即命学士熊赐履，编修叶方蔼、张英，修撰韩菼等，各撰《太极图论》一篇，朕将亲览焉。”是日，赐履等撰毕进呈，上命留览。

巳时，上诣太皇太后、皇太后宫问安。

本日起居注官莽色、张英。

初八日癸酉 早，上御乾清门，听部院各衙门官员面奏政事。

辰时，上御弘德殿，讲官熊赐履、喇沙里、孙在丰进讲：子路曰君子尚勇乎一章、子贡曰君子亦有恶乎一章、子曰唯女子与小人一章、子曰年四十而见恶焉一章、微子去之一章。

本日起居注官喇沙里、孙在丰。

初九日甲戌 早，上御乾清门，听部院各衙门官员面奏政事毕。江南京口总兵官董振国陛辞。上谕曰：“江南地方平定已久，但须安静抚辑。”振国奏曰：“臣当勉尽心力，以报皇上简用之恩。”

辰时，上御弘德殿，讲官熊赐履、喇沙里、孙在丰进讲：柳下惠为士师一章、齐景公待孔子曰一章、齐人归女乐一章、楚狂接舆歌一章、长沮桀溺耦而耕一章、子路从而后一章、逸民伯夷叔齐一章。

本日起居注官胡密子、陈廷敬。

初十日乙亥　早，上御乾清门，听部院各衙门官员面奏政事。

辰时，上御弘德殿，讲官熊赐履、喇沙里、孙在丰进讲：太师挚适齐一章、周公谓鲁公曰一章、周有八士一章、子张曰士见危致命一章、子张曰执德不弘一章、子夏之门人一章、子夏曰虽小道一章。

巳时，上诣太皇太后、皇太后宫问安。

未时，上复御乾清门，赐进贡科尔沁国和硕额驸多尔济等、克什克屯部落一品台吉托尔博和等、柰曼部落四品台吉博洛忒等，及来请安科尔沁国端贞固龙长公主下三品达尔汉毕立克图等食。

本日起居注官莽色、杜臻。

十一日丙子　上以有事南郊，斋戒不理政事。

本日起居注官喇沙里、史鹤龄。

十二日丁丑　斋戒不理政事。

本日起居注官胡密子、杨正中。

十三日戊寅　早，上御太和殿视祝版毕，回宫。

本日起居注官莽色、叶方蔼。

十四日己卯　早，上诣天坛恭祭。

本日起居注官熊赐履、喇沙里。

十五日庚辰　以冬至节，上率诸王、贝勒、贝子、公、内大臣、大学士、都统、尚书、精奇尼哈番、侍卫等，诣太皇太后宫行庆贺礼毕，又诣皇太后宫行礼毕，回宫。

随御中和殿，内大臣、侍卫及执事等官行庆贺礼毕。御太和殿，诸王、贝勒、贝子、公、文武官员等上表，行庆贺礼毕。又进贡喀尔喀部落八拜头目等、厄鲁特部落温春头目等行礼毕，回宫。

少顷，御乾清门，听部院各衙门面奏政事。

本日起居注官胡密子、张英。

十六日辛巳　早，上御乾清门，听部院各衙门官员面奏政事。

辰时，上御弘德殿，讲官熊赐履、喇沙里、孙在丰进讲：子夏曰日知其所亡一章、子夏曰博学而笃志一章、子夏曰百工居肆一章、子曰小人之过也必文一章、子夏曰君子有三变一章。

本日起居注官莽色、史鹤龄。

十七日壬午 早，上御乾清门，听部院各衙门官员面奏政事。

辰时，上御弘德殿，讲官熊赐履、喇沙里、孙在丰进讲：子夏曰君子信而后劳其民一章、子夏曰大德不逾闲一章、子游曰子夏之门人一章、子夏曰仕而优则学一章、子游曰丧致乎哀而止一章、子游曰吾友张也一章、曾子曰堂堂乎张也一章、曾子曰吾闻诸夫子一章、曾子曰吾闻诸夫子孟庄子之孝也一章、孟氏使阳肤为士师一章、子贡曰纣之不善一章。

巳时，上诣太皇太后、皇太后宫问安。

本日起居注官喇沙里、陈廷敬。

十八日癸未 早，上御乾清门，听部院各衙门官员面奏政事。

辰时，上御弘德殿，讲官熊赐履、喇沙里、孙在丰进讲：卫公孙朝问于子贡曰一章、叔孙武叔语大夫于朝曰一章、叔孙武叔毁仲尼一章、陈子禽问于子贡曰一章。

本日起居注官胡密子、杜臻。

十九日甲申 早，上御乾清门，听部院各衙门官员面奏政事。

辰时，上御弘德殿，讲官熊赐履、喇沙里、孙在丰进讲：尧曰咨尔舜二节、曰予小子履一节、周有大赉五节、宽则得众一节。

本日起居注官熊赐履、莽色。

二十日乙酉 早，上御乾清门，听部院各衙门官员面奏政事。

辰时，上御弘德殿，讲官熊赐履、喇沙里、孙在丰进讲：子张问于孔子曰一节、子张曰何谓惠而不费一节、子张曰何谓四恶一节、子曰不知命一章。讲毕，上问曰："知行合一之说何如？"赐履对曰："宋儒朱熹云：论轻重行为重，论先后知为先。此言极为稳实。知行合一乃后儒穿凿之论，毕竟有病。"上首肯。

本日起居注官喇沙里、孙在丰。

二十一日丙戌 早，上御乾清门，听部院各衙门官员面奏政事。

辰时，上御弘德殿，讲官熊赐履、喇沙里、孙在丰进讲：大学之道一章。

本日起居注官胡密子、叶方蔼。

二十二日丁亥 早，上御乾清门，听部院各衙门官员面奏政事。

辰时，上御弘德殿，讲官熊赐履、喇沙里、孙在丰进讲：康诰曰克明德一章、汤之盘铭曰一章、诗云邦畿千里二节、诗云穆穆文王一节。

巳时，上诣太皇太后宫问安。

未时，上复御乾清门，赐进贡喀尔喀部落辅国公绰衣札布等、苏尼忒部落四品台吉公革勒西等，克什克屯部落四品台吉达纳等，翁牛忒部落四品台吉多尔机等，及请安科尔沁国端贞固龙长公主下二品护卫胡沙、永安固龙长公主下额黑阿哈等食。

本日起居注官喇沙里、张英。

二十三日戊子　早，上御乾清门，听部院各衙门官员面奏政事。

辰时，上御弘德殿，讲官熊赐履、喇沙里、孙在丰进讲：诗云瞻彼淇澳一节、诗云于戏前王不忘一节、子曰听讼吾犹人也一章、右（左）传之五章一章。

巳时，上诣太皇太后宫问安。

本日起居注官胡密子、陈廷敬。

二十四日己丑　早，上御乾清门，听部院各衙门官员面奏政事。

辰时，上御弘德殿，讲官熊赐履、喇沙里、孙在丰进讲：所谓诚其意者毋自欺也一节、小人闲居为不善一节、曾子曰十目所视二节、所谓修身在正其心者一章。

本日起居注官熊赐履、喇沙里。

二十五日庚寅　早，上御太和殿视朝。文武升转官员谢恩，及进贡喀尔喀部落厄尔克豸桑等、车臣部落巴拜头目等、厄鲁特部落达尔汉温春头目等谢恩毕，回宫。

少顷，上御乾清门，听部院各衙门官员面奏政事。

辰时，上御弘德殿，讲官熊赐履、喇沙里、孙在丰进讲：所谓齐其家在修其身者一章、所谓治国必先齐其家者一节、康诰曰如保赤子二节。

本日起居注官莽色、史鹤龄。

二十六日辛卯　早，上御乾清门，听部院各衙门官员面奏政事。

辰时，上御弘德殿，讲官熊赐履、喇沙里、孙在丰进讲：尧舜帅天下以仁一节、诗云桃之夭夭四节、所谓平天下在治其国者一节、所恶于上毋以使下一节。

本日起居注官胡密子、杜臻。

二十七日壬辰　早，上御乾清门，听部院各衙门官员面奏政事。

辰时，上御弘德殿，讲官熊赐履、喇沙里、孙在丰进讲：诗云乐只君子二节、诗云殷之未丧师一节、是故君子先慎乎德一节、德者本也一节、外本内末一节、康诰曰惟命不于常一节。

巳时，上诣太皇太后、皇太后宫问安。

本日起居注官喇沙里、叶方蔼。

二十八日癸巳　早，上御乾清门，听部院各衙门官员面奏政事。

辰时，上御弘德殿，讲官熊赐履、喇沙里、孙在丰进讲：楚书曰楚国无以为宝二节、秦誓曰若有一个臣一节、唯仁人放流之三节。

未时，上复御乾清门，赐新升山东巡抚赵祥星食，赐鞍马一匹。

本日起居注官胡密子、孙在丰。

二十九日甲午　早，上御乾清门，听部院各衙门官员面奏政事。

辰时，上御弘德殿，讲官熊赐履、喇沙里、孙在丰进讲：是故君子有大道一节、生财有大道一节、仁者以财发身二节、孟献子曰畜马乘二节。

本日起居注官喇沙里、张英。

三十日乙未　早，上御乾清门，听部院各衙门官员面奏政事。

本日起居注官胡密子、史鹤龄。

十二月

初一日丙申　早，上御乾清门，听部院各衙门官员面奏政事。户部将盐法考、漕运议单进呈御览。

辰时，上诣太皇太后宫问安。午时，上又诣太皇太后宫问安。

未时，上复御乾清门，赐进贡克什克屯部落二品台吉班第等、土默特部落二品台吉布达拉希等、苏尼忒部落四品台吉拖布克等食。

本日起居注官喇沙里、沈荃。

初二日丁酉　早，上御乾清门，听部院各衙门官员面奏政事。

辰时，上诣太皇太后宫问安。

本日起居注官熊赐履、胡密子。

初三日戊戌　早，上御乾清门，听部院各衙门官员面奏政事。直鼓厅科道官布舒、刘如汉、孙锡龄等奏言："通政司等衙门笔帖式状称，职等随从督抚及一应办事，与各衙门笔帖式俱系一体，惟关差抽分，职等衙门独不得与，为此封进登闻鼓状。"上曰："求往关差意欲何为？"布舒奏言："据笔帖式等言，若蒙差遣，所省人口马匹粮草，可以赡养妻子。臣等因同系办事，不得奉差，似属冤抑，故尔奏闻。"上曰："此辈欲往，不过冀得财利耳。此事有何冤抑，必为封进！"布舒展转辩奏。上曰："诸凡事务行止，须决之以理。汝虽自恃利口，如此事果合理否耶！"挥之使去。

巳时，上诣太皇太后、皇太后宫问安。

本日起居注官喇沙里、陈廷敬。

初四日己亥　早，上御乾清门，听部院各衙门官员面奏政事。

是日，上颁赐在京大小各衙门官员鹿、狍、鲜鱼。

本日起居注官杜臻、格尔古德。

初五日庚子　早，上御乾清门，听部院各衙门官员面奏政事。

本日起居注官胡密子、崔蔚林。

初六日辛丑　早，上御乾清门，听部院各衙门官员面奏政事。

巳时，上诣太皇太后宫问安。

未时，上复御乾清门，赐进贡喀尔沁部落三品塔布囊大尔马什里等，翁牛忒部落二品达尔汉顾木等，土默特部落四品台吉诺尔布扎儿，及下嫁科尔沁国端贞固龙长公主差来请安何善等食。

是日，上复御乾清门，召八旗满洲、蒙古、汉军都统、副都统、六部尚书至御前，谕曰："满洲乃国家根本，宜加爱惜。今见满洲贫而负债者甚多，赌博虽禁，犹然未息。此皆由各都统、副都统、佐领不勤加教育之所致也。比来满洲习于嬉戏，凡丧祭婚嫁，过于靡费，不可胜言。若蒙古等惑于喇嘛，室中所有，为之罄尽，此皆系愚人，但崇信祸福之说，而不知其终无益也。我太祖、太宗时，亦此满洲也，当日之都统、副都统、佐领，以今视之，更何如耶！尔时屡经行兵出猎，一应徭役，较之今日亦不为少，然而不致负债者，食用饶裕，人能节俭故也。

尔等各勤职守，毋负朕委任。禁止嬉游，劝善惩恶，则自然感化矣。今见以佐领争讼者甚多，但知荣贵，而爱养所属之道，全然不知。或有佐领下各户之主不令披甲，听徇情面令家人披甲者甚众，此等俱宜严行禁止，停其家人披甲。或二三佐领，或四五佐领，酌量归并，将闲散满洲令其披甲。则满洲人丁各得食粮，庶可少资生理。从来有治人无治法，尔等其详议以奏。”都统图海等，尚书明珠、莫洛等奏曰：“兵丁习于游嬉，凡丧祭婚嫁服用等项，实为过费，此皆臣等不能统率教训所致。今敬遵谕旨，此后臣等各当严加训诫。满洲、蒙古都统下每一佐领，除留一百三十人以上、一百四十人以下外，其余丁另合为佐领。以后新买喀尔喀部落蒙古之人，停其充入满洲数内。”于本日具题，上可其奏，交户部施行。

本日起居注官喇沙里、叶方蔼。

初七日壬寅　早，上御乾清门，听部院各衙门官员面奏政事。

是日，上特赐讲官喇沙里、杜臻等十二员貂皮朝衣各一袭。随于太和殿前谢恩。

本日起居注官格尔古德、孙在丰。

初八日癸卯　早，上御乾清门，听部院各衙门官员面奏政事。

本日起居注官胡密子、张英。

初九日甲辰　早，上御乾清门，听部院各衙门官员面奏政事。

巳时，上诣太皇太后宫问安毕。

随御观德殿，命升补宁夏西宁总兵官员缺镇守四川夔州右都督管副将事陈福、镇守甘肃永固城参将管副将事王进宝射。未时，上复御乾清门，赐陈福、王进宝食。

本日起居注官喇沙里、史鹤龄。

初十日乙巳　早，上御乾清门，听部院各衙门官员面奏政事。

巳时，上诣太皇太后、皇太后宫问安。

未时，上复御乾清门，赐陈福、王进宝食。

本日起居注官格尔古德、张英。

十一日丙午　早，上御乾清门，听部院各衙门官员面奏政事。

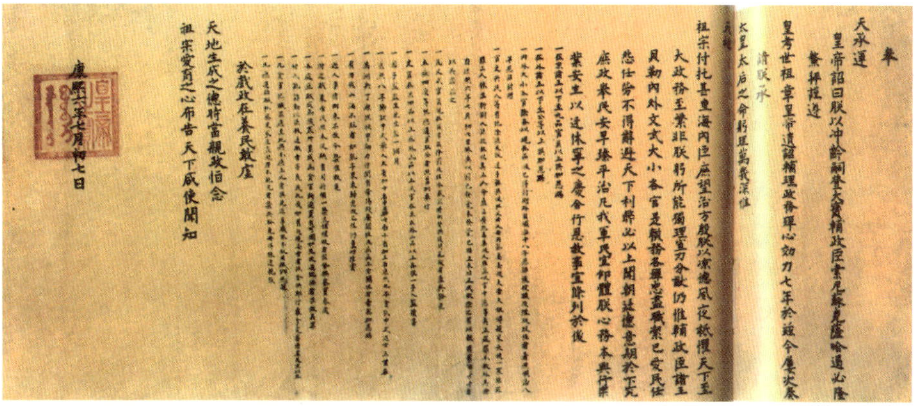

奉
天承運
皇帝詔曰朕以冲齡嗣登大寶輔政臣索尼蘇克薩哈遏必隆
鰲拜謹遵
皇考世祖章皇帝遺詔輔理政務殫心効力七年於茲今屢次奏
請朕承
太皇太后之命躬理萬幾惟
祖宗付托甚重海內臣庶望治方殷朕以涼德夙夜祗懼天下至
大政務至繁非朕躬所能獨理宣力分猷仍惟輔政臣諸王
貝勒內外文武大小各官是賴務各殫忠盡職潔己愛民任
怨任勞不得辭避天下利弊必以上聞朝廷德意期於下究
庶政舉民安早臻平治凡我軍民宜仰體朕心務本興行
樂業安生以迓休寧之慶合行恩赦事宜條列於後
於戲政在養民敢虛
天地生成之德時當親政恒念
祖宗愛育之心布告天下咸使聞知
康熙六年七月初七日

康熙帝亲政诏书

朕以冲龄嗣登大宝。辅政臣索尼、苏克萨哈、遏必隆、鳌拜谨遵皇考世祖章皇帝遗诏，辅理政务，殚心效力，七年于兹。今屡次奏请。朕承太皇太后之命，躬理万几。惟天地祖宗付托至重。海内臣庶，望治方殷。朕以凉德，夙夜祇惧。天下至大，政务至繁，非朕躬所能独理。宣力分猷，仍惟辅政臣、诸王、贝勒、内外文武大小各官是赖。务各殚忠尽职，洁己爱民，任怨任劳，不得辞避。天下利弊，必以上闻，朝廷德意，期于下究。庶政举民安，早臻平治。凡我军民宜仰体朕心，务本兴行，乐业安生，以迓休宁之庆。合行恩赦事宜条列于后。于戏政在养民，敢虚天地生成之德。时当亲政，恒念祖宗爱育之心。布告天下，咸使闻知。

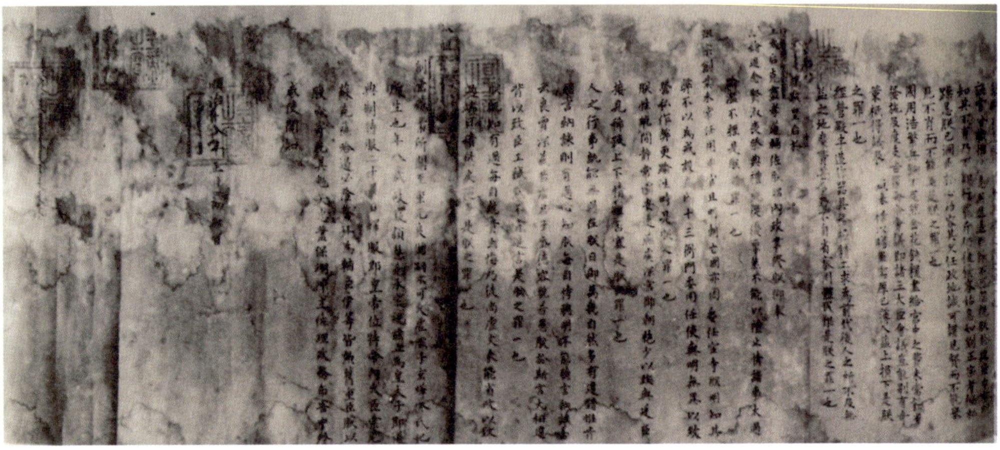

顺治帝遗诏

朕以凉德，承嗣丕基，十八年于兹矣。自亲政以来，纪纲法度，用人行政，不能仰法太祖、太宗谟烈，因循悠忽，苟且目前。且渐习汉俗，于淳朴旧制，日有更张。以致国治未臻，民生未遂，是朕之罪一也。朕自弱龄，即遇皇考太宗皇帝上宾，教训抚养，惟圣母皇太后慈育是依。隆恩罔极，高厚莫酬，朝夕趋承，冀尽孝养。今不幸子道不终，诚悃未遂，是朕之罪一也。皇考宾天时，朕止六岁，不能服衰绖行三年丧，终天抱憾。惟侍奉皇太后顺志承颜，且冀万年之后，庶尽子职，少抒前憾。今永违膝下，反上廑圣母哀痛，是朕之罪一也。宗室诸王贝勒等，皆太祖、太宗子孙，为国藩翰，理宜优遇，以示展亲。朕于诸王贝勒等，晋接既疏，恩惠复鲜，情谊睽隔，友爱之道未周，是朕之罪一也。满洲诸臣，或历世竭忠，或累年效力，宜加倚托，尽厥猷为。朕不能信任，有才莫展。且明季失国，多由偏用文臣。朕不以为戒，反委任汉官，即部院印信，间亦令汉官掌管。致满臣无心任事，精力懈弛，是朕之罪一也。朕夙性好高，不能虚己延纳。于用人之际，务求其德与己侔，未能随才器使，致每叹乏人。若舍短录长，则人有微技，亦获见用，岂遂至于举世无才，是朕之罪一也。设官分职，惟德是用，进退黜陟，不可忽视。朕于廷臣，明知其不肖，不即罢斥，仍复优容姑息。如刘正宗者，偏私躁忌，朕已洞悉于心，乃容其久任政地。可谓见贤而不能举，见不肖而不能退，是朕之罪一也。国用浩繁，兵饷不足。而金花钱粮，尽给宫中之费，未常节省发施。及度支告匮，每令诸王大臣会议，未能别有奇策，止议裁减俸禄，以赡军饷。厚己薄人，益上损下，是朕之罪一也。经营殿宇，造作器具，务极精工。无益之地，糜费甚多。乃不自省察，罔体民艰，是朕之罪一也。端敬皇后于皇太后克尽孝道，辅佐朕躬，内政聿修。朕仰奉慈纶，追念贤淑，丧祭典礼，过从优厚。不能以礼止情，诸事太过，踰滥不经，是朕之罪一也。祖宗创业，未尝任用中官。且明朝亡国，亦因委用宦寺。朕明知其弊，不以为戒。设立内十三衙门，委用任使，与明无异。致营私作弊，更踰往时，是朕之罪一也。朕性耽闲静，常图安逸，燕处深宫，御朝绝少。致与廷臣接见稀疏，上下情谊否塞，是朕之罪一也。人之行事，孰能无过？在朕日理万几，岂能一无违错？惟听言纳谏，则有过必知。朕每自恃聪明，不能听纳。古云："良贾深藏若虚，君子盛德，容貌若愚。"朕于斯言，大相违背。以致臣工缄默，不肯进言，是朕之罪一也。朕既知有过，每自刻责生悔。乃徒尚虚文，未能省改，过端日积，愆戾愈多，是朕之罪一也。太祖、太宗创垂基业，所关至重。元良储嗣，不可久虚。朕子玄烨，佟氏妃所生，岐嶷颖慧，克承宗祧，兹立为皇太子。即遵典制，持服二十七日，释服即皇帝位。特命内大臣索尼、苏克萨哈、遏必隆、鳌拜为辅臣。伊等皆勋旧重臣，朕以腹心寄托。其勉矢忠尽，保翊冲主，佐理政务。布告中外，咸使闻知。

乾清宫“正大光明”匾

皇宫中乾清宫皇帝宝座正中悬挂之匾。清朝皇帝共书有“正大光明”匾额四方，分别悬挂在其经常临御或听政的地方。乾清宫中的“正大光明”匾为顺治皇帝亲书，自雍正王朝起，历代秘密立储匣就置放在该匾额后面。另有景山观德殿的“正大光明”匾，系康熙帝御书；圆明园中的“正大光明”匾，系雍正皇帝御书；热河勤政殿“正大光明”匾额，系乾隆皇帝御书。

清史稿卷四

本紀四

世祖本紀一

世祖體天隆運定統建極英睿欽文顯武大德弘功至仁純孝章皇帝，諱福臨，太宗第九子。母孝莊文皇后方娠，紅光繞身，盤旋如龍形。誕之前夕，夢神人抱子納后懷曰：「此統一天下之主也。」寤，以語太宗。太宗喜甚，曰：「奇祥也，生子必建大業。」翌日上生，紅光燭宮中，香氣經日不散。上生有異禀，頂髮聳起，龍章鳳姿，神智天授。

八年秋八月庚午，太宗崩，儲嗣未定。和碩禮親王代善會諸王、貝勒、貝子、文武羣臣定議，奉上嗣大位，誓告天地，以和碩鄭親王濟爾哈朗、和碩睿親王多爾袞輔政。丙子，阿濟格尼堪等率師防錦州。丁丑，多羅郡王阿達禮、固山貝子碩託謀立和碩睿親王多爾袞。禮親王代善與多爾袞發其謀。阿達禮、碩託伏誅。乙酉，諸王、貝勒、貝子、羣臣以上嗣位期祭告太宗。丙戌，以卽位期祭告郊廟。丁亥，上卽皇帝位於篤恭殿。詔以明年爲順治元年，肆赦常所不原者。頒哀詔於朝鮮、蒙古。

九月辛丑，地震，自西北而南有聲。壬寅，濟爾哈朗、阿濟格征明，攻寧遠衞。丙午，頒卽位詔於朝鮮、蒙古。以太宗遺詔減朝鮮歲貢。辛亥，昭陵成。乙卯，大軍攻明中後所，丁巳拔之。庚申，攻前屯衞。

《清史稿》康熙本纪

孝庄文皇后便服像

清宫廷画家绘。绢本，设色。纵262厘米，横181.6厘米。故宫博物院藏。孝庄文皇后（1613—1688年）是康熙帝的祖母。

孝莊文皇后，博爾濟吉特氏，科爾沁貝勒寨桑女，孝端皇后姪也。天命十年二月，來歸。崇德元年，封永福宮莊妃。三年正月甲午，世祖生。世祖即位，尊爲皇太后。順治十一年，贈太后父寨桑和碩忠親王，母賢妃。十三年二月，太后萬壽，上製詩三十首以獻。上承太后訓，撰內則衍義，並爲序以進。聖祖即位，尊爲太皇太后。

二十六年九月，太后疾復作，上晝夜在視。十二月，步禱天壇，請減算以益太后。讀祝，上泣，陪祀諸王大臣皆泣。太后疾大漸，命上曰：「太宗奉安久，不可爲我輕動。況我心戀汝父子，當於孝陵近地安厝，我心始無憾。」己巳，崩，年七十五。上哀慟，欲於宮中持服二十七月，王大臣屢疏請遵遺誥，以日易月，始從之。命撤太后所居宮移建昌瑞山孝陵近地，號「暫安奉殿」。二十七年四月，奉太后梓宮詣昌瑞山。自是，歲必詣謁。雍正三年十二月，世宗即其地起陵，曰昭西陵。

世祖親政，上太后徽號，國有慶，必加上。至聖祖以雲南平，奏捷，定徽號曰昭聖慈壽恭簡安懿章慶敦惠溫莊康和仁宣弘靖太皇太后，初奉安上諡。雍正、乾隆累加諡，曰孝莊仁宣誠憲恭懿至德純徽翊天啓聖文皇后。子一，世祖。女三，下嫁弼爾塔哈爾、色布騰、鏗吉爾格。

《清史稿》孝庄文皇后传

孝康皇后朝服像

清宫廷画家绘。绢本，设色。纵245.8厘米，横116.8厘米。故宫博物院藏。孝康皇后（1640—1663年），佟佳氏，康熙帝生母，顺治帝的庶妃。

孝诚仁皇后朝服像

康熙帝于康熙四年（1665年）举行大婚，立辅政大臣索尼的孙女、领侍卫内大臣噶不喇之女赫舍里氏（1653—1674年）为皇后。赫舍里氏与康熙帝生下两位皇子：长子承祜，4岁早夭；次子允礽。

巳时，上诣太皇太后宫问安。

本日起居注官胡密子、韩菼。

十二日丁未　早，上御乾清门，听部院各衙门官员面奏政事。

未时，上复御乾清门，赐陈福、王进宝、进贡科尔沁国二品台吉厄尔得尼等、札鲁特部落四品台吉诺尔布等、苏尼忒部落四品台吉鄂齐尔等、喀喇沁部落二品塔布囊阿尔那等、及下嫁巴林部落淑慧固龙长公主差来请安司仪长席佛食。

本日起居注官熊赐履、喇沙里。

十三日戊申　早，上御乾清门，听部院各衙门官员面奏政事。

是日，上特赐讲官崔蔚林等四员貂裘各一，随于太和殿前谢恩。

本日起居注官陈廷敬、格尔古德。

十四日己酉　早，上御乾清门，听部院各衙门官员面奏政事。

巳时，上诣太皇太后宫问安。

本日起居注官胡密子、杜臻。

十五日庚戌　早，上御太和殿视朝。文武升转官员谢恩及进贡喀尔喀部落豸桑等头目谢恩毕，回宫。

少顷，上御乾清门，听部院各衙门官员面奏政事。

未时，上复御乾清门，赐陈福、王进宝，及巴林部落多罗郡王鄂齐儿、一品台吉格尔勒图等食。

本日起居注官喇沙里、叶方蔼。

十六日辛亥　早，上御乾清门，听部院各衙门官员面奏政事。

是日，上赐宁夏西宁总兵官陈福、王进宝鞍马各一匹。

本日起居注官崔蔚林、格尔古德。

十七日壬子　早，上御乾清门，听部院各衙门官员面奏政事。

本日起居注官胡密子、孙在丰。

十八日癸丑　早，上御乾清门，听部院各衙门官员面奏政事。

本日起居注官喇沙里、沈荃。

十九日甲寅　早，上御乾清门，听部院各衙门官员面奏政事。

巳时，上诣太皇太后、皇太后宫问安。

未时，上复御乾清门，赐进贡土默特部落多罗达尔汉贝勒卓礼克图等、喀喇沁部落四品塔布囊鄂齐儿等、翁牛忒部落四品台吉顾穆、喀尔喀部落二品台吉巴素泰等、厄鲁特部落阿齐图达尔汉温春等食。

本日起居注官格尔古德、史鹤龄。

二十日乙卯 早，上御乾清门，听部院各衙门官员面奏政事。

本日起居注官胡密子、张英。

二十一日丙辰 早，上御乾清门，听部院各衙门官员面奏政事。

本日起居注官喇沙里、韩菼。

二十二日丁巳 早，上御乾清门，听部院各衙门官员面奏政事。

巳时，上诣太皇太后宫问安。

本日起居注官格尔古德、孙在丰。

二十三日戊午 早，上御乾清门，听部院各衙门官员面奏政事。

本日起居注官胡密子、陈廷敬。

二十四日己未 早，上御乾清门，听部院各衙门官员面奏政事。

本日起居注官杜臻、喇沙里。

二十五日庚申 早，上御乾清门，听部院各衙门官员面奏政事。

本日起居注官崔蔚林、格尔古德。

二十六日辛酉 本日起居注官喇沙里、叶方蔼。

二十七日壬戌 巳时，上诣太皇太后宫问安。

本日起居注官格尔古德、孙在丰。

二十八日癸亥 上御太和殿视祝版。

本日起居注官喇沙里、张英。

二十九日甲子 昧爽，以岁除，上亲诣太庙恭祭毕，回宫。

本日起居注官格尔古德、史鹤龄。

三十日乙丑 午时，以岁除，上御保和殿，赐来朝元旦外藩王、贝勒、贝子、公等，及内大臣、满汉大学士、三旗都统、尚书、副都统、侍郎、学士、侍卫等官宴，进酒。上召外藩王、贝勒、贝子、公等至御座前，亲赐饮。又召外藩台吉等至阶下，赐饮。宴罢，众谢恩毕，上回宫。

本日起居注官喇沙里、沈荃。

康熙十三年　甲寅

正　月

初一日丙寅　早，上率诸王、贝勒、贝子、公等，内大臣、大学士、都统、尚书、侍卫等，往堂子行礼毕，回宫。

辰时，率诸王、贝勒、贝子、公等，内大臣、大学士、都统、尚书、精奇尼哈番、侍卫等官，诣太皇太后宫行礼，又诣皇太后宫行礼毕，回宫。

少顷，御中和殿，内大臣、侍卫及内阁、翰林院、礼部、都察院、鸿胪寺执事各官，庆贺元旦礼毕，御太和殿。诸王、贝勒、贝子、公等文武官员及来朝元旦外藩王、贝勒、贝子、公、台吉等，朝鲜等国使臣，上庆贺元旦表。礼毕，回宫。

巳时，复御保和殿，赐外藩王、贝勒、贝子、公等及内大臣、大学士、都统、尚书、侍卫、台吉等饭。午时，上诣太皇太后宫问安。少顷，又御太和殿，宴外藩王、贝勒、贝子、公等及内大臣、大学士、都统、尚书、侍卫、台吉等，朝鲜国使臣，进酒。上召外藩王、贝勒、贝子、公等，内大臣、朝鲜国使臣等，亲赐饮毕。众谢恩，上回宫。

本日起居注官熊赐履、格尔古德。

初二日丁卯　午时，上诣太皇太后、皇太后宫问安。

本日起居注官喇沙里、韩菼。

初三日戊辰　本日起居注官陈廷敬、格尔古德。

初四日己巳　本日起居注官杜臻、喇沙里。

初五日庚午　本日起居注官格尔古德、崔蔚林。

初六日辛未　早，上诣大享殿，行祭祈谷礼毕，回宫。

本日起居注官喇沙里、叶方蔼。

初七日壬申　早，上御保和殿，视祝版毕，回宫。

少顷，御乾清门，听部院各衙门官员面奏政事。

巳时，上诣太皇太后宫问安。

本日起居注官格尔古德、孙在丰。

初八日癸酉 早，上诣太庙，躬祭毕，回宫。

少顷，御乾清门，听部院各衙门官员面奏政事。

本日起居注官喇沙里、张英。

初九日甲戌 早，上御乾清门，听部院各衙门官员面奏政事。

本日起居注官格尔古德、史鹤龄。

初十日乙亥 早，大设卤簿，上御太和殿。命大学士图海、索额图捧敕印，授进剿云贵宁南靖寇大将军多罗顺承郡王勒尔锦、多罗贝勒察尼。又命学士郭思海、额库礼捧敕印，授镇守陕西安西将军都统赫叶、副将军护军统领胡礼布讫。王、贝勒、将军同随征官员等行礼毕。上率出征王、贝勒、都统、护军统领、副都统等，及在京诸王、贝勒、贝子、公等，内大臣、大学士、都统、尚书、护军统领、副都统、侍卫等，诣堂子行礼毕。随陈设大纛八杆，鸣号拜纛毕。出西长安门里许，上目送领兵王、贝勒等启行后，回宫。

巳时，上诣太皇太后宫问安。

本日起居注官喇沙里、沈荃。

十一日丙子 早，上御乾清门，听部院各衙门官员面奏政事。

本日起居注官格尔古德、韩菼。

十二日丁丑 早，上御乾清门，听部院各衙门官员面奏政事。

未时，上御观德殿，命福建督标中军副将王可就、泉州副将赖玉、陕西波罗副将张国彦射毕，赐茶讫。命兵部尚书明珠传谕曰："尔等材具堪用，射亦可观，着速回本汛，防御地方。俟有应升缺出，俱行升补。"仍各赐表里二匹。

本日起居注官熊赐履、喇沙里。

十三日戊寅 早，上御乾清门，听部院各衙门官员面奏政事。

本日起居注官陈廷敬、格尔古德。

十四日己卯 早，上御乾清门，听部院各衙门官员面奏政事。

辰时，上诣太皇太后宫问安。

午时，上御保和殿，宴外藩王、贝勒、贝子、公、台吉等，内大臣、满汉大学士、三旗都统、尚书、副都统、侍郎、学士、侍卫等，进酒。上召外藩王、贝勒、贝子、公等至御座前，亲赐饮。又召内大臣、大学士、都统、尚书、蒙古台吉等，挨次至御座前，命侍卫赐饮。宴罢，众谢恩毕，上回宫。

本日起居注官喇沙里、张英。

十五日庚辰 早，上御乾清门，听部院各衙门官员面奏政事毕。御保和殿，各省朝觐布政司徐国相、按察使陈秉直等官员，行三跪九叩头礼毕。大学士李霨、学士伊桑阿传上谕："朝觐官员各有职掌，俱宜实心任事，洁己爱民，安辑地方，消弭盗贼。钱粮不得加派，刑名务期明允，赈济蠲免必使民沾实惠，以副朕察吏安民之意。如不遵行，国法具在，尔等悉知。钦哉。"谕毕，仍令大学士索额图、李霨，将各省布政司、按察使引至御前，面谕各陈地方利弊。回宫。

少顷，上复御保和殿，赐外藩王、贝勒、贝子、公、台吉等，内大臣、大学士、都统、尚书、副都统、侍郎、学士、侍卫等饭。

巳时，上诣太皇太后宫问安。

午时，御太和殿，宴外藩王、贝勒、贝子、公、台吉等，内大臣、大学士、都统、尚书、副都统、侍郎、学士、侍卫等，进酒。赐外藩王、贝勒、贝子、公、台吉、内大臣、大学士、都统、尚书、副都统、侍郎、学士等酒。宴罢，众谢恩毕，回宫。

本日起居注官崔蔚林、格尔古德。

十六日辛巳 早，上御乾清门，听部院各衙门官员面奏政事。

辰时，上诣太皇太后宫问安。未时，上复诣太皇太后宫，设灯节筵宴。

赐外藩王、贝勒、贝子、公、台吉等宴于宫门内；赐随驾大臣宴于宫门外。

本日起居注官喇沙里、叶方蔼。

十七日壬午 早，上御乾清门，听部院各衙门官员面奏政事。

本日起居注官格尔古德、孙在丰。

十八日癸未　早，上御乾清门，听部院各衙门官员面奏政事。

巳时，上诣太皇太后、皇太后宫问安。

未时，上复御乾清门，赐进贡阿鲁科尔沁国三品台吉白尔黑等，科尔沁国四品台吉喇隆等，苏尼忒部落四品台吉甘本等，喀喇沁部落三品塔布囊布勒，阿霸垓部落国舅奥喇海及国舅之［子］伊思哈布，并请安下嫁科尔沁国端贞固龙长公主下张嘉、和硕端敏公主下二等护卫满带，下嫁巴林部落淑慧固龙长公主下三等护卫桑土等食。内赐国舅奥喇海并其子伊思哈布蟒袍各一袭。

本日起居注官杜臻、喇沙里。

十九日甲申　早，上御乾清门，听部院各衙门官员面奏政事。

本日起居注官格尔古德、张英。

二十日乙酉　早，上御乾清门，听部院各衙门官员面奏政事。

本日起居注官喇沙里、沈荃。

二十一日丙戌　早，上御乾清门，听部院各衙门官员面奏政事。

本日起居注官格尔古德、韩菼。

二十二日丁亥　早，上御乾清门，听部院各衙门官员面奏政事。

本日起居注官熊赐履、喇沙里。

二十三日戊子　早，上御乾清门，听部院各衙门官员面奏政事。

申时，上诣太皇太后宫问安。

本日起居注官陈廷敬、格尔古德。

二十四日己丑　早，上御乾清门，听部院各衙门官员面奏政事。

未时，上复御乾清门，赐敖汉部落多罗郡王布达、阿禄科尔沁国三品台吉达的巴等、翁牛忒部落四品台吉满度等、苏尼忒部落四品台吉吴鲁勒等食。

本日起居注官杜臻、喇沙里。

二十五日庚寅　早，上御太和殿视朝。文武升转官员谢恩毕，回宫。少顷，御乾清门，听部院各衙门官员面奏政事。

本日起居注官崔蔚林、格尔古德。

二十六日辛卯　早，上御乾清门，听部院各衙门官员面奏政事。

本日起居注官库勒纳、叶方蔼。

二十七日壬辰　早，上御乾清门，听部院各衙门官员面奏政事。

本日起居注官格尔古德、张英。

二十八日癸巳　早，上御乾清门，听部院各衙门官员面奏政事。

本日起居注官喇沙里、韩菼。

二十九日甲午　早，上御乾清门，听部院各衙门官员面奏政事。

巳时，上诣太皇太后宫问安。

本日起居注官库勒纳、史鹤龄。

二　月

初一日乙未　早，上御乾清门，听部院各衙门官员面奏政事。

翰林院学士熊赐履、侍读学士喇沙里启奏经筵讲章毕，上召喇沙里至御座前，谕曰："太皇太后闻朕赏赐出征官兵银两，蒙慈谕云：出征官兵从来有赏赐之例。遂出宫帑撙节银两分赏。今朕又念驻防官兵虽无赏赐之例，但军行期迫，恐措办艰难，特加恩赏。又蒙太皇太后慈谕：此番兵丁亦着将我宫帑缎匹银两赏给。此太皇太后主意，尔等职司记注，故尔谕知。"

未时，上复御乾清门，赐湖广偏沅巡抚韩世琦、郧阳提督佟国耀食。

本日起居注官格尔古德、沈荃。

初二日丙申　早，上御乾清门，听部院各衙门官员面奏政事。

本日起居注官喇沙里、孙在丰。

初三日丁酉　早，上御中和殿，视祝版毕。

少顷，御乾清门，听部院各衙门官员面奏政事。

本日起居注官熊赐履、库勒纳。

初四日戊戌　早，上诣社稷坛，躬祭毕，回宫。

少顷，御乾清门，听部院各衙门官员面奏政事。

巳时，上诣太皇太后、皇太后宫问安。

本日起居注官陈廷敬、格尔古德。

初五日己亥 早，上御乾清门，听部院各衙门官员面奏政事。

本日起居注官喇沙里、韩菼。

初六日庚子 早，上御乾清门，听部院各衙门官员面奏政事。

未时，上复御乾清门，赐敖汉部落多罗郡王布代、科尔沁国屠纳黑公及盛京将军兀内巴土鲁等食。赐兀内巴土鲁上等盔甲一副、鞍马一匹。

本日起居注官崔蔚林、库勒纳。

初七日辛丑 早，上御乾清门，听部院各衙门官员面奏政事。

本日起居注官格尔古德、叶方蔼。

初八日壬寅 早，上率诸王、贝勒以下，内大臣、大学士、都统、精奇尼哈番、尚书、侍卫等庆贺太皇太后圣诞。

礼毕，遂御乾清门，听部院各衙门官员面奏政事。

辰时，上复诣太皇太后宫问安。

本日起居注官喇沙里、孙在丰。

初九日癸卯 早，上御乾清门，听部院各衙门官员面奏政事。

巳时，上诣太皇太后宫问安。

本日起居注官库勒纳、张英。

初十日甲辰 早，上御乾清门，听部院各衙门官员面奏政事。

本日起居注官喇沙里、史鹤龄。

十一日乙巳 早，上御乾清门，听部院各衙门官员面奏政事。

巳时，上诣太皇太后、皇太后宫问安。

本日起居注官沈荃、库勒纳。

十二日丙午 早，上御乾清门，听部院各衙门官员面奏政事。

本日起居注官格尔古德、韩菼。

十三日丁未 早，上御中和殿，视祝版毕。

少顷，御乾清门，听部院各衙门官员面奏政事。

本日起居注官熊赐履、喇沙里。

十四日戊申 卯时，上出朝阳门，诣朝日坛躬祭。辰时，还宫。

未时，上御乾清门，赐江西提督赵国祚、河南提督王永誉、太原总兵官郭拱宸食。赐国祚、永誉貂裘各一袭、嵌松子珊瑚盔甲各一副、鞍马各一匹。赐拱宸鞍马一匹。

本日起居注官陈廷敬、库勒纳。

十五日己酉　早，上御乾清门，听部院各衙门官员面奏政事。

本日起居注官格尔古德、崔蔚林。

十六日庚戌　早，上御乾清门，听部院各衙门官员面奏政事。

巳时，上诣太皇太后宫问安。

本日起居注官杜臻、喇沙里。

十七日辛亥　早，上御乾清门，听部院各衙门官员面奏政事。

未时，上复御乾清门，赐进贡苏尼忒部落多罗郡王萨马札额驸等、翁牛忒部落多罗杜棱郡王毕礼衮达赖等、喀尔喀部落一品台吉吴巴什等、乌朱穆秦部落一等护卫达尔汉叟色及宁古塔副都统安朱祜食。

本日起居注官库勒纳、叶方蔼。

十八日壬子　早，上御乾清门，听部院各衙门官员面奏政事。

本日起居注官格尔古德、孙在丰。

十九日癸丑　早，上御乾清门，听部院各衙门官员面奏政事。宁古塔副都统安朱祜，因丁母忧来京，至是服阕赴任。上念其镇守边陲，特赐貂裘一袭。

巳时，上御保和殿，举行经筵大典。讲官常鼐、李仙根进讲四书：恭则不侮一段，折库纳、吴正治进讲《书经》：禹曰都帝慎乃在位一节。讲毕，赐宴如例。

本日起居注官喇沙里、张英。

二十日甲寅　早，上御乾清门，听部院各衙门官员面奏政事。

巳时，上诣太皇太后、皇太后宫问安。

本日起居注官库勒纳、史鹤龄。

二十一日乙卯　早，上御乾清门，听部院各衙门官员面奏政事。

未时，上复御乾清门，赐苏尼忒部落多罗郡王萨马札额驸，翁牛忒部落多罗杜棱郡王毕礼衮达赖、王弟鄂齐儿，进贡苏尼忒部落四品台吉鄂齐儿等食。

本日起居注官格尔古德、沈荃。

二十二日丙辰　早，上御乾清门，听部院各衙门官员面奏政事。

本日起居注官喇沙里、韩菼。

二十三日丁巳　早，上御乾清门，听部院各衙门官员面奏政事。

本日起居注官熊赐履、库勒纳。

二十四日戊午　早，上御乾清门，听部院各衙门官员面奏政事。

本日起居注官喇沙里、陈廷敬。

二十五日己未　早，上御乾清门，听部院各衙门官员面奏政事。

本日起居注官杜臻、库勒纳。

二十六日庚申　早，上御乾清门，听部院各衙门官员面奏政事。

本日起居注官喇沙里、崔蔚林。

二十七日辛酉　早，上御乾清门，听部院各衙门官员面奏政事。

未时，上复御乾清门，赐进贡翁牛忒部落一品台吉奇塔特等、苏尼忒部落四品台吉托薄克、喀尔喀部落二品台吉打喇什喜等、喀喇沁部落四品塔布囊鄂齐儿等食。

本日起居注官格尔古德、叶方蔼。

二十八日壬戌　早，上御乾清门，听部院各衙门官员面奏政事。

辰时，上诣太皇太后宫问安。

本日起居注官孙在丰、库勒纳。

二十九日癸亥　早，上御乾清门，听部院各衙门官员面奏政事。

本日起居注官格尔古德、张英。

三十日甲子　早，上御乾清门，听部院各衙门官员面奏政事。

本日起居注官喇沙里、史鹤龄。

三　月

初一日乙丑　早，上躬诣堂子致祭毕，回宫。

少顷，御乾清门，听部院各衙门官员面奏政事。

未时，上复御乾清门，赐四川左路随征总兵官朱衣客食。

本日起居注官沈荃、库勒纳。

初二日丙寅 早，上御乾清门，听部院各衙门官员面奏政事。

本日起居注官熊赐履、格尔古德。

初三日丁卯 早，上御乾清门，听部院各衙门官员面奏政事。

本日起居注官喇沙里、陈廷敬。

初四日戊辰 早，上御乾清门，听部院各衙门官员面奏政事。

辰时，上诣太皇太后、皇太后宫问安。

本日起居注官杜臻、库勒纳。

初五日己巳 早，上御太和殿视朝。文武升转官员谢恩，及进贡喀尔喀部落布达里图布辛等，琉球国进贡正使耳目官吴美德、副使正议大夫蔡斌等行礼毕，回宫。

少顷，御乾清门，听部院各衙门官员面奏政事。

本日起居注官格尔古德、崔蔚林。

初六日庚午 早，上御乾清门，听部院各衙门官员面奏政事。监察御史宁尔讲奏曰："今逆贼吴三桂反叛，不足为患，但虑民心不安。"上曰："安辑民心，俱在地方文武各官平日抚绥有法，不在一时。"尔讲又奏曰："皇上爱民之念，无所不至，而外官宣布皇上德意者，曾无一人。"上曰："外官中岂无一、二公忠者？尔此言大过。且尔言官职司耳目，果有此不肖之徒，何不指名题参？近览言官章奏，亦有徇私为己者，岂尽出于公忠乎？"

未时，上复御乾清门，赐进贡柰曼部落一品台吉鄂齐儿、巴林部落一品台吉塞北克等、科尔沁国二品台吉毕里克图等、翁牛忒部落四品台吉达赖等、喀喇沁部落三品塔布囊布勒等食。

本日起居注官喇沙里、叶方蔼。

初七日辛未 早，上御乾清门，听部院各衙门官员面奏政事。

本日起居注官孙在丰、库勒纳。

初八日壬申 早，上御乾清门，听部院各衙门官员面奏政事。

未时，上复御乾清门，赐四川总督周有德食。又赐嵌松子珊瑚盔甲一副、鞍马一匹。

本日起居注官格尔古德、张英。

初九日癸酉 早，上御乾清门，听部院各衙门官员面奏政事。

巳时，上诣太皇太后宫问安。

本日起居注官喇沙里、史鹤龄。

初十日甲戌 早，上御乾清门，听部院各衙门官员面奏政事。

未时，上复御乾清门，赐四川巡抚张德地食，又赐嵌松子珊瑚盔甲一副、鞍马一匹。

本日起居注官沈荃、库勒纳。

十一日乙亥 早，上御乾清门，听部院各衙门官员面奏政事。

辰时，上诣太皇太后宫问安。

未时，上复御乾清门，赐云南提督李胡拜，总兵官金世需、杨茂烈，贵州总兵官高登科、马云程等食。

本日起居注官熊赐履、格尔古德。

十二日丙子 早，上御乾清门，听部院各衙门官员面奏政事。

本日起居注官喇沙里、陈廷敬。

十三日丁丑 早，上御乾清门，听部院各衙门官员面奏政事。

本日起居注官杜臻、库勒纳。

十四日戊寅 早，上御乾清门，听部院各衙门官员面奏政事。

巳时，上诣太皇太后宫问安。

午时，又诣太皇太后、皇太后宫问安。

本日起居注官格尔古德、崔蔚林。

十五日己卯 早，上御太和殿视朝。文武升转官员谢恩毕，回宫。

少顷，御乾清门，听部院各衙门官员面奏政事。

本日起居注官喇沙里、叶方蔼。

十六日庚辰 早，上御乾清门，听部院各衙门官员面奏政事。

本日起居注官孙在丰、库勒纳。

十七日辛巳 早，上御乾清门，听部院各衙门官员面奏政事。

未时，上复御乾清门，赐云南总兵官刘文锜、四川总兵官陈奇谟等食。

本日起居注官格尔古德、张英。

十八日壬午　早，万寿节，上率诸王、贝勒、文武大臣诣太皇太后宫行礼；次诣皇太后宫行礼毕，回宫。

少顷，御中和殿，内大臣、侍卫、内阁、翰林院、都察院等官行礼毕。御太和殿，诸王、贝勒、文武各官上表庆贺，行礼毕，回宫。

本日起居注官熊赐履、喇沙里。

十九日癸未　早，上御乾清门，听部院各衙门官员面奏政事。

本日起居注官沈荃、库勒纳。

二十日甲申　早，上御乾清门，听部院各衙门官员面奏政事。

辰时，上诣太皇太后宫问安。

未时，上复御乾清门，赐敖汉部落和硕额驸齐伦巴土鲁、科尔沁国多罗额驸厄尔德尼、苏尼忒部落四品台吉济尔哈郎等、吴喇沁部落四品台吉济牙等、喀喇沁部落四品塔布囊阿木儿等食。

本日起居注官格尔古德、史鹤龄。

二十一日乙酉　早，上御乾清门，听部院各衙门官员面奏政事。

本日起居注官喇沙里、陈廷敬。

二十二日丙戌　早，上御乾清门，听部院各衙门官员面奏政事。

本日起居注官杜臻、库勒纳。

二十三日丁亥　早，上御乾清门，听部院各衙门官员面奏政事。

本日起居注官格尔古德、崔蔚林。

二十四日戊子　早，上御乾清门，听部院各衙门官员面奏政事。

辰时，上诣太皇太后、皇太后宫问安。

本日起居注官喇沙里、沈荃。

二十五日己丑　早，上御太和殿视朝。文武升转官员谢恩，及进贡喀尔喀部落伊得尔纳秦等头目四十人行礼毕，回宫。

少顷，御乾清门，听部院各衙门官员面奏政事。

申时，上诣太皇太后宫问安。

本日起居注官孙在丰、库勒纳。

二十六日庚寅　早，上御乾清门，听部院各衙门官员面奏政事。

本日起居注官格尔古德、张英。

二十七日辛卯 早，上御乾清门，听部院各衙门官员面奏政事。

巳时，上诣太皇太后宫问安。

本日起居注官喇沙里、史鹤龄。

二十八日壬辰 早，上御乾清门，听部院各衙门官员面奏政事。

酉时，上诣太皇太后宫问安。

本日起居注官库勒纳、叶方蔼。

二十九日癸巳 早，上御乾清门，听部院各衙门官员面奏政事。

本日起居注官喇沙里、崔蔚林。

三十日甲午 早，上御中和殿，视祝版毕，回宫。

少顷，御乾清门，听部院各衙门官员面奏政事。

辰时，上诣太皇太后宫问安。未时，上复诣太皇太后宫问安。

本日起居注官喇沙里、陈廷敬。

四　月

初一日乙未 早，上以孟夏，躬诣太庙致祭毕，回宫。

少顷，御乾清门，听部院各衙门官员面奏政事。

本日起居注官杜臻、喇沙里。

初二日丙申 早，上御乾清门，听部院各衙门官员面奏政事。

辰时，上诣太皇太后宫问安。

本日起居注官熊赐履、喇沙里。

初三日丁酉 早，上御乾清门，听部院各衙门官员面奏政事。

未时，上复御乾清门，赐进贡苏尼忒部落四品台吉额里布车衣等、翁牛忒部落四品台吉伊木春等、喀喇沁部落四品塔布囊杜喇儿等、苏尼忒部落都统剥动、翁牛忒部落都统达儿玛、科尔沁国端贞固伦长公主下二等护卫呼沙等食。

本日起居注官格尔古德、叶方蔼。

初四日戊戌 早，上御乾清门，听部院各衙门官员面奏政事。

巳时，上诣太皇太后宫问安。

本日起居注官喇沙里、孙在丰。

初五日己亥　早，上御太和殿视朝。文武升转官员谢恩，次进贡厄鲁特部落豸桑柏克等头目六十二人、喀尔喀部落色内胡鲁克等头目五十五人行礼毕，回宫。

少顷，御乾清门，听部院各衙门官员面奏政事。

本日起居注官格尔古德、张英。

初六日庚子　早，上御乾清门，听部院各衙门官员面奏政事。

本日起居注官喇沙里、史鹤龄。

初七日辛丑　早，上御乾清门，听部院各衙门官员面奏政事。

本日起居注官喇沙里、格尔古德、沈荃。

初八日壬寅　早，上御乾清门，听部院各衙门官员面奏政事。

本日起居注官喇沙里、韩菼。

初九日癸卯　早，上御乾清门，听部院各衙门官员面奏政事。

未时，上御保和殿，赐达赖喇嘛所遣贝康看木布急笃囊苏喇嘛及进贡厄鲁特部落达赖汗下秦霞、达赖巴土鲁台吉下纳克土豸桑等食毕，台吉等俱召至御座前，赐饮。

先是吴三桂请回原籍，上允其奏，特差礼部侍郎折尔肯、翰林院学士傅达礼等往云南料理三桂家眷起程。后三桂心怀不轨，竟不搬移，遽行反叛，遂留尔肯等。三桂亲领贼兵，来犯湖广，行至常德，以舟送尔肯等回至武昌。镇南将军粘汉等奏闻，上大悦，即遣侍卫谕知尔肯、达礼等家。又遣侍卫纳尔泰等迎至黄河，宣旨温慰。随又遣侍卫苏达赍赐衣帽靴袜等物，又遣伊都额真一等侍卫对亲等迎之。是日，尔肯等至京奏闻，上御乾清门，温纶嘉慰，因问三桂反叛情形及云南地方事宜。

本日起居注官喇沙里、孙在丰。

初十日甲辰　早，上御乾清门，听部院各衙门官员面奏政事。

午时，上诣太皇太后、皇太后宫问安。

本日起居注官喇沙里、陈廷敬。

十一日乙巳　早，上御乾清门，听部院各衙门官员面奏政事。

是日，科尔沁国、巴林、苏尼忒等部落公主、藩王、额驸及驻扎归化城都统并喇嘛等来朝，遇皇上用兵之际，欲稍助军需，各将本身马匹捐输五十、三十匹不等，理藩院奏闻。上曰："用兵固不乏马，但公主、格格、藩王等为国捐输，殊为可嘉，着酌量收用。"

本日起居注官杜臻、喇沙里。

十二日丙午　早，上御乾清门，听部院各衙门官员面奏政事。

午时，上诣太皇太后宫问安。申时，上复诣太皇太后宫问安。

本日起居注官喇沙里、崔蔚林。

十三日丁未　早，上御乾清门，听部院各衙门官员面奏政事。

辰时，上诣太皇太后宫问安。

本日起居注官傅达礼、喇沙里、叶方蔼。

十四日戊申　早，上御乾清门，听部院各衙门官员面奏政事。

未时，上复御乾清门，赐进贡科尔沁国和硕额驸沙莒、喀尔喀部落二品台吉那木中、苏尼忒部落四品台吉札木苏等食。

本日起居注官喇沙里、史鹤龄。

十五日己酉　早，上御太和殿视朝。文武升转官员谢恩，次进贡厄鲁特部落达赖汗下秦霞等头目七人、喀尔喀部落墨儿根那颜下那儿布等头目十一人行礼毕，回宫。

少顷，御乾清门，听部院各衙门官员面奏政事。

本日起居注官勒贝、张英。

十六日庚戌　早，上御乾清门，听部院各衙门官员面奏政事。

本日起居注官傅达礼、熊赐履。

十七日辛亥　早，上御乾清门，听部院各衙门官员面奏政事。

辰时，上诣太皇太后、皇太后宫问安。

本日起居注官喇沙里、沈荃。

十八日壬子　早，上御乾清门，听部院各衙门官员面奏政事。

本日起居注官勒贝、韩菼。

十九日癸丑　早，上御乾清门，听部院各衙门官员面奏政事。

辰时，上诣太皇太后宫问安。

未时，上御保和殿，赐进贡喀尔喀部落色内、胡鲁克、那儿布等食。

本日起居注官傅达礼、叶方蔼。

二十日甲寅 早，上御乾清门，听部院各衙门官员面奏政事。

本日起居注官喇沙里、陈廷敬。

二十一日乙卯 早，上御乾清门，听部院各衙门官员面奏政事。

本日起居注官杜臻、勒贝。

二十二日丙辰 早，上御乾清门，听部院各衙门官员面奏政事。

本日起居注官傅达礼、崔蔚林。

二十三日丁巳 早，上御乾清门，听部院各衙门官员面奏政事。

本日起居注官熊赐履、库勒纳。

二十四日戊午 早，上御乾清门，听部院各衙门官员面奏政事。

巳时，上诣太皇太后宫问安。

本日起居注官喇沙里、孙在丰。

二十五日己未 早，上御太和殿视朝。文武升转官员谢恩，次进贡厄鲁特部落噶尔丹台吉下达赖霞等头目八十五人行礼毕，回宫。

少顷，御乾清门，听部院各衙门官员面奏政事。

未时，上复御乾清门，赐进贡科尔沁国二品台吉朱根、苏尼忒部落四品台吉达戴等食。

本日起居注官勒贝、张英。

二十六日庚申 早，上御乾清门，听部院各衙门官员面奏政事。

本日起居注官库勒纳、史鹤龄。

二十七日辛酉 早，上御乾清门，听部院各衙门官员面奏政事。

巳时，上诣太皇太后、皇太后宫问安。

本日起居注官喇沙里、崔蔚林。

二十八日壬戌 早，上幸南苑，部院各衙门章奏命送内阁。酉时，上回宫。

本日起居注官勒贝、韩菼。

二十九日癸亥 早，上御乾清门，听部院各衙门官员面奏政事。

未时,上复御乾清门,赐进贡科尔沁国和硕额驸沙苌、二品台吉朱根食。

本日起居注官库勒纳、叶方蔼。

五　月

初一日甲子　早，上御乾清门，听部院各衙门官员面奏政事。

本日起居注官喇沙里、张英。

初二日乙丑　早，上御乾清门，听部院各衙门官员面奏政事。

未时，上复御乾清门，赐河南河北总兵官佟徽年食、鞍马一匹、表里四匹。

本日起居注官杜臻、勒贝。

初三日丙寅　早，上御乾清门，听部院各衙门官员面奏政事。

辰时，上诣太皇太后宫问安。

是日申时，大行皇后崩于坤宁宫。

本日起居注官傅达礼、沈荃、库勒纳。

初四日丁卯　上以大行皇后崩逝，辍朝五日。

是日，诸王以下及文武各官，王妃、公主、格格以下，八旗二品命妇以上，俱丧服齐集举哀二次。

本日起居注官傅达礼、喇沙里、叶方蔼。

初五日戊辰　巳时，上迁送大行皇后梓宫于紫禁城西。诸王以下及文武各官，王妃、公主、格格以下，八旗二品命妇以上，俱齐集梓宫前，举哀。

本日起居注官傅达礼、勒贝、孙在丰。

初六日己巳　辰时，上诣大行皇后梓宫前举哀。诸王及文武各官俱齐集梓宫前，举哀二次。

本日起居注官傅达礼、库勒纳、张英。

初七日庚午　上诣大行皇后梓宫前举哀。

本日起居注官傅达礼、熊赐履、喇沙里。

初八日辛未　本日起居注官傅达礼、勒贝、沈荃。

初九日壬申　命内阁嗣后汇进部院各衙门章奏。

是日，上诣大行皇后梓宫前举哀。

本日起居注官傅达礼、库勒纳、韩菼。

初十日癸酉　上诣大行皇后梓宫前举哀。

本日起居注官傅达礼、喇沙里、张英。

十一日甲戌　巳时，上诣大行皇后梓宫前举哀。

本日起居注官傅达礼、陈廷敬、勒贝。

十二日乙亥　巳时，上诣大行皇后梓宫前举哀。

本日起居注官傅达礼、杜臻、库勒纳。

十三日丙子　卯时，上同皇太后率诸王、贝勒、贝子、公等及文武大小官员，王妃、公主、格格及八旗二品以上命妇，齐集大行皇后梓宫前举哀。

本日起居注官傅达礼、喇沙里、崔蔚林。

十四日丁丑　午时，上诣大行皇后梓宫前举哀。

本日起居注官傅达礼、熊赐履、勒贝。

十五日戊寅　本日起居注官傅达礼、孙在丰、库勒纳。

十六日己卯　本日起居注官傅达礼、喇沙里、陈廷敬。

十七日庚辰　本日起居注官傅达礼、勒贝、史鹤龄。

十八日辛巳　辰时，上诣大行皇后梓宫前举哀。

本日起居注官傅达礼、崔蔚林、库勒纳。

十九日壬午　巳时，上诣大行皇后梓宫前举哀。

本日起居注官傅达礼、喇沙里、韩菼。

二十日癸未　午时，上诣大行皇后梓宫前举哀。

本日起居注官傅达礼、勒贝、叶方蔼。

二十一日甲申　卯时，上同皇太后率诸王、贝勒、贝子、公等及文武大小官员，王妃、公主、格格及八旗二品以上命妇，齐集大行皇后梓宫前举哀。是日，上除服。

巳时，上诣太皇太后宫问安。

本日起居注官傅达礼、陈廷敬、库勒纳。

二十二日乙酉　卯时，上诣大行皇后梓宫前举哀。

本日起居注官傅达礼、杜臻、喇沙里。

二十三日丙戌　巳时，上诣太皇太后宫问安。

午时，上诣大行皇后梓宫前举哀。

本日起居注官傅达礼、勒贝、沈荃。

二十四日丁亥 巳时，上诣太皇太后宫问安。

午时，上诣大行皇后梓宫前举哀。

本日起居注官傅达礼、熊赐履、库勒纳。

二十五日戊子 卯时，以大行皇后梓宫，择二十七日权厝于都城北巩华城内。

是日，上同皇太后率诸王、贝勒、贝子、公等及文武大小官员，王妃、公主、格格及八旗二品以上命妇，齐集大行皇后梓宫前举哀。

本日起居注官傅达礼、勒贝、孙在丰。

二十六日己丑 巳时，上诣太皇太后宫问安。

午时，上诣大行皇后梓宫前举哀。

本日起居注官傅达礼、库勒纳、叶方蔼。

二十七日庚寅 卯时，上诣大行皇后梓宫前举哀。

辰时，上亲送至巩华城。是日，诸王、贝勒、贝子、公等文武大小官员，于西安门外举哀随送；王妃、公主、格格及八旗二品以上命妇，俱集德胜门外举哀跪送。戌时，上还宫。

本日起居注官傅达礼、勒贝、孙在丰。

二十八日辛卯 午时，上诣太皇太后宫问安。

本日起居注官傅达礼、沈荃、库勒纳。

二十九日壬辰 早，上诣巩华城，于大行皇后梓宫前举哀。是日，诸王、贝勒、贝子、公等文武大小官员及王妃、公主、格格、八旗二品以上命妇，俱齐集举哀，除服。申时，上回宫。

本日起居注官傅达礼、勒贝、韩菼。

三十日癸巳 本日起居注官傅达礼、勒贝、叶方蔼。

六　月

初一日甲午 巳时，上诣太皇太后宫问安。

本日起居注官傅达礼、陈廷敬、库勒纳。

初二日乙未　辰时，上诣巩华城。

本日起居注官傅达礼、杜臻、勒贝。

初三日丙申　午时，上回宫。

本日起居注官傅达礼、崔蔚林、库勒纳。

初四日丁酉　早，上御乾清门，听部院各衙门官员面奏政事。

辰时，上诣太皇太后宫问安。

本日起居注官傅达礼、熊赐履。

初五日戊戌　早，上御乾清门，听部院各衙门官员面奏政事。

本日起居注官勒贝、孙在丰。

初六日己亥　早，上诣巩华城。酉时，回宫。

本日起居注官傅达礼、库勒纳、张英。

初七日庚子　早，上御乾清门，听部院各衙门官员面奏政事。

本日起居注官傅达礼、史鹤龄。

初八日辛丑　早，上御乾清门，听部院各衙门官员面奏政事。

辰时，上诣太皇太后宫问安。

本日起居注官勒贝、韩菼。

初九日壬寅　早，上诣巩华城。酉时，回宫。

本日起居注官傅达礼、库勒纳、叶方蔼。

初十日癸卯　早，上御乾清门，听部院各衙门官员面奏政事。

巳时，上诣太皇太后宫问安。

本日起居注官陈廷敬、库勒纳。

十一日甲辰　早，上御乾清门，听部院各衙门官员面奏政事。

本日起居注官傅达礼、张英。

十二日乙巳　早，上诣巩华城。酉时，回宫。

本日起居注官傅达礼、勒贝、崔蔚林。

十三日丙午　早，上御乾清门，听部院各衙门官员面奏政事。

本日起居注官勒贝、孙在丰。

十四日丁未　早，上御乾清门，听部院各衙门官员面奏政事。

巳时，上诣太皇太后宫问安。

本日起居注官傅达礼、熊赐履。

十五日戊申　早，上诣巩华城。酉时，回宫。

本日起居注官傅达礼、杜臻、库勒纳。

十六日己酉　早，上御乾清门，听部院各衙门官员面奏政事。

本日起居注官傅达礼、史鹤龄。

十七日庚戌　早，上御乾清门，听部院各衙门官员面奏政事。

午时，上诣太皇太后、皇太后宫问安。

本日起居注官勒贝、韩菼。

十八日辛亥　早，上诣巩华城。酉时，回宫。

本日起居注官勒贝、库勒纳、叶方蔼。

十九日壬子　早，上御乾清门，听部院各衙门官员面奏政事。

本日起居注官傅达礼、陈廷敬。

二十日癸丑　早，上御乾清门，听部院各衙门官员面奏政事。

本日起居注官杜臻、库勒纳。

二十一日甲寅　早，上御乾清门，听部院各衙门官员面奏政事。

巳时，上诣太皇太后宫问安。

本日起居注官崔蔚林、勒贝。

二十二日乙卯　早，上诣巩华城。

本日起居注官傅达礼、库勒纳、韩菼。

二十三日丙辰　酉时，上回宫。

本日起居注官傅达礼、勒贝、孙在丰。

二十四日丁巳　早，上御乾清门，听部院各衙门官员面奏政事。

本日起居注官库勒纳、史鹤龄。

二十五日戊午　早，上御乾清门，听部院各衙门官员面奏政事。

巳时，上诣太皇太后宫问安。

本日起居注官库勒纳、张英。

二十六日己未　早，上诣巩华城。酉时，回宫。

本日起居注官傅达礼、勒贝、叶方蔼。

二十七日庚申　早，上御乾清门，听部院各衙门官员面奏政事。

辰时，御太和门，遣康亲王杰淑、庄亲王博果铎赍册宝，诣巩华城，册谥大行皇后。

本日起居注官傅达礼、熊赐履。

二十八日辛酉　早，上御乾清门，听部院各衙门官员面奏政事。

本日起居注官陈廷敬、库勒纳。

二十九日壬戌　早，上御乾清门，听部院各衙门官员面奏政事。

巳时，上诣太皇太后宫问安。

本日起居注官杜臻、勒贝。

七　月

初一日癸亥12　早，上御乾清门，听部院各衙门官员面奏政事。

本日起居注官傅达礼、崔蔚林。

初二日甲子　早，上诣巩华城。酉时，回宫。

本日起居注官傅达礼、库勒纳、韩菼。

初三日乙丑　早，上御乾清门，听部院各衙门官员面奏政事。

本日起居注官勒贝、孙在丰。

初四日丙寅　早，上御乾清门，听部院各衙门官员面奏政事。

本日起居注官傅达礼、张英。

初五日丁卯　早，上御乾清门，听部院各衙门官员面奏政事。

巳时，上诣太皇太后宫问安。

本日起居注官库勒纳、史鹤龄。

初六日戊辰　早，上诣巩华城。

本日起居注官傅达礼、勒贝、叶方蔼。

初七日己巳　午时，上回宫。

本日起居注官傅达礼、熊赐履、库勒纳。

初八日庚午　早，上御乾清门，听部院各衙门官员面奏政事。

本日起居注官陈廷敬、勒贝。

初九日辛未　早，上御乾清门，听部院各衙门官员面奏政事。

辰时，上诣太皇太后、皇太后宫问安。

本日起居注官傅达礼、崔蔚林。

初十日壬申 早，上诣巩华城。酉时，回宫。

是日，差往达赖喇玛处理藩院员外郎喇都虎、喇玛达木巴德木七至，奏云："臣等奉命行至西宁，厄鲁特部落墨尔根台吉拦阻，问何往。答以往达赖喇玛处存问。彼云：从来额外使臣不得来往，尔等可疑。臣等答云：我皇上虽一年十次遣使，汝可拦阻之乎？彼云：前达赖喇玛往京时，我国班缠差人问达赖喇玛安，尔国以为额外遣使，不许行走，故我今亦拦阻。若将旨意验看，便放行矣。臣等答云：额外遣使，验旨放行，达赖喇玛有此语乎？明日决意前行，汝领兵杀我，旨意方可得看。我命若存，决不令汝看也。次日，起身前往，墨尔根台吉亦无从拦阻。呼呼那尔地方所住达赖绰尔济闻墨尔根拦阻之事，向臣等云：大国使臣至，理宜资助马匹糗粮，乡导前往，乃反行拦阻，欲观旨意，亦甚愚矣。遂遣乡导送往。至达赖喇玛处，达赖喇玛俯伏接旨，向臣等云：我闻吴三桂反叛，摇动人民，心甚忧闷，正欲遣使，闻汝等来，故尔少待。今接敕书，得闻圣体万安，不胜忻慰。我本喇玛，惟当诵经，保佑圣躬康豫，威灵远播，国祚延长，吴三桂指日殄灭。其扬打木、结打木二城，原系我三噶尔麻之地，今为吴三桂所夺，我即遣兵攻取。若吴三桂势穷而来，我当执而送之；若闻彼不出边境，东西逃窜，即时进兵擒拿。臣等曰：吴三桂败遁，我国官兵必随后追执。我等年年彼此聘问，理宜相助。然愚意喇玛既欲相助，当勿吝大举。喇玛云：闻大国兵马，皆给粮草，我兵前进，粮草不继，人饥马瘦，何可深入？臣等曰：当此吴三桂反叛之时，若将国家山、陕良民复行抢夺，非为相助，反生衅也。达赖喇玛云：我亦当戒谕我兵，不令妄行。天使回奏皇上，作何调遣，即谕来使，令其速归，我即遵旨奉行。"奏毕，上曰："喇都虎等所行，殊为可嘉，着吏部优叙。达木巴德木七亦着赐名加赏。"

本日起居注官傅达礼、库勒纳、韩菼。

十一日癸酉 早，上御乾清门，听部院各衙门官员面奏政事。

辰时，上诣太皇太后宫问安。

本日起居注官勒贝、孙在丰。

十二日甲戌　早，礼部左侍郎常鼐，以温郡王猛莪薨逝奏闻。命辍朝二日。

本日起居注官傅达礼、张英。

十三日乙亥　早，上诣巩华城。酉时，回宫。

本日起居注官勒贝、库勒纳、史鹤龄。

十四日丙子　早，上御乾清门，听部院各衙门官员面奏政事。

本日起居注官库勒纳、叶方蔼。

十五日丁丑　早，上御乾清门，听部院各衙门官员面奏政事。

辰时，上诣太皇太后宫问安。

本日起居注官杜臻、勒贝。

十六日戊寅　早，上诣巩华城。

本日起居注官傅达礼、陈廷敬、库勒纳。

十七日己卯　未时，上回宫。

本日起居注官傅达礼、崔蔚林、勒贝。

十八日庚辰　早，上御乾清门，听部院各衙门官员面奏政事。

辰时，上诣太皇太后宫问安。

本日起居注官傅达礼、熊赐履。

十九日辛巳　早，上御乾清门，听部院各衙门官员面奏政事。

本日起居注官孙在丰、库勒纳。

二十日壬午　早，上御乾清门，听部院各衙门官员面奏政事。

本日起居注官勒贝、韩菼。

二十一日癸未　早，上诣巩华城。酉时，回宫。

本日起居注官傅达礼、库勒纳、张英。

二十二日甲申　早，上御乾清门，听部院各衙门官员面奏政事。

本日起居注官勒贝、史鹤龄。

二十三日乙酉　早，上御乾清门，听部院各衙门官员面奏政事。

辰时，上诣太皇太后、皇太后宫问安。

本日起居注官傅达礼、叶方蔼。

二十四日丙戌　早，上御乾清门，听部院各衙门官员面奏政事。

本日起居注官熊赐履、库勒纳。

二十五日丁亥　早，上诣巩华城。酉时，回宫。

本日起居注官陈廷敬、勒贝、库勒纳。

二十六日戊子　早，上御乾清门，听部院各衙门官员面奏政事。

是日，固原总兵官王国栋照常赏赐外，加赐内厩鞍马一匹。

本日起居注官杜臻、库勒纳。

二十七日己丑　早，大设卤簿，上御太和殿。命大学士图海、学士沙赖捧敕印授进剿福建奉命大将军和硕康亲王杰淑，大学士索额图、学士伊桑阿捧敕印授进剿四川定西大将军多罗贝勒董额讫。王、贝勒、贝子、公等各率随征官员行礼毕，赐茶。上目送启行，回宫。

少顷，御乾清门，听部院各衙门官员面奏政事。

是日，和硕康亲王杰淑等启行，命和硕裕亲王福全、内大臣辅国公常寿、内大臣坤巴土鲁侍卫兵部尚书明珠、礼部侍郎常鼐送多罗贝勒董额启行。命和硕庄亲王博果铎、内大臣塔达额奇、兵部侍郎色塞赫、礼部侍郎折尔肯及侍卫等，俱送至大井前。赐茶毕，起行。

本日起居注官傅达礼、崔蔚林。

二十八日庚寅　早，上御乾清门，听部院各衙门官员面奏政事。

巳时，上诣太皇太后宫问安。

本日起居注官喇沙里、韩菼。

二十九日辛卯　早，上诣巩华城。酉时，回宫。

本日起居注官傅达礼、勒贝、孙在丰。

八　月

初一日壬辰　早，上御乾清门，听部院各衙门官员面奏政事。

本日起居注官库勒纳、张英。

初二日癸巳　早，上御乾清门，听部院各衙门官员面奏政事。

赐广西巡抚陈洪明鞍马一匹。上谕科尔沁国土纳黑公：“我太祖、太宗以来，尔祖父同心效力，佐定天下，尔国赋税听其自取。若尔国穷困，朕自加抚养。今闻调来尔属兵丁，有一二抢夺民物者，在京尚如此，况离此远去，岂不益肆抢夺！尔久历行间，务宜严禁兵丁，毋得乱行抢掠。如有乱法者，即会同贝勒商酌发落。且中夏炎热，尔众早晚饮食各宜自慎，以副朕轸恤军士之意。”

巳时，上诣太皇太后宫问安。

本日起居注官傅达礼、史鹤龄。

初三日甲午　早，大设卤簿，上御太和殿。命大学士图海、索额图捧敕印授进剿岳州安远靖寇大将军多罗贝勒尚善讫。贝勒、贝子、公率随征官员行礼毕，赐茶。上目送启行。

是日，多罗贝勒尚善等启行，命和硕安亲王岳洛、内大臣辅国公常寿、内大臣坤巴土鲁、兵部尚书明珠、礼部侍郎折尔肯及侍卫等送至大井前，赐茶毕，启行。

上诣巩华城。酉时，回宫。

本日起居注官傅达礼、喇沙里、叶方蔼。

初四日乙未　早，上御乾清门，听部院各衙门官员面奏政事。

本日起居注官熊赐履、勒贝。

初五日丙申　早，上御乾清门，听部院各衙门官员面奏政事。

本日起居注官陈廷敬、库勒纳。

初六日丁酉　早，上御乾清门，听部院各衙门官员面奏政事。

辰时，上诣太皇太后、皇太后宫问安。

本日起居注官傅达礼、杜臻。

初七日戊戌　早，上御乾清门，听部院各衙门官员面奏政事。

本日起居注官喇沙里、崔蔚林。

初八日己亥　早，上诣巩华城。

本日起居注官傅达礼、勒贝、叶方蔼。

初九日庚子　申时，上回宫。

本日起居注官傅达礼、库勒纳、张英。

初十日辛丑　早，上御乾清门，听部院各衙门官员面奏政事。

本日起居注官喇沙里、孙在丰。

十一日壬寅　早，上御乾清门，听部院各衙门官员面奏政事。

巳时，上诣太皇太后宫问安。

本日起居注官勒贝、史鹤龄。

十二日癸卯　早，上诣巩华城。

本日起居注官傅达礼、库勒纳、叶方蔼。

十三日甲辰　未时，上回宫。

本日起居注官傅达礼、熊赐履、喇沙里。

十四日乙巳　早，上御乾清门，听部院各衙门官员面奏政事。

本日起居注官陈廷敬、勒贝。

十五日丙午　卯时，上诣太皇太后宫问安。

辰时，上由午门出正阳门，进南苑大红门，驻跸西宫。

十六日丁未　上驻跸西宫。

十七日戊申　上驻跸东宫。

十八日己酉　上驻跸东宫。

十九日庚戌　卯时，上出大红门，至正阳门，进午门，诣太皇太后、皇太后宫问安毕，回宫。

扈从起居注官傅达礼、喇沙里、张英。

二十日辛亥　早，上御乾清门，听部院各衙门官员面奏政事。

赐宣府总兵官阎可权鞍马一匹。

本日起居注官勒贝、叶方蔼。

二十一日壬子　早，上诣巩华城。酉时，回宫。

本日起居注官喇沙里、陈廷敬、库勒纳。

二十二日癸丑　早，上御乾清门，听部院各衙门官员面奏政事。

本日起居注官熊赐履、库勒纳、史鹤龄。

二十三日甲寅　早，上御乾清门，听部院各衙门官员面奏政事。

巳时，上诣太皇太后宫问安。

本日起居注官喇沙里、孙在丰。

二十四日乙卯　早，上御中和殿视祝版毕。

少顷，御乾清门，听部院各衙门官员面奏政事。

巳时，上诣太皇太后宫问安。

本日起居注官崔蔚林、库勒纳。

二十五日丙辰　早，上御太和殿视朝。文武升转官员谢恩，及进贡喀尔喀部落土谢图汗桑阿色巴车、墨纳秦何烧齐阿喇纳等谢恩毕，回宫。少顷，御乾清门，听部院各衙门官员面奏政事。赐福建总督郎廷佐鞍马一匹、蟒缎朝衣一领、弓箭撒袋一副。

辰时，上诣太皇太后宫问安。

本日起居注官喇沙里、韩菼。

二十六日丁巳　早，上御乾清门，听部院各衙门官员面奏政事。

本日起居注官傅达礼、杜臻。

二十七日戊午　早，上御乾清门，听部院各衙门官员面奏政事。

本日起居注官勒贝、史鹤龄。

二十八日己未　早，上御乾清门，听部院各衙门官员面奏政事。

巳时，上御保和殿，举行经筵大典。讲官常鼐、王熙进讲《四书》唯天下至圣为能聪明睿知足以有临也一节；胡密子、徐元文进讲《书经》知人则哲一段。

是日，赐江西巡抚白色纯、福建总兵官刘显芳、刘德懋鞍马各一匹。

本日起居注官库勒纳、张英。

二十九日庚申　早，上诣巩华城。酉时，回宫。

本日起居注官喇沙里、勒贝、叶方蔼。

三十日辛酉　早，上御乾清门，听部院各衙门官员面奏政事。

辰时，上诣太皇太后宫问安。

本日起居注官陈廷敬、库勒纳。

九　月

初一日壬戌　早，上御乾清门，听部院各衙门官员面奏政事毕，谕翰林院学士傅达礼、熊赐履、侍讲学士勒贝曰："日讲关系重大，今停讲已久，若再迟，恐致荒疏。日月易迈，虽当此多事之时，不妨乘间进讲，于事无所废误。工夫不间，裨益身心非浅。尔衙门议奏。”

本日起居注官熊赐履、勒贝。

初二日癸亥 早，上诣巩华城。

本日起居注官杜臻、勒贝。

初三日甲子 申时，上回宫。

本日起居注官崔蔚林、库勒纳。

初四日乙丑 早，上御乾清门，听部院各衙门官员面奏政事。

巳时，上诣太皇太后、皇太后宫问安。

本日起居注官勒贝、韩菼。

初五日丙寅 早，上御太和殿视朝。文武升转官员谢恩毕，回宫。

少顷，御乾清门，听部院各衙门官员面奏政事。

辰时，上御弘德殿，讲官熊赐履、喇沙里、孙在丰进讲：天命之谓性三节。

本日起居注官喇沙里、孙在丰。

初六日丁卯 早，上御乾清门，听部院各衙门官员面奏政事。

辰时，上御弘德殿，讲官熊赐履、喇沙里、孙在丰进讲：喜怒哀乐之未发二节、仲尼曰君子中庸一章。

本日起居注官库勒纳、史鹤龄。

初七日戊辰 早，上诣巩华城。酉时，回宫。

本日起居注官勒贝、张英。

初八日己巳 早，上御乾清门，听部院各衙门官员面奏政事。

辰时，上御弘德殿，讲官熊赐履、喇沙里、孙在丰进讲：子曰中庸其至矣乎一章、子曰道之不行也一章、子曰道其不行矣夫一章、子曰舜其大知也与一章。

本日起居注官喇沙里、叶方蔼。

初九日庚午 早，上御乾清门，听部院各衙门官员面奏政事。

赐福建巡抚杨熙鞍马一匹。

辰时，上御弘德殿，讲官熊赐履、喇沙里、孙在丰进讲：子曰人皆曰予知一章、子曰回之为人也一章、子曰天下国家可均也一章、子路问强一章。

巳时，上诣太皇太后宫问安。

本日起居注官陈廷敬、库勒纳。

初十日辛未　辰时，上诣太皇太后宫问安。

巳时，上由午门出正阳门，进南苑大红门，驻跸东宫。

十一日壬申　辰时，上御后殿，讲官喇沙里、张英进讲：子曰素隐一章、君子之道费而隐二节。

十二日癸酉　上驻跸东宫。

十三日甲戌　上驻跸东宫。

十四日乙亥　辰时，上御后殿，讲官喇沙里、孙在丰、张英进讲：诗云鸢飞戾天二节、子曰道不远人三节。

十五日丙子　巳时，上御后殿，讲官喇沙里、孙在丰、张英进讲：君子之道四一节、君子素其位而行一章、君子之道辟如行远一章。

十六日丁丑　辰时，上御后殿，讲官喇沙里、孙在丰、张英进讲：子曰鬼神之为德一章、子曰舜其大孝也与一节。

十七日戊寅　辰时，上御后殿，讲官喇沙里、孙在丰、张英进讲：故大德必得其位三节、子曰无忧者其为文王乎一章、子曰武王周公其达孝矣乎二节。

十八日己卯　辰时，上御后殿，讲官喇沙里、孙在丰、张英进讲：春秋修其祖庙四节。

十九日庚辰　辰时，上御后殿，讲官喇沙里、孙在丰、张英进讲：哀公问政五节。

二十日辛巳　上驻跸东宫。

二十一日壬午　辰时，上御后殿，讲官喇沙里、孙在丰、张英进讲：故君子不可以不修身三节。

二十二日癸未　未时，上出南苑大红门，至正阳门，进午门，诣太皇太后、皇太后宫问安，回宫。

扈从起居注官喇沙里、孙在丰、张英。

二十三日甲申　早，上御乾清门，听部院各衙门官员面奏政事。

辰时，上御弘德殿，讲官熊赐履、喇沙里、孙在丰进讲：子曰好学近乎知三节。

巳时，上诣太皇太后宫问安。

本日起居注官勒贝、韩菼。

二十四日乙酉　早，上御乾清门，听部院各衙门官员面奏政事。

辰时，上御弘德殿，讲官熊赐履、喇沙里、孙在丰进讲：修身则道立二节。

本日起居注官陈廷敬、库勒纳。

二十五日丙戌　早，上御太和殿视朝。文武升转官员谢恩，及厄鲁特部落额尔黑白克等、赛阚白克等，喀尔喀部落厄尔得尼顾希喇嘛等行礼毕，回宫。

少顷，御乾清门，听部院各衙门官员面奏政事。

巳时，上诣太皇太后宫问安。

本日起居注官喇沙里、叶方蔼。

二十六日丁亥　早，上御乾清门，听部院各衙门官员面奏政事。

辰时，上御弘德殿，讲官熊赐履、喇沙里、孙在丰进讲：凡为天下国家有九经三节。

本日起居注官库勒纳、史鹤龄。

二十七日戊子　早，上御乾清门，听部院各衙门官员面奏政事。

辰时，上诣太皇太后宫问安。

本日起居注官熊赐履、喇沙里。

二十八日己丑　早，上御乾清门，听部院各衙门官员面奏政事。

本日起居注官杜臻、库勒纳。

二十九日庚寅　早，上御保和殿视祝版毕，回宫。

少顷，御乾清门，听部院各衙门官员面奏政事。

本日起居注官喇沙里、韩菼。

十　月

初一日辛卯　早，上诣巩华城。酉时，回宫。

本日起居注官傅达礼、库勒纳、史鹤龄。

初二日壬辰　早，大设卤簿，上御太和殿。命大学士图海、索额图捧敕印授镇守江南扬威大将军和硕简亲王喇布讫，王同随征官员等行礼毕。上率出征王并官员等及在京诸王、贝勒、贝子、公等，内大臣、大学士、都统、尚书、护军统领、侍卫等诣堂子行礼毕。随陈设大纛八杆，鸣号拜纛毕，出西长安门。上目送领兵王启行后，回宫。

本日起居注官喇沙里、韩菼。

初三日癸巳　早，上率诸王、贝勒、贝子、公等及内大臣、大学士、都统、尚书、精奇尼哈番、侍卫等，诣皇太后宫行庆贺圣诞礼毕，回宫。

是日，赐升福建总兵官黄芳世玲珑盔甲一副、鞍马一匹。命头等侍卫对亲传谕曰："尔在朕左右十有余年，凡事谙练，娴习弓马，可以任用，故特授此职。且尔弟年齿尚稚，犹知报国，坚守城池。尔到任之时，领平藩所给官兵，殚尽心力，以副朕擢用之意，尔其勉之。"芳世奏曰："臣叔父海澄公黄梧，荷蒙皇上殊恩，虽有报国之心，未能稍有裨益，以致郁结成病身故。今臣又叨皇上隆恩，惟有竭力图报而已。"

本日起居注官喇沙里、库勒纳、孙在丰。

初四日甲午　早，上诣巩华城。

本日起居注官傅达礼、喇沙里、叶方蔼。

初五日乙未　未时，上回宫。

本日起居注官傅达礼、库勒纳、张英。

初六日丙申　早，上御乾清门，听部院各衙门官员面奏政事毕，回宫。

少顷，大设卤簿，上御太和殿。命大学士图海、索额图捧敕印授进剿江西定远平寇大将军和硕安亲王岳洛讫，王同随征官员等行礼毕。上率出征王并官员等及在京诸王、贝勒、贝子、公等，内大臣、大学士、都统、尚书、护军统领、侍卫等诣堂子行礼毕。随陈设大纛八杆，鸣号拜纛毕，出西长安门里许。上目送领兵王启行后，回宫。

午时，上诣太皇太后宫问安。

本日起居注官杜臻、喇沙里。

初七日丁酉 早，上御乾清门，听部院各衙门官员面奏政事。

辰时，上御弘德殿，讲官熊赐履、喇沙里、孙在丰进讲：诚者天之道也四节。

巳时，上诣太皇太后宫问安。

本日起居注官崔蔚林，库勒纳。

初八日戊戌 早，上御乾清门，听部院各衙门官员面奏政事。

辰时，上御弘德殿，讲官熊赐履、喇沙里、孙在丰进讲：自诚明谓之性、唯天下至诚为能尽其性二章。

巳时，上诣太皇太后、皇太后宫问安。

本日起居注官喇沙里、韩菼。

初九日己亥 早，上御乾清门，听部院各衙门官员面奏政事。

辰时，上御弘德殿，讲官熊赐履、喇沙里、孙在丰进讲：其次致曲、至诚之道可以前知二章。

本日起居注官熊赐履、库勒纳。

初十日庚子 早，上御乾清门，听部院各衙门官员面奏政事。

辰时，上御弘德殿，讲官熊赐履、喇沙里、孙在丰进讲：诚者自成也一章、故至诚无息六节。

巳时，上诣太皇太后宫问安。

本日起居注官喇沙里、史鹤龄。

十一日辛丑 早，上诣巩华城。酉时，回宫。

是日，命二等侍卫飞耀色赐升河南省河北总兵官傅魁鞍马一匹。魁奏曰："臣本微贱，荷蒙皇上隆恩，简拔重任，惟有捐縻图报于万一耳。"

本日起居注官库勒纳、叶方蔼。

十二日壬寅 辰时，上奉太皇太后幸南苑。由午门出正阳门，进大红门，亲侍诣西宫。酉时，上还武殿行宫。

十三日癸卯　卯时，上诣西宫，问太皇太后安。

十四日甲辰　寅时，上诣西宫，问太皇太后安。

十五日乙巳　辰时，上诣西宫，问太皇太后安。

十六日丙午　卯时，上诣西宫，问太皇太后安。

十七日丁未　卯时，上诣西宫，问太皇太后安。

是日，命头等侍卫对亲赐升福建总兵官李栖芳鞍马一匹。栖芳奏曰："臣荷蒙皇上简拔重任，惟有黾勉尽职，图报皇上殊恩。"

十八日戊申　上驻跸武殿。

十九日己酉　卯时，上诣西宫，问太皇太后安。

二十日庚戌　卯时，上诣西宫，问太皇太后安。

二十一日辛亥　巳时，上诣西宫，奉太皇太后出大红门，由正阳门进午门，亲侍太皇太后回宫讫，诣皇太后宫问安。未时，回宫。

扈从起居注官傅达礼、喇沙里。

二十二日壬子　早，上御乾清门，听部院各衙门官员面奏政事。

辰时，上御弘德殿，讲官熊赐履、喇沙里、孙在丰进讲：天地之道可一言而尽也三节。

本日起居注官库勒纳、张英。

二十三日癸丑　早，上诣巩华城。酉时，回宫。

本日起居注官傅达礼、杜臻、喇沙里。

二十四日甲寅　早，上御乾清门，听部院各衙门官员面奏政事。

本日起居注官崔蔚林、库勒纳。

二十五日乙卯　早，上御太和殿视朝。文武升转官员谢恩，及进贡喀尔喀部落宜特格尔图等、海喇图下等、吴巴代等谢恩毕，回宫。

少顷，御乾清门，听部院各衙门官员面奏政事。

本日起居注官喇沙里、韩菼。

二十六日丙辰　早，上御乾清门，听部院各衙门官员面奏政事。

辰时，上御弘德殿，讲官熊赐履、喇沙里、孙在丰进讲：诗云维天之命一节、大哉圣人之道五节。

巳时，上诣太皇太后宫问安。

本日起居注官库勒纳、史鹤龄。

二十七日丁巳　早，上御乾清门，听部院各衙门官员面奏政事。

辰时，上御弘德殿，讲官熊赐履、喇沙里、孙在丰进讲：故君子尊德性而道问学二节。

本日起居注官熊赐履、喇沙里。

二十八日戊午　早，上御乾清门，听部院各衙门官员面奏政事。

辰时，上御弘德殿，讲官熊赐履、喇沙里、孙在丰进讲：王天下有三重焉一章。

本日起居注官孙在丰、库勒纳。

二十九日己未　早，上御乾清门，听部院各衙门官员面奏政事。

是日，照常赐山东提督周卜世、直隶提督刘兆麒鞍马各一匹、弓箭撒袋各一副，山西总兵官周卜年鞍马一匹。又特赐周卜世、刘兆麒嵌珊瑚松子石玲珑盔甲各一副、貂裘各一件、鞍马各一匹，周卜年鞍马一匹。

本日起居注官喇沙里、陈廷敬。

十一月

初一日庚申　早，上御乾清门，听部院各衙门官员面奏政事。

巳时，上诣太皇太后宫问安。

本日起居注官库勒纳、张英。

初二日辛酉　早，上诣巩华城。

本日起居注官杜臻、喇沙里、库勒纳。

初三日壬戌　申时，上回宫。

本日起居注官熊赐履、喇沙里、库勒纳。

初四日癸亥　早，上御乾清门，听部院各衙门官员面奏政事。

本日起居注官喇沙里、崔蔚林。

初五日甲子　早，上御太和殿视朝。文武升转官员谢恩，次进贡喀尔喀部落厄尔得尼格龙等、图谢土汗下阿尔达儿等、扎萨克图汗下车臣和硕奇等行礼毕，回宫。

少顷，御乾清门，听部院各衙门官员面奏政事。

巳时，上诣太皇太后宫问安。

本日起居注官库勒纳、韩菼。

初六日乙丑　早，上御乾清门，听部院各衙门官员面奏政事。

巳时，上御弘德殿，讲官熊赐履、喇沙里、孙在丰进讲：仲尼祖述尧舜一章、唯天下至圣一节。

本日起居注官喇沙里、史鹤龄。

初七日丙寅　早，上御乾清门，听部院各衙门官员面奏政事。

辰时，上御弘德殿，讲官熊赐履、喇沙里、孙在丰进讲：溥博渊泉而时出之三节。

是日，照常赏赐山西援剿提督陈一炳鞍马一匹、弓箭撒袋壹副，山东援剿总兵官佟国玺、直隶援剿总兵官石文炳鞍马各一匹外，又赐一炳嵌珊瑚松子石玲珑盔甲一副、貂裘一件、内厩鞍马一匹，国玺、文炳内厩鞍马各一匹。

申时，上诣太皇太后宫问安。

本日起居注官库勒纳、叶方蔼。

初八日丁卯　早，上御乾清门，听部院各衙门官员面奏政事。

辰时，上诣太皇太后宫问安。

本日起居注官喇沙里、孙在丰。

初九日戊辰　早，上御乾清门，听部院各衙门官员面奏政事。

本日起居注官陈廷敬、库勒纳。

初十日己巳　早，上御乾清门，听部院各衙门官员面奏政事。

辰时，上御弘德殿，讲官熊赐履、喇沙里、孙在丰进讲：唯天下至诚唯能经纶天下之大经一章、诗云衣锦尚䌹一节。

巳时，上诣太皇太后、皇太后宫问安。未时，上步随皇太后辇，诣太宗懿靖大贵妃宫问疾。

本日起居注官喇沙里、库勒纳、张英。

十一日庚午　早，上诣巩华城。申时，回宫。

本日起居注官傅达礼、杜臻、库勒纳。

十二日辛未 早，上御乾清门，听部院各衙门官员面奏政事。

辰时，上御弘德殿，讲官熊赐履、喇沙里、孙在丰进讲：诗云潜虽伏矣四节。

本日起居注官熊赐履、喇沙里。

十三日壬申 早，上御乾清门，听部院各衙门官员面奏政事。

本日起居注官崔蔚林、库勒纳。

十四日癸酉 早，上御乾清门，听部院各衙门官员面奏政事。

辰时，上御弘德殿，讲官熊赐履、喇沙里、孙在丰进讲：孟子见梁惠王王曰叟、孟子见梁惠王王立于沼上二章。

本日起居注官喇沙里、韩菼。

十五日甲戌 早，上御乾清门，听部院各衙门官员面奏政事。

辰时，上诣太皇太后宫问安。

本日起居注官库勒纳、史鹤龄。

十六日乙亥 早，上御乾清门，听部院各衙门官员面奏政事。

辰时，上御弘德殿，讲官熊赐履、喇沙里、孙在丰进讲：梁惠王曰寡人之于国也一章。

本日起居注官喇沙里、叶方蔼。

十七日丙子 早，上御乾清门，听部院各衙门官员面奏政事。

辰时，上御弘德殿，讲官熊赐履、喇沙里、孙在丰进讲：梁惠王曰寡人愿安承教一章。

巳时，上诣太皇太后宫问安。

本日起居注官孙在丰、库勒纳。

十八日丁丑 早，上御乾清门，听部院各衙门官员面奏政事。

辰时，上御弘德殿，讲官熊赐履、喇沙里、孙在丰进讲：梁惠王曰晋国天下莫强焉、孟子见梁襄王二章。

本日起居注官喇沙里、陈廷敬。

十九日戊寅 早，上诣巩华城。申时回宫。

本日起居注官傅达礼、库勒纳、张英。

二十日己卯 卯时，懿靖大贵妃薨，上步随皇太后辇进宫举哀。辰时，上随皇太后辇回宫，命辍朝五日。

本日起居注官杜臻、喇沙里。

二十一日庚辰　起居注官熊赐履、库勒纳。

二十二日辛巳　起居注官喇沙里、韩菼。

二十三日壬午　起居注官库勒纳、史鹤龄。

二十四日癸未　辰时，上御太和殿，视冬至郊天祝版毕，回宫。

本日起居注官喇沙里、叶方蔼。

二十五日甲申　早，上诣巩华城。申时回宫。

本日起居注官傅达礼、孙在丰、库勒纳。

二十六日乙酉　早，上御乾清门，听部院各衙门官员面奏政事。

本日起居注官喇沙里、陈廷敬。

二十七日丙戌　早，上御乾清门，听部院各衙门官员面奏政事。

巳时，上诣太皇太后宫、皇太后宫问安。

本日起居注官库勒纳、张英。

二十八日丁亥　早，上御乾清门，听部院各衙门官员面奏政事。

本日起居注官杜臻、喇沙里。

二十九日戊子　早，上御乾清门，听部院各衙门官员面奏政事。

本日起居注官熊赐履、库勒纳。

三十日己丑　早，上御乾清门，听部院各衙门官员面奏政事。

先是，镇守宁古塔等处将军巴海等，以松阿里吴喇、诺罗河、吴苏里吴喇、木伦等处居住墨尔折勒氏部落，因骑射闲熟，投诚已久，自归依以来，气习渐改，颇守法制，将伊等族长、里长题授佐领饶骑校。至是，将军巴海率墨尔折勒氏新编佐领四十员并佐领下人丁来朝。是日，上幸景山，众等行礼毕，命射，赐茶酒。上亲赐将军巴海饮。

本日起居注官傅达礼、崔蔚林。

十二月

初一日庚寅　早，上御乾清门，听部院各衙门官员面奏政事。

辰时，上诣太皇太后宫问安。

本日起居注官喇沙里、韩菼。

初二日辛卯　早，上诣巩华城。

本日起居注官傅达礼、库勒纳、叶方蔼。

初三日壬辰　未时，上回宫。

本日起居注官傅达礼、喇沙里、韩菼。

初四日癸巳　早，上御乾清门，听部院各衙门官员面奏政事。

辰时，上诣太皇太后宫问安。

本日起居注官傅达礼、陈廷敬。

初五日甲午　早，上御乾清门，听部院各衙门官员面奏政事。

本日起居注官库勒纳、张英。

初六日乙未　早，上御乾清门，听部院各衙门官员面奏政事。

辰时，上诣太皇太后宫问安。

本日起居注官熊赐履、喇沙里。

初七日丙申　早，上御乾清门，听部院各衙门官员面奏政事。

本日起居注官傅达礼、崔蔚林。

初八日丁酉　早，上御乾清门，听部院各衙门官员面奏政事。

本日起居注官库勒纳、韩菼。

初九日戊戌　早，上御乾清门，听部院各衙门官员面奏政事。

本日起居注官喇沙里、史鹤龄。

初十日己亥　早，上御乾清门，听部院各衙门官员面奏政事。

本日起居注官傅达礼、项景襄。

十一日庚子　早，上诣巩华城。申时，回宫。

本日起居注官傅达礼、喇沙里、叶方蔼。

十二日辛丑　早，上御乾清门，听部院各衙门官员面奏政事。

本日起居注官孙在丰、库勒纳。

十三日壬寅　早，上御乾清门，听部院各衙门官员面奏政事。

辰时，上诣太皇太后宫问安。

本日起居注官傅达礼、陈廷敬。

十四日癸卯　早，上御乾清门，听部院各衙门官员面奏政事。

本日起居注官库勒纳、史鹤龄。

十五日甲辰　早，上御太和殿视朝。文武升转官员谢恩，次朝鲜国差来告讣请袭正使青平尉沈益显、副使礼曹判书闵著重等，及进贡喀尔喀部落楚虎喇寨桑等头目行礼毕，回宫。

少顷，御乾清门，听部院各衙门官员面奏政事。

本日起居注官傅达礼、张英。

十六日乙巳　早，上御乾清门，听部院各衙门官员面奏政事。

本日起居注官崔蔚林、库勒纳。

十七日丙午　早，上御乾清门，听部院各衙门官员面奏政事。

本日起居注官傅达礼、熊赐履。

十八日丁未　早，上御乾清门，听部院各衙门官员面奏政事。

巳时，上诣太皇太后宫问安。

本日起居注官库勒纳、韩菼。

十九日戊申　早，上御乾清门，听部院各衙门官员面奏政事。

本日起居注官傅达礼、项景襄。

二十日己酉　早，上御乾清门，听部院各衙门官员面奏政事。

辰时，上诣巩华城。申时，回宫。

本日起居注官傅达礼、叶方蔼。

二十一日庚戌　早，上御乾清门，听部院各衙门官员面奏政事。

本日起居注官熊赐履、库勒纳。

二十二日辛亥　早，上御乾清门，听部院各衙门官员面奏政事。

本日起居注官傅达礼、陈廷敬。

二十三日壬子　早，上御乾清门，听部院各衙门官员面奏政事。

巳时，上诣太皇太后、皇太后宫问安。

本日起居注官库勒纳、史鹤龄。

二十四日癸丑　早，上御乾清门，听部院各衙门官员面奏政事。

本日起居注官喇沙里、崔蔚林。

二十五日甲寅　本日起居注官库勒纳、韩菼。

二十六日乙卯　本日起居注官傅达礼、张英。

二十七日丙辰　本日起居注官喇沙里、张英。

二十八日丁巳　上御保和殿，视岁除享太庙祝版。

巳时，上诣太皇太后宫问安。

本日起居注官库勒纳、叶方蔼。

二十九日戊午　昧爽，以岁除，上躬诣太庙致祭毕，回宫。

少顷，上诣巩华城。申时，回宫。

本日起居注官傅达礼、陈廷敬。

三十日己未　本日起居注官喇沙里、项景襄。

康熙十四年　乙卯

正　月

初一日庚申　早，上率诸王、贝勒、贝子、公等，内大臣、大学士、都统、尚书、侍卫等，往堂子行礼毕，回宫。

辰时，率诸王、贝勒、贝子、公等，内大臣、大学士、都统、尚书、精奇尼哈番、侍卫等，诣太皇太后宫行礼，复诣皇太后宫行礼毕，回宫。

巳时，上诣太皇太后宫问安。

本日起居注官傅达礼、熊赐履、库勒纳。

初二日辛酉　巳时，上诣太皇太后宫问安。

本日起居注官傅达礼、富鸿业。

初三日壬戌　本日起居注官崔蔚林、库勒纳。

初四日癸亥　赐镇守宁古塔地方将军巴海黑狐裘、貂镶朝衣各一袭，墨尔折勒氏佐领札奴科、布克托等衣、帽、靴带、弓箭、撒袋、鞍马、缎匹等物。

未时，上御保和殿，赐将军巴海及札奴科等食毕，御观德殿，命札奴科等射。

本日起居注官喇沙里、韩菼。

初五日甲子　早，上御保和殿，视孟春享太庙祝版毕，回宫。

少顷，御乾清门，听部院各衙门官员面奏政事。

本日起居注官傅达礼、史鹤龄。

初六日乙丑　早，上诣太庙躬祭毕，回宫。

少顷，御乾清门，听部院各衙门官员面奏政事。

巳时，上诣太皇太后宫问安。

本日起居注官库勒纳、叶方蔼。

初七日丙寅　早，上御乾清门，听部院各衙门官员面奏政事。

未时，上诣太皇太后宫问安。

本日起居注官喇沙里、项景襄。

初八日丁卯　早，上御乾清门，听部院各衙门官员面奏政事。

巳时，上诣太皇太后宫问安。

本日起居注官傅达礼、陈廷敬。

初九日戊辰　本日起居注官库勒纳、张英。

初十日己巳　本日起居注官喇沙里、富鸿业。

十一日庚午　早，上御太和殿，视祭祈谷坛祝版毕，回宫。

巳时，上诣太皇太后、皇太后宫问安。

本日起居注官熊赐履、库勒纳。

十二日辛未　早，上诣大享殿，行祈谷礼毕，回宫。

巳时，上诣巩华城。

本日起居注官喇沙里、崔蔚林。

十三日壬申　申时，上回宫。

本日起居注官傅达礼、喇沙里、韩菼。

十四日癸酉　早，上御乾清门，听部院各衙门官员面奏政事。

巳时，上诣太皇太后宫问安。

本日起居注官项景襄、库勒纳。

十五日甲戌　早，上御太和殿视朝。文武升转官员谢恩，次朝鲜国进贡上表正使副昌君李祯、副使尹深等行礼，次进贡鄂罗思部落衣班等、护送衣班等来京喀尔喀部落马查克等、进贡扎萨克图汉下褚虎拉等、厄鲁特部落达尔汉囊苏等行礼毕，回宫。

少顷，御乾清门，听部院各衙门官员面奏政事。

本日起居注官喇沙里、叶方蔼。

十六日乙亥　早，上御乾清门，听部院各衙门官员面奏政事。

午时，上诣太皇太后、皇太后宫问安。

本日起居注官傅达礼、陈廷敬。

十七日丙子　早，上御乾清门，听部院各衙门官员面奏政事。

本日起居注官库勒纳、张英。

十八日丁丑　早，上御乾清门，听部院各衙门官员面奏政事。

本日起居注官喇沙里、富鸿业。

十九日戊寅　早，上御乾清门，听部院各衙门官员面奏政事。

本日起居注官陈廷敬、库勒纳。

二十日己卯　早，上御乾清门，听部院各衙门官员面奏政事。

本日起居注官喇沙里、崔蔚林。

二十一日庚辰　早，上御乾清门，听部院各衙门官员面奏政事。

巳时，上诣太皇太后宫问安。

本日起居注官库勒纳、韩菼。

二十二日辛巳　早，上御乾清门，听部院各衙门官员面奏政事。

本日起居注官喇沙里、张英。

二十三日壬午　早，上御乾清门，听部院各衙门官员面奏政事。

少顷，上诣巩华城。申时，回宫。

本日起居注官喇沙里、库勒纳、叶方蔼。

二十四日癸未　早，上御乾清门，听部院各衙门官员面奏政事。

未时，上复御乾清门，赐谢恩和硕额驸沙津及进贡苏尼忒部落一品台吉毛等食。

本日起居注官熊赐履、库勒纳。

二十五日甲申　早，上御乾清门，听部院各衙门官员面奏政事。

巳时，上诣太皇太后、皇太后宫问安。

本日起居注官喇沙里、项景襄。

二十六日乙酉　早，上御乾清门，听部院各衙门官员面奏政事。

本日起居注官富鸿业、库勒纳。

二十七日丙戌　早，上御乾清门，听部院各衙门官员面奏政事。

巳时，上诣太皇太后宫问安。

本日起居注官喇沙里、韩菼。

二十八日丁亥　早，上御乾清门，听部院各衙门官员面奏政事。

本日起居注官项景襄、库勒纳。

二十九日戊子 早，上御乾清门，听部院各衙门官员面奏政事。

未时，上复御乾清门，赐进贡科尔沁国雍穆固龙长公主下长史牙思哈、阿鲁科尔沁国四品台吉阿喇纳等、苏尼忒部落四品台吉温布等、巴林部落四品台吉鲁什希布等、翁牛忒部落三品台吉毕礼衮等食。

本日起居注官熊赐履、喇沙里。

二 月

初一日己丑 早，上御乾清门，听部院各衙门官员面奏政事。

本日起居注官库勒纳、叶方蔼。

初二日庚寅 早，上御乾清门，听部院各衙门官员面奏政事。

巳时，上诣太皇太后宫问安。

本日起居注官喇沙里、陈廷敬。

初三日辛卯 早，上御乾清门，听部院各衙门官员面奏政事。

本日起居注官傅达礼、张英。

初四日壬辰 早，上御乾清门，听部院各衙门官员面奏政事毕，回宫。

少顷，上诣巩华城。

本日起居注官富鸿业、库勒纳。

初五日癸巳 申时，上回宫。

本日起居注官喇沙里、韩菼。

初六日甲午 早，上御乾清门，听部院各衙门官员面奏政事。

巳时，上诣太皇太后宫问安。

未时，上复御乾清门，赐进贡苏尼忒部落二品台吉阿育什等、翁牛忒部落四品台吉鄂尔折等食。

本日起居注官项景襄、库勒纳。

初七日乙未 早，上御乾清门，听部院各衙门官员面奏政事。

酉时，上诣太皇太后宫问安。

本日起居注官喇沙里、叶方蔼。

初八日丙申　早，上御乾清门，听部院各衙门官员面奏政事。

巳时，上诣太皇太后宫问安。

是日，太皇太后圣诞，上因祭社稷坛斋戒，未行礼。

本日起居注官傅达礼、陈廷敬。

初九日丁酉　早，上御中和殿，视祭社稷坛祝版毕，回宫。

少顷，御乾清门，听部院各衙门官员面奏政事。

本日起居注官库勒纳、张英。

初十日戊戌　早，上诣社稷坛躬祭毕，回宫。

少顷，御乾清门，听部院各衙门官员面奏政事。

本日起居注官喇沙里、富鸿业。

十一日己亥　因慈和皇太后忌辰，未御门，各部院章奏俱命送内阁。

本日起居注官傅达礼、韩菼。

十二日庚子　早，上率王、贝勒以下内大臣、大学士、都统、精奇尼哈番、尚书、侍卫等庆贺太皇太后圣诞，礼毕。

遂御乾清门，听部院各衙门官员面奏政事。

本日起居注官项景襄、库勒纳。

十三日辛丑　早，上御乾清门，听部院各衙门官员面奏政事。

辰时，上诣太皇太后宫问安。

本日起居注官喇沙里、叶方蔼。

十四日壬寅　早，上御乾清门，听部院各衙门官员面奏政事。

未时，上复御乾清门，赐请安科尔沁国端贞固龙长公主下章嘉、永安固龙长公主下阿育什、进贡苏尼忒部落四品台吉满津等、阿霸垓部落四品台吉僧格等、喀喇沁部落四品台吉塔布囊塞本等食。

本日起居注官傅达礼、陈廷敬。

十五日癸卯　早，上御太和殿视朝。文武升转官员谢恩，次进贡厄鲁特部落达尔汉和硕齐等、喀尔喀部落达西格楮尔等、杜尔伯特部落厄尔德尼格隆等谢恩毕，回宫。

少顷，御乾清门，听部院各衙门官员面奏政事。

辰时，上诣太皇太后宫问安。未时，上复诣太皇太后宫问安。

本日起居注官库勒纳、张英。

十六日甲辰 早，上御乾清门，听部院各衙门官员面奏政事。

少顷，上诣巩华城。酉时，回宫。

本日起居注官傅达礼、喇沙里、富鸿业。

十七日乙巳 早，上御乾清门，听部院各衙门官员面奏政事。春季经筵四书、《书经》讲章二节，同经筵各官拟定，学士傅达礼呈览。上谕："讲章内书写称颂之言，虽系定例，凡事俱宜以实。这《中庸》诚者天之道也一节讲章内，有'秉至诚而御物，体元善以宜民，固已媲美三王，跻隆二帝'等语。似属太过，着另改来看。"

本日起居注官傅达礼、韩菼。

十八日丙午 早，上御乾清门，听部院各衙门官员面奏政事。

本日起居注官项景襄、库勒纳。

十九日丁未 早，上御乾清门，听部院各衙门官员面奏政事。

本日起居注官喇沙里、叶方蔼。

二十日戊申 早，上御乾清门，听部院各衙门官员面奏政事。

巳时，上诣太皇太后、皇太后宫问安。

未时，上复御乾清门，赐进贡翁牛忒部落三品台吉塔尔巴等、苏尼忒部落二品台吉阿育什等、喀喇沁部落三品塔布囊布勒等、乌朱穆秦部落一等护卫达尔汉废塞、翁牛忒部落四品台吉达尔汉噶尔马、科尔沁国达尔汉亲王祖母和硕格格下喀阑图等食。

本日起居注官傅达礼、陈廷敬。

二十一日己酉 早，上御乾清门，听部院各衙门官员面奏政事。

酉时，上诣太皇太后宫问安。

本日起居注官库勒纳、张英。

二十二日庚戌 早，上御乾清门，听部院各衙门官员面奏政事。

巳时，上御保和殿，举行经筵大典。讲官折库纳、陈鼓永进讲《四书》诚者天之道也诚之者人之道也一节，伊桑阿、徐元文进讲《书经》询于四岳一节。

本日起居注官傅达礼、富鸿业。

二十三日辛亥　早，上御乾清门，听部院各衙门官员面奏政事。

本日起居注官库勒纳、韩菼。

二十四日壬子　早，上御中和殿，视祭朝日坛祝版毕，回宫。

少顷，御乾清门，听部院各衙门官员面奏政事。

是日，皇子出痘，自二十五日起，至三月初三日止，各衙门章奏俱命送内阁。

本日起居注官傅达礼、项景襄。

二十五日癸丑　本日起居注官喇沙里、叶方蔼。

二十六日甲寅　本日起居注官陈廷敬、库勒纳。

二十七日乙卯　本日起居注官傅达礼、张英。

二十八日丙辰　本日起居注官喇沙里、富鸿业。

二十九日丁巳　本日起居注官库勒纳、韩菼。

三十日戊午　本日起居注官傅达礼、项景襄。

三　月

初一日己未　本日起居注官喇沙里、陈廷敬。

初二日庚申　辰时，上诣太皇太后宫问安。午时，上复诣太皇太后宫问安。

本日起居注官库勒纳、叶方蔼。

初三日辛酉　本日起居注官傅达礼、张英。

初四日壬戌　早，上御乾清门，听部院各衙门官员面奏政事。

本日起居注官傅达礼、富鸿业。

初五日癸亥　早，上御乾清门，听部院各衙门官员面奏政事。

辰时，上诣太皇太后宫问安。

本日起居注官库勒纳、韩菼。

初六日甲子　早，上御乾清门，听部院各衙门官员面奏政事。

本日起居注官喇沙里、崔蔚林。

初七日乙丑 早，上御乾清门，听部院各衙门官员面奏政事。

本日起居注官傅达礼、项景襄。

初八日丙寅 早，上御乾清门，听部院各衙门官员面奏政事。

辰时，上诣太皇太后宫问安。

本日起居注官库勒纳、韩菼。

初九日丁卯 早，上御乾清门，听部院各衙门官员面奏政事。

本日起居注官喇沙里、陈廷敬。

初十日戊辰 早，上御乾清门，听部院各衙门官员面奏政事。

本日起居注官富鸿业、库勒纳。

十一日己巳 早，上御乾清门，听部院各衙门官员面奏政事。

辰时，上诣太皇太后宫问安。

本日起居注官傅达礼、张英。

十二日庚午 早，上御乾清门，听部院各衙门官员面奏政事。

本日起居注官崔蔚林、库勒纳。

十三日辛未 早，上御乾清门，听部院各衙门官员面奏政事。

本日起居注官喇沙里、项景襄。

十四日壬申 早，上御乾清门，听部院各衙门官员面奏政事。

本日起居注官傅达礼、陈廷敬。

十五日癸酉 早，上御太和殿视朝。文武升转官员谢恩毕，回宫。

少顷，御乾清门，听部院各衙门官员面奏政事。

辰时，上诣太皇太后宫问安。

本日起居注官库勒纳、张英。

十六日甲戌 早，上御乾清门，听部院各衙门官员面奏政事。

本日起居注官喇沙里、富鸿业。

十七日乙亥 早，上御乾清门，听部院各衙门官员面奏政事。

本日起居注官傅达礼、崔蔚林。

十八日丙子 辰时，上诣太皇太后、皇太后宫问安。

本日起居注官项景襄、库勒纳。

十九日丁丑 早，上御乾清门，听部院各衙门官员面奏政事。

本日起居注官喇沙里、陈廷敬。

二十日戊寅　早，上御乾清门，听部院各衙门官员面奏政事。

本日起居注官傅达礼、项景襄。

二十一日己卯　早，上御乾清门，听部院各衙门官员面奏政事。

本日起居注官富鸿业、库勒纳。

二十二日庚辰　早，上御乾清门，听部院各衙门官员面奏政事。

本日起居注官喇沙里、崔蔚林。

二十三日辛巳　早，上御乾清门，听部院各衙门官员面奏政事。

本日起居注官傅达礼、张英。

二十四日壬午　早，上御乾清门，听部院各衙门官员面奏政事。

巳时，上诣太皇太后宫问安。

本日起居注官富鸿业、库勒纳。

二十五日癸未　早，上御太和殿视朝。文武升转官员谢恩毕，回宫。

少顷，御乾清门，听部院各衙门官员面奏政事。

本日起居注官喇沙里、张英。

二十六日甲申　早，上御乾清门，听部院各衙门官员面奏政事。

辰时，上御弘德殿，讲官喇沙里、孙在丰、张英进讲：齐宣王问曰齐桓晋文之事可得闻乎至是折枝之类也。

本日起居注官傅达礼、陈廷敬。

二十七日乙酉　早，上御乾清门，听部院各衙门官员面奏政事。

辰时，上御弘德殿，讲官喇沙里、孙在丰、张英进讲：老吾老以及人之老至然而不王者未之有也。

本日起居注官崔蔚林、库勒纳。

二十八日丙戌　早，上御乾清门，听部院各衙门官员面奏政事。

未时，上诣太皇太后宫问安。

本日起居注官喇沙里、项景襄。

二十九日丁亥　早，上御乾清门，听部院各衙门官员面奏政事。

辰时，上诣太皇太后宫问安。未时，上复诣太皇太后宫问安。

本日起居注官傅达礼、陈廷敬。

三十日戊子　早，上御保和殿，视享太庙祝版毕，回宫。

少顷，御乾清门，听部院各衙门官员面奏政事。

本日起居注官崔蔚林、库勒纳。

四　月

初一日己丑　早，上以孟夏，躬诣太庙致祭毕，回宫。

少顷，御乾清门，听部院各衙门官员面奏政事。

未时，复御乾清门，赐署理直隶真定总兵官事总兵鲍敬食，并赐鞍马一匹。

本日起居注官喇沙里、孙在丰。

初二日庚寅　早，上御乾清门，听部院各衙门官员面奏政事。

辰时，上御弘德殿，讲官喇沙里、孙在丰、张英进讲：庄暴见孟子曰一章、齐宣王问曰文王之囿一章、齐宣王问曰交邻国有道乎一章。

本日起居注官傅达礼、李录予。

初三日辛卯　早，上御乾清门，听部院各衙门官员面奏政事。

辰时，上御弘德殿，讲官喇沙里、孙在丰、张英进讲：齐宣王见孟子于雪宫至为诸侯度。

巳时，上诣太皇太后、皇太后宫问安。

本日起居注官富鸿业、库勒纳。

初四日壬辰　早，上御乾清门，听部院各衙门官员面奏政事。

本日起居注官喇沙里、张英。

初五日癸巳　早，上御乾清门，听部院各衙门官员面奏政事。

辰时，上御弘德殿，讲官喇沙里、孙在丰、张英进讲：今也不然至畜君者好君也、齐宣王问曰人皆谓我毁明堂一章。

申时，上诣太皇太后宫问安。

本日起居注官喇沙里、项景襄、库勒纳。

初六日甲午　早，上御乾清门，听部院各衙门官员面奏政事。

少顷，上诣巩华城。

本日起居注官傅达礼、喇沙里、陈廷敬。

初七日乙未　未时，上回宫。

本日起居注官傅达礼、库勒纳、张英。

初八日丙申　早，上御乾清门，听部院各衙门官员面奏政事。

本日起居注官孙在丰、库勒纳。

初九日丁酉　早，上御乾清门，听部院各衙门官员面奏政事。

辰时，上御弘德殿，讲官喇沙里、孙在丰、张英进讲：孟子谓齐宣王曰王之臣有托其妻子于其友而之楚游者一章、孟子见齐宣王曰所谓故国者一章、齐宣王问曰汤放桀一章。

本日起居注官喇沙里、李录予。

初十日戊戌　早，上御乾清门，听部院各衙门官员面奏政事。

辰时，上诣太皇太后宫问安。

本日起居注官傅达礼、富鸿业。

十一日己亥　早，上御乾清门，听部院各衙门官员面奏政事。

本日起居注官崔蔚林、库勒纳。

十二日庚子　早，上御乾清门，听部院各衙门官员面奏政事。

辰时，上御弘德殿，讲官喇沙里、孙在丰、张英进讲：孟子见齐宣王曰为巨室则必使工师求大木一章、齐人伐燕胜之一章、齐人伐燕取之一章、邹与鲁閧一章。

巳时，上诣太皇太后宫问安。

本日起居注官喇沙里、项景襄。

十三日辛丑　早，上御乾清门，听部院各衙门官员面奏政事。

少顷，上诣巩华城。酉时，回宫。

本日起居注官傅达礼、喇沙里、李录予。

十四日壬寅　早，上御乾清门，听部院各衙门官员面奏政事。

辰时，上御弘德殿，讲官喇沙里、孙在丰、张英进讲：滕文公问曰滕小国也一章、滕文公问曰齐人将筑薛一章、滕文公问曰滕小国也竭力以事大国一章、鲁平公将出一章。

本日起居注官库勒纳、张英。

十五日癸卯 早，上御太和殿视朝。文武升转官员谢恩，次进贡喀尔喀部落秉图扎儿虎齐等及进香卓礼克图豸桑喀喇噶儿玛等行礼毕，回宫。

少顷，御乾清门，听部院各衙门官员面奏政事。

本日起居注官喇沙里、孙在丰。

十六日甲辰 早，上御乾清门，听部院各衙门官员面奏政事。

辰时，上御弘德殿，讲官喇沙里、孙在丰、张英进讲：公孙丑问曰夫子当路于齐一章、公孙丑问曰夫子加齐之卿相至孟施舍守约也。

巳时，上诣太皇太后宫问安。

本日起居注官傅达礼、韩菼。

十七日乙巳 本日起居注官库勒纳、张英。

十八日丙午 早，上御乾清门，听部院各衙门官员面奏政事。

辰时，上御弘德殿，讲官喇沙里、孙在丰、张英进讲：昔者曾子谓子襄曰至而反动其心。

本日起居注官喇沙里、崔蔚林、李录予。

十九日丁未 早，上御乾清门，听部院各衙门官员面奏政事。

辰时，上御弘德殿，讲官喇沙里、孙在丰、张英进讲：曰敢问夫子恶乎长至非徒无益而又害之。

未时，上御乾清门，赐来归奈曼部落台吉格勒儿、噶尔玛、副都统吴尔墨苏、佐领济尔哈郎等食。并赐袍、帽、靴、带等物。

少顷诣太皇太后宫问安。

本日起居注官傅达礼、徐元文。

二十日戊申 早，上御乾清门，听部院各衙门官员面奏政事。

本日起居注官孙在丰、库勒纳。

二十一日己酉 早，上御乾清门，听部院各衙门官员面奏政事。

辰时，上御弘德殿，讲官喇沙里、孙在丰、张英进讲：何谓知言至乃所愿则学孔子也。

巳时。上诣太皇太后宫问安。

本日起居注官喇沙里、李录予。

二十二日庚戌 早，上御乾清门，听部院各衙门官员面奏政事。

少顷，上诣巩华城。戌时，回宫。

本日起居注官傅达礼、库勒纳、韩菼。

二十三日辛亥 早，上御乾清门，听部院各衙门官员面奏政事。

辰时，上御弘德殿，讲官喇沙里、孙在丰、张英进讲：伯夷、伊尹于孔子若是班乎至自生民以来未有盛于孔子也。

巳时，上诣太皇太后宫问安。

是日，谕学士傅达礼、侍读学士喇沙里曰："朕向诣两宫问安，尔等起居注官常行记注。朕思朝夕问安视膳，以尽孝道，乃为子孙者之恒礼，岂有一刻间断？此后，朕每诣两宫问安时，着衣都额真遣侍卫传知，侍直官不必随行。尔等即传旨谕知衣都额真。"

又谕："日讲原期有益身心，加进学问。今止讲官进讲，朕不覆讲，则但循旧例，渐至日久将成故事，不惟于学问之道无益，亦非所以为法于后世也。自后进讲时，讲官讲毕，朕仍覆讲，如此互相讲论，方可有裨实学。应若何举行，尔等会议具奏。"

本日起居注官库勒纳、张英。

二十四日壬子 早，上御乾清门，听部院各衙门官员面奏政事。

巳时，上诣太皇太后宫问安。

本日起居注官喇沙里、项景襄。

二十五日癸丑 早，上御乾清门，听部院各衙门官员面奏政事。

辰时，上御弘德殿，讲官喇沙里、孙在丰、张英进讲：孟子曰以力假仁者霸一章、孟子曰仁则荣一章。讲毕，上问曰："仁是心之德么？"讲官孙在丰奏曰："仁是心之德，爱之理。如此说，仁字之义方完。"上问曰："何以谓之霸？"对曰："霸者先诈力而后仁义，所尚者功利富强之术，不可谓之仁。"上问曰："孔子何以称管仲如其仁，如其仁？"对曰："此乃言其功业之盛也，与此仁字不同。"上又问曰："或先霸术而后行王道，可乎？"对曰："如此便驳杂了，究竟不能行王道。盖天理人欲不并立也。"上曰："然。天理人欲之不可并立，犹君子小人之不可并立也。"喇沙里等齐奏曰："诚如圣谕。"

本日起居注官傅达礼、陈廷敬。

二十六日甲寅 早，上御乾清门，听部院各衙门官员面奏政事。

辰时，上御弘德殿，讲官喇沙里、孙在丰、张英进讲：孟子曰尊贤使能一章。

巳时，上诣太皇太后宫问安。

本日起居注官徐元文、库勒纳。

二十七日乙卯 早，上御乾清门，听部院各衙门官员面奏政事。

本日起居注官喇沙里、孙在丰。

二十八日丙辰 早，上御乾清门，听部院各衙门官员面奏政事。

本日起居注官傅达礼、崔蔚林。

二十九日丁巳 早，上御乾清门，听部院各衙门官员面奏政事。

巳时，上诣太皇太后宫问安。

未时，上御保和殿，赐达赖喇玛使人墨尔根囊素食。

本日起居注官库勒纳、韩菼。

三十日戊午 早，上御乾清门，听部院各衙门官员面奏政事。

本日起居注官喇沙里、张英。

五　月

初一日己未 早，上御乾清门，听部院各衙门官员面奏政事。

本日起居注官傅达礼、王鸿绪。

初二日庚申 早，上诣巩华城。

本日起居注官傅达礼、项景襄、库勒纳。

初三日辛酉 以仁孝皇后周年，致祭毕，上回自巩华城。

随诣太皇太后宫，以察哈尔国叛王布尔倪及伊弟鲁布臧授首缘由奏闻。辰时，回宫。

本日起居注官傅达礼、陈廷敬。

初四日壬戌 早，上御乾清门，听部院各衙门官员面奏政事。

未时，上诣太皇太后宫问安。

本日起居注官喇沙里、韩菼。

初五日癸亥　早，上御乾清门，听部院各衙门官员面奏政事。

本日起居注官徐元文、库勒纳。

初六日甲子　早，上御乾清门，听部院各衙门官员面奏政事。

辰时，上御弘德殿，讲官喇沙里、孙在丰、张英进讲：孟子曰人皆有不忍人之心一章、孟子曰矢人岂不仁于函人哉一章。

午时，上诣太皇太后宫问安。

本日起居注官傅达礼、孙在丰。

初七日乙丑　早，上御乾清门，听部院各衙门官员面奏政事。

本日起居注官喇沙里、李录予。

初八日丙寅　早，上御乾清门，听部院各衙门官员面奏政事。

未时，上诣太皇太后、皇太后宫问安。

本日起居注官陈廷敬、库勒纳。

初九日丁卯　早，上御乾清门，听部院各衙门官员面奏政事。

本日起居注官傅达礼、王鸿绪。

初十日戊辰　早，上御乾清门，听部院各衙门官员面奏政事。

本日起居注官喇沙里、项景襄。

十一日己巳　早，上御乾清门，听部院各衙门官员面奏政事。

辰时，上御弘德殿，讲官喇沙里、孙在丰、张英进讲：孟子曰子路人告之以有过则喜一章、孟子曰伯夷非其君不事一章、孟子曰天时不如地利至是地利不如人和也。

巳时，上诣太皇太后宫问安。

本日起居注官库勒纳、张英。

十二日庚午　早，上御乾清门，听部院各衙门官员面奏政事。

本日起居注官傅达礼、徐元文。

十三日辛未　早，上御乾清门，听部院各衙门官员面奏政事。

本日起居注官喇沙里、孙在丰。

十四日壬申　早，上御乾清门，听部院各衙门官员面奏政事。

巳时，上诣太皇太后宫问安。

本日起居注官库勒纳、李录予。

十五日癸酉 早，上御太和殿视朝。文武升转官员谢恩毕，回宫。

少顷，御乾清门，听部院各衙门官员面奏政事。

本日起居注官傅达礼、韩菼。

十六日甲戌 早，上御乾清门，听部院各衙门官员面奏政事。

辰时，上御弘德殿，讲官喇沙里、孙在丰、张英进讲：故曰域民不以封疆之界至战必胜矣；孟子将朝王至而造于朝。

本日起居注官喇沙里、张英。

十七日乙亥 早，上御乾清门，听部院各衙门官员面奏政事。

辰时，上御弘德殿，讲官喇沙里、孙在丰、张英进讲：不得已而之景丑氏宿焉至以慢其二哉。

本日起居注官库勒纳、王鸿绪。

十八日丙子 早，上御乾清门，听部院各衙门官员面奏政事。

辰时，上御弘德殿，讲官喇沙里、孙在丰、张英进讲：故将大有为之君至而况不为管仲者乎；陈臻问曰前日于齐一章。

午时，上诣太皇太后宫问安。

本日起居注官傅达礼、项景襄。

十九日丁丑 早，上御乾清门，听部院各衙门官员面奏政事。

卯时，上诣巩华城。酉时，回宫。

本日起居注官喇沙里、陈廷敬。

二十日戊寅 早，上御乾清门，听部院各衙门官员面奏政事。

辰时，上御弘德殿，讲官喇沙里、孙在丰、张英进讲：孟子之平陆一章、孟子谓蚳蛙曰一章、孟子为卿于齐一章、孟子自齐一章、沈同以其私问曰一章、燕人畔一章。

本日起居注官徐元文、库勒纳。

二十一日己卯 早，上御乾清门，听部院各衙门官员面奏政事。

辰时，上御弘德殿，讲官喇沙里、孙在丰、张英进讲：孟子致为臣而归一章、孟子去齐宿于昼一章、孟子去齐尹士语人曰一章、孟子去齐充虞路问曰一章、孟子去齐居休一章、滕文公为世子至言必称尧舜。讲毕，上问曰："人性之善，固无分贤愚。以尧舜至圣，鲜有能几及者，何以言人人可为？"孙在丰对曰："惟人性皆善，所以皆可以为尧舜。如恻隐羞恶是仁义之端，只在察识扩充，能尽其性，虽尧舜不难至也。"上曰："然。只在勉强行之。董仲舒有言，事在强勉而已矣。强勉学问，则闻见博而知益明；强勉行道，则德日起而大有功。此言诚为学之要也。"

本日起居注官傅达礼、孙在丰。

二十二日庚辰　早，上御乾清门，听部院各衙门官员面奏政事。

本日起居注官喇沙里、李录予。

二十三日辛巳　早，上御乾清门，听部院各衙门官员面奏政事。

辰时，上御弘德殿，讲官喇沙里、孙在丰、张英进讲：世子自楚反至厥疾不瘳滕定公薨一章、滕文公问为国至罔民而可为也。

巳时，上诣太皇太后宫问安。

本日起居注官库勒纳、韩菼。

二十四日壬午　早，上御乾清门，听部院各衙门官员面奏政事。

辰时，上御弘德殿，讲官喇沙里、孙在丰、张英进讲：是故贤君必恭俭至恶在其为民父母也。

前，上出尚方笺楮，命国子监祭酒沈荃，撰屏风铭楷书以进。是日，呈御，上赏其书，赐表里各三匹，命于乾清门赐茶。

辰时，上诣太皇太后宫问安。

本日起居注官傅达礼、张英。

二十五日癸未　上斋戒，不理政事。

本日起居注官喇沙里、王鸿绪。

二十六日甲申　本日起居注官项景襄、库勒纳。

二十七日乙酉　早，上御中和殿视祝版。

本日起居注官傅达礼、陈廷敬。

二十八日丙戌　早，上祀地于方泽，礼毕，回宫。

本日起居注官徐元文、喇沙里。

二十九日丁亥　早，上御乾清门，听部院各衙门官员面奏政事。

辰时，上御弘德殿，讲官喇沙里、孙在丰、张英进讲：夫世禄滕固行之矣至可坐而定也。

本日起居注官傅达礼、孙在丰。

闰五月

初一日戊子 早，上御乾清门，听部院各衙门官员面奏政事。

辰时，上御弘德殿，讲官喇沙里、孙在丰、张英进讲：夫滕壤地褊小至则在君与子矣。

巳时，上诣太皇太后宫问安。

本日起居注官库勒纳、李录予。

初二日己丑 早，上御乾清门，听部院各衙门官员面奏政事。

少顷，上诣巩华城。

本日起居注官喇沙里、崔蔚林。

初三日庚寅 未时，上回宫。

本日起居注官傅达礼、喇沙里、韩菼。

初四日辛卯 早，上御乾清门，听部院各衙门官员面奏政事。

辰时，上御弘德殿，讲官喇沙里、孙在丰、张英进讲：有为神农之言者许行至恶得贤。

本日起居注官傅达礼、项景襄。

初五日壬辰 早，上御太和殿视朝。文武升转官员谢恩，次进贡厄鲁特部落绰克兔温布、乌蓝和说齐、典齐达尔汉囊苏等行礼毕，回宫。

少顷，上御乾清门，听部院各衙门官员面奏政事。

辰时，上御弘德殿，讲官喇沙里、孙在丰、张英进讲：孟子曰许子必种粟而后食乎至天下之通义也。

巳时，上诣太皇太后宫问安。

本日起居注官库勒纳、王鸿绪。

初六日癸巳 早，上幸玉泉山观禾。酉时，回宫。

本日起居注官喇沙里、韩菼。

初七日甲午　早，上御乾清门，听部院各衙门官员面奏政事。

午时，上诣太皇太后宫问安。

本日起居注官傅达礼、陈廷敬。

初八日乙未　早，上御乾清门，听部院各衙门官员面奏政事。

辰时，上御弘德殿，讲官喇沙里、孙在丰、张英进讲：当尧之时至而暇耕乎。

本日起居注官库勒纳、张英。

初九日丙申　早，上御乾清门，听部院各衙门官员面奏政事。

辰时，上御弘德殿，讲官喇沙里、孙在丰、张英进讲：尧以不得舜为己忧至师死而遂倍之。

本日起居注官徐元文、喇沙里。

初十日丁酉　早，上御乾清门，听部院各衙门官员面奏政事。

辰时，上御弘德殿，讲官喇沙里、孙在丰、张英进讲：昔者孔子没至亦为不善变矣。

本日起居注官库勒纳、李录予。

十一日戊戌　早，上御乾清门，听部院各衙门官员面奏政事。

辰时，上御弘德殿，讲官喇沙里、孙在丰、张英进讲：从许子之道至恶能治国家墨者夷之一章、陈代曰不见诸侯一章。

上召刑部员外郎张鹏翮至懋勤殿，问其所学满语满文，命书写汉字，呈览毕，赐茶于乾清门。

巳时，上诣太皇太后宫问安。

未时，上复御乾清门，赐五台山进贡头目喇玛温布格隆衣，并吴喇特部落四品台吉苏汤等、科尔沁国雍穆固龙长公主所遣请安二等护卫吴牙孙等食。

本日起居注官喇沙里、崔蔚林。

十二日己亥　早，上御乾清门，听部院各衙门官员面奏政事。

本日起居注官孙在丰、库勒纳。

十三日庚子　早，上御乾清门，听部院各衙门官员面奏政事。

辰时，上御弘德殿，讲官喇沙里、孙在丰、张英进讲：景春曰公孙衍张仪一章、周霄问曰古之君子仕乎一章、彭更问曰后车数十乘一章。

本日起居注官傅达礼、张英。

十四日辛丑　早，上御乾清门，听部院各衙门官员面奏政事。

辰时，上御弘德殿，讲官喇沙里、孙在丰、张英进讲：万章问曰宋小国也一章、孟子谓戴不胜曰一章。

本日起居注官喇沙里、王鸿绪。

十五日壬寅　早，上御乾清门，听部院各衙门官员面奏政事。

辰时，上御弘德殿，讲官喇沙里、孙在丰、张英进讲：公孙丑问曰不见诸侯何义一章、戴盈之曰什一一章。

巳时，上诣太皇太后宫问安。

本日起居注官项景襄、库勒纳。

十六日癸卯　早，抚远大将军多罗信郡王鄂查、副将军都统大学士图海等，统领大兵往征反叛察哈尔国王布尔尼，既灭察哈尔国，班师凯旋。陈设卤簿，上率在京王、贝勒、大臣、侍卫等，八旗都统、精奇尼哈番、副都统、阿思哈尼哈番及大学士、尚书、侍郎、学士诸大臣，俱衣蟒服，迎于南苑之大红门。排列八旗大纛八杆，鸣号，行三跪九叩礼毕。上御黄幄，郡王鄂查、都统图海等率八旗大臣、章京、护军校等行三跪九叩礼毕，谕曰："王、将军、诸大臣远行征讨，灭察哈尔国，建立大功，深可嘉悦，俱着进前，朕行抱见礼。"郡王鄂查、都统图海等遵旨，趋进前复跪，上抱见毕，次护军统领等大臣亦抱见毕。诸臣各依班序坐。复谕曰："凯旋大臣、章京及冒刃效力军士以上，俱命进前坐。"赐茶毕，复命副将军都统大学士图海至御幄侍坐，问以战陈之事。谕曰："军士此役奋勇效命，遂灭叛国，立奏凯旋，朕心深悦。八旗冒刃效力军士以上，朕欲面问。"遂令次第引至御幄，一一遍问毕。

上出大红门，进正阳门，诣堂子，率在京王、贝勒、大臣及凯旋王、大臣等行三跪九叩礼毕，进午门，回宫。

本日起居注官傅达礼、徐元文、喇沙里。

十七日甲辰　早，上御乾清门，听部院各衙门官员面奏政事。

辰时，上御弘德殿，讲官喇沙里、孙在丰、张英进讲：公都子曰外人皆称夫子好辯至咸以正无缺。

本日起居注官喇沙里、李录予。

十八日乙巳　早，上御乾清门，听部院各衙门官员面奏政事。

少顷，上诣巩华城。酉时，回宫。

本日起居注官傅达礼、喇沙里、孙在丰。

十九日丙午　早，上御乾清门，听部院各衙门官员面奏政事。

巳时，上诣太皇太后宫问安。

本日起居注官陈廷敬、库勒纳。

二十日丁未　早，上御乾清门，听部院各衙门官员面奏政事。

本日起居注官喇沙里、张英。

二十一日戊申　早，上御乾清门，听部院各衙门官员面奏政事。

随征察哈尔后军满洲汉军都统祖永烈等及八旗夸兰大等还京，特遣礼、兵二部官员赍茶迎接，及冒刃效力军士以上，俱各赐茶。

本日起居注官傅达礼、韩菼。

二十二日己酉　早，上御乾清门，听部院各衙门官员面奏政事。

本日起居注官崔蔚林、库勒纳。

二十三日庚戌　早，上御乾清门，听部院各衙门官员面奏政事。

辰时，上御弘德殿，讲官喇沙里、孙在丰、张英进讲：世衰道微至圣人之徒也、匡章曰陈仲子岂不诚廉士哉一章。

巳时，上诣太皇太后、皇太后宫问安。

本日起居注官喇沙里、王鸿绪。

二十四日辛亥　早，上幸南苑。酉时，回宫。

本日起居注官喇沙里、项景襄。

二十五日壬子　早，上御乾清门，听部院各衙门官员面奏政事。

本日起居注官陈廷敬、库勒纳。

二十六日癸丑　早，上御乾清门，听部院各衙门官员面奏政事。

本日起居注官徐元文、喇沙里。

二十七日甲寅　早，上御乾清门，听部院各衙门官员面奏政事。

巳时，上诣太皇太后宫问安。

本日起居注官傅达礼、孙在丰。

二十八日乙卯 早，上御乾清门，听部院各衙门官员面奏政事。

本日起居注官库勒纳、李录予。

二十九日丙辰 早，上御乾清门，听部院各衙门官员面奏政事。

本日起居注官喇沙里、崔蔚林。

三十日丁巳 早，上御乾清门，听部院各衙门官员面奏政事。

本日起居注官傅达礼、韩菼。

六　月

初一日戊午 早，上御乾清门，听部院各衙门官员面奏政事。

本日起居注官库勒纳、张英。

初二日己未 早，上御乾清门，听部院各衙门官员面奏政事。

少顷，诣巩华城。酉时，回宫。

本日起居注官傅达礼、喇沙里、王鸿绪。

初三日庚申 早，上御乾清门，听部院各衙门官员面奏政事。

本日起居注官喇沙里、项景襄。

初四日辛酉 早，上御乾清门，听部院各衙门官员面奏政事。

巳时，上诣太皇太后、皇太后宫问安。

本日起居注官傅达礼、陈廷敬。

初五日壬戌 早，上御太和殿视朝。文武升转官员谢恩毕，回宫。

少顷，御乾清门，听部院各衙门官员面奏政事。

本日起居注官徐元文、库勒纳。

初六日癸亥 早，上御乾清门，听部院各衙门官员面奏政事。

本日起居注官喇沙里、孙在丰。

初七日甲子 早，上御乾清门，听部院各衙门官员面奏政事。

本日起居注官傅达礼、张英。

初八日乙丑　早，上御乾清门，听部院各衙门官员面奏政事。

未时，上复［御］乾清门，赐科尔沁国永安固龙长公主所遣问安四品台吉鄂齐儿、巴林部落淑慧固龙长公主下鄂齐儿及进贡敖汉部落一品台吉鄂齐儿等食。

本日起居注官崔蔚林、库勒纳。

初九日丙寅　早，上御乾清门，听部院各衙门官员面奏政事。

本日起居注官喇沙里、项景襄。

初十日丁卯　早，上御乾清门，听部院各衙门官员面奏政事。

本日起居注官傅达礼、陈廷敬。

十一日戊辰　早，上御乾清门，听部院各衙门官员面奏政事。

巳时，上诣太皇太后宫问安。

本日起居注官崔蔚林、库勒纳。

十二日己巳　早，上御乾清门，听部院各衙门官员面奏政事。

本日起居注官喇沙里、孙在丰。

十三日庚午　早，上御乾清门，听部院各衙门官员面奏政事。

少顷，诣巩华城。酉时，回宫。

本日起居注官傅达礼、徐元文、喇沙里。

十四日辛未　早，上御乾清门，听部院各衙门官员面奏政事。

本日起居注官库勒纳、张英。

十五日壬申　早，上御乾清门，听部院各衙门官员面奏政事。

本日起居注官喇沙里、项景襄。

十六日癸酉　早，上御乾清门，听部院各衙门官员面奏政事。

巳时，上诣太皇太后宫问安。

未时，上御乾清门，赐进贡柰曼部落一品台吉鄂齐儿、二品台吉吴勒穆济等食。

本日起居注官陈廷敬、库勒纳。

十七日甲戌　早，上御乾清门，听部院各衙门官员面奏政事。

本日起居注官徐元文、喇沙里。

十八日乙亥　早，上御乾清门，听部院各衙门官员面奏政事。

巳时，上诣太皇太后、皇太后宫问安。

本日起居注官孙在丰、库勒纳。

十九日丙子 早，上御乾清门，听部院各衙门官员面奏政事。

本日起居注官喇沙里、崔蔚林。

二十日丁丑 早，上御乾清门，听部院各衙门官员面奏政事。

巳时，上诣太皇太后宫问安。

本日起居注官库勒纳、张英。

二十一日戊寅 早，上诣巩华城。未时，回宫。

本日起居注官喇沙里、库勒纳、李录予。

二十二日己卯 早，上御乾清门，听部院各衙门官员面奏政事。

本日起居注官喇沙里、项景襄。

二十三日庚辰 早，上由午门出正阳门，进南苑大红门，驻跸西宫。

二十四日辛巳 上驻跸西宫。

二十五日壬午 上驻跸东宫。

二十六日癸未 早，上出南苑大红门，由正阳门进午门，诣太皇太后宫问安。

扈从起居注官傅达礼。

二十七日甲申 早，上御乾清门，听部院各衙门官员面奏政事。

本日起居注官喇沙里、李录予。

二十八日乙酉 早，上御乾清门，听部院各衙门官员面奏政事。

本日起居注官项景襄、库勒纳。

二十九日丙戌 早，上御乾清门，听部院各衙门官员面奏政事。

本日起居注官徐元文、喇沙里。

七　月

初一日丁亥 早，上以孟秋，躬诣太庙致祭。礼毕，回宫。

少顷，御乾清门，听部院各衙门官员面奏政事。

巳时，上诣太皇太后、皇太后宫问安。

本日起居注官孙在丰、库勒纳。

初二日戊子 早，上御乾清门，听部院各衙门官员面奏政事。

卯时，上诣太皇太后宫问安。诣巩华城。

本日起居注官喇沙里、李录予。

初三日己丑 巳时，上回宫。

本日起居注官喇沙里、库勒纳、张英。

初四日庚寅 早，上御乾清门，听部院各衙门官员面奏政事。

未时，上复御乾清门，赐报捷延绥总兵官许占魁子许登隆及进贡吴喇忒部落三品台吉奇他特等、苏尼忒部落四品台吉毕立克等食。

本日起居注官陈廷敬、库勒纳。

初五日辛卯 早，上御乾清门，听部院各衙门官员面奏政事。

辰时，上诣太皇太后宫问安。

本日起居注官喇沙里、项景襄。

初六日壬辰 早，上御乾清门，听部院各衙门官员面奏政事。

巳时，上诣太皇太后宫问安。

未时，上复御乾清门，赐请安柰曼部落王鄂齐儿、贝子吴勒木济、公格勒儿及进贡吴喇忒部落三品台吉顾希，科尔沁国固龙端贞长公主下二等护卫旦达礼，郭尔罗斯部落四品台吉吴尔图那苏图、鄂齐尔等食。

本日起居注官徐元文、库勒纳。

初七日癸巳 早，上御乾清门，听部院各衙门官员面奏政事。

本日起居注官喇沙里、李录予。

初八日甲午 早，上御乾清门，听部院各衙门官员面奏政事。

巳时，上诣太皇太后宫问安。

本日起居注官傅达礼、孙在丰。

初九日乙未 早，上御乾清门，听部院各衙门官员面奏政事。

本日起居注官库勒纳、张英。

初十日丙申 早，上御乾清门，听部院各衙门官员面奏政事。

御试学习满文修撰韩菼、庶吉士顾汧等，汉文庶吉士黄士埙等，共三十一员于太和殿前。

本日起居注官喇沙里、陈廷敬。

十一日丁酉　早，上御乾清门，听部院各衙门官员面奏政事。

巳时，上诣太皇太后宫问安。

本日起居注官傅达礼、项景襄。

十二日戊戌　早，上御乾清门，听部院各衙门官员面奏政事。

少顷，上诣巩华城。

本日起居注官徐元文、库勒纳。

十三日己亥　午时，上回宫。

本日起居注官喇沙里、孙在丰、库勒纳。

十四日庚子　早，上御乾清门，听部院各衙门官员面奏政事。

巳时，上诣太皇太后宫问安。

本日起居注官傅达礼、李录予。

十五日辛丑　早，上御太和殿视朝。文武升转官员谢恩，次进贡厄鲁特部落厄尔克那颜和卓等、喀尔喀部落绰巳打什等行礼毕，回宫。

少顷，御乾清门，听部院各衙官员面奏政事。

未时，上复御乾清门，赐进贡喀尔喀部落二品台吉塞冷等、吴喇忒部落三品台吉纳林达等、乌朱穆秦部落卓忒巴等、阿坝垓部落索诺木等、阿巴哈纳尔部落他而张等、苏尼忒部落查木苏等食。

申时，上诣太皇太后宫问安。

本日起居注官喇沙里、张英。

十六日壬寅　早，上御乾清门，听部院各衙门官员面奏政事。

本日起居注官陈廷敬、库勒纳。

十七日癸卯　早，上御乾清门，听部院各衙门官员面奏政事。

本日起居注官傅达礼、韩菼。

十八日甲辰　早，上御乾清门，听部院各衙门官员面奏政事。

本日起居注官喇沙里、王鸿绪。

十九日乙巳　早，上御乾清门，听部院各衙门官员面奏政事。

巳时，上诣太皇太后宫问安。

未时，上复御乾清门，赐进贡那尔布都统下四品台吉卓尔等、苏尼特部落查木苏等、科尔沁国永安固龙长公主下敦布等食。

本日起居注官项景襄、库勒纳。

二十日丙午　早，上御乾清门，听部院各衙门官员面奏政事。

本日起居注官傅达礼、徐元文。

二十一日丁未　早，上御乾清门，听部院各衙门官员面奏政事。

巳时，上诣太皇太后宫问安。

本日起居注官喇沙里、孙在丰。

二十二日戊申　早，上御乾清门，听部院各衙门官员面奏政事。

本日起居注官库勒纳、李录予。

二十三日己酉　早，上御乾清门，听部院各衙门官员面奏政事。

未时，上复御乾清门，赐进贡阿霸垓部落四品台吉噶木克太等、喀尔喀部落四品台吉杜斯哈而等食。

申时，上诣太皇太后宫问安。

本日起居注官傅达礼、张英。

二十四日庚戌　早，上御乾清门，听部院各衙门官员面奏政事。

巳时，上诣太皇太后宫问安。

本日起居注官喇沙里、项景襄。

二十五日辛亥　早，上御乾清门，听部院各衙门官员面奏政事。

少顷，上诣巩华城。酉时，回宫。

本日起居注官喇沙里、库勒纳、李录予。

二十六日壬子　早，上御乾清门，听部院各衙门官员面奏政事。

巳时，上诣太皇太后宫问安。

本日起居注官傅达礼、张英。

二十七日癸丑　早，上御乾清门，听部院各衙门官员面奏政事。

午时，上诣太皇太后宫问安。

本日起居注官徐元文、喇沙里。

二十八日甲寅　早，上御乾清门，听部院各衙门官员面奏政事。

本日起居注官库勒纳、李录予。

二十九日乙卯　早，上御乾清门，听部院各衙门官员面奏政事。

巳时，上诣太皇太后、皇太后宫问安。酉时，上复诣太皇太后宫问安。

本日起居注官傅达礼、陈廷敬。

八　月

初一日丙辰　早，上御乾清门，听部院各衙门官员面奏政事。

午时，上诣太皇太后宫问安。

本日起居注官喇沙里、项景襄。

初二日丁巳　早，上御中和殿，视祭社稷坛祝版毕，回宫。

少顷，御乾清门，听部院各衙门官员面奏政事。次召统兵镇守山东副都统额黑纳谕曰："今当收获未完之时，尔等宜严禁官兵，勿令践踏田禾，骚扰百姓。"

巳时，上诣太皇太后宫问安。

本日起居注官陈廷敬、库勒纳。

初三日戊午　早，上躬诣社稷坛，祭毕，回宫。

少顷，御乾清门，听部院各衙门官员面奏政事。

巳时，上诣太皇太后宫问安。

未时，上复御乾清门，赐请安科尔沁和硕额驸沙济食。

申时，上诣太皇太后宫问安。

本日起居注官傅达礼、徐元文、喇沙里。

初四日己未　早，上御乾清门，听部院各衙门官员面奏政事。

本日起居注官喇沙里、李录予。

初五日庚申　早，上御中和殿，视祭夕月坛祝版毕，回宫。

少顷，御乾清门，听部院各衙门官员面奏政事。

巳时，上诣太皇太后宫问安。

本日起居注官库勒纳、张英。

初六日辛酉　早，上御乾清门，听部院各衙门官员面奏政事。

辰时，上诣巩华城。

本日起居注官傅达礼、孙在丰、库勒纳。

初七日壬戌　巳时，上还宫。未时，御乾清门，赐请安科尔沁国和硕土谢图亲王阿喇善、多罗扎萨克图郡王鄂齐儿、护国公都思哈儿、雍穆固龙长公主下长史牙思哈、一品台吉那尔布等，巴林淑慧固龙长公主下长史奚服，乌朱穆秦部落一品台吉喀喇等，阿霸垓部落四品台吉毕差等，乌拉特部落四品台吉七齐克等，苏尼忒部落查思希等，扎鲁特部落多罗达尔汉贝勒巴达里，都尔白特部落二品台吉楮尔汉等，进贡科尔沁国四品台吉喇塞等，都尔白特部落巴查儿等，扎赖忒部落乌勒木齐等食。

酉时，上诣太皇太后宫问安。

本日起居注官喇沙里、项景襄、库勒纳。

初八日癸亥　上幸南苑，各部院衙门章奏俱命送内阁。

辰时，上诣太皇太后，皇太后宫问安毕，随由午门出正阳门，进南苑大红门，驻跸西宫。

初九日甲子　上驻跸东宫。

初十日乙丑　上驻跸东宫。

十一日丙寅　上驻跸东宫。

十二日丁卯　上驻跸西宫。

十三日戊辰　早，上出南苑西红门，过延禧郡王墓，遣内大臣赖塔库、二等侍卫巴山致奠。

自阜城门，由西长安门进午门，诣太皇太后、皇太后宫问安毕。酉时，回宫。

扈从起居注官傅达礼、喇沙里。

十四日己巳　早，上御乾清门，听部院各衙门官员面奏政事。次召出征镇安将军、都统噶尔汉谕曰："尔所率蒙古兵丁马匹，虽不甚肥健，今野多青草，师行必不致误。闻前往蒙古兵卒，沿途颇行扰掠，此行尔其加意严禁，毋得侵夺民物。凡行军驻营，俱令与满洲兵马相近，勿得远离。"噶尔汉奏言："臣敬奉上命，当严行禁戢。"

辰时，上诣太皇太后宫问安。

本日起居注官陈廷敬、库勒纳。

十五日庚午　早，上御太和殿视朝。文武升转官员谢恩，次朝鲜陪臣昌城君李佖、副使左参赞李之翼等行礼毕，回宫。

少顷，御乾清门，听部院各衙门官员面奏政事。

本日起居注官徐元文、喇沙里。

十六日辛未　早，上御乾清门，听部院各衙门官员面奏政事。

未时，上御保和殿，赐进贡阿鲁科尔沁国多罗郡王朱尔扎哈、二品台吉绰异等，喀喇沁部落多罗都棱郡王扎世、二品塔布囊阿喇那等，苏尼忒部落四品台吉塔儿齐等、扎萨克三品台吉绰博对等，四子部落三品台吉奇塔特等，乌朱穆秦部落四品台吉拉插布等，翁牛忒部落精奇尼哈番沙克都尔，阿巴哈那尔部落四品台吉萨喇尔等食。

本日起居注官傅达礼、李录予。

十七日壬申　上因送太皇太后幸汤山温泉，各部院衙门章奏俱命送内阁。

是日卯时，上诣太皇太后宫候太皇太后登辇，上随辇行。出东华门，设卤簿，王、贝勒以下文武各官跪送。

出安定门，至进膳处，上扶掖太皇太后降辇，入行宫后，上诣进膳处。进膳毕，复诣太皇太后行宫，下马，趋至近前侍立。候太皇太后登辇，上扶辇行数武，然后乘马随行。至汤山温泉宫，上步送至宫门，扶掖下辇。入宫后，上始回宫。在路凡遇泥泞处，上必下马看视，俟辇行过，然后上马。

十八日癸酉　上问太皇太后安，驻跸原所。是日，遣内大臣公坡尔盆、内大臣宗室额奇，往故明皇帝各陵前致奠。

十九日甲戌　上问太皇太后安毕。酉时，回宫。

扈从起居注官傅达礼。

二十日乙亥　早，上御乾清门，听部院各衙门官员面奏政事。

巳时，上诣皇太后宫问安。

本日起居注官喇沙里、陈廷敬。

二十一日丙子　早，上御乾清门，听部院各衙门官员面奏政事。

本日起居注官徐元文、库勒纳。

二十二日丁丑　早，上御乾清门，听部院各衙门官员面奏政事。

巳时，上诣皇太后宫问安。

本日起居注官傅达礼、喇沙里。

二十三日戊寅　早，上御乾清门，听部院各衙门官员面奏政事。

本日起居注官喇沙里、张英。

二十四日己卯　早，上诣汤山温泉，问太皇太后安。酉时，回宫。

本日起居注官喇沙里、库勒纳、孙在丰。

二十五日庚辰　早，上御太和殿视朝。文武升转官员谢恩，次进贡喀尔喀部落马纳海赛音下那尔布鄂齐儿等行礼毕，回宫。

少顷，御乾清门，听部院各衙门官员面奏政事。

辰时，上诣皇太后宫问安。

未时，上复御保和殿，赐请安喀喇沁部落护国公吴特巴拉及进贡阿霸垓部落二品台吉喇巴西希等、苏尼忒部落一品台吉毛等、四子部落四品台吉索倪对等、喀喇沁部落三品塔布囊多尔济等、吴喇忒部落三品台吉绰尔济等、克什克屯部落四品台吉阿尔塔等食。

本日起居注官傅达礼、项景襄。

二十六日辛巳　早，上御乾清门，听部院各衙门官员面奏政事。

巳时，上诣皇太后宫问安。

未时，上幸景山，御前殿，赐进贡阿鲁科尔沁国多罗郡王朱尔札哈、阿霸垓部落四品台吉色冷等、乌朱穆秦部落四品台吉朱尔札喀等、喀喇沁部落一品塔布囊沙达等、吴喇忒部落四品台吉特布西黑等、苏尼忒部落四品台吉多尔济等食。

本日起居注官陈廷敬、库勒纳。

二十七日壬午　早，上御乾清门，听部院各衙门官员面奏政事。

未时，上幸景山，御前殿，赐进贡吴喇忒部落三品台吉巴崩等、土默特部落三品塔布囊奇里的等、阿霸垓部落四品台吉鄂齐儿等、苏尼忒部落四品台吉札尔布等、阿霸哈纳尔部落四品台吉他尔巴等、四子部落四品台吉塔尔札等食。

本日起居注官喇沙里、李录予。

二十八日癸未　早，上诣汤山温泉，问太皇太后安。酉时，回宫。

本日起居注官库勒纳、张英。

二十九日甲申 早，上御乾清门，听部院各衙门官员面奏政事。

辰时，上御保和殿，举行经筵大典。讲官常鼐、徐元文进讲《四书》天命之谓性一节，王熙、折库纳进讲《书经》惟天聪明一节。

巳时，上诣皇太后宫问安。

本日起居注官傅达礼、徐元文。

三十日乙酉 早，上御乾清门，听部院各衙门官员面奏政事。

未时，上幸景山，御前殿，赐进贡苏尼忒部落四品台吉噶尔玛等、四子部落三品台吉格塞儿等、翁牛忒部落二品台吉塞棱、蒿齐特部落四品台吉丹进等食。

本日起居注官喇沙里、叶方蔼。

九 月

初一日丙戌 早，上御乾清门，听部院各衙门官员面奏政事。

本日起居注官孙在丰、库勒纳。

初二日丁亥 早，上御乾清门，听部院各衙门官员面奏政事。

未时，上御景山内前殿，赐进贡苏尼忒部落四品台吉多尔济等、喀喇沁部落三品塔布囊班第等、蒿齐特部落四品达尔汉赛因代等、札鲁忒部落多罗达尔汉贝勒巴达里等、四子部落二品台吉阿毕达等、乌喇忒部落四品台吉额尔黑兔等、翁牛忒部落四品台吉曼都等食。

本日起居注官傅达礼、韩菼。

初三日戊子 早，上诣巩华城。午时，诣汤山温泉太皇太后行宫问安毕，驻跸昌平州西南。是日，昌平道沈志礼等、昌平州城守拜他喇布勒哈番品级博罗等、参将林进等来朝。

初四日己丑 驻跸行在。是日，上幸故明诸陵。至长陵，上率诸大臣、侍卫等致奠。分遣内大臣、伯心裕于景陵，太子少保、内大臣赖图库于宪陵，议政内大臣、公噶布喇于永陵，太子少师、内大臣多罗额驸耿昭忠于庆陵，内大臣、辅国将军额奇于德陵，散秩大臣巴达马于裕陵，议政内大臣、太子少师、公扑尔喷于茂陵，内大臣、伯司格于泰陵，内大臣、公福善于康陵，散秩大臣、觉罗西特库于昭陵，散秩大臣奇他忒于思陵致奠。

初五日庚寅　午时，上诣太皇太后行宫问安。

从东直门进神武门，回宫。

扈从起居注官傅达礼。

初六日辛卯　早，上御乾清门，听部院各衙门官员面奏政事。

巳时，上诣皇太后宫问安。

本日起居注官库勒纳、张英。

初七日壬辰　早，上御乾清门，听部院各衙门官员面奏政事。

未时，上御景山内前殿，赐进贡翁牛忒部落三品台吉班第等、吴喇忒部落三品台吉巴达里等、苏尼忒部落二品台吉阿俞西等、土默特部落四品台吉沙里等、阿霸垓部落四品台吉吴儿占等、喀喇沁部落四品塔布囊布达等、总管索伦部落副都统品级扎木苏达尔汉等食。

本日起居注官徐元文、喇沙里。

初八日癸巳　早，上出安定门，至汤山温泉迎太皇太后，诣太皇太后行宫问安。

驻跸怀柔县南。是日，怀柔县知县徐衮字、怀柔县城守守备王声远等来朝。

初九日甲午　上观北山边地，驻跸牛栏山南。是日，直隶石塘路都司佥书徐逢春等、顺义县知县韩淑文等来朝。

初十日乙未　驻跸汤山北。

是日，上诣太皇太后行宫问安，回行宫。

十一日丙申　早，上诣太皇太后行宫问安。

辰时，大设卤簿，太皇太后自温泉行宫启行，至太平庄南进膳处，上扶掖太皇太后降辇，入行宫后，上诣进膳处。进膳毕，复诣太皇太后行宫，下马趋至近前侍立，候太皇太后登辇，上扶辇行数武，然后乘马随行。至安定门，进东华门，送至宫，扶掖降辇，入宫后，上回宫。

是日，上见太平庄南路傍有修平民间坟墓者，遂谕大学士索额图曰：

"顷见修治道路，太平庄南路傍民间坟墓有修平者，殊为不合！着该部察议具奏。"

扈从起居注官傅达礼。

十二日丁酉 早，上御乾清门，听部院各衙门官员面奏政事。

巳时，上诣太皇太后、皇太后宫问安。

未时，上御景山内前殿，赐进贡苏尼忒部落多罗都棱郡王阿俞西、土默特部落多罗达尔汉贝勒厄尔德木土、蒿齐特部落二品台吉齐纳克等、四子部落四品台吉单进等、科尔沁国二品台吉色冷等、翁牛忒部落三品台吉云春等、阿霸垓部落四品台吉达尔玛等、克什克屯部落一品台吉感都什西布等、喀尔喀部落二品台吉南冲等、乌拉特部落三品台吉杨乌尔等、喀尔喀部落墨尔根那兖马海等食。

本日起居注官喇沙里、王鸿绪。

十三日戊戌 早，上御乾清门，听部院各衙门官员面奏政事。

本日起居注官陈廷敬、库勒纳。

十四日己亥 早，上御乾清门，听部院各衙门官员面奏政事。

未时，上御景山内前殿，赐请安科尔沁国和硕图谢土亲王阿拉善、多罗贝勒沙津额驸，扎萨克图部落多罗郡王鄂齐儿、护国公都斯哈儿，阿鲁科尔沁国多罗郡王朱尔扎噶等食。

本日起居注官傅达礼、项景襄。

十五日庚子 早，上御太和殿视朝。文武升转官员谢恩毕，回宫。

少顷，御乾清门，听部院各衙门官员面奏政事。

巳时，上诣太皇太后宫问安。

本日起居注官喇沙里、张英。

十六日辛丑 早，上御乾清门，听部院各衙门官员面奏政事。

本日起居注官徐元文、库勒纳。

十七日壬寅 早，上御乾清门，听部院各衙门官员面奏政事。

本日起居注官傅达礼、叶方蔼。

十八日癸卯 早，上御乾清门，听部院各衙门官员面奏政事。

未时，上御景山内前殿，赐进贡科尔沁国和硕达尔汉亲王班第额驸、敖汉部落多罗郡王山盆尔、喀尔喀部落二品台吉西达大等、四子部落四品台吉古穆等、阿霸垓部落四品台吉浑津等、翁牛忒部落三品台吉博尔和达等、阿鲁科尔沁国四品台吉巴塔玛桑等、喀喇沁部落四品塔布囊巴达里等、苏尼忒部落四品台吉敦达巴等食。

本日起居注官喇沙里、王鸿绪。

十九日甲辰　早，上御乾清门，听部院各衙门官员面奏政事。

本日起居注官库勒纳、韩菼。

二十日乙巳　早，上御乾清门，听部院各衙门官员面奏政事。

辰时，上御弘德殿，讲官喇沙里、张英进讲：孟子曰离娄之明至遵先王之法而过者未之有也。

本日起居注官傅达礼、王鸿绪。

二十一日丙午　早，上御乾清门，听部院各衙门官员面奏政事。

辰时，上御弘德殿，讲官喇沙里、张英进讲：圣人既竭目力焉至可谓知乎。

未时，上御景山内前殿，赐进贡阿霸垓部落国舅滚楚克等、四品台吉鄂齐儿等、巴林部落三品台吉扎那希的等、苏尼忒部落四品台吉药苏噶儿等、乌拉特部落四品台吉毛奇赉等、乌朱穆秦部落三品台吉达尔玛等、阿巴哈纳尔部落四品台吉固鲁等食。

本日起居注官喇沙里、陈廷敬。

二十二日丁未　早，上御乾清门，听部院各衙门官员面奏政事。

辰时，上御弘德殿，讲官喇沙里、张英进讲：是以惟仁者宜在高位至丧无日矣。

午时，上诣太皇太后、皇太后宫问安。

本日起居注官项景襄、库勒纳。

二十三日戊申　早，上御乾清门，听部院各衙门官员面奏政事。

卯时，上诣巩华城。酉时，回宫。

初，察哈尔王布尔尼反叛，命抚远大将军多罗信郡王及副将军都统图海等讨灭，其余党散附各部落者颇多。于是特遣理藩院侍郎博罗特等，于义州、锦州等处安插。谕曰："今时届严冬，其逃散人丁户口，加意移来安插，务令得所，以副朕柔远至意。”博罗特等奏曰：“臣等奉命前往，敢不尽心安插，仰副圣恩。”

本日起居注官傅达礼、张英。

二十四日己酉　早，上御乾清门，听部院各衙门官员面奏政事。

本日起居注官喇沙里、叶方蔼。

二十五日庚戌　早，上御乾清门，听部院各衙门官员面奏政事。

本日起居注官库勒纳、韩菼。

二十六日辛亥　早，上御乾清门，听部院各衙门官员面奏政事。

辰时，上御弘德殿，讲官喇沙里、孙在丰、张英进讲：诗曰天之方蹶至吾君不能谓之贼。

巳时，上诣太皇太后宫问安。

未时，上御景山内前殿，赐进贡翁牛忒部落无品级台吉鄂齐儿等、科尔沁国二品台吉诺木等、乌朱穆秦部落一等护卫达尔汉叟色、巴林部落四品台吉迈达礼等、吴喇忒部落四品台吉噶巴喇等、喀尔喀部落图谢土汉来使墨尔根巴图儿等食。

本日起居注官傅达礼、王鸿绪。

二十七日壬子　因高皇后忌辰，上未御门听政。

本日起居注官喇沙里、陈廷敬。

二十八日癸丑　早，上御乾清门，听部院各衙门官员面奏政事。

本日起居注官项景襄、库勒纳。

二十九日甲寅　早，上御乾清门，听部院各衙门官员面奏政事。

本日起居注官傅达礼、韩菼。

十　月

初一日乙卯　早，上御乾清门，听部院各衙门官员面奏政事。

酉时，上诣太皇太后宫问安。

本日起居注官喇沙里、叶方蔼。

初二日丙辰　早，上御乾清门，听部院各衙门官员面奏政事。

未时，上御景山内前殿，赐进贡翁牛忒部落达尔汉贝勒叟色、二品台吉额林臣等，乌拉忒部落镇国公查木查、辅国公褚冲魁、三品台吉杜棱等，科尔沁国三品台吉噶巴喇等，克什克屯部落四品台吉胡札克等，阿霸垓部落四品台吉巴蚌等食。

本日起居注官库勒纳、张英。

初三日丁巳　早，上率诸王、贝勒以下内大臣、大学士、都统、尚书、精奇尼哈番、侍卫等庆贺皇太后圣诞。礼毕，回宫。

少顷，御乾清门，听部院各衙门官员面奏政事。

辰时，上诣太皇太后宫问安。申时，上复诣太皇太后宫问安。

本日起居注官傅达礼、王鸿绪。

初四日戊午　早，上御乾清门，听部院各衙门官员面奏政事。

未时，上御景山内前殿，赐进贡科尔沁国卓礼克土亲王鄂齐儿、一品台吉本博齐等，克什克屯部落四品台吉干的等，翁牛忒部落三品台吉纳哈达等，苏尼忒部落四品台吉对齐等食。

本日起居注官徐元文、喇沙里。

初五日己未　早，上诣巩华城。酉时，回宫。

本日起居注官傅达礼、项景襄。

初六日庚申　早，上御乾清门，听部院各衙门官员面奏政事。

本日起居注官库勒纳、张英。

初七日辛酉　早，上御乾清门，听部院各衙门官员面奏政事。

辰时，上御弘德殿，讲官喇沙里、孙在丰、张英进讲：孟子曰规矩方员之至也一章。

巳时，上诣太皇太后宫问安。

未时，上御景山内前殿，赐进贡科尔沁国多罗郡王布达礼、三品台吉厄林臣等，克什克屯部落四品台吉巴雅尔等，苏尼忒部落四品台吉巴雅斯虎郎等，翁牛忒部落四品台吉满纣等食。

本日起居注官喇沙里、库勒纳、李录予。

初八日壬戌　早，上御乾清门，听部院各衙门官员面奏政事。

辰时，上御弘德殿，讲官喇沙里、孙在丰、张英进讲：孟子曰三代之得天下也以仁一章、孟子曰爱人不亲反其仁一章。

本日起居注官傅达礼、陈廷敬。

初九日癸亥 早，上御乾清门，听部院各衙门官员面奏政事。

辰时，上御弘德殿，讲官喇沙里、孙在丰、张英进讲：孟子曰人有恒言一章、孟子曰为政不难一章、孟子曰天下有道一章、孟子曰不仁者可与言哉一章。

本日起居注官库勒纳、叶方蔼。

初十日甲子 早，上御乾清门，听部院各衙门官员面奏政事。

巳时，上诣太皇太后、皇太后宫问安。

未时，上御景山内前殿，赐进贡科尔沁国卓礼克土亲王鄂齐儿、一品台吉班第等，敖汉部落郡王删盆儿，翁牛忒部落多罗贝勒叟色、都统满朱西里等，克什克屯部落四品台吉鲁布臧等，札鲁特部落二品台吉特精等，苏尼忒部落四品台吉阿喇那等食。

本日起居注官傅达礼、韩菼。

十一日乙丑 早，上御乾清门，听部院各衙门官员面奏政事。

辰时，上御弘德殿，讲官喇沙里、孙在丰、张英进讲：孟子曰桀纣之失天下也一章、孟子曰自暴者不可与有言也一章。

本日起居注官库勒纳、王鸿绪。

十二日丙寅 卯时，上诣太皇太后宫问安。

遂诣凤台。出东华门，陈设卤簿，王等以下文武各官跪送。出朝阳门，驻跸三河县河东。

是日，三河县知县任塾等、驻防三河县协领纳棱额等来朝。

遣内大臣塔达，宗室额奇，内大臣伯心裕，散秩大臣寿希特、巴特马等于和硕襄亲王墓致奠。又遣头等侍卫飞耀色等于内大臣国舅佟国纲之父太子太保、都统、三等精奇尼哈番加一级图赖墓致奠。赐内大臣、侍卫等猪鹅等物。

十三日丁卯 上驻跸蓟州东。是日，蓟州知州畲时进等、署蓟州营都司事守备尤三省等来朝。

赐随驾大学士、尚书、侍郎、学士及部院各衙门等官猪、鹅等物。

十四日戊辰 驻跸孝陵红门东。是日，上率内大臣、侍卫等及随驾大学士、尚书以下部院各衙门三品官员以上，诣孝陵明楼前行礼致奠毕，举哀。

十五日己巳 驻跸温泉。是日，遵化县知县郑乔升、遵化县城守营游击赵国宾等来朝。

上率内大臣、侍卫等及随驾大学士、尚书以下，部院各衙门三品官员以上，诣孝陵隆恩殿前致祭。以上所用貂裘、皂靴、马一匹赐居住孝陵乳母之夫满都里。赐头等侍卫贾布嘉鄂罗银鼠褂、皂靴。

十六日庚午 驻跸行在。

十七日辛未 驻跸黄花山前孙家庄后。

是日，上率内大臣、侍卫等诣孝陵致奠，举哀。

十八日壬申 驻跸蓟州东。

十九日癸酉 驻跸三河县河东。

二十日甲戌 驻跸通州河东。是日，坐粮厅户部郎中赛必汉等，三屯营副将、代管通州副将事蓝司等来朝。

二十一日乙亥 大设卤簿。上由朝阳门进东华门，在京王等以下文武各官跪迎。申时回宫。

酉时，上诣太皇太后、皇太后宫问安。

扈从起居注官傅达礼、库勒纳。

二十二日丙子 早，上御乾清门，听部院各衙门官员面奏政事。

本日起居注官喇沙里、张英。

二十三日丁丑 早，上御乾清门，听部院各衙门官员面奏政事。

巳时，上诣太皇太后宫问安。

本日起居注官库勒纳、李录予。

二十四日戊寅 早，上御乾清门，听部院各衙门官员面奏政事。

未时，上御景山内前殿，赐进贡巴林部落固山贝子乌尔占、三品台吉鄂齐儿等，吴喇忒部落三品台吉阿里马等，克什克屯部落三品台吉布达喇等，阿霸垓部落四品台吉巴牙思虎儿等，科尔沁国四品台吉哈喇奇塔特等，翁牛忒部落三品台吉宁布等，阿鲁科尔沁国四品台吉拉实希布等，土默特部落一品塔布囊布牙兔等食。

本日起居注官傅达礼、陈廷敬。

二十五日己卯 早，上御乾清门，听部院各衙门官员面奏政事。

本日起居注官库勒纳、韩菼。

二十六日庚辰 早，上御乾清门，听部院各衙门官员面奏政事。

辰时，上御弘德殿，讲官傅达礼、孙在丰、张英进讲：孟子曰道在迩而求诸远一章、孟子曰居下位一章、孟子曰伯夷避纣一章、孟子曰求也为季氏宰一章、孟子曰存乎人者一章。

本日起居注官傅达礼、王鸿绪。

二十七日辛巳 早，上御乾清门，听部院各衙门官员面奏政事。

本日起居注官徐元文、库勒纳。

二十八日壬午 早，上御乾清门，听部院各衙门官员面奏政事。

辰时，上御弘德殿，讲官傅达礼、孙在丰、张英进讲：淳于髡曰男女授受不亲一章、公孙丑曰君子之不教子一章、孟子曰事孰为大一章。

巳时，上诣太皇太后宫问安。

本日起居注官傅达礼、项景襄。

二十九日癸未 早，上御乾清门，听部院各衙门官员面奏政事。

未时，上御景山内前殿，赐进贡科尔沁国多罗贝勒鄂齐儿、多罗额驸厄而德尼，鄂尔多斯部落贝子达儿扎、都统班第等，克什克屯部落一品台吉阿玉希，乌朱穆秦部落四品台吉鄂齐儿，吴喇忒部落四品台吉厄布格寨等食。

本日起居注官库勒纳、张英。

三十日甲申 早，上御乾清门，听部院各衙门官员面奏政事。

本日起居注官傅达礼、李录予。

十一月

初一日乙酉 早，上御乾清门，听部院各衙门官员面奏政事。

辰时，上御弘德殿，讲官傅达礼、孙在丰、张英进讲：孟子曰人不足与适也一章。讲毕，学士傅达礼请旨。旧例，冬至以后辍讲。上谕天气犹未甚寒，仍令进讲。

本日起居注官孙在丰，库勒纳。

初二日丙戌　上以有事南郊，斋戒不理政事。

巳时，上诣太皇太后宫问安。

本日起居注官傅达礼、陈廷敬。

初三日丁亥　斋戒不理政事。

本日起居注官库勒纳、叶方蔼。

初四日戊子　上御太和殿，视冬至郊天祝版毕，回宫。

本日起居注官傅达礼、韩菼。

初五日己丑　早，上以冬至躬祀天坛，行礼毕。巳时，回宫。

本日起居注官库勒纳、李录予、王鸿绪。

初六日庚寅　早，上御乾清门，听部院各衙门官员面奏政事。

少顷，上诣巩华城。

本日起居注官傅达礼、张英。

初七日辛卯　申时，上回宫。

本日起居注官傅达礼、项景襄、库勒纳。

初八日壬辰　早，上御乾清门，听部院各衙门官员面奏政事。

巳时，上诣太皇太后宫问安。

未时，上御景山内前殿，赐进贡巴林部落多罗郡王鄂齐儿、科尔沁国多罗贝勒俄齐儿、札鲁特部落四品台吉阿济吉等、吴喇特部落四品台吉库奴克等、札赖忒部落四品台吉苏柱克图等、克什克屯部落四品台吉阿玉席等、喀尔喀部落一品台吉吴都等、苏尼忒部落四品台吉托博等食。

本日起居注官库勒纳、张英。

初九日癸巳　早，上御乾清门，听部院各衙门官员面奏政事。

本日起居注官库勒纳、王鸿绪。

初十日甲午　早，上御乾清门，听部院各衙门官员面奏政事。

未时，上诣太皇太后、皇太后宫问安。

本日起居注官库勒纳、韩菼。

十一日乙未　早，上御乾清门，听部院各衙门官员面奏政事。

本日起居注官喇沙里、陈廷敬。

十二日丙申　早，上御乾清门，听部院各衙门官员面奏政事。

本日起居注官库勒纳、叶方蔼。

十三日丁酉　早，上御乾清门，听部院各衙门官员面奏政事。

是日，侍读学士喇沙里奉旨："今岁冬至前，虽未得多讲，但旧例冬至以后辍讲，今照例暂停。明年，若俟择日举行经筵后进讲，恐致迟久，着于正月二十日后，即行进讲。"

未时，上御保和殿，赐巴林部落多罗郡王鄂齐儿、科尔沁国多罗贝勒俄齐儿及达赖喇玛遣使进表喇玛司喇兰占巴、阿望敦鲁巴囊苏并达赖汗下护卫阿儿达儿食。

本日起居注官喇沙里、孙在丰。

十四日戊戌　早，上御乾清门，听部院各衙门官员面奏政事。

本日起居注官库勒纳、王鸿绪。

十五日己亥　早，上御太和殿视朝。文武升转官员谢恩，次进贡喀尔喀部落墨尔根博齐等、厄鲁特部落马木特等谢恩毕，回宫。

少顷，御乾清门，听部院各衙门官员面奏政事。

本日起居注官徐元文、喇沙里。

十六日庚子　早，上御乾清门，听部院各衙门官员面奏政事。

巳时，上诣太皇太后宫问安。

未时，上御景山内前殿，赐进贡苏尼忒部落四品台吉萨杨、吴喇特部落四品台吉折尔德、札鲁特部落四品台吉马尔札、阿鲁科尔沁国三品台吉巴特马西、巴林部落四品台吉阿木呼郎、科尔沁国永安固龙长公主来使那尔孙等食。

本日起居注官项景襄、库勒纳。

十七日辛丑　早，上御乾清门，听部院各衙门官员面奏政事。谕刑部尚书艾元征、侍郎郭丕曰："罪人久系，朕心不忍，今时值严冬，应速行审结。"元征等奏曰："臣等遵谕，当即审理速结，以副皇上矜恤之意。"

本日起居注官喇沙里、张英。

十八日壬寅　早，上御乾清门，听部院各衙门官员面奏政事。

本日起居注官库勒纳、李录予。

十九日癸卯　早，上御乾清门，听部院各衙门官员面奏政事。

本日起居注官喇沙里、孙在丰。

二十日甲辰　早，上御乾清门，听部院各衙门官员面奏政事。

未时，上御景山内前殿，赐进贡科尔沁国多罗贝勒鄂齐尔、多罗额驸厄尔德尼，阿鲁科尔沁国三品台吉阿世古等，苏尼忒部落四品台吉东沙尔等食。

本日起居注官陈廷敬、库勒纳。

二十一日乙巳　早，上御乾清门，听部院各衙门官员面奏政事。

本日起居注官喇沙里、叶方蔼。

二十二日丙午　早，上御乾清门，听部院各衙门官员面奏政事。

少顷，上诣巩华城。酉时，回宫。

本日起居注官库勒纳、韩菼。

二十三日丁未　早，上御乾清门，听部院各衙门官员面奏政事。

本日起居注官库勒纳、王鸿绪。

二十四日戊申　早，上御乾清门，听部院各衙门官员面奏政事。

巳时，上诣太皇太后、皇太后宫问安。

未时，上御景山内前殿，赐进贡苏尼忒部落四品台吉推朱克、阿鲁科尔沁国三品台吉都儿马、阿霸垓部落四品台吉僧厄、雍穆固龙长公主下三等护卫扎礼等食。

本日起居注官库勒纳、张英。

二十五日己酉　早，上御乾清门，听部院各衙门官员面奏政事。

本日起居注官喇沙里、项景襄。

二十七日庚戌　早，上御乾清门，听部院各衙门官员面奏政事。

巳时，上诣太皇太后宫问安。

本日起居注官徐元文、库勒纳。

二十七日辛亥　辰时，上诣太皇太后宫问安毕，大设卤簿，由午门出正阳门，进南苑大红门，驻跸东宫。

二十八日壬子　上驻跸东宫。

是日，随驾内大臣以下，各执事人以上，俱集周四住庄前，赐食。

二十九日癸丑　驻跸西宫。

十二月

初一日甲寅　早，上出南苑大红门，大设卤簿，由正阳门进午门，上诣太皇太后宫问安。巳时，回宫。

扈从起居注官喇沙里。

初二日乙卯　早，上御乾清门，听部院各衙门官员面奏政事。

巳时，上诣太皇太后宫问安。

本日起居注官库勒纳、韩菼。

初三日丙辰　早，上诣巩华城。酉时，回宫。

本日起居注官喇沙里、库勒纳、王鸿绪。

初四日丁巳　早，上御乾清门，听部院各衙门官员面奏政事。

巳时，上诣太皇太后、皇太后宫问安。

本日起居注官喇沙里、李录予。

初五日戊午　早，上御太和殿视朝。文武升转官员谢恩，次进贡喀尔喀部落护卫代亲等、达赖喇玛下看布库、图克图、山即特巴等，厄鲁特部落护卫和硕齐等行礼毕，回宫。

少顷，御乾清门，听部院各衙门官员面奏政事。

本日起居注官项景襄、库勒纳。

初六日己未　早，上御乾清门，听部院各衙门官员面奏政事。

未时，上复御乾清门，赐进贡克什克屯部落三品台吉巴扎尔等，土默特部落三品塔布囊阿木胡郎等，翁牛忒部落四品台吉格纳斯黑等，喀喇沁部落三品塔布囊布勒等、精奇尼哈番班第，阿鲁科尔沁国都统那木等食。

本日起居注官喇沙里、张英。

初七日庚申　卯时，上诣太皇太后宫，候太皇太后登辇，上随行，由午门出正阳门，进南苑大红门，至净室，上步送至宫门，扶掖下辇入宫。上驻跸西宫。

初八日辛酉 上驻跸西宫。

初九日壬戌 上驻跸西宫。

初十日癸亥 寅时，上诣太皇太后宫问安。

太皇太后登辇，上扶辇行数武，然后乘马随行，出南苑大红门，由正阳门进午门，送至宫，扶掖降辇入宫后，上回宫。

扈从起居注官喇沙里。

十一日甲子 早，上御太和殿，视祀天祝版。御中和殿，视祭地、太庙、社稷、奉先殿、仁孝皇后祝版毕，回宫。

少顷，御乾清门，听部院各衙门官员面奏政事。

未时，上御景山内前殿，赐进贡苏尼忒部落多罗郡王萨木札额驸、二品台吉多尔即西希布等，阿鲁科尔沁国三品台吉绰西希布等，阿霸垓部落四品台吉达济等食。

本日起居注官陈廷敬、库勒纳。

十二日乙丑 早，上御乾清门，听部院各衙门官员面奏政事。

巳时，上诣太皇太后、皇太后宫问安。

本日起居注官喇沙里、叶方蔼。

十三日丙寅 早，上御乾清门，听部院各衙门官员面奏政事。

未时，上御太和殿，遣辅国公叶伯舒、都统大学士图海为正使，户部尚书觉罗勒得洪、兵部尚书王熙为副使，持节授嫡子胤礽册宝，立为皇太子。以册立皇太子，上率诸王、贝勒、贝子、公、内大臣及都统、大学士、尚书、精奇尼哈番、侍卫等诣太皇太后、皇太后宫行礼毕，回宫。

本日起居注官库勒纳、韩菼。

十四日丁卯 早，上御太和殿视朝。王、贝勒、贝子、公等文武各官上表庆贺，礼毕，回宫。

少顷，御乾清门，听部院各衙门官员面奏政事。

是日，颁诏天下。

本日起居注官喇沙里、王鸿绪。

十五日戊辰 早，上御乾清门，听部院各衙门官员面奏政事。

本日起居注官徐元文、库勒纳。

十六日己巳　早，上御乾清门，听部院各衙门官员面奏政事。

本日起居注官查库、项景襄。

十七日庚午　早，上御乾清门，听部院各衙门官员面奏政事。

少顷，上诣巩华城。酉时，回宫。

本日起居注官喇沙里、张英。

十八日辛未　早，上御乾清门，听部院各衙门官员面奏政事。

未时，上御景山内前殿，赐进贡四子部落多罗达尔汉卓礼克图郡王沙克都儿、四品台吉塔布代，土默特部落一品塔布囊班第，翁牛忒部落四品台吉宋河儿，科尔沁国三品台吉哈沙克，吴喇特部落四品台吉顾禄格等食。

本日起居注官库勒纳、李录予。

十九日壬申　早，上御乾清门，听部院各衙门官员面奏政事。

未时，上御景山内前殿，赐进贡苏尼忒部落多罗郡王萨马札额驸，乌朱穆秦部落多罗厄尔德尼贝勒毛立海，巴林部落固山贝子温春、三品台吉札尔布，科尔沁国雍穆固龙长公主下托克托和，阿霸垓部落四品台吉诺儿尔济布等食。

本日起居注官查库、孙在丰。

二十日癸酉　早，上御乾清门，听部院各衙门官员面奏政事。

本日起居注官喇沙里、陈廷敬。

二十一日甲戌　早，上御乾清门，听部院各衙门官员面奏政事。

巳时，上诣太皇太后宫问安。

未时，上御景山内前殿，赐进贡归化城驻扎札萨克厄木齐喇玛墨尔根绰尔济，喀尔喀部落参领品级达尔麻达尔汉喇玛，请安四子部落达尔汉郡王沙［克］都儿，巴林部落郡王鄂齐儿、贝子温春，苏尼忒部落多罗郡王萨玛札额驸二品台吉多尔济思哈布，乌朱穆秦部落贝勒毛立海等食。

本日起居注官库勒纳、韩菼。

二十二日乙亥　早，上御乾清门，听部院各衙门官员面奏政事。

巳时，上诣太皇太后宫问安。

未时，上复诣太皇太后宫问安。

本日起居注官查库、王鸿绪。

二十三日丙子　早，上御乾清门，听部院各衙门官员面奏政事。

巳时，上诣太皇太后宫问安。

本日起居注官库勒纳、李录予。

二十四日丁丑　早，上御乾清门，听部院各衙门官员面奏政事。

巳时，上诣太皇太后宫问安。

本日起居注官喇沙里、项景襄。

二十五日戊寅　早，上御太和殿视朝。文武升转官员谢恩毕，回宫。

少顷，御乾清门，听部院各衙门官员面奏政事。

午时，上诣太皇太后宫问安。

本日起居注官库勒纳、张英。

二十六日己卯　巳时，上诣太皇太后宫问安。

是日，谕四子部落多罗达尔汉卓礼克图郡王沙克都儿曰："镇守宣府察哈尔兵反叛，尔即欲领兵征剿，遣使来奏，可嘉。故以朕所服貂裘、天马皮褂、皂靴等物赐汝。"谕毕，赐食。

本日起居注官喇沙里、李录予。

二十七日庚辰　本日起居注官孙在丰、库勒纳。

二十八日辛巳　早，上御保和殿，视岁除祭太庙祝版。

本日起居注官喇沙里、陈廷敬。

二十九日壬午　昧爽，以岁除，上躬诣太庙致祭毕，回宫。

少顷，上诣巩华城。酉时，回宫。

本日起居注官喇沙里、库勒纳、叶方蔼。

三十日癸未　巳时，上诣太皇太后宫问安。

本日起居注官库勒纳、韩菼。

康熙十五年　丙辰

正　月

初一日甲申　早，上率诸王、贝勒、贝子、公等，内大臣、大学士、都统、尚书、侍卫等，往堂子行礼毕，回宫。

辰时，率诸王、贝勒、贝子、公等，内大臣、大学士、都统、尚书、精奇尼哈番、侍卫等，诣太皇太后宫行礼，复诣皇太后宫行礼毕，回宫。

申时，上诣太皇太后宫问安。

本日起居注官喇沙里、徐元文。

初二日乙酉　未时，上御景山内前殿，赐进贡阿禄科尔沁国和硕额驸色冷，苏尼忒部落四品台吉噶尔马斯夏布，喀尔喀部落多罗贝勒衮布伊尔登等、护国公萨马的、一品台吉诺尔布托音喇玛，驻扎归化城扎萨克厄尔克鄂木布喇玛等食。

本日起居注官库勒纳、王鸿绪。

初三日丙戌　本日起居注官喇沙里、项景襄。

初四日丁亥　巳时，上诣太皇太后宫问安。申时，上复诣太皇太后宫问安。

本日起居注官库勒纳、张英。

初五日戊子　早，上御保和殿，视孟春享太庙祝版毕，回宫。

酉时，上诣太皇太后宫问安。

本日起居注官喇沙里、李录予。

初六日己丑　早，上诣太庙躬祭毕，回宫。

巳时，上诣太皇太后宫问安。

本日起居注官孙在丰、库勒纳。

初七日庚寅　早，上御太和殿，视祈谷坛祝版毕，回宫。

巳时，上诣太皇太后、皇太后宫问安。

本日起居注官喇沙里、韩菼。

初八日辛卯 早，上诣大享殿，行祈谷礼毕，回宫。

本日起居注官库勒纳、叶方蔼。

初九日壬辰 早，上诣巩华城。酉时，回宫。

本日起居注官陈廷敬、库勒纳。

初十日癸巳 早，上御乾清门，听部院各衙门官员面奏政事。

辰时，上御中和殿，阅加上太皇太后、皇太后徽号奏书，随诣太皇太后、皇太后宫奏毕，回宫。

未时，上诣太皇太后宫问安。

本日起居注官喇沙里、徐元文。

十一日甲午 早，上以册立皇太子礼成，率诸王、贝勒、贝子、公、内大臣、大学士、都统、尚书、精奇尼哈番、侍卫等，恭诣太皇太后、皇太后宫，谨奉册宝，加上徽号礼毕，回宫。

少顷，御乾清门，听部院各衙门官员面奏政事。

本日起居注官库勒纳、王鸿绪。

十二日乙未 早，上御太和殿视朝。诸王、贝勒、贝子、公等文武各官，上表庆贺，礼毕，回宫。是日，颁诏天下。

巳时，上诣太皇太后、皇太后宫问安。

未时，上御景山内前殿，传集宗室亲王以下、年至十五岁宗室以上，命射。射毕，赐宴。

本日起居注官喇沙里、项景襄。

十三日丙申 早，上御乾清门，听部院各衙门官员面奏政事。

未时，上御景山内前殿，赐进贡四子部落四品台吉巴牙斯胡郎等、苏尼忒部落四品台吉噶尔马等、科尔沁国端贞固龙长公主三等护卫毕立克图等食。

本日起居注官库勒纳、张英。

十四日丁酉 早，上御乾清门，听部院各衙门官员面奏政事。

本日起居注官喇沙里、王鸿绪。

十五日戊戌 早，上御太和殿视朝。文武升转官员谢恩，次进贡喀尔喀部落扎萨克兔汗下墨勒根豸桑等、土谢图汗下塞尔济代青和硕齐等、墨勒根那颜下山都克客春等行礼毕，回宫。

少顷，御乾清门，听部院各衙门官员面奏政事。

辰时，上诣太皇太后宫问安。

本日起居注官孙在丰、库勒纳。

十六日己亥 早，上御乾清门，听部院各衙门官员面奏政事。

本日起居注官喇沙里、陈廷敬。

十七日庚子 早，上御乾清门，听部院各衙门官员面奏政事。

巳时，上诣太皇太后宫问安。

本日起居注官徐元文、库勒纳。

十八日辛丑 早，上御乾清门，听部院各衙门官员面奏政事。

辰时，大设卤簿，上诣太皇太后宫问安毕，由午门出正阳门，进南苑大红门，驻跸东宫。

十九日壬寅 上驻跸东宫。

二十日癸卯 上驻跸西宫。是日，随驾内大臣以下各执事人以上，俱集周四庄前，赐食。

二十一日甲辰 上出南苑西红门，驻跸西安祖。是日，拱极城都司佥书龚国柱、千总薛光德来朝。

二十二日乙巳 上进南苑西红门，驻跸东宫。是日，拱极城都司佥书龚国柱、千总薛光德跪送。

二十三日丙午 上出南苑大红门，由正阳门进午门，诣太皇太后宫问安。酉时，回宫。

扈从起居注官喇沙里。

二十四日丁未 早，上御乾清门，听部院各衙门官员面奏政事。

巳时，上诣太皇太后、皇太后宫问安。

本日起居注官项景襄、库勒纳。

二十五日戊申 早，上御太和殿视朝。文武升转加级官员谢恩毕，回宫。

少顷，御乾清门，听部院各衙门官员面奏政事。

未时，上御景山内前殿，赐进贡喀尔喀部落多罗贝勒索诺木公萨马的、二品台吉厄尔格布西等，苏尼忒部落一品台吉毛，四子部落三品台吉耨德等、喇玛迈达理库土克土等食。

本日起居注官喇沙里、张英。

二十六日己酉　早，上御乾清门，听部院各衙门官员面奏政事。

巳时，上诣太皇太后宫问安。未时，上复诣太皇太后宫问安。

本日起居注官库勒纳、李录予。

二十七日庚戌　早，上御乾清门，听部院各衙门官员面奏政事。遂召开列经筵讲官、部院大臣、尚书色塞赫等至御前，上亲试，命各讲书。

本日起居注官喇沙里、孙在丰。

二十八日辛亥　早，上御乾清门，听部院各衙门官员面奏政事。

是日，赐天津总兵官陈奇鞍马一匹。

本日起居注官库勒纳、叶方蔼。

二十九日壬子　早，上御乾清门，听部院各衙门官员面奏政事。

巳时，上诣太皇太后宫问安。

未时，上御景山内前殿，赐进贡翁牛忒部落三品台吉楚阳巴察儿等、苏尼忒部落四品台吉萨尼特等、喀喇沁部落四品塔布囊巴达立等食。

本日起居注官喇沙里、徐元文。

二　月

初一日癸丑　早，上御乾清门，听部院各衙门官员面奏政事。

本日起居注官库勒纳、王鸿绪。

初二日甲寅　早，上御乾清门，听部院各衙门官员面奏政事。

辰时，上诣巩华城。

本日起居注官喇沙里、项景襄、库勒纳。

初三日乙卯　未时，上回宫。

本日起居注官喇沙里、库勒纳、张英。

初四日丙辰 早，上御乾清门，听部院各衙门官员面奏政事。

本日起居注官喇沙里、李录予。

初五日丁巳 早，上御中和殿，视朝日坛祝版。

少顷，御乾清门，听部院各衙门官员面奏政事。

巳时，上诣太皇太后宫问安。

本日起居注官孙在丰、库勒纳。

初六日戊午 早，上诣朝日坛躬祭，行礼毕，回宫。

本日起居注官喇沙里、叶方蔼。

初七日己未 早，上御太和殿，视祭告五岳、五镇、四渎、四海、历代帝王陵寝、孔陵各祭文毕，颁遣各官。

少顷，御乾清门，听部院各衙门官员面奏政事。学士喇沙里、徐元文启奏经筵讲章题目。上谕曰："嗣后经筵讲章称颂之处，不得过为溢辞，但取切要，有裨实学。其谕各讲官知之。"

是日，照常例赐宁夏提督赵良栋鞍马一匹、撒袋弓箭一副，又加赐内库嵌珊瑚松子石盔甲一副、撒袋弓箭一副、貂镶朝衣貂裘各一领、鞍马一匹、银五百两，并撤御馔一筵赐之。

本日起居注官库勒纳、张英。

初八日庚申 早，上率诸王、贝勒以下内大臣、大学士、都统、精奇尼哈番、尚书、侍卫等，庆贺太皇太后圣诞。

礼毕，遂御乾清门，听部院各衙门官员面奏政事。

本日起居注官喇沙里、王鸿绪。

初九日辛酉 早，上御乾清门，听部院各衙门官员面奏政事。

未时，上御景山内前殿，赐进贡敖汉部落多罗郡王扎木苏、和硕额驸齐伦巴图鲁、一品台吉安达阿欲希等，翁牛忒部落三品台吉推希哈布、都统达尔玛等，吴喇忒部落四品台吉多衣等，苏尼忒部落四品台吉噶尔布等，五台山居住住持喇玛温布格龙，巴林部落四品台吉那孙等食。

本日起居注官项景襄、库勒纳。

初十日壬戌 早，上御乾清门，听部院各衙门官员面奏政事。

本日起居注官喇沙里、王鸿绪。

十一日癸亥　上因慈和皇太后忌辰，不理政事。

巳时，上诣太皇太后、皇太后宫问安。

本日起居注官徐元文、库勒纳。

十二日甲子　早，上御乾清门，听部院各衙门官员面奏政事。

未时，上御景山内前殿，赐进贡苏尼忒部落四品台吉噶木奔等食。

本日起居注官孙在丰、库勒纳。

十三日乙丑　早，上御乾清门，听部院各衙门官员面奏政事。

本日起居注官喇沙里、叶方蔼。

十四日丙寅　早，上御乾清门，听部院各衙门官员面奏政事。

巳时，上诣太皇太后宫问安。

本日起居注官徐元文、库勒纳。

十五日丁卯　早，上御中和殿，视社稷坛祝版。

少顷，御乾清门，听部院各衙门官员面奏政事。

本日起居注官喇沙里、李录予。

十六日戊辰　早，上躬诣社稷坛致祭毕，回宫。

本日起居注官库勒纳、张英。

十七日己巳　早，上御乾清门，听部院各衙门官员面奏政事。

本日起居注官喇沙里、李录予。

十八日庚午　早，上御乾清门，听部院各衙门官员面奏政事。

巳时，上诣太皇太后、皇太后宫问安。

本日起居注官孙在丰、库勒纳。

十九日辛未　早，上御乾清门，听部院各衙门官员面奏政事。

本日起居注官喇沙里、叶方蔼。

二十日壬申　早，上御乾清门，听部院各衙门官员面奏政事。

本日起居注官徐元文、库勒纳。

二十一日癸酉　早，上御乾清门，听部院各衙门官员面奏政事。

辰时，上御弘德殿，讲官喇沙里、孙在丰、张英进讲：孟子曰有不虞之誉一章、孟子曰人之易其言也一章、孟子曰人之患在好为人师一章、乐正子从于子敖之齐一章。

巳时，上诣巩华城，道中谕扈从诸大臣及侍卫等曰："朕周视田间，春麦正当盛长，着传谕扈从官员人等，悉循路而行，勿得蹂践春田，其严禁之。"

本日起居注官喇沙里、库勒纳、王鸿绪。

二十二日甲戌 未时，上回宫。

本日起居注官喇沙里、库勒纳、张英。

二十三日乙亥 早，上御乾清门，听部院各衙门官员面奏政事。

巳时，上诣太皇太后宫问安。

本日起居注官喇沙里、李录予。

二十四日丙子 早，上御乾清门，听部院各衙门官员面奏政事。

辰时，上御弘德殿，讲官喇沙里、孙在丰、张英进讲：孟子谓乐正子曰一章、孟子曰不孝有三一章、孟子曰仁之实一章。

是日，赐广东提督许天宠鞍马壹匹、弓箭撒袋壹副。

本日起居注官孙在丰、库勒纳。

二十五日丁丑 早，上御太和殿视朝。文武升转官员谢恩，次进贡厄鲁特部落达赖汗来使阿尔达儿豸桑、喀尔喀部落札克散下墨勒根那颜来使讷尔布等行礼，赐茶毕，回宫。

少顷，御乾清门，听部院各衙门官员面奏政事。

巳时，上诣太皇太后宫问安。

未时，召抚远大将军、都统、大学士图海，赐以上所御衣帽、团龙补褂、黄带、靴袜及御乘名马二匹、散马二百匹。又召广东水路提督许天宠，赐以内库嵌珊瑚松子石盔甲一副、撒袋弓箭一副、内厩鞍马一匹。随御保和殿，赐图海、许天宠食。

本日起居注官喇沙里、叶方蔼。

二十六日戊寅 早，上御乾清门，听部院各衙门官员面奏政事。

巳时，大设卤簿，上御太和殿，命大学士索额图、学士沙赖捧敕印授进剿陕西平凉等处抚远大将军、都统、大学士图海讫。都统图海率随征夸兰大等行礼毕，赐茶。上目送启行，回宫。命礼部侍郎额星额、兵部侍郎吴努春等，俱送至大井前，又赐茶毕，启行。

未时，上御保和殿，赐进贡达赖喇玛来使卓当看布、沙布中囊苏，厄鲁特部落来使阿尔达尔豸桑、额尔克下等食。

本日起居注官徐元文、库勒纳。

二十七日己卯　早，上御乾清门，听部院各衙门官员面奏政事。

辰时，上御弘德殿，讲官喇沙里、孙在丰、张英进讲：孟子曰天下大悦而将归己一章。

本日起居注官喇沙里、王鸿绪。

二十八日庚辰　早，上御乾清门，听部院各衙门官员面奏政事。

本日起居注官库勒纳、张英。

二十九日辛巳　早，上御乾清门，听部院各衙门官员面奏政事。

辰时，上御保和殿，举行经筵大典。讲官常鼐、王熙进讲《四书》自诚明谓之性一节，徐元文、库勒纳进讲《书经》惟学逊志务时敏一节。

未时，上诣太皇太后宫问安。

本日起居注官喇沙里、李录予。

三十日壬午　早，上御乾清门，听部院各衙门官员面奏政事。

本日起居注官孙在丰、库勒纳。

三　月

初一日癸未　早，上御乾清门，听部院各衙门官员面奏政事。

巳时，上诣太皇太后宫问安。未时，上复诣太皇太后宫问安。

本日起居注官喇沙里、库勒纳、叶方蔼。

初二日甲申　早，上御乾清门，听部院各衙门官员面奏政事。

本日起居注官徐元文、库勒纳。

初三日乙酉　早，上御乾清门，听部院各衙门官员面奏政事。

巳时，上诣太皇太后宫问安。

本日起居注官喇沙里、王鸿绪。

初四日丙戌　早，上御乾清门，听部院各衙门官员面奏政事。

本日起居注官库勒纳、张英。

初五日丁亥 早，上率诸王、贝勒、贝子、公、内大臣、大学士、侍卫等往堂子行礼毕，回宫。

未时，上御景山内前殿，赐盛京居住骆布臧格龙、驻扎归化城卫正喇玛，阿禄科尔沁国三品台吉巴特玛西等，喀喇沁部落三品塔布囊扎木苏等，土默特部落二品台吉诺尔布等食。

本日起居注官喇沙里、孙在丰。

初六日戊子 早，上御乾清门，听部院各衙门官员面奏政事。

本日起居注官库勒纳、李录予。

初七日己丑 早，上御乾清门，听部院各衙门官员面奏政事。

辰时，上御弘德殿，讲官喇沙里、孙在丰、张英进讲：孟子曰舜生于诸冯一章。

巳时，上诣太皇太后宫问安。

本日起居注官喇沙里、徐元文。

初八日庚寅 早，上御乾清门，听部院各衙门官员面奏政事。

本日起居注官库勒纳、叶方蔼。

初九日辛卯 早，上御乾清门，听部院各衙门官员面奏政事。

辰时，上御弘德殿，讲官喇沙里、孙在丰、张英进讲：子产听郑国之政一章。

巳时，上诣太皇太后、皇太后宫问安。

本日起居注官喇沙里、王鸿绪。

初十日壬辰 早，上御乾清门，听部院各衙门官员面奏政事。

辰时，上诣巩化城。

本日起居注官喇沙里、库勒纳、张英。

十一日癸巳 酉时，上回宫。

本日起居注官喇沙里、孙在丰。

十二日甲午 早，上御乾清门，听部院各衙门官员面奏政事。

本日起居注官牛钮、李录予。

十三日乙未 早，上御乾清门，听部院各衙门官员面奏政事。

巳时，上诣太皇太后宫问安。

本日起居注官库勒纳、叶方蔼。

十四日丙申 早，上御乾清门，听部院各衙门官员面奏政事。

未时，上复御乾清门，赐进贡苏尼忒部落多罗贝勒本布、驻扎归化城驻扎萨克喇玛旦巴格龙等食。

本日起居注官喇沙里、王鸿绪。

十五日丁酉 早，上御乾清门，听部院各衙门官员面奏政事。

本日起居注官徐元文、牛钮。

十六日戊戌 早，上御乾清门，听部院各衙门官员面奏政事。

本日起居注官库勒纳、张英。

十七日己亥 早，上御乾清门，听部院各衙门官员面奏政事。

巳时，上诣太皇太后宫问安。

本日起居注官喇沙里、李录予。

十八日庚子 早，万寿节，上率诸王、贝勒、文武大臣，诣太皇太后宫行礼，次诣皇太后宫行礼毕，回宫。

申时，上复诣太皇太后宫问安。

本日起居注官孙在丰、库勒纳。

十九日辛丑 早，上御乾清门，听部院各衙门官员面奏政事。

本日起居注官叶方蔼、牛钮。

二十日壬寅 早，上御乾清门，听部院各衙门官员面奏政事。

是日，试天下贡士彭定求等二百九名。

本日起居注官库勒纳、王鸿绪。

二十一日癸卯 早，上御乾清门，听部院各衙门官员面奏政事。

本日起居注官叶方蔼、牛钮。

二十二日甲辰 早，上御乾清门，听部院各衙门官员面奏政事。

巳时，上诣太皇太后宫问安。

未时，上御景山内前殿，赐进贡苏尼忒部落多罗贝勒本布、土默特部落一品塔布囊班第、喀喇沁部落四品塔布囊鄂齐尔等食。

本日起居注官库勒纳、王鸿绪。

二十三日乙巳 早，上御太和殿，传胪第一甲第一名彭定求、第二名胡会恩、第三名翁叔元，二甲第一名魏希征等五十名，三甲第一名钱三锡等一百五十六名，赐进士及第出身有差。读卷官索额图、李霨等并执事各官及定求等行礼毕，上回宫。

少顷，御乾清门，听部院各衙门官员面奏政事。

巳时，上诣太皇太后宫问安。

未时，上幸南苑。

本日起居注官叶方蔼、牛钮。

二十四日丙午

二十五日丁未

二十六日戊申 上经凤河营地方，凤河营都司佥书管守备事吴志、把总李天德来朝。

二十七日己酉

二十八日庚戌 午时，上回宫。

本日起居注官牛钮。

二十九日辛亥 早，上御乾清门，听部院各衙门官员面奏政事。

本日起居注官库勒纳、张英。

三十日壬子 早，上御中和殿，视享太庙祝版毕，回宫。

少顷，御乾清门，听部院各衙门官员面奏政事。

本日起居注官喇沙里、王鸿绪。

四　月

初一日癸丑 早，上以孟夏，躬诣太庙致祭毕，回宫。

巳时，上诣太皇太后宫问安。

本日起居注官牛钮、李录予。

初二日甲寅 早，上御乾清门，听部院各衙门官员面奏政事。

少顷，上诣巩华城。

本日起居注官徐元文、库勒纳。

初三日乙卯　酉时，上回宫。

本日起居注官项景襄、库勒纳、牛钮。

初四日丙辰　早，上御乾清门，听部院各衙门官员面奏政事。

本日起居注官喇沙里、叶方蔼。

初五日丁巳　早，上御太和殿视朝。文武升转官员谢恩毕，次进贡喀尔喀部落清虾等、厄鲁特部落厄尔德尼格龙等行礼毕，回宫。

少顷，御乾清门，听部院各衙门官员面奏政事。

辰时，上诣太皇太后宫问安。巳时，复诣太皇太后宫问安。未时，复诣太皇太后宫问安。

本日起居注官孙在丰、牛钮。

初六日戊午　早，上御乾清门，听部院各衙门官员面奏政事。

巳时，上诣太皇太后宫问安。

未时，上御景山内前殿，赐进贡吴喇忒部落镇国公诺门、三品台吉吴尔兔等，翁牛忒部落四品台吉伊特根尔等，苏尼忒部落四品台吉古穆等，喀尔喀部落二品台吉达拉马达喇等食。

本日起居注官陈廷敬、库勒纳。

初七日己未　早，上御乾清门，听部院各衙门官员面奏政事。

巳时，上诣太皇太后、皇太后宫问安。

本日起居注官喇沙里、张英。

初八日庚申　早，上御乾清门，听部院各衙门官员面奏政事。

本日起居注官牛钮、李录予。

初九日辛酉　早，上御乾清门，听部院各衙门官员面奏政事。

本日起居注官库勒纳、王鸿绪。

初十日壬戌　早，上御乾清门，听部院各衙门官员面奏政事。

辰时，上御弘德殿，讲官喇沙里、孙在丰、张英进讲：孟子告齐宣王曰君之视臣如手足一章。

本日起居注官喇沙里、徐元文。

十一日癸亥　早，上御乾清门，听部院各衙门官员面奏政事。

本日起居注官项景襄、牛钮。

十二日甲子　早，上御乾清门，听部院各衙门官员面奏政事。

本日起居注官库勒纳、叶方蔼。

十三日乙丑　早，上御乾清门，听部院各衙门官员面奏政事。

本日起居注官喇沙里、孙在丰。

十四日丙寅　早，上御乾清门，听部院各衙门官员面奏政事。

辰时，上御弘德殿，讲官喇沙里、孙在丰、张英进讲：孟子曰无罪而杀士一章。

本日起居注官陈廷敬、牛钮。

十五日丁卯　早，上御乾清门，听部院各衙门官员面奏政事。

辰时，上御弘德殿，讲官喇沙里、孙在丰、张英进讲：孟子曰君仁莫不仁一章。

本日起居注官库勒纳、张英。

十六日戊辰　早，上御乾清门，听部院各衙门官员面奏政事。

本日起居注官喇沙里、李录予。

十七日己巳　本日起居注官徐元文、牛钮。

十八日庚午　早，上御乾清门，听部院各衙门官员面奏政事。

少顷，上御保和殿，引见新科进士，亲选庶吉士。

巳时，上诣太皇太后宫问安。

本日起居注官库勒纳、王鸿绪。

十九日辛未　早，上御乾清门，听部院各衙门官员面奏政事。

少顷，上御保和殿，引见新科进士，亲选庶吉士。

本日起居注官喇沙里、项景襄。

二十日壬申　早，上御乾清门，听部院各衙门官员面奏政事。

本日起居注官叶方蔼、牛钮。

二十一日癸酉　早，上御乾清门，听部院各衙门官员面奏政事。

辰时，上诣太皇太后宫问安。

本日起居注官孙在丰、库勒纳。

二十二日甲戌　早，上御乾清门，听部院各衙门官员面奏政事。

本日起居注官喇沙里、陈廷敬。

二十三日乙亥　早，上御乾清门，听部院各衙门官员面奏政事。

辰时，上御弘德殿，讲官喇沙里、孙在丰、张英进讲：孟子曰非礼之礼一章、孟子曰中也养不中一章。

本日起居注官牛钮、张英。

二十四日丙子　早，上御乾清门，听部院各衙门官员面奏政事。

本日起居注官库勒纳、王鸿绪。

二十五日丁丑　早，上御太和殿视朝。文武升转官员谢恩毕，次进贡喀尔喀部落囊苏等行礼毕，回宫。

少顷，御乾清门，听部院各衙门官员面奏政事。

本日起居注官喇沙里、牛钮、李录予。

二十六日戊寅　早，上御乾清门，听部院各衙门官员面奏政事。

辰时，上诣太皇太后宫问安。

本日起居注官叶方蔼、牛钮。

二十七日己卯　早，上御乾清门，听部院各衙门官员面奏政事。

未时，上御保和殿，赐进贡达赖喇嘛来使卓当堪布、沙布中囊苏等，达赖汗来使阿尔达尔豸桑等，达赖巴图鲁台吉来使额尔克虾，厄尔德尼巴图鲁台吉来使布济雷噶尔当，达尔札台吉来使巴图鲁虾，墨尔根台吉来使达尔札，博尔奔台吉来使墨尔根虾，多尔济台吉来使达尔汉格龙，盆楚特台吉来使布库虾等食。

本日起居注官项景襄、库勒纳。

二十八日庚辰　早，上御乾清门，听部院各衙门官员面奏政事。

本日起居注官喇沙里、徐元文。

二十九日辛巳　早，上御乾清门，听部院各衙门官员面奏政事。

巳时，上诣太皇太后、皇太后宫问安。

本日起居注官孙在丰、牛钮。

五　月

初一日壬午　早，上御乾清门，听部院各衙门官员面奏政事。

未时，上复御乾清门，赐遣往达赖喇嘛处朱拉齐格龙、汉温扎特格龙等食。

本日起居注官陈廷敬、库勒纳。

初二日癸未　早，上御乾清门，听部院各衙门官员面奏政事。

辰时，上诣巩华城。

本日起居注官喇沙里、牛钮、张英。

初三日甲申　未时，上回宫。

本日起居注官喇沙里、牛钮。

初四日乙酉　早，上御乾清门，听部院各衙门官员面奏政事。

午时，上诣太皇太后宫问安。

本日起居注官库勒纳、李录予。

初五日丙戌　早，上御乾清门，听部院各衙门官员面奏政事。

辰时，上御弘德殿，讲官喇沙里、孙在丰、张英进讲：孟子曰人有不为也一章、孟子曰言人之不善一章。

本日起居注官喇沙里、徐元文。

初六日丁亥　早，上御乾清门，听部院各衙门官员面奏政事。

巳时，上诣太皇太后宫问安。

本日起居注官项景襄、牛钮。

初七日戊子　早，上幸南苑。酉时，回宫。

本日起居注官库勒纳、叶方蔼。

初八日己丑　上因有事于方泽，斋戒三日，不理政事。

本日起居注官孙在丰、库勒纳。

初九日庚寅　本日起居注官喇沙里、陈廷敬。

初十日辛卯　早，上御中和殿，视祀方泽坛祝版毕，回宫。

本日起居注官牛钮、张英。

十一日壬辰 早，上以夏至，躬诣方泽坛致祭毕，辰时，回宫。

本日起居注官喇沙里、李录予。

十二日癸巳 早，上御乾清门，听部院各衙门官员面奏政事。

巳时，上诣太皇太后宫问安。

本日起居注官徐元文、库勒纳。

十三日甲午 早，上御乾清门，听部院各衙门官员面奏政事。

本日起居注官项景襄、牛钮。

十四日乙未 早，上御乾清门，听部院各衙门官员面奏政事。

本日起居注官喇沙里、叶方蔼。

十五日丙申 早，上御太和殿视朝。文武升转官员谢恩，次进贡俄罗斯部落察汉汗来使米库赖噶窝里雷齐斯帕法礼等行礼，赐茶毕，回宫。

少顷，御乾清门，听部院各衙门官员面奏政事。

本日起居注官孙在丰、库勒纳。

十六日丁酉 早，上御乾清门，听部院各衙门官员面奏政事。

巳时，上诣太皇太后、皇太后宫问安。

本日起居注官陈廷敬、牛钮。

十七日戊戌 早，上御乾清门，听部院各衙门官员面奏政事。

午时，上诣太皇太后、皇太后宫问安。

本日起居注官喇沙里、张英。

十八日己亥 早，上御乾清门，听部院各衙门官员面奏政事。

本日起居注官库勒纳、李录予。

十九日庚子 早，上御乾清门，听部院各衙门官员面奏政事。

本日起居注官项景襄、牛钮。

二十日辛丑 早，上御乾清门，听部院各衙门官员面奏政事。

巳时，上诣太皇太后、皇太后宫问安。

本日起居注官喇沙里、韩菼。

二十一日壬寅 早，上御乾清门，听部院各衙门官员面奏政事。

本日起居注官徐元文、库勒纳。

二十二日癸卯 早，上御乾清门，听部院各衙门官员面奏政事。

本日起居注官叶方蔼、牛钮。

二十三日甲辰 早，上御乾清门，听部院各衙门官员面奏政事。

巳时，上诣太皇太后、皇太后宫问安。

未时，上御景山内前殿，赐进贡吴喇忒部落三品台吉鄂波和等、喀喇沁部落四品塔布囊索宁等、科尔沁永安固龙长公主来使毕里克图达尔汉等食。

本日起居注官喇沙里、孙在丰。

二十四日乙巳 早，上御乾清门，听部院各衙门官员面奏政事。

少顷，上诣巩华城。

本日起居注官陈廷敬、库勒纳。

二十五日丙午 申时，上回宫。

本日起居注官库勒纳、张英。

二十六日丁未 早，上御乾清门，听部院各衙门官员面奏政事。

本日起居注官喇沙里、徐元文。

二十七日戊申 早，上御乾清门，听部院各衙门官员面奏政事。

本日起居注官库勒纳、韩菼。

二十八日己酉 早，上御乾清门，听部院各衙门官员面奏政事。

未时，上御景山内前殿，赐进贡科尔沁国一品台吉鄂齐尔等、四品台吉阿喇纳、无品级台吉毕里克图等，吴喇忒部落四品台吉鄂博卓等，扎萨克四品台吉赊里等食。

本日起居注官项景襄、牛钮。

二十九日庚戌 早，上幸南苑。戌时，回宫。

本日起居注官喇沙里、叶方蔼。

三十日辛亥 早，上御乾清门，听部院各衙门官员面奏政事。

巳时，上诣太皇太后、皇太后宫问安。

本日起居注官陈廷敬、库勒纳。

六　月

初一日壬子　早，上御乾清门，听部院各衙门官员面奏政事。

本日起居注官徐元文、牛钮。

初二日癸丑　早，上御乾清门，听部院各衙门官员面奏政事。

本日起居注官喇沙里、张英。

初三日甲寅　早，上御乾清门，听部院各衙门官员面奏政事。

本日起居注官库勒纳、韩菼。

初四日乙卯　早，上御乾清门，听部院各衙门官员面奏政事。

本日起居注官项景襄、牛钮。

初五日丙辰　早，上御太和殿视朝。文武升转官员谢恩，次进贡厄鲁特部落达尔汉喇玛等、绰克兔鄂木步等行礼毕，回宫。

少顷，御乾清门，听部院各衙门官员面奏政事。

巳时，上诣太皇太后宫问安。

本日起居注官喇沙里、叶方蔼。

初六日丁巳　早，上御乾清门，听部院各衙门官员面奏政事。

本日起居注官陈廷敬、库勒纳。

初七日戊午　早，上御乾清门，听部院各衙门官员面奏政事。

未时，上复御乾清门，赐进贡科尔沁国一品台吉鄂齐尔等、四品台吉阿拉纳等、无品级台吉毕礼克图等食。

本日起居注官徐元文、牛钮。

初八日己未　早，上御乾清门，听部院各衙门官员面奏政事。

本日起居注官喇沙里、李录予。

初九日庚申　早，上御乾清门，听部院各衙门官员面奏政事。

本日起居注官牛钮、张英。

初十日辛酉　早，上御乾清门，听部院各衙门官员面奏政事。

是日，上阅考选科道官户部主事佘国柱及唐山县知县孙缵等四十五员。

巳时，上诣太皇太后、皇太后宫问安。

本日起居注官喇沙里、韩菼。

十一日壬戌　早，上御乾清门，听部院各衙门官员面奏政事。

本日起居注官叶方蔼、牛钮。

十二日癸亥　早，上御乾清门，听部院各衙门官员面奏政事。

未时，上御保和殿，赐进贡鄂罗思部落米库赖等食毕。上命侍卫酌酒，就米库赖坐次赐饮，余俱召至御前，赐酒。

本日起居注官喇沙里、项景襄。

十三日甲子　早，上御乾清门，听部院各衙门官员面奏政事。

是日，赐郧阳抚治杨茂勋鞍马一匹。

本日起居注官陈廷敬、库勒纳。

十四日乙丑　早，上御乾清门，听部院各衙门官员面奏政事。

未时，上复御乾清门，赐郧阳抚治杨茂勋食，召茂勋至御榻前，问招兵事宜。谕曰："郧阳地方紧要，尔善安抚军民，如有方略，具本陈奏。"谕毕，回宫。

本日起居注官徐元文、牛钮。

十五日丙寅　早，上御乾清门，听部院各衙门官员面奏政事。

本日起居注官喇沙里、李录予。

十六日丁卯　早，上御乾清门，听部院各衙门官员面奏政事。

本日起居注官库勒纳、张英。

十七日戊辰　早，上御乾清门，听部院各衙门官员面奏政事。

巳时，上诣太皇太后宫问安。

本日起居注官牛钮、韩菼。

十八日己巳　早，上御乾清门，听部院各衙门官员面奏政事。

本日起居注官喇沙里、叶方蔼。

十九日庚午　早，上御乾清门，听部院各衙门官员面奏政事。

巳时，上诣太皇太后宫问安。

未时，上御景山内前殿，赐进贡乌拉忒部落四品台吉达马西等、车臣汗来使达尔汉喇玛、噶尔当台吉来使绰克图鄂木布等食。

本日起居注官项景襄、库勒纳。

二十日辛未　早，上御乾清门，听部院各衙门官员面奏政事。

未时，上御景山内前殿，赐进贡乌拉特部落四品台吉伊鲁德独海等、翁牛忒部落四品台吉达尔济等食。

本日起居注官陈廷敬、牛钮。

二十一日壬申　早，上御乾清门，听部院各衙门官员面奏政事。

本日起居注官喇沙里、徐元文。

二十二日癸酉　早，上御乾清门，听部院各衙门官员面奏政事。

未时，上御景山内前殿，赐进贡巴林部落四品台吉巴达理等、阿禄科尔沁国三品台吉达底巴等、乌拉特部落四品台吉洪嘉等食。

本日起居注官库勒纳、李录予。

二十三日甲戌　早，上御乾清门，听部院各衙门官员面奏政事。

本日起居注官牛钮、张英。

二十四日乙亥　早，上御乾清门，听部院各衙门官员面奏政事。

巳时，上诣太皇太后、皇太后宫问安。

本日起居注官喇沙里、韩菼。

二十五日丙子　早，上御乾清门，听部院各衙门官员面奏政事。

本日起居注官库勒纳、叶方蔼。

二十六日丁丑　早，上御乾清门，听部院各衙门官员面奏政事。

巳时，上诣太皇太后宫问安。

本日起居注官项景襄、牛钮。

二十七日戊寅　早，上御乾清门，听部院各衙门官员面奏政事。

酉时，上诣太皇太后宫问安。

本日起居注官喇沙里、陈廷敬。

二十八日己卯　早，上御乾清门，听部院各衙门官员面奏政事。

本日起居注官库勒纳、张英。

二十九日庚辰　早，上御中和殿，视享太庙祝版毕，回宫。

少顷，御乾清门，听部院各衙门官员面奏政事。

本日起居注官喇沙里、李录予。

七　月

初一日辛巳　早，上以孟秋，躬诣太庙致祭，礼毕，回宫。

未时，上御景山内前殿，赐进贡科尔沁国多罗郡王毕礼克图、三品台吉奇塔特等、四品台吉阿喇那等，扎萨克部落四品台吉朝图等，吴喇忒部落四品台吉东黑等食。

本日起居注官徐元文、牛钮。

初二日壬午　早，上御乾清门，听部院各衙门官员面奏政事。

少顷，上诣巩华城。

本日起居注官喇沙里、库勒纳、韩菼。

初三日癸未　上驻跸平家滩。是日，通永道龚佳育，副将许国璧，知州阎兴邦，守备钱登瀛、尤三省，把总叶从茂、徐臻美、安士杰，千总李如松、钱万镒，顺义县知县韩淑文，把总赵士显等来朝。

初四日甲申　申时，上回宫。

扈从起居注官喇沙里。

初五日乙酉　早，上御乾清门，听部院各衙门官员面奏政事。

本日起居注官牛钮、张英。

初六日丙戌　早，上御乾清门，听部院各衙门官员面奏政事。

本日起居注官喇沙里、徐元文。

初七日丁亥　早，上御乾清门，听部院各衙门官员面奏政事。谕户部尚书、觉罗勒德浑曰："尔等请旨，遣官往归化城买马，此皆为大军备用，关系非轻，无得市买瘦小疲敝者，致不堪用。今宜严饬所遣官，前去务选择精壮。如以不堪者苟且塞责，后经察出，定治以罪，决不姑饶。"

辰时，上诣太皇太后宫问安。

未时，上御景山内前殿，赐进贡吴喇忒部落三品台吉扬郭尔等、扎萨克部落三品台吉塞尔济木等、翁牛忒部落四品台吉班布等、苏尼忒部落都统席代等食。

本日起居注官库勒纳、李录予。

初八日戊子　早，上御乾清门，听部院各衙门官员面奏政事。

本日起居注官陈廷敬、牛钮。

初九日己丑　早，上御乾清门，听部院各衙门官员面奏政事。

巳时，上诣太皇太后、皇太后宫问安。

本日起居注官喇沙里、徐元文、韩菼。

初十日庚寅　早，上御乾清门，听部院各衙门官员面奏政事。

未时，上诣太皇太后宫问安。

本日起居注官项景襄、库勒纳。

十一日辛卯　早，上御乾清门，听部院各衙门官员面奏政事。

未时，上御景山内前殿，赐进贡土默特部落三品台吉达来、吴喇忒部落三品台吉鄂齐里等食。

本日起居注官叶方蔼、牛钮。

十二日壬辰　早，上御乾清门，听部院各衙门官员面奏政事。

本日起居注官喇沙里、张玉书。

十三日癸巳　早，上御乾清门，听部院各衙门官员面奏政事。

巳时，上诣太皇太后宫问安。

本日起居注官陈廷敬、库勒纳。

十四日甲午　早，上御乾清门，听部院各衙门官员面奏政事。

本日起居注官牛钮、韩菼。

十五日乙未　早，上御乾清门，听部院各衙门官员面奏政事。

本日起居注官喇沙里、库勒纳、李录予。

十六日丙申　巳时，上诣巩化城。

本日起居注官喇沙里、牛钮、张英。

十七日丁酉　酉时，上回宫。

本日起居注官喇沙里、库勒纳、韩菼。

十八日戊戌　早，上御乾清门，听部院各衙门官员面奏政事。

本日起居注官项景襄、牛钮。

十九日己亥　早，上御乾清门，听部院各衙门官员面奏政事。

巳时，上诣太皇太后、皇太后宫问安。

未时，上御景山内前殿，赐进贡阿霸垓部落四品台吉格根等，扎萨克部落二品台吉博尔济等，吴喇忒部落三品台吉绰尔济等、都统达尔玛等食。

本日起居注官库勒纳、张玉书。

二十日庚子　巳时，上诣太皇太后宫问安毕，大设卤簿，由午门出正阳门，进南苑大红门，驻跸西宫。

二十一日辛丑　上驻跸西宫。

二十二日壬寅　上驻跸东宫。

二十三日癸卯　上驻跸东宫。

二十四日甲辰　上驻跸东宫。

二十五日乙巳　上驻跸东宫。

二十六日丙午　申时，上出南苑大红门，大设卤簿，由正阳门进午门，诣太皇太后、皇太后宫问安毕，回宫。

扈从起居注官喇沙里、牛钮。

二十七日丁未　早，上御乾清门，听部院各衙门官员面奏政事。

本日起居注官库勒纳、李录予。

二十八日戊申　早，上御乾清门，听部院各衙门官员面奏政事。

未时，上诣太皇太后宫问安。

本日起居注官牛钮、张英。

二十九日己酉　早，上御乾清门，听部院各衙门官员面奏政事。

巳时，上诣太皇太后宫问安。

未时，上御景山内前殿，赐进贡科尔沁国端贞长公主下一等护卫毕里克图等、苏尼忒部落四品台吉博多儿等、乌朱穆秦部落四品台吉噶尔玛等、喀尔喀部落四品台吉秦等食。

本日起居注官喇沙里、韩菼。

三十日庚戌　早，上御乾清门，听部院各衙门官员面奏政事。

未时，上御景山内前［殿］，赐进贡扎萨克部落四品台吉都麻等、苏尼忒部落四品台吉鄂齐儿等、阿巴哈纳尔部落四品台吉图巴什希等食。

本日起居注官项景襄、库勒纳。

八　月

初一日辛亥　早，上御乾清门，听部院各衙门官员面奏政事。工部以需用白炭，请旨令地方官多备应用。上问曰：“若炭有赢余，仍给还民间乎，抑给价留用乎？”尚书常鼐奏：“仍给还民间。”上曰：“民间运炭，必重费脚价，若不用给还，累民实甚。其再议之。”

本日起居注官牛钮、张玉书。

初二日壬子　早，上御乾清门，听部院各衙门官员面奏政事。

巳时，上诣巩华城。

本日起居注官喇沙里、陈廷敬、牛钮。

初三日癸丑　申时，上回宫。

本日起居注官牛钮。

初四日甲寅　早，上御乾清门，听部院各衙门官员面奏政事。

午时，上诣太皇太后宫问安。

未时，上御景山内前殿，赐进贡阿霸垓部落二品台吉万书克等、阿禄科尔沁国二品台吉托乎代等、阿巴哈纳尔部落四品台吉西尔白得等、苏尼忒部落四品台吉他尔巴等食。

本日起居注官徐元文、库勒纳。

初五日乙卯　早，上御乾清门，听部院各衙门官员面奏政事。

本日起居注官喇沙里、李录予。

初六日丙辰　早，上御乾清门，听部院各衙门官员面奏政事。

本日起居注官牛钮、张英。

初七日丁巳　早，上御中和殿，视祭社稷坛祝版毕，回宫。

少顷，御乾清门，听部院各衙门官员面奏政事。

巳时，上诣太皇太后、皇太后宫问安。

本日起居注官库勒纳、韩菼。

初八日戊午　命部院各衙门章奏俱送内阁。

巳时，上诣太皇太后、皇太后宫问安。

本日起居注官项景襄、牛钮。

初九日己未　因太宗文皇帝忌辰，不理政事。

本日起居注官喇沙里、张玉书。

初十日庚申　早，上御乾清门，听部院各衙门官员面奏政事。谕钦天监监正宜塔喇曰："钦天监衙门专司天文历法，任是职者必当习学精熟。向者，新法、旧法是非争论。今既深知新法为是，尔衙门习学天文历法满洲官员，务令精勤习学。此后习学精熟之人，方准升用。其未经习学者，不准升用。"

未时，上御景山内前殿，赐进贡阿霸垓部落国舅顾木之子四品台吉巴霸、苏尼忒部落一品台吉阿毕达等、乌朱穆秦部落二品台吉朱克策特等、蒿齐特部落二品台吉沙克都尔等、四子部落二品台吉老彰等、阿巴哈纳尔部落四品台吉萨拉儿等食毕，赐四品台吉巴霸衣服一袭。

本日起居注官陈廷敬、库勒纳。

十一日辛酉　因太祖高皇帝忌辰，不理政事。

巳时，上诣太皇太后、皇太后宫问安。酉时，上复诣太皇太后宫问安。

本日起居注官叶方蔼、牛钮。

十二日壬戌　早，上御乾清门，听部院各衙门官员面奏政事。

是日，太皇太后往幸汤山温泉。卯时，上诣太皇太后宫，候太皇太后登辇，上随辇行至神武门，然后乘马。太皇太后出神武门，设卤簿，王、贝勒以下文武各官跪送。

出安定门，至进膳处，上扶掖太皇太后降辇，入行宫后，上诣进膳处。进膳毕，复诣太皇太后行宫，下马趋近前侍立，候太皇太后登辇，上扶辇行数武，然后乘马随行。至汤山温泉宫，上步送至宫门，扶掖下辇入宫后，上始回行宫。在路凡遇泥泞处，上必下马看视，俟辇行过，然后上马。

十三日癸亥　上问太皇太后安。申时，回宫。

扈从起居注官喇沙里。

十四日甲子　早，上御乾清门，听部院各衙门官员面奏政事。

本日起居注官库勒纳、张英。

十五日乙丑　早，上御中和殿，视祭夕月坛祝版毕，回宫。

少顷，御乾清门，听部院各衙门官员面奏政事。

酉时，上诣夕月坛致祭毕，回宫。

本日起居注官牛钮、李录予。

十六日丙寅　早，上御乾清门，听部院各衙门官员面奏政事。

本日起居注官喇沙里、张玉书。

十七日丁卯　早，上诣汤山温泉，问太皇太后安。酉时，回宫。

本日起居注官库勒纳。

十八日戊辰　早，上御乾清门，听部院各衙门官员面奏政事。

本日起居注官陈廷敬、牛钮。

十九日己巳　早，上御乾清门，听部院各衙门官员面奏政事。

辰时，上御保和殿，举行经筵。命尚书常鼐、王熙讲《四书》子曰大哉尧之为君也一章；学士喇沙里、徐元文讲《易经》彖曰大哉乾元一节。

未时，上御景山内前殿，赐进贡乌朱穆秦部落一品台吉哈拉等、苏尼忒部落二品台吉胡图克泰等，喀尔喀部落二品台吉巴素代等、四子部落四品台吉纳图贝等食。

本日起居注官库勒纳、叶方蔼。

二十日庚午　早，上御乾清门，听部院各衙门官员面奏政事。

未时，上御景山内前殿，赐进贡苏尼忒部落四品台吉札木苏等、喀尔喀部落四品台吉都思喀尔等、阿霸垓部落四品台吉鄂齐尔等、四子部落二品台吉阿毕达等食。

本日起居注官喇沙里、韩菼。

二十一日辛未　早，上幸南苑。酉时，回宫。

本日起居注官徐元文、牛钮。

二十二日壬申　早，上御乾清门，听部院各衙门官员面奏政事。

本日起居注官库勒纳、张英。

二十三日癸酉　早，上御乾清门，听部院各衙门官员面奏政事。

本日起居注官喇沙里、徐元文。

二十四日甲戌　早，上诣汤山温泉，问太皇太后安。酉时，驾旋，诣皇太后宫问安，回宫。

本日起居注官牛钮。

二十五日乙亥　早，上御太和殿视朝。文武升转官员谢恩，次进贡喀尔喀部落车臣汗下查汉宜特黑尔图、阿尔达尔等行礼，赐茶毕，回宫。

少顷，御乾清门，听部院各衙门官员面奏政事。

未时，上御保和殿，赐进贡敖汉部落多罗郡王色木迫尔等、苏尼忒部落二品台吉沙克都尔等、阿巴哈纳尔部落四品台吉沙济等、翁牛忒部落四品台吉班布喇等、四子部落四品台吉达尔札等、阿霸垓部落四品台吉班第西希布等、克什克屯部落四品台吉阿毕牙等、巴林部落四品台吉阿木虎郎等食。

本日起居注官项景襄、库勒纳。

二十六日丙子　早，上御乾清门，听部院各衙门官员面奏政事。

本日起居注官陈廷敬、牛钮。

二十七日丁丑　早，上御乾清门，听部院各衙门官员面奏政事。

未时，上御景山内前殿，赐进贡阿霸垓部落四品台吉绰衣等、苏尼忒部落四品台吉秦达们等、乌朱穆秦部落四品台吉安他等、土默特部落四品台吉出鲁木等、吴喇忒部落三品台吉纳儿札达等食。

本日起居注官喇沙里、叶方蔼。

二十八日戊寅　早，上御乾清门，听部院各衙门官员面奏政事。

本日起居注官徐元文、库勒纳。

二十九日己卯　早，上御乾清门，听部院各衙门官员面奏政事。

巳时，上诣皇太后宫问安。

本日起居注官喇沙里、李录予。

九　月

初一日庚辰　早，上躬诣堂子致祭毕，回宫。

未时，上御乾清门，赐大同总兵官鲍敬食毕，赐鞍马一匹。

本日起居注官库勒纳、张英。

初二日辛巳　早，上诣汤山温泉，问太皇太后安毕，诣巩华城。

本日扈从起居注官库勒纳。

初三日壬午　酉时，上回宫。

本日起居注官库勒纳。

初四日癸未　早，上御乾清门，听部院各衙门官员面奏政事。

本日起居注官喇沙里、韩菼。

初五日甲申　早，上御乾清门，听部院各衙门官员面奏政事。

赐福建总督郎廷相鞍马一匹、蟒缎羊皮朝衣一件、弓箭撒袋一副。

未时，上御景山内前殿，赐总督郎廷相及进贡吴喇忒部落三品台吉绰西夏布等，翁牛忒部落四品台吉喇布谈，四子部落四品台吉吴尔土纳苏图等，阿霸垓部落四品台吉达撒马等，苏尼忒部落四品台吉萨满达等，阿巴哈纳尔部落四品台吉他尔占，蒿齐特部落四品台吉阿拉纳、都统扎穆苏、达尔汉翁果代等食。

本日起居注官库勒纳、叶方蔼。

初六日乙酉　早，上御乾清门，听部院各衙门官员面奏政事。

本日起居注官喇沙里、徐元文。

初七日丙戌　早，上诣汤山温泉，问太皇太后安，驻跸墙子路。

是日，怀柔县知县谢淳、密云县知县谢孝举、石匣游击李玉方等来朝。

初八日丁亥　上驻跸固山川。

初九日戊子　上驻跸西喇塔拉。

初十日己丑　上还驻跸固山川之西。

十一日庚寅　上驻跸陈家庄。是日，墙子路都司佥书周龙等来朝。

十二日辛卯　上驻跸密云。是日，知县谢孝举、石匣游击李玉方等来朝。

十三日壬辰　上驻跸怀柔。是日，知县谢淳、守备王声远来朝。

十四日癸巳　申时，上诣太皇太后行宫问安毕，驻跸汤山之阴。

十五日甲午　巳时，上诣太皇太后行宫问安。未时，回宫。

扈从起居注官喇沙里。

十六日乙未　早，上御乾清门，听部院各衙门官员面奏政事。

本日起居注官库勒纳、韩菼。

十七日丙申　早，上御乾清门，听部院各衙门官员面奏政事。

未时，上御景山内前殿，赐进贡扎萨克纳尔布台吉固山下图巴贝勒，吴喇忒部落镇国公纳门等、辅国公楮冲刻等、一品台吉纳尔布等，苏尼忒部落四品台吉多尔济等，扎喇忒部落四品台吉巴拉西等，科尔沁国四品台吉巴特玛桑等食。

本日起居注官喇沙里、张玉书。

十八日丁酉　早，上御乾清门，听部院各衙门官员面奏政事。

未时，上御景山内前殿，赐进贡苏尼忒部落多罗郡王额驸萨麻扎、二品台吉朵尔济西夏布等，阿霸垓部落二品台吉得里克等，蒿齐特部落赛音代达尔汉，克什克屯部落一品台吉多尔巴噶等，四子部落四品台吉毛奇塔挞等，巴林部落三品台吉扎纳西的等，敖汉部落二品台吉厄临臣等食。

本日起居注官库勒纳、叶方蔼。

十九日戊戌　早，上御乾清门，听部院各衙门官员面奏政事。

未时，上御景山内前殿，赐进贡苏尼忒部落四品台吉色勒希等、吴喇忒部落四品台吉莫伦泰等、四子部落三品台吉格色尔等、土默特部落三品台吉阿喇纳等、巴林部落四品台吉鲁西希布等、喀喇沁部落三品塔布囊班第等、翁牛忒部落四品台吉满都等、阿霸垓部落都统多尼等食。

本日起居注官喇沙里、韩菼。

二十日己亥　早，上御乾清门，听部院各衙门官员面奏政事。

巳时，上诣皇太后宫问安。

未时，上御景山内前殿，赐进贡翁牛忒部落三品台吉班第等、土默特部落四品台吉阿必大等、阿霸垓部落三品台吉噶尔马等、蒿齐特部落二品台吉詹布等、吴喇忒部落四品台吉和尔和等食。

本日起居注官库勒纳、张玉书。

二十一日庚子　早，上御乾清门，听部院各衙门官员面奏政事。

本日起居注官喇沙里、张英。

二十二日辛丑　早，上诣汤山温泉，问太皇太后安。

午时，诣巩华城。酉时，回宫。

本日起居注官库勒纳。

二十三日壬寅　早，上御乾清门，听部院各衙门官员面奏政事。

本日起居注官喇沙里、张英。

二十四日癸卯　早，上御乾清门，听部院各衙门官员面奏政事。

未时，上御景山内前殿，赐进贡苏尼忒部落多罗杜棱郡王阿玉西、二品台吉科鼐等，阿霸垓部落达尔汉贝子齐林董鲁布、都统巴尔达海等，阿鲁科尔沁国三品台吉阿什库等，喀尔喀部落一品台吉吴巴西等，吴喇忒部落四品台吉纳米等，翁牛忒部落四品台吉沙晋等食。

本日起居注官牛钮、韩菼。

二十五日甲辰　早，上御太和殿视朝。文武升转官员谢恩毕，回宫。

少顷，御乾清门，听部院各衙门官员面奏政事。

巳时，上诣皇太后宫问安。

未时，上御保和殿，赐进贡喀尔喀部落图谢土汗来使图巴等食。

本日起居注官库勒纳、张玉书。

二十六日乙巳　早，上诣汤山温泉，问太皇太后安。酉时，回宫。

本日起居注官库勒纳。

二十七日丙午　因太祖高皇后忌辰，不理政事。

本日起居注官牛钮、张英。

二十八日丁未　早，上御乾清门，听部院各衙门官员面奏政事。

本日起居注官项景襄、库勒纳。

二十九日戊申　早，上御乾清门，听部院各衙门官员面奏政事。

本日起居注官喇沙里、王鸿绪。

三十日己酉　早，上御保和殿，视祀太庙祝版毕，回宫。

少顷，御乾清门，听部院各衙门官员面奏政事。上谕察审山西巡抚达尔布等督捕侍郎郭四海曰："巡抚、提督俱系封疆大臣，今命尔前往察审，尔当从公详讯，据实具奏，无得徇私，致有偏枉。"

本日起居注官牛钮、韩菼。

十　月

初一日庚戌　早，上以孟冬，躬诣太庙致祭。礼毕，回宫。

本日起居注官徐元文、库勒纳。

初二日辛亥　早，上御乾清门，听部院各衙门官员面奏政事。

巳时，上诣皇太后宫问安。

本日起居注官喇沙里、张玉书。

初三日壬子　早，上率诸王、贝勒以下内大臣、大学士、都统、尚书、精奇尼哈番、侍卫等，庆贺皇太后圣诞。礼毕，回宫。

本日起居注官叶方蔼、牛钮。

初四日癸丑　早，上诣汤山温泉，问太皇太后安。诣巩华城。

本日起居注官喇沙里。

初五日甲寅　酉时，上回宫。

本日起居注官喇沙里。

初六日乙卯　早，上御乾清门，听部院各衙门官员面奏政事。

是日，殿试天下中式武举朱三英等一百四十九名。

未时，上御保和殿，赐进贡敖汉部落和硕额驸齐伦巴图鲁，喀尔喀部落滚布异尔登贝勒等，翁牛忒部落三品台吉达尔马等，吴喇忒部落四品台吉鄂齐尔等，阿霸垓部落四品台吉噶尔马等，阿鲁科尔沁国三品台吉都思哈尔等，喀喇沁部落三品塔布囊扎干等，巴林部落四品台吉绰衣桑等、都统那穆等，苏尼忒部落四品台吉塔尔机等食。

本日起居注官库勒纳、王鸿绪。

初七日丙辰　早，上御乾清门，听部院各衙门官员面奏政事毕。

随幸瀛台，阅天下中式武举马步箭毕，回宫。

本日起居注官牛钮、张玉书。

初八日丁巳　早，上御乾清门，听部院各衙门官员面奏政事毕。

仍幸瀛台，阅天下中式武举马步箭毕，回宫。

本日起居注官库勒纳、叶方蔼。

初九日戊午 早，上诣汤山温泉，问太皇太后安。

随幸昌平，过故明十二陵，上一一躬亲酹酒毕，驻跸涧头。

是日，霸昌道按察使司佥事沈志礼等、昌平州驻防防守尉博罗等来朝。

初十日己未 上驻跸九里山之阳。

是日，遣内大臣至故明十二陵前，各宣文致祭。

十一日庚申 辰时，上诣汤山温泉，问太皇太后安。

驻跸汤山之阴。

十二日辛酉 大设卤簿，奏乐。辰时，上诣太皇太后行宫，候太皇太后登辇，上随辇行。至进膳处，上扶掖太皇太后降辇，入行宫。上诣进膳处进膳毕，复诣太皇太后行宫，下马趋近前侍立。太皇太后登辇，上扶辇行数武，然后乘马随行。由安定门进神武门，至太皇太后宫。上步送至宫门，扶掖降辇，入宫后，上始回宫。

扈从起居注官喇沙里。

十三日壬戌 早，上御乾清门，听部院各衙门官员面奏政事。

辰时，上诣皇太后宫问安。

本日起居注官牛钮、王鸿绪。

十四日癸亥 早，上御乾清门，听部院各衙门官员面奏政事。

本日起居注官库勒纳、叶方蔼。

十五日甲子 早，上御太和殿，传胪第一甲第一名荀国梁、第二名何天培、第三名聂达，二甲第一名宋振业等三十名，三甲第一名金章等一百十六名，赐武进士及第出身有差。读卷官索额图、冯溥等并执事各官及国梁等行礼毕，回宫。

少顷，御乾清门，听部院各衙门官员面奏政事。

巳时，上诣太皇太后、皇太后宫问安。

未时，上御景山内前殿，赐进贡苏尼忒部落多罗郡王萨马札额驸、四品台吉那马西希等，鄂尔多斯部落多罗郡王古鲁，喀尔喀部落二品台吉额尔格布西等，柰曼部落三品台吉博罗特，克什克屯部落四品台吉苏尔墨等，阿鲁科尔沁国四品台吉班忠等，阿霸垓部落四品台吉土巴札布等食。

本日起居注官喇沙里、李天馥。

十六日乙丑 早，上御乾清门，听部院各衙门官员面奏政事。

本日起居注官牛钮、张英。

十七日丙寅 早，上御乾清门，听部院各衙门官员面奏政事。

巳时，上御弘德殿，讲官喇沙里、徐元文、张英进讲：孟子曰仲尼不为已甚者一章、孟子曰大人者言不必信一章。

本日起居注官库勒纳、王鸿绪。

十八日丁卯 早，上御乾清门，听部院各衙门官员面奏政事。

本日起居注官喇沙里、李天馥。

十九日戊辰 早，上御乾清门，听部院各衙门官员面奏政事。

巳时，上诣太皇太后宫问安。

本日起居注官徐元文、牛钮。

二十日己巳 早，上御乾清门，听部院各衙门官员面奏政事。

未时，上御景山内前殿，赐进贡敖汉部落多罗郡王扎木苏，鄂尔多斯部落多罗郡王顾禄，喀尔喀部落固山贝子巴特玛、四品台吉阿尔达等，阿禄科尔沁国四品台吉扎儿布等，鄂尔多斯部落三品台吉托音等，巴林部落四品台吉毕里克，阿霸垓部落四品台吉额尔格木苏等食。

本日起居注官库勒纳、李录予。

二十一日庚午 早，上御乾清门，听部院各衙门官员面奏政事。

辰时，上御弘德殿，讲官喇沙里、徐元文、张英进讲：孟子曰大人者不失其赤子之心者也一章、孟子曰养生者一章。

巳时，上诣太皇太后宫问安。

本日起居注官喇沙里、韩菼。

二十二日辛未 早，上御乾清门，听部院各衙门官员面奏政事毕。

遣往相视河工工部尚书冀如锡、户部侍郎伊桑阿陛辞。上谕之曰："河工经费浩繁，迄无成效，沿河民生皆受其困。今特命尔等前往，须实心相视，将河上利害情形体勘明白。各处堤岸应如何修筑，务为一劳永逸之计，勿得苟且塞责。如勘视不审，后复有事，汝等亦难辞咎。"又谕："近闻奉命差遣往外者，地方官吏所在迎送，甚为劳扰。此皆有累民生之事，汝等前往，宜一概禁止。"

本日起居注官叶方蔼、牛钮。

二十三日壬申　早，上御乾清门，听部院各衙门官员面奏政事。

未时，上御保和殿，赐进贡喀尔喀部落车墨古鹰和硕齐等食。

本日起居注官项景襄、库勒纳。

二十四日癸酉　早，上御乾清门，听部院各衙门官员面奏政事。

辰时，上御弘德殿，讲官喇沙里、徐元文、张英进讲：孟子曰君子深造之以道一章。讲毕，上谕曰："四书屡经讲读，朕心业已熟晓。每观《通鉴》，事关前代得失，甚有裨于治道，应与四书参讲。作何拣择，撰拟讲章进讲，尔等议奏。"

本日起居注官喇沙里、王鸿绪。

二十五日甲戌　早，上御太和殿视朝。文武升转官员谢恩，及进贡喀尔喀部落阿海代青台吉下阿齐图达尔汉护卫等行礼，赐茶毕，回宫。

少顷，御乾清门，听部院各衙门官员面奏政事。

巳时，上诣太皇太后宫问安。

未时，上御景山内前殿，赐进贡阿霸垓部落四品台吉僧额等、鄂尔多斯部落三品塔布囊阿穆虎朗等、翁牛忒部落四品台吉桑阿儿豸等、科尔沁国和硕端敏公主下一等护卫噶尔玛等食。

本日起居注官牛钮、韩菼。

二十六日乙亥　早，上御乾清门，听部院各衙门官员面奏政事。

辰时，上御弘德殿，讲官喇沙里、徐元文、张英进讲：孟子曰博学而详说之一章、孟子曰以善服人者一章。

是日，学士喇沙里等面奏言："臣等恭奉上谕，谨议《资治通鉴》一书，统贯诸史，最为详备。而《通鉴纲目》，又从《资治通鉴》中提纲分目，尤得要领。拟从纲目中，择切要事实进讲。讲章体裁，首列纲，次列目，每条之后，总括大义，撰为讲说。先儒论断可采者，亦酌量附入。"上是之。

本日起居注官库勒纳、李天馥。

二十七日丙子　早，上御乾清门，听部院各衙门官员面奏政事。

本日起居注官喇沙里、王鸿绪。

二十八日丁丑　早，上御乾清门，听部院各衙门官员面奏政事。

辰时，上御弘德殿，讲官喇沙里、徐元文、张英进讲：孟子曰言无实不祥一章、徐子曰仲尼亟称于水曰一章、孟子曰人之所以异于禽兽者一章。

本日起居注官牛钮、张英。

二十九日戊寅 早，上御乾清门，听部院各衙门官员面奏政事。

本日起居注官库勒纳、叶方蔼。

十一月

初一日己卯 早，上御乾清门，听部院各衙门官员面奏政事。

巳时，上诣太皇太后宫问安。

未时，上御景山内前殿，赐进贡鄂尔多斯部落一品台吉扎西，克什克屯部落四品台吉戴通等，翁牛忒部落四品台吉满珠、都统满住西里等，喀喇沁部落四品塔布囊鄂齐尔等食。

本日起居注官喇沙里、项景襄。

初二日庚辰 早，上御乾清门，听部院各衙门官员面奏政事。

少顷，上诣巩华城。

本日起居注官库勒纳、牛钮、王鸿绪。

初三日辛巳 未时，上回宫。

本日起居注官库勒纳。

初四日壬午 早，上御乾清门，听部院各衙门官员面奏政事。

辰时，上御弘德殿，讲官喇沙里、徐元文、张英进讲：孟子曰禹恶旨酒而好善言一章、孟子曰王者之迹熄而诗亡一章、孟子曰君子之泽一章。

本日起居注官喇沙里、李天馥。

初五日癸未 早，上御乾清门，听部院各衙门官员面奏政事。

本日起居注官徐元文、牛钮。

初六日甲申 早，上御乾清门，听部院各衙门官员面奏政事。

巳时，上诣太皇太后宫问安。

未时，上御保和殿，赐进贡喀尔喀部落阿海代青台吉遣来阿齐图达尔汉虾萨玛尔扎等食。

本日起居注官徐元文、库勒纳。

初七日乙酉　早，上御乾清门，听部院各衙门官员面奏政事。

辰时，上御弘德殿，讲官喇沙里、徐元文、张英进讲：孟子曰可以取可以无取取伤廉一章、逢蒙学射于羿一章、孟子曰西子蒙不洁一章。

巳时，上诣太皇太后宫问安。

本日起居注官喇沙里、叶方蔼。

初八日丙戌　早，上御乾清门，听部院各衙门官员面奏政事。

巳时，上诣太皇太后宫问安。

未时，上御保和殿，赐进贡乌朱穆秦部落车臣亲王苏达尼，柰曼部落多罗达尔汉郡王鄂齐尔，克什克屯部落都统阿毕达、四品台吉阿育西等，翁牛忒部落四品台吉沙金、一品塔布囊班第等食。

本日起居注官项景襄、牛钮。

初九日丁亥　早，上御乾清门，听部院各衙门官员面奏政事。

辰时，上御弘德殿，讲官喇沙里、徐元文、张英进讲：孟子曰天下之言性也一章。

巳时，上诣太皇太后宫问安。

本日起居注官库勒纳、王鸿绪。

初十日戊子　早，上御乾清门，听部院各衙门官员面奏政事。

本日起居注官喇沙里、张英。

十一日己丑　早，上御乾清门，听部院各衙门官员面奏政事。

本日起居注官李天馥、牛钮。

十二日庚寅　早，上御乾清门，听部院各衙门官员面奏政事。

辰时，上御弘德殿，讲官喇沙里、徐元文、张英进讲：公行子有子之丧一章、孟子曰君子所以异于人者以其存心也一章。

本日起居注官库勒纳、韩菼。

十三日辛卯　早，上御乾清门，听部院各衙门官员面奏政事。

辰时，上御弘德殿，讲官喇沙里、张英进讲：禹稷当平世一章、公都子曰匡章通国皆称不孝焉一章。

是日，赐赍表庆贺册立皇太子、加上太皇太后、皇太后徽号并进土物朝鲜国陪臣福善君李楠等鞍马、缎匹、银两、貂皮等物有差。

本日起居注官喇沙里、张英、王鸿绪。

十四日壬辰　上以有事南郊，斋戒不理政事。

巳时，上诣太皇太后宫问安。

本日起居注官叶方蔼、牛钮。

十五日癸巳　斋戒不理政事。

本日起居注官项景襄、库勒纳。

十六日甲午　早，上御太和殿，视冬至郊天祝版毕，回宫。

本日起居注官牛钮、王鸿绪。

十七日乙未　早，上躬诣祀天坛毕，回宫。

巳时，上诣太皇太后宫问安。酉时，上复诣太皇太后宫问安。

本日起居注官库勒纳、张英。

十八日丙申　早，上御乾清门，听部院各衙门官员面奏政事。

辰时，上诣太皇太后宫问安。午时，上复诣太皇太后宫问安。

未时，上御景山内前殿，赐进贡乌朱穆秦部落和硕车臣亲王苏达尼，柰曼部落辅国公格勒尔、二品台吉噶尔玛等，巴林部落淑慧固龙长公主下精奇尼哈番毕里克，翁牛忒部落三品台吉绰思哈布等，扎鲁特部落四品台吉阿南等，吴喇忒部落三品台吉阿苏等，驻扎归化城喇玛厄尔克鄂木布格龙等食。

申时，上复诣太皇太后宫问安。

本日起居注官李天馥、牛钮。

十九日丁酉　早，上御乾清门，听部院各衙门官员面奏政事。

巳时，上诣太皇太后宫问安。申时，上复诣太皇太后宫问安。

本日起居注官库勒纳、叶方蔼。

二十日戊戌　早，上御乾清门，听部院各衙门官员面奏政事。

辰时，上诣太皇太后宫问安。午时，上复诣太皇太后宫问安。申时，上复诣太皇太后宫问安。

本日起居注官喇沙里、项景襄。

二十一日己亥　早，上御乾清门，听部院各衙门官员面奏政事。

未时，上诣太皇太后宫问安。酉时，上复诣太皇太后宫问安。

本日起居注官牛钮、王鸿绪。

二十二日庚子　早，上御乾清门，听部院各衙门官员面奏政事。

辰时，上诣太皇太后宫问安。

本日起居注官库勒纳、张英。

二十三日辛丑　早，大设卤簿，上由午门出正阳门，进南苑大红门，驻跸西宫。

二十四日壬寅　上驻跸西宫。

二十五日癸卯　上驻跸东宫。

二十六日甲辰　上驻跸东宫。

二十七日乙巳　上驻跸东宫。

二十八日丙午　上驻跸东宫。

二十九日丁未　上驻跸东宫。

三十日戊申　未时，大设卤簿，上出大红门，由正阳门进午门，回宫。

扈从起居注官喇沙里。

十二月

初一日己酉　早，上御乾清门，听部院各衙门官员面奏政事。

本日起居注官叶方蔼、牛钮。

初二日庚戌　早，上御乾清门，听部院各衙门官员面奏政事。

辰时，上诣巩华城。

本日起居注官喇沙里、项景襄、牛钮。

初三日辛亥　酉时，上回宫。

是日，上自巩华城回，经过辅政大臣一等公索尼墓，遣内大臣觉罗塔达、一等侍卫衣都额真觉罗吴木want奠酒。

本日起居注官牛钮。

初四日壬子 早，上御乾清门，听部院各衙门官员面奏政事。

巳时，上诣太皇太后宫问安。

未时，上复御乾清门，赐进贡鄂尔多斯部落一品台吉阿尔他等、柰曼部落一品台吉吴尔土纳苏兔等、克什克屯部落三品台吉伊马克他等、吴喇忒部落四品台吉石达礼等、喀喇沁部落四品塔布囊杜拉儿等、翁牛忒部落四品台吉朵儿济等、阿霸垓部落四品台吉俄莫儿呼等食。

本日起居注官库勒纳、张英。

初五日癸丑 早，上御乾清门，听部院各衙门官员面奏政事。

本日起居注官喇沙里、韩菼。

初六日甲寅 早，上御乾清门，听部院各衙门官员面奏政事。

本日起居注官牛钮、张玉书。

初七日乙卯 早，上御乾清门，听部院各衙门官员面奏政事。

午时，上诣太皇太后、皇太后宫问安。

本日起居注官项景襄、库勒纳。

初八日丙辰 早，上御乾清门，听部院各衙门官员面奏政事。

本日起居注官叶方蔼、牛钮。

初九日丁巳 早，上御乾清门，听部院各衙门官员面奏政事。

本日起居注官库勒纳、王鸿绪。

初十日戊午 早，上御乾清门，听部院各衙门官员面奏政事。

巳时，上诣太皇太后、皇太后宫问安。

本日起居注官牛钮、张英。

十一日己未 早，上御乾清门，听部院各衙门官员面奏政事。

本日起居注官库勒纳、韩菼。

十二日庚申 早，上御乾清门，听部院各衙门官员面奏政事。

巳时，上诣太皇太后、皇太后宫问安。

本日起居注官牛钮、张玉书。

十三日辛酉 早，上御乾清门，听部院各衙门官员面奏政事。

本日起居注官库勒纳、叶方蔼。

十四日壬戌 早，上御乾清门，听部院各衙门官员面奏政事。

本日起居注官项景襄、牛钮。

十五日癸亥　早，上御乾清门，听部院各衙门官员面奏政事。

本日起居注官库勒纳、王鸿绪。

十六日甲子　早，上御乾清门，听部院各衙门官员面奏政事。

本日起居注官牛钮、张玉书。

十七日乙丑　早，上御乾清门，听部院各衙门官员面奏政事。

本日起居注官库勒纳、韩菼。

十八日丙寅　早，上御乾清门，听部院各衙门官员面奏政事。

本日起居注官牛钮、张英。

十九日丁卯　早，上御乾清门，听部院各衙门官员面奏政事。

巳时，上诣太皇太后宫问安。

本日起居注官库勒纳、沈荃。

二十日戊辰　早，上御乾清门，听部院各衙门官员面奏政事。

本日起居注官库勒纳、叶方蔼。

二十一日己巳　早，上御乾清门，听部院各衙门官员面奏政事。

本日起居注官项景襄、库勒纳。

二十二日庚午　早，上御乾清门，听部院各衙门官员面奏政事。

前进剿四川大兵班师回京。是日，上遣内大臣、侍卫等，于阵亡前锋统领胡里布以下至护军校、骁骑校俱着奠酒。又谕慰亡故将士妻、子。

本日起居注官库勒纳、王鸿绪。

二十三日辛未　早，上御乾清门，听部院各衙门官员面奏政事。

未时，上御保和殿，赐进贡科尔沁国一品台吉班第等、柰曼部落四品台吉达籁、土默特部落三品台吉沙里等、吴喇忒部落四品台吉朱尔扎哈等、阿霸垓部落四品台吉顾禄世希等、巴林部落四品台吉图木格等、喀喇沁部落四品塔布囊讷木齐、苏尼忒部落萨玛扎额驸王所属副都统精克等食。

本日起居注官库勒纳、张英。

二十四日壬申　早，上御乾清门，听部院各衙门官员面奏政事。

本日起居注官库勒纳、韩菼。

二十五日癸酉　早，上御乾清门，听部院各衙门官员面奏政事。

本日起居注官库勒纳、张玉书。

二十六日甲戌　早，上御乾清门，听部院各衙门官员面奏政事。

本日起居注官喇沙里、库勒纳、王鸿绪。

二十七日乙亥　早，上御中和殿，视祭太庙祝版毕，回宫。

少顷，上御乾清门，听部院各衙门官员面奏政事。

本日起居注官库勒纳、叶方蔼。

二十八日丙子　早，以岁暮，上躬诣太庙致祭毕，回宫。

少顷，上诣巩华城。申时，回宫。

本日起居注官项景襄、库勒纳。

二十九日丁丑　巳时，上诣太皇太后宫问安。午时，上诣皇太后宫问安。

本日起居注官喇沙里、沈荃。

康熙十六年　丁巳

正　月

初一日戊寅　早，上率诸王、贝勒、贝子、公等，内大臣、大学士、都统、尚书、精奇尼哈番、侍卫等，往堂子行礼毕，回宫。

辰时，率诸王、贝勒、贝子、公等，内大臣、大学士、都统、尚书、精奇尼哈番、侍卫等，诣太皇太后宫行礼，又诣皇太后宫行礼毕，回宫。

本日起居注官李天馥、库勒纳。

初二日己卯　本日起居注官库勒纳、韩菼。

初三日庚辰　巳时，上诣太皇太后、皇太后宫问安。

本日起居注官库勒纳、张玉书。

初四日辛巳　昧爽，上往祭孝陵。由东华门出朝阳门，驻跸蓟州东。

是日，在京王以下文武各官，俱集东华门外，分两翼跪送。通州坐粮厅郎中蔡必汉，通永道龚佳育等、副将许国璧等，三河县防守尉纳楞厄等、知县任塾等，蓟州知州余世进、游击管都司佥书事张惟南等来朝。

初五日壬午　上素服，率内大臣、侍卫、大学士、尚书、三品以上官员，自五洞桥各官下马，随驾至陵寝门外，分两翼侍立。上入陵寝门内行礼，各官在陵寝门外随行礼。举哀时，各官俱举哀。

是日，驻跸温泉遵化州城。守营游击赵国宾等、遵化州知州郑侨生等来朝。

初六日癸未　上驻跸温泉。

初七日甲申　早，上躬率内大臣、侍卫、大学士、尚书以下，三品以上官员，诣孝陵致祭。

驻跸温泉。

初八日乙酉　上以回京，率侍卫诣陵前举哀。

驻跸孙家庄西。

初九日丙戌 上驻跸蓟州城内。

初十日丁亥 申时，大设卤簿，上自朝阳门进东华门，诣太皇太后、皇太后宫问安毕，回宫。

是日，在京王以下文武各官，俱集东华门外，分两翼跪接。

扈从起居注官喇沙里。

十一日戊子 上以祭祈谷坛，斋戒三日，不理政事。

巳时，上诣太皇太后宫问安。

本日起居注官项景襄、库勒纳。

十二日己丑 本日起居注官库勒纳、张英。

十三日庚寅 早，上御太和殿，视祝版毕，回宫。

本日起居注官喇沙里、王鸿绪。

十四日辛卯 早，上诣大享殿，行祈谷礼毕，回宫。

本日起居注官李天馥、库勒纳。

十五日壬辰 早，上御乾清门，听部院各衙门官员面奏政事。

巳时，上诣太皇太后、皇太后宫问安。

本日起居注官喇沙里、张玉书。

十六日癸巳 早，上御乾清门，听部院各衙门官员面奏政事。

本日起居注官沈荃、库勒纳。

十七日甲午 早，上御乾清门，听部院各衙门官员面奏政事。

本日起居注官喇沙里、叶方蔼。

十八日乙未 早，上御乾清门，听部院各衙门官员面奏政事。

本日起居注官项景襄、库勒纳。

十九日丙申 早，上御乾清门，听部院各衙门官员面奏政事。

本日起居注官喇沙里、王鸿绪。

二十日丁酉 早，上御乾清门，听部院各衙门官员面奏政事。

未时，上御景山内前殿，赐进贡扎鲁特部落四品台吉毕礼克图、阿霸垓部落四品台吉滚出克等、四子部落四品台吉哈代等、苏尼忒部落四品台吉托博克等食。

本日起居注官库勒纳、张英。

二十一日戊戌　早，上御乾清门，听部院各衙门官员面奏政事。

本日起居注官喇沙里、李天馥。

二十二日己亥　早，上御乾清门，听部院各衙门官员面奏政事。

巳时，上诣太皇太后宫问安。

本日起居注官色冷、韩菼。

二十三日庚子　早，上御乾清门，听部院各衙门官员面奏政事。

巳时，上诣太皇太后、皇太后宫问安。

本日起居注官库勒纳、张玉书。

二十四日辛丑　早，上御乾清门，听部院各衙门官员面奏政事。

本日起居注官喇沙里、叶方蔼。

二十五日壬寅　早，上御太和殿视朝。文武升转官员谢恩毕，回宫。

少顷，御乾清门，听部院各衙门官员面奏政事。

辰时，上诣太皇太后宫问安。

本日起居注官色冷、张玉书。

二十六日癸卯　早，上御乾清门，听部院各衙门官员面奏政事。

本日起居注官陈廷敬、库勒纳。

二十七日甲辰　早，上御乾清门，听部院各衙门官员面奏政事。

巳时，上诣太皇太后宫问安。

本日起居注官喇沙里、项景襄。

二十八日乙巳　早，上御乾清门，听部院各衙门官员面奏政事。

本日起居注官色冷、王鸿绪。

二十九日丙午　早，上御乾清门，听部院各衙门官员面奏政事。

本日起居注官李天馥、库勒纳。

三十日丁未　早，上御中和殿，视祭社稷坛祝版毕，回宫。

少顷，御乾清门，听部院各衙门官员面奏政事。

巳时，上诣太皇太后、皇太后宫问安。

本日起居注官喇沙里、张英。

二　月

初一日戊申　早，上躬诣社稷坛致祭毕，回宫。

本日起居注官色冷、韩菼。

初二日己酉　早，上御乾清门，听部院各衙门官员面奏政事。

辰时，上诣巩华城。

本日起居注官喇沙里、库勒纳、张玉书。

初三日庚戌　酉时，上回宫。

本日起居注官库勒纳。

初四日辛未　早，上御乾清门，听部院各衙门官员面奏政事。

辰时，上诣太皇太后宫问安。

本日起居注官喇沙里、陈廷敬。

初五日壬子　早，上御乾清门，听部院各衙门官员面奏政事。

本日起居注官色冷、叶方蔼。

初六日癸丑　早，上御乾清门，听部院各衙门官员面奏政事。

未时，上御保和殿，赐进贡阿霸垓部落多罗郡王沙克沙僧格、二品台吉得木楚克，翁牛忒部落三品台吉毛海等，苏尼忒部落一品台吉毛等，巴林部落三品台吉鄂木布等，淑慧固龙长公主下一等护卫孟格雷，阿禄科尔沁国四品台吉阿拉纳等食。

本日起居注官库勒纳、王鸿绪。

初七日甲寅　早，上御乾清门，听部院各衙门官员面奏政事。

巳时，上诣太皇太后宫问安。

本日起居注官喇沙里、韩菼。

初八日乙卯　早，上率诸王、贝勒以下内大臣、大学士、都统、尚书、精奇尼哈番、侍卫等，庆贺太皇太后圣诞。礼毕，回宫。

巳时，上诣太皇太后宫问安。

本日起居注官李天馥、色冷。

初九日丙辰　早，上御乾清门，听部院各衙门官员面奏政事。

本日起居注官库勒纳、张英。

初十日丁巳　早，上御乾清门，听部院各衙门官员面奏政事。

本日起居注官喇沙里、张玉书。

十一日戊午　因慈和皇太后忌辰，不理政事。

巳时，上诣太皇太后、皇太后宫问安。

本日起居注官沈荃、库勒纳。

十二日己未　早，上御乾清门，听部院各衙门官员面奏政事。

巳时，上诣太皇太后宫问安毕，遂由午门出正阳门，进南苑大红门。驻跸西宫。

十三日庚申　上驻跸西宫。

是日，传谕随驾内大臣、侍卫、部院官员："南苑内雁鹜甚多，有欲取者，各听其便。"

十四日辛酉　上驻跸东宫。

十五日壬戌　上驻跸东宫。

十六日癸亥　上驻跸东宫。

十七日甲子　早，上幸晾鹰台大阅。是日，命镶黄旗、正白旗内府佐领下官员、护军、骁骑俱擐甲，于晾鹰台东，一行排列；鸟枪兵亦挨次排列台东，北向。上从晾鹰台北亲擐甲，命内大臣、侍卫、大学士、学士、起居注官俱各擐甲。上阅各官及兵丁军容，至晾鹰台，上擐甲御台。上命内大臣、侍卫、二旗官员及兵丁俱各上马，分列队伍，东西往来，鸣号徐行。

阅毕，众官兵排列发喊，向晾鹰台驰马，鸟枪兵齐发火器。阅毕，台下树侯，上擐甲，率内大臣、侍卫，马步各射四次。随命大学士、学士、起居注官及各官兵丁依次射。阅毕，上御晾鹰台黄幄，命内大臣、侍卫、大学士、学士、起居注官依次列坐，兵丁俱于台下，分旗列坐，赐宴毕，各散。

申时，上回东宫。

十八日乙丑　早，上命正黄旗内府佐领下官员护军、骁骑俱各擐甲，仍一行排列于晾鹰台东。上阅各官及兵丁军容，至晾鹰台，上御台。上命官员兵丁上马，分列队伍，东西往来，鸣号驰骤。

阅毕，上命台下树侯，率侍卫射，又命大学士、起居注官及护军、骁骑射毕，兵丁俱列坐台下，赐宴毕，各散。

是日，上出南苑大红门，由正阳门进午门。未时，回宫。

扈从起居注官喇沙里、色冷。

十九日丙寅　早，上御乾清门，听部院各衙门官员面奏政事。

本日起居注官库勒纳、王鸿绪。

二十日丁卯　早，上御乾清门，听部院各衙门官员面奏政事。

午时，上诣太皇太后宫问安。

本日起居注官色冷、张英。

二十一日戊辰　早，上御乾清门，听部院各衙门官员面奏政事。

本日起居注官喇沙里、李天馥。

二十二日己巳　早，上御乾清门，听部院各衙门官员面奏政事。

是日，学士喇沙里等将经筵讲章进呈御览。上阅毕，谕曰："此讲章内有固已覆载同功，乾坤合撰矣等语。太过，可改平常语。"

本日起居注官库勒纳、韩菼。

二十三日庚午　早，上御乾清门，听部院各衙门官员面奏政事。

本日起居注官色冷、张玉书。

二十四日辛未　早，上御乾清门，听部院各衙门官员面奏政事。

巳时，上诣太皇太后、皇太后宫问安。

本日起居注官喇沙里、沈荃。

二十五日壬申　早，上御乾清门，听部院各衙门官员面奏政事。

巳时，上诣太皇太后宫问安。

本日起居注官陈廷敬、库勒纳。

二十六日癸酉　早，上御乾清门，听部院各衙门官员面奏政事。

本日起居注官色冷、叶方蔼。

二十七日甲戌　早，上御乾清门，听部院各衙门官员面奏政事。

未时，上御景山内前殿，赐进贡苏尼忒部落多罗郡王萨木扎额驸、阿巴哈纳尔部落固山贝子都西夏布、喀尔喀部落二品台吉额尔格布西等、吴喇忒部落四品台吉白尔赫等、土默特部落一品塔布囊布彦图等、科尔沁国端贞固龙长公主来使毕礼克图等、归化城都统古木得等食。

本日起居注官喇沙里、张英。

二十八日乙亥　早，上御乾清门，听部院各衙门官员面奏政事。

辰时，上御保和殿举行经筵大典，讲官常鼐、王熙进讲《四书》博厚所以载物也一节；杜臻、库勒纳进讲《书经》惟皇上帝降衷于下民一节。

本日起居注官库勒纳、王鸿绪。

二十九日丙子　早，上御乾清门，听部院各衙门官员面奏政事。差往查审原任总河王光裕事侍郎折尔肯、副都御史金俊等请旨。命折尔肯等近前，上谕曰："河道关系重大，王光裕果于堤岸未曾修筑，汝等即行拟罪，勿致屈抑。"

辰时，上诣太皇太后宫问安。

本日起居注官李天馥、色冷。

三　月

初一日丁丑　早，上躬诣堂子致祭毕，回宫。

本日起居注官喇沙里、韩菼。

初二日戊寅　早，上御乾清门，听部院各衙门官员面奏政事。

少顷，上诣巩华城。

本日起居注官色冷、库勒纳、张玉书。

初三日己卯　申时，上回宫。

本日起居注官沈荃、色冷、库勒纳。

初四日庚辰　早，上御乾清门，听部院各衙门官员面奏政事。

辰时，上御弘德殿，讲官喇沙里、陈廷敬、张英进讲《通鉴纲目》周威烈王二十三年初命晋大夫为诸侯一章、初智宣子将以瑶为后一章。

巳时，上诣太皇太后、皇太后宫问安。

未时，上御保和殿，赐福建海澄总兵官黄蓝食毕，赐鞍马一匹。

本日起居注官喇沙里、韩菼。

初五日辛巳 早，上御太和殿视朝。文武升转官员谢恩，次进贡喀尔喀部落扎萨克墨勒根诺颜下诺尔布等行礼，赐茶毕，上回宫。

少顷，御乾清门，听部院各衙门官员面奏政事。

辰时，上御弘德殿，讲官喇沙里、陈廷敬、张英进讲《通鉴纲目》卫文侯使乐羊伐中山一章。

本日起居注官色冷、张玉书。

初六日壬午 早，上御乾清门，听部院各衙门官员面奏政事。

辰时，上御弘德殿，讲官喇沙里、陈廷敬、张英进讲《通鉴纲目》赵烈侯好音一章。

未时，上御景山内前殿，赐进贡喀尔喀部落墨勒根诺颜来使诺尔布食。

本日起居注官库勒纳、王鸿绪。

初七日癸未 早，上御乾清门，听部院各衙门官员面奏政事。

本日起居注官喇沙里、张英。

初八日甲申 早，上御乾清门，听部院各衙门官员面奏政事。

辰时，上御弘德殿，讲官喇沙里、陈廷敬、张英进讲《通鉴纲目》安王十五年，魏吴起奔楚一章。

申时，上诣太皇太后宫问安。

本日起居注官色冷、蔡启僔。

初九日乙酉 早，上御乾清门，听部院各衙门官员面奏政事。

辰时，上御弘德殿，讲官喇沙里、陈廷敬、张英进讲《通鉴纲目》烈王六年，齐侯封即墨大夫一章。讲毕，上召学士喇沙里等，谕曰："览尔等所进讲章甚为精详，实于学问政事大有裨益。"

巳时，上诣太皇太后宫问安。

本日起居注官李天馥、库勒纳。

初十日丙戌 早，上御乾清门，听部院各衙门官员面奏政事。

本日起居注官喇沙里、叶方蔼。

十一日丁亥 早，上御乾清门，听部院各衙门官员面奏政事。

辰时，上御弘德殿，讲官喇沙里、陈廷敬、张英进讲：曾子居武城有越寇一章。

未时，上御保和殿，赐湖广总兵官万正色食毕，赐鞍马一匹。

本日起居注官色冷、王鸿绪。

十二日戊子　早，上御乾清门，听部院各衙门官员面奏政事。

辰时，上御弘德殿，讲官喇沙里、陈廷敬、张英进讲：储子曰王使人瞯夫子一章。讲毕，上谕曰："朕记尔等前奏，讲书时，有应询问处或欲覆讲处，随意酌行。"学士喇沙里等奏曰："诚有之。"上又曰："讲书务求实学，若不询问、覆讲，则进益与否，何由得知？今后朕有欲覆讲处，当使尔等共闻之。"喇沙里等回奏曰："臣等朝夕侍从讲幄，久窥圣学高深。今皇上仍欲询问、覆讲，益见勤学下问之意。"

本日起居注官库勒纳、韩菼。

十三日己丑　早，上御乾清门，听部院各衙门官员面奏政事。

辰时，上御弘德殿，讲官喇沙里、陈廷敬、张英进讲《通鉴纲目》显王八年卫公孙鞅入秦一章。

巳时，上命大学士索额图、尚书明珠，召镶白旗兵部尚书色塞黑，副都统吴丹及显亲王、温郡王下长史、办理府务护卫等官员，至乾清门候谕旨。尚书色塞黑、副都统吴丹及显亲王下长史马齐、办理府务佐领达席贤，温郡王下长史鄂乐、办理府务一等护卫郭布博济等既至，上御门，谕色塞黑等曰："朕观数年以来，镶白旗盗贼、光棍、匪人甚多。凡此妄行之人，皆因该管官不豫行晓谕严禁，听其陷于法网，故无知愚民自投死地。且某旗好尚何事，则一旗之人皆尤而效之；某族中好尚何事，则一族之人皆尤而效之。种种陋习，罔不渐染。尔等系此旗官员，各有管辖教训之职，嗣后须晓谕严禁，务令盗贼、棍徒永行禁止。至于所属之人，因其主幼小，遂尔藐视，恣行非辟，此皆尔大臣众官不行严禁之故。嗣后尔等宜各敬其主，竭力料理委任之事。至用人宜选任贤能，今每各以所分属互相争竞，并不选用堪任贤能。嗣后勿论分属之人，惟当选择贤能委用。"

午时，上诣太皇太后宫问安。

本日起居注官喇沙里、张英。

十四日庚寅　早，上御乾清门，听部院各衙门官员面奏政事。

辰时，上御弘德殿，讲官喇沙里、陈廷敬、张英进讲：十四年齐魏会田于郊一章、十八年韩以申不害为相一章。

讲毕，又召学士喇沙里、侍讲学士张英至懋勤殿，命英讲《中庸》致中和一节及《西铭》大义。讲毕，上谕喇沙里等曰："治道在崇儒雅，前有旨，着翰林官将所作诗赋词章及真行草书不时进呈。后因吴逆反叛，军事倥偬，遂未进呈。今四方渐定，正宜修举文教之时，翰林官有愿将所作诗赋词章及真行草书进呈者，着不时陆续送翰林院进呈。"谕毕，于懋勤殿赐喇沙里等食。

本日起居注官陈廷敬、色冷。

十五日辛卯　早，上御太和殿视朝。文武升转官员谢恩，次进贡喀尔喀部落土谢图汗来使鄂齐尔、额尔得尼伊尔登诺颜来使车臣卓礼克图等行礼，赐茶毕，回宫。

少顷，御乾清门，听部院各衙门官员面奏政事。

巳时，上诣太皇太后宫问安。

本日起居注官库勒纳、张玉书。

十六日壬辰　早，上御乾清门，听部院各衙门官员面奏政事。

本日起居注官喇沙里、蔡启僔。

十七日癸巳　早，上御乾清门，听部院各衙门官员面奏政事。

巳时，上诣太皇太后、皇太后宫问安。

本日起居注官色冷、叶方蔼。

十八日甲午　早，万寿节，上率诸王、贝勒、文武大臣诣太皇太后宫行礼，次诣皇太后宫，行礼毕，回宫。

申时，上复诣太皇太后宫问安。

本日起居注官陈廷敬、库勒纳。

十九日乙未　早，上御乾清门，听部院各衙门官员面奏政事。

是日，学士喇沙里将翰林官所作诗文进呈，奉旨："着进懋勤殿。"皇上将所进诗文亲自译读，又讲论汉文。复命喇沙里书汉字呈览，以御笔临苏轼楷书手卷一轴赐之。

本日起居注官喇沙里、韩菼。

二十日丙申　早，上御乾清门，听部院各衙门官员面奏政事。

本日起居注官色冷、张玉书。

二十一日丁酉　早，上御乾清门，听部院各衙门官员面奏政事。

本日起居注官库勒纳、王鸿绪。

二十二日戊戌　早，上御乾清门，听部院各衙门官员面奏政事。

本日起居注官喇沙里、张英。

二十三日己亥　早，上御乾清门，听部院各衙门官员面奏政事。

辰时，上御弘德殿，讲官喇沙里、陈廷敬、张英进讲：齐人有一妻一妾一章、《通鉴纲目》二十三年卫贬号曰侯一章。

本日起居注官色冷、蔡启僔。

二十四日庚子　早，上御乾清门，听部院各衙门官员面奏政事。

辰时，上御弘德殿，讲官喇沙里、陈廷敬、张英进讲：万章问曰舜往于田一章。

本日起居注官库勒纳、叶方蔼。

二十五日辛丑　早，上御乾清门，听部院各衙门官员面奏政事。

辰时，上御弘德殿，讲官喇沙里、陈廷敬、张英进讲：帝使其子九男二女三节、万章问曰诗云娶妻如之何一章、万章问曰父母使舜完廪一章、万章问曰象日以杀舜为事一章、咸丘蒙问曰语云盛德之士一章。

巳时，上诣太皇太后、皇太后宫问安。

本日起居注官喇沙里、沈荃。

二十六日壬寅　早，上御乾清门，听部院各衙门官员面奏政事。

本日起居注官陈廷敬、色冷。

二十七日癸卯　早，上御乾清门，听部院各衙门官员面奏政事。

本日起居注官库勒纳、张英。

二十八日甲辰　早，上御乾清门，听部院各衙门官员面奏政事。

本日起居注官喇沙里、张玉书。

二十九日乙巳　早，上御乾清门，听部院各衙门官员面奏政事。

本日起居注官色冷、韩菼。

三十日丙午　早，上御中和殿，视享太庙祝版毕，回宫。

少顷，御乾清门，听部院各衙门官员面奏政事。

本日起居注官库勒纳、王鸿绪。

四　月

初一日丁未　早，上以孟夏，躬诣太庙致祭毕，回宫。

本日起居注官喇沙里、蔡启僔。

初二日戊申　早，上御乾清门，听部院各衙门官员面奏政事。

辰时，上诣巩华城。

本日起居注官库勒纳、叶方蔼、牛钮。

初三日己酉　酉时，上回宫。

本日起居注官牛钮，韩菼。

初四日庚戌　早，上御乾清门，听部院各衙门官员面奏政事。

本日起居注官喇沙里、张玉书。

初五日辛亥　早，上御乾清门，听部院各衙门官员面奏政事。

辰时，上诣太皇太后宫问安。申时，上复诣太皇太后宫问安。

本日起居注官沈荃、库勒纳。

初六日壬子　早，上御乾清门，听部院各衙门官员面奏政事。

辰时，上御弘德殿，讲官喇沙里、陈廷敬、叶方蔼进讲：孝子之至二节、万章曰尧以天下与舜六节、舜相尧二十有八载二节、万章问曰人有言至于禹二节、匹夫而有天下者五节、万章问曰人有言伊尹以割烹要汤三节。讲毕伊尹以割烹要汤，讲章内有伊尹之在有莘，诸葛亮之在隆中，惟其处而无求，所以出而能任等语。

讲毕，上问曰："诸葛亮可比伊尹否？"廷敬对曰："此一章书是论人臣出处之正。三代以下，亮之出处最正，所以比之伊尹。"上曰："伊尹圣之任者也，以其君为尧舜之君，亮能之否？"廷敬对曰："先儒谓亮有王佐之才，亮虽不及伊尹，然其学术亦自正大。后世如此等人才诚不易得。但其所遇之时势不同，所以成就不及伊尹。"上曰："然。"

巳时，上诣太皇太后宫问安。

未时，上御景山内前殿，赐进贡科尔沁国王鄂齐尔、吴喇忒部落四品台吉俄齐儿等、翁牛忒部落三品台吉宁布等、克什克屯部落二品台吉巴苏泰等、阿巴哈纳尔部落四品台吉马西等食。

申时，上复诣太皇太后宫问安。

本日起居注官色冷、叶方蔼。

初七日癸丑　早，上御乾清门，听部院各衙门官员面奏政事。

辰时，上御弘德殿，讲官喇沙里、陈廷敬、叶方蔼进讲：汤三使往聘之三节。

巳时，上诣太皇太后宫问安。午时，上复诣太皇太后宫问安。

本日起居注官喇沙里、蔡启僔。

初八日甲寅　早，上御乾清门，听部院各衙门官员面奏政事。

辰时，上御弘德殿，讲官喇沙里、陈廷敬、叶方蔼进讲：未闻枉己三节。

巳时，上诣太皇太后、皇太后宫问安。

本日起居注官陈廷敬、库勒纳。

初九日乙卯　早，上御乾清门，听部院各衙门官员面奏政事。

辰时，上御弘德殿，讲官喇沙里、陈廷敬、叶方蔼进讲：万章问曰或谓孔子于卫一章。

巳时，上诣太皇太后宫问安。

本日起居注官色冷、王鸿绪。

初十日丙辰　早，上御乾清门，听部院各衙门官员面奏政事。

辰时，上御弘德殿，讲官喇沙里、陈廷敬、叶方蔼进讲：万章问曰或曰百里奚一章、孟子曰伯夷目不视恶色一章、柳下惠不羞污君一节、孟子曰伯夷圣之清者也一章。

讲毕，上谕喇沙里："尔可同詹事沈荃于乾清门候召。"少顷，传入懋勤殿，命荃书"忠孝"二大字及"正大光明"四字行书一幅。上览毕，复亲书"忠孝"二大字。喇沙里等出，赐茶。又传谕沈荃："尔在御前作书，未免拘束，可于私寓写大小字数张进呈，朕将览焉。"

巳时，上诣太皇太后宫问安。

未时，上诣巩华城。

本日起居注官喇沙里、沈荃、库勒纳。

十一日丁巳 午时，上回宫。

本日起居注官库勒纳、王鸿绪。

十二日戊午 早，上御乾清门，听部院各衙门官员面奏政事。光禄寺卿郭丽等请旨随驾备办上用食物，因召郭丽等至前，谕之曰："尔衙门一应内供食物，皆关系钱粮，如买办物件，能详确估计，务从节俭，则一年之内，可省数万金。今后尔衙门大小各官，一应买办之物，估价时必须细加核算。"郭丽等奏云："臣等荷蒙皇上任用鸿恩，敢不尽心确核，以副圣意。"

辰时，上传谕讲官喇沙里、陈廷敬、叶方蔼曰："今日政务繁多，可少候进讲。"

有顷，上复御乾清门，引见科尔沁国卓礼克图亲王，谕之曰："尔国内人民宜加抚恤，尔能驭之以恩，则臣下自竭忠尽力；若但以威制之，则人皆解体，不乐效用。"谕毕，赐茶。

因遣人赐讲官茶，复传谕："今日事虽繁，事毕仍进讲。"上还宫。良久，复传谕讲官："欲事毕仍令进讲，一时料理未完，今日且暂停讲。"

巳时，上诣太皇太后宫问安。

本日起居注官色冷、韩菼。

十三日己未 早，上御乾清门，听部院各衙门官员面奏政事。

辰时，上御弘德殿，讲官喇沙里、陈廷敬、叶方蔼进讲：北宫锜问曰五节、大国地方百里四节、万章问曰敢问友一章。

是日，詹事沈荃以所书大小字遵旨进呈，命喇沙里偕荃至懋勤殿。上览毕，称善，俱留中。

本日起居注官牛钮、张玉书。

十四日庚申 早，上御乾清门，听部院各衙门官员面奏政事。

辰时，上御弘德殿，讲官喇沙里、陈廷敬、叶方蔼进讲：万章问曰敢问交际何心也四节。方展书，上谕曰："朕先亲讲一次，然后进讲。"讲官拱立听讲。讲毕，喇沙里等奏曰："皇上天语朗彻，义理晓畅，足征圣学高深，非臣等所能仰窥万一。恭听之下，臣等不胜欣庆。"

"昭武通宝"铜钱

康熙十七年（1678年）三月一日，吴三桂称帝，宣布改元"昭武"，以衡州为都城，改名定天府。制新历，铸造新币"昭武通宝"。

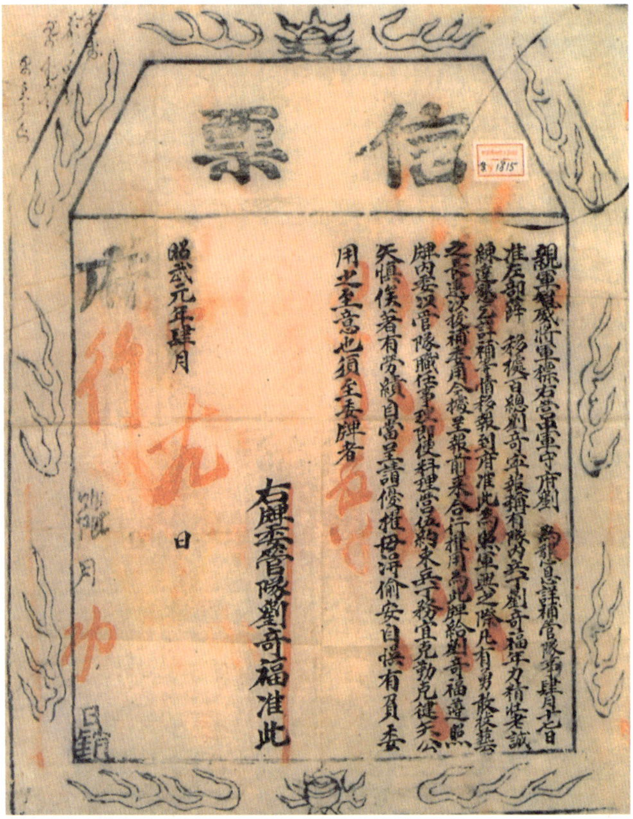

吴三桂颁发的信票

此图是吴三桂于康熙十七年（1678年）四月为提拔士兵刘奇福升官所发的信票。

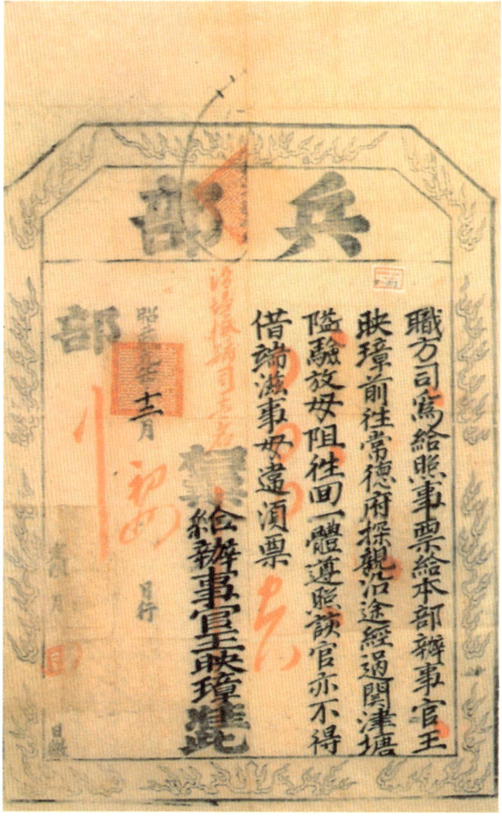

兵部

職方司爲給照事票給本部辦事官王
映璋前往常德府探親沿途經過關津塘
隘驗放毋阻往回一體遵照該官亦不得
借端滋事毋違須票
給辦事官王映璋準此

部

十二月

吴三桂颁发的兵部票

此图是吴三桂于康熙十七年（1678年，昭武元年）十二月，为下属王映璋返乡探亲所发的兵部票。

"靖南王章"印文

耿仲明（1604—1649年），字云台，辽东盖州（今辽宁盖县）人，原为明登州参将，后归降后金。顺治元年（1644年）随清军入关，平定中原功勋卓著，受封靖南王。此方印信就是平定三藩后，被籍没入官的。

"精忠"印文

耿精忠（？—1682年），耿继茂长子，康熙十年（1671年）袭王爵，驻镇福建。康熙十三年，举兵附和吴三桂，并迅速占据福建全境与浙江、江西、广东、安徽等地区。但是，随着清军节节胜利，耿精忠最终势穷降清，随军进剿郑经。三藩乱平后，被清廷磔死于京师。此方印信是平定三藩后，被籍没入官的。

"尚之信印"印文

尚之信（1636—1680年），字德符，号白岩，平南王尚可喜长子。康熙十年（1671年）起，佐理平南王军事。康熙十五年，他趁老父病重之机，发动兵变，篡夺军权，投靠吴三桂。为了保存实力，据兵广州，坐山观虎斗。次年，以吴三桂日显败势而降清。康熙十九年，其护卫揭发谋叛罪，被赐死于京师。

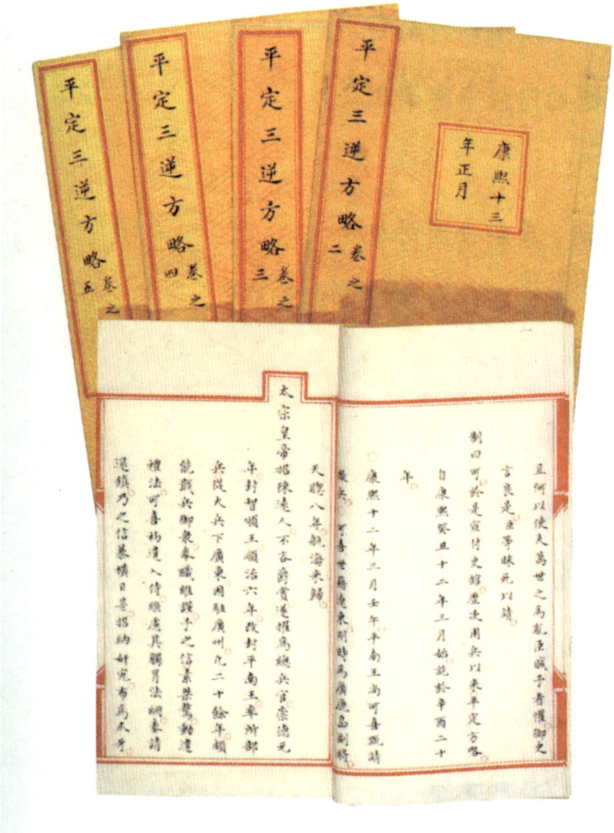

平定三逆方略

《平定三逆方略》是大学士勒德洪等人于康熙二十一年（1682年）奉敕编撰，记述平定吴三桂、尚之信、耿精忠三藩叛乱的进程。

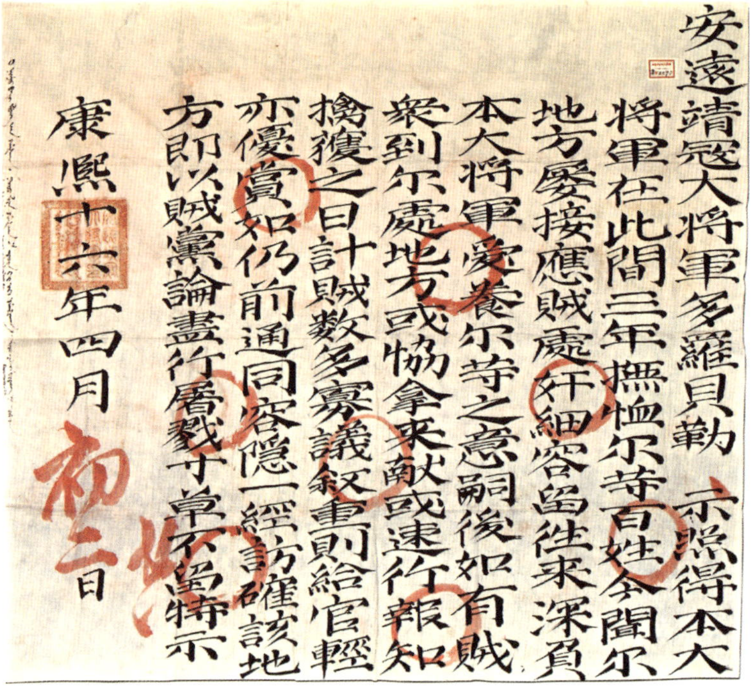
安遠靖寇大將軍多羅貝勒　示照得本大
將軍在此閩三年撫恤爾等百姓今聞爾
地方屢接應賊處奸細容留往來深負
本大將軍愛養爾等之意嗣後如有賊
衆到爾處地方或協拿來獻或速行報知
擒獲之日計賊數多寡議敘重則給官輕
亦優賞知仍前通同容隱一經訪確該地
方即以賊黨論盡行屠戮寸草不留特示
康熙十六年四月初二日

安民告谕

此为“平定三藩”时期，安远靖寇大将军多罗的安民告示。

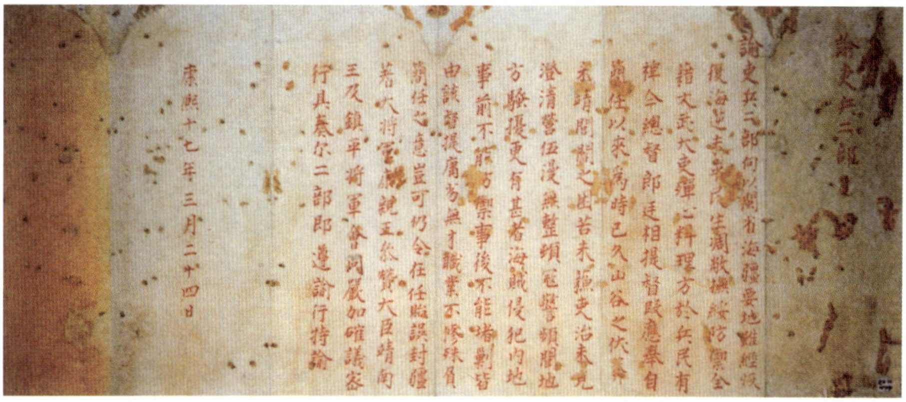
諭吏兵二部何以閩省海疆要地難經叛
後海逆未靖民生凋敝撫綏防禦全
賴文武大吏殫心料理方於兵民有
裨今總督郎廷相提督段應舉自
蒞任以來為時已久山谷之伏莽
未靖閭閻之凶苦未蘇吏治未見
澄清營伍漫無整頓厄警頻聞地
方驗援更有甚者海賊侵犯內地
事前不能方禦事後不能堵剿皆
由該督提庸劣無才職業不修殊負
簡任之意豈可仍令在任貽誤封疆
著大將軍康親王參贊大臣靖南
王及鎮平將軍會同嚴加確議容
行具奏爾二部即遵諭行特諭
康熙十七年三月二十四日

整饬海疆朱谕

康熙十五年（1676年），郎廷相（？—1688年）任福建总督，率部平定耿精忠叛乱。因用兵台湾不力，康熙下朱谕免去其职，并指派康亲王杰书等共同整饬海疆。

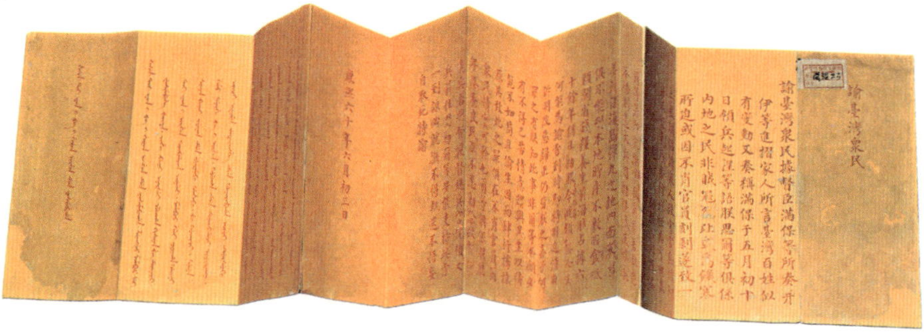
諭臺灣眾民

諭臺灣眾民據督臣滿保等所奏

有變動又奏稱滿保于五月初十

日領兵起程等語朕思爾等俱係

内地之民非賊

所迫或因不肖官員剋剝遂致一

康熙六十年六月初三日

平定台湾之朱谕

康熙六十年六月初三日。此件为康熙皇帝为台湾百姓闹事一案下发的朱谕。谕中一面令总督满保暂停用兵镇压，一面劝导百姓不要受贼寇引诱，执迷不悟，妄自取死，否则将派兵前往围剿。

《台湾风俗图》之一

清人绘。绢本，设色。纵39厘米，横41.7厘米。故宫博物院藏。

《台湾风俗图》之二

《台湾风俗图》之三

《台湾风俗图》之四

《台湾风俗图》之五

《台湾风俗图》之六

巳时，上诣太皇太后宫问安。

本日起居注官陈廷敬、库勒纳。

十五日辛酉　卯时，上诣太皇太后、皇太后宫问安毕，由午门出正阳门，进南苑大红门，至霸州，驻跸城南。

是日，永清县知县万一鼐、永清营守备杨守才，霸州驻防防守尉拜山、防御品级折贝、游击李夔龙、州判高荣来朝。

十六日壬戌　上驻跸雄县赵北口。是日，雄县驻防防守尉大因达里、防御品级色勒、知县谢櫑龄来朝。

十七日癸亥　上驻跸赵北口。

十八日甲子　上回銮，驻跸霸州城南。

十九日乙丑　上驻跸南哥奕。

二十日丙寅　上进南苑南红门，驻跸东宫。

二十一日丁卯　上驻跸东宫。

二十二日戊辰　上驻跸东宫。

二十三日己巳　午时，上出南苑大红门，由正阳门进午门，诣太皇太后、皇太后宫问安毕，回宫。

扈从起居注官喇沙里。

二十四日庚午　早，上御乾清门，听部院各衙门官员面奏政事。

辰时，上御弘德殿，讲官喇沙里、陈廷敬、叶方蔼进讲：曰今之诸侯取之于民也三节。

本日起居注官色冷、张玉书。

二十五日辛未　早，上御乾清门，听部院各衙门官员面奏政事。

辰时，上御弘德殿，讲官喇沙里、陈廷敬、叶方蔼进讲：孟子曰仕非为贫也一章、万章曰士之不托诸侯何也四节。

是日，上亲撰太皇太后大德景福颂，书锦屏恭进。词曰："恭惟圣祖母太皇太后，躬备圣德，天锡纯禧。作配我太宗文皇帝，内庭翼赞，肇造邦家。诞育我世祖章皇帝，瑞应昌期，抚绥函夏。爰及小子，缵承基绪，十有六载，恩勤鞠育，莫罄名言，训迪弘深，难于殚述。盖皇天眷佑我国家，笃生圣哲，母仪后昆，以为积庆凝祥之本，猗欤盛哉！启百代之鸿图，树千秋之懿则，备累朝之孝养，极四海之尊亲。德福兼隆，康宁寿考，旷古以来，未有若我太皇太后之盛者也。日侍慈闱，钦瞻懿范，戴天地而莫能穷其高厚，仰日月而莫能绘其光华。顾念罔极深恩，敢辞固陋，敬飏万一，冀展微忱。爰拜手稽首而献颂曰：天开景祚，运际庞鸿。太祖启宇，嗣以太宗。文武神圣，帝业光融。惟圣祖母，大德媲隆。纯仁至孝，克俭允恭。茂修内治，佐厥成功。迨我皇考，诞膺天禄。冲睿乘乾，海宇宾服。允赖圣慈，劬劳顾复。式训宽仁，垂型雍肃。德洽万邦，恩流九族。以天下养，奄受多福。越予小子，大业祗承。帡幪启佑，仰戴慈宁。仁如天覆，静比坤贞。弘纲大政，懿训是程。勉以怀保，惕以励精。孙谋宏远，壸教光亨。溥爱宣慈，秉礼度义。端庄诚一，万善咸备。穆处深宫，含弘庶类。德化殷流，惠风遐暨。显号鸿名，昭垂后嗣。宝册腾辉，瑶编纪瑞。圣人之配，诞生圣人。古惟太姒，今兹比伦。寿祺正茂，休祉骈臻。本支百世，子姓绳振。庆延家国，光被臣民。亿万斯年，景祜常新。”

本日起居注官李天馥、牛钮。

二十六日壬申 早，上御乾清门，听部院各衙门官员面奏政事。

本日起居注官库勒纳、韩菼。

二十七日癸酉 早，上御乾清门，听部院各衙门官员面奏政事。

辰时，上御弘德殿，讲官喇沙里、陈廷敬、叶方蔼进讲：曰敢问国君欲养君子二节、万章曰敢问不见诸侯何义也四节。

本日起居注官色冷、王鸿绪。

二十八日甲戌 早，上御乾清门，听部院各衙门官员面奏政事。

巳时，上诣太皇太后、皇太后宫问安。

本日起居注官沈荃、牛钮。

二十九日乙亥 早，上御乾清门，听部院各衙门官员面奏政事。

辰时，上御弘德殿，讲官喇沙里、陈廷敬、叶方蔼进讲：齐景公田五节。

本日起居注官叶方蔼、库勒纳。

五　月

初一日丙子　早，上御乾清门，听部院各衙门官员面奏政事。

辰时，上御弘德殿，讲官喇沙里、陈廷敬、叶方蔼进讲：孟子谓万章曰一乡之善士一章。

本日起居注官喇沙里、张玉书。

初二日丁丑　早，上御乾清门，听部院各衙门官员面奏政事。

辰时，上御弘德殿，讲官喇沙里、陈廷敬、叶方蔼进讲：齐宣王问卿一章。巳时，上诣巩华城。

本日起居注官陈廷敬、色冷、牛钮。

初三日戊寅　巳时，上回宫。

本日起居注官牛钮、蔡启僔。

初四日己卯　早，上御乾清门，听部院各衙门官员面奏政事。

辰时，上御弘德殿，讲官喇沙里、陈廷敬、叶方蔼先进讲：告子曰性犹杞柳也一章毕，再进讲：告子曰性犹湍水也一章。方展书，上谕曰："朕将此章书试讲，汝等听之。"喇沙里等拱立竦听。上玉音朗然，文义晓畅。讲完，廷敬仍进讲性犹湍水也一章毕，俱出。

午时，上移驻瀛台，命自明日起，各部院衙门奏章俱送内阁。

本日起居注官李天馥、库勒纳。

初五日庚辰　本日起居注官牛钮、韩菼。

初六日辛巳　本日起居注官喇沙里、王鸿绪。

初七日壬午　本日起居注官沈荃、色冷。

初八日癸未　未时，上诣太皇太后宫问安毕，回宫。

本日起居注官库勒纳、叶方蔼。

初九日甲申　早，上御乾清门，听部院各衙门官员面奏政事。

辰时，上御弘德殿，讲官喇沙里、陈廷敬、叶方蔼进讲：告子曰生之谓性一章。

巳时，上诣太皇太后、皇太后宫问安。

本日起居注官牛钮、王鸿绪。

初十日乙酉 早，上御乾清门，听部院各衙门官员面奏政事。

辰时，上御弘德殿，讲官喇沙里、陈廷敬、叶方蔼进讲：告子曰食色性也一章。

未时，上御保和殿，赐进贡鄂尔多斯部落多罗郡王索讷木、多罗贝勒达尔扎、二品台吉奔苏克等食。

申时，上诣太皇太后宫问安。

本日起居注官陈廷敬、色冷。

十一日丙戌 本日起居注官李天馥、库勒纳。

十二日丁亥 早，上御乾清门，听部院各衙门官员面奏政事。

辰时，上御弘德殿，讲官喇沙里、陈廷敬、叶方蔼进讲：孟季子问公都子曰一章。上亲讲毕，讲官照常进讲。谕学士喇沙里等曰："朕自今后，每日诵《四书》大字毕，讲官将讲章自此一章书下讲起。至讲解之处，随朕意。欲讲时，朕为亲讲。"

申时，召喇沙里、沈荃至懋勤殿，谕曰："朕昨幸香山寺，登来青轩，俯视京城，历历在目，因题'普照乾坤'四字，汝可识年月，并记数语。"荃奉旨，恭跋而出。

本日起居注官沈荃、库勒纳。

十三日戊子 早，上御乾清门，听部院各衙门官员面奏政事。

辰时，上御弘德殿，讲官喇沙里、陈廷敬、叶方蔼进讲：公都子曰告子曰性无善无不善一章。上亲讲毕，讲官照常进讲。

未时，上御保和殿，赐进贡鄂尔多斯部落多罗郡王索讷木、多罗贝勒达尔扎、二品台吉奔苏克等食。

本日起居注官牛钮、韩菼。

十四日己丑 早，上御乾清门，听部院各衙门官员面奏政事。

辰时，上御弘德殿，讲官喇沙里、陈廷敬、叶方蔼进讲：孟子曰富岁子弟多赖三节。上亲讲毕，讲官照常进讲。

巳时，上诣太皇太后宫问安。

本日起居注官色冷、叶方蔼。

十五日庚寅　早，上御太和殿视朝。文武升转官员谢恩毕，回宫。

少顷，御乾清门，听部院各衙门官员面奏政事。

巳时，上诣太皇太后宫问安。

本日起居注官喇沙里、张英。

十六日辛卯　早，上御乾清门，听部院各衙门官员面奏政事。

辰时，上御弘德殿，讲官喇沙里、陈廷敬、叶方蔼、张英进讲：故龙子曰不知足而为屦五节。上亲讲毕，讲官照常进讲。

未时，上复御乾清门，赐福建提督水师、太子太保、一等公黄芳世食毕，命一等侍卫、衣都额真郎覃传谕芳世曰："尔叔海澄公黄梧全家尽节，报答朝廷，其功最大。以后凡遇恩赏，当与在内大臣一体均沾；遣人问安，与在外藩王一体，着衣都额真转奏。"芳世奏曰："臣叔当国家有事之时，捐躯尽节，乃人臣分所当然。今臣又蒙皇上高厚之恩，惟有尽心竭力，以图报效而已。"

申时，上诣太皇太后宫问安。

本日起居注官牛钮、蔡启僔。

十七日壬辰　早，上御乾清门，听部院各衙门官员面奏政事。

辰时，上御弘德殿，讲官喇沙里、陈廷敬、叶方蔼、张英进讲：孟子曰牛山之木常美矣一章。上亲讲毕，讲官照常进讲。

是日，赐海澄公黄芳世鞍马一匹、蟒缎朝服一领、弓箭撒袋一副。

本日起居注官陈廷敬、库勒纳。

十八日癸巳　早，上御乾清门，听部院各衙门官员面奏政事。

辰时，上御弘德殿，讲官喇沙里、陈廷敬、叶方蔼、张英进讲：孟子曰无或乎王之不智也一章、孟子曰仁人心也一章。上亲讲毕，讲官照常进讲。上曰："君子进则小人退，小人进则君子退，君子小人势不并立。"廷敬对曰："自古以来，治日常少而乱日常多者，皆由于疏正人、亲小人之故。"上又曰："孟子所谓一暴十寒，于进君子退小人、亲贤远佞之道，最为透彻。人君诚不可不知。"沙里对曰："皇上圣明，洞见及此，真足为万世之法也。"

本日起居注官沈荃、色冷。

十九日甲午 上因有事于方泽，斋戒三日，不理政事。

巳时，上诣太皇太后宫问安。

是日，上谕大学士索额图，尚书明珠、阿木虎郎，内大臣奇塔特曰："厄鲁特部落鄂齐尔图车臣汗与噶尔当台吉向俱行进贡，今噶尔当台吉与鄂齐尔图车臣汗内自相残，噶尔当台吉攻破鄂齐尔图车臣汗，以阵获刀弓等物来献，若竟收纳，朕心不忍，可止收其常贡之物。将此旨传谕来使。"

本日起居注官喇沙里、王鸿绪。

二十日乙未 申时，召侍读牛钮至懋勤殿，命讲《大学》秦誓曰若有一个臣一节、《中庸》诗曰奏假无言一节。

讲毕，命写字。钮书五言唐诗一首。上览毕，亲洒宸翰，草书唐诗绝句一首。问钮年几何。钮对曰："臣年三十岁。"上谕曰："尔少年日侍词苑，学问人品须求上达，必先正心术。静而存养，动而省察，方是实功。"钮奏曰："臣一介草茅，荷蒙圣训，敢不益端趋向，强勉进修，仰答高厚。"于是赐茶，出。

本日起居注官李天馥、牛钮。

二十一日丙申 早，上御中和殿，视祀方泽坛祝版毕，回宫。

未时，上诣太皇太后、皇太后宫问安。

本日起居注官库勒纳、韩菼。

二十二日丁酉 早，上以夏至，躬诣方泽坛致祭毕，回宫。

巳时，上诣太皇太后宫问安。酉时，上复诣太皇太后宫问安。

本日起居注官喇沙里、叶方蔼。

二十三日戊戌 早，上御乾清门，听部院各衙门官员面奏政事。

辰时，上御弘德殿，讲官喇沙里、陈廷敬、叶方蔼、张英进讲：孟子曰今有无名之指一章、孟子曰拱把之桐梓一章。上亲讲毕，讲官照常进讲。

未时，上诣太皇太后宫问安。

本日起居注官色冷、张英。

二十四日己亥 早，上御乾清门，听部院各衙门官员面奏政事。

辰时，上御弘德殿，讲官喇沙里、陈廷敬、叶方蔼、张英进讲：孟子曰人之于身也一章。上亲讲毕，讲官照常进讲。

詹事沈荃进呈奉旨草书《千字文》、《百家姓》，学士喇沙里率同启奏。上览毕，将御书汉字二幅赐荃。令喇沙里传谕曰："朕素好翰墨，以尔善于书法，故时令书写各体，备朕摹仿玩味。今将朕所书之字赐汝，非以为佳，但以摹仿尔字，故赐汝观之，果相似否。"荃奏曰："臣任外吏有年，书法甚为生疏，每奉旨命书，臣皆勉强缮写进呈。今不意皇上殊恩，将御书颁赐，臣获恭亲宸翰，精妙已极，实由天纵。臣书陋劣，何堪上尘御览。钦捧皇上御笔，非但臣一身感戴，传之子孙，永荷皇恩于不朽矣！"随谢恩出。

本日起居注官牛钮、蔡启僔。

二十五日庚子 早，上御太和殿视朝。文武升转官员谢恩，次进贡喀尔喀部落巴图尔台吉来使沙布塔儿等三十五人行礼，赐茶毕，回宫。

少顷，御乾清门，听部院各衙门官员面奏政事。

辰时，上御弘德殿，讲官喇沙里、陈廷敬、叶方蔼、张英进讲：公都子问曰钧是人也一章。上亲讲毕，讲官照常进讲。

巳时，上诣太皇太后宫问安。申时，上复诣太皇太后宫问安。

本日起居注官库勒纳、韩菼。

二十六日辛丑 早，上御乾清门，听部院各衙门官员面奏政事。

辰时，上御弘德殿，讲官喇沙里、陈廷敬、叶方蔼、张英进讲：孟子曰有天爵者一章、孟子曰欲贵者一章。上亲讲毕，讲官照常进讲。

未时，上诣太皇太后、皇太后宫问安。

本日起居注官喇沙里、张英。

二十七日壬寅 早，上御乾清门，听部院各衙门官员面奏政事。

辰时，上御弘德殿，讲官喇沙里、陈廷敬、叶方蔼、张英进讲：孟子曰仁之胜不仁也一章、孟子曰五谷者一章、孟子曰羿之教人射一章、任人有问屋庐子曰一章、曹交问曰人皆可以为尧舜三节。上亲讲毕，讲官照常进讲。

本日起居注官牛钮、王鸿绪。

二十八日癸卯 早，上御乾清门，听部院各衙门官员面奏政事。

辰时，上御弘德殿，讲官喇沙里、陈廷敬、叶方蔼、张英进讲：徐行后长者谓之弟四节、公孙丑问曰高子曰小弁一章、宋牼将之楚五节。上亲讲毕，讲官照常进讲。

本日起居注官李天馥、色冷。

二十九日甲辰　早，上御乾清门，听部院各衙门官员面奏政事。

辰时，上御弘德殿，讲官喇沙里、陈廷敬、叶方蔼、张英进讲：先生以仁义说秦楚之王一节、孟子居邹一章、淳于髡曰先名实者为人也一章。上亲讲毕，讲官照常进讲。

讲毕，上谕曰："卿等每日起早进讲，皆天德王道修齐治平之理。朕孜孜问学，无非欲讲明义理，以资治道。朕虽不明，虚心倾听，寻绎玩味，甚有启沃之益。虽为学不在多言，务期躬行实践，非徒为口耳之资。然学问无穷，义理必须阐发。卿等以后进讲，凡有所见，直陈无隐，以副朕孜孜向学之意。"喇沙里等奏曰："皇上圣学日新，而又圣谕谆切，如此，真以尧舜之心为心也。但臣等自愧浅陋，不能仰赞高深之万一。苟有所见，敢不尽心敷陈，以上副皇上至意。"

申时，上诣太皇太后宫问安。

本日起居注官陈廷敬、库勒纳。

三十日乙巳　早，上御乾清门，听部院各衙门官员面奏政事。

辰时，上御弘德殿，讲官喇沙里、陈廷敬、叶方蔼、张英进讲：孟子曰五霸者三王之罪人也一章。上亲讲毕，讲官照常进讲。

是日，上赐喇沙里、陈廷敬、叶方蔼、张英御笔楷书"清慎勤"大字、草书"格物"大字各一幅及新刻赵孟頫书"不自弃"文，装成字帖各一册。喇沙里等奏曰："皇上天纵聪明，勤学好问，而留心翰墨，书法冠绝古今。臣等备员讲幄，毫无裨益。蒙皇上恩赐御笔，臣等传之子孙，永为世世之宝，诚千载难逢之盛会也。"奏请谢恩，奉旨："于乾清门前行礼。"

未时，上诣太皇太后宫问安。

本日起居注官喇沙里、叶方蔼。

六　月

初一日丙午　早，上御乾清门，听部院各衙门官员面奏政事。

巳时，上诣太皇太后宫问安。

本日起居注官沈荃、牛钮。

初二日丁未　早，上御乾清门，听部院各衙门官员面奏政事。

巳时，上诣太皇太后、皇太后宫问安。

本日起居注官色冷、张玉书。

初三日戊申　早，上御乾清门，听部院各衙门官员面奏政事。

巳时，上诣太皇太后宫问安。

本日起居注官库勒纳、蔡启僔。

初四日己酉　早，上御乾清门，听部院各衙门官员面奏政事。

本日起居注官喇沙里、李天馥。

初五日庚戌　早，上御太和殿视朝。文武升转官员谢恩，次进贡厄鲁特部落噶尔当台吉下巴图儿温布、噶尔玛代清和硕齐［来使］巴图尔下等行礼，赐茶毕，上回宫。

少顷，御乾清门，听部院各衙门官员面奏政事。

是日，上召学士喇沙里、侍讲学士张英至懋勤殿，命英讲：孟子曰求则得之一章、秦誓曰若有一个臣一节及《诗经·国风》首章。上谕曰："朕于四书究心已久，汝可试举一章，待朕讲解。"沙里等奏曰："皇上圣学日新，四书精义皆已贯彻，臣等愚陋，安敢仰测高深。"上谆谕再四，敬举：子曰舜其大知也与一章。上讲论精微，义理融贯，沙里等恭听不胜忻幸。

讲毕，命英写行草大字三幅。上御笔书"存诚忠孝"四大字赐之。奉旨于乾清门谢恩而退。

巳时，上诣太皇太后、皇太后宫问安。

本日起居注官牛钮、王鸿绪。

初六日辛亥　本日起居注官沈荃、色冷。

初七日壬子　早，上御乾清门，听部院各衙门官员面奏政事。

未时，上诣太皇太后宫问安。

本日起居注官库勒纳、韩菼。

初八日癸丑　早，上御乾清门，听部院各衙门官员面奏政事。

本日起居注官喇沙里、陈廷敬。

初九日甲寅 早，上御乾清门，听部院各衙门官员面奏政事。

本日起居注官色冷、叶方蔼。

初十日乙卯 早，上御乾清门，听部院各衙门官员面奏政事。

巳时，上诣太皇太后、皇太后宫问安。

本日起居注官张英、牛钮。

十一日丙辰 早，上御乾清门，听部院各衙门官员面奏政事。

巳时，上诣太皇太后宫问安。

本日起居注官库勒纳、张玉书。

十二日丁巳 早，上御乾清门，听部院各衙门官员面奏政事。

巳时，上诣太皇太后、皇太后宫问安。

本日起居注官喇沙里、蔡启僔。

十三日戊午 早，上御乾清门，听部院各衙门官员面奏政事。

本日起居注官李天馥、色冷。

十四日己未 早，上御乾清门，听部院各衙门官员面奏政事。

未时，上御保和殿，赐进贡翁牛忒部落四品台吉车尔贝等、吴喇忒部落三品台吉毕里克等食。

本日起居注官张英、牛钮。

十五日庚申 早，上御乾清门，听部院各衙门官员面奏政事。

本日起居注官库勒纳、韩菼。

十六日辛酉 早，上御乾清门，听部院各衙门官员面奏政事。

巳时，上诣太皇太后、皇太后宫问安。

未时，上御景山内前殿，赐进贡吴喇忒部落三品台吉阿林达等食。

本日起居注官喇沙里、叶方蔼。

十七日壬戌 早，上御乾清门，听部院各衙门官员面奏政事。

未时，召沈荃至懋勤殿，出示御府晋、唐、宋、元名迹及“淳化”、“兰亭”诸帖。荃阅“九成宫”帖，奏曰：“此铭乃唐魏征所撰，颂美之中仍寓规诫。臣见《贞观政要》一书，君臣咨儆，大有裨于治道。皇上宜置左右，时加省览。”上曰：“朕观魏征，当日每见太宗，必尽言极谏。

如愿为良臣，不愿为忠臣之语，甚有意味。此书朕亦时时览之。”复命荃写行书一幅、大字二幅。上又亲书“存诚”、“忠恕”二扁，同以前御笔“龙飞”、“凤舞”二大轴及府法帖六本赐荃。随于乾清门外谢恩而出。

本日起居注官沈荃、色冷。

十八日癸亥　早，上御乾清门，听部院各衙门官员面奏政事。

申时，上诣太皇太后宫问安。

本日起居注官陈廷敬、牛钮。

十九日甲子　早，上御乾清门，听部院各衙门官员面奏政事。

巳时，上诣太皇太后、皇太后宫问安。

本日起居注官库勒纳、张玉书。

二十日乙丑　早，上御乾清门，听部院各衙门官员面奏政事。

本日起居注官喇沙里、蔡启僔。

二十一日丙寅　早，上御乾清门，听部院各衙门官员面奏政事。

本日起居注官李天馥、牛钮。

二十二日丁卯　早，上御乾清门，听部院各衙门官员面奏政事。

未时，上御景山内前殿，赐进贡吴喇忒部落三品台吉色尔固棱等、苏尼忒部落四品台吉阿玉西等食。

本日起居注官色冷、王鸿绪。

二十三日戊辰　早，上御乾清门，听部院各衙门官员面奏政事。

巳时，上诣太皇太后、皇太后宫问安。

本日起居注官沈荃、库勒纳。

二十四日己巳　早，上御乾清门，听部院各衙门官员面奏政事。

未时，上御保和殿，赐进贡厄鲁特部落噶尔当台吉来使巴图儿温布、噶尔玛代清和硕齐来使巴图尔下等食。

本日起居注官喇沙里、韩菼。

二十五日庚午　早，上御乾清门，听部院各衙门官员面奏政事。

本日起居注官叶方蔼、牛钮。

二十六日辛未　早，上幸南苑。酉时，回宫。

本日起居注官陈廷敬、色冷。

二十七日壬申　早，上御乾清门，听部院各衙门官员面奏政事。

申时，上诣太皇太后宫问安。

本日起居注官喇沙里、张英。

二十八日癸酉　早，上御乾清门，听部院各衙门官员面奏政事。

本日起居注官库勒纳、张玉书。

二十九日甲戌　早，上御乾清门，听部院各衙门官员面奏政事。

本日起居注官牛钮、蔡启僔。

三十日乙亥　早，上御中和殿，视享太庙祝版毕，回宫。

少顷，御乾清门，听部院各衙门官员面奏政事。

巳时，上诣大皇太后、皇太后宫问安。

本日起居注官李天馥、色冷。

七　月

初一日丙子　早，上以孟秋，躬诣太庙致祭，礼毕，回宫。

本日起居注官喇沙里、王鸿绪。

初二日丁丑　早，上御乾清门，听部院各衙门官员面奏政事。

未时，上御景山内前殿，赐进贡吴喇忒部落四品台吉阿拉那等、巴林部落四品台吉土巴西希等、翁牛忒部落四品台吉索宁等食。

本日起居注官沈荃、库勒纳。

初三日戊寅　早，上御乾清门，听部院各衙门官员面奏政事。工部、总管内务府启奏仁孝皇后陵殿事。奉旨："修造地宫，但当敬慎坚固为之。殿门虽用楠木，年久仍至毁坏。今因采取楠木，致拆毁包衣佐领下人等所居房屋。又令江浙解送，劳苦人民，朕心不忍。着将沙河殿楼楠木取用，如不足，应否添用松木修造及减损尺寸，可会同内阁并尚书明珠议奏。"

又谕大学士索额图曰："公俄黑所管佐领，原系功臣蜚英冻扎尔虎齐所管，因事革去，别令人管辖，不合，当仍撤回，令其管辖如故。凡系此等因事革去佐领，别令管辖者，尔俱察明具奏。"

巳时，上诣太皇太后宫问安。

本日起居注官牛钮、韩菼。

初四日己卯　早，上御乾清门，听部院各衙门官员面奏政事。

本日起居注官色冷、叶方蔼。

初五日庚辰　早，上御太和殿视朝。文武升转官员谢恩，次朝鲜国正使福昌君李祯、副使议政府右参赞权大载等行礼，赐茶毕，回宫。

少顷，御乾清门，听部院各衙门官员面奏政事。

本日起居注官喇沙里、张玉书。

初六日辛巳　早，上御乾清门，听部院各衙门官员面奏政事。

本日起居注官库勒纳、蔡启僔。

初七日壬午　早，上御乾清门，听部院各衙门官员面奏政事。

巳时，上诣太皇太后宫问安。

本日起居注官陈廷敬、牛钮。

初八日癸未　早，上御乾清门，听部院各衙门官员面奏政事。

酉时，上诣太皇太后、皇太后宫问安。

本日起居注官沈荃、色冷。

初九日甲申　早，上御乾清门，听部院各衙门官员面奏政事。

本日起居注官喇沙里、张英。

初十日乙酉　早，上御乾清门，听部院各衙门官员面奏政事。

巳时，上诣太皇太后宫问安。申时，上复诣太皇太后宫问安。

本日起居注官库勒纳、王鸿绪。

十一日丙戌　早，上御乾清门，听部院各衙门官员面奏政事。

巳时，上诣太皇太后宫问安。未时，上复诣太皇太后宫问安。

本日起居注官李天馥、牛钮。

十二日丁亥　早，上御乾清门，听部院各衙门官员面奏政事。

本日起居注官色冷、韩菼。

十三日戊子　早，上御乾清门，听部院各衙门官员面奏政事。

未时，上诣太皇太后宫问安。

本日起居注官牛钮、张玉书。

十四日己丑　早，上御乾清门，听部院各衙门官员面奏政事。

辰时，上诣巩华城。

本日起居注官喇沙里、陈廷敬、库勒纳。

十五日庚寅　巳时，上回宫。

本日起居注官喇沙里、王鸿绪。

十六日辛卯　早，上御乾清门，听部院各衙门官员面奏政事。

是日，赐广东总兵官张永祥鞍马壹匹。

本日起居注官叶方蔼、牛钮。

十七日壬辰　早，上御乾清门，听部院各衙门官员面奏政事。

未时，上御保和殿，赐进贡科尔沁国二品台吉毕礼克图、翁牛忒部落三品台吉布尔古达克等、阿禄科尔沁国四品台吉都尔巴等、乌朱穆秦部落四品台吉奔布克、阿拉纳等食。

本日起居注官色冷、张英。

十八日癸巳　早，上御乾清门，听部院各衙门官员面奏政事。

巳时，上诣太皇太后宫问安。

本日起居注官李天馥、库勒纳。

十九日甲午　早，上御乾清门，听部院各衙门官员面奏政事。

辰时，上诣太皇太后宫问安。

申时，上移驻瀛台，命各部院衙门章奏俱送内阁。

本日起居注官喇沙里、沈荃。

二十日乙未　本日起居注官牛钮、韩菼。

二十一日丙申　早，上御乾清门，听部院各衙门官员面奏政事。

酉时，上诣太皇太后宫问安。

本日起居注官叶方蔼、库勒纳。

二十二日丁酉　早，上御乾清门，听部院各衙门官员面奏政事。

本日起居注官喇沙里、张玉书。

二十三日戊戌　早，上御乾清门，听部院各衙门官员面奏政事。

本日起居注官张英、牛钮。

二十四日己亥　早，上御乾清门，听部院各衙门官员面奏政事。

申时，上诣太皇太后、皇太后宫问安。

本日起居注官陈廷敬、色冷。

二十五日庚子　早，上御太和殿视朝。文武升转官员谢恩毕，回宫。

少顷，御乾清门，听部院各衙门官员面奏政事。

申时，上诣太皇太后宫问安。

本日起居注官李天馥、库勒纳。

二十六日辛丑　早，上御乾清门，听部院各衙门官员面奏政事。

午时，上诣太皇太后、皇太后宫问安。

未时，上御景山内前殿，赐进贡吴喇忒部落三品台吉塔毕图等、克什克屯部落四品台吉丹达等、阿禄科尔沁国二品台吉绰衣等、土默特部落三品台吉德尔格勒西等、巴林部落四品台吉阿木虎郎等食。

本日起居注官喇沙里、沈荃。

二十七日壬寅　早，上幸南苑。酉时，回宫。

本日起居注官牛钮、韩菼。

二十八日癸卯　早，上御乾清门，听部院各衙门官员面奏政事。

辰时，上诣太皇太后宫问安。申时，上复诣太皇太后宫问安。

本日起居注官色冷、叶方蔼。

二十九日甲辰　早，上御乾清门，听部院各衙门官员面奏政事毕。大学士索额图、李霨、冯溥，学士党古礼、孔国岱奏事，至乾清门。上御便殿，召诸臣入奏。事毕，赐坐，赐茶。上询问经史大义，因及前代朋党之弊。上曰："人臣服官，惟当靖共匪懈，一意奉公。如或分立门户，私植党与，始而蠹国害政，终必祸及身家。历观前代，莫不皆然。在结纳植党者，形迹诡密，人亦难于指摘，然背公营私，人必知之。凡论人议事之间，必以异同为是非，爱憎为毁誉，公论难容，国法莫逭。百尔臣工，理宜痛戒。若夫汲引善类，不矜己长，同寅协恭，共襄国事，如欧阳修所云，君子同道为朋者，是又不可以朋党论也。"诸臣顿首曰："诚如上谕。"

巳时，上诣太皇太后宫问安。

未时，上御保和殿，赐进贡土默特部落三品塔布囊席达等、苏尼忒部落四品台吉戴都等、吴喇忒部落四品台吉顾禄格等、阿霸垓部落四品台吉椿珀尔等、翁牛忒部落四品台吉阿里牙等、阿巴哈纳尔部落四品台吉他尔巴等食。

本日起居注官库勒纳、张玉书。

八　月

初一日乙巳　早，上御乾清门，听部院各衙门官员面奏政事。

本日起居注官喇沙里、张英。

初二日丙午　早，上御乾清门，听部院各衙门官员面奏政事。

本日起居注官牛钮、韩菼。

初三日丁未　早，上御中和殿，视祭社稷坛祝版毕，回宫。

少顷，御乾清门，听部院各衙门官员面奏政事。

未时，上诣太皇太后宫问安。

本日起居注官李天馥、色冷。

初四日戊申　早，上躬诣社稷坛致祭毕，回宫。

酉时，上诣太皇太后、皇太后宫问安。

本日起居注官沈荃、库勒纳。

初五日己酉　卯时，大设卤簿，上诣太皇太后宫，候太皇太后登辇，上扶辇行数武，然后乘马随行。由午门出正阳门，进南苑大红门。至西宫，上步送至宫门，扶掖下辇，入宫。

上驻跸东宫。

初六日庚戌　早，上诣太皇太后行宫问安毕，驻跸东宫。

初七日辛亥　早，上诣太皇太后行宫问安毕，驻跸东宫。

初八日壬子　巳时，上诣太皇太后行宫问安毕，驻跸东宫。

初九日癸丑　辰时，上诣太皇太后行宫问安毕，驻跸东宫。

初十日甲寅　巳时，上诣太皇太后行宫问安毕，驻跸东宫。

十一日乙卯　申时，上诣太皇太后行宫问安毕，驻跸东宫。

十二日丙辰 卯时，大设卤簿，上诣太皇太后行宫问安。太皇太后登辇，上扶辇行数武，然后乘马随行。出南苑大红门，由正阳门进午门，送至宫，扶掖降辇入宫后，上回宫。

巳时，上诣太皇太后、皇太后宫问安。

扈从起居注官喇沙里。

十三日丁巳 早，上御乾清门，听部院各衙门官员面奏政事。

巳时，上诣太皇太后、皇太后宫问安。

本日起居注官色冷、张玉书。

十四日戊午 早，上御乾清门，听部院各衙门官员面奏政事。

未时，上御保和殿，赐广东提督王可臣及进贡苏尼忒部落多罗贝勒沙立、四品台吉噶尔玛等，阿霸垓部落四品台吉布木巴等，吴喇忒部落三品台吉伊禄尔等，喀喇沁部落三品塔布囊扎木素，土默特部落三品台吉阿喇纳等，巴林部落四品台吉巴雅思护朗等，乌朱穆秦部落四品台吉巴牙思虎郎等食。

是日，赐提督王可臣鞍马一匹、弓箭撒袋一副。

本日起居注官库勒纳、张英。

十五日己未 早，上御太和殿视朝。文武升转官员谢恩，次进贡厄鲁特部落下和硕齐等、喀尔喀部落丹巴格出尔等行礼。赐茶毕，回宫。

少顷，御乾清门，听部院各衙门官员面奏政事。

巳时，上御保和殿，举行经筵大典。讲官王熙、胡蜜色进讲《四书》子曰参乎吾道一以贯之一节；陈廷敬、库勒纳进讲《书经》天叙有典、敕我五典五惇哉二段。

本日起居注官沈荃、牛钮。

十六日庚申 早，上御乾清门，听部院各衙门官员面奏政事。

未时，上御景山内前殿，赐进贡喀尔喀部落和硕亲王诺那依、四品台吉塞棱等食。

本日起居注官喇沙里、叶方蔼。

十七日辛酉 早，上御乾清门，听部院各衙门官员面奏政事。

辰时，上御弘德殿，讲官喇沙里、陈廷敬、叶方蔼、张英进讲：鲁欲使慎子为将军一章。

本日起居注官色冷、韩菼。

十八日壬戌 早，上御乾清门，听部院各衙门官员面奏政事。

辰时，上御弘德殿，讲官喇沙里、陈廷敬、叶方蔼、张英进讲：孟子曰今之事君者一章、白圭曰吾欲二十而取一何如一章、白圭曰丹之治水也愈于禹一章、孟子曰君子不亮恶乎执一章。上亲讲毕，讲官照常进讲。讲毕，上谕曰："汝等讲书之前，既已行礼，讲书毕，着免行礼，此朕尊崇儒道之意。"

是日，国子监祭酒冯源济以王羲之《快雪时晴帖》墨迹二十四字装成册页，赍付学士喇沙里代奏曰："此帖乃王羲之所书真迹，臣父素所珍藏。今皇上留心翰墨，臣不敢收藏此帖，愿进御览。"学士喇沙里转奏，上命收进。览毕，随命喇沙里传谕冯源济曰："朕万几之暇，笃好读书临帖。常临王羲之字，素谓此帖甚善。今睹所献真迹更佳，朕心喜悦，赐以表里各八端，将此帖留览。"源济随于太和殿前谢恩。

巳时，上诣太皇太后宫问安。

本日起居注官陈廷敬、库勒纳。

十九日癸亥 早，上御乾清门，听部院各衙门官员面奏政事。

辰时，上御弘德殿，讲官喇沙里、陈廷敬、叶方蔼、张英进讲：鲁欲使乐正子为政一章。

未时，上御景山内前殿，赐进贡扎萨克达尔汉亲王诺那依、四品台吉博极等，四子部落四品台吉达林等，翁牛忒部落一品台吉奇塔特等，阿霸垓部落四品台吉鄂齐尔等，吴喇忒部落三品台吉那苏等，乌朱穆秦部落四品台吉那尔木札等食。

本日起居注官张英、牛钮。

二十日甲子 早，上御乾清门，听部院各衙门官员面奏政事。

本日起居注官喇沙里、张玉书。

二十一日乙丑 早，上御乾清门，听部院各衙门官员面奏政事。

辰时，上御弘德殿，讲官喇沙里、陈廷敬、叶方蔼、张英进讲：陈子曰古之君子何如则仕一章。

巳时，上诣太皇太后、皇太后宫问安。

本日起居注官色冷、张玉书。

二十二日丙寅　未时，上御太和殿。遣大学士索额图为正使、大学士李霨为副使，持节授公遏必隆之女妃钮祜卢氏册宝，立为皇后。大学士勒德洪持节授佟氏册宝，封为贵妃。次尚书吴正治，侍郎额星格、杨正中、马喇、富鸿基，学士项景襄、李天馥等，持节授册封李氏为安嫔、王佳氏为敬嫔、董氏为端嫔、马佳氏为荣嫔、纳喇氏为惠嫔、郭罗洛氏为宜嫔、黑舍里氏为僖嫔。

申时，上以册立皇后，册封贵妃、嫔，率诸王、贝勒、贝子、公、内大臣、都统、大学士、尚书、精奇尼哈番、侍卫等，诣太皇太后、皇太后宫行礼毕，回宫。

酉时，上诣太皇太后宫问安。

本日起居注官库勒纳、韩菼。

二十三日丁卯　早，上御乾清门，听部院各衙门官员面奏政事。

本日起居注官叶方蔼、牛钮。

二十四日戊辰　早，上御太和殿视朝。王、贝勒、贝子、公等文武各官，上表庆贺毕，颁诏天下。

巳时，上诣太皇太后宫问安。

本日起居注官喇沙里、陈廷敬。

二十五日己巳　早，上御乾清门，听部院各衙门官员面奏政事。

辰时，上御弘德殿，讲官喇沙里、陈廷敬、叶方蔼、张英进讲：孟子曰舜发于畎亩之中一章、孟子曰教亦多术矣一章。

未时，上御景山内前殿，赐进贡四子部落四品台吉巴扎尔等、吴喇忒部落四品台吉鄂布代等、苏尼忒部落二品台吉那喇布等食。

本日起居注官色冷、张英。

二十六日庚午　早，上御中和殿，视祭夕月坛祝版毕，回宫。

少顷，御乾清门，听部院各衙门官员面奏政事。

本日起居注官陈廷敬、库勒纳。

二十七日辛未　早，上御乾清门，听部院各衙门官员面奏政事。

巳时，上诣太皇太后、皇太后宫问安。

未时，上御景山内前殿，赐进贡苏尼忒部落四品台吉鄂齐尔等、吴喇忒部落四品台吉杜尔玛等、阿霸垓部落三品台吉达西等、乌朱穆秦部落三品台吉南悌等食。

本日起居注官牛钮、王鸿绪。

二十八日壬申　早，上御乾清门，听部院各衙门官员面奏政事。

本日起居注官喇沙里、韩菼。

二十九日癸酉　本日起居注官色冷、叶方蔼。

三十日甲戌　早，上御乾清门，听部院各衙门官员面奏政事。

辰时，上御弘德殿，讲官喇沙里、陈廷敬、叶方蔼、张英进讲：孟子曰尽其心者一章、孟子曰莫非命也一章。

本日起居注官库勒纳、张英。

九　月

初一日乙亥　早，上躬诣堂子致祭毕，回宫。

午时，上诣太皇太后宫问安。

本日起居注官色冷、张玉书。

初二日丙子　早，上御乾清门，听部院各衙门官员面奏政事。

是日，赐河南巡抚董国兴鞍马壹匹。未时，上御景山内前殿，赐进贡苏尼忒部落四品台吉扎布等、阿霸垓部落四品台吉浑进等、乌朱穆秦部落三品台吉查哈儿等、四子部落三品台吉耨德等、吴喇忒部落三品台吉色门等、土默忒部落一品塔布囊巴机尔等、阿禄科尔沁国三品台吉阿西虎等食。

本日起居注官牛钮、王鸿绪。

初三日丁丑　早，上幸南苑。酉时，回宫。

本日起居注官陈廷敬、库勒纳。

初四日戊寅　早，上御乾清门，听部院各衙门官员面奏政事。

辰时，上御弘德殿，讲官喇沙里、陈廷敬、叶方蔼、张英进讲：孟子曰求则得之一章、孟子曰万物皆备于我矣一章、孟子曰行之而不著焉一章、孟子曰人不可以无耻一章。

本日起居注官色冷、韩菼。

初五日己卯　早，上御太和殿视朝。文武升转官员谢恩，次进贡吴喇忒部落三品台吉丹进等行礼，赐茶毕，回宫。

少顷，御乾清门，听部院各衙门官员面奏政事。

辰时，上御弘德殿，讲官喇沙里、陈廷敬、叶方蔼、张英进讲：孟子曰耻之于人大矣一章、孟子曰古之贤王一章、孟子谓宋句践曰一章、孟子曰待文王而后兴者一章、孟子曰附之以韩魏之家一章、孟子曰以佚道使民一章。

巳时，上诣太皇太后宫问安。未时，上复诣太皇太后宫问安。

本日起居注官叶方蔼、牛钮。

初六日庚辰　早，上御乾清门，听部院各衙门官员面奏政事。

辰时，上御弘德殿，讲官喇沙里、陈廷敬、叶方蔼、张英进讲：孟子曰霸者之民一章、孟子曰仁言不如仁声之入人深也一章。

午时，上御懋勤殿，召翰林院学士喇沙里、陈廷敬、侍讲学士张英谕曰："尔等每日进讲，启导朕心，甚有裨益。嗣后天气渐寒，特赐尔等及同进讲官叶方蔼貂皮各五十张、表里缎各二匹，以示朕重道崇儒至意。"喇沙里等奏曰："臣等学疏才浅，毫无补益圣学，且每年已蒙厚赐，愧无图报。今复叨恩赏，臣等惶愧无地，何敢领赏。"上曰："朕特行眷赐，尔等不必固辞。"喇沙里等随于懋勤殿内谢恩而出。

未时，上御景山内前殿，赐进贡阿禄科尔沁国三品台吉绰衣西希布等、阿霸垓部落四品台吉冲科衣等、苏尼忒部落四品台吉干奔等、克什克屯部落二品台吉察汉等、翁牛忒部落三品台吉他尔巴等食。

本日起居注官色冷、张英。

初七日辛巳　早，上御乾清门，听部院各衙门官员面奏政事。

辰时，上御弘德殿，讲官喇沙里、陈廷敬、叶方蔼、张英进讲：孟子曰人之所不学而能者一章。

是日，上亲制七言绝句二首及衣服等物，赐抚远大将军、大学士公图海。诗曰："两朝密勿重元臣，秉钺登坛西定秦。钟鼎功名悬日月，丹青事业画麒麟。威名万里作长城，壁垒旌旗壮远征。绥靖边陲驰露布，凯旋立奏泰阶平。”

本日起居注官库勒纳、张玉书。

初八日壬午 早，上御乾清门，听部院各衙门官员面奏政事。

辰时，上御弘德殿，讲官喇沙里、陈廷敬、叶方蔼、张英进讲：孟子曰舜之居深山之中一章、孟子曰无为其所不为一章。

巳时，上诣太皇太后宫问安。未时，上复诣太皇太后、皇太后宫问安。

本日起居注官色冷、韩菼。

初九日癸未 早，上御乾清门，听部院各衙门官员面奏政事。

辰时，上御弘德殿，讲官喇沙里、陈廷敬、叶方蔼、张英进讲：孟子曰人之有德慧术知者一章。

巳时，上诣太皇太后、皇太后宫问安。午时，上复诣太皇太后宫问安。

未时，上御景山内前殿，赐进贡蒿齐特部落多罗郡王车布登、喀喇沁部落四品塔布囊卓忒巴等、苏尼忒部落四品台吉巴羊吴等、阿巴哈纳尔部落四品台吉萨拉尔等食。

本日起居注官牛钮、董讷。

初十日甲申 卯时，上诣太皇太后宫问安毕，驾往阅仁孝皇后山陵。大设卤簿，由午门出朝阳门，驻跸三河县南。

是日，在京王以下文武各官，俱集午门外，分两翼跪送。三河县防守尉纳楞额、防御汉楮翰、知县任塾、守备韩弘荫、把总刘应科来朝。

十一日乙酉 上驻跸蓟州东。是日，蓟州城守营游击管都司佥书事张飞南，知州畲时进，千总王哲，把总杨九会、赫向明来朝。

十二日丙戌 上素服，率内大臣、侍卫、大学士、三品以上官员，自五洞桥各官下马，随驾至陵寝门外，分两翼侍立。上入陵寝门内行礼，各官在陵寝门外随行礼；举哀，各官俱举哀。

是日，驻跸温泉。陵寝总管罗敏、副将张和善等，遵化州知州郑侨生、把总张英，鲇鱼口把总云际林，大安口把总郭瑞生来朝。

十三日丁亥 早，上诣孝陵，读祝展祭，如四时大飨仪。

是日，驻跸温泉。

十四日戊子　车驾起行，巡狩沿边内外。

驻跸三屯营四十堡。是日，三屯营副将兰泗等来朝。

十五日己丑　上驻跸商坚台。驻防喜峰口防御图岩等、游击杜昇等来朝。是日，喀喇沁部落固山额驸额林臣偕固山格格来朝，贡马匹等物。

十六日庚寅　上驻跸宽城东。

十七日辛卯　上驻跸达希喀布齐尔口。是日，科尔沁国多罗贝勒额驸沙进来朝，贡马匹。

十八日壬辰　上驻跸察汉城地方。是日，喀喇沁部落多罗杜棱郡王扎锡、镇国公吴忒巴喇、一品塔布囊席达等三十二塔布囊及附入土默特固山贝子衮出斯济布旗内三品台吉绰衣罗克、拖音喇嘛来朝，贡驼马。科尔沁国和硕达尔汉亲王祖母和硕格格及固山额驸额林臣妻固山格格遣使贡驼马。

上御幔城门，赐喀喇沁部落王、公、台吉、塔布囊等食。

十九日癸巳　上驻跸席尔哈河。

二十日甲午　上驻跸喜扎忒河。

二十一日乙未　上驻跸和尔和克河。是日，科尔沁国多罗秉图郡王额济音遣使及喀喇沁部落副都统白忻德、佐领吴杂喇达兰泰，扎赖忒部落贝子毕里克固山、一品台吉朝图等三台吉来朝，贡驼马等物。

二十二日丙申　赐多罗杜棱郡王扎锡玲珑撒袋弓矢全副，镇国公吴忒巴喇弓矢。

驾还至喀喇城南驻跸。是日，敖汉部落多罗郡王扎木苏、萨木喷尔、和硕额驸齐伦巴图鲁、一品台吉安达阿育锡等七台吉，闲散台吉诺尔布，参领那马思哈布等来朝，贡驼马。及多罗郡王扎木苏母和硕格格、齐伦巴图鲁妻和硕格格、多罗郡王萨木喷尔母、多罗杜棱郡王扎锡母、一品台吉俄齐尔妻等，遣使问安，贡驼马。

二十三日丁酉　上驻跸胡西汉图口。是日，赐二品塔布囊阿喇那貂�褂一领，四品塔布囊锁尼银鼠褂一领，奇他特蓝素缎褂一领，巴图尔衣素褂一领。

二十四日戊戌　上驻跸俄伦蒿齐特地方。是日，翁牛忒部落多罗杜棱

郡王母和硕格格，巴林部落淑慧固龙长公主，科尔沁国端贞固龙长公主、多罗郡王毕礼克图弟格勒尔图俄齐尔等遣使问安，贡驼马。翁牛忒多罗杜棱郡王毕里衮达赖、二品台吉俄齐尔等，喀喇沁部落四品台吉巴赖等，土默特部落二品台吉达木巴宗等来贡驼马。

二十五日己亥　上驻跸雅屯河。是日，柰曼部落辅国公格勒尔来朝，贡马匹等物。

二十六日庚子　上驻跸达希喀布齐尔口。

初巡狩边外时，调喀喇沁部落多罗杜棱郡王扎锡、镇国公吴忒巴喇、一品塔布囊席达等三十二塔布囊、精奇尼哈番、副都统等率兵丁一千五百名来为向导。是日，上出御幔城门，各赐衣、帽、带、靴、白金、缎、布有差。赐毕，上御幔城内黄幄，召喀喇沁部落王、公、塔布囊、章京等入，赐食。

二十七日辛丑　上驻跸水窖地方。

二十八日壬寅　上自边外巡狩还，行至达兰苏墨地方，见一人卧道旁，随遣侍卫塞勒、常云、杨书往视之。回奏言："民人王四海从边外佣工还家，因食尽饥馁，卧不能起。"上曰："谁非朕赤子者，此人饥馁僵卧，深为可悯。尔等往啖以粥，救之苏，可携以来。"及既至，命大学士索额图详问其由，令喜峰口驻防游击杜昇等善养之，送还其原籍。

是日，上驻跸滦阳城南。

二十九日癸卯　上驻跸闫家屯东。

十　月

初一日甲辰　上驻跸温泉。

初二日乙巳　上驻跸温泉。

初三日丙午　上驻跸温泉。是日，土默特部落多罗达尔汉贝勒厄尔德木图、一品塔布囊鄂齐尔等贡马匹等物，柰曼部落多罗达尔汉郡王鄂齐尔遣使贡马匹等物。

初四日丁未　上驻跸温泉。

初五日戊申　上驻跸温泉。

初六日己酉　辰时，上率大臣、侍卫诣孝陵举哀。驻跸林河西。

初七日庚戌　上驻跸邦军城南。

初八日辛亥　上驻跸夏店南。

初九日壬子　上驻跸通州河东。

初十日癸丑　辰时，大设卤簿，上自朝阳门进午门，诣太皇太后、皇太后宫问安毕，回宫。

是日，在京王以下文武各官，俱集午门外，分两翼跪接。

扈从起居注官喇沙里。

十一日甲寅　早，上御乾清门，听部院各衙门官员面奏政事。

巳时，上诣太皇太后、皇太后宫问安。

本日起居注官库勒纳、张玉书。

十二日乙卯　早，上御乾清门，听部院各衙门官员面奏政事。

辰时，上御弘德殿，讲官喇沙里、陈廷敬、叶方蔼、张英进讲：孟子曰有事君人者一章、孟子曰君子有三乐一章。

本日起居注官牛钮、王鸿绪。

十三日丙辰　早，上御乾清门，听部院各衙门官员面奏政事。

辰时，上御弘德殿，讲官喇沙里、陈廷敬、叶方蔼、张英进讲：孟子曰广土众民一章、孟子曰伯夷辟纣一章、孟子曰易其田畴一章。

本日起居注官色冷、董讷。

十四日丁巳　早，上御乾清门，听部院各衙门官员面奏政事。

未时，上御景山内前殿，赐进贡四子部落达尔汉卓礼克图郡王沙克都尔，科尔沁国多罗贝勒沙进额驸，喀喇沁部落固山额驸厄林臣，翁牛忒部落四品台吉叟塞等，克什克屯部落四品台吉巴尔布等，阿霸垓部落四品台吉古禄等、都统多尼、副都统满柱，吴喇忒部落四品台吉色冷等，敖汉部落二品台吉罗布藏等食。

本日起居注官库勒纳、韩菼。

十五日戊午　早，上御太和殿视朝。文武升转官员谢恩毕，回宫。

少顷，御乾清门，听部院各衙门官员面奏政事。

本日起居注官色冷、叶方蔼。

十六日己未 早，上御乾清门，听部院各衙门官员面奏政事。

辰时，上御弘德殿，讲官喇沙里、陈廷敬、叶方蔼、张英进讲：孟子曰孔子登东山而小鲁一章、孟子曰鸡鸣而起一章。

巳时，上诣太皇太后宫问安。

本日起居注官陈廷敬、牛钮。

十七日庚申 早，上御乾清门，听部院各衙门官员面奏政事。

辰时，上御弘德殿，讲官喇沙里、陈廷敬、叶方蔼、张英进讲：孟子曰杨子取为我一章、孟子曰饥者甘食一章、孟子曰柳下惠不以三公易其介一章、孟子曰有为者辟若掘井一章。上亲讲毕，讲官照常进讲。

巳时，上诣太皇太后宫问安。

本日起居注官沈荃、库勒纳。

十八日辛酉 早，上御乾清门，听部院各衙门官员面奏政事。

辰时，上御弘德殿，讲官喇沙里、陈廷敬、叶方蔼、张英进讲：孟子曰尧舜性之也一章、公孙丑曰伊尹曰一章。上亲讲毕，讲官照常进讲。

巳时，上诣太皇太后宫问安。

未时，上御景山内前殿，赐进贡敖汉部落多罗贝勒滚布宜尔登、科尔沁国一品台吉拨木拨齐等、克什克屯部落三品台吉把忒马等、翁牛忒部落三品台吉班第等、吴喇忒部落四品台吉阿木虎郎等、扎萨克大喇玛墨勒根噶布处等食。

本日起居注官喇沙里、张英。

十九日壬戌 早，上御乾清门，听部院各衙门官员面奏政事。

辰时，上御弘德殿，讲官喇沙里、陈廷敬、叶方蔼、张英进讲：公孙丑曰诗曰不素餐兮一章。

本日起居注官牛钮、王鸿绪。

二十日癸亥 早，上御乾清门，听部院各衙门官员面奏政事。

是日，谕大学士勒德洪、明珠：“朕不时观书写字，近侍内并无博学善书者，以致讲论不能应对。今欲于翰林内选择博学善书者二员，常侍左右，讲究文义。但伊等各供其职，若令仍住城外，则不时宣召，难以即至。今着于城内拨给房屋，停其升转，在内侍从几年之后，酌量优用。再如高士奇等善书者，亦着选择一二人，同伊等在内侍从。尔衙门满汉大臣会议具奏。”随会议，口奏："皇上勤学书写甚盛事也，皆应钦奉上谕遵行，选择翰林，寻取善书之人，相应交与翰林院可也。”奉旨："依议。”

本日起居注官库勒纳、张玉书。

二十一日甲子　早，上御乾清门，听部院各衙门官员面奏政事。

辰时，上御弘德殿，讲官喇沙里、陈廷敬、叶方蔼、张英进讲：王子垫问曰士何事一章、孟子曰仲子不义与之齐国一章、桃应问曰舜为天子一章。上亲讲毕，讲官照常进讲。

巳时，上诣太皇太后、皇太后宫问安。

是日，大学士明珠传谕大学士李霨、杜立德、冯溥，学士项景襄、李天馥："尔衙门汉大学士、学士将翰林各官内素有名望无疾病者，选择数员具奏。"

本日起居注官色冷、董讷。

二十二日乙丑　早，上御乾清门，听部院各衙门官员面奏政事。是日，大学士李霨、杜立德、冯溥，学士项景襄、李天馥口奏："翰林各官俱属翰林院，臣等应会同翰林院掌院学士选择具奏。"奉旨："依议。"内阁随会同翰林院选择张英等翰林五员具奏。

本日起居注官喇沙里、韩菼。

二十三日丙寅　早，上御乾清门，听部院各衙门官员面奏政事。

巳时，上诣太皇太后宫问安。

本日起居注官叶方蔼、牛钮。

二十四日丁卯　早，上御乾清门，听部院各衙门官员面奏政事。

辰时，上御弘德殿，讲官喇沙里、陈廷敬、叶方蔼、张英进讲：孟子自范之齐一章、孟子曰食而弗爱一章、孟子曰形色天性也一章。上亲讲毕，讲官照常进讲。

巳时，上诣太皇太后宫问安。

本日起居注官陈廷敬、色冷。

二十五日戊辰　早，上御太和殿视朝。文武升转官员谢恩，次进贡喀尔喀部落车臣卓礼克图等、扎萨克麻那海赛音下等、厄鲁特部落西白里达尔汉和硕齐等行礼，赐茶毕，回宫。

少顷，御乾清门，听部院各衙门官员面奏政事。

本日起居注官沈荃、牛钮。

二十六日己巳　早，上御乾清门，听部院各衙门官员面奏政事。

辰时，上御弘德殿，讲官喇沙里、陈廷敬、叶方蔼、张英进讲：齐宣王欲短丧一章、孟子曰君子之所以教者五一章。

巳时，上诣太皇太后宫问安。

未时，上御景山内前殿，赐进贡科尔沁国和硕达尔汉亲王班第额驸、一品台吉吴尔图那苏图等，扎鲁特部落多罗达尔汉贝勒巴达里、二品台吉厄尔德尼等，翁牛忒部落四品台吉达赖等，克什克屯部落四品台吉沙进等，土默特部落二品塔布囊桑图等，吴喇忒部落四品台吉哈喇奇塔忒等食。

本日起居注官喇沙里、张英。

二十七日庚午　早，上御乾清门，听部院各衙门官员面奏政事。

本日起居注官色冷、张玉书。

二十八日辛未　早，上御乾清门，听部院各衙门官员面奏政事。

辰时，上御弘德殿，讲官喇沙里、陈廷敬、叶方蔼、张英进讲：公孙丑曰道则高矣美矣一章、孟子曰天下有道以道殉身一章。

巳时，上诣太皇太后宫问安。

本日起居注官喇沙里、王鸿绪。

二十九日壬申　早，上御乾清门，听部院各衙门官员面奏政事。

辰时，上御弘德殿，讲官喇沙里、陈廷敬、叶方蔼、张英进讲：公都子曰滕更之在门也一章。

本日起居注官牛钮、董讷。

三十日癸酉　早，上御乾清门，听部院各衙门官员面奏政事。

巳时，上诣太皇太后、皇太后宫问安。

未时，上诣景山内前殿，赐进贡克什克屯部落四品台吉绰克图等、科尔沁国二品台吉塞木都等、阿霸垓部落二品台吉吴尔詹、噶喇布等、吴喇忒部落三品台吉博尔托等、四子部落四品台吉崩苏、归化城大喇玛班萨儿喀木扎木巴等、居驻五台山大喇玛鄂木布格龙等食。

本日起居注官色冷、韩菼。

十一月

初一日甲戌　早，上御乾清门，听部院各衙门官员面奏政事。

辰时，上御弘德殿，讲官喇沙里、陈廷敬、叶方蔼、张英进讲：孟子曰于不可已而已者一章、孟子曰君子之于物也一章。

本日起居注官喇沙里、叶方蔼。

初二日乙亥　早，上御乾清门，听部院各衙门官员面奏政事。

辰时，上御弘德殿，讲官喇沙里、陈廷敬、叶方蔼、张英进讲：孟子曰知者无不知也一章、孟子曰不仁哉一章、孟子曰春秋无义战一章。

本日起居注官沈荃、库勒纳。

初三日丙子　早，上御乾清门，听部院各衙门官员面奏政事。

巳时，上诣太皇太后宫问安。

本日起居注官蒋弘道、牛钮。

初四日丁丑　早，上御乾清门，听部院各衙门官员面奏政事。

辰时，上御弘德殿，讲官喇沙里、陈廷敬、叶方蔼、张英进讲：孟子曰尽信书一章、孟子曰有人曰一章、孟子曰梓匠轮舆一章、孟子曰舜之饭糗茹草也一章。

午时，上诣太皇太后宫问安。

本日起居注官陈廷敬、色冷。

初五日戊寅　早，上御乾清门，听部院各衙门官员面奏政事。

辰时，上御弘德殿，讲官喇沙里、陈廷敬、叶方蔼、张英进讲：孟子曰吾今而后知杀人亲之重也一章、孟子曰古之为关也一章、孟子曰身不行道一章。

午时，上诣太皇太后宫问安。

本日起居注官喇沙里、张英。

初六日己卯 早，上御乾清门，听部院各衙门官员面奏政事。

本日起居注官库勒纳、张玉书。

初七日庚辰 早，上御乾清门，听部院各衙门官员面奏政事。

巳时，上诣太皇太后宫问安。

本日起居注官牛钮、王鸿绪。

初八日辛巳 早，上御乾清门，听部院各衙门官员面奏政事。

辰时，上御弘德殿，讲官喇沙里、陈廷敬、叶方蔼、张英进讲：孟子曰周于利者凶年不能杀一章、孟子曰好名之人能让千乘之国一章、孟子曰不信仁贤则国空虚一章。

未时，上御景山内寿皇殿，赐进贡科尔沁国和硕土谢图亲王阿喇善、多罗郡王额济音、多罗贝勒鄂齐尔、二品台吉毕立滚达赖等，柰曼部落固山贝子吴勒木济，翁牛忒部落四品台吉博洛等，土默特部落一品塔布囊班第等，扎鲁特部落四品台吉布达西里等食。

本日起居注官沈荃、色冷。

初九日壬午 早，上御乾清门，听部院各衙门官员面奏政事。

辰时，上御弘德殿，讲官喇沙里、陈廷敬、叶方蔼、张英进讲：孟子曰不仁而得国者一章、孟子曰民为贵社稷次之一章、孟子曰圣人百世之师也一章。

本日起居注官库勒纳、韩菼。

初十日癸未 早，上御乾清门，听部院各衙门官员面奏政事。

本日起居注官喇沙里、董讷。

十一日甲申 早，上御乾清门，听部院各衙门官员面奏政事。

辰时，上御弘德殿，讲官喇沙里、陈廷敬、叶方蔼、张英进讲：孟子曰仁也者人也一章、孟子曰孔子之去鲁一章、孟子曰君子之厄于陈蔡之间一章。

巳时，上诣太皇太后、皇太后宫问安。

本日起居注官叶方蔼、牛钮。

十二日乙酉 早，上御乾清门，听部院各衙门官员面奏政事。

本日起居注官色冷、蒋弘道。

十三日丙戌 早，上御乾清门，听部院各衙门官员面奏政事。

辰时，上御弘德殿，讲官喇沙里、陈廷敬、叶方蔼、张英进讲：貉稽曰稽大不理于口一章、孟子曰贤者以其昭昭一章。

本日起居注官库勒纳、张英。

十四日丁亥 早，上御乾清门，听部院各衙门官员面奏政事。

辰时，上御弘德殿，讲官喇沙里、陈廷敬、叶方蔼、张英进讲：孟子谓高子曰山径之蹊间一章、高子曰禹之声一章。

未时，上御保和殿，赐进贡喀尔喀部落阿克敦达哈思浑厄尔德尼衣尔登诺颜来使车臣卓礼克图、札萨克车臣际农来使固膺和硕齐、墨尔根诺颜来使麻那海赛音下等食毕，召至御座前赐饮。

申时，上诣太皇太后宫问安。

本日起居注官喇沙里、陈廷敬。

十五日戊子 早，上御太和殿视朝。文武升转官员谢恩毕，次进贡厄鲁特部落达赖汗来使达颜寨桑等行礼，赐茶毕，回宫。

少顷，御乾清门，听部院各衙门官员面奏政事。

辰时，上御弘德殿，讲官喇沙里、陈廷敬、叶方蔼、张英进讲：齐饥陈臻曰一章、孟子曰口之于味也一章。

本日起居注官牛钮、张玉书。

十六日己丑 早，上御乾清门，听部院各衙门官员面奏政事。

巳时，上诣太皇太后宫问安。

本日起居注官色冷、王鸿绪。

十七日庚寅 早，上御乾清门，听部院各衙门官员面奏政事。

辰时，上御弘德殿，讲官喇沙里、陈廷敬、叶方蔼、张英进讲：浩生不害问曰一章、孟子曰逃墨必归于杨一章、孟子曰有布缕之征一章。

未时，上御保和殿，赐达赖喇玛来使都尔巴绰尔济等、达赖汗来使达颜寨桑、巴图尔台吉来使达尔汉寨桑、墨尔根台吉来使伊思哈卓礼克图、多尔济台吉来使厄尔克温布、喷苏克台吉来使布库下、带青台吉来使绰克图哈什哈、达尔扎台吉来使巴图尔下、博罗特台吉来使慢济思哈等食。

本日起居注官库勒纳、董讷。

十八日辛卯 早，上御乾清门，听部院各衙门官员面奏政事。

辰时，上御弘德殿，讲官喇沙里、陈廷敬、叶方蔼、张英进讲：孟子曰诸侯之宝三一章、盆成括仕于齐一章、孟子之滕一章、孟子曰人皆有所不忍一章、孟子曰言近而指远者一章。

是日，谕大学士勒德洪、明珠："着将侍讲学士张英在内供奉，张英着食正四品俸。其书写之事一人已足，应止令高士奇在内供奉，高士奇着加内阁中书衔，食正六品俸。伊等居住房屋，着交与内务府拨给。"又谕勒德洪、明珠："尔等传谕张英、高士奇，选伊等在内供奉，当谨慎勤劳，后必优用，勿得干预外事。伊等俱系读书之人，此等缘由虽然明知，着仍恪遵朕谕行。"

未时，上御保和殿，赐进贡翁牛忒部落三品台吉凝克布等，克什克屯部落四品台吉代通等，阿霸垓部落四品台吉策木白尔等，吴喇忒部落四品台吉劳章等，苏尼忒部落四品台吉固卢格、都统席代等食。

本日起居注官喇沙里、韩菼。

十九日壬辰 早，上御乾清门，听部院各衙门官员面奏政事。

辰时，上御弘德殿，讲官喇沙里、陈廷敬、叶方蔼、张英进讲：孟子曰尧舜性之也一章、孟子曰说大人一章。

本日起居注官沈荃、牛钮。

二十日癸巳 早，上御乾清门，听部院各衙门官员面奏政事。

辰时，上御弘德殿，讲官喇沙里、陈廷敬、叶方蔼、张英进讲：孟子曰养心莫善于寡欲一章、曾晰嗜羊枣一章、万章问曰孔子在陈二节。

本日起居注官色冷、叶方蔼。

二十一日甲午 早，上御乾清门，听部院各衙门官员面奏政事。

辰时，上御弘德殿，讲官喇沙里、陈廷敬、叶方蔼、张英进讲：敢问何如斯可谓狂矣四节、孔子曰过我门而不入我室四节。上亲讲毕，讲官照常进讲。

本日起居注官陈廷敬、库勒纳。

二十二日乙未 早，上御乾清门，听部院各衙门官员面奏政事。

辰时，上御弘德殿，讲官喇沙里、陈廷敬、叶方蔼、张英进讲：孔子曰恶似而非者二节。

是日，上亲跋王羲之曹娥碑真迹，词曰："曹娥碑相传为晋右军将军王羲之得意书。今睹真迹，笔势清圆秀劲，众美兼备，古来楷法之精未有与之匹者。至今千余年，神采生动，透出绢素之外。朕万几余暇，披玩摹仿，觉晋人风味，宛在几案间，因书数言识之。"

巳时，上诣太皇太后、皇太后宫问安。

本日起居注官喇沙里、蒋弘道。

二十三日丙申　早，上御乾清门，听部院各衙门官员面奏政事。

辰时，上御弘德殿，讲官喇沙里、陈廷敬、叶方蔼、张英进讲：孟子曰由尧舜至于汤一章。上亲讲毕，讲官照常进讲。

本日起居注官张玉书、牛钮。

二十四日丁酉　上以有事南郊，斋戒不理政事。

本日起居注官色冷、王鸿绪。

二十五日戊戌　未时，上诣太皇太后宫问安。

本日起居注官库勒纳、董讷。

二十六日己亥　早，上御太和殿，视郊天祝版毕，回宫。

未时，上诣太皇太后、皇太后宫问安。

本日起居注官牛钮、韩菼。

二十七日庚子　早，上以冬至，躬诣天坛祀毕，回宫。

巳时，上诣太皇太后宫问安毕，由午门出正阳门，幸南苑，进大红门，驻跸西宫。是日，上谕："随朕内大臣、侍卫及各官诸役人等，将南苑内所刈草束，听其自取喂养马匹，及沿河所生蒿草，亦听取去烧用，特谕。"

二十八日辛丑　上驻跸西宫。

二十九日壬寅　上驻跸西宫。是日，赐山东沂州总兵官周卜年食。

十二月

初一日癸卯　上驻跸东宫。

初二日甲辰 上驻跸东宫。

初三日乙巳 上驻跸东宫。

初四日丙午 上驻跸东宫。是日，赏摆牙喇等牛只，以充食用。

初五日丁未 上出南苑大红门，由正阳门进午门，回宫。

是日，赐随驾内大臣及侍卫等缎匹有差。扈从起居注官喇沙里。

初六日戊申 早，上御乾清门，听部院各衙门官员面奏政事。

巳时，上诣太皇太后宫问安。

本日起居注官陈廷敬、色冷。

初七日己酉 早，上御乾清门，听部院各衙门官员面奏政事。

未时，上御保和殿，赐进贡苏尼忒部落多罗贝勒卜木布、二品台吉苏代等，郭尔罗斯部落四品台吉吴尔图纳苏图，克什克屯部落三品台吉齐礼克图等，翁牛忒部落四品台吉毕立克等，喀喇沁部落四品塔布囊布达等，阿霸垓部落四品台吉公格等，土默特部落二品台吉诺尔布等食。

本日起居注官蒋弘道、库勒纳。

初八日庚戌 早，上御乾清门，听部院各衙门官员面奏政事。

是日，上亲制《日讲四书解义序》。其文曰："朕惟天生圣贤，作君作师，万世道统之传，即万世治统之所系也。自尧、舜、禹、汤、文、武之后，而有孔子、曾子、子思、孟子。自《易》、《书》、《诗》、《礼》、《春秋》而外，而有《论语》、《大学》、《中庸》、《孟子》之书，如日月之光昭于天，岳渎之流峙于地。猗欤盛哉！盖有四子而后，二帝三王之道传；有四子之书而后，五经之道备。四子之书得五经之精意而为言者也。孔子以生民未有之圣，与列国君、大夫及门弟子论政与学，天德王道之全，修己治人之要，具在《论语》一书。《学》、《庸》皆孔子之传，而曾子、子思独得其宗。明新止善，家国天下之所以齐治平也；性教中和，天地万物之所以位育，九经达道之所以行也。至于孟子继往圣而开来学，辟邪说以正人心，性善仁义之旨著明于天下。此圣贤训辞诏后，皆为万世生民而作也。道统在是，治统亦在是矣。历代贤哲之君，创业守成，莫不尊崇表章，讲明斯道。朕绍祖宗丕基，孳孳求治，留心问学。命儒臣撰为讲义，务使阐发义理，裨益政治，同诸经史进讲，经历寒暑，罔敢间辍。兹已告竣，思与海内臣民共臻至治，特命校刊，用垂永久。爰制序言，弁之简首。每念厚风俗，必先正人心，正人心，必先明学术。诚因此编之大义，究先圣之微言，则以此为化民成俗之方，用期夫一道同风之治，庶几进于唐、虞三代文明之盛也夫。”

本日起居注官张玉书、牛钮。

初九日辛亥　早，上御乾清门，听部院各衙门官员面奏政事。

本日起居注官色冷、王鸿绪。

初十日壬子　早，上御乾清门，听部院各衙门官员面奏政事。

午时，上诣太皇太后、皇太后宫问安。

本日起居注官库勒纳、董讷。

十一日癸丑　早，上御乾清门，听部院各衙门官员面奏政事。

本日起居注官牛钮、韩菼。

十二日甲寅　早，上御乾清门，听部院各衙门官员面奏政事。

未时，上御保和殿，赐进贡喀喇沁部落四品塔布囊塔尔玩等、土默特部落三品塔布囊塞冷等、吴喇忒部落三品台吉塔必兔等、翁牛忒部落都统满朱西力、苏尼忒部落四品台吉萨阳等食。

本日起居注官喇沙里、沈荃。

十三日乙卯　早，上御乾清门，听部院各衙门官员面奏政事。

巳时，上诣太皇太后宫问安。

本日起居注官色冷、叶方蔼。

十四日丙辰　早，上御乾清门，听部院各衙门官员面奏政事。

本日起居注官张英、牛钮。

十五日丁巳　早，上御太和殿视朝。文武升转官员谢恩，次进贡厄鲁特部落额尔德尼布木台吉来使达买哈西哈等行礼，赐茶毕，回宫。

少顷，御乾清门，听部院各衙门官员面奏政事。

本日起居注官蒋弘道、库勒纳。

十六日戊午　早，上御乾清门，听部院各衙门官员面奏政事。

本日起居注官喇沙里、张玉书。

十七日己未　早，上御乾清门，听部院各衙门官员面奏政事。

午时，上诣太皇太后宫问安。

未时，上御保和殿，赐进贡厄鲁特部落噶尔当台吉来使席白礼达尔汉和硕齐食。又召至御座前，赐酒。

本日起居注官库勒纳、韩菼。

十八日庚申　早，上御乾清门，听部院各衙门官员面奏政事。

本日起居注官色冷、叶方蔼。

十九日辛酉　早，上御乾清门，听部院各衙门官员面奏政事。

本日起居注官喇沙里、沈荃。

二十日壬戌　早，上御乾清门，听部院各衙门官员面奏政事。

本日起居注官蒋弘道、库勒纳。

二十一日癸亥　早，上御乾清门，听部院各衙门官员面奏政事。

本日起居注官色冷、韩菼。

二十二日甲子　早，上御乾清门，听部院各衙门官员面奏政事。

午时，上诣太皇太后、皇太后宫问安。

未时，上御景山内前殿，赐进贡克什克屯部落三品台吉巴扎尔、扎鲁特部落四品台吉毕立克等、土默特部落三品塔布囊巴郎等、吴喇忒部落四品台吉巴里马特等、扎萨克四品台吉阿母呼郎等、喀喇沁部落四品塔布囊鄂尔吉兔等、苏尼忒部落副都统精克衣、阿霸垓部落四品台吉辍衣等食。

本日起居注官陈廷敬、牛钮。

二十三日乙丑　早，上御乾清门，听部院各衙门官员面奏政事。

本日起居注官库勒纳、张玉书。

二十四日丙寅　本日起居注官沈荃、色冷。

二十五日丁卯　本日起居注官叶方蔼、牛钮。

二十六日戊辰　本日起居注官蒋弘道、库勒纳。

二十七日己巳　是日，上亲撰元旦庆贺太皇太后表文，并制锦衣进献。其文曰："康熙十六年十二月二十七日，孙皇帝臣诚欢诚忭，稽首顿首上言。伏以圣慈垂裕，启万年光大之图；景运维新，极四海尊亲之戴。溥鸿恩于庶类，配坤德之无疆；锡懿训于孙谋，比春晖之有曜。欣逢令节，敬展微忱，恭惟圣祖母昭圣慈寿恭简安懿章庆敦惠温庄康和仁宣太皇太后陛下，纯仁积庆，盛德凝庥。高厚难名，至道永符于覆载；祯祥骈集，遐龄常并乎升恒。值宝历之方亨，仰璇阶之正泰。谨奉觞而介寿，爰制锦以伸怀。膝下本支，百世长看戏彩；宫中尧舜，万方共睹垂裳。率土同欢，普天咸忭。臣夙承教诲，永沐涵濡，瞻绣服之光华，乐慈颜之康豫。伏愿崇禧益茂，眉寿增隆。昭徽范于子孙，享昌后燕天之盛；广嘉祉于民物，彰歆时锡福之仁。臣踊跃欢忭之至，谨奉表称贺以闻。”

本日起居注官色冷、王鸿绪。

二十八日庚午　早，上御中和殿，视岁暮祭太庙祝版。

午时，上诣太皇太后、皇太后宫问安。

本日起居注官牛钮、董讷。

二十九日辛未　早，上诣巩华城。申时，回宫。

本日起居注官色冷、韩菼。

三十日壬申　本日起居注官陈廷敬、牛钮。

伏睹皇上锐意图治，宵旰励精。一岁之中，昧爽视朝，无有虚日。亲断万几，披览章疏。凡官员除授，必面加询问，观其才品。尤加意刑狱，每法司奏谳，详讯再三，时于无可赦宥之中，曲寓钦恤矜全之意。以故终岁断狱，不过十数人焉。视朝毕，旋御便殿，经史大义，躬先讲解，后命讲官敷陈，仍温旨谕勉，令直陈无隐。《四书解义》刊成，御制序言，发明圣经贤传之旨，垂示来兹，用资治理。宫中手不释卷，研精义蕴，亲御丹铅，少暇即游艺翰墨，摹仿晋、唐以来名迹，辄臻神妙。题额大书，洒翰立就，结构天成，具有龙跳虎卧之势，古人所未有也。至于岁祀天地，时享宗庙，及诸坛壝祭典，必躬必亲，竭致诚敬，则岁以为常，罔有间怠。太皇太后、皇太后两宫问安，风雨寒暑不辍。是夏，亲撰太皇太后大德景福颂，书于屏。岁暮，复亲撰表文，躬自缮书，具物以进。先意承志，曲尽敬养。盖我皇上至孝积诚，勤政典学，不能殚述云。

康熙十七年　戊午

正　月

初一日癸酉　早，上率诸王、贝子、公等，内大臣、大学士、都统、尚书、精奇尼哈番、侍卫等，往堂子行礼毕，回宫。

辰时，上率诸王、贝子、公等，内大臣、大学士、都统、尚书、精奇尼哈番、侍卫等，诣太皇太后宫行礼，又诣皇太后宫行礼毕，回宫。

少顷，御中和殿，内大臣、侍卫及内阁、翰林院、礼部、都察院、鸿胪寺执事各官［行］礼毕，御太和殿。诸王、贝子、公等文武官员，及来朝元旦外藩使臣、朝鲜国使臣上庆贺元旦表，行礼毕，回宫。

本日起居注官喇沙里、陈廷敬、库勒纳、张玉书。

初二日甲戌　本日起居注官沈荃、牛钮。

初三日乙亥　本日起居注官喇沙里、叶方蔼。

初四日丙子　本日起居注官色冷、蒋弘道。

初五日丁丑　午时，上诣太皇太后宫问安。

本日起居注官牛钮、王鸿绪。

初六日戊寅　巳时，上诣太皇太后宫问安。

本日起居注官库勒纳、董讷。

初七日己卯　本日起居注官喇沙里、韩菼。

初八日庚辰　本日起居注官陈廷敬、牛钮。

初九日辛巳　本日起居注官色冷、张玉书。

初十日壬午　早，上御乾清门，听部院各衙门官员面奏政事。

午时，上诣太皇太后宫问安。

本日起居注官沈荃、库勒纳。

十一日癸未　早，上御乾清门，听部院各衙门官员面奏政事。

本日起居注官叶方蔼、牛钮。

十二日甲申　早，上御乾清门，听部院各衙门官员面奏政事。

巳时，上诣太皇太后宫问安。

未时，上御保和殿，赐进贡阿禄科尔沁国多罗郡王朱尔札哈、王之子劳章、固山额驸巴特玛，克什克屯部落多罗贝勒索讷木、二品台吉厄尔格布西等，阿霸垓部落四品台吉噶尔玛西希等，翁牛忒部落四品台吉他尔吉等，吴喇忒部落四品台吉纳土雷等食。

本日起居注官喇沙里、蒋弘道。

十三日乙酉　早，上御乾清门，听部院各衙门官员面奏政事。

本日起居注官色冷、王鸿绪。

十四日丙戌　早，上御乾清门，听部院各衙门官员面奏政事。

是日，上谕大学士索额图、明珠："逆贼吴三桂背恩倡乱，涂毒生民。逆恶渠魁，罪在三桂，与胁从之人无涉。其下人员，如能悔罪投诚，概行宽免，屡经有旨。今原任吴三桂下护卫伪总督董重民，自广东获解，即宜正法，但屡经有宽免之旨，况原皆朕之臣子。尔等会同兵、刑二部堂官，将董重民免死释放，并同解罪人，亦俱宽免释放，交与兵部。作何赡养，着议奏。"

巳时，上诣太皇太后宫问安。

本日起居注官库勒纳、董讷。

十五日丁亥　早，上御乾清门，听部院各衙门官员面奏政事。

本日起居注官陈廷敬、牛钮。

十六日戊子　早，上御乾清门，听部院各衙门官员面奏政事。

本日起居注官喇沙里、韩菼。

十七日己丑　早，上御乾清门，听部院各衙门官员面奏政事。

未时，上复御乾清门，赐广东廉州总兵官佟国玺食，又赐鞍马一匹。

本日起居注官色冷、张玉书。

十八日庚寅　早，上御乾清门，听部院各衙门官员面奏政事。

巳时，上诣太皇太后宫问安。

未时，上复御乾清门，赐陕西延绥总兵官高孟食，又赐盔甲一副、鞍马一匹。

本日起居注官沈荃、库勒纳。

十九日辛卯 早，上御乾清门，听部院各衙门官员面奏政事。

本日起居注官色冷、叶方蔼。

二十日壬辰 早，上御乾清门，听部院各衙门官员面奏政事。

本日起居注官蒋弘道、牛钮。

二十一日癸巳 早，上御乾清门，听部院各衙门官员面奏政事。

未时，上御保和殿，赐进贡喀喇沁部落多罗杜棱郡王札席，巴林部落固山贝子温椿、三品台吉于穆处木等、四品台吉楚扬等，苏尼忒部落四品台吉额尔得尼等，阿霸垓部落四品台吉吴尔詹等，四子部落四品台吉哈代等，驻扎归化城四品台吉索讷木等食。

本日起居注官喇沙里、王鸿绪。

二十二日甲午 早，上御乾清门，听部院各衙门官员面奏政事。

是日，奉旨令学士喇沙里传谕学士陈廷敬、户部郎中王士祯，各携所作诗藁进呈。上御懋勤殿召见，命各赋诗二首，赐膳而退。上命题：一召见懋勤殿；一赐膳。

巳时，上诣太皇太后宫问安。

本日起居注官库勒纳、董讷。

二十三日乙未 早，上御乾清门，听部院各衙门官员面奏政事。

本日起居注官色冷、韩菼。

二十四日丙申 早，上御乾清门，听部院各衙门官员面奏政事。

巳时，上诣太皇太后、皇太后宫问安。

未时，上复御乾清门，赐广东巡抚金俊食毕，谕之曰："广东地方，残破已极。尔至彼处，务加意抚绥，保靖岩疆，惠养百姓。军中粮饷固属急需，而民生疾苦，尤宜体恤。必令兵民相安，方为两全之道。至驿递关系军机，最属紧要，水陆两路，务须安置得宜，毋致骚扰驿站，贻累地方。尔可悉心料理，以副朕委任之意。"俊对曰："臣起自微贱，蒙圣恩拔擢，洊历要职。今又简付重任，臣惟有捐躯矢报而已。"

是日，赐俊鞍马一匹、貂镶朝衣一领。

本日起居注官张玉书、牛钮。

二十五日丁酉　早，上御乾清门，听部院各衙门官员面奏政事。

本日起居注官叶方蔼、库勒纳。

二十六日戊戌　早，上御乾清门，听部院各衙门官员面奏政事。

本日起居注官喇沙里、沈荃。

二十七日己亥　早，上御乾清门，听部院各衙门官员面奏政事。

巳时，上诣太皇太后宫问安。

本日起居注官陈廷敬、色冷。

二十八日庚子　早，上御乾清门，听部院各衙门官员面奏政事。

本日起居注官蒋弘道、牛钮。

二十九日辛丑　早，上御乾清门，听部院各衙门官员面奏政事。

本日起居注官库勒纳、王鸿绪。

二　月

初一日壬寅　上以多罗温郡王佛永辉薨，二日不理政事。

本日起居注官喇沙里、韩菼。

初二日癸卯　本日起居注官色冷、董讷。

初三日甲辰　早，上御乾清门，听部院各衙门官员面奏政事。

本日起居注官张玉书、牛钮。

初四日乙巳　早，上御乾清门，听部院各衙门官员面奏政事。

本日起居注官沈荃、库勒纳。

初五日丙午　早，上御乾清门，听部院各衙门官员面奏政事。

本日起居注官陈廷敬、色冷。

初六日丁未　早，上御乾清门，听部院各衙门官员面奏政事。

巳时，上诣太皇太后宫问安。

本日起居注官蒋弘道、牛钮。

初七日戊申　早，上御乾清门，听部院各衙门官员面奏政事。

未时，上御保和殿，赐进贡巴林部落四品台吉巴雅斯祜郎等、阿霸垓部落四品台吉滚吹等、敖汉部落无品级台吉丹津、翁牛忒部落四品台吉苏宁等、苏尼忒部落四品台吉塔尔齐等食。

本日起居注官库勒纳、王鸿绪。

初八日己酉　早，上率诸王以下内大臣、大学士、都统、尚书、精奇尼哈番、侍卫等庆贺太皇太后圣诞，亲撰表文，躬自缮书，并献玉壶、金爵等物。行礼毕，回宫。

表文曰："康熙十七年二月初八日，孙皇帝臣诚欢诚忭，稽首顿首上言。伏以慈德同天，五福集箕畴之盛；遐龄配地，万方腾嵩祝之声。冈陵献瑞于瑶阶，永符安吉；日月呈辉于宝算，常并升恒。远迩遵亲，寰海忻忭。恭惟圣祖母昭圣慈寿恭简安懿章庆敦惠温庄康和仁宣太皇太后陛下性成至德，躬备纯禧。懿训弘深，范累朝而作则；恩施高厚，含万物而化光。启景运于维熙，正期颐之方茂。南极光连宝婺，隆名永戴重闱；东风庆入韶年，佳气恒瞻二月。肃绮筵而介寿，捧玉醴以称觞。藉庭实之微仪，冀慈颜之一顾，欢生殿陛，喜溢阶墀。臣祗奉诲言，仰承鞠育，合臣民之颂祝，率子姓以赓飏。伏愿福嘏无疆，寿祺增盛。玉册焕千秋之彩，徽音偕星汉同昭；瑶池垂五色之云，景祜与乾坤咸泰。臣踊跃欢忭之至，谨奉表称贺以闻。"

巳时，上诣太皇太后宫问安。

本日起居注官色冷、董讷。

初九日庚戌　早，上御乾清门，听部院各衙门官员面奏政事。

本日起居注官牛钮、韩菼。

初十日辛亥　早，上御乾清门，听部院各衙门官员面奏政事。

本日起居注官喇沙里、张玉书。

十一日壬子　以孝康章皇后忌辰，不理政事。

本日起居注官沈荃、库勒纳。

十二日癸丑　早，上御乾清门，听部院各衙门官员面奏政事。

未时，上御保和殿，赐进贡吴喇忒部落四品台吉巴里马特等、阿霸垓部落四品台吉僧额等、苏尼忒部落四品台吉温布等、翁牛忒部落三品台吉塔尔巴等食。

本日起居注官色冷、蒋弘道。

十三日甲寅　早，上御乾清门，听部院各衙门官员面奏政事。

本日起居注官陈廷敬、牛钮。

十四日乙卯　早，上御乾清门，听部院各衙门官员面奏政事。

本日起居注官喇沙里、王鸿绪。

十五日丙辰　早，上御太和殿视朝。文武升转官员谢恩，次进贡喀尔喀部落恭格夏台吉西达礼等行礼，赐茶毕，回宫。

少顷，御乾清门，听部院各衙门官员面奏政事。

本日起居注官库勒纳、董讷。

十六日丁巳　早，上御乾清门，听部院各衙门官员面奏政事。

巳时，上诣太皇太后宫问安。

本日起居注官色冷、韩菼。

十七日戊午　早，上御乾清门，听部院各衙门官员面奏政事。

本日起居注官色冷、张玉书。

十八日己未　早，上御乾清门，听部院各衙门官员面奏政事。

巳时，上御保和殿，举行经筵大典。讲官王熙、库勒纳进讲《四书》"子夏曰博学而笃志"一节；温代、陈廷敬进讲《书经》"克明俊德"一节。

本日起居注官喇沙里、沈荃。

十九日庚申　早，上御乾清门，听部院各衙门官员面奏政事。

本日起居注官库勒纳、王鸿绪。

二十日辛酉　早，上御乾清门，听部院各衙门官员面奏政事。

辰时，上御弘德殿，讲官喇沙里、陈廷敬、叶方蔼进讲：曰若稽古帝尧一节、克明俊德一节。上亲讲毕，讲官照常进讲。

未时，上御保和殿，赐进贡敖汉部落无品级台吉丹进等，翁牛忒部落四品台吉阿里雅等，喀喇沁部落三品塔布囊鄂齐尔等，土默特部落四品塔布囊达赖等，驻扎盛京头目喇玛鲁布臧达尔札格龙、噶尔登鲁布臧格龙、鲁布臧尼麻格龙、额林臣格龙等食。

本日起居注官色冷、韩菼。

二十一日壬戌　早，上御乾清门，听部院各衙门官员面奏政事。

辰时，上御弘德殿，讲官喇沙里、陈廷敬、叶方蔼进讲：乃命羲和一节、分命羲仲一节、申命羲叔一节。上亲讲毕，讲官照常进讲。上问："所撰《尚书讲章》与《大全》诸说不同？"廷敬对："《大全》一书，杂引诸儒之说，《讲章》专主蔡传，其《大全》精要处俱已该括在内。"方蔼对："《大全》以外，尚有《注疏》。蔡沉作集注时，其可取者俱已采入。《大全》一书，亦发明蔡传之意而已。"上问："《注疏》与《大全》何如？"廷敬对："《注疏》虽汉唐儒者之书，其言克明俊德，为能明显俊德之人平章百姓，为百官族姓。其义甚短，不如《大全》所解之正。"上曰："然。"

本日起居注官喇沙里、张玉书。

二十二日癸亥　早，上御乾清门，听部院各衙门官员面奏政事。

辰时，上御弘德殿，讲官喇沙里、陈廷敬、叶方蔼进讲：分命和仲一节、申命和叔一节、帝曰咨汝羲暨和一节、帝曰畴咨若时登庸一节。上亲讲毕，讲官照常进讲。上因申命和叔一节讲章中，有仲冬得正阴之气语，问："仲冬之月，一阳初生，如何谓之正阴？"廷敬对曰："坎为北方正阴之位，阴之终即阳之始。然一阳始生而甚微，全体犹是属阴。"上颔之。

巳时，上诣太皇太后宫问安。

本日起居注官陈廷敬、库勒纳。

二十三日甲子　早，上御乾清门，听部院各衙门官员面奏政事。

辰时，上御弘德殿，讲官喇沙里、陈廷敬、叶方蔼进讲：帝曰畴咨若予采一节、帝曰咨四岳汤汤洪水方割一节、帝曰咨四岳朕在位七十载一节、曰若稽古帝舜一节。上亲讲毕，讲官照常进讲。

本日起居注官沈荃、色冷。

二十四日乙丑　早，上自乾清门乘辇至保和殿，降辇步行，御太和殿，视初封长白山祝版，行一跪三叩头礼。随遣内大臣吴穆纳、一等侍卫衣都额真对亲往封毕。

御乾清门，听部院各衙门官员面奏政事。

辰时，上御弘德殿，讲官喇沙里、陈廷敬、叶方蔼进讲：慎徽五典一节、帝曰格汝舜一节、正月上日一节。

未时，上复御乾清门，赐进贡喀尔喀部落土谢图汗来使公格夏、台吉布衣代，阿克敦达哈斯浑额尔德尼伊尔登诺颜下西达里卫征夏、布库夏，墨勒根诺颜下吴拉代绰克图夏古禄等食。

本日起居注官喇沙里、陈廷敬、王鸿绪。

二十五日丙寅　早，上御乾清门，听部院各衙门官员面奏政事。

辰时，上御弘德殿，讲官喇沙里、陈廷敬、叶方蔼进讲：在璇玑玉衡一节、肆类于上帝一节、辑五瑞一节。上亲讲毕，讲官照常进讲。

本日起居注官库勒纳、董讷。

二十六日丁卯　早，上御乾清门，听部院各衙门官员面奏政事。

巳时，皇后崩于坤宁宫。太皇太后驾至乾清门，欲入宫哭临，上固辞再三，太皇太后始回宫。

诸王、贝子、公等，内大臣、大学士、学士、侍卫，俱入乾清门丹墀内；满汉文武各官，俱集乾清门外举哀。公主、郡主等，诸王、贝勒妃及八旗二品以上命妇，俱入坤宁宫举哀。

是日，内班侍卫头领飞耀塞，传谕大学士索额图、勒德洪、明珠曰："出征王、贝勒及各官为国征讨贼寇，平定地方，效力行间，伊等妻令服丧服，朕心不忍。其穿孝服、摘耳环、散发，俱着免。"

本日起居注官喇沙里、色冷、韩菼。

二十七日戊辰　上以大行皇后崩，五日不理政事。是日，陈设大行皇后卤簿于乾清门外。

巳时，殓大行皇后于坤宁宫，举哀俱如前仪。

本日起居注官喇沙里、库勒纳、张玉书。

二十八日己巳　早，陈设大行皇后卤簿于乾清门外。

辰时，上亲送大行皇后梓宫安于武英殿。皇妃、嫔及公主、郡主等，诸王、贝勒妃，二品以上命妇，俱随梓宫入殿门内。诸王、贝子、公等及文武各官，俱于殿门外跪迎。上亲临举哀。诸王、贝子、公等群臣，俱东向举哀毕。诸王、贝子、公等大臣请驾回宫，上还宫。未时，诸王、贝子、公等群臣，复举哀。谕：是日后，诸王、贝子、公等群臣，每早晚集殿门外举哀。

本日起居注官喇沙里、沈荃、色冷。

二十九日庚午 卯时，上诣大行皇后梓宫前举哀。少顷，皇太后临大行皇后梓宫前举哀毕，还宫。申时，上还宫。

本日起居注官喇沙里、陈廷敬、库勒纳。

三十日辛未 卯时，上诣大行皇后梓宫前举哀。申时，还宫。

本日起居注官喇沙里、色冷、王鸿绪。

三　月

初一日壬申 卯时，上诣大行皇后梓宫前举哀。申时，回宫。

本日起居注官喇沙里、色冷、董讷。

初二日癸酉 上命内阁嗣后汇进部院各衙门章奏。

本日起居注官喇沙里、叶方蔼、库勒纳。

初三日甲戌 卯时，上诣大行皇后梓宫前举哀。申时，回宫。

本日起居注官喇沙里、色冷、韩菼。

初四日乙亥 卯时，上诣大行皇后梓宫前举哀。申时，回宫。

本日起居注官喇沙里、库勒纳、张玉书。

初五日丙子 卯时，上诣大行皇后梓宫前举哀。申时，回宫。

本日起居注官喇沙里、色冷、王鸿绪。

初六日丁丑 卯时，上诣大行皇后梓宫前举哀。申时，回宫。

本日起居注官喇沙里、沈荃、牛钮。

初七日戊寅 卯时，上率诸王、贝子、公等及文武大小官员，王妃、公主、郡主等及八旗二品以上命妇，齐集大行皇后梓宫前举哀毕，上回宫。

本日起居注官喇沙里、库勒纳、董讷。

初八日己卯 卯时，上诣大行皇后梓宫前举哀。申时，回宫。

本日起居注官喇沙里、色冷、叶方蔼。

初九日庚辰 卯时，上诣大行皇后梓宫前举哀。申时，回宫。

本日起居注官喇沙里、牛钮、韩菼。

初十日辛巳　卯时，上诣大行皇后梓宫前举哀。申时，回宫。

本日起居注官喇沙里、库勒纳、王鸿绪。

十一日壬午　卯时，上诣大行皇后梓宫前举哀。申时，回宫。

本日起居注官喇沙里、陈廷敬、色冷。

十二日癸未　卯时，上诣大行皇后梓宫前举哀。申时，回宫。

本日起居注官喇沙里、张玉书、牛钮。

十三日甲申　卯时，上率诸王、贝子、公等及文武大小官员，王妃、公主、郡主等及八旗二品以上命妇，齐集大行皇后梓宫前举哀毕，上回宫。

本日起居注官喇沙里、库勒纳、董讷。

十四日乙酉　卯时，上诣大行皇后梓宫前举哀。申时，回宫。

本日起居注官喇沙里、色冷、叶方蔼。

十五日丙戌　卯时，上率诸王、贝子、公等及文武大小官员，王妃、公主、郡主等及八旗二品以上命妇，齐集大行皇后梓宫前举哀毕，上回宫。是日，上除服。

本日起居注官喇沙里、牛钮、韩菼。

十六日丁亥　卯时，上诣大行皇后梓宫前举哀毕，回宫。

本日起居注官喇沙里、色冷、张玉书。

十七日戊子　辰时，上诣太皇太后宫问安毕，诣大行皇后梓宫前举哀。申时，回宫。

本日起居注官喇沙里、沈荃、色冷。

十八日己丑　辰时，上诣大行皇后梓宫前举哀。申时，回宫。

本日起居注官喇沙里、牛钮、王鸿绪。

十九日庚寅　辰时，上诣大行皇后梓宫前举哀。申时，回宫。

本日起居注官喇沙里、色冷、董讷。

二十日辛卯　辰时，上诣大行皇后梓宫前举哀。申时，回宫。

本日起居注官喇沙里、色冷、叶方蔼。

二十一日壬辰　辰时，上诣太皇太后宫问安毕，诣大行皇后梓宫前举哀。申时，回宫。

本日起居注官喇沙里、色冷、韩菼。

二十二日癸巳　辰时，上诣大行皇后梓宫前举哀。申时，回宫。

本日起居注官喇沙里、色冷、张玉书。

二十三日甲午　辰时，上诣大行皇后梓宫前举哀。申时，回宫。

本日起居注官喇沙里、色冷、王鸿绪。

二十四日乙未　辰时，上诣大行皇后梓宫前举哀。酉时，回宫。

本日起居注官喇沙里、沈荃、牛钮。

二十五日丙申　卯时，上以迁移大行皇后梓宫致祭。巳时，上亲送至巩华城，与仁孝皇后同安于殿内。上驻跸城外幔城。

是日，诸王、贝子、公等满汉文武大小官员，俱集西安门外，举哀跪送。诸王、贝子、公等，内大臣、大学士、学士、侍卫及汉官，皆随送至巩华城外。八旗大小官员，分半随送。王妃、公主、郡主等及八旗二品以上命妇，俱集德胜门外，举哀跪送而回。

二十六日丁酉　卯时，上诣大行皇后梓宫前举哀。申时，回行宫。

二十七日戊戌　卯时，上诣大行皇后梓宫前举哀。是日，诸王、贝子、公等文武大小官员及王妃、公主、郡主等八旗二品以上命妇，俱齐集举哀，除服。申时，上回行宫。

二十八日己亥　辰时，上诣大行皇后梓宫前举哀。申时，回行宫。

二十九日庚子　卯时，上以大行皇后崩逝匝月致祭。酉时，回宫。

扈从起居注官喇沙里。

闰三月

初一日辛丑　本日起居注官色冷、韩菼。

初二日壬寅　本日起居注官沈荃、牛钮。

初三日癸卯　早，上由午门出正阳门，进南苑大红门，驻跸东宫。

上因大行皇后崩逝，伤悼不已，诸王大臣奏请游幸数日，少宽圣怀，上从之，故有是行。

初四日甲辰　上驻跸黄村。

初五日乙巳　上驻跸固安县城西。

初六日丙午　上驻跸霸州城南。

初七日丁未　上驻跸雄县南赵北口。

初八日戊申　上驻跸赵北口。

初九日己酉　上驻跸赵北口。

初十日庚戌　上驻跸赵北口。

十一日辛亥　上驻跸采蒲台村东。

十二日壬子　上驻跸采蒲台村东。

十三日癸丑　上还，驻跸东里长村北。

十四日甲寅　上驻跸康仙庄南。

十五日乙卯　上驻跸南奇奕村。

十六日丙辰　上驻跸南苑南红门内。

十七日丁巳　申时，上出南苑大红门，由正阳门进午门，回宫。

扈从起居注官喇沙里。

十八日戊午　本日起居注官库勒纳、董讷。

十九日己未　早，上诣巩华城。酉时，回宫。

本日起居注官色冷、张玉书、牛钮。

二十日庚申　本日起居注官张玉书、牛钮。

二十一日辛酉　卯时，上御太和门，遣庄亲王博果铎、信郡王鄂扎，赍册宝诣巩华城，册谥大行皇后为孝昭皇后。

辰时，上诣太皇太后宫问安。

是日，上召翰林院掌院学士陈廷敬、侍读王士祯至南书房，同侍讲学士支正四品俸张英、内阁撰文中书舍人支正六品俸高士奇编辑。上特颁御扎云："朕召卿等编辑，适五台山贡至天花蘑菇，鲜馨罕有，可称佳味。特赐卿等，使知名山风土也。"廷敬等谢恩毕，各赋诗一章，进呈御览。

本日起居注官喇沙里、陈廷敬、沈荃、库勒纳。

二十二日壬戌　本日起居注官色冷、王鸿绪。

二十三日癸亥　巳时，上诣太皇太后宫问安。

本日起居注官牛钮、董讷。

二十四日甲子 早，上诣巩华城。

本日起居注官喇沙里、库勒纳、韩菼。

二十五日乙丑 酉时，上回宫。

本日起居注官喇沙里、库勒纳、张玉书。

二十六日丙寅 本日起居注官色冷、叶方蔼。

二十七日丁卯 本日起居注官沈荃、库勒纳。

二十八日戊辰 巳时，上诣太皇太后宫问安。

是日，上召翰林院掌院学士陈廷敬、侍读学士叶方蔼、侍读王士祯入侍内庭，蒙上赐御笔大字各一幅，行草唐人五、七言诗各一幅。以廷敬等曾赐御书墨刻，士祯未预，仍赐士祯墨刻二幅。又谕："朕万几余暇，怡情翰墨。因汝等在内侍从，特以颁赐。"廷敬等奏曰："皇上圣学缉熙，翰墨精妙，超出自古帝王之上。臣等得蒙恩赐，传之子孙，真为世世之宝。"奉旨于南书房北向谢恩。廷敬等各赋纪恩诗二首，进呈御览。

本日起居注官牛钮、王鸿绪。

二十九日己巳 本日起居注官喇沙里、董讷。

四　月

初一日庚午 早，上御乾清门，听部院各衙门官员面奏政事。

本日起居注官色冷、韩菼。

初二日辛未 早，上御乾清门，听部院各衙门官员面奏政事。

本日起居注官张玉书、牛钮。

初三日壬申 早，上诣巩华城。酉时，回宫。

本日起居注官牛钮、王鸿绪。

初四日癸酉 早，上御乾清门，听部院各衙门官员面奏政事。

本日起居注官沈荃、库勒纳。

初五日甲戌 早，上御乾清门，听部院各衙门官员面奏政事。

巳时，上诣太皇太后宫问安。申时，上复诣太皇太后宫问安。

本日起居注官牛钮、王鸿绪。

初六日乙亥　卯时，上诣太皇太后宫问安。

少顷，御乾清门，听部院各衙门官员面奏政事。

辰时，上诣太皇太后宫问安。未时，上诣太皇太后、皇太后宫问安。申时，上诣太皇太后宫问安。

本日起居注官色冷、董讷。

初七日丙子　早，上御乾清门，听部院各衙门官员面奏政事。

辰时，上诣太皇太后宫问安。酉时，上复诣太皇太后宫问安。

本日起居注官喇沙里、韩菼。

初八日丁丑　早，上御乾清门，听部院各衙门官员面奏政事。

辰时，上诣太皇太后宫问安。申时，上复诣太皇太后宫问安。

本日起居注官库勒纳、张玉书。

初九日戊寅　早，上诣巩华城。酉时，回宫。

本日起居注官色冷、韩菼。

初十日己卯　早，上御乾清门，听部院各衙门官员面奏政事。

辰时，上诣太皇太后宫问安。申时，上复诣太皇太后宫问安。

本日起居注官沈荃、牛钮。

十一日庚辰　早，上御乾清门，听部院各衙门官员面奏政事。

辰时，上诣太皇太后宫问安。

本日起居注官库勒纳、王鸿绪。

十二日辛巳　早，上御乾清门，听部院各衙门官员面奏政事。

巳时，上诣太皇太后宫问安。

本日起居注官色冷、董讷。

十三日壬午　早，上御乾清门，听部院各衙门官员面奏政事。

本日起居注官喇沙里、韩菼。

十四日癸未　早，上御乾清门，听部院各衙门官员面奏政事。

辰时，上诣太皇太后宫问安。

本日起居注官张玉书、牛钮。

十五日甲申　早，上御乾清门，听部院各衙门官员面奏政事。

本日起居注官叶方蔼、库勒纳。

十六日乙酉 早，上诣巩华城。酉时，回宫。

本日起居注官沈荃、库勒纳。

十七日丙戌 因孝端文皇后忌辰，上不理政事。

本日起居注官色冷、王鸿绪。

十八日丁亥 早，上御乾清门，听部院各衙门官员面奏政事。

午时，上诣太皇太后、皇太后宫问安。

本日起居注官喇沙里、董讷。

十九日戊子 早，上御乾清门，听部院各衙门官员面奏政事。

本日起居注官牛钮、韩菼。

二十日己丑 早，上御乾清门，听部院各衙门官员面奏政事。

本日起居注官库勒纳、张玉书。

二十一日庚寅 早，上御乾清门，听部院各衙门官员面奏政事。

本日起居注官色冷、叶方蔼。

二十二日辛卯 早，上御乾清门，听部院各衙门官员面奏政事。

辰时，上诣太皇太后宫问安。

本日起居注官喇沙里、沈荃。

二十三日壬辰 早，上御乾清门，听部院各衙门官员面奏政事。

本日起居注官牛钮、王鸿绪。

二十四日癸巳 早，上诣巩华城。

本日起居注官库勒纳、董讷。

二十五日甲午 申时，上回宫。

本日起居注官喇沙里、韩菼。

二十六日乙未 早，上御乾清门，听部院各衙门官员面奏政事。

初，上悯念八旗死亡贫穷兵丁无有葬地，命议政大臣等集议。因议近京地亩，俱系内务府及王以下官员以上园地，当日分拨时，或有溢于正额者，今应清察，拨给兵丁以为葬地。至是，户部奏言："内务府总管及八旗都统等，察出溢额地若干亩，可先行拨给兵丁。俟秋成之后，臣部概行丈量，有溢出地亩，再行请旨定夺。"上曰："已经察出地亩，既已先行拨给，俟秋成之后，又行丈量，不免前后参差。尔部可会同内务府，于数日内通行清察，毋得瞻徇情面，以致隐漏。”

辰时，上诣太皇太后宫问安。

本日起居注官陈廷敬、牛钮。

二十七日丙申　早，上御乾清门，听部院各衙门官员面奏政事。户部尚书伊桑阿等启奏部务毕，伊桑阿复奏清查地亩事。言：“臣同侍郎臣萨木哈，自今日始，亲往丈量。”上曰：“度几日可毕？”伊桑阿奏：“臣等履亩亲勘，时日未敢预定。”上曰：“此事宜速行清察，勿致久延。尔等能十日内竣事，方惬朕意。此番清察地亩，原给出征死亡兵丁，必平原高燥方可为葬地。若徒潦草塞责，或地势卑湿，不堪为坟茔之用，名虽拨给，何所用之？又须令道路相近，若取道太远，则力贫之家难以趋赴矣。至于官员秩卑及小民贫乏者，皆资地亩以为生计，如专取伊等之地拨给兵丁，恐又致彼失业。尔等可秉公确查，凡内务府所管地亩，及诸王、大臣田，尤宜详加丈量，勿致遗漏。务令出征死亡兵丁俱获葬所，以副朕优恤至意。”

本日起居注官库勒纳、张玉书。

二十八日丁酉　早，上御乾清门，听部院各衙门官员面奏政事。

本日起居注官色冷、叶方蔼。

二十九日戊戌　早，上诣巩华城。酉时，回宫。

本日起居注官喇沙里、王鸿绪。

三十日己亥　上因有事于方泽，斋戒三日，不理政事。

巳时，上诣太皇太后宫问安。

本日起居注官色冷、董讷。

五　月

初一日庚子　巳时，上诣太皇太后宫问安。

本日起居注官库勒纳、张玉书。

初二日辛丑　本日起居注官喇沙里、叶方蔼。

初三日壬寅　上因仁孝皇后忌辰，不理政事。

本日起居注官张玉书、牛钮。

初四日癸卯　早，上御乾清门，听部院各衙门官员面奏政事。

本日起居注官色冷、董讷。

初五日甲辰　早，上御乾清门，听部院各衙门官员面奏政事。

巳时，上诣太皇太后、皇太后宫问安。

本日起居注官库勒纳、王鸿绪。

初六日乙巳　早，上诣巩华城。

本日起居注官喇沙里、陈廷敬。

初七日丙午　申时，上回宫。

本日起居注官喇沙里、色冷、张玉书。

初八日丁未　早，上御乾清门，听部院各衙门官员面奏政事。

本日起居注官库勒纳、张玉书。

初九日戊申　早，上御乾清门，听部院各衙门官员面奏政事。

本日起居注官叶方蔼、牛钮。

初十日己酉　早，上御乾清门，听部院各衙门官员面奏政事。

巳时，上诣太皇太后宫问安。

是日，上以委署副都统岳尔多，率浙闽凯旋喀喇沁部落二品塔布囊山达、土默特部落四品塔布囊和济格尔及都统、副都统等至，命大学士索额图、礼部尚书色塞赫、理藩院尚书阿木虎郎及散秩大臣等出城迎之。赐茶毕，入城。

未时，上御乾清门，岳尔多偕蒙古塔布囊等入，行陛见礼。上召近前列坐，依次赐茶。少顷，上亲以卮酒赐饮。饮毕，谢恩出。

本日起居注官色冷、王鸿绪。

十一日庚戌　早，上御乾清门，听部院各衙门官员面奏政事。

辰时，上御弘德殿，讲官喇沙里、叶方蔼、张玉书进讲：岁二月东巡守一节、五载一巡守一节、肇十有二州一节。上亲讲毕，讲官照常进讲。

巳时，上诣太皇太后、皇太后宫问安。

本日起居注官喇沙里、董讷。

十二日辛亥　早，上御乾清门，听部院各衙门官员面奏政事。

辰时，上御弘德殿，讲官喇沙里、叶方蔼、张玉书进讲：象以典刑一节、流共工于幽洲一节、二十有八载二节、询于四岳一节、咨十有二牧一节。上亲讲毕，讲官照常进讲。

巳时，上诣太皇太后宫问安。

本日起居注官库勒纳、张玉书。

十三日壬子　早，上御乾清门，听部院各衙门官员面奏政事。

辰时，上御弘德殿，讲官喇沙里、叶方蔼、张玉书进讲：舜曰咨四岳有能奋庸熙帝之载一节、帝曰弃黎民阻饥一节、帝曰契百姓不亲一节、帝曰皋陶蛮夷猾夏一节。上亲讲毕，讲官照常进讲。

巳时，上诣太皇太后宫问安。酉时，上复诣太皇太后宫问安。

本日起居注官色冷、韩菼。

十四日癸丑　早，上诣巩华城。

十五日甲寅　上驻跸碧云寺。

是日，上由卧佛寺至碧云寺。上于马上顾大学士明珠及侍卫等，并张英、高士奇曰："朕观古来帝王，如唐虞之都俞吁咈，唐太宗之听言纳谏，君臣上下如家人父子，情谊浃洽。故能陈善闭邪，各尽所怀，登于至治。明朝末世，君臣隔越，以致四方疾苦、生民利弊无由上闻。我太祖、太宗、世祖相传以来，上下一心，满汉文武，皆为一体。情谊常令周通，隐微无有间隔。一游一豫，体恤民情，创作艰难，立万世不易之法。朕虽凉德，上慕前王之盛事，凛遵祖宗之家法，思与天下贤才共图治理，常以家人父子之意相待，臣僚罔不兢业，以前代为明鉴也。"大学士明珠等对曰："皇上所行，事事上追圣帝，仰法祖宗。宵旰勤政，日御宫门，亲理万几，与大臣讲论治道，民情隐微洞悉圣衷。臣等滥叨隆遇，或掌机密，或侍左右，日见皇上留心政治。游幸之际，未尝不以天下为念。更愿乾行不息，慎始慎终，超汉、唐之君，鉴明末之弊。臣等虽驽劣不堪，敢不勉思往代良臣，以尽愚荩，仰副圣明孜孜求治之心也。"

十六日乙卯　上驻跸石景山。

十七日丙辰　上驻跸石景山。

十八日丁巳　上由石景山幸南苑，进西红门，驻跸东宫。

十九日戊午　辰时，上御东宫前殿。讲官喇沙里、张玉书、牛钮进讲：帝曰畴咨若予工一节、帝曰畴若予上下草木鸟兽一节、帝曰咨四岳有能典朕三礼一节。上亲讲毕，讲官照常进讲。上以讲章内言敬者德之聚，因谕曰："诚敬一理，敬又为诚之本。"喇沙里等对曰："诚如圣谕。"

是日，驻跸东宫。

二十日己未　辰时，上御前殿，讲官喇沙里、张玉书、牛钮进讲：帝曰夔命女典乐一节、帝曰龙朕圣谗说殄行一节、帝曰咨女二十有二人一节。上亲讲毕，讲官照常进讲。

是日，驻跸东宫。

二十一日庚申　辰时，上御前殿，讲官喇沙里、张玉书、牛钮进讲：三载考绩一节、舜生三十征庸一节、曰若稽古大禹一节、曰后克艰厥后一节、帝曰俞允若兹一节。上亲讲毕，讲官照常进讲。

是日，驻跸东宫。

二十二日辛酉　辰时，上御前殿，讲官喇沙里、张玉书、牛钮进讲：益曰都帝德广运一节、禹曰惠迪吉一节、益曰吁戒哉一节。上亲讲毕，讲官照常进讲。

午时，上出南苑大红门，由正阳门进午门，诣太皇太后宫问安毕，回宫。

扈从起居注官喇沙里、张玉书、牛钮。

二十三日壬戌　早，上御乾清门，听部院各衙门官员面奏政事。

本日起居注官沈荃、库勒纳。

二十四日癸亥　早，上御乾清门，听部院各衙门官员面奏政事。

辰时，上御弘德殿，讲官喇沙里、叶方蔼、张玉书进讲：禹曰于帝念哉一节、帝曰俞地平天成一节、帝曰格汝禹二节、帝曰皋陶惟兹臣庶罔或干予正一节。上亲讲毕，讲官照常进讲。

巳时，上诣太皇太后、皇太后宫问安。

本日起居注官色冷、张玉书。

二十五日甲子　早，上诣巩华城。酉时，回宫。

本日起居注官色冷、叶方蔼、牛钮。

二十六日乙丑　早，上御乾清门，听部院各衙门官员面奏政事。

辰时，上御弘德殿，讲官喇沙里、叶方蔼、张玉书进讲：皋陶曰帝德罔愆一节、帝曰俾予从欲以治一节、帝曰来禹洚水儆予一节。

本日起居注官喇沙里、张玉书。

二十七日丙寅　早，上御乾清门，听部院各衙门官员面奏政事。

辰时，上御弘德殿，讲官喇沙里、叶方蔼、张玉书进讲：人心惟危一节、无稽之言勿听一节、可爱非君一节。

本日起居注官沈荃、库勒纳。

二十八日丁卯　早，上御乾清门，听部院各衙门官员面奏政事。

辰时，上御弘德殿，讲官喇沙里、叶方蔼、张玉书进讲：禹曰枚卜功臣一节、帝曰咨禹惟时有苗弗率一节、三旬苗民逆命一节。

巳时，上诣太皇太后宫问安。

本日起居注官色冷、叶方蔼。

二十九日戊辰　早，上御乾清门，听部院各衙门官员面奏政事。

辰时，上御弘德殿，讲官喇沙里、叶方蔼、张玉书进讲：曰若稽古皋陶一节、皋陶曰都在知人一节、皋陶曰都亦行有九德一节。上亲讲毕，讲官照常进讲。

本日起居注官库勒纳、张玉书。

三十日己巳　早，上御乾清门，听部院各衙门官员面奏政事。

辰时，上御弘德殿，讲官喇沙里、叶方蔼、张玉书进讲：日宣三德一节、无教逸欲有邦一节、天叙有典一节。上亲讲毕，讲官照常进讲。讲毕，喇沙里等奏言："明日初伏，天气溽暑，皇上御讲应请暂停。"得旨："进讲着暂停止。"

本日起居注官喇沙里、王鸿绪。

六　月

初一日庚午　早，上御乾清门，听部院各衙门官员面奏政事。

本日起居注官沈荃、色冷。

初二日辛未　早，上御乾清门，听部院各衙门官员面奏政事。

辰时，上诣太皇太后宫问安。

本日起居注官叶方蔼、库勒纳。

初三日壬申　早，上御乾清门，听部院各衙门官员面奏政事。

本日起居注官喇沙里、张玉书。

初四日癸酉　早，上诣巩华城。酉时，回宫。

本日起居注官库勒纳、王鸿绪。

初五日甲戌　早，上御太和殿视朝。文武升转官员谢恩毕，回宫。

少顷，御乾清门，听部院各衙门官员面奏政事。是日，赐山东总兵官何傅鞍马一匹。

本日起居注官沈荃、色冷。

初六日乙亥　早，上御乾清门，听部院各衙门官员面奏政事。

巳时，上诣太皇太后、皇太后宫问安。

本日起居注官陈廷敬、牛钮。

初七日丙子　早，上御乾清门，听部院各衙门官员面奏政事。

本日起居注官喇沙里、叶方蔼。

初八日丁丑　早，上御乾清门，听部院各衙门官员面奏政事。

申时，上诣太皇太后宫问安。

本日起居注官库勒纳、张玉书。

初九日戊寅　早，上御乾清门，听部院各衙门官员面奏政事。

本日起居注官色冷、韩菼。

初十日己卯　早，上御乾清门，听部院各衙门官员面奏政事。

本日起居注官牛钮、王鸿绪。

十一日庚辰　早，上御乾清门，听部院各衙门官员面奏政事。

本日起居注官喇沙里、沈荃。

十二日辛巳　早，上御乾清门，听部院各衙门官员面奏政事。

本日起居注官陈廷敬、库勒纳。

十三日壬午　早，上御乾清门，听部院各衙门官员面奏政事。

巳时，上诣太皇太后、皇太后宫问安。

本日起居注官色冷、叶方蔼。

十四日癸未　早，上御乾清门，听部院各衙门官员面奏政事。

本日起居注官牛钮、张玉书。

十五日甲申　上因亢旱祈雨，躬祀天坛，斋戒三日，不理政事。

本日起居注官库勒纳、韩菼。

十六日乙酉　起居注官牛钮、王鸿绪。

十七日丙戌　早，上御太和殿，视祀天祝版毕，回宫。

本日起居注官沈荃、库勒纳。

十八日丁亥　辰时，上躬诣天坛祈雨，自西天门步行至坛致祭毕，仍步行出西天门，乘马回宫。

本日起居注官陈廷敬、牛钮。

十九日戊子　早，上御乾清门，听部院各衙门官员面奏政事。

巳时，上诣太皇太后、皇太后宫问安。

本日起居注官喇沙里、叶方蔼。

二十日己丑　早，上御乾清门，听部院各衙门官员面奏政事。

本日起居注官色冷、张玉书。

二十一日庚寅　早，上御乾清门，听部院各衙门官员面奏政事。

本日起居注官库勒纳、董讷。

二十二日辛卯　早，上御乾清门，听部院各衙门官员面奏政事。

本日起居注官喇沙里、沈荃。

二十三日壬辰　早，上御乾清门，听部院各衙门官员面奏政事。

巳时，上诣太皇太后宫问安。

本日起居注官色冷、张玉书。

二十四日癸巳　早，上诣巩华城。

本日起居注官色冷、叶方蔼。

二十五日甲午　巳时，上回宫。

申时，上诣太皇太后宫问安。

本日起居注官陈廷敬、色冷、库勒纳。

二十六日乙未　早，上御乾清门，听部院各衙门官员面奏政事。

本日起居注官牛钮、韩菼。

二十七日丙申　早，上御乾清门，听部院各衙门官员面奏政事。

本日起居注官库勒纳、董讷。

二十八日丁酉　早，上御乾清门，听部院各衙门官员面奏政事。

辰时，上诣太皇太后、皇太后宫问安。

本日起居注官喇沙里、王鸿绪。

二十九日戊戌　早，上御中和殿，视享太庙祝版毕，回宫。

少顷，御乾清门，听部院各衙门官员面奏政事。

本日起居注官陈廷敬，色冷。

七　月

初一日己亥　早，上以孟秋，躬诣太庙致祭，礼毕，回宫。

本日起居注官叶方蔼、牛钮。

初二日庚子　早，上御乾清门，听部院各衙门官员面奏政事。

本日起居注官库勒纳、张玉书。

初三日辛丑　早，上御乾清门，听部院各衙门官员面奏政事。

本日起居注官喇沙里、韩菼。

初四日壬寅　早，上诣巩华城。酉时，回宫。

本日起居注官牛钮、董讷。

初五日癸卯　早，上御乾清门，听部院各衙门官员面奏政事。

本日起居注官库勒纳、王鸿绪。

初六日甲辰　早，上御乾清门，听部院各衙门官员面奏政事。

巳时，上诣太皇太后宫问安。

本日起居注官喇沙里、叶方蔼。

初七日乙巳　早，上御乾清门，听部院各衙门官员面奏政事。

本日起居注官色冷、张玉书。

初八日丙午　早，上御乾清门，听部院各衙门官员面奏政事。

本日起居注官牛钮、韩菼。

初九日丁未　早，上御乾清门，听部院各衙门官员面奏政事。

辰时，上诣太皇太后宫问安。

本日起居注官库勒纳、董讷。

初十日戊申　早，上御乾清门，听部院各衙门官员面奏政事。

本日起居注官喇沙里、陈廷敬。

十一日己酉　早，上御乾清门，听部院各衙门官员面奏政事。

本日起居注官色冷、王鸿绪。

十二日庚戌　早，上御乾清门，听部院各衙门官员面奏政事。

辰时，上诣太皇太后、皇太后宫问安。

本日起居注官陈廷敬、牛钮。

十三日辛亥　早，上御乾清门，听部院各衙门官员面奏政事。

本日起居注官库勒纳、张玉书。

十四日壬子　早，上诣巩华城。

本日起居注官色冷、韩菼。

十五日癸丑　未时，上还宫。

本日起居注官色冷、董讷。

十六日甲寅　早，上御乾清门，听部院各衙门官员面奏政事。

本日起居注官牛钮、王鸿绪。

十七日乙卯　早，上御乾清门，听部院各衙门官员面奏政事。

辰时，上御弘德殿，讲官喇沙里、陈廷敬、叶方蔼、张玉书进讲：天聪明一节、皋陶曰朕言惠一节、禹曰来禹汝亦昌言一节。上亲讲毕，讲官照常进讲。

本日起居注官色冷、董讷。

十八日丙辰　早，上御乾清门，听部院各衙门官员面奏政事。

辰时，上御弘德殿，讲官喇沙里、陈廷敬、叶方蔼、张玉书进讲：禹曰都帝慎乃在位一节、帝曰吁臣哉邻哉一节、帝曰臣作朕股肱耳目一节。上亲讲毕，讲官照常进讲。

本日起居注官叶方蔼、库勒纳。

十九日丁巳　早，上御乾清门，听部院各衙门官员面奏政事。

辰时，上御弘德殿，讲官喇沙里、陈廷敬、叶方蔼、张玉书进讲：予违汝弼一节、庶顽谗说一节、禹曰俞哉帝光天之下一节。上亲讲毕，讲官照常进讲。

本日起居注官喇沙里、张玉书。

二十日戊午 早，上御乾清门，听部院各衙门官员面奏政事。

辰时，上御弘德殿，讲官喇沙里、陈廷敬、叶方蔼、张玉书进讲：无若丹朱傲一节、夔曰戛击鸣球二节。上亲讲毕，讲官照常进讲。

本日起居注官牛钮、韩菼。

二十一日己未 早，上御乾清门，听部院各衙门官员面奏政事。

本日起居注官色冷、王鸿绪。

二十二日庚申 早，上御乾清门，听部院各衙门官员面奏政事。

辰时，上御弘德殿，讲官喇沙里、陈廷敬、叶方蔼、张玉书进讲：帝庸作歌曰一节、太康尸位三节、其一曰皇祖有训二节。上亲讲毕，讲官照常进讲。其禹贡甘誓等篇，系另讲者，讲官俱不进讲。

本日起居注官叶方蔼、库勒纳。

二十三日辛酉 早，上御乾清门，听部院各衙门官员面奏政事。

辰时，上御弘德殿，讲官喇沙里、陈廷敬、叶方蔼、张玉书进讲：其二曰训有之二节、其四曰明明我祖一节、其五曰呜呼曷归一节。上亲讲毕，讲官照常进讲。

巳时，上诣太皇太后宫问安。

本日起居注官张玉书、牛钮。

二十四日壬戌 早，上诣巩华城。

本日起居注官库勒纳、韩菼。

二十五日癸亥 未时，上回宫。

本日起居注官库勒纳、韩菼。

二十六日甲子 早，上御乾清门，听部院各衙门官员面奏政事。

辰时，上御弘德殿，讲官喇沙里、陈廷敬、叶方蔼、张玉书进讲：成汤放桀于南巢一节、仲虺乃作诰曰一节。上亲讲毕，讲官照常进讲。

本日起居注官牛钮、王鸿绪。

二十七日乙丑 早，上御乾清门，听部院各衙门官员面奏政事。

辰时，上御弘德殿，讲官喇沙里、陈廷敬、叶方蔼、张玉书进讲：惟王不迩声色一节、佑贤辅德一节、德日新一节。上亲讲毕，讲官照常进讲。

巳时，上诣太皇太后、皇太后宫问安。

本日起居注官喇沙里、陈廷敬。

二十八日丙寅　早，上御乾清门，听部院各衙门官员面奏政事。

辰时，上御弘德殿，讲官喇沙里、陈廷敬、叶方蔼、张玉书进讲：呜呼慎厥终一节、王归自克夏二节、夏王灭德作威一节、肆台小子一节、上天孚佑下民一节、俾予一人一节。上亲讲毕，讲官照常进讲。

时，上天孚佑下民一节，原不应讲，进讲章单内错写应讲。讲官喇沙里、陈廷敬、叶方蔼、张玉书讲毕出，随欲检举。上遣侍卫尔格传谕曰："错误亦事之常，且系小错，不必认罪。"喇沙里等奏言："讲章单写错，臣等均有疏忽之咎，蒙圣恩宽免，应行谢恩。"上复传谕曰："尔等错误原系小节，不必谢恩。"

本日起居注官色冷、叶方蔼。

二十九日丁卯　早，上御乾清门，听部院各衙门官员面奏政事。

辰时，上御弘德殿，讲官喇沙里、陈廷敬、叶方蔼、张玉书进讲：凡我造邦一节、尔有善一节、呜呼尚克时忱一节。上亲讲毕，讲官照常进讲。

是日，上召学士陈廷敬、侍读学士叶方蔼，于南书房编纂。

本日起居注官库勒纳、张玉书。

三十日戊辰　早，上御乾清门，听部院各衙门官员面奏政事。

本日起居注官牛钮、董讷。

八　月

初一日己巳　早，上御乾清门，听部院各衙门官员面奏政事。

辰时，上御弘德殿，讲官喇沙里、陈廷敬、叶方蔼、张玉书进讲：惟元祀十有二月乙丑一节、曰呜呼古有夏先后一节、惟我商王布昭圣武一节。上亲讲毕，讲官照常进讲。

巳时，上诣太皇太后宫问安。

本日起居注官喇沙里、董讷。

初二日庚午 早，上御乾清门，听部院各衙门官员面奏政事。

辰时，上御弘德殿，讲官喇沙里、陈廷敬、叶方蔼、张玉书进讲：今王嗣厥德一节、呜呼先王肇修人纪一节。上亲讲毕，讲官照常进讲。

是日，西洋国主阿丰素遣其臣本多白勒拉贡狮子、进表。

本日起居注官色冷、王鸿绪。

初三日辛未 早，上御乾清门，听部院各衙门官员面奏政事。

辰时，上御弘德殿，讲官喇沙里、陈廷敬、叶方蔼、张玉书进讲：敷求哲人二节、呜呼嗣王祗厥身一节。上亲讲毕，讲官照常进讲。

讲毕，上问："所刻满文《四书解义》，曾否刻完？"喇沙里等奏言："板已刻完，但句读点画间有遗漏舛错者，不得不详加检勘。今未阅完者，尚有四本。告竣之日，其印刷颁行，臣等另行请旨。"上曰："句读点画，即偶有一、二小错，亦无甚关系。"

本日起居注官张玉书、牛钮。

初四日壬申 早，上诣巩华城。酉时，回宫。

本日起居注官库勒纳、韩菼。

初五日癸酉 早，上御太和殿视朝。文武升转官员谢恩毕，回宫。

少顷，御乾清门，听部院各衙门官员面奏政事。

本日起居注官喇沙里、董讷。

初六日甲戌 早，上御乾清门，听部院各衙门官员面奏政事。

巳时，上诣太皇太后、皇太后宫，恭进狮子。

阅毕，御神武门，召掌院学士陈廷敬、侍读学士叶方蔼、侍讲学士张英、内阁中书舍人高士奇、支六品俸杜讷，同观狮子。廷敬等奏言："皇上加意至治，不贵异物，而圣德神威，能使远人慕化归诚，自古不可多观。"因退归南书房，各赋七言律诗一首以进。先一日，上命中使传谕："西洋进贡狮子，以汝等在内庭编辑，欲赐汝等观，观后可作诗进来。"廷敬等于是日进七言古诗一章，至是复遵谕进诗，以昭皇上慎德格远之化云。

本日起居注官张玉书、牛钮。

初七日乙亥 早，上御乾清门，听部院各衙门官员面奏政事。

巳时，上诣太皇太后宫问安。

本日起居注官色冷、王鸿绪。

初八日丙子 早，上御中和殿，视祭夕月坛祝版毕，回宫。

少顷，御乾清门，听部院各衙门官员面奏政事。

本日起居注官库勒纳、韩菼。

初九日丁丑 早，上御中和殿，视祭社稷坛祝版毕，回宫。

巳时，上诣太皇太后宫问安。

是日，以太宗文皇帝忌辰，不理政事。

本日起居注官色冷、董讷。

初十日戊寅 早，上躬诣社稷坛致祭毕，回宫。

巳时，上由午门出正阳门，进南苑大红门，驻跸东宫。

十一日己卯 上驻跸东宫。

十二日庚辰 上驻跸东宫。

十三日辛巳 上驻跸东宫。

十四日壬午 酉时，上出南苑大红门，由正阳门进午门，诣太皇太后宫问安毕，回宫。

扈从起居注官喇沙里、牛钮。

十五日癸未 早，上御乾清门，听部院各衙门官员面奏政事。

辰时，上诣太皇太后、皇太后宫问安。

巳时，上御保和殿，举行经筵大典。讲官王熙、胡密子进讲《四书》子曰君子义以为质一节；陈廷敬、库勒纳进讲《易经》文言曰元者善之长也一节。

本日起居注官色冷、韩菼。

十六日甲申 早，上御乾清门，听部院各衙门官员面奏政事。

辰时，上御弘德殿，讲官喇沙里、陈廷敬、叶方蔼、张玉书进讲：惟嗣王不惠于阿衡一节、惟尹躬先见于西邑夏一节、王惟庸罔念闻一节。上亲讲毕，讲官照常进讲。

本日起居注官库勒纳、董讷。

十七日乙酉 早，上诣巩华城。酉时，回宫。

本日起居注官库勒纳、王鸿绪。

十八日丙戌 早，上御乾清门，听部院各衙门官员面奏政事。

辰时，上御弘德殿，讲官喇沙里、陈廷敬、叶方蔼、张玉书进讲：慎乃俭德一节、王未克变三节、惟三祀十有二月朔二节。上亲讲毕，讲官照常进讲。

先是，廷敬蒙赐御书“龙飞凤舞”四大字，廷敬恭撰跋语进呈，奏明勒石翰林院敬一亭中。至是，勒石告成，墨拓四幅恭进御览。

是日，廷敬同侍读王士祯遵上谕恭进所作诗稿各二册。时，廷敬同方蔼在内编纂，上因召廷敬、方蔼、士祯次第至懋勤殿，命各赋秋日经筵七言律诗一首，进呈御览。随命中书舍人高士奇捧《御制诗集》至南书房，赐廷敬等三人及张英、高士奇同观。并传谕曰：“朕万几之暇，偶有吟咏，未能深造古人。因尔等在内编纂，屡次请观，故出以示尔等。中有宜改定处，明言之，毋隐。”廷敬等恭读讫，奏曰：“臣等蒙恩赐观《御制诗集》，恭读再四。伏见奎章巍焕，睿藻精深，气象崇闳，格律高古。吟咏之际，时念万几篇什之中，常怀四海，实帝王之杰作，天地之元音。敻绝古今，诸美皆备。臣等识见卑陋，不能仰测圣学于万一。然日月在上，率土具瞻。捧诵之下，不禁中怀欢忭。臣等伏蒙皇上虚怀下问，傥有一得，敢不祇竭愚忱，仰副至意。但悉心䌷绎，圣制尽善尽美，实无可更易字句。臣等何幸，躬逢文明之运会，得睹云汉之昭回，真千载殊遇也。”

本日起居注官张玉书、牛钮。

十九日丁亥 早，上御乾清门，听部院各衙门官员面奏政事。

辰时，上御弘德殿，讲官喇沙里、陈廷敬、叶方蔼、张玉书进讲：王拜手稽首曰一节、伊尹拜手稽首一节。上亲讲毕，讲官照常进讲。

巳时，上诣太皇太后、皇太后宫问安。

本日起居注官色冷、韩菼。

二十日戊子 早，上御乾清门，听部院各衙门官员面奏政事。

辰时，上御弘德殿，讲官喇沙里、陈廷敬、叶方蔼、张玉书进讲：王懋乃德一节、伊尹申诰于王曰一节、德惟治一节。上亲讲毕，讲官照常进讲。

本日起居注官喇沙里、董讷。

二十一日己丑　早，上御乾清门，听部院各衙门官员面奏政事。

辰时，上御弘德殿，讲官喇沙里、陈廷敬、叶方蔼、张玉书进讲：先王惟时懋敬厥德一节、若升高必自下一节。上亲讲毕，讲官照常进讲。

未时，上御景山内前殿，赐进贡巴林部落多罗郡王俄齐尔，阿巴哈纳尔部落四品台吉楚虎尔等、都统札玛羊等，蒿齐特部落四品台吉高西哈布等、副都统丹津等，克什克屯部落四品台吉都西哈布等，四子部落四品台吉和奔等，苏尼忒部落四品台吉塔尔济等、都统孛东等，翁牛忒部落三品台吉塔尔玛等，乌朱穆秦部落四品台吉巴雅思祜朗等食。

是日，上以内大臣辅国将军额奇侍从禁廷，勤劳善射，御制诗一章赐之。命学士陈廷敬、侍读学士叶方蔼、侍讲学士张英、侍读王士祯、中书舍人高士奇，各倚韵和诗一章。廷敬等于本日恭和，进呈御览。

本日起居注官库勒纳、张玉书。

二十二日庚寅　早，上御乾清门，听部院各衙门官员面奏政事。

辰时，上御弘德殿，讲官喇沙里、陈廷敬、叶方蔼、张玉书进讲：无轻民事惟难三节、呜呼弗虑胡获一节。上亲讲毕，讲官照常进讲。

是日，上命学士陈廷敬、侍读学士叶方蔼、侍讲学士张英、侍读王士祯、中书舍人高士奇，各书恭和御制赐内大臣辅国将军额奇诗一幅。廷敬等奉命书讫，进呈御览。

本日起居注官牛钮、王鸿绪。

二十三日辛卯　早，上御乾清门，听部院各衙门官员面奏政事。

辰时，上御弘德殿，讲官喇沙里、陈廷敬、叶方蔼、张玉书进讲：君罔以辩言乱旧政一节、伊尹既复政厥辟一节。上亲讲毕，讲官照常进讲。

巳时，上诣太皇太后宫问安。

本日起居注官色冷、韩菼。

二十四日壬辰　早，上诣巩华城。

本日起居注官牛钮、董讷。

二十五日癸巳　未时，上回宫。

本日起居注官牛钮、王鸿绪。

二十六日甲午　早，上御乾清门，听部院各衙门官员面奏政事。

是日，以出征江西、湖广已故官兵骸骨还京城，上遣内大臣、侍卫往奠之。阵亡副都统阿尔虎以下，护军校、骁骑校以上，俱酹酒，仍慰谕其妻子。

本日起居注官库勒纳、张玉书。

二十七日乙未　早，上御乾清门，听部院各衙门官员面奏政事。

本日起居注官色冷、韩菼。

二十八日丙申　早，上御乾清门，听部院各衙门官员面奏政事。

辰时，上御弘德殿，讲官陈廷敬、叶方蔼、张玉书进讲：夏王弗克庸德一节、非天私于有商一节、德惟一动罔不吉一节。上亲讲毕，讲官照常进讲。

巳时，上诣太皇太后宫问安。

本日起居注官库勒纳、董讷。

二十九日丁酉　早，上御乾清门，听部院各衙门官员面奏政事。

辰时，上御弘德殿，讲官陈廷敬、叶方蔼、张玉书进讲：今嗣王新服厥命一节、任官惟贤才一节。上亲讲毕，讲官照常进讲。

本日起居注官牛钮、王鸿绪。

三十日戊戌　早，上御乾清门，听部院各衙门官员面奏政事。

辰时，上御弘德殿，讲官陈廷敬、叶方蔼、张玉书进讲：德无常师一节、俾万姓咸曰大哉王言一节、呜呼七世之庙可以观德一节。上亲讲毕，讲官照常进讲。

巳时，上诣太皇太后、皇太后宫问安。

本日起居注官色冷、张玉书。

九　月

初一日己亥　早，上御乾清门，听部院各衙门官员面奏政事。

未时，上御景山内前殿，赐进贡科尔沁国一品台吉德德衣等，四子部落都统拜代、二品台吉扎玛炎等，苏尼忒部落四品台吉阿那达等，克什克屯部落四品台吉阿尔塔等，蒿齐特部落二品台吉达尔玛羁尔第，阿霸垓部落四品台吉噶尔玛等，乌朱穆秦部落一等护卫叟色等食。

本日起居注官沈荃、牛钮。

初二日庚子　早，上御乾清门，听部院各衙门官员面奏政事。

辰时，上御弘德殿，讲官陈廷敬、叶方蔼、张玉书进讲：后非民罔使一节、王宅忧谅阴三祀一节、王庸作书以告曰一节。上亲讲毕，讲官照常进讲。

巳时，上诣太皇太后宫问安。

本日起居注官库勒纳、韩菼。

初三日辛丑　早，上诣巩华城。申时，回宫。

酉时，上诣太皇太后宫问安。

本日起居注官牛钮、董讷。

初四日壬寅　早，上御乾清门，听部院各衙门官员面奏政事。

辰时，上御弘德殿，讲官陈廷敬、叶方蔼、张玉书进讲：乃审厥象一节、爰立作相一节、命之曰朝夕讷诲一节、若金用汝作砺一节。上亲讲毕，讲官照常进讲。

巳时，上诣太皇太后宫问安。

本日起居注官库勒纳、王鸿绪。

初五日癸卯　早，上御太和殿视朝。文武升转官员谢恩，次进贡喀尔喀部落扎萨克墨勒根诺颜下马那海赛音虾等、厄鲁特部落噶尔玛戴清和硕齐下毕尔喀拉等及西洋国使臣本多白勒拉等行礼，赐茶毕，回宫。

辰时，上御弘德殿，讲官陈廷敬、叶方蔼、张玉书进讲：启乃心沃朕心一节、若药弗瞑眩一节、惟暨乃僚一节、呜呼钦予时命一节。上亲讲毕，讲官照常进讲。上曰："朕观高宗命傅说谆谆以纳诲辅德为言，可见自古君臣必一德一心至诚孚感。为上者，实心听纳，以收明目达聪之益；为臣者，实心献替，以尽责难陈善之忠。然后主德进于光大，化理跻于隆平。后世君臣之间，徒尚虚文，中鲜实意，治不逮古，职此故耳。"廷敬等对曰："皇上圣谕及此，诚社稷万年之福也。"

未时，上御保和殿，赐西洋国使臣本多白勒拉等食。

本日起居注官张玉书、牛钮。

初六日甲辰　早，上御乾清门，听部院各衙门官员面奏政事。谕兵部尚书王熙、侍郎温代曰："尔部前奏大安等口绿旗官兵应添设防守。此等处系内地，添设绿旗官兵无益，况时值严寒，官兵更多劳苦，着免添设。"

辰时，上御弘德殿，讲官喇沙里、陈廷敬、叶方蔼、张玉书进讲：说复于王曰一节、惟说命总百官一节、惟天聪明一节。上亲讲毕，讲官照常进讲。

本日起居注官沈荃、色冷。

初七日乙巳　早，上御乾清门，听部院各衙门官员面奏政事。

辰时，上御弘德殿，讲官喇沙里、陈廷敬、叶方蔼、张玉书进讲：惟口起羞一节、惟治乱在庶官一节、虑善以动一节。上亲讲毕，讲官照常进讲。

巳时，上诣太皇太后、皇太后宫问安。

本日起居注官牛钮、韩菼。

初八日丙午　早，上御乾清门，听部院各衙门官员面奏政事。

辰时，上御弘德殿，讲官喇沙里、陈廷敬、叶方蔼、张玉书进讲：有其善一节、惟事事一节、无启宠纳侮一节、惟厥攸居一节。上亲讲首节，讲官以次进讲。

未时，上御景山内前殿，赐进贡柰曼部落固山贝子吴勒穆济，蒿齐特部落二品台吉阿尔马思等，喀喇沁部落三品塔布囊俄齐尔等，克什克屯部落四品台吉班第等、都统阿必达，吴喇忒部落四品台吉沙济等，巴林部落三品台吉讷尔布等，苏尼忒部落四品台吉阿喇纳等，翁牛忒部落四品台吉散进等，阿鲁科尔沁国四品台吉都尔巴等食。

本日起居注官库勒纳、董讷。

初九日丁未　早，上御乾清门，听部院各衙门官员面奏政事。

辰时，上御弘德殿，讲官喇沙里、陈廷敬、叶方蔼、张玉书进讲：黩于祭祀一节、王曰旨哉说乃言二节、王曰来汝说台小子一节、尔惟训于朕志一节。上亲讲首节，讲官以次进讲。

午时，上诣太皇太后、皇太后宫问安。

本日起居注官色冷、张玉书。

初十日戊申　太皇太后幸遵化温泉。辰时，上诣太皇太后宫候太皇太后登辇，上随辇行，出神武门，设卤簿。在京王以下文武各官，俱服蟒袍跪送。出东直门，至进膳处，上扶掖太皇太后降辇，入行宫后，上御进膳所。膳毕，复诣太皇太后行宫，下马趋近前侍立，候太皇太后登辇，上扶辇行数武，然后乘马随行。至平家潭驻跸处，上步送太皇太后至行宫门，扶掖降辇入宫，上始回宫。

是日，通州总督仓场户部侍郎邵甘等、守备谢必显等来朝。

十一日己酉　驻跸三河县南。是日，驻防三河县防守尉纳棱格等、知县任塾等来朝。

十二日庚戌　驻跸蓟州城西。是日，蓟州知州董廷恩、千总王振等来朝。

十三日辛亥　驻跸石门南。

十四日壬子　巳时，至温泉。上于牌坊外下马，随太皇太后辇至行宫。视降辇入行宫毕，随率内大臣、侍卫、大学士，三品以上官员，诣孝陵。至五洞桥，各官下马，随驾至陵寝门外，分两翼侍立。上入陵寝门内行礼，各官在陵寝门外随行礼。上举哀，各官俱举哀毕，驻跸鲇鱼池城内行宫。

是日，守陵寝总管罗敏、副将卢崇耀，率大小文武官员来朝。

十五日癸丑　辰时，上诣太皇太后行宫问安。申时，上复诣太皇太后行宫问安。

十六日甲寅　早，上率内大臣、侍卫、大学士，三品以上官员，诣孝陵读祝展祭。

十七日乙卯　辰时，上诣太皇太后行宫问安。

十八日丙辰　辰时，上诣太皇太后行宫问安。

十九日丁巳　辰时，上诣太皇太后行宫问安。

二十日戊午　辰时，上诣太皇太后行宫问安。

二十一日己未　辰时，上诣太皇太后行宫问安。

二十二日庚申　辰时，上诣太皇太后行宫问安。

二十三日辛酉　早，上诣太皇太后行宫问安。

辰时，上以孟冬享太庙还京，驻跸蓟州城内。

二十四日壬戌　上驻跸邦郡北。

二十五日癸亥　上驻跸燕郊南。

二十六日甲子　午时，上由朝阳门进东华门，诣皇太后宫问安毕，回宫。

扈从起居注官喇沙里、牛钮。

二十七日乙丑　上以孝慈高皇后忌辰，不理政事。

巳时，上诣皇太后宫问安。

本日起居注官沈荃、色冷。

二十八日丙寅　早，上御乾清门，听部院各衙门官员面奏政事。

本日起居注官陈廷敬、库勒纳。

二十九日丁卯　早，上御中和殿，视享太庙祝版毕，回宫。

少顷，御乾清门，听部院各衙门官员面奏政事。

本日起居注官牛钮、王鸿绪。

十　月

初一日戊辰　早，上以孟冬，躬诣太庙致祭毕，回宫。

巳时，上诣皇太后宫问安。

本日起居注官库勒纳、张玉书。

初二日己巳　早，上诣巩华城。酉时，回宫。

本日起居注官色冷、董讷。

初三日庚午　早，驾复往温泉，由神武门出东直门，驻跸邦郡北。

初四日辛未　上驻跸蓟州城内。

初五日壬申　酉时，上至温泉，随诣太皇太后行宫问安毕，驻跸鲇鱼池城内。

初六日癸酉　辰时，上诣太皇太后行宫问安。酉时，上复诣太皇太后行宫问安。

初七日甲戌　辰时，上诣太皇太后行宫问安。

初八日乙亥　辰时，上诣太皇太后行宫问安。

初九日丙子　上驻跸鲇鱼池城。

初十日丁丑　辰时，上诣太皇太后行宫问安。

十一日戊寅　辰时，上诣太皇太后行宫问安。

十二日己卯　辰时，上诣太皇太后行宫问安。

十三日庚辰　辰时，上诣太皇太后行宫问安。

十四日辛巳　辰时，上诣太皇太后行宫问安。申时，上复诣太皇太后行宫问安。

十五日壬午　辰时，上诣太皇太后行宫问安。申时，上复诣太皇太后行宫问安。

十六日癸未　上以随侍太皇太后幸温泉，乘便巡视北边。

辰时，上诣太皇太后行宫问安毕，出鲇鱼口，驻跸白旗营。是日，松棚路都司王福洪等来朝。

十七日甲申　上驻跸熊山。是日，龙井关把总陈国柱等来朝。

十八日乙酉　上入龙井口，驻跸汉庄营城西。是日，三屯营副将兰泗等来朝。

十九日丙戌　上驻跸三屯营城南。是日早，上先率内大臣、侍卫射毕，复命三屯营副将兰泗、守备、千总等官射。

二十日丁亥　上驻跸兰河岸。是日，上幸景忠寺，沿途僧人及乞丐人等，俱加赏赐。登山游览毕，赐景忠寺僧银一百两，令供奉香火。

是日，上命三屯营副将兰泗，亲率所属官兵，列阵以观军容。阅毕，谕内大臣塔达、吴穆纳，一等侍卫衣都额真郎谈、一等侍卫色胡里、二等侍卫那达齐，学士喇沙里曰："朕观官兵阵势，旌旗器械，鲜明修整，可赐兰泗等官缎疋及兵丁等茶，尔等亲视赏赉。"内大臣塔达、吴穆纳等钦遵上谕，赐兰泗等表里缎匹有差，并赐兵丁茶毕。兰泗等奏曰："兵丁制备器械，皆臣等职内之事，虽赴汤蹈火，亦臣子之所当然。今蒙皇上轸恤厚赐，臣等安敢不益加勤勉，以报皇上弘恩。"兵丁俱大悦。

二十一日戊子　上驻跸米峪口。是日早，上率内大臣、侍卫等射毕，复命太平路千总李文昌等射。

二十二日己丑　上还，驻跸兰河岸。

二十三日庚寅　上驻跸四十里堡。

二十四日辛卯　申时，上诣太皇太后行宫问安毕，驻跸鲇鱼池城内。

二十五日壬辰　辰时，上诣太皇太后行宫问安。

二十六日癸巳　辰时，上诣太皇太后行宫问安。申时，上复诣太皇太后行宫问安。

二十七日甲午　辰时，上诣太皇太后行宫问安。

二十八日乙未　辰时，上诣太皇太后行宫问安。

二十九日丙申　辰时，上诣太皇太后行宫问安。

三十日丁酉　巳时，上诣太皇太后行宫问安。

十一月

初一日戊戌　辰时，上诣太皇太后行宫问安。申时，上复诣太皇太后行宫问安。

初二日己亥　上以冬至郊祀还京，率内大臣、侍卫、大学士、尚书，三品以上官员，诣孝陵奠酒，上举哀，众俱随举哀。

是日，上驻跸蓟州城内。

初三日庚子　上驻跸三河县西枣林庄。

初四日辛丑　午时，上由东直门进神武门，回宫。

申时，上诣皇太后宫问安。

扈从起居注官喇沙里、牛钮。

初五日壬寅　上以有事南郊，斋戒不理政事。

巳时，上诣皇太后宫问安。

是日，讲官陈廷敬、叶方蔼、张玉书等至乾清门，请皇上安，并奏郊天斋戒，应暂停讲，上报闻。随传至南书房赐食，又赐野雉。

本日起居注官库勒纳、董讷。

初六日癸卯　本日起居注官色冷、韩菼。

初七日甲辰　早，上御太和殿，视郊天祝版毕，回宫。

本日起居注官沈荃、库勒纳。

初八日乙巳　早，上以冬至，亲祀天于圜丘毕，回宫。

本日起居注官色冷、张玉书。

初九日丙午　早，上诣皇太后宫问安毕，复幸温泉。由神武门出东直门，驻跸邦郡南。

初十日丁未　未时，上至温泉，随诣太皇太后行宫问安毕，驻跸鲇鱼池城内。

十一日戊申　辰时，上诣太皇太后行宫问安。

十二日己酉　辰时，上诣太皇太后行宫问安。

十三日庚戌　上驻跸鲇鱼池城。

十四日辛亥　辰时，上诣太皇太后行宫问安。

十五日壬子　辰时，上诣太皇太后行宫问安。

十六日癸丑　辰时，上诣太皇太后行宫问安。申时，上复诣太皇太后行宫问安。

十七日甲寅　辰时，上诣太皇太后行宫问安。

十八日乙卯　上以随太皇太后还京，率内大臣、侍卫、大学士、尚书，三品以上官员，诣孝陵奠酒毕，上举哀，众俱随举哀。

申时，上诣太皇太后行宫问安。

十九日丙辰　辰时，上诣太皇太后行宫，随太皇太后还京。亲掖登辇，扶辇行数武，然后乘马随行。驻跸牛门口。

二十日丁巳　驻跸稻地里地方。

二十一日戊午　驻跸郑家庄。

二十二日己未　驻跸三河县南。

二十三日庚申　驻跸牛家甫村。

二十四日辛酉　未时，上随太皇太后辇，进东直门。在京王以下文武各官，于景山东跪接。入神武门，至慈宁宫，上亲掖太皇太后降辇入宫，上回宫。

申时，上诣皇太后宫问安。

是行也，部院各衙门章奏，每间三日，内阁官员驰送行在亲理。上沿途随太皇太后，扶掖辇舆，躬视饮膳，备极敬慎，一与前同。

扈从起居注官喇沙里、牛钮。

二十五日壬戌　早，上御太和殿视朝。文武升转官员谢恩，次进贡厄鲁特部落噶尔玛代青和硕齐下巴图尔虾等行礼，赐茶毕，回宫。少顷，御乾清门，听部院各衙门官员面奏政事。

巳时，上诣太皇太后、皇太后宫问安。

本日起居注官色冷、张玉书。

二十六日癸亥　早，上御乾清门，听部院各衙门官员面奏政事。

是日，以皇太子出痘，自二十七日起至十二月初九日止，各部院衙门章奏，俱命送内阁。

本日起居注官库勒纳、董讷。

二十七日甲子　本日起居注官沈荃、牛钮。

二十八日乙丑　本日起居注官色冷、张玉书。

二十九日丙寅　本日起居注官沈荃、库勒纳。

十二月

初一日丁卯　本日起居注官牛钮、董讷。

初二日戊辰　本日起居注官色冷、叶方蔼。

初三日己巳　本日起居注官库勒纳、张玉书。

初四日庚午　本日起居注官沈荃、牛钮。

初五日辛未　本日起居注官库勒纳、董讷。

初六日壬申　本日起居注官张玉书、牛钮。

初七日癸酉　辰时，上诣太皇太后宫问安。

本日起居注官叶方蔼、库勒纳。

初八日甲戌　巳时，上诣太皇太后、皇太后宫问安。

是日，谕大学士索额图、明珠曰："满大臣有丧，特遣大臣往赐茶酒，满汉大臣俱系一体，汉大臣有丧，亦应遣大臣往赐茶酒。自今以后，凡遇汉大臣丧事，命内阁、翰林院满洲大臣赍茶酒赐之。本月初十日，着大学士明珠，携茶酒往赐兵部尚书王熙；翰林院掌院学士喇沙里、内阁学士屯泰，携茶酒往赐翰林院掌院学士陈廷敬。"

本日起居注官沈荃、牛钮。

初九日乙亥　本日起居注官库勒纳、董讷。

初十日丙子　早，上御乾清门，听部院各衙门官员面奏政事。兵部以往广东察勘通海贸易引见六部司官。上谕曰："今遣伊等前往广东严加察勘，其功罪赏罚，应有定例，使知劝惩。尔部可即定例来奏。"

是日，大学士明珠遵旨赍茶酒往赐兵部尚书王熙。熙谢恩毕，奏曰："臣父子蒙朝廷知遇，三十余年，较诸臣受恩独厚，曾无尺寸微效仰答高深。今皇上闻臣父丧，复特命大臣以茶酒赐臣，隆施旷典。臣父衔结九原，臣感激涕零，捐糜难报，惟有世世顶颂圣恩而已。"

翰林院学士喇沙里、内阁学士屯泰，赍茶酒往赐翰林院学士陈廷敬。廷敬谢恩毕，奏曰："臣蒙皇上高厚隆恩，未报万分之一。今皇上以臣遭母丧，复特命大臣赐臣茶酒，非常旷典，生死邀荣。臣母衔恩九泉之下，臣感涕沾襟，子孙世世难酬殊遇。臣因重服在身，不敢诣阙谢恩。今远离天颜，惟愿皇上万几之暇，珍护圣躬。臣虽身在草野，颙戴无涯矣。"

巳时，上诣太皇太后、皇太后宫问安。

本日起居注官牛钮、韩菼。

十一日丁丑　早，上御乾清门，听部院各衙门官员面奏政事。

未时，上诣太皇太后宫问安。

本日起居注官色冷、叶方蔼。

十二日戊寅　早，上御乾清门，听部院各衙门官员面奏政事。

午时，上诣太皇太后、皇太后宫问安。

未时，上复御乾清门，赐进贡敖汉部落多罗郡王扎木苏、一品台吉丹津等，阿禄科尔沁国多罗贝勒塞棱额驸，科尔沁国二品台吉厄尔德尼等食。

本日起居注官喇沙里、张玉书。

十三日己卯　早，上御乾清门，听部院各衙门官员面奏政事。

巳时，上诣太皇太后宫问安。

本日起居注官库勒纳、王鸿绪。

十四日庚辰　早，上御乾清门，听部院各衙门官员面奏政事。

巳时，上诣太皇太后宫问安。

本日起居注官牛钮、董讷。

十五日辛巳　早，上以皇太子出痘痊愈，行告祭礼，御太和殿，视郊天祝版；御中和殿，视祀方泽、太庙、社稷祝版毕，回宫。

少顷，御乾清门，听部院各衙门官员面奏政事。

巳时，上诣太皇太后、皇太后宫问安。

本日起居注官色冷、韩菼。

十六日壬午　早，以皇太子出痘，颁诏天下。

巳时，上诣太皇太后宫问安。未时，上复诣太皇太后宫问安。

本日起居注官喇沙里、蒋弘道。

十七日癸未　早，上御乾清门，听部院各衙门官员面奏政事。是日，詹事沈荃以上所赐御笔"存诚"二大字，刻石于詹事府署，拓成二副进呈。并启奏："诸臣有求此石刻者，应否给与，特请圣旨。"上传谕曰："二字刻来甚好，若有求者，尔可酌量拓与之。"

巳时，上诣太皇太后、皇太后宫问安。

本日起居注官沈荃、牛钮。

十八日甲申　上随太皇太后幸南苑。早，设卤簿于南苑大红门外。辰时，上诣太皇太后宫，扶掖太皇太后登辇，随辇步行至午门，乘马随行。出天安门，文武各官跪送。自正阳门入南苑大红门，太皇太后驾诣新建仁佑庙上香毕，上送太皇太后入西行宫后，入东行宫驻跸。

十九日乙酉　辰时，上诣太皇太后行宫问安。是日，驻跸东宫。

二十日丙戌　辰时，上诣太皇太后行宫问安。是日，驻跸东宫。

二十一日丁亥　辰时，上诣太皇太后行宫问安。是日，驻跸东宫。

二十二日戊子　进春。辰时，上诣太皇太后行宫问安。是日，驻跸东宫。

二十三日己丑　辰时，上诣太皇太后行宫问安。是日，驻跸东宫。

二十四日庚寅　巳时，上诣太皇太后行宫，随太皇太后还京。亲掖登辇，步行数武，然后乘马随行。出南苑大红门，进正阳门，卤簿全设。王以下，有顶带官员以上，集天安门两傍跪迎。上随太皇太后入午门，送至慈宁宫，扶掖太皇太后降辇入宫，上始还宫。

扈从起居注官喇沙里、色冷。

二十五日辛卯　早，上御太和殿视朝。文武升转官员谢恩毕，回宫。

少顷，御乾清门，听部院各衙门官员面奏政事。兵部引见定边副将柯彩拟升岳州随征总兵官。上命引彩至阶，上问其地里及历任官职。彩奏："原籍福建，投诚后为福建总督标下中军守备。有军功八次，蒙圣恩历升副将。"上复详问其在闽功绩，顾谓左右曰："此人久在行间，朕闻其勇于战阵，故召之陛见。"

未时，上诣太皇太后、皇太后宫问安。

是日，颁发内库缎匹等物，赐内大臣、侍卫有差。

本日起居注官库勒纳、张玉书。

二十六日壬辰　是日巳时，封印。

本日起居注官沈荃、牛钮。

二十七日癸巳　本日起居注官色冷、董讷。

二十八日甲午　早，上御中和殿，视岁暮享太庙祝版毕，回宫。

巳时，上诣太皇太后、皇太后宫问安。

本日起居注官喇沙里、韩菼。

二十九日乙未　早，上躬诣太庙致祭毕，回宫。

本日起居注官蒋弘道、库勒纳。

三十日丙申　巳时，上诣太皇太后宫问安。

本日起居注官叶方蔼、色冷。

伏睹皇上典学勤政，圣德日新，盛暑祁寒，未尝少辍。即銮舆间有巡幸，而披览章疏、翻阅书史，与在内庭无异。论治道，则以君臣一德，勖勉臣僚；阐经义，则以朝夕纳诲，企想前哲。圣谟洋洋，真洞烛历代兴替之原，永立万世太平之法矣。虔奉郊庙，享祀必亲。侍太皇太后在温泉，两遇祀期，辄还宫致斋，事竣遄往。太皇太后圣诞，亲撰表文，颂飏慈德，手书以献。曲尽孝诚，盖自古帝王所未有也。至于宸章巍焕，援笔立就，以圣性发为鸿文，迥非臣下所能窥测。又时召儒臣入南书房，凡古人文辞有关治理者，编纂成帙，充溢几案。从来右文向学之盛，至斯而极矣。

康熙十八年　己未

正　月

初一日丁酉　早，上率诸王、贝子、公等，内大臣、大学士、都统、尚书、精奇尼哈番、侍卫等，诣堂子行礼毕，回宫。

辰时，上率诸王、贝子、公等，内大臣、大学士、都统、尚书、精奇尼哈番、侍卫等，诣太皇太后宫行礼，又诣皇太后宫行礼毕，回宫。

少顷，御中和殿，内大臣、侍卫及内阁、翰林院、詹事府、礼部、都察院、鸿胪寺执事各官行礼毕，御太和殿。诸王、贝子、公等，文武官员及来朝元旦外藩使臣、朝鲜国使臣上庆贺元旦表，行礼，赐茶毕，回宫。

未时，上诣太皇太后、皇太后宫问安。

本日起居注官库勒纳、张玉书。

初二日戊戌　早，上诣巩华城。

本日起居注官喇沙里、沈荃。

初三日己亥　酉时，上回宫。

本日起居注官喇沙里、董讷。

初四日庚子　巳时，上诣太皇太后宫问安。

本日起居注官色冷、蒋弘道。

初五日辛丑　本日起居注官库勒纳、韩菼。

初六日壬寅　未时，开印。

本日起居注官喇沙里、叶方蔼。

初七日癸卯　上以世祖章皇帝忌辰，不理政事。

本日起居注官色冷、张玉书。

初八日甲辰　早，上御乾清门，听部院各衙门官员面奏政事。

巳时，上诣太皇太后宫问安。

本日起居注官沈荃、库勒纳。

初九日乙巳　早，上于中和殿，视享太庙祝版毕，回宫。

少顷，御乾清门，听部院各衙门官员面奏政事。

巳时，上诣太皇太后宫问安。

本日起居注官喇沙里、蒋弘道。

初十日丙午　早，上以孟春，躬诣太庙致祭毕，回宫。

本日起居注官色冷、韩菼。

十一日丁未　早，上御乾清门，听部院各衙门官员面奏政事。

巳时，上诣太皇太后、皇太后宫问安。

未时，上复御乾清门，赐岳州随征总兵官柯彩食。是日早，赐彩鞍马一匹。

本日起居注官叶方蔼、库勒纳。

十二日戊申　上以祭祈谷坛，斋戒三日，不理政事。

本日起居注官喇沙里、张玉书。

十三日己酉　本日起居注官库勒纳、蒋弘道。

十四日庚戌　早，上御太和殿，视祭祈谷坛，祝版毕，回宫。

辰时，上诣太皇太后宫问安。

本日起居注官色冷、韩菼。

十五日辛亥　早，上诣大享殿，行祈谷礼毕，回宫。

巳时，上诣太皇太后宫问安。

本日起居注官喇沙里、张玉书。

十六日壬子　早，上御乾清门，听部院各衙门官员面奏政事。

是日，侍直官沈荃于皇上御门毕后方至，随行检举。上谕："偶尔违误，亦事之常，不必引罪。"荃谢恩出。

巳时，上诣太皇太后、皇太后宫问安。

本日起居注官沈荃、库勒纳。

十七日癸丑　早，上御乾清门，听部院各衙门官员面奏政事。

本日起居注官色冷、张玉书。

十八日甲寅　早，上御乾清门，听部院各衙门官员面奏政事。

本日起居注官牛钮、韩菼。

十九日乙卯　早，上御乾清门，听部院各衙门官员面奏政事。

未时，上御景山内前殿，赐进贡土默特部落三品台吉噶尔玛西夏布等、阿霸垓部落四品台吉僧厄等、苏尼忒部落四品台吉丹巴等、四子部落四品台吉哈代等、总管索伦副都统品级孟格忒、喀喇沁部落法一丹大索讷木等食。

本日起居注官喇沙里、叶方蔼。

二十日丙辰　早，上御乾清门，听部院各衙门官员面奏政事。

巳时，上诣太皇太后宫问安。

本日起居注官库勒纳、董讷。

二十一日丁巳　早，上御乾清门，听部院各衙门官员面奏政事。

本日起居注官沈荃、色冷。

二十二日戊午　早，上御乾清门，听部院各衙门官员面奏政事。

本日起居注官张玉书、牛钮。

二十三日己未　早，上御乾清门，听部院各衙门官员面奏政事。

巳时，上诣太皇太后宫问安。申时，上复诣太皇太后宫问安。

本日起居注官喇沙里、韩菼。

二十四日庚申　早，上御乾清门，听部院各衙门官员面奏政事。

巳时，上诣巩华城。

本日起居注官库勒纳、董讷。

二十五日辛酉　未时，上回宫。

本日起居注官沈荃、库勒纳。

二十六日壬戌　早，上御乾清门，听部院各衙门官员面奏政事。

本日起居注官张玉书、牛钮。

二十七日癸亥　早，上御乾清门，听部院各衙门官员面奏政事。上谕兵部侍郎温代曰："朕闻大将军、顺承郡王以提督佟徽年侵克兵饷八百两，随将徽年拘禁之。提督乃国家大臣，王何得私行拘禁？况徽年原系世家，颇极饶裕，岂独八百两，即八万两，彼安肯辄自侵克。此事当详察之。"

辰时，上诣太皇太后宫问安。

未时，上御景山内前殿，赐进贡苏尼忒部落多罗郡王萨玛札额驸，土默特部落多罗达尔汉贝勒厄尔德木图、三品塔布囊罗里等、副都统那豸，阿霸垓部落四品台吉博拜等，喀喇沁部落三品塔布囊扎木苏等，喀尔喀部落四品台吉阿玉锡等，翁牛忒部落一品台吉奇塔忒等，吴喇忒部落四品台吉古席等食。

本日起居注官色冷、韩菼。

二十八日甲子　早，上御乾清门，听部院各衙门官员面奏政事。

本日起居注官喇沙里、董讷。

二十九日乙丑　早，上御乾清门，听部院各衙门官员面奏政事。

本日起居注官张玉书、牛钮。

二　月

初一日丙寅　早，上御乾清门，听部院各衙门官员面奏政事。

本日起居注官库勒纳、韩菼。

初二日丁卯　早，上御乾清门，听部院各衙门官员面奏政事。

是日，抚远大将军公图海以请陛见，自陕西军中至。上遣礼部侍郎额星格携茶酒，出德胜门迎劳之。

本日起居注官色冷，严我斯。

初三日戊辰　早，上御乾清门，听部院各衙门官员面奏政事。

未时，上复御乾清门，赐荆州随征总兵官姚兴食。是日早，赐兴鞍马一匹。

本日起居注官喇沙里、董讷。

初四日己巳　早，上御乾清门，听部院各衙门官员面奏政事。

巳时，上诣太皇太后、皇太后宫问安。

本日起居注官蒋弘道、牛钮。

初五日庚午　早，上御太和殿视朝。文武升转官员谢恩，次喀尔喀部落扎萨克达尔马西里诺颜下贡使吴布萨卓礼克图等行礼，赐茶毕，回宫。

少顷，御乾清门，听部院各衙门官员面奏政事。

是日，翰林院以奉旨纂修《皇舆表》进呈。上谕学士叶方蔼曰："览书，具见翰林官尽心编纂，考核精详，朕心甚为嘉悦。尔可传谕各官知之。"

本日起居注官库勒纳、张玉书。

初六日辛未 早，上于中和殿视享太庙祝版毕，回宫。

少顷，御乾清门，听部院各衙门官员面奏政事。

未时，上御景山内前殿，赐进贡吴喇忒部落四品台吉慢济等、苏尼忒部落四品台吉阿玉锡等、阿霸垓部落四品台吉毕玛拉等、喀喇沁部落二品塔布囊阿喇那等、土默特部落二品台吉鄂齐尔等食。

本日起居注官色冷、韩菼。

初七日壬申 早，上御乾清门，听部院各衙门官员面奏政事。

本日起居注官喇沙里、严我斯。

初八日癸酉 早，上于中和殿视祭朝日坛祝版毕，回宫。

少顷，御乾清门，听部院各衙门官员面奏政事。

巳时，上诣太皇太后宫问安。未时，上复诣太皇太后宫问安。是日，太皇太后圣诞，上因祭朝日坛斋戒，未行礼。

本日起居注官牛钮、董讷。

初九日甲戌 早，上御乾清门，听部院各衙门官员面奏政事。

巳时，上诣太皇太后宫问安。

本日起居注官蒋弘道、库勒纳。

初十日乙亥 早，上率诸王、贝子、公等，内大臣、大学士、都统、尚书、精奇尼哈番、侍卫等诣慈宁宫，庆贺太皇太后圣诞，亲撰表文并诗二首，躬自缮录。又书"万寿无疆"四大字扁额。上进表文曰："康熙十八年二月初十日，孙皇帝臣诚欢诚忭，稽首顿首上言。伏以时启阳和，万国祝呼嵩之盛；天开旭景，千秋乐无疆之休。山川献瑞于慈宫，八方同庆，河汉呈祥于内殿，四海咸清。远迩尊亲，寰宇忻忭。恭惟圣祖母昭圣慈寿恭简安懿章庆敦惠温庄康和仁宣太皇太后陛下，性成仁圣，德配坤贞。日月并光，照率土而作范；雨露浃洽，明物理而垂恩。遇佳节于雍熙，被春风之浩荡。寿祉绵洪亿祀，福星临耀兆年。昭淑美之弘规，崇高厚之懿训。冈陵拟颂，进扁额以敷扬；葵藿申诚，赋诗词而拜舞。欢生丹陛，喜溢彤墀。臣服膺诲言，仰承咻煦。实邦家之共戴，顾慈孝之相成。伏愿纯嘏尤繁，锡龄弥广，瑶池称北斗之樽，宝册上南极之箓。臣踊跃欢忭之至，谨奉表称贺以闻。”诗曰：“和风瑞气满帘栊，慈寿无疆祝上宫。喜得万方同孝养，千秋福德并苍穹。透户卿云接御香，彤池新柳拜韶阳。宫中尧舜兼文母，恭捧南山万寿觞。”

辰时，上御保和殿，举行经筵大典，讲官胡密子、项景襄进讲《四书》致中和一节；库勒纳、冯源济进讲《易经》大哉乾乎一节。

巳时，上诣太皇太后宫，视悬扁额。

未时，上御景山内前殿，赐荆州随征总兵官兰泗食。是日早，赐泗鞍马一匹。

本日起居注官喇沙里、张玉书。

十一日丙子　早，上诣巩华城。酉时，回宫。

本日起居注官色冷、韩菼。

十二日丁丑　巳时，上诣太皇太后宫问安毕，幸南苑。驻跸东宫。

十三日戊寅　上驻跸东宫。

十四日己卯　上驻跸东宫。

十五日庚辰　未时，驾自南苑还，诣太皇太后宫问安毕，回宫。

扈从起居注官喇沙里。

十六日辛巳　早，上御乾清门，听部院各衙门官员面奏政事。

本日起居注官色冷、张玉书。

十七日壬午　早，上御乾清门，听部院各衙门官员面奏政事。

辰时，上御弘德殿，讲官喇沙里、张玉书进讲：说曰王人求多闻一节、惟学逊志务时敏一节、惟教学半一节。上亲讲毕，讲官照常进讲。

巳时，上诣太皇太后、皇太后宫问安。

本日起居注官沈荃、牛钮。

十八日癸未　早，上御乾清门，听部院各衙门官员面奏政事。

辰时，上御弘德殿，讲官喇沙里、张玉书进讲：监于先王成宪二节、王曰呜呼说四海之内二节。上亲讲毕，讲官照常进讲。

未时，上复御乾清门，赐喀尔喀部落扎萨克达尔马西里诺颜下贡使额尔克豸桑、吴布萨卓礼克图，奔出克台吉下贡使图尔痕、色冷等食。复召至御前赐酒，饮毕出。

本日起居注官喇沙里、韩菼。

十九日甲申　早，上御乾清门，听部院各衙门官员面奏政事。

是日，抚远大将军公图海仍赴陕西，上遣礼部侍郎杨正中携茶酒送之于广宁门外。

本日起居注官库勒纳、严我斯。

二十日乙酉　早，上御乾清门，听部院各衙门官员面奏政事。

本日起居注官色冷、张玉书。

二十一日丙戌　早，上御乾清门，听部院各衙门官员面奏政事。

本日起居注官牛钮、董讷。

二十二日丁亥　早，上御乾清门，听部院各衙门官员面奏政事。

辰时，上诣巩华城。

本日起居注官喇沙里、张玉书。

二十三日戊子　上驻跸巩华城。

二十四日己丑　上驻跸巩华城。

二十五日庚寅　以孝昭皇后周年致祭。酉时，上回宫。

扈从起居注官喇沙里。

二十六日辛卯　以孝昭皇后忌辰，不理政事。

辰时，上诣太皇太后宫问安。

本日起居注官蒋弘道、库勒纳。

二十七日壬辰　早，上御乾清门，听部院各衙门官员面奏政事。

本日起居注官色冷、张玉书。

二十八日癸巳　早，上御乾清门，听部院各衙门官员面奏政事。

辰时，上御弘德殿，讲官喇沙里、张玉书进讲：昔先正保衡作我先王一节、惟后非贤不乂一节。上亲讲毕，讲官照常进讲。

本日起居注官沈荃、库勒纳。

二十九日甲午　早，上御乾清门，听部院各衙门官员面奏政事。

辰时，上御弘德殿，讲官喇沙里、叶方蔼、张玉书进讲：高宗肜日二节、乃训于王曰二节。上亲讲毕，讲官照常进讲。

本日起居注官色冷、王鸿绪。

三十日乙未　早，上御乾清门，听部院各衙门官员面奏政事。

辰时，上御弘德殿，讲官喇沙里、叶方蔼、张玉书进讲：呜呼王司敬民一节、惟十有三祀二节。上亲讲毕，讲官照常进讲。

巳时，上诣太皇太后、皇太后宫问安。

未时，上御景山内前殿，赐进贡敖汉部落和硕额驸齐伦巴图鲁、喀喇齐领四品塔布囊班第等，苏尼忒部落四品台吉鄂尔化等，翁牛忒部落四品台吉散进等，阿霸垓部落四品台吉喀尔玛世西等，土默特部落四品台吉顾穆等，又盛京总管喇嘛班第、大喇嘛鲁布臧格龙等，归化城喇嘛丹巴格龙等食毕。又赐喇嘛鲁布臧格龙、丹巴格龙各衣一领。

本日起居注官库勒纳、韩菼。

三　月

初一日丙申　早，上躬诣堂子致祭毕，回宫。

巳时，上诣太皇太后、皇太后宫问安。

是日，上亲试内外诸臣荐举博学鸿儒一百四十三人于体仁阁，赐宴。试题：璇玑玉衡赋一首、省耕诗五言排律二十韵。

本日起居注官喇沙里、严我斯。

初二日丁酉　辰时，上诣太皇太后宫问安毕，车驾出幸保定一路。

是日，驻跸南哥奕村。固安县防守尉钟西布、永清营守备李汉贞等、永清县知县万一鼐等来朝。

初三日戊戌　上驻跸保定县东。是日，霸州防守尉拜山、霸州营游击李夔龙等、保定县知县李文英等来朝。

初四日己亥　上驻跸十里铺村西。是日，原任刑部尚书降三级致仕高景、丁忧翰林院庶吉士杨尔淑及雄县知县来淑洙等、驻扎雄县防守尉戴音达礼等来朝。赐高景蟒袍一领。

初五日庚子 上驻跸十里铺村。

初六日辛丑 上驻跸十里铺村。

初七日壬寅 上驻跸十里铺村。

初八日癸卯 上驻跸十里铺村。

初九日甲辰 上驻跸采蒲台村东。

初十日乙巳 上驻跸采蒲台村。

十一日丙午 上还驻跸十里铺村西。

十二日丁未 上驻跸保定县东。

十三日戊申 上驻跸南哥奕村。

十四日己酉 未时，车驾还，诣太皇太后、皇太后宫问安毕，回宫。

扈从起居注官色冷、库勒纳。

十五日庚戌 早，上御乾清门，听部院各衙门官员面奏政事。

巳时，上诣太皇太后宫问安。

本日起居注官喇沙里、张玉书。

十六日辛亥 早，上御乾清门，听部院各衙门官员面奏政事。

本日起居注官牛钮、韩菼。

十七日壬子 早，上御乾清门，听部院各衙门官员面奏政事。

本日起居注官色冷、王鸿绪。

十八日癸丑 早，万寿节，上率诸王、贝子、公等，内大臣、大学士、都统、尚书、精奇尼哈番、侍卫等，诣太皇太后宫行礼，次诣皇太后宫行礼毕，回宫。

少顷，御中和殿，内大臣、侍卫、内阁、翰林院、詹事府、都察院等官行礼毕，御太和殿。诸王、贝子、公等文武官员，上表庆贺，及厄鲁特部落噶尔当台吉下贡使达尔汉杜喇尔等行礼，赐茶毕，回宫。

本日起居注官库勒纳、严我斯。

十九日甲寅 早，上御乾清门，听部院各衙门官员面奏政事。户部左侍郎查库等奉命赈河南省汝宁等府饥民还，具陈赈济情形。上问："百姓饥荒至极否？"查库言："汝宁等处饥荒犹为未甚，遂平一路民困已极。”上曰：“顷者颁帑赈饥，灾民俱得均沾否？沿途雨泽俱及时否？麦穗丰歉如何？”查库言：“仰蒙圣恩颁赈，小民感诵皇仁，欢欣踊跃，无所不至。其沿途田亩得雪者一次，得雨者三次，麦苗俱大有起色矣。”

未时，上诣太皇太后宫问安。

本日起居注官喇沙里、董讷。

二十日乙卯　早，上御乾清门，听部院各衙门官员面奏政事。

未时，上诣太皇太后、皇太后宫问安。

是日，殿试天下贡士马教思等一百五十一人。

本日起居注官库勒纳、张玉书。

二十一日丙辰　早，上御乾清门，听部院各衙门官员面奏政事。户部右侍郎萨木哈等自山东赈饥还，具陈赈济情形。上问：“百姓饥馑至极否？”萨木哈言：“皇恩下沛，民困今已渐苏。”上又问：“所在饥民果均沾实惠否？沿途雨泽及麦穗丰歉如何？”萨木哈言：“饥民蒙朝廷遍加恩赉，无不顶仰皇上德意。沿途两次得雨，麦苗俱极畅茂矣。”

本日起居注官色冷、严我斯。

二十二日丁巳　早，上御乾清门，听部院各衙门官员面奏政事。

本日起居注官牛钮、王鸿绪。

二十三日戊午　早，上御太和殿，传胪赐贡士归允肃、孙卓、茆荐馨一甲进士及第，吴震方等四十人二甲进士出身，丁玮等一百八人三甲同进士出身。

巳时，上诣太皇太后宫问安。

未时，上御景山内前殿，赐进贡喀喇沁部落二品塔布囊和济吉尔等、翁牛忒部落四品台吉色尔墨等、扎赖忒部落四品台吉吴尔图纳苏图等、吴喇忒部落四品台吉安春等食。

本日起居注官库勒纳、张玉书。

二十四日己未　早，上御乾清门，听部院各衙门官员面奏政事。

辰时，上诣巩华城。

本日起居注官牛钮、董讷。

二十五日庚申　午时，上回宫。是日，岳州阵亡诸将丧至，上遣头等侍卫萨哈达等十二员，各携茶酒，诣护军校委署章京强谦，骁骑章京墨杜、那尔睦、俄塞黑、硕色、勒币、罗代、观音保，骁骑校傅泰、德克禅、布古禄、西希丧致奠。

本日起居注官蒋弘道、牛钮。

二十六日辛酉　早，上御乾清门，听部院各衙门官员面奏政事。

本日起居注官沈荃、色冷。

二十七日壬戌　早，上御乾清门，听部院各衙门官员面奏政事。

巳时，上诣太皇太后宫问安。

本日起居注官喇沙里、王鸿绪。

二十八日癸亥　早，上御乾清门，听部院各衙门官员面奏政事。

本日起居注官库勒纳、严我斯。

二十九日甲子　早，上御中和殿，视享太庙祝版毕，回宫。

少顷，御乾清门，听部院各衙门官员面奏政事。

本日起居注官牛钮、董讷。

四　月

初一日乙丑　早，上以孟夏，躬诣太庙致祭毕，回宫。

本日起居注官色冷、王鸿绪。

初二日丙寅　早，上御乾清门，听部院各衙门官员面奏政事。

巳时，上诣太皇太后、皇太后宫问安。

本日起居注官蒋弘道、库勒纳。

初三日丁卯　早，上御乾清门，听部院各衙门官员面奏政事。

未时，上御景山内前殿，赐进贡土默特部落参领代管都统俄齐尔、一品台吉善达等，翁牛忒部落四品台吉他必柰等，苏尼忒部落四品台吉毕礼克等，敖汉部落下喀尔喀一品台吉吴巴西等，克什克屯部落下喀尔喀二品台吉巴苏泰等，吴喇忒部落四品台吉俄齐尔等食。

本日起居注官牛钮、张玉书。

初四日戊辰　早，上御乾清门，听部院各衙门官员面奏政事。

辰时，上御弘德殿，讲官喇沙里、叶方蔼、张玉书进讲：箕子乃言曰一节、初一日五行一节。上亲讲毕，讲官照常进讲。

本日起居注官色冷、韩菼。

初五日己巳　早，上御太和殿视朝。文武升转官员谢恩毕，回宫。

少顷，御乾清门，听部院各衙门官员面奏政事。

本日起居注官喇沙里、严我斯。

初六日庚午　早，上御乾清门，听部院各衙门官员面奏政事。

辰时，上御弘德殿，讲官喇沙里、叶方蔼、张玉书进讲：一五行一节、二五事一节。上亲讲毕，讲官照常进讲。

巳时，上诣太皇太后、皇太后宫问安。

本日起居注官沈荃、牛钮。

初七日辛未　早，上御乾清门，听部院各衙门官员面奏政事。

辰时，上御弘德殿，讲官喇沙里、叶方蔼、张玉书进讲：三八政一节、四五纪一节。上亲讲毕，讲官照常进讲。

本日起居注官库勒纳、董讷。

初八日壬申　早，上御乾清门，听部院各衙门官员面奏政事。

辰时，上御弘德殿，讲官喇沙里、叶方蔼、张玉书进讲：五皇极一节、凡厥庶民无有淫朋一节。上亲讲毕，讲官照常进讲。

巳时，上诣太皇太后宫问安。

本日起居注官色冷、张玉书。

初九日癸酉　早，上御乾清门，听部院各衙门官员面奏政事。

辰时，上御弘德殿，讲官喇沙里、叶方蔼、张玉书进讲：凡厥庶民有猷有为有守一节、无虐茕独而畏高明一节。上亲讲毕，讲官照常进讲。

本日起居注官喇沙里、蒋弘道。

初十日甲戌　早，上御乾清门，听部院各衙门官员面奏政事。

辰时，上御弘德殿，讲官喇沙里、叶方蔼、张玉书进讲：人之有能有为一节、无偏无陂一节。上亲讲毕，讲官照常进讲。

本日起居注官叶方蔼、牛钮。

十一日乙亥 早，上御乾清门，听部院各衙门官员面奏政事。

辰时，上御弘德殿，讲官喇沙里、叶方蔼、张玉书进讲：曰皇极之敷言一节、凡厥庶民一节。上亲讲毕，讲官照常进讲。

巳时，上诣太皇太后宫问安。

本日起居注官库勒纳、严我斯。

十二日丙子 上因亢旱祈雨，躬祀天坛，斋戒三日，不理政事。

先是，上命所司为恪僖公遏必隆建祠，春秋致祭，上亲制碑文。是日，以祠成立碑，文曰："孝昭皇后壶德攸宜，伦情肫笃，念父母鞠育之勤，思祠宇春秋之祀。朕嘉其意，遣官督理。后二月，皇后已崩。十七年十二月，工作造成，因谕内阁，详考明代实录，允符典例，特赐碑文，勒诸贞石。粤稽往代，临御万邦，必敦九族。宫闱化洽，内辅惟贤。眷佑之隆，宜崇旷典，以笃椒亲，道至备也。孝昭皇后仁孝性成，温恭德著，久存屺岵之思，每深霜露之感。尔一等公遏必隆，同妻县主，敬慎齐家，洽谦冲之令望；肃雍秉训，诞淑顺之坤仪。是当锡以丹垩，享以苹蘩。爰命冬官，董其兴作。事方行乎二月，哀忽动于六宫。未遂之志，朕甚悼焉。念尔勋戚大臣，兼核历朝典制，落成之日，用赐丰碑，昭国家不遗故旧之恩，示皇后永怀顾复之念。光流泉壤，堪为戚属之羽仪；名列丹青，不愧丝纶之奖赉。凡尔子孙，克保无斁。钦哉。"

本日起居注官色冷、王鸿绪。

十三日丁丑 本日起居注官喇沙里、董讷。

十四日戊寅 早，上御太和殿，视祀天坛祝版毕，回宫。

本日起居注官沈荃、牛钮。

十五日己卯 卯时，上躬诣天坛祈雨，自西天门步行至坛，致祭读祝甫毕，甘霖随降。祭毕，上冒雨步行，出西天门，方乘马回宫。

巳时，上诣太皇太后宫问安。

本日起居注官库勒纳、张玉书。

十六日庚辰 早，上御乾清门，听部院各衙门官员面奏政事。

辰时，上御弘德殿，讲官喇沙里、叶方蔼、张玉书进讲：六三德一节、惟辟作福一节。上亲讲毕，讲官照常进讲。

本日起居注官色冷、严我斯。

十七日辛巳　上以孝端文皇后忌辰，不理政事。

是日早，驾出德胜门，观西山一带田禾。路经固伦端顺长公主及辅政大臣一等公索尼墓，遣内大臣吴默讷各以酒奠之。

本日起居注官喇沙里、王鸿绪。

十八日壬午　早，上御乾清门，听部院各衙门官员面奏政事。刑部郎中索尔孙等以奉差各省审理刑狱奏请谕旨。上谕之曰："朕因天时久旱，深切轸怀，诚恐外省罪犯中或有冤抑，陷于无辜，特选尔等贤官员，体朕矜恤庶狱之意，前往察审。凡事务推勘真确，从公审断，勿徇一时私见，颠倒是非，负朕爱民至意。仍宜兼程遄往，作速清结。倘或迟延时日，恐无赖之徒借端生事，造作虚词，妄行讼造，反为良民之累。且尔等所审案件或当或否，朕无不洞悉，尔等慎之。"

本日起居注官牛钮、董讷。

十九日癸未　早，上御乾清门，听部院各衙门官员面奏政事。

辰时，上御弘德殿，讲官叶方蔼、张玉书进讲：七稽疑一节、曰雨曰霁一节。上亲讲毕，讲官照常进讲。

巳时，上诣太皇太后宫问安。

本日起居注官色冷、蒋弘道。

二十日甲申　早，上御乾清门，听部院各衙门官员面奏政事。

本日起居注官沈荃、库勒纳。

二十一日乙酉　早，上御乾清门，听部院各衙门官员面奏政事。

辰时，上御弘德殿，讲官叶方蔼、张玉书进讲：凡七卜五一节、立时人作卜筮一节。上亲讲毕，讲官照常进讲。

本日起居注官色冷、韩菼。

二十二日丙戌　早，上御乾清门，听部院各衙门官员面奏政事。

巳时，上诣太皇太后、皇太后宫问安。

本日起居注官库勒纳、张玉书。

二十三日丁亥　早，上御乾清门，听部院各衙门官员面奏政事。

未时，上御乾清门，赐进贡扎鲁特部落多罗达尔汉贝［勒］巴达里、二品台吉毕礼克图等食。

本日起居注官严我斯、牛钮。

二十四日戊子 早，上御乾清门，听部院各衙门官员面奏政事。

巳时，上诣巩华城。

本日起居注官库勒纳、王鸿绪。

二十五日己丑 午时，上回宫。

本日起居注官库勒纳、董讷。

二十六日庚寅 早，上御乾清门，听部院各衙门官员面奏政事。

本日起居注官蒋弘道、牛钮。

二十七日辛卯 早，上御乾清门，听部院各衙门官员面奏政事。

本日起居注官叶方蔼、色冷。

二十八日壬辰 早，上御乾清门，听部院各衙门官员面奏政事。

本日起居注官沈荃、牛钮。

二十九日癸巳 早，上御乾清门，听部院各衙门官员面奏政事。

巳时，上诣太皇太后、皇太后宫问安。

未时，上复御乾清门，赐问安进贡科尔沁国和硕达尔汉亲王班第额驸、一品台吉额尔得尼，扎鲁特部落多罗达尔汉贝勒巴达里、二品台吉毕礼克图等食。

本日起居注官库勒纳、韩菼。

五　月

初一日甲午 早，上御乾清门，听部院各衙门官员面奏政事。

巳时，上诣太皇太后、皇太后宫问安。

本日起居注官张玉书、牛钮。

初二日乙未 早，上御乾清门，听部院各衙门官员面奏政事。

少顷，上御保和殿，引见新科进士马教思等，亲选庶吉士。

午时，上诣巩华城。

本日起居注官色冷、严我斯。

初三日丙申　午时，上回宫。申时，上幸瀛台驻跸。以时日无几，谕部院各衙门本章俱送内阁汇奏。

本日起居注官色冷、王鸿绪。

初四日丁酉　午时，上诣太皇太后、皇太后宫问安。

本日起居注官叶方蔼、常书。

初五日戊戌　本日起居注官牛钮、董讷。

初六日己亥　本日起居注官喇沙里、沈荃。

初七日庚子　巳时，上诣太皇太后宫问安。

是日，内阁、六部、都察院、翰林院、詹事府衙门官员各赐鱼，群臣随于瀛台前谢恩。

本日起居注官库勒纳、韩菼。

初八日辛丑　辰时，上诣太皇太后、皇太后宫问安。

巳时，上复诣太皇太后宫问安。

未时，上御瀛台前亭，赐云南巡抚李天浴食。赐毕，召天浴至前，问以年齿、地里及旧任滇抚情形。谕之曰："朕今特简尔为云南巡抚，目前事势视从前又不相同，尔宜尽心殚力，一切安民靖寇机宜，可与总督商榷行之。"天浴奏言："臣以菲才，蒙圣恩简拔，敢不竭微力，以报高厚。"奏毕，出。是日早，赐天浴鞍马一匹。

本日起居注官色冷、张玉书。

初九日壬寅　辰时，上出幸视西山一路禾稼，驻跸潭柘寺。

初十日癸卯　酉时，上回宫。扈从官员自内大臣、侍卫以下，命勿践伤田禾，往返申饬，极其严切云。

扈从起居注官喇沙里。

十一日甲辰　上因有事于方泽，斋戒三日，不理政事。

巳时，上诣太皇太后宫问安。

本日起居注官常书、王鸿绪。

十二日乙巳　本日起居注官库勒纳、董讷。

十三日丙午　早，上于中和殿，视祀方泽坛祝版毕，回宫。

本日起居注官叶方蔼、牛钮。

十四日丁未　早，上以夏至，躬诣方泽坛致祭毕，回宫。

本日起居注官沈荃、常书。

十五日戊申　早，上御太和殿视朝。京察留任满汉大小各官及文武升转官员谢恩，次进贡喀尔喀部落额尔得尼宜尔登诺颜下格楮尔等、戴诺颜下墨勒根虾等行礼，赐茶毕，回宫。

少顷，御乾清门，听部院各衙门官员面奏政事。

巳时，上诣太皇太后宫问安。

本日起居注官喇沙里、韩菼。

十六日己酉　早，上御乾清门，听部院各衙门官员面奏政事。

未时，上幸瀛台，御黄幄，赐进贡科尔沁国达尔汉亲王班第额驸、一品台吉额尔得尼等，巴林部落一品台吉阿喇布谭等食。

本日起居注官库勒纳、张玉书。

十七日庚戌　早，上御乾清门，听部院各衙门官员面奏政事。

辰时，上御弘德殿，讲官喇沙里、叶方蔼、张玉书进讲《书经》："汝则有大疑"一节。上亲讲毕，讲官照常进讲。

本日起居注官严我斯、常书。

十八日辛亥　早，上御乾清门，听部院各衙门官员面奏政事。

申时，上诣太皇太后宫问安。

本日起居注官蒋弘道、牛钮。

十九日壬子　早，上御乾清门，听部院各衙门官员面奏政事。

本日起居注官色冷、王鸿绪。

二十日癸丑　早，上御乾清门，听部院各衙门官员面奏政事。

辰时，上御弘德殿，讲官喇沙里、叶方蔼、张玉书进讲《书经》：八庶政二节、曰休征一节。上亲讲毕，讲官照常进讲。

未时，上幸瀛台驻跸。

本日起居注官喇沙里、董讷。

二十一日甲寅　早，上御瀛台，听部院各衙门官员面奏政事。

本日起居注官叶方蔼、库勒纳。

二十二日乙卯　早，上御瀛台，听部院各衙门官员面奏政事。

巳时，上诣太皇太后、皇太后宫问安。

本日起居注官常书、韩菼。

二十三日丙辰　早，上御瀛台，听部院各衙门官员面奏政事。吏部郎中雅思哈、刑部郎中敦多礼自浙江审学道程汝璞事还，具奏勘问情罪。上一一详讯毕，复问浙江、江南、山东、直隶沿途田禾。雅思哈等奏："黄河以南俱极丰穰，过河至山东泰安一路稍次之，泰安以北，苦于久旱。臣等行至北路，闻亦得雨矣。"上问："山东饥荒州县，尔等俱经过否？"雅思哈等言："经过数处，皆赖圣恩赈济，民得再生。"上又问："岁收可得几分？"奏言："向前得雨，可望六、七分也。"

本日起居注官牛钮、张玉书。

二十四日丁巳　巳时，上诣巩华城。

本日起居注官蒋弘道、常书。

二十五日戊午　午时，上回宫。

本日起居注官常书、王鸿绪。

二十六日己未　早，上御瀛台，听部院各衙门官员面奏政事。

本日起居注官库勒纳、董讷。

二十七日庚申　早，上御瀛台，听部院各衙门官员面奏政事。

本日起居注官喇沙里、叶方蔼。

二十八日辛酉　早，上御瀛台，听部院各衙门官员面奏政事。

未时，上御瀛台前亭，赐贵州巡抚杨雍建食毕。命头等侍卫衣都额真对亲、日讲官起居注侍讲学士常书传谕曰："今简尔为贵州巡抚，远莅岩疆，特赐内帑五百两，表里十匹，以饬行装之需。"雍建奏曰："臣仰荷隆恩简拔，深惧陨越，复蒙圣慈轸念，重加锡赉。臣感激无地，惟有殚心供职，以图报高厚于万一耳。"

本日起居注官常书、韩菼。

二十九日壬戌　命各部院衙门章奏俱送内阁。是日辰时，上出幸视通州一路地方禾稼。

驻跸窝头。沿路往返，严饬诸大臣官员，勿践伤田禾。

三十日癸亥　酉时，上回瀛台。

扈从起居注官喇沙里。

六　月

初一日甲子　早，上御瀛台，听部院各衙门官员面奏政事。

未时，上御瀛台前亭，赐进贡科尔沁国多罗扎萨克图郡王俄齐尔、多罗贝勒沙津额驸等，阿霸垓部落四品台吉充果衣，喀喇沁部落一品塔布囊俄木克图等、副都统巴严孟克等食。

是日，上命翰林院掌院学士喇沙里往视大学士冯溥疾于其私第。溥奏："臣蒙皇上擢任机密，自供职以来，未有涓埃图效。顷偶冒寒疾，复廑睿怀，特遣慰问。圣恩高厚，岂独衔感终身。自当世世竭犬马之力，以仰报万分之一也。"

本日起居注官牛钮、王鸿绪。

初二日乙丑　早，上御瀛台，听部院各衙门官员面奏政事。

辰时，上诣太皇太后宫问安。午时，上诣太皇太后、皇太后宫问安。未时，上诣太皇太后宫问安。

本日起居注官常书、张玉书。

初三日丙寅　早，上御瀛台，听部院各衙门官员面奏政事。

辰时，上率皇太子诣太皇太后、皇太后宫行礼，太皇太后赐缎匹、筵宴。皇太子因在幼龄，前此未诣两宫朝谒。是日，上特亲率行礼云。

本日起居注官库勒纳、韩菼。

初四日丁卯　早，上御瀛台，听部院各衙门官员面奏政事。

是日，上幸景山，命皇太子骑射，连发五矢，射中一鹿、四兔，圣意大悦。时太子睿龄方六岁。

本日起居注官牛钮、张玉书。

初五日戊辰　早，上御瀛台，听部院各衙门官员面奏政事。

本日起居注官蒋弘道、常书。

初六日己巳　早，上御瀛台，听部院各衙门官员面奏政事。

本日起居注官叶方蔼、库勒纳。

初七日庚午　早，上御瀛台，听部院各衙门官员面奏政事。

本日起居注官牛钮、王鸿绪。

初八日辛未　早，上御瀛台，听部院各衙门官员面奏政事。

巳时，上诣太皇太后宫问安。

本日起居注官喇沙里、韩菼。

初九日壬申　早，上御瀛台，听部院各衙门官员面奏政事。

未时，上御瀛台前亭，赐进贡扎鲁特部落多罗贝勒查木、科尔沁国诺木齐额驸等食。

本日起居注官常书、董讷。

初十日癸酉　早，上御瀛台，听部院各衙门官员面奏政事。

本日起居注官库勒纳、张玉书。

十一日甲戌　早，上御瀛台，听部院各衙门官员面奏政事。

辰时，上诣太皇太后、皇太后宫问安。

本日起居注官沈荃、牛钮。

十二日乙亥　早，上御瀛台，听部院各衙门官员面奏政事。

本日起居注官喇沙里、叶方蔼。

十三日丙子　早，上御瀛台，听部院各衙门官员面奏政事。

本日起居注官常书、王鸿绪。

十四日丁丑　早，上御瀛台，听部院各衙门官员面奏政事。

本日起居注官库勒纳、韩菼。

十五日戊寅　早，上御太和殿视朝。文武升转官员谢恩毕，次喀尔喀部落土谢图汗贡使鄂尔济图等，喇嘛达尔扎、格处尔等行礼，赐茶毕，回宫。

少顷，御乾清门，听部院各衙门官员面奏政事。

巳时，上诣太皇太后宫问安。

本日起居注官牛钮、董讷。

十六日己卯　早，上御瀛台，听部院各衙门官员面奏政事。

本日起居注官严我斯、常书。

十七日庚辰　早，上御瀛台，听部院各衙门官员面奏政事。

未时，上御瀛台前亭，赐进贡科尔沁国多罗贝勒沙津额驸、一品台吉俄齐尔等，扎鲁特部落多罗贝勒查木、二品台吉阿木琥郎等，巴林部落一品台吉阿喇布谭等食。

本日起居注官喇沙里、张玉书。

十八日辛巳 早，上御瀛台，听部院各衙门官员面奏政事。

本日起居注官库勒纳、沈荃。

十九日壬午 早，上御瀛台，听部院各衙门官员面奏政事。

本日起居注官牛钮、王鸿绪。

二十日癸未 早，上御瀛台，听部院各衙门官员面奏政事。

本日起居注官常书、韩菼。

二十一日甲申 早，上御瀛台，听部院各衙门官员面奏政事。

巳时，上诣太皇太后、皇太后宫问安。

本日起居注官喇沙里、董讷。

二十二日乙酉 早，上御瀛台，听部院各衙门官员面奏政事。

本日起居注官库勒纳、严我斯。

二十三日丙戌 早，上御瀛台，听部院各衙门官员面奏政事。

未时，上御瀛台前亭，赐进贡克什克屯部落四品台吉特古思赫尔等、吴喇忒部落四品台吉门图等食。

本日起居注官牛钮、张玉书。

二十四日丁亥 早，上御瀛台，听部院各衙门官员面奏政事。

本日起居注官常书、王鸿绪。

二十五日戊子 早，上御瀛台，听部院各衙门官员面奏政事。

未时，上诣太皇太后宫问安。

本日起居注官喇沙里、沈荃。

二十六日己丑 早，上御瀛台，听部院各衙门官员面奏政事。

未时，上御瀛台前亭，赐进贡科尔沁国多罗贝勒沙津额驸、一品台吉俄齐尔等，喀尔喀部落土谢图汗来使鄂尔济图等，喇嘛达尔扎、格处尔等食。

本日起居注官叶方蔼、库勒纳。

二十七日庚寅 早，上御瀛台，听部院各衙门官员面奏政事。

本日起居注官牛钮、韩菼。

二十八日辛卯　早，上御瀛台，听部院各衙门官员面奏政事。

本日起居注官常书、董讷。

二十九日壬辰　早，上御瀛台，听部院各衙门官员面奏政事。

是日，上御中和殿，视享太庙祝版毕，回宫。

辰时，上诣太皇太后宫问安。

本日起居注官喇沙里、严我斯。

七　月

初一日癸巳　早，上御瀛台，听部院各衙门官员面奏政事。

本日起居注官叶方蔼、库勒纳。

初二日甲午　早，上御瀛台，听部院各衙门官员面奏政事。

本日起居注官张玉书、朱马泰。

初三日乙未　早，上御瀛台，听部院各衙门官员面奏政事。

巳时，上诣太皇太后宫问安。

本日起居注官沈荃、常书。

初四日丙申　辰时，上诣巩华城。

本日起居注官蒋弘道、牛钮。

初五日丁酉　午时，上回宫。

本日起居注官牛钮、王鸿绪。

初六日戊戌　早，上御瀛台，听部院各衙门官员面奏政事。

未时，上御瀛台前亭，赐进贡吴喇忒部落三品台吉布掩等、喀喇沁部落四品塔布囊杜喇尔等、四子部落大喇嘛车臣噶布楚等食。

本日起居注官库勒纳、韩菼。

初七日己亥　早，上御瀛台，听部院各衙门官员面奏政事。

巳时，上诣太皇太后宫问安。

本日起居注官常书、董讷。

初八日庚子　早，上御瀛台，听部院各衙门官员面奏政事。

是日，户部郎中布詹等以奉命浙江察海，奏请谕旨。上谕之曰："浙江沿海地方，关系紧要，尔等前往该省，详察设立巡海官兵。如额兵单弱，分防不敷，尔等即酌议增设。至于奸恶兵民，贩卖粮米，因内地利少，出海利多，冒死越界，勾通贸易者有之。欲灭海寇，必断内地私贩，尔等宜严加巡察。如将军、督抚、提镇所属人员，有犯禁约，即行鞫审具奏。务期不时防缉，杜绝往来贩卖，庶奸宄屏迹，海氛可扑灭矣。"布詹等奏曰："臣等谨识上谕，前往该省，自当竭力奉行。"

未时，上御瀛台前亭，赐陕西兴安总兵官程福亮食。除照常例赐鞍马一匹外，又赐镀金玲珑盔甲一副、内厩鞍马一匹。

本日起居注官喇沙里、严我斯。

初九日辛丑　早，上御瀛台，听部院各衙门官员面奏政事。

本日起居注官叶方蔼、朱马泰。

初十日壬寅　早，上御瀛台，听部院各衙门官员面奏政事。

本日起居注官牛钮、张玉书。

十一日癸卯　早，上御瀛台，听部院各衙门官员面奏政事。

巳时，上率皇太子诣太皇太后宫问安。

午时，上以新刊《日讲四书解义》进呈太皇太后御览。

本日起居注官沈荃、常书。

十二日甲辰　早，上御瀛台，听部院各衙门官员面奏政事。

本日起居注官库勒纳、蒋弘道。

十三日乙巳　早，上御瀛台，听部院各衙门官员面奏政事。

本日起居注官朱马泰、王鸿绪。

十四日丙午　早，上御瀛台，听部院各衙门官员面奏政事。

辰时，上诣巩华城。

本日起居注官喇沙里、韩菼。

十五日丁未　和硕纯亲王隆禧病笃，奏闻。上自巩华城急驰而还，亲诣王第视之，立传医祝调治、祈祷。午时，以王病症奏闻太皇太后，还宫。未时，上复诣王第视疾。以王疾危笃，还奏太皇太后。申时，王薨。上闻讣痛悼，传谕辍朝三日。随以王讣奏闻太皇太后。太皇太后惊恸，谕曰："予自圣子升遐，惟抚育诸孙，以怡岁月。岂意纯亲王倏尔薨逝，予心甚戚，当即亲临其丧。"上奏曰："太皇太后痛念亡孙，洵属至情，但恐圣体万一劳顿，深为未便。"再三劝谏方止。时，上欲亲临王丧，太皇太后谕曰："尔日亲万几，今若再临王第，痛悼悲哀，则尔身益悴，可亦勿往。"上敬遵太皇太后谕旨，因不临王第，遂留太皇太后宫中，劝慰竟夕，未还宫。王，世祖章皇帝第七子，享年二十岁。

本日起居注官喇沙里、董讷。

十六日戊申　辰时，上还宫。

申时，上诣太皇太后、皇太后宫问安。

是日，上谕部院各衙门章奏俱交内阁转奏。

本日起居注官常书、张玉书。

十七日己酉　卯时，上诣太皇太后宫问安。巳时，上复诣太皇太后宫问安。

午时，上临纯亲王第举哀。未时，还宫。

本日起居注官叶方蔼、库勒纳。

十八日庚戌　本日起居注官沈荃、朱马泰。

十九日辛亥　卯时，上诣太皇太后、皇太后宫问安。申时，上复诣太皇太后宫问安。

本日起居注官蒋弘道、常书。

二十日壬子　巳时，上诣太皇太后、皇太后宫问安。未时，上复诣太皇太后宫问安。

本日起居注官喇沙里、王鸿绪。

二十一日癸丑　巳时，上诣太皇太后、皇太后宫问安。申时，上复诣太皇太后宫安。

本日起居注官牛钮、韩菼。

二十二日甲寅　辰时，上诣太皇太后、皇太后宫问安。申时，上复诣太皇太后宫问安。

本日起居注官朱马泰、董讷。

二十三日乙卯　辰时，上诣太皇太后、皇太后宫问安。申时，上复诣太皇太后宫问安。

本日起居注官库勒纳、张玉书。

二十四日丙辰　辰时，上诣太皇太后、皇太后宫问安。申时，上复诣太皇太后宫问安。

本日起居注官严我斯、常书。

二十五日丁巳　本日起居注官喇沙里、叶方蔼。

二十六日戊午　巳时，上诣巩华城。

本日起居注官沈荃、牛钮。

二十七日己未　午时，上回宫。

本日起居注官牛钮、蒋弘道。

二十八日庚申　早，上御乾清门，听部院各衙门官员面奏政事。

辰时，上诣太皇太后宫问安。

巳时，地大震，京城倒坏城堞、衙署、民房，死伤人民甚众。

上复诣太皇太后、皇太后宫问安。

未时，奉旨传内阁、九卿、詹事、科、道满汉各官齐集。召大学士明珠、李霨，尚书宋德宜，左都御史魏象枢，学士佛伦入乾清宫，面奉上谕曰："兹者异常地震，尔九卿、大臣各官其意若何？朕每念及，甚为悚惕，岂非皆由朕躬料理机务未当，大小臣工所行不公不法，科道各官不直行参奏，无以仰合天意，以致变生耶？今朕躬力图修省，务期挽回天意。尔各官亦各宜洗涤肺肠，公忠自矢，痛改前非，存心爱民为国。且尔等自被任用以来，家计颇已饶裕，乃全无为国报效之心。尔等所善之人，即以为善而奏闻；尔等所不合之人，即不行奏请。此等不公事情，朕闻见最确。欲即行处分，犹望改过，虽知之，不行议罪也。今见所行，愈加贪酷，习以为常。且从前遇此等灾变之事，朕亦屡曾申饬，但在朕前云钦遵申饬之旨，究竟全不奉行。前此大奸大恶之人，朕重加处分，尔等亦所明知，此即榜样也。再科道各官，向来于大奸大恶之人未见纠参，或因事体暧昧，未有凭据，难于举发。此后，科道各官，如有确见，即行据实参奏。若依然虚饰，如前所行，奸恶巧为遮盖，不加省改，或事情发觉，或经朕访出，虽欲宽免，国法具在，决不饶恕！着即传谕齐集诸臣，咸令知悉。"

本日起居注官库勒纳、王鸿绪。

二十九日辛酉　早，上御乾清门，听部院各衙门官员面奏政事。

辰时，上诣太皇太后宫问安。

本日起居注官常书、董讷。

三十日壬戌　早，上御乾清门，听部院各衙门官员面奏政事。

辰时，上诣太皇太后宫问安。

是日早，命满汉学士以下，副都御史以上各官，集左翼门候旨。少顷，上遣一等侍卫衣都额真费耀色、郎坦、对亲捧谕旨出，仍口传上命曰："顷者，地震示警，实因一切政事不协天心，故召此灾变。在朕固应受谴，尔诸臣亦无所辞责。然朕不敢诿过臣下，惟有力图修省，以冀消弭。兹朕于宫中勤思召灾之由，精求弭灾之道，约举大端，凡有六事，尔等可详议举行，勿得仍前，以空文塞责。"传旨毕，宣读上谕曰："谕吏部等衙门：朕薄德寡识，愆尤实多，遘此地震大变，中夜抚膺自思，如临水渊，兢惕悚惶，益加修省。仍宣布朕心，使尔诸大臣、总督、巡抚、司道有司各官，咸共闻知。务期洗心涤虑，实意为国为民，斯于国家有所裨益，即尔等亦并受其福，庶几天和少致。若仍虚文掩饰，致负朕意，询访得实，决不为尔等姑容也。一、民生困苦已极，而大臣长吏之家日益富饶。民间情形虽未昭著，近因家无衣食，将子女入京贱鬻者，不可胜数，非其明验乎？此皆地方官吏谄媚上官，苛派百姓。总督、巡抚、司道又转而馈送在京大臣，以天生有限之物力，民间易尽之脂膏，尽归贪吏私橐，小民愁怨之气，上干天和，以致召水旱、日食、星变、地震、泉涸之异。一、大臣朋比徇私者甚多。每遇会推选用时，皆举其平素往来交好之人，但云办事有能，并不问其操守清正。如此而谓不上干天和者未之有也。一、用兵地方诸王、将军、大臣于攻城克敌之时，不思安民定难，以立功名，但志在肥己，多掠占小民子女。或借为通贼，每将良民庐舍焚毁，子女俘获，财物攘取。名虽救民于水火，实则陷民于水火之中也。如此有不上干天和者乎？一、外官于民生疾苦不使上闻，朝廷一切为民诏旨，亦不使下达。虽遇水旱灾荒，奏闻部覆，或则蠲免钱粮分数，或则给散银米赈济，皆地方官吏苟且侵渔，捏报虚数，以致百姓不沾实惠，是使穷民而益穷也。如此有不上干天和者乎？一、大小问刑官，将刑狱供招不行速结，使良民久羁囹圄。改造口供，草率定案，证据无凭，枉坐人罪。其间又有衙门蠹役，恐吓索诈，致一事而破数家之产。如此有不上干天和者乎？一、包衣下人及诸王、贝勒、大臣家人，侵占小民生理，所在指称名色，以网市利。干预词讼，肆行非法，有司不敢犯其锋，反行财贿。甚且身为奴仆，而鲜衣良马，远胜仕宦之人。如此贵贱倒置，为害不浅。以上数条，事虽异而原则同。总之，大臣廉，则总督、巡抚有所畏惮，不敢枉法以行私；总督、巡抚清正，则属下官吏操守自洁，虽有一二不肖有司，亦必改心易虑，不致大为民害。此等事，朕非不素知，但以正在用兵之际，每示宽容。今上天屡垂警戒，敢不昭布朕心，严行诫饬，以勉思共回天意。作何立法严禁，务期尽除积弊，着九卿、詹事、科、道会同详议具奏。特谕。"

大学士索额图奏言："圣谕及此，臣等真无地自容，敢不洗心惕虑，以图修弭。"大学士明珠奏言："内外弊源，圣谕一一洞悉。大小臣工，若不实加修省，纵能逃国法，亦不能免天诛也。"大学士李霨等奏言："臣等恭听上谕，惶悚愧汗。自今以往，惟有洗涤肺肠，共图修省，冀回灾变，不敢负皇上宽贷之恩。"兵部尚书郭四海奏言："皇上如天，然天岂有私？总因臣下行私作弊，故有此变耳。"都察院左都御史魏象枢奏言："皇上深居九重，洞悉利弊如此，诸臣既非木石，岂无见闻？人人能知之，谁肯以此言告皇上，谁肯为皇上实心奉行者？臣等之罪无可自解，惟仰请皇上严加处分而已。"

本日起居注官牛钮、张玉书。

八　月

初一日癸亥　早，上御乾清门，听部院各衙门官员面奏政事。

辰时，上诣太皇太后宫问安。

本日起居注官叶方蔼、牛钮。

初二日甲子　早，上御乾清门，听部院各衙门官员面奏政事。

辰时，上诣太皇太后宫问安。

本日起居注官沈荃、朱马泰。

初三日乙丑 早，上御乾清门，听部院各衙门官员面奏政事。

辰时，上诣太皇太后宫问安。

本日起居注官库勒纳、董讷。

初四日丙寅 早，上御乾清门，听部院各衙门官员面奏政事。

本日起居注官常书、王鸿绪。

初五日丁卯 早，上于中和殿，视祀社稷坛祝版毕，回宫。

少顷，御乾清门，听部院各衙门官员面奏政事。

辰时，上诣太皇太后宫问安。

本日起居注官喇沙里、张玉书。

初六日戊辰 早，上躬诣社稷坛致祭毕，回宫。

本日起居注官叶方蔼、牛钮。

初七日己巳 早，上御乾清门，听部院各衙门官员面奏政事。

辰时，上诣太皇太后、皇太后宫问安。

本日起居注官张玉书、朱马泰。

初八日庚午 早，上御乾清门，听部院各衙门官员面奏政事。

本日起居注官库勒纳、王鸿绪。

初九日辛未 早，上以太宗文皇帝忌辰，不理政事。

本日起居注官喇沙里、董讷。

初十日壬申 早，上御乾清门，听部院各衙门官员面奏政事。

本日起居注官沈荃、牛钮。

十一日癸酉 上以太祖高皇帝忌辰，不理政事。

本日起居注官叶方蔼、朱马泰。

十二日甲戌 早，上御乾清门，听部院各衙门官员面奏政事。

本日起居注官库勒纳、张玉书。

十三日乙亥 早，上御乾清门，听部院各衙门官员面奏政事。

本日起居注官喇沙里、董讷。

十四日丙子 早，上于中和殿，视地震告祭天坛祝版毕，回宫。

少顷，御乾清门，听部院各衙门官员面奏政事。

本日起居注官牛钮、王鸿绪。

十五日丁丑 早，上御乾清门，听部院各衙门官员面奏政事。

巳时，上诣太皇太后、皇太后宫问安。

是日，以地震遣官告祭天坛。

本日起居注官沈荃、朱马泰。

十六日戊寅 早，上御乾清门，听部院各衙门官员面奏政事。刑部郎中索尔孙自江南恤刑还，奏所审诸事毕，上问曰："尔见江南田禾如何？"索尔孙奏曰："今岁六月、七月江南无雨，田禾全被旱灾。"上问曰："全省皆被灾耶，抑尚有地方稍熟者否？"索尔孙奏曰："安庆、池州、宁国、太平等府稍熟，江宁、镇江、凤阳、淮安等府属被灾者多。"上问曰："尔度稍熟地方，可收获几分？被灾甚者，岂竟无一分耶，或仍有薄收否耶？"索尔孙奏曰："稍熟地方，约有四五分收成，被灾甚者，幸获一二分足矣。"奏毕，出。

本日起居注官库勒纳、严我斯。

十七日己卯 早，上御乾清门，听部院各衙门官员面奏政事。

本日起居注官蒋弘道、常书。

十八日庚辰 早，上御乾清门，听部院各衙门官员面奏政事。

巳时，上诣太皇太后宫问安。

本日起居注官朱马泰、董讷。

十九日辛巳 早，上于中和殿，视祀夕月坛祝版毕，回宫。

少顷，御乾清门，听部院各衙门官员面奏政事。

本日起居注官牛钮、张玉书。

二十日壬午 早，上御乾清门，听部院各衙门官员面奏政事。

本日起居注官库勒纳、沈荃。

二十一日癸未 早，上御乾清门，听部院各衙门官员面奏政事。吏部郎中沙尔图等以奉差福建造船，奏请谕旨。上谕曰："尔等往造船只，必须实心料理。"沙尔图奏曰："臣等当节省钱粮，以图报称。"上曰："钱粮固当节省，但船只关系武备，务宜坚固，不可徒省，有误军兴。"

谕毕，沙尔图等出。

本日起居注官叶方蔼、常书。

二十二日甲申　早，上御乾清门，听部院各衙门官员面奏政事。

本日起居注官朱马泰、王鸿绪。

二十三日乙酉　早，上御乾清门，听部院各衙门官员面奏政事。

辰时，上诣太皇太后、皇太后宫问安。

本日起居注官牛钮、严我斯。

二十四日丙戌　早，上御乾清门，听部院各衙门官员面奏政事。

本日起居注官库勒纳、蒋弘道。

二十五日丁亥　早，上御乾清门，听部院各衙门官员面奏政事。

辰时，上诣太皇太后、皇太后宫问安。

是日，赐山东巡抚施维翰鞍马一匹。

本日起居注官叶方蔼、常书。

二十六日戊子　早，上御乾清门，听部院各衙门官员面奏政事毕，山东巡抚施维翰陛辞。上曰："尔有所陈奏否？"维翰奏言："臣一介庸愚，蒙皇上特恩简拔，荷此重任。自奉命以来，日夜悚惧，敢不竭尽心力以图报称。"上曰："总督、巡抚赴任，朕皆有谕旨，勉其尽职，及到地方，鲜能遵行。"维翰奏言："臣历官日久，悉知民间利病。今到地方，誓不敢有败检之事。倘居官不职，惟皇上置之重法。"

上曰："近日山东兵丁鼓噪，极为可恶，尔到地方，宜严行禁戢。"维翰奏言："兵民皆朝廷赤子，止因巡抚、提督文武不和，遂致兵丁生变。臣当与提督臣同心协力，调剂兵民。"上曰："文武协和，自然地方安辑。"维翰又奏言："山东盗贼未清，连年荒歉，兼以吏治贪污，臣当尽力料理，次第入告。"

上曰："今岁江南大荒，山东犹未为太甚。"维翰又奏言："在外条奏，如请蠲免等事，部议多不允行，未免掣肘。"上曰："总督、巡抚从一省事起见，部臣从天下事起见。目前军兴之际，需用钱粮，全赖山东、江南等省协济。朕非惜蠲，但部臣恐国用不敷，故多不议允耳。且正项钱粮，民力原自易办，如每亩出赋一分，即有增加，亦可勉措。惟是杂派加征，不一而足，所以小民重困，不克聊生。"维翰奏言："上谕及此，真明见万里。有司加派，皆由上官苛求。若督、抚洁清，有司安敢私派。臣当恪遵俞旨，勉力奉行。”奏毕，出。

本日起居注官喇沙里、张玉书。

二十七日己丑 早，上御乾清门，听部院各衙门官员面奏政事。是日，大学士索额图、明珠、李霨、杜立德、冯溥，学士噶尔图、佛伦、希福、项景襄、李天馥面奉谕旨："国家事务不宜朝更夕改，果属不可行者方应改正。近阅章奏，更张者甚多。或有粗识数字者，即为大言。若但为空言，其谁不能？且明末一切事例，朝更夕改，全无一定，以致沦亡。此皆尔等所亲见，亦众所共知也。今后，凡条奏本章，尔大学士等，务加详酌。"

本日起居注官严我斯、朱马泰。

二十八日庚寅 早，上御乾清门，听部院各衙门官员面奏政事。

本日起居注官牛钮、董讷。

二十九日辛卯 早，满汉九卿、詹事、科、道等官传集中左门。上召吏部侍郎折尔肯、屯泰至内殿，谕曰："朕亲决机务十年余矣。科道为朝廷耳目之官。每览章疏，实能为国有裨政事者甚少，草率塞责者甚多。尔可传谕九卿各官，并将朕谕旨宣示。少顷进见，朕将面询得失，各摅所怀，直陈勿隐。"屯泰奏："言官风闻言事，若所奏属虚，不照例治罪，恐有不肖科道借辞纠参，吓诈外官。外官畏其纠参，私行请托，则弊从此生，无益政事，实不宜行。"奏毕，折尔肯、屯泰捧上谕至中左门，向各官先宣口谕讫，随读上谕。谕曰："传尔九卿、科、道面谕，将科、道两衙门本章情弊，无益国计民生之处，一一讲究。卿等必有至公之众论，以佐朕意。卿等但有所见，即直言不可隐讳。自古设立科道，原系朝廷耳目之官，务求知无不言，言无不尽，方称其职。今每见直言谠论者不过几人，徇私好名者不可胜数。即如科道条陈一事，部议妥确奉行，又有科道官言其不可者。今日之所谓是，明日又转而为非，朝更夕改。部院至于督、抚有司，不知今日之事，或行二三日而即更，或行数月而即更，茫无成宪，难取信于天下，岂治道至理哉？举其大概，如举才能一事，是因人才不一，有能理繁者，有有操守者，有练习其事者。自古选贤任能，治之大道，与论俸不同，其法未尝不善。即世祖皇帝时，亦曾有谕，尝行选择之条。偶有徇法作弊之人，将不肖寡廉者荐之，因一人而其法遂坏。自朕亲政以来，如盐差、关差，数行更换。以后条陈，不知又改几次也。又如户部销算钱粮一事，因督、抚所报不合时价，故部议驳回。而科道辄有言者，以为督抚地方大臣，断无虚估价值肥己行私，凡有销算，皆不应驳查。及部议径准督、抚之销算，不行再驳。则科道又以督抚冒破钱粮，一束草原价若干，开销若干；一石豆原价若干，开销若干。不特草豆为然，凡马匹等项，事事皆有虚冒，部中不行详查，概听督抚开销，以徇情面。由此观之，部议不行驳回，则以为徇督抚之私情；驳回，则以为督抚地方，不宜疑其有所虚冒。又恐衙役往来，骚扰生事。或应驳、不应驳，何者为是？两说俱无定论。是皆大者，余悉难述。今日面谕，尚有未尽之言。故先以上谕，使晓朕意。"

诸臣跪听讫，上御乾清门，听部院各衙门官员面奏政事。奏事毕，命九卿、詹事、科、道各官至御榻前。上问曰："科臣姚缔虞所奏风闻言事疏，尔等会议如何？"吏部尚书郝惟讷奏："言官奏事，原不禁其风闻。但风闻参奏，审问全虚者，定有处分之例。若将此等参奏全虚者，不加处分，恐有借称风闻，挟私报怨者，亦未可定。仍应照定例行。"兵部尚书郭四海奏："现行例，科道奏事全虚者处分，一款得实者即免议。人人原可尽言，不必又开风闻之例。"户部尚书梁清标奏："向来言官论人，未尝不是风闻，止处其全不实者。"户部左侍郎田六善奏："科道参奏，不得不出于风闻。但风闻自上开不得，开风闻亦无典故，亦非好事。"户部右侍郎朱裴奏："风闻二字从古未有，风闻者风影之言。若云奉旨谕令风闻言事，无此体统。"左都御史魏象枢奏："臣另为一议，科道系朝廷耳目，耳目广，则贪官不敢肆行无忌。但言官身在辇毂之下，凡直省情弊，不能分身亲访，况督抚身在地方，必凭藩臬开报。藩臬必凭道、府开报。言官既无揭报，不得不令其风闻言事。但要虚公体访，不可妄行陈奏。若有挟仇报怨情弊，即应照新定例革职。其降级及免议，原有旧例。"上顾科、道诸臣问曰："风闻言事，尔众科道以为可行不可行？如有欲言，可悉陈奏。"吏科掌印给事中李宗孔奏："近日科道条奏，何尝不是风闻，又何必要开。"礼科掌印给事中余国柱奏："言官言事，皇上原未禁其风闻。但径开风闻之例，恐有未便。"上曰："此系明末陋习，若此例一开，恐有不肖言官，借端挟制，罔上行私，颠倒是非，诬害良善。如魏象枢等所参赵祥星诸人，原未目击，岂非风闻？但既合于公论，则所参即实。倘执风闻以为定例，则行之不能无弊矣。大抵言官得人，所言自然当理；若言官非人，焉能得当？近日言官尽职者少，或有办事平常，而其人循谨无过者，亦姑容之而已，安得尽皆公忠之人，保其无徇私挟制之害乎？”

又问曰：“部中驳参钱粮，或言应驳，或言不应驳，二者孰是？”户部尚书伊桑阿奏：“钱粮头绪甚多，开报不清者，非驳查不能核实。”梁清标奏：“钱粮有不明处，必须驳查，若不驳查，钱粮必致混淆亏缺。”兵部尚书宋德宜奏：“户部钱粮动关国计，直省奏销不无浮冒，若不驳查，何以核实？但除款项不符应驳外，其有浮冒开销者，须再三核减，务有裨于国计，不可徒事驳查，终无实益，以滋弥缝之弊。”刑部尚书黄机奏：“钱粮款项甚多，若不驳查，钱粮难于清楚。臣昔年在户部时，亦常题覆，奉旨驳查，待该省具题，登答不差，方准开销。或有一宗钱粮在某事案内开销，又于某事案内亦列此款，查对册籍年月银数相符，方归并一案完结，不使地方赔累。待该省题明某项钱粮已经实收在库，方为题覆，候充兵饷之用。”魏象枢奏：“督抚所报钱粮有款项不符者，有数目不对者，不得不行驳查。臣在会议处，曾言驳查三次。若仍含糊具覆，即宜将督抚题参，以示惩戒。”

上曰：“科道条奏，每言部中不宜屡驳，以掣督抚之肘。督抚亦以部中掣肘为言。朕思各省督抚各理一省之事，部臣料理部务，关系天下之事。有一省可行，而他省不可行者；有可行于古，不可行于今者；亦有不可行于古，而可行于今者。原宜审时度势，斟酌至当。若胶执一说，不知变通，岂能行之无碍？”魏象枢奏：“各衙门皆有应驳查之事。若情事已明者，即不用驳查。臣在三法司会议，有江南一州、一县加收火耗，原参多赃，及审实州官火耗一千二百余两，县官火耗四百余两，本官巧供不曾入己，臣等即照律定罪，不行驳查。若情罪未明者，驳查自不可少。”上颔之。

又谕曰：“言官条奏，谓选择宜停。朕思从来帝王用人，皆选贤建能，分理庶务。盖人品不齐，有才能堪用而操守平常者；有素行愿悫而才力不足者。不加选择，何以使官各称职？且如差遣远行，星夜驰骋，必得年少精强之人，方堪任使，年老者虽有才，不便差遣。一事如此，他可类推。”宋德宜奏：“选贤任能，原不可废。惟六部选择才能，差往榷关，仍应论俸。盖六部司官，如授司道、知府及学差等项，俱系论俸，独关差不拘俸次选用，恐开营求之弊。”梁清标奏：“用人自当选择，但关差不过收税一事，不必另举才能。人之才干易见，操守难知。”礼部尚书吴正治奏：“选才自古皆然，但如户、工二部关差，似以照旧论俸为便。如部内郎中、员外、主事等官，既可以办部务，即可以料理收税之事，不必又多一番选择。”魏象枢奏：“官员升转，若部臣不论资俸，恐开作弊之端。今后或奉旨选择，或会推，如有不当，求皇上即召诸臣面询操守如何，才干如何，令其据实条奏。谁敢于君父之前徇私妄举。”郝维讷奏：“臣部推升俱照俸次。奉旨着选择者，然后选择，从无径行选择之事。”

上又谕曰：“科道官每遇一事，屡以为当止，屡以为当行者甚多。如盐差、关差二事，屡经更改。初有言盐差宜于部院官员内通行选用者，行之未久，复言盐差是台臣专职，不必复用各部官员。又有言各处关差宜遴选才能者，行之未久，今复言宜论俸次，不必遴选。条奏纷纭，朝更夕改，事例不一。职此之由，今尔等各衙门详查亲政以来事例，几经更改，得当者自应永行，不得当者仍应改正。九卿可一一公同会议。”户部左侍郎萨木哈奏：“各部事例，言官条奏更改者良多，应令九卿公同酌定，务俾永远遵行。”刑部左侍郎禅塔海奏：“臣部事例，条奏更改者甚多，一时不能清查。”上曰：“可从容察明具奏。”

谕毕，上命姚缔虞近前，问曰：“尔云言官宜风闻言事，尔意如何？”姚缔虞奏：“臣心无欺，止知为朝廷。言官是朝廷犬马，若宽言官处分，便敢于言。”上曰：“朕曾处分几言官来？”姚缔虞奏：“皇上至圣至仁，从不曾处分言官，但有处分条例在，言官皆生畏惧。臣等事尧舜之君，但愿服官报效，谁肯自取处分。且畜犬所以御盗，如禁犬不吠，则盗益无所顾忌矣。”上曰：“人臣为国，不择利害，有志之士，虽死不避，况降级乎！尔等皆以风闻为言，朕亦何尝无风闻。姑举一二端言之。君臣分义，休戚相关，当吴逆初叛时，诸臣中有一闻变乱，即遣妻子回原籍者，此属何心？视国如家之谊，当如是耶？又有占人田土，受人贿赂，徇情行私，大为不法者，尔言官何曾一言参奏？由此观之，犬不能吠盗，而反为盗用矣。若任尔等之言，借风闻二字恣行其私，不立处分条例，可乎？”姚缔虞奏：“臣疏原不敢谓不应处分，但望辨公私诚为。若一念至诚为主，天日可矢，即言有未当，仍望皇上宽其处分；苟一念涉私，即弹劾得实，亦应重加惩创。且皇上亲政以后，原未禁风闻，因故宪臣艾元征条奏，始定此例。”上曰：“如尔去年差往江西，闻所行不善，朕亦未必即信，此亦是风闻，果可信耶，否耶？”姚缔虞奏：“臣八月初五至江西，九月初即行，并未有不善之事。”上曰：“若要钱，原不在时日多少。”姚缔虞奏：“实实不敢。”又奏云：“科道官本卑，责任又重，非启奏时不得在皇上之前，又有此处分条例，所以为皇上指奸斥佞，是极难事。今日奉皇上一番谕旨，臣等科道各官，仰窥圣衷，此后便敢尽言。”上曰：“言官奏事，宜将国家重大事务确加敷陈，尔等所言，多举细事，无关治要，今后慎勿草率塞责。如有大奸大贪参劾得实，朕法在必行，决不姑贷。”谕毕，姚缔虞复班。

上又谕曰：“如前李宗孔等所请，赃犯家产尽绝，宜免家口入官。此等俱系贪官污吏，议欲从宽，岂得无私？”魏象枢奏言：“官中亦有不当言而言者。如外官贪污事发，非皇上遣官察审，督、抚岂肯将所属之官审出，自取徇庇之咎？前赵之符奏请停止遣官察审，臣即面言其非。

上又谕曰：“满汉论事往往不能和衷。汉官每谓满官偏执，若汉官肯实心为公，据理辩论，满官岂有不从之理？若满官果坚意偏执，汉官即当奏闻。”魏象枢奏：“近日满汉官会议，公同商榷，皆仰体皇上宵旰图治至意。如前会推浙江按察使时，有言李为霖在前，应升。臣言为霖居官贪污，不合公论。诸臣皆以为然，遂不曾推。此等皆公论所在，何敢偏徇？况皇上于未地震之前，朝乾夕惕；地震之后，倍加修省。若诸臣不仰体圣怀，洗心涤虑，真不容于尧舜之世矣。”上又谕曰：“汉官意见亦有偏执之处，如督捕逃人事情，满官以为当严，汉官必以为当宽，非偏而何？”兵部右侍郎温代奏：“汉官偏执，每谓官兵杀贼后，所俘子女皆属良民，应行释放，或减价听赎。如吴三桂原是良民，岂即贼耶？既反叛，则为贼矣。吴三桂贼兵未到，而江西等省人民反叛于建昌、饶州等处，抗敌满洲官兵。击败之后，俘其子女，此可谓之良民子女乎？满洲官兵捐躯杀贼，将所俘子女有变卖取直，以疗治疮瘢者，亦有制办马匹衣服等物者，今欲径行释放及减价取赎，其可行乎？且昔年征取云南时，释放俘掠之人，满洲官兵遂至重困。”上曰：“百姓从贼非尽得已，或因彼贼逼胁，畏死顺从，及大兵一到，即便归正。若不行分别，概加抢掠，岂不可悯？自今以后，抢掠良民，断宜严禁。”诸臣将起，上谕曰：“从来有治人，无治法，为政全在得人。人臣事君，全在辨心术之公私。今尔诸臣之才，皆能料理政务，但徇私利己者多，公忠为国者少。若诸臣肯洗心涤虑，公尔忘私，国尔忘家，和衷协恭，实尽职业，庶务何患不就理，国家何患不治乎哉？尔诸臣其勉之。”谕毕，诸臣出。

上又命姚缔虞近前问曰：“尔可见世祖章皇帝时本章来？”即指御案上本章曰：“此即是。”姚缔虞奏：“臣曾见有几参本。”上曰：“尔之意，恐朕未曾览世祖章皇帝时本章耶？”姚缔虞奏：“皇上万几之暇，无书不读，天下吏弊民情，无不洞瞩，臣等素所深知。因世祖章皇帝时本章，皆久经圣览，故臣疏中引及之。”上又曰：“尔亦知世祖时科道官有互参之事乎？”姚缔虞奏：“臣知之。”奏毕，上命缔虞出。

巳时，上诣太皇太后宫问安。

是日赐山东登州府总兵官李林盛鞍马一匹。

本日起居注官库勒纳、沈荃。

三十日壬辰　早，上御乾清门，听部院各衙门官员面奏政事。

本日起居注官常书、王鸿绪。

九　月

初一日癸巳　早，上御乾清门，听部院各衙门官员面奏政事。

巳时，上诣太皇太后宫问安。

本日起居注官喇沙里、蒋弘道。

初二日甲午　早，上御乾清门，听部院各衙门官员面奏政事。

本日起居注官叶方蔼、朱马泰。

初三日乙未　早，上御乾清门，听部院各衙门官员面奏政事。

巳时，上诣太皇太后、皇太后宫问安。

本日起居注官牛钮、张玉书。

初四日丙申　早，上御乾清门，听部院各衙门官员面奏政事。

本日起居注官库勒纳、王鸿绪。

初五日丁酉　早，上御乾清门，听部院各衙门官员面奏政事。

巳时，上诣太皇太后宫问安。

是日，上以荆州参赞军务科尔沁国公图内黑率所属将士凯旋，遣内大臣阿鲁哈等及理藩院尚书阿木瑚郎、礼部侍郎额星格携马匹及牛羊酒食，迎劳之于真定。

本日起居注官常书、董讷。

初六日戊戌　早，上御乾清门，听部院各衙门官员面奏政事。

本日起居注官崔蔚林、朱马泰。

初七日己亥　早，上御乾清门，听部院各衙门官员面奏政事。

巳时，上诣太皇太后、皇太后宫问安。

本日起居注官喇沙里、沈荃。

初八日庚子　早，上御乾清门，听部院各衙门官员面奏政事。

本日起居注官牛钮、严我斯。

初九日辛丑　早，上御乾清门，听部院各衙门官员面奏政事。

巳时，上诣太皇太后宫问安。

是日，上遣头等内班侍卫衣都额真郎坦、三等侍卫尔格，以御用五爪小暗龙缎服一领、缎褂一领，赐翰林院掌院学士喇沙里，并口传上谕曰："尔在衙门入侍讲筵，时日甚久。朕出外巡幸，尔扈从随行时亦多。兹因军机事务，命尔前赴陕西。念尔远行，特以朕所御衣、褂二领赐尔，尔其祗受之。"喇沙里奏言："臣一介庸碌，在内在外，未展寸长，猥蒙皇上天恩涵覆，令备驱使。今复荷高厚赐赉，惟有竭臣愚忱，仰报万一而已。"随于乾清门谢恩毕，出。

本日起居注官叶方蔼、库勒纳。

初十日壬寅　早，上御乾清门，听部院各衙门官员面奏政事。

本日起居注官常书、张玉书。

十一日癸卯　早，上御乾清门，听部院各衙门官员面奏政事。

本日起居注官朱马泰、王鸿绪。

十二日甲辰　早，上御乾清门，听部院各衙门官员面奏政事。

本日起居注官牛钮、董讷。

十三日乙巳　早，上御乾清门，听部院各衙门官员面奏政事。

本日起居注官库勒纳、沈荃。

十四日丙午　早，上御乾清门，听部院各衙门官员面奏政事。

巳时，上诣太皇太后、皇太后宫问安。

本日起居注官常书、王鸿绪。

十五日丁未　上因地动未息，亲祀天坛，斋戒三日，不理政事。

本日起居注官严我斯、朱马泰。

十六日戊申　本日起居注官叶方蔼、库勒纳。

十七日己酉　早，上于太和殿，视郊天祝版毕，回宫。

本日起居注官牛钮、董讷。

十八日庚戌　早，上以地震，亲诣天坛祈祷，自西天门下马，步行入坛，行礼。祷毕，复步行出西天门，乘马回宫。

本日起居注官常书、张玉书。

十九日辛亥　早，上御乾清门，听部院各衙门官员面奏政事。

巳时，上诣太皇太后、皇太后宫问安。

本日起居注官朱马泰、王鸿绪。

二十日壬子　早，上御乾清门，听部院各衙门官员面奏政事。

本日起居注官库勒纳、董讷。

二十一日癸丑　早，上御乾清门，听部院各衙门官员面奏政事。

本日起居注官严我斯、常书。

二十二日甲寅　早，上御乾清门，听部院各衙门官员面奏政事。

是日，大学士索额图、明珠、李霨、冯溥，学士噶尔图、佛伦、希福、项景襄面奉谕旨："朕每日听政时，起居注官除照常记注外，其一切折出票签，应加酌定者，皆国家切要政务，得失所系。今后有折出票签酌定时，仍令记注官侍班。如会议机密事情，及召诸臣出班近前有口谕事宜，记注官不必侍班。尔等可即传旨起居注衙门。”

本日起居注官叶方蔼、牛钮。

二十三日乙卯 早，上御乾清门，听部院各衙门官员面奏政事毕，部院官员出。内阁大学士、学士随捧折本面奏请旨。为会推福建布政使事。上曰：“于成龙居官有年，闻其人素有才能，足以办事。”大学士明珠奏曰：“诚如圣谕。”大学士索额图奏曰：“臣亦闻其才堪办事，先任司道时，曾经保举。”上颔之。

又请给诰命事。上曰：“此等武官内，有在军前获罪者，亦有败阵者，概给诰命可乎？可着再议。”

巳时，上诣太皇太后、皇太后宫问安。

未时，上御乾清门，赐进贡巴林部落多罗郡王鄂齐尔、多罗额驸阿喇布葜等、一品台吉安木扎等，阿霸垓部落多罗卓礼克图郡王充、一品台吉达喇马等，鄂尔多斯部落多罗郡王古禄等，苏尼忒部落多罗贝勒博木布、四品台吉敦多布等，蒿齐特部落四品台吉古木巴等，克什克屯部落一品台吉阿玉锡等，阿禄科尔沁国三品台吉都尔马等，喀喇沁部落三品塔布囊扎汉等，四子部落四品台吉毛奇塔特等食。

本日起居注官沈荃、朱马泰。

二十四日丙辰 早，上御乾清门，听部院各衙门官员面奏政事毕，部院官员出。内阁大学士、学士随捧折本面奏请旨。续顺公下副都统张梦吉，以所属官兵欲购买马匹解赴潮州，请支十八年草料银两为路费。兵部议，十八年未置马匹，无应折草料银两，应以十九年银两支给。上曰：“十八年分，亦可给草料银两否？”大学士索额图奏曰：“十八年分，既无可折，则从部议，折给十九年银两为便。”

又三法司议奴仆、雇工杀主事。上曰：“雇工与奴仆同议凌迟，尚别有商榷否？”大学士明珠奏曰：“定律原自如是。”

又都统祖永烈等以祖泽清背叛，自行引罪事。上曰：“祖永烈等既不与祖泽清同在一所，则泽清反谋原未知情，不必坐罪。”

本日起居注官库勒纳、张玉书。

二十五日丁巳　早，上诣巩华城。未时，回宫。

本日起居注官库勒纳、王鸿绪。

二十六日戊午　早，上御乾清门，听部院各衙门官员面奏政事毕，部院官员出。内阁大学士、学士随捧折本面奏请旨。江南总督阿席熙等请广开捐纳事例，赈济饥民事。上曰："江南省今岁荒旱异常，饥民待赈，最为急迫，应照该督、抚所请速行。"

又理藩院为厄鲁特部落察汉台吉私住归化城，卫征格龙等不行举首，奏请议罚事。上曰："诺尔布既经举首，应行分别否？"大学士索额图奏曰："诺尔布向与察汉台吉私相往来，及闻知遣人察问，方行举首，似不必分别。"

未时，上御保和殿，赐达赖喇嘛来使那尔汤等食。

本日起居注官牛钮、王鸿绪。

二十七日己未　上以孝慈高皇后忌辰，不理政事。

本日起居注官崔蔚林、朱马泰。

二十八日庚申　早，上御乾清门，听部院各衙门官员面奏政事毕，部院官员出。内阁大学士、学士随捧折本面奏请旨。为户部请敕直省督、抚酌措兵饷事。上曰："今军旅肆出，所用钱粮浩繁，此事关系最重，可着九卿等官会议。"

又厄鲁特部落抢掠吴喇忒部落人口牲畜事。上曰："厄鲁特部落额尔德尼和硕齐等，抢掠吴喇忒人畜，深为可恶。今噶尔当正遣使来，可即写敕，付彼赍往。彼若收回人众则已，如不收回，当另有处置。即令鄂尔多斯部落图之，亦不为难也。可下部院再行确议。"

巳时，上诣太皇太后宫问安。

本日起居注官严我斯、常书。

二十九日辛酉　早，上于中和殿，视享太庙祝版毕，回宫。

少顷，御乾清门，听部院各衙门官员面奏政事毕，部院官员出。内阁大学士、学士随捧折本面奏请旨。为病故刑部尚书刘楗应否与谥事。上曰："刘楗任尚书未久，遽尔病故。凡病故大臣在任未久者，曾有与谥之例否？”大学士索额图等奏曰：“大臣与谥似无在任久近之别。”上命仍与楗谥。

本日起居注官库勒纳、蒋弘道。

十　月

初一日壬戌　早，上以孟冬，躬诣太庙致祭，礼毕，回宫。

是日，荆州凯旋科尔沁国公图内黑等将至都城，上遣内大臣塔达携茶郊迎之。又遣内大臣奇他特携茶酒，迎军中病故一品台吉塞白克丧，致奠。

本日起居注官叶方蔼、牛钮。

初二日癸亥　早，上御乾清门，听部院各衙门官员面奏政事毕，部院官员出。内阁大学士、学士随捧折本面奏请旨。为刑部议革职道员萧进美应枷三月、鞭一百事。上曰：“萧进美革职亦可完结，着再议。”

又刑部议楚省民胡玉舒纠众夺寡妇管氏与其子为妻，应拟绞事。上曰：“为首与为从之人俱已治罪，其子占寡妇为妻，反不行治罪，可乎？”大学士索额图、明珠奏曰：“律内所定如此。”李霨奏曰：“既有定律，或俟秋审再议。”冯溥奏曰：“此因伊父夺与其子为配，故议罪如此。”上曰：“仍着再行确议。”

巳时，上诣太皇太后、皇太后宫问安。

本日起居注官朱马泰、董讷。

初三日甲子　早，上御乾清门，听部院各衙门官员面奏政事毕，部院官员出。内阁大学士、学士随捧折本面奏请旨。为吏部察议工部侍郎祁通格应革职事。上曰：“祁通格虽素行不善，但念其尽心修理陵寝，节省钱粮，姑免革职。着降五级留任，仍令料理陵工赎罪。”

又户部覆江南巡抚慕天颜为地方秋灾请缓拨兵饷事。上曰：“迩军需浩繁，钱粮关系最重。今九卿等官见议户部钱粮，可将此本一并议奏。”

巳时，上诣皇太后宫问安。

未时，上复御乾清门，赐进贡郭尔罗斯部落辅国公莽色，科尔沁国三品台吉阿玉锡等，翁牛忒部落四品台吉绰本等，喀尔喀部落二品台吉查汗等、四品台吉朱格得里等，苏尼忒部落杜棱王所属喇嘛孙都布格龙等食。

本日起居注官崔蔚林、常书。

初四日乙丑　早，上御乾清门，听部院各衙门官员面奏政事。吏部、都察院察议湖广巡抚张朝珍、甘肃巡抚巴锡俱应降调。上曰："总督、巡抚系封疆大臣。凡有旨下部院察议者，尔等务将其人事迹据实详察。若尔等真见为堪用之人，即应举出奏明。至于各省举劾官员，亦应据实详察。若所劾官员内，尔等有真见为循良者，亦即指实奏明。尔等可传谕满汉各官。"奏毕，部院官员出。

内阁大学士、学士随捧折本面奏请旨。为署岳州府事守备黄明失察驿递疲困，部议应降二级事。上曰："黄明曩在岳州著有劳绩，今又在云南提标效力，着免降级。"

未时，上复御乾清门，赐浙江巡抚李本晟食。赐毕，上召本晟近前问曰："尔有何陈奏？"本晟奏曰："浙省荷皇上洪庇，今已安堵，而民生犹多困苦者，皆官吏贪污，有以致之。臣到地方，惟思洁己奉公，兴利除害，以报圣恩于万一。"上谕曰："近来兵民多不能调和，尔宜尽心料理。"本晟奏曰："从来兵民和协，然后地方辑宁。"上又谕曰："各省督、抚料理一省之事，所见止在一省，往往不能通行。凡事应悉心区画，从天下大计起见。"本晟奏曰："目前惟兵饷为最急。但民富则国裕，民贫则兵饷亦无从而办。"上曰："百姓足，君孰与不足；百姓不足，君孰与足？古今不易之理也。"谕毕，本晟出。是日早，赐本晟鞍马一匹。

本日起居注官库勒纳、张玉书。

初五日丙寅　早，上御太和殿视朝。文武升转及自陈留任官员谢恩，次进贡厄鲁特部落阿布都喇厄尔克寨桑等，喀尔喀部落阿克敦达哈思浑厄尔得尼伊尔登诺颜下土谢图等，扎萨克墨尔根诺颜下马那海赛音虾、土谢图汗下吴纳恩等行礼，赐茶毕，回宫。

少顷，御乾清门，听部院各衙门官员面奏政事毕，部院官员出。内阁大学士、学士随捧折本面奏请旨。为吏部题补都察院副都御史事。上曰："所开列各员，才具平常。此下挨次系何衙门官？尔等有素知其人者否？”大学士李霨奏曰：“此下有太常、光禄、太仆等衙门官。”上曰：“鸿胪寺卿亦可升补否？”李霨奏曰：“此系小四品。”上曰：“鸿胪寺卿李仙根才具素优，足以任事。前此降调，亦无大故。近见其须鬓已皓然矣，可升补副都御史。”

又吏部、都察院察议盛京礼部侍郎哈尔松阿、工部侍郎沙赖，俱照才力不及例，降二级调用事。上曰：“此二人才品何如？”大学士索额图奏曰：“哈尔松阿臣未悉其人，沙赖办事平常。”大学士明珠奏曰：“哈尔松阿虽才具未优，而谨慎有余。沙赖在盛京闻其长于办事，且操守亦廉洁。”上曰：“可着留任。”

上又谕：“嗣后九卿会议之事，凡列名者，俱着一同启奏，尔等可传谕各衙门知悉。”

本日起居注官常书、王鸿绪。

初六日丁卯 早，上御乾清门，听部院各衙门官员面奏政事毕，部院官员出。内阁大学士、学士随捧折本面奏请旨。为吏部、都察院察议湖广巡抚张朝珍应解任事。上曰：“张朝珍素无清正之行，罪过多端，但正在军前效力，姑着留任。”

又察议甘肃巡抚巴锡应降二级调用事。上曰：“巴锡素行何如？”大学士明珠奏曰：“巴锡前为监察御史时，是一循谨之人，为巡抚后，臣不能悉知。”上又问学士噶尔图曰：“尔曾往陕西，亦知其为人否？”噶尔图奏曰：“臣素不知此人。臣前到陕西时，闻其行事亦平常。”上曰：“亦姑着留任。”

又刑部议夏三等用迷药面饼拐诱童子十二名，以夏三拟绞援赦事。上曰：“此事可援赦否？”明珠奏曰：“臣等亦曾商议，此人用药饼拐诱至十二人，应照光棍例坐罪。”上曰：“用药拐诱十二人，诚属可恶，着再议。”

未时，上复御乾清门，赐进贡翁牛忒部落四品台吉尹达扈等，吴喇忒部落四品台吉僧格等，苏尼忒部落四品台吉多尔济等，阿霸垓部落国舅俄喇海等、国舅之子齐思班等，喀喇沁部落四品塔布囊卓礼克图等食。

本日起居注官崔蔚林、朱马泰。

初七日戊辰 早，上御乾清门，听部院各衙门官员面奏政事毕，部院官员出。内阁大学士、学士随捧折本面奏请旨。为吏部题补道府官员事。上曰："此题补官员内有刘芳躅，其为人何如？"大学士李霨、冯溥奏曰："刘芳躅前为山东巡抚，因不称职，故降补知府。"上曰："刘芳躅巡抚山东，秽声甚著。且有目疾，可令致仕。"

又户部请照例煮赈事。上曰："近闻流民在京城者甚多，朕心深切悯恻。这煮赈事宜不可拘定常额，着该部再加详议，务令得所。"

又朝鲜国因免罪谢恩、进贡方物事。上曰："进贡礼物可仍发还。"

巳时，上幸西苑，亲试中式武举骑射。召读卷官大学士明珠等至御案傍，赐坐同观。上问："考试武举马步射，又开弓、舞刀、掇石，系何时所定之制？"大学士李霨奏："故明时即如此。"上又问学士叶方蔼："武科起于何朝？"方蔼奏："唐始设武科。其考试有长垛、马射、步射，又有翘关、负重等名色，以验其力之大小。今之试法，亦仿其遗意也。"上曰："此在今日，似皆具文，奚裨实用？"吏部侍郎杨永宁奏："将在谋而不在勇，专取勇力，原非将之所尚。"上颔之。

左都御史魏象枢奏："自古兵制，莫如我朝禁旅最善。有事则出征讨，无事则留宿卫。上下同心，臂指相使，缓急皆得其用。三代而下，未之有也。"上曰："然。祖宗制度，诚非前代可及。"

上又问："在外官兵屯田可行否？"象枢奏："屯田之法，犹有古寓兵于农之意。今方征讨时，无暇及此，若事宁后，似所当商。"上曰："向来亦有议其难行者。"方蔼奏："若得其人，推心委任，无不可行。"

上问刑部侍郎冯苏："闻贼中每一卒，必有余丁二三人，令负衣粮器械随后。汝在滇曾知否？"苏奏："贼并无余丁，其负衣粮器械，皆虐使地方，民到处嗟怨。又贼每征粮二石米，只算一石，民最为苦。灭亡可翘足而待。"

象枢奏："湖南新复，臣闻地方官有借征粮名，虐取百姓，大负皇上轸恤至意，此不可不惩。"上曰："所言固是，但必须得其实，不可尽以风闻为据。"上又谕曰："朕思治天下，当以宽大为主。使人不求其备，罪疑惟轻，功疑惟重，古帝王用心，大抵如此。尔等以为何如？"大学士明珠等奏："诚如圣谕。"武举马射毕，诸臣退，上还宫。

本日起居注官蒋弘道、常书。

初八日己巳 早，上御乾清门，听部院各衙门官员面奏政事。

巳时，上幸西苑，亲试中式武举步射及关弓、舞刀、掇石，召读卷官大学士明珠等同观。以大风故，命暂停止，驾回宫。

本日起居注官张玉书、朱马泰。

初九日庚午 早，上御乾清门，听部院各衙门官员面奏政事毕，部院官员出。内阁大学士、学士随捧折本面奏请旨。为两司等官开列内升事。上曰："浙江布政使李士桢才能素著，办事优长，宜令内升。"大学士索额图等奏曰："浙江正当多事之时，料理需人。李士桢才具实优，似应仍留地方，干办公务。"上曰："闻直隶巡道宋之铉居官有声，可着内升。"

巳时，上幸西苑，亲试中式武举步射及开弓、舞刀、掇石，仍召读卷官大学士明珠等同观。既毕，上曰："今科武举马步射可观者绝少，若以满洲射法较之，十不及一、二矣。"左都御史魏象枢奏："满洲弓马皆经百炼，方能如此。彼下邑之士，安可与之并论。但武科大典，皇上屈万乘之尊，亲加较阅，多士邀荣多矣。"诸臣退，上回宫。

申时，读卷诸臣捧所读殿试诸武举卷入懋勤殿，上将马步射所拔诸武举名册，较其对策高下，亲定甲第名次毕，上谕曰："朕欲与尔等一言政事。比来中外章疏甚属冗长，匪独浮泛无益，且令阅者精神厌倦。"明珠等奏："章疏贵简要明切，浮泛之词诚宜切戒。"

上曰："近见各直省奏谳狱词，其中口供多系改饰，未必皆得其实。"魏象枢奏："皇上此言明见万里。臣昔官省垣时，曾记湖广地方有一事。一乡民远出久不归，家人疑其妻与邻人有外行谋杀其夫，送官拷掠，俱自诬伏，寘诸极典，已经奏闻，将各犯正法矣。忽乡民从外省归，承问皆大惧，厚贿其人，使潜逃灭口。由此观之，凡谳词安能尽得其实耶？"

上又曰："朕爱惜生民，惟恐一夫有伤。自吴逆叛乱以来，命将出师，虑其在外骚扰，无不痛切告戒。前岁江西大军抢掠民间，朕心切痛恨，但以方在用兵之际，姑示宽容，未即正罪。此后，朕更加严饬，闻诸路禁军，无有敢仍前犯法者，此尔等所知也。至于所抢人口，时移岁久，皆不可问。而外廷诸臣连章累牍，或云宜皆发还宁家，或云宜为定价取赎，不知事势断有难行者，岂未尽喻朕意耶？”詹事沈荃奏：“人口见在可查问者，似应仍听取赎。”上曰：“苟可查问，自当从民便取赎，朝廷曷尝禁之耶？”魏象枢等奏：“皇上如天好生，反复示谕，痛戒既往，严禁将来。不独在廷臣子咸喻至意，即远方百姓，无不灼见圣心，感恩无穷也。”诸臣出。

本日起居注官牛钮、王鸿绪。

初十日辛未 早，上御太和殿，传胪第一甲第一名罗淇、第二名王喆、第三名储埙，二甲第一名顾从纶等二十七名，三甲第一名郭镇邦等七十一名，赐武进士及第出身有差。读卷官大学士明珠等并执事各官及罗淇等行礼毕，上回宫。

巳时，上诣太皇太后、皇太后宫问安。

本日起居注官常书、董讷。

十一日壬申 早，上御乾清门，听部院各衙门官员面奏政事。

本日起居注官严我斯、朱马泰。

十二日癸酉 早，上御乾清门，听部院各衙门官员面奏政事。九卿、詹事、科、道等官会议流徙乌喇人犯，两议具奏。上问前议诸臣曰：“尔等前议之意若何？”吏部尚书郝惟讷奏曰：“闻乌喇地土亦可资生，故臣等将巡抚徐国相所奏无庸议。”上复问后议詹事沈荃等曰：“尔等另议之意若何？”沈荃奏曰：“前奉圣谕：将情轻罪重人犯，令九卿等会议应去应留，具见皇上好生至意。今徐国相所奏：流徙乌喇人犯，应行分别将免死人犯，仍流乌喇；发边远充军者，流徙奉天；其余寻常流徙人犯，应照定例发遣。似与皇上好生之意相符，是以臣等另为一议。”奏毕，九卿官员出。

内阁大学士、学士随捧折本面奏请旨。为吏、户、兵、刑四部会议私采人参条例事。上曰：“采参本以养人，今定例太严，无知小民重罹法网，反致伤生。可着议政王、贝勒、大臣、九卿、詹事、科、道会同，再加详议。”

巳时，上诣太皇太后宫问安。

未时，上复御乾清门，赐进贡科尔沁国和硕卓礼克图亲王阿齐礼、土墨特部落固山贝子衮济斯札布、苏尼特部落四品台吉伊尔虎克萨等、吴喇忒部落四品台吉胡苏类等、阿鲁科尔沁三品台吉达大巴等、土默特部落一品台吉布达喇史等、克西克腾部落四品台吉布达等食。

本日起居注官蒋弘道、牛钮。

十三日甲戌 早，上御乾清门，听部院各衙门官员面奏政事。吏部、都察院奏江南总督阿席熙、安徽巡抚徐国相纠参不职道、府官员，应照八法处分。上问："所纠俱允当否？"吏部尚书郝惟讷、都察院左都御史魏象枢奏曰："察所参各官款迹，俱与臣等平日所闻相符。"上颔之。

刑部侍郎禅塔海奉差察审原任江南按察使崔维雅，请旨起行。上谕之曰："凡察审事情，务宜详慎，不可徇私纵脱，亦不可苛刻失平。"

又刑部员外达岱自湖广恤刑还复命。上问："湖广年岁如何？"达岱奏曰："今春二麦大熟。因入夏亢旱，秋禾不能全获。"上又问百姓生计及米价贵贱，达岱奏曰："米每石计直一两，麦每石六钱。连年楚省皆熟，兼以今春麦收，不致有流离失所之事。"上问曰："尔能保其无患否？"达岱奏曰："臣见沿途居民安堵如故，无饥馑之状。该抚亦言今岁百姓可无忧生计。"上问："河南西平、遂平一路如何？"达岱奏曰："臣回时，未经其地，不能悉知。其卫辉、彰德一路，俱有五六分收获。"奏毕，出。

内阁大学士、学士随捧折本面奏请旨。为江西修理梭船事。上问："价值无浮冒否？"大学士索额图、明珠奏曰："从前价值，每船千金。今减至二百八十两，似无浮冒。"上命从部议。

又为厄鲁得部落噶尔当遣使来贡，理藩院因无符验文书，不令入关。上曰："噶尔当往来使人颇多，可令验视，如实，即令入关。"

是日，永兴县阵亡病故诸将士丧至，上谕曰："永兴将士行间劳勚，较他处出师者不同，朕深切悯念。"于是特遣内大臣塔达等携酒迎之于杨村，致奠。

本日起居注官常书、张玉书。

十四日乙亥 早，上御乾清门，听部院各衙门官员面奏政事。

本日起居注官朱马泰、王鸿绪。

十五日丙子　早，上御乾清门，听部院各衙门官员面奏政事毕，部院官员出。内阁大学士、学士随捧折本面奏请旨。为工部奏销康熙十七年一应出入钱粮事。大学士索额图奏曰："工部一应修理钱粮，虽较内务府修理钱粮稍多，但房屋间数有大有小，工料有细有粗，自不可一概而论。"上颔之。又奏销康熙十七年织造库所用金银钱数目事。索额图奏曰："织造库较内务府所造秋辔、鞍凳等物件，开销钱粮互有多寡，亦因工料各有不同，所以价值不相符耳。"上曰："可不必再核。"又谕曰："近来修理各衙门所费钱粮甚多，中间恐有破冒，尔等传谕都察院官。除奉先殿、东宫工程及内务府一切修造不必查核，余俱着从实严察，务体朕节省至意。"

是日，长沙阵亡护军校松爱格尔布丧至，上遣头等侍卫马塔、莫尔浑各携茶酒诣丧次致奠。

本日起居注官叶方蔼、牛钮。

十六日丁丑　早，上御乾清门，听部院各衙门官员面奏政事毕，部院官员出。内阁大学士、学士随捧折本面奏请旨。为工部覆江南巡抚慕天颜请宽限解送金砖事。上曰："来春方造，不已迟乎？"大学士索额图奏曰："此砖若冬间烧造，恐不坚固。"上命依该抚所请行。

又广东总督金光祖奏招抚事宜。上曰："目前正当进剿，招抚之事亦宜并行。"

巳时，上诣太皇太后宫问安。

先是上命侍读学士崔蔚林进所作文字。是日，蔚林缮写《大学格物诚意辨》及中和、位育、时中、天人等说以进。上召至懋勤殿，览格物诚意辨毕，问："尔大意如何？"蔚林奏："臣以格物之物，乃物有本末之物，兼人己而言。身为本，家国天下为末。格物是格物之本，乃穷吾心之理也。朱子解作天下之事物，未免太泛，于圣学不切。"上曰："朱子解意，字亦不差。"蔚林奏："与臣所讲不同。朱子以意为心之所发，有善有恶。臣以意为心之大神明，大主宰，至善无恶，即天所命之明德，至善也。格物是要反求诸身，识得此意。《大学》以絜矩为平天下之要，矩乃人心同然之理，不格物，如何能认出此理？推而行之，以平天下。"上曰："尔以朱子所讲非耶？"蔚林奏："臣不敢以为非，但臣体认既久，一得之愚，微与朱子不合。《大学》古本章末有：此谓知本，此谓知之至也，二语已释明格物致知之义，不须另补格物一传。知本者，知诚意正心以修其身，为齐家治国平天下之本也。”上曰：“王守仁之说何如？”蔚林奏：“王守仁致良知三字亦不差。良知即明德，致，是推致，就笃行上说，是王守仁用过学问思辨之功。认得良知真切，方能推致。若以此解大学致知二字，却解不去。《大学》致知，乃明善之义，是方去求认此良知。若以致知为致良知，则少明善一段功夫矣。”上曰：“据尔言，两人之说俱非耶？”蔚林奏：“原与臣意不合。”上曰：“朱子所解四书何如？”蔚林奏：“所解四书大概皆是，不合者惟有数段。”上颔之，曰：“性理深微，俟再细看。”蔚林奏：“皇上神明天纵，自一阅了然。”上令侍卫引至南书房，赐茶，出。

本日起居注官崔蔚林、常书。

十七日戊寅　早，上御乾清门，听部院各衙门官员面奏政事毕，部院官员出。

内阁大学士、学士随捧折本面奏请旨。为吏部覆各省督、抚所荐卓异官员，应准纪录，停赏袍服事。上问：“尔等之意如何？”大学士索额图奏曰：“从来大计所荐卓异官，俱给与袍服，其余不给。”上曰：“此特为奖劝吏治而设，所费无几，仍宜给与。”

又云贵总督周有德条奏进兵宜专任一人，兵部议覆不允事。上曰：“周有德每次条奏好为大言。”索额图奏曰：“有德在陕西时，亦曾以此条奏。若一路进兵，从之犹可，分道并进，如何可行？”

又广西巡抚傅弘烈请亲率官兵进剿云、贵，兵部亦议不允。上曰：“傅弘烈亦可令其进兵否？”索额图奏曰：“今大兵已经遣发，若又令其前进，多用官兵，必致劳困矣。”上颔之。

巳时，上诣太皇太后、皇太后宫问安。

未时，上复御乾清门，赐进贡厄鲁得部落噶尔当台吉来使阿布都喇厄尔克寨桑食。

本日起居注官严我斯、朱马泰。

十八日己卯　早，上御乾清门，听部院各衙门官员面奏政事毕，部院官员出。

内阁大学士、学士随捧折本面奏请旨。为吏部议处湖南赴任违限官员事。上曰："此等官员虽到地方，尚系候补，即照违限例议处，似属稍过。应以恢复地方之日，为赴任违限之期议处。"

是日，荆州参赞军务蒙古三品台吉温布率所属将士凯旋，上遣散秩大臣博罗特等迎劳之于天津。韶州、赣州阵亡诸将丧至，上遣头等侍卫吴达禅等二十五员，各携茶酒诣侍卫委署护军夸兰大归福，侍卫委署骁骑夸兰大僧色理，章京宜苏、克库理、观保、图伯申、阿尔善、那尔孙，骁骑章京费扬古、巴图、参度、俄黑内、阿尔逊、黑色，觉罗乌素、迈图、安泰、明阿图、盖桑阿、岳洛、马奋、苏拜，骁骑校委署章京邓库、董克、阿哈尼堪丧致奠。

本日起居注官牛钮、董讷。

十九日庚辰 早，上御乾清门，听部院各衙门官员面奏政事。满洲六科给事中苏拜等，遵旨指参江苏巡抚慕天颜事迹言："天颜自为巡抚，江南百姓困苦流离。据天颜回奏疏内言，造船一事，民生重困。夫造船既动支钱粮若干，何又贻累于民？且天颜初报江南大熟，后又报旱，显属巧诈，故臣等公同题参。"上曰："可更有实据否？"苏拜等奏："此外亦有风闻数事，但无确据，不敢奏闻。"上曰："尔等素识其人否？"苏拜等奏："臣等皆未识其面。"奏毕，出。

内阁大学士、学士随捧折本面奏请旨。锦州新满洲希喇楮，欲与其弟正黄旗侍卫伊巴里团聚，户部不允所请。上曰："可令团聚。"

又会议陕西提督孙思克正在进兵，应俟事平日再议缓兵之罪事。上命："从会议。"

又三法司议瓦尔喀杀死三命，应凌迟处死事。上曰："阅瓦尔喀口供，所杀二哥系伊养子。此事宜再商榷。"大学士李霨奏："据律杀死三命，应凌迟。"上曰："非为罪不当凌迟，但伊口供内有养子等语。事关人命重案，不可不慎，应令再行确议。"

本日起居注官常书、张玉书。

二十日辛巳 早，上御乾清门，听部院各衙门官员面奏政事。九卿、詹事、科、道奏："江宁巡抚慕天颜条奏，那移钱粮各官应分别议处。臣等会议，不便允行。"上曰："那移与侵欺不同，应否酌量分别？"户部尚书伊桑阿奏曰："钱粮各有款项，有可那者，有不可那者，今各官将不应那移之项，擅自那用，是以臣等将慕天颜所奏无庸议。"上颔之。奏毕，九卿官员出。

内阁大学士、学士随捧折本面奏请旨。为慕天颜条奏江西丁逃地荒，应俟招集丁户，渐次征粮事，九卿等会议不准行。上曰："江西地方连遭寇患，丁逃地荒，应否酌量除免，着九卿等官再议。"

又慕天颜条奏，官兵船只需用纤夫，每名应量给银一钱，听本船之人雇觅，九卿等议如所请。上问："尔等之意如何？"大学士索额图、明珠奏曰："各船原有水手，若将所折纤夫银两给与，本船水手自足挽运，似应照九卿议。"上曰："此等官兵阵亡病故，搬回骨榇，多系穷苦之人，若止给每名纤夫银一钱，令自雇觅，恐致苦累。可将刘如汉所奏，着九卿等官一并详议具奏。"

本日起居注官沈荃、牛钮。

二十一日壬午 早，上御乾清门，听部院各衙门官员面奏政事。九卿、詹事、科、道同奏秋审事宜。上问曰："古纳杀主一案如何议？"兵部尚书宋德宜奏曰："臣等拟定情真，但其中亦似有可疑。"上又问："尔众臣之意如何？"礼部尚书吴正治等奏曰："此案虽似可疑，但无可宽免之法。"上曰："若如此，尔等何以谓之情真？"都察院左都御史魏象枢奏曰："杀主之罪重大，故拟情真。"上又顾户部尚书伊桑阿等问曰："尔等意如何？"伊桑阿等奏曰："古纳衣上血污，刀尖损折，因此实据，臣等共拟情真。"上曰："此案殊可疑。前屡次秋审后，阁臣持三覆奏本请旨时，朕因有可疑，仍令监候。"吏部尚书郝惟讷奏曰："罪有可疑，似当从轻。"吴正治奏曰："此惟在皇上弘仁下沛耳。"上颔之。诸臣出。

内阁大学士、学士随捧折本面奏请旨：为吏部题补兵部侍郎事。上曰："内阁学士办事年久，翰林官皆学行优长之人，升转壅滞。此虽非学士应升之缺，可令项景襄补授。"

又会议四川总督杨茂勋请将进兵草料折给银两事。上曰："兵丁将折给银两预先用完后，又请给草料，必致重复多费矣。"大学士索额图等奏曰："此亦就一时缓急而议耳。"上颔之。

又工部覆河臣请于骆马湖另开河道事。上问曰："骆马湖形势若何？"大学士明珠奏曰："骆马湖中间水深，两旁近岸淤浅，水仍流入清口。"上曰："此事甚大，可令九卿等会议。"

巳时，上诣太皇太后宫问安。

本日起居注官朱马泰、王鸿绪。

二十二日癸未　早，上御乾清门，听部院各衙门官员面奏政事。九卿、詹事、科、道同奏会议事宜。吏部尚书郝惟讷奏："浙江总督李之芳请复设推官，臣等察推官一项，康熙六年议政王、贝勒、大臣会议裁省。后山东巡抚刘芳躅，御史万泰、孙锡龄先后请复，俱不准行。凡各直省刑名，府、州、县官俱有专责，推官原属冗员。之芳所请，应无庸议。"上曰："政在得人，不在官多也。"

惟讷又奏："会推福建按察使，正拟山西参议张所志，陪拟福建参议王国泰。"上曰："何人所举？"惟讷奏："魏象枢、田六善、李宗孔、徐诰武举所志；宋德宜、田六善、余国柱举国泰。"上问："国泰何如人？"德宜奏："臣在户部，国泰为司官，知其才足办事。"又问所志，象枢奏："臣为御史时，与所志同官。后所志外转为臣乡司道，闻其操守廉洁。"上颔之。

兵部尚书郭四海奏："李之芳请释放浙省被掠人口。臣等议，兵丁所掠人口，或变卖资用，难以追求，所请不便允行。"上曰："李之芳为总督大臣，身在地方，目击情形，尔时何不即言，直至今日，方行陈请？且册内所开被掠人口，俱无着落，又从何处追还释放耶？"上又谕曰："一切会议事宜，令尔九卿等官公同面奏者，欲尔等凡有所见，即在朕前直陈无隐也。若朕前缄默，退有后言，则非人臣事主之谊矣。"户部尚书伊桑阿等奏："臣等会议所见皆同，方敢具奏。倘有异同之见，自应各陈于皇上之前。"上曰："尔等可将朕意宣谕各官知之。"

巳时，上诣太皇太后宫问安。

本日起居注官喇沙里、叶方蔼。

二十三日甲申　早，上御乾清门，听部院各衙门官员面奏政事毕，部院官员出。内阁大学士、学士随捧折本面奏请旨。为刑部议造作伪诗黄来仪等应援赦事。上曰："造作伪诗可援赦否？"大学士索额图奏曰："无知愚民，一时妄作，律应援赦，故该部议请赦免。"上从之。

又刑部会审矜疑人犯事。上曰："这所议矜疑各犯，亦有未允协者否？"索额图奏曰："臣等再三详看，皆系斗殴、拐卖人口等事，会议矜疑，似属允当。"上命："俱如所议。"

又兵部覆大将军康亲王题请参将曾承补授兴化总兵事。上曰："总兵封疆要职，自当遴选。总督既未曾列名，岂可遽将参将超补？况地方渐次平定，必须遴选得人，庶不致贻误军机。"索额图等奏曰："督抚提镇俱系封疆大臣，理宜遴选。"

又会议将军赖塔辞管潮州军务，应从所请。上曰："总督姚启圣疏内既称赖塔素得潮民之心，着将军王同启圣及赖塔会议具奏。"

未时，上复御乾清门，赐进贡喀尔喀土谢图汗来使吴能和硕齐等食。

是日，荆州阵亡夸兰大吴喇忒部落蒙克丧至，上遣头等侍卫和善携茶酒诣丧次致奠。

本日起居注官牛钮、崔蔚林。

二十四日乙酉　早，上御乾清门，听部院各衙门官员面奏政事毕，部院官员出。内阁大学士、学士随捧折本面奏请旨。为给发受伤兵丁银两事。上曰："此等受伤兵丁所在多有，俟察明各处兵丁数目，再行定夺。"

巳时，上诣巩华城。

本日起居注官严我斯、常书。

二十五日丙戌　申时，上回宫。是日，颁《满文日讲四书解义》，赐诸王、贝勒、贝子、公、内大臣、都统以下，阿思哈哈番以上，大学士、学士、九卿、詹事及国子监祭酒各一部。

本日起居注官喇沙里、沈荃。

二十六日丁亥　早，上御乾清门，听部院各衙门官员面奏政事毕，部院官员出。内阁大学士、学士随捧折本面奏请旨。为湖广总兵徐治都请给行粮，部议不允事。上曰："大军前进，极其劳苦，况隔省深入，不给粮饷，如何行师？若既给行粮，又不进兵，则彼为欺罔矣。"命下部再议。

又刑部等衙门议应缓决人犯事。上曰："此内陈三拐诱人口，未经出卖。九姐事亦属可疑。"大学士明珠奏："九姐事系悬断坐罪，此等情罪一经缓决，则嗣后秋审仍缓决监候，便无即决之事。"上曰："徒使缓决监候，何如即减等发落，可俱着再议。"

又部议请追宁夏镇标革职守备黄孟隆浮冒兵饷事。上曰："陈福剿杀贼寇，效力岩疆，尽节身殒，深为可悯。既殁之后，以浮冒兵饷委卸于福，不合，亦着再议。"

又浙江总督李之芳，请释被掠人口，九卿等官会议不允事。上曰："昨，朕详览会议疏，李之芳原奏太觉失体。"明珠奏曰："诚如圣谕。"大学士李霨奏："尔时李之芳正在军前。"上曰："李之芳身为地方大臣，与在京官员不同。初兵丁掠取人口时不行奏闻，今时日已久，方具本陈奏，何济于事？如谓彼时见在军前，则自军中回后，何又久无陈奏？江西总督董卫国亦在军前，何以董卫国则科道交参，李之芳则无人论劾？李之芳明知言官条奏兵丁抢掠之事，因具此本，希图谢咎。九卿等官会议，理应将之芳不先陈奏之处指出奏明，乃竟徇情，未经议及。尔等可行传饬。着再议具奏。"

辰时，刑部尚书黄机、都察院左都御史魏象枢，遵旨各进所作诗文。上御懋勤殿，先召机入，赐坐。问："所进是新诗是旧诗？"机奏："新旧俱有。"赐茶，出。又召象枢入，赐坐，赐茶。上问："诗文是旧作否？"象枢奏："诗有近作几首。"上问："前崔蔚林所进讲义，尔曾见否？"象枢奏："曾见副本。"上问："所讲如何？"象枢奏："蔚林所讲诚意，从源头处说，谓意是神明，至善无恶，即明德也。自言费十年工夫，方体认及此，故以进呈。其言当否，皇上自有睿鉴。"上曰："天命谓性，性即是理。人性本善，但意是心之所发，有善有恶，若不用存诚工夫，岂能一蹴而至？行远自迩，登高自卑，学问原无躐等。蔚林所言太易。"象枢奏："据蔚林言，有明善工夫在先一层。"上又问："所讲格物如何？"象枢奏："如物者人也一语，臣不能无疑。臣曾面询之，蔚林谓兼人己而言，臣终不能解。”上曰：“朕观天地间道理甚大，圣贤言语包蕴无穷，若止就数语翻驳，徒滋纷扰，反于学问无益。”象枢奏：“皇上圣学深邃，所见远大。”上又问：“王守仁学问何如？”象枢奏：“守仁专言致良知，不及良能，是言知不言行。虽其意谓致即是行，然又非《大学》致知之意。”上曰：“蔚林所见与守仁亦相近。”

上又问：“尔有几子？”象枢奏：“臣生五子。长子学诚，中康熙乙卯科举人。”上又问其宗族及科第历官甚悉，象枢一一奏毕。

上又问：“尔曩为科员时，曾与何人对参？”象枢奏：“臣曾与原任科臣陈调元对参。调元为兵科左给事中时，欲升本科都给事中，于例不合，臣坚执不从，调元遂衔恨，以给假不作缺事参臣。臣亦奏明给假官员在未定例前，不应作缺之故，参调元挟私报怨事。下吏部、都察院察议，后又下议政王、贝勒、大臣、九卿、科、道察议，以调元所参不实，罚俸六月。以臣不早参调元欲升本科私情，亦罚俸三月。”上曰：“世祖章皇帝时，言官尚有对参者，亦有参大臣者。如明季参劾本章虽多，然甚好者亦少。”象枢奏：“如杨继盛参本还是好本。”上曰：“前一本言开马市，亦未甚好。后一本，因继盛一死，乃见其好耳。”象枢奏：“圣谕极是。以臣愚见，继盛降谪典史，复起员外，已经挫抑之后，不改忠烈之心，此处更好。”上颔之。象枢又奏：“皇上上格天心，下格民心，浑然至诚，是彻上彻下工夫。臣事君事亲，亦止学一诚字。”上曰：“诚者物之终始，自然须臾不可离。”谕毕，象枢出。

巳时，上召翰林院掌院学士喇沙里至懋勤殿，谕曰：“尔职任翰墨之地，特以朕所书《圣感寺碑石刻》一册、仿董其昌大书一轴赐尔。”喇沙里奏言：“臣历蒙皇上颁赉甚多，今又仰荷宸翰，臣捧回私寓，当什袭珍藏，为子孙世世之宝。”随奉命于懋勤殿内御座前谢恩毕，出。

本日起居注官张玉书、朱马泰。

二十七日戊子　早，上御乾清门，听部院各衙门官员面奏政事。九卿、詹事、科、道会议更定私采人参条例具奏。上问：“尔等之意若何？”户部尚书伊桑阿奏曰：“愚民贪利，不顾法网，采参定例太严，恐养生之物，反致伤生。臣等会议，照康熙十五年例：为首者立绞。为从者，旗下人枷号两月，鞭一百；民枷号两月，责四十板。”上曰：“近来产参之地较前稍远，必越佛阿喇地方始得采取，是以价日贵而偷盗者愈多。不若令乌喇驻防官兵中路查缉，则法不待严，而弊自绝矣。”谕毕，九卿官员出。

内阁大学士、学士随捧折本面奏请旨。为吏部题补刑部侍郎事。上曰：“着将魏象枢所荐高珩补用。”

又吏部覆左都御史魏象枢遵旨举廉事。上曰：“可俱照部议补用。原任知县张沐、陆龙其系保举廉能之员。如直隶之青县、宝坻，江南之无锡等县，最称繁剧难治，必用之此等地方，庶其才可以表见。”

未时，上率皇太子诣太皇太后宫问安。

是日，辰州、永兴阵亡诸将丧至，上遣内大臣公噶布喇等四十七员，各携茶酒诣参赞军务都统伊礼布，参赞军务护军统领哈克山，护军夸兰大噶尔度、色黑，夸兰大衮泰、郭色，先锋参领门度，骁骑参领盖四海，护军校委署章京索尔敦、那穆浑、西扎布、胡世布、尼雅汉、伊西礼，骁骑章京尹达浑、萨朗阿、阿似虎、吴尔都礼、拜桑、伍尔佛、保住，骁骑校委署章京马海绿、色雅图、郑国名，章京巴际礼、赛音布，先锋校阿尔喀、南岱，七品笔帖式尼堪，护军校古苏里、阿克出来，食六品俸护军校外三丧致奠。

仍遣内班侍卫衣都额真飞耀色、对亲携银六百两，诣伊礼布家，赐其母。传谕曰：“都统伊礼布时侍朕前，朕深知其人。此番出师，克著劳绩，方谓功成之后，即可凯旋相见，忽闻阵没，朕环顾议政诸王、大臣，不觉凄怆痛悼，此议政王、大臣所共见也。兹闻尔家费用不给，特赐白金六百两，为闻讣治丧之资。”遣内大臣国舅佟国维、内班头等侍卫夸色携银五百两，诣哈克山家，赐其弟巴克山。仍传谕曰：“护军统领哈克山临阵捐躯，戮力尽瘁，殊为可嘉。兹除该部颁恤外，特加赐帑金五百两。”

又传谕：“伊礼布未出丧以前，正白旗大臣、侍卫退朝后，即赴丧次。出丧时，除直日大臣、侍卫外，余俱往会送。其哈克山出丧时，着大臣国舅佟国维，侍卫色内克、那木图、门岱会送。噶尔度出丧时，着内大臣公福善、侍卫阿尔楮泰、赫德、惠保会送。色黑出丧时，着内大臣公坡尔喷、侍卫定柱、巴尔布、瓦尔达会送。郭色出丧时，着内大臣伯新玉、侍卫博洛、奇他特、公额会送。门度出丧时，着散秩大臣津晋，侍卫格美、罗布藏会送。那穆浑出丧时，着散秩大臣侯桑格，侍卫鄂尔、济图、达兰泰会送。

本日起居注官牛钮、王鸿绪。

二十八日己丑 早，上御乾清门，听部院各衙门官员面奏政事。九卿、詹事、科、道同奏会议事宜。兵部尚书郭四海奏曰："江南巡抚慕天颜条奏往来大兵需用纤夫事。奉旨：着同刘如汉本一并议奏。臣等议大兵所用船只，必核明数目，预先报部，以凭稽查。至回京兵丁，止给水手银两，不必派给纤夫。"上曰："兵丁回京，有亡故无主之人，谁为雇觅纤夫？若止给银两，必致苦累。"

工部尚书马喇又奏："总河靳辅请于节省河工钱粮内，动支十四万余，于骆马湖另开运河，以便挽运。臣等议，黄河淤塞，有妨运道，宜从其请。"上曰："尔诸臣之意皆以如何？"都察院左都御史魏象枢奏曰："河运所以济漕也。河臣动用钱粮二百余万，为一劳永逸之计。前奏修筑堤坝，已成七分，今又欲另开河道，岂不复滋烦扰，不知所为一劳永逸者安在？臣等欲不从其议，恐将来漕运有阻，则咎归会议诸臣。然前后情节，不得不俱为奏明。"户部尚书伊桑阿奏曰："今黄河壅塞，使不预为疏通，运道恐致有阻。"上曰："以朕揆之，宪臣之言为是。漕运关系，自应从其所请。但河道虽开，必上流浩瀚方无壅滞。今岁雨少水涸，恐亦未必有济。即目前河工告成，亦因天旱易修，岂可遽恃为永固耶？"谕毕，九卿官员出。

内阁大学士、学士随捧折本面奏请旨。为吏部议处湖南赴任违限官员事。上曰："此等官员已到地方者，免议；未到者，仍着议处。嗣后如遇此等事，尔等宜加详察。"

又为题补户部郎中员缺事，正拟正蓝旗朱尔扎哈、陪拟正红旗龚爱。上曰："朱尔扎哈，朕素知其人办事无才，这员缺着另拟具奏。"

为兵部议福建总督姚启圣请开捐马事例事。上曰："福建地方现养马二千匹，可拨一千匹与之。"

巳时，上诣太皇太后宫问安。

本日起居注官常书、董讷。

二十九日庚寅　早，上御乾清门，听部院各衙门官员面奏政事毕，部院官员出。内阁大学士、学士随捧折本面奏请旨。陕西巡抚杭爱请开捐纳事例，并请照旧给发夫役钱粮。九卿、詹事、科、道会议，俱不准行。上曰："凤县、徽州今已恢复，汉中、兴安旦晚可得，此例应开在汉中、兴安地方，着九卿、詹事、科、道再议具奏。"

又山东巡抚施维翰以赈荒请开捐纳事例。户部议不准行。大学士索额图等奏曰："各省题报旱灾者甚多，若不预计银米数目，则赈济难以料理。前已奉有圣旨，今臣等会议，如需用银米数少，即支用本省正项钱粮，多则令邻省协济，庶饥民得沾实惠。"上曰："赈济各省饥民，若不预知银米数目，则颁赈甚难计需银米若干。应令各省督、抚察明具题。可着九卿、詹事、科、道会议具奏。"

辰时，上御弘德殿，讲官喇沙里、叶方蔼、张玉书进讲：曰王省惟岁一节、岁月日时无易二节。上亲讲毕，讲官照常进讲。

巳时，上诣太皇太后宫问安。

本日起居注官喇沙里、叶方蔼。

三十日辛卯　早，上御乾清门，听部院各衙门官员面奏政事。九卿、詹事、科、道同奏会议事宜毕，上谕曰："迩来九卿、科、道，诸事全不担当，或遇事有疑难，即以未经与闻，不同启奏，或托故及疾病不赴会议。其在部办事，或推诿不肯列名，或有过卸于司属。至部院衙门司官，亦多偷安废弛，不肯任事。各衙门堂上官，宜将此等司官指名参处，以示惩创。九卿会议处有规避者，着都察院及科道官纠参。"户部尚书伊桑阿、兵部尚书郭四海同奏曰："诚如上谕。臣等亦每申饬司官，勤励办事。"礼部尚书吴正治奏曰："皇上谕旨极其明切，凡为臣子，皆当自尽其心。"上曰："凡遇事推诿，不肯列名者，意图侥幸免过。若果应坐罪，岂不列职名及委卸司官便可脱免乎？务宜各勤厥职，方克有益。或临事全无一语，及既退之后，辄云我曾如此立论，而某官不肯见从，朝廷不蒙俞允，我将奈何？此等语言，有何凭据？似此交相推诿，岂臣子靖共之道耶？"都察院左都御史魏象枢奏曰："皇上谕旨，乃集众思，广众益，使人得各尽其心之意。如会推一事，原当各举所知，近日皆不肯保举一人，何以仰副大典？”吴正治奏曰：“人之才能易举，操守难知。”上曰：“外任官员，多由部院出授，其办事才能，岂有不知者？至于操守廉洁，原难保其有终。”伊桑阿等奏曰：“诚如上谕。”上曰：“尔等自今以后，当直摅所见，陈奏朕前。审酌可否，自在于朕，尔等勉之。”谕毕，九卿官员出。

内阁大学士、学士随捧折本面奏请旨。为九卿会议刘如汉条奏浙江多用兵船事。上曰：“岂有一千兵丁而用船一千三百号之理？可严行察明。”上又以面饬九卿等官谕旨谕满大学士索额图等曰：“尔等可将谕旨一一传谕汉大学士、学士等官。”

辰时，上御弘德殿，讲官喇沙里、叶方蔼、张玉书进讲：庶民惟星一节、九五福二节。上亲讲毕，讲官照常进讲。

巳时，上诣太皇太后宫问安。

未时，上复御乾清门，赐进贡克什克屯部落四品台吉丹进等，阿禄科尔沁国四品台吉巴雅思祜朗等，阿霸垓部落四品台吉春进等，吴喇忒部落三品台吉顾锡等、四品台吉吴尔古德克等，扎赖忒部落四品台吉奔达等食。

本日起居注官朱马泰、董讷。

十一月

初一日壬辰 早，上御乾清门，听部院各衙门官员面奏政事毕，部院官员出。内阁大学士、学士随捧折本面奏请旨。为吏部请补内阁学士事。上问开列官员名次，大学士索额图等奏曰：“有原任翰林院掌院学士徐元文，吏部以原衔不符，未经开列。”上曰：“翰林院学士与内阁学士原无分别，即着徐元文补授内阁学士。”随谕曰：“朕观内阁学士与翰林院学士行坐之处，皆论衙门，但翰林院官内亦有从内阁调用者。嗣后，着照进衙门先后次序行坐。”

又奉天府府尹梁拱宸疏请皇庄食盐许自行煮办事。上曰：“奉天府地方，原用长芦盐引，若皇庄又另行煮办，恐滋私贩之弊，着仍照旧行。”

辰时，上御弘德殿，讲官喇沙里、叶方蔼、张玉书进讲：惟克商遂通道于九夷八蛮一节、曰呜呼明王慎德一节、王乃昭德之致于异姓之邦一节。上亲讲毕，讲官照常进讲。

本日起居注官牛钮、严我斯。

初二日癸巳 早，上御乾清门，听部院各衙门官员面奏政事。工部尚书马喇近御座奏事毕，上问：“尔衙门办事繁简若何？”马喇奏曰：“一日之内，少则有七、八十事，多则有百余事。”问：“何时出署？”奏曰：“早则过午，迟则薄暮方出。”上复问侍郎党古里，奏曰：“少则一、二十事，多则三、四十事。出署时，早则近午，迟则过午。”上曰：“适马喇所奏，与尔言迥别。凡为人，以诚信为本。马喇在朕前奏对，言涉虚妄，岂人臣事君之道？”遂令出。

内阁大学士、学士随捧折本面奏请旨。为招抚逆党事。上曰：“逆党吴应麒、夏国相等俱系吴三桂族戚，同谋叛逆，原非胁从。今招抚敕书内，若加胁从等字，反令生疑，不如声明其罪，许其革面归诚。王者之言，昭如星日，一以至诚相感，庶可招徕远人。若王屏藩倾心向化，则西蜀可不血刃而定矣。”大学士索额图等奏曰：“诚如圣谕。”

辰时，上御弘德殿，讲官喇沙里、叶方蔼、张玉书进讲：德盛不狎侮三节、志以道宁一节。上亲讲毕，讲官照常进讲。

本日起居注官崔蔚林、常书。

初三日甲午 早，上御乾清门，听部院各衙门官员面奏政事。九卿、詹事、科、道遵旨会议陈三等事，分别可矜可疑具奏。上颔之。奏毕，九卿等官出。

内阁大学士、学士随捧折本面奏请旨。为齐兰保修理官房迟缓，部议应降一级事。上曰：“此事有虚冒钱粮，亦未可知。工部官员全无觉察，情罪可恶，部议亦太轻。”大学士索额图奏曰：“在此时犹有可诿，齐兰保自三月动工，以迄于今，迟延甚久。”上曰“齐兰保故意迟延，大负职掌，可即革职。部议太轻，着饬行。”

又会议外藩王古禄应加升一等事。上曰：“古禄王实有劳绩，可加升一等，为亲王。"

又发出留中一本，为和硕康亲王请颁发银两，赏给被伤兵丁事。上曰："今师旋在迩，可即议颁给。"

辰时，上御弘德殿，讲官叶方蔼、张玉书进讲：不作无益害有益一节、呜呼夙夜罔或不勤一节。上亲讲毕，讲官照常进讲。

巳时，上诣太皇太后宫问安。

本日起居注官张玉书、朱马泰。

初四日乙未 早，上御乾清门，听部院各衙门官员面奏政事。九卿、詹事、科、道奏，会议浙江总督李之芳请释还被掠人口事。上曰："尔等之意云何？"兵部尚书郭四海等奏曰："李之芳身为总督，初不据实指参，至事久年远，方行陈请，殊属不合。臣等会议，李之芳应降四级调用，察有军功纪录，例准抵销，仍降二级留任。"上曰："尔等前此所议，是属何意？"礼部尚书吴正治等奏曰："臣等前此会议，以与贵州巡抚杨雍建、科臣李迥疏同，故一体以无庸议题覆。"上曰："李之芳总督全省，亲在军前，与杨雍建、李迥不同。"左都御史魏象枢奏曰："臣等钦奉圣谕，方知前日之误。"奏毕，九卿等官出。

内阁大学士、学士随捧折本面奏请旨。为陕西巡抚杭爱荐举卓异事。上曰："举劾系朝廷黜陟大典，按察使麻尔图才具平常，今滥举卓异，未为允协，相应不准。"

又工部题覆奉天工部请修盛京城垣事。上曰："盛京乃龙兴之地，城垣自宜完固，着准所请行。"

辰时，上御弘德殿，讲官叶方蔼、张玉书进讲：允迪兹一节、王曰猷殷王元子一节。上亲讲毕，讲官照常进讲。

本日起居注官牛钮、王鸿绪。

初五日丙申 早，上御太和殿视朝。文武升转官员谢恩行礼，又厄鲁特部落噶尔当薄朔克兔汗贡使卫征车臣阿木布等行礼，赐茶毕，回宫。

少顷，御乾清门，听部院各衙门官员面奏政事。九卿、詹事、科、道等官，同奏会议事宜。吏部尚书郝维讷奏曰："云贵总督周有德疏请专设经略，并奏阁臣不应预会议。臣等俱议不准行。"上曰："阁臣原不会议。因军机紧急，关系重大，若照寻常票拟，必致稽误，故令同预会议，即时启奏，以便速行。彼恶知之。”

又户部尚书伊桑阿奏曰：“山东巡抚施维翰为赈济饥民请开事例。臣等会议，各省地方如遇饥荒，应令该督抚酌计所需若干，一面具题，一面动支钱粮赈济。”上曰：“赈济钱粮所需无几，若复开事例，必致纷扰。”九卿等官出。

内阁大学士、学士随捧折本面奏请旨。为吏部议处浙江总督李之芳事。上曰：“姑令明白回奏。”

又为总河靳辅部议削去加级，不准带尚书衔。上曰：“前所削之级，原系虚级，兵部尚书乃其实衔，该部所议未惬。尔等之意如何？”大学士明珠奏曰：“适李霨等亦曾议及，皇上睿照，诚为至当。”上曰：“着仍留尚书衔。”

又为招抚逆党敕书事。上曰：“朕再四筹维，有二大事最关紧要。如逆党中有素受吴三桂恩，不忍将伊孙加害，幡然悔悟，携来投诚者，不惟宥罪，且当叙功。又有一等人，心切归诚，因系念妻子在滇，不忍分割者，许令一面密通消息，一面撤兵回滇，潜为内应，功成之日，一并议叙，庶可速其来归。”大学士索额图等奏曰：“人孰不恋其妻子，但此辈负罪重大，故观望不前。今蒙皇上敕旨，宽其叛逆之罪，又许带孽孙同来归诚，谁不欣然革面。”上曰：“尔等即将此二事确商撰拟。”

巳时，上诣太皇太后、皇太后宫问安。

未时，上复御乾清门，赐进贡翁牛忒部落多罗郡王毕里衮达赖、阿霸垓部落四品台吉工格等、苏尼忒部落四品台吉八拜等、乌喇忒部落四品台吉莽奈等食。

本日起居注官沈荃、常书。

初六日丁酉　早，上御乾清门，听部院各衙门官员面奏政事毕，部院官员出。内阁大学士、学士随捧折本面奏请旨。为户部覆允陕西巡抚杭爱请开汉中事例，以济军需事。上曰：“汉中今已恢复，着作速举行。”

又户部覆允御史蒋伊请各省被灾地方设厂赈济事。上曰：“各省饥民疲困已极，自应作速赈济。着该督抚悉心区画，务俾穷黎均沾实惠。勿得虚縻钱粮及奉行不善，反滋地方骚扰，有负朕轸恤至意。”

辰时，上御弘德殿，讲官叶方蔼、张玉书进讲：呜呼乃祖成汤一节、尔其践修厥猷一节。上亲讲毕，讲官照常进讲。

本日起居注官叶方蔼、朱马泰。

初七日戊戌　早，上御乾清门，听部院各衙门官员面奏政事毕，部院官员出。内阁大学士、学士随捧折本面奏请旨。为兵部请补荆州总兵员缺事。上曰：“向因荆州为用兵之地，故添设总兵一员。今贼寇远遁，已属腹里地方，这员缺不必补授。”

又会议总督周有德条奏阁臣不宜干预会议事。上曰：“周有德所言殊属错谬。自用兵以来，军机紧要事务，不便稽迟，故令尔等同兵部诸臣将会议事宜即奏朕前，以便立行批发。此外，别项会议尔等原未预议。”大学士索额图奏曰：“前推云贵总督时，臣与勒德洪曾言，会推督、抚不宜干预。议政王、大臣皆云：云贵总督系用兵地方紧要员缺，自当公同会推，故臣等亦预会推之列。”上曰：“尔等将此情节具本来奏。”

辰时，上御弘德殿，讲官叶方蔼、张玉书进讲：钦哉往敷乃训一节、呜呼往哉惟休一节。上亲讲毕，讲官照常进讲。

本日起居注官牛钮、董讷。

初八日己亥　早，上御乾清门，听部院各衙门官员面奏政事毕，部院官员出。内阁大学士、学士随捧折本面奏请旨。为科尔沁国绰克拖等讦其王俄齐尔事。上曰：“此事着察议。”

辰时，上御弘德殿，讲官叶方蔼、张玉书进讲：周公曰君子所其无逸二节、相小人厥父母勤劳稼穑一节。上亲讲毕，讲官照常进讲。

未时，上复御乾清门，赐进贡鄂尔多斯部落和硕亲王古禄、阿霸垓部落二品台吉第木楚克等、喀喇沁部落四品塔布囊布达等、扎萨克下四品台吉绰衣扎木等、吴喇忒部落四品台吉苏当等、科尔沁国端贞长公主下二等护卫孟葛食。

是日，茶陵、攸县阵亡骁骑章京鄂尔缀、吴达纳、海澜丧至，上遣头等侍卫额度勒祜、和善、萨哈达各携茶酒诣丧次致奠。

本日起居注官严我斯、常书。

初九日庚子　早，上御乾清门，听部院各衙门官员面奏政事毕，部院官员出。内阁大学士、学士随捧折本面奏请旨。为兵部议，彝人侵犯，镇番副将达尔虎应降一级调用事。上曰："达尔虎着降一级留任。"

又叶从龙等受伪扎谋叛，刑部题覆拟斩事。上曰："叶从龙伪扎系逆贼强授，人命关系重大，须当斟酌。着再议。"

辰时，上御弘德殿，讲官叶方蔼、张玉书进讲：周公曰我闻在昔殷王中宗一节、其在高宗时一节。上亲讲毕，讲官照常进讲。

本日起居注官崔蔚林、朱马泰。

初十日辛丑　早，上御乾清门，听部院各衙门官员面奏政事毕，部院官员出。内阁大学士、学士随捧折本面奏请旨。为盛京骁骑校胡延瑚打死人命，部议拟绞事。上曰："延瑚曾有阵伤功令，所司再行酌议。"

又兵部推补兴化总兵事。上曰："高鼎才具堪用，可即补此缺。"

本日起居注官牛钮、张玉书。

十一日壬寅　早，上御乾清门，听部院各衙门官员面奏政事毕，部院官员出。内阁大学士、学士随捧折本面奏请旨。为兵部覆准黄芳泰请给驿递送其兄芳世骨榇来京事。上曰："此非公事，不便令驿夫护送。且向无此例，着将原本发部再议。"

辰时，上御弘德殿，讲官叶方蔼、张玉书进讲：其在祖甲一节、自时厥后立王生则逸一节。上亲讲毕，讲官照常进讲。

本日起居注官常书、王鸿绪。

十二日癸卯　早，上御乾清门，听部院各衙门官员面奏政事毕，刑部员外偏俄自浙江恤刑还，面奏所审刑狱事件。上问曰："浙江等省秋成如何？"偏俄奏曰："杭州一带收成约有七八分。江南苏、常等府约五六分，江北淮、扬等府荒歉实甚。其山东一路州县亦皆饥荒。"上曰："各省巡抚见今报灾，杭州、苏、常等处，尔能保其无甚灾否？被灾之民可无他虑否？"偏俄奏曰："臣询之土人及臣所目击皆然，今冬饥民似可无虑。"上再问，偏俄再奏，无异。奏毕，出。

内阁大学士、学士随捧折本面奏请旨。为科员公参江抚慕天颜，部议应降四级留任事。上曰："这所奏可依部议。慕天颜夙有才干，但操守不廉，若操守能廉，其才尽可任用。”大学士索额图奏曰：“臣等亦闻此人操守不清。”大学士明珠奏曰：“此人若能改守清操，有何可议。”上曰：“尔等可拟旨申饬，言其才干优长，简任巡抚，悉心料理，有裨地方。但未见操守清廉，嗣后着痛改前愆，洁己率属，兴吏治，安民生，以副朕委任之意。”

又为陕西巡抚杭爱请以按察使麻尔图补布政使员缺，部议不准事。上曰：“此缺系麻尔图应升之缺，着照该抚所请，准其升补。”

又为福建同安总兵官员缺，兵部以祖弘勋等十人开列请旨。上曰：“朕闻浙江副将李承恩技勇素著，兼饶谋略，着补同安总兵官。现今闽省用兵，进剿海贼，即令其星速赴任。祖弘勋着随旗上朝。”

又为各路被伤兵丁，部议暂停赏赉事。上曰：“现今各路大兵回京，应随到随赏。这本着交回该部另议。”

巳时，大学士、学士捧秋决重犯本，进内殿面奏请旨。上取各犯招册罪案，逐一详阅。顾大学士等谕曰：“此重犯内，如陈光义、沈三、丑子、喇僧、王魁、史五、赵大、张福、顺儿、王廷谏、柳世茂、张纯儒、常登银、杨四、李守才、陈大、六哥子、陈清、言姐等十九名，有贪赃害民者，有为强盗者，有为光棍者，有故杀者，有谋杀者，所犯情罪重大，殊为可恶。既属情真，着即正法。其缪正心虽婪赃有据，但念其父曾因奉差为贼所杀，正心亦于广东出征时获有功牌，可仍行监候。又古纳杀主一案，禁系多年，历审未经招认，亦着仍前监候。此外，如周令树、陆凤翔、黑子、吴良谟、二哥、魏印芳、佟国臣、杨有素、焦三、辛环等十名，亦姑着监候。”

谕毕，上又顾大学士等谕曰：“掌院学士喇沙里昨晚病故，尔等知之否？”大学士索额图等奏曰：“臣等已知。昨日臣等往视，即见其病势危笃。喇沙里云：我病已深，不能复起。臣等再四慰之。此人勤恪，殊为可惜。”上曰：“喇沙里侍从有年，小心勤慎，番译经书，明白精详，咸称朕意。即翰林诸臣，亦皆称其贤。今一旦溘逝，朕心悯恻，可将好谥与他。”大学士李霨奏曰：“翰林官至五品及讲官勤劳者，前代原有赐谥之典，喇沙里掌院，系正三品，固应给谥。”

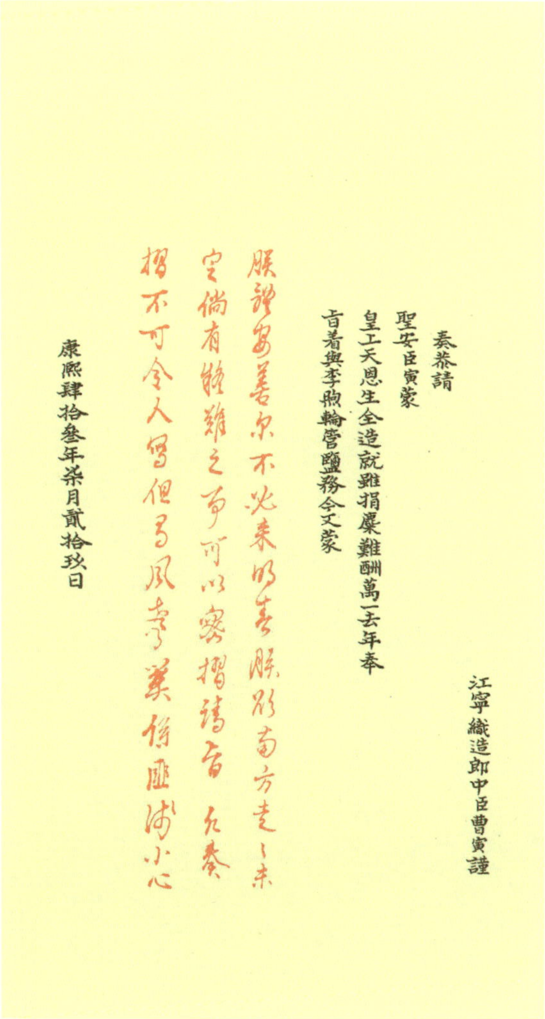

江寧織造郎中臣曹寅謹

奏恭請

聖安臣寅蒙

皇上天恩生全造就雖捐糜難酬萬一去年奉

旨着與李煦輪管鹽務今又蒙

朕體安善爾不必來明春朕欲南方走走未

定倘有疑難之事可以密摺請旨凡奏

摺不可令人寫但有風聲關係匪淺小心

康熙肆拾叁年柒月貳拾玖日

江宁织造曹寅奏谢钦点巡盐并请陛见折

康熙四十三年七月二十九日

蘇管巡鹽御史臣曹寅謹

奏為報明禁革浮費事竊臣寅由蘇州調補江寧

生一事不如省一事只管為目前之計恐後尾大難收遺累後人亦非久遠可行再留心細議

康熙肆拾叁年拾月拾叁日

江宁织造曹寅奏报禁革浮费折

康熙四十三年十月十三日

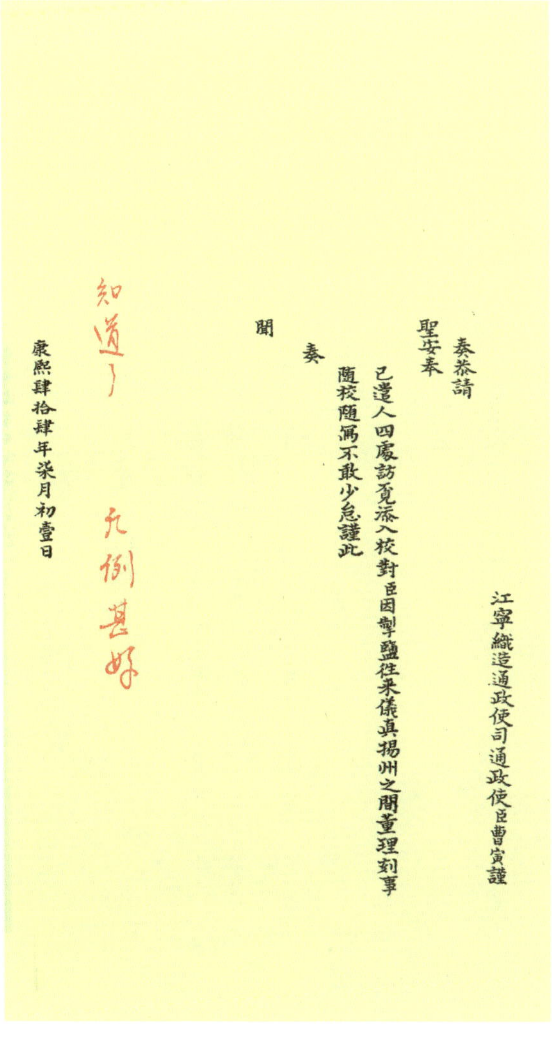

江寧織造通政使司通政使臣曹寅謹
奏恭請
聖安奉
已遣人四處訪覓添入校對臣因掣鹽往來儀真揚州之間董理刻事
隨校隨寫不敢少怠謹此
奏
聞
知道了 凡例甚好
康熙肆拾肆年柒月初壹日

江宁织造曹寅奏报校刊全唐诗不敢少怠折

康熙四十四年七月初一日

江寧織造通政使司通政使臣曹寅謹
奏恭請
聖安本月拾壹日臣家奴齎捧
御批摺子回南奉
旨江南米價有奏摺進來必入摺奏聞熊賜履近日如何欽此
臣探得蘇州平常食米每石壹兩叁肆錢不等江寧平常
御覽因其不與交遊不能知其底蘊謹據所得實
奏伏乞
睿鑒
知道了並詩稿發回
康熙肆拾捌年叁月拾陸日

江宁织造曹寅奏报米价及熊赐履行动并进诗稿折

康熙四十八年三月十六日

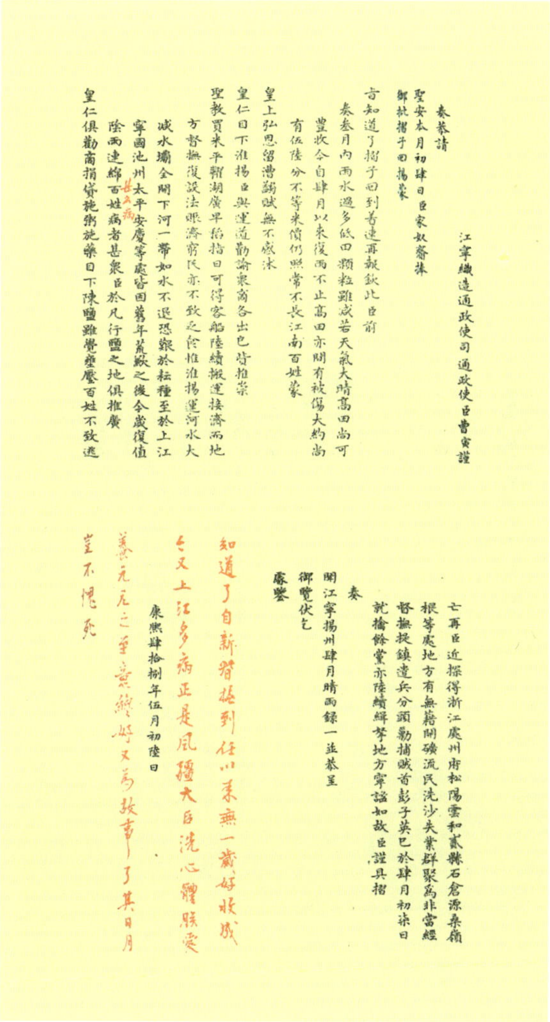

江寧織造通政使司通政使臣曹寅謹
奏恭請
聖安本月初肆日臣家奴齎捧
御批摺子回揚蒙
旨知道了摺子回到著速再寫欽此臣前
奏叁月內雨水過多低田顆粒難成若天氣大晴高田尚可
豐收今自肆月以來復雨不止高田亦間有被傷大約尚
有伍陸分不等米價仍照常不長江南百姓蒙
皇上弘恩留漕蠲賦無不感沐
皇仁目下淮揚臣與運道勸諭衆商各出己貲捐糶
聖教買米平糶湖廣早稻指日可得客船陸續搬運接濟兩地
方督撫復設法賑濟窮民亦不致乏食惟淮揚運河水大
減水壩全開下河一帶如水不退恐艱於耘種至於上江
寧國池州太平安慶等處皆因舊年荒歉之後今歲復值
陰雨連綿百姓病者甚衆臣於凡行鹽之地俱推廣
皇仁俱勸商捐貲施粥施藥目下陳鹽雖覺壅壓百姓不致逃
亡再臣近探得浙江處州府松陽雲和貳縣石倉源桑嶺
根等處地方有無籍開礦流民洗沙失業群聚爲非當經
督撫提鎮遣兵分頭勦捕賊首彭子英已於肆月初柒日
就擒餘黨亦陸續緝拏地方寧謐如故臣謹具摺
奏
聞江寧揚州肆月晴雨録一並恭呈
御覽伏乞
睿鑒

知道了自新撫到任以來無一歲好收成
又上江多病正是風疆大臣洗心體朕愛

康熙肆拾捌年伍月初陸日

養元元之至意纔好又爲孩事了其日月
豈不愧死

江宁织造曹寅奏报粮价雨水及地方情形折

康熙四十八年五月初六日

江寧織造通政使司通政使臣曹寅謹

奏恭請

聖安臣閲邸鈔伏蒙

聖恩復差臣巡視兩淮臣謹設香案望

闕叩頭竊念臣庸愚下賤屢沐

天恩粉骨碎身難以圖報惟有祇慄自矢以盡愚忱而已

江南太平無事晚稻收割將次全完食米之價賤至

七錢山東大收豆麥甚賤謹將八月晴雨錄恭呈

御覽并恭謝

天恩伏乞

睿鑒

知道了兩淮情弊多端虧空甚多必要設法補完任内無事方好不可速忽千萬小心：：：：：：

康熙肆拾玖年玖月初二日

江宁织造曹寅奏谢复差巡视两淮盐政等情折

康熙四十九年九月初二日

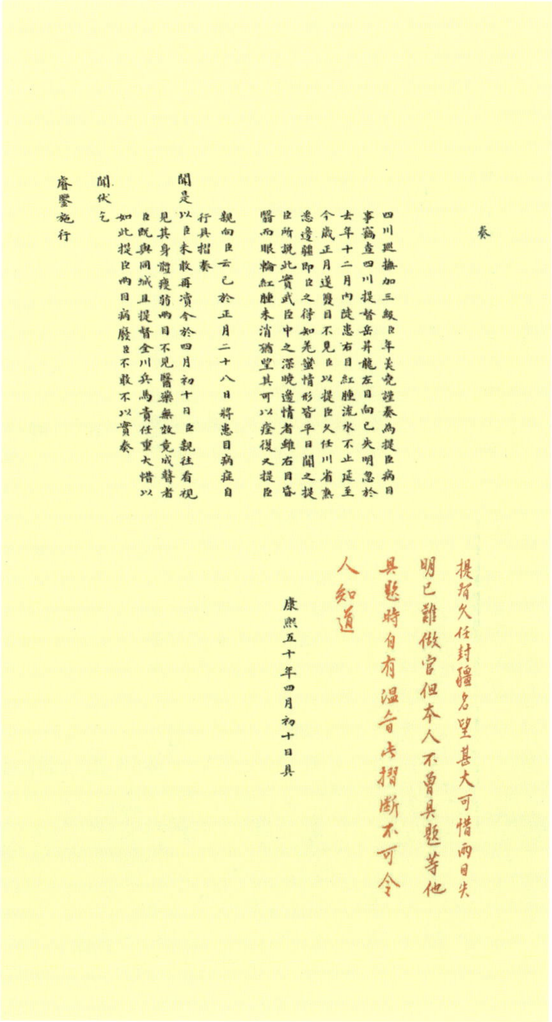

奏

四川巡撫加三級臣年羹堯謹奏為提臣病目事竊查四川提督岳昇龍左目向已失明忽於去年十二月內陡患右目紅腫流水不止延至今歲正月遂雙目不見臣以提臣久任川省熟悉邊疆即臣之待如羌蠻情形皆平日聞之提臣所說此實武臣中之深曉邊情者雖右目昏醫而眼輪紅腫未消猶望其可以痊復又提臣親向臣云已於正月二十八日將患目病症自行具摺奏

聞是以臣未敢再瀆今於四月初十日臣親往看視見其身體瘦弱兩目不見醫藥無效竟成瞽者臣既與同城且提督全川兵馬責任重大惜以如此提臣兩目病廢臣不敢不以實奏

聞伏乞

睿鑒施行

康熙五十年四月初十日具

提督久任封疆名望甚大可惜兩目失明已難做官但本人不曾具題等他具題時自有溫旨此摺斷不可令人知道

四川巡抚年羹尧奏报提督岳升龙两目病发折

康熙五十年四月初十日

奏

四川巡撫革職留任戴罪效力臣年羹堯謹奏

為仰懇

聖訓以便遵行事竊臣以駑鈍之材荷蒙

朕安凡事公則不論小大可以自持若少有私意即雖久遠爾着量公私之間即是

康熙五十一年三月十二日具

四川巡抚年羹尧奏为劝惩之法与总督意见不一候旨遵行折

康熙五十一年三月十二日

大学士等出，上随遣内班侍卫衣都额真对亲、三等侍卫尔格携银三佰两，至喇沙里家，赐其子三等侍卫俄尔济图。仍传谕曰："尔父喇沙里，自任讲官以来，在内则讲筵尽瘁，在外则扈从勤劳，曾无一事少旷职业。居官至勤且慎，内外各衙门官员未见其比。朕方欲畀以大任，倏闻奄逝，不胜痛惜。初不知症势危笃，未遣使视疾，心甚悼焉。念尔父身后，家无余资，特赐银三佰两，为一切治丧之费。此外，俟礼部具题，再加殊恤。"俄尔济图奏曰："臣父病笃时，泣向臣云：我受皇上破格殊恩，纤毫未报，倘得苟延数年，庶几少竭犬马之力，今病至此，无能为矣。尔当尽心勤职，仰答国恩，我虽死亦可无憾。臣父遗言如此，今蒙皇上特颁温谕，加赐厚恤，臣父子生死顶感无既矣。"

是日，上以出师荆州郭尔罗斯部落三品台吉俄齐里率所属将士凯旋，遣内大臣寿世特等迎劳之于天津。

本日起居注官沈荃、朱马泰。

十三日甲辰　早，上御乾清门，听部院各衙门官员面奏政事毕，部院官员出。内阁大学士、学士随捧折本面奏请旨。为直隶巡抚金世德请捐免地震被灾钱粮事。上曰："地震被灾地方，深可矜悯，其钱粮应如所请，即与捐免。"

辰时，上御弘德殿，讲官叶方蔼、张玉书进讲：周公曰呜呼厥亦惟我周太王王季一节、文王卑服二节。上亲讲毕，讲官照常进讲。

未时，上诣太皇太后宫问安。

本日起居注官叶方蔼、牛钮。

十四日乙巳　早，上御乾清门，听部院各衙门官员面奏政事。

未时，上复御乾清门，赐进贡扎鲁特部落达尔汉贝勒巴达里、翁牛忒部落四品台吉僧格等、吴喇忒部落四品台吉鄂齐尔等、扎萨克四品台吉薄音布等、巴林部落三品台吉鄂莫等、柰曼部落副都统毛欣、克什克屯部落三品台吉伊马克塔等、厄鲁特部落噶尔当薄朔克兔汗来使卫征车臣温布食。是日，上以荆州参赞军务杜尔伯忒部落三品台吉俄木布率所属官兵还，遣内大臣塔达等携茶酒于近郊迎劳之。

本日起居注官崔蔚林、常书。

十五日丙午　早，上御乾清门，听部院各衙门官员面奏政事毕，部院官员出。内阁大学士、学士随捧折本面奏请旨。为请点福建乡试主考事。上问："前此所点为谁？"大学士明珠、李霨奏曰："前点正主考冯云骧、副主考白梦鼐。云骧已告假回籍，梦鼐现在开列。"上曰："可仍着白梦鼐为副主考官，其正主考候另点。"

辰时，上御弘德殿，讲官叶方蔼、张玉书进讲：文王不敢盘于游田一节、周公曰呜呼继自今嗣王一节。上亲讲毕，讲官照常进讲。

未时，上复御乾清门，赐福建兴化总兵官高鼎食毕，上谕："尔到地方，宜整理兵马，剿灭海寇，以副朕任用之意。"高鼎奏曰："臣蒙皇上浩荡弘恩，自当尽心竭力。"奏毕，出。仍赐鼎鞍马一匹。

是日，荆州被创病故扎鲁忒部落二品台吉和克津、阵亡科尔沁国骁骑校委署章京扎木苏、敖汉部落佐领猛克丧至。上遣内大臣公噶布喇、散秩大臣博罗特等，各携茶酒分诣丧次致奠。

本日起居注官朱马泰、董讷。

十六日丁未　上以有事南郊，斋戒不理政事。

本日起居注官牛钮、王鸿绪。

十七日戊申　巳时，上率皇太子诣太皇太后、皇太后宫问安。

本日起居注官常书、张玉书。

十八日己酉　早，上于太和殿，视郊天祝版毕，回宫。

本日起居注官朱马泰、董讷。

十九日庚戌　早，上以冬至，亲祀天于圜丘毕，回宫。

本日起居注官沈荃、牛钮。

二十日辛亥　早，上御乾清门，听部院各衙门官员面奏政事。吏部尚书郝惟讷奏："光禄寺少卿员缺，拟袁景星应补。"上问："景星何处人？"侍郎屯泰奏："系广西进士。因投诚，以五品京堂用。"上曰："凡污贼官来降者，谓之投诚。景星不肯从贼，间道来归，以故录用。若以为投诚，则误矣。"部院官员出。

内阁大学士、学士随捧折本面奏请旨。为兵部议大将军图海进兵稽迟事。上曰："图海恢复兴安数日后方始进兵，殊为稽缓。此本交部再议。"

又兵部为总兵四十六奏报恢复竹山、竹溪事。上曰："王进宝既克汉中，贼望风胆落，弃二县而逃，四十六乃欲以为己功乎？再着察明。"

未时，上复御乾清门，赐进贡柰曼部落多罗郡王俄齐尔等，吴喇忒部落四品台吉噶尔马、色冷等，阿霸垓部落四品台吉策尔本儿等，土默特部落都统拜三代等食。

是日，岳州阵亡护军校委署章京希礼布丧至，上遣二等侍卫达尔赛携茶酒诣丧次致奠。

本日起居注官叶方蔼、常书。

二十一日壬子　早，上御乾清门，听部院各衙门官员面奏政事毕，部院官员出。内阁大学士、学士随捧折本面奏请旨。为吏部题补满洲右中允员缺事。上曰："翰林院、詹事府衙门，皆以文字为职业。詹事府官员，宜选精晓文字之人。此缺可着吏部会同翰林院考试，定拟具奏。"

又为科员丁泰请假养病事。上曰："丁泰才具堪用，每次启奏，言辞详明。今尚可在京调理否？"大学士冯溥奏曰："泰卧病三月，音吐俱不明亮，实不能在此调理。"上命："允部议。"

辰时，上御弘德殿，讲官叶方蔼、张玉书进讲：无皇曰今日耽乐一节、周公曰呜呼我闻曰古之人一节。上亲讲毕，讲官照常进讲。

是日，上以出师荆州郭尔罗斯部落三品台吉俄齐尔、都统沙里等，率所属官兵还，遣礼部尚书塞色赫等，携茶酒于近郊迎劳之。

本日起居注官牛钮、张玉书。

二十二日癸丑　早，上御乾清门，听部院各衙门官员面奏政事。九卿、詹事、科、道奏云贵总督周有德条陈阁臣不宜预会议，及大学士索额图等疏陈会议始末，俱无庸另议。上顾吏部尚书郝惟讷等问曰："周有德所奏，尔等以为何如？"都察院左都御史魏象枢奏曰："阁臣原不预会议，有德系外臣，想不知此例。"上曰："因军务孔急，凡有会议，俱用白本启奏，不拟票签，故令阁臣得预议军机，原出自朕旨。"九卿等官出。

内阁大学士、学士随捧折本面奏请旨。为江西巡抚安世鼎请撤原调河南官兵仍回本省，兵部议覆准行。上曰："此兵皆系精兵，随征效力已久。今撤回，不令补伍，殊为可悯。可仍留彼地否？"大学士索额图、勒德洪奏曰："留之亦可。"大学士明珠奏曰："此兵撤回，额外给与钱粮。查该省老弱兵丁缺额，以之顶补亦可。"上曰："此等撤回效力官兵，作何定例，着一并再议具奏。"

又刑部题覆徐一新等假写文契，卖民投旗，诈银取赎，俱拟立斩事。上曰："尔等之意如何？"索额图奏曰："徐一新等，假写文契，诈索银两，臣等看此事与光棍例相符。"上曰："尔等意皆同否？或将为首之人立斩，其余秋后处决，可乎？"索额图等奏曰："臣等所见虽同，圣谕诚为至当。"上又问大学士杜立德等曰："尔等以为何如？"立德等奏曰："诚如上谕。"上随命改票：为首徐一新着即行处斩，余着秋后处决。

又都统噶尔汉及总督杨茂勋撤兵回郧事。上曰："噶尔汉、杨茂勋先进取兴安，不速进兵，致误机宜，畏缩无耻，着严加议处！"

辰时，上御弘德殿，讲官叶方蔼、张玉书进讲：周公曰呜呼自殷王中宗高宗祖甲及我周文王一节、此厥不听一节，周公曰呜呼嗣王其鉴于兹一节。上亲讲毕，讲官照常进讲。

本日起居注官严我斯、朱马泰。

二十三日甲寅　早，三等侍卫尔格、敦柱传旨，谕内阁大学士等曰："朕今日偶恙，暂避风寒，不御门理事，可传知部院各衙门官员，其启奏本章俱送内阁大学士索额图等。"传谕毕，随同本日启奏部院各衙门官员，至后左门请安，仍跪奏曰："今当天气凛冽之时，圣躬违和，风寒宜避。臣等微忱，仰请皇上于腊月内，暂停御门，一应本章，俱送内阁拟票请旨。皇上于内庭料理机务，自可无误。"衣都额真萨哈达转奏。随传谕曰："朕偶冒风寒，一二日内即可御门理政。尔等所奏，朕已俱悉。"

又讲官叶方蔼、张玉书奏曰："天气严寒，皇上日御讲筵，恐劳圣躬，请暂停数日。臣等恭候谕旨，再当进讲。"萨哈达转奏。随传谕："仍照常进讲。"

本日起居注官牛钮、董讷。

二十四日乙卯　早，诸王、内大臣，内阁、部、院、翰林、詹事、卿寺、科、道各衙门官员，至后左门请安。

本日起居注官常书、王鸿绪。

二十五日丙辰　早，诸王、内大臣，内阁、部、院、翰林、詹事、卿寺、科、道各衙门官员，俱赴后左门请安。衣都额真温达转奏。随传谕曰：“朕体今已大愈。”汉大学士等跪奏曰：“圣躬大安，臣等不胜欣慰。但闻有南苑之行，愿我皇上静养珍摄，暂缓数日，再往行幸。”温达转奏。随传谕曰：“南苑之行，非为游畋，因彼处水土甘肥，故朕欲往静养数日。今行止尚未定，尔等所奏，知道了。”

是日，荆州军中病故扎鲁忒部落三品台吉吹尔丧至，上遣内大臣寿世特携茶酒诣丧次致奠。

本日起居注官沈荃、朱马泰。

二十六日丁巳　本日起居注官牛钮、崔蔚林。

二十七日戊午　早，诸王、内大臣及各衙门官员，俱赴后左门请安。

本日起居注官叶方蔼、朱马泰。

二十八日己未　早，诸王、内大臣及各衙门官员，俱赴后左门请安。

本日起居注官常书、张玉书。

二十九日庚申　早，诸王、内大臣及各衙门官员，俱赴后左门请安。衣都额真萨哈达转奏。随传谕曰：“朕体已大安，但感疾数日，微觉气弱，尚不能即御门理事。”诸王及各官退。

本日起居注官牛钮、严我斯。

三十日辛酉　早，诸王、内大臣及各衙门官员，俱赴后左门请安。

本日起居注官朱马泰、王鸿绪。

十二月

初一日壬戌　早，诸王、大臣及各衙门官员，俱赴后左门请安。

巳时，上召内阁大学士、学士至懋勤殿面商折本。为兵部题补京口总兵官事。上曰：“前引见各官，俱不堪任，尔等可于投诚各官内，选择数员，候朕酌定。”

又礼部题请原任巡抚田逢吉父驭远恤典事。上曰：“田逢吉巽懦无能。前为浙抚时，正当地方多事，引疾规避，事平日，当严议处分。这恤典不准给！”

又原任掌院学士喇沙里予恤事。上曰：“喇沙里侍从讲幄，将及十年，纯厚谨慎，启沃勤劳，可将票签从优改拟。着礼部会同吏部议加赠职衔。题定之后，其祭葬及予谥等项，再行请旨。”

又补授镶白旗都统事，正推护军统领马齐、陪推副都统莽吉图。上问：“尔等知马齐为人否？”大学士索额图等奏曰：“臣等不系同旗，不深知其为人。”上曰：“此人才具堪用，可即补都统。莽吉图行间宣力，勇略过人。诸臣所推，可谓允当。”

又兵部议原任郧阳抚治杨茂勋、提督佟国瑶罪，拟削去军功及所有加级。上曰：“杨茂勋应行削去。佟国瑶有保守郧阳功，不宜一例议削。”明珠奏曰：“国瑶从前所有功绩，应免议削。其与茂勋同事时，应纪之功，当一例削去。”上从之。

申时，上三旗内大臣及部院满尚书、侍郎、卿寺各官，至后左门请安。

本日起居注官常书、董讷。

初二日癸亥 早，诸王、内大臣请安出。上遣三等侍卫敦住，传谕内阁及部院各衙门官员曰：“朕体已平复如常，尔等不必请安。”各官出。

本日起居注官沈荃、牛钮。

初三日甲子 寅时，太和殿灾。丑时，火自西膳房起，延烧后右门、中右门、西斜廊。寅时，至正殿，复及东斜廊、中左门。至巳时火息。

方火起时，上诣太皇太后宫问安。

午时，诸王、大臣同诣乾清门，请皇上安，并请皇太子安。

本日起居注官崔蔚林、朱马泰。

初四日乙丑 早，诸王、内大臣及各衙门官员俱赴后左门请安。

辰时，上召内阁大学士、学士至懋勤殿面商折本：为会议将军莽吉图，擅许安南国王黎惟祯进讨安南都统使莫元清事。上曰：“黎惟祯奏，莫元清将敕印私送吴逆，虚实尚未可定。莽吉图遽令进兵，殊为不合，俟察明议奏。”

又兵部议提督偏俄等，因失捕盗贼三案，应罚俸事。上曰：“偏俄等，向以获盗功屡次加级，今有失盗三案，亦应按次销去所加之级，庶几功罪相抵。其令部再议。”

巳时，上诣太皇太后宫问安。

本日起居注官叶方蔼、常书。

初五日丙寅 早，上御乾清门，听部院各衙门官员面奏政事毕，左都御史魏象枢上阶独奏曰：“适三法司启奏卢元培事，系臣所参之人，故臣未敢同奏。臣不见皇上十余日矣，特此冒昧，仰瞻圣颜。”上令近前，象枢至御榻旁跪。上曰：“观朕气色如何？”象枢奏曰：“伏睹圣颜，业已全愈，但少清减耳。”又奏曰：“比日圣躬安寝否？”上曰：“安。”又奏曰：“饮膳如何？”上曰：“较前数日，觉饮啖稍甘，然尚不敢多进。”象枢又奏曰：“诸臣未与启奏者，俱在殿门外，亦欲一觐天颜。”上曰：“朕体已大愈，卿可传语诸臣知之。”象枢出。

上回宫。随召内阁大学士索额图、勒德洪、明珠、李霨、杜立德至懋勤殿，谕曰：“君臣谊均一体，分势虽悬，而情意不隔。安危欣戚，无不可相告语者。堂陛之义，固宜如是也。迩者朕体初平，忽遇殿廷不戒被毁于火。尔诸臣因朕偶恙，复观此灾，爱主心切，必谓朕当过于忧虑。朕披阅经史，颇明大道。朕之一身，上受祖宗之付托，下系臣民之瞻仰，为任匪轻，宁不自爱？惟是今秋有地震之变，又各处饥馑荐臻，寇盗未息，此朕早作夜思，中心惶惧，寝食靡宁者。至于殿廷告灾，乃上天致警于朕，敢不夙夜祗畏，循省厥愆。然其所关，止属朕躬临御之所。但得海宇清宴，置斯民于衽席之上，则朕今所居，较诸前代茅茨土阶，尚或过矣，岂至以露处为虑哉？朕自五龄，即知读书。八龄践阼，统莅万方，太皇太后尝问朕何欲，朕敬对曰：臣无他欲，惟愿天下乂安，生民乐业，共享太平之福而已。当时左右实共闻之。自兹迄今，谨持此心，兢兢业业，恒如一日，可以质诸寤寐。倘有政治失宜，皆朕躬之咎，从不诿过臣下。惓惓之意，兹与尔等悉之。尔等可传谕九卿、詹事、科、道等官。仍将朕意偕掌院学士叶方蔼同撰谕旨，颁示各衙门。”索额图等出。

少顷，太监刘忠传太皇太后旨，谕领侍卫内大臣阿鲁哈、觉罗塔达、公噶布喇、宗室额奇，大学士索额图、勒德洪、明珠：“皇帝自入秋以来，未甚爽健。且此数年间，种种忧劳，心怀不畅。顷者抱恙，今虽痊愈，但尚未甘饮食，念南苑洁静，宜暂往彼颐养。又昨火灾，闻太子亦尔惊恐，可令同往。传语皇帝，勿违吾命。”阿鲁哈等随遵太皇太后谕旨，奏闻于上。上曰：“太皇太后念朕躬偶恙，屡蒙降旨。朕钦承慈命，即幸南苑，明日当徐徐起行。”

本日起居注官牛钮、张玉书。

初六日丁卯 早，上御乾清门，听部院各衙门官员面奏政事毕，部院官员出。内阁大学士、学士随捧折本面奏请旨。为题补京口总兵官事。上曰：“副将蔡元勇著行间，其人堪用，可即补授此缺。”

又福建总督姚启圣题授投诚人徐垣游击职衔，部议不允事。上问：“尔等之意如何？”大学士索额图奏曰：“徐垣在河南虽经逃走，至福建投诚后，想实有效力之处，故启圣以为言。”上命从督臣所请。

又刑部等衙门议革职山西学道卢元培等应坐枉法赃律，拟绞；巡抚土克善应坐失察，降三级留任事。上曰：“土克善既系同城，将贪官不行纠参，殊为不合！所有纪录，着尽行削去。”

又为李添玉纠伙杀人事。上曰：“律载，杀一家非死罪三人者，凌迟处死。今殴打多人，致投河而死，殊为惨毒。”索额图、明珠奏曰：“此案臣等亦曾商酌，惨杀多命，诚为可恶。故部议照谋杀律坐罪，遇赦不赦。”上曰：“谋杀、故杀有斩、绞之别，应将为首之人，照杀死一家非死罪三人律坐罪。尔等可票明，下部再议。”

巳时，上率皇太子幸南苑射猎，皇太子射中二兔。

是日，上驻跸东宫。

本日起居注官牛钮、严我斯、朱马泰。

初七日戊辰 上驻跸东宫。

初八日己巳 上率皇太子射猎，皇太子射中三獐。

是日，上驻跸东宫。

初九日庚午 早，上御东宫内殿，户部尚书伊桑阿等，自京城来奏事毕，上召侍郎达都问曰：“尔前从福建来时，海贼形势如何？今岁有荡平之机否？”达都奏曰：“臣来时，金门、厦门贼势大减，贼船较前亦极稀。闻海中粮米无从凑集，故贼不能久待，似不日可以底定。”上曰：“今海禁已严，贼粮从何而来？”达都奏曰：“贼所恃屯粮之处，俱为大兵所有，贼计无所出，惟自广东高州海岛稍稍窃运而已。”上曰：“当贼匮粮之际，我兵各率绿旗兵丁，取获海澄等要害之处，则贼失所据，全闽地方可不久大定。若谓贼势较前已减，姑俟相机徐图，则贼何时可尽灭乎！夫师行既劳，民力亦重困。若能一举而贼速灭，地方速平，则大兵自无野处之苦，而民困亦可苏矣。”谕毕，达都出。

随驾内阁大学士索额图、学士噶尔图随捧折本面奏请旨。为吏部题大理寺寺丞张尚礼，应补兵部督捕右理事官事。上曰：“张尚礼当未定品级考以前，自员外升补。今品级考既定，遂可升授此职。其人极平常，每随九卿启奏时，见其举动粗鄙，不应即升此缺。可着另推。”

是日，上驻跸东宫。

初十日辛未 早，上御东宫内殿，理藩院尚书阿木瑚朗、刑部侍郎宜昌阿等，自京城来奏事。奏毕，出。

内阁大学士、学士随捧折本面奏请旨。为兵部题永兴军中苦独力、大小子等八人，俱不收伊主骨衬，应处绞事。上曰：“军法定例甚严，大小子等虽或称伊主遣归，或称白于伊主回营，然语无证据。若即从宽免，则突阵捐躯者，俱含冤于地下。应照例处斩，俟内大臣阿米达到日，再行具奏。”

是日，上驻跸东宫。

十一日壬申 上驻跸东宫。

十二日癸酉 早，上御东宫内殿，内阁大学士、学士随捧折本面奏请旨。为福建总督姚启圣以副将曾诚题授总兵事。上曰：“高鼎虽补授总兵，尚未到任。今该督疏请必以曾诚补授总兵，庶海氛可灭，着依所请行。”

又广西巡抚傅弘烈为进兵掣肘，求罢巡抚职任事。上曰：“传弘烈为人极狂悍虚诞，前曾数次大言，后所行与所言俱不相合。今又奏欲进兵，请罢巡抚职任，甚谬。且任巡抚与进兵，并无阻碍，这所奏不准行。”大学士索额图奏曰：“前此弘烈所奏，俱从其请。今若以言行不相顾，不令进兵，则彼反得借口解释前非。应仍令照常募兵，向所指之处前进。”

是日，上驻跸东宫。

十三日甲戌 早，上御东宫前殿，内阁大学士、学士随捧折本面奏请旨。为吏部以京察降调常格，题补通政司经历事。上曰："常格本庸劣之人，不应在部院衙门用。着随旗上朝，这员缺另拟具奏。"

又和硕安亲王为擒获伪太子朱慈灿，或军前正法，或解送京师，具题请旨事。上曰："朕曾以此事问之在内旧太监。据云彼时慈灿年甚小，必不能逸出，今安得尚存？大约非真。朕思历年已久，至今始出，自然近伪，但事迹未明，不便即在军前完结。今王不日还京，可将朱慈灿一并带来。俟到日请旨，再行定夺。"

大学士明珠自京城来奏事。上曰："朕躬今已全愈，尔还可传谕群臣。"

是日，上驻跸东宫。

十四日乙亥 早，上御东宫内殿，理藩院尚书阿木瑚朗等，自京城来奏事毕，上问曰："京城至今无雪，北边一带蒙古地方曾有雪否？蒙古所恃以生者马畜，若无雪，则来春青草不茂，便觉生计困乏。"阿木瑚朗奏曰："据进贡来使云，翁牛忒部落以西至归化城，皆已得雪，鄂尔多斯部落迤北雪尚少。我近边牧马之地，雪亦不多。"上曰："我牧马所与内地相近，虽无雪亦无大害。阿霸垓、苏尼忒等部落，幸已得雪，可以有济矣。"谕毕，阿木瑚朗出。

内阁大学士、学士随捧折本面奏请旨。为兵部题补护军参领员缺事，正拟候补伊思哈、陪拟前锋侍卫格巴特。上曰："护军参领系领兵要员，俟朕还京令引见。"

又奉天府府尹梁拱宸请遵旨停止盛京皇庄、官庄煮盐事。上曰："皇庄、官庄因供应内用，令额外煮盐，恐开私煮转卖之弊，应行停止。"

是日，上驻跸东宫。

十五日丙子 早，上御东宫内殿，户部尚书伊桑阿等自京城来奏事毕，上问曰："各省饥荒，共蠲免钱粮几何？"伊桑阿奏曰："见今所报江南等省，约有五十万，尚有数省未经报到。"上曰："被灾省分，若不蠲免钱粮，民生可悯。若不曾被灾，而妄行捏报，则钱粮匮乏，恐致贻误军需。应将该省所报，逐一察明，使百姓获沾实惠，而军需亦得充足，方为尽善。"伊桑阿奏曰："除蠲免灾荒钱粮外，大军粮饷，谅亦不致贻误。”奏毕，出。

内阁大学士、学士随捧折本面奏请旨。为刑部题永兴阵亡护军统领哈克山家人硕色欲强娶主妾，拟绞事。上曰：“硕色欲强娶其主之妾，供招既明，则令四姐饮药堕胎是实。其主亡后，待主妾无礼如此，与弑主何异？悖逆已极，深为可恶。这所议尚轻，应着再加严议。”

又直隶巡抚金世德引疾求罢事。上曰：“金世德自任巡抚以来，在地方极相安。今虽患病，尚可视事，应奖勉慰留之。”

是日，上于南苑行围，纵虎出圈，命众驱逐。皇第五子保清亲射，中之。时年甫八岁。

是日，上驻跸东宫。

十六日丁丑　早，上御东宫内殿，兵部侍郎温代，工部尚书马喇、侍郎党古里等，自京城来奏事毕，出。内阁大学士、学士随捧折本面奏请旨。为兵部题补镶白旗护军统领事，正拟副都统色格，陪拟恰塔。上曰：“伊等皆朕所素知。这员缺着另推。”

是日，上驻跸东宫。

十七日戊寅　早，上御东宫内殿，礼部侍郎额星格自京城来奏事。奏毕，出。内阁大学士、学士随捧折本面奏请旨。为吏部察议山西巡抚土克善才力不及，应降二级调用事。上曰：“土克善人尚可用，虽有微过，未为大罪，可免其调用。将加级纪录尽行销去，仍留任。”未时，驾回宫。

扈从起居注官牛钮。

十八日己卯　巳时，上诣太皇太后、皇太后宫问安。

午时，上以太和殿灾，颁诏天下。

本日起居注官朱马泰、董讷。

十九日庚辰　早，上御乾清门，听部院各衙门官员面奏政事。

是日，福建阵亡病故诸将丧至，上遣内大臣塔达等十一员，各携茶酒诣先锋参领吴穆度，护军夸兰大和善、喇占赛住，夸兰大周文举、李成贵，章京杜克、纳尼、雅汉、稀福、金世礼、张应鳌、马襄崑，食六品俸护军校雅木拜丧次致奠。

本日起居注官常书、王鸿绪。

二十日辛巳 早，上御乾清门，听部院各衙门官员面奏政事。

本日起居注官崔蔚林、朱马泰。

二十一日壬午 早，上御乾清门，听部院各衙门官员面奏政事毕，部院官员出。内阁大学士、学士随捧折本面奏请旨。为刑部题太和殿灾，失火六人应绞事。上曰："放火之罪不赦。此等人在禁地，不小心谨慎，致此大变，虽已遇赦，不容宽免，仍依议治罪。"

本日起居注官牛钮、严我斯。

二十二日癸未 早，上御乾清门，听部院各衙门官员面奏政事毕，部院官员出。内阁大学士、学士随捧折本面奏请旨。为原任侍郎图尔泰军前告病回京，请罢佐领事。上曰："尔等所见如何？"大学士索额图等奏曰："臣等遵旨验视图尔泰容貌，亦觉衰减。问之，云患便血之症，然无不能步履之处。"上曰："图尔泰着交兵部察议。凡军前告病回京官员，俱令兵部查明察议具奏。"

又户部议拨盛京成熟田亩分给新满洲事。上曰："此事尚有可商。田亩为百姓生业所关，以熟地断给新满洲，恐众多困苦。着再议两便之法。"

巳时，上如巩华城。

本日起居注官张玉书、朱马泰。

二十三日甲申 未时，上回宫。少顷，上召内阁大学士、学士至懋勤殿面商折本：为吏部题补詹事府满庶子事。上曰："翰、詹衙门官员，因考试取用，故常得深通文义之人。这员缺仍着照前考试。"

又请补科员事。上问："候补科员孙缵系山东人。近来科道官山东独多，何也？"大学士李霨奏曰："科道官皆系行取考选，奉旨点用，原未分定省分，所以多寡不均。"上曰："科道系耳目之官，各省均用，乃能周知地方利弊。可令确议具奏。"

又户部覆，给事中姚祖项题请严禁堆囤米粮事。上曰："堆囤米粮，勒取高价，固应禁止。但遍加查察，恐有不肖之徒，借端扰民，且查察亦甚不易。着再议。"

又刑部题覆打死人命事。上曰："三儿与尹存儿素无仇隙，因戏致死，与故杀者不同，着减等。"又为讹诈事。上曰："巴哈塔、蔡德虽行讹诈，并未得财，照光棍律即斩，似属太过。着监候。”

又御史卫执蒲条陈捐纳等事。上曰：“卫执蒲本，皆冗长无益之言，逾额不合。以后条陈，俱应简明切实，勿得过为繁衍。”大学士索额图等奏曰：“诚如圣谕。”

又谕大学士等曰：“科道官员内升外转，关系劝惩。在外道员职掌甚要，外转科道官员以道员用，殊为太过，应以在外小品官员用。再六部郎中俸深者，始以道府兼升。吏部外转司官，以道员用，殊为太过，亦应以在外小品官员用。着九卿、詹事会同议奏。”

本日起居注官叶方蔼、常书。

二十四日乙酉　卯时，封印。

本日起居注官牛钮、王鸿绪。

二十五日丙戌　本日起居注官朱马泰、董讷。

二十六日丁亥　早，上于保和殿视告祭祫享祝版毕，回宫。

本日起居注官常书、王鸿绪。

二十七日戊子　早，上于保和殿视岁暮享太庙祝版毕，回宫。

巳时，上诣太皇太后宫问安。

本日起居注官牛钮、崔蔚林。

二十八日己丑　早，上躬诣太庙致祭毕，回宫。

辰时，上如巩华城。酉时，回宫。

本日起居注官牛钮、张玉书、朱马泰。

二十九日庚寅　本日起居注官严我斯、朱马泰。

伏观一载以来，皇上敬天爱民，典学励政，其勤至矣。自春徂夏，雨泽不时，皇上雩祷郊坛，甘霖立霈。至诚孚感，捷于影响。七月以后，天心仁爱，屡示变异，地震未宁，殿灾继见。皇上修弭之诏频下，刻责之念弥殷。训饬中外，则手谕丁宁；召对廷臣，则面询得失。拯民生之疾苦，厘吏治之敝刓，烛照幽遐，如在几席。每诸司奏对既罢，阁臣持牍御前，奏取进止，或片辞裁决，或详审再三，罔不执两用中，权衡至当。往岁阁臣商榷机务，臣等例不记注。自颁特旨，令侍左右，于凡禁密深严之地，所谓弘谟远画，朝令夕行者，咸得备书简册，垂宪于万世焉。至于典学逊志，寒暑不辍，比及岁暮，犹御讲筵。盖二典、三谟之精意无逸，立政之懿规悉体躬行，措诸实事。此所由通天人于一理，汇治学于同原也。《书》曰行之惟艰；又曰终始惟一。我皇上圣德日新，懋臻至治，何唐虞三代不可再见欤！

康熙十九年　庚申

正　月

初一日辛卯　早，上以元旦，率诸王、贝子、公等，内大臣、大学士、都统、尚书、精奇尼哈番、侍卫等，诣堂子行礼毕，回宫。

辰时，上率诸王、贝子、公等，内大臣、大学士、都统、尚书、精奇尼哈番、侍卫等，诣太皇太后宫行礼，又诣皇太后宫行礼毕，回宫。午时，上率皇太子诣太皇太后、皇太后宫行礼。

本日起居注官叶方蔼、常书。

初二日壬辰　本日起居注官牛钮、王鸿绪。

初三日癸巳　辰时，开印。

巳时，上诣太皇太后、皇太后宫问安。

本日起居注官常书、董讷。

初四日甲午　早，上于保和殿，视享太庙祝版毕，回宫。

少顷，御乾清门，听部院各衙门官员面奏政事。

本日起居注官沈荃、朱马泰。

初五日乙未　早，上以孟春，躬诣太庙致祭毕，回宫。

本日起居注官牛钮、张玉书。

初六日丙申　早，上御乾清门，听部院各衙门官员面奏政事毕，部院官员出。大学士、学士随捧折本面奏请旨。为昭义伯马承荫请饷事。上曰："兵马钱粮关系最急，傅弘烈不速催支给，几致士卒鼓噪，殊属怠缓，马迩吉所司何事？着一并严饬行。"

本日起居注官崔蔚林、常书。

初七日丁酉　上以世祖章皇帝忌辰，不理政事。

午时，上诣太皇太后、皇太后宫问安。

本日起居注官严我斯、朱马泰。

初八日戊戌 上以祈谷，斋戒不理政事。

未时，上诣太皇太后宫问安。

本日起居注官牛钮、王鸿绪。

初九日己亥 本日起居注官常书、董讷。

初十日庚子 早，上于保和殿视祈谷祝版毕，回宫。

午时，上诣太皇太后宫问安。

本日起居注官崔蔚林、朱马泰。

十一日辛丑 早，上亲诣大享殿行祈谷礼毕，回宫。

本日起居注官沈荃、牛钮。

十二日壬寅 早，上御乾清门，听部院各衙门官员面奏政事毕，部院官员出。大学士、学士随捧折本面奏请旨。为刑部议蒙古杀死人命事。上曰："此人罪固应死，但念系蒙古人，应以所犯情事告于其王。若其王以为当杀，则彼死亦无恨。可令诸大臣再行确议。"

又钦天监请颁行七政历事。上顾问大学士李霨等曰："七政历应颁行否？"李霨奏曰："颁行亦无益，星家所用皆与此不同。"上曰："七政历分析节气极为精细。但民间所用皆是便览通书，依旧历所分节气，虽颁发七政历，未必能用。可仍照见行例行。"

本日起居注官常书、张玉书。

十三日癸卯 早，上御乾清门，听部院各衙门官员面奏政事。

午时，上诣太皇太后、皇太后宫问安。

本日起居注官严我斯、朱马泰。

十四日甲辰 早，上幸南苑。申时，回宫。

本日起居注官常书、王鸿绪。

十五日乙巳 早，上御乾清门，听部院各衙门官员面奏政事毕，部院官员出。大学士、学士随捧折本面奏请旨。为宗人府请封尚善贝勒子噶图奉恩将军事。上曰："贝勒在师中缘事，尚未议明，其子不便即行加封。俟师旋议明，再议具奏。"

又为班布尔善侄巴尔善、博尔都等叩阍讼冤，议覆不准事。上曰：

"班布尔善事觉时，巴尔善等尚幼，且伊等原系宗室，故推恩加封。彼时一并黜革，似属冤抑。着再议。"

又将军王进宝，以原任道员胡昇猷等请署关南道府等缺，部议不准事。上曰："胡昇猷等被胁从逆，及来投大军，复被贼获，不受伪职，殊为可悯。着再议。"

又兵部为原任步军副尉瓦里请给半俸事。上曰："此人极平常，然屡次随征，亦有效力之处。今念其年老休致，着准给半俸。"

又为广西捐马事。上曰："粤西虽远，今已全属内地。马匹至彼，亦不甚难。捐马一匹，即准纪录一次，殊属太过。着再议。"

本日起居注官叶方蔼、牛钮。

十六日丙午 早，上御乾清门，听部院各衙门官员面奏政事毕，部院官员出。大学士、学士随捧折本面奏请旨。为推补四川巡抚事，正拟副都御史郝浴，陪拟布政使于成龙。上曰："郝浴、于成龙居官称职，俱堪任用。但大兵已入四川，料理军务需人甚急，若待束装赴任，恐路远有误机宜。着另推具奏。"

本日起居注官崔蔚林、朱马泰。

十七日丁未 早，上御乾清门，听部院各衙门官员面奏政事毕，部院官员出。大学士、学士随捧折本面奏请旨。为九卿、詹事会议科、道及吏部司官外转职衔事。上命会同科、道官再行确议。

又为左都御史魏象枢等条奏外转事宜事，上命一并再议。

巳时，上诣太皇太后宫问安。

本日起居注官常书、张玉书。

十八日戊申 早，上御乾清门，听部院各衙门官员面奏政事毕，部院官员出。大学士、学士随捧折本面奏请旨。为御史洪之杰题参江宁同知任道立，部议本省督、抚不便究审，应交楚省审拟事。上曰："遣吏、刑二部司官各一员，前去察审。"

又礼部题明颁诏官员事，翰林院拟差侍讲学士常书。上曰："翰林院职掌紧要，一切事务皆需伊等料理。常书不必令出诏差，如有别项紧急机务，庶可遣之以往。这差着另议具奏。"

又兵部题包衣佐领下华善等拟授游击事。上曰："前当有事之时，故将伊等发往军前效用。今事已平定，伊等有已还京者，应交与原处照旧行走。华善等依部拟用。"

巳时，上诣太皇太后宫问安。

本日起居注官沈荃、朱马泰。

十九日己酉 早，上御乾清门，听部院各衙门官员面奏政事毕，部院官员出。大学士、学士随捧折本面奏请旨。为兵部议佐领图尔泰等托病回京，应革职，仍发往军前事。上曰："此中有年齿衰老者，照议处分，殊为可悯。着议政王、大臣会议具奏。"

又为福建凯旋官兵叙功事。上曰："此等官兵在外效力极其劳苦，有功之人，着行先议叙。其有罪者，俟全师回日，再加详议。"

辰时，上御弘德殿，讲官叶方蔼、张玉书进讲：周公若曰拜手稽首一节、古之人迪惟有夏一节。上亲讲毕，讲官照常进讲。

本日起居注官牛钮、严我斯。

二十日庚戌 早，上御乾清门，听部院各衙门官员面奏政事毕。御史王遵训条陈各直省奏销钱粮，价值贵贱较前不同，请遣官查访酌定事。上曰："各直省督、抚，每为奏销钱粮多开价值，营求销算。尔本未必无私。"遵训叩头奏曰："惟皇上察访，臣实不敢私。"奏毕，出。

学士李天馥、希福随至御案前取本。上曰："各省大兵往来，凡米豆草料及供应等物，闻皆派之民间，不给价值。及大兵经过之后，所余剩之物，尽以入己，不肯发还。若复任其增价开销，徒为地方官之利，与小民何益？"天馥奏曰："外间苛派浮冒情形，不出皇上洞照。"上顾希福曰："尔出差数次，各省情形不如是耶？"希福奏曰："诚如圣谕。"奏毕，捧本匣下。

大学士、学士随捧折本面奏请旨。为四川提督王之鼎请预推川省武职，并拨给粮饷事。上曰："王之鼎何故迟延不进？其所请可着速议，之鼎仍令作速赴任。"

上又谕曰："奏销一事，直省督、抚每行贿赂，以求开销，前户部侍郎查库口供可据。今御史王遵训所奏，恐不无嘱托情弊，尔等可详察。"

辰时，上御弘德殿，讲官叶方蔼、张玉书进讲：亦越成汤一节、亦越文王武王一节。上亲讲毕，讲官照常进讲。

是日，上召起居注官、侍读学士牛钮至懋勤殿，命翻译，事毕，赐茶。将出，上赐御笔行草唐诗一卷。谕曰："此朕机务余暇所书之字，虽未甚佳，以尔职在几密之地，特以赐尔。"牛钮奏曰："臣一介竖儒，仰荷圣恩，洊拔今职，惟恐谬误多端，深切悚惧。乃过蒙皇上优眷，赐以御书手卷，益觉不克负荷。惟有敬捧宸翰，虔加珍藏，传之子孙，永为世守之宝而已。"奏毕，随于懋勤殿前谢恩，出。

本日起居注官常书、王鸿绪。

二十一日辛亥　早，上御乾清门，听部院各衙门官员面奏政事毕，部院官员出。大学士、学士随捧折本面奏请旨。为吏部、翰林院会同考试满庶子员缺事，以伊图、朱马泰、葛思泰、蔡弼汉、达鼐五卷进呈。上曰："此五卷文理俱优，伊图可补庶子。其四卷及此下五卷俱着记明，遇有应升员缺，挨次补用。"大学士等出。

上召吏部尚书吴达礼、郝惟讷，侍郎折尔肯、张士甄、屯泰、杨永宁同内阁学士佛伦、徐元文至懋勤殿，令传谕九卿、詹事、科、道曰："科、道官内升外转，原以示劝惩也。今见才优者，犹知惮于外转，其或才力不及，不称言职之人，安于外转道员者甚多。是但以示劝，非所以示惩也，故令九卿、詹事会议，务期得当。昨会议，俱瞻徇情面，不肯遽议以小品用，此无他，直是畏科、道耳。夫人臣事君，苟立心正直，行事公平，何所顾虑于人？其畏科、道者，皆由平日自处不正故也。朕于诸臣素行，无论在官在家，一举一动，罔弗知之，不即发觉者，欲令改过自新，以全国家待臣下之体。奈何不畏朝廷，而徒畏科、道之指摘乎？近日，科、道官专以虚声肆其恐吓，并未有真能参大奸大贪者。如此不职，若不分劝惩，何以大破积习，而使知勉励乎？据魏象枢等奏称：恐天下不肖之辈，不识朝廷慎重道员之意，疑为厌薄言路之端。迩年以来，姚文然、李之芳、施维翰等，内升未久，即任以大僚、督、抚，亦因其克尽言职、才能素著之故。此无论天下智愚贤不肖，当亦知朝廷无厌薄言路之意矣。其外转者，或系素无建白，或系昧于事理，或系任臆妄言，或系才力不及，原非因其条奏而外转也。又称：近年外转之科、道并无贪污溺职之一人，而五部郎中俸深升道，如范永茂、高恒豫、卢元培、程汝璞等，赃私累累，劣迹彰彰者，不知凡几。岂科、道外转者，并无溺职之一人乎？五部俸深升道员者甚多，岂尽系贪劣之人乎？如陈丹赤等。居官之优者，匿而不言，独举范永茂等四人，不辨贤否而概言之，可乎？魏象枢去岁七月内，曾于朕前面奏，科、道官所行，皆系徇私，有负朝廷耳目之任，罪皆应死。今数月以来，历年外转者，并无溺职之一人。前后参差，何其速耶？伊等所奏，理不宜批答，因注语内有以存国体之语，故令诸臣知之。外转科、道以小品官员用，遂至有伤国体，殊不可解。朕心本虚公，初不执定一说，若果在必行，何难旨意票出？兹复命九卿、詹事、科、道会议者，正欲再三参酌，务合乎中道耳。尔等可传谕会议各官，示以朕意。”

午时，上诣太皇太后、皇太后宫问安。

本日起居注官叶方蔼、牛钮。

二十二日壬子　早，上御乾清门，听部院各衙门官员面奏政事。九卿、詹事、科、道同奏内升外转事。上问吏部尚书郝惟讷曰：“尔昨谓科、道官一等者内升，二等者外转，然否？”郝惟讷奏曰：“因会典中有此语，故臣等前日会议如此。”上顾诸臣曰：“昨日郝惟讷所言如何？”户部尚书伊桑阿奏曰：“惟讷等初曾有此言，后亦同众议，外转官应以小品用。”左都御史魏象枢等奏曰：“臣等察旧例，上等内升，次者外转，故臣等前有此议。”上曰：“向来外转原以示惩。如尔等言，自世祖皇帝以来，三十余年所行皆误耶？”九卿等官出。

大学士、学士随捧折本面奏请旨。为九卿会推四川巡抚事，正推工部侍郎赵璟，陪推宗人府府丞金鼐。上曰：“赵璟亦可用，但人地不甚相宜。陕西巡抚杭爱、按察使马尔图可调用否？”大学士索额图等奏曰：“如杭爱之才，自堪任用。”上曰：“今大兵已入四川，事务甚繁，巡抚员缺最为紧要，着就近不拘满汉官员，另行速推具奏。”

又为补授理藩院主事事，正拟荫生托伦，陪拟绰克托。上曰：“朕闻托伦才不堪用，可令随旗上朝。这员缺着以绰克托补用。”

又户部覆河东巡盐御史曾寅条奏盐课事。上曰：“朕览此奏，不惟无益，其中必有情弊。”索额图等奏曰：“臣等阅部议，似亦有理。”大学士李霨奏曰：“曾寅专司盐课，因盐池被水冲坏，故有此条奏。”上曰：“情弊未必全无，理应遣官往察，尔等既如此言，姑从部议。”

又兵部议拖沙喇哈番马如标押解蒙古，至中途，蒙古行劫伤人，如标应罚俸一月事。上曰：“朕观解送蒙古，并押解乌喇、宁古塔人犯，及迎接行间尸榇之人，扰害百姓者甚多，止议罚俸一月，殊觉太轻。”索额图等奏曰：“此议原轻，宜重处以警将来。”上曰：“此等差役，数年一遣，此处不能胜任，更有何用？嗣后所遣官员兵丁，不能效力尽职，扰害百姓，及纡道行猎，御下不严，骚扰生事者，事觉应作何处分，并从前有何议处定例，俱着察明，一并再行严议具奏。”

辰时，上诣太皇太后宫问安。

少顷，上如巩华城，道经西山之麓，遣内大臣吴默讷携酒，酹配享太庙昭勋公图赖墓。

是日，驻跸神山头。

本日起居注官牛钮、崔蔚林、朱马泰。

二十三日癸丑　早，扈从大学士索额图、明珠，学士佛伦捧折本至行幄面奏请旨。为监修明史，内阁学士徐元文等，请各省遣官购取书籍，部议不允事。上曰：“编纂史书，关系一代政事，用垂后世，若书籍缺少，虽编纂不能成完史。但恐有借端妄行之事，应行与否，可着九卿、詹事、科、道会议。”

是日，驻跸南口。

二十四日甲寅　早，扈从大学士索额图、明珠，学士佛伦捧折本至行幄面奏请旨。为御史卫执蒲请用船只从大江运粮至汉中，部议不允事。上曰：“朕思此事似属可行。汉中兵饷，从陕西陆运，路险民劳，且所运无几。湖北粮米作何从水路转运，直达汉中？其管理官员，并作何奖劝？俱着再议具奏。”

又顾索额图等曰：“昨晚朕闻成都捷音，因思四川全省应用何策刻期底定？中夜图维，不能成寐。成都既克，所急惟夔州、重庆、保宁。目前杨茂勋、徐治都已进兵下夔州、重庆。其进保宁官兵，不可复蹈前辙，壁垒空持，徒延时日。今应酌留兵少许，固守保宁要害，其余将士可作速分拨济江，越保宁，直取重庆等处。若重庆等处即下，则保宁贼兵归路尽绝，可以计日而克。假使贼众势迫来降，则民生得免重困，而全蜀地方亦不久可大定矣。”谕毕，又顾索额图曰：“尔明晨祭毕，可即传会议大臣同回，将此事速行定议。”

申时，至巩华城。少顷，大学士索额图、明珠，学士佛伦复捧本日所折诸本至行宫面奏请旨。为会推四川巡抚请就近更调事，正推陕西巡抚杭爱，陪推甘肃巡抚巴锡。上曰：“巴锡如何？”索额图、明珠奏曰：“巴锡巡抚未久，闻其人亦平常。”问：“杭爱如何？”索额图等奏曰：“其人才具可用，办事有能，闻地方百姓亦俱心服。”上曰：“杭爱才实可用，料理事务亦有能名。今四川不久即下，正宜简任贤能，安抚凋残百姓，可即将杭爱调补此缺。”

又会议江西总督董卫国回奏疏，应行江西巡抚将原参知县察明，到日再议事。上曰：“此事董卫国必有连染，但尽诿于卫国则不可。目前方在进兵，姑缓行察为是，俟还京定夺。”

又户部议主事等官令于京城捐纳事。上曰：“捐纳事例，原因大兵进剿，权宜而行。此项捐纳者无多，但在前数人稍有利耳。且京城既开事例，则军前捐纳者少，亦未可定。此事亦俟还京商确定议。”

又将军赵良栋具题沿途所获粮米，俱分给兵丁事。上曰：“赵良栋深入四川，不请粮饷，所得粮米散给兵丁，善加鼓劝，不久恢复成都，大为可嘉，各处管领绿旗兵丁将帅皆不及也。俟恢复成都本到日，将此处说明，下旨褒美之。”索额图奏曰：“此等著有劳绩之人，下旨嘉美，不但劝勉一人，且使众人皆知朝廷德意，亦思各殚心力矣。”

是日，驻跸巩华城。

二十五日乙卯　未时，上回宫。

扈从起居注官牛钮。

二十六日丙辰　早，上御乾清门，听部院各衙门官员面奏政事毕，部院官员出。大学士、学士随捧折本面奏请旨。为会议浙江总督李之芳请发还被掠民间子女，遵旨回奏事。一议革职；一议降六级抵销，免其调用。

上问曰："尔等之意如何？"大学士李霨等奏曰："李之芳本不应陈奏，因身为地方大臣，遵旨陈言，故尔条奏。今应作何处分，悉听上裁。"上曰："李之芳前赴衢州，原系奉旨调往，乃诈称自往衢州。且身为地方总督，若此事应奏，彼时何不即奏？今为时已久，事已早结，沽名渎奏，大不合理。本应即行革职，但念前在衢州时，料理军机具有勤劳，安定地方，抚绥百姓，姑从宽降六级抵销，免其调用。"

又会议外转官员应以经历、理问等小品官用。上曰："前九卿汉官以面奏科、道等官优者内升，次优者外转。果如此言，则从前所行，俱大错矣。"大学士索额图等奏曰："皇上所谕极是。若如汉官言，则前此皆误。"上又问李霨等曰："尔等云何？"李霨等奏曰："科、道等官内升外转，原以示劝惩。若谓次优者外转，则最劣者，当如何处分？"上曰："从前内升外转，皆优者内升，劣者外转。可将前议票出，令明白再议。"

又吏部题补云贵总督员缺，开列职名事。上曰："着议政王、贝勒、大臣，九卿、詹事、科、道会推。"

辰时，上御弘德殿，讲官库勒纳、叶方蔼、张玉书进讲：立政任人准夫牧五节、文王惟克宅厥心一节。上亲讲毕，讲官照常进讲。

午时，上诣太皇太后、皇太后宫问安。

本日起居注官沈荃、朱马泰。

二十七日丁巳 早，上御乾清门，听部院各衙门官员面奏政事毕。兵部题补镶红旗参领，以拜他喇布勒哈番品级阿纳库等引见。上问其履历。顾谓侍卫曰："此人才具甚优，前偕侍卫朱尔素冒险突围，自保宁由栈道驰出，其胆力殊可嘉也。"奏事毕，部院官员出。

大学士、学士随捧折本面奏请旨。为河道总督靳辅五本条奏生财事。上曰："靳辅诸本词语支离，俱不可行，着发还。"

本日起居注官常书、张玉书。

二十八日戊午 早，上御乾清门，听部院各衙门官员面奏政事。三法司奏事毕，上命左都御史魏象枢、副都御史莽色近前谕曰："京师重地，差御史巡视五城，专为严察奸宄。今无知之徒，所在聚会，捏造不轨之言，煽惑愚民，深为可恶。五城御史将此等奸徒不行严察，所管何事！"

魏象枢、莽色奏曰："臣等常令五城御史严察奸恶之徒，今仍横行如此，皆该御史不行察缉之故。臣等当再行严谕巡察，以杜奸宄。"奏毕，出。

大学士、学士随捧折本面奏请旨。为九卿议覆科、道官分省补用事。上曰："省有大小不同，云南、贵州岂可与他省相较？着再议。"

又广西巡抚傅弘烈请给大兵马草折价事。上曰："马草折价银两，关系钱粮。前后所奏，数目迥不相符，当差官往察时价定夺。"

又御史陈可畏题请煮赈流民宽期至三月，部议准行事。上曰："京城附近地方，常有流落饥民，着依所请行。至各处饥民，常行赈济，而所在仍有流移，该管官所赈何人？应将此处明白传谕。"

本日起居注官牛钮、严我斯。

二十九日己未 早，上御乾清门，听部院各衙门官员面奏政事毕，部院官员出。大学士、学士随捧折本面奏请旨。为吏部议关南等处道缺铨补有人，王进宝所题胡昇猷，应令四川督抚酌量另用；刘璟曾受伪职，应无庸议事。上曰："胡昇猷人品甚优，身陷贼中者数年，百计逼辱，守节不屈，可嘉。川省见在用兵，应即于其地要缺录用。刘璟亦属可悯，着再议。"

又部覆御史谢兆昌疏自二月始至七月止，民间细事俱停止审理事。上曰："此事尔等以为如何？"大学士索额图、明珠奏曰："民间小事，自四月后停止审理，从来定例。今自二月为始，农功无误，麦收有望，似属可行。"上从之。

又三法司为李添玉等将侯进等七十余人殴打，投水致死，两议具题。上曰："尔等之意如何？"索额图、明珠奏曰："此事情罪极为可恶，理宜正法。"大学士李霨奏曰："李添玉等罪实可恶，然据三法司议，此内并无杀一家三人者。"上曰："前旨驳回云，比一家杀非死罪三人更惨，乃譬喻之语，部内未晓其故耳。李添玉着即正法，其余秋后处决。"

辰时，上御弘德殿，讲官库勒纳、叶方蔼、张玉书进讲：文王罔攸兼于庶言庶狱庶慎二节、亦越武王一节。上亲讲毕，讲官照常进讲。

本日起居注官朱马泰、王鸿绪。

三十日庚申 早，上御乾清门，听部院各衙门官员面奏政事。九卿、詹事、科、道同奏言官外转事。上曰："尔等之意云何？"户部尚书梁清标等奏曰："臣等前议止照旧例。及奉圣谕，外转特以示惩。臣等见不及此，所议失当，咎复何辞！"

又遣官购取书籍事。上问："此事可行否？"兵部尚书宋德宜等奏："前代修史，亦有遣官采书之例。臣等会议，止须责成地方有司，不必遣官。"上颔之。九卿等官出。

大学士、学士随捧折本面奏请旨。为吏部题补满洲正詹事。上曰："翰林、詹事等官，必须通晓文义者方称其任。可将开列各官，着吏部、翰林院公同考试。其牛钮、常书二人文学淹通，朕所素知，不必考试。见在军前格尔古德，所学甚优，朕亦知之。"

本日起居注官库勒纳、叶方蔼。

二　月

初一日辛酉　早，上御乾清门，听部院各衙门官员面奏政事。刑部郎中洪尼喀、吏部员外郎于涟，奉命湖广察审御史洪之杰所参江宁府同知任道立事，面请谕旨。上谕曰："尔等察审之事在湖广地方，纠劾御史又系湖广人，务须秉公确审，毋得偏徇。"洪尼喀等奏曰："臣等祇遵圣谕，当尽心审勘，何敢有偏。"奏毕，出。

大学士、学士随捧折本面奏请旨。为奋威将军王进宝恢复保宁事。上曰："王进宝率领绿旗官兵，克取保宁，生擒伪将军等，斩杀贼众，恢复城池，深为可嘉，宜从优褒叙。尔等所拟票签，何未有从优字样？"大学士索额图等奏曰："王进宝恢复保宁，正当贼势衰溃之际。若骤加优叙，将来地方渐次底定，欲概行叙录，似有未便。故臣等拟票，无从优字样。至王进宝奋勇克敌，收复岩疆，加优褒叙，自出特恩。"上曰："姑照尔等所拟。"

辰时，上御弘德殿，讲官库勒纳、叶方蔼、张玉书进讲：呜呼孺子王矣一节、自一话一言一节、呜呼予旦已受人之徽言一节。上亲讲毕，讲官照常进讲。

本日起居注官沈荃、牛钮。

初二日壬戌 早，上御乾清门，听部院各衙门官员面奏政事毕，部院官员出。大学士、学士随捧折本面奏请旨。为九卿、詹事、科、道会议内升外转事。上曰："可仍照见行例行。"

又吏部议刑部侍郎禅塔海审阿喇纳出妻一案，以实为虚，应罚俸三月事。上曰："朕闻刑部审狱，凡事不以理断，瞻徇情面者甚多。此事必有情弊，着再加详察议奏。"

又兵部议，盛京将军安朱护请以新满洲那达纳等补半个佐领，应不允所请事。上曰："那达纳等俱从本佐领移拨而来，可照该将军所请行。"

辰时，上御弘德殿，讲官库勒纳、叶方蔼、张玉书进讲：自古商人一节、国则罔有立政用憸人一节、今文子文孙一节。上亲讲毕，讲官照常进讲。

巳时，上诣太皇太后宫问安。

本日起居注官库勒纳、叶方蔼。

初三日癸亥 早，上御乾清门，听部院各衙门官员面奏政事毕，部院官员出。大学士、学士随捧折本面奏请旨。为吏部题补陕西巡抚事。上问："山西布政使穆尔赛其人何如？"大学士索额图奏曰："穆尔赛办事平常。"勒德洪奏曰："此人平素庸劣，先在户部办事，亦未见所长。"明珠奏曰："穆尔赛人虽平常，闻在地方亦能料理。"上曰："陕西布政使马尔图自堪补用，但本省布政使不便升本省巡抚。甘肃布政使鄂恺可用否？"索额图奏曰："此人才具甚优。"明珠奏曰："鄂恺才具既优，且又非本地官员。"上曰："可将鄂恺补授陕西巡抚。"杜立德奏曰："三人之中，据臣闻见，穆尔赛当居第一。"上曰："鄂恺朕所素知之人，故特用之。"

又兵部补授四川总兵官事。上曰："四川新复地方，最为紧要，必须才略俱优之人，方克胜任。高孟、王用予、王朝海、赵名佑才能素著，且在疆场更多劳绩，着即补授总兵四缺。"

本日起居注官常书、王鸿绪。

初四日甲子 早，上御乾清门，听部院各衙门官员面奏政事毕，部院官员出。大学士、学士随捧折本面奏请旨。为吏部题补詹事事。上曰：

"喇巴先曾在长春宫读书否？"大学士明珠奏曰："喇巴亦曾在长春宫读书，但既长始就学耳。"上曰："朕以翁英学问优长，昨阅所试之文，殊觉疏浅。"明珠奏曰："寻常本章，亦能翻译。"上曰："考试人少，翁英始置第三，若所试人多，岂得以第三置之？至牛钮、常书所学俱优，自不待言。若考试，当每次第一。格尔古德品优学裕，见在行间效力颇多，每来启奏，纤细不遗，极其鲠直，可补授詹事。"

又为题补吏部郎中事，正拟员外郎臧应选，陪拟马君宠。上曰："此二人俱不堪用，着另拟具奏。"

又兵部题补四川总兵官事。上曰："昨所补高孟、王朝海、王用予俱堪擢用。其赵名佑可易去，以赵良栋所题投诚王进才补授。"

又福建总督姚启圣奏，靖南王下曾养性等，自归顺以来，多有效力之处，或遇缺题补，或咨部先用，部议不准。上曰："此事当如何而可？"大学士索额图奏曰："似当从部议。"明珠奏曰："曾养性等方议提取来京，今应乘该督之请，令养性等即来补用，因拘留于此。"上曰："朕亦有此意。今应即乘此机，召见而留之。"

辰时，上御弘德殿，讲官库勒纳、叶方蔼、张玉书进讲：其克诘尔戎兵一节、呜呼继自今后王一节、周公若曰太史一节。上亲讲毕，讲官照常进讲。

少顷，又召大学士、学士至懋勤殿，为吏部等衙门拟邪教赵氏、陈三道等立斩；李应宗等应斩，秋后处决事。上曰："尔等以此案当如何？"明珠奏曰："邪教惑人，情罪深为可恶，从来定律如是。自应正法，以示警戒。"李霨奏曰："妖言惑众是实，如此处分亦自允当。"上又问曰："李应宗亦当罪否？"明珠奏曰："应宗身为坛主，理应处死。"上从之。

本日起居注官朱马泰、董讷。

初五日乙丑　早，上御乾清门，听部院各衙门官员面奏政事毕，部院官员出。大学士、学士随捧折本面奏请旨。为一等阿达哈哈番恩图，请以己职令其亲兄之曾孙查馨承袭，吏部不准行事。上曰："此官系恩图亲身勤劳所得之官，及其身尚在，请令其兄之曾孙承袭己职，因于例不合，议不准行，情屈可悯。着依恩图所请，令查馨承袭。"大学士明珠奏曰：

"观恩图叩阍本，勤劳效力之处诚多，以捐躯效力所得之官，及其身尚在，请令曾侄孙承袭，执例不允，实可矜怜。"

又礼部题原任副都统徐大贵应否与谥事。上问："应与谥否？"明珠奏曰："此系旧人，因本身效力，得阿达哈哈番之职。又遇恩诏，加至阿思哈尼哈番。太宗时，曾任副都统，锦州、松山等处，俱出征著劳。"上曰："太宗时旧臣，又有劳绩，着与谥。"

本日起居注官叶方蔼、牛钮。

初六日丙寅　早，上御乾清门，听部院各衙门官员面奏政事毕，部院官员出。大学士、学士随捧折本面奏请旨。为兵部开列护军参领十人，题补正黄旗蒙古副都统员缺事。上曰："可将公、侯、伯以下阿思哈尼哈番以上，查明具奏。"

本日起居注官朱马泰、董讷。

初七日丁卯　早，上于保和殿，视祀社稷祝版毕，回宫。

少顷，御乾清门，听部院各衙门官员面奏政事。

本日起居注官库勒纳、沈荃。

初八日戊辰　早，上躬诣社稷坛致祭毕，回宫。

少顷，上率诸王、贝子、公等，内大臣、大学士、都统、尚书、精奇尼哈番、侍卫诣慈宁宫，庆贺太皇太后圣诞礼毕，回宫。

本日起居注官常书、王鸿绪。

初九日己巳　早，上召满大学士等至懋勤殿面商折本：为礼部议覆福建巡抚吴兴祚请展乡试日期事。上曰："乡试关系选取人才，且需用时日无多。吴兴祚前已改期，今又以改期具奏，不合。着即行乡试。"

又户部议覆甘肃巡抚巴锡题请捐纳事。上曰："陕西百姓屡年解运钱粮，甚为劳苦。又在此地捐纳，不可。今四川已经恢复，宜在四川捐纳。可令九卿等会议。"

又补授日讲官事。上曰："讲官职掌，关系紧要，必选学问优长、才能素著之人，方可任用。这所开各员内，尔等有素知者否？"大学士索额图奏曰："阿哈达原系票签侍读，人有才干，亦能办事。"上问勒德洪、明珠曰："尔等以为何如？"奏曰："亦有才干之人。"上问侍讲学士常书曰："阿哈达所学何如？"常书奏曰："学问平常。"上又问："为人何如？"常书奏曰："新入衙门，尚无试验。"上命以阿哈达补充日讲官。谕毕，大学士等出。

辰时，上幸南苑，驻跸东宫。

本日起居注官库勒纳、牛钮、常书、董讷。

初十日庚午　早，上御东宫内殿。扈从大学士明珠，学士佛伦、希福捧折本面奏请旨。为刑部拟进财等盗取武英殿槅扇镀金什物罪，两议具奏事。上曰："进财、杨疙疸系真正贼犯，应依议立斩。其刘三虽销化镀金，并不曾与进财通同盗取，似后议为是。尔等之意何如？"明珠等奏曰："进财等偷盗时，刘三原未同事，后议秋后处决，似是。"上曰："是。刘三着依后议。"

是日，将军王进宝、吴丹等为恢复四川保宁府，遣参领诺木浑、总兵官王用予奏捷至。上召诺木浑、王用予入内殿，赐食毕，仍赐用予御服天马皮挂一领。又令大学士明珠传谕用予曰："尔在行间，卓著劳绩，今来奏事，特此加恩，拨给上第居住。仍遣在内人役供应使令，一切饮食俱自内庭颁给。"用予奏曰："行间效力，乃臣子分内之事。皇上特加殊赐，臣愧不克当，敢不竭力以图报称。至于内庭之人，臣安敢使令。臣携有家人足用，钦遣在内人役，伏乞停止。"上允所请。

是日，驻跸东宫。

十一日辛未　以孝康章皇后忌辰，上不理政事。是日，驻跸东宫。

十二日壬申　早，上御东宫前殿。大学士明珠，学士佛伦、希福捧折本面奏请旨。为直隶巡抚金世德遗疏条奏三款事。上曰："金世德自任巡抚以来，善绩甚多。今病故，应颁温旨。其条奏事宜，俟回京日，再行请旨。"

辰时，讲官库勒纳、牛钮进讲：王曰若昔大猷一节、曰唐虞稽古一节、今予小子一节。上亲讲毕，讲官照常进讲。

是日，驻跸东宫。

十三日癸酉　早，上御东宫前殿。大学士明珠，学士佛伦、希福捧折本面奏请旨。为兵部题延绥总兵员缺，请旨开列事。上曰："延绥地方极为紧要，这总兵员缺，应遴选补授，可将候补总兵官及见任副将开列具奏。其著有劳绩新升副将之人，亦着一并开列，简选贤能者用之。”

辰时，讲官库勒纳、牛钮进讲：立太师太傅太保一节、少师少傅少保一节、冢宰掌邦治一节。上亲讲毕，讲官照常进讲。

是日，驻跸东宫。

十四日甲戌　早，上御东宫前殿。大学士明珠，学士佛伦、希福捧折本面奏请旨。为吏部开列学士、布政使职名题补直隶巡抚事。上曰：“福建布政使于成龙居官日久，人亦堪用，着补授此缺。”

又为郧阳抚治杨茂勋员缺，请旨开列事。上曰：“今地方已定，郧阳系内地，此缺不必补授。着再议具奏。”

又为科、道官员分省补用事。上曰：“前以科、道员缺宜均，故令分省补用。今见候补科、道甚多，若分省补用，恐候缺年久，必致壅滞，仍照见行例行。”

又礼部再禁阉割幼童事。上曰：“一品以上大臣之家，犹可使用太监，其余卑微之人，不应以太监供使令。止因向来未有禁例，以致各项人等通用太监，故民间私自阉割者甚多。今应作何禁止，须再加详议，俟回京日请旨。”

又兵部察议南汝总兵官傅魁应降二级调用事。上曰：“傅魁人极平常，但授总兵未久，姑且留任。”

又刑部议郭二达子、张二回子讹诈朝鲜贡使银两，应照光棍例，即行处斩事。上曰：“尔等之意如何？”明珠奏曰：“今见议光棍条例，此辈似应候秋后处决。”上曰：“是。着监候秋决。”

辰时，讲官库勒纳、牛钮进讲：司徒掌邦教一节、宗伯掌邦礼一节、司马掌邦政一节、司寇掌邦禁一节、司空掌邦土一节、六卿分职一节。上亲讲毕，讲官照常进讲。

是日，驻跸南红门内。

十五日乙亥　早，上御行宫前黄幄。户部尚书伊桑阿，侍郎萨木哈、达都，引见奉差广西核定草价员外郎席格。上曰：“巡抚傅弘烈奏销各项价值，俱属太过。尔到广西，每草一束时价若干，可用心察访。销算米粮等项价值，亦应详察。仍传谕马迩吉，一切奏销事务，须察实奏闻，勿得照地方官员浮冒开奏。”又问席格曰：“尔有请旨处否？”席格奏曰：“所估草价，巡抚傅弘烈具题之事。今傅弘烈领兵前进，或仍往傅弘烈处定价，或在大兵驻处定价？”上曰：“即在大兵驻扎处详定草价。”谕毕，出。

大学士索额图、明珠，学士佛伦、希福随捧折本面奏请旨。为兵部题覆魏成业家盗案事。以盗为成业之邻，议免步军总尉朱三等处分。上曰：“贼犯虽系邻居，但伊等该管泛地有杀人之事，若不加处分，恐致怠惰。可将朱三等仍照定例议奏。”

又以云贵总督赵良栋敕书进呈。上览毕，谕曰：“贵州贵阳府与云南相去甚远，总督若驻贵阳府，恐云南地方难以兼理。俟平定云南、贵州时，将应驻扎处，另行请旨。即改敕书内驻扎贵阳之语。”索额图等奏曰：“前因吴三桂驻云南，故总督驻贵州。今俟云南、贵州平定时，将应驻扎处另行请旨，甚是。”

是日，驻跸南红门。

十六日丙子　早，上御行宫前黄幄。大学士索额图、明珠，学士佛伦、希福捧折本面奏请旨。为兵部议湖广总兵姚珩前任真定地方失事，应罚俸一年事。上曰：“姚珩见在行间效力，着宽免。”

又刑部议赵氏妖言惑众，关海等营求免拿，应革职事。上曰：“邪教事甚为可恶，关海等营求既真，理应革职。着依议。巴克三口供，既连索讷诲，该部不行议处，不合。着再议具奏。”

少顷，上幸晾鹰台大阅。是日，命镶黄旗、正黄旗、正白旗、包衣佐领下官兵，俱擐甲序列晾鹰台东，其鸟枪兵以次排列北向。上自行宫亲擐甲，命内大臣、侍卫、大学士、学士等亦俱擐甲，沿晾鹰台序列北向，同阅军容。内大臣、侍卫、禁军等俱陆续从观毕，上御晾鹰台，命内大臣、侍卫、禁军等排班，向晾鹰台驰马、发喊，鸟枪兵齐发火器。阅毕，树侯于台下，上擐甲马步射。随命内大臣、侍卫以次各马步射。

阅毕，上御晾鹰台黄幄，命内大臣、侍卫、大学士、学士、起居注官依次列坐，赐宴。

酉时，驾还，诣太皇太后宫问安毕，回宫。

扈从起居注官库勒纳、牛钮。

十七日丁丑 早，上御乾清门，听部院各衙门官员面奏政事毕，部院官员出。大学士、学士随捧折本面奏请旨。为礼部奏广西巡抚傅弘烈受安南国礼物，议交吏部事。上谓大学士曰："尔等之意如何？"大学士索额图奏曰："傅弘烈退回金帛，受其小物。如此议结亦是。"上曰："已觉者虽止此，安知不更受他物？可查取口供否？"大学士明珠奏曰："若取口供，必须拘禁。"上曰："可依部议。"

又为再禁阉割幼童事。上曰："今应用太监往往乏人，皆由常人滥用之故。汉官用者犹少，满洲官员用者甚多。这所议太轻。塞色黑等何竟如此定议？原本着发回，令再议具奏。"

巳时，上诣太皇太后、皇太后宫问安。

本日起居注官崔蔚林、朱马泰。

十八日戊寅 早，上于保和殿，视朝日坛祝版毕，回宫。

少顷，御乾清门，听部院各衙门官员面奏政事毕，部院官员出。大学士、学士随捧折本面奏请旨。为吏部议，福建巡抚吴兴祚，据降调编修陈梦雷辩明心迹，呈词代题，不合事。上曰："陈梦雷先经从贼，倡率妄行。归正之后，又不即赴京师，具呈巧饰。该部不指明详议，但云该抚具题不合，殊属草率。可着再议具奏。"

又为守陵披甲人役，请照旧支给粮米，部议允行事。上曰："若辈粮米尽自足用，着仍照见行例折给。"

又礼部题万寿节礼仪事。上曰："太皇太后、皇太后前照例行礼。诸王以下，表贺俱免。"

又兵部为延绥总兵员缺请旨开列事。上命以见任副将列名具奏。仍谕大学士等曰："副将李承恩、陈梦旸、吉孙略三人，常于奏报中见其行间效力，功绩甚多，可谕兵部，令即传来京面试。"

又正蓝旗噶柱言，其父以军功得佐领，后因其兄缘事，遂转给岳尔多。今援拜思哈等例叩阍，请仍管佐领，兵部议不允行。上曰："噶柱情事与拜思哈等同，可着再议。"

本日起居注官张玉书、阿哈达。

十九日己卯　早，上躬诣朝日坛致祭毕，回宫。

本日起居注官叶方蔼、常书。

二十日庚辰　早，上御乾清门，听部院各衙门官员面奏政事毕，部院官员出。大学士、学士随捧折本面奏请旨。为兵部议，监送蒙古，不行严禁，章京马如彪应罚俸一年，披甲人各鞭八十，仍载入定例事。上曰："伊等监送蒙古，任其抢夺横行，所司何事？这所拟尚轻，可着再议。"

又三法司议吴鼒缢死其姑，应凌迟处死事。上曰："吴鼒将其姑忍心行害，深为惨毒，可依法司议。"

又为原任粮道张尊德多算米价，拟斩，秋后处决事。上曰："人命关系重大，张尊德拟斩并无实据，着再详议具奏。"

又为进呈条例事。上曰："前因条例款项太繁，故令会议。今看重出之处甚多，一切概行开载，难以详览。着交回该部，令将改定各款开明具奏。"

辰时，上御弘德殿，讲官库勒纳、叶方蔼、张玉书进讲：六年五服一朝一节、王曰呜呼凡我有官君子一节。上亲讲毕，讲官照常进讲。

本日起居注官牛钮、严我斯。

二十一日辛巳　早，上御乾清门，听部院各衙门官员面奏政事。

辰时，上御弘德殿，讲官库勒纳、叶方蔼、张玉书进讲：学古入官一节、戒尔卿士一节。上亲讲毕，讲官照常进讲。

是日，赐四川松潘总兵官王用予鞴鞍马一匹。

巳时，上诣太皇太后、皇太后宫问安。

本日起居注官库勒纳、沈荃。

二十二日壬午　早，上御乾清门，听部院各衙门官员面奏政事。吏部、三法司奏，御史罗人琮所参湖广布政使崔维雅应革职。行贿人张瑞声在逃，俟获日再议。罗人琮坐寄私书，亦议革职。上问曰："罗人琮寄私书事已承认否？"吏部尚书吴达礼等奏曰："罗人琮全不承认。"上曰："干证王麟征已死，伊岂肯承认？"遂问左都御史魏象枢曰："罗人琮为人若何？"魏象枢奏曰："罗人琮人亦忠厚。"

上又问都察院众汉官曰："御史范承勋为人何如？"魏象枢、李仙根奏曰："范承勋系旗下人，臣等知之未甚详确。"上又问满副都御史莽色、科尔坤。莽色等奏曰："臣等视范承勋为人甚佳，亦能办事。"上曰："范承勋与汉官私相交结，通同往来，魏象枢等毫无许可，尔等如此奖誉，为大臣者固若是耶？"莽色等奏曰："此等行事，臣等实不知之。自此以后，当严加申饬。"上曰："今范承勋见在此。"遂呼问："尔同汉官亲厚结纳为何？"范承勋奏曰："臣父范文程原系内阁大学士，先时考取门生甚多。臣与臣父门生交往是实，并无私相结纳之处。"上谕魏象枢、李仙根曰："御史有参劾职掌，极为紧要，若立身不正，何以纠人？范承勋自今以后，将从前所行尽改则已，若仍不改前非，尔等即行参奏。"谕毕，部院官员出。

大学士、学士随捧折本面奏请旨。为礼部议，除八分内王公外，私买太监者，应从重处分事。上曰："三品以上官员，本不宜禁止，但私自阉割者多，未免于民有害，着依部议。"

又吏部为本部郎中缺改拟题补事，正拟员外毕兴霖，陪拟刘泽寰。上曰："吏部职掌紧要，此二人才具平常，俱不堪用。着将应升官员察明来奏，朕亲选补授。"

又兵部议广东海贼火劫湖门山寨，致阵亡都司一员，署总兵官许弘德应革职事。上曰："此等情罪岂止革职？即处以重典亦可，今姑从部议。此缺宜加遴选，必如江西总兵官蔡璋、陕西总兵官周球其人者，方可胜任。"

又为科臣姚祖顼奏请奖叙被难人员事。上曰："初，逆贼反叛时，克尽忠义，或从贼所设计来归，或大兵已到，尚为贼困，此等人录其善而奖其忠，方为允当。昨广西巡抚傅弘烈将广东被难受伤之人奏请旌奖，朕亦将其本折票。今览姚祖顼所奏，是何意见？此中显有情弊。"大学士索额图、明珠、杜立德奏曰："圣意洞悉其弊。若照此，如何可行？"上曰："姚祖顼奏，各省留用候缺官员，应酌量取回。观其所请，非为亲戚，即为朋友。我兵已恢复地方，贼众渐溃。奸滑之人，先附贼妄行者，今掩饰其罪，将伪札焚毁，谓其身藏沟壑，逃避山林，文饰观瞻，以图侥幸者甚多。善恶不分，概请旌奖，甚为不合，着严饬行。自此以后，科、道官员条奏，朕将所奏本章先行披览。其陈奏之人，面加详问，如此则人之才能，及所奏之意，尽可知矣。"

辰时，上御弘德殿，讲官库勒纳、叶方蔼、张玉书进讲：位不期骄一节、居宠思危一节。上亲讲毕，讲官照常进讲。上谕曰："人品辨别，只在心术公私。凡人口之所言与身之所行，往往不相符合。故去私最难。"叶方蔼奏曰："臣下心术不同，总在皇上时加激劝，则皆化私而为公矣。"张玉书奏曰："人臣事主，务宜奉公，若一念涉私，则步步皆错。所以说，作伪心劳日拙。"

巳时，上率皇太子及皇子保清，诣太皇太后、皇太后宫问安。

本日起居注官朱马泰、董讷。

二十三日癸未　早，上御乾清门，听部院各衙门官员面奏政事毕，部院官员出。大学士、学士随捧折本面奏请旨。为吏部题补侍讲事。上曰："着照前例考试。"

又廉州府知府钟明进等呈辩被贼拘执，并未从逆，吏部议行该抚确取口供事。上曰："此辈向已从贼，今见击败贼众，地方渐平，辄妄行呈辩，希图徼幸。况钟明进等辩辞并无凭据，不必行察，着即议结具奏。"

又刑部议吴桥县劫贼枝指等应即处斩事。上曰："自首强贼普德曾亲杀人否？"大学士明珠奏曰："普德未曾杀人。此等自首强贼，未曾亲手杀人者，有钦改秋后处决之例。"上曰："既如此，着将普德亦改为秋后处决。"

又议正黄旗保住家被盗事。上曰："保住家住皇城内，系包衣佐领下人，朕故知之。其邻近有数处防夜步兵，贼入行劫伤人，步兵岂有不知之理？着再严审，务得实情具奏。"

又理藩院奏古鲁王下官兵叙功事。上曰："议叙军功，事情紧要，着遣大臣一员、兵部章京一员前往。"

辰时，上御弘德殿，讲官库勒纳、叶方蔼、张玉书进讲：推贤让能一节、王曰呜呼三事暨大夫一节。上亲讲毕，讲官照常进讲。

巳时，上诣太皇太后、皇太后宫问安。

本日起居注官崔蔚林、阿哈达。

二十四日甲申　早，上御乾清门，听部院各衙门官员面奏政事毕，部院官员出。大学士、学士随捧折本面奏请旨。为三法司议福建越禁出洋人犯三十三人拟斩事。上曰："海上机宜，正在筹划。倘金门、厦门既下，则此辈又当另议。"大学士明珠奏曰："前荆州禁江时，有私行渡江贸易者，俱从宽免死，发新满洲人下为奴。此亦是一例。"上曰："此本可暂留勿发。"

辰时，上如巩华城。

本日起居注官常书、朱马泰、张玉书。

二十五日乙酉 以孝昭皇后二周年致祭。申时，上回宫。

本日起居注官朱马泰、王鸿绪。

二十六日丙戌 上以孝昭皇后忌辰，不理政事。

本日起居注官牛钮、严我斯。

二十七日丁亥 早，上御乾清门，听部院各衙门官员面奏政事毕，部院官员出。大学士、学士随捧折本面奏请旨。为吏部、三法司议原任江南按察使崔维雅、御史罗人琮俱应革职事。上问大学士李霨等曰："尔等所见若何？"李霨奏曰："为王三谟行贿之人，未经缉获，崔维雅受贿事，尚无确据。罗人琮私书事，未经承认，亦无确据。"上曰："罗人琮私书嘱托是实。若此书属虚，则罪不应革职。既以为实，则罪不应止此。科、道及六部官员与外官通书札请托者甚多，但未发觉耳。既经发觉，岂有不严加处分之理？前九卿、詹事、科、道会议，定有处分条例，何以不引此例议处？罗人琮身为言官，致书嘱托，又挟仇参奏，深为可恶，着再严加议处！"

辰时，上御保和殿，举行经筵大典，讲官库勒纳、项景襄进讲《四书》子张问政一节；佛伦、冯源济进讲《易经》时乘六龙以御天也一节。

本日起居注官常书、张玉书。

二十八日戊子 早，上御乾清门，听部院各衙门官员面奏政事毕，部院官员出。大学士、学士随捧折本面奏请旨。为吏部题补本部郎中事。上曰："闻尔衙门侍读金汝祥是一谨慎之人，通晓文义，亦能办事。"大学士索额图奏曰："皇上所闻甚确。"明珠奏曰："金汝祥是极小心谨慎之人，办事颇能称职。"上曰："金汝祥着补郎中。"

又为兵部题补护军参领事，正拟三等护卫格衣图，陪拟郎中纳雷。上曰："此二人现在军前，将伊等劳绩查明具奏。"

辰时，上御弘德殿，讲官库勒纳、叶方蔼、张玉书进讲：王若曰君陈一节、昔周公师保万民一节。上亲讲毕，讲官照常进讲。

上谕曰："今人外貌长厚而中怀贪诈者甚多，贪风日炽，不加惩创，无以示警。"叶方蔼奏曰："人有其言似公而其意实私者，亦有其迹近私而其意实公者，不可不辨。"张玉书奏曰："必以礼义廉耻为尚，贪风庶可渐息。"

本日起居注官库勒纳、叶方蔼。

二十九日己丑　早，上御乾清门，听部院各衙门官员面奏政事毕，部院官员出。大学士、学士随捧折本面奏请旨。为兵部题补前锋参领事，正拟骁骑参领阿纳库，陪拟护军参领阿尔法。上曰："包衣佐领下参领牛钮，曾以伊效力行间事，控诉于部。彼虽系包衣佐领人，尔等可将阿纳库、阿尔法及牛钮三人功绩讯明具奏。"

又为提督徐治都怯懦，不急入川，议加处分事。上曰："据徐治都恢复巫山、夔州日期，与赵良栋等恢复成都、保宁日期，相去不远。徐治都似非闻成都、保宁恢复之信，始行前进，或可免其处分。然还当察明成都、保宁、巫山、夔州恢复日期，再行具奏。"

辰时，上御弘德殿，讲官库勒纳、叶方蔼、张玉书进讲：我闻曰至治馨香一节、凡人未见圣一节。上亲讲毕，讲官照常进讲。

巳时，上诣太皇太后宫问安。

本日起居注官蒋弘道、阿哈达。

三　月

初一日庚寅　早，上躬诣堂子致祭毕，回宫。

本日起居注官沈荃、朱马泰。

初二日辛卯　早，上御乾清门，听部院各衙门官员面奏政事毕，部院官员出。大学士、学士随捧折本面奏请旨。为兵部题补前锋参领事，遵谕察阿纳库、阿尔法及牛钮功绩，请旨定夺。上曰："牛钮向在军前，争先射殪贼众，著有劳绩，着补授前锋参领。"

又题补前锋护卫事，正拟二等护卫博代，陪拟拖沙喇哈番达海。上曰："博代年老有疾。达海为人武健，在行间亦能奋力，可补授此缺。"

巳时，上诣太皇太后、皇太后宫问安。

本日起居注官牛钮、崔蔚林。

初三日壬辰　早，上御乾清门，听部院各衙门官员面奏政事毕，部院官员出。大学士、学士随捧折本面奏请旨。为吏部题补翰林院侍讲事。上问曰："考取第一明图为人若何？"大学士索额图奏曰："明图在臣衙门翻译本章甚佳，人亦堪用。"上又问大学士明珠。明珠奏曰："所学亦好，人则平常。"上又问曰："所取第二思格则何如？"索额图等奏曰："思格则为臣衙门侍读，亦与明图相等。"上曰："着将明图补授。"

又兵部请以偏图转庄浪副将事。上曰："此等员缺，偏图不必转，应于云贵地方调用，尔等记之。"

辰时，上御弘德殿，讲官库勒纳、叶方蔼、张玉书进讲：图厥政罔或不艰一节、尔有嘉谋嘉猷一节。上亲讲毕，讲官照常进讲。

本日起居注官朱马泰、董讷。

初四日癸巳　早，上御乾清门，听部院各衙门官员面奏政事毕，部院官员出。大学士、学士随捧折本面奏请旨。为吏部题补本部郎中牙思哈员缺事，正拟户部员外郎格木德，陪拟穆占。上曰："伊等朕不知其为人，着另拟具奏。"

又理藩院题随征阵亡病故外藩蒙古官兵，请加恩赐事。上曰："恩赐事例所关甚大，该衙门堂官若不前往亲给，恐不能均沾实惠。可着堂官一员往视分给。"

又投诚伪将军谭弘，自陈从贼投诚前后情节事。上曰："前，贼未至保宁，谭弘即反，甚为懦怯。这所奏殊觉可耻，尔等以为何如？"大学士明珠奏曰："观谭弘从贼情事，真可耻也。"上命如所拟票下部。

本日起居注官库勒纳、严我斯。

初五日甲午　早，上御乾清门，听部院各衙门官员面奏政事毕，部院官员出。大学士、学士随捧折本面奏请旨。为吏部题补云南巡抚员缺，开列职名事。上曰："开列诸人孰优？"大学士李霨奏曰："悉听睿裁。"上问："伊辟如何？"李霨奏曰："为人谨慎可用。"又问大学士冯溥曰："此尔同乡人，尔当知之。"冯溥奏曰："伊辟前为巡按时亦称职。"上曰："此人老成谨厚，可即补此缺。"

又工部请令江南省岁采杉木二千株，今岁应采六千株，以备工用事。上曰："向来木植，皆因工部官员不能经心管理，以致损坏。这采买六千株太多，着遣章京一员，往采坚好木植四千株备用。"

本日起居注官常书、张玉书。

初六日乙未　早，上御乾清门，听部院各衙门官员面奏政事毕，部院官员出。大学士、学士随捧折本面奏请旨。为吏部议，御史席柱等失察赵氏等妖言惑众，应降一级抵销事。上曰："御史、司坊官着各降三级调用。有加级纪录者，准抵销。"

又刑部为杨名显兄弟，诱丘元之父赌博争竞，丘元往救，被殴身死，应照光棍例拟斩事。上曰："杨名显等照光棍例坐罪，似属过当。尔等云何？"大学士明珠奏曰："名显等情罪较光棍稍轻。此等罪犯，亦有奉旨改正者。"上曰："着监候秋审。"

又严自明请遣其婿入川，收其家被难骸骨，并访伊孙踪迹事。上曰："严自明抵京效力日久，其家口俱陷贼中，殊为可悯。可即令亲赴四川，随大兵入云、贵访求完聚。"

本日起居注官叶方蔼、朱马泰。

初七日丙申　早，上御乾清门，听部院各衙门官员面奏政事。礼部侍郎额星格奏，宁远靖寇大将军和硕安亲王自湖广凯旋，请驾往郊迎事。上曰："应出何门？"额星格奏曰："前迎信郡王时，曾出正阳门，今亦应出此门。"上曰："前因在南苑，故出正阳门。今所迎之处，另系一地，岂可仍出此门？尔等所议殊欠详审，着再议具奏。"部院官员出。

大学士、学士随捧折本面奏请旨。为兵部题补顺德总兵官事。上曰："蔡璋效力行间，闻颇骁勇，且熟谙水师事宜，顺德总兵官关系紧要，可即将此人调补。俟兵部启奏兼衔时，仍着加级。"

又护理直隶巡抚印事守道董秉忠题，巡抚衙署失火延烧案卷事。上曰："衙舍未毁，止焚案卷，此事大有可疑。"大学士索额图等奏曰："睿见甚明。"上又问汉大学士等曰："董秉忠为人若何？"大学士杜立德奏曰："秉忠为人亦精干，办事有才。"上曰："保定密迩京畿，朕熟知其为人素欠端方，且每事受人嘱托。前金世德久任巡抚，极为称职。董秉忠故烧案卷，情弊显然。着该部严察议奏。"

上又谓大学士等曰："适礼部所议迎王事宜，殊属朦混。礼部堂上官皆非任事之人。其尚书塞色黑居官不勤，凡事草率。前署理旗下事，惟徇私情，有负厥职，尔等申饬之。"

辰时，上御弘德殿，讲官库勒纳、叶方蔼、张玉书进讲：王若曰君陈一节、殷民在辟一节。上亲讲毕，讲官照常进讲。

本日起居注官常书、蒋弘道。

初八日丁酉 辰时，上以宁远靖寇大将军和硕安亲王岳乐自湖广凯旋，率在京诸王、贝子、公等，内大臣、侍卫、八旗都统、精奇尼哈番、副都统、阿思哈尼哈番及满汉大学士等官，出郊迎劳，越芦沟桥，驻跸。

初九日戊戌 上自驻跸所率诸王、大臣等迎凯旋大师于二十里外。

大师既至，列八旗大纛八杆，鸣号。上率出迎诸王、大臣等及凯旋王、大臣、章京等拜天，行三跪九叩头礼毕。上御黄幄，和硕安亲王岳乐率凯旋大臣官员等，行三跪九叩头礼，次投诚将军林兴珠行三跪九叩头礼毕。上召安亲王岳乐近前，上亲起抱见毕；次令内大臣阿密达、护军统领桑格、辅国将军瓦三亦进前，以次抱见。见毕，命安亲王岳乐近御座左侧坐，诸大臣依次列坐，其行间效力军士，亦依次列坐，赐茶毕，车驾启行。未时，还宫。

扈从起居注官库勒纳、叶方蔼。

初十日己亥 早，上御乾清门，听部院各衙门官员面奏政事毕，部院官员出。大学士、学士随捧折本面奏请旨。为户部覆湖广巡抚张朝珍请停湖南协济川省米粮事。上曰："比年以来，陕西百姓劳苦已极，若又令协济，则民益穷困。且进剿之兵，需粮甚急，张朝珍请于新复四川地方办买米粮，殊属不合。可用严旨申饬，令朝珍殚心料理，速交苏黑臣等接济。

稍有迟误，即以军法议处。”

又侍卫牙图、聂勒因争佐领叩阍，兵部议处事。上曰：“牙图、聂勒在朕前，高声攘臂争竞，几至格斗。及后自知其非，巧饰叩阍。部议止拟降级罚俸，殊为不合。着再严议具奏。”

又奉天府将军安朱护以盗案议叙、议处不便定例，部议允行事。上曰：“据安朱护等称，盛京所属各城，俱无满兵驻扎，止有广宁等三城满兵，不便定处分之例。如霸州等城所属地方，有相去四五百里者，亦有二三百里者，所在岂俱有满兵驻防？伊等不知设立官兵，原以擒缉盗贼，若无定例，何以示劝惩？着再议具奏。”

又刑部题福建巡抚吴兴祚遍缉叛犯王于玉未获事。上曰：“尔等知此人否？前在福建，曾受伪职，倡率叛乱，竟逃入海中。”大学士明珠奏曰：“王于玉因犯大罪，故逃匿下海，其情深为可恶。”李霨奏曰：“臣亦闻此人在福建首先反叛。”上曰：“两省督抚不许互相推诿，仍着严缉。”

辰时，上御弘德殿，讲官库勒纳、叶方蔼、张玉书进讲：尔无忿疾于顽三节、惟民生厚一节。上亲讲毕，讲官照常进讲。

本日起居注官严我斯、朱马泰。

十一日庚子　早，上御乾清门，听部院各衙门官员面奏政事毕，部院官员出。大学士、学士随捧折本面奏请旨。为兵部题补护军参领事。上曰：“此等员缺，应于出征官员内，选有劳绩者补授此缺。着兵部另拟具奏。”

辰时，上御弘德殿，讲官库勒纳、叶方蔼、张玉书进讲：惟十有二年六月庚午朏一节、王若曰呜呼父师一节。上亲讲毕，讲官照常进讲。

是日，以湖广阵亡镶蓝旗护军校诺木齐，镶白旗护军校额思虎伦、骁骑校舍德丧至，上遣头等侍卫马塔、包住、杜尔玛各携茶酒往奠之。

本日起居注官常书、张玉书。

十二日辛丑　早，上御乾清门，听部院各衙门官员面奏政事。

辰时，上御弘德殿，讲官库勒纳、叶方蔼、张玉书进讲：惟周公左右先王一节、道有升降一节。上亲讲毕，讲官照常进讲。

本日起居注官沈荃、阿哈达。

十三日壬寅　早，上御乾清门，听部院各衙门官员面奏政事毕，部院官员出。大学士、学士随捧折本面奏请旨。吏部为原任编修陈梦雷具呈展辩，福建巡抚吴兴祚不行详察即为代题。一议梦雷应革职，兴祚应降一级留任；一议梦雷革职，兴祚降五级调用。上曰："吴兴祚竟不详查，即为陈梦雷具疏，后议似亦有理。尔等以为何如？"大学士索额图奏曰："前总督哈占为从逆祝表正题请复用，曾经部覆议降五级，故今照此例。但吴兴祚无奏请复用之言，惟具呈代题，似较哈占稍轻。"上曰："吴兴祚未经详查，即为具疏，理宜示惩。但未奏请复用，姑从前议。陈梦雷仍着来京。"

又署直隶巡抚事守道董秉忠请开捐纳事例，以赈饥民。户部议令详查饥民口数，其捐纳事例不准行。上曰："董秉忠无能之人，今若令彼再查，必仍照前开数目，朦胧奏报。可遣该部大臣一员前往详察，即动支钱粮赈济，务俾饥民得沾实惠。仍将用过钱粮数目，明白具奏。"

又兵部题补正蓝旗先锋参领员缺事，正拟护军参领苏黑里，陪拟卓尔合。上曰："着将应升此缺官员及所拟正陪二人，一并查明劳绩，具奏来看。"

又理藩院题额尔得尼和硕齐抢掠吴喇忒部落马匹牲畜事。上曰："着依所议行。督捕理事官喇都虎，前取此事口供极其明晰，尽心察审，殊为可嘉。"

未时，宗人府、内阁、礼部以纂修玉牒告成，会同恭进。上御中和殿受玉牒。阅毕，出御太和门，总裁、纂修官员行礼毕，上回宫。

本日起居注官库勒纳、蒋弘道。

十四日癸卯 早，上御乾清门，听部院各衙门官员面奏政事毕，部院官员出。大学士、学士随捧折本面奏请旨。为吏部题补兵部主事员缺事，正拟瓦尔达，陪拟音达礼。上曰："昨枢臣奏，伊部事务紧要，必得其人，方不贻误。此二人尔等以为何如？"大学士索额图奏曰："臣等皆不知其人。"学士佛伦奏曰："瓦尔达为人亦平常。"上曰："可着另推。"

又为兵部题补护军参领事，正拟骁骑参领多尔济，陪拟护卫阿南。上曰："这员缺着将应升官员及正陪二人，察其有无效力，一并开列具奏。"

又为福建总督姚启圣攻取海贼十八寨事。上曰："这本止票知道了，似觉太轻。"索额图奏曰："进剿事宜系提督万正色首先题请，姚启圣止于策应，若即票议叙，恐属过当，故拟票知道了。”上曰：“万正色自当从优议叙，但此举虽系正色首倡，姚启圣亦曾戮力援剿。若启圣不效力，正色亦无如何。今全无叙录，恐将士解体，可仍着议叙。”

巳时，上诣太皇太后、皇太后宫问安。

本日起居注官崔蔚林、朱马泰。

十五日甲辰 早，上御乾清门，听部院各衙门官员面奏政事。

本日起居注官常书、董讷。

十六日乙巳 早，上御乾清门，听部院各衙门官员面奏政事毕，部院官员出。大学士、学士随捧折本面奏请旨。为兵部议侍卫牙图、聂勒应革职事。上曰：“牙图、聂勒本应依议处分，但念其为侍卫岁久，姑从宽，免革职，俱降三级留用。”

辰时，上御弘德殿，讲官库勒纳、叶方蔼、张玉书进讲：惟公懋德一节、王曰呜呼父师一节。上亲讲毕，讲官照常进讲。

本日起居注官叶方蔼、格尔古德。

十七日丙午 早，上御乾清门，听部院各衙门官员面奏政事。先是，内阁学士佛伦、兵部督捕侍郎金铉奉命总理湖南军前粮饷，候辰州恢复起行。至是，佛伦等奏：“今早闻辰龙关已经恢复，臣等应请旨往理粮饷，以济军需。”上曰：“大军粮饷，虽有地方督抚管理，但督抚事务繁剧，恐责成不专，有误军机，故特命尔等往董其事。今辰龙关既下，理宜速行。”谕毕，出。

大学士、学士随捧折本面奏请旨。为吏部覆陕西提督王进宝题请官员事，文职听其选委，武职改文职不允行。上命从部议。

又谕大学士等曰：“四川地方业已平定，辰龙关亦经恢复，可传谕吏部，速将湖南、四川官铨补。”

辰时，上御弘德殿，讲官库勒纳、叶方蔼、张玉书进讲：旌别淑慝一节、政贵有恒一节。上亲讲毕，讲官照常进讲。

本日起居注官牛钮、张玉书。

十八日丁未 万寿节。是早，上率诸王、贝子、公等，内大臣、大学士、都统、尚书、精奇尼哈番、侍卫等，诣太皇太后宫行礼，次诣皇太后宫行礼毕，回宫。巳时，上复诣太皇太后宫问安。

本日起居注官严我斯、阿哈达。

十九日戊申　早，上御乾清门，听部院各衙门官员面奏政事。内阁学士佛伦、督捕侍郎金铉奏："臣等拟于本月二十五日起行，驰赴楚省。今大兵前进所需粮米，若俟臣等到日方行采买，恐致稽误。臣等愚见，应移咨巡抚韩世琦、张朝珍，动支银十万两，预为采买备办。臣等一到，即将所买之米，先行给发。"上曰："巡抚事务繁剧，且凡召买一应物件，开估价值浮冒甚多，故特遣尔等采买粮米，预备支应。今又令巡抚采买，恐仍前浮冒，无益于事。尔等到日，照依时价速行采买，支给大兵。至川省大兵粮米，亦多出湖北地方，尔等系钦遣大臣，采买必易，勿止以湖广兵饷为念，遂不筹给川饷。且湖南又为出米之地，则采买亦易得也。"佛伦奏曰："湖南、四川大兵，皆系朝廷禁旅，臣等安敢以奉差在湖南，止为湖南兵丁筹饷，而不为四川兵丁筹饷乎？惟期两处大兵俱归有济而已。"上曰："尔等至军前，见贝勒、将军、大臣等，可传旨慰问之。"谕毕，出。

大学士、学士随捧折本面奏请旨。为兵部题补护军参领事，遵谕察应升官员及正陪二人，一并请旨定夺。上曰："正拟多尔济亦堪用。但骁骑参领佛科多为人勇健，效力行间，屡建劳绩。今闻其身有笃疾，可补授护军参领，以慰其意。"

又兵部题广东顺德总兵官蔡璋兼衔事。上曰："蔡璋在江西时，戮力行间，功绩茂著，着加太子太保、左都督，仍降旨奖励之。尔等可拟票签来看。"

辰时，上御弘德殿，讲官库勒纳、叶方蔼、张玉书进讲：我闻曰世禄之家一节、兹殷庶士一节。上亲讲毕，讲官照常进讲。

本日起居注官库勒纳、沈荃。

二十日己酉　早，上御乾清门，听部院各衙门官员面奏政事。辰时，上御弘德殿，讲官库勒纳、叶方蔼、张玉书进讲：资富能训一节、王曰呜呼父师邦之安危一节。上亲讲毕，讲官照常进讲。

巳时，上诣太皇太后、皇太后宫问安。

是日早，赐建义将军侯林兴珠鞍马一匹、蟒朝服一领、弓箭撒袋一副。

本日起居注官朱马泰、王鸿绪。

二十一日庚戌　早，上御乾清门，听部院各衙门官员面奏政事毕，部院官员出。大学士、学士随捧折本面奏请旨。为吏部议，秦省康熙十七年地丁钱粮未完一分以上，前任巡抚杭爱、甘肃巡抚巴锡应各罚俸一年事。上曰："杭爱今已进川，念其边疆效力，这罚俸着宽免。"

又都察院议湖广巡抚张朝珍所造船只，较刑部侍郎禅塔海造船价值颇有浮冒，应令偏沅巡抚韩世琦查核事。上曰："张朝珍奏销价值果属浮冒，不必令韩世琦行查，着该衙门即行议结。"

辰时，上御弘德殿，讲官库勒纳、叶方蔼、张玉书进讲：惟周公克慎厥始一节、公其惟时成周建无穷之基一节、呜呼罔曰弗克一节。上亲讲毕，讲官照常进讲。

本日起居注官蒋弘道、常书。

二十二日辛亥　早，上御乾清门，听部院各衙门官员面奏政事毕，部院官员出。大学士、学士随捧折本面奏请旨。为吏部遵谕题补四川官员事。上曰："四川新经开复，用人最急，宜速行推补。着将赵良栋请补官员本，一并再议具奏。"

又南昌水师总兵蔡璋员缺，兵部请旨开列事。上曰："江西已经平定，此缺不必推补。蔡璋旧属将士无多，有愿随行者，听其随往。"

辰时，上御弘德殿，讲官库勒纳、叶方蔼、张玉书进讲：王若曰呜呼君牙三节、弘敷五典一节。上亲讲毕，讲官照常进讲。

本日起居注官格尔古德、崔蔚林。

二十三日壬子　早，上御乾清门，听部院各衙门官员面奏政事毕，部院官员出。大学士、学士随捧折本面奏请旨。为吏部题补翰林院侍讲员缺事，正拟户部员外郎朱尔扎哈，陪拟工部员外郎傅成格。上曰："此等员缺又行考试，未必能胜前次考取之人。尔等将前考六卷，再行详阅来奏。"

兵部议覆山西巡抚图克善题报，华林堡地方蒙古闯入关口抢夺牛驴，应俟题参疏防官员到日再议。上曰："华林堡边外所居皆旗下蒙古，或有一二不良之徒私行偷盗，地方官即称闯入边关纵行抢夺，大言虚诳具奏，不合。着兵部、理藩院各差官一员查明到日，严议具奏。"

又詹事府等衙门议覆，科臣余国柱条奏皇太子出阁读书事宜事。上曰："皇太子方在幼龄，教以读书，必须严切教训，方为有益。其出阁讲书，俱属虚文。即字句或有错讹，亦以为大礼所在，无人敢于匡正，反误每日讲习之功。"大学士索额图、明珠奏曰："皇上所谕极是。"李霨奏曰："皇太子出阁讲读，系从来大典。"上曰："与其循典礼虚文有误为学工夫，不如严励训习之有益。且观故明末季，虽遵行此典，无一精通学问之主。这事情着候旨行。"

辰时，上御弘德殿，讲官库勒纳、叶方蔼、张玉书进讲：夏暑雨小民惟曰怨咨一节、呜呼丕显哉文王谟一节、王若曰君牙一节。上亲讲毕，讲官照常进讲。

巳时，上诣太皇太后、皇太后宫问安。

本日起居注官叶方蔼、阿哈达。

二十四日癸丑　早，上御乾清门，听部院各衙门官员面奏政事毕。督理粮饷内阁学士佛伦、督捕侍郎金鋐面请谕旨。上谕曰："今大兵进取云、贵，原以绥靖地方，安辑人民。兵马所到之处，必须一无骚扰，则人心悦服，大军米粮亦易充裕。且其地皆穷荒崎僻，其人多土司苗蛮，累年兵火之苦，深轸朕怀。若大兵一临，反行抢掠，不止负朝廷抚绥边方之念，将人皆失望，米亦藏匿。本地之粮石既乏，远方之输运复难，则兵饷反有告匮之虑。夫兴师本欲安民，使所至之地，公然肆掠，是属何意？尔等与将军酌议，严行禁止，务以安辑百姓为要。倘有故违谕旨，敢行扰害者，即当入告，以副朕特遣之意。"佛伦奏曰："臣等蒙皇上特遣，敢不尽心竭力，以仰体皇上绥靖地方，轸念穷民至意。"

辰时，上御弘德殿，讲官库勒纳、张玉书进讲：王若曰伯冏一节、昔在文武一节。上亲讲毕，讲官照常进讲。讲毕，上谕曰："人品邪正固在臣下，而鉴别全在人主。从来人心多伪，最为难知。"库勒纳奏曰："睿见所及，诚为至当。"张玉书奏曰："古来大奸似忠，大诈似信，惟在朝廷鉴察。"上是之。

本日起居注官牛钮、董讷。

二十五日甲寅　早，上御太和门视朝。因颁发日讲《四书讲议》，王、贝子、大臣等及文武升转官员谢恩，次进贡厄鲁特部落噶尔当博硕克图汗下贡使卜库牙孙等、喀尔喀部落达尔马西里诺颜下贡使车臣豸桑等、土谢图汗下贡使白尔黑冰图台吉等行礼，赐茶毕，回宫。

少顷，御乾清门，听部院各衙门官员面奏政事毕，部院官员出。大学士、学士随捧折本面奏请旨。为吏部题补翰林院侍讲事。上曰："前考取六卷，思格则原系第二，为人何如？"索额图奏曰："人亦可用。"上问："学问何如？"明珠奏曰："学问亦可。"上命以思格则补授侍讲。

又礼部题阿木道地方喇嘛九人，违禁私入京城事。上曰："阿木道地方喇嘛等，俱系甘肃、宁夏之民，非蒙古也。宜移会甘肃巡抚，严禁喇嘛等，不许来京。其原籍并无禁例，伊等无知，故来京者多。着礼部、兵部、理藩院会议具奏。"

又都察院请差御史巡视两浙盐课事。上曰："这开列各员，着问该衙门堂官来奏。"

巳时，上诣太皇太后、皇太后宫问安。

本日起居注官库勒纳、严我斯。

二十六日乙卯　早，上御乾清门，听部院各衙门官员面奏政事毕，部院官员出。大学士、学士随捧折本面奏请旨。为吏部题编修刘芳喆病痊赴补事。上曰："此等给假官员，皆例须补用之人。赴补时具文该抚，该抚题奏一次，该部题覆一次，及临补时，又题奏一次。如此，则事务殊觉繁多。今停止此例，凡地方官具文到部，即一次题补完结。尔等以为何如？"大学士李霨奏曰："此系从前定例，但屡次具题，深觉烦扰。今令停止，所省实多。"上曰："此本可发还该部再议。"

又都察院拟御史达理虎、丹代、王遵训、成其范四员请差巡视两浙盐课事。上曰："这所拟各员孰优？"大学士勒德洪奏曰："达里虎为人勤谨堪用，丹代亦谨慎能办事，臣昔在部中知之。"上曰："朕观御史成其范人品可用，屡次条奏俱佳。尔等看来何如？"李霨奏曰："成其范历俸已久，所奏事皆合宜。"上曰："未知在外众论谓其范如何，在内诸臣颇称其善。此差可即着其范往。至于王遵训条奏，大有私情，其人殊不堪用。"又问："御史单璧何如人，尔等知之否？"大学士明珠奏曰："单璧为人极平常。"上曰："单璧前从福建造船回，至朕前启奏，因知其人。其所理事务格格不吐，竟不能举其始末。以此观之，是一极庸懦之人也。"

巳时，上如巩华城。

本日起居注官朱马泰、张玉书、阿哈达。

二十七日丙辰　未时，上回宫。

是日，上自巩华城还，见山东济南府饥民李守贵等十二人，在土城关外，命各以银给之。

本日起居注官阿哈达、王鸿绪。

二十八日丁巳　早，上御乾清门，听部院各衙门官员面奏政事。先是，会推江西按察使员缺，左通政张可前、大理寺少卿张永祺合辞保举福建副使张仲举，兵部尚书宋德宜保举湖广副使杨大鲲、山东佥事叶方恒。众议遂以仲举拟正，方恒拟陪。比具稿画题，广西道御史唐朝彝曰："我闽人也，知仲举为真，其人平常，不应保举躐升。"于是，众口争执，至午不决。德宜因谓："会推大典，如此哄争，不若仍较俸开列。我所保二人，亦不必保举矣。"越日，都察院堂官、六科给事中、各道御史合疏公参言：可前、永祺之举为是，则朝彝之驳为非；朝彝之驳为是，则可前、永祺之举为非。其德宜初举二人，后复中止，亦附参于后。又以副都御史李仙根、吏科掌印给事中李宗孔公参疏内未经列名，复另疏补参。朝彝辩疏言仲举前为知府，有兵丁鼓噪一事，无才可知。且保举者皆其同姓，恐有私弊，故臣不敢画题。宗孔疏独侵魏象枢，言象枢必欲众人从己，恐成随声附和之渐。仙根亦随具疏申辩。俱下部察议。德宜回奏言："臣原保举杨大鲲、叶方恒二人，因唐朝彝不推张仲举，科尔坤欲参朝彝，故臣谓如此争执，则保举可罢，实非前后参差。"象枢回奏言："公疏会参，原非强人从己。且立身本末，宗孔无由而知。"亦下部一并察议。至是，吏部议，象枢无庸议，朝彝应革职，宋德宜、李仙根、李宗孔俱降五级调用。尚书郝惟讷、侍郎折尔肯面奏。上曰："以朕观之，唐朝彝似属无罪。"侍郎折尔肯奏曰："唐朝彝当九卿会推时，并无一言。画题时，乃言仲举居官平常，不应擢举。及问仲举有何不职？又不明指其过。朝彝身为言官，殊负职掌，臣等故议革职。"上曰："廷推事关重大，或举或否，原许各摅所见，倘众口附和，而无一人争执，岂能无党同之弊？今若将朝彝议处，将来推举之人，或有徇私请托者，谁肯直言指摘耶？”部院官员出。

大学士、学士随捧折本面奏请旨。为吴国弼冒称淮徐道叩阍，请查丈田土等事。上曰：“吴国弼系革职之人，素行不端，所奏诸款皆生事扰民。且伊前此渎奏，朕曾识其面。今讯侍卫，果系此人，着交刑部严加议处。朕向谕侍卫等，凡系无益之事，不许转奏，今伊都额真宽音布将国弼叩阍事，擅行陈奏，不合，着交管侍卫内大臣议处。”

又为户部议覆御史洪之杰条陈赈饥事宜，俱不准行事。上曰：“顷给事中张鹏亦有条奏，闻各处饥民就食京师者甚众。其展期煮粥，及作何赈恤令各回籍得所？着九卿、詹事、科、道速议具奏。”大学士明珠奏曰：“适学士徐元文言，此事系皇上好生大德，似应特颁上谕，以昭恩恤。”上曰：“可着九卿速议，不必颁谕。”

又兵部议奉天驻防章京聂有运子俊秀聂大任叩阍，欲袭父职，应不准承袭，仍交吏部议处事。上曰：“聂有运出征病故，亦属可悯。其议处事宜，着再议具奏。”

本日起居注官沈荃、常书。

二十九日戊午　早，上御乾清门，听部院各衙门官员面奏政事毕，部院官员出。大学士、学士随捧折本面奏请旨。为会议噶达浑、多鼐、伊德布、朱尔塔自军中与乌喇兵同回，皆拟革职事。上曰：“噶达浑等所告之事应行文简亲王处查明，到日再议具奏。此时，令彼等各回私家听候。”

又兵部议，都统毕里克图因取阶州、文县等处，以致迟赴略阳，无容议处。上曰：“此事尔等云何？”大学士明珠奏曰：“毕里克图前往略阳时，克取阶州、文县，所迟不过两日。”上曰：“实非无故迟误，着即照部议结。”

又为镶黄旗达赖阿思哈尼哈番世职，部议以其兄子宝平承袭。上曰：“宝平甚属平常，此官着达成承袭。”

又和硕安亲王等因迎接马匹失期，致被盗劫，宗人府议罚俸。上曰：“此议稍轻。然彼军中如此等过失尚多，着依议完结。”

又兵部议，都统西白臣从汉中来时，不将官兵收集，殿后同行，自当议处。俟事平日，穆占回京，一并察议。上曰："汉中事与穆占无涉，本应即行议结，姑着候穆占来时，一并再议。"

未时，上诣太皇太后宫问安。

本日起居注官格尔古德、蒋弘道。

三十日己未 早，上于保和殿，视享太庙祝版毕，回宫。

少顷，御乾清门，听部院各衙门官员面奏政事毕，部院官员出。大学士、学士随捧折本面奏请旨。为吏部察议兵部尚书宋德宜、副都御史李仙根等降级调用事。上问："尔等之意如何？"大学士索额图奏曰："凡会推会议，原各抒所见，不必合同。"李霨奏曰："吏部所议似属太过。"学士徐元文奏曰："不但太过，且从无此例。"杜立德奏曰："雷同附和，非人臣之义。既系公议，自应各陈所见，可则行之，不可则止。岂有一言不合众议，即行纠参之理？"上曰："朕闻会推时，众论纷然。魏象枢等会参是其职掌，原无不是。宋德宜等既皆无过，俱着宽免。"

巳时，上诣太皇太后、皇太后宫问安。

本日起居注官牛钮、崔蔚林。

四　月

初一日庚申 早，上以孟夏，躬诣太庙致祭，礼毕，回宫。

巳时，召大学士索额图、勒德洪、明珠、李霨、杜立德、冯溥，学士噶尔图、希福、徐元文、李天馥至懋勤殿，上谕之曰："近因饥民就食者多，增设粥厂，恐四方饥民因此而来者愈众，反至流离道路可悯。作何设法，令其各归原籍，不至失所？又饥民内有疾疫死亡者，殊可悯恻，交与五城，作何给以药饵医治拯救？又去岁三冬无雪，今春无雨，刑狱淹禁人犯恐有冤抑，应否即行清理？又乞食饥民，向不许入里城，今应否听其出入？至于用兵地方，殉难诸臣恤典，原俟事平酌议，今应否即与举行？阴阳不和，总由人事失当。以上事宜，皆朕意念所及，尔等会同各部院尚书、侍郎、左都御史、副都御史详议具奏。尔等皆系大臣，此外如有应行应革，关切时务者，可各抒所见，一并议奏。”谕毕，大学士等出。

未时，大学士、学士同六部、都察院堂官入懋勤殿。大学士索额图奏曰：“臣等公议，饥民若令各回原籍，给以路费，则为数太多，且恐各处人民闻风而至者络绎不绝，则给费遣回之事，似不便行。应展限两月，仍煮粥赈济。其饥民内有患病者，作何令太医院及五城医生诊视，应责令管理赈济佥都御史高尔位酌议。至于淹禁人犯，应令三法司再加详审，有应宽释者即题请宽释。其乞食饥民，若特传谕令其入城，未免繁杂；若下令禁止，又恐将有事之人一概阻绝。则令饥民入城事，似不必另议。至各处用兵地方官员殉难者，应令该部酌议，即行叙恤。”上曰：“尔等众见皆同耶，或更别有所见耶？”户部尚书伊桑阿奏曰：“臣等所见皆同。”上又问曰：“尔诸臣意中尚有应行应革之事否？”左都御史魏象枢奏曰：“凡事皆有定例。从来一法立，则一弊生。目前亦无必当更改之法。”大学士明珠奏曰：“皇上所降谕旨，无所不该。若欲改立一法，则一弊复生，实有如宪臣魏象枢所言者，似于治理未为有益。”上又问曰：“外省赈济饥民，止给本地方之民耶，抑并及别省流移之民也？”吏部侍郎屯泰奏曰：“臣前往真定等处赈济，旧例止给本地之民，从别省流移而来者，俱不赈给。”魏象枢又奏曰：“今应责令五城，将饥民姓名、籍贯俱开注册籍，散赈时，即以此为据。”上是之。又顾诸臣曰：“此数款俱照尔等所议行。”诸臣出。

复召大学士等谕曰：“用兵地方殉难官员，有罪案相牵连者，有缘事未经问明者，所以叙恤之典，欲待至事平以后。今天下规模已经底定，应即行议恤。至于在狱人犯，应遣大臣会同三法司详加鞫审。尔等可撰拟谕旨来奏。”

本日起居注官库勒纳、沈荃。

初二日辛酉　早，上御乾清门，听部院各衙门官员面奏政事毕，部院官员出。大学士、学士随捧折本面奏请旨。为兵部开列护军统领事。上曰：“护军参领瓦代虽才干不甚优，是一立心诚实之人。”大学士明珠奏曰：“诚如圣谕。瓦代在行间颇曾效力。”上曰：“可即补护军统领。”

又四川总兵官朱衣客，因所统官兵半在赵良栋标下，请亲随良栋前进，部议不允事。上曰："朕思此请极是，着即随赵良栋前进。"

又刑部等衙门，为齐河知县蓝奋兴揭告巡抚赵祥星受赃，祥星及过付人俱不承认，应免拟绞事。上曰："赵祥星为人贪酷，前拟死罪亦是。若从部改议，朕意以为不可。尔等云何？"大学士勒德洪、李霨等奏曰："过付人并不承认，似此结案亦可。"上曰："赵祥星本来顽钝，但其罪未发耳，理当惩创。今既知其恶，如何竟已？着改票，再加详议。"

辰时，上御弘德殿，讲官库勒纳、叶方蔼、张玉书进讲：惟予一人无良一节、今予命汝作大正三节。上亲讲毕，讲官照常进讲。

巳时，上诣太皇太后宫问安。

本日起居注官叶方蔼、朱马泰。

初三日壬戌　早，上御乾清门，听部院各衙门官员面奏政事毕，部院官员出。大学士、学士随捧折本面奏请旨。为吏部议郎中胡世塔打死家人，应罚俸一年事。上曰："本内未写何部郎中，又未开明某处受伤致死，明属徇情。尔等可将别案内议官员打死奴仆罪者，查阅来奏。"

又兵部议发马三、偏图、四十六赴云贵总督赵良栋军前事。上曰："马三等现在军前效力，应下优旨奖谕之。尔等可拟票来奏。"

又九卿等会议安徽巡抚徐国相奏分别流徙人犯事。一议照见行例行；一议免死者应发乌喇，遣戍者应发奉天，其余仍照律发遣内地。上问大学士等曰："尔等云何？"大学士索额图奏曰："似照见行例亦可。"上曰："尔等所见皆同耶？"索额图奏曰："臣与勒德洪二人所见如此。"李霨奏曰："罪有重轻，似应分别。"上命着九卿等再行画一具奏。

又为改票原任巡抚赵祥星事。上曰："巡抚系地方大臣，赵祥星自受事以来，无一善迹，大负职任，深为可恶！此等人必严加处分，后人方知畏惧。可着再行详议具奏。"

又九卿等会议刑部条例事。一、侵克钱粮流罪以下人犯，遇赦免罪，限内未经完赃者，妻子免入官，仍行发遣。上曰："此一条但云发遣，未注明应流何地，着开明再奏。"一、凡军中阵伤及奋勇出众者，如犯打死人命罪，概不论功，殊属可悯。今议斗殴杀人者，应免死，故杀者有功不论。上曰："此条着候旨行。"一、凡在路途抢夺妇女者，不分首从俱斩。一、借窝逃名色诈财者，亦不分首从俱斩。上曰："光棍既分首从，此二条照光棍例亦属太严，可着再议具奏。"一、私贩马至各省者，鞭一百，马匹入官。上曰："从前恐有马匹贩入贼营，故行严禁。今四方渐次荡平，朕意贩马可以不禁。且此禁一开，并有济于驿递。"大学士索额图奏曰："圣谕极当。各地方盗贼有无，原不因贩马之禁与不禁也。"上曰："尔等可将从前禁止及开禁始末，查明再奏。"

辰时，上御懋勤殿，讲官库勒纳、叶方蔼、张玉书进讲：尔无昵于憸人二节、王曰呜呼钦哉一节、惟吕命一节。上亲讲毕，讲官照常进讲。上谕曰："观《尚书》内，古来君臣无不交相劝勉，如此，何忧天下不治？"张玉书奏曰："所以《大禹谟》云：后克艰厥后，臣克艰厥臣。"叶方蔼奏曰："皇上念及此，真四海苍生之福。"

本日起居注官张玉书、阿哈达。

初四日癸亥　早，上御乾清门，听部院各衙门官员面奏政事毕，部院官员出。大学士、学士随捧折本面奏请旨。为兵部议山海关外驻防官兵一切盗案，议处议叙，应照良乡等处官兵条例事。上曰："这本内事情，着行文奉天驻防将军确议到日，再议具奏。"

辰时，上御懋勤殿，讲官库勒纳、叶方蔼、张玉书进讲：王曰若古有训一节、苗民弗用灵一节、民兴胥渐一节。上亲讲毕，讲官照常进讲。

巳时，上诣太皇太后、皇太后宫问安。

本日起居注官常书、王鸿绪。

初五日甲子　早，上御乾清门，听部院各衙门官员面奏政事毕，部院官员出。大学士、学士随捧折本面奏请旨。兵部议覆前锋统领硕岱在荆州时不即渡江，永兴失利，阵亡骨榇不即收回，应俟将军穆占等到日再议。今应暂免硕岱拘禁，仍令办事。上曰："硕岱自初出师时，即在军中毫无效力之处，此罪甚大。着姑免拘禁，令回私家，不得即令办事。其情罪俟穆占等回再议。"

又兵部议一等侍卫署副都统穆森救援醴陵时，不能从外剿御贼寇，应坐畏缩远避，革职。上曰："穆森情事似觉稍过。将军等拨与兵丁止二百名，兵力如此之少，欲与贼众相敌，则二百人将尽委于贼，能大败敌众乎？我军遇贼，果否败走？应向将军等讯问具奏。又醴陵、石峡失利，止议管兵官之罪，而置兵主于不议，殊为不合。兵部专司兵事，此等事情，理应举出察议，乃竟隐而不发。倘朕日后指出，伊等能任此罪否？可将此旨明示该部。”

又将军王进宝请以本标把总王成智补授守备，部议不允。上曰：“可照该将军所请行。”

辰时，上御懋勤殿，讲官库勒纳、叶方蔼、张玉书进讲：皇帝哀矜庶戮之不辜一节、乃命重黎一节、皇帝清问下民一节、乃命三后一节。上亲讲毕，讲官照常进讲。

本日起居注官库勒纳、蒋弘道。

初六日乙丑　早，上御乾清门，听部院各衙门官员面奏政事毕，部院官员出。大学士、学士随捧折本面奏请旨。为兵部议穆森革职事。上曰：“昨令尔等传问将军等，所言如何？”大学士索额图奏曰：“该将军等言，彼时将士多病，故止发兵二百。穆森去亦甚急，并未败北。”上曰：“穆森领兵甚少，这所议太过。着再议具奏。”

又云贵总督赵良栋请设永宁总兵，部议不准事。上曰：“永宁系紧要地方，着设立总兵。”

又福建提督侯袭爵奏称，立营海岸，声言进取，以分海贼兵力事。上曰：“海贼登岸侵犯时，侯袭爵不能剿御，又前曾有奏，言不宜出海。今见厦门等处已经攻克，乃称亲临海岸，立营以分贼势，殊为不合，着饬行。”

又总督蔡毓荣奏，恢复清浪、北溶，伪将军祖述舜投诚事。上曰：“祖述舜是祖泽清一族否？”明珠奏曰：“不系同族。”上曰：“先报祖述舜为所属将士擒献投诚，今又称伊自倾心向化，前后不符，着察明具奏。”

辰时，上御懋勤殿，讲官库勒纳、叶方蔼、张玉书进讲：士制百姓于刑之中一节、穆穆在上一节、典狱非讫于威一节。上亲讲毕，讲官照常进讲。

本日起居注官格尔古德、崔蔚林。

初七日丙寅　早，上御乾清门，听部院各衙门官员面奏政事毕，部院官员出。大学士、学士随捧折本面奏请旨。为吏部题湖广巡抚员缺，开列应升官员，并各部侍郎职名事。上问曰：“闻侍郎张问政患风瘫之症，果否？”大学士索额图等奏曰：“臣等所闻亦如是。”上曰：“督捕侍郎金铉，初闻其人甚优，以今观之，亦属平常。刑部侍郎高珩若令补授，但能闲坐而已，何济于事。布政使王新命、李士桢俱有能名，人亦甚优。若将王新命补授，从江西前往，道路不甚远否？”大学士明珠奏曰：“自江西至彼，原不为远。”大学士李霨奏曰：“王新命素有能名，前次亦经公举。”上曰：“见在湖广钱粮，应从马上料理，必须用汉军官员方为得宜，可仍着九卿等会推。”

又为补授刑部主事事，正拟典籍许照临，陪拟高凤鸣。上曰：“此二人皆尔衙门官，为人何如？”索额图奏曰：“人俱平常。”上曰：“可着另拟具奏。”

又为兵部议总兵官兰泗失盗一案，应罚俸一年事。上曰：“兰泗见在进兵，着免罚俸。行间效力官员，凡有此等罚俸之事，俱应宽免。”

又偏沅巡抚韩世琦请以南宁马二千余匹暂于桂林喂养，部议允行事。上曰：“朕以南宁地方尚可解往，故折此本。顷览莽吉图等本章，言柳州一无可虑，伊等官兵尽自足用，当即酌量分拨遣往柳州。此事仍照部议。其马匹勿令亏损，可下严旨谕之。”

又湘潭县劫盗一案，议准注册蹦缉事。上曰：“此皆十三、十四年之事，时日已久，中间事迹不知如何，可即着注销结案。嗣后以此等事题请者，可一概停其注册缉拿。至于大逆大恶，应仍行严缉。尔等即分别拟票。”

辰时，上御懋勤殿，讲官库勒纳、叶方蔼、张玉书进讲：王曰嗟四方司政典狱一节、王曰呜呼念之哉一节、王曰吁来有邦有土一节。上亲讲毕，讲官照常进讲。

本日起居注官叶方蔼、朱马泰。

初八日丁卯　早，上御乾清门，听部院各衙门官员面奏政事毕，部院官员出。大学士、学士随捧折本面奏请旨。为湖广总督蔡毓荣请令告病休致官员军前加纳，九卿等会议，应较旧例加十分之三，令赴常德军前捐纳。上曰：“告病休致官员，虽令加纳，物力无几，而见在应升应补各官，必致壅滞。此事不准行。”

辰时，上御懋勤殿，讲官库勒纳、叶方蔼、张玉书进讲：两造具备一节、五过之疵一节、五刑之疑有赦一节。上亲讲毕，讲官照常进讲。

本日起居注官张玉书、阿哈达。

初九日戊辰 早，上御乾清门，听部院各衙门官员面奏政事毕，部院官员出。大学士、学士随捧折本面奏请旨。为福建提督万正色奏，原任同知王朝历练戎行，应令随征图功赎罪，部议不准事。上曰："凡有罪之人，军前立功自赎，从古皆然。着照正色所请行。"

又兵部议叛逆吴之茂、韩晋卿应凌迟处死，王平藩等首级应枭悬示众。上曰："吴之茂、韩晋卿着候旨发落，王平藩等首级着枭示。"

又为钦天监题报立夏节气事。上曰："钦天监所报节气本章，前列占测数语，每多不验。考之从前，亦无此例。"大学士索额图奏曰："节气占验，既多未合，似属无益。"上曰："以后应令停止。此本着发回。"

辰时，上御懋勤殿，讲官库勒纳、叶方蔼、张玉书进讲：墨辟疑赦一节、上刑适轻下服一节。上亲讲毕，讲官照常进讲。上曰："律与例不容偏废。律有正条，自应从律。若无正律，非比例何以定罪？总之，用律用例俱在得人。"叶方蔼奏曰："律有定，例无定。无定者，恐人得意为轻重，必律无正条，不得已方可用例。"张玉书奏曰："此正皇上所谕用律、用例全在得人也。若不得人，则用律亦不能无弊。"库勒纳奏曰："律文有一定，若所犯之罪于定律不合者，自应比例。比例定罪，岂不愈于任意悬断乎？"上颔之。

巳时，上诣太皇太后宫问安。

本日起居注官沈荃、常书。

初十日己巳 早，上御乾清门，听部院各衙门官员面奏政事毕，召大学士、学士至御榻前，谕曰："天时亢旱，朕心夙夜忧虑。今欲择期亲祭郊坛，祈祷雨泽，尔等可拟谕旨来看。"上又问大学士冯溥："山东今有雨否？"冯溥奏曰："山东今已得雨。"又问大学士李霨："京师以南如何？"李霨奏曰："真定一带地方，闻亦得雨。"

辰时，上御懋勤殿，讲官库勒纳、叶方蔼、张玉书进讲：罚惩非死一节、王曰呜呼敬之哉一节、王曰呜呼嗣孙一节。上亲讲毕，讲官照常进讲。上曰："尧、舜、禹、汤以来，心法、治法具在《尚书》。尔等每日悉心讲解，朕虽孜孜典学，不能仰媲古帝王，而此心朝夕懋勉，未尝少懈。”叶方蔼等奏曰：“皇上典学勤政，事事以古圣王为法，即是今之尧、舜。臣等学识浅陋，不克仰助圣学之万一，不胜愧悚之至。”库勒纳奏曰：“《书经》应讲者已毕，自明日始，当以《易经》进讲。”上曰：“朕思经史俱关治理，自宜并讲。尔等可进讲《易经》。将《通鉴》讲章陆续送入，令张英在内，每晚进讲《通鉴》。”

本日起居注官库勒纳、严我斯。

十一日庚午　早，上御乾清门，听部院各衙门官员面奏政事毕，部院官员出。大学士、学士随捧折本面奏请旨。为九卿等会推湖广巡抚员缺事，正拟江西布政使王新命，陪拟大理寺卿刘如汉。上曰：“王新命如何？”大学士索额图奏曰：“昔为兵部员外郎时，曾见其人才品原优。”上曰：“刘如汉为人亦优，但稍文弱。着将王新命升补。”

又刑部题守明陵太监杨国桢擅伐陵树一百一十五株，拆毁房屋四间，议责四十板、徒三年。上曰：“此事殊为可恶，所议尚轻，着再从重议处具奏。”

辰时，上御懋勤殿，讲官库勒纳、叶方蔼、张玉书进讲：乾元亨利贞一节、初九潜龙勿用一节。

巳时，上率皇太子同诣太皇太后、皇太后宫问安。

本日起居注官格尔古德、蒋弘道。

十二日辛未　早，上御乾清门，听部院各衙门官员面奏政事。吏部、三法司议覆罗人琮事。上谕曰：“比来言官言事，鲜非无因，意所不欲，即行弹劾。倘遇势要之人，纵知其贪秽，亦不肯纠参。总由心术不正之故。若言官正，则外吏自不敢肆行贪婪矣。”吏部尚书郝惟纳等奏曰：“诚如圣谕。”

辰时，上御懋勤殿，讲官库勒纳、叶方蔼、张玉书进讲：九二见龙在田一节、九三君子终日乾乾一节、九四或跃在渊一节。

本日起居注官崔蔚林、朱马泰。

十三日壬申　早，上御乾清门，听部院各衙门官员面奏政事毕，部院官员出。大学士、学士随捧折本面奏请旨。为吏部议荆州知府胥遇等将秋后处决重犯鲁凤翔不行即送，应降级罚俸事。上曰：“这案必非无故。将重犯不行即送，殊为不合，着再严议具奏。”

又兵部为补授正蓝旗护军参领员缺事，正拟骁骑参领孙塔哈，陪拟二等护卫李满塞。上曰：“此外恐有劳绩尚多者，尔等察明具奏。”

又吏部、三法司议罗人琮挟仇纠按察使崔维雅，应徒三年、责四十板。上曰：“罗人琮革职亦可已矣，若又加徒责，则以后言官有意欲纠举者，畏缩不举，亦未可定。尔等之意如何？”大学士索额图奏曰：“诚如圣谕。”上又问汉大学士等。李霨奏曰：“定例言官奏事虚者，降二级。有私情妄奏者，则律当如是。”上曰：“罗人琮徒责着从宽免。”

又广东提督侯袭爵题报杀败贼众事。上曰：“侯袭爵为通省提督，盗贼侵犯地方，不预先题报。今称剿除一岛海贼，并福建海贼势分力孤，可即图速灭。妄行具奏，殊为不合。今将此本暂留，可查明伊所辖地方屡次盗贼侵犯之处，曾否题报，再行请旨。”

辰时，上御懋勤殿，讲官库勒纳、叶方蔼、张玉书进讲。上亲讲：九五飞龙在天一节。讲官进讲：上九亢龙有悔一节、用九见群龙无首吉一节。

巳时，上诣太皇太后宫问安。

本日起居注官阿哈达、王鸿绪。

十四日癸酉　上因亢旱祈雨，躬祀天坛，斋戒三日，不理政事。

本日起居注官叶方蔼、常书。

十五日甲戌　本日起居注官库勒纳、董讷。

十六日乙亥　早，上于保和殿，视祀天坛祝版毕，回宫。是日雨。

本日起居注官格尔古德、张玉书。

十七日丙子　寅时，上躬诣天坛祈雨，自西天门步行至坛，致祭毕，仍步行出西天门，方乘马回宫。

巳时，上诣太皇太后、皇太后宫问安。

本日起居注官沈荃、朱马泰。

十八日丁丑　早，上御乾清门，听部院各衙门官员面奏政事毕，部院官员出。大学士、学士随捧折本面奏请旨。为福建提督侯袭爵报杀贼众事。上曰：“侯袭爵曾报所辖地方海贼侵犯否？”大学士索额图奏曰：

“臣等详查，并未题报。”上曰：“福建厦门等处贼众溃败，诸贼闻之俱遁，侯袭爵遂奏杀败一岛海贼，殊为不合，着饬行！”

辰时，上御懋勤殿，讲官库勒纳、叶方蔼、张玉书进讲：象曰大哉乾元五节、象曰天行健一节。上问曰：“元亨利贞既属四德，又曰大亨而利于正，何也？”叶方蔼奏曰：“大亨而利于正是占辞，但在他卦则可，在乾卦仍当分四德。”张玉书奏曰：“乾卦，天德浑全，故与他卦不同。”上又问曰：“潜见惕跃飞亢皆是龙德，三爻、四爻不称龙，何也？”叶方蔼奏曰：“或跃在渊，原是说龙，九三独称君子。君子即龙也，其义本自相通。”张玉书奏曰：“九三在六爻中居人位，故称君子，更有切于人事。”

本日起居注官严我斯、阿哈达。

十九日戊寅　早，上御乾清门，听部院各衙门官员面奏政事毕，部院官员出。大学士、学士随捧折本面奏请旨。为吏部升补道员事。上曰：“贵州乃边疆要地，孔兴钎才具平庸，不能胜任。这员缺着另拟具奏。”

又开列布政使李士桢等十人应内升事。上曰：“朕阅开列各官俱平常。尔等以为何如？”大学士明珠奏曰：“适汉大学士等皆言李士桢才优，皇上前日亦曾言之。其余俱属平常。”上曰：“着将应内升官员一概开列具奏。”

又兵部覆将军王进宝请病事。上曰：“王进宝久镇岩疆，勤劳素著。今既称病笃，不便留驻四川，着回固原调理。其子王用予前入京报捷时，曾面奏松潘已属内地，欲效力随征，可即令统其父将士，随大兵进取云、贵。”

辰时，上御懋勤殿，讲官库勒纳、叶方蔼、张玉书进讲：潜龙勿用七节、文言曰元者善之长也一节。

本日起居注官常书、崔蔚林。

二十日己卯　早，上御乾清门，听部院各衙门官员面奏政事毕，部院官员出。大学士、学士随捧折本面奏请旨。为原任贵州总兵吴启丰妻子家口被陷辰州，今因地方恢复，请遣人往彼访觅，兵部议覆允行事。上曰：“吴启丰家口久陷贼中，殊属可悯，着启丰亲往辰州，随大兵前进云、贵，访寻团聚。”

又将军王进宝题投诚伪将军杨来嘉、伪总兵路之嵩等应行议叙，兵部覆准给札效用事。上曰："现今总兵员缺甚多，杨来嘉等俱着赴京，朕量材录用。"

又刑部题劫盗鲁三、魏三、富二等应立斩事。上曰："伊等虽曾行劫，未经杀人，俱即处斩，似属太过。为首一人着立斩，余着秋后处决。"

又户部侍郎萨木哈题明颁赈直隶地方饥民数目事。上曰："朕闻真定、保定等处，颁赈银两每人所得无多，未必饥民均沾实惠。至沧州、青县等处，十分饥馑，今春麦就槁，秋种堪虞，流离载涂，深为可悯。朕意再行赈济，以救穷黎。尔等可与侍郎萨木哈商确来奏。"

本日起居注官库勒纳、王鸿绪。

二十一日庚辰 早，上御乾清门，听部院各衙门官员面奏政事毕，部院官员出。大学士、学士随捧折本面奏请旨。为兵部题陕西庄浪副将员缺，以常德副将尼满题补事。上曰："尼满着候云、贵要地补用。此缺另行推补。"

又为刑部议民韩容妄行条奏，应并妻子发遣奉天事。上曰："韩容本系愚民，无知妄奏，姑从宽，免其流徙。"

又为赈济直隶饥民事。上曰："萨木哈云何？"大学士索额图等奏曰："萨木哈言，伊等赈济，原拟饥民获赈，可待春麦收成。今观天时亢旱非常，假若麦又无收，恐穷民难延至秋月。"上曰："萨木哈等赈济仅至春麦收成之时，今闻春麦已枯，秋成难保，其间灾重地方，麦既无望，饥民何以聊生？可悯殊甚！仍着萨木哈等前往赈济，直接秋收，勿令灾黎有失生理。"

辰时，上御懋勤殿，讲官库勒纳、叶方蔼、张玉书进讲：君子体仁足以长人二节、初九曰潜龙勿用一节。

巳时，上诣太皇太后、皇太后宫问安。

本日起居注官叶方蔼、格尔古德。

二十二日辛巳 早，上御乾清门，听部院各衙门官员面奏政事。

辰时，上御懋勤殿，讲官库勒纳、叶方蔼、张玉书进讲：九二曰见龙在田利见大人一节、九三曰君子终日乾乾一节。

本日起居注官朱马泰、张玉书。

二十三日壬午　早，上御乾清门，听部院各衙门官员面奏政事毕，部院官员出。大学士、学士随捧折本面奏请旨。为议政王等会题，贝子章泰奏见在大兵作何调遣，应俟贝勒、贝子等定议到日再议事。上问曰：“贝勒、贝子军前，每佐领下甲兵几副？”大学士索额图奏曰：“约有二十余副。”上曰：“尔等之意应撤回几副？”索额图奏曰：“每佐领下似可撤八九人。”上曰：“朕意亦然。即着贝勒等速议具奏。”

又为兵部题设守陵总管事，照旗序开列参领济白浑等十人。上曰：“原任侍郎禅布曾经控请，此人似可委用。”索额图、明珠奏曰：“此人实堪委用。”上命授禅布为总管。又题设守陵噶喇大事，左翼以正蓝旗步军副尉舒恕拟正，镶黄旗舒宁噶安拟陪；右翼以镶红旗步军副尉浩善拟正，四品官胡密子拟陪。上曰：“八旗内或有效力行间年老愿往者，尔等查明具奏。”

又刑部议覆海贼奸细朱霖拟斩，秋后处决事。上曰：“将朱霖一人处决何益？朕意且将此人放回招抚，尔等以为何如？”索额图、勒德洪、明珠奏曰：“臣等意亦如此。”上曰：“朱霖着免死，交与兵部，其发往招抚之处，令该部具稿，尔等详看来奏。”

本日起居注官沈荃、阿哈达。

二十四日癸未　早，上御乾清门，听部院各衙门官员面奏政事毕，部院官员出。大学士、学士随捧折本面奏请旨。为吏部题补光禄寺卿事，正拟大理寺少卿王继桢，陪拟左通政张吉午。上曰：“可将鸿胪寺少卿宋文运补授此缺。”又题补光禄寺少卿事。上命另推具奏。时所拟少卿即文运也。

又刑部议冷受甫买身阉割，应拟斩监候，秋后处决。上曰：“冷受甫无杀死人命之处，可从宽免死，减等发落。”又原任总兵林本直，当贼乱时，以其叔林天擎被陷四川，引嫌请罢，因准解任。至是，以四川恢复，奏请效力边疆，不受原职。上曰：“林本直为人，朕素知之，其人才具可用，骑射亦娴熟。前当有事之时，即奏请解任，殊为可嘉。守候数年，未经补用，尤属可悯。俟有总兵官员缺，着即补用。”

辰时，上如巩华城。

本日起居注官库勒纳、格尔古德、崔蔚林。

二十五日甲申 早，上由巩华城视西山一带田禾。未时，回宫。

本日起居注官库勒纳、蒋弘道。

二十六日乙酉 早，上御乾清门，听部院各衙门官员面奏政事毕，部院官员出。大学士、学士随捧折本面奏请旨。为吏部题参原任知县张沐掣签不到，应革职事。上曰："张沐系荐举人员，着从宽免革职，仍令补四川员缺。"

又为兵部题补护军参领事，正拟噶尔噶图，陪拟噶尔马。上曰："噶尔噶图躯干太肥，噶尔马才具甚优，别无可议。但该旗内恐更有效力之人，着察明再奏。"又谕大学士等曰："自此以后，凡遇此等查明事迹者，尔等识之。"

巳时，上诣太皇太后宫问安。

本日起居注官朱马泰、张玉书。

二十七日丙戌 早，上御乾清门，听部院各衙门官员面奏政事毕，部院官员出。大学士、学士随捧折本面奏请旨。为吏部题补刑部主事，正拟内阁中书罗文现，陪拟孙文光。上曰："此二人如何？"大学士索额图奏曰："伊等虽年幼，俱属可用。"上命以罗文现补授主事。

又户部议皇后陵所，请照孝陵设立庄园人役。兵部请照孝陵设立绿旗官兵看守。上曰："皇后陵去孝陵甚近，孝陵庄园人役及绿旗官兵护守二陵不为不足，朕意不必另设，尔等以为何如？"索额图、明珠奏曰："上谕允当。"上曰："可将此二本发回，着户、兵二部会同再议具奏。"

又福建总督姚启圣以李日煜等熟谙武艺，题请录用，兵部议照文官例纪录二次。上曰："李日煜当福建变乱时，尽心效力处甚多，部议仅加纪录，尔等之意若何？"索额图、明珠奏曰："李日煜迎接大兵，建造桥梁，馈送粮米，诚有效力之处。"上曰："李日煜俟有福建副将员缺补用。尔等将李日煜效力之处票明具奏。"

又为刑部议强盗高七应立斩事。上曰："高七部审时并不招认，遽拟立斩，尔等以为何如？"索额图奏曰："似此不承认之贼，亦曾奉旨有监候秋后者。"上曰："此案着再议具奏。"

辰时，上御懋勤殿，讲官库勒纳、叶方蔼、张玉书进讲：九四曰或跃在渊一节、九五曰飞龙在天一节。

本日起居注官严我斯、阿哈达。

二十八日丁亥 早，上御乾清门，听部院各衙门官员面奏政事毕，部院官员出。大学士、学士随捧折本面奏请旨。为福建水师提督万正色，请于金门、厦门等处设兵防守，兵部议令总督、巡抚定议事。上曰："万正色与总督姚启圣素不相合。防海兵丁所系最为紧要，应差兵部侍郎一员，会同介山、吴努春及该总督、巡抚、提督亲往各处，详看定议。可令议政王、贝勒、大臣会议具奏。"

又云南巡抚伊辟请召募额兵，部议不允事。上曰："云南道路甚远，若巡抚无亲随兵丁，难以行事，该抚应令召募标兵。又预借钱粮之处，该部未经议明，纵节省二千两饷银，亦复何益？这所议皆有渗漏，着一并再议具奏。"

又刑部议民高日昇等密奏保留知府刘道，着应分别流徒事。上曰："高日昇等着从宽免罪，余依议。"

又议民贾孝叩阍事。上林苑监署丞何中柱、监丞刘兴诗俱坐受赃，拟秋后处绞；户部尚书梁清标，因中柱为其婿，嘱候补郎中周襄绪转嘱顺天府尹耿效忠，清标等俱拟革职。上顾汉大学士问曰："尔等之意如何？"大学士李霨奏曰："何中柱、刘兴诗口供俱已承认。"杜立德奏曰："梁清标身为大臣，溺爱其婿，不能教训，亦难辞咎。"上曰："科、道官若于一切情弊肯举发参奏，则此等事何由而生？因概不纠参，所以致此。可令九卿、詹事、科、道会议，使众知之。"

又街道厅长班等坐科敛总甲钱，分别杖责，该管官下吏部议处事。上曰："此事依部议。闻此等琐屑事务，逼取民钱者甚多，尔等可拟严旨来奏。"

又题补守陵两翼总尉员缺事。上曰："可查年老及阵伤告退官员来奏。"

辰时，上御懋勤殿，讲官库勒纳、叶方蔼、张玉书进讲：上九曰亢龙有悔何谓也一节、潜龙勿用下也七节。

本日起居注官格尔古德、王鸿绪。

二十九日戊子 早，上御乾清门，听部院各衙门官员面奏政事毕，部院官员出。大学士、学士随捧折本面奏请旨。为刑部议革职山东巡抚赵祥星，应鞭一百、枷两月，不准折赎事。上问满汉大学士曰：“尔等之意如何？”大学士杜立德奏曰：“赵祥星诚为有罪，但曾任巡抚，若不许其折赎，恐非刑不上大夫之义。”上曰：“赵祥星可照部中前议，仍永不叙用。”

辰时，上御懋勤殿，讲官库勒纳、叶方蔼、张玉书进讲：潜龙勿用阳气潜藏七节、乾元者始而亨者也四节。

是日，阵亡正蓝旗护军校署护军参领佛多和骨榇到京，上遣一等侍卫达格携茶酒致奠。

本日起居注官崔蔚林、常书。

五　月

初一日己丑　早，上御乾清门，听部院各衙门官员面奏政事毕，部院官员出。大学士、学士随捧折本面奏请旨。为吏部议殉难福建总督范承谟加赠兵部尚书、道员陈启泰加赠光禄寺正卿衔事。上曰：“范承谟等始终一心，坚不从贼，守义殉节，甚为可悯。这议叙尚轻，着再议具奏。”

辰时，上御懋勤殿，讲官库勒纳、叶方蔼、张玉书进讲：六爻发挥二节、君子以成德为行一节。

巳时，上诣太皇太后、皇太后宫问安。

是日，随和硕安亲王出征阵亡正蓝旗阿达哈哈番图黑德、镶白旗骁骑校珍特骨榇来京，上遣头等侍卫鄂齐尔、罗奇携茶酒致奠。

本日起居注官库勒纳、沈荃。

初二日庚寅　早，上御乾清门，听部院各衙门官员面奏政事毕，部院官员出。大学士、学士随捧折本面奏请旨。为吏部议殉难广东巡抚马雄镇加赠兵部尚书衔事。上曰：“马雄镇坚守臣节，始终不变，深为可悯。这所议尚轻，着再议具奏。”

又工部题员外郎马尔苏抽古北口木税事。上曰：“管理木税，关系宫殿大工，马尔苏才具庸常，此差不能胜任。尔等询问该部堂官，另选才能官员具奏。”

又兵部题补守陵两翼总尉事。上曰："尔等曾问有愿往之人否？"大学士索额图、明珠奏曰："前车尔图曾经控告，愿往陵所效力。"上曰："极贫之人，令往彼地，可以治生。车尔图着补授右翼总尉。其左翼员缺，仍将原拟之人补授。"

又三法司议，张九富设立圣人教名色，蛊惑庸众，拟绞监候，秋后处决事。上曰："此事尔等云何？"索额图奏曰："此等邪教坐罪，律应如是。"大学士李霨奏曰："此等皆无知愚民，惟皇上睿裁。"上曰："小人一时妄行，虽名邪教，所犯者小，与前赵氏等惑众谋逆者不同。张九富即行处死太过，着减等发落。余依部议。"

又云南巡抚伊辟题请随往人员事。上曰："此等坐名随行人员，例殊未善，若果得堪用之人，亦复何害？因一时仓卒题请，往往不能尽当。这本内有内务府尹永寿，此人如何可用？知县、知府等官，俱将此等人补授，徒误地方，何益于事？这坐名各员，俱不准行。嗣后着一概停止，该部仍照常铨补。尔等可即于此本内票明。"索额图、明珠奏曰："皇上所谕诚为至当。"

巳时，上如巩华城，皇太子随行。

本日起居注官格尔古德、朱马泰、张玉书。

初三日辛卯　上以仁孝皇后六周之期，命皇太子致祭，以尽孝道。未时，上回宫。

本日起居注官格尔古德、蒋弘道。

初四日壬辰　早，上御乾清门，听部院各衙门官员面奏政事毕，部院官员出。大学士、学士随捧折本面奏请旨，为吏部题请两司官员内升事，开列布政使施天裔等、按察使余三汲等、司道迟日豫等。上顾谓大学士索额图等曰："此内各员，朕未闻有一人名誉显著者，尔等曾有素知者否？"索额图、勒德洪、明珠等奏："臣等亦未闻有著名之人。"上又问大学士李霨等。霨奏："臣等所知者亦少，大概俱属平常。"上曰："这次内升暂行停止可乎？"索额图、明珠奏："停止亦可。"李霨奏："科道内升外转，原有暂停之例，总唯睿裁。"上命司道内升着停这一次。

又甘肃巡抚巴锡先请驻扎兰州，部议不允，因再疏题请。上曰："朕意甘肃巡抚在兰州驻扎亦是，尔等云何？”索额图、明珠奏：“臣等亦议及此，似应在兰州驻扎。”上命该抚着移驻兰州。

又三法司议张九富罪事。上曰：“张九富虽倡立邪教，并无捏造妖言之处。减等流徙，则连累之人甚多，殊为可悯。旨内可将张九富无捏造妖言事票明，着再议具奏。”

又为工部请差古北口抽税官事。上曰：“尔等曾问工部堂官否？”索额图、勒德洪奏：“臣等问工部堂官，言郎中公爱、主事巴克善较马尔苏为优。”上命着巴克善去，仍令该部引见。

辰时，上御懋勤殿，讲官库勒纳、叶方蔼、张玉书进讲：君子学以聚之一节、九三重刚而不中一节。

巳时，上诣太皇太后宫问安。

本日起居注官阿哈达、王鸿绪。

初五日癸巳　早，上御乾清门，听部院各衙门官员面奏政事毕，部院官员出。延绥总兵官李承恩陛见。上谕曰：“近来绿旗兵丁有名无实者甚多，尔历任外吏三十余年，此皆尔所素知，应加意详察。榆林系边陲要地，尔当整顿兵马，固御地方，抚辑兵民，互相安睦，以副朕委任之意。”承恩奏曰：“臣惟有祗遵圣谕，俯效微忱而已。”

巳时，上诣太皇太后、皇太后宫问安。

本日起居注官严我斯、朱马泰。

初六日甲午　早，上御乾清门，听部院各衙门官员面奏政事。

辰时，上御懋勤殿，讲官库勒纳、叶方蔼、张玉书进讲：九四重刚而不中一节、夫大人者与天地合其德一节。

少顷，上复御乾清门，赐进贡吴喇忒部落四品台吉昂阿尔处尔等茶。

本日起居注官叶方蔼、常书。

初七日乙未　早，上御乾清门，听部院各衙门官员面奏政事毕，部院官员出。大学士、学士随捧折本面奏请旨。为湖南巡抚韩世琦奏湖南、湖北官员，应令捐修沉舦船各四百五十只，以济两路会师之用，户部议覆允行。上曰：“大军转饷，关系紧要，此等船只多不坚固，恐贻误粮饷。可令该部再加详议。”

又湖广将军贝子章泰奏，投诚伪将军柏成功，谙习云南形势，应照例给与半俸，令其随征，兵部议覆允行。又湖广总督蔡毓荣请给辰州投诚伪将军周桢等俸粮，部议不允事。上曰："此等投诚官员，不必令随大兵进剿。着该督、抚、提督酌令来京候缺。"

又议长史卓尔塔等应降级事。上曰："卓尔塔人品平常，行间亦无效力之处，出征未几，遽同乌喇兵丁回京，殊为不合。这所议尚轻，应令再议。其余俱如议行。"

本日起居注官牛钮、张玉书。

初八日丙申　早，上御乾清门，听部院各衙门官员面奏政事毕，部院官员出。大学士、学士随捧折本面奏请旨。为三法司议朱慈灿假称崇祯太子，散给伪扎，应凌迟处死；留住僧人步云应处斩事。上曰："朱慈灿散伪扎，在逆贼未败之前，抑在既败之后？"大学士明珠奏曰："想在未败之前。"上曰："人命关系重大，着察明具奏。"

辰时，上御懋勤殿，讲官库勒纳、叶方蔼、张玉书进讲：亢之为言也一节、坤元亨一节。

本日起居注官崔蔚林、阿哈达。

初九日丁酉　早，上御乾清门，听部院各衙门官员面奏政事毕，部院官员出。大学士、学士随捧折本面奏请旨。为礼部题原任直隶巡抚金世德应否与谥事。上曰："金世德自任巡抚以来，美迹甚多，应与他谥。"

又兵部议海上投诚伪将军陈昌应给总兵官札付，俟事定之后另行录用事。上曰："陈昌率众来降，我兵攻取厦门，又协力前进，应加太子太保衔，并下旨褒奖。尔等改票来奏。"

又朱慈灿散伪扎事。上曰："朱慈灿假称太子是实，所散伪扎起自何年？"大学士明珠奏曰："朱慈灿假称太子，散给伪札，起自康熙十二年，至康熙十七年始就获。"上曰："此辈俱系无知之徒，可将凌迟改为立斩。其所留住僧人免死，发给新满洲为奴。"

又福建总督姚启圣奏伪侯朱天贵自海上投诚事。上曰："朱天贵率领二万余兵并船三百余只来降，甚为可嘉，着加优叙。"

又九卿、詹事、科、道会议，免死流徙充军人犯发往乌喇等处事。上顾问大学士等。明珠、李霨奏曰："此事九卿等先曾两议：一议发往乌喇；一议照前仍发内地。乌喇地方山泽广衍，可以渔猎，且地土肥厚，罪人发往彼处，尽可资生。众大臣内或言乌喇地远，并无房屋，又耕种亦难，不愿行者多。故先有两议，今俱合并一议，应发乌喇。"上曰："前此罪人发乌喇、宁古塔地方者亦多，未闻有不能得生而遽死者。此事应从九卿等议。"

辰时，上御懋勤殿，讲官库勒纳、叶方蔼、张玉书进讲：象曰至哉坤元三节、先迷失道二节。

巳时，上诣太皇太后宫问安。

本日起居注官库勒纳、严我斯。

初十日戊戌 早，上御乾清门，听部院各衙门官员面奏政事毕，部院官员出。大学士、学士随捧折本面奏请旨。为户部覆苏赫宸等奏，重庆大兵需用粮米，应令该抚及江水未涨时速行运送事。上曰："粮饷关系军机，最为紧要，不可少有贻误，宜令沿途各官速行运送。怠玩迟误者，着以军法从事，决不姑贷。"

又江宁将军额楚请将原领兵丁仍行带回，部议不允事。上曰："此事应从所请，仍着该将军带回。"

又刑部议强盗任朝海虽经投首，但案内有杀死人命罪，仍应处斩事。上曰："尔等云何？"大学士明珠奏曰："强盗自首者，前曾有旨，令监候秋决。"上曰："任朝海着将票签改为秋后处决。"

辰时，上御懋勤殿，讲官库勒纳、叶方蔼、张玉书进讲：象曰地势坤一节、初六履霜坚冰至二节。

本日起居注官蒋弘道、常书。

十一日己亥 早，上御乾清门，听部院各衙门官员面奏政事毕，部院官员出。大学士、学士随捧折本面奏请旨。为九卿等会推江西布政使员缺事，正拟按察使王日藻，陪拟马斯良。上问曰："王日藻何处人？为人何如？"大学士明珠奏曰："闻王日藻为人堪用。"杜立德奏曰："日藻系江南人，夙有名誉。"上命以王日藻补用。

又三法司议吴国弼捏称司道，妄行叩阍，应处斩事。上曰："吴国弼处斩太过，所援例亦不合，着再议。”

辰时，上御懋勤殿，讲官库勒纳、叶方蔼、张玉书进讲：六二直方大二节、六三含章可贞二节。

巳时，上复御乾清门，赐郭尔罗斯部落二品台吉毕里滚敖齐尔、喀喇沁部落三品塔布囊敖齐尔等茶。

少顷，上率皇太子及皇子保清，诣太皇太后宫问安。又亲诣皇太后宫问安。

是日，赐宁夏总兵官赵弘灿鞍马一匹。

本日起居注官朱马泰、王鸿绪。

十二日庚子 早，上御乾清门，听部院各衙门官员面奏政事毕，部院官员出。大学士、学士随捧折本面奏请旨。为御史西柱条奏山海关应行抽税事，九卿等议不允行。上问：“尔等之意若何？”大学士明珠奏曰：“山海关往来贸易者甚多，除内府应用官物外，其余货物俱应抽税，自于钱粮稍有裨益。”上然之。其作何抽税之处，命再议具奏。

又刑部议崔廷宣等同谋诬宋履荣为窝主，抢夺衣物，廷宣应立斩事。上曰：“崔廷宣所犯之罪较强盗少异，应改立斩为监候，秋后处决。”

又九卿等会议户部尚书梁清标为其婿何中柱营求嘱托，应革职事。上曰：“梁清标身为大臣，徇私请托，理应照议处分，但念效力年久，着降级留任，并将其事缘由，严旨票出。”上又问：“梁清标现系何品？”明珠奏曰：“系从一品。”上命着降五级。

辰时，上御懋勤殿，讲官库勒纳、叶方蔼、张玉书进讲：六四括囊无咎无誉二节、六五黄裳元吉二节。

本日起居注官牛钮、严我斯。

十三日辛丑 早，上御乾清门，听部院各衙门官员面奏政事毕，部院官员出。大学士、学士随捧折本面奏请旨。为兵部题补江宁副都统员缺事，正拟正蓝旗参领尚机图，陪拟驻防江宁正白旗防守尉贞忒。上曰：“尔等曾经询问否？”大学士明珠奏曰：“曾讯尚机图。据言，今年六十有一，精力未衰，行间犹可自效。其从前出征之处，亦颇多劳绩。”上曰：“尚机图原无可议。贞忒如何？”明珠奏曰：“问之侍郎郭丕，言贞忒先为笔帖式，后用为江宁佐领，又升为防守尉。今见在军中，其人亦优。”上曰：“尚机图可补授此缺。”

又四本为题守陵章京事。上曰：“此等章京职掌止于巡守陵寝，并无别事，年力方壮，可以效用行间者，置之陵所何为？年老阵伤之人，有尚堪任使愿往彼地者，庶几用之得当。尔等可会同兵部，将八旗内此等人员察明具奏。”

又山西提督周卜世请以守备张所元补本标游击员缺，以千总温友才补守备员缺，部议不允。上曰：“这所引例亦合，部议稍觉胶执。然周卜世自非堪用之人，尔等云何？”明珠奏曰：“卜世之才原不甚佳。”上曰：“张所元等既坐名具题，这一次姑照所请行。”

又刑部侍郎冯苏请遣能员赴打折卢地方侦贼情形，仍移书达赖喇嘛，令勿纳残贼入其境内。议政王等会议，达赖喇嘛处当吴三桂叛乱时已经遣谕，无庸再遣。打折卢地方应移文四川总督，令选贤能人员，不时侦探防御。上曰：“此事即如所议行。打折卢等处地方应选堪用之员，如喇都浑其人者，遣往彼地，不时侦探。其各处总督、巡抚有搜获吴三桂与达赖喇嘛从前交通书札，俱着即行送入。仍令议政王等会议具奏。”

辰时，上御懋勤殿，讲官库勒纳、叶方蔼、张玉书进讲：上六龙战于野二节、用六利永贞二节。

本日起居注官张玉书、阿哈达。

十四日壬寅 早，上御乾清门，听部院各衙门官员面奏政事。

辰时，上御懋勤殿，讲官库勒纳、叶方蔼、张玉书进讲：文言曰坤至柔而动也刚四节、积善之家必有余庆一节。

本日起居注官库勒纳、沈荃。

十五日癸卯 早，上御乾清门，听部院各衙门官员面奏政事毕。大学士勒德洪、明珠、李霨、杜立德面奉上谕：“前以亢旱祈祷，虽降雨泽，尚未沾足。今又久旱不雨，或由政事未当之故。向经求言，所条奏者多虚文粉饰，全无裨益。着九卿、詹事、科、道掌印不掌印各官齐集，将目今应行事宜，各抒所见，即行陈奏。”

辰时，上御懋勤殿，讲官库勒纳、叶方蔼、张玉书进讲：直其正也一节、阴虽有美含之一节。

巳时，上复御乾清门，大学士、学士偕九卿、詹事、科、道诸臣入。上曰："尔等所议若何？"大学士明珠奏曰："顷传述谕旨，令诸臣各摅所见，今诸臣一一面奏。"户部尚书伊桑阿奏曰："前此天时亢旱，皇上屡命大臣清理刑狱，又曾遣官各处恤刑，此皆皇上如天好生至意。今亢旱日久，臣等伏愿皇上特颁大赦，以回天心。至会推行保举之法，原以抡简人材。今见前次会推，谓堪举无人，及后次会推，复行保举，恐其中不无营求情弊。臣等公议，此例应行停止。"户部侍郎萨木哈奏曰："臣屡次奉差直隶等处，深知民间供应之苦。窃思督、抚为地方大臣，全省之事俱经委任，岂寻常察审之事督抚不能料理。今除紧要事宜，奉特旨差遣外，其余俱应停止。"吏部尚书郝惟讷奏曰："数年以来，未颁大赦，臣等议除十恶外，请尽行赦免，以示宽恩。"兵部尚书宋德宜奏曰："臣等窃议，大兵掳获子女，其间真正从贼者固多，无辜误掠者亦复不少。目今逆贼俱已扫荡，各处人民从贼与否，业已水落石出，请敕各省督、抚查实系良民妻子被掠到京者，准其题请给还完聚。"左都御史魏象枢奏曰："近畿地方亢旱特甚，臣谨条奏四事：一、畿辅之地，庄头人等与民杂处，彼此务相和睦，方有合于皇上满汉一体之意。迩来互相讦告、互相杀伤者甚多，皆因彼此不和，致成仇隙。如赴告刑部，提审干连动至数十人，及至审明，家产已破。嗣后宜令各家主、各地方官劝谕教训，其有真冤受害重大事情，听赴刑部告理，若系争斗小事，许地方官断理。一、近城左安等门外，每月缢死、投井者动至七八十、五六十人，刑部咨行臣衙门，转行五城，并无认领之人。恐其中有打死、勒死，或挂树上、或投井中，图其财利，淫其妻子，皆不可定。宜令巡捕营并五城等官巡缉访察，如有拿获，严法治罪。一、棍徒拐卖人口，或将旗下男妇，或将外省男妇，诱卖取财，捏写文契，暗用印信。嗣后宜严究假印根由，并不系正印官及愿卖之人不亲到官用印者，永行严禁。一、五城司坊等官事务最繁，不得其人，扰害地方。嗣后宜将正途选授，五城御史不时考察。如果守清民安，量加升用。至于赦典，不应屡行。狱中之罪累固属可矜，而泉壤之冤魂尤为可悯。现今又有热审之例，减等发落者已沾浩荡之恩。臣不敢轻议大赦。”刑部尚书黄机奏曰：“窃盗应分轻重，凡所窃赃物至一二两以上者，仍照例追银一两给赏拿获步兵，并刺字记档。如系纤微物件，即以所窃物给赏，量责发落，免其追银并刺字记档。又审问盗案，应止就本案内初供伙盗数目，研审归结，其他处行劫，有失主者，另案归结。”左副都御史郝浴奏曰：“罪人遣发乌喇，固皇上好生之心，但天旱民饥，恐路远终填沟壑，况本朝原未开此例。今群臣公议，望皇上特允停止，仍照律行。”御史王遵训奏曰：“刑部罪案，屡蒙皇上特遣大臣清理。督捕衙门冤抑，恐亦不少，伏祈皇上一体遣官清理，以迓天和。”御史罗秉伦奏曰：“京城内外饥民，蒙皇上隆恩，设厂赈济，计至六月初四日止。天气熏蒸，饥民枵腹难归，伏乞皇上再准宽限，候至秋谷成熟，则饥民得以鼓舞就道矣。”御史杨维乔奏曰：“盗案处分之例日严，则讳盗之弊日生。臣请察盗案应缉之数，或止少一二人者，州县官免其降调，庶有司无功名之累，不致纵盗而害民矣。”吏科给事中李宗孔等奏曰：“京城内外，现在饥民约计不过万人，仰请皇上大沛弘恩，酌量道里远近，给与路费，俾其回籍得所，亦感格天心之一端也。”上曰：“尔等所奏，尚属肤词。倘大小臣工，俱能秉公奉法，则天下何难治平？凡在朕前所言，似乎公正，退而种种行私，徇情作弊，尔等抚衷自问，能无内愧乎？至于科、道官，瞻顾私情，罔克纠举。内外官员，恣行无忌，职此之由。尔等意中若尚有未尽事宜，可一并亲写来奏。”

诸臣出，复命阁臣持上谕遍谕诸臣。谕曰：“朝廷致治，惟在端本澄原。臣子服官，首宜奉公杜弊。大臣为小臣之表率，京官为外吏之观型。大法则小廉，源清则流洁，此从来不易之理。如大臣果能精白乃心，恪遵法纪，勤修职业，公尔忘私，小臣自有所顾畏，不敢妄行。在外督、抚各官，自应慎守功令，洁己爱民。乃大臣等每自谓清正无私，粉饰空言，至其所行，往往营私作弊，有玷官方，深负委任之意。科道系耳目之官，凡有弊端，自当据实参奏。且居处甚近，如此情弊，岂无见闻？乃瞻徇情面，缄默不言，即有条奏，多系繁文，言官职掌殊为未尽。如肯从公纠举，孰敢恣行无忌？朕以为目今之弊，莫大于此。近因天气亢旱，朕夙夜焦思，念虑所及，无不举行。感格之道，犹恐未尽，故特召尔等，各面陈所见。因宣谕朕意，令尔等知之。”

未时，阁臣偕诸臣捧所书札子入，上御乾清门，逐一详览。谕曰：“郝惟讷等所奏大赦不必行。赦罪固属宽典，然纵奸亦非良法。顷魏象枢所言极是。且热审减等之法既行，则刑狱不可谓不宽矣。”上顾宋德宜问曰：“尔所奏给还子女事，当如何行查？”德宜奏曰：“大兵所掠妇女，其间有良民家口，不曾从贼，误掳来京者甚多。今四方俱已平定，从贼与不从贼，昭然易见。前次行查福建难民子女，曾察出百有余人，若交与用兵地方各该督抚确查到日，分别给还完聚，则无匹妇含冤，三年不雨之患矣。”上曰：“如照尔等所奏，察其从贼虚实，其以前从贼官员士庶作何处治？现为职官者，又何以堪？且江西之人，亦有曾经受札从逆、现任在京者，如复行察，将此等人员岂可一概处分乎？”给事中余国柱奏曰：“皇上所见远大，非臣等愚昧所能及也。”上曰：“此系年远之事，所奏不准行。”

上又曰：“魏象枢所奏八旗庄屯与民人争斗告讦，朕深知其害，但有何良法，使彼此相亲相爱，而无争斗杀伤之事乎？”魏象枢奏曰：“斗殴小事，悉归州、县官审结，大事方准赴刑部告理，以免干连提审之累。”上曰：“从前庄屯与民人事情，曾归州、县官审理，遂有言庄屯受屈者，后归章京审理，民人又多苦累，故立法甚难。至五城人命事情最多，或投井、或系树，岂无威逼致死之故？应作何访缉，可将象枢所奏各款，俱着九卿、詹事、科、道确议具奏。”

上又顾大学士明珠曰：“黄机等所奏二款俱是，可着刑部确议。李宗孔、罗秉伦等所奏，关系赈济饥民事情，亦着九卿、詹事、科、道会议。”

谕毕，诸臣将出，上又问诸臣：“尚有所言否？”詹事沈荃奏曰：“从来发遣原分远近，今一概流徙乌喇，恐未合皇上好生之心。倘此一事蒙圣恩停止，天若不雨，臣甘坐欺罔之罪。”上顾大学士明珠曰：“此事可亦着九卿、詹事、科、道再议具奏。”谕毕，诸臣出。

本日起居注官常书、王鸿绪。

十六日甲辰　早，上御乾清门，听部院各衙门官员面奏政事毕，部院官员出。大学士、学士随捧折本面奏请旨。为安徽巡抚徐国相题王祥等行劫僧人遵义，系被灾饥民，罪有可原，三法司议仍照强盗例立斩事。上曰："尔等以为何如？"大学士明珠、李霨奏曰："王祥等行劫，火炙遵义，未至于死，实系饥民迫切，情有可原。从前亦有此等情罪，奉旨改监候者。"上命改为监候，秋后处决。

辰时，上御懋勤殿，讲官库勒纳、叶方蔼、张玉书进讲。上亲讲：天地变化草木蕃一节。讲官进讲：君子黄中通理三节、阴疑于阳必战一节。

本日起居注官崔蔚林、朱马泰。

十七日乙巳 早，上御乾清门，听部院各衙门官员面奏政事毕，部院官员出。大学士、学士随捧折本面奏请旨。为福建总督姚启圣，以护军卫明德题补龙溪县知县，部议不允事。上曰："此系题留在彼包衣佐领下人否？着察明具奏。"

又为兵部题补正蓝旗骁骑参领事，正拟郎中瓦礼祜，陪拟拜他喇布勒哈番胡西布。上问："瓦礼祜何如？"大学士勒德洪、明珠奏曰："此人才尚可用。"上曰："瓦礼祜才虽堪用，恐本旗下有效力尚多之人，着察明具奏。"

又山东巡抚施维翰题报总河靳辅丁忧事。上曰："河工漕运事关重大，现今工程未完，不便即准守制。俟工成之日，着靳辅自行题请。"

辰时，上御懋勤殿，讲官叶方蔼、张玉书进讲：屯元亨利贞一节、象曰屯刚柔始交而难生三节。

本日起居注官严我斯、阿哈达。

十八日丙午 早，上御乾清门，听部院各衙门官员面奏政事。

辰时，上御懋勤殿，讲官叶方蔼、张玉书进讲：象曰云雷屯一节、初九盘桓二节。

本日起居注官常书、张玉书。

十九日丁未 早，上御乾清门，听部院各衙门官员面奏政事毕，部院官员出。大学士、学士随捧折本面奏请旨。为吏部题补浙江按察使事，正拟陕西粮道教化新，陪拟江西参议郭景昌。上曰："朕忆教化新曾为部属，其人品何如？"大学士明珠奏曰："臣等不知此人优劣。先曾为刑部司官，后随经略莫洛赴陕西，因授为道员。"学士噶尔图奏曰："教化新人才庸懦，办事平常。”上曰：“适九卿奏欲停止保举，看来保举之法有弊而未善。”明珠奏曰：“此法原不甚善。”上曰：“人岂无一长可取，着即将教化新升补按察使。嗣后俱当论俸升授。”

又题补制造库员外事，正拟马哈达，陪拟牙齐那。上曰：“马哈达年太幼稚，着以牙齐那补授。”

又三法司拟强盗刘三等十七人罪，一议俱应立斩，一议李四等三人未经承认，应监候秋审，余照前议。上曰：“尔等以为何如？”大学士索额图等奏曰：“臣等亦曾公同商酌，罪疑惟轻，后议似是。”上曰：“朕意亦以后议为允当，着即照后议行。”

明珠奏曰：“昨奉旨察卫明德始末，臣等问之兵部，卫明德系镶蓝旗包衣佐领护军。姚启圣曾问明署护军统领禅布，留于福建。”上曰：“此辈朕皆知之。如医药房书办伊永寿，如何令之亲理民事？随征之人，留在地方不合。尔等可于票签内票明申饬。”

辰时，上御懋勤殿，讲官库勒纳、叶方蔼、张玉书进讲：六二屯如邅如二节、六三即鹿无虞二节。

本日起居注官叶方蔼、朱马泰。

二十日戊申　早，上御乾清门，听部院各衙门官员面奏政事毕，部院官员出。大学士、学士随捧折本面奏请旨。为补授正蓝旗骁骑参领事。上曰：“朕览察来之人，亦无有效力多者，可仍将瓦礼祜补授。”

又三法司议强盗金二等俱应立斩事。上曰：“金二等行劫事，殊可痛恨。然五儿未曾亲手伤人，且又自行投首，着改为秋后处决。”

辰时，上御懋勤殿，讲官库勒纳、叶方蔼、张玉书进讲。上亲讲：六四乘马班如二节。讲官进讲：九五屯其膏二节、上六乘马班如二节。

巳时，上诣太皇太后、皇太后宫问安。

本日起居注官蒋弘道、阿哈达。

二十一日己酉　早，上御乾清门，听部院各衙门官员面奏政事毕，部院官员出。大学士、学士随捧折本面奏请旨。为九卿、詹事、科、道会议死罪减等者，仍照新例发遣乌喇，其余军流罪犯，应照律审拟，免发奉天等处事。上曰：“发遣一事，九卿议论佥同，皆欲停止。尔等以为何如？”大学士索额图奏曰：“臣等之意亦与九卿同。”上命依议行。

上又曰：“昨九卿等为满汉争讼事，一议照旧，一议欲改设满官。其说何如？”大学士李霨、冯溥奏曰：“天时亢旱，饥民流离，似宜安静，不必更张。”上曰：“朕意正如是。”

辰时，上御懋勤殿，讲官库勒纳、叶方蔼、张玉书进讲：蒙亨匪我求童蒙一节、象曰蒙山下有险二节。

本日起居注官格尔古德、崔蔚林。

二十二日庚戌　上因有事于方泽，斋戒三日，不理政事。

本日起居注官朱马泰、董讷。

二十三日辛亥　本日起居注官阿哈达、王鸿绪。

二十四日壬子　早，上于保和殿，视祀方泽坛祝版毕，回宫。

本日起居注官库勒纳、崔蔚林。

二十五日癸丑　早，上以夏至，躬诣方泽坛致祭毕，回宫。

巳时，上诣太皇太后、皇太后宫问安。

是日，赐云南巡抚伊辟鞍马一匹。

本日起居注官沈荃、朱马泰。

二十六日甲寅　早，上御乾清门，听部院各衙门官员面奏政事毕，部院官员出。大学士、学士随捧折本面奏请旨。为兵部题銮仪卫整仪尉三缺，应以武进士及效用人员补授事。上曰：“銮仪卫，此等汉官大不堪用，应将汉军官员推补。着再议具奏。”

又福建总督姚启圣奏兵民困苦及粮料价贵情形事。上曰：“览姚启圣疏，虚冒之词甚多，应令户部贤能司官一员，察明时价具奏。”大学士等退。

云南巡抚伊辟陛辞。上问曰：“尔有何启奏之言？”伊辟奏曰：“云南自吴逆变乱以来，地方残坏，民不聊生。臣至彼地，当图从容休养。有应陈奏事宜，俟事平之后，渐次条奏。”上曰：“朕观文武调和，则诸事易于就理；文武不和，则诸事掣肘，难以径行。尔至彼处，宜善加调协，文武一心，务俾凋敝之民抚绥得所。”谕毕，伊辟出。

巳时，上如巩华城。

本日起居注官格尔古德、朱马泰、张玉书。

二十七日乙卯　未时，上回宫。

本日起居注官格尔古德、董讷。

二十八日丙辰　早，上御乾清门，听部院各衙门官员面奏政事毕，部院官员出。大学士、学士随捧折本面奏请旨。为吏部三本议殉难福建总督范承谟、广西巡抚马雄镇、福建福宁总兵吴万福、浙江黄岩总兵阿尔泰等，应各赠宫衔官秩事。上曰："范承谟、马雄镇、吴万福加赠宫衔，极为允当，可各赠太子少保。阿尔泰虽经死难，但在前曾有割辫之事，不必加赠。余俱依部议。"

又云南提督赵赖奏，所属官兵随征日久，乞加议叙，兵部议，俟事平之日，一并另议。上曰："赵赖下官兵，行间效力，功绩甚多，他处战功，俱经议叙，独置伊等不议，实属可悯。其查取口供事，原不独赵赖一人，事平之日再行查问，亦未为晚。可下该部再议。"

又兵部议原任游击严弘应令军前候用事。上曰："此人尔等知其详否？"大学士索额图等奏曰："不知。"上曰："此人本末，朕切记之。当陷贼诸人未经投顺，彼从宜都县首先来归。及贼兵追至，掠其妻子，彼奋不回顾，直趋我军。此事若果核实，便当从优议叙。前此曾命兵部查其事迹，未经察明，今可仍令兵部确察具奏。"

又刑部覆允尚书黄机条奏二事：一、盗案应凭初供。一、窃盗应计赃多寡分别科罚。上顾问大学士等。皆奏曰："部议可从。"上是之。

又三法司议炉头任有库盗窃铜斤，拟斩监候。其该管官员及研审迟延司官，俱应交吏部处分。上曰："任有库依拟，应斩监候。刑部审理事务迟延作弊，屡经严旨申饬。此案日久不结，情弊显然，可令吏部会同都察院，将原审各官察议具奏。"

辰时，上御懋勤殿，讲官库勒纳、叶方蔼、张玉书进讲：象曰山下出泉蒙一节、初六发蒙二节。

本日起居注官常书、张玉书。

二十九日丁巳　早，上御乾清门，听部院各衙门官员面奏政事毕，部院官员出。大学士、学士随捧折本面奏请旨。为吏部题补本部郎中员缺事，正拟员外郎马君宠，陪拟毕兴霖，并开列应升郎中员缺员外郎刘秉忠等四十人。上曰：“此内堪用之人，着问各部院衙门堂上官再行具奏。”

又为兵部题补正蓝旗蒙古副都统员缺事，正拟护军参领多鼐，陪拟孙他哈。上曰：“该旗或有公、侯、伯爵等及行间效力多者，尔等察明具奏。”

又题补镶白旗汉军副都统员缺事，正拟参领卢扬祖，陪拟申曰受。上曰：“该旗内或更有官爵大者，并额驸等，亦着察明具奏。”

又议游击严弘叙用事。上曰：“严弘被贼擒获，不受伪职，带原敕来归，忠贞可嘉，着优叙具奏。”

又三法司议曹三卖身及妻假用他人名姓，拟应立斩事。上曰：“曹三比光棍例少异，改为监候秋后，可乎？”大学士索额图、明珠奏曰：“臣等所见亦然。”上命改为监候。

又强盗高七拟立斩事。上曰：“高七部审时，始终不认，亦着改为监候。”

辰时，上御懋勤殿，讲官库勒纳、叶方蔼、张玉书进讲：九二包蒙吉二节、六三勿用取女二节。

少顷，上复御乾清门，赐进贡吴喇忒部落四品台吉布丹等茶。

本日起居注官严我斯、阿哈达。

六　月

初一日戊午　早，上御乾清门，听部院各衙门官员面奏政事毕，部院官员出。大学士、学士随捧折本面奏请旨。湖广总督蔡毓荣题，原任宜都游击严弘身被贼擒，坚拒伪职，乘间来归，应行议叙，部覆俟事平之日再议。上曰：“严弘当逆贼初叛时，独守宜都，擒获奸细，后被贼擒，坚拒不受伪职，能保守原授敕书，乘间来归。忠贞可嘉，应从优议叙。可改拟票签来奏。”

辰时，上御懋勤殿，讲官库勒纳、叶方蔼、张玉书进讲。上亲讲：六四困蒙吝二节。讲官进讲：六五童蒙吉二节、上九击蒙二节。

巳时，上诣太皇太后宫问安。

本日起居注官库勒纳、王鸿绪。

初二日己未　早，上御乾清门，听部院各衙门官员面奏政事毕，部院官员出。大学士、学士随捧折本面奏请旨。为湖广提督徐治都辩明入蜀迟误及粮饷不继情由事。上曰："先因进取四川，关系紧要，故屡次严旨趣令进兵。徐治都当谕旨未到之前，已经克取巫山、归州等处，击败贼兵，原无贻误之事。前议俟事平之日，从重议处一案，应行注销，着该部议奏。"

辰时，上御懋勤殿，讲官库勒纳、叶方蔼、张玉书进讲：需有孚一节、象曰需须也二节。

本日起居注官沈荃、牛钮。

初三日庚申　早，上御乾清门，听部院各衙门官员面奏政事毕，部院官员出。大学士、学士随捧折本面奏请旨。为吏部题补光禄寺卿员缺事，正拟大理寺少卿王继祯，陪拟通政司左通政张吉午。上问曰："尔等谁识张吉午者？"大学士索额图等奏曰："臣等皆未之识。"上曰："此缺着另推具奏。"

又部议光禄寺、鸿胪寺少卿员缺，应补之人现今未至，应俟到日再行题补事。上曰："此二缺应即酌量补用，着再议具奏。"

又陕西总督哈占，请以都司祁彻白补本标副将员缺，部议不允事。上曰："着照该督所请，以祁彻白补用。"

辰时，上御懋勤殿，讲官库勒纳、叶方蔼、张玉书进讲：象曰云上于天一节、初九需于郊二节。

本日起居注官朱马泰、董讷。

初四日辛酉　早，上御乾清门，听部院各衙门官员面奏政事毕，部院官员出。大学士、学士随捧折本面奏请旨。为兵部题补正蓝旗副都统员缺事，正拟护军参领多鼐，陪拟孙塔哈。上曰："该王曾奏喇克达有效力之意，此缺着将喇克达补授。"

又大将军顺承郡王勒尔金奏，兵丁步行甚难，请准暂回荆州事。上曰："兵丁既无马匹，着暂回荆州。俟置办马匹毕，着一贤能大臣率往重庆。至于该王岂可亦云无马？着即速往重庆。"

又吏部题郎中托必泰、拨什库巴代等，前遣往四川赴提督郑蛟麟处，变乱以后，不知死于何地，应俟查明议恤事。上曰："此事可依部议。托必泰等因公事前往，遇变身殉，深为可悯，着查明到日叙恤具奏。"

又吏部议工部尚书马喇、朱之弼初请增给匠役工价。奉旨：时日已过，岂有复行补给之理？及具题时，不将此旨写明，反作为该部所议。马喇等应各降一级留任。上曰："尔等以为何如？"大学士索额图奏曰："似部议亦可。"上曰："工价已经给过，马喇等乃巧饰具题云未经给与。及察议时，又巧供已经奉旨，复行扣减，恐有未合，故不写旨意，作为部议具奏。遵旨扣减工价，云有未合，是属何意？且革除弊端，有何不便之处？"大学士明珠奏曰："马喇等口供诚属错谬。"上曰："此等事情尔等既知，何不即行票拟，岂非瞻徇情面？"索额图奏曰："臣等不敢徇情。"上曰："如马喇谄媚迎合，在尔等则以为善，朕以为断断不可。尔等将议处马喇之吏部堂司官并马喇等传来，朕当面询之。"

辰时，上御懋勤殿，讲官库勒纳、叶方蔼、张玉书进讲：九二需于沙二节、九三需于泥二节。

巳时，上复御乾清门，大学士、学士传吏部尚书吴达礼等、工部尚书马喇等至。上问马喇曰："工价已经给发，及具题时巧称未给。又言奉旨扣减，恐有不合，是属何意？尔不将此事先行详察，希图朦混，及至察议时，又供称恐有不合，此非欲脱己罪，而故妄饰乎？"马喇奏曰："给与工价臣并不知，诚恐尚未给发，故未明白具题，焉敢有欺诳之事？"上曰："尔乃一部尚书，事有未明，何不详察？尔既不明晰具奏，朕如何听理？倘遇人命事情，尔亦如此不加详察，朦混具奏，人命不致残害耶？此事虽小，尔却自行欺罔。人臣事君，怀欺罔之心行事可乎？"马喇免冠叩奏："臣乃愚懦之人，不曾明晰具奏是实，焉敢欺罔？"上曰："尔云不行欺罔，曩尔云尔部事务每日有百余件，此非欺罔乎？"马喇奏曰："臣何敢欺罔，今求皇上将臣衙门册籍一阅，便知臣实无欺罔之处。不知侍郎党古里前此启奏，是何意见？"上又问尚书吴达礼等曰："尔等议此事时，始末曾全阅否？"吴达礼等奏曰："不曾全阅。"上曰："始末未经详阅，瞻徇情面，草率议处何故？"吴达礼等奏："臣等庸懦，实见不及此。如马喇等类人，又何瞻徇情面处乎？"吴达礼、马喇等出，上谓大学士等曰：“马喇等朦混巧饰，吴达礼等不行详察，瞻徇情面，苟且议覆。着写票签，令都察院一并严察具奏。”

本日起居注官叶方蔼、格尔古德。

初五日壬戌　早，上御太和门视朝。文武升转官员谢恩，次厄鲁特部落噶尔当薄硕克图汗下贡使阿津和卓等、喀尔喀部落土谢图汗下贡使绰衣达西等、阿巴哈纳尔部落贡使绰克托格龙等行礼，赐茶毕，回宫。

少顷，御乾清门，听部院各衙门官员面奏政事毕，部院官员出。大学士、学士随捧折本面奏请旨。为礼部议给正蓝旗先锋参领门杜修坟价值事。上曰：“门杜效力行间，劳绩颇著，着给与修坟全价。日后叙功时，仍从优议叙，尔等记之毋忽。”

又兵部题遣董重民赴军前招抚吴逆事。上曰：“董重民留在京师亦无益，不如遣赴军前招抚，尔等以为何如？”大学士明珠等奏曰：“皇上睿见极是。”上曰：“着兵部量给职衔，令赴总督蔡毓荣军前招抚。”

又陕西总督哈占奏将军吴丹调取标兵事。上曰：“大兵进取云、贵，关系最为紧要。吴丹调取总督标兵事，着大将军、将军、总督会同速行确议具奏。”

辰时，上御懋勤殿，讲官库勒纳、叶方蔼、张玉书进讲。上亲讲：六四需于血二节。讲官进讲：九五需于酒食二节、上六入于穴二节。

巳时，上诣太皇太后、皇太后宫问安。

本日起居注官崔蔚林、常书。

初六日癸亥　早，上御乾清门，听部院各衙门官员面奏政事毕，部院官员出。大学士、学士随捧折本面奏请旨。为吏部题镶红旗拖沙喇哈番戴精阿官职，请以伊子戴奇承袭事。上曰：“朕曾记燕山岭一案，戴精阿亦在其内。尔等可再察明，若果在此案内，则此职应停承袭。”

又为候补运同刘维世，以遇应补员缺未经补用叩阍，部议不准事。上曰：“此事若何？”大学士明珠奏曰：“吴三桂等反叛之后，将所属之人尽行罢职。及耿精忠等投诚后，其所属之人俱准照旧补用。”上曰：“照旧补用之例既定，刘维世应补一项，岂竟无缺出？乃从前并未控诉，及有两浙员缺始行陈告。观此则择缺控告，亦未可定。自定例后，此等员缺曾出与否？尔等详察来奏。”

又为提督许贞请以南昌水师兵一千名归其标下，部覆不准事。上曰：“水师营兵归提督标下，不免糜费钱粮。前以尚之孝标下兵丁补江西各营老弱缺少之数。着将此内兵丁拨付许贞一千名。此兵缺少，不必再补。如此则钱粮不至糜费，亦于许贞有益。尔等之意若何？”大学士索额图等奏曰：“上谕诚为至当。”上曰：“即照此票拟。”

又三法司议杨四震同张鉴于张东楼妻常氏家送礼，因借钱不与，以小刀刺伤常氏大腿。拟杨四镇应斩，秋后处决，张鉴徒三年。上曰：“朕详阅口供，刀刺似属虚语。本内所写伤痕极浅而小，若果系二男子执一妇人，以刀行刺，岂有如此轻者？尔等以为何如？”大学士索额图等奏曰：“臣等所见似从部议亦可。”上又问汉大学士等。李霨奏曰：“纵无行刺之事，其情由深为可恶，臣等亦以为可依部议。”上从之。

大学士索额图等又奏曰：“臣等遵旨察求雨旧例：明嘉靖时，亲祀天坛祈雨，未降，复遣官祈祀各庙。万历时，亦亲祀天坛，未曾得雨，复于宫内另行祈祷。并无两次躬祭天坛之例。”上曰：“此事关系重大，尔等确议具奏。”

辰时，上御懋勤殿，讲官库勒纳、叶方蔼、张玉书进讲：讼有孚窒一节、象曰讼上刚下险二节。

本日起居注官阿哈达、董讷。

初七日甲子　早，上御乾清门，听部院各衙门官员面奏政事毕，部院官员出。大学士、学士随捧折本面奏请旨。为候补运同刘维世叩阍事。大学士索额图等言：“自藩下人录用之后，并无刘维世应补之缺。”上命仍依部议。

又戴精阿子戴奇袭职事，燕山岭案内戴精阿别是一人，此人不在其内。上曰：“既如此，可照部议。”

又吏部题补兵部主事员缺事，正拟典籍阿喇密，陪拟凯母布。上问：“阿喇密何如人？”索额图等奏曰：“阿喇密是旧中书，其人可用。”又问：“凯母布何如？”索额图奏：“凯母布亦旧中书，其人亦可用。”上曰：“着以凯母布补授。”

又户部题知县倪长犀讦告知府万文麟贪恶款迹事。上曰："此事着吏、刑两部各差司官一员，前往察审。"

又刑部议覆强盗罗有象等十四人，应即行处斩事。上曰："此案内有护军、披甲人，伊等口供尚有可疑之处。"索额图等奏曰："是。观伊等口供，皆云年幼无知，被罗有象等引诱而去。"上曰："着再察审具奏。此事自正月发觉，直迟至五月方行具题，有罪者三人，无罪者一人，先后死于狱中。该部迟延之故，着回奏。"

辰时，上御懋勤殿，讲官库勒纳、叶方蔼、张玉书进讲。上亲讲：象曰天与水违行讼一节。讲官进讲：初六不永所事二节、九二不克讼二节。

巳时，上诣太皇太后宫问安。

是日酉刻，雷电大雨。

本日起居注官库勒纳、王鸿绪。

初八日乙丑　早，上御乾清门，听部院各衙门官员面奏政事毕，部院官员出。大学士、学士随捧折本面奏请旨。为翰林院题修藏书及办事房屋事。上曰："翰林院衙门纂修、翻译书籍甚多，所有房屋将来必须修葺，可着全行修理。

本日起居注官格尔古德、严我斯。

初九日丙寅　早，上御乾清门，听部院各衙门官员面奏政事毕，部院官员出。大学士、学士随捧折本面奏请旨。为吏部题江南学道员缺，拟礼部郎中张鹏翮升授事。上问："鹏翮才学何如？"大学士杜立德奏曰："鹏翮系庶吉士改授，才学亦优。"上曰："江南系大省，必得学问优长之人，方克胜任。这员缺着该部将应升官员通列引见。"

又陕西总督哈占请以副将偏头所领标员加级随征，兵部覆允事。上曰："随征进剿官员曾有加级例否？若向无此例，独准哈占所请，恐有异同之嫌。尔等再详察具奏。"

又为云贵提督桑格、总兵官周邦宁不守常德，退回荆州，部议桑格应革职，邦宁应削去五级，仍降一级调用事。上曰："桑格、周邦宁应从部议，戴罪留任，着图功自赎。"

辰时，上御懋勤殿，讲官库勒纳、叶方蔼、张玉书进讲：六三食旧德贞厉二节、九四不克讼二节。

巳时，上诣太皇太后宫问安。申时，上诣皇太后宫问安。即移跸瀛台。

本日起居注官沈荃、常书。

初十日丁卯 早，上御瀛台，听部院各衙门官员面奏政事毕，部院官员出。大学士、学士随捧折本面奏请旨。为贝子章泰奏兵丁草谷浮给价值，请免扣追，部议应从所请事。上曰："钱粮事关重大，不预行奏明，不合。这次姑免扣追，后不为例。"

又陕督哈占题请标员加级事。上曰："此等官员随征进剿，正在效力，着各加一级，以示鼓励。"

又为彝陵总兵胡世宁遗疏陈奏事。上曰："胡世宁效力著劳，着以一子来京酌量录用。"

又吏部题升道、府官员事。上曰："江南学道员缺，着各部堂官，于今日引见各郎中内，保举堪任之人。其苏州府、镇江府知府员缺，亦于各官内保举具奏。"

上又谕大学士勒德洪、明珠、李霨、杜立德，学士噶尔图、希福、李天馥曰："朕暂移驻瀛台，因乾清宫、坤宁宫见在修理，尘土甚多，不便临御，故移驻于此，非为逸豫。尔等可传谕九卿等，使知朕意。"

少顷，讲官库勒纳、叶方蔼、张玉书进讲：九五讼元吉二节、上九或锡之鞶带二节。讲毕，上复以修理宫殿，移驻瀛台之故，谕令知之。

巳时，上御瀛台前亭，赐进贡吴喇忒部落三品台吉色布腾等、四品台吉噶尔马等茶。

本日起居注官朱马泰、张玉书。

十一日戊辰 早，上御瀛台，听部院各衙门官员面奏政事毕，部院官员出。大学士、学士随捧折本面奏请旨。为奉天将军安朱祜题修边经费，拟派取应差人役及闲散人等银两，户部等衙门议令官员捐纳。上曰："官役捐纳甚非所宜。边疆关系重大，着照该将军估计数目，动户部钱粮修理。"

辰时，讲官库勒纳、叶方蔼、张玉书进讲：师贞丈人吉一节、象曰师众也二节。

少顷，黄岩总兵官林本直谢恩入见。上召至前问："尔有欲言否？"

本直奏："臣两犯应死之罪，蒙皇上天恩特宥，又加拔擢，自今以后之身，皆皇上再生之身也，臣惟有以死报国。"上又问："尔向官何处？"本直奏："臣历任广东、山西等处副将。"上又问："尔曾杀贼否？"本直奏："臣在广东时，曾歼土贼千余人。"上曰："黄岩要镇，今海贼虽经败遁，恐其出没不常。又沿海之民，其中倘有奸宄勾连外寇，为害非细，尤当加意严防。"本直奏："圣谕明见万里，从来外寇侵犯，多有内地奸徒勾引。臣到地方，有当整饬者，即行整饬，有当题请者，即同督、抚诸臣酌议题请，不敢有负皇上任使。以臣愚见，西北之人习骑射，东南之人习舟楫。沿海之地，乃利舟楫，非利骑射之处。保疆靖寇，必精练水师，方可成功，臣窃谓此目前第一急务。但恐臣西北之人，不能深谙水师之妙。"上曰："自古用将何分南北，惟务得人而已。且靖寇本以卫民，攘外必先宁内，为将之道，尤在得民心而已。"本直奏："皇上训谕，臣谨铭心，敢不竭力效死，以图报称。"奏毕，出。

本日起居注官库勒纳、蒋弘道。

十二日己巳 早，上御瀛台，听部院各衙门官员面奏政事毕，部院官员出。大学士、学士随捧折本面奏请旨。为兵部题补镶白旗前锋护卫事，正拟三等护卫俄依讷，陪拟前锋校尼堪。上曰："将此二人效力之处，并该旗效力人员，仍照前例，察明具奏。"

又九卿等会议私行铸炮定例严禁事。上曰："叛逆之人，方有铸炮之事，平民铸炮何为？且铸炮须用铜铁甚多，积久而后铸，该管官必然知情。今将此事定例禁止，在小民徒多一事。或文武官员内间有私铸者，尚未可定。着将此禁例，专晓谕该管官员，小民不必传谕。"

大学士明珠等又奏："昨传问礼部堂上官，皆言郎中张鹏翮人品甚优。"上曰："恐尚不及田雯，众人皆称田雯才品堪用。"大学士勒德洪奏曰："臣在户部，素知田雯其人果堪任用也。"

辰时，讲官库勒纳、叶方蔼、张玉书进讲。上亲讲：象曰地中有水师一节。讲官进讲：初六师出以律二节、九二在师中吉二节。

本日起居注官叶方蔼、格尔古德。

十三日庚午 早，上御瀛台，听部院各衙门官员面奏政事。

辰时，上幸南苑。酉时，回宫。

本日起居注官崔蔚林、常书。

十四日辛未 早，上御瀛台，听部院各衙门官员面奏政事毕，部院官员出。大学士、学士随捧折本面奏请旨。为吏部题补光禄寺正卿员缺事，正拟左通政张可前，陪拟大理寺少卿张永祺。上问："此二人何如？"大学士李霨奏曰："俱属平常。"大学士勒德洪奏曰："张可前曾为吏部司官，尚可用。"上问："可大用乎？"勒德洪奏曰："亦仅堪用耳。"上曰："着另拟具奏。"

又兵部议原任宜都营游击严弘应加都督同知，俟来京之日，即以总兵官补用事。上曰："严弘着仍于本地员缺补用。"

又议给董重民参将札付，令往军前招抚事。上曰："董重民系二等护卫，应仍照原品给与官职，令前往招抚。"

又议原任经略莫洛所带五十三等，应令进取云、贵，图功赎罪。笔帖式鄂通果应留驻西安府，俟议伊等事时再议。上曰："五十三等令图功自赎极是。鄂通果着回京。"

辰时，讲官库勒纳、叶方蔼、张玉书进讲：六三师或舆尸二节、六四师左次二节。

巳时，上御瀛台前亭，赐进贡吴喇忒部落三品台吉塔毕图等、四品台吉查克等茶。

本日起居注官朱马泰、王鸿绪。

十五日壬申 早，上御瀛台，听部院各衙门官员面奏政事毕，部院官员出。大学士、学士随捧折本面奏请旨。为刑部议吴国弼伪称淮徐道叩阍冒奏，因遇热审，应徒二年半，责三十五板事。上曰："吴国弼理应依拟处分，但前叩阍本是朕令收入，姑免徒如何？"大学士明珠奏曰："此皆皇上宽宥殊恩也。"上又问大学士杜立德、冯溥，奏亦同。上命从宽免徒。

又为理藩院议进宝诬告诺尔布等谋反，拟应斩，秋后处决事。上曰："此案尔等云何？"明珠奏曰："进宝歃血结拜兄弟，诬陷诺尔布等，情罪可恶。"上曰："闻诺尔布亦非良善之人，然进宝情罪实属可恶，可依部议。"大学士等出。

员外郎席格自广西估粮草价值还，户部尚书伊桑阿率之入。上问席格曰："尔至广西，见柳州府情形如何？"席格奏曰："臣闻柳州城小民众，米谷匮乏。周围百里村庄米粮，马承荫尽掠入城内。"上问："尔曾见将军莽吉图否？伊等在彼俱安耶，亦别有所言否耶？"席格奏："臣曾见莽吉图，伊等俱安。并请太皇太后、皇太后、皇上及皇太子万安。莽吉图曾言，柳州城即时攻取，亦无不可，但地方甚恶，三面皆水，何忍以朝廷爱养精兵，肉薄城下，轻委之攻取耶？马承荫若降，则受其降，散其兵，随地安插，柳州得以无恙。若不降，则四面围逼，绝其饷道。柳州弹丸一城，不久可下矣。"

上问："尚之信曾见否？"席格奏曰："往南宁时，曾见之。"上曰："尔见时，观彼情形亦有所觉否？彼今已就执，尔知之乎？"奏曰："臣回至河南地方，始闻就执，未得实耗。观彼情形，当臣相见时，全未觉也。"上问："尔见时，彼已醉否？"奏曰："彼时尚未饮酒。"上曰："伊乃每日纵酒之人，彼时不饮，想已知消息。"奏曰："或闻臣将到，故不饮酒，亦未可定。若消息则似全未知也。"上曰："尚之信曾有何言？"奏曰："彼无所言，惟问皇上万安而已。"上问："孔国岱何言？"奏曰："亦无所言。"

上又问："尔观沿途田禾何如？"奏曰："自广西至湖广、河南，今岁麦收甚多。目下田禾极盛，雨泽及时，大抵可十分收获。直隶保定府以南，田禾亦佳，但雨水未足。保定府以北，微有旱灾。臣到时，已得大雨，农民俱并力耕种。"上又问："雨已足否？"奏曰："雨虽未足，亦可耕种矣。"

上又问："尔所查广西时价如何？"奏曰："自全州至桂林、平乐，米每石一两三钱三分，稻每石六钱五厘，草每束九厘四毫。浔州、南宁米每石一两二钱五分，稻每石六钱二分五厘。梧州府米稻价俱与南宁府同，草每束六厘。"上问曰："尔所估价系民间时价耶，抑较时价增一二分耶？"奏曰："较时价犹稍减，无有增也。又臣向麻尔吉宣谕旨，麻尔吉奏言，臣乃负罪之人，皇上不加摈斥，委以边疆重任，敢不竭心力以从事。但广西地狭民稀，全省所出钱粮不及一大县，且寇患连年，大兵云集，耕种之人少，而征输之数多，是以物价踊贵。”

上问："尔从何出身？”奏曰："由荫生出身。”奏毕，出。上顾谓伊桑阿曰："席格在荫生中亦颇堪用。”伊桑阿奏曰："其人果足用也。”

辰时，讲官库勒纳、叶方蔼、张玉书进讲：六五田有禽二节、上六大君有命二节。

少顷，上御瀛台前亭，赐进贡吴喇忒部落四品台吉丹第等茶。

本日起居注官张玉书、阿哈达。

十六日癸酉 早，上御瀛台，听部院各衙门官员面奏政事毕，部院官员出。大学士、学士随捧折本面奏请旨。湖广撤回兵丁陈德，逗遛众军之后，持刃刺猪，因伤民人致死，三法司议应斩，秋后处决事。上曰："此事尔等云何？”大学士明珠等奏曰："陈德杀人，坐以斩罪诚是。”上曰："陈德拟斩固当。凡大兵所过地方，不许秋毫扰害民间，屡经有旨，严谕禁饬。今兵丁任意留后，擅伤民命，该部将统领之官，不行严察议处，殊为不合。着再严议具奏。”

又刑部议出海贸易周烺等三十三人，俱应立斩事。上顾问大学士等。明珠等奏曰："此等私自出海贸易之民，曾有旨免死，给与新满洲为奴。”上曰："周烺等亦俱免死，发往移住盛京新满洲披甲者为奴。”

辰时，讲官库勒纳、叶方蔼、张玉书进讲：比吉原筮元永贞无咎一节、象曰比吉也三节。

本日起居注官库勒纳、严我斯。

十七日甲戌 早，上御瀛台，听部院各衙门官员面奏政事毕，部院官员出。大学士、学士随捧折本面奏请旨。为兵部题补镶红旗佐领傅喇布员缺事，正拟三等护卫巴代，陪拟傅喇布之子前锋宝住。上曰："傅喇布阵伤残废解任，观伊子宝住人品尚优。尔等云何？”大学士明珠奏曰："行间效力受伤，肢体残废，因而解任，此皆劳于王事者，思之诚属可悯。”上曰："然。着将陪拟宝住补管佐领。”

少顷，讲官库勒纳、叶方蔼、张玉书进讲：象曰地上有水比一节、初六有孚比之二节。

本日起居注官格尔古德、沈荃。

十八日乙亥　早，上御瀛台，听部院各衙门官员面奏政事毕，部院官员出。大学士、学士随捧折本面奏请旨。为议政王、大臣、九卿、詹事、科、道会议平南亲王尚之信被讦事情，应遣大臣前往察审事。上曰："尚之信被讦，事情尚未明晰，若遣大臣察审，恐情罪难以遽定。且往返覆奏，须待时日，虑生意外之变。其讦告质证人等，不过三四十人，即解京亦不为繁扰。朕意欲俱送来京，似为允当。又天气炎热，止可令人押送，不必拘系。尔等可传谕议政王、大臣等，使知朕意。或伊等别有所见，尔等再行启奏。"

又兵部为题补镶白旗前锋护卫事，正拟护军校阿育诺，陪拟尼堪。上曰："阿育诺并无效力之处，尼堪效力甚多，此缺着将尼堪补授。"又谕曰："前锋统领职任，关系紧要。朕见署前锋统领达克斯喀，凡事不实意担当，人虽壮健，而办事平常。前锋统领硕代，军前获罪甚多。俱着解任，员缺另行补授，尔等可即传谕兵部。"

又都察院题御史洪之杰，试俸已满，应准实授事。上曰："试俸之意云何？"大学士杜立德奏曰："试历一年，果能称职，然后题请实授，正所以郑重此官之意。"上曰："称职者既行实授，其不称职者，应作何另议？尔等可查试俸之例，再行具奏。"

少顷，讲官库勒纳、叶方蔼、张玉书进讲。上亲讲：六二比之自内二节。讲官进讲：六三比之匪人二节、六四外比之二节。

本日起居注官蒋弘道、牛钮。

十九日丙子　早，上御瀛台，听部院各衙门官员面奏政事。

辰时，讲官库勒纳、叶方蔼、张玉书进讲：九五显比二节、上六比之无首二节。

少顷，上御瀛台前亭，赐进贡吴喇忒部落三品台吉索尼代、四品台吉沙里等，喀喇沁部落四品塔布囊塔尔谭等茶。

巳时，上复御瀛台，大学士、学士捧折本面奏请旨。为会议平南王尚之信，应令赴京听审事。上问："昨伊等云，应遣官察审何故？"大学士明珠奏曰："诸臣皆言一时识见未到，及奉圣谕，始知睿虑周详，极为允当。"上曰："尔传谕尚之信止令押送，不必拘系，伊等云何？"明珠奏："诸臣言，此惟皇上浩荡之恩，然国有常宪，恐难宽假。”上颔之。奏毕，出。

本日起居注官叶方蔼、常书。

二十日丁丑 早，上御瀛台，听部院各衙门官员面奏政事毕，部院官员出。大学士、学士随捧折本面奏请旨。云贵总督赵良栋请以道员金星贲为四川按察使，或别有按察使员缺即准补用，部议不允行。上曰：“金星贲曾在军前效力，理应议叙。尔等以为何如？”大学士索额图奏曰：“赵良栋既行题请，所见必真。”上命议叙具奏。

又湖南巡抚韩世琦题沅州大兵草料请停给本色，稻每石折给银八钱，草每束折给银二分，户部议令将军、贝子会同酌议具题。上顾问大学士等。明珠奏曰：“韩世琦所请折给价值较前甚多，若照前支给，又恐兵士难以支持。”上曰：“着大将军、贝子等会同该督、抚确议具奏。”

又民人三儿擅入神武门，趋景运门。守景运门护军执送刑部，部拟三儿徒三年，责四十板。守神武门护军等应鞭七十。上曰：“三儿着免徒罪。守门护军职司紧要，理应责惩。”

又为试御史洪之杰实授事。上曰：“试俸各官一年俸满，称职者应实授，不称职者，仍试俸或作何别用，宜另定一例，不然，试俸竟属虚文矣。尔等以为何如？”大学士索额图等奏曰：“圣谕极是。贤否若无惩劝，诚属虚文。”上曰：“洪之杰照旧例实授。此事可传谕吏部，另议定例具奏。”

辰时，上御瀛台前亭，赐吴喇忒部落三品台吉伊鲁尔等、四品台吉卓特霸等茶。

本日起居注官崔蔚林、阿哈达。

二十一日戊寅 早，上御瀛台，听部院各衙门官员面奏政事。

辰时，上御瀛台前亭，赐进贡吴喇忒部落三等台吉乌尔图等、四品台吉鄂馨等茶。

巳时，上率皇太子诣太皇太后宫问安。

本日起居注官格尔古德、王鸿绪。

二十二日己卯 早，上御瀛台，听部院各衙门官员面奏政事毕，部院官员出。大学士、学士随捧折本面奏请旨。为兵部题补彝陵总兵官事，开列候补总兵官严弘等十七人。上曰："严弘陷贼不屈，才堪任用，可即补彝陵总兵官。"

又都察院议，工部堂官马喇等应各降五级调用，司官降四级调用。吏部堂司官各降一级，仍罚俸一年留任。上命马喇降五级，朱之弼销去加一级，仍降一级，俱从宽留任。司官各降二级，免其调用，有抵销者准抵。吏部堂司俱免降级，着各罚俸一年。

本日起居注官朱马泰、张玉书。

二十三日庚辰　早，上御瀛台，听部院各衙门官员面奏政事毕，部院官员出。大学士、学士随捧折本面奏请旨。为兵部开列副都统等职名，题补前锋统领员缺事。上曰："伊巴汉其人堪用，着补前锋统领。"

又户部题请湖广、江南、浙江三省漕米，仍应运解本色事。上曰："粮米关系京储，甚属紧要。且粮船到时，诸物可以携带，资用甚多，着仍将本色运解。"

又理藩院议翁牛忒部落阿林大踢死绰尔济，拟应绞事。上曰："阿林大误伤绰尔济，以致毙命，即行拟绞，似属可悯。着会同三法司再行核议具奏。"

本日起居注官牛钮、严我斯。

二十四日辛巳　早，上御瀛台，听部院各衙门官员面奏政事毕，部院官员出。大学士、学士随捧折本面奏请旨。为吏部题补内阁侍读员缺事，正拟主事鲍复业，陪拟宁思圣。上曰："尔衙门翻译本章，必得晓畅文义之人，方能称职。翰林院前此考试之人，尚有应补者否？如无人，着再行考用。"

又山东巡抚施维翰请令就近州、县运米入临、德二仓，以备官兵支用，部议不允事。上问："尔等之意若何？"大学士索额图等奏曰："山东一路兵马往来，甚属紧要，应仍留二仓，以备供应。"李霨奏曰："此等事似宜仍旧，不必更张。"上曰："可依部议。"

本日起居注官沈荃、常书。

二十五日壬午　早，上御太　和门视朝，文武升转官员谢恩毕，回宫。

少顷，御乾清门，听部院各衙门官员面奏政事毕，部院官员出。大学士、学士随捧折本面奏请旨。为兵部题补正蓝旗骁骑参领员缺事，正拟拖沙喇哈番尼喀里，陪拟郎中扎穆布。上曰："着将该旗行间效力之人查明再奏。"

又拖沙喇哈番扎林噶应否给与半俸，特行请旨事。上曰："扎林噶效力之处，尔等曾问明否？"大学士索额图奏曰："问护军统领桑格云，在军前对阵时，亦与众人相等，无异常效力之处。"上曰："其为人何如？"索额图奏曰："人亦平常。"上命停给半俸。

大学士等又以所撰董重民招抚敕书稿进呈御览。上曰："所撰敕书甚佳。其招抚吴应麒等敕书应一并给发。"索额图奏曰："仍缮黄龙笺，用宝颁发否？"上曰："照常用宝发去。"

辰时，上诣太皇太后、皇太后宫问安。

本日起居注官叶方蔼、阿哈达。

二十六日癸未 早，上御瀛台，听部院各衙门官员面奏政事毕，部院各官出。大学士、学士随捧折本面奏请旨。为兵部题补护军参领员缺事，正拟一等护卫巴格，陪拟一等护卫沙岱。上曰："此二人朕素知之，俱平常，且沙岱为人轻佻。此缺着将该旗效力之人察明另奏。"

少顷，上御瀛台前亭，赐进贡吴喇忒部落三品台吉达锡、四品台吉阿毕达等茶。

本日起居注官库勒纳、崔蔚林。

二十七日甲申 早，上御瀛台，听部院各衙门官员面奏政事毕，部院各官出。大学士、学士随捧折本面奏请旨。为兵部题补正蓝旗骁骑参领事。上曰："朕观本旗查来之人，亦无甚行间著绩者。可将正拟尼喀里补授。"

又题补正红旗护军参领员缺事，正拟阿思哈尼哈番齐世，陪拟二等护卫觉罗苏赫。上曰："仍将该旗行间效力之人察明具奏。"

少顷，上命衣都额真飞耀塞、对亲，侍卫尔格，捧上谕及御书大轴至瀛台前亭，颁赐大学士索额图、勒德洪、明珠、李霨、杜立德、冯溥各一。谕曰："朕万几余暇，留心经史，时取古人墨迹临摹，虽好慕不衰，未窥其堂奥。岁月既深，偶成卷轴。卿等佐理勤劳，朝夕问对，因思古之君臣，美恶皆可相劝，故以平日所书者赐卿，方将勉所未逮，非谓书法已工也。卿等其知朕意。”索额图等随谢恩出。

上又召学士库勒纳入，偕侍卫尔格捧上谕及御书卷轴出，赐库勒纳大轴一；学士叶方蔼大轴、长卷各一；詹事格尔古德大轴一；沈荃长卷一；侍读学士牛钮、常书大轴各一；侍读学士崔蔚林、蒋弘道，侍讲学士严我斯，侍讲董讷、王鸿绪各长卷一；侍讲学士张玉书大轴、长卷各一。谕曰：“卿等日侍讲筵，夙夜匪懈，启沃之暇，每以朕书为请。朕万几余闲，时取古人墨迹临摹，虽好慕不衰，实未窥其堂奥，何可示人？卿等既为文学侍从之臣，即有成就德业之责，故因所请，辄以颁赐。朕意其悉之。”叶方蔼等跪奏曰：“臣等滥厕禁近，日侍讲帷，愧无一得，上酬洪造。伏睹皇上勤政典学，宵旰厉精。万几少暇，怡情翰墨，奎章睿藻，昭回日月。私怀忻慕，莫罄颂飏。兹恭承谕旨，颁赐卷轴，宠出非常，喜溢望外。臣等遭逢殊遇，获此异宝，展对之下，瞻仰天颜，如在咫尺，敢不益矢恪共，勉期称塞。异日传诸子孙，世世珍守，永戴圣恩于无尽矣。”库勒纳入奏毕，同至瀛台前谢恩，出。

本日起居注官格尔古德、蒋弘道。

二十八日乙酉　早，上御瀛台，听部院各衙门官员面奏政事毕，部院官员出。大学士、学士随捧折本面奏请旨。为盛京侍郎塞黑题丈量荡田蒿地，有愿耕种者，民人报府，旗下人报部，户部议允行事。上曰：“荡田蒿地，令民耕种，满洲人大有怨望。云：输纳钱粮，我等岂不能办？我等即愿耕种。此非有屯庄大臣所言也。计此项所得钱粮不过三千余两。尔等曾闻之否？”大学士索额图、明珠奏曰：“臣等所闻亦如此。”上曰：“此事可问户部堂官具奏。”

上又谕曰：“金鼐奏行盐事，甚为未便。盛京地方，幅员甚小，行盐苦累百姓。且闻耿大忠系大光棍，伊借名行盐，聚众包揽，深为无益。”

又兵部题补护军参领事。上曰：“尔等曾问明否？”索额图奏曰：“臣等曾问裕亲王，王云巴格、沙岱二人才具堪用，故拟正陪咨部。”上曰：“适兵部将效力之人引见。观辛达礼等亦无甚劳绩，着仍以正拟巴格补授。”

本日起居注官朱马泰、王鸿绪。

二十九日丙戌 早，上御瀛台，听部院各衙门官员面奏政事毕，部院官员出。大学士、学士随捧折本面奏请旨。为兵部题补正红旗护军参领事。上曰："这所开人员内功绩显著者亦少，可将正拟齐世补授。"

大学士索额图等奏："盛京侍郎塞黑题请荡田一事，臣等已问明户部尚书伊桑阿等。据云，荡田蒿地即令民耕种，所收钱粮无多。皇上所见诚为至当。"上曰："盛京旗下人全赖田地为生，其开垦额外荒田，所得钱粮甚少，若竟撤回与民耕种，恐旗下人不能聊生，着照旧例行。此后如有用田地之处，再遣官酌量撤用。其远处田地，听民开垦可也。"

本日起居注官牛钮、董讷。

三十日丁亥 早，上御瀛台，听部院各衙门官员面奏政事。兵部为补授骁骑参领，以正拟佐领阿达哈哈番冯国相，陪拟拜他喇布勒哈番汪永辅引见。汪永辅自言屡立战功，炮击堕齿，并具呈陈奏。上命侍卫取呈，览毕，付尚书郭四海等议。部院官员出。

大学士、学士随捧折本面奏请旨。为吏部题补本部员外事，正拟候缺顾大位，陪拟候缺金璞。上问大学士等曰："顾大位旧在尔衙门，其人如何？"索额图奏曰："顾大位人极平常。若金璞则才具甚优。"上曰："金璞才具亦不甚优。"索额图曰："较之顾大位则远胜矣。"上曰："金璞为人朕亦知之，可补授此缺。"

少顷，驾入保和殿，视孟秋享太庙祝版。

巳刻，仍幸瀛台。

本日起居注官常书、张玉书。

七 月

初一日戊子 早，上以孟秋，躬诣太庙致祭，礼毕，回宫。

本日起居注官库勒纳、沈荃。

初二日己丑 早，上御瀛台，听部院各衙门官员面奏政事毕，部院官员出。大学士、学士随捧折本面奏请旨。为吏部议司道石国栋承审下海私贩徐随等，迟延不结，应降一级抵销事。上曰："此系该抚特参之事，处分若轻，则人不知所警戒。尔等云何？”大学士索额图奏曰：“此议果轻。”上曰：“着票从重议处。”

又为题补内阁汉军侍读员缺事。上曰：“这所考第一名其人何如？”索额图奏曰：“考取前三名，皆系臣衙门中书。此外，尚有不曾与考之人。”上曰：“因人数甚少，故张起鹏得取第一。其文理较别卷稍通，可即补用否？”大学士明珠奏曰：“原任中书今升都察院都事孙冈，其人可用，亦曾改译本章。昨称疾不与考，想因内阁衙门改本劳苦，与笔帖式相等，故不与考耳。此人实堪用，现在诸臣皆知之。”索额图奏曰：“孙冈翻译他书则不可知，改本实其所长。”上曰：“这次赴考者甚少，朕思其故，固因在外衙门安逸，内阁衙门劳苦。然内阁及翰林院衙门非实有才学堪用之人，亦必不敢赴考。孙冈可传令一并引见。”

又兵部题驻守西安佐领得尔库员缺，以其子敦德里拟补事。上曰：“若父缺即以子补，将成定例，使有阵亡及向来效力之处犹可。此人并非阵亡，向来亦未曾效力，其品级是否相合并有无成例，着察明具奏。”

又为户部题盛京荡田事。上曰：“盛京地方田亩甚多，旗下人耕种无有不足之处。今丈量田界，自某处至某处并未开载，殊欠明晰。”索额图奏曰：“盛京田亩甚多，虽经耕种，想犹未尽。”上命着差户部贤能官一员往彼查明具奏。

又御史任玥为请行军政事。上曰：“此条议甚是，但此时不可行。若留此本批发于外，恐行间效力官员皆有未便。可将此旨传谕，将原本发还。”

辰时，上御瀛台前亭，赐进贡吴喇忒部落三品台吉敦楚克、四品台吉库伦等，克什克屯部落四品台吉特古思黑尔，喀尔喀部落二品台吉扎米羊，土默特部落四品台吉阿穆胡郎等茶。

本日起居注官严我斯、朱马泰。

初三日庚寅　早，上御瀛台，听部院各衙门官员面奏政事毕，部院官员出。大学士、学士随捧折本面奏请旨。为刑部议张二等十六人，于朝阳门瓮城内伙打常寿、六哥一案。张二等系旗下人，拟枷号四十日、鞭一百。城门校白尔黑，步军校陈庭进、郎四等不行缉拿，俱送兵部察议。上曰：“设立步军官兵，原令缉拿恶棍，看守地方。张二等结党打人，该管官兵不行严拿，所司何事？着会同兵部再行严察议奏。”

本日起居注官格尔古德、崔蔚林。

初四日辛卯 早，上御瀛台，听部院各衙门官员面奏政事毕，部院官员出。大学士、学士随捧折本面奏请旨。为刑部题正白旗参领马奇妻将其夫侍妾打死，议鞭一百折赎事。上曰：“此妇恶甚，尔等云何？”大学士索额图、明珠奏曰：“圣谕极是。观本内所注受伤处，是故意打死，真为奇恶。”上曰：“打死侍妾与打死仆妇有别否？”索额图等奏曰：“想无分别之处，此等实应分别定例。”上曰：“侍妾不可与仆妇比。马奇之妻妒其夫侍妾，酷打致死，深为可恶！这所议尚轻，着再严议具奏。”

本日起居注官叶方蔼、朱马泰。

初五日壬辰 早，上御瀛台，听部院各衙门官员面奏政事毕，部院官员出。大学士、学士随捧折本面奏请旨。为刑部议覆两案：一、强盗张如仁等四人；一、李阳生斫伤典主夫妇，俱应立斩事。上曰：“六月暂停处决。今虽属七月，然六月节气未完。俟立秋交七月节再行请旨，可传谕该部。”

巳时，上诣太皇太后、皇太后宫问安。

本日起居注官牛钮、王鸿绪。

初六日癸巳 早，上御瀛台，听部院各衙门官员面奏政事毕，部院官员出。大学士、学士随捧折本面奏请旨。为副都御史郝浴条奏各部司官年终举劾，九卿等会议不允行事。上曰：“尔等之意如何？”大学士索额图奏曰：“若行荐举，恐开请托之门，况部内诸臣原有不时纠劾之例。臣意似照会议亦可。”上曰：“举劾之法，原以劝惩善恶。虽各部有不时举劾之例，何曾见劾一人？若此例一行，人人自生敬畏。”明珠奏曰：“荐举人才非无益之事，虽其间偶有一二未当，而善者亦多。况各部司官不时启奏，其人善恶，自难逃皇上洞鉴，岂容混举乎？”上曰：“郝浴所奏应行，着再议具奏。”

又福建提督万正色请给其父母诰命，兵部议不准行事。上曰：“万正色效力海疆，勤劳懋著，不必拘成例，着照所请给与。”

又为佐领佟文煜降贼，交与刑部事。上曰：“尔等所见若何？”索额图奏曰：“王进宝原疏称佟文煜就获时毫无抗拒，故留军前效用。部议令文煜来京，今文煜复具呈辩明己事。”上顾问明珠。明珠奏曰：“彼曾有降贼之事，应仍交刑部。俟议奏时，再行定夺。”上曰：“是，可照部议行。”

又刑部为打死人命事，议石腊子应绞抵偿。上曰：“赵二与石腊子相戏跌死。赵二未死时，原称石腊子与己无仇。今又值热审，即着减等完结。”又题强贼黄啾儿子应立斩事。上曰：“黄啾儿子随其父行劫时，年甫十四，情实可原，着再议具奏。”

又王进宝请以标下劳苦被伤兵丁撤回，会议不准事。上曰：“王进宝标下被伤兵丁若令撤回，恐妨进取云、贵机宜，着依会议。”

少顷，上御瀛台前亭，赐进贡翁牛忒部落四品台吉褚扬等、吴喇忒部落四品台吉拜胡赖等茶。

本日起居注官蒋弘道、常书。

初七日甲午 早，上御瀛台，听部院各衙门官员面奏政事毕，部院官员出。大学士、学士随捧折本面奏请旨。为贝子古尔麻洪叩阍，言其子不照伊品级受职，且革出八分之内。宗人府议，贝子既在八分之内，则自此以后，有分内应行派出及应受分之处，仍令贝子照常派出，照常受分，其余无庸议。上曰：“贝子所告不便行，宗人府所议或可从乎？”大学士索额图奏曰：“定例贝子必在八分之内，此议似乎可从。”上命依议。

又议政王等会议，左都御史舒恕以敕印私交莽吉图，不取高州，遁回肇庆，应革职籍没事。上曰：“此行间之罪，不可不如此。尔等以为何如？”大学士索额图、勒德洪奏曰：“臣等所见亦以为然。”上命依议。

又王进宝请撤回标兵事。上曰：“尔等昨日改票未妥。进剿云、贵关系重大，现今八月，大兵会剿，若撤回王进宝兵丁，补发陕西之兵，则往返迟延，致误机宜。王进宝所奏不准行。可照此旨，另改票签，使王进宝亦知其故。”

又三法司议刘肖乾诬陷张公等谋取天津，立李二公子，妄行叩阍，拟秋后处斩事。上曰：“刘肖乾之罪自当如此。但供出贩盐拒捕、霸占行市、私行抽税等情，着差该部贤能司官一员，前往察审。”

又料理广西军务理事官马勒吉，请将马承荫并所属官员俱令来京事。上曰：“可改票。这本说的是，已有旨了。使此等启奏之人知所鼓励。”

本日起居注官阿哈达、董讷。

初八日乙未 早，上御瀛台，听部院各衙门官员面奏政事。兵部尚书郭四海奏曰："议政王、大臣会议，臣部郎中阿兰泰自逆贼反叛以来，专任军机密务，谨慎勤劳，应行议叙，为此请旨。"上曰："朕素知阿兰泰于一切军务料理勤劳，其在衙门办事如何？"郭四海奏曰："阿兰泰甚有才能，办事练达，且诸凡小心谨慎。"奏毕，出。

大学士、学士随捧折本面奏请旨。御史张志栋奏，目前捐纳主事，异日即升道、府，应照捐纳道、府例，令各部堂官保举，方许升转。九卿等会议，主事历数任方升道、府，保举不必行。上曰："各部主事日后必升道、府，与其俟为道、府后令督、抚保举，何如为主事时，即令堂官保举之为愈耶？"上又曰："岁终举劾不过一二人，此等捐纳主事，必实能胜任，方可升转。今后应令捐纳主事，历俸三年，该衙门堂官保举，方准升任。着再议具奏。"

本日起居注官库勒纳、张玉书。

初九日丙申 早，上御瀛台，听部院各衙门官员面奏政事毕，部院官员出。大学士、学士随捧折本面奏请旨。为会议左都御史舒恕事。上曰："舒恕行间效力之处颇多，着革去职衔，免行籍没。"

又四川巡抚杭爱言四川新复地方，各官尚未到任，止建昌一路，大兵粮饷供应尚恐不给，若再运徐福一路，必致有误。祈仍照前旨，以徐福一路粮饷，责令陕西督、抚转输。部议允行。上曰："大兵进取云、贵，粮饷最为紧要。今已定期进兵，转运止在今秋，川、陕督、抚理应尽心区画，不误军需。乃妄分彼此，互相推诿，延迟至今，殊属不合。陕西、四川督、抚着同心商酌，不分地方，速行运解，务期有裨军需，无误进取。若仍前推诿耽延，致误军机，将经管督、抚以下各官，俱以军法从事。着改票来看。"

又刑部议覆大庾县申报坐塘笔帖式扰驿侵官事。一议鄂佛和侵害官员骚扰驿递是实，应枷号四十日、鞭一百；一议地方官挟仇捏报是实，应交该部议处，鄂佛和无容议。上曰："满汉官员，俱宜同心理事，屡经严饬，今乃不论可否，满汉辄分两议，殊属不合。此事着再画一具奏。"

本日起居注官格尔古德、崔蔚林。

初十日丁酉　早，上御瀛台，听部院各衙门官员面奏政事毕，部院官员出。大学士、学士随捧折本面奏请旨。为礼部题殉难总督范承谟应否与谥事。上曰："着与谥，加祭。"

又朝鲜国有三人渡江取椵木皮为绳，议遣大臣察审事。上曰："遣大臣察审，尔等之意云何？"大学士索额图奏曰："朝鲜前因中国有事，意欲生端，遂乘察哈尔部落反叛时，妄希买铜，其情可恶。今应特示惩创，臣意察审为是。"上曰："尔等之意皆同否？"索额图奏曰："臣等之意皆同。"上从之。

又浙江巡抚李本晟题福建大兵所乘浙省船只，应至江南递换事。兵部议，将一半至苏州交换，一半乘坐至京。上曰："兵船与驿马无异，应即遣司官一员，自某处始至某处止，于某处交换，酌量料理，庶不致迟误扰累。着再议。"

辰时，上御瀛台前亭，赐进贡巴林部落固山贝子温春、吴喇忒部落四品台吉阿喇纳等、扎萨克四品台吉恩格森等茶。

本日起居注官叶方蔼、朱马泰。

十一日戊戌　早，上御瀛台，听部院各衙门官员面奏政事。

本日起居注官牛钮、董讷。

十二日己亥　早，上御瀛台，听部院各衙门官员面奏政事毕，部院官员出。大学士、学士随捧折本面奏请旨。为贵州巡抚杨雍建题，抚标现有二营，请再增设一营，兵部不准行事。上曰："贵州系新经恢复之地，最为紧要，应准该抚所请，设立三营，后不为例。"

又盛京府尹梁拱宸题参周姓庄头等八十余人，劫夺李成功盐铺，刑部议令盛京刑部、府尹会同察审事。上曰："闻真正行盐之人，不能兴贩，故被傍人霸占，盛京之人，因此苦累。前府尹金鼐系至无才之人，不能管束其下。现任梁拱宸亦非能人也。"大学士索额图奏曰："此等贩卖事，初必互相争讼，日久方定。"上曰："此事着盛京将军、四部侍郎、该府尹会同察审。"

巳时，上诣太皇太后、皇太后宫问安。

本日起居注官常书、王鸿绪。

十三日庚子 早，上御瀛台，听部院各衙门官员面奏政事毕，部院官员出。大学士、学士随捧折本面奏请旨。为吏部议刑部审问马万朋家盗案，逾限不结，堂、司官应分别罚俸事。上命司官各降一级留任，仍罚俸一年；堂官如部议，各罚俸六月。又议政王等会议，云南提督桑格标下兵丁，自袁州逃回，应查明为首者正法，为从者责四十板、革黜营伍。上曰："此事着遣部院堂上官一员，前往察审。"

又工部题修理紫禁城外护城河岸经费，增估三千八百余两。上问："尔等云何？"大学士勒德洪奏曰："据本内言，初估时，正值水冻，未见河底。及起工后，见底基土松裂，坏者颇多，以此增估价值。部议似可从。"上命从部议。

辰时，上御瀛台前亭，赐进贡札萨克三品台吉车克济木等、四品台吉敦巴等，喀喇沁部落四品塔布囊格鲁谛等、都统查马、副都统巴雅盂克等，吴喇忒部落三品台吉毛齐赖、四品台吉宜达木等茶。

本日起居注官张玉书、阿哈达。

十四日辛丑 早，上御瀛台，听部院各衙门官员面奏政事毕，部院官员出。大学士、学士随捧折本面奏请旨。为总河靳辅题报河决事。上问曰："修治决口，费如许钱粮，不久复决，此事如何？"大学士索额图奏曰："河水泛涨，不溢出堤岸，则必至于冲决。"明珠奏曰："历观史册，自元、明以来，相继修治，究无良法。今因水势泛涨，恐冲溢堤岸，四散横流，所以仍开决口，任其流行。"勒德洪奏曰："据靳辅所奏，河工限期未满，新决之处，限内可以修筑。"上又问曰："欲河堤坚固，不致冲决，可别有良法否？"冯溥奏曰："河水大，至堤岸或冲或激，欲保其不决，似亦难言。"上曰："着照靳辅所奏，俟工完之日定夺。"

辰时，上如巩华城。

本日起居注官库勒纳、严我斯、常书。

十五日壬寅 未时，上回宫。

本日起居注官库勒纳、沈荃。

十六日癸卯 早，上御瀛台，听部院各衙门官员面奏政事毕，部院官员出。大学士、学士随捧折本面奏请旨。为九卿等再议副都御史郝浴请岁终举劾司官事，除满洲科、道、部员原无内升外转之例，其五部暨督捕司官，岁终应行举劾。上曰："此议良是。如是行之，庶司官知所劝惩。尔等以为何如？"大学士索额图、明珠奏曰："上谕极是。臣等亦以此议可行。"上命依议。

又吏部议六品笔帖式齐兰保纳银五百两，准令荣身事。上曰："这荣身事例满洲不可行。此等罢职之人，其中有可用者，朕知之自然起用。若朕所不知，岂可任其闲住？况此捐纳之例，所得无几。尔等云何？"索额图等奏曰："从来满洲虽系文官，亦修武备。今此辈若任其闲住，官不成官，兵不成兵，满人诚不宜如是。"上曰："此例不准行。嗣后旗下官有捐银复职还级者，仍准行。其捐纳荣身之例，宜停止。着该部再议。"

又理藩院等衙门议翁牛忒部落阿林大事。上曰："阿林大醉后，将绰尔济一踢仆于石上，阅六日身死，系一时误伤，着免死减等发落。"

又工部议山东登州水师营船只应差官监修事。上曰："应行修理之船仅十四号，为数不多，不必差官，着地方官修理。"

本日起居注官崔蔚林、阿哈达。

十七日甲辰　早，上御瀛台，听部院各衙门官员面奏政事毕，部院官员出。大学士、学士随捧折本面奏请旨。为吏部题补都察院左都御史事。上曰："折尔肯任职年久，其人甚优，可即令升补。"

又题补刑部员外郎事，正拟大理寺寺副李杰，陪拟荫生李来凤。上曰："此二人似皆非可用者，可将李杰为人询明大理寺堂官再奏。"

又兵部请差武昌审事官员事。上曰："此事关系重大，可令折尔肯前往察审。"

又请遣本部才能司官一员，料理福建回京官兵船只事。上曰："此事着依议行。朕闻往来官兵，所用船只人夫，皆借端勒索，恣意骚扰，往往额外多派，折价入己，沿途生事，毒害地方。又辄将纤夫肆行鞭挞，小民深以为苦。各该管将军不加禁制，任其妄行。地方官复行苛敛，希图分取，互相隐饰。种种私弊，甚为可恶。此后各应严禁，如有仍前所为，事发之日，从重治罪。尔等以为何如？"大学士李霨、杜立德奏："圣明所见，极中情弊。”上曰：“此等事科、道虽有风闻，因无实据，未便题参。地方督、抚又以官兵劳苦，不行劾奏，以致如此。以后事情发觉，该将军及地方官定重治不饶。所拟票签须极严切。”

又击败逆贼谢成一案，官兵追杀在贼败之后，部议无可题叙；其就擒伪将军洪元义，应交军前正法事。上曰：“可令该部将洪元义初为何官，因何从贼，一一查明再奏。”

本日起居注官叶方蔼、格尔古德。

十八日乙巳 早，上御瀛台，听部院各衙门官员面奏政事毕，部院官员出。大学士、学士随捧折本面奏请旨。为科臣李宗孔条奏堂官应立看语，九卿会议不允行事。上曰：“此事如何？”大学士明珠等奏曰：“定例遵行已久，不便更改。臣等之意，俱以会议可从。”上曰：“似此皆属多事，不行为是，着依议。”

又刑部议宫振等伙诈原任浙江巡抚陈秉直，应照光棍例，宫振立斩，段宗圣秋后处决。其沈迪吉所告陈秉直私派之处，应行察审事。上顾问大学士等。明珠奏曰：“宫振等乃毫无干涉之人，伙行诈骗，实系光棍，似宜照部议。”上曰：“此事未经行查，遂可完结否？”李霨、冯溥奏曰：“光棍行诈情由既真，不需行查亦可完结。”杜立德奏曰：“光棍之罪重大，必行查之后，彼方心服。”上曰：“此事还着行查。宫振等且监候，俟查到日议结。”又议进财谋杀主妇，应立斩事。上曰：“进财虽欲杀主事尚未行，着改秋后处决。”

又吏部题补刑部员外郎事。明珠奏曰：“臣等奉旨问大理寺堂官，据言李杰补授未久，不知贤否。”上命：“此缺着另拟具奏。”

又伪将军洪元义军前正法事。明珠奏曰：“臣等查洪元义乃海贼郑锦下洪尧启之子，其父原为贼首，今已身死。”上曰：“洪元义着解送来京，问其海中情形。”

本日起居注官常书、董讷。

十九日丙午 早，上御瀛台，听部院各衙门官员面奏政事。

巳时，上诣太皇太后、皇太后宫问安。

本日起居注官朱马泰、王鸿绪。

二十日丁未　早，上御瀛台，听部院各衙门官员面奏政事毕，部院官员出。大学士、学士随捧折本面奏请旨。为顺承郡王勒尔金不欲进兵重庆，请驻师沅州，相机效力事。上曰："顺承郡王自出师以来，并无效力建功之处，应即令还京。"大学士索额图等奏曰："顺承郡王在外未立功绩，贻误甚多，若不令在军中效力，则无以为赎过之地。"上曰："观其连年用兵，全无功绩，则自此以后，料不能更有建树，令即还京为是。"

又兵部议兵丁陈德杀死民人，该管官夸兰大马顺德，俟师回日，将别案议毕，再行议处。署副都统马尔齐哈约束不严，应降一级抵销。上曰："马尔齐哈等纵所管兵丁扰害地方，杀伤民人，深为可恶。今后大兵陆续回京，若不严加惩创，则将卒无所警戒，经过地方恐致贻害。这所议尚轻，着该部再行严议。"

又广东巡抚金俊请叙擒获叛逆祖泽清各官功，部议以微功不足录。上曰："擒获祖泽清虽非大功，然泽清亦系贼伪将军，若擒获之功不加叙录，无以示劝。这各官着议叙具奏。"

辰时，上御瀛台前亭，赐喀尔喀部落二品台吉额尔格布西等、吴喇忒部落三品台吉毕里克等、喀喇沁部落四品塔布囊阿穆尔等茶。

本日起居注官牛钮、张玉书。

二十一日戊申　早，上御瀛台，听部院各衙门官员面奏政事毕，部院官员出。大学士、学士随捧折本面奏请旨。为礼部题请病故正黄旗都统祖永烈、一等精奇尼哈番董学礼祭葬及应否与谥事。上曰："祖永烈居官不甚佳，为人平常，不必与谥，照例给与祭葬。董学礼领兵剿贼，为贼所败，丧师甚众，彼时何故未削官职？着查奏。"

又兵部开列职名，题补正白旗副都统事。上曰："一等侍卫衣都额真郎谈世职原大，人亦甚优，着即补授副都统。"

又贵州提督赵赖以贵州指日荡平，自总兵至守备等官，请从近地选用，部议不允事。上曰："贵州黎平等府俱已恢复，不日进兵，官员自应速补。着再议具奏。"

又贵州巡抚杨雍建奏，思南府被失，请速发兵恢复，兵部议查奏失陷缘由，并令总督蔡毓荣等酌议发兵恢复事。上曰："思南府新经恢复，理应固守，如何又失？着严旨切责，可拟票来看。”

又大将军贝子章泰题，驻扎沅州大兵，应折给草料价值事。户部议稻每石折价八钱，草每束折价二分。上曰：“采买稻米草料及运送路费，共需几何？可讯明户部再奏。”

本日起居注官库勒纳、严我斯。

二十二日己酉 早，上御瀛台，听部院各衙门官员面奏政事毕，部院官员出。大学士、学士随捧折本面奏请旨。为吏部题补本部侍郎，开列侍郎及应升职名事。上曰：“屯泰不准转左侍郎，萨木哈着转吏部左侍郎。”

又御史张志栋条奏各部主事令堂官保举方许升转，九卿等初议不允，至是，遵旨再议，仍两议具奏。上曰：“此事如何？”大学士索额图奏曰：“臣等之意后议似善。”上曰：“前议惟顺前旨，并无确见。后议亦觉允当，着依后议行。”

又贝子章泰请折给草料价值事。索额图奏曰：“臣等问明户部，自常德运至辰州，每石并脚价需银八钱三分。”明珠奏曰：“自辰州至沅州又必需四五钱，合计每石价值并脚价需银一两有余。前该抚采办，每石止支八钱，今部议仍照旧每石八钱，议似可行。”上令依议。

又工部议秋雨道泞，车辆难行，宜令近京三百里内，派牲口七百五十头驮运石灰事。上曰：“三百里内派牲口驮运，恐苦累百姓。此外别有良策否？”明珠奏曰：“此外惟有雇运，但恐多费耳。”李霨奏曰：“嗣后秋气渐爽，雨亦无多，车辆亦可载运。若派用三百里内牲口，旱荒之后，似属偏累。”上曰：“尔等会同工部酌议具奏。”

本日起居注官崔蔚林、阿哈达。

二十三日庚戌 早，上御瀛台，听部院各衙门官员面奏政事毕，部院官员出。大学士、学士随捧折本面奏请旨。为刑部题覆守备王梦龙应赔补粮米事。上曰：“陈福效力行间，今已身故。这所亏钱粮为数无多，王梦龙着免赔补。”

辰时，上御瀛台前亭，赐进贡扎萨克一品台吉诺尔布等、克什克屯部落一品台吉阿育锡等、四品台吉德尔格尔等茶。

巳时，上诣太皇太后、皇太后宫问安。

本日起居注官格尔古德、沈荃。

二十四日辛亥　早，上御瀛台，听部院各衙门官员面奏政事毕，部院官员出。大学士、学士随捧折本面奏请旨。为礼部题请原任内大臣哈达应否与谥事。上曰："哈达效力行间，懋著劳绩，且其人甚优，着与他谥。"大学士等出。

郎中哈霓布奉差料理福建凯旋兵舡，侍郎郭丕率同面请谕旨。上曰："备办舡只有定数否？"郭丕奏曰："不论官员大小，惟视人数多寡。"上曰："前闽、楚凯旋大兵，甚为民害。此番兵回，无甚紧急，尔往尽心料理，毋得多派舡只。倘所过地方，有额外苛派夫役，并扰害百姓者，从重治罪，决不宽宥。尔即传王与将军等知之。"

辰时，上如巩华城。

本日起居注官蒋弘道、牛钮。

二十五日壬子　未时，上回宫。

本日起居注官叶方蔼、牛钮。

二十六日癸丑　早，上御瀛台，听部院各衙门官员面奏政事。

本日起居注官朱马泰、董讷。

二十七日甲寅　早，上御瀛台，听部院各衙门官员面奏政事毕，部院官员出。大学士、学士随捧折本面奏请旨。为吏部题补户部侍郎员缺，开列职名事。上曰："此缺着将盛京工部侍郎觉罗沙赖调补。"

又题补内阁典籍员缺事，正拟中书喇都浑，陪拟鄂齐礼。上问曰："此正陪二人何如？"大学士索额图、明珠奏曰："正拟喇都浑出征在外，鄂齐礼为人尚优。"上命以鄂齐礼补授。

本日起居注官库勒纳、王鸿绪。

二十八日乙卯　早，上御瀛台，听部院各衙门官员面奏政事毕，部院官员出。大学士、学士随捧折本面奏请旨。为广西投诚伪将军马承荫具疏自辩事。上曰："马承荫负恩从贼，占据地方，抗敌大兵，久延月日。后因悔罪投诚，特赦前辜，予以伯爵，命为将军，仍令统其父旧卒，以示宽恩。乃不即领兵进剿，勉图报称，反借口简亲王大兵至柳州欲行抢掠，扬言煽乱，复尔反叛，致误进取云、贵军机。今大兵临城，势力既穷，然后归顺。又不据实陈奏，乃指库勒纳为证。当库勒纳行时，马承荫尚未反，库勒纳岂能预知彼反叛之事？巧言支饰，且用伪印，大不合理。着俟来京之日，再议具奏。”

少顷，上又谕大学士索额图、勒德洪、明珠，令传集九卿、詹事、科、道及日讲官于瀛台，颁赐莲子、菱、藕。仍传谕曰：“此皆瀛台河内所产，特赐尔等食之。为物甚微，又正值斋戒，不必谢恩。”诸臣出。

巳时，上诣太皇太后宫问安。

本日起居注官格尔古德、张玉书。

二十九日丙辰 早，上御瀛台，听部院各衙门官员面奏政事毕，部院官员出。大学士、学士随捧折本面奏请旨。为兵部题，福建回京包衣佐领兵丁，应行文该管将军，查明有无罪过事。上曰：“福建官兵无甚罪过，着将有功者一面议叙，一面行查。”

又为兵丁陈德杀人一案，议该管署副都统马尔齐哈降四级、抵销革去参领；夸兰大马顺德革职，交与刑部议处事。上曰：“马尔齐哈着降四级，仍留参领；马顺德革职，免交刑部。”

又刑部议佐领佟文煜等随征陕西从贼，应立斩，家产入官事。上曰：“此议似属太过。”大学士勒德洪、明珠奏曰：“所议诚过，应俟三法司启奏后，再行定夺。”上曰：“三法司议覆时，尔等可再奏明。”

又议政王等会议，允俄克齐哈请调陕西各佐领甲二副赴伊军前，并令陕西官员捐助马匹事。上曰：“捐马可得三千匹否？”明珠奏曰：“先是湖广等处亦曾捐马。陕西乃产马之地，想自易办。”上曰：“平定云、贵大兵关系重大，不可怠缓时刻，可速令捐马四千匹，于闰八月内送至军前，若迟缓，即以违误军机治罪。可严拟票签来看。”

又刑部侍郎宜昌阿奏，尚之信不宜即送来京，应俟鼓噪兵丁或灭或抚，再行押送。其沿途防护需用满洲甲兵百名，诸王、大臣等会议，应悉如所请行。上曰：“宜昌阿今日又有奏至，言鼓噪兵丁已有投顺之意，此事着依议行。其押送兵百名，为数不甚多，可令乘驿骑来京。到日不必复往广东。”

本日起居注官常书、严我斯。

雲在蘭文史

袁行霈題

[标点全本]

康熙起居注

徐尚定 标点

第八册

人民东方出版传媒
東方出版社

康熙帝像

清宫廷画家绘。绢本，设色。纵98.2厘米，横68.1厘米。中国历史博物馆藏。

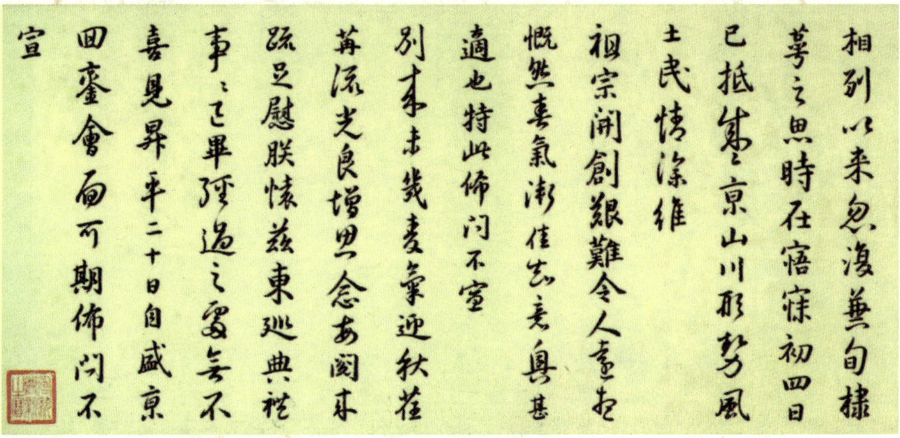

康熙帝行楷书《赐裕亲王札》卷

纸本。纵23.6厘米，横50.6厘米。

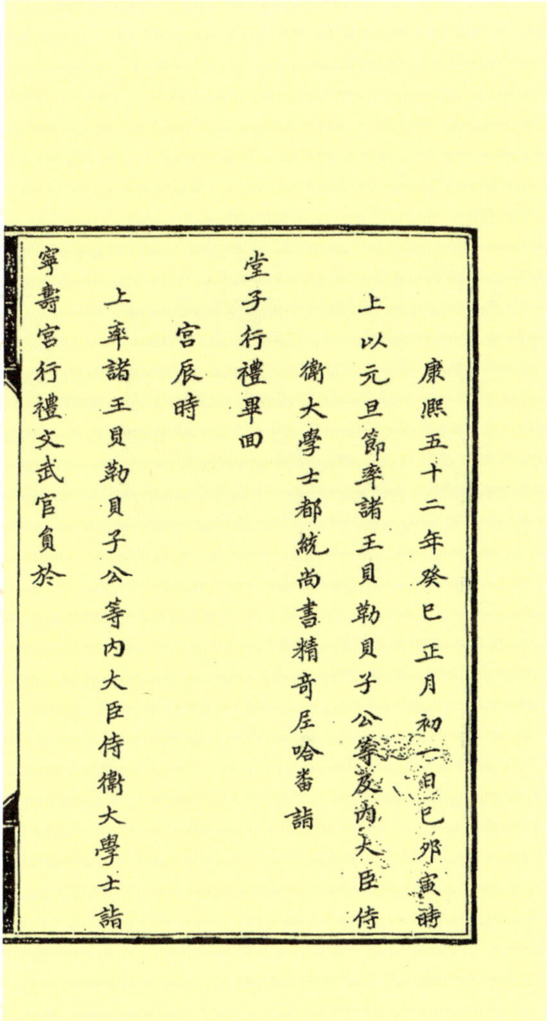
康熙五十二年癸巳正月初一日己卯寅時
上以元旦節率諸王貝勒貝子公等及內大臣侍
衛大學士都統尚書精奇尼哈番詣
堂子行禮畢回
宮辰時
上率諸王貝勒貝子公等內大臣侍衛大學士詣
寧壽宮行禮文武官員於

《康熙起居注》五十二年正月首页

《康熙起居注》钤缝“翰林院印”

第八册目录

康熙五十二年　癸巳

正　月/001　二　月/007　三　月/016　四　月/028
五　月/037　闰五月/045　六　月/051　七　月/061
八　月/067　九　月/069　十　月/079　十一月/089
十二月/093

康熙五十三年　甲午

正　月/102　二　月/106　三　月/112　四　月/116
五　月/121　六　月/124　七　月/131　八　月/137
九　月/142　十　月/146　十一月/155　十二月/158

康熙五十四年　乙未

正　月/168　二　月/172　三　月/180　四　月/185
五　月/191　六　月/197　七　月/203　八　月/210
九　月/213　十　月/219　十一月/228　十二月/242

康熙五十五年　丙申

正　月/255　二　月/258　三　月/265　闰三月/270
四　月/279　五　月/287　六　月/294　七　月/298
八　月/305　九　月/306　十　月/318　十一月/330
十二月/335

康熙五十六年　丁酉

正　月/346　二　月/351　三　月/360　四　月/370
五　月/383　六　月/391　七　月/400　八　月/412
九　月/416　十　月/424　十一月/441　十二月/452

康熙五十七年　戊戌

正　月/464　二　月/470　三　月/476

插　图　目　录

康熙帝像……261
康熙帝行楷书《赐裕亲王札》卷……262
《康熙起居注》五十二年正月首页……263
《康熙起居注》钤缝“翰林院印”……264
王士禛蚕尾山图……265
徐乾学《行书叠韵诗》册页……266
王鸿绪行书杜甫诗……267
朱耷荷花水鸟图……268
石涛搜尽奇峰打草稿图……269
傅山草书诗……270
高其佩高岗独立图……271
王时敏仙山楼阁图……272
兵部尚书白潢奏为恳辞阁务折雍正御批……273
署理直隶巡抚赵之坦奏报差官彻底清查亏空情形折雍正御批……274
署理直隶巡抚赵之坦奏报差官彻底清查亏空情形折雍正御批……275
署理直隶巡抚赵之垣奏报差官彻底清查亏空情形折雍正御批……276
都察院左都御史朱轼奏请官员任用折雍正御批……277
都察院左都御史朱轼奏请官员任用折雍正御批……278
都察院左都御史朱轼奏请官员任用折雍正御批……279
都察院左都御史朱轼奏请官员任用折雍正御批……280
康熙帝遗诏（局部）……281

康熙帝遗诏（局部）……282
康熙帝遗诏（局部）……283
康熙帝遗诏（局部）……284
康熙帝遗诏（局部）……285
康熙帝遗诏（局部）……286
康熙帝遗诏（局部）……287
康熙帝遗诏（局部）……288

康熙五十二年　癸巳

正　月

初一日己卯　寅时，上以元旦节率诸王、贝勒、贝子、公等及内大臣、侍卫、大学士、都统、尚书、精奇尼哈番，诣堂子，行礼毕，回宫。

辰时，上率诸王、贝勒、贝子、公等，内大臣、侍卫、大学士诣宁寿宫行礼，文武官员于午门外随班行礼毕，回宫。

顷之，上御中和殿，内大臣、侍卫，内阁翰林院、礼部、都察院、詹事府等衙门大臣官员行庆贺礼。上御太和殿，诸王、贝勒、贝子、公等及文武各官与朝正外藩诸王、贝勒、贝子、公、台吉，朝鲜等国使臣奉表，行庆贺礼毕，上回宫。

是日起居注官汤右曾、常鼐。

初二日庚辰　巳时，上由神武门出西直门，诣畅春园驻跸。

是日起居注官吴廷桢、海宝。

初三日辛巳

初四日壬午

初五日癸未

初六日甲申

初七日乙酉

初八日丙戌

初九日丁亥　是日，诸王、贝勒、贝子、公等满汉大臣白奏事治仪正傻子、员外郎双全："每年祭天地、祈谷坛，皇上无一次不亲祭，臣等恐更换朝服有劳圣躬，且今岁与往年不同，乃皇上六旬大庆之年。皇太后又现居畅春园，皇上在此，似不寂寞。此番皇上即不亲祭，皇上诚敬之心，早已洞格天地，必致雨旸时若，五谷丰登。乞皇上暂停亲祭，遣官恭

代。”转奏奉旨：“郊天祭地乃朕之事，不亲祭可乎？古之帝王亦有亲祭之例，若身有事故，不得已，方可遣官代祭。如朕躬果有事故，不便亲祭，早已谕尔等矣。去年朕躬虽抱疾，诚敬之心有加无已，朕犹勉强扶病亲祭。今朕躬甚康，又值六旬大庆之年，尤当亲祭也！朕必亲祭，尔等所奏知道了。”诸王、贝勒、贝子、公等，满汉大臣又白奏事治仪正傻子、员外郎双全：“皇上之敬天地，诚从古所未有。皇上有此极诚之念，虽不与祭，即同亲祭矣！但今春季风大，圣躬甚重，臣等愚意，再三恳请皇上暂停亲祭，遣官恭代。”转奏奉旨：“朕亲祭已定，傍晚进宫，明日斋戒。”

酉时，上由西直门进神武门，回宫。

是日起居注官周起渭、阿尔赛。

初十日戊子　自是日起，上以祭祈谷坛斋戒三日。

是日起居注官常鼐、文志鲸。

十一日己丑　是日起居注官吴廷桢、海宝。

十二日庚寅　早，上御太和殿，视祭祈谷坛祝版毕，回宫。

是日起居注官周起渭、海宝。

十三日辛卯　早，上由午门出正阳门，祭祈谷坛毕，回宫。巳时，上由神武门出西直门，诣畅春园驻跸。

是日起居注官揆叙、史夔。

十四日壬辰　午时，上御畅春园内万树红霞，以元宵节赐朝正外藩蒙古诸王。左翼科尔沁和硕土谢图亲王额尔折图，科尔沁和硕达尔汉亲王罗卜藏滚布，科尔沁和硕卓礼克图亲王巴特马，乌朱穆秦和硕车陈亲王塞登敦多普，柰曼多罗达尔汉郡王垂忠，科尔沁多罗郡王诺门厄尔黑图，科尔沁多罗扎萨克图郡王鄂齐尔，科尔沁多罗秉图郡王伊西班第，翁牛忒多罗杜棱郡王和硕额驸仓津，蒿齐特多罗厄尔德尼郡王阿噶呢思达，蒿齐特多罗郡王雅木皮尔，科尔沁和硕土谢图亲王额尔折图，固山多罗贝勒阿毕大，乌朱穆秦多罗贝勒奔木布，扎鲁特多罗贝勒必鲁瓦，科尔沁多罗贝勒巴克西古尔，科尔沁和硕达尔汉亲王罗卜藏滚布旗下和硕额驸班第、和硕额驸多尔济、和硕额驸多尔济塞棱，杜尔伯特固山贝子沙律，阿霸垓纳尔

固山贝子厄林陈达锡，翁牛特镇国公索诺木，扎鲁特镇国公苏礼，科尔沁镇国公图努满尔，苏尼特辅国公罗雷，郭尔罗斯辅国公莽色，科尔沁固山额驸班第，郭尔罗斯扎萨克一品台吉毕里滚鄂齐尔等；右翼喀尔喀扎萨克图汗和硕亲王多罗额驸策旺扎普，喀尔喀和硕亲王达锡敦多普，喀尔喀土谢图汗王扎尔多尔济，喀喇沁多罗杜棱郡王塞棱，阿霸垓多罗卓礼克图郡王兵，敖汉多罗郡王鄂尔折图，喀尔喀多罗郡王盆苏克，巴林多罗郡王鄂齐尔，巴林多罗郡王固伦额驸吴尔滚，阿霸垓多罗郡王吴尔占噶喇布，敖汉多罗郡王垂穆盆儿，喀尔喀多罗郡王王占尔，毛明安多罗贝勒班第，喀尔喀多罗贝勒宗对，喀尔喀多罗达尔汉贝勒占达滚尼，喀尔喀多罗贝勒丹进多尔济，阿霸垓多罗贝勒索讷木拉布坦，阿禄科尔沁多罗贝勒王占尔，喀尔喀多罗贝勒罗布藏，喀尔喀多罗贝勒王占尔，喀尔喀固山贝子阿喇布坦，巴林固山贝子扎布纳木塔尔，阿霸垓固山贝子车领董罗普，喀尔喀固山贝子巴特马王占尔，喀喇沁镇国公善巴拉锡，喀尔喀镇国公车林布木，喀尔喀辅国公薄贝，喀尔喀辅国公克塞克，厄鲁特辅国公毛海，厄鲁特辅国公多尔济塞不腾，喀尔喀辅国公陈木主克纳木占儿索诺木伊思扎卜根敦罗卜藏，喀喇沁扎萨克一品他布囊葛伦，毛明安扎萨克一品台吉鄂尔布等及内大臣、侍卫、大学士等宴，诸乐并作。上进酒，令左翼科尔沁和硕土谢图亲王厄尔折图，右翼喀尔喀扎萨克图汗和硕亲王多罗额驸策旺扎普等近御座前，上亲赐饮。其余贝勒、贝子、公、额驸、台吉等，俱令侍卫于坐次分觞授饮。宴毕，众谢恩，上回宫。

是日起居注官常鼐、阿尔赛。

十五日癸巳　午时，上御畅春园内万树红霞，赐朝正外藩左右两翼诸王。贝勒、贝子、公、台吉及内大臣、侍卫、大学士等宴。诸乐并作。上进酒毕，外藩蒙古左右两翼诸王以下，台吉以上，俱令侍卫于坐次分觞授饮。宴毕，众谢恩。上回宫。

是日起居注官海宝、阿尔赛。

十六日甲午　是日，上诣澹泊为德行宫问安。

十七日乙未　是日卯时开印。自此以后，上驻跸畅春园，部院各衙门奏章每日交内阁转送畅春园听理，面奏事件仍行面奏。

十八日丙申

十九日丁酉

二十日戊戌

二十一日己亥

二十二日庚子　是日，上诣澹泊为德行宫问安。

二十三日辛丑　辰时，上御畅春园内澹宁居听政。部院各衙门官员面奏毕，大学士温达、松柱、李光地、王掞，学士彭始抟、巴格、邹士璁、马良、傅尔、胡讷、沈涵、阿尔法、绰奇以折本请旨。覆请宗人府等衙门以陶和气负皇上优任厚恩，行止贪污，甚无颜面，将公吴尔占之马百匹散与营兵，并未给价；强买托克托和之妾；以爱妾之弟甘生交与参将张世显令食粮；欲移取饶余王坟之碑，令伊子舒起往视，并不令王公等闻之；路遇本主并不下马；多罗安郡王薨时，因伊欲庆年节，逼勒福金、阿哥、王，不令公经希主张，于四十日即除服。藐视本主，任意而行，悖乱已甚，罪大恶极。请将陶和气凌迟。舒起仗伊父威权，至王坟视碑，以致犯法。将舒起拟绞监候，秋后处决一疏。上曰："将本发回，另议具奏。"

又覆请吏部所题云南布政使申奇贵、江苏布政使金世扬员缺，以按察使沙木哈等职名开列一疏。上曰："此二缺着问九卿具奏。"

又覆请刑部等衙门所题，福建房考官吴兆中受王汤三贿赂取中举人缘由，请依例拟立斩；钻营中举之王汤三等俱拟绞监候，秋后处决；正主考介孝瑹、副主考刘俨俱各降一级调用。又江南副主考赵晋，房考王曰、俞方明，受吴泌、程光奎贿赂，取中举人，俱依例拟立斩；行贿之吴泌、程光奎等俱拟绞监候，秋后处决；正主考左必蕃虽具疏题参，但吴泌、程光奎等卷子皆伊亲自加圈者，填榜时毫不觉察，殊属溺职，拟将左必蕃革职二疏。上曰："考试举人、进士，皆选取人材大典，关系国家甚重。今观试官不取真材，但取贿赂，通关节卖者渐多。此等之人若不立置重典，断断不可！且正主考乃科场主试之官，严察副主考同考官等行私作弊，乃其专责，诿为不知，可乎？此二事所议正主考官等之罪各异，应着严加议处。尔等可问九卿具奏。"

又覆请浙江巡抚王度昭、提督吴郡奏闻招安海贼陈尚义等一疏。上

曰："差往招安海贼之官员久已回京奏闻，该抚迟延日久，始行奏闻，不合，着饬行。"因顾大学士温达等曰："观督抚等奏请防海、禁海等条陈，徒致扰商病民，究于缉贼之事毫无利益。朕意以为，防海唯在陆路，兵弁守御严紧，乃为扼要。如年来盛京、山东沿海汛地官民，能加意防缉，以致贼势穷，戚无所归，遂革心向化，以次投诚。此即严防之明验也。盖海贼原无窝巢，起手不过数人。或系穷民，或为水手，其力不能自备船只，又无器械，因饥寒所迫，抢夺营伍、商贾之船只、器械，渐次啸聚。初时伙伴未多，止于海岸攘取民物。久之势众，苦无米粮糊口，乃往来海洋，肆行劫掠。每于夏月南风，便至山东、盛京等处。直至十一月，西北风发，方能回南。其中数月，或被官兵缉获，或为风雪冻馁，渐次伤损，所余无几。如陈尚义等，原伙贼船十一只，贼众不下千余人，今止余贼船四只，贼众不满百人矣。观去年十月十七日陈尚义等在山东与官兵抵敌一事，游击闫福玉率官兵船六只，在刘公岛地方，遇巡哨贼船四只乘西北风而来，见官兵船即先发炮，官兵即放船追赶。游击闫福玉奋勇向前，所乘之船，出诸船之先里许。贼始见其势孤，遂三面围住，鏖战良久。其余官兵船只，为风飘散，不能前救，以致游击被伤殒命，而贼众亦伤多人。待后船追踪时，贼船已于十八日至尽山、花鸟矣。原其所以伤官兵者，皆因官兵与贼船相遇，安排火器之际，致贼人乘间围拥。若如满洲兵操弓挟矢，以待贼船，何由能逼近耶？前年驻跸热河时，朕曾详问郑尽心，悉知海上情形。去年又问山东镇标同游击一船被伤兵丁，所言十月十七日与陈尚义抵敌之事，亦甚详及。浙江所奏投降陈尚义之供，与官兵所言无异。是海贼之出没狡猾，素习海性，非官军水战所能扑灭也。朕御极五十余载，凡水陆用兵机宜，无不洞悉。但令沿海地方督抚，提镇能用心防御，不时稽察，使贼无所掠夺，则贼饥寒冻馁，不期灭而自灭矣。前年关东海汛，章京二员带领官兵八九十人，击杀海贼四百余人。此二章京可谓善于阵战。朕曾面问二章京，尔等何不诱贼远离海岸，再行剿获，可无遗类？，此二章京深服朕旨，奏称彼时原拟引贼深入歼杀，因离岸五里有居民庄村，若诱贼众过此，倘地方万一有失脱，即不能免疏防之罪矣。故此不敢远诱。是知沿海防汛果能严紧，贼一登陆，便成擒矣。目今如广

东地方，贼盗尚未擒获。福建陆地有贼，亦未尽剿，况茫茫大海乎！”

是日起居注官揆叙、励廷仪。

二十四日壬寅

二十五日癸卯 辰时，上御畅春园内澹宁居听政。部院各衙门官员面奏毕，大学士温达、松柱、李光地、王掞，学士彭始抟、巴格、邹士璁、马良、傅尔、胡讷、沈涵、阿尔法、绰奇以折本请旨。覆请兵部覆御史徐树庸请稽查土司处所容留他省之民，应行文该督抚查明，定议具奏之日再议一疏。上曰："各省土司不同，陕西之番土司、云南之番土司及猓苗洞民、彝民，风俗各有不同，不能令其如一。今西北之人为东南地方之官，必欲使东南如西北，断然不可。东南地方之人为西北之官亦如是。且土司与民，居处甚近，亦有彼此结亲者。若行文督抚行查，必谓此系科、道条奏部内行查者，交与司道转行州县严查，如此则致扰乱矣。如口外山东人甚多，倘必逐回，则大半饿死矣。总无紧要，何必生事？部内此议不合，不准行。"大学士温达奏曰："将原本发回乎？"上曰："着拟饬行票签进呈。"

又覆请浙江巡抚王度昭、提督吴郡等奏闻招安海贼陈尚义等已经解送赴京一疏。上曰："招安海贼一事，兵部今年正月初业已奏闻。此本何时到尔衙门中，翻清迟延几日，再此间又有封印日期，若不查明迟误即行饬处，恐致屈抑。尔等可查明回奏。"

又以九卿等遵旨，为升补江苏布政使金世扬、云南布政使申奇贵员缺，举出湖北按察使牟钦元等职名折子呈览，并以原疏覆请。上曰："牟钦元着升授江苏布政使，卢询着升授云南布政使。"

又以九卿等所议江南正主考左必蕃、福建正主考介孝瑸等身为正主考，而不能除科场之弊，以致副主考、房官等任意行私，甚属溺职，此辈俱应革职，余照部议折子呈览，并以原疏覆请。上曰："此议甚当。着照此批之。"

是日，上诣澹泊为德行宫问安。

是日起居注官常鼐、赵熊诏。

二十六日甲辰

二十七日乙巳

二十八日丙午　是日，上诣澹泊为德行宫问安。

二十九日丁未

三十日戊申

二　月

初一日己酉　是日，上诣澹泊为德行宫问安。

初二日庚戌　辰时，上御畅春园内澹宁居听政。部院各衙门官员面奏毕，大学士温达、松柱、李光地、萧永藻、王掞，学士舒兰、蔡升元、彭始抟、巴格、邹士璁、马良、傅尔、胡讷、阿尔法、沈涵、绰奇以折本请旨。覆请吏部所题江苏按察使卢询、湖北按察使牟钦元员缺，以参政道祖业弘等职名开列一疏。上曰："着问九卿。"

又覆请兵部所题将陶和气等十七员诰封追回一疏。上曰："此内南新仓监督察进之母曾经叩阍，察进任内米数余出，其罪不至于革职。追封事尚未明，即行追封可乎？着查明具奏。"

又覆请福建、浙江总督范时崇所题，陈五显盗案内游击林发进兵迟延，已经题参革职，其杖罪请折赎一疏。上曰："这一战闻官兵败走，将此着问陈五显。向日原任天津总兵官刘国轩为盗时，顺治十五年间在瓜州、镇江、江宁与官兵交战，后又在漳州、泉州、兴化、金门、厦门及江西等处交战，与官兵战共七十余次。归顺之后，因朕好问，将伊战过之处逐一诘之。伊云，善发纵能指示者，一次未遇，率以力胜我耳。凡此战事，但问对敌之人即可知矣。"

又覆请刑部等衙门所题，疯疾蒋氏殴死亲姑薛氏，拟凌迟一疏。上曰："此事甚难。疏内称蒋氏素有疯疾，未知虚实，难以区处。着问九卿。"

又覆请理藩院所题，胡虎诺尔辅国公索诺穆达西遗本内请将次子诺尔布盆楚克承袭公爵，应照伊所请，或不准其承袭一疏。上曰："这本着收贮，俟诺尔布盆楚克到日再奏。将此亦交与理藩院。"

又覆请都察院左都御史赵申乔条奏免官地房税一疏。上曰："此皆恩诏内所有者，问九卿时必然说出，着查奏。"

又覆请福建巡抚觉罗满保所奏，恭遇皇上六旬万寿，福建通省乡绅、生员、兵民等在九仙山建立碑亭一疏。上曰："建立碑亭曾经禁止，今又奏闻，不合，着拟申饬票签进呈。"

又覆请江宁巡抚张伯行所题，江苏布政使员缺，将福建布政使李发甲、台湾道陈瑸、原任国子监祭酒余正健三人内请拣选一名补授一疏。上曰："李发甲操守虽好，材力不及。江苏地方钱粮重大，甚属紧要，非其所能胜任。"大学士李光地奏曰："福建地方与彼相宜。"上曰："两淮运使李陈常守洁材优，与江苏布政使相宜，但有清理钱粮之事，今且不可移动。牟钦元已补授，江苏布政使员缺仍着彼去。"

毕，上召领侍卫内大臣、满汉大学士、九卿、大臣近前，曰："赵申乔上疏，皇太子乃是国本，应行册立。朕自幼读书，凡事留意，纤悉无遗。册立皇太子大事，岂有忘怀之理？但关系甚大，有未可轻立者。昔立皇太子时，索额图怀私倡议，凡皇太子服御诸物，俱用黄色，所定一切仪注，与朕无异，俨若二君矣。天无二日，民无二王。骄纵之渐，职是之故，索额图诚本朝第一罪人也。大清会典所载，皇太子仪注，应酌古准今，裁度定议。"又曰："宋仁宗三十年未立太子，我太祖皇帝并未立皇太子，后诸王、贝勒、大臣奉太宗皇帝即位。太宗皇帝亦未立世祖皇帝为皇太子。汉唐以来，太子幼冲，值人君享国日浅，尚保无事。若太子年长，其左右群小结党日久，鲜有能无事者。人非圣人，谁能无过？安得有克尽子道如武王者。今众皇子学问见识不后于人，但俱长成，已经分封，其所属人员未有不各庇护其主者。即使立之，能保将来无事乎？此福亦非易享，伊等并无冀望之心。如果有冀望之心，则不堪矣。为君难，为臣不易。古来人君穷兵黩武者有之，崇尚佛老者有之，任用名法者有之。朕御极五十余年，朝乾夕惕。上念祖宗遗绪之重，下念臣民仰望之殷，乾纲独断，柔远能迩，体恤臣庶，毫无私心。当吴三桂叛乱时，已失八省，势几危矣。朕灼知满、汉、蒙古心性，各加任用，励精图治，转危为安。今幸无敌国，外患亦云能守矣。欲立皇太子，必能以朕心为心者方可，岂宜轻

举？即臣僚为国为民、念兹在兹、先忧后乐者，实不易得。观今之居官者，只如翰苑，通套文章，全无实际。太子之为国本，朕岂不知？本一不正，关系非轻。朕将胤礽从幼教训，并未知挞人詈人。迨后长成，变为暴虐，无所不为。不知忠孝，不识廉耻，行事乖戾，有不可言者矣！追维其故，皆由风狂成疾、迷惑所致，此疾有二十余载矣。如人醉后伤人，醒时未有不悔者。今似长醉不醒，所为过恶，身不自知。命伊读书写字，辄蹶然而起。且伊之仪表及学问才技，俱有可观。今一致于此，并非风狂而何？自废而复立以来，六年之中，朕加意教训，心血耗尽，须白身衰。朕始终望其痊愈，并非有意另立而废之也，若有此心，前岂肯废而复立乎？父子之间不责善，责善则离，离则不祥莫大焉。人莫知其子之恶，莫知其苗之硕。溺爱者不明，贪得者无厌。父之于子，严不可，宽亦不可，诚为难事。如朕方能处置得宜。尔诸大臣俱各有子，凡人教子，常在幼时。及至长成，各有朋类，各有作为。至此不复能拘束矣！”上取赵申乔奏折，授大学士温达，曰：“立皇太子一事未可轻定。前事已误，今若轻举再误，将若之何？欲明示朕意，故集尔众大臣谕之。将此折发还。”

是日起居注官常鼐、吴廷桢。

初三日辛亥

初四日壬子　是日，上诣澹泊为德行宫问安。

初五日癸丑　辰时，上御畅春园内澹宁居听政。部院各衙门官员面奏毕，大学士温达、松柱、李光地、萧永藻、王掞，学士舒兰、蔡升元、彭始抟、巴格、邹士璁、马良、傅尔、胡讷、沈涵、阿尔法、绰奇以折本请旨。覆请户部所题遵旨每仓添造米廒五十座一疏。上曰：“适给事中官保以修造米廒条奏，将此事发回，一并议奏。”

又覆请刑部等衙门所题，尚书张鹏翮审奏革职原任江苏布政使宜思恭叩阍案内称，原任总督阿山、巡抚宋荦等索取平子银及节规并非自己侵克等因，应将宜思恭照原任布政使祖文明处分例，免其处斩，枷号两月、鞭一百。洪恩出自皇上，伏祈圣裁。至阿山、宋荦、邵穆布、于准、宜思恭等侵克银两，仍着落伊等名下追赔入官一疏。上曰：“这事所议甚是糊涂，着九卿、詹事、科、道会同彻底查明，详议具奏。”

又覆请刑部所题，盛京刑部咨送偷刨人参正黄旗包衣佛天保佐领下马义隆拟绞监候、秋后处决一疏。上曰："本内称包衣佛天保佐领包衣，佐领内并无名佛天保者，着查奏。"

又覆请提督、总兵官等遵军政考核例，自陈不能尽职，即行罢黜，另选材能人员补授一疏。上曰："着问九卿，提督、总兵官内居官贤否，在地方生事不生事，各以所见奏闻。"

又以九卿遵旨为江苏按察使、湖北按察使员缺，保举山东登莱道甘国璧等职名折子呈览，并以原疏覆请。上曰："甘国璧着授江苏按察使，张连登着授湖北按察使。"

又以兵部所查郎中管佐领事察进因卖仓中米革职，本旗送到，故将察进诰封议追回折子呈览，并以原疏覆请。上曰："察进事尚未审明，俟审结之后，诰封应追与否，另议具奏。"

又以九卿奏，蒋氏殴死亲姑，疯疾是实，应拟斩监候，秋后处决。先是蒋氏之夫花芳荣因其妻有疯疾，拘锁不令开放，花芒荣出往田间后，其母开锁，不知情由，应免议罪折子呈览，并以原疏覆请。上曰："蒋氏素染疯疾，曾经拘锁，伊姑薛氏见其稍愈，因开锁。后疯疾复发，持棍殴打薛氏致死。蒋氏从宽免凌迟，着拟斩监候、秋后处决。花芳荣出往田间，开锁时不知情由，从宽免杖责。"

是日起居注官蒋廷锡、阿尔赛。

初六日甲寅 辰时，上御畅春园内澹宁居听政。部院各衙门官员面奏毕，大学士温达、松柱、李光地、萧永藻、王掞，学士舒兰、蔡升元、彭始抟、巴格、邹士璁、马良、傅尔、胡讷、沈涵、阿尔法、绰奇以折本请旨。覆请刑部等衙门题戴名世所著《南山集》、《孑遗录》内有大逆等语，应即行凌迟；方孝标所著《滇黔纪闻》内有大逆等语，伊子方登峄等应即行处斩一疏。上曰："戴名世从宽免凌迟，着即处斩。方登峄、方云旅、方世樵俱从宽免死，并伊妻子发黑龙江。这案干连应斩、绞及为奴、安插、流徙人犯，俱从宽免罪入旗。汪灏在修书处效力勤劳，不忍即行处死，着从宽免死、释放，不许回籍，将伊妻子、家产俱入旗。此旨亦着晓谕汪灏。"

毕，上谓大学士等曰："海贼比将尽矣。朕昨细讯陈尚义，渠初有众二千人、船十八只，后为官兵杀伤及风波漂没，今但存三只。可见海上作贼亦非易事，要亦为饥寒所迫之故耳。伊辈出洋行劫，遇西洋船，惧其火器，不敢与彼相近。西洋有夹板船，四面可行，非乌船可比。一遇东洋商船，则掠夺其银米，亦不全取。然而被劫者少，而不被劫者多。以此，贸易人往来不绝。"又曰："海洋行船朕皆知之，中国行船多论更，如一更行几何里，以此为率。西洋与中国，俱在赤道北四十度内。西洋人行船多论度数，自本国南行八十度至大狼山，始复北行入广东界，常六阅月在海中，不见一山。亦有陆路可通中国。今尚不足虑，千百年后，中国终要受此等人之累。"大学士李光地奏曰："西洋人皆由海道至中国，故竟不知另有可通中国之陆路。"上曰："陆路但间隔鄂罗斯诸国，行人不便，故皆从水路。鄂罗斯距京师约万二千里，西洋与鄂罗斯接界，常相战。往年鄂罗斯与雪西洋战，其与鄂罗斯接壤土儿虎特助鄂罗斯，雪西洋大败。土儿虎特有人十五万，鄂罗斯倚仗土儿虎特马匹，土儿虎特用鄂罗斯皮张。又回子温都斯坦、布海儿、夜儿根等处产丝，制甲四十层，可敌浙江丝八十层，曾以鸟枪试过。"上又曰："过哈密六百里有土儿番地方，甚热。去雪山有百余里，其人悉入夜始出耕种。若日出时耕种，便热死。其地皆石，少顷即糜烂于石上矣。又哈萨克即古阳关地，其人性好斗，常结队以杀掳为事。人心亦齐，若妇女被人掳去，其掳去妇女，必手刃其人而回。此地亦热，草极肥，马皆汗血。又产苹果、葡萄、梨，皆大而美。"学士蔡升元奏曰："但见史书有汗血马之说，今始知其真矣。"上曰："西北回子种类极多，皆元太祖后裔。又有一支在小西洋，约十万人，皆有帐房。"又曰："惟北极下为最寒，往时曾有人筑室而居，明年人往视之，其人已无复存，但见林间雪深数丈而已。曾见古书云，北海有积冰数百丈，向以为荒诞。以此观之，信然。总之，西北地极大，其风土亦不同。朕经细访，靡不周知矣。"

是日起居注官汤右曾、常鼐。

初七日乙卯 辰时，上自畅春园启行，巡幸霸州等处，驻跸稻田。是日，黄村同知马朝臣，芦沟桥同知梁允祖、游击吴起祥等，良乡县防守御

胡士巴等、知县彭其惠等来朝。

初八日丙辰 上驻跸马家庄。是日，赐镇国公经希马一匹。涿州知州赵光荣等、守备游弘龙等，固安县防守御伍勒等、知县郑善述等来朝。

初九日丁巳 上驻跸内渠。是日，赐王、公等鱼。署新安县事、理事通判瓦尔达等，守备李希明等来朝。

初十日戊午 上驻跸南沙口。是日，赐镇国公德普、直隶巡抚赵弘燮、山西巡抚苏克济、贵州提督张文焕、太原总兵官马见伯、天津总兵官杜呈泗马各一匹。霸州防守御阿达哈、知州王之琦、游击杨麟等来朝。

十一日己未 上登舟，泊赵北口。是日，赐王、公等内大臣、大学士、都统、护军统领、副都统、护军参领、侍卫、执事人员等猪、羊。雄县防守御噶尔泰等、知县胡世昌等来朝。

十二日庚申 御舟泊于郭里口。是日，赐王、公等内大臣、大学士、尚书、将军、提督、总兵官、巡抚等泰和鸡、水凫、鱼。

十三日辛酉 御舟泊于郭里口。是日，赐王、公等鸟枪，大臣、侍卫等孤顶。

十四日壬戌 御舟泊于郭里口。

十五日癸亥 御舟泊于段村。是日，赐护军参领、护军校、护军等孤顶。

十六日甲子 御舟泊于段村。

十七日乙丑 御舟泊于圈头。是日，赐执事人员孤顶。

十八日丙寅 御舟泊于圈头。

十九日丁卯 御舟泊于赵北口。是日，赐执事人员孤顶。

二十日戊辰 御舟泊于赵北口。

二十一日己巳 上登岸，驻跸苑家口。是日，湖广总督鄂海、保定县知县王敬方等、文安营游击韩德等来朝。

二十二日庚午 上驻跸南八里庄。是日，东安县防守御赛柱等、知县赵世玉等，永清县知县陈朝等来朝。

二十三日辛未 上驻跸北寺垡。是日，甘肃巡抚岳拜来朝。

二十四日壬申 上驻跸行宫。

二十五日癸酉　上驻跸李家渠。

酉时，上御行宫，大学士温达，学士马良、傅尔、胡讷、绰奇以折本请旨。覆请吏部覆福建巡抚觉罗满保所题闽县等十六州县员缺，请于卓异人员内拣选补授一疏，议不准行。上曰："此事因一御史条奏，故有不行之议。督抚等各为地方，欲得贤能之员，勤恳上陈，甚为有理。行与不行，恩出自朕。近见督抚为此等事题请者，言官每每沮奏。今若督抚等题请不行，则权皆归于都察院、科、道等官矣。此即明季极敝之陋习。回銮后尔等将此传谕九卿、詹事、科、道官员，凡保举卓异贤能官员宜得升者，其中必有不欲往福建去之人求人条奏耳。朕回銮之日，将福建十六州县员缺必尽补授。"

又覆请吏部覆福建巡抚觉罗满保所题，原任按察使降二级调用之董永芠才守俱优，请留任，应无庸议；又安徽按察使杨宗义员缺，将现任应升道员职名开列二疏。上曰："董永芠着照该抚所请，带所降之级仍留原任。安徽按察使员缺，着将开列第一员补授。"

又覆请吏部覆兵部咨称，九卿遵旨将提镇官员贤否，举出御史郑恂，业已保举山东登州总兵官；李雄不生事，因通政司右参议陈汝咸有李雄行伍堕坏之语，郑恂即将保举李雄字迹涂去；御史段曦业已保举云南鹤庆总兵官；郝伟不生事，因兵部侍郎宋骏业有鹤庆总兵官标下右营游击吴正国因侵克兵饷自缢一案，兵部驳回二次，在刑部结案之语，段曦即将保举郝伟字迹涂去，俱属不合。应将郑恂、段曦交与该部察议等，因照例将郑恂、段曦罚俸六个月一疏。上曰："郑恂、段曦俱任言责，既举其人，又因他人一言即行涂去，殊属溺职，俱着革退。"

又覆请户部覆镶白旗满洲副都统额尔锦所参，黄档子房拜他喇布勒哈番巴格等于正项钱粮外有冒支情弊，查旗下支领钱粮底册，与部库所存都统印册一一对勘，并无多支之处，但巴格等闻副都统题参，即欲通贿，甚为溺职，应将巴格等俱革职一疏。上曰："这事所议糊涂，着都察院详议具奏。"

又覆请江宁巡抚张伯行所题，江南粮船照原定限，必于正月内过淮等语，应令该抚会同总漕、总督详议，到日再议。又回空粮船应给限期批

文，所过沿河州县官员将入境、出境日期详明填注，庶旗丁不敢逗留等语，应准该抚所题。又议处督催官员、旗丁例，请仍照原任总河靳辅题定之例，应无庸议一疏。上曰：“漕粮冬兑、正月过淮及迟误回空船只官员议处之处，俱着照该抚所题准行。”

又覆请兵部覆浙闽总督范时崇所题，黄岩总兵官标下左营游击阎福玉乘船巡查，至牛头门，遇贼船战亡，船被火焚。除把总张世俊不行救援已经革职、提审不议外，应将总兵官李近降二级，提督吴郡降一级、罚俸一年。其烧毁船只、兵器等物，该总兵等官速行照数赔补报部一疏。上曰：“闫福玉不惜身命，与海贼奋勇力战，以致阵亡，深为可嘉，着从优议叙具奏。李近着降二级、戴罪图功，吴郡着降一级、罚俸一年，余依议。”

又覆请刑部等衙门所题，内务府总管保柱见皇上所遣传旨之人，科头端坐不动，昂然掀袖，高声而语，狂妄之状，大为不敬，将保柱拟立斩一疏。上曰：“保柱曾经有题参一事，将前事与此事一并议奏。保柱乃不可留之人，朕必杀之。前朕遣人传旨去，彼竟科头端坐。及四格去，彼即戴冠而立。因此，守门正白旗护军参领苏黑怒甚，将刀柄向前，意欲杀之。”随命傻子传护军参领苏黑、头等侍卫官保入。上顾苏黑曰：“尔可将保柱事言之。”苏黑奏曰：“皇上使人传旨，问保柱，伊科头端坐。及四格去，伊即戴冠而立。臣彼时愤极，亦不知其如何动作矣。”上问官保曰：“尔为何隐忍不参？”官保奏曰：“有何辨处。”上又问官保曰：“保柱曾向都图附耳云何？”官保奏曰：“臣在北边，保柱、都图在南边，伊等云何并未闻之。”上曰：“朕令拿保柱，并未拘禁，反为侦探，皇太子废后，始行拘禁。”又曰：“凌普家下太监曾发与黑龙江协领之弟为奴，这太监为刨银矿事来京协领，随至热河看守。四十日朕闻之方得拘拿。朕问刑部尚书哈山，尔部三案罪人内有太监杨世俊为何不审，哈山奏云，何敢审？今令拿之人不拿，令杀之人不杀，何以为君？国无二君。事至此时，朕始知其不可而行之也。”又曰：“陶和气阴结朋谋，私招党羽。然其党内无一可用者，率贪饮食之徒而已。”

又覆请刑部等衙门所题，邵文卿控告陶和气家人周三之子周启倩人代作文字中举是实，周三缘此事谋杀邵文卿，应拟斩监候，秋后处决。将行

贿中举之周启过付说合之谈汝龙等，俱拟绞监候，秋后处决。失于觉察之收卷官唐县知县李嶟瑞等分别降级、罚俸一疏。上曰："周三、周启系陶和气家奴，肆行贿赂，扰乱科场，殊属可恶。伊父子俱宜立斩，这二月内着正法。此案干连人员俱着革职。"又曰："汉大臣入科场收取门生，不坏名者少。今赵申乔虽不要钱，然未能不顾情面，不受嘱托也。"

又覆请刑部覆侉九儿发往宁古塔正法，半路逃回，仍为窃盗，应将侉九儿发宁古塔将军处正法一疏。上曰："将军蒙俄洛现在此，将侉九儿交与该将军，即行正法。"

又覆请刑部覆兵部侍郎巴颜柱审奏，山东民孙二控告商人夏铺令小八儿等为头目偷刨人参一案定拟咨送刑部，孙二又供出李宪龙等十一商人曾与夏铺同为财主，审得李宪龙等并未与夏铺同伙，皆系虚捏，应无庸议。夏铺已故亦不议外，孙二诬告，应佥妻流三千里。小八儿等偷带人参脱逃，交与该将军府尹，勒限严缉审明另结一疏。上曰："巴颜柱所审二事俱糊涂，另遣大臣审明具奏。"

又覆请刑部等衙门覆福建巡抚觉罗满保所题，方浩、方孔因卖田地角口，方浩乘醉持鸟枪诣方孔门守候，欲打方孔。时天晚，其母连氏出，误中而死。方孔伤母死，遂持木棍殴死方浩之父方裔巢。照律应将方浩、方孔俱拟斩监候，秋后处决，准照所拟一疏。上曰："这事情着九卿、詹事、科、道会同再议具奏。"

又覆请浙闽总督范时崇所题，台湾总兵官姚堂请在任守制一疏。上曰："姚堂准照该督所请，在任守制。"

又覆请甘肃巡抚岳拜所题西宁副使道张绥远员缺，请以临洮知府杨宗仁补授一疏。上谓学士绰奇曰："尔出问巡抚岳拜，杨宗仁居官如何，能任西宁道否？"绰奇出问岳拜，入奏曰："岳拜云杨宗仁居官好，能任西宁道。"上曰："杨宗仁着照该抚所请补授。"又曰："朕巡幸陕西时，在潼关见者，不知即是此杨宗仁，抑其弟兄，善射劲弓。彼时不知其为何官？绰奇，尔出问岳拜、鄂海。"绰奇出问，入奏曰："岳拜、鄂海云系杨宗仁之弟杨宗义，为陕西同知。皇上曾命射箭。"上曰："伊父原系上三旗侍卫，封裕亲王时分与裕亲王，后又分与庄亲王。"大学士、学士、

起居注官皆啧啧仰赞："皇上顷刻一过，所见微员，历久不忘，真是神异！"学士傅尔、胡讷奏曰："杨宗义降级调用，今所补授安徽按察使员缺，即杨宗义之缺。"上曰："杨宗义带所降之级仍留按察使任。"

是日，赐王、公、将军、总督、巡抚、提督、总兵官兔。

二十六日甲戌　上驻跸新衙门。

二十七日乙亥　未时，上至畅春园驻跸。

是行也，各部院奏章每日送内阁，内阁三日一次递送行宫听理。

扈从起居注官揆叙、常鼐。

二十八日丙子　是日，上诣澹泊为德行宫问安。

二十九日丁丑　酉时，上由西直门进神武门回宫。

顷之，太监李玉出，传谕吏部尚书兼管仓场事务富宁安，户部侍郎塔进泰、噶敏图，谕曰："朕今日自畅春园回，问及米价，较往年少昂。今岁天下各省来集人众，所以米价稍贵。现今仓内米甚多，先发一万石减价粜卖，来集之人，以价廉而得米食，京师之米又得余剩，亦大有益于民生。若此一万石不足，再发一万石粜之。所用亦不过二万石也。尔等速行定价议奏。着即发米，自明日初一粜起，至月终止。"

是日起居注官周起渭、阿尔赛。

三　月

初一日戊寅　辰时，上御乾清门听政。部院各衙门官员面奏毕，大学士温达、松柱、李光地、萧永藻、王掞，学士彭始抟、巴格、邹士璁、马良、傅尔、胡讷、沈涵、阿尔法、绰奇以折本请旨。覆请兵部所题山东总兵官李雄所奏，伊标下中军游击李永春员缺，请以宁福营守备黄元骧补授；黄元骧员缺，请以千总匡于蕃补授，议不准行一疏。上曰："这所题之人如现在京，可即令其引见。否则令其来京引见。此本着收贮。"

又覆请刑部等衙门所题，南新仓偷卖米之书办周国义拟斩监候，秋后处决。监督察进等拟革职、枷号两个月、鞭一百。察进之母应照冲突仪仗

律治罪，但年逾七旬，照例准其折赎一疏。上曰："周国义依拟应斩，着监候、秋后处决。察进从宽免其枷号、鞭责，解其部职，留佐领任。察进之母年老，从宽免其折赎。"

又覆请总漕郎廷极所题，降级调用之松江府通判陈澍署华亭县任内代催康熙四十四年漕运钱粮未完，部议降一级调用。今士子兵民齐至臣署具呈，求其留任，臣不敢壅于上闻，请带所降之级仍留原任一疏。上曰："陈澍着照该督所请，带所降之级留原任。"

又覆请九卿议覆吏部所议福建巡抚觉罗满保所题，闽县等十六州县员缺，请拣选补授，议不准行一事。今福建沿海州县等缺，甚为紧要，若皇上选授，于地方民生大有裨益，折子呈览，并以原疏一并覆请。上曰："着依议行，将卓异荐举官员等引见具奏。"

是日，上手书谕旨，示诸王、贝勒、大臣、九卿、詹事、科、道。谕旨曰："谕王、贝勒、大臣、九卿、詹事、科、道，朕昨日进京，见各处为朕六十寿庆贺保安、祈福祝延者不计其数，朕实凉德，自觉愧汗。从来帝王之治天下，罔不以民生为念，若为一己之私，即不能扩而充之矣！朕若先知，必令止之。今已成矣，难毁众志。夜来思之达旦，朕所以为天下万国苍生之主者，万姓安即朕之安，天下福即朕之福。若能祈祷雨旸时若，家给人足，则朕安寝饱食，却病延年。此朕之福，非有妄想也。传之各处，凡有祝延者，必求雨旸时若、万邦咸宁为先。朕已老矣，有若无，实若虚，夙夜匪懈，履薄临深之志，与日并增，岂敢自有满假乎！特谕。"

是日起居注官周起渭、常鼐。

初二日己卯　辰时，上御乾清门听政。部院各衙门官员面奏毕，大学士温达、松柱、李光地、萧永藻、王掞，学士舒兰、蔡升元、彭始抟、巴格、邹士璁、马良、傅尔、胡讷、沈涵、绰奇以折本请旨。覆请兵部议覆户部尚书张鹏翮条奏，闽地沿海紧要地方，请将深知水性、谋勇兼全之人，用于厦门紧要职任，令亲临各要处，孰为最要、孰为次之查明，应设兵与船、坚修战船及备齐一船所用之器械、兵器、火药，闲时频频训练，春秋二季，令该总兵官亲身巡查可容贼之处，若有逃亡者，即行广东、江南、浙江等

处，令上下努力擒剿，海贼自灭等语，应准行；其福建沿海等处，福州府、长乐县等府县员缺，请交与九卿选举补用等语，应不准行一疏。上曰：“小贼劫夺，不独边海地方，京城内地亦有之。文武各官果能实心尽力缉拿，盗贼自息。张鹏翮条奏海上事宜，率皆空言无益，不可施行。贼船停泊，必依据海岛有淡水之处。每日在山顶瞭望，见有官兵船只前来，即遁入外洋。俟官兵退后，乃复却回。有谓商船宜改为平底，只用一桅，不知商船重戴，入水数尺，方能压浪。每打造一船，费至一二千金。若勒令改造，则不肖官员，因此扰害商人，将何以堪？商船出洋，有时遇贼，亦有时不遇。官员借端扰商，甚于遇贼。此法一行，则累商必矣。商船虽带军器、火药，一遇贼船，商人固不敢与敌，即水手亦莫肯为。商人用船中所有赀财，随其索取。及食米、淡水等物，亦各分其半而去。从未有相持之事也。前差往招抚海贼人员，自盛京驾船泛海，两三日间便到尽山花鸟。且利之所在，人情必趋。泛海来往既速，而又省路费，商船岂有不往之理乎？今沿海居民，皆依海中贸易为生，今若再行禁海，穷民必致失业，无以为生矣。”上又曰：“朕昨问投诚海贼陈尚义，据称康熙三十八年，海贼一伙船二十只，与广东提标官兵拒敌，大败而遁，止存船三只。此后从未登岸。沿海官兵防守甚严，即海外诸小国亦不听伊等停泊。贼船中缺少火药，无处购买，俱以重价，转托渔船往旅顺等处代买。朕昨阅地图，山东所有水师驻处未为扼要，然设立已久，不便议裁。宜于盛京上游要地添设战船二十只，此驻防之船，即将各省水师船只、水手酌量一并调取驻防。既不须造，到即可用。出洋巡哨，亦带领陈尚义前往，海贼伊悉知之，贼自然渐次擒获矣。当闲暇时，此船亦可装运粮米，往来接济。此种情形，张鹏翮并未熟悉。如所条奏，即令伊身任其事，亦未能有裨益也。本发还，着再议具奏。”

毕，大学士温达奏曰：“钦奉上谕，经坛祈祷务期雨旸时若、家给人足，仰见皇上念念不忘百姓。”李光地奏曰：“皇上至诚谦德，自能感召天和，一如圣谕。”

巳时，上由神武门出西直门，诣畅春园驻跸。

是日起居注官揆叙、吴廷桢。

初三日庚辰

初四日辛巳　是日，上诣澹泊为德行宫问安。

初五日壬午

初六日癸未

初七日甲申　是日，上诣澹泊为德行宫问安。

初八日乙酉　是日，南书房翰林院侍讲学士励廷仪传谕大学士王掞等曰：“朕闻各省为祝万寿来者甚众，其中老人更多，皆非此处人。时届春间，寒热不均，或有水土不服，亦未可知。尔等即传与汉官等，倘有一二有恙者，即令太医院看治，务得实惠，以知朕爱养老者之至意。”

是日起居注官揆叙、汤右曾。

初九日丙戌

初十日丁亥　是日，上诣谦尊堂问安。

十一日戊子

十二日己丑　辰时，上御畅春园内澹宁居听政。部院各衙门官员面奏毕，大学士温达、松柱、李光地、萧永藻、王掞，学士舒兰、蔡升元、彭始抟、巴格、邹士璁、马良、傅尔、胡讷、沈涵、阿尔法、绰奇以折本请旨。覆请礼部所题都察院左都御史赵申乔条奏，各省考取童生生员之卷，宜送礼部磨对，议不准行一疏。上曰：“此亦无益。童生生员文章于本处即代做矣。虽送至部中，从何磨对？且直隶解元文章尚且代做，其他何足论耶，若果欲磨对，此亦甚易。朕遣人查拿，必然查出。但查出后殊无意味耳。本着发还。”又曰：“观今岁京城乡试所出之题不甚妥当，皆言性理，题目相同。平日读此等文章者甚易，未读此等文章者，即不能矣。且所出策题亦不佳。”

上又谓大学士温达等曰：“朕今日传诸臣至，特为赦诏一事，此事关系甚大。下诏之日甚近，若不预定，恐有舛错。再查奏向年所下诏款，朕皆阅过，应下者俱已圈出。款相同而字句异者一圈，亦有两三圈不等者。祭祀自古帝王陵寝等款，应列于前，今列于后矣。出时尔等详审之。”

覆请兵部所题护理甘肃巡抚事务布政司折尔金奏，今岁武乡试请俟巡抚岳拜考试，议准行一疏。上曰：“岳拜尚可及试期，本着发还该部。”

顷之，奏事治仪正傻子等捧出御笔朱书谕旨，交与大学士温达等。谕旨曰：“顷下旨时，有一事未曾言及。今岁来京，年老之人甚多，此内除本身特犯罪者外，或有因公诖误降级、革职者，酌量复还原品，似应于十八日令其随班行礼。大学士、九卿等公同会议，即行奏闻。”大学士温达等会同九卿，查议各省来觐年老之人，除原品解任者令其照常行礼外，其降级、革职之人，亦复还其原品，于十八日万寿正诞，令入廷臣班次行礼。命下，臣等即将今岁来京之人姓名、情罪，逐一详查另奏，请旨定夺。奏折授与奏事治仪正傻子等转奏，奉旨：“依议。”

是日，上诣谦尊堂问安。

是日起居注官励廷仪、党阿赖。

十三日庚寅 是日，上诣谦尊堂问安。

十四日辛卯

十五日壬辰 大学士、九卿等会同遵旨问明各省来京人员年岁，并详查犯罪缘由。如年不及六十、犯重罪、近日革职者不开外，今将年老之文官李录予等二十三人、武官王世臣等二人姓名开列具奏，此内何员应复还原品顶带之处，伏候上裁奏折授奏事治仪正傻子等转奏，奉旨：“原任提督王世臣，原任侍郎李录予、彭会淇，原任副都御史劳之辨，原任御史鹿宾、袁桥，原任知府章文璜，原任侍讲杨大鹤，原任运使孙之鼎，原任署正邢俨，原任通判赵明仁，原任知县沈宗演，俱给与原品。”傻子等又传谕曰：“汉官内年逾六旬者俱已查明施恩。满洲、蒙古汉军官员亦照此例查奏。”

是日，诸王、贝勒、贝子、公等内外文武大臣、官员，以十八日恭遇皇上六旬大庆，各进鞍马、缎匹等物。上皆却之。

是日，上诣谦尊堂问安。

是日起居注官常鼐、俞长策。

十六日癸巳 大学士以会同九卿遵旨所议查明八旗满洲、蒙古汉军犯罪官员缘由，除曾拟重罪者不开列外，将六十以上原任尚书阿山等一百二十三人、原任都统齐式等四十八人姓名及犯罪缘由开明具题，此内何员应还原品顶带，伏候上裁，俟命下之日，准令随班行礼奏折二件，授

奏事治仪正傻子等转奏。奉旨："原任尚书阿山、郭世隆，原任总督石文晟、喻成龙，原任侍郎常书、敦多礼、巴锡、戴都礼、多奇，原任巡抚王国昌、许嗣兴，原任府丞李法祖，原任御史穆书、迈色舒述布，原任郎中金达善、硕木鼐，原任知府王兴远、范承训、姜承基，原任员外郎范时彦、李勋、黑色、李起鳌、陈怀德，北京塔海原任主事吴拜，原任治中吴泰，原任知县蒲敏政、徐秉元、杨起凤，原任都统齐式、扎拉克图，原任一等侍卫吴勒，原任二等侍卫塞勒，原任参将苏继武，原任拖沙喇哈番费雅哈、查林，原任步军校萨海，原任防御绰英额，原任守备张显位，原任骁骑校多奇，俱着给与原品。"傻子等又捧出御笔朱书谕旨交与吏部尚书富宁安等，谕旨曰："朕所知大吏及七旬以上者，理当给与原衔。或有当年少时得罪，并无效力而又年岁未至七十者，有何功劳，亦给与原衔乎？"

是日起居注官党阿赖、赵熊诏。

十七日甲午　巳时，上自畅春园启驾回宫。直隶各省官员、士庶夹道罗拜，欢迎御辇，耆老进前，跪献万年寿觞。上辄止辇慰劳，命人给寿桃各一。又夙办桌食，遍行颁赐。于是群情感悦，动地高呼。上至近关，诸王、贝勒、贝子、公、宗室、觉罗人等，在诵经处排班跪迎。进西直门，文武大臣、官员、兵丁，亦各在诵经处跪迎，瞻仰天颜。上霁容俯视，亦令给寿桃及桌食。二等阿达哈哈番鄂翁什库巴图鲁之妻率其子副都统赖都等、孙步军副尉常在等跪迎圣驾，奏曰："臣妾系鄂翁什库巴图鲁之妻，今年九十矣。愿献己寿于皇上。"上停辇顾谓曰："矍铄哉！"叹羡不已，上手赐寿桃。

申时，奏事治仪正傻子等传谕大学士温达等曰："今岁天下老人为朕六旬大庆，从数千里匍匐而来，如何令伊等空回？欲宴享伊等，然后遣回。着查八旗满洲、蒙古、汉军、汉人大学士以下，民以上，年逾六十五岁者奏闻。在本月二十二、三两日内，择定一日赐宴，预为奏闻，便于备办。内有艰于步履、不能前来者，听其勿来。能来者，俱令其来。即不能来者，应得分例，朕必另自颁赐。诏内有赐恤老人一款，凡在赐恤款下者，伊名下注明。至于奴仆，不在所查数内。今时令渐暖，赐宴后，即令伊等各回

原籍耕种。再查八旗、满洲、蒙古汉军以至包衣佐领下官员，不论闲散人等、年七十以上老妇奏闻。俟六十五岁以上老人赐宴后，再定一日，将伊等送至皇太后处赐宴。内有艰于动履不能前来者，听其勿来。能来者，俱令其来。若有穷乏不能来者，令该管处捐助车马，使之前来。俱开真实年数，不可捏报，再着交与。宗人府王以下，以至宗室子孙内年二十岁以下、十岁以上人，伶俐可用，能备衣服者，拣选六七十人送至朕前，以备授饮老人使。令朕子孙亦皆派出，青带之人一员不用。”

是日起居注官揆叙、蒋廷锡。

十八日乙未 早，上率诸王、贝勒、贝子、公、内大臣、侍卫、满汉大学士，诣宁寿宫行礼，未入八分公、文武官员俱于午门外随班行礼。毕，上回宫。

顷之，上御太和殿升座，王以下、公以上文武官员、致仕及给还原品官员于殿前排班，行庆贺礼。八旗兵丁、直隶各省耆老、士庶不计其数，自午门、端门、天安门直至大清门，摩肩接踵，遥望殿廷叩拜。毕，上回宫。内大臣、侍卫、内阁、翰林院、礼部、都察院、詹事府等衙门侍直官员诣乾清门行庆贺礼。

巳时，上由神武门出西直门，诣畅春园驻跸。驾过时，王以下满汉文武官员、直省耆老、士庶各在原处跪送，与十七日同。副都统赖都之母、二等阿达哈哈番鄂翁什库巴图鲁妻率其子孙，于原处跪送圣驾。上停轿，令其子赖都扶之至轿前，不令跪，执手，霁颜问其族氏而过。顷之，上遣太监李玉传旨与赖都曰：“汝母乃甚善之老妪也，俟宴诸老妪时必令之来。”

是日，颁诏天下，命三法司大臣立释罪犯。

是日起居注官汤右曾、党阿赖。

十九日丙申

二十日丁酉 是日，上诣谦尊堂问安。

二十一日戊戌

二十二日己亥

二十三日庚子 辰时，上御畅春园内澹宁居听政。部院各衙门官员面

奏毕，令满汉大学士、九卿等近前。上曰："闻得广东米价腾贵，每石卖至二两。广东将军管源忠为此缮折奏闻。广东素食广西之米，广西巡抚陈元龙亦以广西米价一石卖至一两五钱缮折具奏。朕以天下生民，无论遐迩，僻壤荒徼，皆一体同仁。一闻此信，不胜焦劳。随传海上投诚海贼陈尚义再三详问，可由浙江自海运至广东与否。据陈尚义云，八九月起北风时，自浙江九天可至福建。自福建九天可至广东。其米十八天即可运至广东。此时风不顺，冒险断不可行，皇上救援广东百姓，若果可行，奴辈仰报皇上不杀之恩，正当图功效力。奈于时不便，关系甚大，非我辈小人所敢任者等语。然则不可不别生一法救济。广东钱粮虽去岁蠲免，现今米价腾贵，着将今年钱粮停其催征。前曾遣赵申乔往盛京审事，今广东紧要，着赵申乔同一满大臣前去发帑银及收贮米石，设法赈济，晓谕朕旨，以慰舆情。恩诏内有赐恤兵丁一款，亦着赵申乔等逐一查给，使占实惠。广东尚有盗贼，着伊等招安。至于海运，乃极美之事。前福建岁歉时，朕原拨漕粮三十万石，输运后，运至十五万石，米价即减，民情即安，大有成效。但此时不可行，至八九月间由海运运至赈济，似属有益。"因取管源忠奏折授大学士温达，曰："尔等会同详议具奏。"

上又顾大学士萧永藻曰："汝曾为广西巡抚，广西米价未曾过五钱。"萧永藻奏曰："诚然。广东人皆食广西之米，广西人又食湖广之米。米价至五钱即为贵矣。"上曰："广东督抚殊属疏忽，此事将军管源忠奏到，伊等尚未具题。天下甚大，水旱丰歉不齐。匿报灾荒例有处分，果系真灾，督抚应当速报，或蠲免钱粮，或停止催征，庶于百姓方有裨益。地方官捐俸赈济，虚名而已，何益之有？况且州县官乃亲民之吏，往往由举人、进士选补者，毫不谙事。学做官者多，及至事偾，伊始觉悟。朕巡幸时见地方官举动不堪，甚至向背不知，一任胥役提挈。此等之人，督抚题参，则不胜其多，若不题参，又至误事。亦有难处。"

又曰："张鹏翮为浙江巡抚时，七年钱粮全完。马齐为山西巡抚时，亦曾全完七年钱粮。今山西巡抚苏克济完本年钱粮，而且完噶礼所亏空之钱粮。"

是日，吏部尚书管仓场事富宁安等折奏，发出仓米一万石，自本月初

一日起至二十一日已经卖完。今请再发仓米五千石，卖至月终。折子授治仪正傻子等转奏。奉旨："发米粜卖于民，大有裨益。着再发米一万石，照前粜卖。"

是日，上诣谦尊堂问安。

是日起居注官常鼐、文志鲸。

二十四日辛丑 户部等衙门遵旨为皇上六旬大庆来朝各省六十五岁以上官员、百姓数目查明，缮折授与奏事治仪正傻子等转奏。奉旨："将伊等明日齐集正门外赐宴，遣皇子、领侍卫大臣、侍卫、部院衙门官员、内廷翰林公同看视，令得均食。百姓俱系生于村野之人，即有失礼者，亦听其便。此内有诏款得恩恤者，吏户礼兵四部会同查明。比彼处略为加赏，今日即行议奏。今正种田时候，筵宴赏赐毕，令各速回本处。"

顷之，户部等衙门公同会议，六十五岁以上者不议外，七十岁以上者，诏款内应赏棉花等物折银给与，外加赏布各二匹；八十岁以上者加赏布各四匹；九十岁以上者加赏布各六匹。缮折子授奏事治仪正傻子等转奏，皇上朱笔批出谕旨，曰："伊等远来，绢布等物如何从内颁赏？九十岁者人各赏银十两，八十岁以上者人各赏银八两，七十岁以上者人各赏银六两。六十五岁以上者，伊等既来，亦各赏银一两。"

本日户部等衙门遵旨查明八旗六十五岁以上老人、七十岁以上妇人数目缮折授奏事治仪正傻子等转奏，奉旨："伊等俱在月内筵宴，老人作一日，老妇人作一日。应在何日拟定具奏。着领侍卫内大臣、内务府总管，户、礼二部大人会同，酌量议定赏赐具奏。"

是日起居注官周起渭、阿尔赛。

二十五日壬寅 礼部等衙门遵旨带领六十五岁以上现任致仕给还原品文武汉大臣、官员，直隶各省来朝大臣、官员、士庶，至畅春园正门前两边列坐。未赐宴前，领侍卫内大臣公阿灵阿等传谕众老人曰："今日之宴，朕遣子孙与尔等分颁食物，执爵授饮，当颁食授饮时，尔等勿得起立。朕如此宴飨尔等者，特示朕养老尊贤之至意耳。"

南书房翰林院侍讲学士励廷仪捧出御笔朱书，宣读于众老人恭听。谕旨曰："谕各直省老人，书称文王善养老者，孟子云七十非帛不暖，非肉

不饱。帝王之治天下，发政施仁，未尝不以养老尊贤为首务。近来士大夫只论做官之贤否，移风易俗之效验，所以不讲孝弟之本心。今日之会，特出此意。其孝弟之念少轻，而求移风易俗，是其所厚者薄，而其所薄者厚矣！尔等老者比回乡井之间，各晓谕邻里，须先孝弟。倘天下皆知孝弟为重，此诚移风易俗之本，礼乐辞让之原，非浅鲜矣！昨日甘霖大沛，田野沾足，朕心大悦。尔等无误农时，速回本地，特谕。”众老人皆欢忭叩首。诸皇子出视，赐众老人茶饭。又领宗室执爵授饮，分颁桌食。

顷之，上出升座，众老人皆翘首仰瞻天颜，齐呼万岁。上命扶掖八十岁以上老人一一至座前，亲视饮酒。环集臣庶，无不称为盛事。毕，上回宫。随赐现任大学士李光地、王掞、致仕吏部尚书宋荦、给还原品工部侍郎彭会淇、现任福建将军祖良璧、原任京口副都统黄象坤、复还原职提督王世臣等袍、帽、砚。又赐直隶各省来朝老人银两有差。于时诸臣民谢恩，欢声动地。

顷之，奏事治仪正傻子捧出御笔朱书谕旨交与大学士温达等，谕旨曰：“这年老诸大臣于世祖章皇帝时居官者，惟宋荦、田种玉而已。今年齿老迈，虽闲居林下，朕视之不禁轸念。宋荦现有尚书品级在身，田种玉着给与工部尚书衔，俱准给诰封。宋荦、田种玉着加宫保，以示朕不忘耆旧之至意。”

是日起居注官揆叙、常鼐。

二十六日癸卯　领侍卫内大臣、内务府总管、户部等衙门遵旨会议，八旗六十五岁以上未及七十岁及不能来者俱不议外，其能来七十岁以上老人妇人，各赏布四匹；八十岁以上老人妇人，各赏布五匹；九十岁以上老人妇人，各赏布六匹。遵旨于二十七日正门外筵宴老人外，拟于二十八日筵宴年老妇人，或在皇太后宫前，或在何处，人数众多，应令何等年老妇人进去，伏候旨示遵行，缮折授奏事治仪正傻子等转奏。奉旨：“这所议老人、年老妇人恩赏殊为太轻，其革职官员、兵丁俱系年幼时行间效命，中伤得功牌、出力最久之人，今皆年老矣。伊等子孙亦有为官者。年至九十者亦不多，带至朕前筵宴。赏赐如何以布赏之？九十岁以上者人各赏银二十两，八十岁以上者人各赏银十五两，七十岁以上者人各赏银十两。

六十五岁以上者不在赏内，亦着各赏银一两。其不能来者，俱赏给一半，九十岁以上者人各赏银十两，八十岁以上者人各赏银七两，七十岁以上者人各赏银五两。着将银两数目算明再奏。”

是日起居注官揆叙、吴廷桢。

二十七日甲辰 礼部等衙门遵旨带领八旗、满洲、蒙古汉军六十五岁以上现任致仕、给还原品文武大臣、官员、护军、兵丁、执事人员、闲散人等至畅春园正门前两边列坐，诸皇子出，亲赐茶饭。又领宗室子执爵授饮，分颁桌食。顷之，上出升座，命扶掖八十岁以上者一一至座前，上亲视饮。众老人齐皆叩首，称：“臣民等何福，生逢盛时，受皇上如此殊恩！”毕，上回宫。随赐现任大学士温达、致仕吏部尚书马尔汉、给还原品刑部侍郎敦多礼等，及正白旗都统崇古里、原任都统班第、复还原职都统七十等袍、帽。又赐老人银两有差。众皆谢恩，不胜欢忭之至。

是日，领侍卫内大臣、内务府总管、吏部等衙门遵旨会议，八旗现任大臣、官员，大臣、官员之妻及告退、革职部院官员不议外，革职官员、兵丁、执事人员、闲散老人，伊等之妻及告退、革职部院官员之妻，赐宴时赏给能来者六十五岁以上老人、七十岁以上年老妇人，不能来者七十岁以上老人、年老妇人，共需银八万三千七百两有奇，请将此银向内帑支给，年老妇人拟于二十八日赐宴，缮折授奏事治仪正傻子等转奏。奉旨：“依议，筵宴处朕亲指示。”

是日，上诣谦尊堂问安。

是日起居注官党阿赖、阿尔赛。

二十八日乙巳 礼部等衙门遵旨带领八旗、满洲、蒙古汉军七十岁以上年老妇人至畅春园皇太后宫门前，两边列坐毕，传谕大臣曰：“今日年老妇人若照赏老人给赏，伊等皆系妇人，而又人多，似乎不便。今召进殿内九十岁以上及大臣之妻并朕认识者，朕赏之；其八十岁以上、七十岁以上者，食宴毕，令伊等各回本旗。该旗大人与原会议大人会同详查曾来与否，分别给赏，务期得沾实惠。”

顷之，九十岁者召至宫内，八十者丹墀以下，七十者门外。凡大臣之妻酌量召至宫内赐坐。皇太后、皇上亲视颁赐茶酒饭食，分散桌食。余

者，诸皇子领宗室子赐茶酒饭食，分颁桌食。毕，其宫内赐坐年老妇人，赏给貂鼠天马等皮衣、绵衣、首饰、缎匹、素珠、银两等物有差。上命二内侍扶老妇等出，副都统赖都之母、二等阿达哈哈番鄂翁什库巴图鲁之妻出宫门，谓众人曰："我等入时，上谓我系九十岁人，起立执手，不令我叩头行礼，赐坐、赐食。"

皇太后降旨："皇帝甚孝，予身夙有疾病，皇帝亲侍汤药，加意调摄，今已大愈。"

是日，上诣谦尊堂问安。

是日起居注官揆叙、周起渭。

二十九日丙午

三十日丁未　臣等恭遇是月十八日皇上六旬大庆，诸王以下、兵民以上自是月朔日始凡二十一日，于京城内外寺观数百处，建坛祈祝圣寿无疆。百戏杂陈，清歌盈耳。呼嵩忭舞之声，充衢塞路。直隶各省老人来朝者，三十余万，每日更迭至宫门，贡献方物，焚香顶祝，此皆我皇上五十余年深仁厚泽、浃髓沦肌、无远勿届之所致也。万寿庆贺，礼成异数，弘颁行庆施惠。伏读谕旨，以雨旸时若为却病延年，以家给人足为安寝饱食，以孝弟为移风易俗之本、礼乐辞让之原，诚寿世诚民之大要也。以老人远来，寒热水土恐有不调，俾之即次如归，即祝哽祝噎之典也。废官复职，大赉荫子，群工增秩，即笃旧劝功之礼也。临轩视老人饮，更命天潢行酒，发内帑银币差赉之，出太仓粟以食远方来者。六旬以上，复格外优赐。高年媪妪，敕入大内，施以殊恩。遐迩不隔于堂阶，满汉无分于厚薄。黄童白叟，群游化日熙台。云物山川，尽是太和元气。依古以来，希有闻焉。况复吉事有祥，天心昭格，御殿受贺之辰，天宇晴明，惠风和畅。后三日油然沛然，两昼一夜，农歌于野，民歌于市，士歌于朝。赐宴之日，祥光开霁，礼毕复降甘霖，大有之书，兆于此矣。洪惟我皇上宵衣旰食，敬于勤民，以登久道化成之治。故能上符景运，下洽舆情，嘉祉洊臻，寰区康阜。所以衍万年有道之长，而享千百祀升平之福者。垂诸史册，蔑乎休哉。凡兹臣庶，亦何幸而躬逢盛世哉。臣等备员记注，不胜踊跃欢忭。飏言简端，光昭万世。

四　月

初一日戊申　辰时，上御畅春园内澹宁居，召诸王、贝勒、领侍卫内大臣、都统、护军统领、副都统等入，谕曰："今日传集尔等，朕有忆想数事，朕若不言，无敢言之人。非朕亦无知此事者。所以传集尔等谕之。蓝旗两贝勒及硕托贝勒皆缘事问罪，撤带、革去宗室。世祖章皇帝时恩恤蓝旗贝勒之子萨哈连、硕托之子岳塞布，以阿思汉尼哈番之俸养之，伊等皆系八祖皇帝之孙，至朕仅历四世。凡宗室革退者不载玉牒。太祖皇帝有十五子，缘事革退者，未经载入。似此革退者，若不载在玉牒，久后竟无人知矣！宗室有罪，僇之处之，自有定法，非欲复翻其案也。今若不查明而差别之，则日久年远，渐致湮没，所关甚大。将此等查明，各续载于本玉牒内，应酌量给与带子，以示差别。苟不如此差别，虽登诸册籍，万一因火而失，何从考据？即如工部案卷，现为火焚，无可稽查矣。再觉罗等，其始亦由祖分支，有缘罪撤带革职者，此等不为查明差别，亦必致于湮没。再宗室觉罗之弃子，今虽记蓝档子内，以宗人府定例甚严，惧而不报亦未可定，此有证据之事也。如原任内大臣觉罗他搭为上驷苑大臣时，因子众多，将弃其妾所生之子。包衣佐领马群头目贞特闻之，云：奈何之，乞与我收养。他搭遂与之。朕后知之，曾下旨于内务府总管，倘遇采选之时，慎毋溷入，令记着。马群头目贞特亦无嗣，欲将此子送回。此子以父母抚养之故，甚孝，云：宁不得带子，必不忍离我抚养之父母。朕念其孝，给与红带，仍留伊母处。现在包衣佐领下有养宗室觉罗之弃子，似此等者，亦应查明。再我朝从征效力大臣中，莫过于鳌拜巴图鲁者，伊功劳册大内现有，朕常诵与近御大臣、侍卫等听之。念伊效力之处，欲袭其官，但其子纳穆辅所生达里善、达福俱谫劣，行止不端。勾引苏完人，在二阿哥处行走不绝。朕虽知之，以二阿哥故，隐忍至今，未与官。鳌拜功劳显著，应给世职。若给职，达里善弟兄不可袭，应于伊诸兄弟中承袭。再五大臣内苏完扎尔胡齐、彭春公之祖、鄂善之祖，伊等现有世职。镶蓝

旗顺科落巴图鲁安费扬古之功劳，已经裁去。今阿灵阿之祖，厄都巴图鲁之功劳，载在实录甚明，现于太庙配飨。此等有功之人，身后子孙，缘罪干连，既失其官，诰命敕书亦并无存。此等皆系太祖、太宗皇帝时辅佐开创功勋大臣，因其子孙自作之罪及株连之罪，将伊等劳苦功绩、所得之官革去，实为不忍。朕知之甚悉，应查明给与官。五大臣及十六员扎尔胡齐内，缘罪革职者，又袭职子孙缘罪革去者，亦应查明酌议。此等恩诏内不便开列。今值大庆之年，尔等将此会同查明，详议具奏。”

是日起居注官常鼐、阿尔赛。

初二日己酉 是日，诸皇子遵旨率领大臣等照亲定银数赐八旗年老妇人有差。

是日起居注官揆叙、吴廷桢。

初三日庚戌 是日，上诣谦尊堂问安。

初四日辛亥 辰时，上御畅春园内澹宁居听政。部院各衙门官员面奏毕，差往广东卖米都察院左都御史赵申乔等恭请训旨。上曰：“所粜仓谷若不足数，尔所奏广东奏销册尚存米二万余石。以此减价平粜，似亦有益。朕记有通广东韶州河道，尔等到广东时，会同督抚详查。如所粜谷石不足，速行具折奏闻，朕令动正项钱粮，买米平粜。江西、湖广省分不禁商人贩米，良有益处。从前江浙米贵，尔任湖广巡抚时折奏，湖广米因贩致贵，欲行拦止。朕谕将湖广、江西米船放下，江浙甚是得济。广东省米价腾贵，该督抚若于正月间早行奏闻，即海运可及。今风信不顺，夏间亦难运也！”又奏：“臣等驰驿前去。”奉旨：“着驰驿“。

毕，赵申乔复条奏：“农忙时小事概不审理，俱遵例行。惟京城虽值农忙，词讼犹繁。请照定例，内外一体遵行，勿致有违农时。”上曰：“不违农时固是，但今督抚等，都好准词状，词状一准，不得不提讯。一提讯，则干连之人俱来听审。听审之人误厥农事，焉有不怨之理！谓之不违农时，可乎？”赵申乔默然而出。

大学士温达、松柱、李光地、萧永藻、王掞，学士舒兰、蔡升元、彭始抟、巴格、邹士璁、马良、傅尔、胡讷、阿尔法、绰奇以折本请旨。覆请吏部所题原任大学士熊赐履之子监生熊志，伊奉旨召至京师，以何官

用，出自上裁一疏。上问大学士温达等曰：“其人何如？”温达奏曰：“伊有心疾，未必得愈。”上曰：“熊志伊既有疾，令回原籍调养。”

又覆有兵部所题四川建昌总兵官郝弘勋员缺，福建海坛总兵官汤明员缺，以镶黄旗参领白云鸿等职名开列一疏。上曰：“海坛地方甚属紧要，必熟知海洋水道之人方好。张天福还知之，着补授。建昌员缺朕另补授。”

又覆请兵部覆湖广提督额伦特所题，副将至守备定例不许复姓，请照千总、把总复姓例，一体许其复姓等，因查副将至守备并无定例不许复姓，该督所题无庸议一疏。上曰：“副将以下、守备以上官员，部内原有复姓之例，额伦特不查例条奏，不合，着饬行。”

又覆请提督、总兵官遵军政考核例自陈一疏。上曰：“伊等居官俱好，曾在军伍效力，不可移动，俱拟票留任。”

是日起居注官周起渭、阿尔赛。

初五日壬子

初六日癸丑 是日，上诣谦尊堂问安。

初七日甲寅 辰时，上御畅春园内澹宁居听政。部院各衙门官员面奏毕，大学士温达、松柱、李光地、萧永藻、王掞，学士舒兰、蔡升元、彭始抟、巴格、邹士璁、马良、傅尔、胡讷、沈涵、阿尔法、绰奇以折本请旨时，九卿等亦遵旨近前跪讫。温达等覆请都察院左都御史赵申乔条奏京城值农忙之时亦应遵例停讼一疏。上曰：“农忙停讼之言，听之似乎有理，而细究之，实无裨益。彼总未知事之本源耳。天下之民，非独农人，商贾涉讼，即废生理，百工涉讼，即废手艺。地方官不滥准词状，有应准者准之，即行结案，则不失农时，讼亦少矣。若但四月至七月停讼，而平日滥收民词，案牍堆积。冬季词讼，迟至明年五六月而后审理，虽停讼何益？康熙元年间，去明季不远，明太监官员尚有存者。朕闻其君常处深宫，不与臣下相见，而宦竖又不教其读书，不容其出外，所以上下之情壅蔽不通，民间疾苦，竟罔闻知。朕理天下五十余年，周知民隐在在，讼事皆有代告说合之人，伊等全主其事而行。及问之讼者，而反不知。此等地方官应严惩治。”户部尚书张鹏翮奏曰：“皇上所见甚是。此之谓讼师，凡讼事必为之张大其说。”上曰：“孔子云，听讼吾犹人也，必也使无讼

乎？无讼之本，并不在停讼。”大学士李光地奏曰：“圣谕诚为知本至言。”上曰：“为大臣者，当先忧后乐，凡事周详筹画，实心办理。赵申乔谓农忙之时应行停讼，倘四月至七月这四月间，或有光棍诈害良善，则有冤向谁诉耶？且自八月以后，正当收获，并非闲时。果如伊言，亦不应准词状。至如南方四月收麦，北方五月收麦。福建、广东十一月布种，二月收获；五月布种，十月收获。四季皆农时也，如此等处，岂终岁停讼乎？前以恤刑之事，每致乘间脱罪，朕故不行。此事即与彼同。”大学士王掞奏曰：“皇上凡事无不周知。”上曰：“天下事莫如由旧纷更非善政也。所定农忙停讼之例甚明，这条奏无益。今初任州县官，至地方一无所知。历任之后，才学居官，然用人之途，惟此几项。虽欲变更，势有不能。为督抚者，不过训饬而已。若于此处推敲，当又有说耳。”又曰：“赵申乔为偏沅巡抚时，好准词讼，往往牵连迟误。伊在原籍闲住时，亦好与人争执。曾向张鹏翮衙门投过词状。赵申乔好准词状，张鹏翮不好准词状，两人之性不同如此。”大学士温达奏曰：“将两人之性均匀则恰好矣。”上又曰：“赵申乔居官固清，但性多疑。所属州县，每每疑其贪诈。书云，用人勿疑。朱子曰，疑人即自疑。今朕所用大臣，朕曷尝疑之？凡督抚有才者，未必有守；有守者，未必有才。然自恃清廉，妄事纷更，则民反受其害矣。读书之人，务先明理，总要求己之非，有过则改，无容掩饰。如有益于民之事，朕始允行。无益于民之事，必不行也。故召尔等特谕之。”

上顾诸大臣曰：“朕性最直，有言即发，不匿于心。今以场中阅文一道论之，试官平日如某人学某人文字，或学韩菼之文，或学熊赐履、熊伯龙之文，无有不知者。及入场后阅其词句，自然不差。此处显然不可欺也。主试之人衡文取士，当除去偏见，选拔佳文。若以偏见阅文，则人心不服。上科京闱乡试，虽无交通贿赂之弊，所中之卷亦不见佳，其真才实学，被摈不录者。朕知之不详，但取中试卷既不佳，而且有少年稚子。即题目须出各种，不使相同，士子方各尽所长，亦可得佳文。今岁京闱乡试所出七题，皆系理致。士子偶有一二语合主司意者，遂获登录。况同考官选文荐阅，又皆揣摩主司之意耳。”顾张鹏翮曰：“尔意云何？”张鹏翮

奏曰："圣谕诚然。"九卿出。

大学士温达等覆请吏部以革职留任内务府总管赫奕等员题复原官应否请旨一疏。上曰："此项人亦不多，将伊等职名、事故缮折附于本内，进呈朕阅定夺。"

又覆请吏部覆兵科给事中马之鹏为江西赣县带销广东张天觉、李续祖任内盐斤题参一案，查潮州府知府薛载德遵照部文，将各县难销之盐斤增派赣县带销，该县不从，知府薛载德以阻滞盐觔具详，因题参革职。总督赵弘灿、知府薛载德于应销盐斤外，并无苛派私卖之处，给事中马之鹏据赣县知县杨杰揭帖题参，俱无庸议。将赣县历年堆积盐斤，应行文该抚。如何销卖，以完国课，俟俱题到日再议具奏一疏。上曰："赵申乔现往广东去，即交与赵申乔查明具奏。"

又覆请刑部所题恩赦内不赦十七人，上以朱笔圈出一事。上曰："伊等虽系谋杀、故杀之事，有可矜处，俱着宽宥。"

毕，少顷，又召大学士等至澹宁居，上曰："总督殷泰病笃，势无起色。陕西地方甚属紧要，永泰不能胜任，将鄂海调补。湖广总督另着人补。"大学士温达奏曰："鄂海曾任陕西地方官，调补甚宜。"上曰："尔等缮写旨意呈览。"

是日起居注官常鼐、蒋廷锡。

初八日乙卯 是日，上诣谦尊堂问安。

初九日丙辰

初十日丁巳

十一日戊午

十二日己未 是日，上诣谦尊堂问安。

十三日庚申 辰时，上御畅春园内澹宁居听政。部院各衙门官员面奏毕，大学士温达、松柱、李光地、萧永藻、王掞，学士舒兰、蔡升元、彭始抟、巴格、邹士璁、马良、傅尔、胡讷、沈涵、阿尔法、绰奇以折本请旨。覆请吏部所题湖广总督鄂海员缺，以梁鼐等职名开列一疏。上曰："着问九卿具奏。"

又覆请吏部所题革职留任江宁巡抚张伯行等官员援恩诏请开复一疏。

上曰："着问九卿具奏。"

又覆请礼部所题为祭五岳四渎，将应差官员职名开列一疏。上曰："诏内有恩赉各省绿旗兵丁一款，今遣官致祭各省镇庙等处，赏兵一事，应即交与致祭官员。其无致祭之省，另遣人去。这所遣查满洲、蒙古汉军副都统以下、参领以上及部院堂官一并开列具题。"

又覆请都察院所题御史李永绍等内升外转一疏。上曰："着问都察院具奏。"

是日起居注官党阿赖、赵熊诏。

十四日辛酉 酉时，上由西直门进神武门回宫。

是日起居注官党阿赖、吴廷桢。

十五日壬戌 早，上御太和殿升座，诸王以下文武大臣、官员及复原职内外文武大臣、官员，闲散宗室觉罗，八旗前锋、护军，马兵、步兵、老人等，直隶各省耆老等，俱以皇上六旬大庆，加恩赏赉，叩头谢恩。毕，上回宫。

顷之，上御乾清门听政，部院各衙门官员面奏毕，大学士温达、松柱、李光地、萧永藻、王掞，学士舒兰、蔡升元、彭始抟、巴格、邹士璁、马良、傅尔、胡讷、沈涵、阿尔法、绰奇以折本请旨。覆请兵部所题，遵奉康熙五十二年三月十八日恩诏，京师武官二品以上及外省武官二品以上各荫一子，入监读书；照康熙六年恩诏例，领侍卫内大臣及食二品俸官员，自将军以至兼一品衔管副将事等官，各荫一子入监读书；都督佥书管副将事、副将、管副将事，各送一子入监读书一疏。上曰："副将内有都司佥书管副将事，有游击、守备管副将事，其兼衔者不论，只论实任副将与之。余依议。"

又覆请兵部所题山东总兵官李雄以水师后营游击陈雄员缺，请于记名人员内简选补授一疏。上曰："记名人员内无熟练水师之人，将年满千总着问兵部具奏。"

又以兵部尚书殷特布等遵旨问陈五显等，据称"我等在太湖岩山时，五十年三月内，营官率兵来拏，我等自山上滚石，持木棍等器械齐喊下山，官兵退十余里。我等守山六日粮尽，越卓坑涧岭逃去"等因折子呈

览，并原疏覆请。上曰："这事部内驳回极当，今所议奏甚是糊涂，严饬再行审拟具奏。"

又以九卿遵旨，湖广总督鄂海员缺，保举湖广提督额伦特等十二人职名折子呈览，并原疏覆请。上曰："着额伦特补授。"

巳时，上由神武门出西直门，至畅春园，诣谦尊堂问安。驻跸畅春园。

是日，赐大学士李光地、萧永藻、王掞御书匾对。

是日起居注官常鼐、吴廷桢。

十六日癸亥

十七日甲子

十八日乙丑 是日，上诣谦尊堂问安。

十九日丙寅 是日，上诣谦尊堂问安。

二十日丁卯 辰时，上御畅春园内澹宁居听政。吏部尚书富宁安等入奏，引见官员。上谓富宁安等曰："各部院衙门有许多闲冗官员，且国子监甚为无事，闲冗之员亦甚多。部院各衙门似此等闲冗官员，应查出裁去。着九卿、詹事、科、道会同查明应裁官员议奏。"

户部尚书穆和伦近前奏毕，上留尚书张鹏翮问曰："明末时张献忠兵到四川，杀戮甚惨。四川人曾有记其事之书籍否？"张鹏翮奏曰："彼时四川之人屠戮殆尽，且张献忠性好杀读书人，故无有记此事者。"上曰："李自成与张献忠在河南邓州分兵，张献忠遂至四川，其间详细未能悉知。尔父今年八十有七，以张献忠入四川时计之，约已十七八岁，必有确然见闻之处。尔问明缮写进呈。"

部院各衙门官员面奏毕，大学士温达、松柱、李光地、萧永藻、王掞，学士舒兰、蔡升元、彭始抟、巴格、邹士璁、马良、傅尔、胡讷、沈涵、绰奇以折本请旨。覆请吏部所题陕西学道江鼐金等各省督抚题明称职，将伊等照例开列，请定一员内升京堂一疏。上曰："着问九卿。"

又覆请兵部所题正蓝旗满洲都统班第以年老请休致一疏。上曰："班第原系朕侍卫，人亦平常。代五达禅补授都统，其不及五达禅处，正蓝旗人皆知之。"问："谁是正蓝旗人？"学士傅尔、胡讷奏曰："臣是正蓝旗人。"上曰："班第比五达禅如何？"傅尔、胡讷奏曰："不如五达

禅。”上曰：“班第在任年久，着以原品休致。”

又覆请兵部所题原任四川提督岳昇龙请伊子入四川民籍，不准行一疏。上曰：“前曾有谕旨，武官驻扎地方，不许入民籍、不许立产业，其已立产业者，亦皆追回原籍。若身殁后有实不能迁徙者，该督抚查明具题。今览岳昇龙奏在四川已立产业，伊母又年迈过九旬，不能远涉，请入四川民籍。词意哀切，着入四川民籍。以后似此等驻扎官员有欲立产业、入民籍者，仍照前旨追回原籍。此不为例。”

上顾大学士李光地等曰：“明末去今为时尚不甚远，传闻李自成兵到京师，京师之人即以城献。李自成麾下之将李定国在西便门一隰第三登城。由此观之，仍是攻取，可云献乎？此等载入史书，甚有关系，必得其实方善。朕于明末事留心最久。张献忠有养子三人，朕曾见过。耳鼻全无，皆被割去。及朕所见之太监等，皆细细询问，知之甚详。尔等将万历、天启、崇祯年间明史详阅启奏，朕与尔等定夺。”又曰：“明季行兵，多用太监管领，以致败亡。”大学士李光地奏曰：“臣等将此等处详查明史，俟皇上自热河回銮之时再奏。”上颔之。

是日起居注官党阿赖、张廷玉。

二十一日戊辰

二十二日己巳

二十三日庚午

二十四日辛未　辰时，上御畅春园内澹宁居听政。部院各衙门官员面奏毕，大学士温达、松柱、李光地、萧永藻、王掞，学士舒兰、蔡升元、彭始抟、巴格、邹士璁、马良、傅尔、胡讷、沈涵、阿尔法、绰奇以折本请旨。覆请兵部覆山东总兵官李雄所题，山东水师营每兵给钱粮一两，甚难度日。请照江南、浙江、福建省水师营例，给银一两伍钱，议不准行一疏。上问曰：“兵有多少？”学士傅尔、胡讷奏曰：“有一千二百名。”上曰：“兵多则船不能容，将此兵挑选五百，每月给钱粮一两伍钱。”大学士温达奏曰：“皇上所见甚是。兵在精而不在多，若老弱者，虽多何用。”上曰：“拟票进呈。”

又以九卿遵旨学道内升保举朱轼折子呈览，并原疏覆请。上顾汉大学

士等问曰："尚有三人，岂其居官不善乎？"李光地奏曰："伊等皆系督抚保题者，此三人臣知之不真。"上曰："朱轼着内升，其三人着留京师，以佥事道用。"

是日起居注官常鼐、文志鲸。

二十五日壬申

二十六日癸酉 是日，上诣谦尊堂问安。

二十七日甲戌

二十八日乙亥 辰时，上御畅春园内澹宁居听政。部院各衙门官员面奏毕，大学士温达、松柱、李光地、萧永藻、王掞，学士舒兰、蔡升元、彭始抟、巴格、邹士璁、马良、傅尔、胡讷、沈涵、阿尔法、绰奇以折本请旨。覆请宗人府所题显亲王颜璜请将皇上功德勒诸碑石一疏。上曰："为立碑等事屡有谕旨甚明，这所奏无益，勿准。"

又覆请宗人府所题，原任贝勒莽古尔泰等子孙之名已入蓝档子内，将伊等现在子孙，俱给黄带，入黄档子，修玉牒时载入；又革退觉罗勒尔森子孙之名已入蓝档子内，将伊等给红带，入红档子，修玉牒时载入一疏。上曰："伊等皆缘罪撤带，革去宗室觉罗者，若不查明差别，恐年久湮没，故谕查之。今将伊等即议给黄带，太过，应以红带与之。觉罗作何分别之处，一并再议具奏。"

又覆请吏部所题宗室一品、二品大臣、将军等俱荫一子，令伊等读书，与民爵子孙一例，在部院各衙门补用，或照伊所得荫生之品级随旗行走，伏祈上裁一疏。上曰："明时宗亲有用部院各衙门者否，查明朝会典具奏。"

又覆请吏部遵旨五大臣内除现有官爵不查外，鳌拜巴图鲁因功劳甚大，顺治九年由一等侯又一拖沙喇哈番优升二等公，康熙六年由二等公授为一等公，后缘事革职。厄都巴图鲁因其功授为左总兵官，殁后，伊子额必伦袭精奇尼哈番，缘罪革退袭职。顺科落巴图鲁安费扬古随太祖皇帝行间效力，封爵时不得与逮。世祖皇帝御极后，顺科落巴图鲁安费扬古之二子各与一拜他拉布勒哈番，将伊等应授何职，伏祈上裁一疏。上曰："厄都巴图鲁、顺科落巴图鲁安费扬古皆太祖时效力勋臣，鳌拜巴图鲁及朕所

见之人。将鳌拜列于厄都、安费扬古之前，殊为倒置。本发还，再奏。”

又覆请礼部覆江南提督师懿德所题“臣应得恩典，请与臣父，并加谥号”，议不准行一疏。上曰：“凡文武官员之父，虽无与谥之例，但师懿德舍己应得恩典，请与伊父师帝宾，并求与谥，情词恳切，可悯。伊父师帝宾人原强壮，亦曾效力。师帝宾着与谥。”

是日起居注官党阿赖、王奕清。

二十九日丙子 是日，上诣谦尊堂问安。

五 月

初一日丁丑 是日，上诣谦尊堂问安。

初二日戊寅

初三日己卯 辰时，上御畅春园内澹宁居听政。部院各衙门官员面奏毕，大学士温达、松柱、李光地、萧永藻、王掞，学士舒兰、蔡升元、彭始抟、巴格、邹士璁、马良、傅尔、胡讷、沈涵、绰奇以折本请旨。覆请兵部所题杭州副都统道福色员缺，以吏部侍郎孙柱等职名开列一疏。上曰：“杭州佐领噶什人材好，着补授。”

又覆请兵部议覆山东巡抚蒋陈锡所题，登州镇标水师前营游击滕国祥率官兵与贼交战阵亡及阵亡、有伤之兵丁，请照例给与恩赏，但兵丁受伤之处并未申明等差，不便即行议给，俟行文该抚与总兵官会同查明具题，到日再议一疏。上曰：“本发还，着定议具奏。”

又覆请兵部所题，招抚海贼陈尚义等之候选知县蔡文以知州员缺，即行优升；候推守备年满千总罗南等以都司签书守备、千总等缺即升；水手林兴等三人照一等着伤例赏给一疏。上曰：“水手何得以着伤例比议，着问此具奏。”

又覆请直隶巡抚赵弘燮所题，柳岔至石景山往复四百余里，若忽发大水，则永定河分司料理不及，请仍照旧例，工部派官专管一疏。上曰：“石景山之堤关系紧要，若交与永定河分司等兼管，所居既远，难以巡

查。着仍照前例，派部院司官看司修理，交与工部大人不时巡查。倘有坍坏之处，即速行奏闻。”

大学士温达等奏曰：“臣等遵旨查明朝会典，宗室无用部院之例”，并以原疏覆请。上曰：“给与荫生宗室之子着随旗行走。”

毕，上顾大学士温达等曰：“武官皆系朕亲阅骑射，视人材壮健者补授，故朕皆识之。文官皆有牧民之责，关系尤要。月铨掣签官员俱经引见，应补者朕皆补之。亦有年考不及，以原品罢斥者。但在外升补人员俱不引见，伊等善否，朕全然不得而知。嗣后将伊等令朕如何得识之处，尔等与九卿议之。”

上又曰：“昨广抚满丕家人来，朕遣人细问之，云今年麦至好，秧已遍插，雨泽亦应期。若早稻一收，便可接济。朕意欲将江南、浙江米运三十万石至广。”大学士李光地奏曰：“江浙至江西皆有水路可通，运过梅岭则南雄，亦有水路。”上曰：“运米过岭，民间自运则可，若官运则难。”李光地奏曰：“如此必须至九月间，乃可由海运而至。”上曰：“然。”大学士王掞奏曰：“江浙新米九月尚未有。”上曰：“有捐纳及存贮米谷，可预先议定，及期用江南、浙江乌船运往。若尔时广东米价已平，可分一半留于福建。且令广东闻此信，人心亦安也。尔等其与九卿详议。”

上又曰：“开矿事大有关系，今浙江温处等地方及广东、湖广、四川、云南、贵州，在在有之。封禁以后，往时开矿之人，多聚而不散。若官开则费多无益，若听民间自开，则伊等尚有利益。即地方官稍有所得，亦非坏法犯赃之比。朕意山泽所产，本天地自然之利，与民共之，亦无不可。若利多，拨济兵饷；利少，归之民间。开矿人虽聚而不散，亦何患之有？即如热河，有金山，此山产金。朕曾遣侍卫开采，所得不偿所费。其地居民每年或开得五六两，或七八两。间有来进者，朕皆加倍赏之。即此以观，亦见开矿在官为无益，而在民为有利也。尔等亦与九卿详悉定议。”

是日起居注官揆叙、汤右曾。

初四日庚辰

初五日辛巳　辰时，上御畅春园内澹宁居听政。吏部尚书富宁安等以内阁撰文中书正白旗花善等员缺，将原任禁门笔帖式关福等拟正、陪引见。上视其履历毕，谓富宁安等曰："中书职任本章，缺甚紧要。此四中书缺正、陪人等，俱着交与大学士等考试。可者用之，否则此缺另拟补授具奏。"

部院各衙门官员面奏毕，大学士温达、松柱、李光地、萧永藻、王掞，学士舒兰、蔡升元、彭始抟、巴格、邹士璁、马良、傅尔、胡讷、沈涵、绰奇以折本请旨。覆请吏部所题补授吏部尚书吴一蜚所遗员缺，开列户部尚书张鹏翮职名一疏。上谓大学士温达等曰："今刑部尚书胡会恩告假回籍，现出尚书二缺，吏部尚书应将张鹏翮转补。但户部为钱粮总汇，最是紧要。张鹏翮前任总河，曾经理钱粮事务。今在户部，一应钱粮款项极肯留心，声名甚好，户部尚书非伊不可，未宜移动。刑部尚书亦最紧要。赵申乔固有操守，办事亦佳，但为人琐碎，好与人争胜，遇一小事，辄两三日辨论不休。观侍郎内亦无可升之人。在外督抚新任者多，皆有地方之责，且奏销捕蝗等事上半年更有关系，未可轻易迁转。故督抚有奏请陛见者，朕必令在秋冬时候，陛见不使有废地方事务。此本暂留，待朕思之。"

上又曰："方今时雨屡沛，麦田甚好，然窃有所虑。朕熟悉北方风土，或春天少雨，起风扬沙，到刈麦时反有收成。北方春夏之间不时有雨，必因南方多雨之故，盖春夏之交，雨泽远近周遍。过夏至以后，则南北不均，雨之有无多寡不同矣。今春田虽云雨已沾足，恐麦秋将近，忽复有变譬。如人之生子，少时聪慧，非不可喜，往往难于长成。物理亦然。是以朕甚虑之。"

又覆请吏部所题都统兼佐领二等精奇尼哈番鄂善以罪革职，鄂善无亲兄弟，请将此世职档册注销一疏。上谓温达等曰："鄂善之职不可注销，着查孰袭达尔汉额驸之职，孰袭鄂罗塞臣之职，鄂善之伯叔兄弟之子一并查奏。再鄂特浑之兄原任都统，忘其名，亦着查来。"

又覆请吏部议原任苏州知府陈鹏年附和巡抚于准，将修河之银十四万余两分给各官，殊属不合，应以此拟罪，但事在赦前，请免其议处一疏。

上曰：“这事在赦前，本着发还再议具奏。”

又覆请兵部所题往招海贼候选知县蔡文等所乘船之水手林兴等，臣等酌议应赏给银三十两，将伊等以着伤之例议赏实系错谬，求发还原本改正具折呈览，并以原疏覆请。上曰：“本发还，着再议具奏。”

毕，大学士温达等同九卿近前折奏，此后布政使、按察使、运使及直隶守道、巡道缺出，应由吏部开列者一并开列具奏。皇上钦点数人，将所点之人带来引见。在外道以下、知县以上论俸升迁官员，自吏部掣签得缺后，即行文该督抚，令来引见。督抚保题官员及保举留任官员，俱令随本引见。此后文官引见补授亦同武官例，三年内若又有应升之缺，停其引见。上曰：“在外升任者，定有引见之例，则年老属员，督抚不能徇庇矣。”

又以遵旨会议，除前云南督抚请雇本地人开矿，湖广、山西等处户部奏称商人王纲明催本地之人开矿不议外，他省所有之矿，地方官员昔曾禁止，民未曾聚、未经偷开者，仍照旧严行禁止。今本处无产，穷民相聚偷开者，则不必禁止，使贫民得图此微利度日为生。令各处该管地方官查明姓名记册，听其自开。若别省之人往开，及本处殷实之民强立寨栅，霸占开矿，即行照例重处。此等情弊，如本处该管文武壅蔽，不严行查拿，该督抚、将军、提镇徇庇不行题参，或被科、道题参，或被旁人出首，照例议处折子呈览。上曰：“前旨不专指四川一省，如云南、贵州、湖广、广东、广西、福建等省，在在有矿。初时即行禁采乃可，若一经开采，贫民勉办赀本，争趋觅利，藉为衣食之计，其来已久。忽然禁止，则已聚之民便无所归，恐生事端。此辈将欲驱之归农，既无闲旷田地，而牛种亦无从出，何以为生？且绿旗营兵有议裁汰者，如果裁汰，则所裁之兵安插何所？现今口外几处，山东贫民流寓其地者，且至十万众。近虽造册清查，遣归原籍，势亦不能尽遣，姑且听之，久之不免尽为蒙古人矣。海洋商舶渔船向亦有禁，今若禁之，滨海之民俱致失其前业矣。总之，天地自然之利，当与民共之，不当以无用弃之。要在地方官处置得宜，不致生事耳。尔等再加详议以闻。”

又以遵旨今岁八九月江南省所捐米内，二十万石浙江省所捐米内，十万石交与水师营官，装战船内，运至广东省存留。如广东大稔，将此

三十万石米运一半至福建收贮，一半至广东收贮，则民生诚大有裨益，折子呈览。上曰："由海运米，必候风信，风便时宜行装运，将二十万石运至广东散赈，留十万石运至福建，庶沿海地方均有积贮。且兵丁押运往来，可以熟知海道，殊属有益。今江宁织造现备有米一万石，待至九月，看广东年岁，有收便罢，无则将米交与督抚，拨船装运赈济。"

是日起居注官党阿赖、吴廷桢。

初六日壬午　是日，上诣谦尊堂问安。

初七日癸未　是日，上诣谦尊堂问安。

初八日甲申

初九日乙酉　辰时，上御畅春园内澹宁居听政。部院各衙门官员面奏毕，大学士温达、松柱、李光地、萧永藻、王掞，学士舒兰、蔡升元、彭始抟、巴格、邹士璁、马良、傅尔、胡讷、沈涵、绰奇以折本请旨。覆请兵部所题请开复革职留任住俸官员一疏。上曰："应开复者朕俱加圈，汝等视圈拟票。恩诏内有军情罪案不赦一款，贼情即同军情，贼情诖误者，朕皆不曾加圈。"

又遵旨查鄂善之曾祖达尔汉额驸本身未得军功、世职，鄂善之祖鄂罗塞臣得军功，世袭二等精奇尼哈番，袭与伊子、原任都统鄂特浑。鄂特浑故后，伊子鄂善承袭。鄂善亲叔护军参领鄂海，鄂海之子护军海寿、海常，鄂善亲伯、原任都统勒贝之亲孙闲散和尚、纳尔泰、鄂代、鄂德，鄂善长子鄂米、次子鄂奇、三子鄂进，折子呈览，并以原疏覆请。上曰："此职着袭与原任都统勒贝之孙和尚，交与该旗引见。"

温达等奏曰："臣等遵旨将补授中书员缺关福等考试，于本章不能，部院中笔帖式尚可去得。"上曰："关福等着照伊等班次用之。"

温达等又奏曰："中书等翻译奏章关系紧要，中书缺出，请于举人进士中拣选引见，具题补用。"上曰："甚善。"李光地奏曰："满洲中书员缺，举人、进士中拣选补用。今皇上命文志鲸等所教习留京进士等，内有字好学优者，应以汉中书补用。"上曰："善。"

是日，上诣谦尊堂问安。

是日起居注官党阿赖、文志鲸。

初十日丙戌　卯时，上巡幸塞北，自畅春园启行，驻跸南石漕。

十一日丁亥　上驻跸密云县。是日，赐护军统领宗室札尔图、副都统厄衣图马各一匹。怀柔县知县于执中等，密云县知县朱英等、守备王道义等，收木税员外郎陈有义等来朝。

十二日戊子　上驻跸腰亭子。是日，赐前锋统领郎图马一匹。石匣营副将郑明、游击巴世勋来朝。

十三日己丑　上驻跸两间房。是日，古北口管驿站员外郎罗音太、防御善岱、同知郑富民等来朝。

十四日庚寅　上驻跸王家营。

十五日辛卯　上驻跸喀喇城。

十六日壬辰　上驻跸热河。

十七日癸巳　上驻跸行宫。

十八日甲午　上驻跸行宫。

十九日乙未　上驻跸行宫。是日，喀喇沁多罗杜棱郡王塞楞、一品他卜囊塞布、二品他卜囊诺木齐、四品他卜囊普克孙来请安进贡。

二十日丙申　上驻跸行宫。是日辰时，皇太后驾至热河，上率诸皇子、大臣、侍卫、官员跪迎问安。

二十一日丁酉　上驻跸行宫。

二十二日戊戌　上驻跸行宫。

二十三日己亥　上驻跸行宫。是日，喀喇沁镇国公沙木巴拉习来请安。

二十四日庚子　上驻跸行宫。

二十五日辛丑　上驻跸行宫。是日，召贝子、公、内大臣、侍卫、都统、前锋统领、护军统领、副都统、大学士、尚书、侍郎、内廷翰林等入，赐食。召尚书公孙徵灏、左都御史揆叙、侍郎汤右曾近前。上坐书大字令观，诸臣观毕，奏曰："上所书甚善，真自古未有。且皇上坐书，用笔如此有力，愈见神奇。"于是手书，赐尚书公孙徵灏、左都御史揆叙扁对联，侍郎汤右曾扁对。

二十六日壬寅　上驻跸行宫。

二十七日癸卯　上驻跸行宫。

巳时，上御行宫，大学士温达、松柱，学士舒兰、马良、绰奇以折本请旨。上曰："适颁诏天下事件俱完，今事亦甚少。今年内外秋审、朝审俱令停止。"

温达等覆请九卿遵旨裁汰通政使司等衙门参议等官二十二员，缺出停补一疏。上曰："太医院衙门官多，甚无用，交与礼部一并查裁具奏。本着发还。"

覆请吏部所题镶白旗都统阿尔纳等咨称，奉旨额宜都巴图鲁着给一等精奇尼哈番，钦此；以二等侍卫兼佐领福保等职名缮写绿头牌引见，奉旨命殷德承袭此一等精奇尼哈番世袭不替诰命之语，由臣衙门缮写呈览给与一疏。上曰："巴图鲁姑夫于太祖时效力处，太宗时曾经写记给与伊等，亦有未写记者。此等处俱着尽行详明查出缮本具奏。诰命中亦着写入。"

又覆请吏部尚书吴一蜚员缺，以户部尚书张鹏翮等职名开列一疏。上曰："俟回銮日具奏。"

又覆请副都御史瓦尔达员缺，以通政使司衙门通政使刘相等职名开列一疏。上曰："着将内阁学士、讲读学士开列具奏。"

又覆请都察院左副都御史田从典员缺，以宗人府衙门府丞李涛等职名开列一疏。上曰："着以郝维谔补授。"

又覆请浙江布政使徐楠员缺，以四川按察使沙木哈等职名开列一疏。上曰："着将前面开列五人令来引见。"

又覆请总河赵世显所题，请给笔帖式齐畯主事衔，仍食笔帖式俸，议不准行一疏。上曰："前赵世显来时，曾缮折保举数人，朕不允之，令具本奏闻。适伊所题之人，俱未补授。此笔帖式齐畯既有效力处，着照伊所请。"

又覆请户部开列通州中南仓、大西仓添廒修理捐纳条款一疏。上曰："款项甚是冗乱，此亦非善事。无赖小人有银俱可得官，众心亦不服。必欲捐纳，只足所用犹可。本发还，着再议具奏。"

又覆请礼部所题，与海贼战亡守备管游击事阎福玉既蒙特恩赐恤，其给葬遣官致祭相应停止一疏。上曰："阎福玉登州人，朕曾召视补授。汉仗好战，时被人所斫，满面流血，谓众曰：'此即报主之处也。'奋勇前

人，斫倒十余人，力战而亡。此于与伊交战贼人问明者。宜优加恩赐，以鼓励众人。着与葬祭。”

又覆请刑部所题，宁古塔将军孟俄洛题参副都统常关保为白都纳管官兵之大臣，听防御常保私带二百附丁，不行查出。又违例给商人印票，于禁地贸易皮货，不严查边疆，疏忽之甚，以致马什塔等需索财物，令人出边偷刨人参，甚为溺职。因此，照尚书穆和伦所审，应将常关保革职。但既遇赦，应免其革职。常保应革职，照偷刨人参财主例拟绞。财主胡八率领为首之韩五等，俱应拟绞。为从之牛大等六十一人应各拟流徙。为首者援赦免死、减等照例刺字发遣，为从者免议一疏。上曰：“常关保曾为乾清门侍卫，鸭鹘头领，汉仗好。乌兰布通交战时，骁勇可取。但为人急躁，不知进退，并无度量。常关保在镶黄旗，伊父兄皆好汉仗，率以急躁获罪革职。伊亲属无一保全之人，其家风如此。朕以常关保汉仗好，令彼处人看，且所管人亦甚少，故授为副都统。此人不可留于彼处，着革退。”

又覆请汇题案内镶黄旗达巴尔汉佐领下闲散褚库尔代自发遣处逃回为窃盗，应照新例，于发遣处即行正法，交送兵部存案。今年四月，护理宁古塔将军事协领亨特咨称，查本衙门档册，镶黄旗达巴尔汉佐领下并无名褚库尔代者，褚库尔代改名为恶狠特，于原档互异。褚库尔代是否即恶狠特，查明咨送等语。查原档褚库尔代即系恶狠特，应将褚库尔代即行正法。但遇赦免死，减等完结一疏。上曰：“此事迟日甚久，故意迟延，压候恩赦。着查明由何处迟延缘故，其护理将军印务协领亦一并行查。”

又覆请陕西巡抚永泰题神木营副将许世隆员缺，请以潼关副将张凤仪调补。张凤仪员缺，请于记名官员内拣选补授一疏。上曰：“着来引见，前提督江琦曾以一参将题副将，永泰以其射箭不佳拨回。曾下旨令此人来引见。尔等可查之此人，若至则引见。再似此调取至者，交与兵部一并引见。”

又覆请山东总兵官李雄题胶州副将李麟员缺，请以曹州参将张殿臣补授。张殿臣员缺，请于记名官员内拣选补授。臣标下右营守备员缺，请以千总王得功补授一疏。上曰：“李麟着在任守制，补授守备着该部议奏。”

又覆请正红旗汉军副都统王臣为赏赐直隶绿旗兵丁一疏。上曰："差遣赏赐直隶各省绿旗兵丁大臣曾下旨令同督抚赏赐，今思正值农时，若令督抚每州县俱亲身前往，必致误事。督抚但令于伊等所居之处，会同赏赐，他处者，各该提镇会同赏赐。着速行。"

二十八日甲辰　上驻跸行宫。是日，赐侍卫、护军参领、护军校、护军、执事人员、七省官兵羊。

二十九日乙巳　上驻跸行宫。是日，赐贝子、公、内大臣、都统、前锋统领、护军统领、副都统、侍卫等，护军参领、护军校、执事人员、翰林官等，七省官兵桌食。阿霸垓多罗郡王吴尔占噶喇卜旗下四等台吉德木楚克、科尔沁多罗郡王阿拉布坦旗下四等台吉诺木桑来请安进贡。

三十日丙午　上驻跸行宫。

闰五月

初一日丁未　上驻跸行宫。

初二日戊申　上驻跸行宫。是日，召贝子、公、内大臣、都统、前锋统领、护军统领、副都统、侍卫、大学士、尚书、侍郎、内翰林官等入，赐食。

初三日己酉　上驻跸行宫。

初四日庚戌　上驻跸行宫。

初五日辛亥　上驻跸行宫。

初六日壬子　上驻跸行宫。是日，赐大学士松柱、尚书殷特布、侍郎刘谦等御书扁对。翁牛特二等台吉罗卜藏滚毋布来请安进贡。

初七日癸丑　上驻跸行宫。是日，喀喇沁多罗额驸门都来请安。

初八日甲寅　上驻跸行宫。

初九日乙卯　上驻跸行宫。

巳时，上御行宫，大学士温达、松柱，学士舒兰、马良、绰奇以折本请旨。覆请兵部所题湖广永州总兵官祖维新员缺，以镶黄旗骁骑参领白云

鸿等职名开列一疏。上曰："问九卿，着于副将内各举所知。"

又覆请刑部等衙门覆湖北巡抚刘殿衡所题，袁黄九同袁鼎九有养鱼池，以分鱼角口，遂以绳自缚其项，并缚鼎九之项，欲同死。黄九之兄子袁圭章负黄九，在无人处扭杀之，仍将尸负回，口称被鼎九殴死。黄九之子袁玉章即踢中鼎九脐，立毙。应将袁圭章照律拟凌迟，袁玉章拟斩监候，秋后处决，准照所拟一疏。上曰："这事原审甚属糊涂。袁黄九以绳自缚其项，并缚袁鼎九项，欲同死，互相击撞垂毙。袁圭章负去，其如何死亦未可料。凌迟极刑，亦不可草草结案。这本着批九卿会议，将此应驳回该督抚再行审明。尔等寄信去。"

又覆请刑部覆正白旗讷宜磨浑佐领下捕鹰披甲人郝善捏称，镶黄旗凤哥佐领下披甲朱尔萨已挑捕鹰人冒借内库银一百二十两，又欲取织网丝卖用，传帖假称奉旨情由，将郝善拟斩监候，秋后处决一疏。上曰："律内假称旨意即行处斩，将郝善拟秋后处决，于律不符，着查明具奏。"顾学士绰奇曰："尔曾为法司大臣，必知之。"绰奇奏曰："皇上所见是。"上曰："假称旨意情罪甚为可恶，不可不惩。永平府曾有假称旨意之人，朕即行正法。近尚有人假称旨意，将员外郎巴哈拉重责锁禁。前有一伙大盗，带孔雀翎进一郎中家，假称旨意，执其家口，将财物劫去。又一人贯三鲫鱼送信郡王府，云奉旨，着多多给我。王疑之，令看守人奏谢，其诈遂露，将此人发遣。又洪阳道李永贵朕遣人去拿，伊持刀迎出。去人云系奉旨。伊将刀垂下，云我有何罪来执。去人云，以尔在洪阳道，故来执之。伊以事真，方弃刀跪而受执。朕闻之称许。设使朕前一小太监向尔等云，奉旨令尔等死，尔等即死乎？亦必面君，果令其死而后死。今断无此事。不过据理而论耳。"

又覆请兵部折奏浙江巡抚王度昭所题，招抚海贼陈尚义等一百有五人内，将陈仕英等遣往广东招抚黄明魁等外，现解到京九十二人作何安插之处，请旨定夺。上曰："前缉获贼数起，俱发遣宁古塔等处。今陈尚义等百有余人又来投诚，伊等俱素习水性，熟谙海道，可安集盛京、锦州地方，立水师营驻扎。现今山东总兵官李雄奏伊标下水师营战船裁去十只，将此所裁船内量拨几只，由海送至锦州防守海洋，大有裨益。着满汉九

卿、詹事、科、道官员会同详议具奏。”又曰：“解送京师之海贼甚多，今天气炎热，恐有患病，着传与部臣共加照看。”

毕，上谓大学士等曰：“尔等皆系读书之人，古书云，人臣进言于君，皆云垦荒积谷，节用爱民。今虽欲开垦，亦无闲地。”温达奏曰：“今民间因无闲地，山溪之间皆垦种矣。”上曰：“明朝万历年间，养心殿后掘一地窖，曾埋二百万金，皆被盗去。此系内地，朕故知之。我朝大兵至京，流贼挈金而逃，俱弃之黄河中。大抵明朝帑金，流贼作难，三分已失其一。即达赖喇嘛处，所去无算，凡制造祭祀器皿，所费亦多。朕撙节积聚，几收二分。古来未有如此节用者。”温达奏曰：“皇上节用，故府库充盈，诚为古来所未有。”起居注左都御史揆叙奏曰：“不但如此，节用为古所未有。皇上爱民，蠲免天下钱粮，亦古之所未有也。”上曰：“若不免钱粮，尽行积聚，则民间之财尽矣。”又曰：“今满洲人过日，比前差胜。先是行走皆自办马匹、行李。今骑官马给、盘缠、喜丧事出，又支借库银，毫无受困之处。至部院官员奉差而回，凡伊亲族间，无有不周济者。况今年系朕大庆，赏赉倍数。若一家有披甲数人，尽可置一产业矣。凡花费家业者，不在衣服。一衣成，可著二三年。其费皆在饮酒胡行故耳。又八旗打死人者，朕定新例，交与该旗即令完结。此等事渐少，去岁尚有两三案，今岁无矣。”上又曰：“人之喜怒，不可有偏。若喜时一样，不喜时一样，必不得其理之正。即今内大臣、侍卫等，有历过事者，亦有未历过事者。或未历过事之人，一闻打死人，辄勃然大怒。设使阅刑部一匣奏章，直忿忿而至于死耳。向有演秦桧剧者，一人见之愤甚，遂杀扮秦桧者。”温达奏曰：“此事臣亦闻之。”上曰：“此即朕所理之事。又读书人中有一种呆，看书时有不合其意者，辄生忿怒。古书所载皆属往事，其善恶特为后人之法戒耳，何必妄生愤怒？”又曰：“三月十八日颁赦以来，事件已少。顷有奏宥罪一厚本，朕未曾阅。即阅之，其可撤乎？”

是日，赐在热河迎接皇上耆老等银两有差。

初十日丙辰　上驻跸行宫。

十一日丁巳　上驻跸行宫。

十二日戊午　上驻跸行宫。是日，翁牛特多罗达尔汉大清贝勒厄尔德

普、鄂齐尔来请安。

十三日己未　卯时，上自热河启行，驻跸温泉。

十四日庚申　上驻跸行宫。

十五日辛酉　上驻跸行宫。是日,喀喇沁多罗杜棱郡王塞楞来请安进贡。

十六日壬戌　上驻跸行宫。

十七日癸亥　上驻跸行宫。

十八日甲子　上自温泉回至热河驻跸。上请皇太后安二次。是日，科尔沁辅国公步尼、喀尔沁札萨克一品他卜囊格伦尔来请安进贡。

十九日乙丑　上驻跸行宫。

二十日丙寅　上驻跸行宫。是日，召贝子、公、内大臣、侍卫、都统、前锋统领、护军统领、副都统、大学士、尚书、侍郎、内翰林官等人，赐食。

二十一日丁卯　上驻跸行宫。

二十二日戊辰　上驻跸行宫。

二十三日己巳　上驻跸行宫。

二十四日庚午　上驻跸行宫。

二十五日辛未　上驻跸行宫。

巳时，上御行宫，大学士温达、松柱，学士舒兰、马良、绰奇以折本请旨。覆请九卿等议，古北口六路各添副将一员、同知一员、中军守备一员、千总二员、把总四员、马步兵二百名，令该管副将管领一疏。上曰："现今俱有定规，添设反觉冗杂。本着收贮，俟回銮后尔等会同九卿议奏。"

又覆请吏部覆山西巡抚苏克济所题，先经题参贪劣离任泽州知州佟国珑该属士民具词保留，应否留任，特恩出自上裁。倘蒙谕旨准行，现有沁州知州员缺，将现任泽州知州王天锡改补，议不准行一疏。上曰："着照该抚所请。"

又覆请吏部所题长芦运使马世永员缺，以现任应升知府魏琦等职名开列一疏。上曰："着问九卿，除旧保举人员外，再保举一并具奏。"

又覆请兵部所题西安副都统索柱员缺，以吏部侍郎傅绅等职名开列一

疏。上曰："查护军参领头等侍卫职名进呈。"

又覆请兵部覆山东总兵官李雄题"臣阅陈汝咸条奏，锦州铁山与登州相对，黄城岛即在其间，应拨兵船五只，泊于黄城岛，官兵轮流巡防等。因查黄城岛系无人之境，其口止可容小船，战船宽大，不能入，亦不可欠停"等语。陈汝咸条奏之处并未准行，将此亦无庸议。又李雄奏，此后凡商贸之船，请俱于旅顺口停泊收税，现有海上巡防兵船，易于相互援应等因。查福建广东货物俱至盖州河口上岸，运至盛京，历年已久，该总兵官所题亦无庸议一疏。上曰："盛京地方立水师营，现着九卿会议。将此一并交与九卿议奏。"

又总兵官李雄题标下水师营所裁七百兵请仍留防守，议不准行一疏。上曰："此亦交与九卿议奏。"

又覆请刑部所题，镶黄旗赖文佐领下护军校二格因骂祖母、殴婶母，拟绞。今伊祖母呈称年已七十余，不忍杀其孙，具呈求免死罪，应将二格免绞、枷号一月二十日、鞭一百一疏。上曰："伊系海青一族，朕皆知之。二格乃弥哈纳之子，弥哈纳、萨哈纳等兄弟三人俱健壮，善骑射。萨哈纳在乌兰布通战时，先八旗前锋首入。伊兄弟三人之子俱劣不孝，弥哈纳欲杀其子，二格曾奏朕，朕止之。伊赌博饮酒，将其父产业荡尽。弥哈纳因愤而死。朕问佛伦岱豪，此案为何尔等无名。奏称，我等系亲随皇上之人，凡事不预。皇上欲令我等署名则署之。闻刑部取供时伊骂祖母、殴婶母之处，即自承认。此可轻易承认乎？二格出，必杀其弟。此人甚属凶顽，着依议交伊族中永行锁禁，严加看守。"

又覆请刑部所题窃盗二小子拒捕，以刀戳伤步兵黑子手，拟秋后绞一疏。上曰："二小子应依议。步兵黑子擒贼被戳伤愈，照例给赏。若残疾，给与半分身价。以此为例。"

又覆请刑部所题，正黄旗马尔赛佐领下前锋厄纳辙家人拉色里等，在程家庄持鸟枪欲打树上鸦，庄民李二阻之，因角口。次日拉色里率领伊家柱儿等持棍，诣李二门殴打，邻居李六夺棍，击中柱儿顶门殒命。应将李六拟绞监候，秋后处决，李二等发边卫为军一疏。上曰："此事拉色里等邀人特往殴打，庄民群集互殴。一边人殒命，一边人受重伤。此即与交战

等耳。打死人之人独拟抵罪，打伤人之人宥而不议，可乎？将此着九卿议奏。尔等寄信去。”

又覆请刑部所题，喀喇城盗马贼为首孙八严缉获日另结外，花色、王二虽系为从，但词胁马尔沙、喜儿等入伙盗马，大干法纪。应将花色、王二交提督马进良即行处斩。为从之喜儿等应发往黑龙江，各枷号三月、鞭一百，与穷披甲为奴一疏。上曰：“尔等票拟、三法司确拟具奏，甚是。为首之人脱逃未获，宁缓之。”

又覆请江西巡抚佟国勷题，今年入夏米价渐贵，所有积聚之谷虽经奏请止粜，但穷民请发粜仓谷甚亟，臣已出仓谷粜卖，俟秋收时籴买入仓一疏。上曰：“去年江西省甚熟，这仓谷或有浥烂亏空之处，藉此抵销，亦未可定。将此晓谕该部，着详议。”

大学士温达等以湖广永州总兵官员缺，遵旨问九卿，今尚书穆和伦保举副将高晟、御史荆时中保举副将陈尚武、御史董弘彪保举副将马觌伯折子呈览，并原疏覆请。上曰：“俱是好副将，着陈尚武补授。”

毕，上谓大学士等曰：“今看满洲中无肯读书学问好之人，一得举人、进士，即弃书卷。适朕偶尔试之，俱去不得。尔等不晓，但谓其属文耳，实不堪也。曩时牛钮、博济学问还好，今满洲中无有如揆叙、徐元梦之学问者，即汉人亦不及也。”顾起居注左都御史揆叙曰：“尔等或未尽心教翰林乎？”揆叙奏曰：“教之矣，但学在己，教之而己不勤究，到不得好处。”上谓大学士等曰：“正蓝旗原任副都统禅布之子佐领敦拜学问甚优，翻译亦好，与揆叙、徐元梦相等。若作汉文，伊等或过之，其人品亦高其父，乃一朴直人。汉仗还好，伊较胜其父。”问揆叙曰：“尔闻之乎？”揆叙奏曰：“闻伊学问好。”上问学士等曰：“尔等闻有学问好之人乎？”学士等奏曰：“未闻。”上又谓大学士等曰：“侍读学士员缺，尔等何不保举？”温达奏曰：“票签侍读德音学问好，人去得，事亦谙练，其所译汉文，张玉书、揆叙止改几字而已。臣等每次带伊行走，皇上府［谕］，将德音补授侍读学士，令其两处行走，甚为有益。”温达、松柱同叩请。揆叙奏曰：“德音所译汉文，前张玉书与臣两人止改两三字而已。”上曰：“将两人授为额外侍读学士，缺出裁之。”

上又曰："总督额伦特亦曾习学，朕用额伦特、殷泰时，汉人犹不心服。迨后咸称皇上如何知此两人而特用之，甚以为奇。殷泰居官好，但太严厉。伊原从行伍出身，及升任，旧日管领伊之官员，因其严厉皆怨之。巡抚张伯行甚清，其家素饶，凡日用之物皆从河南本处取给，南方不取一文。但疑心太甚，不信任人，所属官员率以不良疑之。疑人勿用，用人勿疑。且恨不能剖腹以示人，阴刻何为？若于其所爱者故作怒容，待之于其所恶者，故为悦色。遇之则是贼而已矣。设或一日朕喜尔等，则曰'今日上悦'，或一日朕不喜尔等，则曰'今日上怒'。朕之喜怒，尔等即知，要以真实为尚耳。"

上又曰："凡事预防甚难，防其东则自西至矣，防其南则自北至矣。此必阅事多、见理明之人，方能随事之来，处置合理。"谓揆叙曰："此处朕曾于朱子全书序文内论及。"揆叙奏曰："序文中有。"上又曰："刑部律书各部院衙门则例皆明代所定，诚善。部院办事，皆恃成例，凭例虽少，有失亦轻。若无例，以何为凭？今设有一样事三十件，以三十样办之，穷诘至此，将何以应？谓任我意办之，可乎？况遵守定例而行，亦属善政。若更移成例，则紊乱矣。"

二十六日壬申　上驻跸行宫。

二十七日癸酉　上驻跸行宫。是日，赐侍卫、护军参领、护军校、护军、执事人员、七省官兵等羊。

二十八日甲戌　上驻跸行宫。

二十九日乙亥　上驻跸行宫。

六　月

初一日丙子　上驻跸行宫。

初二日丁丑　上驻跸行宫。是日，翁牛特多罗郡王额驸苍津来请安进贡。

初三日戊寅　上驻跸行宫。是日，赐贝子、公、内大臣、都统、前锋统领、护军统领、副都统、大学士、尚书、侍卫、护军参领、护军校、护

军、执事人员、七省官兵鱼。科尔沁和硕额驸多尔济来请安。

初四日己卯 上驻跸行宫。是日，科尔沁四等台吉三吉扎人来请安。

初五日庚辰 上驻跸行宫。

初六日辛巳 上驻跸行宫。

初七日壬午 上驻跸行宫。

初八日癸未 上驻跸行宫。是日，乌朱穆秦和硕车臣亲王色登敦多普来请安进贡。

初九日甲申 上驻跸行宫。

初十日乙酉 上驻跸行宫。

十一日丙戌 上驻跸行宫。是日，敖汉多罗郡王春木盆儿、多罗郡王鄂尔折图、四等台吉赛阴鄂岳图等来请安。

十二日丁亥 上驻跸行宫。

巳时，上出行宫，率善射人射。上每发悉中。射毕，兵部尚书孙徵灏以副将陈志等二十九人引见，令射。上曰："陈志等着依议补授副将、参将、游击、守备、千总、把总；周一虎着回原任；郭九鼎、刘一鼎、牛二麟、戴弘昇人材不及，着革退。"

上阅毕，又率善中鼓的人员射。上每发悉中。

十三日戊子 上驻跸行宫。是日，巴林荣宪公主、厄鲁特多罗贝勒和硕额驸阿宝之妻郡主遣使请安进贡。

十四日己丑 上驻跸行宫。是日，奏事员外郎双全、司库苏成额、奏事张文彬捧出上朱书谕旨交与领侍卫内大臣公阿灵阿，传旨云："照此字样传与众人。"谕旨曰："去年、今年皆雨水应多，去岁幸而未涝。观此两日雨势似觉连绵，此处山水发时未可定。兼之东边之堤因城墙所逼，水必汹涌。东边巡守之人在河滩中者，若不小心，则无走避处矣。应预为之备。至于贸易处人民所居之屋，凡当涧口之处，亦各应防备。若山水夜发，当水处恐致被冲。将此俱写示晓谕。"

十五日庚寅 上驻跸行宫。

十六日辛卯 上驻跸行宫。

巳时，上御行宫，大学士温达、松柱，学士舒兰、马良、绰奇、常泰

以折本请旨。上顾大学士等曰："此连日之雨，朕甚恐致涝。今晴甚佳，水俱落矣。此处水长至三尺一寸，湾河水大，水长至五尺三寸。喀喇城之桥俱被冲矣。"问起居注官、左都御史揆叙曰："汝必知之。"揆叙奏曰："臣家人来言，水大长未至堤岸。"温达等奏曰："皇上殷忧为民，昨下祈晴之旨，乃即晴明，真属奇异。"上曰："人居高处尚无妨，但田禾可惜耳。昔人谓壬辰癸巳年涝。去岁获免，倘今岁五月初十间雨至，此时可奈何？"温达奏曰："涝时已过，今将立秋，无妨矣。"上曰："秋时纵雨，数阵而已。"又曰："朕亦不记，太祖皇帝时，或是太宗皇帝继统时，壬辰年涝，大饥。另户人家以致卖身。世祖皇帝时，癸巳年，霪雨大涝，京城内房屋墙垣倾颓不堪。明成化时，癸巳年涝，城内水满，民皆避居于长安门等处。后水至长安门，复移居端门前至棋盘街。今岁朕未来时雨水甚大，老人有言，后涝不及前涝。但霪雨不止，则田禾倒青矣。朕甚惜田禾。"

温达等覆奏九卿议通州中南仓、大西仓增修一百廒，所费银两十五万，请开捐一疏。上曰："所费之银亦不多，捐纳事甚乱，着动户部库银修理。"又曰："昨科臣商纪纳来条奏，河工捐纳愿捐者甚多，必有缘故。"

覆请吏部所题汉军中书潘弘毅员缺，以监生王之璋补授一疏。上问曰："汉军中有进士、举人乎？"温达奏曰："有。"上曰："着以进士、举人补授。"

又覆请刑科给事中法尔萨等题参刑部注销档册逾限，据主事俞存仁等虽称，自五月初一日起至初十日止，此十日不奏事。本部大人言，圣驾启行，我等衙门之事有忌讳之语，俱掣回逾限之处，行文科中。但既逾限三四十日，应将俞存仁销去记录二次，免罚俸一疏。上曰："伊等大人既有言行文至科，着宽免。"

又覆请户部所题迟报广东米价增长，请将总督赵弘灿、巡抚满丕革职一疏。上曰："此事且收贮，俟赵申乔到日再定。赵弘灿、满丕居官不妥，并不思于地方效力，将此年隐匿未报是真。昔福建省亦曾隐匿，今好矣。朕办事年久，凡事皆宜预防。伊等于地方之事毫不留心防备，谓皇上自有料理之处，可乎？"顾大学士松柱曰："汝与苏努皆为盛京将军，甚

是效力。如尔等之人，朕亦加罪耶！闻得差往广东大人至广东时，人民焚香迎接，齐皆欢喜。差去大人亦是大人，地方之大人亦是大人，即此可知矣。至广东米价先一石价至三两，赵申乔等至彼处，米价一两六钱矣。此即原价内有缘故，赵申乔等必行启奏。”上又曰：“朕好采听，此处不报，则彼处必报。即如盛京之事，盛京不报，若问经过盛京之乌喇人，即奏知矣。四十六年巡幸江南，朕即知江南有贼起。但他处所闻之言不可为凭，故不曾说，后果有一念和尚事出。”

又覆请礼部所题詹事史夔应照例遣官谕祭一次，应否谕葬请旨定夺一疏。上曰：“史夔为主考时甚劣，因在河工效力，故复起用。此论俸升授。谕祭、谕葬着停止。”又曰：“汉人中史夔、宋大业、宋骏业、张志栋甚无耻。张志栋好保举人，此系旧员，亦曾任巡抚，不顾颜面，与山东人结党吓人。宋骏业以能画在内廷行走，乃一险人，专事结党，所行无耻，学问亦不济。朕知而远之。此番原不欲加恩，但念其内廷效力，姑给与半葬。”

又覆请所题阵亡游击滕国相既加特恩，其给葬、遣官致祭应无庸议一疏。上曰：“前阵亡游击阎福玉曾予祭葬，此亦着予祭葬。”

又覆请兵部所题白都纳副都统常关保员缺、西安副都统索柱员缺，以吏部侍郎傅伸、镶白旗骁骑参领硕色等职名开列一疏。上问大学士松柱曰：“盛京副都统托留人何如？”松柱奏曰：“托留人去得，品行好。”上曰：“白都纳系分驻之处，殊为紧要。着以托留调补。盛京副都统、西安副都统员缺，着为一本，以侍卫、护军参领等职名折子一并具奏。”

又覆请所题四川川北总兵官王应龙请将家产入四川民籍，将伊调补他省，议不准行一疏。上曰：“王应龙家产着入四川籍，王应龙调来引见。”

又覆请刑部所题浙江巡抚王度昭题，黄岩总兵官标下官兵巡察，见海贼陈得位等，追赶杀十余人，又擒刘阿顺等二十余人，并获其船。问之，刘阿顺称，陈得位等于厦门外洋抢得乌船一只及银两、藤牌、兵器，又往各处抢劫，我因打鱼被掳去，但为彼等撑船，并无截劫分赃之处，应将刘阿顺发遣，援赦宽免等语。查陈得位等所夺船十余只，今只有一只。至所夺乌船一只，银三百两，并未查出，应行文该抚查明具奏一疏。上曰：“贼

所夺乌船在何处，系何人之船并未声明，甚属糊涂。本发还，着查明议奏。”

又覆请刑部所题，将控告原任侍郎巴锡之子甘生家人进宝致逃小校阿思哈等援赦宽免，及小校六勒之妻告称，伊夫死于甘生之家，既无实据，不便悬拟，俟行文该旗，将杀六勒之正犯及在逃之进宝一并严拿获日另结一疏。上曰：“此事审理不明，草草溷结，刑部司官皆系保举优升之人，好官固如此乎？且逃走之人不交与应缉之处，但交与该旗缉拿，故欲迟延时日。本发还，着月内审明具奏。若迟延不速行审明完结，朕将刑部大臣治罪。”

又覆请九卿等遵旨，除驻防盛京、锦州满洲、蒙古、汉军官兵外招安入旗分编佐领下壮丁内挑选四百七十名；立水师营陈尚义所领投诚之九十人内，问陈尚义有熟悉水性、能拦头守舵者，选十五人；流徙宁古塔之郑尽心等四十六人，交与宁古塔黑龙江将军选十五人，共计五百兵。立左右二营，设副将一员、守备二员、千总四员、把总八员管理，副将等官着奉天将军兼管一疏。上曰：“陆路有兵，水师营设兵五百多矣。将所议全抄，即于此处派司官一员往问盛京将军，令其议奏。”

又覆请总兵官李雄所题裁革水师营兵七百，请仍留营防守，议不准行一疏，及往盛京之商船不令停泊盖州，应改令停泊旅顺口，议不准行一疏。上曰：“即遣司官，着俱交与盛京将军议之。”

又以九卿为补授运使马世荣员缺，举出山西平阳府知府孙兴琏等职名折子呈览，并以原疏覆请一疏。上曰：“孔兴琏居官好，着补授。”

又覆请兵部所题海贼郑尽心案内降级之浙江提督吴郡应否援恩诏给还原职，伏候上裁一折。上曰：“吴郡系军机革职，勿还原职。”

又覆请刑部所题，侍郎艾芳曾带原任广东惠潮道胡琪至部，其对质之原任布政司高必弘病故，胡琪复拔出督抚。此事或遣堂官带胡琪往广东对质，或将胡琪所拔之人皆取至京中审理，请旨一折。上问大学士等曰：“艾芳曾人何如？”温达奏曰：“人颇直，办事还去得。”上又问曰：“观此事如何？”温达奏曰：“伊先经奉差审事，是以怀惧。”上曰：“观此事则大谬矣，彼将高必弘带来，而高必弘死于途中。此事着于京中审理，若有取干连人口供之处，着行文赵申乔于彼处取供。在京大臣、在

外大臣一也！”

又覆请广西巡抚陈元龙所题，借库银遣通判杨子尧于湖南地方买米至湖广东安县，被本处光棍率众抢夺，请敕下将为首之恶棍严拿审处，及常平仓米已存七出三，借与百姓，俟秋收时偿还一折。上曰：“着严查议奏。”

十七日壬辰　上驻跸行宫。

十八日癸巳　上驻跸行宫。是日，科尔沁多罗兵图郡王伊西班第，喀尔沁札萨克一等他布囊格勒儿来请安进贡。

十九日甲午　上驻跸行宫。

二十日乙未　上驻跸行宫。是日，上出行宫前，令喇藏来使什达儿近前朝贺，令请安进贡王、额驸、台吉等分左右翼坐，赐食。亦令来使什达儿坐，赐食。

二十一日丙申　上驻跸行宫。是日，科尔沁和硕端敏公主遣使来进贡。

二十二日丁酉　上驻跸行宫。

巳时，上御行宫，大学士温达、松柱，学士舒兰、马良、绰奇、常泰以折本请旨。覆请户部所题江南总督赫寿等题，请将江南之米十万石公捐雇船，交与总兵官穆廷栻运至福建，移问广东督抚，米价若平，则留五万石于福建，五万石令其迎至广东，议准行一疏。上曰：“战船皆毁弃不可用，民船多于战船，雇亦甚易。观此，将战船偷卖与民亦未可知。乌船一只价及万金，将此船卖与民，或雇与贸易，顶换民间损坏船只，诈称修理，所以有事则不可用，皆雇民船。着交九卿议，应严加饬行禁止。至运米之事，尔等徒急耳！朕自有区处。今岁广东粮食甚好，米价亦减。但未闻福建之信，且视福建情形何如耳。此本着收贮，再次覆奏时奏之。”

又覆请户部覆管理京畿道御史花善等以各部院移送档案内遗漏钱粮舛错不相符处逐件题参之事皆在赦前，相应免议一疏。上曰：“事着依议，此本内有错处。”因取本观之，曰：“本内写包衣大硕通阿，包衣大内并无此名；又称差往陶和河，陶和河系何处，朕并未曾差人往此等地方，将来稽查皆虚矣。着查奏。凡宜会议之事即行会议具奏，屡有谕旨。此本内称交与吏部议处，若如此，又多一本矣。”

又覆请兵部所题山东总兵官李雄因原任游击滕国相与贼战时船被烧

失，却关防隐匿不报，应革职；其徇庇官员等职名，俟查到之时，将巡抚蒋陈锡一并察议具奏一疏。上曰："蒋陈锡所奏者，是李雄船三只被烧，欲俟六船到时再报。所奏甚明，并无隐匿，部议太过。本发回，着再议具奏。"

又覆请山东巡抚蒋陈锡奏，原任山东参将董应举等四人立业有年，实不能回原籍，议不准行一疏。上曰："逐回原籍者，非此类也。惟提镇不可于任所置立产业，居住不移，恐其于民无益耳。"温达奏曰："上所见甚是。提镇若于任所居住，即有霸占、买卖、横行等事，实系无益。"松柱奏曰："提镇不离任所，则害民矣。"上曰："害民诚然，孰敢与伊较量？此皆微员置立产业，已成故居，如何能回原籍？着停其逐回。"

又覆请刑部所题，江南、江西总督赫寿以立斩罪犯赵晋康熙五十二年二月初七日在监中自缢身死，将承行书吏、狱卒、狱官等一并题参，援赦具奏。查赵晋系立斩人犯，狱官、书吏等并不严行看守，始至赵晋缢死。且赵晋二月初七日缢死，至闰五月初九日始行参报，不便遽结。应行文该督，令其再行严审定拟。其不预令严守之知县及申报迟延徇庇各官职名，一并查参具奏一疏。上曰："着依议。赵晋乃科场作弊，即应正法之重犯。若缢死，即宜速行奏闻，迟延具奏，不合，着该督抚明白回奏。"

又覆请刑部汇题案内原任总河王新命之子王缵绪叩阍，控告曹远芳等诬赖伊父王新命系伊家开户之人，诈伊银两。曹远芳家人江二等既属伊主指使，应无庸议一事。上曰："王新命乃四川生员，被虏为养子是真，及为大臣，甚是看养伊等。其富贵时何不言之？今因贫落，不能如其所欲，始行讦辱，亦太刻矣。我朝如此等者甚多，朕皆知之。包衣佐领下之丁皂保即喀喇章京之家人，喀喇章京甚贤，曾养朕之姊公主。丁皂保之父乃永平府之人，亦被虏为养子。喀喇章京无嗣，皆赖养子，依礼殡葬。后丁皂保富，修理祖茔，极其壮丽。但袭喀喇章京之职时，因非其正嗣，故朕不令承袭。原设包衣三旗无有此等者，自诸王处归并人内有之，汉军内尤多。世祖皇帝时查读书人，大臣、官员等各献其家中读书人用之，亦有为大吏者。如赵材、赵赉皆系国舅家人。"因顾起居注官左都御史揆叙曰："尔家亦有。"揆叙奏曰："然。"上顾大学士等曰："书房首领敦拜尔等未及见，伊原系叶赫家人，亦因学优献用，甚有体面，曾与揆叙之父一

处行走。”揆叙奏曰：“此处皇上曾经下旨，臣父亦曾告臣。敦拜尚长于臣父。”上曰：“然，彼时敦拜诚长之。”又曰：“事已年久，且系大吏，不应如此讦辱。进京时尔等与九卿会议，似此等者，当行禁止。”

又覆请刑部所题正红旗包衣陶里佐领下闲散陈世杰看打较试，因二哥见陈世杰不行起立，互相殴打。褷䙄、老哥、陈世杰齐行踢打，置之路傍，散去。二哥伤重身死。熊三闻之，告与褷䙄等，褷䙄等逃脱。请将陈世杰暂行监禁，俟拿获在逃褷䙄、老哥之日质审一疏。上曰：“着交与该部，旗下大人限一月严行查拿褷䙄等审结。若迟延时日，着一并议处。”

又覆请刑部所题镇守黑龙江等处地方将军宗室杨福题，打死祁义之傅亨子应拟绞监候，秋后处决。但事在赦前，请将傅亨子免死、鞭一百，议准行一疏。上曰：“此五十年之事。黑龙江不甚远，缘何迟延至今？事依议，着查其迟延之故。”

毕，上曰：“今督抚俱报地方之事差好矣。观前史，坏事皆生于隐匿。明时贼情俱隐匿不闻，直至贼已及门，尚然不知。朕临驭年久，凡事无要于预筹者。若不预为筹画，及至有事，则难为矣。旱涝之灾，民之疾苦，乃自古所有之事，奏闻何伤？若果督抚凡事不隐匿奏闻，预为勤理防备，断不妨事。”松柱奏曰：“督抚若不报，皇上即于他处闻之，督抚亦不能隐匿。”上曰：“如江南来者由山东路过，伊何以隐匿？顷画海图之二新满洲言山东田稼好，见其地丰富，甚为惊异。陕西田稼亦好，价甚贱。盛京粮米一石只值三钱。”又曰：“凡事若有应商之处，朕必折本与尔等商酌，或问九卿。但军情、河工事朕即断处，若与不知之人商之，反致有失。昔热河之水长至五尺，即为大水。顷因天雨，水长三尺，朕出观河中之水尚未及堤岸。今河宽浚深，自水面量之，长三尺不为甚长。昔由黄河行时，下视遥堤。今船桅之顶反低于遥堤。河底深，堤岸高，水长一丈始及岸，较遥堤犹远。于成龙、董安国亦曾竭尽心力修理河工，而河反致坏。如许满洲汉军大人等，皆不能理授。张鹏翮为总河时，三月十八日朕曾御乾清门训张鹏翮，尔但遵朕之所指授，无立异。张鹏翮至河工，惟遵朕所训示，拳拳奉行，究至成功。朕先往观河工时，海青负桩，朕步行，指示标记处理御坝之处。在河工之和硕色冷笑，有不服之意，后不依

朕修理，致河工大坏。今因修理御坝，河道甚有裨益。观《河防一览》之书，治黄河皆赖清水，若清水不得入黄河，则黄河之沙断不能浚。”

上又曰：“岳拜至口奏云陕西省免五十一年钱粮。甘肃卫所应征之米未免，请将此米免征。朕言尔度兵饷之米足与不足再奏。彼回算，果不足，一如朕言。彼今无法缮折具奏，请酌分数量减。因昔赵申乔有奏，请免右卫钱粮之事，故彼援此具奏。此但为彼之名声耳。兵饷关系紧要，朕不斟酌，即据奏宽免，可乎？”因取岳拜所奏折付温达，曰：“尔等细观议奏。”

是日，柰曼多罗达尔汉郡王垂忠来请安进贡。

二十三日戊戌　上驻跸行宫。是日，赐侍卫、护军参领、护军校、护军、执事人员、七省官兵羊。喀喇沁扎萨克、镇国公沙木巴喇什来请安进贡。

二十四日己亥。上驻跸行宫。是日，协理科尔沁和硕达尔汉亲王罗布藏滚布旗下二等台吉毕里滚达赖来请安进贡。

二十五日庚子　上驻跸行宫。

二十六日辛丑　上驻跸行宫。是日，科尔沁多罗郡王诺门额尔黑图、多罗贝勒巴克西古勒等来请安。

二十七日壬寅　上驻跸行宫。是日，克什克腾扎萨克头等台吉七把克扎卜来请安进贡。

二十八日癸卯　上驻跸行宫。

二十九日甲辰　上驻跸行宫。

巳时，上御行宫，大学士温达、松柱，学士舒兰、马良、绰奇、常泰以折本请旨。覆请户部所题两江总督赫寿、浙江巡抚王度昭等题，江南米十万石，公捐雇船，交与总兵官穆廷栻运至福建。若广东米价平，留五万石于福建，令广东迎运五万石，议准行一疏。上曰：“今年广东田禾收，福建泉州、漳州等处亦收，但福州等处之禾稼稍歉。此二事俱行与九卿速议具奏。”

又覆请刑部所题，贼盗陈五显等虽自行投顺，但既杀人放火、任意抢夺，而复兴官兵屡次拒敌后，被官兵严行搜缉，穷迫投诚。请将此辈照强盗律立斩一疏。上曰：“陈五显等皆系山贼，屡次与官兵拒敌后，穷迫始

行投顺，与海贼不同。且伊等聚集数百人，于州县乡村肆行劫夺，造作恶言，于各处书写粘贴，直传至浙江。部中将此辈止照强盗律拟斩，应将伊等所传之帖追出严审，照反叛律拟罪可也。本发还，将此情详细书写，寄于部臣。”

又覆请刑部题拉色里、雅奇纳等因打鸦角口，将李二毒殴，致李六打死柱儿，系一时不平，并无仇隙。请将李六等各减一等，佥妻流三千里。起事之拉色里、雅奇纳俱鞭八十一疏。上曰：“观拉色里、雅奇纳之名，似系新满洲及西北索伦，此辈或系人家奴，或系另户，着查之。鸟枪皆已禁止。执禁止之器，各处打枪，佐领处缘何不查？部中并未议及此事。着一并查明具奏。”

又覆请户部尚书张鹏翮告假送亲回籍一疏。上曰：“户部之事皆关系钱粮，甚为紧要。伊父尚有他子，张鹏翮年老，亦不能侍奉伊父，不必令其送回原籍。所奏本着发还。”

大学士温达等以巡抚岳拜所奏陕西省五十一年蠲免钱粮、甘肃卫应征米粮未曾蠲免，请酌分数量减，议不准行一折覆请。上曰：“尔等所议之折及岳拜所奏之折一并交与岳拜家人带回。”

毕，上曰：“观各督抚所奏之事，惟湖南巡抚潘宗洛，所奏诸事皆糊涂不明，部中每多驳回，且其省雨水田禾情形，至今尚未奏闻。湖南之事废弛，此人何如，朕不深悉。但系学士，以应升升补。湖南关系甚要，潘宗洛人何如，行止何如，着问在京大学士、九卿等公同具奏。”

上问学士舒兰曰：“尔眼何肿？”舒兰奏曰：“害眼。”上又问曰：“尔疾若何？”舒兰奏曰：“至此处似稍愈。”上曰：“气色尚不好，尔岂服补药乎？”舒兰奏曰：“服之。”上曰：“服补药无益，如服下药即下，服吐药即吐，服补药总不知觉。医者之言不可信，病愈则曰药之功，不愈则曰，平和之药，缓乃有效。”左都御史揆叙奏曰：“皇上所见甚是。医者多不知配药之理，服之无益。臣昔曾服补药，自蒙皇上训示，因不服药。今气色好矣！”舒兰奏曰：“臣自今不服药矣。”上曰：“服补药如闻誉言，总无利益。”又曰：“笔帖式则誉司官，司官则誉大臣，大臣则誉君。朕在位五十余年，闻人誉词，溢于耳矣。”上又曰：“养身

者，但宽其心，食常食之物为佳。”温达奏曰：“皇上所见甚是。臣有时食适口之物过多，则膨闷，仍食照常之物，则易于消化。”揆叙奏曰：“皇上之旨真是至言，诚养身之要法。”上曰：“人之所好各不同。父所爱食之物，必不能令其子爱食之。”因顾揆叙曰：“邵子所言，阳奇阴偶，凡物好者少，恶者多。人亦学善难，学恶易。”揆叙奏曰：“皇上曾讲《易》，谓扶阳抑阴，因皇上阐明，此理始著。”上又曰：“满洲、汉人之性迥然不同，汉人以喜怒不形于色为贵，若存心行事，诚实始为贵耳！尚欲开示肺肝，怀诈挟术，人心又岂服耶？如朕之喜怒，人即得而知之。朕毫无隐匿。”又曰：“喜怒不形于色，皆大奸大伪之人。吴三桂、噶尔丹皆如此。此等人断不能起！”

是日，协理翁牛特旗下事二等台吉俄齐尔来请安进贡。

三十日乙巳　上驻跸行宫。

七　月

初一日丙午　上驻跸行宫。

初二日丁未　上驻跸行宫。

初三日戊申　上驻跸行宫。

初四日己酉　上驻跸行宫。

初五日庚戌　上驻跸行宫。

初六日辛亥　上驻跸行宫。是日，赐贝子、公、内大臣、侍卫、都统、前锋统领、护军统领、大学士、尚书、护军参领、护军校、护军、执事人员、七省官兵羊。

初七日壬子　上驻跸行宫。

初八日癸丑　上驻跸行宫。

初九日甲寅　上驻跸行宫。

初十日乙卯　上驻跸行宫。

巳时，上御行宫，大学士温达、松柱，学士舒兰、马良、绰奇、常泰

以折本请旨。覆请九卿所议，江南浙江漕粮由海运至广东、福建，今广东、福建两省已熟，应将所运之粮暂行停止，行文该督抚，再将秋收查明。若有用米之处，速行奏闻，到日再议转运一疏。上曰：“将本收贮，着问广东、福建督抚还有用米处否，速行文去。”

又覆请吏部所题遵奉康熙五十二年三月十八日恩诏，应给官员封典一疏。上曰：“此等事向来皆批曰是，此本票拟依议。前番亦有类此一事已经批出，未取改正。着查前式。”

又覆请吏部所题蒙古汉军中书员缺，亦将进士、举人挨次补用，以为定例一疏。上问大学士等曰：“如此用之何如？”温达奏曰：“于衙门有益。”上曰：“亦有有益者，亦有无益者。进士、举人中竟有不学、不能书之人，不知他向来应试时如何得中？朕若彻底一查，则毕出矣。”温达奏曰：“如有不好者题参。”上曰：“现今即有，着依议，有不好者勿留。”

又覆请兵部所题镶白旗满洲都统朱麻喇员缺，以镶黄旗蒙古都统善亶等职名开列一疏。上曰：“回銮日奏。”

又覆请兵部覆川陕总督鄂海所题，伊属简选保送武弁内不无滥举鲜实之处，请自今以后，务以有材干人、曾出兵效力者保举，具题补用。如无曾经效力之人，论俸简选保举，具题补用。庶无夤缘徇私之弊，议准行一疏。上曰：“鄂海这所题，用意甚深。今承平日久，行间效力之人殆尽。前此保举人员还好，今渐流弊。提督、总兵官等互为子弟，保举者多。将此着九卿会同详议具奏。”又曰：“且今部院大臣亦类是，为其子弟互相援引者有之。”

又覆请兵部覆两广总督赵弘灿所题，伊标下中军副将张天福员缺，请以参将谢志补授。谢志员缺，请以游击杨泽弘补授。查总督标下中军副将非坐名之缺，臣部已将参将蔡宽题补。该督所请无庸议一疏。上曰：“这事件着收贮，俟补授副将张天福员缺之人到日一并引见。”顾请旨学士绰奇曰：“本内俱已载明。”绰奇将本启视，奏曰：“是。”上曰：“若不是，朕肯在众人前妄语乎？尔捧本之人，为何不行细阅？且尔在部院内素有名，乃名为捧本，于事全不经心。”绰奇叩首奏曰：“谨识之。”

又覆请刑部等衙门覆右卫将军宗室费扬古等所题，乌即墨打死外父敦

济，照律拟斩，准如所拟一疏。上曰："朕定新例，将杀人之另户交与该处即行完结，故今杀人者少。乌即墨本另户之人，又殴死其外父，应交与该将军，照新例完结。本发还，再议具奏。"

又覆请刑部所题私铸钱之为首布麻子拟立斩，为从张大等拟立绞一疏。上曰："着候秋后。看此本，私行鼓铸三人，三四日间铸钱数串。宝源、宝泉局鼓铸匠工甚多，每每迟延不完，常有剩铜。将此情由查奏。"又曰："朕常探听钱价、米价。京师钱贵，大钱每两银换八百，小钱每两银换一千八百。钱价贱时似好过日，故用小钱，于民颇有益。今小钱不甚得，价作铜卖者多。至湖广等处，以小钱来京卖者严行禁止，已不来矣。小钱亦自此渐尽。"

又覆请刑部等衙门再议打死柱儿之李六应拟绞，但拉色里等肆行毒打，李六等情极互殴，柱儿伤重殒命，并无仇隙。将李六减等，佥妻流三千里。拉色里、雅奇纳俱系新满洲前锋厄纳辙之家生子，恣意妄行，违禁放枪，应各枷号四十日、鞭一百。厄纳辙不能约束家奴，亦应鞭八十。失于觉察之代管佐领事户部员外郎浑齐、骁骑校哈弥纳各罚俸六个月一疏。上曰："本发还，再议具奏。"

又覆请刑部所题，正蓝旗阿尔孙佐领下闲散人金蝉与同佐领下黑济肯戏谑，因角口，将黑济肯打死脱逃。今金蝉投到，罪在赦前，应免死、鞭一百一疏。上曰："金蝉着鞭一百，发往黑龙江当差。"

又覆请工部所题福建省修造战船奏销钱粮一疏。上曰："依议，战船不可用之处，凡有战船省分督抚着回奏。"

又覆请护理奉天将军事务前锋统领伯唐、保住等奏称，皇上为盛京锦州立水师营谕旨甚详，今锦州所属旅顺口等沿海地方旗下官兵驻扎于此，又立水师营水陆互应，巡视海洋甚易，于地方大有裨益。看得总兵官李雄所题标下水师营七百兵请仍留防守，前已有旨，将山东水师营兵内熟识水性、善理舟楫、年力强壮者挑选五百名留用，余令各归本营，甚是。今又奉旨在锦州立水师营，应仍遵前旨。李雄又称商船不许在盖州停泊，请移置旅顺口。查旅顺口并无居民，距盛京将九百里。盖州去盛京止三百六十里。路程既近，贸易又年久，商船仍令在盖州停泊，于兵民商贾均有裨益

一折。上曰："这三事着九卿议奏。"

又覆请户部尚书穆和伦等遵旨查得题覆御史花善等所参各部院钱粮数目不符案内，将硕通阿行查。崇门文监督尚之杰处回称，包衣达硕通俄讹写硕通阿是实。又将拖活河之处问理藩院，郎中赵华回称，拖罗河讹写拖活河是实一折。上曰："着将讹写之官员查议。这所查折子随本同进。向来似此等查问之事，俱于请旨时具奏。尔等当于请旨时奏之。"

又覆请宁古塔将军觉罗蒙俄洛奏，遵旨往三姓处，以浑春地方捕海獭之库尔喀等编为牛录，披甲学习规矩等语告之，三姓人皆欢呼叩首，祈亦照库尔喀等编为牛录效力。查三姓壮丁共一千五百三十二口，将伊等如何编为牛录，恭请圣谕一折。上曰："伊等本处不可迁徙，回銮日尔等会同议政大臣 、九卿议奏。"

又覆请九卿奏潘宗洛自任巡抚以来，行事多糊涂，湖南地方所关甚要，潘宗洛才干平常，不胜其任一折。上曰："九卿亦称潘宗洛平常，回銮日奏。"

毕，上谓大学士等曰："部院官员内还有办事好者，但于事不甚留心，未免疏略。"松柱奏曰："敢不留心？臣等每事亦尽力细看，皇上问及辄忘之。皇上综理万几，将本折出，许多日一句一字识之不忘，诚为神异！"上曰："此皆经历劳苦之故耳。朕当乱时，日阅二三百件事，今只二三十件事，阅之何难？昔年少时，能步行四五十里，今虽有年，尚可步行十数里。凡事皆在历练耳。"又曰："今算法律吕等韵探究本原，皆已明晰。黄钟为最要，凡数以至于斗斛，尺度无不系乎其中。"起居注左都御史揆叙奏曰："皇上所定，俱有根据，质诸古书，靡不合符，诚发明古之所未明，大有裨于后世之学者。"

十一日丙辰 上驻跸行宫。是日，附土默特多罗贝勒阿喇普坦旗下喀尔喀多罗贝勒罗卜藏、喀尔喀折普尊丹叭库图克吐遣使来请安进贡。

赐大学士温达、松柱，尚书公孙徵灏等御制《避暑山庄集》各一部。

十二日丁巳 上驻跸行宫。是日，厄鲁特多罗郡王彻领王卜等来请安。

十三日戊午 上驻跸行宫。

十四日己未 上驻跸行宫。

十五日庚申 上驻跸行宫。

十六日辛酉　上驻跸行宫。是日，上御行宫，大学士温达、松柱，学士舒兰、马良、绰奇、常泰以折本请旨。覆请兵部覆山东巡抚蒋陈锡所题总河标下原任副将惠占春等在山东地方置产年久，伊子不能回籍，议不准行一疏。上曰：“现任武官不许于任所置产入籍。先是物故者已经置产，历年久远，何必追究？今后有似此等者勿查。”

又覆请河东巡盐御史噶什图题参运使石文彬贪劣一疏。上曰：“此事不可交与巡抚审，遣部院堂官一员去审明具奏。”

又覆请浙闽总督范时崇题，广东、福建两省运米应先将沿海州县米拨运，庶日期不致迟延。后将通水路之州县仓谷运去抵补。此米俱限七月内各齐集水口，俟船到发，兑查粮船。黄岩总兵官标下拨六只，温州总兵官标下拨七只，及定海总兵官标下所拨船只，共计可载三万石米。其余七万石，另雇货船装载。候北风起，即令启行。至福建省虽行捐纳，而输仓之粟甚少，臣请行查。广东省分如果稔收，将一半米石留贮福建，免其輓运。既省广东重载之费，又慰福建百姓之心。可否，伏祈皇上批示遵行一折。上曰：“范时崇请留米石，着九卿速议具奏。”

又以大学士李光地等因吏部所题庶子阎锡爵等应得封典一事，当拟票是错票，依议认罪，请皇上改正批出折子呈览，并以原疏覆请。上曰：“着改正。”大学士温达奏曰：“臣等亦尽办细看，其舛错处竟看不出。皇上万几在御，一见洞然，真圣神也！”上曰：“朕自幼与旧时大臣同理国事，至十三岁亲政，颁恩诏内有奏误赦一人。大学士李霨奏云，业已误矣，听之便。朕曰：‘宥人听其误犹可也，若杀人听其误可乎？’李霨喜极涕零，奏云：‘皇上此谕诚，可昭垂万世，臣甘待罪！’曩朕与辅政大臣额必伦公、巴图鲁公共理时，红批已发科抄之事，常有取回，换本面改批发出者。冯溥为给事中，奏云，凡事在内当即详定，已批出者不可反汗。额必伦公、巴图鲁公皆粗卤，即欲罪冯溥。朕以红批奏章所关甚要，冯溥言是，因于本上批奖之。自此遂无取回之事。”又曰：“昔听政时，每令读本，朕与额必伦公、巴图鲁公共听之。或因一时言笑，往往忽略。后朕向伊等言，此内人之生死攸关，我等不可不慎。伊等皆在行间，惯经厮杀之人，不以杀人为事，甚轻易之，朕必慎焉。”温达奏曰：“皇上慎

重人命，于死中求其生路，所宥甚多。”上曰：“惩恶劝善，亦有不可宥之处。圣人法内有仁。”顾起居注左都御史揆叙曰：“惟仁者能好人，能恶人。”揆叙奏曰：“皇上所谕甚是。”

上又曰：“今岁各处田禾俱好，福建、广东、广西皆稔。闻台湾地方运米至福建，此路行走甚易。又盛京乌喇等处亦稔。”温达奏曰：“奉差祭岳渎赏兵官员回，俱云各处大收。”

是日，上出，率善射鼓的人员射。上每发悉中。

十七日壬戌 上驻跸行宫。是日，赐庄亲王扁。

十八日癸亥 上驻跸行宫。

十九日甲子 上驻跸行宫。是日，厄鲁特多罗贝勒额驸阿保来请安进贡。

二十日乙丑 上驻跸行宫。

二十一日丙寅 上自热河启行，驻跸中关。

二十二日丁卯 上驻跸青城。是日，翁牛特扎萨克多罗杜棱郡王仓津、巴林崇宪公主来请安进贡。

二十三日戊辰 上驻跸青城。是日，赐王、贝勒、贝子、公、内大臣、大学士、尚书等梨、鱼。鄂尔多斯多罗郡王董落普、喀尔喀贝勒诺尔布班第来请安进贡。

二十四日己巳 上驻跸张三营。是日，赐护军统领颜母布马一匹。苏尼特多罗杜棱郡王他里扎卜，喀尔喀扎萨克一品台吉阿里雅来请安进贡。

二十五日庚午 上驻跸张三营。是日，喀尔喀固山贝子巴特马王扎尔来请安进贡。又科尔沁和硕纯僖公主遣使来请安进贡。

二十六日辛未 上驻跸黑湾口。是日，苏尼特多罗郡王垂济一苏隆来请安进贡。

二十七日壬申 上驻跸云特母尔口。是日，赐王、贝勒、贝子、公、内大臣、侍卫、都统、副都统、护军统领、护军参领、七省官兵鹿。

二十八日癸酉 上驻跸石幕地方。是日，赐王、贝勒、贝子、公、内大臣、侍卫、都统、副都统、护军统领、护军参领，部院大臣、官员、翰林官、七省官兵鹿。郭尔罗斯四品台吉诺尔布章阿禄、科尔沁四品台吉阿拉布坦来请安进贡。

二十九日甲戌　上驻跸骅骝杨川。

三十日乙亥　上驻跸哈达鄂佛洛。

八　月

初一日丙子　上驻跸哈达厄富罗。是日，赐王、贝勒、贝子、公、内大臣、侍卫、大学士、尚书、护军统领、副都统、护军参领及七省官员，蒙古王、台吉、他布囊等野猪。科尔沁一品台吉厄尔得普图来请安进贡。

初二日丁丑　上驻跸野猪川。是日，赐王、贝勒、贝子、公、内大臣、侍卫、大学士、尚书、护军统领、副都统、护军参领及七省官员，蒙古王、台吉、他布囊等野猪。喀尔喀扎萨克图汗和硕亲王额驸则旺扎普来请安进贡。

初三日戊寅　上驻跸车尔布库。

初四日己卯　上驻跸野猪川口。

初五日庚辰　上驻跸红川湾。是日，赐王、贝勒、贝子、公、内大臣、侍卫、护军统领、副都统、护军参领、部院大臣、官员、翰林及七省官员鹿。阿禄科尔沁多罗贝勒旺扎儿来请安进贡。

初六日辛巳　上驻跸红川湾。

初七日壬午　上驻跸准乌拉岱。

初八日癸未　上驻跸柳林。

初九日甲申　上驻跸富沟。是日，赐王、贝勒、贝子、公、内大臣、侍卫、护军统领、副都统、护军参领、执事人员、七省官兵鹿。

初十日乙酉　上驻跸乌呼尔济。

十一日丙戌　上驻跸乌呼尔济。

十二日丁亥　上驻跸乌呼尔济。

十三日戊子　上驻跸乌呼尔济。

十四日己丑　上驻跸厄尔楚克。

十五日庚寅　上驻跸得尔济灰汗。是日，赐王、贝勒、贝子、公、内

大臣、侍卫、护军统领、副都统、护军参领、部院衙门大臣、官员、翰林及七省官果，执事人员、护军校、护军等羊。科尔沁和硕纯禧公主来请安进贡。

十六日辛卯　上驻跸克尔木特。

十七日壬辰　上驻跸永安地方。是日，科尔沁和硕端敏公主来请安进贡。

十八日癸巳　上驻跸永安地方。是日，喀尔喀扎萨克辅国公根敦来请安进贡。

十九日甲午　上驻跸石山。

二十日乙未　上驻跸红门。是日，赐王、贝勒、贝子、公、内大臣、侍卫、护军统领、副都统、护军参领、执事人员及七省官兵鹿。

二十一日丙申　上驻跸潺流河岸。

二十二日丁酉　上驻跸浑进布拉克。

二十三日戊戌　上驻跸七溪庙。是日，赐王、贝勒、贝子、公、内大臣、大学士、尚书等羊。阿霸垓扎萨克多罗郡王乌尔占噶喇普、苏尼忒扎萨克多罗杜陵郡王达里扎普、阿霸哈纳扎萨克固山贝子厄林陈达什来请安进贡。

二十四日己亥　上驻跸七溪庙。是日，厄鲁特多罗郡王车凌王布来请安进贡。

二十五日庚子　上驻跸七溪庙。是日，宴诸王、贝勒、贝子、公、内大臣、侍卫、前锋统领、护军统领、副都统、护军参领、部院大臣、官员、七省官员，蒙古王、台吉、他布囊、蒙古等。赐巴林喀喇沁克西克腾王、台吉、他布囊、蒙古等缎匹、银两。赐诸王、贝勒、贝子、公，喀喇沁王塞棱、公善木巴拉西等马。

二十六日辛丑　上驻跸七溪庙。是日，赐前锋统领、护军统领、副都统、护军参领、侍卫、翰林、执事人员、护军校、护军等马。赐马群人缎匹、银两。

二十七日壬寅　上驻跸浑进布喇克。

二十八日癸卯　上驻跸潺流河岸。

二十九日甲辰　上驻跸红门。

九　月

初一日乙巳　上驻跸巴颜拖罗海。

初二日丙午　上驻跸朱尔哈代硕伦。

初三日丁未　上驻跸郭里营。

初四日戊申　上驻跸喀普七路。

初五日己酉　上驻跸青城。是日，赐蒙古王、台吉、他布囊等帽、蟒袍、靴、缎、银两。

初六日庚戌　上驻跸中关。是日，赐镶黄旗蒙古旗下原任亲军校绰尔齐巴颜马、牛、羊、翎帽、衣服、银两。

初七日辛亥　上驻跸热河。

初八日壬子　上驻跸行宫。

巳时，上御行宫，大学士温达、松柱，学士舒兰、马良、绰奇、常泰以折本请旨。覆请九卿议盛京、锦州应立水师营一疏；又总兵官李雄所题请留伊标下所裁七百兵，不准行一疏；再请将盖州货船移泊旅顺口，不准行一疏。上曰："这三事，回銮日尔等会同九卿议奏。"

又覆请吏部覆直隶巡抚赵弘燮所题，永定河支领钱粮，令分司道员互相取结，准照所请；又请增添效力笔帖式，议不准行一疏。上曰："支领钱粮，俱系巡抚专责，何用分司道员互相取结？这所奏无益，俱不必准行。将本发回，再议具奏。"

又覆请户部覆御史邹汝鲁条奏四川刨矿人众，驻扎官员地方窎远，一时不能遍管，将此交与督抚、提镇。简选文武官员内贤能者专管等款，应行文该督抚、提镇公同议题，到日再议一疏。上曰："邹汝鲁条奏数款，前所议甚明，今何必行查督抚？这亦无益，本发还。"

又覆请兵部覆广东提督王文雄所题，沿海防守武官三年无诖误加级，五年无诖误即升；水师营兵与战兵一例给与钱粮，议准行一疏。上曰："此俱有定例，何必纷更？果照所请，至五年后，武官俱升去矣。这不可

行。”

又覆请兵部所题福建金门总兵官朱光祖员缺，以镶黄旗参领白云鸿等及副将等职名开列一疏。上曰：“朕所确知之人俱已用讫，旗下官员及陕西地方官员内人材壮健者有之，但不熟谙水性耳。着问九卿，各举其所知者。”

又覆请兵部所题福建水师提督标下中军参将叶国鼎员缺，以记名应升参将、官员及侍卫等职名开列一疏。上曰：“亦着问九卿。”

又覆请兵部覆浙闽总督范时崇所题，招抚海贼郭昌等请旨作何安插，应将郭昌等一百七十四人愿为兵者给与钱粮，愿归农者即令归农一疏。上曰：“这事议得不好，再行详议具奏。”

又覆请刑部覆川陕总督鄂海所题，凡有刁民聚告州县官员，请交与布、按两司审明后再行题参，议准行一疏。上曰：“这所奏，朕甚以为是。一经题参，即便离任，如此，则民习坏矣。着依议。”

又覆请刑部覆福建将军祖良璧所题，正黄旗王伦佐领下闲散人李芝荣将正蓝旗佟世炳佐领下佟国珍戳死，请即于本地方正法，以惩凶，无庸议一疏。上曰：“将军祖良璧请将李芝荣在本地方正法甚是，刑部反为减等，令解至京，是何言也？李芝荣着交与该将军照新例正法。”

又覆请刑部汇题案内新满洲雍科因酒醉砍陈升之、索柱，应枷号一月、鞭八十一事。上曰：“雍科甚是凶恶，若发与乌喇、宁古塔，却是伊本处。俟枷责满日发遣西安将军处披甲当差，勿许来京，着不时严查。”

又覆请刑部汇题案内，镶黄旗包衣佛伦佐领下八品笔帖式傅思护拳殴伊妻王氏，六日殒命，傅思护当拟绞。事在赦前，应革去笔帖式，鞭一百一事。上曰：“傅思护乃冯德美之子，冯德美系狗上人，甚是恶劣。此事显然巧于躲避，入在汇题疏内。着再行严审具奏。”

又覆请刑部汇题案内，镶黄旗觉罗佛保佐领下原任三等侍卫保昌因戳伤常明，奉旨发遣白都纳，半途遇赦，应行文该将军，将保昌调回一事。上曰：“保昌甚不端，不可留于京师，仍发白都纳当差。”

又覆请刑部汇题案内，正白旗蒙古偏头佐领下原任二等侍卫图克特纳因酒醉，往正蓝旗苏拔特佐领下步兵瓦哈利家取炕坛而去，瓦哈利喊追

之，图克特纳被拿，应将图克特纳鞭一百一事。上曰：“图克特纳大为恶劣，亦不可留于京师，鞭毕发宁古塔当差。”

又覆请刑部汇题案内，刘呈祥等自称内监，将觉罗查呼毒殴，应拟流一事。上曰：“刘呈祥并非内监，伊冒称内监，将觉罗查呼殴詈，甚属可恶。这所议轻，着再严行拟罪具奏。”

又覆请刑部所题发往宁古塔正法之楚库尔代遇赦应免死，枷号两月、鞭一百一疏。上曰：“楚库尔代着枷号两月、鞭一百，仍发遣宁古塔当差。将此案迟延官员严察议奏。”

又覆请工部题为修造真人张继宗公馆一疏。上曰：“此事朕原交与内务府总管，内务府何以用印文行之工部乎？这一道士庙耳，有何关要，乃用印本具奏？即不尔缮折奏闻亦可。本发还。”

又覆请工部所题请更给事中冷宗昱管理街道一疏。上曰：“街道原系工部之事，因科臣条奏，朕故令兼管。此并非科内事，交与工部，仍照旧例具题。”

又覆请理藩院等衙门所题，土嘿特旗下阿育西被殴死，应将伊父妾诺敏乌巴三义、伊弟绰敏拟绞，伊家奴哈拉鄂钦拟立斩一疏。上曰：“子殴其母，母亟呼曰：尔等竟听其殴耶？伊弟及奴方助殴以至于死。且今子殴母，自应助其母，岂有助其子之理乎？诺敏乌巴三义免绞，哈拉鄂钦绰敏俱着监候，比秋审时再行覆奏。”

又覆请浙闽总督范时崇所题台湾道陈瓒请再留三年一疏。上曰：“陈瑸着照所请再留三年。”

又覆请浙江巡抚王度昭所题，请以宁绍分司李继谟等补授嘉兴府知府同知一疏。上曰：“闻王度昭前坐名题补人员，俱不甚佳。将此着问九卿具奏。”

又覆请浙江海关监督兵部郎中戴保所题，浙江宁波府沿海地方被海水淤不得耕种之田，请开捐纳筑堤，使海水不淤，令兵民开垦耕种等因，应行文该督抚查明定议具奏一折。上曰：“这事议得不好，着再行详议，用印具奏。”

又覆请山西巡抚苏克济所题平阳府知府员缺，请以解州知州祝增补授

一折。上曰："着问九卿。"

又覆请川陕总督鄂海所题楂冈古塘等十八处居住生番大小共六千余口，来西安城归附。查此并非胡虎诺尔王等处纳贡之番人，因俱收纳，交与土司杨如崧等一折，并图呈览。上问大学士等曰："尔等云何？"温达奏曰："生番是否胡虎诺尔之属，地方官但听其言而已，并无可查之据。"上又问学士舒兰曰："尔曾在西边行走，此系胡虎诺尔之属，然否？"舒兰奏曰："胡虎诺尔所属之人，有相隔一二千里者，伊等是否其属，安得知之？"上曰："朕阅此图，东北西南相隔甚远，似非胡虎诺尔之属。将图发出，着该部详议具奏。"

毕，上又问学士舒兰曰："尔身体近来如何？"舒兰奏曰："臣蒙圣恩，近已稍愈，但气促耳。"上曰："尔颜色较前已好，想尔往西边去时必受瘴气。"顾大学士等曰："凡往瘴疠之地，以致残疾无用者甚多。人亦各于本处水土相宜耳。洼处者不宜于高，高处者不宜于洼。若居洼之人就高，虽受病犹无害；若居高之人就洼，则其病必至于死。且今蒙古等来此地而死者众矣。朕出师宁夏时，竟不成寐，皆因地高，故气不足。又五台地方亦高，朕往其地，亦如是。朕处处留心试验方知。尔等未曾经历之人，不知地方之故，只以为体中不快耳。"

初九日癸丑　上驻跸行宫。是日，赐内大臣、大学士、前锋统领、护军统领、副都统、护军参领、侍卫、执事人员、七省官兵鹿肉。

初十日甲寅　上驻跸行宫。

十一日乙卯　上驻跸行宫。是日，赐内大臣、前锋统领、护军统领、副都统、护军参领、侍卫、部院大臣、官员、执事人员、护军校、护军、七省官兵榛子。

十二日丙辰　上驻跸行宫。是日，上出行宫，阅三姓人射。继率善射人员、贝子苏努射。上每发悉中。毕，回宫。

是日，赐三姓人银两、缎匹、马。

十三日丁巳　上驻跸喀喇城。是日，喀尔喀扎萨克多罗郡王伊尔登来请安进贡。

十四日戊午　上驻跸鞍子岭。

十五日己未　上驻跸两间房。

十六日庚申　上驻跸巴克西营子。是日，赐休致大臣班第等鹿肉、条鱼。

十七日辛酉　上驻跸腰亭子。是日，古北口驿传道员外郎罗殷泰、拖沙喇哈番善岱、同知郑富明、都司孙梦麟、笔帖式富英等，石匣营副将郑明、游击巴世勋、守备刘德紫等、千总李万鹏等、把总李国兴等来朝。

十八日壬戌　上驻跸密云县。是日，密云县抽木税礼部员外郎陈有义、鸿胪寺鸣赞索鼐，密云县知县朱英、守备王道义、训导陈志修、把总赵进谷等来朝。

十九日癸亥　上驻跸南石槽。是日，怀柔县守备赵成贵、知县贾龙文，拱极城都司包进忠等来朝。

二十日甲子　未时，上至畅春园，诣谦尊堂问安，驻跸畅春园。

是行也，各部院衙门奏章日送内阁，内阁三日一次递送行在听理。上驻跸热河之时，每日请皇太后安。进哨鹿时随报，请皇太后安十五次。

随围起居注官揆叙、常鼐、阿尔赛。

二十一日乙丑

二十二日丙寅

二十三日丁卯　辰时，上御畅春园内澹宁居听政。部院各衙门官员面奏时，户部尚书穆和伦等前奏。上谓尚书张鹏翮曰："尔部钱粮皆委书办算之，伊等所算者不过大略耳。钦天监何国柱现在内廷行走，算法甚精，授为尔部官，着算钱粮有益。伊不论繁冗事件，顷刻明白。操守虽不可保，人还谨厚，着授额外员外郎，缺出裁之。仍令两处行走。"

上问张鹏翮曰："何省钱粮明白？"张鹏翮奏曰："山东、河南二省钱粮明白。"上曰："山西钱粮亦明白。"张鹏翮奏曰："是。"上曰："直隶钱粮似不甚明白。"张鹏翮奏曰："各省钱粮拨饷，皆请旨而后行。于成龙为直隶巡抚时，特奏一面拨饷，一面奏闻。所以钱粮款项繁杂，不甚明白。"尚书穆和伦奏曰："臣部因直隶钱粮数目舛错，常行驳回。"上曰："尔等驳回有理，朕即允行。朕所言，皆有根据之言也。"

各部院奏毕，大学士温达、松柱、李光地、萧永藻、王掞，学士舒兰、彭始抟、邹士璁、马良、傅尔、胡讷、沈涵、绰奇、常泰以折本请

旨。覆请户部题为更崇文门监督一疏。上曰："尚之杰如何？"萧永藻奏曰："不生事，于商民有益。"温达奏曰："声名甚好。"上曰："着再留一年。"

又覆请刑部等衙门所题强盗陈五显等聚众数百人，恣行抢劫，俱拟立斩一疏。上曰："尔等之意云何？"李光地奏曰："此内有胁从者，亦有牵连者。"王掞奏曰："此内一百五六十人俱无口供，似应再行详议。"上曰："尔等会同该部再议具奏。现议正法之陈五显等，以次分别，将为首作乱，不可宥之数人正法则已。"

又覆请刑部所题，原任侍郎巴锡之子亲军甘生为伊佐领下拨什库六勒身带刀伤死于门首一案，查甘生罪合赦款，应枷号三月、鞭一百。又伊弟三等侍卫佛伦为调戏良家妇女，告于陶和气处，行贿脱罪，应照律拟绞，事在赦前，将佛伦革职一疏。上曰："甘生、佛伦甚为恶劣，不可留于京师。今三姓处现编佐领，佛伦着发遣三姓处披甲当差。甘生鞭责满日，亦发遣三姓处披甲当差。"

又覆请刑部等衙门所题，二巴喇等为庄头杨国英之子杨茂多索当差银两，将杨茂毒殴，次日殒命。二巴喇等之父俱系杨三所买之奴是实，二巴喇等应照律拟凌迟一疏。上曰："凌迟，极刑也，关系重大，着九卿、詹事、科、道会同详议具奏。"

又以九卿遵旨为福建金门总兵官及水师提标下中军参将员缺，保举副将程汉鹏、黄英等职名缮折呈览，并原疏覆请。上曰："水师甚要，非熟练之人不可。朕遣人自山东登州往铁山去，半日即到。伊等至其间，身俱不能自主。海道诚险，朕甲子年南巡，正在壮时，从江宁燕子矶登舟，行大江风浪中，顷刻而抵金山。扈从之船俱不能及。逮后有年，因戒其险，不由江行。意以陆路之人，至水路无有不惧者。"又问大学士李光地曰："九卿保举程汉鹏、黄英如何？"李光地奏曰："程汉鹏臣不知之，黄英还是谙练人。"上曰："金门总兵官员缺，着黄英补授。"李光地又奏曰："前所遣招抚陈尚义之蔡文尚是可用之人。今议叙掣得云南知州缺人，地不相宜，若移至福建地方或广东地方以武职效用，必有裨益。"上曰："即以此顶叶国鼎员缺，补授参将可也。"李光地奏曰："品级太

过。”上曰：“得人为要，品级稍过何妨！着即补授。”

温达等奏：“臣等遵旨将浙江巡抚王度昭坐名题补之李继谟等问九卿，九卿俱云不知”，以原疏覆请。上曰：“着该部议奏。”

又奏：“臣等遵旨以山西巡抚苏克济题，将解州知州祝增坐名补授平阳府知府员缺问九卿，给事中潘锦等云居官好”折子呈览，并原疏覆请。上曰：“祝增着照该抚所请补授。”又曰：“山西巡抚苏克济，操守朕不能保，办事并无可议。先是噶礼任山西时，钱粮亏空至四五十万，苏克济缮折奏闻，数年内俱已补足。今观巡抚内湖广、广东、浙江、四川巡抚居，官俱不妥当。”

随召九卿、大臣近前。上问尚书张鹏翮曰：“巡抚年羹尧如何？”张鹏翮奏曰：“闻于地方实心办事。”上又问曰：“操守如何？”张鹏翮奏曰：“臣一概人俱不见，即本籍来人亦不相见。臣知之不真。”上又问曰：“尔去年往浙江审事，闻巡抚王度昭居官何如？”张鹏翮奏曰：“于地方事尚留心，臣见伊时似有病容。”上顾九卿曰：“王度昭初莅浙江时声名甚佳，后因保题属官，声名遂坏。伊曾保题一人为知府，人心俱不服，尔等知之乎？”学士沈涵奏曰：“王度昭去岁曾保题一通判为宁波府知府，旨不允行。”上又顾诸大臣曰：“天下督抚内操守谁为第一？”诸臣奏曰：“督抚操守，俱不能出皇上洞鉴。”上曰：“湖广总督额伦特、江宁巡抚张伯行操守第一，虽至稚子，无不知之。闻贵州巡抚刘荫枢亦好。”又曰：“尔等俱为大臣，天下督抚、提镇之贤否，应于平时留心细访，以备顾问。谁贪谁廉，即行公举。虽门生故旧，不为徇庇。庶皆知畏惧而勉励矣。乃者朕问时，或谓未经同衙门办事，抑或谓不见人，知之不真。以此推辞，非理也。”上又问曰：“布政使李发甲如何？”大学士及九卿、大臣奏曰：“闻居官好。”上又问曰：“两淮运使李陈常操守如何？”大学士及九卿、大臣奏曰：“李陈常操守好。”上曰：“李陈常操守果好。”王掞奏曰：“不但操守好，亦且有才。”张鹏翮奏曰：“两淮盐务敝坏日久，非得此人不可。”上又问曰：“或更有似李陈常者，尔等知之乎？”王掞奏曰：“臣任刑部尚书时，司官内朱轼、李陈常二人名相埒。”上曰：“朱轼今居何职？”李光地奏曰：“曾为陕西学道，今内

升，尚未到。”吏部侍郎李旭升、兵部侍郎李先复奏曰：“台湾道陈瑸操守甚好。”张鹏翮奏曰：“御史周祚显亦好。”吏部侍郎兼管翰林院掌院学士事汤右曾奏曰：“臣去岁往广东审事，闻琼州府知府林文英亦好。”上问李光地曰：“林文英尔知之乎？”李光地奏曰：“林文英由庶吉士补授主事后，升保定府知府，今补琼州府知府，闻居官好。”上曰：“潘宗洛为翰林时，所学还去得。任巡抚后，适进一诗册页，观其所作，词意似属荒谬。”顾左都御史兼管翰林院掌院学士事揆叙曰：“朕有旨，着以诗册页发还潘宗洛，尔曾见册页否？”揆叙奏曰：“臣见之，果系荒谬。”上谓大学士温达等曰：“潘宗洛着革退，福建布政使李发甲着补授巡抚。”

是日起居注官王奕清、常鼐。

二十四日戊辰 是日，上诣谦尊堂问安。

二十五日己巳

二十六日庚午 辰时，上御畅春园内澹宁居听政。部院各衙门官员面奏时，户部尚书穆和伦等前奏。上问尚书张鹏翮曰：“性理之学佳者，尔知之乎？”张鹏翮奏曰：“先只有熊赐履佳。”上曰：“朕与熊赐履读书二十余年，朕深知之。此外有谁佳？”张鹏翮奏曰：“张玉书亦佳。”上又问：“还有谁佳？”张鹏翮奏曰：“李光地佳。”上颔之。问讲官文志鲸曰：“尔曾读过性理否？”文志鲸奏曰：“看过。”上曰：“性理书中云老子得易之体，孟子得易之用。孟子书中并未言及易，其故何也？”文志鲸奏曰：“臣所学疏浅，不能知其深奥。”上又问曰：“河图、洛书同异处云何？”文志鲸奏曰：“皇上圣学高深，洞彻阴阳五行之蕴，伏求指示。”上问张鹏翮曰：“如此等处尔知之否？”张鹏翮奏曰：“臣亦不知。”上又问曰：“《大学》中‘治国’‘治’字读作二音，出自何书？”张鹏翮奏曰：“臣但知《大学》‘治国’‘治’字作二音读，不知出自何书。”上曰：“今读书人虽科目出身，有不通晓字义者。”张鹏翮奏曰：“大抵读书人不求甚解者多。皇上圣学渊微，虽一字一句，必穷究精确，洵为古来所未有。”

各部院奏毕，大学士温达、松柱、李光地、萧永藻、王掞，学士舒

兰、彭始抟、邹士璁、马良、傅尔、胡讷、沈涵、绰奇、常泰以折本请旨。覆请户部等衙门遵旨议江南省所捐米内拨二十万石，浙江省所捐米内拨十万石，交与水师营官员用战船运至广东。如广东省稔收，将此三十万石米半运至福建省收贮，半运至广东省收贮一疏。上曰："浙江省今年歉收，其米石仍留浙江豫备。江南省米，福建五万石、广东五万石速行运去，着平价粜卖，毋致浥烂。"

又覆请刑部等衙门覆福建巡抚觉罗满保所题，伊松与兄伊忠秋在田间角口，伊松搤忠秋项至地，伊长脑救父情急，将棍搠伤伊松致死，将伊长脑拟立斩，准照所拟一疏。上曰："伊长脑持棍救父，殴叔致死，着改为秋后处决。"

又覆请都察院所题御史内升外转一疏；又吏部科衙门为给事中内升外转一疏。上曰："着问九卿具奏。"

毕，上谓大学士李光地曰："《朱子全书》、《四书注解》刊竣，可速颁行。"又曰："孟子云，排淮泗而注之江。朱子谓淮水不入江。古今水道不同，当时淮水或有入江之道，后来湮塞亦未可知。孟子必无错处。"李光地奏曰："臣等止知导淮，自桐柏会于泗沂东入于海，皇上此论，诚发千古所未发也！"上又曰："尔等传谕九卿，有真实留心性理正学之人，着各举所知。"

是日起居注官常鼐、文志鲸。

二十七日辛未

二十八日壬申

二十九日癸酉 是日，上诣谦尊堂问安。

三十日甲戌 辰时，上御畅春园内澹宁居听政。部院各衙门官员面奏毕，大学士温达、松柱、李光地、萧永藻、王掞，学士舒兰、彭始抟、邹士璁、马良、傅尔、胡讷、沈涵、绰奇、常泰以折本请旨。覆请吏部所题广西按察使王之麟员缺，以道员职名开列一疏。上曰："着问九卿具奏。"

又覆请刑部所题，镶蓝旗原任护军参领古尔哈家下开户巴柱叩阍，控告伊主古尔哈将伊等锁禁水浆，不许入口，阴害性命等款俱虚，巴柱应照律拟绞。但巴柱等系永行锁禁之人，冒死叩阍，冀免锁禁，应减等、佥妻

发往黑龙江当差。其弟拉柱等脱逃，严缉获日另结一疏。上曰："巴柱弟兄并伊等妻子俱发往黑龙江当差。拉柱、巴哈练俟拿获之日，亦将伊等妻子一并发往黑龙江当差。此亦其主仆互相激成耳。"

又覆请刑部等衙门覆浙江巡抚王度昭所题，张云龙欲与未过门之妻陈氏同卧，妻母傅氏诃斥之，乘夜入内室，将烝傅氏。傅氏喊叫，伊族叔翁陈文瑞劝止。傅氏忿甚，伺云龙睡，同伊子陈常保以绳系其颈绞死之。应将傅氏、陈常保照律拟绞监候，秋后处决。准照所拟一疏。上曰："张云龙始欲奸未过门之妻，因不得奸，又欲烝妻母，其情可恶。妻母不胜恚恨，率其子陈常保将张云龙绞死，陈常保亦从母命而杀张云龙。妻母杀婿，与妻父杀婿等，妻父杀婿律有正条，不应以故杀、谋杀之律按之。这所拟谬，再议具奏。"

温达等奏："臣等遵旨以御史给事中内升外转事问九卿，九卿云，祈皇上乾断，以原疏覆请。"上曰："言路不可不开，亦不可太杂。明季国事全为言官所坏。观今之进言者，辄云某为上所喜，某为上所恶，每揣摩朕意，私心窥伺，以图迎合。且朕并无所爱憎之人，其居官善者则爱之，不善者则憎之耳。即如噶礼居官如此不善，不但无一人劾奏，反有从而誉之者。后噶礼与张伯行互参，差往满汉大臣谓朕意有偏向，故审理俱不公平。朕亦不露意旨，直至议定奏闻，方向九卿明谕。于是众乃知朕无偏向之意。大凡人臣事君之道，公尔忘私，乃为正理。且性理诸书中，亦不过辨别公私二字。事君者果能以公灭私，于治天下何难？若挟其私，则天下必不能治。今科、道于内外官员，亦有明知其不善者，或其人有所倚仗，或其人素有声势，不可动摇，莫敢参劾。亦有学浅胆小故耳。人为清官易，何言之？唯洁己，不要钱而已！若论公尔忘私，诚为难事。科、道官员内朕无认识者，今条奏亦稀。将伊等内升，亦论俸批旨，可也。"

酉时，上由西直门进神武门回宫。

是日起居注官吴廷桢、阿克敦。

十 月

初一日乙亥 上御乾清门听政。部院各衙门官员面奏。

是日起居注官俞长策、阿尔赛。

初二日丙子 辰时，上御乾清门听政。部院各衙门官员面奏毕，大学士温达、松柱、李光地、萧永藻、王掞，学士舒兰、彭始抟、邹士璁、巴格、马良、傅尔、胡讷、沈涵、绰奇、常泰以折本请旨。覆请户部议，原任偏沅巡抚潘宗洛题请垦荒宽限，应行文接任巡抚，俟查明详议具奏之日再议一疏。上曰："凡督抚条陈地方事务，应以实奏。潘宗洛所奏湖南荒田五百余顷，今天下户口甚繁，地无弃土。湖南安得有如许未垦之田？着差户部章京一员，会同湖广总督额伦特，就潘宗洛奏疏内所有州县，亲身查勘详明具奏。如此，则伊所奏虚实即可知矣。"因问学士邹士璁曰："汝是湖广人，湖广荒田果有如此之多乎？"邹士璁奏曰："臣是湖北人，湖北并无荒田。湖南虽有，亦何至如许之多？"上曰："湖广、陕西人多地少，故百姓皆往四川开垦。闻自陕西去的人，各自耕种，安分营生。自湖广去的人，每每与四川人争讼。所以四川人深怨湖广人。或有将田开垦，至三年后躲避纳粮，而又他往者。今四川之荒田已尽开垦，果按田起税，则四川省一年内可得钱粮三十万两有余。朕意国用已足，何必苛求？且先年人少田多，一亩之田不值数钱银。今因人多价贵，一亩竟至值十数两。即如京师近地民舍，市廛日增，居址连亘，毫无空隙。此皆朕与尔等所亲见者也。今岁不特田禾大收，即芝麻、棉花皆获。如此丰年，而米粟尚贵，皆由人多地少故耳。"又曰："朕巡幸时，看直隶，自苑家口以下，向年永定河冲决之处，今百姓皆筑舍居住。斥卤悉变膏腴，不下数十百顷，皆未尝令起科也。又江南、黄河一带，河堤至遥堤间有二三里者，亦有六七十丈者，其空地先皆植柳，以备河工取用。今彼处百姓尽行耕种，亦并未令起科。昔黄河泛涨时，遥堤之内水常灌入，不得耕种。自清水畅流以来，河底刷深，水必长至二丈才能及岸，今皆成沃壤矣。大凡

浊水与清水合流，方可无壅决之患。如直隶永定河，一交冬令，水即渐涸。或有壅沙高出河身，及夏秋水发，不由故道而行，遂至横散四溃，湮没民间田庐。朕详度河工情形，自引芒牛河之清水入于永定河，冬春虽水小，不能行舟，而仗此引流，故道不致淤壅。至水发时，清水合流，水力大，故河底刷深，无冲决之患矣。”大学士李光地奏曰：“永定河为害，明时縻费金钱二三百万，卒无成效。皇上开引芒牛河之水，所费不过千金，遂成万载奠安之利。”上曰：“凡人力能为者，朕犹能虑及之。去年赵申乔曾条奏，河南黄河近边被冲田亩请查明数目蠲免钱粮，伊但知此处，更一处则不知耳！黄河东岸刷，则西岸之田出；西岸刷，则东岸之田出。被冲之田应免钱粮，则新出之田不应取钱粮乎？”

又曰：“今年浙江提督吴郡陛见时，朕谓吴郡云，闻浙江海中渔船甚多，凡此等船进海口，因防汛官兵要钱，方许入口。其中有不聊生之穷人，不得已而为杀人劫财之事，至杀人劫财后，又不得入海口。从此遂为海贼矣。观此，则海贼即内地渔人，是官兵迫而驱之海中为贼者也。吴郡乃惊异，奏云，皇上圣明，洞鉴万里。臣当竭力禁约。迩闻此等事尚有。朕于吴郡下此谕旨，特欲使提镇等咸知之。今遣官勘验湖南荒田，亦此意尔。总之，督抚不可侵部院之权，部院亦不宜刻求督抚之非。凡事宜用中，不可一偏也。”上又曰：“各方水土不同，种桑只宜于江浙，北方气寒，不能养蚕。人之不习水土亦然。南方人不能居口外，犹口外人不能居南方。然以理论，则皆同此。所谓性相近也。”

又以九卿等遵旨补授广西按察司王之遴员缺，保举大名道年希尧等折子，并原疏覆请。上曰：“全材之人难得，苟有一材一艺者即可用。若求全材之人，恐亦无之。此缺着以年希尧补授。”

是日巳时，上由神武门出西直门，诣畅春园驻跸。

是日起居注官揆叙、蒋廷锡。

初三日丁丑 是日，上诣谦尊堂行礼。

初四日戊寅

初五日己卯

初六日庚辰 辰时，上御畅春园内澹宁居听政。部院各衙门官员面奏

毕，监察御史周祚显近前条奏，百姓纠党保留地方官及督抚违例任意保题官员，请行禁止。继大学士温达、松柱、李光地、萧永藻、王掞，学士舒兰、彭始抟、邹士璁、巴格、马良、傅尔、胡讷、沈涵、绰奇、常泰以折本请旨。上曰：“适御史周祚显条奏，百姓保留地方官及督抚违例保题官员甚是。顷口外青城地方，有二百余民叩阍保留莱州知府，朕未曾准后，又至热河近处叩阍。看去只剩五六十人。朕疑之，因令拿审，皆系雇现居口外之山东民、知府家人及代为写呈之人相随指使者。且百姓纠党保留地方官，若留任，则官必为民挟制，实非美事。今民不畏官，官不畏其上司，此处关系匪轻，理宜留心。或以己居官清洁不畏上司者有之，清官如此，而贪官被督抚题参之后，谓我不善迎合上司，所以被参，亦学清官之语以自饰。近朕观朱子‘畏大人’注云，大人理所当畏，国家有上下贵贱之体，虽清可不畏上司乎？”

温达等覆请九卿遵旨议，八旗前此旧人，出征时，将掳获之人为养子，分产后出仕，亦有渐至大官者。伊祖父在时，父子兄弟和好相处。至子孙辈肆行勒诈，苟不遂意，即称原系我家奴，伊祖父时已经明白。年远事旧，复混行控告，殊违伊祖父初心。自此以后，有子孙控告伊祖父时为养子，另分年久者，永行禁止。如有恶劣不肖之徒不遵法度，仍捏造他故控告者，着该部题参。有官者革职，庶人则枷号两个月、鞭一百。如有勒诈款件，被害者出首审实，照讹诈律处分，著为定例一疏。上曰：“这所议尚缺一处，以家人为养子分居及开户者，若日后伊原主子孙庸懦或至绝嗣，伊等亦有称身系近族弟兄，反肆欺凌、争告家产者，将此亦当议入禁止。本发还，着再议具奏。”

又覆请刑部所题，原任总河王新命之子王缵绪叩阍，控告曹远芳等称伊父王新命系伊家开户之奴，讹诈银两一案。查顺治十一年壮丁册内有王新命之名，又系生员，自官学补用，渐至大官。揆此，王新命系养子分居，曹远芳等讹诈诬告是真。应将曹远芳等议处。但事在赦前，无容庸一疏。上曰：“这事着收贮，俟议奏定例后再奏。”

又覆请刑部汇题案内，拟将携妓入城之窦老儿等枷号两个月、鞭一百一事。上曰：“窦老儿等枷责完日，交与内务府总管发遣乌喇为捕生人。”

温达等遵旨，以御史董弘彪保举山西冀宁道彭腾翻问九卿，九卿云彭腾翻原声名不好，故未保举折子呈览。上阅折子曰："朕所见者皆有凭据。彭腾翻向来奉职不善，故屡经罢官、降级，道员尚且不称，可为按察使乎？朕适记忆查出，否则被含糊过矣。天下官员甚多，朕不能尽识。虽识之，亦不能确知其行止，然后问于九卿。今观九卿，不论贤否，滥行保荐公举者少。大约九卿、大臣等有年人多，伊等意谓，既老矣，何必与人为仇？皆苟且附和，不肯直言。以理度之，纵使年老，居官一日，则当尽一日之职。若互徇情面，不实心办事，则事何由得理？少年之人离任而思干预，老年之人在位而率苟且，皆非理也。"又曰："科、道者，耳目之官。果九卿保举不公，即当题参。且科、道官亦有互参之例。今科、道官惟有所倚恃，始行题参耳。董弘彪、彭腾翻俱着革退。"

是日起居注官常鼐、张廷玉。

初七日辛巳 是日，上诣谦尊堂问安。

初八日壬午

初九日癸未 是日，试天下贡士孙见龙等一百九十六人于太和殿前。

是日起居注官常鼐、文志鲸。

初十日甲申

十一日乙酉 早，上诣谦尊堂问安。

未时，上由西直门进神武门回宫。

酉时，上御乾清宫，读卷官松柱等以殿试一百九十六卷公阅，择十卷捧入呈览。上阅至第二卷，曰："看此卷字，必是南人。"因拆弥封观之，果系南省人。诸大臣皆惊异。上曰："尔等大臣皆进士出身，深知文字。凡文字，各有所习，一览可知。闻来京师应试者，将伊所作文字各处送阅。凡应开列主试之人，必皆过目。及闱中看卷时，便知为某人文字矣！适朕看此卷，未拆封前即知为南方之人，即如朕会读韩菼之文。凡文字内有韩菼之文，朕必识之。场中看卷亦然。试官必无私意，始可谓之公耳。至四书五经，俱圣贤之言，有何避忌？今试官出题，专选冠冕者出，则题目渐少，士子亦易揣摩，甚有将不出题之处弃而不读者。如此为学，安得到佳处？今岁张鹏翮为顺天主考，所出三题，皆言性理之题，作者既

难，校者亦难。场内必出各样题目，方可得真才实学之人。此后概禁避忌为是。四书五经内不可出之题，试官自然不出。此事尔等亦当议之。”将试卷一一详阅，以第四卷易置第三。

上又问曰：“有不堪之卷否？”李光地奏曰：“不合式卷有四，文理无谬，字亦去得，但违式耳。”上曰：“这四人着下次殿试。”上又谓左都御史揆叙曰：“适看第七名王猷字佳，有似孙岳颁，汝其识之。”又曰：“观每试，凡修书处之人，常常入彀，此皆从学中来也。”揆叙奏曰：“伊等所学，皆皇上教育之恩。”

是日起居注官常鼐、赵熊诏。

十二日丙戌　早，上御太和殿，赐贡士王敬铭、任兰枝、魏廷珍第一甲进士及第，杨绳武等五十人第二甲进士出身，朱向中等一百四十三人第三甲同进士出身。传胪毕，回宫。

巳时，上由神武门出西直门，诣畅春园驻跸。

是日起居注官王奕清、常鼐。

十三日丁亥

十四日戊子

十五日己丑　是日，上诣谦尊堂问安。

十六日庚寅　辰时，上御畅春园内澹宁居听政。户部尚书穆和伦等入奏。上顾尚书张鹏翮曰：“钱粮之数若何？”张鹏翮奏曰：“此数年，因皇上所免钱粮甚多，今现动四十九年之钱粮。”上曰：“何必云动四十九年之钱粮？即动五十年之钱粮亦无妨。尔等为户部，故如此奏耳。朕心惟百姓为重。今广东、福建沿海之府州县等处，正青黄不接之时，尚宜酌量免其钱粮。”张鹏翮奏曰：“顷皇上特加殊恩，已运米至彼处矣。”上曰：“米虽运去，但足糊口耳，不能办钱粮也。”张鹏翮奏曰：“至彼时再行请旨。”上曰：“今即其时矣，不可迟延。”张鹏翮奏曰：“此皆皇上之特恩也。”

部院各衙门官员面奏毕，大学士温达、松柱、李光地、萧永藻、王掞，学士舒兰、彭始抟、邹士璁、巴格、马良、傅尔、胡讷、沈涵、绰奇、常泰以折本请旨。覆请九卿等议御史周祚显条奏，刁民结党保留地方

官，为害地方非小，嗣后如有此等，请即以违旨治罪等款，应准行一疏。上问大学士温达等曰："尔等之意云何？"温达等奏曰："周祚显所条陈诸款俱是。"上颔之。

又覆请宗人府题为考试年及二十年之宗室襄德等一疏。上曰："本发回，着宗人府定一日期带来引见。"

又覆请吏部所题云南按察使段志熙、四川按察使沙木哈员缺，以现任应升金衢严道祖业弘等职名开列一疏。上曰："着问九卿具奏。"

又覆请吏部覆江南巡抚张伯行所题华亭县知县何瑞员缺，请拣选补授，议不准行一疏。上曰："着查保举卓异知县等具奏。"

又覆请兵部议覆一等侯张宗仁题请入籍江南不准行一疏。上曰："张云翼原任松江地方，毫无家产，在江宁已买田房立业，伊子张宗仁不必逐回本处，准入江南民籍。"

又覆请内阁会同刑部等衙门议，陈五显等五人虽自行投顺，但此五人起谋聚众行劫，应拟立斩；张伯等俱佥妻发遣宁古塔一疏。上曰："陈五显、苏标、张镇、王福、雅二俱着立斩，余依议。"

又覆请刑部所题，自发遣处逃回，复为窃盗之山东民顾二、贵儿仍发与宁古塔将军处，照新例即行正法一疏。上曰："人命甚重，罪有可疑，虽宜从轻，然执法之人亦不可不行其法。贵儿自发遣之处逃回，应即在京师正法。若又发与该将军处正法，则往返解送，有累官兵驿站。似此逃回之罪犯，或彼处得其贿而纵之，或亦有故纵之为盗者。此后该将军处，将所收之数与至彼处脱逃之数，入于四季奏折内奏闻。至窃盗不弱于大盗，殆有甚焉！所以各省官员或有即行杖毙者，若至部则罪反轻矣。此例向如何定之？"

又覆请刑部所题，清茶首领太监孙国安将上用之物偷出，与外人交易，妄以内中信息告人，索取贿赂，甚为可恶。将孙国安拟斩监候，秋后处决。其听孙国安指示之太监高进朝，及与内监等交通，互相与受之侍卫德通等，拟绞监候，秋后处决。孙国安等所得赃银追取入官一疏。上曰："太监孙国安等向盐商曾否索银之处，前经亲问李煦，李煦奏称与而未受。今审索取商人银两之处显然毕露。李煦亦应一并议罪。至此项银两议

追取入官，此银不可入官，着照数追取，仍给还本盐商。本发回，再议具奏。”

又覆请湖口关监督勒色礼请展限六个月一疏。上曰：“各关监督题请展限已经永着停止，勒色礼复行题请展限，不合，该部严察议奏。”

毕，令九卿近前。上曰：“今日诸臣在此，因谕尔等，教习庶吉士，当令读正经书，诗文等事亦属切要。观今之庶吉士、翰林官员内，多有不识字，不能作诗文者。此皆教习不勤之故。此数年来，武英殿行走之人中，举人、进士者甚多。今年王敬铭中一甲第一名，魏廷珍中一甲第三名。王敬铭朕尚未认识，此悉众大臣所阅定，朕无与焉。要其故，专在每日手不释卷耳。此后凡修书、对书处，亦着将庶吉士等派出。”上又问起居注官阿克敦曰：“道学者，圣贤相传之理，读书之人所当加意，然其精微之处，难以贯通。至诗文亦不可废，或有务取道学之名，竟不留心于诗文者，此皆欺人耳，朕言然否？”阿克敦奏曰：“皇上谕旨极当。”

是日起居注官文志鲸、阿克敦。

十七日辛卯

十八日壬辰

十九日癸巳 是日，上诣谦尊堂问安。

二十日甲午

二十一日乙未

二十二日丙申

二十三日丁酉

二十四日戊戌 辰时，上御畅春园内澹宁居听政。部院各衙门官员面奏毕，西安副都统巴尔布近前，恭请训旨。上曰：“观西安之兵较先不及矣。尔往告将军，着好训练之。”巴尔布奏曰：“谨识皇上谕旨，告与将军，臣等会同勤加训练。”

继大学士温达、松柱、李光地、萧永藻、王掞，学士舒兰、彭始抟、邹士璁、巴格、马良、傅尔、胡讷、沈涵、绰奇、常泰以折本请旨。覆请兵部所题盛京等处地方革职留任等官，今遇恩诏，应否复还原职，请旨定夺一疏。上曰：“此等俱系姑留，不必复其原职。”

又覆请兵部所题两广总督赵弘灿报称，碣石总兵官陆臣扬等因查海至坞泥沙地方，忽遇大风，船被风飘坏，兵丁溺死，总兵官陆臣扬落水，既而登岸等因，查总兵官何以能没而复出，在船官员兵丁多少之处，总未声明。此内显有别故。该督不察出缘由题参，反为总兵官掩饰渎奏，殊属不合。应行文该督查明题参，到日一并从重议处一疏。上曰："昔施世骠等往台湾澎湖时，船曾被飘，幸而无伤。今以总兵官陆臣扬查海遭风坏船、兵丁被伤奏闻，部议谓有别故，欲行文该督查明题参之后，从重议处，请行驳回。非也，总兵官亦系大臣，但将船何以坏、伊身落水何以得出及官兵何以得出并被伤之数，着令详查而已。本发回，再议具奏。"又曰："朕在陆路，自信可保。若在江海中，实不可保矣！"

又覆请刑部等衙门所题违旨假死逃走大逆罪犯德琳等，请立行正法一疏。上曰："本发回，着再议具奏。"又曰："德琳系满洲，逃往山东胶州娶妻，至今二三年。该地方文武官员等并未查拿，甚为可恶。着行文该抚，将失于觉察文武等官拿送至京明审。"

又覆请刑部所题，窃盗孙四等屡次抢夺商人之银，又捆缚商人，以土塞口，应将为首之孙四拟斩监候，秋后处决；为从之五十一等发遣黑龙江，与穷披甲之人为奴一疏。上曰："孙四甚为可恶，应照大盗例问罪。着另议具奏。"

又覆请工部所题直隶巡抚赵弘燮题参，承修遵化州城宗人府员外德琳处理一年有余，至郎中黄文亨分修工完，德琳始修及三分，委系迟延。请将德琳降一级留任，限一年修完报部。限内不修完，再致迟延，该抚题参，到日交与刑部从重议罪一疏。上曰："议轻矣，着再议具奏。"

又覆请工部覆四川巡抚年羹尧所题，成都府属茂州等处地动，城垣、衙舍、仓廒、兵民房屋尽行倒坏。若不修理，难以防守。川省开矿处有十余所，若照云南例抽分，将三年所得，尽可修茂州一带城垣及兵丁房屋。如以抽分之事迟久，请于捐纳例内酌行四五款，限一年内捐纳，亦可完此公事，议不准行一疏。上曰："着问九卿，令伊等议奏。"

又覆请甘肃巡抚岳拜题报泾原卫等处被荒情形一疏。上曰："着查广东、福建、甘肃三省被荒处之钱粮明岁蠲免，将此速查即发上传方善。"

又九卿遵旨为补授按察使保举福建台湾道陈璸、云南盐道刘曾、四川建昌道王沛憻、直隶守道宋起等职名开列折子呈览，并原疏覆请。上曰："刘曾着补授云南按察使，王沛憻着补授四川按察使。"

是日起居注官常鼐、吴廷桢。

二十五日己亥 是日，上诣谦尊堂问安。

二十六日庚子

二十七日辛丑 辰时，上御畅春园内澹宁居听政。户部尚书穆和伦等入奏。上顾尚书张鹏翮曰："旧钱粮已放完否？"张鹏翮奏曰："有放完者。"上曰："所余几何？"张鹏翮奏曰："臣未经查。"上曰："库内钱粮放完之后，必数外有余尔不知耳。昔班第为户部侍郎，伊曾经一次查库，百万两中余出银二十万两。尔于赵申乔未赴任前，应将钱粮查明。"

兵部尚书殷特布等入奏。上顾尚书殷特布等曰："尔部郎中齐格人材如何？"殷特布奏曰："人去得，事亦谙练。"上问曰："声名何如？"尚书孙徵灏奏曰："声名不甚好。"上曰："然，此人甚乱。兵部内伊一人把持，似此等人若不革退，小臣何由知惧！"

部院各衙门官员面奏毕，大学士温达、松柱、李光地、萧永藻、王掞，学士舒兰、彭始抟、邹士璁、巴格、马良、傅尔、胡讷、沈涵、绰奇、常泰以折本请旨。覆请兵部所题黑龙江副都统布尔久员缺，以吏部侍郎傅绅等职名开列一疏。上问大学士温达等曰："白吉人材何如？"松柱奏曰："汉仗好，人去得。"上曰："白吉着补授副都统。"

又覆请刑部等衙门覆山西巡抚苏克济所题，郝文玉与伊小功叔郝才因田角口，郝才持棍殴打郝文玉，郝文玉夺棍还殴，以致殒命。请照例将郝文玉立斩，应依议一疏。上曰："郝才持棍殴打郝文玉时，郝文玉情急，夺棍还殴，次日殒命。郝文玉着改应斩监候，秋后处决。"

又覆请遵旨收贮原任总河王新命之子王缵绪叩阍案内，称曹远芳等诬伊父系其家开户之奴诈银是真，应将曹远芳等治罪。但事在赦前，无庸议一疏。上曰："有新定例在，本发回再议具奏。"

又覆请刑部议太监孙国安拟斩监候，秋后处决；太监高进朝、侍卫德通等拟绞监候，秋后处决；大理寺正卿李煦将孙国安等索取商人银两之处

隐匿不奏，应革职；孙国安所得赃银追取，给还本商马得龙等一疏。上曰："孙国安依议拟斩，高进朝、葛礼、马良栋依议拟绞监候，秋后处决；德通从宽免死，人甚凶乱，着永行锁禁，纵遇赦勿免；李煦着革职留任。"

又覆请巡视中城监察御史李楠所题，光棍王兆兴控告寡妇张氏一案，审得张氏故夫谢承晖分居之侄谢国桢，因伊婶寡居，弟幼，诱出四千两之房契，伙同王兆兴捏称亏空库银。所告既虚，房归张氏，将契追出，给与原主。谢国桢恃有县丞之职，抗拒审理。王兆兴又伙同银库王千总，率众闯入张氏家中，逼令出房。因将此三人拿送刑部，请革退谢国桢县丞之职。谕刑部严审定拟，则孤寡之冤抑得伸，风俗丕变，遐迩同休，永获亿万年无疆之福泽一疏。上曰："着该部察议具奏。李楠既为御史，不知大体，因所审细事，本内妄称风俗丕变，遐迩同休，永获亿万年无疆福泽等语，甚属不合，着严饬行！"

是日起居注官俞长策、阿尔赛。

二十八日壬寅

二十九日癸卯 辰时，上御畅春园内澹宁居，大学士温达、松柱、李光地、萧永藻、王掞，学士舒兰、彭始抟、邹士璁、巴格、马良、傅尔、胡讷、沈涵、绰奇、常泰以折本请旨。覆请礼部所题朝鲜国进贡一疏。上曰："朕览朝鲜所作文章佳者甚少，彼所引用者，皆中国方域之名。即如彼称道路之至险者，或井陉，或栈道。现今开治，悉成坦途，何险之有？彼但据旧时书籍所记，未经身历，宜其不能工也。又朝鲜国王甚恭顺知礼，即我朝所遣大臣，亦皆守分。一切馈遗，未尝需索。明时遣一使至彼国，费用动至数万。此又可为训耶？"

又覆请刑部所题议处常关保一疏。上曰："这事自部内已完一半，复留一半驳回查审，此皆赦前事，虽再行审送，亦援赦免。将此事应照该将军所题完结。本发还，着再议具奏。"

毕，新科进士等近前，上亲选庶吉士，因谕大学士、学士等、兼管翰林院事左都御史揆叙、侍郎汤右曾曰："翰林官最要，必须读书积行之人，始不负厥职。今翰林官甚多，朕俱不认识。讲读学士以下、编检以

上，及满洲汉军自进士选入翰林者，内有行止不端、饮酒赌博、不知诗文、不能写字，或为提督、学政、正副主考及分房等官，声名不好者，尔等与九卿会同察出，即行革退。各省内俱有翰林官，九卿岂罔闻知？毋得徇情隐匿。现今散馆庶吉士、教习进士内有如此等者，亦举出革之。”

是日起居注官揆叙、汤右曾。

三十日甲辰　辰时，上御畅春园内澹宁居听政。部院各衙门官员面奏毕，上命大学士、学士等近前，以庶吉士、散馆卷子付之，曰：“此次习清书者，仅学习一年，虽无甚好者，亦无甚不好者。即列三等卷，亦俱能对汉文翻译。伊等着俱留翰林院习汉文者，自第一人起，诗、文章俱平常。一等卷略有可观，仍留衙门。其余十一卷，总属不堪。将伊等俱革去。庶吉士于教习进士处照常学习。至一等第三曹鸣所作诗内，四句甚不堪。将此易置末名。末名王国炳字甚好，着置第三。”

是日起居注官张廷玉、阿克敦。

十一月

初一日乙巳　申时，上由西直门进神武门回宫。

是日起居注官蒋廷锡、阿克敦。

初二日丙午　是日起，上以冬至节祀圜丘，斋戒三日。

是日，上诣宁寿宫问安。

是日起居注官蒋廷锡、阿尔赛。

初三日丁未　是日，上诣宁寿宫问安。

是日起居注官蒋廷锡、阿克敦。

初四日戊申　是日，上诣宁寿宫问安。

是日起居注官蒋廷锡、阿尔赛。

初五日己酉　巳时，上由神武门出西直门，诣畅春园驻跸。

是日起居注官常鼐、蒋廷锡。

初六日庚戌　是日，奏事员外郎双全传旨谕户部曰：“朕勤求民瘼，

无间遐迩。虽在边徼远省，偶有旱涝灾伤，无不访察情形，殚思赈救。今岁直省各处，俱获收成，惟广东三水、清远、高要、高明、四会五县，福建侯官县、福防厅所属福右卫二处，甘肃靖远卫、环县、镇原县、固原州、固原卫、平凉县、平凉卫、崇信县、庆阳卫、灵州所、会宁县、宁夏中卫、宁夏所、古浪所，一十四处，今岁夏秋被灾。各督抚已经奏闻。虽各省地丁钱粮新经全免，然一方灾歉，悉廑朕心。艰食之际，重以追呼，朕所不忍。其明年应征广东省三水等五县额银七万七千九百两零、米一万七千六百石零；福建省侯官县等二处额银三万六千六百两零、米六千四百石零；甘肃靖远卫等一十四处额银四万七千七百两零、粮八万八千五百石零、草八十四万三百束零，尽与蠲豁。尔部即行文各督抚，务须星速奉行，即刻遍行晓谕，俾民间无催征之累，肆力东作，用称朕抚恤灾黎至意！倘有不肖有司奉行稽迟，或借端另行科派，使小民不沾实惠，该督抚严察参处。如该督抚失察，一并从重处分。尔部即遵谕速行。特谕。”

是日起居注官常鼐、蒋廷锡。

初七日辛亥 早，试天下武举金鲲等九十六人于太和殿前。

是日起居注官常鼐、蒋廷锡。

初八日壬子 巳时，上为阅殿试武举骑射，御畅春园内西厂。领侍卫内大臣、读卷官大学士温达等排班毕，上升座。兵部尚书殷特布等进奏，武举金鲲等九十六人分为十班，试其骑射。上命领侍卫内大臣、读卷诸臣坐，于是阅金鲲等以次骑射，记其优者。既而上率善射人员射。上每发悉中。

毕，上诣谦尊堂问安，回宫。

是日起居注官文志鲸、阿尔赛。

初九日癸丑 巳时，上御畅春园内西厂，领侍卫内大臣、读卷官等排班毕，上升座。命领侍卫内大臣、读卷诸臣坐，兵部尚书殷特布等进奏，武举金鲲等九十六人分为十班，试其步射、挽劲弓、舞大刀、掇石。上将金鲲等逐一详阅。记其优者。至七班，上谓殷特布曰：“这一班射毕，且止，余着次日进试。”于是，上率善射鼓的人员射。上每发悉中。毕，回宫。

上诣谦尊堂问安。

是日起居注官蒋廷锡、阿克敦。

初十日甲寅 是日，上御畅春园内西厂，领侍卫内大臣、读卷官等排班毕，上升座。命领侍卫内大臣、读卷诸臣坐，兵部尚书殷特布等进奏，上未阅完武举二十六人试其步射、挽劲弓、舞大刀、掇石。上逐一详阅，又复阅记名优等十五人步射，定其等次。上率善射人员射，上每发悉中。又着善骑射人员，先骑射。既而命选中宋如柏等十五人骑射。阅毕，谓读卷官大学士温达等曰："文武试虽属两途，皆以选拔人材。文途中亦有学武艺而骑射精者，武途中亦有习文字而学问优者。若拘定例，以文武试为两途，不许改试，凡情愿改试者俱不得与，则不能各尽其所学，而真才必致遗弃。今后文生员、举人内有愿改试武场者，武生举人内有愿改试文场者，宜各听其便。如此，则士子得各尽所学，文武两途皆可得真才矣。着九卿、詹事、科、道会议具奏。"

毕，上诣谦尊堂问安，回宫。

酉时，读卷官大学士温达等白奏事员外郎双全等转奏："试武举人等以步射、骑射为要，皇上详阅三日，拔其优者分为等次。臣等于皇上所拔十五人内，请以前列三人为第一甲，其十二人为第二甲，余按试卷名次俱为第三甲。祈皇上不必亲临。"奉旨："不必读卷，将十五人试卷呈览。"

是日起居注官王奕清、阿克敦。

十一日乙卯 早，于太和殿前传胪，赐武举宋如柏、丁锡介、赵涟一甲进士及第，王连举等十二人二甲进士出身，江国维等八十一人三甲同进士出身。

是日起居注官文志鲸、阿尔赛。

十二日丙辰 辰时，上御畅春园内澹宁居听政。部院各衙门官员面奏毕，江西巡抚佟国勷陛辞请训旨。上曰："为督抚者，惟洁己奉公而已。所行公，则地方无人不服；所行私，人即不服。果其居官清正，地方钱粮仓库必不致有亏空之处。"佟国勷奏曰："江西百姓还淳朴。"上又曰："百姓无论淳浇，尔为地方大吏，惟以百姓为朝廷之百姓，加意爱养，视之若子，虽甚刁民，亦且悦服矣！"佟国勷出。

大学士温达、松柱、李光地、萧永藻、王掞，学士彭始抟、邹士璁、巴格、马良、傅尔、胡讷、沈涵、绰奇、常泰以折本请旨。覆请兵部覆给事中潘锦条奏，水师营参将游击等员缺出，请着各督抚、提镇保举属员内熟识水性者，令其引见，交与兵部记名，挨次补用，议准行一疏。上曰："着九卿、詹事、科、道会议具奏。"

又覆请兵部覆福建巡抚觉罗满保条奏，战船器械务期完整等款，议准行；又战船因公出行，遭风损坏，请动支正项钱粮修造等款，无庸议一疏。上曰："潮州总兵官王应龙现在此，将满保所奏与王应龙看，问明具奏。"

是日起居注官常鼐、文志鲸。

十三日丁巳　巳时，上诣谦尊堂问安。自畅春园启行，谒暂安奉殿、孝陵，驻跸南苑旧宫。

十四日戊午　上驻跸琼寺。是日，赐湖广总督额伦特马一匹。采育防守御常寿等，通永道张圣弼等、副将魏经国等，顺义县防守御常存等来朝。

十五日己未　上驻跸夏店。是日，三河县防守御溥成等、知县李长华等、平谷县知县贾龙文等来朝。

十六日庚申　上驻跸白涧庄。

十七日辛酉　上驻跸黄土坡。

十八日壬戌　上驻跸姚家庄。是日，赐护军参领、侍卫、护军校、护军、执事人员等鹿、汤、羊、兔。

十九日癸亥　上驻跸汤泉。是日，上谒暂安奉殿，行三跪九叩礼，三献爵，举哀。毕，又谒孝陵，行三跪九叩礼，三献爵，举哀。

二十日甲子　上驻跸行宫。

二十一日乙丑　上驻跸遵化州。是日，遵化州知州刘之鲲、游击赵国梁等来朝。

二十二日丙寅　上驻跸三屯营。是日，三屯营副将杨弘德等来朝。

二十三日丁卯　上驻跸兰阳地方。是日，赐副将杨弘德马一匹。喜峰口管站员外郎八十四、关口守御萨克查等、游击李三宝等来朝。

二十四日戊辰　上驻跸孟子岭。是日，赐护军参领、侍卫、护军校、护军、执事人员等鹿、汤、羊、兔、雉。

二十五日己巳　上驻跸龙须门。

二十六日庚午　上驻跸大吉北口。

二十七日辛未　上驻跸丫头沟。是日，宴大臣、侍卫、护军参领等。

二十八日壬申　上驻跸多活河地方。

二十九日癸酉　上驻跸鄂伦特地方。

十二月

初一日甲戌　上驻跸乌澜客勒木。

初二日乙亥　上驻跸特普克。是日，宴大臣、侍卫、护军参领等。

初三日丙子　上驻跸行宫。

初四日丁丑　上驻跸行宫。是日，赐领侍卫内大臣公俄伦代、阿尔赛、阿灵阿马各一匹。

初五日戊寅　上驻跸布禄图。

初六日己卯　上驻跸鄂伦特。

初七日庚辰　上驻跸八沟。是日，宴大臣、侍卫、护军参领等。

初八日辛巳　上驻跸七沟。

初九日壬午　上驻跸二沟。

初十日癸未　上驻跸张家庄。

十一日甲申　上驻跸热河。是日，赐贝子苏努、国舅佟国维、额驸尚之隆、领侍卫内大臣公俄伦代、阿灵阿、海金、阿尔赛，左都御史揆叙鱼、石鸡、雉。

十二日乙酉　上驻跸行宫。

十三日丙戌　上驻跸喀喇城。

十四日丁亥　上驻跸鞍子岭。是日，赐领侍卫内大臣公海金、黑龙江将军宗室杨福马各一匹。

十五日戊子　上驻跸两间房。

十六日己丑　上驻跸腰亭子。是日，古北口管站员外郎罗音泰、同知

郑富民、都司孙孟麟等，石匣营副将郑明等来朝。

十七日庚寅　上驻跸密云县。是日，密云县抽木税员外郎雅柱、知县朱英等、守备王道意等来朝。

十八日辛卯　上驻跸南石槽。

酉时，上御行宫，大学士温达、松柱、萧永藻、王掞，学士彭始抟、邹士璁、巴格、傅尔、胡讷、沈涵、绰奇、巴济纳、鄂齐尔以折本请旨。覆请宗人府所题，镇国公星海缘事革去公，照例降一等，将伊子膺福袭封辅国公一疏。上曰："这辅国公着仍给与星尼。"

又覆请吏部所题鸿胪寺汉正卿张大有员缺，今无应补应升之人，请暂行停止一疏。上曰："陈汝咸着补授鸿胪寺卿。"

又覆请吏部所题四川布政使宋致员缺，以河南按察使张伯琮等职名开列；四川按察使王沛憻员缺，以金衢严道祖业弘等职名开列一疏。上曰："着问九卿于二十日奏。"

又覆请户部覆甘肃巡抚岳拜，以环县等地方秋收无望，请照例停征钱粮，发粜仓谷，勤加抚慰，俟该抚将实被灾、不被灾之处查明，奏日再议一疏。上曰："着依议。此内前未经照分数蠲免之会宁县等处，今岁钱粮着补蠲免。"

又覆请户部所题议处京口将军马三奇等一疏。上问大学士萧永藻、王掞曰："马三奇名声何如？"萧永藻等奏曰："闻得还好。"上曰："巡抚王度昭奏朕云，为修战船，名声甚不好。尔等同九卿会议具奏。"

又覆请礼部所题文武生员举人有愿改考者，准其改考一疏。上曰："改考亦属佳事，但武生记文数篇，希图侥幸者多。学臣不敢全卖文生员，至武生则竟全卖。此等处朕皆知之。武生有考文举不中者，若再令考试，则弊出矣！将朕旨传谕督抚，改考一次，不中者，着即行停止，仍令归原学考试。尔等公同再议具奏。"

又覆请兵部所题正白旗蒙古都统卓山员缺，以左翼前锋统领唐保住等职名开列一疏。上曰："太祖、太宗时补授都统，俱令议政王、贝勒、贝子、公、大臣等公同会议补授。朕初听政时，亦曾如此补授，后调旗补授。人材还有但弓马虽好，其心不可信，率皆惟利是图，所失甚大。如萧

永藻其人则貌不扬，其学则不能过人，朕授伊为大学士者，亦以其心可信，故授之耳，彼之忠清，天下人皆知之。七阿哥亦曾保奏云萧永藻断不负皇父。今大臣等若俱如萧永藻，有何说处？二十日着议政王、贝勒、贝子、公、大臣等会齐面奏。”

又覆请兵部议覆福建提督施世骠题台湾、澎湖等处地方甚要，请于记名人员内挑选发往候缺，不准行一疏。上曰：“部内现今调人，本着暂收贮，俟到日引见再奏。”

又覆请兵部议，山东登州总兵官李雄以金州立水师营兵满五百之数请置副将一员、守备二员、千总四员、把总八员管理一疏。上曰：“册内壮丁皆满洲佐领下之人，今将彼等为绿旗兵，可乎？贝子苏努、大学士松柱皆曾为盛京将军，尔等公同再议具奏。”

又覆请刑部所题山东民王存儿与丁大赌酒，交摔齐倒，丁大移时身死。请将王存儿拟绞监候，秋后处决一疏。上曰：“王存儿与丁大交摔赌酒，丁大误跌身死，王存儿着从宽免死，照例减等发落。”

又覆请刑部所题免死发遣之常明钻营而回，皇上洞鉴，拿问时不将钻营真情供出，反牵连他人，巧饰自免，甚为可恶，断不可宽。请将常明立斩，伊妻子发往黑龙江当差。尚书哈山等受常明嘱托，入汇题案内，蒙混具奏。应将哈山等革职、降级有差一疏。上曰：“常明如此钻营，不可留于京师。伊原系发遣之人，着免死，枷号三个月、鞭一百，佥妻发往黑龙江。尚书哈山等有玷官箴，哈山、王企靖着革职，博音代着削去加二级，抵降二级。张廷枢着削去加一级，抵降一级。俱留任。”

又覆请刑部所题违旨假死脱逃大逆罪人德琳往山东胶州地方居住，所有失于觉察之登莱青道甘国璧等副将王景爽等俱各降二级调用，巡抚蒋陈锡、总兵官李雄各降一级留任一疏。上曰：“着依议。道员、副将皆兼摄之官，地方相隔既远，俱着降二级，从宽免调用，留任。蒋陈锡、李雄着降一级留任。”

又覆请工部奏销十二月岁修所用钱粮一疏。上曰：“着于二十日奏，另有旨。”

又覆请光禄寺派富户一疏。上曰：“光禄寺前此每年动用钱粮

六七十万，渐次节省，一年只用四五万。且如工部，前此每年动用钱粮百十余万，亦因渐次节省，今只用十五万余。乃琉璃窑灰厂监督铺户人等各至，不能办差。此虽系节省，而户部钱粮反多亏欠。着交与九卿、詹事、科，道等官，作何良法填补库项，及铺户人等俾易办差，着一并会议，至二十日启奏。”

又覆请总漕郎廷极题伊标下中军副交员缺，请于江南总督、提督保举官员内，皇上亲选一员补授一疏；两广总督赵弘灿题广州副将罗文灿告病援例休致员缺，请皇上于记名人员内选授一疏。上曰：“着交与兵部即奏补授。”

又覆请将军孟俄洛等为编三姓处佐领请训旨一折。上曰：“交与九卿、议政大臣，将前事一并议奏。”

是日，赐内大臣、侍卫、大学士等以下护军、执事人员等鹿、鱼、雉。怀柔县知县吴经国等、守备赵成贵等来朝。

十九日壬辰　未时，上至畅春园，诣谦尊堂问安。驻跸畅春园。

是行也，各部院奏章日送内阁，内阁三日一次递送行宫听理。上随报请皇太后安十次。

扈从起居注官揆叙、常鼐、阿尔赛。

二十日癸巳　辰时，上御畅春园内澹宁居听政。部院各衙门官员面奏毕，大学士温达、松柱、萧永藻、王掞，学士舒兰、彭始抟、邹士璁、傅尔、胡讷、沈涵、绰奇、常泰、巴济纳、鄂齐尔以折本请旨。覆请大学士、九卿议，京口将军马三奇于改造战船时所分十只不行修理，乃买民间旧船充数，此等情由数年来并未奏明，奉旨行查，始行申报，应将马三奇革职。所修战船交营之时，苏松总兵官穆廷栻顾徇情面，不据实参奏。及至行查，始称船窄板薄不适用。殊属不合。应将总兵官穆廷栻革职。狼山总兵官施而宽虽曾以船不合式、不适用之处报明原任总督噶礼，但未自行参奏，应将总兵官施而宽革职。提督师懿德将各营战船不行详查，又未明白回奏，应将师懿德降二级调用。总督赫寿虽到任未久，但奉旨用战船运米时，各项船既不可用，彼时即应题参，乃并不查明，以雇民船运米含糊具奏，不合，应将总督赫寿降一级留任。巡抚张伯行未经详察，即列名具

奏，亦属不合，应罚俸一年。至山东巡抚蒋廷锡、总漕郎廷极、两广总督赵弘灿、广东巡抚满丕、浙江巡抚王度昭、广东提督王文雄、福建巡抚觉罗满保等奏称战船坚固可用，并未雇卖与民间，亦无将破船及乌船顶补情弊，俱无庸议。两江总督赫寿、广东巡抚满丕奏疏满文内与原旨舛错，应将总督赫寿、巡抚满丕罚俸三个月一疏。上曰："马三奇革退将军，着以伊世袭品级随旗行走。穆廷栻、施而宽俱着革职，从宽留任，戴罪图功。师懿德着降二级留任，从宽免调用，戴罪图功。赫寿着降一级留任，罚俸三个月。张伯行着罚俸一年。满丕着罚俸三个月。"

又覆请户部所题，前工部郎中巴锡纳等领去暂用纺丝，因不曾交完，题参交与该旗勒限追赔。今满一年，尚未交完，请再勒限一年，严催交部。若限内不完，令该旗题参，从重治罪一疏。上曰："着依议。册留览。巴锡纳等俱着解任，交与该旗严追赔补。俟完日准其开复。"

又覆请兵部覆步军统领隆科多所题，看守畅春园堆子六十八处，今现有马兵六十、步兵三百二十，不足用，请增步兵八十、马兵四十，共满五百之数，议准行一疏。上曰："着依议。汉军闲散人等甚多，这添设马步兵缺，着将汉军闲散人顶补。此后巡捕三营兵丁缺出，亦着与汉军汉人一并选补。"

又覆请刑部所题，王新命之子王缵绪叩阍控告曹远芳等霸占伊家产，曹远芳等讹诈是实，请照新定例，将曹远芳等革职、枷号两个月、鞭一百一疏。上曰："王新命原系四川生员，为曹纯忠养子，被掳是真，朕知之。包衣佐领下似此等者甚多，如佟国舅、阿灵阿、彭椿家，俱有似此者。"又谓左都御史揆叙曰："尔家亦曾有此等人，敦拜原系尔家人，后令入书房，与尔父同行走，尚长于尔父。继因吴良辅事，复给回尔家。"揆叙奏曰："敦拜昔原系臣家人，后在书房行走，长于臣父是实。"上曰："今以曹远芳拟罪，则太过矣！勒诈之物仍着给，还曹远芳着免罪。"

又覆请工部奏销十二月所用钱粮一疏。上曰："着问明工部堂官具奏。"

大学士温达等遵旨以补授四川布政使问九卿，九卿保举江西按察使刘棨等具折呈览，并以原疏覆请。上曰："刘棨着升补四川布政使。"

又遵旨以补授四川按察使问九卿，九卿保举陕西宁夏道雷有成等具折呈览，并以原疏覆请。上曰："许兆麟着升补四川按察使。"

是日起居注官俞长策、阿尔赛。

二十一日甲午　辰时，上御畅春园内澹宁居听政。部院各衙门官员面奏毕，大学士温达、松柱、萧永藻、王掞，学士舒兰、彭始抟、邹士璁、傅尔、胡讷、沈涵、绰奇、常泰、巴济纳、鄂齐尔以折本请旨。覆请吏部所题顺天府府尹屠沂员缺，以太仆寺卿郝林等职名开列一疏。上曰："施世纶向为府尹时，居官甚好，屠沂居官亦好，但不及施世纶耳！顺天府府尹员缺甚要，尔等会同九卿保举具奏。"

又覆请户部覆给事中僧格所题，官员、兵丁等身死，请不过三日即将俸禄、钱粮、粮米档册注销；再春季米必于二月内给，秋季米必于十月内给放，议准行一疏。上曰："这亦不必催迫。此后给放官兵俸禄、钱粮、粮米，自放给日起至十日具一折奏闻。如此，则自然不致迟误矣！食兵粮之寡妇如死，仍许给与一月钱粮，再行裁革。本发回，再议具奏。"

又覆请兵部所题，往台湾换班遭风损坏之船及沉溺兵器应行文该督，令照福建巡抚满保所奏部中覆议奏定之例，交与该管地方官速行赔补一疏。上曰："往台湾换班之船因遭风损坏，部议照例责令武官等赔补。海洋甚是宽阔，遭风坏船，非人力所能。若遇贼交战时船被烧夺，理应赔补。如此等遭风损坏者，令其赔补，则太冤抑矣！此后有遇贼不能擒杀，船坏或被夺，捏报遭风损坏者，除议罪外，仍照例赔补。若无心被风损坏沉溺，应免其赔补。况溺死兵丁等，皆因公而死，其落水幸而登岸者，亦从死中幸脱之人也，真可矜悯。地方大臣官员应酌量加恩，以示鼓励。将此着问九卿议奏。"

又覆请两广总督赵弘燮题香山副将邓茂功、雷州副将王顺员缺，请皇上于记名人员内选补二疏。上曰："这二副将员缺，着查福建省官员内陆路记名应升副将具奏。再洞庭湖副将之名，朕忘之矣，伊于水性及水师营事宜甚熟，亦着查奏。将此交与兵部查明缮折进呈。"

毕，上谓大学士等曰："坐粮厅德成额人尽去得，办事好，但声名不甚佳，着问仓场大臣具奏。"

户部、工部、光禄寺衙门大臣遵旨近前，上谓诸大臣曰："朕留心节省，各处所用钱粮，特为应免钱粮之处，意欲免之。即如前此光禄寺一年所用银两至六七十万，后朕节省，一年用银十六万两。今又加节省，一年只用银三四万两。用既少，铺户人等领银亦少，故不能赔补旧欠。铺户人等亦不能度日。尔等会同九卿，将俾有益铺户人等填补旧欠之处确议具奏。此事断不可开捐纳。"

是日，上诣谦尊堂问安。

是日起居注官文志鲸、阿克敦。

二十二日乙未　是日巳时，封印。

二十三日丙申

二十四日丁酉　酉时，上由西直门进神武门回宫。

是日起居注官阿克敦、俞长策。

二十五日戊戌　自是日起，以岁终祭太庙，上斋戒三日。

是日起居注官文志鲸、阿尔赛。

二十六日己亥　是日起居注官文志鲸、阿克敦。

二十七日庚子　早，上临中和殿视祭太庙祝版毕，回宫。

是日起居注官蒋廷锡、阿克敦。

二十八日辛丑　早，上亲诣太庙，祭毕，上诣宁寿宫问安，回宫。

是日起居注官揆叙、汤右曾。

二十九日壬寅　午时，上御保和殿，以岁暮宴朝正外藩诸王，左翼科尔沁和硕达尔汉亲王和硕额驸罗布藏滚布，柰曼多罗达尔汉郡王垂忠，科尔沁多罗扎萨克图郡王鄂齐尔、兵图郡王伊西班第，鄂尔多斯多罗郡王董罗普，蒿齐忒多罗郡王牙木皮儿，科尔沁多罗贝勒阿必达，扎鲁特多罗贝勒毕鲁洼，乌朱穆秦多罗厄尔德尼贝勒博木布，郭尔罗斯辅国公莽色，扎鲁特镇国公苏礼，翁牛特镇国公索诺木，扎萨克一品台吉册灵旺布等；右翼喀尔喀图谢图汗王占儿多而济，巴林多罗郡王固伦额驸乌尔滚，阿霸垓多罗郡王吴尔占噶喇卜，敖汉多罗郡王楚音盆儿附，土默特多罗达尔汉贝勒阿喇蒲坦旗下喀尔喀多罗贝勒罗布藏，苏尼特多罗贝勒习礼，阿禄科尔沁多罗贝勒王占儿，喀尔喀扎萨克多罗贝勒拉木扎普诺尔布班第，巴林固

山贝子扎什纳木塔儿，喀尔喀固山贝子巴特马王占儿，阿霸垓达尔汉贝子车领董罗普，喀喇沁镇国公善巴喇西，喀尔喀扎萨克镇国公土巴，喀喇沁扎萨克一品他布囊葛伦儿，喀尔喀扎萨克一品台吉沙鲁伊都尔齐等，及内大臣、侍卫、大学士等。诸乐并作。上进酒毕，令左翼科尔沁和硕达尔汉亲王和硕额驸罗布藏滚布，右翼喀尔喀图谢图汗王占儿多尔济等至御座前，上亲授饮。其余贝勒、贝子、公、额驸、台吉等，俱令侍卫于座次分觞授饮。宴毕，众谢恩，上回宫。

是日起居注官阿克敦、阿尔赛。

臣等钦惟皇上继天立极，御宇五十二年，圣德神功，教思容保。洋洋乎，暨讫于九州六合之遥；巍巍乎，远驾于五帝三王之上。郅隆之理，蔑以尚矣。乃治益求治，安益求安。声为律而身为度，有赞叹形容所不能尽者。三月十八日恭逢圣诞六旬万寿节，自诸王、大臣以至四方耆老，咸忭舞嵩呼，庆贺阙廷之下。于是明诏屡颁，恩膏大沛。于神则遣官祭告名山大川，于官则大赉予荫、群臣增秩。罢废者亦复其衔，而老成耆旧，官保锡命，尤加渥焉。于民则免税蠲租，于兵则出帑金遍赉之，于有罪者则肆赦以开自新之路，于远方之来者则给以糗粮，于老人则赐宴赐金有差。有疾者敕太医治之，其归也申之以孝弟之义，俾传告乡里，期于仁让成风。于颁白之妇，命入内廷宴赉，亦各以等。至于笃亲亲之爱，先自本支。念勋旧之家，宽仁录其孙子，湛恩汪涉，薄海覃敷。既无微之勿周，亦无远之勿届。近自堂廉都邑，推而及于海澨山陬，莫不鼓舞欢忻，齐祝无疆之历。盖自生民以来，未有若斯之盛者也。万几余暇，究性命精微之旨；穷源探本，于濂洛诸书深契。夫老子得易之体，孟子得易之用，辨析奥渺，在廷儒臣，举莫能窥测涯际。于算法律吕诸书，以黄钟为最要。极深研几，审音察理，非圣人其孰能之？颁行《朱子全书》、《四书注解》，诏九卿举真实留心性理正学之人，而天下愈知崇尚有本之学矣。于冗员则裁汰之，于贤否则甄别之。于外吏迁除，道以下、知县以上，并敕赴京引见。允厘百工，而吏道益澄清矣。于教习进士，书学优者，以中书补用；于乡会两闱，俾文武互试，以尽其长。云汉天章，蒸蒸日上矣。若夫撙节

爱养，藏富闾阎。训练戎兵，施恩将士。修文德以靖海氛，拯灾伤以苏民困。即滨海居人，弛出洋之禁，亦得以利其利焉。睿虑周详，德洋恩溥，天下之大，已无一夫不获其所。唐虞三代之治，何以加兹。臣等仰见帝德广运，圣学高深，无一念不与民生休戚相关，无一事不以致治保邦为计。虽世登仁寿，人乐盈宁，而忧勤惕厉之怀倍深无逸。嘉言懿行，垂为千万世法则。苞桑磐石之固，与博厚高明，同其悠久矣！濡毫方策，莫罄颂扬，敢拜手稽首而敬书于简末云。

康熙五十三年　甲午

正　月

初一日癸卯　寅时，上以元旦节，率诸王、贝勒、贝子、公等及内大臣、侍卫、大学士、都统、尚书、精奇尼哈番，诣堂子行礼毕，回宫。

辰时，上率诸王、贝勒、贝子、公等，内大臣、侍卫、大学士诣宁寿宫行礼，文武官员于午门外随班行礼毕，回宫。

顷之，上御中和殿，内大臣、侍卫，内阁、翰林院、礼部、都察院、詹事府等衙门大臣官员，行庆贺礼。上御太和殿，诸王、贝勒、贝子、公等及文武各官，与朝正外藩诸王、贝勒、贝子、公、台吉，朝鲜等国使臣，奉表行庆贺礼毕，上回宫。

是日起居注官汤右曾、阿克敦。

初二日甲辰　巳时，上由神武门出西直门，诣畅春园驻跸。

是日起居注官揆叙、汤右曾。

初三日乙巳

初四日丙午　是日，诸王、贝勒、贝子、公等满汉大臣白奏事员外郎双全："每年祭天、地、祈谷坛，皇上无不亲祭，此番乞皇上暂停亲祭，遣官行礼。"转奏，奉旨："尔等所奏知道了。朕身亲祭。"

是日起居注官吴廷桢、阿尔赛。

初五日丁未　上由西直门进神武门回宫。

是日起居注官阿克敦、俞长策。

初六日戊申　自是日起，上以祭祈谷坛，斋戒三日。

是日起居注官俞长策、阿尔赛。

初七日己酉　是日起居注官蒋廷锡、阿克敦。

初八日庚戌　早，上御中和殿，视祭祈谷坛祝版毕，回宫。

是日起居注官赵熊诏、阿尔赛。

初九日辛亥 早，上由午门出正阳门，祭祈谷坛毕，回宫。

巳时，上由神武门出西直门，诣畅春园驻跸。

是日起居注官揆叙、汤右曾。

初十日壬子

十一日癸丑

十二日甲寅

十三日乙卯

十四日丙辰 午时，上御畅春园内万寿亭，以上元节，赐朝正外藩蒙古诸王，左翼科尔沁和硕达尔汉亲王和硕额驸罗卜藏滚布，柰曼多罗达尔汉郡王垂忠，科尔沁多罗扎萨克图郡王鄂齐尔、秉图郡王伊西班第，鄂尔多斯多罗郡王董罗卜，蒿齐特多罗郡王雅木皮尔，科尔沁和硕土谢图亲王额尔折图、固山多罗贝勒阿必达，扎鲁特多罗贝勒必鲁洼，乌朱穆秦多罗厄尔德尼贝勒博木布，郭尔罗斯辅国公莽色，扎鲁特镇国公苏礼，翁牛特镇国公索诺穆、扎萨克一品台吉车林王布等；右翼喀尔喀土谢图汗王扎尔多尔济，巴林多罗郡王固伦额驸吴尔滚，阿霸垓多罗郡王吴尔占噶喇布，敖汉多罗郡王垂穆盆儿，土默特多罗达尔汉贝勒阿喇布坦旗下喀尔喀多罗贝勒罗卜藏，苏牛特多罗贝勒西里，阿禄科尔沁多罗贝勒王占尔，喀尔喀扎萨克多罗贝勒拉木扎布、鄂尔布班第，巴林固山贝子扎锡纳木塔尔，喀尔喀固山贝子巴特马王占尔，阿霸垓达尔汉贝子车林董罗普，喀喇沁镇国公善巴拉锡，喀尔喀扎萨克镇国公图巴，喀喇沁扎萨克一品他布囊格伦儿，喀尔喀扎萨克一品台吉沙鲁伊尔都齐等，及内大臣、侍卫、大学士等宴。诸乐并作，上进酒。令左翼科尔沁和硕达尔汉亲王和硕额驸罗卜藏滚布、右翼喀尔喀土谢图汗王扎尔多尔济等近御座前，上亲赐饮。其余贝勒、贝子、公、额驸、台吉等，俱令侍卫于坐次分觞授饮。宴毕，众谢恩。上回宫。

是日起居注官阿克敦、阿尔赛。

十五日丁巳 午时，上御畅春园内万寿亭，赐朝正外藩左右两翼诸王、贝勒、贝子、公、台吉及内大臣、侍卫、大学士宴。诸乐并作，上进酒毕。

外藩蒙古左右两翼诸王以下、台吉以上，俱令侍卫于坐次分觞授饮。宴毕，众谢恩。上回宫。

是日起居注官阿克敦、阿尔赛。

十六日戊午

十七日己未 卯时，开印。

自此以后，上驻跸畅春园。部院各衙门奏章，每日交内阁转送畅春园听理，面奏事件仍行面奏。

是日，上诣镜峰问安。

十八日庚申

十九日辛酉 是日，上诣镜峰问安。

二十日壬戌

二十一日癸亥 辰时，上御畅春园内澹宁居听政。户部尚书穆和伦等入奏，小钱三年限期已满，现今大钱不敷商民用度，请将小钱再展限三年，与大钱兼用，具折呈览。上览折曰："尔等所见甚善。自古钱法未有如本朝流行之广者，如宋时钱至元末还有，元时钱至明末亦还有，惟本朝钱法流行甚广，不但顺治钱于今已少，即康熙初年之钱亦少。乃者湖广总督额伦忒来奏，湖广一省小钱甚多，若将大钱二百万贯运去收买小钱，则小钱可尽矣。朕谕尔但知一省之事，未知天下之事。以二百万贯钱运至湖广，安保途间无不测之事？这许多钱尔能赔乎？伊愕然奏称，上谕甚是。臣实意料不及。总之，钱法必期有便于民始善，不计便民而但期法之必行，严加禁止，则于民无益。凡事必酌量权变，不失其宜，方有济耳。"

部院各衙门官员面奏毕，盛京礼部侍郎巴济纳赴任入请训旨，上曰："盛京地方甚要，以今观之，政务废弛。尔去，每日上衙门详加查理。"巴济纳出。

大学士松柱、李光地、萧永藻、王掞，学士彭始抟、邹士璁、巴格、傅尔胡讷、沈涵、绰奇、鄂齐尔以折本请旨。覆请九卿议重罪人犯今年停其正法，暂行监禁，徒罪以下人犯减等完结一疏。上曰："此事关系甚大，不便准行。或为人奏请，亦未可知。所犯轻罪犹可，罪犯十大恶，凶乱之人，情真宜即行正法。又各省州、县拿获大盗，仍有越狱脱逃者，此

等凶徒岂可监禁又待一年乎？此事朕颇疑之。想必为噶礼者，俾待一年，其间又希图侥幸耳。本发回，再议具奏。”

又覆请江宁巡抚张伯行以濂洛关闽诸书恭请皇上制序一疏。上曰：“着交九卿议奏。”

大学士松柱等，以奉旨收贮理藩院请照祐祐脑儿辅国公索诺穆达锡遗本，将公爵袭封伊次子诺尔布彭楚客或不袭封之处请旨一疏。上曰：“着将诺尔布彭楚客袭封辅国公。”

是日起居注官周起渭、阿克敦。

二十二日甲子

二十三日乙丑

二十四日丙寅 辰时，上御畅春园内澹宁居听政。部院各衙门官员面奏毕，大学士松柱、李光地、萧永藻、王掞，学士彭始抟、邹士璁、巴格、傅尔胡讷、沈涵、绰奇、鄂齐尔，以折本请旨。覆请吏部以湖南巡抚李发甲员缺，将学士蔡升元等职名开列具题一疏。上曰：“着以布政使等官问九卿具奏。”

又江西按察使刘棨员缺，将金衢严道祖业弘等职名通行开列，请皇上指名调来引见一疏。上曰：“着以道员问九卿具奏。”

又覆请兵部覆两广总督赵弘灿所题，春江副将标下中军都司王启明员缺，请以守备林麒补授；林麒员缺，请以千总袁标补授等因。查春江副将标下中军都司员缺，有奉旨招降陈尚义等议叙之年满千总陆安已经补授，应将林麒、袁标坐名补授都司、守备之处，无庸议一疏。上曰：“林麒、袁标现为引见俱遣赴京，着交兵部，俟到日启奏引见。本发还。”

是日起居注官文志鲸、阿尔赛。

二十五日丁卯 辰时，上御畅春园内澹宁居听政。部院各衙门官员面奏毕，大学士松柱、李光地、萧永藻、王掞，学士彭始抟、邹士璁、巴格、傅尔胡讷、沈涵、绰奇、鄂齐尔，以折本请旨。覆请户部尚书穆和伦奏请年老身病致仕一疏。上曰：“穆和伦尚健，还可行走一二年，着照常行走。”

是日，上诣镜峰问安。

是日起居注官王奕清、阿克敦。

二十六日戊辰 巳时，上诣镜峰问安毕，自畅春园启行，巡幸霸州等处，驻跸稻田。是日，卢沟桥游击李现光、同知梁永祚、千总段起夔、把总孟扬布等来朝。

二十七日己巳 上驻跸马家庄。是日，赐王、贝勒、贝子、公、领侍卫内大臣、都统、前锋统领、护军统领、大学士、尚书等鱼。涿州知州赵光荣、守备游洪龙、州判王向年、学正谈烟龙、训导赵继弘、吏目朱廷元等来朝。

二十八日庚午 上驻跸内渠。是日，新城县知县李之秀、守备李熙明等来朝。

二十九日辛未 上驻跸南沙口。是日，霸州防守御阿达哈、知州王之琦、笔帖式三泰、学正陈玉朱、训导韩玺等来朝。

三十日壬申 上登舟，泊赵北口。是日，雄县防守御噶尔太、天津道王光爽等来朝。

二 月

初一日癸酉 御舟泊赵北口。

初二日甲戌 御舟泊郭里口。

初三日乙亥 御舟泊郭里口。

初四日丙子 御舟泊郭里口。是日，赐直隶巡抚赵弘燮、天津总兵官杜呈泗《御制避暑山庄记》、《御选唐诗》各一部。

初五日丁丑 御舟泊段村。

初六日戊寅 御舟泊圈头。是日，赐内大臣、大学士、尚书、副都统、护军参领、治仪正、侍卫孤顶。

初七日己卯 御舟泊圈头。

初八日庚辰 御舟泊赵北口。

初九日辛巳 御舟泊张青口。是日，文安县游击韩德、知县程绳武来朝。

初十日壬午 御舟泊苑家口。是日，赐巡抚、总兵官、地方文武等官哈蜜瓜、榛子、松子、蜜饯、山查（楂）。

十一日癸未 上驻跸南八里庄。是日，东安县防守御赛柱、八品笔帖式汤阿，永清县教谕崔二伦、训导陈明扬、典史王斌如等来朝。

十二日甲申 上驻跸北寺垡。是日，东安县知县周世虞、教谕葛杰、训导赵义等来朝。

十三日乙酉 上驻跸海子南红门。申时，上御行宫，大学士松柱，学士傅尔胡讷、绰奇、查弼纳以折本请旨。覆请九卿议文武生员、举人情愿改试者着改试。试而不中者，仍各照文武注入原册，下次考试再不许改试。八旗汉军内文武生员、举人情愿改试者，亦照此改试。此番考试俱各取本省地方官印结，到部后，仍取同乡京官印结，及举人五名互结，准其考试一疏。上曰："此事所议太烦。本发还，着再议具奏。"

又覆请吏部议告病、丁忧等官相应出缺外，编修陶贞一等告病是实，准其离任调理，俟病痊日再行补用一疏。上曰："户部员外郎何国柱着照例丁忧。伊算法甚熟，部内有销算事件仍令来算。何国柱家计淡薄，着照常食俸。"

顾大学士松柱、左都御史揆叙曰："近见翰林等官告假者甚多，三分中已去其二。又庶吉士等正当学习时，遽回本籍，至三年考试将近，又来考试。似此任意告假，焉得学习？此后，除丁忧、终养外，告假翰林、庶吉士等，应照告退知县例。又现在教习进士内有告假者，亦应照此例。尔等同九卿会议具奏。"

又覆请户部题请更代宝泉局监督赫昌、陆云从员缺一疏。上曰："着交九卿于满汉司官内简选贤能更代。"

又覆请兵部议覆川陕总督鄂海所题新投顺土番，着土司杨如松管辖，应准行。至请给杨如松印，不准行一疏。上曰："杨如松管辖土司甚多，新投顺土番再令伊兼管时，应照该督所请，给印。本发回，着再议具奏。"

又覆请兵部议覆湖广总督额伦特所题游击石茂林员缺，将游击舒明调补，应准行；舒明员缺，将守备张祯补授，不准行一疏。上曰："着照该督所请行。"

又覆请刑部议私乘蒙古驿马之博罗吴那罕，应枷号两个月，鞭一百一疏。上曰：“先曾有一喇嘛似此假旨，已经正法。今博罗吴那罕为何如此议？况此事原系理藩院之事，理藩院应主稿，会同刑部可也。本发回，着再议具奏。”

又覆请刑部议覆江宁巡抚张伯行所题强盗范花子等应即处斩，但范花子等系乞丐贫民，迫于饥寒，遂致犯法。前此强盗张名申等，已经免死减等结案。范花子应否减等，听候部议等因，应无庸议一疏。上曰：“该抚引例题请，着照伊所请行。”

又覆请刑部题丁忧运副佟赋鲁，因魏朝相将伊当铺银两花费，遂欲取其房抵算，将魏朝相逼勒以致自缢身死，佟赋鲁应降三级一疏。上曰：“佟赋鲁原系江南运副，家道甚富，今致逼死人命，料必不为好官。若再用时必为民害，着革职。”

又覆请刑部议赵晋缢死一案，应将江都县管狱典史金鹤革职；知府赵弘煜罚俸一年；知县王先虽系公差，平时不令严加看守，应罚俸三个月一疏。上曰：“各官自当议罪。赵晋身死真否，着交巡抚张伯行彻底查明具奏。”

又覆请工部议盛京浑河税取木料令变价解部一疏。上顾大学士松柱曰：“这税取木料，若变价时恐价不值，尔意云何？”大学士松柱奏曰：“是彼处木价甚贱，变价则价自不值。臣任彼处将军时，所聚税取木料甚多，曾奏修理船只、仓库，俱已修完。”上曰：“这税取木料停其变价，留俟有用处供用可也。”

是日，赐安郡王华圮、贝勒满都护马各一匹。采育防守御常寿、守备蒲云际、笔帖式阿那胡、千总杨世沛、把总江永铨等来朝。

十四日丙戌 上驻跸新衙门。

十五日丁亥 未时，上至畅春园，诣镜峰问安。驻跸畅春园。

是行也，各部院衙门奏章，每日送内阁，内阁三日一次递送行宫听理。上随报请皇太后安五次。

扈从起居注官揆叙、阿克敦、阿尔赛。

十六日戊子

十七日己丑

十八日庚寅 是日，上诣镜峰问安。

十九日辛卯

二十日壬辰

二十一日癸巳

二十二日甲午

二十三日乙未 是日，上诣镜峰问安。

二十四日丙申 辰时，上御畅春园内澹宁居听政。部院各衙门官员面奏时，九卿奏称："奉旨：去岁九月间雨多，故冬雪少。地虽潮湿，方春正待雨之时，尔等可交礼部，着照例祈雨。仍会同九卿，于政事内有当行事件酌议具奏。钦此。钦遵。窃惟皇帝至圣至神以临天下，每事皆符合天心，惟以民生为念，故致时和年丰。今以立春后雨水稍迟，遂下圣谕，问臣等以当行事宜。此诚勤求治理之盛心也。臣等伏念今内外大小官员当行事件，皆经圣虑，详加审定，稍有不合，即发回改正，故大小庶事，无不灿然就理。臣等惟惭不能奉行，实无当行事宜。"上曰："朕遣人掘地看视，土虽潮湿，但去冬无大雪，今春复又少雨，可交礼部速行祈雨。政事有缺遗处，九卿会议具奏。"

吏部尚书富宁安等，将掣得吴江县知县缺周文杰等引见。上曰："吴江县事烦，钱粮亦多，当用操守清廉之人。可交九卿于直隶各省现任知县内有居官好、操守清廉者，简选五人引见，朕看过调用。周文杰即以此选用人原缺补授。"

各衙门大臣奏毕，大学士松柱、李光地、萧永藻、王掞，学士彭始抟、邹士璁、巴格、傅尔胡讷、沈涵、绰奇、鄂齐尔以折本请旨。覆请九卿议告病编修陶贞一等俱照告病知县等官例休致，病虽痊不复补用一疏。上曰："陶贞一等在衙门不肯读书，惟求安逸，业已回籍，不可复令作官。前此告假回籍者甚多，并未议及。再，科道等官职任甚重，亦有卖缺告假回籍者，着九卿一并再议具奏。"

又覆请户部覆广东巡抚满丕、广西巡抚陈元龙以积贮最要，请开捐纳，俱准行一疏。上曰："此捐纳事件内有免保、免考二项，此二项殊不合朕意。即捐纳人员日后作官，心亦不安。"大学士李光地奏曰："闽省

捐纳事件内，曾行此二项。”上曰：“先前未曾看出，是以准行。今既看出，岂可更蹈前非？此二项外又折三处，着交九卿再议具奏。”

又覆请刑部覆都察院左都御史揆叙所参原在膳房人黑哥等，誓为兄弟，终日会饮私议等件，俱系情真。为首人黑哥即行处斩，四哥等佥妻发三姓处着当苦差一疏。上曰：“黑哥着改拟斩监候，秋后处决。四哥、萨哈连、李芳、杨四道俱系奸恶之徒，若充发在一处，更为奸恶，将伊等佥妻分发三姓、乌喇、宁古塔、墨尔根等处，分别当差为奴。伊等充发时，特差官解送，交该将军亲收。”

又覆请刑部覆直隶巡抚赵弘燮所题潘文臣与潘宗角口，用所持拄杖打潘宗，潘宗取棒槌将潘文臣打倒，潘进望见，因救其父，遂取棍打中潘宗囟门身死。潘进应依律拟斩立决。查得谭华常将伊大功兄谭华彩用枪刺死，九卿议减等。今潘进应否减等，出自圣恩等因，无庸议一疏。上曰：“潘宗持棍打倒潘文臣，潘进望见，救父情切，持棍打潘宗致死。将潘进改拟斩监候，秋后处决。”

又覆请刑部汇题案内正法德林家人多泰，因往胶州寻伊主人德林报信，使其逃走，应枷号三个月，鞭一百一事。上曰：“此件内多泰枷号鞭过后，着发往三姓处与披甲之人为奴。”

又覆请刑部所题私刨人参李二、王三、李四等拟绞监候，秋后处决三疏。上曰：“现今监内私刨人参及窃盗等罪犯甚多，今虽拟死罪，秋审时究竟释放。出后仍行奸宄，此辈须割去脚筋。如此发落，则不复能作贼私刨人参，而凶徒亦知惩戒。”

是日起居注官常寿、俞长策。

二十五日丁酉

二十六日戊戌

二十七日己亥

二十八日庚子 是日，上诣镜峰问安。

二十九日辛丑 上御畅春园内澹宁居听政。各部院官员面奏毕，大学士松柱、李光地、萧永藻、王掞，学士彭始抟、邹士璁、巴格、傅尔胡讷、沈涵、绰奇、鄂齐尔以折本请旨。覆请九卿议总督赵弘灿、巡抚满丕

将米价涌贵之处并未据实预先奏闻。及奉旨明白回奏，复行巧饰，殊属溺职。赵弘灿、满丕俱革职一疏。上曰："赵弘灿、满丕居官何如？着问赵申乔回奏。"

又覆请宗人府题请鄂非之公，或着伊子鄂齐承袭，或着萨三承袭一疏。上曰："此事着四月初间再奏。"

又覆请兵部议北都那等三处新添兵卒盔甲等什物，行文户、工二部，修造完时，臣部差司官驿递解送一疏。上曰："此等军器内库甚多，敷与不敷，可着内务府总管与武备院会议口奏。俟伊等奏后，再将此事奏闻。"

又覆请刑部议平阳府知府王辅称贪酷官噶礼以亏欠，故令我加取火耗银两，我不肯应，遂参我科派，拟成死罪。向非圣主加恩，骸骨已委沟壑。噶礼所妄指赃银应否宽免，伏候垂恩等因。查王辅先年提审时，赃银俱已应承十有余年。今见噶礼被罪监禁，遂思侥幸叩阍，相应照冲突仪仗律拟罪。但噶礼乃极贪污之人，挟仇参劾，亦未可定。王辅免其拟罪，其所欠银两仍于王辅名下追取一疏。上曰："王辅所欠银两已经多年，或与噶礼不合被参，亦未可知。可将此问九卿回奏。再，噶礼所保秦棠、赵凤诏，未必胜于王辅。秦棠甚骄傲，朕知其不可，早已革退。赵凤诏曾在朕前奏称，天下不要钱官只噶礼一人。今事已败露，此亦当知者也。"

又覆请刑部覆直隶巡抚赵弘燮所题，韩文教之父韩成德与其弟韩登云相闹，韩登云持棍将兄韩成德打倒，韩文教望见，急来相救，韩登云复持棍打韩文教，韩文教情急，遂夺取棍，将韩登云踢打，伤重身死。韩文教依律应拟立斩。但韩成德年逾七十，只此一子，继养无人，应否减等，伏候上裁等因。韩文教该抚依律拟斩立决，应如所议。其所请留韩文教养亲，无庸议一疏。上曰："韩文教救父情切，打死其叔，可将此改定，着照常拟斩监候。"

又覆请都察院题御史等内升外转一疏。上曰："着问都察院大臣及尚书赵申乔具奏。"

是日起居注官蒋廷锡、阿克敦。

三　月

初一日壬寅　申时，上由西直门进神武门，回宫。

是日起居注官赵熊诏、阿尔赛。

初二日癸卯　辰时，上御乾清门听政。部院各衙门官员面奏毕，大学士松柱、李光地、萧永藻、王掞，学士彭始抟、邹士璁、巴格、傅尔胡讷、沈涵、绰奇、鄂齐尔以折本请旨。松柱等奏："臣等遵旨问赵申乔，总督赵弘灿、巡抚满丕居官何如，赵申乔云，赵弘灿居官安静，凡事不能主张。巡抚满丕居官亦安静，虽声名平常，在地方亦未见有不好实迹。"上曰："赵弘灿、满丕俱着降五级留任。"

松柱等又奏："臣等遵旨问九卿，原任知府王辅亏空银两已经年久，因与噶礼不睦被参，亦未可知。九卿俱云不知。"并以原疏覆请。上曰："本发回，着再议具奏。"

松柱等又奏："臣等遵旨以监察御史等内升外转事问左都御史揆叙等。揆叙等云，内升已举监察御史李永绍、吴梁，无有应外转之人。"具折呈览，并以原疏覆请。上曰："吴梁着内升，外转着停止这一次。"

是日起居注官赵熊诏、阿尔赛。

初三日甲辰　辰时，上御乾清门听政。部院各衙门官员面奏毕，大学士松柱、李光地、萧永藻、王掞，学士彭始抟、邹士璁、傅尔胡讷、沈涵、绰奇、鄂齐尔、查弼纳以折本请旨。覆请户部议覆川陕总督鄂海题，甘肃所属固原等处被灾贫民赈济米粮，请自二月起至六月止。其耕田乏籽粒者，请给与籽粒外，给银三两，令其买牛耕种等因。应准该督所奏，此项支给银两、谷种及姓名细数，令其造册，送部查核一疏。上曰："陕西固原等处与边地甚近，其地乏水，民皆化雪而食。因去冬无雪，民食不得水，多致流散。虽经该督、抚设法赈济，此外更有裨益于民之处，着遣大臣一员，到彼处查明具奏。将此写上谕传示。"

巳时，上由神武门出西直门，诣畅春园驻跸。

是日起居注官常寿、吴廷桢。

初四日乙巳　是日下旨，谕户部曰："甘肃一带地方，去年春麦失收，秋田亦歉，经该督、抚奏报甚明。其地俱系山田，稍遇旱暵，易致灾荒。是以旧岁特沛恩泽，蠲免租赋。现在虽据该督、抚设法赈济借粜，资给牛种，此外应更作何筹画，使小民得所永有裨益，着遣部院堂官一员到彼，会同该督、抚详察地方百姓情形，确议具奏。特谕。"

是日，上诣镜峰问安。

是日起居注官常寿、吴廷桢。

初五日丙午

初六日丁未

初七日戊申

初八日己酉　是日，上诣镜峰问安。

初九日庚戌　辰时，上御畅春园内澹宁居听政。部院各衙门官员面奏毕，大学士松柱、李光地、萧永藻、王掞，学士彭始抟、邹士璁、傅尔胡讷、沈涵、绰奇、鄂齐尔、查弼纳以折本请旨。覆请户部覆川陕总督鄂海所题甘肃、靖远、固原等处，请开捐纳之例，议准行一疏。上曰："捐纳之事，无甚关系者，方可准行。这议误矣。本发回，着再议具奏。"

又覆请都察院题两浙盐差，以监察御史常保等职名开列一疏。上曰："尔等问九卿，不论满汉，如李陈常者着举出。李陈常居官既清，办事亦好，九卿保举之人鲜有及此者。至长芦、河东等处，亦俱将如李陈常者举出，则盐政可得彻底澄清矣。"

是日起居注官张廷玉、阿克敦。

初十日辛亥

十一日壬子

十二日癸丑　辰时，上御畅春园内澹宁居听政。部院各衙门官员面奏毕，遣往赈济甘肃所属十四州县饥民工部侍郎常泰、大理寺少卿陈汝咸入请训旨。上曰："岳拜折奏，民皆流散。朕曾至宁夏，其一带地方有似蒙古，所种惟青稞，遇岁不收，民即流散。尔等到地方与总督鄂海、巡抚岳拜议，应教百姓牧养牛羊。盖甘肃地方较直隶、山东不同，与蒙古等，故

畜牛羊最宜。畜牛羊则虽遇荒岁，食乳亦可度日矣。又，其地产肉苁蓉、天冬。以肉苁蓉、天冬煮熟，味似山药，可食。又一种似沙蓬子、沙米，亦可食。”陈汝咸奏云：“此十四处地方臣等请俱至查勘。”上曰：“尔等悉亲身踏勘。此外，设再有应查之处，着会同督、抚议题请旨。”

毕，大学士松柱、李光地、萧永藻、王掞，学士彭始抟、邹士璁、傅尔胡讷、沈涵、鄂齐尔、查弼纳以折本请旨。覆请户部议覆总督鄂海请开捐纳事例内，有犯死罪官员令其赎罪一款，其赎罪之人应具呈刑部，刑部具题请旨捐赎一疏。上曰：“这所议不明白。官员犯死罪监禁，俱系侵欺钱粮之犯。钱粮有赔完者，亦有未赔完者。此处该部并未分晰详议。钱粮未完者，应俟钱粮赔完之日方准赎罪。这本发回，着再行详明分晰议奏。”

大学士松柱等奏：“臣等遵旨以两浙盐差问九卿，副都御史吕履恒、大理寺少卿俞化鹏举监察御史陶彝，操守清廉，才能优长。”具折呈览，并以原疏覆请。上曰：“举陶彝者惟吕履恒、俞化鹏两人。举出其贤否之处，应会同九卿公举，着再问。又，去年巡抚张伯行曾举三人，将此一并问九卿具奏。”

是日，上诣镜峰问安。

是日起居注官党阿赖、周起渭。

十三日甲寅

十四日乙卯

十五日丙辰　是日，上诣镜峰问安。

十六日丁巳

十七日戊午

十八日己未　是日，皇上万寿诞辰，王、贝勒、贝子、公、文武官员至畅春园行礼。

是日，上诣镜峰行礼。

是日起居注官王奕清、常鼐。

十九日庚申

二十日辛酉

二十一日壬戌

二十二日癸亥　是日，上诣镜峰问安。

二十三日甲子

二十四日乙丑

二十五日丙寅

二十六日丁卯　辰时，上御畅春园内澹宁居听政。部院各衙门官员面奏毕，京口将军何天培入请训旨。上曰："京口地方紧要，练兵修船之事所当留意。朕南巡时，次金山寺，欲观舟师操练，将军等数以风信为辞，不行操练。尔时朕即疑其为船故也，后用船时，果未全备。马三奇也还安静，但于事不甚留意耳。"何天培奏曰："皇上所见极是。臣当竭能效力。"上曰："事不可急，宜渐次理之。"何天培出。

奉天府府尹郝林入请训旨。上曰："盛京之地，系旗、民各方人杂处，命案甚多。尔去必亲历所属地方，诚心教导，毋谓此非久任之地，将事诿与将军、各部。国家设一官，即有一官之职。为官者当立志尽职，兴起教化，有一番整理可也。"郝林出。

大学士松柱、李光地、萧永藻、王掞，学士彭始抟、邹士璁、傅尔胡讷、沈涵、鄂齐尔、查弼纳以折本请旨。覆请吏部题太仆寺少卿李弘文员缺，无应补授之人，照例暂停补授一疏。上曰："此等停补之缺，俱应补授。前此亦曾用翰林官员，着将年久应升翰林官员查奏。"

又覆请兵部议白都纳三处添设兵丁应给军械一疏。上曰："此等军械何必令匠人置造？买现成卖者给之，且易得，着买给。"

又覆请兵部议陈克登等招降海贼，并未将陈尚义伙内被风飘散之四只船招来，应将给与伊等把总札付追取，分发山、陕二省为兵一疏。上曰："陈克登等已将林武升等四十三贼招来，所给伊等札付，着免追取。"

又覆请兵部题云南开化总兵官标下中军守备张应琮员缺，将记名应升守备官员及侍卫等职名开列一疏。上曰："着交领侍卫内大臣，将汉侍卫等具题引见，朕阅射后补授。"

大学士松柱等奏曰："臣等遵旨以两浙盐差举陶彝者惟吕履恒、俞化鹏两人，应会同九卿公举，着再问九卿。九卿云，监察御史陶彝，在御史

任内声名好。因奉旨着举似李陈常者，故前此未曾举出。又张伯行所举之李发甲、陈瑸实系好官，李发甲已升巡抚，陈瑸奉旨再留台湾道任三年。余正健告假，现在原籍。”具折呈览，并以原疏覆请。上曰：“着监察御史陶彝去。”

又覆请川陕总督鄂海所题，以波罗营副将陈俊调补提督标下中军副将；陈俊员缺，请将记名人员选补一疏。上曰：“陈俊着照该督所请调补。陈俊员缺，着交领侍卫内大臣，将应升副将之汉侍卫等具题引见。”

是日，上诣镜峰问安。

是日起居注官王奕清、常鼐。

二十七日戊辰

二十八日己巳

二十九日庚午

三十日辛未

四　月

初一日壬申　辰时，上御畅春园内澹宁居听政。部院各衙门官员面奏毕，户部尚书赵申乔近前条奏广东香山副将、都司调汛等四事。上曰：“尔至广东，广东之事皆知。尔至山西，尔子赵凤诏居官贤否，亦知之乎？”赵申乔奏曰：“问彼处人云，也还好。”上曰：“尔所奏者皆琐细事，朕知道了。”赵申乔出。

大学士松柱、李光地、萧永藻、王掞，学士蔡升元、彭始抟、邹士璁、傅尔胡讷、沈涵、绰奇、鄂齐尔、查弼纳以折本请旨。覆请吏部题补授教官一疏。上曰：“教官，教人者也。此缺甚要。必取至京师，令大臣面试，方可补授。”

又覆请吏部题，补授州同一疏。上曰：“此内不堪者甚多。皆从微员积得银钱，即行捐纳，亦应取至京师，令大臣选举补用。”

又覆请兵部题补授波罗营副将陈俊员缺一疏。上曰：“副将员缺甚

要，得人方善。銮仪卫参领王直马步箭好，人亦好，着补授。”

毕，上又顾大学士等曰：“人当看正经书，小说皆惑人心志，先曾禁止，至今尚存。宋、元、明代以来，所著小说多系淫词，惑人心志。尔等写旨，交九卿议作何禁止。”

是日，上诣镜峰问安。

是日起居注官俞长策、阿尔赛。

初二日癸酉

初三日甲戌　是日，上诣镜峰问安。

初四日乙亥　辰时，上御畅春园内澹宁居听政。部院各衙门官员面奏毕，大学士松柱、李光地、萧永藻、王掞，学士蔡升元、彭始抟、邹士璁、傅尔胡讷、沈涵、绰奇、鄂齐尔、查弼纳以折本请旨。覆请宗人府题，鄂飞之公爵，或着伊子承袭，或着萨三承袭请旨一疏。上曰：“这原非世袭公爵，不准承袭。”

又覆请吏部题太仆寺少卿等官员缺，以翰林院咨送年久应升庶子鲁瑗等八人职名开列一疏。上顾大学士等曰：“此内人员朕不甚知。即内廷翰林，朕亦只知其学问，不知其品行。”大学士李光地奏曰：“魏方泰、孙襄、文志鲸、吴廷祯人还朴实。”上曰：“魏方泰好，此本照常送进。”

又覆请吏部覆直隶巡抚赵弘燮所题永定河分司根特又满一年，应照例更代。俟命下将应开列等官开列具题一疏。上曰：“根特着再留一年。”

又覆请兵部题补授古北口总兵官马进良员缺一疏。上曰：“此缺甚要，马进良居官亦不可谓之清，但于边务熟练。尔等将此问九卿，现任提督、总兵官内如马进良者简选具奏。”

又覆请兵部覆宣化总兵官司九经题，蔚州路参将中军守备胡来珠员缺，请将千总王导民补授，议不准行一疏。上曰：“其人已到，着于引见日具题引见。”

又覆请刑部等衙门题原任江南江西总督噶礼之母叩阍，告伊子噶礼。口称老奴大不幸，养此不孝子孙，令家内做饭女人下毒药，要杀老奴。此等凶恶，皆系充军子色尔气偷回与孙干都欲杀老奴，合谋而行者。噶礼将常泰奸妇所生之子莽牛认为己子，私自抚养。老奴之夫普善痛责噶礼，将

媳与奸生子一并逐出。常泰聚集亲戚，将老奴房屋拆毁，几至殴打老奴。再，噶礼之妻子及紧要人等俱住河西务，不知何意。噶礼极奸诈无恩，必不可留于世间等语。噶礼、噶礼之弟色尔气、噶礼之子干都、家人五姐、六指子皆认情真。噶礼应照谋杀祖父、父、母已行者，不论成伤不成伤皆斩，依律治罪。但噶礼身蒙皇上洪恩，历任大臣，自应捐躯效力，一心图报，乃任意贪婪，肆行奸诈。既有负圣恩，又欲谋杀亲母，不忠不孝已极，不应照此律拟罪。噶礼合依谋杀父母已死者律，凌迟处死。色尔气、干都、五姐、六指子俱依律立斩。噶礼之妻忤逆其姑，拟立绞。噶礼所养常泰之子干太并妻子，发黑龙江当苦差。噶礼赃款内三百四十余口家人俱入官。查出房产七十五处，地一百余顷，当铺十三所，其价本银并金器皿，俱注册交送户部。此外，隐匿房产、地土、人口、财帛等项，俟发觉时再议一疏。上曰："噶礼断不可留。居官既无状又不孝，况恶迹甚多。着问九卿。九卿虽承问，谁敢言其应杀？能言者即是去得之人。且满洲中从无一人似此者，凡满洲应共杀之。"

又覆请户部尚书赵申乔条奏，香山副将原驻前山寨，康熙七年，副将彭继勋，值海寇起，移入香山城内驻扎，只都司率兵百余防守。今应照旧例，副将仍移前山寨驻扎二疏。上曰："香山澳地方朕留心已久。查自明代即与西洋人，今西洋人在彼处交市，地方甚窄，纯是石头。即种菜，尚取他处土铺石上，方可种。且此地防守甚固，海寇断不能上。今无事之时，将城内官兵移驻城外，既无益处，徒觉烦琐。这本着发回。"

又随丁系本官亲丁，本官离任，即将原报随丁除名。新官到任后，另取随丁，按名补用，所食钱粮应申明报部。如此则随丁不敢顶替，亦无侵克钱粮之弊一疏。上曰："部例随丁一名亦不可有，即如州、县火耗，岂可取一分乎？此等特格外施恩耳。今限定随丁之数，反与部例有违，不如不提起矣。此本亦发回。"

又电白县向因兵多粮少，将应征银一千二百三十余两裁去，折米四千一百余石，以给地方兵丁。请仍将此米折取银两一疏。上曰："此事历年甚久，并无益处。且各省此等事件亦多，俱照此准行，必至烦扰。这本亦着发回。"

是日起居注官阿克敦、俞长策。

初五日丙子

初六日丁丑

初七日戊寅

初八日己卯

初九日庚辰　是日，上诣镜峰问安。

初十日辛巳

十一日壬午

十二日癸未

十三日甲申

十四日乙酉

十五日丙戌　是日，上诣镜峰问安。

十六日丁亥　辰时，上御畅春园内澹宁居听政。部院各衙门官员面奏毕，大学士松柱、李光地、萧永藻、王掞，学士蔡升元、彭始抟、邹士璁、傅尔胡讷、沈涵、绰奇、鄂齐尔、查弼纳、关保以折本请旨。覆请礼部题云南、贵州差正、副主考一疏。上曰："这本内列名官员甚多，此中亦有差过正、副主考者。着问九卿，内有居官无状、声名不好者，察明具奏。伊等着于本月十八日考试。"

大学士李光地奏曰："皇上启行伊迩，恐阅卷不及。"上曰："卷子随交随看，亦无不及处。"

上又曰："昔人有云，正朝廷以正百官，正百官以正万民。欲正百官，则举贤不如退不肖。何则？以为贤而举之，纵使稍有请托，然彼念以己为贤，犹必勉为好官。若黜退不肖之员，则众知所戒，各改其行，俱勉为好官矣。"

又覆请兵部题补授甘肃提督江琦员缺一疏。上曰："川陕地方甚要，当简选能员补用。总兵官范时杰弓马娴熟，整饬营伍，兵民和辑，无不称颂，欲授伊为四川提督。故凡他处提督缺出，俱不曾补。"上又顾学士蔡升元曰："尔往陕西所闻若何？"蔡升元奏曰："范时杰居官好，宽严并用，兵民心服。"上曰："江南提督师懿德，着调补甘肃提督。苏松总兵

官穆廷栻，着补江南提督。”上又曰：“提督江琦，先任总兵官时声名甚好。自任提督后，声名较前稍减矣。”

大学士松柱等奏曰：“臣等遵旨将原任总督噶礼问九卿。九卿云，噶礼诚断不可留，皇上所见甚是。并原疏覆请。”上曰：“噶礼赃银甚多，如此恣行贪污，婪赃累累，何竟无一人劾奏？”因将本留中。

是日起居注官常寿、俞长策。

十七日戊子

十八日己丑　辰时，上御畅春园内澹宁居听政。部院各衙门官员面奏毕，大学士松柱、李光地、萧永藻、王掞，学士蔡升元、彭始抟、邹士璁、傅尔胡讷、沈涵、绰奇、鄂齐尔、查弼纳、关保以折本请旨。覆请兵部题贵州威宁总兵官张之麟员缺，以镶黄旗参领白云鸿等职名开列一疏。上曰：“杜如坤着授贵州威宁总兵官。河南南阳总兵官杨铸员缺，着将高成补授。”

又覆请刑部议步军统领隆科多所参阿达哈哈番福禄等、看守休显等空班，应革职一疏。上曰：“尔等会同领侍卫内大臣、都统、护军统领、尚书等再议具奏。”

又覆请八旗都统阿尔那等议，食钱粮人等准借给银四票，官员等准借俸六年，其旧官库所借银着尽还补一折。又大学士萧永藻等议，现今官员所借俸银尚未扣完，俟扣完时，令户部奏闻。食钱粮人等照旧例借给银三票，其旧所借银仍令照数填补一折。上曰：“着合一议奏。”

是日起居注官党阿赖、吴廷桢。

十九日庚寅　辰时，上御畅春园内澹宁居听政。部院各衙门官员面奏毕，大学士松柱、李光地、萧永藻、王掞，学士蔡升元、彭始抟、邹士璁、傅尔胡讷、沈涵、绰奇、鄂齐尔、查弼纳、关保以折本请旨。覆请刑部等衙门覆江宁巡抚张伯行题，李纪将伊妻金氏打死，应照律拟绞。但李纪因金氏与人私通，忿怒打死，情属可矜。查康熙八年旗下人贾纪，因妻与人私通，用刀刺死，免死在案。今李纪亦请照此例减等发落等因。查康熙八年，以大雨库圮，档案浥烂，无贾纪事。该抚所引，无庸议一疏。上曰：“李纪着照该抚所请，从宽免死，照例减等发落。”

是日，上诣镜峰问安。

是日起居注官常鼐、俞长策。

二十日辛卯　是日，发议处噶礼等本内批旨："噶礼着自尽，其妻亦令从死。郭有登着即处斩，色尔气、干都、五姐、六指子着改拟斩，朱之麟拟绞，俱监候，秋后处决。干太发往黑龙江当苦差。余依议。"

辰时，上巡视口北，自畅春园启行，驻跸林沟。

是日，功化城捕盗同知张仲国、都司包进忠、千总王玺、把总刘璪等来朝。

二十一日壬辰　上驻跸林沟。是日，赐浙闽总督范时崇扁额、对联。

二十二日癸巳　上驻跸林沟。

二十三日甲午　上驻跸林沟。

二十四日乙未　上驻跸南石槽。

二十五日丙申　上驻跸密云县。是日，怀柔县知县吴景果、守备赵成贵、把总张兴祖、训导王允功，密云县抽木税理藩院员外雅朱等、知县朱英等、守备李万鹏等、把总赵进谷等来朝。

二十六日丁酉　上驻跸腰亭子。是日，石匣营副将郑明、游击巴世勋、守备陈继功、千总朱鼎元等、把总丁盛等来朝。

二十七日戊戌　上驻跸两间房。是日，古北口驿传道员外郎罗殷泰等、管驿同知郑富明、防御布太、都司孙梦麟等来朝。

二十八日己亥　上驻跸王家营。

二十九日庚子　上驻跸喀喇城。

五　月

初一日辛丑　上驻跸热河。

初二日壬寅　上驻跸行宫。是日，喀喇沁多罗杜棱郡王色楞来请安、进贡。

初三日癸卯　上驻跸行宫。是日辰时，皇太后驾至热河，上率诸皇子、

大臣、侍卫、官员跪迎请安。

初四日甲辰　上驻跸行宫。

初五日乙巳　上驻跸行宫。是日，召贝勒、贝子、大臣等入，赐食。协理翁牛特旗下事务二品台吉鄂齐尔来请安、进贡。

初六日丙午　上驻跸行宫。

初七日丁未　上驻跸行宫。

初八日戊申　上驻跸行宫。是日，协理阿霸垓旗下事务一品台吉德木楚客来请安。

初九日己酉　上驻跸行宫。是日，召贝勒、贝子、大臣等入，赐食。

初十日庚戌　上驻跸行宫。

十一日辛亥　上驻跸行宫。

十二日壬子　上驻跸行宫。

十三日癸丑　上驻跸行宫。是日，科尔沁达尔汉亲王额驸罗卜藏滚布之母和硕端敏公主及额驸罗卜藏滚布来请安、进贡。

十四日甲寅　上驻跸行宫。

十五日乙卯　上驻跸行宫。

十六日丙辰　上驻跸行宫。

十七日丁巳　上驻跸行宫。

十八日戊午　上驻跸行宫。巳时，上御行宫，大学士松柱，户部侍郎兼管学士事绰奇，学士查弼纳、敦拜以折本请旨。覆请宗人府所题正红旗觉罗西德浑佐领下闲散觉罗图尔德黑称，伊曾祖王善时，另给三十户之佐领，被无佐领分之西德浑管理叩阍案内。查阿达哈哈番觉罗西德浑系王善弟五巴泰之亲孙。这佐领皆系王善兄弟之子孙互相管理。图尔德黑妄行捏词，侥幸叩阍，不合。拟将图尔德黑枷号三个月，鞭一百一疏。上曰："这佐领与图尔德黑有分，着从宽免其枷责。"

又覆请兵部议古北口总兵官杨铸应改给关防，中军参将马龙应另行补授。总兵官标下中军游击系题补之缺，应令新任总兵官简选具题一疏。上曰："着依议。马龙仍照原品，着管理古北口总兵官标下中军游击事。"

又覆请兵部议甘肃提督江琦，将世袭官请袭与伊第四子江志弘，与例

不符，应行文该总督，将应袭之子保举到日再议。江琦祭奠之处，应行文着礼部议，应否与谥，伏乞上裁一疏。上曰："江琦着与谥。其世袭官，着照江琦所请，伊第四子承袭。"

又覆请刑部等衙门所题王国相将阎起龙从后抱持戏谑，阎起龙举足踢中王国相阴囊身死，阎起龙照律拟绞监候，秋后处决一疏。上曰："王国相与阎起龙戏谑，误伤殒命，阎起龙着从宽免死，照例减等发落。"

又覆请刑部议失察德林之原任按察使今升湖南巡抚李发甲、原任道员今升江苏按察使甘国璧、现任按察使蔡琦等，应照例降二级调用，李发甲现今丁忧，俟补官之日降二级调用一疏。上曰："甘国璧、蔡琦俱着降二级，从宽免其调用，着留任。李发甲，着补官之日降二级，从宽免其调用。"

又覆请刑部议马群人丁有龙，持刀砍死马群头目满常，照律拟斩监候，秋后处决一疏。上曰："丁有龙系另户人，砍死所管马群头目，情罪可恶，应照新例正法。本发回，着再议具奏。"

又覆请天津总兵官杜呈泗题请，将标下五关营参将今授广东广州城守副将杨鲲，调补河间副将一疏。上曰："广东城守副将杨鲲，着照该总兵官所请，补授河间副将。杨鲲员缺，着速行题补。"

又覆请户部奏请洋缎等缎匹应减，五倍子等药应停止解送一折。上曰："这所议不明白。事关钱粮，着发回本部再行详议，缮本用印具题。"

又覆请候补八品官陈绍业条奏，现任水师营官员内有未经风波，应调补陆路营者。请敕谕各省沿海总督、提督，将总兵官以下至千、把总，尽行详察具题，改补陆路营。其陆路营现任官员内，有系水师营出身，熟谙水师营事务者，亦交与各省总督、提督，将总兵官以下至千、把总，详察具题，改补水师营。则水师营可得熟谙水性之人，而陆路营亦皆得人一折。上曰："并图交兵部议奏。议完时将图交武英殿，朕将览焉。"

毕，上御行宫前，率贝勒、贝子、及善射人员射，上每发悉中。

是日，喀喇沁镇国公善穆巴喇西来请安、进贡。

十九日己未　上驻跸行宫。是日，科尔沁和硕纯僖公主同额驸班第来请安、进贡。

二十日庚申　上驻跸行宫。

二十一日辛酉　上驻跸行宫。是日，札赖特四品台吉毕玛里来请安、进贡。

二十二日壬戌　上驻跸行宫。

二十三日癸亥　上驻跸行宫。是日，翁牛特多罗达尔汉带青贝勒额尔德普鄂齐尔来请安。

二十四日甲子　上驻跸行宫。

二十五日乙丑　上驻跸行宫。

二十六日丙寅　上驻跸行宫。是日，巴林荣宪固伦公主来请安、进贡。

二十七日丁卯　上驻跸行宫。

二十八日戊辰　上驻跸行宫。

二十九日己巳　上驻跸行宫。

三十日庚午　上驻跸行宫。是日，喀喇沁多罗杜棱郡王色楞来请安、进贡。

六　月

初一日辛未　上驻跸行宫。是日，阿霸垓多罗郡王鄂尔真图来请安。

初二日壬申　是日，上御东门。兵部尚书殷特布、公孙征灏奏请，盛京陵寝步军总尉及佐领、护卫、六品官员缺，以护军参领都达礼等百员引见。上逐一命射，问毕补用。

顷之，上亲率善射人射，上每发悉中。

初三日癸酉　上御东门。兵部尚书殷特布、公孙征灏奏请游击、守备、千总、把总等员缺，以守备孙烈武等一百八员引见。上逐一命射，问毕补用。上以千总段起夔等二十人交总督范时崇，着遇缺题补。

是日，科尔沁四品台吉三积查卜来请安、进贡。

初四日甲戌　上驻跸行宫。

初五日乙亥　上驻跸行宫。是日，乌朱穆秦多罗厄尔德尼贝勒博母布来请安。

王士禛蚕尾山图

清禹之鼎绘。故宫博物院藏。王士禛（1634—1711年），字贻上，号渔洋山人，山东新城（今恒台）人。顺治年间进士。有“诗坛圭臬”之誉的王士禛，在康熙十七年（1678年）以翰林身份入值南书房。他为文丰富，尤以诗名闻一时。王士禛曾路过蚕尾山，遂以山名为书房命名，后请画家绘出，以志寄托。

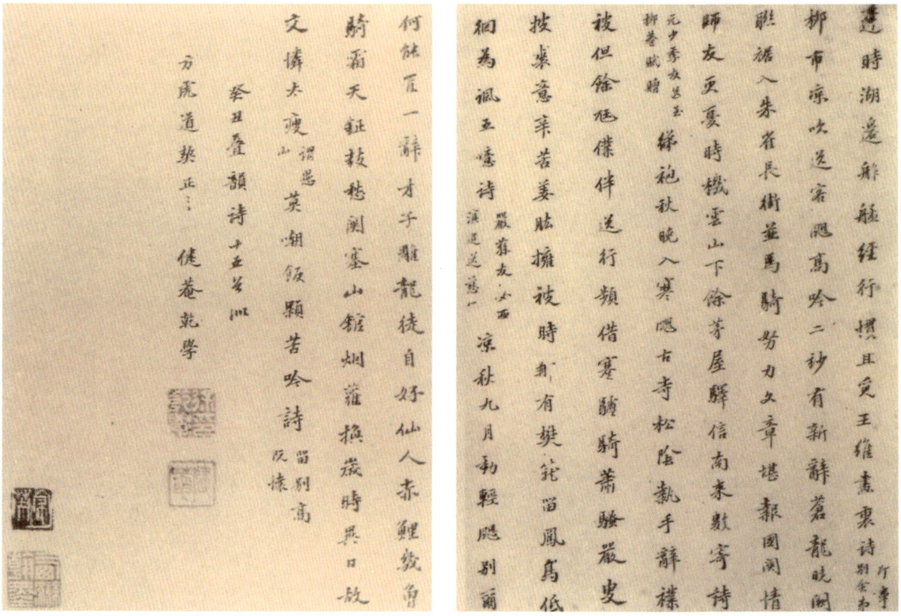

徐乾学《行书叠韵诗》册页

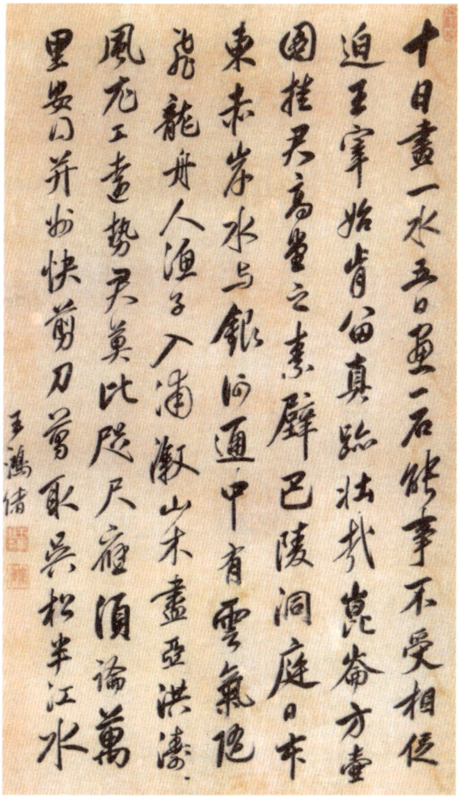

王鸿绪行书杜甫诗

王鸿绪（1645—7123年），初名度心，字季友，号俨斋，又号横云山人，华亭（今上海市松江）人。康熙年间进士，康熙三十三年（1694年）被任命为《明史》总裁。

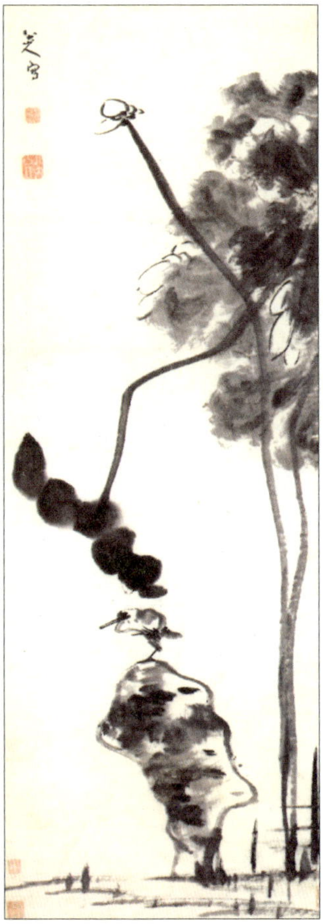

朱耷荷花水鸟图

故宫博物院藏。朱耷（1626—1705年），本名统鏊，江西南昌人。朱元璋十七子宁献王朱权的九世孙，法名传綮，字刃庵，号雪个、各仙、八大山人等。

石涛搜尽奇峰打草稿图

石涛（1642—约1718年），本姓朱，名若极，广西全州人。明宗室后裔，明亡后出家为僧，法名原济，字石涛，号大涤子、清湘老人、苦瓜和尚。

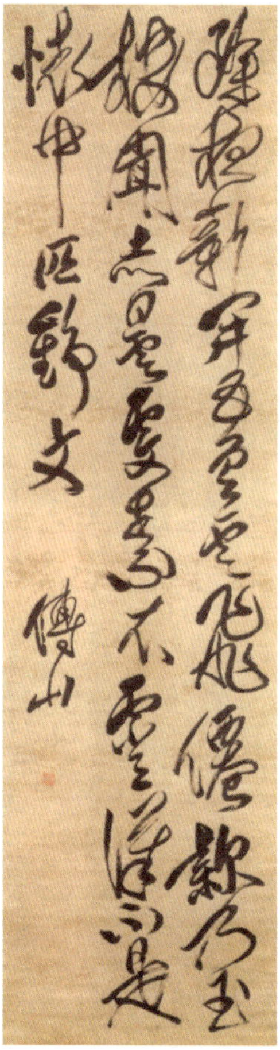

傅山草书诗

傅山书学赵孟頫、董其昌、颜真卿，工篆、隶、楷、行诸体，尤精通草书。

高其佩高岗独立图

高其佩（1660—1734年），字韦之，号且园，别号南村等，今辽宁铁岭人。善画人物、山水，兼善花鸟、走兽，尤以指头代笔作画著称，被称为“指画”。

王时敏仙山楼阁图

王时敏（1592——1680年）字逊之，号烟客、西庐老人、归村老农等，江苏太仓人。明末，以荫仕至太常寺卿，故亦称“王奉常”。擅长山水，宗法黄公望，兼学董其昌，与王鉴、王翚及其孙王原祁被称为“四王”。

初六日丙子　上驻跸行宫。

巳时，上御行宫，大学士松柱，户部侍郎兼管学士绰奇，学士查弼纳、敦拜以折本请旨。覆请吏部题甘肃巡抚岳拜员缺，以内阁学士蔡升元等职名开列一疏。上曰：“甘肃地方甚要，必用有品人方善。岳拜前此办事好，人亦去得。及任巡抚后，甚觉罢软，武官俱不畏之。西安巡抚亦去不得。鄂海向任西安巡抚时，颇有体面。还好，朕前授绰奇为福建巡抚，以丁忧奏准未赴。此缺着绰奇补授。伊于此等地方不效力，更于何处效力耶？”

又覆请吏部题江苏布政司［使］牟钦元员缺，以河南按察使张伯琮等职名开列一疏。上曰：“现有三按察使来，着随到随奏引见，勿令等候。将此行文该部。”

又覆请刑部题山东民徐转于康熙五十一年三月内，西城衙门以疯疾人递解原籍，今又来京，蓄发带巾，捏造狂言成书，各处黏贴，应将徐转拟斩，秋后处决一疏。上曰：“徐转应立斩。前此以疯疾自京解回本籍，今又造作狂言惑众。这本着发还，该部再议具奏。将伊所造之书一并进呈。”

又覆请刑部议原任尚书希福纳叩阍，称伊家人长命儿等，伙同太监李进忠等，讹诈金银、逼卖家人一案。查长命儿等伙行讹诈是真，照例拟立斩。太监李进忠等，虽无与希福纳家人同行讹诈之处，但既为太监，恣意往人家管事，殊属不合，因此将李进忠等枷号三个月，鞭一百。希福纳盗窃钱粮是真，照例拟斩监候，秋后处决。将希福纳擅取库银，私自侵蚀等款隐匿不供之查林布、邵保、常明俱革职，胡班、宝善已经别案革职，七十五、江藻审系无干，俱免议一疏。上曰：“希福纳从宽免死，银两照常追取。太监等着拟死罪。本发还，再议具奏。”

上命起居注官左都御史揆叙、庶子党阿赖近前跪，学士等亦着近前。上曰：“太监等指主人妄行讹诈，不可假以威权，事发即杀之耳。明朝末年，去朕降生之年十有一载，自朕御极之年计之，相去止二十一载。明万历时太监以及官员，朕俱曾任使。伊等曾向朕奏过。尔等或系年少，或在下旗，未曾问朕，朕故未告。尔等问，则朕皆知之。明末时，谓流贼自

南而来，将兵尽发往保定府。后流贼自居庸关入，跳越京师南关，攻城克取。太监等则诿之官员，官员等则诿之太监，并无献城之事。李定国即系跳城第三人也。流贼攻城时，因城内无兵，仅有太监、百姓、官员等家人防守七日。”大学士松柱奏曰：“若有兵时，或者无害。”上曰：“亦不能也。此皆太监等专权误事之故。彼时人主不出听政，大臣、官员俱畏太监。且朕自幼使令太监，已经年久，深知伊等情性，与寻常男女迥异。今宫中使令，无太监不可，故使之耳。朕岂肯以权假此辈，致伤臣工乎？权亦只一人主之，安可旁落？盖时会不同。今尔等六人，与朕总系一体，不时面见，有启奏事即可启奏，何惧太监之有？”松柱奏曰：“臣等幸逢圣世，得以面奏，于太监并无所求，无所惧也。”上又曰：“万历间，时值太平，太监奏称，库内积银二百万两有余，应入大内，遂将银尽收入于养心殿后，掘窖埋藏。后欲取用，开窖时，悉被盗，无有矣。所以我朝耆旧常言，明代人主之所经营，徒赍太监耳。今我朝库内银有数千万两，不但二百万，即二千万收进埋藏，亦觉可耻也。”

又曰：“崇祯年间，唐之芬之父唐通，曾为太原总兵官。彼时人主孱弱，召唐通不至，因封为伯，令拒我兵。究竟不赴京师，从外而去。后来战败，归顺我朝。朕尝谓汉大臣云，明朝以争议河套事曾杀大臣。此一小事，何至杀戮大臣？若当此时，朕只须遣一笔帖式、一拨什库，事即可定矣。汉大臣皆相顾惊异。朕幸宁夏，过鄂尔多斯地方，谓松喇布王云：尔等祖宗不过欺侮汉人，遂据河套耳。若朕则自恒城坐船带粮，从鄂尔多斯之后抄出把守，尔等将若之何？松喇布王瞿然奏云：今内外一家，奈何出此可畏之言？回銮时，朕由恒城坐船，计二十一日，至湖滩河朔，已将马匹发往陆路。此二十一日，率步行围猎打鱼作食而回。”松柱奏曰：“尔时，臣亦在彼，皇上至湖滩河朔之日，曾将所得鹿、鱼尽行赏赉官员、兵丁。”上问揆叙：“尔彼时曾去否？”揆叙奏曰：“臣曾随行，与臣父共在一船。黄河之水甚是危险。臣虽坐船中犹自惊恐，皇上立小船头上，众人无不惊异。”上又曰：“朕自幼读书听政已久，治国之道莫要于宽舒。今天下承平无事，故凡已至七十、八十之人，每以年老为恨。”揆叙奏曰：“今生圣世者，皆有福之人也。”松柱奏曰：“先前官员等，年至

五六十率欲致仕，今逢盛时，即至七十余岁尚不忍辞官也。”

上曰：“条奏官员每以垦田积谷为言，伊等俱不识时。今人民蕃庶，食众田寡，山巅尽行耕种，朕常以为忧也。”

又顾松柱曰：“即如尔等家中，前此如何？现今如何？”松柱奏曰：“臣先只一身，今臣儿子家人众多，皆赖皇上俸粮赡养。”

上又曰：“工部光禄司事件朕既查明，于商人大有裨益。”松柱奏曰：“不但有益于商人，皇上给发库银六百万两，于官员、兵丁亦大有益。”上曰：“给此银两，则旧欠之银可尽完结清楚。此后，只算新给银两，事极明矣。”

初七日丁丑　上驻跸行宫。

初八日戊寅　上驻跸行宫。是日，敖汉多罗郡王推母频、多罗额驸罗卜藏来请安。

初九日己卯　上驻跸行宫。

初十日庚辰　上驻跸行宫。是日，召贝勒、贝子、大臣等入，赐食。

十一日辛巳　上驻跸行宫。是日，赐大臣、侍卫、护军参领、护军校、护军、执事人员、七省官兵羊。

十二日壬午　上驻跸行宫。是日，土默特贝子哈木哈必耶思呼朗图来请安。

十三日癸未　上驻跸行宫。是日，太监张琦麟传旨，谕管侍卫内大臣公鄂伦代、阿尔泰、阿灵阿等曰：“这几日甚热，大臣等早朝，食祭肉毕即散，人多则该班大臣等亦觉拥挤。贝子、舅舅、尚额驸、侯等年老大臣入朝，尔等即行遣回，晚朝着免。纵有事，俱在此环居，可往召也。侍卫、章京等六十以上者，上朝时亦应遣回。该班巡守人等着脱帽、着短衫而坐。热甚，解衣露体，亦无妨也。朕出时亦不必遽着衣帽。弓匠、箭匠等除该班外，无事免到。至坐班人等，亦不许乱走误班。此热谅无多时，最甚不过十日耳。将此遍谕扈从文武大臣、官员人等知悉。”

又传旨，谕刑部曰：“朕避暑口外，驻跸山庄，此地素称清凉，还觉烦热，想京师更甚。朕时以民生疾苦为念，今天下承平，农商乐业，惟有罪之人拘系囹圄，常被枷锁。当兹盛暑，恐致疾疫，轸念及此，不胜恻

然。应将在京监禁罪囚，少加宽恤，狱中多置冰水，以解郁暑。其九门锁禁人犯，毋论奉旨带锁，亦皆酌减锁条。至一应枷号人犯，限期未满者，暂行释放，俟暑退后，仍照限补枷。尔部即遵旨速行，以副朕法外施仁至意。特谕。”

又传旨，谕兵部曰：“报上递来事件，并无紧要处，每限傍晚时到。今值酷暑，驿递人马交困，应着少缓，限于次日日出前到。俟暑退后，仍照常行。”

十四日甲申　上驻跸行宫。

十五日乙酉　上驻跸行宫。

十六日丙戌　上驻跸行宫。是日，太监张琦麟传旨，谕领侍卫内大臣侯巴浑代、公鄂伦代、阿尔泰、阿灵阿等曰：“天气甚热，贸易人等伊但为利，不顾其身，恐有失错。伊等必有紧要事，令其夜行。伊等自为经纪，与朕何与？亦以凡系民生，俱朕赤子耳。一应随行官员、兵丁、执事人等，如有公事勿亟，着少缓，有何误处。将此交兵部尚书。自喀喇城以至口上，俱写告示张挂。再，扈从人等，着各于该管处通行晓示。”

十七日丁亥　上驻跸行宫。

十八日戊子　上驻跸行宫。

十九日己丑　上驻跸行宫。巳时，上御行宫。吏部尚书富宁安奏请江苏布政使牟钦元、广东布政使李锡员缺，以贵州按察使李世仁、安徽按察使吕犹龙、江苏按察使甘国璧引见。上问曰：“今年通州河水大否？”富宁安奏曰：“臣于本月初九日往通州，水果大。”上曰：“今年粮船早已过淮，尔回去将空船急催早回，毋致督抚奏请催趱。”富宁安奏曰：“今年八月内可尽遣回。”上曰：“可速催，八月初旬尽遣回更好。”继将按察使李世仁等逐一详问，顾富宁安曰：“李世仁着授江苏布政使，吕犹龙着授广东布政使。甘国璧再有布政使缺出，着开列。”

毕，大学士松柱，学士查弼纳、敦拜以折本请旨。覆请吏部尚书富宁安、户部尚书赵申乔所议，民刘展叩阍告太监侯京倚仗势力，将伊为奴等因。查刑部主事苏通阿，以案呈所无之言写入勘语，将刘展所告等款尽作虚妄，受贿是真。应将苏通阿及行贿之雷大，俱拟绞监候，秋后处决。太

监侯京诳骗庄头吴思信银两是真，亦应拟绞。但系赦前，应减等枷号两个月、鞭一百。刘展原依太监侯京度日，将侯京银两、衣服等物设谋拐骗是真，拟徒二年半。内务府郎中陶柱系会审官员，将苏通阿改换口供之处并未看出，应降四级。伊有加六级，相应抵销。尚书赖都等、内务府总管赫奕，此事未经觉察，应各降一级一疏。上曰："苏通阿系朕简用之人，此案妄行受贿，作弊改稿。向在西门拣选伊等之日，曾面训谕，朕既亲选尔等，尔等须顾体面。伊等奏称，若负主恩，即甘受戮。彼时众口同词。今将此等人应杀之，以为众人戒，并无可疑之处。着票出，再议具奏。再，陶柱举动矜张，乃一势利人，此案竟致无涉。但陶柱在部院处处有名，屡经保举之人。伊既亲自会审，改稿之处诿为不知，可乎？此特系请托开释耳。将此旨亦写出发去。"松柱奏曰："苏通阿系哈山保举者。"上曰："哈山虽曾保举，看本内原作过护军及小校。可将伊从何处保举，如何补用之处，查明具奏。"

又覆请吏部题长芦运使孔兴琏员缺，以贵州安顺府知府俞昌宗等职名开列一疏。上曰："着查前此保举运使人员具奏。"

又覆请礼部议，提督贵州学政蔡珽题请一面报满，一面起程等因，不准行一疏。上曰："试事既竣，即回衙门效力甚是。等候交代，其间必有索取之处。本发回，着再议具奏。"

又覆请兵部题广东都司王云祯等既病，相应休致回籍一疏。上曰："这事着准行。伊等员缺，即将应升人员查明具奏。若入月选内补授，则为日久矣。"

又覆请刑部等衙门所题打死管屯拨什库吴洪贞之朱承光，照律拟斩，秋后处决一疏。上曰："朱承光系另户人，打死拨什库应照新例完结。本发还，着再议具奏。"

又覆请刑部所题郭廷芳偷出火仓内料豆十五石，应照律拟杖八十，徒二年。监督赫都失于觉察，应降一级调用，罚俸一年。伊有所加一级，应准抵销，免其调用，仍罚俸一年一疏。上曰："事着准行。郭廷芳着割去脚筋。此后，有偷仓内米豆者，俱以此为例。割去脚筋，则不能越墙，亦不能负重矣。"

又覆请刑部所题山东民徐转蓄发包巾，妄造书词，应拟立斩一疏。上曰：“朕前以蓄发包巾，造词惑人，曾谕立斩。复以人命关系甚重，欲详览其所造之书。及取览之，甚是粗俗，俱如街坊戏唱之言，妄行涂写。所写亦系旧事，疯癫是真，部内原议殊是。人命事，朕必详慎。即朕所谕，朕未尝必以为是也。”松柱奏曰：“皇上于人命事留心详慎，诚非寻常。”

又覆请户部奏请八旗官员所借俸银及汉官俸银内俱应搭钱发给一折。上曰：“今钱价贵，钱九百二十文值银一两。部内定价，每钱一千折银一两，较时价每银一两多出钱八十文。今或照部价给发，或照时价给发之处，并未申明。日后销算钱粮，此即为弊端矣。众人亦以实惠及之方善，岂可含糊不察？部臣等所奏，果知而为之耶，抑不知而为之耶？着问户部满汉大臣等，或应照部价给发，或应照时价给发。俟奏明时，朕亦易于裁决。且下人惟图侥幸，领公费时，银价贵则领银，钱价贵则领钱。今所给不少，将罄库内所有之钱，乃并无人议及此处者。事关钱粮，朕不得不言。此等情由，奏事人不能转达，故令尔等面奏。”松柱奏曰：“此等处，臣等实不知，皇上降旨始了然矣。”上曰：“尔等不知，朕亦不责。朕理事最为年久，经历者多。”顾学士敦拜曰：“书与事迥殊，读书人闻此事，应为之骇然。”敦拜奏曰：“臣适两次预闻上谕，不胜惊异。”上又曰：“人若贪得，必至偾事，惟远利方善。”松柱奏曰：“人生惟一颜面，若贪得，则颜面尽无矣。”上曰：“是。”

是日，翁牛特多罗都棱郡王额驸苍津来请安、进贡。

二十日庚寅 上驻跸行宫。

二十一日辛卯 上驻跸行宫。

二十二日壬辰 上驻跸行宫。

二十三日癸巳 上驻跸行宫。是日，科尔沁和硕土谢图亲王鄂尔翟图来请安。

二十四日甲午 上驻跸行宫。是日，科尔沁纯禧公主来请安。

二十五日乙未 上驻跸行宫。

二十六日丙申 上驻跸行宫。

二十七日丁酉　上驻跸行宫。是日，喀拉沁多罗额驸门都妻多罗格格及额驸门都来请安、进贡。

二十八日戊戌　上驻跸行宫。是日，赞理阿禄科尔沁旗下事二品台吉衮他尔来请安、进贡。

二十九日己亥　上驻跸行宫。是日，科尔沁和硕额驸多尔济塞楞来请安。

七　月

初一日庚子　上驻跸行宫。是日，巴林荣宪固伦公主来请安。

初二日辛丑　上驻跸行宫。

初三日壬寅　上驻跸行宫。

初四日癸卯　上驻跸行宫。是日,科尔沁多罗贝勒巴克石虎儿来请安。

初五日甲辰　上驻跸行宫。是日，乌朱穆秦和硕车陈亲王色登敦多卜来请安、进贡。

初六日乙巳　上驻跸行宫。是日，巴林多罗郡王固伦额驸乌尔滚来请安。

初七日丙午　卯时，上由热河启行，至中关驻跸。是日，喀尔喀扎萨克一品台吉王布来请安、进贡。

初八日丁未　上驻跸汤泉。

初九日戊申　上驻跸行宫。是日，喀喇沁多罗杜棱郡王塞楞遣使来请安、进贡。

初十日己酉　上驻跸行宫。是日，奏事员外郎双全等，捧皇上御书朱笔谕旨，交大学士松柱，令发与在京大臣看。奉旨："谕大学士、九卿、詹事、科、道，朕听政年久，深悉民生，凡国家要务，无时不预为筹画。今有前来奏折之人，俱经问及，皆称江南暵旱，江浙米价亦不甚贱。今春山东、河南田麦歉收，交冬米价必至腾贵，彼时虽亟为料理，亦不能及，徒空劳尔。朕详悉思维，将漕粮拨三十万石：江宁府十万石，苏州府

八万石，淮安、扬州五万石，杭州府五万石，河南开封府二万石。着漕运总督亲身阅兑，速行运至。令其加谨照数收贮。有此米石，军民心即宽慰，而米价不致骤贵，且与通仓无甚关系，较之一年所缺之数，亦不浮多。至豫省漕粮，该部亦应预行详议。今如雨泽及时，田禾丰收，则此项米石，由水路拨给他处亦可。特谕。”

十一日庚戌 上驻跸行宫。

十二日辛亥 上驻跸中关。

申时，上御行宫，大学士松柱，学士查弼纳、敦拜以折本请旨。覆请宗人府议覆镶黄旗护军参领觉罗阿尔图等，以觉罗阿哈纳、乌达哈系伊亲叔祖马福塔之子，生而被弃，于康熙五十二年内，蒙圣主洪恩，赐伊等红带子为觉罗。应准所请，将阿哈纳、乌达哈附入伊等族内一疏。上曰：“伊等有无出嗣承业之处着查奏。如已出嗣承业者，亦不过给与红带以别之而已。此非泛论，有成法在前者。原任内大臣觉罗他塔之子，与包衣佐领下人抚养为嗣，但给与红带，并未令附入族内也。”

又覆请吏部题户部侍郎绰奇员缺，将内阁学士傅尔胡讷等职名开列一疏。上曰：“着回銮时奏。”

又覆请吏部题浙江按察使吕犹龙、贵州按察使李世仁员缺，将现任应升道员职名通行开列，请皇上指名调来引见一疏。上曰：“着以开列人员问九卿，各举所知，并查前此举出人员具奏。又山东布政使侯居广缺出，亦着一并具题补授。”

又覆请兵部题福建福宁总兵官张玉麒员缺，将骁骑参领白云鸿等职名开列一疏。上曰：“还有补授总兵官一事。”松柱奏曰：“是。还有补授彝陵总兵官之事。”上曰：“此二缺，着一本具题。各副将内有应升人员，着问九卿。现任总兵官内有应调者，亦令举出。总督范时崇曾奏请调用一总兵官，亦着问之。”

又覆请兵部议两广总督赵弘灿题，原任广东提督许贞之孙许克宽，应否入广东民籍，听候部议。查先经江西巡抚佟国勷题请，许贞系江西开垦田亩之官。许贞之孙许克恭，应入江西民籍，奉旨已入江西民籍，不便将许克宽入广东民籍。许克宽系福建人，应仍逐回福建入籍一疏。上曰：

“许贞在江西开垦田亩，巡抚佟国勷已经奏准将伊子孙入江西民籍，今如何议逐回福建？本发回，着再议具奏。”

又覆请刑部等衙门所题，镶蓝旗闲散人额库里与安宝柱相谑，安宝柱戏持小刀前戳，缩手不及，中额库里腰身死，安宝柱拟照新例，交与该旗即行正法一疏。上曰：“朕曾问三皇子，伊等俱儿戏误伤，不至即行正法。然现已杀人，不可宽宥，着拟斩监候秋后。”

又覆请刑部等衙门议覆充发打牲乌喇原包衣大张保良之妻黄氏，同伊子五哥，求总管木敦之子木珠护转说，与副总管罗察取票来京。黄氏、五哥系特旨充发之犯，不准折赎，各枷号两个月，鞭一百，仍发往打牲乌喇，交与该管各官，永远不许来京。木珠护应枷号三个月，鞭一百，发往三姓地方当苦差。副总管罗察应照例革职。木珠护之父木克敦虽不在家，此皆系平日不行严管所致，总管木克敦亦应照例革职一疏。上曰：“木克敦、罗察着革职留任。木克敦之子木珠护着枷号三个月，鞭一百，解至京师，入辛者库当苦差。”

又覆请刑部等衙门议覆陕西巡抚永泰所题尤星逢与尤若武斗殴。尤若武之子尤思衮适见其父被殴，持棍打伤尤星逢额角，次日身死。尤思衮应照例立斩。查雷滚殴死伊大功兄雷文锡，奉旨：雷滚救父情急，将雷文锡一拳殴死，雷滚着改拟斩监候、秋后处决在案。请将尤思衮亦照此例减等之处，无庸议一疏。上曰：“尤思衮因救父殴尤星逢，次日身死，着九卿、詹事、科、道等官，会同再议具奏。”

又覆请刑部所题，公来喜家太监李寿，交通内地人等，各处探信诈人，应拟立斩。邹海系内地太监，妄行交通外人，互相传信索取贿赂，情罪可恶，邹海应枷号两个月，鞭一百一疏。上曰：“此案内太监邹海，系内地太监，妄行传信与人，索取贿赂，殊属可恶。似此等人理应拟斩。本发回，着再议具奏。”

又覆请理藩院等衙门所题，进贡索伦鄂尔达哩，逃往俄罗斯地方，应拟立绞一疏。上曰：“鄂尔达哩着从宽免死，枷号三个月，鞭一百，解至京师。”

大学士松柱等奏：“臣等奉旨查得苏通阿系出兵监生，由护军补刑部

笔帖式，原任尚书哈山等坐名题补主事，并非旗下保举之人。”具折呈览，并以原疏覆请。上曰：“苏通阿拟死罪固当。此系大臣保举之人，断不可恕，交部记着。太监许京，着枷号三个月，鞭一百，交内务府总管监禁。陶柱乃一能干人，此案竟脱然无累，且顷者又经保举。此人不宜留在部院衙门，着革去郎中，在佐领处行走。”

又覆请户部所奏，借给八旗官员六年俸银，请十分内搭放钱一分一折。上曰：“前奏折内曾议汉官俸银亦搭放钱，今奏折内并未声明。折发回，着再议具奏。”

十三日壬子 上回热河驻跸。

上遥问皇太后安两次。

是日，喀尔喀和硕恪靖公主来请安、进贡。

十四日癸丑 上驻跸行宫。是日，喀尔喀土谢图汗王扎尔多尔吉来请安、进贡。

十五日甲寅 上驻跸行宫。

十六日乙卯 上驻跸行宫。

十七日丙辰 上驻跸行宫。是日，土默特多罗达尔汉贝勒阿喇蒲坦旗下所附之喀尔喀多罗贝勒罗卜藏来请安、进贡。

十八日丁巳 上驻跸行宫。

十九日戊午 上驻跸行宫。

二十日己未 上驻跸行宫。

巳时，上御行宫，大学士松柱，学士查弼纳、敦拜、关保以折本请旨。覆请九卿遵旨议截漕存留江宁等处地方一疏。上曰：“此系两件事。”大学士松柱奏曰：“是。九卿议奏是一事，户部议奏是一事。”上曰：“朕恐漕船已过，是以预先下旨。适曹頫处人来，问伊，称江宁等处并未暵旱，禾苗甚好。据户部所奏，存留河南之谷甚多，将此着一并议奏。”松柱奏曰：“将此具一本议覆，或具两本议覆？”上曰：“仍着两本议覆。再浙江地方，今年被水，谷价每石至一两四钱，将此尔等亦寄信去。”

又覆请刑部所题徐圣瑞控告库丁李茂芝私通库官偷盗库银之处，俱属

虚诬，徐圣瑞拟徒三年，李茂芝无庸议一疏。上曰："此案议甚颠倒，着交都察院彻底察明，审拟具奏。"

又覆请户部所奏，借给官员俸银以钱搭放一折。上顾松柱曰："尔意如何？"松柱奏曰："应照时价给之。"上曰："区处甚当，给时亦第照时价之高下耳，多给何为？着发回，再议具奏。"上又曰："朕理事年久，洞悉钱法。钱价随时不同。铜价贵，即毁小钱作铜卖。铜价贱，即盗铸小钱。前此科尔坤、佛伦管理钱法时，曾以铸小钱题请，故铸小钱。用小钱则私铸之人有利，用大钱则私铸之人无利。今大、小钱兼用，于民甚便。即如银一两换大钱九百余文，若禁小钱，则必至于一两银仅换大钱六百余文矣。自古钱法流行莫及我朝。明末时，或有地方仍用宋、元钱者。至我朝南至云南、贵州，北至蒙古边地，皆用制钱。前李光地为直隶巡抚时，朕以严禁小钱甚易，曾下谕旨。彼时严禁亦易，但于民无益耳。至他省亦有专用大钱者。"松柱奏曰："他省俱用大钱。"上曰："湖广亦用小钱。今年额伦忒来京奏请发大钱几百万往收小钱。朕谕云，尔将此钱运去，万一有疏虞之处，尔不能当，将何赔补？额伦忒奏云，臣蒙主恩为彼处总督，谁与臣如此穷究者，今承皇上谕旨，臣始醒悟。朕深嘉与之。汉诸臣且谓皇上于殷泰、额伦忒何以知之？故常骇然叩问也。"

上又曰："治天下当宽裕仁慈，以因人性，不可拂逆。即如满洲、蒙古各方之人，饮食日用，其性各殊，必欲一之，则乱，亦断不可行也。"上谓学士关保曰："尔曾居蒙古地方一年，以汉人之道可治蒙古否？"关保奏曰："不可。"上曰："拂人之性，使之更改，断不可行。譬如陕西、江南百姓，令其易地而居，则不但彼处田土此不能耕，此处械器彼不能用，即水土亦多不服。惟天赋忠孝之性，无有异同，虽穷荒僻壤，亦有至忠至孝者。"

二十一日庚申　上驻跸行宫。是日，克西克腾扎萨克一品台吉齐巴克查卜来请安、进贡。

二十二日辛酉　上驻跸行宫。

二十三日壬戌　上驻跸行宫。

二十四日癸亥　上驻跸行宫。

二十五日甲子 上驻跸行宫。是日，上御东门，赐板［班］禅库土克图之使、达赖喇嘛之使、喇藏汗之使宴。阿霸垓那儿多罗贝勒苏诺穆喇卜坦来请安、进贡。

二十六日乙丑 上驻跸行宫。是日，召入贝勒、贝子、公、诸臣赐食。厄鲁特辅国公多尔济色卜特尔来请安、进贡。

二十七日丙寅 上驻跸行宫。

巳时，上御行宫，大学士松柱，学士查弼纳、敦拜、关保以折本请旨。覆请吏部为直隶、江南提督学政将侍讲李周望、查嗣瑮职名开列具题一疏。又山东等处九省学道，将编修廖赓谟等职名开列具题一疏。上曰："直隶地近，朕已点差。江南等处学臣紧要，地方亦远，应行简用。这本内开列人员，朕不甚认识，着问九卿各举所知。"

又覆请吏部议覆川陕总督鄂海请以原任宁夏同知今升云南永北府知府王全臣，就近调补平凉府知府。宁夏同知员缺，请将干州知州白讷补授。查王全臣系奉旨补授云南永北府知府。其知州白讷，任内有降俸二级之处，应无庸议。又兰州同知员缺，请将商州知州沈廷祯补授，应准所请一疏。上曰："甘肃所属地方紧要，俱着照该督所请补授，令速往赴任。"

又覆请兵部议覆川陕总督鄂海题，甘肃所属卫所官员缺出，请将武进士、举人内选补之处，不准行一疏。上曰："鄂海所题与部议之处，俱着问九卿议奏。"

又覆请兵部议覆摄理盛京将军事务前锋统领伯唐保柱等所奏，遵旨着各教管兵民效力行走照折缮写，通行宁古塔、黑龙江将军等处一体奉行一疏。上曰："盛京地方以旗、民杂处，又各省人多往聚集，朕虑有盗贼人命之事，故下此旨。其宁古塔、黑龙江地方并无居民，部议亦行文宁古塔、黑龙江，误矣。着发回，除此二处。"

又覆请刑部议瘦子拾取福陵禁山树枝，其偷窃所落木枝之处是真，瘦子应枷号四十日，鞭一百一疏。上曰："陵寝禁山内所落树木枝叶及芟除之草甚多，每年修理堆积如山，用之不尽。孝陵亦然。似此等事，率系伊等互相抵赖，折取树枝，以行陷害耳。部议殊缪，着行查，俟回銮时再奏。"

大学士松柱等奏："臣等遵旨以阿哈纳、乌达哈有无出嗣承业之处问宗人府。宗人府称，觉罗阿哈纳、乌达哈已经出嗣承业。"具折呈览，并以原疏覆请。上曰："伊等之意如何？"松柱奏曰："据阿哈纳、乌达哈等呈称，虽将我等附入本族，岂敢忘继父母抚养之恩？我等愿及子子孙孙在伊坟前祭奠。"上曰："善。着伊等附入本族。"

毕，大学士松柱奏曰："喇藏题请将打箭炉地方发还伊等之事，现交部内。此系大事，请交议政大臣议之。"上曰："何必交议政大臣，着下部议，且此事部议甚易。前此所议之事，亦载在册籍。至打箭炉原系本朝地方，我朝之人实处其地，于彼大有裨益。我朝之人若行掣回，则茶市亦停，既无益于伊等，伊等人内必生大乱。倘伊务求此地，着伊亲诣，与我朝诸王、大臣等会议。如此议行，则伊断不来矣。"松柱奏曰："如此则喇藏无计可施矣。"

是日，喀尔喀和硕恪靖公主来请安、进贡。

二十八日丁卯　上驻跸行宫。

二十九日戊辰　上驻跸行宫。是日，翁牛特多罗达尔汉贝勒额尔德卜来请安、进贡。

三十日己巳　上驻跸行宫。

八　月

初一日庚午　上驻跸行宫。

初二日辛未　上驻跸行宫。是日，赐浙闽总督范时崇御制诗及皇子、大臣、翰林等和韵诗手卷。

初三日壬申　上驻跸行宫。

初四日癸酉　上驻跸行宫。

初五日甲戌　上驻跸行宫。

初六日乙亥　上自热河启行，驻跸中关。是日，赐总督范时崇衣帽等物。

初七日丙子　上驻跸青城。是日，科尔沁一品台吉额尔都都来请安、

进贡。

初八日丁丑 上驻跸张三营。是日，喀尔喀札萨克多罗贝勒王渣尔来请安、进贡。

初九日戊寅 上驻跸可汗铁岭南口。

初十日己卯 上驻跸云特木儿口。是日，赐简亲王之子永虔马一匹。

十一日庚辰 上驻跸阿那达岭谷口。是日，蒿齐特多罗郡王雅木皮儿来请安、进贡。

十二日辛巳 上驻跸阿那达岭。

未时，上御行宫，大学士松柱，学士查弼纳、关保以折本请旨。覆请九卿议覆工部侍郎常泰等条奏，安插失业穷民六款，应准行。其拣选候补官员管理之处，应于现任官员内简用。所宜牧养牛羊等因，应与新任巡抚绰奇会议具题一疏。上问大学士松柱曰：“尔意云何？”松柱奏曰：“常泰等条奏六款，九卿已议准行。其拣选候补官员之处，九卿议于现任州县、卫所官员内拣选贤员委用。其牧养之处，议与新任巡抚绰奇会议具题。”上曰：“此事九卿所议苟且简略，并未周详。其遣用现任官员，于地方如何有益？又牧养牛羊之处，启奏时，朕已谕大学士等，常泰请训旨时，亦曾谕及。绰奇系新任巡抚，散给牛羊有无益处，伊如何得知？甘肃百姓牧养牛羊，大有蕃息之利。这所议如何牧养，及牧养时如何有益百姓之处，并未议出。本发还，着逐款将实有益于百姓之处，一一详议具奏。”

又覆请户部议覆总督赫寿请于江南地方开捐纳例，应准行一疏。上曰：“现今陕西、福建、广东、广西等处，俱开捐纳例。各省捐纳款项相等，而地方之远近不同，人皆就近捐纳，谁肯远涉？此但于近地有益，于远地总无益。着交九卿将开捐纳例各地方务令均有裨益之处，一并详议具奏。”

又覆请兵部议覆山东登州总兵官李雄以战舡十只已经送至锦州，请皇上敕谕奉天将军，令其委官收领舡只。其修理之处，另行奏请等因。应行文奉天将军，将所送舡只到日速行查勘收领。其修理战舡之处，奉天将军已经具题，准行在案，应无庸议一疏。上曰：“山东前有战舡二十只，今裁减水师营兵，并截战舡十只送至盛京锦州。其巡察事宜，若不将各边界

指画分定，则应行巡察之地必致遗漏矣。尚书殷特布不谙此事，部内诸大臣亦皆不谙。本发回。着将各边界明白分晰议奏。”上又曰：“海舡自登州至铁山，饭时起程，日未落即可到。且福建、广东舡至盛京易，盛京舡不能至江南，贼来锦州以此也。”大学士松柱奏曰：“今锦州已添设舟师，贼至，特自取死耳。”上然之。

又覆请刑部等衙门所题太监张国栋与二格角口，将二格囟门等处打伤致死。张国栋应照律拟绞监候，秋后处决一疏。上曰：“此案议太监张国栋罪，止照平常斗殴杀人律。太监等打死人，有即行正法之例。着交刑部查奏。”

又覆请都察院题两淮盐差今岁属曹寅兼管之年。曹寅已故，将曹寅之子管理织造府事主事曹颙职名开列请旨，伏候上裁一疏。上曰：“两淮盐课原疏内，止令曹寅、李煦管理十年。今十年已满，曹寅、李煦逐年亏欠钱粮共至一百八十余万两。若将盐务令曹寅之子曹颙、李煦管理，则又照前亏欠矣。此不可仍令管理。先是，总督噶礼奏称，欲参曹寅、李煦亏欠两淮盐课银三百万两，朕姑止之。查伊亏欠课银之处，不至三百万两，其缺一百八十余万两是真。自简用李陈常为运使以来，许多亏欠银两俱已赔完，并能保全曹寅、李煦家产，商人等皆得免死。前各任御史等亏欠钱粮，亦俱清楚。又两淮运使一年应得银七万两，李陈常将此项银蠲免一年，止取银五千两，故商人等无不心服也。”问起居注左都御史揆叙曰：“李陈常居官如何？”揆叙奏曰：“李陈常居官好，无人不称道之。”上曰：“李陈常居官甚好，于盐务实能效力。以李陈常为监察御史，着巡视两淮盐课一年。其江宁、苏州织造两处地方应解银两，仍照曹寅、李煦旧额解送。所有赢余，俱着清补曹寅、李煦及众商人亏欠银两。李陈常原系九卿举出之人，这运使员缺，着九卿务简如李陈常者保举。”

大学士松柱等奏曰：“臣等遵旨问九卿保举江南督学及山东等九省学道。九卿云，学差关系紧要，今开列翰林及郎中等官，俱不出圣鉴中。臣等不能深知其学问、操守，安敢妄举？伏乞圣主睿鉴简用。”具折呈览，并以原疏覆请。上曰：“提督学政员缺紧要，朕曾敕问九卿，伊等又不举出人员。翰林、部属、知府等官内，系进士出身，居官优、声名好者，伊

等自有见闻，俱云不知，可乎？着再问大学士、九卿，伊等所知之人，务必悉行举出，备朕选用。”

又顾大学士松柱曰："前九卿议截运江南、浙江、河南漕米疏内，将动支何处米石运送之处，并不声明，至今尚未议覆。现今漕舡尽过天津，岂可赶回解运乎？皆由不以此事周详定议所致。今将动支何处米石，如何运送之处，着伊等明白详晰议奏。"

十三日壬午 上驻跸骅骝扬川。是日，赐贝勒、贝子、内大臣、侍卫、文武各官、护军参领、护军校、护军、执事人等及七省官兵鹿。喀尔喀二品台吉车林王查尔来请安、进贡。

十四日癸未 上驻跸骅骝扬川。

十五日甲申 上驻跸骅骝扬川。是日，赐贝勒、贝子、公、大臣、侍卫官员及蒙古王、贝勒、贝子、公等食。

十六日乙酉 上驻跸骅骝扬川。

十七日丙戌 上驻跸骅骝扬川。

十八日丁亥 上驻跸哈达俄佛洛。

十九日戊子 上驻跸哈达俄佛洛。是日，科尔沁多罗郡王阿喇蒲坦来请安、进贡。

二十日己丑 上驻跸博湖图口。

二十一日庚寅 上驻跸博湖图口。是日，科尔沁和硕额驸班第来请安、进贡。

二十二日辛卯 上驻跸博湖图口。

二十三日壬辰 上驻跸红川湾。

二十四日癸巳 上驻跸红川湾。是日，喀尔喀扎萨克一品台吉陶赖来请安、进贡。

二十五日甲午 上驻跸杨柳川。

二十六日乙未 上驻跸杨柳川。是日，苏尼特二品台吉靳大克来请安、进贡。

二十七日丙申 上驻跸富沟。是日，赐内大臣、侍卫、文武各官、护军参领、护军校、护军、执事人等及七省官兵鹿。

二十八日丁酉　上驻跸乌胡尔济。

申时，大学士松柱，学士查弼纳、关保以折本请旨。覆请吏部所题礼部侍郎胡作梅等，以捐纳平凉府知府姚陶行止不端，不可补用，请革去所捐知府品级一疏。上曰：“革去甚当。”又曰：“姚陶是何处人？系谁人之子？其兄弟内有居官者否？尔等带信去查奏。”

又覆请吏部议覆监察御史陈珣条奏，请以月选应用及应补官员预奏引见，其可用者注册交吏部，令在各衙门学习办事，至应选之月，即给凭，令其赴任，则不至旷日迟久等因，不准行一疏。上曰：“俟回銮时奏。”

又覆请兵部议覆福建将军祖良璧题，标下右营游击刘世纲员缺，请将左营守备陈君荣补授；陈君荣员缺，请将千总王朝武补授，不准行一疏。上曰：“此本着收贮。俟回銮时，着将陈君荣、王朝武具题引见。”

又覆请刑部所题交通内地人等各处探信诈人之李寿，原系公来喜家太监，拟立斩。邹海系内地太监，交通外人，互相送信，索取贿物，情罪可恶，拟绞监候，秋后处决一疏。上曰：“此案朕已驳回一次矣。部内仍将邹海拟监候，秋后处决，邹海系内地太监，交通外人，互行送信，索取贿物，情罪可恶，应亦同李寿即行正法。本发回，着再议具奏。”

又覆请刑部议覆两江总督赫寿会审吴泌等六犯皆系情真；巡抚张伯行请敕下法司详察原案定夺等因。若将两议驳回，则必致误秋审，应于秋审时会同九卿详察，另行定议具题一疏。上曰：“吴沁等事，已经两次遣大臣审明定案，张伯行、赫寿两议具题，部议于九卿会审时另外定拟，殊属不合。着照赫寿所题。”又曰：“以部院之权假之地方官，可乎？”

又覆请刑部议覆直隶巡抚赵弘燮所题，王小四儿偷饮伊大功兄王子福之酒，王子福持扁担打时，王小四儿还殴王子福，越七日身死，王小四儿依律拟立斩，应照所拟一疏。上曰：“王子福持扁担打王小四儿时，王小四儿还殴，王子福受伤，越七日身死。王小四儿着改监候，秋后处决。”

又覆请刑部等衙门议覆尚书张廷枢条奏，除监候正法之重犯外，现在监禁诸犯，请于两月一次缮折呈览，不准行一疏。上曰：“张廷枢殊属颠倒。伊系该部尚书，其应查之事，理应觉察。果有情弊，当即行题参。这条奏甚谬，着回銮时奏。”

二十九日戊戌　上驻跸努胡带。

九　月

初一日己亥　上驻跸鄂尔绰克哈达。

初二日庚子　上驻跸德尔吉惠罕。

初三日辛丑　上驻跸克尔木特。是日，喀尔喀扎萨克多罗郡王多尔济喇卜坦来请安、进贡。

初四日壬寅　上驻跸永安口。是日，赐贝勒满都护马一匹。

初五日癸卯　上驻跸永安口。是日，赐国舅佟国维、公鄂伦岱马各一匹。

初六日甲辰　上驻跸石山地方。

初七日乙巳　上驻跸乌蓝哈尔哈。是日，赐内大臣、侍卫、文武各官及各蒙古王、贝勒、公、台吉等鹿。

初八日丙午　上驻跸巴颜陀乐海。

初九日丁未　上驻跸珠尔哈岱索伦。

初十日戊申　上驻跸郭里营。

十一日己酉　上驻跸喀卜齐路。

十二日庚戌　上驻跸青城。是日，科尔沁和硕额驸多尔济塞楞来请安、进贡。

十三日辛亥　上驻跸中关。

十四日壬子　上驻跸热河。是日，科尔沁和硕端敏公主及公主之子罗卜藏滚布来请安、进贡。

十五日癸丑　上驻跸行宫。

十六日甲寅　上驻跸行宫。

十七日乙卯　上驻跸行宫。

十八日丙辰　上驻跸行宫。

巳时，上御行宫，大学士松柱，学士查弼纳、敦拜以折本请旨。覆请九卿议覆侍郎常泰等条奏，为甘肃等处小民永远有利一疏。上曰：“甘肃

固原等处俱禾稼丰登。”大学士松柱奏曰：“臣等探听甘肃等处禾稼俱有收。”上曰：“王懿曾条奏捐纳事。这疏着收贮，俟回京时将王懿条奏之处一并议奏，再行定夺。”又曰：“王懿这奏可异，必有人教之具题者。”

又覆请九卿议覆刑部尚书张廷枢条奏，重事权、选廉能、久责任、严赏罚、劝捐输五款，毋庸议。其以时敛散一条，甚有益于国计民生，应照尚书张廷枢所请。查直隶各省、府、州、县地方所收之丰歉，若谷价贵，则令减价粜卖，将所卖银两于丰收谷贱之处籴买收贮。每年春耕时，出旧谷三分之一散给，俟秋成加利一分敛收，仍将利息数目造册报部查核一疏。上曰：“着回銮时启奏。”

又覆请九卿议覆两江总督赫寿所题，上年遵旨将十万石米运至福建、广东。查上下两江五十州、县仓中并无颗粒，其他州、县所存亦不多，请照例开捐纳例，大州、县一万石，小县八千石，捐纳贮仓，应准行一疏。上曰：“亦着回銮时奏。”

又覆请户部所题闽海关监督色黑礼、临清关监督武格、湖口关监督达哈塔员缺，请更差一疏。上曰：“临清关税每至缺额，此俱系地方积恶串通作弊所致，着停止差监督，令该巡抚兼管一年收税。闽海关差着海青去。湖口关差，着舒琳去。”

又覆请户部议覆临清关监督武格题，馆陶县知县高琨串通光棍曹盛甫、商人王大宗等拦截木税，又种种欺骗，以致国课有误，已行文巡抚四次，并不提人赴审，请差大臣一员前去审理等因。应行文该抚详察具题再议一疏。上曰：“不必遣大臣，着交该抚。”

又覆请兵部议覆两广总督赵弘灿题，碣石总兵官陆臣扬前往查海，被风坏船，溺死把总一员、兵丁四十五名等因。其总兵官如何既溺而复登岸，其余兵丁如何得生之处，应行文该督逐一查明，到日再议一疏。上曰：“朕曾行过水路，亦能使船，江海风波莫御，非人力所能。今谓其退走，并无杀败总兵官之贼，且总兵官查海，必戒严而往，安见被贼杀退以致失散，着免行查。”又曰：“朕往年在密云地方，骤遇大风，帐房什物以至水盆俱被风刮落河中，后又往京搬取。朕身亲率行走，此又可谓之失散乎？”起居注官左都御史揆叙奏曰：“是年臣兄扈驾，其帐房什物被风

刮去，遣人到家搬取。”

又覆请兵部议覆山东登州总兵官李雄题，山东后营所截战船十只，已送锦州，应将巡察海边之处分晰定议等因，请自黄城岛至铁山等处交奉天将军为边界巡察。南自城山头，西南至江南交界之安东营，北自城山头起，西至直隶交界之地，仍交山东总兵官为边界巡察一疏。上曰：“盛京已设船只，其登州船只焉能越盛京地方巡察？将此着盛京将军同总兵官会议具奏。”

又覆请兵部题广东总兵官金弘振员缺，以骁骑参领白云鸿等职名开列一疏。上曰：“俟回銮后，朕阅视骁骑参领等骑射。”

又覆请刑部议覆湖北巡抚刘殿衡题，许有周乘醉殴死胞兄许心哲，照律应拟立斩。但死者之妻呈称，翁姑止生此兄弟，二人俱无子嗣，若一人死，将一人抵偿，则至绝后等语。许有周应否免死枷号完结，伏乞上裁等因。许有周殴死亲兄，该抚所请免死枷号完结之处，应无庸议一疏。上曰：“许有周之嫂，既称止剩许有周一人，兄弟俱无子嗣，着改为秋后。”

又覆请刑部议步军甘年因醉后与谢尼分管下官学生七十八等角口，跟至官学肆行诟詈，七十八等持竹板打折甘年手腕。查七十八、七格于北山门内角口，打折甘年手腕，殊属可恶，七十八、七格应枷号三个月，鞭一百一疏。上曰：“将步军扭结至景山官学内共殴，殊为可恶。着会同内务府再行严察议奏。又疏内以七十八、七格溷称官学生，着查伊等父兄具奏。”

又覆请刑部所题镶黄旗包衣马付他佐领下安宝柱醉后与黑儿角口，安宝柱之子破脸儿祖父，持柳棍打伤黑儿两腿臁骨，以致殒命，安宝柱应照律拟绞监候。查律内凡审共殴下手拟绞人犯，果于未结之前，遇有原谋助殴重伤之人，监毙在狱者，准其抵命。今安宝柱之子破脸儿于取供后，在监病故，应照律准作抵命。但安宝柱父子持棍毒打黑儿，伤痕甚多，安宝柱应枷号三个月，鞭一百一疏。上曰：“此议太轻。本发回，着再议具奏。”

大学士松柱以察哈达叩阍一案，或交都察院审理，或交富宁安、赵申

乔审理请旨。上曰："尔这请旨非是。察哈达将伊控告之处，请交富宁安、赵申乔审理。指名叩阍，殊属可恶。果其审事大臣有贪婪情弊，伊等有冤抑之处，还可叩阍。伊是何等人，辄将大臣指名拣出，可乎？着带九条铁锁，交部严审。拿伊时将此处告之。"又曰："朕览此叩阍呈词甚怒，若将事件俱交富宁安、赵申乔两人，则其他尚书、侍郎何用？富宁安有何奇处？亦一平等人耳！以此事交彼，必沽名回护察哈达矣。吏部尚书朕所简用者，刑部尚书亦朕所简用者，此事止交富宁安等审理，则刑部尚书岂可向伊等置一词耶？权在人主，八旗、十五省凡事俱俟人主裁夺。富宁安能当之乎？如此则必至于专权，专权则人附之。一有权，则人辄变异矣。且镶蓝旗大臣甚多，朕随缺补授，不觉聚于一旗，朕尚有斟酌处。"

十九日丁巳　上驻跸行宫。

二十日戊午　上自热河启行，驻跸青城。

二十一日己未　上驻跸鞍子岭。

二十二日庚申　上驻跸两间房。是日，古北口驿传道罗殷泰、防御布太、都司孙孟麟、八品笔帖式巴图等来朝。

二十三日辛酉　上驻跸巴克什营。是日，赐原任提督马进良衣帽、马匹、银两及御书、匾额、单条。石匣营副将郑明、游击巴世勋、守备陈继功等，千总朱鼎元等、把总丁盛等、密云县木税监督理藩院员外郎雅朱、鸿胪寺赞礼郎索鼎、知县朱英、守备李万鹏、把总赵进谷、教谕马子志、训导陈志修、典史李成祥等来朝。

二十四日壬戌　上驻跸腰亭子。是日，怀柔县知县吴景果、守备赵成贵、把总张兴祖、训导王允功等来朝。

二十五日癸亥　上驻跸密云县。是日，功化城捕盗同知张仲国、都司包进忠、千总王玺、把总刘瑮等来朝。

二十六日甲子　上驻跸怀柔县。是日，赐贝勒满都护马一匹。

二十七日乙丑　上驻跸林沟。

二十八日丙寅　上至畅春园，诣镜峰问安，驻跸畅春园。

是行也，部院各衙门奏章每日交送内阁，内阁三日一次递送行宫听理。

上驻跸热河时，每日请皇太后安。出哨之后，随报请皇太后安十二次。

扈从起居注官揆叙、常寿、党阿赖、常鼐、阿克敦、阿尔赛。

二十九日丁卯

三十日戊辰 上诣镜峰问安。

未时，上由西直门入神武门回宫。

是日起居注官王奕清、阿尔赛。

十 月

初一日己巳 辰时，上御乾清门听政。部院各衙门官员面奏毕，大学士松柱、李光地、萧永藻、王掞，学士蔡升元、彭始抟、邹士璁、鄂齐尔、查弼纳、关保、敦拜、渣克旦以折本请旨。覆请吏部题侍郎绰奇员缺，请补授一疏。上曰："次日启奏。"

又覆请吏部议覆御史陈珣条奏，月选应补官员先期引见，将可用者记名交与吏部，令在各衙门学习办事。至应选月分，即给文凭遣其赴任，庶不至于久延时日，不准行一疏。上曰："这所奏无用。着依议。"

又覆请吏部题，正白旗果园头领王三告伊名下所买之正黄旗宗室苏尔登家人李二，将伊骂詈，又于主事纳尔库处夤缘行贿等因是真，纳尔库应革职，枷号四十日，鞭一百，所得贿金追取入官。查得原任巡抚格尔古得之家人显弟，将身指丁泰名下税卖，曾将显弟入辛者库，题结在案。据此李二应照此例，枷号三十五日，鞭九十，并妻子入辛者库一疏。上曰："此系部院司官作弊，殊属可恶。从何处升？系何人保举，着查奏。"

又覆请吏部议覆贵州巡抚刘荫枢请将道员白潢补授按察使，议不准行一疏。上曰："着照该抚所题补授。"

又覆请户部覆总督赫寿请于江南开捐，议准行一疏。上曰："此事着交九卿议奏。"

又覆请户部议覆工部侍郎常泰条陈甘肃等处百姓永远有益一疏。上曰："此事亦交九卿议奏。"

又覆请户部议覆尚书张廷枢条奏仓谷六款一疏。上曰："将此着问九

卿。”

又覆请户部议覆顺天府府尹王懿条奏，赴陕西捐纳人等路远难至，请将山西、河南两省现在贮库应解银两，拨送陕西总督处买米散赈。其赴陕西捐纳之人，皆于户部库上交银等语。查去年甘肃巡抚因被灾，已经奏借仓储散赈。今年该督又奏，被灾穷黎自二月至六月给散口粮。王懿条奏之处，无庸议一疏。上曰：“议不准行，甚是。”

又覆请礼部议镶红旗马兰泰佐领下监生德寿倩江南无锡县监生张登瀛代作文字是实，应将张登瀛革去监生、徒两年半，德寿革去监生、枷三十五日，鞭九十一疏。上曰：“德寿于科场内倩人做文作弊，这所议太轻。本发还，着再议具奏。”

又曰：“今年科场内有一满洲秀才，率众登号门，喝令应试人交卷，横行阻试，御史尼满等已经题参交部，尚未议奏。满洲习俗最为质实，伊既系满洲，如此扰乱科场，殊属可恶，应置重典，着将此交部。其扰乱科场之满洲秀才，与倩人代作文章之德寿系何人之子，其弟兄为谁，一并查奏。”

又覆请兵部覆宁古塔将军觉罗孟俄洛咨称，新袭拖沙喇哈番伊马瑚呈称，贫不能移家，乞留乌喇，以相当员缺补用，请部定夺，议准行一疏。上曰：“伊马瑚着来京，交与本旗，拨房地与之。”

又覆请刑部议覆尚书张廷枢条奏，除候决重犯外，请将现在监禁人犯，两月一次缮折呈览，准行一疏。上曰：“将此亦着问九卿。”

又覆请刑部议覆江南江西总督赫寿题，巡抚张伯行所参暂行革职之布政司牟钦元藏匿海贼党羽张令涛一案。查上海县民顾协一因赎房控告张令涛与海贼合伙分赃，今现在海营内。及审问顾协一并无证据。委官两次往牟钦元署内搜查，亦并无张令涛。问张令涛之子张二供称，伊父已往湖广、福建。相应行文两省巡抚严拿，解送到日，与顾协一质讯定罪另结一疏。上曰：“此案着遣部院堂官一员，审明具奏。”

又覆请右卫将军公费扬古报称，善单、浑津等处亢旱情形一疏。上曰：“这所报善单、浑津等处亢旱，着遣部内章京一员，查明具奏。”

又覆请陕西提督师懿德奏请陛见一疏。上曰：“师懿德应于赴新任之

便，奏请来京，今已到任，停其来京陛见。”

是日起居注官王奕清、阿克敦。

初二日庚午 辰时，上御乾清门听政。部院各衙门官员面奏毕，大学士松柱、李光地、萧永藻、王掞，学士蔡升元、彭始抟、邹士璁、鄂齐尔、查弼纳、关保、敦拜、渣克旦以折本请旨。覆请吏部题侍郎绰奇员缺，请补授一疏。上曰：“着伸签进呈。”

又覆请兵部覆广西提督张朝午题，伊标下右营游击支熊已升广东崖州营游击，请将支熊带所升之级仍留原任，议不准行一疏。上曰：“支熊着依该提督所奏。”

又覆请都察院道员内升外转，吏科科员内升外转两疏。上曰：“着问九卿。”

又覆请杭关监督他呼拉请展限一疏。上曰：“该部议奏。”

大学士松柱等奏：“臣等遵旨将尚书张廷枢条陈仓谷，并条陈监禁人犯事问九卿。九卿云，张廷枢所奏两本均属无益，圣上所见极是。请将二疏发还。”并以原疏覆请。上曰：“着发还。”

松柱等又奏：“臣等遵旨将江南、甘肃两省捐纳之事问九卿。九卿云，臣等前日所议祇抒愚见，伏祈圣断。”并以原疏覆请。上曰：“着伸签。”

松柱等又查得受李二贿之刑部主事纳尔库系官学生，考用为官库笔帖式，年满转兵部笔帖式，论俸升刑部堂主事，为主事时，并未有保举一折呈览，并以原疏覆请。上曰：“纳尔库着枷责毕，发往三姓处当差。余依议。”

午时，上由神武门出西直门，至畅春园驻跸。

是日起居注官吴廷桢、阿尔赛。

初三日辛未 是日，上诣镜峰行礼。

初四日壬申

初五日癸酉

初六日甲戌

初七日乙亥 辰时，上御畅春园内澹宁居听政。部院各衙门官员面奏

时，吏部尚书富宁安等以应升翰林院官员引见。上曰："翰林高舆在任犹未一年，折子内为何开历俸六年？"侍郎汤右曾奏曰："高舆曾在江南看刻书籍。"上曰："朕知之。着查明。"又曰："九卿内各省人俱有，凡翰林中曾差正、副主考及房考者，其声名贤否？必皆知之。着将翰林官员交与九卿，务从公举出。好者升用，不好者革退。九卿于伊本省出差人员，其勿议。伊等子弟，试而中即以为好，试而不中即以为不好，惟在从公举出耳。即如月选官员，悉令九卿验看。凡出身不明、行止不端者，自然畏而不来，此甚有益。今更不存私意，贤否公举，则铨政可得清理矣。诚以直举公言，则人人知所戒惧，各励操行。若于补授时，其劣者不豫行察出，既用之后，致督、抚指参，又多一番事矣。"

部院各衙门奏毕，大学士松柱、李光地、萧永藻、王掞，学士蔡升元、彭始抟、邹士璁、鄂齐尔、查弼纳、关保、敦拜、渣克旦以折本请旨。覆请户部题更差崇文门监督一疏。上曰："崇文门差紧要。这开列内皆系微员。堂官以下衔大者，不论满汉，有品行操守者，着九卿保举一、二人。"

又覆请礼部议覆御史尼满等条陈，为廓清场弊事，此后应试人等，皆穿拆缝衣、单袜、无面皮袄，止带小凳、筐子、笔砚进场四款一疏。上曰："尼满等所奏是。本发还，着九卿会同议奏。其各有所见，应增款项，着议增。"上又顾大学士等曰："科场之弊如何方能清除？"李光地奏曰："正、副考官虽至公，而同考官多，以为皆秉至公，则不可信。"王掞奏曰："科场之弊皆从外起，尼满等管外场事务，故知之而奏也。"上又曰："今岁科场，外议如何？"王掞奏曰："出榜后，怨恨以为不公者，历年多有。"萧永藻奏曰："今岁虽有怨恨之人，较之往年差少。"李光地奏曰："各省科举监临，必巡抚好，方能无弊。福建巡抚满保将场弊严查禁革，人皆称其监临之公。"

又覆请兵部议覆两江总督赫寿题，沿海地方紧要，水师营缺出，请亦照浙江例，将失察郑尽心等一案议处官员内选举坐补，仍带所降之级，不准行一疏。上曰："郑尽心等案内，处分江南官员，应与浙江官员一例。本发还，着再议具奏。"

又覆请兵部议覆两广总督赵弘灿题，碣石总兵官陆臣扬巡海时，骤遇大风，船只飘坏，兵官溺死是实，应无庸议一疏。上曰："行海不比陆路，陆行虽遇盗贼，相斗，所伤亦不过数人，无尽被害之理。若海中遭风坏船，则一船之人胥及溺矣。总兵官亲身巡海，必多带兵而往。海中有贼，亦是小寇。无有大伙盗能败总兵官带往之兵者。出哨遇风，因而沦亡，此等殊属可悯，理应酌量加恩。着九卿、詹事、科、道会议具奏。"

又覆请兵部议覆两广总督赵弘灿请将千总陈襄补授广海寨守备，不准行一疏。上曰："本收贮，着交兵部，以陈襄引见具奏。"

又覆请刑部题打死黑儿之安保住发遣三姓处一疏。上曰："安保住系包衣佐领之人，若发往三姓，则反为另户之主矣。理宜发往打牲乌喇地方，部议发往三姓处殊谬。本发还，着再议具奏。"

又覆请刑部汇题案内，将香火烧死周岁小孩偏儿之傅通，拟枷号三个月，鞭一百，追取一人入官一事。上曰："傅通将周岁小孩香火烧死，最为恶劣。着枷责完日发往三姓处当差。"

是日起居注官常寿、陈邦彦。

初八日丙子 是日，上诣镜峰问安。

初九日丁丑

初十日戊寅

十一日己卯 是日，上诣镜峰问安。

十二日庚辰

十三日辛巳 辰时，上御畅春园内澹宁居听政。部院各衙门官员面奏毕，大学士松柱、李光地、萧永藻、王掞，学士蔡升元、彭始抟、邹士璁、鄂齐尔、查弼纳、关保、敦拜、渣克旦以折本请旨。上曰："且止。"曰："朕留心命案，细阅直省审题各案，或有多人连累。审驳题请，历年既久，而部更议驳者。此内有轻罪而久羁牢狱，至于病死之人，甚属可悯。嗣后，直省刑名案内，除犯重罪者照常候旨处决、充军、流、徒外，其他罪犯，该督、抚审毕，即行发落完结。疏内逐一分晰奏明，则连累久待之苦可得免矣。其不用奏闻，该督、抚自宜审结之案，仍照旧例行。尔等会同九卿察例详议具奏。朕另下旨。"

既而大学士松柱等覆请吏部题，预备布城之工部员外郎朱赖，将交过布城等物之镶蓝旗署理护军参领马汤阿，错写为正蓝旗马汤阿，不合，应照例罚俸两月一疏。上曰："此事甚错。诚亲王亦曾奏过。着交都察院一并察议具奏。"

又覆请兵部议覆山东登州总兵官李雄请分巡海汛等语。查奉天将军、山东总兵官皆有船只，应于各该管之处巡哨一疏。上曰："着议政大臣会同九卿看图，分定海汛议奏。"

又覆请刑部等衙门议覆浙江巡抚王度昭题，打死小功兄王伯齐之王七六，依律拟立斩，应照所拟一疏。上曰："着九卿、詹事、科、道会议具奏。"

又覆请刑部题大盗王花脸等拟立斩一疏。上曰："着九卿、詹事、科、道会议具奏。"

大学士松柱等奏："臣等遵旨以更差崇文门监督问九卿。九卿云，尚之杰连任监督数年，钱粮全无亏欠，应仍留尚之杰。"并以原疏覆请。上曰："尔等既议留尚之杰，尚之杰着再留一年。"

是日起居注官党阿赖、赵熊诏。

十四日壬午

十五日癸未　是日，上诣镜峰问安。

十六日甲申

十七日乙酉

十八日丙戌

十九日丁亥　辰时，上御畅春园内澹宁居听政。部院各衙门官员面奏毕，大学士松柱、李光地、萧永藻、王掞，学士蔡升元、彭始抟、邹士璁、鄂齐尔、查弼纳、关保、敦拜、渣克旦以折本请旨。覆请兵部议覆四川巡抚年羹尧题，乌蒙土司知府禄鼎干掠杀贵州阿底土司头目禄世华人畜，遣将官等晓谕，不但人畜不还，亦不送出罪犯听审。请将土司知府禄鼎干革去职衔，拿解掠杀首恶之土司，详审完结。如或仍旧，则会同云南贵州总督、巡抚、提督、总兵官另行请旨，扫荡巢穴，改换土司，设立有司官员等语。查禄鼎干系四川乌蒙土司知府，禄世华系贵州所属阿底土司头目。两省土司掠杀情由，贵川巡抚、提督并未经会议具题。应令会同贵

州巡抚详查定议，具题到日再议一疏。上曰：“此案驳回，则为日久。土司等知其无碍，益放恣矣。着遣大臣会同云贵总督，四川、贵州巡抚、提督详审。土司闻遣京师大臣，惧而送出罪人则已，设或抗拒，即行征剿，事一举而毕也。且水西之土司最富，如剿之，则将弁等为利，皆欲得往而征之矣。”

又覆请兵部议覆云贵总督郭瑮题，贵州铜仁副将标下中军守备李先员缺，请将记名应升守备人员及现任侍卫内简选补授一疏。上曰：“年满千总甚多，着查出缮折，一并进呈。”

又覆请刑部题行窃发遣之苏青，又于遣所行窃，用小刀戳和尔玻岱，应将苏青照律拟斩，秋后处决一疏。上曰：“苏青系行窃发遣之人，于遣所又为窃盗刺人，应交该将军完结。这所议殊错。本发回，着再议具奏。”

又覆请刑部议覆江宁巡抚张伯行题，与奸商张元隆交通线索、领取照票、海上行走案内干连之吴良佐果否旗人，请部传问原任将军马三奇，将船主张元嘉等一并解至江南质讯一疏。上曰：“这事交与张鹏翮等详审具奏。张伯行居官固清，为与马三奇不合，乘机奏请发审。马三奇之父阵亡，伊身又系大臣，不可遣往江南听审，着兵部取口供行去。前原任总督阿山、巡抚宋荦，朕亦不曾遣往江南听审也。”李光地奏曰：“皇上圣明，此实关系大体。”

是日下旨，谕刑部曰：“朕听政多年，勤恤民瘼，刑狱之事尤觉留心。细观直隶各省所题命盗等案，审结具题，中间或经月累年，而部议又欲覆行察审驳出者亦有之。此内因事牵连，宜问笞杖轻罪者，经年系狱以待完结，离家弃产，饥寒病死者往往而有。朕为人之生命，实为恻然轸念。此后直隶各省刑狱案内，重罪等案，有宜问充军、流、徒之罪者，仍候旨完结外，笞杖以下轻罪，该督、抚审定之日即行发落完结，勿监禁待部覆，奏疏内一一详晰。其无知干连之民，务必早为开释回家，以副朕恺悌慈祥之至意。其不用奏闻，各督、抚宜自审结之事，仍照旧例完结。尔部即遵旨行。特谕。”

是日，上诣镜峰问安。

是日起居注官常寿、蒋廷锡。

二十日戊子

二十一日己丑

二十二日庚寅

二十三日辛卯　是日，上诣镜峰问安。

二十四日壬辰　辰时，上御畅春园内澹宁居听政。部院各衙门官员面奏毕，大学松柱、李光地、萧永藻、王掞，学士蔡升元、彭始抟、邹士璁、鄂齐尔、查弼纳、关保、敦拜、渣克旦以折本请旨。覆请九卿议覆御史尼满等条陈廓清场弊四款，请照部议。又增议文章外边代作草稿，从墙传递等弊，皆由巡绰官员怠玩所致。嗣后着委巡绰官员，令兵丁不分昼夜，传筹巡逻等四款一疏。上曰："这所议好。所云无面皮袄之语，着删去。"

又覆请户部议覆浙江巡抚王度昭题，杭州截留十万石漕粮，仁和、钱塘两县仓廒甚是狭小，嘉兴、湖州、金华、衢州、严州五府皆通水路，应分派各一万石收贮，余五万石在省收贮，议准行。至所请来年将米平价粜卖之处，查严州府属曾被水灾，地方奏拨常平仓米散赈，业经准行在案。应将该抚所请米价腾贵，来年平价粜卖之处，无庸议一疏。上曰："朕自幼读书，惟欲闻民间之疾苦，无一时不留意。巡抚乃专任封疆之大吏，理应实心为民，勤求阜利。浙省间有府属地方一两年歉收，以故民生艰难。观巡抚王度昭所奏，并无尽心利民之处。河南巡抚鹿佑亦未得当。尔等问九卿具奏。"

又覆请兵部议覆福建水师提督施世骠所题伊标下船只另刻字号，不准行一疏。上曰："各省战船虽刻记号，又各标下船另添刻记号为是。本发还，着再议具奏。"

又覆请工部议覆护理奉天将军事务前锋统领伯唐保住题，战船皆系年久旧船，船底朽烂，已不堪用，请行拆造。所用木料、桅杆等物，交与浙江巡抚采买解送，应如该将军所请一疏。上曰："盛京木料最多，停其浙江采买，只桅木着于通州购之。本发还，着再议具奏。"

又覆请都察院题擦坏遗失布城等物情由，侍郎舒兰并不详查，即朦混将雅穆布等题参。护军统领萨三，将查尔图徇情开脱之处显然。舒兰应降

三级调用。擦坏布城遗失钉椿，着落萨三等赔补一疏。上曰："舒兰殊属糊涂。工部、光禄寺事情多致差错。着依议。"

又覆请古北口总兵官杨珠题石匣营游击巴世勋详揭副将郑明暴躁刚愎，又调取营内马匹等款前来，据实题参一疏。上曰："此事着公孙征灏去详审具奏。"

又覆请甘肃巡抚绰奇题被灾真正穷民，请仍以口粮三合照例散赈，至来年夏收时止一疏。上曰："着九卿、詹事、科、道会议具奏。"又曰："甘肃地方被灾避往各处之民，现在皆令招回本处。但今时正冱寒，各人避所犹可糊口，本处并无粮米，送回无益。俟来年春耕时送回，方于民有益也。"

是日起居注官张廷玉、阿克敦。

二十五日癸巳

二十六日甲午　是日，上诣镜峰问安。

二十七日乙未

二十八日丙申

二十九日丁酉　辰时，上御畅春园内澹宁居听政。部院各衙门官员面奏毕，大学士松柱、李光地、萧永藻、王掞，学士蔡升元、彭始抟、邹士璁、鄂齐尔、查弼纳、关保、敦拜、渣克旦以折本请旨。覆请户部议覆盛京户部侍郎董俄立题万寿圣节恩诏，将各省、盛京所管地丁钱粮尽行蠲免，其盛京所管各处旗人庄地应征之米豆草，与历年旧欠之米豆草，请照奉天地丁钱粮蠲免之例蠲免，应如所请一疏。上曰："着依议。此事系引蠲免州、县钱粮之例具题。州县征粮之官皆有考成，盛京并无考成之例，故每年拖欠甚多。盛京地方官声不好，部员征取肥己，亦未可料，着交与户部严查。嗣后，盛京等处征取米、豆、草官员，亦着考成。"

又覆请礼部议覆监察御史尼满条陈科场一疏。上问大学士李光地、萧永藻、王掞曰："这所议何如？"李光地奏曰："严密详尽。"上曰："着依议。"

又覆请兵部议覆广东提督王文雄题，巡捕营效力年满千总白友金等六人，请发往广东，遇有陆路守备缺出补用，不准行一疏。上曰："白友金等皆系选择人员，王文雄所知，着如所请发往。"

又覆请河道总督赵世显题，伊标下左营游击费均员缺，请将记名人员补授一疏。上曰："兵部尚书公孙征灏审事去矣。回京之后，有引见官员，俟引见时再行补授。"

大学士松柱等奏曰："臣等遵旨以巡抚王度昭、鹿佑问九卿。九卿云，浙江巡抚王度昭前居官亦有才能，今不尽心为民，全无益于地方是实。河南巡抚鹿佑向居官谨慎，此数年来精力衰迈，处事不当是实。诚如圣谕。"上曰："知道了。"

是日起居注官王奕清、常鼐。

十一月

初一日己亥　是日，上诣镜峰问安。

初二日庚子

初三日辛丑

初四日壬寅

初五日癸卯

初六日甲辰

初七日乙巳

初八日丙午　是日，上诣镜峰问安。

初九日丁未　辰时，上御畅春园内澹宁居听政。部院各衙门官员面奏毕，大学士松柱、李光地、萧永藻、王掞，学士蔡升元、彭始抟、邹士璁、鄂齐尔、查弼纳、敦拜、渣克旦、勒什布以折本请旨。覆请兵部等衙门题福陵巴什乖图称，伊总管存住等将满保等四人求复原职行文将军，并不候将军启奏，私令满保等四人入宫排班等因叩阍一事。总管存住、副总管双保，除不候兵部奏请，辄令满保等穿补服，领俸禄，借广善库银，轻罪不议外。存住等系专司陵寝之员，竟不待七月十五日大祭，擅自来京，甚属不合，应将总管存住、副总管双保革职，枷号三月，鞭一百；副总管觉罗科布梭革职一疏。上曰："存住、双保从宽，免其枷责，着革职留

任。科布梭着革职留任，遇祭仍令穿补服。”

又覆请刑部等衙门题冒借公库银两拨什库拴住等枷号二十日，鞭六十。其佐领清德徇情，应降二级调用。但伊有现加二级，应将所降之级准抵销，免其调用。其带管参领索罗希、护军校图克山等，于出首佐领私弊时，即应详查举出，乃反将状词给回。带管佐领内阁侍读清鼐欲弥缝其事，殊属不合。应将索罗希笞四十，准折赎一疏。上曰：“依议。清德、清鼐、图克山俱着革职。”

又覆请刑部题强盗王二等即行正法，庄二等充发一疏。上曰：“王二、杨二、辣圆儿俱着立斩。庄二、谭胡子系惯行凶恶之徒，纵充发，仍自逃回，着割去脚筋发落。”

又覆请刑部会审缓决案内之高进朝等拟罪一疏。上曰：“桑格、墨克里等俱着监禁缓决，高进朝、马良栋着改为情真。”

又以刑部缓决案内六处折角覆请。上曰：“花色、七十儿等着监禁缓决；陈志忱、管住等俱着监候；六斤、杨茂发着改为情真；徐子福、多尔济等俱从宽免死，减等发落。”

又覆请刑部汇题案内偷买人参之刘玉、花色，议枷号四十日，鞭一百一事。上曰：“刘玉、花色应照窃盗例割去脚筋。本发还，着再议具奏。”又覆请两江总督赫寿请陛见一疏。上曰：“本着收贮。张鹏翮等现往江南审事，审奏毕，再将此事启奏。”

又覆请安徽巡抚梁世勋奏请赈济桐城等州、县被灾之民一疏。上曰：“此本着暂收贮。尔等会同九卿议。”

是日起居注官吴廷桢、阿尔赛。

初十日戊申

十一日己酉　是日，上诣镜峰问安。

十二日庚戌　辰时，上御畅春园内澹宁居听政。部院各衙门官员面奏毕，山西布政司噶什图入请训旨。上曰：“布政使一官专管钱粮。清理钱粮甚要，尔若不为清理，则于尔不便。山西省钱粮，百姓每年全完，并无亏欠。征取火耗虽系旧规，但山西所取火耗太重，连加平银，一年可得三十余万。朕知之甚悉，尔到彼处即知。巡抚、布政司、按察司一人一万

两，便可敷用，止取加平银足矣。火耗所取者轻，则州县官取之于民者亦轻。尔之任后，凡有益百姓之处，当酌量行之。”噶什图出。

大学士松柱、李光地、萧永藻、王掞，学士蔡升元、彭始抟、邹士璁、鄂齐尔、查弼纳、敦拜、渣克旦、勒什布以折本请旨。覆请宗人府以玉牒送内，差遣大臣一疏。上曰：“尔等同宗人府、礼部会议，将空闲大臣等票出具奏。”

酉时，上由西直门进神武门，回宫。

是日起居注官常寿、蒋廷锡。

十三日辛亥　是日起祀圜丘，上斋戒三日。

是日起居注官张廷玉、阿尔赛。

十四日壬子　是日起居注官常寿、张廷玉。

十五日癸丑　早，上御太和殿，视祀天坛祝版毕，回宫。

是日起居注官党阿赖、张廷玉。

十六日甲寅　早，上由午门出正阳门，诣天坛亲祭。是日祀天坛，奏上新定乐律毕，回宫。

午时，上由神武门出西直门，驻跸畅春园。

是日，上诣镜峰问安。

是日起居注官常寿、吴廷桢。

十七日乙卯

十八日丙辰　辰时，上诣镜峰问安。

自畅春园启行，巡行口北，驻跸南苑旧宫。

十九日丁巳　上驻跸琼寺。是日，赐偏沅巡抚李锡御书诗、扁额、对联。采育防守御常寿等、通永道张圣猷等、通州副将魏经国、知州王友直等来朝。

二十日戊午　上驻跸狮子营。是日，顺义县防守御常遵等、知县杨棠等来朝。

二十一日己未　上驻跸密云县。是日，密云县抽税理藩院员外郎雅柱等、知县朱英等、守备李万鹏等，怀柔县知县吴景果、训导王允功等来朝。

二十二日庚申　上驻跸腰亭子。是日，石匣营署副将事守备刘得紫等

来朝。

二十三日辛酉　上驻跸古长川。是日，古北口管驿点（站）员外郎罗音泰等来朝。

二十四日壬戌　上驻跸鞍子岭。

二十五日癸亥　上驻跸化育沟。

二十六日甲子　上驻跸东庄瓦窑子。

二十七日乙丑　上驻跸老牛河。

二十八日丙寅　上驻跸两家寨。

二十九日丁卯　上驻跸鸦图沟。

三十日戊辰　上驻跸多灰口。

十二月

初一日己巳　上驻跸胡思台口。

初二日庚午　上驻跸胡思台口。是日，赐领侍卫内大臣、侍卫、护军参领、护军校、护军、执事人员等鹿、狍、兔、雉。

初三日辛未　上驻跸西喇乌苏。是日，赐王、贝勒、领侍卫大臣、侍卫等鱼。

初四日壬申　上驻跸西喇乌苏。

初五日癸酉　上驻跸忒普克。是日，赐喀喇沁萨木巴拉西公所属蒙古他卜囊官员、妇女等银缎有差。

初六日甲戌　上驻跸鹰图堡。

初七日乙亥　上驻跸俄伦忒河。

初八日丙子　上驻跸八沟。是日，赐编修何国宗、庶吉士吴孝登貂帽、褂。

初九日丁丑　上驻跸三家子。

初十日戊寅　上驻跸杨树沟。

十一日己卯　上驻跸二沟。

十二日庚辰　上驻跸张家庄。

十三日辛巳　上驻跸热河。

十四日壬午　上驻跸热河。

十五日癸未　上驻跸喀喇城。

十六日甲申　上驻跸鞍子岭。

十七日乙酉　上驻跸边桥试马台。

十八日丙戌　上驻跸腰亭子。

十九日丁亥　上驻跸密云县。是日，密云县抽木税刑部员外郎吴童保等来朝。

二十日戊子　上驻跸南石槽。

是日，大学士、各部院大臣等，至南石槽接驾，跪于路旁。上命诸大臣近前，问户部尚书赵申乔曰："尔复欲告退者何意？"赵申乔奏曰："司官藐视臣，事情不行呈阅，臣何颜居职？况臣亦衰老，不能办事。"上曰："凡事皆有理在，不可尚气。君子惩忿窒欲，此语最宜详思，且此亦一小事。尔系户部尚书，果司官藐视，尔即当参拿，何必忿怒？"赵申乔奏曰："无立拿司官之例。"上曰："巡抚即可以拿布政使，尔为尚书独不可以拿司官耶？前本批出之后，朕意尔必有参疏，乃复行告退。尔凡事尚气，专与人争，殊非大臣之体。尔为属员时，曾与上官争竞。今为大臣，又与司官争竞，是何道也？宽则得众，尔性苛急，不能容人，必致人无地自容而后快。且为官之人亦苦，往往有缘事被罪，身死之后，骸骨妻孥不得复归乡井者。百姓之鳏寡孤独，其苦尚显然共见，似此为官之苦，人莫知之。尔向任巡抚时，所参官员有身自知之而参者，亦有因人言而参者，所参果皆实耶？天地之大德曰生。所谓好生者，非但不杀而已，盖于凡物皆养育而保全之之谓也。尔居官虽清，不可自恃。萧永藻亦清，富宁安声名亦好，伊等并不为矫激。且如寒士一第后，即可得一使令之人。及成进士，为翰林，则居养之道更自不同。此自然之理。可究诘其何以致此耶？即今朕之于射，每发悉中，焉得侍卫等皆如朕，而责其不中耶？朕若进京后下旨，恐尔疑朕听信人言，故特于众前面谕。"

酉时，上御行宫，大学士温达、松柱，户部侍郎兼学士事傅尔胡讷，

学士蔡升元、彭始抟、邹士璁、鄂齐尔、查弼纳、渣克旦、达里虎、勒什布以折本请旨。覆请吏部题广东巡抚满丕、偏沅巡抚李锡员缺，请补授二疏。上曰："着问九卿。有知布政使内居官好者，着举出。"

又覆请户部议覆监察御史周祚显条奏，通京城内糊口游民有数十万，白昼充满街衢，夜间不知栖止何处。此皆抛离乡井游手为生之人，不可不亟行禁止。伏乞旨下五城御史，伊等所属地方，除向系贸易及原有生业者外，着查无籍游民来历不明者，押回原籍。其现在此处居住之人察出，令行编立保甲之法。自此以后，凡来京人等内，有取得地方官路引者，方许开铺人及房主留住。如此则京师无游民，而盗案可清等语，应无庸议一疏。上曰："各省人来京者，专以贸易佣工营生，从未禁止。然前此各省游民来京者少，且有已回原籍者。今观各处之人，来京者渐众，以故贸易无资，不能聊生者，悉不得回故土，栖泊京师，入于匪类者甚多。周祚显条陈是。本发还，着会同九卿再议具奏。"

又覆请刑部等衙门题古北口外居住捕鹰人张国梁，为穆林之猪吃伊粮食，以鸟枪打死后，见穆林率众执枪棒来打，一时情急，遂喊叫贼来，将鸟枪放去，打中穆林身死，张国梁应照律拟绞监候，秋后处决一疏。上曰："张国梁情罪可恶，依拟应绞监候，秋后处决，秋审时勿宥。尔等志之，并着交与该部。"

又覆请刑部等衙门议覆镶黄旗觉罗佛伦佐领下原系护军高保住，叩阍首告佐领佛伦，因伊家披甲六儿身死，冒行寡妇钱粮之处是真，应将佛伦降三级调用。但佐领无降调之例，相应将降三级之处照例罚俸四年半。更称佛伦违旨喂养官马取利之处皆虚，高保住理应问罪。但伊控告事内两处是实，相应免罪一疏。上曰："佛伦之世袭佐领虽不可降级，佛伦现为前锋参领，岂不可降级乎？这所议不明，着都察院、宗人府、兵部、刑部会同再议具奏。"

又覆请刑部等衙门议覆镶黄旗头等侍卫贝和，因邻居镶白旗闲散人药德偷伊银两等物拿住拷打之处是真，应将贝和革职，贝和既为此事革职，余罪照例免其折赎一疏。上曰："贝和将药得（德）私行拷打，殊属可恶，着革职，枷号三月，鞭一百。"

又覆请刑部覆直隶巡抚赵弘燮题，盐商王恒茂等劈鞘偷取课银，私自改为缓征，应拟绞监候，秋后处决。天津道王光爽、盐法道孔兴琏以徇庇题参，应降三级调用，议准行一疏。上曰："王恒茂、宋福熙、周旦文、朱起云俱依拟，应绞监候处决。道员王光爽、孔兴琏居官俱好，着带所降之级遇缺即用。"

又覆请刑部汇题案内，广善库笔帖式赫成格刀戳家人五儿，相应革职一事。上曰："赫成格戳伤伊家人五儿十一处，其情可恶，着枷号三月，鞭一百，发往白都纳披甲当差。赫成格系何人之子孙，着查奏。且此等人如何取为笔帖式？为何不革退？着说与广善库王等知之。"

又以刑部所题七儿刀戳主母，应拟立斩一事。又查得周嵩家人张明、张世强父子合谋，将周嵩打倒，抛在山沟,张明、张世强曾依律凌迟之例。具折呈览，并原疏覆请。上曰："本发还，将所查之例载入议奏。其未经查出此例之司官、堂官，着交与吏部察议。"大学士温达等奏曰："陕西人谋杀其主之事，已经二十余年，皇上犹记忆，所下旨意一毫不错。皇上神识，臣等不胜称异。"

上顾大学士等曰："布政司牟钦元居官甚好。巡抚张伯行以牟钦元交通海贼题参一事，曾遣张鹏翮往审，继张鹏翮折奏时批旨，令张鹏翮同张伯行领兵于有海贼处亲身往拿。此一事皆多疑所致。日前总督赫寿闻此消息，坐小船往黄天荡探察，皆妄耳。张伯行操守虽清，为人糊涂，无办事之才。原任知府陈鹏年系有才之人，张伯行前此全赖陈鹏年办事。今陈鹏年召进，无相商之人，故致每事舛错。且张伯行奏称：噶礼下人甚众，欲杀我为噶礼报仇，皇上亦须防备。此皆无影响之事。特因索幕宾不得，遂起衅端。总督、巡抚谁无幕宾七八人，若为此生疑寻隙，亦非为大臣之体也。"谓大学士等曰："尔等之意若何？"大学士王掞奏曰："张伯行多疑是实。"上又曰："清官多刻，刻则下属难堪。清而宽，莫善于是。过恃其清，可乎？宋朱子云，居官人清，而不自以为清，始为真清。为君者亦宜宽，不可刻。即今出盐差官员，每年送翰林礼物。汉学士等皆由翰林迁擢之官，若此等处察出，皆罪也。《易》云不家食。为官之人，凡所用之物，若皆取诸其家，其何以济？故朕一意从宽不察察于细故

也。”

上又曰：“尚书赵申乔褊急，不能容人。为巡抚时，所参属员最多。其中岂无无罪而被参者？未为大臣以前，好与人争竞。今既为尚书，仍复尔尔，每事执性尚气，全不顾惜下属。朕于大臣官员务留颜面，若不然，则诸臣其何能堪耶？人当做秀才时，负笈徒步。一第以后，赠遗不乏，服用稍充。及成进士，登仕版，服用饶裕，从者数人，乘马肩舆而行。岂得究之曰，此皆从何而来耶？故于迎驾时，在诸大臣前穷诘赵申乔耳。”

上又曰：“直隶各省州、县等现任官员，或革职，或身故者，妻子犹能回籍。惟县丞、典史、主簿、驿丞等杂职，或革职，或离任，身死之后，不能回籍，栖止他乡，不免冻馁，容亦有全家至死者。纵犯死罪，与其妻子何涉？似此大为可悯。各省鳏寡孤独不聊生之民，犹设养济院以养之。此等微员理宜抚恤，嗣后将伊等作何回籍之处，尔等同九卿议奏。”又谓大学士、学士等曰：“尔等云何？”温达等奏曰：“皇上日理万机，犹留心此辈，降兹温旨，大沛殊恩。皇上仁心，洵无所不至。”学士蔡升元奏曰：“皇上此恩，诚从古帝王意想所不及，可谓泽及枯骨矣。”上又谓起居注官揆叙、常寿曰：“尔等云何？”揆叙奏曰：“皇上之心，真天地父母之心。恻隐无所不周，不特亡魂感戴皇恩，寡妇孤儿皆感戴矣。凡居官者闻之，莫不欣喜。”常寿奏曰：“皇上仁同天地，从古未有之至仁也。”

上又谓起居注官揆叙曰：“大学士李光地居处海滨，奏无海贼。所参牟钦元一案，张鹏翮若以为实，朕只问其海贼何在？拿与朕看。”揆叙奏曰：“今沿海地方太平，海上何曾有贼？皇上令其拿海贼，将何处去拿？此皆以索幕宾不与，遂致成隙耳。”上又曰：“赵申乔好与人争竞。即以争竞论，朕之势大，谁及朕者？凡事皆有理体，可妄争乎！”揆叙奏曰：“赵申乔因怪伊部侍郎、司官，奏皇上求退，非读书人道理。”上曰：“赵申乔举动与童稚相类。”

是日，怀柔县守备赵成贵等、昌平营副将黄明等来朝。

二十一日己丑 未时，上至畅春园，诣镜峰问安。

驻跸畅春园。是行也，各部院衙门奏章每日送进内阁，内阁三日一次

传送行在听理。上遣问皇太后安十次。

扈从起居注官揆叙、常寿、阿尔赛。

二十二日庚寅　辰时，上御畅春园内澹宁居听政。各部院衙门官员面奏毕，浙江巡抚徐元梦、云南巡抚施世纶进请训旨。上谓徐元梦曰："浙江有满洲将军驻扎，凡满洲兵尔当训练，务使精锐。尔虽系巡抚，亦应料理此事。各省满兵驻札所在，遇有满洲督、抚皆然。此乃尔首宜留心之事。浙江钱粮亏空不甚多，即略有之，尔宜担承。王度昭曾殚力催督，缘催督太紧，人甚怨之。朕观江南浙江、福建、广东各官容易尽职，并无难处。张伯行操守虽好，而办事多糊涂执拗之处。尔宜学其操守，断不可学其办事。至于用人，宜随材器使，不可求全。尔遵朕此旨，切切在念，惟以宽恕为本。"谓施世纶曰："尔居官声名甚好，但过于偏执。即如百姓告秀才，百姓必胜。秀才告官，秀才必胜。所行不度事理，惟以己所知者为是。天下凡事当中道而行，何以偏执至此极也！今为封疆大吏，理宜尽改前非，不可拘执己性，不然于颜面有关也。云南省此数年内米价腾贵，地方甚远，倘或遇灾，难于赈救。尔宜留心。又彼地出金银矿，若于兵饷有裨益之处，尔莅任后相宜经画。凡驭下属宜宽，鳏寡孤独其穷犹显，微员杂职之苦无人怜念，被参之后，常有骸骨不得归乡，妻孥不得回籍者，最为可悯。朕为此有一谕旨，尚未发出。尔等务宜每事宽恕，以体恤下属为念。"

徐元梦、施世纶出后，大学士温达、松柱、李光地、萧永藻、王掞，学士蔡升元、彭始抟、邹士璁、鄂齐尔、查弼纳、敦拜、查克旦、达里虎、勒什布以折本请旨。覆请宗人府题镶蓝旗谭巴佐领下原充鸟枪护军索浑岱叩阍，告伊同佐领下护军四十六弟兄恃有势力，于护军统领查尔图处夤缘央求，诬告我曾脱逃，查尔图将我殴打无数，遂革去护军，将我应得之护军校另放四格等因。查索浑岱所告护军统领查尔图之处俱虚，应无庸议。索浑岱理宜治罪，因查尔图已经将伊责革，亦无庸议一疏。上曰："此案所议不明。本发还，着再议具奏。"

上又顾大学士等曰："朕观性理，语语造极。乡会考试时，八股文章题目内，将此添题两道，则人人肯诵习矣。着谕九卿。"

又顾学士等，问大学士等曰："沈涵为何不到？"温达奏曰："沈涵因洗玺未来。"上曰："朕观沈涵人甚不济，朕向伊言，伊总不晓。部院衙门似此不晓事人甚多，若不革退，则有才能之人安得升转？沈涵着即革退。"

是日，巳时，封印。

是日起居注官常鼐、蔡珽。

二十三日辛卯

二十四日壬辰 辰时，上御畅春园内澹宁居，命大学士、学士等，九卿、詹事、科、道、大臣官员进见。曰："广东、湖南巡抚员缺，命九卿简选应用之人，并不举出。侍郎等皆系朕简用者，在内机务亦要，不可将伊等用去。各省布政使、按察使内有居官好者，尔等静思，务必举出。满洲大臣不知外官之贤否，勿举可也。"尚书赵申乔、左都御史刘谦奏曰："果有所知，何敢不举？实不知也。"上曰："台湾道陈瑸居官如何？"大学士李光地奏曰："陈瑸居官好，操守清，台湾非此人不可。"上又曰："布政使牟钦元居官如何？"李光地奏曰："牟钦元有办事之才，操守不及张伯行。"上又曰："福建提督杨琳居官如何？"李光地奏曰："杨琳居官好。"上曰："杨琳文武全才，杨琳着授广东巡抚，陈瑸着授湖南巡抚。"又曰："福建陆路提督员缺，不甚紧要，易于得人。天津总兵官杜呈泗居官好，太原总兵官马见伯亦好。"上又曰："湖广总兵官额伦特，或有人知之乎？"侍郎胡作梅奏曰："臣是湖广人，额伦特居官真好，地方大有裨益。"上曰："额伦特声名甚好，操守亦清。"

吏部尚书富宁安以九卿所奏两淮运使员缺，并无应举之人折子进呈。上曰："知府内有居官好者否？"尚书赵申乔奏曰："新授潮州府知府张应诏，前任兵部郎中，操守好，但未到任，于例不合，臣故未曾举出。若令保举，臣愿保之。"上问尚书公孙征灏曰："尔知之否？"孙征灏奏曰："张应诏人朴实，行事能顾颜面。升后若何，安得知之？"上曰："张应诏着授两淮运使。"赵申乔又奏曰："张应诏为郎中时，寓居寺院，常耐寒苦。授知府后，不制衣服，只着旧衣。及之任，随从数人而已。"上曰："尔如此说，反觉小矣。为清官者并不系于贫富。张伯行家

道甚饶，阡陌连两三县，任所日用之物，皆取诸其家。凡足迹所至，防人侵害，随从四五十人。今以张伯行为不清，可乎？且巡抚管理军务，一应兵丁宜鼓舞作兴，常加恩恤。今以己为清官，独市饼饵而食，赏赉不及兵丁，岂合于理？凡事皆有道理。即如大学士温达家饶，皆由税差致富。王掞家亦殷实，旧时根基原厚。今以此谓其居官不清乌乎？可为官之人，不取非义之财，一心为国效力，即为好官。或操守虽清，不能办事，无论旨意批驳，与部院驳行之事，积年累月概不完结。似此清官，反不如不清之官矣。”

上又曰：“刑部郎中宫梦熊名声不好，尔等云何？”大学士萧永藻，尚书富宁安、穆和伦、孙征灏奏曰：“皇上所见甚是。宫梦熊好事，非安静之人。”上曰：“宫梦熊原系进士、侍卫，因其通书，改授部员。此人行止不端，胆大执拗，事皆包揽而行，将伊留在部内必致紊乱，着即革退。部院内复有如此等人，着即参奏。”

是日，上诣镜峰问安。

是日起居注官常寿、陈邦彦。

二十五日癸巳　未时，上由西直门入神武门，进宫。

是日起居注官常寿、赵熊诏。

二十六日甲午　是日起居注官赵熊诏、阿尔赛。

二十七日乙未　早，上御中和殿，视祝版毕，回宫。

是日起居注官陈璋、阿尔赛。

二十八日丙申　是日，上诣宁寿宫问安。赐山东总兵官李树德鞍马一匹。

是日起居注官王奕清、常寿。

二十九日丁酉　上御保和殿。以岁暮宴朝正外藩诸王，左翼科尔沁和硕土谢图亲王鄂尔齐图，乌朱穆秦和硕车臣亲王塞登敦多普，蒿齐忒多罗厄尔德尼郡王阿尔噶尼斯达，科尔沁多罗郡王纳们厄尔和兔，喀喇沁多罗杜棱郡王塞棱，科尔沁多罗贝勒巴克什古尔，鄂尔多斯多罗贝勒干珠尔，土默特多罗达尔汉贝勒阿喇蒲坦，杜尔伯特固山贝子沙进，科尔沁镇国公图努满尔，克西克腾扎萨克一品台吉齐巴克扎布等；右翼敖汉多罗郡王鄂

尔斋图，翁牛特多罗杜棱郡王和硕额驸仓津，毛明安多罗贝勒班第，喀尔喀多罗贝勒宗对、多罗贝勒占亶固密，厄鲁特扎萨克多罗贝勒和硕额驸阿保，巴林固山贝子鄂齐尔桑，阿霸哈尔固山贝子厄林陈达西，苏尼特辅国公罗累，喀尔喀扎萨克辅国公策穆楚克那穆扎尔，毛明安扎萨克一品台吉诺尔布，喀尔喀扎萨克一品台吉达尔加、车林扎布、占书克、纳木林苍布等，及内大臣、侍卫、大学士等。诸乐并作，上进酒毕。令左翼科尔沁和硕土谢图亲王鄂尔斋图、右翼敖汉多罗郡王鄂尔斋图等至御座前，上亲授饮。其余贝勒、贝子、公、额驸、台吉等俱令侍卫于坐次分觞授饮。宴毕。众谢恩，上回宫。

是日起居注官常寿、阿尔赛。

臣等钦惟皇上御极之五十三年，河海晏清，岁时式序，庶司协职，寰宇同仁。覃敷文教，比户皆弦诵之声；赫濯武功，边鄙靖风尘之色。位育咸周于万物，参赞统贯于三才。穆穆渊衷，无能纪极；巍巍至德，莫可名言。乃犹圣不自圣，安益求安。征应悉启于睿谟，体要常垂于诰诫。《书》所称被四表，格上下，平章协和，时雍风动者，洵蔑有加于此矣。臣等职司珥笔，日侍起居，伏睹皇上之一言一动，无不合乎天心而昭乎圣化者。有如饬祈雨以重农桑，期便民而疏钱法。严翰林之告假，而兼议科道；试教职之文行，而并禁稗官。正德与厚生并重，安民与察吏同行。圣化也，即天心也。有如救固原之岁歉，蠲租赋而给耕牛；任宁夏之地宜，教牧养以代粒食。察天暑，而轸念囹圄之罪人；遇海风，而加恤沦亡之戍卒。遐迩同体，帱覆无私。虽萎草而雨露之必施，虽浊流而容光之必照。天心也，即圣化也。有如留漕米以预筹数省之饥，训诫心以务尽恪共之职；严科场之作弊，禁太监之妄行；拾陵树之枝而虑其有诬陷，览盗犯之疏而悯其为饥寒。皆圣人之先知而灼见，即天道之不言而化成也。有如海疆巡察，指画有分汛之定形；京口驻防，训练与修船以并重。罪因救父，原之以至性之恩，愚若土司，示之以天朝之法。类情通德，因事制宜。本天地覆载之仁，广辅相裁成之义。天道之刚柔迭运，即圣人之宽严互施也。至如训督、抚以宽恕，而体恤下僚；简学臣之贤否，而重以保举。察

刑狱而悯轻罪之羁縻，哀茕民而恤废官之妇子。驿传重私乘之禁，外藩有岁宴之恩，何莫非天道之长养吹嘘、圣人之虚心应事也哉。盖惟皇上法天行健，圣敬日跻，智周乎万物，泽及乎庶类，故能举天下而皆安，登斯民于咸若。四海沐盈宁之福，万方臻熙皞之风。猗欤休哉，何其盛欤！谨因载笔一周，拜手稽首而纪于简末云。

康熙五十四年　乙未

正　月

初一日戊戌　寅时，上以元旦节率诸王、贝勒、贝子、公等及内大臣、侍卫、大学士、都统、尚书、精奇尼哈番诣堂子行礼毕，回宫。

辰时，上率诸王、贝勒、贝子、公等，内大臣、侍卫、大学士等，诣宁寿宫行礼，文武官员于午门外随班行礼毕，回宫。

顷之，上御中和殿，内大臣、侍卫，内阁、翰林院、礼部、都察院、詹事府等衙门大臣官员，行庆贺礼。上御太和殿，诸王、贝勒、贝子、公等及文武各官，与朝正外藩诸王、贝勒、贝子、公、台吉，朝鲜等国使臣，奉表行庆贺礼毕，上回宫。

是日起居注官汤右曾、常鼐。

初二日己亥　巳时，上由神武门出西直门，诣畅春园驻跸。

是日起居注官常寿、陈璋。

初三日庚子　是日，上诣镜峰问安。

初四日辛丑

初五日壬寅

初六日癸卯

初七日甲辰　辰时，上由西直门进神武门，回宫。

申时，上由神武门出西直门，诣畅春园驻跸。

是日起居注官王奕清、阿尔赛。

初八日乙巳　是日，上诣镜峰问安。

初九日丙午

初十日丁未

十一日戊申

十二日己酉

十三日庚戌

十四日辛亥　午时，上御畅春园内九经三事，以上元节赐朝正外藩蒙古诸王，左翼乌朱穆秦和硕车陈亲王色登敦多普，蒿齐忒多罗厄尔德尼郡王阿噶尼思达，科尔沁多罗郡王诺门厄尔和图，喀尔沁多罗都楞郡王色楞，科尔沁多罗贝勒巴克什古尔，鄂尔多斯多罗贝勒甘朱尔，土默特多罗达尔汉贝勒阿喇普坦，都尔伯忒固山贝子沙津，科尔沁镇国公图努满尔，克西克腾扎萨克一品台吉齐巴克札普等；右翼敖汉多罗郡王鄂尔齐图，翁牛特多罗都楞郡王和硕额驸仓津，毛明安多罗贝勒班第，喀尔喀多罗贝勒宗对、多罗贝勒占达固米，厄鲁忒扎萨克多罗贝勒和硕额驸阿保，巴林固山贝子鄂齐尔桑，阿霸哈纳固山贝子厄林陈达什，苏尼忒辅国公罗垒，喀尔喀扎萨克辅国公车母楚克纳母占尔，毛明安扎萨克一品台吉诺尔布，喀尔喀扎萨克一品台吉达尔加、车林扎布、占书克、纳木林苍布等及内大臣、侍卫、大学士等宴，诸乐并作，上进酒。左翼乌朱穆秦和硕车陈亲王色登敦多普、右翼敖汉多罗郡王鄂尔齐图等近御座前，上亲赐饮。其余贝勒、贝子、公、额驸、台吉等，俱令侍卫于坐次分觞授饮。宴毕，众谢恩，上回宫。

是日，上诣镜峰问安。

是日起居注官常寿、阿尔赛。

十五日壬子　午时，上御畅春园内九经三事，赐朝正外藩左右两翼诸王、贝勒、贝子、公、台吉等及内大臣、侍卫、大学士等宴，诸乐并作，上进酒毕。外藩蒙古左右两翼诸王以下、台吉以上，俱令侍卫于坐次分觞授饮。宴毕，众谢恩，上回宫。

是日起居注官常寿、常鼐。

十六日癸丑　是日，上诣镜峰问安。

十七日甲寅

十八日乙卯　卯时，开印。

此后上驻跸畅春园。部院各衙门奏章，每日交内阁转送畅春园听理，面奏事件仍行面奏。

十九日丙辰 是日，上诣镜峰问安。

二十日丁巳 是日，诸王、贝勒、贝子、公等，满汉大臣，白奏事员外郎双全，以皇上每年俱亲祭天、地、祈谷坛，此番乞皇上暂停亲祭，遣官行礼。转奏，奉旨："尔等所奏知道了。朕身亲祭。"

酉时，上由西直门进神武门回宫。

是日起居注官陈璋、常鼐。

二十一日戊午 自是日起，上以祭祈谷坛斋戒三日。

是日起居注官陈璋、阿尔赛。

二十二日己未 是日起居注官王奕清、沙哈布。

二十三日庚申 早，上御太和殿视祭祈谷坛祝版毕，回宫。

是日起居注官陈璋、阿尔赛。

二十四日辛酉 早，上由午门出正阳门，诣祈谷坛亲祭毕，回宫。

午时，上由神武门出西直门，诣畅春园驻跸。

是日起居注官常寿、陈璋。

二十五日壬戌 是日，上诣镜峰问安。

二十六日癸亥

二十七日甲子 辰时，上御畅春园内澹宁居听政。时召进大学士、学士、九卿、詹事、科、道，谕曰："今日召尔等特为科场一事。科场出题关系紧要。乡会经书题目已有旨，不拘忌讳，断不可出熟习常拟之题。朕常讲《易》及《修定天文律吕算法》等书，人人皆知必以此等书拟题。尔等皆系应点考试之官，虽未派定何人，然断不可以此等书出题。表题亦不可出修书赐书等类，不然则人皆可以拟题幸进，真才何由而得？张鹏翮为主考，所出经书策论题，皆主理学，同一意义。彼虽无情弊，而所取之人多由侥幸，人殊怨之。赵申乔所取解元，系倩人代作，畏罪而逃。不但人皆不服，赵申乔亦不能自解。然彼不过观其文章耳，其中情弊何由得知？于此见出题乃大有关系。房官亦属要紧，如房官有弊，主考亦无如之何。今将一房之卷，令不同省房官二员同阅。如一人有情弊发觉，二人并坐，则各知畏惧，互相纠察矣。"

又曰："朕前日考试翰林，竟有不能诗文之人，诗中有用习、坎，等

字样者。总因朕素讲《易》，故不计切题，滥用《易经》等书。此等卷子甚多，彼皆以荒疏已久为辞。如部院司官有办理之事，尚可云荒疏。翰林分应读书，如何可云荒疏乎？朕如此诘之，彼皆无辞可对。”上又曰：“今之翰林迥不及昔之翰林，熊赐履、张玉书、张英、陈廷敬、徐乾学、徐元文、徐秉义、王士祯学问甚佳。朕尝与之讲论，故深知其所学。”大学士李光地奏曰：“伊等久侍讲筵，所以其学日进。”上曰：“内廷行走及武英殿修书之翰林，亦比在外翰林迥乎不同，诗文皆大方，总因每日纂修校对之故。昨所取第一之储在文，笔下甚好。”

顾李光地曰：“储在文与方苞孰优？”李光地奏曰：“储在文、方苞俱留心经学。至于八股，储在文似更稳妥。”上曰：“储在文诚优于方苞。”

上又问左都御史揆叙曰：“所革二十四人中，亦有可惜之人否？”揆叙奏曰：“庄令舆去岁曾在前列，今岁诗文皆不堪。”上曰：“伊去岁文字，定系适遇拟题抄写耳。”李光地、王掞奏曰：“昨臣等公同看卷，皇上亲定优劣，允为至当。”上曰：“部院衙门司官，凡进士、举人出身者，皆系例应分校之人。若学问不堪，不识文字，何以衡文取士？伊等亦宜考试，或有非进士、举人出身情愿考试者，亦着考试。再，五经中式甚属无益，十七八岁之幼稚皆能之。不过写字快，以多为能，非其所学真优也。至于表、判，诸士子皆是平日读熟现成文字，进场之后一惟抄写，并不用做。此或易之以诗，可乎？这数事尔等公同议之。”李光地奏曰：“性理出题，臣等议宜于五十六年举行。”上曰：“然，应候五十六年。凡事临期条陈纷更必有缘故。”又曰：“头场文字七篇亦太多，但用六篇可也。”

部院各衙门官员面奏毕，大学士温达、松柱、李光地、萧永藻、王掞，学士蔡升元、彭始抟、邹士璁、鄂齐尔、查弼纳、敦拜、渣克旦、达里瑚、勒什布以折本请旨。覆请礼部议覆科场性理题目，将头场七篇文字减去一篇，四书文二篇、经文二篇、性理文二篇一疏。上曰：“九卿、詹事、科、道会议具奏。”又覆请兵部覆川陕总督鄂海所题，凉州总兵官袁铃修理边墙，应加不随带二级一疏。上曰：“边墙果否修理，着该督查奏到日再议具奏。”

又覆请太常寺题请将所作之乐，谕翰林官载在典训一疏。上曰："此乐本系明朝所作，审定原好。但因年久，乐律舛错，声音略有不合，朕为正之，并非创造。告成之事，不可全归于朕。尔等同九卿、詹事、科、道会议具奏。"

是日起居注官常鼐、蔡珽。

二十八日乙丑　是日，上诣镜峰问安。

二十九日丙寅

三十日丁卯

二　月

初一日戊辰　辰时，上御畅春园内澹宁居听政。部院各衙门官员面奏毕，大学士温达、松柱、李光地、萧永藻、王掞，学士蔡升元、彭始抟、邹士璁、鄂齐尔、查弼纳、敦拜、渣克旦、达里瑚、勒什布以折本请旨。覆请户部所奏各省协理盐课数目，俟该抚查奏之日再议一疏。上曰："事着依议。各省解京钱粮、盐课、关税数目，随到随奏，已曾有旨。而解部之银未见奏闻一次，着问户部堂官。"

又覆请吏部尚书张鹏翮等审奏江宁巡抚张伯行捏造无影之事，屡次以有海贼诳奏，其情可恶，将张伯行暂行革职看守审问一疏。上曰："朕看张伯行尚未心服，伊操守虽清，总因不能办事，衙门案件堆积，连年未结，以致拖累多人，经时羁候，不得归田耕种，民皆怨之。纵不爱钱，于地方何益？今怀挟私仇，妄称海洋有贼，自盛京至直隶之天津，山东之登莱，江南之京口，浙江之宁波、定海，以及福建、广东沿海之地。总督、巡抚、将军、提督、总兵官现各镇守，并无一人以有贼报闻，岂皆受张元隆之贿，隐蔽而不发乎？盛京将军系满洲，浙闽总督范时崇，忠节之后，是皆世受国恩，断不负朕。朕亦不信有贼之言，岂张元隆之力能得之于朕乎？今海上已无大伙贼盗，至小偷何地无之？即辇毂之下，亦不能尽除。大盗如郑尽心、陈尚义等，皆次第擒获。果有此等大盗，当此之时，擒获

何难？张伯行始奏有贼首四十余人，继奏又有一百余人，至今并无踪迹。虽与噶礼有仇，死后亦当释然，更何疑何惧而为此情状？又甚至具折密奏，谓朕出入亦当小心，又极可笑。张伯行向曾奏称，臣无以图报，惟期风移俗易，家给人足。乃抚吴几载，风俗未见移易。近闻苏州百姓生意渐至消耗，米价初只七钱，今长至一两六七钱，民食维艰，所云家给人足者何在？巡抚乃封疆大吏，当诚心为朝廷效力，俾地方有益，不当无其实而出大言，以欺世盗名。汤斌为江宁巡抚时，所出告示内云，爱民有心，救民无术。此岂大臣所宜言？熊赐履居翰林时，曾上万言书，人皆称其切当，及荐历政府，其书中所陈，能见诸施行者有几？朕自幼好学，听政年久，从未敢以夸诞之词轻出诸口，正为此也。今但令伊身入海，直抵贼巢查拿，纵不能尽行拿获，而拿获真赃真盗，有名贼首，亦可以为证据。事君之道，不欺为本。若不能获贼，则所言皆虚。欺妄之处显露，伊亦无词以对矣。张伯行着暂停革职看守质审，务以查拿贼盗详审具奏。”

又曰：“总漕所管皆穷苦运丁，事最冗杂。郎廷极为总漕，尽心抚恤，人皆感悦。年年漕船抵通独早，粮米并无亏欠，回空船只亦不致冻阻。由其实心办事，一切区处得宜也。昔桑格任内尚因粮船迟误，不能免于议处。以前总漕总未有能及之者。昨闻病故，甚为轸恤。云南巡抚之缺虽属紧要，漕运关系尤为重大，着施世纶升补。但彼性气不好，有偏僻处，朕当诫谕之。”

又覆请广西提督张朝午题参新太营参将王启云，擅自领兵与徭人交战一疏。上曰：“参将不惟无罪，以朕视之，还似有功。徭人掳掠村庄，围绕州署，知州叩头求之不解。参将有防守地方之责，若以起衅是惧，设使执缚有司、劫夺仓库，亦坐视不救，可乎？徭人生性凶顽，不可任其恣行。昔年陕西番子过边界来，领兵之官理谕不听，竟领标兵五百人深入番地，杀伤甚多，部议照例拟罪，朕从宽降级留任。今参将情事略同，此后议处，亦只降级罚俸而已。这票拟太重，着另票拟呈。”

随召九卿大臣入，上问曰：“考场事所议如何？”户部尚书赵申乔奏曰：“尚未议定。”上顾大学士等曰：“文章贵乎有用，三场策内作颂圣一段，俱系故套虚文，于实事无益，此后应行停止。至判语，尤无用，尔

等会同一并定议具奏。”大学士李光地奏曰：“圣上所见甚是。”

上又问九卿曰：“布政、按察内，有居官好者乎？”赵申乔奏曰：“臣前荐举王朝恩、甘国璧好。”上曰：“王朝恩已升否？”赵申乔奏曰：“尚未升，甘国璧由安徽按察使蒙恩升授山东布政使。”上曰：“甘国璧之兄甘国瑾，朕西巡时为河南按察使，居官甚好，惜已亡故。”

又曰：“于成龙操守且不必论，其办事之才，汉军内诚无有及之者。朕北征时，于成龙总理粮饷，凡事调度得宜，不惮劳苦，真为国出力。今汉军内还有如此人否？”兵部尚书公孙征灏奏曰：“如于成龙之才之人，今不易得。”上曰：“广东巡抚杨琳，前任福建提督时，才守俱优，军民悦服。”李光地奏曰：“杨琳好看书，通鉴记得甚熟。”上曰：“伊奏折俱系自撰自书。”大学士萧永藻奏曰：“杨琳任福建时声名甚好，皇上圣明，特简授广东巡抚，汉军内此人可继于成龙。”上曰：“总督赫寿居官如何？”大学士王掞奏曰：“赫寿居官好，人亦和平。”

上又曰：“江南督、抚和乎？”王掞奏曰：“观其奏章，两人之意不甚相合。”刑部尚书张廷枢奏曰：“似张伯行之为人，相合者诚少。”

上曰：“巡抚刘荫枢年逾八旬，强健异常，尚能骑射。”李光地奏曰：“伊监临考场，将乡试题立成数艺，精力实是过人。”上曰：“伊是西人，全无粗暴之气，体恤下情，贵州文武属员无不感悦。此又其好处。郎廷极为总漕时，不事苛刻，弁丁亦皆感悦。昔年王梁曾居此职，生性躁急，粮船过淮，亲自上船搜检，有夹带之物，举沈之于水，以此运丁人人怨嗟，此非刻薄之过乎？遇事须要宽严相济，否则宁过于宽，未为失也。”

上又问赵申乔曰：“尔曾往广东，赵弘灿、满丕二人居官如何？”赵申乔奏曰：“赵弘灿为人小心，办事谨慎，亦能写字，曾赠臣一扇，字尚可观。”上曰：“然。伊奏折亦系自撰自书。”又问曰：“尔前荐举甘国璧好，何以知之？”赵申乔奏曰：“臣为浙江巡抚时，甘国璧为宁波知府，承审案件甚明，问以事务，对答确实。此臣向来知之。今升山东布政使，未有所闻也。”上谓大学士等曰：“甘国璧着升补云南巡抚。”

是日，上诣镜峰问安。

是日起居注官常寿、吴廷桢。

初二日己巳

初三日庚午　辰时，上御畅春园内澹宁居听政。部院各衙门官员面奏毕，大学士温达、松柱、李光地、萧永藻、王掞，学士蔡升元、彭始抟、邹士璁、鄂齐尔、查弼纳、敦拜、渣克旦、达里瑚、勒什布以折本请旨。覆请总漕郎廷极遗本一疏。上曰："郎廷极甚为效力，票签从优拟进。"

是日起居注官蒋廷锡、沙哈布。

初四日辛未　巳时，上诣镜峰问安。

自畅春园起行，巡视霸州等处，驻跸篱笆房。是日，直隶巡抚赵弘燮，良乡县防守御胡什八等、知县彭其位、拱极城游击李现光等，房山县知县王开运等来朝。

初五日壬申　上驻跸长店。是日，涿州营参将王弘极等、知州顾钦等来朝。

初六日癸酉　上驻跸方关。是日，保定府知府张安世、新城县知县李之秀、守备李熙明等来朝。

初七日甲戌　上驻跸方关。

初八日乙亥　上驻跸王乡湾。是日，紫牙河分司黄秉忠、容城县知县于时选等来朝。

初九日丙子　上登舟，泊赵北口。是日，天津道朱刚、雄县防守御噶尔太等、河间府知府刘之颖、雄县知县胡世昌等来朝。

初十日丁丑　御舟泊赵北口。是日，赐直隶巡抚赵弘燮、江南提督穆廷栻、福建提督杜呈泗《周易本义》各一部。

十一日戊寅　御舟泊赵北口。是日，赐国舅佟国维《周易本义》、《御选唐诗》各一部，直隶守道李维钧《周易本义》、《御选唐诗》各一部，真定府副将胡琨《御选唐诗》一部，赐护军校、护军、执事人员等羊。

十二日己卯　御舟泊郭里口。

十三日庚辰　御舟泊郭里口。是日，赐直隶巡抚赵弘燮御制诗字，江南提督穆廷栻诗匾，福建提督杜呈泗诗。

申时，奏事员外郎双全等捧出皇上手书，下直隶巡抚赵弘燮谕旨，示众大臣官员等，谕曰："谕直隶巡抚赵弘燮。朕常读无逸，留心稼穑久矣。

去岁腊前瑞雪盈尺，时届易节，细雨连绵，舆情怡悦，早得布种矣。所虑者起长太盛，收获之际，恐有二疸之虞。尔等遍示民间，时值耘锄，即令苗稀疏，预防风霾。朕以民生为念，劝农为本，已有所知，不得不示。特谕。”

十四日辛巳　御舟泊郭里口。是日，赐直隶巡抚赵弘燮御制文集一部，守道李维钧、巡道李成龙、霸昌道祁国祚《朱子全书》各一部。又赐李维钧、李成龙御书匾额，霸昌道祁国祚等、真定府副将胡琨等御书字幅。

十五日壬午　御舟泊段村。是日，赐延庆州知州宋永清等御书字幅。又赐护军校、护军等野凫。

十六日癸未　御舟泊段村。

十七日甲申　御舟泊圈头。是日，赐护军校、护军及执事人员等野凫。

十八日乙酉　御舟泊赵北口。

十九日丙戌　御舟泊张青口。

二十日丁亥　御舟泊保定县。是日，文安营游击韩德、知县程圣武，保定县知县裘乔等来朝。

二十一日戊子　御舟泊辛张。是日，霸州防守御阿达哈等、知州王之琦等、游击杨琳等来朝。

二十二日己丑　上自楚河港登岸，驻跸响口村。

是日，奏事员外郎双全等捧出皇上手书，谕直隶巡抚赵弘燮，谕旨示众大臣官员等，谕曰：“谕直隶巡抚赵弘燮，朕每年春间行幸水淀，近见民生虽不能家给人足，比之往时，亦谓粗可。但村庄之中诵读尚少，况移风易俗莫过读书，非此无可上进。朕思畿辅之地，乃王化所先，宜当穷乡僻壤皆立义学，觅人教书，亦勉励孝弟，可望成人矣。尔即遍示村庄，皆知朕崇文好学之深意。特谕。”

是日，赐巡抚赵弘燮、提督穆廷栻、杜呈泗，及地方大、小文武官员等哈密瓜、松子、榛子、蜜饯、山里红。是日，东安县防守御腮柱等、知县杜英等、掌印都司杨清等来朝。

二十三日庚寅　上驻跸马房。是日，武清县知县裘严生等、游击田见龙等来朝。

二十四日辛卯　辰时，上自马房至河西务，阅新挑河堤岸所筑拦水

坝、挑水坝、鸡嘴坝，谓监修通州两岸工部郎中牛钮曰：“修筑甚坚固，不必言，今可无虞。但堤岸略低。”牛钮将应修筑诸处及两岸堤所立标竿一一指奏。上曰：“所立标竿甚好，即依此修筑，其坍塌处照旧修理。”

上又指新挑河内应筑挑水坝三处。阅毕，上驻跸杨坊。

是日，务关营参将冯廷辅等、香河县知县俞宗膺等来朝。

二十五日壬辰　上驻跸郜哥庄。

二十六日癸巳　上驻跸南苑南红门内。申时，上御行宫，召满汉大学士、学士、九卿、大臣等入。上曰：“江南提督穆廷栻此番随来，看其人平常，每事问之，其所回奏俱无头绪，不过在海洋走一二次，并未曾遇贼冲锋，且其年已六十九岁。因江南地方甚属紧要，先曾简任师懿德。如此要地，穆廷栻不能胜任，必至于贻误地方。在福建犹可，彼处有总督，又有提督并总兵官。福建提督杜呈泗着调江南提督，穆廷栻着调福建提督。”

上又曰：“原任京口将军马三奇之事甚属冤枉，朕将伊逐款交新任将军密访，并无其事。此特与周起渭不合，串同张伯行陷害。李光地、萧永藻俱已奏过。且牟钦元之事，亦属冤枉。”问尚书赵申乔曰：“牟钦元之事冤否？”赵申乔奏曰：“臣居隔远，不能悉知其故。”

上又问诸大臣曰：“今年会试题目何如？”大学士李光地奏曰：“今年题目俱遵旨出的。”上曰：“题目好，策题甚难。所问新、旧唐书，欧阳修五代史，人不能预拟，即今尔大臣内尚有不知新、旧唐书者。”又问曰：“每房派同考官二员有益否？”大学士李光地奏曰：“增一人同阅，甚为有益。”九卿出。

大学士温达、松柱、李光地、萧永藻、王掞，学士邹士璁、鄂齐尔、查弼纳、渣克旦、勒什布等以折本请旨。覆请九卿遵旨此后乡、会考试出性理题目，自五十六年起一疏。上曰：“此内尚有未妥处，系下科之事，暂将本收贮，俟回銮后详定。”

又覆请宗人府所题，镶蓝旗坦巴佐领下鸟枪护军索浑岱叩阍，控告护军统领查尔图庇护四十六弟兄，放护军校时不许伊进去。又谓伊曾有逃走处，执而殴之，革退护军，向王谎启，将四十六放护军校一案。查尔图遣护军参领艾欣赴部，查索浑岱逃走是实，因启王将四十六放护军

校，应将查尔图无庸议一疏。上曰："此事所议甚属糊涂，总交与都察院议。"

又覆请吏部覆户部尚书赵申乔所奏，各关差自康熙四十六年至今应考核者未曾考核，应参追者未曾参追，理行检举。今行查户部俱在赦前，事久已题结，此案内所干连之堂、司官员，俱无庸议一疏。上曰："此等关差钱粮，俱经陆续考核具奏，事已完结。赵申乔若有不心服之处，听伊另行具奏。"

又覆请户部所题施世纶奏销五十三年所铸之钱与收贮铜斤，及施世纶员缺，照例以右侍郎廖腾煃管钱法堂事一疏。上曰："侍郎官小，着尚书赵申乔管理。"

又覆请户部覆奉天府府尹郝林条奏，奉天、锦州二府所属民间男女禁止卖鬻，及田土不许互占，议准行一疏。上曰："盛京地方习俗甚坏，旗民杂处，以至满洲不能说满话，一切混乱，盗贼人命之案又繁。何以使如他省驻防之兵将旗民分处，回銮后尔等会同九卿议奏。"

又覆请礼部覆湖广学院薄有德题请，于钟祥县立学署，岳州府所属地方距府既远，又隔洞庭湖，请将生童在澧州考试，议准行；请将荆州等府苗、傜人等，于额外取进一二人，议不准行一疏。上曰："苗、傜于额外取进一二人，其事甚为有益，亦着准行。"

又覆诸兵部所题，宁古塔将军孟俄洛员缺，以镶黄旗副都统寿志等职名开列一疏。上曰："宁古塔地方甚属紧要，朕思其人，猝不可得。俟回銮日启奏。"

又覆请台湾总兵官姚唐三年已满，照例以浙闽两省总兵官许凤等职名开列一疏。上曰："陈瑸已升，姚唐且不可动，着再留三年。"

又覆请兵部所题汇题案内总兵官升任副都统金弘振有海贼八案，议罚俸八年一疏。上曰："此汇题内有海贼八案，广东省海贼何至如许之多？着查明具奏。"

又覆请总兵官王凤以年老乞休，议准行。又疏称，臣虽原籍河南，实系江南苏州府崇明县生长，求仍入苏　州府崇明县籍，议不准行一疏。上曰："王凤着照伊所请，准入崇明县　籍。"

又覆请兵部所题采育防守御常寿题参防御忒木儿狂妄，不能管人，以防御萨哈连为证，继又将萨哈连以玩法补参到部。议得防守御常寿，先以萨哈连为证，因所供不遂其意，又将萨哈连续参，殊属不合，应将常寿照例罚俸一年。防御忒木儿不俟部议，擅离汛地，赴部控告，亦属不合，应将忒木儿罚俸六个月，余无庸议一疏。上曰：“此事所议颠倒。如此则防守御何以管人？采育离此不远，兵部侍郎觉和托现到，着往详审具奏。”

又覆请刑部等衙门所题将私铸为首之王秃子等拟立斩，为从啜良等拟立绞一疏。上曰：“王秃子等俱着改为秋后。”

又覆请刑部所题汇题案内顺承郡王所送四格佐领下色克图行止悖乱，不可留在京师，应将色克图发往打牲乌喇一疏。上曰：“为此事，现有人控告顺承郡王，本着留内阁，俟控告之事议奏时再行启奏。”

又覆请刑部覆湖广巡抚刘殿衡所题，将打死亲兄王天顺之王四儿照律拟斩，准照所拟。王天顺之父、王天顺之妻俱呈称，求将王四儿留养之处，无庸议一疏。上曰：“王四儿之父及死者之妻俱求留养，着九卿、詹事、科、道会议具奏。”

又覆请刑部所题傅良璧之母叩阍，称伊系寡妇，止有一子，因在科场内胡行，已问绞罪，求皇上宽免，留养寡妇，无庸议一疏。上曰：“傅良璧部议原未定死罪，朕以其扰乱科场可恶发回，方议死罪。今伊母叩阍，求宽免死，着枷号三个月，鞭一百，在苦差处行走。”

又覆请工部覆盛京工部所题，请给吕顺地方新设水师营兵五百名演炮火药，又战船内预备火药，准照所请给发一疏。上曰：“明朝时曾禁止外藩制造火药。蒙古地方俱出焰硝、硫磺、黑铅，彼处火药较此处火药力量更大。此等火药所需无多，着贝和诺与彼处部、堂司官公同捐造给与。嗣后以此为例。”

又覆请钦天监奏请黄历内于现在甲子一周之外，再增甲子一周一疏。上曰：“其来旧矣。增出殊属纷扰，断不可行。将本发还。”

又覆请广西巡抚陈元龙奏报，土司头目农儿咸等将万承州围住劫夺，与官相抗，参将王起云战败一疏。上曰：“傜人先经战败，其后合力复来，

王起云力战身亡，此处于陈元龙奏折知之。该部议奏。今彼处武官缺空，无管兵之人，必至惊惶。交兵部将在京应放之官，速行具题补授，驰驿前往。”

又覆请广西提督张朝午题请伊后营游击解登榜升任江南、安徽巡抚右营游击，乞以升衔留任一疏。上曰：“着照所题留任。”

是日，采育防守御常寿等、守备杨洪等来朝。

二十七日甲午 上驻跸新衙门。是日，赐直隶巡抚赵弘燮，提督杜呈泗、穆廷栻，及地方文武大、小官员等免。

二十八日乙未 未时，上至畅春园，诣镜峰问安，驻跸畅春园。

是行也，各部院奏章日送内阁，内阁三日一次递送行宫听理。

上随报请皇太后安七次。

扈从起居注官揆叙、常鼐、阿尔赛。

二十九日丙申 是日，赐朝鲜王李焞所差为冬至正朝万寿节及年贡恭进礼物正使晋平君李泽、副使礼曹、判书权愭等鞍马、貂皮、银币有差。

是日起居注官王奕清、常寿。

三　月

初一日丁酉

初二日戊戌 是日，上诣镜峰问安。

初三日己亥

初四日庚子 辰时，上御畅春园内澹宁居听政。部院各衙门官员面奏毕，大学士温达、松柱、李光地、萧永藻、王掞，学士蔡升元、王之枢、彭始抟、邹士璁、鄂齐尔、查弼纳、敦拜、渣克旦、达里瑚、勒什布以折本请旨。覆请吏部所题江西学道冀霖、福建学道张为经，该督、抚以平常具题前来，应照例以佥事道用一疏。上曰：“此等平常学道，原有发往河工效力之例，着查奏。冀琳、张为经为学道何如之处，亦着问九卿。如平常，亦应发往河工效力。”

又覆请户部所题更换宝泉局监督一疏。上曰：“钱法之事，系赵申乔

管理。宝泉局监督应举之人，着赵申乔选择具奏。”

又覆请户部覆福建巡抚觉罗满保所题，福建省动用库银至江西、湖广买米，由海运至福建，路由江南，江苏巡抚不肯放行，求谕该部行文江苏巡抚，令海口防守官员验看放行，议准行一疏。上曰：“福建巡抚满保差官往江西、湖广买米，由海运至福建平粜，最有益地方之事，不应拦阻。倘张伯行为福建巡抚，买往之米满保拦阻，伊心服乎？”大学士李光地奏曰：“天下之民皆皇上赤子，不可有彼此之分。此米运至福建平粜，于地方甚为有益。张伯行拦阻，殊不是。”上曰：“张鹏翮现在江南，这米船着张鹏翮亲诣阅看，作速放过海口。”

又覆请兵部所题补授宁古塔将军孟俄洛员缺一疏。上曰：“宁古塔、乌喇地方最为紧要，应选择甚优之人补授。护军统领穆森，人甚优，堪任此职。”顾萧永藻曰：“穆森系尔同旗，尔必知之。”萧永藻奏曰：“穆森为人老成。”大学士温达奏曰：“穆森为长史时，中路出兵，臣曾同在一营，甚有才能，足当大任。”上曰：“宁古塔将军之事，着穆森前往署理。”

又覆请兵部覆广西提督张朝午所题，广西副将等员缺，速请补授赴任。应将未补之缺，以应升之员题补，俱着驰驿速遣赴任一疏。上曰：“广西现在有事，这应补员缺，着应升之人，与年满千总等，一并引见。朕阅过，将伊等补授之后，速遣驰驿赴任。广西地方紧要，多选旗员遣往预备，遇缺即补，不致久悬员缺，于地方甚为有益。”

又覆请刑部等衙门所题大盗管凤生等应照律即行正法一疏。上曰：“此案正法之人甚多，尔等详察此内造谋为首伤人者，将几人正法足矣。其余照例免死，发往黑龙江。”

上顾大学士等曰：“赵弘燮简任巡抚十年有余，勤慎尽职，实心办事，旗民交睦，生业渐阜，文武官员鼓励效用，故盗案稀少。畿辅地官最为紧要，欲授伊他省总督，朕不忍舍。赵弘燮着加总督职衔，仍管理巡抚事务。着书上传谕之。”

上又问大学士等曰：“现在有布政司员缺否？”大学士李光地奏曰：“山东布政司员缺，尚未补授。”上曰：“直隶巡道李成龙居官好，操守

清廉，着补授山东布政司。其引见布政司官员，仍照常引见。”

是日起居注官王奕清、常寿。

初五日辛丑 是日，上诣镜峰问安。

初六日壬寅

初七日癸卯

初八日甲辰 是日，上诣镜峰问安。

初九日乙巳 辰时，上由畅春园启行，驻跸汤泉。

初十日丙午

十一日丁未 巳时，上自汤泉回銮，诣镜峰问安。驻跸畅春园。

十二日戊申

十三日己酉

十四日庚戌

十五日辛亥 上诣镜峰问安。

十六日壬子

十七日癸丑

十八日甲寅 是日，以万寿圣节，诸王、贝勒、贝子、公、文武大臣官员，至畅春园行庆贺礼。上诣镜峰行礼。

是日起居注官阿克敦、陈璋。

十九日乙卯

二十日丙辰 是日，上诣镜峰问安。

二十一日丁巳

二十二日戊午 辰时，上御畅春园内澹宁居听政。部院各衙门官员面奏毕，大学士温达、松柱、李光地、萧永藻、王掞，学士蔡升元、王之枢、彭始抟、邹士璁、鄂齐尔、查弼纳、敦拜、渣克旦、达里瑚、勒什布以折本请旨。覆请吏部所题以监利等县河堤冲决情由，将总督额伦特等，照黄河例各降三级留任一疏。上曰：“江堤与黄河堤不同，黄河之流无定，时有移徙，故特放河员看守。堤岸江水从不移徙，止交与地方官看守。偶有泛溢，亦非人力所能保护。此事该部引看守黄河堤岸之例，将地方官议罪，误矣。本发还，着详察再议具奏。”

大学士松柱等奏曰："臣等遵旨以学道冀霖、张为经居官如何之处问九卿。九卿云，伊等居官俱平常。"并以原疏覆请。上顾大学士等曰："此二人声名不好，尔等知否？"大学士李光地奏曰："福建学道张为经居官平常，江西学道冀霖臣不知。"大学士萧永藻奏曰："张为经曾任兵部郎中，此人平常。"上曰："冀霖、张为经为学道时，声名甚劣，一发往永定河工，一发往通州河工效力行走。"

是日起居注官阿克敦、陈璋。

二十三日己未

二十四日庚申

二十五日辛酉　是日，上诣镜峰问安。

二十六日壬戌

二十七日癸亥　辰时，上御畅春园内澹宁居听政。时江南提督杜呈泗、福建提督穆廷栻赴任恭请训旨。上曰："尔等俱镇守紧要地方，加意和辑兵民，慎勿懈怠。"

既而广东总兵官陆臣扬近前请安。上问曰："有一年尔船遭风，所伤几人？"总兵官陆臣扬奏曰："是日风势甚暴，幸而船飘至浅处，兵丁无伤。惟船上人贪取物件，以致淹死几人。"上又曰："盐为民生所系，今闻私盐充斥，盐商不敢拦阻，地方官又不行捕缉。尔到任后，此事务要留心，毋得懈怠。"

部院各衙门官员面奏毕，大学士松柱、萧永藻、李光地、王掞，学士蔡升元、王之枢、彭始抟、邹士璁、鄂齐尔、查弼纳、敦拜、渣克旦、达里瑚、勒什布以折本请旨。覆请吏部覆湖广总督额伦特所题江夏县知县员缺，以通山县知县金廷襄调补。查此缺非调补之缺，应无庸议。定例凡不应调补之缺具题调补者，将该督、抚照徇庇例各降三级调用。据此应将总督额伦特等各降三级调用一疏。上曰："金廷襄着照该督等所请，调补江夏县知县。额伦特、刘殿衡俱从宽，免降级调用。"

又覆请吏部所题汇题案内礼部郎中张如绪父张世思年已百岁，呈请终养，议准行一疏。上曰："依议。张如绪未起程之前，着来奏闻。"

又覆请户部覆盛京将军唐保柱所题盛京近海锦州等处之米，运至直

隶、山东发卖，盛京无船，应将直隶、山东船只拨运，准照所奏一疏。上曰：“将军唐保柱请以所卖之米，将直隶、山东船只拨运发卖，所奏已非。部议依唐保柱所奏亦非。将此米留于本处，限定数目，往来客商有情愿买者卖之，即可完矣。本发回，着再议具奏。”

又覆请都察院所题御史内升外转一疏。上曰：“着问都察院堂官具奏。”

是日起居注官沙哈布、吴廷桢。

二十八日甲子

二十九日乙丑　卯时，上御畅春园内澹宁居。大学士、学士、九卿、詹事、科、道遵旨为日食月食入奏曰：“臣等恭惟现在内外诸事，皆自圣衷裁断，稍有不合之处，即令改正。所以小大之事，无不厘然就理。良法美意，皆可为万世法，实无应改应行之事。但臣等不能奉行，务期勉副至意。”

上曰：“朕有所见数事，宜谕尔等。天下承平久矣。自昔太平日久，必生事端。今内而各部、院大臣，外而各省督、抚、提镇，渐耽逸豫，事务稍涉疏略。治益求治，安益求安。制治于未乱，保邦于未危，朕之素志也。尔等当各体朕慎终如始之意，共襄有终之美。至于一切颂扬之文，俱属无益。朕见近来颂圣之语殊多，表策内亦以此等语铺张凑数，悉应停止。凡事皆宜务实，何必崇尚虚文？即如尔等师生之间，一发议论，即互相推赞，书札来往，亦大都奖誉过情，此甚无谓也。”大学士李光地奏曰：“表策中颂扬之文诚无实际，但是相沿旧例。”上曰：“虽系旧例，然颂扬亦不必太过也。”

又曰：“尔等皆读书之人。注书一事，所系匪轻。必深识古人之意，得其精要，乃可注书。若学力未到，妄自注辑，则意义反晦矣。朱子所著诸书，其义甚明。迄今五百余年，人无訾议。自后人注解繁冗，竟同于释氏之机锋。朕每见近今人所注书，细探其旨，大约皆私意为人。如张伯行所作，有一部书全为汤斌一人。其他书亦有为明时数人者，皆伊同乡人也。张伯行居官虽清，其注书亦未允当。彼为大臣，人观其所注之书，易为所惑。”因顾李光地曰：“朕不尝语汝乎，凡事皆宜得中。中之一字，真大难也。”上又曰：“《近思录》乃朱子之书，义甚明晰，何必

更注？且朱子亦言其中尚有数处未安，可见著书诚非易事。”李光地奏曰：“皇上所见甚明。旧《性理》书，不无烦杂之处。”大学士王掞奏曰：“《性理》一书，无容注解，圣谕诚然。”尚书张廷枢奏曰：“凡书注释愈多，其义愈晦。”上曰：“朕所谕数者，俱于世道人心大有关系。尔等可公同议奏。”

是日起居注官蔡珽、阿尔赛。

四　月

初一日丙寅　是日，上诣镜峰问安。

初二日丁卯　是日，试天下贡士李锦等一百九十人于太和殿前。

是日起居注官蔡珽、阿尔赛。

初三日戊辰　是日，上诣镜峰问安。

初四日己巳　未时，上由西直门进神武门回宫。

酉时，上御乾清宫，派出读卷官大学士松柱等，以殿试李锦等一百九十卷择十卷呈览。上一一阅毕，曰：“尔等所定俱当。其余有不堪卷子否？”王掞奏曰：“有错规矩者四卷。”上曰：“这四人，着再一次考。”又问户部尚书赵申乔曰：“同考官一房着两人如何？”赵申乔奏曰：“甚好。”吏部侍郎汤右曾奏曰：“一房两人，则互相监察。除闱中之弊，莫要于此。并外边不中式者，无不感戴圣恩，欢欣称颂。”

是日起居注官常鼐、张廷玉。

初五日庚午　早，上御太和殿，赐贡士徐陶璋、缪曰藻、傅王露第一甲进士及第，李文锐等四十人第二甲进士出身，裘琏等一百四十七人第三甲同进士出身。传胪毕，回宫。

辰时，上御乾清门听政。部院各衙门官员面奏毕，大学士松柱、李光地、萧永藻、王掞，学士蔡升元、王之枢、彭始抟、邹士璁、鄂齐尔、查弼纳、敦拜、渣克旦、达里瑚、勒什布以折本请旨。覆请刑部等衙门覆广东巡抚满丕所题廉州属劫夺陈行仁等家，将邻家黄亚三等杀死之强盗唐

玠、凌二别等，应照律即行正法，准如所拟一疏。上曰："尔等详看，将其中有造意为首、放火伤人者正法可也。"

又覆请理藩院所题，察哈尔地方盗马为首阿毕达等，即行处斩，枭首示众。为从天才等，俱鞭一百，妻子一并解京入官。总管、副总管等，纵所属人妄行偷盗，甚属怠忽，有玷官箴，除傅尔丹新放总管无庸议外，将赛音七克等俱革职一疏。上曰："依议。塞音七克等俱着革职留任，效力三年。阿毕达从宽免死，妻子、家产免其入官，着来京披甲行走。"

又覆请总督管直隶巡抚事务赵弘燮所题，修密云县城，收进二十丈，可节省挑河筑堤银两。所费钱粮，有长芦盐商每年给臣二万两，臣不收，已经九年。请将此内取十三万余两为修城之用。此工先动库银修理，分派众商人五年偿还一疏。上曰："狱中罪人内有情愿以万金赎罪者，不过数人，即可完此工程矣。着议奏。"

又覆请浙闽总督范时崇所题请将台州副将达先留任守制一疏。上曰："达先着留任守制。"

大学士松柱等以内升外转事问都察院左都御史揆叙等，举出樊绍祚等。折子呈览，并以原疏覆请。上曰："都察院衙门举出御史人员，着交与伊等堂官引见。"

巳时，上由神武门出西直门，至畅春园驻跸。

是日起居注官常寿、赵熊诏。

初六日辛未

初七日壬申　是日，上诣镜峰问安。

初八日癸酉

初九日甲戌

初十日乙亥　辰时，上御畅春园内澹宁居听政。部院各衙门官员面奏毕，大学士松柱、李光地、萧永藻、王掞，学士蔡升元、王之枢、彭始抟、邹士璁、鄂齐尔、查弼纳、敦拜、渣克旦、达里瑚、勒什布以折本请旨。覆请吏部所题补授经历等官一疏。上曰："朕顷者为补授此等微员又有谕旨，将伊等着交与九卿再看。"

又覆请都察院所题镶蓝旗坦巴佐领下鸟枪护军索浑岱叩阍，控告护军

统领宗室查尔图一案。审得护军统领查尔图，并未查明索浑岱之逃案，放护军校时即除其名，又行痛打，革退护军。兵部并未审理，妄称索浑岱已经部审，将四十六补授护军校，甚属溺职。应将查尔图革去护军统领一疏。上曰："这事情着都察院、宗人府会同再议具奏。"

是日起居注官蒋廷锡、阿克敦。

十一日丙子

十二日丁丑

十三日戊寅　是日，上诣镜峰问安。

十四日己卯

十五日庚辰　辰时，上御畅春园内澹宁居听政。部院各衙门官员面奏毕，大学士松柱、李光地、萧永藻、王掞，学士蔡升元、王之枢、彭始抟、邹士璁、查弼纳、敦拜、渣克旦、勒什布、常寿以折本请旨。覆请吏部所请补授奉天府尹一疏。上曰："盛京地方甚属紧要，必得办事优长，有才干之人方好。着问九卿具奏。"

又覆请礼部所题为漕运总督郎廷极赐恤一疏。上曰："着问九卿具奏。"

又覆请刑部等衙门覆安徽巡抚梁世勋所题，打死小功服兄李乾方之李玉，应照律即行处斩，准如所拟一疏。上曰："李乾方、李玉互相角口，李乾方将李玉父祖辱骂，复行拳殴，李玉情急持棍回打李乾方，伤处受风，至十三日殒命，李玉改为应斩监候，秋后处决。"

又覆请刑部等衙门覆安徽巡抚梁世勋所题，打死小功服婶母之王享，应照律即行处斩，准如所拟一疏。上曰："张氏与王享之母杨氏互殴，王享往劝时，张氏即打王享，王享情急回打，张氏至四日殒命，王享着改为应斩监候，秋后处决。"

是日起居注官王奕清、萨哈布。

十六日辛巳　是日，上诣镜峰问安。

十七日壬午

十八日癸未

十九日甲申　辰时，上御畅春园内澹宁居听政。部院各衙门官员面奏

毕，上召左都御史揆叙，谓曰："今日折本内有补授翰林官员事，尔与大学士等同近前来。"

大学士松柱、李光地、萧永藻、王掞，学士蔡升元、王之枢、彭始抟、邹士璁、查弼纳、敦拜、渣克旦、勒什布、常寿，同左都御史揆叙，以折本近前请旨。覆请吏部所题补授詹事府庶子李绂、中允陈恂，翰林院侍读陈邦彦、侍讲蒋肇员缺一疏。上曰："此所开列翰林官，皆系论俸拟出，并未著有勤劳。如张廷玉、赵熊诏在内效力，学问俱优；魏廷珍等在内对书，自昼及夜，勤劳尤著，理宜先升。凡在内廷效力诸员，有应先升者，尔等可会同详议具奏。"

又覆请兵部覆云贵总督郭瑮所题提标中军守备员缺，请以湖广镇筸总兵官标下右营千总冯杰补授等因。查得冯杰系年满已奉特旨拣选补授巡捕后营守备，应将该督所请之处无庸议，仍行文该督，另行拣选题补一疏。上曰："京城有年满千总，着来引见。"

又覆请工部所题乌拉打珠人今年所得珍珠甚少，皆系总管穆克登、总尉罗禅等，平素不行严禁所致。将穆克登等各降一级，罚俸一年一疏。上曰："这所议太轻。本发还，再议具奏。"

大学士松柱等以奉天府尹员缺，九卿举出光禄寺少卿朱轼等六人，折子呈览，并以原疏覆请。上问："何人之名首列？"大学士王掞奏曰："朱轼之名在前。此人操守好。"上曰："朱轼着补授。"

大学士松柱等以散馆王敬铭等四十八人试卷分为等次，缮折呈览。上曰："今岁教习庶吉士较往年甚优。"大学士松柱奏曰："这一次庶吉士止教得一年，个个俱佳。"上曰："此内唐建中所做诗文在三等，翻译之书亦在三等，着革退。"又以新选庶吉士陈仪等四十五人试卷等次，缮折呈览。上谓左都御史揆叙曰："此内有甚不堪者乎？"揆叙奏曰："甚不堪者有二卷，魏协、韩从王文甚劣，又不做诗。会元李锦因错规矩，多写数句，所以列后，诗文还好。"上曰："魏协、韩从王着革退。李锦着留馆。"上又曰："礼部所题教习进士已满三年，尔等公同监试。有优者，照记名千总例，以月官内革退之缺即用。其余令回籍候缺。"

是日起居注官陈璋、阿尔赛。

二十日乙酉　是日，上诣镜峰问安。

二十一日丙戌

二十二日丁亥

二十三日戊子

二十四日己丑　辰时，上御畅春园内澹宁居听政。部院各衙门官员面奏毕，大学士松柱、李光地、萧永藻、王掞，学士蔡升元、王之枢、彭始抟、邹士璁、查弼纳、敦拜、渣克旦、勒什布、常寿以折本请旨。覆请九卿所题禁止注释古书一疏。上曰："古书内义理甚明者，虽不必注释，或有义理深奥，学者不易领会，将《大中之理敷衍》详明以解释之，亦大有裨于学者之事，禁止可乎？本发还。将此条除去。"

又覆请吏部覆总督管理直隶巡抚事务赵弘燮所题古北口同知员缺，以知县王骥坐名题补，议不准行一疏。上曰："王骥着照该抚所题，补授古北口同知。"

又覆请工部覆总督管理直隶巡抚事务赵弘燮所题，修理密云县城，收进二十丈，无水冲之患，可节省挑河筑堤银两等因，应将城收进二十丈，修理所用银两，分派众商人，五年偿还一疏。上曰："城墙收进不得，仍照旧址修理。将河流引远可也。本发还，着再议具奏。"

是日起居注官萨哈布、蔡珽。

二十五日庚寅　辰时，上御畅春园内澹宁居听政。部院各衙门官员面奏毕，大学士松柱、李光地、萧永藻、王掞，学士蔡升元、王之枢、彭始抟、邹士璁、查弼纳、敦拜、渣克旦、勒什布、常寿以折本请旨。覆请宗人府、都察院所题鸟枪护军索浑岱叩阍，控告护军统领查尔图徇情一案，宗人府议罚俸一年，都察院议革职一疏。上曰："着画一具奏。"

又覆请礼部所题为原任将军孟俄洛赐恤一疏。上曰："人参事未完，这本收贮。俟人参事完日再奏。"

又覆请吏部尚书张鹏翮等所奏，将江宁巡抚张伯行革职看守审理一疏。上曰："张伯行操守清廉，实为可惜。但素性偏执，且短于才，封疆之寄不能胜任。朕向日欲用张伯行、赵申乔时，熊赐履曾奏云，伊等操守固不待言，但恐生事，无益于地方，今其言果符矣。读书讲学之人，凡事

宜循理用中。张伯行平日亦讲理学，今并无海贼，牵累无辜，致毙于狱，尚执拗不肯任咎。”大学士李光地奏曰：“欺罔之罪，彼实有所难认。”上曰：“尔言是也。张伯行回奏本内已有谕旨，这事且收贮，俟彼处具覆到日再奏。”

又曰：“汉人好寻仇雠。或本人不得报复，其门生故旧展转相报，历数十年而不已。昔年山东、直隶、江南人俱以报复为事，朕犹记忆。即如宋儒之洛党、蜀党，朱子亦深以为非。近来此风渐少，如尔等四人，事事同心，不分尔我，朕心甚喜。岂可以目之为党乎？”大学士王掞奏曰：“树党报仇，不但不可有其事，亦不可以存此念。”上曰：“然。”

是日，上诣镜峰问安。

是日起居注官王奕清、常鼐。

二十六日辛卯 辰时，上巡幸口北，自畅春园启行，驻跸汤泉。是日，北路捕盗同知张充国、都司鲍尽忠等来朝。

二十七日壬辰 上驻跸汤泉。

未时，上御汤泉正门，补授副将、参将员缺。

阅改日新等射，随命诸皇子及善射者射。

二十八日癸巳 上驻跸怀柔县。是日，怀柔县知县吴经国等，守备赵成贵等来朝。

二十九日甲午 上驻跸密云县。

是日，奏事员外郎双全、乌林达苏成格、洗马杨万程、编修奇勒伦捧朱笔上谕，交大学士松柱、兵部尚书公孙征灏，谕曰：“游击潘之善，率领绿旗兵二百，将侵哈密之泽旺阿喇布坦兵二千击败，甚属可嘉，不可比以常等。前虽下旨给赏，朕心犹歉。今又加赏二百兵，俱以把总札付。此内阵亡之十余人，亦着给把总札付，令其妻子食俸。升平有年，久不用兵。今仓猝间犹能如前奋勇，不胜嘉叹。为此亲下特旨，着速议具奏。”

是日，抽木税员外郎吴同宝、密云县知县朱英等、守备李万鹏等来朝。

三十日乙未 上驻跸腰亭子。

申时，上御行宫。大学士松柱，学士查弼纳、敦拜、常寿以折本请旨。覆请宗人府所题护军校赖图库之妻叩阍，控告顺承郡王布穆巴，将皇上所

赐鞍马赏与戏子倪五儿乘坐等款是实，俱在赦前，应无庸议。但布穆巴用微贱之人，肆意妄行，有玷王爵。应将布穆巴王爵革退。赖图库之妻所告五款皆虚，照律将赖图库拟立绞一疏。上曰："顺承郡王着革退，赖图库着改为应绞监候，秋后处决。"

又覆请户部所题在密云、古北口等处差出部院才能司官四员，分运米各二万石平粜，不许卖与富户、客商，每人不得过一石一疏。上曰："此米多矣。密云、古北口各运一万石便足。再，密云现存之米几何，古北口现存之米几何，亦着查明具奏。"

又覆请礼部所题朝鲜国边界处盖房、种地情由。宁古塔副都统马齐行查来文内称，古旧城地方，盖窝铺种地者，系巴克西那佐领下骁骑校他木奴。莺爱河地方盖房、种地者，系骁骑校安都立。此外无有。查伊等为何往彼居住种地，着令移入内地应否之处，并未声明，不便遽议。仍行文宁古塔副都统马齐作速查明，具奏到日再议一疏。上曰："着交与将军查。"

又覆请礼部所题朝鲜国贡使晋平君李泽等，偷买水牛角带去，大干法纪，应遣大臣严查审理，或交与该国王严查审理之处，伏候上裁一疏。上曰："这事情，着交与该国王查明审理具奏。"

又覆请刑部汇题案内将顺承郡王所送色克图充发一疏。上曰："将色克图如何之处，着问诺罗布具奏。"

又覆请刑部所题大盗陈永兴等应照律即行正法一疏。上曰："朱瑞龙着即处斩，余俱减等发往黑龙江。"

是日，石匣营副将赵琨、游击吴洪音等来朝。

五　月

初一日丙申　上驻跸两间房。是日，古北口管驿站员外郎罗音泰、署管驿站同知事务同知梁永祚、都司孙梦麟、关口守御布泰等来朝。

初二日丁酉　上驻跸王家营。是日，喀喇沁多罗杜棱郡王塞棱、多罗

额驸门都、二品他布囊旦巴、都统孟克来请安。

初三日戊戌　上驻跸喀喇城。是日，翁牛特多罗杜棱郡王和硕额驸仓津来请安。

初四日己亥　上驻跸热河。

初五日庚子　上驻跸行宫。

是日，皇太后驾至热河。上率诸王、皇子、大臣出正门前跪迎，请皇太后安。

是日，喀喇沁多罗杜棱郡王塞棱来请安、进贡。

初六日辛丑　上驻跸行宫。是日，敖汉多罗郡王鄂尔斋图来请安。

初七日壬寅　上驻跸行宫。是日，乌朱穆秦和硕策陈亲王塞登敦多普来请安。

初八日癸卯　上驻跸行宫。是日，厄鲁特闲散大臣罗普藏西喇普来请安。

初九日甲辰　上驻跸行宫。

初十日乙巳　上驻跸行宫。是日，敖汉多罗郡王垂音盆尔来请安。

十一日丙午　是日，奏事员外郎双全、乌林达苏成格、洗马杨万程、编修奇勒伦等，捧出朱笔上谕，示诸大臣。谕曰："闻得黑龙江将军杨福已故，朕心轸恻。伊人材壮健，且系为君为国舍身效力之臣。现今齐七噶尔地方将军之任甚属紧要。伊子三官保为人甚孝，住彼已久，熟悉地方情形。目今雨水之时，家口不可行，着十月内来。此时着三官保署理。俟伊父骨殖回时奏明，再行定夺。写此旨时潸然泪下。"又捧出朱笔上谕。谕曰："顷下谕旨外，现差大臣一员、乾清门侍卫傅森、哈哈驹子地方行走之达赖，着驰驿往吊。十月内骨殖到家时，朕必亲往。"

是日，交与往吊已故将军杨福之闲散内大臣尚崇义等银一千两，令到彼处，赐与将军之子，为伊父丧事用。

十二日丁未　上驻跸行宫。

十三日戊申　上驻跸行宫。是日，科尔沁和硕端敏公主、和硕达尔汉亲王和硕额驸罗普藏滚布来请安。

十四日己酉　上驻跸行宫。

是日，原任礼部郎中张如绪之父张世思年一百岁，上赐“人瑞堂”匾额。

十五日庚戌　上驻跸行宫。

十六日辛亥　上驻跸行宫。

巳时，上御行宫，大学士松柱，学士查弼纳、敦拜以折本请旨。覆请吏部所题乙未科进士，除拣选庶吉士外，其余进士以知县补用一疏。上曰：“向年拣选庶吉士外，其余进士俱交礼部教习读书。今年进士该部即议以知县补用，不合。仍照前例教习。本着发还。”

又覆请吏部所题为四月月官引见一疏。上曰：“郎中等官系京官，俟回銮日引见。道员等官，着九卿会同验看，令其赴任取到。按察使四员，着吏部堂官一人带来引见。”

又覆请刑部等衙门覆山东巡抚蒋陈锡所题，李臣酒醉持砖掷打庚琳，庚琳情急拾砖还掷，李臣受伤，越十四日殒命。应将庚琳照律拟绞监候，秋后处决，应如所拟一疏。上曰：“李臣拾砖追打庚琳，庚琳情急拾砖还掷，适中李臣头颅，伤处受风，越十四日殒命。将庚琳从宽免死，照例减等完结。”

又覆请刑部等衙门所题孙炳将常保住推至河内淹死，应照律拟绞监候，秋后处决一疏。上曰：“孙炳、常保住皆系另户人，孙炳将常保住故杀是真，部议殊非。近日，包衣佐领浑拖和人习俗甚恶，此类不可不重处。着交与该旗，照新例完结。至该管官员并未议处，亦着一并议处具奏。”

又覆请荆州将军达尔占患病请解任一疏。上曰：“现今将军有三缺，伊等俱系好将军。达尔占眼目不见，大约是真。”大学士松柱奏曰：“问达尔占家人，据称达尔占眼目不见，两足亦不能行走。”上曰：“着交该部议奏。”

又覆请山东登州总兵官李树德所题，请将升任湖广郧阳副将林兆麟，带所升之衔仍留原任一疏。上曰：“着照该总兵官所请，将林兆麟带所升之衔仍留原任。”

大学士松柱奏曰：“户部遵旨查得古北口、密云积贮米数，现在密云仓内有二百二十八石，古北口仓内有九千三百八十四石。”折子呈览，并

以原疏覆请。上曰："密云、古北口俱各运送一万石。彼处现有仓廒，着令存贮。"

松柱又奏曰："遵旨以顺承郡王所送之色克图行止如何之处问诺罗布，据诺罗布云，我为将军去时，色克图才十三岁，不知伊行止。"上曰："仍照前例发遣。"

又曰："朕闻山东麦子今年甚好，麦子一石下价五钱，小米亦下价五钱。"大学士松柱奏曰："山西麦子亦好。"上曰："不止山西地方，各处麦子俱好。"

十七日壬子　上驻跸行宫。是日，喀尔喀扎萨克图汗和硕亲王多罗额驸则王扎普来请安。

十八日癸丑　上驻跸行宫。是日，科尔沁四品台吉三吉扎普来请安。

十九日甲寅　上驻跸行宫。

二十日乙卯　上驻跸行宫。

午时，上出行宫前，令善射人员近前射。

是日，赐出兵之喀喇沁他布囊格勒尔色楞、副都统奢楞宴，人各马二匹。又赐拿送厄鲁特之哈密佐领色泊尔等蟒袍、银、缎、衣服等物。

二十一日丙辰　上驻跸行宫。

二十二日丁巳　上驻跸行宫。

二十三日戊午　上驻跸行宫。

二十四日己未　上驻跸行宫。是日，翁牛特多罗达尔汉大清贝勒厄尔德普鄂齐尔来请安。

二十五日庚申　上驻跸行宫。是日，科尔沁和硕卓里克图亲王巴特马来请安。

二十六日辛酉　上驻跸行宫。

是日，奏事员外郎双全、奏事张文彬、乌林达苏成格、洗马杨万程、编修奇勒伦，捧出朱笔上谕，交与领侍卫内大臣公鄂伦岱等。谕曰："今年雨势稍急，照往年各处传谕，令知防备。河之东面，水至之处，板房甚多。夜间仓猝，伊等顾惜什物，必致伤生。此处写明传谕。"

二十七日壬戌　上驻跸行宫。是日，土默特多罗达尔汉贝勒阿拉普坦

来请安。

二十八日癸亥　上驻跸行宫。

二十九日甲子　上驻跸行宫。

巳时，上御行宫，吏部左侍郎孙柱带河南按察使张伯琮等四人引见，上一一问毕。曰："今布政使缺业已补人，伊等着记名，再有缺出，免其引见。"

谕毕，大学士松柱，学士查弼纳、敦拜以折本请旨。覆请吏部所题为大学士温达员缺，列名请旨一疏。上曰："京师现有萧永藻。这本收贮，俟回銮日再奏。"

又覆请吏部覆总督管理直隶巡抚事务赵弘燮所题口北道员缺，请将记名原任提学道江鼎金等内拣择一人补授，议准行一疏。上曰："这学道等如何之处，着问九卿。"

又覆请兵部所题，杭州将军宗室诺罗布员缺，以镶黄旗满洲副都统寿志等职名开列一疏。上曰："此本内江宁副都统等名未曾开列。现任江宁之副都统，前曾任正白旗护军参领，想已将近七旬，亦有效力之处。着问其名。并着问诺罗布，此副都统为人如何，彼知之乎？伊今已晋王爵，彼所知人内有堪任将军者，理当直行举出。"

又覆请兵部覆张家口总兵官司九经等所题请行间效力，议准行一疏。上曰："司九经准其所请，着在杀虎口预备，余着候旨。"

又覆请刑部所题原任郎中舒书之妻叩阍，控告伊子舒鼐不孝，应将舒鼐拟绞，秋后处决一疏。上曰："舒鼐之母全然虚诳。前叩阍时，朕面问，系尔亲生之子不？伊奏称系亲生子。朕方准状。今审问并非亲生之子。伊亲子则理当坐此罪，既非亲子，还照前议之罪完结。"问学士敦拜曰："你同旗之人亦知之乎？"敦拜奏曰："舒鼐之兄舒图，原与臣在礼部同事。舒图兄弟不和，且又与族中不合。以此观之，伊母听信舒图之言，将舒鼐控告，当是实情。皇上所见甚明。"上曰："事情大概如此。伊兄弟俱系生成恶劣之人。"

又覆请工部所题乌喇打珠人采珠缺少情由，将总尉罗禅、穆哈纳等各降二级，罚俸一年。总管穆克登已于别案革职，留任效力，今无级可降，

相应革任一疏。上曰："穆克登着从宽留任。"

又覆请贵州巡抚刘荫枢题请安顺府知府员缺，以思州府知府管承宠调补一疏。上曰："着照该抚所请。"

又覆请户部尚书赵申乔所奏，商人王纲明采买铜铅暂行鼓铸一折。上曰："赵申乔同户部堂官等具折前来。面奏时不胜忿急，奏称朝廷库内帑银，商人等侵蚀二百余万。现今铜斤不继，速将伊等停止，仍交与各关差官员方好。朕亦可其奏，将商人所欠之银，俱清交户部，业已脱然。所缺银两由内务府追取，与户部无涉。今疏称皇上神谋睿虑，无微不照。朕治天下惟宽仁是务，此等细事素不容心。且非不知为君者无庸干预部院司官、笔帖式办理之事。缘有关系，尔九卿所议者甚是。又何必务求自胜，以图更张。"大学士松柱奏曰："今铸钱之铜全无，赵申乔情急方来请旨。"上曰："伊情急，即可向朕奏乎？伊自用银采买则可，这铜斤岂可取用乎？至伊疏内又称，现有买来铜铅五百五十六万三千斤，交完宝泉局五十四年之铜额有余等语。既有一年有余之铜铅，先启奏时何不明白面陈，以致不胜躁急，前后互异？钱法事系户部专责，尔部仍须平气公心，再同逐一明白议奏。"又曰："此事亦最易了。赵申乔平素只欲锻炼伤人，故至于此。赵申乔未任户部尚书以前，事如何办？并未尝藉伊办事。彼以穆和伦为不足数，穆和伦在家时不奏，穆和伦方起身，便如此奏。"

大学士松柱奏曰："看得副都统王臣条奏，紧要边关宜添设旗下官兵等款，折子无应行之处，请将折子发还。"上曰："这所奏无益。将折子发还。"

又曰："看来近日或有人欲专权用事。此辈在朕前则不可。凡事俱宜满汉合一，折衷办理，自用可乎？朕听政五十四年，虽未臻至善，亦经五十四年之守成。总之，率由旧章，即为善耳。如赵申乔不遵成宪，任意而行，断乎不可。即如朕昔年办理机密军务时，今之大臣等悉系微员，朕并无倚藉大臣理事之处。而此时大臣何以神奇至此？今若有人向朕奏，旧时所理之事不合，当改，朕亦断然不改也。"大学士松柱奏曰："旧时所理之事，皆皇上亲定，如何可改？"上又曰："赵申乔每以人为不足数，伊子赵凤诏居官最贪且大富，伊何不检举？即如温达，最为谨慎孝顺有品

之人，皆为伊子所累，致败名声。彼时将伊长子奏闻，即行正法甚妥。后伊长子革职，又奏求袭荫生。朕看老臣之面，给与荫生。然第与之，亦断不宜用也。杀陶和气者，即陶和气之子。败温达之名者，即温达之子。败赵申乔、张鹏翮之名者，即赵申乔、张鹏翮之子。故书有云，人莫知其子之恶，莫知其苗之硕。”

是日，科尔沁和硕纯僖公主、和硕额驸班地来请安。

六　月

初一日乙丑　上驻跸行宫。

初二日丙寅　上驻跸行宫。是日，科尔沁和硕端敏公主、一品台吉乌勒母济来请安、进贡。

初三日丁卯　上驻跸行宫。是日，科尔沁四品台吉孟克鄂尔齐来请安、进贡。

初四日戊辰　上驻跸行宫。是日，赐贝子苏努、国舅佟国维、领侍卫内大臣闲散内大臣和硕额驸尚之隆、大学士松柱等鱼。

初五日己巳　上驻跸行宫。是日，奏事员外郎双全等传旨，谕大学士松柱等曰：“京师内因阴雨连绵，自初五日起，至初七日祈晴，各寺、院诵经三日，禁止杀牲，不理刑名。此处亦着自初五至初七，照京师祈晴。”

是日，敖汉多罗额驸扎母苏来请安。

初六日庚午　上驻跸行宫。

巳时，上御行宫，大学士松柱，学士查弼纳、敦拜以折本请旨。覆请宗人府会同都察院覆审索浑岱叩阍，将护军统领查尔图议革职一疏。上曰：“这事情着此处大臣看，伊等云何？”又覆请吏部所题张伯行员缺，补授巡抚一疏。上曰：“这本着暂收贮。现今审理张伯行，且待审奏。张伯行未完之事，积累甚多。这积累未完事，着交张鹏翮加紧料理。太仆寺衙门事多，阿锡鼐着撤回。有章京、笔帖式在，恐有舛错，尔等写明传谕。”

又覆请五月吏部所题为月官引见一疏。上曰："照前郎中等官员，俟回銮日引见。道员等官九卿公同验看奏闻，令其赴任。"

又覆请兵部汇题补授旗员一疏。上曰："补授官员下旨后，月内即当奏闻。四月补授之官，迟延至今始行奏闻，不合。着交都察院察议具奏。"大学士松柱奏曰："臣等遵旨以江宁副都统达拜问诺罗布，据称不知。问伊同旗大人，俱称达拜人去得，有行间效力处。"并以原疏覆请。上曰："然。达拜虽稍有年纪，人材壮健，甚有效力之处，达拜着补授将军。"

是日，科尔沁多罗郡王阿喇普坦来请安。

初七日辛未　上驻跸行宫。

巳时，上出行宫前射鼓的，上每发悉中。

毕，阅诸幼皇子射，继令善射人员近前射。

初八日壬申　上驻跸行宫。

初九日癸酉　上驻跸行宫。是日，科尔沁多罗兵图郡王伊西班地来请安。

初十日甲戌　上驻跸行宫。

十一日乙亥　上驻跸行宫。

十二日丙子　上驻跸行宫。

十三日丁丑　上驻跸行宫。

巳时，上出行宫前，兵部尚书公孙征灏带领赴广西候补绿旗官等缺之汉军人员、年满千总、及挑选绿旗兵丁引见。上一一阅射。谕曰："冠军使李仙培、佐领孙弘本、拖沙喇哈番杨书，着以相当衔缺补用。骁骑校那亲、王国泰、寇廷辅、马隆武，年满千总王廷杰、周科、滕守创，以守备缺补用。云南提标中营守备员缺，将年满千总王芬补授。山东抚标左右营把总员缺，将兵丁马世隆、王言补授。其余兵丁分与八旗，于护军上行走。"

十四日戊寅　上驻跸行宫。是日，厄鲁特多罗贝勒和硕额驸阿保之妻郡主来请安。

十五日己卯　上驻跸行宫。

十六日庚辰　上驻跸行宫。

十七日辛巳　上驻跸行宫。

十八日壬午　上驻跸行宫。

巳时，上御行宫，大学士松柱，学士查弼纳、敦拜以折本请旨。覆请户部覆广西巡抚陈元龙所题，请着总督、巡抚、提学官员捐出俸银资助庶吉士，请将教习进士等分遣督、抚衙门幕中理事，议准行一疏。上曰：“着大学士会同九卿议奏。”

又覆请兵部所题荆州将军达尔占员缺，以（镶）黄旗副都统寿志等职名开列一疏。上曰：“都统、护军统领等名，着开列具奏。”又问大学士松柱曰：“尔与达尔占曾遇一处否？”大学士松柱奏曰：“臣往招抚广东徭人时，曾遇在一处。人材好，事情上亦好。”上曰：“事情上无甚优处，人亦愚鲁，然人材果系出群，补授荆州将军甚好。此系朕素用深知之人。”

又覆请刑部覆河南巡抚李锡所题，戳死小功服兄宋尚儒之宋崇礼，应照律即行正法，准如所拟一疏。上曰：“宋尚儒扑殴宋崇礼，宋崇礼情急以刀戳宋尚儒，医治不愈，至十日殒命，着改为应斩监候，秋后处决。”

又覆请刑部所议汇题案内，前锋第寿将伊姊家下家生子喜儿打死，照律枷号四十日、鞭八十一事。上曰：“似此等有两例：有打死小功服亲戚家人，照例鞭责、枷号完结者；有打死泛常人之家人，照例抵偿者。这案与打死小功服亲戚家人之例果否相合？着查明具奏。”

又覆请镇绥将军仍管陕西提督事潘育龙题请于行间效力一疏。上曰：“现今军务俱料理毕，潘育龙着停其前往。”

又覆请台湾总兵官姚堂题请陛见一疏。上曰：“台湾地远，姚堂不必来京，俟调任之时再来陛见。”

又覆请户部尚书赵申乔奏，为鼓铸铜斤一事，恳会同尚书穆和伦、侍郎噶敏图再议一折。上曰：“赵申乔前启奏时，并未俟满洲大臣。今关差官员将近任满，恐于铜斤事有误，着会同速议具奏。”

又覆请甘肃巡抚绰奇题报兰州等十八处旱灾一折。上曰：“甘肃地方甚属紧要，这被灾之民作何赈济之处，着九卿、詹事、科、道会同速议具奏。至征剿泽旺阿喇布坦之事小，赈济饥民之事甚要。此处尔等亦拟旨传谕。”大学士松柱奏曰：“将江鼎金等问九卿，据九卿云，江鼎金人去得，现今到京。董思凝、王俊还未曾到。”折子呈览，并以原疏覆请。上

曰："江鼎金着补授口北道。"

大学士松柱又奏曰："将所议查尔图革职之事遵旨与此处大臣看，大臣等云，这事情两衙门合议甚当，总由皇上圣明。"上问曰："大臣等谓查尔图若何？"大学士松柱奏曰："大臣等云，查尔图为人浮躁狂妄。"上曰："查尔图狂妄是真，人材亦不足算，着革退。"

告终养回籍之原任礼部郎中张如绪，伊父张世思百岁，皇上钦赐扁额谢恩。上命张如绪入，问曰："尔父饮食如何？尚能独自行动否？"张如绪奏曰："臣父尚善饭，行动虽执拄杖，不用人扶。顷闻皇上钦赐扁额，欢忻之至，不及衣冠，急出大门跪迎，望阙谢恩。臣父寿至百岁，此皆幸值圣主升平之世，仰赖养育之恩，方能至此。"上问曰："尔家中更有高年人否？"张如绪奏曰："臣祖寿至九十六岁，臣叔祖寿至九十四岁。今臣父而外，再无年高之人，惟臣姊七旬有余。"上问曰："尔年几何？"张如绪奏曰："臣今年六十九岁。"上曰："尔官职虽小，由进士出身之人。尔父现今百岁，自今以后，每年二次遣尔家人以请安折奏。朕欲知尔父增寿康健之处。"

十九日癸未　上驻跸行宫。是日，土默特一品台吉滚济斯扎普来请安、进贡。

二十日甲申　上驻跸行宫。

二十一日乙酉　上驻跸行宫。

二十二日丙戌　上驻跸行宫。

巳时，上御行宫，大学士松柱，学士查弼纳、敦拜以折本请旨。覆请吏部所题陕西巡抚永泰员缺，以内阁学士蔡升元等职名开列一疏。上曰："西安巡抚甚属紧要。现今办理钱粮之事，若由京城升往，诚恐不及。陕西、甘肃、山西之布政使为谁？"大学士松柱奏曰："陕西布政使威图布，甘肃布政使折尔金，山西布政使噶什图。"上曰："伊等如何？"大学士松柱奏曰："威图布老实，折尔金平常，噶什图去得。噶什图为御史出差时，看其所奏之事，还尚明白。"上曰："噶什图补授布政使请训旨时，朕甚嘉之。噶什图着补授巡抚，速驰驿赴任。"

又覆请工部覆总督管直隶巡抚事赵弘燮所题，密云县城工先支道库钱

粮修理，所支钱粮将直隶五十五年、五十六年两年俸工捐出偿还，议准行。又修葺涿州武清县等处城垣，请开捐纳事例。所需银两数目并未声明，仍行文该抚，详估到日再议具奏。上曰：“现今军兴之际，直隶官员捐助骡马，这本着收贮。俟捐助军需完日再奏，亦着传谕巡抚。”大学士松柱奏曰：“赵弘燮所题，长芦盐商年例给伊二万两，伊不受，已九年，合计十八万两。这银两一时取给，必致有累商人。皇上谕旨甚是。今动支钱粮修葺，此后每年着商人捐解二万两补足正项，不过数年内即可偿完。将此银两修葺密云城，既不有累商人，亦能济事。”上曰：“修城有时及时修葺于民有益，较之赈济更善。赈济名色虽嘉，日久即生纷扰之事。昔日佛伦为川陕总督，方赈济时知有变形，即为准备。巡抚徐元梦赈济浙省时，钱塘县民有欲殴知县情状，徐元梦遣人禁止，将知县题参，始得完结。”

毕，上以议政大臣等所议博鲁特口、布喇罕口等处看守兵丁折子交与大学士松柱，曰：“这几次所议之事俱好，与朕意相同。此事着依议。现今军需，各省俱行捐助。俟彼捐助办理，则误事，未可知也。军务所需钱粮不多，俱着动正项钱粮，事既不误，且有益处。此外地方各官再行捐助，更有济矣。将此处谕此间议政大臣。京城大学士、大臣等亦着传谕。又前此议政处所议之事，部院俱复行奏闻。今议政处所议奏诸事，着部院仍照前例，具印本奏闻。”

上又曰：“喀尔喀王等题请添兵，不可谓非。喀尔喀等受朕重恩，遇升平之世甚惮整理兵器，兼之令彼兵分布各处管辖，人心不一，兵亦不齐。喀尔喀亦有将一二佐领为一扎萨克，亦有二三佐领为一扎萨克。所以使其如此者，由今观之，扎萨克众多，因统领无人，故人心不一，兵亦不齐，然后日大有益处。我满洲兵心齐，令进则进，令止则止。蒙古等兵与满洲兵不同也。”

又曰：“政事与文章迥异。朕尝作文，以作文之法办事，断乎不可。或有读书之人，虽长于作文，遇大事时，辄云我系读书人，不谙事。今部院大臣等能执笔者甚少，惟赖章京、笔帖式办事。”

又曰：“原定律例甚好。或有人云，律例何用？若无律例，倘一事有几样，部院官将何从办理？”

是日，奏事员外郎双全、奏事张文彬、乌林达苏成格、洗马杨万程、编修奇勒伦，捧出朱笔上谕，交与领侍卫内大臣公阿灵阿等。谕曰："颇有霪雨之象，曩曾下旨，想已明白传谕。朕又思雨后河沟之水，断不可用。此间井甚多，晓示兵丁、执事人等，令食井水。河池之水，从此至立秋暂停取用。凡家居或住帐房，常熏香、焚烧硫黄等物有益，此朕所知。书此传谕。"

二十三日丁亥 上驻跸行宫。

是日，奏事员外郎双全，奏事张文彬、乌林达、苏成格，洗马杨万程、编修奇勒伦，捧出朱笔上谕，交与领侍卫内大臣侯巴浑德等。谕曰："大有霪雨之意。比于报上批令京城祈晴，不知何日始，此间自明日为始，禁止宰杀求晴。"又谕大臣等曰："曾下旨意，着令山谷沿河居住之人预先迁移。此时务令迁移方好。"

二十四日戊子 上驻跸行宫。

二十五日己丑 上驻跸行宫。

二十六日庚寅 上驻跸行宫。

是日，赐大臣、侍卫、护军统领、副都统、护军参领、执事人员、护军校、护军、七省官兵西瓜、香瓜。阿霸垓辅国公德母楚克、阿鲁科尔沁四品台吉阿喇普坦、协理土默特固山贝子哈穆哈巴牙斯胡郎图旗下事务四品台吉鄂齐尔等来请安、进贡。

二十七日辛卯 上驻跸行宫。

二十八日壬辰 上驻跸行宫。

巳时，上御行宫，大学士松柱，学士查弼纳、敦拜以折本请旨。覆请户部所题鼓铸铜斤仍交与王纲明等采买一疏。上曰："这铜斤之事，经九卿议奏完结。商人所欠户部银两已偿部内。所欠工部宝源局铜斤，亦已偿完，毫无欠处。伊等偿内帑之银，由内务府督催，从容完结甚易，总与户部无涉。今户部将铜斤仍交与王纲明采买，拖欠之银分年扣收，所偿之银仍交内帑，所议全非。现今商人已欠二百余万，若仍交与伊等，更欠至数百万，亦未可定。鼓铸之事，系户部专责。作何采买铜斤，不致有误鼓铸之处，着再议具奏。"

又覆请礼部所题为原任总督梁鼐赐恤一疏。上曰："梁鼐应否予恤之处，着问大学士及九卿具奏。"

又覆请兵部所题江宁副都统达拜员缺，以侍郎傅伸等职名开列一疏。上曰："固山达参领等，着问王诺罗布、此处大臣具奏。右翼前锋参领、护军参领并查进呈。"

又覆请刑部覆江宁巡抚张伯行所题，劫夺商人丘三船之魏三等，应照例即行处斩，准如所拟一疏。上曰："此事着交与张鹏翮审明具奏。"

又曰："看兵部查奏驿站三十余次。驿站为军机设立，有专宜驰驿之事，亦有乘便差遣之事，无论紧缓，混行驰驿，有累驿递。将此旨传谕京师兵部，并行在兵部。"

是日，奏事乌林达苏成格捧出朱笔上谕，谕大学士松柱。谕曰："二十七日虽热犹可，二十八日之热不减去年，将罪人照去年例行。大学士即书此旨，于报上递去。"

二十九日癸巳 上驻跸行宫。

七 月

初一日甲午 上驻跸行宫。是日，赐大臣、侍卫、执事人员、七省官兵西瓜、香瓜、桃。乌朱穆秦多罗厄尔德尼贝勒博音布、二品台吉陈登詹占来请安、进贡。

初二日乙未 上驻跸行宫。

初三日丙申 上驻跸行宫。是日，赐出征来请圣训齐七哈尔副都统白济、索伦总管布珠孔雀翎、银两、马匹。

初四日丁酉 上驻跸行宫。赐顺承郡王诺罗布、贝勒满都护、贝子苏努、领侍卫内大臣侯巴浑德等御书扇各一柄，赐大臣、侍卫、护军参领、护军校、护军、执事人员、七省官兵西瓜、香瓜。

初五日戊戌 上驻跸行宫。是日，赐大臣、侍卫、护军参领、护军校、护军、执事人员、七省官兵西瓜、香瓜。

初六日己亥 上驻跸行宫。是日，赐乾清门闲散大臣五哥扇，大臣、侍卫、护军参领、护军校、护军、执事人员、七省官兵香瓜。

初七日庚子 上驻跸行宫。是日，赐大臣、侍卫、护军参领、护军校、护军、执事人员、七省官兵西瓜、香瓜。科尔沁多罗扎萨克图郡王鄂齐尔来请安。

初八日辛丑 上驻跸行宫。

巳时，上御行宫，大学士松柱，学士查弼纳、敦拜以折本请旨。覆请吏部覆川陕总督鄂海所题，以蒲城县知县汪元仕坐名题补榆林同知，不准行一疏。上曰："汪元仕着照该督所请，补授榆林同知。着速赴任。"

又覆请户部覆监察两淮盐课监察御史李陈常所题，将未完盐引分年带销，议准行一疏。上曰："每年未完盐引限五年带销，此五年内倘又渐积亏欠，将如之何？原本发还，着再议具奏。"

又覆请户部覆广西巡抚陈元龙所题，督、抚、提学捐俸帮助庶吉士等，其教习进士等请发往督、抚幕中办事，不准行一疏。上曰："大学士、九卿云何？"大学士松柱奏曰："据大学士、九卿云，现在出差官员每年公同捐助庶吉士等。其进士奉旨留京教习，优者即以知县补用，应无庸议。"上曰："俟回銮后具奏。"

又覆请户部所题炉头陆有德等所欠铜斤，请按年将伊等应得工费扣偿，议准行一疏。上曰："炉头陆有德等所欠铜铅分年带销，又将逃走炉头等所欠着伊等赔偿。伊等能赔乎？且将炉头等应得之钱扣除，交与商人采买铜铅赔补，所议不合。本发还，着再议具奏。"

又覆请兵部所题荆州将军达尔占员缺，以镶黄旗副都统寿志等职名开列一疏。上曰："荆州将军员缺紧要。坐镇之人尚有，行兵之人甚少，着交与议政大臣保举具奏。"

又覆请兵部所题护军统领查尔图员缺，请以正黄旗满洲副都统道福色等职名开列一疏。上曰："亦着交与议政大臣保举具奏。"

又覆请兵部所题陕西潼关副将员缺，以记名官员开列一疏。上曰："现今潘之善以副将用，未经实授，该部遗漏矣。这员缺着潘之善补授。"

又覆请兵部覆江南提督杜呈泗题参伊标下守备金翼一案，查得金翼侵占兵产，夺取民财，甚属溺职，应将金翼革职一疏。上曰："这所参有款项，金翼着革职。该督审明具奏。"

又覆请刑部等衙门覆黄岩总兵官所题，伊标下游击郭果报称，海洋遇贼，对敌官兵阵亡败逃，应将把总杨再文等分别拟斩、发遣、问徒。应否援赦，请部定夺。其错拟罪名之承审各官，照例免其查议等因。应将把总杨再文照律拟斩监候，秋后处决。兵丁何茂、陈广扬等，照律佥妻流三千里。游击陈允升，照律徒三年。其阵亡官兵，俱不实心奋勇，以致身亡，应将赏恤之处无庸议一疏。上曰："被贼所伤官兵，俱于未败之先身亡，仍着照例给赏。余依议。"

又覆请礼部所题张家口外牛羊群内被雪冻毙者，着总管公安等赔补一折。上曰："内群被雪冻毙之牛羊，朕已有旨。此案着照内群冻毙牛羊之例。"

大学士松柱奏曰："为原任总督梁鼐赐恤之事，遵旨问九卿，九卿奏称，梁鼐居官平常，应否予恤出自上裁。"折子呈览，并以原疏覆请。上曰："梁鼐准赐恤，不必与谥。"

松柱又奏曰："刑部所拟弟寿之罪已经查例，凡将缌麻小功、大功服之家人无故打死，枷号鞭责。若故意打死，拟绞抵偿。"折子呈览，并以原疏覆请。上曰："着完结。"

是日，赐大臣、侍卫、护军参领、护军校、护军、执事人员、七省官兵西瓜、香瓜。巴林荣宪固伦公主来请安、进贡。

初九日壬寅　上驻跸行宫。

巳时，上御行宫，大学士松柱，学士查弼纳、敦拜以折本请旨。覆请户部所题鼓铸铜斤请仍交与商人王纲明等采买一疏。上曰："这铜斤事情，系九卿议奏完结之事。商人等所欠银两已经偿完该部，至工部宝源局内所欠铜斤亦已偿完，并无丝毫亏缺之处，彰彰明矣。今将铜斤复交商人采买，必致积累拖欠，无有了期。已经料理完结之事，再纷更交与商人，断不可行。各关差官员今更换将毕，鼓铸之事最为紧要，应将铜斤交与各关差官员，速行采买，不可有误鼓铸。前赵申乔面奏时甚是忿急，今以此

事为难，则于原奏之时即应详计慎处。及至事不能行，反欲交与商人，可乎？朕发内帑银还户部库，特欲清理事务之意，非为商人而难户部也。果为商人，则应将此等拖欠银两免其追取矣。现今内务府衙门照常追取。内库银系朕之帑金，户部库银亦系朕之帑金，总无分别之处。今复交与商人，则铜价低昂不一，各处采买维艰，势必又至于积累拖欠。便将此辈问以重罪，籍没家产入官，亦不能赔补。此事经朕如此清理，自今以往，商人既不致受累，而部册亦可清白矣。且从前借银之时，马齐奏称，由今看来虽似有益，后日必致大有拖欠。尔时马齐为大学士兼摄户部尚书事，曾有此言，可问彼也。现今铜斤事，或不晓事之细人，谓朕仍欲交与商人，以此揣度，亦未可定。今将不可复交之处决绝明白下旨。本发还，着再议具奏。赵申乔所奏折子并发还。”

是日，赐大学士松柱，学士查弼纳、敦拜，御书扇各一柄。赐大臣、侍卫、护军参领、护军校、护军、执事人员、七省官兵西瓜、香瓜。附于土默特旗下喀尔喀多罗贝勒罗普藏来请安、进贡。

初十日癸卯　上驻跸行宫。是日，赐大臣、侍卫、护军参领、护军校、护军、执事人员、七省官兵西瓜、香瓜。

十一日甲辰　上驻跸行宫。是日，赐大臣、侍卫、护军参领、护军校、护军、执事人员、七省官兵西瓜、香瓜。

十二日乙巳　上驻跸行宫。是日，赐大臣、侍卫、护军参领、护军校、护军、执事人员、七省官兵西瓜、香瓜。科尔沁多罗郡王诺门厄尔和图来请安。

十三日丙午　上驻跸行宫。是日，赐大臣、侍卫、护军参领、护军校、护军、执事人员、七省官兵西瓜、香瓜。

十四日丁未　上驻跸行宫。是日，赐大臣、侍卫、护军参领、护军校、护军、执事人员、七省官兵西瓜、香瓜。

十五日戊申　上驻跸行宫。是日，赐大臣、侍卫、护军参领、护军校、护军、执事人员、七省官兵西瓜、香瓜。

十六日己酉　上驻跸行宫。是日，赐左都御史揆叙御书扁额，赐大臣、侍卫、护军参领、护军校、护军、执事人员、七省官兵西瓜、香瓜。

十七日庚戌　上驻跸行宫。是日，赐大臣、侍卫、护军参领、护军校、护军、执事人员、七省官兵西瓜、香瓜。

十八日辛亥　上驻跸行宫。是日，赐大臣、侍卫、护军参领、护军校、护军、执事人员、七省官兵西瓜、香瓜。喀尔喀车臣汗滚陈来请安、进贡。

十九日壬子　上驻跸行宫。是日，赐大臣、侍卫、护军参领、护军校、护军、执事人员、七省官兵西瓜、香瓜。科尔沁多罗都楞郡王色楞来请安。

二十日癸丑　上驻跸行宫。是日，赐大臣、侍卫、护军参领、护军校、护军、执事人员、七省官兵西瓜。

二十一日甲寅　上驻跸行宫。是日，赐大学士松柱、尚书公孙征灏、左都御史揆叙《周易折中》各一部。赐大臣、侍卫、护军参领、护军校、护军、执事人员、七省官兵西瓜。科尔沁多罗贝勒巴克什固尔来请安。

二十二日乙卯　上驻跸行宫。是日，赐大臣、侍卫、护军参领、护军校、护军、执事人员、七省官兵西瓜。

二十三日丙辰　上驻跸行宫。是日，赐大臣、侍卫、护军参领、护军校、护军、执事人员、七省官兵西瓜。

二十四日丁巳　上驻跸行宫。是日，赐大臣、侍卫、护军参领、护军校、护军、执事人员、七省官兵西瓜。

二十五日戊午　上驻跸行宫。

二十六日己未　上驻跸行宫。

巳时，上御行宫，大学士松柱，学士查弼纳、敦拜、星俄特以折本请旨。覆请兵部覆总督管理直隶巡抚事务赵弘燮，为守备张世林将冲坏居庸关道路修理迟延题参前来，应照例将守备张世林革职一疏。上曰："今年水势甚大，非人力所能保护。通州河堤亦被冲决，必题参守堤官员。此案着收贮俟通州守堤官员题参到日再奏。"

又覆请兵部所题罗文峪民韩伯顺控告防御张武悖旨放鹰打围之处是虚，应照律杖八十，徒二年。但韩伯顺年过七旬，准赎。张武捕鱼之处虽非禁地，但捕鱼十二日，殊属不合，应将张武及同出告示之防御折库纳，俱应降二级调用。但各有所加一级，准抵销一级，仍降一级调用一疏。上曰："此事所议不明。知州刘之崑曾收状申报，该部并未议及。本发还，

着再议具奏。”

又覆请刑部等衙门覆广东巡抚杨琳所题，行劫林麟兴货船强盗陈亚发等，新安县所属地方行劫吴旭荣渡船强盗陈亚戴等，长乐县所属地方行劫居民彭炳文家强盗温大用等，俱应照律即行正法，准如所拟一疏。上曰：“此俱系原任巡抚满丕所积旧案，新任巡抚杨琳到彼审理完结。将此交大学士会同三法司衙门，于此内有造意为首伤人者，各案内将一、二人正法，余照例减等发黑龙江等处。本发还，着查明再议具奏。”

又覆请理藩院所题为惠忒辅国公罗普藏赐恤一疏。上曰：“准予恤。”

又覆请河南巡抚李锡题请布政使李苾员缺亟行补授赴任一疏。上曰：“有从前引见按察使四员，开列第一名系张伯琮，着补授河南布政使。广东布政使王用霖缺亦出，题补时将张伯琮之下按察使补授。”

又覆请江南海关监督鄂奇请展限十个月一疏。上曰：“海船不到，故钱粮缺额，着展限十个月。”

大学士松柱为补授荆州将军达尔占员缺，将议政大臣举出都统等职名开列，折子呈览，并以原疏覆请。上曰：“拜音布着补授荆州将军。”

又为补授护军统领查尔图员缺，将议政大臣举出副都统等职名开列，折子呈览，并以原疏覆请。上曰：“五勒着补授护军统领。”

毕，监修通州河堤郎中牛钮，将河水冲决之处绘图缮折，遣笔帖式孔古礼转奏。上召笔帖式孔古礼入，阅图问曰：“冲决小沙河、河西务等口之水向何方流？”孔古礼奏曰：“此水俱向武清县流。”上问曰：“此处之房屋、田地、人口有被冲者乎？”孔古礼奏曰：“因在日间，人俱及躲，但冲草房四五十间，洼处田禾稍被淹没，高处田禾甚好。”上问曰：“被冲新河之堤水向何方流？”孔古礼奏曰：“新河内皇上指示立竿之处，俱横建重堤，水并不曾入旧河，仍在新河内流，故河流不曾徙。”上问曰：“河西务之下，冲决者系何处？”孔古礼奏曰：“黄庄、丁字沽马［码］头。”上问曰：“所冲决四百户及冲决杨村在何处？”孔古礼奏曰：“冲决四百户在筐儿港滚水坝堤东三十里许。杨村冲决之处，在筐儿港之下十五里许。”上问曰：“此水向何方流？”孔古礼奏曰：“此二处之水俱向东流。”上问曰：“四百户之水，想必流向玉田矣。”孔古礼奏曰：“此水由筐儿港内冲决煤厂口流入

新河。”上问曰：“筐儿港滚水坝之堤于新河有益否？”孔古礼奏曰：“皇上指示修成之滚水坝，于新河甚有益。若无滚水坝，则新河冲决之处更多矣。”上曰：“朕所修滚水坝实属有益。子牙河堤有冲决处否？”孔古礼奏曰：“不是经手之事，故未之闻。”上问曰：“永定河冲决几处？”孔古礼奏曰：“闻冲决许多处。”上问曰：“京城一带田禾如何？”孔古礼奏曰：“京城一带田禾甚好，看外边田禾亦甚好。”上曰：“口外田禾连年俱好，尔等闻山东田禾若何？”孔古礼奏曰：“闻山东田禾甚好，今年麦亦丰收。”上曰：“尔等所奏折子朕已悉矣。想必钱粮不敷。”孔古礼奏曰：“皇上所见甚是。”上曰：“尔传旨与尔尚书赫奕，着往同牛钮会看，需用若干钱粮之处速奏。”

上又谓大学士松柱曰：“因通州河堤冲决，牛钮遣笔帖式孔古礼来奏。修补工程力量不及，着赫奕亲身前往，同牛钮会看明白。作何修理，估计需用若干钱粮，速作缮折具奏。”大学士松柱奏曰：“今年雨水甚大。”上曰：“今年雨水不大，四十八年此处河水长一丈三尺。河水虽长，却无甚山水。去年河水长三尺二寸，今年河水长三尺，今年较去年还减二寸。有山之处有一种浇山雨，忽然下来，时或冲山沟，时或不冲山沟。即如今榛子峪等处，两沟山水下时，一沟有水，一沟无水，此皆年景所系。山居之人知之，尔等不知也。”

是日，上出行宫前，理藩院引补授协理台吉蒙古等近前，上阅射。继令善射人员射。

是日，喀喇沁和硕额驸纳穆赛来请安。

二十七日庚申　上驻跸行宫。是日，翁牛特多罗都楞郡王和硕额驸仓津来请安。

二十八日辛酉　上驻跸行宫。

二十九日壬戌　上驻跸行宫。

三十日癸亥　上驻跸行宫。

巳时，上御行宫，吏部左侍郎孙柱以补授山西布政使、兵部郎中员缺正陪官员引见。上曰：“苏占着补授山西布政使。余俱将正拟人员补授。”

毕，大学士松柱，学士查弼纳、敦拜、星俄特以折本请旨。覆请吏部所题广东布政使王用霖丁母忧，照例离任守制一疏。上曰：“顷已有旨，

此缺着王朝恩补授。”

又覆请吏部所题为七月月官引见一疏。上曰：“郎中等官，俟回銮日引见。知府等官，着交与九卿逐一详看具奏，令其赴任。”

又覆请刑部所题革退铺户刘国宁控告铺户金怀珍将伊等带销银两折算浮多之处审得是真，刘国宁等应无庸议。但金怀珍等承办草豆年久，又有带销旧欠一分之项，采买草豆仍交金怀珍。此后采买之时，该监督访实时价，细算发银采买。如有欺冒多领等弊，将伊从重治罪一疏。上曰：“此事议得不明。铺户等所欠银两甚多，若如此又似铜斤一案。着问户部堂官，伊等云何，将所问之处，缮折具奏。”

又覆请福建水师提督施世骠所题，请将游击林秀调补伊标前营游击一疏。上曰：“林秀着照该提督所请调补。”

八　月

初一日甲子　上驻跸行宫。

初二日乙丑　上驻跸行宫。是日，喀尔喀固山额驸功额喇普坦来请安。

初三日丙寅　上驻跸行宫。

初四日丁卯　上驻跸行宫。是日，科尔沁辅国公乌尔胡满尔来请安、进贡。

初五日戊辰　上驻跸行宫。是日，协理科尔沁和硕达尔汉亲王和硕额驸罗普藏滚布旗下事务一品台吉毕礼克图来请安，蒿齐忒多罗郡王阿噶尼斯达来请安、进贡。

初六日己巳　上驻跸行宫。

初七日庚午　上驻跸行宫。

初八日辛未　上驻跸行宫。是日，大学士李光地以请假回籍来辞，谢恩。上亲制诗，并敕诸皇子、大臣、翰林等各赋诗，汇以赐之。

初九日壬申　上驻跸行宫。

巳时，上御行宫，大学士松柱，学士查弼纳、敦拜、星俄特以折本请

旨。覆请吏部所题以河南按察使张伯琮员缺，将候补按察使毛文铨等职名开列一疏。上曰："着问九卿具奏。"

又覆请礼部所题朝鲜国拿送无票过界之鲁廷彦，令该抚审问具题一疏。上曰："这事情着派部内司官一员，会同该抚严加审明具奏。"

又覆请理藩院所题原任阿霸垓卓礼克图郡王炳之王爵，或照例以长子承袭，或照炳所请，以第三子承袭请旨一疏。上曰："着理藩院将郡王炳诸子带来引见。"

又覆请都察院所题为更换两淮盐课监察御史李陈常员缺一疏。上曰："李陈常着再留一年，将曹寅、李煦积年拖欠钱粮清理。"

又覆请川陕总督鄂海题请新升凤翔府知府甘文煊暂留本任，俟军务完日引见一疏。上曰："着照该督所请行。"

大学士松柱奏曰："旧铺户刘国宁告铺户金怀珍，部议仍交金怀珍一案，问户部堂官、尚书穆和伦等，以招买金怀珍等旧欠银两每年带销一分，计二十年内可以扣完。"折子呈览，并以原疏覆请。上曰："着依议。"

初十日癸酉　是日，上自热河启行，驻跸中关。

十一日甲戌　上驻跸汤泉。是日，赐尚书公孙征灏，乾清门闲散大臣五哥，侍卫傅参、马岱、如福等扇各一柄。

十二日乙亥　上驻跸汤泉。是日，召大学士松柱，尚书公孙征灏，侍讲学士阿克敦，翰林何国宗、吴孝登等入，上亲洒宸翰赐阅。赐都统孙渣齐、侍讲学士阿克敦扇各一柄。

十三日丙子　上驻跸中关。是日，赐大学士松柱、尚书公孙征灏御书单条，哈密佐领马母里野母等缎、银。

十四日丁丑　上驻跸青城。是日，赐古北口总兵官杨铸、石匣副将赵鲲扇、《周易折中》、《避暑山庄记》。

十五日戊寅　上驻跸青城。是日，赐王、贝勒、贝子、公、大臣、侍卫、七省官兵宴及鱼。巴林荣宪固伦公主、翁牛特多罗都楞郡王和硕额驸仓津来请安、进贡。

十六日己卯　上驻跸张三营。是日，喀尔喀扎萨克伊尔登济农多罗郡王盆苏克、喀喇沁多罗额驸门都之妻郡君来请安、进贡。

十七日庚辰 上驻跸张三营。是日,郭尔罗斯镇国公巴图来请安、进贡。

十八日辛巳 上驻跸可汗铁岭南口。

十九日壬午 上驻跸云特木儿口。

二十日癸未 上驻跸阿那达岭谷口。

二十一日甲申 上驻跸骅骝杨川。

二十二日乙酉 上驻跸哈达鄂佛洛。是日，协理扎鲁特多罗达尔汉贝勒阿弟沙旗下事务三品台吉伍巴什来请安。

二十三日丙戌 上驻跸博湖图口。

二十四日丁亥 上驻跸博湖图口。是日，科尔沁三品台吉拉里达来请安、进贡。

二十五日戊子 上驻跸红川湾。是日，赐大臣、侍卫、护军参领、护军校、护军、执事人员、七省官兵、蒙古等羊。是日，阿鲁科尔沁多罗贝勒王扎尔来请安、进贡。

二十六日己丑 上驻跸红川湾。是日，赐大臣、侍卫、护军参领、护军校、护军、执事人员、七省官兵、蒙古等宴。

二十七日庚寅 上驻跸杨柳川。是日,扎鲁特多罗贝勒毕鲁瓦来请安。

二十八日辛卯 上驻跸杨柳川。

申时，上御行宫，大学士松柱，学士查弼纳、敦拜、星俄特以折本请旨。覆请吏部所题镶白旗汉军原任行唐县知县祖允焕，以伊子祖官保屈审革职，司官向伊索银等情叩阍一案。查祖官保打死伊家人陈五林，审理未完，祖允焕妄行驾词叩阍。祖允焕所告司官索银之处并无实据，无庸议。祖官保应照故杀奴婢律，革退职衔，追取一人入官一疏。上曰："祖允焕甚是恶劣无耻，屡次叩阍构讼，朕所深知。伊任知县时，李光地甚衔之。后朕将伊革退，李光地深以为快。此事伊竟豁免，可乎？着将伊从前所告之处俱查出，一并入议。"

又覆请户部所奏奉天米豆请定承追官员考成之例一疏。上曰："这所欠米豆草甚多，盛京连年丰收，何至拖欠如许？此皆由承追官员与彼处户部官员不行严催稽察所致。前河南省所欠钱粮，有着落地方官赔偿之例。这所欠米豆草，着历年承催督催官员及该部监督堂司官员等均摊分赔

完结。”

又覆请奉旨收贮兵部覆总督管理直隶巡抚事务赵弘燮所参，居庸关修道迟延之守备张士林革职一疏。上曰：“今年水甚大，非人力所能保护，着宽免。”

又覆请刑部所题大盗李元彬等应照律即行正法一疏。上曰：“大学士等会同三法司，将此中有造意为首伤人者一、二人正法，余俱照例减等发往黑龙江。本发还，详察再议具奏。”

又覆请刑部所题，将旧主永福扭殴之关柱子即行正法一疏。上曰：“此理应正法者。但关柱子久已出永福之家，永福亦非正人，将此改为秋后。”

又覆请偏沅巡抚陈瑸题报，湘乡县、善化县秋季田禾俱被虫灾一疏。上曰：“蝗虫初生即行扑灭，从前旨意甚明。今蝗虫初生，地方官竟不捕捉，以致禾苗食尽，又不查参，殊属不合。一并察议具奏。”

又覆请土司田旻如请换敕书一疏。上曰：“票签责伊不合。此尚是有功之人。着该部议奏。”

又覆请工部所题以通州河堤冲决，将郎中牛钮住俸一折。上曰：“河西务大堤等工，着动库银修理，余依议。”

大学士松柱奏曰：“将河南按察使张伯琮员缺、湖南按察使王朝恩员缺应补授之处问九卿，九卿举出候补按察使毛文铨、现任霸昌道祁国祚等六员。”折子呈览，并以原疏覆请。上曰：“九卿保举六员，俱着引见。”

二十九日壬辰　上驻跸柳林地方。

九　月

初一日癸巳　上驻跸柳林地方。是日，喀尔喀和硕额驸策领来请安、进贡。

初二日甲午　上驻跸富沟。

初三日乙未　上驻跸乌胡尔济。

初四日丙申　上驻跸努湖埭。

初五日丁酉　上驻跸鄂尔绰克哈达。

初六日戊戌　上驻跸鄂尔绰克哈达。

初七日己亥　上驻跸德尔吉惠罕。是日，赐大臣、侍卫、部院衙门大臣、官员、护军参领、护军校、护军、执事人员、七省官兵鹿。科尔沁和硕达尔汉亲王和硕额驸罗普藏滚布来请安、进贡。

初八日庚子　上驻跸德尔吉惠罕。

初九日辛丑　上驻跸克尔穆特外。

初十日壬寅　上驻跸永安柏。是日，喀尔喀扎萨克一品台吉根敦来请安、进贡。

十一日癸卯　上驻跸石山地方。

十二日甲辰　上驻跸红门。

十三日乙巳　上驻跸巴颜陀洛海。

十四日丙午　上驻跸柳林地方。

十五日丁未　上驻跸讷穆桑噶山。

十六日戊申　上驻跸青城。

十七日己酉　上驻跸中关。

酉时，上御行宫，大学士松柱，学士查弼纳、敦拜、星俄特以折本请旨。覆请吏部覆尚书张鹏翮所题，巡抚张伯行题参原任布政使牟钦元，已经革职，今审问皆虚，应复原职；顾协一诬告张令涛交通海贼，应将顾协一杖一百，流三千里，准如所拟一疏。上曰："牟钦元理应复职。按律诬告人死罪者，不准援赦。顾协一诬告人死罪，张鹏翮止拟发遣，部议亦照张鹏翮所奏，不是。此类断不可恕。本发还，着再议具奏。"

又覆请兵部覆奉天府尹朱轼所题，安插奉天为民原任副都御史傅作楫，情愿捐助马一百匹，折价银二千两，亲身到部交纳；又原任布政司刘恺，情愿同伊子亲赴军前运米效力等因请旨，应否准行，出自上裁一疏。上曰："傅作楫、刘恺情愿急公效力，着照该府尹所请行。"

又覆请兵部所题辅国公星尼参送误班护军参领双全，应照例革职一疏。上曰："双全甚属懒惰，着革职，发遣吉林乌喇当差。"

又覆请刑部等衙门覆吏部尚书张鹏翮所题，原任江苏巡抚张伯行，以

海上有贼，欺君妄奏，监毙良民数人之处，皆真。应照律将张伯行拟斩监候，秋后处决，应如所拟一疏。上曰："张鹏翮回时，将张伯行带来，到日再行具奏。本暂收贮。"

又覆请刑部等衙门覆广东巡抚杨琳所题，大盗陈惠公、林唐生、陈修寿等，俱应照律即行正法，准如所拟；将捕盗被鸟枪打死之千总张权赐赏之处，不准行三疏。上曰："此三案俱着照前。有造谋为首伤人者，将一、二人正法，余俱减等。千总张权因捕盗被鸟枪打死，着照例议赏。"

又覆请太仆寺衙门所题，总管吴党阿、常英所管牧厂内，应付马匹不曾足数，本应交与该部察议，但吴党阿、常英等报称，去年大雪伤坏马数，经臣等缮折奏闻。奉旨：今年雪大，马匹倒毙尚不为多，不便将伊等赔补议罪。为此应将吴党阿、常英等毋庸议，交与该部，照依原品补用。其总管员缺应补之人，臣等衙门选择引见一疏。上曰："着依议。吴党阿、常英等着再留一年。"

又覆请镶蓝旗满洲都统胡锡巴所题，雅赖佐领下护军六格，向伊胞兄雅图索取衣服，互相角口，将兄雅图戳死，是真，照新例即行处斩一疏。上曰："六格于母前杀兄，凶恶之极，着即行正法。"

毕，大学士松柱奏曰："盛京刑部侍郎瓦尔达等，将王任太等所欠银两互相推诿，不行赔偿情由题参，已经批发。今王任太等叩阍，呈子请旨交与何处？"上曰："瓦尔达等所参之本，朕尚欲折。王任太家道殷实，非不能赔此数千金之人。将伊等题参革职严审，部内人有所贪而务行此，亦未可定。瓦尔达等所参之事着掣回。王任太等叩阍呈子一并交与此处刑部，会同都察院审明具奏。"

大学士松柱又奏曰："三等侍卫达席、主事巴尔赛等报称，和拖惠特公宝贝领兵招抚乌里扬海事情，臣同议政大臣会议，议政诸大臣奏称，四年前，乌里扬海头目和尔罗迈，被我巡哨人拿住，皇上宽恩不杀，又给重赏遣回，感戴皇恩，早欲投顺。但伊等妻子艰于携带，诚恐厄鲁特追赶，所以不曾来归。顷闻泽旺阿喇布坦侵犯哈密之信，遣伊子胡洛虎纳等输诚来奏。伊子未回之前，我军即至。彼知皇上发兵是实，即时归顺。此虽因宝贝公往彼之便来归，实皆皇上之恩沦肌浃髓，故不发一矢，而乌里扬海

即行归顺也。”上曰：“不特此也。今又有来归者。前吴三桂遣数千啰啰到平凉，助王辅臣敌我军。后来归顺，诸大臣皆欲杀之，朕谓何以杀为？归顺即良民矣。犹且加恩于彼，发回原籍。后进四川，至保宁，贼又欲率伊等敌我军。啰啰头目卢道清云，我等虽无知识如畜类，然蒙圣主不杀之恩，岂忍对敌？即登山去。平贼之后，伊等方下山，引导我军，极其效力。再，攻取尼普楚、鸭克萨城之时，鄂尔斯数千，诸大臣亦欲尽杀之，朕从宽遣回。西洋国皆闻之，彼云，攻其城而遣回其人，亘古所未有也。”

是日，科尔沁多罗扎萨克图郡王鄂齐尔来请安、进贡。

十八日庚戌 上驻跸热河。

十九日辛亥 上驻跸行宫。

是日，奏事员外郎双全等捧出朱笔上谕，谕领侍卫内大臣公阿灵阿等。谕曰：“已奏皇太后，明日二十日启行。此外二十一、二十二、二十三等日期，俱未吉。若至二十四、二十五日启行，十月初三日不能赶到。皇太后懿旨，今年尚热，此地水土甚佳，多住几日亦无所碍。因此俟过十月初三日启行。再，随来多余侍卫、执事人等，围场之事已毕，应遣先回。着交与各该管之人议奏。”

二十日壬子 上驻跸行宫。

二十一日癸丑 上驻跸行宫。

二十二日甲寅 上驻跸行宫。

二十三日乙卯 上驻跸行宫。是日，赐大臣、侍卫、护军参领、护军校、护军、执事人员、七省官兵鹿肉条。

二十四日丙辰 上驻跸行宫。

二十五日丁巳 上驻跸行宫。

巳时，上御行宫，大学士松柱，学士查弼纳、敦拜、星佽特、常寿以折本请旨。覆请吏部覆原任散秩大臣鄂洛奏请将伊子鄂尔河善发往陵上住扎，请将拖沙喇哈番与伊孙鄂尔和承袭，不准行一疏。上曰：“鄂洛曾奏二折，朕甚怜悯。一折上已朱批，准其所请。一折交与大臣等，何以错交该部，如此议奏耶？查取原批折子，一并具奏。”

又覆请礼部所题为尚书胡会恩赐恤一疏。上曰："郎廷极恤典已着问九卿。此事如何赐恤之处，亦着问九卿具奏。"

又覆请兵部覆原任郎中布尔赛等互争佐领控告。又闲散宗室佛格等控告满丕、和理、布尔赛等，原倚仗索额图欺侮我等，将吏、户、兵三部档案毁匿，将内阁档案之字涂注一案。查无圈点档案所写系卓科塔，并无朱胡达之名。布尔赛等称，朱胡达为伊曾祖，取供时又称系伊伯曾祖，不合。应将布尔赛等各罚俸一年。佛格等所称满丕、和理等，原倚仗索额图欺侮伊等之处，当时即应控告，乃当时不曾控告，今岁月已久，证据俱无，应无庸议一疏。并以和理所奏原折覆请。上曰："宗人府衙门及该部所议，俱偏向矣。卿安即兴安，隋分、兴安是一处。无圈点档案写卓科塔，卓科塔即是朱胡达。此即与称遵化为苏那哈，总兵官为苏明公等，是一而已，无有二也。今子孙称伊祖父曾为苏明公，谓非总兵官，可乎？称苏那哈效力，谓非遵化，可乎？即今各部奏疏内，遗漏圈点者甚多，朕亦有朱笔改正之处。俱以为非，可乎？原任尚书杭爱为管佐领争辩时，宗室厄奇执黄带言曰，我虽庸懦，我系谁之子孙，将此黄带俱不算，可乎？然杭爱等虽系厄奇所属，伊曾管过佐领，朕仍着伊子管领。公阿灵阿、福善佐领下人所生之女，俱系伊查看。此佐领下亦有为大臣者，今谓此等非伊佐领下人，可乎？"上又问大学士松柱曰："尔家有几佐领？"松柱奏曰："臣家有二佐领。"上曰："尔家二佐领，尔王以为系我所属之人，夺其佐领与其子侄管领，尔心服乎？"大学士松柱奏曰："若果如此，亦惟将原带来所属，并命管佐领情由，叩首声明而已。谓我等非王所属，可乎？"上又曰："宗室佛格呈称，布尔赛之父满丕，倚仗索额图行事。虽满丕当日谄奉索额图如奴仆，然所行是实。然其时谁不谄奉索额图？不独满丕也。此事原不明白，今所议甚糊涂。将此事并和理奏折，俱交与苏努，着伊持去，会同该部详审具奏。"

又覆请兵部覆云贵总督郭瑮所题，临元镇标中军游击员缺，请以镇标左营游击陈圣训调补；陈圣训员缺，请将记名人员内拣选一员补授，议准行一疏。上曰："记名人员，今将补完。此缺着交该部归月分掣签补授具奏。"

又覆请刑部所题镶蓝旗闲散满洲成格叩阍，控告伊佐领哈尔飞烟瞒藏

开户之人为护军等款。查别款皆虚，但哈尔飞烟将开户之人认作同族，留为护军是真。应将成格免其冲突仪仗之罪，佐领哈尔飞烟亦无庸议一疏。上曰："哈尔飞烟之祖，原系乌拉忒贝勒、贝子。伊等兄弟，七旗俱有。伊等带来之属，亦有派在佐领下者，亦有留在家中为奴者。伊等以另户作奴仆告，亦可以奴仆为分档之人告，亦可俱系伊等所属，朕知之甚悉。控告之成格，亦系伊等奴仆是实。图喇单寿、罗占、哈尔飞烟，俱系同族。部内审问时，伊等理应举出原因直对。图喇单寿等现在此。若同，领侍卫内大臣等，如此下旨与图喇单寿等，尔大学士等虽将伊等责罚，伊亦无怨处，唯有欢喜而已。这事所议糊涂。本发还，着再议具奏。"

又覆请刑部所题将偷窃内库金叶鞍鞳之色克兔等，应照律即行正法一疏。上曰："色克兔、黑色、赵京理应处斩。包衣下人流弊不堪，似此等不可不惩。毕永福所盗金叶，伊不敢费，现今自首交还，此应另议。乌林达等俱是专管之官，屡次被盗，伊等何为？此案内所有官员，亦有援赦免议者。但关系偷窃内库之物，不可援赦。本发还，着再议具奏。"

又覆请芜湖关监督安都请展限一疏。上曰："若不许展限则钱粮必至拖欠，拖欠之后赔偿则家产必至尽绝，着展限六个月。"

又覆请户部所奏正蓝旗闲散宗室德昌，将伊卖与索额图人三十一口，俱系随田安放之庄头。今蒙圣恩，将田地给还，请将人口一并给与一案。此所卖人口，应否给与，恩自上出一折。上曰："着户部会同内务府定拟具奏。"

又覆请户部所奏，舒奇家人已经入官之胡德弘叩阍。状称，我祖胡守信，原系盛京蒲河钱粮庄头。入京后，全家赏与镶黄旗陈九佐领下买卖人坡四。坡四贫，卖与舒奇。今舒奇有罪，全家入官。我原系皇上家奴，今将我等宽免，情愿当差。查得胡德弘之祖胡守信，原系皇上庄头，当差行走之处并无档案，应无庸议一折。上曰："着户部会同内务府议奏。"

又覆请户部所奏，湖滩河所运米起程日期奏闻一折。上曰："湖滩河所有米，大同米亦多。此米运后，且不必运。次年图四海等自行再运也。"

毕，上又问大学士曰："左都御史刘谦将御史任奕弥殴打一案，尔等云何？"大学士松柱奏曰："刘谦身为大臣，又有年纪，殴打官员，殊属

不合。”上曰：“左都御史打御史可乎？朕于他人欲打即打，若御史、给事中，亦必思而后打之。况刘谦平日尚讲道学，讲道学之人，如此行事，可乎？今年在考场中，声名亦甚不好。”又问学士等曰：“尔等有与之同官者乎？”学士敦拜奏曰：“臣前任礼部时，曾同在仪制司。刘谦多欲而贪，言行不符，臣常憎而避之，其道学皆假。”上又谓大学士松柱曰：“尔等前者票拟甚合。”上又曰：“刘谦等殴打任奕弥之时，侍卫王廷梅曾否在彼处？交该部查。在彼处果真，彼为侍卫，不在侍卫处行走，将王廷梅即着革职拿问。”

二十六日戊午　上驻跸行宫。

二十七日己未　上驻跸行宫。

二十八日庚申　上驻跸行宫。

二十九日辛酉　上驻跸行宫。

三十日壬戌　上驻跸行宫。

十　月

初一日癸亥　上驻跸行宫。

初二日甲子　上驻跸行宫。

初三日乙丑　上驻跸行宫。是日辰时，上诣皇太后宫行礼。

初四日丙寅　上驻跸行宫。

巳时，上御行宫，大学士松柱，学士查弼纳、敦拜、星俄特、常寿以折本请旨。覆请户部覆右卫将军宗室费扬古所题，奏销公库银数不符，行文该将军查明送部一疏。上曰：“此事着依议。右卫西安官兵现在出征。凡出征之人，所借银两暂停扣除。俟完军务到日奏闻。”

又覆请户部所题正蓝旗罗思哈佐领下原任骁骑校巴布叩阍，控告伊同旗禄瑚佐领下骁骑校和善等，原系伊兄萨尔布善家奴一案。查得巴布所控业经臣部审明。巴布亲递呈于王，与和善等合为一族，将和善之父伯之骨殖，入于巴布之父坟内，照世次安葬。今又翻覆叩阍，甚属不合。巴布应照冲

突仪仗例议罪。但巴布年逾七旬，请准收赎一疏。上曰：“此案迟延日久，所议草率，中间甚属含糊。本发还，着再详议具奏。”

又覆请盛京兵部侍郎色尔图等所题，各驿站钱粮，自五十一年以来，俱系九月内预向盛京户部支取，俟次年驿站钱粮到时扣抵。今岁遽行停止支取，正值积贮草料之时，若无钱粮，万一有误驿站，纵将该管官员、驿丞等重处，于事无补。臣等宁受预支驿站钱粮之罪，不可有误皇上驿站。一面行文盛京户部支取现在钱粮外，一面奏闻请罪一疏。上曰：“此事中有情弊，特为支取此银以抵旧欠。将此与马进泰、董鄂礼所奏事情一并查明议奏。”

又覆请刑部等衙门覆福建省秋审情真案内，该抚将贿买举人之王汤三、过付之、林英审拟缓决，俱改为情真一案。又柯彩被杀，王及、高进知情并不首告，审系情真一案。上曰：“将此俱改缓决。”

又覆请福建秋审应缓决案内，杀死张锡类之王恒茂，又打死洪勇之蔡巧，又将王美观等翻枷压死之蔡秋、陈焕三案。上曰：“将此俱改为可矜。”

毕，上顾大学士松柱曰：“阅刑部奏本，厚而且繁，此皆将司道府州县等官原审口供叙入本内所致。司道府州县所审者，若有互异之处，自应入在本内。如无互异之处，司道府州县等官原审并无互异之处，祇须一语声明，以总督、巡抚等大僚所审口供定罪之处入在本内足矣。若将历来审语详文重复叙入本内，书写者既劳，而事亦稽久。户部案件亦有如此者。尔等记着，俟回銮后书上谕呈览，交与九卿议奏。此非为朕便于省览，案牍繁多，则事务必致迟延矣。即今本到送进，朕随看随发，此际尔等何暇详阅？”大学士松柱奏曰：“皇上一览即发，无纤毫遗漏，诚至神也。臣等实未曾看，何敢欺君？”上曰：“尔等但观折本而已，其余事件实不暇览。朕于各处奏折内，朱笔谕旨皆出朕一手，并无代书之人。此番出巡，朕以右手病，不能写字，用左手执笔批旨。所以凡所奏事件，惟朕知之，奏者知之，此外无有知之者。凡所批谕旨，朕处并无底稿，证据俱在奏事之人。倘或语泄，亦系原奏之人泄之。朕听政年久，未尝失信语人也。”

又曰：“办理事情固不可不知文理，然亦须谙练之人方善。若遇大事不可拘执文义。朕观外省督、抚，不贪便以为善，清乃居官分内之事。苟

于地方生事，虽清亦属无益。朕尝访问民间，据称贪官亦无杀民取财之理。或官虽清，一味生事，更病于民。直隶巡抚赵弘燮、山西巡抚苏克济，虽非全不爱钱之人，居官却安静，地方并无一事，朕犹以此等人为优。”

是日，赐庄亲王上御黄带荷包、手巾、小刀等物。

初五日丁卯　上驻跸行宫。

初六日戊辰　上驻跸行宫。

初七日己巳　上驻跸行宫。

初八日庚午　上驻跸行宫。

初九日辛未　上驻跸行宫。

初十日壬申　上自热河启行，驻跸喀喇城。

十一日癸酉　上驻跸鞍子岭。

十二日甲戌　上驻跸两间房。

十三日乙亥　上驻跸巴克什营。是日，古北口管驿站员外郎罗音泰、关口守御布泰、管驿站同知王济、都司孙梦麟等来朝。

十四日丙子　上驻跸腰亭子。

酉时，上御行宫，大学士松柱，学士查弼纳、敦拜、星俄特、常寿以折本请旨。覆请吏部所题尚书张鹏翮丁忧一疏。上曰：“理应令张鹏翮丁忧。但先曾有旨，着张鹏翮带张伯行来京。仍俟张鹏翮带张伯行到京之日，再将此事具奏。”

又覆请户部所题为更换崇文门监督尚之杰一疏。上曰：“尚之杰如何？”大学士松柱奏曰：“尚之杰任监督年久，熟练税务，声名亦好。”上又问起居注都察院左都御史揆叙曰：“尔在都察院衙门，所闻如何？”揆叙奏曰：“尚之杰于税务甚熟。”上曰：“尚之杰着再留一年。”

又覆请刑部等衙门覆盛京等处秋审情真案内，保住等五人打死庄头之子杨茂情真一案。上曰：“保住等着改为监候缓决。”

又覆请浙江省秋审情真案内，俞裔臣、丁总、张世俊、沈廷奎四案。上曰：“此四人俱改为监候缓决。”

又覆请总督管理直隶巡抚事务赵弘燮所题，邓元珍与邓国相殴击，误中伊近族叔邓云路脑门左边，以致殒命。应将邓元珍照黄公从打死婶母曾

氏之例，秋后处决等因。查得黄公从虽系监候秋后完结，并未载入例内遵行。应将邓元珍仍照律立斩一疏。上曰：“邓元珍目击诸侄被伤，持棍殴击邓国相，以致误中邓云路殒命，应否将邓元珍拟立决，着九卿会同确议具奏。”

又覆请两广总督赵弘灿所题解送自首海贼陈辅中途病故，陈辅所首伙贼卢阿乾等陆续拿讯，口供陈辅乃林乌居顶名，与我有仇妄扳，并不曾为海贼。今陈泰哥又未经拿获，难以悬拟。应将卢阿乾等取保释放，拿获陈泰哥与真正陈辅之日质审，议驳回一疏。上曰：“此事着照该督所请行。”

又覆请刑部汇题案内，笔帖式关鼐戳伤伊叔女婿之子六哥，及六哥家人五十二，限内伤愈，应照律枷号三个月，鞭一百一事。上曰：“关鼐为笔帖式，戳伤两人，断不可留于京师。将关鼐枷号、鞭责，完日着发遣白都诺当差行走。”

又覆请刑部所题路舜仁将盛京正黄旗安布立浑拖和常寿打死，照律拟斩监候，秋后处决一疏。上曰：“盛京人甚刁恶，命案甚多，此辈不可不惩。路舜仁打死另户常寿，应照新例完结。本发还，着再议具奏。”

又覆请刑部覆广东巡抚杨琳所题，大盗李得功、欧日美、林威世、朱牙嫂等，照律即行正法，应如所拟四疏。上曰：“尔等会同三法司，将此案内造谋为首之人原拟正法者，每案内将一二人正法完结，余着照例减等，发往黑龙江、乌喇等处。本发还，着查明再议具奏。”

又覆请刑部所题盛京秋审缓决案内，七十四、刘芳誉、高建一疏。上曰：“伊等俱将小刀戳死人者，情状可恶。本发还，着再议具奏。”

大学士松柱奏，以赐恤尚书胡会恩之事问九卿，据九卿云，胡会恩由翰林至尚书，行走四十余年。并以原疏覆请。上曰：“赵申乔两议乎？”松柱奏曰：“未曾。”上曰：“赵申乔何不两议？”松柱奏曰：“此事伊亦两议不得。”上曰：“不必与谥，照常赐恤。”

又覆请刑部所题游牧处察哈尔地方，居住庄亲王羊群内苏鲁克蒙古魏征叩阍，控告正红旗占住佐领下闲散人达穆巴，盗伊马三匹出卖一案。查得魏征不候该管官审理，冲突仪仗，妄行控告，应照律问罪。但系蒙

古，议枷号三个月，鞭一百，发往该管地方一折。上曰："此案并不曾查明，所审草率。折发还，着会同理藩院将魏征控告之虚实，及魏征曾否为盗之处，查明再议具奏。"

是日，石匣营副将赵琨、游击吴洪音等来朝。

十五日丁丑 上驻跸密云县。是日，抽木税监督户部主事诺敏、密云县知县朱英等，守备黄国清等来朝。

十六日戊寅 上驻跸怀柔县。是日，怀柔县知县武经国等、守备赵成贵等来朝。

十七日己卯 上驻跸汤泉。是日，巩化城都司鲍尽忠等来朝。

十八日庚辰 上驻跸汤泉。

巳时，上御行宫，大学士松柱，学士查弼纳、敦拜、星俄特、常寿以折本请旨。覆请户部覆尚书赵申乔所题广东高州府电白县从来兵多米少，应停其征米，折银给雷州府兵丁购买，议准行一疏。上曰："此事曾经原任总兵官赵文璧条奏，部议不准。今赵申乔自行条奏，自议准行，可乎否？着九卿、詹事、科、道会同议奏。"

又覆请户部所题广东海关代笔帖式去之骁骑校翁俄代，控告监督吉赛多得银两欺君之处皆虚，应将翁俄代治罪。但翁俄代已故，无庸议。其翁俄代于笔帖式分内应得银两，俱向吉赛追取，交与内库一疏。上曰："部议以追取吉赛银两入官，此银应议交该部，如何议入官？本发还，着再议具奏。"

又覆请刑部等衙门覆四川巡抚年羹尧所题，何之魁打死亲兄何之汉，应照律立斩。但何之魁兄弟原无仇隙，皆无子嗣，兄已打死，弟又抵命，致绝后嗣。何之魁应否照打死亲兄王九之王子中留养之例完结，伏候睿裁。查得王子中虽曾枷号两月，责四十板，并未载入例内遵行。何之魁仍应照律立斩一疏。上曰："此案该抚引王子中之例具奏。何之魁情由较之王子中略重，着九卿、詹事、科、道会同议奏。"

又覆请刑部所题将打死殷五儿之苏朱尔监候，俟脱逃苏四拿获之日再行质审一疏。上曰："部议将打死殷五儿之苏朱尔监候，俟苏四拿获之日质审，苏朱尔即打死人之凶犯，理应拟以死罪监候，该部并未拟罪，所议

监候全谬。本发还，着再议具奏。”

又覆请刑部覆江西省缓决案内，打死李士宗之李士敏等一案。上曰：“李士敏因救兄将李士宗打死，着改可矜。”

毕，上顾大学士松柱曰：“看刑部等衙门所奏各省缓决罪犯案件，并不声明因何缓决之处，止将某打死某应缓决一语缀入，竟不成话。此后应照先年议奏旧案，声明情由。”

是日，阅诸皇子及善射人员射。

十九日辛巳 未时，上至畅春园，诣镜峰问安，驻跸畅春园。

是行也，各部院衙门奏章，日送内阁，内阁三日一次递送行宫听理。

上驻跸热河时，每日请皇太后安。出哨之后，随报请皇太后安十二次。

扈从起居注官揆叙、阿克敦、阿尔赛。

二十日壬午

二十一日癸未

二十二日甲申

二十三日乙酉

二十四日丙戌 酉时，上由西直门进神武门回宫。

是日起居注官萨哈布、蔡珽。

二十五日丁亥 早，上御太和殿，升转文武官员谢恩毕，上回宫。

顷之，上御乾清门听政。部院各衙门官员面奏毕，大学士松柱、萧永藻、王掞，学士蔡升元、王之枢、彭始抟，邹士璁、查弼纳、敦拜、渣克旦、勒什布、星俄特、常寿以折本请旨。覆请吏部所题左都御史刘谦纵容家人打御史任奕弥之处是实。取口供时，又将逃去之人称系雇工，所供巧饰，有玷厥职，应照例革职一疏。上曰：“刘谦甚无度量。身为大臣，率家人打伤御史之头，是何理耶？伊一生读书扫地殆尽矣。且伊自谓闭户读书之人，至孙襄家何为？主会试时，声名亦不好。朕前虽闻之，意以赴试不中之人造谤。以此事观之，可知其平日所行无状矣。伊子一并革职，着将此处票出。”

又覆请吏部所题户部侍郎王原祁员缺，以副都御史董弘毅等职名开列一疏。上曰：“着问九卿。”

又覆请户部覆总督管理直隶巡抚事务赵弘燮所题，被水灾之宝坻等处十四州县，所欠未完钱粮，请暂缓征，来年再行催征，并动支仓谷借赈乏食贫民，俾得生全，议准行一疏。上曰："依议。"又曰："直隶地方，今年甚被水灾，顺天、永平、保定、河间、宣府，此五府来年钱粮，应全蠲免，尔等缮旨呈览。"

又覆请户部所题奏销两淮盐课一疏。上曰："此项钱粮奏销甚明，户部满汉堂官意见合一否？着问伊等。"

又覆请户部覆广西巡抚陈元龙所题，各省督、抚、学道捐俸帮助庶吉士，又请将留京进士发往督、抚幕中办事，俱无庸议一疏。上曰："着问九卿伊等意如何。"

又覆请礼部覆提督江南学政余正健所题，先贤范仲淹应配享之处，伏候上裁一疏。上曰："九卿定议具奏。"

又覆请刑部等衙门覆总督管理直隶巡抚事务赵弘燮所题，大盗刘大自行投首，应减等完结，议驳回一疏。上曰："何必驳回？该部即定拟具奏。"

又覆请刑部等衙门所题盛京缓决，江南情真、缓决三案内折角处，上取阅，指折角之处顾大学士等曰："阿那里将吴达色戳死，因吴达色将伊抱住，情急回戳吴达色小肚身死，故拟缓决。看此本阿那里先戳吴达色肩胛，后又戳其小肚致死，此不可宽，着改为情真。原任锦州府知府唐之夔等称，伊赃银限内全完，拟为缓决。其滕云标、夏起麟、季五、金杨五犹改议缓决。今将唐之夔、滕云标、夏起麟、季五、金杨五俱着改可矜，免死减等完结。和尚圆四欲强奸顾氏，顾氏惊死，并非圆四杀之，着改为监候缓决。贼船上张三，将失主手指斫伤逃走，并未杀人劫财，亦着改为监候缓决。孙金岳所打之人越四十八日殒命，李秉中所打之人越七日殒命，此两人俱着改为可矜，免死完结。"

申时，上由神武门出西直门，诣畅春园驻跸。

是日起居注官常鼐、蔡珽。

二十六日戊子　是日，上诣镜峰问安。

二十七日己丑

二十八日庚寅

二十九日辛卯

三十日壬辰 辰时，上御畅春园内澹宁居听政。部院各衙门官员面奏毕，大学士松柱、萧永藻、王掞，学士蔡升元、王之枢、彭始抟、邹士璁、查弼纳、敦拜、渣克旦、勒什布、星俄特、常寿以折本请旨。覆请吏部所题江宁巡抚张伯行员缺，以内阁学士蔡升元等职名开列一疏。上曰："现任巡抚内有能理烦剧者，着问九卿具奏。"

又覆请吏部所题山西巡抚苏克济参劾太原知府赵凤诏，遣出大臣审讯，以吏部侍郎孙柱等职名开列一疏。上曰："着问九卿具奏。"

又覆请吏部所题原任湖南巡抚潘宗洛为谋升迁，交通太监李玉立合同券。查得潘宗洛于康熙五十年正月内补受巡抚，五十二年九月内革退。文券系五十一年五月十一日所立，有保人张隆弼等七人。揆此事情是实。潘宗洛与保官等俱应察议。但事在赦前，相应免其察议。潘宗洛未升之时已革巡抚，其所立合同券内若干银两之处，无庸议一疏。上曰："此事所审不明，本发还，着拿潘宗洛到京，彻底审明具奏。"

又覆请刑部等衙门覆浙江巡抚徐元梦所题，孙加复打死伊大功服兄孙声献，应照律即行正法，准如所拟一疏。上曰："孙声献欲殴伊伯孙美生，孙美生情急喊叫，孙加复入，为救伊父持棍殴孙声献身死，着将孙加复改为秋后处决。"

又覆请直隶省情真、缓决，山西省情真、缓决四案内折角处，上取阅，逐一指折角处顾大学士等曰："此盗坟案内之三人，俱拟为情真，为首之贾八着照拟处决，马克、马七辅俱着改为缓决。李德水欲强奸刘氏，刘氏愤憾，以致自缢身死，李德水未曾成奸，着将李德水改为缓决。赵正春欲强奸张大姐，张大姐忿极自缢身死，着将赵正春改为缓决。强奸案内将解处女张莺之衣行奸之周海宇着照拟处决，张辅曾、高启隆着改为缓决。王胡子诬良为盗，致死四人，原拟情真，情虽可恶，但四人监毙，皆系问官审理迟延所致，王胡子着改为缓决。韩八十儿行窃，伤人窃盗，即应杀之，复行伤人，宽免可乎？韩八十儿着改为情真。刘二山亦一窃盗、刺死同伙之贼，刘二山着改为情真。高宗容因族弟高林原先持枪刺伊，故殴之，高林原越十日殒命，高宗容着改为可矜，免死减等完结。王来襄与

万受禄互殴，万受禄越十日殒命，王来襄着改为可矜，免死减等完结。金亨因为俞化人先将伊骂打，还殴之，越十五日殒命，金亨着改为可矜，免死减等完结。范新由子殴打王氏，越八日殒命，范新由子着改为缓决。郝光爵欲救伊兄，将郝功殴打，越九日殒命，郝光爵着改为可矜，免死减等完结。朕尽力阅之，仅得此数处。”大学士王掞奏曰：“皇上好生之心，实同于天。”上曰：“大臣朝审之时，忍心之人只主于杀，柔懦者惟闭目念佛，留心案件者鲜矣。”

又曰：“今看两议之事，满洲大臣一议，汉大臣一议，此处大有关系。世祖章皇帝时，为此曾下严旨，至今圣训昭然，可不恪遵耶？如果两议，亦应满汉相间，岂可截然两议？当初未有如此。自赵申乔来始然。凡事只有一理，不可执拗。今朕听政五十余年，何者不曾经历？即小事，必向大学士、学士、九卿问之。大臣执拗，犹之可也。若为君者自行执拗，则如之何？着交与吏部、都察院，将满汉两议者察出议罪。”

又覆请翰林院所题日讲官常寿员缺，以侍读学士觉罗苏库等职名开列一疏。上曰：“着问掌院学士具奏。”

又覆请浙闽总督范时崇所题，请将游击王万化带所升之衔仍留原任一疏。上曰：“着照该督所请行。”

又覆请都察院佥都御史张德桂所参，安徽巡抚梁世勋年老糊涂，秋审案件俱有舛错一疏。上曰：“着梁世勋来京，朕亲看之。”

又覆请张德桂条陈重定伤格一疏。上曰：“命案只看情由，全不在乎伤痕凶器。即如有此人持刀斫彼人，彼人夺刀回斫此人，彼人伤轻得生，此人伤重身死。今谓其手执凶器，斫其致命之处，可乎？且亦有或恃其力，将人扼扼致死者。至满洲中有学以手指戳入肩胛者，以指即可伤人。谓此等人不曾执凶器而免之，可乎？亦有人被殴躲避，却伤致命之处而死者。此等亦以验伤定罪，可乎？若欲验伤定罪，必须看过医家针灸之书方可。此事自赵申乔条陈以来，刑部案件甚坏，伤格无用。”

大学士松柱奏：“臣等遵旨以补授王原祁侍郎员缺问九卿。据九卿云，应升侍郎之人皆在圣鉴，祈皇上选择补用。”并以原疏覆请。上曰：“本着进呈。”

又曰："闻得户部堂官每日斗气，王原祁自谓如何度日，哭泣而死。今观廖腾煃亦将死矣。"

松柱又奏，陈元龙请以俸银捐助庶吉士等事问九卿，九卿云，俱无庸议。并以原疏覆请。上曰："着依议。"

松柱等又奏，李陈常奏销两淮盐课之事问户部满汉堂官，伊等云，臣等意见皆同。并以原疏覆请。上曰："着依议。"

是日起居注官常鼐、蔡珽。

十一月

初一日癸巳　是日，上诣镜峰问安。

初二日甲午

初三日乙未

初四日丙申

初五日丁酉　辰时，上御畅春园内澹宁居听政。部院各衙门官员面奏毕，大学士松柱、萧永藻、王掞，学士蔡升元、王之枢、彭始抟、邹士璁、查弼纳、敦拜、渣克旦、勒什布、星俄特、常寿以折本请旨。覆请九卿覆范仲淹学问功业虽系宋之名臣，非专务道学之人可比。至学臣余正健所请配享之处，应无庸议一疏。上曰："此应配享者，着再问九卿具奏。"

又覆请吏部所题户部侍郎王原祁员缺，以都察院副都御史董弘毅等职名开列一疏。上曰："着再问九卿。此缺与赵申乔一处办事之员，亦着问赵申乔。伊有所知之人，即令举出。"

又覆请户部覆原任江宁巡抚张伯行、安徽巡抚梁世勋回奏，臣等所属地方，历年未完钱粮，于五十三年开征时并征，因力不给。各属屯卫丁民呈称，此项钱粮求照例豁免，其屯卫未拨之漕项银两分年带征。臣等会同总督赫寿合疏具题，未敢迟延。从前所报未完钱粮民欠是实，并无已经征收侵蚀入己，捏称民欠情弊。查得江苏、安徽所属地方，未完地丁等项钱

粮，乃五十年、五十一年带销之项。此项钱粮不应蠲免，应于五十三年开征时征完，何迟至五十三年九月并未将征收银数声明，乃以实系民欠朦混具题求免。今遵旨回奏，不能隐瞒，始称已完银两，于历年奏销案内已经注册报明。查历年奏销册内所报已完银两之外尚有欠项，并未申报。揆此，不肖官员已经征收，捏为民欠，侵蚀入己，情弊显然。应行文该督、抚，将已经征收捏称民欠之官员及该管上司，一并题参，已完钱粮即行解部，未完银两速行征完具题。所请豁免历年民欠之处，无庸议一疏。上曰："此案前曾两议，一以为应免，一以为不应免。今所奏照前议乎？抑照后议乎？"大学士萧永藻奏曰："照前议。"上曰："既照前议，但前所议之处夹杂不明。本发还，着九卿会同再议具奏。"

又覆请兵部覆山西太原总兵官金国正所题，伊标下并无子母炮位，自行捐造二十二位，请分给各营，操练习熟，于营伍大有裨益，准照所请一疏。上曰："子母炮系八旗火器，各省概造，断乎不可。前师懿德、马见伯曾请造子母炮，朕俱不准行。此事部议准行，殊属不合。尔等即照部议票拟，亦误矣。本发还，着再议具奏。"

又覆请兵部所请，古北口总兵官杨铸遣披甲五哥捕鹿，因所获之鹿瘦，将五哥打死，又以五哥自缢而死谎奏，殊属不合。将杨铸革职，其世袭阿达哈哈番交部，与应袭之人承袭一疏。上曰："杨铸着革退总兵官，其世袭职，仍留伊身。"

又覆请刑部等衙门所题，将讹诈吴老喜银两之高五即行正法。郎中额黑诺、员外郎七哥，将应拟斩罪之犯错拟充发，侍郎博音代并不详查，即行具题，俱属不合。应将额黑诺、七哥各降一级，所加之级准其抵销，博音代罚俸六个月一疏。上曰："高五着改秋后处决。侍郎博音代人才不及，于事务疏忽，着革职。又，此番以夸蓝大随围之兵部侍郎巴颜柱年老，人才不及，亦着革退。"

又覆请刑部覆福建巡抚觉罗满保所题，李年奇打死缌麻服叔李万荣，应照律拟斩监候，秋后处决，准照所拟一疏。上曰："李万荣先将李年望打倒，李年奇救兄情急，持扁担将李万荣殴打，越三日殒命，着九卿、詹事、科、道会同再议具奏。"

又覆请刑部覆山西巡抚苏克济所题，程世英打死大功兄程世荣，应照律即行处斩，准照所拟一疏。上曰："程世荣先将程世英詈骂，以首撞之，程世英持铁锹还击，程世荣越二日殒命，将程世英着改为秋后。"

又覆请刑部所题将强盗郑阿美、陈德云等照律即行处斩，枭首示众二疏。上曰："此内干连之人甚多，着照前旨，将造意为首伤人者正法，余减等发落。"

又覆请山海关监督太常寺读祝官和米乞展限一年。又旧关台喜峰口等口交伊管理一年，可多得课银三千两一疏。上曰："和米所请之处，俱应行着该部详议具奏。"

又覆请佥都御史张德桂条奏请另行定议尸格一疏。上召九卿近前曰："人命案件大有关系，亦有伤轻而致死者，应论致死与不致死耳。但验伤之轻重，可乎？前赵申乔亦曾为尸格陈奏，若照尸格审讯，则刑部堂官必亲身相验方可，如何办事？这所奏无用。本发还。"

又曰："秋审案牍俱九卿所办之事，若令在朕前书写，未必能书十件，何也？此皆尔等漫不经心，草草完结之故耳。若朕，尚能书五十件。嗣后尔等九卿应实心办事，并保举参劾之处，亦不可执私意。"

大学士松柱等奏，张伯行员缺，以现任巡抚能理烦剧者问九卿，九卿以现任巡抚皆皇上特简之人，恭请皇上简用。折子呈览，并以原疏覆请。上曰："巡抚内朕不知者多，亦有经大臣保举而任用者。着再问九卿具奏。"

松柱等又奏，为审赵凤诏派出堂官，九卿回称，臣等皆蒙皇上循次擢用，可否差遣，不但皇上深知，即肺腑亦无不洞悉，祈皇上派出。折子呈览，并以原疏覆请。上曰："此处大臣不可派出。着湖广总督额伦忒、河南巡抚李锡驰驿速往，会同该抚审讯。"

是日，上诣镜峰问安。

是日起居注官王奕清、阿克敦。

初六日戊戌

初七日己亥

初八日庚子　辰时，上御畅春园内澹宁居听政。部院各衙门官员面奏

毕，大学士松柱、萧永藻、王掞，学士蔡升元、王之枢、彭始抟、邹士璁、查弼纳、敦拜、渣克旦、勒什布、星俄特、常寿以折本请旨。覆请吏部覆古北口总兵官杨铸所题，古北口地方人民之事，归并同知管理，不准行一疏。上曰："古北口人民之事，归并同知，于地方有益。本发还，着再议具奏。"

又覆请刑部等衙门所题，朝审情真、缓决内折角四案，上将折角之处一一阅讫，谓大学士曰："今年京师情真罪犯甚少，此内稍有可矜者，再宥数人。其钩决者，多则十四五人而已。且决期少逾，即至来年，亦不过二三十人。今年停刑，要无不可之处，着问九卿。若果停刑，将此情真、缓决折角处伸签记于档册。来年审奏之时，将此折角事件声明具奏。"学士蔡升元奏曰："天地之大德曰生，皇上宽仁，今年应决者甚少。"上曰："前辅臣办事之时，山西秋审案内钩决至九十余人，直隶秋审案内钩决至一百十余人。近年以来，渐次少矣。"

又覆请湖南巡抚陈瑸条奏请禁加增火耗一疏。上曰："凡督、抚莅任之初，多有条陈。此等文章，人人能之。陈瑸疏内有禁火耗一款，火耗原不应取，因不能尽革，故留一分。陈瑸为封疆大吏，兴利除弊，乃伊分内事。火耗应革则竟革之，何用申奏？伊请禁之意，特欲自表其清，以前官为不足算耳。如赵申乔向任湖南巡抚时，暴躁则有之，在地方实不取一钱，此人所共知者。赵申乔亦曾为火耗条奏。若谓赵申乔任内已经禁革，而接任者复行索取，即应指名参奏，岂可含糊以诬人？且伊奏称，今年蝗蝻为灾，何以比岁告稔，而清官莅任，反致岁歉耶？凡督、抚在地方安静，年岁丰登，朕皆不轻移动。总之，事贵身体力行。先行其言，而后从之。非知之艰，行之维艰。朕听政五十余载，尚不敢自恃。每发一语，必思可行。陈瑸甫任巡抚，辄发大言，可乎？《论语》云，必世而后仁。彼视之太易，祇以年逼桑榆，在任无几，藉此博身后虚名耳。"大学士王掞奏曰："人贵躬行实践，无取虚文。"

上曰："尔等为秀才时，未通仕籍，每每夸大其说。及至服官莅政，平日所言，尽消归何有。即如张伯行，初任巡抚时，曾奏欲致移风易俗，家给人足，以报皇上。朕即以其言太过。后乃滥收词状，案牍不清，堆积

千余件，牵累及监毙者甚众。苏州城外有渔船数只，张伯行疑是海贼，遽集营兵，昼夜防守，骚动民间。及命巡海缉盗，又不敢往。现今地方凋瘵，民不聊生，大非南巡时景象。所谓移风易俗，家给人足者安在？故听其言，必观其行也。曩汤斌在苏州出示，有云爱民有心，救民无术。苏人闻其言咸诟之。彼为巡抚，果爱民心切，岂难据实上闻，何乃出救民无术之语？凡为小吏者，律己廉洁，便可称善。大臣则自有大臣之体，当行有益于地方民生之事，非徒尚操守而已。即使操守平常，民犹谅之。未若自恃廉洁，贻累地方之为甚。譬如木偶泥人，纵勺水不入口，安所用之？朕屡为借口操守者所欺。陈瑸欺与不欺，尚未可知。但未见诸行事，朕断不信。尔等拟签内，将赵申乔、张伯行一并指出。”

又曰：“朕西巡时，赵凤诏曾面奏，为官不要钱，如妇人不养汉。其言鄙俚，虽不宜御前奏对，朕亦信以为实。不意其狼藉至此！”因问大学士萧永藻曰：“尔向过太原，赵凤诏如何？”萧永藻奏曰：“声名不好。”上曰：“岂但声名不好，乃天下第一贪官，赃至百余万，内外皆知。总畏彼而不敢指参，惟萧永藻、张鹏翮曾奏其居官不好。”

上又曰：“凡人性情不可有偏，爱之欲其生，恶之欲其死，溺爱者不明，贪得者无厌，往往自己不肯奉承人，而却喜人奉承自己，不肯馈送人，而专望人馈送。朕阅历久，此等皆所洞悉。然亦细故，无所关系，偶言及此耳。”

又覆请福建海坛总兵官张天福具题，年老有疾乞休一疏。上曰：“总兵官内亦有年老而恋职者，张天福行间效力年久，今以老病乞休，情词恳切，尔等可拟温旨，着以原官致仕。”

大学士松柱等奏，以范仲淹配享之事问九卿，据九卿云，范仲淹配享，谕旨甚是。并以原疏覆请。上曰：“范仲淹着配享。”

松柱等又奏，以补授侍郎王原祁员缺问九卿，据九卿云，侍郎乃三品堂官，总理户部钱粮事务，关系甚重，伏乞皇上简用。又赵申乔云，臣之知识愚昧，侍郎乃臣一处办事之员，岂敢滥行保举？伏乞皇上补授。并以原疏覆请。上曰：“着再问赵申乔具奏。”

松柱等又奏，补授巡抚张伯行员缺，九卿举出浙江巡抚徐元梦、福建

巡抚满保、广西巡抚陈元龙、贵州巡抚刘荫枢。折子呈览，并以原疏覆请。上曰："刘荫枢操守好，在边省相宜。苏州地方事烦，不能办理，而且年老，调任苏州能有几年？徐元梦朕所深知，浙省事务仅可办理，亦不宜于苏州。满保朕意欲补授总督范时崇之缺，着问九卿具奏。江苏巡抚员缺，着再问九卿。"

是日起居注官萨哈布、陈璋。

初九日辛丑　辰时，上御畅春园内澹宁居听政。部院各衙门官员面奏毕，大学士松柱、萧永藻、王掞，学士蔡升元、王之枢、彭始抟、邹士璁、查弼纳、敦拜、渣克旦、勒什布、星俄特、常寿以折本请旨。覆请偏沅巡抚陈瑸请禁加增火耗等款一疏。上曰："尔等所拟票签，将朕昨日谕旨遗漏矣。陈瑸条奏，皆部院衙门现行例内所有之事。封疆大臣实心办事，地方自有裨益，虚文何用？若空谈理道，务为夸大之词，朕非不能。所以不敢为者，以言之必见诸行耳。且伊奏疏内称，湖南火耗私自加增，向来重以为病。赵申乔为巡抚时，禁革私派甚严。陈瑸亦当分别指出私派起于何人。今概将从前人说坏，欲显一己清名，可乎？大凡人虚言甚易，实行最难。如张伯行初任江苏巡抚具折奏称，臣惟有使江南移风易俗，家给人足，以仰报皇上。今果能副其言乎？朕前南巡时，江南米价每石不过五六钱，凡诸食物价亦甚贱。自张伯行莅任以来，岁屡不登，米价贵至一两二三钱，食物之价亦几倍于昔。所谓移风易俗，家给人足者，如此乎？宋荦为巡抚十七年，在任时并无卓行异政，而松苏连岁丰登，民不告匮。即如现今山西巡抚苏克济、直隶巡抚赵弘燮、山东巡抚蒋陈锡历任俱久，未闻清名，亦无贪迹，而地方安静，年岁丰稔。此等便是好官。今岁山西、河南、陕西米价甚贱，山西大熟，米价尤贱。"

上又云："张伯行偏执任性，务报私仇，是其短处。只清之一字，不可泯没。但其家甚富，所置田产跨三四州县。河南富家以张伯行、宋荦为首，而张伯行田产更多于宋荦。朕于臣下无不周知，今特举其一二言之耳。"又曰："张伯行为巡抚时，每苛刻富民。如富民家有堆积米粟，张伯行必勒行贱卖，否则治罪。此事虽使穷人一时感激，要非正道，亦衹为米价翔贵，欲自掩饰耳。地方多殷实之家，是最好事。朕闻明季如项家、

季家富厚异常，今时已无此等富民矣。彼之家赀皆从贸易积聚，并非为官贪婪而致者，何必刻剥之以取悦穷民乎？况百姓刁风渐不可长。近闻陕西有方耕种而即挟制州县官报荒者。今岁钱粮俱已恩免，而此辈奸恶之民又思明岁幸免。其无厌之心，如何可遂？徐元梦初到浙江时，众奸民驱逐钱塘知县，徐元梦将为首数人置法，其事乃毕。前此有生员殴辱知县者，部议欲从宽，朕不许，必置之法。总之，此风断不可长也。又赈荒一事，苟非地方官实心奉行，往往生事。盖聚饥寒之人于一处，势必至于争夺，明时闯贼亦以散粮而起。此不可不慎也。”大学士王掞奏曰：“皇上智周万物，于闾阎之事无不洞悉。”上曰：“书云明四目达四聪。朕于天下事无不洞悉，然知之而即发，亦非大体。总之，为政以中正诚敬为本。中正则能公，诚敬则能去私。朕日读性理诸书，见得道理。如此徒为夸大之词，何益？”

上顾大学士松柱曰：“两江总督赫寿已丁母忧，昨折奏将总督印务并江苏巡抚印务交与布政司护理。此事甚有关系。今梁世勋已着来京陛见，总督又丁忧，江苏巡抚尚未补授，江南全省无一大吏矣。弹压地方非布政、按察所能胜任。两江总督印务，着范时崇署理。此时且留赫寿照旧办事，俟范时崇到江宁接事时，令赫寿回京。补授两江总督后，再着范时崇回。江苏巡抚印务，着总漕施世纶署理。淮安去苏州甚近，文到即可接事也。有此二人在彼，安徽事务布政司便足料理矣。可传谕九卿，即行文传谕赫寿，并速催范时崇赴江宁署理。”

是日起居注官蒋廷锡、阿尔赛。

初十日壬寅 上诣镜峰问安。

十一日癸卯

十二日甲辰 早，试天下武举徐绶等一百七人于太和殿前。

是日起居注官苏库、蔡珽。

十三日乙巳 巳时，上为阅试武举，御畅春园内西厂。领侍卫内大臣、读卷官、大学士松柱等排列毕，上升座。兵部侍郎觉和托等进前，奏武举徐绶等一百七人分为十一班，试其骑射。上命领侍卫内大臣、读卷诸臣坐。于是阅徐绶等，以次骑射，记其优者。

既而上令诸皇子射毕，上回宫。

是日起居注官阿克敦、赵熊诏。

十四日丙午　巳时，上御畅春园内西厂，领侍卫内大臣、读卷官排列毕，上升座，命领侍卫内大臣、读卷诸臣坐。兵部侍郎觉和托等，以武举徐绶等一百七人分为十一班引进前，试以步射、挽硬弓、舞大刀、掇石。上将徐绶等逐一详阅。至八班，上谓觉和托曰：“此班毕，着停止。其余者，明日带来再射。”

是日，分班试武举时，上间命善射者射。毕，上回宫。

是日起居注官苏库、陈邦彦。

十五日丁未　巳时，上御畅春园内西厂。领侍卫内大臣、读卷官排列毕，上升座，命领侍卫内大臣、读卷诸臣坐。兵部侍郎觉和托等近前，以皇上未阅完武举二十七名，试以步射、挽硬弓、舞大刀、掇石，上逐一详阅。又命记名优者赛都等十五人复射，分为等次。上命善射者射。又命善骑射者先骑射，继命拣选赛都等十五人骑射。阅毕，上回宫。

酉时，读卷官、大学士松柱等，以考试武举，专以骑射为要。皇上连出三日，详细阅试。既经拣选，优者分为等次。臣等将皇上所选十五人内，最前三人为一甲，余十二人为二甲，其余视其卷子等次，俱为三甲。祈皇上不必亲出。白奏事员外郎双全等转奏。上曰：“不必读卷，将拣选十五人卷子呈览。”

是日，上诣镜峰问安。

是日起居注官蒋廷锡、阿尔赛。

十六日戊申　早，于太和殿传胪，赐武举赛都、孙世魁、许履亨一甲进士及第，曹真等六人二甲进士出身，王廷极等九十八人三甲同进士出身。

是日起居注官苏库、张廷玉。

十七日己酉　辰时，上御畅春园内澹宁居听政。部院各衙门官员面奏毕，大学士松柱、萧永藻、王掞，学士蔡升元、王之枢、彭始抟、邹士璁、查弼纳、敦拜、渣克旦、勒什布、星俄特、常寿以折本请旨。覆请宗人府所题原任公普圻三佐领应予何人一疏。上曰：“佐领下人现在照常当差。此本着收贮内阁。”

又覆请吏部所题户部侍郎王原祁、廖腾煃员缺，以都察院副都御史董弘毅等职名开列一疏。上曰："现任汉侍郎着问赵申乔具奏。将伊意中相合之人举用，便于办事。"

又覆请吏部所题巡抚张伯行、满保员缺，以内阁学士蔡升元等职名开列一疏。上曰："陈瑸所条奏者，甚为张皇。将伊调补。应调于何处，着问九卿具奏。"

又覆请吏部所题自行检举一疏。上曰："侍讲员缺年久，翰林方可升任。以奇勒伦超补侍讲，所奏不合。本发还。"

又覆请兵部所题都统阿拉纳、副都统黑达，将派出运送军需骆驼披甲人青保记于档案。参领索罗熙私自调换图克善等，将情由向伊等告诉，伊等并不详察。皇上问时，反称青保年幼因而调换，巧饰陈奏。图克善等之妻呈称，伊夫等现去叩阍并未逃走。伊等明知，不将实情陈奏，称系逃走。揆此，于旗下诸事不留心者甚多，殊属溺职。应将阿拉纳、黑达、索罗熙俱革职。青保乃派出送骆驼之人，推托患病，雇人代去，殊属不合，应将青保枷号三个月，鞭一百一疏。上曰："所议阿拉纳等之案已结矣。其余着都察院会同刑部再议具奏。本发还。"

又覆请刑部等衙门覆广东巡抚杨琳所题，劫夺灵山县民毕日高家之强盗李承宗等，俱应照律立斩，准照所拟一疏。上曰："为首者处决，余着减等。"

又覆请刑部所题以身带撒袋闯入围场叩阍之戴秋即行正法一疏。上曰："戴秋身带撒袋叩阍，小人不知规矩，着从宽免死，枷号三个月，鞭一百。"

又覆请刑部覆署理江宁巡抚事务总督赫寿所题，乐维龙误打亲伯母致死，应即处斩，但乐维龙正法，则致绝嗣。请援养亲之例，减等完结，议不准行。仍将乐维龙照律即行处斩一疏。上曰："乐维龙误打死伊伯母，恳留养亲，将此着九卿、詹事、科、道会同再议具奏。"

又覆请刑部覆总督管理直隶巡抚事务赵弘燮所题，强盗刘大乃系自行投首强盗何挺之无服之亲，应照律减等。查得刘大与例不符，仍照律即行处斩一疏。上曰："原审刘大之处，因刘大无服亲戚之弟出首缘由，故议

减等。刑部改议，甚是。将此着改为应斩监候，秋审处决。”

又覆请刑部覆山西巡抚苏克济所题，王爱民夫妇谋杀梁一桂，均应立斩。查得梁一桂欲奸王爱民之妻吴氏，王爱民恨之，夫妇商议，将梁一桂打死。王爱民改为应斩监候，秋后处决；吴氏改为应绞监候，秋后处决一疏。上曰：“原审王爱民之处，因奸伊妻之故杀人，乃拟立斩。刑部改议甚是。将此照所拟王爱民应斩，吴氏应绞，俱监候，秋后处决。”

又覆请刑部覆湖广巡抚刘殿衡所题，张圣照打死亲伯父张兆升，应照律即行处斩。但张圣照打张炳之时，误伤伊伯父致死，应否引黄公从之例，拟斩监候，秋后处决之处，请旨施行等因。无庸议，张圣照仍照律即行处斩一疏。上曰：“张圣照误打死伊伯父，伊兄弟三人惟此一子，此处着九卿、詹事、科、道会同再议具奏。”

又覆请工部覆盛京工部侍郎贝和诺等所题，库中所剩火药无多，应补造备用等因。火药系军需所用，若行驳查，恐致迟延。臣部细详估计，给发银两一疏。上曰：“此项木盛京甚多，差一章京前去采伐焚烧，用之不尽，何必动用钱粮？”

又覆请理藩院等衙门所题鄂尔斋图等戳死托罗木，均应立斩一疏。上曰：“鄂尔斋图着立斩。伊洛尔图、班第、诺尔穆俱改为应斩监候，秋后处决。”

又覆请翰林院所题经筵讲官王原祁员缺，以内阁学士蔡升元等职名开列一疏。上曰：“着看伊等读讲章。”

具奏毕，上召领侍卫内大臣、大学士、九卿近前。谕曰：“部院司员，现在官职虽小，后日亦可致大臣地位。朕不认识者甚多，必数数问诸大臣而用之，则何所底止？今观部院司员等，其敝已极。前者校武进士马步射时，侍郎觉和托举止粗鄙，向背不知，何以办事？又有一司官甚劣，朕竟行革退。满洲不论文武，出征则令于夸蓝大、章京等处行走。此后部院衙门司员，着轮班带刀，于侍卫处行走，如此贤否始见。贤则用之，不贤则退之。将此着领侍卫内大臣、大学士、九卿、都统等会同议奏。”

又顾大学士等曰：“部院汉司员等，亦因问诸大臣补用，朕不认识。现今翰林官在内轮班行走，将司员亦如伊等，作何认识之处尔等会议。朕

除授官员，必问诸大臣。大臣等初保举时，仅可者犹有一二人。逮后保举之人渐至不堪。向来保举人员内，官至督、抚、尚书、侍郎者有之，而在御前竟有不知礼法者。此等人为藩、臬官尚且不可，居大任可乎？至于开言路甚要，虽明末科、道官妄上条陈，以致坏事。然言路断不可壅。如今日言路亦蔽，纵有一二官员条陈，皆出私意。简任言官，不可专用一类之人。若使互相标榜，援引附和，其势渐成朋党矣。尔等皆读书人，又有一事当知所戒，如理学之书，为立身根本，不可不学，不可不行。朕尝潜玩性理诸书，若以理学自任，则必至于执滞己见，所累者多。反之于心，能实无愧于屋漏乎？宋、明季代之人，好讲理学。有流入于刑名者，有流入于佛老者。昔熊赐履在时，自谓得道统之传。其没未久，即有人从而议其后矣。今又有自谓得道统之传者，彼此纷争，与市井之人何异？凡人读书，宜身体力行，空言无益也。”

是日起居注官苏库、张廷玉。

十八日庚戌

十九日辛亥

二十日壬子 是日，上诣镜峰问安。

二十一日癸丑

二十二日甲寅 辰时，上御畅春园内澹宁居听政。部院各衙门官员面奏毕，大学士松柱、萧永藻、王掞，学士蔡升元、王之枢、彭始抟、邹士璁、查弼纳、敦拜、渣克旦、勒什布、星俄特、常寿以折本请旨。覆请吏部所题五品京堂员缺，照例将布政使以下佥事道以上，除有降罚事故、历俸未满者不开外，将合例六员，开列具奏一疏。上曰：“着问九卿。”

又覆请礼部所题封王妃、郡主等一疏。上曰：“依议。其因何迟延之处，着都察院察议具奏。”

又覆请刑部等衙门所题，盛京正黄旗法格佐领下闲散人僧保打死阿达尔根佐领下闲散人赵晋荣，相应交与该将军，照新例即行处斩一疏。上曰：“僧保着改为秋后。本内写阿达尔根佐领下赵晋荣，非阿达尔根也，此即新满洲之恩得尔根。新满洲佐领下岂有汉人名字之人？赵晋荣或系满洲，或系汉人。汉人如何到新满洲佐领下之处，着查明具奏。”

又覆请刑部所题镶蓝旗哈尔非烟佐领下闲散人程格，控告哈尔非烟将伊家开户之人隐瞒，留为护军等款皆虚。应将程格枷号三个月，鞭一百，发往三姓地方一疏。上曰：“依议。八旗满洲、蒙古、汉军内，似此等将带来属下之人，派在佐领下者甚多，亦有留在家中为奴者。伊等告称将另户人为奴亦可，告称将奴开户为另户人亦可。此等人之妻孥，其先皆曾为之服役。此四五十年之事，朕知之甚悉。即如佟姓、李姓，孙征灏将带来人为奴使令者有之，派在佐领下者亦有之。举听其妄告，可乎？将此交与吏、兵、刑三部，着将八旗满洲、蒙古、汉军内，将起初带来属下人编为佐领之处，俱明白察议具奏。”

又覆请总河赵世显所题士民保留总督赫寿在任守制，求代为奏闻一疏。上曰：“着问九卿。”

又覆请兵部侍郎觉和托以老病乞罢职一疏。上曰：“觉和托身为侍郎，并不勤劳效力，又躲懒求退，殊属不合。着严饬行，仍旧供职。”

大学士松柱等奏曰：“九卿以陈瑸为湖南巡抚毫无实效，苏松钱粮重地，福建山海要区，其调用之处未敢擅议，伏候上裁。”折子呈览，并以原疏覆请。上曰：“陈瑸并非见过认识之人，因众大臣保举其贤，朕故擢为巡抚，着速调来引见，亦着传谕九卿。”

毕，上召议政大臣、大学士、九卿等近前。谕曰：“天下承平日久，汉官但能作无实之文，说现成话，至军务大事，并不能尽职。平日尝谓旗员多挈人口，骚扰地方。汉官家口少，所需无几。朕因此曾屡向汉大臣言，汉官不能骑马耐劳，设有紧急之事，边塞地方必兼用旗员，方有裨于政事。或有自以清廉，不取不与，节用度日，如解马运粮等事，督抚俱差州县汉官。汉人出口，一二仆从，何济于用？遇劳苦之处，旋亦逃亡，纵令参处，何益？彼亦但愿任咎谢事，将所得宦囊回籍自娱耳。前中路亲征时，见于成龙运粮甚易。朕往宁夏行四十一日，西安往返六十六日，并不用地方一石豆、一束草，而马不瘦乏。近者富宁安出兵时，朕多将行走习惯满洲侍卫遣往伊处，伊不用一人。此番富宁安办事，殊觉欠妥。朕曾亲统大军，经历军务甚多，用兵无谋略学问断然不能。朕阅宋、明马政，兵书皆纸上空谈，全无用处。朕安不忘危，时勤训练。现在官兵俱各出口效

力，地方文官有何效力之处？为督抚者，明赏慎罚，以鼓励兵丁，临事用时方能致命效死。平日并无恩惠，彼何所感而舍身效力？向者，不将火耗全除，亦为此也。汉人遇此等出口行走之事，率以塞外瀚海，地方辽阔，无水无草，行走艰难，不能乘骑为辞。如满洲、蒙古每岁塞外居住，汉人何以不能？此皆不习惯行走之故耳。山陕督抚尚赖满洲，如张伯行为之，必至误事。张伯行任苏州巡抚时，见渔船数只，疑为海贼，遂致震惊。遇此等事，早已乞休而去，更何顾望前？李之芳为浙闽总督时，伊曾领兵亲战，岂可谓汉人中无其人？但如此者少耳。尔等皆国之大臣，既受高爵厚禄，自宜竭力尽心。”

刑部尚书张廷枢奏曰：“边防官员拣选补用方善。”上曰：“此即现成话耳。现成话谁不能言？如从事务起见，平日即宜留心。临期调遣，甫至任所，胥吏尚未认识，如何办地方事务？”大学士松柱奏曰：“兵之所重在粮，运粮之事甚属紧要。”上曰：“用兵之际，运粮果系要紧。马毙则粮误，粮误则人必至于死。近解巴尔库尔处一千二百匹马，死者八百有余，以致误事。所遣噶思路兵，亦因粮不到撤回。此即明证也。今泽旺阿拉布坦力亦不弱，不可不及。此时图之此等军务，须遣王及大臣。将误事之人，不必请旨，即行军法，庶不至误事。着议政大臣、大学士、满汉九卿等会同详议具奏。”

是日起居注官阿克敦、陈邦彦。

二十三日乙卯 辰时，上御畅春园内澹宁居听政。部院各衙门官员奏毕，大学士松柱、萧永藻、王掞，学士蔡升元、王之枢、彭始抟、邹士璁、查弼纳、敦拜、渣克旦、勒什布、星俄特、常寿以折本请旨。覆请礼部覆浙江巡抚徐元梦所题，省城书院内请赐内藏书籍、扁额等因，恩自上出一疏。上曰：“徐元梦莅任时，朕曾有旨，此亦好事，准伊所请写给。”

又覆请兵部所题，云南曲寻武沾总兵官马天宠、古北口总兵官杨铸、福建海坛总兵官张天福等三缺，以镶黄旗参领白云鸿等职名开列一疏。上曰：“九卿保举数人，皆不甚当。杨铸亦系九卿保举之人，已经革职。将此仍问九卿。”

大学士松柱等奏，司道官员内升，九卿举出湖北按察司张连登、直隶

霸昌道祁国祚等。折子呈览，并以原疏覆请。上曰："张连登着内升。"

松柱等又奏，以补授侍郎王原祁、廖腾煃员缺之事问赵申乔，赵申乔奏称，臣甚愚昧，与臣同办事之侍郎，臣何敢妄举？仍求皇上拣选补授。折子呈览，并以原疏覆请。上曰："户部有一赵申乔足矣。何必再行补授？满洲尚书业已避去，一汉侍郎为彼抑郁而死，一汉侍郎又已成疾濒死。今若补授弱者，惟伊是从。强者，必致争竞。祇留彼一身，彼必恐惧勤慎。若有过失，朕亦不容。"

松柱等又奏，将江南江西总督赫寿留任守制之处问九卿，以士民保留总督赫寿，应如所请，在任守制。折子呈览，并以原疏覆请。上曰："满汉大臣所议皆同乎？"大学士松柱奏曰："满汉大臣所议皆同。"上曰："赫寿着在任守制。"

尚书张鹏翮将原任巡抚张伯行审毕带来，召入。上谓张伯行曰："尔奏称海上有贼，缉获几人带来？"张伯行奏曰："海上无贼，闻有捕鱼之人为盗，所以陈奏。"上曰："尔所奏疏内，尚劝朕宜防备，何言捕鱼之人耶？"张伯行奏曰："臣惊惶具奏，此皆臣之罪。有何辨处？"上曰："授尔为巡抚时，尔曾奏务使移风易俗，家给人足，以报皇上。今之移风易俗，家给人足者安在？"张伯行奏曰："臣立志如此，因无才干，故不能行。"上曰："尔实无才干。并不曾读书，尔所修之书，皆不过他人代修耳。岂尔自修者耶？"

上谓尚书张鹏翮曰："尔所审如何？"张鹏翮奏曰："审得海上无贼，委系张伯行惊惶具奏。"上曰："此不过张伯行惊惶具奏，何贼之有？"上又曰："今年雨水甚大，娘娘庙等堤被冲决否？"张鹏翮奏曰："俱好，无被冲处。"上曰："雨水甚大，淮、黄河底想俱刷深矣。"张鹏翮奏曰："河底俱深。"上谓大学士等曰："一切本章俱宜切实，敷陈虚语闲文，虽多何益？张伯行所奏，俱系空言，并不能行。朕几次欲将张伯行提审，念其清廉，是以中止，姑调来引见。由今观之，甚是粗鄙，直未曾读书者，不可为封疆大臣，有钱粮小地方尚可用之。吏部事务甚属紧要，尚书富宁安未回时，着张鹏翮暂留办事。俟富宁安回日，再令张鹏翮还籍守制。将此俱传谕九卿。"

申时，上由西直门进神武门回宫。

是日起居注官王奕清、阿尔赛。

二十四日丙辰 自是日起，为祭天坛，上斋戒三日。

是日起居注官苏库、陈璋。

二十五日丁巳 起居注官苏库、陈璋。

二十六日戊午 早，上御太和殿视祀天坛祝版。毕，回宫。

是日起居注官陈璋、阿尔赛。

二十七日己未 早，上由午门出正阳门，诣天坛亲祭。是日，祭天坛时，用皇上新定雅乐。毕，回宫。

巳时，上由神武门出西直门，诣镜峰问安。驻跸畅春园。

是日起居注官陈璋、阿克敦。

二十八日庚申 是日，赐琉球国中山王尚景及进贡耳目官马仙公、副使正议大夫阮正、都统使梁德宗妆蟒缎匹等物。

二十九日辛酉

三十日壬戌

十二月

初一日癸亥 辰时，上御畅春园内澹宁居听政。部院各衙门官员面奏毕，御史田轩来近前条奏，州县官员亏空银两至三千两，令该督、抚审理，五千两以上自京差遣大臣审理一疏。上命侍班科、道近前。谕曰："从前外省常遣京师大臣审拟。但督、抚乃封疆重臣，不令伊审，而遣京师大臣赴审，恐苦累地方，因是停止差遣京师大臣。"

御史严开昶近前条奏，河南存贮漕粮有二十三万余石。现今甘肃等处岁歉，应将此米协运至彼预备一疏。上曰："河南固然有米，陕西之米亦多，若将彼处之米运去，则兵民不胜食矣。河南之米存贮，别有用处。陕西米多，尔不知耳。"严开昶奏曰："臣不知之。"上曰："此处尔过计矣。然有所见，何妨言之。"严开昶出。

大学士松柱、萧永藻、王掞，学士蔡升元、王之枢、彭始抟、邹士璁、查弼纳、敦拜、渣克旦、勒什布、星俄特、常寿以折本请旨。覆请九卿所题范仲淹从祀于宋司马光之上一疏。上曰："部议以范仲淹居司马光之上，事有关系，问明九卿，着伊等详议具奏。"

又覆请吏部覆古北口总兵官杨铸所题，请以同知管理民事准行一疏。上曰："此事着交该抚议奏。"

又覆请吏部所题都察院副都御史明安员缺，以通政使刘相等职名开列一疏。上曰："刘相人才不及。"大学士松柱奏曰："刘相人才诚不及，然办事尚勤。"上曰："刘相着补授副都御史。"

又覆请吏部所题为补授科、道一疏。上命乾清门头等侍卫宗室勒西歆取开列科、道官员试卷。谓大学士松柱等曰："朕将试卷分为三等，头等犹可。尔等分别具奏，以科、道用。余俱不堪。"

又覆请刑部等衙门覆尚书张鹏翮审奏，原任江苏巡抚张伯行屡奏有海贼，并无海贼，将良民张元隆等以窝藏盗贼，招聚匪类题参，殊属不合。应将张伯行照律拟斩监候，秋后处决，应如所拟一疏。上曰："张伯行着从宽免死。"大学士松柱奏，有旨将张伯行于有钱粮之小衙门补用。上又曰："朕昨召进张伯行，令讲民可使由之，不可使知之之处，彼全不能讲。所讲之语尽非。朕诘其从前所著之书，必是倩人所作。彼称果系他人为之。张伯行自谓知性理之书，性理中之《西铭》篇尚不能背诵，以为知性理，可乎？凡人不通五经四书，如何能讲性理？昔者房权、徐乾学、徐文元、熊赐履记得书最多，李光地所记亦多。朕博览载籍，即道书、佛经无不记识，讲即讲，作即作。若以朕为天纵使然，此即是逢迎朕者也。张伯行为巡抚时，有人逢迎，彼即喜之。"

又覆请刑部等衙门所题，打死郭敬林之文班应拟绞监候，秋后处决。但事在赦前，相应免死减等。佥妻流三千里一疏。上曰："此案援赦议之也。系打死人命事件，将本发还，着再议具奏。"

大学士松柱等奏，臣等遵旨问赵申乔，户部堂官一人被尔逐去，一人因尔忿恨而死，一人为尔气愤行动不得。今若用强有力大臣，尔又与之争竞，惟补授与尔意相合之人方好办事。赵申乔叩头奏称，臣年老衰迈，谁

人好臣亦不知，求皇上选择补授。并以原疏覆请。上曰："此事暂存贮尔衙门。俟朕得其人补授。"

松柱等又以总兵官杨铸等三缺，九卿保举通州等处副将魏经国等八人。折子呈览，并以原疏覆请。上曰："这所举俱系新用副将，旧副将并无一人，着再问九卿，将出兵效力及人才好、年久之副将举出。"

毕，尚书赵申乔，侍郎孙柱、傅绅、汤右曾等近前，以奉旨所交李陈常、年羹尧、李锡等所奏之事奏曰："臣等遵旨问李煦，江宁、苏州两处，所欠织造银两共计八十一万九千余两。"上曰："曹寅、李煦用银之处甚多，朕知其中情由，故将伊等所欠银二十四万两，令李陈常以两淮盐课羡余之银代赔。李陈常所赔银十六万两，理应缴部。若不缴部，仍付曹寅等，则愈致亏空无所底止矣。年羹尧所请鼓铸之处，张鹏翮、李先复皆四川人，着问之。"

又问曰："李锡坐名题补按察司员缺之粮道张孟球，九卿保举内有否？"汤右曾奏曰："张孟球系进士出身，记得九卿未曾保举。"上曰："尔等且查之。"

是日，上诣镜峰问安。

是日起居注官苏库、蔡珽。

初二日甲子

初三日乙丑

初四日丙寅　辰时，上御畅春园内澹宁居听政。部院各衙门官员面奏毕，大学士松柱、萧永藻、王掞，学士蔡升元、王之枢、彭始抟、邹士璁、查弼纳、敦拜、渣克旦、勒什布、星俄特、常寿，以折本请旨。覆请吏部所题江南巡抚张伯行、福建巡抚觉罗满保员缺，以学士蔡升元等职名开列两疏。上曰："陈瑸操守清廉，是一正人，但无甚才能，江南地方烦剧紧要，非伊所能。福建地方伊尚熟悉，着调福建巡抚，令速赴任。此偏沅巡抚员缺，着李发甲补授。江宁巡抚另行补授。"

又覆请兵部所题杭州将军达拜员缺，以镶黄旗副都统寿志等职名开列一疏。上曰："若于此处补授，却现在用兵之际。将杭州、江宁之副都统等，问曾任彼处将军之人具奏。江宁副都统乌纳哈，系近日补去者，伊人

材甚好，却无度量，勿举之。”

又覆请兵部所题台湾、澎湖等处员缺，以各省保题熟习水性之副将等职名开列一疏。上曰：“熟习水性之员，令聚一处，不得即用。着伊等掣签发往江南、浙江、福建、广东四省候缺。朕昨在西厂曾下谕旨，今看此本，所议不同。若将此本批着依议，俾遵何旨？着发还，一并议奏。朕因此折之。朕于每事敬慎者此也。”

又覆请刑部等衙门覆两江总督兼管巡抚事务赫寿所题，大盗张恩等劫崇明县龚汝霖商船，夺去衣米等物之处是真，理应处斩。但张恩等为饥寒所迫行劫，与大盗张明山等案相同，请拟减等完结。查得张明山等系奉旨免死减等，并未载入例内颁行。应将张恩等仍照律立斩一疏。上曰：“着将为首之人正法。”

上又顾大学士等曰：“清官难得，理应旌奖。但不合恃其清而执拗，专以报复为事。即如为江南钱粮事案奏请将阿山、宋荦提审，特欲报复之意。朕不曾遣去。大臣则有大臣之体，为数千两银何拘提之？有行文往问可也。后又奏提马三奇，朕亦不曾遣去。”又曰：“宋荦老实平和，不肯生事。在任之时，年岁屡丰，地方安静。朕于南巡时知之。继任巡抚等虽是严厉，皆不保其官。”

是日起居注官常鼐、蒋廷锡。

初五日丁卯

初六日戊辰　辰时，上御畅春园内澹宁居听政。部院各衙门官员面奏毕，大学士松柱、萧永藻、王掞，学士蔡升元、王之枢、彭始抟、邹士璁、查弼纳、敦拜、渣克旦、勒什布、星俄特、常寿以折本请旨。覆请吏部所题翰林院侍读高其倬员缺，以侍讲魏廷珍调补；魏廷珍员缺，以赞善吴士玉补授一疏。上曰：“魏廷珍等因修书议叙，以应升之缺升补。今将伊等屡行升转，可乎？有年久之翰林，尔等会同翰林院议奏。”

又覆请礼部所题为出性理题目，将头场七篇文字减去一篇，作四书文章二篇，经文章二篇，性理文章二篇一疏。上曰：“性理题目有做不得文字者，尔等会同九卿徐议具奏。”

又覆请理藩院题参正蓝旗拜他拉布勒哈番佐领库色类，自补员外郎以

来，并不行走。请将库色类革退员外郎一疏。上曰："库色类甚懒惰，此等不可不惩。将库色类佐领与员外郎俱着革退。伊世袭之职，着以应袭之人承袭。"

大学士松柱奏，臣等遵旨以杭州、江宁副都统等问原任将军王诺罗布，据称杭州副都统带色噶什人平常。塔拜系江宁副都统，不知其人。据贝子苏努称，塔拜人材颇优。并以原疏覆请。上曰："塔拜着补授杭州将军。"松柱等又覆请补授江宁巡抚一疏。上曰："现任巡抚内朕再三思维，并不得其人。此员缺得一能办事有益于地方之人方好，不可但取其清廉而用之。居官虽以清廉报主为善，恃其清廉而致误事，则亦无用。朕记吴存礼向为知州道员时，声名甚好。为巡抚后，声名如何，朕不知之。尔等今即问九卿具奏。"大学士松柱等出，问九卿复入奏曰："遵旨问九卿，九卿俱称，吴存礼居官好。"上曰："吴存礼着补授江宁巡抚。"

是日，上诣镜峰问安。

是日起居注官阿克敦、张廷玉。

初七日己巳

初八日庚午

初九日辛未　辰时，上御畅春园内澹宁居听政。部院各衙门官员面奏毕，大学士松柱、萧永藻、王掞，学士蔡升元、王之枢、彭始抟、邹士璁、查弼纳、敦拜、渣克旦、勒什布、星俄特、常寿以折本请旨。覆请吏部所题通政使司通政使刘相员缺，以光禄寺正卿萨哈布等职名开列一疏。上曰："盛京五部年久理事官，着俱调来引见。"

又覆请户部覆礼部侍郎署仓场事务荆山条奏，每年漕船过淮，请令总漕亲身随后催趱，以至济宁。到临清、德州，交与山东巡抚，拣选贤能官员自济宁催趱挖浅，即令出山东地界，各将过界日期题报等款，准如所议一疏。上曰："此本原系九卿所议，仍着交与九卿再议具奏。"

又覆请礼部覆总督管理直隶巡抚事务赵弘燮所题，请广直隶生员额数，照江南、浙江额数取进，不准行一疏。上曰："直隶士子虽不如江浙之多，今读书者亦渐兴起矣。生员额数理应酌增数名。本发还，着再议具奏。"

又覆请兵部所题古北口、海坛、曲浔三处总兵官员缺，以年久云南副

将曹维成等职名开列一疏。上曰："古北口满汉兵丁杂处之地，此总兵官员缺，着以副将保柱补授，则满汉兵丁皆可约束。福建海坛总兵官员缺，着以副将程汉鹏补授。曲浔总兵官员缺，着以副将杨鲲补授。伊等俱在行间效力之人，人材亦好。"

又覆请兵部所题罗文峪口防御张武等抵销所加一级，仍降一级调用。遵化州知州刘之琨已将百姓呈词并防御张武移文报部，应无庸议一疏。上曰："为防御者取下人食物及捕鱼，皆属常事。若因下人讦告，即行处分，则下人如何管束？张武、折库诺俱从宽，免其降调。"

又覆请刑部等衙门所题，偷盗内库鞍辔之色克图等即行正法一疏。上曰："色克图等俱着改为应斩监候，秋后处决。"

又覆请刑部等衙门覆江南江西总督署理江宁巡抚事务赫寿所题，大盗钱周达等照律即行正法，准如所拟一疏。上曰："此并非为首之人，应仍照前，将为首之人处斩，余减等发往黑龙江。本发还，查明再议具奏。"

又覆请工部覆总督管理直隶巡抚事务赵弘燮所题，密云县城垣坍塌，请动库帑修造。至如涿州、武清等处城垣，与各属所请应修之城垣甚多，此等大工，并无可动之项。请开捐纳条例几款等因。应将密云县城照该抚所请修理，其直隶等处城垣边墙、门洞，但称俱应修理，并未声明所费银两数目。将此仍行文该抚，以所费银两数目详细估计，具奏到日再议一疏。上曰："旗员从关差回后，俱急公效力。今汉官内自学院、学道差回者，又总督、巡抚革退者，皆得亿万金回家，徒资浮费，并不效力。着九卿查奏，若居官果清者，着将情由申奏。"

毕，上谓大学士松柱等曰："朕昨召陈瑸入见，细察其举动言语，实系清官。谓将来全无报复私仇之事，朕不能保。但就现在观之，真能为人所不能为，与苦行僧无异。且陈瑸系滨海务农之人，非世家大族，朝中士大夫又无门生故旧。而天下之人莫不知其清。苟非真清，岂能至此？朕面谕陈瑸云，尔为巡抚与为司道等官不同，若贪财好利，厚载而归，诚为非道。但应得之物，亦宜取为赏兵之需。身为封疆大吏，而室中萧然无一物可以与人，亦非大臣所宜。夫第谓一介不以与人，一介不以取诸人，岂于己必无所得？不过不肯与人，到后日仍是自肥耳。陈瑸亦深心服。至陈瑸

之学问虽平常，而其才尚能办事。凡为地方官者，但能持己以正，不为非法之事，即称良吏。如陈瑸者，岂可多得？国家得此等人，实为祥瑞。允宜从优表异，以鼓励清操。朕所以宽容张伯行者，正爱其清耳。若他人当此，早已严行拿问矣。”又曰：“凡论文章，须前后反复，看其照应与否，方能定其是非。孔子曰，先行其言而后从之。若言在事先，则言行辄至不能相顾。张伯行每称噶礼必欲杀伊，今噶礼已死。彼虽另有应死之罪而死，不因张伯行而死。究竟噶礼死于张伯行之手乎？抑张伯行死于噶礼之手乎？朕今日果置张伯行于法，反应张伯行之口矣。”

又曰：“年来各省吏治俱胜从前。虽已治而益求治，已安而益求安，岂不望其更加砥砺？然今日之官，不可以比昔日之官。即部院衙门官员，亦皆清苦。往年充一笔帖式，家计旋饶。今即户部衙门，求一刁猾书吏，亦不可得。盖此辈无利可图，自然散去也。”

上又谓大学士等曰：“刘荫枢屡奏朕，言贵州按察使白潢居官还好，尔等知之乎？”大学士萧永藻奏曰：“与臣同旗，故知之居官果好。”上曰：“内外官员无论满汉大小，有如陈瑸、李陈常者，尔等善为留心。”大学士王掞奏曰：“似此苦行清操之人，实是难得。”上曰：“昔年九卿保举之两淮盐运使张应诏，操守亦好。”王掞奏曰：“闻其居官甚清。”上曰：“如此等人，俱属难得。江南学院余正健操守甚好，但不知其办事之才如何？李陈常之弟直隶守道李维钧，才守俱优，虽非进士出身，学问还好。尔等可传谕九卿，有如陈瑸等之清操为人所共知者，着奏闻。”

是日起居注官陈璋、阿尔赛。

初十日壬申

十一日癸酉

十二日甲戌 辰时，上御畅春园内澹宁居听政。宗人府衙门以欲往盛京居住闲散宗室索党引见。上曰：“闲散宗室索党往住盛京，闲散行走不便，着授为福陵额外总尉，食俸在任行走，俾有光彩。朕之待宗室觉罗者如此，往住彼处者，倘多更佳。”

部院各衙门官员面奏毕，大学士松柱、萧永藻，学士蔡升元、王之枢、彭始抟、查弼纳、敦拜、渣克旦、勒什布、星俄特、常寿以折本请

旨。覆请吏部所题常州府知府员缺，以张廷桢等五员职名开列一疏。上曰："常州府、吴县、吴江县地方俱系紧要，将山东、河南、江南能员调补此处，着问九卿，举出能员，即行补授。"

又覆请刑部等衙门覆安徽巡抚梁世勋所题，吴氏再醮之后，不能度日，至前姑家中索取银两，伊姑毛氏，情急缢死是真。照律应将吴氏即行处斩，准如所拟一疏。上曰："吴氏已经再醮，应否仍照殴姑例议即正法？非朕必欲宽吴氏也，但此等案，朕从未经见，着问九卿具奏。"

又覆请刑部所题汇题案内正白旗满洲都统崇古礼等，将二等侍卫达普秀之子闲散人雅图饮酒行凶送部，审问是实，照例发往三姓处当差行走一事。上曰："伊父子原系三姓处人，发往彼处正合其意。着发往江南地方当差行走。"

又覆请总督赫寿请陛见一疏。上曰："赫寿不必来京陛见。"

大学士松柱等奏，以范仲淹配享在司马光之上问九卿，据九卿云，范仲淹应在司马光之上。并以原疏覆请。上曰："依议。"

上又顾大学士等曰："朕前欲宥尚之信，杜立德进前奏称，皇上不杀此叛人，仍留之，欲令其复叛乎？廷诤之状，即如与朕抗衡一般。朕因此言，将尚之信正法。李霨、卫周祚若有所言，亦不让地步。张玉书、熊赐履凡有上谕，一字未妥，必行改正，不肯草草放过。"

上又曰："民可使由之，不可使知之，此处有三、四解，令张伯行讲之，并不能定何者为是。"顾起居注官赵熊诏曰："这所解三、四处，惟熊赐履解得甚当，尔可查看具奏。"

是日，上诣镜峰问安。

是日起居注官苏库、赵熊诏。

十三日乙亥　辰时，上自畅春园诣汤泉驻跸。

十四日丙子

十五日丁丑

十六日戊寅

十七日己卯

十八日庚辰　巳时，上御行宫。大学士松柱、学士查弼纳以折本请

旨。覆请九卿所题宝泉、宝源二局需用铜斤，匀交江南等八处总督、巡抚动正项钱粮采买。王纲明等既经刨矿，将铅应交与商人王纲明等，扣除银两交与内库一疏。上曰："九卿所议将铜斤交与八省督、抚采买，甚是。其买铅之事，议仍交与王纲明等，扣除银两交入内库。伊等所欠银两，令交内库，殊觉太烦。若用商人之铅，将户部银两给发商人买用可也。其商人所欠节省银两，亦当交与户部。开矿虽非永久之事，倘将开矿之处禁止，商人必至于死矣。本着发还。"上谓左都御史揆叙曰："此事尔亦会议，将旨意晓谕九卿，再行详议具奏。"

又覆请宗人府所题查得觉罗常德之拜他喇布勒哈番，乃恩诏所得一拖沙喇哈番。又觉罗厄布痕因系觉罗，赐恤一拖沙喇哈番，并非效力所得之官，应不准其承袭一疏。上曰："给伊拖沙喇哈番，着世袭罔替。"

又覆请吏部覆御史周祚显所题，原任西安府管粮通判张晟，为亏空仓米，将欠伊银两之曾尚俊等三十六员借约七十张开出，行文直隶各省追取，以补张晟未完粮米。伊等或系管民管兵之官，若留在任追取，必至刻剥小民，侵欺钱粮，为害甚大。请令行文各督、抚，查所欠果真，即行革职，严追调回，张晟交与该旗，变卖家产赔补等因，应无庸议一疏。上曰："这事情着依议。"

又覆请户部覆周祚显条陈，买湖广、河南之米，捐运至甘肃地方等款，议不准行一疏。上谓大学士松柱曰："尔意云何？"大学士松柱奏曰："湖广、河南去肃州等处甚远，水路不通，陆运难到。至于招民耕种，业经侍郎常泰具奏。现行招民开垦，故议俱不准行。"上曰："周祚显条奏殊谬，着依部议。"

又覆请户部所题离任郎中白保住等未交纺丝，原限一年交完，今已逾限未交，甚属不合。请将白保住革职，其未交纺丝，仍行文该旗作速严催解部。如仍不完，该旗题参到日，从重治罪一疏。上曰："从前似此等应会议事，谕令与应会之部会议，一次完结，旨意甚明。此事并未经会议，非矣。本发还，着会议具奏。其未会议之处，着回奏。"

又覆请刑部等衙门覆江西巡抚佟国襄所题，大盗关奇等照律即行正法，准如所拟一疏。上曰："尔等会同三法司，于伊等内有造谋为首伤

人、杀人者，将一二人正法，余俱照例减等，发往黑龙江。本发还，着查明再议具奏。”

又覆请理藩院所题，阿禄科尔沁台吉衮他儿等，将皇上赏赐年老男妇银两侵蚀，向台吉诺尔布渣穆素等索取马牛，抵银给发。又指称医病派取马、牛、羊、银两等物入己，苛害旗人，甚属不合。照例将衮他儿佥妻子及伊所属人等，着来京披甲效力一疏。上曰：“衮他儿曾屡次犯罪，若仍留在阿禄科尔沁，断不安静度日，必至生事。令伊来京披甲，所议甚是。着依议。”

十九日辛巳

二十日壬午

二十一日癸未 巳时，上御行宫，大学士松柱、学士查弼纳以折本请旨。覆请宗人府衙门所题以原任将军觉罗孟俄洛承袭三等阿达哈哈番一疏。上曰：“这袭职，引见之时，朕曾有亲谕该旗大臣旨意与伊等，奏称俱遗漏，未入本内。若不叙入本内，日后何凭？本发还，将朕所下之旨与伊等所奏之言，俱叙入本内具题。其遗漏之处，着该旗都统等回奏。”

又覆请兵部所题请将熟识水性之王政行等十五员，发往各省沿海水师营内，遇缺即用一疏。上曰：“依议。游击潘承家系台湾、澎湖等处效力，功加左都督。南巡之时，曾在御舟，人材好，熟识水性。遇有沿海要地副将缺出，即行补授具奏。”

又覆请兵部所题黑龙江将军宗室杨福员缺，以镶黄旗满洲副都统寿志等职名开列一疏。上曰：“俟回銮后问议政大臣。”

又覆请刑部覆浙江巡抚徐元梦所题，大盗朱国相等应照律即行正法，准如所拟一疏。上曰：“大学士会同三法司，此案内有造谋为首伤人、杀人者，将一二人正法足矣。余俱照例减等，发往黑龙江等处。本发还，着查明再议具奏。”

又覆请太常寺所题为祭祀祈谷坛，皇上躬诣行礼，或遣一大臣恭代一疏。上曰：“方春祭祈谷坛，原奏用上辛日祭祀。明年初十，乃上辛日，尚未立春，前亦有用次辛、三辛祭者。此处大学士会同太常寺议奏。”

毕，上顾侍臣等曰：“尔等观大学士松柱，虽老并无残疾。此由年少

之时，从事行间，多历战阵，业已受伤也。”随命大学士脱帽，以伤痕示众人。上又曰：“受伤之人出血多，则晚年必无残疾。此特旧血既出，新血复生故耳。是以西洋人治病，常放血以医之。”

二十二日甲申　辰时，上御行宫，大学士松柱、学士查弼纳以折本请旨。覆请九卿覆宝泉、宝源二局需用铜斤，匀派交江南等处八省督、抚选择贤能官员动正项钱粮采买，铅由户部发银给商人采买需用。现今宝泉局铜少，不敷鼓铸，所买铜铅，令其四月内交送一半，九月全完。此后俱照定例，四月交送一半，九月全完一疏。上问左都御史揆叙曰：“尔等议定铅价亦少加浮否？”揆叙奏曰：“议价略浮。”上曰：“着依议。”

又覆请九卿覆礼部侍郎署理总督仓场事务荆山所题，京城通州各仓与大通桥号房内倒塌，应行大修之仓廒、号房，请发钱粮，派部院满汉堂官各一员，贤能满汉司官每仓各二员，今年备办物料，明岁雨水之前兴工修完等因，议准行一疏。上曰：“着依议。此仓廒工程，不必派部院堂司官，着交与总督仓场侍郎速行修理。”

又覆请户部所题右卫将军费扬古奏销公库银两数目相符。其年老休致回京官员所欠银两，请行文该旗追取解部一疏。上曰：“不必解部，着交与彼处同知赛隆阿办理兵饷。”

上谓大学士松柱曰：“仓场侍郎吕履恒为人甚懦，将伊调补户部侍郎。张伯行着革职，授为总督仓场侍郎，于仓廒工上戴罪效力。”

巳时，上自汤泉至畅春园，诣镜峰问安。驻跸畅春园。

扈从起居注官揆叙。

是日，辰时，封印。

二十三日乙酉　是日，为蠲免甘肃所属靖远卫等处钱粮，上谕户部。谕曰：“朕统一寰宇，宵旰孜孜，惟以年谷顺成，民生康阜为念。故凡地方水旱情形，必时加咨询。其有岁偶不登，即诏所司亟行蠲赈。五十余年来，未尝少懈。前因甘肃靖远卫等处年岁歉收，既已多方筹划，蠲赈频施。复将甘肃被灾二十八州县卫所，康熙五十四年额征银粮、草束，通行蠲免。但被灾之余，民鲜盖藏。若非再沛洪施，恐来岁办赋犹艰。除宁州、陇西、渭源、狄道、临洮五州县卫五十五年额征银粮、草束已经蠲免

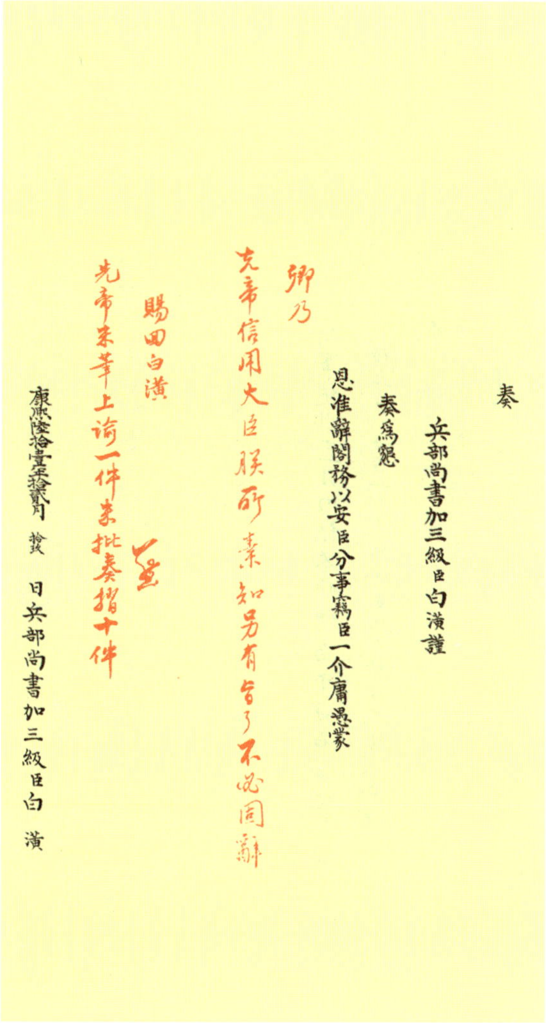

兵部尚书白潢奏为恳辞阁务折雍正御批

康熙六十年十二月十九日

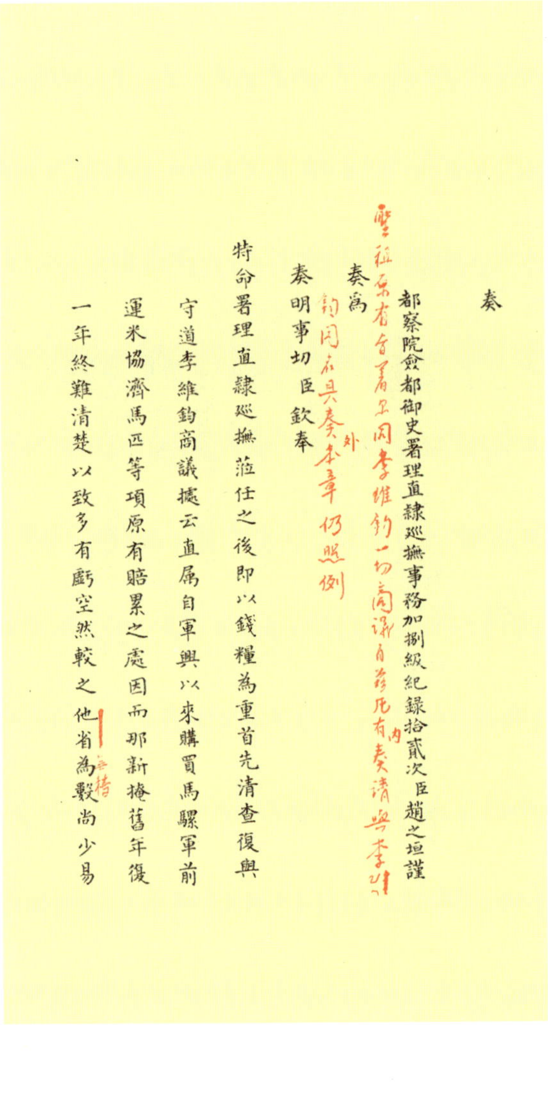
奏
都察院僉都御史署理直隸巡撫事務加捌級紀録拾貳次臣趙之垣謹
覽你原奉有旨著你同李維鈞一切商議自然凡有内奏請與李維鈞同在具奏外本章仍照例
奏為
奏明事切臣欽奉
特命署理直隸巡撫蒞任之後即以錢糧為重首先清查復與
守道李維鈞商議據云直屬自軍興以來購買馬騾軍前
運米協濟馬匹等項原有賠累之處因而那新掩舊年復
一年終難清楚以致多有虧空然較之他省為數尚少易

署理直隸巡撫趙之垣奏報差官徹底清查虧空情形折雍正御批
康熙六十一年十二月二十二日

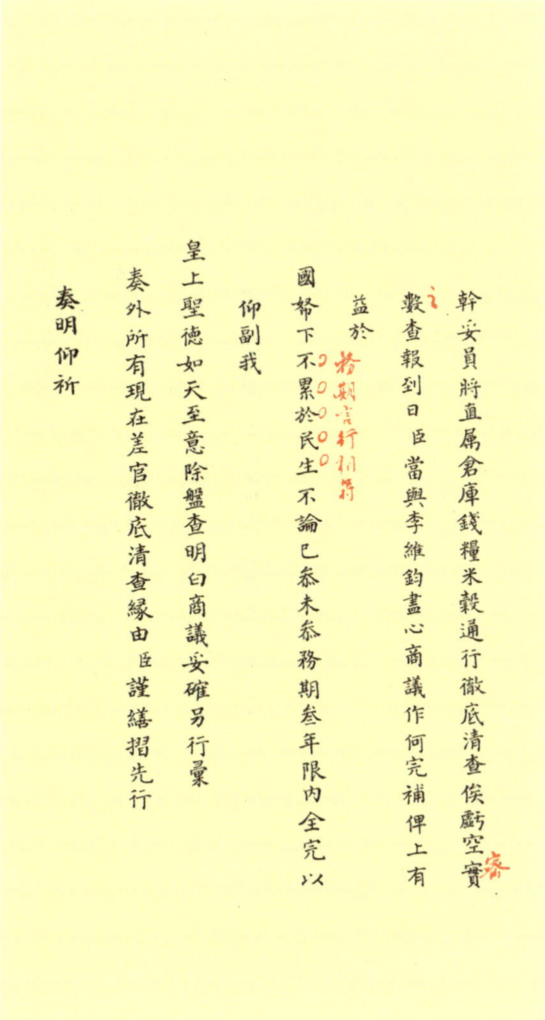
幹安員將直屬倉庫錢糧米穀通行徹底清查俟虧空實
數查報到日臣當與李維鈞盡心商議作何完補俾上有
益於
國帑下不累於民生不論已叅未叅務期叁年限内全完以
仰副我
皇上聖德如天至意除盤查明白商議妥確另行彚
奏外所有現在差官徹底清查緣由臣謹繕摺先行
奏明仰祈

署理直隶巡抚赵之坦奏报差官彻底清查亏空情形折雍正御批

康熙六十一年十二月二十二日

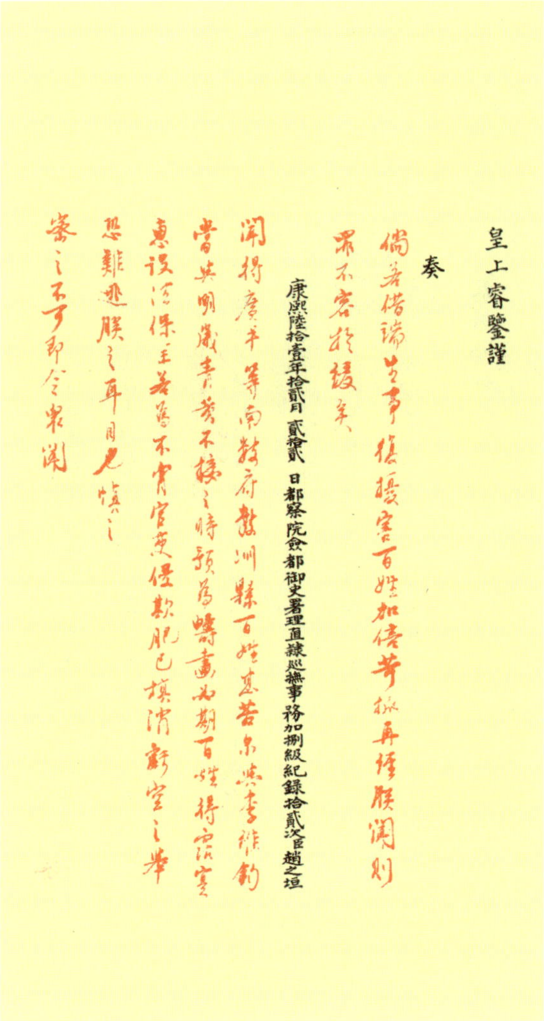

署理直隶巡抚赵之垣奏报差官彻底清查亏空情形折雍正御批

康熙六十一年十二月二十二日

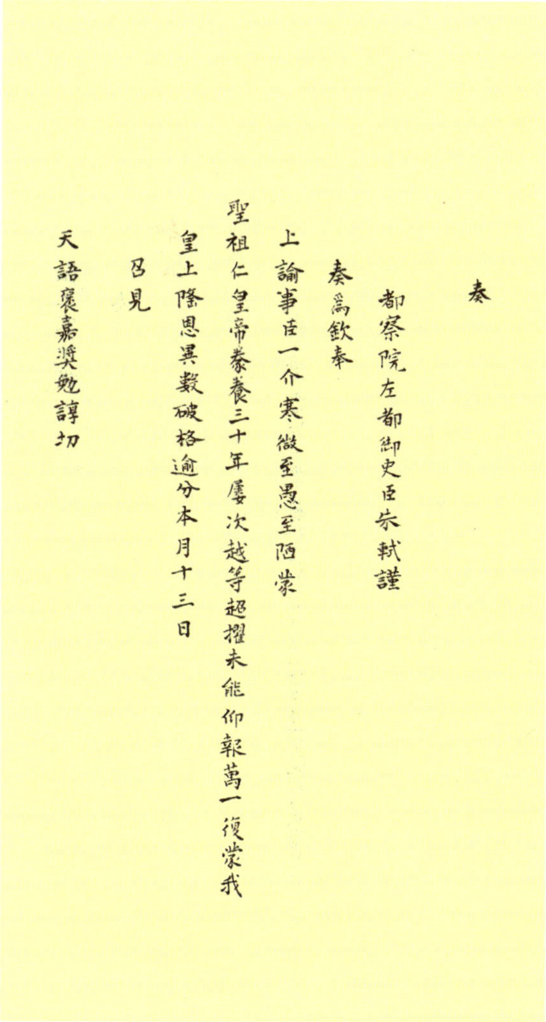
奏
都察院左都御史臣朱軾謹
奏為欽奉
上諭事臣一介寒微至愚至陋蒙
聖祖仁皇帝豢養三十年屢次越等超擢未能仰報萬一復蒙我
皇上隆恩異數破格逾分本月十三日
召見
天語褒嘉獎勉諄切

都察院左都御史朱轼奏请官员任用折雍正御批

康熙六十一年十二月二十四日

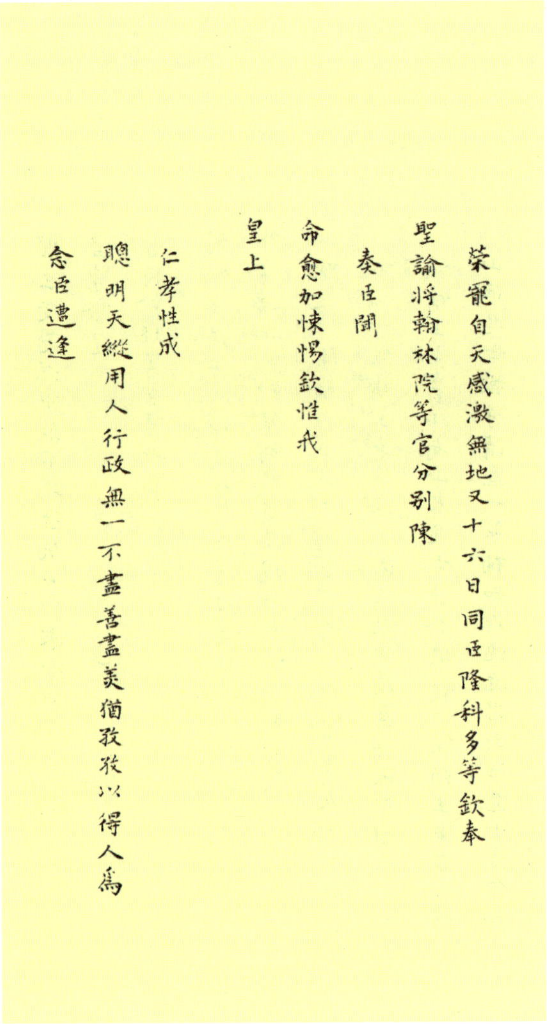
榮寵自天感激無地又十六日同臣隆科多等欽奉
聖諭將翰林院等官分别陳
奏臣聞
命愈加悚惕欽惟我
皇上
仁孝性成
聰明天縱用人行政無一不盡善盡美猶孜孜以得人爲
念臣遭逢

都察院左都御史朱轼奏请官员任用折雍正御批

康熙六十一年十二月二十四日

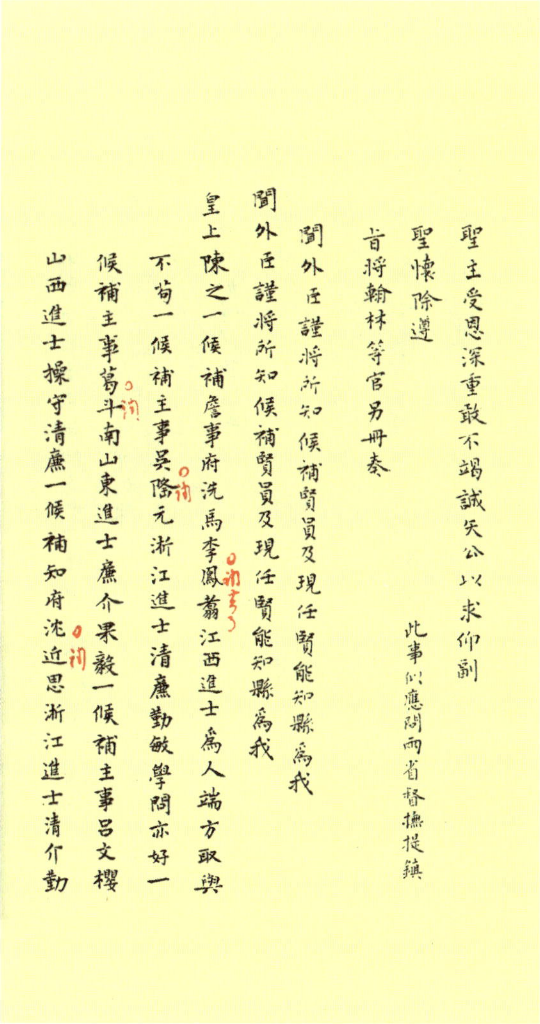

都察院左都御史朱轼奏请官员任用折雍正御批

康熙六十一年十二月二十四日

謹一山西榮河縣知縣許惟訥江南進士辦事勤敏一江南
舒城縣知縣蔣鶴鳴浙江舉人潔己愛民一原任江南上海
縣知縣李發枝浙江進士才能敏練以上俱係賢員臣知之
最確謹據實奏
聞伏乞
皇上睿鑒臣謹
奏
康熙六十一年十二月　二十四日

都察院左都御史朱轼奏请官员任用折雍正御批

康熙六十一年十二月二十四日

外，其靖远等二十八州县卫所，五十五年额征银九万七千八百七十两零，粮二十三万九千四十石零，草二百五十三万七千八十束零，亦尽与蠲免。谕旨到日，该督、抚即遍行晓示，俾遐陬僻壤，莫不周知。务期均沾实惠，以副朕轸恤边民至意。尔部即遵谕行。特谕。”

是日起居注官常鼐、蔡珽。

二十四日丙戌

二十五日丁亥 巳时，上由西直门进神武门回宫。

自是日起，上因祭太庙，斋戒三日。

是日起居注官苏库、蔡珽。

二十六日戊子 是日起居注官陈璋、阿克敦。

二十七日己丑 早，上御中和殿视祭太庙祝版毕，回宫。

是日起居注官苏库、蔡珽。

二十八日庚寅 是日，上诣宁寿宫问安。

是日起居注官蔡珽、阿尔赛。

二十九日辛卯 午时，上御保和殿，以岁暮宴朝正外藩诸王等，左翼科尔沁和硕达尔汉亲王和硕额驸罗布藏滚布，巴林多罗郡王固伦额驸乌尔滚，科尔沁多罗郡王伊西班第，翁牛特多罗郡王和硕额驸仓津，奈曼多罗都楞郡王垂忠，科尔沁多罗贝勒巴克什古尔，乌朱穆秦多罗厄尔德尼贝勒博木布，札鲁特多罗贝勒毕鲁洼，阿禄科尔沁多罗贝勒王占儿，阿霸垓固山达尔汉贝子车领董罗普，科尔沁和硕额驸班第、和硕额驸多尔济，喀喇沁和硕额驸那木赛、镇国公善巴喇西，科尔沁固山额驸班第；右翼科尔沁和硕亲王巴特马，科尔沁多罗郡王鄂齐儿，敖汉多罗郡王楚音盆儿，敖汉多罗郡王鄂尔斋图，蒿齐忒多罗郡王颜木皮儿，科尔沁多罗贝勒阿必达，喀尔喀多罗贝子罗布藏，苏尼特多罗贝勒习礼，扎鲁特多罗贝勒阿弟沙，巴林多罗贝勒札什那木塔儿，喀尔喀固山贝子巴特马王占儿，科尔沁和硕额驸多尔济色楞，敖汉多罗额驸罗布藏，扎鲁特镇国公苏里等，及内大臣、侍卫、大学士等。诸乐并作，上进酒毕，令左翼科尔沁和硕达尔汉亲王和硕额驸罗布藏滚布，右翼科尔沁和硕亲王巴特马等至御座前，上亲授饮。其余贝勒、贝子、公、额驸、台吉等，俱令侍卫于座次分觞授饮。宴

毕，众谢恩。上回宫。

是日起居注官常寿、阿尔赛。

臣等钦惟皇上御极五十四年，久道化成，德洋恩普。黄童白叟尽乐恬熙，僻壤荒陬咸知亲逊。内安外攘、政简刑清。海甸巩于金瓯，邦家奠于盘石。世运之隆，至矣，极矣！皇上治益求治，安益求安，事事以中正诚敬为本，而弗尚虚文。第恐承平既久，习于晏安，时与臣工殷殷告诫，实心任事，以图有终。此则儆戒无虞之至意也。万几之暇，留心稽考，融贯经史，阐明理学，靡不旁搜博览，而洞悉其渊源。是以为作为述，大中至正，于世道人心范围无外，斯真足以绍精一之心传，发周孔之秘奥矣。又以移风易俗，莫善于乐，间取乐章亲加厘定，依永和声之盛复见于兹。此则治定功成之明验也。而且轸念民依，勤恤民隐。春生滋长，每虑风霾，夏雨过多，即令防御。禁江苏之遏籴而八闽蒙休，悯直隶之水灾而五府被德。发库帑以筑河堤，免正供以安边徼。此又视民如伤之盛心也。至若申明吏治，务从宽大，不事虚声。清操自矢者，有过亦所矜全。劳绩有闻者，身后犹蒙优恤。郎官入直，贤否周知。高年侍养，存问必及。真上下一体之至谊也。而又以辟门吁俊，登进宜严。培植士风，胶庠为首。畿甸广其旧额，苗、傜亦列泮宫。戒出科场拟题，杜揣摩幸进之路。拔用教习进士，示鼓舞振兴之权。义学设于穷乡，宋臣予其配享。此真菁莪棫朴之休风也。若夫减秋释之等，与其杀不辜，宁失不经。宽降罚之条，罪疑惟轻，功疑惟重。此真咸中有庆之隆轨也。凡兹良法美意，出之九重，止因事而制宜，垂之万祀，咸世法而世则。孰非皇上之帝德广运，光被四表之所至哉。臣等载笔一周，仰见圣德之高深，不禁鼓舞欢忭，而纪之简末云。

康熙五十五年　丙申

正　月

初一日壬辰　寅时，上以元旦令节，率诸王、贝勒、贝子、公等，及内大臣、侍卫、大学士、都统、尚书、精奇尼哈番，诣堂子行礼毕，回宫。

辰时，上率诸王、贝勒、贝子、公等，内大臣、侍卫、大学士等，诣宁寿宫行礼，文武官员于午门外随班行礼毕，回宫。

顷之，上御中和殿，内大臣、侍卫，内阁、翰林院、礼部、都察院、詹事府等衙门大臣官员，行庆贺礼。上御太和殿，诸王、贝勒、贝子、公等及文武各官，与朝正外藩诸王、贝勒、贝子、公、台吉，朝鲜等国使臣，奉表行庆贺礼毕，上回宫。

是日起居注官汤右曾、常鼐。

初二日癸巳　巳时，上由神武门出西直门，诣畅春园驻跸。

是日起居注官苏库、蔡珽。

初三日甲午　是日，上诣镜峰问安。

初四日乙未

初五日丙申

初六日丁酉

初七日戊戌　辰时，上由西直门进神武门，回宫。

申时，上由神武门出西直门，诣畅春园驻跸。

是日起居注官陈璋、阿克敦。

初八日己亥

初九日庚子　是日，上诣镜峰问安。

初十日辛丑

十一日壬寅

十二日癸卯

十三日甲辰

十四日乙巳　午时，上御畅春园内九经三事，以上元节赐朝正外藩蒙古诸王，左翼科尔沁和硕达尔汉亲王和硕额驸罗普藏滚布，巴林多罗郡王固伦额驸乌尔滚，科尔沁多罗郡王伊西班第，翁牛特多罗郡王和硕额驸仓津，柰曼多罗都楞郡王垂忠，科尔沁多罗贝勒巴克什古尔，乌朱穆秦多罗厄尔得尼贝勒博木布，札鲁特多罗贝勒毕鲁洼，阿禄科尔沁多罗贝勒王占儿，阿霸垓固山达尔汉贝子车领董罗普，科尔沁和硕额驸班第、和硕额驸多尔济，喀喇沁和硕额驸那木桑，扎萨克镇国公善巴拉西，科尔沁固山额驸班第；右翼科尔沁和硕亲王巴特马，科尔沁多罗郡王鄂齐尔，敖汉多罗郡王垂木皮尔，敖汉多罗郡王鄂尔斋图，蒿齐忒多罗郡王牙木皮儿，科尔沁多罗贝勒阿必达，喀尔喀多罗贝子罗普藏，苏尼特多罗贝勒习礼，札鲁特多罗贝勒阿弟沙，巴林多罗贝勒札什那木塔儿，喀尔喀固山贝子巴特马王占儿，科尔沁和硕额驸多尔济色楞，敖汉多罗额驸罗普藏，札鲁特镇国公苏里等，及内大臣、侍卫、大学士等宴。诸乐并作，上进酒。左翼科尔沁和硕达尔汉亲王和硕额驸罗普藏滚布，右翼科尔沁和硕亲王巴特马等近御座前，上亲赐饮。其余贝勒、贝子、公、额驸、台吉等，俱令侍卫于坐次分觞授饮。宴毕，众谢恩，上回宫。

是日，上于闲邪存诚问皇太后安。

是日起居注官常鼐、阿克敦。

十五日丙午　午时，上御畅春园内九经三事，赐朝正外藩蒙古左右两翼诸王、贝勒、贝子、公、台吉等，及内大臣、侍卫、大学士等宴，诸乐并作，上进酒毕。外藩蒙古左右两翼诸王以下、台吉以上，俱令侍卫于坐次分觞授饮。毕，众谢恩，上回宫。

是日，上诣镜峰问安。

是日起居注官蔡珽、阿尔赛。

十六日丁未　是日，上于九经三事问皇太后安。

十七日戊申　是日，上诣镜峰问安。

十八日己酉　辰时，开印。

此后上驻跸畅春园。各部院衙门奏章，每日交内阁转送畅春园听理。面奏事件，仍行面奏。

十九日庚戌　辰时，上御畅春园内澹宁居听政。各部院衙门官员面奏毕，大学士松柱、萧永藻、王掞，学士蔡升元、王之枢、顾悦履、彭始抟、查弼纳、敦拜、渣克旦、勒什布、星俄特、常寿以折本请旨。覆请户部尚书赵申乔所奏，宝泉局监督鄂什等呈称，炉头徐宗礼等请预支半年工价，俟钱铸出之日，按卯扣还等情。查得炉头力量不及是实，准照该监督所请给与，伏乞圣裁一折。上曰："前炉头预支钱粮，赵申乔曾言其非。今又自云预支，与前言不符。若行预支，日后必至拖欠。看伊奏折，意在徼幸即行。今将此折驳回。着于本上用印，尔衙门批发可也。"

大学士松柱等奏曰："臣等遵旨以补授黑龙江将军杨福员缺，问议政大臣。据议政大臣云，本内开列之人，俱系皇上简用之员，仍求皇上简用。"缮折呈览，并以原疏覆请。上曰："此事俟后次再奏。"

毕，上顾大学士等问曰："太常寺少卿樊绍祚年几何？"学士王之枢奏曰："樊绍祚今年五十七岁。"上曰："朕问樊绍祚，伊云履历开五十七岁，实年六十三岁。以朕看来，七十有余矣。着休致。"

是日，上诣镜峰问安。

是日起居注官苏库、陈璋。

二十日辛亥　是日，赐江宁副都统神保、福建海坛总兵官程汉鹏、安徽巡抚梁世勋、江宁巡抚吴存礼鞍马各一匹。

是日起居注官常鼐、蔡珽。

二十一日壬子　辰时，上自畅春园启行，至汤山驻跸。

二十二日癸丑

二十三日甲寅

二十四日乙卯

二十五日丙辰

二十六日丁巳

二十七日戊午　自是日起，上以祭祈谷坛，斋戒三日。

二十八日己未

二十九日庚申

三十日辛酉

二　月

初一日壬戌

初二日癸亥　巳时，上御汤泉行宫，大学士松柱、学士渣克旦以折本请旨。覆请宗人府所题将镇国公杨福之公减去一等，与伊长子三观保承袭。又杨福西路出兵所得拖沙喇哈番，或与伊某子承袭，或作如何之处，求皇上指示一疏。上曰："杨福任将军以来，甚为效力。三观保仍袭封镇国公。伊拖沙喇哈番是出兵处军功所得者，后在召磨多地方打仗有功，又加一拖沙喇哈番，授为拜他喇布勒哈番，着噶尔玛承袭。"

又覆请吏部所题大理寺正卿孟世泰员缺，将太常寺正卿李敏启等职名开列一疏。上曰："此事着暂收贮本内，将李敏启、王懿开列。王懿为府尹，声名不如施世纶。府尹一缺，甚属紧要，须用操守好、有才能之人，方为有益。提督江南学政余正健声名甚好，着问九卿。再有操守才能之员，亦着伊等举出启奏。"

又覆请吏部所题安徽按察使杨宗义员缺，将霸昌道祁国祚等带来引见一疏。上曰："顷因放按察司，调来引见余剩道员四人，着问九卿具奏。"

又覆请户部所题为更换京仓、通仓监督，将各衙门保举官员主事马尔赛等满汉二十二员差往监督，如米有赢余，照前议叙一疏。上曰："监督等收米时俱用红斛，放米时俱用平斛，米有赢余亦常事耳。人皆以此为升迁之路，故因仓差得升者甚多，着交与九卿议奏。"

又覆请礼部所题安南国王黎维祯进贡之物，交与内务府议奏一疏。上曰："安南国应进金香炉、花瓶、银盆、犀角、象牙，物重而道远，人甚劳苦。自今以后，进贡之物着折金银，交与广西布政司存库。原本发回，交与九卿议奏。"

又覆请兵部覆广西提督张朝午所题，泗城副将倪业显员缺，或将桂林

副将蔺佳进调补，或将记名人员拣选补授等因，议将蔺佳进调补泗城副将，蔺佳进员缺，交与总督、提督拣选具奏一疏。上曰："部议将蔺佳进员缺交与总督、提督拣选具奏，彼处武官职名俱在部内，将本发回，着部查明应升之员，再议具奏。"

大学士松柱等奏曰："臣等遵旨问九卿，居官有如陈瑸操守清廉者否，据九卿云，臣等并无深知之人。"具折呈览。上曰："尔等不曾举出一人，现有居官清廉者，如李陈常，亦不曾举出。额伦特、施世纶、刘荫枢、杨琳、李陈常、李维钧、白潢，操守俱好，将伊等如何之处，着问九卿。再有居官清廉操守好者，尔等亦须举出。"

初三日甲子

初四日乙丑

初五日丙寅

初六日丁卯

初七日戊辰

初八日己巳　是日，礼部以御史董之燧所参同考官储在文等之处，请将刘谦、蒋恭业等提至京城质审，以折子交奏事双全等转奏。上召大学士、九卿大臣等入内。问曰："去年科场声名如何？"户部尚书赵申乔奏曰："外间议论不一，有言好者，有言不好者。"上顾吏部尚书张鹏翮曰："尔所闻如何？"张鹏翮奏曰："是时臣往江南审事，不能悉知。"上问曰："尔回来所闻人言如何？"张鹏翮奏曰："人言亦不同，大约中者皆言好，不中者皆言不好。"

上又问曰："刘谦为人如何？"赵申乔奏曰："看伊为人尚谨慎小心。"张鹏翮奏曰："人尚谨慎。"上曰："昨御史董之燧题参储在文等。储在文去年御试时，文章甚好，因令入南书房行走。后观其为人不端，遂不令在内行走。刘谦已于别案革职，今礼部复请提刘谦质审，朕意欲从宽免。即如往年张鹏翮为宜思恭一案，提阿山、宋荦审问，众心不服，大有怨尤。去年又奏请欲提马三奇等审问，朕不曾遣往。若将大臣提去质审，亦非待大臣之体。"吏部侍郎汤右曾奏曰："御史所参事皆无凭据。"上曰："事虽无凭，声名难掩。"赵申乔奏曰："歌谣谤帖之风亦

不可长。且所参进士，亦不尽出储在文等四人。本房殊不分明。”上曰：“不然。若一究审，便分明矣。每见汉大臣等，保举人犹可，但有好干预科场之事者。看来不必待至临期，往往前一年先为之计，或选刻文章，或刊行己稿，令人皆诵习揣摩。场中一见，即已了然，知为何人矣。此大不可。设若朕将所作文章颁行天下，则士子无不传习仿效，场中有不立辨者乎？故选文刻稿，皆应惩戒。总之，科场事当秉至公，不可稍参私意。”

又曰：“近见云南、贵州、四川、广西等小省，就地取才，转为得人。及至江南、浙江、湖广、江西等大省，反不能无弊，即遣大臣亦未能尽除。虽未敢公行贿赂，大抵多瞻徇情面。”汤右曾奏曰：“科场关系大典，皇上无微不照。嗣后人人自当洗心涤虑，向来积习亦可尽除矣。”上谕大学士松柱曰：“去岁科场声名不好，朕亦闻之。但刘谦已经革职，若又提审，牵连人甚多。将董之燧所参之本发还，谕令知此情由。”

上又问大学士松柱曰：“前因府尹员缺，着问九卿，举出如陈瑸操守清廉之员，如何？”松柱奏曰：“臣等遵旨问过九卿。九卿云，余正健居官好，声名亦好。赵申乔举出两淮盐运使张应诏，居官亦好。又奉上谕将额伦特、施世纶、刘荫枢、杨琳、李陈常、李维钧、白潢着问九卿。九卿云，伊等居官实系操守清廉，声名甚好。上所见甚明。伊等之外，赵申乔举出奉天府尹朱轼、两淮盐运使张应诏，居官清廉，操守好。给事中郭徽祚等举出四川布政使刘棨，居官勤慎，操守好。给事中钱以垲等举出河东盐运使李馥，操守清廉，声名好。”上问曰：“刘棨居官如何？”汤右曾奏曰：“刘棨居官甚好。”张鹏翮奏曰：“刘棨先任宁羌知州时极有声名。”礼部尚书陈诜奏曰：“刘棨现在四川声名亦好。”兵部侍郎李先复奏曰：“刘棨前任天津道平阳府时，声名俱好。”上曰：“朕西巡时，即已知之。刘棨居官声名甚好，朕屡次简用。”上又问张鹏翮曰：“陈瑸居官如何？”张鹏翮奏曰：“操守好。”上问曰：“办事如何？”张鹏翮奏曰：“小吏与大吏不同，小吏所办皆寻常事，若大吏必须整齐文武，和辑军民，方可谓之办事。”上曰：“陈瑸办事必好。凡清廉者为人多刻，陈瑸人极和平。前陛见时，奏对良久，朕知之甚详也。”

上又曰：“赵晋已死未死之处，朕前令张伯行确查，张伯行奏赵晋未

死。今张伯行在此，究竟如何？”张伯行奏曰：“赵晋或云未死，或云已死，以此尚在审理。”上曰：“此案甚久，牵连人亦多，且府县官皆因此诖误。扬州府知府赵弘煜，现在狱内。如朕前闻德林未死，差人即行拿获。赵晋若果不死，便当查拿。若已死，便当结案。将此交与刑部速行完结。”

初九日庚午

初十日辛未 巳时，上御汤泉行宫。大学士松柱、学士渣克旦以折本请旨。覆请兵部覆浙闽总督范时崇题请，外洋无汛可稽，职名实难开报。嗣后外洋失事，将被劫船只，在内洋何汛出去查明，咨部存案。着令此汛之游守缉拿，获盗之日审讯。盗供若有以内洋失事捏称外洋者，即以讳盗例处分。如此可免推诿捏饰之弊，议准行一疏。上曰：“此事原任总督金世荣、梁鼐俱曾条奏，交与九卿会议准行。今范时崇又奏，此系九卿原议之事，仍交与九卿。将原案查明，会同总督赵弘灿定议具奏。”

又覆请兵部覆肃州总兵官路振声所题，伊弟路振扬补授汉中副将，请将路振扬自备鞍马，前往巴儿库儿地方，随大军效力，以报圣恩，议准行一疏。上曰：“汉中地方甚属紧要，路振声既在出兵地方，路振扬着往任所去。”

又覆请刑部等衙门议覆广东巡抚杨琳所题，强盗林阿诵等劫夺林楚生之船，将林阿诵等照例立斩示众，准如所拟一疏。上曰：“尔等会同三法司衙门，将此内造意为首杀伤人命者一二人正法，其余俱照例减等发往黑龙江等处。本发还，察明再议具奏。”

十一日壬申

十二日癸酉 巳时，上自汤泉回銮，诣镜峰问安，驻跸畅春园。

扈从起居注官揆叙。

十三日甲戌 是日照例赐朝鲜国王李焞暨李焞所差为冬至朝正万寿节及年贡恭进礼物正使陪臣东平尉郑载仑、副使礼曹判书李光佐等鞍马、貂皮、银币有差。

十四日乙亥

十五日丙子 辰时，上御畅春园内澹宁居听政。各部院衙门官员面奏毕，大学士松柱、萧永藻、王掞，学士蔡升元、王之枢、顾悦履、彭始

抟、查弼纳、敦拜、渣克旦、勒什布、星俄特、常寿以折本请旨。覆请九卿遵旨覆各仓监督等收米有余议叙缘由。查得红斛收，平斛放，致有余米，事属平常，嗣后不准议叙一疏。上曰："米有赢余者议叙，纪录加级，人皆劝勉。将本发还，再议具奏。"

又覆请九卿遵旨将安南国进贡之物，准折金银，交与广西布政司存库一疏。上曰："犀角、象牙等物，俱系无用而且沉重，此后着免其进贡。"

又覆请吏部覆湖北巡抚刘殿衡题请布政使吕犹龙在任守制，议不准行一疏。上曰："吕犹龙员缺，着贵州按察使白潢补授。白潢员缺，着王沛憻补授。"

又覆请吏部覆总督管理直隶巡抚事务赵弘燮所题，将保定府知府张安世坐名题补通永道，议不准行一疏。上曰："通永道所属地方紧要，现有赈济之事，张安世居官如何，着问九卿。"

又覆请兵部所题为补授黑龙江将军杨福员缺一疏。上曰："迟数日再奏。"

又覆请刑部所题护军伊佛纳之家人黑子戳死伊家人李信缘由，将黑子照例拟斩监候，秋后处决一疏。上曰："伊佛纳或系新满洲或系旧满洲？若系新满洲，黑子或是充发之人内带来者，抑还是此处人？着查明具奏。"

是日，上诣镜峰问安。

是日起居注官王奕清、阿克敦。

十六日丁丑

十七日戊寅 辰时，上御畅春园内澹宁居听政。各部院衙门官员面奏毕，大学士松柱、萧永藻、王掞，学士蔡升元、王之枢、顾悦履、彭始抟、查弼纳、敦拜、渣克旦、勒什布、星俄特、常寿以折本请旨。覆请吏部所题鸣赞陶岱等，以元旦殿上赞礼错误，应罚俸六个月一疏。上曰："殿上失仪，另有定例。该部引天、地坛庙等处失错行礼之例，所议殊非。将本发还，再议具奏。"

又覆请刑部覆江南江西总督赫寿所题，窃盗庞国求缢死陈文昌，应照律拟斩监候，秋后处决，准照所拟一疏。上曰："律内谋杀得财者，皆即

处斩。庞国求欲行偷盗，将陈文昌缢死，又点灯入船仓内，将衣服等物盗去，该部引窃盗拒捕伤人律，所议是否？将本发还，着再议具奏。”

是日起居注官蒋廷锡、阿尔赛。

十八日己卯　是日巳时，上诣镜峰问安。

自畅春园起行，巡幸霸州等处，驻跸拱极城。是日，拱极城游击李先广、捕盗同知林永左等来朝。

十九日庚辰　上驻跸十三里。是日，良乡县防守御萨尔都等、知县彭其位等、房山县知县王开运等来朝。

二十日辛巳　上驻跸胡良桥。是日，涿州知州顾钦、参将王弘基等来朝。

二十一日壬午　上驻跸半壁店。是日，保定府知府张安世、新安县知县李之秀、守备李熙明等来朝。

二十二日癸未　上驻跸王厢。是日，子牙河分司黄秉中、容城县知县郁士选等来朝。

二十三日甲申　上登舟泊赵北口。是日，天津道朱纲，雄县固山大噶尔太，知县胡世昌，河间府知府刘之颖，防守御和尔奇、萨哈连，任丘县知县蔡方升等来朝。

二十四日乙酉　御舟泊赵北口。是日，赐总督赵弘灿《避暑山庄记》、《御选唐诗》、《周易本义》各一部。

二十五日丙戌　御舟泊郭里口。

二十六日丁亥　御舟泊郭里口。是日，新安县所属赵家庄民张君甫家被火灾，上亲领领侍卫内大臣、侍卫、护军参领、护军等救灭之，赐张君甫等馒首及米。

二十七日戊子　御舟泊郭里口。

是日，百姓等领男妇来叩谢救火洪恩。上谕：“查来的百姓数目，每人赐银三两。再赐被火之张君甫等房价银二百五十两。”

申时，上御舟中，大学士松柱，学士查弼纳、勒什布以折本请旨。覆请礼部覆朝鲜国王李焞，查送伊处人严立等偷买牛角等因，应照例将严立等发本国边境充军，将牛角入官；正、副使李泽等不严禁随役，应革职；该管国王李焞，亦应察议，但事发即报，免其察议一疏。上曰：“依议。

严立等从宽，免其充发。”

又覆请礼部覆正一嗣教大真人张继宗遗本题请，将真人与长子张振麟承袭，照例行文该抚，俟地方官印结到日，将张振麟咨送到吏部承袭真人一疏。上曰：“张继宗父子俱不及，着照张继宗所请，与伊子张振麟承袭。”

又覆请兵部覆总督管理直隶巡抚事务赵弘燮所题，房山县水洞坡地方有矿，宛平县鸡儿台等村民俱行偷刨，应令该防守千总领兵巡察，议准行一疏。上曰：“此事暂且收贮。房山县白华山甚大，地方亦宽敞，出各样药材。房山县不远，朕遣人去看。”

又覆请刑部等衙门所题强盗王五等将海户李道绑捆火拷，劫夺衣服等物，应照律将王五即行处斩，刘二等免死，发黑龙江一疏。上曰：“此事暂且收贮。回銮之日，尔等问隆科多，将为首一二人正法，其余照前例完结。”

又覆请刑部覆山西巡抚苏克济所题，李贵之妾高氏持菜刀将李贵之妻冀氏斫伤食嗓，立刻殒命，应将高氏立磔，准如所拟一疏。上曰：“人命事关系重大。着九卿、詹事、科、道会议具奏。”

又覆请刑部覆浙闽总督觉罗满保所题，阮彦锦同小功服叔阮孟勤争引水灌田缘由，阮孟勤将阮彦锦扼搤掴嘴，阮彦锦情急，咬伤阮孟勤之指，伤处着风，越十二日殒命，照例应将阮彦锦即行处斩，准如所拟一疏。上曰：“阮彦锦改为拟斩，着监候，秋后处决。”

又覆请刑部覆浙江巡抚徐元梦所题，张文岳同大功服兄张显仁赌钱缘由，互相角口，张文岳拾石打张显仁，不久殒命，照例应将张文岳即行处斩，准如所拟一疏。上曰：“张文岳改为拟斩，着监候，秋后处决。”

山西巡抚苏克济题报布政使苏占丁忧一疏。上曰：“苏占到任不久，着在任守制。”

又覆请户部覆给事中僧格条奏，买卖人权守中等呈称，照王秀德等领票刨人参。应俟奉天、宁古塔、黑龙江将军到京师之日，会同内务府，应否刨人参之处再议具奏一折。上曰：“盛京将军唐保住奏请停止刨参，现交部议。此事行否，着一并速议具奏。”

又覆请户部所题将密云县原收贮梭米、小米照时价减一分卖完之处奏

闻一折。上曰："密云县原收贮之米，已经卖完。去年自仓场衙门运去一万石米内，着卖一千石。"

二十八日己丑 御舟泊郭里口。是日，赐大学士松柱、广东广西总督赵弘灿、浙江提督吴升、曲靖总兵官杨鲲、天津总兵官马见伯、真定副将胡琨、直隶守道李维钧、道以下知县以上官员御书、单条、对子。

二十九日庚寅 御舟泊郭里口。

三十日辛卯 御舟泊段村。

三 月

初一日壬辰 御舟泊圈头。

初二日癸巳 御舟泊圈头。

初三日甲午 御舟泊赵北口。

初四日乙未 御舟泊苑家口。是日，保定县知县林涛，文安县知县程绳武、游击韩德等，霸州知州王之琦、防守御阿达哈等，游击杨林等来朝。

初五日丙申 上自苑家口登岸，驻跸王喜营。

初六日丁酉 上驻跸良渠。是日，固安县防守御武勒、知县郑善述等来朝。

初七日戊戌 上驻跸南窑。

酉时，上御行宫，大学士松柱，学士查弼纳、勒什布以折本请旨。覆请户部所题盛京户部侍郎董国礼等，将官银私行多放，所得之利并未启奏，甚属溺职，应将董国礼等革职一疏。上曰："此事并非紧要，俟回銮日，大学士等会同该部议奏。"

又覆请礼部覆编修王谟为伊父侍郎王原祁请谥，不准行一疏。上曰："不准行极是。但明朝工于字画之人，亦有与谥者。着查例之有无具奏。"

又覆请刑部覆长芦巡盐御史杨保所题，商人王恒茂等侵蚀银一万五千五百两，限内照数全完，将伊等减等完结等因，应将王恒茂等免死减二等，徒三年，余照前议一疏。上曰："王恒茂等将应赔银两照数清完，着

从宽免罪。”

又覆请刑部覆署理宁古塔将军事务护军统领穆森等所题，捕牲人巴颜兔家人苗虎，将刘彩麟家仆妇席尔妈打死，抛入火内，夺去盐米等物，将苗虎拟斩监候，秋后处决一疏。上曰：“苗虎将人殴死，抛入火内，又夺去米粮等物，其情可恶！将本发回，着照谋财害命律议奏。”

又覆请刑部覆总督管理直隶巡抚事务赵弘燮所题，王廷彩、杨五等曾为大盗，今自行出首，援赦拟徒之处，查得所审不明，议驳回审明，到日再行完结一疏。上曰：“此事着照该巡抚所题完结。”

又覆请川陕总督鄂海题报松潘总兵官程正李病故一疏。上曰：“松潘总兵官员缺紧要，将汉中副将路振扬补授，着速驰驿赴任。”

又覆请武举王士槐陈奏伊父原任参将王起云阵亡之处谢恩一折。上曰：“王起云汉仗好，有效力之处，朕深知之，故补授参将。徭人围万承州之时，王起云领兵奋勇力战，以致阵亡，甚为可嘉。着将阵亡之兵，该部一并议叙具奏。”

初八日己亥　上驻跸戴岭。是日，良乡县防御萨尔都等、知县彭其位等来朝。

初九日庚子　未时，上至畅春园，诣镜峰问安，驻跸畅春园。

是行也，各部院奏章日送内阁，内阁三日一次递送行宫听理。上随报请皇太后安六次。

扈从起居注官揆叙、苏库、阿克敦。

初十日辛丑　是日，赐安南国王黎维祯及进贡正使陪臣阮公基、副使黎英俊等蟒缎等物有差。

十一日壬寅

十二日癸卯

十三日甲辰　辰时，上御畅春园内澹宁居听政。各部院衙门官员面奏毕，大学士松柱、萧永藻、王掞，学士蔡升元、王之枢、顾悦履、彭始抟、查弼纳、敦拜、渣克旦、勒什布、星俄特、常寿以折本请旨。覆请吏部覆浙闽总督范时崇等所题，附荐知府王以巽等卓异，查王以巽等罚俸之案，未满三年，无庸议一疏。上曰：“着问九卿，将伊等所知者举出。”

又覆请户部所题更换宝泉局监督，将郎中王图炜、员外郎罗复晋等职名开列一疏。上曰：“着交与赵申乔举出。”

又覆请天津总兵官马见伯所题河间副将员缺，请拣选补授一疏。上曰：“此缺紧要，着交与兵部速行题补。”

又覆请广东巡抚杨琳所题臣标右营游击裴衮锡员缺，以镇标水师右营游击周济调补一疏。上曰：“周济着照该抚所请调补。”

又覆请差往图尔胡特地方内阁侍读学士殷渣纳等，与鄂尔斯官员图尔胡特阿育奇罕相见传旨，互相问答之处，呈览二折。上曰：“此内多有缺略不合之处。尔等问明殷渣纳、图礼慎等，改正具奏。”

大学士松柱等奏曰：“臣等遵旨问钦天监，春分之日，风候从何处起？据监正明图等云，风自西北乾方来。”上曰：“此处起西北风。朕在霸州时，连日大雪。到此处，并未有雪。朕常立占风小旗试看。令各省凡起风下雨之时，俱着奏报。见有京师是西北风，而山东是东南风者。古人云，隔里不同风，此言最确。又常考验雷声，只闻得九十二三里，大约不出百里之外，古人所以云震惊百里。若霹雳不过七八里，往年沙河地方雷击民房，去京师不过数十里，并不闻其声。至于炮声，则反闻于二三百里。当年芦沟桥放炮，天津皆闻之。此皆可验也。书籍所载，虽不可尽为所欺，然亦有凿凿可凭者。书中言北方苦寒之处，冰结十丈，春夏不消。今果有其地。《渊鉴类函》有云，磎鼠有重至万斤者，今亦有之。其身如象，牙亦似象牙，但稍黄耳。此皆与古书相符者也。”又曰：“地理上应天文，自晋相传。宋儒云，天下至大，不可执中国地方推算。其言甚精而有理。中国山脉皆由昆仑而来，彼处四面有江，土人呼昆仑为枯陇，又云疆地实。若推算天象，中国与瀚海俱在赤道四十五度之内。四十五度之南，水皆向南而东流。四十五度之北，俱向北流。此皆天文地理相合之处也。”大学士王掞奏曰：“皇上于天文地理，逐一考验精确，真前人所未发也。”

是日起居注官常鼐、张廷玉。

十四日乙巳

十五日丙午　是日，上诣镜峰问安。

十六日丁未

十七日戊申

十八日己酉 是日，以万寿圣节，诸王、贝勒、贝子、公、文武大臣官员，至畅春园行庆贺礼。上诣镜峰行礼。

是日起居注官陈邦彦、阿尔赛。

十九日庚戌

二十日辛亥

二十一日壬子

二十二日癸丑 是日，上诣镜峰问安。

二十三日甲寅 辰时，上御畅春园内澹宁居听政。各部院衙门官员面奏毕，大学士松柱、萧永藻、王掞，学士蔡升元、王之枢、顾悦履、彭始抟、查弼纳、敦拜、渣克旦、勒什布、星俄特、常寿以折本请旨。覆请贵州巡抚刘荫枢所题缓图北征一折。上曰："将此折交与汉九卿大人（臣）尽心详议具奏。"

大学士松柱等奏曰："臣等遵旨以卓异知府王以巽等问九卿，九卿举出陆安府知府段如蕙等六员。"折子呈览，并以原疏覆请。上曰："九卿所举之六人，并未曾保举之三人，俱着带来引见。"

是日起居注官陈邦彦、阿尔赛。

二十四日乙卯

二十五日丙辰 辰时，上御畅春园内澹宁居听政。吏部启奏引见官员。上谓吏部尚书张鹏翮曰："福建巡抚陈瑸操守甚好，性情亦不乖张。广东雷州出如此人，实为难得。伊日后断不改操，但不至乖张便好。"

又曰："看来今人皆勤于读书，昨将各衙门司官轮班引见，出题考试，完篇者居多。即不能诗文之人，述其履历亦甚明顺。若使不知文义，如何居官办事？今读书之人甚多，最是好事。"

各部院衙门官员面奏毕，大学士松柱、萧永藻、王掞，学士蔡升元、王之枢、顾悦履、彭始抟、查弼纳、敦拜、渣克旦、勒什布、星俄特、常寿以折本请旨。覆请户部覆两浙巡盐御史诺米所题，偷卖私盐者甚多，交与里长严行巡察等因。查得巡盐之处，专责地方官尽力查拿，定例已久，

无庸议一疏。上曰："往年江南卖私盐者甚多，一伙至数百人。严拿以来，已渐少矣。今浙江尚多，非严行查拿不可。将原本发回，再议具奏。"

又覆请兵部覆浙闽总督觉罗满宝所题，以前遴选年满千总，将次用完，请仍照前例咨送二十名等因。议将五十四年引见年满千总咨送二十名，或将现候引见千总俟引见后咨送二十名之处，伏乞圣裁一疏。上曰："将年满千总发各省补用，于地方甚为有益。提督王文雄亦曾题请，想赵弘灿亦必题请，事属一体，一并议奏，引见发往。本发回。"

又覆请兵部覆川陕总督鄂海所题，神木营副将王世荣具呈告病乞休，相应照例以原品解任回籍一疏。上曰："依议。神木营副将员缺甚属紧要，今正在用兵之际，将相近处之员补授，俾朝闻命，夕即可任事。"

又覆请工部覆总督管理直隶巡抚事务赵弘燮所题，子牙河分司黄秉忠三年已满，乞照例议叙，其原缺另行补用，应将黄秉忠交与吏部议叙一疏。上曰："黄秉忠着议叙。这员缺另拟具奏。"

毕，汉九卿、詹事、科、道近前奏云："看得贵州巡抚刘荫枢所奏折子，皆无用之言，于军务机宜毫无裨益。至其所奏之语，亦失奏对之体，甚属不合。臣等会议，应将刘荫枢交与该部议处一折。"上曰："刘荫枢所奏，谓朕必亲自统兵征剿，此误听小报讹传妄奏。泽旺阿喇蒲坦如此小丑，何用朕亲征？顷因朕问西宁地方形势，彼处以朕为亲往，修理道路，预备粮草。朕曾至宁夏，未到西宁，故尔问及，并未有欲往之心。现今在此汉大臣内，或意朕亲征，有缮疏者，亦未可知。为此，明告尔等。"大学士松柱奏曰："皇上问西宁地方，已甚有益。插汉丹津闻知此信甚惧，遂将忽必尔汉送来。"上曰："朕曾向泽旺阿喇蒲坦之人，将彼处之山河兽之多寡及容兵多少之处，次第问过，彼闻知自必留心。凡用兵，必有相机而行之理。应缓者，岂止刘荫枢以为当缓，朕更当缓矣。况刘荫枢以为但分边界，防守便可毕事。如贼果至边界，则边民岂能保乎？"

是日起居注官常鼐、赵熊诏。

二十六日丁巳　是日，赐云南曲寻武沾总兵官杨鲲鞍马。

上诣镜峰问安。

二十七日戊午

二十八日己未

二十九日庚申

闰三月

初一日辛酉　是日，上诣镜峰问安。

初二日壬戌

初三日癸亥　辰时，上御畅春园内澹宁居听政。吏部引见月官。上顾侍郎孙柱曰："总督额伦特署理西安将军事务，又协同川陕总督办理军饷，湖广地方紧要，湖北巡抚刘殿衡甚属不及，着京城内派大臣一员署理。贵州巡抚刘荫枢甚属不及，此缺着白潢署理。白潢布政使员缺，着另行开列。"

各部院衙门官员面奏毕，大学士松柱、萧永藻、王掞，学士蔡升元、王之枢、顾悦履、彭始抟、查弼纳、敦拜、渣克旦、勒什布、星俄特、常寿以折本请旨。覆请吏部所题司道内升一疏。上曰："湖南布政使阿琳着内升。"

又覆请吏部所题汉中书施泰等三缺，将张春庆等职名开列一疏。上曰："伊等所作之文字，俱是摹仿他人者。但中书不过要写字，着考试伊等之字，选字好者用。"

又覆请吏部覆川陕总督鄂海所题西安布政使韦图布员缺，请以按察使沙木哈补授，议不准行一疏。上曰："现今有军务，沙木哈着补授布政使。"

又覆请礼部所题原任总兵官程正李给与加赠一疏。上曰："凡授武职，朕俱留心。总兵官等都好，各尽力军务。程正李居官何如之处，着问九卿。"

又覆请兵部所题原任广西新台营参将王起云，因傜人围万承州打仗身死，应将王起云照阵亡例议叙一疏。上曰："王起云照阵亡之例议叙太过。本发还。着量给恩典议奏。"

又覆请兵部所题黑龙江将军杨福员缺，以镶黄旗副都统寿智等职名开列一疏。上曰："将军职任紧要，如席柱者不可任以将军。"大学士松柱奏

曰："将军任一方之事，其责甚重。"上又曰："杨福、孟鄂洛兵民俱称其好，但孟鄂洛稍被人欺。若未曾出兵，及非熟练事务大有知识之人，不可任以将军。此事着议政大臣随便面奏。"

又覆请刑部所题发遣罪人张继富脱逃之故，应将打牲乌拉总管穆克登照例降二级调用，但穆克登系革职留任之员，无级可降，相应革职，骁骑校海度革职一疏。上曰："穆克登从宽，免其革职。着议罚俸。本发回。"

又覆请都察院所题御史内升外转一疏。上曰："应内升之员，着问都察院堂官具奏。"

又覆请浙闽总督觉罗满保请陛见一疏。上曰："着冬季来。"

又覆请四川巡抚年羹尧所题成都府同知黄元英员缺，请以中江县知县李来益补授一疏。上曰："李来益着照该抚所请，补授成都府同知。"又覆请江宁巡抚吴存礼所题，苏松粮道员缺，以河东盐运使李馥、候补道员章履成、顺宁府知府殷邦翰三员内补授一疏。上曰："将伊等问九卿具奏。"

又覆请广东提督王文雄所题碣石总兵官标下中军游击员缺，请以守备田华补授一疏。上曰："着田华补授。"

又覆请户部所题商人权守中等求照王修德领票刨参等因，臣等不便遽议具奏，仍俟奉天、宁古塔、黑龙江三处将军到京之日，会同内务府将应否刨参之处，再议具奏一折。上曰："此事尔等会同内务府、户部议奏。"

是日起居注官王奕清、苏库。

初四日甲子　是日，上诣镜峰问安。

初五日乙丑

初六日丙寅　辰时，上御畅春园内澹宁居听政。各部院衙门官员面奏毕，大学士松柱、萧永藻、王掞，学士蔡升元，王之枢、顾悦履、彭始抟、查弼纳、敦拜、渣克旦、勒什布、星俄特、常寿，以折本请旨。覆请吏部所题贵州巡抚刘荫枢员缺，以内阁学士蔡升元等职名开列一疏。上曰："白潢着护理贵州巡抚事务，速行赴任。湖北布政使员缺，亦属紧要，着另拟具奏。"

又覆请刑部等衙门覆广西巡抚陈元龙所题，傜人农几咸纠党抢劫万承

州田禄加乡村，新台营参将王起云领兵巡察，农儿咸等率众拒斗，参将王起云并兵丁二十名及家人俱被杀害，将农儿咸照例枭示，其党韦光祥等俱拟斩监候，秋后处决等因，准如所拟一疏。上曰：“依议。参将王起云之事，即此事也。着传谕兵部知道。”

又覆请刑部覆湖广巡抚刘殿衡所题，杨一先往小功服叔杨得生家，见伊从前被偷包银之布，又想起伊妻因银被偷气恼病故，遂忿恨持棍将杨得生打死，应将杨一先照例即行处斩等因，准如所拟一疏。上曰：“杨一先因杨得生偷彼银两，妻被气死，怀恨将杨得生殴打，方致殒命。杨一先着秋后处决。”

又覆请工部所题修理通州堤岸，以原任学道现今补授巡道之徐炯等九员开列一疏。上曰：“徐炯等皆现任之官，着另行查奏。”

又覆请川陕总督鄂海所题，西安理事同知常保员缺，请将原任票签中书、臣题请带往臣衙门笔帖式翁翩补授一疏。上曰：“翁翩着照该督所请，补授西安理事同知。”

大学士松柱等奏，御史内升，左都御史揆叙等以张世祺、金应璧、邹汝鲁举出。折子呈览，并以原疏覆请。上曰：“张世祺、金应璧着内升，外转着停止这一次。”

是日起居注官王奕清、阿克敦。

初七日丁卯

初八日戊辰 辰时，上御畅春园内澹宁居听政。各部院衙门官员面奏毕，大学士松柱、萧永藻、王掞，学士蔡升元、王之枢、顾悦履、彭始抟、敦拜、渣克旦、勒什布、星俄特、常寿以折本请旨。覆请宗人府衙门所题，年已及考之宗室，请派大臣考试新旧二疏。上曰：“着交该衙门考试具奏。”

又覆请吏部所题盛京刑部侍郎瓦尔达员缺，将内阁学士查弼纳等职名开列一疏。上曰：“盛京理事官马进太办事好，着补授侍郎。”又覆请吏部所题，补授主事，以行取知县康五瑞等四十二员职名开列一疏。上曰：“行取知县等俱好，俟缺出方用，便致迟滞。将伊等分与各部，授为额外主事，俟缺出补用。”

又覆请礼部尚书赫硕色年老有病乞休一疏。上曰：“现今部院衙门堂

官员缺甚多，尚未补授，赫硕色尚可勉力行走，着照旧行走。将本发回。”大学士松柱等验看补授中书之张春庆等写字，仍以原疏覆请。上曰：“写字佳者，着拣选三人补授。”

松柱等又以四川松潘总兵官程正李加赠署都督佥事之处问九卿，据九卿云，加赠与否，恩出自上，伏乞圣裁，并以原疏覆请。上曰：“程正李着加赠署都督佥事。”

毕，上顾大学士松柱等曰：“陈瑸保举之人，着问九卿。治天下之本，得人为要。杰出之人虽难得，必将居官果优、操守清廉之人举出，于地方始有裨益。将此旨亦传谕九卿。”

是日，上诣镜峰问安。

是日起居注官陈璋、阿尔赛。

初九日己巳　辰时，上自畅春园驻跸汤泉。

初十日庚午

十一日辛未

十二日壬申

十三日癸酉

十四日甲戌　巳时，上自汤泉回銮，诣镜峰问安，驻跸畅春园。

扈从起居注官揆叙。

十五日乙亥　是日，上诣镜峰问安。

十六日丙子　辰时，上御畅春园内澹宁居听政。各部院衙门官员面奏毕，大学士松柱、萧永藻、王掞，学士蔡升元、王之枢、顾悦履、彭始抟、查弼纳、敦拜、渣克旦、勒什布、星俄特、常寿以折本请旨。覆请吏部覆工部题送总河赵世显题参睢宁县知县刘如晏照常工价银两未完不及一分，照徐淮等仓之例，罚俸六个月，戴罪督催一疏。上曰：“此等事工部理应会同吏部议奏，作一次完结，为何又转行吏部另议？着察议具奏。”

又覆请兵部所题广西提督张朝午员缺，将副都统许廷臣等职名开列一疏。上曰：“着副都统左世永补授。”

又覆请兵部所奏，因偷去内库鞍辔，查看守禁门护军，并无档案可查，自后将看守禁门之护军校、护军等，设立档案，记注姓名一疏。

上曰："此事所议不明，尔等会同兵部、领侍卫内大臣、护军统领等议奏。"

又覆请兵部覆湖广总督额伦特所题辰州副将薛士杰员缺，请以提督标下中军参将史成补授一疏。广东广西总督赵弘灿所题，罗定副将刘正礼员缺，请以臣标前营参将李根润补授，议准行。其李根润员缺，请以镇标右营游击金耀祖补授，议不准行一疏。上曰："此等事向来票签俱写出名姓，着查奏。"

又覆请刑部覆山西巡抚苏克济所题，将大盗右卫披甲人巴得里等照例枭示，准如所拟。该管官员听部查核议处，应行文于该将军，查明到日再议一疏。上曰："巴得里等俱系旗人，旗人并无枭首之例，应送至京师，议正典刑可也。伊等该管官员尚未查出，本发还。将该管官员查明到日一并议奏。"

又覆请刑部覆署理福建巡抚事务总督觉罗满保所题，将大盗刘阿文等照例即行枭示，准如所拟一疏。上曰："尔等会同三法司，将伊等造意为首杀人者一二人正法，余照例减等完结。本发还，着再议具奏。范时崇现今升任来京，亦着问他。"

又覆请理藩院等衙门覆署理宁古塔将军事务护军统领穆森所题，郭尔罗斯蒙古特胡德等，劫夺孟固驿驿夫王君宗衣服等物，又绑在树上割其颈项，应将特胡德照例拟斩监候，秋后处决。为从之齐那尔等，枷号三个月，鞭一百等因。应将特胡德等解至京师，照例将特胡德拟斩监候，秋后处决。齐那尔等枷号三个月，鞭一百。巡逻披甲布他开等，系专设查拏逃盗之人，王君宗将情由告诉，并不查拿贼盗送至该管官员处，应将布他开等枷号一个月，鞭八十一疏。上曰："特胡德等应照打抢伤人例议处可也。巡逻披甲人布他开等给王君宗皮袄米粮，指路送出，王君宗方得命申告，反将巡逻人等问罪，可乎？本发还，着再议具奏。"

又覆请川陕总督鄂海所题，四川提标后营游击马良臣已升广东抚标右营游击，请以马良臣带所升之衔仍留原任一疏。上曰："着照该督所请行。"

又覆请河南巡抚李锡所题捐助马三千匹，请将每马一匹折银三十两，

共该九万两，交与户部，俟有用马之处，将此项银两购买，现今可省喂马草料，又无路远瘦乏之虞一疏。上曰：“蒋陈锡、赵弘燮亦奏将捐助马骡折银交部，此事亦交该部画一议奏。”

大学士松柱等奏曰：“臣等遵旨以巡抚吴存礼所请，苏松粮道员缺，保题运使李馥等三人问九卿。刑部尚书张廷枢、吏部侍郎汤右曾等，以李馥等居官操守俱优。”折子呈览，并以原疏覆请。上曰：“李馥着补授苏松粮道，速行赴任。河东运使员缺，亦属紧要，将现在卓异知府裴𢖫度，该部查明引见。”

松柱等又以陈瑸荐举文武官员问九卿，九卿保举知州高铎，千总黄曾荣等居官好。折子呈览，并以原疏覆请。上曰：“知州高铎、知县许湄、通判庄清度、千总黄曾荣，着交该部，于贤能官员内记名。”

松柱等又以原任侍郎王原祁谥号，遵旨查明朝会典，善于字画之人，并无给与谥号之例，礼部现行例内亦无此例。康熙二十三年日讲官起居注詹事府詹事加礼部侍郎沈荃，特旨曾给文恪谥号。缮折呈览，并以原疏覆请。上曰：“着问九卿。”

是日起居注官常鼐、蔡珽。

十七日丁丑

十八日戊寅

十九日己卯

二十日庚辰　辰时，上御畅春园内澹宁居听政。各部院衙门官员面奏毕，大学士松柱、萧永藻、王掞，学士蔡升元、王之枢、顾悦履、彭始抟、查弼纳、敦拜、渣克旦、勒什布、星俄特、常寿，以折本请旨。覆请户部覆山西巡抚苏克济所题解送西安府之钱粮，请将别省钱粮速为拨给，议不准行一疏。上曰：“军饷甚属紧要，着将别省钱粮速为拨给。”

又覆请刑部汇题案内，将打死家人七儿之索柱革退秀才一事。上曰：“依议。索柱系何人子孙，着查奏。”

又覆请刑部所题镶红旗尤文佐领下武秀才张万载，因编造谣言，应照律拟斩监候，秋后处决。同张万载结交造出谣言之杨仁恕等，发往捕牲乌喇一疏。上曰：“张万载依拟，其余克发之人，俱发往三姓处。”

又覆请工部覆监造修理通州堤岸郎中牛钮所题，派出修河原任学道吴卜雄等，住处甚远，俟其到日修理，便至迟误，暂借库银十万两，乘时修造，将所借之银，在吴卜雄等名下追补，以还原项等因。查得牛钮虽以增添修理之处甚多，趁未有雨水之前，请急速修理。但所请之数，不可全与，暂将户部库银借与三万，乘时急速修理。原任左都御史刘谦、原任学道臧大受推托变卖房产竭力修补，甚属不合，将伊等交与刑部严加议处一疏。上曰："着借与库银五万两。刘谦、臧大受暂免交部。"

又覆请工部覆总河赵世显所题，修理瓜州护城花园港、息浪庵等堤一疏。上顾学士常寿曰："着九卿大臣中南方人进来。张鹏翮、赵申乔亦着进来。"学士常寿出，召张鹏翮等入。上曰："此等地方，朕巡幸时留心河道，知之甚悉。洋（扬）子江水流甚急，花园港地方坍一百二十丈，金山寺西北水流处，瓜州息浪庵庙前石马头亦被冲坏。而地方大臣官员并不思修理者，特以江南、江北各有所司，江北地方被冲，谓与江南无干。朕独不然，视为一体。若此堤被冲不已，瓜州城坏，便关系万姓生灵。钱塘江之水，其流平稳。当此流者，萧山县地方筑有一堤，又一处亦筑有一堤，似此两堤，修理坚固方好。若水浅一两丈，便可下埽。此水有二三十丈深，如何下埽？"王掞奏曰："此堤宜急修理。"张鹏翮奏曰："皇上所见甚是。此堤趁此时修理方好，若再迟，夏天水大，便修不得。"赵申乔奏曰："江潮一日两次，每潮时江水与堤相等。焦山之洲，只管往北增长者，皆由江水每潮退后，潮沙存留之故也。"上顾大学士松柱等曰："这修理江堤之处，着速行文与江南总督、巡抚、总漕、总河等会同验看修理，所用钱粮多少之处，着具奏。"张鹏翮等出。

大学士松柱等以山东按察使蔡琦员缺，将霸昌道祁国祚等职名开列一折覆请。上曰："着问九卿。"

松柱等又以原任侍郎王原祁给与谥号问九卿，九卿以王原祁为人老诚，效力年久，给与谥号所系重大，伏乞圣裁，缮折呈览，并以无容议之原疏覆请。上曰："依议。"

是日，上诣镜峰问安。

是日起居注官苏库、蒋廷锡。

二十一日辛巳

二十二日壬午　辰时，上御畅春园内澹宁居听政。时命大学士、学士、九卿、詹事、科、道等近前，上曰：“直隶巡抚赵弘燮因顺天、永平两府所属地方米价腾贵，民多乏食，奏请借库银，差官贵买贱卖，再借庄头积贮之米，减价粜卖。朕思治天下之道，以养民为本。当此太平之际，而使民乏食，可乎？从前如福建、广东远处，偶遇灾荒，犹且从海内运米赈济，而况京师畿辅之地乎？去年顺天、永平、保定、河间、宣化五府，因雨水甚大，米谷歉收，将钱粮尽行蠲免，积贮之米，减价粜卖。现今闾阎积贮无多，若又出银买谷，则米价益加腾贵。今京仓、通仓之米甚多，将仓内所贮之陈米，发二十万石，差堂司官运至各处地方，不论旗民，确查赈济，务使穷民均沾实惠。此差不可用贪婪畏缩之人，着差贤能官员，分往州县散赈。且直隶北四府地方，有水路可通，即从旱路运去，亦不甚远，至彼甚易，不过在人区画而已。即如运米之脚价，以米给之亦可。煮粥之柴，以米易之亦可。果如是，更为有益。今青黄不接之时，发通仓米于近京之地减价粜卖，今又发陈米赈饥，则小民断无乏食之虞矣。”

又曰：“朕闻今年山东、河南、直隶南四府地方，麦子甚好。”吏部尚书张鹏翮奏曰：“麦熟，民即得食矣。”上曰：“麦收时，亦止有地之人得食之而已。未种麦之人，何由而得？朕意此番赈济，须至九月，民方不乏食。总之，不惜粮米，始能济民。每岁五城煮粥施济，至三月则止，今不停止施粥，于民大有裨益。古之人君，居深宫之中，不知民间疾苦者多。朕于各处巡行，因目击之故，知之甚确。又于各省之丰歉，朕不时访问，地方大吏不得隐瞒不奏。尔等内曾任督、抚者皆知之。朕凡事但求实济，不务虚名。即如积贮一事，闻之似善，而行之甚难。以前连岁丰收，朕曾下旨与地方官，教令民间节省积贮。但穷民无收藏之处，一年所收，糊口之外，又制衣服，另有费用，何得余剩？至于社仓一事，民亦苦之。非由官吏奉行不善。李光地任直隶巡抚时，曾以此为有益，行之，卒不能行。今太平已久，生齿甚繁，而田土未增。且士商僧道等，不耕而食者甚多。或有言开垦者，不知内地实无闲处。今在口外种地度日者甚众。朕意养民之道，亦在相地区画处之而已。陕西临洮、巩昌等地方，虽不可耕

种，若于有水草之地，效蒙古牧养，则民尽可度日。而百姓但狃于种地，不能行此。问往年去山东地方赈济人员，云或有人在牛傍，不知取乳而食，竟坐以待毙。此皆不习之故耳。户部所议此本非矣。大学士会同九卿确议具奏。”

各部院衙门大臣面奏毕，大学士松柱、萧永藻、王掞，学士蔡升元、王之枢、顾悦履、彭始抟、查弼纳、敦拜、渣克旦、勒什布、星俄特、常寿，以折本请旨。覆请兵部所题原任参将王起云捕盗身亡，与阵亡之例不合，照参将之衔加一级，追赠副将一疏。上曰：“王起云之子，着给与难荫。”

又覆请刑部等衙门覆总督额伦忒等审奏，太原府知府赵凤诏，由知县优升知府，不思尽力仰报皇恩，妄行贪婪，有玷官箴，不可循律定罪，应将赵凤诏拟斩监候，秋后处决，其赃银照数追取入官，准如所拟一疏。上曰：“赵凤诏从前自言一文不取，居官清廉，又曾奏噶礼亦不要钱，第一清官。今贪赃竟至十七万，噶礼亦贪赃不堪，明系欺朕。着交与九卿、詹事、科、道官员会同确议具奏。”

又覆请大学士李光地为祭母谢恩一疏。上曰：“风木二字翻译差错，着改正进呈。”

大学士松柱等以山东按察使蔡琦员缺问九卿，九卿以浙江驿盐道黄炳等举出。折子呈览，并以原疏覆请。上曰：“黄炳着补授山东按察使。其黄炳员缺，着裴𢕹度补授。”

是日起居注官阿克敦、张廷玉。

二十三日癸未 是日，上诣镜峰问安。

二十四日甲申

二十五日乙酉

二十六日丙戌 辰时，上御畅春园内澹宁居听政。各部院衙门官员面奏毕，大学士松柱、萧永藻、王掞，学士蔡升元、王之枢、顾悦履、彭始抟、查弼纳、敦拜、渣克旦、勒什布、星俄特、常寿以折本请旨。覆请吏部所题进士田长文补授镇海县知县、王淑京补授富川县知县一疏。上曰：“田长文、王淑京所作诗文俱好，字亦好，将伊等着问九卿。”

又覆请户部会同大学士等覆盛京户部理事官马进泰疏参侍郎董鄂礼等，将库银及米不曾具题，逾额借放，应得利息不曾申明等因。查得董鄂礼等本应革职，但所欠银米俱未追完交纳，暂革职留任督催，所欠银米限一年完结一疏。上曰："这疏内并未兼汉文，发还，着兼汉文。汉大臣亦着会议。"

又覆请刑部等衙门所题，阿那礼家中赎身之人福寿，将伊姊夫护军绥古布殴死，不便照律拟罪，将福寿照满洲殴死满洲例，即行处斩一疏。上曰："福寿以赎身之奴而殴死执豹尾枪之护军绥古布，着照新例行。"

大学士松柱等，将大学士李光地祭母谢恩折内风木二字复翻进呈一折覆请。上曰："这所奏折内风木之悲四字，翻译不合，复翻者亦不合。与此相合翻译之语，外边书所无，朕内里有。"随顾大学士松柱曰："看先年老臣所翻《易经》乾、元、亨、利、贞，贞者，正而固也。前一后二元亨利，则为贞之语，此亦乘兴隆之运，显其神奇者。此等语诚不可更改。朕所学汉文，较先年老人稍多。伊等所翻满文，朕不更改。先年老臣所翻《大方通鉴》，今人俱不看，想所翻《洪武宝训》、《素书》等书，外边已无，内里全有。"松柱奏曰："先年老人所翻之语，甚为恰当。"上曰："先年老人所翻之语不独恰当，真有奇处。尔前任内阁学士时，所亲见有最善翻译之人。"松柱奏曰："伊等所翻诚善。"

是日，上诣镜峰问安。

是日起居注官苏库、陈璋。

二十七日丁亥

二十八日戊子

二十九日己丑

四　月

初一日庚寅　是日，上诣镜峰问安。

初二日辛卯

初三日壬辰 辰时，上御畅春园内澹宁居听政。各部院衙门官员面奏毕，大学士松柱、萧永藻、王掞，学士蔡升元、王之枢、顾悦履、彭始抟、查弼纳、敦拜、渣克旦、勒什布、星俄特、常寿，以折本请旨。覆请九卿所题太原府知府赵凤诏由知县超升知府，不思报答皇恩，肆行贪滥，甚属可恶，应将赵凤诏即行处斩一疏。上曰："赵凤诏前者自谓清廉，一文不取，若要钱无异妇女失身。奏噶礼为第一清官，甚为欺君。伊父赵申乔居官尚廉，赵凤诏如此贪滥，不忠不孝。不忠不孝之人，应当处斩。九卿所议立决，甚是。但伊赃银甚多，不可不追，着该部派出满汉司官各一员，将伊赃银照数速行比追，交存彼处库内，以备军需。本暂着收贮。"

又覆请宗人府所题年已及考之宗室景颜等封公一疏。上曰："景颜岂止不应封公，伊兄景顺、杨桑阿及苏努之子苏尔金等，现今俱已封公，并不效力图报，如此等者尚当参革。若屡加封，徒令占分、分佐领而已，甚为无益。将此说与简亲王，亦说与贝子苏努。本发还。"

又覆请吏部覆衍圣公孔毓圻所题四氏学正姚文炳员缺，请将贡生杨浩补授，拟准行一疏。上曰："今学官俱考试引见，此四氏学官亦令考试引见。以后衍圣公所属官员应补用之人，俱着考试引见。本发回，再议具奏。"

覆请刑部等衙门覆浙闽总督觉罗满保所题，大盗许阿福等贼首尚未缉获，赃银费尽，并无失主凭证，仍照前拟斩监候，秋后处决，准如所拟一疏。上曰："许阿福等事已多年，应将此等从宽免死，减等完结。尔等会同三法司议奏。本发回。"

又覆请刑部等衙门覆广东巡抚杨琳所题，大盗高隆载等应照律立决，准如所拟一疏。大盗吴亚儒等应照律立决，准如所拟一疏。上曰："尔等会同三法司，将此等内有造谋为首杀伤人者，每案将一二人正法，其余俱照例减等完结。本发回。"

又覆请刑部覆盛京刑部所题，将续获大盗龙大照律拟斩监候，秋后处决等因，准照所拟一疏。上曰："龙大从宽免死，照例完结。"

又覆请刑部等衙门覆安徽巡抚梁世勋所题，谋杀表兄张虎臣之高明道、高明应，照谋杀缌麻以上尊长律，即行处斩，准如所拟一疏。上曰：

“此事所议不明，着问明具奏。”

又覆请工部所题增修霍县马头等处挑水坝及月堤，以原任四川学道王家栋等职名开列一疏。上曰：“着王家栋、卜景超、于汉翔去。”

又覆请理藩院等衙门议覆署理宁古塔将军事务护军统领穆森所题，郭尔罗斯蒙古忒胡德等，将孟衮驿站驿夫王俊宗衣服等物夺去，又捆于树上割其颈项等因，应将忒胡德等解至京师，将忒胡德拟斩监候，秋后处决，为从之齐纳尔等，杖一百，流三千里一疏。上曰：“忒胡德着照所审拟，解京监候，秋后处决。齐纳尔等不必解京，在本处挑去脚筋。”

又覆请兵部奏称，神木营副将王世荣员缺，将雷世杰补用之处，理应明白具奏。因臣等愚昧，不曾写出缘由，皇上又将神木营副将员缺，批用麦世位等因，应将臣等交与吏部议处一折。上曰：“兵部直是舛错，着吏部察议具奏。雷世杰等照前议补授，麦世位着暂扣，仍留原任，俟缺出补用。”

大学士松柱奏，将三年已满考试一等进士田长文等以知县用问九卿，九卿称，田长文等为人忠厚，平日尚肯读书等因。具折呈览，并以原疏覆请。上曰：“将田长文等交与吏部记名。”

是日，赐右卫副都统瓦哈立鞍马。

是日起居注官王奕清、阿尔赛。

初四日癸巳　是日，上诣镜峰问安。

初五日甲午

初六日乙未

初七日丙申　辰时，上御畅春园内澹宁居听政。各部院衙门官员面奏毕，大学士松柱、萧永藻、王掞，学士蔡升元、王之枢、顾悦履、彭始抟、查弼纳、敦拜、渣克旦、勒什布、星俄特、常寿以折本请旨。覆请宗人府所参镇国公景顺、杨桑阿，辅国公苏努金等并不效力一疏。上曰：“将景顺等八分公革退，给与伊所应得之镇国将军、辅国将军、奉恩将军，着在应效力处效力行走。本发还，再议具奏。”

又覆请吏部覆总河赵世显所请，扬州府高邮州州判郎映紫等二十一员缺，请将臣所拣选之候选指挥李蓄原等二十一员补用等因，应行令总河将

李蓄原等送部，着九卿验看一疏。上曰：“依议。现今正当河工有事之时，李蓄原等不必来京。俟秋深水退，调来引见。”

又覆请刑部议覆署理西安将军事务湖广总督鄂伦忒所题，用刀戳死托克托获之皂保拟绞部文，不送西安，误送与出兵西安将军席住处。定例冬至以前，部文一到，即依例正法，过期则仍监候，来年秋审一并正法。请将皂保监候等因，应行文与西安将军，将皂保监候，于来年秋审奏请正法。将错送文书之员，查明议罪具奏一疏。上曰：“既有署理西安将军事务之人，部文缘何送于出兵之处并不查出？所议亦不明白。本发回，再议具奏。”

又覆请理藩院等衙门所题，员外噶尔图审明解来之鄂尔多斯贝勒甘柱尔旗下出兵佐领纳木占尔之子陈色，将伊查萨克贝勒差催起身之佐领阿里马等，捉打箭射，抢去衣服，执械行凶情真一案，查此缘由甚属可恶，应将陈色立斩，妻子家产入官一疏。上曰：“着问理藩院，与原审之员具奏。”

又覆请翰林院所题经筵讲官噶敏图员缺，将吏部侍郎孙柱等职名开列，日讲官萨哈布员缺，将侍读学士常寿等职名开列二疏具奏。上曰：“此二事，俱着问明具奏。”

大学士松柱以谋杀表兄张虎臣之高明道等即行正法之处问刑部，张虎臣系高明道、高明应母舅之子。定例凡谋杀缌麻以上尊长，不分首从，一并处斩，故照该抚所拟具奏，但异姓之亲与族亲不同。关系二命，伏请圣裁。缮折呈览，并以原疏覆请。上曰：“着九卿、詹事、科、道会议具奏。”

是日起居注官陈璋、阿克敦。

初八日丁酉

初九日戊戌 是日，赐荆州副都统噶萨里鞍马。上诣镜峰问安。

初十日己亥

十一日庚子 辰时，上御畅春园内澹宁居听政。各部院衙门官员面奏毕，大学士松柱、萧永藻、王掞，学士蔡升元、王之枢、顾悦履、彭始抟、查弼纳、敦拜、渣克旦、勒什布、星俄特、常寿以折本请旨。覆请吏部覆

总督管理直隶巡抚事务赵弘燮所题通州知州王友直员缺，将延庆州知州宋永清、霸州知州王之琦调补等因。查王之琦任内有参罚事件，拟将宋永清调补一疏。上曰："宋永清已经差出，不能久待。将现在知州补用。"

又覆请刑部等衙门所题，提督隆科多咨送劫夺大兴县民韩增寿家大盗李秉义等，照律即行处斩一疏。上曰："着问明具奏。"

又覆请翰林院所题日讲官陈世倌员缺，将侍读学士李绂等职名开列一疏。上曰："着问翰林院具奏。"礼部尚书陈诜以年老乞休，缮折具奏。上曰："着问伊。可以勉强行走，仍着行走。"

是日，赐西安副都统班岱鞍马。

是日起居注官常鼐、蔡珽。

十二日辛丑

十三日壬寅　辰时，上御畅春园内澹宁居听政。各部院衙门官员面奏毕，大学士松柱、萧永藻、王掞，学士蔡升元、王之枢、顾悦履、彭始抟、敦拜、渣克旦、勒什布、星俄特、常寿以折本请旨。覆请宗人府所参镇国公景顺、杨桑阿、苏尔金，革退公爵，伊等所有佐领作何安置之处，伏请圣裁一疏。上曰："此原系王所辖佐领，仍着王管领。景顺、杨桑阿等，仍各留一佐领足矣。"

又覆请户部覆川陕总督鄂海所题，甘州驻防官兵求借银两，议不准行一疏。上曰："借给官兵银两之处，着照该督所请行。"

又覆请刑部所议大盗谈雅章等拟立斩一疏。上曰："将为首一二人正法，余俱照旧例，减等完结。"

又覆请都察院所题派出押送军前应用骆驼之兵清保，托病雇人代送，甚属不合，议将清保枷号三个月，鞭一百一疏。上曰："清保躲懒，不赴军前，雇人代往，情由可恶。该部但照常例议罪，殊属不合。出兵处军前躲懒之人，拟罪另有定例，着再议具奏。"

大学士松柱等奏云："臣等遵旨以礼部尚书陈诜问九卿，九卿言，陈诜尚能行走。"并以原折覆请。上曰："陈诜身体尚能行走，仍着行走。"

是日，上诣镜峰问安。

是日起居注官王奕清、苏库。

十四日癸卯　辰时，上巡幸口北，由畅春园启行，驻跸汤泉。

是日，奏事双全、张文彬，洗马杨万程，编修奇勒伦等，捧出朱书上谕。谕大学士松柱曰：“畅春园周围田地污下，不甚觉旱。今日出看麦苗、谷苗，虽发生甚好，高田犹觉稍旱。今当预先祈雨，着交与该部速议具奏。大学士松柱将此旨写出，即行送去。”

十五日甲辰　上驻跸南石槽。

十六日乙巳　上驻跸怀柔县。

是日，奏事双全、张文彬，洗马杨万程，编修奇勒伦等，捧出上谕。传谕贝子苏努，领侍卫内大臣公鄂伦岱、阿灵阿、马尔赛，大学士松柱，都统伊尔拜等，曰：“现今米价甚贵。佛保奏称，热河米价每石至一两七钱。米价如此之贵，人复齐集，各行采买，则米价愈加腾贵。至官兵每月既得钱粮，若又给口粮，以致重复，或虚添人口冒领转卖，亦未可知。其所给钱粮不足买米，现今减价一分粜卖之米照常粜卖外，将热河之仓及唐三营仓所贮之米发出，另立一厂，每石定价银一两许，卖与跟随。来人买者，各令头目率领，不许多买，酌令仅可足用。既无多买转卖之弊，而于官兵亦大有裨益，米价自减。将所卖米银于秋收时，买米还仓，米亦不致亏损。将此着诸大臣会议具奏。”

是日，怀柔县知县武经国等、守备赵成贵等来朝。

十七日丙午　上驻跸密云县。是日，密云县抽木税主事诺敏等、密云县知县朱英等来朝。

十八日丁未　上驻跸罗家桥。

十九日戊申　上驻跸腰亭子。

是日，奏事双全、张文彬，洗马杨万程，编修奇勒伦等，捧出朱书上谕。谕大学士松柱曰：“问外省奏折来人，言麦田甚好。途间不曾遇雨，观此旱处颇宽。今麦已秀齐，甚是可惜。谷苗尚无妨。朕意急望得雨，甚为不安。着大学士松柱将此旨明白写出，与在京大学士、九卿大臣会同复行求雨。至于政事有可议处，各以所知会同议奏。”

是日，石匣营副将赵坤、游击吴弘尹等来朝。

二十日己酉　上驻跸巴克什营。是日，古北口管驿站员外郎罗殷泰、

关口守御善岱、都司孙孟麟等来朝。

二十一日庚戌　上驻跸两间房。

二十二日辛亥　上驻跸鞍子岭。

是日，奏事双全、张文彬，洗马杨万程，编修奇勒伦等出，传谕领侍卫内大臣公鄂伦岱、阿灵阿、马尔赛等曰："时已暑热，遍传谕随驾人，不可妄饮水，当远寻好水饮之。"

既而双全等复出，传谕领侍卫内大臣等曰："今已出口，口外与口内不同，早晚甚凉，日中则热，可遍传谕随驾人，各宜小心。"

二十三日壬子　上驻跸王家营。是日，喀尔沁多罗都楞郡王色冷、一等他布囊噶尔马色棱、都统孟克来请安。

二十四日癸丑　上驻跸桦榆沟。

酉时，上御行宫，大学士松柱，学士渣克旦、勒什布、萨哈布以折本请旨。覆请户部会同大学士等覆，盛京户部侍郎董国礼等暂行革职留任，督催亏欠银米一案，遵旨兼汉字启奏一疏。上曰："着依议。"

又覆请户部覆山西巡抚苏克济所题，奏销各官捐俸所买米价，议驳回一疏。上问大学士松柱曰："此事巡抚奏销者是乎？部内驳回者是乎？尔意云何？"松柱奏曰："部议甚是。"上曰："尔等大臣详细方好。山西之事，部中驳者甚多，每为苛求。此买米之价，每石价银三钱，不为太过，看各省米价有至五六钱者。别省买米之价若何？亦有驳回者否？将此一并查明具奏。"

又覆请兵部覆湖广巡抚刘殿衡所题标中军游击夏麟员缺，请将记名人员拣选补授，议不准行一疏。上曰："将应升记名人员查奏。"

又覆请兵部所题革退大兴县知县李锦情愿运米效力，不准行一疏。上曰："现今正在运米，着李锦赶至运米之处，效力行走。"

又覆请刑部所题将大盗宋五等即行处斩一疏。上曰："将此为首造意伤人、其情可恶者一二人正法完结。着问明具奏。"

又覆请都察院覆给事中阮应商所参吏部在陕西捐纳主事之李霞藻贿赂官吏，越班补用，将傅兆槐、颜洪锡驳退，俾李霞藻得以补用。查得违例将李霞藻越班补授主事，甚属不合，应将郎中布占等降五级调用。尚书张

鹏翮等以三月当补之缺延至四月，并不声明，俱降三级调用一疏。上问大学士松柱曰："郎中布占何如？"松柱奏曰："此系旗下保举之人，人去得。"上曰："朕识之，人亦敏捷，其声名何如？"松柱奏曰："不知。"上曰："将此问张鹏翮，令伊缮折具奏。"

又覆请都察院所题更换长芦盐差御史杨保一疏。上曰："将列名人员着问揆叙具奏。"

是日，奏事双全、张文彬，洗马杨万程，编修奇勒伦等，传谕领侍卫内大臣公巽伦岱、阿灵阿、马尔赛等曰："今已下雨，山涧沟渠之水，诸凡草根秽恶之物，顺流冲下，此水不宜饮。可遍传谕，着俱饮井水。大河之水尚可饮。若妄饮一切不可饮之水，恐致得病。"

二十五日甲寅 上驻跸喀喇城。

二十六日乙卯 上驻跸热河。是日，喀尔沁镇国公善巴拉锡来请安。

二十七日丙辰 上驻跸行宫。

二十八日丁巳 上驻跸行宫。是日，奏事双全、张文彬，洗马杨万程，编修奇勒伦等，捧出朱书上谕，谕大学士松柱曰："二十六日至热河，夜间大雨，二十七日夜复大雨。因雨大，河水长至七寸。以浊水内流，塞住闸口。此处雨已沾足，不用祈求。问京中来人云，并未下雨，朕心甚忧。大学士将此旨写出，问京城大臣等，环京麦苗如何？旱形又如何？有他处来人，问其旱之远近如何？再问间有下雨之处否？速写具奏。"

既而奏事双全等又捧出朱书上谕，交与大学士松柱，谕曰："京中未报雨足，想京中尚在求雨，未知禁屠宰否？若禁屠宰，此处亦应禁止。此大学士及礼部等专管之事，托为不知，可乎？松柱，尔会同礼部即行议奏。"

二十九日戊午 上驻跸行宫。

巳时，皇太后驾至热河，皇上率领诸王、皇子、大臣官员等，出正门外跪接，请皇太后安。

是日，翁牛特多罗都棱郡王和硕额驸仓津、二等台吉罗卜藏滚木布来请安。

三十日己未 上驻跸行宫。

是日，奏事双全、张文彬，洗马杨万程，编修奇勒伦等，捧出朱书上

谕，谕大学士松柱曰："今日自京来之报，直隶巡抚奏折云，各处相间下雨，竟未沾足。松柱，照尔等原议，自五月初一日起禁止宰杀，祈雨。"

五　月

初一日庚申　上驻跸行宫。

是日，奏事双全、张文彬，洗马杨万程，编修奇勒伦等，捧出朱书上谕，谕大学士松柱曰："自密云至边外，雨水沾足。虽不用求，近京地方仍旱，以此朕心甚觉不安，众大臣不知若何？目前端阳节近，不可彼此会饮，当严加禁止，诚心祈祷方是。将此旨交与大学士松柱写出，速行发往京城。"

初二日辛酉　上驻跸行宫。

申时，上御行宫，召领侍卫内大臣侯巴浑德，公鄂伦岱、马尔赛，大学士松柱，学士渣克旦、勒什布、萨哈布等入。上曰："朕因祈雨，曾下两次旨意。在京诸臣迟延日久，此时方行奏闻。因热河得雨，有臣等不胜欣幸之语。但为此处得雨，有何欣幸之处？朕愈思之，愈加慨然。部院大臣但知营求财贿，在家安逸而已。求雨之处，亦未必去。朕曾两次下旨，令松柱写旨发去，尔并不直书申饬，又不严查题参，但务趋奉李光地、赵申乔，令伊于朕前称汝之善而已。今汉大臣欺压满大臣，八旗皆受辱矣。朕几次令科道条陈，尔令科道缄口不言，皆入李光地、赵申乔之党。凡事祇徇情面，唯唯诺诺而已。尔乃大学士也，是非岂特当与众言之？有当言之言，即于朕前，亦当恳切言之。朕经历大学士三四十人，从未见有如尔者。尔自谓能保守自己，乃趋奉皇二子，隐匿德林逃走之事。与噶礼结亲自守者，乃如是乎？且索额图、噶礼，朕皆诛之。尔更甚于索额图、噶礼乎！朕不能杀尔乎？畏尔镶蓝旗之党乎？学士等皆由司官升擢，并无出言之人，俱为不堪，皆当充发黑龙江。今满洲大臣内，竟无能御汉大臣者。朕仍用马齐为大学士，穆和伦为户部尚书，侍郎员缺亦经批出。尔即驰驿前往京城，问本内用不胜欣幸之语，为谁会议？地方不曾到者为谁？严行

查明题参。若仍徇情面，不行题参，朕一经觉察，并汝诛之，陈名夏即系榜样矣。朕降此旨，若仍不下雨，尔等试看。”

又曰：“尔去传谕萧永藻，朕因不雨，如此忧劳。伊不率领诸臣于齐集处诚心祈祷，何也？凡事但知守己之身而已乎？”

既而捧出朱书上谕，谕大学士松柱曰：“看部院衙门大臣，并无以人君之事为重，以民生之事关系甚大为意，无有不图恩威己出，多方诡计，极力结党者而已。今部院大臣越次升用者多，于人君之前礼数尚且不知，其他又何言哉？今正当大旱之际，朕心忧劳不安，两次下旨，方见臣等不胜忻幸之语陈奏，朕心已灰。由此观之，九卿大臣并未会集，或但听一人之言。为臣如此，欲免欺君之语，能乎？伊等党类甚众，若非伊等手下之人，科道言官何不参劾？朕恐此风渐长，故将原任大学士、尚书亟行擢用。此旨松柱写去，遍责诸大臣。”

初三日壬戌 上驻跸行宫。是日，奏事双全、张文彬，洗马杨万程，编修奇勒伦等，捧出朱书上谕，谕学士渣克旦、勒什布、萨哈布曰：“谕大学士、九卿等，环京城地方，至今雨尚未足，朕心不胜焦劳。自密云至边外，并无用求雨，现今禾苗景象甚好。又问各处来人，或有一处雨足。京城非比他处，四方杂处，坐食之人甚多，承平日久，户口滋生甚繁，不止十倍于前。如此等事，朕平素于内大臣前曾经面谕。今方亢旱之际，若不预为筹画，我等君臣何为？看此一次之报，米价又长。定例八月放米，去岁下旨于年前放米。今若待至八月，米价愈腾，着自五月初十日起，即行给放。京城减价粜卖之米，仍旧发卖，甚为有益，着少加增粜卖。朕此旨有不到并可言之处，各出所见议奏。特谕。”

又谕署理内务府总管事务散秩大臣关保曰：“去年水涝，未得丰收。今岁京师又值大旱，舆论纷纷。今虽禁止屠宰求雨，朕心不安，深为忧虑。自明日为始，朕宫中定为每日止进膳一次，并不传谕禁止众人如此。两月所食，即可减一月。先人而忧，后人而乐，岂不稍解平日安享之过乎？将此传示该管茶房、膳房，严行遵守奉行。”

是日，随驾王、贝勒、公、文武大臣、执事人员、护军皆跪宫门前恳求，上不允。

是日，巴林二等台吉衣尔姑克齐来请安。

初四日癸亥　上驻跸行宫。

初五日甲子　上驻跸行宫。是日，奏事双全、张文彬，洗马杨万程，编修奇勒伦等，捧出朱批大学士松柱报下雨日期折子，谕曰："所奏知道了。看雨势系过雨，未必远。宋儒有言求雨得雨，旱岂无因？此意甚深。虽下雨有何可喜之处，求雨断不可止。必处处大霈，方可云沾足。"

初六日乙丑　上驻跸行宫。是日，奏事双全、张文彬，洗马杨万程，编修奇勒伦等，捧出朱书上谕，谕顺承郡王诺罗布曰："谕随驾诸王、议政大臣，部院衙门，今岁米价甚昂，顷曾下旨，将八月所放之米，今即行散给，随报发去。目前雨水之时，此米趁未雨之先，即放于众人有益。今年夏旱，若下雨，轻易未必能止。都统、副都统、参领等于此等处，能以人君之事恳切存诸心者少。日日下雨，道路泥泞，车辆难行，势必致于米粮潮湿抛弃，于军民全无实惠。秋深之际，必至米粮断绝，众怨沸腾。将此尔等会同详议，使米粮保全，令口粮充足，仓谷不至抛弃之处，速行议奏。"

既而奏事双全等又捧出朱书上谕，谕学士渣克旦、勒什布、萨哈布曰："礼部衙门前奏求雨，以雨足为止。今早又奏止求七日，于何日起，于何日止之处，并未声明，朦混至今。斋戒日久，谁能遵行？恐日久则人心懈怠。此处朕甚不解。尔等将此旨明白写去，趁发报之时，问明礼部。"

是日，柰曼多罗达尔汉郡王额驸垂忠来请安。

初七日丙寅　上驻跸行宫。

初八日丁卯　上驻跸行宫。

初九日戊辰　上驻跸行宫。是日，礼部奏称："臣等自四月廿二日求雨起，廿三、廿四、廿七连日微雨，至五月初三雨乃大霈，初四日又微雨。初七日差出吏部郎中朱之璋、户部郎中星格勒、刑部主事查尔金破脸等报称，京城周围，东至高碑店，西至磨石口，南至鲁家法，北至南少里，初三、初四雨水皆足，初八日自丑至巳又微雨。法官等求雨至初九日止。雨水既足，初十日停止祈求，并斋戒宰牲。谨此奏闻。"朱批："知道了。"

是日，科尔沁多罗宾图郡王伊西班第来请安。

初十日己巳　上驻跸行宫。是日，奏事双全、张文彬、乌林达苏成格，洗马杨万程，编修奇勒伦等，传谕领侍卫内大臣侯巴浑德，公莪伦岱、阿灵阿、马尔赛等曰："昨日下雨，河水长九寸，污秽之物皆顺流而下，河水不可妄饮，将此遍传随驾人员知悉。"自此日为始，皇上始日进膳二次。

是日，喀尔沁多罗额驸门都来请安、进贡。

十一日庚午　上驻跸行宫。

十二日辛未　上驻跸行宫。

巳时，上御行宫，大学士马齐，兵部侍郎仍于学士处行走查弼纳，学士渣克旦、勒什布、萨哈布以折本请旨。覆请兵部覆总督管理直隶巡抚事务赵弘燮所题，宣化总兵官所属出征兵丁所借银两，作十七个月抽扣，议准行一疏。上曰："此借与兵丁银两总数，着查明具奏。"

又覆请兵部所题原任福建漳州府城守营游击林发叩阍，状内称将伊因进兵迟延报部革职充军，甚属冤抑。林发情愿于边地效力，或于差遣之处效力等因。查得林发进兵迟延，以致贼首陈五显脱逃，发往边卫充军，并无冤抑之处。自称冤抑，妄行捏奏叩阍，殊属不合。将林发照冲突仪仗例，交与刑部议罪，将林发所请边地效力之处，无庸议一疏。上曰："林发叩阍缘由，着问范时崇。"

又覆请刑部等衙门所题海贼唐阿喜等照律立决枭示一疏。上谓大学士马齐曰："此等事朕曾与大学士等商酌，将伊等内造意为首杀伤人者一二人正法，余俱减等，发往黑龙江。此案仍照前可也。"

又覆请工部所题杭关监督圣保三、龙江关监督达尚差满员缺，将各部院衙门保送礼部郎中舒胡德等职名开列一疏。上曰："临清钞关向来缺额，自交与巡抚后，钱粮并无亏欠。此二关及别钞关，数年来有无缺额，及缺额若干之处，交部查明具奏。"

又覆请管理钱法户部尚书赵申乔题参，江宁等八省铜斤皆违限迟延，将江宁等八省总督、巡抚及该管各官员，交与该部察议具奏一疏。上曰："户部原议铜斤交与地方官不致迟误，今未及一年，何迟误至此？着问明

具奏。”

大学士马齐奏曰：“遵旨以郎中布占问张鹏翮，张鹏翮称，布占人去得，操守好。”缮折呈览，并以原疏覆请。上曰：“堂官及布占俱降级留任，余依议。”

又以户部所查各省采买米价折子呈览，并以原疏覆请。上曰：“将本发还，再议具奏。”

是日，乌朱穆秦和硕车陈亲王色登敦多普来请安。

十三日壬申　上驻跸行宫。是日，奏事双全、张文彬、乌林达苏成格，洗马杨万程，编修奇勒伦等，捧出朱书上谕，谕大学士马齐曰："览今岁总督、巡抚等奏折，山西、陕西、河南、山东麦子丰收，直隶地方分数未经奏闻，麦子价值京师尚未甚减。去岁此等省分亦系丰收，麦子之价至今犹昂。京城所赖者山东、河南之麦。此二省之麦，因通水道，一年不知搬运若干。由此观之，皆富商大贾预为屯积，以致麦子不能平价粜卖。前江南省往湖广采买米石之时，自湖广买去之数写折奏闻，并行文与总督、巡抚知悉，所以甚属有益。陈诜、赵申乔等皆所知也。今除陆路贩卖不查外，凡水路所买米麦，仍照湖广可否之处，着大学士会同九卿详议具奏。山东、河南米麦来京数目多少，知之亦好。着大学士马齐将朕此旨写出，速行发往。”

十四日癸酉　上驻跸行宫。是日，敖汉多罗郡王垂平尔、多罗额驸罗普藏、四等台吉塞因鄂岳图，科尔沁图谢图亲王鄂尔锥图来请安。

十五日甲戌　上驻跸行宫。

十六日乙亥　上驻跸行宫。

巳时，上御行宫。吏部尚书张鹏翮、侍郎孙柱带领郎中、同知等引见，一一奏明履历毕。上问张鹏翮曰：“沿途田禾若何？”张鹏翮奏曰：“密云此月十一日未时下雨，至天明方止，雨水甚足，田禾甚属茂盛。”上曰：“自密云至边外，田禾甚佳，但为京城四面云耳。”张鹏翮奏曰：“京城四面，初九日下雨，雨水沾足，田禾亦佳。又山东、河南等处今岁麦子亦大收。”上曰：“山西、陕西麦子亦皆大收。”张鹏翮奏曰：“皇上为民生，一日止进膳一次，至诚求雨，感格上苍。明旨一下，甘霖立

霈。此皆臣等有玷职掌，以致皇上如此忧勤，圣躬焦劳。此时雨水俱足，田禾亦茂，求皇上宽心。”上曰：“因雨足，朕心亦安矣。”

上又问张鹏翮曰：“两淮盐院李陈常声名如何？”张鹏翮奏曰：“臣过扬州时，李陈常旧欠钱粮尽行全完，闻得为人谨慎。近来不知若何。”上曰：“李陈常朕素不识认，闻其声名甚好，方行委用。近闻声名甚属平常，尔等亦当留心。直隶巡道徐炯，系徐乾学之子。今岁霸州考试官员时，伊所作不堪，学问不济，声名亦不好。赵弘燮误行保举，尔等亦当留心。”吏部大臣出。

大学士马齐，兵部侍郎仍于学士处行走查弼纳，学士渣克旦、勒什布、萨哈布以折本请旨。覆请刑部所题将放米时抗拒监督之民黄承德议充军一疏。上曰：“此议甚轻，虽发近地充军，仍旧逃回，应发往黑龙江等处。将本发回，另议具奏。”

又覆请都察院请更换两广盐差，将御史张建策等职名开列一疏。上曰：“着问揆叙。”

十七日丙子　上驻跸行宫。是日，土默特多罗达尔汉贝勒阿拉布坦、四等台吉拉喜来请安。

十八日丁丑　上驻跸行宫。

十九日戊寅　上驻跸行宫。

二十日己卯　上驻跸行宫。

二十一日庚辰　上驻跸行宫。

二十二日辛巳　上驻跸行宫。

二十三日壬午　上驻跸行宫。

二十四日癸未　上驻跸行宫。是日，奏事双全、张文彬、乌林达苏成格，洗马杨万程，编修奇勒伦等，传谕领侍卫内大臣侯巴浑德、公衮伦岱曰：“谕大臣等，山水陡发，不可沐浴，稍迟一二日则可沐浴。将此尽行晓谕护军、执事人员，并随围人等。”

二十五日甲申　上驻跸行宫。

巳时，上御东门。兵部侍郎查弼纳带领放副将、参将、游击、守备、千总、把总等官员引见，上一一询问阅射。守备牛大华，千总胡明望、蔡

珠、史懋，人材不及，着革退。

是日，阿霸垓辅国公达尔汉德默楚客来请安。

二十六日乙酉　上驻跸行宫。

巳时，上御东门。兵部侍郎查弼纳领放王府长史、护卫、司仪等官员引见。上一一询问阅射。召领侍卫内大臣公峩伦岱曰："护军校傅明射箭不堪，不能满语，人亦不及，在朕前不知向背，甚属不堪。行文于伊王，令其革退。"

是日，太监陈福传谕领侍卫内大臣侯巴浑德、公峩伦岱等曰："谕大臣等，凡随从人员，遍行晓谕，此时饭后，不可于树阴凉爽之地熟睡，图一时之安逸，醒时身大受伤。凡朕所下传示之旨，诸人果遵守，朕亦知之。即朕从不昼寝，当夏不用扇，虽早睡迟起，朕亦不纠查，一夜熟睡，身已安矣。日间再睡无益。葱蒜之味虽浊，此时少食些须，甚属有益。"

二十七日丙戌　上驻跸行宫。

巳时，上御行宫，大学士马齐，兵部侍郎仍于学士处行走查弼纳，学士渣克旦、勒什布、萨哈布、尼雅达以折本请旨。覆请吏部所题礼部侍郎荆山员缺，以内阁学士渣克旦等职名开列；副都御史刘相员缺，以内阁侍读学士德音等职名开列；通政使杨柱员缺，以左通政罗占等职名开列一疏。上曰："此并非紧要之事，俟回銮日再奏。"

又覆请吏部所题户部侍郎王原祁、工部侍郎阮尔询、副都御史董弘毅等员缺，除降级留任大理寺卿王懿等不开列外，以宗人府府丞江球等职名开列一疏。上曰："此亦俟回銮日再奏。"

又覆请刑部等衙门覆右卫披甲为盗之巴德里等，应照巡抚所拟，枭首示众，但巴德里等系蒙古，应送部处斩，该管副都统、佐领、防守尉等俱罚俸一疏。上曰："为首之人即正法，余改为应斩监候，秋后处决。罗察着罚俸六个月。"

又覆请刑部所题，汇题案内，披甲人常德，将伊家人王承之目，用石灰揉［瞎］缘由，议枷号一月，鞭八十一事。上曰："常德将伊家人之目，用石灰揉瞎，甚属惨刻，将伊枷号鞭责，完日发往黑龙江当差行走。"

又覆请工部覆总督管理直隶巡抚事务赵弘燮所题，垫道搭桥，州县官员照上年估计减去数目，十分之中先发给五分，议不准行一疏。上曰："垫道搭桥，一年所费若干，着查明具奏。"

大学士马齐奏曰："臣等遵旨以江宁等八省铜斤违限之处问赵申乔。据赵申乔云，九卿遵旨原议之处，铜斤交与江南等八省督、抚选官采买，若违限不完，照例议处。今江宁、安徽、浙江、湖北等处督、抚，虽于闰三月解送，江西、河南、广东、福建等四省督、抚等虽称差官往江南、浙江、云南等处采买办送，已违限一月未到。"据实缮折呈览，并以原疏覆请。上曰："此事暂着收贮。俟铜斤到日再奏。"

马齐又以原任福建漳州城守营游击林发叩阍之处，问左都御史范时崇。范时崇奏称，林发领兵救护迟延，以致贼首陈五显脱逃之故，审明数次，照例发边卫充军，并无冤抑。折子呈览，并以原疏覆请。上曰："林发既恳请于军前效力，着从宽，免交刑部，发往军前效力行走。"

又以所查宣化总兵所属出征兵丁六百名，自五十四年十月起，至五十五年三月止，该还项银八千二百两。折子呈览，并以原疏覆请。上曰："此借给兵丁七月钱粮，着免其抽还。"

是日，乌朱穆秦和硕车陈亲王色登敦多普来请安、进贡。

二十八日丁亥　上驻跸行宫。是日，喀尔沁多罗都楞郡王色冷来请安。

二十九日戊子　上驻跸行宫。

六　月

初一日己丑　上驻跸行宫。

初二日庚寅　上驻跸行宫。是日，太监魏珠出，传谕领侍卫内大臣侯巴浑德、公峨伦岱、大学士马齐、署理内务府总管事务散秩大臣关保、郎中海章等曰："此时甚热，有现成之冰。热河周围行人稠密之地，看有可安冰水桶处酌量安置，早凉时安置亦无用，巳时以后置之。"

初三日辛卯　上驻跸行宫。是日，科尔沁和硕卓里克图亲王巴忒马来

请安。

初四日壬辰　上驻跸行宫。是日，奏事双全、张文彬、乌林达苏成额，洗马杨万程，编修奇勒伦等捧出朱书上谕，谕大学士马齐曰："热河地方凉爽，尚未甚热。今日看内报云，六月初二日大热。时既渐暑，应照先年将有罪之人暂行宽释。大学士马齐将朕此旨速行传谕。"

顷之，奏事双全等又捧出朱书上谕，谕领侍卫内大臣侯巴浑德等曰："此时正热，凡衙门行走等处，俱应照先年之例。"

初五日癸巳　上驻跸行宫。

初六日甲午　上驻跸行宫。

初七日乙未　上驻跸行宫。

初八日丙申　上驻跸行宫。是日，赐大臣官员、执事人员、护军、七省官兵西瓜、香瓜。

初九日丁酉　上驻跸行宫。是日，赐大臣官员、执事人员、护军、七省官兵西瓜、香瓜。喀尔喀扎萨克兔罕和硕亲王多罗额驸泽旺查普、敖汉多罗额驸协理查木苏旗下事务四品台吉垂札木苏来请安。

初十日戊戌　上驻跸行宫。是日，赐大臣官员、执事人员、护军、七省官兵西瓜、香瓜。

十一日己亥　上驻跸行宫。是日，赐大臣官员、执事人员、护军、七省官兵西瓜、香瓜。喀喇沁镇国公沙木巴拉什、科尔沁额驸多尔济色楞、二品台吉甘第沙来请安。

十二日庚子　上驻跸行宫。是日，赐大臣官员、执事人员、护军、七省官兵西瓜、香瓜。

十三日辛丑　上驻跸行宫。是日，奏事双全、张文彬、乌林达苏成额，洗马杨万程等，捧出朱书上谕，谕大学士马齐曰："热河地方虽日日布云，时见雷电，而雨未大霈，因而觉旱。今自十一日禁宰祈雨，三日间各处来人，言京城四围未曾遇雨，想来亦旱。此处自十五日再行禁宰祈雨，京城亦从是日起一体祈雨。大学士马齐将此旨写出，同报速发。"

十四日壬寅　上驻跸行宫。

是日巳时，上御行宫，大学士马齐，兵部侍郎仍于学士处行走查弼

纳，学士渣克旦、萨哈布、尼雅达以折本请旨。覆请吏部覆云南巡抚甘国壁所题，请以降二级调用布政司卢询留任，议不准行一疏。上曰："卢询居官何如？着问九卿具奏。"

又覆请吏部所题兵部郎中额尔奔因守安定城门空班，议革职一疏。上曰："额尔奔供称，因伊子身故，不曾到班。着查明伊子何时身故具奏，再问额尔奔为人何如。"

又覆请户部所题交与商人王容德等采买旧铜器皿一疏。上曰："买铜若交与商人，又致亏空，断乎不可。赵申乔等管理钱法大臣，各有所属官员。若旧铜器皿商人可采买而得，伊等断无采买不得之理。现有商人带还银两，将此银动支交与官员采买可也。着问明具奏。"

又覆请兵部所题镶白旗舒淑佐领下闲散俊秀傅海，与伊族原任三等侍卫宁图，互争佐领叩阍一案。查得傅海之曾祖囊吉曾管一半佐领之处，虽有档案，而囊吉故后，贝勒费扬古以囊吉之子乌禄喀年幼，将佐领与西尔都管理之处，部内并无档案。宁图之祖西尔都，曾带来五十户，故与伊一半佐领。西尔都之缺，令伊子舒淑管理佐领之处，现有档案。将此补授佐领之处，应交与该旗，仍将西尔都子孙拣选引见一疏。上曰："回銮日再奏。俟问在京大臣。"

又覆请兵部覆大同总兵官张自兴，将标下营马一百六十六匹，给与运米处看管骆驼之额鲁忒回子三十人。此所缺马数，请照茶马之例给银买补一疏。上曰："着将太仆寺孳生马驹选一百六十六匹给与。"

又覆请刑部所题殴死亲叔之陈绍周，戳死小功服叔之王元，勒死表兄之王子良，鸩死亲弟之陶林四案，俱照例拟斩立决四疏。上曰："着九卿、詹事、科、道会同再议具奏。"

又覆请刑部所题凉州步兵冯士英殴死坐台笔帖式济福，将冯士英拟斩立决一疏。上曰："将坐台人打死，甚属不合。冯士英着即行处斩。千总马成选系专管之官，并不将兵丁严行约束，甚属可恶。着拿送富宁安处严审具奏。"

大学士马齐奏曰："臣等遵旨所查杭关、龙江等处关差钱粮有无亏空之处。查得杭关监督圣保三任内，亏空九千余两，其余并无亏空之处。"

折子呈览，并以原疏覆请。上曰："杭关钱粮，交与该巡抚监收。"

马齐又以所查总督兼管直隶巡抚事务赵弘燮所用搭桥垫道银数缮折呈览，并以原疏覆请。上曰："每年所用钱粮太多，至多不过万金足矣。每次垫道有工部侍郎随行，着随行侍郎酌带钱粮，与向导等公同监看搭桥垫道，则钱粮不致糜费，而民亦得实惠矣。将本发回。着户、工二部会议具奏。"

又以所查户工二部所题，差往淮安等处收税官员及往两浙巡盐官员，代商人交还银两数目二折，光禄寺所奏郎中森图所欠会同光禄寺预备银两，交与该旗督催一折呈览。上曰："回銮日再奏。俟明白查核。"

毕，上顾大学士马齐等曰："浙江地方今年雨水甚大，数处被灾。该巡抚已经奏报。遍问来人，云：自吴江县以西，雨水调和，田禾甚好。吴江县以东，雨水甚大，禾稻至今未种，米价腾贵。今不可不预为计议，着九卿会同议奏。巡抚徐元梦是一老实好人，此等事不能办理，亦说与九卿知之。"

十五日癸卯　上驻跸行宫。

十六日甲辰　上驻跸行宫。是日，赐大臣官员、执事人员、护军、七省官兵西瓜、香瓜。

十七日乙巳　上驻跸行宫。是日，赐大臣官员、执事人员、护军、七省官兵西瓜、香瓜。

十八日丙午　上驻跸行宫。是日，赐大臣官员、执事人员、护军、七省官兵西瓜、香瓜。

十九日丁未　上驻跸行宫。是日，赐大臣官员、执事人员、护军、七省官兵西瓜、香瓜。

二十日戊申　上驻跸行宫。是日，赐大臣官员、执事人员、护军、七省官兵西瓜、香瓜。科尔沁和硕端敏公主、多罗贝勒巴克什古尔、三品台吉马锡阿喇蒲坦来请安、进贡。

二十一日己酉　上驻跸行宫。是日，赐大臣官员、执事人员、护军、七省官兵西瓜、香瓜。

二十二日庚戌　上驻跸行宫。是日，赐大臣官员、执事人员、护军、

七省官兵西瓜、香瓜。

二十三日辛亥 上驻跸行宫。是日，赐大臣官员、执事人员、护军、七省官兵西瓜、香瓜。

二十四日壬子 上驻跸行宫。是日，赐大臣官员、执事人员、护军、七省官兵西瓜、香瓜。

二十五日癸丑 上驻跸行宫。是日，赐大臣官员、执事人员、护军、七省官兵西瓜、香瓜。

二十六日甲寅 上驻跸行宫。是日，赐大臣官员、执事人员、护军、七省官兵西瓜、香瓜。科尔沁扎萨克固山贝子鄂齐尔桑、固山贝子查西纳木他尔来请安。

二十七日乙卯 上驻跸行宫。是日，赐大臣官员、执事人员、护军、七省官兵西瓜、香瓜。

二十八日丙辰 寅时，上自热河行幸汤泉，驻跸中关。

二十九日丁巳 上驻跸汤泉。

七　月

初一日戊午 上驻跸汤泉。是日，喀尔喀多罗贝勒宗堆来请安、进贡。

初二日己未 上驻跸汤泉。

初三日庚申 上驻跸汤泉。是日，赐领侍卫内大臣公马尔赛、大学士马齐火镰包。

初四日辛酉 寅时，上自汤泉至热河驻跸。

初五日壬戌 上驻跸行宫。是日，赐大臣官员、执事人员、护军、七省官兵西瓜、香瓜。科尔沁二品台吉宗堆、四品台吉吴巴西来请安。

初六日癸亥 上驻跸行宫。

辰时，上御行宫。大学士马齐，兵部侍郎仍于学士处行走查弼纳，学士渣克旦、萨哈布、尼雅达以折本请旨。覆请吏部所题云贵总督郭瑮员缺，以户部侍郎敦拜等职名开列一疏。上曰："云贵地方甚是紧要，着问

九卿具奏。”

又覆请吏部所题工部主事拉巴自马厂告假违限不去，将拉巴降五级调用一疏。上曰：“此甚可恶。着革职，拿送刑部。”

又覆吏部所题为引见月官请旨一疏。上曰：“部院司官俟回銮日引见，道以下教官以上，着满洲侍郎一员带来引见。其中有衰老不能来者，即着革退，不必带来。”

又覆请户部覆浙江巡抚徐元梦所题，浙省金华府属兰溪，衢州府属龙游，严州府属建德、淳安、遂安、寿昌、桐庐等七处水灾，将杭州、嘉兴、湖州、绍兴、金华、衢州、严州等七府属县存贮之米散赈。不足，请暂借初次截留之米，一并散给。应如所请一疏。上曰：“闻彼处稻田俱已栽种，生长亦盛。此事且暂收贮，再看光景。”

又覆请户部覆川陕总督鄂海所题，插汉托灰地方开垦拟准行，打堤开渠不准行一疏。上曰：“插汉托灰即河套地方，朕曾至其处。彼处打堤开渠无益。俟回銮日再奏。”

又覆请礼部覆福建巡抚陈瑸所请，尤溪县之南溪，系先贤所生之处，请赐给扁额，以示旌奖等因。赐给扁额特恩出自圣裁一疏。上曰：“大学士李光地曾请扁额，已经给发，不知即悬此地，抑或另悬他处？恐有重复，着查明具奏。”

又覆请兵部所题都统胡什巴等因解送骆驼鞍屉科敛银两，将伊等降一级，罚俸一年一疏。上曰：“骆驼鞍屉业经解送，米已运到，此于军务有益，旗下大臣官员从宽，免其处分。此后不可科派。”

又覆请刑部覆广东巡抚杨琳所题，大盗邹亚八等、罗亚经等、大吉留等，江宁巡抚吴存礼所题，大盗陈寿等，俱照律正法，准如所拟四疏。上曰：“大学士等会同三法司，将伊等内有造意为首杀伤人命者，各案内将一二人正法，余着照例减等，发黑龙江等处。本发还，再议具奏。”

又覆请刑部所题镶蓝旗护军校马什，被护军二雅图戳死，将二雅图即行正法一疏。上曰：“此等事，由旗报部检尸，仍送该旗审理具奏，似觉太烦。况由部检尸，由旗审理，情罪未必恰当。人命事情关系重大，嗣后如此等事，旗下大臣会同刑部审明，一次完结。将此为例。”

又覆请刑部汇题案内，闲散人吴枢颀将拨什库偏图持刀戳伤，照例将吴枢颇枷号一月，鞭八十一事。上曰：“吴枢颀可恶，加号鞭责完日，发往三姓处。”

又覆请刑部所题上驷院员外郎噶达，将伊家人陈大、三丫头打死缘由，将噶达照官员故打死家人例，应降一级留任，罚一人入官一疏。上曰：“打死一人，犹可谓误伤。噶达打死二人，甚属暴虐，着革职。”

又覆请工部所题贡院内添造房屋、修理墙垣所用银两，动支守道库内钱粮修造。三年内如有倒坏，着落监修官员赔补一疏。上曰：“钱粮太多。此项工程，着工部大人亲身勘明核减，动伊本部钱粮，派出司官监修。”

又覆请凤阳关监督罗岱题请展限三月一疏。上曰：“此差数年钱粮有无亏空，并所欠数目，着查奏。”

又覆请北新关监督宋阿礼、荆关监督华赉题请展限三月二疏。上曰：“展限无益。俟伊等任满时，交与该抚监收。”

又覆请右卫将军费扬古等所题，骁骑校张文德打死本佐领下闲散人王承举缘由，应即行审明，因律例带往军前，恳乞刑部指出罪名咨覆等因。刑部议人命事情，并无部内定罪之理，伊处应请律定罪，驳回等因。应将张文德革职严审一疏。上曰：“此事，该将军处因律例带往出兵地方，请刑部定罪，曾经驳回。凡律书俱在部内，刑部应即承任审理。如此之事驳回，伊等所任者何事？殊属不合。着严饬行刑部，并做驳稿呈堂之司官，着察议具奏。”

大学士马齐等奏曰：“臣等遵旨以误安定门班之郎中额尔奔问兵部尚书殷特布等，据称额尔奔为人勤谨，办事去得。”折子呈览，并以原疏覆请。上曰：“额尔奔从宽，免革职，着降五级留任。”

又以降级调用云南布政使卢询问九卿、户部侍郎吕履恒、刑部侍郎李华之、御史周祚显，同举卢询操守清廉。缮折呈览，并以原疏覆请。上曰：“卢询员缺，已经补人。卢询着调来引见。”

是日，科尔沁四品台吉毕鲁洼来请安、进贡。

初七日甲子　上驻跸行宫。是日，赐大学士马齐《御选唐诗》、《周易折中》、《道德保章》、《避暑山庄记》各一部。

初八日乙丑　上驻跸行宫。是日，赐大臣官员、执事人员、护军、七省官兵等西瓜、香瓜。科尔沁二品台吉宗堆拉什来请安。

初九日丙寅　上驻跸行宫。是日，赐大臣官员、执事人员、护军、七省官兵等西瓜、香瓜。阿鲁科尔沁多罗贝勒王占儿来请安、进贡。

初十日丁卯　上驻跸行宫。是日，赐大臣官员、执事人员、护军、七省官兵等西瓜、香瓜。

十一日戊辰　上驻跸行宫。巳时，上御东门，赐达赖喇吗（嘛）、班禅拉藏使者筵宴。

十二日己巳　上驻跸行宫。是日，赐大臣官员、执事人员、护军、七省官兵等西瓜、香瓜。

十三日庚午　上驻跸行宫。

十四日辛未　上驻跸行宫。是日，归化城土木忒旗下都统丹津来请安、进贡。

十五日壬申　上驻跸行宫。

十六日癸酉　上驻跸行宫。

巳时，上御行宫，大学士马齐，兵部侍郎仍于学士处行走查弼纳，学士渣克旦、萨哈布以折本请旨。覆请刑部覆广东巡抚杨琳所题大盗史范猷等、蔡恒坤等、冯有常等，俱照律即行正法，准如所拟三疏。上曰："着大学士等会同三法司，将伊等内造意为首杀伤人命者各案内，将一二人正法，余照例减等，发黑龙江等处。本发还，再议具奏。"

又覆请刑部覆江西巡抚佟国襄所题，行劫商人余子华店内伤人之强盗王唐、邹万子、冯毛兵、陈琳子，照律即行正法，将邹万子引黄观奇之例，减等发落，应否减等，听候部夺等因。看得黄观奇系特旨减等之犯，该巡抚引用此例不合。王唐等均照律即行正法一疏。上曰："此等引例奏闻之事，先应将引例合与不合之处声明后，将贼等定罪方是。看此事汇题案内，并无议贼等情罪之处，但查议处分官员，甚属糊涂。大学士即行票拟，亦属糊涂。着问明具奏。"

又覆请刑部汇题案内，正白旗佐领拉都将伊佐领下拨什库哈兰泰家人四儿打死，照例将拉都罚俸一年一事。上曰："正白旗佐领拉都，想系原

任都统赖塔之子，侍卫夸色之弟。”遂召问正白旗侍卫巴海、吴达礼，称系赖塔之子。上曰：“此系杀人之人，甚是凶恶。着严拿审问具奏。”又曰：“原任大臣费扬古之子鄂鼐，亦系杀人之人，伊等凶恶，正白旗素闻其名。”

又覆请浙江巡抚徐元梦所题，龙游等处截留米内暂借散赈，俟捐纳监米数满之日补还原项一疏。上曰：“浙省数州县地方雨水颇大，朕先闻知，即着预为酌议具奏。传谕九卿，业已议覆，专俟该抚具题。今巡抚徐元梦奏称，各府属田亩积水渐消，民间俱已种稻。仁和等九县、湖州一所，俱未成灾。惟金华府属兰溪、衢州府属龙游、严州府属建德等五县、严州一所成灾是实等语。除未成灾地方不议外，其成灾七县一所酌量拨米，运到散赈，平价粜卖，使穷民均沾实惠，勿致失所。察勘分数，照例蠲免之处，着九卿速行详加确议具奏。”

又覆请浙江巡抚徐元梦所题，浙江现今开捐，米粮充积，实系有益之事。但此数年福建、广西、广东各省俱开捐纳，米数甚少，人俱往彼处捐纳，请照江南现行捐纳例七款，分别各府地方，减数捐纳，则各府县之仓粮易于充足一折。上曰：“此事亦着交九卿议奏。”

大学士马齐奏曰：“臣等遵旨以处分右卫骁骑校张文德一案做驳稿之郎中系徐肇显等。”折子呈览，并以原疏覆请。上曰：“此事驳回，既不是，又不声明伊等不是之处，着发还，另缮折具奏。”

又以云贵总督郭瑮员缺，九卿举出吏部侍郎孙柱、兵部侍郎党阿赖、刑部侍郎阿锡鼐、山西巡抚苏克济、江宁巡抚吴存礼、云南巡抚甘国璧等。缮折呈览，并以原疏覆请。上曰：“孙柱、党阿赖俱有年纪。西边现在用兵，苏克济不可暂离。吴存礼亦不可离苏州。着再问九卿具奏。”

又以凤阳关监督罗岱，任内并无拖欠钱粮之处。折子呈览，并以原疏覆请。上曰：“俟回銮之日再奏。”

十七日甲戌　上驻跸行宫。

十八日乙亥　上驻跸行宫。

十九日丙子　上驻跸行宫。

巳时，上御行宫，吏部侍郎孙柱带领道、知府、同知、通判、知县、

教官王盛英等一百一十人引见，上一一详问履历。知县梅成枢、通判韩文煊、教官杨永懋等，俱有年纪，人亦不及，着革退。

二十日丁丑　上驻跸行宫。

巳时，上御东门。乾清门三等侍卫拉什带领补授佐领索伦阿舒等二十九人引见，上一一详问履历。射毕，又命善射者近前射。

二十一日戊寅　上驻跸行宫。

二十二日己卯　上驻跸行宫。

二十三日庚辰　上驻跸行宫，是日，蒿齐忒多罗额尔德尼郡王阿噶尼斯达来请安、进贡。

二十四日辛巳　上驻跸行宫。

二十五日壬午　上驻跸行宫。

巳时，上御行宫，大学士马齐、兵部侍郎仍于学士处行走查弼纳、学士萨哈布以折本请旨。覆请吏部覆广西巡抚陈元龙所题柳州府知府员缺，请以卓异引见已升云南澄江府知府黄之孝补授。平乐府知府员缺，请以通判慕国琠补授。可否，出自圣裁。俱不准行一疏。上曰："广西官员到任迟延，以致员缺久悬。黄之孝等照该抚所请补授，着改签进呈。"

又覆请吏部所题马群人阿尔图呼为窃盗缘由，将该管员外郎傅色讷罚俸一年一疏。上曰："此事甚是迟误，将从何处迟误之处，即着伊明白回奏。"

又覆请户部覆署理盛京将军事务前锋统领伯唐保住所题，承德等州县，请照旧例仍收米豆，议准行一疏。上曰："承德等九州县，向来原收米豆。因董弘毅更改旧例，该将军等以仓中米豆渐少陈奏。将更改旧例于事体无益之董弘毅，并改议之堂司官，一并察议具奏。"

又覆请户部所题为更换浙江海关、赣关、芜湖、凤阳等关监督，将各部院衙门保送之官员职名开列一疏。上曰："看各关监督所欠钱粮甚多。此辈未派之先，人争愿去，及至到任，钱粮即缺。此皆不分好歹，多带人役，苛收钱粮之故。向年杭关有一监督，问巡抚王度昭，钱粮如何不致缺额？王度昭告以钱粮宽征，断不缺额。后如其言行之，是年钱粮果不缺额。即如黑西亨任天津关时，令商人觌面交纳钱粮，即将船验放，是年钱

粮清楚完结。若钱粮至于亏欠，即系于事体无能之人。如此类者，即应革退，何惜之有？嗣后钱粮亏欠之处，交与该抚，钱粮不至拖欠，事体易于清结。凤阳关钱粮，着交该抚征收。余缺俟朕派出。”

又覆请刑部会同镶红旗满洲副都统偏图等，审得前锋刘柱等，将同旗图尔泰佐领下另户步军六十儿打死，应将刘柱照例即行正法，柱儿等枷号三个月，鞭一百一疏。上曰：“看此事，三人同打死一人。俱执器械，将致命之处中伤。本发还。着会同三法司再议具奏。”

大学士马齐奏曰：“臣等遵旨以云贵总督郭瑮员缺，复问九卿。九卿举出广西巡抚陈元龙，才能操守俱好。”缮折呈览，并以原疏覆请。上问大学士马齐曰：“满丕何如？”马齐奏曰：“任内阁侍读时还去得。”上曰：“任学士时启奏折本，朕看来还系去得之人。任广东巡抚后，不甚妥当，一味隐匿盗案。”大学士马齐奏曰：“云贵地方甚属紧要，求圣上于真知之人擢用。”上曰：“外省巡抚，但年谷丰登地方无事便好。苏克济、赵弘燮、蒋陈锡，伊等该管之处，屡年俱各丰收。纵有十分清廉之官，若年岁不收，地方多事，何益之有？蒋陈锡如何之处，着问九卿，陈元龙亦着问来。”

又以江西大盗王唐等即行正法一案，问刑部堂官。回称臣等先将王唐等拟照律处斩，后汇题疏内，止将私自引例之司官查参，并未将大盗等应行正法之处声明，此系臣等愚昧之处。求将原本发还，再议具奏一折呈览，并以原疏覆请。上曰：“将原本发还，再议具奏。”

毕，上顾大学士马齐曰：“昨九卿两议之事，朕朱批上谕尔等曾见否？”马齐奏曰：“臣等俱见过。昨议政会议处，曾述与贝子苏努、揆叙等。伊等皆以为神。”左都御史揆叙奏曰：“皇上办事委是神奇。”上曰：“刑部人命之事，将撺掇之人定罪者有之，将动手之人定罪者亦有之。若依九卿两议，将撺掇、动手人俱行正法，则纷争可息矣。”

是日，额伦忒多罗郡王车林王布来请安、进贡。

二十六日癸未　上自热河启行，驻跸中关。

二十七日甲申　上驻跸青城。是日，巴林荣宪固伦公主、翁牛特多罗杜棱郡王和硕额驸苍津、多罗额尔得尼贝勒博木布来请安、进贡。

二十八日乙酉　上驻跸青城。是日，赐大臣官员、执事人员、护军、七省官兵香瓜、果品。喀尔喀查萨克镇国公图巴来请安。

二十九日丙戌　上驻跸张三营。

三十日丁亥　上驻跸张三营。

八　月

初一日戊子　上驻跸张三营。是日，喀尔喀查萨克头等台吉沙克都尔查普来请安。

初二日己丑　上驻跸可汗铁岭南口。

初三日庚寅　上驻跸云特木儿口。

初四日辛卯　上驻跸阿那达岭谷口。是日，赐大臣官员、护军、执事人员、七省官兵鹿。

初五日壬辰　上驻跸阿那达岭谷口。

初六日癸巳　上驻跸阿那达岭谷口。是日，科尔沁和硕额驸多尔济来请安。

初七日甲午　上驻跸骅骝杨川。

初八日乙未　上驻跸哈达俄佛洛。

初九日丙申　上驻跸野猪川。是日，郭尔罗斯头等台吉查浑来请安、进贡。

初十日丁酉　上驻跸红川湾。

十一日戊戌　上驻跸红川湾。

十二日己亥　上驻跸红川湾。

十三日庚子　上驻跸红川湾。

十四日辛丑　上驻跸厄尔滚沟。

十五日壬寅　上驻跸柳林地方。是日，赐顺承郡王诺罗布、贝子苏努、公揆叙、国舅佟国维、大臣官员，蒙古王、台吉等筵宴。喀尔喀多罗贝勒罗普藏来请安、进贡。

十六日癸卯　上驻跸柳林地方。

十七日甲辰　上驻跸柳林地方。是日，乌朱穆秦和硕车陈亲王色登敦多普来请安、进贡。

十八日乙巳　上驻跸柳林地方。是日，喀尔喀查萨克辅国公敏朱尔来请安、进贡。

十九日丙午　上驻跸哥里齐落。

二十日丁未　上驻跸舒库尔口。

二十一日戊申　上驻跸克勒母台湾。是日，科尔沁和硕达尔汉亲王和硕额驸罗普藏滚布、图谢图亲王鄂尔斋图来请安、进贡。

二十二日己酉　上驻跸克勒母台湾。

二十三日庚戌　上驻跸雍安拜。

二十四日辛亥　上驻跸鹰图色钦。

二十五日壬子　上驻跸齐老图。

二十六日癸丑　上驻跸乌阑哈尔哈。是日，赐大臣官员、护军、执事人员鹿。科尔沁二等台吉乌尔图那苏图来进贡。

二十七日甲寅　上驻跸巴颜拖罗海。是日，赐科尔沁图谢图亲王鄂尔斋图、辅国公布尼马。郭尔罗斯镇国公巴图来请安、进贡。

二十八日乙卯　上驻跸朱尔哈代朔陇。

二十九日丙辰　上驻跸郭里营。是日，赐和硕达尔汉亲王、额驸罗普藏滚布貂褂、银鼠袍、帽、火镰包、鸟枪。

九　月

初一日丁巳　上驻跸郭里营。

初二日戊午　上驻跸喀卜齐路。

申时，上御行宫，大学士马齐，兵部侍郎仍于学士处行走查弼纳，学士渣克旦、萨哈布、常鼐以折本请旨。覆请九卿覆浙江巡抚徐元梦所题，请将浙省捐纳米石减数开捐，议准行一疏。上曰：“浙江地方潮湿，米粟

不能久贮，且今年浙江地方大熟，捐纳无用。将本发还，再议具奏。”

又覆请吏部覆广西巡抚陈元龙题请柳州府知府员缺以黄之孝补授，平乐府知府员缺以慕国琠补授，俱不准行，改签进呈复折一疏。上曰：“广西地方官员到任迟误，以致缺员。黄之孝、慕国琠着照该抚所请补授。将原补平乐府知府陈九鹏留在彼处，着该抚遇缺题补。”

又覆请吏部所题拖沙拉哈番委洛、富倭、锡瑚讷世袭已尽，应将伊等世袭档册销去一疏。上曰：“朕曾与伊等六品官职。此系部内遗漏未查，着查奏。”

又覆请户部覆浙江巡抚徐元梦所题东洋商贾人等，从前往来行走，并无他故。今年长溪地方，倭子忽立新例，只与先到之胡元克等四十二船，每船牌票一纸，许其交易。若无伊国牌票，即拨回，不许交易。以我中国商船受长溪地方牌票，不但有乖大体，相沿日久，大生弊端，亦未可知。应将作何行文倭子之处详议，将伊所给牌票发回，以我国文票为凭等因，应如所议一疏。上曰：“朕曾遣织造人过海观彼贸易，其先贸易之银甚多，后来渐少。倭子之票，乃伊等彼此所给记号，即如缎布商人彼此所记认号一般。各关给商人之票，专为过往所管汛地以便清查，并非旨意与部中印文。巡抚以此为大事奏闻，误矣。部议亦非。着九卿、詹事、科、道会同再议具奏。”

又覆请兵部等衙门所题西安将军席柱乃领兵将军，凡关系军务之事，并不尽心竭力，有误军机要务，又于放官挑甲贪滥受贿，甚负皇上超用之恩。应将席柱革职，立绞，籍没家产入官一疏。上曰：“朕先不知席柱。席柱任副都统、护军统领时，每于放官无不受贿。自任将军以来，每放官仍受贿。且西安出征兵丁，并无马匹，雇驴前往。兵丁皆欲杀席柱。因朕所差侍卫知觉，方未被杀。此不但应绞，竟当处斩。朕已调吴智去矣。俟回銮之日具奏。”

又覆请刑部所题李二自充发之处逃回行窃，仍充发原处一疏。上曰：“若将李二如此充发，仍复逃回。着刺字，挑去脚筋充发。”

又覆请刑部所题三保与胡士君相扑为戏，三保误伤殒命。三保之父侯进孝供称，相扑为戏是真，并无仇隙等语。应将胡士君照律拟绞监候，秋

后处决一疏。上曰："三保之父亦称，伊等相扑为戏跌死是真，并无仇隙。将胡士君从宽免死，照例减等完结。"

又覆请刑部覆总督管理直隶巡抚事务赵弘燮所题，刘荣远约楚五为盗，楚五不从，恐被连累，欲将刘荣远打伤成残废之人，使其不能为盗，因同赵大等将刘荣远毒打，伤重殒命，应将楚五等照律拟绞、徒、杖等罪。查得楚五、赵大等将刘荣远毒打致死，原因强留龙阳王六儿过宿情由，成仇打死。事关故杀，应仍驳与该抚，再行严审定拟具奏一疏。上曰："此事已经驳回数次，今又议驳。即行驳回该抚，亦必仍执原议具奏。着该部即行定拟。本发还。"

又覆请刑部所题陈大为争烧缸窑角口，打死陈明亮，应照律拟斩监候，秋后处决，刘大为争路角口，打死刘起栋，应照律拟绞监候，秋后处决；刘顺为讨债情由，打死刘汉如，应照律拟绞监候，秋后处决三疏。上曰："看此三案，皆有主使及动手起衅之人，与近日两议具奏之刘芳声、徐彩官等案相同。将本发回，与彼案两议之赵申乔等会同再议具奏。"

又覆请刑部所题，闲散人延喜所娶觉罗索诺木之女刎死情由，应将延喜枷号三个月，鞭一百一疏。上曰："此事朕亦曾问过，所审糊涂不明。本发回，着再行详审具奏。"

又覆请刑部所题打死妻之喀郎凯，照律拟绞监候，秋后处决一疏。上曰："西伯等甚恶，着依议。喀郎凯至秋审时，毋得宽宥，尔等记奏。"

又覆请刑部覆署理广东广西总督事务巡抚杨琳所题，将投诚之海贼黄信香等，照招抚海贼徐荣之例，于广东相近之处安插，议驳回一疏。上曰："黄信香不宜安插广东，应解至京。本发回，着再议具奏。"

又覆请刑部所题广西秋审情真案内，斩犯冯章等应议情真一疏。上曰："这情真冯章等六人，俱照所审处斩。黄老三等十五人，俱改为缓决。"

又覆请工部覆巡视两淮盐课监察御史李陈常题报，为筑修瓜州花园港并息浪庵堤岸，遵奉部文发给银八万九千余两等因，应行文与总河，将本年三月内题拨盐课银三十万两动用若干，尚余若干，查明具题到日再议一疏。上曰："此事不明。李陈常所解银八万余两，云即在部拨三十万之内，此三十万两又系何项拨者，并未声明。今两淮商人以修筑花园港等处

堤岸，情愿照数捐送，赵世显已经具题。将本发回，与赵世显所奏之事，一并查明具奏。”

又覆请都察院所题为更换两淮盐差，以监察御史迈柱等职名开列一疏。上曰：“李陈常从前人皆称其清廉，其后改操，汉大臣皆知。且伊不欲更换，正在营求以死。两淮盐差，甚属紧要，须不累商人，又能清楚旧欠，务得居官最清者，方有裨益。着问九卿，令伊等举出。”

又覆请杭州将军他拜所题，遵旨于兵丁增养马一千匹，甚属有益一疏。上曰：“此原系议政大臣所议之事，交与议政大臣，将各处一总议奏。”

又覆请总河赵世显所题，因修筑瓜州花园港、息浪庵堤岸，城垣得以保守，瓜州百姓谢恩一疏。上曰：“将李陈常所奏息浪庵之事一并查明具奏。”又曰：“当日河道甚坏，朕南巡之时，立于堤上以观水势，曾云河治而民安，不知有得见之日否？众皆泣下。张鹏翮补授总河，于三月十八日在乾清门面谕：尔但照朕筹画而行，毋得妄用人言。张鹏翮依朕旨而行，是以成功。前者曾遣马齐、图纳前往阅河，朕闻众人皆以为寻此二人之隙，因召至瀛台面谕：朕差尔等前去，特为河道紧要，俟尔等看回，公议治河之法，并无他意。”马齐奏曰：“此语臣亦曾告揆叙。”揆叙奏曰：“适在外亦曾言及。”

上又曰：“朕用计将噶尔旦诱来剿灭之后，马齐在于会议处云，我等但遵依皇上指示而行，岂得妄议军机之事？”马齐奏曰：“臣窃惊异，诚有是言。”

马齐又奏曰：“臣等遵旨以山东巡抚蒋陈锡居官何如之处问九卿，九卿言，蒋陈锡居官好。”具折呈览，并以原疏覆请。上曰：“云南总督甚属紧要。朕所知之人，俱在军前。绰奇办事甚优，尚知理之可否，现有军务，不便移动。此事俟到热河日具奏。”

又曰：“看鄂海虽似一寻常之人，此番办理军饷甚是从容，伊奏朕云，供给皇上此数万兵马，若少有迟误，豢养臣等何为？至于西边岁歉，伊曾奏有臣等在，皇上不必为西顾之忧。额伦忒熟谙军务，朕所以令其署理将军事务。阅所奏之事，二人如一体。俊杰之人，类皆如是。”

马齐又奏曰：“臣等遵旨以青县、静海二处行盐之事问户部，户部

将李天福情愿承揽青县、静海二处应完之银，亦着九年代销完结。”具折呈览，并以原疏覆请。上曰：“此事亦俟到热河日具奏。”

初三日己未　上驻跸青城。是日，巴林荣宪公主来请安、进贡。

初四日庚申　上驻跸中关。是日，赐都统巴赛，总兵官保柱，副将杨弘德、赵鲲等，马各一匹。

初五日辛酉　上驻跸中关。

初六日壬戌　上驻跸热河。

初七日癸亥　上驻跸行宫。

初八日甲子　上驻跸行宫。

初九日乙丑　上驻跸行宫。

初十日丙寅　上驻跸行宫。

十一日丁卯　上驻跸行宫。

十二日戊辰　上驻跸行宫。

十三日己巳　上驻跸行宫。是日，上率皇子、大臣官员在正门前跪送皇太后。

十四日庚午　上驻跸行宫。

十五日辛未　上驻跸行宫。

十六日壬申　上自热河启行，驻跸喀喇城。

十七日癸酉　上驻跸鞍子岭。

申时，上御行宫，大学士马齐，兵部侍郎仍于学士处行走查弼纳，学士渣克旦、萨哈布、常鼐以折本请旨。覆请吏部覆兼管公库大学士萧永藻等所题，公库拣选每旗十员，笔帖式内留六员，其余四员于本旗、部内笔帖式缺出即行调补。其留库笔帖式等，俟满五年，亦即调部等因。应照督部衙门所裁笔帖式之例，遇缺即补一疏。上曰：“伊等有何效力之处？部议将伊等遇缺即补，殊属太过。本发还，再议具奏。”

又覆请户部所题浙江海差原任郎中戴保所欠铜斤脚价银两，将伊家产入官抵赔一疏。上曰：“似此等事，应合计所欠银两，令其足数变价赔补，余者发还可也。或有家产所值甚少，赔不足数，蒙混折算，奏请入官者，家产人口断不可要。本发回，着再议具奏。”

又覆请礼部所题翁牛特多罗都楞郡王苍津所配和硕裕亲王保泰之妹封为郡主，苍津照例封为和硕额驸一疏。上曰："苍津现系额驸，多此一奏矣。将本发回。"

又覆请兵部覆江南苏松水师营总兵官胡骏所题，臣自幼随军征讨，累蒙简用，俱系陆路，不谙水性，求调补极边至苦之地效力等因。应行文与该总督，将总兵官胡骏能行走不能行走之处查明，到日再议具奏一疏。上曰："朕闻苏松兵丁习俗甚恶，自胡骏到任以后，其约束甚好，以严之故，几乎有事。总督、巡抚、提督等闻知，恐成大事，遂尔销弭，未曾奏闻。又支放兵饷，俱系知县等微员，兵丁亦不胜其乱，此汉大臣所共知。胡骏先曾征过海岛，人材亦好。特迫于兵丁之恶，因如此启奏。部臣不知此故，将胡骏能行走不能行走之处，行文令该督查覆，所议甚是。但此事如此行查，将胡骏调换他处，将致兵丁恶风愈长。且崇明地在海岛，田广民稠，无一文职大臣不可，可将江南所属不紧要之处道官等员移置一员，着问九卿具奏。"

又覆请刑部等衙门所题打死张四之王二拟绞监候，秋后处决。起衅之彭五本应拟罪，因被打受伤免死一疏。上曰："此事以二人伙打一人，将起衅之人并未拟其罪。本发回，着与刘芳声、徐彩官等案两议之大臣等会同再议具奏。"

又覆请刑部覆八旗汉军都统李绳宗等所题，原任建昌道蒋廷臣等五十四人亏空银米，将伊等家产变价入官外，今该管官员公保伊等家产尽绝，不能尽行赔补是实等因。查得蒋廷臣等共亏空银六十五万余两，米麦共十四万八千余石，经历多年，止追赔银五万二千余两，米麦毫无追完。或系承追官员希图完结，徇情具保，亦未可知。应仍交与各该旗再行详查。如果有家产尽绝者，分别奏闻，到日再议具奏一疏。上曰："伊等所欠银米甚多，关系钱粮。作何清查完结之处，俟回京之日，交与九卿议奏。"

又覆请刑部覆巡视南城监察御史董鄂洛题参书办郭盛宗等首告指挥高泽榕，将卖米制钱私行带回等语。查得高泽榕先抵换钱七千二百文，今又将存留之钱带出，被书办首告。高泽榕职系监守，擅自挪用钱粮，甚属不

合，应将高泽榕革职，照例杖八十，准折赎一疏。上曰："所议太轻。本发回，着再议具奏。"

又覆请刑部所题盛京秋审缓决案内，戳死张四之曹文举，拟绞监候，秋后处决；打死常寿之卢顺仁，拟斩监候，秋后处决；戳死王兴隆之郭鸣凤，拟绞监候，秋后处决三案。上曰："将伊等俱改为情真。"

又覆请刑部所题盛京秋审缓决案内，拟绞之防守御富保一案。上曰："将富保写作佛保，朕为改正。关系人命之事，如此错误，可乎？且观此事，府尹所奏，已声明府尹。将军所奏，并未声明将军。此后凡系何处奏闻，俱着声明。将此交部。"

又覆请工部所题贡院内增添房屋，修筑墙垣，派令郎中怀亲等详估，所用银两照核减之数，动用库银修理一疏。上曰："所用银两不多。着部院满汉堂司官员协同捐修。"

又覆请更换龙江关监督一疏。上曰："将五十二年、五十三年监督钱粮有无亏空、曾否展限之处查奏。"

又覆请刑部所奏，山西民李兴邦愿在红门口关外垦田叩阍一案。查得李兴邦冲引路侍卫之马，甚属可恶，应照冲突仪仗例，佥妻发边卫充军。又覆请河南彰德府涉县民石起秀、李天斗因知县黄泽多派钱粮叩阍一案。查得石起秀等，不于本省官员处告理，越例叩阍，殊属可恶。应将石起秀、李天斗照冲突仪仗例，佥妻发边卫充军。又覆请正黄旗齐兰布佐领下原在盖州披甲之尼什哈，因本佐领之大嘴诬为家奴，卖与同旗多启之佐领下岳思哈为奴叩阍一案。查得尼什哈已告大嘴，不候结案，同伊子伊拉叩阍，情属可恶，应照冲突仪仗例，枷号三个月，鞭一百三折。上曰："着用印具奏。此事交部久矣，何故迟延？着查奏。"

大学士马齐奏曰："臣等遵旨以开列两淮盐差问九卿。九卿以现今开列御史，俱系皇上简用之员，但钱粮关系重大，必居官清廉者，方能胜任。臣等无确知之人，不敢轻举，伏乞钦点。"具折呈览，并以原疏覆请。上曰："俟再一次奏上。"

又谓大学士马齐曰："科道者，朕之耳目。满汉官员内如有可参者，满亦可以参汉，汉亦可以参满。即如原任将军席柱，在西安地方放官挑甲

俱受贿赂，议政大臣现今审出。又闻席柱作副都统、护军统领、都统时，放官挑甲及挑护军亦妄受贿赂，左翼人无不知之。如此贪滥，并无一人参出。此番出征兵丁皆思踊跃报效，乃至有并无马匹，雇驴驮载盔甲，步行而往者。兵丁会同欲杀之，朕所遣新满洲侍卫，随朕年久，甚为敏达，方息其事。虽将席柱正法，亦不足蔽其辜。回銮之日，尔等会齐科、道官员，将此旨晓谕。此后有如此者，即当题参。”

十八日甲戌 上驻跸两间房。

申时，上御行宫正门射箭，又令皇子及善射人员射，上每发悉中。

十九日乙亥 上驻跸巴克什营。是日，古北口总兵官觉罗保住、管驿站员外郎罗音岱、关口守御渣尔虎、管驿站同知王稷等来朝。

二十日丙子 上驻跸腰亭子。是日，石匣营副将赵琨、游击吴弘印、守备孟三友等来朝。

二十一日丁丑 上驻跸罗家桥。

二十二日戊寅 上驻跸丫髻山。

二十三日己卯 上驻跸密云县。是日，密云县抽木税主事诺敏、知县朱英等来朝。

二十四日庚辰 上驻跸怀柔县。

申时，上御行宫，大学士马齐、松柱，兵部侍郎仍于学士处行走查弼纳，学士渣克旦、萨哈布、常鼐以折本请旨。覆请九卿所议将领受倭子牌票之商人胡云客等治罪，商船仍照旧例贸易一折。上曰：“此牌票只是彼此贸易之一认记耳，并非行与我国地方官之文书。今京师缎布商人及江南、浙江商人，各认记号，以相贸易。倭子之牌票，即与我国商人记号一般。再，我国钞关官员，给与洋船牌票，亦只为查验之故，并非部中印文及旨意可比。如此以为大事，可乎？此事巡抚未悉，部内亦未悉。若如此行，商人如何贸易？着以此传谕九卿。”

覆请兵部覆署理盛京将军事务前锋统领伯唐保柱等所题，旅顺地方未立水师营之前，原将屯丁编为三佐领，披甲令锦州城守御带管。今既立水师营，请令水师营协领兼管，议准行一疏。上曰：“此事原系议政处议过之事。着会同议政大臣议一长久之计具奏。”

又覆请兵部覆贵州提督张文焕等所题，请将大定营千总、把总各二员，兵丁五十名，移于李平营增添驻扎等因，准如所请一疏。上曰：“只如此添官一二员，兵丁一二十名，何用？仍照旧好。着问九卿具奏。”

又覆请刑部覆江南巡抚吴存礼所题，凌才殴打伊大功服兄凌成，次日殒命，将凌才照律立斩，应如所拟一疏。上曰：“凌才还殴凌成，次日殒命，人命关系重大，着交九卿、詹事、科、道会同再议具奏。”

又覆请刑部所题浙江秋审情真案内，原任把总杨再文临阵逃归，应拟斩，议为情真，准如所拟一案。又出洋巡哨游击阎福玉之兵船被贼焚烧，原任把总张世俊弃船登岸而回，将张世俊拟斩，议为缓决，准如所拟一案。上曰：“杨再文、张世俊情由相同，今审拟杨再文情真，张世俊缓决。凡办事宜看时会，方今正有军务之际，赏罚不明，可乎？将张世俊改为情真，着问九卿，伊等以为何如？”

又覆请理藩院所题科尔沁多罗郡王阿拉蒲坦之王爵，议与伊子色布腾多尔济承袭一疏。上曰：“朕看伊子甚幼，伊弟罗普藏拉什人材好，着令承袭。”

又覆请署理贵州巡抚事务布政使白潢奏报，贵州田禾丰收一疏。上曰：“朕欲知诸省田禾收成，米谷价值，皆令具折奏闻，独刘荫枢用本具奏。从前有一巡抚，因田禾丰收，用本具奏，有人题参。将此查明具奏。”

大学士马齐奏曰：“臣等遵旨以更换盐差问九卿，今以九卿折子呈览，并以原疏覆请。”上曰：“李煦着再巡查一年。派出李煦者，特为完结旧欠钱粮之故。将此传与该部。”

又以苏松水师营总兵官胡骏求调补陆路营极边至苦之地一疏，遵旨问九卿，九卿覆称，皇上圣明洞鉴，谕旨甚是。若将胡骏调补他处，则兵丁恶习必致愈炽。至于支放兵饷，俱系知县等微员，不能管束兵丁，应将道员等官移驻崇明，亲身给放官兵俸饷。折子呈览，并以原疏覆请。上曰：“所议甚好，交部条奏。着胡俊来京陛见。”

毕，上命兵部侍郎查弼纳近前，问曰：“尔任侍郎几月矣？兵部弊端皆知之否？”查弼纳奏曰：“臣自四月十一日升任侍郎，十四日随圣驾出围，今阅五月。部中弊端尚未能知。”上曰：“尔部弊端甚多，总督满保

为兵马档册重复缘由条奏，朕已交与九卿。各省提督、总兵官以下，千、把总以上，皆有空粮。一年之内，将营兵马匹，四季造册报部。报部时，定有部费。武官并无书办，皆雇人造册，因乏费雇人，但取兵丁空粮与之。此册报部，惟利于部中书办耳。档册作四季报部，徒劳驿站，甚属无益。一年止报一次可也，何必四次？此事总督满保隐忍，不敢具奏。朕催至数次，方行奏闻。又问总兵官马见伯、保住等，亦奏称因部费有空粮是实。朕亦皆查出。尚书孙征灏在时，将部中此等弊端多为厘剔，可惜已故。今用尔为兵部侍郎，此空粮之弊，甚属紧要，尔当留心，照尚书孙征灏行之。”查弼纳奏曰：“臣何等之人，蒙皇上洪恩，用为侍郎。皇上如此之恩，臣即尽瘁效力，亦何能答报？惟尽心竭力而已。”上曰：“凡事全在定志，志一定，则能行。尔能定志，除此弊端，则于国大有裨益矣。”

二十五日辛巳　上驻跸汤泉。是日，怀柔县知县吴经国等来朝。

二十六日壬午　上驻跸汤泉。

二十七日癸未　上驻跸汤泉。

二十八日甲申　未时，上至畅春园，诣镜峰问安。

是日，驻跸畅春园。是行也，各部院衙门奏章日送内阁，由内阁三日一次递送行宫听理。

上驻跸热河时，日请皇太后安。进哨后，随报请皇太后安十次。

扈从起居注官揆叙、苏库、常鼐、阿克敦、阿尔赛。

二十九日乙酉　酉时，上由西直门进神武门回宫。

是日起居注官常寿、龚铎。

三十日丙戌　辰时，上御乾清门听政。各部院衙门官员面奏毕，命大学士、学士、九卿、詹事、科、道官员近前。谕曰：“设立科道，建言参劾，乃其专责。如西安将军席柱，原系微贱之人，因有军功，渐次升用为副都统、护军统领。任都统时，放官及放披甲、拨什库混索贿赂。此处朕并不知。及为西安将军，受贿贪滥不堪。顷交与议政大臣审讯，真情尽露，此无人不知者。其同旗为科道之人，岂有不知之理？然竟无人参出。今旧人俱尽，凡补授都统、副都统等官，止视其效力之处。由护军、护军

校渐次升用者亦有之。伊等不谙事体，琐屑侵克，不能约束兵丁。兵丁全无畏惧，法度大为废弛。即如原任右卫副都统黑雅图，人皆呼为胡打铁，卒以杀人获罪。宗室内朕亦尝试用，皆少不更事，无胜任者。为大臣而行事琐屑，侵克其下，谁肯心服？至于总督、巡抚，但于地方不生事，年岁丰登，钱粮清楚，便是好官。或有人自谓清官，妻子受赂。以此为清，朕断不许。如此清官何用？且九卿及督抚提镇内，居官贪滥，行止不端者，不可谓无其人。如此类者，科道官员即当从公参劾。现今虽有此等之人，科道官员或因系某大臣保举，或因系某大臣门生故旧，彼此瞻徇情面，并不题参。间有条奏弹章，亦止受人请托，或欲使人畏惧，自立威名。且会同保举时，或有欲举之人，指使他人举出而已，佯为不知。朕为人君，特不琐屑深求而已，非不知也。尔等皆读书之人，性理一书辨公私甚明，凡事一出于公，斯为善矣。朕虽知之，而于科道条陈之处加罪，则不可。若有招摇生事，讹诈取财，代人妄奏，行止不端者，九卿即行参劾。尔等参劾，亦可缮折具奏。现今三品以上大臣俱用折奏，可发出者朕即发出，不可发出者留中。”

又曰：“明年系乡试之年，满大臣并无所预，汉大臣意中，此时已有安排欲中之人。至进场时，或系何人所作之文，其笔气考官皆知之。即如一切文字，系何人之作，朕一览即知，安能欺朕？汉大臣若能安静，不干预科场之事，其弊自绝。且举人、进士中式，三四年后，仅以知县等微员叙用，无甚关系之处，而汉人专务于此。”

上又曰：“闻山西、陕西今岁收成较往年甚丰，但西边现有军务，行兵坐台，沿边一带地方钱粮及旧欠钱粮应予蠲免。借给绿旗兵丁钱粮，原行坐扣，其在军前终其事者，钱粮免其坐扣。未终其事而回者，照旧坐扣。将此意写一上谕奏阅。湖广今年收成亦好，湖南大收，湖北微不及。江西虽稍旱，然亦无妨。江浙素称丰富，朕前巡幸南方时，米价每石不过六七钱。近闻江浙米价，每石竟至一两二三钱。如此民何以堪？江南、浙江、安徽巡抚等皆报灾，被灾地方钱粮作何蠲免之处，尔等会同九卿详议具奏。前者张伯行曾奏，江南之米，被下海船只带去者甚多，朕竟不知。若果如此，亦有关系。洋船必由乍浦、松江等处下海，稽查亦易。闻台湾

之米，尚运至福建粜卖。由此观之，海上无甚用米之处。朕理事五十余年，无日不以民生为念。直隶今年米价稍昂，朕发仓粮二十万石，分遣大臣巡视散赈，米价即平。米粮并未散完，尚余许多。若内而九卿、科、道，外而督、抚、提镇，人人皆以苍生为念，天下无不理之事矣。”九卿大臣出。

大学士马齐、松柱、萧永藻、王掞，学士蔡升元、王之枢、顾悦履、彭始抟、渣克旦、勒什布、星俄特、常寿、萨哈布、常鼐以折本请旨。覆请吏部所题兵部郎中额尔奔等将马群人阿尔图虎偷卖官马一案，审理迟误。查定例，官员承审迟延违限，不及一月者，罚俸三个月。应将额尔奔等各罚俸三个月一疏。上曰：“凡事迟误，俱在旗下大臣，朕知之甚确。此后部院行查到旗。提人之事，如有迟误，部院大臣可向伊等云，迟误之故，尔等举奏。如不举奏，我等即行奏闻。再缘事之人，或有疾病，或待伤愈，着部院派官往取口供，即便完结可也。将此晓谕各部院大臣。”

又覆请刑部等衙门所题打死张四之王二，应拟绞监候，秋后处决；打死刘起栋之雷大，应拟绞监候，秋后处决；打死刘汉如之刘顺，应拟绞监候，秋后处决三疏。上曰：“此三事，无庸再下旨。三事与刘芳声之事相同。赵申乔等所议之处，应当另写。何不另写两议？着问赵申乔等具奏。”

又覆请刑部覆浙江巡抚徐元梦所题张子光将徐士元打死缘由，将张子光照例拟绞监候，秋后处决，应如所拟一疏。上曰：“此事与刘芳声等之事相同，着赵申乔等会同再议具奏。”

又覆请刑部所题江西秋审情真案内，绞犯凌世凤等应如所审一疏。上曰：“这情真之武衢、武六、杨砥士、江宗先、柴璧、徐胜，俱照所审处斩。凌世凤、彭璋、熊世宣、曹尼、曹诺，俱改为缓决。”

是日起居注官常寿、龚铎。

十　月

初一日丁亥　辰时，上御乾清门听政。各部院衙门官员面奏时，吏部引见道、府等官员。上问尚书张鹏翮曰："两淮盐院李陈常声名何如？"张鹏翮奏曰："李陈常声名甚平常。"上曰："伊前任盐道时，操守甚好，剔除各弊、清还旧欠。及放盐院之时，并非九卿所保。朕闻其居官声名好，故特用之，不意后渐改操。伊所置产业，俱以他人出名，若与己无与。如此行诈，殊为太巧。伊乃朕所确知之人，尚不可保，尔等可轻易保人乎？现任两淮运使张应诏，系赵申乔保举之人，声名亦颇平常。从前李陈常作运使时，尚能清理库帑，今张应诏竟不能及。巡抚陈瑸近日折奏，修理雷州海塘，朕心疑之，未轻说出。及细访，方知陈瑸濒海地土甚多。观其所奏，用心太巧，内存私意，殊非大臣之体。赵申乔自以为食一饼饵度日。伊系常州人，常州地方朕曾到过，知之。伊家中果止食一二枚饼饵度日乎？恐未必然也。朕不过闲论，亦不必细究。"

随令大学士、学士、九卿、詹事、科、道近前，上执张伯行建立社仓一折。谕曰："此折系张伯行条奏设立社仓一事。昔日李光地任直隶巡抚时，曾条奏立社仓、兴水利、禁小钱、设保甲四事。彼时朕即知其不可行，姑令试之，究鲜成效。设立社仓，有益于民，原系古人良法。但形诸议论，甚属可听，即见之文字，亦是可观。此不动正帑，取之于民，即借之于民。行至一年内尚为有益，及二三年后则无益矣。陆路地方尚且如此，何况江南、浙闽等潮湿地方，可以久远行之乎？尔九卿内亦有曾任州县者，尔等岂不知之？即水田一事，亦不可行。朕当日水围时，见霸州一带水田所栽稻苗，寥寥数茎。如遇夏雨，即为水所冲去，又何益乎？凡事俱从民便而行，可也。为农者勤耕力作，心志专一。如果有益，彼必不肯舍而不行。非如读书人，仅泥于纸上空言已也。昔李光地欲禁小钱，朕亦以为不便于民，并未禁止。继而复行奏请，朕深知其不可，所以至今未禁，惟恐无益于民耳。"又顾大学士马齐曰："尔等将此张伯行所奏社仓

折子，会同九卿，并问张伯行，果有何良法可行？会同详议具奏。”随将折子交与大学士马齐。

上又曰：“富宁安驻扎肃州地方，秋毫无犯于兵民，彼处兵民无不感戴，诚无愧于大臣之道。前刘荫枢见边外雪深草枯，恐马匹倒毙，不能挽运。但朕于边外地方，自正月至腊月，经历祁寒盛暑，牧养马匹，其肥瘦之故，无不悉知。大约春夏之交，马匹脱毛，风吹雨淋，间或疲瘦。每遇冬雪草枯之时，愈加肥壮。交冬后，蒙古马匹无疲瘦者。”

又曰：“朕以孙征灏由武职补授尚书，人颇不服。及莅任后，兵部弊端厘剔殆尽，武弁兵丁无不感颂，因此舆论方以朕用得其人。今此人已没，朕方自信为得人。倘其人尚在，朕亦未肯轻信也。昔年所用武大臣迩来俱尽，朕今所用者，不过视其军功，渐次用至大臣。或有不顾品行，声名不堪者。尔等科、道官，于本旗武大臣内，有声名不堪者，岂不知之？何不纠参？即如九卿大臣中，有声名不好者，言官亦应即行题参。若言官内有声名不好者，九卿大臣亦应会同指参，从重治罪，庶可儆其将来。即部院司官内或办事虽好、而声名狼藉者，书办内有作奸犯科者，尔等会同逐一查参。此等败类，一日不可姑留衙门也。”

上又曰：“朕阅秋审缓决人犯，断不至死。今又无恩赦，长系囹圄，殊属可悯。尔等会同九卿查其年分远久，情属可矜者，即与分别发落。”

又曰：“畅春园水土，于朕甚是相宜。况朕御极以来，每日听理，从不羁留一事。今后奏事日期，尔等会同九卿详议，或二日或三日启奏一次，着定议具奏。”九卿大臣等出。

大学士马齐、松柱、萧永藻、王掞，学士蔡升元、王之枢、顾悦履、彭始抟、渣克旦、勒什布、星俄特、常鼐以折本请旨。覆请吏部所题副都御史刘相员缺，以内阁侍读学士德音等职名开列；通政司杨柱员缺，以通政司左通政罗占等职名开列二疏。上曰：“留中之都统、副都统等员缺，未放者甚多，尔等将此疏俱交该部，着将文武员缺，各分别一疏具奏。”

又覆请户部覆川陕总督鄂海题插汉托灰地方开垦之事准行，筑堤开渠之事不准行一疏。上曰：“初时插汉托灰地方之民，与鄂尔多斯杂处，因

其蕃盛，故令移徙。今若将此处令民开垦，又似从前烦杂，鄂尔多斯亦不心服。尔等会同九卿议奏。”

又覆请兵部所题镶白旗都统霍礼等，将出厂肥马羸瘦，有至倒毙者，殊属不合，应将霍礼等罚俸六个月，主事舒占等罚俸一年。又主事舒占等，不进独石口，绕张家口行走，甚属不合，应将舒占等交该部严加议处一疏。上曰：“伊等将肥马羸瘦，理应议处，着依议。至独石口路甚窄，又无水草，由张家口行走甚是，免其议处。”

又覆请兵部所题黑龙江将军杨福员缺，以副都统寿志等职名开列一疏。上曰：“托留着补授黑龙江将军。”

又覆请兵部所题富海与宁图为争佐领叩阍一疏。上曰：“着问知此事之大臣具奏。”

又覆请刑部覆江南秋审情真案内，徐云高疑徐永为能摄生魂之人殴死，拟绞；徐子仲疑朱振甫以符咒为祟殴死，拟绞，照拟情真二事。上曰：“徐云高、徐子仲疑法术害人之故，将人殴死，拟为情真。法术害人，信有乎？否耶？如无此事，徐云高等拟以情真犹可。江南之地，此术颇有之。事关人命，着问九卿具奏。”

又覆请江南秋审缓决案内，顾协一诬告张令涛私通海寇，将顾协一拟斩，议为缓决一疏。上曰：“顾协一甚属悖乱，伊逢迎张伯行，诬告牵连之人甚多，应改为情真，着问九卿具奏。再，各省监候缓决人犯甚多，一次缓决，便不至死。作何分别减等完结之处，着九卿会议具奏。”

巳时，上由神武门出西直门，诣畅春园驻跸。

是日起居注官王奕清、苏库。

初二日戊子

初三日己丑 是日，上以皇太后万寿圣节，诣镜峰行礼。

初四日庚寅

初五日辛卯

初六日壬辰

初七日癸巳

初八日甲午 辰时，上御畅春园内澹宁居听政。各部院衙门官员面奏

毕，大学士马齐、萧永藻、王掞，学士蔡升元、王之枢、顾悦履、彭始抟、渣克旦、勒什布、星俄特、常鼐以折本请旨。覆请九卿覆浙江巡抚徐元梦所题，倭国给与我国商人牌票之事，无庸议一疏。上曰："此事未曾将朕旨意写出，所议亦不全。现今浙江海关监督保在所奏，即是此故。本发回，与保在所奏之事合看，再议具奏。"

又覆请吏部所题服阕员外何国柱等，仍以员外补用一疏。上曰："何国柱因善算法，朕超升主事。于户部销算之事有益与否，朕前曾问赵申乔。赵申乔云，本部衙门钱粮之事，皆有一定，臣等亦能查算，无用伊之处具奏。何国柱或有他故乎？着问赵申乔具奏。将何国柱所得之缺暂扣。"

又覆请吏部条奏崇明系海岛地方，所放官兵俸禄钱粮，皆知县等微员监放，不能管束兵丁。江常镇道与崇明甚近，移驻崇明，仍兼管江常镇道事，总兵官胡骏求移调陆路之处，不准行一疏。上曰："此与胡骏所奏之处，一本具奏。本发回。将胡骏所奏另为一本，分别具奏。"

又覆请户部所题更换崇文门监督一疏。上曰："尚之杰着再留任一年。"

又覆请户部所题更换宝泉局监督一疏。上曰："着问赵申乔具奏。"

又覆请礼部所题，原任云贵总督郭瑮赐恤一疏。上曰："郭瑮居官何如，着问九卿具奏。"

又覆请兵部覆福建巡抚陈瑸条奏海防之事，宜禁止米船，修理战船，设立炮台等事，俱无庸议一疏。上曰："陈瑸条奏似是，着交与九卿再议具奏。"

又覆请兵部所题将西安将军席柱革职立绞，籍没入官一疏。上曰："着再俟数日具奏。"

又覆请刑部所题原住盖州披甲人尼什哈，因本佐领披甲人大嘴将伊为奴，以伊女受聘嫁人叩阍一案。审尼什哈在户部控告，曾发盛京户部审理。并不待审结，妄行叩阍，甚属可恶，应将尼什哈照冲突仪仗例，枷号三个月，鞭一百，但尼什哈年已七十，相应准赎一疏。上曰："依议。此事迟延之处，交与该部察议具奏。"

又覆请刑部汇题案内，将诓骗王二银两之李天才，照例枷号四十日，

鞭一百一案。上曰："依议。李天才着挑去脚筋。"

又覆请翰林院所题日讲官起居注常鼐员缺，将侍读学士穆尔泰等职名开列一疏。上曰："着问翰林院具奏。"

又覆请原任都统偏图遗本一疏。上曰："偏图于军旅甚有勤劳，以军功曾加左都督，因照绿旗议叙例，故未与世袭，若照旗下叙功，应得拜他拉布勒哈番，着交部查明偏图效力之处，议叙给与世袭。"

大学士马齐等,以尚书赵申乔等所议打死张四之王二折子呈览。上曰："还有交付伊等会议之事，将此折发还。伊等与所议之事，一并具奏。"

是日起居注官陈璋、阿克敦。

初九日乙未

初十日丙申 是日，上诣镜峰问安。

十一日丁酉

十二日戊戌 辰时，上御畅春园内澹宁居听政。各部院衙门官员面奏时，吏部尚书张鹏翮等覆奏总河赵世显所奏，管河官员必得在工年久、谙练工程者，方克胜任。请将丁忧人员，仍留河工效力，应如所请一疏。上曰："河工告成二十余年，善后之方不可不讲。在工之人，必年久谙练，方能办理。譬如行军，务须曾经出征者，始于营伍熟谙。况黄河之水，迁徙不常，最难疏治，如下埽筑堤，建挑水坝，非久于其地之人，不能熟悉。筑堤亦有不同，黄水难于修筑而易于保固，清水易于修筑而难于保固，此又不可不知。从前河臣，较张鹏翮才能有余者不少，然治河皆不能及。可见治河必因水性，不可徒恃才能。"张鹏翮奏曰："臣在河工数年，皆仰遵皇上指授，不至陨越。向曾纂皇上治河方略，付翰林院修辑，乞敕下词臣，作速修成此书，颁赐河工。使在工之人熟览，庶于河务通晓。"上曰："清水畅流，可以刷沙，使河水深通，永无倒灌之虞。然欲使清水畅流，必全闭六坝，使尽由清口而出，方能敌黄。顷赵世显折奏，欲于归仁堤开挑引河，彼误听他人之言，断不可行。朕昔南巡，乘船阅河，堤内民居，历历可见。今于堤内望黄河，行舟帆樯皆不见。可知近日河水之深矣。"

又顾张鹏翮曰："赵世显治河如何？"张鹏翮奏曰："赵世显小心谨

慎，恪守皇上成规，故能不误工程。但亦有年纪。原任苏州知府陈鹏年，颇于河务谙练，可否遣往河工，令其效力，出自圣裁。”上曰：“伊年几何？”张鹏翮奏曰：“五十五岁。”

各部院奏事毕，大学士、学士、九卿、詹事、科、道覆奏，张伯行奏于直隶等地方应建立社仓，议不准行一疏。上曰：“建立社仓，殊无裨益。丰年犹可，若遇饥馑之年，开仓赈济所司奉行不善，往往生变。即如浙江赈济百姓，几至殴官。明朝李自成之乱，亦由赈济而起。为督、抚者，遇地方有此等事，须善为消弭。张伯行自负经济，任江苏巡抚时，地方有一二小贼，恐为所害，甚至不敢赴常州会审。如此仓皇失措，平日学问安在哉？尔等内有曾任督、抚者，亦知赈济之事，关系匪轻乎？”九卿奏曰：“诚如圣谕。”

上又曰：“人命关系重大，不可稍有疏忽。朕御极以来，凡奏谳刑狱，及秋审、朝审等事，必愈加慎重，细察情罪，反复披阅，俱能背诵。如此详勘，毫无疑窦，方分别轻重，批发施行。阅今年朝审情真人犯无多，只有七十余名。迨三次覆奏后勾决时，正法者不过二三十名。朕劳心政治，从前微有怔忡，久已全愈。今年朕于口外水土好处调养，朕躬较往年甚属康健，在外并无他恙。近日又微觉发动，若朝审事件复加详阅，稍觉烦劳。除缓决人犯，顷已下旨，将年久者细加分别，减等发落外，其朝审情真人犯，朕意欲今年仍停止处决，尔等以为何如？”大学士、九卿等佥奏曰：“皇上如天好生，谕旨极是。”九卿大臣出。

大学士马齐、松柱、萧永藻、王掞，学士蔡升元、王之枢、顾悦履、彭始抟、渣克旦、勒什布、星俄特、常鼐以折本请旨。覆请吏部所题将公库所裁四员笔帖式，照候补笔帖式例补用。其现在留库之笔帖式等，俟五年期满，亦照此例补用各部院衙门一疏。上曰：“所裁之笔帖式，着依议。其留库之笔帖式等，既效力行走五年，应照前议即用。本发还，再议具奏。”

又覆请户部所题江南常州府知府王嗣衍报送新籼米一疏。上曰：“这所送之籼米作何用处，着查奏。”

大学士马齐等奏曰：“臣等遵旨以原任云贵总督郭瑮加谥号问九卿。

据九卿云，郭瑮做官好。”并以原疏覆请。上曰：“着改签进呈。”

马齐等又以补授员外之何国柱，着问赵申乔。据赵申乔云，何国柱人去得，办事亦去得。并以原疏覆请。上曰：“着改签进呈。”

马齐等又以富海与宁图为争佐领一事并无知此缘由之人，及传问富海与宁图，俱云无人知之。伊等仍照原供支吾。此事应发还该部详察议奏。上曰：“着发还。”

是日起居注官阿尔赛、龚铎。

十三日己亥

十四日庚子 是日，上诣镜峰问安。

十五日辛丑 是日，巳时，上由畅春园驻跸汤泉。

十六日壬寅

十七日癸卯

十八日甲辰

十九日乙巳

二十日丙午 巳时，上自汤泉回，至畅春园，诣镜峰问安。驻跸畅春园。

扈从起居注官常寿。

二十一日丁未 辰时，上御畅春园内澹宁居听政。各部院衙门官员面奏毕，大学士马齐、松柱、萧永藻、王掞，学士蔡升元、王之枢、顾悦履、彭始抟、渣克旦、勒什布、星俄特、常鼐以折本请旨。覆请吏部所题广东巡抚杨琳员缺，以内阁学士顾悦履等职名开列一疏。上曰：“广东巡抚员缺紧要，着问九卿具奏。”

又覆请吏部所题通政使司衙门通政使周道新员缺，以太常寺正卿李敏启等职名开列一疏。上曰：“着问九卿具奏。”

又覆请吏部所题山东布政使李成龙员缺，以湖广按察使张文灿职名开列一疏。上曰：“着问九卿具奏。”

又覆请吏部所题青浦、武义二县知县员缺，将卓异知县杨廷杰、马骏等职名开列，请皇上简用一疏。上曰：“本内将卓异知县等开列补授，伊等不久即升。本发还。另将应补官员开列具奏。”

又覆请吏部条奏江南崇明系海岛地方，所放官兵俸禄钱粮，皆知县等微员监放，不能管束，诚如圣谕。查得江常镇道去崇明甚近，移驻崇明，仍兼管江常镇道事一疏。上曰：“本内将旨意写出。条陈之事，岂可写出旨意乎？本发还，照条奏之例缮本具奏。”

又覆请户部所题更换福建海关等五处监督，将各部院衙门保送官员职名开列一疏。上曰：“福建海关着舒喜去。广东海关着明德去。扬州关着吴保去。湖口关着雅图去。其天津关，俟任满日，着交与该巡抚监收。”

又覆请户部所题革退长芦盐商张霖名下禹州等八处盐引，今内务府买卖人李天福，既代领宛平等六处，将张霖所欠钱粮，着伊带销。现今李天福又具呈，情愿将青县、静海二处代领，做九年带销完结，相应交与李天福带销完结。此项带销每年节省银两，俱照数着交内库。倘不能完结，将李天福交与内务府从重治罪，勘产追完一疏。上曰：“依议。交内库之银两，着交该部。”

又覆请兵部覆云南巡抚甘国璧所题云南道路遥远，读书士子贫者甚多。举人贡生遴选教官赴京考试，亦照举人会试例乘驿等因，毋庸议一疏。上曰：“这一二年，朕看引见教官无甚杰出之人，将伊等停止赴京。着该督、抚考试，可者补用，年老不可者，着革退。本发还。会同九卿议奏。”

又覆请刑部所题殴死刘荣远之楚五，照律拟斩监候，秋后处决，将赵大等拟徒杖一疏。上曰：“此数人同将一人殴死，与刘芳声等之事相同。本发还，着同赵申乔等议奏。”

又覆请都察院所题为内升外转，以御史邹汝鲁等职名开列；吏科所题，为内升外转，以刑科给事中钱以垲等职名开列二疏。上曰：“着问九卿具奏。”

大学士马齐等奏曰：“臣等遵旨查得粙米于诸王、贝勒、贝子、额驸、公主俸米内分放。”缮折呈览。并以原疏覆请。上曰：“粙米之事，有累地方否，着问九卿具奏。”

是日起居注官常寿、蒋廷锡。

二十二日戊申

二十三日己酉

二十四日庚戌

二十五日辛亥 辰时，上御畅春园内澹宁居听政。各部院衙门官员面奏毕，召大学士、学士、九卿、科、道近前，上谕曰："尔等乃朕简用之臣，科道乃耳目之官，自洁其身，勤慎效力，此惟尽一己之职。至有益于国家，关系紧要之处，更当各为留意。今大臣内老年之人甚多，于事敬谨者有之，关系国家要务，岂能虑及？凡事不可小视，往往因小而致大。朕思及之处，明谕尔等。现今海防为要。前张伯行曾奏，内地之米下海者甚多，朕疑此米贩往何处，留心察访。至船上水手，亦细加访问。海外有吕宋、噶罗巴两处地方。噶罗巴乃红毛国泊船之所，吕宋乃西洋泊船之所，彼处藏匿贼盗甚多。内地之民希图获利，往往船上载米带去，并卖船而回，甚至有留在彼处之人。且苏州船厂地方，每年不断打造船只，朕所亲见。倘有军务用船，朕下旨令造数只，往往费至数万金，彼商人安得多金，屡为修造乎？地方官全不留意，故尔不知。昔时海上行走之船，有赶缯鸟船、犁艉等船。今沙船之底，安设龙骨木，即可入海而行。外国无大桅与作龙骨之木，皆买我国商人船只。故此等下海之船，回者四分，留在彼处者六分。如查船数，只以遭风溺水谎报而已。商船之人有数，海上行走亦不过七八更路程，所用口粮无几，其载往千百石之米，特为卖与彼处耳。米粮贩往福建、广东内地犹可，若卖与外洋海贼，关系不小。朕意内地商船，东洋行走犹可，南洋不许行走。即在海坛、南澳地方，可以截住。至于外国商船，听其自来。朕为此故，令浙闽总督、广东提督来京陛见，欲面谕之。凡事不可不深思远虑。目今正北方用兵之时，海贼闻风妄动，亦未可知。昔日三藩变乱，已侵占七省地方。彼时朕方壮年，凡事刚断，剿灭无遗。今朕春秋已高，凡事惟小心谨慎，期于至当。泽旺阿拉蒲坦乃极小之国，朕剿灭噶尔旦之际，彼时老臣曾奏朕移兵一并剿灭，朕以征之无名，姑缓以化之。今日征之，亦不过万人足矣。刘荫枢误听讹言，尚且恐惧，何况海外远方乎？至于海上泊船之处，若设立炮台，凡船便不能近海滨。旧有炮台吉址，官员及闲散人内，有福建、广东之人，须细细访问。沿海作何安设炮台防御、严禁巡查之处，可公同详议。广东巡抚员

缺，尔等举出汉人，此滨海要地，汉人不可，应用满洲。地方遇有仓猝军务之事，即可领兵而行。满洲，裹粮随处可以行走。若汉人，一日不再食，便不堪矣。”随顾汉大臣曰：“尔等内有能领兵者乎？”汉大臣奏曰：“臣等不能。”上又曰：“通海口子甚多，此时无碍，若千百年后，中国必受其害矣。外国人心最齐，不似中国之人。尔等汉人，凡事瞻顾，心便不齐。”九卿大臣出。

大学士马齐、松柱、萧永藻、王掞，学士蔡升元、王之枢、顾悦履、彭始抟、渣克旦、勒什布、星俄特、常鼐以折本请旨。覆请礼部覆江西巡抚佟国襄所题朱子讲学之鹅湖书院，已经重修，请给匾额及内藏秘书，议得应否给与匾额、书籍之处，出自圣恩一疏。上曰：“所请匾额、书籍，候颁发。着交与在内行走翰林。”

又覆请刑部覆湖广巡抚刘殿衡所题，大盗孟坤等照例即行正法，准如所拟一疏。上曰：“大学士等会同三法司，将伊等内造意为首杀伤人者，各案着一二人正法，余着减等，发往黑龙江等处。本发回。查明再议具奏。”

又覆请太常寺所题祭天坛遣官行礼一疏。上曰：“朕自御极以来，大祭俱亲往行礼。诸大臣恐朕年老劳顿，请遣大臣致祭。朕虽年老，凡大祭仍欲亲往行礼。今际朕躬甚好，仍往亲祭。”

又覆请署理贵州巡抚事务布政使白璜题报秋成一疏。上曰：“各省秋成之事，俱用折奏，闻惟刘荫枢用本奏过，故白璜亦用本奏。刘荫枢先用本奏，殊属不合。着饬行。”

大学士马齐等奏曰：“臣等遵旨以补授广东巡抚杨琳员缺问九卿，九卿举出内阁学士蔡升元等六人。”缮折呈览，并以原疏覆请。上曰：“法海系翰林，人材好，为人忠直，着授为广东巡抚。”

马齐等又遵旨以山东布政使员缺问九卿，九卿保举湖广按察使张文灿。折子呈览，并以原疏覆请。上曰：“查布政使内有丁忧者否？有，着开奏。如无，着将按察使杨宗义补授。”

是日，上诣镜峰问安。

是日起居注官花色、张廷玉。

二十六日壬子

二十七日癸丑

二十八日甲寅

二十九日乙卯

三十日丙辰 辰时，上御畅春园内澹宁居听政。各部院衙门官员面奏毕，大学士马齐、萧永藻、王掞，学士蔡升元、王之枢、顾悦履、彭始抟、渣克旦、勒什布、星俄特、常寿、常鼐、穆尔泰以折本请旨。覆请兵部所题镶蓝旗满洲都统胡什巴、镶红旗护军统领颜布、正蓝旗副都统温普员缺，将应升转之正黄旗蒙古都统郎图等职名开列一疏。上曰："此等员缺，尔等议政大臣、满洲九卿会同公议。将人材去得及行止端方之人拣选具奏。将军拜音布，亦系选举之员。"

又覆请刑部所题将戳死关音保之鄂奇尔照例即行正法一疏。上曰："现在用兵之时，鄂奇尔暂停处决，着行文颜布，发与效死力之处行走。倘效力好，着即奏闻。如不效死力，奏闻即行正法。"

又覆请兵部覆总督管理直隶巡抚事务赵弘燮所题，房山县水洞坡地方有矿，宛平县鸡儿台等村之民，俱往偷刨，着交与该汛千总带兵巡查，议准行一疏。上曰："刨挖此矿并无别故，着照该督所请。"

看守大学士马齐等奏曰："臣等遵旨以山东布政使李成龙员缺，吏部查得有丁忧布政使王用霖、吕犹龙二员。"缮折呈览，并以原疏覆请。上曰："王用霖着补授山东布政使。"

又以科、道内升外转二事问九卿，据九卿云，科、道俱系言责官员，皆皇上简用。又每次侍班，悉在皇上圣鉴之中。伊等升转之处，出自圣裁。并以原疏覆请。上曰："科道官员朕俱不识，只看伊等条奏之事多少，美恶即可知矣。仍着问九卿具奏。"

毕，召九卿、科、道官员等近前，上曰："学政关系紧要，得人甚难。直隶学院张逸少居官何如？"诸臣未及对。又曰："尔等内必有与张逸少同乡熟识者，岂竟一无所闻耶？"大学士萧永藻奏曰："闻得伊多事。"上曰："不但多事，朕闻其声名不好，考取八旗生员不公。朕因西安将军席住居官甚劣，从前并无人陈奏，至今始行败露。朕所以不论大小官员，俱要留心察访优劣。张逸少系张玉书之子，朕以为人材而用之，不

料其如此。但朕亦得之于传闻。今尔等俱不闻知，朕亦不以传闻之语为真也。”上又问：“河南巡抚李锡居官何如？”尚书张鹏翮奏曰：“李锡居官平常。”上曰：“李锡在河南收属员节礼甚重，梁世勋亦收节礼。”问尚书赵申乔曰：“梁世勋居官何如？”奏曰：“臣不甚知。”上又召云贵总督蒋陈锡入，问曰：“梁世勋、李锡居官何如？”蒋陈锡奏曰：“梁世勋为人忠厚，李锡居官平常。”

上又曰：“前陈瑸陛见时奏，陈州县官员征收正项钱粮，原有些微羡余，可以养廉，何得又取一分火耗？一有火耗，则上司规礼，藩库加平，需索不休，反为受累。朕思此言亦似有理。但尽行禁革，恐不肖官吏又生他弊。”尚书张鹏翮、左都御史范时崇奏曰：“州县一分火耗，百姓以为常例，不以为苦。况小县钱粮少处，即一分火耗，犹不敷用。若并此革去，则勒借富户，词讼取财等弊，势所不免。圣明所见极是。”上又曰：“闻江南火耗颇轻，如吴江、长洲等县，有二十余万钱粮，即数厘火耗，积算已多。总是上司不取陋规，则属员方可自赡。”尚书张鹏翮、赵申乔奏曰：“督、抚仅收节礼，下属尚不为苦。”上问赵申乔曰：“尔前任湖南曾收节礼否？”赵申乔奏曰：“臣任湖南时蒙皇上特发谕旨，力减重耗，尽革私征。臣欲竭力禁饬属员，如何敢收节礼？”上曰：“私派是大弊。云、贵、川、陕、广西、湖广俱有私派。直隶离京甚近，地方官尚不敢为。从前河南巡抚徐潮所收不多，赵弘燮、鹿佑亦好。李锡与白潢俱是刘荫枢所荐之人，朕故用之。各省藩库俱有余剩银两，督、抚、藩、臬俱分用。额伦忒曾经具奏，朕亦悉知之。陈瑸在台湾时，曾奏有余剩银三万交与督、抚。朕曾谓此三万银何必交付巡抚，应买米赈饥或制造兵器，如此后便成例矣。即如崇文门及盐关各差赢余银两，岂无交际馈送之类乎？若概令归入户部，亦增许多钱粮。但伊等不得此项？又必别项生法取之，总是取之百姓也。”

是日起居注官苏库、赵熊诏。

十一月

初一日丁巳　是日，上诣镜峰问安。

初二日戊午

初三日己未　是日，上诣镜峰问安。

初四日庚申　未时，上由西直门进神武门回宫。

是日起居注官苏库、陈邦彦。

初五日辛酉　自是日起，为冬至祭天坛，上斋戒三日。

是日起居注官华色、陈邦彦。

初六日壬戌　是日起居注官苏库、陈邦彦。

初七日癸亥　是日起居注官常寿、陈邦彦。

初八日甲子　巳时，上由神武门出西直门，诣镜峰问安，驻跸畅春园。

是日起居注官阿克敦、魏廷珍。

初九日乙丑　辰时，上御畅春园内澹宁居听政。各部院衙门官员面奏毕，大学士马齐、萧永藻、王掞，学士蔡升元、王之枢、顾悦履、彭始抟、渣克旦、勒什布、星俄特、常寿、常鼐以折本请旨。覆请户部覆盛京户部侍郎董国礼所题，盛京等处五十三年、五十四年未交完米粮草豆，请于五十五年、五十六年带完，议准行一疏。上曰："此未交完之米粮草豆，免其追取，着交与盛京各部大臣官员照数赔补。"

大学士马齐奏曰："臣等遵旨以科、道等官内升外转复问九卿，九卿举出御史邹汝鲁、给事中钱以垲内升，御史董之燧、李景迪、周作显外转。"折子呈览，并以原疏覆请。上曰："钱以垲、邹汝鲁着内升。董之燧人品不端，应当外转。李景迪、周祚显，大臣等既以外转具奏，亦着外转。"

是日起居注官阿克敦、魏廷珍。

初十日丙寅　是日，赐云贵总督蒋陈锡鞍马、弓矢、朝服，赐七七哈尔副都统鄂三鞍马。

十一日丁卯　辰时，上御畅春园内澹宁居听政。各部院衙门官员面奏

毕，大学士马齐、萧永藻、王掞，学士王之枢、顾悦履、彭始抟、渣克旦、勒什布、星俄特、常寿、常鼐、穆尔泰以折本请旨。覆奏宗人府所题纂修玉牒正、副总裁，将和硕简亲王雅尔江阿等、大学士温达等职名另具折开列一疏。上曰："折子所开大臣有升任者，亦有亡故革职者，着再查明具奏。"

又覆请兵部覆云南巡抚甘国壁所题，开化等处地方俱系边方瘴疠之地，官兵不能久留，请照广西文官之例，三年任满无过犯者保举先升，应无庸议一疏。上曰："云贵总督蒋陈锡现在此，此事着交与蒋陈锡。俟到任之后，查明开化等地方，将彼处武官照广西例升用可否之处议奏。"

又覆请兵部所题革退玉田披甲之西伯、萨代等，叩阍控告防守御郭礼，将伊父子所得库银使用，又强取伊米，查得俱属虚罔，应将萨代拟罪，但萨代父子因退甲情急控告，免其议罪、交与该旗披甲一疏。上曰："部议将萨代等发回本旗。披甲西伯等甚恶，善于刁讼。萨代不可再令披甲。本发回，将萨代议罪具奏。"

又覆请刑部等衙门所题朝审案内因赌博拟斩之王子兰等议减等一案。上曰："白以陈等罪犯十六人，俱依议免决，分别减等完结。王子兰、张正亨甚为悖乱，毋得减等。"

又覆请刑部覆安徽巡抚梁世勋所题打死项正之程伊，照律拟绞监候，秋后处决，程梅等俱杖八十，折责三十板，应如所议一疏。上曰："观此事，约会多人将人打死，即与刘芳声等之事无异。本发回，会同两议刘芳声一案之赵申乔等会议具奏。"

又覆请刑部所题闲散人阎喜之妻自刎身死缘由，照例将阎喜枷号两个月，鞭八十一疏。上曰："阎喜着枷号三个月，鞭一百，发往白都诺当差。"

又覆请都察院所题更换河东盐差，以御史鄂奇善等职名开列一疏。上曰："此开列之人，俱不认识，着带来引见。"

又覆请翰林院所题经筵讲官觉和托员缺，将吏部侍郎孙柱等职名开列一疏。上曰："看其诵读具奏。"

是日，上诣镜峰问安。

是日起居注官常寿、张廷玉。

十二日戊辰 辰时，上御畅春园内澹宁居听政。各部院衙门官员面奏毕，大学士马齐、萧永藻、王掞，学士蔡升元、王之枢、顾悦履、彭始抟、渣克旦、勒什布、星俄特、常寿、常鼐、穆尔泰以折本请旨。覆请刑部等衙门覆浙江巡抚徐元梦所题，项三九打死伊小功服叔项三百，应照律即行处斩，准如所拟一疏。上曰："项三九被项三百殴打情急，抵御误伤，项三百至次日殒命，三九改为应斩监候，秋后处决。"

毕，上顾大学士等曰："提督直隶学政张逸少考试不公，已交与九卿，所议如何？"大学士马齐等未奏。上又曰："朕已问过总督赵弘燮，云张逸少声名不好。着革退，交与监修通州两岸堤工牛钮，令其自备工料修河。此员缺，着另补受。"

又曰："科场更改题目之事，所议如何？"大学士萧永藻奏曰："尚未议定。"上曰："场期甚近，此时尚未议定，临期更改，远方僻处之人一时何能预备？其学问优者，诸凡题目能做，安得尽人如是耶？"大学士王掞奏曰："出性理题目，考取八股文字似难。"上曰："性理不可作，时文判语改诗犹可。"大学士马齐奏曰："臣出即查奏。"上曰："然，尔即查奏。"

上又曰："主考房官入场，意中不知一人，科场自然肃清。若知其人取中，此是极坏行止之事。即出题，亦不必出隐僻不明之题。如去年会场策题内，问新、旧唐书，士子多有不知唐书为何书者，安能作策？考试虽以经书为主，然出如此策题，人便生疑。所以去年科场人俱不服。"

是日起居注官苏库、陈恂。

十三日己巳 辰时，上诣镜峰问安。

自畅春园启行，谒暂安奉殿、孝陵，驻跸南苑旧宫。

是日，赐护军校、护军、执事人员猪、羊。

十四日庚午 上驻跸琼寺。是日，采育防守尉磨东阿、防御德尔德等，守备杨洪等，通永道张安世、通州知州王之琦、副将魏经国、守备田文锦等、捕盗同知阎毅，顺义县防守尉常存、防御雅图等，知县黄成章等来朝。

十五日辛未 是日，上驻跸马起乏。

十六日壬申 上驻跸三河县。是日，三河县防守尉普成等，知县李春

华、守备郭世发等来朝。

十七日癸酉 上驻跸孙各庄。

十八日甲戌 上驻跸豪门。是日，蓟州知州赵松、都司杨之凤等来朝。

十九日乙亥 辰时，上至暂安奉殿，行三跪九叩礼毕，奠酒三爵举哀。

是日，上驻跸新城。

二十日丙子 辰时，上至孝陵，行三跪九叩礼毕，奠酒三爵举哀。又至陵上，奠酒三爵举哀。皇子、诸王、大臣、侍卫众官员，俱随上行礼举哀。

是日，上驻跸汤泉。

二十一日丁丑 上驻跸行宫。是日，赐陵上膳房、茶房老妈妈银、缎。

二十二日戊寅 上驻跸遵化州。是日，遵化州知州刘之琨，游击赵国良、罗文峪，防御张武等来朝。

二十三日己卯 上驻跸三屯营。是日，三屯营副将杨弘德等来朝。

二十四日庚辰 上驻跸兰阳。是日，喜峰口防御格图浑、岳希纳，管驿员外郎八十四，游击李三宝，潘家口守备孙德明来朝。

二十五日辛巳 上驻跸孟子岭。

二十六日壬午 上驻跸头道河。是日，赐乾清门侍卫、护军参领、侍卫等兔、雉，护军校、护军、执事人员等鹿、獐、羊。

二十七日癸未 上驻跸暖泉。

二十八日甲申 上驻跸丫头沟。

二十九日乙酉 辰时，上御行宫，大学士马齐，兵部侍郎仍于学士处行走查弼纳，学士渣克旦、星俄特以折本请旨。覆请九卿覆浙江巡抚徐元梦所题，据浙江海关监督宝载称，日本倭子向我国商人胡云克等，每船给票一张，方许交易。若无牌票，即令回，不许交易。以我国商人受倭国牌票不止，有关大体，相沿日久定生弊端等因。查得商人等海中贸易，已经年久。伊所给我国商人牌票，不过彼此交易之记号，并无关系，相应无庸议一疏。上曰："九卿所议，与徐元梦所奏互异，将此发与徐元梦，看其意当如何。本暂收贮。"

又覆请吏部所题河南巡抚李锡员缺，以学士顾悦履等职名开列一疏。上曰："将九卿先前举出人员查奏。"

又覆请吏部所题，湖北布政使牟钦元员缺，以湖广按察使张文灿职名开列一疏。上曰：“丁忧布政使、按察使先曾查过，查伊等名具奏。”

又覆请户部覆御史颛图所参大兴、宛平二县知县，隐匿铺面房租，侵蚀入己等因，交与顺天府尹，令查铺面房若干间，租银取多报少有无之处，查明送到之日，察议具奏一疏。上曰：“此事着交户部、顺天府府尹等会同查明议奏。”

又覆请户部覆御史董之燧条奏，州、县官员亏空银粮至数万者，虽系督、抚题参，仍交部议罪，其所欠银粮，仍着督、抚、司、道、府等官员均分赔补，无庸议一疏。上曰：“着九卿、詹事、科、道会议具奏。”

又覆请礼部所题嗣后乡会考试，头场减去时文一篇，作四书文二篇，经文二篇，性理文二篇。再，御选性理及御制诗，士子尚未学习，作性理文及判改诗，俟五十九年举行一疏。上谓大学士马齐曰：“此仍照旧为是。尔意云何？”大学士马齐奏曰：“皇上所见甚是。革去科场弊端，总在主司，并不系此。”上曰：“本发回，着再议具奏。”

又覆请兵部覆川陕总督鄂海所题，请将陕西、河南等处官员拣选各五员，前往出兵之处，议准行一疏。上曰：“着交与九卿，于八旗汉军中丁忧官及候补道员以下知县以上，拣选三十员，预备发往出兵之处，遇缺升用署事。”

又覆请刑部等衙门覆浙江巡抚徐元梦所题，马法寿因斗殴打伤小功服兄马维新，越五日殒命，应将马法寿照例即行处斩一疏。上曰：“马法寿因角口打伤小功服兄马维新，越五日殒命，改为应斩监候，秋后处决。”

又覆请刑部所题偷掘明朝陵寝为首贼韩七脱逃，俟拿获之日，另行完结外，为从之贼王五，着拟绞监候，秋后处决一疏。上曰：“偷掘先朝人主陵寝，即与掘祖父坟墓相同。况明朝十三陵，我朝皆派太监看守，岁时祭祀。伊等甚是可恶，朕意将为首者立斩，为从者立绞。问九卿伊等之意如何。再，看守太监等，因报部故未拟罪。看坟系伊等专责，并不小心看守，以致被人偷掘，将伊等亦应拟罪。”

又覆请刑部汇题案内，山西民段之璧，伙同张五捆绑同处民杜四保，以致手足之指冻断，夺去银两情由，应将段之璧充发，张五徒三年，仍分

段之璧家产一半给与杜四保一案。上曰："此案内捆绑杜四保，将手足之指冻去，段之璧等情属可恶。着再议具奏。"

又覆请光禄寺所题暂领户部银五千两存库陆续备用一疏。上曰："此番并未有用伊衙门银两之处，断不可与伊等。现今亏空之银，着光禄寺衙门满汉堂司官等赔还。"

毕，上启行，驻跸多回口。

三十日丙戌　上驻跸胡什泰口。

十二月

初一日丁亥　上驻跸西喇乌苏。

初二日戊子　上驻跸济鲁克。

初三日己丑　上驻跸济鲁克。

初四日庚寅　上驻跸红吉尔岱。

初五日辛卯　上驻跸苏巴尔汉百尔七尔。

初六日壬辰　上驻跸恢涂苏。

初七日癸巳　上驻跸清吉尔岱。

初八日甲午　上驻跸鄂伦特。

初九日乙未　上驻跸八沟。

初十日丙申　上驻跸三家村。

十一日丁酉　上驻跸杨树沟。

酉时，上御行宫，大学士马齐，兵部侍郎仍于学士处行走查弼纳，学士渣克旦、星俄特以折本请旨。覆请吏部汇题案内，病故之一等阿达哈哈番哈褚汉等七人世袭之职，承袭于哈褚汉之子哈礼等一事。上曰："依议。此事朕未巡幸之前，已经引见完结，何至迟延月余方行覆奏？着查奏。"

又覆请刑部等衙门所题刘双全带领贺天树家人刘四，向贺天树讨银，寻至张五门首，见系骡一头，言此即系我主之骡，刘双全即解缰牵去。张五出来，以刘双全偷骡，意欲牵留，被刘双全在骡上脚踢张五心口，以致

殒命。应将刘双全照例拟绞监候，秋后处决一疏。上曰："本内言刘双全骑骡踢死张五，朕自幼骑马至今，岂有马上能踢人致死者乎？朕曾使有力而善骑马者，试其踢人，毫不得力，人亦断不至于死。事关人命，必须证见分明方是。此事所审不明，本发还，着再审明具奏。"

又覆请刑部所题朝阳门罪人颜布，夤缘将锁炼用纺丝缠裹情由，应将颜布枷号三个月，鞭一百，仍将九条锁墩门，将城门尉查拉等各降一级，罚俸一年一疏。上曰："颜布甚不端，断不可姑留于世。俟回銮之日，着问议政大臣、旗下大臣、满九卿等具奏。"

又覆请刑部所题颇禾因种地与张四斗殴，用扁担打张四，以致身死，照例议绞监候，秋后处决。锡黑勒家人马黑子、海四等，俱系无干，无庸议一疏。上曰："本内有颇禾供，打张四之后，锡黑勒又使二人，扯至家中打死等语。将本发还。着会同赵申乔审奏。"

又覆请都察院衙门所题正红旗乌林人亨图争双全佐领叩阍，甚属可恶。将亨图革去乌林人，枷号三个月，鞭一百，发往黑龙江当差行走。看得都统图思海等，将两佐领之缺迟至一年，其应开列与不应开列之人，并不声明之处，情弊显然，将都统图思海等拟革职一疏。上曰："事着依议。图思海、萨尔禅蒙古俱降五级留任。"

大学士马齐奏曰："臣等遵旨以赵申乔因春季铜斤违限未完题参折子，上命存贮，现今铜斤已到。"并以原折覆请。上曰："铜斤既已送到，着完结。"

毕，大学士马齐奏曰："皇上尚善于耐寒，如此天寒，帽沿全未放下。臣等不能耐寒，已将帽沿全放下矣。"上曰："朕向来耐得寒。朕之衣帽，俱是平素所服，并未增添。"马齐奏曰："从前巡幸鄂尔多斯之时，极其寒冷，臣等都不能受，而皇上反换绵衣。"上曰："耐寒在乎习惯。习于寒则耐寒，习于热则耐热。今年刘荫枢奏称，巴尔库尔地方，八月十四日便下雪，厚至四五尺。如此寒冷，何以行走？朕出哨时，至乌里牙苏太岭之时，八月十六日亦曾下雪。问从巴尔库尔过来之人，雪与此地无异。彼处严寒至甚，不过如此而已。看刘荫枢便如此惊惶具奏，皆未习寒冷之故耳。况今此行如此寒冷，从围之人，并未冻伤面耳。去岁巴尔库

尔之兵，何至冻伤面耳手足？此特在率领之人耳。”

十二日戊戌　辰时，上御行宫，大学士马齐，兵部侍郎仍于学士处行走查弼纳，学士渣克旦、星俄特以折本请旨。覆请户部覆福建巡抚陈瑸，请将伊公费银两以办军饷，议准行一疏。上曰：“从前督、抚曾奏将公费银两办饷，朕俱批知道了，并未助饷。额伦特亦如此奏过，朕曾着伊买米，预备散给百姓。此项银两，系伊等应用之银，并非正项钱粮。将此项办钱粮，日后不肖之人，将此项银作正项，　此外又必苛求侵克矣。九卿大臣定来接驾，尔等会同议奏。”

又覆请太常寺所奏，明年正月二十六日祭祈谷坛，遣官恭代一疏。上命礼部尚书荆山进前曰：“此尔衙门事，故命尔进来。若正月二十六日祭祈谷坛，是二月节气，可于初六上辛日祭祀。朕出口后，身甚康健，朕当亲祭。尔随朕来，尔气色亦甚好。”荆山奏曰：“蒙皇上之恩，此来水土甚佳，故身觉甚好。”上曰：“此处水土实好，在此冷处行走，饮食易消，大有益于身体。”

上谓大学士马齐曰：“朕因各关监督缺额甚多，故不遣笔帖式去，各关钱粮断不致缺额。凡至于缺额者，或被巨滑之恶奴欺骗，或假称缺额，希图脱差耳。且临清关税，自交与原任巡抚蒋陈锡征收以来，并不缺额，蒋陈锡亦曾奏称断不致缺额。今各关既不遣笔帖式，则笔帖式当得之羡，取之监督者，作何项备用之处，尔等亦会议具奏。”

毕，上启行，驻跸二沟。

十三日己亥　上驻跸张家庄。

十四日庚子　上驻跸热河。

十五日辛丑　上驻跸热河。

十六日壬寅　上驻跸喀拉河屯。

十七日癸卯　上驻跸鞍子岭。

十八日甲辰　上驻跸两间房。

酉时，上御行宫，大学士马齐，兵部侍郎仍于学士处行走查弼纳，学士渣克旦、星俄特以折本请旨。覆请九卿覆福建巡抚陈瑸条奏，为海防禁止米船，修理战船，设立炮台等款，无庸议一疏。上命礼部尚书荆山、工

部尚书孙化齐、广东将军管源忠、浙闽总督觉罗满保、两广总督杨琳等进前，曰："朕为此事，曾下汉旨，汉大臣懒惰不写，止写满字翻汉文，所以遗漏之处甚多，所议亦不详细。满保、杨琳、管源忠等在彼地方，俱知道，尔等会同议奏。"

又覆请吏部所题安徽布政使张圣佐员缺，以广西按察使年希尧等职名开列一疏。上曰："将本内开列按察使官员，着问九卿具奏。"

又覆请户部覆浙闽总督觉罗满保所题，凡送各部科、道衙门档案，过于烦碎，请加裁减。又进表官员，请俱照旧例，各自恭敬书写，送至该督、抚校对进呈等因。将档案底稿送与掌理及特管衙门收贮，其送各衙门收贮之档案底稿一切裁去。至于进表关系大典，文官自按察使以上，武官自副将以上，方许进呈。其进表仍照旧例，送该督、抚校对，转送内阁一疏。上曰："满保等所奏之处，应行即议。余省俟送到之时再议可也。至于进表一事，关系大典，虽各省大小官员俱在龙亭行礼，而谢恩必自三品以上，方可奏请谢恩。进表亦必三品以上文武官员，方许奏请。三品以下官员，不准奏请。尔等会同九卿议奏。"上谓荆山曰："尔等之事已毕。"荆山等出。上又谓查弼纳曰："事关紧要，尔亦去同议。"

又覆请吏部覆差往大同管捐纳吏部郎中厄尔德黑等奏，请照五十一年之例开捐，议准行一疏。上曰："现今并无用钱粮之处，若开行五十一年捐纳，甚为烦琐。本发还。着再议具奏。"

又覆请兵部汇题案内，广西左江镇标右营游击员缺，以直隶马水口都司刘大壮补授一事。上曰："刘大壮着带升衔仍留原任。赵弘燮奏称，大名副将所管地方甚属紧要，韩良辅亦着带升衔仍留原任。"

又覆请刑部覆山东巡抚李树德所题丁明德与丁仁德角口，丁明德之子丁罗见伊父被打往救，用刀刺丁仁德立死，应将丁罗照例即行处斩，准如所议一疏。上曰："着九卿、詹事、科、道会议具奏。"

又覆请刑部所题前锋存住等，因佐领班地将赏给葬埋兵丁之官地，私与和尚耕种二十余年叩阍之处。查得俱系虚谎，应将存住等枷号三个月，鞭一百。班地系佐领，不能约束其佐领下之人，以致妄告，议罚俸一年一疏。上曰："看此事，将两边搪塞议罪，着问右翼旗下大臣具奏。"

又覆请刑部所题黑德等因伊佐领雍柱典米借银与佐领下之人，又以逃人披甲叩阍之处。查得俱系实情，应将雍柱革退佐领一疏。上曰：“事着依议。雍柱系何人子孙，可有世袭官否？着问奏。”

又覆请刑部汇题案内，拨什库梁朝佐因伊逃媳在和尚通文之庙搜出，梁朝佐怀恨，将通文两眼挖瞎，应将梁朝佐照例枷号两个月，鞭一百，将伊田产分一半养膳通文一事。上曰：“此内将梁朝佐媳妇隐藏，通文系极恶之和尚，梁朝佐着从宽免其枷号鞭责，并追取家产一半之处，亦着宽免。”

又覆请内务府所奏，王纲明等情愿将江南等省驿马采买备用，议准行一折。上曰：“此事会同赵申乔议奏。”

又覆请吏部所奏，将哈礼等七人袭职一事以致迟延，皆臣等愚昧之处，自后一应旗下袭职之事，呈览奏袭到部，即行奏闻一折。上曰：“从来都统引见袭职后，该部每月十六、三十日汇题具奏。此等缘由，伊等并未声明，止奏自后从旗下送到，即行奏闻之处，甚属糊涂不明。着再查具奏。”

上谓学士渣克旦曰：“尔系何人之族？”渣克旦奏曰：“臣系原任副都统商基图之子。”上曰：“商基图曾在部院？”渣克旦奏曰：“是，自部院升至副都统。”

大学士马齐奏曰：“此多年之事，皇上尚记得部院衙门官员各所司之事。有仅能记者，如皇上将许多本章顷刻阅览，自始至终俱能记忆，甚为奇异。”上曰：“尔当日记性尚好，近来如何？”马齐奏曰：“年久旧事尚能记忆，目前之事不时忘怀，不能记忆。今大臣内，揆叙记性颇好。”上曰：“然。当日大学士图海、经略莫罗、总督哈占、尚书折库讷记性俱好。折库讷写清字甚敏捷，且不错误。其时学士俱在乾清门批本，同在一处办事，所以深知，人俱称为飞手，斯言不谬。图海任刑部尚书时，因事挂误革退之后，世祖章皇帝遗诏命用图海为大学士，朕因用伊为大学士。其人品杰出，甚是宽弘，诚大学士也。汉大学士中，杜立德为人英杰。伊有所见，朕亦不让。尚之信，朕先尚有宽免之意，杜立德奏云，皇上有应宽伊之处，请下旨与臣，臣自有回奏处。如此质对，朕卒照伊所议。张玉书

写旨甚是恭敬，满旨翻汉，汉旨翻满，毫无差错。近看大学士萧永藻办事好，果断宽弘，居官果清。”

十九日乙巳 上驻跸腰亭子。

二十日丙午 上驻跸密云县。

二十一日丁未 上驻跸南石槽。

二十二日戊申 上驻跸汤泉。

午时，上御行宫，大学士等，九卿、大臣、将军、总督等，为福建巡抚陈瑸条陈海防无庸议一疏、满保所题减裁档册及进呈表章议准行一疏入奏。上曰：“前因防海事，朕所下之旨内，海坛、南澳二处甚属紧要之语，写旨时，为何将南澳遗漏？至于船米卖与外国，所去之人，亦存留彼处，地方官员失于觉察等款，但议从重治罪，并未定以何罪。其造船贸易俱系大商，此等巡查，不过于伊等少无益耳，与贫民并无干碍。尔等将此疏改正呈览。至于裁减档册并进呈表章，所议甚是。照此行去，甚为清楚。”

上又曰：“朕巡行边外，见三河、密云等州县，及永平府所属地方交界之处，粮谷大收，米价亦平，然民生尚觉少艰。此无他，特以去年雨水连绵之故耳。今岁虽蠲免钱粮，平价粜米，拨漕粮赈济贫民，仅足一年之用而已。来岁交纳钱粮，难于接续。朕意将顺天、永平二府所属地方，来岁钱粮仍当蠲免，及历年旧欠钱粮，亦当查明宽免。此应免州县之数，俱着查明开列具奏。再，免江南旧欠钱粮之处，着户部议奏。”

上又曰：“外省总督、巡抚、提督、总兵官等，凡有奏折，皆用家人雇骡赍发，甚为过费。清贫督、抚、提督、总兵官等，力不能堪，且事亦至迟误。嗣后凡奏折，或差伊属下千总等官，或遣可用兵丁一人，各遣家人一名，相随驰驿前来。一次但用马二匹，则驿地可免骚扰，亦不至误事。”

酉时，上御行宫，大学士马齐、萧永藻、王掞，学士蔡升元、王之枢、顾悦履、渣克旦、勒什布、星俄特、常寿、常鼐、穆尔泰、张廷玉以折本请旨。覆请宗人府所题镶白旗一等阿达哈哈番兼一拖沙喇哈番觉罗纳汉太告病解退，其世职令伊子马哈达承袭咨来。查得纳汉太恩诏所得三个

拖沙喇哈番，并恩赐拜他喇布勒哈番。今削去恩诏所得三个拖沙喇哈番，其所剩拜他喇布勒哈番，照来咨与马哈达承袭一疏。上曰："此职系巴哈纳之职，巴哈纳乃太祖、太宗皇帝时之臣，有军功效力之处，此职不必销去。仍将头等阿达哈哈番兼一拖沙喇哈番着马哈达承袭。"

又覆请吏部所题御史颛图所借银米越限不还，推诿不合，将颛图降一级一疏。上曰："部议将商人所欠颛图银两追来，补还伊所欠银米，如此则颛图可以从中脱卸矣。况颛图健讼，人亦不及。殊为不妥。此事尔等暂且收存，看一二月内还完则已，不还时再奏。"

又覆请户部覆安徽巡抚梁世勋所题康熙四十六等年所欠钱粮，请以分年带征完结，议不准行一疏。上曰："类此者尚有一事，朕已有旨与穆和伦。将此事发还，一并议奏。"

又覆请户部所题招买都际泰等，求预借运羊草脚价银十万两，议准行一疏。上曰："此事有缘故，断不可给。嗣后此项银两，应当永不发给。即如马齐先前曾奏发给银两，目下虽有裨益，日后必至家产尽绝，以致虚糜国帑。今果如其言。本发回，会同内务府总管查明，再议具奏。"

又覆请礼部所题为旌表八旗节妇，照例赏给银两一疏。上曰："八旗内此等妇人甚多，闻所与银两，伊等亦不得实惠。伊等欲立牌坊，令其各家自立，不必赏银。"

又覆请礼部所题原任浙江提督王世臣照例赐恤，应否加谥，伏乞圣裁一疏。又大学士马齐等奏称："原任提督王世臣所奏遗本，奉旨并无应得恤典，查例具奏等语。今该部照伊子所呈，查例议准，赐恤具奏，故臣等照例拟票进呈，伏乞上裁。"并以说帖覆请。上曰："此事兼用说帖，甚是。本发回。"

又覆请兵部覆原任两广总督赵弘灿所题，碣石等各营巡海兵丁艍犁船六只，遭风打坏船只，淹死兵丁二十六名，赏其家口，修理打坏船只，以备巡哨等语。查得升任总督赵弘灿虽报打坏船只，其中或有妄报，亦未可知。相应行文新任总督，详察具奏之时，再议具奏。上曰："此事议驳，甚是。但议驳之处，尚有缺欠。本上言溺死者，一船二三人或七人或十一人不等，六船共死二十六人。如果船只伤坏，船上之人必至皆死。沉海之

人，岂能再出？每船若干之人，止溺死二十六人，其余人如何得出？必有被贼抢夺，抑或有货卖之弊。将此等应驳之语，俱入在内，驳回查明。本发还，再议具奏。”

又覆请刑部所题拉普他孙等控告伊佐领色楞、五十儿，克扣佐领下人银两入己等款，审得是真，应将色楞与五十儿之佐领革退，各枷号三个月，鞭一百一疏。上曰：“此二佐领下之人，自伊曾祖乌达礼之时便告至今。着交部内，将先年所告之事，一并查明具奏。”

又覆请天津总兵官马见伯所题，请将伊标下都司冯兰与蒲河营之都司尤弘龙互相调补一折。上曰：“照该总兵官所题调补。”

大学士马齐等奏曰：“臣等遵旨，以安徽布政使张圣佐员缺问九卿，九卿举出福建按察使董永芰等七人。”折子呈览，并以原疏覆请。上曰：“着年希尧补授。”

毕，上谓大学士马齐曰：“朕曾有旨，部院衙门有声名不好之司官查参，何至今未曾奏闻？众人皆言，吏部文选司郎中张有光、直隶学院张逸少声名不好，尔等亦闻之乎？”大学士王掞奏曰：“伊等果然声名不好。”

上又曰：“看来外省督、抚等衙门俱各封锁。如果应封锁，京师所有各衙门亦应封锁矣。行弊之端，并不在此，止在乎人。若衙门封锁，凡事愈不得闻。回銮日，尔等议奏。”

上又曰：“天下之事，大误于虚文。即如刘荫枢，见些须下雪，即造讹言，惊众具奏。如依所奏，果雪深四五尺，人畜岂能存乎？岂但巴尔库儿，其外尚有居人，蒙古等从伊祖至今，如何生活？行军者，当鼓舞众人为是，不宜惊众。此大有关系处。”

是日，辰时，封印。

二十三日己酉　是日未时，上至畅春园，诣镜峰问安，驻跸畅春园。

是行也，各部院衙门奏章，日送内阁。内阁三日一次，驰驿送至行在听理。上随报请皇太后安十二次。

扈从起居注官阿克敦、华色。

二十四日庚戌

二十五日辛亥　午时，上由西直门进神武门，回宫。

自是日起，为祭太庙，上斋戒三日。

是日起居注官苏库、陈璋。

二十六日壬子　是日，上谕户部："朕御极以来，念切民生，时勤宵旰。凡巡历所至，必以编氓疾苦备悉询问。盖欲比户之盖藏恒裕，三时之水旱无虞，斯民气和乐聿成，丰亨豫大之休也。顷者巡行口外，经过三河、密云等州县暨永平府交界地方，见今岁秋成丰稔，米价称平。惟是去年，雨水过溢，田亩间被淹没。朕深加轸恤，蠲赋平粜，转漕分赈贫民，使不失所。今者虽复有秋，然仅足支一岁之用，恐来年之输将，尚多难继，是必再沛恩膏，始可大培民力。着将顺天、永平两府属大兴、宛平、良乡、涿州、武清、永清、香河、霸州、通州、大城、文安、固安、东安、房山、密云、蓟州、遵化、顺义、怀柔、昌平、延庆、新城、宝坻、平谷、丰润、玉田、三河、保定、卢龙、迁安、乐亭、滦州、抚宁、昌黎、山海等州县卫所，康熙五十六年地丁二十六万四千三百三十六两零，米豆高粮二万一千六百四十六石零，草九万四千九百五十束零，俱通行蠲免。所有历年积欠银九万三百九十六两零，米豆高粮一万六千二百七十五石零，草八万四千四百七十束零，亦并与豁除。尔部行文该督，严饬所属，实心奉行，俾遐村穷谷，均沾德惠。倘有不肖有司，借端朦混，私行征收者，察出定行从重治罪。尔部即遵谕行。特谕。"

是日起居注官阿克敦、陈璋。

二十七日癸丑　早，上御中和殿，视祭太庙祝版毕，回宫。

是日起居注官苏库、陈恂。

二十八日甲寅　是日，大学士马齐等白奏事六品官双全等，以皇上元旦于堂子、祖宗皇太后前行礼，初六日又往祈谷坛行礼，皇上圣躬不胜烦劳，臣等匍匐跪请遣官行礼转奏。上曰："朕身在口外水土好处，调养将近一月，甚觉康健，心中欣然，想于上辛日可以行礼。至初四日再看，若尚如此，尽可行礼。稍有不能，再遣官可也。"

是日起居注官龚铎、阿尔赛。

二十九日乙卯　上御保和殿，以岁暮宴朝正外藩诸王，左翼科尔沁土谢图亲王鄂尔斋图、和硕达尔汉亲王和硕额驸罗布藏滚布、多罗郡王诺门

厄尔和兔、多罗秉图郡王伊锡班第，翁牛特多罗都楞郡王和硕额驸仓津，柰曼多罗达尔汉郡王垂忠，科尔沁和硕额驸多尔济色楞、多罗贝勒巴克什古尔，喀尔喀多罗贝勒占旦谷米，土默特多罗达尔汉贝勒阿喇蒲坦，札鲁特多罗贝勒毕鲁洼，巴林固山贝子鄂齐尔桑、镇国公苏礼，郭尔罗斯扎萨克一品台吉查滚等；右翼乌朱穆秦和硕车陈亲王色登敦多普，喀尔喀扎萨克伊尔登济农多罗郡王盆苏克，蒿齐特多罗额尔德尼郡王阿噶呢斯达，喀喇沁多罗都楞郡王色楞，胡胡诺尔多罗贝勒额尔德呢额尔克托克托奈，喀尔喀多罗贝勒罗普藏，阿鲁科尔沁多罗贝勒王占儿，毛明安多罗贝勒班第，喀尔喀固山贝子阿喇蒲坦、扎萨克辅国公根敦，克什克腾扎萨克一品台吉齐巴克札普等，及内大臣、侍卫、大学士等，诸乐并作，上进酒毕。令左翼科尔沁和硕土谢图亲王鄂尔斋图、右翼乌朱穆秦和硕车陈亲王色登敦多普等至御座前，上亲授饮。其余贝勒、贝子、公、额驸、台吉等，俱令侍卫于座次分觞授饮。宴毕，众谢恩，上回宫。

是日起居注官华色、陈璋。

臣等钦惟皇上体上圣之姿，膺元后之位，继天而出治者，五十五年于兹矣。鸿禧宝祚，绵于无穷，圣德神功，垂之勿替。所谓咸五登三，上下与天地同流者，猗欤休哉，何其盛耶！盖依古以来，帝王之福寿兼隆，未有不本于德者。顾帝王之德，莫盛于尧舜。尧舜之德，备载于典谟。观古镜今，先圣后圣，若合符节有不诬者。尧舜之德，莫大于成天平地。我皇上道契两仪，心通三极。风雷雨露，必考其从出之原。寒燠雨旸，必协夫庶征之应。至于穷山川之险阻，测道里之远近，上推象纬，广极扶舆，莫不目营手画，灼然而无疑。此即钦若昊天封山浚川之盛也。尧舜之德，莫大于知人安民。我皇上加意于群工，施恩于万姓。清廉之吏，扬于明廷，即五服五章之劝也。贪黩之员，儆于有众，即五刑五用之惩也。以河功之难成而反复告戒，即儆予之忧也。以雩祷之必诚而日进一膳，即阻饥之惧也。以元首股肱为一体，则饮食寒暑之节，咸廑于宸衷。以寇贼奸宄之宜防，则东洋南洋之遥，毕周于睿虑。至于系狱之人当暑暂释，军功之将与国永存，即罚勿及嗣而赏延于世，罪疑惟轻而功疑惟重也。榷关之苛者必

除，海民之奸者必禁，即懋迁之经也。安南之贡物可减，朝鲜之赐物有加，即柔远之惠也。若夫虑艰食之难奏，则岁丰之赋犹蠲。恐私派之累民，则羡余之进必却。此更尧舜所未及行，典谟所未及载。皇上之功德，既比隆于尧舜，则皇上之福寿，自远迈于唐虞。所谓光被四表，格于上下，有书之不胜书者矣。臣等谬以侍从之班，得以亲见斯盛，故于载笔之余，敬识简末。以见皇上之所以合揆于尧舜者如此，而又以自鸣其庆幸云。

康熙五十六年　丁酉

正　月

初一日丙辰　寅时，上以元旦令节，率诸王、贝勒、贝子、公等，及内大臣、侍卫、大学士、都统、尚书、精奇尼哈番，诣堂子行礼毕，回宫。

辰时，上率诸王、贝勒、贝子、公等，内大臣、侍卫、大学士等，诣宁寿宫行礼，文武官员于午门外随班行礼毕，上回宫。

顷之，上御中和殿，内大臣、侍卫，内阁、翰林院、礼部、都察院、詹事府等衙门大臣官员行庆贺礼。上御太和殿，诸王、贝勒、贝子、公等，及文武各官，与朝正外藩诸王、贝勒、贝子、公、台吉，朝鲜等国使臣，奉表行庆贺礼毕，上回宫。

是日起居注官苏库、陈璋。

初二日丁巳　是日，上诣宁寿宫问安。

是日起居注官陈恂、阿尔赛。

初三日戊午　是日，诸王大臣因祭祈谷坛，求遣官行礼，白奏事六品官双全等转奏。上曰："朕躬甚安，照常斋戒亲祭。"自是日起，上以祭祈谷坛，斋戒三日。

是日起居注官苏库、龚铎。

初四日己未　是日起居注官王奕清、华色。

初五日庚申　早，上御太和殿视祭祈谷坛祝版毕，回宫。

是日起居注官陈恂、阿尔赛。

初六日辛酉　早，上由午门出正阳门，诣祈谷坛，亲祭毕，回宫。

巳时，上由神武门出西直门，诣畅春园驻跸。

是日起居注官汤右曾、阿克敦。

初七日壬戌

初八日癸亥　是日，上于露华楼问皇太后安。

初九日甲子

初十日乙丑　是日，上于露华楼问皇太后安。

十一日丙寅

十二日丁卯　是日，赐满汉大学士以下翰林、主事以上官员等《周易折中》各一部。

十三日戊辰

十四日己巳　午时，上御畅春园内九经三事，以上元节赐朝正外藩蒙古诸王，左翼科尔沁土谢图亲王鄂尔斋图、和硕达尔汉亲王和硕额驸罗布藏滚布、多罗郡王诺门厄尔和兔、多罗秉图郡王伊锡班第，翁牛特多罗都楞郡王和硕额驸仓津，柰曼多罗达尔汉郡王垂忠，科尔沁和硕额驸多尔济色楞、多罗贝勒巴克什古尔，喀尔喀多罗贝勒占旦谷米，土默特多罗达尔汉贝勒阿拉蒲坦，扎鲁特多罗贝勒毕鲁注，巴林固山贝子鄂齐尔桑、镇国公苏礼，郭尔罗斯扎萨克一品台吉查滚等；右翼乌朱穆秦和硕车陈亲王色登敦多普，喀尔喀扎萨克伊尔登济农多罗郡王盆苏克，蒿齐忒多罗额尔德尼郡王阿噶尼斯达，喀喇沁多罗都楞郡王色楞，胡胡诺尔多罗贝勒额尔德尼额尔克托克托奈，喀尔喀多罗贝勒罗普藏，阿鲁科尔沁多罗贝勒王占尔，毛明安多罗贝勒班第，喀尔喀固山贝子阿拉蒲坦、扎萨克辅国公根敦，克什克腾扎萨克一品台吉齐巴克扎普等，及内大臣、侍卫、大学士等宴，诸乐并作，上进酒。令左翼喀尔喀科尔沁土谢图亲王鄂尔斋图、右翼乌朱穆秦和硕车陈亲王色登敦多普等近御座前，上亲赐饮。其余贝勒、贝子、公、额驸、台吉等，俱令侍卫于坐次分觞授饮毕，众谢恩。上回宫。

是日，上于闲邪存诚问皇太后安。

是日起居注官阿克敦、阿尔赛。

十五日庚午　午时，上御畅春园内九经三事，赐朝正外藩蒙古左右两翼诸王、贝勒、贝子、公、台吉等，及内大臣、侍卫、大学士等宴，诸乐并作，上进酒毕。外藩蒙古左右两翼诸王以下台吉以上，俱令于坐次分觞授饮毕，众谢恩。上回宫。

是日起居注官华色、阿尔赛。

十六日辛未　是日，上于九经三事问皇太后安。

十七日壬申　是日，上诣镜峰问安。

十八日癸酉　是日，上诣镜峰问安。

辰时，开印。

嗣后上驻跸畅春园。部院各衙门奏章每日交内阁转送畅春园听理，面奏事件仍行面奏。

十九日甲戌　巳时，上自畅春园起行，驻跸汤泉。

二十日乙亥

二十一日丙子

二十二日丁丑

二十三日戊寅

二十四日己卯　辰时，上御行宫，召诚亲王、雍亲王、恒亲王，十二贝子、十四贝子，十六阿哥、弘晟阿哥，领侍卫内大臣公俄伦岱、马尔赛等进前。上曰："世祖章皇帝于明朝崇祯皇帝曾以礼殡葬。尽忠之太监王承恩，遣大学士殡葬。诸帝陵寝，皆亲身礼奠，命人看守，岁时祭祀。其余之墓，亦皆命人看守，岁时祭祀。垂为定例。拿获偷掘明朝坟墓之贼，部议将为从之贼充发启奏。即如今日之百姓，皆明朝所遗之百姓也，此与掘伊祖父之墓何异？因此朕下旨，将为首为从之贼俱行处死。明朝诸陵年久，陵寝周围刨动之处，或看守之人不谨，亦未可定。尔等往各陵寝祭奠，详细查看具奏。"

二十五日庚辰　未时，上御行宫，大学士马齐，兵部侍郎仍在学士处行走查弼纳，学士常鼐以折本请旨。覆请吏部所题署理顺天府府尹事务府丞魏方泰已派运米，府尹、府丞之印交与何人署理一疏。上曰："屠沂已来，尚在此否？着查奏。"

又覆请吏部覆广西巡抚陈元龙所题，请将丁忧恭城县知县王汧在任守制，议不准行一疏。上曰："着照该抚所请，准其在任守制。"

又覆请礼部钦天监灵台郎刘一魁年一百岁，建立牌坊一疏。上曰："已曾赐额，再建牌坊殊属重复。将本发还。"

又覆请川陕总督鄂海所题，出征满洲兵、绿旗兵所借之钱粮及散给马

匹，俱已办完之处奏闻一疏。上曰："借与兵马之银暂免扣除，俟事完回师之日再扣可也。"

又覆请云南总兵官郝伟以老病乞休一疏。上曰："郝伟汉仗好，甚效力，曾随朕出征。俟有提督缺出，尚欲补授，将温旨写入票签。再，石匣副将赵坤、河间府副将卜应魁，朕调来原欲差往噶斯行兵处，今当另遣他人。云南地方甚属紧要，彼处现有总兵官三员缺出。赵坤、卜应魁汉仗好，着补授总兵官。将此晓谕九卿、大学士。"

马齐等遵旨以前锋存住控告伊佐领班第之事问右翼都统郎图等，折子并以原疏覆请。上顾大学士马齐曰："伊等云何？"马齐奏曰："臣问过都统郎图等，郎图云，佐领班第被伊佐领下人控告，其不好可知。但此佐领下人平素刁讼，止将佐领问罪，此后刁风渐长。"上曰："此言甚是。本发回，着再议具奏。"

毕，上又曰："翰林院学士甚属紧要，自揆叙没后，朕再四思维，并不得称此职之人。必须学问优长，善于钤束，不畏人之人，方好。浙江巡抚徐元梦学问好，为人老成正直，可将伊补授都察院左都御史兼翰林院学士，着问九卿。"上又曰："揆叙学问甚好，为人甚是谨慎敦厚，殊属可惜。朕因伊年少，并未当面嘉奖，不特朕惜之，即诸人无有不惜之者。"大学士马齐奏曰："揆叙年少老成，不但学问好，九卿及议政之事亦甚好。伊记性远胜臣等，不惟皇上深惜，举朝满汉大臣官员俱为惜之。一闻其没，俱往吊唁。"上顾内阁学士等曰："尔等亦皆职任翻译。"内阁学士常鼐奏曰："揆叙所学不但超出满洲之中，即汉人中亦少。"上曰："然。诚为可惜。"

二十六日辛巳　上自汤泉回畅春园，诣镜峰问安，驻跸畅春园。

扈从起居注官苏库、华色。

二十七日壬午

二十八日癸未　辰时，上御畅春园内澹宁居听政。各部院衙门官员面奏毕，大学士马齐、萧永藻、王掞，学士蔡升元、王之枢、顾日［悦］履、渣克旦、勒什布、星俄特、常寿、常鼐、穆尔泰、张廷玉以折本请旨。覆请兵部所题云南楚姚蒙景等处总兵官员缺，以镶黄旗汉军参领白云

鸿等职名、副将宋虎山等职名开列一疏。上曰："宋虎山着补授楚姚蒙景总兵官，卜应魁着补授云南永顺总兵官，谢治着补授广东总兵官，赵坤着补授云南鹤丽总兵官。"

又覆请兵部覆古北口总兵官觉罗保柱所题，蓟州都司杨之凤、建昌路都司史兰霭员缺，请将臣左营守备张维荣、燕河路守备杨云栋补授。其守备员缺，将热河千总任国荣、巴克什营千总南君升补授，不准行一疏。上曰："张维荣等着照该总兵官所题补授。"

大学士马齐等遵旨以江苏布政司员缺问九卿，九卿举出福建按察司董永芠等七人职名开列。缮折呈览，并以原疏覆请。上曰："九卿所举按察司七员，张伯行有知之者否？着问具奏。"

马齐等遵旨查得丁忧起服之府尹屠沂在京之处。缮折呈览，并以原疏覆请。上曰："顺天府府尹、府丞印务，着屠沂署理。"

毕，上顾大学士马齐等曰："张伯行于朕前保举余正健操守甚好，朕因试之授为顺天府府尹。自莅任以来，并不理事。如不理事，与木偶何异？操守虽好何益于事？"又曰："闻得江南总督赫寿声名不如从前。"大学士王掞奏曰："居官尚属安静。"上曰："巡抚吴存礼居官好，亦有才干。"

是日，上诣镜峰问安。

是日起居注官王奕清、华色。

二十九日甲申 辰时，上御畅春园内澹宁居听政。各部院衙门官员面奏毕，大学士马齐、萧永藻、王掞，学士蔡升元、王之枢、顾悦履、查克旦、勒什布、星俄特、常寿、常鼐、穆尔泰、张廷玉以折本请旨。江苏布政使员缺，大学士马齐等遵旨将九卿举出之按察使七员问张伯行，张伯行云，江西按察使杨朝麟居官清廉。缮折呈览，并以原疏覆请。上曰："杨朝麟补授江苏布政使。"

是日起居注官龚铎、阿尔赛。

三十日乙酉

二　月

初一日丙戌　是日，上诣镜峰问安。

巳时，上自畅春园启行，巡视霸州等处，驻跸篱笆房。

是日，拱极营游击李观光、捕盗同知梁永祚，良乡县防守御胡什八、防御萨尔图等、知县彭其位，房山县知县王开运等来朝。

初二日丁亥　上驻跸长店。是日，涿州营参将王弘极等、知州顾钦等来朝。

初三日戊子　上驻跸方关。是日，保定府知府陈志源、新城县知县霍焕、守备李熙明等来朝。赐胡胡诺尔亲王罗普藏丹津等火镰包。

初四日己丑　上驻跸王乡。是日，容城县知县于时选等来朝。

初五日庚寅　上登舟泊赵北口。是日，子牙河分司阿琳、天津道朱纲、河间府知府刘之颖、雄县防守御噶尔泰等、知县胡世昌等来朝。赐直隶巡抚赵弘燮火镰包。

初六日辛卯　御舟泊郭里口。是日，赐直隶巡抚赵弘燮《三元甲子编年》、法琅盖碗。

初七日壬辰　御舟泊郭里口。是日，赐广东将军管源忠、天津总兵官马见伯、云南鹤丽总兵官赵坤、永顺总兵官卜应奎等《三元甲子编年》。

初八日癸巳　御舟泊郭里口。是日，赐广东广西总督杨琳《三元甲子编年》。

初九日甲午　御舟泊段村。是日，赐胡胡诺尔亲王罗普藏丹津、多罗贝勒俄尔德尼俄尔克拖克拖奈殿儿等银鼠短褂、灰鼠袍，固山贝子阿喇蒲坦银鼠短褂、羊皮袍，公丹津、扎萨克台吉阿喇蒲坦、格勒克等灰鼠短褂、羊皮袍。又赐护军参领、护军校、护军、执事人员等野凫。赐广东广西总督杨琳、云南鹤丽总兵官赵坤、永顺总兵官卜应奎、直隶守道李维钧等，文武大小官员等榛子、松子、哈蜜瓜。

初十日乙未　御舟泊段村。是日，浙江巡抚朱轼来谢恩。赐胡胡诺尔

亲王罗普藏旦津、贝勒俄尔德尼俄尔克拖克拖奈殿儿、贝子班柱尔，阿喇蒲坦公丹津，扎萨克台吉阿喇蒲坦、格勒克等帽各一顶。赐广东广西总督杨琳、浙闽总督满保、总督管直隶巡抚事务赵弘燮、天津总兵官马见伯、云南鹤丽总兵官赵坤、永顺总兵官卜应奎、广东将军管源忠等《康熙字典》、《月令辑要》、《道德宝章注释提要》、《书画谱》、《全唐诗》、《渊鉴类函》、《佩文韵府》、《周易本义》、《广群芳谱》、《咏物诗文集》、《朱子全书》、《历代赋汇》、《律历正义》等书，诗、匾、字、人参等物。

十一日丙申　上舣舟圈头。是日，赐广东广西总督杨琳、浙闽总督满保、云南永顺总兵官卜应奎、鹤丽总兵官赵坤、天津总兵官马见伯、广东将军管源忠等诗、匾、对联。

十二日丁酉　上舣舟赵北口。

酉时，上在舟中，大学士马齐，兵部侍郎仍在学士处行走查弼纳，学士常鼐、穆尔泰以折本请旨。覆请九卿议覆管理大同军需钱粮监督吏部郎中俄尔德黑等，请照五十一年户部捐纳条例捐纳等因。五十一年捐纳条例甚多，照此例捐纳，殊为烦琐，将湖滩河朔等例，看其可行者十五条，令其捐纳一疏。上曰："现今去的官，互相讦告，事尚未结。此事交与伊等断乎不可。伊等事结之后，当另举官员遣往收银。着问九卿具奏。"

又覆请刑部覆总督管理直隶巡抚事务赵弘燮所题，请将假称三王爷，游行五省之恶棍等，交部查拿定拟等因。应行文五省，此事起于何省之处，详为行查，将假称妄行之恶棍等查拿解部。经过地方文武官员详察奏日，交与该部议处一疏。上曰："此案所议甚属糊涂。假传之人，若不选出贤能章京，各省遍行查拿，何以能获？本发还，着选出章京议奏。"

又覆请刑部所题殴死杨士奎之李魁元，应照律拟绞监候，秋后处决，李二等应鞭一百一疏。上曰："看此案，两三人互相斗殴，将人打死，亦与刘芳声等案相同。本发还，着会同赵申乔议奏。"

又覆请湖广巡抚刘殿衡所题，舒长林、李胜祖因争坟地构讼，审明断给舒长林。舒长林往祭伊祖，李胜祖赶去争嚷，将祭器打碎，舒长林情急，不知鸟枪内有沙，但欲吓令伊等退去，放枪中李胜祖左额，越三十六

日殒命。舒长林应照律拟绞监候，秋后处决，准如所议一疏。上曰："此案议得糊涂。本内称一尺五寸鸟枪，又不知药内有沙，此特为失察官员掩饰耳。部内即应将地方官一并议处。本发还，着再议具奏。又，所谓药内有沙，是何语？直不可解。"

十三日戊戌　御舟泊袁家口。

十四日己亥　上登岸，驻跸西镇。

十五日庚子　上驻跸西镇。

十六日辛丑　上驻跸王里。

十七日壬寅　上驻跸南红门内。

十八日癸卯　上至畅春园，诣镜峰问安，驻跸畅春园。

是行也，各部院奏章日送内阁，内阁三日一次递送行宫听理。上随报请皇太后安五次。

扈从起居注官常寿、阿克敦。

十九日甲辰

二十日乙巳　是日，照例赐朝鲜国王李焞及李焞所遣为冬至正朝万寿节及年贡恭进礼物正使陪臣东平尉郑在抡、副使礼曹判书李光索等鞍马、貂皮、银币有差。

是日，上诣镜峰问安。

二十一日丙午

二十二日丁未　辰时，上御畅春园内澹宁居听政。户部入奏，上问尚书赵申乔曰："江南蠲免钱粮一事，所议如何？"赵申乔奏曰："前此曾经九卿议不准行，今蒙圣谕蠲免。臣等现在商酌，欲祈仍交九卿会议。"上曰："尔系江南人，议蠲免江南钱粮之事，理应回避，况尔亦有地丁钱粮在内。虽尔自谓无私，众心必然不服。"赵申乔奏曰："回避甚善。"上曰："朕言在先，尔今以回避为善。朕未谕尔之前，何以不请回避？"赵申乔词穷无以对。上又曰："凡理应回避之事，即行回避，此定例也。应回避而不回避，执意求名，不但难免众论，抑且于理有碍。"

各部院衙门官员面奏毕，大学士马齐、萧永藻、王掞，学士蔡升元、王之枢、顾悦履、渣克旦、勒什布、星俄特、常寿、穆尔泰、张廷玉以

折本请旨。覆请吏部所题，詹事府詹事觉罗苏库员缺，以内阁侍读学士德音等职名开列一疏。上曰："此开列之人朕俱不识，下次将伊等带来引见。"

又覆请吏部议覆翰林院待诏曹日瑛，自受职以来，尽心办事，清廉称职保举前来，应照例注册，以掌印京官升用一疏。上曰："曹日瑛以清廉保举，伊不过修书处行走之人耳。其职并无可保举清廉之处，只以勤慎保举可矣。本发还，着改正具奏。"

又覆请刑部汇题案内，正红旗佐领田保因守墓家人八儿盗卖供祭毡褥缘由打死，议将田保照例罚俸一年一事。上曰："案内田保因盗伊父母前供祭毡褥缘由将八儿打死，田保着从宽，免其罚俸。"

大学士马齐等遵旨以大同捐纳一事问九卿，九卿云，现今监督额尔德赫等捐纳之事，已于三月二十五日限满，即应将各部院衙门贤能满汉官员拣选引见，令往大同监收捐纳银两。其额尔德赫等互相告讦之事，应令该抚作速查明具题。缮折呈览，并以原疏覆请。上曰："开捐之事虽得钱粮，殊多烦杂。且前者张鹏翮曾奏称，捐纳之人不可用。朕思已经令人捐纳而不之用，是愚之矣。故捐纳之人照常录用。今增添条款，开捐后，此又有奏不可用者，亦未可定。不如预先问明为善。将此问九卿、张鹏翮，着伊等面奏。"

又覆请兵部覆四川重庆总兵官韩成以老病乞休，求在四川合州入籍等语，韩成准其照例原品休致，其请入合州民籍之处，议不准行一疏。上曰："韩成着以原品休致，准如所请，在四川合州入籍。"

又覆请兵部所题河间等三处副将员缺，将应升副将记名人员及由侍卫升调已满二年人员职名开列一疏。上曰："此等员缺，若以远方官员补授，一时不得到任，着将各省相近处应升之员，问九卿具奏。"

又覆请兵部覆四川巡抚年羹尧奏称，臣领兵征剿蛮寇时，游击张玉、王绍绪极其效力、功罪相当，请免其议处等因。查得前该巡抚题参伊等从征怠慢，臣部以迟误军机，照例革职议奏注册在案。应将该抚所请免议之处，无庸议。又称把总皮登榜奋勇渡河，中箭身死，应否照例给恤，听候部议等因。应行令该总督详查，具题到日再议一疏。上曰："把总皮登榜

如何被射身死之处，所议行查，甚是。游击张玉、王绍绪开复之处，应照巡抚所奏，准行。本发还，再议具奏。年羹尧此行甚好，再议之旨，着写温旨进呈。”

又覆请刑部等衙门覆总督管理直隶巡抚事务赵弘燮所题，宋宽与伊亲叔宋显名，为那移场园内堆积之谷缘由起衅，宋显名持镰刀殴击，宋宽持铁叉抵御，宋显名手足被伤，疮口受风，越十六日殒命，将宋宽照律拟立斩等因，准如所议一疏。上曰：“宋显名持镰刀殴击宋宽，宋宽以叉抵御，宋显名手足被伤，疮口受风，越十六日殒命，宋宽着改为应斩监候，秋后处决。”

又覆请刑部所题正蓝旗阿达哈哈番韩垲，控告伊伯父韩文煊系伊祖掳来之奴等语。查得韩垲捏告伊伯父韩文煊，应当议处。但韩文煊不曾归旗，又将家人徐顺私放为民是实，免其议处一疏。上曰：“前曹元方、王缵绪等互控一案，朕将事之缘由曾经下旨，此案即与曹元方等案相同，应写出彼案之旨议之。本发还，着将前旨载入，再议具奏。”

又覆请刑部所题将打死正黄旗网户侯君辅、壮丁李行富之金二，照律拟绞监候，秋后处决一疏。上曰：“看此案三人伙同将一人打死，即与刘芳声等案相同。本发还，着会同赵申乔再议具奏。”

又覆请会同赵申乔议得打死杨士奎之李魁元，照律议绞监候，秋后处决一疏。上曰：“此案赵申乔并无另议之处，着问赵申乔具奏。刘芳声等案亦查出对看。”

又覆请刑部覆偏沅巡抚李发甲所题大盗宋仁川应照律拟立斩等因，准如所议一疏。上曰：“着大学士会同三法司，将此内有造意为首杀伤人者一二人正法可矣。余俱照例减等，发往黑龙江等处。本发还，详查再议具奏。”

又覆请刑部等衙门所题偷盗库银之宝善拟斩监候，秋后处决一疏。上曰：“宝善原系正红旗人之家奴，不知如何钻营入部。户部一切作弊之事，俱有伊在内。此人断不可留，应立斩。将妻子锁拿，追取赃银。司库之罪，着照所议。至所议瓜分正项钱粮者，作为饭银支饰，伊等应得之饭银反议追赔，似此盗取数万正项钱粮之人曲为掩饰，取饭银者反行苛刻，

殊属不合。应将盗取钱粮伪称饭银者，令其追赔。实系饭银者，不必追赔方是。部内此等细锁受银之处，朕皆知之。将此等追赔太琐屑矣。又，失察之官援赦，并不将姓名开出，虽免其议处，亦应将姓名开出。将此问九卿具奏。再，各项钱粮赵申乔俱身亲监收，伊为商人欠铜一案，几次题参，似此偷盗钱粮之事，伊何不查出奏闻？此事伊亦在会议之中，何如此掩饰耶？将此亦问赵申乔具奏。”

又曰：“坐粮厅阿金、江藻声名不好，已大富矣。将伊等革去坐粮厅，别选贤能有守之员补授，则漕粮旗丁皆有裨益矣。江藻任坐粮厅甚久，虽已更换，不可令回原籍，应留京以大工程派之，着问九卿具奏。”

又覆请刑部汇题案内，西伯披甲人拜礼在随围处逃回，应照律议罪一事。上曰：“案内拜礼情由可恶，枷责完日，两脚筋俱着挑去。”

又覆请汇题案内，正黄旗俄齐礼佐领下俊秀昂纪尔达，黍夜踢伊叔俄齐礼门户，嚷骂缘由，将昂纪尔达革去俊秀，鞭六十一事。上曰：“案内骂叔之昂纪尔达情由可恶，枷号完日，发往杭州披步甲当差行走。”

又覆请川陕总督鄂海题参，固原知州赵尧章派出往西宁地方送米羊未去，西宁总兵官咨报于军机事务规避，有玷官箴一疏。上曰：“今正用兵之会，将赵尧章革职，拿交该总督严审定拟具奏。”

是日起居注官华色、陈璋。

二十三日戊申

二十四日己酉

二十五日庚戌　是日，上诣镜峰问安。

二十六日辛亥　辰时，上御畅春园内澹宁居听政。各部院衙门官员面奏毕，九卿入奏，今现有军务，臣等公议，在就近大同开捐，将所捐人员分班录用。上召大学士、学士等入，顾谓吏部尚书张鹏翮曰：“捐纳原非好事，尔前曾条奏，如何今复请行？”张鹏翮奏曰：“臣前任左都御史时，曾条奏捐纳之事。今西方正有军机事务，故与九卿会议请行。”上曰：“当日开捐，亦为军务而起。尔二十年前条奏捐纳之人不可用，今复奏请准行，何前后截然迥异耶？”张鹏翮奏曰：“现今军需紧要，九卿公议，将此捐纳人员另立一班，于军务甚有益，于铨法亦无碍。”上曰：

“军务所需几何？朕从前蠲免钱粮，动以千万计，与其开捐，何如少蠲一二省。况军需极数不过七八十万，一省钱粮尚用之不尽，即尔在河工所用钱粮，亦不下千万。今所需钱粮不多，何用捐纳？且如大同等处捐纳，名有百十余万钱粮，亦未必实有其数。尔九卿欲往捐纳，不过写一单去。即为捐纳，谁曾有米，谁曾有银，朕尽知之。且捐纳米豆之处，亦皆寄信折银，何曾真正上纳米豆。此捐纳事无益，不必行。”

上又曰：“刘荫枢所奏军前之事，并无实见，徒饰虚语，摇惑人心，以致将军颜布亦为所惑，任事不如从前。渠意不过屡屡言之，或有所中，希图侥幸。去冬之雪只有二尺，天气亦和暖，渠云雪深七八尺，米粮难运，水草缺乏。今粮俱运到，马亦甚肥，可见俱系虚语，并无实据。刘荫枢若有人心，亦当惭愧。朕从前中路出兵，与将军费扬古相约，于五月十五日会齐。及至克勒［鲁］伦地方，即有以运粮艰难沮朕勿往者。彼时高士奇、陈元龙随驾，亦劝朕回。朕意以出兵时祭告天地宗庙社稷，而费扬古已经先去，岂可违约，不相继而往乎？所以决意前往，粮米亦不至迟误，遂成大功。若听信人言，则必有误大事矣。”

上又曰：“副将、参将员缺，所关甚重。如果汉仗好，能习练兵丁、整理营伍者，留心之人，无不知之。即如通州副将魏经国，前任热河守备时，官极微小，而热河之人，戴之如父母，天旱祈雨，虽商贾细民无敢食肉，可见深得人心矣。近问张伯行，亦甚为心服。似此等有才能者，不但调补副将，即提督、总兵官，亦尽去得。副将陈栋汉仗好，人却糊涂，朕深知之。吴琨之子吴开圻人平常，汉仗亦不及，西边人内甚为不及。若骑马行走二日，即乏惫，不能动履。满保、杨琳将伊等保举，如何可用？”

吏部尚书张鹏翮奏曰：“张家口副将亦属紧要，亦不可调用。”上曰：“张家口系内地，有何要处？此不过口边语。即如直隶地方，旗民杂处，旗民之中互相为姻有之，何尔我之别？山西、陕西地方，亦有谓边地紧要者，此亦系内地，并无紧要处。嗣后尔等于武弁内，当亦留意访察。再，于本地之官，其贤与否，知之更易。”

上又曰：“余正健居官虽清，全不能办事。顺天府府尹事务俱坏，即如木雕草束之人。”大学士萧永藻奏曰：“余正健办事虽迟钝，人还正

气。”上曰：“不能办事，虽正亦无用。不要钱即算好官，如九卿会议处，将泥塑木雕之人列于满座，不饮不食，即以此为正，可乎？此言甚错。”顾刑部侍郎阿锡鼐曰：“尔与余正健奉天审过事，人如何？”阿锡鼐奏曰：“人不及，身亦有疾。”上曰：“伊原是翰林，朕简用者，今仍于翰林修书处行走。”九卿出。

大学士马齐、萧永藻、王掞，学士蔡升元、王之枢、顾悦履、渣克旦、勒什布、星俄特、常寿、穆尔泰、张廷玉以折本请旨。覆请吏部所题詹事觉罗苏库员缺，以内阁侍读学士德音等职名开列一疏。上曰：“赫成额着补授詹事府詹事。”

又覆请光禄寺署正费常等，在热河处养马，以应升之缺即用一疏。上曰：“费常等俱着依议补用。”

又覆请兵部所题张家口参将标下中军守备王印员缺，以拣选留京年满千总记名应升守备之员及现任侍卫职名开列一疏。上曰：“明日兵部引见官员时，将折内开列人员带来引见。”

又覆请兵部所题将西安将军席住拟绞一疏。上曰：“席住将一切军机俱行违误，居官甚是贪婪，拟绞甚轻，应照迟误军机律，即行处斩，将妻子入官可也。传示议政大臣。”

又覆请刑部等衙门所题镶红旗班第佐领下前锋存住、护军靠山等，叩阍控告伊佐领班第，将皇上赏赐兵丁葬埋坟墓之田，兵丁不得，专主任意租与和尚二十余年，租银俱行入己等语。审得俱属虚伪，存住、靠山并无冤抑，诬告所管官员，其情可恶。应将存柱、靠山等，以冲突仪仗例，枷号三个月，鞭一百。佐领班第不能教训佐领下人，屡致控告，应罚俸一年一疏。上曰：“着问右翼都统具奏。”

又覆请刑部所题正蓝旗汉军阿达哈哈番韩垲，控告韩文煊系伊祖掳来家奴等语。审得韩垲之祖韩应琦，将韩文煊自六岁为养子是实，并非掳来之奴。应将韩垲照例革职一疏。上曰：“事着收贮。将韩垲交与该旗都统，于理旗下事务之日带来引见。”

又覆请刑部所题盗卖送内仓白米之书办张大经、沈三，照律拟斩监候，秋后处决。监督马跃龙等，虽不知张大经等盗米情由，但不行查出，

甚属不合，应将马跃龙等各降一级，罚俸一年一疏。上曰："这所盗系内仓之米，内务府大臣会同部臣详查面奏。"

又覆请翰林院所题经筵讲官揆叙、二格员缺，以都察院左都御史徐元梦等职名开列一疏。经筵讲官彭始抟员缺，以内阁学士王之枢等职名开列一疏。上曰："俱令读试具奏。"

又覆请原任提督管古北口总兵官马进良遗本。上曰："马进良效力多年，勤劳素著，老病乞休未久，忽闻溘逝，朕心悯恻。应得恤典，查例具奏。"

大学士马齐等遵旨将保善议罪之处问九卿及赵申乔。缮折呈览，并以原疏覆请。上曰："本发还，着再议具奏。其遗漏原旨内保善并非满洲之语，着增入。"

马齐等遵旨以河间等三处副将员缺问九卿，九卿举出通州副将魏经国等七员。缮折呈览，并以原疏覆请。上曰："这所举皆系好副将，副将又何必调补副将，着将参将保举。"

马齐等遵旨问以打死杨士奎之李魁元拟绞一案，赵申乔并不两议。折子并原疏覆请。上曰："李魁元着拟绞监候，秋后处决。"

是日起居注官陈恂、阿尔赛。

二十七日壬子　是日，上诣镜峰问安。

二十八日癸丑

二十九日甲寅　辰时，上御畅春园内澹宁居听政。部院各衙门官员面奏毕，大学士马齐、萧永藻、王掞，学士蔡升元、王之枢、顾悦履、渣克旦、勒什布、星俄特、常寿、穆尔泰、张廷玉以折本请旨。覆请刑部汇题案内，以九钱作一两放债，骁骑校诺木图议革职，枷号两月，鞭一百一事。以小刀戳伤护军五十之笔帖式傅云，革退笔帖式，枷号一月，鞭八十一事。上曰："此内诺木图、傅云其情可恶，枷号鞭责完日，发往三姓处当差行走。"

又覆请刑部所题打死小功服侄木成格之伊拉七，照例拟绞监候，秋后处决一疏。上曰："此事以满洲打死满洲，应照新例议罪可也。本发还。"

又覆请会同赵申乔议戳死李兴福之金三，照例拟绞监候，秋后处决一疏。上曰："金三拖住李兴福，叫金二帮打，金二将李兴福戳死，即与徐彩官令刘芳声殴打将人打死之案相同。将本发回，同赵申乔再议具奏。"

又以将保善即行处斩，并问九卿之处覆请。上曰："此事与席住之事，尔等暂收贮，俟过三月再奏。"

又覆请江苏巡抚吴存礼，以大盗张增福等照例拟斩，准如所拟一疏。上曰："大学士会同三法司，于此案内造意为首杀伤人命者，将一二人正法，余照例减等，发往黑龙江。本发回，查明再议具奏。"

大学士马齐等遵旨存住等控告伊佐领班第之处问过右翼大人，都统四格等称，存住、靠山控告是实，应将佐领班第议罪。控告若虚，应将存住、靠山议罪。并未议罪，部内所议含糊是实。并以原疏覆请。上曰："本发回，着再议具奏。"

又曰："学士常寿翻书虽去得，人平常，举止轻佻，无大臣之体。现在书房行走，着在书房翻书行走。如遇升转之处，停其开列。"

又曰："内阁侍读学士德音，年少超升内阁侍读学士。伊父现任尚书，将伊亦用为大人，伊父心亦不安。"大学士马齐口奏曰："德音令效力几年后，遇有升转之处，再行请旨开列。"上曰："知道了。"

是日起居注官常寿、蒋廷锡。

三十日乙卯　申时，上由西直门进神武门回宫。

是日起居注官阿克敦、陈邦彦。

三　月

初一日丙辰　辰时，上御乾清宫听政，各部院衙门官员面奏时，户部大臣近前奏事。上命大学士马齐、松柱、萧永藻，尚书孙渣齐近前。谕曰："免江南逋赋一事，看来似有情弊。前总督赫寿题请求免旧欠钱粮，部议曾不准行。伊后又以特恩或出自皇上折奏求免。朕批令缮本具奏。今赫寿复奏户部满大臣力主不行，甚是。既经议不准行，乃以已完之事复

奏，谓无情弊，可乎？此必京中大臣札托赫寿商议已定，方如此奏耳。尔等即同九卿，在午门前，将赫寿跪问，有求伊之人，令伊举出，若不举出，朕断不休，亦不宽恕。穆和伦，尔问赫寿，我或有求尔之处乎？再，大学士等及大臣有求伊之处乎？若有求处举出。”穆和伦等出。

大学士马齐、松柱、萧永藻、王掞，学士蔡升元、王之枢、顾悦履、渣克旦、勒什布、星俄特、常寿、穆尔泰、张廷玉近前，以折本请旨。覆请吏部所题云南学道蒋洞员缺，以翰林院检讨阿尔赛、礼部主事卢锡晋职名开列一疏。上曰：“此缺甚属紧要，余正健作学院时声名好，着补授。”

覆请兵部所题重庆总兵官韩成员缺，以镶黄旗汉军参领白云鸿等职名、副将朱杰等职名开列一疏。上曰：“开列汉军参领等，朕未识名，着引见具奏。”

是日起居注官阿克敦、陈邦彦。

初二日丁巳　辰时，上御文华殿举行经筵典礼。刑部尚书赖都、礼部侍郎胡作梅讲《四书》秦誓曰若有一个臣一段。吏部侍郎傅绅、内阁学士蔡升元讲《书经》允厘百工、庶绩咸熙二句。讲毕，上回宫。

巳时，上自西华门出西直门，驻跸畅春园。

是日起居注官赵熊诏、阿尔赛。

初三日戊午　是日，上于雅玩斋问皇太后安。

初四日己未

初五日庚申　辰时，上御畅春园内澹宁居听政。各部院衙门官员面奏时，户部尚书穆和伦等，为更换京仓、通仓监督，将各部院保举官员吏部主事明顺等满汉二十二员引见。上曰：“此内朕无识者。”穆和伦奏曰：“此皆从各部院保举送来臣部引见具奏。”上曰：“缺有多少？”奏曰：“共有十一处。”上曰：“仓场总督奏请监督甚属紧要，求皇上拣用。今尔等照缺定来，朕有何选处？此时草草引见，一犯偷米之事，以为此皆皇上引见过选用之人，俱推诿于朕矣。且朕将善算之人交与尔部，期有益于钱粮。赵申乔断不肯留，遣回。今尔等照缺数送来，推诿于朕，朕其肯乎？”

部院大臣奏事毕，命大学士、学士、九卿、大臣近前。上曰："总督、巡抚、提督、总兵官，皆许密奏。地方有事，即当据实奏闻。前者四川之民，流往贵州地方者甚多。贵州巡抚密奏，可知四川巡抚能泰之无能。江南三江口地方，朕曾驻跸。此处盐贼藏于芦苇之处甚多，地方官并不查拿。至于山东地方盐贼，于沿村买卖之处散盐与百姓，公然勒取重价，以致官盐壅塞不行，商旅亦皆受害。地方官并不查拿，亦不据实申报。此中贼首，旗下逃人甚多。朕差兵百人往拿矣。"张鹏翮奏曰："小贼一闻缉拿，自尔逃散。"上曰："此等事，必待朕亲闻。至于差人往拿，地方官职守何事？皆系不实心效力，以至于此。曹寅、李煦有密折启奏，江南山东之督、抚、提督、总兵官内并无一人据实奏闻。适拿获之盗甚多，偷福陵金坾之贼亦在其内。此贼地方官曾经报死，今复被获。此等重犯逃脱作贼者不少，即如假借诚亲王巡视五省招摇一事，关系甚大。年羹尧虽奏闻，不即行缉拿，亦有不是。朕已差人各省查拿，必拿获问明方已。此事朕深以为憾。若不如此，狂妄书生风闻，当实以为诚亲王于各省吓诈取贿，笔之于书。此处关系声名非小。地方官不行查访，又不报明，乃为之备驿，谓无干法纪，可乎？不但王所差之人，即朕所差密访之人，尔等诸臣亦当察问虚实密奏。有关国体，不可轻忽。前余来凤私自出京，于各省生事，朕已查拿问罪。此等胆大之人，不畏王法，假冒王差之人行诈者，不可谓无其人。凡有旗人出外，现在各省或已回京者，从该旗逐一查明具奏。若隐瞒不奏，朕一经查出，或被傍人举首，定照军法问罪，决不宽恕。"遂问河南巡抚李锡曰："河南地方亦有此事乎？"李锡奏曰："不闻有此。"又问原任安徽巡抚梁世勋、江南总督赫寿曰："尔曾闻否？"赫寿等奏曰："不闻有此。"上曰："启奏内云，自江南起身，杨琳亦以为此事关系甚大。"又问蔡升元曰："尔等俱在修书之处，亦闻有此事乎？"蔡升元奏曰："三阿哥常在修书处手不释卷看书，何曾有此事？"上曰："魏廷珍每日与三阿哥一处修书，若有此事，即当以身命保之。再，朕尝观书，见唐明皇游月宫，宋真宗得天书，此皆好事。狂妄书生伪造，可以为真而信之乎？又以为宋太祖、明太祖皆有易服微行之事，此或假为传闻，以警众人耳。即如朕曾亲试膂力，虽四五十人，朕一推

排，皆不能当。然此等事，朕断不行。若如此行，举国臣民，以及汝等仆隶，未有不识朕者，非徒无益，亦于大体有伤。况欲知天下事理，亦不系于此也。”

九卿出，大学士马齐、松柱、萧永藻、王掞，学士蔡升元、王之枢、顾悦履、渣克旦、勒什布、星俄特、常寿、穆尔泰、张廷玉以折本请旨。覆请吏部所题庶子高其倬员缺，以侍读龚铎升补一疏。上曰：“龚铎学问平常，从无效力之处，此缺着选择具奏。”又覆请吏部所题，都察院副都御史余正健员缺，以宗人府府丞江球等职名开列一疏。上曰：“江球等三人甚属平常，开列内尚有可用者乎？着问九卿。”

又覆请户部所奏鼓铸一疏。上曰：“折内有朕朱批之语，本内并未写出，或遗漏乎，抑删去乎？原疏内有铅将朽烂之语，若铅至朽烂，金银亦必至虫蛀矣。”

又覆请贵州巡抚刘荫枢所题报明赴任一疏。上曰：“刘荫枢前曾具疏告病，今止奏赴任日期，并未声明病势如何，着将现在病势如何之处奏闻。”

覆请四川巡抚年羹尧所题捐银买米运赴松潘等处，以备不时需用。至松潘黄胜关等城垣所关紧要，率领各官捐俸修筑一疏。上曰：“年羹尧先曾捐助军需，运至打箭炉、松潘，今又预为筹画，实心办理。不派累小民，不令官员捐助，自己捐米三千石具题运送，年羹尧于预备军务效力勤劳，殊为可嘉。今现有兵事，松潘等处城垣着暂停修筑。现今兵足，不必再添。”

是日，上诣镜峰问安。

是日起居注官华色、魏廷珍。

初六日辛酉

初七日壬戌

初八日癸亥

初九日甲子　辰时，上御畅春园内澹宁居听政。各部院衙门官员面奏毕，大学士马齐、松柱、萧永藻、王掞，学士蔡升元、彭始抟、顾悦履、渣克旦、勒什布、星俄特、常寿、穆尔泰、张廷玉以折本请旨。覆请户部

议覆长芦巡盐御史田文镜所题，将山东所裁盐引补足办课，准行一疏。上令吏部尚书张鹏翮，户部尚书穆和伦、赵申乔，侍郎傅尔笏纳、吕履恒、敦拜、梁世勋近前。谕曰：“盐务朕所深悉，田文镜所奏自有原故。加引虽可增课，然于正商无益。如两广盐课累年亏至一百八十余万，职是故也。户部大臣往往锱铢毕较，而有关百余万之国帑，反置之不问，殊为可笑。办理盐务，必得廉能素著、实心办事之人，庶正课不致有亏，商人亦不致受累。杨琳陛见时曾奏，两广巡盐御史常保声名甚好，将来巡盐御史必得如常保及李陈常初任时之人，与巡抚协同办理三四年，于盐课庶有裨益。着问九卿具奏。”

上又曰：“私盐一行，于官盐有碍。地方官往往不行严缉，未知何故？朕昔日西巡至三门砥柱，见设立炮台，巡卒询之，皆为防御私盐船只直下之故。朕思盐船可以直下，粮船不可溯流而上乎？自后一二百石粮船，从河南至渭河，竟可直达西安城下。此又朕因盐船而想及此也。”

又覆请兵部议覆内务府衙门奏交太监安国泰纵逃缘由，将看守之正蓝旗拖沙拉哈番海隆希占，照例停俸，俟安国泰拿获之日，照常开复，兵丁等各鞭八十等因一疏。上曰：“依议。将纵逃太监之海隆希占革职，脱逃之人令其缉拿。俟拿获照旧开复，如不能拿获，竟行革职。”

又覆请兵部所题重庆总兵官韩成员缺，以镶黄旗汉军参领白云鸿等职名、副将朱杰开列一疏。上曰：“这员缺已批张自成，但张自成汉仗甚好，朕意于重地简用。重庆总兵官员缺，或于现在总兵内应转之员，或于应升之员内，着问九卿，有知之者，举出具奏。”

又覆请古北口总兵官觉罗保柱所题，石匣副将赵坤员缺，以伊所属内并无合例之员，或将现署石匣副将之参领张致补授，或将记名官员补授等因。查得石匣副将系题补之缺，应如该镇所题，将署石匣副将之参领张致，及记名俸满应升副将官员职名开列，请皇上简用一疏。上曰：“折内虽开张致，系小拨什库出身，四十七年四月内升补参领。但自拨什库历升之处，并未声明。张致汉仗好，于船务甚熟，历升参领，其历升之处，着查明折奏。”

覆请工部议覆总河赵世显，请于就近拨两淮盐课四十万两，运至河库

备用一疏。上曰："赵世显奏请拨银四十万贮库，现今正属动用钱粮之时，凡动用钱粮之处，必当明晰。每年河工所用数目，何项支销，着查核具奏。捐纳款内有令捐往河工一条，河工乃极险之处，看守亦难，今情愿捐往看守，伊等必有所利，方肯前去。况具呈愿往河工效力之人甚多，苟无所利，孰肯踊跃前往乎？着问九卿具奏。"

覆请都察院所题御史内升外转一疏。上曰："着问九卿具奏。"大学士马齐等遵旨以副都御史员缺问九卿，九卿举出奉天府尹屠沂。折子并以原疏覆请。上曰："九卿举出屠沂，奉天地方紧要，仍着赴任。这副都御史员缺，着再问九卿具奏。"

毕，上顾大学士等曰："陈瑸所奏两折，已交尔等。此事满保任巡抚时曾经奏过，即各省督、抚亦曾具奏。此等皆系督、抚应得之项，如此琐屑之事，亦来奏闻，有关大体，非庙堂之上所当议者。山东巡抚李树德折奏节体，朕谕令勿收。伊奏云，家口甚众，如不收大吏节礼，难以资给。此正伊据实陈奏之处，原非汉人两三家口可比也。年羹尧两次出兵，并未动用正项钱粮，皆系伊自行料理。若无此项应得之物，何以措办？尔等拟签具奏。"

是日起居注官王奕清、阿克敦。

初十日乙丑　是日，上诣镜峰问安。

十一日丙寅

十二日丁卯　辰时，上御畅春园内澹宁居听政。各部院衙门官员面奏毕，大学士马齐、松柱、萧永藻、王掞，学士蔡升元、王之枢、彭始抟、顾悦履、渣克旦、勒什布、星俄特、常寿、穆尔泰、张廷玉以折本请旨。覆请吏部所题通政司左通政鲁瑗员缺，以奉天府府丞文志鲸补授一疏。上曰："文志鲸升奉天府府丞未久，俟过三年有升转之处，再行开列。这员缺另拟具奏。"

又覆请陕西临洮道田呈瑞员缺，将卓异原任山西潞安府知府候补巡道姚仕琳等三人职名开列具奏一疏。上曰："着问九卿。将伊等所知之人举出，即将举出之人补授，驰驿速行赴任。"又顾大学士马齐曰："萧永藻亦着在议政处行走。"

上又曰："朕以两广盐课问总督杨琳，伊奏曰：历年所欠一百八十余万两，此皆部内稽查钱粮不能严明所致。应派贤能官一员，会同该巡抚，所欠钱粮如何完结之处，确议具奏。派出官员，必留三四年方好。着九卿会同议奏。"

又覆请奉天辽阳州知州张懋诚捐升员外，今补户部员外一疏。上曰："张懋诚年少，历任辽阳州知州未久，着暂于知州任内读书几年，再具奏补授员外郎。"

又覆请吏部署理湖广总督事务侍郎满丕题参，修理湘阴县堤工之疏忽迟延知县蒋洪烈，督催岳常道裴冲度参奏，议将蒋洪烈革职，裴冲度照徇庇例降三级调用一疏。上曰："蒋洪烈着革职，所误堤塍，勒限速催修筑，限内工完，准开复。若不完工，该督严提议处具奏。裴冲度着销去加一级抵降一级，仍降二级留任，督催修筑，工完准开复。若不完工，着从重议处具奏。"

又覆请兼理钱法事务户部尚书赵申乔所题，炉头徐宗礼等积年缺欠制钱，原应将预支办料钱按月扣除，但恐炉头等力有不给，致误鼓铸。今议将炉头应得办料钱内陆续扣除补还，其炉头卢有德等积年缺欠铅铜六年扣完之时，再分六年扣除完项等因一疏。上曰："炉头等缺欠借领之钱，分年扣补势必渐致积欠不能偿还。这所奏甚属糊涂，该部逐一详查具奏。"

大学士马齐等遵旨查署理石匣副将事务参领张致历升缘由。缮折呈览，并以原疏覆请。上曰："石匣副将员缺，着张致补授。"

马齐等遵旨以庶子高其倬等员缺问翰林院，举出谕德薄有德等。缮折呈览，并以原疏覆请。上曰："着问九卿具奏。"

马齐等遵旨以重庆总兵官员缺问九卿，举出通州副将魏经国等。缮折并以原疏覆请。上曰："胡琨着补授四川重庆总兵官，宣化总兵官司九经声名不好，着革退。司九经员缺，着将张自成补授。"

是日起居注官常寿、陈恂。

十三日戊辰

十四日己巳

十五日庚午

十六日辛未 辰时，上御畅春园内澹宁居，召大学士、学士、九卿、詹事、科、道入。上曰："记注官陈璋于今年三月内查阅档案，抄朕去年十二月所谕江南钱粮之旨与赵熊诏，伊等皆属有心，特以朕于去年曾谕江南旧欠钱粮相应蠲免，今年未行蠲免，意欲将朕前后互异之处指出书写耳。去年赫寿请颁特恩蠲免前项钱粮折奏，朕批令缮本具题。及缮本具题后，朕知赫寿受人嘱托，又私行通同商定具题欺朕，且以西边正用兵饷之时，故旧欠未准蠲免，照依部议分年带征。朕御极以来，蠲免天下钱粮数千万两，岂有惜此些微钱粮之理？江南官员众多，赫寿唯欲沽取善誉于官，而民殊不感戴，且声名不堪。朕于事无不经历，人亦焉能欺朕？朕岂肯以大权授人乎？若不将此故晓喻诸臣，尔必谓朕前后谕旨不符，所系非轻。且汉人著作文籍内，有将未题之稿云欲行具奏，以事已完结未获具奏等语。似此并未入告者尚且书写，况其他乎？起居注衙门记注谕旨，原为敬慎起见。然自古未有久行设立者，亦有旋立旋止者，皆由所记不实故耳。记注官所记谕旨，朕从不检阅，交与大学士等校看。大学士等事务繁多，亦无暇细校。又或以师生同年瞻顾情面，恐致仇怨，即有错谬之处，亦不指出。殊不知记注谕旨，虽一字皆有关系。朕听政之日，记注官入侍，伊等身尚无措，岂能备记谕旨，详悉记载耶？侍班汉官归寓后，将朕谕旨纂写，数日方携至署，与满官校看，又每争竞是非。由此观之，将朕谕旨多遗漏舛记可知。唯朕朱书谕旨及批本发科之旨，始为真确耳。其起居注所记，难于凭信也。再或有大臣所办之事，功则归已，过则诿之年老糊涂。为人臣者，在官一日，当尽一日之心，安可以年老糊涂推诿耶？今国家大臣俱系年高发白之人，朕亦年高，与尔诸臣年亦相等。孟子曰，责难于君谓之恭，陈善闭邪谓之敬，吾君不能谓之贼。书云，一日二日万几，天工，人其代之。今尔等以年老糊涂推诿，朕亦若尔等，以为年高糊涂，或料理失宜，诸臣其能堪此？"

是日起居注官常寿、龚铎。

十七日壬申

十八日癸酉 是日，以万寿圣节，诸王、贝勒、贝子、公、文武大臣官员，至畅春园行庆贺礼。上诣镜峰行礼。

十九日甲戌

二十日乙亥

二十一日丙子

二十二日丁丑　辰时，上御畅春园内澹宁居听政。各部院衙门官员面奏毕，大学士马齐、松柱，萧永藻、王掞，学士蔡升元、王之枢、彭始抟、顾悦履、渣克旦、勒什布、星俄特、常寿、穆尔泰、张廷玉以折本请旨。覆请吏部所题抄写记注档案起居注官侍读学士陈璋、侍读赵熊诏革职，交刑部审拟具奏一疏。上曰："记注关系紧要，伊等抄写，视为泛常，着问九卿具奏。"

又覆请管理钱法事务尚书赵申乔回奏，臣每见铁器久置于地，常至朽坏，谓铅亦如铁器，故妄行陈奏，皆臣年老识闇所致，伏乞圣恩宽宥一折。上曰："尔等票签进呈。"

毕，上谓大学士马齐等曰："今地方官总不实心办事，如每年修道，开消钱粮多至三万余两，小民不沾实惠。朕今现发官帑，差工部大人等去料理，所费不过二三千两。不知向年几万金皆归何所？修道人夫用不到几千人，地方官开算多至二三万人，道上宁能容此多人乎？上司不能留心查察，故被下属欺隐。又山东盐贼于大麻子，本系陵上偷盗金炉案内人犯，地方已报身故，巡道衙门放出，逃在山东为偷贩私盐贼首，千百成群，公然开店买卖，人多畏惧，不敢与抗，其打劫之事亦甚多。巡抚、总兵亦未奏报。朕问往来之人，皆云山东地方难走，皆因盐贼之故。朕差人密拿，皆已擒获。山东人无不惊悦，皆云此贼何也有擒获之日！即贼犯亦自首服，云我已被擒，虽有偷贩小贼，皆不足数。若非上边差人来，亦断不能拿住我也。"

是日，上诣镜峰问安。

是日起居注官阿克敦、蒋廷锡。

二十三日戊寅

二十四日己卯

二十五日庚辰

二十六日辛巳　辰时，上御畅春园内澹宁居听政。各部院衙门官员面

奏毕，大学士马齐、松柱、萧永藻、王掞，学士蔡升元、王之枢、彭始抟、顾悦履、渣克旦、勒什布、星俄特、常寿、穆尔泰、张廷玉以折本请旨。时上曰：“太常寺正卿，着三泰以原衔补授，暂停升转。太常寺之事，俱关祀典，甚属紧要，必得谙练之人，方有裨益，不可误用一人。些微钱粮，亦有关系。前席尔达在时甚好，后放荆山，祀事甚属谙练，亦且敬慎。此等大臣最不易得，甚为可惜。”大学士马齐奏云：“荆山遇公事宜言即言，毫无瞻徇，凡事亦实心办理。”大学士萧永藻奏曰：“荆山心实。”上曰：“亦甚可惜。德音因伊父系大臣，伊年少即至大位，亦属不宜，是以停其升转。今升转处照常开列。”

毕，大学士马齐等覆请九卿覆原任浙江巡抚今升都察院左都御史徐元梦所题，倭国长崎译司，忽给船主胡云客票照一事，臣冒昧具奏。旨谓长崎票照，不过卖买印记，据以稽查无关大议。大哉王言，简而有要。原呈览倭国票照，仍祈发臣转付商人，照常贸易。但有票者得以常往，无票者货物壅滞。俱系纳税之人，应令该监督传集众商，将倭国票照互相通融之处明白晓喻。每船货物均平装载，先后更换而往等因。相应行往该督、抚、海关监督，公同详为定议。将原票给回商人，照常贸易，仍将议行之处报部一疏。上曰：“徐元梦已到，可询彼公议具奏。”

又覆请礼部议覆偏沅巡抚李发甲所题湖南设立贡院，分闱考试，议不准行一疏。上曰：“此事总与巡抚无益，乃极力奏请，定有伤人难行之处。着交九卿问湖广人及赵申乔具奏。”

又覆请兵部所题太原总兵官金国正、汾州参将黄助员缺，请于臣标右营游击吴赫、蒲州营游击杨伏时二员内，钦简一员补授。其游击员缺，祈将平阳营守备杨守金补授一疏。上曰：“此缺有应放之人，俟其到日引见后，再定覆请。”

光禄寺请领银三万两备用，仍于年终奏销一疏。上曰：“光禄寺仍有情弊。此项所领钱粮，出差人等代为补还，伊等犹不知，止过为縻费，有用二三十两之处以二三百两奏销者，皆系伊等侵蚀。此银断不可给。现发银五千两，给与支用。”

又覆请九卿遵旨以河工最险，看守甚难，伊等助银又愿看守工程，必

有裨益，伊等乃往。上谕所见极明。现在河工无大应修之处，将陈思佑等八十九人，并原有之人，行文该督逐一详查。如现在修工之员留在彼处无用，人员尽行发回。自此以后，情愿河工效力人等，俱停其发往。奏折并以原疏请旨。上曰：“朕亦曾屡次巡视，并不至用银如是之多。现在行查未到，俟到日一并具奏。”

是日起居注官华色、陈邦彦。

二十七日壬午　是日，上诣镜峰问安。

辰时，上巡视工部郎中牛钮所监修河西务刷儿渡等处堤岸。自畅春园起行驻跸南红门。

是日，奏事六品官双全等传谕领侍卫内大臣、护军统领等曰：“今麦苗方长，应加意护惜，不可蹂践。朕仍从此路而回，可遍行传谕，交与诸大臣等，派出人员严为管束。”内大臣、护军统领派参领、护军校、护军等，各分地方看守，沿途麦苗毫无损伤。

二十八日癸未　上至刷儿渡等处，阅完牛钮所修堤岸，驻跸河西务。

二十九日甲申　上驻跸南海子旧衙门。

四　月

初一日乙酉　未时，上至畅春园诣镜峰问安，驻跸畅春园。

是行也，各部院衙门本章每日送内阁，内阁送行在办理。

扈从起居注官徐元梦、常寿。

初二日丙戌

初三日丁亥　辰时，上御畅春园内澹宁居听政。各部院衙门官员面奏毕，大学士马齐、松柱、萧永藻、王掞，学士蔡升元、王之枢、彭始抟、顾悦履、渣克旦、勒什布、星俄特、常寿、穆尔泰、张廷玉以折本请旨。覆请九卿议覆原任浙江巡抚今升左都御史徐元梦所题，倭子给票交易一事，曾问过徐元梦，相应行文与该督、抚、海关监督，传集商人，酌量议行，明白报部一疏。上曰：“本发还，着照徐元梦所题议奏。”

又覆请九卿议覆长芦巡盐御史田文镜条奏，请发山东所裁未完盐引，加增钱粮，议不准行一疏。上曰："此事与李煦所奏同乎？九卿理会与否？着问明具奏。"

覆请兵部议覆川陕总督鄂海所参，建昌总兵官张友凤，将越嶲加巴地方抢夺一案隐匿不报，殊属溺职，断难姑容等因，应照例革职一疏。上曰："张友凤现在行文调取，俟到日，着带来引见。"

又覆请将原任西安将军席柱即行正法一疏。上曰："席柱曾为将军，今正值军兴之际，此事且暂收贮，俟避暑回日再奏。"

覆请吏部议覆行使假银罪犯池二脱逃，复行拿获，将拿获池二之刑部郎中韩楚汉等免其处分一疏。上曰："事着依议。应将使假银之池二割去懒筋充发。着问步军统领。"

覆请理藩院所题鄂尔多斯固山贝子鲁母布母病故，以伊长子他尔巴承袭或袭固山贝子，或袭镇国公之处，伏候上裁一疏。上曰："尔等会同领侍卫大臣、理藩院，问明具奏。"

覆请福建巡抚陈瑸所题惠安县知县田广运等十二员，征收钱粮有方，居官声名俱好，恳圣恩破格鼓舞，于吏治民生大有裨益一疏。上曰："此奏甚善，征收钱粮，惟少加火耗，百姓易于输纳。从前马齐任山西巡抚，张鹏翮任浙江巡抚时，钱粮俱清楚。蒋陈锡任山东巡抚时，钱粮亦清楚。以此观之，外省总督、巡抚居官好，少加火耗，钱粮断不至缺欠。尔等应批温旨。"

大学士马齐等遵旨以抄写记注之陈璋、赵熊诏问九卿，九卿称，起居注之事，甚属紧要。陈璋等将去岁十二月所下之旨，至今年三月复行抄阅，断非无故。应照吏部所议，交与刑部严加治罪。折子呈览，并以原疏覆请。上曰："陈璋、赵熊诏从宽，免交刑部，着革职，仍在原行走处效力行走。"

又覆请奉旨收贮刑部所题偷库银保善议立决一疏。上曰："此事收贮部内，尚有与此一样偷库银一事，俟其事议定时再奏。"

马齐等遵旨所查总河赵世显河工动用钱粮数目。缮折呈览，并以原疏覆请。上曰："河工效力之人既停其发往，又查其所用钱粮数目，自此以

后，伊等于所用钱粮之处，必加谨守矣。”

马齐等又遵旨以湖南巡抚李发甲请分闱之事问九卿，九卿议不准行。缮折呈览，并以原疏覆请。上曰：“仍照旧例。”

是日，上诣镜峰问安。

是日起居注官阿克敦、魏廷珍。

初四日戊子　是日，奏事乌林达苏成格等捧出朱笔上谕，谕大学士、九卿等曰：“今春地气潮湿，所种春麦甚多。朕前阅视河西务堤时，麦苗甚嘉。但近来风甚大，渐有旱意。着大学士会同九卿，　如有事不合宜，应行改正之处，详查议奏。自初五日起，斋戒三日求雨。”

初五日己丑

初六日庚寅

初七日辛卯　辰时，上御畅春园内澹宁居听政。各部院衙门官员面奏毕，大学士马齐、松柱、萧永藻、王掞，学士蔡升元、王之枢、顾悦履、彭始抟、渣克旦、勒什布、星俄特、常寿、穆尔泰、张廷玉以折本请旨。覆请九卿遵旨，两广盐课亏欠甚多，着派一才能官员留任三四载，会同巡抚如何完结之处，详议具奏。上谕甚是。今拣选才能官员列名具奏，伏祈皇上钦点一名，派往会同巡抚详查确议三四年内如何完结，即行具奏一疏。上曰：“依议。着御史常保去。”

覆请礼部所题云贵正、副主考，将编修沈宗敬等职名开列一疏。上曰：“本内开列之人，内外皆知。数年来，正、副主考声名俱不甚佳。着问九卿具奏。”

覆请兵部议覆川陕总督鄂海所参，四川建昌总兵官张友凤，将越嶲加巴地方抢夺一案隐匿不报，殊属溺职，断难姑容，应照例革职一疏。上曰：“张友凤甚属衰老，着革退。”

覆请刑部等衙门所题金三与李兴凤角口，金二乘醉持刀，将李兴凤戳伤，越日殒命，将金二照例拟绞监候，秋后处决，金三枷号两月，鞭一百，照赵申乔所议一疏。上曰：“金二、金三俱照赵申乔两议徐彩官、刘芳声之案依拟，应绞，着监候，秋后处决。”

又覆请将王五谋杀之任二照律拟斩，助力之王五之嫂卢氏，雇工张

二，照律拟绞，皆监候，秋后处决一疏。上曰："任二依拟，应斩。卢氏、张二依拟，应绞，着监候，秋后处决。"又曰："任二甚属凶恶，其中情由可恶，秋审时，断不宜宽恕。尔衙门须识之，并交该部记明。"

又覆请奉旨暂行收贮，将控告伯父韩文煊之正蓝旗汉军阿达哈哈番韩垲议革职一疏。上曰："韩垲着革职留任，将俸银米石俱行停给，令其效力赎罪。"

又覆请署理宁古塔将军事务都统穆森所题，聂黑屯庄头阎富格家雇工李龙，因不认识之人，取伊豆喂马角口打死，应照律将李龙拟绞监侯，秋后处决，准如所拟一疏。上曰："本内有聂黑屯庄头字样，查内里并无聂黑屯，汉字亦不符合，着问明改正具奏。"

又覆请江宁巡抚吴存礼所题大盗陆阿八等，应照律即行正法，准如所拟一疏。上曰："大学士会同三法司，将此内造意为首者即行正法，余照例减等，发黑龙江等处地方。本发还，查明再议具奏。"

又以翰林院所题日讲官撰叙员缺，将侍讲学士富尔敦等职名开列，日讲官陈璋、赵熊诏员缺，将侍讲学士李绂等职名开列一疏。上曰："着问翰林院具奏。"

大学士马齐以考试进士录用之处，缮折具奏。上曰："着会同九卿议奏。"

又将管牛羊群员外郎巴渣尔留在京城鄂罗斯官学两处行走，缮折具奏。上曰："依议。"

大学士马齐等奏曰："臣等遵旨会同领侍卫内大臣、理藩院大臣，问鄂尔多斯原任固山贝子鲁母布母之子他尔巴承袭贝子之事。据称，他尔巴方十二岁，尚未出痘，未来京城。现在来京都楞之子色楞那木渣儿，人去得。查原任贝子都楞，因军前效力，超授贝子，并无永远承袭之议。臣等请将色楞那木渣尔袭封扎萨克镇国公。"缮折呈览，并以原疏覆请。上曰："色楞那木渣尔着袭封扎萨克固山贝子。"

是日，上诣镜峰问安。

是日起居注官陈恂、阿尔赛。

初八日壬辰　是日，上诣镜峰问安。

初九日癸巳　是日，上诣镜峰问安。

初十日甲午　是日，上诣镜峰问安。

十一日乙未　辰时，上御畅春园内澹宁居听政。各部院衙门官员面奏毕，召大学士、学士、九卿、仓场总督、侍郎等近前，上曰："迩年以来，通仓积米甚多，仓场奏请添造仓厫百座，但米多年久，必致浥烂，莫若分运积贮近畿地方，或每府万石，各州县四五千石，以备不时之需。现今漕船，江浙者俱已过淮。湖广、江西者，此时谅未进运河口。尔等须会同详议，将江西、湖广漕粮截留几十万石，留贮江浙。天下生齿日繁，需米甚多。地方得米，庶米价不致渐长。况年岁丰歉不常，备荒赈济，皆宜预筹，方有裨益。即如昔年山东捐纳，巡抚奏请折价散于各州县买米备用，今竟银米全无。所以捐纳断不可行。凡事皆宜以实，亦须先事筹划也。"

上又问张伯行曰："尔所行社仓之事如何？"张伯行奏曰："永平知府现在办理。"上曰："此事断不能行，百姓无不以为难行。朕闻永平知府亦无可如何矣。尔任巡抚时，亦曾祈雨否？"张伯行奏曰："祈过。"上曰："如何祈雨？"张伯行奏曰："臣斋戒至庙，以皇上轸念民生之至意祷祝，亦曾得雨，得雨即酬神。"上曰："此等事出自何书？"张伯行奏曰：《春秋繁露》曾载此等灾变之事。"上曰："朱子云，凡事总不外乎一诚。《春秋繁露》岂足信乎？"又顾大学士、九卿等曰："阴晴雨雪，地方时候各有不同，如云贵、四川、广西等处，从未以旱涝报荒。朕御极以来，每年北地之雪不过三四寸许，从未见有盈尺者。昔年南巡，在浙江曾见有尺许之雪，此外从未之有也。朕每读书，至'风不鸣条、雨不破块'二语，不能无疑。所谓雨旸时若是矣。若雨竟不能破块，可乎？点缀文章，无所不可。如讲论到实际，不能无议也。即如东南西北之风，朕细加体验，从无正风。下雨亦有一定之期，每月十八、二十、二十二、二十四等日，朕常留心占验，往往有雨。即京师雨泽，每年至四月，必略至愆期。"九卿出。

大学士马齐、松柱、萧永藻、王掞，学士蔡升元、王之枢、顾悦履、彭始抟、渣克旦、勒什布、星俄特、常寿、穆尔泰、张廷玉以折本请旨。覆请吏部所题礼部尚书荆山员缺，将都察院左都御史徐元梦等职名开列

一疏。上曰："殷特布转补礼部尚书。殷特布员缺，将吏部侍郎孙柱补授。"

又覆请吏部所题兵部尚书赵弘灿员缺，将户部侍郎梁世勋等职名开列一疏。上曰："范时崇补授兵部尚书。"

又覆请吏部所题理藩院尚书公阿灵阿员缺，将户部侍郎敦拜等职名开列一疏。上曰："赫寿补授理藩院尚书。"

又覆请吏部所题理藩院侍郎诺木齐代员缺，将内阁学士渣克旦等职名开列一疏。上曰："尔等会同领侍卫内大臣，满洲、蒙古都统，将熟悉蒙古事体去得之人拣选具奏。"

覆请户部议覆偏沅巡抚李发甲所题，以赈济安乡等四县被灾百姓米石，恳请销算，准如所请一疏。上曰："湖广米粮从来充裕，永兴乃一小县，昔年大兵驻札之时，供给米粮尚俱足用，并无耽误之处。今安乡等四县地方，稍被灾祲，李发甲辄奏请赈济，动仓粮二万二千九十余石散给，盖为仓庾积贮粮数不实，特借端以销除所欠。着再加确议具奏。"

又覆请户部所题更换淮安关监督常德、江南海关监督萨哈渣员缺，将各部院保举官员职名开列一疏。上曰："此二关差遣监督官员，数年来钱粮有无亏欠之处，着查明具奏。"

又覆请户部议覆管理钱法户部尚书赵申乔等，以宝泉局四十五年所收铜铅并铸钱数目题请销算等因。看得宝泉局每年陈奏销算钱粮俱有定例，今赵申乔等更张条例，违悖旧章，朦混具奏，甚属不合。嗣后销算钱粮条目，皆遵旧例，明析具奏一疏。上曰："着问赵申乔具奏。"

覆请礼部所题皇上遣诸王、阿哥拜奠明朝诸陵，圣德如天，超越千古，应垂之史册，使万世臣民瞻仰圣德，恳请宣付起居注载在档案，垂之无疆一疏。上曰："明朝十三陵，朕四十年前曾至其地。迩年以来，惟恐守陵人怠玩，陵寝或有毁坏之处，故令诸王、阿哥前往拜奠。阿哥等回时奏称，宫殿与一切房屋，本来修葺坚固华丽，年岁虽久，分毫未动，较今日工程相去悬绝。守陵之人亦甚敬谨。这所奏知道了。"

大学士马齐等遵旨以日讲官陈璋等员缺问翰林院，翰林院举出侍讲学士李绂等九人。缮折呈览，并以原疏覆请。上曰："李绂、稽曾筠、秦道

然、王图炳、何国宗，着以原衔充日讲官。”

又遵旨以日讲官左都御史揆叙员缺问翰林院，翰林院举出检讨海宝、编修索泰。缮折呈览，并以原疏覆请。上曰：“海宝着以原衔充日讲官。”

又覆请九卿奏称，长芦巡盐御史田文镜条奏加增未完盐引。臣等以无庸议覆奏者，从前未曾查阅李煦所奏之事，愚昧是实。请将田文镜所奏事，行文巡抚，其盐引应增与否，令议定到部时再议。缮折呈览，并以原疏覆请。上曰：“九卿所奏甚是，原本发还，一并具奏。”

是日，上诣镜峰问安。

是日起居注官王奕清、华色。

十二日丙申　是日，上诣镜峰问安。

十三日丁酉　辰时，上御畅春园内澹宁居听政。各部院衙门官员面奏毕，上召大学士、学士、九卿、詹事、科、道近前，问户部尚书穆和伦曰：“尔等所议直隶米石之事如何？”户部尚书穆和伦奏曰：“尚未曾议。”上曰：“现今通仓米石甚多，应运送之州县即当运送。去年密云、古北口由仓场总督处运送通仓米，每处各一万石亦甚易。今直隶地方有路近水道可通之州县，仍交仓场总督运送，其余路远之州县，或交直隶巡抚。作何运送之处，尔等速议具奏。”

上又曰：“近来米价必不能如当年之贱。昔年大学士张英曾奏，桐城米价一两可得三石，现今四川米价亦复如此，云南、广西、贵州米价亦不腾贵。大抵户口稀少，则米价自贱。今太平日久，生齿蕃息，安能比数十年前之米价乎？”吏部尚书张鹏翮奏曰：“户口殷繁，关于国家气运，自古未有如今日之盛者。”上曰：“户口殷繁固是美事，然当豫筹安养之策。今将米石运送各处，或平粜，或赈济，不过仅可糊口，未必即能充裕。张伯行曾奏于永平设立社仓，永平知府近日行之甚苦。社仓之法虽美，断不可行。朕于校对书籍时，曾以朱子社仓问魏廷珍、王兰生，皆以为朱子复生，乃始可行。直隶之人，未有不以行社仓为不便者。通仓米石有余，不如运送各州县为便。”吏部尚书张鹏翮奏曰：“自古太仓之粟每多不足，今日仓庾可谓充实矣。”上曰：“不特通仓米石充足，即户部钱

粮亦甚有余，尽可支用，何必捐纳？”吏部尚书张鹏翮奏曰：“此皆皇上数十年躬行节俭所致。”

上曰：“从前工部及光禄寺每年动用数十余万，近俱减至数万，此俱节用之处。但节用之事有益于此，即无益于彼。近来铺户招买，颇有难于办理者，以此故耳。如欲禁止江浙养蚕织帛亦属甚易，然衣布者多，则布价更甚于帛，亦未可知。朕记从前曾禁貂鼠，而诸项皮张竟与貂鼠等价。总之，天下托诸空言则易，见诸实事则难。行文与办事固不同也。”

上又曰：“京师四月间雨水难得，每年如此。然不得不预为祈祷。顷闻山东等处雨水沾足，山陕亦然。惟紫荆关以东，雨水微觉不足，陕西沿边沙地，有难以耕种之处。近往巴尔库尔地方开垦之人甚多，口外地方辽阔，现今古北口等处地方内地之人在彼耕种者不下数十万人，每年食用皆取给于此，甚有裨益。”毕，九卿退出。

大学士马齐、松柱、萧永藻、王掞，学士蔡升元、王之枢、顾悦履、渣克旦、勒什布、星俄特、常寿、穆尔泰、张廷玉以折本请旨。覆请吏部原题理藩院侍郎诺木齐岱员缺，大学士遵旨会同领侍卫大臣，满洲、蒙古都统，拣选特古忒等职名开列一疏。上曰：“拉都浑转补理藩院左侍郎，特古忒补授理藩院右侍郎。”

覆请兵部汇题案内，将骑死官马未行赔补之膳房人史成等交与刑部，每人照律枷号一个月，鞭一百。其该管官员内，除佐领吴硕色等随驾放鹰不在家，无庸议外，将包衣达阿兰泰等罚俸六个月一疏。上曰：“此内将该管佐领吴硕色等未经议及。本发还，将吴硕色一并议处具奏。”

大学士马齐等以户部所查淮安关五十一年监督苏黑所欠铜银一千二百两有零。缮折呈览，并以原疏覆请。上曰：“着萨木代去。”

又以所查江南海关钱粮并无欠缺。缮折呈览，并以原疏覆请。上曰：“着萨尔布去。”又以所问钱法衙门销算钱粮之事。缮折呈览，并以原疏覆请。上曰：“依议。”

又以云南、贵州正、副主考问九卿，据称所开翰林、各部院官员，皆皇上数十年教育之人。此内有学问优者，亦有为人诚实者。但科场关系重大，人心难以预料，臣等未敢轻举，伏乞皇上干断。缮折呈览，并以原

疏覆请。上曰："开列之人，朕俱不认识。仍交与九卿，将伊等所知者举出。"

是日起居注官阿克敦、龚铎。

十四日戊戌

十五日己亥 是日，上诣镜峰问安。

十六日庚子 辰时，上御畅春园内澹宁居听政。各部院衙门官员面奏毕，大学士、学士方以折本进，时上召九卿、詹事、科、道入，谕曰："通仓陈米甚多，日久愈坏，又且虚占仓廒。不若于八旗兵丁散给粮米时，除应得粮米照常发给外，将陈米酌量每石加给，或一斗，或五升。此米虽陈，可用者十有二三，在兵丁得之，不为无益。大约二三年内此米给完，又可空出仓廒收贮新米。"大学士王掞等奏曰："皇上此举既化无用为有用，而兵丁又蒙格外之恩，真尽善也。"

上又谕曰："目下雨泽愆期，今早虽得小雨，未能沾足。但从来月望时雨极难得。昨十二三，朕固知未必有雨。嗣后十八、二十、二十二等日，或可望其大沛也。"又曰："今岁少雨处甚多。闻江南大麦有十分收，小麦犹望雨。山东巡抚未曾奏报得雨，想雨亦未足。昨河南巡抚有折云，今岁雨泽颇调，洼地有十分收成，朕心差（甚）慰。"

又曰："天时地气亦有转移。朕记忆康熙十年以前，四月初八日已有新麦，前幸江南时，三月十八日亦有新麦面食。今四月中旬，麦尚未收。又黑龙江地方从前冰冻有厚至八尺者，今却和暖，不似从前。又闻福建地方向来无雪，自本朝大兵到彼，然后有雪。云贵两广旧有瘴气，从前将军赖塔进征云南，留八百人在广西，俱为瘴气所伤。今闻云南惟元江微有瘴气，余俱清和，与内地无异。"大学士萧永藻奏曰："广西亦惟浔州以南微有烟岚，若桂林等府，全无瘴气，诚如圣谕。"毕，九卿退出。

大学士马齐、松柱、萧永藻、王掞，学士蔡升元、王之枢、渣克旦、勒什布、星俄特、常寿、常鼐、穆尔泰、张廷玉等以折本请旨。覆请宗人府所题纂修玉牒总裁，将大臣职名开列一疏。上曰："此内开列大臣，有业经升转者，有已经物故者。本发还，改正，照例于票签内书名进呈。"

覆请吏部所题江南、江西总督赫寿员缺，以户部侍郎梁世勋等职名开列一疏。上曰："着问九卿。满宝、法海、苏克济俱有紧要事务，将伊等不必举出。"

又覆请吏部侍郎孙柱员缺，以户部侍郎敦拜等职名开列一疏。上曰："着问九卿。"

又覆请谕德薄有德员缺，以国子监司业陈厚耀补授，兼翰林院修撰一疏。上曰："本内写陈厚耀升补谕德，兼翰林院修撰。旧例，惟状元方任修撰，着查明具奏。"

又覆请正蓝旗满洲都统所咨，御史颛图养马借银违限不完，将颛图交部严加治罪等因。查得颛图家产人口尽行入官，不敷所欠之数，相应交户部，将欠颛图银两之盐商追补还项。颛图所欠银两，推故不还，殊为不合，应将颛图降一级调用一疏。上曰："颛图所借官银米石推诿不还，着该部严察议奏。"

覆请刑部等衙门覆署理西安将军事副都统巴尔布、署理将军事都统颜布等所咨，镶白旗胡秦保佐领下前锋苏赫陈之家人博和代，将本宅家人靳二持斧砍死，照例将博和代拟斩监候，秋后处决，应如所拟一疏。上曰："此等事宜在营中完结，如何？又行咨部，着察明具奏。"

大学士马齐等遵旨所查各关自四十四年以后历年亏欠钱粮数目，并监督职名，缮二折呈览覆请。上曰："各关监督等所欠钱粮甚多，历年追索总不见完，甚属不合。该部严察议奏。"

又覆请户部尚书赵申乔请罪疏称，臣先于刘芳声等一事妄为两议，甚是愚昧，罪实难逃。伏恳皇上交部将刘芳声、徐彩官仍照九卿原议问罪。缮折呈览。上曰："此事着九卿、詹事、科、道官员与赵申乔合议具奏。"又曰："居官当识大体，不可任一己之意。赵申乔居官虽有清名，但性太偏执。九卿会议时，辄别为两议。今徐彩官一案应否从九卿议，或从赵申乔后议？"大学士等奏云："从来一命一抵，若再用后议，则两人抵一命矣。"上曰："人各有一定性格，有宽和者，有偏执者。凡众人会议，不可独执己见。子书云，心愈小，德愈大。此语宋儒亦取之。如赵申乔执性，殊非大臣之体。"大学士等奏曰："今彼亦自知错审，以后当遵

圣训矣。”

是日，上诣镜峰问安。

是日起居注官李绂、阿尔赛。

十七日辛丑 巳时，圣驾北巡，自畅春园起行，驻跸汤泉。

十八日壬寅 上驻跸汤泉。

十九日癸卯 上驻跸石槽。

申时，上御行宫。召入大学士马齐、工部尚书孙渣齐、左都御史徐元梦、兵部侍郎仍在学士处行走查弼纳、刑部侍郎刘相，学士渣克旦、勒什布、常鼐等，谕曰：“今览刑部奉旨审取孟光祖口供折内，称有侍卫、太监架鹰牵狗往各省去者。以此观之，各省地方谎言妄行之人甚多。如放鹰，只宜于口外，若令往南方放鹰，断无此理。从前差李秉忠等往画地图，俱给有印记，总督、巡抚处亦行文知会。今徐元梦现在此间，朕赐伊御书，俱有凭据。朕所差之人如此严慎，而余来凤之事，部审时尚多瞻顾，以为恐系朕差遣之人。此皆总督、巡抚迟疑不奏，惟给与盘费，促离彼境，以致此极。青天白日之下，岂可使魑魅魍魉之徒肆意而行？如果系王、阿哥差人赐衣服等物与外省大臣官员，即当留住所遣之人，上书谢恩于王、阿哥。若购取什物，亦当留住所遣之人，一面陈情进物于本主，则虚实立辨矣。若遍遣人于各省以坏主声名，则不可。且朕凡有所赐，差何人送去，所赐何人，皆载在档案。公赉锡索朕所食红稻米于太监邹海，邹海不得，购之于市以欺赉锡。事觉之后，即将邹海正法。我之察人如此其严。现所拿逃走光棍孟光祖，假托阿哥之名，于各省妄行，甚为可恶。纵凌迟处死，亦不足以尽其罪。将审出情由，应遍行晓谕各省。其巡抚年羹尧给过骡银，佟国勷给过缎银，俱隐瞒未奏之处，各令自行回奏。孟光祖到处妄行欺骗，并无一人奏闻。若非赵弘燮具奏，朕犹不得知之矣。此事不发觉，在外汉人即以为真，便书以记之。似此枉屈之事，亦有之乎？尔等与九卿会议具奏。”

又向徐元梦问曰：“顷将微行之事下旨九卿，汝曾闻之乎？”徐元梦奏曰：“不曾闻得。”上曰：“微行之事，断乎不可。不但为人君者，即总督、巡抚亦不可。如朕在外微行，何人不识？此特古来开创帝王，恐人

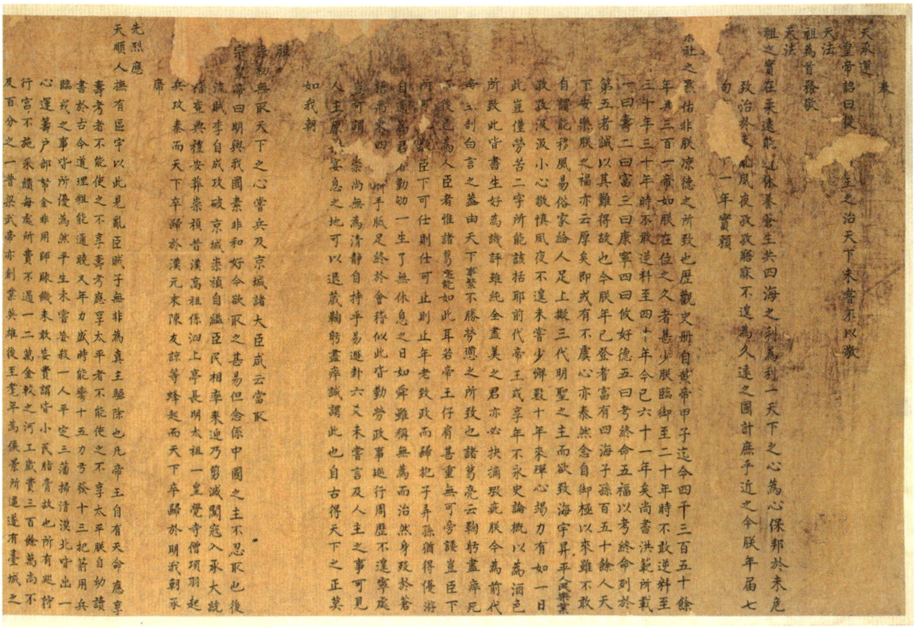

康熙帝遗诏（局部）

从来帝王之治天下，未尝不以敬天法祖为首务。敬天法祖之实，在柔远能迩，休养苍生，共四海之利为利，一天下之心为心，保邦于未危，致治于未乱。夙夜孜孜，寤寐不遑，为久远之国计，庶乎近之。今朕年届七旬，在位六十一年，实赖天地宗社之默祐，非朕凉德之所致也。历观史册，自黄帝甲子迄今四千三百五十余年，共三百一帝。如朕在位之久者

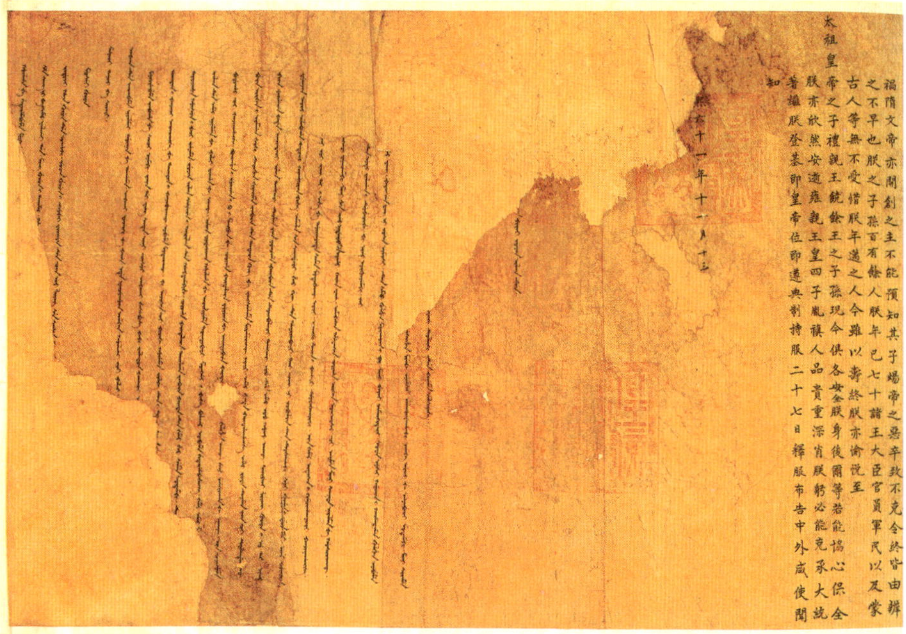

康熙帝遗诏（局部）

甚少。朕临御至二十年时，不敢逆料至三十年。三十年时，不敢逆料至四十年。今已六十一年矣。《尚书·洪范》所载，一曰寿，二曰富，三曰康宁，四曰攸好德，五曰考终命。五福以考终命列于第五者，诚以其难得故也。今朕年已登耆，富有四海，子孙百五十余人，天下安乐，朕之福亦云厚矣。即或有不虞，心亦泰然。念自御极以来，虽不敢自谓能移风易俗，

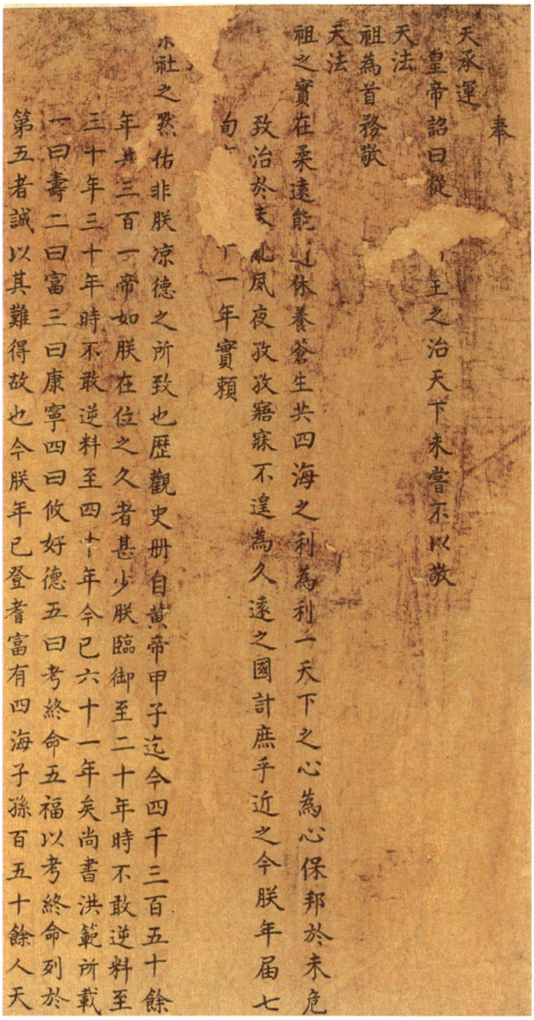
奉
天承運
皇帝詔曰從 王之治天下未嘗不以敬
天法
祖為首務敬
天法
祖之實在柔遠能邇休養蒼生共四海之利為利一天下之心為心保邦於未危
致治於未亂夙夜孜孜寤寐不遑為久遠之國計庶乎近之今朕年届七
旬 一年實賴
社之默佑非朕涼德之所致也歷觀史册自黄帝甲子迄今四千三百五十餘
年共三百一帝如朕在位之久者甚少朕臨御至二十年時不敢逆料至
三十年三十年時不敢逆料至四十年今已六十一年矣尚書洪範所載
一曰壽二曰富三曰康寧四曰攸好德五曰考終命五福以考終命列於
第五者誠以其難得故也今朕年已登耆富有四海子孫百五十餘人天

康熙帝遗诏（局部）

家给人足，上拟三代明圣之主。而欲致海宇昇平，人民乐业，孜孜汲汲，小心敬慎，夙夜不遑，未尝少懈。数十年来，殚心竭力，有如一日，此岂仅劳苦二字所能该括耶？前代帝王或享年不永，史论概以为酒色所致。此皆书生好为讥评，虽纯全尽美之君，亦必抉摘瑕疵。朕今为前代帝王剖白言之，盖由天下事繁、不胜劳惫之所致也。诸葛亮云：鞠躬尽瘁，死而后

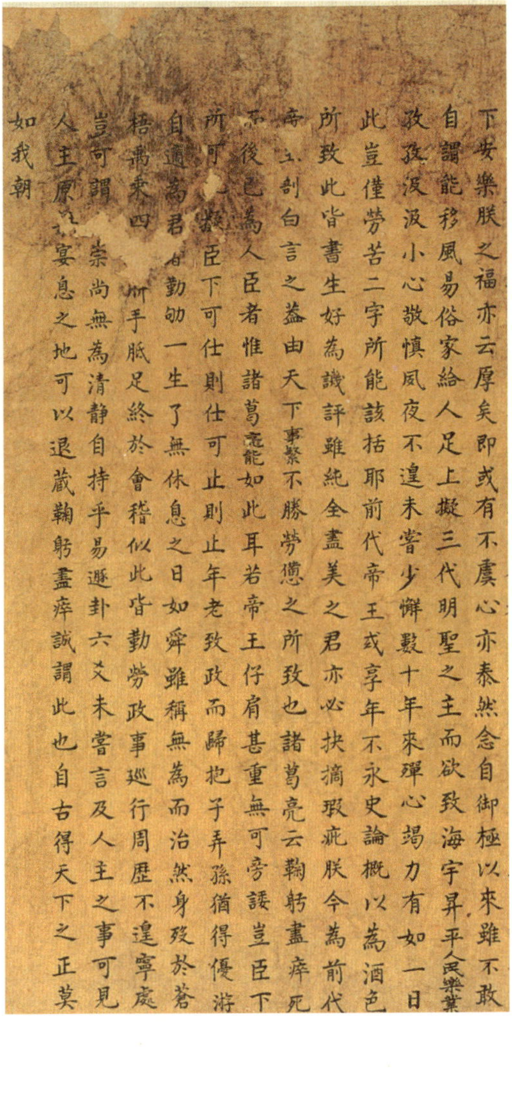
下安樂朕之福亦云厚矣即或有不虞心亦泰然念自御極以來雖不敢
自謂能移風易俗家給人足上擬三代明聖之主而欲致海宇昇平人民樂業
孜孜汲汲小心敬慎夙夜不遑未嘗少懈數十年來殫心竭力有如一日
此豈僅勞苦二字所能該括耶前代帝王或享年不永史論概以為酒色
所致此皆書生好為譏評雖純全盡美之君亦必抉摘瑕疵朕今為前代
帝王剖白言之蓋由天下事繁不勝勞憊之所致也諸葛亮云鞠躬盡瘁死
而後已為人臣者惟諸葛亮能如此耳若帝王仔肩甚重無可旁諉豈臣下
所可擬臣下可仕則仕可止則止年老致政而歸抱子弄孫猶得優游
自適為君者勤劬一生了無休息之日如舜雖稱無為而治然身歿於蒼
梧禹乘四載胼手胝足終於會稽似此皆勤勞政事巡行周歷不遑寧處
豈可謂之崇尚無為清靜自持乎易遯卦六爻未嘗言及人主之事可見
人主原無宴息之地可以退藏鞠躬盡瘁誠謂此也自古得天下之正莫
如我朝

康熙帝遗诏（局部）

已。为人臣者，惟诸葛亮能如此耳。若帝王仔肩甚重，无可旁诿，岂臣下所可比拟？臣下可仕则仕、可止则止，年老致政而归，抱子弄孙，犹得优游自适。为君者勤劬一生，了无休息之日。如舜虽称无为而治，然身殁于苍梧；禹乘四载，胼手胝足，终于会稽。似此皆勤劳政事，巡行周历，不遑宁处。岂可谓之崇尚无为、清静自持乎？易遁卦六爻，未尝言及人主之

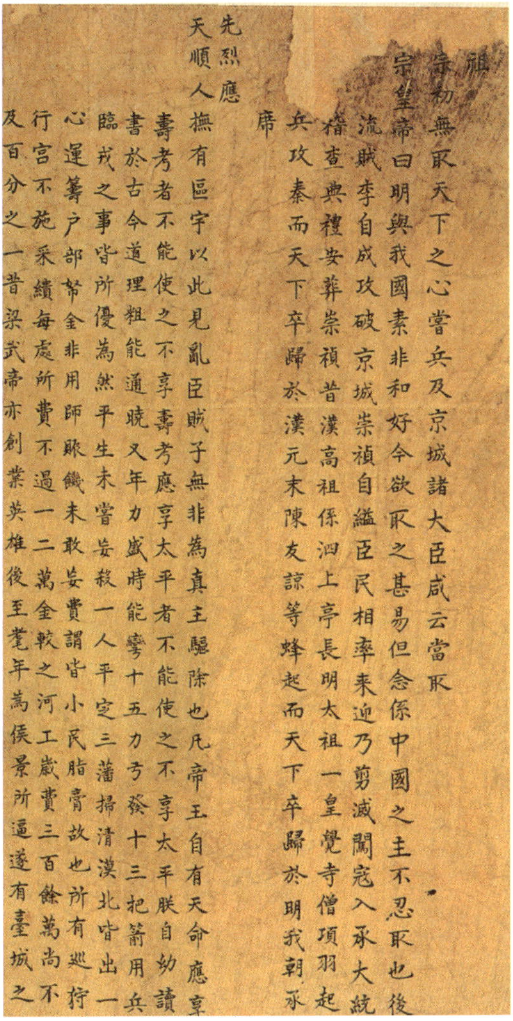
祖
宗初無取天下之心嘗兵及京城諸大臣咸云當取
宗皇帝曰明與我國素非和好今欲取之甚易但念係中國之主不忍取也後
流賊李自成攻破京城崇禎自縊臣民相率來迎乃剪滅闖寇入承大統
稽查典禮安葬崇禎昔漢高祖係泗上亭長明太祖一皇覺寺僧項羽起
兵攻秦而天下卒歸於漢元末陳友諒等蜂起而天下卒歸於明我朝承
席
先烈應
天順人撫有區宇以此見亂臣賊子無非為真主驅除也凡帝王自有天命應享
壽考者不能使之不享壽考應享太平者不能使之不享太平朕自幼讀
書於古今道理粗能通曉又年力盛時能彎十五力弓發十三把箭用兵
臨戎之事皆所優為然平生未嘗妄殺一人平定三藩掃清漠北皆出一
心運籌戶部帑金非用師賑饑未敢妄費謂皆小民脂膏故也所有巡狩
行宮不施采繢每處所費不過一二萬金較之河工歲費三百餘萬尚不
及百分之一昔梁武帝亦創業英雄後至耄年為侯景所逼遂有臺城之

康熙帝遗诏（局部）

事。可见人主原无宴息之地可以退藏，鞠躬尽瘁诚谓此也。自古得天下之正，莫如我朝。太祖、太宗初无取天下之心，尝兵及京城，诸大臣咸云当取。太宗皇帝曰，明与我国素非和好，今欲取之甚易。但念系中国之主，不忍取也。后流贼李自成攻破京城，崇祯自缢。臣民相率来迎。乃剪灭闯寇，入承大统。稽查典礼，安葬崇祯。昔汉高祖系泗上亭长，明太祖一

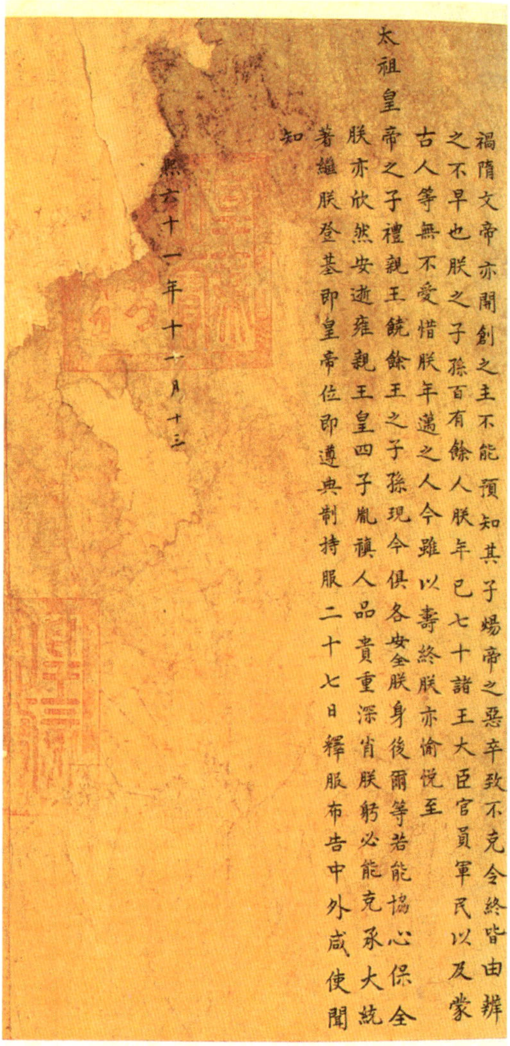
禍隋文帝亦開創之主不能預知其子煬帝之惡卒致不克令終皆由辨之不早也朕之子孫百有餘人朕年已七十諸王大臣官員軍民以及蒙古人等無不愛惜朕年邁之人今雖以壽終朕亦愉悅至
太祖皇帝之子禮親王饒餘王之子孫現今俱各安全朕身後爾等若能協心保全朕亦欣然安逝雍親王皇四子胤禛人品貴重深肖朕躬必能克承大統著繼朕登基即皇帝位即遵典制持服二十七日釋服布告中外咸使聞知
康熙六十一年十一月十三

康熙帝遗诏（局部）

皇觉寺僧。项羽起兵攻秦，而天下卒归于汉；元末陈友谅等蜂起，而天下卒归于明。我朝承席先烈，应天顺人，抚有区宇。以此见乱臣贼子，无非为真主驱除也。凡帝王自有天命，应享寿考者，不能使之不享寿考；应享太平者，不能使之不享太平。朕自幼读书，于古今道理粗能通晓。又年力盛时能弯十五力弓、发十三把箭，用兵临戎之事皆所优为，然平生未尝妄

康熙帝遗诏（局部）

杀一人。平定三藩、扫清漠北，皆出一心运筹。户部帑金，非用师赈饥，未敢妄费，谓此皆小民脂膏故也。所有巡狩行宫，不施采绘。每岁所费不过一二万金，较之河工岁费三百余万，尚不及百分之一。昔梁武帝亦创业英雄，后至耄年，为侯景所逼，遂有台城之祸。隋文帝亦开创之主，不能预知其子炀帝之恶，卒至不克令终，皆由辨之不早也。朕之子孙百有余

康熙帝遗诏（局部）

人，朕年已七十，诸王大臣官员军民以及蒙古人等，无不爱惜朕年迈之人。今虽以寿终，朕亦愉悦。至太祖皇帝之子礼亲王、饶余王之子孙见今俱各安全。朕身后，尔等若能协心保全，朕亦欣然安逝。雍亲王皇四子胤祯人品贵重，深肖朕躬，必能克承大统，著继朕登基，即皇帝位。即遵典制，持服二十七日释服。布告天下，咸使闻知。

作弊，昌言于外耳。书生信以为实，载于史册矣。”

二十日甲辰 上候皇太后至，问安。

午时起行，驻跸怀柔县。是日，怀柔县知县吴经国、守备赵成规等来朝。

二十一日乙巳 上驻跸密云县。是日，收木税理藩院员外觉罗莫理布、知县朱英、守备黄国卿等来朝。

二十二日丙午 上驻跸罗家桥。

申时，上御行宫，大学士马齐，兵部侍郎仍在学士处行走查弼纳，学士渣克旦、勒什布等以折本请旨。覆请吏部覆总督兼理巡抚事务赵弘燮所题，巡道徐炯被参，霸昌道赵弘揆尚未到任，顺德府知府孔圣范奉旨休致回籍，伏恳将赵弘揆催令上任，巡道知府员缺，请于记名人内简选补授。部议赵弘揆令速赴任，巡道另行开列具奏。知府非检选之缺，无庸议一疏。上曰：“杨名时作过直隶学院，声名好，着补授直隶巡道以试之。霸昌道缺甚为紧要，陈鹏年曾以知府兼理道员事务，赵弘揆未到任以前，着陈鹏年仍以革职暂理霸昌道事务，俟赵弘揆到时，再行奏闻。顺德府知府员缺，将应补之人问九卿具奏。”

覆请兵部覆山西巡抚苏克济所题，大同老营营参将王选，以臂疼不能射求退。福建总督觉罗满宝以汀州总兵官标下右营游击张天心年老求退。俱照该督、抚所请，以原品休致一疏。上曰：“今日古北口总兵官保住题留副将杨弘德，朕已批真定副将员缺，将就近参将简选速补具奏矣。其山西老营营参将员缺，福建汀州总兵官标下右营游击员缺，亦着该部将应升官员速补具奏。”

大学士马齐等奏曰：“吏部所称陈厚耀补授谕德兼修撰，已经查过定例，詹事府衙门左右谕德皆兼修撰。”缮折呈览。上曰：“此乃旧例，陈厚耀着仍兼修撰。”

奏毕，上以孟光祖一事问大学士马齐：“尔等将朕旨传示九卿，九卿云何？”马齐奏曰：“九卿皆言，孟光祖乃逃走光棍，指名王、阿哥诳骗财物，甚为可恶，宜凌迟处死。此等妄行，督抚不能稽查，为其所骗，至与财物。若非皇上圣明，务令严审，俾真情尽露，则无知之辈妄行书记，

亦未可定。上谕甚是。臣等即行文各省，通行晓谕。”上曰：“昔有一人，将小鱼十尾赍赐信王，诈称此鱼奉旨赐王，不必谢恩。如王给什物，即收领。王觉其谎言，备什物，暗使护卫看守，欲往谢恩。伊惧曰，奉旨不令王谢恩，岂可违旨？王曰，上赐物何敢在家静坐，即入谢恩启奏。伊谎言尽露，即行拿问，拟斩监候。三载后，遇恩诏乃免。又，公马尔赛所革退巴牙拉，以永平府知府署学院印务，指称二阿哥索银一万两，知府即详上司报部，部中奏明正法。地方官员果皆若此，孟光祖之徒何能妄行乎？”

又曰：“外省总督、巡抚、提督、总兵官皆有奏折请安之职，伊等请安折内，朕皆朱笔批去。凡外省大臣，于朕所差遣之人前请安，宜也。近来无论由内出去、自外进来官员前俱请安，甚属不合。伊等欲请安，可以缮折具奏，乃以总督、巡抚、提督、总兵等官，在微员前请安，有是理乎？虽请安，伊等亦不能上奏。嗣后如此等往来官员前请安之处，永行禁止。着交九卿另写旨意，同孟光祖事一并传示各省。”

大学士马齐奏曰：“臣曾奏明将实录带至热河，令左都御史徐元梦与学士等对阅，侍读学士阿克敦学问好，伏恳令其一同对阅。”上曰：“着伊对阅。”

二十三日丁未　上驻跸腰亭子。是日，石匣营副将张致、游击吴弘荫等来朝。

二十四日戊申　上驻跸巴可什营。

是日，奏事乌林达苏成格、张文彬，洗马杨万程，编修奇勒伦捧出朱笔御书，谕大学士马齐曰：“二十二日夜间，迅雷大雨，差人回看，雨至白石桥。朕所经过之处，如腰亭子周围不过微雨。口外因多得数次雨，所以不旱，四月十六日又得大雨。近京一带之雨若何，问九卿大臣，着礼部复行请旨。”

是日，古北口拖沙拉哈番章京索柱、驿站同知王集、都司顾顺等来朝。

二十五日己酉　上驻跸两间房。

二十六日庚戌　上驻跸王家营。

二十七日辛亥　上驻跸喀喇城。

二十八日壬子　上至热河，驻跸行宫。

二十九日癸丑

五　月

初一日甲寅

初二日乙卯　巳时，皇太后驾至热河，上率诸皇子、大臣、官员出正门前跪迎，请皇太后安。

初三日丙辰　是日，奏事乌林达苏成格，奏事张文彬，洗马杨万程，编修奇勒伦捧出朱书上谕，谕大学士马齐曰：“四月二十九日热河雷雨，五月初三日申时雷雨复作，檐溜下注。京城未报有雨。前日九卿奏章，朕手批发还，至今未奏。先是京城得雨，虽云接续尚未能沾足。今又数日矣。京城雨足则已，若雨未足，应将祈雨之处速行具奏。大学士将朕此旨缮写发去。”

初四日丁巳

初五日戊午　礼部将得雨之处，用绿头牌启奏。奉朱笔批出上谕：“览礼部所奏，据钦天监咨称，自本月初三日微雨，至初四日寅时止。雨之大小沾足与否，并未声明。钦天监若不行文礼部，即不奏闻矣。寅时雨止，应即具奏，如何未时方奏？各处报雨，皆未有如此之糊涂者。此又欲效去年之事耶？将朕此旨缮写发问。回奏时，着殷特布两日内星夜到此面奏。”

初六日己未　巳时，上自热河起行，诣汤泉，驻跸黄土坎。是日，敖汉多罗郡王绰音培尔，翁牛特多罗郡王和硕额驸仓津、一等台吉鄂齐尔来请安。

初七日庚申　上驻跸汤泉。

申时，上御行宫，大学士马齐，兵部侍郎仍于学士处行走查弼纳，学士渣克旦、勒什布以折本请旨。时上赐大学士、学士等各奶饼一枚，又赐起居注左都御史徐元梦、侍读学士阿克敦各一枚，众叩首跪受。食毕，上

始命奏折本。

覆请宗人府所题觉罗海敦妻寡妇，因伊叔公原任护军参领富尔敦青年退任，私往噶礼处去，将所卖房银又不给伊等因叩阍。查系情真，拟将富尔敦枷号两月，鞭一百，发往黑龙江一疏。上曰："富尔敦适又叩阍。将本发回，一并议奏。"

又覆请兵部覆山东总兵官李麟所题，奉旨差官至伊所辖地方，缉获偷贩私盐之于大麻子、于六、于七等犯，将失于觉察陵县把总刘硕彦指参，并请将伊一并议罪等因。应将刘硕彦革职，守备宋如瑞、参将李辉降三级留任，李麟降一级留任一疏。上曰："于大麻子贼伙甚多，地方百姓及往来行走之人甚受其害。地方官员并不缉拿，朕差官前去，始行拿获。此等事，岂可如此轻议？部院事务流弊不堪，此系何人倡议？着问明具奏。将司官之名，一并记着。"

随言及广东提督王文雄所奏，蓝分大山贼百余名，抢去种地之人，官兵追赶，始行放回。现在查拿贼犯奏闻一折。又从化县等处地方紧要，宜添兵防守奏闻一折。上顾大学士马齐曰："此伙贼党，前赵弘灿、杨琳陛见时，曾将缘由奏过。适法海折奏云，已差一守备，务令缉拿，如不能获，即将伊参奏论斩。观大势，似乎可获。王文雄所奏，特以伊身有管辖地方兵丁之责，缉贼未获，知法海欲奏闻，先自掩饰耳。将此二折交该部，俟法海奏折到日，一并具奏。"

又覆请兵部所议，海上投诚安插旅顺营之兵丁水手陈君元、谢尽诚等二十三人，偷去炮位、兵器等物逃去缘由。将将军唐保住等降二级调用，防守御高恂革职，骁骑校裴仲才革职，枷号两月，鞭一百一疏。上曰："本内犹议行查，岂可留此罅隙？着即行议结具奏。原本发回。"

又覆请署理两广总督事务广西巡抚陈元龙题请，将思恩协副将张仕杰员缺，以提标中军参将李仙培补授。李仙培员缺，以永宁营参将孙弘本调补，议不准行一疏。上曰："俱照该督所请补授。"

又覆请刑部议覆西安正蓝旗偏图佐领下阿米达家人吴尔代，首告任英等私聚匪类，欲偷兵丁马匹，在西安一带抢夺。商议是实。将为首之赵四、柴克贵拟立斩，为从之任英等二十人拟绞监候，自行投首之穆仁、隐

瞒之杨明等十二人，俱发往黑龙江，出首之吴尔代着赎身出户一疏。上曰："此伙党类甚多，值总督鄂海、额伦忒始能消弭。不然，必至滋蔓矣。部议甚是。但事体亦大，将出首之人令其出户外，尚应优示奖劝。本发回，再议具奏。"

又覆请江宁巡抚吴存礼所题大盗须寿等依律即行正法一疏。上曰："此案人多，仍照前，着大学士等会同三法司会议完结。"

又覆请总督管理直隶巡抚事务赵弘燮所题，周作新向赵廷珠索取布衫，遂致角口，周作新用铁尺殴打，赵廷珠持镰刀相拒，适中周作新后肋，越二十一日殒命，将赵廷珠照律拟绞，秋后处决，应如所拟一疏。上曰："周作新殴打赵廷珠，赵廷珠始持镰相拒，致中周作新后肋，越二十一日殒命，赵延珠着从宽免死，照例减等发落。"

又覆请议覆福建巡抚陈瑸所题开药铺之梁玉璜，因同伙程子伦窃取茯苓，遂加嗔责，程子伦愧赧，自以剃刀砍额，又欲杀梁玉璜。梁玉璜情急，脚踢程子伦阴囊殒命。将梁玉璜拟绞监候，秋后处决，应如所拟一疏。上曰："着九卿、詹事、科、道会同议奏。"

又覆请汇题案内，将开赌局黄二小子枷号三月，鞭一百，发往三姓处一事。上曰："黄二小子犯斩罪，免死之后犹不悛改，复开赌局，情殊可恶，交与该部挑去脚筋充发。"

又覆请原任太原府知府赵凤诏所欠赃银，将伊家产并伊父兄家产及借名所置产业查出，变价还项。如不能完，将赵申乔原作官处所置家产查出，变价完结一折。上曰："前议赵凤诏立斩之本，朕令收贮。今如此完结，伊竟脱然释免矣。将原本查出，一并具奏。"

又覆请理藩院所题喀尔沁多罗都楞郡王色楞病故，照例遣侍卫大臣往祭一疏。上曰："将随驾大臣、侍卫派出前往。此派出之人，将已故贝子善巴拉什一并致祭。"

又覆请盛京兵部侍郎赛尔图等所题，沙河站等处二十九驿所借未扣之银，尚七万五千七百余两。驿站一年所得钱粮，不过四万，请将每年驿站所领钱粮十分之中带销一分完结一疏。上曰："盛京之事，甚是糊涂杂乱，流弊不堪。赔补钱粮之限，断不可展。若照所请展限，终无完结之

日，不准行。”

又覆请贵州巡抚刘荫枢奏称病愈一疏。上曰：“前令刘荫枢往军前遍视营垒，再行具奏。伊奏云坠马伤臂及足，病势危笃，断难前往。今闻有旨，令伊复任，又奏臂伤足伤并胃弱旧症顿然全愈，饮食如常。票签可票出此等之处。知道了。”

又顾大学士马齐等曰：“现今库银积聚甚多。从前各省俱有存留钱粮，有此项钱粮公事费用，于地方百姓大有裨益。不知何年入于应解钱粮项下解交矣。今每省地方存留钱粮数目若干，着查明具奏。”

奏毕，上赐大学士等及起居注官奶茶各一碗，跪受，叩首，食毕出。

初八日辛酉 是日，奏事乌林达苏成格，奏事张文彬，洗马杨万程，编修奇勒伦，领侍卫内大臣公峨伦岱等，传旨谕王、贝勒、贝子、公之护卫等：“伊等向日二十日差人请安一次，今乃雨水之时，着一月差人请安一次。来时，不必会同，前后自来可也。其间若有奏请之事，不必限定日期。尔等愚鲁，未尝经历，不知山溪可畏之处。或以此地干燥，无妨止息，或不择庙宇栖宿，忽然夜雨山水陡发，皆为雨水漂没矣。即开店盖庙之人，亦并被水冲去，彼亦不知山水可畏之故也。尔等人，皆可用尔主拣选差来，此内亦有名家之子，果为紧要效力之处犹可，若以请安奏事之故，被水漂没可乎？尔等来此，勿谓有一月之限，不行急趱。若被水阻，则俟数日，水消之时，方可行走。纵先后参差一二日，将迟延缘由具奏可也。”

初九日壬戌

初十日癸亥 上自汤泉回銮，驻跸黄土坎。

十一日甲子 上至热河，请皇太后安，驻跸行宫。

十二日乙丑 是日，翁牛忒镇国公索诺木来请安。

十三日丙寅 是日，喀尔沁多罗额驸门都来请安、进贡。

十四日丁卯

十五日戊辰 巳时，上御行宫，吏部尚书张鹏翮、侍郎傅绅以郎中、员外、知府、知县各员缺，应升之李居临等引见，上一一阅毕。大学士马齐，兵部侍郎仍在学士处行走查弼纳，学士渣克旦、勒什布以折本请旨。

覆请礼部所题四川、福建、广东、广西四省正、副主考，将编修沈宗敬等职名开列一疏。上曰：“试官先由九卿保举，仍着问九卿具奏。”

覆请刑部议覆盛京刑部所题，镶黄旗汉军杨宗佐领下闲散王企尧，因与姊夫正白旗吴尔敦佐领下人谈佳言戏谑，以致角口，用小刀刺谈佳言内胯殒命。照例将王企尧拟绞监候，秋后处决，应如所拟一疏。上曰：“此事应照旗人杀旗人例定拟。本发回，再议具奏。”

覆请九卿会同赵申乔所议刘芳声、金二，仍照前拟绞监候，秋后处决。徐彩官改拟佥妻流徙三千里，金三枷号两月，鞭一百。赵申乔错拟之处，既经检举，应免议一疏。上曰：“金二、徐彩官不可减等。尚有与赵申乔两议之人，并未议及。本发回，再议具奏。”

覆请户部议覆总督管理直隶巡抚事务赵弘燮所题，将顺天府所属大县米五千石、小县米四千石分派添贮，议不准行一疏。上曰：“部议甚是。赵弘燮以顺天府州县分贮米石具奏，大、宛二县俱附京城，倘有用米之处，即可于京仓给发。本发回。若何贮米之处，着再奏。”

奏毕，上召起居注左都御史徐元梦、检讨阿尔赛进前，曰：“近看科场之事，尽为大臣主持。古人云，畜马乘，不察于鸡豚。伐冰之家，不畜牛羊。朕思内阁、九卿大臣，不立门户，不预科场之事，弊端自除。大臣遇考期将至，不惟为子弟钻营，甚且舍其子弟为他人图谋。前者刘谦为会试主考，声名甚是不堪。伊平素犹讲道学。又，同考官储在文，试卷皆独自作主看阅，同房官山东人毫无干预。朕曾问过山东人，尽将缘由启奏。”徐元梦奏曰：“刘谦二子皆臣考取举人，因此认识。观其人，甚属平常，不过徒讲道学而已。”

十六日己巳

十七日庚午

十八日辛未　是日，奏事乌林达苏成格、奏事张文彬、洗马杨万程、编修奇勒伦捧出朱书上谕，谕大学士马齐曰：“祈雨昨日已毕，尚未具奏。已经祈求数日，仍然未雨。若频频祈祷，于理非宜。大学士马齐可录此旨，传谕在京大学士、九卿等，若有政事阙失，当言之处一一合词具奏。求雨且暂停，至二十四不雨，再行奏请祈祷。此谕即随报发回。”

十九日壬申 是日，喀尔沁一等他布囊噶尔马色楞来请安。

二十日癸酉 巳时，上御正门，兵部侍郎党阿赉、查弼纳以副将、参将、游击、守备各员缺，将应升之王觉等五十三人引见，上一一阅射补授。

是日，阿巴海辅国公德木楚克来请安。

二十一日甲戌 巳时，上御正门，兵部侍郎党阿赉、查弼纳以遣往总漕标下效力武举孙尚九等四十八人引见，上一一阅射，准其遣往。

是日，乌林达苏成格、奏事张文彬、洗马杨万程、编修奇勒伦捧出朱书上谕，谕大学士马齐曰："前奏求雨之绿头牌，大学士已经奏留，以十八、二十、二十二、二十四数日尚有可望也。今已渐有亢旱之意，着允所奏祈祷，此处亦照行。"

二十二日乙亥 上御正门，兵部侍郎党阿赉、查弼纳以诸王护卫各员缺，将应升之典仪官林珠玉等三十人引见，上一一阅射补授。

二十三日丙子

二十四日丁丑 是日，翁牛忒协理旗下事务二品台吉罗布藏来请安。

二十五日戊寅 是日，赐两江总督常鼐鞍马一匹。

二十六日己卯 是日，科尔沁四品台吉诺本桑来请安、进贡。

二十七日庚辰 巳时，上御行宫，大学士马齐，兵部侍郎仍在学士处行走查弼纳，学士渣克旦、勒什布、穆尔泰以折本请旨。覆请大学士、九卿遵旨以雨泽愆期，政事或有阙失，当言者可合词具奏，议得现今政事并无当言之处一疏。上曰："下次启奏。"

又覆请大学士、议政大臣所议报雨迟延、屡次朦混之礼部尚书殷特布等革职，交刑部治罪一折。又都察院所议同前事，将殷特布等革职一疏。上曰："着暂候。"

又覆请都察院所议顺诚郡王祭文迟延，将礼部尚书陈诜等降二级调用，侍读学士华色等各降一级，罚俸一年，左都御史徐元梦、侍郎汤右曾各罚俸一年一疏。上曰："陈诜等现因祈雨事议罪，亦着暂候。"

又覆请吏部议覆总督管理直隶巡抚事赵弘燮所题，原任主簿丁忧服满候缺，王允吉、丁忧离任原任县丞梁国珍，求留河工效力，此后永为定例，议不准行一疏。上曰："着照该督所请行。"

又覆请贵州巡抚刘荫枢，因奏章遗漏贴黄，议罚俸三个月一疏。上曰："督、抚、提镇及有启奏职分官员奏章必缮贴黄，原系定例。前刘荫枢奏章亦无贴黄，今奏章内又未缮贴黄，数次遗漏贴黄之故，着明白回奏。"

又覆请户部覆川陕总督鄂海所题，请将大同捐马之例在甘肃等处开捐，议不准行一疏。上曰："陕西所用钱粮，着该部料理给发。捐纳例不可开。原本发回，再议具奏。"

又覆请右卫将军费扬古所题，将归化城等处所贮糜子，变价买小米贮仓，此后应入仓之糜子，折算小米收贮，议准行一疏。上曰："将军费扬古衰老愚昧，部议亦照所题将糜子折算小米，口外地方并无小米，如允所请，糜子势必渐少，日后又至以无小米奏请。本发回。户部会同理藩院确议具奏。"

又以礼部所题四川、广东、广西、福建四省正、副主考遵旨问九卿，九卿举出检讨杨士徽等。折子呈览，并以原疏覆请。上曰："九卿举出人名，着票签进呈。"

又覆请兵部所题失察贩卖私盐之于大麻子等，将总兵官李麟等议罪一疏，并求将原本发回再议请罪一折。上曰："本发回。"

又覆请覆广西巡抚陈元龙所题，游击周兴等十一人俱满三年无过，应即升用等因，与例相符，应注册，升时调来引见一疏。上曰："部议将周兴等升时调来引见，伊等地既辽远，又皆朕熟知之人，着以应升之缺即用，俟满三年后再行引见。本发回，再议具奏。"

又覆请刑部所题将开赌局之护军札什照例拟绞监候，秋后处决；赌博之护军吴尔赛等枷号两个月，鞭一百；看赌之阿必达等鞭八十；该班之小拨什库五十等枷号两个月，鞭一百，革退；该管骁骑校希学忠等革职，佐领诺尔布，查拿赌博官熊维、参领詹住等，俱罚俸两个月，都统四哥等俱罚俸一个月，因公出境未管事者无庸议一疏。上曰："将平日不行管束之官议罪，特为从前总未管束教谕之故，非因事出之时，始行议罪也。此事将平日不行管束之大臣、官员，俱托故以公出免议，着再议奏。以后永为定例。"

又覆请刑部所题因殴子误伤亲兄刘德卿致死之刘顺卿，照律拟立斩一疏。上曰："刘顺卿殴子误伤其兄致死，着九卿、詹事、科、道会议具奏。"

又覆请逼勒郎中武瑄致令缢死之护军校黑子、护军二哥枷号两个月，鞭一百一疏。上曰："旗下此事甚多，将黑子、二哥俟枷号鞭责完日，发往布他海乌拉，着在上三旗布他海上当差行走。"

又覆请刑部所题张文元雇觅翟尚隆之车，临行因添载物件，以致斗殴打死翟尚隆，将张文元照例拟绞监候，秋后处决，同催车之拖沙喇哈番黄寿革职一疏。上曰："观此事，二人同伙打死一人。原本发回，会同将刘芳声、徐彩官两议之大臣等再议具奏。"

又覆请刑部将两议刘芳声、徐彩官之户部尚书赵申乔、革任原任御史外转之李景迪革职一疏。上曰："现将打死翟尚隆之张文元交与赵申乔议处，俟其完结再奏。"

又覆请刑部议覆原任太原府知府赵凤诏即行处决一疏，其未完之赃银，议将伊原籍所置产业与伊父兄所置产业变价赔补一折。上曰："着立秋后再奏。"

又覆请刑部议覆广东巡抚法海所题大盗林富朝，湖广巡抚刘殿衡所题大盗王四，总督管理直隶巡抚事务赵弘燮所题大盗赵祥儿等，均照律即行正法三疏。上曰："着仍照前完结。"

又覆请刑部汇题案内，将制钱镕化为铜变卖之韩大等，枷号两个月，杖四十，发三姓地方与披甲人为奴；为从之韩五等，枷号一个月，佥妻流三千里一事。上曰："依议。现今钱局收买废铜，以致将制钱毁坏变卖。前者王纲明等收买铜斤有节省银两，今收买铜斤有无节省银两？及王纲明等之铜价每斤给银若干？现今所给铜价若干？着交户部详察具奏。"

又覆请刑部所题枪手吴祯私通护军英立布之妻，及至逐出，复诓为妾，又将英立布打死，议将吴祯照律即行正法，英立布之妻枷号一个月，鞭一百一疏。上曰："定例奸夫打死亲夫，伊妻虽不知情，拟绞。该部将奸妇从宽定拟，与例不合。本发回，再议具奏。"

又覆请工部所题因采东珠缺少，将总管穆克登拟降一级，罚俸一年，

但穆克登系革职留任之员，无级可降，相应革任；骁骑校武立布降一级，罚俸一年一疏。上曰：“将此事迟延缘由察议具奏。”

是日，科尔沁四品台吉三进札普来请安、进贡。

二十八日辛巳

二十九日壬午　是日，协理巴林事务四品台吉达色来请安、进贡。

三十日癸未

六　月

初一日甲申　是日，科尔沁和硕卓礼克图亲王巴忒马来请安。

初二日乙酉

初三日丙戌　奏事乌林达苏成额、奏事张文彬、洗马杨万程捧出朱书上谕，谕大学士曰：“今岁春夏甚旱，目下大雨时行，雨水连绵，亦未可定。传谕八旗官民，将欹斜墙屋支柱漏处，预用席遮，着湿易坏之物，预置高处。凡事先期防备则易，至于漏湿始行着急，则无及矣。朕老年之人，将虑及经历之事传谕。即无连绵之雨，有备亦好。大学士将此写出，今日报到即发。”

是日，喀拉沁和硕额驸那木赛来请安。

初四日丁亥

初五日戊子　巳时，上御行宫，大学士马齐，兵部侍郎仍在学士处行走查弼纳，学士渣克旦、勒什布、穆尔泰以折本请旨。覆请九卿覆署理仓场事务侍郎阿锡鼐等所题，仓内糜烂成灰之米，每石作价三钱，给与经纪车户等四项之人及各仓衙役抵作工食，所余烂米，遵旨给与八旗兵丁一疏。上曰：“若如此，事可清楚矣。”大学士马齐奏曰：“圣意所及，下此谕旨。烂米既完，仓廪得以空出，此后仓务自甚清楚也。”上曰：“依议。”

覆请大学士等会同九卿，遵旨因不得雨，有政事缺失，当言者着公同奏闻，议得政事并无可言之处，缮折具奏。上曰：“知之矣。”

又覆请大学士会同议政大臣议得，迟报雨泽屡次朦混具奏之礼部尚书殷忒布等革职，拿送刑部议罪一折，并都察院议得殷忒布等革职一疏。上曰：“议政处所议之事，着撤出。都察院所议，着进呈。”

又覆请宗人府所题，承袭顺承郡王诺罗布王爵，将诺罗布之子吉兰泰、席保柱列名一疏。上曰：“王二子内孰佳？着问贝子苏努及随驾大臣具奏。”

又覆请户部议覆荆州将军拜音布所题，官兵借领银两不敷，请将原送藩库收贮利银二万两作本借给，此后每月所得之利，亦作本银，俟至四万两之数再扣利交送，议不准行一疏。上曰：“事着依议。本利各有项款，今请将利银作本借给，明系本银亏空，以此利银填补。部内虽议不准行，并不将此等之处声明严加申饬，殊属不合，着饬行。”

又覆请户部所题商人孙毓泰等请于预给银二十八万两内，将所扣十四万两复给作本，并利银分十一年扣还，至康熙六十六年完结等因，议将孙毓泰等扣还银两借给，并合算伊等旧欠银两共五十四万，限十年完结一疏。上曰：“商人王纲明等所欠铜斤银二百余万两，伊等节省银一百八十万两有余，朕以伊等既有节省银两，又令补还积欠，甚属可悯，因此下旨与内务府总管，将节省银抵作积欠。孙毓泰等亦有节省之银，不抵积欠，若复将银借给，竟无完结之日。孙毓泰等之银不可借给，着照例抵欠议奏。本发回。”

又曰：“户部事务甚属废弛，似此等事，皆该部官员有扣蚀之意，故议将银借给。”大学士马齐奏曰：“赵申乔于公费等小事，苛查紧要，正务反不察议。”上曰：“穆和伦亦年老，常被人欺。”

又覆请兵部所题议政大臣遵旨会议差往噶斯、党色尔腾等处新满洲侍卫、厄鲁特侍卫等探听信息一事。又覆富宁安请于陕西甘州、庄浪等处各造推车一千辆运米，议准行一事。上曰：“此早有之事，如何此时方奏？迟延之处，着该部查奏。”

又覆请兵部所议发往旅顺营安插自海投诚之兵丁、水手陈君元、谢荩诚等二十三人，盗去火炮兵器等物脱逃缘由，将将军唐保柱等分别降级、革职一疏。上曰：“顷总督满宝疏奏，此伙贼内有被获者。朕亦将此疏折

出，此所获之贼，着解京确审。唐保柱等议罪一事，暂存贮，俟贼犯解到审明具奏之时再奏。”

又覆请刑部议覆江宁巡抚吴存礼所题，大盗李元梅等照律即行处斩，应如所拟一疏。上曰：“着照前完结。”

又覆请刑部汇题内，正黄旗包衣吴山佐领下闲散保平，将伊族叔常进宝家人孙起凤小刀戳死缘由，照律将保平枷号三个月，鞭一百，追取一人与死者之主一事。上曰：“保平戳死本族家人，虽照律定拟，其族分远近并未声明，律内有分别远近治罪之条，将远族家人致死者如何议罪，一家分出兄弟之家人致死者如何议罪之处，着查明具奏。”

又覆请行在刑部所奏，正蓝旗护军参领巴雅尔图家人沙克都尔偷盗马匹，应押往古北口总兵官处收禁，秋后处决一折。上曰：“事关人命，着发部、缮本具奏。”

又覆请工部所议采取东珠缺少，将总管穆克登等降级罚俸一疏，并查明迟延一折。上曰：“此迟延之处，交部查议。”

又覆请都察院所议顺承郡王诺罗布祭文迟延缘由，将礼部翰林院大臣、官员分别降级罚俸一疏。上曰：“此事着暂收贮，俟将礼部大臣议罪事结之日再奏。”

又覆请四川提督康泰所题派兵五千名，率往黄胜关驻扎一疏。上曰：“目下无事，如许兵丁在彼屯驻，粮米至彼甚难。着康泰量留官兵在黄胜关驻扎，有用兵之处再派前往。”

又覆请山东巡抚李树德所奏，茌平县知县吴陈琰学问虽好，无办事之才，请以京缺补用一折。上曰：“吴陈琰原在修书处行走，此必于事甚不能办，李树德方如此具奏。尔等口传谕旨，着吴陈琰离任来京，仍于修书处行走。”

又覆请正白旗都统霍礼等所奏，傅德佐领下护军迈拉孙，被英明佐领下披甲人色楞泰殴死，照新例拟斩立决一折。上曰：“此事亦交部缮本具奏。”

毕，大学士马齐等，遵旨交户部查各省存留钱粮。折子呈览，上问曰：“此所查何如？”马齐曰：“户部所查不明，前次已经驳回。今看来

尚未明白，官俸及衙役工食等项，每年存留地方，理宜另行开造。此外，将存留钱粮混入起解钱粮，是何项款，并未分晰明白。”上阅折曰：“着再查具奏。”

初六日己丑

初七日庚寅

初八日辛卯

初九日壬辰

初十日癸巳 巳时，上御行宫，大学士马齐，兵部侍郎仍在学士处行走查弼纳，学士渣克旦、勒什布、穆尔泰以折本请旨。覆请九卿所奏，将刘芳声、徐彩官两议之户部尚书赵申乔，革任原任御史外转之李景迪革职一折。上曰：“赵申乔着仍留任，李景迪着革职。朕犹记先将徐彩官议发三姓处，今议充发三千里，宁无错误？着查奏。”

又覆请吏部所题丁忧江西布政使傅泽渊员缺，请将四川按察使许兆麟等引见补授一疏。上曰：“白潢现候布政使，缺着补授。系朕熟识之人，不必引见。”

又覆请礼部所题浙江、江西、湖广正、副主考官，开列沈宗敬等职名一疏。上曰：“仍问九卿。着伊等举出。”

又覆请兵部所题捕缉贩卖私盐于大麻子等盗一案，将失察之参将李辉等革职，总兵李麟降五级调用一疏。上曰：“李麟在任未久，着降五级留任。余依议。”

又覆请刑部所题原任少卿法参之妻寡居，家人张二因同旗孙保柱佐领下闲散桑格至伊主家喧闹，以致争殴，赴步军统领告理，将张二鞭责完结。以后桑格伤处被风，越二十七日殒命，照律将张二拟斩监候，秋后处决一疏。上曰：“桑格沉醉至张二之主家中混行喧闹，因张二情急殴打，已经鞭责完结，桑格伤处受风，越二十七日方死，张二着从宽免死，照例减等完结。”

又覆请工部所题京城通州增添仓廒一百间，估计银数具奏一疏。并将应派监修官员户部员外郎富宁等职名开列一折。上曰：“此开列各官，朕俱不识，着九卿保举。”

又覆请采取东珠缺少缘由，议将总管穆克登解任一疏。上曰："穆克登仍留原任。"

又覆请都察院所议报雨迟延、妄行陈奏之礼部尚书殷忒布等革职一疏。上曰："殷忒布前任兵部尚书时，声名不堪，满汉俱不心服，人亦琐屑无能。尚书孙征灏甚好，伊部原任郎中七格声名不好问伊，伊即毅然实奏，并无遮饰。殷忒布着革职。余俱革职留任，带罪效力。"

毕，大学士马齐遵旨将交与户部所查采买铜斤节省银两数目、铜斤价值折子呈览。上阅折曰："此节省银两不必扣除，即添买铜斤为善。现在铜少，制钱壅滞，必至作铜变卖，着问九卿具奏。"

是日，奏事乌林达苏成格、奏事张文彬、洗马杨万程捧出朱书上谕，谕大学士马齐曰："口外原系凉爽地方，六月初十日甚觉炎热，京城必然酷暑矣。在此处大学士将此旨转传。所有罪人，照往年例行。"

是日，札赖特四品台吉毕马礼来请安、进贡。

十一日甲午

十二日乙未

十三日丙申

十四日丁酉

十五日戊戌

十六日己亥　巳时，上御行宫，大学士马齐，兵部侍郎仍在学士处行走查弼纳，学士渣克旦、勒什布、穆尔泰以折本请旨。覆请九卿遵旨所议误打亲兄致死之刘顺卿减等，佥妻流三千里一疏。上曰："原疏内有刘顺卿误打亲兄致死之语，朕所以交九卿会议，将伊监禁，秋后处决，即为法外施仁矣。误伤平人致死，尚不轻贷，误打亲兄立刻殒命者，岂可议宽？九卿议事，于伊等有关系处，始肯汲汲，若此等事毫不经心，草草定议。本发回，着再议具奏。"

又覆请户部所题镶红旗蒙古副都统伊敦咨送据原任凤阳关监督员外郎巴福寿呈称，情愿差往凤阳一年，多交税银一万两，再有赢余，即补历年旧欠之数等因，议将巴福寿暂试一年，如能将一年定额钱粮及加增银一万两全完，将巴福寿再留一年管理一疏。上曰："巴福寿具呈情愿差往凤

阳，明系规避，希图安逸之意，此事不可行。”

又覆请户部覆右卫将军公费扬古所题，将现贮归化城仓内糜子粜卖，仍籴小米入仓收贮，议准行。土默特六十二牛录，每年停其办交糜子，改为小米，议不准行。又湖滩河所仓内所贮糜子应否粜卖，仍籴小米之处，相应行文该将军、巡抚议奏一疏。上曰：“朕先若将将军所请准行，沙漠地方并无小米，糜子又少，日后买小米不得，必求改折银两具奏，恐所收银两，或致耗费，已曾有旨。此旨原并为归化城仓所贮糜子而言，并非仅为土默特所办糜子而言也。今部议分为两条，着问户部堂官具奏。”

又覆请礼部所题原任兵部尚书赵弘灿赐恤一疏。上曰：“赵弘灿居官如何？着问九卿具奏。”

又覆请礼部所题原任闲散大臣赖善赐恤一疏。上曰：“赖善不过袭伊祖父世职，有何赐恤之处？本发回。”

又覆请兵部覆山东巡抚李树德所题，请以新升四川夔州副将即墨营参将王蛟调补胶州副将之处，不准行。即墨营参将员缺，以应升参将之员并现任侍卫职名开列具题一疏。上曰：“皆系应升之缺，着照该抚所请调补。”

又覆请刑部覆盛京刑部所题，正红旗商辂佐领下披甲人松五尔代，将同旗沙赖佐领下披甲人七十所养孀居之女夺去，强奸为妻，应照律将松五尔代拟绞监候，秋后处决等因，应如所拟一疏。上曰：“松五尔代强夺孀妇为妻，情属可恶，秋审时断不可宥，尔等记之。”

又覆请刑部覆广东巡抚法海所题，大盗潘伯连等照律拟斩立决，应如所拟一疏。上曰：“着照前完结。”

大学士马齐遵旨以派浙江、江西、湖广三省主考官问九卿，九卿举出检讨胡煦等十二人。缮折呈览，并以原疏覆请。上令左都御史徐元梦近前，曰：“胡煦学问去得，亦知《易》理，朕屡令讲解，看伊诚实，非妄行之人。”徐元梦奏曰：“胡煦乃臣为副考官时所中进士，看伊为人诚实。”上曰：“将伊派往湖广。王敬铭学问去得，画亦好，但其人朕不能深信。又一满洲翰林何如？”徐元梦奏曰：“是。编修索泰，人尚去得。侍读学士阿克敦曾云，满洲进士中学问去得。”上曰：“索泰是谁之

子？”徐元梦奏曰：“伊父索尔敏，原任刑部郎中。”大学士马齐奏曰：“索泰系原任御史索礼之孙。”上曰：“索礼朕认得。”顾大学士马齐曰：“此举出官员，尔与徐元梦同阅，书名进呈。”

马齐等又以遵旨行查议政大臣所议噶斯等处遣新满洲侍卫探听信息一事，富宁安请于甘州等处各造推车运米一事，将迟延缘由缮折呈览，并以原疏覆请。上顾大学士马齐曰：“所查如何？”马齐奏曰：“部中谓议政处所议之事，俱挨次陆续启奏。”上曰：“看来亦有在后完结之事先行启奏者。着再确查具奏。”

马齐等又以遵旨查徐彩官先议发往三姓，今改议充发三千里之处。缮折呈览，并以原疏覆请。马齐奏曰：“徐彩官先议发往三姓，臣等已悉忘之，皇上所记甚明。”上曰：“徐彩官先议发往三姓，今又议充发三千里，大相径庭。本发回，着再议具奏。”

马齐等又以遵旨监修仓廒官员，九卿举出户部员外郎富宁等开列职名。折子呈览，并以原疏覆请。上曰：“着将伊等之名拟签进呈。”

马齐等遵旨将节省银两添买铜斤及小制钱壅滞作铜变卖之处问九卿，缮折呈览。上问曰：“九卿云何？”马齐奏曰：“九卿云，将节省银两添买铜斤，实有裨益，应遵旨行。小制钱壅滞，作铜变卖，当严行禁止。”上曰：“目今岂不禁止？毁坏制钱，原有明禁，特因铜少，铜价甚昂，部内制钱之铜不敷，请买废铜旧铜器皿，以致小民射利，毁小制钱作废铜变卖？”马齐奏曰：“现今铜少，铜价甚昂。一年各省采买铜斤仅到一半，其一半至今尚未送到。”上曰：“朕办事五十余年，屡次更定钱法，朕皆视民之形势，从未严行禁止。销毁小制钱，亦屡为宽限。”马齐奏曰：“民间将小制钱搀用，大制钱之价得以不增，于民大有裨益。”起居注左都御史徐元梦奏曰：“皇上每事必求民间实有裨益，断无泛然而行者。”上曰：“从前李光地请将小制钱严禁，朕曾下旨断不能行，伊后知其不可，始以朕所见为是。总督额伦特请于湖广省发大制钱一百五十万串通用，将小制钱销废，朕以不可之故分晰。下旨云，尔请发钱如许，如何运送，必用船载矣。万一途中有失，即分派合省，岂能赔还？伊始晓然。云发大制钱之请不复敢言矣。今节省银两如何添买铜斤，小制钱私毁如何禁

止之处，九卿詹事、科、道会同确议具奏。”

十七日庚子

十八日辛丑

十九日壬寅

二十日癸卯

二十一日甲辰

二十二日乙巳

二十三日丙午

二十四日丁未

二十五日戊申 巳时，上御行宫，大学士马齐，兵部侍郎仍在学士处行走查弼纳，学士渣克旦、勒什布、穆尔泰以折本请旨。覆请吏部所题云南学政余正健告病求退一疏。上问起居注左都御史徐元梦曰：“余正健如何？”徐元梦奏曰：“余正健从未识面，闻其操守尚好。”上曰：“操守虽好，办事无能，任府尹时诸事不晓。尔等所知从前李光地亦曾奏伊学问好，修书处可以行走，未能办事。余正健之病可遣御医诊视，启奏时再奏。本暂收贮。”

又覆请礼部所题陕西、江南正、副主考官，开列编修沈宗敬等职名一疏。上曰：“仍着九卿举出，前次举出未差各官亦并列名具奏。”

又覆请兵部覆太原总兵官金国正所题，臣标中游击何自禄，已升江南潜山营游击，请带升衔仍留原任一疏。上曰：“金国正系好总兵，但年已老。何自禄着照所请留任。”

又覆请兵部所题馆所槽头徐体干等请预借给伊等应得十年盐菜等项银十九万一千七百余两，作十年扣还，议准行一疏。上曰：“伊等之银不必借给，亦照商人将节省之银补欠，甚属有益。着问兵部堂官具奏。”

又覆请刑部所题江西巡抚佟国勷将指称诚亲王设骗之恶棍孟光祖，既不拿获，反馈送银币，拟革职一疏。上曰：“年羹尧之事现到，事亦相同。本发还，着一并议奏。”

又覆请刑部所题私开米局收买米粮之周大等，拟枷号两个月，鞭一百一疏。上曰：“从前设立此等米局收买米粮之人，朕曾差侍卫等拿

获，交部将监督一并议罪。此所议尚轻。本发还，着再议具奏。”

又覆请刑部所题福建大盗杜明英等照律拟斩立决，江南大盗王毓卿等照律拟斩立决，山东大盗许鸾翼等照律拟斩立决一疏。上曰：“俱着照前完结。”

又覆请刑部汇题案内，笔帖式傅沙宝将伊家人添寿殴打，置衣柜中，用砖堆砌致死，傅沙宝应革去笔帖式，追取一人入官一事。上曰：“傅沙宝甚凶恶，非应留此地之人，着革去笔帖式，发往黑龙江披甲效力行走。”

又覆请刑部所题山东民郦二等，因天津卫之民李四将伊伙盗吕四举出怀恨，以灰揉瞎李四之目，郦二等应佥妻发往三姓地方，与穷披甲之人为奴一疏。上曰：“郦二等先既为盗，今又揉瞎李四之目，情甚可恶，此所议尚轻。本发回，着再议具奏。”

大学士马齐等遵旨以顺承郡王诺罗布之子济兰泰、席保住，问贝子苏努、领侍卫内大臣侯巴浑德、左都御史徐元梦等。苏努云，济兰泰、席保住为人俱老实。巴浑德云，席保住在侍卫行走，知其为人老实。其长者不知也。左都御史徐元梦云，王之二子在浙江时，曾见数次，毫无妄举，看来人俱老实。苏努等云，袭爵事关紧要，伏候上裁。缮折呈览，并以原疏覆请。上曰：“王之二子俱在此乎？”马齐奏曰：“次子侍卫在此，长子在京。”上曰：“将伊长子传来，一并引见具奏。”

马齐又遵旨所查戳死伊叔常济保家人之保平系常济保小功侄，照律故杀小功服之奴仆者，拟绞监候，定例内枷号三个月，鞭一百，追取一人与死者之主。缮折呈览，并以原疏覆请。上曰：“阅所查竟是两例，从前如此等事，部内遵何例而行，抑两例并引？着问明具奏。”

是日，协理土默特旗下事务二品台吉鄂起尔，协理喀喇沁旗下事务三品他布囊阿必达，四品他布囊常寿、阿毕大、拉母查布、噶尔必等来请安、进贡。

二十六日己酉

二十七日庚戌　是日，敖汉多罗额驸罗普藏来请安。

二十八日辛亥

二十九日壬子

七　月

初一日癸丑

初二日甲寅

初三日乙卯　是日，鄂尔多斯扎萨克多罗贝勒达西喇普坦来请安、进贡。

初四日丙辰

初五日丁巳

初六日戊午　巳时，上御行宫，大学士马齐，兵部侍郎仍在学士处行走查弼纳，学士渣克旦、勒什布、穆尔泰以折本请旨。覆请九卿所奏金三、徐彩官二人之罪相同，所议迥异，应将金三、徐彩官照例改为杖一百，流三千里。其先议发往三姓地方互异之处，交与该部察议具奏一疏。上曰："依议。赵申乔余生几何？仍从宽留任。朕听政年久，阅历甚多。如赵申乔者不必向伊多言，即以其言责之其身，伊至穷蹙难行时，自然改悔。讲道学之人，家中危坐，但可闲谈作文，一有职任，即有所不能。若不用此辈，又以不用士人为怨，朕何必令人怨耶？即如汤斌、耿介与赵申乔辈，朕皆用至大臣。刘谦平日亦讲道学，一至大位，即有事故。讲道学者，顾如此耶？"

又覆请九卿所奏江西巡抚佟国勷、四川巡抚年羹尧，将恶棍孟光祖不行锁拿，反馈送礼物，甚属溺职，相应革职一疏。上曰："佟国勷居官不好，着革职。年羹尧汉仗好，射箭亦好，甚为效力，现今四川匪类俱受箝制，年羹尧着从宽，革职留任效力。"

又曰："巡抚噶什图居官甚好，出兵之人俱称其好。"

又覆请九卿所奏，二等侍卫太云控告盗库银司库保住叩阍一案，将保住拟绞监候，秋后处决；其吓诈分银之伊都厄真八十等，枷号三个月，鞭一百；张岐凤、孙二既告伊主，又不将实情供出，相应拟绞监候，秋后处决；巴图善伊子已偷盗库银，又掩饰其罪，控告孙二，应枷号两个月，鞭

一百一疏。上曰："此事所议未详。巴图善行止不端，朕以为可杀，曾经下旨数次。今如此轻释，可乎？且巴图善与户部尚书穆和伦有亲。"马齐奏曰："巴图善之子所娶者穆和伦之女。"上曰："巴图善、朝奇、苏海皆一类之人，断非可留于世者。本发回，再议具奏。"

又覆请九卿所题北新关解送银五万两私分缘由，将宝善照律即行正法；原任司库常明等拟绞监候，秋后处决，笔帖式公泰等枷号三个月十五日，鞭一百；失于觉察之郎中查林布枷号两个月，鞭一百一疏。上曰："俟保住事再议具奏之时，将此事折签请旨。"

又覆请礼部所题陕西、江南二省正、副考官遵旨问九卿，九卿保举编修王时鸿等十一人。缮折呈览，并以原疏覆请。上曰："仍照前将九卿举出职名票签进呈，若考试好者则留，不好即行革退。看来汉大臣于此等事甚为汲汲。前者赵申乔于朕前寻觅试卷，背朕蹲踞，两手战栗，伊亦不自知若何而可？汉人每云师弟，殊不知师为弟子受过者不少也。"

又覆请礼部所题云南楚姚蒙景总兵官骆俨赐恤一疏。上曰："骆俨居官何如？着问九卿具奏。"

又覆请兵部覆广东、广西总督杨琳题请，各省简选在护军处当差兵丁二十名，与广东省兵丁分班以千总、把总叙用，议不准行一疏。上曰："部议甚是。但前者杨琳原题请在护军处当差兵丁皆汉仗好者，送数人至广东，于水汛试用。此内有不习坐船头晕之人，着以陆地营汛千总、把总员缺用，部中不知，故如此议。本着发回，再议具奏。"

又覆请兵部覆署理盛京将军前锋统领伯唐保住题请，陈尚义、郑尽心等伙内十五人，仍发回原处，将屯丁另补，议准行。再，有妻子之水手十九人仍留外，其无妻子之水手八十一名，行文山东、江南，取来更替，议不准行。又停修旅顺地方三处炮台，立一炮台于天妃庙前，量派官兵看守，应如所议一疏。上曰："此事收贮。进京时，议政大臣与在京大臣会议具奏。"

又覆请刑部所题私通护军英立布之妻，至休出之日诓去为妾，又将英立布打死之吴祯，照例即行正法，英立布之妻拟绞一疏。上曰："依议。"

又覆请步军统领隆科多拿送大盗陈四等，照例拟斩立决一疏。上曰："在先，部奏大盗之案，朕皆交与大学士会同三法司，将为从及未动手之人皆免死，减等充发。看此伙大盗人多，而抢夺数处，甚是凶恶之贼，着问隆科多，并问众大臣具奏。"

又原任太原府知府赵凤诏拟斩立决一事，其未完赃银，将伊所立产业及伊父兄所立产业变价赔补。缮折呈览，并以原疏覆请。上曰："赵凤诏断不可恕。朕巡视陕西，伊曾奏噶礼居官清廉。又称居官不要钱，理之当然。若居官要钱，即如妇人失节。今观伊贪赃银两如此之多，明系欺朕。如此等人，交伊父兄杀者有之。朕尚不必杀、交伊父兄杀之可也。此事收贮，俟进京时再奏。"

又覆请工部所题宝源局铸钱所收铜铅及商人所欠铜铅数目一疏。上曰："众商人历年所欠铜铅，或系王纲明等前欠铜斤项内者，或系别项，着问工部及内务府总管具奏。"

又覆请修筑和硕亲王薄科多之府估计折子。上曰："王年老衰迈，尔衙门将此折子收贮。"

大学士马齐遵旨问槽头徐体干等借银之事，兵部称皇上将节省银两赏给，折作伊等所欠银两，槽头所欠可以尽完，此后钱粮亦可全得，牧养马匹当差甚属有益。缮折呈览，并以原疏覆请。上曰："借给徐体干银两，着停止。将伊等节省银两议抵积欠具奏。"

毕，大学士马齐奏曰："《太宗皇帝实录》，徐元梦等将满文校对汉文，汉文校对满文，已看两番，臣又磨对一次。其错误遗漏之处，已皆加签。或字义有满汉文意不明者，将臣衙门所贮太宗皇帝实录底稿取出磨对。俟皇上回銮再呈览具奏。"上曰："进宫之后，朕即无暇。《太宗皇帝实录》此处即有，尔等取去磨对，即在此呈览具奏。"

马齐又奏曰："臣阅实录，太宗皇帝甚为宽仁。因朝鲜背叛，太宗皇帝亲征其国，既尽得其地，不行殄灭，仍以李倧为朝鲜国主。又祖大寿背太宗皇帝释放之恩，后复窘急投顺，太宗皇帝不即诛戮，仍行豢养。"上曰："朕不尝收抚喀尔喀及丹济喇耶？"徐元梦奏曰："观皇上所行之事，即与太宗皇帝无异。于松山、杏山等处，将洪承畴十三万众击败之

时，太宗皇帝亲率师旅指授方略，一切预定成算，皆不出所料。”上曰：“朕曾至松山、杏山等处，于太宗皇帝用兵之地，一一详阅。彼时太宗自盛京启行，至用兵之地，鼻衄不止，于马上用碗盛接，三日方愈焉。”

初七日己未

初八日庚申

初九日辛酉

初十日壬戌 是日，喀尔沁王色楞之子罗普藏车普敦、伊丹木查普、图星罗普藏等，公主之子明朱礼拉普坦，二等他布囊诺木齐，一等他布囊达尔占，四等他布囊霍托那孙、厄尔得尼、厄林陈等来请安、进贡。

十一日癸亥

十二日甲子

十三日乙丑

十四日丙寅

十五日丁卯 是日，科尔沁扎萨克和硕达尔汉亲王和硕额驸罗普藏滚布来请安。

十六日戊辰 巳时，上御行宫，大学士马齐，兵部侍郎仍在学士处行走查弼纳，学士渣克旦、勒什布、穆尔泰以折本请旨。覆请吏部议覆山东巡抚李树德所题济南府知府张焘丁忧员缺，请以济南府同知张振伟、高唐州知州刘天爵二人内简用一员，议不准行一疏。上曰：“着照该抚所题，将张振伟补授。”

覆请总督管理直隶巡抚事务赵弘燮所题，西路捕盗同知梁永祖丁忧员缺，请以东光县知县常弘祖、良乡县知县裴其伟二人内简用一员，议不准行一疏。上曰：“着照该督所题，将常弘祖补授。”

覆请户部议覆右卫将军费扬古所题，将归化城等处所收糜子换小米收贮，议不准行一疏。上曰：“将军费扬古甚属糊涂，将此事交议政大臣议奏。”

覆请礼部所题河南、山东、山西三省正、副考官，以编修沈宗敬等职名开列一疏。上曰：“着照前问九卿。”

覆请刑部议覆广东巡抚法海，拿送从发遣处逃至广东之原任佐领王

伦，应照例枷号三个月，鞭一百，发往白都纳当苦差一疏。上曰："王伦从发遣处逃至外省，情由可恶。本发还，着再议具奏。"

覆请刑部议覆江西巡抚佟国勷所题，大盗艾花子等请即行正法，广东巡抚法海所题，大盗张汤伦等请即行正法，准如所拟二疏。上曰："仍照前，着大学士会同议奏。"

覆请行在刑部所题，中后所等处地方大盗张三等三人，交与古北口总兵官保柱即行正法一折。上曰："着交刑部会同三法司严审定议具奏。"

毕，大学士马齐奏曰："臣等遵旨查得，齐尔布里一句，出自清文鉴。"上曰："齐尔布里之言，非别处查得，乃旧日实录所有之言。"

马齐又奏曰："和硕图额驸率领本旗在太宗皇帝前奋勇而进，及太宗皇帝遣副都统艾塔之处，将从内发出之实录及臣等带来之实录查对，俱无。应行文到京，将臣等衙门所贮实录底稿取来详查。若再无，将所与和硕图之敕诰取来查对。"上曰："实录朕所纪甚明。败满贵、何云龙、马登云、孙祖寿四总兵时，天正大雾，人觌面不见，敌营火炮、鸟枪施放不绝，甚属危险，树木枝叶皆焦，太宗以我兵殆尽，是以遣副都统艾塔往视。艾塔回奏曰，敌之火炮鸟枪止损树木，我兵并无一伤。是战也，正红旗都统和硕图额驸率领本旗，在太宗皇帝之前奋勇而进，此等处如何皆无？尔等查奏。"

马齐奏曰："太宗皇帝甚是神奇，凡用兵如何行走，从何处可进，以至牧马等事，皆太宗皇帝指示。皇上亦如太宗皇帝。向者皇上驻跸汤泉时，传谕作速移出树林，方移定，迅雷立至，众人无不惊异。"上曰："我祖孙皆如此。朕少年时，在兴安岭上行茂林中，迅雷忽作，意欲暂停，新满洲等以为不可。及避出茂林，雷已止。遣人往视，其处树木皆为迅雷所击矣。此皆朕身经历之事。"又顾左都御史徐元梦曰："朕常留心格物之学，如雷击木，必于无疵无瑕枝叶整齐者方击之。如击马，已割鼻耳之马亦不击。再汉书所载，有所谓雷斧、雷楔者。看来得自深林者皆石，得自平原者皆铜。朕处所得甚多。若祈雨将小石一块置于泉水搅之者，蒙古人以为查达齐，汉书则曰查达，书之所载虽明，然不甚准。"

是日，阿霸垓多罗额驸札木苏来请安。

十七日己巳

十八日庚午

十九日辛未

二十日壬申　巳时，上御行宫，大学士马齐，兵部侍郎仍在学士处行走查弼纳，学士渣克旦、勒什布、穆尔泰，以折本请旨。上召理藩院尚书赫寿，侍郎特古忒，协理理藩院事头等侍卫伊都额真色楞等入，谕曰："鄂罗斯尼普出城守御争逃人之事，部议非矣。此并非为逃人，特借此来通交易耳。将军托留即宜驳回。今尔等代托留作文，交与托留，令行鄂罗斯。其文当云：尔等边城头目，因欲交易，故以争逃人为名，行私甚多。此皆小事，然尔等所呈之文，辄写两国讲和以来等大言。由此观之，尔等惟知图利，以交易为重也。前尔查汉汗之臣噶噶林所呈之文云，我查汉汗官卖物之外，凡私行交易者，无我印记，不许交易，已有呈文。前两国议定疆界之后，为定议喀尔喀之事，曾行文于查汉汗。今十有余年，未尝回文。和议在先，喀尔喀之事在后，尔等何可言及于此？且喀尔喀之人，既入尔鄂罗斯后，喀尔喀泽布尊达木巴库图克图、土谢图汗将金银缎匹等物赎回，尔等将所卖之人以死故，诳尔查汉汗。此处我皆深知。今查汉汗倘若要人，尔等能以死尸示之乎？由此观之，尔等边方头目任意行私，我大国待尔等交易来使，即令乘驿送至京城，数百人留住数月，给尔廪食，肥尔马匹，诸事应付，所费钱粮之处甚多。圣主此恩，尔等自宜感戴。倘我国之人如是之多，到尔地方久住，所食所乘如此烦扰，尔等其何以堪？我乃圣朝镇守北藩等处将军，尔乃边塞一小头目。如有查汉汗之言，噶噶林之文始听，尔等头目之言，我皆不听。此后查汉汗之言、噶噶林之文呈于大部，我亦将尔等行私之处，行文知会于噶噶林。因此将尔等带来货物，不许交易，一并驳回。尔等会同将此作托留之文，交与托留，发往鄂罗斯。原折发回。"

又顾赫寿曰："以尔意作一劝谕书，送于拉藏汗。云：蒙皇上之恩，将我补授理藩院尚书。昔时曾到尔处，汗甚爱敬我，念彼此相好之情，尽我之心作书相告。顷者，统领驻札巴尔库儿地方兵丁将军富宁安等，率先

锋兵问罪于泽旺阿拉蒲坦之境，拿获泽旺阿拉蒲坦哨兵厄勒忒阿朝、拉克垂扎普二人。问彼二人，云泽旺阿拉蒲坦仍住伊本处，与鄂罗斯、哈萨克、卜鲁忒皆为仇敌。拉藏之子娶泽旺阿拉蒲坦之女，三年，已经生子。达赖喇麻、班禅及拉藏之使，俱在泽旺阿拉蒲坦处。闻得卜穆之子车林敦多普斋、桑托普齐、都噶儿三即等，率六千兵，去年往阿里克处，闻得助拉藏汗征卜鲁克巴，至今未回。以往阿里克之兵思之，泽旺阿拉蒲坦甚不可信之奸狡人也。或往助尔之征卜鲁克巴，或侵尔以取西边地方，亦未可定。再顷者尔呈部之文，有部中若不料理，我等除力争之外，别无他法之语。由此观之，尔或欲侵岱青和硕齐罗普藏丹津，以引导泽旺阿拉蒲坦之兵，亦未可定。尔诚受我主之封，食我主之禄，而侵我边疆之贝勒，我四川等处所有三万兵丁，与贝勒岱青和硕齐同在一处，又岂有坐视尔临挪磨浑武巴什、穆鲁斯伍苏等处侵胡胡诺儿之理乎？至彼时，我兵助岱青和硕齐与尔交战，我虽有禁止之文，亦无及矣。将此作书，以底稿呈奏。有不合之处，朕改之。”赫寿、特古忒、色楞出。

大学士等以九卿自热河送至各种禾穗，细阅奏折覆请。上曰：“今年禾苗甚好。近京米价顿减，今甚贱矣。此处米价尤贱，由此再贱，即于农人无益。”马齐奏曰：“今年各处田苗甚好，皇上犹将仓中所有烂米发出，赏给兵丁，买米之人少，所以米价甚减。”上曰：“九卿奏折，朕知道了。尔等票签具奏。”

又覆请吏部以江西巡抚佟国勷原缺，将内阁学士蔡升元等职名开列一疏。上问起居注左都御史徐元梦曰：“白潢人何如？”徐元梦奏曰：“白潢原任中书，与臣未在一处。闻得人去得，居官好。”上曰：“白潢人诚好，着补授江西巡抚。”

大学士马齐遵旨以河南、山东、山西三省正、副考官问九卿，九卿举出编修吕谦恒等十一人。缮折呈览，并以原疏覆请。上曰：“仍照前，将九卿所举官员职名票签进呈。今年正、副主考，俱交九卿举出。此辈如有公行贿赂、声名不好者，将所保之人必并诛之。将此旨缮写发去。”

又覆请刑部所题直隶地方逃走复行拿获之大盗杨起麟、韩二，复行越狱逃走，又复自行投首，不准援投首之例，应即行正法一疏。上曰：“照

前仍交大学士等会议具奏。”

又覆请兵部遵旨查得，馆所槽头徐体乾等修造马棚、助养马匹等项银两，皆系情愿帮助，无庸议。实在节省草豆银十九万七千两有余，准抵销所欠十八万六千余两，所余银一万一千余两，无庸议。自今以后，徐体乾领银仍照前节省折子。上曰：“这所议不明，已驳回数次，仍如此朦混议来，必有情弊。本发回，再议具奏。”

又覆请工部所题宝源局铸钱所收铜铅及商人所欠铜铅数目一疏。又遵旨查明众商人历年所欠铜铅是否王纲明等旧欠铜项内折子。马齐奏曰：“观所奏折子，众商人等所欠铜铅是否王纲明等旧欠，并未声明。”上曰：“着再查具奏。”

毕，大学士马齐奏曰：“观将军富宁安所奏，袭击之兵一进即败，泽旺阿拉蒲坦哨兵擒其二人，不出皇上睿算之中。今伊等必共相惊恐，此后捷音自应相继而至矣。”上曰：“泽旺阿拉蒲坦之人，皆乌合之众，其心不一。我大兵一到，即或降或散。朕经理军务已久，老年每事谨慎，所以用袭击之兵。刘荫枢并不知此意，听传闻之言，即劝朕息怒休兵。用兵之事如此妄奏，可乎？伊不过用此空言作文章而已。无知之徒，即由此互相传布。即如近日，自京师召一识医理之原任知府章文潢，小抄内即以为朕身甚是欠安。织造李煦系朕包衣下人，闻之情不自禁，是以遣人具折请安。从来遇贼迎降，即此等空言作文之辈。流贼李自成进京之际，明文臣迎降，称颂李自成。奏表云，迈汤武而无惭德，比尧舜而多武功。本朝兵至，复降本朝。逆贼吴三桂叛时，贵州巡抚曹申吉降，而提督李本深亦降，四川巡抚罗森降，而提督郑化蛟亦降。王师至，箪食壶浆迎之。贼兵至，亦箪食壶浆迎之，真不可信也。”

又曰：“吴三桂叛时，朕方二十岁。朕理兵事，吴三桂闻之曰，乳臭未退，何理事如此之善乎？伊如此笑朕，朕更喜悦。吴三桂在长沙时，伊坐于城上，笑曰，看我婿败满洲之兵。着夏国相领兵与我兵交战。硕鼐率数百人奋然败之，杀至城下，夏国相背负三箭而逃。吴三桂见之，谓满洲兵犹如此之勇！此等事，皆在伊傍二太监归降之后，曾奏于朕。”

又曰：“蒙古等感戴本国之恩，忘身以奉事者甚众。当索约尔济河地

方，与噶尔旦交战时，阿鲁科尔沁之董牛忒台吉，自战场出，谓众曰，我等受皇恩甚深，今败北，有何面目以见圣颜乎？率伊属兵三百名复进，皆没，此内奇礼德族中数人皆战没，朕今每念伤心。近日绿旗武官亦好。游击潘之善驻防哈蜜，泽旺阿拉蒲坦二千兵来侵，潘之善率伊属兵二百，即行杀败。此战也，潘之善奋然，一手持刀，一手执弓，笑曰是盖我等报皇恩之地也。哈蜜回子及被获，厄鲁忒等无不谓潘之善汉人而有勇。如此为之，极口称赞。顷者总督满保奏折，自旅顺口逃去之贼，从浙江败走，福建游击郑勤领兵追及，跳上贼船，杀者杀之，擒者擒之。绿旗武官感朕之恩，皆有捐生勇往之心，朕于此惟恐太过，以致有伤耳。”

是日，鄂尔多斯三品台吉班第来请安、进贡。

二十一日癸酉 是日，巴林固山贝子扎什那木他儿来请安、进贡。

二十二日甲戌 是日，协理敖汉事务一等台吉毕里滚达赖、四等台吉阿拉什大木巴来请安。

二十三日乙亥 是日，敖汉四等台吉赛阴鄂约兔、扎什巴忒马来请安。

二十四日丙子

二十五日丁丑 是日，乌拉忒四等台吉满朱来请安、进贡。

二十六日戊寅 是日，喀尔喀固山额驸公格阿拉蒲坦来请安。

二十七日己卯 巳时，上御行宫，大学士马齐，兵部侍郎仍在学士处行走查弼纳，学士渣克旦、勒什布、穆尔泰以折本请旨。覆请吏部题请顺天府同考官，以吏部主事邹世仁等职名开列一疏。上曰：“着九卿举出，照伊等举出之人票签进呈。”

覆请礼部题请顺天府正、副考官，以编修沈宗敬等职名开列一疏。上曰：“此不可。问九卿，俟朕亲点。”

又覆请题请监试御史，以董鄂洛等职名开列一疏。上曰：“尔等缮名进呈。”

又覆请兵部覆广东、广西总督杨琳所题，各省拣选在护军处行走之兵丁发给二十名与广东，兵丁以千、把总分班录用等因。查得在京所有在护军处行走之兵丁，惟有十二名，俟随围回日，一并掣签发往一疏。上曰：“将汉军一并发往。本着收贮，俟进京再奏。”

覆请刑部所题步军统领隆科多拿送大盗窦尔东等，照例即行正法一疏。上曰："窦尔东、王四老公行劫年久，甚为凶恶，杀人亦多。平人杀人三口，尚且凌迟，此为首者，亦当凌迟。本发回，着隆科多会同三法司议奏。"上谓大学士马齐等曰："前河南巡抚张圣佐，曾将宜阳县之贼亢珽等，因拒捕抢夺，派出官兵攻破神后寨，杀贼数十，生擒二十二。阌乡县之贼尹乔、王更一等，交知府李廷臣领兵往拿之处，奏过一次，此外并未具奏。顷者报奏米价，将阌乡县之贼拿获与否，亦未曾申奏。此盗案系巡抚张圣佐隐瞒。张圣佐朕素不认识，因布政司中年久，是以补授巡抚，看来无能。宜阳、阌乡、渑池等县，与怀庆府甚近，不过三百余里，皆朕经行之处，朕深知之。此间并无峻山不可攻战之处。河北总兵官冯君洗，将贼情未曾奏闻，亦未曾管事。朕交兵部传谕各省总兵官，俱缮折具奏，冯君洗因何不奏闻？人亦年老。此盗案朕留心久矣。河南巡抚、总兵官并不将实情奏闻，朕交巡抚苏克济、总兵官金国正从实访问具奏，曾于折子上批发。今苏克济奏称，贼王更一等拿获，亢珽仍未拿获。询问此盗根源，因宜阳县丁忧知县指称军需，科派明岁钱粮，预行催取，又以道官瘦马分给勒养情由激变。亢珽等将知县拿去，官兵往战，攻破贼寨之后，始将知县取回。指称擒贼之兵丁，贻累于民，村房放火。朕言非无据也。因出苏克济奏折，交与大学士马齐，读与众听。"上又曰："此皆原任巡抚李锡任内之事。闻得贼亢珽等之言，我等如此行者，将欲何为？大兵若至，必被杀矣。今上知李锡居官不好，已取进京，若将李锡杀之，我等情愿引颈受刑，写书送与兵丁。由此观之，李锡居官甚是不堪。"又向大学士等曰："此贼不尽拿获，断乎不可。着刑部尚书张廷枢、内阁学士勒什布，带郎中何顺，乘驿急往，严加查获详审，即于彼处正法，一面将情由奏闻。勒什布即请训旨往京，会同张廷枢等，即便起身。"

又覆请刑部议覆江宁巡抚吴存礼所题大盗赵二、朱三、杨俊等即行正法，广东巡抚法海所题大盗张唐等即行正法，山东巡抚李树德所题大盗窦老大等即行正法五疏。上曰："此数事，仍照前，着大学士会议具奏。"

又覆请理藩院题请喀尔喀土谢图汗汪扎尔多尔吉之母福金，照例遣大臣往祭，以礼部等衙门侍郎萨哈布等职名开列一疏。上曰："着派一侍卫

兼侍郎之事去。”

又覆请正黄旗汉军都统汪古礼所奏，总河赵世显题补州判刘士恩，挑在鹰上行走，刘士恩既属赵世显题补之员，请仍留河工一折。上曰：“汪古礼汉仗去得，任都统声名不好，人亦琐屑，选执事人皆属年少，刘士恩年纪几何？题补州判时年纪几何？挑鹰上时本旗写来年纪几何？此等处尔等即行查奏。”

又覆请浙闽总督觉罗满保题报，自旅顺口所逃海贼陈君元伙贼内阿吉卫十七人，连船拿获，杀死郁阿二等十五人一疏。上曰：“这伙贼拿获歼灭，甚为可嘉。兵丁已有赏赐，将游击议叙具奏。”

又覆请广东、广西总督杨琳题参，领五船之兵，不能拿获三船贼之守备郑熊等，并巡哨托病私回之游击洪宾一疏。上曰：“郑熊等着革职拿问，交与该抚严审定拟具奏。”

又覆请革职署理仓场侍郎事务张伯行，以运丁刘世仪所告隐瞒米三十万石有余之处具奏，又以永平地方设立社仓断不能行奏闻一折。上曰：“张伯行所奏仓米之事，着九卿议奏。前为社仓之事，九卿在乾清门时，张伯行在朕前所奏甚多，原定年限，今限未满具奏，可乎？着候旨。”

二十八日庚辰 是日，科尔沁多罗贝勒巴克赐古尔来请安。

二十九日辛巳 巳时，上御行宫，大学士马齐，兵部侍郎仍在学士处行走查弼纳，学士渣克旦、勒什布、穆尔泰以折本请旨。覆请吏部覆署理盛京将军事务前锋统领伯唐保住所参理事官那彦太等，以一外郎缺取用二人行私一疏。请遣官往审。上曰：“此事俟批出后遣官则迟矣。本发回。派才能官一员议奏。”

又覆请刑部所题步军统领处拿送大盗范九等，照例即行正法一疏。上曰：“这伙贼内有积年凶恶者，俱应正法。有可宽者，照例减等，充发黑龙江等处。本发回，着隆科多会同三法司查明再议具奏。”

又覆请河南巡抚张圣佐奏闻贼王更一等拿获一疏。上谓学士勒什布曰：“尔等往审此事，将本带去。前苏克济奏折内事，尔已闻之。到彼处，将贼潜住地方，与河北总兵官冯君洗住处甚近，伊为何并不奏闻，又不将贼党即行拿获之处察问：这事为何滋蔓？起端缘由若何？从何州县行

掠？据于何地？几处潜藏？及放火杀伤民命等情，尽行详察。指称军机，科派预征来年钱粮之知县若果情实，即行拿问。丁忧知县被贼拿去，伊等为何隐瞒不奏？被贼拿去今复得回之知县，现在彼处，一并详察。尔等到彼处，此贼拿完则已，若仍拒捕逃避，尔等即领兵追拿，此辈何往，即如拿大盗窦尔东等，即被擒矣。此际再有所奏之事，再发尔处。”

又以云南学道余正健告病乞休一疏，并遣御医往视之处，一并覆请。上曰：“病既是实，照伊所请休致。”

又以镶黄旗蒙古都统佐领色楞、五十二二佐领下护军校拉普达孙等，告伊佐领叩阍一案，刑部遵旨查明。从前被告一名额德勒湖者，是否即系此二佐领下人。今查得额德勒湖之子常保，现与被告之佐领色楞、五十二皆系喀喇沁一族兄弟。缮折呈览，并以原疏覆请。上曰：“朕记得告额德勒胡者乃一弓匠，这所察允当。但额德勒胡讹写额德勒辉。此佐领下人，历来控告不已。本发回，再议具奏。”

大学士马齐奏曰：“所查之处，皆与上所记相符。折子一到，学士等俱极惊异。此系三十四年前事，而所告之人，皆不忘记，诚为神奇。”上曰：“朕一生所赖者，惟在记性。纵有极冗长之本，朕俱能全记。因办事年久，所以事到即知始末。前李光地所作一本《易经》讲书，朕留在内。顷者《周易折中》告成，因复发出。李光地以为奇异，奏曰此有何紧要之书，乃臣幼年所作，全无足取，上犹记忆发出。”起居注左都御史徐元梦奏曰：“前年李光地过浙江，语臣曰，我自幼年留心易学，数年来修《周易折中》，常听皇上教诲。较前觉有可信。”马齐奏曰：“在先于成龙善忘，不能记忆。”上曰：“于成龙全不能记事，然孜孜为君之心，甚是诚笃。人人皆能如彼，尚何议哉？前征噶尔旦时，朕将伊差出。嘱云，尔务必运米万石至费扬古处，若不能运至，朕即将尔正法。于成龙曾奏，臣有何见罪于上，乃以此事而杀之？后运至二千石，噶尔旦之事已毕。二千石米亦不曾用尽，俱散给蒙古。于成龙回来奏云，今上将以何罪拟臣？朕曰，尔有功，无罪。前所云者，特为必欲运至之意耳。伊始悟其意。于成龙有言即奏，略无隐瞒。”

八　月

初一日壬午　巳时，上自热河起行，驻跸黄土坎。是日，乌朱穆秦扎萨克多罗厄尔德尼贝勒博穆布来请安、进贡。

初二日癸未　上驻跸汤泉。

初三日甲申　上驻跸行宫。

初四日乙酉　上驻跸中关。

申时，上御行宫，大学士马齐，兵部侍郎仍在学士处行走查弼纳，学士渣克旦、穆尔泰，以折本请旨。覆请吏部所题，江西布政司白潢员缺，将四川按察使许兆麟等职名开列，令其来京引见一疏。上曰："李光地、于成龙任直隶巡抚时，许兆麟曾任守道，朕素识之。着许兆麟补授，即令赴任，停止引见。"

覆请礼部请派顺天正、副考官一疏。上曰："待朕点出。"

又请派房官一事遵旨问九卿，九卿举出官员职名开列。缮折呈览，并以原疏覆请。上曰："棘闱弊端甚多，先有一人以三字为关节中式，赵申乔闻之，殿试时竟查出此卷革退，赵申乔此举甚佳。但伊从前为考官时，所取之解元，即已脱逃。虽自谓公正，人岂信之乎？此番所派之房官，将开列正、副考官内，除沈宗敬不派外，每房着派二员，将各省人参杂派出，录名票签进呈。一房内派出同省二人，断乎不可。"

又覆请派江南提督学政，将检讨觉罗逢泰等职名开列一疏。派浙江提督学政，将谕德陈厚耀职名开列一疏。派山东、山西、河南、陕西、湖广、江西、福建、广东、广西、四川、贵州提督学政，将检讨觉罗逢泰等职名开列一疏。上曰："着九卿举出。"

覆请刑部所议汇题案内，正蓝旗原任护军校哈尔布家人逃出为僧，名恒修，假刻直隶巡抚姓名图书化缘情由，枷号三个月，鞭一百一疏。上曰："恒修乃系旗下家人逃出为僧，所行甚属可恶，应议发遣三姓地方。本发还，再议具奏。"

毕，大学士马齐以《太宗皇帝实录》与朝鲜书内，有瓦尔喀与我，原系女直国大金之后等语请旨。并以票签呈览。上览票签曰："尔等票签甚是。居住长白山、宁古塔等处者，系瓦尔喀。居住图门江以外者，系库牙拉。谓大金之后，非也。此等处，朕先亦欲改正，因图海、索额图奏称，此昔日所记之事，曾经世祖皇帝御览，今改之，未知当否？是以中止。俟进京时，尔等再奏。"马齐奏曰："臣与徐元梦等商议录出，进京再奏。"上曰："善。朕遍览明朝实录，但将科抄写入，并未录实事，即如成祖修京城之处，尚未记一字。史臣但看野史记录，错误甚多。故大臣虽奏请速成明史，朕明知其无实，速成何为？朕又览《史记》、《汉书》亦仅文词之工，记事亦有不实处。即如载项羽坑秦卒二十万，二十万卒岂有束手待坑之理乎？"起居注官左都御史徐元梦奏曰："臣等看书，如此等处，皆未详察，即以为实。皇上如此开示，始知其不实处。"

是日，赐江西巡抚白潢御书匾额、对联、鼻烟壶。

初五日丙戌　上驻跸青城。

是日，韩麻子营中伙时，随驾蒙古大臣、官员住居口外，正蓝旗拖沙拉哈番布达、原任护军校克什特、护军二济图及众蒙古会同进，上筵宴。

是日，赐布达御用银鼠短褂一件，银五十两。克什特、二济图各银三十两。蒙古男妇等，各赐银有差。喀尔喀扎萨克一等台吉哥木皮儿，阿巴海多罗郡王巴特马滚出克，多罗卓礼克图郡王查木巴儿查普，巴林荣宪固伦公主来请安、进贡。

初六日丁亥　上驻跸行宫。是日，苏牛特多罗都楞郡王达里扎普，喀尔喀多罗达尔汉贝勒瞻丹固密、护国公索诺穆巴尔朱尔来请安、进贡。

初七日戊子　上驻跸行宫。

初八日己丑　巳时，上自青城起行，驻跸唐土沟。

是日，随驾蒙古大臣官员居住口外，正蓝旗苏鲁克蒙古会同进，上筵宴，赐众蒙古男妇等银两有差。

初九日庚寅　上驻跸张三营。是日，折罗特多罗达尔汉贝勒阿第沙来请安、进贡。

初十日辛卯　上驻跸伊孙喀布齐路。

十一日壬辰　上驻跸云特木儿口。是日，柰曼四等台吉沙克扎僧格来请安、进贡。

十二日癸巳　上驻跸爱里格尔七老。是日，赐随围蒙古，六省官员、兵丁，八旗护军校、护军、执事人等獐鹿。喀尔喀扎萨克一等台吉多尔济达西来请安、进贡。

十三日甲午　上驻跸漠岭。

十四日乙未　上驻跸漠岭。

十五日丙申　上驻跸漠岭。是日，科尔沁十旗蒙古王、贝勒、贝子、台吉等会同进，上筵宴。

十六日丁酉　上驻跸骅骝杨川。

十七日戊戌　上驻跸哈达俄佛罗。

申时，上御行宫，大学士马齐，兵部侍郎仍在学士处行走查弼纳，学士渣克旦、穆尔泰以折本请旨。覆请吏部所题四川按察使许兆麟员缺，将济东道申大成等职名开列一疏。上曰："着问九卿，各举所知。"

又覆请云南学政余正健病退员缺，将检讨彭维新、郎中蒋仁锡等职名开列一疏。上曰："着问九卿具奏。"

覆请户部议覆江南海关监督萨哈察所请，江南、浙江海洋商人胡云客等，所受倭国票引，尽为浙江海关监督收去，伏恳将安庆船户所受票引给伊，散与众商人等因，应行文江南总督、巡抚议奏一疏。上曰："此事若交与总督、巡抚议，为日迟久，必致有误商人交易。徐元梦在此，必知其事，着问徐元梦。转咨该部，速行确议具奏。"

又覆请户部所议，商人孙毓泰等旧欠及未扣完银两，将伊等节省银内暂行抵销。自三十四年以后，历来所欠草豆银两，分为十年扣完。俟扣完之日，将伊等抵欠所用节省项下银四十万六千余两，再分年补还一疏。上问大学士马齐曰："此议何如？"马齐奏曰："看来还不明白。"上曰："原本发还，再议具奏。"

又覆请兵部覆奏，五十五年六月，议政大臣等为副都统吴坤，致兵丁之马匹伤残，器械缺少，议革去副都统，拘禁，俟原任将军席柱到时再议一疏。上曰："依议。但此事系去年议奏之事，如何迟至此时始奏？着

查奏。”

又覆请户部所议，关所马头徐体干等，自三十四年至五十六年节省草料银共十九万七千余两，抵销伊等所欠银十八万六千余两一折。上曰：“此所议亦不明白，着发还再议，用印具奏。”

又覆请刑部覆总督管理直隶巡抚事务赵弘燮所题，马六因救伊生母白氏，将伊父养子马世仁戳死，照例应斩，以马六嫡母七十余岁，生母白氏五十余岁，并无承养之人，照杀死亲兄之唐允坤减等养亲之例，将马六留养，无庸议一疏。上曰：“马六之嫡母、生母俱年老，无承养之人，着九卿、詹事、科、道会同详议具奏。”

又覆请刑部所议，因救亲兄彭顺将大功兄彭真打死之彭四，照例拟斩立决一疏。上曰：“彭四因救亲兄打死彭真，将此亦交与九卿、詹事、科、道详议具奏。”

又覆请工部奏销宝源局五十五年铸钱，及所用所存铜铅一疏。又遵旨查得丘道真、刘时泰、七哥、十哥等四商人亏空未完铜铅，皆系五十四年以前商人王纲明旧欠工部铜内之项，并无别欠一折。又内务府总管遵旨查得，宝源局所欠铜铅，皆系王纲明等旧欠，并无别项亏空。海洋商人陈伟甫所欠商人刘时泰等铜铅，行文巡抚吴存礼追取补还。商人刘时泰等所欠之铜并内库银两，七哥、丘道真、十哥等所欠之铜折银补还，依议一折。上问曰：“此所欠铜铅，皆王纲明等旧欠内之数否？”马齐奏曰：“王纲明等旧欠户部宝泉局之铜，赵申乔参时，皇上发内库银皆已还完。此所欠者，乃工部宝源局之铜铅。今工部奏销，将所欠铜铅并议，故看来不甚明白。”上曰：“此奏销事，着该部另奏。将所欠铜铅查明，会同内务府总管再议具奏。”

大学士马齐遵旨以派江南、浙江、山东等处提督学政问九卿，九卿佥云，翰林部院官员皆系皇上考试之人，求皇上钦点。缮折呈览，并以原疏覆请。上曰：“开列官员贤否，朕皆不知，如何派出？仍问九卿。将此四事合为一处具奏。”

是日，土默特多罗达尔汉贝勒阿拉布坦、固山贝子巴雅斯虎郎图，郭尔罗斯扎萨克一等台吉查滚来请安、进贡。

十八日己亥 上驻跸野猪川。是日，科尔沁和硕纯禧公主遣使来请安，科尔沁二等台吉那木桑来请安、进贡。

十九日庚子 上驻跸红川北湾。是日，赐科尔沁和硕土谢图亲王鄂尔斋图、巴特马、罗普藏滚布，多罗郡王那门鄂尔和图、衣西班第、罗普藏拉西，都尔奔特固山贝子沙津，科尔沁护国公图奴满，郭尔罗斯一等台吉查滚等小刀、荷包等物。赐随驾官员、兵丁牛羊肉。科尔沁二等台吉色布特多尔吉来请安。

二十日辛丑 上驻跸红川北湾。是日，科尔沁和硕端敏公主遣使来请安、进贡，乌朱穆秦和硕车陈亲王色登敦多普来请安、进贡。

二十一日壬寅 上驻跸格尔七老口。

二十二日癸卯 上驻跸格尔七老口。

二十三日甲辰 上驻跸德普遂辉涵。

二十四日乙巳 上驻跸柳林。是日，科尔沁和硕额驸多尔吉色楞来请安、进贡。

二十五日丙午 上驻跸柳林。

二十六日丁未 上越巴颜沟五里驻跸。是日，赐大臣、官员、护军、执事人等，随围六省官员、兵丁，蒙古王、台吉鹿。

二十七日戊申 上驻跸乌胡尔吉。

二十八日己酉 上驻跸努胡代色勤。

二十九日庚戌 上驻跸巴颜沟。

三十日辛亥 上越德而吉辉罕五里驻跸。

九　月

初一日壬子 上驻跸德尔机辉罕。

初二日癸丑 上驻跸克勒毋台。

初三日甲寅 上驻跸雍安拜谷口。是日，赐大臣、官员、护军、执事人员、六省官兵鹿。

初四日乙卯　上驻跸雍安拜谷口。是日，赐喀尔喀扎萨克郡王纳木占、一等台吉达木林多尔济、萨毋皮儿、扎萨克一等台吉多尔济达什、根母皮儿火镰包、小刀。

初五日丙辰　上驻跸雍安拜谷口。是日，赐科尔沁辅国公布尼、喀尔喀扎萨克台吉多尔济达什马各一匹，随围蒙古人鹿。

初六日丁巳　上驻跸雍安拜谷口。是日，赐科尔沁土谢图亲王鄂尔斋图、卓礼克图亲王巴特马、郡王诺门厄尔黑图、秉图郡王伊锡班第、郡王罗布藏拉什，杜尔伯特固山贝子沙津，科尔沁镇国公图奴满儿，郭尔罗斯扎萨克一等台吉察滚等各马一匹。

初七日戊午　上驻跸克勒母台湾。

初八日己未　上驻跸厄勒苏忒岭口。赐大臣、侍卫、护军、参领、护军校、护军、执事人员、六省官兵鹿，科尔沁辅国公乌尔图那苏兔马一匹。

初九日庚申　上驻跸拜巴哈口。是日，赐随围蒙古人鹿。

初十日辛酉　上驻跸布敦河。

十一日壬戌　上驻跸骅骝杨川。

十二日癸亥　上驻跸黄陂杨川。是日，赐蒙古王、贝勒、贝子、公、额驸、台吉、官员等蟒袍、靴袜、银币等物有差，并赐宴。

十三日甲子　上驻跸阿纳达岭口。是日，赐大臣、官兵，蒙古王、台吉鹿，科尔沁辅国公布尼、乌尔图纳苏兔马各一匹，随围蒙古银币。

十四日乙丑　上驻跸古都礼忽口。是日，赐信郡王德昭马一匹，大臣、侍卫、护军参领、护军校、护军、执事人员、六省官兵鹿，科尔沁多罗杜楞郡王伊达穆查布、无品他布囊罗布藏车布登各马一匹。

十五日丙寅　巳时，上出行幄前，令诸皇子射阅。科尔沁台吉毕里滚达赖、布达、毕锡勒尔图，喀喇沁他布囊丹巴等射，令其协理扎萨克事务。上亲射，每发悉中。

毕，启行，驻跸王三窝铺。

十六日丁卯　上越毕尔珠海三里驻跸。是日，赐巴尔库儿地方拿获解送回子艾塔木孟格蟒袍各一袭，奈曼多罗达尔汉郡王和硕额驸垂忠，敖汉和硕额驸多尔济拉什、多罗额驸罗布藏来请安。

十七日戊辰　上驻跸黄土坎。

十八日己巳　辰时，上御行宫，召日讲官起居注翰林院侍读学士阿克敦，銮仪卫治仪正兼佐领张廷枚入，谕曰："朝鲜王安静奉法，人民爱戴，四十余年国中享太平之福未有如此之久者，朕甚嘉之。览礼部奏称王因病目，吁请礼部代题构买空青，朕闻王之疾，深为轸念。空青，朕处有，因即于行在特简尔等赍赐，此系格外之恩。凡一应礼节，尔等到时，令王不必拘于成例，随处可以相见。可传谕之。"

是日，上至热河，请皇太后安。驻跸行宫。

十九日庚午　是日，上御东门，兵部侍郎查弼纳，带浙闽总督满保所送台湾人七名进前，上命其步驰、步射。阅毕，又以古北口总兵官保柱题请石塘路都司马守贵员缺，以河屯营守备徐仁补授。徐仁员缺，以喀喇城千总张溥补授引见。上令徐仁、张溥射毕，俱允其所请。

二十日辛未　上御行宫，大学士马齐，兵部侍郎仍在学士处行走查弼纳，学士渣克旦、穆尔泰以折本请旨。覆请宗人府所题原任护军参领觉罗傅尔登，因伊侄媳闲散觉罗海敦之妻寡妇告讦，已议枷号两个月，鞭一百，发往黑龙江。今傅尔登在逃，俟拿获之日，从重枷号三个月，再行充发。其佐领兼族长齐禄降一级，罚俸一年一疏。上曰："傅尔登朕已拿送。此事着依议。"

又覆请吏部所题贵州革职巡抚刘荫枢员缺，以内阁学士蔡升元等职名开列一疏。上曰："着问九卿具奏。"

又曰："近来九卿举人之善者尚有，参人之恶者全无。即如李锡居官不堪，汉大臣之人往来行走，岂无所闻？竟无一人参奏。从前朕谓各省官员内，有居官不堪，声名不好者，一有风闻，即缮折参奏，已曾下旨。九卿虽事迹不能深悉，本内第云只闻其恶，实迹未详。如此声明，未为不可。朕惟欲周知，岂有于未经核实，未经问明之时，即行治罪之理乎？且奏折朕亦不发出。果据风闻参奏，外吏畏惧自新。可将此传谕九卿。"

又覆请吏部议覆巡抚吴存礼所题，长洲县知县许遇，因越狱盗犯未获，降二级调用。请将许遇带所降之级留任，议不准行一疏。上曰："许遇着照该抚所题，留任。"

又覆请升任四川按察使许兆麟员缺，九卿举出直隶大名道李育德等。缮折呈览，并以原疏覆请。上曰：“李育德好，着补授。”

又覆请覆御史许惟模所题，将进士等交与各部学习办事，每部各历三月，轮流行走。果有办事通达者，各部保举，以知县即用，无庸议一疏。上曰：“着九卿议奏。”

覆请覆浙江巡抚朱轼请将浙江任满提督学政汪漋留任，议不准行一疏。上曰：“汪漋着照该抚所题，再留三年。”

又覆请山东巡抚李树德请将提督学政陈沂震复任三年一疏。又四川巡抚年羹尧请将提督学政廖赓谟复任三年一疏。上曰：“俱照该抚所题，再留三年。”

又覆请江南各省学差，九卿遵旨举出谕德陈厚耀等。缮折呈览，并以原疏覆请。上曰：“将九卿举出官员，挨次票拟进呈。”

又覆请覆两江总督常鼐所奏，按察使祖业弘溺职，议革职一疏。上曰：“祖业弘居官不好，着革职。派富户，尔等传谕该旗都统。”

又覆请汇题案内，刑部员外图巴海因中风痰，手足不能举动，具呈告休养病，准其告休一事。上曰：“图巴海年老，着以原品休致。”

又覆请户部署理仓场事务侍郎阿锡鼐等所题，包衣浑拖和家口月米应入大册，四月一放，议准行。又放季米后，添裁官员、兵丁米石，虽有虚名，究无实惠，此项应不许支给。但系五十四五年之米，议仍支给。再，官兵姓名一经入册，行于仓场，虽有升转，亦应不论，议准行一疏。上曰：“着九卿议奏。”

又覆请覆甘肃巡抚绰奇所题甘州等处开捐一事，应照所请，将平凉等处所开捐纳二例，暂行停止，于肃州减四，甘州减三，凉州、西宁减二，米麦料豆均收。现今捐纳条例外，将湖滩河所例九款酌量加增六款，添于肃州，每石折银七两二钱，米二银八、兼收捐纳官生，另立一班铨选一疏。上问马齐曰：“此所议亦似可行。”马齐奏曰：“捐纳虽非美事，但用兵之际，开捐料理军务，甚为有益。”上曰：“依议。”

又覆请礼部所题镇国公景禧应照例赐恤一疏。上曰：“不必与谥。”

又覆请议覆原任江西巡抚佟国勷所题，龙虎山庙宇，奉旨发帑银修

造，请给匾额，议准行一疏。上曰：“朕先已赐匾额，今不必给。”

又覆请兵部覆总督管理直隶巡抚事务赵弘燮所题，私用鸟枪，应照例治罪。保标之人，往返行走，宜定限期查核，议准行一疏。上曰：“亢挺等贼营，火炮鸟枪俱备，着交九卿从严议奏。”

覆请兵部所议河北总兵官冯君冼，因未将宜阳县亢挺等贼情奏闻，缮折请罪。将冯君冼革职，交尚书张廷枢等严审具奏一疏。上曰：“这本暂收贮，俟张廷枢等审明具奏之日，再行启奏。”

又覆请议覆广东巡抚法海所题，南雄守御所千总尚宠之母齐氏，年八十一岁，止生一子，并无次丁侍奉，恳请终养等因。查武职并无终养之例，应无庸议一疏。上曰：“尚宠着准终养。”

覆请刑部议覆广东巡抚法海所题，大盗苏朝宗等，又邓哑三等，俱照例即行处斩等因，应如所议一疏。上曰：“仍照前，着大学士等会同三法司议奏。”

又覆请步军固山达拖赉所获大盗张三等，照律定拟，即行处斩一疏。上曰：“此事着问步军统领隆科多及大臣等具奏。”

又覆请遵旨会同步军统领隆科多，将行劫年久，极其凶恶之贼窦尔东，拟即凌迟一疏。上曰：“事着依议。此案内庄头王六，系太监梁九功家仆，何以得做钱粮庄头？将王六挑去脚筋充发。”

又覆请九卿所议泰云首告偷盗库银之原任司库保住等拟斩，秋后处决一折。上曰：“观此事实情尚未明显，着问九卿具奏。”

覆请都察院所议偷盗库银之员外郎宝善拟立斩一疏。上曰：“此事且收贮，以待泰云首告之事。”

覆请理藩院议覆黑龙江将军拖留所题，附于索伦达古里佐领下之巴尔胡等，为日已久，各能捕貂为业，请将伊等本处弟兄，并入佐领下，捕貂纳官，应如所请一疏。上曰：“巴尔胡汉仗俱好，不可令其群聚一处。从前分派管辖，亦属有心，着议政大臣议奏。”

覆请川陕总督鄂海所题，因西宁总兵官标下官兵往戍噶斯，曾支借官俸钱粮六月，今若照数扣除，必致冻馁。现今换班回汛，官兵五百零五名，每季内扣除一月还库，其余两月，照常给发。现住噶斯防守之一千零

十人应支钱粮，每季将两月钱粮解送军前散给，其一月扣留养伊家口，俟回汛之月，再行扣除一疏。上曰：“自噶斯换班回汛及现戍官兵所借银两，暂免扣除。成功之日，可充朕赏赉之数。倘或空返，即照该督所题扣除，每月将应放钱粮解送军前。及留养家口之处，俱照该督所题给与。”

又覆请贵州威宁总兵官杜汝昆所题，旧病新痊，尚可效力一疏。上曰：“杜汝昆年老，衰惫已甚，着以原品休致。”

又覆请户部所奏，巴尔库儿官员兵丁，为修理军器，借银二十五万六千余两，应行文陕西督、抚，速行照数给发。此项银两，将应解部库之山西省地丁银内十五万六千四十三两，长芦盐课银十万两，拨给陕西，清还库项。其内库银两，不必转发臣部一折。上曰：“将内库之银给发，系朕特恩。部议停其给发，非矣。折发还，再议具奏。其内库银两给发之处，着另立档案。”

又曰：“穆和伦年老衰惫，伊所办之事，人俱不服。适旗下又为伊部两事严参，且巴图善又系伊姻亲。”大学士马齐奏曰：“议政处之事，惟相机定议。户部事，皆有定例可循。所议若能照例，何致错误？”

覆请都察院所奏，巡视两淮盐院李煦，今岁十一月任满。查满御史孙塔往图衣河探信，哈尔金尚未到任。汉军御史皆已差完。或但将汉御史开列，或另将何项职衔官员开列之处，缮折请旨一折。上曰：“着问九卿，有人去得，爱惜商人，能清旧欠，伊等深知者举出。”

覆请河南巡抚张圣佐所奏，遵旨将御批奏折，已与差往大臣等看过一折。上曰：“此折着严票进呈。再，亢挺等案内，张廷枢等所参拿问原任知府李廷臣、原任知县张育徽、白澄，有无保举？如有保举之处，系何人所保？着查奏。”

又覆请张圣佐所奏，贼首亢挺畏捕情急，自缢身死，捕获贼党八人，亢挺子媳、弟媳、其余贼党俱已逃散一折。又总兵官冯君冼所奏，捕获贼党十二人，现在审讯揭示招出良民一千零八十户各还业一折。上曰：“此折当票知道了。前闻此伙贼寇甚多，处处皆是，今看来亦不甚众。但朕既闻之后，若不差大臣前往，致贼滋蔓，亦未可定。”

大学士马齐覆请正黄旗汉军都统汪古里等，将总河赵世显题补州判之

刘士恩，送为鹰上人缘由，遵旨将刘士恩年齿查明，汪古里等请罪具奏。折子呈览。上览折曰："知道了。刘士恩着留河工。"

毕，上顾大学士马齐、起居注左都御史徐元梦曰："朕料理军务年久，亦曾屡次亲统大军，看绿旗兵丁较满洲、蒙古相去甚远。满兵只用二千，蒙古兵只用五千，朕亲统时，任意所向，绰然可以成功。若绿旗兵丁，任伊众多，朕心亦难倚恃。适于议政大臣处，亦下有此旨。今扎萨克蒙古等，虽不给与粮饷于伊等，该管王、台吉等，皆实心奉以为主，思所拥护。推而至于苗蛮，尽知各为其长。若绿旗兵丁，粮饷必以时给发，稍有不如其意，即至相怨。原任总督赵弘灿来陛见时，曾奏云，绿旗兵丁与贼相遇，悉观望不前，甚不可用。大抵汉人之性，皆是如此。我朝实录内，亦曾载及。曹申吉由进士、翰林，历升学士，擢为贵州巡抚。至吴三桂反时，曹申吉降贼，为大学士，又将吴三桂作文颂扬。"徐元梦奏曰："汉人溺于文章议论，所以性情浇薄者多。蒙古等无此习气，所以人情常厚。"

上曰："昨提督康泰所领兵丁一千余人，至黄胜关柏木桥鼓噪，竟弃提督而去。提督前并无一兵，止余仆从。总兵官路振扬，驻扎松潘，相距止七十里，闻此信即往前迎。因众兵不可止遏，给银米抚慰，令回成都。此兵至成都，巡抚年羹尧曲加安戢，交提督标下中军参将管束。年羹尧复奏此参将甚好。康泰不好之处，伊曾谏阻，将此兵交与，断然无妨。"随将总督鄂海奏闻一折、年羹尧所奏二折，并康泰、路振扬移咨总督巡抚文书，交与马齐。曰："汝等将此密观，不可泄漏。"

二十一日壬申

二十二日癸酉 是日巳刻，上御行宫听政。大学士马齐，兵部侍郎仍在学士处行走查弼纳，学士渣克旦、穆尔泰以折本请旨。覆请吏部议覆浙江巡抚朱轼题请任满提督学政汪漋再留三年，议不准行一疏。上曰："汪漋已经留任，这本着发还。"

又覆请江南提督学政员缺，将九卿举出检讨马豫拟补。云南提督学政员缺，将九卿举出谕德陈厚耀拟补，票签进呈，复经折出一事。上曰："马豫朕知道，是巡抚马如龙之子，会画，字亦去得，但年尚幼，江南系

大省，用伊不可。陈厚耀现在修算法处行走，诗文俱劣，此人亦不可用。这两缺，着另拟具奏。”

覆请兵部所题镶白旗蒙古都统阿尔兔病故员缺，正蓝旗护军统领应黑子因病告退员缺，镶红旗蒙古都统阿喇世因病告退员缺，正黄旗满洲副都统常鼐升任员缺，求简用一疏。镶白旗满洲都统景喜病故员缺，镶红旗满洲副都统偏图病故员缺，求简用一疏。上曰：“左右两翼员缺，着分为两本具奏。此际若有缺出，亦按该翼缮本声明具奏。”

又覆请广东汉军副都统何国云病故员缺，求简用一疏。上曰：“俟奏补旗下大臣事时，并将此本进呈。”

毕，上顾起居注左都御史徐元梦曰：“旅顺口脱逃陈君元等贼党不过八人，昨广东巡抚法海奏称此伙已获七人，只有一名未获，此事尔亦闻乎？”大学士马齐奏曰：“法海所奏之处，臣已告徐元梦矣。”徐元梦奏曰：“此伙盗贼浙闽难以栖止，所以逸往广东。今又被广东官兵擒获，虽余一贼，伊将安往？”上曰：“此贼已毙，亦未可定。今为海贼不必烦心。朕前以海中各岛皆可为贼薮，及询投诚海贼云，岛内树木不生，地皆砾石，不可耕种，亦无好水，故难栖止。即如澳门地方，所居不过万人，因无田耕种，米无所出，俱自广东运米而食。今海中有贼之故，皆沿海所居。奸民春时托为捕鱼，觅小舡而往，遇商舡即行劫夺。商舡既得，便拒敌官兵。至严冬时，水米既无，又将伊等所坐之船焚却，上岸藏匿。大势不过如此，断不能于海岛栖止也。明季金门、厦门、海坛、澳门、普陀岩、崇明、金山、花鸟等处，俱有海贼。从前海贼郑芝龙投顺本朝，用为内大臣。令伊作字，寄伊子郑成功招降。若果投顺，皇上即以海澄公见授。伊竟不顺。顺治七年，领海贼三十万侵犯江南地方，破镇江府。宜思恭之父宜永贵，时为巡抚，坐镇瓜州，因未从贼，城得不陷。及贼进围江宁时，满兵甚少，值贵州回军之骆托贝子至，同江宁将军喀喀穆合军出东门，于明太祖陵南，诱贼进三十里，大败之，歼其众。朕初幸江南，阅战地骸骨犹满。我朝所歼敌众，松山、杏山败洪承畴兵十三万，山海关败敌兵二十万，安亲王于永兴地方败吴三桂兵，并此番所败海贼，共计四处。江南地方所歼海贼若此。福建地方施烺等，又攻取金门、厦门，贼无栖止

之处，始取台湾为巢。今台湾一带，皆入版图矣。”学士渣克旦奏曰：“此等缘由，臣皆未晓，蒙皇上开示，今始恍然。”

上又曰：“古时有一二美事，即以为奇异，互相传说。朕于边疆，处处巡幸，阅历之事甚多。往宁夏时，豫州无水，地方官预贮水三百瓮以待。朕见有涸河故道，意春水方长之时，或值水发，亦未可知。因遣马武、海青往看，伊等去犹未远，即回奏云，河水发矣。朕乘骑往观，见军民仆隶拥观水涨，驴皆浮渡，因汲用此水。三百瓮之水，俱无所用。中路往征噶尔旦时，至察安拖海，见泉流甚细。朕令八旗所扎八营，每营掘井一口。八井之水泛溢而出，人马俱赖以济。后七皇子送四公主经过此泉，已无涓滴矣。”马齐奏曰：“噶尔旦之恶已盈，皇上禅中外乂安之意甚挚，所以上天默佑，有此灵应。”

上曰：“于成龙二次运到之米，诸大臣皆谓朕处紧要，应即截留。朕不许，交内大臣明珠运至西路。三次运到之米，朕仅量留十八日之用，余亦运去。西路兵丁若不得此米，不知作何状矣？”徐元梦奏曰：“此番因皇上亲统大军出中路，噶尔旦畏惧奔逸，费扬古之兵遇之，始获大胜。”马齐奏曰：“费扬古败噶尔旦兵，始食其羊畜，得有糗粮。设非遇此，我兵亦甚难归也。”

二十三日甲戌 是日，赐哨鹿人及合围兵丁鹿肉条。

二十四日乙亥

二十五日丙子 是日，水泉沟放鹰，未几还宫。

二十六日丁丑

二十七日戊寅

二十八日己卯

二十九日庚辰

十　月

初一日辛巳

初二日壬午　是日，喀喇沁多罗额驸门图来请安，阿鲁科尔沁多罗贝勒汪札尔来请安、进贡。

初三日癸未　是日，皇太后万寿圣节，辰时，上诣松鹤清越行礼。

初四日甲申

初五日乙酉　巳时，上御行宫，大学士马齐，兵部侍郎仍在学士处行走查弼纳，学士渣克旦、穆尔泰以折本请旨。覆请宗人府所题袭封顺承郡王诺罗布王爵，将诺罗布之子吉兰泰、席保住列名一疏。上曰："俟进京再奏。"

覆请吏部所题江苏按察使祖业弘员缺，应调现任道员引见，将苏松粮道李馥等职名开列一疏。上曰："着九卿举出。"

又覆请议覆两广总督杨琳所题惠来县知县佟士均，系巡抚法海族弟，虽例应回避，但该员已经派出监修惠来县边境烟墩，请照知州陈廷仪之例，暂留广西，遇缺补用，俟烟墩修完，发往新任，议不准行一疏。上曰："佟士均着照该督所题，暂留广西，遇缺题补。"

又覆请河南巡抚张圣佐，将贼党亢珽等数月未能捕获，又未据实奏闻，甚属溺职，议革职一疏。上曰："此事收贮，俟张廷枢等审明具奏之时再奏。"

覆请户部所题为更换宝泉局监督，开列员外郎苟色等职名一疏。上曰："此事着交赵申乔举出。"

又覆请九卿所议，署理仓场事务侍郎阿锡鼐等题请俸禄钱粮米石一事，俱如户部所议，其俸禄钱粮银两，仍俟户部定议具奏一折。上曰："俸禄钱粮银米之事，着九卿一并议奏。"

覆请兵部议覆太原城守尉阿林所奏，太原军卒旧无鸟枪，请将伊带往军前之太原兵丁三百名内选一百五十名，保定兵丁二百名内选五十名，捐备鸟枪二百杆，为火器兵丁。复选太原闲散满洲百名，不给粮饷，令其当差。兵回之日，有缺即令披甲，议准行一疏。上曰："阿林人去得，这所奏俱是。照部议行。"

覆请刑部所题正黄旗纪当阿佐领下闲散格尔布，以原任总漕郜甘之子六哥黑尔图、原任副都统岳甘之子达福宁图等不忠不孝，开列项款叩阍一

案，审理尽虚，将格尔布照冲突仪仗例，枷号三个月，鞭一百一疏。上曰："此事收贮，俟进京问巴浑德及该旗大臣等具奏。"

又覆请刑部所议拉布他孙等叩阍控告伊等佐领色楞五十儿一疏。上曰："此事部议甚明晰。但查此佐领源本色楞五十儿，系何人子孙之处，另行开折具奏。"

又覆请正蓝旗逢海佐领下闲散三世布年幼，家人陈四夫妻掌管家私。家人进财染病初愈，以小米饭给食，遂致角口，用小刀戳死陈四，应将进财照例拟绞监候，秋后处决一疏。上曰："本内言伊主年幼，陈四掌家，似此杀本管之人，有无治罪定例，着查奏。"

又覆请镶红旗关保佐领下齐里克往探母病，伊母见伊酗酒，喝令拉出。齐里克之弟胡什巴遵母命，拉至院内。齐里克犹喧闹不已，胡什巴恐伊母生气，执棍恐吓，遂致齐里克追逐殴打，胡什巴以棍相抵，误中额角，次日黄昏殒命，照例将胡什巴拟斩立决一疏。上曰："胡什巴将伊兄齐里克致死之由，皆因伊母。齐里克、胡什巴是否亲弟兄，或同母异母，着查奏。"又曰："从前杭州有一章京继娶之妻，令所生之子同两家人，将前妻之子以湿纸蒙面，气塞致死，部臣俱谓以弟杀兄，拟以立斩。朕以此子系遵母命而行，坚执不允，监候多年，绑出六七次皆复放回。其母死后，始将此子释放。"

又议覆浙江巡抚朱轼所题，苏蕙因族叔苏涟约伊盗木不曾同去之故，执棍殴打。苏蕙以扁担相拒，中苏涟额角右偏而仆。苏涟起立，复击苏蕙。蕙以扁担击涟右鬓，伤重登时殒命，将苏蕙照例拟斩立决，应如所议一疏。上曰："苏涟因苏蕙不同盗木之故执棍殴打，苏蕙始以扁担相拒，致苏涟伤重殒命，苏蕙着改为应斩监候，秋后处决。"

又覆请议覆江宁巡抚吴存礼所题，大盗吕三等照例即行正法，应如所议一疏。上问曰："此内拟斩之人有几？"学士渣克旦奏曰："五人。"上曰："此事照前例完给。"

又覆请汇题内，正黄旗包衣五哥、浑托和闲散人保住，因向伊同旗阿兰太、浑托和耍碟之人攒住寻筐，遂至角口，保住用小刀刺攒住之乳，照例将保住枷号三十日，鞭八十一事。上曰："朕之包衣浑托和人等，俱在

内行走。此等执刃行凶之人，不可留于此处。保住着如所议治罪，发往布他海乌拉当差。”

覆请工部所奏更换龙江关监督，将各部院衙门保题咨送营造司员外郎关保等二十人职名开列一折。上曰：“将此折内开列人等，问各该部堂官具奏。”

又覆请会同内务府总管所议，商人等所欠铜斤，照伊等所认作价，令其呈交铜，每斤照定价以一钱二分五厘折算。丘道真、石哥等所欠铜斤应折之银，俟伊等限两年补还内库之项扣完之日，续将伊等铅斤银内扣除完结。七哥等所欠铜斤应折之银，照七哥等所具之呈，除现扣银外，将所余铅斤银两，自本年还起，今二年内还完。刘世泰所欠铜斤，照伊等所具之呈，行文该抚，向洋客陈威福等追取所欠刘世泰等铜斤补还。王纲明等所欠铜斤应折之银，亦俟限两年还完钱粮之项全完之日，再限两年完结。这所扣之银，由内务府扣除，转交户部一疏。上问大学士马齐曰：“此议何如？”马齐奏曰：“所欠铜斤甚多。观所议于商甚便。”上曰：“依议。”

覆请总督管理直隶巡抚事务赵弘燮所题，永定河北岸分司齐苏勒，五十三年六月莅任，至今年五月，三年已满，保题称职一疏。上曰：“齐苏勒着再留三年。”

覆请川陕总督鄂海所题，原任巫山营游击调补山西巡抚标下游击刘朝柱，署理夔州副将事务已一年有余，请将该弁仍留原任一疏。上曰：“刘朝柱着照该督所题，仍留原任。”

覆请两广总督杨琳所题，丁忧香山协副将陈良弼系闽人，识水性。香山汛地沿海，请以陈良弼在任守制一疏。上曰：“陈良弼着照该督所请，在任守制。”

大学士马齐为差往巴尔库儿地方督理屯田，兵部将满汉大臣职名开列，以奏折呈览。上阅折曰：“副都御史海寿，前日已授盛京兵部侍郎。盛京、京师大臣俱是一体，可差海寿去。汉大臣内，着梁世勋去。”又曰：“代海寿署理盛京兵部侍郎事务，着请旨。”

大学士马齐遵旨以宝柱偷盗库银问九卿之处，缮折呈览，并以原疏覆

请。上曰："太云等又经叩阍，偷银之处似实。将太云等叩阍原折并发回，九卿再审具奏。"

又遵旨行查原任河南府知府李廷臣等，有无保举，系何人保举之处，缮折呈览。上阅折曰："知道了。"

又曰："地方有事，皆因长吏不肖。果长吏循良，百姓当太平之世，何致起衅？"马齐奏曰："圣谕诚然。从前吴三桂叛乱之际，在在用兵，小民积年供应军需，未尝有事。"

上曰："近观生齿日繁，田土仍旧，并不加多。因人民滋息愈盛之故，虽遇丰年，米价亦不甚减。"马齐奏曰："仰荷圣恩，承平日久，所以人口滋息愈盛。"起居注左都御史徐元梦奏曰："臣在杭州时，居民稠密，街市充满，皆肩摩而行。"上曰："因人民滋息甚繁，所以山东、河南等省之民无地可耕，赴口外耕种者甚众。或言宜将伊等迁入内地，此断不可行之事也。"徐元梦奏曰："京师乃四方人民会聚之所。从前有一言官，曾奏将京师所集无籍之徒查出，发还原籍。似此等事，如何可行？"上曰："讲理学者常言，查天下僧尼，尽令匹配，给田为民，可增丁数十万。朕哂之。"顾内廷供奉翰林曰："朕今设授一人兵权，令伊往查僧尼，尽令匹配，给以田庐，俾得养生，不惟不能行之一省，即一郡亦不能行也。"马齐奏曰："周世宗查天下庙宇，尽毁之。未几，国祚已移于宋。有何裨益？"徐元梦奏曰："此等事言之虽易，行之甚难。果如此行，民间必大至动摇，皇皇无措。"上曰："僧道二教皆起自中国，递传而降，历有岁年，此并非我朝所始。朕但听其成僧自为僧，道自为道，守其成规而已，何必禁革耶？"

初六日丙戌

初七日丁亥

初八日戊子

初九日己丑 巳时，上自热河起行，驻跸噶喇城。

初十日庚寅 上驻跸王家营。

十一日辛卯 上驻跸鞍子岭。

是日申时，上御行宫听政。大学士马齐、松柱，兵部侍郎仍在学士处

行走查弼纳，学士渣克旦、穆尔泰以折本请旨。覆请吏部所题，广西布政使黄国材员缺，将按察使武廷适等职名开列一疏。上曰："着问九卿。"

又覆请云南按察使刘曾员缺，应调道员引见，将济东道申大成等职名开列一疏。上曰："亦着问九卿。"

覆请刑部覆福建巡抚陈瑸所题，原任提督蓝理名下给还原主之田庐等项，原未起租，难以造册具报，承查各员理宜免其查参等因，议不准行一疏。上曰："蓝理同伊子皆往军前效力，已追赃银之外，所有未完银两，俱从宽，免其行追。"又曰："蓝理不过于别项滥取，伊行伍出身，并未克扣军饷。"大学士马齐奏曰："蓝理尚有此一善。"

上曰："今各省提、镇内，浙江提督吴升、湖广提督高其位、宁夏总兵官范时捷，伊等于军饷皆清楚。"

大学士马齐奏曰："更换宝泉局监督，赵申乔遵旨举出员外郎傅德、主事陈世倕。"将奏折呈览，并以原疏覆请。上曰："傅德、陈世倕着照赵申乔所举去。"

又遵旨以给往西安兵丁马匹空额，每佐领添设十二匹。今户部定价，马每匹价银十两，驼每匹价银十八两，交各该旗佐领买备一折呈览。上曰："此所买马、驼，若交旗下，又至分派捐助矣。户部堂官总无事务，伊部司官又多。这马驼着户部满汉堂官看买，即行发旗，分与佐领处喂养。"

又巡视两淮盐课，九卿请将织造官李煦再留一年。遵旨查旧欠完否之处，缮折呈览，并以原疏覆请。上曰："折内所开分年带销钱粮，尚有六十四万余两。九卿既将李煦恳留，着再留一年。未完银两，俱着完给。"

毕，上顾大学士松柱曰："尔等今年报雨甚是荒唐。皇子等已奏雨泽均沾，尔等犹云甘霖未足，岂雨有终日祈祷不已之理耶？况今年粮米亦属丰收。"松柱奏曰："此系礼部所奏。"上曰："尔等诿之部臣，部臣诿之司官，司官乃微员，岂可竟以其言为实耶？尔等身为大臣，享厚禄，惟以己身衰老，希图安逸，于国计民生毫不筹画而行，是自取死也。"

十二日壬辰　上驻跸两间房。

十三日癸巳 上驻跸榜式营。是日，古北口驿站员外郎罗殷代、同知王绩来朝。

十四日甲午 上驻跸么亭。是日，石匣营副将张致、游击武鸿殷等来朝。

十五日乙未 上驻跸罗家桥。

十六日丙申 上驻跸密云县。

申时，上遍观新修之密云县城及所掘河道，所筑堤岸，回宫。

是日，密云县抽分员外郎觉罗莫里布、知县朱英、守备黄国昌等来朝。

十七日丁酉 上驻跸怀柔县。是日，怀柔县知县武经国、守备赵承贵来朝。赐八旗护军校、护军、六省官兵及职事人猪、羊。

十八日戊戌 上驻跸汤泉。

十九日己亥 巳时，上御行宫，大学士马齐、松柱、李光地、萧永藻、王掞，兵部侍郎仍在学士处行走查弼纳，学士蔡升元、王之枢、渣克旦、星俄特、常寿、穆尔泰、张廷玉以折本进。上曰："豫省贼情如此滋蔓，总兵官冯君侁竟未奏闻。巡抚张圣佐虽奏亦未将实情说出，又未严查捕缉。朕因交山西总兵官金国正、巡抚苏克济查奏。因知张圣佐等不能擒获此贼，故差尚书张廷枢、学士勒什布查拿，俱已弋获。看所审供词，俱与金国正、苏克济所奏相符。此事邻省之官所闻尚确，九卿、大臣官员谓无所闻，可乎？九卿内亦有豫省人，何竟无一人奏及？从前曾谕，不论何事，一有风闻即行陈奏，屡下谕旨。似此关系地方紧要之事，理宜一闻即奏。或所闻未确，奏折内将所闻如此尚未甚确之处一并声明，有何不可？巡抚年羹尧给赏遣戍松潘兵丁之银、米、牛、羊、茶叶，康泰等收受，竟不全给兵丁，遂鼓噪而回。此皆康泰平日未尝训练抚恤所致。各省督、抚、提督等，皆地方统领大僚。总兵官等，又各有钤辖官兵，防守地方责任，所关甚要。每放总兵官时，朕但择弓马娴熟、汉仗好、效力多者补授。此内有居官不堪、于地方事并不留意出力报效行走者。九卿、大臣官员亦宜一闻即奏。近看九卿保举，惟思有利于己。可以图报之人，则称其好者甚多。似此关系地方紧要之事，大臣官员虽有所闻，亦置之不论，不行陈奏。尔等可会同九卿议奏。"

复以四川巡抚年羹尧、松潘总兵官路振扬所奏折各一，交大学士马齐

等曰："此番康泰兵变之事，年羹尧、路振扬所行皆善。路振扬一闻兵变，即亲往安抚，赏给银米，交该管官发回成都。年羹尧闻此事，即奏康泰不听人言，失士卒心，致有此事，此事断然无妨。继又奏云，此兵今已尽至成都，交提标中军参将管辖，毫无可以介意之处。年羹尧虽系进士，人去得，极肯报效。今阅伊奏折，俱与议政大臣所议之事吻合。此折可拟温旨进呈。路振扬之折系为积谷添兵，可会同九卿议奏。"又曰："看来有绿旗兵丁处，不可无满兵。满兵纵至粮缺，艰难困迫，死即死耳，断无二心。若绿旗兵丁至粮绝时，少或窘迫，即至怨愤作乱。康泰之事未起以前，朕竟若预知，调荆州驻防满兵二千名往成都驻札，意此时已到彼矣。"马齐奏曰："皇上料理军务，凡所筹画，事后无有不验者。"

大学士马齐等以折本请旨。覆请户部议覆李煦所奏，江宁苏州织造衙门所欠银两，今已照数全还。此后商人但交正项钱粮及织造所用额银并无欠项等因。将还完银两候部拨充军饷。每年应交银两严行运使，令其全交一疏。上曰："钱粮全完官员有无议叙之例？曹寅、李煦将历年积欠俱已清还，着交部查全完钱粮官员议叙之例具奏。"

又覆请户部所题，太和殿等处需用高丽纸四千二百余张，无从购买，请将内库高丽纸张领用。再有用处，仍行领取。其所用数目，半月折奏一疏。上曰："内库所贮高丽纸张如此用去，必至不敷。着工部、内务府大臣等会同查算具奏。"

覆请兵部所题，贵州威宁总兵官杜汝昆、江西南赣总兵官韩祖蕲、四川川北总兵官魏相所遗三缺，将八旗汉军参领李国镇等十员职名开列一疏，并副将马良杰等职名开列一折。上曰："朕酌量相近之地副将三员，书名片纸，已夹本内矣，可发还兵部。将三副将之名，一并开入，问九卿具奏。"

又覆请镇江城守营参将员缺，将古北口总兵官标下中军游击马龙拟补。马龙现在军前，议俟回军之日补行引见一疏。上曰："马龙着授为额外参将，军前效力行走。镇江城守参将员缺，着另拟具奏。"

又覆请议覆两广总督杨琳所题，广东右翼总兵官标下左营中军守备员缺，请将候补千总郑云补授等因。查此缺非题补之缺，应无庸议一疏。上

曰："郑云着照该督所题补授。"

又覆请议覆浙闽总督满宝所题，闽省山城等要地，添设烟墩，修理旧有城寨，设立炮台等条，议准行。浙省沿海地方之烟墩、营房添设修理，并修旧有烟墩城寨，所用银两捐备等条，议准行。所题防海各款，皆遵旨通行，案内所有，应无庸议。从前未经奉禁已出海口今回籍者，严查取保，许其居住等条，俟总兵官陈茂条陈到日并议。捕鱼船内不许带货渡人，凡出海船只不许携带军器等条，俱如所请一疏。上曰："自总督满宝、提督穆廷栻在彼为官，海中已无盗矣。彼处人云，满宝、穆廷栻在此，吾辈虽欲为盗亦有不能。今尚有宜增堤防、当禁止之处否？着交九卿详议具奏。"

又覆请二十二年将八旗汉军兵丁每佐领十人立为火器营，另派章京、大臣兼辖。三十六年将汉军兵丁并入火器营内，另派官员业已尽裁。今右翼总统镶红旗汉军都统李林盛具呈告退，此缺或仍行补授，或将两翼总统缺尽裁之处，相应请旨一折。上曰："应裁。"

覆请刑部所议，镶红旗三等护卫殷达礼，同伊王府太监高廷弼等，将同旗披甲人鄂尔吉代拽入厩中缚打缘由。照例将殷达礼革职，枷号两个月，鞭一百。高廷弼等各枷号四十日，鞭八十一疏。上曰："事着依议。太监高廷弼不在伊主前听其使令，反预外事，助力捶人，可恶，着将两边脚筋挑去。"

又覆请议覆署理宁古塔将军事务都统穆森所题，逃走三次充发之孟德，将伊妻用斧斫死，照例拟斩监候，秋后处决，今改拟绞，秋后处决一疏。上曰："此事部议误矣。孟德系因逃走三次充发之人，彼处又将伊妻杀死，可恶，理宜交该将军即行处斩。本发还，再议具奏。"

覆请理藩院所题考取八旗蒙古前锋护军小校马兵、唐古特官学生、蒙古官学生十名，令其缮写行走，遇有缺出，用为八品笔帖式一疏。上曰："事着依议。自护军马兵考取者，仍兼于伊等当差处行走。若好，遇缺用为笔帖式。不好，发回原处。"

覆请偏沅巡抚李发甲所题遗本。上曰："李发甲居官甚好，学问亦好。观其所奏折子甚佳。伊系何年进士？"大学士王掞奏曰："李发甲系

举人，操守好，安静和平。”上曰：“尔等好为拟签进呈。”

覆请太原总兵官金国正所题，太原营参将，请以臣标下游击杨辅世补授一疏。上曰：“杨辅世着照该总兵官所请补授。”

覆请巡抚年羹尧请将丁忧綦江县知县马世亨、文川县知县董元，留川办饷一疏。上曰：“知县马世亨、董元着照该抚所请留任。”

又曰：“今年米谷甚是丰收。”大学士王掞奏曰：“闻今岁各省米谷亦俱丰收。”上曰：“口外更甚。秋时所收米谷既甚丰饶，田间已熟秫米，百姓竟欲弃置，不行收获。朕闻之，因开酒禁，始各刈取。小米一石价仅七钱，秫米价至三四钱。朕曩时巡幸口外，亦如此丰收。蒙古等以无盖藏之所，将谷尽弃田间，朕尚遣太监收来作饭而食。”顾学士张廷玉曰：“尔父张英曾奏云，江南米价甚贱，银一两可得三石。”张廷玉奏曰：“尔时米价原属甚贱。”上曰：“近来生齿日繁，虽丰年多谷，不似往年米价之贱。”

又曰：“朕前自陕西回河南，经过陕州等处，并未见大山深谷可以藏匿盗贼之处。亢珽等作乱之由，皆因长吏不肖放利而行，知县白澄滥派民间，以致起衅。巡抚犹将伊卓异具奏，其致寇宜也。今又闻豫省白莲教伙党，谓今岁丰收，聚众甚易，议欲为乱。朕所闻不甚确。意谓地方官惩亢珽之事，必严加稽察，力为消弭，尚未知其何如？自古人主多厌闻盗贼水旱之事，其远者不论矣。明季末年，贼至昌平州，尚然未知。凡事由微至巨，预知而备之，则易于措办。所以朕于各省大小事，但欲速闻也。即如各省来京之人，从福建来者，朕以浙江米价询之。自江南来者，朕以山东米价询之。伊系经过之地，必不容隐，据实陈奏。即彼省大吏，知不可隐，亦皆据实陈奏。知彼处之米价，即彼处年岁之丰歉亦可知矣。”

是日，朱批上谕董殿邦、关保：“尔等传与各寺庙观院等处，为皇太后讽经。若僧道内有能医病者，着举送。”

二十日庚子　未时。上至畅春园请皇太后安，驻跸畅春园。

是行也，各部院衙门奏章日送内阁，由内阁递送行宫听理。

上驻跸热河时，日请皇太后安，进哨后，随报请皇太后安十次。

扈从起居注官徐元梦、阿克敦、阿尔赛。

二十一日辛丑 是日，上于闲邪存诚请皇太后安。

二十二日壬寅 是日，上于闲邪存诚请皇太后安。

二十三日癸卯 辰时，上御畅春园内澹宁居听政。各部院衙门官员面奏毕，大学士、学士等以折本进。上召九卿近前，大学士马齐、松柱、李光地、萧永藻、王掞，学士蔡升元、王之枢、渣克旦、星俄忒、常寿、穆尔泰、张廷玉以折本请旨。覆请兵部覆四川巡抚年羹尧所参松潘总兵官所属石泉营守备刘宽私回葬父。奉旨：将刘宽革职，着该巡抚严审具奏。遵此今该巡抚将刘宽以规避拟革职，议驳回一疏。上曰："刘宽因葬伊亲而去，着照该抚所题完结。"

又覆请刑部覆江西巡抚佟国勷所题，大盗何善龄等应照律即行正法，应如所拟一疏。上曰："大学士等会同三法司，将此内有造意为首杀伤人者一二人正法足矣。余俱照例减等，发黑龙江等处。本发还，查明再议具奏。"

又覆请刑部汇题案内，广储司司库纳尼将家人咩咩打死，应降一级，罚一人入官一事。上曰："本内言纳尼寓庄头四川之家，将家人咩咩打死。庄头等家不许住往来行人，着将纳尼缘何寓四川家之处，严审具奏。"

又覆请浙江巡抚朱轼题参武举吴之杞、生员胡起，率领众生员，称新中举人陈凤墀倩人代作中式有弊，及审并无实据。请将武举吴之杞、生员胡起、新中举人陈凤墀等，俱暂行褫革，交与该督严审定拟具奏一疏。上曰："今年浙江科场声名不好，尔诸臣亦有所闻乎？"九卿奏曰："臣等无所闻。"上曰："索泰系何人所保？"工部侍郎常泰奏曰："系臣所保。"上曰："尔所见而保之？"常泰奏曰："臣昔赴甘肃散赈时，索泰为陕西副主考，声名好，是以保之。"上曰："闻得声名不好。着问九卿具奏。"

又曰："今岁顺天科场声名何如？"通政司参议潘锦、工科掌印给事中詹嗣禄启奏曰："场后并未闻有甚议论。"上曰："场后虽无人议论，但看榜上永平人甚多，解元亦系永平所属乐亭县人。大约张伯行在彼行社仓，未必不多识几人耳。再，各省主考、提学等官，内有声名不好者，尔

等当有闻即参。虽己所保举之人，亦当参出。九卿所保之人，只知其现在之好而保之，能保后无改节乎？即如父且不能保其子，况人可轻保乎？以前赵凤诏曾奏称，作官要钱便如妇人失节。其言虽鄙，朕信以为实，今赵凤诏贪滥如此。由此观之，人不可轻保也。”

上又曰：“今天下承平日久，民生疾苦，事无大小，尔等皆当留意。勿谓太平之时，区区小事，有何妨碍，如此存心也。凡事皆由小而滋大。尔等凡有见闻之处，即当奏闻，断勿隐匿。即如明时，凡事隐匿，不以上闻，直至流贼至昌平城内，尚尔不知。隋炀帝时，处处起兵，尚未之知。此非皆臣下隐匿，不以上闻之故乎？昔三藩叛逆，将自京师发兵。原任尚书魏象枢力言不可。圣人舞干羽而有苗格，何必劳师于远？贼至，我以逸待劳，即可以消弭矣。满大臣面嗤之曰，贼逼城下始出兵御敌，有是理乎？自古以来，无不以蒙蔽愤事者。今河南盗亢珽所据之神后寨，即李自成据以作乱之地。炮枪兵器皆在焉。朕巡行西安等处时，由河南陕州而行，凡所过深山要害之地，必留心登览，皆知之矣。亢珽亦无能小贼，缉拿并无难处。此皆总兵官冯君洗不以奏闻，巡抚张圣佐又以有碍前任巡抚，不肯奏明，以至拥夺县令，杀害平民，仍蒙蔽不以奏闻。朕闻之，密谕太原总兵官明白查奏，始知地方官不能缉拿。亢珽杀害良民，蹂躏地方，故速遣在京大臣往消弭之，不然几成大事。此事总由巡抚李锡、知府李廷臣、知县白澄等，居官不好，行止不端，逼迫人民，以至此也。李锡原系刘荫枢所保，问九卿亦云可用。及用为布政使，到京引见时，察其言辞明白，举动尚好，因即擢用巡抚。闻其到任后，加派横敛，居官不堪，朕即行撤回，将张圣佐升补遣往。张圣佐亦问过九卿补授者。由此观之，保举人实难。今闻诸臣保举人时，前班大臣不甚保举，侍郎以下官员保举者多，或自己不便保举，暗令他人保之。保举人关系甚大，必至公无私方好。”

又曰：“朕补授提督、总兵官时，但观其人材好，骑射好，即行补授。前看康泰人材好，骑射好，言词明白，因授提督。今观康泰兵变一事，不足观矣。”问张鹏翮曰：“康泰居官何如？”张鹏翮奏曰：“康泰平日不善抚恤兵丁，以致如此。”上曰：“用兵必平日抚恤爱养，然后可

用之一旦。但绿旗兵丁习俗甚恶。管束者法令严紧，不时训练，即以为苛虐，不胜困苦而怨之。废法不甚训练，彼即以为好官，虽扣克其饷，彼亦情愿，并无怨处。生性甚不好，朕极知之，绝不与满洲同。满兵一心奉法，假如千人会于一处，死则同死，断无离心。”

又曰：“今闻河南白莲教大行，山东巡抚李树德奏称，白莲教已至山东矣。白莲教不可听其蠢动。朕已谕李树德，亦谕太原总兵官，令其严拿。”

上又曰：“朕理事五十余年，无时不以民生为念。凡巡行所至之地，即向人民访问，故于民之疾苦无有不知。各省奏事来人，伊所过某省，年景丰歉，米价贵贱，无不详悉问之。故总督、巡抚、提督、总兵官等一切之事，皆无敢隐匿者。如有隐匿，朕即知之。”

又曰：“今年各处皆丰收，河南连年大熟，米价更贱，石米五钱。朕留意民生疾苦，如此轸念，尔诸臣当体朕恤民之意。凡有闻见之处，即当奏闻，不可佯为不知。”

是日起居注官王奕清、海宝。

二十四日甲辰

二十五日乙巳

二十六日丙午 辰时，上御畅春园内澹宁居听政。各部院衙门官员面奏毕，兵部左侍郎李先复、通政司右通政魏方泰自西路运米回入奏。上曰：“汝等进独石口乎？”李先复奏曰：“臣等分两路行，臣进杀虎口，魏方泰进独石口。”上曰：“运米事难易何如？”李先复奏曰：“臣等从未在口外行走，初时甚畏其难。今二年运米，往回六次，始知极容易好走，到处亦俱有水草。”

上召大学士、学士、九卿等入，李先复将前语申奏。上曰：“汝等曾至大军驻扎处乎？”李先复奏曰：“臣等今年二次运米二万，运到郭多里，艾芳曾等接运前进。”上曰：“郭多里到大军驻扎之处，尚有多少路？”李先复奏曰：“尚有二千四五百里。”上曰：“郭多里回至湖滩河朔有多少路？”李先复奏曰：“有一千七八百里。”上顾九卿等曰：“口外未经行走，便畏其难。伊等运过两年，知其容易好走。明年若再运，益

觉轻车熟路矣。大凡口外行走，有一定当行之路，到处便有水草。若走错则行不去。所以行路先要酌量形势。泽旺阿喇布坦所住之处，即古阳关。哈密以西，即古瓜州、沙州，所通之地甚广。前有主守边界之说者，势必将边墙之外弃去，断断不可。即如台湾、南澳，人以为孤悬海外无关紧要。自得其地，福建、广东之贼便无容身之地，所系匪轻。然海中之路，亦有一定。福建至盛京沿海一路，曾令详细绘图，岛屿泊宿，皆有定所。口外亦是如此。其路冬天最好行走，交春至立夏以前，断不可行。昔人用兵，以为春间口外马瘦，内地马肥。殊不知春间马一出口，肥者先坏，受累为不小也。”谕毕，令李先复、魏方泰出。

又曰：“凡人平时易出大言，及临事多畏缩。逡巡口外行走，一遇大雨大雪，即便惊皇无措。赵弘灿曾在川陕地方，屡屡交战。后在广东，苗蛮窃发，渠率绿旗兵四百往剿。四百兵俱畏怯退缩，渠亦便无主意。可见用兵全要拿定主意。若主将仓皇，人心皆为摇惑矣。赵申乔前在偏沅征红苗，只管挺身前进。新满洲令其在后，以避鸟枪。渠云，即有不测，我后人尚可得一荫袭，与吾身在何异？赵申乔并不知武艺弓马，只是立定主意，便无畏怯。从前耿逆变乱，李之芳守衢州，亦是身先士卒也。”又曰：“当初西路用兵，满洲已先进，绿旗兵畏死欲退。将军孙思克谕云，满洲前发，并未伤损一人，汝等且看满洲若有死伤，再退未迟。众始前进，因成大功。”谕毕，九卿出。

大学士马齐、松柱、李光地、萧永藻、王掞，学士蔡升元、王之枢、渣克旦、星俄特、常寿、穆尔泰、张廷玉以折本请旨。覆请吏部所题原任笔帖式吴尔泰，因打死家人已经革职，今伊既经捐复原职，议仍以笔帖式补用一疏。上曰：“打死家人之吴尔泰，不准捐复。捐纳银两，着发还。”

覆请户部所题更换崇文门监督，将各部院保题咨送官员职名开列一疏。上曰：“着问九卿具奏。”

又刑部所题打死亲兄齐里克之胡什巴，查得系一母所生是实一折，并以原疏覆请。上曰：“胡什巴着即行处斩。”

覆请行在刑部侍郎刘相审明具题，解到大盗方有陈、杨绍彪等，议照

例解送古北口总兵官处，即行处斩二事。上曰：“方有陈、杨绍彪等已议处斩，何必定解至古北口总兵官处？此处正法亦可完结。本发还，再议具奏。”

又覆请署理江西巡抚事务按察使祁国祚所题，大盗杨志兴等即行处斩，应如所议一疏。上曰：“照前例完结。”

又覆请奉旨存贮将军席柱议罪一事，赵凤诏议罪一事。上曰：“过数日再奏。”

覆请理藩院所题鄂尔多斯固山贝子色楞纳木札尔之爵，将伊子或袭贝子，或袭公爵之处，伏候上裁一疏。上曰：“色楞纳木札尔之子，朕俱未见，着交与喇什，速速调来引见。”

是日起居注官华色、陈恂。

二十七日丁未

二十八日戊申

二十九日己酉　巳时，上由西直门进神武门，诣宁寿宫请安，还宫。

是日起居注官陈恂、阿尔赛。

三十日庚戌　辰时，上御乾清宫听政。各部院衙门官员面奏毕，大学士马齐、松柱、李光地、萧永藻、王掞，学士王之枢、渣克旦、星俄特、常寿、穆尔泰、张廷玉以折本请旨。覆请吏部所题偏沅巡抚李发甲病故员缺，以学士蔡升元等职名开列一疏。上曰：“巡抚甚属紧要，着将近处者补授。”

又覆请广东按察使武廷适员缺，将济东道申大成等职名开列一疏。上曰：“着问九卿议奏。”

又覆请都察院所题道员内升外转一疏，吏科所题科员内升外转一疏。上曰：“尔等会同伊等堂官查验具奏。”

又覆请两江总督常鼐所题，私盐不能禁戢，皆由地方官不行查拿，此后应分别失察次数，降级革职，议准行一疏。上曰：“私盐不重惩不能禁戢。”

顾大学士王掞曰：“江南私盐近日何如？”王掞奏曰：“近日私盐渐少。”

又问曰："布政使杨朝麟居官何如？"王掞奏曰："甚有才。"上曰："果然有才，只是不得兵心，想亦过刻之故。"

又覆请刑部议覆署理宁古塔将军事务都统穆森所题，杀死朱勒尔德之朱兰他，照例拟斩监候，秋后处决，应如所拟一疏。上曰："此系满洲杀死满洲之事，应照新例定议，即行正法。该将军与部议皆误矣。本发回，着再议具奏。"

又覆请大常寺致祭天坛，应遣大臣恭代一疏。上曰："朕自即位以来，凡大祀皆躬亲行礼。去年大臣等以朕年高，恐致劳瘁，请遣大臣恭代。朕虽年老，于大祀犹思躬亲行礼。此时朕躬尚好，故下旨亲往行礼。今大臣等又以遣官恭代具奏。今年入夏雨水稍不及，时虑伤稼穑，积闷之极，身体甚是不安。顷虽较前稍愈，犹觉无力，难以行礼。祀典关系重大，勉强而行，倘略有错误，反非诚敬之意。着马尔赛恭代，四配着四格、五格、孙渣齐、赫寿分献。"

覆请总督直隶巡抚事务赵弘燮所题，大名协副将韩良辅在任守制一疏。上曰："韩良辅着在任守制。"又曰："大名道员缺，着吏部查相近地方知府内速行补授具奏。"

大学士马齐等以浙江巡抚朱轼所参中式举人陈凤墀代倩作文之处，交该督查审之事，遵旨已问九卿。九卿云，浙江主考声名虽闻不好，总无实据，应行文该督、抚，有无情弊之处，查实具奏一折，并以原疏覆请。上曰："依议。"

又覆请户部所题更换崇文门监督已问九卿，九卿云，尚之杰，商民均感应再留一年，仍以原疏覆请。上曰："此差着照九卿所保，将尚之杰再留一年。"

又覆请兵部所题咸宁等地方总兵官三缺，已问九卿，九卿将湖广黄州副将马良灿等三员举出。缮折呈览，并以原疏覆请。上曰："牛射斗补授贵州咸宁总兵官，马良灿补授江西南赣总兵官，王允吉，补授四川川北总兵官。"

马齐等遵旨以闲散人哥尔布，将伊兄达尔华叩阍一案，已问该旗大臣及侯巴浑德等，巴浑德等云，哥尔布、达尔华分家四十余年，哥尔布希得

伊兄达尔华之田，控告甚属不合。缮折呈览，并以原疏覆请。上曰：“依议。”

马齐等遵旨查司库纳尼因在四川家居住之处，四川系纳尼庄头，本内清字遗漏未写。缮折并原疏覆请。上曰：“知道了。此内打死家人米密之纳尼革去司库，交与内务府总管，以职事奏用。”

毕，又召尚书、侍郎入，上曰：“朕有数事，屡欲为尔等言之。及见时，又相忘矣。朕于各省钱粮，均匀蠲免，无不周遍。今年各处丰收，亦无可免。止有带征一项，或十五六年，或十三四年，久不清结。徒滋征比，总属不得。通计各省带征，亦不过一二百万。尔等可会同户部，将项款查明具奏，可免则免之。但蠲免之事，恩出自上则可。前赵申乔欲以己意行之，可乎？山西一省，并无带征。苏克济为巡抚以来，山西钱粮亦无亏空。”

又曰：“朕身亦有一事，为尔等言之。朕近日精神渐不如前，凡事易忘。向有怔忡之疾，每一举发，愈觉迷晕。天下至大，一念不谨，即贻四海之忧；一日不谨，即贻数千百年之患。尔等大臣又皆年老，须发尽白。有奏事毕，不能起者。办事有误，或推耳聋年迈者，如此将来之事，必致贻误。古人虽云无为而治，人主不过总其大纲。然一日二日万机，岂皆大纲乎？书中之言，多不可凭。二十一史，朕皆曾披阅，悉属笔底描摹，无足征信。所以读书行事，截然两样。尔等以为我读书报皇上，亦是虚文，务在各自尽心勉力，庶不致有误天下之事。”吏部尚书张鹏翮奏曰：“皇上万机亲总，宵旰焦劳，臣等又皆愚昧年老，不能仰副圣怀。谨遵皇上圣训而行。至于天气严寒，尚望皇上颐养天和，以慰中外之望。”上曰：“此亦是现成话也。”

是日，上诣宁寿宫问安。

是日起居注官陈恂、阿尔赛。

十一月

初一日辛亥

初二日壬子　辰时，上御畅春园内澹宁居听政。各部院衙门官员面奏毕，往巴尔库儿地方看种地之盛京兵部侍郎海寿、户部侍郎梁世勋入请训旨。上曰：“副都统苏尔德不甚勤劳，尔等此去，应当勤劳，务较伊等多收方好。尔等效力不效力自能知之。”海寿等又奏曰：“起居注主事达礼今日语臣曰，我祖父世受圣主弘恩，并无报效之处，乘今军兴种地，我情愿随往效力。”上曰：“是谁之子？”海寿奏曰：“总督鄂海之子。”上曰：“善。着令前去。似此等愿去者还有否？”海寿奏曰：“无。”海寿等出。

差往云南打箭炉两处驻防办事都统何礼、护军统领温普，率同往之前锋参领、侍卫、部院官员入请训旨。上曰：“尔等往边方住居，提督、总兵官皆朕所简用，人皆去得。凡事尔等会议而行，勿致争竞。边方要地，兵可调则调，不可调切勿妄调。住居边方，以防守为重。尔等皆经历用兵之人，应着实效力。”何礼、温普奏曰：“臣等钦奉上谕而行。”上谓参领、侍卫等曰：“尔等皆近侍之人，若有当言之事，即向伊等言之，务同心效力行走。”何礼等出。

大学士、学士等入，上复召九卿入。大学士马齐、松柱、李光地、萧永藻、王掞，学士王之枢、渣克旦、星俄特、常寿、穆尔泰、尼雅达、张廷玉以折本请旨。覆请吏部所题补授侍讲学士等员，以郎中马准等职名开列一疏。上曰：“巴泰着补授侍讲学士。马准年老，人不及，着革退。”

又覆请吏部所题偏沅巡抚李发甲员缺，将内阁学士蔡升元等职名开列一疏。上问大学士李光地曰：“通政使张连登为人如何？”李光地奏曰：“臣不知。”上曰：“张连登原任直隶知府，尔如何不知？”李光地奏曰：“臣任巡抚时未曾相值。”上曰：“张连登任知府时声名还好。”又问张鹏翮、赵申乔曰：“尔等知之乎？”张鹏翮、赵申乔奏曰：“办事去

得。”

又补授广东按察使，九卿举出福建台湾道梁文科等九员。缮折呈览，并以原疏覆请。上令奏所列之名，至裴𢗵度，上曰：“朕记得裴𢗵度有人保举伊好。”左都御史徐元梦奏曰：“裴𢗵度原任云南知府，彼处总督、巡抚以卓异启奏，上特旨补授浙江驿传道，看来人去得。海宁堤工，臣曾奏请交彼监修，恐工程中止，故不曾保奏。”上曰：“尔等所修海宁堤工差矣。凡修堤必乘时急修，始为有益。若失其时，虽修亦无益也。”

又曰：“凡人命所关之事，朕必一一详阅，必尽知其情，方行批出。比来朕身微觉欠安，会审之事，阅后忘前。人命关系重大，非详阅不可。若徐徐详阅始行批出，三覆奏将不及矣。可矜者减等完结，缓决者仍监禁，情真者今年停决，可否？着问九卿具奏。”

是日起居注官王奕清、海保。

初三日癸丑 辰时，上御畅春园宫内，召大学士近前启奏。大学士马齐、松柱、李光地、萧永藻、王掞，学士王之枢、渣克旦、星俄特、常寿、穆尔泰、尼雅达、张廷玉以折本请旨。覆请吏部以大名道李育德员缺，遵旨以就近无停升罚俸之保定府知府陈志源、顺德府知府孙兰苾职名开列一疏。上曰：“大名道员缺紧要，遣笔帖式一员往问该抚。本内开列知府陈志源、孙兰苾为人何如？此外更有知者否？着问明速奏。”

覆请兵部议覆四川松潘总兵官路振扬所题，松潘地方贮米三四万石，以备缓急。镇标三营添兵一千名，每营计兵一千，改守兵为战兵，应如所题。至粜贮米石何官管理，所添兵丁何官统辖之处，行文该提督总兵官会同速议具奏一疏。上曰：“路振扬所奏似是。若行于都统法拉等议奏，必致迟延。本发回，着该部速议具奏。”

覆请刑部覆总督管理直隶巡抚事务赵弘燮所题，杨文甫酒醉辱骂王禧凤，王禧凤将杨文甫绑缚扼喉致死，应将王禧凤照例拟绞监候，秋后处决，议驳回一疏。上曰：“王禧凤明系故杀杨文甫，何必驳回？本发还，着会同三法司速议具奏。”

巳时，上自畅春园起行，驻跸汤泉。

是日起居注官华色、王图炳。

初四日甲寅

初五日乙卯

初六日丙辰

初七日丁巳　巳时，上御行宫，大学士马齐、松柱，兵部侍郎仍在学士处行走查弼纳，学士渣克旦、星俄特、常寿以折本请旨。覆请九卿所奏，总兵官路振扬题请松潘地方或米或青稞等粮贮收三四万石，以备军务、歉岁。再，松潘镇标三营添兵一千名，每营该兵一千，马步各半，皆为战兵，守兵三百，另遣官一员管理。但添兵即添军饷，应于四川内地诸营兴汉镇所属兵丁马匹内酌量抽调等因。应如总兵官所题，行文该督、抚、都统法拉、总兵官路振扬，一面作速办理，即将办理之处速行具奏一疏。上曰："议政处所议之事，有关系于此者数条，俟回畅春园时再奏。"

又覆请吏部所题，都察院副都御史王景曾员缺，将宗人府府丞江球、通政使张连登职名开列一疏。上问大学士李光地曰："江球人何如？"李光地奏曰："人老实。"上又问曰："江球系原任坐粮厅。江藻何人？"李光地奏曰："江球与江藻无涉，江藻是湖广人，江球是江西人。"上曰："江球着补授都察院左副都御史。"

又覆请礼部议覆巡抚陈瑸所题，乡试之人作文违式多致贴出者，嗣后将中式举人前五名三场文章，与中式举人头场文章刊刻，为例传示等因。部议刊刻文章虚耗钱粮，已经奏请停止，无庸议一疏。上曰："着九卿、詹事、科、道会议具奏。"

又覆请兵部所题，广东提督王文雄等平时不能靖盗，致贼百余行劫唐田居民赵少华家，知巡抚法海奏闻，复欲脱罪掩饰具奏，甚属溺职，不可照例议处，将提督王文雄、总兵官王洪、副将王仁皆革职，千总王应先革职拿问。再，广东提督王文雄请于从化等处添设驻防官兵，一年一换等因，交与该督、抚、提督、总兵官会议具题到日再议一疏。上曰："此事着收贮。王文雄现来陛见，俟到时再奏。"

又覆请刑部所题，胡绍良母坟，伊小功叔胡英谓与伊祖风水有碍，将胡绍良之父胡仁赐扼吭，胡绍良往救伊父，用棍戳胡英耳根致死，照例将

胡绍良即行处斩一疏。上曰："胡绍良因胡英扼伊父之吭，往救用棍戳胡英，越一日身死，将胡绍良改为监候，秋后处决。"

初八日戊午

初九日己未

初十日庚申

十一日辛酉

十二日壬戌

十三日癸亥

十四日甲子

十五日乙丑 上自汤泉起行，至畅春园。

是行也，部院各衙门奏章日送内阁，内阁日递送行宫听理。

扈从起居注官徐元梦。

十六日丙寅 上闻皇太后违和，酉时不暇警跸，止领近侍人员，急从西直门进神武门，诣宁寿宫问安，回宫。

是日起居注官王图炳、海保。

十七日丁卯 是日，上诣宁寿宫问安。

是日起居注官王图炳、阿尔赛。

十八日戊辰 是日起居注官华色、王图炳。

十九日己巳 是日起居注官王图炳、阿尔赛。

二十日庚午 是日起居注官王图炳、阿尔赛。

二十一日辛未 是日起居注官华色、王图炳。

二十二日壬申 是日起居注官何国宗、海保。

二十三日癸酉 是日起居注官何国宗、海保。

二十四日甲戌 巳时，上在乾清宫东暖阁，为议师懿德不肯进兵一折，召汉大学士、学士、九卿、詹事、科、道入，近御座前，谕曰："此折所议亦是。但彼处督抚不奏，师懿德等独奏，亦是仿刘荫枢之意。且将师懿德等留京，用兵之道变化不测，俟西边平后，以作证据。如进兵有难行处，再作商议。"

上又曰："朕昔日中路出兵，因赵良栋老臣，谙练兵事，召来问他。

彼时赵良栋甚病，着人以坐褥舆进。赵良栋奏：‘用兵之事，全在皇上劳心，以身先人。行要行到人前，见要见到人前。噶尔旦败时，亦不可穷追。臣已老朽，受恩最深，有一言启奏。天下最要紧处在山陕，此二处人心固结，天下任有几处叛乱，皆可平定。惟此二处，望皇上留心。’朕思用兵之道，原要机谋，非拘执不通者办得来。当中路出兵时，人云天寒马瘦，到彼处马匹俱要冻死。又包衣大力［言］，皇上用度未到，兵马钱粮未放，难以前进。朕即止之，云此中机谋，非尔等所知。如再妄言，即律以军法。朕来时祭告天地宗庙，必见噶尔旦方回。又与费扬古约两路合兵，今不前进，如何回见天地宗庙？朕亲率大兵深入敌境，算在必胜也。噶尔旦使人来，朕留营中七日。朕坐沙冈上，谕来使，不见噶尔旦，必不轻回。鼓兵前进，差人往视噶尔旦，已走二十里。再差人往视，已走四十里矣。朕乃回兵。今泽旺阿拉布坦本属小丑，不足为虑。但怙恶不悛，侵凌哈密。前曾以二百人败其二千余人矣。今因其移兵到藏，道路甚远，既无钱粮，又无接应。自去年十月起行，今年七月方到。一路以人肉为食，过三层冰山，噶斯等处实为难行。然彼既可以到藏，我兵即可以到彼处。兵亦不用多，二百余人，便可破之矣。人奏彼处雪深八尺，兵不可住。今李先复系汉人，自彼处来，气色甚好，并不见途中有病人，是西边水土可住。故复议过岁三四月出兵。当日清兵所向无敌，掠民为食。今日出兵，惟以安宁百姓，保护地方。故各省督抚奏折来，俱批先固内地紧要，不可听小抄以惑人心。惟刘荫枢不常具奏折，朕亦未曾批去。我朝驿递之设最善，自西边五千余里，九日可到。荆州、西安五日可到，浙江四日可到。三藩叛逆吴三桂轻朕，谓乳臭未退。及闻驿报神速，机谋远略，乃仰天叹服曰，休矣，未可与争也。朕素不看明史，偶一翻阅，嘉靖年间，倭寇为乱，不能平，后满洲征服，至今倭刀、倭腕［钏］等物现存禁内，而明史不载。可见明史伪妄，不足信也。”

又召满大学士、学士、九卿入，上又曰：“朕莅政五十余年，海内升平，皆恃众大臣以为股肱耳目。朱子亦云，为政在于用人，大小臣工俱宜实心任事，直言勿隐，方为社稷苍生之福。如李锡在河南居官不好，九卿、科、道无一人言其贪婪者。河南百姓受其荼毒，私派科敛，地方坏

乱，以至于此。当日请训旨时，朕一一条戒。李锡奏称，恭聆圣训，尽心以报皇上。不意今日大负朕意。此人罪当立决，断难轻恕。浙江巡抚朱轼具奏，浙税二道正项之外，余银八千余两。皇上如将此项赐臣以养家口，臣必尽职料理地方。似此等事，奏得最是。又如苏克济奏，本地正项外，每年余银三万两，愿交内库。朕令且存本处。额伦特所存亦有余银、历年积蓄甚多。今遇用兵之际，以此银济军需，甚为得力。不知者以此项用度出自民间，其实皆本地余银也。总之，作地方官自有余银以养家口，但要知足耳。且为大臣，在识大体，不可琐屑刻薄。如今自大学士、尚书、侍郎以至小臣，朕待之各有等级。如待大学士与小臣无异，即非体也。朕尝用算法称石称砖，以考验数学。如称金银，即属卑污，朕断不肯。如各部费用月册，十日一奏，以便稽察，然亦为琐屑。如户部中各省解到银两，自有司官收验，作户部大臣一两二两当堂称兑，甚为琐屑，非大臣体也。又如翰林等作诗写字，作古文或时文，此何关于政事？然亦大有用处，亦是各人所长。朕皆因材器使，未尝求全责备也。又如崇文门、织造等处，税银正项之外，又有余银，交接众官，俱有单开来，朕悉阅过。此等银非系贪赃钻刺、行贿作弊，亦俱听之，未尝禁止。又如吏部铨选，吏人作弊，预许人以美缺。掣签后得美缺者，即为吏人所愚。此弊有真即有假。又如刑部案件，宜速结不宜迟滞，然亦有不得已迟滞者。案中要人未获，不得确供，如何速结？又如仓场中运米工人，得钱即赌，通州知州靳让严禁赌博，次日仓米即无工人运送。盖工人得钱即赌，赌输又去作工，故仓中得工人之力。此如人之好棋好酒，各遂所好，不可禁止。作官者亦当有权变之方也。今日朕身安和，故召卿等来，将朕阅过事谕尔等知之。”九卿出。

大学士马齐、松柱、李光地、萧永藻、王掞，学士渣克旦、星俄特、常寿、穆尔泰、张廷玉、尼雅达、蒋廷锡以折本请旨。覆请宗人府覆署理盛京将军事务前锋统领伯唐保住所题，正黄旗觉罗科普索之拜他拉布勒哈番，请袭与伊子温拜，不准行一疏。上曰：“依议。副总领科普索员缺，最为紧要，着速开列具奏。”

又覆请吏部所题内阁学士蔡升元、王之枢员缺，将内阁侍读学士朱汝

昌等职名开列一疏。上曰："此本另收贮进呈。"

又覆请吏部所题司道内升，将贵州布政使迟炘等七员职名开列一疏。上曰："尔等会同九卿保举具奏。有军务要紧处官员，不必举出。"

又覆请吏部所题现任广东粮驿佥事道签掣得苏松常镇守道缺，杨本植等员着来京引见一疏。上曰："杨本植依拟用，停其引见。"

又覆请吏部汇题事内，所议不待领文，即与俸禄缘由，将尚书穆和伦罚俸六个月，笔帖式带管主事之福寿罚俸一年之处。上曰："福寿着革退，笔帖式若是上三旗人，以执事人用。若下五旗人，与本主为执事人行走。福寿何人保举，亦着查奏。穆和伦声名不好。赵申乔凡事琐屑，好使气，无大臣体。伊子在山西甚贪污不堪。旗下若有此等贪官，即交与伊父兄处死。赵申乔何不自己奏请拿去处死？昨日朕下旨时，大小臣工无不呜咽涕泣，惟赵申乔若不知者。由此观之，甚是糊涂。居官虽无弊端，而行事琐屑，殊无为大臣之体也。"

又覆请吏部议覆尚书张廷枢请将拿获贼犯李一宁等新安县知县钱汝骀议叙一疏。上曰："钱汝骀依议，以应升之缺即用。奏时将伊效力处开出。"

又覆请户部议覆右卫将军公费扬古所题，山带等处种地，是年霜早，所得糜子仓斛五百一石等语。行文于该将军，运至脱脱城仓加谨收贮一疏。上曰："依议。归化城地方今年雨水调和，粮米大收。而费扬古衰老，听伊属之诳言，以谓粮米无甚收获妄奏，甚属不合。着兵部严察议奏。"

又覆请户部以常芦巡盐御史谭尚贤请增盐引，无庸议一疏。上曰："着交与九卿议奏。"

又覆请九卿议覆四川松潘总兵官路振扬所题，松潘地方余贮米三四万石，镇标三营添兵一千，每营计兵一千，另设官管辖，议准行一疏。上曰："本暂收贮。俟西边信息，不可耽误。"

又覆请兵部所题归化城都统辛太员缺，将正黄旗护军统领勒忒浑等职名开列一疏。上曰："楚仲着补授归化城右翼都统。"

又覆请归化城副都统七格员缺，以前锋参领魏勒芬等职名开列一疏。

上曰："尔等会同理藩院、议政大臣，于应补官员，或将在京之人，或在彼处之人，举出具奏。"

又覆请正蓝旗满洲副都统法拉员缺，以前锋参领觉罗佛伦等职名开列一疏。镶蓝旗满洲副都统杨都员缺，以理藩院侍郎特古忒等职名开列一疏。上曰："着诸王、议政大臣会同具奏。"

又覆请江南将军鄂克逊等所买马数一疏。上曰："将军鄂克逊等不误军机，用银八千两买马一千匹送至江宁养肥，殊为可嘉。"

又覆请两广总督杨琳所题，浔州丁忧副将麦世位在任守制一疏。上曰："麦世位着在任守制。"

又覆请刑部所题检讨郭孙顺家人王有郎戳死主母徐氏，将王有郎照律凌迟处死一疏。上曰："王有郎着即凌迟处死。"

又覆请议覆川陕总督鄂海所题，殴死崔功之郭廷栋照律拟绞监候，秋后处决，应如所拟一疏。上曰："崔功持斧先打郭廷栋，郭廷栋始持棍回殴，崔功越十五日殒命，郭廷栋从宽免死，照例减等完结。"

又覆请议覆江宁巡抚吴存礼所题，大盗郭二等照律立斩，应如所拟一疏。上曰："着照前完结。"

又覆请汇题案内，署理盛京将军事务前锋统领伯唐保柱，拿送偷刨人参尚未得刨之正黄旗包衣噶大浑佐领下张国言等，枷号一个月，鞭一百六案。上曰："此内唐保柱拿送偷刨人参未得之六案，有名之人无论旗民，枷号鞭责完日，交与提督隆科多割去一边脚筋。"

又覆请工部销算购买梓木一疏。上曰："将梓木作何用处，着查明具奏。"

又覆请都察院所题御史内升外转一疏。上曰："陈珣着内升，田轩来着外转。"

又覆请吏科所题给事中内升外转一疏。上曰："郭徽祚着内升，外转停止一次。"

又覆请广东巡抚法海所题，按察使武廷适以病具呈，应休致回籍一疏。广东提督王文雄所题，拿获贼犯陈君元等，被海阳县知县金以埈差役抢夺一疏。两广巡盐御史常保所题，请将盐法交与巡抚，将伊撤回一疏。

上曰："法海有似疯狂，与将军角口，又将总督题参，各自离异，所属亦不知遵谁而行，如此必将生事。此三事着九卿阅看，问明具奏。"

又覆请尚书张廷枢等，将李锡等刑讯，承认口供，又审兰阳县之事已毕，奏请回京一折。又差郎中何顺等往拿袁莐一折。上曰："李一宁等之事，已经审奏，袁莐等差官往拿。将此二折收贮，此内所审游击二员，审议死罪，但此等人亦属难得。彼时兵民混杂，伊等领兵杀贼，安能分别孰为良民？似此定以斩罪，谁肯拼死效力？此事姑收贮。"

大学士马齐遵旨会同户部查得，各省带征钱粮。将直隶等八处带征未完银两数目，又安徽、江苏带征漕粮银两数目，缮折呈览。上曰："着皆蠲免。此外尚有应免者否？"马齐奏曰："已无应免者。漕粮原无应免之例。"上曰："漕粮着免一半。"

是日起居注官魏廷珍、阿尔赛。

二十五日乙亥　是日起居注官华色、龚铎。

二十六日丙子　辰时，上御乾清宫东暖阁，大学士马齐、松柱、萧永藻、李光地、王掞，学士渣克旦、星俄特、常寿、穆尔泰、张廷玉、尼雅达、蒋廷锡以折本请旨。覆请吏部所题内阁学士蔡升元、王之枢升任员缺，以内阁侍读学士朱汝昌等职名开列一疏。上曰："此内年少翰林等，朕皆不识，着问九卿具奏。"

又覆请刑部议覆大盗陈四等应即行正法，马二等应即行正法二疏。上曰："照前完结。"

又覆请刺死妹夫与妹之长安议罪一疏。上曰："情由可恶，长安系何人之子？何人之孙？着查明具奏。"

又覆请广东提督王文雄所题，自旅顺口营逃逸海贼陈君元等，系伊标下官兵拿获，地方官欲免失察之罪，中途夺去，以为伊等所获等因报部一疏。广东巡盐御史常保所题，臣身在此无益，请将盐务交与巡抚代管，将臣撤回一疏。巡抚法海以按察使武廷适因病乞休，应准告退回籍一疏。遵旨问九卿，九卿称法海居官好，微有性气，皇上或教训留任，或竟调别用，伏祈上裁。缮折呈览，并以原疏覆请。上曰："将此着从驿递发去，令法海看。"

又覆请刑部议覆赵凤诏应照律即行正法一疏。上曰："居官但在地方安静，即于火耗些微取之，有何不可？即如大学士萧永藻，居官清廉，中外皆知。"因顾萧永藻曰："尔任广东、广西巡抚时，果一尘不染乎？"萧永藻奏曰："此等处如何能欺皇上。"上曰："假令萧永藻亦效人布衣蔬食，自谓清官，朕亦不以尔为人矣。如萧永藻之清，实无其人。赵凤诏曾奏噶礼乃天下第一清官，一文不取。居官受贿，即如妇人失节。此数语，天下要钱之人皆为所骂矣。今伊婪赃至数十万，前敢以大言欺朕，今居然失节矣。李锡任河南时，任意殃民，恣行科派，几致酿成大事。此二人断不可恕。将此依议，票签进呈。"

又覆请大学士王掞密奏请立皇太子，又御史陈嘉猷等八人条奏请立皇太子二疏。上曰："伊等所奏，以朕为忘之矣。此等大事，朕岂有遗忘之理？尔等票签，以为不合。伊等所奏有理，有何不是之处？但不当奏请分理耳。天下之事，岂可分理乎？去此票签。本发回收贮。"

又顾大学士王掞曰："凡密奏条陈之人，皆为名起见。以为吾曾陈奏，遂刊刻传播。或有未经陈奏，即行刊刻者。凡新刻之书，朕皆详阅，故知之甚悉。所谓密奏者，惟所奏之人知之，朕独知之，方可谓之密奏。尔等折稿或尚存乎？"王掞奏曰："臣安敢如此。"上曰："朕非专指尔而言。即如李光地，为此事亦曾口奏。朕强以为折奏，可乎？"又顾诸大臣曰："大臣乃朕之股肱耳目，应将所闻所见即行奏闻。尔等皆有密奏之任，若不可明言，应当密奏。天下大矣，朕一人闻见，岂能周知？若不密奏，何由洞悉？即如人家，家人甚属微贱，皆蒙混捐纳为官者有之。如此类者，尔等闻之，即应参劾。朕知之者亦有一二人。于此等处不行陈奏，即如有股肱而不能运动，有耳目而不能见闻矣，焉用股肱耳目为哉？所谓密奏，惟所奏之人与朕知之，方可谓之密奏。不然，安得谓之密奏乎？尔等，朕不知如何。若朕于尔等一切陈奏之事，从不泄之于一人。密奏亦非易事，稍有忽略，即为所欺。朕听政有年，稍有暧昧之处皆洞悉之，断不能欺朕。奏请之人，亦不敢欺朕。密奏之事，惟朕能行之，他人则不能矣。前朝皆用左右近侍分行刺探，此辈颠倒是非，妄行称引，何所不至？如此偾事者甚多。朕曾遣人往五台、武当等处，皆于兵部起票驰驿前往，

并将差遣缘由声名。如此举动，光明正大，伊亦不能假借矣。孟光祖假三王爷名色游行各省，非赵弘燮不能参奏。赵弘燮云，三王爷若果游行，岂有不由此地经过，遽临他省之理？故行陈奏。此事赵弘燮最为有功。一经发觉，天下皆知矣。又原任黄岩总兵仇机，是大恶乱行之人。朕访闻其私铸九鼎，曾令步军统领隆科多查拿。如此举动，意欲何为？汉人胆大，无所不为，于此可见。”

又曰：“为君之道，要在安静，不必矜奇立异，亦不可徒为夸大之言。程子云，人不学为圣人，皆自弃也。此语亦属太过。尧舜之后，岂复有尧舜乎？昔有人言，孟子不足学，须学颜子。此皆务为大言，不务实践者。朕自幼喜读《性理》。《性理》一书，千言万语，不外一敬字。人君治天下，但能居敬，终身行之足矣。柔远能迩之道，汉人全不理会。本朝不设边防，赖有蒙古部落为之屏藩耳。若有变动，或在中国，蒙古断无此虑。蒙古终年无杀伤人命之事，即此可见风俗醇厚。中国各省，人命案件不止千百，固缘人多，亦习尚浇漓使然也。”

是日，上谕户部：“朕抚驭寰宇五十余年，夜寐夙兴，皆为小民勤求生遂。凡率土远近，皆期共享乐利幸成，家给人足之休，未尝一日不廑诸怀也。数十年以来，各省正赋钱粮屡经蠲免，历年积欠亦已蠲征。偶有雨泽愆期，或发仓廪散给，或截留漕粮赈救，不惜数万之金钱米谷，频沛恩施，诚念穷檐之艰难，虑其至于颠连失所耳。近者，民力虽已稍纾，然分年带征银两，若不格外优宽，则小民一岁之获，分纳二年之赋，其盈余赡养室家，断难充足。每念及此，轸恻良深，宜更加殊恩，通行豁免。今将直隶、安徽、江苏、浙江、江西、湖广、西安、甘肃等八处，带征地丁屯卫银二百三十九万八千三百八十余两概免征收。其漕项例不准蠲，亦着破格施恩。将安徽、江苏所属带征漕项银四十九万五千一百九十余两、米麦豆一百十四万六千六百十余石免征各半。尔部即行文该督、抚，严饬所属实心奉行，遍行晓谕，俾民间无催征之累，均沾实惠，以称朕抚恤群黎至意。倘有不肖有司，借端朦混征收，着该督、抚严查参处。若督、抚不行察出，一并从重治罪。尔部即遵谕行。特谕。”

是日起居注官华色、龚铎。

二十七日丁丑 是日起居注官秦道然、海宝。

二十八日戊寅 是日起居注官秦道然、海宝。

二十九日己卯 是日起居注官秦道然、海宝。

三十日庚辰 自皇太后违豫，皇上昼夜焦劳，以致圣体违和，头晕足痛，艰于动履，犹勉强诣宁寿宫问安。诸王大臣官员奏云，皇太后较前少安，圣躬关系甚重，伏乞往汤泉调摄，上不允所请。

是日起居注官华色、秦道然。

十二月

初一日辛巳 皇太后病势渐笃，圣心忧劳，以致圣体不安，日就羸瘦足痛，艰于步履。恐皇太后脱有不虞，深以不能尽礼为忧。于是诸王、大臣合词奏曰："皇上孝事两宫，超越万古。问寝视膳，晨昏定省，无时或间。即如太皇太后宾天已经三十年，而皇上前日与廷臣言及，辄涕下如雨，哀不自胜。正孟子所谓大孝终身慕父母。虞舜而后，惟我皇上一人也。今皇太后慈体违和，惟恐或有不虞，不能行礼，惓惓以此为忧。《礼记》论居丧之制，五十不致毁，六十不毁，七十饮酒食肉处于内，此先王定制。凡寻常无疾之人，尚宜如此，况皇上年近七旬？今又抱疴，断宜遵循礼制。且皇太后受皇上六十余年孝养，玉食万方，寿至八旬，此亦古来母后中所仅见者。皇太后脱有不宁，一切礼仪，令诸王、大臣格恭将事，皇上一循《礼记》定制，即圣经无过不及之中道也。盖圣躬关系宗庙社稷，四海苍生，极为重大。惟愿皇上加意调养，以慰中外臣民之望。则圣躬万安，所谓守身以事亲，愈以成其大孝也。"折子交与奏事六品官双全等转奏，留中。

是日起居注官秦道然、阿尔赛。

初二日壬午 是日起居注官文岱、秦道然。

初三日癸未 是日起居注官秦道然、海宝。

初四日甲申 辰时，诚亲王、雍亲王、十六阿哥传谕旨曰："皇太后

病势渐增，朕母子聚顺有年，极其欢洽。今不幸值此，朕体虽不安，此心何能恝然？顷朕亲往请安，自觉难支，故又回宫。朕亦视身体而行，能支持则竭力以尽礼节，不能支持，则难勉强。”

既而诚亲王、雍亲王传谕旨曰：“此事着诸皇子、领侍卫内大臣、大学士、礼部满汉大臣、满九卿会同议奏。其诸皇子割辫之事，亦着议奏。”

未时，诸王、满汉文武官员奏称：“臣等先因皇上圣体违和，恳求断不可诣皇太后宫。今皇上现在头晕足痛，不能动履，因皇太后病势渐增，即亲诣宁寿宫。臣等闻之，不胜恐惧。皇上圣躬，关系重大，不可稍冒风寒。叩请断不可再诣宁寿宫，当念宗庙社稷为重。”缮折交奏事六品官双全等转奏。奉旨：“朕亦视身体而行。今日亲往，不能支持，因而即回。皇太后之事，关系重大。朕酌量行之，断不令朕躬劳瘁过甚也。”

申时，礼部尚书公吞珠等奏称：“臣等会议得，查例皇帝孝服，向用纺丝。慈和皇太后之事，皇上亦服纺丝，载之档案。倘遇皇太后之事，照旧例预备白纺丝孝服，即妃嫔亦预备白纺丝孝服。又查得慈和皇太后之事，皇上并未割辫，倘遇皇太后之事，皇上亦断不可割辫。”缮折启奏。上朱批云：“孝服用布为是。此外更无尊长应行割辫之事。不幸遇此，朕必行割辫。”诚亲王等又传谕曰：“此事着领侍卫内大臣、满汉大学士、礼部满汉大臣、满九卿会议具奏。其诸皇子割辫之处，亦着议奏。钦此。”臣等会议得，奉旨孝服以用布为是。应预备孝布。《礼记·丧礼》，六十不毁，七十饮酒食肉处于内。再，满洲旧例，年老有疾者，皆以孝服为忌。今皇上年近七旬，圣体违和，又穿孝服，于孝道已极尽矣。慈和皇太后之事，皇上并未割辫，今断不可行割辫之礼。诸皇子皆系孙枝，亦停其割辫。缮折具奏。奉旨：“朕昨所下诸皇子之旨甚明，当遵朕言为是。”

是日，皇上足背浮肿，不能转移。因皇太后病势渐增，用手帕缠裹，乘软舆诣宁寿宫，捧皇太后手惨切请安。旋以身体不支而回。在苍震门相近之处，设帷幄以居。

是日起居注官华色、秦道然。

初五日乙酉　辰时，礼部尚书公吞珠等奏称：“臣等会议得，慈和皇

太后之事，皇上并未割辫，今皇上断不可割辫。诸皇子皆系孙枝，亦停其割辫启奏。奉旨：朕昨下诸皇子之旨甚明，当遵朕言为是。又朱批云：孝服用布为是，此外并无尊长应行割辫之事。不幸遇此，朕必行割辫。皇上谕旨如此，臣等遵奉而行。诸皇子系孙枝，应停其割辫。但求皇上以天下生民为念，调养圣躬，不致过于劳瘁。具奏。”奉旨：“所议甚是。”

是日，诚亲王、十六阿哥传谕旨曰：“皇太后病势大增，朕若于素所寝处之地居住，心甚不安。因于苍震门内相近之处，设立帐幄，衣不解带。朕数日足疾，兼之体又不安，遍身沉重，中心烦躁，不能成寐。至三鼓时，近侍累劝解衣，乃稍寝即醒。醒时头晕，随又起坐至五鼓，始寝半刻。朕欲竭力尽礼，似此形势，甚恐不能支持也。”

本日，近侍魏珠传旨，谕诸大臣：“昨日皇太后病势愈增，朕乘软舆，脚背浮肿，不能转移，用手帕缠裹，才能移动。朕捧皇太后手奏云，母亲我在此。皇太后张目畏明，以手障光视朕，执朕手。朕原不忍暂离左右，因体不能支回宫。从前自以为犹能勉强从事，昨劳瘁后，甚为不安，头亦迷晕。五阿哥奏云，臣自幼承皇太后祖母养育，皇父圣体违和，一应事务，臣可以料理。朕云，我在，尔何可代理耶？朕务期躬尽典礼耳。今岁自二月以来，心忡头晕。在热河时，此疾如故，气亦甚弱。目下虽病，较在热河时稍减矣。”

是日起居注官文岱、秦道然。

初六日丙戌 辰时，固山贝子苏努，领侍卫内大臣，满、汉大学士，八旗满洲、蒙古、汉军诸大臣，满、汉九卿、詹事、科、道公同谨奏，为大孝之尊养已隆，圣躬之调护尤急，伏乞勉循古制，俯顺舆情事。本月初四日诚亲王、雍亲王、十六阿哥传旨：“初五日诚亲王、雍亲王、十六阿哥传旨，本日太监魏珠复传旨。钦此。”臣等窃惟皇太后违豫，皇上焦劳，以致头晕足肿，仍勉强亲诣宁寿宫省问，皇太后握手心伤。复移御幄次于苍震门内，以致圣躬劳瘁，头愈眩晕，不能支持。臣等不胜恐惧，合词恳请回宫。奉旨：“昨住帷幄内，因体不能支，今暂移旁舍矣。”钦此。臣等既未遂回宫之请，又恐皇上至孝纯诚，皇太后脱有不虞，必欲尽情尽礼。仰惟皇上春秋已高，又值时适抱恙，倘或哀劳不节，此臣等之所大忧惧也。臣等谨按礼

称，六十不毁。皇上圣算已濒七旬，皇太后聿跻上寿，受备物之奉者，几六十年，是皇太后之福，皇上之孝，皆极古今之所稀。言念及此，圣情亦可以宽慰矣。至于一切礼仪，臣等虽愚，岂不知皇上孝思维则。然考汉儒郑康成最精于礼，其论国有大忧而君有疾者，使子执事。即朱子谨礼终身，及暮年有疾，遇家有祭祀坐视，子孙拜跪而已。此皆典礼之明证，前贤所已行。伏乞皇上深抑圣情，俯衷古制。如皇太后有不虞之事，命诸王子悉心经纪。凡拜跪行走，一切劳力礼节，圣躬切未可身亲，万分保摄，仰承宗社之重，上以慰皇太后之心，下以慊朝野臣民之望。臣等不胜迫切恳款惶悚之至。为此谨奏。奉旨："着交内阁。"

顷之，诚亲王、雍亲王、十六阿哥传谕旨曰："皇太后倘有不虞，朕欲力疾亲诣，尽敬祭奠，强节哭泣。尔等亦有父母，勿过为劝阻。若屡劝阻，朕必伤悼，反增朕病。"既又传谕旨曰："皇太后若有不讳，朕越二三日祭奠一次。至梓宫发引时，朕送至宁寿宫门。若能勉支，或送至箭亭、东华门。"

酉时，皇太后崩于宁寿宫。

皇上拊膺哀号，即行割辫，孝服用布，哭泣不止。皇子、诸王及近侍人员，不忍仰视，跪奏曰："皇上春秋已高，又兼圣体违和，哀痛过甚，伏乞皇上以社稷生民为重，请节哀暂回调养。"叩请再四，上不允，仍视梓宫安设。毕，亲行祭奠，哀恸不已。诸皇子及近侍人员复屡叩请，始回苍震门。

旧制，国有大丧，自宗室公以上服素帛。因皇上孝服用布，今孝服俱改用布。

是日起居注官徐元梦、汤右曾、华色、文岱、海宝、秦道然、阿尔赛。

初七日丁亥　上居苍震门。

卯时，以皇太后遗诏颁示天下。

是日，诸王、贝勒、贝子、公以上，文武大小官员，外藩王、贝勒、贝子、公、台吉、塔布囊等，及王妃、公主、郡主以下，八旗二品以上官员之妻，各照所定齐集之处举哀。晚刻，王妃以下二品官员之妻俱散。

是日起居注官徐元梦、汤右曾、华色、陈恂、文岱、海宝、阿尔赛。

初八日戊子 上居苍震门。是日早，固山贝子苏努等及满汉文武大臣官员，因圣体违和，自后求弗往宁寿宫，并弗送梓宫，缮折交与奏事六品官双全等转奏。奉旨：“知道了。朕足疾较前稍愈，其谕众知之。此后诸大臣不必请安。”

是日，满汉文武官员齐集举哀，如初七日。

是日起居注官徐元梦、汤右曾、华色、龚铎、文岱、海宝、阿尔赛。

初九日己丑 上居苍震门。

自是日始，至梓宫发引之日，诸王、贝勒、贝子、公、内大臣、侍卫、大学士、学士等，外藩王、贝勒、贝子、公、台吉、塔布囊等，一日三次齐集举哀，文武大小官员一日一次齐集举哀。

是日起居注官徐元梦、汤右曾、华色、陈邦彦、文岱、海宝、阿尔赛。

初十日庚寅 上居苍震门。

是日起居注官徐元梦、汤右曾、华色、王图炳、文岱。

十一日辛卯 上居苍震门。

是日起居注官徐元梦、汤右曾、华色、阿尔赛、海宝。

十二日壬辰 上居苍震门。

是日起居注官徐元梦、汤右曾、阿克敦、华色、何国宗。

十三日癸巳 上居苍震门。

是日，诚亲王、雍亲王、十六阿哥传谕曰：“朕十五日尽可往祭。十七日发引，朕足疾虽愈，身体尚弱，若乘舆先行，此心不安。乘舆随从难以行走，且观瞻不雅，万一起风作冷，朕躬冒寒夙疾复发，不惟皇子、皇孙、诸王大臣不能担任，倘朕自谓无伤而往，或不如所言，又何以对尔等耶？朕以不能去之故明谕尔等，无庸他人劝阻。若果可前往，尔等能止朕之行乎？十七日，朕往宁寿宫亲视梓宫升輀，躬奠发引。”

是日起居注官徐元梦、汤右曾、阿克敦、华色、陈邦彦、文岱、海宝、阿尔赛。

十四日甲午 上居苍震门。

是日起居注官徐元梦、汤右曾、华色、陈恂、文岱、海宝、阿尔赛。

十五日乙未　早，诸王、贝勒、贝子、公以下文武大小官员，外藩王、贝勒、贝子、公、台吉、塔布囊等，王妃、公主、郡主以下，八旗二品以上官员之妻，照前齐集。因大行皇太后梓宫十七日发引，读文致祭举哀。

先是诸王大臣以圣体违和，屡次叩恳不必前往亲奠，上不允所请。辰时，躬诣宁寿宫亲奠致祭。未读祭文前，上即悲伤痛哭。读祭文毕，上犹号泣不已。诸皇子暨近侍人员，再三叩请皇上节哀，上情不自禁，久之始收泪，还居苍震门内。

顷之，近侍魏珠传谕曰："十七日朕诣宁寿宫先行亲奠，立于西阶，俟梓宫发引，亲视升輀，然后回去。昨夜朕得安眠，今日泰然。即事及奠酒举哀，意谓劳瘁，今朕躬甚安，并未劳瘁。将此遍传，令众人心慰。"

是日，礼部奏称："臣等会议得，梓宫发引时，满洲旧例，甚为忌讳。今梓宫发引时，该部率领抬夫，将梓宫升輀之时奏闻。上入履顺门，不必近前，即在西首月台下僻处。俟梓宫过后，即行回宫。"奉旨："是朕升阶亲奠毕，下阶恭视梓宫之过可也。"

是日起居注官徐元梦、汤右曾、华色、龚铎、文岱、海宝、阿尔赛。

十六日丙申　上居苍震门。

是日起居注官徐元梦、汤右曾、华色、陈邦彦、文岱、海宝、阿尔赛。

十七日丁酉　卯时，大行皇太后梓宫，由东华门安于朝阳门外殡宫。

是日，上勉诣宁寿宫亲奠，呼母号泣。近侍人员不忍仰视，亦皆恸哭。及发引之时，诸皇子、近侍人员，以时不可误，再四泣劝，扶拥上至西阶。梓宫启行，上痛哭。梓宫过后，犹恸不止。近侍人员叩请良久，上方止哭，回苍震门。是日，梓宫发引，排设仪仗，自东华门出朝阳门。

王以下奉恩将军以上，外藩王以下台吉、塔布囊以上，于协和门外齐集。内大臣、侍卫于东华门外齐集。左翼民公、侯、伯以下，有顶带官员以上，于灯市口齐集。右翼民公、侯、伯以下，有顶带官员以上，于红庙大路齐集。候梓宫至，举哀跪迎，随行哭送。汉文武官员于殡宫墙外齐集，候梓宫至，举哀跪迎。公主、王妃以下，大臣妻以上，先至二门外照两翼站立。梓宫至，举哀跪迎。奉安梓宫，设帷幔毕。阿哥奠酒时，王

等、公主、王妃以下，皆随班行礼举哀。

是日起居注官徐元梦、汤右曾、华色、文岱、秦道然、海宝、阿尔赛。

十八日戊戌 上居苍震门。

是日早，显亲王衍潢等，内大臣、满汉文武大臣、九卿、詹事、科、道官员奏曰：“大行皇太后安设殡宫，丧事已毕。今时值严寒，圣体违和，兼之足疾，累日以来力疾尽礼。臣等叩请皇上际此方春之时，节哀调摄，保合太和，宽怀颐养。此实宗庙社稷之庆，亦大小臣工四海苍生之大幸也。”奉旨：“知道了。”

是日起居注官徐元梦、汤右曾、华色、文岱、秦道然、海宝、阿尔赛。

十九日己亥 上居苍震门。

大学士马齐等奏称：“查得向年上慈和皇太后尊谥，臣等会同翰林院择二十四字，分为两条，奏请皇上指示。奉旨尊为孝康、慈和、庄懿、恭惠、崇天、毓圣。今上大行皇太后尊谥，臣等会同翰林院，亦照此例拣择，分为两条具奏，乞皇上指示。”折子交与奏事六品官双全转奏。奉旨：“甚属错误。”既而双全等捧出皇上手书蓝笔上谕曰：“尔等查太庙奉先殿二位文皇后神主，便知其误矣。”

是日起居注官徐元梦、汤右曾、华色、魏廷珍、文岱、海宝、阿尔赛。

二十日庚子 上居苍震门。

是日，大学士马齐等奏称：“臣等遵旨恭诣太庙谨瞻神位，见孝端、孝庄两太皇太后并从太宗文皇帝庙号，俱有文字。臣等愚昧，祇查康熙二年慈和皇太后尊谥旧档，仅拟得尊谥字样具奏。未照康熙九年奉旨将慈和皇太后从世祖章皇帝庙号升祔太庙之例，不将章皇后字样一并写出，甚属错误。因将所拟字内填写章皇后字样具奏，伏乞皇上指示尊谥，交与礼部遵行。”折子复将拣选之字缮折，一并交与奏事六品官双全转奏。上蓝笔批云：“此事不比寻常，但声明错误则已，该部严察具奏。所拟尊谥之处，亦未明晰。朕依稀记得，太皇太后徽号字样甚多，即就原字内删减拟定，并未改换。今通行改拟，恐于例有不合。”

是日起居注官徐元梦、汤右曾、华色、何国宗、文岱、海宝、阿尔赛。

二十一日辛丑 上居苍震门。

辰时，于大行皇太后梓宫前行初祭礼，读文致祭。诸王、贝勒、贝子、公，文武大臣官员，外藩王、贝勒、贝子、公、台吉、塔布囊等，公主、王妃以下、二品以上官员之妻，齐集举哀。是日，奏事六品官双全等，捧出大学士马齐等将皇上汉字谕旨翻译进呈折子并皇上手书蓝笔谕旨，交与大学士马齐等，谕曰："满汉字句甚是相符，俱系朕肺腑之言。此旨作何颁发之处，尔等速议具奏。现今朕躬甚是羸瘦，足病虽愈，尚不能舒展。"

是日起居注官徐元梦、汤右曾、华色、龚铎、文岱、海宝、阿尔赛。

二十二日壬寅　上居苍震门。

是日，大学士马齐等奏："皇上谕旨，前已召入诸臣面谕，不必再行颁发，乞请留中。"折子交与奏事六品官双全等转奏。奉旨："甚属错误，悖谬极矣。"

是日，辰时，封印。

是日起居注官徐元梦、汤右曾、王奕清、华色、文岱、海宝、阿尔赛。

二十三日癸卯　上居苍震门。

是日，大学士马齐等奏："昨谕旨内觉语有太重者，乞皇上裁去数语，以安臣民之心。俟命下之日缮写上传，于二十八日交与吏部，颁示各部院衙门、八旗，直隶各省督抚提镇。"奉旨："这所议又误，更加悖谬矣。"

是日起居注官徐元梦、汤右曾、华色、陈恂、文岱、海宝、阿尔赛。

二十四日甲辰　上居苍震门。

是日，大学士马齐等奏："御制鸿文，臣等衙门应照原旨缮写。上谕于本月二十八日交吏部，传集满汉内阁、九卿、詹事、翰林、科、道及主事以上等官，于午门前宣示，使大小臣工咸知圣意，共相惕励，无负皇上惓惓剖示之苦衷。恭缴上传时，仍公同具奏。内阁、起居注谨将上谕各写一通，加谨收贮。此外有何应存之处，恭候皇上指示。"折子交与奏事六品官双全等转奏。此折留中。

是日起居注官徐元梦、汤右曾、华色、文岱、秦道然、海宝、阿尔赛。

二十五日乙巳　上居苍震门。

是日，奏事六品官双全等捧出大学士马齐等所奏折子，并皇上手书蓝笔谕旨，交与大学士马齐等，谕曰："朕所下谕旨，乃朕一生至苦之事。今尔等请公同具奏，内阁、起居注各写一通，谨加收贮。此外有何应存之处恭候指示等语，无一语言及朕躬之事。若欲朦胧完结，其如朕垂老之身何？据此，则诸臣视朕如驾车之马，纵至背疮足瘸，不能拽载，仍加鞭策，以为尔即踣毙，必有更换者，惟从傍笑视，竟无一人怜恤，俾其更换休息者。不惟此也，朕勉强匍匐出东暖阁，谕诸臣时，大臣内或有伤心悲痛不能自禁者，大学士马齐、尚书赵申乔安然不出一语。更有甚者，赵申乔不听朕之谕旨，四面察视，如同缉贼捕役，瞻顾无定。朕屡次令伊听朕之言，置若罔闻。尔等如此形景，不知作何底止？真不可信。祇见其贪恋富贵，不知餍足而已。"

又皇上手书谕旨："朕一生之事缮写十年，朕言不再之语，已尽之矣。奏称此外有何应存之处，恭候指示等语，若更有指示尔等之处，朕岂不写出？"申时，大学士马齐等奏："皇上一生所行之事，所存之心，俱已手书发出。臣等不能详加议奏，以致圣心忧虑，臣等虽万死不足蔽辜，惟俯伏待死，恳皇上从重议处。"缮折交与奏事六品官双全转奏。奉旨："此折内并未曾将朕谕旨载入，着将谕旨叙入进呈。"

是日起居注官徐元梦、汤右曾、华色、陈邦彦、文岱、海宝、阿尔赛。

二十六日丙午　早，诸王、贝勒、贝子、公、满汉文武大臣官员会同奏称："明日大行皇太后行大祭礼，皇上亲奠。但圣躬近日稍愈，今晚又亲诣梓宫前哭奠，圣躬或致劳瘁，臣等不胜惶恐。皇上明日既亲行大祭礼，臣等公同叩恳，今晚姑住行宫，安养圣体，不必诣梓宫前。为此谨奏。"折子交与奏事六品官双全等转奏。上曰："二十一、二十二日朕即欲去，因养息身体，俟二十七日亲去释服，所以未去。自二十三、二十四日以后，朕躬比前较愈，尽可以去，诸皇子、大臣屡次劝止。倘朕今可以去而不去，他日回想，岂非朕之遗憾乎？今朕亲去。将此谕众知之。"

是日，大学士马齐等谨奏："为钦奉上谕事。康熙五十六年十二月二十日，臣等为追上大行皇太后尊谥，拟出字样具奏。奉皇上批出谕旨：太皇太后徽号字样甚多，即就原字内删减拟定，并未改换。今通行改拟，

恐于例有不合。钦此。恭查旧档，太皇太后徽号，原有昭圣、慈寿、恭简、安懿、章庆、敦惠、温庄、康和、仁宣、弘靖二十字。宾天之后，追上尊谥，将原字减去十五字，留五字，又添拟七字，尊为孝庄、仁宣、诚宪、恭懿、翊天、启圣文皇后，升祔太庙。慈和皇太后徽号，原有慈和之事，后尊为孝康、慈和、庄懿、恭惠、崇天、育圣皇后。康熙九年升祔太庙时，添写章字。大行皇太后徽号，原有仁宪、恪顺、诚惠、纯淑、端禧十字。前臣等将原字内留二字，添拟十字，两拟缮写具奏。今钦遵上谕，照依追上太皇太后尊谥，将原字内留五字，添拟七字，又将原字内留四字添拟八字，两拟具奏，恭候皇上指示。其应行典礼，交与礼部查明议奏。”又一折拟孝惠、仁宪、端懿、纯德、顺天、翼圣章皇后，孝惠、仁宪、庄定、端纯、顺天、翼圣章皇后两样尊谥。折子一并交与奏事六品官双全等转奏。奉旨：“前一条好。”其请上尊谥折子，奉旨：“是。”

是日，马齐等奏称：“臣等赋质愚昧，过误甚多，皇上所下谕旨不能详加议奏，虽万死不足蔽辜，惟俯伏待死。作何颁发谕旨之处，臣等详加确议另奏外，恳请皇上从重议处。”折子交与奏事六品官双全等转奏。奉旨：“吏部、都察院会同严察议奏。”

申时，上由东华门出朝阳门，至皇太后梓宫前亲奠上食，哭泣尽哀毕，驻跸行宫。

是日起居注官徐元梦、汤右曾、华色、魏廷珍、文岱、海宝、阿尔赛。

二十七日丁未　早，上于大行皇太后梓宫前行大祭礼，读文致祭亲奠，哭泣尽哀，释服。上释服时，亲率诸皇子于梓宫前行三跪九叩头礼，跪哭。国舅佟国维进前，释孝衣帽带。诸皇子、王、贝勒、贝子、公、文武官员，外藩王、贝勒、贝子、公、台吉、塔布囊等，及公主、王妃以下二品以上官员之妻，齐集举哀释服。

巳时，上自朝阳门进东华门，仍居苍震门内。

自皇太后违和以来，我皇上昼夜焦劳，以致头晕足痛。复移驻苍震门内，时往请安。都城名刹遍行祈祷，访求良医，躬视汤药。皇太后病势渐增，诸王、大臣再四陈请节劳调摄，上始终不允，亲诣皇太后宫执手呜咽。及皇太后宾天，躬临恸哭，亲视含殓，拊膺尽哀。梓宫发引，读文致

祭。梓宫升辆，力疾悲奠。二十七日行大祭礼，释服。上先一日出城，诣梓宫前亲奠哀号。次日早，复呼抢奠哭，然后释服。及拟上皇太后尊谥，遗漏章皇后字样，诸臣俱未见及。皇上于悲痛之际，复行指驳添写。仰见皇上大孝，无所不周，自始至终。皇上以七旬抱疴之躬，尽礼尽哀，不可殚述。夫两后并从帝号，历代未有定制。而两后并祔，则唐以后皆然。夫升祔既同，而谥典各异，揆之义理，未为尽善。我朝孝端、孝庄两太皇太后并从太宗文皇帝庙号，诚为不刊之典。今大行皇太后六十余年，母仪天下。我皇上尊养承欢，不异属毛离里。故于恭拟尊谥时，指示诸臣，一遵成宪。仰见我皇上孝思维则，于大行皇太后鸿名大礼，圣意确然有定，酌古而准今，仁至而义尽，真为法于万世矣。

是日起居注官徐元梦、汤右曾、华色、何国宗、文岱、海宝、阿尔赛。

二十八日戊申 上居苍震门。

是日早，固山贝子苏努、满汉文武大臣官员谨奏："自大行皇太后违豫之日，我皇上昼夜忧劳，力疾定省。及慈驭宾天之日，群臣再三恭请节哀节劳，而皇上坚不俞允，屡次亲临哀恸，又力疾恭送梓宫，擗号不已。昨皇太后孝满之辰，又必亲诣哭奠。伏念我皇上年近七旬，兼天颜如此瘦减，圣躬如此劳瘁，而自始至终犹必尽礼尽哀，大孝至极，无以复加。今已经释服，又届新年，伏祈皇上即回乾清宫静摄调养，以慰普天下臣民之望。臣等不胜激切吁吁之至。谨奏。"上阅毕，发出。

是日起居注官徐元梦、汤右曾、华色、王图炳、文岱、海宝、阿尔赛。

二十九日己酉 上居苍震门。

酉时，上回宫。

是日起居注官徐元梦、汤右曾、华色、陈邦彦、文岱、海宝、阿尔赛。

臣等恭纪我皇上圣德神功至五十有六年，敬瞻起居，恭聆训旨。德益以盛，治益以纯，心益以小，举尧舜所谓惟危惟微、惟精惟一者，实有以体之于心，见之于身，施之于事，而治统道统萃于一人，诚足以继天立极，轶三代而垂无穷也。伏记十一月二十六日训旨云："《性理》一书，千言万语，不外一敬字。人君治天下，但能主敬，终身行之足矣。"大

哉，王言！所谓尧之钦明，舜之温恭，实不外此。而禹之祗承，汤之圣敬，文之小心翼翼，武之敬胜，一以贯之矣。夫主敬之学，惟在于能谨，谨于大，复谨于小，然后圣功备，王事全。十月三十日训旨云："天下至大，一念不谨，即贻四海之忧；一日不谨，即贻数千百年之患。古人虽云无为而治，人主不过总其大纲，然一日二日万机，岂皆大纲乎？"一哉王心，此则发先儒之所未发，而益非三代以下帝王所及见也。我皇上御极以来，五十余年，功德之盛，莫能殚纪。臣等止就今岁所闻，仰窥圣心主敬之学，固已谨无不谨，书不胜书矣。事莫大于事天郊坛之礼，古帝王偶一举行，即已诧为盛事。我皇上则迎长祈谷，岁必躬亲，虽群臣进节劳颐养之劝，而不从也。事莫大于事亲，帝王之家，恩义或以相掩。我皇上于皇太后，则平昔尊养之隆，尽物尽志已极，古今所未有。而今岁典礼重大，尽哀尽敬，尤为史策所未闻。方皇太后之违和也，则张幄寝门，衣不解带。迨皇太后之宾天也，则割辫致毁，力疾居庐。至于孝服，则易纺丝而用布。尊谥则因并祔而从同。此尤旧制所未能行，群工所莫能赞者。自非主敬功深，何以致此？若夫立政用人，必求其允。庶狱庶慎，必得其情。则又无事而不加谨焉。推先帝之恩于明陵，则遣诸王以省视，而加盗贼以严刑。发太仓之粟于州县，则谷价之贵贱得平。而天行之水旱有备，蠲租已覃于海内，犹申念于带征。伏莽偶见于中州，必推原于墨吏。此孰非皇上修己以敬，推之以至安人、安百姓。故不赏而劝，不怒而威，笃恭而天下平耶？孔子曰："无为而治者，其舜也与！夫何为哉？恭己正南面而已矣。"以为无为而又必进以恭己者，以明治天下者之必主于敬也。皇上德益盛，治益纯，心益小，所以能为尧舜者，其本正在于此。臣等浅陋，莫能仰测高深，姑就见闻所及，敷陈万一于简末云。

康熙五十七年　戊戌

正　月

初一日庚戌　是日起居注官华色、陈恂。

初二日辛亥　早，上仍居苍震门内。

是日，赐蒙古王、台吉等鱼、鹿。

是日起居注官龚铎、海宝。

初三日壬子　寅时，上自东华门出朝阳门，诣大行皇太后梓宫前，行满月祭礼。甫至，即大恸。奠酒三爵毕，复恸哭不已。诸王、阿哥等，及近侍人员，哭劝移时，方止哭。自诸王、贝勒、贝子、公等以下，三品官员以上，皆随班行礼举哀。

辰时，上由朝阳门入东华门，居苍震门内。

是日起居注官文岱、秦道然。

初四日癸丑　是日，奏事六品官双全等捧出皇上手书，付请安诸王、满汉文武大臣遍观，交起居注载。谕曰："诸王、大臣，引类呼朋，纷然聚集，匆遽请安，云望朕愈，朕感激之外，更无可言。不幸身罹大忧，肢体不能动履，已寝卧五旬矣。一切丧事未得尽心，又无暇调治，所以右足较左足瘦削，或至残废与否，难以预料。容颜憔悴，皮骨仅存。尔等为君为国为身之意固殷，朕之安否，实难裁答。或有冒昧之人，不谛观朕容，第谓天颜甚好。天无云翳风霾，自然清朗，于朕何与耶？或有梦呓之人，谓如天行至健。自开辟以来，天行无时止息，而世运屡有变迁，人之行，岂得与天比乎？或有止据现成套语，粉饰殷勤，谓宜节忧劳，简几务，以养圣躬者。至忧劳之宜节者何？几务之宜简者何？即问之奏请之人，彼亦未必能晓然也。朕于此等空言，恶之切骨，厌于听闻。此谕恐奏事人不能转传，故信手书示。其宜付起居注馆记之。"

申时，上回宫。

是日起居注官陈邦彦、阿尔赛。

初五日甲寅　是日起居注官华色、陈恂。

初六日乙卯　辰时，上以足疾幸温泉。自神武门出西直门，驻跸畅春园。

是日起居注官龚铎、文岱。

初七日丙辰　上驻跸畅春园。

初八日丁巳　辰时，上自畅春园启行，驻跸汤泉行宫。

初九日戊午　是日，理藩院奏称："科尔沁辅国公吴尔苏纳思图于正月初六日病故，伊子台吉阿克舒弼来报等因。"乾清门三等侍卫拉锡转奏。奉旨："知道了。遣喇玛二名，随年高蒙古内大臣殷札纳往奠，其骸骨该部料理送去。"

初十日己未

十一日庚申

十二日辛酉　是日，大学士马齐等，遵旨将上谕会议之事缮折，交与奏事六品官双全等转奏。上手书谕旨，谕曰："凡有关身命之事，惟用现成典故套语赞颂，于现在勉强支持之朕躬，并无裨益。历年避暑，九月回銮。所积四个月事，日夜勤办，必于岁内完结，次年开印，复上紧办理。自五十六年四月至今，所积事务作何办理之处，诸臣当即为指陈。此乃目前显然之事。于此可以知诸臣之实心报效，而朕之病体亦得调护，其为感慰无穷矣。若置事务不理，尔等亦不能担任。潦草完结，则关系国家甚大。朕每念及此，中心惕然，食不下咽。诸臣将赞颂之语暂且删除，于朕实有裨益。可释目前之忧者，速为指陈。"

十三日壬戌

十四日癸亥

十五日甲子

十六日乙丑

十七日丙寅

十八日丁卯

十九日戊辰

二十日己巳　是日，翰林院检讨朱天保奏请复立皇太子，将本交奏事六品官双全等转奏。上御汤泉行宫正门，令朱天保近前，问曰："尔奏折内云，二阿哥仁孝，何由而知？"朱天保供云："奴才之父朱都纳语及，故得闻之。"上问曰："尔父行走之时，二阿哥无疾尚好。二阿哥学问弓马艺能，原无可议之处。但得疯疾病，发时即诸事不省，举动乖张。即如尔掌院徐元梦，二阿哥在朕前背立，以手指伊，詈及父母推入河内，复引出殴打。不但此也，亲伯父及伯叔之子、皇子等，皆以不可道之言詈之。此非疾乎？此等之处，尔知之否耶？"朱天保辞穷，供云："奴才不知，冒昧陈奏，理应万死。"上问曰："尔奏折内云，今二阿哥圣而益圣，贤而益贤，尔从何而知？"朱天保供云："我父闻之看守之人。"上问曰："看守之人何名？"朱天保辞穷，但云该死。上问曰："朕以尔来奏此本，必有一篇大文章。使人传问，恐将尔有理之言不能详尽，或致遗漏，特亲出逐一研讯。尔一无知稚子，三语即穷，如何奏此大事？必有同谋递信之人，可据实供出。"朱天保供云："此皆我父朱都纳同戴保商议缮本，令我来奏。"上曰："将朱天保押住，朱都纳、戴保着用九条铁链锁来，交与皇子、大臣等严审。"

上顾大臣等曰："自太祖、太宗以来，宗室中患疯疾者，竟不断绝。武英郡王临阵甚勇，效力甚著，但疯疾一发，即便妄行。大阿哥公景禧亦皆有疯疾。普奇人总无定准，不可听信。公三官保为人不定，闪灼无常。楚仲亦为人无定，反复不常。朕常面责伊，云尔甚是无定，反复不常，必至如尔祖杀而后已。朕宗室中汉仗皆好，临阵奋武之地，断不让人。但心无定准，不可信者甚多。与人相交，不过三月即变，不易得其心也。再旗人内心无定准者亦多，如齐什即无定准。齐什甚聪明，但聪明太过，心性闪灼。巴浑德曾奏齐什聪明异常，其心思所至，立即转变，非我等所能知。即伊亦奏伊之聪明不能自信，即伊之本身亦不能自信。此言诚然。齐什一生，断无有信伊之人也。"

顾贝子苏努曰："齐什之言，尔已贮满于中。且齐什当康熙十年时，以为如何能至十五年。及至十五年，以为如何能至二十年。因将伊祖坟移

至盛京。朕今已五十七年矣。”

是日，将朱都满、戴保拿至。伊等供连副都统常赉、原任学士金宝，因将常赉、金宝亦拿至。

是日起居注官徐元梦、华色。

二十一日庚午　是日早，大学士、学士、九卿、大臣官员遵旨议立皇太子事，缮折交奏事六品官双全等转奏。奉旨召入，谕曰：“朕体自去年春夏之交不安，留心调养渐愈，面色稍丰，意谓从此渐可复元。自热河来京，心中沉闷，身体有疾。又值皇太后大事，总无暇调治，以致身体甚是不安者七十余日。朕从来最能耐病，所以不觉，起居照常，犹办几务。今至汤泉，颜色稍复，精神亦增。朕壮年时病愈不过数日，颜色即可复旧。今已年高，病虽渐愈，手尚作颤，不能即时复旧。”尚书张鹏翮奏曰：“皇上坐汤甚为合宜。”上曰：“虽相合，但有汗出，不能多坐。”大学士王掞奏曰：“皇上年高，宜服补血气之药。”上曰：“南人最好服药、服参，北人于参不合。朕从前不轻用药，恐与病不投，无益有损。”

顾众大臣等问曰：“昨所奏折内，用武王梦文王锡以九龄，宋仁宗因仁德增寿一纪，典故系谁所作？”众大臣奏曰：“李光地所作。”上曰：“此亦典故而已，不可全信。即如汉人居官在外，于家信中知父母有疾，伊即回信云，从来积德寿算必永，断然无伤也。此信未到之前，早已物故，伊闻讣，不过成服行礼而已。若满洲于父母之丧，甚是慎重，断不如此。”

上又曰：“尔等今日为请立皇太子之事而来，前立二阿哥之时，一切礼仪皆索额图所定，总未详察，服用仪仗等物太为过制，与朕所用相等，致二阿哥习坏。皆索额图教之也。自二阿哥近侍之人，以至内监，言及索额图、常泰，欲食其肉。”大学士马齐奏曰：“然。二阿哥仪仗，与皇上仪仗无异，但尺寸稍减耳。”上曰：“天无二日，民无二王。名不正，则言不顺。今于未立之前，预将典礼议定，尔等会同将明朝会典及汉唐宋以来典礼细查，详定议奏。”九卿出，奏事双全等出传谕旨云：“伊等所奏之折，欲留中详阅。”

巳时，上御汤泉行宫正门，令朱都纳近前问曰：“尔子所奏之本，云

皆尔意。尔等本内云，二阿哥仁孝，于拘禁之处甚是安静，圣而益圣，贤而益贤，尔何以知之？”朱都纳供云：“原闻二阿哥之贤，意拘禁之后应益贤矣，所以具奏。”上曰：“尔将此等大事陈奏君前，并不明白，亦未真实，妄行具奏，可乎？尔革职已近二十年。尔行走时，二阿哥何曾不好？二阿哥学问骑射艺能，并无可议之处。后因得病，病一发，即诸事不省，举动乖张。虽然得病，朕意犹望其幸痊，复行放出。五年以内，朕父子每日相见，凡事朕尽心教训，并无悛改之势，始复拘禁。伊于拘禁处以矾水作书致普奇，有将伊救出，齐什、查拉克图皆当为将军之语。朕遣魏珠等将矾水之书与伊阅看，伊直认系其亲笔。二阿哥福金尚云，如何不与我相商行此等事，今我等不能生矣。所谓安静，以此耶？此处尔知之否耶？”朱都纳供云：“我所闻未明。若如此有何足观？我妄行陈奏，理该万死，应即正法。”上问曰：“尔奏本内引戾太子之事，为比戾太子父子间隔，不能觌面。二阿哥于朕，并无间隔之处。拘禁处，朕时遣太监往视，赐物赐食。二阿哥面貌今甚丰满。阿哥所生七八子，朕皆养于大内，与戾太子之事大相径庭。二阿哥现在也，尔何得引此？尔又以费扬古将二阿哥陷害。费扬古系功臣，费扬古病时朕亲临看视，殁后遣二阿哥往奠。尔何得任意胡言？朕之前亦谁能离间？且朕欲见二阿哥，即可以见。无论何言，皆可显然申说。尔特为人所欺，谓有放二阿哥之信，又以朕有疾不能出，必不与尔觌面。若传旨，无人敢将尔穷诘，尔意以为此奏断然无伤，非欲侥幸取大富贵为此耶？尔今见朕，尔始知当死。至尔奏此等大事，必与知事之人相商，密探信息，始行具奏。与尔相商者为谁？与尔送信者为谁？一一据实供出来。”朱都纳供云：“奴才于此等处知之不明，冒昧引证妄奏，此皆奴才愚昧所致，与他人无涉。应将奴才凌迟处死，罪在奴才一人。求将奴才之子宽免。”上曰：“令尔看杀尔子后，始将尔凌迟。”

又问戴保曰：“尔先往海关时，曾奏赵姓之人族众聚居，皆赵太祖之裔，或至作乱，亦未可定。遣尔至蒙古地方，又奏扎赖特蒙古等修理器械，训练兵丁，有谋叛之意。何如许年并无动静，此非尔欺妄耶？”戴保不能对，惟叩首而已。又问戴保曰：“因尔疯疾拘禁。朱都纳所奏之事，

尔如何与之商议行走耶？”供云：“我系朱都纳之婿，望伊父子富贵，同副都统常赉商议而行。奴才将本看过是实。有何辨处？”

又问金宝曰：“左翼朝奇、右翼金宝，尔等皆著名匪类。朱都纳所奏之事，尔如何与之商议行走耶？”金宝供云：“有此名，我即应死。奴才往军前种地方回见朱都纳是实。伊所奏之事，全然不知。我有八旬之母，并无兄弟子嗣，求圣主宽宥。”上曰：“尔八旬之母，尔意中全不以为母，始罹此案也。”

又问常赉曰：“尔于朱都纳所奏之事，如何商议行走耶？”供云：“我系朱都纳之婿，此事皆伊父子希图富贵，同伊爱婿戴保商议而行之事，并未与我相商。”上曰：“尔系朱都纳之婿，与之来往，朱都纳家中何人行走？何人商议？尔必知之，从实供出。”常赉供云：“辛泰、齐什皆与朱都纳来往。辛泰行走甚密，齐什行走略疏。朱都纳同伊等相商与否，我不知也。”

是日，传齐什至，并将辛泰拿到。

是日起居注官徐元梦、华色。

二十二日辛未

二十三日壬申　上御汤泉行宫正门，令齐什近前，上曰：“齐什为朕之亲，秉性不肯安静，有似猕猴。猕猴之名，是二阿哥所取。二阿哥甚恶之，每言及，则呼为猕猴都统。看来好与吠犬相似，然犹非好犬。道傍鹑起则逐鹑，蛙出则逐蛙，人所射之野兽，反不逐也。人有过失，皆悔悟思改。若齐什任有过失，怙非遂过，到老不知改悔。吾辈有暇，惟思赋诗作文，行好事。若齐什，一蹙额即谋陷人。骑射材力之地，全然不称。屡次出兵，并不思向前效力。而于事多管，每遇事出，未有无其名者。二阿哥砚水写书之事，亦有其名，朕皆宽宥，更给以都统职衔。即此宜思若何可以无事，自守其分，安静度日矣。今朱都纳之事，又有其名。齐什奸谋诡计特甚。今试问尔，尔族中佐领之缺，因何将增寿之名删去，但将尔名进呈？增寿系尔兄之子袭公爵者，伊名如何可删？且尔支佐领员缺，尔族中不可开列。尔族支佐领员缺，增寿与尔皆可开列。尔将增寿删去，止以尔名进呈。尔以为身为都统，止以尔名进呈，一经载之档案，传至后日子孙，便与增寿无涉。非此意耶？尔之筹画，竟及数世以后，何算之周耶？

朕知尔此计，因断不遂尔之意，究将增寿之名列尔之前，尔此计何益？”齐什语塞，不能对，但云：“奴才心地一切不堪之处，皆皇上洞悉。谕旨极当，有何辩处？”因数数叩首。上又曰：“辛泰乃卑污无耻之人，并无问彼之处也。”

是日起居注官徐元梦、华色。

二十四日癸酉

二十五日甲戌

二十六日乙亥

二十七日丙子 是日，满九卿、大人等奏，将朱都纳拟凌迟立决，朱天保立斩，朱都纳二幼子宁保、明保俱立绞，家产籍没入官。戴保、常赉俱拟绞监候，秋后处决。金宝充发黑龙江，于苦差处行走。辛泰枷三个月，鞭一百。齐什革去都统职衔，交该旗及族中人等，在伊家永远拘禁。折子交奏事六品官双全等转奏。双全等出，将奏折发还，传谕旨云：“所议尚未详尽，朕亲御门穷诘朱都纳之处，亦未载入。”

二十八日丁丑

二十九日戊寅 是日，九卿将所议皇太子仪仗冠服一切应用之物及应行礼仪，俱查明裁减，定议缮折，交奏事六品官双全等转奏。上曰：“所议甚善。”

三十日己卯

二　月

初一日庚辰

初二日辛巳

初三日壬午

初四日癸未

初五日甲申

初六日乙酉 是日，满、汉九卿来请安。奏事六品官双全等捧出皇上

手书，谕旨曰：“众大臣官员时来请安，朕甚难答。若谓身安，则羸瘦已极，仅存皮骨，未觉全复。足痛虽较前稍愈，步履犹难。近方理政务，所壅积者乍难清楚。每虑壅积渐多，心悸不安，精神恍惚。更可痛者，皇太后大事适值不能支持之际，未尽朕心，以致抱恨，神思迥异平时。朕躬抱病之状，众亦知之。故不法匪类，曾经治罪免死之徒，伙同结党，谋放出二阿哥。观此则乱臣贼子仍不乏人，岂可不留心乎？每思此等事，食且不能下咽，何由万安？”

初七日丙戌

初八日丁亥

初九日戊子 是日，汉九卿来请安。奏事六品官双全等传旨：“将前日谕满九卿之旨传示。”

初十日己丑 是日，满九卿遵旨将皇上亲究朱都纳等口供，添入再议奏折内，交奏事六品官双全转奏。双全等捧出皇上手书，谕旨曰：“戴保、常赉一体定拟，甚属不合。戴保久已应斩，因托疯疾拘禁，今又不改。再戴保从拘禁处如何放出行走之处，并无一字察及。”

十一日庚寅

十二日辛卯 是日，九卿、詹事、科、道以建储事缮折请旨，交奏事六品官双全等转奏。双全等捧出皇上手书，谕旨曰：“国家大臣凡事宜详细思维具奏，岂可草率并不留心如儿戏乎？朕将何赖？此时何时，皇太后之事未满百日，梓宫尚未安厝，举国素服，未曾剃头，乃将大庆之事渎请，朕实不解。且朕躬目下并无可虑，这所谕之旨，着即回奏。”九卿、詹事、科、道回奏云：臣等冒昧渎请，大体所关，全未见及。今奉旨明示，方豁然醒悟，自知愚昧等语。具折请罪。上又手书谕旨曰：“至愚极昧之处，不止一二次，亦太过矣。如此何以办事？必至终日为人欺蔽也。倘至事败，不亦可耻耶？”

十三日壬辰

十四日癸巳

十五日甲午

十六日乙未

十七日丙申

十八日丁酉　刑部侍郎阿锡鼐、刘相会同满九卿、詹事、科、道，遵旨将朱都纳等议罪案内，戴保改拟立斩。将戴保从拘禁处放出行走，戴保之兄达寿三等阿达哈哈番佐领俱革退，枷号三个月，鞭一百，不准折赎。缮折交奏事六品官双全转奏。奉旨："交内阁。"

十九日戊戌

二十日己亥

二十一日庚子　是日，大学士等以议政之事入奏，上曰："西安右卫、福建将军员缺，俱未补授，照从前补授荆州将军之例，诸王、议政大臣会同举出具奏。"

二十二日辛丑

二十三日壬寅　巳时，上御行宫听政。大学士马齐、松柱、李光地、萧永藻、王掞，学士渣克旦、勒什布、星俄特、穆尔泰、张廷玉、蒋廷锡、励廷仪以折本请旨。覆请九卿遵旨以赵申乔为伊应斩之子赵凤诏恳请具奏不合，议将赵申乔交部议罪一折，并原议赵凤诏立决一疏。上问大学士李光地等曰："尔等云何？"李光地奏曰："赵凤诏情真，俱经审出。"王掞奏曰："宜正国法，处斩。"萧永藻奏曰："赵凤诏情真，罪当不可宽宥。"上曰："赵申乔依议。赵凤诏着即处斩。庄裕依拟，应绞，着监候，秋后处决。"

覆请吏部所题湖北巡抚刘殿衡员缺，以学士渣克旦等职名开列一疏。上曰："此所开布政使，朕俱不识。尔等同九卿举出具奏。"

覆请兵部所题甘肃提督师懿德员缺，以副都统许廷臣等职名开列一疏；左江总兵官赵廷栋等职名开列一折。上曰："路振扬汉仗好，着补授甘肃提督。"

又覆请台湾总兵官姚堂例应调补，将福建浙江总兵官陈有功等职名开列一疏。上曰："姚堂前在古北口，曾随朕行走，人去得。广东提督王文雄现在议罪，复与法海不合，不可遣伊回任。王文雄员缺，着姚堂补授。"顾问大学士李光地曰："孰可补姚堂之缺？"李光地奏曰："臣所知定海总兵官张国、崇明总兵官欧阳凯人俱去得。"上曰："欧阳凯调补

台湾总兵官。”

覆请礼科掌印给事中商纪纳条奏大同捐纳一疏。又临清等关因欠钱粮，交该巡抚管理。此等监督所欠银两，交与该旗，将伊家产变价赔还。果系家产尽绝，不能赔还者，该旗保奏时，将管理此等关钞之地方官所得赢余银两补还一疏。上曰：“商纪纳闻捐纳之事，即拼命向前，先已奏数次矣。为人不端，着革去给事中，交与该旗，以外边武职用。伊所奏二疏，俱发还。”

毕，大学士马齐等遵旨以江西巡抚白潢请定火耗数目，揭示州县，明白晓谕州县官，于定数之外多取者，即行参奏。折子呈览。上曰：“若将火耗明定额数，人无忌惮，愈至滥取。伊所奏折，着发还。”马齐等又以白潢奏请，将伊应得盐课项下银两，解送该部。折子如何定议之处请旨。上曰：“着交户部议。”

是日起居注官徐元梦、阿尔赛。

二十四日癸卯

二十五日甲辰

二十六日乙巳　是日，在京大学士等奏事至，奏事六品官双全等捧出皇上手书，谕旨曰：“诸大臣奏事至此，恐因朕迟迟，致生腹诽。朕已将不能之处早下谕旨，诸大臣或以为游戏，未经详阅，抑或遗忘耶？朕体稍早起，手颤头摇，观瞻不雅。或遇心跳之时，容颜顿改。骤见之人，必致妄起猜疑。大臣等远来，宜备克食颁赐。但百日未满，未取光禄寺一物，并无佳味，故未赐给。”

巳时，上御行宫，大学士马齐、李光地、萧永藻、王掞，学士渣克旦、勒什布、星俄特、穆尔泰、蒋廷锡、高其倬、励廷仪以折本请旨。大学士等以吏部所题，补授湖北巡抚刘殿衡病故员缺，遵旨会同九卿举出学士张廷玉、通政使张连登、四川布政使刘棨职名开列折子，并以原疏覆请。上曰：“四川用兵之际，刘棨办理粮饷不可移动。张廷玉前为同考官，声名甚好，为人谨厚，学问亦好，但于事尚未经历。”又顾大学士等曰：“张连登如何？”大学士萧永藻奏曰：“昨九卿俱称其好。观其人，亦似能办事者。”上曰：“张连登着补授湖北巡抚。”

又覆请兵部议覆提督王文雄所题伊所遣官俞海臣，捕获贼犯陈君元等，被海阳县知县金以埈家人差役夺去等因，应行文该督，或系知县之人捕获，或系王文雄所遣之官捕获，确审到日再议一疏。上曰：“着交总督杨琳，毋徇情面，秉公审拟具奏。”

又覆请议政大臣所议四川提督康泰平时不能抚恤官兵，赏赉之物又不全给，以致官兵鼓噪，应革职，交刑部从重治罪一事。广东提督王文雄平时不能禁戢盗贼，致贼聚众侵扰乡村，掳掠人口，知巡抚法海具奏，又思脱罪粉饰陈奏，殊属溺职，议革职一事。上曰：“此二事暂存贮。康泰、王文雄、原任宣化总兵官司九经，伊等汉仗俱好，经历战阵，着自备鞍马，前赴色冷军前效力。果能效力，将伊等之罪宽免。如不效力，加等治罪。”

又覆请兵部所议贮放仪仗席棚失火缘由，将拜他拉布勒哈番杨八，拖沙拉哈番罗纶、常寿、李保住革职，并拨什库披甲人送刑部严审一疏。上曰：“从前似此等宜会拟之事，即行会拟具奏，已有明旨。此事如何未经会拟？本发还，着会同刑部议奏。”

覆请刑部会同九卿议覆尚书张廷枢等所题，阌乡县贼首王更一等十五人拟立斩，为从梁必贵等十五人拟绞，秋后处决，胁从尚克武等二十四人发三姓处。以火耗等项借端取银六万五千两之原任阌乡县知县白澄、以马价等项借端取银四千零五十两之宜阳县知县张育徽，俱属蔑法，照例拟绞，秋后处决。私派滥征同武弁缉贼并斩良民之河南府知府李廷臣，拟斩，秋后处决。原任巡抚李锡，不遵圣训，以致民变害及地方，应改为立斩。布政使张伯琮希李锡意旨，私动库银，应革职。现任巡抚张圣佐，既未将贼情奏闻，又不严加捕缉，殊属溺职，应革职。希李锡意旨私行科派之开封府知府徐而泰、彰德府知府缪发、南阳府知府沈渊，各降一级。按察使张孟球、道员戴绵，平时未将李廷臣等贪滥之处揭报，及兵丁衙役肆杀良民，又不报请题参，显属徇庇，各降三级，以所有加级纪录抵销。总兵官冯君洗，既不尽力缉贼，又不明白陈奏，殊属溺职，并伊所有拖沙拉哈番革退。游击杨奉，缉贼之时，虽将良民并斩，但伊父杨衡系阵亡之员，将杨奉革职。守备罗烈，亦议革职一疏。上曰：“李锡据理应斩，第

官员与盗贼合为一本定拟，难以批发。本发回，着分两本具奏。”

又覆请镶白旗散骑郎吴勒礼家人多尔济，殴死正白旗护军德保缘由，议将多尔济拟斩，秋后处决一疏。上曰：“多尔济系人家奴，将另户之护军殴死，理宜照新例，即行处斩。本发还，再议具奏。”

又覆请白莲教贼首朱复业即袁荩拟即凌迟案内养袁荩为子之郭英拟斩，秋后处决，折角一事。上曰：“郭英系养朱复业之人，即是伊父，理宜照谋叛人之祖父例，即行处斩。部议秋后处决，误矣。本发还，再议。并李锡等议罪之事，过三月至四月再奏。”

覆请各省提镇自陈一事，上曰：“军政关系紧要，伊等朕不熟识，尔等逐一详阅具奏。”

毕，上以留中朱都纳等议罪之本，谓大学士等曰：“朱天保以人力中式进士，虽系读书之人，希图侥幸，违旨妄奏。问伊时，又首将伊父供出，不忠不孝极矣。伊奏折内有亦知应死之语，将伊交与本族及该佐领，令伊父朱都纳视之，是日即行完结。戴保最为凶恶，断不可留。将伊亦交与本族及佐领，是日即行完结。朱都纳、常赉从宽免死。金宝从宽，免充发，交与步军统领隆科多，将大枷永远枷示，虽遇诏赦，不准宽宥。伊等妻子，着入官。朱都纳二幼子宁保、明保，亦免死入官。人官之人，不许在伊等本旗，调入别旗。议奏达寿阿达哈哈番佐领着革退，枷号三个月，鞭一百。”

又顾大学士等曰：“去岁山东、浙江正、副主考官系何人保举？着查奏。”

大学士等出，以齐什、辛泰，或照伊等枷示，或照部议完结，具折请旨。上手书谕旨，谕曰：“齐什人甚不端，若在伊家拘禁，无伊尊长之人，将伊交宗人府，照鄂善例拘禁。辛泰乃犬豚一类，卑污无耻，曾为西安仆隶者，何足充数，着照部议结。今日已暮，着明日完结。此旨不用批本，在部中档案记之。”

是日起居注官徐元梦、文岱。

二十七日丙午

二十八日丁未 上自汤泉至畅春园。

是行也，部院各衙门奏章，日交送内阁，由内阁递送行宫办理。

二十九日戊申

三十日己酉　是日，诸王、大臣等求皇上停送梓宫缮折，交奏事六品官双全等转奏，上不允。

午时，诚亲王、十二贝子、十六阿哥转传谕旨曰："三月二十三日送皇太后梓宫，朕躬不可不去。但朕足尚痛，不能乘马，坐轿随行，又所不宜。或于二十日前后，另从一路，于通州南关先行。朕自量力日行二三十里，计梓宫入地宫日期前，预至陵寝。事毕，旋时正值送妃等金棺前来，当于道南另修一路回辇。若自彼处即往热河，道路崎岖，遇雨难行。可将此交诸皇子、领侍卫内大臣会议具奏。"

复将礼部奏请大行皇太后上尊谥事发出，转传谕旨曰："礼部等衙门将大行皇太后上尊谥之期，定于十二日、十三日，又行百日致祭之礼，似匆遽，因折之。大学士等总未来奏折本，今为期甚迫，可交领侍卫内大臣会同大学士议奏。"

三　月

初一日庚戌

初二日辛亥　辰时，上御畅春园宫内，大学士马齐、松柱、李光地、萧永藻、王掞，学士渣克旦、勒什布、星俄特、穆尔泰、蒋廷锡、高其倬、励廷仪入奏时，上顾大学士等问曰："保举山东、浙江主考之人查出否？"大学士马齐奏曰："保举山东正考官吕谦恒，系工部侍郎王懿。保举副考官朱天保，系吏部侍郎色尔图、副都御史海寿。保举浙江正考官索泰，系工部侍郎常泰。保举副考官张懋能，系通政司参议张世祺。"上曰："保举考官之王懿等，俱着革职留任，永停升转，不准捐复。"

毕，大学士等以折本请旨。覆请吏部所题九卿保举官员，岁终奏闻已用未用一疏。上曰："伊等保举之处，公与不公，着问九卿具奏。"又曰："凡有保举，俱有王懿、李先复之名，科道内如此保举人者甚多。果属贤员，自当保举，但伊等竟以此射利。王懿从前历官尚勉强自爱，自任

府尹后甚属平常。”

又覆请吏部所题广西布政使武廷适参革员缺，将按察使董永芠等职名开列一疏。上曰：“着问九卿具奏。”

覆请礼部所题磨勘顺天、山东、河南、浙江、湖广五处乡试卷一疏。上曰：“着问九卿具奏。”

覆请兵部所题右卫将军费扬古告病休致员缺一疏，又西安将军席柱革职员缺一疏，又福州将军祖良璧病故员缺一疏，并以议政大臣遵旨将右卫、西安二缺，保举巴赛、颜新、五格、额伦特、胡什图、色亨图；福州一缺，保举李绳宗、伊尔拜、黄秉钺、范时捷等，职名开列，二折呈览。上取折细阅云：“这所保内胡什图、额伦特、范时捷，俱现在军前。李绳宗人不及，且老迈。伊尔拜年甚少，俱不可补授。着速行另拟具奏。再，京师议政事务甚属紧要，凡在议政处行走大臣，须留京方善。”

又曰：“诸王内有年少未更事者，此等保举之处，不必与。”

覆请翰林院所题日讲官励廷仪升任员缺，将侍讲史贻直等职名开列一疏。上曰：“着问翰林院掌院具奏。”

是日起居注官阿克敦、李绂。

初三日壬子　巳时，上御畅春园宫内，大学士马齐、松柱、李光地、萧永藻、王掞，学士渣克旦、勒什布、穆尔泰、星俄特、张廷玉、尼雅达、蒋廷锡、高其倬、励廷仪入奏时，上顾大学士曰：“从前火仓内受贿官员升转时，皆于伊等名下注明缘由。此时停止引见，乘机不注明缘由，因而升转者有之。将该部题升官员如此类者几人，着查明具奏。此后火仓内受贿官员升转时，仍照前，于伊等名下将缘由注明。”

又曰：“徐元梦所参翰林六人内，有任学政者一人，声名甚是不堪，系何人保举，着查明具奏。”

毕，大学士等以折本请旨。覆请吏部所题学道内升一疏。上曰：“着问九卿具奏。”

又覆请吏部议处张鹏翮等一疏。上曰：“先年所奏题目，式样宽展洁净。今年所奏题目，式样窄狭不堪。将先年所进题目式样查奏。再，凡用印奏请与不用印奏请之事，尔等衙门俱有定式，尔等皆未详阅。自此以

后，有不合式样者，即当票出。”

又覆请议处赵申乔一疏。上曰：“此本着发回。”

又覆请议处大学士马齐等革职一疏。上曰：“此本暂收贮。”

覆请户部所题将缺少钱粮御史石图议罪一疏。上曰：“石图着削去加三级，仍降一级调用。所欠钱粮，限一年内追完。”

覆请兵部所题补授王府护卫官员一疏。上曰：“此内有从前引见因人平常未准升转者。此番俱奏请升转，不过乘机而奏耳。这正陪官员，着自备鞍马，随往热河。俟朕试过再用。”

覆请工部所题奏销采买梓木之钱粮一疏。上曰：“梓木于京师采买即得，亦系无用之物。此后停其进送。”

覆请江苏巡抚吴存礼所题蠲免沛县钱粮一疏。上曰：“朕昔南巡时，曾下船阅视，沛县在运河之西隅，地势洼下，积水甚多，常因运河水浅，穴堤引所积之水，泄入运河。今看每年沛县之田，皆以被水灾具奏。特以沛县地势洼下，常被水灾，遂视为一定之事。虽不成灾，亦以成灾奏请蠲免钱粮耳。尔等将历年所奏之事，查明具奏。再，沛县所积之水，作何区画与民有益之处，会同九卿详议具奏。”

覆请福州将军祖良璧题参刘永清一疏。上曰：“俟补新将军，着将此事会同该督、抚审明具奏。总督、巡抚和同办事者少。满保、陈瑸二人甚相和协，同心办事。提督穆廷拭人去得，汉仗亦好。有此三人在彼，福建地方何虑之有？总兵官姚堂汉仗好，骑射甚优。今因年高，骑射或稍不及矣。已将伊补授广东提督。王文雄员缺。原系石匣副将，朕知之，故行任用。”

覆请议覆黑龙江将军拖留所题，乌宁克尔朱尔亨地方所收之粮补还仓内一疏。上曰：“盛京、乌喇、黑龙江等处仓内收贮之粮，从前将军、副都统奏请借与米粮不足之人者甚多。借去之后，总未还完，以此食粮至于亏欠。仓粮关系甚重，着户部派贤能司官一员，前往盛京、黑龙江、吉林、乌喇、宁古塔、默尔根、七七噶尔等地方，查明仓内所贮之粮。如有亏欠，着落该将军、副都统等赔完。余依议。”

上又曰：“自古以来，设立起居注，立数月而废者有之，立一二年而

废者有之，未有如朕设立之久者。今观记注官内，年少微员甚多，皆非经历事体之人。伊等自顾不暇，岂能详悉记朕之言？或有关系大臣之事央求于彼，即行任意粉饰，将朕之旨愈致错误，不能详记者甚多。记注之事关系甚重，一言失实，即启后世之疑。即如赵熊诏，亦曾私自抄录。若朕设立起居注，阅一二年即行裁革，或疑朕畏他人议论是非。朕御极已五十七年，与自古在位未久者不同，是非无烦伊等记注。此衙门甚属无益。尔等会同九卿，将作何裁革之处，详议具奏。”

是日，诸王、满汉文武大臣合词奏曰：“皇上圣体违和，因足痛坐汤。今圣体虽稍安，足尚未全愈。京城内正值开沟之时，气味甚恶，兼有病人。再四叩请皇上，不必进宫。”上不允。

是日起居注官陈恂、海宝。

初四日癸丑　午时，上自西直门入神武门进宫。

是日，诸王、满汉文武大臣官员奏称：“圣体较前虽稍愈，尚未大安。今日大风，自畅春园来时，圣体甚劳。明日亲祭，哀痛必更致劳瘁，恳乞明日停止前往，俟十三日大祭，再行亲往。”恳请再四，上不允。

是日起居注官秦道然、海宝。

初五日甲寅　寅时，上自东华门出朝阳门。因清明祭祀大行皇太后，上甫至即哀恸。至三爵奠毕，哀痛不已。诸王、阿哥及近侍人员，恳劝良久，方止哀。诸王、贝勒、贝子、公、大臣、侍卫、三品以上文武官员，皆随行礼举哀。

巳时，上由朝阳门进东华门回宫。

是日起居注官华色、薄有德。

初六日乙卯　先是上以畅春园内群花开放，因清明祭祀皇太后回宫，不肯前往。诸王、大臣官员诣乾清门跪奏，因皇太后大事，圣体违和，犹复勉强尽礼，圣孝无有不知者。今圣体虽觉稍愈，尚未全安。十三日百日祭祀，皇上又欲亲往，汤泉路远，往来行走甚难，伏乞俯顺众情，暂驻跸畅春园。因其水土之善，以调摄圣躬。

是日，赐四川川北总兵官王充吉鞍马。

是日起居注官陈恂、阿尔赛。

初七日丙辰 早，因满三月，祭祀大行皇太后。

巳时，上自神武门出西直门，驻跸畅春园。

是日起居注官龚铎、海宝。

初八日丁巳

初九日戊午 是日，诸王、满汉文武大臣、官员，翰林院、詹事府官员，各折奏云："圣躬违和，兼之足痛，身冒风露，远途行走，圣躬甚劳，断不可亲送梓宫。况至山陵，礼仪烦重，哀恸过甚，圣躬何以能堪？臣等无任惶悚，伏乞皇上以宗庙社稷为重，俯顺舆情，停止亲送梓宫。"顺天府耆老张文英等，亦请停止亲送梓宫，恳府尹具本代题。俱交奏事双全等转奏。众皆跪候旨。奉旨："这所奏知道了。日期尚早，再迟数日定夺。"顷之，奏事双全等下旨："百日大祭，不比寻常祭祀，朕于十二日进宫，十三日亲往。朕躬稍愈，今早已有旨了。"

是日起居注官华色、薄有德。

初十日己未 是日，诸王、大臣、官员奏称："因清明祭祀，皇上亲往，哀痛过甚，以至圣体劳瘁不安，此皆臣等不能力劝所致。今月十三日百日祭祀，伏乞皇上停止亲往。"具折交奏事六品官双全等转奏。上不允。

是日起居注官阿克敦、薄有德。

十一日庚申

十二日辛酉 午时，上自西直门进神武门，回宫。

是日起居注官华色、薄有德。

十三日壬戌 寅时，上自东华门出朝阳门，因大行皇太后百日，读文致祭。上甫至即哀痛，至三爵奠毕，哀痛不已。诸王、阿哥及近侍人员恳劝良久方辍哀。诸王、贝勒、贝子、公、大臣、侍卫、文武大小官员，并诸王福金、公主、格格以下，一品以上官员之妻，皆随行礼举哀。巳时，上自朝阳门入东华门，回宫。

是日，诚亲王、阿哥等传旨，谕曰："诸大臣劝朕停止亲送皇太后梓宫时，朕曾谕以目前不能去，稍需时日，再行定夺。今朕身较前少健，似可勉强前去。但此时尚未可信，或至途间，朕身又或不安，不惟诸臣不能

担荷，即朕亦追悔无及。若不去，从此朕身渐愈，此心又不大安矣。以此两难。朕下此旨，非欲诸臣劝阻，亦料诸臣必来谏止。朕心实不能定，故愿与诸臣共计之耳。尔等可同诸大臣详议具奏。”

又谕曰：“太皇太后大事时，梓宫安厝毕方行剃头。今送皇太后梓宫之人，亦俟安厝后方行剃头，已经下旨。朕意不送梓宫之人，亦俟初七日后剃头为是。诸大臣可会议具奏。”

是日，因剃头满大臣遵旨会议，合词奏曰：“自古国家有大事，人君以日易月，至二十七日除服而丧礼毕。满洲旧例，父母之丧，满百日即行剃头，诸礼俱毕。皇太后大事已满百日，诸礼俱毕。礼部曾照例奏请明日十四日请皇上剃头，众人俱剃头。送梓宫之人亦行剃头。”奉旨，谕曰：“方皇太后大事未出之前，朕立意欲曲尽乃心，不幸亦病，不能支持，难以自保。诸事未尽，朕心抱疚无穷。又思当此之时，止有孝敬朕之人，并无爱恤朕之人。尊长辈皆已凋谢，此等处每以无可与言为伤。距四月初七日，所余有几，何必争此数日？过四月初七日，再行剃头。”诸大臣复折奏恳请，奉旨，谕曰：“诸大臣不知朕知之，已有明旨谕诸皇子矣。”

是日起居注官华色、薄有德。

十四日癸亥　是日，和硕诚亲王胤祉等，满汉文武大臣、官员合词奏曰：“本月初六日皇上手书上谕甚明，圣躬于去年三月二十七日闻皇太后违豫，皇上即亲诣问安。比时头晕，几至颠仆，从此违和。洎往热河，沿途行宫仅能即次。及至热河，各处未能行走，惟终日偃卧，不能问皇太后安，仅诣榛子峪二三次。幸秋间进哨，水土甚佳，日愈一日，甚觉康健，尚于查喀等处哨鹿行走。自热河回时，微觉足痛，圣容又复消瘦。观自古帝王及明朝会典，未有亲送梓宫之例。惟皇上至孝，亲送太皇太后梓宫。今圣躬不比从前，圣躬自去年三月违和，经夏羸弱，各处未曾行走。进哨时容颜稍复，回时即值皇太后违豫，终日焦劳，继以大事力疾致哀，亲行祭奠诸仪，以尽大孝。今圣躬虽觉少安，尚未全愈。况每年春季圣躬往往违和，若复过劳，圣躬何以颐养，亦无以副天下臣民仰望之心。且送梓宫之人甚众，夫役不下万余，气味熏蒸。一至山陵，亲行祭奠。即圣躬甚安，而七旬将届之身，亦不胜劳。今违和已四月有余，岂复能尽典礼乎？

臣等此奏非属虚文，众心一心，皆以为皇上断不可亲往也。跪恳皇上以万乘之身为重，俯顺舆情。”诚亲王等出，转传上谕曰：“诸王、大臣、官员劝朕停止亲送梓宫，再三叩请，朕身亦不能往，今不亲送矣。”

又谕曰：“朕不剃头，送大行皇太后梓宫之诸王、大臣、官员亦着停止剃头。其在京之诸王、大臣、官员俱着剃头。”

巳时，上由神武门出西直门，驻跸畅春园。

是日起居注官华色、薄有德。

十五日甲子

标点后记

本书以2009年中华书局和台湾联经出版公司同时出版的《清代起居注册·康熙朝》为底本，将原档正文由繁体转化为简体，增加句读，划分段落，并按照时间顺序重新编排。由于起居注册的特殊史料性质，并无其他底本可参，所以于校堪一途几无事可做。只是对于原档明显错误之处，参考《圣祖实录》等史籍，作了极少量的校订。余则一概保持原貌，不敢作任何改动。

对古籍进行标点，原是一件吃力不讨好的事情。“有心之改”应好避免，即便是“无心之过”，如一字疏误、一句错断，标点者也难辞其咎。但就学术研究特别是学术普及而言，标点工作无论如何是需要的。所以，当我接触到这部重要典籍之初，就决定要做这件事。能够有中华书局和联经出版公司提供好的影印底本，对于清史学界是一件幸事，同时也构成了我开展这项工作的前提。值得说明的是，藏于台北部分的起居注内容，以康熙朝中后期为主体，包括康熙二十九年至四十四年、四十六年至五十三年。两个时期的历史事件繁多、康熙的活动丰富，特别是后一个时期，由于康熙步入晚年，气氛日趋诡谲、纷争日趋尖锐。而大陆部分所藏，除多为中前期外，其中后期部分的五十三年至五十七年记注，由于“二废太子”的影响，一般认为修改较多，将此与台北所藏此前之史料相对照，则对研究康熙一朝的政治变迁具有更为直接的意义。这也是我下决心将两部分合并整理、标点的另一个原因。尽管前后期记注的详略及史料重要性要存在一定的差异，但是第一历史档案馆朱金甫等前辈标点的大陆部分所藏的记注册，还是给了我们十分重要的帮助，甚至可以说是学习样本。由于所能依据的资料太少，更多的时候只能一边学习，一边标点剩余的部分。我还要十分感谢王刚、张万兴、于

德隆、李勇、张慧群、习欣等诸位学兄，没有他们的协助，凭一己之力，进展会缓慢得多。

一位学界前辈说过，避免标点错误要做好三方面的努力，一是弄通文理；二是多读书、多看书，有关知识多多益善；三是态度认真，不懂就查书，不懂就请教，切勿想当然，切勿自以为是（黄永年：《古籍整理概论》，陕西人民出版社1985年版，第122页）。话虽如此，可做到其中的任何一条也非易事。以个人之学疏才浅，自不敢“想当然”和“自以为是”，只是“弄通文理”，也实在不是一日之功。在标点过程中，深感态度认真、多查书、多请教之重要。如康熙五十六年有一段记注，原标为“泽旺阿喇布坦所住之处，即古阳关、哈密以西，即古瓜州、沙州所通之地，甚广。”粗读起来，便觉有文理不通之处，所以查地图、查典籍，自认为当标之以“泽旺阿喇布坦所住之处，即古阳关，哈密以西，即古瓜州、沙州，所通之地甚广。”后得台湾影印之《圣祖实录》，也录有此段，且如此句读，意始释然。

《康熙起居注》规模大，能够参考的资料又少，洋洋三百五十万言，每核对一遍，就得花上数月时间，着实狠尝了“校书犹如扫黄叶”的滋味。印象最深的当属康熙三十五年三月至三十六年九月间两度征讨噶尔丹记注内容。由于特殊的政治、军事考虑，康熙帝北征，多由满学士负责扈从记注。而此次安排随从的汉记注官陈元龙、张廷瓒，由于不明原因，并未到位，还因此受到三年不准迁转的处分。随行的满记注官，显然很难完成任务。有位叫布泰的记注官就表示，将军让写什么就写什么，答非所问，让康熙十分不满。这部分记注册均藏于台北，记注内容涉及军事行动的方方面面，篇幅浩大，头绪繁多，层次复杂，将领们上报的文书和战报，措辞多不规范，有些文意不清，甚至还有因口音而记注误者。虽多方请益，勉强标点下来，终因一无依傍，至今心犹不安。

清人张之洞说过，“国运之明晦，人才之盛衰，其表在政，其理在学”。兴办于戊戌变法前一年（光绪二十三年，1897年）的《湘学新报》，标

“专从讲求实学起见，不谈朝政，不议官常”之章程，又明确表示，“学术为政治之本，学术明，斯人才出也”。该报为陈宝箴于湘抚任上所办，时张之洞总督湖广，于此报支持甚力。陈、张虽为政理念及与风格相近，所思所想体现近世湘学之精华，然亦不可简单视之时尚如此。我生也有涯，智也有涯，但以近年粗浅揽阅感悟，陈、张所思考的问题，至今很难谈得上就解决了。世不以学相尚，舍本逐末；学者多惜力于学，舍近求远。标致用者不究学理，虽逞一时之用而后受其害；标学理者则失之“支离眩骛，务华而绝根”（黄宗羲评宋明理学之流弊，《明儒学案》王守仁阳明条），亦鲜能于事有补。我羡慕有才华、有能力之人有机会为学者、为大学者，所以虽于清史涉猎既浅且迟，更谈不上研究，仍乐于接受挑战，用三年的时间，将两岸的起居注册进行完整的整理和标点。此事对我确是困难重重，甚至远远超出个人的知识和能力，工作的讹误和个人的忧思可想而知。而在当今许多学者那里，非谓不能，乃不愿或不屑耳。知我罪我，夫复何言！

徐尚定

甲午夏月于离微斋

雲在茀文史

袁行霈題

［标点全本］

康熙起居注

徐尚定 标点

第二册

人民东方出版传媒
東方出版社

康熙帝戎装像

清宫廷画家绘。绢本，设色。故宫博物院藏。

康熙帝《行书舞鹤赋碑》拓片

康熙帝临写南朝宋鲍照撰文、明代董其昌书写的《舞鹤赋》石碑。

康熙十九年庚申閏八月初一日丁亥早
上御瀛臺聽部院各衙門官員面奏政事九卿詹
事科道奏河臣靳輔自河決引罪今會議河
堤決口仍責令靳輔修築俟工竣之日請遣
大臣往閱如修築堅固則已不則另行議處
上曰河工關繫重大爾等所見皆同否吏部尚書
吳達禮奏曰所見皆同

《康熙起居注》十九年闰八月首页

“康熙宸翰”印

第 二 册 目 录

康熙十九年　庚申

八　月/001　闰八月/014　九　月/026　十　月/038
十一月/051　十二月/055

康熙二十年　辛酉

正　月/066　二　月/071　三　月/084　四　月/094
五　月/100　六　月/115　七　月/128　八　月/142
九　月/154　十　月/164　十一月/178　十二月/188

康熙二十一年　壬戌

正　月/208　二　月/220　三　月/230　四　月/234
五　月/237　六　月/250　七　月/262　八　月/273
九　月/287　十　月/298　十一月/310　十二月/320

康熙二十二年　癸亥

正　月/333　二　月/340　三　月/352　四　月/367
五　月/386　六　月/396　闰六月/405　七　月/412
八　月/420　九　月/441　十　月/454　十一月/473
十二月/487

插　图　目　录

康熙帝戎装像……45
康熙帝《行书舞鹤赋碑》拓片……46
《康熙起居注》十九年八月首页……47
“康熙宸翰”印……48
《御制耕织图》之一……49
《御制耕织图》之二……50
《御制耕织图》之三……51
《御制耕织图》之四……52
《御制耕织图》之五……53
《御制耕织图》之六……54
《御制耕织图》之七……55
《御制耕织图》之八……56
江西巡抚郎廷极奏报雨水米价地方宁谧折……57
江宁织造曹寅奏报粮价雨水及地方情形折……58
浙江巡抚黄秉中奏报各属雨水粮价等情折……59
陕甘提督师懿德奏报甘肃雨水粮价等情折……60
江宁织造曹頫奏报江南得雨稻秧及时插种并米价等情折……61
江宁织造曹頫奏报江南米价并进晴雨录折……62
直隶总督赵弘燮奏报山洪冲毁房屋道路现在修复并抚恤折……63
直隶巡抚赵弘燮奏报昌平州之地微动折……64
两广总督赵弘灿等奏为遵旨分别办理来粤西洋人事折……65

江西巡抚郎廷极奏进西洋人殷弘绪所进物品折……66
广东巡抚杨琳奏报西洋人郎世宁等并英法等国商船到粤折……67
著赵弘燮查奏真定府西洋人与民人互控案朱谕……68
著留心巴里坤出兵文武不和之密谕……69
张常住等所传谕旨……70
张常住等所传谕旨……71
张常住等所传谕旨……72
苏州织造李煦奏报本署乌林达家人孙云等殴辱职官折……73
苏州织造李煦奏陈杭州织造乌林达莫尔森可去东洋折……74
苏州织造李煦奏报苏州地方菜麦收成都好折……75
苏州织造李煦奏报苏州米价腾贵缘由折……76
苏州织造李煦奏进扇笔小菜并报苏州少雨折……77
苏州织造李煦奏进晴雨册并请安折……78
苏州织造李煦奏盐法道李斯佺病危预请简员佐理折……79
苏州织造李煦奏请万安折……80

康熙十九年　庚申

八　月

初一日丁巳　早，上御瀛台，听部院各衙门官员面奏政事。学士希福等以往审朝鲜国事，奏请谕旨。上曰："尔等此行，朕亦无别谕。所给尔等礼物，俱照定例收纳。如额外多送，勿取。又闻沿途馆驿供应食物太盛。饮食惟求足用，何须侈费？如可减，即行裁减。"希福奏曰："臣等谨遵圣谕。"希福等出。

大学士、学士随捧折本面奏请旨。为吏部题补内阁典籍事。上曰："正拟梁述祖为人甚平常，前为御史时亦不称职。陪拟孙文光何如？"大学士明珠奏曰："文光系新进，且年甚幼。"上曰："尔衙门有应升此缺之人，察明来奏。"

又兵部议广西提督折尔肯与尚之信结亲，应行革职事。上曰："折尔肯着革职留任，图功赎罪。"

少顷，驾至保和殿，视祭社稷坛祝版毕，仍回瀛台。

本日起居注官崔蔚林、朱马泰。

初二日戊午　早，上躬诣社稷坛致祭毕，回宫。

午时，上诣太皇太后、皇太后宫问安。

本日起居注官库勒纳、沈荃。

初三日己未　早，上御瀛台，听部院各衙门官员面奏政事。户部郎中俄齐礼奉差至盛京踏勘满洲新开蒿地，事竣回奏。上曰："尔往勘开荒田亩，自何处起，至何处止？"俄齐礼奏曰："东至抚顺，西至山海关，南至盖州，北至开原，皆经查勘。"上曰："田亩总数若干？所收钱粮若干？"俄齐礼奏曰："计田万顷有奇，征收钱粮仅约有万金，所得亦不甚多。"上曰："将军云何？"俄齐礼奏曰："据将军言，若将满洲自开地亩尽撤入官，实难度日。”上是之。俄齐礼出。

大学士、学士随捧折本面奏请旨。为兵部奏步军校喀努应否给与半俸事。上曰：“此等年老退职官员，未必皆有行间劳绩，但问明该管官员，果能于本等职业克著勤劳而其才又优长者，可以半俸与之。尔等传步军统领问明具奏。”

又为题补典籍事。大学士明珠奏曰：“臣等查臣衙门典籍与中书升转俱是一例，现任中书署典籍事辛国兴，学问虽不能超越，而才具颇优，办事极其历练。”上命此缺即将国兴补授。

本日起居注官蒋弘道、牛钮。

初四日庚申 早，上御瀛台，大学士、学士捧折本面奏请旨。为议政王、大臣会议差往福建侍郎温代等题请开海禁事。上曰：“海禁可开否？”大学士明珠奏曰：“臣昔年差往福建，颇知彼中情形，若金门、厦门不设重兵，海禁未可骤开。”上曰：“然。”又进剿海贼事。上问：“尔等之意云何？”明珠奏：“闽疆新定，逋逃残寇，姑徐俟其归命，再若梗化，进剿未晚。”上颔之。

辰时，驾幸南苑。酉时，驾还瀛台。

本日起居注官叶方蔼、常书。

初五日辛酉 早，上御瀛台，听部院各衙门官员面奏政事毕，部院官员出。大学士、学士随捧折本面奏请旨。为吏部题补盛京工部侍郎事。上问开列衔名。大学士勒德洪、明珠奏曰：“所开列者学士、副都御史及候补侍郎廖旦。”上问：“廖旦何如？”明珠奏曰：“其人平常。”上曰：“人虽平常，然任此缺亦颇相宜，着即补授。”

又题请本部司官内升外转事。上曰：“尔等问吏部堂官云何？”勒德洪奏曰：“昨问吏部堂官云：赵士麟才优，周训成才劣。”上命以士麟内升，训成外转。又题请科员内升外转事。上问：“优者为谁？”勒德洪奏曰：“曾问满洲给事中等云：余国柱才优，姚祖顼才劣。”上曰：“姚祖顼向来条陈亦好，无甚劣处。甘文瑛何如？”明珠奏曰：“臣等亦曾公议，甘文瑛条陈无甚切当者，姚祖顼较之犹为少优。”上命以国柱内升，文瑛外转。又都察院题请道员内升外转事。上曰：“朕观杨维乔甚庸劣，尔等以为如何？”大学士李霨奏曰：“诚属庸劣。”上又问大学士冯溥曰：“杨维乔是尔山东人，果庸劣否？”冯溥奏曰：“皇上所见极是。”上问：“王遵训系河南人，其人若何？”李霨奏曰：“王遵训俸深，为人亦好。”上命以遵训内升，维乔外转。

又御史吕兆琳请以汉中捐纳例，移于西安，部议不允。上曰：“朕观此条陈亦是。今四川兵饷紧要，似应在宝鸡、略阳捐纳。”明珠奏曰：“人皆舍远而就近。四川道远，捐纳者少，西安道近，捐纳者必多。”上命着再议。

又郎中俄齐礼勘明盛京蒿地事。上顾问大学士等。明珠奏曰：“臣等曾问俄齐礼，云地止一万五千顷。又问地亩何如此之少？俄齐礼云，土人言熟地仅及此数，此外皆属荒田，未经开垦。”上曰：“盛京田地关系旗下及民人生理，甚为紧要，着差贤能司官会同盛京将军、侍郎、府尹，将田地自何处起，自何处止，作何立定边界，将有益旗下及民人之处，一并确议具奏。”

又为原任步军校宜哈齐、达赖给半俸事。勒德洪、明珠奏曰：“昨问步军统领费扬古云：宜哈齐、达赖年俱老迈，前当有事之时，尚欲努力自效，不敢告辞。今已事平，故请辞任，诚小心谨慎之人。”上称善，着俱给半俸。

又工部题覆绞犯周令树认工赎罪事。上曰：“此等令罪人修盖共有几处，其需用钱粮某处若干，着交与工部详加估算。俟估完具题后，再将此事来奏。”

少顷，上御瀛台前亭，赐进贡乌朱穆秦部落二品台吉呼尔章等，吴喇忒部落四品台吉海萨等，喀喇沁部落四品塔布囊卓礼克图等，驻扎归化城扎萨克喷苏克喇嘛、卫征喇嘛等茶。

本日起居注官朱马泰、董讷。

初六日壬戌 早，上御瀛台，听部院各衙门官员面奏政事毕，部院官员出。大学士、学士随捧折本面奏请旨。为吏部议盗窃孝陵神厨、神库器皿，郎中顾彩、员外郎胡巴锡，应各降一级留任事。上曰：“陵寝内当谨慎护守，神厨、神库器皿致被盗窃，殊属怠玩！这所议尚轻，着再议。”

又云贵总督赵良栋疏参陕西总督哈占，言前令调拨兵丁，以陕西紧要，不肯调给，及促令运粮，又以保宁有船为辞，推诿迟误。九卿等会议令哈占明白回奏。上曰："大兵现今进取云南，若令哈占回奏，反致迟误。前以大兵钱粮关系紧要，着陕西、四川总督、巡抚协同商酌，作速运送，倘若迟误，以军法从事，已经有旨。今仍着遵前旨行，将票签另拟来奏。"

又奉天府民王廷选等讦府尹梁拱宸与盛京户部侍郎同占盐利，拱宸又参廷选私占盐池，反行诬讦。刑部议，此案干连人等俱在盛京，请敕下盛京刑部，质对口供，审明具奏。上曰："朕闻自前任府尹时，有耿大忠独占盐利。此耿大忠与向在京师黄膘、李三皆一类大光棍也。着遣部院堂官一员，会同奉天将军，副都统，礼、刑、工三部侍郎，详加查审。应差堂官职名开列具奏。"

午时，上诣太皇太后宫问安。

本日起居注官库勒纳、王鸿绪。

初七日癸亥 早，上御瀛台，听部院各衙门官员面奏政事毕，部院官员出。大学士、学士随捧折本面奏请旨。建威将军吴丹奏遣猓猓副将徐升耀、武举赵士元偕往招抚王屏藩，屏藩不纳，反为所害。今升耀家口尚在云南，应俟恢复再请恤典。士元家于山东，请即行恩恤。部议升耀俟云南恢复再议，士元履历籍贯俟查明另题。上曰："徐升耀自归顺以来，所至效力，今又为逆贼所害，始终一节，殊属可悯。直待云南恢复方行另议，无以奖忠，应将升耀前后事迹，优旨票出，以示激劝。余如部议。"

又吏部题补内阁侍读学士员缺事，正拟监察御史郎廷秀，陪拟监察御史陈嘉猷。上曰："此缺原属紧要，所拟二人俱不甚优。着将应升各官通列具奏。"

又工部请修福陵傍洼地事。大学士明珠奏曰："昨遵旨传问工部堂官。据言顺治年间及康熙二年俱曾修理，因有别项紧要工程，故尔暂停。今议遣钦天监官前往相视，若果有碍风水，即应别派人夫兴工修理，倘于风水无碍，则俟紧要工程告竣，即于额设人夫一千名内派修。"上命从部议。

辰时，讲官库勒纳、叶方蔼、张玉书进讲：小畜亨一节、象曰小畜三节。上亲讲：象曰风行天上一节。

本日起居注官牛钮、张玉书。

初八日甲子　早，上御瀛台，听部院各衙门官员面奏政事毕，部院官员出。大学士、学士随捧折本面奏请旨。为礼部题请都统伊礼布加祭事。上曰："此等大臣有加祭几次例，曾查明否？"大学士明珠奏曰："护军统领哈克山加祭一次，尚书喀兰图加祭二次。"上曰："伊礼布着加祭二次。"

又兵部题，总漕帅颜保应统所属官兵，回驻淮安料理漕务事。上曰："俟解送尚之信过帅颜保所守地方，帅颜保方领所属官兵回任。可改拟票签来看。"

又内阁侍读学士员缺，开列应升官员事。上曰："监察御史范承勋学问何如？"明珠奏曰："臣等不知。"上曰："内阁侍读学士翻译本章，非文理精通之人不可。尔等可将伊等通行考试。"

辰时，讲官库勒纳、叶方蔼、张玉书进讲：初九复自道二节、九二牵复吉二节。

本日起居注官格尔古德、严我斯。

初九日乙丑　太宗文皇帝忌辰，上不理政事。

本日起居注官沈荃、常书。

初十日丙寅　早，上御瀛台，听部院各衙门官员面奏政事毕，部院官员出。大学士、学士随捧折本面奏请旨。为先锋参领吴穆都，军中受伤，疮发身故，礼部请赐祭葬事。上曰："吴穆都效力行间，劳绩最多，宜照先锋统领例加赐恩恤。着再议具奏。"

又总漕帅颜保回驻淮安事。上曰："昨谕尚之信已过帅颜保所守地方，方令帅颜保复回原任。若旨内明白票出，则向令帅颜保守江西，似属有意。可将兵部题本仍票依议。其尚之信已过江西，帅颜保方回淮安之谕，着口传与兵部知之。"

又江南巡抚慕天颜审原任司道吴伟诈赃诸款，俱坐衙役，与伟无涉，部议再行严审事。上曰："前参官吏通同诈赃，今俱坐衙役，其中显有情弊。此事着该抚另加严审，俟具题到日，尔等再行奏明。"

辰时，讲官库勒纳、叶方蔼、张玉书进讲：九三舆脱辐二节、六四有孚二节。

本日起居注官库勒纳、崔蔚林。

十一日丁卯 太祖高皇帝忌辰，上不理政事。

本日起居注官蒋弘道、阿哈达。

十二日戊辰 早，上御瀛台，听部院各衙门官员面奏政事毕，部院官员出。大学士、学士随捧折本面奏请旨。为广东巡抚金俊请以游击张羽补授副将，部议不允事。上曰："张羽在军前效力有名，着依该抚所题补用。"

少顷，上御瀛台前亭，赐进贡乌朱穆秦部落一品台吉喀喇等、吴喇忒部落三品台吉胡鲁木西等、土默特部落三品塔布囊巴朗等、阿霸垓部落四品台吉巴拜等、管索伦头目副都统品级扎木苏等、札赖忒部落四品台吉毕里克等茶。

巳时，上御保和殿，举行经筵大典，讲官库勒纳、项景襄进讲《四书》肫肫其仁渊渊其渊浩浩其天一节。牛钮、冯源济进讲《易经》：范围天地之化而不过、曲成万物而不遗二句。

未时，上诣太皇太后宫问安。

本日起居注官格尔古德、王鸿绪。

十三日己巳 早，上御瀛台，听部院各衙门官员面奏政事毕，部院官员出。大学士、学士随捧折本面奏请旨。为内阁侍读学士员缺，将应升监察御史考试补授事。上曰："阅试卷金世鉴学问亦可，其人品何如？"大学士明珠奏曰："学问固优，人品亦好。"上命以世鉴补授此缺。

上又谕大学士勒德洪、明珠等曰："李光地候补学士，待缺无期，着即传谕，令同内阁学士办事。"

辰时，讲官库勒纳、叶方蔼、张玉书进讲：九五有孚挛如一节、上六既雨既处一节。

本日起居注官常书、董讷。

十四日庚午 早，上御瀛台，听部院各衙门官员面奏政事毕，部院官员出。大学士、学士随捧折本面奏请旨。为广东巡抚金俊题，捏造妖言罪犯张大经、戴文礼岁久难获，应记册，令地方官徐缉。部议仍应严缉，不准记册事。上曰："此事既经岁久，可即完结，不必复行追缉。"

又佥都御史高尔位题设厂赈济，多有京城游民借名冒领，其直隶、山东饥民在外流离日久，无处安顿，应令该直省分遣府佐官招回原籍安插事。上曰：“设厂赈济，事关紧要。若令游民冒领，则饥民不沾实惠。这本内事宜，着九卿、詹事、科、道会议具奏。”

本日起居注官叶方蔼、牛钮。

十五日辛未　早，上御太和门视朝。文武升转官员谢恩，次朝鲜国贡使青平尉、沈益显等行礼，赐茶毕，回宫。

少顷，御乾清门，听部院各衙门官员面奏政事毕，部院官员出。大学士、学士随捧折本面奏请旨。为浙江总督李之芳题游击孙斌斩贼伪使，飞报贼情，亟请官兵进剿，功不可泯。兵部议俟参将缺出即补。上曰：“孙斌当逆贼初叛时，即将贼中消息星速驰报，又斩贼投送伪札之人，忠贞为国，深为可嘉。应从优升为副将，有缺即补。余依部议。”

又刑部议新满洲贝和诺乘醉刺死其叔，应处斩。上曰：“罪固应死，但该将军巴海言，贝和诺素与其叔无仇，因醉刺死，请从宽贷。念系新人，姑从该将军请，免死减等发落。”

巳时，上诣太皇太后、皇太后宫问安。

本日起居注官库勒纳、张玉书。

十六日壬申　早，上御瀛台，听部院各衙门官员面奏政事毕，部院官员出。大学士、学士随捧折本面奏请旨。为兵部题请贵州安笼等四处总兵官员缺，或将参领等官开列，或将现任副将等开列事。上曰：“这各总兵官关系紧要，着议政王等会推具奏。”

又总河靳辅以山阳、清河等五州县河水冲决堤岸，自请严加处分，又修筑未完各工，恳赐展期事。上曰：“据靳辅所奏，冲决之处甚属蒙混。伊先奏减省数万钱粮，今观此情形，其先所用钱粮尽属空费。”大学士明珠奏曰：“先估二百五十万银两，已将用完。今修筑各处决口，又不知所用几何矣！”上问：“汉大学士云何？”杜立德、冯溥奏曰：“河工关系重大。副都御史科尔坤现往踏勘，俟回日便可悉知。”上又问学士李光地：“尔来时，河道若何？”李光地奏曰：“臣过时，河道如常。行至山东，闻河水骤涨，新筑堤坝亦复冲决。”上曰：“此事紧要，着九卿等会议具奏。”

辰时，讲官库勒纳、叶方蔼、张玉书进讲：履虎尾一节、象曰履柔履刚也三节。

少顷，上御瀛台前亭，赐进贡吴喇忒部落四品台吉喇马等、扎萨克四品台吉戴布等、喀喇沁部落四品塔布囊巴图尔等、阿霸垓部落四品台吉噶尔马等茶。

本日起居注官严我斯、阿哈达。

十七日癸酉　早，上御瀛台，听部院各衙门官员面奏政事毕，部院官员出。大学士、学士随捧折本面奏请旨。为吏部议禄米仓监督张琰圭，以文、裕二廒米移贮采、广二廒，未经声报，琰圭等俱应罚俸。上曰："闻张琰圭等若不将仓米移贮，则米石必致浥烂。尔等云何？"大学士李霨奏曰："张琰圭等虽私行移贮，米数并无亏少。"上曰："张琰圭等恐禄米浥烂，从权移贮，且米数又无亏少，着俱免罚俸。"

又九卿、詹事、科、道会议给事中李迥条奏船只出海事宜，请令直省地方官查覆再议。上曰："盛京、直隶、山东等处，不走海道已四十年，故熟识海道者绝少，可行不可行，或不在船之大小。若照海船式制造，虽小可行，倘不识海道，即船大，亦难轻试。似宜用小船沿岸行走。"大学士明珠奏曰："福建除乌船外，尚有犁罾船只，虽不甚大，亦可行海。"上又问："汉大学士云何？"李霨奏曰："船若太小，难于出海。"冯溥奏曰："出海贸易，大有裨于民生。"上曰："船只出海，有裨民生，不必行地方官查覆，着即定议具奏。"

辰时，讲官库勒纳、叶方蔼、张玉书进讲：象曰上天下泽履一节、初九素履往无咎二节。

本日起居注官格尔古德、沈荃。

十八日甲戌　早，上御瀛台，听部院各衙门官员面奏政事毕，部院官员出。大学士、学士随捧折本面奏请旨。兵部题，湖广总督蔡毓荣行察原任常德知府翁应兆，闭城自守，不给兵粮，从逆于先，投诚于后，诸事俱实。应兆前罪固不必追论，但从逆时曾为伪布政使，而巧饰未授伪职，应请敕该督严审具题。上曰："此事照部议行。该督原疏有翁应兆先经从贼，今已归顺，其授伪职事，应否仍行确察等语。所奏殊属不合，旨内着票明。”

又谷城县阵亡游击谭有禄，部议令其子元德候补守备事。上曰：“谭元德着照应授品级于旗下员缺补用。各旗汉军武职官员之子，俱应补旗下员缺。见在推补外省者，共计若干员，着察明具奏。”

又三法司议常寿谋杀家主，应行处斩事。上以常寿因醉妄行，着改为应斩，秋后处决。

又吏部题司官尹源进应补验封司郎中事。源进广东人，在籍日久，历经变乱。上曰：“如翁应兆曾经从贼，诳称未授伪职者甚多。可传谕吏部，察明源进行履来奏。”

辰时，讲官库勒纳、叶方蔼、张玉书进讲：九二履道坦坦二节、六三眇能视二节。

本日起居注官崔蔚林、牛钮。

十九日乙亥 早，上御瀛台，听部院各衙门官员面奏政事毕，部院官员出。大学士、学士随捧折本面奏请旨。为料理粮饷，学士佛伦等题湖南、贵州应派夫运饷，部议允行事。上曰：“此事着依部议。大兵进取云、贵，钱粮关系紧要，若少迟延，即以军法从事。票签内可票明。”

又礼部请遣官往慰朝鲜事。上曰：“汉官亦有遣往之例否？”大学士明珠奏曰：“旧例俱差满官，今差汉官亦无不可。”上曰：“应否差汉官，尔等再议来奏。”

又大将军图海请立汉中一营，题守备王化兴为该营副将。兵部议允立营，以守备升副将太优，不允所请。上曰：“王化兴效力之处，朕所素闻，可依大将军所请升补。”

又大学士索额图因病奏请解任事。上曰：“此票签尔等查例拟否？”明珠奏曰：“前一段，照从前自陈本所奉之旨。自用兵以来之下，系臣等公同拟票。”上曰：“照此票着更加优异，仍拟两票来奏。”

少顷，上御瀛台前亭，赐进贡鄂尔多斯部落多罗贝勒达尔扎、扎萨克二品台吉巴琫等，喀尔喀部落三品台吉褚裔等茶。

巳时，上诣太皇太后、皇太后宫问安。

本日起居注官蒋弘道、常书。

二十日丙子 早，上御瀛台，听部院各衙门官员面奏政事毕，部院官员出。大学士、学士随捧折本面奏请旨。为吏部题补郎中尹源进事。大学士明珠奏："臣等昨问之吏部，当广东叛乱时，尹源进遁居海滨，并未受伪职。至其为人，则大学士冯溥素知之，向在吏部时，源进为司官，颇称勤慎。"上曰："可将尹源进补授。"

又题补内阁典籍事。上问："尔等所举为谁？"明珠奏："臣等公举中书汪世英。"上又问世英历俸及其为人。明珠奏："历俸较世英多者，尚有三四人。但其人精通满语，可办典籍之事。"上命依所拟用。

又吏部题正白旗三等阿达哈哈番门都病故，应以其叔巴雅思虎承袭事。上曰："巴雅思虎庸劣之人，朕所深知。可令其弟巴哈纳承袭。"

又云贵总督赵良栋题，巴南三川营游击员缺，请以守备孙国祥升补；守备员缺，以千总吴大康升补。部议游击已经补授王虎，良栋所题无庸议。上曰："赵良栋见在进兵征剿，孙国祥等可依所请补用。王虎亦不必令回，着候四川等处缺出，另行题补。以后紧要地方缺出，该督抚坐名题请奉旨准用者，其先补授之人，俱不必令回，即于彼处候缺补用。"

又刑部议强盗庞进忠等俱应立斩事。上曰："案内张龙江始终未曾招认。尔等云何？"大学士明珠奏曰："此等不招认之贼，前奉旨有秋后处决之例，或将此改为秋后亦可。"上又问汉大学士等。李霨等奏曰："张龙江虽因病未往行劫，实同分赃，按律原无分别，宽宥出自上裁。"上曰："此人亦有可疑，着改为秋后处决。"

又大学士索额图请病事。上曰："知道了。其票签尚有应改之处。"

本日起居注官叶方蔼、阿哈达。

二十一日丁丑 早，上御瀛台，听部院各衙门官员面奏政事毕，部院官员出。大学士、学士随捧折本面奏请旨。为大学士索额图请病事。上曰："尔等云何？"大学士勒德洪、明珠奏曰："此处惟在睿裁。"上曰："着依朕所改票签批发。"

又山西巡抚土克善请病事。上曰："朕闻土克善有病是实，又闻其不通汉文，常为地方乡绅等所轻，应令解任。"大学士明珠奏曰："仍下部议否？"上是之。

又刑部议原任佐领佟文瑜等以白土关从贼拟斩事。上曰："此议太过。尔等以为何如？"大学士明珠奏曰："臣意亦以为太过。"上曰："佟文瑜等着免死，减等发落，仍照例籍没。"

辰时，讲官库勒纳、叶方蔼、张玉书进讲：九四履虎尾二节、九五夬履二节。上亲讲：上九视履考祥二节。

本日起居注官格尔古德、董讷。

二十二日戊寅 早，上御瀛台，听部院各衙门官员面奏政事毕，部院官员出。大学士、学士随捧折本面奏请旨。为吏部题补内阁典籍员缺事，正拟中书喇都浑，陪拟雅思哈。上曰："此正陪之人何如？"大学士勒德洪奏曰："喇都浑现在军前，臣不知其人。雅思哈尚可用。"大学士明珠奏曰："臣闻喇都浑才具平常，雅思哈尚优。"上命以雅思哈补典籍。

又直隶巡抚于成龙题顺天、真定、河间、顺德四府属被夏灾地方，请蠲免钱粮，部议照分数题免事。上曰："朕闻此四府所属地方，初虽被灾，后得雨泽，田禾甚好。应行详察，着速遣户部司官前往踏勘。"

又兵部推补安笼等处总兵官事。上曰："贵州省分官员应行速补，着即将现在军前随征官员补授。兰泗授安笼总兵官，姚珩授威宁总兵官，四什六授大定总兵官，葛秉贞授黔西总兵官。"

辰时，讲官库勒纳、叶方蔼、张玉书进讲：泰小往大来一节、象曰泰小往大来一节。

巳时，上诣太皇太后宫问安。

本日起居注官库勒纳、王鸿绪。

二十三日己卯 早，上御瀛台，听部院各衙门官员面奏政事毕，部院官员出。大学士、学士随捧折本面奏请旨。为吏部题补汉军监察御史员缺事。上曰："科道为耳目之官，关系紧要，必选用得人，方能称职。汉官由行取考选补授，尚有堪任之人；满洲官员论俸叙升，多不胜任。可着吏部、都察院将现在满洲给事中、监察御史会同选择堪用者，仍留原任；不称职者，照品调部院衙门用。"

又礼部题先锋参领吴穆都应否予谥事。上曰："吴穆都效力行间，功绩甚多，既加赠先锋统领，着仍与他谥。"

又三法司议强盗唐进恩等应即处斩事。上曰："此案内邓秃子屡次研审，终未招承，止以佩刀为据，未为允当。着监候秋后处决。"

辰时，讲官库勒纳、叶方蔼、张玉书进讲：象曰天地交泰一节、初九拔茅茹以其汇二节。

少顷，上御瀛台前亭，赐进贡乌朱穆秦部落三品台吉蒙格等、扎萨克四品台吉俄齐尔等、四子部落四品台吉公格等、蒿齐特部落四品台吉朱占等、阿巴哈纳尔部落四品台吉达尔济等、土默特部落二品台吉俄齐尔等、喀喇沁部落都统巴牙尔等茶。

本日起居注官牛钮、张玉书。

二十四日庚辰　早，上御瀛台，听部院各衙门官员面奏政事毕，部院官员出。大学士、学士随捧折本面奏请旨。为福建总督姚启圣告病事。上曰："姚启圣无甚大病，其请告何意，尔等知之否？"学士李光地奏曰："曾闻有头晕之病。"上曰："姚启圣进取福建时，著有劳绩，可票优旨留任。"

巳时，上如巩华城。

本日起居注官常书、严我斯。

二十五日辛巳　申时，上回宫。

本日起居注官沈荃、阿哈达。

二十六日壬午　早，上御瀛台，听部院各衙门官员面奏政事。

辰时，讲官库勒纳、叶方蔼、张玉书进讲：九二包荒二节、九三无平不陂二节。

本日起居注官格尔古德、崔蔚林。

二十七日癸未　早，上御瀛台，听部院各衙门官员面奏政事。

辰时，讲官库勒纳、叶方蔼、张玉书进讲。上亲讲：六四翩翩不富以其邻二节。讲官进讲：六五帝乙归妹二节、上六城复于隍二节。

少顷，上御瀛台前亭，赐进贡喀喇沁部落多罗杜棱郡王扎西、四品塔布囊索宁，乌朱穆秦部落三品台吉阿赧达等、四品台吉宜思哈布等，阿霸垓部落四品台吉阿尔马思等茶。

巳时，上诣太皇太后、皇太后宫问安。

是日，赐朝鲜国贡使青平尉沈益显等缎匹、银两、鞍马等物有差。

本日起居注官库勒纳、蒋弘道。

二十八日甲申 早，上御瀛台，听部院各衙门官员面奏政事毕，部院官员出。大学士、学士随捧折本面奏请旨。为佥都御史高尔位奏令饥民各回原籍，九卿等会议不允事。上曰："赈济原以救饥，倘京城环住游民，借名冒领，反致饥民不被实惠。近闻各处已稍沾雨泽，秋成可望，赈济着停止。其游民令还本籍，各务生理。"

又会议船只出海事。上曰："开海禁之意，原为穷民易于资生。若必大船方令入海，恐小民力薄，不能营造大船，则于利济贫民之意不合。舡只式样不必定限，应各听其便。着依议行。"

巳时，议政王、大臣、九卿、詹事、科、道会议将军赖塔、侍郎宜昌阿奏尚之信谋反事实，同谋一百一十七人，俱应立行正法。上曰："尚之信叛恶甚著，本当依议立行正法，但念曾封亲王，姑从宽免，令其自尽。至平南王尚可喜航海来归，嗣镇边徼，自吴逆反叛以来，克守臣节，始终不渝，后被逆子尚之信逼死，深为可悯。可将此处票出。其妻舒氏、胡氏虽预逆谋，念其夫尚可喜之功，姑从宽免其正法及籍没家产。尔等之意云何？"大学士明珠奏曰："皇上念尚可喜始终不改臣节，宽贷其妻，有何不可？尚之信背恩反叛，事已显著，立行正法，实为允当。"上顾汉大学士等曰："尔等之意云何？"李霨奏曰："圣恩如天，极其宽大。尚可喜妻之罪似可宽免。尚之信虽封亲王，竟背圣恩，倡谋反叛，自无可宽之处。"杜立德奏曰："尚之信等驻扎地方二十余年，自变乱以来，小民困苦，死者不啻数万人，即行正法，死有余辜。臣等之意必不可免。"学士徐元文奏曰："圣谕极是。岂特应行坐罪，臣意宜亟施行。至尚之信党与既除，其善后之策，宜及此时周详计议，以图永远治安。"学士李天馥奏曰："臣意罪不容宽，亦不可缓，宜速翦除，以为后戒。"大学士等出。

上召学士叶方蔼至御榻前，问处分尚之信事何如。方蔼奏曰："之信背负国恩，罪恶盈贯，今正天诛，足伸海内臣民之愤。顷臣侍班，见廷臣执奏之时，皇上念之信前人有功，低徊不忍，赐令自尽，免其处斩，此真仁之至义之尽，从古帝王之盛德，未有如我皇上者也。但之信虽伏法，而其一军尚在。以臣愚见，歼厥渠魁，胁从罔治。皇上推赤心待之，自然人人感戴，匪独可消反侧之念，而且争为朝廷用矣。”上曰：“理固当然。”谕毕，方蔼出。

辰时，讲官库勒纳、叶方蔼、张玉书进讲：否之匪人一节、象曰否之匪人一节。上亲讲：象曰天地不交否一节。

本日起居注官叶方蔼、牛钮。

二十九日乙酉 早，上御瀛台，听部院各衙门官员面奏政事毕，部院官员出。大学士、学士随捧折本面奏请旨。为福建总督姚启圣请给投诚官兵钱粮事。上曰："尔等曾问温代否？"大学士明珠奏曰："据温代言，投诚官兵应给钱粮。但其人甚众，亦当散置各省。"上曰："可依议给饷。"

本日起居注官常书、董讷。

三十日丙辰 早，上御瀛台，听部院各衙门官员面奏政事。

少顷，驾至保和殿，视祭夕月坛祝版毕，仍回瀛台。

是日，赐翰林院、詹事府、坊、局各汉官藕。

巳时，上诣太皇太后、皇太后宫问安。

本日起居注官阿哈达、王鸿绪。

闰八月

初一日丁亥 早，上御瀛台，听部院各衙门官员面奏政事。九卿、詹事、科、道奏，河臣靳辅因河决引罪，今会议，河堤决口，仍责令靳辅修筑，俟工竣之日，请遣大臣往阅。如修筑坚固则已，不则另行议处。上曰：“河工关系重大，尔等所见皆同否？”吏部尚书吴达礼奏曰：“所见皆同。”上又问：“汉诸臣云何？”吏部尚书郝惟讷奏曰：“今欲更置河臣，必得深谙河道、才优于靳辅者而后可。一时不得其人，不若仍责令靳辅修筑为便。”左都御史魏象枢奏曰：“河工钱粮二百五十万，靳辅俱已用尽，而河工未成，纵有堪用治河之人，谁肯承靳辅之敝而任其事者？故必仍责辅修筑。”上曰：“若此后更有雨水冲决，奈何？”工部尚书马喇奏曰："靳辅原疏，以明年三月为限，若过三月，河仍不治，当再议处分。"上顾户部尚书伊桑阿问曰："尔所见亦如是耶？"伊桑阿奏曰："臣见亦与诸臣同。"遂出。

大学士、学士随捧折本面奏请旨。为刑部议杨春荣妄行条奏，应照例徒杖事。上念春荣无大罪，命免徒杖，所奏不准行。

又福建总督姚启圣请叙投诚伪将军杨一豹，并叙招抚一豹各官。上曰："杨一豹、江机等皆系贼首，前在江西一路，煽乱肆虐，大为民害。因三省大兵会剿，计无复之，然后乞降，深可痛恨。应俱令来京。"

又三法司议高得存打死人命，应处斩事。上曰："此事审问未明，应令再加详审具奏。"

辰时，讲官库勒纳、叶方蔼、张玉书进讲：初六拔茅茹以其汇二节、六二包承小人吉二节。

少顷，上御瀛台前亭，赐进贡阿霸垓部落四品台吉桑浑等、蒿齐特部落俄尔米土巴等、吴喇忒部落噶尔马等茶。

本日起居注官格尔古德、张玉书。

初二日戊子 早，上御瀛台，听部院各衙门官员面奏政事毕，部院官员出。大学士、学士随捧折本面奏请旨。为喀尔喀部落厄尔得尼济农遣使进岁贡事。理藩院议，先是车臣济农为首进贡，今扎萨克图汗将车臣济农革去，以厄尔得尼济农为首进贡，而达赖喇嘛所给文内，又并无厄尔得尼济农为首字样，已谕令来使查明另奏。其目下所贡之物，应俟问明再议。上曰："此事着依该衙门议。外藩蒙古头目进贡其物，应否收纳，理应即行议定，何必据达赖喇嘛文之有无？若必据此为证，似在我疆内之外藩蒙古，悉惟达赖喇嘛之言是听矣！以后蒙古贡物应否收纳，着该衙门即定议具奏，不必以达赖喇嘛之文为据。尔等可转谕行。"

辰时，讲官库勒纳、叶方蔼、张玉书进讲：六三包羞二节、九四有命无咎二节。

本日起居注官库勒纳、严我斯。

初三日己丑 早，上御瀛台，听部院各衙门官员面奏政事毕，部院官员出。大学士、学士随捧折本面奏请旨。为吏部议，郎中托必泰奉差四川，被贼杀害，不便遽行议叙，应俟该督查明具题再议事。上曰：“托必泰陷贼被害，业经数载，今尸骸已得，事迹甚明，不必俟该督查覆，着即行议叙。”

又兵部题贵州安笼等处新授总兵官四员应兼职衔事。上曰：“姚珩现经总督蔡毓荣题参察议，不便与兰泗、四十六、郭秉贞等同兼职衔，俟察议完结之日，再行议奏。余着照部议。”

辰时，讲官库勒纳、叶方蔼、张玉书进讲：九五休否大人吉二节、上九倾否二节。

本日起居注官沈荃、牛钮。

初四日庚寅 早，上御瀛台，听部院各衙门官员面奏政事毕，部院官员出。大学士、学士随捧折本面奏请旨。为吏部题补镶黄旗科、道事。上曰：“尔衙门侍读傅喇塔何如？”大学士勒德洪、明珠奏曰：“其人才优。”上命补监察御史。又问：“员外郎内费扬古人才如何？”明珠奏曰：“其人才具亦优。前两次差出审事，俱极允当。”上命补给事中。又题补正黄旗科、道事。上曰：“此旗牙齐纳、耿格朕皆知之。牙齐纳着补给事中，耿格补监察御史。”

辰时，讲官库勒纳、叶方蔼、张玉书进讲：同人于野亨一节、象曰同人二节。

本日起居注官崔蔚林、常书。

初五日辛卯 早，上御太和门视朝。文武升转官员谢恩，赐茶毕，回宫。

少顷，御乾清门，听部院各衙门官员面奏政事毕，部院官员出。大学士、学士随捧折本面奏请旨。为福建总督姚启圣以随征总兵官陈世恺题补延平副将，兵部议不允行事。上曰：“陈世恺虽系投诚官员，然延平系内地，着仍照该督所请行。”

本日起居注官蒋弘道、阿哈达。

初六日壬辰 早，上御瀛台，听部院各衙门官员面奏政事毕，部院官员出。大学士、学士随捧折本面奏请旨。为吏部题补正红旗科、道事。上曰：“常西布其人可用，朕已知之。俄色何如？”大学士勒德洪、明珠奏曰：“俄色在部办事详明。”上命以常西布补监察御史，俄色补给事中。

又题补镶白旗科、道事。上曰：“堪泰朕知其人。尔等尚有素知之人否？”勒德洪、明珠奏曰：“喇占、阿兰泰人亦堪用。”上命以堪泰、喇占补监察御史，阿兰泰补给事中。

辰时，讲官库勒纳、叶方蔼、张玉书进讲：象曰天与火同人一节、初九同人于门二节。

少顷，上御瀛台前亭，赐进贡乌朱穆秦部落四品台吉百尔黑代、阿霸垓部落三品台吉纳莫占、吴喇忒部落四品台吉索诺木、蒿齐特部落副都统索诺木、扎萨克下四品台吉阿元、克什克屯部落四品台吉达纳、出征凯旋土默特部落都统巴嗦尔等茶。时，上命都统巴嗦尔坐一等侍卫之上。

是日，江西阵亡镶黄旗署夸兰大事赛音达礼丧至，上遣头等侍卫郭达携茶酒，诣丧次致奠。

本日起居注官叶方蔼、格尔古德。

初七日癸巳 早，上御瀛台，听部院各衙门官员面奏政事。

辰时，讲官库勒纳、叶方蔼、张玉书进讲。上亲讲：六二同人于宗二节。讲官进讲：九三伏戎于莽二节、九四乘其墉二节。

是日，广西阵亡镶黄旗骁骑章京何托、镶白旗骁骑章京韩除翰丧至，上遣头等侍卫喇哈、色勒各携茶酒，诣丧次致奠。

本日起居注官库勒纳、董讷。

初八日甲午 早，上御瀛台，听部院各衙门官员面奏政事毕，部院官员出。大学士、学士随捧折本面奏请旨。为吏部开列职名，题补山西巡抚员缺事。上曰：“布政使马尔图尚堪用。其余更有何人？”大学士勒德洪、明珠奏曰：“尚有布政使雅思哈若。山西布政使穆尔赛，因系本省巡抚，例不开列。”上曰：“穆尔赛何如？”明珠奏曰：“其人才具平常，然闻其居官操守亦好。”上曰：“穆尔赛在部院衙门年久，居官既有操守，着即补用。”

又题补镶红旗科、道事。上命将所列员外等职名逐一奏毕，问曰：“詹哲在尔衙门办事，其人何如？”勒德洪、明珠奏曰：“其人可用，历年亦久。”上曰：“詹哲着补监察御史。员外郎倭棱额、温达办事俱优，着以倭棱额补户科给事中，温达补监察御史。”

又题补正蓝旗科、道事。上曰：“员外满皮原系理藩院主事，人尚有才，着补监察御史。严太在尔等衙门办事，其人何如？”明珠奏曰：“原系户部主事，升臣衙门未久，观其为人尚优。”上曰：“向时曾在读本处，其人可用，着补兵科给事中。”

又兵部题提督桑格不能爱恤本标官兵，以致逃散，理应即加议处，但曾奉旨革职戴罪图功，应俟事平日，严加议罪事。上曰：“领兵官平日不能爱养军士，致军士无以资生，始有鼓噪逃散之事。凡用兵地方，与贼对垒，理宜抚循军士，以剿灭贼寇、恢复地方为念。今所至之处，苦累兵丁，营盖私屋，殊属不合！桑格着即议罪。各处将军、提督、总兵官等速催进兵。可将此缘由特下谕晓示之。”

辰时，讲官库勒纳、叶方蔼、张玉书进讲：九五同人先号咷而后笑二节、上九同人于郊二节。

是日，广西阵亡镶红旗骁骑校阿尔泰丧至，上遣头等侍卫萨哈达携茶酒，诣丧次致奠。

本日起居注官牛钮、王鸿绪。

初九日乙未　早，上御瀛台，听部院各衙门官员面奏政事毕，部院官员出。大学士、学士随捧折本面奏请旨。为工部题拟绞原任学道程汝璞、原任知府周令树，拟戍原任知府刘余霖，请修城楼牌坊赎罪事。上问：“汝璞认赃几何？”大学士明珠奏曰：“三款共三百余两。”上问：“汉大学士云何？”李霨、杜立德奏曰：“认工赎罪，出自皇上特恩。”上又问汉学士等，李天馥、李光地奏曰：“许令赎罪极善。”上命程汝璞等俱准认工。

又议员外郎达连等修寿皇殿门，苟且怠玩，应下部议，殿门应行重修。上命停修殿门，余依议。

大学士等随以所拟申饬将领上谕缮稿奏览。上览毕称善。曰：“绿旗军士见此谕旨，想亦可大慰其意矣。”明珠奏曰：“圣恩轸念及此，军士见之，未有不感激泣下者也。”奏毕，出。

辰时，讲官库勒纳、叶方蔼、张玉书进讲。上亲讲：大有元亨一节。讲官进讲：彖曰大有二节、象曰火在天上一节。

少顷，上御瀛台前亭，赐进贡阿霸垓部落达尔汉贝勒齐林东路布、吴喇忒部落四品台吉昂阿尔等茶。

午时，上诣太皇太后、皇太后宫问安。

是日，广西阵亡正蓝旗骁骑章京赫书、骁骑校黑晖丧至，上遣头等侍卫官宝、和索礼各携茶酒，诣丧次致奠。

本日起居注官常书、张玉书。

初十日丙申 早，上御瀛台，听部院各衙门官员面奏政事毕，部院官员出。大学士、学士随捧折本面奏请旨。为吏部题汉军监察御史六缺，开列郎中等职名事。上曰："汉军郎中如何为数甚少？"大学士明珠奏曰："因降级停升者不开列，人数故少。"上曰："伊等之意愿外升，抑愿升御史耶？"明珠奏曰："先是汉军郎中外升道、府，后定品级考停升道、府，止升监察御史。伊等或有愿外升者，亦未可知。"上问："金汝祥其人堪用否？"明珠奏曰："金汝祥谨慎之人，亦属可用。"上问："更有何人堪用？"大学士勒德洪、明珠奏曰："赵之鹍、白为栥、徐庭玺、王国昌、靳弼等俱可用。"上命以赵之鹍、白为栥、金汝祥、徐庭玺、王国昌俱补监察御史。其靳弼才具不及，不必补授。所遗一缺，着将停升郎中及员外郎等官开列引见。

辰时，讲官库勒纳、叶方蔼、张玉书进讲：初九无交害二节、九二大车以载二节。

巳时，上诣太皇太后、皇太后宫问安。

本日起居注官严我斯、阿哈达。

十一日丁酉 早，上御瀛台，听部院各衙门官员面奏政事毕，部院官员出。大学士、学士随捧折本面奏请旨。为候补科道许承宣验到日期，视吏科咨送日期较迟一日，吏部议照外官规避例革职事。上问："大学士等云何？"明珠奏曰："候补科道无可规避，许承宣入京，有崇文门上税日期可据。竟照规避例革职，实属太过。"李霨奏曰："从来京官无规避革职之例。"杜立德奏曰："科道官有何规避，朝廷人才岂可任意处分？世祖皇帝时亦有一事，曾经奉旨云京官无规避之处。此事部议甚为未当。"上然其言。

又为猓猓副将徐升耀恤典事。上曰："此人屡次效力，竟被贼害，甚可悯恻，应遣官一员，特往致祭。"明珠奏曰："徐升耀骸骨在四川，家口尚在云南，应即遣官往四川致祭乎，抑待云南开复后，其妻子迎回骨衬，再遣祭也？”上命俟云南开复后，再行遣祭。

又工部题原任给事中邹之璜请认工复职事。上问：“认工几何？”明珠等奏曰：“牌坊三座，计工价七千余两。”上命准令认工。

少顷，上诣太皇太后宫问安。

辰时，上率皇太子幸南苑，驻跸东宫，谕部院衙门本章俱交内阁，每日汇送南苑。

本日起居注官格尔古德、张玉书。扈从起居注官库勒纳、牛钮、常书。

十二日戊戌 早，上御东宫内殿，随驾大学士明珠、学士噶尔图捧折本面奏请旨。为给事中余国柱条奏，尚之信标下官兵应行撤回，其总兵官三员标下兵丁应行分散。议政王、大臣、九卿、詹事、科、道会议，尚之信标下官兵应分入上三旗，令驻广东，另设将军、副都统管辖。三总兵官标下兵丁，有愿为兵者为兵，愿为民者令为民。上曰：“朕意尚之信标下官兵均分八旗，另设将军、副都统管辖，其力遂分。后日或撤回或迁移，似亦较易。又广东省系边疆地方，仍留二总兵标下官兵，令新设将军等管辖。其一总兵官标下官兵，应行裁去。尔等之意如何？”明珠奏曰：“圣谕极是。但尚之信标下官兵共十五佐领，若分入上三旗，则每一旗五佐领，为数不多，似不必分隶八旗。即日后有撤回迁移之处，亦原不论旗分调取，且自有满洲大兵押送，则分入三旗似亦可行。”上曰：“既如此，不必分入八旗。尔等可改票来奏。”

本日起居注官库勒纳、牛钮。

十三日己亥 早，上御东宫前殿，大学士、学士捧折本面奏请旨。为吏部议，直隶巡抚于成龙荐举清廉道员董秉忠、知县王燮等，俱应注册事。上曰：“荐举关系劝惩。董秉忠为人朕极知之，办事尚可，若云清廉，断乎不可也。着不准注册，余依议。”

辰时，讲官库勒纳、牛钮、常书进讲：九三公用享于天子二节、九四匪其彭二节。

本日起居注官库勒纳、常书。

十四日庚子 早，上御东宫前殿，大学士、学士捧折本面奏请旨毕。

讲官库勒纳、牛钮、常书进讲。上亲讲：六五厥孚交如三节。讲官进讲：上九自天佑之二节。

本日起居注官牛钮、常书。

十五日辛丑 早，上御东宫前殿，大学士、学士捧折本面奏请旨。为湖广总督蔡毓荣疏劾总兵官姚珩克饷困兵、知府谢恩纶纵马回子前往贼营，兵部议令该督审明具题事。上曰："姚珩不能爱养士卒，恣意侵克钱粮，重为兵困，深属可恶。着并知府谢恩纶俱革了职，严提究拟。仍着吏、兵二部司官各一员，前往察审。尔等改拟票签来看。"

辰时，讲官库勒纳、牛钮、常书进讲：谦亨君子有终吉一节。上亲讲：象曰谦亨二节。

本日起居注官库勒纳、牛钮。

十六日壬寅 早，上御东宫前殿，大学士、学士捧折本面奏请旨。为吏部题满洲、汉军调用科、道，应以郎中、员外郎补用事。上曰："此等皆才力不及之人，部议亦允当否？"明珠奏曰："皇上睿见极是。但此内能办部务者亦有数人。吏部所议，悉照品级考，故拟各降一级，满洲以员外郎用，汉军以郎中用。"上命从部议。

本日起居注官库勒纳、常书。

十七日癸卯 早，驾还宫，诣太皇太后宫问安。午时，仍幸南苑。

本日起居注官库勒纳、牛钮、常书。

十八日甲辰 早，上御东宫内殿，大学士、学士捧折本面奏请旨。为兵部议，湖广提督桑格题报逃兵数目，以一千余名诳称三百余名，应革职戴罪立功，但桑格已经革职，应即行解任事。上曰："目下见差司官往审总兵官姚珩事迹，此事着一并审明具奏。"

本日起居注官库勒纳、牛钮。

十九日乙巳 早，上御东宫前殿，理藩院尚书阿木瑚朗以赍牛羊等物，往赈归化城等处八旗被饥蒙古，自京城来请旨。上曰："蒙古所恃以为生者惟牛羊而已。从内发去牛羊及外藩各王捐输牛羊，着善加刍牧，务期到彼均沾实惠。毋徒存虚数，致令羸瘠，将使贫馁之民终失生计。"阿木瑚朗奏曰："从内发去牛羊，自牧养所至彼地，原不甚远。其蒙古王等捐输牛羊，已行文臣衙门云，于额外多为预备。且今所值又当草茂之时，料不至羸瘠缺额。臣到彼当亲行验勘，均分赈给。”奏毕，出。

大学士、学士随捧折本面奏请旨。为吏部议四川殉难郎中托必泰，应赠拖沙喇哈番，同行拨什库巴岱，应照阵亡例给银事。上曰：“托必泰守节骂贼，以身殉难，深可悯恻。巴岱同行陷贼，亦属可悯。这议恤尚轻，着一并从优再议具奏。”

又题补翰林院侍讲员缺事，正拟员外郎何托，陪拟席格。上曰：“前所考录员外郎觉罗三保何如？”大学士明珠奏曰：“此人未深知。”上问：“戴通何如？”明珠奏曰：“在臣衙门掌管票签，中人之才也，所学亦佳。”上命以戴通补授侍讲。

本日起居注官牛钮、常书。

二十日丙午 早，上御东宫前殿，兵部尚书郭四海、吏部侍郎屯泰，以遣审总兵官姚珩事，率司官自京城来引见。上命吏部郎中坤都棱、兵部主事格尔泰往。郭四海等出。

大学士、学士随捧折本面奏请旨。为吏部议工部郎中张大观督修景山内地，以土杂灰，应革职，下刑部议处事。上曰：“一切工作，关系钱粮，用土搀杂，通算作灰，显有情弊。此等事若不坐罪稍重，则后人无所警戒，可依部议。”

又理藩院议，喀尔喀部落席喇布台吉坐盗窃马匹等物，应罚牲畜事。上曰：“台吉身行盗劫，止罚牲畜五十，似犹不合，着再议。”

又三法司议，朱二头撞主母，自炕坠地，欲杀主母及其幼主，应行立斩事。上曰：“此事虽有见证，但朱二始终未经承认，着改为斩监候，秋后处决。”

辰时，讲官库勒纳、牛钮、常书进讲：象曰地中有山一节、初六谦谦君子二节。上亲讲：六二鸣谦二节。

本日起居注官库勒纳、牛钮。

二十一日丁未 早，上御东宫前殿，大学士、学士捧折本面奏请旨。为礼部题内大臣阿鲁哈祭葬及应否予谥事。上曰：“阿鲁哈系旧臣，效力年久，应予谥，再加祭一次。”

辰时，讲官库勒纳、牛钮、常书进讲。上亲讲：九三劳谦君子二节。

讲官进讲：六四无不利㧑谦二节。

本日起居注官库勒纳、常书。

二十二日戊申 早，上御东宫前殿，大学士、学士捧折本面奏请旨。为议政王、大臣、九卿、詹事、科、道会议，耿精忠等十人投诚之后，复谋反叛是实，应照律即凌迟处死事。上曰："俟该省行提人犯到日，一并确拟具奏。"

又三法司议四川保宁军回，披甲人二格、马尼擅离大军，别走东湖地方，应处斩。其苦独力等应枷号两月、鞭一百。上曰："保宁兵丁与别路兵不同，困苦已极，且又自行来归。二格、马尼着各枷号两月、鞭一百，发该管之主为奴。苦独力等依部议。"

辰时，讲官库勒纳、牛钮、常书进讲。上亲讲：六五不富以其邻二节。讲官进讲：上六鸣谦二节。

本日起居注官牛钮、常书。

二十三日己酉 早，上御东宫前殿，大学士、学士捧折本面奏请旨。为兵部题贵州威宁总兵员缺，请旨开列事。上曰："威宁地方极为紧要，应选用堪任之人，着将随征总兵及副将应升者，开列具奏。"

又刑部题江南秋审重犯各案事。上曰："缓决及矜疑各犯，俱依拟发落。其情真各案内，尚有一二人可推敲者，俟入京城再奏，当详加披阅。"

本日起居注官库勒纳、牛钮。

二十四日庚戌 早，上御东宫前殿，大学士、学士捧折本面奏请旨。为吏部题补山西布政使员缺事，正拟吏科给事中苏拜，陪拟制造库郎中色勒布。上曰："苏拜似属堪用之人。"大学士明珠奏曰："苏拜为人甚优。"上曰："色勒布乃一庸劣人也。此缺着将通汉文者举出具奏。"

又会推广东将军员缺事，正拟都统范达礼，陪拟海喇图。上曰："此缺着将提督王永誉补授。"

又题补广东副都统员缺事，正拟参领金世荣，陪拟丹拜。上顾问大学士等。明珠奏曰："金世荣系巡抚金世德之弟，其人可用。"上曰："金世荣见同大军入蜀，此缺着将见任副都统及品大各员内，另举具奏。"

酉时，上回宫。

本日起居注官库勒纳、常书。

二十五日辛亥 早，上如巩华城。酉时，回宫。

本日起居注官格尔古德、沈荃。

二十六日壬子 早，上御乾清门，听部院各衙门官员面奏政事毕，部院官员出。大学士、学士随捧折本面奏请旨。为户部题覆浙江总督李之芳请销赏给官兵银两事。上问:“尔等曾问明该部否？”大学士明珠奏曰:“臣等传问该部堂官，据言李之芳捐助银两见在另议具题。臣等之意，此事似当与该督捐助银两一并议覆。”上曰 :“并议极是。着再加详议具奏。”

又刑部题广东、陕西秋审各案事。上问：“尔等云何？”明珠奏曰：“此内有诬人通贼、挟仇反叛两事，如此情罪，先曾有改为缓决者。臣等之意，此等罪人，例于霜降十日后审问，冬至以前处决。向来各省秋审罪案，止刑部议覆，今着九卿会议，虽当预行具题，然为时尚早。自霜降至冬至以前，计有四十余日，不至有贻误之事。应酌量省分远近具题，期在冬至以前咨到，将罪人如期处决。”上曰：“尔等之言甚当。先江南等省未批秋审诸案，着一并交与刑部。”

辰时，讲官库勒纳、叶方蔼、张玉书恭候进讲。

上传谕：“大内宫殿修整未完，着候旨。”

巳时，上诣太皇太后、皇太后宫问安。

本日起居注官朱马泰、董讷。

二十七日癸丑 早，上御乾清门，听部院各衙门官员面奏政事毕，部院官员出。大学士、学士随捧折本面奏请旨。为吏部题补内阁满侍读二缺事。上曰：“内阁侍读系紧要之员。满文员缺，尔等可会同吏部选择。其兼通汉文员缺，着考试具奏。”

又兵部题补广东副都统员缺事。上曰：“此缺着将现任总兵官及现任副将加左右都督衔者，开列具奏。”

本日起居注官阿哈达、王鸿绪。

二十八日甲寅 早，上御乾清门，听部院各衙门官员面奏政事毕，部院官员出。大学士、学士随捧折本面奏请旨。为吏部题补汉军监察御史员缺事，开列各部院郎中、员外郎职名。上问大学士等曰：“尔等有素知之人否？”勒德洪以吏部员外郎金璞对。李霨奏：“无素识之人。”明珠奏："金璞才具臣亦闻之。此外，则工部员外郎吴兴祖向在刑部，有办事之才，其人堪用。"上问："尔衙门有何人？"奏曰："侍读孙冈才具颇优，但履任未久。"上曰："金璞朕亦知之。吴兴祖在工部颇能胜任，此缺可以吴兴祖补授。"

又甘肃巡抚巴锡题，西宁土司吉天锡病故，应令其孙吉大永袭职，部覆不允事。上曰："该抚奏称，土司吉天锡之子吉象泰身有残疾，不堪袭职，应照所请，令象泰之子大永袭其祖职。着再议具奏。"

又贝子章泰请以石图下逃往武昌兵丁，令柏成功统领，给成功以总兵官札付，部议不允事。上曰："成功亦可令其管兵。"明珠奏曰："柏成功系旗下人，曾经降贼，然在贼中有效力于我军之处。"上命如贝子请，令成功统领兵丁，立功自效。

辰时，上复御乾清门，赐进贡苏尼忒部落多罗郡王萨木扎额驸、阿霸垓部落二品台吉丙等、翁牛忒部落三品台吉班第等、吴喇忒部落三品台吉塔必图等、巴林部落精奇尼哈番毕里克、札赖忒部落一品台吉朝图等、杜尔伯特部落四品台吉吴尔图纳素图等茶。

本日起居注官常书、张玉书。

二十九日乙卯 早，上御乾清门，听部院各衙门官员面奏政事毕，部院官员出。大学士、学士随捧折本面奏请旨。为兵部题补广东副都统事。上曰："广东地方事务正殷，管领将卒必须得人。正黄旗一等侍卫巴喀为人老成持重，足胜此任，可即补副都统。"

又吏部覆御史蒋伊条奏分缺不均疏两议具题事。前议，仍照见行例行。后议，尚书郝惟讷、文选司郎中郑重议，从前知县员缺，原系进士、举人、贡生、教习等选授。自科臣彭之凤条奏后，遂以其半分与纳银先用之人。及台臣何凤岐条奏，又于一半之中，分其半与小京官［捐］纳知县之人，且积算前缺，补选小京官捐纳一项，而应选正途俱不得补授，实属壅滞。嗣后大选八缺内，应将捐纳即用者选授四缺，应选者选三缺，小京官捐纳者选一缺。其积算补选之处，无庸另议。上问："大学士等云何？"明珠奏曰："小京官捐纳知县一项，初与捐纳录用者分缺，后与正途应用者分缺。后又因捐纳人多，遂自奉旨之日为始，扣算员缺，计进士、举人等共选若干缺，尽小京官捐纳者亦选如其数，然后再选正途应选之人。是正途虽有候选之名，而实无选授之日。选法不得其平，似后议所言为是。”上曰：“目前虽为国计开捐纳之例，岂可令应选之人壅滞至此？且正途久淹，大于选法有碍，着依后议。”

本日起居注官牛钮、严我斯。

九 月

初一日丙辰 早，上御乾清门，听部院各衙门官员面奏政事毕，部院官员出。大学士、学士随捧折本面奏请旨。为吏部题补刑部员外郎事，正拟原任给事中穆臣，陪拟原任御史哲备。上曰：“穆臣、哲备俱才品平常，令以原品随旗上朝。这员缺着另拟具奏。”

又喀尔喀部落阿克敦达哈斯浑厄尔德尼伊尔登诺颜奏，其祖母格处尔喀屯请给香资，往谒达赖喇嘛，理藩院议不允事。上曰：“格处尔喀屯既恳赐香资，可赏银一百两。”

辰时，上诣太皇太后、皇太后宫问安。

本日起居注官格尔古德、沈荃。

初二日丁巳 早，上御乾清门，听部院各衙门官员面奏政事毕，部院官员出。大学士、学士随捧折本面奏请旨。为吏部题补刑部员外郎事，正拟原任监察御史刘锡，陪拟户部主事雅塞。上曰：“朕知刘锡为人庸劣，雅塞何如？”大学士勒德洪等奏曰：“刘锡之才果劣。雅塞犹可用。”上曰：“此缺着以雅塞补授。刘锡令随旗行走。”

又户部郎中苏黑臣等督催四川兵饷，以重庆等处现存米数并时价察明奏闻。户部议重庆存贮之米既足目前支用，其湖广运送应暂行停止。至四川驻扎兵丁，应令在成都一带采买供应。苏黑臣等既无催运之事，宜令回京。上曰：“今天气渐寒，正大兵进取之时，宜乘水势消落，作速催运。乃议撤苏黑臣等回京，殊为不合，着另议。”

少顷，上复御乾清门，赐进贡翁牛忒部落一品台吉祁塔特等、阿霸垓部落四品台吉伊斯哈布等、苏尼忒部落二品台吉薄木布等茶。

本日起居注官库勒纳、崔蔚林。

初三日戊午 早，上御乾清门，听部院各衙门官员面奏政事。上谕工部尚书马喇等曰："迩来步兵清除灰土，甚为劳苦，应给以工食。作何给与，尔部议奏。"谕毕，部院官员出。

大学士、学士随捧折本面奏请旨。为兵部题江南提督员缺请旨开列事。上曰："福建提督杨捷效力疆埸，其年已老，且江南又系内地，似与此缺相宜。"大学士勒德洪、明珠奏曰："补授此缺亦可。"上复问大学士李霨等。霨等奏曰："其年实老。"学士李光地奏曰："杨捷之年似觉甚老。"上曰："着将杨捷补授，加以奖励之言。可拟票来看。"

又为题补贵州威宁总兵官事。上命以柯彩补授。又为理藩院题补归化城副都统二缺事，正拟参领绰尔济雅克、噶尔马斯希，陪拟鄂尔折、塔尔巴。上曰："伊等现在行间否？并有无效力之处？可察明具奏。"

本日起居注官蒋弘道、朱马泰。

初四日己未 早，上御乾清门，听部院各衙门官员面奏政事毕，部院官员出。大学士、学士随捧折本面奏请旨。为吏部题补山西布政使事，正拟吏部郎中巴锡，陪拟工科给事中那鼐。上曰："那鼐似可，尔等知之否？"大学士勒德洪、明珠奏曰："臣等曾识其人，似属可用。"上又问："巴锡何如？"勒德洪奏曰："其人平常。"明珠奏曰："臣在部时不及见之，闻系庸碌之人。"上曰："可将那鼐补授。"

又理藩院议席喇布台吉应罚马五十四事。上曰："为盗之事最属不肖，可令仍为台吉乎？尔等以为何如？"勒德洪、明珠奏曰："诚如圣谕。"上曰："着议政王会同蒙古大臣议奏。"

本日起居注官叶方蔼、阿哈达。

初五日庚申 早，上御乾清门，听部院各衙门官员面奏政事。吏部题补内阁侍读，引见起居注主事傅继祖、礼部主事哈山。上问记注官、侍读学士常书曰："傅继祖学问何如？"常书奏曰："所学亦佳。"上又问："较牛钮如何？"常书奏曰："少不及之。"部院官员出。

大学士、学士随捧折本面奏请旨。为吏部题补刑部员外郎事，正拟光禄寺署丞托代，陪拟刑部主事托谟和。上问："拟正之人何如？"大学士勒德洪、明珠奏曰："此原任尚书常鼐之子，人亦平常。"上曰："朕观托代为人庸劣。托谟和才优，着将此人补授。"

又三法司议四川军回，披甲人外库等及苦独力等别走东湖地方，定拟斩绞事。上问："尔等之意若何？"明珠奏曰："外库等逃往从贼，杨案等受贼伪官，俱为官兵擒获。和三等于大兵得保宁、成都时，不来归顺。伊等情罪极其重大。"上曰："外库等情罪深为可恶，俱应照部议，但人命关系甚重，自杨兆先以下三十余人，着俱免死，可减等发落，照例籍没，各犯妻子一并交与该管之人。"

本日起居注官常书、董讷。

初六日辛酉 早，上御乾清门，听部院各衙门官员面奏政事毕，部院官员出。大学士、学士随捧折本面奏请旨。为吏部议督修景山员外郎达廉等修理草率，应降二级调用事。上以所议太过，着再议。

少顷，上复御乾清门，赐进贡鄂尔多斯部落固山贝子古鲁西希布等、苏尼忒部落四品台吉寨桑郭尔等、吴喇忒部落四品台吉额林车克、土默特部落三品台吉巴他马等、巴林部落四品台吉祁他特等茶。

巳时，上诣太皇太后、皇太后宫问安。

本日起居注官牛钮、王鸿绪。

初七日壬戌 早，上御乾清门，听部院各衙门官员面奏政事毕，部院官员出。大学士、学士随捧折本面奏请旨。为刑部议贩买私盐骆得增等七人，应照律处斩事。上问："尔等之意云何？"大学士明珠奏曰："此等人犯，前有蒙皇上宽免，给新满洲人为奴者。"上曰："然。此七人俱从宽免死，着给与新满洲人移住盛京披甲者为奴。"

谕毕，上又顾大学士勒德洪、明珠等曰："理藩院侍郎达哈塔太不谙事。此衙门尚有重大事务需人料理，都察院事不甚繁，左都御史折尔肯办本衙门事外，着兼管理藩院事，候该衙门尚书阿木瑚朗回日停止。尔等可传谕行。"

本日起居注官格尔古德、张玉书。

初八日癸亥 早，上御乾清门，听部院各衙门官员面奏政事。

辰时，上御懋勤殿，讲官库勒纳、叶方蔼、张玉书进讲：豫利建侯行师一节、象曰豫刚应而志行三节。

本日起居注官库勒纳、严我斯。

初九日甲子　早，上御乾清门，听部院各衙门官员面奏政事毕，部院官员出。大学士、学士随捧折本面奏请旨。为吏部题补户部员外郎事，正拟原任御史达礼胡，陪拟户部主事翁格纳。上曰："达礼胡甚庸劣，可以翁格纳补授。"上又问："翁格纳何如？"大学士勒德洪奏曰："翁格纳系户部主事，与达礼胡亦相似。"上问："达礼胡为人何如？"大学士明珠奏曰："达礼胡办事虽若不及，为人却甚朴诚。前为御史巡城时，闻其操守甚清。"上曰："然则何故罢任？"明珠奏曰："想因办事平常，故尔罢去。"上曰："如此可仍补达礼胡。"

又为刑部议王君佐等持票出界取债事。上曰："今各旗差遣家人或往外省索债，或令随官赴任，或以私情干渎外官者甚多，小民最受苦累，此皆坐不察之故。今若详加察究，则各旗家仆不遣出外者，能有几人？"明珠、李霨奏曰："旗下人有如此行者，亦有不如此行者。圣谕虑及小民受害，诚为至当。"上曰："尔等将此等受害之事票出，令吏、兵、刑三部及都察院会同严禁，定例议奏。"

辰时，上御懋勤殿，讲官库勒纳、叶方蔼、张玉书进讲。上亲讲：象曰雷出地奋豫一节。讲官进讲：初六鸣豫凶二节、六二介于石二节。

本日起居注官崔蔚林、朱马泰。

初十日乙丑　早，上御乾清门，听部院各衙门官员面奏政事毕，部院官员出。大学士、学士随捧折本面奏请旨。为吏部开列职名，题补理藩院侍郎员缺事。上曰："这员缺应将谙练蒙古事宜之人补授。一等侍卫阿尔尼其人颇优，且长于办事，可补用否？"大学士勒德洪、明珠奏曰："此人可用。"上命以阿尔尼补授。

又题补吏部郎中员缺事，正拟原任御史陈嘉猷，陪拟本部员外马君宠。上曰："此二人俱才力不及，着另拟具奏。"

又和硕额驸尚之隆，请以其父骸骨安葬盖州地方，户部议令于海州安葬事。上曰："尔等云何？"大学士明珠奏曰："盖州地土饶沃，见今旗下与民人错处。昔年尚可喜曾请此地，部议未允。”上命依部议。

又刑部议，丁保自广东来京，窃探尚之信消息，拟斩，秋后处决事。上曰：“此人不应坐死，尔等云何？”明珠奏曰：“丁保事情与奸细不同，即议处死，似属可矜。”上曰：“着免死，交与该管之人，俟尚之信家口到日，一并发落。”

又议郑得胜与杨起龙同谋，应凌迟处死事。上曰：“郑得胜系要犯，若将此人处决，恐日后无从质对。”勒德洪、明珠奏曰：“圣谕诚是。似宜暂行监候。”上又问汉大学士。李霨、杜立德奏曰：“郑得胜为杨起龙案内要犯，且又供有别语，应暂行监候，以留活口。”上曰：“郑得胜着监候，俟获杨起龙日再议具奏。”

少顷，上复御乾清门，赐进贡杜尔伯特部落一品台吉马汗等，阿鲁科尔沁国三品台吉萨祜尔德等，吴喇忒部落三品台吉古西等、四品台吉痕策克等，扎萨克四品台吉俄薄罗和衣等，克西克屯部落三品台吉齐里克特等，苏尼特部落四品台吉象等，翁牛忒部落四品台吉布特根等，喀尔喀部落一品台吉丹津等茶。

辰时，上御懋勤殿，讲官库勒纳、叶方蔼、张玉书进讲：六三盱豫悔二节、九四由豫二节。

巳时，上诣太皇太后、皇太后宫问安。

本日起居注官沈荃、阿哈达。

十一日丙寅　早，上御乾清门，听部院各衙门官员面奏政事毕，部院官员出。大学士、学士随捧折本面奏请旨。为兵部议户部郎中苏赫臣仍留湖广料理军糈事。上曰：“此事可依部议。其彼处情形，仍令苏赫臣密访题奏。”

巳时，上诣太皇太后宫问安。

本日起居注官蒋弘道、常书。

十二日丁卯　早，上御乾清门，听部院各衙门官员面奏政事毕，部院官员出。大学士、学士随捧折本面奏请旨。为吏部题补刑部郎中二缺事，正拟原任御史郎廷秀、刘思俨，陪拟员外郎金玺、刘泽寰。上曰：“所拟正陪之人俱极平庸。员外年遐龄、于三贤才属可用，着补此二缺。”

又总督蔡毓荣题，原任四川学道张萃身陷贼中，未污伪职，今向军前投到，部覆应无庸议事。上曰："张萃如果不受伪职，自当分别奖叙，如受伪职，即应明正其罪。今既云未污伪职，又云应无庸议，其间似尚有故。尔等以为何如？"大学士勒德洪、明珠奏曰："臣等亦经会商，汉大学士皆云曾识其人，年已甚老，不堪复用。"上命依部议。

辰时，上御懋勤殿，讲官库勒纳、叶方蔼、张玉书进讲：六五贞疾二节、上六冥豫二节。

本日起居注官叶方蔼、牛钮。

十三日戊辰　早，上御乾清门，听部院各衙门官员面奏政事毕，部院官员出。大学士、学士随捧折本面奏请旨。为兵部题大将军简亲王请设参赞军务官员事。上命以副都统博济参赞军务。又为御史任玥条奏旗下买人宜用本地印信事。上曰："尔等云何？"大学士明珠奏曰："满洲甚乏厮养之人，且民人极贫者投旗亦属两便。九卿等会议，定例未久，似不宜再改。"上问："汉大学士所见俱同否？"大学士李霨、杜立德奏曰："臣等所见俱同。"上曰："是。此条奏无益，不准行。"

少顷，上复御乾清门，赐进贡苏尼忒部落二品台吉顾穆等、翁牛忒部落三品台吉阿尔善等、吴喇忒部落三品台吉绰尔济等、克什克屯部落一品台吉阿育锡等、土默特部落衮济斯查布贝子下拖津马喇等茶。

辰时，上御懋勤殿，讲官库勒纳、叶方蔼、张玉书进讲：随元亨利贞一节、彖曰随刚来而下柔三节。

本日起居注官格尔古德、董讷。

十四日己巳　早，上御乾清门，听部院各衙门官员面奏政事毕，部院官员出。大学士、学士随捧折本面奏请旨。户部郎中额尔黑图察勘直隶州、县灾荒，议交河等县应照巡抚题报数目蠲免。其春麦被灾，秋粮有收者，应不准蠲免。至东安等县，将麦田及秋粮并未分别，俱作夏灾具报，应交该部察议。户部议蠲免分数俱如额尔黑图所奏。其东安等县官应查取职名，与该抚一并议处。上曰："据额尔黑图查题，各县田地虽分数多寡不等，俱有被灾之处，且此各县地方，去岁亦经被灾，民生困苦，着俱照该抚原报分数蠲免。东安等县各官职名亦不必查议。"

又兵部题正红旗患病解任护军校苏马喇应否支给半俸事。上曰："苏马喇在行间曾著劳绩否？"大学士勒德洪等奏："苏马喇前经随征岳州，今询都统鄂诺，云苏马喇为人强壮，在军前颇有劳绩。于湖上交战时，我军所坐船被贼钩去，苏马喇追杀其人，救出船只。"上曰："既如此，苏马喇着给与半俸。"

又杭州将军马哈达代题，汉军参领李九思患病，应令解任，兵部覆允事。上曰："李九思先经康亲王具题，以其为人强勇堪用，请补延平副将。后马哈达又题，在地方曾有劳绩，补授参领。今为日不久，何遽请老病解任？其中必有别故，着再察明。"

巳时，上诣太皇太后、皇太后宫问安。

本日起居注官库勒纳、王鸿绪。

十五日庚午 早，上御太和门视朝。文武升转官员谢恩，次进贡喀尔喀部落查汗依特格尔图、扎木巴喇等行礼，赐茶毕，回宫。

少顷，御乾清门，听部院各衙门官员面奏政事毕，部院官员出。大学士、学士随捧折本面奏请旨。为兵部议夸兰大巴喀等，不能救援海澄护军校麻祜等，不收阵亡骸骨，其请叙功之处，应俟伊同行军士回日再议。上曰："巴喀等俟旋师日议与目前即议一也。可着该部将大概酌叙具题，再俟另结。"

又题补正蓝旗护军参领员缺事，正拟骁骑参领弥勒保，陪拟二等护卫苏赖。上曰："着将开列官员，向该旗大臣一并问明优劣再奏。"

又三法司议王章隐匿逃人，买住同李之俊等讹诈僧人近善。王章应立斩，买住、李之俊应秋后处绞。上顾问大学士等云何，明珠、李霨奏曰："此等斩犯，亦有改为秋后者。"上曰："王章虽属讹诈，无杀伤人命事，着改为秋后处决。"

又工部议直隶巡抚于成龙奏各营送炮事。上曰："直隶沿边一带道路险隘，朕所悉知。且居民甚少，若将所有之炮尽令起送，不免大为民困。"明珠奏曰："皇上所谕诚为至当。"上曰："此等炮位俱着仍留本处，停其起送。"

本日起居注官朱马泰、张玉书。

十六日辛未 早，上御乾清门，听部院各衙门官员面奏政事毕，部院官员出。大学士、学士随捧折本面奏请旨。为云贵总督赵良栋以伪将军海潮龙率众投诚，再疏陈明事。上命："照朱天贵前旨拟票来奏。"

又启奏原任直隶巡抚金世德祭文。上曰："金世德殆能称职人耶？"大学士明珠奏曰："金世德所行皆善，此文恰称其人。"上又问："于成龙较金世德何如？"明珠奏曰："于成龙操守极清，办事亦与金世德相等。"上又问汉大学士等。李霨、杜立德奏曰："于成龙清而能宽，办事亦善。"上曰："若清而刻，便不如清而宽，但太宽则亦不可。"上又问："府尹宋文运何如？"明珠奏曰："宋文运是一有操守、能省事之人。"上又问汉大学士。李霸、杜立德奏曰："臣等所见亦同。"

辰时，上御懋勤殿，讲官库勒纳、叶方蔼、张玉书进讲。上亲讲：象曰泽中有雷随一节。讲官进讲：初九官有渝贞吉二节、六二系小子二节。

本日起居注官严我斯、阿哈达。

十七日壬申 早，上御乾清门，听部院各衙门官员面奏政事毕，左都御史魏象枢具疏面奏言：外人有言臣子及婿在外招摇说情者，乞皇上敕部严拿究处，以明臣之心迹事。上曰："近见汉官无论大小事情，无有不徇私者。人只在自立何如耳。为大臣者果能清正无私，即有人言，何足为虑！尔欲剖明此说何为耶？"象枢出。

大学士、学士随捧折本面奏请旨。为吏部议，陕西巡抚鄂恺据知县揭报，题参笔帖式费扬古骚扰驿递事虚，应降一级留任。费扬古奉差陕西，私买妇女事实，应降二级事。上曰："笔帖式费扬古奉紧急差遣，私买妇女，殊为可恶！着革职。余依议。"

又为御史徐廷玺请复差巡方事。上曰："此事屡经条奏，尔等云何？"大学士勒德洪、明珠奏曰："臣等以巡方所遣得人，则有裨于地方，倘不得人，则地方被害非浅。恐此事行之未便。"学士徐元文奏曰："差遣巡方诚属美事，但不得其人，恐未被巡方之利，而先受无穷之害。"上曰："此事着暂停。"

辰时，上御懋勤殿，讲官库勒纳、叶方蔼、张玉书进讲：六三系丈夫二节、九四随有获贞凶二节。

本日起居注官沈荃、牛钮。

十八日癸酉 早，上御乾清门，听部院各衙门官员面奏政事毕，部院官员出。大学士、学士随捧折本面奏请旨。为三法司题江南秋审重犯事。上曰："徐大复等吓诈柴氏一案，首恶既行正法，徐大复、齐隆、王五子、费七等皆系为从之人，应缓决。别案情真者，俱依议。"

又为江西秋审重犯事。上曰："张有功受贿无多，着缓决。别案情真者，俱依议。"

少顷，上复御乾清门，赐进贡扎萨克多罗贝勒图巴、二品台吉纳图等，苏尼忒部落四品台吉阿喇里克等，吴喇忒部落四品台吉纳礼等，翁牛忒部落四品台吉薄尔等，土默特部落一品塔布囊善达等，克什克屯部落四品台吉阿育锡等，科尔沁国四品台吉俄木齐等茶。

辰时，上御懋勤殿，讲官库勒纳、叶方蔼、张玉书进讲：九五孚于嘉吉二节、上六拘系之二节。

巳时，上诣太皇太后、皇太后宫问安。

本日起居注官崔蔚林、常书。

十九日甲戌 早，上御乾清门，听部院各衙门官员面奏政事毕，部院官员出。大学士、学士随捧折本面奏请旨。为户部题天津等处关差事。上曰："张琰圭、马齐才力不及，项官见在监督修理，俱不必差遣。着另拟具奏。"

又刑部议山东盗犯胡先行杀伤人命，奸淫妇女，所犯罪重，虽经自首，不准免死事。上曰："尔等云何？"大学士明珠奏曰："胡先行虽自行出首，然勾引行劫，皆系此人为首，臣等之意实难宽免。"上曰："是。朕意亦如此。但人命关系重大，故折此本与尔等商之。着照部议。"

辰时，上御懋勤殿，讲官库勒纳、叶方蔼、张玉书进讲：蛊元亨一节、彖曰蛊刚上而柔下二节。

本日起居注官格尔古德、蒋弘道。

二十日乙亥 早，上御乾清门，听部院各衙门官员面奏政事毕，部院官员出。大学士、学士随捧折本面奏请旨。为御史李见龙劾督修天坛等处员外马尔赛，部覆无庸议事。上曰："马尔赛等开报工匠数目甚多，李见龙往彼察看，并无匠役。若马尔赛等果将匠役移向他处修理，何以当日又未说明？是李见龙所参浮冒是实。吏部但凭马尔赛巧饰之词，以看坛马法毫无干涉之人，引为证据，大为不合。李见龙乃特遣查工官员，若将此查参之处不行，则此后谁肯参劾？着再严察议奏。”

又钱法侍郎朱裴，御史常什布、罗秉伦等各疏言，钱价甚贵，民用窘迫。九卿等会议，钱价涌贵，皆由恶棍销毁制钱作铜之故，宜将各差解铜数目裁减。上曰：“裁减铜数，果否铜即充足及小民有益无益之处，俱未明白议及。朕意将所铸制钱少改从轻，则钱亦可多得。尔等以为如何？”大学士明珠奏曰：“闻各关差官员俱在京买铜，遂多有不肖之徒毁钱作铜，以图得价者。今将各关差所解之铜，令沿途经过地方官查明，给与印文，及到京之后，着科、道官查收，则制钱或不至销毁。又铸钱少轻，亦无不可。”勒德洪奏曰：“铸钱有宝泉、宝源满字足矣，虽少轻有何不可？”上曰：“钱价所以贵者，因钱少之故。若所铸既多，则钱价从何而贵？”大学士李霨奏曰：“皇上所见极当。铸钱既多，钱价自贱。”上曰：“尔等再改票来看。”

又九卿等会议江南秋审各案事。上曰：“此各犯罪案，朕俱已细阅。其中贾日祖尚待质审之人，着监候。冯氏、王白良、王祥、崔廷选罪案，俱属可矜，着监候缓决。余俱依议。”

又刑部议五十儿打死进财，应抵偿事。上曰：“五十儿与进财素无仇隙，但因彼此相戏，进财遂仆地而死，当免其抵偿。可将此情由票明。”

辰时，上御懋勤殿，讲官库勒纳、叶方蔼、张玉书进讲。上亲讲：象曰山下有风蛊一节。讲官进讲：初六干父之蛊二节、九二干母之蛊二节。

本日起居注官库勒纳、叶方蔼。

二十一日丙子　早，上御乾清门，听部院各衙门官员面奏政事毕，部院官员出。大学士、学士随捧折本面奏请旨。为尚之孝请将所属官员徐有名等仍行给与，兵部议不准事。上曰：“此数人何妨给与？”大学士明珠奏曰：“因附上三旗，故部议不准。”上曰：“徐有名等虽附旗下，可与伊父看坟，着即给与。”

又刑部议广东总督金光祖参道员任埈赃银十五万两有余，巡抚金俊审仅百金，且非入己之赃。前后参差，应仍令金光祖会审事。上曰："此事应遣部中才能司官一员，会同督抚察审。可拟票严旨来奏。"

少顷，上复御乾清门，赐进贡鄂尔多斯部落固山贝子滚布尔希、阿禄科尔沁国四品台吉都尔巴等、扎萨克一品台吉诺尔布等、克什克屯部落一品台吉阿育锡等、苏尼忒部落四品台吉阿育希等、吴喇忒部落四品台吉杜棱等茶。

辰时，上御懋勤殿，讲官库勒纳、叶方蔼、张玉书进讲：九三干父之蛊二节、六四裕父之蛊二节。讲毕，上问及翰林官学问。叶方蔼奏曰："学问各有不同，有究心理学者，有讲求经济者，有专工文辞者，惟在皇上因其所长，教育成就之而已。"张玉书奏曰："人各有所长，兼才原难。"上曰："学问虽各不同，而义理则一。"玉书奏曰："皇上所谕真至当之论。天下文章必本义理，能合乎义理，虽辞赋亦可传。不然，则凡所为文，皆枝叶而已。"上是之。玉书又奏："皇上励精典学，臣衙门诸臣，皆知读书自勉。"方蔼奏曰："诸臣虽不能仰赞高深，然不敢不加刻励也。"奏毕，出。

本日起居注官朱马泰、董讷。

二十二日丁丑 早，上御乾清门，听部院各衙门官员面奏政事毕，部院官员出。大学士、学士随捧折本面奏请旨。为吏部题补起居注馆主事员缺事，正拟国子监助教尹达礼，陪拟中书科中书胡住。上问："二人才学何如？"大学士明珠奏曰："尹达礼为助教年久，其才学则臣不知。胡住曾在臣衙门，亦能翻译本章，其人则中才也。"上曰："宜将应升官员一同考试，凡有事故及称疾者，俱着传令赴考。"

辰时，上御懋勤殿，讲官库勒纳、叶方蔼、张玉书进讲：六五干父之蛊二节、上九不事王侯二节。

午时，上率皇太子诣太皇太后宫问安，上复诣皇太后宫问安。

本日起居注官常书、张玉书。

二十三日戊寅 早，上御乾清门，听部院各衙门官员面奏政事毕，部院官员出。大学士、学士随捧折本面奏请旨。为吏部议，刑部误将徒犯徐振业发流奉天，郎中佟湘年应降二级，以纪录抵销。侍郎高珩应罚俸九月事。上曰："司官佟湘年将应坐徒罪之人误改流罪，后复取回，咨送户部发奉天安插。错误之处甚大，加级应尽行削去。高珩系堂官，将司官错误说堂之案，不加详察，朦混批发，不合。这所议尚轻，着再议具奏。"

又题补本部郎中员缺事，正拟原任御史刘思俨，陪拟员外刘泽寰。上曰："着六部及督捕衙门堂官，将各衙门有才能者保举具奏。"

辰时，上诣太皇太后宫问安。

本日起居注官牛钮、王鸿绪。

二十四日乙卯　早，上御乾清门，听部院各衙门官员面奏政事毕，部院官员出。大学士、学士随捧折本面奏请旨。为吏部题补郎中员缺事。上曰："各部有保举之人否？"大学士勒德洪、明珠奏曰："别部无保举者，止兵部保举员外郎于养志。"上曰："尔等云何？"勒德洪奏曰："前保举各官内，员外郎甘国枢臣知其人尚可用。"明珠奏曰："员外郎张建绩亦经保举，闻其人亦堪用。"上曰："着伊等后日引见。"

又科臣费扬古奏，将刑部事件未经启奏自行完结者，缮册进呈，交与科、道稽察，部议不允事。上曰："刑部事件常多怠缓。这所奏着九卿、詹事、科、道等官会议具奏。"

辰时，上复御乾清门，赐进贡喀喇沁部落三品塔布囊扎汗等、扎萨克四品台吉扎木三、吴喇忒部落三品台吉鄂齐尔等、苏尼忒部落四品台吉共郭尔等、克什克屯部落三品台吉伊马克塔等、四子部落四品台吉巴牙思呼朗等茶。

巳时，上如巩华城。

本日起居注官格尔古德、严我斯。

二十五日庚辰　未时，上回宫。

本日起居注官沈荃、常书。

二十六日辛巳　早，上御乾清门，听部院各衙门官员面奏政事。

辰时，上御懋勤殿，讲官库勒纳、叶方蔼、张玉书进讲：临元亨利贞一节、彖曰临刚浸而长四节。

巳时，上诣太皇太后、皇太后宫问安。

本日起居注官库勒纳、崔蔚林。

二十七日壬午　高皇后忌辰，上不理政事。

本日起居注官蒋弘道、朱马泰。

二十八日癸未　早，上御乾清门，听部院各衙门官员面奏政事毕，部院官员出。大学士、学士随捧折本面奏请旨。为吏部题补起居注馆主事员缺事。上曰："起居注系文学之所，考取第一名中书尹泰，文理既优，着补此缺。"

又总河靳辅题浙江台州卫运丁杨瑞林粮艘撞损，沉没漕米七百石，淹死男妇四口，应免其赔纳，户部议不准事。上曰："杨瑞林撞破船只，淹死人口，沉没糟米是实，着准豁免，不为例。"

本日起居注官牛钮、严我斯。

二十九日甲申　早，上御乾清门，听部院各衙门官员面奏政事。

巳时，上诣太皇太后、皇太后宫问安。

本日起居注官格尔古德、董讷。

三十日乙酉　早，上御乾清门，听部院各衙门官员面奏政事。吏部题补兵部员外郎缺引见，正拟荫生夏赞元，陪拟起居注主事卞永式。上顾记注官·侍读学士常书问："卞永式为人何如？"常书奏曰："其人亦优。"上曰："果大优否？"常书奏曰："在中人内为稍优耳。"

本日起居注官常书、王鸿绪。

十　月

初一日丙戌　早，上以孟冬，躬诣太庙致祭毕，回宫。

本日起居注官朱马泰、张玉书。

初二日丁亥　早，上御乾清门，听部院各衙门官员面奏政事毕，部院官员出。大学士、学士随捧折本面奏请旨。为吏部题补给事中员缺事，正拟员外郎魏大善，陪拟额伦。上曰："魏大善为人仅可。额伦颇堪用，着补此缺。"

又湖广巡抚王新命题修见在船只，为运粮之用，部覆允行事。上曰：

“此事可依部议。粮储关系国家，最为紧要。古人三年耕，必余一年之蓄，九年耕，必余三年之蓄。今观此奏，入数较出数尚不能敷，则粮储何由蓄积？京城内，各项应差匠役食粮有名者甚多，此项人役未有不糜费米粮者。若及今不清查裁减，将来何所底止？可谕令该部详察具奏。”

又给事中姚祖顼条奏，地方失事，该管官自首者，应免处分。上曰：“失事官员若令自首免罪，将各官遇有失事，皆隐匿不报，及事情发觉，众人皆知，然后自行举首。如此则谁肯申报失事？且事反从此而生，甚属无益。此奏不可行。”

少顷，上复御乾清门，赐进贡柰曼部落多罗达尔汉郡王俄齐尔等、苏尼忒部落多罗杜棱郡王阿育锡等、科尔沁国一品台吉喇迪等、翁牛忒部落四品台吉吴尔土那素图等茶。

辰时，上御懋勤殿，讲官库勒纳、叶方蔼、张玉书进讲：象曰泽上有地临一节、初九咸临二节。

本日起居注官叶方蔼、牛钮。

初三日戊子 皇太后圣诞，上不理政事。

未时，上诣太皇太后宫问安。又率皇太子诣皇太后宫问安。

本日起居注官格尔古德、沈荃。

初四日己丑 早，上御乾清门，听部院各衙门官员面奏政事毕，部院官员出。大学士、学士随捧折本面奏请旨。为吏部议，通政司将不应密本章作密本封进，王盛唐等应各罚俸六月。上曰：“通政司系宣达章奏之官，若因封进本章处分，恐致言路壅塞，下情不得上达，着从宽免罚。”

又江宁巡抚慕天颜荐常熟知县林象祖、上海知县任辰旦才猷素著，学行兼优，吏部以拖欠钱粮，与例不符，议不准行取事。上问大学士等曰：“尔等素知其人否？”李霨奏曰：“闻其人果贤。因江南财赋原多，所以向来升者甚少。”上曰：“其人既廉能，着准行取，后不为例。”

午时，驾幸南苑，驻跸东宫。谕部院衙门本章俱交内阁，每日汇送南苑。

本日起居注官格尔古德、崔蔚林。

初五日庚寅 上驻跸东宫。

初六日辛卯 早，上御东宫内殿，随驾大学士明珠、学士噶尔图捧折本面奏请旨。为吏部议修理天坛员外郎马尔赛浮报工匠数目，应革职，下刑部议罪事。上问："尔等之意若何？"明珠奏曰："臣等以所议似太过。"上曰："此事着吏、刑二部会同详审具奏。"

又九卿等会审秋决重犯事。上曰："这各犯情罪，朕俱详阅。情真罪犯内，因殿灾事坐失火者处绞，尔等云何？"明珠奏曰："内庭宫殿关系重大，故如此议罪。"上曰："为首之人已经立决，二格着减等发落。又捏告谋反刘肖乾之罪，尔等云何？"明珠奏曰："闻被告张宫等俱系光棍无赖之人，但无谋反实迹。"上曰："当群贼叛乱之时，奸宄之徒妄动反谋，亦不可定。刘肖乾着减等发落。又依附邪教一案，为首道士等俱已立行正法。李应宗等无知妄附，绝无与谋叛逆之事。尔等云何？"明珠奏曰："李应宗欲认城楼工赎罪，工部因邪教罪大不允行，但伊等实无谋叛之事。"上曰："李应宗等着缓决。又可疑各犯内，钟古以修理孝陵树木，私受馈银应绞。尔等云何？"明珠奏曰："修理树木工役求钟古代伊等请增月米，钟古私受馈银，故如此议罪。"上曰："钟古身为笔帖式，妄行受贿，殊为可恶！应示创惩，着监禁缓决。又缓决各案内，许氏与奸夫同谋，持刀刺其亲夫，虽未致死，大乖伦纪，深为可恶，着改为情真。这朝审各案，尔等携回衙门，会同满汉官，再逐件详阅，另写票签来看。"

初七日壬辰　早，上御东宫内殿，大学士、学士捧折本面奏请旨。为九卿等会议钱法事。议嗣后各关买铜，应减额一半，盐差不必采买。其解送铜斤至临清等关，应令该管关税官给与印文。至崇文门，令税课司官会同科、道给与印文，仍轮差科、道官赴钱局稽察。其制钱式样不必更改。上曰："凡各关差采买铜斤，着止买一半。其经过各关，令给印照。则京城内亦可无私毁制钱之事。且各省铜炮解到，销毁鼓铸，则钱既足用，钱价自平。此事可依九卿等议。"

是日，驻跸南红门内。

初八日癸巳　早，上御行幄，大学士、学士捧折本面奏请旨。为给事中孙赞、御史金汝祥各疏请慎选科、道，吏部议科、道员缺，或开列引见，或奉旨考选，出自上裁，毋容再议事。上曰："此关系选用科、道事宜，着候回京定议。"

初九日甲午 早，上御行幄，理政事毕，赐柰曼部落郡王俄齐尔、公格勒尔弓箭撒袋各一。

酉时，驾回京城，诣太皇太后、皇太后宫问安毕，回宫。

扈从起居注官库勒纳。

初十日乙未 早，上御乾清门，听部院各衙门官员面奏政事毕，部院官员出。大学士、学士随捧折本面奏请旨。为部覆孙缵、金汝祥条奏事。上曰："行取官员考试补授是向来定例。孙缵今请以文义优长者补授科、道，朕意即将见任各官先行考试如何？"大学士李霨等奏曰："前此曾将伊等通行考试。其行取官员原有考授之例，此事统惟睿裁。"大学士明珠奏曰："考试文字，虽汉言官恐亦不能佳也。"上曰："科、道官员条奏，倩人代作者甚多，可将伊等试而观之。"

又三法司议张大春同笔帖式穆舒、侍卫巴式打死施景义，张大春应秋后处绞，穆舒、巴式交该部议处。上问："穆舒、巴式俱承认否？"明珠奏曰："伊等皆自认同打是实。"上又问："尔皆知其人否？"明珠奏："巴式系吴丹佐领下人。前驾幸西山时，有一人乘骑前行，皇上问系何人，命以鞭逐之，即巴式也，是一极狂妄之人。穆舒系正黄旗护军参领穆尔泰之子，亦一庸妄人也。"上曰："伊等打死人命，殊为可恶。此事着会同吏、兵二部议奏。"

又刑部等衙门议王君祚出境索债，因定处分则例事。上曰："见在旗下人等，必有遣人赴外省者，可着各旗佐领察明来看。若不行详察，决不能永行杜绝。此本姑留中。"

本日起居注官叶方蔼、朱马泰。

十一日丙申 早，上御乾清门，听部院各衙门官员面奏政事毕，部院官员出。大学士、学士随捧折本面奏请旨。为给事中邬隆格奏，福建投诚官兵当安插直隶、山东、河南、山西地方，部议不准事。上曰："这条奏尚有宜商酌者。"因问学士李光地："尔系福建人，必有所见。"光地奏曰："投诚官兵似宜分驻近省。"上曰："官兵若分散安插，此后投诚之人恐心怀不安。"光地奏曰："投诚官兵若安插一处，或妄窥情形，另萌他念，亦未可定。但以官职录用，则亦足矣，似无不可分之处。"上曰：

“着兵部再详议具奏。”

又给事中雅齐纳劾通政司参议虞世璎年已衰迈，宜行解任事。上曰：“虞世璎在世祖皇帝时，因善书录用，循次历升今职，年实衰老，朕亦知之。但念效力年久，难归本籍，着免交部议，令解任以原品食俸。此处可明白票出。”

辰时，上御懋勤殿，讲官库勒纳、叶方蔼、张玉书进讲：九二咸临二节、六三甘临二节。

巳时，上诣太皇太后、皇太后宫问安。

本日起居注官牛钮、董讷。

十二日丁酉 早，上御乾清门，听部院各衙门官员面奏政事毕，部院官员出。大学士、学士随捧折本面奏请旨。为理藩院题，蒙古王、贝勒、贝子、公等元旦来朝事。上曰：“今年朝正着停止。以后年节，仍着来朝。尔等识之。”

少顷，上复御乾清门，赐进贡科尔沁国多罗郡王笔里克图、一品台吉鄂齐尔等，翁牛忒部落多罗达尔汉贝勒搜色、三品台吉章等，克什克屯部落多罗贝勒索诺门、副都统巴他海，柰曼部落辅国公格勒尔，苏尼忒部落二品台吉胡图克泰等，阿霸垓部落四品台吉绰木苏等，阿禄科尔沁国四品台吉滚德等，土默特部落三品塔布囊阿穆瑚朗等，巴林部落四品台吉古穆古等，鄂尔多斯部落一品台吉松喇布等茶。

辰时，上御懋勤殿，讲官库勒纳、叶方蔼、张玉书进讲：六四至临二节、六五知临二节。

本日起居注官格尔古德、王鸿绪。

十三日戊戌 早，上御乾清门，听部院各衙门官员面奏政事毕，部院官员出。大学士、学士随捧折本面奏请旨。为兵部题补正白旗都统事，正拟护军统领桑格，陪拟副都统杭奇。上问：“内大臣亦有补都统者否？”大学士明珠奏曰：“就臣所见未有补都统者，都统责任更重于内大臣。”上曰：“内大臣阿密达可补授都统。”

又题覆浙江巡抚李本晟请雇觅民船，供应闽省撤回兵丁，及耿精忠家口事。上曰：“李本晟具疏请雇民船，不知刻下急需船只，为期甚迫，往返奏覆，必致稽迟，可仍着喀霓布作速前往料理。”

又为刑科覆奏秋决事。明珠奏：“臣等遵旨同议古纳杀主一案，既经年久，未曾处决，每岁陪绑，亦属无用，宜令牢固监禁。”上曰：“朕意亦如此。古纳着监候，不必覆奏。”

辰时，上御懋勤殿，讲官库勒纳、叶方蔼、张玉书进讲：上六敦临二节、观盥而不荐一节。

本日起居注官常书、张玉书。

十四日己亥 早，上御乾清门，听部院各衙门官员面奏政事。礼部奏：和硕康亲王凯旋，迎至芦沟桥，行拜天礼毕，应即赴巩华城，诣仁孝皇后、孝昭皇后梓宫前行礼。俟王回时，钦遣大臣告以王母妃之丧，王方归私第。上曰：“王出征后，有母妃之丧，在王亦系大故。芦沟桥行礼毕，不必前赴巩华城，应即令归私第。王临丧尽哀后，自当至巩华城也。”

辰时，上御懋勤殿，讲官库勒纳、叶方蔼、张玉书进讲：象曰大观在上三节、象曰风行地上观一节。

午时，上诣太皇太后、皇太后宫问安。

本日起居注官库勒纳、严我斯。

十五日庚子 早，上御太和门视朝。升转文武官员谢恩，赐茶毕，回宫。

少顷，御乾清门，听部院各衙门官员面奏政事。三法司启奏谳审诸狱。上问刑部侍郎高珩所奏何事，高珩止奏二事。上问其余，珩不能对。奏曰：“臣一时失记。”上顾记注官侍讲学士朱马泰曰：“凡官员不能奏对者，尔等亦记载否？”朱马泰奏曰：“诸臣奏对时，有当记载者，自行记载。”部院官员出。

大学士、学士随捧折本面奏请旨。为吏部题请考试科、道日期事。上曰：“伊等条陈既请考试，着即于明日试之。”大学士明珠奏曰：“恐为时太促。”上曰：“十七日出迎康亲王，若再缓期，恐有营求之事。且此考原无长篇文字。这本着即于今日批发。”

又刑部等衙门议旗下人出境干求处分则例事。上问：“此番稽察，似可永绝弊端，且民生苦累亦可少苏。但此处分则例得无太过否？”明珠奏曰："岂独出境当有处分，即在京城有营求等事，亦且革职。臣等以此议似亦可行。"上从之。

又工部题，拟绞犯官潘仁认修宣武门城楼牌坊赎罪事。上曰："部议欲以认修牌坊价值贴修别工，但各门倒塌城楼必有认修之人。此牌坊工程仍着潘仁一并修理。"

又理藩院议鄂尔多斯部落固山贝子顾木布尔犀下斩犯达里萨汗，以九九数牲口赎罪，应将伊等妻子仍令完聚事。上曰："外藩因无城郭，故定盗犯之罪极重。朕意此等赎罪人犯妻子竟与完聚，则亏累失主。应另罚牲口，方可令其完聚。"明珠奏曰："如此则该管本主亦愿取赎。"上曰："该犯若不另出牲口赎取妻子，即本犯之罪亦不准赎免，方为允当。着再议。"

本日起居注官沈荃、朱马泰。

十六日辛丑 早，上御乾清门，听部院各衙门官员面奏政事。兵部郎中喀霓布奉差料理兵舡，奏请谕旨，欲从苏州府雇船至杭州载送大兵。上曰："经过需船甚多，小民亦甚苦累，今特遣尔专往料理，不止济一时之用。嗣后凡有大兵经过，务期无累于民，有济于事。尔到地方，有应行事宜，可会同该督、抚定议，请旨而行。"谕毕，出。

大学士、学士随捧折本面奏请旨。为御史郭维藩条奏清汰三营兵丁事。上曰："京城重地，盗贼横行，深为可恶。缉盗之法，科、道条陈但言其大略，不能拔本塞源。必得大臣一员，彻底清察，严定条例，务使各营兵丁分屯要害，百步以内，互相保守。且捕盗各官，果能实心奉行，则盗贼自无所容。尔等可会同兵部及督捕衙门官员详议具奏。"

辰时，上御懋勤殿，讲官库勒纳、叶方蔼、张玉书进讲：初六童观二节、六二窥观二节。

是日，上亲命题，试汉科、道官于体仁阁下。题用奏疏二道：一、贼渠已伏天诛，余孽行将殄灭，谨陈进剿机宜，以速奏荡平之效事。一、大兵分路进征，用兵必须用饷，谨陈挽运方略，以资饱腾事。

巳时，上率皇太子诣太皇太后、皇太后宫问安。

本日起居注官崔蔚林、牛钮。

十七日壬寅 巳时，上以奉命大将军和硕康亲王杰舒自福建凯旋，率在京诸王、贝子、公等，内臣、侍卫、八旗都统、精奇尼哈番、副都统、阿思哈尼哈番及满汉大学士、尚书、侍郎、学士等官，出郊迎劳，越芦沟桥驻跸。

十八日癸卯 上自驻跸所率诸王、大臣等，迎凯旋大师于二十里外。大师既至，列八旗大纛八杆，鸣号，上率出迎诸王、大臣等及凯旋王、大臣、章京等拜天，行三跪九叩礼毕。上御黄幄，和硕康亲王杰舒率凯旋大臣官员等行三跪九叩礼毕。上召王近前，上就御座抱见毕。命王近御座右侧坐，诸大臣依次列坐，其行间效力军士亦依次列坐，赐茶毕，车驾启行。未时，还宫。

扈从起居注官库勒纳、叶方蔼。

十九日甲辰 早，上御乾清门，听部院各衙门官员面奏政事毕，部院官员出。大学士、学士随捧折本面奏请旨。为和硕简亲王喇布题，尚之信标下鼓噪官兵，或发回广东安插，或仍令随征，请行定夺。兵部议令随将军赖塔进剿，如器械不备，着回广东整理。上顾大学士问曰："尔等云何？"明珠奏曰："官兵及妻子之罪俱行宽免，自当欢欣鼓舞，乐于效命。但令回广东修理器械，似乎未便。若果无器械，可着麻尔吉等补给，仍速令随征。"上从之。

辰时，上御懋勤殿，讲官库勒纳、叶方蔼、张玉书进讲：六三观我生进退二节、六四观国之光二节。

未时，上诣太皇太后宫问安。

本日起居注官朱马泰、王鸿绪。

二十日乙巳 早，上御乾清门，听部院各衙门官员面奏政事毕，部院官员出。大学士、学士随捧折本面奏请旨。为户部覆御史富喇塔条议，出征兵丁允给三年饷银，以济军资事。上问："大学士等云何？"大学士明珠奏曰："兵丁贫乏，若仅给一年饷银，诚不足用。若竟给三年饷银，又恐一两年内便即旋师，彼时复难追扣。"上曰："目前无出兵之事，俟再发兵时，着户部另行启奏。"

又都统噶尔干、湖广提督徐治都题报恢复巫山县事。上命票优旨奖励之。

又三法司议私贩盐犯李成金等应立斩事。上曰："案内刘得福既经出首，着改为缓决。"

大学士等以所撰考试科道上传进呈御览。上览毕，谕曰："留心政事一语太过，可易去。各卷内惟孙绩文字最为不堪，文气俱不联贯。伊等为外官日久，学问荒疏，仅存虚名而已。凡人胸有抱负，然后可以论人，今荒谬如此，奈何妄诋耶？尔等可将各卷取去，填写上传来奏。"

辰时，上御懋勤殿，讲官库勒纳、叶方蔼、张玉书进讲：九五观我生二节、上九观其生二节。

本日起居注官格尔古德、张玉书。

二十一日丙午 早，上御乾清门，听部院各衙门官员面奏政事。学士希福等奏查明京城三营老弱兵丁事。上曰："营兵尚可用否？"希福等奏曰："马兵尚堪用，步兵内有老弱废残之人，臣等查对档册，相貌不符及无验票、点名不至者，俱议裁汰。"

辰时，上御懋勤殿，讲官库勒纳、叶方蔼、张玉书进讲：噬嗑亨一节、象曰颐中有物曰噬嗑二节。张玉书疏解《周礼》三宥之义，因言："盛世不轻赦，故春秋于肆大眚则讥之。其所谓赦过宥罪者，惟其罪有可原，因而赦免，非一概宽释以示恩也。至于定狱之时，原情察理，斟酌至当。一归于罪疑惟轻，则随时随事赦免已多，又岂待颁赦而后谓之赦乎？"上称善，曰："所讲赦罪一段，极当于理。"叶方蔼奏曰："皇上如天好生，每于谳狱倍加钦恤，凡属可矜可疑之人，无不仰沾浩荡之泽矣。"

巳时，上诣太皇太后、皇太后宫问安。

本日起居注官牛钮、严我斯。

二十二日丁未 早，上御乾清门，听部院各衙门官员面奏政事毕，部院官员出。大学士、学士随捧折本面奏请旨。为三法司议，马善私毁制钱，应行立斩事。上曰："前为钱价太贵，故立重法示禁。今钱价稍减，马善仍照立斩例，似属太过。尔等以为如何？"大学士明珠等奏曰："因钱价涌贵，故定此例，原觉过当。况系一时拟定之例，亦非正律。"上曰："马善依拟处斩，着监候秋后处决。"

又刑部侍郎高珩自陈衰老，请行罢斥事。上曰："高珩系魏象枢荐举清廉之人，自受事以来，并未见有优长之处，其清廉亦未表著。魏象枢或别有确见，应否传问？尔等议奏。”

辰时，上御懋勤殿，讲官库勒纳、叶方蔼、张玉书进讲。上亲讲：象曰雷电噬嗑一节。讲官进讲：初九屦校灭趾二节。讲毕，库勒纳奏曰：“臣等详绎《易经》一书，卦辞言一卦之统体，爻辞言各爻之时位，其义各有不同。解义内每卦之前，须总论一段，发明卦爻之旨。今撰得乾、坤二卦总论进呈睿览，伏惟皇上裁定发刻。”上览毕，曰：“《易经》卦爻之义原各不同，如噬嗑一卦中，四爻主用刑之人，初上二爻主受刑之人，每爻各有取义，必得此一段，方觉全卦之理了然。诸卦可即照此式撰刻。”

本日起居注官库勒纳、崔蔚林。

二十三日戊申　早，上御乾清门，听部院各衙门官员面奏政事毕，部院官员出。大学士、学士随捧折本面奏请旨。为给事中雅齐纳请时召九卿等官至御前面议政务事。上问：“尔等云何？”大学士明珠奏曰：“臣等以皇上每日御门所言，皆系国政。其传集九卿等，皆出皇上特旨。臣等故票拟：知道了，该部知道。”上从之。

又为刑部侍郎高珩乞休事。上曰：“尔等所议若何？”明珠奏曰：“杜立德与学士等公议，高珩系都御史魏象枢所荐之人，既不称职，应问象枢何为荐举。冯溥谓象枢乃伊荐举之人，不便与议。”上问冯溥曰：“尔意云何？”冯溥奏曰：“象枢先荐举高珩时，皇上亦曾问臣，臣以高珩素好神仙，难以办事。今既不称职，应当议处。”上曰：“大臣荐贤原属美事，但出于至公则善耳，宁可怀私耶？象枢所荐如宋文运亦能称职，只不应于诸员中，杂举一二疏庸之人。且荐贤受赏，荐不贤受罚，从古皆然。象枢前荐高珩疏内有云：此等清廉之人，虽世人所轻，朝廷宜重。高珩自补刑部，毫未见其所长，今复为科员参劾。象枢当日何据而特荐也？着魏象枢明白回奏。”

又吏部题通政司左参议员缺，拟右参议吴琠调补；吴琠员缺，拟光禄寺少卿赵士麟升补事。上曰：“吴琠声望不孚，尔等知之否？”李霨等奏曰：“此人才具平常。”上曰：“吴琠不必转左，着将赵士麟升补左参议。可于旨意内票出，庶知所劝惩也。”

又为兵部议提督桑格应解任事。上曰："桑格标下尚有四千余人，今正当效力之时，可着留任，仍令戴罪图功。"

少顷，大学士、学士复捧秋审重犯处决本至内殿面奏请旨。上曰："人命所关最为重大，或应立决，或应监候，尔等须各以所见，明白具陈。学士等亦宜直言勿隐。"谕讫，随将秋审众犯册逐一亲阅。上问："马哈喇之父与叔皆没于阵，本身亦有功牌，其罪如何？"大学士明珠奏曰："马哈喇之父、叔阵没，皆系松山等处事，部中无档案，故前控告时，部议不准。"大学士勒德洪奏曰："因争妓杀死人命，极为可恶，不正法无以警众。"上颔之。又阅长寿一案曰："长寿因骂主坐罪，若复宽释，必将甘心于其主矣。"次阅任有库一案曰："钱法壅滞之时，作弊者自宜惩创。"又问："缪正心曾有功牌，其父亦以公事被害，如何？"明珠奏曰："缪正心之父，因奉差为人所杀，正心有功牌，非亲身陷阵之功，与例应免死者不同。"上曰："去岁未曾正法，可仍着监候。吴良谟、佟国臣亦以去岁未经正法，着监候。"次阅何中柱、刘兴诗一案曰："此案赃银无多，亦着监候。"又问陈德杀人事。大学士杜立德等奏曰："因夺猪杀人，情罪可恶。"学士噶尔图奏曰："据原招内陈德本无杀人之心，因其人向前护猪，故误杀耳。"上颔之。又问王猷骂主事。学士徐元文奏曰："王猷醉后骂主，与长寿不同。"又问："张招等讹诈一案，同伙七人当如何？"徐元文奏曰："凡罪俱分首从，或将为首者正法亦可。"上是其言。陈德、王猷及伙诈为从七人俱着监候。其诱卖人口林六等三人，伪造印信孙三等三人，皆系小人，一时图利所致。郭二达子虽讹诈银两，人未受伤；杨有素虽夺王大貉裘，无杀人之事；焦三虽捻刘氏之足，未经强奸；杨四镇因借钱未给，情急杀人；柳三闻其姐与根儿通奸，遂将根儿打死。情罪俱有可原，亦着监候。其情真者何起龙、王招四、保儿、任有、库阿代、赵前亮、郝良栋、长寿、马禄、李元和、殷二、徐氏、杜元、马虎、张四、马哈喇、郭明、魏三、傅二、张招、满辟尔、吉图、许氏、纳棱住、桃姐凡二十五人，俱着即行正法。议既定，上复亲取原册，举其姓名、籍贯，令大学士等逐一对勘毕，然后朱勾批发。

上又向大学士等问曰："今居官者，亦以清廉为尚否？"李霨等奏曰："皇上以清廉教导臣工，圣谕谆谆如此，近日人皆知谨身自守。"上曰："崇尚清节，乃国家为治之要务。为官者皆清，则百姓自然得遂其生矣。"又问："直隶巡抚于成龙居官如何？"李霨奏曰："其守至清。"上曰："今在京各官有如成龙之清者否？"冯溥奏曰："顺天府尹宋文运亦有清名，其家甚贫。"上曰："汉官贫富亦甚难知，必于原籍访问，方得其实。且清廉原不在贫富，谓富者必贪，而贫者必廉，可乎？亦视其人居心何如耳！"

本日起居注官沈荃、常书。

二十四日己酉　早，上御乾清门，听部院各衙门官员面奏政事毕，部院官员出。大学士、学士随捧折本面奏请旨。为福建总督姚启圣，请捐造兵房二千五百间，兵部议允事。上曰："地方已经平定，大兵不日回京，捐造兵房着停止。"

巳时，上如巩华城。

本日起居注官格尔古德、蒋弘道、朱马泰。

二十五日庚戌　申时，上回宫。

本日起居注官朱马泰、董讷。

二十六日辛亥　早，上御乾清门，听部院各衙门官员面奏政事毕，部院官员出。大学士、学士随捧折本面奏请旨。为御史傅喇塔条奏，拿获出海私船，宜分别议叙。兵部覆，拿获贼船，原有分别议叙之例，无容再议事。上曰："部覆无容议，引例不符。彼是拿获贼船，分别议叙之例，非拿获私贩船只，分别议叙例也。必另酌定一例，庶该管官知所激劝。可再拟票签来看。"

又议政王、大臣会议多罗顺承郡王勒尔锦、多罗贝勒察尼等，出师湖广罪案事。上曰："顺承郡王勒尔锦、贝勒察尼统领大军前往，不能竭力底定地方，但敛取督、抚、司、道等官财物，希图回家为富足之计。贻误国事，疲敝兵马，困苦民生，失机之罪，关系最为重大。前屡次下旨申饬，竟置朕谕于不问，安坐军中，致失大计。一切罪过，孰有大于此者乎？朕尝在此揆度事势，幸因修造战船，围困岳州贼寇，于是贼势穷蹙，为我所败，故地方以次底定，渐有头绪。不然，不知目前作何景象矣！且我太祖、太宗时，军令极严。今议政王、大臣因事已平定，不复经意，所议之罪不协事情，悉从轻典，可乎？王、贝勒等辄云从前未经战阵，皆与众商确而行。自此以后，岂遂无用兵之事？若皆以未经领军为言，则谁当领军者？王与贝勒系朕至亲，朕意本欲宽释，但贻误国家大事，其罪断难宽贷！在其余尚可从宽，王、贝勒决不容姑宥。尔等可将此旨向议政王、大臣、章京等明白传谕。"

辰时，上御懋勤殿，讲官库勒纳、叶方蔼、张玉书进讲：六二噬肤灭鼻二节、六三噬腊肉二节。

本日起居注官牛钮、王鸿绪。

二十七日壬子 早，上御乾清门，听部院各衙门官员面奏政事毕，部院官员出。大学士、学士随捧折本面奏请旨。为兵部议广西投诚马承荫等五十三员官职事。上问："大学士等云何？"明珠奏曰："马承荫身负重罪，本应议处，但既经投诚，旋加处分，恐无以为后来者之劝，故承荫等俱议加官职。授职之后，再议处分，亦未为不可。"上曰："马承荫等授官亦可。但一品官职与尚书等同列，马承荫两次反叛，虽经投诚，若竟列尚书等班次，于理非宜，可授以二品官职。尔等再拟票签来看。"

又户部题差员外郎戴都监督坐粮厅事。上曰："戴都系管高丽兵丁佐领，朕时有遣用之处，不必差往。"

又吏部题本部司官正红旗多一员，应将员外郎马君宠裁汰；镶蓝旗缺一员，拟正陪二人，请补授事。上曰："马君宠在部日久，与其用新人补授，何如即将君宠借补此缺，俟后有正红旗员缺，再将君宠调补。尔等以为何如？"明珠奏曰："从前亦曾行一次，奉旨借补，有何不可？"上命以君宠补镶蓝旗员外缺，不必裁汰。

又工部题广济库硝磺等物移入丁字库，计雇给工价及席片等费，共二千余两，应行开销事。上曰："硝磺搬运，何至费用如此之多？前工部启奏时，并未奏明需用若干银两。且所贮硝磺不知果否堪用，若竟不堪用，则若干银两岂不虚费？大学士勒德洪、学士希福可同往该库，将搬运费用价值及见贮硝磺，一一察明具奏。"

辰时，上御懋勤殿，讲官库勒纳、叶方蔼、张玉书进讲：九四噬乾胏二节、六五噬乾肉二节。上亲讲：上九何校灭耳凶二节。

巳时，上诣太皇太后宫问安。

本日起居注官库勒纳、张玉书。

二十八日癸丑　上以有事南郊，斋戒不理政事。

巳时，上诣太皇太后宫问安。

本日起居注官格尔古德、严我斯。

二十九日甲寅　本日起居注官沈荃、牛钮。

三十日乙卯　早，上于保和殿视郊天祝版毕，回宫。

午时，上诣太皇太后宫问安。

本日起居注官库勒纳、崔蔚林。

十一月

初一日丙辰　早，上以冬至，亲祀天于圜丘，礼毕，回宫。

本日起居注官牛钮、张玉书。

初二日丁巳　早，上御乾清门，听部院各衙门官员面奏政事毕，部院官员出。大学士、学士随捧折本面奏请旨。为正黄旗蒙古副都统峨内巴图鲁足疾乞休事。上曰："峨内病足，不能行走是实，可令解职。"

本日起居注官叶方蔼、格尔古德。

初三日戊午　早，上御乾清门，听部院各衙门官员面奏政事。御史张志栋劾奏刑部尚书黄机年老及大理寺少卿张永祺、国子监祭酒冯源济物望不孚，均应议处。奏毕，出。大学士、学士随捧折本启奏。上曰："适御史张志栋疏参少卿张永祺、祭酒冯源济二人品行不端，所参甚当。又参刑部尚书黄机衰老宜罢，此言似觉过当。国家用人，正须老成练达，从来才德难以兼全。闻黄机居乡谨饬安静，是一老成人也。"大学士勒德洪等奏曰："上谕允当。"

奏毕，随取折本请旨。为吏部题署广西巡抚麻尔吉在任三年无过，应照例还级事。上曰："麻尔吉自到广西，安辑地方，克尽厥职，所降之级着复还，可将此意票出。"

又为御史傅喇塔奏，旗下披甲仆人出征，得功牌两次，应许出户，兵部议覆不准事。上曰："尔等云何？"大学士明珠奏曰："兵部定例，得头等功牌三次，方准出户，似觉太难。若两次功牌即许出户，亦可鼓其用命。"上曰："可依傅喇塔所奏。"

辰时，上御懋勤殿，讲官库勒纳、叶方蔼、张玉书进讲：贲亨小利有攸往一节、象曰贲亨四节。

未时，上复御乾清宫，赐进贡科尔沁国一品台吉厄尔德尼，苏尼忒部落四品台吉萨尼特、扎萨克一品台吉诺尔布等，阿霸垓部落四品台吉班第等、翁牛忒部落四品台吉巴礼玛特等、敖汉部落四品达尔汉多尔机、吴喇忒部落四品台吉诺木齐等食。

是日，以福建海澄阵亡镶蓝旗前锋校卦色丧至，上遣头等侍卫达尔赛携茶酒，诣丧次致奠。

本日起居注官蒋弘道、常书。

初四日己未 早，上御乾清门，听部院各衙门官员面奏政事毕，部院官员出。大学士、学士随捧折本面奏请旨。为建威将军吴丹不能救援永宁，具疏认罪事。上曰："吴丹不能预防投降之人及贼兵来侵，又不能提兵速剿，永宁告急，复不速往救援，大负委任。着俟事平之后议罪。可票严旨来看。"

又左都御史魏象枢因荐举侍郎高珩，引罪回奏高珩以衰老自请解任。上曰："尔等之意云何？"明珠等奏曰："高珩因衰老不能供职，别无劣迹，臣等之意，魏象枢似可无庸议。"上曰："尔等以为高珩如何？"明珠等奏曰："臣等观高珩衰老是实。"上曰："是。魏象枢所奏着批：知道了。高珩既已衰老，着以原官解任。"

辰时，上御懋勤殿，讲官库勒纳、叶方蔼、张玉书进讲。上亲讲：象曰山下有火贲一节。讲官进讲：初九贲其趾二节、六二贲其须二节。

本日起居注官库勒纳、董讷。

初五日庚申 早，上御乾清门，听部院各衙门官员面奏政事毕，部院官员出。大学士、学士随捧折本面奏请旨。为兵部以西宁总兵官员缺请旨开列事。上曰："西宁地方最为紧要，应拣选材能之人补授，着议政王、大臣等公同推举。此总兵宜即令驻扎西宁，以便操练士卒，固守地方。”

又盛京将军安朱护题采取人参禁例，议政王、大臣，九卿、詹事、科、道等会议，应仍照十五年定例事。上曰：“采取人参之例太严，则无知之徒罹于法网者众，且人参亦必鲜少。着依议。”

辰时，上御懋勤殿，讲官库勒纳、叶方蔼、张玉书进讲：九三贲如濡如二节、六四贲如皤如二节。

巳时，上诣太皇太后宫问安。

本日起居注官牛钮、王鸿绪。

初六日辛酉　早，上御乾清门，听部院各衙门官员面奏政事毕，部院官员出。大学士、学士随捧折本面奏请旨。为福建巡抚吴兴祚题，官兵回京需用舡只，兵部议厮卒人数及舡只大小并未说明，应再驳查事。上曰：“此事前经行查，今又驳查，致累百姓。着该部即议结具奏。”

少顷，上以天象示异，复命大学士勒德洪等传集九卿、詹事、科、道至中左门，传谕曰：“今白气见于西方，必有征验。尔等可各抒所见以奏。”于是，工部侍郎赵璟、金鼐言：“近闻陕西人民困于转饷入蜀，计米一石，需费银十四五两，而押运官事毕而回，不复轸恤，以致运丁死亡者甚多。应作何苏息，宜加确议。”副都御史李仙根言：“陕西地方极为紧要，今民人困苦至极，宜停止陕西运粮四川，即令买四川之米为便。计购买四川粮米，可以济二十万军之用。其果否购买足用？应特遣大臣一员前往详察。”科、道各官言：“白气见于西方，所关近于兵事，似于用人行政无涉。宜颁谕旨于秦、蜀诸将，令其善抚投诚兵丁，固守边境。”兵部尚书宋德宜言：“陕西、四川各设一总督无用，宜即以陕西总督哈占为川陕总督，统理两省，庶于人民劳逸，可以酌剂均平。”大学士勒德洪、明珠以各官条议入奏。上曰：“诸臣所奏皆善。宋德宜奏哈占应改为川陕总督，兼辖管理，所言极当。着即传谕吏部，以哈占为川陕总督。其杨茂勋可解四川总督任，随大军进取云、贵。”勒德洪等随传上谕毕，九卿等出。

本日起居注官库勒纳、叶方蔼、格尔古德、严我斯。

初七日壬戌　早，上传谕内阁，命将各部院衙门本章汇收送入。

本日起居注官沈荃、常书。

初八日癸亥 早，诸王、贝子、内大臣、侍卫及部院大臣至中左门请安。上命内班侍卫衣都额真对亲传谕："朕躬本安，但少觉困倦。命太医诊视，云不宜见风，故未御门。以后诸王、大臣不必请安。"

本日起居注官库勒纳、崔蔚林。

初九日甲子 本日起居注官朱马泰、张玉书。

初十日乙丑 本日起居注官叶方蔼、牛钮。

十一日丙寅 本日起居注官格尔古德、蒋弘道。

十二日丁卯 本日起居注官常书、董讷。

十三日戊辰 本日起居注官库勒纳、王鸿绪。

十四日己巳 本日起居注官严我斯、朱马泰。

十五日庚午 是日，以吏部尚书郝惟讷有母丧，命大学士明珠赍茶酒往赐之。

本日起居注官沈荃、牛钮。

十六日辛未 本日起居注官崔蔚林、阿哈达。

十七日壬申 巳时，上诣太皇太后宫问安。

本日起居注官格尔古德、张玉书。

十八日癸酉 本日起居注官叶方蔼、常书。

十九日甲戌 本日起居注官库勒纳、蒋弘道。

二十日乙亥 是日，颁满文《日讲书经解义》赐诸王、贝勒、贝子、公、内大臣、都统以下，阿思哈哈番以上；大学士、学士、九卿、詹事、国子监祭酒各一部。

本日起居注官朱马泰、董讷。

二十一日丙子 本日起居注官牛钮、王鸿绪。

二十二日丁丑 本日起居注官严我斯、阿哈达。

二十三日戊寅 巳时，上诣太皇太后、皇太后宫问安。

本日起居注官格尔古德、沈荃。

二十四日己卯 是日，赐讲官库勒纳、蒋弘道、牛钮、常书、严我斯、朱马泰、张玉书、阿哈达、董讷、王鸿绪貂镶朝服、貂裘各一领，格尔古德貂裘一领。

本日起居注官崔蔚林、常书。

二十五日庚辰　本日起居注官库勒纳、张玉书。

二十六日辛巳　本日起居注官叶方蔼、朱马泰。

二十七日壬午　上以和硕纯亲王富尔祜伦薨，三日不理政事。

本日起居注官蒋弘道、牛钮。

二十八日癸未　本日起居注官格尔古德、董讷。

二十九日甲申　本日起居注官严我斯、阿哈达。

三十日乙酉　未时，上诣太皇太后宫问安。

本日起居注官常书、王鸿绪。

十二月

初一日丙戌　本日起居注官库勒纳、沈荃。

初二日丁亥　是日，颁汉文《日讲书经解义》赐汉大学士、学士、九卿、詹事、国子监祭酒各一部。

本日起居注官朱马泰、董讷。

初三日戊子　本日起居注官牛钮、张玉书。

初四日己丑　巳时，上诣太皇太后、皇太后宫问安。

本日起居注官叶方蔼、阿哈达。

初五日庚寅　是日以前，各部院衙门本章，每日俱交内阁汇进。有紧要折本，仍召满大学士等入，商确批发。

本日起居注官格尔古德、蒋弘道。

初六日辛卯　早，上御乾清门，听部院各衙门官员面奏政事毕，部院官员出。大学士、学士随捧折本面奏请旨。为吏部题补云、贵文职官员事。上曰："尔等之意云何？"大学士明珠奏曰："贵州已经恢复，云南指日荡平，地方需人甚急。若俟恢复后方行选补，必致贻误。臣等之意，似应将要缺就近补授，其余不甚紧要员缺，自京师选授，预令前往。"上是之。

又三法司议原任总兵官姚珩侵蚀钱粮，拟斩，秋后处决事。上曰："朕闻姚珩为人勇健，或免死，令军前效力如何？"明珠奏曰："现有犯死罪之人令修城楼赎罪之例，似无不可。"上命贷姚珩死，令军前效力。

本日起居注官库勒纳、叶方蔼。

初七日壬辰　早，上御乾清门，听部院各衙门官员面奏政事。户部右侍郎沙赖奏，贵州巡抚杨雍建请拨大兵粮饷，臣部议拨两淮盐课银十万两协解。上曰："此项钱粮能如限解到否？"沙赖奏曰："臣等已议，文到之日，限一月内起解。"上曰："彼处见在钱粮尚足用否？"沙赖奏曰："韩世琦前经奏请，业拨二十万两。"上曰："韩世琦所奏之疏，昨日才下。若解两淮银两，稽迟时日，恐致贻误。大兵现今进取云南，关系重大，可就近拨湖广钱粮，速行起解，以济军需。尔将此疏持回另议，交付内阁。"

本日起居注官常书、王鸿绪。

初八日癸巳　早，上御乾清门，听部院各衙门官员面奏政事毕，部院官员出。大学士、学士随捧折本面奏请旨。为户、兵二部会覆云贵总督赵良栋疏，议随征总兵官李芳述应俟恢复云南时，遇总兵官缺出坐名题补，邓九畴等应给与札付，投诚兵丁给发半分口粮。上曰："李芳述现有征战之劳，令其候补云南员缺，不若即补西宁总兵官缺。如此，庶为人地相宜，尔等以为何如？"大学士明珠奏曰："李芳述为人强勇，令其收辑朱衣客标下逃散兵丁，即补授西宁员缺极当。"上曰："李芳述虽补西宁总兵，当仍令进剿云南，此事着议政王等一并议奏。"

又三法司议，革职知府万文麟借供应兵饷名色，私派银四千余两入己，应秋后处绞事。上顾问大学士等。明珠奏曰："闻万文麟居官甚劣，大学士冯溥亦知之。"上命依议。

又为副都统孟安于福建海澄县从贼事。上问："此事如何？"明珠奏曰："前孟安来归时，康亲王曾具疏严劾。蒙上谕：此等从贼之人，方陆续来归，此本姑且留中。今孟安已经解到。察康亲王原疏止着兵部议，今应交吏、兵、刑三部会同议奏。"上从之。

本日起居注官严我斯、朱马泰。

初九日甲午　早，上御乾清门，听部院各衙门官员面奏政事。午时，上诣太皇太后、皇太后宫问安。

本日起居注官沈荃、牛钮。

初十日乙未　早，上御乾清门，听部院各衙门官员面奏政事毕，部院官员出。大学士、学士随捧折本面奏请旨。为兵部题四川提督员缺请旨开列事。上曰："四川提督最为紧要，必得其人，方克胜任。今一时思之弗得，奈何？"大学士明珠奏曰："得人诚难。"上沉思良久，曰："可着杨茂勋暂管提督事务，从容另行选补。"

又为汉中总兵官员缺请旨开列事。上曰："汉中地方亦属紧要，总兵官应加简选。"明珠奏曰："此缺似当于见任总兵官内调补一员。"上曰："周球向在江西、湖广剿御贼寇，效力甚多，即将此人调补何如？"明珠奏曰："此人果堪任用。"上曰："可将周球劳绩票明，调补汉中。"

又三法司议受逆札过功弘等四人拟斩事。上曰："向闻江西地方有过公子者，系地方富豪，妖言惑众，首倡逆谋。此过功弘即系过公子否？着察明再奏。如果系过公子，自应俱行除戮。"

本日起居注官崔蔚林、阿哈达。

十一日丙申　早，上御乾清门，听部院各衙门官员面奏政事毕，部院官员出。大学士、学士随捧折本面奏请旨。为兵部开列职名，题补广东副都统事。上曰："总兵官拜音达礼，当广东变乱时，奋勇而出，殊为可嘉，可即调补此缺。"

又题补正红旗护军参领事，正拟一等护卫阿哈尼堪，陪拟佐领察尔奇。上曰："阿哈尼堪屡自军前来奏军机，极其详明。如此等人，更有何议？着即补此缺。"

又广东巡抚金俊题，原任提督王可臣给散召募兵丁银两，追赔未完，请准豁免事。上曰："这已给兵丁银两，着从宽准免扣追。"

又副都御史郝浴题参候补知州张蘅，冒写己书，投谒偏抚韩世琦，请敕严究事。上命下其奏于所司。又问汉大学士杜立德、冯溥曰："郝浴为人如何？"立德等奏曰："其人有才。"上曰："其人亦止有才而已。"

本日起居注官格尔古德、张玉书。

十二日丁酉　早，上御乾清门，听部院各衙门官员面奏政事毕，部院官员出。大学士、学士随捧折本面奏请旨。为兵部开列职名，题补正黄旗副都统员缺事。上曰："班达尔沙官职既大，才品极佳，着补授副都统。"

又题大名总兵官员缺，拟投诚总兵杨来嘉补授事。上曰："尔等之意如何？"大学士明珠奏曰："臣等之意，似当俟投诚人员俱到之日，再行酌用。"上是之。

又给事中俄伦条陈，运送漕粮，应令道员押运事。上曰："此条奏言之极当，自宜允行。运粮为国家要务，今河道既极狭浅，诚恐有误运事，着遣大臣一员，将通州以南水浅之处察勘挑浚，庶粮船不致贻误。尔等可传谕工部。"

又给事中许承宣条陈，关差额外抽税，应行严禁事。上曰："言官言事，必须明确简当，许承宣所奏，太觉繁冗，何益于事？着饬行。"

又三法司拟过功弘等四人处斩事。明珠奏曰："此过功弘等，乃受戈汝节所给伪札之人，非过公子也。"上命依部议。

本日起居注官常书、董讷。

十三日戊戌 早，上御乾清门，听部院各衙门官员面奏政事毕，部院官员出。大学士、学士随捧折本面奏请旨。为兵部开列职名，题补正蓝旗副都统员缺事。上曰："朕观所开十人，俱不及长史杨岱。杨岱为人勇健，着即补授此缺。"

又刑部议，原任四川提督郑蛟麟既经反叛，其养子原任佐领郑延禧、闲散人郑良金等，俱应立斩，妻子家产应交内务府事。上曰："郑延禧等俱非郑蛟麟亲子，闻皆强壮，似此等反叛子孙，以前宽宥者甚多。郑延禧等俱着免死，并家产交与该管衙门。"

又护军毕露津因在四川盘龙山失陷，其妻遂改嫁来色。毕露津既还京，赴部控告，求复还其妻，部议不允事。上曰："毕露津在怀淑驿交战，身得重伤，其情可悯，但其妻复归于彼，难于同处。毕露津着给银另娶何如？"大学士明珠奏曰："此妇复归，果难同处，若给毕露津银两，实为两全。"上曰："尔等拟再议票签来看。"

又理藩院议双定于蒙古地方盗牛，应立绞事。上曰："所盗非民间之牛，乃御厂所牧，此人可尚宽免否？"明珠奏曰"蒙古地方因无城池房舍，故定偷盗之例甚重。若此人特旨宽免，实法外之仁，后似不可为例。”上曰：“是。此人着免死发落，后不为例。”

巳时，上诣太皇太后、皇太后宫问安。

未时，上御乾清宫，赐进贡翁牛忒部落多罗杜棱郡王毕礼滚达赖、科尔沁国二品台吉那木布尔等、土默特部落三品台吉沙里、苏尼忒部落四品台吉额尔德尼、吴喇忒部落四品台吉巴布克等、喀喇沁部落二品塔布囊阿喇纳等食。

本日起居注官库勒纳、蒋弘道。

十四日己亥　早，上御乾清门，听部院各衙门官员面奏政事毕，部院官员出。大学士、学士随捧折本面奏请旨。为福建提督万正色、巡抚吴兴祚请于温州等处海口购买粮米，令载五百石以下船只入洋赴闽，户部议允事。上曰：“此买米海运之事极当。尔等以为何如？”大学士明珠奏曰：“诚如圣谕。”上又问汉大学士等。李霨奏：“臣等所见相同。”上又问学士李光地。光地奏曰：“臣乡米价较前甚减，此买米之事似应停止。”明珠奏曰：“前曾奉谕旨厦门、金门海滩恢复之后，准该督、抚请开海禁。”上曰：“据李光地之言，买米似乎有碍，在地方大僚谁肯为不肖之事？但恐奸宄之徒，借端携带私物，亦未可知。然则，海禁果可开否？”光地奏曰：“开海一事于民最便，现今万余穷民借此营生贸易，庶不至颠连困苦。况有水师五千，尽可防御，皇上睿见至当。”上曰：“虽然如此，海禁亦未便遽开。这本着发回该部，照前再议具奏。”

又原任府尹梁拱宸请禁止盛京将士围猎及载五百石粮米船只出洋，户、兵二部会议不允事。上曰：“梁拱宸系罢职之官，止请包衣佐领人等围猎，禁止旗下将士行围，是何意见？”明珠奏曰：“盛京新满洲在前未谙骑射，自行围之后俱极娴熟。”上曰：“梁拱宸妄行陈奏，殊为可恶。其先条奏各本，着一并议处。”

又陕西巡抚鄂恺以宁夏边外索诺木王等部落，俱于靖边长城一带地方住牧，请严加防御，兵部议允事。上曰：“索诺木王等系内旗蒙古。边境镇将不行察明，张大其词，妄报该抚。该抚又张大其词，妄行陈奏。该部遽议准行，殊为不合。着拟票严旨，一并切责。这本内情由，着理藩院严加察议具奏。"

又为驻防杭州参领李九思请病事。李九思坐补任未久，遽行请病，议革职。将军马哈达坐代题不合，议罚俸六个月。上曰："李九思历经战阵，著有劳绩，遽议革职，殊为太过，着以原拖沙喇哈番职衔解任。马哈达着依部议。若不如此处分，则此后无所惩创矣。"

本日起居注官朱马泰、董讷。

十五日庚子　早，上御中和殿，内大臣、内阁、翰林院、礼部、都察院、詹事府等衙门官员，以赐《日讲书经解义》谢恩毕，随御太和门视朝。和硕亲王以下、辅国将军以上，民公、侯、伯、尚书、侍郎以下，阿思哈［尼］哈番、国子监祭酒以上，以赐《日讲书经解义》，并文武升转官员谢恩毕，回宫。

少顷，御乾清门，听部院各衙门官员面奏政事毕，部院官员出。大学士、学士随捧折本面奏请旨。为广东巡抚金俊题留尚之信标下官兵二千一百名，兵部议覆不准事。上曰："此系尚之信标下精兵，广东地方最为紧要，其余官兵俱已各处分散，此兵仍应留守地方，着交回该部另议。"

又议叙将军王进宝加三等精奇尼哈番事。上曰："此人赤心效命，功绩茂著，即加一等精奇尼哈番可乎？"大学士明珠奏曰："此人效力之处甚多，理宜优叙。今地方俱将平定，特旨加恩，以示优异，似属允协。"上是之。

又大学士杜立德乞休事。上曰："杜立德年老，精神衰减，行履艰难是实，但此等老臣，事务练达，留在朝列，足表观瞻。可将此意票出，仍着留任。"

又谕大学士勒德洪、明珠曰："朕体虽较前已愈，尚觉软弱，清晨御门，稍有倦意，故幸行南苑调养数日。可传谕汉大臣知之。"

辰时，上诣太皇太后宫问安。

午时，上幸南苑，驻跸东宫。谕部院衙门本章俱交内阁，每日汇送南苑。

本日起居注官牛钮、王鸿绪。

十六日辛丑　早，上御东宫内殿，扈从大学士明珠、学士希福捧折本面奏请旨。为兵部题补正蓝旗护军参领事，正拟一等护卫沙克笃礼，陪拟二等护卫观音保。上曰："朕闻三等护卫俄罗舜真美材也，尔等亦有所闻否？”明珠奏曰：“臣等亦曾闻之。”上命以俄罗舜补授护军参领。

十七日壬寅 早，上御东宫内殿，扈从大学士、学士捧折本面奏请旨。为议政王、大臣会议，顺承郡王勒尔锦以罪削爵，其户口及所属佐领应给与其嗣爵之子勒尔贝；贝勒察尼以罪削爵，其所属佐领应给与其子察纳事。上曰：“勒尔锦所属佐领，着拨两牛录给公纳墨孙，其余佐领房产俱给勒尔贝；察尼所属佐领，俱给信郡王鄂札。”

又兵部题浙江平阳总兵官员缺，请旨开列事。上曰：“此缺着将见任副将开列具奏。其福建投诚各总兵官，可将职名另单开列来看。”

十八日癸卯 早，上御东宫内殿，扈从大学士、学士捧折本面奏请旨。为太常寺奏，正月十七日祭祈谷坛，十四、十五、十六三日，应行斋戒事。上曰：“此应斋戒三日系元宵节，恐各官托故不行斋戒及饮酒不洁，亦未可知。改择祭日可乎？”明珠奏曰：“祭祈谷坛，例用辛日。初七日为上辛。因系素服斋戒之日，故用十七中辛。但既遇元宵，即改于二十七日下辛亦可。”上曰：“此事着学士希福入京城，同太常寺衙门官会议。”

又给事中姚缔虞条奏，向来上谕皆先下部，部中已行后方到科，所以科臣有不知者。嗣后上谕应先发科，后发部。顷闻有江西沈青石、江南朱本中因善行医，奉旨召取。此二人皆非可用之人，宜止令勿来。又言，今天下将大定，一应政事，皇上当愈加敬慎事。上曰：“姚缔虞疏内言，上谕皆先下各部，及部中已行，恭缴上谕后，始发科，故未经传示之旨，科臣有所不知，自以为大负职掌。自比年用兵以来，凡颁发谕旨，虽极其严密，往往泄露，以致贼境皆得闻知。贼中屡有密奏报部，辄云汉官中以消息传语奸细通贼，以故事虽警密，辄行漏泄，于事大有妨害。此等大事，姚缔虞皆未察参，不以为有负职任，乃以一、二到部密旨，未曾闻知，以为有负职掌何也？应令明白回奏。前安亲王及护军统领桑格等大臣，在江西军中有疾，服沈青石药，效者甚众，咸称为良医，故令取来，试其治病。朱本中在京时，闻能治诸医所不能治之病，因询问于徐元文等，已具悉其履历，原止欲试其治病，故令取来，并非以其才优可用而取之来也。兹姚缔虞既称此二人实非善类，相应停其咨取。着该部察议具奏。武昌府通判傅为格善为小儿种痘，曩皇太子喜事，令诊视疗治，获奏痊愈。今宫中小阿格等欲种痘，已令往取，姚缔虞或尚未闻知。此人应否仍令取来？着姚缔虞一并具奏。其又一疏情节详阅之，大概剿袭姚祖顼去年所奏，言辞隐晦不明，应令其逐一指明具奏。将朕此旨，亦令希福赴京同汉大学士等商议。"

酉时，希福自京城至，回奏曰："传问太常寺官员，据言正月内凡遇辛日，俱可祭祀，亦有旧例，故臣等拟于二十七日致祭，业经改正本章携至。其姚缔虞疏所批之旨，汉大学士等咸称圣旨极是。又言，傅为格因诊视皇太子喜事，故加赐隆恩，补授此职。现今宫中有未出痘阿格，理当取来，此一节或可免问姚缔虞。然即如谕旨批发，亦无不可。"上曰："正月二十七日朕亲祭祈谷坛。其批姚缔虞奏疏之旨，可照朕谕拟满汉票签来看。"

十九日甲辰　早，上御东宫内殿，扈从大学士、学士捧折本面奏请旨。为给事中阿兰泰条奏，佥都御史员缺，有汉官无满官，此缺若系紧要，应增设满洲，不则，汉人亦当裁去。

吏部议应增设满官事。上曰："满汉员缺，未同设者甚多，且如盛京四部，止设满洲侍郎，并无汉人。此本不必行。"

又兵部以巡捕三营兵老弱充数及虚名浮冒，议守备王有官等十三员俱应革职，交刑部议处；督捕衙门官有专管之责，不行严察，亦拟交吏部议处事。上曰："伊等理宜重处，姑饶这一次。嗣后若有此等苟且充数及诈冒等弊，定加等治罪。又督捕衙门系专管之官，伊等不便宽免，着依议交与该部。"

是日，驻跸南红门内。

二十日乙巳　早，上御行幄，扈从大学士、学士捧折本面奏请旨。为吏、兵、刑三部会议正白旗署副都统孟安出师福建，于海澄失陷时，从贼受伪职，后方投诚，应革职、鞭一百，不许折赎事。上以所议尚轻，令将原本发回兵部，再议具奏。

又三法司议民人周文斗磨斧，欲杀其母，其母避去，遂杀其妻，文斗应立行处斩事。上曰："此人于杀母之事始终不认。其口供内又云，因其妻怀异心，故尔杀之等语。可仍着监候秋后处决。"

是日，驾出南苑，驻跸玉泉山。

二十一日丙午　早，上御行幄，扈从大学士、学士捧折本面奏请旨。

为大将军图海题，陕西出征亡故将卒骸骨应取回京师，兵部议允事。上曰："览奏将卒骸骨不为甚多，可暂留西安，交该巡抚收管。"

又福建提督万正色请开沿海边界，兵部议，此事已令督、抚详议具覆，应候到日再议事。上曰："今金门、厦门海滩等处，俱经收复，为我军所驻，凡此设立边界，皆我军内地，则设界似属无用。此事携回京城，从容定夺。"

是日，上驻跸神山头。

二十二日丁未 早，上御行幄，扈从大学士、学士捧折本面奏请旨。为吏部题大理寺少卿员缺，以通政司参议吴琠拟补事。上命："此缺着另拟具奏。"

又福建总督姚启圣捐助银两，应加至三百级，部议停其加级，应否加宫保，请旨定夺事。上曰："宫保品秩系勤劳著绩官员所加之衔，捐助银两者亦可予乎？"大学士明珠奏曰："前靖逆侯张勇、提督佟国瑶皆以捐银加宫保。定例官员捐银加至正一品，尚余六十级者，应否加宫保，奏请上裁。"上曰："既有定例，姚启圣可加太子少保。"

又议政王、大臣会议，内阁学士孔国岱、翰林院侍讲学士萨喇，自遣往尚之信军前，凡地方形势及尚之信反叛行事，全无奏报，应各降一级，仍罚俸一年。上曰："初遣孔国岱、萨喇时曾有密旨，令将广东事宜及云南、贵州贼势与尚之信反叛情形，不时奏报。乃孔国岱等自差往之后，将此等事机一无陈奏，情实可恶。这所议尚轻，着再议具奏。"

又云贵总督赵良栋题所属总兵官朱衣客下缺额兵丁，请以陕西省兵丁补额，兵部议允事。上曰："大兵已进取云南，赵良栋亦自成都起程，此兵虽补足额数，亦不及用。赵良栋等着即统见在兵丁前进，底定地方。"

又兵部开列见任副将题补浙江平阳总兵、山西太原总兵员缺事。上曰："福建投诚总兵官朱天贵，前实心率众投诚，着补平阳总兵。副将吉孙略甚有劳绩，着升补太原总兵。"明珠奏曰："吉孙略现随大兵在四川，应否仍留四川或调赴新任？"上曰："着仍随大兵进剿。"

是日，上驻跸巩华城。

二十三日戊申 未时，上回宫。

扈从起居注官库勒纳。

二十四日己酉　早，上御乾清门，听部院各衙门官员面奏政事毕，部院官员出。大学士、学士随捧折本面奏请旨。为吏部题叙福建军功，议一等侍卫禅布等应分别授世职事。上问："部议允当否？"大学士明珠奏曰："禅布授阿达哈哈番自属允当。止黑西恨等因功牌不能及额，遂不得世职，似觉可悯。"上曰："禅布着授三等阿达哈哈番。黑西恨等奉旨委署护军校、骁骑校，与部委不同，功牌虽不合格，应否授以世职，着再议具奏。"

又署护军校海式尼等应授拖沙喇哈番事。上曰："海式尼在闽效力，劳绩茂著，朕素知之。因功牌不合格，止授一拖沙喇哈番，实属可悯，着即授为拜他喇布勒哈番。"

又兵部等衙门议保宁从贼外库等分别斩绞事。上问："大学士等云何？"明珠奏曰："臣等亦曾公议，外库等四人，有逃入贼营之罪。何三等二人，当大军既至，不即来归，后为我兵搜获。情罪俱极可恶，部议似属可从。"上曰："尔等言是，但此时非处决之时，着候明岁再奏。"

未时，上复御乾清门，赐科尔沁国多罗贝勒鄂齐尔、多罗额驸诺木齐等，苏尼忒部落四品台吉劳詹等，札鲁忒部落四品台吉滚垂等，札萨克三品台吉吹博等食。

本日起居注官张玉书、阿哈达。

二十五日庚戌　巳时，封印。

午时，上诣太皇太后、皇太后宫问安。

本日起居注官沈荃、朱马泰。

二十六日辛亥　早，上于保和殿视告祭祫享祝版毕，回宫。

本日起居注官崔蔚林、常书。

二十七日壬子　早，上于保和殿视岁暮享太庙祝版毕，回宫。

本日起居注官叶方蔼、牛钮。

二十八日癸丑　早，上躬诣太庙致祭毕，回宫。

辰时，上如巩华城。酉时，回宫。

本日起居注官库勒纳、蒋弘道、牛钮。

二十九日甲寅　未时，上御保和殿，赐朝贺进贡达赖喇嘛下阚保喇穆札木把等、厄鲁特部落达赖汗下寨桑青霞、达赖台吉下寨桑布库霞、厄尔得尼代青台吉下寨桑把图尔、把图尔台吉下得穆克寨桑、薄硕克兔济农台吉下西龙霞、喷褚克台吉下把尔哈西哈、多尔济台吉下卓礼克图鄂穆布、博罗忒台吉下达赖霞、墨尔根台吉下达尔汉厄穆齐等食。上令理藩院尚书阿木瑚朗，传谕阚保喇穆扎木把问讯达赖喇嘛。

本日起居注官阿哈达、董讷。

伏睹皇上慎修思永，率作省成。德日进以无疆，业日新而滋茂。一岁之中，弘谟伟略，盖美不胜书也。自军兴以来，皇上宵旰焦劳，期拯赤子于汤火，天威震叠，次第削平。今年春，秦师下全蜀；冬，楚师入黔中。贼众势蹙穷奔，如釜鱼槛兽，立待扑灭。而闽藩怀逆，旋縶颈于阙下；粤藩肆恶，复骈戮于师中。释从歼魁，仁至义尽。往往神谋密运，而施设裕如。仰惟皇上以不忍一物失所之心，励师武臣，灭此朝食之气。庙堂决胜，阃外受成，实古所未有。而又轸小民舟车供亿之繁，悯士卒行间摧折之苦，申饬将领，至再至三。德音所布，无有不瞻望阙廷，感激泣下者矣。至于甄叙臣品，首别公私，奖用必先老成，屏斥不遗邪佞。宸衷灼见，如鉴在悬，凡一举一措之间，咸寓历世磨钝之意。盖我皇上日御讲帷，研穷经义，于《书》明治忽之原，于《易》辨消长之理。本圣学以敷，为圣治所由，明威并用，宽猛互行，有如此其盛也。若夫严郊庙，孝两宫，谨灾变，赈凶荒，优讲僚，纳谏诤，褒恤死事，明慎用刑，中外臣庶，罔不欣欣戴德。窃谓寇难既除，兵革寝息，则如天之泽，非常之恩，当更有沾被于穷檐蔀屋之内者。海寓熙皞，其在旦暮间欤！

康熙二十年　辛酉

正　月

初一日乙卯　早，上以元旦，率诸王、贝子、公等，内大臣、大学士、都统、尚书、精奇尼哈番、侍卫等，诣堂子行礼毕，回宫。辰时，上率诸王、贝子、公等，内大臣、大学士、都统、尚书、精奇尼哈番、侍卫等诣太皇太后宫行礼，又诣皇太后宫行礼毕，回宫。

少顷，御中和殿，内大臣、侍卫及内阁、翰林院、詹事府、礼部、都察院、鸿胪寺执事各官行礼毕，御太和门。诸王、贝子、公等文武官员及朝正外藩使臣、朝鲜国使臣上庆贺元旦表，行礼，赐茶毕，回宫。

巳时，上率皇太子诣太皇太后、皇太后宫行礼。

本日起居注官叶方蔼、朱马泰。

初二日丙辰　本日起居注官常书、严我斯。

初三日丁巳　午时，上诣太皇太后、皇太后宫问安。

本日起居注官库勒纳、张玉书。

初四日戊午　早，上御保和殿，视享太庙祝版毕，回宫。

本日起居注官沈荃、牛钮。

初五日己未　早，上以孟春，躬诣太庙致祭毕，回宫。

是日，奉差四川被贼陷害镶白旗郎中托必泰、正红旗拨什库巴代丧至，上遣一等侍卫何索里、二等侍卫何托、三等侍卫苏达携茶酒，往丧次致奠。

本日起居注官阿哈达、王鸿绪。

初六日庚申　巳时，上诣太皇太后宫问安。

是日，出师荆州病故镶黄旗汉军都统范达礼丧至，上遣散职大臣席图库等携茶酒，往丧次致奠。

本日起居注官崔蔚林、朱马泰。

初七日辛酉　本日起居注官蒋弘道、常书。

初八日壬戌　本日起居注官库勒纳、董讷。

初九日癸亥　本日起居注官牛钮、王鸿绪。

初十日甲子　辰时，上诣太皇太后、皇太后宫问安。

本日起居注官朱马泰、张玉书。

十一日乙丑　本日起居注官严我斯、阿哈达。

十二日丙寅　本日起居注官沈荃、常书。

十三日丁卯　本日起居注官崔蔚林、牛钮。

十四日戊辰　本日起居注官叶方蔼、阿哈达。

十五日己巳　早，上御太和门视朝。文武升转官员谢恩，次庆贺元旦厄鲁特部落达赖汗来使豸桑青虾等，进贡厄鲁特部落噶尔当薄朔克兔汗来使厄尔客达尔汉等、车臣白克等行礼，赐茶毕，回宫。

巳时，上诣太皇太后、皇太后宫问安。

本日起居注官蒋弘道、朱马泰。

十六日庚午　本日起居注官常书、董讷。

十七日辛未　早，上御乾清门，听部院各衙门官员面奏政事毕，部院官员出。大学士、学士随捧折本面奏请旨。为给事中雅齐纳疏奏外藩蒙古入贡，每有奸恶通事诡计骗诱，宜加严禁，理藩院议如所请事。上曰："此奏极为中理。光棍人等，每指称通事预往边外，霸占外藩贸易之事，情罪可恶。应令理藩院会同兵、刑二部严议定例具奏。"

又兵部覆贝子章泰疏，投诚提督李本深应令来京，俟本深到日再议事。上问："大学士等云何？"明珠奏曰："李本深留置彼处不便，应令来京。部议似可从。"上然其言。

本日起居注官牛钮、张玉书。

十八日壬申　早，上御乾清门，听部院各衙门官员面奏政事毕，部院官员出。大学士、学士随捧折本面奏请旨。为兵部等衙门议四川出征兵丁歪库、邬扬阿、吴里他、毕图、扬安、道色、霍三、土呼尔代应分别斩绞事。上问曰："尔等云何？"大学士明珠奏曰："歪库等逃入贼中。扬安等从贼，已受伪官，与大兵对敌败遁，在成都被擒。铁匠霍三等不自行来投，分散伪将军家产，业被查出，前员外郎戚什差往审明回覆。其余人等概行宽免。”上曰：“此六人情罪可恶，俟至日再议。”上曰：“此六人则已，至霍三、土呼尔代尚可商议否？”明珠奏曰：“臣等适在商酌，亦候出自上裁。”上曰：“歪库等着即行正法。土呼尔代、霍三俱系家仆，着免死减等发落。”

又理藩院议阿玉锡、博罗兔、巴牙思瑚琅、托克托和盗伊奔马匹事。阿玉锡、博罗兔应即处绞，家产牲畜给与失主。巴牙思瑚琅、托克托和各罚三九牲畜。上问曰：“尔等以为何如？”明珠奏曰：“外藩蒙古所定之律如此。”上曰：“此事尚有商确之处，将本来看。”上接本详览毕，曰：“阿玉锡等、伊奔皆系内旗蒙古。若外藩蒙古偷盗内旗蒙古牲畜，内旗蒙古偷盗外藩蒙古牲畜，犹可。至内旗蒙古，杀一人则损一人。应取来京为奴。尔等将此事问明理藩院，再行启奏。”

本日起居注官严我斯、朱马泰。

十九日癸酉 早，上御乾清门，听部院各衙门官员面奏政事毕，部院官员出。大学士、学士随捧折本面奏请旨。为总河靳辅题，调赴彝陵兵丁，将总漕自江西所坐舡只，令被乘往，并请给发口粮盐菜银两，户部议覆允行事。上曰：“地方渐次平定，此调往彝陵兵丁，应行停止。尔等之意云何？”大学士明珠奏曰：“现今四川夔州等处俱经恢复，大兵不日进取云南，此兵亦可不必调往。”上曰：“将此本交与该部另议具奏。”

又兵部题补镶黄旗蒙古副都统员缺事，正拟护军参领佛罗诺，陪拟巴图。上曰：“尔等素知此二人否？”大学士勒德洪奏曰：“臣未曾与此二人相交，不能深知其为人。”上又顾大学士明珠曰：“朕素知佛罗诺为人平常，巴图才具可用。尔知之否？”明珠奏曰：“臣亦知巴图之才堪用。”上又曰：“着将该旗应升人员，一并列名具奏。”

又理藩院议阿玉锡等二人盗马拟绞事。上曰：“尔等曾问明理藩院否？”明珠奏曰：“臣等问理藩院，据伊等言，蒙古地方原无城池墙垣，故偷盗处分之例甚严。若内旗之人另定一例，恐外藩蒙古心有未服。至重犯宽免，出自朝廷特恩，原无不可。”上曰：“着将阿玉锡等免死，鞭一百，为奴。”

又给事中姚缔虞请保养圣躬，遵旨回奏事。上问曰：“尔等云何？”明珠奏曰：“臣等曾公同商议，这本内原无所指，故拟票如此。”上颔之。

又为纠参朱本忠等遵旨回奏事。上曰：“俟部议朱本忠等具题之日，将这本再行启奏。”

辰时，上御乾清宫，讲官库勒纳、叶方蔼、张玉书进讲：六五贲于丘园二节、上六白贲无咎二节。

巳时，上诣太皇太后、皇太后宫问安。

本日起居注官阿哈达、王鸿绪。

二十日甲戌 早，上御乾清门，听部院各衙门官员面奏政事。监察御史喇占言：“通州、天津一带贸易粮米应加行税，以裕国赋。”奏毕，出。学士噶尔图、李光地至御前取本。上谕曰：“顷喇占所奏，殊属无益。若米行加税，岂不苦累商民？此事不准行。”

大学士、学士随捧折本面奏请旨。为湖广巡抚王新命请将十九年漕粮暂停起运，俟次年粮艘修理再行起送，部议允行事。上曰：“漕米关系京储，最为紧要。楚省系产米之地，该抚借端迟延，请停本年起运，殊属不合。该部不加详察，遽行议准，亦属不合。着于旨内明白票出。”

又为议政王、大臣会议学士孔国岱、侍讲学士萨喇应各降四级事。上曰：“孔国岱等行时，朕再三面谕，令其不时密奏。乃至彼处，全无奏报，无非畏慑尚之信耳。使为臣者尽皆顾惜身家，冀免祸害，则公家之事谁其任之！前因所议太轻，故驳令再议。今诸王等覆议仍轻，殊属不合。着再严议具奏。”

辰时，上御乾清宫，讲官库勒纳、叶方蔼，张玉书进讲：剥不利有攸往一节、彖曰剥剥也二节。

本日起居注官沈荃、常书。

二十一日乙亥 早，上御乾清门，听部院各衙门官员面奏政事毕，部院官员出。大学士、学士随捧折本面奏请旨。议政王、大臣会推镶黄旗蒙古副都统员缺事，正拟护军参领佛罗诺，陪拟巴图。上曰：“副都统员缺紧要。正拟佛罗诺甚觉平常。觉罗席特库其人犹可用，着即补授此缺。”

大学士明珠奏曰："今当用兵之时，武臣关系甚重，自应简择录用。"

又工部议挑浚通州以南运粮河，开列部院堂官，请旨定夺事。上曰："温代有才，着往督理挑浚。"又顾问汉大学士："尔等以为如何？"李霨奏曰："皇上睿鉴极是，应遣温代往。"

又贝子准达题奏水陆两路进剿谭弘等贼事。上曰："贝子准达前屡有谕旨催令进兵，乃推诿延迟，不肯前进。今知噶尔汉、哈占等已将逆贼谭弘、彭士亨等剿灭殆尽，方行进兵，殊属不合！着于旨内票明。"

辰时，上御乾清宫，讲官库勒纳、叶方蔼、张玉书进讲：象曰山附于地一节、初六剥床以足二节。

未时，上复御乾清宫，赐进贡科尔沁部落四品台吉毕礼克图等、巴林部落四品台吉代敏等、阿禄科尔沁国三品台吉达滴巴等、阿霸垓部落四品台吉吹处尔等、喀喇沁部落三品塔布囊扎木苏等、吴喇忒部落三品台吉毛齐赖等、扎萨克二品台吉老占等食。

本日起居注官崔蔚林、牛钮。

二十二日丙子 早，上御乾清门，听部院各衙门官员面奏政事。

巳时，上如巩华城。

本日起居注官叶方蔼、格尔古德、阿哈达。

二十三日丁丑 午时，上回宫。

本日起居注官蒋弘道、阿哈达。

二十四日戊寅 上以祈谷，斋戒三日，不理政事。

午时，上诣太皇太后、皇太后宫问安。

本日起居注官朱马泰、董讷。

二十五日己卯 本日起居注官常书、王鸿绪。

二十六日庚辰 早，上御保和殿，视祈谷祝版毕，回宫。

本日起居注官沈荃、阿哈达。

二十七日辛巳 早，上躬诣大享殿，行祈谷礼毕，回宫。

本日起居注官牛钮、张玉书。

二十八日壬午 早，上御乾清门，听部院各衙门官员面奏政事毕，部院官员出。大学士、学士随捧折本面奏请旨。为兵部议广西巡抚傅弘烈应追赠太子太师，荫一子入监读书事。上顾问大学士等曰："尔等以为何如？"大学士明珠等奏曰："臣等以傅弘烈尽忠死节，应加恩恤。"上曰："是。傅弘烈着赠太子太师，仍荫一子入监读书。"

辰时，上御乾清宫，讲官库勒纳、叶方蔼、张玉书进讲：六二剥床以辨二节、六三剥之无咎二节。

本日起居注官格尔古德、崔蔚林。

二十九日癸未　早，上御乾清门，听部院各衙门官员面奏政事。

本日起居注官叶方蔼、朱马泰。

三十日甲申　早，上御保和殿，视祭朝日坛祝版毕，回宫。

少顷，御乾清门，听部院各衙门官员面奏政事毕，部院官员出。大学士、学士随捧折本面奏请旨。为吏部题道员柏成栋等揭甘肃巡抚巴锡等贪婪款项，应遣大臣往审事。上曰："尔等之意云何？"大学士明珠奏曰："臣等之意，既经揭告，应审虚实。"汉大学士等言："从无据揭纠参之例，今既题参，自应遣官审理。但属官讦告上司，实非善政。如审实，则上司自当处分；若涉虚，则讦告之人自应从重议处，以惩凶顽。"上颔之。

又兵部覆福建巡抚吴兴祚题请，应令西洋、东洋、日本等国出洋贸易，以便收税，部议不允行事。上曰："尔等以为何如？"明珠奏曰："臣等亦曾商酌，学士李光地云商舡不宜轻入大海。"上曰："此言甚是。海寇未靖，舡只不宜出洋。此皆汛地武弁及地方官图利之意耳。着不准行。"

巳时，上率皇太子诣太皇太后宫问安。上又诣皇太后宫问安。

本日起居注官蒋弘道、常书。

二　月

初一日乙酉　早，上御乾清门，听部院各衙门官员面奏政事毕，部院官员出。大学士、学士随捧折本面奏请旨。为吏部、都察院遵谕开列各部院堂官职名事。上取本章览曰："观礼部尚书塞色黑才具平常，患病亦实。侍郎内怠惰者少，惟吏部侍郎张士甄、礼部侍郎杨正中，凡事毫无担当。间问以司官贤否，恐取怨于人，不为直奏。似此何以理事？又户部侍郎田六善、朱裴，所行不善。尔等云何？”大学士明珠、李霨等奏曰：“皇上睿见甚明。”上曰：“尔等可将此本详加会议来奏。”

又福建总督姚启圣、提督万正色请开海界二本，兵部覆俟新任提督至彼查明到日再议事。上曰：“今金门、厦门等处已设官兵防守，此事着即再议具奏。”

又内阁学士雷虎因病请罢事。上曰：“雷虎前任侍郎时，朕知之甚切，原系庸懦之人。每遇启奏，问所奏本及绿头牌事务，茫然不知。问其司官、笔帖式贤否，惟恐得罪于人，但以不知对，并无一次据实陈奏。凡事毫无担当，专事虚伪，假冒清廉，以致愚人妄加称诩，遂得虚名。且其家原甚贫乏，自为侍郎后，生计颇饶。若以此等人为廉洁，不惟不足以劝人，人心亦大不服。魏象枢并不知此，妄行荐举，朕欲再加验试，故授以学士。乃自补用以来，并未入署一次，辄以病请，深为可恶。着吏部会同都察院严察议奏。”

本日起居注官阿哈达、董讷。

初二日丙戌　早，上御乾清门，听部院各衙门官员面奏政事。翰林院学士库勒纳等为遵旨增设讲官，开列翰、詹、坊、局官员引见。上曰：“原任侍读学士孙在丰旧系讲官，着于额外补任。尔等即传旨吏部。”谕毕，出。

大学士、学士随捧折本面奏。为遵旨议礼部尚书塞色黑等五人事。上问：“尔等所议如何？”大学士勒德洪、明珠等奏曰：“塞色黑为人庸懦，才具平常，其患病最真。田六善、朱裴，皇上所见极是。张士甄、杨正中二人虽才具平常，而为人小心谨慎，并无败检之事。臣等之意，似乎可留。”上命将塞色黑、田六善、朱裴下部院衙门察议。

本日起居注官牛钮、王鸿绪。

初三日丁亥　早，上于保和殿视祀社稷坛祝版毕，回宫。

少顷，御乾清门，听部院各衙门官员面奏政事。都察院左都御史折尔肯等为内升外转引见各道御史。上曰：“御史中最贤者为谁？”折尔肯等奏曰："汉军御史中郭维藩、祝钟灵俱贤。赵之鹍、邵凤翔亦优，但历任未久。汉御史臣等知之未确。"徐元文等奏曰："赵之鼎资俸最深，人亦敦厚。谢兆昌才品亦优。"上又问："品行不端者为谁？"元文等奏曰："御史中亦无甚不肖者，惟唐朝彝办事平常。"上曰："唐朝彝才虽庸常，乃一敦厚循分之人也。蒋伊为人何如？"元文等奏曰："蒋伊办事有才，且勤于职业。"上曰："朕闻此人各处奔竞，巡城时声名亦不佳。"元文等奏曰："臣等不及知。"奏毕，出。

大学士、学士随捧折本面奏请旨。上以折尔肯等奏对之辞及面谕尹等之旨谕大学士等毕，曰："尔等可即票赵之鼎内升，蒋伊外转。"

巳时，上诣太皇太后、皇太后宫问安。

本日起居注官库勒纳、崔蔚林。

初四日戊子 早，上躬诣社稷坛致祭毕，回宫。

本日起居注官格尔古德、张玉书。

初五日己丑 早，上御太和门视朝。文武升转官员谢恩毕，回宫。

少顷，御乾清门，听部院各衙门官员面奏政事。吏部尚书黄机、左都御史折尔肯等奏称："臣等遵旨甄别部院官员，将翰林院侍讲李来泰等十一人议革职。"上问曰："李来泰因何议革？"折尔肯奏曰："翰林院满汉学士称李来泰懈惰，品行不端，故臣等议革。"徐元文奏曰："此人现在明史馆，以臣观之，来泰颇勤谨，学问亦优。"上曰："知道了。"奏毕，部院官员出。

大学士、学士随捧折本面奏请旨。为三法司题覆民人韩有本盗取秫米，被里长牛登良遣王应乾等打死，将登良拟秋后处绞，因年已八十二，援例请旨定夺事。上问曰："此事如何？"大学士明珠奏曰："牛登良虽造意指使杀人，但年过八十，似应免死。"上从之。

又理藩院请遣侍卫及部员往祭廓尔沁国鄂齐儿贝勒事。上曰："鄂齐儿系至戚，应增遣大臣同侍卫往祭。"

又福建提督万正色疏称大破贼巢，恢复海坛，并击败贼众，恢复梅洲等处；巡抚吴兴祚疏称击破海贼，恢复厦门、金门，夺取平洲二案。兵部议覆，前本部侍郎温代差往闽省，总督姚启圣于众官会集时，跪陈恢复海坛及厦门、金门等处，万正色先与伪总督朱天贵相通，比时贼已遁去，所得空地，并非对敌杀败恢复等语。此系妄报军功，未便即行议叙，俟万正色等明白回奏之日再议事。上问曰："尔等云何？"明珠奏曰："万正色、吴兴祚初时即欲恢取厦门、金门，姚启圣等犹谓未可。今厦门等处皆正色等奋力克取，臣等之意，应严饬该部，敕下另议。"李霨、杜立德奏曰："此事关系封疆大臣，若有功者反令回奏，非所以鼓舞将士，理应严饬该部。"上曰："然。既已拓取疆域，若止令另议，恐立功者皆为灰心。这二本着拟严旨来看。"

又内阁、翰林院学士库勒纳、叶方蔼题请日讲官事。上曰："朕所点汤斌、施闰章、朱彝尊、曹禾、秦松龄、严绳孙、徐乾学七人之外，尚有人否？"明珠奏曰："臣等问翰林院学士，皆言钦点汤斌等果皆学问优长。此外臣等所知才具优长者，拣选七人。"上顾库勒纳问："七人为谁？"勒纳奏曰："臣等举得胡简敬、卢琦、王顼龄、彭孙遹、邵吴远、徐秉义、潘耒。"上顾大学士等曰："将朕所点及翰林院举出七人履历着一并开列引见，朕亲裁之。"

巳时，上召直隶巡抚于成龙至懋勤殿，询问出身历官毕，因言："尔为当今清官第一，殊属难得。"成龙奏："此臣职分所当然，何敢蒙皇上过奖。"上曰："闻尔在黄州，土寇啸聚，尔前往招安，登时投顺解散，何以致此？"成龙奏："此皆奉皇上威德，臣有何能。"上问："尔属吏亦有清廉者否？"成龙以守道董秉忠对。上曰："此人居官无善状。"成龙奏："臣未到任以前，秉忠行事不及知，既到任以后，见其操守颇端。"上曰："此外更有何人？"成龙奏："静海知县谢锡衮，虽出身吏员，实有才品。又保定府同知何玉如、真定府同知罗京，亦能自好。"上曰："尔前所参青县知县赵履谦甚当。"成龙奏："履谦经臣屡次戒谕，罔知悛改，不得已而参之。"上又谕曰："为政之道当知大体，小聪小察不足为多，且人贵始终一节，尔其勉旃。"成龙奏："恭蒙圣谕，谨铭肺腑。"上命赐成龙饭毕，出。

未时，上御景山内前殿，赐进贡科尔沁国四品台吉鄂齐儿等、扎萨克三品台吉塞尔古冷等、阿霸垓部落四品台吉哈兰塞等、翁牛忒部落四品台吉楚阳等、克什克屯部落三品台吉衣马克塔等、喀喇沁部落三品塔布囊鄂齐儿等食。

本日起居注官沈荃、朱马泰。

初六日庚寅 早，上御乾清门，听部院各衙门官员面奏政事。

辰时，上幸南苑。酉时，回宫。

本日起居注官常书、严我斯。

初七日辛卯 早，上御乾清门，听部院各衙门官员面奏政事毕。都察院及六科、十三道满汉官员为圣驾亲送两皇后梓宫，公同面请停止。左都御史折尔肯、徐元文等奏曰："皇后梓宫启行，舆马杂沓，尘埃甚多，皇上车驾亲送，诚恐圣心伤感，圣体烦劳，似宜停止。"上曰："尔等所奏极是。但此系大事，礼仪所关，朕若在宫，反为郁结。近来朕躬甚觉平和。虽往，亦非日与梓宫同行，或前或后，相随而行耳。尔等所奏，知道了。朕仍欲前往。"折尔肯等出。

大学士、学士随捧折本面奏请旨。为吏部题补佥都御史员缺事，正拟右通政熊一潇，陪拟大理寺少卿马世济。上曰："余国柱才具甚优，条奏事宜皆善，此缺可即以国柱补授。"

又甄别官员事。上曰："侍讲李来泰从贼之事，未有确据，若从贼果真，则处分岂止革职？今既无确据，则不必辄加处分，可从宽免处，仍着留任。"

又刑部侍郎宜昌阿题，尚之信下商人沈上达名下，请留周文远等一百三十人，以备使用，户部等衙门议不准行。上顾问大学士等。明珠奏曰："地方容留多人，借端生事，深为未便。部议似可从。"上又问："汉大学士云何？"杜立德奏曰："皇上富有四海，宁少此项银两，何用奸人重为地方之累。"上顾诸臣曰："此言是也。沈上达及前后留用人等，俱着速遣来京。"

又兵部议，巩华城守备李华请守皇后陵寝，不允行事。上曰："李华久在巩华城，今又具呈请守陵寝以自效，殊为可嘉。着于额设守陵绿旗官员外，加以应升职衔，令其效用。嗣后应作何升转，并令再议。"

巳时，上诣太皇太后、皇太后宫问安。

本日起居注官牛钮、张玉书。

初八日壬辰 早，上率诸王、贝子、公等，内大臣、大学士、都统、尚书、精奇尼哈番、侍卫诣慈宁宫，庆贺太皇太后圣诞礼毕，回宫。

巳时，上诣太皇太后宫问安。午时，上复诣太皇太后宫问安。

本日起居注官蒋弘道、阿哈达。

初九日癸巳 早，上于保和殿视告祭太庙祝版毕，回宫。

少顷，御乾清门，听部院各衙门官员面奏政事毕，部院官员出。大学士、学士随捧折本面奏请旨。为吏部题补内阁学士员缺，开列应升官员职名事。上曰："格尔古德为人甚好，学问亦优，着即补此缺。"

又兵部题补镶黄旗汉军都统员缺，开列应升官员职名事。上曰："都统职掌最为重要，着议政王、大臣会同选择具奏。"

又题云贵总督标下游击员缺，请以江西总督标下游击刘凤祥转补事。上曰："朕闻刘凤祥是一骁健之人，效力行间，亦多劳绩，着从优以副将紧要员缺补用。此缺另推具奏。"

又翰林院添设日讲起居注官员事。上曰："旧讲官孙在丰及汤斌、秦松龄、曹禾、朱彝尊、严绳孙、徐乾学、王项龄、潘耒俱着充日讲官。"

又三法司议和硕额驸明尚诈孙果弼与伊家人赌博，输银二千八百两，明尚拟应立斩事。上曰："明尚应斩，着监候。余照部议。"

本日起居注官库勒纳、董讷。

初十日甲午 早，上御乾清门，听部院各衙门官员面奏政事毕，部院官员出。大学士、学士随捧折本面奏请旨。为吏部题补侍讲学士员缺事。上曰："前所考试格思泰学问人品俱属平常。阿哈达为人何如？"大学士明珠奏曰："阿哈达才具优长。"上命以阿哈达补授侍讲学士。

又刑部尚书魏象枢以荐举雷虎不当，引罪请罢事。上曰："以人事君，乃大臣分内应为之事。荐举偶有失当，不必引罪。旨内可票明。"

又朝鲜国民违禁渡江，斫取木皮事觉，礼部议朝鲜国王李焞应罚银一万两事。上曰："曾有罚银之事否？"明珠奏曰："向亦有此例，然免罚之时居多。上曰："此是小事，无甚关系，李焞着从宽免罚。"

又福建总督姚启圣复请分别议叙投诚官员杨异宝等，兵部题覆无容议事。上顾学士李光地问曰："杨异宝、江吉原系何人？"李光地奏曰："此系海贼投诚，最不良之人也。"上曰："杨异宝、江吉等俱着速遣来京。"

辰时，上御乾清宫，讲官库勒纳、叶方蔼、张玉书进讲：六四剥床以肤凶二节、六五贯鱼以宫人宠二节。

本日起居注官牛钮、王鸿绪。

十一日乙未 以孝康章皇后忌辰，上不理政事。

是日，赐朝鲜国进贡陪臣金寿兴等银币、鞍马、貂皮等物有差。

本日起居注官库勒纳、董讷。

十二日丙申 早，上御乾清门，听部院各衙门官员面奏政事毕，部院官员出。大学士、学士随捧折本面奏请旨。为尚之隆所请伊父在日，部议曾准给与海州房地，仍乞题请给与。户部议俟将应住海州人丁档案开报到日，每丁给地五晌。上曰："朕念平南亲王事绩，良为可悯。尔等云何？"大学士明珠奏曰："诚可怜悯。闻其临终时，惟恐殓以违制衣服，遗嘱叮咛。可见忠诚在抱，始终不移。"上曰："可将平南亲王忠诚劳绩予以优旨。其房地着差司官一员料理给与。"

又科臣姚祖顼条奏关差、盐差二项，应解铜斤四百余万，或照旧取办，或将多者量减，以补少者额数，部覆不准事。上曰："汉阁臣云何？"明珠奏曰："汉阁臣云此事前经九卿会议施行，以后钱价稍平，若又更张，恐有未便。似应于云南荡平之日再行酌议。照旧施行。"上曰："此言良是。着依部议。"

又御史耿格条陈漕粮拖欠官员，不论赔补已完未完，俱应处分，户部议俟仓场侍郎确议具题到日再议事。上曰："此事着户部与仓场侍郎等会议具奏。"

又傅弘烈子傅万民称，伊父在日，那给兵饷银十万两，簿册遗失，乞请注销，简亲王代题，部覆不允事。上曰："尔等以为何如？"大学士明珠奏曰："彼时布政司傅应举今现在任，似不便准其销算。"上曰："然。着依部议。"

又王进宝题请副将陈善、杨宗道，照马山等例，给与总兵官札付，随大兵进剿，部议不准事。上曰："陈善等应加鼓励，令其效力，着以用兵紧要，地方副将员缺补授。”

辰时，上御乾清宫，讲官库勒纳、叶方蔼、张玉书进讲：上九硕果不食二节、复亨出入无疾一节。

巳时，上召学士库勒纳、一等侍卫对亲至懋勤殿谕曰：“直隶巡抚于成龙自起家外吏，即有廉名著闻。历升巡抚，益励清操，自始至终，迄无改辙。凡在亲戚交游相请托者，概行峻拒，绝不允从。顷来，沙河所属人员并戚友间有馈遗，一介不取。如此情节，朕闻之殊为嘉悦。知其历官廉洁，家计凉薄，兹特发内帑白金一千两，朕亲乘扰驯鞍马一匹，命尔等赍赐。成龙既膺宠赉，想当益加砥砺。朕尚有亲制诗一章，嘉其廉治。因装潢未就，俟其事毕来京颁赐，令其一并谢恩。”库勒纳、对亲到巩华城，至于成龙寓所，传谕赐赏讫。于成龙奏称：“臣一介庸夫，清廉者乃臣子分内之事，至押夫之役，亦臣子当尽之职。今蒙皇上隆恩，赐臣内帑千两及上乘鞍马，臣惟有感恩激切，随力尽忠，以图报称而已。”

未时，上御景山内前殿，赐进贡巴林部落多罗郡王鄂齐儿、多罗额付阿喇布滩，科尔沁国四品台吉鄂齐儿等，土默特部落四品塔布囊古穆等，吴喇忒部落四品台吉沙进等，扎萨克部落四品台吉于格集尔等食。

本日起居注官孙在丰、阿哈达。

十三日丁酉　早，上御乾清门，听部院各衙门官员面奏政事。都察院副都御史科尔坤等往审甘肃巡抚巴锡等，面请谕旨。上曰：“原无属官讦告上司之例，尔等前往，务期虚公详审。若巴锡等负朕擢用，果有行贪之处，严加议罪具奏。若柏成栋等自忖有罪，惧祸诬告，其情深为可恶，应从重定罪具奏。”

又刑部尚书魏象枢奏事时，上问曰：“大同地方饥民近来何如？”魏象枢奏曰：“闻去年十一、十二月间，民生最为困苦，草根木皮曾经剥食。蒙皇恩浩荡，遣官赈济以来，民之流散者方止。”上又问曰：“大同地方有富足乡绅及富民等，与百姓亦有救益之处否？”象枢奏曰：“乡绅亦不甚有，惟一二富家，出米一二石，煮粥分食，此不过片时充饥，无大补救。今皇上遣官赈济，残黎皆可得生。但所虑者，去年饥荒之时，民间谷种、耕牛俱已食尽，今无资本耕田耳。”上颔之。象枢出。

大学士、学士随捧折本面奏请旨。为吏部覆钦天监添设监副一员，议不准事。上曰："钦天监事繁官少，着添设监副一员。"

又直隶巡抚于成龙题，请议叙殉难大使李崇道，部议不允事。上曰："此事尔等之意云何？"大学士明珠奏曰："李崇道身被贼擒，不肯顺从，以致死难，似属可矜。"上曰："是。着再议。"

又理藩院议充作外藩蒙古通事及霸占买卖恶棍，宜行严禁，每旗设立通事两员，专司贸易事。上曰："尔等云何？"明珠奏曰："若特设通事以司贸易，恐为通事之人益肆勒措，彼此买卖之人反受其害。"上曰："朕意亦如此。此议不当，俱着再议。"

又吏部题补理藩院侍郎员缺，开列应升官员职名事。上曰："这员缺应选练熟蒙古事宜，具有材能之人补用。尔等所知者为谁？"大学士勒德洪奏曰："大理寺卿明爱原在此衙门，臣等之意似应将伊补用。"上曰："观明爱最为委葸，每事不肯担任直行。此外复有谁耶？"明珠奏曰："臣衙门蒙古侍读学士喇巴克、吴喇代，皆言语明晰，为人憨厚。此外臣等不知。"上曰："着将蒙古侍读学士及郎中等开列具奏。"

巳时，上御保和殿，举行经筵大典，讲官徐元文、库勒纳进讲：《四书》博学之一节；叶方蔼、牛钮进讲：《易经》天地养万物一节。

午时，上诣太皇太后、皇太后宫问安。

本日起居注官沈荃、牛钮。

十四日戊戌 早，上御乾清门，听部院各衙门官员面奏政事毕，部院官员出。大学士、学士随捧折本面奏请旨。为吏部题补礼部尚书员缺，开列应升官员职名事。上命以兵部尚书郭四海调补。

又题补户部左右侍郎员缺，开列应升官员职名事。上曰："李仙根办事有才，李天馥为人谨慎，可将此二人补授。"

又题补理藩院侍郎员缺，除应升各官外，并将内阁蒙古侍读学士及各部蒙古郎中，另单开列呈览事。上曰："观蒙古侍读学士及郎中各官，未有胜于大理卿明爱者，可将明爱补授侍郎。"

又奉差四川殉难工部郎中托毕泰，追赠拜他喇布勒哈番，无应承袭之人，部议应行革削事。上曰："托毕泰以公事出差殉难，极为可悯。观部议，伊有一堂兄，系亲叔之子，似可令其承袭，尔等以为如何？”大学士明珠奏曰：“旧例凡一姓之人皆可承袭，后因无支派之人妄行争告，故定例必令亲支承袭。托毕泰殉难可悯，令其堂兄承袭，自无不可。”上曰：“然。托毕泰世职着令其亲叔之子堂兄承袭。”

又荷兰国请于福建地方不时互市，礼部议不允事。上曰：“此事尔等之意如何？”明珠奏曰：“从来外国入贡，各有年限，若令不时互市，恐有妄行，亦未可定。”上曰：“外国人不可深信。在外官员奏请互市，各图自利耳。”因顾问汉大学士等。李霨等奏曰：“皇上睿见极当。不时互市，必不可行。”上又问学士李光地。光地奏曰：“海寇未经剿除，荷兰国不时互市，实有未便。”上命依部议。大学士等出。

广西巡抚郝浴陛辞。上谕曰：“为外官者以爱养百姓，惩贪奖廉为要，不必以苛察为明，务使德胜于才，始为可贵。若专徇情面，不顾公事，则悖理甚矣。又广西乃出米之地，尔宜设法多储粮米，以应军需。”郝浴奏曰：“臣谨识上谕，竭力从事。今大兵云集前进，云、贵指日可定，需饷甚急，臣到任后，自当酌量措办。”奏毕，出。

辰时，上御乾清宫，讲官库勒纳、叶方蔼、张玉书进讲：象曰复亨五节、象曰雷在地中复一节。

巳时，上如巩华城。

是日早，赐广西巡抚郝浴鞍马一匹。

本日起居注官库勒纳、汤斌。

十五日己亥 早，上以孝昭皇后三周年，命皇太子率诸王以下、八旗四品官以上一半，及王妃以至一品官命妇致祭。

辰时，上御行宫，扈从大学士明珠、学士额库里捧折本面奏请旨。为吏部补授詹事员缺，开列应升官员事。上曰：“内阁侍读学士达岱莅任最久，着补授詹事。”

又中书科中书曹鼎臣掣签不到，部议罚俸一年事。上曰：“曹鼎臣因探望伊母，母旋病，故掣签未到，情有可矜，着免罚俸。”

又三法司为署副都统蒙安受伪职，一议即绞，削夺世职，籍其家；一议蒙安之叔阵亡，蒙安应免死，籍其家，削去世职，鞭一百，不准折赎，入内府为奴事。上令依后议。

又原任都统刘之源之妻，因伊夫为辅臣鳌拜党，革职籍没，入内府为奴，事属冤枉，叩阍辨明，刑部议不允行，仍鞭一百，折赎事。上曰：“刘之源效力行间，着议政王、大臣会议具奏。”

又丰润县民杨廷试告称，劣生唐汉中父子霸夺其妻，部议令该抚详审具奏事。上曰：“豪强霸占良民之妻，最为可恶！着差刑部司官一员，亲往严审具奏。”

少顷，上谕户部，赐舁送皇后梓宫人夫一万五千九百六十名，银各一两。

是日，上驻跸巩华城。

十六日庚子　早，上以清明节，命王以下，八旗四品官以上一半，及王妃以至一品命妇，致祭仁孝皇后、孝昭皇后。

辰时，上御行宫，大学士、学士捧折本面奏请旨。为同知甘国均求往贵州迎其父甘文焜骨椟，吏部议不准事。上曰：“甘文焜骨椟到日，甘国均自当离任守制，着即往迎其父柩。”

又投诚守备黄明叩阍称，伊前在贼营时，密报贼中情形，且劝谕伪官投诚等情，求改文职，部议不允事。上曰：“黄明效力处甚多，着吏、兵二部会议具奏。”

又六品官孙之梧打死仆妇，兵部议照例罚俸一年。上曰：“孙之梧打死妇人，负出城外，兵部并未严取确供，草率具覆，殊为不合。着再严议具奏。尔等另议票签来看。”

是日，上驻跸巩华城。

十七日辛丑　早，上因移送两皇后梓宫启行，命皇太子率诸王以下、八旗三品官以上三分之一，及王妃以至一品官命妇致祭。

申时，上回京。

十八日壬寅　辰时，上诣太皇太后宫问安。

巳时，上如巩华城。是日，上谕大学士明珠、学士库勒纳、一等侍卫衣都额真对亲曰：“朕前以巡抚于成龙操守清介，曾亲制嘉奖之诗，今装就手卷，尔等可亲赍去颁赐。诗卷后幅，如欲用题跋，可听人撰写。尔等其传谕之。”明珠等传旨赐诗。于成龙奏曰：“臣一介微末，历升今职，皇上殊恩，毫未报称。乃蒙赐以亲乘御马一匹，内帑白金一千两，复赐以御制诗褒勉，诚非常恩遇，万世希遘之旷典。臣受此浩荡之恩，惟有尽心竭力，以图报效。谨将御制诗珍藏，传之子孙，以为世宝。皇上回京时，臣赴阙谢恩。”明珠等转奏。上颔之。

御制诗并序。序曰：“直隶巡抚于成龙，秉性惇朴，廉介夙闻，朕心嘉赖。俾典节钺，保厘畿辅。惟能激浊扬清，始终如一，清洁之操，白首弥厉，真国家之可重，人所不能也。兹来陛见，爰赐以诗，用示敦励之义，且以风有位焉。”诗曰：“自昔崇廉治，勤思吏道澄。郊圻王化始，锁钥重臣膺。政绩闻留犊，风期素饮冰。勖哉贞晚节，褒命日钦承。”

是日，上驻跸巩华城。

十九日癸卯 卯时，仁孝皇后、孝昭皇后梓宫启行。诸王以下、八旗三品官员以上三分之一，四品官员以下、有顶带官员以上一半，及王妃以下、八旗二品官命妇以上，汉官一品以下、七品以上齐集，于梓宫过时举哀跪送。上自内恸哭出。诸王以下、满汉三品以上官员三分之一及内大臣、侍卫等送往陵寝。至驻跸处，奉安梓宫于享殿内，上食。上亲临举哀，诸王、大臣等行礼举哀。

以所造享殿席薄帘小，不用槅扇，将监造员外郎萨哈、连香贯等锁拿，并尚书马喇、侍郎党古里，俱交与吏部、都察院议处。

上驻跸奶子坊。是日，霸昌道沈志礼、昌平州知州马世恩等、参将许凤等来朝。

二十日甲辰 辰时，两皇后梓宫自享殿启行，上自内恸哭出，诸王、大臣跪列举哀。至驻跸处，奉安梓宫于享殿内，上食。上亲临举哀，诸王、大臣等行礼举哀。

上驻跸平家滩。是日，仓场侍郎马汝骥、通永道霍炳等、通州副将康国臣等来朝。

二十一日己巳 上谕大学士明珠曰：“送梓宫文武官如有患病者俱着奏闻。尔传谕吏、兵两部，着太医院医官胗治。”上驻跸加官营。

是日，三河县知县任塾等、防守尉纳棱格、三河营守备韩弘荫等来朝。

二十二日丙午 早，上御行幄，大学士、学士捧折本面奏请旨。为吏部题补兵部尚书员缺，开列左都御史、侍郎等职名事。上曰："此本且留尔衙门，俟朕从容详度。"

上驻跸新屯。是日，蓟州知州董廷恩等、城守营都司佥书茹罴等来朝。

二十三日丁未　上驻跸孙家庄。

二十四日戊申　上驻跸黄家庄。

二十五日己酉　早，上御行幄，大学士、学士捧折本面奏请旨。为湖北巡抚王新命题奏大兵若抵重庆，所运楚省之粮未到之前，应令四川支给米粮，俟湖广舡只修理已完，陆续速运前住，户部议覆准行事。上曰："进剿四川兵饷如有迟误，以军法从事，前旨甚明。今户部议准行，殊属不合。着仍遵前旨行。"

又刑部开列司官，前往察审丰润县劣衿唐汉中事。上曰："巡抚于成龙见在此处，即着于成龙亲审。"

未时，上率护送两皇后梓宫诸王以下，满汉三品官员以上，及内大臣、侍卫谒孝陵，行三跪九叩头礼，致奠，哭尽哀。驾回，率内大臣、侍卫亲视地宫。

是日，上驻跸龙门口南。

二十六日庚戌　护送两皇后梓宫至陵所，暂安享殿。自二十一至是日，所行一切礼仪俱与二十日同。

酉时，上御行幄，大学士、学士捧折本面奏请旨。为吏部题补都察院副都御史员缺，开列应升官员职名事。上曰："着候回京时，再行启奏。"

又将修理通州仓廒迟缓，监修员外郎贾禄等议罚俸事。上曰："朕闻通州仓廒修造甚好，伊等着免罚俸。"

又兵部以四川军前署参领门德巽自成都往徐府，送马一千五百余匹，死伤七百有余，议俟事平之日察议事。上曰："门德巽违误紧要军需，致死许多马匹，深为可恶。着即于军前锁拿。俟大兵回日，严加议处。"

又刑部奏，盗窃大内银锅之年儿，应即处斩事。上曰："闻此锅有一百三十余金，此等大锅，非一人所能盗窃。年儿先供黑子等同谋，后复改供卸脱，该部即议宽免，殊为不合。着三法司将黑子等一并详察，定议具奏。"

是日，上驻跸马兰峪城南。

二十七日辛亥 早，上率诸王以下，满汉三品官以上，恭祭孝陵。

辰时，上临两皇后梓宫前举哀，诸王、大臣等行礼举哀。

是日，驻跸行宫。

二十八日壬子 辰时，上临两皇后梓宫前举哀，诸王、大臣等行礼举哀。

是日，驻跸行宫。

二十九日癸丑 早，上御行幄，大学士、学士捧折本面奏请旨。为宁古塔将军巴海奏称，身在乌喇，请另颁给驻防宁古塔副都统萨布苏印信，及副都统席三有罪住俸，请添副都统一员，兵部议覆不准事。上曰："宁古塔驻防副都统，应否颁给城守尉印信，着再议具奏。席三暂行解任，员缺另行推补。"

又孝陵总管罗敏老病，奏请解任，兵部议允事。上曰："罗敏自授总管以来，并未效力，辄称老病，托故乞休，殊为可恶。着严察议奏。"

又湖南巡抚韩世琦奏闻送原任云贵总督甘文焜、广西巡抚傅弘烈骨榇事。上曰："甘文焜、傅弘烈死难事同，前傅弘烈曾降优旨褒嘉，今甘文焜亦应照傅弘烈优旨拟票来看。"

辰时，上临两皇后梓宫前举哀，诸王、大臣等行礼举哀。

是日，驻跸行宫。

三　月

初一日甲寅 辰时，上临两皇后梓宫前举哀，诸王、大臣等行礼举哀。

是日，上驻跸行宫。

初二日乙卯 早，上御行宫黄幄，大学士明珠捧折本面奏请旨。为刑部奏，吴琯用刀刺死族弟已故副将吴荣之妻，但吴琯年已八十，应否免其抵偿，伏候上裁。上曰："吴琯将伊孀居弟妇银叁佰余两私自用尽，嗔其弟妇索讨，辄行刺死，暴恶已极！虽年已八十，仍着拟绞监候。"

辰时，上临两皇后梓宫前举哀，诸王、大臣等行礼举哀。

是日，驻跸行宫。

初三日丙辰　辰时，上临两皇后梓宫前举哀，诸王、大臣等行礼举哀。

是日，驻跸行宫。

初四日丁巳　辰时，上临两皇后梓宫前举哀，诸王、大臣等行礼举哀。

是日，驻跸行宫。

初五日戊午　辰时，上临两皇后梓宫前举哀，诸王、大臣等行礼举哀。

是日，驻跸行宫。

初六日己未　早，上御行幄，大学士捧折本面奏请旨。为吏部题奏四川重庆府黔江县知县李昌龄、典史宋功明于贼至时，弃城逃往湖南巡抚韩世琦处，俟将逃回情由行查到日再议。上曰："此等官员从贼者颇多，李昌龄等无力守城，贼至不肯从逆，逃奔湖南，犹属可悯。着免行查，令回原任。"

辰时，上临两皇后梓宫前举哀，诸王、大臣等行礼举哀。

是日，上于孝陵缭垣内东南驻跸。

初七日庚申　早，奉移两皇后梓宫，将安窆地宫，上亲临。遣康亲王杰淑诣仁孝皇后梓宫前，遣端亲王博果铎诣孝昭皇后梓宫前，读祝致祭。礼毕，移两梓宫于地宫前飨殿内。上食，举哀。申时，上率诸王、大臣诣孝陵奠酒，哭尽哀。

是日，上驻跸行宫。

初八日辛酉　丑时，上临飨殿，诸王、满汉大臣齐集。寅时，奉移两皇后梓宫，安葬地宫礼成。上食，奠酒，举哀。前薨慧妃灵柩自暂厝地方，同皇后梓宫移送于地宫左偏安葬，上亲临酬酒。

是日，赐守皇后陵总管禅布，噶喇大车尔图、舒书缎各六匹，诸章京银各十五两，披甲人等各三两，因噶喇大车尔图效力行间日久，特赐御服袍套。赐仁孝皇后祖母及母、孝昭皇后母银各伍佰两、缎各二十匹。又赐仁孝皇后姊、两皇后婶母、诸嫂等银各三佰两、缎各十二匹，及两皇后族亲妇女随送梓宫者银各一百两、缎各四疋。

是日，驾回京，驻跸孙家庄北。

初九日壬戌　早，上谕官员兵丁，俱遵大路前行，安营时务择无麦闲地，毋许践踏麦田。

上驻跸蓟州东南。是日，蓟州知州董庭恩、城守营都司佥书茹罴等来朝。

初十日癸亥 早，上御行幄，大学士、学士捧折本面奏请旨。为三法司议，张七等同谋，将同伙小米儿假作逃人，诬张二为窝主，议将张七即行处斩事。上曰："张七虽行讹诈，并未杀人得财，着改为应斩，秋后处决。"

又总督董卫国奏闻恢复四川遵义府事。上曰："这本尔等可批：据奏恢复遵义府，伪将军马宝逃遁，杀贼甚多。知道了。"又谕："今遵义府董卫国等既经恢复，噶尔汉等不必遣赴遵义府，着往叙州府，速赴云南。俟云南既开，将乌喇、宁古塔、盛京兵丁及侍卫、员役部院官员与年久有劳兵丁，应先撤回京师。着于会议时一并议奏。"

上驻跸三河县东。是日，三河县知县任塾、防守尉纳棱格等来朝。

十一日甲子 早，上御行幄，大学士、学士捧折本面奏请旨。为将军赖塔杀云南黄草地方逆贼二十二营，斩杀贼众甚多，生擒伪官、贼兵千余，得获象五头，题报奏捷事。上曰："赖塔率领官兵，历福建、广东，深入云南，首先杀贼，大败逆寇，擒获伪官、贼兵甚多，深为可嘉，有功人员俱应优叙。尔等拟票来看。"

又湖南巡抚韩世琦奏闻原任四川提督王之鼎、总兵官费雅达等骨榇发行事。上曰："王之鼎等保守孤城，兵寡贼众，势不相敌，以致城陷，然犹尽忠不屈，身死疆场，深为可嘉，宜降优旨加以恩恤。尔等拟票来看。"上驻跸通州河东。

是日，仓场侍郎马汝骥、通永道霍炳等，通州副将康国臣等来朝。

十二日乙丑 巳时，上回宫。少顷，上诣太皇太后、皇太后宫问安。

扈从起居注官库勒纳、阿哈达。

十三日丙寅 早，上御乾清门，听部院各衙门官员面奏政事毕，部院官员出。大学士、学士等随捧折本面奏请旨。吏部议给事中姚缔虞前以捐纳知县沈清世匪类纠参，后又回奏，并无指实，姚缔虞相应察议。但彰德府通判朱本中系奴仆更名冒籍，见经行查，俟河南巡抚查取口供，具题再议事。上曰："如此完结，沈清世不无冤否？尔等云何？"大学士明珠奏曰："凡言官条奏，一事得实，其余虽虚，皆不议。似当从部议。"上从之。

又兵部议宁古塔地方铸给城守尉印信，交副都统萨布苏管理事。上曰：“铸给印信甚当，然系创设事宜，着议政王、贝勒、大臣会议具奏。”

又刑部议朝鲜人张以立、朴时雄、奴道所因渡江取椴木皮、蕨菜，相应立斩；其不行查缉佥事韩是豪等，分别革职、流徙、降级事。上问曰：“此事尔以为何如？”明珠奏曰：“外国人似可宽免。”上又问汉大学士：“尔等云何？”李霨、杜立德、冯溥奏曰：“所犯系小事，从宽亦可。”上曰：“张以立等从宽免死，着减等发落。其余俱从部议。”

又议慧妃灵轿所用翟鸟等物，着于二月十六日造完，托称时迫，不行速办，拨什库匠役李尔杰等四人，各枷号一月、鞭一百事。上曰：“此事托称时迫，实属欺诳。工部堂官及该管库内官员，着一并察议具奏。李尔杰等从部议。”

辰时，上御乾清宫，讲官库勒纳、叶方蔼、张玉书进讲：初九不远复二节、六二休复吉二节。

巳时，上诣太皇太后、皇太后宫问安。

本日起居注官朱马泰、徐乾学。

十四日丁卯 早，上御乾清门，听部院各衙门官员面奏政事毕，部院官员出。大学士、学士等随捧折本面奏请旨。为吏部题补副都御史，开列李廷松、王盛唐、张云翼三人。上曰：“此缺紧要，三人才俱平常。尔等曾公同议及否？”李霨、杜立德、冯溥奏曰：“余国柱、宋文运、熊一潇、徐旭龄、赵士麟俱可用。”上曰：“着另行开列具奏。”

又守备黄明以军功改授知府事。上曰：“尔等之意如何？”明珠奏曰：“此人在岳州有功。”李霨奏曰：“前陕西王仝春亦改授巩昌知府，似有成例。”上曰：“此人在军前颇有成劳，应从部议，但不可为常例。”

又兵部议阵获伪将军洪原义立斩。上曰：“尔等云何？”明珠奏曰：“洪原义之罪本应照部议，即行处决，但前获韩晋卿业已监候，或俟韩晋卿结案之日，一并议奏。”上从之。

辰时，上御乾清宫，讲官库勒纳、叶方蔼、张玉书进讲：六三频复厉二节、六四中行独复二节。

本日起居注官常书、秦松龄。

十五日戊辰 早，上御太和门视朝。文武升转官员谢恩，次进贡喀尔喀部落土谢图汗来使台吉白尔黑，秉图请安贡使吴尔哲图额尔禄克等行礼，赐茶毕，上回宫。

少顷，御乾清门，听部院各衙门官员面奏政事毕，部院官员出。大学士、学士等随捧折本面奏讲旨：为吏部补授大理寺正卿员缺，开列詹事达岱等四人。上曰："达岱新升詹事。太常寺卿席尔达原系优升，且谙练本寺事务。光禄寺卿舒恕何如？"大学士明珠奏曰："舒恕在内阁办事最久，人亦堪用。"上曰："舒恕着授大理寺卿。"

又题补内阁侍读学士事，正拟郎中布占，陪拟给事中苏拜。上曰："布占与苏拜迥然不同，这员缺着苏拜补授。"

又察议本部侍郎屯泰拟降三级事。上曰："尔等之意云何？"明珠奏曰："部议似属少过。"上又问汉大学士等："屯泰为人何如？"杜立德奏曰："其人少觉执拗。"上令依部议。

辰时，上诣太皇太后宫问安。

本日起居注官崔蔚林、阿哈达。

十六日己巳 早，上御乾清门，听部院各衙门官员面奏政事毕，部院官员出。大学士、学士等随捧折本面奏请旨。吏部题补内阁学士员缺，开列候缺学士王守才等。上曰："张玉书如何？"大学士李霨等奏曰："张玉书是一谨慎之人。"上曰："是。张玉书学问极博，人亦甚优，着补学士。"

又礼部题请原任广西巡抚傅弘烈应否赠谥加祭事。上曰："傅弘烈不肯从贼，以身殉难，着仍予谥，加祭一次。"

辰时，上御乾清宫，讲官库勒纳、叶方蔼、张玉书进讲：六五敦复无悔二节、上六迷复二节。

本日起居注官库勒纳、王项龄。

十七日庚午 早，上御乾清门，听部院各衙门官员面奏政事。监察御史曾寅、侍讲李来泰等公疏，请留丁母忧江西巡抚安世鼎。曾寅独至御前启奏。上问曰："安世鼎居官不善，尔等保留是何意见？"曾寅支吾不能对而出。

大学士、学士等随捧折本面奏请旨。为吏部题补兵部尚书事。上曰：

"都御史折尔肯，着即补授此缺。"

又都察院题试监察御史任玥俸满称职，循例请实授事。上曰："任玥为人甚劣，应即罢黜。尔等云何？"大学士李霨、杜立德奏曰："任玥前虽为舁送梓宫夫役条陈未当，实系一时轻奏，然闻其巡城时颇有声望。"上顾满洲大学士等曰："汉阁臣所言如此，应必有确见。着从该院议。"

又翰林院为补授日讲官事，开列侍读学士傅喇塔、庶子伊图等十四人。上问曰："此中孰优？"大学士明珠奏曰："侍读学士傅喇塔甚为年久，侍讲戴通人亦可用。"上曰："朕素知傅喇塔才具平常。讲官职掌紧要，尔等询明翰林院学士库勒纳等再奏。"

又为镇守宁古塔等处将军巴海请设界限，许沿边蒙古各就近处入口采樵围猎事。上问曰："此事尔等云何？"明珠奏曰："目今遣侍郎沙赖前往设立边界，臣以为似应待沙赖回日，再将此事交与理藩院晓谕蒙古等。"上从之。

奏毕，上命勒德洪、明珠近御榻前传谕户部仓场曰："近闻各仓发米多杂土尘，间有贿赂干求者，便给与好米。况经管人等种种作弊，上下串通，侵欺盗取者甚多。户部堂官、仓场侍郎所司何事？此米关系人众生命，朕一一体察，务将始末澄清。尔等亦曾知否？此等情弊，尔等若不加严察，永行杜绝，是明知而取戮矣。其严行传谕。"

是日，赐前管理舁送皇后梓宫夫役、官员内库缎匹有差。

本日起居注官朱马泰、曹禾。

十八日辛未　万寿节。是早，上率诸王、贝子、公等，内大臣、大学士、都统、尚书、精奇尼哈番、侍卫等诣太皇太后宫行礼，次诣皇太后宫行礼毕，回宫。

少顷，御中和殿，内大臣、侍卫、内阁、翰林院、詹事府、礼部、都察院、鸿胪寺执事各官行礼毕，御太和门。诸王、贝子、文武各官上表庆贺，行礼。次进贡喀尔喀部落土谢图汗来使台吉白尔黑、秉图请安来使吴尔哲图额尔禄克等行礼，赐茶毕，回宫。

巳时，上诣太皇太后宫问安。

本日起居注官常书、孙在丰。

十九日壬申 早，上御乾清门，听部院各衙门官员面奏政事毕，部院官员出。大学士、学士等随捧折本面奏请旨。为翰林院题补日讲官员缺事。上曰："尔等所拟何人？"大学士明珠奏曰："据翰林院学士库勒纳称，侍读学士傅喇塔办事年久，人亦颇优，及侍讲学士多奇、侍读阿山、侍讲戴通亦优。"上问库勒纳曰："傅喇塔安见其优？"库勒纳奏曰："傅喇塔在衙门年久，谙练事务。"上曰："此缺着阿山补授。"

又吏部题补本部主事员缺事，开列李锦等。上曰："以朕观之，李锦等俱平常。尔等可有知者否？"明珠奏曰："山西省分一缺，止有田七善一人；江南省分一缺，开列七人之内张集尚可用。"上问："满汉意见相同否？"明珠奏曰："臣等所见皆同。"上又问汉大学士等："此内孰为俸深？"李霨等奏曰："李锦系捐纳即升之员，刘始恢俸深。"上曰："此二缺着将刘始恢、田七善补授。"

又理藩院为多罗郡王索诺穆等知伊所属之人私移近边牧养，将索诺穆等议罚五九牲畜事。上曰："越界牧养，定例处分尚重。索诺穆等故纵所属之人越界牧养，深为可恶。理藩院议罚五九，殊属不合，着再严议具奏。"

本日起居注官阿哈达、朱彝尊。

二十日癸酉 早，上御乾清门，大学士、学士捧折本面奏请旨。为监察御史常锡布条奏，贝勒以下封至辅国公者，停其降封，宜将一子世袭公爵，会议允行事。上问曰："此事尔等云何？"大学士明珠奏曰："议政王等以贝勒以下降封至镇国将军，竟不留一佐领，少有可矜，故议允行。臣等之意亦似允行为是。"上曰："此事自当准行，朕意亦是如此。因系大事，故与尔等商之。着依所议。"

又条奏闲散宗人停其披甲，当以侍卫官员用，议不允行。上问曰："此事尔等之意若何？"明珠奏曰："议政王等以为闲散宗人，并无不用为侍卫官员之处，其上三旗皇上亲自酌用，外五旗亦有该管之主选用。若宗人俱以侍卫官员用，少有不合，故议不允。臣等之意，亦以议政王之言为是。"上从之。

又为吏部题补副都御史，开列顺天府府尹宋文运等职名事。上曰："宋文运似属可用。"大学士李霨、杜立德、冯溥奏曰："宋文运守清行优，唯在圣裁。”上曰：“宋文运之清守乃系真清，非徇虚名，着补授副都御史。”

又题补翰林院侍讲员缺，正拟员外郎何托，陪拟傅成格。上问曰：“尔等孰知何托者？”明珠奏曰：“学士希福知之，言此人现在修陵，学问平常，人却甚优。”上曰：“翰林院自考试补用以来，为人庸劣者多。”明珠奏曰：“学问既好，为人复优者实少。”上曰：“何托人有可用，朕亦知之，着补授侍讲。”

又兵部题补孝陵总管，开列噶喇大舒恕等十人。上顾大学士明珠曰：“总管职掌紧要，尔会同兵部，将八旗章京官员选择具奏。朕亦大概知之，可于行幸之处酌定。”

又题补噶喇大员缺事，正拟佐领喇都浑，陪拟拜他喇布勒哈番浑泰。上曰：“喇都浑年既少，而人亦优，当在此处效力。将陪推浑泰补授。”

又监察御史曾寅等保留巡抚安世鼎事。上曰：“朕意以绅衿等皆地方豪强之人，若将此奏准行，总督、巡抚尚能各行其意乎？弊端皆从此生，不必准行。尔等可会议票签来奏。”又吏部尚书吴达礼因病乞休事。上曰：“人君为治，当明赏罚。朕观吴达礼自任用以来，并未克著一长，但事唯诺而已。此等以老病乞休，若概予以褒奖之旨，谁肯切实效力，人心何以皆服，善恶何以分明？任用臣下，在于人君；竭力自效，出自臣下之心。吴达礼但票解任亦可。尔等查例票来。”

谕毕，明珠奏曰：“前日奉皇上各仓发米杂以土尘之旨，传谕户部堂官及仓场侍郎。户部堂官言，此等情弊亦严加禁止，督理有仓场总督，然此咎皆在臣等。臣等嗣后再加严禁，永行杜绝，若再如此，是自取罪戾。仓场侍郎言，臣等亦将杂以土尘情弊严行禁止。皇上所见极是。嗣后再加严禁，若不如此，是自取戮矣。”上颔之。

辰时，太皇太后幸遵化温泉，上诣太皇太后宫，候太皇太后登辇，上随辇行。出东华门，设卤簿，在京王以下文武各官，俱服蟒袍跪送。出东直门，至进膳处，上扶掖太皇太后降辇，入行宫后，上御进膳所。膳毕，复诣太皇太后行宫，下马趋近前侍立，候太皇太后登辇，上扶辇行数武，然后乘马随行。至李家桥驻跸处，上步送太皇太后至行宫门，扶掖降辇入宫。

上回行宫，谕部院各衙门本章俱交内阁，三日一次汇送听理。

是日，上谕："今当田禾发生之候，行走时，着遵路而行；扎营时，着于道途、村庄、河沿、荒野之处驻扎。驻扎处出入毋得践踏田禾。现今着差户部司官随后稽察，如遇有驻扎处将田禾践踏损坏，或出入之时，蹂躏田禾者，严行议处。回銮之时，亦从此路亲看而来。又装载太皇太后御膳驼马着前行，众人行李，着于御用驼马后循路而行。"

是日，仓场总督、户部侍郎噶尔图等、副将康国臣等、驻防顺义县防守尉穆舒等、知县钟韵远等来朝。

本日起居注官朱马泰、董讷。扈从起居注官库勒纳、常书。

二十一日甲戌 上驻跸三河县所属兔东马房。是日，驻防三河县防守尉纳棱格等、知县任塾等来朝。

二十二日乙亥 上驻跸蓟州所属郑家庄北。是日，蓟州知州董廷恩、城守营都司佥书茹罴等来朝。

二十三日丙子 早，上御行幄，扈从大学士勒德洪，学士噶尔图、希福捧折本面奏请旨。甘肃巡抚巴锡题，土司李穆为袭职争竞，将其族人与下人杀死，抢夺财物。因遣衙役往拿，又聚七八百人据守山砦，执藤牌器械，射伤官兵，合应照拒捕例治罪。刑部议该抚引例不符，着再行严审事。上曰："此事着依议。如此等率众执械射伤官兵，巡抚巴锡理应严参，以惩创豪强之徒，乃但引拒捕之条，殊属不合。此事俟再审到日，拟一并申饬巡抚票签来看，尔等识之。"

又谕勒德洪等曰："国家事务关系重大，必当敬慎详审。今自京城将三日所奏政事汇送一次，朕恐有一时不及检览之处，亦未可定。尔等其详阅之。学士亦公同理政之臣，各有意见，亦应陈说，毋谓大学士等阅毕之事，缄默不言。旧例批红发出之事，内有不合，尚送回启奏。今虽已经批发本章，尔等亦务加公同详阅。"

上驻跸遵化州所属稻地里。是日，驻防玉田县防守尉乌蓝等、知县王光谟、把总任国胜等来朝。

二十四日丁丑 早，上御行幄，大学士、学士捧折本面奏请旨。为原任工部尚书陈鼓永病势沉重，遗疏陈情事。上曰："闻陈鼓永已经病故，

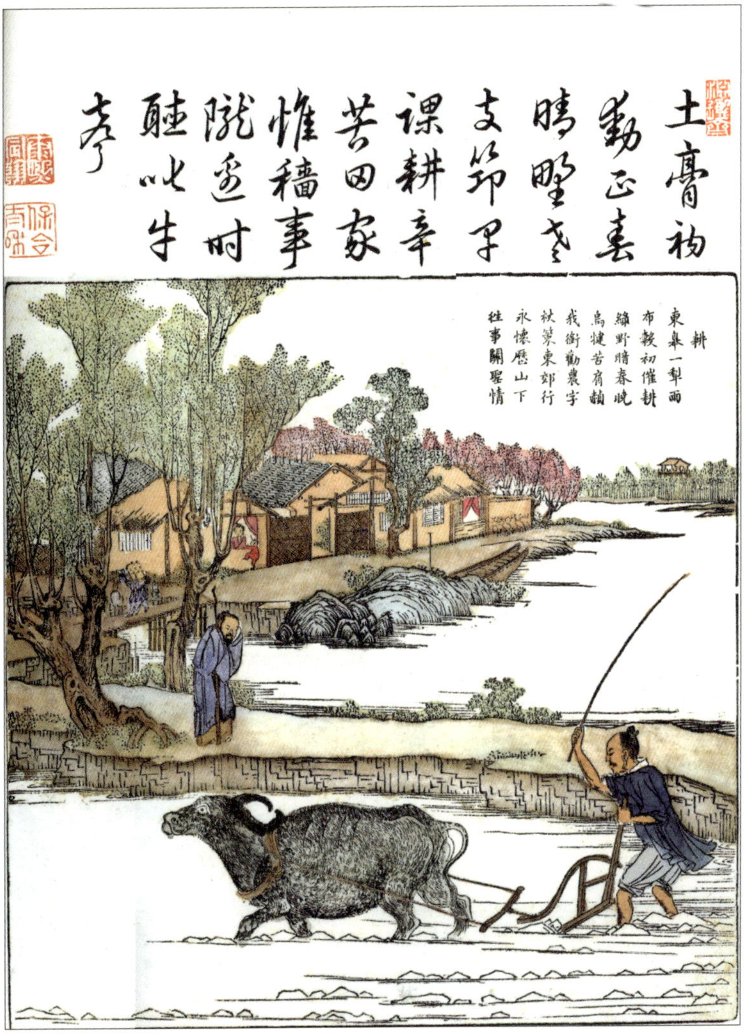

《御制耕织图》之一

康熙二次南巡时，江南士人进呈南宋楼璹《耕织图诗》。康熙览后，遂命内廷供奉焦秉贞重绘《耕织图》，亲自题序、作诗。工雕善画的著名木刻家朱圭、梅裕凤奉旨镌版印制，于康熙三十五年完成。

《御制耕织图》之二

《御制耕织图》之三

作苦三時用力深簸揚偏重近風林須知白粲流匙滑費盡農夫百種心
簸揚
臨風細揚簸糠粃凌風
前傾瀉雨聲碎把翫玉
粒圓短帬箕帚婦收拾
亾亾已齊豈徒較升斗未
敢忘凶年

《御制耕织图》之四

《御制耕织图》之五

《御制耕织图》之六

《御制耕织图》之七

《御制耕织图》之八

念其居官年久，拟褒奖票签来看。”

又刑部议飨殿帘子制造不佳，议将匠役刘魁等各枷号一月、杖四十事。上曰：“帘子皆照司官所付式样制造，与匠役无涉，枷号杖责俱着宽免。”

上驻跸遵化州所属蔡家庄南。是日，遵化州城守营游击赵温等，知州郑侨生来朝。

二十五日戊寅　上驻跸迁安县所属白布店村北滦河岸。是日，三屯营副将陈义忠等来朝。

二十六日己卯　上以太皇太后驾幸温泉，因便请稍游玩。至滦河，施网捕鱼毕，赐内大臣、侍卫等宴。

是日，上驻跸行宫。

二十七日庚辰　早，上御行幄，大学士、学士等捧折本面奏请旨。为兵部议，步军副尉舒宁阿于太皇太后驾出城时，未曾引避，议革职交刑部议处事。上曰：“舒宁阿朕素知之，为人极其庸常。但念效力年久，其革职交与刑部，俱从宽免，着解任。”

又御史罗秉伦条奏，自外任荐举行取之官，应开注实绩，五部主事等官，有未历外任即任主事者，并中、行、评、博等官，应行保举考选事。上曰：“观此条奏，显有情弊。将此本发回京城，着尔衙门满汉大臣再加详阅，写说帖来奏。”

是日，上随太皇太后驾回幸温泉，驻跸遵化州城东南。

二十八日辛巳　驾至温泉，自牌楼外下马，随太皇太后辇步行至行宫，亲视下辇，进行宫。

少顷，上率诸大臣、侍卫等诣孝陵，行三跪九叩头礼，奠酒举哀毕。上随往仁孝皇后、孝昭皇后陵，命皇子保清及大臣、侍卫等行三跪九叩头礼，奠酒举哀。

上驻跸鲇鱼池城内。是日，松棚路游击金英等来朝。

二十九日壬午　早，上率诸大臣、侍卫等诣孝陵致祭。

申时，上诣太皇太后行宫问安。

是日，上驻跸行宫。

三十日癸未　早，上率诸大臣、侍卫等至纯亲王隆禧停榇之所致祭，亲奠酒、哭尽哀毕。又遣皇子同诸大臣、侍卫等诣仁孝皇后、孝昭皇后陵致祭。

午时，上御行宫，大学士、学士捧折本面奏请旨。为兵部题补孝陵总管事。上曰："这开列官员内，原任副都统苏瑚玑为人甚优，亦且骁健，着补授此缺。"

是日，上驻跸行宫。

四　月

初一日甲申　辰时，上诣太皇太后行宫问安。

是日，上驻跸行宫。

初二日乙酉　申时，上临纯亲王灵柩前，三奠酒，大哭，出。遣领亲随侍卫衣都额真费岳色传谕领侍卫内大臣觉罗塔达等曰："纯亲王灵柩于今日酉时安窆，朕本欲亲视，但恭亲王常宁等恳奏云，安葬时朕若在彼，则故王之妃在灵旁不便，请于未葬前往视即回。故朕先行，尔等率内大臣、侍卫等敬视安葬毕方回。"

是日，上驻跸孝陵红门外。

初三日丙戌　酉时，上御行宫，大学士、学士捧折本面奏请旨。为三法司将强盗孟金标、钱家祯等十九人两议具题，前议立斩，后议贼首张文焕等在逃，俟获日对质审结事。上曰："罪疑惟轻，与其失人，毋宁从宥。尔等云何？"大学士勒德洪等奏曰："诚如圣谕。"上曰："此案着依后议。"

又江南苏州府民柳盛生等四人，将钱绍华、陈阿招二童用药涂面迷惑，携至江宁府贩卖被获，俱拟立绞事。上曰："前者此等迷惑童子罪人，俱不自行承认。今柳盛生等既皆自认，其所用何药？何以能迷人？尔等将此处写明，送与尔衙门一一察明具奏。"

是日，上驻跸行宫。

初四日丁亥　辰时，上诣太皇太后行宫问安。

头等亲随侍卫乌大禅传谕大学士勒德洪等曰："前次本章三日一送，今着两日一送。以前送本，排拨内阁官员及旗下官兵护送，今着停止，着敬慎封固，交与驿递传送前来。"

是日，上驻跸行宫。

初五日戊子 辰时，上诣太皇太后行宫问安，遂往狩北界。

谕学士希福曰："尔往遵化，谕知州郑侨生，鲇鱼池周围地亩不许蹂践，虽屡经传旨严谕，未必全无蹂践。着知州亲行细察，蹂践地亩若干？应纳钱粮若干？详查明白，俟回日说知与尔转奏。"

是日，上驻跸三屯营西南。

初六日己丑 早，上御行幄，大学士、学士捧折本面奏请旨。为贵州提督赵赖题请安龙等处三镇标下随征兵丁即充额兵，此三总兵令速赴任，兵部覆无容议。上曰："此关系军务，着议政王、大臣会议。"

又刑部将伪朱三太子朱嗣满反叛，知情不首之童二善已死，伊妻王氏免其流徙事。上曰："反叛关系重大，据律又无正条，童二善妻今议即免流徙是否相合，着再议具奏。"

是日，上驻跸行宫。

初七日庚寅 酉时，上御行宫黄幄，大学士、学士捧折本面奏请旨。为柳盛生等用药迷惑童子钱绍华等一案，曾谕臣内阁衙门满汉诸臣去后。今据诸臣之意，谓此药如何制造，如何能迷人之故，应行详察。上曰："柳盛生等着解京再行详审具奏。"

又为吏部题，原任云贵总督甘文焜应赠兵部尚书，但奉有从优议叙之旨，或加宫保，伏候上裁，并令其一子入监读书事。上曰："尔等意如何？"勒德洪奏曰："甘文焜离任所而死，与范承谟稍异。"上曰："然。可将此意传谕在京满汉大学士等会商作何酌定。"

又湖广巡抚王新命回奏，将军噶尔汉下官兵俸饷陆续解到，并无迟误，户部议王新命无容议，俟郎中尔格兔察明至日再议事。上曰："前噶尔汉奏，粮饷并无解到。嗣后王新命又以运粮甚难具题。大兵粮饷关系紧要，不可稍迟。今王新命奏称并无迟误，该部岂得即以无容议具题？粮饷到与不到，目今大兵所用接与不接等情，着尔格兔、范承勋详察具奏。"

又大将军赖塔业经以援剿副将张朝瑞给与总兵官札付，令守曲靖府；以都察院都事许兆麟给与道官札付，令管曲靖道事务；以伪同知颜懋功给与知府札付，令管曲靖府事务。各请实授，吏、兵二部议不准行事。上曰："总镇、道员系地方重任，不得准行，其知府照该将军所请补授。"

又理藩院议厄滕、和尔必兔偷二哥马六匹，照例拟立斩事。上曰："此事尔等之意云何？"希福奏曰："外藩蒙古从无城郭墙垣，若偷盗之罪不行重处，则为盗者渐多，亦未可定。此事似当依议。"噶尔图奏曰："前盗御马之贼，曾奉特旨免死减等。今厄滕等偷其同类蒙古之马，似与前者不同。"上曰："此事着依议。"

上驻跸喜峰口外北台地方。是日，喜峰口游击林旺等、驻防喜峰口防御图颜等来朝。

初八日辛卯　上驻跸宽城北五里。

初九日壬辰　喀喇沁部落杜棱郡王札锡、镇国公吴特巴喇率所属塔布囊等，至达希喀布齐尔口南迎驾，行三跪九叩头礼。上出喜峰口，于原野设黄幄升座，王札锡、公吴特巴喇、塔布囊等以下及众军士，皆赐茶酒。又赐王子绰衣尔札木苏衣帽一袭。

酉时，上御行幄，大学士、学士捧折本面奏请旨。为兵部题覆议叙殉难原任提督王之鼎、原任总兵官费雅达等，及王之鼎、费雅达应否加赠宫保事。上曰："尔等之意云何？"勒德洪、希福奏曰："伊等既经殉难，似应加宫保。"噶尔图奏曰："前殉难之范承谟、马雄镇、吴万福亦俱加宫保。"上曰："王之鼎、费雅达等俱加太子少保。此等拣选随征旗下官员之子，堪授职者，俱着照旗下官员例议奏。尔等拟票来看。"

是日，上驻跸达希喀布齐尔口北。

初十日癸巳　上驻跸察汉城地方。是日，翁牛忒部落镇国公奇塔特、四品台吉格龙来朝。

十一日甲午　上驻跸乌兰布尔哈苏地方。是日，敖汉部落多罗郡王札木苏、萨木迫尔，一品台吉安达阿育锡，二品台吉古木布额林臣，四品台吉巴尔当来朝。

十二日乙未　早，上御行幄，大学士、学士捧折本面奏请旨。为原任总督甘文焜应否追赠宫保一事，曾谕在京内阁满汉诸臣共商去后。今据诸臣之意，谓甘文焜与范承谟稍有不同。上曰：“然。甘文焜着追赠兵部尚书衔，送一子入监，不必赠宫保。”

酉时，大学士、学士复捧折本面奏请旨。为云南巡抚伊辟题请速运贵州粮米，并广西所解粮饷亦请作速催运，户部议准行事。上曰：“粮饷关系紧要，广西至云南，其间相隔遥远，路险岭多，且苗蛮杂居，若待自广西运解，必致有误军需。此事着再议。”

土默特部落固山贝子衮齐思札布来朝。是日，上驻跸席尔哈河地方。

十三日丙申 上驻跸拜查地方。

十四日丁酉 阴雨。上赐喀喇沁部落王札锡、公吴特巴喇、王子绰衣尔札木苏油衣。复谕曰：“喀喇沁部落二品塔布囊和济吉尔，朕素所甚爱，及出征又最效力勤劳。今朕至此地，应遣大臣携茶酒往奠其墓。”遂遣散秩大臣鄂齐儿、二等侍卫巴锡、三等侍卫博罗奇塔特往奠。

是日，上驻跸和尔和地方。

十五日戊戌 上驻跸巴尔汉地方。是日，科尔沁国二品台吉敦罗布来朝。

十六日己亥 早，上御行幄，大学士、学士捧折本面奏请旨。为吏部题补江西巡抚员缺，开列应升官员职名事。上曰：“此内尔等有知者否？”勒德洪奏曰：“巡抚系大臣，应出自皇上睿裁。”上曰：“着将刘如汉补授。”

又湖广巡抚王新命题差陈志策等，往捕偷盗兵丁马匹黄以臣等，因未拿获，将窝主锁擒，吓索盘费，掠妇女，上马将行，其村民喧嚷不从，遂出弓箭射死二人，伤六人，拟陈志策等应斩。刑部议有喝令放箭姓薄差官及放箭伤人兵丁，俱未经审明，请令再审具题事。上曰：“此事关系扰害民生，其情可恶。该抚不将罪人详审，率拟具题，不合。着另审具奏。”

是日，驾旋驻跸乌郎冈冈地方。

十七日庚子 科尔沁国和硕卓礼克图亲王鄂齐儿、四品台吉胡必免，喀尔喀部落一品台吉丹津，土默特部落多罗贝勒额尔得木图，喀喇沁部落二品塔布囊班卓儿来朝。赐班卓儿御用袍帽等物。

上驻跸穆雷布尔扯儿地方。

十八日辛丑 早，上御行宫黄幄，大学士、学士捧折本面奏请旨。为宗人府、吏部会题，慧妃灵舆所用翟鸟，制造本可完备，而诿称不能，将原任工部尚书马喇削去世袭阿达哈哈番，令其弟兄承袭。郎中觉罗色冷、沈图皆革去郎中，仍令管佐领事。上曰："此议过当，着再议。"

又云南巡抚伊辟请开云南捐纳事例，投诚官员亦应捐纳，户部议准行事。上曰："投诚官停其捐纳，余依议。"

又三法司题反贼祖泽清下叶成等六人拟立斩事。上曰："伊等皆祖泽清属下之人，相从反叛，应免死，减等发落。尔等察明具奏。如旗下之人，交与该管衙门。如系民人，交与户部安插。"

是日，上驻跸胡西汉台地方。

十九日壬寅 上驻跸塔布恩海落思泰地方。

二十日癸卯 上驻跸俄伦蒿齐特地方。

二十一日甲辰 上驻跸察汉城南。是日，柰曼部落固山贝子乌勒木济来朝。

二十二日乙巳 早，上御行宫黄幄，大学士、学士捧折本面奏请旨。广东巡抚金俊题，叛贼杨起龙等三人，在金堂官等家严搜无有，请遍行各省稽查捕获。刑部议，前郑得胜口供甚确，仍令严缉务获事。上曰："杨起龙等乃叛逆重罪之人，所关重大，该抚应行严查缉获。但云查缉无有，推诿具题，殊属不合。仍着严缉捕获。"

未时，设黄幄于达希喀布齐尔口北原野，上如黄幄。喀尔沁王札锡、公吴特巴喇率其属塔布囊等及随从军士跪候驾过。上升座，大设卤簿，作乐。赐王札锡御用袍帽、弓箭撒袋、佩刀、鞍辔等物；赐公吴特巴喇御用袍帽、弓箭撒袋、佩刀、鞍辔等物；赐一品塔布囊缪秀、俄莫克图袍帽、佩刀、鞍辔等物；赐御前引导二品塔布囊阿拉纳、四品塔布囊索尼因、奇他特、巴图尔御用袍帽、弓箭撒袋、佩刀等物；三品塔布囊七人各赐蟒袍、弓箭撒袋等物；四品塔布囊四十六人各赐缎纱一匹；都统二人、副都统一人、参领九人、一等护卫六人，共十八人，各赐缎匹等物；佐领三十七人、二等护卫二人、三等护卫九人、骁骑校三十三人、骁骑一千六百十二人、各赐缎纱、青布、银两有差。又加赐御前引导一等护卫西隆敦卓布缎袍、佩刀各一；骁骑校阿喃、骁骑萨拉儿等十一人，弓各一张、箭各五枝；住居五十家、三十家两处驿地佐领琶迪、骁骑校二人、骁骑七十七人，各赐缎匹、青布、银两有差。又赐都统巴札儿蟒袍、佩刀各一，参领俄尔最，佐领塔尔巴、蒙固齐缎袍、佩刀各一；骁骑校罗洛、骁骑多布等共十七人弓各一张、箭五枝。以上诸人，因前往相度地势，酌设围场，具有勤劳，故加赏之。赐毕，王札锡、公吴特巴喇、王子绰衣尔札木苏等命坐于御座相近，其余诸塔布囊、众军士俱令分行列坐，大设筵宴。

是日，上驻跸达希喀布齐尔口北。

二十三日丙午　上进达希喀布齐尔口，喀喇沁部落王札锡、公吴特巴喇率部下官员跪送。

是日，上驻跸冰窖地方。

二十四日丁丑（未）　上进喜峰口，驻跸滦阳城南。

二十五日戊申　午时，上至温泉，诣太皇太后行宫问安。

酉时，上谕内阁大学士勒德洪等曰："前部院衙门奏章，着两日一送，今着三日一送。"

是日，上驻跸鲇鱼池城。

二十六日己酉　早，学士希福奏曰："遵化州知州郑侨生向臣称，查得鲇鱼池周围田共五顷二十亩有余，其中被蹂践田地共八十九亩；温泉田地一顷六十八亩，其中被蹂践田地共二十九亩。二处田地所征税银共二十三两七钱。二处人丁共三十名，所征税银五两零。"上曰："鲇鱼关温泉、郭家庄两处蹂践田地虽不为多，其地丁钱粮照所查之数，俱着蠲免。"

辰时，上诣太皇太后行宫问安。

是日，上驻跸行宫。

二十七日庚戌　辰时，上诣太皇太后行宫问安。

是日，上驻跸行宫。

二十八日辛亥　早，上率大臣、侍卫等恭诣孝陵，奠酒举哀毕，随往仁孝皇后、孝昭皇后陵奠酒举哀。

未时，上诣太皇太后行宫问安。

酉时，上御行宫，大学士、学士捧折本面奏请旨。为宗人府议覆五品觉罗巴尔虎达于射箭日期，将往查宗人府笔帖式鄂伦泰辱骂，议降一级、罚俸一年事。上曰："巴尔虎达将往查之人辱骂，其情可恶。此等之人，若不严行议处，实难查点。此议尚轻，着再议。"

又吏部题补广东按察使员缺事，正拟道员胡戴仁，陪拟张汧。上曰："此二人何如？"勒德洪等奏曰："臣等不识此二人。"上曰："此等俱庸常之人。按察使系问刑之官，所关紧要，不可不选择任用。此缺着九卿等官会推。"

又各部院衙门外郎张起文等呈告，我等俱自官学补授，请与无品笔帖式一体补用，吏部议允行事。上曰："尔等之意如何？"勒德洪等奏曰："此等皆从官学补授，与无品笔帖式出身相同。部议亦是。"上曰："进士出身虽同，而或为京官则任大，或为外官则任小，各视其所遇耳，岂可使之同耶？此所告不必准，仍着照见行例。"

又四川将军及总督赵良栋题，建昌地方无米，传进剿云南之兵已回通河。户部议覆，行文郎中苏赫臣作何设法运到粮米，或作何搜贼贮之粮充食，应令该将军、总督酌量而行事。上曰："进剿四川大兵，关系紧要，应责成郎中苏赫臣、额尔赫图、范承勋必须作速运到。尔等拟票严旨来看。"

又兵部题请投诚伪将军江吉、杨一宝等俱补授副将事。上曰："江西等处地方皆被伊等残破，今福建既定，情迫来归。此本发回该部再议。"

是日，上驻跸行宫。

二十九日壬子 辰时，上诣太皇太后行宫，随太皇太后还京，亲掖登辇，扶辇行数步，然后乘马随行。

至蓟州，驻跸蓟州所属七里峰村东。

五　月

初一日癸丑 上驻跸三河县东。

初二日甲寅 早，上御行幄，大学士、学士捧折本面奏请旨。为刑部题，伪将军韩晋卿缢死狱中，将狱官交与吏部，狱吏遇热审免杖事。上曰："近闻狱中罪犯皆私行宽纵。韩晋卿系反叛重贼，理应牢固监禁，守狱之人竟不加严防，以致缢死，不合。此议尚轻，着再议。”

是日，上驻跸通州所属崇阁庄南。

初三日乙卯 上随太皇太后从东直门入，在京诸王以下文武各官，俱于东华门外跪迎。进东华门，至慈宁宫，上扶掖太皇太后降辇。入宫后，上诣皇太后宫问安。未时，回宫。

扈从起居注官库勒纳、常书。

初四日丙辰 上因有事于方泽，斋戒三日，不理政事。

巳时，上诣太皇太后、皇太后宫问安。

本日起居注官阿哈达、汤斌。

初五日丁巳 本日起居注官崔蔚林、朱马泰。

初六日戊午 本日起居注官阿山、徐乾学。

初七日己未 早，上御乾清门，听部院各衙门官员面奏政事。理藩院官员奏事毕，上召阿穆瑚琅等近御榻前，谕曰：“苏尼忒等旗被灾，今虽赈以银米，止可度今岁，后将若何？又闻别旗亦皆罹灾，甚是饥馑，倘秋草不肥，何以为生？此事重大，应预为久远生全之计。着令议政王、大臣会议。尔等仍前往相阅彼处情形生理来奏。”谕毕，出。

大学士、学士随捧折本面奏请旨。为吏部题补吏工二部尚书、左都御史三缺事。上曰：“将此三本进内，俟朕再加详度。”

又题补浙江布政使员缺事，正拟按察使马斯良，陪拟石琳。上问曰：“此二人孰优？”大学士明珠奏曰：“马斯良系庸常之人。石琳才优，而且谨慎。”上复问汉大学士等。杜立德奏曰：“马斯良为人果属庸常，石琳在河南声名颇善。”上曰：“石琳前在军前著有劳绩，着即升授布政使。”

又议政王等会推镶黄旗都统事，正拟内大臣国舅佟国纲，陪拟侯田象坤。上问曰：“佟国纲可补授否？”明珠奏曰：“都统职掌紧要。国舅佟国纲曾任都统，臣以为宜。”上从之。

又兵部题民人潘贤献进取台湾策，议不准行事。上问学士李光地曰：“潘贤所献之策可行否？”李光地奏曰：“潘贤所献之策，先令在闽诸臣会议，臣不及见，所以不知。”上曰：“潘贤献取台湾策，其微诚可嘉，应予一小官以示劝。着该部议。”

又达赖喇嘛三本：一为献礼祝颂事；一为奏辩不曾以吴三桂比朝廷；一为前请招降吴三桂有益，今认罪事。上问："所献礼物可纳否？"明珠奏曰："十八年曾纳其所献礼物。前既纳之，今何不可？臣意似应收其礼物，赐以温旨。其请罪二事，前经议政王会议，今仍应议政王会议似便。"上从之。

辰时，上御乾清宫，讲官库勒纳、叶方蔼、孙在丰、王鸿绪进讲：无妄元亨利贞一节、象曰无妄刚自外来一节。

巳时，上诣太皇太后、皇太后宫问安。

本日起居注官朱马泰、秦松龄。

初八日庚申　早，上御乾清门，听部院各衙门官员面奏政事毕，部院官员出。大学士、学士随捧折本面奏请旨。为吏部题补工部尚书事。上曰："总漕帅颜保居官何如？"大学士杜立德奏曰："闻其居官亦好。"上曰："帅颜保在任原好。"明珠奏曰："帅颜保莅任年久，事体亦练。"上曰："帅颜保着补授工部尚书。"

又礼部题请原任云贵总督甘文焜应否与谥事。上曰："尔等云何？"明珠奏曰："甘文焜前已加衔尚书，似应给谥。"上从之。

又兵部题补宁古塔副都统员缺，正拟协领马尔汉，陪拟杨古岱。上曰："杨古岱前在江西袁州并无效力之处，马尔汉亦非有才之人。"明珠奏曰："上所见极是。"上曰："宁古塔、乌喇地方甚属紧要。此缺着将护军参领一并另拟具奏。"

又宁古塔将军巴海欲将克牛等四佐领下兵丁一百七十七人，令其驻扎开元。上曰："巴海之意以开元系边地，欲令驻扎。但新满洲等方行安顿，又令迁移，事属劳烦，且亦无用。"勒德洪等奏曰："上见甚明。"上曰："此事所关亦大，着议政王等议奏。"

辰时，上御乾清宫，讲官库勒纳、叶方蔼、孙在丰、王鸿绪进讲：象曰天下雷行一节、初九无妄往吉二节。

本日起居注官蒋弘道、阿山。

初九日辛酉　早，上御乾清门，听部院各衙门官员面奏政事毕，部院官员出。大学士、学士随捧折本面奏请旨。为吏部题补满副都御史员缺，开列应升官员职名事。上曰：“此缺将年久郎中并詹事府等衙门卿员开列来奏。”

又题补汉副都御史员缺，开列应升官员职名事。上曰：“朕观开列三人，俱属平常。尔等以为何如？”大学士明珠奏曰：“皇上所见甚是。”上又问汉大学士等：“尔等知有可用之人否？”李霨、杜立德奏曰：“余国柱其人甚优。”上又问满大学士等：“尔等云何？”勒德洪、明珠奏曰：“余国柱为人果优。”上曰：“余国柱着补授副都御史。”

又题补内阁侍读员缺事，正拟光禄寺署正田住，陪拟主事石留柱。上曰：“此缺尔衙门会同吏部选择具奏。”

辰时，上御乾清宫，讲官库勒纳、叶方蔼、孙在丰、王鸿绪进讲：六二不耕获二节、六三无妄之灾二节。

本日起居注官阿哈达、董讷。

初十日壬戌 早，上御乾清门，听部院各衙门官员面奏政事。理藩院尚书阿穆瑚琅奏称：“赈济苏尼忒等部落蒙古饥荒，散给牛羊等畜，今若送至彼处，恐天暑疲毙，臣等以为俟秋七八月交去为便。”上曰：“朕闻蒙古饥馑，深为轸念，已遣官赈济银米。这所给孳畜，若一时并发，不知节省，必尽费乃已。倘明年仍遇天灾，此辈何以度日？朕意将赈饥等畜，虽于今年发往，仍交与就近蒙古看守，至来岁散给，庶无糊口不继之忧。且使彼将此生息，将来可为产业。”阿穆瑚琅等奏曰：“皇上圣虑周详，蒙古自此得生矣。”上曰：“此事紧要，尔等会同确议具奏。”谕毕，出。

大学士、学士随捧折本面奏请旨。为吏部题补左都御史事。上曰：“可有候缺之员否？”明珠奏曰：“现无候缺者。”上曰：“萨穆哈着补都察院左都御史。”

又为通政司使参议员缺，正拟宗人府经历寡嘉，陪拟赞善达尔汉。上曰：“寡嘉为人何如？”勒德洪奏曰：“寡嘉前在吏部为笔帖式时，臣往广西审理，曾经带去，人品甚优，办事有才。”上问明珠曰：“尔识之否？”明珠奏曰：“臣识其面，不知其人。”上曰：“寡嘉着补参议。”

又兵部题，前任四川巡抚从贼曾受伪职今投诚罗森应交吏部议事。上曰：“尔等之意若何？”明珠奏曰：“此系降贼投诚之官，不便交吏部。

臣以为此本宜发回兵部，令其再议。”上从之。

又给事中阿兰泰条陈，户部内外仓应遣御史巡察事。上曰：“这本说的是，着该部议奏。”

巳时，上诣太皇太后、皇太后宫问安。

本日起居注官常书、曹禾。

十一日癸亥　早，上御乾清门，听部院各衙门官员面奏政事。理藩院官奏事毕，方出，上召阿穆瑚琅等谕曰：“今遣官往外藩蒙古地方赈济，务期贫人均沾实惠，毋受豪强嘱托，致有滥冒偏枯。尔等应加严饬，以副朕柔远至意。”谕毕，出。

大学士、学士随捧折本面奏请旨。为吏部题补户部郎中员缺事，正拟员外郎穆占，陪拟傅成格。上问曰：“穆占为人何如？”大学士勒德洪、明珠奏曰：“穆占系平常之人，因历俸年久，所以拟正。”上曰：“着将应升员外郎，各该部堂官保举来看。”

又兵部题补昭陵总管事。上顾勒德洪问曰：“噶喇大密雅纳乃尔弟耶？为人何如？”勒德洪奏曰：“其人亦可。”上曰：“密雅纳才具可用，朕素知之，着补授总管。”

又祖泽清反叛案内叶澄等，三法司议立斩事。上曰：“叶澄等着从宽免死，减等入官。”

又耿精忠父子及曾养性等，因投诚后又复谋叛，议政王等会议凌迟处死事。上曰：“尔等云何？”明珠奏曰：“伊等犯罪重大，情殊可恶。”上曰：“所言耿精忠等情罪重大，诚是。但目今云南指日荡平，姑且留中少待。俟应奏之时，尔等再行启奏。”

又御史吕兆琳条奏，天时亢旱，应敕大小臣工实心修省事。上问：“此事尔等以为何如？”明珠等奏曰：“比年以来，灾祲屡见，议者视为常套，动辄条陈修省者颇多。臣等意拟或下知道了之旨，亦可。”上曰：“近如地震、星变等项，朕心存敬畏，无不力行修省，以弭天灾。其各臣工亦屡下严旨，敕令修改。其意在修省者，岂不洗涤？其罔知悛改者，恐亦尚多。今后着内外大小臣工，益加洗心涤虑，实图修省。应通行申饬，咸使知之。”

辰时，上御乾清宫，讲官库勒纳、叶方蔼、孙在丰进讲：九四可贞无咎二节、九五无妄之疾二节。

本日起居注官孙在丰、朱马泰。

十二日甲子 早，上御乾清门，听部院各衙门官员面奏政事毕，部院官员出。大学士、学士随捧折本面奏请旨。为吏部题补光禄寺卿员缺事，正拟左通政张吉午，陪拟右通政张可前。上曰："尔等曾议否？"大学士明珠奏曰："汉官称，陪拟张可前堪任光禄寺卿，正拟张吉午系庸常之人。"上曰："此缺着另拟具奏。"

又兵部题补正白旗护军统领员缺，开列副都统薄济、杭奇、德尔得、郎覃。上曰："杭奇在四川军前颇有劳绩，着补护军统领。"

又谕曰："今自立夏以来，亢旱无雨，田禾枯槁，政事内如有不合之处，着九卿、詹事、科、道会议，各抒所见。如系众见相同者，尔等即行启奏，或有众见不同者，着与同来。"大学士等出，随传谕九卿。九卿等议称："现行政事已经妥定，似无未尽之处。惟宣府、大同民饥，方行赈济。其临街房号银两，若与他处一同征收，恐不能完纳。将此二处恳祈停征。"等语。大学士勒德洪、明珠入奏。上曰："此款着交与户部议奏。"

辰时，上御乾清宫，讲官库勒纳、叶方蔼、孙在丰进讲：上九无妄行有眚二节、大畜利贞一节。

本日起居注官阿山、朱彝尊。

十三日乙丑 早，上御乾清门，听部院各衙门官员面奏政事毕，部院官员出。大学士、学士随捧折本面奏请旨。上即谕曰："科、道官职司耳目。行取知县内，如有曾经从贼，并曾受伪职，及身在贼中之人，名义已坏，科、道、吏部不当选用。尔等识之。"

谕毕，为吏部题补副都御史员缺，开列卿员并年久郎中等官职名事。上曰："德尔得、布詹人极平常。苏拜何如？"大学士明珠奏曰："苏拜为人颇优，且历年亦久。"上又问曰："阿蓝泰亦堪任否？"明珠奏曰："阿蓝泰才品俱优，事务谙练。"上又曰："此外更有人否？"明珠奏曰："历俸未及十五年不曾开列官员内，刑部郎中敖哈、洪尼喀、敦多礼等人俱堪任，办事亦优。”上曰：“此缺着苏拜补授。”

又题补户部郎中员缺，将各部院保举应升官员开列事。上曰：“尔等有素知者否？”明珠奏曰：“工部员外郎噶什图为人堪任，办事亦优，历年且久，拟正。穆詹该部以为堪用，保举前来。”上曰：“以穆詹补授。”

又题补汉军刑部员外郎员缺，以该旗咨送才能佐领尤国才、荫生郭镇朝开列事。上曰：“此等该旗咨送才能之人，或有不识字者，尔衙门会同吏部考试具奏。”又总漕员缺，或开列满洲，或开列汉军及汉人请旨事。上曰：“此系满洲员缺，着仍将满洲官员开列具奏。”

又制造享殿各官，前议照萨哈连例，各降五级；后议看其添造之处完与不完，分别降二级及免议事。上曰：“尔等云何？”明珠奏曰：“后议监造各官有添造三层席者，有照旨全行添造者，故分别议处；前议似觉少过。臣等之意，相应令其画一。”上从之。

又户部议，将京城米二十万石运至宣府，自宣府着该抚酌量运至大同收贮预备事。上曰：“着差该部才能司官一员前往，会同该抚酌量定议具奏。”

又兵部题镶白旗蒙古参领员缺，正拟佐领色勒木索，陪拟赵纳斯图。上曰：“将此二人劳绩查明具奏。”

辰时，上御乾清宫，讲官库勒纳、叶方蔼、孙在丰进讲：象曰大畜刚健笃实辉光四节、象曰天在山中一节。

本日起居注官阿哈达、王鸿绪。

十四日丙寅　早，上御乾清门，听各部院衙门官员面奏政事毕，部院官员出。大学士、学士随捧折本面奏请旨。为吏部题江西巡抚员缺，开列应升官员事。上曰：“何人可用？”大学士明珠奏曰：“江西自寇乱后，地方凋敝，巡抚关系非轻。臣等公举原任浙江布政使李士祯，居官著有劳绩，堪以擢用。”上又问汉大学士：“尔等之意佥同否？”李霨奏曰：“臣等熟悉其才能，是以推举。”上曰：“朕亦素闻其贤，着即补授江西巡抚。但恐受任以后，未能始终如一耳。”

又河南按察使员缺，正拟参政胡戴仁，陪拟张汧。明珠奏曰：“此二员前以平常奉旨另推。”上曰：“其令九卿等选择会推具奏。”

又九卿会推广东按察使员缺，正拟郎廷枢，陪拟迟日巽。上曰：“九卿等所举何如？”大学士勒德洪、明珠奏曰："郎廷枢才品优长，堪以升任。"李霨奏曰："臣等亦闻其有才。”上曰："郎廷枢着补广东按察使。”

又笔帖式雅图和善随甘文焜在云南死难，请加褒恤事。上曰：“笔帖式殉难可悯，特授拖沙勒哈番。”

又兵部题提督徐治都请将游击宣辅等补常宁各营员缺事。上曰：“宣辅曾来奏事，朕见其人颇干练，可如治都所请。余缺着提督会同该抚议奏。”

又题补宁古塔副都统员缺，正拟前锋参领达克萨喀，陪拟护军参领乌黑。上曰：“宁古塔地方紧要。此正、陪之人并已年老，可将左翼四旗护军参领及骁骑参领职名开列来奏。”

辰时，上御乾清宫，讲官库勒纳、叶方蔼、孙在丰进讲：初九有厉利已二节、九二舆脱辐二节。

本日起居注官常书、徐乾学。

十五日丁卯 早，上御太和门视朝。文武升转及甄别留任官员谢恩，次进贡厄鲁特部落达赖汗来使额尔克豸桑等行礼，赐茶毕，回宫。

少顷，御乾清门，听部院各衙门官员面奏政事。理藩院官员进前奏曰：“往蒙古苏尼忒等旗赈济银米郎中尔吉兔及杜楞王下长史，被一蒙古人持刀刺死，其人现获解京。”上顾近侍侍卫曰：“有是理乎！此司官颇是才优，今死于非命，为之叹息。”理藩院官员出。

大学士、学士随捧折本请旨。为补授刑部员外郎，以佐领尤国材等开列事。上问曰：“尔等考试若何？”大学士明珠奏曰：“臣等会同吏部考试，尤国材等学问疏庸，且不能书，但观尤国材颇善言辞。”上览试卷曰：“此字迹甚为不堪。”既而曰：“尤国材既善言辞，着补授。”

又三法司议，护军札木素不听主将号令，于别路散去，应立绞事。上曰：“此人应免死否？”明珠奏曰：“前有此等罪犯，概行宽免。”上曰：“札木素从宽免死，着给与本主为奴。”

巳时，上诣太皇太后、皇太后宫问安。

本日起居注官叶方蔼、朱马泰。

十六日戊辰 早，上御乾清门，听部院各衙门官员面奏政事毕，部院官员出。大学士、学士随捧折本面奏请旨。为兵部题补宁古塔副都统员缺，开列左翼四旗参领事。上曰："宁古塔地方甚要，捍御东徼，此副都统员缺，可将年力强壮，文武兼通，才堪委用者，拣选补授。着再令详加选择。"

辰时，上御乾清宫，讲官库勒纳、叶方蔼、孙在丰进讲：九三良马逐二节、六四童牛之牿二节。

本日起居注官库勒纳、王顼龄。

十七日己巳 早，上御乾清门，听部院各衙门官员面奏政事毕，部院官员出。大学士、学士随捧折本面奏请旨。为兵部题补镶白旗骁骑参领，正拟佐领色勒木素，陪拟赵纳思兔事。上曰："尔等曾问过否？"大学士明珠奏曰："曾问都统西伯臣，云伊等效力之处未经查看，但其人材壮健，堪以管辖，故尔委补。"上曰："该都统既称堪用，可将色勒木素补参领。"

又为广西提督折尔肯题，逆贼黄明、马承烈等入犯湖南所属地方，请敕贵州、湖广诸臣与臣协力会剿，部议准行事。上曰："此事若委任不专，必互相推诿，无益于事。着专责韩世琦、麻勒吉及附近将官，应剿应抚之处酌量而行。"

又为步军统领费扬古以老病乞休致事。上曰："尔等云何？"明珠奏曰："臣等看得费扬古虽系年老，未至衰惫，且巡缉地方极称勤练。"上曰："朕观其人尚堪效用，仍着留任。"

本日起居注官沈荃、阿哈达。

十八日庚午 早，上御乾清门，听部院各衙门官员面奏政事毕，部院官员出。大学士、学士随捧折本面奏请旨。为吏部题补总漕员缺，开列应升官员职名事。上曰："汝等曾议过否？"大学士明珠奏曰："开列内巡抚杭爱在陕西年久，又调补四川，其人堪任，且又年久，似可补授。"上曰："杭爱果系堪任，但四川现在用兵，钱粮关系甚重，此缺若另补人，又不能即至。邵甘何如？"明珠奏曰："亦可。"上又顾汉大学士等曰："邵甘在督捕名声何如？"李霨、杜立德奏曰："邵甘名声甚好，人亦堪用。"上曰："邵甘着补总漕。"

又兵部题原任云南巡抚朱国治灵柩并家属，令大将军贝子章泰察明送京。其陷贼之处，令总督蔡毓荣等察明到日再议事。上曰："吴三桂反叛以来，地方官员亦有投顺者，间有回来者，并无如朱国治仗节骂贼身死者，甚为可嘉。察明到日，应赐优典，拟好旨来看。"

又补授江宁佐领事，正拟拖沙喇哈番马思喀，陪拟笔帖式博合理。上曰："朕观博合理系平常之人，但伊兄莽吉兔行间著有劳绩。博合理着补佐领。"

辰时，上御乾清宫，讲官库勒纳、叶方蔼、孙在丰进讲：六五豮豕之牙二节、上九何天之衢二节。

本日起居注官阿山、汤斌。

十九日辛未 早，上御乾清门，听部院各衙门官员面奏政事毕，部院官员出。大学士、学士随捧折本面奏请旨。为云南提督桑格请以临沅等处总兵官五缺，并标下副参游守等缺，请将伊标下现在行间官员补授等因，兵部议俟云南全复之后再议事。上曰："云南地方甚要，此总兵员缺，着在彼大将军章泰、赖塔，总督蔡毓荣，提督桑格会同详择具题。"大学士明珠等奏曰："云南地方，明时惟设一总兵官总管。今云南既有满洲大兵、蔡毓荣、桑格官兵并各处兵马，云南不足平也。今又补授五员总兵等官，势必各募标下兵丁，耗费钱粮。且地方平定之后，多余兵丁，安插甚难。臣等之意，似应暂行停补，俟云南全平日，如何补授之处，令其定议具题。"上曰："云南地方未平，应设总兵等官分守。但恐云南定后，此兵难以安插，良是。着俟地方平定，如何补授之处，令其定议具奏。此本着依部批发。"

辰时，上御乾清宫，讲官库勒纳、叶方蔼、孙在丰进讲：颐贞吉一节、象曰颐贞吉养正则吉也二节。

本日起居注官库勒纳、严绳孙。

二十日壬申 早，上御乾清门，听部院各衙门官员面奏政事毕，部院官员出。大学士、学士随捧折本面奏请旨。为广东巡抚金俊请将海丰、永安二县私收税银二十一两捐免，此外各府、县并无私收税银，其尚之信所取各项私税，请概行禁止。户部议海丰、永安私税应与豁免，但既称此外并无私税，又请禁革尚之信私收各项税银，则该抚未经清察可知，仍请敕下该督、抚详察具题事。上曰："尚之信在广东时，霸占商利，私取税银甚多。该督、抚理应详察，逐项开明，应否豁免，听候部议。今全不查明，朦混具题，殊属不合。若非该督、抚、提镇留为私取之地，即系瞻徇情面。倘仍行私取，民生何赖？着该督、抚严行查明具奏。"

又兵部题，自东湖地方分散前锋桑保拟绞，骁骑乌萨纳等三人俱枷号三个月、鞭一百；自保宁分散苦独勒、回子四人亦枷号三个月、鞭一百事。上曰："桑保着免死，减等发落，余依议。"

又三法司题吴三、王四将萧顺儿捆打，又用刀伤其头，抢夺银钱事。前议立斩，后议引窃盗拒捕伤人例拟斩，秋后处决。上曰："尔等之意如何？"大学士明珠奏曰："臣与勒德洪、李霨、杜立德皆欲依前议，冯溥欲依后议。"上问冯溥曰："尔意云何？"冯溥奏曰："前后议同是死罪，只分立斩与秋决耳。"上曰："仍着画一具奏。"

辰时，上御乾清宫，讲官库勒纳、叶方蔼、孙在丰进讲：象曰山下有雷一节、初九舍尔灵龟二节。

本日起居注官常书、秦松龄。

二十一日癸酉 早，上御乾清门，听部院各衙门官员面奏政事毕，部院官员出。大学士、学士随捧折本面奏请旨。为吏部题补顺天府尹员缺事，正拟太仆寺正卿王继祯，陪拟左通政张吉午。上曰："王继祯无足论，张吉午为人何如？"大学士明珠奏曰："张吉午以前一应条奏事宜皆无关系，其人亦无才干。"上曰："府尹职任紧要，事虽不多，但在京师内地，甚有碍手之处。尔等可有素知堪用之人否？尔等拟妥再行启奏。"

又九卿会推河南按察使员缺，正拟分巡道迟日巽，陪拟李国亮。上问曰："此二人孰优？"明珠奏曰："臣等观迟日巽为人甚优。"上曰："迟日巽着补授河南按察使。"

又三法司题，河间府民周济明违禁，令郑才将伊子周明阉割，议将周［济］明、郑才拟斩，秋后处决事。上曰："此案虽至秋审，未必便决，彼时既不处决，今徒监数月，何若即行宽免。尔等云何？"明珠奏曰："诚如上谕。"上曰："周［济］明、郑才着免死，减等发落。"

又为广东巡抚金俊告病，请辞任事。上问曰："此事尔等以为何如？"明珠奏曰："似应暂留。"上曰："朕闻金俊有母年八十余，自至广东亦颇效力。彼时若尚之信加害，岂不徒死？其情甚为可悯。今着暂留原任，俟其复请再行定夺。"

辰时，上御乾清宫，讲官库勒纳、叶方蔼、孙在丰进讲：六二颠颐二节、六三拂颐二节。

本日起居注官朱马泰、曹禾。

二十二日甲戌 早，上御乾清门，听部院各衙门官员面奏政事毕，部院官员出。大学士、学士随捧折本面奏请旨。为吏部题补顺天府府尹事。上曰："尔等所议若何？"大学士明珠奏曰："臣等公议熊一潇、徐旭龄俱优，皆属可用。"又汉大学士等言："熊一潇为人厚重，徐旭龄系敏捷堪用之人。"上曰："熊一潇着补授顺天府府尹。"

又题补兵部郎中事，正拟员外郎傅成格，陪拟魏达善。上曰："先各部院所举人员内，齐世、德古何如？"明珠奏曰："齐世、德古俱属堪用，办事有能。其齐世先补御史时，上因其管理机密，未经升补。"上曰："德古年久，着补授郎中。"

又刑部请将一应即决人犯，交六月节停其行刑事。上曰："六月节若在五月之内，即以交节之日将重犯停其行刑。若六月之后方交六月节，即以六月初一停刑。至立秋虽在六月之内，必俟交过七月方令行刑。着将此本发回刑部，照此改正具奏。"

辰时，上御乾清宫，讲官库勒纳、叶方蔼、孙在丰进讲：六四颠颐吉二节、六五拂经二节。

本日起居注官阿山、董讷。

二十三日乙亥 早，上御乾清门，听部院各衙门官员面奏政事。前差往会同直隶巡抚宣府、大同运米备赈事宜户部郎中詹布礼、吴什把等事竣回奏。上问曰："尔等作何议置？"詹布礼等奏曰："臣等议得运米人夫，共须四十万给与脚价输运。"上曰："今值天气暑热，道路泥泞，犹恐输运烦苦。"詹布礼等奏曰："圣谕极是。此时输运，正当炎热，百姓甚苦。此米非系急需，俟秋凉后输运，似亦未迟。"上曰："然。尔等所奏本章交与内阁。”又问：“尔等经过地方，田苗何如？雨泽沾足否？”詹布礼等奏曰：“臣等经过之处，田禾茂发，雨泽沾濡二三寸许。自涿州以北，雨更沾足。”上颔之。

本日起居注官孙在丰、阿哈达。

二十四日丙子 早，上御乾清门，听部院各衙门官员面奏政事毕，部院官员出。大学士、学士随捧折本面奏请旨。为理藩院议，归化城蒙古杜棱因盗马，拟即绞，籍没其妻子家产事。上曰：“今蒙古饥荒，为盗甚多，一概诛之，则死者众矣。着免死，鞭一百解京。其余从部议。”

辰时，上御乾清宫，讲官库勒纳、叶方蔼、孙在丰进讲：上九由颐二节、大过栋挠一节。

巳时，上率皇太子诣太皇太后宫问安。

午时，上御保和殿，赐进贡达赖喇嘛来使沙则喀木保、厄鲁特部落达赖汗来使厄尔克斋桑及巴图尔等台吉来使巴图尔下等酒食。

本日起居注官库勒纳、朱彝尊。

二十五日丁丑 早，上御乾清门，听部院各衙门官员面奏政事毕，部院官员出。大学士、学士随捧折本面奏请旨。为吏部题补内阁侍读学士员缺，正拟郎中布占，陪拟塞勒布事。上问曰：“此二人何如？”大学士明珠奏曰：“布占、塞勒布俱年久郎中，皆系平常之人。”勒德洪奏曰：“布占才具堪用，但其为人无口辨。观其外，似无能干，而其居心洁净，可以任讬，办事亦谙练。”上曰：“布占着补授。”

又题玉田县知县王光谟迎接太皇太后圣驾迟误，议罚俸一年，将纪录二次抵销事。上曰：“前兵部议武职罚俸一月。今吏部议文职罚俸一年。一事两例，轻重互异，尔等何未之票出耶？”明珠奏曰：“兵部自照处分武职例，吏部自照处分文职例，故彼此不同。”上曰：“着该部会同兵部画一具奏。”

又宁古塔副都统员缺，议政王、大臣会推，正拟参领兼郎中瓦礼虎，陪拟阿达哈哈番噶尔哈图事。上曰：“此二人何如？”明珠奏曰：“瓦礼虎才具优长，曾有军功，授拖沙喇哈番之职。噶尔哈图为人甚优，在福建时著有劳绩，康亲王素知其能。”上曰：“宁古塔地方，人俱视为畏途，但其地紧要，必得饶有材略之人，方可胜任。”明珠奏曰：“此二人皆系议政王详慎推举。”上曰：“瓦礼虎着补授副都统。”

又江宁巡抚慕天颜题，强盗张天性等打劫施又儒家，欲将失主杀死。同伙沈淑静、孙子奇劝止，又煮水与失主夫妇饮，以救其寒冷，应否从宽，听候法司定夺。部议定例从无因劝止遂行宽免之条，应无容议，仍行立斩事。上曰：“尔等云何？”勒德洪、明珠奏曰：“此二人情有可原，故臣等拟票秋后处决。”上曰：“强盗情罪，原以杀人为重，劫财为轻。若强盗劫财，而不曾伤人者，律文亦有分别。此案情事本属创见，径行宽免可乎？”勒德洪、明珠奏曰：“圣恩宽免，亦无不可。”李霨、冯溥奏曰：“强盗劫财而不伤人者，竟行宽免，以后恐盗贼滋多矣。”学士希福奏曰：“格外宽免，后不为例，似亦可行。”李光地奏曰：“目今饥荒，所以穷民为盗者多。”张玉书奏曰：“律无可逭，而情有可原，格外宽免，总出自圣裁。”上曰：“各犯俱着立斩。沈淑静、孙子奇着监候秋后处决。”

辰时，上御乾清宫，讲官库勒纳、叶方蔼、孙在丰进讲：象曰大过大者过也四节、象曰泽灭木一节。

未时，上御景山前殿，赐进贡土默特部落三品台吉达赖等食毕，命台吉达赖等至御榻前，问曰：“苏尼忒等旗蒙古甚为饥荒，近来何如？”四品台吉巴雅里奏曰：“前蒙古饥荒至极，蒙皇上轸念，速行赈济，运给米粮，皆得更生。目今得雨，青草已长，马畜渐肥，断不致死亡离散矣。”上曰：“朕以尔蒙古饥荒，深切焦劳，今听尔所奏，朕衷甚慰。”随赐镶领袍一件。

本日起居注官常书、王鸿绪。

二十六日戊寅　早，上御乾清门，听部院各衙门官员面奏政事毕，部院官员出。大学士、学士随捧折本面奏请旨。为礼部题，提督王之鼎、总兵官费雅达应否与谥事。上曰：“伊等俱着与谥，加祭一次。”

上又顾大学士等曰：“宣府、大同等处，今虽称得雨，田禾长盛。惟三月大风坏麦，不得收获，民间甚饥，虽行赈济，犹未大苏。地丁钱粮若仍征取，民不能完，必致重困。尔等与户部会议，如何捐免拯救，拟上传来奏。”

本日起居注官阿山、严绳孙。

二十七日己卯 早，上御乾清门，听部院各衙门官员面奏政事毕，部院官员出。大学士、学士随捧折本面奏请旨。为吏部题补户部员外郎员缺，正拟桑格，陪拟傅喇纳。上曰：“傅喇纳为人虽非出众，但念坐塘甚有勤劳，着补授员外郎。仍将彼勤劳之处票出。”

又学士佛伦奏以现无料理事务，应请旨遵行，户部议令回京事。上曰：“佛伦等原差往料理云南大兵粮饷，今云南未经恢复，尚有料理事务，佛伦等岂可即来耶？仍着前往云南军前，料理兵饷。”

又监察御史成其范条奏，蜀寇伪钱宜速销毁；中江铜山系产铜之所，铜斤宜加采用。户部议覆伪钱应如奏销毁，采铜不便准行事。上曰：“蜀省乃产铜之处，该部不加详查，遽称无庸议，不合。着再议具奏。”

又兵部题补正白旗蒙古副都统员缺事，开列护军参领傅尔虎等十人。上曰：“傅尔虎为人甚优，着补授副都统。”

辰时，上御乾清宫，讲官库勒纳、叶方蔼、孙在丰进讲：初六藉用白茅二节、九二枯杨生稊二节。

申时，上诣太皇太后宫问安。

本日起居注官胡简敬、朱马泰。

二十八日庚辰 早，上御乾清门，听部院各衙门官员面奏政事毕，部院官员出。大学士、学士随捧折本面奏请旨。为吏部题补内阁典籍员缺事，正拟候补典籍梁述祖，陪拟中书李遇时。上曰：“典籍职掌颇要，所拟正陪二人，俱属庸常。此员缺，尔衙门会同吏部选择具奏。”

辰时，上御乾清宫，讲官库勒纳、叶方蔼、孙在丰进讲：九三栋桡二节、九四栋隆二节。

巳时，上诣太皇太后、皇太后宫问安。

本日起居注官牛钮、王顼龄。

二十九日辛巳 早，上御乾清门，听部院各衙门官员面奏政事。九卿、詹事、科、道等公奏北直巡抚于成龙条陈缉盗事宜。一议州、县官一年不获，遽行降调，人才可惜，应再宽限一年，若二年不获，方行降调；一议照旧例行。上曰：“畿辅地方盗案甚多，有今日行劫此处，明日又劫彼处者。

数年以来，屡经条奏，终无缉盗良法。”尚书黄机等奏曰：“州、县官一年不获，即行降调，而接任官无处分之例，恐其以为非己任内事，不行严缉，盗贼愈多。臣等公议再宽限一年，责其缉补，若仍不获，方行降调。”魏象枢奏曰：“盗案应严处窝家。”上曰：“盗贼窝家亦非一处，如严处窝家，小民干连，反致苦累不浅。如其再行宽限，止为官员计耳，未必于盗案有益。”九卿官员出。

大学士、学士随捧折本面奏请旨。为于成龙、詹布礼、吴什把等议往宣府运米事。上曰：“此本暂留尔衙门，俟交秋后应启奏时具奏。”

本日起居注官沈荃、朱马泰。

六　月

初一日壬午　早，上御乾清门，听部院各衙门官员面奏政事举，部院官员出。大学士、学士随捧折本面奏请旨。为内阁题追赠诸王谥号字样事。上曰：“尔等曾查过否？”大学士明珠等奏曰：“臣等查会典，故明时追赠亲王谥号系一字，郡王以下、护国将军以上，皆系二字。我朝诸王谥号，满汉文字于例稍有不合。嗣后似宜画一。”上曰：“本朝郡王亦令一字何如？”明珠奏曰：“故明惟有亲王、郡王、护国将军，并无贝勒、贝子。我朝既有贝勒、贝子，其郡王令谥一字，亦似可行。”上曰：“以后追谥郡王，满汉文俱用一字。”

又吏部题补佥都御史员缺，以左通政张吉午、右通政张可前开列事。上曰：“此二人被王日温参奏矣。尔等云何？”大学士勒德洪、明珠奏曰：“皇上用人，各随职分，岂得以二人未获升补之故，遂以为不可用，遽行题参乎？即如吏部尚书之缺，未转户部尚书伊桑阿、礼部尚书郭四海，而越转刑部尚书介山，岂伊桑阿、郭四海等皆不可用之人乎？王日温所参，似属少过。”上曰：“张吉午曾为给事中，且着补授，俟其不可用之时再处。”

又户部题覆太原、大同、宣府三府属赈济过州、县，其应征二十年各项钱粮及带征各年钱粮，请概行蠲免，并饥民作何速行赈济，行令该抚确议具奏事。上曰："前据该抚疏称，饥民因得赈济，又得雨泽，已不至流离，各图生业。今看此事殊为不然，可将应征二十年各项钱粮及带征各年钱粮概行蠲免。该部仍着贤能司官前去，会同该抚赈济饥民，务使得均沾实惠，并作何设法拯救之处，确议具奏。"

又刑部题，李国兴以伊亲侄李国栋偷盗驴畜，责打致死，拟国兴以故杀律，杖徒折赎事。上曰："尔等所议云何？"明珠奏曰："李国栋凶恶之极，伊叔严加惩责，遂至于死。遽照故杀，似属少过。"上曰："是。此系南苑中人，朕亦知之，每行偷盗，甚为凶恶。伊叔严加惩责致死，拟以故杀未免太过。着令再议具奏。"

巳时，上诣太皇太后宫问安。

本日起居注官阿哈达、汤斌。

初二日癸未 早，上御乾清门，听部院各衙门官员面奏政事毕，部院官员出。大学士、学士随捧折本面奏请旨。为吏部题补光禄寺卿员缺，正拟内阁侍读学士喇巴客，陪拟通政司左通政西忒纳。上曰："正拟之人何如？"大学士明珠奏曰："喇巴客系蒙古，堪任蒙古之事，但光禄寺关系钱粮、人才职掌，似不相宜。"上曰："前开列郎中内刑部郎中敖哈，观其人甚优，历年又久，着升补。"

又吏科掌印给事中偏俄条奏，凡审事不当用"亦未可知"等语。九卿会议不准。上曰："尔等云何？"明珠等奏曰："审问罪人，有不得不用此等语之处。且如情罪既真，而罪人不承，便难遽定。况止在事之虚实，不在于言辞也。"上是之。

又九卿议直隶巡抚于成龙题，直隶地方旗下人与民杂处，失事甚多，道、厅正印等官，为盗案干连沉滞，深为可悯事。前议宽限二年缉获，后议照旧例限一年缉获。上曰："朕亲巡此等地方，见山海关以西，永平以东，一面傍海，一面边墙，盗贼无潜藏之地，故劫盗颇少。至于玉田、丰润、遵化、蓟州、霸州、保定等处，民居甚密，乡村甚多，盗贼所以众也。今处分之例太严，官民俱累。该抚所奏各款，着一一详议具奏。"

又吏科给事中张鹏条奏，皇上御殿之日，两旁应设御史四员纠仪，礼部议不准行。上曰："朝仪关系大典，今观在朝官员行礼及坐次，殊不整肃，礼部将张鹏所奏不准，殊为不合。着再详议具奏。”

又兵部题贼犯张四私出边口，将十四年以后守口官员查报职名到日再议事。上曰：“十四年以后官员不必行察，将现任官员察议具奏。”

又理藩院题罗刹鹰纳替等称，不复于乌喇忒、伦禅旧地增盖房屋，添人居住事。上曰：“此事令议政王、大臣会议具奏。应即令其所遣来人拆去房屋，将居人撤回，毋得生事。仍写谕与来人带回。尔等将此意传知议政王、大臣。”

辰时，上御乾清宫，讲官库勒纳、叶方蔼、孙在丰进讲：九五枯杨生华二节、上六过涉灭顶二节。

本日起居注官常书、秦松龄。

初三日甲申 早，上御乾清门，听部院各衙门官员面奏政事毕，部院官员出。大学士、学士随捧折本面奏请旨。为吏部题，大理寺少卿员缺，以通政司参议吴琠补授事。上曰：“尔等云何？”大学士勒德洪、明珠奏曰：“吴琠为人亦优。”李霨、冯溥奏曰：“吴琠曾任吏部，此人堪用。”上顾汉大学士等曰：“朕闻吴琠声名不为甚佳，交接最多。尔等曾见此人别有善处耶？”李霨、冯溥奏曰：“用否惟听圣裁。”上曰：“这员缺着另拟具奏。”

又题补礼部郎中员缺，正拟员外郎傅成格，陪拟魏大善。上曰：“尔等曾问过部臣否？”明珠奏曰：“问礼部尚书郭四海称，傅成格任笔帖式时，见其人颇优。”上曰：“傅成格历年亦久，着即补授。”

又巡抚吴兴祚奏，福建上里等煎盐七场，俱交与营弁，照旧额输课，其余利息银两充修理船只之用，户部议覆仍行该抚定拟具奏事。上曰：“尔等曾议过否？”明珠奏曰：“福建原无盐引，今宜给盐引贸易。若令兵丁煎盐，致滋民扰。学士李光地言其未便。”上顾李光地曰：“兵丁煎盐何以扰民？”李光地奏曰：“兵丁煎盐，必倚兵霸市，高其价值，独取私利，故苦累及于小民。须该抚请引，专招商人运盐纳课，方为可行。”上曰：“此事着该督、抚会同确议具奏。”

又云贵总督赵良栋奏，王进宝先为朱衣客辨白，今又主使申奏，代为作稿。朱衣客系革职提问之官，现在成都唱戏饮酒，馈送礼物。兵部议覆王进宝代朱衣客草稿之处，俟事平之日再议。其朱衣客在成都唱戏等情，应行四川巡抚一并审拟具奏事。上曰："尔等意如何？"明珠奏曰："观赵良栋欲将伊参过之人，不使至极不已，且词连王进宝。今正值用兵之际，不便即行察究。似应照部议。"上曰："此尔等众意耶？"勒德洪等奏曰："臣等众意皆然。"上曰："着照部议。"

奏事毕，上又谓大学士等曰："云南巡抚伊辟病故，此缺大将军贝子章泰等题请王继文补授。是何如人？"明珠奏曰："王继文先任巡按时，行事最为清廉，才具亦长。"勒德洪奏曰："王继文夙具才能，人亦甚好。"上问汉大学士曰："王继文何如？"李霨、冯溥奏曰："闻王继文任巡按时，操行廉洁，才亦称职。"上颔之。

辰时，上御乾清宫，讲官库勒纳、叶方蔼、孙在丰进讲：习坎维心亨一节。上亲讲：象曰习坎重险也五节。

本日起居注官胡简敬、阿山。

初四日乙酉 早，上御乾清门，听部院各衙门官员面奏政事毕，部院官员出。大学士、学士随捧折本面奏请旨。为吏部补授织造库郎中员缺，开列郎中罗璧、明格礼、阿达哈哈番额尔、孙禅布等。上问："罗璧为人何如？"大学士明珠等奏曰："罗璧现任工部，为人颇优，事亦明晰。"上曰："此缺着罗璧补授。"

又兵部题补授山永等九处地方副将，掣得郭惠等。上曰："山永地方最为紧要，此缺着另行选择具奏。袁升高等依拟用。"

又刑部侍郎冯苏请离任，往江南安庆，迎母骸骨还乡与父合葬事。上问大学士等曰："尔等之意云何？"勒德洪等奏曰："似应准其所请。"上又顾汉大学士曰："尔等云何？"杜立德奏曰："应定限令其前往。"上曰："冯苏着往迎取母骸归葬。"

本日起居注官叶方蔼、牛钮。

初五日丙戌 早，上御乾清门，听部院各衙门官员面奏政事。户部尚书伊桑阿、理藩院侍郎明爱奏："苏尼忒等旗蒙古原议给米赈济，今思蒙古马匹羸瘦，不能至宣府取米，臣等仍议给银。"上曰："尔等所议朕殊不解。如此，则目今派发车辆转运米粟非耶？尔等将此事另议来奏。"

伊桑阿又率差往大同赈济本部员外郎穆成格、苏赫等近前请旨。上顾问前曾赍银赴大同等处赈济员外郎苏赫等曰："前尔等奏饥民因得赈济，又得雨泽，不至流离，各得其业。顷朕复遣人往视，饥馁流离如故，雨泽犹然未降。若此，则尚未遍及矣。"苏赫等奏曰："山西大同饥民共计数十万人，臣等裁汰过半，始行赈济。其余赈给犹为周遍，并不敢遗漏。"上曰："这一次则已，尔勿以前非为是，朕知最悉。"苏赫等叩头奏曰："上宽臣罪，臣敢不益勉。"上又谕穆成格、苏赫等曰："今尔等前往，会同该抚赈济饥民，务令得遂其生，及作何设法拯救，可确议以闻。其勉之！"伊桑阿等出。

大学士、学士随捧折本面奏请旨。为户部题，云南巡抚伊辟请拨钱粮事。上曰："尔等问该部云何？"大学士明珠奏曰："臣问该部堂官，言伊辟先奏请钱粮，已给与一百九十万两，并无不足之处。今又奏请，臣部恐大兵钱粮匮乏，故再增拨二十万两，共二百一十万两矣。"上曰："钱粮已足，伊辟前后请增三百余万两，殊为不合。伊辟虽故，当使后之巡抚知之。其拟票严责来看。"

辰时，上御乾清宫，讲官库勒纳、叶方蔼、孙在丰进讲：象曰水洊至一节、初六习坎二节。

巳时，上诣太皇太后、皇太后宫问安。

本日起居注官朱马泰、徐乾学。

初六日丁亥　早，上御乾清门，听部院各衙门官员面奏政事毕，部院官员出。大学士、学士随捧折本面奏请旨。为吏部议通州知州于成龙因失察逃人，降一级调用事。上曰："于成龙居官若何？"大学士明珠奏曰："此人原任乐亭知县，闻其居官亦善。"上曰："然。朕亦知之，犹属可用之人。汉官以为何如？"大学士李霨、冯溥奏曰："臣等亦闻其好。"上曰："于成龙着降一级，仍留原任。"

又户部覆给事中孙蕙奏请免陕西房税，议不准行事。上曰："陕西地方屡年转输，百姓甚苦，房税应当除豁。"明珠奏曰："圣谕极当。闻陕西今岁苦旱，若一豁免，于民大为有益。"上曰："陕西地方百姓甚苦，这应征房税着概行蠲免。"

又云南巡抚伊辟病笃遗疏事。上曰："伊辟简任巡抚，正资料理前赴边远之地，病故可悯。应得恩恤，着察例具奏。"

辰时，上御乾清宫，讲官库勒纳、叶方蔼、孙在丰进讲：九二坎有险二节、六三来之坎坎二节。

本日起居注官阿哈达、董讷。

初七日戊子 早，上御乾清门，听部院各衙门官员面奏政事毕，部院官员出。大学士、学士随捧折本面奏请旨。为会议将军喇哈达、福建总督姚启圣奏海贼郑锦已死，其下互相猜忌，宜乘此机会，令水师前进侦探真信，翦除根株事。上曰："进取台湾事情，关系重大，着该将军、总督、巡抚、提督等同心，速乘机会，灭此海寇。"

未时，上御景山内前殿，赐进贡吴喇忒部落三品台吉阿喇纳等、四品台吉吴巴地，归化城札萨克喇嘛喷苏克等食。

本日起居注官常书、汤斌。

初八日己丑 早，上御乾清门，听部院各衙门官员面奏政事。吏部尚书黄机等奏，臣部郎中王雅病故员缺，以员外郎于涟升补。上问曰："王雅不几日前尚来启奏，缘何病而暴亡耶？"黄机奏曰："受伤寒病而死。"奏毕，出。

大学士、学士等面奏事宜。上曰："顷吏部为郎中王雅员缺，具题补人。王雅乃一谨慎人也，不多日竟尔病故矣！"勒德洪、明珠奏曰："王雅是谨守本分忠厚朴实之人，患病而亡，昨始闻之。"李霨、杜立德奏曰："皇上所见极是。王雅诚一谨慎守分人也，闻其止患病三四日，遂致身故。"上又问曰："是何处人？"李霨奏曰："浙江人也。"

辰时，上御乾清宫，讲官库勒纳、叶方蔼、孙在丰进讲。上亲讲：六四樽酒簋二节。讲官进讲：九五坎不盈二节、上六系用徽纆二节。

本日起居注官库勒纳、王鸿绪。

初九日庚寅 早，上御乾清门，听部院各衙门官员面奏政事。三法司衙门为请旨事，公主所首案内，受贿硕伦、邵国梓等，行贿王廷俊、王廷宾等拟绞，秋后处决，刘泽清等分别流徒杖罪等因具奏。上曰："刑部官员行私作弊，朕屡经申饬，竟未省改。今硕伦等已经发觉，未发觉者必多。且近日补授郎中，将硕伦保举，又何故耶？”刑部侍郎陈一炳奏曰：“臣等以硕伦办事有能，故尔保举，非保其清廉也。”奏毕，出。

大学士、学士随捧折本面奏请旨。为正蓝旗都统毕理格图老病乞休事。上曰：“都统内毕理格图劳绩居多，朕遣人往视，病势沉重。尔等将伊效力之处，温言拟票来看，令其闻知，以慰其心。”

又谓阁臣曰：“适才三法司奏，硕伦等受贿一案，朕屡将刑部受贿作弊之处申饬，仍不省改，以致此事发觉。此辈不行惩治，何以警戒匪类？尔等谨记：秋审之时，勿得末减。其保举硕伦之处，传旨着刑部堂官各具一本回奏。”

巳时，上诣太皇太后、皇太后宫问安。

本日起居注官阿山、曹禾。

初十日辛卯 早，上御乾清门，听部院各衙门官员面奏政事。刑部尚书魏象枢，侍郎禅塔海、冯苏、陈一炳等，以保举本部员外郎硕伦情节，各具本回奏。上问禅塔海曰：“硕伦受赃作弊之人，尔等保举是何意见？”禅塔海奏曰：“硕伦系前任堂官坐名补授主事，臣自到衙门，见其办事有能，故行保举。其作弊行私，事在暧昧，臣实不知。臣一介微贱，受皇上天恩，洊历今职。况蒙皇上以臣衙门行私作弊，屡次申饬，如果知此辈作弊情由，焉敢徇情隐瞒，不行题参？”奏毕，免冠谢罪。上曰：“尔自己行私作弊，已至今日。硕伦系尔同旗，何得委为不知？”禅塔海奏曰：“臣蒙皇上恩眷擢用，岂敢私行情弊。今圣谕知臣私行情弊，臣何敢置辨。”复免冠谢罪，出。

大学士、学士等随捧折本面奏请旨。为吏部题，大理寺少卿员缺，拟督捕理事官魏双凤升补事。上问大学士明珠曰：“其人何如？”明珠等奏曰：“平常之人。”上复问汉大学士等。李霨奏曰：“其人亦直率。”上曰：“魏双凤乃极庸劣之人。这员缺着另拟具奏。”

又大将军贝子章泰、都统赖塔等，请以云南布政使王继文补授云南巡抚，以军前户部郎中田启光升补云南布政使。部议或照题升授，或照例开列，请旨定夺。上曰：“既系将军等亲知题请，可依所请升授。”

本日起居注官牛钮、孙在丰。

十一日壬辰 早，上御乾清门，听部院各衙门官员面奏政事毕，部院官员出。大学士、学士随捧折本面奏请旨。为礼部覆科臣莫大勋正文体疏，议第一场文字以六百五十字为限，其文体宜遵传注，及申饬正、副主考、学道，俱如条例行。上曰："八股文字朕亦知其大概，长短全无关系，在所作何如尔。尔等云何？"大学士李霨奏曰："文章美恶，原不系乎长短，但太冗长，则不合格。"学士李光地奏曰："近来文章风气大觉冗杂，书义过长，经义过短，亦非文体之正。"张玉书奏曰："部议限六百五十字，不为不多。若论作文之道，但当以明理为主。"上颔之。又谕曰："文体最有关系，尔等再公同确议来奏。"

又护军伊尔格纳叩阍，求叙说降耿继美之功。兵部议覆伊尔格纳并无冤枉，竟行叩阍，应交与刑部议处。上问曰："汝等所问若何？"大学士明珠奏曰："臣等昨日令侍郎郭丕问康亲王。王称，伊尔格纳进剿福建，先冲对敌之处甚多，差说耿继美亦多效劳。当差使时，不便无职前去，故令戴二等护卫翎羽差往。后伊尔格纳问此翎仍戴否？彼时因系军前，若遽撤其翎，恐投诚人员观望不雅，故仍许其戴等语。"上曰："朕观伊尔格纳其人甚壮。免交刑部。"明珠奏曰："臣亦见其壮健。"上谕："将伊效力之处交与兵部议。"又谕曰："伊尔格纳系贝子属下人，着即授为三等护卫品级。"

又左都督马子云叩阍，愬伊冲锋破敌之功，兵部议覆马子云仍以左都督管游击事照例补用。上曰："马子云行间多有效力劳绩，即从优以参将补用，免其考试。"

又三法司为王廷俊一案请旨事。上曰："硕伦、邵国梓、王廷俊、王廷宾等俱依部议定罪。此事既为公主所举发，公主家人希佛等并鲁伟俱着免鞭责。其公主原本银二万两，应免入官，仍给还公主。"上又谕曰："刑部官员今俱着察议，若尽家居，则衙门乏人，可令照常办事。"

本日起居注官朱马泰、朱彝尊。

十二日癸巳 早，上御乾清门，听部院各衙门官员面奏政事毕，部院官员出。大学士、学士随捧折本面奏请旨。为宗人府题，闲散宗室宝住叩阍，称伊祖赖木布原系奉恩将军，没后伊父赖虎承袭，因鳌拜等罪牵累，将伊父公爵及本身二等护卫革去，今无俸禄钱粮，难以资生，议覆不准事。上曰："此等情罪牵累之人，亦有复行录用者，宝住似亦可用。着再议具奏。"

又礼部题，为工部尚书陈敳永应否与谥事。上曰："陈敳永部院办事勤劳年久，还着与谥。"

又工部题修理紫禁城损坏垛堞，员外郎克什忒先估须用银二千七百三十八两、钱四千五百六十九贯。今称不足，又增估银四千六百十三两有零。应交吏部察议，所增钱粮交与续派员外郎法保修理事。上曰："朕闻工厂匠人斫砖甚是费手，克什忒免交吏部，将所增钱粮着交与克什忒，用心修理。"

又副都御史宋文运参御史曾寅、保留丁忧巡抚安世鼎，罔思国体；御史罗秉伦妄行条奏，将不系正途之人考选科、道，显属欺君事。上曰："朕观宋文运所参甚有理。尔等以为何如？"大学士明珠奏曰："上谕极是。宋文运身为堂官，合将妄言者题参儆饬。但范承谟等保留原有成例，今令该部议奏可也。"上又问汉大学士："尔等云何？"李霨、杜立德奏曰："皇上所见极是。宋文运纠参，原欲御史辈悉知儆惕。臣等公议，只今部议为当。"上曰："着该部议奏。"上又谕大学士等曰："近见科、道官员条陈事件，明与现行之例相同，部议以遵行日久，仍复严饬者甚多，此非畏惧言官之故乎？"大学士勒德洪等奏曰："上谕诚然。"

本日起居注官蒋弘道、阿哈达。

十三日甲午 早，上御乾清门，听部院各衙门官员面奏政事毕，部院官员出。大学士、学士随捧折本面奏请旨。为吏部题补户部郎中员缺，正拟太仆寺员外郎魏大善，陪拟兵部员外郎博奇。上问曰："魏大善何如？"大学士明珠奏曰："先曾将魏大善问过太仆寺堂官，俱云庸常。"上曰："拟陪博奇近差潼关收税，为人何如？"明珠等奏曰："其人亦可。"上曰："博奇年久，着补授郎中。"

又提督徐治都为夔州府署事阿大禅居官清廉，三年无过，题请实授，部议不允事。上曰："尔等曾查过否？"明珠奏曰："查得此缺已经补过，刘京至今未曾到任。"上曰："这本着依部议。凡此等补授四川官员，久不到任，殊为不合，着拟严旨速催赴任。"

又湖广巡抚王新命为进剿云南大兵钱粮，请移文四川总督、巡抚，自湖广运至重庆转解支给，户部议准事。上曰："大兵粮饷关系紧要，岂可以四川、湖广互相推诿？运至重庆粮饷，着四川、湖广官员协力速行转输，若有迟误，仍照前旨严处。着拟票来。"

又刑部为叟塞打死姚大，拟绞抵，监候，秋后处决事。上曰："观本内情节，叟塞之子陈六子谓姚大系伊祖父所买之人，再三控告。人命关系重大，着令详审具奏。"

未时，上诣太皇太后、皇太后宫问安。

本日起居注官常书、严绳孙。

十四日乙未 早，上因圣躬违和，传旨各部院章奏俱交内阁转奏。

本日起居注官库勒纳、沈荃。

十五日丙申 早，各部院章奏仍交内阁。

本日起居注官阿山、王顼龄。

十六日丁酉 早，各部院章奏仍交内阁。

本日起居注官朱马泰、汤斌。

十七日戊戌 早，各部院章奏仍交内阁。未时，上避暑，驻跸瀛台。

是日，吏部尚书介山自福建领兵回京进见。上传谕曰："尔出征甚劳，朕躬违和，故不召见。其察哈尔部落众兵进征，亦为劳瘁，兹回本地，未有行粮，宜加给予。"遂赐官兵牛羊等物。

本日起居注官胡简敬、阿哈达。

十八日己亥 早，各部院章奏仍交内阁。

本日起居注官常书、董讷。

十九日庚子 早，各部院章奏仍交内阁。

本日起居注官库勒纳、王鸿绪。

二十日辛丑 早，各部院章奏仍交内阁。

本日起居注官阿山、徐乾学。

二十一日壬寅 早，各部院章奏仍交内阁。

本日起居注官牛钮、严绳孙。

二十二日癸卯 早，各部院章奏仍交内阁。

本日起居注官朱马泰、曹禾。

二十三日甲辰 早，上御瀛台门，大学士、学士捧折本面奏请旨。为都御史徐元文条奏，捐纳官员三年满后，应定去留，其捐纳升转请行停止；捐纳贡生，有保举者方入正途；云南荡平之后，捐纳事例应行停止等语，九卿议覆事。上曰："捐纳一事原非善政，固所素知，但一时不得已，系九卿屡次会议而行者。今方行捐纳，又将捐纳官员定以严例，似欲止其捐纳矣。徐元文系大臣，理应条奏国家大政，自任都御史以来，所奏皆小事而已，其余国家大政未曾建言，看来尚不惬副。这所奏事情，尔等详议拟票来看。"

又汉军八品官王天荣因在关厢居住，交兵部议处。上曰："汉军人员住关厢者甚多，向以为禁，似乎不当。今皆令其内城居住，则汉军富者一人得住数家之房，将使满洲贫者不得住房。此事应着再议，尔等另拟票签来看。"

又吏部题补内阁学士员缺。上曰："这开列内侍读学士石柱乃一谨厚之人。尔等以为何如？"勒德洪等奏曰："上谕极是。石柱办事亦优。"上曰："将石柱补授学士。"

又科臣岳峰秀条奏州、县官犯事，应将衙役一并坐罪等事。上曰："衙役人等行恶作弊至于极处，理宜严治。这所奏虽非大事，亦应票该部确议具奏之旨，播示于外，使蠹役知所警惧。"

是日，各部院章奏仍交内阁。

本日起居注官库勒纳、孙在丰。

二十四日乙巳 早，上御瀛台门，大学士、学士捧折本面奏请旨。为吏科给事中费扬古条奏将炮位铜斤应令铸钱，及芜湖等关应添铜斤，户、工二部议不准行事。上曰："尔等曾问过否？"大学士明珠奏曰："曾传问户、工二部堂官，称前因铜价腾贵，故将所添各关铜斤裁去，议令增银。今若仍行添铜，恐铜价又腾，难于办买，所以议不准行。"上曰："今虽将所增铜斤裁去，铜价亦未见平。钱法攸关，着九卿、詹事、科、道会议具奏。"

又吏部题，监察御史房廷桢条奏捐纳岁贡虽许入正途，不宜考选科、道，其督、抚子弟亦不应考选，议覆不准行。上曰："现行事例，三品京堂以上之子弟不许考选科、道。督、抚系兼部院职衔，遇京察与京堂一例自陈，原无分别。尔等之意若何？"勒德洪等奏曰："皇上所谕极是。臣等意见亦然。"上曰："今后督、抚子弟不得考选科、道，及汉军、汉人捐纳岁贡，俱不得概入正途考选。"

又三法司衙门题，卞启龙所告王花子将伊子卞一品打死，不曾质审属虚，妄行叩阍，议鞭责九十事。上曰："此事部议似当。但闻王花子系有名恶棍，况卞启龙告词内，棍徒王花子先曾将伊子屡次毒殴。此情节着再行究审。"

是日，各部院章奏仍交内阁。

本日起居注官常书、朱彝尊。

二十五日丙午 早，上御瀛台门，大学士、学士捧折本面奏请旨。为宗人府题请致祭皇后陵寝，或将贝勒以下、觉罗阿思哈尼哈番以上，或将王以下、公以上职名开列事。上曰："为此请旨，殊属不合。凡事俱有定例，自当遵例，何必请旨？此本着交还宗人府。"

又吏部题，莆田县教谕李梦龙服阕，具呈假称不受伪札，议革职；与结县丞孙之蕙议罚俸六个月。上曰："如此辈曾受伪职，假称不受逆札者甚多，殊为可恶。俱当从重拟罪。尔等云何？"大学士明珠奏曰："圣谕诚然。其与结之人，亦当从重治罪。"上曰："着再加严议具奏。"

又礼部开列典试江南、陕西正副主考事。上曰："开列各官内，无甚可遣之员。其有一二可遣者，又系本省，理宜回避。然朕所知者亦少。"明珠奏曰："科举关系最要，皇上欲选差优长之人，诚为极当。"上又顾问汉大学士等。大学士李霨等奏曰："江南系大省，旧例惟遣翰林。其陕西省分差遣吏部并别衙门官员。今选差惟自上裁。"上曰："这本照常送内，朕当选遣。"

又兵部题总兵官严洪私离要地，议革职事。上曰："严洪行间著有劳绩，恐有冤抑，着一司官前去查审具奏。"

又都察院议巡察各仓遣官，照钱局例，停其设立衙门事。上曰："停止设立衙门，亦为有理。"明珠奏曰："若设立衙门，未免糜费钱粮，固应停止。但通仓路远，若无衙署，往巡官吏无所栖止。”上曰：“着再议具奏。”

是日，各部院章奏仍交内阁。

本日起居注官蒋弘道、阿哈达。

二十六日丁未　早，上御瀛台门，大学士、学士捧折本面奏请旨。为刑部等衙门因道官柏成栋讦告巡抚巴锡事虚，议革职鞭责，折赎；按察使索尔孙因开便门，议革职事。上曰：“观索尔孙并无别项缘由，止因向有便门，未经堵塞，照例遽议革职，似属太过。着再议具奏。”

又兵部题，董重民往招贼寇，因被贼害，将伊一子以卫千总录用事。上曰：“董重民前往招抚贼寇，被贼杀害可悯。既属旗下之人，可照伊子应得品级食俸。”

巳时，上诣太皇太后、皇太后宫问安。

是日，各部院章奏仍交内阁。

本日起居注官牛钮、王项龄。

二十七日戊申　早，各部院章奏仍交内阁。

本日起居注官胡简敬、阿山。

二十八日己酉　早，各部院章奏仍交内阁。

本日起居注官沈荃、朱马泰。

二十九日庚戌　早，上御瀛台门，听部院各衙门官员面奏政事毕，部院官员出。大学士、学士随捧折本面奏请旨。为巡抚金俊请将尚之信下都统王国栋孤忠死难，加恩优恤，兵部覆交与礼部议奏。上曰：“王国栋捐躯尽忠，矢志为国，深为可悯。尔等拟票将伊忠诚表出，令吏、礼二部会同，从优议恤具奏。”

又总督哈占以永宁副将员缺，将出征阿思哈尼哈番王麟坐名题补，部议不准事。上曰：“尔等曾问否？”大学士明珠奏曰：“曾问部臣，称永宁今为内地，所以不设总兵官，似可补授副将。”上曰：“王麟为人何如？何项出身？”明珠奏曰：“义王下人，闻其人品亦好。”上曰：“今云南全省恢复，此等人亦当用，王麟着照该督所请补授。”

是日，赐漕运总督邵甘披领一件、鞍马一匹、弓箭撒袋一副。

本日起居注官阿哈达、徐乾学。

三十日辛亥 早，上御瀛台门，听部院各衙门官员面奏政事毕，部院官员出。大学士、学士随捧折本面奏请旨。为吏部议覆刑部保举贪脏员外郎硕伦，将尚书魏象枢，侍郎禅塔海、陈一炳、冯苏俱降一级留任事。上曰："朕记地动以后，保举此等贪脏官员者，定有重处之例。今该部并未议及，尔等可察例。"

又尚书介山纠参学士纪振疆将伊弟用为同知等事一案。又题参伪将军耿继美，将所属王三英违旨私带回京事一案。上曰："此二事应交与议政王会议。"

谕毕，上又曰："适行取官员，吏部已经引见，此皆在外知县，在内各部主事等官，原因办事才干而举，非以其文学之优也，故停其考试。今虽引见，俱系汉官，朕实未知其人。科、道官为耳目所关，选择不可不慎。尔等即传谕九卿、詹事、科、道，令各举所知，将居官洁清，办事才能者，从公保举，不可以同年、同乡、亲党徇情私保。况汉官系在外各省之人，此荐举官员，在任贤否，不得自谓不知。即总督、巡抚所举有不当者，亦着指陈勿隐。"

未时，上御流杯亭，赐总漕邵甘食毕，上召邵甘近御座前，谕曰："闻淮安兵丁甚好，尔当善为抚绥。"邵甘奏曰："臣至地方，兵丁果好，自当体恤。"上曰："总漕亦无他事，不过兵民两便，措置得宜。尔身为大臣，当洁己奉公，克尽职任。若或任意自恣，亦尔自为之。"邵甘奏曰："臣本微末之人，蒙皇上擢为督捕侍郎，今复任总漕，自当尽心竭力，以图报称，安敢营私自便。第才识浅陋，或为人所欺罔耳。"奏毕，出。

本日起居注官常书、董讷。

七 月

初一日壬子 早，上御瀛台门，听部院各衙门官员面奏政事毕，部院官员出。大学士、学士捧折本面奏请旨。大学士明珠奏曰："昨以议处刑部堂官一事，奉旨查向来定例。臣等查得康熙十八年，定有保举属员清廉，后有贪赃犯罪者，将堂官从重议处之条。十九年又议，止可保举才能，难以保其清廉，奏明停止。因此吏部将魏象枢等酌量各议降一级留任。又有督、抚保举属员贤能，后有贪赃者，降二级调用之例。”上曰：“刑部审理诸事情弊甚多，且凡事耽延时日，概不能速结。屡有谕旨申饬，仍不悛改，此皆满堂官之过。魏象枢、陈一炳、冯苏俱照部议，禅塔海着降四级留任。”

又题补刑部侍郎事。上曰：“候补侍郎杜臻其人颇优，现在候补，着即补授此缺。”明珠又奏曰：“前以考选科、道，奉旨将行取知县，令九卿、科、道保举。今知县许三礼、林象祖、任辰旦、都甫、王连瑛、杨周宪系尚书宋德宜、魏象枢，左都御史徐元文，詹事沈荃，给事中王日温、姚缔虞、李迥、刘沛先，监察御史孙必振保举。其余各员称不能尽识。”上曰：“此考选应取之人，可有定数否？一年之中，科、道共出几缺？”明珠奏曰：“一年内外升转，科出二缺，道出四缺。康熙十五年，共考选三十人，未限数目。今年行取之人较前稍多。”上曰：“此内林象祖、任辰旦原闻其优，其余皆不知之，可将此二人之名列之于前，其余按次序开列三十五人，写上传来看。若用后有不称者，再行黜之可也。”

又巡抚杭爱题，投诚伪官彭时亨等官兵，或归并内营，或安插内地垦荒。兵部议将此等官兵系某年投诚某将军之处，查明具奏时再议。上曰：“此事虽不甚紧要，但安插投诚人员，令其垦荒，务使得所，于未经投诚之人示以榜样，关系在此，自应详慎。其彭时亨早晚可议，不必票出。其余尔等详酌来奏。”

本日起居注官库勒纳、王鸿绪。

初二日癸丑　早，上御瀛台门，听部院各衙门官员面奏政事毕，部院官员出。大学士、学士捧折本面奏请旨。为提督徐治都请将京山县知县祖嘉藩调补宛县，宛县知县龙鳞锦调补京山，吏部议不准行。上曰：“宛县系要地，着照徐治都所奏调补，不为例。”

又户部奏销出征广东将军蟒吉免、舒恕标下兵丁支过钱粮事。上曰：“钱粮关系紧要，此支过钱粮，并无实据，但凭舒恕之言，遽行奏销，殊属不合。着吏部察议此案，着再议具奏。”

又兵部题补昭陵噶喇大员缺，正拟佐领韩楚汉，陪拟努尔忒。上曰："噶喇大职任紧要，朕观韩楚汉、努尔忒俱系庸常人。着行该将军，于在陵官员内选择到日，一并另拟具奏。"

又大学士等奏称："巡抚杭爱题请安插投诚伪官兵事，昨日上命臣等确议。今公议得川省久已底定，地方官应作速分别兵民，使之垦荒，以济民生。此奏似应交与九卿、詹事、科、道会议。"上从之。

本日起居注官阿山、曹禾。

初三日甲寅 早，上御瀛台门，听部院各衙门官员面奏政事毕，部院官员出。大学士、学士捧折本面奏请旨。为吏部题补内阁侍读学士员缺，正拟郎中色勒布，陪拟色黑。上问大学士等曰："尔等以为何如？"明珠奏曰："侍读学士职掌文翰，伊等年迈，笔墨荒疏。"上曰："尔衙门会同吏部拣选具奏。"

又会推正蓝旗蒙古都统员缺，正推护军统领夸岱，陪推副都统恭图。上曰："伊等人俱平常，这员缺着另推具奏。"

又兵部题请广东惠州府副将员缺，将投诚总兵路之嵩补授。上曰："路之嵩原系守备，从贼为伪总兵。今因投诚，补授副将，则现任效力人员更补何缺？将此等投诚之人，谕该部暂行停补。这本交与该部，着另拟具奏。"

未时，上复御瀛台门，赐进贡吴喇忒部落三品台吉奔博衣等，扎萨克四品台吉桑格等，翁牛忒部落四品台吉阿米尔大等，乌朱穆秦部落一品台吉苏马第等，喀喇沁部落四品塔布囊巴杂尔等，郭尔罗斯部落四品台吉乌尔图纳索兔、鄂齐尔等食。

本日起居注官牛钮、孙在丰。

初四日乙卯 早，上诣太皇太后、皇太后宫，恭请避暑。太皇太后移驻五龙亭，皇太后移驻紫光阁。

是日，传旨各部院章奏俱交内阁转奏。

本日起居注官朱马泰、潘耒。

初五日丙辰 早，上御瀛台门，听部院各衙门官员面奏政事毕，部院官员出。大学士、学士随捧折本面奏请旨。为吏部题补户部郎中员缺，正拟员外郎魏大善，陪拟马鼐。上曰："魏大善即前问太仆寺卿言其人平常者否？"大学士勒德洪等奏曰："然。"上曰："昨保举各官中，尔衙门侍读齐穑何如？"明珠奏："此人颇优，历年亦久。向同侍郎额库礼随征岳州，问之云事情谙练，人亦甚优。"上曰："此缺着将齐穑升补。"

又大将军赖塔题请原任云南布政使崔之瑛军前投诚，不污伪职，宜加叙录，以示鼓励。部覆应俟该督、抚查明到日再议。上曰："向闻崔之瑛曾为云南伪巡抚，后方告病，何必又查。"随问学士阿兰泰曰："尔在兵部时，曾记开报此人受贼伪职否？"阿兰泰奏："为日已久，臣偶失记。"上曰："尔等将此人有无曾受伪职查明来奏。"

又兵部题补正蓝旗参领员缺，正拟拜他喇布勒哈番又一拖沙喇哈番胡什布，陪拟佐领佛博色。上曰："开列各官内前锋护卫舒书劳绩甚多，人材壮健。尔等以为何如？"明珠奏曰："舒书效力独多，超出于众，人亦甚壮。"上又曰："陪拟佛博色向为察尼贝勒司仪长，其人亦可，但此非护军参领及前锋参领之缺。正拟胡什布颇有效力之处，人亦堪用，着将胡什布补授。"

又山西偏关等处参将员缺，将马子云等掣签补授事。上曰："马子云效力行间，材力强健，应补要地，偏关非要地也，着拣疏内要缺补授。"

又理藩院题，喀尔喀部落额尔得尼戴清那颜进贡及求往谒达赖喇嘛之银满达等物，议不准事。上曰："尔等曾问过否？"明珠奏曰："臣等问过，其蒙古中出色人员来求者，亦有给过之例。若此等小台吉俱给，则所求者必繁，故未与者亦多。"上曰："不与者诚当。着照部议。"

上又曰："朕闻理藩院行移蒙古事宜，皆以略节行之，蒙古不甚详解。朕意以所奏本章内兼书蒙古文字，以全抄移行，庶蒙古皆得晓然矣。尔等云何？"明珠奏曰："该院之事尽行写出，人尚难于明晓，若节去详目，人诚不知。且各部院行移，俱兼汉文，今并书蒙古文，未为不可。"上曰："此系创行之事，尔等会同理藩院议奏。"

本日起居注官叶方蔼、阿哈达。

初六日丁巳 早，上御瀛台门，听部院各衙门官员面奏政事毕，部院官员出。大学士、学士随捧折本面奏请旨。上顾大学士等曰："刑部事宜关系人命，必择精敏材干者始克称任。礼部尚书郭四海向在兵部，具有才能，以礼部尚书衔管刑部事，可乎？”明珠奏曰。“刑部事关紧要，前亦有以大学士管刑部事者。今若调补，未为不可。”上曰：“尔等会议，拟票来奏。”

本日起居注官蒋弘道、常书。

初七日戊午 早，上御瀛台门，听部院各衙门官员面奏政事。

辰时，上率皇太子诣五龙亭请太皇太后安。

本日起居注官阿山、严绳孙。

初八日己未 早，上御瀛台门，听部院各衙门官员面奏政事毕，部院官员出。大学士、学士捧折本面奏请旨。为吏部题补广东布政使员缺，正拟按察使马斯良，陪拟余三汲。上曰：“马斯良虽有效力之处，人却平常。此余三汲曾被屯泰题参者耶？”明珠奏曰：“是。广东系岩疆，若补平常之人，难以胜任。”上曰：“此员缺着九卿会同选择。”

又礼部题原任总兵官王承业应否与谥事。上曰：“谥号原照人之素行，王承业并无超越立功之处，不必与谥。”

又理藩院题将盗马杨和尚应即行处绞事。上曰：“杨和尚系公主家人，故住在边墙内，即盗边墙内马，与墙外蒙古地方为盗者少别。尔等之意如何？”明珠等奏曰：“同系外藩蒙古人，若分别边内边外居住，则条例不得画一，所以定为一例。”上曰：“还着从宽免死，减等发落。”

申时，上诣紫光阁请皇太后安。

本日起居注官库勒纳、王顼龄。

初九日庚申 早，上御瀛台门，听部院各衙门官员面奏政事毕，部院官员出。大学士、学士随捧折本面奏请旨。为礼部题平南亲王尚可喜灵柩已到，应遣官致祭事。上曰：“尚可喜为国效力，勤劳最著，着加一次致祭。”

又兵部题补镶蓝旗前锋护卫，正拟前锋校常舒，陪拟拖沙喇哈番布代。上曰：“护军校马尔浑材力强壮，颇有勤劳之处。常舒人材亦优。”大学士明珠奏曰：“前马尔浑曾驰奏捷音。此二人才固优。”上曰：“伊等朕一一见之，俱属可用。尔等姑问该旗，常舒、马尔浑二人孰优？再行具奏。”

又三法司议赵真将迷药迷倒郑承恩，拐骗驴头，应立行处绞事。上问曰："尔等云何？"明珠奏曰："赵真虽将迷药迷人，但未致死，或秋后处决亦可。"上曰："赵真之罪断不可宽，着改为秋后处决。"

又侍讲王鸿绪疏参湖广朱方旦邪教煽惑事。上问曰："尔等之意若何？"明珠、李霨等奏曰："朱方旦悖逆招摇，所行甚确。"上曰："王鸿绪所参甚佳极当，朕故折此本。朱方旦朕素知之，原是匪人。所云前知预晓，风影皆无，满汉人民无知，被惑者亦多。其悖逆煽惑之处俱实，应重加惩治。"明珠奏曰："应敕嗣后收书之人，俱行严处。"上曰："该地方督、抚及大小言官，应行奏劾，竟不纠参，殊属不合。此人即不处死，亦当流徙宁古塔。尔等可将该地方督、抚不行参劾，及言官不行参劾之处，票明申饬，并朱方旦严拿究拟，俱用严切之语拟票来看。"

本日起居注官沈荃、朱马泰。

初十日辛酉　早，上御瀛台门，听部院各衙门官员面奏政事。

巳时，上诣五龙亭、紫光阁请太皇太后、皇太后安。酉时，上复诣五龙亭请太皇太后安。

本日起居注官胡简敬、牛钮。

十一日壬戌　早，上御瀛台门，听部院各衙门官员面奏政事毕，部院官员出。大学士、学士随捧折本面奏请旨。为议政王等以正蓝旗蒙古都统员缺，另推副都统喇克达拟正，杨代拟陪事。上曰："喇克达比之夸岱迥然不同，着即补授。"

又兵部题补镶蓝旗前锋护卫事。上曰："尔等将常舒及马尔浑问过否？"大学士明珠奏曰："曾问料理该旗事务贝子，云常舒、马尔浑人材俱壮，劳绩亦同，但常舒独多奉旨纪用之处。问副都统马尔汉云，我前出征四川，此二人材力无异。问前锋统领伊把汉云，伊等总不识认。据其行间效力皆同，但因常舒有奉旨纪用之处，故此拟正等语。"上曰："此二人人材甚壮，朕所素知，着将常舒补授。"

又三法司议行劫范宝家强贼朱三风子等十六人，俱应立斩事。上曰："尔等所议若何？"明珠奏曰："案内门宦一犯，虽未及行劫，实同谋分赃，似亦不可宥。"上曰："朕曾记山东盗案，有迫于饥荒行劫，当时定罪殊有分别。”明珠奏曰：“果有此事，但门宦并不由逼迫。”上良久曰：“可依部议。朕常于刑部人命事情，恐其尚有可生之路，每每细加详阅，奈无可生之人。”明珠奏曰：“此乃皇上好生之仁也。”

巳时，上诣五龙亭请太皇太后安。

本日起居注官阿哈达、徐乾学。

十二日癸亥 早，上御瀛台门，听部院各衙门官员面奏政事毕，部院官员出。大学士、学士随捧折本面奏请旨。为吏部题补刑部郎中事，正拟员外郎魏大善，陪拟马鼐。上曰：“魏大善，伊衙门堂官以为庸常。尔等云何？”大学士勒德洪奏曰：“太仆寺衙门所用官员，由旗下武职者多，故将伊等考试。其魏大善与各部院衙门官员较俸升转之人。”上曰：“魏大善人实庸常。此后郎中员缺不必再拟。前刑部保举者为谁？”勒德洪等奏曰：“有达苏喀、陶谟和。”上曰：“伊等俱堪用乎？”勒德洪奏曰：“俱属堪用。”上曰：“达苏喀着补授郎中。”

又户部题，原任将军舒恕兵马支给钱粮，应行大将军赖塔查明到日再议。上曰：“先经奉旨者，因未议及舒恕之故。今看疏内此项钱粮已属明白，不必咨查，着该部即行议奏。”

又刑部题田三掘伊主墓，盗其衣服，拟斩，秋后处决事。上曰：“田三掘伊主墓，盗其衣服，大为可恶。此番秋审可以审及否？或作何改例之处，尔等与刑部官员定拟再奏。”

又支一品俸尚之孝奏，安葬父骸，并乞终养二母事。上曰：“尚之孝既有兄弟，不必准其终养，可宽假期，令往海州料理家务毕回京。着拟温旨来奏。”

辰时，上诣五龙亭请太皇太后安。

本日起居注官阿山、董讷。

十三日甲子 早，上御瀛台门，听部院各衙门官员面奏政事毕，部院官员出。大学士、学士随捧折本面奏请旨。为吏部题，原任分守关南道兴永朝应以原品级补用事。上曰：“闻兴永朝为人极优，居家澹薄。在任时，兵民称善。虽无功绩，为官既善，着以应得职衔即用。”

又为兵部题精奇尼哈番刘格祖母将伊家人打死，议鞭责折赎事。上曰："凡官员祖母、母并妻缘事者，即议鞭责折赎，于大体不合。如果事犯重大，不妨削其诰封治罪。若鞭责折赎小过，或将伊夫或伊子孙品级俸禄议罚。尔等以为何如？"大学士勒德洪、明珠等奏曰："妇人议鞭责折赎，殊觉非体，诚如上谕。"上曰："着兵部会同吏部定例具奏。"

本日起居注官牛钮、曹禾。

十四日乙丑 早，上御瀛台门，听部院各衙门官员面奏政事毕，部院官员出。大学士、学士随捧折本面奏请旨。为陕西巡抚鄂恺，以清水、秦州等处十七年地丁钱粮业经改派米草，请抵正项钱粮，户部议不准行事。上曰："朕观此事该抚料理颇为允当，似应从其所请，但关系钱粮款项，恐嗣后督、抚引以为例。尔等改票来看。"

又兵部覆广东将军王永誉题请尚之信所属人员，应编为十五佐领，拨入上三旗事。上曰："此事应从部议。但尚之信所属人员，岂止三千，其中必有隐匿。此等人分入旗下，皆可令披甲。尔等查原报人丁册籍来奏。"

又吏科给事中李宗孔条陈官员所戴帽式，应用珠宝、水晶、金银等件，以金丝缠于帽缨之上。其官民帽顶或用黄、红、紫、蓝等色，以分贵贱事。上曰："尔等之意若何？"大学士明珠奏曰："这条陈各款皆属难行。"上曰："疏内所言辨等威、禁奢靡亦是。但欲改易帽式诸款未协，难以颁行。着将此本发回。"

巳时，上诣五龙亭请太皇太后安。

本日起居注官常书、王鸿绪。

十五日丙寅 早，上御瀛台门，听各部院衙门官员面奏政事。户部尚书伊桑阿等同兵部侍郎希福奏事。上谕曰："京仓、通仓粮米历来缺额，其监督官员交盘时，有贿与银两者，亦有杂以灰土者。放米时，有与旗下官员银两抵完者，其贫人所得米粮缺少，甚苦。此情朕早已知之，现在发觉者若此。如将从前究察，经管官员有一得免者乎？然近行禁止，或者稍愈欤！"谕毕，户、兵两部官员出。

大学士、学士捧折本面奏请旨。为将军噶尔汉奏请，据提督徐治都标下副将许嘉谟等呈称，天雨连绵，兵丁跰足，时值暑热，患病甚多等语。应将所带兵作何区处，请旨定夺。上顾大学士等问曰："此事尔等云何？"

明珠奏曰："这兵丁不肯前进，觉有未便。"上曰："调兵机宜关系紧要，朕意在兵丁犹可，其率往官弁决不可恕。此项兵丁仍遣赴徐治都标下。尔等将许嘉谟等借端规避不进情由票明，着严拿究问，拟严旨来奏。"

上又谕曰："近来投诚守备、千总等官，或带总兵、副将札付，即照伊所带札付反加优叙先用。其原在绿旗官员于军前效力显著者，并不得表见，淹滞者颇多。所在统兵将帅知悉此情者已经回京，在彼无人知见，又无人代奏，此等官员甚为屈抑。朕意特宣上传奖励。尔等拟稿来奏。"

巳时，上诣五龙亭请太皇太后安。

本日起居注官孙在丰、朱马泰。

十六日丁卯 早，上御瀛台门，听部院各衙门官员面奏政事毕，部院官员出。大学士、学士随捧折本面奏请旨。为巡抚韩世琦题，湖南漕粮俱已征完，业经供应进剿大兵，并无起运京城漕米。户部覆，此项米粮屡经题覆，移文起运京城，该抚借端不行起运，延迟至今，应交该部议事。上曰："供应进剿兵丁，起运京城，各有额定粮米。漕运关系重大，且湖南系产米之地，理应依限起运。该部屡经移催，仍然坚执指称供应兵饷，迟误漕粮，殊属不合！着严加议处。"

又镶白旗蒙古都统席布臣因年老身病，奏请解任事。上问曰："尔等看其如何？"大学士明珠奏曰："其老貌与内大臣、都统巴泰仿佛相等，似乎尚可行走。"上曰："席布臣着仍留任。尔等拟留任票签来看。"

辰时，上诣五龙亭、紫光阁请太皇太后、皇太后安。

本日起居注官库勒纳、潘耒。

十七日戊辰 早，上御瀛台门，听部院各衙门官员面奏政事。上谕兵部尚书折尔肯等曰："今报马宝投降。马宝系逆贼渠首，其罪甚重，屡抗大兵，今败奔无路，势迫来降，断不可留！宜行该将军，如来降果真，即速拿解来京，以正军法。应令议政王等会议具奏。"谕毕，部院官员出。

大学士、学士随捧折本面奏请旨。为将军赖塔等题，原任云南布政使崔之瑛不受伪职，吏部议行该督、抚查明再议。上曰："尔等曾察明否？"大学士明珠奏曰："查问兵部，并无报文。"上曰："朕闻崔之瑛曾为伪巡抚。近日看来，有已受伪职假称未受者甚多。臣节关系重大，曾否降贼，岂容混冒。着将这本内事情再行严察议奏。”

又总督姚启圣请以沿海小民无桅平底布帆小船许令捕鱼。兵部议今值进剿台湾，俟克获之日，该督、抚题请再议。上曰：“朕闻海面行走，不在船之大小，但无帆即不能远行。或驾大船，不许用帆，离海岸五六里捕鱼，似亦可行。尔等公同详议来奏。”

本日起居注官崔蔚林、阿哈达。

十八日己巳　早，上御瀛台门，听部院各衙门官员面奏政事毕，部院官员出。大学士、学士随捧折本面奏请旨。为吏部题侍讲学士严我斯告病事。上曰：“严我斯为人诚实。近观翰林官员与人往来者甚多，渠能谨慎自守。且讲官系紧要职员，尔等可票好旨留任，并谕太医院择遣良医往治其疾。”

辰时，上诣五龙亭请太皇太后安。

本日起居注官叶方蔼、阿山。

十九日庚午　早，上御瀛台门，听部院各衙门官员面奏政事毕，部院官员出。大学士、学士随捧折本面奏请旨。为吏部题补工部郎中员缺，正拟员外郎马鼐，陪拟苏札禄。上曰：“工部员外郎噶席图谙练事情，才具可用，着补授此缺。”

本日起居注官牛钮、严绳孙。

二十日辛未　早，上御瀛台门，听部院各衙门官员面奏政事毕，部院官员出。大学士、学士随捧折本面奏请旨。为吏部议叙广东廉州府知府佟国相招安难民八千余人，加一级事。上曰：“此事殊属无用。佟国相于广东平定之后，始行招安，与有事省分不同。”大学士明珠奏曰：“前祖泽清反叛时，民人离散，平定后民即复业。上谕无用，极是。”上曰：“此事于四川、云南、贵州尚可行，其广东、广西、江西、福建、浙江等处不可行。尔等将此事议奏。”

又议政王会议赐给米银。苏尼忒部落多罗郡王萨木札等十五旗蒙古已得生理不议外，又苏尼忒部落杜棱郡王阿育锡等不能赡养之蒙古，应令于左、右两翼察汉儿部落地方住牧，以科尔沁国所协牲畜与鄂尔多斯所罚牲畜给与事。上曰：“此事蒙古大臣云何？”明珠奏曰：“蒙古大臣言，皇上赐蒙古米、银、牲畜，又令在两翼察汉儿部落地方住牧，在蒙古皆得生业。皇上如此筹划，加以隆恩，即臣等亦喜之不胜。”上曰：“可票好旨，令众知之。”

上又谕曰：“大同地方民饥流离至于极困，若不将本省内才能官员拣选调用，抚养百姓，民将何以生乎？至此处卫、县甚多，应令巡抚等将所属官员庸劣者题参，平常而能理事者调用，方为允当。然旨内毋加太严之语，恐地方官员妄行纠参。尔等其详议之。”大学士勒德洪、明珠等奏曰：“皇上轸念民生，如此筹划周详，诚为尽善，即该抚亦欲地方得其人也。”

未时，上诣五龙亭请太皇太后安。

本日起居注官朱马泰、王顼龄。

二十一日壬申 辰时，上召大学士以下，各部院衙门员外郎等以上官员，齐集瀛台，命内大臣佟国维，内务府总管费扬古，学士张英，亲随侍卫敦柱、萨碧汉传谕曰：“大臣、侍卫在朕左右，时加赏赉。惟内阁及部院各衙门诸臣，比年以来，办事勤劳，未沾恩赐，故特召集尔等，以尽一日之欢。今日并非大筵宴，因朕方驻瀛台，即以太液池中鱼、藕等物赐诸臣共食。又特赐彩缎表里以制衣服，亦非大赏赉可比。诸臣其悉知之。”

传谕毕，颁赐诸臣缎匹有差。大学士勒德洪、明珠等同群臣奏曰：“臣等衣食何者不出上赐，伏念备员日久，过误滋多，毫无裨补，方愧有负任使。今皇上恩礼稠叠，赐以文绮及上尊珍馔，隆施异数，遍及在廷。天语温和，弥增悚惧。自今以往，惟期尽力报效，以答高厚于万一而已。”奏毕，三跪九叩头谢恩，各就席。

将坐，上又命领侍卫内大臣塔达、费扬古、和硕额驸耿昭忠、学士张英传谕曰：“今日宴集诸臣，本当在朕前赐宴，因人众，恐恩泽未能周遍，故不亲莅。诸臣可畅饮极欢，毋拘谈笑，以副朕意。”诸臣就坐，饭讫。少选，改席设肴核，赐金钟饮一巡。又命内大臣、学士等宣劝，饮无算爵，诸臣无不沾醉。宴毕，又一跪三叩头，谢恩出。

申时，上诣五龙亭、紫光阁请太皇太后、皇太后安。

本日起居注官沈荃、常书。

二十二日癸酉 早，上御瀛台门，听部院各衙门官员面奏政事毕，部院官员出。大学士、学士随捧折本面奏请旨。为吏部题补内阁侍读事，正拟户部主事常明，陪拟光禄寺署正拖代。上曰："内阁事务紧要，这员缺尔等会同吏部选择具奏。"

又刑部等衙门题罗森家人柏紫一案，应俟罗森事结之后再议。上曰："观柏紫事甚是冤枉，罗森特欲杀此人以灭口也。"大学士明珠奏曰："柏紫系贵州巡抚杨雍建审明拟斩具题。今该部俟罗森事完议结，似亦可行。"上从之。

巳时，上率皇太子诣五龙亭请太皇太后安，随送太皇太后回慈宁宫。申时，上又率皇太子诣紫光阁请皇太后安，随送皇太后回寿昌宫。驾仍回瀛台。

是日，广西军前病故护军统领莽吉图、夸兰大宗室巴尔喀、阵亡七品官马克山丧至，上遣内大臣觉罗塔达、宗室回色、一等侍卫郭达等，携茶酒往丧次致奠。

本日起居注官胡简敬、阿山。

二十三日甲戌　早，上御瀛台门，听部院各衙门官员面奏政事毕，部院官员出。大学士、学士随捧折本面奏请旨。为吏部题补工部主事员缺事，正拟秋官正杨为梓，陪拟中书李遇时。上曰："钦天监官员习学天文，若升用别部院衙门，遂弃所学，颇为可惜。此等官员屡行迁转，后之学习者益难，其人恐致旷误。其问该衙门监正等官，再行具奏。"

又工部议准云南巡抚王继文请，将协饷内拨银一万两制造火药事。上曰："今云南早晚收复，克城之日，贼所蓄火药必多，此议拨银数太过。着另议具奏。"

本日起居注官阿哈达、徐乾学。

二十四日乙亥　早，上御瀛台门，听部院各衙门官员面奏政事毕，部院官员出。大学士、学士随捧折本面奏请旨。为吏部题汉军无职掌官员及年老闲散人员，有欲居住关厢者，令其居住，有职掌官员及兵丁人役，仍不许居住关厢。其前居住关厢八品官王天荣，应免议处事。上曰："若将汉军居住关厢，地实旷闲。事属创行，着议政王、大臣会议具奏。"

又为题补工部主事事。明珠等奏曰："臣等将杨为梓问过钦天监衙门堂官，云伊衙门官员虽学习天文，难知深奥。此等年久之人，若挨次升补，方肯勤于学习。”上曰：“天文深奥处固难学，其大略人人皆可学习。此拟正杨为梓着升补。”

又福建总督姚启圣回奏称，左都御史徐元文前参福建总督姚启圣妄借库银贸易，又自称贫穷，乃捐助多银；又强娶乡绅孙女为妾；又欲取台湾，以致兵困；又统兵三载无功，令水师提督入海，以图侥幸；又忌嫉巡抚成功，向部臣跪求六款。姚启圣逐一明白回奏。上曰：“观姚启圣回奏，俱系已经题结之事。其娶妾之处，回奏本内言，系在京师及广东时所娶，并非在福建娶者。当贼寇变乱，所行之事，彼时竟默默毫无言及，今事平之后，乃为追论，于事何益？蔡毓荣、董卫国等今亦有追论者。若乱时之事，今追论不已，何异高鸟尽，良弓藏；狡兔死，走狗烹乎？着票知道了。”

本日起居注官库勒纳、董讷。

二十五日丙子 早，上御太和门视朝。文武升转官员谢恩，赐茶毕，回宫。

少顷，御乾清门，听部院各衙门官员面奏政事。理藩院尚书阿穆瑚朗绿头签启奏。上顾往赈苏尼忒等部落郎中赛柱、占木巴喇曰：“尔等前遣往赈济时，曾对朕推言事关重大，及至彼处，复奏粮米断难运至。若非侍郎阿里尼陈奏，尔等即不顾而归矣。朕轸念蒙古饥荒，死亡流散，陆续催攒运米至彼，蒙古方得更生。若听尔等之言，此数万生灵岂不徒死乎？尔等但有便利处则趋之，劳苦处则避之，大亏职守，切责之！”谕毕，部院官员出。

大学士、学士随捧折本面奏请旨。为吏部等衙门题，员外郎鄂穆喀、韩铨侵蚀仓米七千余石，俱应革职拿交刑部。侍郎噶尔图等俱失于觉察，罚俸一年。上曰：“此事尔等云何？”大学士明珠奏曰：“鄂穆喀等虽未承认侵欺粮米，但已经缺少，故部议以为侵蚀，革职交与刑部。”上曰：“鄂穆喀等交与刑部，允当。但议处仓场侍郎不合。尔等云何？”勒德洪等奏曰：“免议极是。”学士格尔古德奏曰：“纠参之人，若行议罪，嗣后谁肯纠参？”上曰：“仓内弊窦甚多，前此并未有人觉察。今因觉察，反议处噶尔图等可乎？可拟申饬部议票签来奏。”

本日起居注官常书、王鸿绪。

二十六日丁丑　早，上御瀛台门，听部院各衙门官员面奏政事毕，部院官员出。大学士、学士等随捧折本面奏请旨。为吏部题补礼部郎中员缺，正拟员外郎马鼐，陪拟苏札鲁。上问曰："马鼐为人何如？"大学士勒德洪、明珠奏曰："臣等看马鼐为人似乎敏捷，却办事平常。"上又问曰："尔等何以知之？"勒德洪等奏曰："臣等办礼部事务时，因而知之。"上曰："马鼐在部年久，着即补授此缺。"

未时，上御瀛台流杯亭，赐进贡科尔沁国辅国公图纳黑等、一品台吉拨木拨齐等，阿霸垓部落四品台吉色棱等，克什克屯部落四品台吉巴拜等，吴喇忒部落四品台吉阿喇纳等食。

本日起居注官孙在丰、朱马泰。

二十七日戊寅　早，上御瀛台门，听部院各衙门官员面奏政事毕，部院官员出。大学士、学士随捧折本面奏请旨。为吏部题湖广巡抚韩世琦将应运粮米指称支给兵饷，不行起运，议革职事。上曰："此人应降四五级，仍留任。查其有无加级纪录再奏。"

又题补山东按察使员缺，正拟道员胡戴仁，陪拟张汧。上曰："此缺着九卿、詹事、科、道选择具奏。"

又理藩院题病故一品台吉塞百克之男鲁席希布，照例承袭二品台吉事。上曰："塞百克既于行间病故，其子仍应承袭一品台吉。此等行间病故台吉之子，曾有承袭原官者否，查明来奏。"

本日起居注官阿山、潘耒。

二十八日己卯　早，上御瀛台门，听部院各衙门官员面奏政事毕，部院官员出。大学士、学士随捧折本面奏请旨。奏曰："臣等查巡抚韩世琦有加五级、纪录一次。"上曰："韩世琦居官亦不甚佳，着削去所有加级，仍降三级留任。"

大学士等又奏曰："臣等查出兵物故台吉有无承袭原官旧例，病死者，其子并无承袭原官之例。"上曰："塞百克死于行间，其一品台吉准令其子鲁席希布承袭。"

巳时，上诣太皇太后、皇太后宫问安。

本日起居注官崔蔚林、牛钮。

二十九日庚辰　早，上御瀛台门，听部院各衙门官员面奏政事毕，部院官员出。大学士、学士随捧折本面奏请旨。为宗人府题，纯亲王薨逝，其王爵应否承袭事。上曰："此事尔等何以两票？"大学士明珠奏曰："因襄亲王薨未曾世袭，臣等以为应查旧典，或交与议政王议，所以两票。"上曰："着宗人府会同礼部查例具奏。"

又吏部等衙门为原任都统王国栋尽忠报国，应授拜他喇布勒哈番又一拖沙喇哈番，其赐谥及加祭，请旨定夺事。上曰："尔等云何？"明珠奏曰："王国栋为国效力，殉难而亡，似应予谥。"上曰："然。着予他谥，不必加祭。余依部议。"

又为太常寺请旨祭社稷坛，或上亲祭，或遣大臣。奉旨着问太常寺病目及患疖者可否斋戒。上曰："尔等曾问否？"大学士勒德洪等奏曰："臣等问太常寺卿席尔达等云，病目、患疖，陪祭者尚然不可，皇上主祭，更不便斋戒。"上曰："凡遇祭祀，朕无不亲往。此系大祭，尔等会同礼部查例具奏。"

本日起居注官叶方蔼、阿哈达。

八　月

初一日辛巳　早，上御瀛台门，听部院各衙门官员面奏政事毕，部院官员出。大学士、学士随捧折本面奏请旨，时礼部、太常寺官员同进。大学士明珠奏曰："臣等遵旨会同礼部、太常寺查例，凡祭坛庙，陪祭大臣身有微疾，即不陪祭，另行点用。今祭社稷坛，圣躬微有违和，似应遣大臣。"上曰："朕一应祭祀必亲往恭祭，无有或缺，故屡次降旨，命尔等公议。若再展期，为日太久。朕不得躬诣，着即遣大臣。"谕毕，礼部、太常寺官员出。

又为礼部题镶黄旗汉军都统范达礼应否给谥事。上曰："范达礼无甚劳绩。俟大兵回京之日，再议具奏。"

本日起居注官沈荃、常书。

初二日壬午　早，上御瀛台门，听部院各衙门官员面奏政事毕，部院官员出。大学士、学士随捧折本面奏请旨。为和硕庄亲王博果铎患病不能趋事，请罢议政职任。上曰："庄亲王自授议政，并未行走，殊为不及，可拟平常票签罢其议政。"

又议政王等会议，汉军有职无职人员愿在关厢居住者，听其居住；满洲、蒙古内年老有疾休致官员，愿在关厢居住者，亦听其居住事。上顾大学士等问曰："尔等所问若何？"明珠奏曰："臣等问吏、兵、工三部大臣。尚书介山等云，满洲、蒙古患病年老罢职者，准其关厢居住，城内地方稍可空闲。又上谕满洲、蒙古官员在关厢居住，其子弟往看过宿行走，恐生事端，所见极是。然例各向佐领说明方往，自不至有扰乱之处。会议时，亦曾虑及，故如此议。臣等之意，似为可行。"上从之。

本日起居注官朱马泰、徐乾学。

初三日癸未　早，上御瀛台门，听部院各衙门官员面奏政事毕，部院官员出。大学士、学士随捧折本面奏请旨。为和硕庄亲王博果铎请罢议政事。上曰："博果铎授为议政以来，并未著有勤劳，着即罢议政。尔等拟责言票签来看。"

又吏部题本部司员内升外转事。上曰："尔等意见云何？"大学士明珠奏曰："适臣等满汉公议郑重为文选司郎中，其人颇优。"上曰："李如兰何如？"大学士李霨等奏曰："李如兰为人亦可。"上曰："李如兰曾两次差遣审事，看来最为明晰。"又顾问学士张玉书。奏曰："其人实有材。"又问："品行何如？"张玉书奏曰："品行不能深知。"又问："郑重品行何如？"大学士李霨等奏曰："郑重为人老成。"上曰："郑重着内升。谁当外转？"明珠奏曰："吏部司官见在之人无多，止田七善有病，系新补未久。"上曰："司官既无多员，外转着暂停这一次。"

又吏科题科员内升外转事。上问大学士："尔等所议如何？"明珠奏曰："汉大学士等云，李宗孔办事年久。"李霨奏曰："次序在前者唯李宗孔、王曰温。"上曰："李宗孔授任以来，无好本章，并未见纠劾一人，朕意欲令外转。"杜立德奏曰："李宗孔在任十有余年矣。"上曰："朕惟观其人品优劣。果才不堪用，纵在任三四十年何益？如李迥为人，亦觉平常。”杜立德奏曰：“李迥前在江南典试极能秉公。”上曰：“朕观张鹏所奏本章，皆系实心条奏，绝无私情，其人堪用。”明珠等奏曰：“圣谕诚然。”上曰：“张鹏着内升，李宗孔着外转。”

又工部奏销修造景山内房屋用过钱粮事。上曰：“万福阁、寿皇殿等处修造甚属草率，所用钱粮太多。着工部会同内务府将修造之处用过价银，务详行查对，确议具奏。”

巳时，上诣五龙亭请太皇太后安。

未时，上御瀛台内流杯亭，赐进贡并克什克屯部落、喀尔喀部落多罗贝勒索诺穆等，蒿齐特部落二品台吉阿尔马斯等，苏尼忒部落四品台吉萨尼忒等，乌朱穆秦三品台吉察汉等，巴林部落一品台吉鲁什希布等，吴喇忒部落四品台吉多颐等食。

本日起居注官胡简敬、阿哈达。

初四日甲申 早，上御瀛台门，听部院各衙门官员面奏政事。又遣往将苏尼忒部落等被荒蒙古移驻近边八旗蒙古地方理藩院侍郎明爱等进前请旨。上谕曰：“这蒙古饥荒殊甚，因此搬移，当听其徐行前来，不可促其急行，恐其死于道路。现今所给牲畜必当省俭，留足来年之用。倘若今年食尽，来年谷食不登，又致饥荒。尔等前往详视之。先所给米粮，今年足用则已，如不足，再将给米之处议奏。此搬移蒙古到日，交于八旗蒙古分驻，善为抚养，务令得所。若不善养，以致死亡，必将本旗大臣议罪。朕亦不时遣官往察，尔等将此旨传谕。”谕毕，出。

大学士、学士随捧折本面奏请旨。为吏部题补本部郎中员缺，正拟员外郎苏扎禄，陪拟雅虎事。上曰：“苏扎禄在军前病故，雅虎系庸常之人。各部所举才能者为谁？”勒德洪、明珠奏曰：“吏部所举为萨必图、尹图达、胡礼。萨必图办事甚优，为人堪用。”上曰：“此缺着将萨必图补授。”

又都察院题监察御史内升外转事。上曰：“尔等曾议否？”明珠奏曰：“臣等公议，似应将谢兆昌内升，唐朝彝外转。”上曰：“曾寅、任玥条陈未善，此二人内，当着一人外转。尔等以为何如？”李霨等奏曰：“此二人为人皆同。”上曰：“唐朝彝视之如庸劣之人，观其两次九卿会议，不肯画题，独有执持其中，乃有主见之人。张志栋所陈数事颇好，且所参二人亦属极当。尔等之意如何？”明珠、李霨等奏曰：“张志栋为人甚优，但历任未久。”上曰：“赵之鹍在兵部乃一才能司官，议政王大臣亦称其优员，但任监察御史并无条奏。”明珠奏曰：“赵之鹍实为谨慎小心，想慎重未敢条陈。若委任以事，极为有能之人。”上曰：“此数年来，汉军无内升者，赵之鹍着内升，使汉军知所劝勉。曾寅着外转。”

巳时，上诣五龙亭问太皇太后安。

本日起居注官库勒纳、董讷。

初五日乙酉 早，上御瀛台门，听部院各衙门官员面奏政事毕，部院官员出。大学士、学士随捧折本面奏请旨。为兵部题福建水师提督施琅加衔事。上曰：“施琅原任提督，并非以过犯解任者。今复任提督前往，似应兼宫保职衔。”向汉大学士等问：“尔等之意云何？”李霨等奏曰：“加宫保衔似无不可，圣谕极是。”

本日起居注官牛钮、王鸿绪。

初六日丙戌 早，上御瀛台门，听部院各衙门官员面奏政事毕，部院官员出。大学士、学士随捧折本面奏请旨。为九卿会推山东按察使员缺，正拟道员张仲举，陪拟李国亮。上曰：“这会推内，唐朝彝独不书名，其有所见否？这张仲举何如？”大学士勒德洪奏曰：“此人曾在吏部，颇能办事。”明珠奏曰：“唐朝彝因前次保举曾经争论，故此番亦不与名。”杜立德奏曰：“毕竟以众论为断。”上曰：“张仲举向守泉州有功，着升补按察使。”

又户部等衙门题通州仓粮缺额，将监督赛纳等交与刑部。上曰：“仓粮缺额，历年积弊，赛纳等稍有可悯。”明珠奏曰：“仓粮历年缺额是实，但伊等交盘时，不行查勘据结承收，以至于此。”上曰：“事已发觉，法不得不然。但伊等独受其辜，亦可少存宽典。且依部议。”

又兵部题广东添设协领、佐领事。上曰：“驻防广东官弁有材干者，多出兵军前，今升补协领、佐领，在军前者曾否并拟列名？尔等问明来奏。”

又理藩院题塞本盗马，议立决事。上曰：“塞本理应立决，但招内供称，生畜遇灾尽毙，母妻饿死，盗取救命，出于无奈等语。其情可悯，着减等发落。”

辰时，上诣五龙亭请太皇太后安。

本日起居注官孙在丰、阿山。

初七日丁亥　上幸沙河。酉时，回宫。

本日起居注官常书、潘耒。

初八日戊子　早，上御瀛台门，听部院各衙门官员面奏政事毕，部院官员出。大学士、学士随捧折本面奏请旨。为议政王等会推正蓝旗蒙古副都统员缺，正拟前锋参领雅海，陪拟护军参领孙塔哈。上问大学士等曰：“雅海为人何如？”勒德洪奏曰：“雅海为人健壮。”上又问曰：“雅海系何王属下？其现在都统、副都统亦系何王属下？”明珠奏曰：“都统勒贝、副都统龚图、杨代及雅海俱属安亲王，孙塔哈属信郡王。”上曰：“此缺如补雅海，则安亲王所属甚多。若孙塔哈才具不优，岂可拟陪？着将孙塔哈补授副都统。”

又广东将军王永誉请设协领等员事。上曰：“尔等问及兵部否？”明珠奏曰：“臣等曾问兵部官员，据伊等言，王永誉所送补授参领刘国化等，皆系世袭阿达哈［尼］哈番，不曾出征。其佐领王朝臣等十一员，俱现在军前。”上曰：“世袭官员，不必补授参领。现在军前效力佐领甚为可念，相应补授。着再议具奏。”

本日起居注官蒋弘道、朱马泰。

初九日己丑　太宗文皇帝忌辰，上不理政事。

巳时，上诣五龙亭请太皇太后安。未时，上诣皇太后宫问安。

本日起居注官崔蔚林、牛钮。

初十日庚寅　早，上御瀛台门，听部院各衙门官员面奏政事毕。又理藩院郎中马喇等，奉差往察张家口外居住贫穷八旗蒙古，进前请旨。上谕曰：“此等蒙古，因甚饥荒，先经赈济粮米牲畜。今闻其生理尚在困苦，尔等前往详看，查果系穷困之人，如何再赈粮米，俾得资生，即行议奏。间遇有几许生畜者，尔等勿以现有生口，即谓可以度日，不行察出。其所有生口今若食尽，明年必致又饥；其稍有牲畜而米谷缺少，生业艰难者，亦查明具奏，务加详慎。”

未时，上诣五龙亭请太皇太后安。

本日起居注官库勒纳、叶方蔼。

十一日辛卯 太祖高皇帝忌辰，上不理政事。

辰时，上诣五龙亭请太皇太后安。

本日起居注官沈荃、阿山。

十二日壬辰 早，上御瀛台门，听部院各衙门官员面奏政事毕，部院官员出。大学士、学士随捧折本面奏请旨。为督捕衙门参员外郎努喀桑格审问候选州同孙尔昌，妄行殴面，吏部议处题覆事。上曰："尔等所议如何？"大学士明珠奏曰："擅殴职官，甚为不合。"上曰："将职官私行殴辱，殊为可恶！此所议尚轻，着再议具奏。"

又兵部题差往赈济蒙古被杀郎中尔吉兔，擒获凶犯博对等，俱无庸议叙事。上曰："尔等曾查过否？"明珠奏曰："查得护军校齐齐克公事差遣，为贼所害，给与拖沙勒哈番。"上曰："尔吉兔为人颇优，以公事差出被杀，与为贼害者何异？此等俱应议叙，着再议具奏。"

又将军张勇参副将孙继善等，借称进剿兵丁无饷，退回成都，兵部议革职，令该抚究审拟罪事。上顾满大学士等曰："朕知孙继善人才甚壮。先在岳州时，大将军尚善觅人遣往吴三桂处，孙继善请行云：吴三桂将我杀死也罢，但别差新人前往，贼必不信，去亦无用。屡行恳告，大将军爱惜之，不曾遣去。此人岂畏贼不前者耶？"又向汉大学士等如前言之。李霨等奏曰："如此乃大可用之人也。"上又顾学士等问曰："尔等亦知之否？"噶尔图奏曰："此人臣亦见过，人材壮健是实。"格尔古德奏曰："臣亦于军前见之，其人甚壮。"上又问噶尔图曰："尔何以知之？"噶尔图奏曰："臣奉命差往湖南，是以知之。"上曰："此孙继善，未知即此孙继善否？可问明该部再奏。"

巳时，上诣五龙亭请太皇太后安。

未时，上御瀛台流杯亭，赐进贡喀喇沁部落一品塔布囊妙寿等、苏尼忒部落四品台吉巴札里等、乌朱穆秦一品台吉喀喇等、蒿齐特部落都统古鲁、吴喇忒部落四品台吉马锡等、柰曼部落都统噶尔马等食。

本日起居注官阿哈达、徐乾学。

十三日癸巳　早，上御瀛台门，听部院各衙门官员面奏政事毕，部院官员出。大学士、学士随捧折本面奏请旨。为吏部议覆袁临总兵官赵应奎所属官兵行粮银米，巡抚韩世琦并粮道柯永昇不速行给发，俱拟革职事。上问曰："此事尔等意若何？"大学士明珠奏曰："部议韩世琦革职于例相符，但粮道柯永昇系巡抚属员，此事本系韩世琦指挥，遽议革职，似属太过。"上曰："韩世琦现在军前料理，着降五级仍留任。柯永昇着该部再议。"

又兵部题将军张勇参孙继善事。上曰："尔等曾查过否？"明珠奏曰："臣曾问过，此孙继善即系大将军尚善在湖广时，彼自行恳请再三，愿前往招抚逆贼吴三桂之人。"上曰："部议太过。着将此本发回，令其再议。"

巳时，上诣五龙亭请太皇太后安。

本日起居注官胡简敬、常书。

十四日甲午　早，上御瀛台门，听部院各衙门官员面奏政事毕，部院官员出。大学士、学士随捧折本面奏请旨。为宗人府题请纯亲王王爵应否承袭事。上曰："此事俟朕筹之。"

又户部题覆，仓场总督喀尔图奏浙江、湖广两省粮船尚未过淮，其过淮船只未经抵通者，三千四百有余，请敕下总河严催，速运抵通事。上曰："观此运粮甚为迟误。尔等云何？"大学士明珠等奏曰："前年黄河沙淤数丈，粮船壅滞殊甚，此事所关紧要。"上曰："关系口粮，自是紧要。今回空船只霜降以前不作速催回，明年又致迟误。着选择六部贤能司官速往催运。"

又福建总督姚启圣请用守备潘贤进剿台湾，已经允行，潘贤又复固辞。兵部两议：一议革职，交与刑部；一议革职，仍令随征福建。上曰："此人亦太狂妄。尔等云何？"明珠奏曰："此人原系商人，被海贼所获，故少知贼中情形，因而条陈。其人学士李光地深知之。"李光地奏曰："此人原系光棍，毫无所能。"上曰："先因潘贤条奏，故授以官。今既如此，允宜革职，不必令往福建。"

巳时，上诣五龙亭请太皇太后安。

未时，上复御瀛台门，赐福建水师提督施琅食。上谕曰："尔至地方，当与文武各官同心协力，以靖海疆。海氛一日不靖，则民生一日不宁，尔当相机进取，以副朕委任至意。"是日，赐施琅鞍马一匹。

本日起居注官朱马泰、董讷。

十五日乙未 早，上御瀛台门，听部院各衙门官员面奏政事。户部启奏大同运米。上曰："运米若用民力，甚为劳苦，令旗下官员相助转运可乎？"尚书伊桑阿等奏曰："先曾令协助转运，已经两次，今若又令其协力运送，似觉未便。"上曰："每佐领令其出车两辆转运，有所不可乎？"伊桑阿等奏曰："米数甚多，每佐领出车两辆转运，亦恐未足济事。"上曰："既如此，着每佐领出车两辆转运，其余下米数，可差贤能司官前往大同相近地方采买。这本取回再议具奏。"谕毕，出。

大学士、学士随捧折本面奏请旨。吏部题原任福建巡海参议道陈启泰之子陈汝器，为伊父、母、妹一时骨肉二十一人，同尽忠义，比原任巡抚马雄镇等之例，鼓厅控告，议不准行。上曰："陈启泰全家二十余人，一时遭难身死，殊可怜悯。着该部再议。"

又将顺天乡试第三场策题进呈御览。上阅毕，曰："策题内言，民当积贮米粮，如何方可以积贮为问。夫民之所恃者米粮，而米粮出自田亩。今小民贫乏者甚众，亲有田亩而不能耕，往往转卖，以致乡绅富户所占愈多，每岁偿租外，尚不能糊口，安得积贮乎？"大学士李霨等奏曰："皇上洞见小民疾苦。但古井田之制，今欲复行难矣！"上颔之。

巳时，上率皇太子诣五龙亭请太皇太后安。

本日起居注官牛钮、王鸿绪。

十六日丙申 早，上御瀛台门，听部院各衙门官员面奏政事毕，部院官员出。大学士、学士随捧折本面奏请旨。为徐昭远首告陈光祖隐匿吴逆资本事。刑部议或交与该督究审，或差部员会同该督质审，请旨定夺。上曰："此等领吴逆资本者颇多，隐匿者亦或有之，若据告追究，恐无赖之徒借此诈害富民，有累百姓。商人为四民之一，富民亦国家所庇。藏富于民，不在计此铢两。此事已经发觉，着差该部贤能司官一员，会同该督研审。以后此等首告，应不准行。"

又沈迥造款首告大学士冯溥事虚，行诈事真，部议立行处斩。上曰："此无知小人，情迫控告，即行立斩，情属可悯，俟秋后发落。"

辰时，上诣五龙亭请太皇太后安。

未时，上御瀛台流杯亭，赐进贡科尔沁国图谢兔亲王阿喇善、一品台吉诺尔布等，对音诸塞部落四品台吉和本，苏尼忒部落四品台吉都噶尔，乌朱穆秦部落四品台吉顾席等食。又赐一品台吉诺尔布蟒袍一袭。

本日起居注官孙在丰、阿山。

十七日丁酉 早，上御瀛台门，听部院各衙门官员面奏政事。上问刑部尚书魏象枢等曰："近来尔部事件若何？一司中有几件事？"魏象枢等奏曰："各司约有六七件事，今比前少减。"上曰："凡至尔部重大事务，俱系狱拟罪，关系最为紧要，早完一日，牵累者得一日早安。凡事尔等须速行完结。"魏象枢等奏曰："上谕极是。臣等务必速为审结。"

上又曰："朕闻尔部枷具，板有厚薄，孔有大小不一。贿嘱者，板薄而孔大；无贿者，板厚而孔小。此等情弊，尔等亦当严禁。"侍郎禅塔海奏曰："臣部枷具皆系一式制造，若年久孔大，用木针针紧加封。至督捕五城，亦有枷具，与臣部各异，亦未可知。然在臣等自当严行详察。"奏毕，出。

大学士、学士随捧折本面奏请旨。为京口驻防参领马崇骏等叩阍，首告巡抚慕天颜康熙十三、十四年米豆价值浮冒侵欺。户部议称，慕天颜等先经参劾马崇骏等。若彼所告在参前，是实，令差往审事郎中图尔臣审拟；若虚，将马崇骏等反坐事。上曰："此事尔等云何？"大学士李霨奏曰："慕天颜先经参过马崇骏等。今崇骏叩阍状内称，伊等先曾在将军等处讦告。"大学士冯溥奏曰："慕天颜等会参马崇骏，现令天颜会审。今因崇骏等出首，又将天颜一并令议，似于理不合。此明系反噬也。"上曰："马崇骏等非系巡抚所属之官。此事着依部议。"

辰时，上诣五龙亭请太皇太后安，随送太皇太后进慈宁宫。上回宫。申时，驾仍回瀛台。

本日起居注官库勒纳、王项龄。

十八日戊戌 早，上御瀛台门，听部院各衙门官员面奏政事毕，部院官员出。大学士、学士随捧折本面奏请旨。为三法司议蒋天在与姚观有隙，贿嘱快手顾秀往拘姚观，姚观无处藏避，情急用木叉叉死顾秀，蒋天在因借端率众吓抢合村二十余家。将蒋天在引光棍例，立斩；周培等为从，拟绞，秋后处决；其姚观引斗殴杀人律，亦拟绞，秋后处决事。上曰："尔等云何？"大学士明珠奏曰："姚观因蒋天在等往拘，情急用木叉叉死顾秀，并非无故斗殴杀人，竟令抵偿，似有可矜。"上曰："然。朕亦为此折票。人命所关，且从部议。其姚观，尔等俟秋审到日，再行启奏。"

本日起居注官阿哈达、潘耒。

十九日己亥 早，上御瀛台门，听部院各衙门官员面奏政事。理藩院尚书阿穆瑚朗等进前启奏绿头签。上曰："朕闻尔衙门每差官往蒙古地方去，常有需索，致供应食物烦费，怨声沸腾。尔等宜严饬之。"谕毕，部院官员出。

大学士、学士随捧折本面奏请旨。为吏部题补鸿胪寺卿员缺事，正拟宗人府员外郎觉罗罗大，陪拟勒新。上曰："此二人年皆幼稚，着另将应升官员开列来看。"

上又谕大学士等曰："逆贼马宝等已经擒获，夏国相亦复败散，云南孤城，旦夕可克，各处大兵宜酌量撤回。总督哈占现今领兵进剿，可令回成都料理川、陕事务，再留新去满兵一千驻防川省，则其余川、陕大兵俱可撤回。福建、广东大兵现在进剿海寇，未可撤回。广西南宁府每佐领留满兵一名，简亲王之兵，每佐领留三名，驻札柳州，则其余俱可撤回。尔等亦曾议及否？"大学士明珠等奏曰："皇上睿虑周详，非臣等意见所能及也。"上曰："可令议政王、大臣会议具奏。"

又谕曰："闻云南瘟疫大作，地方军民无资买药，深可悯恻，宜遣医生调治。着议政王、大臣等一并议奏。"

本日起居注官崔蔚林、常书。

二十日庚子 早，上御瀛台门，听部院各衙门官员面奏政事毕，部院官员出。大学士、学士随捧折本面奏请旨。为刑部尚书郭四海等题参本部司官于连芳等，欲将别部司官对品坐名调补。上问曰："此事尔等云何？"大学士明珠奏曰："于连芳等刑部堂官必有真知灼见始行参奏。刑部人命所关重大，一应审理事务皆系司官职掌。其调补别部司官，似应会同吏部选择。”上曰：“于连芳素行不端，朕夙知之。朕昨将此人诘问，伊等始行劾奏，不然，伊等亦未必即行参劾。向因司官皆于彼部内坐名调补，故不得其人，于事务多致隳废。且着该部议奏。”

又为和硕额驸耿昭忠、耿聚忠奏称，臣父在日，曾以四百人分给臣等，令其贸易，今仍祈再赐臣等。又伊等家属繁多，难以赡养，欲将此内年少精壮者，挑选五百名，令其披甲随旗当差，仍隶臣藩。上问曰：“此辈实难度日。尔等以为何如？”明珠奏曰：“伊等算入旗下兵丁数目当差，稍可度日。”大学士李霨、冯溥奏曰：“耿昭忠等皆系叛贼弟兄，皇上宽仁不杀，亦已足矣，岂可与功臣同列？将伊下五千家口属之可乎？此后滋生愈繁，应将此辈分散，不宜仍隶伊属。”上曰：“朕向有将伊所属人员分入旗下，另立佐领之旨。姑且交该部议奏。”

未时，上御瀛台流杯亭，赐进贡吴喇忒部落三品台吉阿必达等食。

本日起居注官蒋弘道、朱马泰。

二十一日辛丑　早，上御瀛台门，听部院各衙门官员面奏政事毕，部院官员出。大学士、学士随捧折本面奏请旨。为贵州提督赵赖题请将原任总兵官刘文起等留伊标下，授以微职，令其效力事。上曰：“观此奏内，曾有求纳尔太等代奏等语。前遣纳尔泰等驰往云南，觇察兵事，并未令其沿途探访地方事情，纳尔泰等亦未曾承许代奏。乃为伊本地方事，将纳尔泰等叙入，殊属不合！着该部一并察明具奏。”

本日起居注官沈荃、牛钮。

二十二日壬寅　早，上御瀛台门，听部院各衙门官员面奏政事毕，部院官员出。大学士、学士随捧折本面奏请旨。为吏部题补鸿胪寺卿员缺，开列应升官员事。上曰：“鸿胪衙门遇有事务时最为紧要。员外郎穆成格为人颇优，着补授此缺。”

又礼部题原任都统毕力克图应否予谥事。上曰：“毕力克图系勋旧大臣，勤劳最久。又闻先年曾往喀尔喀部落议隐藏逃人之事，大有成绩。着予谥，加祭一次。”

申时，上回宫。

本日起居注官阿山、王顼龄。

二十三日癸卯　早，上御乾清门，听部院各衙门官员面奏政事毕，部院官员出。大学士、学士随捧折本面奏请旨。为三法司议行劫李明家强贼刘君启等，俱拟立斩事。上曰："尔等云何？"大学士明珠奏曰："案内刘桂之一犯，自行出首。此等举首者，奉旨有改为监候秋后之例。"上曰："然。刘桂之改为秋后处决。"

辰时，上诣太皇太后宫问安。

本日起居注官胡简敬、阿哈达。

二十四日甲辰　早，上御乾清门，听部院各衙门官员面奏政事毕，部院官员出。都察院堂官引两淮巡盐堪泰等、通州仓差更格等进前，面请谕旨。上谕堪泰等曰："尔自今以后，凡征收盐课及盐课拨给兵饷者，俱当照限全完，不可迟误。"又谕更格等曰："仓内种种弊端，朕皆知之，尔等此去当加意严查，厘剔弊端。倘稽察不严，事发之日，罪必不轻，尔等慎之。"

巳时，上诣太皇太后、皇太后宫问安。

未时，上御景山内前殿，赐进贡喀喇沁部落多罗杜棱郡王扎锡，柰曼部落固山贝子吴勒毋济，苏尼忒部落二品台吉多尔吉斯哈布等、副都统必里克等，对音诸塞部落都统克忒克图，喀尔喀部落二品台吉西达答等，蒿齐特部落四品台吉高西夏布等，阿霸垓部落四品台吉僧格等，札萨克一品台吉博尔济等，土默特部落四品台吉托尔济凛臣、都统巴札喇等，吴喇忒部落四品台吉阿必达，敖汉下副都统清山等食。

本日起居注官朱马泰、董讷。

二十五日乙巳　早，上御太和门视朝。文武升转官员谢恩，赐茶毕，回宫。

少顷，御乾清门，听部院各衙门官员面奏政事毕，回宫。

辰时，上御保和殿，举行经筵大典。讲官徐元文、库勒纳进讲《四书》唯天下至诚为能经纶天下之大经一节；叶方蔼、牛钮进讲《书经》德惟善政一节。

午时，上率皇太子幸南苑，驻跸东宫。

是日，命各部院衙门章奏自明日始俱交内阁，间日汇送一次。

本日起居注官阿山、王鸿绪。

二十六日丙午　上驻跸东宫。

二十七日丁未　上驻跸东宫。

二十八日戊申　早，上御东宫后殿，扈从大学士明珠，学士噶尔图、阿兰泰捧折本面奏请旨。为吏部题，福建参议道陈启泰全家殉难，优赠工部右侍郎衔。伊子授为通政司左、右通政，大理寺少卿。上曰："这所议似属稍过。尔等以为何如？"明珠奏曰："陈启泰先经议叙，奉旨嫌其尚轻驳回，是以部议如此。今若以过优再驳，似与前旨不符。"上曰："陈启泰全家殉难，殊为可悯，着依部议。"

又御史裘充美疏称，刑部已劾司官于连芳等，其各部［难］保无如此者，应敕各部堂官，凡事务俾虚心裁决，厘剔私弊事。上曰："览这所奏，其言亦明快，但不知后来何如。此事着该部议奏。"

又浙江巡抚李本晟题富阳地方无铅、铜可采，请行停止，户部议准事。上曰："该抚先经奏称出产铅、铜，今又托称无有，户部即议准，俱为不合。拟申饬票签来看。"

又一等侍卫衣都额真温达传谕曰："行幸所在，扈从人众，夺取民物者甚多。朕出游幸，如此累民，可乎？今若有夺取民物一毫者，得获定行从重治罪，决不饶恕。随从各官人等，遍行传知。"

是日，上驻跸东宫。

二十九日己酉　上率皇太子出自南苑围猎，驻跸张家湾东里二泗地方。是日，仓场总督户部侍郎噶尔图等、副将康国臣等、通州知州于成龙等来朝。

九　月

初一日庚戌　早，上御行幄，大学士、学士捧折本面奏请旨。为户部题大同捐纳事例，原限十二月终停止。今收米员外郎苏赫报称，已经收米十万余石，若须得米赢余，应行宽限。议行展限，俟收米至二十万石，即行停止。上曰："先因大同饥荒行捐纳之例，乃一时权宜之计。若仍尽行捐纳，则富者得益，米价腾贵，小民生理艰难。此事着九卿详确议之。"

是日，上驻跸里二泗地方。

初二日辛亥 上驻跸香河县地方王家摆村南。是日，武清县知县刘润等、武清营参将朱知微等来朝。

初三日壬子 上驻跸武清县杨村北。是日，河间府通判臧弘祖、杨村营守备侯庆凯等来朝。

初四日癸丑 前平南王尚可喜灵榇来自广东，停泊天津卫北丁字沽地方。上特遣内大臣觉罗塔达、翰林院学士库勒纳、侍卫敦柱往赐奠酒。传谕王二妃及众子曰："王素笃忠贞，若人人尽能如王，天下安得有此？朕每念王至老怀诚，克尽忠荩，心甚眷注，殊为伤悼。王停榇处若近行在，朕当亲临酹酒，但去尚远，故特遣内大臣塔达、学士库勒纳、亲随侍卫敦柱往奠，如朕亲往。"传谕毕，王二妃率子内大臣职衔尚之孝及额驸尚之隆等谢恩，奏曰："故王并无报国立功之处，又不能保障广东一省地方，常怀悚愧。乃叠蒙皇上殊恩，今复遣大臣传宣温旨如此，又赐奠以酒，不独故王欣忭泉壤，即臣等子母曷胜庆幸。惟有世世顶戴隆恩而已。"

是日，上驻跸武清县汊沽港北。

初五日甲寅 上驻跸东安县葛渔城南。是日，天津道李玠等、总兵官陈奇等来朝。

初六日乙卯 早，上御行幄，大学士、学士捧折本面奏请旨。为左都御史萨穆哈奏，耿精忠、尚之信等所属官员，背恩从贼，势迫始来投顺，应将此等世袭官职不准承袭。其中有始终持守忠贞为国竭力者，仍行分别承袭，吏部议覆准行事。上曰："此等官员不准承袭，极当。这本且留中，朕徐酌之。"

又兵部题将永平守备杜进美补授贵州掌印都司事。上曰："杜进美为人颇优，且有效力之处，着补用。"

是日，上驻跸永清县地方信安镇北。是日，霸州驻防防守尉拜山等、霸州知州吴鉴等来朝。

初七日丙辰 上驻跸信安镇。

初八日丁巳　上驻跸霸州城东南。是日，保定县知县李文英、把总潘进孝等来朝。

初九日戊午　早，上御行幄，召霸州知州吴鉴、保定县知县李文英问曰："朕行猎见霸州地土为水淹没。被灾有若干地方，民生若何？"吴鉴奏曰："今年浑河口决，东北三十余里，西南二十余里，俱被水淹。今年灾祲甚大，从来未有如此泛滥者，民生甚是困苦。"上曰："决口在何处？被灾几分？尔将被灾之处申报巡抚几次？"吴鉴奏曰："水决在南孟地方，被灾有十分，九月报过巡抚一次。"上曰："堤不修治，民生必不得安，何不速为修治？"吴鉴奏曰："修堤甚难，所费钱粮浩繁，又需民力甚多。"上又问李文英曰："尔县内报过巡抚被灾几分？"李文英奏曰："臣县内南境幸无水患。北境被灾，约有四分，已报巡抚。"上曰："朕昨过县南境，亲见尚有积水，尔反云未曾被淹何也？"李文英奏曰："南方洼下，每年原有积水。今年并无被灾之处。"上曰："知州、知县最为亲民之官，必忠勤守法，爱惜百姓，方谓称职。若贪残百姓，贻害地方，国家具有定法也。"

上驻跸雄县南。是日，雄县驻防防守尉戴音达礼等、新安县知县金相玉等来朝。

初十日己未　早，上御行幄，大学士、学士捧折本面奏请旨。为陕西出征大将军公图海题，请将平凉投诚总兵官赵良友、河南投诚总兵官谢泗等，遇四川、陕西两省应得之缺补用，兵丁亦遇缺额补充营伍，兵部议如所请。上曰："赵良友其人尚可用。谢泗屡行反叛，屡来投诚，闻此人甚恶，此等着令来京候补。兵丁令于缺额补充。"

又京口将军杨凤翔题参去任参领夏廷瑞，有前妻所生子夏时兴、后妻所生子夏时音，分家时，听夏时音挑唆之言，将夏时兴重殴身死。刑部议夏廷瑞、夏时音俱系武官，应交兵部。上曰："夏时音怀多得家产之心，挑唆伊父将兄殴死，甚为可恶。刑部会同兵部确拟具奏。"

又福建出征将军都统喇哈达等，据军民人等具呈保留福建提督诺迈，题请留任。议政王、大臣会同两议：前议，照前所议，着提督诺迈来京；后议，依所请留任，着新调提督万正色离任候补。上曰："尔等之意若何？"

明珠奏曰："诺迈受任未久，虽于军民为便，但从来信下人之言而行，甚为未善，似前议为是。"上曰："然。或有不应留任之人，业经解任者，军民亦如此保留，遂从其请可乎？诺迈令来京已有成命，着依前议。"

直隶巡抚于成龙差伊衙门笔帖式候圣躬万安。奉旨："朕躬甚安。"并赐成龙獐、凫、鱼、雁等物，传谕行在朝见。

是日，上驻跸雄县南。

十一日庚申 早，直隶巡抚于成龙、守道董秉忠、巡道吴元莱、参将张玉麒诣行幄问安。上传谕："朕躬甚安。"赐成龙茶饭毕，随召进密询百姓生业、地方事宜。随赐以上所御银鼠外套及酒。

是日，上驻跸任丘县大务里北。是日，任丘县知县姚原沩来朝。

十二日辛酉 早，上御黄幄，大学士、学士等捧折本面奏请旨。为差出两淮御史丹代请将两引合作一包，盐斤不减，而无累于民，运费可省。户部议覆，两引合作一包，每包令重四百七十余斤，无致减盐累民。上曰："盐政屡经条陈议覆，定有此例，今又议更改何耶？着九卿会议。"

又兵部题西安府所有红衣炮运送来京，移文陕西、河南、直隶巡抚，各驿预备所需牛骡夫役，沿途应付，递至京城。上曰："闻凡有解京物件，解送之人，沿途骚扰百姓。今送红衣，恐借此扰害地方，着严加约束运来。"

又广东巡抚金俊为狱官王贤将交通海贼商人沈上达锁链开放，以致缢死题参。上曰："沈上达系尚之信所属富商，朕闻广东大小官员，无不用伊银两，因此杀死以灭其口，亦未可定。其死显有情弊，着往审侍郎禅达海严加确审，务得真情。"

是日，上驻跸大务里北。

十三日壬戌 上回銮，驻跸雄县南。

十四日癸亥 早，上御行幄，大学士、学士捧折本面奏请旨。为两广总督金光祖题，宜山县委署知县王坤骂贼不屈，兄弟皆被贼害。吏部议王坤外委之官，无议恤之例，应行该督酌量加恩事。上曰："王坤非部选之员，骂贼不屈，兄弟殉难，深为可悯，着议叙具奏。"

又左都御史萨木哈条奏，今已太平，八旗所缺兵丁，暂且停补，绿旗新添兵丁，于无事地方，酌量裁减，则钱粮可节，民困可苏。户部议覆，四川大兵回京之日，其所缺兵丁停补之处再议；绿旗兵丁俟云南恢复，各回汛地，该督、提题请裁汰之日，再行议奏。上曰："萨木哈所奏良是。但绿旗兵丁遽行裁去营伍，食粮者无所倚赖，以致生乱，亦未可测。恢复云南底定之时，特差大臣，将老弱查明裁汰。此本姑且留中。"

是日，上驻跸霸州城东南。

十五日甲子 上驻跸永清县南哥奕村东。是日，驻防固安县防守御钟希布等、都司李自芳等来朝。

十六日乙丑 早，上御行幄，大学士、学士捧折本面奏请旨。为大将军公图海咨请病死将军王辅臣骨榇并属下官兵作何安置。兵部题，请行文总督哈占，其官弁遇有应补员缺，令其保举补授。其兵丁着查四川、陕西两省诸营老弱裁汰，即以补充。王辅臣系旗下人，其骨榇、家口应着来京。上曰："此事着依部议。王辅臣系旗下人，应即令来京。图海乃准其呈请，送至平凉，移请部议，殊为不合，着批严饬行！"

是日，上驻跸南苑南红门内。

十七日丙寅 早，上御行幄，大学士、学士捧折本面奏请旨。为议政王、大臣等会议，伪将军马宝应即行凌迟枭示。上曰："马宝系吴三桂下渠寇。朕闻马宝就擒，人人快心。正法之日，着传知众人处决。"又命大学士勒德洪、明珠，学士阿兰泰究问马宝，吴三桂反叛缘由具奏。

又左都御史徐元文纠参杭州副都统高国相、章京李九思等残害百姓，殴辱道臣，巡抚李本晟不行参奏。吏、兵二部请敕将军马哈达、总督李之芳会同严审具奏。上曰："此事差司官察审，着将应差官员开列具奏。"

又靖逆侯将军张勇因彝人口称边内番人将彼经庙烧毁，人口杀死，故尔来犯。已经遣人晓谕，为此奏闻事。上曰："此事着该部议奏。朕闻吴三桂反叛时，我边内住牧番人于蒙古多尔机台吉处附从供应。后吴三桂既死，地方平定，番人将多尔机祠庙拆毁，经卷焚烧，杀死蒙古人口，甚至剥皮刳肠碎骨，蒙古以此忿恨，弄兵来犯。若果如此，蒙古来犯盖亦有故，应差官严察情由。如曲在番人，将番人严惩；曲在蒙古，遣使严加谴责。使边人心服，边衅无可乘矣。俟该部议覆后，应差兵部、理藩院司官前往。”

未时，驾进自正阳门，率皇太子诣太皇太后宫问安，上又诣皇太后宫问安。

扈从起居注官库勒纳、常书。

十八日丁卯　早，上御乾清门，听部院各衙门官员面奏政事毕，部院官员出。大学士、学士随捧折本面奏请旨。上谕大学士等曰：“朕巡行霸州、天津等处地方，见漕艘挽运甚苦，每一船多人尽力掌挽，竟日只行四五十里。目前抵通者不多，后来必致冻阻。今年回空既迟，明岁漕务愈益稽缓。粮储国家根本，关系非细。其向来所裁运丁工食等项，应酌量增给。又见霸州田土被浑河冲决渰没者，约计阔二十里，长四十里，被灾地方百姓失业可念。今岁秋成失望，明年春种无力，应即行豁免钱粮。此皆朕车驾所莅，目睹艰苦，尔等一并酌议，撰拟上谕来奏。”大学士李霨等曰：“皇上巡幸畿甸，访民疾苦，百姓皆得沾恩，古帝王省耕省敛，无逾于此，臣等不胜欣戴。”

巳时，上诣太皇太后、皇太后宫问安。

是日，领侍卫内大臣公噶布喇病故，上遣一等侍卫衣都额真费岳塞、三等侍卫苏达赍银五千两，并骆驼四个、骡子二头、鞍马三匹、散马七匹赐之。

本日起居注官牛钮、徐乾学。

十九日戊辰　早，上御乾清门，听部院各衙门官员面奏政事毕，部院官员出。大学士、学士随捧折本面奏请旨。为吏部题补道、府诸缺，将郭景昌等开列事。上曰：“朕观诸员内胡介祉年甚幼，宁夏地方紧要，此缺另推如何？”大学士明珠奏曰：“胡介祉年幼是实。”上又问汉大学士。李霨、杜立德奏曰：“胡介祉系原任侍郎胡兆龙之子，其年虽幼，在部办事颇优。”上曰：“胡介祉虽属堪用之人，但其年甚幼。宁夏系边疆重地，这道缺着另拟具奏。余俱依议用。”

又题补刑部郎中员缺，正拟候补郎中郎廷秀，陪拟员外郎马君宠。上曰：“这员缺着吏部会同刑部选择具奏。”

又为兵部题补正蓝旗护军参领员缺，正拟一等护卫李满色，陪拟佐领佛博塞。上曰："这拟陪佛博塞原系贝勒察尼属下长史，其人尚优，着补授此缺。"

又为题补镶蓝旗护军参领员缺，正拟前锋护卫殷德，陪拟拜他喇布勒哈番胡礼。上曰："这开列人员内，有较正、陪二人效力最多者为何不拟？"明珠奏曰："开列人员内，拜他［喇布］勒哈番马喀效力颇多，因系包衣佐领之人，故将伊等拟补。"上曰："可将伊等传问该旗，再行具奏。"

本日起居注官沈荃、阿哈达。

二十日己巳 早，上御乾清门，听部院各衙门官员面奏政事毕，部院官员出。大学士、学士随捧折本面奏请旨。为催趱漕运郎中色克题，因尚可喜家口船只在前，粮船阻滞，应令其在运船之后，户部议准事。上顾大学士曰："尔等云何？"明珠奏曰："今唯有急浚运河，速催输运而已，更无他法。"上曰："黄河至通州相隔千有余里，重运日行止可二十里，如此则明岁漕粮愈致迟误。今或趱运至临、德等仓积贮，或用小船剥运，可乎？"李霨、杜立德奏曰："故明时亦曾有存贮临、德及剥运之例。"上曰："漕运须河不冲决，方为有济。"明珠奏曰："倘河决为梗，则明年又须雇募民船，为累更多。"上曰："河水方决，塞之甚易，但恐随复冲决耳。今不为筹划，明年必致窘迫。今岁漕米即于临、德等仓收贮，来春俟河南、山东回空船只剥运，庶可无误。此事尔等会同户部及仓场侍郎确议具奏。"

又为兵部题补护军参领事。上曰："尔等所问如何？"明珠奏曰："臣等传问镶蓝旗副都统麻尔汉、护军参领韦驮，伊等言，前殷德曾拟陪护军参领，胡礼曾拟陪骁骑参领。其马喀与殷德等俱系人材壮健，故将殷德拟正，胡礼拟陪。"上曰："马喀着一并引见。"

又理藩院题为遣祭一等台吉马哈事。上曰："若此殊不分明。渠统理旗下时，甚有劳绩，着议恤具奏。"

又给事中王承祖题参云南总督赵良栋举措乖张，请严加申饬，令其悛改。上曰："渠所奏不谬，甚为确当，朕皆知之。但云南尚未恢复，正在用兵之际，未可遽行。尔等可如言晓谕。本仍发还。"

本日起居注官朱马泰、潘耒。

二十一日庚午　早，上御乾清门，听部院各衙门官员面奏政事毕，部院官员出。大学士、学士随捧颁给新设巡仓御史敕书稿，进呈御览。大学士明珠奏曰："向来巡仓御史敕书与巡方御史一例，事权至重。今恐后来奉差者借端生事，已为删去。"上曰："尔等所言良是。今运丁困苦，挽运甚难，宜当加意轸恤。向来漕艘许带货物贸易，近来已有禁令。朕亲见船大水浅，运动甚觉重滞，若带货愈致胶浅，仍应严行稽察。其粮米杂和灰土不准收纳，屡行严饬。若米色可用，该旗官兵支领。故意勒掯不收者，应行察查禁止。可将此数款载入敕书。"

辰时，上御乾清宫，讲官库勒纳、叶方蔼、孙在丰进讲：离利贞亨一节、象曰离丽也二节。

未时，上御景山内前殿，赐进贡巴林部落多罗郡王鄂齐里、多罗额驸阿喇布滩、固山贝子吴尔占、一品台吉格勒尔图等，阿禄科尔沁国多罗郡王额驸色冷、二品台吉特美等，喀喇沁部落多罗郡王札锡、二品塔布囊阿喇那等，阿巴哈纳尔部落多罗贝勒纳木喀尔等，鄂尔多斯部落镇国公杜楞、三品台吉丹津等，阿霸垓部落四品台吉王占尔等食。

本日起居注官常书、徐乾学。

二十二日辛未　早，上御乾清门，听部院各衙门官员面奏政事毕，部院官员出。大学士、学士随捧折本面奏请旨。大学士明珠奏曰："昨命臣等会同户部并仓场侍郎议，将本年迟滞未经抵通漕米收贮德州、临清仓，来年应作何转运？钦此。臣等公议，应遣户部才能司官速往德州、临清，阅视彼处仓廒可否收贮，俟回日再议。"上曰："此系漕粮事务，即着仓场侍郎前往阅看。"

又兵部题补护军参领事。上曰："朕观马喀人材壮健，着补授护军参领。"

辰时，上御乾清宫，讲官库勒纳、叶方蔼、孙在丰进讲：象曰明两作一节、初九履错然二节。

巳时，上诣太皇太后宫、皇太后宫问安。

本日起居注官胡简敬、阿山。

二十三日壬申　上御乾清门，听部院各衙门官员面奏政事毕，部院官员出。大学士、学士随捧折本面奏请旨。为章泰贝子题，中甸等五处原属丽江府输纳钱粮，向无官兵防守，云南荡平之后，作何设官兵防守，再议具奏事。议政［王］、大臣会议，俱照贝子所议行。上曰：“云南城池虽未经恢复，当预为定议，其作何设官兵防守之处，仍交与议政王、大臣再行确议具奏。”

辰时，上诣太皇太后宫问安。申时，上复诣太皇太后宫问安。

本日起居注官牛钮、董讷。

二十四日癸酉　早，上御乾清门，听部院各衙门官员面奏政事毕，部院官员出。大学士、学士随捧折本面奏请旨。为兵部题补镶白旗前锋护卫事。上曰：“这前锋护卫员缺，朕谕长史敖莫克图会同都统咨送，未曾令前锋统领不预其事也。敖莫克图昏昧庸愚，俾前锋统领不预其事。着察议具奏。”

又杭州副都统高国相、参领李九思等扰害百姓，殴辱道员，遣官察审，开列郎中萨璧兔等事。上曰：“此事应差别旗司官往审。萨璧兔、吉尔塔浑何如？”大学士明珠奏曰：“萨璧兔人有才干，办事亦优。吉尔塔浑材力既优，人更朴诚。”上曰：“着差萨璧兔、吉尔塔浑前往察审。”

又署领镇守四川事，开列参领傅喀等。上曰：“傅喀才优胜任，即着署领所留兵丁镇守四川。”

又三法司议李安讹诈杨德成等，逼写七百两文约，应照光棍例立斩事。上曰：“李安虽为光棍行诈，未经得财，着改为监候，秋后处决。”

又进呈范承谟、马雄镇碑文。上亲览毕，曰：“自吴逆反叛以来，范承谟、马雄镇为国勤劳，抗节不屈。其他督、抚中如金光祖、刘秉政、曹申吉、罗森、卢震辈，或有从贼献策者，或有受贼伪职者，或有弃地逃生者，校之二人，何啻天壤悬殊。此碑文尚觉未尽其美，可传谕翰林院再行改撰，将此二人尽忠报国之处，优加表扬，以示朕风励之意。”

辰时，上诣太皇太后宫问安。

本日起居注官叶方蔼、朱马泰。

二十五日甲戌　早，上御太和门视朝。文武升转官员谢恩，赐茶毕，回宫。少顷，御乾清门，听部院各衙门官员面奏政事。

申时，上诣太皇太后宫问安。

本日起居注官蒋弘道、常书。

二十六日乙亥 早，上御乾清门，听部院各衙门官员面奏政事毕，部院官员出。大学士、学士随捧折本面奏请旨。为户部题，贵州巡抚杨雍建、布政使柯鼎擅动解滇饷银，给与将军穆占兵丁，应交与吏部议处。上曰："穆占等亦系进剿云南官兵，饷银理应支给，杨雍建等免交吏部。"上顾起居注官孙在丰问曰："严我斯病体已愈否？"在丰奏曰："近日已稍愈矣。"

辰时，上御乾清宫，讲官库勒纳、叶方蔼、孙在丰进讲：六二黄离元吉二节、九三日昃之离二节。

未时，上御景山内前殿，赐进贡科尔沁国三品台吉阿玉席、副都统白尔黑兔，阿霸垓舅滚楚克等、四品台吉吴尔占等、副都统满舟，苏尼忒部落二品台吉诺尔济、四品台吉博伦等，克什克屯部落三品台吉布达喇、四品台吉吴班等，翁牛忒部落四品台吉苏尔默等，鄂尔多斯部落达喇玛苏鲁木格隆，喀尔沁部落四品塔布囊札马等食。

本日起居注官孙在丰、阿山。

二十七日丙子 孝慈高皇后忌辰，上不理政事。

午时，上诣太皇太后、皇太后宫问安。

本日起居注官牛钮、王顼龄。

二十八日丁丑 早，上御乾清门，听部院各衙门官员面奏政事毕，部院官员出。大学士、学士随捧折本面奏请旨。为清苑县知县王才鼎因纵贪婪拿问知县赵履谦脱逃，吏部议王才鼎革职事。上曰："此案因何加一票签？"大学士明珠奏曰："定例内将斩罪等重犯脱逃者革职，今赵履谦罪尚未定，吏部比此例将王才鼎议革职。臣等唯恐太过，故加一签。"上曰："朕闻赵履谦贪劣最甚，王才鼎纵放脱逃情由可恶！部议甚当，仍着革职。"

又兵部议将耿昭忠、耿聚忠家丁编为五佐领，令在京五佐领官带管，并耿昭忠等归并正黄旗事。上曰："此事若准行，亦稍便于耿昭忠兄弟耶？"明珠奏曰："若得领朝廷钱粮，其家人生计诚不窘追。在耿昭忠等亦免于困苦。"上命从部议。

本日起居注官朱马泰、潘耒。

二十九日己卯　早，上御保和殿，视孟冬祭太庙祝版。少顷，御乾清门，听部院各衙门官员面奏政事。兵部尚书折尔肯奏曰："臣奉差往看八旗试炮，三炮俱中者甚多，其两炮中者半之，间有一炮中者。"上问曰："比向年何如？"折尔肯奏曰："以臣观之，火器甚好，胜向年多矣。"上曰："新制西洋炮何如？"奏曰："西洋炮诚为无敌，百发百中，从来所未有。"上颔之。奏毕，出。

大学士、学士随捧折本面奏请旨。为议政王会推镶白旗副都统员缺，以护军参领蔡喀纳拟正，长史希福拟陪。上曰："此旗有达克萨哈，其人何如？"大学士明珠奏曰："其人效力行间，劳绩最多。"上曰："何不以此人拟正？"明珠奏曰："臣等未预此议，闻其俸次尚浅，是以未拟。"上曰："希福俸甚浅，何拟陪也？"明珠奏曰："将前俸通算，故拟陪耳。"上曰："达克萨哈才具堪用，着授副都统。"

又理藩院遵谕，为内外蒙古互盗马匹牲畜，严行禁止事。上曰："此事依议行。近闻边墙外，墩台斥堠防守旷惰，着差理藩院贤能官员不时巡察。"

上又问曰："今云南孤城虽未恢复，四方大定，蒙古诸王等应即加赏赉，尔等以为何如？"明珠奏曰："今云南即日收复，疆圉宁静，皇上即行加恩，蒙古无不感戴。"上曰："尔等将朕意与议政王等知之。"

又户部题钦奉上谕事。上曰："运军漕赠等项，增复钱粮十五万两有奇，运丁尚不致大苦耶？"明珠等奏曰："皇上增复漕项银两，运丁实沾恩惠，自此漕挽无误，国与民俱利矣！"

本日起居注官常书、徐乾学。

十　月

初一日庚辰　早，上以孟冬，躬诣太庙致祭毕，回宫。

巳时，上诣太皇太后宫问安。

本日起居注官牛钮、胡简敬。

初二日辛巳　早，上御乾清门，听部院各衙门官员面奏政事。大学士、学士等会同户部并仓场，为漕运冻阻具折请旨。上顾阁臣曰："漕粮当照限运解，该督、抚等不行速运，但求宽限，皆图有便于己，不肯实为国家。户部亦不详为筹划于事有益与否，惟草率照督、抚所请，准其宽限。今船只迟误，以致冻阻。此折着户部领去具本来奏，尔等将此情节票出，着严行议奏。"尚书伊桑阿奏曰："臣等议准宽限，实未料到如此冻阻。"奏毕，户部、仓场诸臣出。

大学士、学士随捧折本面奏请旨。为吏部题补刑部员外郎事。正拟钦天监监副魏成格，陪拟理藩院主事迈图。上曰："魏成格历监副任未久，在钦天监办事亦优，着暂留任。迈图何如？"勒德洪奏曰："迈图原在户部，臣素知之，人亦堪用。"上曰："此缺着迈图补授。"

又为靖逆侯将军张勇题，彝人以我番人焚其经卷庙宇，杀伤其人，臣已遣人晓谕，兵部议覆，将烧毁经庙、杀伤人众之处，仍令张勇严查事。上曰："张勇疏到时，朕亦曾有谕旨。此事着差兵部、理藩院才能司官各一员，严察议奏。"

辰时，上御乾清宫，讲官库勒纳、叶方蔼、孙在丰进讲：九四突如其来如二节、六五出涕沱若二节。

巳时，上诣太皇太后宫问安。

本日起居注官库勒纳、董讷。

初三日壬午　早，上率诸王、贝子、公等，内大臣、大学士、都统、尚书、精奇尼哈番、侍卫等庆贺皇太后圣诞，礼毕，回宫。

巳时，上率皇太子诣太皇太后、皇太后宫问安。

本日起居注官蒋弘道、朱马泰。

初四日癸未　早，上御乾清门，听部院各衙门官员面奏政事毕，部院官员出。大学士、学士捧折本面奏请旨。为湖南巡抚韩世琦奏报杀败逆贼黄明事。上曰："韩世琦并无满兵，独带绿旗官兵，杀败逆寇可嘉，在事人员一并议叙。"

本日起居注官孙在丰、阿山。

初五日甲申　早，上御乾清门，听部院各衙门官员面奏政事毕，部院官员出。大学士、学士随捧折本面奏请旨。为吏部题本部主事员缺，正拟内阁中书李遇时，陪拟大理寺评事魏纯仁。上曰："此伊等何如？"大学士明珠奏曰："陪拟之人素不相识，正拟李遇时人极平常。"上曰："然。其人甚劣，此缺着拣选具奏。"

又礼部为已故管侍卫内大臣公噶布喇加祭予祀请旨事。上曰："尔等曾查例否？"明珠奏曰："各大臣有加祭一二次者，无加至三次者，惟有原辅臣索尼曾加祭四次。"上曰："与谥，加祭三次。"

巳时，上诣太皇太后、皇太后宫问安。

未时，上御景山内前殿，赐进贡阿霸垓四品台吉格艮等、苏尼忒部落三品台吉都思哈里等、对音诸塞部落四品台吉厄参德里等、科尔沁部落二品台吉毕礼克图等、克什克屯一品台吉阿玉希等、翁牛忒部落三品台吉班第等、扎赖特部落四品台吉图把等、吴喇特部落四品台吉古鲁等食。

是日，出征荆州阵亡镶红旗三等护卫色冷灵榇到来，上遣一等侍卫额尔济兔往奠茶酒。

本日起居注官常书、王顼龄。

初六日乙酉　早，上御乾清门，听部院各衙门官员面奏政事。户部尚书伊桑阿等同仓场侍郎噶尔图奏称："科臣雅齐纳条奏，今年漕船迟误，回空必致冻阻，其应给俸米并兵丁口粮，将未入仓之米于河滨给散，庶回空船只不致迟误等语。臣等议得，今年官俸兵米已给一半，将来年春季之米应于河边给散。"上曰："其冻阻漕船之米，冰坚之后，用拖床运送可乎？"伊桑阿奏曰："冰坚之后，似或可行。"仓场侍郎喀尔图奏曰："拖床运送所费钱粮甚多，通河流急之处，冰冻甚薄，似难运送。"上曰："水流虽急，沿岸冰冻必厚，似可直用拖床运送。惟运丁困苦已极，且系南方之人，衣必单薄。其回空船只向来趁暖归去，今遇冻阻，停泊旷野，船只既无避寒之处，或至逃亡，亦未可定。虽沿河有绿旗兵丁看守，严寒之时，焉能尽心防卫，尔等详议，可否拖床运送？并将前情一并口奏，勿用本章及绿头牌子。"伊桑阿等出。

大学士、学士随捧折本面奏请旨。为户部题今年漕船守冻，皆由浙江、江南、江西督、抚及各官，不速交兑开帮之故，将迟误各官题参，一并查议。替代守冻船只，僦雇民船起运，照定限过淮。上曰："若如此行，恐有不便之处，宜令有识见者详议。此事着批九卿、詹事、科、道会议具奏。"

又刑部题魏名卿、赵弘矩强奸走马卖解女子姚氏，分别斩绞事。上曰："此事甚为可疑，尔等以为何如？"大学士勒德洪奏曰："圣谕诚然。走马卖解，讵必良善女子。"上曰："此事着再详审具奏。"

辰时，上御乾清宫，讲官库勒纳、叶方蔼、孙在丰进讲：上九王用出征二节。上曰："武事不可不备，文德亦不可不修。"叶方蔼奏曰："圣谕极当。"孙在丰奏曰："揆文教，奋武卫，自古并重。今天下荡平之后，诞敷文德，乃万世太平之道也。"上曰："明末之弊皆由武备废弛。"叶方蔼曰："国家政事惟在实心举行，则文事武备不为虚文，庶可永致治平耳。"又讲：咸亨利贞一节。

是日，抚远大将军、大学士、都统公图海还朝，上御乾清门召见，抚背赐茶。

本日起居注官阿哈达、潘耒。

初七日丙戌　早，上御乾清门，听部院各衙门官员面奏政事。户部尚书伊桑阿、侍郎额库礼、仓场侍郎喀尔图等奏曰："河冻之后，用拖床运米，臣等详议，颇有裨益，但今创造起运，不甚济事。"上曰："漕粮运送京师，最为紧要。值此天寒，运丁艰苦，殊可悯念。或有裨益之处，故着尔等会议。今创造起运，既不济事，拖床可以不用。其运丁可差尔部贤能官员赏给银两，务令得沾实惠。"谕毕，户部官员出。

大学士、学士随捧折本面奏请旨。为吏部题兵部蒙古郎中色冷员缺，正拟员外达布，陪拟周希。上曰："正陪二人俱属庸劣。兵部事俱紧要，应行选用。此缺着吏部会同兵部选择具奏。"

辰时，上御乾清宫，讲官库勒纳、叶方蔼、孙在丰进讲：象曰咸感也三节、象曰山上有泽一节。

是日，出征陕西病故镶蓝旗都统侯海喇兔、正蓝旗汉军副都统佟世德、阵亡参领布达希等灵榇到来，上遣一等侍卫喇哈等往奠茶酒。

本日起居注官沈荃、牛钮。

初八日丁亥 早，上御乾清门，听部院各衙门官员面奏政事毕，部院官员出。大学士、学士随捧折本面奏请旨。工科给事中雅齐纳、九江钞关主事哈山各条奏将九江关税衙门移至湖口，每年税银应多二三万两。户部满洲堂官议，应依所请，移至湖口；汉堂官议，湖口水大，船只难以停泊，且与芜湖相近，不应移至湖口。两议具奏。上曰："凡事满汉官务必同心合意料理，前有谕旨甚明，若有意见不同，方为两议，满汉官亦应互相参杂。雅齐纳等到彼目击地方情形具奏，今议移至湖口，似为允宜。今户部汉堂官独为一议，情弊显然。俱着回奏，拟票签来看。"

辰时，上御乾清宫，讲官库勒纳、叶方蔼、孙在丰进讲：初六咸其拇二节、六二咸其腓二节。

本日起居注官库勒纳、严我斯。

初九日戊子 上幸沙河。酉时，回宫。

是日，各部院章奏交与内阁。

本日起居注官常书、徐乾学。

初十日己丑 早，上御乾清门，听部院各衙门官员面奏政事。

午时，上诣太皇太后、皇太后宫问安。

未时，上御保和殿，赐进贡喀尔喀部落土谢图汗来使塞馁等、墨勒根讷颜［下］马纳海布等食。

是日，出征陕西阵亡镶蓝旗汉军夸兰大高攀龙灵榇到来，上遣一等侍卫马塔往奠茶酒。

本日起居注官朱马泰、王顼龄。

十一日庚寅 早，上御乾清门，听部院各衙门官员面奏政事毕。前往大同料理粮米户部员外郎苏黑差回，尚书伊桑阿、侍郎额库里引见。上问曰："今秋大同周围地方所获米粮若何？百姓可有一年生计否？"苏黑奏曰："观今年米粮大收，百姓俱可生活。"上问曰："流散之民亦有归集者否？还有他处卖去者否？"苏黑奏曰："今米粮已得，归集者亦有。其大同所属各处之人，地方官禁止不许卖去。或有卖身者，皆系四方流寓之人居多，沿途并未见卖去者。"上问曰："尔所收米石俱实足数否？"苏黑奏曰："臣亲身查收，俱实足数。"奏毕，出。

大学士、学士随捧折本面奏请旨。为吏部议翰林院修撰归允肃乡试朱卷遗写举人姓名，降一级调用事。上问曰："尔等云何？"大学士勒德洪等奏曰："臣等之意，其遗写姓名出自无心，似非情弊。部议盖据例调用耳。"上曰："此料无情弊，且此人学问亦优，着降一级留任。"

又理藩院题元旦、万寿节应令喀尔喀、厄鲁特分左右两班行礼事。上曰："此等外藩之人原俱令在右行礼，今改为两班行礼，恐有不符。事关垂后典礼，着查会典。"

辰时，上御乾清宫，讲官库勒纳、叶方蔼、孙在丰进讲：九三咸其股二节、九四贞吉悔亡二节。

巳时，上诣太皇太后宫问安。

是日，遣内阁学士噶尔图携茶酒往奠病故兵部侍郎项景襄。

本日起居注官牛钮、董讷。

十二日辛卯　早，上御乾清门，听部院各衙门官员面奏政事毕，部院官员出。大学士、学士随捧折本面奏请旨。为湖北巡抚王新命题荆州钞关缺额银两，请照九江钞关豁免，工部议不准行事。上曰："部议允当。该抚借端具题，殊为不合。拟申饬票签来看。"

辰时，上御乾清宫，讲官库勒纳、叶方蔼、孙在丰进讲：九五咸其脢二节、上六咸其辅颊舌二节。

本日起居注官蒋弘道、阿哈达。

十三日壬辰　早，上御乾清门，听部院各衙门官员面奏政事毕，部院官员出。大学士、学士捧折本面奏请旨。为宗人府题请和硕纯亲王应否袭爵事。上曰："王以冲年薨逝，其子袭爵，旋复薨逝，朕心恻然悯悼。但无子嗣，着照襄王例行可也。"

又题补护军参领事，正拟散骑郎觉罗傅尔敦，陪拟奚喇玛。上曰："尔等所问如何？"大学士明珠奏曰："臣等问康亲王，据称傅尔敦系伊属下散骑郎，其人堪用，且能约束。"上曰："该王既称堪任约束，着即补授。"

未时，上御景山内前殿，赐进贡鄂尔多斯部落和硕亲王孤鲁之子一品台吉绰克图等，喀尔喀部落一品台吉董等，科尔沁国二品台吉毕里克图等，苏尼忒部落四品台吉王叔克等，土默特部落三品台吉揣罗克等，翁牛忒部落三品台吉达喇马等，阿禄科尔沁国三品台吉鄂齐礼等，扎赖忒部落二品台吉诺尔布等，蒿齐忒部落多罗郡王长史色冷等、副都统巴忒马，翁牛忒部落都统端珠客等，扎鲁忒部落二品台吉沙里等，巴林四品台吉忒木克等，阿霸垓四品台吉厄尔克等，克什克屯一品台吉阿欲希等，扎萨克喇马达巴格隆等食。

本日起居注官孙在丰、阿山。

十四日癸巳　早，上御乾清门，听部院各衙门官员面奏政事毕，部院官员出。大学士、学士捧折本面奏请旨。为福建总督姚启圣条奏，旗下逃人，初供某旗，本主不行识认，复又改供他主，沿途解送，最为民害，应请严加夹审，督捕议不准行事。上曰："此事尔等云何？"明珠奏曰："定例内旗下逃人不许地方官夹审，然夹询亦属可行。"上曰："朕意亦然。逃人妄扳，牵累甚多，着再议。"

辰时，上御乾清宫，讲官库勒纳、叶方蔼、孙在丰进讲：恒亨无咎一节、象曰恒久也四节。

巳时，上诣太皇太后宫、皇太后宫问安。

本日起居注官胡简敬、朱马泰。

十五日甲午　早，上御太和门视朝。文武升转官员谢恩，赐茶毕，上回宫。少顷，御乾清门，听部院各衙门官员面奏政事毕，部院官员出。大学士、学士随捧折本面奏请旨。为吏部题本部郎中员缺，正拟织造库员外郎雅虎，陪拟督捕员外郎库察。上曰："此员缺，着部院满汉堂官将各本部院衙门员外郎秉公保举，毋使滥徇情面。其蒙古汉军亦着保举。"

又工科给事中雅齐纳等条奏，九江关应移湖口抽分，户部议覆准行事。上曰："着九卿、詹事、科、道会议具奏。"

巳时，上诣皇太后宫问安。

本日起居注官常书、潘耒。

十六日乙未　早，上御乾清门，听部院各衙门官员面奏政事毕。

辰时，上御乾清宫，讲官库勒纳、叶方蔼、孙在丰进讲：象曰雷风恒一节、初六浚恒二节。

未时，上御保和殿，赐进贡克什克屯部落三品台吉齐礼克退等、阿禄科尔秦部落三品台吉大低罢等、扎鲁特部落二品台吉根都四西布等、苏尼忒部落四品台吉多尔吉等、巴陵部落四品台吉那尔布等、吴喇忒部落四品台吉莫罗泰等、扎赖忒部落二品台吉鄂尔德尼等、阿霸垓部落四品台吉额里木等食。

本日起居注官库勒纳、严绳孙。

十七日丙申　早，上御乾清门，听部院各衙门官员面奏政事毕，部院官员出。大学士、学士随捧折本面奏请旨。为刑部题，员外郎硕伦等案内牵连章时化，于十九年正月十八日已去赴任。王廷宾将银五十两，托火文学付与章时化转付书皂，系十九年正月二十日。揆此，则火文学自得银两是实，应徒一年，其章时化着令赴任。上曰："观此事所议含糊，情弊未行审出。着会同都察院再加详审，明白具奏。"

又理藩［院］题将洛布臧台吉立为查萨克之处未经题明，其年例进贡应无庸议事。上曰："将洛布臧台吉立为查萨克之处虽未题明，但伊在彼处亦属首领，且向来亦曾进贡驼马。今所有岁贡应否收纳，着议政王、大臣会议具奏。"

辰时，上御乾清宫，讲官库勒纳、叶方蔼、孙在丰进讲：九二悔亡二节、九三不恒其德二节。

本日起居注官牛钮、严我斯。

十八日丁酉　早，上御乾清门，听部院各衙门官员面奏政事毕，部院官员出。大学士、学士随捧折本面奏请旨。为礼部题，钦天监博士戈继讦奏监副邵泰衢，交与吏部议处事。上曰："钦天监凡选择日期，相度风水等事，朕原不信，且堪舆家言甚多，并非古大圣贤所撰之书，皆是后人随意造作者。此书以为吉者，彼书或以为凶，并无一定之说，但此等术数亦未可尽废耳。今戈继所告，俱涉陵寝，关系重大。若行究治，则两造必有极重之罪，不便深究。其钦天监事宜，非专门者不能通晓。既有此等讦讼之人，此后凡遇选择，必然加意详慎。故朕意欲将此本发还，免其议处。尔等公同详议具奏。"

又云贵总督赵良栋奏称，身到云南，请将所携陕西官兵量留五千，其余发回陕西，议政王等议准行事。上曰："云南所有满汉官兵甚多，目今攻围省城，官兵不少。赵良栋所携秦兵征剿蜀地，甚为劳苦，其部下自有额定官兵，秦兵俱当发回。着再议具奏。"

又三法司为张鳌将伊兄张龙殴死，其母朱氏以年老无人养赡，乞将张鳌免死，部议不准，仍拟张鳌立斩事。上曰："尔等以为何如？"大学士勒德洪奏曰："向年曾记有与此事相似者，亦是弟殴兄死问斩。伊嫂告言，其夫已死，儿尚幼，叔又无子，若杀之，则无抚孤之人。愿从夫死，免叔之命，令其养孤。奉旨宽恕。今张鳌之母年七十余，据称无养赡之人，似乎可以矜恕。"上又问汉大学士等。李霨奏曰："观其情罪，虽为可恶，然皇上于法外宽宥，亦无不可。"杜立德奏曰："以弟兄较之，则兄为重；以母子较之，则母尤重。此乃创见之事，原无成例，惟皇上裁处。"上曰："此事殊难处分，若宥之，则杀兄罪大；若杀之，则其母又告无人供养。此事着九卿、詹事、科、道会议具奏。"

又大学士勒德洪等奏曰："各部院衙门将应升郎中人员保举送到，将从前保举之人更改另送者有之，增加多送者有之，所举但称才能，并无清廉等语。臣等谓：奉旨原令保举才能清廉之人，尔等何故不及清廉？伊等云，迩来九卿会推，将保举清廉之处启奏停止，所以无此等语。"上曰："此保举与九卿保举不同，其各本部院属官守洁而才优者，堂官岂有不知之理？仍令保举贤能清廉可也。"

辰时，上御乾清宫，讲官库勒纳、叶方蔼、孙在丰进讲：九四田无禽二节、六五恒其德二节。

巳时，上诣太皇太后宫问安。

本日起居注官阿哈达、徐乾学。

十九日戊戌 上幸芦沟桥观放红衣大炮。酉时，回宫。

是日，各部院章奏俱交与内阁。

本日起居注官胡简敬、阿山。

二十日己亥 早，上御乾清门，听部院各衙门官员面奏政事毕，部院官员出。大学士、学士随捧折本面奏请旨。为理藩院参伊院郎中朴罗塞、员外郎戴音布才力不及，吏部议俱降二级调用事。上曰："别部之人尚可调用，理藩院司官殊为不堪。朴罗塞等俱着随旗上朝。”

又三法司题，邢兆娶孙尔昌家仆女为赘婿，做工年限未满脱逃，又诬告孙尔昌等为强盗，劫伊银两骡头，议应立绞事。上曰：“邢兆为仆之处，始终并未明晰，可改为秋后处决否？”大学士勒德洪奏曰：“适臣等曾经商酌，邢兆既为奴仆，欲害伊主，遂行诬告，残毒殊甚，似应从部议。”上命从部议。

又谕曰：“凡刑部所审重犯，于法皆当处死，但于死之中或恐有可免其死者，朕故详为商议耳。”

又给事中莫洛条陈，投诚各官，大者宜俱令来京录用，兵部议不准行事。上曰：“着议政王、大臣会议具奏。”

又礼部题戈继纠参邵泰衢事。勒德洪等奏曰：“昨圣谕极是。臣等公议，既蒙皇上免其处分，似应将此本发还，令其焚毁。”上是之。

未时，上御保和殿，赐进贡喀尔喀部落车臣汗来使查汉衣忒黑尔图等、扎鲁忒部落二品台吉杜思海等、苏尼忒部落四品台吉扎木苏等、吴喇忒部落四品台吉满希等食毕。上命尚书阿穆瑚琅、侍郎阿喇尼传谕查汉衣忒黑尔兔问车臣汗好否及地方情形。又命阿穆瑚琅等传谕曰：“朕闻边地人等与尔外边之人互相窃夺。天朝与尔亲睦已久，尔汗每年进贡不绝。我边地之人即行加饬，在尔务要加慎管束。又巴喇虎、纳马尔、喀木齐汉人等，于我边地每行偷盗。查得此等系尔所属，因念尔可嘉，不加处分。已行文尔处，尔回文尚未到来。即今仍行文往查，如果系尔所属，尔即行拘齐，照尔条例问罪。若非尔所属，即回文报明。”谕毕，查汉衣忒黑尔兔等奏曰：“皇上圣谕，惟有竭蹶识之，向我主启知。”

本日起居注官朱马泰、王鸿绪。

二十一日庚子 早，上御乾清门，听部院各衙门官员面奏政事。理藩院尚书阿穆瑚琅等奏，自后进贡蒙古内有年老耳聋足跛者，赐食时免其进内，用绿头签请旨。上曰：“外国之人远来进贡可悯。如此分别，即非柔远之道。赐食时，仍令俱进。”奏毕，出。

大学士、学士随捧折本面奏请旨。为宗人府题左宗正贝子准达员缺，将贝子章泰等开列事。上曰：“章泰着补授宗人府左宗正。”

又理藩院题请每旗添设员外郎各一员，吏部覆两旗添一员，共添四员事。上曰："理藩院差遣事繁，着令每旗添设一员。"

辰时，上诣太皇太后宫问安。

本日起居注官叶方蔼、常书。

二十二日辛丑　早，上御乾清门，听部院各衙门官员面奏政事。辰时，上御乾清宫，讲官库勒纳、叶方蔼、孙在丰进讲：上六振恒二节、遁亨一节。

巳时，上诣太皇太后宫问安。

未时，上御景山内前殿，赐进贡翁牛忒部落多罗杜棱郡王毕里衮达赖、二品台吉鄂齐尔等，苏尼忒部落一品台吉陈布等，扎赖忒部落二品台吉鄂齐尔等，吴喇忒部落三品台吉伊鲁儿等，阿禄科尔沁国四品台吉阿津达等，阿巴哈纳尔四品台吉达马林木等，扎鲁特部落四品台吉噶尔马等，郭尔罗斯部落四品台吉格勒尔兔等，阿霸垓四品台吉明爱等，土默特部落二品他布囊鄂齐尔等食。

本日起居注官库勒纳、孙在丰。

二十三日壬寅　早，上御乾清门，听部院各衙门官员面奏政事毕，部院官员出。大学士、学士等进。明珠等奏曰："各部院衙门保举应升郎中官员，未开有清廉字样。臣等问其缘故，伊等云，办事才能者常有，其清廉乃隐微之事，难以悉知，我等非畏连坐不肯保举。今所举有才能者，后有不称者，仍照保举处分之例，岂有避罪之理？但无确见，何敢于至尊之前妄称清廉等语。至臣衙门侍读多系中书升补者，侍读学士以下，惟以翻写本章票签为职，并无他事，虽欲不清廉，亦不可得。"上曰："各部院不必保举清廉，仍着开送有守、谨慎、才干字样。尔衙门虽不理他务，亦须翻写本章票签，但能不泄漏事情，谨慎才干者亦可也。"

辰时，上御乾清宫，讲官库勒纳、叶方蔼、孙在丰进讲：象曰遁亨遁而亨也四节、象曰天下有山一节。

巳时，上诣太皇太后宫问安。

本日起居注官阿哈达、潘耒。

二十四日癸卯　早，上御乾清门，听部院各衙门官员面奏政事毕，部院官员出。大学士、学士随捧折本面奏请旨。为九卿会议，九江钞关或应移湖口，或仍在九江，请差户部满汉司官各一员，往看明白，回来再议。上曰："此事着依议。既差户部司员，其本部堂官回奏本章若不行批发，恐往看人员必生顾忌，难以定议。着将回奏本章票拟：该部严察议奏。明日即行批发，使得从实察看。"

又礼部题吐鲁番应照康熙十二年例进贡事。上曰："外藩所进贡物若系有用者，令其进贡。其大马等物，不甚有用，且沿路供应草料喂养，驿站甚属烦苦，可令勿进。其应准贡何项物件，尔等公同议奏。"

午时，上诣太皇太后、皇太后宫问安。

是日，兵部启奏，原任四川提督王之鼎灵榇于次日到来，上遣内大臣塔达、公福善往郊次止宿奠酒。

本日起居注官牛钮、严绳孙。

二十五日甲辰　早，上御乾清门，听部院各衙门官员面奏政事毕，部院官员出。大学士、学士随捧折本面奏请旨。为土鲁番进贡事。上曰："土鲁番地方遥远，若贡马匹，路途烦苦。于彼处土产应贡之物，着再议具奏。"

辰时，上御乾清宫，讲官库勒纳、叶方蔼、孙在丰进讲：初六遁尾厉二节、六二执之用黄牛之革二节。

未时，上御保和殿，赐进贡科尔沁国一品台吉阿喇那，阿霸垓四品台吉扎马扬等，翁牛忒部落四品台吉搭毕鼐等、都统曼州希里、副都统沙津，柰曼部落三品台吉米拉等，苏尼忒部落二品台吉顾鼐等，吴喇忒部落四品台吉蛮希里等，扎萨克四品台吉那尔迈等食。

本日起居注官严我斯、阿山。

二十六日乙巳　早，驾幸南苑。酉时，回宫。

是日，各部院本章交与内阁。

本日起居注官朱马泰、徐乾学。

二十七日丙午　早，上御乾清门，听部院各衙门官员面奏政事毕，部院官员出。大学士、学士随捧折本面奏请旨。为吏部补授太仆寺正卿员缺，开列通政司左通政张可前、大理寺少卿荣国祚事。上问曰："尔等云何？”大学士明珠奏曰：“臣等满汉公议，张可前与张吉午才具相同，张吉午已升佥都御史，张可前似亦可用。”上从之。

又题补理藩院堂上主事员缺，正拟光禄寺署丞瓦尔达，陪拟典籍喇杜浑。上曰：“理藩院事务繁剧，这员缺着吏部会同理藩院选择具奏。”

又九卿将张鳌殴死亲兄张龙一案两议：前议，依律立斩；后议，以张鳌之母朱氏告称，侍养无人，命将垂毙等语，张鳌拟免死，应减等发落，令其养赡伊母与嫂并其兄之子事。上问曰：“尔等之意如何？”明珠奏曰：“张鳌之母情亦可矜。向年曾有此事，已奉旨宽宥，特未定为例耳。后议似属可行。”上曰：“张鳌非系有心，与亲兄角口殴死。因其兄追击情急，持棒掷去，致兄中伤殒命。但念朱氏告称二子俱死，年老养赡无人，情实可悯。着依后议，尔等明白票出。”

又理藩院题盗马蒙古阿毕大、塞尔古冷、扈雅克图、卓宾、哈喇侯等五人，俱拟立斩，并家产妻子给与失主事。上曰：“朕念人命关系重大，宁于无宽法中示以法外得生之处。据奏，阿毕大等家产妻子既给失主，将本犯免死，一并给与为奴，则失主得人使役，于法未为不当。”勒德洪等奏曰：“圣谕极是。”上曰：“着诸王、大臣会议定例具奏。”

本日起居注官胡简敬、常书。

二十八日丁未　早，上御乾清门，听部院各衙门官员面奏政事毕，部院官员出。大学士、学士随捧折本面奏请旨。为吏部题补本部郎中陶罗员缺，正拟员外雅虎，陪拟库查。上曰：“库查是该衙门以才能举送者否？”大学士明珠奏曰：“该衙门举送库查并巴布那。库查年久，反开在巴布那之后，盖稍以巴布那为优也。”上曰：“库查既系年久，该衙门又以才能举送，着补授。”

又总河靳辅将原任清河徐眙同知今升云南林安知府多弘安题补淮阳道，部议允行事。上曰：“尔等云何？”明珠奏曰：“闻多弘安具有才能，先在盛京地方为知县，亦甚善。且管河官员，仍有坐名题补之例，部议似当。”上从之。

又福督姚启圣题请逃人应行夹审，督捕议覆允行事。上曰：“尔等云何？”明珠奏曰：“若不将恶棍严审，妄致牵连良善，为害百姓。臣等之意似以部议为当。”上曰：“然。着依部议。”

又镇浙将军马哈达题，满洲家人一年之内逃者千余，缉获者不及百人，此皆因以逃人事务交与地方官员，不行详缉之故，今仍交与将军，则地方官员畏惧，严缉逃人，满洲生理庶为有益，部议不准事。上曰：“先有三藩时，恐借逃人扰害百姓，故交与地方官。今仍交与将军，似属可行。”明珠奏曰：“似应交与满汉官员会同审理。”上曰：“此事尔等公同详议具奏。”

又提督徐治都奏报，在重庆夔州绿旗官兵，多患伤寒病症致殒事。上曰：“徐治都标下官兵进剿四川，效力日久。今哈占已经回川，将治都所属官兵着令速回湖广。”

辰时，上御乾清宫，讲官库勒纳、叶方蔼、孙在丰进讲：九三系遁二节、九四好遁二节。

巳时，上诣太皇太后宫问安。

未时，上御保和殿，赐问安厄鲁特部落噶尔党博索克汗来使格色里纳亲禾硕齐等、乌朱穆秦部落多罗厄尔得尼贝勒敖齐尔兔、进贡苏尼忒部落二品台吉衣喇固克山等、翁牛忒部落四品台吉齐塔忒等、土默特部落四品他布囊喇马世希等、吴喇忒部落四品台吉毕里克等食。

本日起居注官阿哈达、王鸿绪。

二十九日戊申 早，上御乾清门，听部院各衙门官员面奏政事毕，部院官员出。大学士、学士随捧折本面奏请旨。为出征云南大将军贝子章泰，得获云南城内出往蒙古地方赵永和，兵部议交与刑部。上曰：“赵永和非系伪官，乃闲散之人，免交刑部，着入官。”

又将军马哈达题请查缉逃人事，督捕议不准行。上曰：“尔等公议如何？”明珠奏曰：“臣等之意，满洲生理全系家仆，查缉逃人不可不严。但归与将军等，无赖兵丁借端害民，亦未可定，似应交与地方官及驻防章京可也。”上曰：“逃人事务关系亦大，此事着九卿等官会议具奏。”

辰时，上御乾清宫，讲官库勒纳、叶方蔼、孙在丰进讲：九五嘉遁二节、上九肥遁二节。

巳时，上诣太皇太后宫问安。

未时，上御景山内前殿，赐进贡苏尼忒部落多罗杜棱郡王阿育席、四品台吉厄尔得尼等，科尔沁国多罗贝勤（勒）沙津额驸、贝勒子无品台吉阿必达等、四品台吉喇萨等，克什克屯部落四品台吉岱通等，吴喇忒部落四品台吉达雅虎等食。

上命内大臣奇他特、博罗特等传圣谕于苏尼忒多罗杜棱郡王阿育席等："去岁因尔国饥荒，朕心悯念，至今近生息如何？"阿育席奏曰："去岁甚苦，今岁蒙皇上赈济米粟牲畜，今甚苏息。"上问曰："去岁饥死人数若干？"阿育席奏曰："不知其数。"上曰："尔有旗分佐领，尔所属人数不能知悉，所管何事？"又谕曰："观尔属下众台吉服用甚是不堪。尔为爱曼之主，所属爱曼人等当矜恤抚养，使得其所，岂宜不抚恤下人，独自享用乎？且尔国之人，与喀尔喀部落不和，互行侵扰偷盗，亦为不合，理应各严禁令，视尔等所属相宜地方，喂放牲畜，令得遂生。朕为尔外藩人等每常留意，是以凡事尽得闻知。朕所以再三教谕者，无非欲俾天下人民各得其所，安生乐业耳。尔其将朕谕旨切识，善养尔民可也。"

本日起居注官库勒纳、叶方蔼。

三十日己酉 早，上御乾清门，听部院各衙门官员面奏政事毕，部院官员出。大学士、学士随捧折本面奏请旨。为吏部题补刑部侍郎员缺，开列内阁学士王守才等。上曰："刑部事理关系紧要，必得称职者任之，方为有益。学士叶方蔼莅任有年，才品优长，着兼原衔升授此缺。"

辰时，上御乾清宫，讲官库勒纳、叶方蔼、孙在丰进讲：大壮利贞一节、象曰大壮大者壮也二节。

本日起居注官牛钮、孙在丰。

十一月

初一日庚戌 早，上御乾清门，听部院各衙门官员面奏政事。

本日起居注官阿山、严绳孙。

初二日辛亥 早，上御乾清门，听部院各衙门官员面奏政事毕，部院官员出。大学士、学士随捧折本面奏请旨。为刑部等衙门以原任贵州提督李本深从逆反叛，拟立斩事。上问大学士等曰："尔等之意若何？"明珠奏曰："李本深叛逆甚真，且擅杀使人。部拟谋叛不合。"上曰："然。这本着发还该部再议。"

上又谕曰："近日言官题参原任太仆寺卿王继桢及原任总兵官郭义。朕观从贼者亦甚多，从前既已有旨宽免其罪，今又重加诛戮，于大体不合。若大恶如马宝、夏国相、胡国柱、王永清等，朕决不恕。其余若尽论杀，则金光祖等亦应诛死，如此，不太多乎？向来失节从贼者，但行革职放回原籍，亦为足矣！前日，将从贼之人交与议政王、大臣会议，暂行停止。朕思言官这本，于情未当。尔等云何？"明珠等奏曰："皇上所谕极是。所以林兴珠亦惧罪求罢，可否交与议政王等会议。"上曰："尔等即行确议。"

未时，上诣太皇太后宫问安。

少顷，上御保和殿，赐进贡阿巴垓部落四品台吉索诺木大锡等、札萨克部落四品台吉诺木赖等、对音诸塞部落四品台吉巴大喇希等、吴喇忒部落四品台吉百尔和等、科尔沁部落一品台吉阿喇纳等食。

本日起居注官严我斯、朱马泰。

初三日壬子　早，上御乾清门，听部院各衙门官员面奏政事毕，部院官员出。大学士、学士随捧折本面奏请旨。为兵部题补镶白旗前锋参领员缺事，正拟护军参领德尔德，陪拟巴格。上曰："尔等问过否？"大学士明珠奏曰："问过都统希布臣、前锋统领衣巴汉、副都统达克萨喀云，本旗内噶布喇、噶尔马闻在阵前颇勇，但不曾见。前锋护卫格思特效力行间，曾有功牌，人亦勇壮，堪任统辖。"上曰："前锋参领当视其人之勇壮者用之，着将格思特补授。"

未时，上御保和殿，赐进贡喀尔喀部落图谢图汗来使默尔根巴兔鲁卓他巴等食。

本日起居注官常书、董讷。

初四日癸丑　早，上御乾清门，听部院各衙门官员面奏政事毕，部院官员出。大学士、学士随捧折本面奏请旨。为工部议景山内万福阁、寿皇殿等处修造草率，而所用银两浮冒，将员外郎达连等交与吏部察议事。上曰："这修造之处，都察院曾查奏否？若曾经查奏，亦应将都察院一并察议。尔等查明，再行具奏。"

辰时，上诣太皇太后宫问安。午时，上又诣太皇太后宫问安。

本日起居注官阿哈达、王鸿绪。

初五日甲寅 早，上御太和门视朝。文武升转官员谢恩，及进贡厄鲁特来使厄尔客哆托诺行礼，赐茶毕，回宫。

少顷，御乾清门，听部院各衙门官员面奏政事毕，部院官员出。大学士、学士随捧折本面奏请旨。为兵部题补镶蓝旗汉军都统员缺，开列副都统刘显忠、和硕额驸诺穆图等事。上曰："原任福建提督诺迈才具强干，为人甚优，着补授都统。诺迈理宜一并开列。这未经开列缘由，着兵部明白具奏。"

又光禄寺正卿马世济奏称，孙延龄反叛之时，父马雄镇、母李氏、妻董氏全家殉节。今父已追封太子少保、兵部尚书，母亦乞照应封品级，恳给诰命事。上曰："马雄镇矢殚忠荩，全家死节，深为可悯。李氏着照伊夫所封品级给与诰命，董氏亦照其夫品级给与应得诰命。其先赏马雄镇衣服，着仍赐与马世济。"大学士明珠奏曰："此衣系一署守备易交亮收存，因念衣本上赐，特加秘藏。亦属可悯，似应议叙。"上曰："此守备从逆之时，其衣已为自用，今当事平，难以隐匿，故尔举出，亦未可知。岂曾与马雄镇家果有效力处耶？尔等查问具奏。至马世济，朕观其人最为忠厚，尔等视之以为何如？"明珠奏曰："皇上所见极是。伊衙门满正卿敖哈亦称其人办事优长。"

未时，上御景山内前殿，赐进贡柰曼部落多罗达尔汉郡王敖齐尔，阿霸垓四品台吉绰世希等，吴喇忒部落四品台吉多宜等，土默特部落三品塔布囊色冷等，科尔沁国多罗贝勒沙津额驸、贝勒子无品台吉阿必达、阿穆尔里虎等食。

本日起居注官库勒纳、胡简敬。

初六日乙卯 早，上御乾清门，听部院各衙门官员面奏政事毕，部院官员出。大学士、学士随捧折本面奏请旨。为三法司议私贩盐斤张福等八犯，拒捕伤人，照新定例立斩事。上曰："闻天津等处地方，恶棍聚集，公贩私盐，潜住村庄。夏则乘船兴贩，冬则于附近处所，恣行劫掠。此等人殊为可恶，遂与强盗无异，断然不可宽宥！尔等再行详议具奏。"

又谕曰："总督哈占、蔡毓荣等皆现在革职留任，伊等军前效力多年，并无临阵退缩、失陷城池、违误军机重大情罪。较之从贼投诚见在居官者，伊等实为可念。其原品级应行给还，所记应议之处，事平日仍照常议处。尔等拟上传来奏。"

又谕曰："图海效力年久，军前劳绩甚多。今观病势不能霍然顿愈，现在应议之处，其罪亦不至重大，似可宽免。尔等传谕议政王、大臣商酌具奏。"

辰时，上御乾清宫，讲官库勒纳、孙在丰进讲：九二贞吉二节、九三小人用壮二节。讲毕，上曰："君子小人不可不辨，有似君子而非君子者，亦不可不察。"孙在丰奏曰："皇上有尧、舜之德，有知人之明，自然洞达矣。"

本日起居注官牛钮、徐乾学。

初七日丙辰 早，上御乾清门，听部院各衙门官员面奏政事。

辰时，上御乾清宫，讲官库勒纳、孙在丰进讲：九四贞吉悔亡二节、六五丧羊于易二节。

午时，上诣太皇太后宫问安。

本日起居注官蒋弘道、阿山。

初八日丁巳 早，上御乾清门，听部院各衙门官员面奏政事。御史戴王缙条陈，凡会议事务，临时预议各官不能悉知，应先行传知。上曰："朝廷事宜，岂容在私第办理？若当时遇事不能明晰，岂可任以政事乎？"大学士、学士随捧折本面奏请旨。为吏部补授翰林院掌院学士，开列候补学士陈廷敬、侍读学士蒋弘道等。上曰："汝等云何？"大学士明珠奏曰："陈廷敬极其醇厚，且原系掌院学士。"上曰："陈廷敬着补用。"

又为巡抚慕天颜、李本晟因请展漕限，以致回空船只冻阻，部议各降四级调用事。上曰："慕天颜、李本晟着降四级留任。伊等理应如此严处，尚有不知惩警者耶！"

又福建水师提督施琅题请侍卫吴奇爵随征台湾，兵部议不准行事。上曰：“吴奇爵在京不过一侍卫，有何用处？若发往福建，或亦有益。着依施琅所请行。”

又为理藩院题科尔沁王敖齐里来京，因不奉公主之言，擅遣护卫将巴查儿等私自带来，应罚生畜百头。上曰：“敖齐里素日不孝，品行不良，应从重治罪否？”明珠奏曰：“敖齐里果系不良，但外藩之人，皇上似可宽容。”上曰：“此事尔等酌议来奏。”

谕毕，明珠奏曰：“前日奉旨宽免图海之罪，传谕议政王、大臣。议政王等云，皇上圣旨极为尽善，在臣等亦不胜欢忭。”上曰：“图海无甚大罪，着宽免。”

又奏曰：“昨奉旨，着臣等议撤云南总督赵良栋。臣等以为云南目今即下，似应少待。”上从之。

辰时，上御乾清宫，讲官库勒纳、孙在丰进讲：上六羝羊触藩一节。

巳时，上诣太皇太后、皇太后宫问安。

未时，上御景山内前殿，赐进贡翁牛忒部落四品台吉巴落等、副都统枯枯儿忒，苏牛忒部落四品台吉盆出克等，阿巴垓部落喀尔马等，乌喇忒部落三品台吉霍吉格尔等，札萨克部落四品台吉喇赛等，柰曼部落二品台吉喀尔马等，土默特部落四品塔布囊沙晋达尔等，敖汉部落诺尔布等食。

本日起居注官朱马泰、曹禾。

初九日戊午 上因有事于南郊，斋戒三日，不理政事。

巳时，上诣太皇太后宫问安。

本日起居注官常书、董讷。

初十日己未 本日起居注官阿山、徐乾学。

十一日庚申 早，上于保和殿，视郊天祝版毕，回宫。

本日起居注官阿哈达、严绳孙。

十二日辛酉 早，上以冬至，亲祀天于圜丘毕，回宫。

未时，上御保和殿，赐进贡厄鲁特部落噶尔当薄［硕］克兔汗来使厄尔克格龙、察汉温布、巴颜白克等，噶尔马岱青和硕齐来使厄尔克多托诺等，土默特部落三品塔布囊素朱克兔等，吴喇忒部落四品台吉末伦岱等，苏尼忒部落四品台吉达代等，札萨克部落四品台吉色伦推等食。

本日起居注官牛钮、王鸿绪。

十三日壬戌 早，以冬至节，上率诸王、贝子、公、内大臣、大学士、都统、尚书、精奇尼哈番、侍卫等诣太皇太后宫行庆贺礼毕，又诣皇太后宫行礼毕，回宫。

少顷，御中和殿，内大臣、侍卫及执事等官，行庆贺礼毕，上御太和门。诸王、贝子、公、文武官员等上表，行庆贺礼，及进贡厄鲁特噶尔当薄硕克兔汗来使巴颜白克等、喀尔喀札萨克图汗来使墨尔根斋桑等谢恩，赐茶毕，回宫。

少顷，上御乾清门，大学士、学士捧折本面奏请旨。为吏部题左通政员缺，拟转右通政崔官。崔官员缺，拟补荫生陈汝器。上曰："京堂员缺，甚为紧要，此等荫生未经世务，恐误厥职。"大学士勒德洪、明珠奏曰："此陈汝器为伊父死难事控告，给事中雅齐纳曾言，此人颇优。"上曰："雅齐纳称其人颇优，必有所见，着补授。"

又御史张志栋条奏，补授各官，吏部并不遵五十五日之例，自今以后，请遵定例，无致生弊。其余缺扣补之处，相应停止。部议五十五日，现在遵定例行，无庸议。其余缺扣补之处，双月补授，官员仍应照现行例行，单月补授。官员自捐纳人员起，分缺补授。所余之缺，停其下月算补。上曰："铨选之事，理应均平，着九卿、詹事、科、道会议。"

又礼部题，闲住朝请内大臣阿喇密应否与谥加祭事。上曰："阿喇密惟袭伊父官职，并无劳绩，不必与谥加祭。"

又兵部议裕亲王散骑郎勒奇懒惰废职，革去散骑郎，罚俸一年，随旗上朝事。上曰："似此懒惰之人，甚为可恶，当严加惩治！将伊革去世职，令他人承袭，有何不可？着该部再议。"

又御史戴王缙条奏，皇太子应出阁读书事。上曰："此事当行，着票该部议奏。"

巳时，上诣太皇太后、皇太后宫问安。

未时，上御保和殿，赐进贡科尔沁国一品台吉厄参等、吴喇忒部落四品台吉杜噶等、札萨克部落四品台吉敖博尔魁等、克什克屯部落三品台吉巴他马等、喀尔喀部落四品台吉布折衣等、土默特部落大喇嘛书绿木格龙、盛京东塔大喇嘛绰衣思中格龙等食。

本日起居注官沈荃、常书。

十四日癸亥 云南大捷，全省荡平。四鼓，奏报。

五鼓，上诣太皇太后宫奏闻，行礼。又诣皇太后宫奏闻，行礼，回宫。

诸王、贝子、公、内大臣、侍卫、内阁、各部院大臣、日讲官俱于乾清门庆贺，行礼。上因诣孝陵，命大学士明珠传谕部院各衙门大小官员曰："云南报捷，全省底定，朕当速诣孝陵，躬行昭告。尔等闻之，想有同庆。"群臣奏曰："恭闻捷音，普天胥庆，皇上躬诣孝陵致告，上慰世祖皇帝在天之灵，下答中外臣民引领之望，臣等不胜欢忭之至。"

上谕："自本日为始，部院本章着每日交送内阁，由内阁两日一次汇送。"

本日起居注官孙在丰、阿山。

卯时，上诣孝陵祭告，由东华门出东直门，过通州。管坐粮厅事户部员外郎巴尔泰等、拱极城游击署通州副将事惠进等来朝。是日，上驻跸蓟州邦均西。

十五日甲子 未时，上至孝陵，率皇太子及皇子保清，随驾裕亲王、大臣、侍卫行三跪九叩头礼，奠酒三爵，皇上及皇太子、皇子、王、大臣、侍卫俱举哀。随诣皇后陵寝，皇太子率皇子保清、王、大臣、侍卫行三跪九叩头礼，上亲奠酒三爵，皇太子、皇子保清、王、大臣、侍卫俱举哀。

上驻跸蓟州孙家庄北。是日，驻防三河县防御纳楞格等、三河营守备巴普等、知县于孝昌等来朝。

十六日乙丑 辰时，大将军章泰等题奏云南克复捷报至，传集随驾王、大臣、侍卫，上亲宣读汉文，皇太子宣读满文。皇太子年甫八岁，宣读之声极其清朗，传集诸臣咸得洞知，无不欢跃叹异。上又遣皇子保清、裕亲王诣和硕纯亲王墓奠酒。

上驻跸孙家庄北。是日，蓟州城守营都司佥书汝丕等、知州董廷恩等来朝。

十七日丙寅 早，上御行幄，随驾大学士觉罗勒德洪，学士噶尔图、格尔古德捧折本面奏请旨。为宗人府题，固山贝子古尔玛洪应否与谥事。

上曰："古尔玛洪年高，亦有劳绩，着与谥。"

又三法司题民人程林正殴死叔祖，拟立斩事。上曰："据巡抚疏内检验，程淑济尸骸跌损伤痕颇多，并无致命之处。人命所关非轻，尸首既无重伤，遽行立决，似属可悯。着再议。"

又云南总督赵良栋条奏，云南应行逼困省城，投诚人等不应为奴，已在军中人民，应放为民等事。上曰："此事俟回京时请旨。但赵良栋乃一骄纵狂妄之人，凡事自云谙练，谓人莫己若也。人虽有十分才具，犹当退敛只作五分，谓一己之外无人，可乎？此疏内殷鉴不远之语，尤属悖谬，可谓不知礼矣！"勒德洪等奏曰："观与彼共事大臣俱为所劾，实一骄纵狂妄之人。"

是日，上驻跸孙家庄北。

十八日丁卯 早，上率皇太子、皇子保清及随驾裕亲王、大臣、侍卫谒孝陵，读文大祭。

是日，上驻跸孙家庄北。

十九日戊辰 早，上御行幄，大学士、学士捧折本面奏请旨。为吏部题招抚胡国柱被害胡端，其未被害之前，有无招抚功效，未经查明，难以遽议，俟将军穆占到日再议事。上曰："此等招抚被害之人，议叙有例。胡端为国招贼，罹此惨害，可悯，仍着议叙具奏。"

少顷，遣皇太子率皇子保清及诸臣、侍卫谒仁孝皇后、孝昭皇后陵寝，读文大祭。

上驻跸遵化州汤泉。是日，防守罗文峪防御萨海等、遵化州城守营游击赵文等、遵化州知州张敏等来朝。

二十日己巳 上驻跸遵化州汤泉。

二十一日庚子 上驻跸罗文峪口内。是日，上猎冷水头，遇二豹，命裕亲王射之。王殪一豹，皇太子殪一豹。

二十二日辛未 上出罗文峪口，驻跸龙湾。

二十三日壬申 上进龙井关口，驻跸汉儿庄西南。是日，防守喜峰口防御萨克剎等、喜峰口游击林旺等、喜峰口八品笔帖式倭什屯等来朝。

二十四日癸酉 上驻跸三屯营东。是日，翰林院掌院学士库勒纳奏：

"臣遍身骨节痛楚，难以乘骑，乞留数日，俟得汗稍愈，即自力速赴御前，乞皇上遣御医诊治，给与内药。"侍讲学士朱马泰付亲随侍卫敦柱转奏。上谕："知道了。初病时，何不即奏闻？即着御医马之俊往治。"

二十五日甲戌　早，上御行幄，大学士、学士捧折本面奏请旨。钦天监监副邵泰衢条奏，应禁邪教，以崇正体；选用清廉督、抚，以治黎庶，满洲、汉军葬祭，焚化奢靡，应行禁止；贫穷侍卫，应查给赏赐；满洲缘事官员，应免披甲；治河宜速求成效；天文、地理正当切要之书，宜急令学习，废去无益之书，以裨国用；军前之罪，应行豁免等十四款事。上曰："他且无论，即以天文言之，金星时常白昼经天。议者动言无兵则为兵起，有兵则为兵息，此乃一定者也。亦不过所值分野当之，岂有概占兵起之理？此皆不足信。虽然天示灾眚，乃眷戒人主之意，人主漫不修省可乎？可将此本发回京师，俟朕回时再议。"

少顷，遣近侍索柱往视学士库勒纳病，传谕曰："尔病较前稍愈否？尔始病时，即应奏闻，何故耽延时日，始行启奏？尔即在三屯营城内，择一好房屋停住，俟日出和暖，再行迁徙。恐受风寒，今留御医马之俊，并给内药在此治汝。朕今日幸米峪口，一宿即回。往返之间，尔病想可少愈，故特遣近侍索柱往视。"传谕毕，库勒纳奏曰："臣前病时，尚能勉强行走，昨遂遍身骨节疼痛，乘马艰难，故敢奏闻皇上。蒙皇上遣人临视，降此优旨，臣欢忭之余，病觉稍愈。仰赖皇上洪恩，不久即当痊可。臣本一介猥贱，蒙皇上如此渥眷，惟有悉心感戴而已。"

上驻跸米峪口内。是日，太平路都司佥书程应运等来朝。

二十六日乙亥　早，上驻跸米峪口。先是米峪有虎伤害民人，是日，上闻之，在米峪口南山放围，上亲殪二大虎并一小虎。至晚，将所殪之虎俱带回行营，召集随驾大臣、侍卫，内阁、翰林院、礼部官员视之。自此民绝虎害。

二十七日丙子　早，上御行幄，大学士、学士捧折本面奏请旨。为御史李见龙参芜湖关监督邓秉恒税外又借名皇税，每日科索草米等物诸款，户部议邓秉恒俱不承认，其干证俱在江南，应行江南总督，将所参条款质审具奏，到日再议事。上曰："这所参邓秉恒事迹皆实，即着该部贤能司官一员，带邓秉恒前往，会同该督察审。”

又贵州巡抚杨雍建请裁贵州驿站钱粮十分之四，兵部议目今尚有军务，未可遽裁，应自二十一年为始裁去事。上曰：“黔省遭贼荼毒，今大兵尚在云南，这驿站钱粮，着二十二年裁起。”

又总河靳辅题今年重运漕船，实系水次开兑延迟，非关漕河，请将承修各官免其查参，工部议交与总漕将此情由查明具题，到日再议事。上曰：“朕观靳辅此事，总漕所奏极是，渠乃窘迫支吾耳。尔等可将此本带回议奏。”

又川湖总督蔡毓荣题请解任丁父忧事。上曰：“蔡毓荣著有劳绩，领兵直抵滇中，击破贼寇。此留任票拟尚觉未优，着将此本发回京师，另添满汉字样送来。”

奏毕，上问学士格尔古德曰：“尔所学素优，今仍似前否？”格尔古德奏曰：“臣自出兵以来，无暇看书，甚是荒疏。”大学士勒德洪等奏曰：“格尔古德学问素充，即今仍优。”

酉时，上复遣索柱视学士库勒纳疾，传谕曰：“顷御医马之俊奏，尔第六日得汗，脉候平和，不须服药。此马之俊乃为朕躬带来者，闻尔有疾，故留与尔。尔病较前何如？但此病切忌风寒饮食，尔方得汗，可厚衣避风，断不可饱食，不妨少饿。尔欲何日起行？”库勒纳奏曰：“臣病较前大愈，但身弱无力，难以行立，头常昏眩。今既得汗，应暂停服药。皇上所谕优旨，臣谨识之。皇上屡次遣人视疾，臣乃何人，何以当此。惟有铭勒心腑，激切感戴而已。臣病仰赖皇上恩庇，料得无妨。”

是日，上驻跸三屯营南。

二十八日丁丑　是日，上驻跸遵化州金山寺东。

二十九日戊寅　早，上御行幄，大学士、学士捧折本面奏请旨。为福建总督姚启圣请将伊笃保补授漳州副将，兵部议不准行事。上曰：“现今进剿台湾，伊笃保着依该督所请补授。”

又工部题，修造城楼，乏少银两八万有余，请支库银供用，将捐纳银两补还事。上曰：“此事关系钱粮，着差各部司官监修。其应差官员开列具奏。”

是日，上驻跸遵化州汤泉。

三十日己卯 早，上率王、大臣、侍卫，以驾将回京，往谒孝陵，奠酒三爵，皇上及王、大臣、侍卫俱举哀。又诣仁孝皇后、孝昭皇后陵寝，奠酒三爵，皇上及王、大臣、侍卫俱举哀。

是日，上驻跸琳河西。

十二月

初一日庚辰 早，上御行幄，大学士、学士捧折本面奏请旨。为户部议云南凯旋官兵马匹，令于常德喂养二十日事。上曰："从前所回官兵俱系无功中途而返，故不曾令其喂马。今云南凯旋官兵已成大功，非他兵可比。滇南道路遥远，若在一处喂养马匹，必致疲乏，应令在贵州、襄阳两处喂马。此事着传与在京大学士等公同会议，加意拟票来奏。"

又御史裘充美条奏，刑部所审案件，有事同而处分互异者，应行申饬，九卿会议无庸议。上曰："这本着依议。九卿会议逐款皆有实据，裘充美前奏以何为据？着裘充美再行明白具奏。"

又福建总督姚启圣请以进剿台湾官员应行鼓励，各加一级，兵部议不准行。上曰："现今殄灭海寇，其进取台湾，各官准加一级，俾各奋力图效。"

是日，上驻跸蓟州孙郭庄西。

初二日辛巳 上驻跸三河县夏店南。

初三日壬午 上御行幄，大学士、学士捧折本面奏请旨。为福建总督姚启圣请将平和县失守游击王廷祐等，免其从前之罪，兵部议不准行事。上曰："今值进剿台湾，正在用人之际，着王廷祐等随征台湾大兵效力赎罪。"

又三法司议，胡元锡与三破头等同谋行诈杨雍，拟胡元锡立斩事。上曰："胡元锡虽行吓诈，未经得财，着改为秋后处决。"

未时，上进东直门，入东华门，率皇太子、皇子保清诣太皇太后、皇太后宫问安毕，回宫。

扈从起居注官库勒纳、朱马泰。

初四日癸未 早，上御乾清门，听部院各衙门官员面奏政事。吏科给

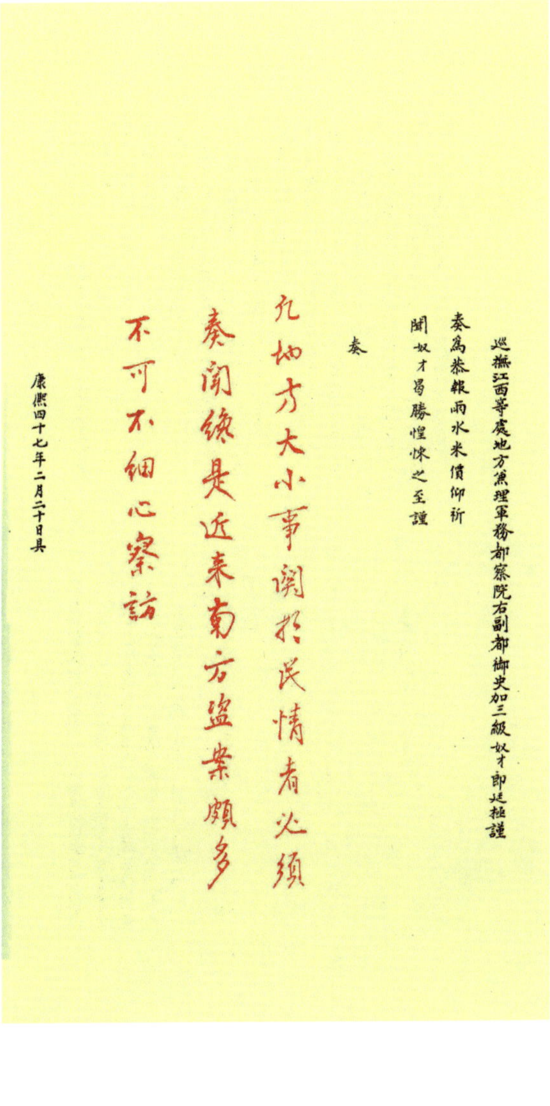
巡撫江西等處地方兼理軍務都察院右副都御史加三級奴才郎廷極謹

奏爲恭報雨水米價仰祈

聞奴才曷勝惶悚之至謹

奏

凡地方大小事關於民情者必須

奏聞總是近來南方盜案頗多

不可不細心察訪

康熙四十七年二月二十日具

江西巡抚郎廷极奏报雨水米价地方宁谧折

康熙四十七年二月二十日

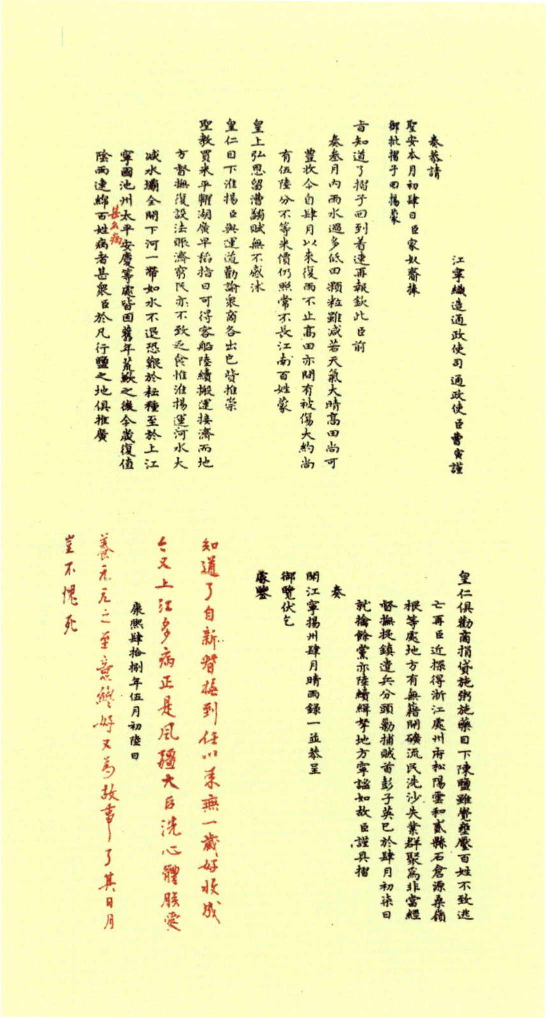

江寧織造通政使司通政使臣曹寅謹
奏恭請
聖安本月初肆日臣家奴齎捧
御批摺子回揚蒙
旨知道了摺子回到着速再報欽此臣前
奏叁月内雨水過多低田顆粒難減若天氣大晴高田尚可
豐收今自肆月以來復雨不止高田亦聞有被傷大約尚
有伍陸分不等米價仍照常不長江南百姓蒙
皇上弘恩留漕蠲賦無不感沐
皇仁因下淮揚臣與運道勸諭衆商各出已貲推崇
聖教買米平糶湖廣平糶指日可得客船陸續搬運接濟兩地
方督撫復設法賑濟窮民亦不致乏食惟淮揚運河水大
減水壩全開下河一帶如水不退恐難於耘種至於上江
寧國池州（甚久病）太平安慶等處皆因舊年荒歉之後今歲復值
陰雨連綿百姓病者甚衆臣於凡行鹽之地俱推廣
皇仁俱勸商捐貲施粥施藥目下陳鹽雖覺壅壓百姓不致逃
亡再臣近探得浙江處州府松陽雲和貳縣石倉源桑嶺
根等處地方有無籍開礦流民洗沙失業群聚爲非當經
督撫提鎮遣兵分頭勦捕賊首彭子英已於肆月初柒日
就擒餘黨亦陸續緝拏地方寧謐如故臣謹具摺
奏
聞江寧揚州肆月晴雨錄一並恭呈
御覽伏乞
睿鑒
知道了自新督撫到任以來無一歲好收成
上江多病正是封疆大臣洗心體朕愛
康熙肆拾捌年伍月初陸日
養元元之至意總好只為故事了其日月
豈不愧死

江寧織造曹寅奏報糧價雨水及地方情形折

康熙四十八年五月初六日

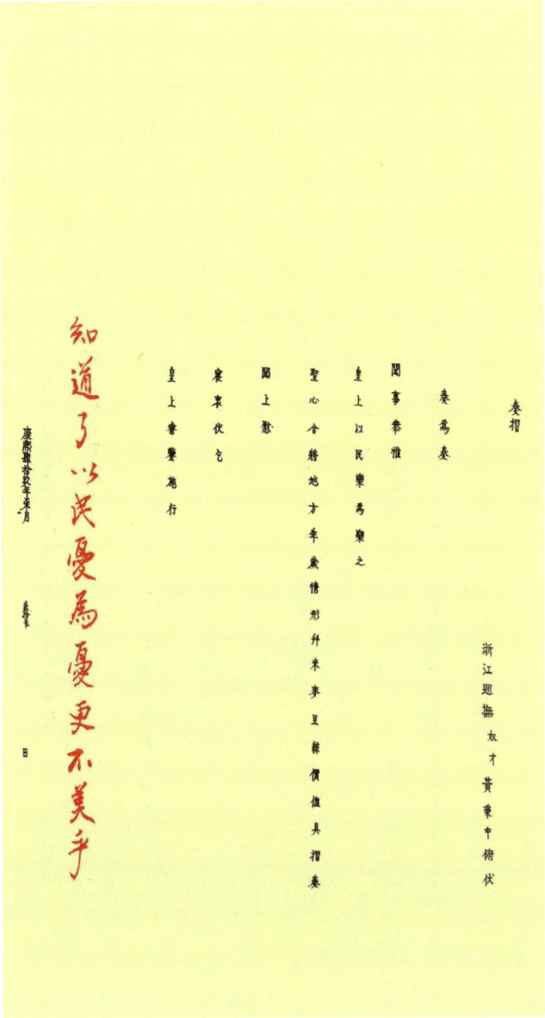
奏摺
浙江巡撫奴才黃秉中俯伏
奏為奏
聞事恭惟
皇上以民樂為樂之
聖心合將地方年歲情形幷米麥豆絲價值具摺奏
聞上慰
宸衷伏乞
皇上睿鑒施行
知道了以民憂為憂更不美乎
康熙肆拾玖年柒月 [illegible] 日

浙江巡抚黄秉中奏报各属雨水粮价等情折

康熙四十九七月二十七日

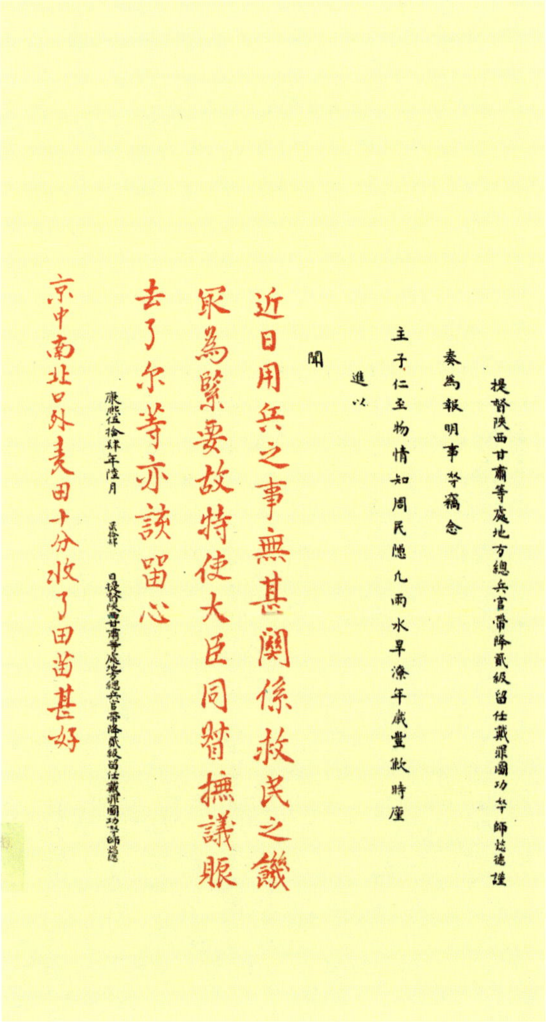

提督陕西甘肅等處地方總兵官帶降貳級留任戴罪圖功㕜師懿德謹

奏為報明事㕜竊念

主子仁至物情知周民隱凡雨水旱潦年歲豐歉時塵

進以

聞

近日用兵之事無甚關係救民之饑

最為緊要故特使大臣同督撫議賑

去了爾等亦該留心

康熙伍拾肆年陸月　貳拾肆　日提督陕西甘肅等處地方總兵官帶降貳級留任戴罪圖功㕜師懿德

京中南北口外麦田十分收了田苗甚好

陕甘提督师懿德奏报甘肃雨水粮价等情折

康熙五十四年六月二十四日

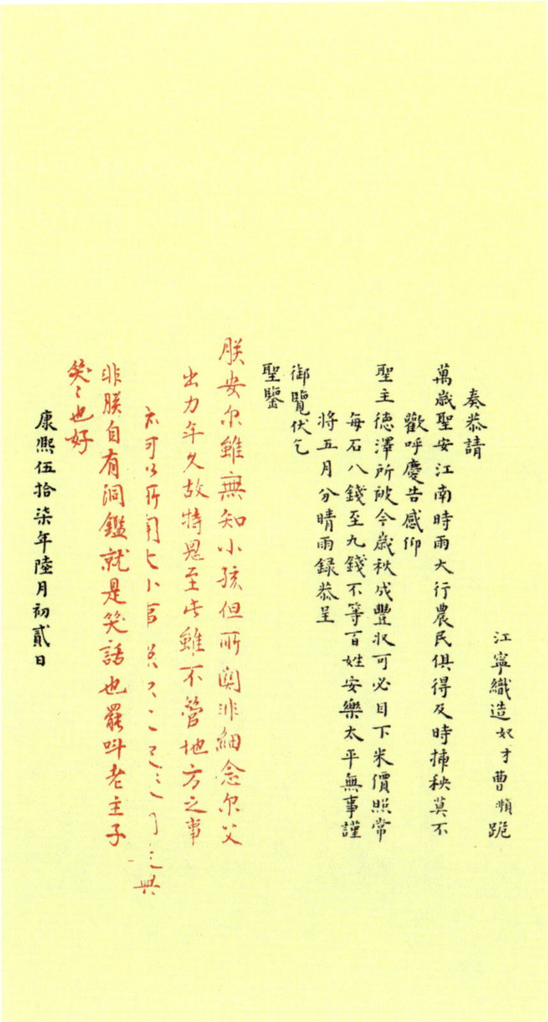

江寧織造奴才曹頫跪

奏恭請

萬歲聖安江南時雨大行農民俱得及時揷秧莫不

歡呼慶吉感仰

聖主德澤所被今歲秋成豐收可必目下米價照常

每石八錢至九錢不等百姓安樂太平無事謹

將五月分晴雨録恭呈

御覽伏乞

聖鑒

朕安爾雖無知小孩但所關非細念爾父

出力年久故特恩至此雖不管地方之事

亦可以所聞大小事照爾父密密奏聞是與

非朕自有洞鑑就是笑話也罷叫老主子

笑笑也好

康熙伍拾柒年陸月初貳日

江宁织造曹頫奏报江南得雨稻秧及时插种并米价等情折

康熙五十七年六月初二日

江寧織造奴才曹頫跪

奏恭請

萬歲聖安江南太平無事目下米價照常每石六錢

近來你家差事甚多如磁器法瑯之類先
還有旨意件數到京之後送至御前覽完
纔燒法瑯今不知騙了多少磁器朕總不
知已後非上傳旨意你即當密摺内聲名
奏聞倘瞞着不奏後來事發恐你當不
起一體得罪悔之莫及矣即有别樣差使
亦是如此

江宁织造曹頫奏报江南米价并进晴雨录折

康熙五十九年二月初二日

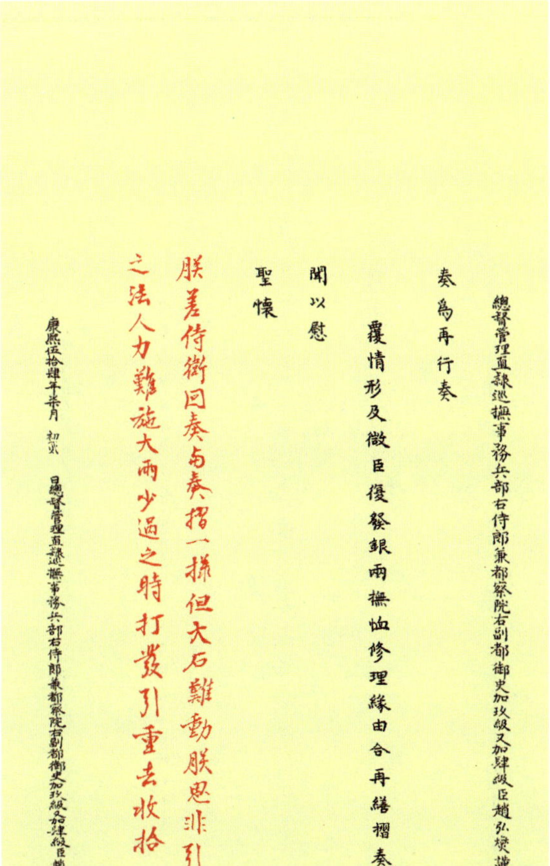

總督管理直隸巡撫事務兵部右侍郎兼都察院右副都御史加玖級又加肆級臣趙弘燮謹
奏為再行奏
覆情形及微臣優發銀兩撫恤修理緣由合再繕摺奏
聞以慰
聖懷
朕差侍衛回奏与奏摺一樣但大石難動朕思非引重
之法人力難施大雨少過之時打發引重去收拾
康熙伍拾肆年柒月初貳日總督管理直隸巡撫事務兵部右侍郎兼都察院右副都御史加玖級又加肆級臣趙弘燮

直隶总督赵弘燮奏报山洪冲毁房屋道路现在修复并抚恤折

康熙五十四年七月初二日

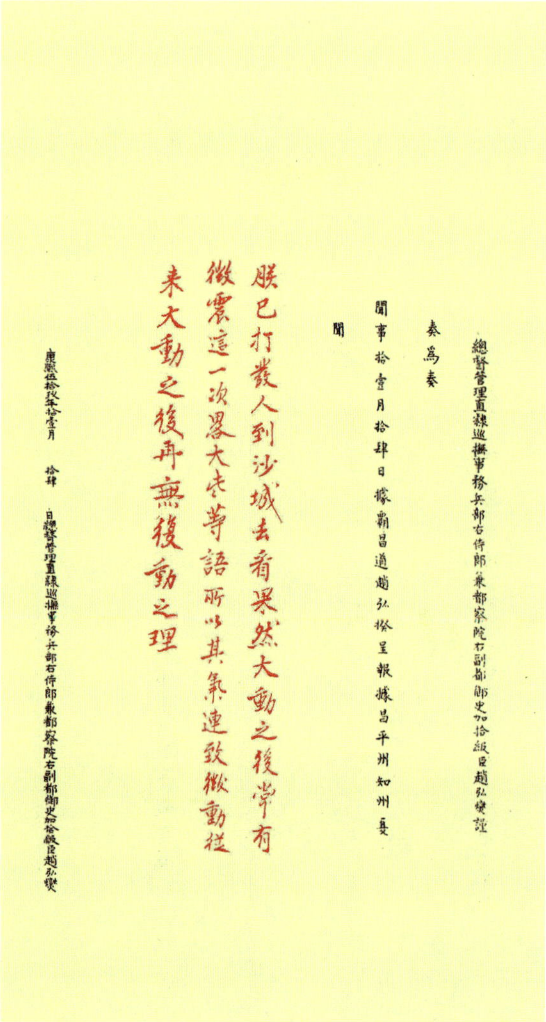
總督管理直隸巡撫事務兵部右侍郎兼都察院右副都御史加拾級臣趙弘燮謹
奏爲奏
聞事拾壹月拾肆日據霸昌道趙弘掞呈報據昌平州知州夏
聞
朕已打發人到沙城去看果然大動之後常有
微震這一次畧大些等語所以其氣連致微動從
來大動之後再無複動之理
康熙伍拾玖年拾壹月拾肆日總督管理直隸巡撫事務兵部右侍郎兼都察院右副都御史加拾級臣趙弘燮

直隶巡抚赵弘燮奏报昌平州之地微动折

康熙五十九年十一月十四日

事中费扬古等同六科满汉给事中公本条奏，今逆贼扑灭，天下太平，应请加上太皇太后徽号。奏毕，出。给事中摩罗独留近前奏曰："有口奏事宜。"上命起居注官阿哈达、王顼龄："尔等近前听其启奏之事。"记注官近前，摩罗奏曰："逆贼吴三桂背叛以来，皇上庙算，洞见万里之外，筹划周详，陆续调发将士剿御。数年之间，逆贼尽歼，万方宁谧，此皆赖皇上弘福齐天之所致。然无事之时，不可不预计有事。臣曾奉旨差往军前，经过各处，颇知紧要地方。西边四川保宁府最为险要，非得谙练行伍才干优裕者，不可以任弹压。提督王进宝效力有年，甚得兵民之心，应令镇守保宁。其云南地处边陲，亦系最要。总督蔡毓荣系旗下旧人，效力年久，且现在云南，应即补云南总督。又数年以来，绿旗兵丁同满州兵丁各处征剿效力，应下优恤之旨鼓励。"上曰："凡应行事宜，现在议行。尔系给事中，职司耳目，国家诸事，苟有未及周详，理应具本条奏，则天下之人皆得而知，公论自符。尔既为给事中，不具本奏闻，径行口奏，尔之意以为：如有不宜行之事不准行，虽非所奏，尔则曰我曾口奏，皇上不准行。如有可行之事既准行，尔则曰因吾口奏而皇上施行。岂非欲邀此虚誉乎？尔一介贫贱之人，今已大富，尔之品行可知矣！尔之所以口奏者，盖欲朕信尔也。尔非可信之人，凡尔所行，皆朕冲龄所知。如此行径，亦可于朕前行之乎？尔欲启奏，着具本来奏。"摩罗奏曰："臣之愚意，因系大事欲出自上裁，故未具本，焉敢妄行沽名。"奏毕，出。

大学士、学士随捧折本面奏请旨。为礼部议覆，琉球国进贡停止烟马，其余照例进贡事。上曰："尔查以前进贡之物，其无用者皆裁去。"

又为兵部议喂养进贡蒙古来使驼马疲瘦，将看喂章京佛尔浑等分别罚俸降级事。上曰："伊等扣克，以致驼马疲瘦，情由显然。这所议尚轻，着再严加议处。"谕毕，大学士等出。

上又谕记注官阿哈达曰："朕顷谕摩罗之旨，尔可详悉传谕大学士等知之。"

巳时，上诣太皇太后、皇太后宫问安。

本日起居注官阿哈达、王顼龄。

初五日甲申　早，上御乾清门，听部院各衙门官员面奏政事毕，部院官员出。大学士、学士等随捧折本面奏请旨。为总河靳辅请叙栽柳十万余株之守备刘闻道，工部议不准行事。上曰："栽柳例应议叙，不宜分别文武。着该部再议具奏。"

又钦天监监副邵泰衢条奏十四款事。上曰："朕观邵泰衢所奏，欲图侥幸沽名。原本无益，着发还。"

本日起居注官胡简敬、阿山。

初六日乙酉 早，上御乾清门，听部院各衙门官员面奏政事毕，部院官员出。大学士、学士随捧折本面奏请旨。为兵部请将陈茂林等五人，补授虎门头等处副将事。上曰："此内李懋珠乃极妄行可恶之人，不可使为外官，着入旗下。其员缺另拟具奏。"

又銮仪卫请于皇太子仪仗添设满州官三十员、汉官二十员及校尉等事。上曰："为太子仪仗添设官员，必致糜费钱粮。尔等之意如何？"大学士明珠等奏曰："封过诸王世子尚设护卫官员，今虽添设官员，所费钱粮谅不甚多。"上曰："此时尚早。本着暂留。"

未时，上御景山前殿，赐进贡科尔沁国多罗额驸诺穆奇等、苏尼忒部落多罗郡王萨穆札额驸、札鲁特部落二品台吉毕礼克图等、喀喇沁部落三品塔布囊布勒、土默特部落三品台吉社利等、札萨克三品台吉噶尔马席熙等、阿霸垓四品台吉伊思黑布等、吴喇忒部落三品台吉大希等、敖汉部落二品台吉古鲁等食。

本日起居注官牛钮、严绳孙。

初七日丙戌 早，上御乾清门，听部院各衙门官员面奏政事毕。大学士、学士随捧折本面奏请旨。为吏部题各省学道以杨引祚等补授事。上曰："此内如高璜者为人颇优，但学问疏浅。学道职任关系文风，甚为紧要，着九卿、詹事、科、道会推具奏。"

又满汉科臣费扬古等公本条陈，以云南荡平，请上太皇太后徽号事。上曰："尔等云何？"明珠等奏曰："臣等满汉之意，吴三桂变乱以来，太皇太后心甚忧劳。今皇上鸿谟神略，云南业已底定，应上徽号，以仰慰太皇太后之心。"上是之。

又为兵部议叙出征平乡、昌兴功牌事。上曰："昌兴之战，杀贼甚为披靡，部给第一功牌，尚应给与一等第一。但又照征查汉尔兵一日五战击胜之语，昌兴之役，学士格尔古德亦在，实系五战否？”格尔古德奏曰：“两兵未接之时，贼众一股前来，我兵击败之，贼兵亦不甚多。”上曰：“议叙军功，关系紧要，必当公议才是。今观兵部所叙，虽似极当，但言合战之次太多。功牌多给，则受世职者必滥。尔等可传谕兵部，着将此本领回再议。”

巳时，上诣太皇太后宫问安。

本日起居注官常书、董讷。

初八日丁亥　早，上御乾清门，听部院各衙门官员面奏政事毕，部院官员出。大学士、学士随捧折本面奏请旨。为左都御史徐元文条奏，天下荡平，应大布恩诏等十五款事。上曰：“颁行恩诏，出自人主，近令诸大臣酌议，已有谕旨。徐元文乃大臣也，于当议之时，独不可言乎？必自行具本条奏，是何意见？伊系通达文义之人，此等事宜，岂有不知？此特非欲预知诏款，以为沽名市恩之地耶？尔等可将此旨对伊传谕，并原本发还！至将颁诏之前，朕必传集诸大臣面行商酌，俾有志之人，敷陈详议。”

又左副都御史余国柱奏，时当太平，应更撰飨祀乐章事。上问：“此事尔等云何？”大学士明珠奏曰：“臣等众意，当此盛世，理应作乐以象太平。但乐有制度，关系大典，似应交与礼部、翰林院衙门确议，定例奏行。”上从之。

又大学士等、翰林院学士等进呈寰宇太平，祭告天、地、太庙、社稷祭文。上曰：“吴三桂反叛以来，兵民困苦已极，若视为骤然易灭，似觉未便。可说明艰难之处，全赖天地鸿庥，祖宗福庇成功，将此意撰致谦词。尔等可持回改撰呈览。”

谕毕，上问记注官朱马泰曰：“学士库勒纳已曾到家否？其病已全愈耶？”朱马泰奏曰：“库勒纳昨已到家，其病较前稍愈，但身体羸瘦，未能行动。”

本日起居注官严我斯、朱马泰。

初九日戊子　早，上御乾清门，听部院各衙门官员面奏政事毕，部院官员出。大学士、学士捧折本面奏请旨。为兵部题补镶白旗护军参领员缺，正拟拜他喇布勒哈番雅兔，陪拟包衣参领吴蓝布。上曰："雅兔原在马监供役，又非贵族之裔，何故拟正？着问该王再奏。"

又议政王等会议驻防荆州满洲将军官兵事。上曰："尔等所议如何？"大学士明珠奏曰："前所奉旨极是。遵旨议得驻防荆州兵丁，每佐领五名稍觉尚少，必多设成旅，以资弹压，故议每佐领兵丁六名驻防。臣等以为应依所议。"上曰："然，着依议。"

又吏、兵二部会同三法司议，原任京口参领马崇俊贪婪银一千七百余两，原任防守御高腾龙贪婪银一千一百余两，拟绞监候，秋后处决。将军杨凤翔、副都统张元勋不行题参劣员，议削去加一级，仍降二级调用。巡抚慕天颜不遵部文，辄将马匹草料折给，又附合总督题参马崇俊等，议降三级调用。总督阿席熙徇慕天颜情面题参高腾龙，议削去加二级留任。上曰："慕天颜办事虽长，愆咎甚多，居官亦不甚好，屡次饬谕，并不悛改。尔等云何？"大学士明珠奏曰："慕天颜办事最优，总候上裁。"上良久曰："着依议。"

又监察御史何嘉佑奏请，今天下荡平，皆赖皇上一人功德所致，伏乞加上太皇太后、皇太后徽号，以广圣孝，亦应加皇上尊号，以彰功德事。上曰："加上太皇太后、皇太后徽号，前已经有旨。但所奏称天下荡平，皆朕一人功德所致。前议撤三藩，交与议政王等会议，云不可撤者甚多，云宜撤者甚少。朕决意撤回，乃吴三桂背叛，各处扰动，兵民困苦。今蒙天眷弘庥，祖宗福庇，数年之内，歼灭贼寇，幸得如此。若再延数年，兵损民困，则朕欲行迁撤之举，虽百喙其能解耶？这所奏无益。尔等云何？"明珠奏曰："皇上欲撤三藩之意，原防后患。虽吴三桂反叛，兵民困苦，现今三藩殄灭，后患尽除，此乃皇上庙算。倘今犹存，未知将来若何也，臣等以为此本似应着九卿议奏。俟议奏时，应将圣意票出。"上从之。

又给事中雅齐纳条奏应复八旗文官品级一本。又兵丁出征年久，家产已尽，应行恩赐一本。上曰："满汉官员均属一体，朕自冲龄已欲将满汉品级画一，故尔改定。今若再行更改满尚书为一品，汉尚书为二品，则汉尚书何以敌体满尚书乎？若然，则不如不用汉官矣。具（其）出兵效力劳苦兵丁，朕必加恩赉。朕向所谕，昭如日月，决不食言。前旨甚明，雅齐纳以朕为食言耶？朕已降旨，岂有食言之理。雅齐纳是小人，怀挟私意，欲将品级更改，则伊品级便大，借此凌铄汉官，并沽虚誉于兵丁耳。尔等将朕旨传谕，并其二本发还。”

又给事中硕木科条奏，军政宜照旧例遵行事。上曰：“这本说的是，颇有深意。着该部确议具奏。”

本日起居注官阿哈达、徐乾学。

初十日己丑 早，上御乾清门，听部院各衙门官员面奏政事毕，部院官员出。大学士、学士随捧折本面奏请旨。为礼部议土鲁番请买铁锅不准行事。上曰：“朕闻土鲁番原产铁器等物，彼地产铁，其铁锅着依所请买去。又伊所贡之物，尽被劫掠，称有变乱之语。其进贡之物，为何人所劫？其变乱在何处地方？尔等察问明白来奏。”

又兵部题蓟州副将陈义忠临殁时，将伊效力之处缮写遗疏，令伊子陈正寅叩阍事。上曰：“陈义忠遇朕知见再三，亦彼遭逢有幸。既有效力之处，着将其子陈正寅以守备录用。其骸骨可驿送还乡。”

又潘显叩阍称，熟谙海道，请遣往福建，部议交与刑部。上曰：“潘显妻子四十余口，俱在台湾，因此叩阍，请往福建，该督复为题请，可遣赴闽省。其可用与否，听该督酌量行之。”

又大学士图海、冯溥告病辞任二本。上曰：“老成在列，足为观瞻。其奏疏着发还，且着过此时。尔等以为何如？”大学士明珠奏曰：“圣谕极是。朝有老臣，物望为盛。但冯溥年七十余，甚为衰惫。图海虽有年，尚未甚老，仰赖皇上福庇，病幸得痊，尚可报效几年也。”

本日起居注官牛钮、潘耒。

十一日庚寅 早，上御乾清门，听部院各衙门官员面奏政事毕，部院官员出。大学士、学士随捧折本面奏请旨。为工科给事中许承宣条奏，编审民丁、盐丁，相应禁止混冒情弊等六款事。上曰：“这所奏皆无用。朕观言官，当吴三桂反叛多事之际，并无献一灭贼奇策救民事宜。今贼灭无事，反生事塞责，陈奏者甚多。俱依票拟不准行。”

又为议处将军杨凤翔等事。上曰：“这所奏之事，朕俱已细览。杨凤翔等本欲灭迹，实无他故。伊等久在行间，镇守封疆，尚有裨益，应带所降之级留任。慕天颜虽有才干，居官并无善状，地震时，言官曾经纠参。朕欲令其改过图效，故尔留任。自后并未更改，且又交接在内官员，观其恳求总督阿席熙题参，有失大吏之体，应革其职。”大学士明珠奏曰：“阿席熙似应并议。”上曰：“阿席熙尚觉未惬，亦着一并严议。尔等即议。”李霨奏曰：“皇上所处甚当。”冯溥奏曰：“慕天颜有办事之才，苏松事务繁剧，非有才能者不可，若求其代，必烦圣虑。”上曰：“此等人不可不惩。尔等将本持回，确议再奏。余着依议。”

本日起居注官阿山、曹禾。

十二日辛卯　早，上御乾清门，听部院各衙门官员面奏政事毕，部院官员出。大学士、学士随捧折本面奏请旨。为吏部议浙江巡抚李本晟降二级调用事。上曰：“朕观李本晟并无罪过。尔等云何？”大学士李霨等奏曰：“李本晟才力不及，操守甚优。”上曰：“在外大臣以廉洁为首，李本晟操守既优，居官又无不善之处。可将此本发回吏部，着免罪议奏。”

又为议处将军杨凤翔等事。上曰：“尔等所议若何？”明珠奏曰：“慕天颜，皇上知之甚明，自应革职。总督阿席熙身为地方大臣，听慕天颜之言，徇情具奏，殊属不合，应严加议处。但今颁恩诏，发回部议，势必不及。应作何处分，惟皇上睿裁。”上曰：“汉大学士之意俱相同否？”明珠奏曰：“臣等之意俱同，惟冯溥之意不同。”冯溥奏曰：“此案内有死犯二人，遇恩诏俱得免死，止将督、抚重处，恐于法少有不平。”上曰：“此言近是。但慕天颜居心不端，不可仍留原任，着降三级调用。阿席熙亦着降三级调用，不准抵销。”

谕毕，明珠奏曰：“奉旨问土鲁番国人，云伊等携来铁锅被边外蒙古夺去。”上曰：“此系外国进贡之人，着将军张勇遣人申谕莫尔根台吉等。”

巳时，上诣太皇太后、皇太后宫问安。

本日起居注官蒋弘道、常书。

十三日壬辰　早，上御乾清门，听部院各衙门官员面奏政事毕，部院官员出。大学士、学士随捧折本面奏请旨。为吏部题补广东巡抚员缺，开列应升官员职名。上问大学士等曰：“尔等之意如何？”明珠奏曰：“东粤事务亦属繁多，副都御史余国柱为人大有才具，应于较此紧要之处任用。”上曰：“是。尔等更有所知之人否？”明珠等奏曰：“徐惺、王日藻、佟康年、施天裔皆系久任藩司，伊等俱可用。”上曰：“守道董秉忠素日品行不端，自于成龙任巡抚以来，秉忠已改行从善。此五人操守如何？尔等知之否？”李霨、冯溥奏曰：“徐惺等系外任官员，其操守臣等不能确知。”上思之良久，令九卿会推。

又为议政王等会议云南投诚吴应麒等子弟九人，于军前即行正法。其吴应熊孽子，俟此事，命下之日再议。上曰：“吴三桂反叛时，一则诳诱其属下人等，言到京必行诛戮；一则贪恋富贵，故其属下遂从反叛。至于投诚人等，概行免死，已有谕旨。而吴应麒等子弟在滇，将军亦许免死。凡事以信为主，今若诛戮，不惟将军失信，亦非朕所以示信也。如尚之信投降之后，欲谋反叛，故行正法。耿精忠投降之后，欲谋反叛，现在系狱治罪，其子孙亦未诛戮。我国家所欲食其肉而寝其皮，穷凶极恶如吴三桂、吴世璠、吴应麒、夏国相、马宝等，俱已就获。吴三桂族人已经投诚，或可免死，入官为奴。其吴应熊乳臭之子，朕既经免死，置之闲散之处，姑行豢养，亦未为不可，彼亦何能为哉？自古以来，叛逆之人，其九族未有不概行诛灭者，我国家宽恩，实出于格外。朕意欲践行前日投诚免死之旨，于天下后世示以大信。今日议政王大臣、九卿官员现在会集，尔等传谕朕意，令其详议。”

本日议政王、大臣、九卿官员会议称：“皇上谕旨极其允当。但吴三桂反叛，地方困苦已甚，凶逆罪恶贯盈，吴世璠复僭窃伪号，拒守云南，罪孽深重，其遗孽断不可留。至吴应麒等孽子，虽不投降，无处可逃，云南既破，终必擒获。吴应麒等党附叛逆吴三桂，助行凶恶，罪亦甚重，其遗孽亦不可留。吴三桂孙六人、吴应麒等子九人，应行一并正法。”大学士明珠入奏。上曰：“朕欲践前旨，以示大信。今观议政王、大臣、九卿等议明执法，甚合大义，在朕亦难为宽免矣，着即行正法。”

是日，赐进贡朝鲜国陪臣昌城君李佖等缎匹银两有差，进贡琉球国耳目官毛见龙等缎匹表里有差。

本日起居注官陈廷敬、朱马泰。

十四日癸巳 早，上御乾清门，听部院各衙门官员面奏政事毕。时内阁、九卿、詹事、科、道公本面奏：皇上滇南荡平，请上尊号。出。

少顷，召议政王、大臣，内阁大学士、学士，九卿、詹事、科、道等官至乾清门，近前。上谕曰："顷九卿等以逆首既除，四方底定，奏请上朕尊号。朕思曩平南王尚可喜奏请回籍时，折出票签面议，图海言断不可迁移。朕以三藩俱握兵柄，深恐日久滋蔓，酿成不测，故决意撤回。及下议政王、大臣，九卿等会议时，皆以遵旨宜撤回奏，未有言不可撤者。朕意已定，遂命迁移。不图吴三桂背恩反叛，天下骚动，伪檄一传，在在响应，八年之间，兵疲民困。幸荷上天眷佑，祖宗福庇，逆贼遂尔荡平。倘复冉延数年，将若之何？忆尔时惟有莫洛、米思汉、明珠、苏拜、塞克德等言应迁移，其余并未明言迁移吴三桂必致反叛。议事之人至今尚多，试问当日曾有言吴三桂必反者否？及吴逆倡叛，各处扰乱，多有退而非毁，谓皆因迁移所致。此等情事，朕俱洞悉。若彼时朕诿过于人，将会议应撤三藩者尽行诛戮，伊等岂不枉害耶？朕素不肯诿过臣下，即见在部院事有错误，朕亦自任，断不归咎于人。朕自少时，以三藩势焰日炽，不可不撤，岂因吴三桂之叛遂诿过于人耶？今幸赖天地祖宗之灵，剿灭逆贼，方为此言。倘逆贼未能殄灭，其咎岂不尽归朕身。顷虽贼乱削平，地方底定，而民困未苏，疮痍未起。君臣之间，正宜各加修省，息兵养民，布宣教化，务以廉洁为本，用致太平。若遂侈然以为功德，崇上尊称，滥邀恩赉，实可耻也。"和硕裕亲王福全奏曰："吴逆反叛以来，臣忝列议政，常见一切调度，将士督进，各路官兵剪除逆寇，非臣等意见能及，皆奉上谕遵行所致。此实系皇上功德，理应崇上尊号。"和硕康亲王杰淑、和硕安亲王岳乐奏曰："臣等前在行间，凡恢复城池，剿御贼寇，尽出自皇上庙筭，筹划周详，凛奉饬谕，遵行而已。非臣等意虑设施，克收成效，理应加上鸿称，以显功德。"奏毕，出。

上复召大学士勒德洪、明珠、李霨、冯溥，尚书伊桑阿、郭四海，左都御史徐元文，侍郎李天馥、杜臻，学士噶尔图、格尔古德、阿兰泰、石柱、王守才、李光地、张玉书谕曰："顷九卿等以逆首既除，四方底定，奏请上朕尊号。朕自御极以来，日夜孜孜，以乂安生民为念。乃逆贼吴三桂一倡变乱，遂至涂炭八年。当吴三桂初叛时，散布伪札，煽惑人心，各省兵民，相率背叛，此皆德泽素未孚洽，吏治不能剔厘所致。幸赖上天眷佑，祖宗威灵及满洲兵士之力，逆渠授首，奸党悉除，地方平靖。独念数年之中，水旱频仍，灾异叠见。师旅疲于征调，被创者未起；闾阎敝于转运，困苦者未苏。且因军兴不给，裁减官员俸禄及各项钱粮，并增加各项银两，仍未复旧。每一轸念，甚歉于怀。若大小臣工人人廉洁，俾生民得所，风俗淳厚，教化振兴，天下共享太平之福，虽不上朕尊号，令名实多。如一切政治不能修举，则上尊号何益？朕断不受此虚名也。朕自幼读书，览古人君行事，始终一辙者甚少，常以为戒。惟恐几务或旷，鲜克有终，以故宵衣旰食，祁寒盛暑，不敢少间。偶有违和，亦勉自听断，或中夜有机宜奏报，未常不披衣而起。朕非不知燕息自怡，盖所爱不在一身，总为天下生灵计。政事务求当理，官职务在得人，期于家给人足，百姓乐业而已。今吏鲜洁清之效，民无康阜之休，君臣之间，全无功绩可纪。倘复上朕尊号，加尔等功秩，则徒有负愧耳，何尊崇之有？至于太皇太后、皇太后加上徽号，诏赦天下，理所宜然。其上朕尊号之事，断不可行，此乃朕实意，非粉饰之词也。自今以往，大小臣工宜各洗心涤虑，砥节励行，休养苍黎，培复元气。尔等可向九卿各官悉谕朕意，不必再行陈请。”

勒德洪、明珠等传谕九卿等。吏部尚书介山，户部尚书伊桑阿、梁清标，刑部尚书郭四海、魏象枢恳奏曰：“吴三桂背恩反叛以来，皇上运筹庙算，调度将士，各路督进，克复地方。数年之间，剪灭大寇，拯救黎庶。即大兵需用钱粮浩繁，不于民间加征，故天下生灵无不感戴。此皆皇上神功圣德，自古未有也，臣等所奏疏内不能一一尽述。且古之人君，功德显著，亦有崇上尊号之例，仰惟皇上俯允加上尊号，以副天下人民颙望之意。”上曰：“知道了。”

未时，上御景山内前殿，赐进贡吴喇忒部落护国公出宠克衣、扎萨克部落四品台吉巴他麻等、苏尼忒部落四品台吉得僧等、土默特部落三品台吉巴朗等、喀尔沁部落四品他布囊巴萨尔等、阿霸垓部落四品台吉格尔都等食。

本日起居注官沈荃、阿哈达。

十五日甲午　早，上御乾清门，听部院各衙门官员面奏政事。

本日起居注官牛钮、孙在丰。

十六日乙未　早，上御乾清门，听部院各衙门官员面奏政事毕。兵部题补云南四路总兵官员缺，正拟、陪拟海朝龙等引见。上曰："军前副将牛凤翔，行间著有劳绩，人材亦壮，且又现在云南，以之补授，可朝闻命而夕任事。此等因军功加级官员，着即查送内阁。"谕毕，兵部官员出。

大学士、学士等随捧折本面奏请旨。为吏部题补礼部尚书员缺，开列左都御史萨穆哈等职名。上曰："朕观帅颜保有疾，工部事繁，着转补礼部尚书。"

又兵部题补荆州将军员缺，开列副都统保住等职名。上曰："荆州将军员缺，最为紧要，着议政王、大臣会推公、侯、伯、大臣具奏。"

又为广东将军属下左翼总兵官员缺，或将参领升补，或将副将升补请旨事。上曰："朕顷谕兵部查牛凤翔等行间效力之人，着即送尔衙门。此本持回，俟兵部查送再行启奏。至赵应奎曾有劳绩，左江地方甚要，即将赵应奎补用。"大学士明珠奏曰："诚如圣谕，以之任为提督，管理左江事务，效力之人无不勉励矣。"

本日起居注官阿山、王鸿绪。

十七日丙申　早，上御保和殿，视滇南荡平告祭天、地、社稷、太庙祝版毕，回宫。

少顷，御乾清门，听部院各衙门官员面奏政事毕，部院官员出。大学士、学士随捧折本面奏请旨。为宗人府题姑尔马洪贝子应否承袭请旨事。上曰："姑尔马洪效力年久，着照新例袭封一子。"

又兵部题补云南四路总兵官员缺，正拟、陪拟海朝龙等事。上曰："一缺可充补海朝龙。其游击牛凤翔才具何如，学士格尔古德必知之耶？"格尔古德奏曰："牛凤翔为人勇健，射能贯革，行间甚有功效。"上曰："牛凤翔既云勇健，着补授。其余员缺，问安亲王有无所知效力行间素著之人，再来启奏。"

上又顾大学士勒德洪、明珠曰："诏款关系甚重，大学士图海、杜立德虽病在家，仍应与阅，令伊等各抒意见，以示朕优待老臣之意。"

本日起居注官常书、王顼龄。

十八日丁酉　早，上御乾清门，听部院各衙门官员面奏政事毕，部院官员出。大学士、学士随捧折本面奏请旨。为九卿会议各省学道仍推杨引祚等十人事。上曰："此事在九卿谓为可行，故如此议耳。着依议用。"

又吏部议原任佥都御史赵之符,在大同捐米一千石,复还原官事。上曰："赵之符向与山东巡抚赵祥星结为兄弟，在京奔竞，品行不端，甚为无耻。此等人复使居官，可乎？着将捐纳米石发还。此本着交与该部另议。"

又兵部议叙昌兴军功事。上曰："前图海破察哈尔国，一日六战击之，皆与头等功牌，原属太过。昌兴之役，格尔古德知之，尔以为何如？"格尔古德奏曰："肋兵击败一次，前队兵击败一次。"上曰："如此则该部减之太甚矣！太祖、太宗时，舍正敌而另击别寇以为奋武，概行不准。此系从来定例，昌兴军功与此不同。这本着发回该部再议。"

又补授云南总兵官事。上曰："尔等所问如何？"大学士明珠奏曰："臣等问安亲王云，侯田象坤，参领张俊、牛凤翔、高必盛、陈素伦皆甚优，可以统兵。"上曰："云南系边远要地，宜用旗下旧人。"明珠奏曰："田象坤等皆旗下旧人，且李茂功皇上曾谕录用。"上曰："牛凤翔、李茂功、高必盛着充总兵官。"

谕毕，大学士等呈二十日颁赉诏稿。上览毕，谕曰："凡监守自盗，情属可恶，此事不宜赦。营造宫殿，需用钱粮浩繁，此罪不可赦。又漕粮、河道关系国家根本，甚为重大，事缘漕粮、河道情罪俱在不赦。又朝廷大用专赖钱粮，休息穷民在于蠲免钱粮，朕非不欲将天下各省钱粮尽行蠲免，以苏民困，但自用兵以来，所费钱粮甚多，不能一概蠲免。直隶附近京畿，王化自始，其分与八旗圈占田土钱粮，理应蠲除。尔等宣谕九卿满汉官员，朕意如此，又有别见者，许令陈奏。又行间获罪者，满洲咸欲赦免，又有言一切罪过俱宜宽宥。此事朕非不知，但自祖宗以来至于今日，凡出师全赖军法。如救援永兴，花善、多诺率兵在六十里外，规避不进，托岱、宜思孝屡次败北，以至大兵失损。今事成则已，将来用兵之日，亦复不少，此等罪岂可赦宥？惟如莫洛大胆狂妄之人，以为此等罪可任意宽纵，朕则不敢擅自议免。仍应照律拟罪，后来或有宽恕之日。尔等可将此事特谕满洲诸臣。又荫生、监生、俊秀充为护军，前因军兴之际，故尔举行，若添入诏款，似属有罪，观之不雅。除愿食粮为护军者，其余一概裁汰，令其候缺。尔等亦传谕九卿官员知之。”

大学士勒德洪、明珠、李霨、冯溥等出，即将诏款令九卿官员公阅毕，又令诸臣跪，宣谕上旨。吏部尚书介山奏曰：“皇上所定诏款，无不周晰。至不赦军罪，极是。自太祖、太宗以来，军令甚严。昔世祖章皇帝在时，曾免衡州军前获罪数人，后闽师失利，世祖以为衡州纵法之故，常为叹息。军罪宜严，于理极当。”尚书伊桑阿、梁清标、折尔肯、宋德宜、郭四海、魏象枢、朱之弼，左都御史萨木哈、徐元文等奏曰：“皇上所定诏款无不周详，尽善极当，臣等无别论。”给事中莫洛奏曰：“臣向诣军前归来，以为军罪可宽，故行奏闻。今听皇上谕旨如此，始觉大非。皇上责备之旨，臣不能当。”因免冠叩首。勒德洪、明珠等复命转奏。

少顷，上复御乾清门，勒德洪等将九卿之言一一奏毕，上颔之，曰：“还须召九卿来。”诸臣至乾清门。上问曰：“尔等如别有所见，可陈奏。”户部侍郎李天馥、礼部侍郎富鸿基奏曰：“今官兵百姓悉受圣惠，念士为四民之首，举人、进士向有广额之例，皇上似宜施恩。”梁清标奏曰：“糟粮关系重大，自不宜赦免。但事有轻重，运官违限一日一时不行宽贷，似属太过。”刑部侍郎杜臻奏曰：“监守自盗之罪，赃有多寡，似宜分别。”上曰：“漕粮、河道及监守自盗之罪，未便预为分别。依尔等言，势必更改条例，如改例较诏款岂不烦耶？待临期轻重自有分别。至举人、进士应行广额，当增入廿四日诏款中。”又谕曰：“颁诏天下，事体重大，故传集尔等，面加商酌。今事已毕，尔等可退。”上又遣亲近侍卫赐九卿茶。上又谕大学士等曰：“诏款照此速行缮写，尔等送来，朕再加详览。”

未时，上诣太皇太后、皇太后宫问安。

申时，缮写诏稿大学士勒德洪、明珠、李霨、冯溥，学士噶尔图、格尔古德、西柱、王守才、李光地、张玉书，记注官少詹崔蔚林、侍讲学士朱马泰诣乾清门，阁臣转奏诏款。上召明珠进曰：“诏款照此缮写颁行。尔等今日劳苦，在外少候。”谕毕，明珠出。随赐御膳酒果，命诸臣饮食之。

本日起居注官崔蔚林、朱马泰。

十九日戊戌　早，上御乾清门，听部院各衙门官员面奏政事毕，部院官员出。大学士、学士随捧折本面奏请旨。为监察御史郭维藩疏参总河靳辅将已升平乐知府苏嵋，不速令赴任，徇情四次题留，吏部无容议事。上曰：“这本内事情，着靳辅明白回奏。”

又议政王、大臣会议原任贵州巡抚曹申吉、布政使潘超先从逆，臣谊有亏。伊等身虽俱死，其妻子兄弟家口仍应交与刑部，照律拟罪。上曰：“曹申吉、潘超先始虽从贼，后欲投诚，因机事漏泄，遂被杀害。将伊等妻子兄弟仍交刑部，稍觉可悯。尔等云何？”大学士明珠奏曰：“圣谕极是。”上又问汉大学士等。李霨、冯溥奏曰：“曹申吉等原非真心从贼，今蒙皇上以既被贼害，特宥其罪，诚皇上浩荡鸿恩。”上曰：“伊等妻子兄弟俱着免交刑部。”

又议原任广西巡抚陈洪明，俟总督金光祖到京之日质审再议事。上曰：“陈洪明情罪重大。当逆贼反叛之时，彼处现有大兵，伊又无妻子系恋，理应赴满洲将军军前。乃割辫从贼，谄媚尚之信。而之信投诚后，曾荐伊有材能，品行最优。此极应诛戮之人也，议政王等并不议及拿问，殊为不合。且陈洪明来京，自知罪大，各处奔走寻情，朕已悉知。如罗森者，内有妻子眷顾，外无满洲大兵，尚有可原。若陈洪明决不可恕，着严拿议罪具奏。”

又会推正红旗蒙古副都统员缺，将护军参领虎巴拟正，长史希思哈拟陪。上曰：“彭春若何？”大学士明珠奏曰：“彭春人亦颇优，不但副都统，即将军亦可。”上曰：“着将此人补授。”

本日起居注官胡简敬、阿哈达。

二十日己亥　以云南荡平，颁诏天下，上不理政事。

辰时，上诣太皇太后宫问安。

午时，上御中和殿，内大臣、侍卫，内阁、翰林院、詹事府、礼部、都察院官员行礼。少顷，上御太和门，诸王、文武各官上表行庆贺礼，随即颁诏天下。

是日，上命大学士勒得（德）洪、明珠集议政王、大臣，九卿、詹事、科、道，为奏闻加上徽号并传太皇太后谕旨。先，十九日，上遣大学士勒德洪、明珠诣慈宁宫奏上加进徽号礼仪。太皇太后谕曰：“自叛逆构乱，于今八年，皇帝焦心劳思，运奇制胜，故得寇盗削平，海宇宁谧。是皆皇帝荡定边方，绥缉天下，勋莫大焉。皇帝应受尊号，以答臣民之望。我处深宫之中，外间事务概不与闻，我受尊号，于心未惬。这典礼不必行。”勒德洪、明珠奉太皇太后旨还奏。上复遣诣奏太皇太后曰：“历稽往代国家，凡有大庆，必归美于尊亲。太皇太后鉴臣微忱，特允奏请。臣虽无尊号，传示中外，亦有光荣。”太皇太后谕曰：“皇帝实有大功于天下，尚尔不受尊号，我以妇人，未有功德于臣民，倘受徽号，实有未安。若必欲行此典礼，但加崇尔母皇太后可也。”

勒德洪、明珠还奏，上复遣诣奏太皇太后曰：“自寇乱用兵以来，将士罢劳，生民困苦，疮痍未复，喘息未苏。虽兵戈乍戢，疆宇初平，国家纪纲正宜整顿，地方元气正宜培养，臣何敢晏然自处，以为太平无事，受纳尊称。惟祈太皇太后圣心欢豫，俯体群情，允行大典。臣实幸甚！天下幸甚！”太皇太后曰：“皇帝既惓惓恳请，至于再三，我亦不便固辞，着照礼仪行。”

本日起居注官陈廷敬、牛钮。

二十一日庚子 早，上御乾清门，听部院各衙门官员面奏政事毕，部院官员出。大学士、学士随捧折本面奏请旨。为理藩院题请以本院官员与各部院衙门官员一体互相升转，吏部议准行事。上曰：“理藩院原俱用通蒙古语者，今互相转补，恐致尽用不通蒙古言语之人，事不至废弛乎？着谕吏部、理藩院知之。”

又题补广东琼州总兵员缺，正拟参领韩佐周，陪拟韩登云。上曰：“刘成龙、高登科俱著有劳绩，将伊等补授何如？”大学士明珠奏曰：“刘成龙大有劳绩，人材壮健。”上曰：“刘成龙着转琼州总兵官。”

又广东将军标下总兵官员缺，或开列参领，或开列副将请旨事。上曰：“即将高登科转补。”

又礼部题琉球国尚贞袭王俞旨，并故王尚质恩恤祭文，令来使赏回事。上曰：“琉球国世子尚贞父子历尽臣义，忠诚深为可嘉。这本着依议，仍照前赏赐。”

巳时，上诣太皇太后宫问安。

未时，上御景山内前殿，赐进贡扎萨克部落多罗贝勒图巴、吴喇忒部落护国公诺穆尔、科尔沁部落一品台吉厄尔得尼等、翁牛忒部落三品台吉毛海等、土默特部落三品台吉沙达等、克什克屯部落一品台吉托罗和等、喀喇沁部落一品他布囊莪莫克图等、喀尔喀部落四品台吉巴拜等、扎鲁特部落二品台吉博尼等、阿巴垓部落四品台吉绰什希等、扎赖忒部落四品台吉笔玛喇等食。

本日起居注官阿山、严绳孙。

二十二日辛丑 早，上御乾清门，听部院各衙门官员面奏政事毕，部院官员出。大学士，学士随捧折本面奏请旨。为九卿会推广东巡抚员缺，布政使佟康年拟正，王日藻拟陪。上曰："广东甚为紧要，江西巡抚李士桢任浙江布政使时，居官循良，办事亦优，着调补广东巡抚。李士桢员缺，着将佟康年补授江西巡抚。"

又为户部料理天下钱粮事。上曰："前所颁诏内，将直隶所属圈占田土明年钱粮已经蠲免，此本内复议料理兵饷。这本可发还户部，着再议具奏。"

又议将春季钱粮于五月征收，秋季钱粮于八月征收，有益于民。俟钱粮稍裕之时，即行启奏施行。

又御史裘充美回奏，刑部所审案件，有事同而处分互异。九卿会议，无庸议。上曰："尔等以为何如？"大学士明珠奏曰："裘充美但执一二例而言，他例未之知也。由此观之，九卿所议似当。"上曰："仍着裘充美再行明白回奏。"

又议政王、大臣会议，将马承荫等五十二人皆革职，家口一并入包衣佐领事。上曰："前佥都御史张吉午奏，此等凶恶之徒，不可同聚，当行解散，斯语有深意。此辈恶类令其聚集，有何益耶？俟众人家口俱到之日，或发入八旗包衣佐领，或赏给贫穷护军骁骑，或分散各处，着再行确议具奏。此辈亦于彼时并议发落。"

又为题补掌管宗人府事王缺。上曰："安亲王岳乐原膺斯任，着掌管事务。"谕毕，明珠奏曰："前充为护军荫生、监生、俊秀奉命另有谕旨，今可下否？"上曰："以前用兵之时，选择勇健之人，故曾将俊秀等充为护军。荫生内壮健者多，朕酌量选为侍卫、蓝翎卫，并补授护军较（校）。今天下已定，可集八旗护军统领、前锋统领传旨，将伊等裁汰护军，此内有愿为护军者，仍留。其系上三旗者，将名启奏；其系五旗者，着护军统领、前锋统领向兵部声说。"

辰时，上诣太皇太后宫问安。未时，上又诣太皇太后宫问安。

本日起居注官严我斯、常书。

二十三日壬寅　早，上以天下荡平，上太皇太后、皇太后徽号，率内大臣、侍卫诣两宫恭进奏本，行礼毕，回宫。

少顷，御乾清门，大学士、学士捧折本面奏请旨。为议政王、大臣，九卿、詹事、科、道官员，遵太皇太后圣旨会议，以皇上功德巍巍，自古圣君所不逮，理宜恭上尊号，合词恳奏。上曰："前已有旨，勿复更请。"大学士勒德洪、明珠、李霨、冯溥等奏曰："皇上德备文武，功盖寰区，是以议政王、大臣，九卿等复为恳请。臣等以为皇上宜晋尊号，以光万世，愿皇上允受。"上曰："朕意已定，决不允受。如受之，则前言为虚矣。"

又吏部题补左副都御史员缺事，开列通政使席兰泰，卿舒恕。上曰："可将小京堂卿员及年久郎中等开列来奏，朕将亲阅。"

又题补顺天学院员缺，正拟侍读朱典，陪拟王封溁。上曰："此二人甚为平常。着开列应差官员来看，朕亲加选用。"

又云南总督赵良栋言，微臣并无应理事务，今赴曲靖候旨，乞鉴臣先请老病缘由，恳准解任。上问曰："此事尔等云何？"大学士明珠奏曰："观赵良栋所奏，似有怨怼之意。但伊先有进取川、滇效力之请。"上曰："赵良栋匹夫，不谙礼义，虽无成效，较从贼受伪官者为胜，仍宜保全终始。此本着留中，俟另日与前所奏本并发。"

本日起居注官朱马泰、徐乾学。

二十四日癸卯　早，上以加上太皇太后、皇太后徽号行礼，不理政事。

辰时，上御乾清门，大学士、学士等随捧折本面奏请旨。为吏部题补广东、广西总督员缺，或开列满洲官员职名，或开列汉军、汉人官员职名请旨事。上曰："尔等所议若何？"大学士明珠奏曰："臣等满汉公议，广东地方紧要，尚之信属下兵丁尚在彼处，若非谙练行间大有材具者不可任用。福建巡抚吴兴祚效力征讨，且熟谙海务，似应将此人补授两广总督。”上曰：“吴兴祚居官何如？”明珠奏曰：“吴兴祚虽未闻其如于成龙之端洁，至贪污之行亦未之闻也。”上良久曰：“广东乃要地，吴兴祚具有才能，着补授此缺。”

又题补江南总督员缺，开列吏部侍郎张士甄等。又题补江宁巡抚员缺，开列内阁学士李光地等二事。上曰：“尔等之意若何？”明珠奏曰：“江宁巡抚事务最为烦杂，而苏州地方遣人制造器皿，及请托者甚多。臣等公意于成龙端洁，凡请托者俱不听从，以之调补江宁巡抚似便。”上曰：“朕意欲以于成龙补授江南总督。”明珠奏曰：“总督事简，巡抚事烦。比者，皇上现将李士桢调补极为允当。臣等之意盖以为可。”上曰：“总督者乃大吏也，总督正，则孰敢妄行？若巡抚员缺，孰为可用？”明珠奏曰：“余国柱人材颇优。”上曰：“于成龙着补江南总督，余国柱着补江宁巡抚。”

又李胡拜之妻多罗格格控告，伊夫于城陷之时，患病不能行动，被贼拿去，后至吴三桂处，百端挫辱，愤恨尽忠而死。兵部议行文总督蔡毓荣查明到日再议事。上曰：“朕闻李胡拜被贼拿去，解至吴三桂处，因吴三桂素与相识，甚为敬礼。李胡拜并无尽节辱骂逆贼之处。其不曾受伪职者，因伊身病故耳。若病愈，则受尚未可定也。况李胡拜特以病笃，不能前来而死。若以妻子俱在京师，恳求释放，吴三桂亦必纵之来矣。朕所闻甚确，不必行查。尔等可将此旨传谕安亲王，原本发还。”

又御史张集条奏，今逆贼俱已荡平，应行献俘大礼，部议不允事。上曰：“逆贼耿精忠、夏国相等现存。此辈所行甚可愤恨，古昔既有此例，朕观之可乎？尔等以为何如？”明珠奏曰：“皇上一观有何不可。”上曰：“今日封印，此事要发诸王会议，俟开印具奏时再议。”

又和硕额驸耿昭忠等奏请，今各处逆贼尽已剪灭，此正彰明纲纪之时，应将臣等即行革职，以正国体事。上曰：“耿昭忠等前往福建，著有劳绩，仍着留原任。”

午时，上率诸王、内大臣、侍卫、文武大臣等恭进太皇太后、皇太后加上徽号册宝。诣太皇太后、皇太后宫行礼毕，又御中和殿，内大臣、侍卫，内阁、翰林院、詹事府、礼部、都察院官员行礼。少顷，上御太和门，升座。王等以下文武各官上表行庆贺礼，随即颁诏天下。

本日起居注官陈廷敬、阿哈达。

二十五日甲辰　自二十四日封印，上不理政事。

午时，上诣太皇太后、皇太后宫问安。

本日起居注官牛钮、曹禾。

二十六日乙巳　早，上御保和殿，视告祭祝版毕，回宫。

本日起居注官阿山、王鸿绪。

二十七日丙午　早，上御保和殿，视岁暮享太庙祝版毕，回宫。

本日起居注官蒋弘道、常书。

二十八日丁未　早，上躬诣太庙致祭毕，回宫。

巳时，上诣太皇太后、皇太后宫问安。

本日起居注官沈荃、朱马泰。

二十九日戊申　午时，以岁除，上御保和殿，赐来朝元旦外藩王、贝勒、贝子、公等及内大臣、满汉大学士、上三旗都统、尚书、副都统、侍郎、学士、侍卫等官宴。上进酒，作蒙古乐。上召外藩王、贝勒、贝子、公等至御前，亲赐饮。又召内大臣、大学士、都统、尚书等及外藩台吉亦至御前，亲赐饮。宴罢，众谢恩毕，上回宫。

本日起居注官阿哈达、潘耒。

伏睹皇上仁爱生民，勤劳庶政，弥历年岁，罔有间怠。至诚感孚，天人协应，以故顷年以来，驱除祸乱，奠乂烝黎，所向奏功。今年十月，逆渠授首，滇南大定，封疆万里，灌燧销烽。措天下于衽席之安，数职贡于车书之会。尽天所覆，悉享悉臣。武功焯赫，超逾往古。此虽决策庙堂，信威域外，将士秉成受命，集此大勋，而揆其所以制胜之由，实皆本于皇上忧勤惕励，仁民爱物之一心。故受捷之日，有戚容而无喜色。群臣请上尊号，至于再四，而谦让弥坚，至德益广。珥笔之臣，执简备书，与有光曜。至若莅阼讫今，严郊祀，事两宫，谨天戒，急赈恤。慎刑狱以惜民命，重文学以兴士风。勤学好问，优礼儒臣。岁所册记，无虚日旷时，皆班班可考，匪有文饰。而臣等独谓征伐之功，由于仁民勤政之所致者，盖惟仁者无敌于天下。《书》曰：“皇天无亲，惟德是辅；民心无常，惟惠之怀。”其在唐、虞，君臣相饬曰：“兢兢业业，一日二日万几。”夫保治戡乱，其道同也。孰谓武功耆定，非仁民勤政之所由致哉！继自今以往，皇上仰符皇天所以辅德之意，俯答下民所以怀惠之心，念一日二日万几之不可以不慎，而益加之以兢兢。使美实辉光，日新岁益。书之典册，垂休无穷。至于万世，永有法则，又安可测量欤！

康熙二十一年　壬戌

正　月

初一日己酉　早，上以元旦，率诸王、贝子、公等，内大臣、大学士、都统、尚书、精奇尼哈番、侍卫等，往堂子行礼毕，回宫。

辰时，上率诸王、贝子、公等，内大臣、大学士、都统、尚书、精奇尼哈番、侍卫等官，诣太皇太后宫行礼，又诣皇太后宫行礼毕，回宫。

少顷，御中和殿，内大臣、侍卫及内阁、翰林院、礼部、都察院、詹事府等衙门官员，庆贺元旦礼毕，御太和门。诸王、贝子、公等文武官员及来朝元旦外藩王、贝勒、贝子、公等，台吉等，朝鲜等国使臣，上庆贺元旦表，行礼毕，回宫。

巳时，复御保和殿，赐外藩王、贝勒、贝子、公、台吉等，内大臣、侍卫、上三旗大学士以下侍郎等官、都统以下副都统等官饭。

午时，复御太和门，大宴诸王、贝子、公等，内大臣、侍卫、文武各官及来朝元旦外藩王、贝勒、贝子、公、台吉等，朝鲜等国使臣。乐作，上进酒。和硕康亲王杰俶以下，外藩王等俱于坐前，令侍卫等送酒赐饮；贝子、宗室、公以下，蒙古贝子、公、台吉等，俱召至檐柱下赐饮；满汉大学士以下，侍郎等官以上，八旗满洲、蒙古、汉军都统以下，副都统以上等官，俱召至檐柱下赐饮。宴罢，众谢恩毕，上回宫。

本日起居注官牛钮、孙在丰。

初二日庚戌　本日起居注官常书、王项龄。

初三日辛亥　本日起居注官崔蔚林、阿山。

初四日壬子　巳时，上诣太皇太后、皇太后宫问安。

本日起居注官胡简敬、朱马泰。

初五日癸丑　本日起居注官阿哈达、严绳孙。

初六日甲寅　巳时，上诣太皇太后、皇太后宫问安。

本日起居注官牛钮、董讷。

初七日乙卯　早，上于保和殿，视祀太庙祝版毕，回宫。

本日起居注官阿山、曹禾。

初八日丙辰　早，上躬诣太庙致祭，礼毕，回宫。

本日起居注官朱马泰、徐乾学。

初九日丁巳　辰时，上诣太皇太后宫，率诸王以下，满汉文武二品官以上，进庆贺太皇太后七十万寿金银缎匹等物。

巳时，大学士勒德洪、明珠等传谕汉大学士、学士、九卿、詹事、科、道等官曰："向来乾清门内，止宴满洲诸臣，并未宴及汉官。今思满汉皆属一体，欲将汉官亦于乾清门内特行筵宴，尔等以为何如？"大学士李霨等奏曰："内廷筵宴，出自异数旷典，臣等祇承隆恩，何以克当！"

本日起居注官阿哈达、王顼龄。

初十日戊午　巳时，上诣太皇太后、皇太后宫问安。

本日起居注官严我斯、常书。

十一日己未　本日起居注官牛钮、潘耒。

十二日庚申　早，上于保和殿，视祀祈谷坛祝版毕，回宫。

本日起居注官蒋弘道、阿山。

十三日辛酉　早，上躬诣祈谷坛致祭，礼毕，回宫。午时，上诣太皇太后、皇太后宫问安。

本日起居注官沈荃、朱马泰。

十四日壬戌　午时，上御保和殿，宴外藩王、贝勒、贝子、公等，内大臣、满汉大学士、三旗都统、尚书、副都统、侍郎、学士、侍卫等。乐舞作，上进酒。上召外藩王、贝勒、贝子等至御座前，亲赐饮。又召大学士等至御座前，亲赐饮。宴罢，众谢恩毕，上回宫。

申时，上御乾清宫，赐廷臣宴，内阁大学士、学士，各部、院、寺堂官，翰林院学士、讲读学士、侍读、侍讲及日讲官、编修、检讨，詹事府，坊、局等官，科、道掌印官九十三员，于乾清门序立。上命学士张英、侍讲高士奇传谕曰："向来内殿筵宴，诸臣未与。今因海内乂安，时当令序，特于乾清宫赐宴，君臣一体，共乐升平，用昭上下泰交之盛。诸臣当欢忭畅饮，以副朕怀。"诸臣跪听宣毕，大学士李霨奏曰："蒙皇上特恩旷典，千载一遇，臣等不胜感激，愧不克承，惟滋惶悚。"奏毕，分左右班，以次序进，乐作，于乾清宫各就位，叩头，坐。大学士明珠至御前跪，进酒上寿，诸臣齐跪，叩头。候上饮尽觞，明珠复进前，捧御杯趋下跪，更卮，饮赐酒，叩头讫，就位。叩头，坐。诸臣齐叩头，坐。上进膳，诸臣乃饭。上命各饱饫尽量。少选，彻馔，更设肴核。酒觞既陈，大学士勒德洪至御前跪，进酒上寿，诸臣跪叩。德洪饮赐酒，如前仪。上命大学士、尚书、都御史、侍郎、学士以次至御座前，亲赐饮。以下诸臣，俱命至御前赐饮。仍各就位，叩头，坐。饮数巡，大学士李霨至御前，跪进酒上寿，诸臣跪叩。霨饮赐酒，如前仪。大学士冯溥至御前，跪进酒上寿，诸臣跪叩，如前仪。上命学士张玉书、张英传谕曰："今日内殿嘉宴，特敕诸臣笑语无禁。"诸臣奉诏，畅饮极欢。乐奏二阕，上复命张玉书、张英传谕曰："宴毕时，诸臣可近御座前看灯，朕更赐以卮酒。"于是，大学士、尚书、都御史以次至御座傍，看鳌山灯，上复亲赐饮。又命侍郎以下诸臣，俱至御前赐饮。特命光禄寺卿马世济、右通政陈汝器至御座前，亲赐饮，以世济为殉难巡抚马雄镇之子，汝器为殉难副使陈启泰之子也。诸臣仍各就位，叩头，坐。

既彻筵，诸臣以次出，于乾清宫月台上，行一跪三叩头礼谢恩，乐作。行礼毕，上命群臣有沾醉者，令内官扶掖而出。时夜色已二鼓，上传内阁学士张玉书、翰林院掌院学士陈廷敬、学士张英近御座前，谕曰："每见汉唐以来，君臣协乐，有赓和之诗。今朕虽不敢效古先圣王，亦欲纪一时之盛，可仿柏梁体赋诗进览。"臣廷敬奏言："臣等草野贱士，得睹天家景物，蒙圣恩深厚，真明良喜起之休。且百工熙，庶事康，皆君臣交儆之辞。此自是唐虞盛事，臣等身际休明，受恩愈深，但愧报称愈难。"臣玉书奏言："诗体虽用柏梁，实则虞廷之盛典。"臣英奏言："赓歌唐虞已然，不独汉唐为然。"于是，廷敬等出宣旨。群臣奏曰："臣等敢不歌咏太平，但恐不能赓飏圣德。"臣廷敬等入奏时，上已进御乾清宫西室。随传入，如群臣言奏毕，出。大学士臣李霨言："柏梁体诗，首一句是武帝所制，今当恭请皇上御制首句。"臣廷敬等复入奏。上曰："明日早发。"

是日，上遣中使捧御札赐大学士杜立德酒馔。御札云："谕大学士杜立德：卿弼亮老臣，久任机密，端醇恪恭，勤慎素著。兹海宇荡平，时当令序，内殿赐宴廷臣，念卿卧疾，不克同此欢宴，特遣中使慰问，赐以醴馔。卿其加餐珍摄，以副朕惓惓至意。"

本日起居注官孙在丰、阿哈达。

十五日癸亥　早，翰林院学士陈廷敬、内阁学士张玉书至乾清门候旨。侍卫捧御制诗序出。群臣集太和殿下，以次各赋诗九十三韵。

御制序

朕于宣政听览之余，讲贯经义，历观史册。于《书》见元首股肱赓扬喜起之盛，于《诗》见鹿鸣、天保诸篇，未尝不慕古之君臣一德一心、相悦若斯之隆也。今际海内晏安，兵革偃息。首春令序，九陌灯辉，丰穰有征，吾民咸乐，思与诸臣欣时式燕。爰于乾清宫，广集簪裾，肆筵授几。斯时也，蟾光鳌炬，焜耀堂廉，彩树琼葩，杂罗尊俎。许笑言之勿禁，宽仪法之不纠。复令次登文陛，渥以金罍，咸俾有三爵油油之色焉。《易》曰：上下交而志同。《传》曰：享以训恭俭，宴以示慈惠。则今日之兕觥旨酒，岂徒以饮食宴乐云尔哉！顾瞻诸臣，或位居谐弼，或职任卿尹，或典文翰，或司献纳，宜共成篇什，以绍雅颂之音。朕发端首倡，效柏梁体，班联递赓，用昭升平盛事，冀垂不朽云。

诗

御制　丽日和风被万方

卿云烂熳弥紫阊　内阁大学士臣勒德洪

一堂喜起歌明良　内阁大学士臣明珠

止戈化洽民物昌　内阁大学士臣李霨

蓼萧燕誉圣恩长　内阁大学士臣冯溥

天心昭格时雨旸　吏部尚书臣黄机

丰亨有兆祝千箱　户部尚书臣梁清标

礼乐文章仰圣皇　礼部尚书臣吴正治
庙谟指授靖八荒　兵部尚书臣宋德宜
春回丹诏罢桁杨　刑部尚书臣魏象枢
河清海晏禹迹彰　工部尚书臣朱之弼
百度胥饬纲纪张　都察院左都御史臣徐元文
千官济济盈岩廊　吏部左侍郎臣张士甄
天工无旷勤赞襄　吏部右侍郎臣杨永宁
有年歌协臣所望　户部左侍郎臣李天馥
共期红朽答殊常　户右侍郎臣李仙根
转漕亿万充天仓　户部仓场侍郎臣马汝骥
邦礼叨替惭趋跄　礼部左侍郎臣杨正中
职司寅清佐垂裳　礼部右侍郎臣富鸿基
天河洗甲通蛮乡　兵部左侍郎臣焦毓瑞
皇威四畅咸来王　兵部右侍郎臣陈一炳
祇承钦恤和气翔　刑部左侍郎臣杜臻
刑措不用民寿康　刑部右侍郎臣叶方蔼
八材庀化师殳斨　工部左侍郎臣赵璟
右平左戚开明堂　工部右侍郎臣金鼐
仰窥神策驱天狼　内阁学士臣李光地
膏以大泽人胥庆　内阁学士臣张玉书
帝庸作歌追虞唐　翰林院掌院学士臣陈廷敬
身依云汉赓天章　翰林院学士臣张英
恪秉训厉敦羔羊　左副都御史臣宋文运
奉宣仁风之吴疆　巡抚江宁左副都御史臣余国柱
九阍诛荡瞻龙光　通政使司通政使臣王盛唐
斗杓高掩贯索芒　大理寺卿臣张云翼
图列养正亲羹墙　詹事府詹事臣沈荃
黄钟大镛谐祯祥　太常寺卿臣崔澄
郊衢击壤欢丰穰　顺天府府尹臣熊一潇

大官珍膳罗酒浆　光禄寺卿臣马世济
调闲六御腾康庄　太仆寺卿臣张可前
忝预风纪凛清霜　佥都御史臣张吉午
出入玉佩声锵锵　左通政臣崔官
纳言惟允尚职详　右通政臣吴琠
褒忠厉节感赐觞　右通政臣陈汝器
圜扉阒寂春草芳　大理寺少卿臣荣国祚
拜手好生颂禹汤　少卿臣徐旭龄
前星令望钦颙卬　少詹事臣王泽弘
终始念典用斯臧　少詹事臣崔蔚林
言谟行范辉缥缃　侍读学士臣蒋弘道
猗与至德日就将　侍读学士臣胡简敬
叨尘侍从恩莫量　侍读学士臣朱之佐
靖共夙夜无怠遑　侍讲学士臣严我斯
梧桐生矣于高冈　侍讲学士臣孙在丰
紬书东观翰墨香　侍讲学士臣卢琦
三德六行为士坊　国子监祭酒臣王士祯
宫官备位滋悚惶　右春坊右庶子臣祖文谟
六经义叶如笙簧　侍读臣朱典
奎文焕若森琳琅　侍读臣王封溁
朝朝橐笔侍御床　侍讲臣董讷
纪载圣治金匮藏　侍讲臣王鸿绪
频年宣室虚对扬　侍讲臣高士奇
宸篇剡藻烛昊苍　侍讲臣郭棻
承华毓德成圭璋　左谕德臣陈论
青宫琪树栖鸾凰　右谕德臣朱世熙
金舆导从骖云骧　司经局洗马臣田喜篝
罘罳流影耀璧珰　左参议臣赵士麟
仁波溟渤同涉汪　左参议臣赵之鼎

鸾旗乘春零露瀼　右参议臣张鹏
爰赓天保矢勿忘　右参议臣郑重
八表同轨来梯航　大理寺寺丞臣徐诰武
云门磬管声喤喤　右中允臣吴珂鸣
泰交天阙开春阳　左中允臣李录予
惟睿作圣金玉相　右中允臣郑开极
珥笔何幸日月傍　左赞善臣徐乾学
瑞逾宝鼎兼芝房　左赞善臣郑之谌
尧樽夜醉星低昂　右赞善臣沈上墉
在廷悦豫和宫商　右赞善臣王尹方
滥典乐正董上庠　司业臣刘芳喆
治登三五麻声扬　修撰臣归允肃
睿谟典诰同洋洋　编修臣王顼龄
记神圣功臣职当　编修臣曹禾
琅函瑶版书焜煌　检讨臣潘耒
石渠高议芟秕糠　检讨臣严绳孙
日侍清禁研铅黄　编修臣杜讷
愿言直节谨自防　吏科掌印给事中臣王承祖
帝心勤民重农桑　户科掌印给事中臣王日温
具举细目恢弘纲　礼科掌印给事中臣李迥
诞敷文德四国匡　兵科掌印给事中臣刘沛先
嘉禾既殖锄莠稂　刑科掌印给事中臣傅感丁
奉琛执玉输篚筐　工科掌印给事中臣姚缔虞
屈轶朱草纷两厢　掌河南道御史臣唐朝彝
封章问夜检皂囊　掌江南道御史臣任玥
拟将劲操坚苍筤　掌浙江道御史臣李见龙
朝无阙事联班行　掌山西道御史臣郭维藩
千门燎火宵未央　掌山东道御史臣孙必振
升平高宴迈柏梁　掌陕西道御史臣卫执蒲。

午时，上御保和殿，赐外藩王、贝勒、贝子、公等，内大臣、大学士、都统、尚书、侍卫及台吉等饭。少顷，又御太和门，大宴外藩王、贝勒、贝子、公等，内大臣、满汉大学士、三旗都统、尚书、副都统、侍郎、学士、侍卫、台吉等。乐舞作，上进酒。召内大臣、大学士、都统、尚书、副都统、侍郎、学士、头等侍卫及外藩台吉等至御座前，上亲赐酒。宴罢，众谢恩毕，上回宫。

本日起居注官常书、潘耒。

十六日甲子 本日起居注官牛钮、崔蔚林。

十七日乙丑 早，上御乾清门，听部院各衙门官员面奏政事毕，部院官员出。大学士、学士等随捧折本面奏请旨。为吏部题云贵总督员缺，或开列满洲，或开列汉军、汉人请旨事。上曰："云贵地方虽不甚大，但新经恢复，民尚未安。蔡毓荣效力行间，著有功绩，闻其进剿云贵，人民颇加爱戴，苗猓亦为畏服。以补授总督，即令弹压彼处，尔等以为何如？"大学士明珠奏曰："蔡毓荣补授此缺允宜。"上又顾汉大学士等曰："尔等云何？"李霨等奏曰："蔡毓荣兵力甚壮，见统军滇南，就近补授，闻命即行任事，庶与地方有裨。"上曰："蔡毓荣着调补云南、贵州总督。"

本日起居注官胡简敬、阿山。

十八日丙寅 早，上御乾清门，听部院各衙门官员面奏政事毕，部院官员出。大学士、学士随捧折本面奏请旨。为吏部题顺天学差开列应差官员职名事。上问曰："尔等云何？"大学士明珠奏曰："顺天学差人所愿往。前翰林院学士陈廷敬两次至臣衙门言，学差三年方满，此内有文学者俱可点用。但侍讲王鸿绪人品最优，才学素著，凡衙门一应撰拟文字，编纂书史，非王鸿绪不可，应停差遣。其余点用，统候睿裁。"上颔之。又问曰："谁可差遣？"明珠奏曰："顷汉大学士等言，侍讲董讷、谕德陈论俱可用。"上曰："此差着董讷去。"

又陕西总督哈占题投诚彭时亨令其迁移，口出背妄之言，因行拘禁事。上曰："据奏彭时亨自言，既为吴家之臣，即系清朝罪人，应死则死于四川，应解则解至京师，何必迁移？深为可恶！故朕昨将议彭时亨部本已经折票，此当诛之人也。至谭天秘情罪亦系重大，着议政王、大臣会同议奏。”

未时，上诣太皇太后、皇太后宫问安。

本日起居注官朱马泰、严绳孙。

十九日丁卯 早，上御乾清门，听部院各衙门官员面奏政事毕，部院官员出。大学士、学士随捧折本面奏请旨。为吏部题补副都御史员缺，开列卿员及年久监察御史、各部郎中等职名事。上曰："光禄卿敖哈年久，其余尚有年久者否？"大学士明珠奏曰："郎中、监察御史内有詹布礼、塞克德、塞勒布俱系年久。"上曰："塞克德办事有才，着补副都御史。"

又章泰贝子题请回京官兵未得月粮马匹草料，请于荆州、常德等处补给，户部议应移文湖广巡抚，不拘何项钱粮，照数补给事。上曰："云南所拨饷银最多，恐有重领之弊。着再详议具奏。"

又议政王、大臣会议，逆贼吴三桂骸骨分送各省，吴世璠首级交与刑部悬挂示众，逆党夏国相应凌迟处死，及势迫投降巴养原等五人，应立斩枭示事。上曰："此中尚有可议者否？"勒德洪、明珠奏曰："此辈罪犯已极，应正国法，似无可议。"上从之。又逆贼耿精忠等十人，应凌迟处死，其逆党黄国瑞等十九人，应立斩事。上曰："耿精忠身造罪孽，应当极刑。其子辈俱行凌迟，亦有可悯，可改为斩罪否？"明珠奏曰："耿精忠之罪较尚之信尤为重大，尚之信不过纵酒行凶，口出妄言，耿精忠深负国恩，擅自称帝，且与安亲王书内多有狂悖之语，甚为可恶。"上又曰："贼党官员内尚有可矜者否？"明珠奏曰："此内有陈梦雷、金镜、田起蛟、李学诗四人，犯罪固应处死，然于应死之中，尚有可宥之处。"上曰："耿精忠等事关重大，着议政王、贝勒、大臣，九卿、詹事、科、道会同详议。其吴三桂骸骨分送各省，及吴世璠首级悬示，夏国相凌迟，巴养原等枭示等事，亦示九卿等知之。"明珠奏曰："春正虽不用刑，但此辈罪恶甚大，与寻常不同，应于两三日内完结。"上颔之。

本日起居注官常书、董讷。

二十日戊辰 早，上御乾清门，听部院各衙门官员面奏政事毕，部院官员出。大学士、学士随捧折本面奏请旨。为吏部题补都察院左都御史员缺，将侍郎达都等开列事。上曰："这本暂留尔衙门，过三、四日来奏，俟朕思之。”

又为直隶巡抚于成龙员缺，或将满洲或将汉军、汉人官员开列请旨事。上曰：“直隶地方尚可用满洲，尔等云何？”大学士明珠奏曰：“用满洲亦可。”上又问汉大学士，李霨、冯溥奏曰：“但在得人。皇上不拘用何项人，无所不可。”大学士勒德洪奏曰：“直隶地方逼近京师，满洲人民杂处，宜用满洲。”上曰：“直隶地方盗贼、逃人向来甚多，若用满洲，事可渐少，着将满洲官员开列具奏。”

又刑部等衙门议，强贼韩汝攀等行劫蔡顺和船只立斩事。上曰：“韩汝攀等并未持凶器伤人，为饥寒所迫，俱行处决，其情少有可悯。尔等云何？”明珠奏曰：“圣谕允当，臣等所议亦然。”上曰：“此事着该部再议具奏。”

又议政王、大臣会议，逆贼耿精忠等分别凌迟处斩事。上曰：“议政王等云何？”明珠奏曰：“议政王等言上谕极是。耿精忠之子耿显祖不曾亲行作叛，改为处斩，其陈梦雷等四人，俱系微末小人，并不曾为首，免其处死，给与披甲新满洲为奴。其余无庸议。”上曰：“着即照此完结。”

本日起居注官严我斯、阿哈达。

二十一日己巳　早，上御乾清门，听部院各衙门官员面奏政事。上谕理藩院尚书阿穆瑚琅等曰：“近见内外蒙古接壤地方，互相攘夺，盗窃者甚多。遇此等事，遣尔衙门官员前往察看，不思和好两国，裨益地方，据实奏闻，以副朕驱使，但苟且完局，希图脱免。凡事有问，诿云不知。此等事情，皆系朕亲行咨访得之，尔衙门堂属官，何曾启奏一事？尔衙门官员、笔帖式并无一人克尽职掌，以图前进。着将此谕传知，以后务期勤谨效力，不许仍前草率疏忽。”谕毕，阿穆瑚琅出。

大学士、学士随捧折本面奏请旨。为吏部题补湖广总督员缺，或将满洲或将汉军、汉人开列请旨事。上曰：“承平时江南、江西两省共一总督。今当事平之日，江西总督可以不设。董卫国着调补湖广总督。”

本日起居注官牛钮、徐乾学。

二十二日庚午　早，上御乾清门，听部院各衙门官员面奏政事毕，部院官员出。大学士、学士随捧折本面奏请旨。为贵州巡抚杨雍建题请告病解任事。上曰："杨雍建朕知其人材可用，历升巡抚，先曾告病，已与温旨留任。今大兵凯旋事繁之时，正宜勤劳以图济事，反避繁引疾求罢，殊非人臣之礼。着批严察议奏旨。"

本日起居注官阿山、严绳孙。

二十三日辛未 早，上御乾清门，听部院各衙门官员面奏政事。

本日起居注官朱马泰、曹禾。

二十四日壬申 早，上御乾清门，听部院各衙门官员面奏政事毕，部院官员出。大学士、学士随捧折本面奏请旨。为礼部题，琉球进贡来使毛见龙等，以特请命廷臣往封伊国王事，部议将封册交与来使赍回。上曰："伊等输诚，恳切求遣使册封，应特遣官往，着该部再议具奏。"

辰时，上诣太皇太后宫问安。

是日，内阁学士张玉书、翰林院掌院学士陈廷敬至乾清门，启奏传集诸臣，恭阅御制升平嘉宴诗序事。上命中使传入南书房赐茶。二臣奏言："御制文传示诸臣。诸臣奏云，皇上御制圣作，天章焕烂。引经据典，尽善尽美，无以复加。升平景象，太和元气，皆在篇中。至于御笔亲书，尤属诸臣望外之幸，诚旷世之奇逢，不朽之盛事，群臣不胜欣庆之至。"上令中使传谕曰："序御笔书，诗着沈荃书。内廷勒石毕，移贮翰林院敬一亭中。"先是，二十二日早，上传臣玉书、臣廷敬至南书房，恭阅序文，赐内膳者二。午后，复赐珍果十数器。次日早，又传二臣至南书房，谕勒石颁布。二臣因奏请将御制序文传示诸臣，故于是日覆旨云。

本日起居注官陈廷敬、牛钮。

二十五日癸酉 早，上御乾清门，听部院各衙门官员面奏政事。未时，上御景山内前殿，赐进贡科尔沁国多罗郡王布达礼、科尔沁一品台吉喇弟等，苏尼忒部落一品台吉阿必达等，阿巴垓部落四品台吉哈兰扎衣等，吴喇忒部落四品台吉温冲等，杜尔伯特四品台吉吴尔兔纳思图等食。

本日起居注官蒋弘道、阿山。

二十六日甲戌 早，上御乾清门，听部院各衙门官员面奏政事毕，部院官员出。大学士、学士随捧折本面奏请旨。为吏部题总督于成龙兼衔事。上曰："于成龙操守洁廉，欲特优加职衔，以示劝励何如？"大学士明珠奏曰："见行例，于成龙应加侍郎衔。今皇上优加尚书，此乃奖廉至意。"上曰："然，可加兵部尚书。"

又题补左副都御史，开列李廷松等。上曰："此开列者俱属平常。"大学士勒德洪奏曰："诚如圣谕。汉大学士等俱称侍讲王鸿绪才品优长，参劾朱方旦，有关世道，堪任风宪之职。"上曰："汉大学士意如是，向有补授之例否？"明珠奏曰："汉大学士皆如此说。其翰林官例升吏、礼二部，破格录用，出自皇上裁酌。"上沉思良久曰："着将以次应升各官开列来看。"

又题补直隶巡抚员缺，开列学士萨海等。上曰："格尔古德是谨厚有才之人，用为巡抚何如？"大学士勒德洪、明珠奏曰："格尔古德人品最优，满汉文义精通。"上曰："科尔坤办事甚优，此二人孰胜？"明珠奏曰："科尔坤不识汉字，才品俱佳，办事极优，可别加大用。"上又顾汉大学士等。李霨等奏曰："格尔古德清正和平，学问识见俱优，皇上选用，可谓得人，此畿辅生民之福也。"上命即补直隶巡抚。

又为学士张英请假葬父事。上曰："张英简侍讲幄，效力多年，敬慎夙著。其父未葬，朕向知之，可给假几月，令其葬亲，事竣速来可也。"

又给事中岳峰秀条奏事。上曰："朕于一切章奏俱详细省览，未曾忽略。岳峰秀称不厌其繁，请赐全览者，是不知朕也。若章奏不为详阅，几务如何裁决？此疏传出，众见能勿谓朕未览本章乎？可将此意票出，严饬行。"

本日起居注官阿山、徐乾学。

二十七日乙亥　早，上御乾清门，听部院各衙门官员面奏政事毕，部院官员出。大学士、学士随捧折本面奏请旨。为吏部题补副都御史员缺，遵谕将以次应升各官再行开列事。上曰："此内马世济堪用，着升补副都御史。"

辰时，上诣太皇太后宫问安。

本日起居注官常书、潘耒。

二十八日丙子　早，上御乾清门，听部院各衙门官员面奏政事毕，部院官员出。大学士、学士随捧折本面奏请旨。为宗人府题贝子古尔马浑之子萨山，或照新定例封为镇国将军，或照旧例封为辅国将军请旨事。上曰："朕念古尔马浑贝子自幼效力，已封其子瓦山为辅国公。其诸子应照定例封辅国将军，乃含糊徼幸，冀封镇国将军，请旨不合。着将此谕明白传示，原本发回。"

本日起居注官崔蔚林、牛钮。

二十九日丁丑 早，上幸南苑。是日，各部院本章交与内阁。

本日起居注官胡简敬、阿山。

三十日戊寅 早，上御乾清门，听部院各衙门官员面奏政事毕，部院官员出。大学士、学士随捧折本面奏请旨。为兵部题补四川提督员缺，或将副都统或将在外总兵官开列请旨事。上曰："以孙思克补用何如？"大学士明珠奏曰："孙思克威震西陲，番彝畏服，似应留镇在西，遇彼处缺出升用。"上曰："然，现在有应裁提督否？查明来奏。"

辰时，上御乾清宫，讲官库勒纳、陈廷敬、孙在丰进讲：晋康侯一节、象曰晋进也二节。

巳时，上诣太皇太后宫问安。

本日起居注官阿山、王鸿绪。

二　月

初一日己卯 黎明，上率诸王、贝子、公等，内大臣、大学士、都统、尚书、精奇尼哈番、侍卫等诣堂子行礼毕，回宫。

未时，上御保和殿，赐进贡土默特部落一品台吉鲁希夏布等、都统巴扎尔等，翁牛忒部落三品台吉吴巴什等，吴喇忒部落三品台吉顾锡等，扎萨克部落一品台吉诺尔布等，苏尼忒部落四品台吉零瑚等，阿霸哈纳尔四品台吉巴定等食。

本日起居注官常书、徐乾学。

初二日庚辰 早，上御乾清门，听各部院衙门官员面奏政事毕，部院官员出。大学士、学士随捧折本面奏请旨。为议政王、大臣会议，都统根特不请旨擅拘禁提督佟徽年；又不进重庆，辄以山大路险题请；又令进剿谭弘、彭世亨，复推诿规避，应革职解任。上曰："根特才具颇优，人亦健壮，情罪不甚重大，即行解任，稍觉可惜，应酌降数级，从宽留任。"

辰时，上御乾清宫，讲官库勒纳、陈廷敬、孙在丰进讲：象曰明出地上晋一节、初六晋如摧如一节。

本日起居注官牛钮、汤斌。

初三日辛巳　早，上御乾清门，听各部院衙门官员面奏政事毕，部院官员出。大学士、学士随捧折本面奏请旨。为吏部题补内阁学士，开列詹事达岱等事。上曰："这开列各员中孰优？"大学士勒德洪奏曰："臣衙门侍读学士丹岱、翁英、图纳俱可用。"上曰："詹事达岱历任年久，何如？"勒德洪、明珠奏曰："此人亦可用。"上曰："其中无有比达岱年久者，且又堪用，着补授学士。"

又题补福建布政使员缺，正拟按察使马斯良，陪拟张所志。上曰："马斯良曾为吏部郎中，乃庸常人。"明珠奏曰："马斯良任按察司年久，且在长沙等处军前办理粮饷，颇有勤劳。"上曰："九卿亦以此会推，着如所拟。"

又礼部题原任大学士、都统公图海谕祭并谥号请旨事。上曰："图海勋旧大臣，劳绩甚多，着与谥致祭二次。票与温旨。"

又议政王、大臣会议处分护军参领图尔都浑等，分别革职降级事。上曰："此议尚轻。图尔都浑原系侍卫，是朕甚优眷，彼应率先冲锋，比众倍加奋力为是。反以行军大道为狭隘，妄称不能旋马。后知事误，又巧称无此言语。若此轻拟，何以勉励后人？我朝用兵，全赖前锋哨探之人，倘皆效此欺诳，如何行师？伊等罪犯，草率轻拟不合。尔等传谕议政王等知之。"

辰时，上御乾清宫，讲官库勒纳、陈廷敬、孙在丰进讲：六二晋如愁如二节、六三众允悔亡二节。

未时，上诣皇太后宫问安。酉时，上复诣皇太后宫问安。

本日起居注官阿山、曹禾。

初四日壬午　早，上御乾清门，听部院各衙门官员面奏政事毕，部院官员出。大学士、学士随捧折本面奏请旨。为礼部题遣祭岳渎官员事。上曰："旧例如何差遣？"大学士明珠等奏曰："或论品级或论衙门差遣，俱出上裁。"上又问："此等差遣官员亦有限期否？"明珠等奏曰："去时自速，来便可缓，原无定限。"上曰："若无限期，必致迟缓。传谕礼部，勒定限期。此本送进，朕酌量点出。"

又议政王、大臣会议处分护军参领图尔都浑等事。上曰："行军全赖探视道路，擒取生口，侦听消息。因遣图尔都浑等庸怯之辈往视道路，故致贻误军机。此等情罪甚为可恶，着将此旨票出。其申饬议政王等不行详议等语，仍留之。"

又兵部题补归化城都统事。上曰："尔等曾问否？"明珠奏曰："臣等遵旨问蒙古大臣，伊等云，吴巴什不甚相识。但蒙皇上隆恩，念其勋旧之臣，将伊嗣补授都统，其所辖蒙古无不欣服。"上曰："吴巴什着补授归化城都统。"

辰时，上御乾清宫，讲官库勒纳、陈廷敬、孙在丰进讲：九四晋如鼫鼠二节、六五悔亡二节。

巳时，上诣太皇太后、皇太后宫问安。

本日起居注官常书、严绳孙。

初五日癸未 早，上御太和门视朝。文武升转官员谢恩毕，回宫。少顷，御乾清门，听部院各衙门官员面奏政事毕，部院官员出。大学士、学士随捧折本面奏请旨。为宗人府题，闲散宗室勒尔金赠朱方旦扁额"至人里圣人堂"字样，应行文巡抚王新命，查其果有凭据否，或系朱方旦自行标榜，俟问明具题到日再议事。上曰："此事无容行查，赠与扁额甚真。前勒尔金领兵在荆州时，朕已闻此等事，曾谕彼时差去之人。朕知朱方旦系狂妄小人，军机大事万不可听其蛊惑。又对亲遣往军前，回时路经武昌，原任巡抚张朝珍向对亲云，朱方旦果一奇异神人，尔宜相会。遂开中门接见，以宾礼优待。由此观之，勒尔金所赠扁额是真，不必行查，着即行议结。"

又三法司议投贼奔回护军傅喀应即行处绞，将妻孥交与内务府事。上曰："此非甚可恶之人，且自行奔回，着从宽免死发落。"

又都察院题御史内升外转事。上曰："此内唐朝彝、熊焯甚为庸劣。

外转虽属调遣，尚可得监司要任，有情愿外转者，亦未可定。朕曾有旨令议，亦是此意。应将优者内升，次优者外转。尔等之意若何？”大学士明珠等奏曰：“圣谕甚是。”上曰：“尔等可行详议，朕亦再为裁度。”

又为原任巡抚慕天颜交代职务事。上曰：“朕观慕天颜疏内自诩清廉，又多陈效力之处。其办事练达，具有才干，朕岂不知？但自任巡抚以来，并未清廉，所奏疏内自诩清廉，殊属不合！着将此意票发。”

辰时，上如沙河巩华城。酉时，回宫。

本日起居注官蒋弘道、牛钮。

初六日甲申 早，上御乾清门，听部院各衙门官员面奏政事毕，部院官员出。大学士、学士随捧折本面奏请旨。为兵部题补四川提督员缺，查列总兵官职名事。上曰：“山东提督何傅操守谨慎，人亦甚优，虽系武官，兼通文义，将伊调补似为允宜。”大学士明珠奏曰：“皇上所见极是。”上又顾问汉大学士等。冯溥奏曰：“何傅居官安静，人品俱佳，故兵民皆得相安。东省亦系要地，似应仍留东省。”上曰：“今已太平，山东提督可以不用。为重臣者，苟能安静地方，便为有益。四川新定，着将伊调补。可票温旨。”又曰：“广东地连海滨，山谷丛错，彼处提督侯袭爵乃一庸常人。朕思江西亦可不用提督。提督许贞在江西地方大有劳绩，应将伊调补广东。”明珠奏曰：“是，似宜暂俟各处督、抚到任后，再行调补。又许升人材亦壮，效力甚多。”上颔之。

又都察院题内升外转事。上曰：“详览此内无最优之人可以内升者，亦无甚劣即当外转之人，这一次升转着停止。”

辰时，上御保和殿，举行经筵大典。讲官伊桑阿、徐元文进讲《四书》：溥博如天一节；陈廷敬、牛钮进讲《易经》：君子体仁足以长人一节。

巳时，上诣太皇太后、皇太后宫问安。

未时，上御景山内前殿，赐进贡科尔沁国和硕亲王达尔汉等、巴林部落多罗郡王鄂齐尔、克什克屯部落一品台吉阿玉锡、扎萨克部落一品台吉讷尔布等、土默特部落一品塔布囊鄂齐尔等、阿鲁科尔沁国四品台吉都儿巴等、吴喇忒部落四品台吉谆他尔等食。

是日，赐朝鲜国进贡正使东原君李濮等表里缎匹、银两有差。

本日起居注官阿山、王鸿绪。

初七日乙酉 早，上御乾清门，听部院各衙门官员面奏政事毕，部院官员出。大学士、学士随捧折本面奏请旨。为兵部题补正黄旗蒙古都统员缺，将前锋统领沙纳哈等开列事。上曰："将该旗世职大者查明具奏。"

又议政王、大臣等会议，将科尔沁卓力克图王鄂齐尔因其不孝伊母，应削去王爵，并夺其所属，拘盛京监禁。上曰："这所议极当。即不监禁亦何妨？"大学士明珠奏曰："不行监禁，料彼亦无能为，总候皇上裁夺。"上曰："这本着即送进，朕再酌之。"

本日起居注官沈荃、阿哈达。

初八日丙戌 早，上御乾清门，听部院各衙门官员面奏政事毕，部院官员出。大学士、学士随捧折本面奏请旨。为议政王、大臣会议，将护军参领图尔都浑革职，不准折赎，鞭一百，籍没；乌黑等革职事。上曰："先经谕议政王、大臣甚明，今将罪犯不行明白定拟，但欲轻结，约略加添，是何意见？巴尔布、岳甘、图尔都浑先在军前，与顺承郡王凡事俱私为密议，然后施行，其余参赞军务者与伊等不同。事若有成，伊等居功必在众人之前。似此谎称，致误军机，岂可以寻常情罪完结！这所议尚轻。将此意传谕议政王、大臣再议来奏。"

又九卿会推福建巡抚员缺，正拟江西布政使王日藻，陪拟左副都御史宋文运。上曰："此缺关系紧要，应将旧任之人补授。王日藻朕不深知，宋文运虽品端守清，办事平常。尔等意见如何？"大学士勒德洪、明珠等奏曰："圣谕极是。闻王日藻人材堪用。现任巡抚施维翰、王新命、董国兴皆皇上所知。"上曰："董国兴着调补福建巡抚，王日藻着升河南巡抚。"

又安徽按察使员缺，正拟王定国，陪拟胡戴仁。上曰："王定国何如？"明珠等奏曰："此人原任刑部郎中，臣等俱知，是一堪用之人。"上曰："然，朕亦知之，着即补授。"

又九卿会议裘充美条奏事。上曰："裘充美条奏虽不尽是，第四款尚不错谬。既在言路，若有闻见，合当具奏。但部院现行则例未能备知，故有此参差。着批知道便了。"

又慕天颜题请苏松浮粮应酌量裁减事。上曰："慕天颜在任时，合以应行诸事及有益民生者具疏陈奏。今既解任，乃沽名市恩，大亏官守。着将此意票出切责之。”

辰时，上诣太皇太后、皇太后宫问安。

本日起居注官牛钮、曹禾。

初九日丁亥　早，上于保和殿视祀社稷坛祝板毕，回宫。少顷，御乾清门，听部院各衙门官员面奏政事毕，部院官员出。大学士、学士随捧折本面奏请旨。为吏部题补詹事员缺，开列应升官员事。上曰：“牛钮为人堪用，学问优通，历任年久，着补授詹事府詹事。”

本日起居注官胡简敬、阿山。

初十日戊子　早，上躬诣社稷坛致祭毕，回宫。

本日起居注官常书、严绳孙。

十一日己丑　早，上于保和殿视祭朝日坛祝板毕，回宫。

是日，上因章皇后忌辰，不理政事。各部院本章俱交内阁。

辰时，上诣太皇太后、皇太后宫问安。

本日起居注官阿哈达、徐乾学。

十二日庚寅　早，上躬诣朝日坛致祭毕，回宫。

辰时，上率诸王、贝子、公等，内大臣、大学士、都统、尚书、精奇尼哈番、侍卫诣慈宁宫，庆贺太皇太后圣诞，礼毕，回宫。少顷，上诣太皇太后宫问安。

巳时，上幸南苑。酉时，回宫。

本日起居注官阿山、汤斌。

十三日辛卯　早，上御乾清门，听部院各衙门官员面奏政事毕，部院官员出。大学士、学士随捧折本面奏请旨。为吏部题补户部侍郎员缺，将学士萨海等开列事。上曰：“宜昌阿办事颇优，着调补户部侍郎。”

又议原任科臣邹之璜捐银认工复还原职事。上曰：“言官职司耳目，邹之璜前所犯情罪甚劣，此等人断不可复用。这本发回该部，将所收银两退还。”

又兵部题补广东镶蓝旗协领员缺，将佐领马云霄拟正，阿达哈哈番窦士忠拟陪。上曰：“朕前亲验试炮，曾见马云霄是一敏达堪用之人，补授外省可惜，遇京师参领员缺，可以任用。这协领着窦士忠补授。”

又议政王、大臣会议，将原任布政使成格，笔帖式巴席、舒书因从贼应立斩事。上曰：“伊等情罪法难宽宥。且巴席系满洲人，与巴三纲联为兄弟，情罪甚为可恶。着依拟立斩。成格、舒书着改为立绞。”

辰时，上御乾清宫，讲官库勒纳、孙在丰进讲：上九晋其角二节。上亲讲：明夷利艰贞一节。

巳时，上诣太皇太后、皇太后宫问安。

是日，赐直隶巡抚格尔古德、江宁巡抚余国柱鞍马各一匹。

本日起居注官阿哈达、曹禾。

十四日壬辰 早，上御乾清门，听部院各衙门官员面奏政事。九卿公奏给事中雅齐纳条奏请将九江抽税移于湖口地方。户部尚书伊桑阿奏曰：“两议诸臣各持己见，彼此不从，故仍旧两议。”上问礼部尚书帅颜保曰：“尔等议不准行之意若何？”帅颜保奏曰：“九江设关年久，一定处所，今难更移。前因云南、贵州、四川等处变乱，故钱粮缺额，今赖皇上睿谋弘略，天下皆已底定，税课无不足额者。若在湖口抽税，自广东所来商船，既于赣关韶州纳税，又于湖口纳税，则民苦于重税矣！况且所得银两有限。前恩诏蠲免各项钱粮甚多，如使多收三四万两税银，何藉乎此？故臣等议不准行。”上命雅齐纳近前问曰：“尔前条陈请移，今尚有所议否？”雅齐纳奏曰：“臣前以国家钱粮紧急，条陈迁移湖口，可多得税银。今诸臣既以为不可移，则九卿会议便不应遣司官往看矣。今所遣司官会同巡抚勘称，湖口地方水涨时，可泊船者六处；水消时，可泊船者五处，如此则无不可移之理。若云一定处所难以迁移，则湖口原非创立之地，故明时抽税二十年，我朝自顺治四年起以至于七年，皆在此地抽税。后地方官、富豪、恶棍及大臣家仆霸占贸易，并未启奏，夤缘贿赂部中，移往九江。今虽不于湖口抽税，止便匪类，于民何益？若云重税害民，则淮安三关，吕梁、扬州相去不及五百里，乃五处设关。广东、江西间隔二千余里，反云重税，可乎？若云害民，则天下关税皆应停止。且凡九卿会议之事，皆一日议毕，独此事议至三四日。礼、兵、刑三部尚书第一日预前议，已经画题，第二日复改为后议，此岂无故乎？”上问曰：“改者为谁？”伊桑阿奏曰：“吴正治、宋德宜、魏象枢第一日从前议，第二日改从后议。”刑部尚书郭四海奏曰：“臣等公议差遣司官往看，原为湖口可以泊船，即令迁移，不可泊船，即令停止。今往看司官既云可以泊船，故臣等公议准行。”吏部尚书介山奏曰：“一年可得四万余金，则十年便可至四十万。今钱粮并未充足，移至湖口为是。”帅颜保又奏曰：“数年用兵以来，天下转输，拿用商船，民生最苦。今兵革方息，正宜休养。”奏毕，九卿官员出。

大学士、学士随捧折本面奏请旨。为左都御史萨穆哈条奏，八旗额外添设兵丁，停其补充缺数，裁汰以复原额，兵部议准事。上曰：“此疏内余皆依议。惟八旗汉军兵丁似觉尚少，可添否？”明珠奏曰：“汉军兵丁实少。初，汉军佐领兵丁数目并无定额，从来四丁之中，披甲一副，后因各佐领多者多，少者少，曾经均派一次。然此旗拨入彼旗，越行当差，犹属不便。”上曰：“汉军兵丁作何添设，作何均分八旗，其便于遵行之处，着该部再议。”

又福建水师提督施烺请将所留垦荒官员何义等三十三人，发往福建进剿台湾，部议不准事。上曰：“尔等云何？”明珠奏曰：“顷问学士李光地云，福建现今投诚朱贵等人员甚众，尚无计解散，岂可复行添往？且此三十三人内，并无著名勇健之夫。”上曰：“揆此，何义等必向施烺营求带往录用，着不准行。”

辰时，上御乾清宫，讲官库勒纳、孙在丰进讲：象曰明入地中二节、象曰明入地中明夷一节。

未时，上御保和殿，赐直隶巡抚格尔古德、江宁巡抚余国柱，及元旦朝贺和硕卓礼克图亲王鄂奇尔、科尔沁国多罗秉图郡王厄进、蒿齐特部落多罗郡王车布登、扎鲁特部落多罗贝勒扎木、苏尼忒部落多罗贝勒本布、翁牛特部落达尔汉贝勒叟色、郭尔罗斯部落护国公安达希里、土默特部落三品台吉汗都什希布等、扎萨克部落四品台吉大喜等、乌朱穆秦部落一品台吉苏马代等、归化城四品台吉罗臧等食。上命余国柱近御座前，谕曰：“江南钱粮浩烦，民居稠密，朕知尔才能，特简斯任，尔务以敬慎持躬，清廉率属，以副朕爱惜斯民至意。”余国柱奏曰：“臣本一介庸愚，荷蒙皇恩，二三年间，历升巡抚，惟有竭尽犬马之力，图报高深于万一耳。”上又命格尔古德近前，谕曰：“小民失业，皆地方恶绅欺凌武断之故。或通同不肖有司，恣行扰害，或霸占行场，侵夺生产，其端非一，朕知之已久。虽天下皆然，而江南、山东为尤甚，直隶次之。尔等到任，务必严重查惩。”谕毕，余国柱出。上又问格尔古德曰：“尔尚有所奏否？”格尔古德奏曰：“臣未经到任，不知地方利弊。俟受事后，详查应兴之利，应除之弊，一一以次奏闻。”上曰：“直隶系畿辅之地，料理事务无甚繁难。但为总督、巡抚者贪婪居多，朕知尔才优守清，故特简斯任。尔惟有廉正自守，爱养百姓，无负朕委任之意。”格尔古德奏曰：“臣本一微贱之人，叨蒙皇恩，优升巡抚，臣若不念皇上隆恩异数，而反贪婪财贿，此特自取戮耳。”上曰：“凡为官者，承贪吏之后，名誉甚易；承良吏之后，名誉甚难。金世德、于成龙居官有声，尔往继其后，得名必迟。然尔毋欲速以求名，速则恐致贻误。”又谕曰：“直隶旗下庄头与民杂处，朕闻所在凶恶庄头，自以旗下，倚恃其主，甚为民害。尔到任后，加意严查，务期惩创，即皇庄亦毋饶恕。”

本日起居注官常书、蒋弘道。

十五日癸巳 上以云南底定，海宇荡平，前诣永陵、福陵、昭陵告祭。

辰时，诣太皇太后、皇太后宫问安。

上率皇太子驾行，在京诸王、文武群臣于午门外跪送。上出东直门，驻跸三河县采果营东。是日，驻防三河县城守尉纳棱额、三河县知县俞孝昌、城守守备白普等来朝。

十六日甲午 上驻跸蓟州贤渠庄东。是日，蓟州知州董廷恩、蓟州城守营都司佥书茹丕等来朝。

十七日乙未 早，上诣孝陵，率内大臣、侍卫等行三跪九叩头礼，三奠酒举哀。又临皇后陵，三奠酒举哀。

上驻跸玉田县城东。是日，驻防玉田县协领乌兰、玉田县知县慕成周、玉田县把总任国圣等来朝。

十八日丙申 上驻跸丰润县城西北。是日，丰润县知县金应隆、丰润县守备郭虎威等来朝。

十九日丁酉　上驻跸滦州王家店东北。

二十日戊戌　上遣领侍卫内大臣国舅佟国维、大学士明珠往夷齐庙行礼。濒行谕曰："伯夷、叔齐古之圣人，清风可仰，尔等前往焚香展礼。"又赐庙祝白金十两。

上驻跸卢龙县范家庄北。是日，桃林等处抽分工部员外郎宫爱、分守山营等处副将署都督同知傅昌、驻防滦州协领根忒、永平府知府佟世锡等来朝。

二十一日己亥　上驻跸抚宁县城西。是日，蒲河口游击管都司佥书事张得吉、抚宁县知县赵端等来朝。

二十二日庚子　上驻跸山海关西二十里铺地方。是日，山海关抽分吏部员外郎达虎礼、驻防山海关城守尉慕成格、山海关城守参将严梅等来朝。

二十三日辛丑　上出山海关。是日，行围，有三虎，上射之，殪二虎；皇太子射殪一虎。

上驻跸王白河地方。是日，前卫驻防佐领金榜魁、条子边上高台堡章京满丕等来朝。

二十四日壬寅　上射殪二虎。是日，驻跸中后所东。

二十五日癸卯　上射殪二虎。驻跸宁远州西。是日，条子边上新台门驻防章京陈有名、驻防宁远州骁骑校齐天长等来朝。

二十六日甲辰　上驻跸锦县七里河。

二十七日乙巳　上驻跸大凌河东。是日，驻防锦州府城守尉齐把汉、驻防锦州府新满洲三等佐领杜牛、锦州府知府孙成等来朝。

二十八日丙午　早，上御行幄，扈从大学士明珠，学士王守才、张玉书、席柱捧折本面奏请旨。为将军赖塔题请新降副将张其新已经招抚土司十二员，应行议叙。兵部议，张其新投诚时，有无随带官员兵丁，其十二土司系何官职，并未叙明，应令再加查察，题奏之日再议。上曰："朕观此本，张其新招抚土司甚有劳绩。今又行查，若初降时并无随带官员兵丁，所招土司又系微员，如行议叙，恐与行查之意不符；如不议叙，甚为屈抑。这行查无益，着该部即行议叙。"

上行围，射殪二虎。

上驻跸广宁县闾阳驿地方。是日，广宁县驻防防守尉祁宠格、广宁县知县项蕙等来朝。

二十九日丁未　上遣领侍卫内大臣国舅佟国维、大学士明珠往北镇庙行礼，赐庙祝白金五十两。

是日，上驻跸广宁县羊肠河东。

三十日戊申　上驻跸滚脑儿地方。

三　月

初一日己酉　上驻跸白旗堡地方。

初二日庚戌　上于辽河网鱼，赐扈从诸王、贝子、公等，内大臣、侍卫、部院官员。

是日，上驻跸辽河西。

初三日辛亥　早，上御行幄，大学士、学士等捧折本面奏请旨。为兵部题请贵州大定总兵官员缺，或开列参领，或开列现任副将事。上曰："先因鹤庆黎江总兵官关系紧要，故将四十六调补，今此缺着以鹤庆黎江总兵官转补。"

又将军王永誉以族兄王永清从贼，应解任处分，具奏待罪事。上曰："王永清系王永誉远族兄弟，并无干涉，应批照旧留任，不必请辞。该部知道。"

是日，上驻跸永安桥西。

初四日壬子　早，上至盛京，盛京文武官员郊外跪迎。辰时，上率皇太子及扈从诸王、贝子、公等，蒙古诸王、台吉等，内大臣、侍卫、文武三品以上官员谒福陵，行三跪九叩头礼，三奠酒举哀毕。又谒昭陵，如前行三跪九叩头礼，三奠酒举哀。

是日，上驻跸盛京城东北。

初五日癸丑　早，上率扈从诸王、贝子、公等，蒙古诸王、台吉等，内大臣、侍卫、文武三品以上官员诣福陵，以云南底定，海宇荡平，读祝焚楮，大祭宝城，三奠酒举哀。

是日，上移驻盛京城内。

初六日甲寅 早，上率皇太子及诸王、大臣、官员等诣福陵，献玉帛，读祝，大祭隆恩殿。

是日，上驻跸盛京城内。

初七日乙卯 早，上率扈从诸王、贝子、公等，蒙古诸王、台吉等，内大臣、侍卫、文武三品以上官员诣昭陵，以云南底定，海宇荡平，读祝焚楮，大祭宝城，三奠酒举哀。

是日，于功臣颖亲王墓，遣内大臣佟国维；于克勤郡王墓，遣内大臣都统巴泰；于杨古立墓，遣内大臣伯费扬古；于费扬敦墓，遣内大臣索额图；于厄衣都墓，遣内大臣坤巴吐鲁侍卫；于图尔格墓，遣内大臣觉罗乌墨纳等，陈设牲醴致奠，行一跪三叩头礼。

是日，上驻跸盛京城内。

初八日丙辰 早，上率皇太子及诸王、大臣、官员等诣昭陵，献玉帛，读祝文，祭隆恩殿。

午时，上御大清门，赏赍陵寝官员及盛京官员有差。又遍赐年老致仕官员及中伤病退残疾并年老甲士人等。

是日，于盛京附近地方多罗靖定贝勒费扬古、多罗安平贝勒都督护国公马占墓，遣尚书郭四海；于松科罗巴吐鲁、图鲁席墓，遣侍郎觉罗沙赖；于辅国公他拜、护国将军你野克塞墓，遣侍郎额星格；于都统纳木泰、都统冷格里墓，遣侍郎郭丕；于大学士达海巴克锡、大学士雅勤、都统达尔哈额驸墓，遣侍郎党古里；于护国将军汤五泰墓，遣副都御史塞克德；于内大臣伊尔登、尚书萨木什喀墓，遣侍郎温代；于领侍卫内大臣精奇尼哈番多尔吉姨丈、内大臣诺尔布、占图谢土墓，遣侍郎阿尔尼；于二等伯明阿、都统觉罗拖薄辉墓，遣侍郎明爱；于原列五大臣内松科尔巴吐鲁、尚书伊孙墓，遣学士库勒纳；于傅锡额驸李永芳、都统侍卫博尔晋墓，遣詹事牛钮；于护国将军慕尔义、内大臣宗室厄克沁墓，遣通政使席兰泰；于盛京昂邦章京叶克恕、尚书冀孙墓，遣卿舒恕；于内大臣公常鼐、一等精奇尼哈番又一拖沙喇哈番佐领巴奇兰墓，遣少詹喇巴；于精奇尼哈番侍卫席喇布墓，遣卿色冷；于随从太宗皇帝安达里、敦达里墓，遣卿安泰；于尚书车尔格墓，遣卿席尔达；于盛京将军阿木儿兔墓，遣卿敖哈；于内大臣觉罗色勒墓，遣少卿呼木布；于尚书马傅塔墓前，遣司业葛思泰致奠。

是日，上驻跸盛京城内。

初九日丁巳 早，上自盛京诣祀永陵，盛京文武官员郊外跪送。上行围，射殪一虎。是日，上驻跸琉璃河地方。

初十日戊午 上行围，射殪三虎。是日，上驻跸札凯地方。

十一日己未 早，上率扈从诸王、贝子、公等及蒙古诸王、台吉等，内大臣、侍卫、文武三品以上官员谒永陵，行三跪九叩头礼。四陵各三奠酒举哀毕，以云南底定，海宇荡平，读祝，献玉帛，大祭。

是日，上诣永陵致祭。总管古桑阿、噶来达牙必喇汉以下官员来朝。

于礼敦把吐鲁王墓，遣内大臣觉罗塔达；于恪恭贝勒墓，遣内大臣公傅善，陈设牲醴致奠，行一跪三叩头礼。又遣内大臣觉罗塔达，于陵寝附近地方觉罗祖墓致奠。

是日，上驻跸札凯地方。

十二日庚申 早，上巡行乌喇地方。

是日，行围，射殪一虎。是日，上驻跸嘉祜禅地方。

十三日辛酉 上行围，射殪三虎。是日，上驻跸鄂尔铎峰曾家寨。

十四日壬戌 上御行宫，大学士、学士等捧折本面奏请旨。为吏部题覆永陵殿瓦盖造不谨，以致渗漏，将掌管关防官陶伦、员外郎吴苦议革职事。上曰："朕至此，亲看此地极寒，水冻特甚，其修造时，如值水冻，难于坚固。伊等姑行宽免这一次，令其再行加意修造。"

又原任祭酒冯源济捐纳所降职衔事。上曰："此人品行殊为不端，不必准其捐纳。"

又兵部题补杭州左翼副都统员缺事，开列参领祖泽澍等十人。上曰："真定总兵官石文炳其人颇优，着以补用何如？"大学士明珠奏曰："皇上所见允当，此人可用。"上曰："此缺着石文炳补授。"

是日，上行围，射殪二虎。驻跸哈岱河地方。

十五日癸亥　上行围，射殪一虎。是日，上驻跸鹞鹰鼻地方。

十六日甲子　上行围，射殪五虎。是日，上驻跸庚格地方。

十七日乙丑　上行围，射殪三虎。是日，上驻跸库鲁地方。

十八日丙寅　早，上御黄幄，扈从诸王、贝子、公等及蒙古诸王、台吉等，内大臣、侍卫，京师、盛京文武官员庆贺万寿圣诞，行三跪九叩头礼。

是日，上驻跸三丸地方。

十九日丁卯　上行围，射殪四虎。是日，上驻跸夸兰河地方。

二十日戊辰　上行围，射殪一虎。上驻跸阿尔滩讷门地方。是日，驻防乌喇地方将军巴海以下官员来朝。

二十一日己巳　上行围，射殪二虎。是日，上驻跸赛穆恳河地方。

二十二日庚午　上驻跸黄河地方。

二十三日辛未　上驻跸萨龙河地方。

二十四日壬申　上驻跸苏通地方。

二十五日癸酉　午时，上至乌喇吉临地方，乌喇将军、副都统以下武职官员跪迎。

上率皇太子及扈从诸王、贝子、公等，蒙古诸王、台吉等，内大臣、侍卫，京师、乌喇文武官员诣松花江岸，东南向，望秩长白山，行三跪九叩头礼，以系祖宗龙兴之地也。

上驻跸乌喇吉临军屯地方。是日，驻防乌喇地方协领塔尔虎以下官员来朝。

二十六日甲戌　未时，上御行宫，大学士、学士等捧折本面奏请旨。为吏部题补本部侍郎员缺，开列户部侍郎李天馥等。上曰："刑部侍郎杜臻其人颇优，且原任吏部，着即转补。"

又题请司道官员内升事。上曰："朕闻守道董秉忠其人甚优，办事有能，着内升。"

又福建总督姚启圣请展进剿台湾限期事。上曰："据姚启圣奏称，五月进兵，台湾可得等语。前于隆冬之时，尚且不能，此时可行乎？朕想此特欲照应前奏之言，图延日期耳。朕已知其不能，曾与尔等言之。前此用兵，凡督促进取之处，无不克获，今促其进取，岂有不进之理？如深入失利，其一身死不足论，但恐损兵，甚为可惜。此事批发议政王、大臣会议，俟会议到日，再行斟酌。”

是日，上驻跸乌喇吉临军屯地方。

二十七日乙亥 辰时，上登舟，泛松花江，往大乌喇。驻跸虞村。蒙古诸王、台吉并内大臣、侍卫等扈从诸王、贝子、公等，部院官员俱留住乌喇地方。

二十八日丙子 上驻跸大乌喇虞村。

二十九日丁丑 上驻跸大乌喇虞村。

四 月

初一日戊寅 上于虞村南松花江网鱼，赐蒙古诸王、台吉并内大臣、侍卫等。

是日，上驻跸大乌喇虞村。

初二日己卯 酉时，上御行宫，大学士、学士等捧折本面奏请旨。为吏部议，教习唐古特国字书六品官石图，教习有年，加一级为正五品。上曰：“大内一切翻译字书，及尔内阁衙门翻译字书，交与石图翻译甚多，效力年久，且并无升转之处，似觉屈抑。这所议稍轻，着再议具奏。”

又礼部议猓猓副将徐胜尧因前往招抚逆贼被害，遣官致祭事。上曰：“徐胜尧招抚逆贼遇难身亡，深为可悯。着地方官将伊骨榇驿递驰送原籍，遣官致祭。其祭文着翰林院撰给。”

又宁古塔将军巴海题请踪迹巡蹰采参官兵应议定例，以示劝惩，兵部议准事。上曰：“盗采人参，如官兵踪迹缉获，照其所获多寡议叙，甚为允当。但非系采参之人，如有妄拿，夺其资财，则只身采捕诸物者，无故罹害，亦未可知。此后有将无辜之人妄拿夺财，作何处分，着一并再议具奏。”

是日，上驻跸大乌喇虞村。

初三日庚辰　上驻跸大乌喇虞村。

初四日辛巳　上还自大乌喇虞村，驻跸乌喇吉临军屯地方。

初五日壬午　上驻跸乌喇吉临军屯地方。

初六日癸未　未时，于乌喇附近西郊设黄幄，上御幄，大宴乌喇将军、副都统、佐领等官。乐舞并作，赐鞍辔、袍缎等物有差，兵丁均赐银两。赉乌喇致仕官员及中伤残疾病退年老甲士人等。

是日，上驻跸乌喇吉临军屯地方。

初七日甲申　酉时，上御行幄，大学士、学士捧折本面奏请旨。为吏部议，原任主事刘源，照伊所革官职捐纳银两，仍以主事补用。上曰："刘源前经魏象枢题参革职之人，如复原官，殆为不可。还其原衔，令闲住可乎？"明珠奏曰："凡捐纳原职者，无不以原官补用。"上曰："此本发回京，朕再行裁酌。"

又礼部题遣往册封琉球国王，以检讨汪楫为正使，中书林麟焻为副使。上问曰："此二人何如？"明珠奏曰："汪楫系荐举博学弘词，扬州人，家贫，人优。林麟焻系臣衙门中书，其人亦优。"上顾学士库勒纳问曰："汪楫学问如何？"库勒纳奏曰："文学颇通。"上又问曰："其人如何？"库勒纳奏曰："人亦甚优。"上颔之。

是日，上还自乌喇，驻跸萨龙河地方。

初八日乙酉　上驻跸义儿门河地方。

初九日丙戌　上驻跸黄河地方。

初十日丁亥　上驻跸伊巴旦村。

十一日戊子　上驻跸小雅哈河地方。

十二日己丑　上行围，射殪一虎。赐扈从诸王、贝子、公等及蒙古诸王、台吉等，内大臣、侍卫、文武官员羊只。

是日，上驻跸乌鸦岭地方。

十三日庚寅　上驻跸夜黑城西塔克图昂阿地方。

十四日辛卯　上行围，射殪一虎。上驻跸威远堡。是日，驻防开元县拖沙喇哈番哈占等、开元县知县周之桓来朝。

十五日壬辰　上行围，射殪一虎。上驻跸三塔堡地方。是日，铁岭县知县金弘文来朝。

十六日癸巳 上还至盛京，扈从留住盛京文武官员及盛京文武官员跪迎。

亥时，上御行宫，大学士、学士等捧折本面奏请旨。为吏部议，四川遵义县知县班衣绣招徕难民五十余口，应照例加一级。上曰："前旨因寇乱之时，百姓逃散，是用招抚。今贼寇歼灭，各省底定，前离散小民，自然复业，以此为招徕可乎？朕意如此，尔等可将朕意写明，发往京师，着尔衙门满汉诸臣商酌覆奏。"

是日，上驻跸盛京城内。

十七日甲午 上驻跸盛京城内。

十八日乙未 上驻跸盛京城内。

十九日丙申 辰时，上以回銮还京，率扈从诸王、贝子、公等及蒙古诸王、台吉等，内大臣、侍卫、文武三品以上官员诣福陵，三奠酒举哀毕，又诣昭陵，三奠酒举哀。

是日，上驻跸盛京城内。

二十日丁酉 上自盛京回銮，命皇太子量带内大臣、侍卫、文武官员，从旬骊河大路还。上率诸王、贝子、公等及内大臣、侍卫、文武官员往辽阳州千手佛寺降香。中途谕大学士明珠曰："朕巡行沿边，见设立界限处坟墓掘损，骸骨暴露者甚多，着盛京将军安诸护遍查埋葬。"

是日，上遣内大臣公坡尔喷，于在东京达尔汗巴吐鲁亲王墓；遣和硕额驸纳尔都，于卓尔图贝勒墓致奠。

上驻跸辽阳州城内。

二十一日戊戌 早，上诣千手佛寺降香，奉太皇太后发来香资白金六百两，赐给寺僧。又幸千山香岩等五寺，各赐寺僧银五两。

是日，上驻跸几荒屯。

二十二日己亥 驾过海澄县，遣内大臣公坡尔喷，往平南亲王尚可喜墓奠酒。

是日，上驻跸牛庄城内。

二十三日庚子 上行围，射殪一虎。是日，上驻跸沙岭城内。

二十四日辛丑 上至大路，驻跸壮镇堡地方。

二十五日壬寅　早，上御行幄，大学士、学士等面奏折本毕，上谕曰："朕巡幸，见盛京、乌喇地方武职官员孱弱者甚多。向以驻防省城及看守陵寝官员子弟，令其承袭，后因停止此例，或有堪用之人，弗获录用，且家属又苦于搬移。此事仍应复旧，尔等识之，朕至京再议。"

是日，上驻跸大凌河西。

二十六日癸卯　上驻跸七里河地方。

二十七日甲辰　上行围，射殪一虎。是日，上驻跸宁远州城西南。

二十八日乙巳　亥时，上御行幄，大学士、学士捧折本面奏请旨。为吏部题俊秀护军札席直夜不守更，以致内帑珠银等物失盗，议革俊秀事。上曰："札席系俊秀充为护军，于裁俊秀护军时，曾控告愿为护军。以护军缘事革去俊秀，尚觉可悯，俟补用日，着罚俸一年。"

又礼部题封琉球国王事。上顾大学士明珠等曰："这所遣钦天监官员前往何用？"明珠等奏曰："或以备用占风指定南北。"上曰："泛海专倚舵工，诸事彼皆悉谙。钦天监官员带往并无所事，可毋用。"

又兵部题门得孙等解马军前，马匹倒毙甚多，议革职、赔补马匹事。上曰："解送军需马匹倒坏，情虽可恶，但既革职，又令其赔补，稍觉屈抑。应令赔补带罪，俟补完日着该部请旨。"

又乌喇流犯王廷试子王德麟叩阍，控告伊父年老，恳发回原籍，愿以身代，督捕议不准行。上曰："王德麟控称，伊父年已衰老，愿以身代罪，情属可悯，且遇朕来此，得以陈情叩阍，此亦千载奇遇。其父子又俱系读书人，着一并发回原籍，不为例。"

是日，上驻跸中后所东北。

二十九日丙午　上驻跸王保河地方。

三十日丁未　驾入山海关，驻跸抚宁县盐务里地方。

五　月

初一日戊申　上酌留内大臣、侍卫于后，随皇太子徐行，上先发。驻跸永平府西。

初二日己酉　上驻跸丰润县西北。

初三日庚戌　早，上以回銮，率内大臣、侍卫诣孝陵，三奠酒举哀毕。又诣两皇后陵寝，三奠酒举哀。

是日，上驻跸蓟州南。

初四日辛亥　酉时，上进东直门，入东华门，诣太皇太后、皇太后宫问安毕，回宫。

扈从起居注官库勒纳、牛钮、孙在丰、朱马泰。

初五日壬子　辰时，上诣太皇太后宫问安。

巳时，上御懋勤殿，召大学士、学士面商折本。为九卿会推湖广按察使员缺，正拟李世昌，陪拟李国亮事。上问曰："此二人何如？"大学士明珠、李霨奏曰："此系外官，臣等未识其人。但前此会推，俱曾陪过。"上曰："既系九卿所举，李世昌着补湖广按察使。"

又为原任直隶巡抚于成龙荐举知县邵嗣尧、孙弘业，知州于成龙，州判卫既齐，部议不准事。上曰："于成龙为官清正，表率属僚，直隶各官，近来俱好。如永平府知府佟世锡，居官亦优。"明珠奏曰："直隶各官果然俱好，大有起色。前随驾谒陵，亦闻永平府知府甚有名望。"上曰："所荐各官应从所请，以昭鼓励。"

又议刘源捐纳复还原职事。上曰："尔等曾议否？"明珠等奏曰："臣等遵旨议得，应照原品食俸，不补衙门似便。"上从之。

又为兵部议原任云南殉难巡抚朱国治恤典事。上曰："赠官予谥原以旌人品行，必名实相符，方可给与。朱国治死难情虽可悯，但居官秽迹昭著，祇着赐恤，不必加宫保衔。这本发回该部再议。"

又为题补真定总兵官事。上曰："这员缺着开列副将有劳绩者来看。"

又为靖逆将军张勇题请新添兵丁不必裁撤，提标步兵改为马兵。该部两议：前议甘州、宁夏等边地，所有添设兵丁应留，其余河州等腹地，俱应裁去；后议各省提标从无尽设马兵之例，新添兵丁，原议事平裁汰，今应留三千名，余悉裁去。上曰："尔等之意若何？"明珠等奏曰："臣等之意以后议为是。"上曰："前议官员有何意见，尔等问明来奏。"

又为广西巡抚郝浴条奏，抚标官兵不应裁去。九卿会议山东、江宁、河南、山西、直隶兵丁俱应留一千名，其余各省俱留一千五百名。上曰："巡抚旧制管兵，至辅政臣时始行停止。朕思裁兵一事，关系最为紧要，必措置得宜，地方始得安宁。每见武弁额兵有名无实，虚冒钱粮。又徇情将年老有疾者存留，强壮者反行裁去。则老弱徒然充伍，虚糜兵饷，强壮弃置不用，岂能安静？若将此情弊清核除去，则兵丁自俱心服，而地方亦保宁谧矣。可将此本交与议政王、大臣、九卿、詹事、科、道会议具奏。"

又为题补正红旗副都统员缺，正拟护军参领胡巴，陪拟郎中兼参领阿吉礼事。上曰："胡巴其人何如？"明珠奏曰："闻胡巴为人颇优，行间亦有效力处。"上曰："胡巴着补授副都统。"

上谓大学士等曰："宁古塔乌喇流徙人犯，朕向者未悉其苦，今谒陵至彼，目击方知。此辈既无房屋栖身，又无资本耕种，又重困于差徭。况南人脆弱，入此苦寒之地，风气凛冽难当，必至颠踣沟壑。远离家乡，音书不通，其情殊可悯恻。虽此辈罪由自致，然发辽阳等处安置，亦足以蔽其辜。彼地尚有田土可以资生，室庐可以安处。且此辈即在乌喇等处，亦无用也。"李霨、冯溥奏曰："此等罪犯皇上犹矜念及之，特开一面，诚如天好生之仁，即尧舜不是过也。"上曰："此例系何年所定？尔等酌议，可撰写上谕来看。"

本日起居注官常书、严绳孙。

初六日癸丑 早，上御乾清门，听部院各衙门官员面奏政事毕，部院官员出。大学士、学士随捧折本面奏请旨。为户部差往湖口收税官员请旨事。上曰："收税或在湖口，或在九江，曾经两议争辨。今将满汉司官各差一员，湖口可否收税，自然明晓。着选满汉贤能司官，开列具奏。"

又为原任福陵噶喇大阿布达礼年老，请以子袭职事。上曰："朕观此等员缺，从前俱令彼处官员之子代父任职，尚有堪用之人。今见更例后，自京师补去，间有庸懦特甚者。且彼此往来，家口搬移，颇为艰苦，惟视其可用者用之已耳。阿布达礼曾效力行间，且守陵年久，应将其子补授章京看守。着再议具奏。"

又为工部开列部院大臣官员，往勘总河靳辅修筑告竣堤工事。上顾大学士等曰："淮安黄河，关系运道民生，工程最为紧要。今时届五月，恐往勘官员到彼，值水泛涨，难于阅勘。尔等之意如何？"李霨奏曰："河工重大，原有限期，今犹可往勘，若迟至秋水涨发，更难阅看。应差官员，出自圣裁。"上曰："靳辅目前修筑决口，零星节省钱粮料亦是实，但入海要害之处，未必尽行修理。此差须得精察风厉之人，于河道情形详加察验，庶为有济。着伊桑阿、魏象枢、王曰温、伊喇哈前往会勘。但魏象枢年老，恐不能驰驱，尔等可问之。其崔维雅曾条陈河道，亦着带往会勘。"

本日起居注官牛钮、胡简敬。

初七日甲寅 早，上御乾清门，听部院各衙门官员面奏政事毕，部院官员出。大学士、学士随捧折本面奏请旨。为勘阅河工事。上曰："尔等曾问魏象枢否？"大学士明珠奏曰："臣等问魏象枢，据云：年老有疾，不能乘马，且遇风两目作痛。去则一身不足惜，恐误朝廷事务。"上曰："徐元文可遣。"良久又曰："徐元文系江南人，有妨碍否？"明珠奏曰："江南本乡恐有不便。"上曰："着宋文运去。此人不肯依阿人，亦不能摇夺。"

又为镇国将军品级哈尔萨叩阍，恳还其父公爵及所有佐领，宗人府议给事。上曰："尔等之意若何？"明珠奏曰："此事屡次控告甚明，但给与不给出自上裁。"上曰："伊父有军功，似可给之。"明珠等奏曰："此系宗室，给之亦无不可。"上曰："着议政王、大臣会议具奏。"

又为吏部题补刑部侍郎员缺事。上曰："朕昨观章奏，见票签写叶方蔼转左侍郎。闻叶方蔼已经病故，尔等仍拟此签，是何缘故？"勒德洪、明珠奏曰："皇上睿见甚周，臣等失于检点，以致错误。"上曰："可改票来。"上又曰："叶方蔼侍从讲幄有年，勤慎素著，朕欲给与恤典，尔等可查例来看。"

又为蔡毓荣题缘事游击王振等皆行间谙练，著有勤劳，请乞皇上召试录用，兵部议不准行。上曰："王振等效力行间，劳绩颇多。此内有王进宝标下官员，皆骁健堪用。"明珠奏曰："此辈虽少有罪过，然立功多次，可以赎罪。"上曰："王振等着依该督所请，令其来京酌量补用。此内现任官员于应升时，亦着来京引见。”

本日起居注官常书、王顼龄。

初八日乙卯 早，上御乾清门，听部院各衙门官员面奏政事毕，部院官员出。大学士、学士随捧折本面奏请旨。为吏部题补刑部侍郎员缺，开列学士王守才等。上曰：“现今或有候补侍郎官员查明来奏。”

又兵部题福陵、昭陵兵丁叩阍，恳将伊等顶补拨什库、骁骑校事。上曰：“此等守陵兵丁居住年久，终身并无升转，殊为可悯。且此若干人岂无一骁健俊拔之人？此等或在两陵，或在京师有拨什库骁骑校员缺，应行调用。作何调用之处，着该部再议具奏。”

巳时，上诣太皇太后、皇太后宫问安。

本日起居注官牛钮、曹禾。

初九日丙辰 早，上御乾清门，听部院各衙门官员面奏政事毕，部院官员出。大学士、学士随捧折本面奏请旨。为吏部题刑部员外郎员缺，将佐领李时进补授事。上曰：“此旗因何乏人？”大学士明珠奏曰：“此旗无候补荫生及应升中书等官，故拟佐领。”上曰：“本旗既无应补之人，在外应升汉军官员可补否？”明珠奏曰：“以此等在外官员或在内汉缺官员改补，亦无不可。”上曰：“着吏部定例具奏。”

又广西巡抚郝浴题抚标之兵不可裁减，议政王、大臣会议留一半事。上曰：“此本着依议。在外武弁若仍前容留私人，虚冒充数，致强壮人失于资生者，必从重治罪。应晓谕大小武弁以至兵丁人等悉知。尔等拟票来看。”

辰时，上御乾清宫，讲官陈廷敬、牛钮、孙在丰进讲：初九明夷于飞二节、六二明夷夷于左股二节。

未时，上御景山内前殿，赐进贡喀尔喀部落达尔汉亲王诺诺等、护国公萨马第等，蒿齐特部落二品台吉达喇木格礼第等，苏尼忒部落二品台吉托济格里等食。

本日起居注官常书、汤斌。

初十日丁巳 早，上御乾清门，听部院各衙门官员面奏政事毕，部院官员出。大学士、学士随捧折本面奏请旨。为吏部题补刑部侍郎员缺事。上曰：“阅开列各官，惟副都御史宋文运才具堪用，其余皆未当也，着宋文运补授。”

又杨永昌于洞中放火熏死三人，三法司议斩事。上曰：“杨永昌所犯情罪深为可恶，彼处人无不痛恨。着于行凶处斩首示众，以戒奸宄！”

又大学士杜立德以老病请解任事。上曰：“杜立德耆旧老臣，简任机务，效力有年。览奏抱病情真，应准解任，遣官护送驰驿回籍。伊年已逾七旬，旦夕岂能即愈？尔等可去病痊起用之语，拟温旨来看。”

又为已故刑部侍郎叶方蔼应加恩恤，查例奏请。上曰：“叶方蔼侍从讲筵，效力日久，应加恩恤，着查原任掌院学士喇沙里旧例来奏。”

辰时，上御乾清宫，讲官陈廷敬、牛钮、孙在丰进讲：九三明夷于南狩二节、六四入于左腹二节。

本日起居注官牛钮、崔蔚林。

十一日戊午 早，上御乾清门，听部院各衙门官员面奏政事毕，部院官员出。大学士、学士随捧折本面奏请旨。为吏部题补翰林院侍讲学士事，正拟郎中席特库，陪拟巴锡。上曰：“噶思泰前考试第三，学问优通，为人亦敏达，着补侍讲学士。”

上又曰：“适三法司两议启奏，常保杀继母金氏及奸夫王和尚一案，前议将常保凌迟处死，后议将常保释免。朕即将此本详阅，知常保之父半身瘫痪，不能动履，其妻与王和尚当面行奸，因泣诉伊子，命其为父杀奸报仇。常保犹恐未真，伺奸淫之时，方行杀死，将二首交与伊父。是常保之杀继母遵父命也，且金氏与伊父夫妇之伦既绝，则常保与金氏母子之恩亦断矣。”大学士明珠等奏曰：“圣谕极是。”上曰：“此系创见之事，尔等可详拟票签来看。”

辰时，上御乾清宫，讲官陈廷敬、牛钮、孙在丰进讲：六五箕子之明夷二节、上六不明晦二节。

巳时，上诣太皇太后宫问安。

午时，上御东偏殿，召刑部侍郎库勒纳入，谕曰：“刑部侍郎叶方蔼效力讲幄年久，简任刑部，正资料理，不意奄逝，朕心深为悯惜。尔可同亲随侍卫常保，赍内帑白金二百两往赐，并携茶酒致酹，传朕旨与伊子知之。”库勒纳等奉命至方蔼寓邸，酹酒赐金，并传旨讫。方蔼第三子叶湜奏曰："臣父一介寒儒，叨蒙圣恩，历升翰林院学士、刑部侍郎，方图仰报高厚于万一，乃遽尔奄逝。今又荷皇上殊恩，特遣大臣酹酒赐金。不独臣全家感戴圣恩，即臣父在九泉之下，亦欢忭无既矣！臣家至贫，灵榇还乡，深患无资，今蒙皇上厚恩，赏银二百两，还乡赖以无误矣。臣一微末贡生，不敢趋阙谢恩，即请于大臣前叩头。"奏毕，设香案行三跪九叩头礼。

本日起居注官常书、王鸿绪。

十二日己未 早，上御乾清门，听部院各衙门官员面奏政事毕，部院官员出。大学士、学士随捧折本面奏请旨。为吏部题补浙江巡抚李本晟员缺，将布政使施天裔等开列。上曰："巡抚职掌最为紧要，今观开列诸人无有堪任巡抚者。无论内外官员，着九卿、詹事、科、道会推具奏。"

辰时，上御乾清宫，讲官陈廷敬、牛钮、孙在丰进讲：家人利女贞一节、象曰家人二节。

本日起居注官牛钮、朱彝尊。

十三日庚申 上以有事方泽，斋戒不理政事。

未时，上诣太皇太后、皇太后宫问安。

本日起居注官常书、秦松龄。

十四日辛酉 本日起居注官牛钮、潘耒。

十五日壬戌 早，上于保和殿，视祭方泽坛祝版毕，回宫。

本日起居注官蒋弘道、常书。

十六日癸亥 早，上以夏至，躬诣方泽坛致祭毕，回宫。

本日起居注官牛钮、潘耒。

十七日甲子 早，上御乾清门，听部院各衙门官员面奏政事。

辰时，上御乾清宫，讲官陈廷敬、牛钮、孙在丰进讲：象曰风自火出一节、初九闲有家二节。

未时，上御景山内前殿，赐进贡乌朱穆秦部落和硕车臣亲王苏大尼，巴林公主子多罗郡王鄂齐礼、一品台吉格勒尔图、纳木扎等、固山贝子温春、一品台吉鲁世夏布等，杜尔伯特三品台吉温布，苏尼特部落四品台吉客昭等食。

本日起居注官常书、严我斯。

十八日乙丑 早，上御乾清门，听部院各衙门官员面奏政事毕，部院官员出。大学士、学士随捧折本面奏请旨。为崔维雅条奏修理河工事。上问大学士等曰："尔等观其条奏何如？"明珠等奏曰："其所奏坚筑石堤，开浚海口，似可依行修理。但言之虽属可行，恐至彼地有不便行之处，亦未可定。臣等之意，崔维雅既同察勘河工大臣前去，俟至彼处会同总河靳辅，作何修理并照所奏可行与否，似应计定工程，遂一一酌商，奏请到日，再行定夺。"上曰："然。治河之道必顺水性以治之，易于成功。古之治黄河者，惟在去其害而止，今则不特去其害，并欲资其力，以挽运漕粮，较古更难。"李霨奏曰："圣谕诚然。大禹之治水亦惟顺水之性而已。"上曰："着察勘河工大臣带崔维雅前往，其条奏事宜会同总河靳辅详议具奏。"

本日起居注官牛钮、王顼龄。

十九日丙寅 早，上御乾清门，听部院各衙门官员面奏政事毕，部院官员出。大学士、学士随捧折本面奏请旨。为议政王、大臣会议，哈尔萨准其承袭镇国公，给还两佐领事。上曰："此公爵及佐领应还否？"大学士明珠奏曰："察其情由，似应给还。"上曰："哈尔萨着封镇国公，并给还两佐领。"

又福建将军马九玉自请罢职，议政王、大臣会议准其解任归旗事。上曰："马九玉于耿精忠叛时，曾哭劝再三。及归正后，又甚为效力，非他人可比。"明珠奏曰："臣昔到闽查阅沿海边界，曾见马九玉是一朴善之人。自投诚以来，效力实多。"上曰："马九玉着以原官解任来京。"

又为兵部题查看陕西应留应裁兵丁，开列差往大臣事。上曰："此事关系紧要，必差遣练达之人方克有济。尔等以为孰可差遣者？"勒德洪奏曰："兵部现有三堂，此内可以差遣。"上曰："着折尔肯去，但折尔肯议行间情罪多姑息轻纵。军法从来尚严，故简亲王大兵到日，朕将失机上三旗包衣佐领下护军校以上官员尽行拘禁。前螺子山之战，贼冲王中营，失去蜈蚣旗。折尔肯等将王府长史、护卫及包衣佐领等官，并不奏请拿问，此非显然徇情乎？"明珠奏曰："圣谕极是。包衣佐领官员是差去与王随伴之人，其长史、护卫等官乃专为护王之人，既失去蜈蚣旗，用伊等何为？折尔肯等不行奏请拿问，不合。所议简亲王疏，请令议政王、大臣等再议。”上曰：“着交议政王将朕旨尽行传谕，令其再议具奏。”

辰时，上御乾清宫，讲官陈廷敬、牛钮、孙在丰进讲：六二无攸遂二节、九三家人嗃嗃二节。

巳时，上诣太皇太后、皇太后宫问安。

本日起居注官常书、曹禾。

二十日丁卯 早，上御乾清门，听部院各衙门官员面奏政事。差往敕封朝鲜国王妃学士阿兰泰等请谕旨。上曰：“朕无他训谕，惟尔等大国差往之人，凡事当思大体，遵定例而行，毋恣意琐屑。”阿兰泰奏曰：“臣等奉命差往外国，安敢琐屑？惟自勉务持大体，以副上命。”奏毕，出。

大学士、学士随捧折本面奏请旨。为吏部题大学士员缺，应否开列请旨事。上曰：“不必开列。原任尚书王熙，系世祖皇帝时供奉内廷旧臣，为人老成，熟练事务。虽数年在家守制，并未出外行走，又善于满语文字，着即补授大学士。”

又题补刑部侍郎员缺，开列学士王守才等。上曰：“观此内无可补授之人，着将以次应升者开列具奏。”

又兵部题补镶红旗汉军副都统柯仪员缺，参领佟显拟正，佟嘉年拟陪。上曰：“正推佟显乃一最愚无知之人。曾言出征陕西、四川，对阵两次，乃问其如何交战，并交战何地，又不能枚举。观此，则知并未经对敌矣。此等人皆正推副都统，其余又当如何？这员缺着另推具奏。”

上又谕曰：“今礼部事务甚多，见满洲堂官皆有事故，尚书帅颜保自任部务以来，常托病不勤行走，尔等可传谕吏部，验明启奏。方当事繁，额库礼着暂署礼部，停其兼管伊部事务。”

本日起居注官牛钮、汤斌。

二十一日戊辰 早，上御乾清门，听部院各衙门官员面奏政事。吏部侍郎沙赖、科尔坤奏曰：“臣等奉旨看验礼部尚书帅颜保目疾。据伊称，目疾数月，一目损明，医治不效。臣等看验，目无红肿，但一目瞳神昏眊。”上曰：“礼部正值事繁，帅颜保着勉进署办事。”

又户部侍郎宜昌阿引见差往盛京查勘驿站马匹司官。上曰："郎中宜尔格图前在山海关抽分，商民无不称善。其后差去达虎里，贪婪妄取，民甚苦之。"宜昌阿奏曰："宜尔格图在臣衙门亦属才干之员。"上曰："人材亦顾其立心何如耳。立心果正，虽才短，于事无误；若立心不正，虽有才能，亦何补益？这差着宜尔格图去。"谕毕，部院官员出。

大学士、学士捧折本面奏请旨。为给事中孙蕙条奏进取台湾宜缓事。上曰："朕昨览此本，意以其言为当。今阅奏报，已于五月初四日进讫，该将军等似乎太急。朕向于陆地用兵之处，筹算可以周悉，今海上情形难于遥度。李光地必知之。"李光地奏曰："海上惟凭风信，可进则进，可止则止。提督施烺谙于水师，料必无虞。"明珠奏曰："前经有旨，令其相机进止，此文谅已到彼矣。"上曰："今既已进兵，应于金门、厦门等要害之处，添兵防御，以壮声威。着议政王、大臣等详议具奏。孙蕙条奏，依所拟票。"

辰时，上御乾清宫，讲官陈廷敬、牛钮、孙在丰进讲：六四富家大吉二节、九五王假有家二节。

本日起居注官常书、孙在丰。

二十二日己巳　早，上御乾清门，听部院各衙门官员面奏政事。差勘河工户部尚书伊桑阿等同崔维雅进前启奏。上问崔维雅曰："治河事宜，尔所见如何？"崔维雅奏曰："黄河发源甚远，由荥泽东下，势益汹涌，全恃堤岸坚固，方能束水无虞。昔于豫省治河，著有成效，今淮属自康熙七年冲决之后，不惟淮弱黄强，且黄流不循故道，以致沙积，河身壅塞，每遇冲溃，愈加淤垫。虽另浚支河，以济漕运，而水性终未复旧。臣愚为今之计，惟有相度河势，顺水之性，挑浚疏通，筑堤捍御。二者并举，庶可经久无患。"因以河图进呈。上阅图，召伊桑阿等至御座前，谕曰："黄河溃决，关系运道民生，深切朕怀。历览书史所载及从前条议章奏，治河不在空言，而在实行，未可轻言河工之易也。若以为易，恐难刻期成功，即收实效。若以为难，由杨家庄至清口一百二十余里，系漕艘往来必由之要路，修筑堤堰，岂容稍忽。崔维雅所称，豫省之河与淮属河势原自不同，尔等前去，务与靳辅公同商酌，加意看验，勿各执己见。凡有会议事宜，必逐一陈奏。”伊桑阿等奏曰：“修理河工只在实心任事，臣等奉命往阅，敢不恪遵圣谕。”上复谕：“启行前一日仍来。”谕毕，出。

大学士、学士随捧折本面奏请旨。为吏部题补刑部侍郎员缺，开列顺天府府尹熊一潇等。上曰：“熊一潇、高尔位尚可用。闻熊一潇居官亦优，着即补授刑部右侍郎。”

又为学士李光地请假送母回籍事。上曰：“请假送母乃人子孝道。据奏情辞恳切，准给假送回原籍。”

又陕西巡抚鄂恺题叛贼朱三即杨起隆案内逃犯王建中，因谋叛拟凌迟。刑部议王建中应即凌迟，其弟王执中应即处斩事。上曰：“杨起隆一案，时当留意。王建中既属党内逃犯，岂容不询明始终口供，即于彼处正法乎？着解送来京，严审杨起隆情由具奏。”

辰时，上御乾清宫，讲官陈廷敬、牛钮、孙在丰进讲：上九有孚威如二节、睽小事吉一节。

本日起居注官牛钮、胡简敬。

二十三日庚午　早，上御乾清门，听部院各衙门官员面奏政事。户部尚书伊桑阿等奉差勘验河工，复行请旨事。上谕曰：“淮安等处河道频年冲溃，靳辅作何修筑，工程坚否，特遣尔等往勘。若到彼处，各宜秉公持正，悉心详画，庶称任使。如有通同徇私，或行欺罔者，必加重处。”伊桑阿等奏曰：“臣等焉敢不竭力查验，自触罪过。”上又顾宋文运曰：“伊桑阿前曾阅过河道一次，今尔系初往，如有确见，务必坚持详议，毋以伊桑阿为尚书，己为侍郎，阿意顺从。”宋文运奏曰：“臣仰蒙圣恩，岂敢诿让徇情，使是非淆混。”上又曰：“治河最为难事。崔维雅所奏款项，尔等带往，会同靳辅详加确议，务期坚久，以济河工，除河患，勿视为寻常玩忽贻误也。”

辰时，上御乾清宫，讲官牛钮、陈廷敬、孙在丰进讲：象曰睽火动而上二节、象曰上火下泽一节。讲毕，上曰：“讲义云，一国非之而不顾，天下非之而不顾，此必认得道理真，乃为无弊。否则，反为乖戾矣。”牛钮、陈廷敬、孙在丰奏曰：“诚如圣谕。古人如伊尹所为，乃是见理至明，可以质之万世而无议。若王安石所为，适成其执拗误苍生矣！”上曰："然。诚必见理明而后可。"

巳时，上诣太皇太后、皇太后宫问安。

本日起居注官陈廷敬、常书。

二十四日辛未 早，上御乾清门，听部院各衙门官员面奏政事毕，部院官员出。大学士、学士随捧折本面奏请旨。为九卿等会推浙江巡抚员缺，河南布政使郎永清拟正，左副都御史马世济拟陪。上曰："正推郎永清，朕从未一见，着来京陛见。"

又吏部题补湖北布政使员缺，以候补崔维雅拟正，按察使李辉祖拟陪。上曰："崔维雅现差往勘河工，陪拟李辉祖向在兵部，其人犹属可用，办事亦优，着补授此缺。"

又左副都御史马世济条陈，吴三桂、尚之信、耿精忠属下为外官者，咸宜罢黜回京。上曰："前大兵进剿时，有本身陷在贼中，其子弟仕宦各省，亦有备办草料、转输粮饷者。今事平辄行追论，夺其官爵撤回，太觉烦扰。况汉官如曹申吉、罗森等亦有子弟亲戚，若皆照此不许仕宦应乡会试，可乎？"大学士明珠、李霨等奏曰："此诚皇上宽仁。此辈待其有事究处则可，若一概罢黜，似乎不便。"上曰："然。照此旨传谕，将原本给回。"

辰时，上御乾清宫，讲官牛钮、陈廷敬、孙在丰进讲：初九悔亡二节、九二遇主于巷二节。

本日起居注官牛钮、朱彝尊。

二十五日壬申 早，上御乾清门，听部院各衙门官员面奏政事。

本日起居注官常书、王鸿绪。

二十六日癸酉 早，上御乾清门，听部院各衙门官员面奏政事毕，部院官员出。大学士、学士随捧折本面奏请旨。为兵部题补镶红旗汉军副都统员缺，正拟总兵官高登科，陪拟参领李毓梁。上曰："内外互用，庶无偏重偏轻之弊。朕知总兵周邦宁为人甚优，着补副都统。"

又三法司将醉陷贼中兵丁白净拟立绞事。上曰："此人情由似属可宽。嗣后有如二哥，情罪可恶，必不当宽者，宜行立决，以儆将来。如事同白净，情有可悯者，尔等俱拟宽免票签来。"

辰时，上御乾清宫，讲官牛钮、陈廷敬、孙在丰进讲：六三见舆曳二节、九四睽孤二节。

未时，上御景山内前殿，赐进贡苏尼忒部落多罗贝勒沙里、喀喇沁部落三品塔布囊卜勒、翁牛忒部落四品台吉单大里、敖汉四品台吉那尔布等食。

本日起居注官崔蔚林、阿山。

二十七日甲戌　早，上御乾清门，听部院各衙门官员面奏政事毕，部院官员出。大学士、学士随捧折本面奏请旨。为三法司议伪大学士方广琛之弟方广扬应行立斩事。上曰："方广扬系逆贼方广琛之弟，反叛极真，情罪无疑，殊为可恶！着立斩示众。"

又为理藩院题颁赐厄鲁特部落噶尔当薄硕克兔汗、喀尔喀部落车臣汗等十一国币帛等物请旨事。上曰："颁赐之事所关重大，尔等会同内务府大臣、理藩院、工部，将所赐对象议定明白，另行开单具奏。"

是日，以公主聘与巴林敖起里郡王之子吴尔滚，行初定礼，上御保和殿，传集和硕亲王、贝子、公等，并内大臣、侍卫、大学士、都统、尚书、精奇尼哈番、副都统、侍郎、阿思哈尼哈番等，盛张筵宴。

本日起居注官牛钮、陈廷敬。

二十八日乙亥　早，上御乾清门，听部院各衙门官员面奏政事毕，部院官员出。大学士、学士随捧折本面奏请旨。为吏部题大学士王熙兼衔事。上曰："着照杜立德所兼之衔。"

又题补詹事府詹事员缺，将内阁侍读学士喇巴克等开列。上曰："尔等云何？"大学士明珠奏曰："翰林官员，皆皇上所知。臣衙门侍读学士图纳、丹代为人俱优。"上问曰："此二人孰胜？"明珠奏曰："二人才品不甚差别。若论图纳在内阁比丹代俸深；若论在部院衙门，丹代比图纳年久。"上曰："图纳着补詹事。"

辰时，上御乾清宫，讲官牛钮、陈廷敬、孙在丰进讲：六五悔亡二节、上九睽孤二节。

巳时，上诣太皇太后、皇太后宫问安。

本日起居注官阿哈达、徐乾学。

二十九日丙子　早，上御乾清门，听部院各衙门官员面奏政事毕，部院官员出。大学士、学士随捧折本面奏请旨。为吏部题补都察院副都御史员缺，开列应升官员事。上曰："这开列官员皆属平常，着将其次应升者开列具奏。"

又为兵部题补镶黄旗蒙古都统员缺事。上曰："着将公、侯、伯、大臣开列来看。"

上又谕大学士等曰："朕观部院衙门大小官员，俱各分班启奏，朕与尔等皆昧爽视事，惟恐有怠政务，孜孜不遑。今部院官员分班启奏，偷惰安逸，甚属不合。嗣后满汉大小官员，除有事故外，凡遇启奏事宜，俱着一同启奏，朕亦可以鉴其贤否。其无启奏各衙门官员，亦着每日黎明齐集午门前，俟启奏各官事毕同散。都察院堂官及科道官员，无常奏事宜，俱着每日黎明齐集午门，查满汉部院官员有怠惰规避者，即行题参。"

辰时，上御乾清宫，讲官牛钮、陈廷敬、孙在丰进讲：蹇利西南一节、象曰蹇难也三节。

本日起居注官蒋弘道、常书。

六　月

初一日丁丑　早，上御乾清门，听部院各衙门官员面奏政事毕，部院官员出。大学士、学士随捧折本面奏请旨。为议政王、大臣会议，已薨简亲王于罗子山对敌退回事。前议，将随王护卫、散骑郎及在阵失纛长史、护卫等拿禁，俟同事大兵到日再行议罪；后议，将随王护卫、散骑郎等停其拿禁，余俱照前议。上曰："简亲王败回是实，军法应严，此前议甚当。后议诸王、大臣所议，显系徇情，殊为不合。着严责，拟票来看。"

又兵部题补奉天副都统员缺，开列参领达汉泰等十人。上曰："奉天副都统员缺最为要紧，着议政王、大臣将护军参领以下武职官员内，确选贤能，会推具奏。"

又工部议制造六宫宝座脚踏、屏风、线毯及皇太子宫宝座脚踏，实用银共一万三千七百余两。此内飞金、颜料交与户部采办，其材料及匠居役工食银两，本部库内给发。上曰：“前修盖内中数处价值，朕明知之，屡行减估，所省颇多。今观工部所估价值，校朕所估，浮银六千余两，朕屡经驳减，竟无节裁。是何意见？无非上下通同欲侵蚀余剩耳。萨木哈、党古里因其为人颇优，办事有能，故擢任尚书、侍郎，伊等岂不悉知，但不肯尽心为之耳。如伊等不能着照朕所估，令内中官员前去制造，如事竣，伊等将如之何？揆此，其为人优能何在？尔等可照朕所谕严切饬责。”

本日起居注官朱马泰、严绳孙。

初二日戊寅　早，上御乾清门，听部院各衙门官员面奏政事毕，部院官员出。大学士、学士随捧折本面奏请旨。为吏部题补内阁学士员缺，开列应升官员职衔事。上曰:“崔蔚林何如？”大学士李霨奏曰:“为人老成。”上曰 :“朕观其为人不甚优。伊以道学自居，然所谓道学未必是实。闻其居乡亦不甚好。”又问曰 :“其次为谁？”大学士明珠奏曰 :“王国安、金世鉴。”上曰 :“王国安何如？”明珠奏曰 :“王国安为人颇优，在衙门亦勤慎，因修实录曾停升转。”上曰 :“王国安着补学士。”

又题补副都御史员缺，开列应升官员职衔事。上曰：“高尔位才具颇优，但盛京地方紧要，着暂留办事。吴琠为人虽优，闻与人往来踪迹颇多。”明珠奏曰：“圣鉴极当。吴琠为人果优。”上曰：“吴琠着补此缺。尔等满汉诸臣传吴琠至阁，将朕旨面谕，以后更改则已，若仍前不改，必不轻释。”

辰时，上御乾清宫，讲官牛钮、陈廷敬、孙在丰进讲：象曰山上有水蹇一节、初六往蹇来誉二节。

未时，上诣太皇太后宫问安，随避暑，驻跸瀛台。

本日起居注官沈荃、傅腊塔。

初三日己卯　早，上谕：“谕内阁部院等衙门启奏各官，朕因天气炎热，特奉两宫避暑瀛台。今幸天下少安，四方无事，然每日侵晨御门听政，未尝暂辍，卿等各勤职掌，时来启奏。曾记宋史所载，赐诸臣于后苑赏花钓鱼，传为美谈。今于桥畔悬设罾网，以待卿等游钓。可于奏事之暇，各就水次举网得鱼，随其大小多寡携归邸舍，以见朕一体燕适之意。

谁谓东方曼倩割肉之事不可见于今日也！特谕。”

少顷，上御瀛台门，听部院各衙门官员面奏政事毕，部院官员出。大学士、学士随捧折本面奏请旨。为内阁收本中书黄朝凤、黄国材因迟送直隶巡抚题参官员本章，吏部议俱应革职事。上曰：“此议太过。伊等可曾有加级否？”大学士明珠奏曰：“俱无加级。”上曰：“着该部再议具奏。”

又总兵官赵应奎请于袁临增设副将一员，并添兵丁，兵部议不准行事。上曰：“袁临地方最为紧要，若照所请添设，恐沿为成例，即非要地，又欲添设官兵者必多。应即将本省不甚紧要地方额设兵数内，调往本处防守。着该督、抚及提督会同定议具奏。”大学士、学士出。

讲官牛钮、陈廷敬、孙在丰进讲：六二王臣蹇蹇二节、九三往蹇来反二节。

本日起居注官严我斯、阿山。

初四日庚辰 早，上御瀛台门，听部院各衙门官员面奏政事毕，部院官员出。大学士、学士随捧折本面奏请旨。为左都御史达都条奏，盛京知县以上官员应用满洲，吏部议不准行事。上问曰：“尔等云何？”大学士明珠奏曰：“盛京地方满汉并处，似应设满官，但知县以上各官并无选用满洲之例，总唯圣裁。”上命从部议。大学士、学士出。

讲官牛钮、陈廷敬、孙在丰进讲：六四往蹇来连二节、上六往蹇来硕二节。

巳时，上诣太皇太后、皇太后宫问安。

本日起居注官胡简敬、阿哈达。

初五日辛巳 早，上御瀛台门，听部院各衙门官员面奏政事毕，部院官员出。大学士、学士随捧折本面奏请旨。为理藩院议，科尔沁国杜思哈尔公隐匿倭尔折伊兔等二十一丁，相应议处，因在赦前，免议。其举首人巴雅尔兔所告虽实，但杜思哈尔公已经援赦，应将举首人仍留原主，不准出户。上曰：“以所隐人丁入官，举首人出户，此系定例。恩赦但可免罪，所隐之丁免其入官可乎？且举首既真，反将出首人仍留与原主，则出首人乃为罪人，而隐丁之人反为得计矣。有是理乎？可将此处严行票出，着另议具奏。”

本日起居注官牛钮、王顼龄。

初六日壬午　早，上御瀛台门，听部院各衙门官员面奏政事毕，部院官员出。大学士、学士随捧折本面奏请旨。为安徽巡抚徐国相将王佑等十员题请议叙，兵部议不准行事。上曰：“王佑等效力行间，理应录用。”大学士明珠奏曰：“前奉皇上谕旨，凡官员不肯从贼者，虽无功劳亦与优叙。今王佑等似应录用。”上曰，“着再议具奏。”

又已故江西巡抚刘如汉遗表谢恩事。上曰：“刘如汉为人甚优，特简巡抚，丁忧未经到任，忽染病奄逝，深为可惜！应得恤典，着查例具奏。尔等拟一优旨来看。”

本日起居注官常书、曹禾。

初七日癸未　早，上诣太皇太后宫，恭请避暑，太皇太后移驻五龙亭。请皇太后移驻紫光阁，未允。

是日，传旨各部院，章奏俱交内阁转奏。

本日起居注官孙在丰、朱马泰。

初八日甲申　早，上御瀛台门，听部院各衙门官员面奏政事。翰林院学士牛钮等题纂修明史总裁叶方蔼员缺，请旨点用。上曰：“此缺着补用陈廷敬。纂修明史，事关紧要，更极繁难。若监修总裁人少，恐或偏执私见，不合乎公，可将满汉大学士以下，编修、检讨以上职名，开列具奏。”奏毕，出。

大学士、学士随捧折本面奏请旨。为吏部题补内阁学士员缺，开列詹事沈荃等职名事。上曰：“蒋弘道何如？”大学士李霨奏曰：“为人颇优。”上曰：“蒋弘道、胡简敬谁久？”李霨奏曰：“胡简敬资在前。”上曰：“胡简敬资既在前，为人又优，着补学士。”

巳时，上诣五龙亭，请太皇太后安。

本日起居注官傅腊塔、汤斌。

初九日乙酉　早，上御瀛台门，听部院各衙门官员面奏政事。

巳时，上诣五龙亭，请太皇太后安。

本日起居注官阿山、秦松龄。

初十日丙戌 早，上御瀛台门，听部院各衙门官员面奏政事毕，部院官员出。大学士、学士随捧折本面奏请旨。为吏部题补内阁侍读学士员缺，正拟郎中席忒库，陪拟巴锡。上曰："内阁侍读学士员缺紧要，尔衙门可会同吏部选择。"大学士明珠奏曰："臣衙门侍读学士员缺，最系紧要。翻译本章及纂修会典一应事宜，皆其承任办理，必须文义通明，人品颇优者方称斯职。向来臣衙门官员谙练事务者升补翰林院为多，臣等之意，就中转补一员。"上曰："尔等欲以何人转补？"明珠奏曰："阿哈达、葛思泰、朱马泰俱先在臣衙门，谙练事务，文义亦优。此三人内，乞皇上简用。"上曰："阿哈达着调补内阁侍读学士。"

又兵部题覆将军马九玉请将阵亡病故逃散兵丁扣存钱粮一万七千余两，贮库充饷。上曰："此等银两，他人多独自乾没，马九玉查出具题充饷，可嘉。尔等可拟温旨票签来看。"

又御史郑为旭条奏，现审定罪流徙犯人及发遣未到各犯，俱应照上谕一体施仁，刑部议不准行事。上曰："尔等云何？"明珠奏曰："此等各犯虽系已结，但适遇上谕，似可照新例行。"上曰："然。凡未经发遣及发遣未到徙所各犯，俱着照现颁上谕施行。"

本日起居注官阿哈达、徐乾学。

十一日丁亥 早，上御瀛台门，听部院各衙门官员面奏政事。上谕刑部尚书魏象枢等曰："今天气炎热，可将尔部事件次第速行审结，勿得延迟，使犯人于应得罪外，更受余辜。"谕毕，出。

大学士、学士随捧折本面奏请旨。为吏部题补汉军内阁侍读学士员缺，正拟监察御史祝钟灵，陪拟邵凤翔。上曰："伊等何如？"大学士明珠等奏曰："祝钟灵人亦可用，但所学俱属平常，臣衙门翻译本章，稍不相宜。侍读学士系监察御史应升之缺，臣衙门升去金汝祥所学颇优，臣等意谓此人可补此缺。"上曰："尔衙门会同吏部选择具奏。"

又粮道李月桂已经请展限两月，又违限两月，将李月桂及随运通判李自美俱议革职。上曰："漕运虽关系紧要，若因违限处分，条例太重，反觉遵行不便，于事实无裨益。伊等曾经展限，仍议革职，殊属太过。着另议具奏。"

又奉天府尹高尔位请奏销修补巨流河设渡龙船用过桐油价值，工部议准事。上曰："此项船只并无用处，每年循例修补，徒费钱粮，着充作民船，置诸渡口，以备官用。"

辰时，上诣皇太后宫问安。

本日起居注官牛钮、崔蔚林。

十二日戊子　早，上御瀛台门，听部院各衙门官员面奏政事毕，部院官员出。大学士、学士随捧折本面奏请旨。为吏部题补郎中员缺，以候补郎中布雅努拟正，员外郎那秦拟陪。上曰："布雅努何如？"大学士明珠奏曰："臣等未曾亲识其人，闻为人甚优。"上曰："布雅努系盛京郎中，告病去任，恐有规避衔缺之处。其家口或在盛京，或在京师，详查再行启奏。"

未时，上御瀛台内流杯亭，赐进贡科尔沁国辅国公和硕额驸图纳黑、一品台吉博穆博齐等食。

本日起居注官朱马泰、王鸿绪。

十三日己丑　早，上御瀛台门，听部院各衙门官员面奏政事毕，部院官员出。大学士、学士随捧折本面奏请旨。为吏部题补郎中事。上曰："汝等所问如何？"大学士明珠奏曰："臣等查得原任盛京礼部郎中布雅努并无规避。现有八名壮丁、田亩在京。"上曰："布雅努为人何如？"明珠奏曰："臣等未曾亲识。"上又问学士噶尔图曰："尔曾在盛京，料必知之。"噶尔图奏曰："布雅努为人堪用，办事亦优。"上曰："这员缺着补布雅努。"

又为兵部题补镶黄旗蒙古都统员缺，开列护军统领瓦岱等职名事。上曰："朕观此内公乌赫为人堪用，且系功臣之孙，着补都统。"

随谕曰："日来天旱，意必得雨。今观亢旱已甚，如有应改应行事宜，着九卿、詹事、科、道官员会议具奏。"少顷，九卿、詹事、科、道官员遵旨会议云："水旱为灾，自古有之。然从来每遇灾祲时，唯有清理刑狱。今宜请敕刑部督捕，直省督、抚，将应结事件速行完结。"又汉科、道官员对九卿、詹事各官云："比年以来，皇上宵衣旰食，厉精图治，无不备举。职等职司言路，虽欲敷奏，无可指陈。今奉旨会议，除公议会奏外，职等见闻所及，勿论是非真伪，不敢不陈。近闻出征江西吉安缘事回京官员拿禁，俟同事大兵到日议罪，但同事各员有回在伊等之先者，有未回者。今当炎暑，独将伊等日久禁候，似属可悯。或可将伊等暂行释禁，俟同事大兵全到，一并拘拿议罪。”众论皆以为然，愿同启奏。于是大学士勒德洪、明珠、李霨等代为口奏。上曰：“清理刑狱事宜，依所议即拟上传颁发。其所议拿禁人员暂行省释甚是，现在拿禁人员，着俱行暂释，俟同事大兵到日再行拿禁议罪。”又尚书黄机、魏象枢、朱之弼，左都御史徐元文，侍郎张士甄、李天馥、富鸿基等复奏曰：“年来皇上宵旰，虽大寒大暑勤修政事，未尝稍间，巨细靡遗。水旱之灾，从古有之，而我皇上特谕九卿，着将应行应革事宜详议具奏，此诚尧舜之治无以过也。臣等愚见，以为包纳荒田逃丁钱粮似应豁免。”上曰：“此事难以准行。小民之所患苦不止于拖欠钱粮，其田产每为绅衿霸占，故无以聊生，流离失散，极其困苦。朕闻此等事唯山东、江南为多，朕曾见山东之民流在口外，打柴为生者，因问其故，俱云田产为绅衿所占，无业为生，故至此糊口。此朕所亲见确证。且督、抚为封疆大臣，如有此事，岂不陈奏？朕亦未确知某乡绅某生员霸占实据，但尔等俱系大臣，凡事皆赖尔等，果有此事，亟须省改。”因谕大学士明珠曰：“可照此旨传示九卿诸臣。”

巳时，上诣五龙亭，请太皇太后安。

本日起居注官傅腊塔、朱彝尊。

十四日庚寅　早，上御瀛台门，听部院各衙门官员面奏政事毕，部院官员出。大学士、学士随捧折本面奏请旨。为议政王、大臣会同以奉天副都统查库规避不赴任，议革职事。上曰：“查库着革去副都统并遇恩诏所得拖沙喇哈番，其所袭拜他喇布勒哈番系伊父世袭之官，彼无兄弟可以承袭，着姑留此职。”

巳时，上诣五龙亭，请太皇太后安。

本日起居注官陈廷敬、阿山。

十五日辛卯　早，上御瀛台门，听部院各衙门官员面奏政事毕，部院官员出。大学士、学士随捧折本面奏请旨。为九卿会推浙江巡抚事。上曰："朕昨观郎永清或别有奇才蕴畜其内，但觉其不足取。尔等云何？"大学士明珠奏曰："郎永清是一老成之人。"上又顾汉大学士等，问曰："郎永清居官何如？"李霨等奏曰："外官不能确知。此乃九卿会推者，惟在圣裁。"上曰："着另推具奏。"

事毕，上曰："往年布尔尼反叛，差人往朱尔札哈王处。朱尔札哈王集所属商议，有一色冷者坚持不从。渠言：我等与大清结亲，蒙恩甚厚，尔今附从布尔尼反叛，亦不过作一王而已，尚欲何为？布尔尼决不可从。朱尔札哈王因其言而止，然后遣人来告耳。"

上又谕曰："自古圣主每遇水旱灾祲，未有不行虔祷者。今亢旱已甚，朕欲亲行虔诚斋戒，祷请雨泽。尔等查例来奏。"

巳时，上诣五龙亭，请太皇太后安。

本日起居注官朱马泰、潘耒。

十六日壬辰 早，上御瀛台门，听部院各衙门官员面奏政事毕，部院官员出。大学士、学士随捧折本面奏请旨。为科臣李迥条奏请修会典。礼部议，各部属乏人，俟各出差官员到日，再行请旨事。上曰："会典关系一代章程，最为紧要。每部拨分司官二员，即可以办理此事。今推诿延迟，甚属不合。尔等传谕礼部，令其勒限修辑。"

又为九卿会推浙江巡抚事。上曰："朕观郎永清为人平常，岂无优于此者？九卿会推，尔等亦有所见乎？今九卿现在齐集，郎永清果有清廉政治成效，尔等询明来奏。"

本日起居注官蒋弘道、常书。

十七日癸巳 早，上御瀛台门，听部院各衙门官员面奏政事毕，部院官员出。大学士、学士随捧折本面奏请旨，进前奏曰："传问九卿会推浙江巡抚郎永清缘由。据伊等称，郎永清居官廉洁与否，有无裨益政治，臣等无甚确见。会推时，多半称其人优可用，历俸年久，因尔众皆推举。"上曰："首先特举者为谁？"明珠等奏曰："佥称无有特举者，系众意拟定。"上曰："顷见袭充美条奏会推事宜，此事少待再行定夺。"

又翰林院题补日讲起居注官员缺事。上曰："尔等会同翰林院，将翰林官内人品优长者选择数员具奏。"

又科臣孙蕙条奏，进剿海贼宜为迟缓，投诚兵丁宜安插内地，南澳近海应设总兵镇守，兵部议覆，俱无庸议事。上曰："南澳地近海滨，两省接壤要地，应否添设官兵镇守，着福建、广东督、抚、提督会同确议具奏。余二款俱依议。"

本日起居注官牛钮、徐乾学。

十八日甲午 上御瀛台门，听部院各衙门官员面奏政事毕，翰林院学士同内阁大学士、学士奏，为日讲起居注官员缺，选择开列侍讲学士卢琦等十二人职名事。上曰："这员缺着补归允肃。"翰林院学士等出。

大学士、学士随捧折本面奏请旨。为翰林院题补纂修明史监修、总裁事。上曰："勒德洪、明珠、李霨、王熙着充监修；阿兰泰、王国安、牛钮、常书、孙在丰、汤斌、王鸿绪着充总裁。"

又为翰林院题补日讲起居注官员缺事。上曰："此内谁可用？"大学士明珠奏曰："多奇俸深学瞻，葛思泰学瞻才优。"上曰："葛思泰果学瞻才优，即着补此缺。"

巳时，上诣五龙亭，请太皇太后安。

本日起居注官沈荃、傅腊塔。

十九日乙未 早，上御瀛台门，听部院各衙门官员面奏政事。

未时，上诣五龙亭，请太皇太后安。

本日起居注官阿山、王顼龄。

二十日丙申 早，上御瀛台门，听部院各衙门官员面奏政事毕，部院官员出。大学士、学士随捧折本面奏请旨。为吏部题补翰林院侍讲学士员缺，以郎中席特库正拟，巴锡陪拟。上问大学士曰："伊等何如？"明珠等奏曰："伊等在部院年久，与文学之地似不相宜，应于翰林院讲读内升用可也。"上曰："问翰林院，将学问优通堪用者来奏。"

又为题补司业员缺，将员外郎觉罗罗达正拟，托进陪拟。上曰："若等人品俱庸。此系教育士子之职，着另推具奏。"

又为兵部题补镶黄旗满洲副都统公乌黑员缺，将蒙古副都统包柱、佛尔诺开列。上曰："此二人皆平常，不必调满洲副都统。将应升副都统者，照常开列具奏。"

又议政王、大臣会推奉天副都统员缺，将前锋参领牛钮正拟，希禅陪拟。上曰："奉天地方最为要紧，必得善于统辖、有长才之人方能胜任。此二人俱不适宜，总管佟宝似可补用。"大学士勒德洪等奏曰："圣谕极是。总管补副都统，无有不可。"上曰："这员缺着将佟宝补授。"

辰时，上诣五龙亭，请太皇太后安。

本日起居注官牛钮、曹禾。

二十一日丁酉　早，上御瀛台门，听部院各衙门官员面奏政事毕，部院官员出。大学士、学士随捧折本面奏请旨。上顾大学士等曰："甘雨既降，良可喜也。"大学士明珠奏曰："霖雨大沛，田禾沾足，诚为可喜。"

随为给事中孙蕙条奏，殉难官员三品以下俱应与谥号，其耿精忠、尚之信属下人员不应仍受地方官职事。上曰："这条奏耿精忠、尚之信属下人员不可任用，无容置议。其三品以下殉难者应与谥号，所言似近于理。可行与否，着该部议奏。"

又吏部题补侍讲学士事。上曰："尔等已曾问否？"明珠奏曰："臣等问学士牛钮、陈廷敬。据伊等云，侍读阿山、邬黑学问优通。此二人内，阿山较胜。"上曰："阿山着补此缺。"

又九卿会推浙江巡抚事。上曰："这员缺着另推具奏。凡总督、巡抚系地方大吏，必以清廉为本。"

未时，上诣五龙亭，请太皇太后安。

本日起居注官孙在丰、朱马泰。

二十二日戊戌　早，上御瀛台门，听部院各衙门官员面奏政事毕，部院官员出。大学士、学士随捧折本面奏请旨。为广西巡抚郝浴请留援剿兵一千名，着副将温绍贤管辖，部议不允事。上曰："此事着依部议。温绍贤效力行间，人亦堪用，俟其来京补授之日着引见。"

巳时，上诣五龙亭，请太皇太后安。

未时，上复御瀛台门，赐进贡土默特部落多落达尔汉贝勒尔德穆图、吴喇忒部落四品台吉朱尔札哈、喀喇沁部落四品他布囊卓礼克图等食。

本日起居注官严我斯、葛思泰。

二十三日己亥　早，上御瀛台门，听部院各衙门官员面奏政事。

辰时，上诣五龙亭，请太皇太后安。

本日起居注官常书、汤斌。

二十四日庚子 早，上御瀛台门，听部院各衙门官员面奏政事。

辰时，上诣五龙亭，请太皇太后安。

本日起居注官傅腊塔、秦松龄。

二十五日辛丑 早，上御瀛台门，听部院各衙门官员面奏政事。

本日起居注官阿山、严绳孙。

二十六日壬寅 早，上御瀛台门，听部院各衙门官员面奏政事毕，部院官员出。大学士、学士随捧折本面奏请旨。为吏部题补监察御史员缺，将捐纳候补梁述祖拟正，郎中卢崇魁拟陪。上问大学士等曰："梁述祖非曾为御史者乎？此人何如？"大学士明珠奏曰："是。梁述祖由御史罢任，曾补臣衙门典籍，后捐纳原职。乃一庸常之人。"上曰："着吏部会同都察院选择具奏。"

又议主事孟安打死家婢罚俸一年事。上曰："此事如何？"明珠奏曰："定例内凡打死家仆，罚俸一年。故杀，则罚俸一年，又罚一奴入官。"上曰："近见打死奴仆者甚多，如此恣行杀害人命，岂不残伤乎？此初定处分之例尚轻，着该部再行一并议奏。"

巳时，上诣皇太后宫问安。

本日起居注官崔蔚林、朱马泰。

二十七日癸卯 早，上御瀛台门，听部院各衙门官员面奏政事毕，部院官员出。大学士、学士随捧折本面奏请旨。为吏部题奉天刑部侍郎杭爱曾著劳绩，议给与拖沙喇哈番事。上曰："察哈喇反叛时，杭爱比众特为效力，甚属可嘉。这所议给与拖沙喇哈番允当，着依议。"

又科臣孙蕙条奏，都察院衙门堂官专司执法之人，通政司衙门专任出纳之事，大理寺衙门平反已成之案，此三衙门若非学问最优，事务练达之人，安能胜任事。上曰："观孙蕙所奏每事，辞明而简，并无繁冗，但已定难于更易。尔等之意如何？"大学士勒德洪、明珠奏曰："臣等亦曾商议。汉大学士云，往时文武之涂各异，并无以武官著有劳绩将子弟优用文官之例。但伊等已经录用，似难更改。嗣后或应议定则例，永远遵行。"

上曰："然。着九卿、詹事、科、道会议具奏。"

又大学士冯溥以患病年老，题请休任事。上曰："朕观冯溥年齿已迈，甚为衰惫，步履维艰，可准其所奏解任。自简任内阁机密之地，殚力辅弼，历事年久，着拟优奖票签。仍令驰驿回籍，特遣官护送，以示朕眷爱之意。"

巳时，上诣五龙亭，请太皇太后安。

本日起居注官牛钮、王鸿绪。

二十八日甲辰　早，上御瀛台门，听部院各衙门官员面奏政事。

巳时，上诣五龙亭，请太皇太后安。

本日起居注官葛思泰、朱彝尊。

二十九日乙巳　早，上御瀛台门，听部院各衙门官员面奏政事毕，部院官员出。大学士、学士随捧折本面奏请旨。为吏部题补司业员缺，将员外郎伊喇拟正，尼牙汉拟陪。上曰："伊喇才具平庸，着随旗上朝。此缺着另推具奏。"

又为山西巡抚穆尔赛荐举河东道张大本等官，部议照例注册事。上曰："张大本前为御史时，其人庸劣，巡抚何得列荐？"大学士明珠奏曰："张大本为京官时，其人实属平常，闻其在外居官颇好。"上曰："在山西居官之人无有甚佳者，即巡抚穆尔赛声名亦未觉甚善。"明珠奏曰："穆尔赛在京时看来亦属平常。"勒德洪奏曰："观人亦甚难，或有先不肖而后贤，或有先贤而后不肖，实未可定。"上是之，曰："可照部议。"

又副都御史吴琠条陈，裁汰闲僻地方提督，责令巡抚、道官管兵事。上曰："此事着该部议奏。当天下有事之时，用兵将之力，及天下方定，一旦蔑视之，可乎？且本内'冠履正而无倒置之虞'，其辞太过，殊非言官条奏之体。着饬行！"

先是，礼部覆允副都御史余国柱请更定乐章。学士陈廷敬撰朝会、万寿、元旦、冬至郊庙导迎、宴飨、诸王百官谢恩、见朝外藩朝见乐章，计十四章。学士牛钮奏言："乐章关系大典，臣等应恭译进呈。"上是之。廷敬因奏："历稽汉、唐以来，宋乐章略仿雅颂。今臣所撰拟，斟酌古今，兼采宋例。"上命译毕进呈，留览数日。至是，传牛钮、陈廷敬至瀛台，侍卫敦住传旨："所撰乐章甚佳，翻译符合汉文，着送部具题。"

辰时，上诣五龙亭，请太皇太后安。

本日起居注官陈廷敬、常书。

七月

初一日丙午 早，上以孟秋，躬诣太庙致祭，礼毕，回宫。少顷，仍至瀛台。

本日起居注官傅腊塔、潘耒。

初二日丁未 早，上御瀛台门，听部院各衙门官员面奏政事。

本日起居注官阿山、王顼龄。

初三日戊申 早，上御瀛台门，听部院各衙门官员面奏政事毕，部院官员出。大学士、学士随捧折本面奏请旨。为理藩院进贡厄鲁特部落丹津鄂木布来使额尔克虾等，因无噶尔当薄硕克图汗票文，不许进关，令回归化城照常贸易事。上曰："务在实行，不必虚据票文。丹津鄂木布来使如不许进，恐非柔远之道，仍着来贸易。"

未时，上复御瀛台门，赐统领侍卫内大臣偏俄等，散秩内大臣吴默纳等，头等侍卫孙果、萨哈达、温达、班第等，及科尔沁国多罗额驸讷木齐、一品台吉喇第等，巴林多罗额驸阿喇布覃，翁牛忒部落二品台吉鄂齐尔，土默特部落一品塔布囊鄂齐里，喀喇沁部落一品塔布囊敖木克图等，敖汉部落二品台吉额临臣，四子部落二品台吉扎木扬，札鲁特部落二品台吉根都西希布等食。以天下荡平，前往喀尔喀部落、厄鲁特部落，奉命赍赏也。

本日起居注官朱马泰、归允肃。

初四日己酉 早，上御瀛台门，听部院各衙门官员面奏政事毕，部院官员出。大学士、学士随捧折本面奏请旨。为吏部题补左都御史员缺，开列侍郎沙赖等事。上曰："此内杭爱最为年久，且当察哈尔反叛时甚有劳绩，其人亦优，此缺着补杭爱。"

又为监察御史卫执蒲条奏，六部司员，汉官人有定司，独满官无一定之司，应满汉画一等款，部覆俱无庸议事。上顾大学士曰："尔等之意如何？"明珠等奏曰："满洲司官皆量其事之繁简、人之相宜而设，似不便专定一司。内引明朝指挥等官品级条奏，相应着九卿会议。"上曰："然。着九卿、詹事、科、道会议具奏。"

又为监察御史郭维藩条奏，山海关榷税应停止遣官，户部议不准事。上问曰："尔等之意如何？"明珠等奏曰："部中定例一万两以上者遣官，故照例议奏。其有裨于地方商民，或无裨于地方商民，俱在收税之人，不在遣与不遣。"上曰："山海关原不差官收税，着停止遣官。"

巳时，上诣五龙亭，请太皇太后安。

本日起居注官牛钮、沈荃。

初五日庚戌 早，上御瀛台门，听部院各衙门官员面奏政事毕，部院官员出。大学士、学士随捧折本面奏请旨。为吏部题补工部郎中员缺，以员外郎托津拟正，马齐拟陪。上顾大学士等曰："伊等何如？"明珠等奏曰："托津为人庸劣，马齐办事虽不甚佳，品行颇优。"上曰："马齐品行既优，着补郎中。"

又科臣孙蕙题参銮仪使严自明，兵部议处分事。上曰："严自明悔过投诚，免交内务府，着编入旗分。"

辰时，上诣五龙亭，请太皇太后安。

本日起居注官蒋弘道、葛思泰。

初六日辛亥 早，上御瀛台门，听部院各衙门官员面奏政事毕，部院官员出。大学士、学士随捧折本面奏请旨。为吏部题补内阁学士员缺，开列詹事沈荃等。上曰："尔等之意如何？"大学士明珠奏曰："此开列官员，惟圣裁简用。"上曰："此系汉军之缺，着将金世鉴补用。"

又题通政司右通政员缺，将赵衍祥升补事。上曰："赵士麟前在吏部时颇优，着补此缺。"

又议原任云南按察使李兴元当云南反叛时，拒贼不从被杀，应赠大理寺少卿，送一子入监读书。上曰："吴三桂反叛时，闻李兴元曾经从贼。今与范承谟、马雄镇、陈启泰、陈丹赤相比，可乎？"明珠奏曰："李兴元不过曹申吉、罗森辈等耳，但殉难而死，事关臣节。其有无从贼，因何被杀缘由，似应仍行详察。”上然之。

巳时，上诣五龙亭，请太皇太后安。

本日起居注官常书、严绳孙。

初七日壬子 早，上由午门出正阳门，幸南苑晾鹰台，试诸王、八旗大臣官员马与内厩马较，共千有余匹，阅其尤者百匹，给赏马主腰刀、撒袋、鞍辔、缎匹有差。又各赐食。此虽旧例，亦见皇上留意武备也。

酉时，上回宫。

本日起居注官牛钮、曹禾。

初八日癸丑 早，上御瀛台门，听部院各衙门官员面奏政事毕，部院官员出。大学士、学士随捧折本面奏请旨。为吏部题请直隶巡察大臣事。上曰：“此差原为澄清地方，厘奸剔弊，振肃纪纲，以安百姓。不得扰费民间一钱，务于民生有益。汉大臣着魏象枢去，满大臣着科尔坤同往。”

未时，上诣五龙亭，请太皇太后安。酉时，上诣皇太后宫请安。

本日起居注官傅腊塔、孙在丰。

初九日甲寅 早，上御瀛台门，听部院各衙门官员面奏政事毕，部院官员出。大学士、学士随捧折本面奏请旨。为给事中姚缔虞条奏，常平等仓贮米应行严察。户部议，先经会议，着令捐助米谷收贮等因具题，通行在案，所奏应无庸议。上曰：“常平等仓积贮米谷甚属要务。有此积贮，如或某处田禾不熟，彼地人民即大有裨益。虽先经奉旨通行，倘有名无实，一遇水旱当议赈之际，难于接济，恐致民生艰窘。今某省实心奉行，某省奉行不力，着详察具奏。”

巳时，上诣五龙亭，请太皇太后安。

本日起居注官严我斯、阿山。

初十日乙卯 早，上御瀛台门，听部院各衙门官员面奏政事。

辰时，上诣五龙亭，请太皇太后安。

本日起居注官朱马泰、汤斌。

十一日丙辰 早，上御瀛台门，听部院各衙门官员面奏政事毕，部院官员出。大学士、学士随捧折本面奏请旨。为总河靳辅请以回空兵船同粮船过闸，户部议准事。上曰：“漕运事关紧要，或恐延缓，有违定限，应仍照去年例，择遣贤能司官速往催趱抵通，使回空船只勿致迟误。应遣官员，着该部开列具奏。”

未时，上复御瀛台门，赐进贡苏尼特部落多罗杜棱郡王阿育锡、三品台吉杜斯哈尔等，俄尔都斯部落二品台吉萨都瓦等，札萨克四品台吉育赫即礼等，阿巴垓部落四品台吉巴里马特等，克什克屯部落四品台吉特古思赫尔等，乌喇特部落三品台吉古习等、四品台吉额墨根等，喀喇沁部落四品塔布囊格勒尔等食。

本日起居注官牛钮、陈廷敬。

十二日丁巳　早，上御瀛台门，听部院各衙门官员面奏政事毕，部院官员出。大学士、学士随捧折本面奏请旨。为工部题估修造陵寝、配殿、碑亭等处所需价值事。上曰：“陵寝关系重大，所需钱粮浩繁，着该部、都察院堂官不时前往察看。”

巳时，上诣五龙亭，请太皇太后安。

本日起居注官葛思泰、王鸿绪。

十三日戊午　上以平郡王薨，不理政事。

巳时，上诣五龙亭，请太皇太后安。午时，诣皇太后宫问安。

本日起居注官崔蔚林、傅腊塔。

十四日己未　早，上御瀛台门，听部院各衙门官员面奏政事毕，部院官员出。大学士、学士随捧折本面奏请旨。为湖广巡抚王新命题，谋杀人为从加功李季公等，遵奉恩诏议免，刑部议不准行。上曰：“此遵‘二十年赦内有监禁年久人犯，应免者着察明请豁’一款，故尔议免，非欲豁免现审案内人犯。尔等以为何如？”大学士明珠奏曰：“诏款内，凡谋杀人之罪不准豁免，故部议不允。此等罪犯，先年曾议缓决，今秋审时即可从宽，似应从部议。”上曰：“然。”

巳时，上诣皇太后宫请安。

本日起居注官阿山、徐乾学。

十五日庚申　早，上御瀛台门，听部院各衙门官员面奏政事毕，部院官员出。大学士、学士随捧折本面奏请旨。为吏部题补盛京刑部侍郎员缺，开列应升官员。上曰：“盛京员缺，人皆不愿者多。大学士明珠奏曰："盛京刑部事务繁剧，须得才干者乃能胜任。"上曰："学士噶尔图亦可用耶？"明珠奏曰："噶尔图才具颇优，在伊亦愿。"上曰："此缺着补噶尔图。"

又为题补广东布政使员缺，以候补崔维雅拟正，江南按察使金镇拟陪。上曰："应以崔维雅补授布政使，但目今差往勘视河工，此缺着九卿会同另推具奏。"

未时，上复御瀛台门，赐浙江巡抚王国安食毕，上召国安近前，谕曰："浙江地方事宜尔有欲陈奏者否？"王国安奏曰："现今虽略有闻知，未敢遽以为实上陈。俟臣到彼处，应行奏闻者，作速奏明；应遵敕谕者，遵谕力行。"上曰："汉军任外吏者多，而贤良者寡。"王国安奏曰："人各不同。臣仰荷皇上隆恩，祇有秉公持正而已。"上曰："受朕恩重者不乏其人，尔系新进，蒙恩未深，岂可如是言耶？"王国安奏曰："臣一介寒微，由内阁侍读学士历升学士，甫及二十日，辄蒙拔擢，任以巡抚。似此殊恩，敢不效死图报于万一。"上曰："凡钱谷、刑名、奏销、盗案，销算驿站钱粮等项事务，无不有情弊者。尔于此等事务当悉行详究遍察。盖大吏廉，则属员亦必稍善。"王国安奏曰："大臣法，则小臣廉。"上曰："不有源清则流亦清之语乎？此言孰不知之。无事虚文，务在实行而已。"王国安奏曰："臣惟有躬奉皇上谕旨，铭刻五内，黾勉遵行。"奏毕，出。是日，赐浙江巡抚王国安马一匹。

本日起居注官朱马泰、朱彝尊。

十六日辛酉　早，上御瀛台门，听部院各衙门官员面奏政事毕，部院官员出。大学士、学士随捧折本面奏请旨。为户部题差遣催趱漕船，将郎中鄂齐尔、乌西巴，员外郎桑格、喇都洪开列。上曰："催趱漕船事属紧要。去年所遣色克颇好，这次着色克、鄂齐尔去。"

又盛京户部侍郎色黑题，为现在官员笔帖式办事不敷，请添设郎中、员外郎、主事、笔帖式事。上曰："盛京官员皆量事而设，并无办事不敷之处。礼部官员甚少，故酌量添设，色黑即行效尤，请设多员，不合，这所奏不准行。着批该部知道。"

午时，上诣五龙亭，请太皇太后安。

本日起居注官牛钮、秦松龄。

十七日壬戌　早，上御瀛台门，听部院各衙门官员面奏政事毕，部院官员出。大学士、学士随捧折本面奏请旨。为川陕总督哈占以投诚伪总兵牟一乾等，赋性奸诡，请留臣标效用，部议准行。上曰："哈占题请将牟一乾等留伊标下效用，殊属可嘉，应批奖励语，着改票送进。"

又为贵州威宁总兵柯彩告病解任。上曰："柯彩效力边陲，著有劳绩，着来京候用。"

巳时，上诣五龙亭，请太皇太后安。

本日起居注官葛思泰、潘耒。

十八日癸亥　早，上御瀛台门，听部院各衙门官员面奏政事。

巳时，上诣五龙亭，请太皇太后安。

是日，赐南汝总兵官王度冲鞍马一匹。

本日起居注官傅腊塔、王顼龄。

十九日甲子　早，上御瀛台门，听部院各衙门官员面奏政事毕，部院官员出。大学士、学士随捧折本面奏请旨。为吏部题补本部主事三缺，开列中书舍人霍之琯、卫秦龙等。上曰："吏部司员因分省补授，常致悬缺。应作何铨补，使所用得人，不至悬缺？"大学士明珠奏曰："向来吏部司员所以每省均补者，凡内升司道，或行取吏部、科、道等官，其在各本省居官贤否，皆得悉知，欲令其明言耳。今则不然，惟俸满有卓异荐举者，司道即行开列，内升知县即行行取，若不符此例，不准内升行取。因论省人少，常致吏部悬缺。或将进士出身别项官员一并升补，或另定条例。不然，吏部员缺，仍致虚悬。"上曰："此事着九卿、詹事、科、道会议具奏。"

辰时，上诣五龙亭，请太皇太后安。

未时，上复御瀛台门，赐岳州投诚今充南汝总兵官王度冲食毕。上问曰："岳州陆路两次攻战，并湖中对敌情形，尔在岳州，知之宜悉，逐一奏来。"王度冲奏曰："岳州初战时，贼众被吴三桂诳称满洲兵力衰弱，无知者信从，遂敢对敌，以致被杀几尽。及满兵二次攻取岳州，贼兵藏在鹿角楯牌内死拒，被杀被伤者又甚于前。故畏惧满洲锋锐，再不敢出敌。

船中贼寇，风若少有不利，即不敢动。贼船高大，火器甚多，必待风顺始行出战，然每战受伤失船。且吴应琦骄甚恶极，粮道断绝，馈运不至，属下俱思离散，又畏皇上威德，遂率兵来投。吴应琦无以自存，故即逃遁。”上谕曰：“南汝系清平地方，尔到任必须安辑兵民，协和文武，爱惜兵丁，不可扣克钱粮及生事地方。毋负朕任用之意。”王度冲奏曰：“臣蒙皇上不杀之恩，并无超众效力之处，又蒙皇上擢任总兵，无以报称，何敢扣克军饷，妄行生事，使兵民不安。”奏毕，出。

本日起居注官阿山、归允肃。

二十日乙丑　早，上御瀛台门，听部院各衙门官员面奏政事毕，部院官员出。大学士、学士随捧折本面奏请旨。为吏部题补内阁学士员缺，开列应升官员。上曰：“侍读学士喇巴克优通蒙古文义，又且年久，着补学士。”

又为题补礼部郎中员缺，以员外郎陶晋拟正，俄屯拟陪。上曰：“陶晋现经出征，俄屯何如？”大学士明珠奏曰：“俄屯系正黄旗人，人亦庸常。”上曰：“着吏部会同礼部选择具奏。”

又为监察御史罗秉伦条奏盐丁应照旧额事，九卿会同两议。前议应行该抚确查，后议不准行。上问曰：“尔等云何？”明珠奏曰：“近侍郎苏拜差往告祭，据伊称，目击山西百姓苦累极真，且经行查前任巡抚，臣等以前议为当。”上从之。

又为差往琉球翰林院检讨汪楫，奏请皇上亲书御笔等项，礼部议不准行事。上问曰：“尔等以为何如？”明珠奏曰：“似应照伊所请准行。”上曰：“然。出泛大洋，船只损坏亦未可定，仍着修船匠役酌量带去。”

巳时，上诣五龙亭，请太皇太后安。

本日起居注官沈荃、朱马泰。

二十一日丙寅　早，上御瀛台门，听部院各衙门官员面奏政事。

辰时，上诣五龙亭，请太皇太后安。

未时，上复御瀛台门，赐进贡乌朱穆秦部落多罗厄尔得尼贝勒鄂齐尔图、喀尔喀部落二品台吉札米扬、苏尼忒部落四品台吉董等、札萨克四品台吉恩格生等、吴喇忒部落四品台吉沙理等食。

本日起居注官蒋弘道、葛思泰。

二十二日丁卯　早，上御瀛台门，听部院各衙门官员面奏政事毕，部院官员出。大学士、学士随捧折本面奏请旨。为宗人府因闲散宗室噶尔齐燕代叩阍控告，内大臣宗室额奇将承问官员诅詈缘由请旨，或臣等一并究拟，或另交与人议。上曰："额奇缘事问取口供，反诅詈承问官员，殊为不合。着添遣大臣，即行会同一并察议具奏。"

又刑部等衙门，以监督达虎里枉法贪婪商人孙大成等银二十五两入己，拟革职，不准折赎，枷号二十五日，鞭七十，永不叙用事。上曰："伊所贪婪入己银两岂止于此？但现今未经发觉，故部议如此耳。"大学士明珠奏曰："罪至革职，不准折赎；鞭责、枷号，永不叙用，亦为甚重。"上曰："着依部议。"

辰时，上诣五龙亭，请太皇太后安。

本日起居注官牛钮、严绳孙。

二十三日戊辰　辰时，上率皇太子诣五龙亭，请太皇太后安。随送太皇太后回慈宁宫。上又率皇太子诣皇太后宫问安，驾仍回瀛台。

是日，传旨各部院章奏交与内阁。

本日起居注官阿山、曹禾。

二十四日己巳　早，上诣巩华城。酉时，回宫。

本日起居注官傅腊塔、孙在丰。

二十五日庚午　早，上御瀛台门，听部院各衙门官员面奏政事毕，部院官员出。内阁、翰林院会题为明史总裁王国安员缺，将王守才等开列。大学士明珠奏曰："纂修明史，垂示永久，关系大典，甚为紧要，必学问优长之人，方能综理成书。前皇上钦点总裁，极为允当。今王国安员缺应补，臣等公举徐乾学，人品颇优，学识淹贯，似堪补此缺，伏候睿裁。"上曰："徐乾学人品学问果系优长。"谕毕，翰林院学士等出。

大学士、学士随捧折本请旨。为御史郭维藩题参候补给事中李锦久患耳聋，吏部议令休致事。上曰："前噶哈曾因耳聋改补部员，今将李锦遽议休致，于例未合。满汉应行画一，着再议具奏。"

本日起居注官傅腊塔、严我斯。

二十六日辛未　早，上御瀛台门，听部院各衙门官员面奏政事。吏部会同礼部为补郎中员缺，检选员外郎辛保、员外帕海拟正、陪引见。上曰："帕海原任理藩院主事，小用尚可，非堪检选者。正拟辛保，朕未识其人。"吏部尚书介山奏曰："礼部堂官以辛保曾为伊部员外郎，为人颇优。帕海见在伊部，办事勤谨，故臣等会同检选。"

又工部尚书萨穆哈、都察院左都御史徐元文等，启奏往查陵寝工程。上谕曰："宝城已内俱已告竣，尔等不必再行查看。自殿前已完之工及见今所修之工，尔等详加查看。这所修工程紧要，需用钱粮浩繁，恐有怠忽草率之处。这次徐元文不必去，着另遣都察院堂官前往。俟下次，着徐元文、苏拜去。尔等可更番往看。"

本日起居注官牛钮、汤斌。

二十七日壬申 早，上御瀛台门，听部院各衙门官员面奏政事毕，部院官员出。大学士、学士随捧折本面奏请旨。为吏部题补内阁侍读学士员缺，选监察御史王国昌拟正，吴兴祖拟陪。上问曰："王国昌学问何如？"大学士明珠奏曰："王国昌学问优通。前侍读学士员缺，因系伊兄王国安之缺，未经选择。"上又问曰："吴兴祖学问如何？"明珠奏曰："监察御史内，除王国昌外，吴兴祖学问亦优。前补金汝祥时，曾经拟陪。"上曰："吴兴祖先经陪拟，着补授此缺。"

又为直隶巡抚格尔古德题，直隶所属沿海地方皆系沙碛，并无可垦之地，户部议令该抚等再行严察保题。上曰："天津等处沿海地方垦种之地甚多，若系百姓垦种，输纳钱粮，无容置议。若系豪强并旗下人霸种，岂不虚弃钱粮？着该抚等再行详察具奏。"

又为礼部题护军参领阿尔赛阵亡，应给与一次致祭银两，遣官致祭事。上曰："阿尔赛曾在行间奋力报效，又经阵亡，朕心深为悯恻。着从优照副都统例恩恤。"

又为兵部二本，题尚之信属下精奇尼哈番许弘德等，耿精忠属下精奇尼哈番吕云翔等，因其祖父航海投诚，准与世袭官职，令其承袭。今伊等附从尚之信、耿精忠，受其伪衔，均应革职，但蒙皇上宽宥入旗，应以原品随旗上朝，伊等世职不准承袭事。上曰："此内亦有堪用之人，如遇旗下缺出，着具题酌量补用。郭懋伟情罪殊为可恶，着革职。"

又为贵州巡抚杨雍建题，黔省荒残，请将本年地丁钱粮蠲免事。上曰：“贵州地方大兵未经久驻，且蠲免钱粮恩诏开载甚明。杨雍建知而具题，明系市恩，殊属不合。这所奏不准行。”

本日起居注官葛思泰、秦松龄。

二十八日癸酉　早，上御瀛台门，听部院各衙门官员面奏政事毕，部院官员出。大学士、学士随捧折本面奏请旨。为吏部题补内阁蒙古侍读学士员缺，以郎中拜礼拟正，色冷拟陪。上问大学士等曰：“尔等以为何如？”明珠奏曰：“拜礼为人颇优，善于办事，但在部年久，学问恐致荒疏。”上曰：“拜礼为人果优，办事亦好。近见回奏差遣事宜甚为明悉，此缺着补拜礼。”

又为兵部因自云南凯旋官兵、役卒扰害民生，其统兵佐领博极等应行议处，但事在赦前，免议。上曰：“本朝所定军法严明，近来数次颁行赦款甚详，将博极免议，不合。着再议具奏。”

上又谕曰：“今天见彗星，政事或恐有失。有应行应革之事，着九卿、詹事、科、道会议具奏。”大学士、学士出。

少顷，讲官牛钮层、陈廷敬、孙在丰进讲：解利西南一节、象曰解险以动三节。

少顷，大学士等传集九卿、詹事、科、道官员宣谕。尚书介山、侍郎沙赖、科尔坤言：“向日裁汰各省兵丁，咨行到日，即行裁汰。此等兵丁无以聊生，恣意游荡，扰害民生，亦未可知。相应特敕地方大吏，令皆得所。”尚书魏象枢言：“向议兵丁逾额，限二年内裁减如数，但其内有效力行间者，恐不肖官员一并裁汰，亦未可定。相应敕该管官，务将应裁者裁汰。”尚书梁清标言：“今天下太平，凡事不宜开端，当以安静为主。”左都御史徐元文言：“福建总督姚启圣、提督施琅自去年率兵进剿台湾，至今尚无成效，百姓供应军需，极为困苦。应敕该督、提暂行停止。”侍郎杜臻言：“浙省运丁钱粮，自变乱以来裁扣至今，尚未全复，运丁极其苦累。今当升平，相应全复。”又汉科、道官言：“陕西兵民数年来剿寇运粮，劳苦极矣。其潼关收税应免差部员，以苏商民。”少詹及满六科言：“大同、宣府宜设满洲官兵，如此则无田产满兵皆有裨益。且其地寒冽，少年后生历练强壮，凡调遣四出，可得其济。”于是大学士勒德洪、明珠、李霨、王熙等代为口奏。上曰：“裁汰之兵须使得所。其裁汰兵内恐汰及效力之人，可拟上传来看。梁清标所言凡事不宜开端，当安静，甚是。近总督姚启圣疏称，十月进剿台湾。此暂行停止攻取台湾之处，俟十月后再行定夺。全复运丁钱粮及免潼关收税之处，一并交与该部议奏。大同、宣府设满官兵事宜，俟议恺音布、噶尔泰等条奏时，应否设立，一并议奏。”

又谕曰：“近观凡事不论是非大小，满官则徇亲戚朋友情面，汉官则同年门生情面，相为钻营奔竞者甚多。从之则已，拂之则妄议谤讪。然此皆存乎其人。尤甚者，科、道官员条奏事宜，原期除弊，及行其言，自后观之，反为滋弊。尔等可将此传谕九卿、詹事、科、道官员。”

本日起居注官傅腊塔、朱彝尊。

二十九日甲戌 早，上御瀛台门，听部院各衙门官员面奏政事。

未时，上复御瀛台门，赐进贡苏尼忒部落多罗郡王萨木札额驸、一品台吉阿必达等，札萨克部落四品台吉乌朱克等，吴喇特部落四品台吉诺奈等食。

本日起居注官陈廷敬、常书。

三十日乙亥 早，上御瀛台门，听部院各衙门官员面奏政事毕，部院官员出。大学士、学士随捧折本面奏请旨。为和硕裕亲王、领侍卫内大臣索额图、宗人府等衙门贝子、公等及诸臣公同会议：以领侍卫内大臣额奇，收受原任侍卫梁鼎金碗等物，将内大臣并官员革去，永不叙用；以侍卫伯尔黑收受原任尚书王弘祚银五千两，亦革职，永不叙用。上曰：“额奇品行甚秽，着依议。凡人不无有似额奇行事者，但未经发觉耳。如发觉，与此何异？”大学士明珠奏曰：“诚如圣谕。”

又理藩院议，科尔沁国贝勒沙津，值天下荡平，不行朝贺；又上诣盛京祭陵，不行扈从，革去贝勒，罢管扎萨克，罚九九牲畜。上曰：“先，沙津曾著劳绩，着免革贝勒，罢管札萨克，仍罚牲畜。尔等即传谕阿穆瑚琅等。”

上复谕曰：“朕观近来兵部堂官，于诸事苟且怠忽，徇情议结者甚多，尔等严责申饬。”

本日起居注官朱马泰、徐乾学。

八　月

初一日丙子　早，上御瀛台门，听部院各衙门官员面奏政事毕，部院官员出。大学士、学士随捧折本面奏请旨。为吏部题原任高州府知府李棠因降贼革职，又不候审，私逃进京，应交与刑部议。上曰：“李棠前任御史时，自负气节，不可触犯。及入贼中，不唯不能守节，反盗贼用，竭蹶献策，甚属可恶。尔等之意如何？”大学士李霨、王熙奏曰：“李棠颇有材干，但好为生事，不肯安静。”上曰：“若等仍应严行议处，以警反侧。”明珠奏曰：“部议亦交与刑部。”上曰：“然。且看刑部议来。”

又谕曰：“学士乃系内阁参赞办事之官，如有所见，应行启奏。近观并无与议者，若唯送本接本，用一笔帖式亦足矣！何必设立学士？兹后各有所见，俱着敷陈。”

辰时，上诣太皇太后、皇太后宫问安。

本日起居注官阿山、曹禾。

初二日丁丑　早，上御瀛台门，听部院各衙门官员面奏政事毕，部院官员出。大学士、学士随捧折本面奏请旨。为吏部题盛京礼部添设鸣赞官，照该部咨送，以八品笔帖式伊泰等正、陪十六员。上曰：“此中多有官员子弟，尔等会同吏部、太常寺、鸿胪寺试其声音，如有不当者，即行参奏。”

又为礼部题原任刑部侍郎叶方蔼应否与谥请旨事。上曰：“叶方蔼久侍讲筵，勤劳素著，应赐恤典。着照喇沙里例议奏。”

本日起居注官崔蔚林、葛思泰。

初三日戊寅　早，上躬诣社稷坛致祭毕，回宫。

巳时，上幸玉泉山冷泉。申时，回宫。

本日起居注官傅腊塔、潘耒。

初四日己卯　早，上御瀛台门，听部院各衙门官员面奏政事。翰林院掌院学士牛钮等启奏，经筵讲章庶矣哉二段内，颂圣处有“道备君师，功兼覆载”二语。上曰：“经筵大典讲章，须有劝戒箴规之意乃为有益。此二语太过，着改撰。”

又御史拉色条奏：“臣曾在出兵地方，见贼处火器甚多。今天下已定，陕西近边及沿海地方火器仍留，其别省应概行禁止。”上曰：“若宜禁止，应一概禁止，但禁止一两省，有何益处？”部院官员出。

大学士、学士随捧折本面奏请旨。上曰：“顷御史拉色条奏，陕西与近海地方火器应留，别省火器俱应一概禁止。朕思治天下之道在政事之得失，并不关于此。即今火器孰有多于吴三桂者乎？因其所行悖逆，以致灭亡。观此，则火器之不足恃可知矣。”大学士明珠奏曰：“圣谕诚洞悉治乱之要矣。”

奏毕，为吏部题本部司属科、道官员内升外转事。上曰：“朕观这次官员内无定可外转者。尔等云何？”明珠奏曰：“臣等公议，御史鲍畋为人办事俱平常，似应外转。”上曰：“鲍畋自补授御史以来，并无条奏，应着外转。但前九卿会议最优者内升，次优者外转。以此人外转可乎？”王熙奏曰：“内升外转原以分别殿最，安得谓之次优？”上曰：“科员内孰优？”明珠奏曰：“王曰温、姚缔虞俱属年久。”上曰：“王曰温条奏甚多，为人亦优，着内升。道员内孰优？”明珠奏曰：“罗秉伦、徐廷玺办事颇优。”上曰：“徐廷玺为人虽优，但条奏素少。罗秉伦何如？”明珠奏曰：“罗秉伦前差巡城时，人俱称其居官称职，办事敏捷。”上曰：“罗秉伦办事既优，着内升。至吏部司官，朕曾亲问伊部堂官，以李如兰为优，尹源进为劣。李如兰果优，着内升。尹源进人虽平常，但广东反叛之时，不曾受逆贼伪职，着免外转。”

又福建水营提督施烺题请独自进取台湾，不令总督进去。上曰：“施烺、姚启圣数年来糜费钱粮甚多，前虽屡次启奏进兵，只以风不顺利为辞，延迟日月，踟蹰不进。今又题请不令总督进兵，为臣子者，凡事俱应据实启奏。如此苟且妄奏，是何道理？海道进取难以遥度，今不难催令进兵，万一失事，奈何？”明珠奏曰：“圣谕最当，催令进兵，于事有益与否，未可知。”上曰：“此本暂留，且看总督如何具奏。”

巳时，上率妃等、皇太子出西直门，幸玉泉山。是日，上驻跸玉泉山。

本日起居注官常书、王顼龄。

初五日庚辰 上驻跸玉泉山。

初六日辛巳 巳时，杭州副都统邵凤翔陛辞，奏请谕旨。上御玉泉山东门，面谕曰：“朕闻杭州驻防官兵将地方民人商贾甚加刻害。官兵驻防省会，原以镇守地方，使民生有益，今既无益，反行刻害，是何理也？今任尔为副都统，尔须留心此事，以副朕简用，将官兵严加约束。如仍前恣行，决不轻恕！杭州犹可，镇江更甚，尔今往将朕谕传与彼处将军、副都统等知之。”谕毕，上回内宫。命赐邵凤翔食。

是日，上驻跸玉泉山。

初七日壬午 早，上御玉泉山内前亭，大学士勒德洪、明珠自京至，同扈从学士席柱捧折本面奏请旨。为吏部题补奉天府府丞员缺，以左参议张鹏转补。上曰：“盛京地方民少，且满洲事务相参，此缺应将汉军补用。应升官员，尔等查问该部启奏。”

又兵科给事中员缺，以考选主事任琪题补。上曰：“近见现在言官山东人甚多。孙必振、张志栋、李见龙等皆山东人，任琪亦系山东人。今若补，补则山东人太多。此缺着另拟具奏。”

又题补汉军御史员缺，以候缺梁述祖拟正，郎中卢崇魁拟陪。上曰：“梁述祖乃一极庸常之人，陪拟卢崇魁何如？”勒德洪等奏曰：“卢崇魁较梁述祖稍优。该部因其可用，故御史缺出，选择拟陪。”上曰：“此缺着补卢崇魁。”

又为给事中孙蕙条奏，殉难官员三品以下俱应予谥号，九卿会议不准。上曰：“此议亦是。谥典所关甚大，皆有定品，若但悯惜殉难，辄行予谥，殊觉轻易。着依九卿议。”

又奉天府府尹高尔位将锦州知府孙成题荐、开原知县周志焕题参。上曰：“题荐孙成有兴起学校等语。朕春间至盛京，见民人甚少，读书者有限，并未见其兴起学校。又开原知县亦无庸劣显恶，但问这次扈从户部、光禄寺等衙门官员，果有在地方显恶及备办供应等物违误否？并无大善极恶，即行举劾，何也？尔等询明再行启奏。”

是日，上驻跸玉泉山。

初八日癸未 早，上还自玉泉山，回宫。

巳时，上御保和殿，举行经筵大典。讲官徐元文、库勒纳进讲《四书》“子曰庶矣哉。冉有曰既庶矣又何加焉？曰富之。曰既富矣又何加焉？曰教之”二节。讲官牛钮、陈廷敬进讲《尚书》“俾万姓咸曰大哉王言，又曰一哉王心”一节。经筵毕，例于乾清门转进讲章，甫至未通奏，上已命近侍谕牛钮、陈廷敬：“所进讲章留览。二臣少待宣召。”

有顷，召至乾清宫。上谕曰：“大学士杜立德赞襄机密重地，积有岁年，劳绩茂著。今告老还乡，朕念老臣远去，制为诗章，亲御翰墨为一轴。又书唐诗二轴，又内制图章一，又墨刻二册。汝等赍赐，以昭朕优礼眷顾之意。”谕毕，附遣二等侍卫二格同往。至立德寓，宣达上意，立德感泣谢恩。二臣复奏：“立德言圣恩深重，有生难报。伏愿君德清明，君身强固，已治求治，已安求安，以笃亿万年无疆之庆。臣即委弃沟壑，不能亲到阙庭，谨扶掖望阙叩头谢恩。”奏已，上为动容。二臣因又奏：“皇上优礼大臣，始终如一，不止立德感戴高厚，没齿难忘，即在廷臣子亦无不感激，奋励思报国恩。”

时，上方御翰墨，命二臣近榻前，指所临帖谓曰：“此黄庭坚书，朕喜其清劲有秀气，每暇时辄一临摹。汝等审视果真迹否？”二臣奏：“苏、黄、米、蔡，宋书之最有名者，而此书又庭坚得意之笔。皇上万机余暇，留心书史，至于书法，亦可陶养德性，有益身心。”上曰：“然。”命近侍杂取晋、唐、宋、元、明人字画真迹卷册，置榻上。每进一卷册，上于御案上手自舒卷，指点开示。或诵其文句至于终篇，或详其世代爵里事实，论其是非成败美恶之迹，且阅且语。中间所赐览古今来诸名家真迹神品，至五六十余种，不可殚述。至颜真卿书，则谕谓：“此鲁公书，严气正性，可卜后来临难风节。”二臣奏：“真卿当唐明皇时安禄山之乱，河朔尽陷，真卿固守平原。初，明皇闻乱，叹曰：河北二十四郡，无一忠臣耶？及真卿奏至，帝谓左右曰：朕不识真卿为何如人，乃能若是。此可见忠臣义士，人君贵养之于平时，然后用之于一旦。今观其书，可想见其严霜烈日，凛然生气。”上曰：“然。”又论黄庭坚生平大节。二臣奏：“庭坚当宋哲宗、徽宗时，以直辞贬谪，恬然不以为意。后屡遭斥逐，著有清节。大抵文章、翰墨可传于后世者，类皆贤人君子为多。”上曰：“然。”因问古今人才所以不同之故。二臣奏：“大抵聪明、才辨、记诵之学不患其无，必求人品端方，安贫乐道之士，乃为最要。”上深以为然，曰：“品谊操守实为至难。”因谕：“道学之士，必务躬行心得。”二臣奏：“自汉唐儒者颛用力于经学，以为立身致用之本，而道学即在其中。至宋，周程大儒倡明绝学，而朱子继之集其成，折衷诸儒之说，发明先圣之道，授徒讲学，实为千古道学之宗，有功于天下后世。故元人修宋史，特为道学立传，不为无见。”上曰：“然。”至论书法画事，上睿识精深，洞见古人微妙，语皆明确切当，不能悉记。记有关于人才、学术一二事如此。时昼漏频移，约略已过未、申二时，恐圣体过劳，二臣将趋出者至再。上命少留，赐坐赐茶，延问数四。又复召至御榻，翻阅卷册，天颜和怿，迄无懈色。惟皇上优遇文学侍从之臣，恩谊笃至如此，诚千古史册所仅见，可谓不世之遭逢也。

御制赐大学士杜立德诗并序：内阁大学士杜立德，弼亮老臣，纶扉久重。引年请归，陈乞至再。遐心既固，未可勉留。诗以送之，用申缱绻之怀。十载资贤佐，劳深致太平。讦谟留紫闼，风度重丹楹。方倚盐梅略，难违丘壑情。餐芝黄绮伴，轩冕有余清。赐大学士杜立德图书：“怡情洛社。”

申时，上仍还玉泉山。

本日起居注官沈荃、朱马泰。

初九日甲申 上驻跸玉泉山。

初十日乙酉 早，上御玉泉山内前亭，大学士勒德洪、明珠从京至，同扈从学士席柱捧折本面奏请旨。为御史戴王缙条奏，太祖高皇帝、太宗文皇帝、世祖章皇帝圣训应行纂修，及比年以来，凡系用兵诏命密旨、征剿机宜，并应编辑成书，以垂不朽。内阁、翰林院会同议准行。上曰：“太祖、太宗、世祖圣训，垂法万世，关系重大，理应纂修。至朕所行之事，编纂成书，古人虽有其例，尚于朕心有歉。尔等可将此意述与九卿，确询再奏。”

又查应升奉天府府丞汉军官员内，现有服满候补右参议边声廷，原任守道，今内升候补少卿等缺，董秉忠遵旨覆奏。上曰："边声廷尚可用，着补此缺。"

是日，上驻跸玉泉山。

十一日丙戌 酉时，上还自玉泉山回宫。

扈从起居注官牛钮。

十二日丁亥 早，上御瀛台门，听部院各衙门官员面奏政事毕，部院官员出。大学士、学士随捧折本面奏请旨。为兵部议将投诚宋国富、何德成、董清芳令该督哈占速送来京。其邵依仁现提来京，无容议。上曰："宋国富等投诚复叛，甚为扰害地方，情罪殊属可恶，着严拿解送来京。"

又为奉天府府尹高尔位题荐孙成纠参周志焕事。大学士明珠奏曰："臣等遵旨询扈从盛京官员，据户部官员称，各项备办草料等物，俱系部员采买，并未委用州县官员，周志焕之优劣不得知悉。其余众官俱称诸事未尝用州县官，其贤否亦不得知。"上曰："朕往盛京时，周志焕之庸劣并未闻知，这举劾不准行。"

巳时，上诣太皇太后、皇太后宫问安。

本日起居注官阿山，秦松龄。

十三日戊子 早，上御瀛台门，听部院各衙门官员面奏政事毕，部院官员出。大学士、学士随捧折本面奏请旨毕，大学士明珠等奏曰："臣等奉旨传集九卿等官，将前戴王缙条奏逐一与看。九卿等言，祖宗圣训固应编辑，至逆贼变乱以来，皇上宵旰忧勤，运筹决胜，八年之间，歼灭贼寇，克奏肤功，复见升平，皆皇上神明独运，指授方略所致，若不纂辑成书，恐鸿功伟绩或有遗漏。况古来帝王武功告成，无不将所行之事逐一纪载。今宜如台臣所请，勒成一书，昭示圣子神孙，以垂永久。臣等又遍问九卿，皆无异辞。"上曰："众议如此，可着编成一书。"

又明珠等奏曰："臣等遵旨将盛京添设八旗鸣赞官八员，试其声音，镶红旗正、陪二人声音不亮，其七旗之人俱可。"上曰："七旗之人俱着拟正者补授，镶红旗着另拟。"

巳时，上诣太皇太后宫问安。

本日起居注官傅腊塔、曹禾。

十四日己丑　早，上御瀛台门，听部院各衙门官员面奏政事毕，部院官员出。大学士、学士随捧折本面奏请旨。为吏部题补礼部主事员缺，正拟内阁中书李遇时，陪拟大理寺评事魏纯仁。上问曰："李遇时何如？"大学士明珠奏曰："为人平常。"上又问曰："魏纯仁何如？"明珠奏曰："观魏纯仁较李遇时更觉平常。"上曰："这员缺着另拟具奏。"

又为兵部题补镶红旗佐领员缺，正拟员外郎武达库，陪拟七品官慕国良。上问曰："武达库何如？"明珠奏曰："武达库前曾为御史，考察以才力不及降级，补授员外郎。"上曰："武达库与伊亲兄之子慕国良争管佐领，失手足之谊。这员缺着将慕国良补授。"

又为福建将军佟国瑶题，请将伊郧阳提督时所带健丁五百三十名、披甲七十名，准与带往福建，支给粮饷养赡，兵部议覆不准事。上曰："佟国瑶所请健丁、披甲在郧阳曾经得力否？"明珠奏曰："洪福反叛时，甚为得力。"上曰："伊等若支给钱粮，则与定例不符。着依部议。"又为佟国瑶题请伊所管旗下兵力尚未强盛，或照京口、广东之例，设立绿旗兵丁，或将在闽绿旗官兵内拨给管辖，兵部议覆不准事。上曰："佟国瑶所请，着依部议。京口、广东将军所属绿旗营镇官兵，应否仍留，着部议。"

巳时，上诣太皇太后宫问安。

未时，上复御瀛台门，赐进贡科尔沁国多罗贝勒沙津额驸等、柰曼部落一品台吉吴巴希等、喀尔喀部落二品台吉阿海等、苏尼忒部落四品台吉古里克等、乌朱穆秦部落四品台吉莽吉里等、吴喇忒部落三品台吉那孙等、翁牛忒部落四品台吉色本等、土默特部落三品台吉希达等、阿霸垓四品台吉吹朱尔等食。

本日起居注官葛思泰、王鸿绪。

十五日庚寅　早，上御瀛台门，听部院各衙门官员面奏政事毕，部院官员出。大学士、学士随捧折本面奏请旨。为原任山东登莱道今革职周昌疏辨冤及条陈开海运等事。上曰："周昌乃一狂妄不肖之人。其条奏诸款尔等以为何如？"大学士明珠奏曰："周昌素行不肖，今不过借条奏以为辨复地耳。所言皆不足采也。"上曰："周昌条奏二本着发还。其辨本着交该部严察议处。”

谕毕，明珠奏曰：“广西巡抚郝浴题，请将丁忧左江道佟耀年留任。昨奉圣谕，郝浴前为御史时，曾有条奏，地方员缺，督、抚俱应停其题补。令臣等查明。今臣等查得康熙十六年正月郝浴果有此疏。且官员不准在任守制，现有定例。”上曰：“孝为百行之原，官员夺情留任，诚非善事。且郝浴前曾条奏，今复题请，不合，着饬行！”

本日起居注官常书、王项龄。

十六日辛卯 早，上御瀛台门，听部院各衙门官员面奏政事毕，部院官员出。大学士、学士随捧折本面奏请旨。为吏部题补内阁侍读员缺，正拟候补董昌国，陪拟户部主事宁思圣。上曰：“董昌国何如？”大学士明珠奏曰：“董昌国原系臣衙门侍读，为人颇优。”上曰：“然。董昌国为人既优，这员缺着即补授。”

又为兵部题补正红旗护军参领员缺，正拟阿达哈哈番散骑郎巴喀，陪拟佐领瓦尔达。上曰：“尔等所询如何？”明珠奏曰：“昨询管理正红旗事刑部尚书郭四海、护军统领尹图，俱称巴喀虽未效力行间，为人甚优，可以辖众，且系世族。瓦尔达曾效力行间，又在简选善射十人之内，亦系世族，为人亦优，故行正陪。据伊等言，以瓦尔达为稍优。”上曰：“二人出自何族？”明珠奏曰：“巴喀乃都统噶尔汉之子，瓦尔达乃原任都统济锡哈之子。”上曰：“瓦尔达既在行间效力，着补护军参领。”

本日起居注官蒋弘道、阿山。

十七日壬辰 早，上御瀛台门，听部院各衙门官员面奏政事毕，部院官员出。大学士、学士随捧折本面奏请旨。为吏部题补户部蒙古郎中员缺，正拟员外郎达布，陪拟叟色事。上曰：“尔等所问何如？”大学士明珠等奏曰：“问侍郎宜昌阿，伊云达布、叟色俱系平常。”上曰：“这员缺着另推。”

又为刑部旗分员外郎员缺，正拟中书张奇猷，陪拟阿麟事。上曰：“张奇猷何如？”明珠奏曰：“张奇猷历俸二年，阿麟历俸未及一年。”上曰：“这员缺着吏部、刑部会同选择具奏。”

又为兵部题补正蓝旗骁骑参领员缺，正拟散骑郎陈布鲁，陪拟前锋护卫图舒事。上曰："尔等所问何如？"明珠奏曰："问贝子苏尔法、副都统方格，伊云陈布鲁曾往云南及舟山出兵，自行效力，得掩沙喇哈番，人材壮健，善于管辖，系原任大学士达海之孙，本旗无有出其右者。其前锋护卫图舒亦有行间劳绩，人材壮健，善于管辖。"上曰："陈布鲁人材既壮，著有劳绩，着补授参领。"

申时，上回宫。

本日起居注官傅腊塔、严绳孙。

十八日癸巳　早，上御乾清门，听部院各衙门官员面奏政事毕，部院官员出。大学士、学士随捧折本面奏请旨。为吏部题监察御史员缺，正拟候补梁述祖，陪拟郎中刘芳远。上曰："梁述祖乃一庸常之人，前任御史因不及解任，岂可复补御史乎？着改补部郎。这员缺着另拟具奏。"

辰时，上御乾清宫，讲官牛钮、陈廷敬、孙在丰进讲：象曰雷雨作解一节、初六无咎二节。

巳时，上诣太皇太后、皇太后宫问安。

本日起居注官牛钮、朱彝尊。

十九日甲午　早，上御乾清门，听部院各衙门官员面奏政事毕，部院官员出。大学士、学士随捧折本面奏请旨。为总督哈占因途中不及料理军政，题请展限，兵部议令回西安之日次第完结事。上曰："此事着依部议。近见各省督、抚因有展限之例，将易结之事，亦借端请展限期者甚多。是后，如果限内实有不能完结之事，准督、抚明白具题，该部议准展限。其余一切易结之事，借端展限者，俱不准行。"

辰时，上御乾清宫，讲官牛钮、陈廷敬、孙在丰进讲：九二田获三狐二节、六三负且乘二节。

本日起居注官崔蔚林、葛思泰。

二十日乙未　早，上御乾清门，听部院各衙门官员面奏政事毕，部院官员出。大学士、学士随捧折本面奏请旨。为川陕总督哈占题，梁山、万县之地，归州副将难于兼辖，梁万营仍应驻扎万县。太平营系川、陕交界之地，比开县尤要，应仍旧设立。其太平营都司员缺，将陈此学补授。梁万营参将中军守备员缺，将杨国臣补授。兵部议照该督所请，梁万营参将驻扎万县，太平营仍旧设立，但此等地方非系沿边要地，陈此学、杨国臣不准补授事。上曰："梁万、太平之地虽非沿边，极为要地，着照哈占所请补授。"

又原任拖沙喇哈番祁他忒叩阍称，伊自幼从征得官，伊子都尔寿承袭，缘事革职，身今七十三岁，无俸禄，难以为生。凡有功牌者，即有钱粮，乞一养赡之地。兵部议不准行事。上曰："祁他忒效力得官，与子承袭，今经革职，袭次既完，使原得世职之人无有生计，殊为可悯。以后此等革去承袭之官，袭次已完者，原得世职之人，作何给与半俸，着定例具奏。"

未时，上御景山内前殿，赐进贡阿霸垓多罗贝勒罗布藏、乌朱穆秦部落四品台吉马西等、苏尼忒部落四品台吉撒尼忒等、克什克屯四品台吉阿那达等、阿霸垓部落四品台吉车门等、归化城三品台吉撒罕、喀尔喀部落三品台吉达木巴等食。

本日起居注官阿山、潘耒。

二十一日丙申 早，上御乾清门，听部院各衙门官员面奏政事。

辰时，上诣太皇太后宫问安。

本日起居注官常书、徐乾学。

二十二日丁酉 早，上御保和殿，视祭夕月坛祝版毕，回宫。

少顷，御乾清门，听部院各衙门官员面奏政事毕，部院官员出。大学士、学士随捧折本面奏请旨。为兵部题补镶蓝旗护军参领员缺，正拟骁骑参领噶尔图，陪拟尼堪。上顾大学士问曰："尔等知否？"明珠奏曰："噶尔图曾出征四川，于问取保宁军事口供时，看来是一敏练之人。此案军机与伊无涉。"上曰："仍着问本都统。"

酉时，上祭夕月坛毕，回宫。

本日起居注官傅腊塔、汤斌。

二十三日戊戌 早，上御乾清门，听部院各衙门官员面奏政事毕，部院官员出。大学士、学士随捧折本面奏请旨。为兵部题请赵良栋所参朱衣客事宜，不便遽议，可将赵良栋现取之口供与朱衣客塘报一并交与总督哈占、巡抚杭爱，俟其确审具题到日再议。上曰："总督、巡抚所驻之处，相隔甚远，若行会审，甚需时日。着兵、刑二部各差贤能司官一员，前往察审具奏。”

又为奉天正红旗协领员缺，正拟将军坐名佐领索济，陪拟在京拜他喇布勒哈番禅布。上曰：“奉天协领责任紧要，理应将有用之材选择坐名。该将军将甚劣不堪之人坐名推选，是何意见？若以此等人为优，遽行坐名，需此坐名何用？着另拟具奏。”

又为工部侍郎党古里等题奏修造盛京八门城楼，臣等带领工匠确估，共需银八千七百余两，较前所估价值数目减省三万一千六百余两。上曰：“观党古里等所估价值数目，前所估甚为浮冒。这现估具题之处，着工部议奏。其先多估三万余两之处，着都察院察议具奏。”

辰时，上御乾清宫，讲官牛钮、陈廷敬、孙在丰进讲：九四解而拇二节、六五君子维有解二节毕。上问：“小人亦有可用之才，唯在随才器使否？”牛钮、陈廷敬、孙在丰对曰：“小人虽有可用之才，国家断无用小人之理。即使贪使诈，古亦有之，要贵朝廷驾驭得宜，终不可委之以事权，假之以威势。宋臣司马光尝言，国家与其用小人，不若用愚人。盖愚人无为恶之才，自不至肆奸邪之祸。若小人乘权藉势，则流毒遗害于国家，不可胜言。”上曰：“然。知人最难。”奏言：“古之帝尧最号知人，然《书》言知人则哲，惟帝其难之。人固难知，而君子小人则必有辨。如光明磊落者为君子，阴私邪曲者为小人；朴拙敦厚者为君子，狷巧便捷者为小人。至于巧佞之人，尤圣人之所深恶。故曰‘恶利口之覆邦家者’。故汉世用人，必择长者。昔张释之从汉文帝登虎圈，文帝问上林尉，尉不能对，啬夫从旁代尉对甚悉。文帝欲拜啬夫为上林令，张释之恶其喋喋利口，恐天下随风而靡，争为口辨，而无其实，固以为不可。文帝善其言，止之。至今载之史册，以文帝为能知人，为能听言。”又奏言：“唐明皇用牛仙客，仙客初为河西节度使，实仓库，修武备。其见之于事，未尝不有可用之才。然求悦取容，贪位固宠，由是士大夫效为持禄养恩之习，国家阴受其害。是以断断休休，乃为才全德备之人，乃可寄朝廷之倚任。”是日，所进讲解四爻，有张九龄、牛仙客事，故及之。上嘉纳之。

未时，上御景山内前殿，赐进贡阿霸垓部落衮出克那克出等、四品台吉绰喜席等，阿巴哈纳尔四品台吉打木廪等，四子部落四品台吉根都喜席布等，苏尼忒部落二品台吉巴浪等，札萨克部落四品台吉劳占等食。

本日起居注官牛钮、归允肃。

二十四日己亥 早，上御乾清门，听部院各衙门官员面奏政事。

巳时，上诣太皇太后、皇太后宫问安。

本日起居注官沈荃、葛思泰。

二十五日庚子 早，上御太和门视朝。文武升转官员谢恩，次进贡噶尔党博硕克图汗下台吉额尔克等行礼，赐茶毕，回宫。

少顷，御乾清门，听部院各衙门官员面奏政事。奉使琉球正使翰林院检讨汪楫、副使内阁中书林麟焻陛辞，奏曰："臣等奉命远使海外，万里宣扬威德，不敢不竭蹶报称，恭请皇上谕旨。"上曰："琉球海外小国，尔等前往，务持大体，待以宽和，以副朕怀柔远人之意。"上又问曰："尔等更有请旨事宜否？"汪楫奏曰："臣等因奉使具有条奏，已蒙皇上准行四事，允颁御笔，天藻辉煌，声教远被于海国，臣等不胜欣幸。闻海外日本诸国与琉球往来，今皆瞻仰德化。如有通贡之事，允行与否，非臣等所敢擅便，恭请皇上指授，以便凛遵圣谕，临时应对。"上曰："若有通贡等事，尔等报部，听部议可也。"谕毕，汪楫等出。

大学士、学士等捧折本面奏请旨。为九卿议，土司田顺年请捐铜斤事。上曰："这本依议。土司田顺年所请开矿采铜，恐该管地方官员借此苦累土司，扰害百姓，应严行禁饬，以杜弊端。尔等拟票来看。"

又为建太和殿采买楠木事。上曰："搜采楠木，恐致苦累地方，差员及该地方官毋得借端生事，扰害民人，应通行严饬。如有不遵者，从重治罪。尔等拟票来看。"

巳时，上召满汉讲官至乾清门，牛钮、陈廷敬进见乾清宫。上谕曰："琉球世为外臣，今奏请嗣爵，故特遣使册封。朕书'中山世土'四大字，命使臣赍赐。汝等将赐书传令大学士及讲官详看，有未妥处据实来奏。"牛钮等捧至内阁，大学士勒德洪、明珠、李霨、王熙及讲官等设案恭阅，众皆忭跃称善。牛钮等至宫门覆旨，上命侍卫二格出。牛钮、陈廷敬奏言："顷大学士、讲官等捧睹御笔，惊喜赞颂，以为尽善尽美，毫发无憾，超轶前古帝王。琉球得此，永为镇国之宝。"牛钮、陈廷敬等又奏

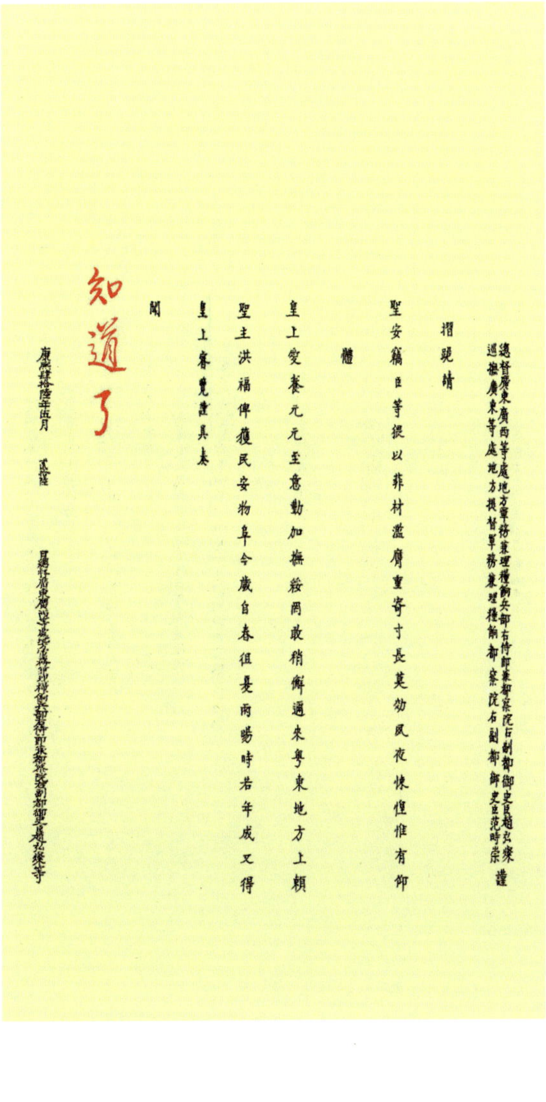

總督廣東廣西等處地方軍務兼理糧餉兵部右侍郎兼都察院右副都御史臣趙弘燦
巡撫廣東等處地方提督軍務兼理糧餉都察院右副都御史臣范時崇 謹

摺奏請

聖安竊臣等猥以菲材濫膺重寄寸長莫効夙夜悚惶惟有仰

體

皇上愛養元元至意勤加撫綏罔敢稍懈邇來粵東地方上賴

聖主洪福俾獲民安物阜今歲自春徂夏雨暘時若年成又得

皇上睿覽謹具奏

聞

知道了

康熙肆拾陸年伍月 貳拾陸 日總督廣東廣西等處地方軍務兼理糧餉兵部右侍郎兼都察院右副都御史臣趙弘燦等

两广总督赵弘灿等奏为遵旨分别办理来粤西洋人事折

康熙四十六年五月二十六日

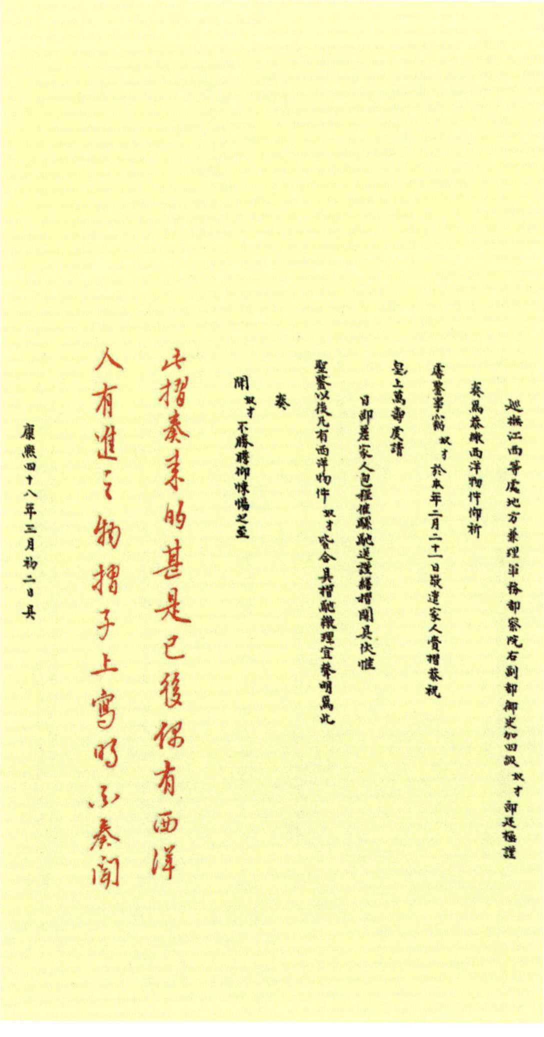

巡撫江西等處地方兼理軍務都察院右副都御史加四級奴才郎廷極謹
奏爲恭繳西洋物件仰祈
睿鑒事竊奴才於本年二月二十一日接達家人賫摺恭祝
皇上萬壽慶請
日御差家人包程催騾馳送護繕摺聞具伏惟
聖鑒以後凡有西洋物件奴才皆合具摺馳繳理宜恭明爲此
奏
聞奴才不勝瞻仰悚惕之至

此摺奏來的甚是已後倘有西洋人有進之物摺子上寫明不奏聞

康熙四十八年三月初二日具

江西巡抚郎廷极奏进西洋人殷弘绪所进物品折

康熙四十八年三月初二日

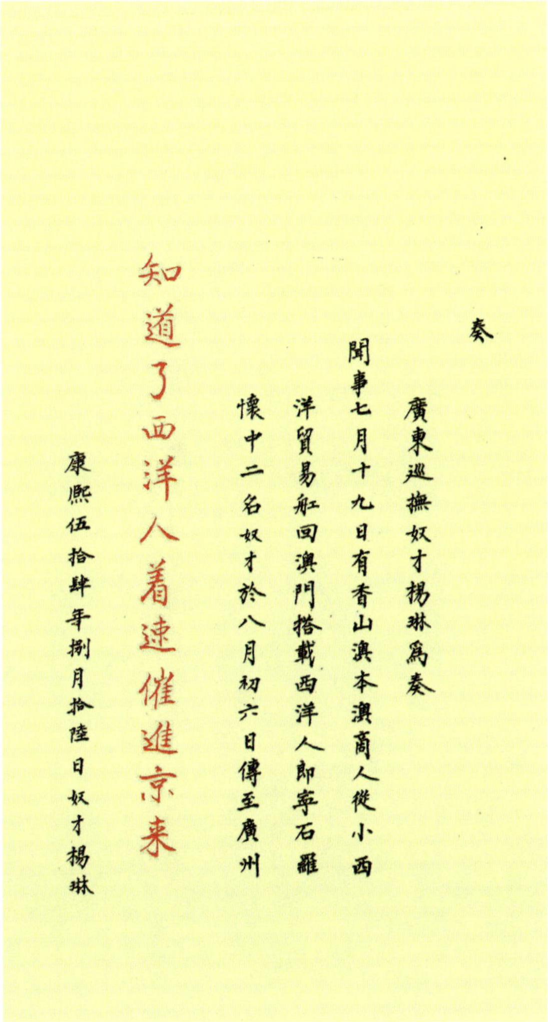
奏
廣東巡撫奴才楊琳爲奏
聞事七月十九日有香山澳本澳商人從小西
洋貿易舡回澳門搭載西洋人郎寧石羅
懷中二名奴才於八月初六日傳至廣州
知道了西洋人着速催進京来
康熙伍拾肆年捌月拾陸日奴才楊琳

广东巡抚杨琳奏报西洋人郎世宁等并英法等国商船到粤折

康熙五十四年八月十六日

近日聞得京中西洋人說真定府堂內有票
西洋人偶有比此爭地以致生禍摚打等語未
知盡實但西洋人到中國將三百年未見
不好處若事無大關從寬亦可亦細察緣由
情形寫摺奏聞

著赵弘燮查奏真定府西洋人与民人互控案朱谕

康熙五十四年三月二十一日

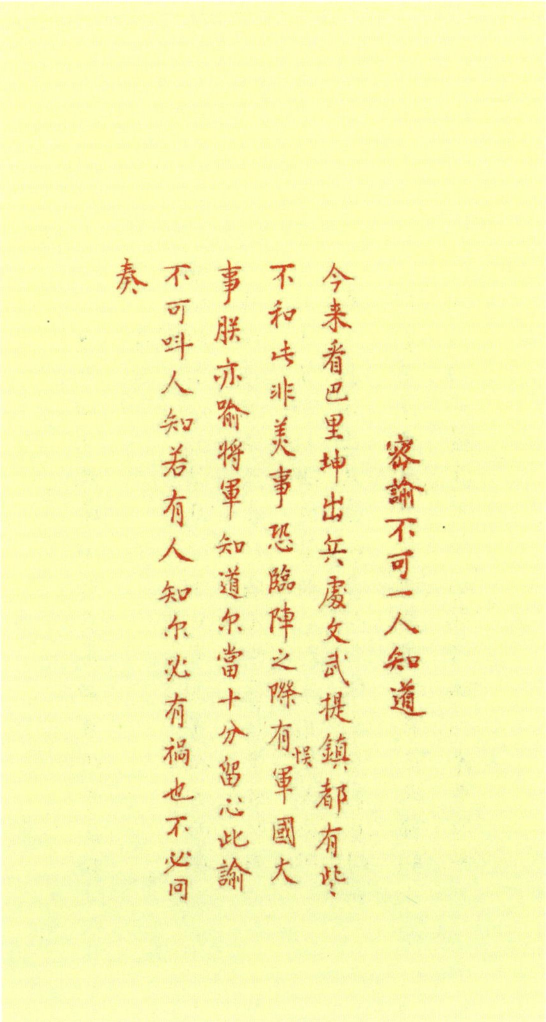

密諭不可一人知道
今来看巴里坤出兵處文武提鎮都有些
不和之非美事恐臨陣之際有悮軍國大
事朕亦喻將軍知道尔當十分留心此諭
不可叫人知若有人知尔必有禍也不必回
奏

著留心巴里坤出兵文武不和之密谕

康熙四十九年十一月十四日張常住和
素傳
旨朕昨覽詠物詩見卷首止有刻書人名而奉
命編纂諸臣並未列名凡係纂諸書皆朕與
諸大臣翰林考定纂輯歷數年而後成今不
載分纂諸臣只載刻書人名殊為潦草每刻已
完諸書呈奏之日朕止覽其文義未及詳閱
人名爾等監造不啓奏請旨亦屬潦草即如

张常住等所传谕旨

康熙四十九年十一月十四日

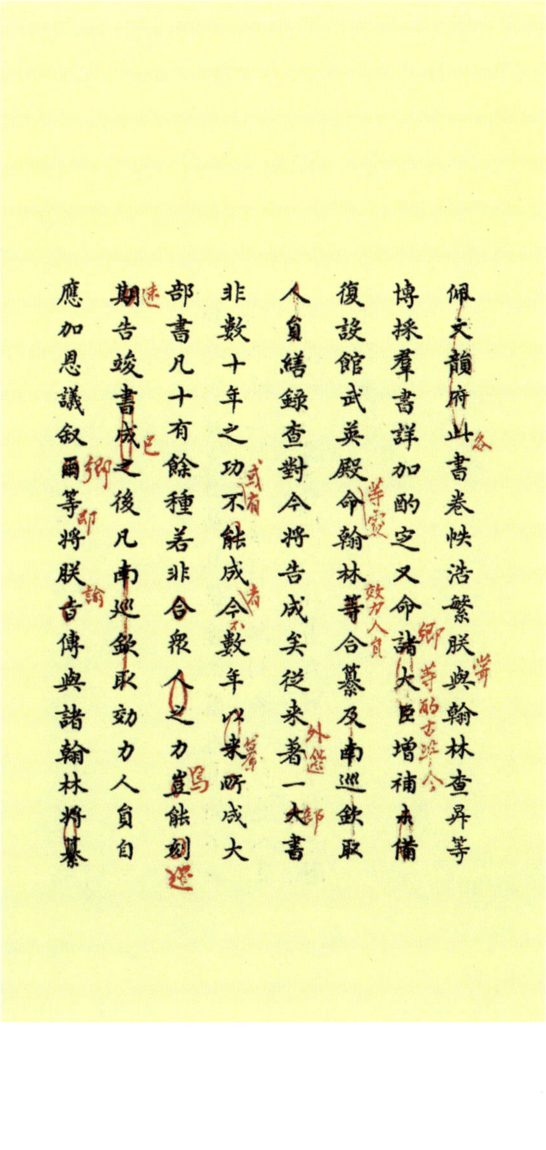
佩文韻府一書卷帙浩繁朕與翰林查昇等
博採羣書詳加酌定又命諸大臣增補未備
復設館武英殿命翰林等合纂及南巡欽取
人員繕録查對今將告成矣從來著一大書
非數十年之功不能成今數年以來所成大
部書凡十有餘種若非合衆人之力豈能剋
期告竣書成之後凡南巡欽取効力人員自
應加恩議敘爾等將朕旨傳與諸翰林將纂

张常住等所传谕旨

康熙四十九年十一月十四日

修繕寫諸大臣翰林舉貢生監人員銜名無
論革職已故者通行分單列名及監造人員
銜名一併具奏補入諸書之前爾等即遵諭
十體傳示

张常住等所传谕旨

康熙四十九年十一月十四日

言："海外属国，得瞻宸翰，咸知皇上以人文化成天下之意。遐荒万里，如对天颜咫尺，慑威怀德，服教畏神。自古史册所载，未有如此盛事。臣等恭际休明，不胜欣幸之至。"

本日起居注官常书、孙在丰。

二十六日辛丑　早，上御乾清门，听部院各衙门官员面奏政事。

辰时，上御乾清宫，讲官牛钮、陈廷敬、孙在丰进讲：上六公用射隼于高墉之上二节，损有孚二节毕。上召牛钮、陈廷敬至御榻前谕曰："大学士冯溥效力有年，告老归里，前所上章疏，朕已悉知。今特赐诗一章，为手卷一轴，图书一，墨刻一册，汝等传谕朕意。朕闻山东人仕于朝者，大小相固结，彼此推引。凡有涉于己私之事，不顾国家，往往造为议论，彼倡此和，务使有济于私而后已。又闻居乡多有扰害地方，朕稔知其弊。冯溥久在禁密之地，归家后可教训子孙，务为安静。故大学士卫周祚居乡谨厚，在闾里之中若未尝为显秩者，必如此人，方副朕殷殷之意。"牛钮、陈廷敬奏言："皇上以天下为心，以小民为念，冯溥蒙皇上优待大臣，恩礼备至，自当仰体上意。"上又命侍卫二格同二臣至溥寓，宣布上旨。二臣覆旨，奏言："冯溥奏，历官三十余年，亲见皇上爱养民生，整肃纲纪。衔恩归老，唯有约束教戒子孙。至于山东诸臣中，贤愚不同，朝廷国法具在，臣敢不凛遵诫谕，仰体天心。"二臣又奏："溥言年老不能仰答圣恩，子孙世世犬马图报。"上为动容。

御制赐大学士冯溥诗并序：内阁大学士冯溥，赞襄密勿，著有劳勚。乃以高年，数请归老，念深箕颖，顿谢簪绂，怅别之心，聊书四韵：环海销兵日，元臣乐志年。草堂开绿野，别墅筑平泉。望切岩廊重，人思霖雨贤。青门归路远，逸兴豁云天。赐大学士冯溥图书"适志东山"。

本日起居注官严我斯、阿山。

二十七日壬寅　是日，各部院本章俱交内阁。

本日起居注官傅腊塔、秦松龄。

二十八日癸卯　早，上御乾清门，听部院各衙门官员面奏政事毕，部院官员出。大学士、学士随捧折本面奏请旨。为福建总督姚启圣题，请将襄桥东边房屋给与驻防兵丁居住。其襄桥西边房屋前为耿逆所占甚多，查明应变价者变价，应给民者给民。户部议覆，俟该督查明到日再议事。上曰："这所查房内与民房相杂，或不肖官员及衙门蠹役，因稽查房屋借端生事，吓诈良民，故滋扰害，亦未可知。应概行严饬，务令详察分晰，毋致良民受害。若有不肖人员违法妄行，必重加处治，决不轻贷。尔等可将此意票出。"

又为刑部题逆寇谭弘之子谭天伦等九人即行处斩事。上曰："逆贼子弟应照定律正法示众，但其中有身与其事行恶者，亦有无知连累者，若一概置法，尚觉可悯。尔等可详问该部具奏。"

又为工部题差通惠河分司员缺，拟推本部员外郎噶哈事。上曰："通惠河分司职掌近京河道，职任亦属紧要。噶哈为人平常，着另选才能具奏。"

又云南巡抚王继文题参寻甸州知州禹不伐、楚雄县知县柴旂、司狱夏镜贪酷事。上曰："地方官员贪酷，理应严加惩治。但云南地处辽远，道路险狭，携家往来甚艰，倘因细故即行解任，则前往替换之人与彼处归来之人诚为至苦。朕念及此，故折此本。尔等分别酌议来奏。如果系贪酷被参，岂可以地远难行之故，竟行宽免乎？"

未时，上复御乾清门，赐进贡阿霸垓部落三品台吉噶尔桑等、克什克屯部落四品台吉那马喇札布等、四子部落四品台吉格龙等、苏尼忒部落二品台吉把兔尔等食。

本日起居注官牛钮、曹禾。

二十九日甲辰 早，上御乾清门，听部院各衙门官员面奏政事。上谕户部尚书梁清标、侍郎额库礼等曰："朕闻先由水路出征大兵，因昼夜趱行，以致纤夫死者甚多，深轸朕怀。今尔部差去催趱粮船官员，恐欲粮船速抵，致纤夫死毙，着行文申饬晓谕差去之官。"部院官员出。

大学士、学士随捧折本面奏请旨。为兵部题行查搬取盛京副都统布可托等家眷事宜，文书递至通州，因署事州同高荣迟延三个月，将高荣交与吏部事。上曰："此案该将军理应差人作速赍送，安珠户不行差人，竟由铺递传送，以致迟误。兵部不将该将军一并议处，不合。着再议具奏。"

又为刑部所题逆贼谭弘之子谭天伦等九人即行处斩事，遵旨详问该部回奏。上曰："谭天伦既系谭弘之子，着正法。陈朴等八人，乃无知连累，俱着从宽免死，拨与移住盛京披甲新人为奴。”

巳时，上诣太皇太后宫问安。

本日起居注官葛思泰、严绳孙。

九　月

初一日乙巳　早，上御乾清门，听部院各衙门官员面奏政事毕，部院官员出。大学士、学士随捧折本面奏请旨毕，上谕内阁大学士等曰：“王进宝、赵良栋当逆贼窃据汉中、四川等处地方，悉力固守。在外领兵诸将，咸以恢复为难，因特遣学士希福驰往传谕：从来汉人地方有变，即以汉兵戡定，并无借力于满兵之事。尔等皆封疆大臣，久历戎行，应各率所隶部曲将士，相机进取。时赵良栋即首先倡议，应行恢复。随允良栋议，刻期进剿。于是二人协力，克取汉中。其兰州失陷时，王进宝遂率兵乘筏渡河，恢复兰州、巩昌等处，剿御贼寇，所向奏功。及同取汉中之后，二人意见不合，嫌隙渐生，遂尔分路进兵。赵良栋直取成都，王进宝恢复保宁。若成都不下，则虽攻保宁，未易即拔。若保宁未克，则虽下成都，难以固守，势必复致于退。是二人功绩，俱著封疆。使能公尔忘私，和衷共济，即统士卒乘胜长驱，则滇、黔贼寇可以计日殄灭，何复迁延岁月，迟至一二年之久耶？且二人既克四川，贼众胆落，遂悉其精锐入川抗拒，虽中路空虚，大兵得乘机进取沅州、镇远、贵阳等处，而川中贼势复张，已恢之疆土，几至再陷，此皆由其不能和衷之所致也。二人赋性卤莽，不谙大体，各怀私忿，互相攻讦，屡疏求胜，交图陷害。朕当二人讦奏之初，即已洞悉情事，念二人功绩并茂，惟欲保全，绝无究察之意。且一切投诚人员，有免其前罪者，有仍加录用者，况似此建功之人耶？今二人俱至京师，如欲治罪，何难逮问重处？但朕意终以保全为念，特将二人互讦章奏俱行发还，概不究问。其迟于救援，失陷地方，关系军机等事，仍照例察议。此非为二人调解，朕深惟国家大体，务欲保护劳臣，用全终始，故行申谕。自今以往，须洗心涤虑，各改前愆，消释私嫌，共矢忠荩，以副朕优待功臣至意。且传集议政王、贝勒、大臣，九卿、詹事、科、道等官，先行宣示，然后传谕。”于是传集诸王、大臣宣谕毕，诸王大臣咸称：“皇上天覆地载之量，保全功臣，不惟二臣感恩衔戴，凡一切有功将士，无不感激奋兴。”

大学士等覆旨。上令于午门外传谕。进宝奏言：“臣有何功？凡平定地方，剿灭贼寇，皆皇上洪福，大兵威力。至于行间报效，乃臣子职分当然。即此身保全至今，俱出圣恩。乃以臣等琐事，屡渎天听，今又上烦圣心申谕，敢不凛遵。”良栋奏言：“皇上圣明如天，洞悉下情，臣有何辞？向者进剿效力，亦臣职之常。平定地方，皆皇上洪福、国家威灵所致，臣何功之有？今奉上谕，惟有祇遵。”

是日，试天下贡士金德嘉等一百七十九人于太和门。

本日起居注官陈廷敬、常书。

初二日丙午　早，上御乾清门，听部院各衙门官员面奏政事毕，部院官员出。大学士、学士随捧折木面奏请旨。为礼部题，设纂修太祖、太宗、世祖圣训大臣、官员及设编纂皇上八载用兵以来，神威运筹，凡告谕、密旨，大臣、官员照例赐宴事。上曰：“纂修太祖、太宗、世祖圣训关系重大，所设大臣、官员赐宴之处，着照例遣大臣主席。其为朕编纂之大臣、官员，不必令大臣主席。”大学士明珠奏曰：“皇上圣旨，诚隆重祖宗之意。”

巳时，上诣太皇太后、皇太后宫请安。

本日起居注官傅腊塔、归允肃。

初三日丁未　早，上御乾清门，听部院各衙门官员面奏政事毕，部院官员出。大学士、学士随捧折本面奏请旨。为靖逆侯靖逆将军提督张勇请以身病解任事。上曰：“张勇因与折尔肯议事不合者多，故尔乞休。当反乱时，伊虽不似孙思克、王进宝矢志效力，彼时未曾妄动，亦属可嘉。且在西陲年久，蒙古甚是畏惧。若行留任，不无有益。”大学士明珠奏曰：“皇上所见极是。蒙古颇知悚惮，如留任，实于西陲有益。”上曰：“着仍留任。”

酉时，上御批本房，殿试读卷官大学士勒德洪等，将策试天下贡士卷，选择十卷进呈，面奏请旨定夺。上阅第一卷毕，曰：“此卷文义尽优，但所论治河未能悉中肯綮。字迹秀润，而工力未到。”大学士明珠奏曰："臣等遍阅一百七十余卷，其中亦无甚超绝者。此卷较诸人最优，故拟第一。"王熙奏曰："此卷字极秀朗。"上阅第二卷毕，曰："此卷与前卷相等，难分上下。"明珠奏曰："诚如圣谕。臣等亦曾将此二卷再三商酌，因前卷字迹较胜，故置第一。"上阅第三卷毕，曰："此卷便觉与前二卷稍逊，似皆南人。"

因曰："从前海运之事若何？"王熙奏曰："元时招抚海上盗魁张瑄、朱清为万户府，令其转运，故明初亦曾行之。因海洋风涛险恶，运艘每致漂没，人米俱失，故尔停止，别开运河，以通转输。"上曰："海运从何处出洋？从何处入口？用何样船只输运？"王熙奏曰："用海船装载，从太仓出洋，至天津入口。"张玉书奏曰："由安东出洋，海道风涛险恶，往往失事，不独漕粮有误，且伤人甚多，所以故明时行之未久，旋即议停。"

上阅诸卷毕，问诸臣曰："此数卷内，尔等亦有识其字迹为谁者乎？"众皆奏："不知。"户部尚书梁清标奏曰："其中一卷字迹，类广西巡抚郝浴之子郝林。"上从首卷以次亲拆，至第四卷史夔，问曰："此系谁族？尔等有知之者否？"陈廷敬奏曰："系原任翰林编修史鹤龄之子。"牛钮奏曰："此卷文甚佳，书法颇似其父。"上曰："人皆称史鹤龄为人甚善。"王熙等奏曰："史鹤龄乃一谨慎之人。"上曰："谨慎便是好人。人能恪谨守分，何所不宜？"明珠奏曰："圣谕极是。恪谨守分，何往不可？"拆至第五卷王九龄，上问曰："此系谁族？"陈廷敬奏曰："此系讲官王顼龄之弟，王鸿绪之兄。"拆至第八卷徐炯，上问曰："此系谁族？"张玉书奏曰："系讲官徐乾学之子，素称能文。"

拆卷毕，上亲书满汉字一甲三名名次。曰："尔等品第甚当，俱照所拟。"又曰："朕观士子为文，皆能修琢字句，斐然可观。若令指事切陈，多不能洞悉要领。"明珠奏曰："文章乃士子素习，至于时务，非见事明确，胸藏实学者，安能切中条理？"上颔之。又命诸臣坐，赐茶毕，出。

本日起居注官阿山、朱彝尊。

初四日戊申　早，上御太和门，传胪赐贡士蔡升元、吴涵、彭宁求一甲进士及第；史夔等四十人二甲进士出身；金德嘉等一百三十六人三甲同进士出身。礼毕，回宫。

本日起居注官葛思泰、潘耒。

初五日己酉 早，上御太和门视朝。升转文武官员谢恩，次朝鲜进贡正使陪臣瀛昌君李沉等行礼，赐茶毕，回宫。

少顷，上御乾清门，听部院各衙门官员面奏政事毕，部院官员出。大学士、学士随捧折本面奏请旨。为巡察两淮盐课御史堪泰题，盐商故意迟延纳税，应每引加税银三钱等事。上问曰："尔等之意若何？"大学士明珠奏曰："每引一钱，商民尚不能完纳，若加至三钱，民何以堪？"上曰："然。此乃堪泰因欠课甚多，恐任内不能追征足额，故作此急迫之状。若依其言，必致商民交困。着不准行。"

巳时，上诣太皇太后宫问安。

午时，上复御乾清门，赐镇守福建将军佟国瑶食毕。上谕曰："国家设立督抚、提镇，原以为民。向来驻防镇江、杭州、福建等处汉军官兵，皆恣意妄为，侵霸厘市，擅放私债，多买人口。如哈喇库、诺迈等止知营私，罔遵法纪，买人至盈千百。此等匪人，用之何益？昔孟乔芳总督陕西、李率泰总督福建时，能洁己奉公，爱民恤士，秦、闽人至今思之。尔到地方，宜恪遵国宪，安戢兵民，毋负朕委任至意。"佟国瑶奏曰："臣愚蠢无知，蒙皇上简拔，付以重任，敢不勉竭犬马之力，以图报称。"

本日起居注官崔蔚林、常书。

初六日庚戌 早，上御乾清门，听部院各衙门官员面奏政事。刑部尚书郭四海等口奏曰："前臣部镶蓝旗旗分员外郎缺出具题，上命选择具奏。臣等会同吏部选择，见该旗无甚妥当之人，故以其中通清语者选择，将内阁中书阿林拟正，候缺主事张廷柱拟陪。但此二人年甚幼稚，臣部事务繁剧，凡审问取供，须得才具颇优，善于清语者，方能胜任。臣等恳请谕旨，以正红旗溢额裁缺员外郎王民新，顶补镶蓝旗旗分员缺。"上问曰："王民新为人何如？"郭四海奏曰："王民新为人颇优，且办事有才。"上颔之。郭四海等出。

大学士、学士随捧折本面奏请旨。为刑部议缉拿叛贼王永誉，限满无获，将承缉官员分别赦前后议处事。上曰："此本发还，着该部再议。王永誉情罪甚为可恶，此案与杨起龙一案无异，应着一并交与地方官员，务期严加缉获。尔等可将此意转行口谕。"

未时，上御景山内前殿，赐进贡蒿齐特部落多罗尔德尼郡王阿喇音宠、协理旗下事务二品台吉打阑木吉迪里，阿巴哈部落二品台吉查罕僧格等，吴赖忒部落三品台吉郝济机尔等，苏尼忒部落协理旗下事务一品台吉车木布等、二品台吉胡兔克太等、二品台吉查哈代等，乌朱穆秦部落四品台吉郭尔兔等，扎鲁特部落四品台吉塞特尔等食。

本日起居注官朱马泰、王顼龄。

初七日辛亥　早，上御乾清门，听部院各衙门官员面奏政事。

辰时，上御乾清宫，讲官牛钮、陈廷敬、孙在丰进讲：象曰损损下益上三节、象曰山下有泽一节。

巳时，上诣太皇太后、皇太后宫问安。

本日起居注官傅腊塔、徐乾学。

初八日壬子　早，上御乾清门，听部院各衙门官员面奏政事毕，部院官员出。大学士、学士随捧折本面奏请旨。为吏部题补刑部员外郎员缺，将镶蓝旗中书阿林拟正，候缺张廷柱拟陪。上曰："这正、陪二人俱不堪，且正红旗溢额裁缺之王民新，据刑部堂官称，其为人颇优，办事有才。刑部事务关系紧要，王民新着仍留原任。如本旗有缺，即以充补。但王民新朕素未悉其人，伊等既称其才优，尔等识之，以观其后效何如。"

又为山西巡抚穆尔赛题请太原、大同二府所属州、县卫所城堡，数年以来，异灾递见，且多瘟疫，流离未集，死亡甚众，征收钱粮暂行停止。户部议不准行。上问曰："尔等之意云何？"大学士明珠等奏曰："前任巡抚曾经具题，以人丁增减征输，民多偏累，请照旧额均派征收，已经准奏。现行定例，是以部议不准。但晋省府属灾荒，似与他处不同。"上曰："然。太原等处灾荒甚重，非他处可比。着九卿、詹事、科、道官员会议具奏。"

辰时，上御乾清宫，讲官牛钮、陈廷敬、孙在丰进讲：初九已事遄往二节、九二利贞二节。讲毕，出。

上遣侍卫二格捧石刻墨刷升平嘉宴诗并御书御制序，装就册页九十三册，传谕曰："这册页凡与宴大臣、官员各赐一册。其大学士杜立德、冯溥先经颁赐，其一册赐大学士王熙，一册赐学士牛钮。"

本日起居注官牛钮、孙在丰。

初九日癸丑　早，上御乾清门，听部院各衙门官员面奏政事。

巳时，上诣太皇太后、皇太后宫请安。

本日起居注官沈荃、阿山。

初十日甲寅　早，上御乾清门，听部院各衙门官员面奏政事毕，部院官员出。大学士、学士随捧折本面奏请旨。为工部开列差遣江南等省采察楠木各部司官职名事。上曰："所差封采楠木官员，必须实心笃行，又不病民者，方为胜任。这本着发还，另将贤能官员开列具奏。"

巳时，上率皇太子由午门出正阳门，幸南苑，驻跸旧宫。

本日起居注官葛思泰、王鸿绪。

十一日乙卯　早，上御旧宫内殿，阅理折本。是日，上驻跸旧宫。

十二日丙辰　上御旧宫内殿，阅理折本。是日，上驻跸旧宫。

十三日丁巳　早，上御旧宫内殿，扈从大学士勒德洪，学士石柱、喇巴克捧折本面奏请旨。为直隶巡抚格尔古德题强盗王二等二人拟立斩，张二等十二人原招虽经承认，但无失主，赃物尽费，照例拟斩监候，秋后处决。三法司议覆，原招口供甚明，王二、张二等仍应处斩。上曰："此案并无失主。人命关系重大，着再议具奏。"

是日，上驻跸旧宫。

十四日戊午　早，上御旧宫内殿，大学士、学士捧折本面奏请旨。为刑部议原任福建提督王进功家产先经变充兵饷。今事既平定，应俟将王进功真正家产查明到日，交与内务府。上曰："闻王进功今在海上闲散居住。其家人着暂停没入，视其将来。这本俟回京日再奏。"

是日，上驻跸旧宫。

十五日己未　早，上御旧宫内殿，阅理折本。

巳时，上自南苑幸玉泉山，驻跸。

十六日庚申　巳时，上御玉泉山内前殿，大学士、学士捧折本面奏请旨。为左都御史徐元文题参御史堪泰与盐运使罗文瑜同处一城，不行纠参。吏部议覆巡抚余国柱题参罗文瑜，系五月二十四日，堪泰题本，亦系五月二十四日，俱系同日具疏，堪泰应无庸议。上曰："徐元文参奏必有所见，着再议具奏。"

又三法司议行劫卞大家盗犯杨二等拟斩事。上曰："此内陈肐膳虽经分财，未曾同劫。尔等云何？"大学士勒德洪奏曰："陈肐膳虽未同劫，赃物已经瓜分，定例难移，似应从部议。"上曰："然。着依部议。似此罪案，于例不可行，朕非不知，但人命关系重大，或恐必死之中尚有可生者，故朕详慎商酌耳。"

是日，上驻跸玉泉山。

十七日辛酉 申时，上自玉泉山还宫，随诣太皇太后、皇太后宫问安。

扈从起居注官牛钮、朱马泰。

十八日壬戌 早，上御乾清门，听部院各衙门官员面奏政事毕，部院官员出。大学士、学士随捧折本面奏请旨。为吏部议招抚贵州黄九畴，应照周昌例，以佥事道用事。上曰："黄九畴系王辅臣心腹之人，素行狡诈，不宜录用。凡此等投贼复降之人，概不准用。着该部再议。"

又为尚书黄机引年乞休事。上曰："黄机谨慎寡交，虽系年老，尚堪办事，着留任。"

又户部题为差遣各关官员事。上曰："此番差遣官员皆才具平常。着于六部司官内，将素有操守、办事敏练谨慎者，各选五员保举开列，即着本部堂上官引见。其保举之人，尔衙门即行注册。"

又佥都御史徐旭龄条奏，各省驻防旗兵应照在京旗例春秋二季操演等四款。九卿议不准行事。上曰："徐旭龄条奏款内亦有应行之事，九卿会议不准，不合。着再议。"

上又谕大学士等曰："自用兵以来，百姓供应烦苦。朕前屡言，俟天下荡平，将钱粮宽免。今岁各处所报灾伤甚少，尔等可同户部先将天下钱粮出纳之数通算来看。至陕西一省，供应较他省苦累加倍，钱粮尤应宽免。"明珠等奏曰："皇上所见极大。今四海晏安，正休养生民之时也。"奏毕，上回宫。

大学士勒德洪等，以前蒙颁赐御笔升平嘉宴诗序，因斋戒未经谢恩，今各官请旨谢恩。衣都额真夸色转奏，上命于太和殿前行礼。

巳时，上诣太皇太后、皇太后宫问安。

本日起居注官常书、秦松龄。

十九日癸亥　早，上御乾清门，听部院各衙门官员面奏政事毕，部院官员出。大学士、学士随捧折本面奏请旨。为大理寺司务赵时揖条奏，请分启奏之班，停齐集之例，九卿议覆不准事。上曰："这本内亦有可行之处，尔等详议具奏。"

又为刑部议王进功家属人口交内务府事。上曰："王进功情由尚未分晰，家产人口仍交地方官看守，俟王进功奔回给与。"

辰时，上御乾清宫，讲官牛钮、陈廷敬进讲：六三三人行则损一人二节、六四损其疾二节。

未时，上御景山内前殿，赐进贡扎鲁特多罗达尔汉贝勒巴达理、二品台吉额尔得布，郭尔罗斯部落辅国公莽萨，科尔沁国一品台吉阿必丹等，阿禄科尔沁国二品台吉色冷等，阿霸垓一品台吉达尔马，喀喇沁二品他布囊塞西希布等，苏尼忒四品台吉萨满达等食。

本日起居注官傅腊塔、曹禾。

二十日甲子　早，上御乾清门，听部院各衙门官员面奏政事毕，部院官员出。大学士、学士随捧折本面奏请旨。为赵时揖条奏事。上问曰："尔等所议如何？"大学士明珠奏曰："臣等公议，九卿、詹事、科、道官员，皇上不时召问议事，应仍令每日上朝。其余无事官员及闲散衙门官员，停其每日上朝，照旧一月三次上朝。又查自古人君从未尝每日亲御听政，即定期视朝亦未有甚早者。今因皇上宵旰勤劳，每早听政，故启奏官员惟恐迟误，必四、五鼓趋朝，难免夜行风寒之苦。若皇上于辰刻御朝，则远住大小各官黎明而入，亦不致迟误。"上曰："朕每日听政自不可已，若定时视朝，可免庶僚早起风寒之累，此言亦是。黄机、魏象枢皆年逾七旬，不堪逐日趋走，故具疏乞休，已经留任。伊等或遇劳顿有恙时，可令报知本部，免其启奏。其余官员遇启奏日，如有疾病不能上朝启奏者，亦着报部。尔等可传谕九卿、詹事、科、道官员，观众意何如，将九卿言来日奏。其赵时揖处分一疏，原属一事，亦于来日一并定夺。”

又刑部议，巡抚韩世琦并无将李棠严刑，欲为置之死地。而李棠击鼓诬告，拟流徙三千里。上曰：“李棠乃一狂妄不肖之人，前曾从贼献策，自以为大儒。见贼势就灭，方来投诚，并未稍存臣节。应入旗流徙宁古塔，但令免死足矣。尔等可改票来看。”

本日起居注官阿山、严绳孙。

二十一日乙丑　早，上御乾清门，听部院各衙门官员面奏政事毕，部院官员出。奉差往山西边耀山开采银户部郎中伍什八、员外郎伊锡泰请面谕。上曰：“开采银矿屡次遣官，总未得实益。此所告人等，恐有地方恶棍附和，生事扰民，亦未可定。尔等将银矿详悉察看来奏。如有恶棍借端妄行，严加禁止。”谕毕，伍什八等出。

大学士、学士随捧折本面奏请旨。为刑部题，伪将军缑成德令其来京，将家口私留衡州府，只身前来，即行处绞事。上曰：“缑成德非系贼中首恶之人，着免死，减等发落为奴。”

又为李棠事。上曰：“李棠情罪甚为可恶，着入旗，流徙宁古塔，至彼处鞭一百。”

又为九卿会议赵时揖条奏事。上问曰：“九卿云何？”大学士勒德洪等奏曰：“九卿各官一闻谕旨，皆云皇上洞悉下情，虑及下僚风寒，欲限时听政，即同天地之心，无不欢忭。”上曰：“朕御朝太早，各官于三四鼓趋赴朝会，殊为劳瘁。自今以后，朕每日御朝听政，春夏以辰初刻，秋冬以辰正初刻为期，启奏各官，从容入奏。九卿、詹事、科、道原系会议官员，仍每日于启奏时齐集午门。如有年力衰迈及偶患疾病，俱向本衙门说明，免其入奏齐集。此外，各衙门及部院司属官员俱停其每日齐集，着各赴本衙门办事。每月常朝仍应照旧行。尔等可即传谕。”

又议赵时揖不应密而密奏，应降二级，但无级可降者，应革职事。上曰：“赵时揖着从宽，免处分。”

辰时，上御乾清宫，讲官牛钮、陈廷敬、孙在丰进讲：六五或益之十朋之龟二节、上九弗损益之二节。

本日起居注官葛思泰、归允肃。

二十二日丙寅 辰时，上御乾清门，听部院各衙门官员面奏政事。

是日，以太宗文皇帝实录告成。巳时，上御太和门，立视捧送实录进宫，升座。总裁官、副总裁官、编纂各官上表，行进实录礼。诸王、贝子、公率文武群臣行庆贺礼毕。鸿胪寺官宣制曰："太宗文皇帝圣德神功，编辑成书，朕心忻悦，与卿等同赐茶。"上回宫。

本日起居注官陈廷敬、朱马泰。

二十三日丁卯 辰时，上御乾清门，听部院各衙门官员面奏政事毕，部院官员出。大学士、学士随捧折本面奏请旨。为兵部题河南南汝总兵官员缺，或开列参领，或开列现任副将请旨事。上曰："柯彩前因患病，令其来京候补。此人才具壮健，效力行间，著有劳绩。着即补授河南南汝总兵官。"

巳时，上御乾清宫，讲官牛钮、陈廷敬、孙在丰进讲：益利有攸往一节、彖曰益损上益下四节。

午时，上诣太皇太后宫问安。

本日起居注官常书、潘耒。

二十四日戊辰 辰时，上御乾清门，听部院各衙门官员面奏政事毕，部院官员出。大学士、学士随捧折本面奏请旨。为三法司议，押运武弁胡继午降贼献粮，王道弘引贼劫粮，应行处斩事。上曰："以粮船降贼，情固可恶。但水中波涛不测，人命事关重大，凡罪案稍可商酌，朕即欲从轻免死。此等陷溺贼中，以后归诚之人，每有从宽者。胡继午、王道弘俱着从宽免死，给与宁古塔披甲新满洲为奴。余着依议。"

上又谕曰："朕阅三法司会奏人命事，强盗罪案甚多。按律凡强盗情真，务行枭示。强盗情罪固为可恶，较之反叛重案犹属稍轻。向来反叛牵连之人，尚有拟死罪而不行枭示者。此等关系人命大辟，朕每欲得良策澄清本源，使远近清平，永行遵守。近见光棍事案较前渐少，惟强盗一事常廑朕怀，未能即得良法。夫人非至穷迫，孰肯甘为盗贼？每见盗案，有获赃甚少，牵累多人。此类若不置之重典，则匪人不知畏惧，无以警戒。将来若概置重典，朕心又复恻然。此皆不得澄清本源之道，故致如此耳。今如何使盗贼屏息，良善获安，尔等会同三法司详议具奏。"

本日起居注官牛钮、崔蔚林。

二十五日己巳 早，上御太和门视朝。升转文武官员谢恩，次进年贡喀尔喀部落额尔克代清诺颜来使诺穆齐等行礼，次安南国进贡正使、陪臣申全、邓公瓆等行礼，赐茶毕，回宫。

少顷，御乾清门，听部院各衙门官员面奏政事。

未时，上御景山内前殿，赐进贡科尔沁国和硕卓礼克图亲王都尔巴等、阿霸垓多罗郡王色克沙僧格等、土默特部落固山贝子衮继思扎布等、喀喇沁部落三等他布囊鄂奇儿等、克什克屯四品台吉巴达拉希等、苏尼特部落四品台吉色冷等食。

本日起居注官傅腊塔、朱彝尊。

二十六日庚午 早，上幸沙河。酉时，回宫。

本日起居注官蒋弘道、阿山。

二十七日辛未 上以高皇后忌辰，不理政事。

未时，上诣太皇太后、皇太后宫问安。

本日起居注官葛思泰、徐乾学。

二十八日壬申 辰时，上御乾清门，听部院各衙门官员面奏政事毕，部院官员出。大学士、学士随捧折本面奏请旨。为吏部议，黄九畴前因反叛降贼，应革职交与户部籍没事。上曰："黄九畴较之其他从贼与我朝抗拒极恶大逆之人，罪觉稍轻，但革职已足矣。着免交户部。"

又礼部议，朝鲜国王因具表不行写名，应罚银伍千两事。上顾大学士等曰："此事尔等以为何如？"明珠奏曰："臣等之意，朝鲜非不识礼体之国，一字甚有关系，议罚似当。"李霨、王熙奏曰："具表不行写名，殊为失体，罚之极是。"上曰："屡次宥免者甚多，不可以失写一名字谓无妨也。敬慎之道殊失，所罚允当。着从部议。"

又为工部议制造六宫及皇太子宫宝座等物，实用银一万三千余两事。上曰："此非先此留中工部估计钱粮之疏乎？今系照朕减估之数制造已竣。着吏部会同都察院严加察议具奏。"

又为福建总督姚启圣代题，巡抚董国兴夙疾陡发，病势危笃，乞休解任事。上问曰："尔等云何？"明珠奏曰："董国兴乃系老成之人，颇有才干。观该督疏奏，病势危笃，此时未必犹存。料彼随有疏来，臣意似应留任。”上曰：“然。着留任。票拟温旨来看。”

本日起居注官朱马泰、王项龄。

二十九日癸酉　早，上于保和殿，视太庙祝版毕，回宫。

辰时，上御乾清门，听部院各衙门官员面奏政事。户部引见保举关差官员。上曰：“此内伊尔克图、伍什八为人谨慎，朕素知之。至苏赫臣，尔等何以保举？”侍郎额库里、宜昌阿奏曰：“苏赫臣办事有才。”上曰：“凡部院司官果能谨慎奉职，方不致偾事。如苏赫臣及科臣莫洛辈，俱胆大狂妄，虽有才干，亦无足取。尔等另行保举具奏。”谕毕，户部官员出。

本日起居注官常书、王鸿绪。

十　月

初一日甲戌　早，上以孟冬，躬诣太庙致祭毕，回宫。

是日，赐朝鲜国进贡来使陪臣瀛昌君李沉等缎匹银两有差。

本日起居注官牛钮、沈荃。

初二日乙亥　辰时，上御乾清门，听部院各衙门官员面奏政事。奉差封采楠木郎中昆笃伦等五员奏请谕旨。上命近前谕曰：“尔等俱以才能简选查采楠木，所至地方，尔等会同督、抚，务要实心详察，毋得借端扰害。原任巡抚张德地曾经具题，四川多有楠木，及出征班师人员亦云，楠木颇多。据此，峨眉、嘉定等处必多产此木。凡督、抚、藩、臬在外俱成积习，尔等不得推委地方官，所有之处必身到察采。凡房屋、衙门、寺庙、坟墓毋得拆毁采取。恐地方棍徒借此诈害平民，可将此等缘由晓谕地方知悉。”谕毕，部院官员出。

大学士、学士捧折本面奏请旨。为九卿朝审顾齐弘党从朱方旦，邪说惑众，拟斩。上曰：“朱方旦蛊惑愚民，其徒甚众，发觉者止顾齐弘一二人。这顾齐弘着缓决。”

又两议邪党陆光旭、翟凤彩，前议拟斩，后议缓决。上曰：“顾齐弘尚且缓决，陆光旭、翟凤彩情罪仍属可矜，俱着免死，减等发落。”

巳时，上御乾清宫，讲官牛钮、陈廷敬、孙在丰进讲：象曰风雷益一节、初九利用为大作二节。

是日，益初爻讲章中引用贾谊事。上曰：“贾谊治安策文字高古，其指陈时政，可一一见诸施行否？”牛钮、陈廷敬、孙在丰对曰：“治安策指陈时政，皆切中当时利害得失之故，然亦实可通于后世，不止切于一时。如所言早谕教太子，使闻正言，见正事，前后左右无非正人。盖太子国本，实国家治乱安危之所系。故又曰：太子之善，在于早谕教与选左右。此诚万年社稷灵长之至计，后世人主所宜亟加之意。又如定经制，兴礼义，后刑罚，别等威，其言皆致治之良规。”因又奏言：“贾谊欲改正朔，易服色制度，定官名，兴礼乐，文帝谦让未遑。其所欲易服色制度，盖辨上下，定民志，乃久安长治之规模，有天下者所当急讲也。”

本日起居注官傅腊塔、孙在丰。

初三日丙子　早，上率诸王、贝子、公等，内大臣、大学士、都统、尚书、精奇尼哈番、侍卫等，庆贺皇太后圣诞，礼毕，回宫。

巳时，上诣太皇太后、皇太后宫问安。

本日起居注官严我斯、阿山。

初四日丁丑　辰时，上御乾清门，听部院各衙门官员面奏政事毕，部院官员出。大学士、学士随捧折本面奏请旨。为福建水师提督施琅奏请自行进剿台湾事。上曰：“进剿台湾事宜，关系甚重。如有机会，断不可失，必当度势乘机，即图进剿。这所奏着议政王、大臣会议具奏。”

又大学士等奏曰：“臣等遵谕同三法司会议，强盗皆系劫掠良善为恶之徒，如不置之重典，则匪类无所畏惧。欲求澄清本源之道，又无良策，惟厚其风俗，崇尚节俭，庶几盗风可息。”上曰：“强盗罪案，关系人命。尔等会同九卿，务求宁息盗贼以安良民之处，详议具奏。”

未时，上御景山内前殿，赐进贡科尔沁国和硕卓礼克图亲王都尔巴、一品台吉白希等，阿霸垓多罗都棱郡王沙克沙僧格，喀尔喀部落一品台吉吴都等，扎赖忒部落四品台吉额白特等，苏尼忒部落一品台吉巴塞等，翁牛忒部落三品台吉阿尔善，克什克屯一品台吉阿育锡等，土默特部落三品塔布囊赛音图，吴喇忒部落四品台吉顾希等食。

本日起居注官葛思泰、严绳孙。

初五日戊寅 辰时，上御乾清门，听部院各衙门官员面奏政事。兵部引见保举关差官员五人。上曰："图尔宸等四人职名，着交与内阁。达汉泰不准保举，着另拟引见。"谕毕，部院官员出。

大学士、学士随捧折本面奏请旨。为广西提督赵应奎告病乞休事。上曰："前吴三桂叛逆时，各处乘势震动。是时，赵应奎以一副将孤身坚守袁州，于是众心始帖服。袁州系紧要城池，倘或失陷，江西全省恐亦难保。此人功绩甚大，朕闻其病势危笃，深为悯恻。着降优旨。赵应奎子督捕理事官赵衍祥着驰驿往省其父，以见朕优恤至意。"

巳时，上御乾清宫，讲官牛钮、陈廷敬、孙在丰进讲：六二或益之十朋之龟二节、六三益之用凶事二节。

午时，上御瀛台、紫光阁，亲试中式武举骑射。召读卷官大学士勒德洪、明珠等同观毕，又试步箭。内武举徐启瑞射五箭不中的，上命衣都额真夸子教之，余四箭连发俱中。

酉时，上回宫。

本日起居注官常书、曹禾。

初六日己卯 辰时，上御乾清门，听部院各衙门官员面奏政事毕，部院官员出。大学士、学士随捧折本面奏请旨。为议政王、大臣会议准提督施琅请自行进剿台湾事。上曰："尔等之意何如？"大学士明珠奏曰："若以一人领兵进剿，可得行其志。两人同往，则未免彼此掣肘，不便于行事。照议政王所请，不必令姚启圣同往，着施琅一人进兵，似乎可行。"上曰："然。进剿海寇关系紧要，着该督、抚同心协力，趱运粮饷，毋致有误。前经姚启圣题定武弁功罪条例，着专交施琅遵行。"上又曰："闻海寇较前衰微已甚。"明珠奏曰："据姚启圣奏称，海寇愿剃发归诚，照朝鲜、安南入贡。揆此，可见郑锦已死，贼无渠魁，势必衰微。"上曰："海寇固无能为，郑锦在时，犹苟延抗拒。锦死，首渠既除，余党彼此猜疑，各不相下，众皆离心，乘此扑灭甚易，进剿机宜不可停止。施琅相机自行进剿，极为合宜。"

又兵部题补康亲王长史，以散骑郎纳亲拟正，一等护卫苏弘则拟陪。上曰："纳亲朕知其人。前同经略莫落往保宁，甫至汉中，托病规避不前，此人朕心甚为不足。彼时事未显露，故未加谴责耳。长史之职尤属紧要，将来即可升副都统、护军统领、都统员缺。如此等规避之人，其可用耶？尔等将此本发还兵部，另推具奏。着以朕旨传谕康亲王知之。"

又内阁题叙纂修太宗文皇帝实录官员。上曰："实录关系大典，理应优叙。但前此纂修世祖皇帝实录时，将在外人员滥用纂修，俱经议叙优用。朕观所用之人优者颇少。如张万禄、阿希潭等文义尚不通晓，苟且塞责，俱在纂修之列，已经优叙。此番议叙内恐亦有如此等者。尔等确议具奏。"明珠奏曰："此番与纂修缮写者无此等人，所用止臣衙门与翰林院官员及笔帖式等。且臣衙门中书各员俱已开缺。查纂修世祖皇帝实录官员，现任者各加一级食俸，开缺者优用，此番臣等亦援此例。"上曰："尔衙门仍会同翰林院议奏。"

上又以免死之猴成德谓阁臣曰："此非悖逆之人乎？"明珠奏曰："皇上洞鉴甚悉。"上曰："猴成德不可留此，遣发宁古塔、乌喇，置之极苦之地。如王继祯、杨来嘉等，已经一一发遣矣。"明珠奏曰："此辈皆悖逆义理者，诚圣世所不容，得免一死幸矣！"

午时，上幸瀛台、紫光阁，亲试中式武举步射、开弓、舞刀、掇石，召读卷官大学士勒德洪、明珠等同观。上乃亲射，命侍卫皆射。又命大理寺卿张云翼、翰林院侍读学士孙在丰同射，在丰中二矢。复命中式武举王继先、徐启瑞、郑继宽、李英秀、王桓、邵登云等射，并试骑射。

申时，上回宫。

酉时，上御批本房，读卷官大学士勒德洪等捧卷进呈，学士张玉书以公拟前八名卷呈御案前。上取拟第一卷亲阅，问其文能详对否。大学士李霨奏曰："题中恤兵、弭寇、靖海三段尚能分晰条对。"张玉书奏曰："他卷多泛说，此卷尚有实讲利弊之处。"上览至后幅，称善。又问诸卷中有言海寇当剿者否。玉书奏曰："言当剿者亦多，但无甚方略耳。"上览毕，曰："此必南人。"及拆阅，为许廷佐，果江南徽州府人也。嗣拟第二、拟第三卷皆呈览毕。上曰："向来考武皆以弓马技勇为主。两日所试，王继先、徐启瑞、郑继宽步骑射甚佳，可将其卷检出。”翰林院学士牛钮随取三卷进呈。上览王继先卷毕，曰：“于策问未能详对。”又命学士张玉书覆阅。玉书奏曰：“所言文武并重，与题未合，而文气亦尚清通。”上曰：“伊等能记诵敷衍，即为通晓文义之人矣。”随亲批三卷为一甲三名。次又命检李英秀、王桓、邵登云卷。牛钮随检出进呈。上曰：“可与尔等所拟前三名卷相间填名次。”谕毕，命坐，赐茶。

又问大理寺卿张云翼：“能为文否？”云翼奏曰：“少时曾为八股文字。”又问：“汝父提督张勇亦谙文义否？”云翼奏曰：“略通文义。”又问：“近日有善书法者否？”诸臣奏曰：“无甚著名之人。”翰林院学士陈廷敬奏曰：“江南董文骥字甚佳。”上问：“视沈荃如何？”对曰：“与沈荃各成一种。”户部尚书梁清标奏曰：“文骥专学董其昌。”上问其履历。诸臣奏曰：“常州府人，原为御史外转。”问：“外转何时？”诸臣奏曰：“康熙六年间事。”上问：“曾补官否？”玉书奏曰：“因病未补官。”又问：“其人如何？”廷敬奏曰：“是一疏散之人。”玉书奏曰：“人实疏散，近年在家颇能读书。”奏毕，出。

本日起居注官孙在丰、朱马泰。

初七日庚辰　早，上御太和门，传胪第一甲第一名王继先、第二名徐启瑞、第三名郑继宽，二甲第一名许廷佐等二十七名，三甲第一名闵长宁等六十八名，赐武进士及第出身有差。读卷官大学士勒德洪等并执事各官及王继先等行礼毕，上回宫。

本日起居注官傅腊塔、朱彝尊。

初八日辛巳　辰时，上御乾清门，听部院各衙门官员面奏政事。少顷，上御保和殿，翰林院引见新科进士史夔等一百七十四人。上亲选史夔等三十二人为庶吉士。

午时，上诣太皇太后宫问安。

未时，上御景山内前殿，赐进贡喀喇沁部落多罗杜棱郡王扎西，苏尼忒部落一品台吉貌、四品台吉山第等，翁牛忒部落四品台吉阿尔马思等，四子部落四品台吉单霸等，吴喇忒部落三品台吉绰尔吉、四品台吉毕礼克图等，克什克屯四品台吉布淹图等，扎萨克四品台吉古鲁某色等，土默特部落三品塔布囊赛音兔等，喀喇沁部落三品塔布囊集翰、四品塔布囊巴达理等食。

本日起居注官阿山、归允肃。

初九日壬午 辰时，上御乾清门，听部院各衙门官员面奏政事。

巳时，上御乾清宫，讲官牛钮、陈廷敬、孙在丰进讲：六四中行告公从二节、九五有孚惠心二节。

少顷，上诣太皇太后、皇太后宫问安。

本日起居注官常书、汤斌。

初十日癸未 辰时，上御乾清门，听部院各衙门官员面奏政事毕，部院官员出。大学士、学士随捧折本面奏请旨。为监察御史王自修条奏，凡曾受伪职之人，已经补用及注册候补者，一概罢斥。吏部议覆准行事。上顾大学士等曰："此等人其可用耶？此议甚当，着依议。"

又为厄鲁特巴图鲁厄尔克济农将伊属下人等所盗马八百匹，已经尽力派马百匹送还，尚欠七百匹，实不能偿补，陈诉苦情具题。理藩院议所欠马匹，仍令赔补，其属下人等，照伊所行例处分事。上曰："巴图鲁厄尔克济农等自本地败窜，投至近边，未谙法令，迫于贫困，致盗马匹牲畜等物。今既以不能赔偿，苦情激切恳请，这应赔所欠马匹及处分，俱着从宽免。这一次仍行文，严加禁饬，此后不许违法肆扰。将文发与喇都虎，转行晓谕申饬。"

本日起居注官葛思泰、潘耒。

十一日甲申 辰时，上以定远平寇大将军贝子章泰、征南大将军都统赖塔自云南凯旋，率在京诸王、贝子、公等，内大臣、侍卫、八旗都统、精奇尼哈番、副都统、阿思哈尼哈番，及满汉大学士、尚书、侍郎、学士等官，出郊迎劳，越卢沟桥，驻跸西南。

十二日乙酉 上自驻跸所，率诸王、大臣等迎凯旋大师于二十里外。大师既至，列八旗大纛八杆，鸣号。上率出迎诸王、大臣等及凯旋贝子、大臣官员等拜天，行三跪九叩头礼。上御黄幄，大将军贝子章泰、大将军都统赖塔率凯旋大臣官员等，行三跪九叩头礼毕。上召贝子章泰近前，上亲抱见；次令都统赖塔进前，抱见。见毕，命贝子章泰近御座左侧坐，诸大臣官员依次列坐。其行间效力军士，亦依次列坐。赐茶毕，上还行宫。

未时，回宫。

扈从起居注官牛钮、陈廷敬。

十三日丙戌　辰时，上御乾清门，听部院各衙门官员面奏政事毕，部院官员出。大学士、学士随捧折本面奏请旨。为议政王、大臣会议赵良栋疏内有殷鉴不远一语，罚俸一年事。上曰："赵良栋赋性蹇傲，略识几字，每奏疏内妄引比拟。自谓云南、贵州等处地方，全赖伊力恢复，且伊抢掠地方百姓。既至云南，惟让赖塔而已，其余俱不在伊目中。此人若不加折挫，不知惩创。将原本发回，着再议具奏。议时，着革去总督。"大学士明珠奏曰："皇上所见甚悉。此人赋性实属残恶，不可不加惩创。俟从重拟议，加恩宽免，惟在皇上睿裁。"

巳时，上诣太皇太后宫问安。

是日，出征云南病故镶红旗都统赵廉，遣散秩大臣图尔巴；正蓝旗都统勒贝，遣和硕额驸纳尔杜；正监旗都统希扎保，遣散秩大臣桑格奠酒。

本日起居注官傅腊塔、王顼龄。

十四日丁亥　辰时，上御乾清门，听部院各衙门官员面奏政事毕，部院官员出。大学士、学士随捧折本面奏请旨。为兵部题补京口总兵员缺事。上问曰："开列候缺者为谁？"大学士明珠奏曰："现有李国梁、陈华。"上沉思良久，命补陈华。明珠奏曰："陈华系闽人，谙练水路，用之京口甚为惬当。"

又佥都御史徐旭龄条陈，各省驻防将军等官不许售买本地民人，其江宁等省缉盗官兵，应照良乡等处官员议叙处分。九卿会议准行事。上曰："此条陈准行极当。但官员售买民人，或千百余口不止，又在地方求情生事，恣意妄行。似此不行禁止可乎？至于兵丁贫人，概不许售买，如何得奴仆使用？有彼此愿为买卖者，仍应准行。"明珠奏曰："应将官员家人一并禁止。"上曰："尔等酌议再奏。"

又江南将军额楚以病请解任事。上曰："尔等云何？"明珠等奏曰："观其所奏，患病是真。"上曰："额楚是一旧将，又有劳绩，且着留任。"

又云南总督蔡毓荣请蠲荒地钱粮，以苏残民；又从贼虽受虚衔，未曾助逆者，应停迁移二事。上曰："云南官民并无可悯。如吴三桂稍能成事，则伊等岂非有功之人、效力之氓乎？蔡毓荣此奏明系市恩徇情，断不可准。"

未时，上御景山内前殿，赐进贡敖汉协理旗下事多罗郡王杉穆喷、阿禄科尔沁三品台吉达第巴等、巴林三品台吉扎克西第等、土默特部落协理旗下事一品塔布囊山达等、翁牛忒部落四品台吉他毕寨等、蒿齐特部落四品台吉阿喇纳等、鄂尔多斯部落四品台吉索那某等、克什克屯四品台吉代通等食。

本日起居注官朱马泰、徐乾学。

十五日戊子　早，上御太和门视朝。文武升转官员谢恩，次进贡厄鲁特部落噶尔当博硕克图汗来使卓礼克图温布等行礼，赐茶毕，回宫。

辰时，御乾清门，听部院各衙门官员面奏政事。议政王、九卿、詹事、科、道为会议强盗分别首从一案，前议遵旨，后议仍照现行例行事。刑部尚书郭四海奏曰："皇上好生如天，故欲将强盗分别首从，以寓哀矜至意，诸王及臣等皆以为可行。惟汉户部尚书梁清标等以为强盗原是凶恶不良之徒，若从宽典，恐盗案滋多。故后议诸臣再行面奏，伏候圣裁。"上问曰："尔等后议之意若何？"梁清标奏曰："皇上法外施仁，原属至美之事。但臣等以强盗皆系凶恶，难分首从。若行分别，有司反得上下其手。或罪果可矜，皇上间行宽免，则伊辈自感再生之恩。若预定一例，则伊辈将侥幸于不死，而愈恣为盗。"上曰："论理则强盗原无可宽之条。第朕见每岁盗案处斩甚多，而究其所劫之物甚微，岂尽甘于为盗，或亦饥寒所迫。朕心深为怜悯，思立一法以弭盗源，故与尔等商之耳。"左都御史徐元文奏曰："此等古来原不待教而诛，且免死发遣，州县起解，恐致累民。按律窃盗三次者，比照强盗例处绞，而强盗行劫，或两三次后发觉者甚众。今若从宽，是窃盗反重于强盗矣。"礼部尚书吴正治奏曰："盗案有云南、贵州等远省者，若行发遣，恐强盗家口中途毙命者必多。"上曰："尔等所言极是。"吏科给事中王承祖、河南道监察御史唐朝彝出班奏曰："臣等口奏恐不能详尽，谨具公疏，伏候睿鉴。"上颔之。九卿等出。

上随谕起居注掌院学士牛钮曰："直省盗案每岁处决甚多，朕心不忍，故止传口谕与诸臣商议，不令具本，原非必行之意。适九卿所奏极是。尔可将朕旨传谕之。"大学士、学士随捧折本至御前，上将科、道公疏详阅毕，顾谓大学士等曰："强盗本应处死，朕欲于应死之中求可生之道，故令九卿详议。顷九卿所言及科、道公疏皆是。但诸臣之意已尽于口奏，疏亦可以不必矣。尔等可发还之，并传谕九卿，共悉朕意。"

谕毕，大学士、学士将折本请旨。为兵部题副都统孙塔哈纵兵抢掠民物，议降四级调用事。上曰："孙塔哈系苏禄马把图鲁之子，闻其材力壮健，为人亦优。可问贝子章泰、都统赖塔，其为人果何如，此事实否，着贝子等据实直奏。若事迹不甚明白，遽行罢斥，似觉屈抑，且人材亦可惜耳。"

本日起居注官牛钮、王鸿绪。

十六日己丑 辰时，上御乾清门，听部院各衙门官员面奏政事毕，部院官员出。大学士、学士随捧折本面奏请旨。吏部为大学士图海员缺，请旨开列事。上曰："大学士职掌最为紧要，必得重厚公平之人方能胜任。朕于诸臣内尚未思得称此任者，且着候旨行。"

又为大学士冯溥员缺，请旨开列事。上曰："汉尚书内黄机、吴正治持重老成，人品甚佳。为内大臣者必以少交游，不生事者为善。梁清标、魏象枢、徐元文其人俱有才，不能如黄机等之浑厚。黄机年高，稍觉衰弱，今且用之，如其力不能胜，再予告可也。黄机、吴正治着补大学士。"

又题补兵部尚书事。上曰："杭爱历任年久，为人亦优，以之补授何如？"大学士勒德洪、明珠奏曰："杭爱历年甚久，人才果优，补授此缺最为允当。"上曰："杭爱着补兵部尚书。"

又湖广巡抚王新命荐举武昌道卢崇兴等五员事。上曰："荐举之典，本为人劝。这所荐钱永朕素知之，实非贤而当举之人，其余朕皆不知。由此观之，凡各处荐举之中，不能必其尽无偏徇也。尔等可将此荐举内人，再行详究具奏。"

谕毕，大学士勒德洪等奏曰："昨将圣谕传与九卿，皆云皇上纳言如流，臣等不胜欢庆。"上曰："朕前所谕欲于应死之中求可生之路，故令诸臣会商至当，原非必以为当然也。汉九卿两番执奏甚善。凡事既知其理，即能如此力行，何事不治？若但顺从，不复察理，岂不负朕委任耶？尔等将朕旨传谕九卿，皆令知之。”

午时，上诣太皇太后、皇太后宫问安。

本日起居注官阿山、秦松龄。

十七日庚寅　辰时，上御乾清门，听部院各衙门官员面奏政事毕，部院官员出。大学士、学士随捧折本面奏请旨。为吏部议工部估价浮多，将尚书萨木哈等分别降革事。上曰：“此案工部估价浮冒，屡次驳令核减，乃不加详核，减价无多。及另差官制造，比原估价值节省过半，则该部冒估情弊显然可见。这所议尚轻，不合。着再严加议处具奏。”

又谕大学士等曰：“今九卿等议覆河工事，尔等且留此，共相商确。”九卿、詹事、科、道官员进奏河工事。上曰：“河工关系国计民生，甚为紧要，朕时时在念。今尔等所议若何？”工部尚书萨木哈等奏曰：“总河靳辅已经革职，本内各款应行处分者，俱无容议。其萧家渡决口，应令靳辅赔修。”上曰：“修治河工所需钱粮甚多，靳辅果能赔修耶？如必令赔修，万一贻误漕运奈何？朕思河工一事，治淮尚易，黄河身高于岸，施工甚难。先是崔维雅条奏二十四款，朕初览时，似有可取，及览靳辅回奏，则崔维雅所奏事宜甚属难行。尔等可有定见良策否？”户部尚书伊桑阿奏曰：“靳辅身任河工已经五六年，必有确见，似宜令其来京面奏，再行详议定夺。”大学士明珠等奏曰：“靳辅历任既久，所见必真，来京往返不过月余，自可不误河工。”上曰：“然。这本姑留内阁，俟靳辅来京，尔等会同再行确议具奏。”

本日起居注官傅腊塔、严我斯。

十八日辛卯　辰时，上御乾清门，听部院各衙门官员面奏政事毕，部院官员出。大学士、学士随捧折本面奏请旨。为议政王、大臣等会议，吴丹迟延，失救永宁，应革去护军统领、佐领，抄家，鞭一百，不准折赎，其未分家之子一并入辛者库；鄂克济哈既失救永宁，又将所分建昌失陷，应革去头等侍卫，抄家；赵良栋应革将军、总督事。上曰：“吴丹、鄂克济哈之罪相同，无甚分别，吴丹所议稍过。吴丹着免入辛者库、鞭责，与鄂克济哈一例定罪。赵良栋首先进取汉中、四川，著有功绩，着宽免革职，补銮仪卫銮仪使。至赵良栋之罪，不止于此。伊每参人抢劫良民，却自纵兵掠民，又擅责满洲护军，若将此等事深究，其罪尚重。但朕欲始终保全功臣，故概行宽赦。”大学士李霨、王熙奏曰：“皇上如天地宽容，保全功臣，古来所少。”

巳时，上御乾清宫，讲官牛钮、陈廷敬、孙在丰进讲：上九莫益之二节。孙在丰奏言：“为人臣者长国家而务财用，其害已不可胜言。况于专利于己，上则病国，下则病民，为害甚大，法所不宥者也。”上曰：“此言诚然。但人情莫非为利者。”陈廷敬奏曰：“圣人最恶言利之臣。尝言，与其有聚敛之臣，宁有盗臣。聚敛之臣其害更甚于盗，以其病民、病国，所以恶之深，屏绝之弗用也。”孙在丰奏曰：“正人君子正其谊，不谋其利，乃所以利国、利民也。”上曰：“正论自是如此。”又讲：夬扬于王庭一节。

午时，上诣太皇太后、皇太后宫问安。

未时，上御教场，赐进年贡喀尔喀部落车臣汗下来使察汉恩忒格尔拖等、扎萨克厄勒克岱青诺颜下来使诺穆齐等、柰曼部落辅国公格勒尔、吴喇忒部落三品台吉塞布屯等食。

本日起居注官陈廷敬、常书。

十九日壬辰　辰时，上谒孝陵，由东华门出东直门，驻跸三河县河东。通州总督仓场户部侍郎喀尔兔、马汝骥等，通州道霍炳、副将郭惠等，顺义县驻防防守尉巴郎、三河县驻防协领纳冷格、三河县知县余学昌等来朝。

是日，部院本章交与内阁。

本日起居注官朱马泰、曹禾。

二十日癸巳　上驻跸蓟州。是日，蓟州知州王彦宾、都司茹罴等来朝。

二十一日甲午　上驻跸黄崖营东刘家庄。

二十二日乙未　上驻跸石门驿西。

二十三日丙申　早，上御行幄，扈从大学士勒德洪，学士阿兰泰、金世鉴捧折本面奏请旨。为礼部题原任巡抚金俊母陈氏先封一品夫人，应照所封品级与祭一次。上曰："金俊广东居官甚为不善，闻尚之信家诸项财物伊设方侵取甚多。虽有照品与祭之例，但其母原照伊官得封，不宜按例与祭。这本且留，俟回京再行详议。"

又请定原任刑部侍郎叶方蔼、阵亡原任护军参领赠副都统阿尔赛谥名。上曰："谥典甚有关系，必与其人功绩相符，予谥始当。若并无功绩，即行予谥，或功绩平常，予谥过当，则优劣不分，无以为效力者劝。叶方蔼予谥文敏，阿尔赛予谥壮愍。"

少顷，上率内大臣、侍卫诣孝陵，行三跪九叩礼毕，三奠酒。内大臣、侍卫随后行礼。上哭，众皆哭。又诣皇后陵，三奠酒。上哭，众皆哭。

是日，上驻跸汤泉。遵化州知州韦国佐、游击赵温等，守罗文峪口守御萨海等来朝。

二十四日丁酉 早，上亲诣孝陵，照四时大祭礼，读祝祭奠。

是日，上驻跸汤泉。

二十五日戊戌 照祭孝陵礼，遣大臣祭皇后陵。

是日，上驻跸冷嘴头。

二十六日己亥 早，上御行幄，大学士、学士捧折本面奏请旨。为户部议开浚黄河，盱眙县民余有霞田三顷有余被挑，请将二十一年应征钱粮蠲免。上曰："所免钱粮数目虽少，但浚河数年，并未有被挑田地蠲免钱粮之处，何此三顷独被挑耶？若此后各处俱以浚河被挑为辞，频请蠲免，所免必致渐多，此事必有他故。目今总河靳辅即至，俟伊至，询问便知其故。这本着依议。尔等并记之。"

又礼部请旨原任都统季哈里应否予谥事。上曰："凡有劳绩者酌量予谥，则谥号始与劳绩相符，可以鼓励后人。季哈里任都统未久，无甚劳绩，不必予谥。"

又刑部题审谭第晋、谭第升、谭第兴等，当谭弘反叛时，避入山林，后于军前投诚，俱应无庸议。上曰："伊等不从谭弘为恶，且来军前投诚，理应免议。但谭氏在四川年久，不可使之仍居彼省，应迁之别地。这本且留，俟回京再行启奏。"

是日，上驻跸罗文峪口内。

二十七日庚子 上出罗文峪口，驻跸拦羊口。

二十八日辛丑 上驻跸拦羊口。

二十九日壬寅 早，上御行幄，大学士、学士捧折本面奏请旨。为吏部议窃去官木，将郎中朱臣等分别罚俸事。上曰："朱臣身为监工之官，其家人偷盗官木，全无觉察，伊所司何事？此等若行宽宥，此后人员必致懈弛。这所议尚轻，着再议具奏。"

又议镇江府知府高龙光不将丁忧知县卞三锡久不归旗缘由查报，照例罚俸六个月。上曰："卞三锡丁母忧解任，不即回旗终丧，迟延时日，深为不合。高龙光着依议。卞三锡俟该抚题参到日，议罪具奏。"

又工部销算宁寿宫工价事。上曰："此系禁内之地，朕所悉知。添造房屋不多，紫禁城内又不筑地基，何用钱粮如此之多？这所用数目太浮。内务府衙门官员原系一同监工，着都察院会同内务府，察明详议具奏。"

是日，上驻跸龙湾地方。

三十日癸卯 上入龙井关口，驻跸汉庄城西。是日，三屯营副将黄国昌等、喜峰口驻防守御伍什等、松棚路都司金英等来朝。

十一月

初一日甲辰 上驻跸澈河西。

初二日乙巳 早，上御行幄，大学士、学士捧折本面奏请旨。为吏部题郎中图鼐现议革职，交刑部。其差往湖广采取楠木、杉木，应令工部另差官员事。上曰："图鼐虽现以他事议处，但尚未定罪，不必另拟别员。图鼐着戴罪前往采取。"

又宁古塔将军巴海等题请克衣克里氏族长库里哈等每家给牛一只，准其买人，户部覆不准事。上曰："伊等与前时不同，前者所居去境辽远，未被教化，今已迁移近境，岂可仍前视之乎？理应准其买人，给与牛只。着该部再议具奏。"

是日，上驻跸三屯营城南。三屯营副将黄国昌、守备王喜泰来朝。

初三日丙午　上驻跸金山寺。

初四日丁未　上驻跸汤泉。

初五日戊申　早，上御汤泉后殿，大学士、学士捧折本面奏请旨。为监察御史徐廷玺条奏，京通各仓坐粮厅监督，请选廉能司员差遣，户部议准行事。上曰："各部所设司官俱有应理之事，若屡屡选择廉能，反滋烦扰，无益实事。此差用户部官员行之已久，不应兼遣别部官员，频更定例。况选择廉能官员止可间或奉旨行之，不当以为定例。若行为定例，日久便为无用之举矣。着仍照现行例行。"

是日，上驻跸汤泉。

初六日己酉　上驻跸汤泉。

初七日庚戌　早，上以回京，诣孝陵三奠酒。内大臣、侍卫、部院三品以上官员随行礼。上举哀，众皆举哀。随诣皇后陵，亦奠酒举哀。

是日，上驻跸孙家庄。遵化州知州韦国佐、游击赵温来朝。

初八日辛亥　早，上御行幄，大学士、学士捧折本面奏请旨。为吏部议，监察御史堪泰题参罗文瑜，不用火牌，及回奏又不将伊原有火牌之处声明，不合。应降二级调用，但有所加十二级，应销去加二级，免其调用。上曰："该部不将徐元文原参堪泰徇庇巧饰之处详察议处，但将堪泰题参罗文瑜不用火牌草率具议，明系徇情。堪泰与罗文瑜同城而处，巡抚相去数百里，堪泰乃专管之员，且又同城，并不题参，闻巡抚具疏，始行题参，非巧饰而何？该部明知此等情节，舍其应得之罪，但欲从轻结案，只将不用火牌之处议拟，殊为不合，着再议具奏。"

又礼部题明安南国进贡金银器皿，与本内所开数目短少事。上曰："外国进贡之物原不足重，但嘉其诚意而已。金银器皿短少乃是小事，外尚有香等各种皆非可用之物。物既无用，照所贡尽数收之，恐外国轻视中国，以为可欺。且驿递传送，亦属烦苦。此本俟回京详议。"

是日，上遣领侍卫内大臣噶都、福山、索额图及每旗侍卫各十人，诣纯亲王墓奠酒。

上驻跸邦均南。

初九日壬子　三河县驻防协领纳冷格、三河县知县余学昌等，通州总督仓场户部侍郎喀尔兔、马如骥等，通州道霍炳、副将郭惠等来朝。

午时，上由东直门进东华门，诣太皇太后、皇太后宫问安。

少顷，上率内大臣、侍卫，临章皇后母佟夫人觉罗氏丧，三奠酒举哀毕，回宫。随遣总管内务府噶鲁、费扬古，衣都额真罗奇，一等侍卫噶汉泰、黄海，二等侍卫海青，蓝翎侍卫萨穆哈，赐银一万两、缎百匹、鞍马十匹。

扈从起居注官牛钮、葛思泰。

初十日癸丑 辰时，上御乾清门，听部院各衙门官员面奏政事毕，部院官员出。大学士、学士随捧折本面奏请旨。为吏部题补兵部尚书员缺，开列左都御史徐元文等。上曰："兵部事体甚要，朕观诸侍郎中无允协此任者。若将魏象枢转补，则刑部事亦属紧要。朱之弼现在议处。浙江总督李之芳劳绩懋著，居官甚佳，以伊补授何如？"大学士勒德洪等奏曰："李之芳在行间甚有劳绩，居官诚佳，以之补授，实为允当。"上曰："李之芳着升补兵部尚书。"

又题补总督仓场侍郎员缺，开列学士萨海等。上曰："仓场衙门事虽不多，是一弊薮，此缺应选择补授。朕观沙赖为人谨慎，亦能办事。"大学士明珠奏曰："沙赖谨慎，操守亦佳。仓场、坐粮厅是众弊之窟，必得操守清白、实心办事者，方免留难侵克诸弊，使粮米一到即收，速令回空，不致迟误漕运。"上曰："库勒纳恪谨有才，将此二人补授，于事有益耶？"明珠奏曰："皇上所见极是。以之补授，实为有益。"上曰："沙赖着以吏部侍郎管仓场侍郎事。"

又礼部题，原任广东巡抚金俊之母已封一品夫人，应照例赐祭一次。上曰："金俊在广东为官甚劣，且将尚之信家产多侵欺入己，伊母何必赐祭？"明珠奏曰："臣等佥以金俊居官不善之处，另行处治，赐祭是朝廷教孝之典，似应照例给与。"上从之。

又兵部题议政王等会推镇守西安等处将军员缺，正拟正红旗满州都统希福，陪拟镶蓝旗护军统领额黑纳。上曰："西安地方甚要。此会推者，尔等之意如何？"明珠奏曰："希福为人尚优，但遇事犹豫，缓于决断。议政王等因伊屡在行间，又曾在陕西用兵，年力强壮，故尔推拟。"上曰："右翼都统内以彼为优，其喇赛亦系甚优，但未知军机案内亦有相碍否？"明珠奏曰："喇赛为人甚优，惟守永兴案内现在取供。"上曰："永兴不破，实由伊固守，伊有何罪？其年几何？"学士萨海奏曰："喇赛六十七岁。"上曰："希福人优，且年力强壮，着补西安将军。"

又都察院为修理盛京八门城楼估价浮多，将盛京工部侍郎廖旦革职，郎中图尔祜、员外郎刘玺革职交与刑部。上曰："廖旦所估尽行拆去重修，党古里等所估不拆毁，量行修理，故致工价悬绝。然廖旦等所估亦属太浮。廖旦着降五级留任，图尔祜等着革职，免交刑部。"

又吏部为修造六宫宝座等项估价浮冒，将工部尚书萨穆哈、朱之弼，侍郎党古里革职；司官图鼐等并承修郎中雅图革职交与刑部。上曰："萨穆哈等亦着降五级留任，图鼐等着降五级调用，雅图着革职。"

本日起居注官阿山、潘耒。

十一日甲寅　辰时，上御乾清门，听部院各衙门官员面奏政事。

本日起居注官陈廷敬、傅腊塔。

十二日乙卯　辰时，上御乾清门，听部院各衙门官员面奏政事。户部官员进奏毕，上问差往催趱漕船郎中色克、鄂齐礼曰："漕船已至何地方？"色克等奏曰："头帮船只已抵通州，有已经交米者，有未经交米者，尾船亦抵杨村。"上问曰："漕船行无误否？"色克等奏曰："前，初三夜风起河冻，凿冰行船，稍觉危险。"上曰："初九日朕自通州渡河，并未见河冻。向来小雪时，河始冻，大雪时冰方坚。今年天气和暖，尔等系部中拣选委任之官，诳称河冻何也？"色克等奏曰："河湾向阴之处已冻，河身尚未全冻。但凿冰运行实难，臣等何敢诳言？"奏毕，叩头至再。上曰："朕言果不然耶？尔堂官三人即驰往察看。如虚，立行纠参。"谕毕，户部官员出。

大学士、学士随捧折本面奏请旨。为福建提督标下游击郭成龙在海澄被贼擒去，后弃妻子来归，兵部以郭成龙有玷官箴，议革职事。上曰："郭成龙并非出征之官，固守海澄，陷贼被擒，此人并未受逆职，弃其妻子奔回，可嘉，何罪之有？着该部再议。"

上又顾大学士勒德洪等谕曰："适据催趱漕船户部司官色克等称，通州运河冰冻。昨尔等扈从亦自通州回，河曾冻否？此与运丁伙同作弊，相沿积习，明属欺诳。如是则回空船只，无日可回也。学士阿兰泰，尔与户部堂官前往公同察看。此等必加重惩，庶回空无误，而民生不至困累矣。”

本日起居注官朱马泰、汤斌。

十三日丙辰 辰时，上御乾清门，听部院各衙门官员面奏政事毕，部院官员出。大学士、学士随捧折本面奏请旨。为议政王、大臣会推江宁驻防将军事。上曰：“护军统领瓦岱谨慎老成，效力行间，著有劳绩。这员缺着补授。”

又礼部议覆安南职贡等事。上曰：“远人职贡，驿递劳扰，况所贡多无益之物。应否酌减，着该部再议具奏。”

内阁大学士、学士、九卿、詹事、科、道会议总河靳辅河工事宜，覆旨。上命靳辅口奏。靳辅奏云：“臣受河工重任，不敢不殚心尽力，冀有奏绩之日。今萧家渡工程，至来岁正月必可告竣。其余河堤，估计银两若得一百二十万，逐处修筑，可以完工。”上曰：“尔从前所筑决口，杨家庄报完，复有徐家沟，徐家沟报完，复有萧家渡。河道冲决，尔总不能预料。今萧家渡既筑之后，他处尔能保其不决乎？前此既不足凭，将来岂复可信？河工事理重大，乃民生运道所关，自当通盘打算，备收成效，不可恃一己之见。”靳辅奏云：“总之，人事未尽。若人事既尽，则天事亦或可回。”上曰：“前崔维雅条奏等事，亦有可行者否？”靳辅奏云：“所奏起夫挑浚，每日用夫四十万，自各省远来，尤为不便，必不可行。”又称：“河堤以十二丈为率，亦不便行。河堤须因地势高下，有应十五丈者，有应七八丈者，岂能一概定其丈尺？”上曰：“崔维雅所奏无可行者。”九卿、科、道各官同靳辅俱退。又顾大学士等曰：“靳辅胸无成算，仅以口辩取给，且执一己之见，所见甚小，其何能底绩？”大学士勒德洪等奏云：“诚如圣谕。”上曰：“海运可行与否，再着九卿、科、道议奏。”

未时，上御景山前殿，赐进贡翁牛忒部落多罗都棱郡王毕里衮达赖、科尔沁国一品台吉即里地等、柰曼部落多罗塔鲁罕郡王鄂齐里、扎鲁特部落多罗答尔罕贝勒巴达礼、阿霸垓四品台吉衮车克等、克什克屯四品台吉丹达等、扎赖忒部落二品台吉古鲁思喜布等食。

本日起居注官常书、孙在丰。

十四日丁巳　辰时，上御乾清门，听部院各衙门官员面奏政事。

巳时，上御乾清宫，讲官牛钮、陈廷敬、孙在丰进讲：象曰夬决也二节、象曰泽上于天一节。

本日起居注官牛钮、崔蔚林。

十五日戊午　早，上御太和门视朝。文武升转官员谢恩，次进岁贡喀尔喀部落土谢图汗下墨尔根巴图尔等行礼，赐茶毕，回宫。

辰时，上御乾清门，听部院各衙门官员面奏政事毕，部院官员出。大学士、学士随捧折本面奏请旨。为吏部题补工科给事中员缺，正拟员外郎敖通，陪拟戴都。上曰："伊等何如？"大学士勒德洪等奏曰："此二人俱平常。"上曰："此缺着另拟具奏。"

本日起居注官葛思泰、王顼龄。

十六日己未　辰时，上御乾清门，听部院各衙门官员面奏政事。

巳时，上御乾清宫，讲官牛钮、陈廷敬、孙在丰进讲：初九壮于前趾二节、九二惕号二节。

本日起居注官蒋弘道、阿山。

十七日庚申　辰时，上御乾清门，听部院各衙门官员面奏政事毕，部院官员出。大学士、学士随捧折本面奏请旨。事毕，大学士、学士复同查看河工户部尚书伊桑阿等启奏海运事。伊桑阿奏曰："黄河运道非独有济漕粮，即商贾百货皆赖此通行，实国家急务，在所必治。至海运先须造船，所需钱粮不赀。而胶莱诸河停运年久，谅已淤塞。若从事海运，又当兴工开浚，其费益大。据臣等之议，似属难行。"上是之。

是日，赐江南京口右路水师总兵官陈华鞍马一匹。

本日起居注官傅腊塔、王鸿绪。

十八日辛酉　辰时，上御乾清门，听部院各衙门官员面奏政事毕，部院官员出。大学士、学士随捧折本面奏请旨。为广东琼南海洋杀败贼众，恢复城池，兵部议叙提督侯袭爵加五级充左都督；总兵官蔡璋加八级，准给拖沙喇哈番事。上曰："侯袭爵等不能预防海寇，致其占踞城池，无罪足矣，何功之有？这议叙太过，着严责，拟票来看。”

巳时，上御乾清宫，讲官牛钮、陈廷敬、孙在丰进讲：九三壮于頄二节、九四臀无肤二节。

本日起居注官朱马泰、徐乾学。

十九日壬戌　辰时，上御乾清门，听部院各衙门官员面奏政事毕，部院官员出。大学士、学士随捧折本面奏请旨。为吏部题浙江总督员缺，开列吏部侍郎张士甄等。上曰："山东巡抚施维翰居官颇优，以此人补授何如？"大学士明珠奏曰："适臣等众议，以施维翰、余国柱居官甚优。如皇上问及，即以此二人荐。"上曰："施维翰着补授浙江总督。"

又工部为修造漕船，开列尚书介山等。上曰："塞克德、马世济可乎？"明珠奏曰："此二人俱可，且都察院事务不烦，可以差遣。"上曰："着塞克德、马世济去。"

未时，上御保和殿，赐进岁贡土谢图汗来使墨尔根巴图鲁、请安来使赵忒巴，科尔沁国和硕土谢图亲王阿喇善、三品台吉色忒黑尔等，敖汉多罗郡王札木苏，土默特部落多罗塔尔汗贝勒厄尔特木图，阿霸垓四品台吉诺因鄂尔，札萨克一品台吉诺尔布，吴喇忒部落四品台吉沙里，札鲁忒部落四品台吉班第，盛京庙内喇嘛甘丹葛隆等食。

本日起居注官常书、归允肃。

二十日癸亥　上因有事于南郊，斋戒三日，不理政事。

午时，上诣太皇太后、皇太后宫问安。

本日起居注官葛思泰、秦松龄。

二十一日甲子　未时，上诣太皇太后宫问安。

本日起居注官牛钮、朱彝尊。

二十二日乙丑　早，上于保和殿视郊天祝版毕，回宫。

本日起居注官阿山、曹禾。

二十三日丙寅　早，上以冬至，亲祀天于圜丘毕，回宫。

本日起居注官朱马泰、潘耒。

二十四日丁卯　早，以冬至节，上率诸王、贝勒、贝子、公等，内大臣、大学士、都统、尚书、精奇尼哈番、侍卫等诣太皇太后宫行礼庆贺。

又诣皇太后宫行礼毕，回宫。

少顷，御中和殿，内大臣、侍卫，内阁、翰林、詹事府及执事等官行庆贺礼毕，上御太和门。诸王、贝子、公、文武官员等上表行庆贺礼，及进贡喀尔喀部落巴班等头目、厄鲁特部落温春等头目行礼，赐茶毕，回宫。

本日起居注官陈廷敬、常书。

二十五日戊辰 辰时，上御乾清门，听部院各衙门官员面奏政事。兵部官员进奏：议政王、大臣会议张家等口外一年两次行猎讲武折子。上曰："一次行猎，每佐领派护军三名、骁骑七名，甚多。若口外一时不得水草，不亦难乎？"尚书杭爱等奏曰："议政王、大臣曾议及此，但既为讲武，不便太少，在外分作两班行猎，亦不为多。口外地方水草似不缺少。"上曰："一年两次行猎，专为讲武，与行兵无异，校猎纪律自当严明。从前行猎之人，概令带旗，不许擅射。今既讲武，若概令带旗，不许驰射，何以习武？今此行猎，于三四人内，令一人带旗，其余俱令驰射。如此递换带旗，递换驰射，则均可练习武事。其导猎章京最为紧要，应于章京、侍卫内拣选才优者委之。其行猎纪律当作何严明，预令通晓，着议政王、大臣再议具奏。"谕毕，兵部官员出。

大学士、学士随捧折本面奏请旨。为兵部题正蓝旗蒙古都统员缺，开列护军统领觉罗夸代等职名。上曰："都统之职最为紧要，必得其人，方克胜任。"大学士勒德洪奏曰："夸代为人重厚，才具亦优。"上曰："夸代曾为侍卫，朕素知之，其人甚是糊涂，不堪补授此缺。已故勒贝本族世为都统，伊族中可有人否？"大学士明珠奏曰："勒贝之祖达尔哈额驸及父鄂罗色臣俱任都统，勒贝从护卫升授都统。今有勒贝之弟散骑郎鄂托浑为人亦优。"上曰："鄂托浑为人既优，着补授都统。"

又镶黄旗护军统领员缺，开列副都统觉罗席特库等职名。上曰："副都统巴图、护军参领苏尔达二人俱可用，尔等云何？"明珠奏曰："旋师诸臣俱称巴图为人壮健，多有效力之处。苏尔达原系望族，其人亦壮。酌量补授，出自睿裁。"上曰："巴图、苏尔达均有效力行间之处，且人俱壮健。着将巴图补授护军统领。"

本日起居注官沈荃、葛思泰。

二十六日己巳　辰时，上御乾清门，听部院各衙门官员面奏政事。

巳时，上御乾清宫，讲官牛钮、陈廷敬、孙在丰进讲：九五苋陆夬夬二节。

午时，上诣太皇太后宫问安。

本日起居注官傅腊塔、汤斌。

二十七日庚午　辰时，上御乾清门，听部院各衙门官员面奏政事毕，部院官员出。大学士、学士随捧折本面奏请旨。为吏部题工科给事中莫洛员缺，正拟员外郎班代，陪拟傅德。上曰："此正陪之人何如？"大学士勒德洪等奏曰："班代臣等知之未悉，傅德为人差可。"上曰："是。傅德曾在礼部，其人颇优。着补工科给事中。"

又贵州巡抚杨雍建进呈二十一年十月考试武举题名录。上曰："考试策题，应问时务关系紧要者。观所出题目，言大兵过往贵州地方，人民苦累，语含讥讽。若果有苦累民人之处，伊系地方大臣，何难指名据实陈奏？杨雍建彼时不明白具奏，但于考试策题内，隐寓毁谤讥讽之言，殊为不合！况考试关系甚大，从前并无题中含讽之事。此处尔等定议具奏。"

巳时，上御乾清宫，讲官牛钮、陈廷敬、孙在丰进讲：上六无号二节、姤女壮一节。讲毕，上顾讲官曰："从来君子得志犹能容小人，小人得志必不肯容君子。"牛钮等奏曰："诚如圣谕。"

午时，上诣太皇太后、皇太后宫问安。

本日起居注官牛钮、严绳孙。

二十八日辛未　辰时，上御乾清门，听部院各衙门官员面奏政事。

本日起居注官阿山、朱彝尊。

二十九日壬申　辰时，上御乾清门，听部院各衙门官员面奏政事。兵部官员为问取长沙军罪口供，具绿头签启奏。上曰："十七年三月初一日，在长沙攻战，朕知之甚悉。度其势，安亲王官兵与穆占官兵互相树敌。前穆占诣长沙，于三月初一日，率兵逼近长沙城池，逆贼出城，摆列挨牌鸟枪迎敌。我军前锋杀败逆贼，直抵城下，其护军、骁骑官兵已随尾前进。彼时报知安亲王，官兵不暇甲胄，或十或二十，不成队列随到，遂进我军阵所。长沙城间有一小河，我军临战时已被损伤，在河溺水阵亡者甚多。其故如此，这两路应分析问取口供。”谕毕，兵部官员出。

大学士、学士随捧折本面奏请旨。为吏部题补刑部侍郎员缺，开列应升官员职名。上曰：“学士萨海为人颇优，但随简亲王出征，所行无善状。身为参赞之臣，见华善、多诺救援永兴规避不前，不行纠参。凡遣内阁、翰林院官员随征，欲其规劝将军，酌议诸事，从来或得或失，功罪无与。若始终无一勤劳效谋，何所用之？这员缺，着将缘事降级解任侍郎及年久者查明来看。”

又议政王、大臣会议，原任广西巡抚陈洪明因不同将军莽吉图冲出，又将巡抚关防、敕书与贼，具启呈送吴三桂。应革职，永不叙用。上曰：“陈洪明为地方之官，非被标下官兵迫胁，又不与有父母妻子而忽遇变乱者比。广西反叛之后，朕以陈洪明旗下旧人，品行贞良，信其必无背叛，故简任巡抚，又召进赐食，再三申谕。陈洪明亦恳切遵领前往赴任。及至广西，并不践伊所奏之言，勉力图效。迨大兵出肇庆时，伊只身与莽吉图等同出，势亦不难，而乃故意推诿，规避迟留，几误莽吉图等军机大事。尚之信反叛时，伊既从贼，又巧饰呈送，启内有无奈投降，实非诚悃，焉敢畏避斧钺之语。揆此，启内岂无种种称颂之语乎？尚之信等乃反叛之人，其所奏本内，一味赞扬尚之信复有归正等语。原系本朝臣民，谓之归正，可乎？陈洪明反叛从贼是真，情罪殊为可恶，应行诛戮，更复何地可容其生！这所议甚轻，尔等将朕语批出，着再从重议处！”

本日起居注官朱马泰、归允肃。

三十日癸酉　辰时，上御乾清门，听部院各衙门官员面奏政事毕，部院官员出。大学士、学士随捧折本面奏请旨。为兵部题补贵州提督事。上曰：“贵州地方最为紧要，着将效力总兵官职名开列来看。”

又为骁骑吴格家奴四儿直进右翼门，又欲进内右门，被执，将四儿议立绞；掌钥匙护军参领洪海降一级，罚俸一年；该直委署章京二等侍卫和尚革职；护军萨哈连等枷号一个月，鞭一百事。上曰：“此案关系禁内，该直章京并护军等俱着依议。但四儿并不知晓，懵懂走进，若即处死，似属可怜。”大学士明珠奏曰：“圣谕极是。似可改秋后。”上曰：“俟三法司议奏，再行定夺。”

又刑部题，丘万邦等行劫刘承信家，前议将丘万邦等照律皆行立斩；后议以未经得财，应照白昼抢夺例定罪。但此案内伙盗王麻子、张二脱逃，俟严拿到日审明完结。上曰："尔等之意云何？"勒德洪、明珠等奏曰："虽未得财，已经伤人，前议似是。"上曰："朕看来后议为是。"李霨奏曰："前议照律，如此行之已久；后议虽亦引律，但未经有如此行者。似应仍令画一具奏。"上顾捧折本学士阿兰泰曰："尔意云何？"阿兰泰奏曰："圣谕极是。前议、后议皆属引律。人命所关，最为重大，似应详议定例，以便遵行。"上颔之。

上又顾大学士等问曰："军政内应去应留提督、总兵官，尔等曾议否？"明珠奏曰："臣等尚未阅看本章，故未经分别拟议。此内简任者多，应去者似少。"上曰："朕看来无一可去者，或立功军前，或虽经从贼，归诚之后立功抵罪，俱应留任。惟广东提督侯袭爵人才平常，并无效力之处，似应罢斥。"

未时，上御景山内前殿，赐进贡科尔沁国多罗郡王毕里克图、二品台吉莫隆泰等，扎萨克一品台吉诺尔布等，阿霸垓四品台吉喀尔马等，克什克屯三品台吉那木塔里等，翁牛忒部落三品台吉吴兰等，喀喇沁部落四品塔布囊希达，苏尼忒部落二品台吉巴查尔，扎赖忒部落四品台吉喀尔马等食。

本日起居注官严我斯、常书。

十二月

初一日甲戌 辰时，上御乾清门，听部院各衙门官员面奏政事。兵部官员进奏议政王、大臣会同定议行猎纪律折子。上曰："这所议兵数太多，驻营之地水草必致艰难。朕意一年派兵一万二千名，分为三班，一次行猎，拨兵四千，于四月、十月、十二月令其前往行猎。则兵数既少，水草易得，人马俱不致困乏。近见部院衙门官员不谙骑射者多，以前亦有派往出征者，此行猎亦着一并派出，令其娴习骑射。其余所议俱当。惟离诸王等十步内骑射者，所定处分例内，并未分晰响箭、兔义、大箭等名色，及射马者，令其赔马，着一并再议具奏。”谕毕，部院官员出。

大学士、学士随捧折本面奏请旨。为吏部题补刑部侍郎员缺，查将缘事降级、解任侍郎及年久郎中以上官员职名开列事。上曰：“此内年久者为谁？”大学士明珠奏曰：“布占、敖哈俱年久。”上曰：“巡抚内优者为谁？”明珠奏曰：“鄂恺前任吏部，为人颇优。”上曰：“杭爱亦优。”明珠奏曰：“诚如圣谕。”上曰：“敖哈既系年久，为人亦优，着补侍郎。”

又为题补工部汉侍郎员缺，开列内阁学士王守才等职名。上曰：“工部事务紧要，应加选择补用。此内谁为堪用？”明珠奏曰：“此开列内，惟候皇上选用。”上曰：“马世济颇优。”明珠奏曰：“臣等之意，学士金世鉴通达事务，为人亦优。工部事务既为紧要，金世鉴似属可用。”上顾汉大学士曰：“尔等云何？”李霨等奏曰：“金世鉴于事务果能通达。”上曰：“朕当思之。”

本日起居注官葛思泰、王项龄。

初二日乙亥　辰时，上御乾清门，听部院各衙门官员面奏政事。

本日起居注官蒋弘道、傅腊塔。

初三日丙子　辰时，上御乾清门，听部院各衙门官员面奏政事毕，部院官员出。大学士、学士随捧折本面奏请旨。为吏部议郎中色克、鄂齐里捏奏河冻，俱应革职交刑部事。上曰：“此二人办事皆有才，河道虽可通舟，亦有已冻者。这所议革职交刑部，特从宽免，着降二级留任。”

又靖逆侯张勇、湖广提督徐治都以军政自陈事。上曰：“张勇自逆贼变乱以来，镇守边疆，功绩懋著。徐治都竭力行间，剿除凶孽，历有勤劳。着票优旨留任。”

巳时，上御乾清宫，讲官牛钮、陈廷敬、孙在丰进讲：象曰姤遇也五节。

午时，上诣太皇太后宫问安。

本日起居注官牛钮、徐乾学。

初四日丁丑　辰时，上御乾清门，听部院各衙门官员面奏政事。

午时，上诣太皇太后、皇太后宫问安。

未时，上御保和殿，赐进贡厄鲁特部落噶尔党薄硕克兔汗来使卓里克兔鄂穆布、巴图尔伯克达喇汉豸桑食。命卓里克兔鄂穆布等至御座前，赐酒。

本日起居注官孙在丰、阿山。

初五日戊寅 早，上御太和门视朝。文武升转官员谢恩，次进年贡喀尔喀札萨克图汗来使达尔汉厄木齐等，札萨克墨尔根诺言来使吴喇代等、绰克图下诺尔布达尔汉等行礼，赐茶。召来使头目达尔汉厄木齐、吴喇代、绰克图下诺尔布达尔汉至阶下，赐茶毕，回宫。

辰时，上御乾清门，听部院各衙门官员面奏政事毕，部院官员出。大学士、学士随捧折本面奏请旨。为兵部题补福建同山总兵官员缺，或开列参领，或开列副将请旨事。上曰："目今进剿海贼机宜紧要，着该督、抚会同选择熟谙水路、素有才干者具奏。"

本日起居注官朱马泰、秦松龄。

初六日己卯 早，上率皇太子幸南苑。酉时，上回宫。

是日，部院各衙门本章送内阁。

本日起居注官常书、王鸿绪。

初七日庚辰 辰时，上御乾清门，听部院各衙门官员面奏政事。都察院进奏绿头签。上谕曰："尔衙门职司纠参，一应工程理应稽察。尔等虽云稽查，并未题参一人。"副都御史色克德奏曰："凡工作处，臣衙门官员尽心察勘，即砖瓦等项，一一数算，度量丈尺。所用倘有浮冒，臣等敢不参奏。"上曰："尔等今为宁寿宫奏请宽限，得非为若辈展脱之计耶？"左都御史噶尔图奏曰："臣等蒙皇上隆恩，在大臣之列，何敢徇情展脱？但在禁内一时难于估计，故尔请旨。"奏毕，都察院官员出。

大学士、学士随捧折本面奏请旨。为议政王、贝勒、大臣会议，原任广西巡抚陈洪明从贼，应革职立绞事。上曰："陈洪明前赴任时，朕召至乾清门。奏称，臣一介草茅，蒙皇上简任，务期勉效愚诚，以报知遇。及粤东被陷，朕尚意此人未肯从贼，必与莽吉图等脱离贼地，且彼并无父母妻子牵制之情，只身何难自拔？而乃深负国恩，受贼伪职，又具启与吴三桂，情殊可恶，理应正法。姑从宽免死，着流徙宁古塔，籍没家产入官。"

巳时，上御乾清宫，讲官牛钮、陈廷敬、孙在丰进讲：象曰天下有风姤一节、初六系于金柅二节。

本日起居注官傅腊塔、曹禾。

初八日辛巳　辰时，上御乾清门，听部院各衙门官员面奏政事毕，部院官员出。大学士、学士随捧折本面奏请旨。为江宁巡抚余国柱题请令江北回空漕船，于九月内抵河次；江南回空漕船，于十月内抵河次。户部咨行该督、抚会同总漕、总河确议具奏。上曰："回空漕船九月、十月起程，若及河冻，将如之何？"大学士明珠奏曰："圣谕极当。该部因此议令会同总漕、总河确议。"上曰："漕船关系紧要，着户部堂官一员前往会同该督、抚并总漕、总河确议，务使漕船永远通运，不致迟误，具奏以闻。"

又奉天将军安珠瑚题，管驿官王仁举买补马牛，价值浮多。彼时争买，以致价值腾贵，非平日可比。请准销算，兵部议准事。上曰："这所买马牛价值甚浮，此管驿官非先因节省驿站钱粮议叙之王仁举乎？"大学士勒德洪等奏曰："即此王仁举也，曾议叙加级。"上曰："今明知所买马牛价值过多，乃具呈请销，甚为可恶！着察议具奏。该部并不详加议减，竟照安珠瑚所题奏销，亦甚不合。着再议具奏。"

又宁古塔将军巴海等移咨，康熙十八年大修过二十二只大船，应于来年小修，所需铁料等项，俱令来年二月内送至，工部议准事。上曰："宁古塔地方与罗刹甚近，战船关系紧要，应遣堂官一员带领良匠前往修理。前投诚入旗林兴珠等系福建人，今着彼前往演习，庶有裨益。"明珠奏曰："诚如圣谕。谅林兴珠亦愿效力。"上曰："伊等前去操演，事竣即回，岂有不愿？此事着户、兵、工三部会同详议具奏。"

又为和硕安亲王岳乐因有军罪查议事。上曰："安亲王遣护卫呀图来奏，将三月初一攻取长沙我兵受伤情节，曾经口奏。其石匣失机缘由，亦未隐讳，据实奏闻。勒德洪、明珠、阿兰泰可诣会议处，将安亲王并护卫呀图传来，问明具奏。"

谕毕，上顾大学士等曰："我大祖、太宗抚定寰区，申严纪律，信赏必罚，以彰劝惩，故彼时将士争自奋力，所向奏功。后因衡州、福建、茅芦山之役，军罪稍为宽假，人情怠弛。故比年征剿逆贼，凡奏报功过，朕念国家军法从来严明，务加详确，屡降严旨，以至今日。今思军法固不可宽，功过自宜相抵。尔等云何？"明珠奏曰："各处将帅，蒙皇上指授方略，逆贼尽将殄灭。如今功过相抵，酌量轻重，分别议处，则众心无不欢忭。”上曰：“内有直抵云南，建立功绩，及虽未至云南，果立有大功者，准抵功过；其未至云南，与无功之人，仍照军法处分，庶人知劝惩。尔等可拟上传来看。”

午时，上御保和殿，赐进贡阿忒哈（敖汉）多罗郡王札木苏等、苏尼忒部落四品台吉打尔奇等、喀喇沁部落三品塔布囊班第等、札鲁忒部落四品台吉达喇马等食。

本日起居注官葛思泰、严绳孙。

初九日壬午 辰时，上御乾清门，听部院各衙门官员面奏政事毕，部院官员出。大学士、学士随捧折本面奏请旨。为兵部题补广东提督员缺，或开列副都统，或开列现任总兵官请旨事。上曰：“广东提督最为紧要，且关系海上事宜。江西提督许贞为人颇优，自变乱以来，勤劳懋著，着调补广东提督。江西系腹地方，提督员缺，着停其补授。”

又云贵总督蔡毓荣请禁民人及土司携藏兵器，并不许汉人货与彝人铅、硝、硫黄，部议允行事。上曰：“闻众土司人等全赖弩弓、长枪捕猎以为生计，今概行禁止，则土司俱失其生业。治民在于该管官员抚绥安戢，若不爱惜兵民，肆其残虐，民操白梃亦可作乱。尔等再加详议来奏。”

又兵科给事中姚祖顼条奏军政事。上曰：“言官条奏事宜，当指实陈奏。姚祖顼条奏军政本内，将武官比作狐鼠，殊失大体。尔等应详看申饬，将原本发还！”

本日起居注官崔蔚林、阿山。

初十日癸未 辰时，上御乾清门，听部院各衙门官员面奏政事。九卿会议云南总督蔡毓荣条奏土司事宜。上曰：“此内土司承袭事宜似属有理。昔吴三桂未叛时，构怨征讨水西，曾灭土司安鲲。其妻率其所属奔于乌蒙地方，后生子安世宗，今此子尚幼。朕观平越、黔西、威宁、大定四府土司，原属外彝，与民人不同，以土司专辖方为至便。”大学士明珠奏曰：“蔡毓荣疏称土司人常重其官长子嗣。”上曰：“大兵进取云南，此土司曾前来接济，著有勤劳。尔等可传出征大将军贝子章泰、都统赖塔等询问情形来奏。”

本日起居注官陈廷敬、朱马泰。

十一日甲申 辰时，上御乾清门，听部院各衙门官员面奏政事。户部会同内务府御马监议山海关外大凌河地方展拓牧场事。上问曰："尔等所看牧地内有民田否？"管牧御马侍卫马锡奏曰："圈内亦有民田。"上曰："民居村落若何？有坟茔否？"锡奏曰："每村或十数家，或二三十家，共有六十余村，居住年久，亦有坟茔。"上曰："小民居住年久，坟丘已成，今若圈为牧场，遽令迁移，必至失所，朕心不忍，应将民地尽行开除。尔等可再议具奏。"户部等衙门官员出。

大学士、学士随捧折本面奏请旨。为兵部议拣选王训等既已回京，照原职行走。其各省选去坐名现任副将、参将等官，亦应回京，各令随本旗行走事。上曰："撤回各官，俱着以现在品级照原职行走。此内有效力行间曾立军功者，到日仍议叙具奏。"

本日起居注官沈荃、常书。

十二日乙酉 辰时，上御乾清门，听部院各衙门官员面奏政事毕，部院官员出。大学士、学士随捧折本面奏请旨。为吏部题补光禄寺卿员缺，将原任总督降级调用阿席熙拟正，通政司左通政席忒纳拟陪。上曰："所查年久郎中以上名次在前者为谁？"学士阿兰泰奏曰："大理寺少卿索济名居首。"上顾大学士等问曰："此人何如？"大学士明珠等奏曰："此人任盛京郎中年久，自升补进京以来，不曾同事，不甚知之。启奏时，见其为人似乎诚实可用。"上又问："其次为谁？"明珠奏曰："其次侍读学士布占。"上曰："布占何如？"明珠等奏曰："布占系朴实谨慎之人。"上曰："布占既系年久，其人亦优，着补授此缺。"

又兵部题补镶黄旗蒙古副都统员缺，开列前锋参领札木苏等十员。上曰："麻尼为人尔等曾问明否？"明珠等奏曰："臣等曾问内大臣噶笃、都统公邬赫、补授江宁将军瓦代，云麻尼言辞明爽，年亦少壮，但稍嗜酒。"上曰："然。朕亦知之。既系年少，姑置之。其苏尔达为人尚优。副都统官职虽尊，而护军参领之职尤为紧要。札木苏既最为年久，着升补此缺。"

巳时，上诣太皇太后宫请安。

未时，上御保和殿，赐进贡科尔沁国和硕达尔汉亲王班第额附等，札鲁忒部落四品台吉巴特马喇等、札萨克四品台吉纳马哈等，土默忒部落四品台吉布达喇锡等，吴喇忒部落三品台吉达尔马等，喀喇沁部落都统札木、四品塔布囊博第等，土默忒部落三品达尔汉塔布囊毕里克图等、喇马头目毕里衮达赖格隆；又为恭请圣安、感谢赏赉喀尔喀部落札萨克墨尔根讷颜来使马讷海卫章，札萨克代青讷颜来使阿喇抚滩，及进贡来使巴图尔多尔即，济伯遵达穆巴库图克兔来使达锡格楚尔等食。

本日起居注官牛钮、潘耒。

十三日丙戌 辰时，上御乾清门，听部院各衙门官员面奏政事毕，部院官员出。大学士、学士随捧折本面奏请旨。为江南总督于成龙题降级调用知府高龙光留任。吏部两议：前议，总督、巡抚照例无庸议；后议，总督于成龙降一级留任，会题巡抚余国柱罚俸六个月。上曰："高龙光居官何如？"大学士勒德洪等奏曰："闻其居官颇善。"李霨等奏曰："高龙光为人颇优，居官亦佳。"上曰："高龙光居官既善，着留任，不为例。总督、巡抚着免其处分。"

又兵部为阵亡副将郝善应赠宫保赐祭事。上曰："郝善系旗下人，应照旗下官员例议叙。着再议具奏。"

谕毕，上顾大学士等曰："今冬季将尽，尚未降雪，小民来岁如何耕种？应行祈祷。尔等可拟上传来看。"

本日起居注官葛思泰、汤斌。

十四日丁亥 辰时，上御乾清门，听部院各衙门官员面奏政事毕，部院官员出。大学士、学士随捧折本面奏请旨。为吏部题补内阁汉军侍读学士员缺，将御史祝钟灵拟正，徐廷玺拟陪。上曰："伊等何如？"大学士明珠奏曰："祝钟灵历年甚久，为人亦可。徐廷玺颇优。"上曰："朕素知徐廷玺为人颇优，满语亦熟，着补此缺。"

又题补内阁清字侍读员缺，将主事班第拟正，额锡伦拟陪。上曰："此二人何如？"明珠奏曰："班第曾纂修世祖皇帝实录，为人甚优，刑部主事内亦属第一。"上曰："班第既优，着补用。"

又江宁巡抚余国柱请以现裁江镇道留任，以已留苏松道裁汰，部议不准事。上曰："江镇地方紧要，此处道员亦优于苏松道耶？"明珠奏曰："据张玉书云，苏松系内地，江镇近海，较苏松尤为紧要。"上曰："各省道员原系九卿会议裁留，仍应着九卿、詹事、科、道会议具奏。"

巳时，上诣太皇太后、皇太后宫问安。

本日起居注官阿山、归允肃。

十五日戊子　辰时，上御乾清门，听部院各衙门官员面奏政事毕，部院官员出。大学士、学士随捧折本面奏请旨。为三法司议四儿由右翼门欲进内右门被执，应绞，秋后处决事。上曰："四儿无知，直进禁内，非故为犯法，着免死减等发落。"

又为太常寺致祭祈谷坛请旨事。上曰："朕每遇祭祀，必笃尽诚敬。祀典关系重大，须持心至洁，行礼合宜，方可上格神明。今遣宗室公叶伯舒恭代，朕观其人举止迂钝，倘行礼未谙，反致不敬。尔等另行选择具奏。"

上问大学士等曰："先儒达海可有子孙登仕籍者否？"大学士明珠奏曰："闻有一孙现为鸿胪寺官，其余不知。"上曰："达海始作满书，大有裨于文治，其子孙理应录用。尔等可询明来奏。"

本日起居注官常书、朱彝尊。

十六日己丑　辰时，上御乾清门，听部院各衙门官员面奏政事毕，部院官员出。大学士、学士随捧折本面奏请旨。为九卿等会推册封安南国王，以编修孙卓为正使，给事中王又旦为副使。上曰："此二人何如？"大学士李霨、王熙等奏曰："此二人俱可差往。"上曰："满官可差否？虽苦于路途遥远，亦伊所愿耶！"大学士明珠奏曰："皇上差遣满洲，彼自愿往，亦无不可。"上曰："应遣优通汉文满官一员，着一汉官同往，以看彼处情形。着一并再推具奏。"

又副都御史吴琠条陈，三法司所议事件，有"余依议"字样，故但将重辟究审，将首从轻重颠倒者，难于详究。此后凡轻重情罪，俱应确审。刑部议不准行。上问曰："此事尔等意为何如？"明珠奏曰："这本内事情曾经询明，三法司奏称，一案内轻罪人犯应先归结，故令遵行。"上曰："吴琠实系冒陈，着明白回奏。"

又为提督桑格，总兵官四十六，偏图自陈三本。上曰："此三人在行间并无劳绩，着照常拟票批发。”

巳时，上诣太皇太后宫问安。

本日起居注官严我斯、朱马泰。

十七日庚寅 辰时，上御乾清门，听部院各衙门官员面奏政事。

本日起居注官阿山、王鸿绪。

十八日辛卯 辰时，上御乾清门，听部院各衙门官员面奏政事毕，部院官员出。大学士、学士随捧折本面奏请旨。为吏部题补内阁侍读学士员缺，正拟郎中色勒布，陪拟色黑。上曰：“伊等为人俱平常。此缺着将应升官员查明具奏。”

又贵州巡抚杨雍建考试武举策题，因有讥讽，议应革职事。上曰：“杨雍建身系地方大吏，如官兵有应纠参之事，理宜即行指实纠参。考试关系大典，乃于策题中寓以讥讽，殊属不合，应行革职。姑从宽免，着降五级留任，其加级纪录尽行削去。”

又议政王、大臣会议，原任广东广西总督金光祖应行革职事。上曰：“览此议，金光祖似有功而无罪。但后所发关防曾送与贼否？”大学士明珠奏曰：“先所给关防并未送贼，后所给关防有无送贼之处，本内未经叙明。”上曰：“若将后给关防送贼，与前给关防送贼何异？尔等将后所给关防有无送贼查明来奏。”

又顺天府丞张鹏条陈，府学关系紧要，应禁听事人役、附近居民不得在内渎扰，礼部议准行事。上曰：“府学文治所关，理应严肃，岂可恣行黩扰？着依部议，严饬行。张鹏受事伊始，辄行举奏，可嘉。着票优旨来。至国子监系教养人才之所，近闻司教之官不将监生严加约束教诲，纵之嬉游。又其甚者，闲杂之徒，任其出入，竟以国子监为游戏之场矣。尔等传祭酒、司业等官，严行申饬！”

又山东巡抚施维翰荐举布政司施天裔等事。上曰：“这荐举官员内道员陆祚蕃，前为御史时，观之乃一庸常之人，今施维翰以才能练达荐举。尔等之意云何？”大学士王熙奏曰：“陆祚蕃果系庸常之人。”上曰：“这所举陆祚蕃卓异，不准行。”

未时，上御景山内前殿，赐进贡札鲁特部落多罗贝勒札穆，土默忒部落三品台吉阿拉那等，阿霸垓下四品台吉僧额等，乌朱穆秦部落二品台吉胡尔瞻等，苏尼忒部落四品台吉多尔齐等，杜尔伯忒下四品台吉得尔革里等，翁牛忒部落协理旗下事务一品台吉卓忒巴等，科尔沁国协理旗下事务一品台吉鄂齐尔等，科尔沁国和硕达尔汉亲王班迪额附、多罗郡王毕力克图等食。

本日起居注官葛思泰、徐乾学。

十九日壬辰　辰时，上御乾清门，听部院各衙门官员面奏政事。工部官员前奏事。上顾尚书萨穆哈等曰："尔部官员，凡有工作，将钱粮估计浮多肥己情弊，尔等今知之否？"萨穆哈奏曰："皇上再三严察，臣等方始知觉。臣等公同会议，如何方能厘剔情弊，已得数款，俟过年开印后具题。"上颔之。部院官员出。

大学士、学士随捧折本面奏请旨。为吏部题补监察御史员缺，正拟郎中刘芳远，陪拟唐翰馥。上曰："此二人何如？"大学士明珠奏曰："正陪二人俱属平常。"上曰："工部郎中阎兴邦，前奉差查河工，回来奏对甚晰。居官何如？"王熙奏曰："阎兴邦前任通州知州，居官颇善。"明珠奏曰："阎兴邦系旗下人，现居汉缺。皇上酌量调补，亦无不可。"上曰："阎兴邦为人既优，居官亦善，着补监察御史。"

又工部主事员缺，正拟原任郎中降级丹布，陪拟候补主事富尔都。上曰："丹布先经吏部劾其才力不及降级之人，着照原品随旗上朝。此缺着另拟具奏。"

又为原任两广总督金光祖议革职事。上问曰："后给之关防尔等曾查否？"明珠奏曰："查后给关防尚未到彼，广东即叛，故将所送之关防交还该部。"上曰："关防既未曾送贼则已。观此本，金光祖甚有勤劳。"明珠奏曰："金光祖勤劳果多，但以其身为大臣，不能死于封疆耳。"上曰："此本着依议。"

本日起居注官常书、孙在丰。

二十日癸巳　早，上御乾清门，大学士、学士捧折本面奏请旨。为吏部题补内阁满洲侍读学士员缺，以郎中色勒布拟正，塞赫拟陪。上命将应升官员职名以次读毕。曰："此内喀尼布何如？"大学士明珠奏曰："历任年久，人亦堪用。”上曰：“图尔臣、洪尼喀品具颇优。其马齐、席格虽系荫生出身，亦皆堪用。”大学士等奏曰：“荫生出身内，伊等俱优。”上曰：“洪尼喀历年既久，人亦质朴，着补此缺。”

又都察院议工部修造宁寿宫销算钱粮浮多，将侍郎苏拜、金鼐等革职事。上曰：“凡工程俱关系钱粮，工部堂官理应详察估计，量减浮冒。今观一应工作，必反为预行浮估，待工竣时，蒙混奏销，欲将所剩互相侵肥。如此情事，朕虽已知，量必更改，故不行纠察摘发。今仍积习陋规，视为常事，此等弊端并不更改，理应依议处分，严行惩创。但观宁寿宫工程俱属坚固，并无疏忽。苏拜、金鼐从宽免革职，着各降二级留任。其监造官刘玺等及司官白尔黑等，着从宽免革职交与刑部，亦各降二级留任。修造宫殿，诏款所载甚明，今将朱之弼、党古里、司官塞华等援赦免议，不合。朱之弼等俱各降一级留任，其作官亦着免交刑部。”

又江宁巡抚余国柱，请留江镇道员缺，裁汰苏松道员缺。九卿会议不准事。上顾汉大学士曰：“江镇、苏松二处孰为紧要？”李霨等奏曰：“以两地计之，江镇似为紧要。”上曰：“该抚身在地方，必有所见。着从所请行。”

又题苏、松等府州县员缺，请令九卿保举，注册补用。九卿会议不准事。上曰：“推补外官俱有定例，若令九卿预保录用，甚为淆乱。此事不便行，从九卿议。”

又礼部为原任尚书郭四海应否予谥请旨事。上曰：“郭四海自任刑部以来，诸事黾勉勤劳。从来赐谥当视人劳绩，郭四海着与他谥。”

又礼部尚书帅颜保告病请休事。上曰：“帅颜保自任尚书，患病旷日甚多，并无勤劳之处。这所拟票签过优，着照平常旨意批发，姑且留任。”

是日辰时，封印，上不御乾清门听政。

本日起居注官牛钮、秦松龄。

二十一日甲午　巳时，上诣太皇太后宫问安。

本日起居注官朱马泰、曹禾。

二十二日乙未　本日起居注官阿山、王顼龄。

二十三日丙申　未时，上御景山内前殿，赐庆贺年节科尔沁国达尔汉亲王班的额驸，巴林多罗郡王额齐尔，乌朱穆亲部落和硕车尘亲王苏大尼，喀尔喀部落和硕达尔汉亲王诺奈，科尔沁国多罗郡王毕克图、多罗郡王布打哩、多罗贝勒巴可席哥尔，翁牛忒部落多罗都冷郡王毕衮打赖，敖汉多罗郡王萨穆啧尔，土墨忒部落多罗达尔汉贝勒额尔得木兔，附敖汉喀尔喀多罗贝勒罗薄臧，鄂尔多斯部落多罗贝勒松拉布，土鲁白忒固山贝勒莎亲，柰满固山贝勒乌勒母眷等，科尔沁国一品台吉革勒尔兔等，翁牛忒部落二品台吉鄂齐尔等，哥尔罗斯下三品台吉海色等，土默忒部落二品台吉沙哩等，喀喇沁部落四品他布囊卓克兔，札赖忒部落二品台吉毕鹿代等食。

本日起居注官葛思泰、严绳孙。

二十四日丁酉　巳时，上诣太皇太后、皇太后宫问安。

本日起居注官崔蔚林、常书。

二十五日戊戌　本日起居注官葛思泰、潘耒。

二十六日己亥　本日起居注官沈荃、阿山。

二十七日庚子　未时，上诣太皇太后、皇太后宫问安。

本日起居注官常书、汤斌。

二十八日辛丑　本日起居注官葛思泰、归允肃。

二十九日壬寅　午时，以岁除，上御保和殿，赐来朝外藩蒙古左翼科尔沁国和硕达尔汉亲王班第额驸、多罗郡王毕礼克图、多罗郡王布达礼、多罗贝勒巴克西古尔、一品台吉格勒尔图等、二品台吉阿玉西等、四品台吉吴尔胡满等，乌朱穆秦部落和硕车臣亲王苏达尼、四品台吉提鲁等，翁牛忒部落多罗都棱郡王毕礼滚达赖、二品台吉鄂齐尔等、三品台吉阿拉善等，札鲁特部落多罗贝勒札穆、多罗达尔汉贝勒巴达礼、护国公毛奇塔特、二品台吉阿穆胡郎等，札萨克图多罗贝勒图巴、一品台吉纳尔布等，土默特部落多罗达尔汉贝勒厄尔德穆图、一品台吉查浑等、三品台吉沙里，郭尔罗斯部落三品台吉海塞等、四品台吉吴尔土纳苏图、鄂齐尔等，四子部落四品台吉科奔等，右翼喀尔喀部落和硕达尔汉亲王讷鼐、二品台吉达希等，巴林多罗郡王鄂齐尔、多罗额驸阿喇布覃、四品台吉罗章，敖汉多罗郡王山穆珀尔、多罗贝勒鲁布藏，鄂尔多斯部落多罗贝勒松拉布、二品台吉达尔札等，杜尔伯特固山贝子沙津，柰曼部落固山贝子吴勒穆几、辅国公格勒尔，科尔沁国护国公都斯哈尔、二品台吉白希等，吴喇忒部落护国公讷曼、辅国公楚充克衣、三品台吉达希等，克什克屯一品台吉阿玉锡等，札赖忒部落二品台吉毕劳代等，阿鲁科尔沁国四品台吉昆玉尔等，归化城土默特部落头目归穆德，阿霸垓四品台吉莽塞等，喀喇沁部落四品塔布囊卓礼克图，及感谢恩赉、恭请圣安喀尔喀部落达喇穆犀里诺颜之孙诺尔布班第台吉，并内大臣、满汉大学士、上三旗都统、尚书、副都统、侍郎、学士、侍卫等官宴。是日，赐诺尔布班第台吉镶貂朝服、貂裘，使坐贝勒下。上进酒，作乐。上召外藩王、贝勒、诺尔布班第台吉、贝子、公等至御座前，上亲赐酒。又召内大臣、大学士、都统、尚书等及外藩台吉至御前，赐酒。又命副都统、侍郎、学士、侍卫等至殿前阶下，赐酒。宴罢，群臣谢恩，上回宫。

本日起居注官阿山、朱彝尊。

伏惟皇上御极之二十一年，逆孽削平，王师奏凯，偃息兵革，修明礼乐，天人合应，书轨齐同，宇内乐康，天下宁一，四民遵业，万类蕃滋。威已无不加，德已无不被。皇哉，唐哉！此至治极盛之象也。乃皇上亲诣奉天陵寝，昭告成功，思祖宗创业之由，溯王气发祥之始。车驾所至，赦罪蠲租，万姓喁喁欣欣，无不衔戴圣泽。至于听政御讲，寒暑无间。惧开臣僚燕安之渐，申戒再三，期于天工无旷，百职修举。赏功与能，简贤出滞，小善不废，片言是褒。诸如治河理漕，恤兵爱民，尤惓惓致意。当此永清耆定，益为久安长治之图，诚有书之即可传，垂之皆可法者，虽尧恣舜儆，亦莫能过也。臣等备员珥笔，日从侍直之余，仰瞻天表，饫闻圣谟。窃谓于皇上法祖勤民，渊深睟穆之至意，似与中外臣工，仅从用人行政诸大端，窥见如天之度者，稍为加详焉。夫致治之道，曰诚，曰一。诚则久而不息，一则贞而不杂。皇上好生之德，浃于遐迩，可谓诚矣。兢业万几，始终无间，可谓一矣。君心之所系，即政治所以久而无弊。《书》曰："一人有庆，兆民赖之。"国家亿万年无疆之休，端在于此。谨执简屏营而书于后。

康熙二十二年　癸亥

正　月

初一日癸卯　早，上以元旦率诸王、贝勒、贝子、公、内大臣、侍卫、大学士、都统、尚书、精奇尼哈番等，诣堂子行礼毕，回宫。辰时，上率诸王、贝勒、贝子、公、内大臣、侍卫、大学士、都统、尚书、精奇尼哈番等，诣太皇太后宫行礼，又诣皇太后宫行礼毕，回宫。

少顷，御中和殿，内大臣、侍卫及内阁、翰林院、礼部、都察院、詹事府等衙门官员庆贺元旦，行礼毕，御太和门。诸王、贝勒、贝子、公等文武官员及来朝元旦外藩王、贝勒、贝子、公、台吉等，朝鲜等国使臣，上庆贺元旦表，行礼毕，回宫。

巳时，复御保和殿，赐外藩王、贝勒、贝子、公、台吉等，内大臣、侍卫，上三旗大学士以下，学士、副都御史以上，都统以下，副都统以上等官食。

午时，复御太和门，大宴诸王、贝勒、贝子、公等，内大臣、侍卫、文武各官及来朝外藩王、贝勒、贝子、公、台吉等，朝鲜等国使臣。乐作，上进酒。和硕康亲王杰淑以下，宗室、八分内公等以上；外藩王以下、台吉以上，俱令侍卫等各就其坐前以酒赐饮。外五旗都统、尚书以下，副都统、侍郎以上等官，俱令上阶，召至檐柱前赐饮。宴罢，众谢恩毕，上回宫。

少顷，诣太皇太后、皇太后宫问安。

本日起居注官牛钮、陈廷敬。

初二日甲辰　巳时，上诣太皇太后宫问安。午时，上复诣太皇太后宫，作乐，大宴。

是日，赐诺尔布班第台吉珊瑚数珠一盘。

本日起居注官严我斯、朱马泰。

初三日乙巳　辰时，上诣太皇太后、皇太后宫问安。

本日起居注官葛思泰、秦松龄。

初四日丙午　本日起居注官常书、徐乾学。

初五日丁未　本日起居注官孙在丰、阿山。

初六日戊申　本日起居注官牛钮、王鸿绪。

初七日己酉　巳时，上诣太皇太后、皇太后宫问安。

本日起居注官傅腊塔、王顼龄。

初八日庚戌　本日起居注官朱马泰、曹禾。

初九日辛亥　本日起居注官葛思泰、严绳孙。

初十日壬子　辰时，上诣太皇太后、皇太后宫问安。

本日起居注官崔蔚林、常书。

十一日癸丑　本日起居注官牛钮、沈荃。

十二日甲寅　本日起居注官阿山、潘耒。

十三日乙卯　早，上传谕吏、礼二部堂官，召集满汉大学士、尚书、左都御史、侍郎、学士、副都御史、通政使、大理寺卿、詹事、日讲官，科、道掌印官，赐上元节宴于乾清宫。

酉时，上御乾清宫，召满汉诸臣入，照品赐坐，作乐，大宴。诸臣两进酒御前毕，上召大学士、尚书、左都御史至御座前亲赐酒，侍郎、学士、副都御史至御座前赐酒，通政使、大理寺卿、詹事、日讲官，科、道掌印官，御座下赐酒。宴毕，诸臣趋下陛阶，谢恩出。有旨召大学士明珠，学士张玉书，翰林院学士牛钮、陈廷敬至御座前。谕曰："今日因上元令节，特召卿等赐宴宫中，以示优眷，尚有驯马、内币，令于掖门外颁赐。朕念诸臣中，有年力衰老不能久坐者，故夜漏未阑，遂尔罢宴。恐口谕未悉朕怀，兹书谕旨一通示卿等，可传示诸臣知之。"谕毕，随以上谕授大学士明珠。明珠同学士等于御前展诵上谕云："谕部院大臣。从来君臣之分，虽甚尊严，上下之情，贵相浃洽。尝观唐、宋盛时，堂廉不隔，以成交泰之治。卿等朝夕勤劳，出入奏对，朕心时切嘉念。今将内厩马匹及滇中新到马匹，择其驯良易于控御者，颁赐卿等，兼以内纻，卿等其各承受，示朕优眷之怀。”明珠等奏曰：“圣恩如天，既赐宫宴，又颁厚赏，且曲体臣下之情，无所不至，可胜感仰欣幸！”奏毕，出。随于乾清门外传旨，并宣示上谕。满吏部尚书介山等奏曰：“臣等猥以疏庸，滥膺简擢，办理职业，陈奏政事，皆臣子之常分。方惧不能报称，有负委任，乃蒙皇上高厚之恩，召宴内廷，颁赐卮酒，蔼如家人父子，且又有名马、绮币之锡。臣等愧悚感戴，不知所措，惟有俯尽愚忱，仰答千载殊遇而已。”汉大学士李霨等奏曰：“兹当四海升平之时，适遇上元令节，荷蒙皇上圣恩，召诸臣入内廷观灯赐宴，传之史册，真可称千载盛事。但臣等自顾才具庸劣，猥荷拔擢，寸长未效，乃叨与恩宴，又赐名马、内币。皇上如天之仁，优渥至此，臣等何以仰答？谨祇承谕旨，勉竭涓埃，冀佐泰治之万一云尔。”奏毕，明珠等同入覆旨，随出赴景运门，恭领恩赐。大学士各表里六匹、马一匹；尚书、左都御史各表里五匹、马一匹；侍郎、学士、副都御史各表里四匹、马一匹；通政使以下、日讲官以上，各表里三匹；科、道官各表里二匹。

本日起居注官傅腊塔、汤斌。

十四日丙辰　未时，上御保和殿，以上元节，赐来朝元旦外藩蒙古左翼科尔沁国和硕达尔汉亲王班第额驸，多罗郡王毕礼克图、布达礼，多罗贝勒巴克西古尔，一品台吉格勒尔图等，二品台吉阿玉玺等，四品台吉吴尔胡满等；乌朱穆秦部落和硕车臣亲王苏达尼、四品台吉提鲁等；翁牛忒部落多罗都稜郡王毕礼滚达赖、二品台吉鄂齐尔等、三品台吉阿拉善等；扎鲁特部落多罗贝勒扎穆、多罗达尔汉贝勒巴达礼、镇国公毛奇塔特、二品台吉阿穆胡郎等；扎萨克多罗贝勒图巴、一品台吉诺尔布等；土默特部落多罗达尔汉贝勒厄尔德穆图；喀尔喀部落诺尔布班第台吉及一品台吉查浑等、三品台吉沙里等；郭尔罗斯部落三品台吉海塞等、四品台吉科奔等。右翼喀尔喀部落和硕达尔汉亲王诺鼐、二品台吉达玺等，巴林部落多罗郡王鄂齐尔、多罗额驸阿喇巴覃、四品台吉劳章等，敖汉部落多罗郡王山穆珀尔、多罗贝勒鲁布藏，鄂尔多斯部落多罗贝勒松拉布、二品台吉达尔扎等，杜尔伯特部落固山贝子沙津，柰曼部落固山贝子吴勒穆济、辅国公格勒尔，科尔沁国镇国公都斯哈尔、二品台吉白希等，吴喇忒部落镇国公诺闷、辅国公楚充克衣、三品台吉达锡等，克什克屯部落一品台吉阿玉玺等，扎赖忒部落二品台吉毕拉布代等，阿鲁科尔沁国四品台吉昆土尔等，吉布宋达木巴库土克图下魏真达尔汉囊苏，归化城土默特部落都统归穆德，阿霸垓部落四品台吉莽塞等，喀喇沁部落四品塔布囊卓礼克图，及谢恩请安喀尔喀部落扎萨克图汗子噶尔丹台吉，扎萨克厄尔德尼济农子庞木札布台吉、厄尔德尼台吉子巴郎台吉、扎萨克图汗下厄尔克寨桑等、厄尔德尼济农下塔布囊都斯哈尔等、喷出克台吉下寨桑囊苏等，土谢图汗下台吉扎木巴喇等，及内大臣、侍卫、上三旗大学士、都统、尚书、副都统、侍郎、学士、副都御史等官宴。

是日，赐噶尔丹台吉、庞木扎布台吉、巴郎台吉各貂镶朝衣、貂裘、珊瑚数珠。令噶尔丹台吉坐外藩王下，庞木扎布台吉、巴郎台吉坐外藩贝勒下。上进酒，诸乐并作。召外藩王、贝勒及噶尔丹台吉、庞木扎布台吉、巴郎台吉、诺尔布班第台吉、贝子、公等至御座前，上亲赐酒。召诸台吉等及都统等至御座下，赐酒。宴罢，众谢恩，上回宫。

本日起居注官朱马泰、归允肃。

十五日丁巳　辰时，上御保和殿，赐来朝左右翼外藩蒙古诸王、贝勒、贝子、公、台吉等，及谢恩请安喀尔喀部落台吉等，并内大臣、侍卫、上三旗大学士、都统、尚书、副都统、侍郎、学士、副都御史等官食。

巳时，上诣太皇太后宫问安。

午时，复御保和殿大宴外藩王、贝勒、贝子、公、台吉等，喀尔喀部落台吉等，及内大臣、侍卫、满汉大学士、上三旗都统、尚书、副都统、侍郎、学士、副都御史等官。诸乐并作，上进酒。命侍卫以酒就外藩王等坐前赐饮。召台吉等至御座前赐饮。宴罢，众谢恩，上回宫。

本日起居注官葛思泰、朱彝尊。

十六日戊午　未时，上诣太皇太后宫，作乐，大宴。

本日起居注官常书、严我斯。

十七日己未　上率诸王、内大臣、侍卫等及外藩王、贝勒、贝子、公、台吉等，并喀尔喀部落扎萨克图汗下色冷寨桑哈习喀等，出安定门，幸教场观射。是日，各部院章奏俱送内阁。

本日起居注官牛钮、陈廷敬。

十八日庚申 辰时，上御乾清门，听部院各衙门官员面奏政事。左都御史徐元文条奏："朝觐布、按官员上言地方事宜不应投通政司转奏，应各令面陈，则其才具优劣，议论得失，难逃睿鉴。况今年荐举卓异者极多，皇上鉴其才能高下，并可知督、抚所举之当否。"上曰："尔所奏甚当。"元文出，上顾侍卫等称其言善。又谓取本学士等曰："顷徐元文条奏所言极当，尔等可令速行翻译。"

谕毕，大学士、学士随捧折本面奏请旨。为议政王、贝勒、大臣会推正红旗蒙古都统噶尔汉员缺事，正拟护军统领尹图，陪拟副都统噶哈。上曰："彭春乃最优之人，以之补用可乎？"大学士明珠奏曰："彭春为人厚重，且系世家，现任副都统，补授亦无不可。"上曰："往猎驼鹿人员亦称彭春是一简约之人，材力健壮，着即补授都统。"

未时，上诣太皇太后、皇太后宫问安。

本日起居注官阿山、严绳孙。

十九日辛酉 辰时，上御乾清门，听部院各衙门官员面奏政事。

本日起居注官傅腊塔、徐乾学。

二十日壬戌 辰时，上御乾清门，听部院各衙门官员面奏政事毕，部院官员出。大学士、学士随捧折本面奏请旨。为吏部题补刑部尚书郭四海病故员缺，开列左都御史喀尔图等职名事。上曰："各部侍郎无一堪此任者。总督哈占历年甚久，其人亦优，尚属可用，但川陕地方亦甚紧要。"大学士明珠奏曰："圣谕极是。"上思之良久，曰："尚书帅颜保今将告辞，这本留尔衙门，俟补帅颜保员缺题本一并启奏。"

又题补盛京礼部侍郎哈尔松阿病故员缺，开列学士萨海等职名事。上曰："通政使席兰泰为人谨慎，似属可用。尔等以为何如？"明珠奏曰："席兰泰历年既久，且其人诚实谨慎。"上曰："席兰泰可补此缺。伊虽在京师，于汉人事务、侍郎职掌亦不能胜任也。"

未时，上御景山内前殿，以喀尔喀部落诺尔布班第台吉、噶尔丹台吉、庞木扎布台吉、巴郎台吉回本部落，赐食。命江宁将军瓦代于北上门赐食。是日，赐喀尔喀部落噶尔丹台吉御用貂帽一顶、秋香色大蟒缎面貂裘一领、行幕一架、骆驼三头、散马十五匹，赐扎萨克庞木扎布台吉、巴郎台吉御用貂帽各一顶、天马皮裘各一领、行幕各一架、骆驼各三头、散马各十五匹，赐将军瓦代鞍马一匹并撒袋、朝服。

本日起居注官孙在丰、朱马泰。

二十一日癸亥　辰时，上御乾清门，听部院各衙门官员面奏政事毕，部院官员出。大学士、学士随捧折本面奏请旨。为吏部题补内阁侍读阿喇密升任员缺事，正拟户部主事额席伦，陪拟礼部主事邬尔瑚。上问大学士等曰："此正、陪之人何如？"大学士勒德洪奏曰："额席伦为人平常，邬尔瑚未知其人。"上曰："内阁侍读员缺紧要，尔等会同吏部选择具奏。"

又工部题河南堌阳集河堤一案，该抚覆称未行知府督催，应无容议。上曰："此事于知府无涉，而该部屡次驳察，甚为不合，可改拟票签来看。"

本日起居注官葛思泰、潘耒。

二十二日甲子　辰时，上御乾清门，听部院各衙门官员面奏政事毕，部院官员出。大学士、学士随捧折本面奏请旨。为奉天将军安珠瑚患病乞休事。上曰："安珠瑚自擢用将军以来，惟务巧饰，乖张立异，邀誉沽名，欺罔愚民，于职掌毫无补益，大负委任。闻伊每向人言，愿来京作部院文官。为人臣者苟能尽力报称，文武本属一体，有何分别？如瓦里虎先任文职，今升宁古塔副都统，极踊跃任事，何尝以武职为嫌？且去岁安珠瑚与新任副都统佟宝在围场大肆角口，殊失官箴。安珠瑚欲来京补用，切不可遂其私愿，可令赴宁古塔、乌喇等处地方效力。这本着兵部严察议奏。"

巳时，上诣太皇太后、皇太后宫问安。

本日起居注官常书、王鸿绪。

二十三日乙丑　辰时，上御乾清门，听部院各衙门官员面奏政事毕，部院官员出。大学士、学士随捧折本面奏请旨。为刑部议七品监生伍色，于平坝卫地方打死兵丁陈贵，拟秋后处绞事。上曰："伍色系有职之人，缘斗殴致伤兵丁，虽至秋后，亦似可免。其父告称，长子阵亡，且年余七十，无人赡养。伍色亲兄有阵亡之功，伊父又无人赡养，情有可矜，着即减等发落。尔等可将此意票出。”

谕毕，大学士等以所拟原任刑部尚书郭四海谥请旨。上曰：“谥法字样，关系人品，止拟进三字，恐与其人不相符合。今郭四海谥可用文敏。此后予谥须多拟数字，并将谥法细注呈进，按其行实定夺。”

巳时，上御乾清宫，讲官牛钮、陈廷敬、孙在丰进讲：九二包有鱼二节、九三臀无肤二节。

午时，上诣太皇太后宫问安。

本日起居注官牛钮、曹禾。

二十四日丙寅　辰时，上御乾清门，听部院各衙门官员面奏政事。

未时，上御景山内前殿，赐进贡扎鲁特部落辅国公根都锡布、鄂尔多斯部落一品台吉拉特那等、喀喇沁部落四品塔布囊把图尔、吴喇忒部落四品台吉卓莫等、阿禄科尔沁国三品台吉答达巴等食。

本日起居注官傅腊塔、秦松龄。

二十五日丁卯　早，上御太和门视朝。升转文武官员谢恩，次朝正进贡喀尔喀部落土谢图汗来使占木把拉等行礼。礼毕，赐茶，召头目占木把拉，台吉科恨巴图尔、色勒业克等至阶下赐之。驾回宫。

辰时，御乾清门，听部院各衙门官员面奏政事毕，部院官员出。大学士、学士随捧折本面奏请旨。为吏部题补山东巡抚李天浴病故员缺，开列内阁学士张玉书等职名事。上问:“佥都御史徐旭龄何如？”大学士勒德洪、明珠、李霨等奏曰 :“人品亦优。”上曰 :“徐旭龄素亦能言，着补授山东巡抚。观其行事能如平日所言与否。若果如所言，庶于地方有所补益。”

又题补通政使席兰泰升任员缺，开列詹事图纳等职名事。上问：“其次有何项官员？”明珠奏曰：“其次则侍读学士、侍讲学士、少詹及大四品官。”上曰：“可将此等职名一同开列来看。”

又九卿、詹事、科、道会推册封安南国王，拟侍读明图为正使，编修孙卓为副使。上问：“明图何如？”明珠奏曰：“明图曾任内阁侍读，考补翰林院侍讲，学问亦优。”上曰：“其人厚重否？”明珠奏曰：“为人颇敦厚。”命照所推差往。

又兵部议伪总兵郭义应革职事。上曰：“郭义投诚较先，若行革职，似属冤抑。着给与应得职衔，随旗上朝。”

又议伪将军线绒等革职，编入包衣佐领事。上曰：“线绒、何进忠、吴国柱首先商议投献云南城池，若仍行处分，何以服众？伊等亦应给与应得职衔，随旗上朝。其同来投诚官兵，俱系边疆征战熟练之人，应戍边陲，镇守地方。着再议具奏。”

巳时，上御乾清宫，讲官牛钮、陈廷敬、孙在丰进讲：九四包无鱼二节。

本日起居注官阿山、汤斌。

二十六日戊辰 辰时，上御乾清门，听部院各衙门官员面奏政事。

午时，上诣太皇太后、皇太后宫问安。

本日起居注官朱马泰、王项龄。

二十七日己巳 早，上御乾清宫，大学士勒德洪、明珠，学士阿兰泰捧折本面奏请旨。为吏部题通政使席兰泰员缺，开列以次应升官员职名事。上曰：“此内督捕理事官拉都虎劳绩甚著，着补通政使。”

少顷，上诣太皇太后宫问安。

辰时，上由午门出正阳门，幸南苑，驻跸东宫。是日，部院奏章俱交内阁。

本日起居注官牛钮、崔蔚林。

二十八日庚午 上驻跸东宫。

二十九日辛未 上驻跸东宫。

三十日壬申 申时，上还宫。

扈从起居注官常书、葛思泰。

二　月

初一日癸酉 辰时，上御乾清门，听部院各衙门官员面奏政事。翰林院为康熙二十一年起居注册照例会同内阁诸臣看封贮库，以绿头签启奏。上曰：“尔等可同内阁诸臣来奏，另有谕旨。”少顷，同内阁诸臣进。上曰：“记注起居事迹，将以垂之史册，所关甚要。或在朕前原未陈奏，乃在外妄称如何上奏，如何奉旨，私自缘饰开写送起居馆。且每日止该直官二员记注，或因与己相善，特美其辞；与己不相善，故抑其辞，皆未可知。起居注官能必其尽君子乎？记注册朕不欲亲阅，朕所行政事，即不记注，其善与否，自有天下人记之。尔等传谕九卿、詹事、科、道等官，会议应作何公看。如以所无之事诬饰，记注者将严惩焉！”

未时，上御景山内前殿，赐进贡科尔沁国三品台吉阿玉西等、阿霸垓部落四品台吉吴尔禅等、翁牛忒部落四品台吉讷穆齐等、吴喇忒部落四品台吉都噶尔等、土默特部落三品塔布囊色冷等食。

本日起居注官阿山、秦松龄。

初二日甲戌　辰时，上御乾清门，听部院各衙门官员面奏政事毕，部院官员出。大学士、学士随捧折本面奏请旨。为宗人府题议政王、贝勒、大臣会议固山贝子章泰等功罪相抵事。上曰：“所议固山贝子章泰他处功罪相抵甚当，惟到云南于归化寺大败贼众，并恢复云南省城，可嘉，应仍议叙。其巴尔布等从轻议处，殊属不合。着再议具奏。”

上又问曰：“昨所谕起居注档册事，九卿等公议若何？”大学士明珠等奏曰：“九卿公议云，起居注事宜皆记载机密，垂诸史册者，所关重大，臣等不敢阅。且满汉起居注官共二十二员，日直记载俱系公同校阅，凡九卿官员所奏之事，从无私自缮写送进史馆记注之例。如有缮写送进者，起居注衙门必进呈御览，方敢入册，向来定例如此。”上曰：“知道了。可仍照旧例。”

巳时，上御乾清宫，讲官牛钮、陈廷敬、孙在丰进讲：九五以杞包瓜二节。

午时，上诣太皇太后、皇太后宫问安。

本日起居注官傅腊塔、孙在丰。

初三日乙亥　辰时，上御乾清门，听部院各衙门官员面奏政事毕，部院官员出。大学士、学士随捧折本面奏请旨。为吏部、都察院、吏科公参朝觐官江南按察使金镇现有足疾，应令休致。其考察留任情由，令该督、抚明白具奏到日再议。上问：“金镇如何？”大学士明珠奏曰：“臣等未识金镇，闻其足病，不能步趋。”上曰：“此人系保举补用者否？如果有才具，即足疾何妨。可令该部察明原保举补用情由，将金镇一并引见。或系坠马病足，或素有残疾，一见自不难知也。”

又大计直隶各省布政使以下官七百八十三员，俱照八法议处。从贼官五百二十二员，俱议革职。共四本。上顾问大学士等。明珠奏曰：“此番大计，所黜将及八百员。直省知县约计千余，今所黜者一百余人，通计十分去一，亦不为少矣。至从前从贼各员，该部院核之甚详，似可如议完结。”上曰：“此系大典，故折签商酌，可依议行。”

谕毕，以世子玛尔浑妃祭文进呈御览。上览毕，曰：“本支攸眷，抚奕叶而推恩。奕叶二字，满文翻译未合，着改正。”

本日起居注官朱马泰、徐乾学。

初四日丙子　辰时，上御乾清门，听部院各衙门官员面奏政事毕，部院官员出。大学士、学士随捧折本面奏请旨。为吏部题礼部尚书帅颜保告病员缺，开列左都御史喀尔图等职名事。上曰：“吏部事务烦剧，介山年迈难支，礼部事务稍简，人缺相当，可将介山调补。”

又谕曰：“顷吏部引见金镇，虽步履艰难，形貌尚壮。外任之吏惟求其有理事之材而已，无取其步履也。尔等云何？”大学士明珠等奏曰：“金镇足疾艰于步趋，观其形貌果犹壮健。”上又问：“金镇年几何？”王熙奏曰：“约在六十以外。”上曰：“俟面奏时再观其可否。”

又为户部题原任芜湖关监督邓秉恒捐银一万四百余两，因无议叙之例，不准议叙事。上曰：“邓秉恒捐银万余两，不行议叙，似觉冤抑。”明珠等奏曰：“诚如圣谕。此银如入私橐，亦无从稽察。”上曰：“邓秉恒或有别故乎？”明珠等奏曰：“有无别故不得而知。”上曰：“这捐助银两，着照钞关征收溢额分数议叙。”

又为兵部题补奉天将军安珠瑚革职员缺，开列副都统席忒库等职名事。上曰：“这员缺，着将前锋统领、护军统领开列具奏。”

本日起居注官葛思泰、王项龄。

初五日丁丑　早，上御保和殿，视祭社稷坛祝版毕，回宫。

辰时，御乾清门，听部院各衙门官员面奏政事。理藩院奏归化城副都统塔尔巴员缺，正拟参领噶尔马，陪拟鄂尔者图。上曰：“归化城系外藩往来之地，最为紧要。向来副都统员缺，止将本地参领拟补，未为尽得其人。嗣后将在京应升之人一体选择补用可乎？”尚书阿穆瑚琅等奏曰：“归化城蒙古官员与在内官原同一体，皇上酌量选补，亦无不可。”上曰：“可令议政王、贝勒、大臣会议具奏。”部院官员出。

通政司引见顺天府丞，江南、河南、山东等省布政使、按察使及直隶守巡道二员。江苏布政使丁思孔奏：“漕船回空，每岁不能如期，部文令雇觅民船装运，至中途交卸。今不若直运至通仓，令漕船早回本地修理，庶次年不致迟误。”又奏：“萧家渡一带被水淹没地方，请将钱粮暂行蠲免。”上曰：“萧家渡堵塞之后，遂可永无河患否？”思孔奏曰：“臣驻扎苏州，河务未能悉知。”奏毕，出。

按察使金镇奏：“旗下买人，俱知照原籍。江宁、镇江驻防满兵典买人口，不行知会，真伪莫辨，请照例一体通行。”又奏官兵私放贼盗事。上曰：“果有此事乎？”镇奏：“臣在江宁，曾审过此等事情。”奏毕，出。

安徽布政使龚佳育、按察使王定国，河南布政使郎永清、按察使迟日巽，山东布政使施天裔、按察使张仲举等以次进奏。上或问其年齿履历，或问地方利弊甚悉。俱一一奏对毕，出。

大学士、学士随捧折本面奏请旨。为吏部题补佥都御史徐旭龄升任员缺，正拟左通政陈汝器，陪拟右通政陈寿。上曰：“佥都御史职掌甚属紧要，着将其次应升官员另拟具奏。”

又为兵部题云南投诚伪将军线绒等三人，授为三品官，编入上三旗。其余人员，交与内务府编入包衣佐领下事。上曰：“除线绒等外，系吴三桂家人则已，如系吴三桂旗下人，其中健丁颇多，与其尽编入包衣佐领，不若分散安插各处。可交该部察明具奏。”

又为部院会题按察使金镇休致事。上曰：“顷见金镇条奏应对明白，按察使止取办事有材，原不取趋走便捷，可仍留任，俟其自行告病可耳。”

又谕曰：“顷见布、按各官条奏事件，俱属寻常。丁思孔、龚佳育、王定国朕往年曾见之，今犹识其面。施天裔年已衰迈，人亦平常。巡抚施维翰荐举卓异本内称其办事有材，精神强固，颇觉太过。尔等闻其居官何如？”大学士明珠等奏曰：“任布政使二十余年，未闻有出群政绩，人亦平常。”上又顾问汉大学士，所奏亦同。

巳时，上诣太皇太后、皇太后宫问安。

本日起居注官牛钮、王鸿绪。

初六日戊寅 早，上躬诣社稷坛致祭毕，回宫。是日，因大祀不理政事，各部院衙门本章俱交内阁。辰时，上御乾清门。通政司引见山西、陕西、浙江、湖广四省布、按官及代觐道员。山西布政使那鼐奏：“晋省太原等处采买米石，前席兰泰估定价值，后苏赫臣再估，核减太过。请令酌议，或照时价，或仍应照席兰泰前估价值。”上曰：“地方官员动用钱粮，大都冒销入己，朕知之甚悉，故遣官清察，以除积习。如依尔所奏，有益于民，朕岂惜此。尔试言此等夙弊果有否？”那鼐奏曰：“浮冒之弊向亦有之，但臣到任在估价之后。今晋省估定价值实属不敷，若得照席兰泰所估，则公私皆便矣。”奏毕，出。

浙江布政使石琳奏：“浙省南粮，向与漕粮同在十月征收，今开征太早，请俟秋成免纳。”又奏：“部行浙省采办银朱，实非土产，请令产朱地方采买。”上曰：“汝等身在地方，应举民生利病当行当革事宜入告，何将此等一二琐事塞责耶？”琳奏：“臣职司钱粮，两事是臣所知，故尔奏闻。”琳出。

山西按察使库尔康，陕西布政使麻尔图、按察使叶穆济，甘肃布政使呀思哈、按察使索尔孙，浙江按察使教化新，湖广布政使李辉祖，湖南布政使薛柱斗以次进奏，上一一详问。奏章多全览，有问至再三者。日午，奏毕，出。

学士张玉书、金汝祥随进御前取本。上谕曰：“藩臬一方大吏，所奏必关系国计民生，乃为有益。今日条陈，皆琐屑不堪，殊无可采。”玉书奏：“藩臬入觐，自当言其大者。”上颔之。

本日起居注官常书、曹禾。

初七日己卯 辰时，上御乾清门，听部院各衙门官员面奏政事毕，部院官员出。通政司引见江西、福建、广东、广西、四川、云南、贵州七省布、按官及代觐道员。上详问出身履历及旗分、籍贯，至荫生授职者，问其父何官，命各口陈事宜。奏毕，出。

大学士、学士随捧折本面奏请旨。为兵部题奉天将军员缺，开列护军统领巴图等职名事。上曰："伊把翰颇优，为人谨慎，且善对敌，以之补授如何？"大学士明珠奏曰："闻伊把翰为人优而且勇。"上命以伊把翰补授将军。

又都察院题内升外转，开列御史唐朝彝等。上曰："尔等所议何如？"明珠奏曰："臣等亦曾公议，唐朝彝开列在前，历年已久。"上问其次。明珠奏曰："白为采、孙必振、房廷桢俱可。"上曰："白为采出自阀阅，人亦颇优，着内升。其应外转者，尔等所议如何？"明珠奏曰："汉军内卢崇魁、于珩为人平常，可将一人外转。"上曰："卢崇魁着外转。"谕毕，以撰拟训诫朝觐官员谕旨进览。上曰："此照定例拟作者否？"明珠奏曰："然。"上曰："凡事俱应据实训诫方为得宜。昨那鼐条陈米豆价值事，朕谕以外官不照时价据实估定，浮冒入己，所以遣官往察时价定估。若尔等各照时价据实定估，无浮冒之弊，何须从内遣官估价？彼亦以为原有此弊。可将谕旨内添入此等语意来看。"

本日起居注官阿山、严绳孙。

初八日庚辰　早，上率诸王、贝勒、贝子、公、内大臣、侍卫，大学士、都统、尚书、精奇尼哈番诣慈宁宫，庆贺太皇太后圣诞。礼毕，回宫。

巳时，上诣太皇太后宫问安。

本日起居注官傅腊塔、汤斌。

初九日辛巳　早，上御乾清门，听部院各衙门官员面奏政事。兵部奏永陵噶喇大雅巴尔汉年老休致员缺，正拟正白旗拖沙喇哈番森特，陪拟镶白旗拖沙喇哈番马思喀引见。上曰："陵寝重地，噶喇大员缺，应择有才干者补授。伊等家属在何处？"尚书杭爱奏曰："圣谕极是。正拟森特为人颇优，且出征陕西甚有劳绩，其家属在盛京。"上颔之。诸臣出。

大学士、学士随捧折本面奏请旨。为广东将军王永誉题，广州守城兵虽有千名，而旧城内止有旗下兵三千名，不足调遣，请将二镇标兵量留四千驻防旧城，兵部议覆不准事。上曰："省城关系紧要。这所奏量留二镇标兵似属有益，着再详议具奏。"

又理藩院题游牧地方总辖章京恩克员缺，正拟副总辖章京阿尔纳，陪拟佐领秦宝。上曰："此总辖章京员缺颇为紧要，将伊等问明该旗，再行启奏。"

又题归化城古穆德旗下副都统习第员缺，正拟参领达西，陪拟佐领布尼斯希；布吴巴什旗下副都统塔尔巴员缺，正拟参领噶尔马，陪拟参领鄂尔者图。上曰："此归化城前任副都统甚属不堪，前差祁塔特、黄海、阿喇巴覃颁赐喀尔喀部落，至归化城，即诡言支饰。见甲则云，送乙不曾在家；见乙则云，迎甲不曾在家。此地乃当外藩，甚为紧要，应选择此间贤能者补授。"大学士明珠奏曰："土默特系内地旗分，从京中补去，亦无不可。"上曰："着议政王、贝勒、大臣会议具奏，并传集蒙古诸臣公同会议。"

谕毕，以原任大学士图海碑文、原任尚书郭四海祭文进览。上曰："所撰祭文殊不相称。尔等将祭原任尚书姚文然、陈敳永文对阅再奏。"又以改撰训诫朝觐官谕旨进览。上曰："此内应增数语，云尔等勿谓道途遥远，所行弊端未必尽知。如此，庶几各官知所警戒。可再拟来看。"明珠等奏曰："康熙六年训诫朝觐官员不过数语，十二年朝觐亦照前式。今遵旨改拟，谕辞较长。口宣训诫实关大体，似应誊写谕旨，令鸿胪官宣读。其行礼仍照旧例。"上是之。大学士等出，随遵面谕，增改谕旨送入，报可。

辰时，上御保和殿，举行经筵大典。讲官牛钮、杜臻进讲四书：有德此有人一节；图纳、陈廷敬进讲《书经》：帝庸作歌曰一节。

讲毕，赐宴于太和门前。

本日起居注官朱马泰、徐乾学。

初十日壬午　辰时，上御乾清门，听部院各衙门官员面奏政事。理藩院进奏议政王、贝勒、大臣会议补授归化城副都统事。上曰："会议如何？"尚书阿穆瑚琅等奏曰："议政王等会议，补授归化城副都统，从京中选用，亦无不可。但自太宗皇帝以来，归化城两旗，都统以下、佐领以上缺出，将归化城应升官员补授，行之已久。今应仍照旧例，令归化城都统简选本地贤能应升之员，开列正、陪来京。该部详阅开列之人，可用则引见补授，如不堪胜任，该部即行题参，将开送该都统严加议处。”上曰：“归化城一切用人等事，与尔理藩院定有利益，故尔等倡议如此。”阿穆瑚琅等奏曰：“臣等蒙皇上破格任用，但恐知识陋劣，凡事计虑不周，致有错误，焉敢有坏国事以求自利。”上曰：“既如此，彼处送有最劣不堪之人，何未见尔等题参？”阿穆瑚琅等奏曰：“上谕及此，臣等有何可辨。”奏毕，出。

大学士、学士随捧折本面奏请旨。为册封安南使臣翰林院侍读明图等请给御笔事。上曰：“遣封琉球国汪楫等奏请疏，尔等所拟票签如何？”大学士明珠等奏曰：“彼时臣等原拟：该部议奏。今因皇上出幸期迫，又前曾颁过御笔赐与琉球，故票：知道了，着候颁给。”上曰：“安南亦系外藩，既已颁赐琉球，安南亦应颁赐。伊等起行不甚紧急，待朕回时书以赐之。尔等可仍将原签送进。”

又为吏部题广西学道王如辰员缺，拟升刑部郎中李梦庚事。上曰：“学道职司考取人材，李梦庚学问平常。这员缺，着另拟具奏。”

又为兵部题原任总兵官朱衣客领兵赴建昌，不能救援，失利败归，应依律拟斩监候事。上曰：“朕阅朱衣客情罪似未至死，既系旗下人，着照旗下人例议罪具奏。”

大学士等又奏：“臣等奉旨察原任尚书姚文然、陈敳永祭文，称其居官等事较祭郭四海文稍优。”上曰：“然。姚文然犹效力尽职，陈敳永不过多历岁月而已，有何劳绩过人，郭四海宁不及彼耶！这祭文着稍从优另撰。”

少顷，上御保和殿，礼部官引直省朝觐各官行礼毕。鸿胪寺官宣读上谕曰：“谕朝觐各官：尔等各有职掌，关系国计民生，自宜实心办理。如奏销钱粮，采买米石，借端浮冒，希图侵克，审理刑狱，颠倒是非，稽延岁月，致累平民，皆因尔等因循怠玩，积弊未除。嗣后俱应洁己奉公，殚心尽职。诸凡公务，俱照在内各衙门事例勤慎料理，着实遵行，乃副朕察吏安民之意。尔等若谓道途遥远，所行弊端未必尽知，仍沿陋习，漫无省改，宪典具存，决不姑贷，尔等悉知。钦哉。”谕毕，上回宫。

未时，上御景山内前殿，赐山东巡抚徐旭龄、狼山总兵官姚仪食毕，召旭龄至御榻前谕之曰：“尔有所陈奏否？”旭龄奏曰：“臣一介寒儒，蒙皇上不次擢拔，授为巡抚。山东地方逃人、盗案甚多，兵民困苦，久在皇上睿鉴之中。臣识见愚陋，才具平庸，恐不能胜此重任，祈皇上一一指示，臣仰遵圣谕，尽心料理。”上曰：“尔任言官时，素称能言，凡民生利弊言之殆尽。今简尔巡抚一方，必实心任事，言行相符，斯不负朕委任至意。”旭龄奏曰：“人臣事君要在不欺，臣蒙皇上教养二十余年，惟有勉竭愚忱，安戢兵民，仰报圣恩于万一，不敢毫发有欺。”奏毕，出。

是日，赐徐旭龄、姚仪鞍马各一匹，赐朝鲜国进贡陪臣金锡胄等银币、鞍马、貂皮等物有差。

本日起居注官牛钮、崔蔚林。

十一日癸未 上因章皇后忌辰，不理政事，各部院衙门章奏俱交内阁。辰时，上御乾清宫，大学士勒德洪、明珠，学士阿兰泰捧折本面奏请旨。为议政王、贝勒、大臣会议，原任都统觉罗巴尔布因不渡江，致误军机，拟革职立绞，籍没家产，妻及未分家之子编入包衣佐领事。上曰：“巴尔布情罪重大，理宜照议正法，但念伊伯札布海戮力行间阵亡，着免死，筑牢监禁。”又会议副都统托代、宜思孝，于永兴河滨交战，既不能克敌，又不固守营垒以保永兴，弃营奔辰州，拟革职立绞，籍没家产，妻及未分家之子交内务府。精奇尼哈番硕塔不守吉安，弃城奔回，法应处死，因前奉有免死效力之旨，应革职，鞭一百，籍没家产，本身并妻及未分家子俱交与内务府。上曰：“托代、宜思孝着从宽免死，并硕塔发往宁古塔。”又会议原任尚书哈尔哈齐，将突出吉安屯札螺子山贼众，不能攻克，拟立绞，籍没其妻及未分家子，俱交与内务府。上曰：“哈尔哈齐之伯王喇嘛曾效力行间阵亡，着从宽免死，并免交内务府。”又会议和硕额驸华善、原任左都御史多诺，不行前进疾救永兴，议革职籍没。上曰：“华善虽未疾救永兴，未尝败溃，着革职，免籍没。多诺情罪与华善同，着依华善例结案。”

又朝觐各官事毕，例应给刊刻谕旨一张，从吏部颁发，勒德洪等以撰拟谕旨进呈。上曰：“阅朝觐布、按等官所奏本章，于治民弭盗要事，如何为治则盗源可靖，如何预备则凶岁无饥，并未详晰敷陈。惟麻尔图所称，陕西拖欠钱粮应分四年带征等语，似属可行。朕轸念陕西地方被贼残破，及屡年运粮艰苦，所欠钱粮每欲蠲除，止因用兵未息，正当需用钱粮之时，遂未及宽免耳。龚佳育以江边芦田坍塌无常，应五年一丈量，其在内田地原无增减，请免丈量等语，亦属可行。其余俱系各衙门琐细之事，无甚紧要，若俱令议覆，徒多一番覆奏。尔等于朕出巡之后，传集九卿、詹事、科、道官员，将各朝觐官奏章俱令同阅会议。如有益于国计民生者，票该部确议具奏之旨；无益者，俱票知道了，该部知道。九卿、詹事、科、道官员既全见伊等所奏本章，则将来会推亦易知其贤否矣。至所颁谕旨，伊等各自收藏何益？应令刊刻颁发府、州、县、卫、所，使兵民通知。如此，则其中即有不肖官员，欲为败检之事，亦觉难行，知所忌惮矣。"

巳时，上诣太皇太后、皇太后宫问安。申时，上又诣太皇太后宫问安。

本日起居注官阿山、归允肃。

十二日甲申　早，上御乾清宫，大学士勒德洪、明珠，学士阿兰泰、石柱捧折本面奏请旨。为原议觉罗巴尔布失机事。上曰："巴尔布理应照议正法，但念伊伯阵亡，故欲从轻监禁。今思监禁亦属未便，若竟从宽免，伊所犯情罪又大，着发往乌喇地方效力。"上又顾大学士曰："察议军罪时，若将镇守永兴都统拉赛等议处，似属冤抑，因系满洲官兵，故能不分昼夜拒守二十余日，保全倒坏之城，伊等尚属有功，不应议罪。"大学士明珠奏曰："皇上所见极是。"上又曰："凡在永兴地方及都统宜理布、护军统领哈克山被陷之处，所有官员、兵丁俱应宽恕。尔等识之，此事议上时，可即奏明。"是日，部院各衙门章奏俱交内阁。

卯时，上诣太皇太后宫问安毕。出幸五台山，由午门出宣武门，驻跸琉璃河北。涿州副将管参将事管天祥等、良乡县防守尉鄂西等、良乡县知县黄杰等、署涿州知州事保定县知县李文英等来朝。

本日起居注官沈荃、傅腊塔。

十三日乙酉　上驻跸涞水县西北。是日，提督顺天等处学政翰林院侍讲加侍读学士董讷、涞水县知县谭荣、易州知州韩文煜等、易水营守备梁胜等、定兴县知县陈荣国等来朝。

十四日丙戌　上驻跸易州丁哥庄南。

十五日丁亥　上驻跸易州白涧村北。

十六日戊子　早，上御行幄，扈从内阁学士萨海、阿兰泰、石柱、喇巴克捧折本面奏请旨。为户部覆河南巡抚王日藻条奏豫省垦荒四款事。一义仓、社仓米谷借民垦种；一开垦后有原主认告者，以无主荒田另行补给；一所招百姓注册之后，有犯罪者，该管官一并处分，其开垦至十年后起科；一款不允行事。上曰："王日藻所奏本内事宜，部议俱未详尽，可将此本发回，再确拟票签送来。"

又礼部题遣官往祭鸡公山真武神祠事。上曰："祭真武神关系祀典，俟回京日再行请旨。"

又川陕总督哈占题请本标中军副将祁车白留任，兵部议不准行。上曰："此等军前效力官员撤回者，原欲在京酌量补用。今总督哈占既称祁车白为人颇优，着留任。"

是日，上驻跸满城县大册河。保定府城守尉萨哈达等、署守道事大名府知府鲍复昌等、参将张函高等、清苑县知县方禧、满城县知县林秀、完县知县张士作等来朝。

十七日己丑　上驻跸唐县东。

十八日庚寅　上驻跸王快镇。

十九日辛卯　早，上御行宫，学士等捧折本面奏请旨。为镶黄旗新满洲达尔楚叩阍，求与伊近支兄弟三等侍卫厄纳布完聚。户部议达尔楚原因缘事提到，其恳与伊兄弟完聚之处，应无庸议。上曰："达尔楚与厄纳布既系近支兄弟，可准其完聚。凡有此等兄弟在各旗者，俱着详察，令其完聚具奏。"

是日，上驻跸真定府龙泉关城内。龙泉关参将于继全等来朝。

二十日壬辰　上驻跸五台山菩萨顶。是日，山西巡抚穆尔赛、按察使库尔康、五台县知县赵季璞来朝。

二十一日癸巳　上登南台眺览。是日，驻跸菩萨顶。

二十二日甲午　上登东台、北台眺览。是日，驻跸菩萨顶。

二十三日乙未　早，上御菩萨顶傍正殿，学士等捧折本面奏请旨。为贵州巡抚杨雍建题，踏勘平越等四府及毕节等卫所荒地，请展限期，户部议不准事。上曰："平越等府俱系土司苗民居住，地多险峻，踏勘荒地实需时日。此事着俟该督、抚、提督等会议。土司地方或宜设流官，或宜设土官，本到再行请旨。”

又宁古塔将军巴海奏罗察侵我费牙喀地方，兵部覆爱浑、呼马尔两处，现议设兵驻防，应令将军巴海驻爱浑，副都统萨布苏驻呼马尔地方，仍遣人不时侦探。上曰：“宁古塔地方距费牙喀三千余里，如何遣人不时侦探？用兵之道，全在为将者审势相机酌量权变，未可遥度。该部并未详察情形，悬议将军、副都统驻扎地方，殊欠明晰。着将此本发回再议具奏。”

又为宁古塔副都统瓦里虎自请往爱浑、呼马尔地方效力事。上曰：“瓦里虎奏请军前效力，可嘉。但乌喇、宁古塔地方甚属紧要。将军巴海、副都统萨布苏既领兵前往，瓦里虎仍着驻守本处，严辑地方，加意哨探，抚绥军民，勤力田亩。可另拟票签来看。”

谕毕，上登中台、西台眺览。是日，驻跸菩萨顶。

二十四日丙申　辰时，上自菩萨顶回銮，于长城岭西路傍射殪一虎。山西巡抚穆尔赛、按察使库尔康奏曰：“长城岭路原有猛虎潜伏，往来商贾居、民尝受其害，今皇上巡幸，殪除此虎，嗣后永绝伤噬之患，商贾、居民皆得安生矣。伏乞皇上赐一地名，臣等刻石立碑，用垂奕世。”奏请再三，上可其奏，赐名射虎川。

少顷，内阁学士阿兰泰传谕山西巡抚穆尔赛曰：“顷崞县民张怀瑧等控告，因连年被灾，难以聊生。朕巡览此处，实系地薄民贫，心甚悯之。可将状内情由察明，作何令其得所，着议奏。”

是日，上驻跸龙泉关城内。

二十五日丁酉　早，召穆尔赛、库尔康至行幄，上问曰：“尔等系地方大吏，有所陈奏否？”穆尔赛奏曰：“仰赖皇上洪福，山西地方颇称太平，百姓安堵。”上曰：“五台、繁峙、静乐、崞县等处，地瘠民贫，可谓之安堵乎？”库尔康奏曰：“平阳、汾州、潞安等府所属州、县，土厚民殷，惟太原府属崞县等十二州、县及大同所属州、县，地瘠民苦。康熙十九年被灾，蒙皇上隆恩，遣官两次赈济。二十一年亦曾被灾，因不及分数，故未行奏请。今蒙上谕，容臣等回省酌量详议奏闻。”上顾穆尔赛曰："此皆尔之专任。"穆尔赛奏曰："崞县等十二州、县及大同府属州、县被灾，田粮、房号银两蒙皇上尽行蠲免，复遣官赈济，民生稍得苏息。若今岁仰赖皇上鸿庥，秋成丰稔，则小民自各遂其生矣。"上曰："尔等既膺简用，必持己廉洁，恪共职业，务期利兴害除，使民生各得其所，方副朕委任之意。不然，则罪有所归矣。"

是日，上驻跸行唐县长寿庄。

二十六日戊戌　早，上御行幄，阅部院章奏。

是日，上驻跸唐县西雹水。

二十七日己亥　上驻跸庆都县。是日，巡察直隶尚书魏象枢、侍郎科尔坤、直隶巡抚格尔古德来朝。

二十八日庚子　早，上御行幄，阅部院章奏。

是日，上驻跸清苑县东闾村西。

二十九日辛丑　上驻跸新安县南。是日，安州知州胡大定、新安县知县董鼐、高阳县知县孙弘义、容城县知县万佺等来朝。

三十日壬寅　早，上御行幄，学士等捧折本面奏请旨。为兵部题卓异副将田万侯等八人，俱应照例各越一级升用事。上曰："田万侯品行不佳，岂可准其卓异乎？"学士石柱奏曰："田万侯原未闻有善绩。"上曰："此本发回，俟进京日再请旨。"

是日，上驻跸任丘县赵北口北。雄县防守尉戴音达礼等、知县沈以栻等来朝。

三　月

初一日癸卯　上驻跸霸州苑家口北。是日，驻防霸州防守尉拜山、署知州事文安县知县万连捷、保定县知县李文英、霸州营游击张应大等来朝。

初二日甲辰　上驻跸霸州信安镇东南。

初三日乙巳　上驻跸信安镇。

初四日丙午 早，上御行幄，学士等捧折本面奏请旨。为三法司议七勒、库尔梅、二小子等自军前逃入贼中，俱应立绞事。上曰："据该管将弁称，七勒等樵采不归，因以逃入贼中存案。七勒、库尔梅、二小子俱着从宽免死，照例发落。"

是日，上驻跸永清县南哥奕庄。驻防固安县防守尉钟世布、把总赵一虎，驻防东安县防守尉索齐、知县吴兆龙、守备李蕴华，永清县知县陈国祝、守备李含真等来朝。

初五日丁未 驾入南苑南红门，驻跸晾鹰台南。

初六日戊申 未时，上由正阳门进午门，诣太皇太后、皇太后宫问安毕，回宫。

扈从起居注官常书、葛思泰。

初七日己酉 辰时，上御乾清门，听部院各衙门官员面奏政事毕，部院官员出。大学士、学士随捧折本面奏请旨。为兵部题补前锋统领伊巴翰升任员缺，开列副都统觉罗席特库等职名事。上曰："郎谈人极精敏，着补授前锋统领。"

又议军政卓异江南督标副将田万侯等，应照例各升一级用事。上曰："田万侯朕知之甚悉，未见其善，此等人如何可举卓异？"又顾汉大学士等曰："尔等知其人否？"李霨等奏曰："臣等亦未闻其善迹。"上曰："田万侯不准卓异。余俱依部议。"

又议政王、贝勒、大臣会议坤巴图鲁在军前，令其开通栈道往救汉中，违约不进，因有效力功绩可抵，应免籍没家产，其一等阿思哈尼哈番及巴图鲁名并内大臣、太子太保、佐领俱应革去。上曰："伊巴图鲁之名为太宗皇帝时所赐，着仍留。其世袭官职着留一半，革去一半。余依议。"又议原任护军统领莽吉图，统领大兵，不能诛讨逆贼，恢复地方，因抵效力功绩，应籍没家产一半，革去恩诏所得拜他喇布勒哈番。上曰："莽吉图在行间颇有劳绩，且伊属下兵丁俱称其善，凡所经过地方亦不扰害百姓，着从宽免籍没家产一半，将恩诏所得拜他喇布勒哈番革去。余着依议。"

午时，上诣太皇太后、皇太后宫问安。

本日起居注官牛钮、陈廷敬。

初八日庚戌 辰时，上御乾清门，听部院各衙门官员面奏政事毕，部院官员出。大学士、学士随捧折本面奏请旨。为吏部题补本部侍郎希福升任员缺，开列户部侍郎额库礼等职名事。上曰："盛京户部侍郎色赫虽理事未见甚优，其人厚重，着调补吏部侍郎。"

又开列荐举学道桑开运等，请钦点一员以京堂员缺用事。上问大学士等曰："此内谁堪内升？"明珠奏曰："臣等公议陈肇昌、蒋永修俱可。"上曰："闻田雯为人颇优。此内孰胜？"大学士李霨、王熙奏曰："伊等俱优，内陈肇昌较胜。"上命陈肇昌以京堂官用。

又议政王、贝勒、大臣会议宗室公瓦山与长沙出城贼交战，不能取胜，遂尔退回，拟革去公爵事。上曰："瓦山才具甚优，况其公爵乃伊父姑尔玛洪贝子效力年久恩赐之爵。着将宗人府右宗人革去，罚俸一年，从宽留其公爵。"又议原任都统觉罗霍特在石匣地方交战，不曾收取官兵骸骨并失炮位等案，拟革职籍没家产，其妻并未分居之子俱编入包衣佐领。上曰："霍特失误军机甚多，无甚效力之处，理应依议，但系觉罗，编入包衣佐领为奴似属不便。着从宽免其编入包衣佐领。余依议。"又议原任精奇尼哈番署副都统事穆成格，在滕县不能御贼，未收取官兵骸骨，拟革职籍没家产，其妻并未分居之子俱编入包衣佐领。上曰："这所议太过，着从宽免其妻子编入包衣佐领。余着依议。"又议都统公鄂黑用云梯往攻长沙城时，抵贼鹿角、挨牌，不能攻破，遂尔退回，拟革职。上曰："鄂黑为人尚优，其所袭公爵原系其祖之职，即革去亦应子弟承袭。着从宽留其都统与公爵，革去太子太保，仍罚俸一年。"

又礼部题封鸡公山神致祭事。上曰："这所议是，着依议行。此事始末达汉泰尽知，可着达汉泰前去。仍令该地方官每年春秋致祭。"

本日起居注官阿山、归允肃。

初九日辛亥 辰时，上御乾清门，听部院各衙门官员面奏政事。

巳时，上御乾清宫，讲官牛钮、陈廷敬、孙在丰进讲：上九姤其角二节、萃亨王假有庙一节。

本日起居注官孙在丰、朱马泰。

初十日壬子　辰时，上御乾清门，听部院各衙门官员面奏政事。

巳时，上御乾清宫，讲官牛钮、陈廷敬、孙在丰进讲：象曰萃聚也三节、象曰泽上于地一节。上亲讲毕，讲官照常进讲。

未时，上御景山内前殿，赐进贡科尔沁国协理旗下事务辅国公图纳黑、四品台吉厄尔德尼，敖汉部落协理旗下事务和硕额驸齐伦巴图鲁，阿霸垓部落四品台吉齐克图等，喀尔喀部落二品台吉劳彰、四品台吉阿玉锡等，扎萨克四品台吉马锡等及席勒图库棱大喇嘛厄尔德尼喀穆扎穆巴，归化城扎萨克喇嘛普苏克格隆等食。

本日起居注官蒋弘道、阿山。

十一日癸丑　早，上率诸王、贝勒、贝子、公等，内大臣、侍卫等诣堂子致祭，礼毕回宫。

本日起居注官常书、王顼龄。

十二日甲寅　辰时，上御乾清门，听部院各衙门官员面奏政事毕，部院官员出。大学士、学士随捧折本面奏请旨。为议政王、贝勒、大臣会推荆州将军事，正拟副都统喀齐兰，陪拟觉罗席特库。上曰："荆州地方紧要，创设满兵驻防，将军职任重大，务得其人，方为允当。这所推之人尚未妥，着于都统、护军统领内另推具奏。"又推荆州左翼副都统，正拟骁骑参领噶达洪，陪拟察哈达。上曰："噶达洪、察哈达为人皆不及，亦着另推具奏。"又推荆州右翼副都统，正拟郎中参领阿济礼，陪拟监察御史参领章泰。上曰："阿济礼为人颇优。尔等视之何如？"大学士明珠奏曰："阿济礼才具果优，人复壮健。"上曰："这本且暂留。"

又为福建水师提督施琅题，总兵官朱天贵令复还汛地，兵部议覆行察事。上曰："征剿台湾，深入海岛，关系重大。施琅现在进剿，防后之兵亦不可无。尔等之意若何？"明珠奏曰："皇上所见甚是。"上曰："朱天贵官兵应留在后，着大兵声援。着再议具奏。"

未时，上诣太皇太后、皇太后宫问安。

本日起居注官葛思泰、王鸿绪。

十三日乙卯　辰时，上御乾清门，听部院各衙门官员面奏政事。和硕安亲王岳乐等，为分派诸王三班行猎事，绿头签进呈御览。上问曰："尔等如何分派？”岳乐奏曰：“臣等为便于行走，故各视其家族分派。”上曰：“行猎虽系习武，亦有整饬号令之事。一班之内皆派一旗一家之王，恐围场中不便彼此论辨。”岳乐奏曰：“臣等大概拟派，候皇上酌夺。”上取绿头签全览，参互更定毕，岳乐等出。

大学士、学士随捧折本面奏请旨。为吏部题补福建巡抚董国兴告病员缺，开列学士张玉书等职名事。上曰：“侍郎金鋐为人颇优，曾任外官，似属可用。尔等以为何如？”大学士明珠、李霨等奏曰：“皇上所见极是。此人办事有才。”上曰：“此缺着补金鋐。”

又江南督抚荐举江苏布政使丁思孔，部议钱粮未完，不准行。上曰：“荐举原为慫劝人才，事关大典。观丁思孔供职颇勤慎，前为直隶守道时闻其居官有声，至有无贪婪之迹，实为难定。尔等亦有所见否？”明珠奏曰：“圣谕甚是。闻其办事果优，不然总督、巡抚何敢合辞荐举。”李霨等奏曰：“江南钱粮浩繁，难以全完。丁思孔任布政使以来，未闻有不善之处，且钱粮完过九分有余。”上曰：“丁思孔着准为卓异。”

又议政王、贝勒、大臣会推汉中汉军将军事，正拟副都统孙承祖，陪拟李鳞龙。上曰：“汉中地方最为紧要，将军必大有才略，方能教养士卒，保障封疆。这所推正陪之人俱寻常，总非将军之才。尔等之意若何？”明珠奏曰：“臣等满汉公议，汉中地甚紧要，设立将士在彼驻防，必得另户兵丁精练堪用者，地方始收设兵实效。观汉军佐领下兵丁家仆甚多，多系外任带回，堪披甲者实少。此辈即充数发往，徒有其名，于地方何益？现今西安府驻防右翼四旗兵丁，既有将军管摄，汉中亦当照八旗数目，派满洲、汉军兵丁各一半，各设副都统一员，仍令西安将军总管，则驻防兵丁皆属另户堪用之人，而将军责任不分，似可得驻防实济。臣等之意如此，伏候皇上睿裁。”上曰：“尔等之意甚是。着议政王、贝勒、大臣再行确议具奏。”

谕毕，大学士等将出，上又召回谕曰：“刑部事宜，所关甚重，必审鞫详明，定拟允当，始是非不紊，罪犯不枉。今观刑部各事，情弊尚未全除。凡有告讦之事，不行审究实情，惟将两造和解完结。人苟无甚冤抑，谁肯辄赴公庭，自生事端？总由问官遇事畏避，草率结案，以求简便故耳。又奉差籍没家产，官员将入官财物侵蚀肥己，以少许物件充数报册。此等情弊朕皆洞悉，可谕该部作何厘剔，尔等即拟上传来奏。”

巳时，上御乾清宫，讲官牛钮、陈廷敬、孙在丰进讲：初六有孚不终二节、六二引吉无咎二节。讲章中有六二中德，其忠君报主之念出于至诚，未常稍变初志，故能荐贤为国，而诚可格君等语。上首肯良久曰：“所讲极是。人惟不忘其初心，始终克尽忠爱，乃为人臣之善道。”牛钮、陈廷敬、孙在丰奏曰：“诚如圣谕。凡人初念皆善，惟恐有初鲜终，诚能不失其初，则无往不善矣。”

本日起居注官牛钮、曹禾。

十四日丙辰　辰时，上御乾清门，听部院各衙门官员面奏政事。

巳时，上御乾清宫，讲官牛钮、陈廷敬、孙在丰进讲：六三萃如嗟如二节、九四大吉无咎二节。

本日起居注官阿山、严绳孙。

十五日丁巳　辰时，上御乾清门，听部院各衙门官员面奏政事毕，部院官员出。大学士、学士随捧折本面奏请旨。为议政王、贝勒、大臣再推荆州将军事，正拟正红旗满洲都统噶尔汉，陪拟镶黄旗护军统领巴图。上曰：“噶尔汉似属可用。”大学士明珠奏曰：“噶尔汉历任都统年久，又在行间著有劳绩。”上曰：“噶尔汉着补将军。”又推荆州左翼副都统，正拟正白旗骁骑参领希福，陪拟正蓝旗侍读学士参领洪尼喀。上曰：“希福可用，着补副都统。”又推右翼副都统，正拟正红旗郎中参领阿济礼，陪拟镶红旗监察御史参领章泰。上曰：“阿济礼着补副都统。”

又为兵部议饶元充都督佥事，以都司录用事。上问：“尔等云何？”明珠奏曰：“饶元本系平民，当安亲王大兵抵长沙时，即聚义兵密约内应，因同事人泄露遇害，事遂未果。伊不受伪职，遁避山林，后投赴军前，其行谊似属可嘉。”上曰：“然。此系民人不肯从逆，倡义内应，可嘉。授为副将，以参将缺录用可乎？”明珠奏曰：“皇上破格用人，亦无不可。”上曰：“尔等可将此意票明送进。”

本日起居注官崔蔚林、朱马泰。

十六日戊午　辰时，上御乾清门，听部院各衙门官员面奏政事。议政王、贝勒、大臣，满九卿、詹事会议领侍卫内大臣索额图等罪入奏。和硕裕亲王福全言：“尚书介山，侍郎禅塔海、宜昌阿、温代迎合索额图，与之往来，当一并察议。”上曰：“自尚书以下诸臣谁不往来，但此辈往来较他人为甚耳，着免察议。”王、贝勒、大臣出。

又出猎诸王、大臣同入请旨。上谕裕亲王福全等曰：“令左翼官在左，右翼官在右，统辖而行。其围猎之制，贵乎整严，不可出入参差。宗室、公等毋得越围场班次在后逗遛。如或逗遛，则众人停待，围场必致错乱。尔等须严加管辖。”谕毕，诸王、大臣出。

大学士、学士随捧折本面奏请旨。为户部再议河南巡抚王日藻条陈垦荒事，义仓、社仓积谷准借与垦荒之民，免其取息，招徕流亡，令其垦荒。仍应将叛逆罪犯及强盗、逃人等严加详察。其新垦成熟之地，若有原主争告者，即将就近荒地拨给，照垦荒定例，六年后起科，限期不迫，应毋庸议。其所垦荒地，应准暂照下则征粮，三年后仍照原定等则起科。上曰：“这所议似属可行。”大学士明珠奏曰：“因奉旨令其再议，部议已详尽矣。”上曰：“招垦荒地，恐妄容盗贼逃人奸宄凶恶之徒，贻累地方。可将此意严切票出。”

又议政王、贝勒、大臣会议提督孙思克凡事不加详审，摇惑进剿军心，种种巧饰虚诞具奏，应将三等阿思哈尼哈番及提督、总兵官尽行革去。上曰：“孙思克身任封疆，不思速灭贼寇，当进兵之际，种种造言，摇惑军心，妄行入奏，情实可恶！”明珠奏曰：“皇上庙谟神运，指授机宜，屡促进兵，而汉中、兴安、保宁、成都等处相继克复，地方遂平。若从孙思克所奏，则进兵无期，必致贻误事机矣。”上曰：“孙思克理应从重议处，但闻其颇善养兵，且有微劳。伊所有阿思哈尼哈番及提督衔着尽行革去，从宽仍留总兵任。”

又云南提督赵赖题议叙土司安胜祖，宜授以文职，若授武职，则恐致有妄为之事。部议移咨该督、抚会议，具题到日再议。上曰：“土司事宜，或云宜补流官，或云宜补土官，或云可令管兵，或云不可令管兵，种种陈奏不一。”因顾问学士佛伦：“尔知之否？”佛伦奏曰：“当平远府失陷时，土司安胜祖及家人阿五接济大兵，颇有裨益。其土司龙天佑乃一狂乱可恶之人，因给与总兵札付，便与内地官员一体行事，其亦资孔新兴所、普安州等驿站，亦无甚效力供应之处，似不宜给与大品武职。”上曰：“补授土司官员，应速行完结。云南、贵州离京甚远，往来移文，多需时日。今遣该部贤能司官一员，前往会同云贵督、抚、提督酌量彼处情形，详加定议具奏，则一举可毕矣。尔等云何？”明珠奏曰：“睿见极是。”

本日起居注官常书、潘耒。

十七日己未　辰时，上御乾清门，听部院各衙门官员面奏政事毕，部院官员出。大学士、学士随捧折本面奏请旨。为吏部题补监察御史白为采内升员缺，正拟刑部郎中孙冈，陪拟吏部郎中马君宠。上曰：“孙冈为人何如？”大学士明珠奏曰：“孙冈为人颇优。”上顾汉大学士问曰：“尔等云何？”李霨奏曰：“孙冈前任臣衙门侍读，为人颇优，办事明白。”上命以孙冈补授此缺。又谕曰：“部院职掌用敦厚守分之人为宜，有才而品行不端者无所取之。尝观人初任小职，则甚敬慎，及荐受大任，即改常度，怠玩从事者最多。”明珠等奏曰：“诚如圣谕。”

又题补监察御史卢崇魁外转员缺，正拟刑部郎中年遐龄，陪拟余三贤。上曰：“年遐龄、余三贤孰优？”明珠奏曰：“二人俱优，惟皇上简用。”上曰：“该部院既以年遐龄拟正，这员缺着以年遐龄补授。”

又议政王、贝勒、大臣会推正白旗汉军副都统宜思孝革职员缺，正拟参领张素义，陪拟蔡毓茂。上曰：“尔等曾问明否？”明珠等奏曰：“问统兵都统噶尔汉，云张素义为人颇优，堪以驭下。又问本旗都统赛音达礼，亦云为人堪用。”上命以张素义补授副都统。

又推归化城土默特左翼副都统，正拟正白旗护军参领巴图，陪拟镶黄旗骁骑参领马尼。右翼副都统，正拟正黄旗护军参领库素礼，陪拟察哈尔参领阿玉玺。上曰：“阿玉玺可补授右翼副都统。巴图为人颇优，以此缺补用，殊可惜。这左翼副都统员缺，着另推具奏。”又会议都统阿密达平凉攻战时，我兵退回，不能禁阻，应革都统、佐领，削去加级。上曰：“阿密达为人颇优，其劳绩与桑格劳绩孰胜？”明珠奏曰：“桑格劳绩有五十余处，阿密达劳绩有八十余处。”上曰：“阿密达为人既优，且劳绩甚多，着革去佐领，降五级，从宽留都统任。余依议。”又会议原任副都统穆舒浑功罪相抵，无容议。上曰："穆舒浑不遵旨，从襄阳直抵兴安，而规避前往西安，以致兴安反叛，其情罪殊为可恶！着再严议具奏。"

巳时，上诣太皇太后、皇太后宫问安。

本日起居注官葛思泰、汤斌。

十八日庚申 万寿节。是早，上率诸王、贝勒、贝子、公、内大臣、侍卫、大学士等诣太皇太后宫行礼，次诣皇太后宫行礼毕，回宫。

少顷，御中和殿，内大臣、侍卫，内阁、翰林院、詹事府、礼部、都察院、鸿胪寺执事各官行礼毕，御太和门，诸王、贝勒、贝子、公等文武各官上表庆贺行礼；次厄鲁特部落达赖汗贡使厄尔克多拖诺等行礼，赐茶。厄尔克多拖诺召至阶下，赐之。驾回宫。

午时，上诣太皇太后、皇太后宫问安。

本日起居注官牛钮、陈廷敬。

十九日辛酉 辰时，上御乾清门，听部院各衙门官员面奏政事毕，部院官员出。大学士、学士随捧折本面奏请旨。为吏部题补左副都御史莽色升任员缺，开列通政使喇都祜、大理寺卿舒恕事。上曰："可将年久郎中开列来看。"

又兵部题调补正白旗满洲副都统郎谈升任员缺，开列蒙古副都统得尔德傅尔祜职名事。上曰："苏永祖为人颇优，着即补授满洲副都统。"

又议云南驿传道郭廷弼等解送部拨赖塔军前马二千匹，止送到七百余匹，其余马匹行察违限未报，应交与吏部议处，其马匹仍令该抚确察。上曰："此马原拨闽省，后由闽省转送粤东赖塔军前，因赖塔进剿云南，又追送至滇中。此三省路途遥远，山径崎岖难行，马匹多毙是实，伊等不能赔补，故不报明，以致违限，如责令赔补，似属冤抑。从前定例令赔补马匹者，因用兵之际，不如此，恐送马人员任意怠惰，以致马匹伤毙，原欲有济于军需耳。今四方平定，既无送马之事，着免行察赔补，并免议处迟报各官。"

本日起居注官沈荃、阿山。

二十日壬戌 辰时，上御乾清门，听部院各衙门官员面奏政事毕，部院官员出。大学士、学士随捧折本面奏请旨。为吏部题补督捕侍郎金铉升任员缺，开列学士王守才等职名事。上曰："刑部侍郎熊一潇为人厚重，办事有才，着调补督捕侍郎。"

本日起居注官傅腊塔、严我斯。

二十一日癸亥 早，上幸南苑。戌时，回宫。是日，各部院衙门本章俱交内阁。

本日起居注官常书、秦松龄。

二十二日甲子 辰时，上御乾清门，听部院各衙门官员面奏政事毕，部院官员出。大学士、学士随捧折本面奏请旨。为副都御史员缺，吏部开送太常寺等衙门卿及年久郎中职名事。上问曰："布政使呀思哈居官何如，尔等知否？"大学士明珠奏曰："地方辽远，臣等知之不确。"上曰："呀思哈为人似亦尚优。"勒德洪、明珠奏曰："在吏部时知其为人颇优，且练达事务。"上命遍读开列各官职名毕，曰："席尔达原系超擢补用，不过能称本衙门职事而已。席忒纳最为年久，但其人平常。"明珠等奏曰："诚如圣谕。"上曰："呀思哈着补副都御史。"

又为福建总督姚启圣请叙坐塘笔帖式谭木哈图，兵部议不准行事。上曰："谭木哈图乃一急躁人，但伊每次所报机宜俱有裨益。"明珠奏曰："谭木哈图诚属急躁，其奏报军机颇竭心力。"上曰："仍着议叙。"

又广西巡抚郝浴以二十一年捐输谷米于秋收后报部，户部议俟某官捐输若干造报再议事。上问大学士等。明珠奏曰："似应照该抚所请行。该部遽议将某官实心奉行及捐输米谷若干造报，稍觉多事。"上曰："捐输米谷入常平等仓备荒，有裨民生，最为坚要，务令经管各官殚心奉行，力图实效。作何定例考成，着一并确议具奏。"

又为礼部覆浙江将军马哈达疏，议在外各官庆贺行礼及坐位班次事。上曰："此事可依议行否？"明珠奏曰："据汉大学士等以为总督、巡抚、巡盐御史向称三院，与在京不同，凡有庆贺事宜俱一班行礼，此向来之例。巡抚亦系封疆大臣，今议在总督后行礼，似少有不便。"上曰："然。凡礼部所议创制事宜皆甚陋劣。"明珠奏曰："此事先亦曾令再议。"上曰："可令九卿等会同确议具奏。"

又广东提督许贞请将原在标下官兵一千员名带赴新任，兵部议不准行。

上问 :“此事尔等云何?”明珠奏曰 :“前广东总督标下兵丁已准带去。今许贞称此兵素号精练,随征年久,自江西赴广东甚近,准其带往未为不可,且于边围似有裨益。”上曰 :“既如此,其一千官兵准许贞带去。”

又理藩院议多罗贝勒宋喇布游牧地方狭小,令于定边等处暂行驻牧事。上曰:“尔等所议如何?”明珠奏曰:“臣等之意,若此地暂与游牧,将来撤还,彼必谓久许游牧,又何撤为?如此,则日后似有未便。”上曰:“然。理藩院甚为含糊,并未详加揆度。着遣该衙门堂官一员详阅地方情形来覆。”

又议政王、贝勒、大臣会议原任经略莫洛、郎中宜成格等身被贼害,应令吏、兵二部议叙;其原任总兵官伍什三因投降王辅臣,应处绞事。上问大学士等。明珠奏曰:“经略莫洛亦竭诚图效,但以同事之臣变叛,身遭杀害,其情可悯,似应议叙。”上曰:“着依议。”明珠又奏曰:“伍什三系经略标下总兵官,其汉军司官及笔帖式既可脱归,伊岂不能脱归乎?其从王辅臣情属可恶。”上曰:“伍什三系包衣佐领下人,身为经略大厅(臣),反从王辅臣,诚属可恶。王辅臣处岂可一日投降安身乎?这拟绞尚轻,应立行处斩。着再议。”

又进呈上谕刑部稿,上览毕称善。又谕曰:“尔等另行口传,前朕知工部情弊,逐一厘剔,今少觉整理。尔刑部弊端朕无不悉知,自后永行改革则已,倘仍因循如故,将尔等弊端摘发一事,毋望幸免,亦毋望止于罢斥已也!伊等又每云身为堂官,笔帖式、书吏所作弊端,焉能悉知?止因才力不及,未能察出。伊等暨禅塔海岂非笔帖式出身乎?断难以不知情弊为词。朕时加咨访,诸事尚且知觉,伊等诿为不知可乎?朕已洞鉴,故尔申饬,务将夙弊尽行除革。尔等可照此意切直传谕。”

是日,赐奉天将军伊把翰鞍马及撒袋、披领。

本日起居注官朱马泰、徐乾学。

二十三日乙丑　辰时,上御乾清门,听部院各衙门官员面奏政事毕,部院官员出。大学士、学士随捧折本面奏请旨。为议政王、贝勒、大臣会议原任总兵官伍什三投降王辅臣,拟应立斩;守备卫有德、笔帖式色勒等分别拟罪事。上曰:“伍什三情罪可恶,着依拟处斩。卫有德、色勒等原非从贼归正者可比，且其后俱有劳绩，着从宽免罪。”

又为宁古塔拨什库雅木布因妄告将军巴海贪酷等事拟立斩。上曰：“雅木布摇惑众心，殊为可恶，应依拟立斩，但正在出征，着改为应斩，于盛京监禁，俟兵回日候旨处决。”

又为荆州、江宁、西安等处驻扎满兵事。上曰：“江宁、西安官兵互相抽调，驻扎道路甚远，恐致驿站扰累，兵民交困。尔等所见何如？”大学士明珠奏曰：“臣等曾议及此。荆州适中之地，应将江宁、西安官兵各调一千驻扎荆州。其现自京城发往荆州官兵内，应分拨一千名发往江宁，又一千名发往西安。如此则路途适均，兵民不致扰累矣。”上曰：“然。着再行确议具奏。”

未时，上御保和殿，赐奉天将军伊把翰、达赖喇嘛贡使唐臣董噶尔库图克图、厄鲁特部落达赖汗来使厄尔克多托诺、厄尔得尼代青台吉来使博尔济、巴图鲁尔台吉来使图布信虾、盛京为首喇嘛罗布臧等、五台山为首喇嘛温布等、归化城为首喇嘛扎木苏等，及谢恩鄂尔多斯部落二品台吉吴巴什等，进贡科尔沁国二品台吉毕礼滚达赖等，阿巴哈纳尔四品台吉塔尔巴，阿霸垓部落四品台吉诺木图等、扎萨克四品台吉布吉等，喀喇沁部落四品塔布囊得尔僧等食。

本日起居注官孙在丰、葛思泰。

二十四日丙寅　辰时，上御乾清门，听部院各衙门官员面奏政事毕，部院官员出。大学士、学士随捧折本面奏请旨。为简亲王喇布缘事削爵，议政王、贝勒、大臣会议袭封事。一议应袭封喇布弟雅布；一议此王爵原系郑亲王爵，应开列郑亲王子惠兰及纯亲王子默美、雅布。候旨钦定。上曰：“伊等何如？”大学士明珠奏曰：“据本旗人言惠兰、雅布姿性俱美。”上曰：“尔等之意若何？”明珠奏曰：“前简亲王德塞薨，无子。会议此爵系郑亲王所遗之爵，应将郑亲王子巴尔堪等袭封。因奉谕旨：纯亲王现有子，应否以叔辈袭封，着再会议。于是议照会典以喇布袭封简亲王。今惠兰、默美随喇布在骡子山缘事，现在议处。”上曰：“朕意亦如此。”明珠奏曰：“上意极当。”上曰：“是。可将此本送内。”

巳时，上御乾清宫，讲官牛钮、陈廷敬、孙在丰进讲：九五萃有位二节、上六贲咨涕洟二节。讲毕，谕牛钮等曰："讲官严我斯身体肥重，难于趋走，如忽痰升喘嗽，恐有失大礼。我斯在讲幄效力年久，仍以讲官照常办事，凡遇升殿御门，免其侍班。尔等可传谕行。"

午时，上诣太皇太后宫问安。

本日起居注官阿山、归允肃。

二十五日丁卯　早，上御太和门视朝。升转文武官员谢恩毕，回宫。辰时，上御乾清门，听部院各衙门官员面奏政事毕，部院官员出。大学士、学士随捧折本面奏请旨。为户部议乌喇兵丁，应给一月行粮事。上曰："乌喇兵丁甚为劳苦，给银虽无所用，此辈皆系寒苦兵丁，行粮着给一半。余着依议。"

又为翰林院题补日讲官朱彝尊员缺事。上曰："尔等会同翰林院学士定议具奏。"

又为顺天等处提督学政董讷题参河间府青县知县武谟等，用印信手本开列武童、武克捷等部费银一百二十两行贿事。上曰："朕素知考试官情弊，欲严加剔厘。董讷题参行贿之人，甚为可嘉。但此事尚未审明，不便即行票出。尔等识之，俟该抚审拟覆奏时，将优旨一并票发。"

巳时，上御乾清宫，讲官牛钮、陈廷敬、孙在丰进讲：升元亨一节、象曰柔以时升三节。

本日起居注官牛钮、蒋弘道。

二十六日戊辰　辰时，上御乾清门，听部院各衙门官员面奏政事。户部启奏时，上谓侍郎额库礼、宜昌阿曰："凡为军机诖误住俸官员俸银曾给与否？"额库礼等奏曰："凡袭祖父世职者，已经给俸；其现任本身得官职者，未给。"上曰："所以住俸者，为其有罪故耳。此住俸官员，理应事结之日，方行给与，若事未结之先，因伊职系袭祖父之职，遂尔给俸，以致或给或不给，彼此参差，殊为不合！尔等察明具奏。"谕毕，部院官员出。

内阁会同翰林院，为题补朱彝尊日讲官员缺，开列侍讲学士卢琦等职名事。上曰："尔等所拟若何？"大学士明珠等奏曰："臣等公拟邵吴远、王封溁。"上曰："讲官严我斯为人甚优，因其身体肥重，艰于趋走，仍带讲官衔，照常办事。此二缺，着将部吴远、王封溁补充。”翰林院学士出。

大学士、学士随捧折本请旨。为议政王、贝勒、大臣会议，宗室巴尔堪于老虎桥等处对敌退却，理应治罪，但劳绩颇多，先经革职，功罪相抵，应无庸议。上曰：“这所议属过。巴尔堪系宗室，而身先士卒，效力可悯。着再议具奏。”

谕毕，上顾大学士等曰：“此时太子正宜讲书。”明珠奏曰：“臣等尝思皇太子出阁典礼当举，但不便御正殿，以御别殿讲书为宜。目今文华殿尚未修建，似无讲书之所。”上曰：“文华殿修建，亦曾约估，所需原不甚多。尔等传谕工部，即行起造。”

本日起居注官傅腊塔、王顼龄。

二十七日己巳　辰时，上御乾清门，听部院各衙门官员面奏政事。兵部侍郎库勒纳等，以遣往贵州酌议土司事宜奏请谕旨。上谕曰：“曩时逆贼吴三桂见土司富厚，因起兵收服之。今既经归顺，议土司事者，往往不同。或云土司系外彝，即令彝人管理，易于行事，不可遂取其地。或云土司予以大职，令其管理事务，恐有权柄不为我节制。或云我所取之地，何复令彼管理，仍收之为便。或云设流官管理，可多得钱粮。朕思土司地方，止有大定、黔西、威宁、平远四府，钱粮亦不甚多。今遣尔等前往，务善为区处，使可永远遵行。尔等即决断定议来覆，毋得游移两可，谓如此行之不便，如彼行之又虑有不便也。尔等其加勉之。”库勒纳奏曰：“臣等自当恪遵谕旨。”奏毕，出。

大学士、学士随捧折本面奏请旨。为议政王、贝勒、大臣会议正黄旗蒙古都统穆占行间情罪，应即行处绞，籍没家产。上曰：“穆占在保宁谎称粮米已经运到秦州；交战时不临阵指挥，远立观望；在辰州推诿不救永兴。以此坐罪固宜，但伊劳绩约有二百六十处。他人劳绩四五十处，尚行抵罪，伊有如许劳绩，独不可相抵乎？这所议稍过，着发还再议。”

又袭封和硕简亲王事。上曰：“朕观雅布乃一寻常之人。”大学士等未及对，上又谕曰：“观会典似宜承袭，不可另予他人。”大学士勒德洪等奏曰：“圣谕极是。”上曰：“雅布着袭封王爵。”

又吏部题刑部侍郎熊一潇调补员缺，开列内阁学士王守才等职名事。上曰：“着察其次应升人员来看。”又题补刑部郎中孙冈升任员缺，正拟吏部员外郎金璞，陪拟户部员外郎金玺。又郎中年遐龄升任员缺，正拟督捕员外郎刘泽寰，陪拟礼部员外郎郭世隆。上曰：“尔等曾问明否？”明珠奏曰：“臣等问所拟正、陪人员，据该堂官云，伊等皆长于办事，其操守不能悉知。礼部堂官云，郭世隆出兵方回，近又出差，无从知其为人。”上曰：“着吏部会同刑部选择具奏。尔等仍口传该部，照前保举才能清廉之例选择。”

巳时，上御乾清宫，讲官牛钮、陈廷敬、孙在丰进讲：象曰地中生木一节、初六允升大吉二节。

午时，上诣太皇太后、皇太后宫问安。

本日起居注官朱马泰、王鸿绪。

二十八日庚午　辰时，上御乾清门，听部院各衙门官员面奏政事毕，部院官员出。大学士、学士随捧折本面奏请旨。为礼部再议在外各官行礼坐位仪注事。上曰：“所议当否？”大学士明珠奏曰：“部内向无定例。今议防守御、参领见督、抚照藩、臬礼，佐领、守御照道员礼。”上曰：“此系创行事例。今会议诸臣内曾任藩、臬者多，其所见必确。这本着九卿等会议。”

又议政王、贝勒、大臣会议原任正红旗都统希福，与长沙出城拒敌之贼交战败绩，功罪相抵，应免籍没家产，革去将军及恩诏所得拜他喇布勒哈番。至伊父所有二等阿达哈哈番，仍令应袭之人承袭。上曰：“希福劳绩甚多，着革去拜他喇布勒哈番，罚俸一年，从宽仍留将军及伊父二等阿达哈哈番。”

又议镶蓝旗蒙古都统喇赛在永兴时，贼兵来犯，尚未立营，不能攻破，应革去都统、佐领。上曰：“喇赛在永兴固守甚力。”大学士勒德洪等奏曰：“皇上所见甚是。臣等向亦闻知。”上曰：“喇赛颇有劳绩，为人亦优，着革去佐领，罚俸一年，从宽仍留都统。”

本日起居注官常书、曹禾。

二十九日辛未　辰时，上御乾清门，听部院各衙门官员面奏政事毕，部院官员出。大学士、学士随捧折本面奏请旨。为吏部题补刑部侍郎员缺，开列以次应升官员崔澄等职名事。上曰："王守才为人庸常，金汝祥历任未久，以次应升各员内张吉午、崔官、荣国祚并王盛唐、李廷松俱庸常，无一堪用者。崔澄在陕西时颇有能名，今看来亦甚庸常。高尔位何如？"大学士李霨等奏曰："观高尔位是一明白人。"上曰："品行何如？"李霨等奏曰："未尝同事，不能深知。"上曰："高尔位乃世祖皇帝时所用之人，历年甚久，着即补授此缺。"

又题补甘肃布政使呀思哈升任员缺，正拟郎中色勒布，陪拟色黑。上曰："这正、陪二人俱平常。外任官员以通汉文者为宜，着将通汉文人员另拟具奏。"又顾大学士等曰："朕观习汉文者翰林院官员差可，其部院官无一可者。"明珠等奏曰："圣见极是。"

巳时，上诣太皇太后宫问安。

本日起居注官葛思泰、严绳孙。

三十日壬申　早，上御保和殿，视祭太庙祝版毕，回宫。辰时，上御乾清门，听部院各衙门官员面奏政事。

本日起居注官阿山、汤斌。

四　月

初一日癸酉　早，上以孟夏，躬诣太庙致祭，礼毕，回宫。

少顷，上幸玉泉山。酉时，回宫。

本日起居注官牛钮、归允肃。

初二日甲戌　辰时，上御乾清门，听部院各衙门官员面奏政事毕，部院官员出。大学士、学士随捧折本面奏请旨。为议政王、贝勒、大臣会议将军噶尔汉既闻贼信，不即亲统官兵赴房县救援，以功抵罪，应免籍没，革去将军事。上曰："噶尔汉原因其人堪用，简授将军，着仍留任，降五级，罚俸一年。"

巳时，上御乾清宫，讲官牛钮、陈廷敬、孙在丰进讲：九二孚乃利用禴二节、九三升虚邑二节。

本日起居注官陈廷敬、傅腊塔。

初三日乙亥　辰时，上御乾清门，听部院各衙门官员面奏政事毕，部院官员出。大学士、学士随捧折本面奏请旨。为宗人府议叙贝子章泰云南军功，请旨定夺事。上曰："章泰罪多功少，但以其身至云南，故令议叙。着察例来看。"

又奉天府尹高尔位题奉天、锦州二府驿站民人苦累，不得耕种，请照旧例供应，户部议不允行。上曰："高尔位所奏亦是，山海关外人民稀少，与内地不同，若令供应，恐致劳民。着再议具奏。"

又都察院左都御史希福等条奏，提督、总兵官等应令不时觐见，兵部议准行事。上曰："在外提督、总兵官等，或地方紧要，亦有不可离任者，若俱令来朝，则远离汛地，必致旷职。如有愿来陛见者，待其自行奏请，候旨定夺可耳。"复顾大学士等曰："边疆提镇，久握兵权，殊非美事。兵权握久，心意骄纵，故每致生乱也。"勒德洪、明珠奏曰："圣鉴极是，诚深知治乱之本原矣。"王熙奏曰："边疆将帅常来朝见，则晓朝廷法度，不敢妄萌邪念。"上曰："常来朝见，则心知敬畏。如吴三桂、耿精忠、尚之信辈亦以不令来朝，心生骄妄，以致反叛。此处所关甚要，况边陲将士，惟知其统辖之主，不习国家法度。曩者，朕曾降敕于广西将军马承荫，承荫跪受，其下诸人皆惊，谓我将军亦跪人耶！即此观之，兵权不可令久擅也。"

本日起居注官常书、王封溁。

初四日丙子　辰时，上御乾清门，听部院各衙门官员面奏政事毕，部院官员出。大学士、学士等入，上问曰："大学士李霨何故不至？"大学士明珠奏曰："魏象枢等奏高阳百姓侵占安州地亩内，有李霨族中子弟，李霨俟事结之日，方敢入直。"上颔之。

随取折本请旨。为工部题修孝陵五空桥甬道，估计工价一千五百两。上曰："陵寝关系紧要，前监修各官草率修理，因致损坏。今若以节省之故，估价短少钱粮不敷，将旧存砖石充用，恐不能坚固。宁使价值宽余，务令永远坚固为善。着该部董修陵寝堂、司官详勘，再议具奏。"

又吏部题补大理寺卿张云翼告假员缺，开列太常寺卿崔澄等。上问：“此开列之人何如？”大学士勒德洪奏曰：“崔澄尚优。”大学士王熙奏曰：“府尹张吉午亦堪用。”上曰：“伊等俱循资论俸，历升今职。以朕观之，其才皆属不及。着察其次应升官员具奏。”

又总河靳辅题请直隶及江南等四省，每年应征应蠲河银十八万两，俱于三月内照数抵解。上曰：“观靳辅此奏，河工似难就绪。”明珠奏曰：“皇上所见极是。”上曰：“黄河险处甚多，河银应作速给与。汉大学士以为何如？”吴正治奏曰：“每年河工银内有蠲灾缺额银八万两，应将现银拨给。其蠲灾缺额银两，令布政司另行奏销。”又问学士胡简敬：“近日黄河水势如何？”简敬奏曰：“黄河险处七里沟离清口约有三四里，玉皇阁离清口亦有三四里。今河水险溜，冲塌河涯，止剩四五丈不等。”上曰：“今萧家渡决口堵塞，黄河大溜直下，七里沟等处，遂坍塌，玉皇阁一带急溜约有二三十处。总之，河口从下流冲决，为力尚易，若决在上流，则难施工，所关最为紧要。靳辅治河之事，成与不成在此一举。着照伊所请钱粮速行解给，倘幸而成功，均属有益。如俟直隶各省解往，恐致迟误，应将彼处钱粮不拘何项，暂行动用，务令堤岸坚固，不致再有冲决。待协济钱粮到日，即补还原项。其各省蠲灾缺额银两作何拨补，着速行议奏。”

又为议政王、贝勒、大臣会议穆占行间情罪，应革去都统及阿达哈哈番，籍没家产，鞭一百，其妻并未分家之子俱交与内务府。上问：“此事尔等之意若何？”勒德洪奏曰：“穆占虚诞之处是实，然劳绩亦多，揆其情罪，官职似无可留。”上曰：“穆占着革职，余罪俱从宽免。”

巳时，上诣太皇太后、皇太后宫问安。

是日，赐西安将军希福鞍马、撒袋、披领。

本日起居注官朱马泰、邵吴远。

初五日丁丑　早，上御太和门视朝。升转文武官员谢恩，次进贡厄鲁特部落达赖汗来使厄尔克多托诺等行礼毕，赐茶。召厄尔克多托诺等至阶下赐之，驾回宫。

少顷，御乾清门，听部院各衙门官员面奏政事毕，部院官员出。大学

士、学士随捧折本面奏请旨。为户部议郎中詹布礼凤阳仓差溢额银四万两，无庸议叙事。上曰："詹布礼既溢税银，着议叙。"

又为兵部题刘泽深等十五人，掣签以参将用事。上曰："此内龙泉关参将于继全为人甚劣，着休致。龙泉关员缺甚属紧要，着另行选择，引见补用。"

又为各省从贼武弁自副将以下，投诚后，立有军功八次者议留，不及八次者议革，共五本。上曰："参将张汉高等所立军功虽未及八次，因蔡毓荣保题才具堪用，故尔议留。此议革各弁内，如有效力行间素著劳绩，才堪任用者，似应俟该督、提保题到日，引见录用。"大学士明珠等奏曰："圣谕极当。此事命下后，抄发各省，倘有堪用之人，该督、提必为保题。"上曰："将此意票出为是，着改票来看。"

又为刑部题已正法叛犯杜学之子杜弘勋、杜弘业俱应处斩事。上曰："杜弘勋、杜弘业着从宽免死，并家产交与该管衙门。"

又黄芳泰奏，伊兄黄芳度等骸骨暴露漳州，乞假归葬事。上曰："黄芳度等克殚忠贞，全家殉难，深为可悯，着黄芳泰回闽收葬。"

巳时，上御乾清宫，讲官牛钮、陈廷敬、孙在丰进讲：六四王用享于岐山二节、六五贞吉升阶二节。

讲毕，上命诸讲臣观御书颁赐安南国王黎惟禛"忠孝守邦"四大字。自乾清门捧至起居注馆，诸讲官敬观毕，学士牛钮、陈廷敬，侍读学士孙在丰随于乾清门覆旨奏言："伏观皇上御笔，龙翔凤舞，炳耀中天，结构精工，体势雄峻，自古名书流传于世者，未能仿佛万一。以此颁赐安南，使遐荒万里，仰瞻天藻，具见圣朝文德怀柔至意。臣等不胜欣幸。"

未时，上御景山内前殿，赐西安将军希福及谢恩喀尔喀部落二品台吉鲁布臧、杜尔伯特部落三品台吉乌尔图纳苏图，阿巴哈纳尔四品台吉图巴塔尔、请安进贡阿巴哈纳尔固山贝子衮楚克札布、阿霸垓部落一品台吉达尔麻、苏尼忒部落四品台吉阿赖冲、翁牛忒部落四品台吉满诸等、吴喇忒部落四品台吉毕礼克图等、喀尔喀部落一品台吉吴都等、敖汉部落二品台吉达尔麻等、札萨克一品台吉诺尔布等、四子落部四品台吉索尼代等、札赖忒部落四品台吉杜思哈尔等食毕。

复召将军希福近前谕之曰："陕西地方甚为紧要，因尔效力行间，练习军务，特简此任。尔到西安须严束兵丁，加意操演，不得骚扰百姓。督、抚、布、按俱封疆重臣、地方大吏，乃有驻防防御等官，公然骑马入伊衙门，平行抗礼者，大失体统。倘或知县等官，与尔将军、副都统平行，尔等之意若何？近见浙江、福建，将军、副都统、督、抚彼此不睦，题请坐见礼仪，岂不负朕视文武一体之意乎？"希福奏曰："臣本庸劣无才之人，深恐不克胜任，有负皇上委用之意，惟夙夜兢惕，谨识圣谕，竭力报效而已。其文武官员俱系皇上委用之人，尊卑次序自有定制，岂可僭越？臣到西安，即将谕旨通行申饬。"上曰："汉中地方必简选精兵，发往戍守，不得以强壮兵丁留置本标，止以疲弱者发往彼处。"希福奏曰："戍防兵丁原为镇守地方，防御盗贼，岂敢以精锐留标，疲弱拨往。"上曰："尔辈统兵将领多有如此者，朕知之久矣。"希福奏曰："皇上谕旨，臣当谨识，遵奉以行。"

本日起居注官沈荃、葛思泰。

初六日戊寅 辰时，上御乾清门，听部院各衙门官员面奏政事毕，部院官员出。大学士、学士随捧折本面奏请旨。为大理寺卿员缺，吏部察明其次应升之人开列具奏事。上命取原开崔澄等名，以次读讫，顾大学士等问曰："崔澄为人何如？"勒德洪奏曰："其人尚属可用。"明珠奏曰："人亦平常。"上顾王熙等曰："尔等之意若何？"王熙奏曰："平常。"吴正治奏曰："其人老成。"上曰："伊等皆无甚分别，此缺着以崔澄补授。"

又为卢崇魁等九人补授道、府事。上曰："道、府系方面官，应择才能堪用者补授。此内拟补知府徐世茂为人甚劣，着休致，其缺另拟具奏。余依拟用。"

又贵州巡抚杨雍建题丈量土苗田地请展限期，户部议不准行。上曰："贵州不比他省，山地崎岖，限内完结甚难，应如所请，准其展限。着该抚会同侍郎库勒纳议奏。"

又题吴三桂属下家口请暂停搬移，兵部议不准行。上曰："此等家口搬移不容迟延，必速令陆续就道，虽值农时，断断不可展限！贵州地方大兵过往，搬移人口所用夫役繁多，民间实为苦累，作何加恩蠲免钱粮，尔等会同该部酌议具奏。”

又议政王、贝勒、大臣会议原任副都统科尔坤著有劳绩十九处，阵亡，以功抵罪，应免议事。上曰：“科尔坤无甚大罪，阵亡可悯，应议叙。尔等可将此意票明送进。”

又议都统席布臣功罪不能相抵，其都统、太子少傅及本身所得二等阿达哈哈番、佐领、加级应尽行革去，仍籍没家产。上曰：“席布臣尚有劳绩，着止革职，从宽免其籍没家产。”

又议西安副都统翁爱，同大兵平定云南，应止革职，免籍没家产。章京阔忒黑并未言翁爱坠落坑堑，伊用手提出，而护军参领库苏里向穆占诳告，应革职。上曰：“翁爱是一娇饰可憎之人，坠落坑堑，被人提出是实，因善于斡旋，故致此处勘虚。应依议。其库苏里在陕西等处甚有劳绩，且无多罪，今并不言其功绩，而议革职，是何意见？尔等可向该部问明。”

又议叙固山贝子章泰事。上曰：“所察之例若何？”明珠等奏曰：“该衙门察得贝子以下无议叙之例，惟信郡王剿灭察哈尔，曾以功绩写入册内颁赏。”上曰：“章泰别无可叙之处，着止将劳绩入册颁赏。”

巳时，上御乾清宫，讲官牛钮、陈廷敬、孙在丰进讲：上六冥升二节、困亨一节。

本日起居注官牛钮、潘耒。

初七日己卯　辰时，上御乾清门，听部院各衙门官员面奏政事毕，部院官员出。大学士、学士随捧折本面奏请旨。为吏部题补甘肃布政使雅思哈升任员缺，正拟郎中席特库，陪拟巴锡。上曰：“席特库年衰，巴锡或尚堪用。尔等以为何如？”大学士明珠奏曰：“席特库原属平常，巴锡久任吏部郎中。”勒德洪奏曰：“巴锡年久，且为人谨慎。”上曰：“巴锡学问大约平常，然亦非甚不堪之人，既年久谨慎，着补布政使。”

又会议库苏里革职事。上曰：“尔等所问若何？”明珠奏曰：“臣等问议政王等言，库苏里向穆占云，翁爱临阵退却，堕落坑堑，被人提出。及行审问，又称前语系阔忒黑向伊言之，伊未亲见。及问阔忒黑，又云并未向库苏里有此言，如果翁爱败回落堑系我提出，我岂不禀明兵主请功，肯向伊言之耶？此事若实，翁爱即应正法，故将库苏里拟革职。”上曰：“此役同事者皆知此事，然库苏里有效力之处，着酌量议抵。”

巳时，上御乾清宫，讲官牛钮、陈廷敬、孙在丰进讲：象曰困刚掩也三节、象曰泽无水一节。

午时，上诣太皇太后宫问安。

本日起居注官阿山、秦松龄。

初八日庚辰　辰时，上御乾清门，听部院各衙门官员面奏政事。

巳时，上御乾清宫，讲官牛钮、陈廷敬、孙在丰进讲：初六臀困于株木二节、九二困于酒食二节。

午时，上诣太皇太后宫问安。

本日起居注官傅腊塔、徐乾学。

初九日辛巳　卯时，上诣太皇太后宫问安。

辰时，上御乾清门，听部院各衙门官员面奏政事毕，部院官员出。大学士、学士随捧折本面奏请旨。为吏部题补鸿胪寺少卿济哈纳告病员缺，正拟赞善布达礼，陪拟傅尔哈。上曰：“此二人何如？”大学士明珠奏曰：“布达礼曾任内阁中书，为人平常。傅尔哈臣等不识其人。”上曰：“鸿胪寺亦须拣选堪用之人。朕观鸣赞何玺人颇明敏，升补此缺，恐属少优。”明珠奏曰：“鸣赞应升主事，鸿胪寺少卿与员外郎对品，仅优一阶耳。”上命以何玺升鸿胪寺少卿。

又议政王、贝勒、大臣会议副都统鲁西巴图鲁在岳州耽延时日，逗留不前，应行议罪，但乘船遇风，陷敌身亡，应免议事。上曰：“鲁西巴图鲁虽行间有罪，但已阵亡，情属可悯。其阵亡之处，仍着议叙。”

又议政王、贝勒、大臣，九卿、詹事、科、道会议佟佳乌喇、朝鲜等处人于海岸贸易木植事。一议俱准贸易，一议朝鲜不准贸易。上曰：“后议不许朝鲜径达天津贸易，甚是，着依后议行。盛京等处应伐何地木植？应从何路水运？着奉天将军会同府尹确议具奏。”

又大学士李霨因族弟李霦侵占民田，引咎自陈事。上问大学士曰：“票签为何两拟？”明珠奏曰：“李霨事虽在赦前，因已奉该部核议之旨，是非未定，故一议已有旨了；又凡三品以上大臣自陈，亦票照旧供职，故又拟照旧供职票签。”上顾汉大学士曰：“前此大臣曾有本身为事自行陈奏之例否？”王熙奏曰：“前此亦有之。近来唯告病、告老、京察、甄别等事方自行陈奏。”上曰：“着将原拟票签仍行送入。”

巳时，上御乾清宫，讲官牛钮、陈廷敬、孙在丰进讲：六三困于石二节、九四来徐徐二节毕。侍读汤斌遵旨进所著文十篇、诗十首，上命牛钮引斌入。上取所进诗、文展阅。首篇《世祖章皇帝亲耕籍田颂》。上曰：“此世祖章皇帝时事，是汝为庶吉士时所作乎？”斌对曰：“然。”次阅《十三经注疏论》、《二十一史论》。至《春王正月辨》，上问曰：“春王正月如何辨？”斌对曰：“春王正月四字，在《春秋》本自明显，后儒议论不一，有言周改月兼改时者，有言改月不改时者，有言时月俱不改者。臣以《春秋》本文断之，以为时月俱改之说为是。”上曰：“何以见之。”对曰：“如冬十月雨雪，二月无冰，在夏时原不为异。又僖公五年，《左传》春王正月辛亥朔日，南至日。南至者，子月也。此改月改时之证也。胡安国言，夏时冠周月，臣不敢以为然。行夏之时，圣人平日论道之言。《春秋》者圣人尊王之书，以夏时冠周月恐无此理。”上颔之。又拟《汉以禁囿假贫民举直言极谏之士诏》。上问：“此诏为何而作？”斌对曰：“此汉元帝时事，臣散馆时，世祖章皇帝御试以此命题，臣蒙恩授检讨之职。”又至《学言篇》，上阅数行，顾斌曰：“汝试言此篇大意。”斌对曰：“自周子至朱子，其学最为纯正精微，后学沉溺训诂，殊失程、朱精意。王守仁致良知之学，返本归原，正以救末学之失，但语或失中，门人又以虚见失其宗旨，致滋后人之议。臣窃谓先儒补偏救弊，各有深心，愿学者识圣学之真，身体力行，久之当自有得，徒竞口语无益也。”上颔之。又《潼关城楼刻诗记》、《赣州府志序》。上曰：“汝因何作此？”斌对曰：“臣蒙世祖章皇帝外用，先为潼关道副使，后迁岭北道参政。赣州即岭北道所属。”又览《睢州学记》及《嵩阳书院记》上曰：“嵩阳书院在何处？”斌对曰：“在中岳嵩山，程子讲学之地。”又览诗至末首有“年老才将尽，忧多道转亲”二句。上伫思久之曰：“何谓忧多道转亲？”斌对曰：“臣幼遭乱离，半生在忧患中，常随事体认，于道理转觉亲切。是臣平日阅历语，不觉形于诗句。”是日，天颜和霁从容，顾问至移晷刻，牛钮方引斌出。

未时，上诣太皇太后宫问安。酉时，上复诣太皇太后宫问安。

本日起居注官崔蔚林、常书。

初十日壬午　辰时，上御乾清门，听部院各衙门官员面奏政事毕，部院官员出。大学士、学士随捧折本面奏请旨。为黄河靳辅请以升任同知苏嵋等三员仍留原任修理河工，吏部议不准行事。上曰："苏嵋等已升任云、贵等处，见地远缺苦，欲行规避耳。靳辅为之题请，甚属不合。伊等着照所请留任，俟治河工竣，仍补云、贵地方。此缺可另行推补。"大学士明珠等奏曰："圣谕极是。如此，则凡以缺苦规避者，不能施其计矣。"

巳时，上诣太皇太后宫问安。

本日起居注官朱马泰、归允肃。

十一日癸未　辰时，上御乾清门，听部院各衙门官员面奏政事毕，部院官员出。大学士、学士随捧折本面奏请旨。为吏部题补奉天府府尹高尔位升任员缺，开列光禄寺卿荣国祚、太仆寺卿崔官。上曰："此二人皆劣，着察其次应升官员来看。"

又荆州将军噶尔汉请以笔帖式舒淑等四人带往，部议允行事。上曰："原随笔帖式舒淑准带去，其别旗笔帖式及俊秀，噶尔汉如何知其堪用，欲请带去，殊属不合，不准行！仍着该部照例补授发往。"

又议政王、贝勒、大臣会议署副都统雅哈喇在螺子山地方败遁，又屡经退却，拟革职立绞，家产籍没，其妻及未分家之子俱交与总管内务府。上问："尔等之意云何？"大学士勒德洪奏曰："雅哈喇甚有劳绩。"上曰："雅哈喇从宽免死，其妻子亦免交内务府，所有二等阿达哈哈番、佐领并加级俱着革去。"

又议署副都统额思黑在永兴地方不能击败迎拒之贼，反率兵遁走，议革职立绞，家产籍没，其妻及未分家之子俱交与总管内务府。上曰："额思黑从宽免死，着革去一等侍卫并所加之级，其妻子一并交与内务府。"

巳时，上诣太皇太后宫问安。申时，上复诣太皇太后宫问安。

本日起居注官蒋弘道、葛思泰。

十二日甲申　辰时，上御乾清门，听部院各衙门官员面奏政事。兵部引见荆州驻防镶红旗防御等官内防御员缺，正拟候补明书，陪拟护军校贾隆阿。上曰："明书原居何职？"尚书杭爱奏曰："明书曾任孝陵防御，因病告退。今病痊，该旗照原品拟正送部。"上曰："此缺着将拟陪之人补授，尔等可将此旨传与内阁。其拟正之明书尔等识之，勿补荆州、西安、江南等省防御，俟盛京、乌喇、宁古塔等处缺出补用。"谕毕，出。

大学士、学士随捧折本面奏请旨。为礼科给事中李迥条陈，各部院衙门纂修会典官员应停其升转差遣，俟告成之日，从优议叙，九卿、詹事、科、道会议不准行事。上问曰："尔等所议若何？"大学士明珠等奏曰："臣等之意似可依议。至于各省纂修通志送部，前奉圣谕极当。《一统志》关系典制，自应催令速修。从前用兵之际，各省所修通志稍觉迟延。今兵事既息，俟各省修完送到之日，应即行纂修《一统志》书。"上曰："是。纂修《会典》之处着依议。各省所修通志作何察催及应修《一统志》事宜，着礼部确议具奏。"

巳时，上御乾清宫，讲官牛钮、陈廷敬、孙在丰进讲：九五劓刖二节、上六困于葛藟二节。

少顷，上诣太皇太后宫问安。

本日起居注官牛钮、王鸿绪。

十三日乙酉　早，上幸南苑。酉时，回宫。是日，各部院章奏俱交内阁。

本日起居注官阿山、曹禾。

十四日丙戌　辰时，上御乾清门，听部院各衙门官员面奏政事毕，部院官员出。大学士、学士随捧折本面奏请旨。为吏部题补奉天府尹高尔位员缺，遵旨开列其次应升官员职名事。上曰："奉天地方事虽不甚繁，极为要地，且满洲事务居多，应于旗下官员内简择贤能补授。尔等可公同选拟具奏。"

又镶蓝旗都统根特奏陈年老有病，乞解任事。上曰："根特尚预朝集否？其足痛如何，步履艰难否？曾有军罪否？"大学士明珠奏曰："常预会议。步履虽跛，不甚艰难，其面貌不见衰迈。缘有军罪，先经拟以革职。皇上念其旧人，曾有效力之处，止降级留任。"上曰："根特系旧人，未至衰迈，尚能步履，着拟留签送进。"

本日起居注官阿山、严绳孙。

十五日丁亥　早，上御太和门视朝。升转文武官员谢恩，次喀尔喀部落札萨克墨尔根诺颜贡使诺尔布、请安使衮穆白等行礼毕，赐茶。召诺尔布等至阶下赐之，驾回宫。

少顷，御乾清门，听部院各衙门官员面奏政事毕，部院官员出。大学士、学士随捧折本面奏请旨。为九卿、詹事、科、道会议将军、总督、巡抚、提督等官行礼仪注，两议具奏事。上曰："凡事满汉各官会议务求确当，曾屡经申饬。今后议皆系汉官，前议唯有汉官二人，明系瞻徇科、道情面，殊属不合。"因顾大学士等问监察御史朝集坐次。勒德洪等奏曰："翰林、科、道坐次原在郎中之上。"上曰："此事着依前议。其后议各官，着吏部察议具奏。"

本日起居注官傅腊塔、汤斌。

十六日戊子　辰时，上御乾清门，听部院各衙门官员面奏政事。九卿、詹事、科、道等奏会议漕运事宜。户部尚书梁清标言："臣等会议，漕运事关重大，原系总漕职掌。一应过淮回空船只，应俱着总漕亲身催督，有违限者，该部题参处分。"上问曰："尔等意见俱同否？"礼部尚书介山等奏曰："所议皆同。"上问曰："回空船只挟带私物之处，尔等所议如何？"户部侍郎额库礼奏曰："回空船只过临清、淮安，如有挟带私物发觉时，将该道等官议应革职。"上曰："此等情事势所必有，稍有挟带私物，于船户不无利益。"谕毕，九卿等出。

大学士、学士随捧折本面奏请旨。为吏部题补汉军员外郎王民新调补员缺事，正拟内阁中书张奇猷，陪拟阿林。上曰："此二人可问明来奏。"大学士明珠奏曰："伊等系臣衙门中书，前曾推员外郎员缺，以才具平常，驳回另选。以臣等观之，其人原属寻常。"上曰："着另行选择具奏。"

又兵部题补正黄旗蒙古都统穆占革职员缺，开列护军统领诺敏等及内大臣等职名。上曰："诺敏为人颇优，才力壮健，但护军统领职任最为紧要，蒙古都统事务不繁。尚有未开列者，着另开来看。"

又题补镶白旗满洲都统西布臣革职员缺，开列护军统领色格等及精奇尼哈番柯山等职名。上曰："该旗另有可补之人否？"明珠奏曰："先因该旗无可补之人，以长史马齐补授都统。此开列中，有精奇尼哈番三员，止可为副都统而已。"上曰："此三人者不唯都统不称，即副都统亦不能胜任也。朕观显亲王一等侍卫班达尔善骑射颇精，才力雄健，为人亦优。该旗现任官员无可用者，着另开来看。"

巳时，上御乾清宫，讲官牛钮、陈廷敬、孙在丰进讲：井改邑不改井一节、象曰巽乎水而上水井二节。

午时，上诣太皇太后、皇太后宫问安。

本日起居注官孙在丰、朱马泰。

十七日己丑 上以文皇后忌辰，不御门听政。

本日起居注官葛思泰、王封溁。

十八日庚寅 辰时，上御乾清门，听部院各衙门官员面奏政事毕，部院官员出。大学士、学士随捧折本面奏请旨。为吏部题补谕德西赖病故员缺，正拟宗人府员外郎觉罗罗达，陪拟勒新。上曰："此二人何如？"大学士勒德洪奏曰："此二人俱平常。"上曰："詹事府衙门官员职任编译书籍，必文理优通，方可胜任。这谕德员缺，着将应升之人考试补授。"

又照例开列布政使龚佳育等十人请旨内升事。上曰："安徽布政使龚佳育、湖南布政使薛柱斗、四川按察使胡昇猷居官皆优。旧例内升止用一人，今多用数员，以示鼓励何如？"明珠奏曰："皇上破格用人，原不必拘定额数。"吴正治奏曰："臣曩任江西守道，曾与胡昇猷同事，知其有吏治之才。"上曰："此三人俱着内升，不必候其到部，遇缺即补。"

又题补兵部员外郎张建绩升任员缺，正拟中书扈国宝，陪拟候缺员外郎金德顺。上问："此二人何如？"明珠奏曰："扈国宝系臣衙门中书，人亦可用。"上命以扈国宝升补员外郎。

又工部题请添设司官及笔帖式，吏部议应添员外郎八员、笔帖式十六员，俟工程简少时即行裁去。上曰："尔等云何？"明珠奏曰："现今太和殿、文华殿等处工程繁剧，工部属员实不足用，臣等之意应改添主事八员，于年久笔帖式内选其有才能者用之。"上从之。

又为九卿、詹事、科、道再议漕船过淮违限等事。上曰："旗丁唯赖内携货物以为养生之资，若回空漕船不令带货，旗丁必致穷困。此辈必生计稍充，庶挽运有力，不至侵盗漕粮。朕向来留心漕务，故知之甚悉。”明珠等奏曰：“皇上所见极是。漕船违限，多因重运到迟，不止回空担阁。”上曰：“可将朕意传谕九卿，令其再议。如有未便处，即来奏闻。”

又兵部题正黄旗蒙古都统员缺，遵旨另行开列事。上曰：“此缺应升诺敏，但护军统领职任紧要，而銮仪使思格又系满洲都统巴浑德同族，未便同授都统。公朴尔喷可用乎？”明珠奏曰：“朴尔喷原系大族，效力年久，其人亦优。”上曰：“朴尔喷着补授蒙古都统。”又题镶白旗满洲都统员缺，遵旨另行开列事。上曰：“此旗无甚堪用之人，惟温郡王长史博济及显亲王一等侍卫班达尔善二人堪用。尔等问明显亲王来奏。”

又题补西安右翼副都统，正拟参领佟嘉年，陪拟杨文奎。上曰：“尔等曾问明否？”明珠奏曰：“问都统赖塔等，咸云佟嘉年才堪驭众，效力行间，著有劳绩。杨文奎人亦堪用，但行间无甚效力处。”上曰：“佟嘉年着补授副都统。”

又刑部题班布礼之妻扑责家人二汉，二汉回手，拟立斩事。上曰：“尔等之意若何？”王熙奏曰：“二汉回打主母，自认情真，似应照律。”上曰：“二汉着监候，秋后处决。”又顾大学士曰：“大凡贪生恶死，人之常情。朕见旗下仆婢，往往轻生，投河自缢，必因家主责打过严，难以度日，情极势迫使然，朕心深为悯恻。应如何教诫，可禁绝此风？”明珠奏曰：“此等事往日极多，蒙皇上轸念，立法禁止，迩来此风较前差息。至殉葬一事，多属逼迫。皇上怜其无辜，再四严禁，今亦罕闻有此等事矣。”

巳时，上御乾清宫，讲官牛钮、陈廷敬、孙在丰进讲：象曰木上有水井一节、初六井泥不食二节。

本日起居注官陈廷敬、常书。

十九日辛卯　辰时，上御乾清门，听部院各衙门官员面奏政事毕，部院官员出。大学士、学士随捧折本面奏请旨。为銮仪卫銮仪使赵良栋奏，保宁叙功，准加十等，成都克取在先，同一效力，止加一级，请敕该部一例议叙；又德胜桥等处效力湖广官兵已经议叙，加十一等，臣标官兵未经议及，乞一并议叙。上曰："赵良栋因素有功绩，故前此议罪时，俱从宽免，无庸另议。至其标下官兵，从四川效力直抵云南，同大兵克复滇省，仍应议叙。着议政王、贝勒、大臣会议具奏。"

又为户部题齐赞宸、李霖等侵占安州地亩事实，俱应议罪，但事在赦前，应准免议。上曰："尔等之意若何？"大学士明珠等奏曰："凡大臣宗族人等侵占官地者，原无不赦之例。该部援赦免议，故臣等亦拟票依议。"上曰："着照部议完结。朕观各大臣居乡，守分宁静者甚少，非强占民间地亩，即霸据贸易要津，似此扰害地方，敛怨人民之事，朕已洞悉。惟闻前大学士卫周祚、今大学士黄机此二人居乡，毫不生事，甚善。"王熙奏曰："皇上所谕诚是。止因宗族人多，京城相隔辽远，此等行事安能必其无，但恐不知耳。若果知之，岂敢听其任意妄行。"上曰："亲族子弟倚势妄行者固多，大臣官员等不知而被累者想亦有之。"

又为兵部题补镶白旗蒙古都统员缺事。上曰："尔等曾问明否？"明珠等奏曰："据显亲王言，头等侍卫班达尔善其人可用，且精力壮健，但当如此重任，不知能胜任与否？长史博济其人亦优。副都统蟒吉禄虽不甚称都统之任，而为人厚重谨慎，似亦可用。"上曰："班达尔善果优，人亦强健。至长史博济亦厚重堪用之人。其色格与蟒吉禄，尔等以为孰胜？"明珠等奏曰："臣观此二人大略相等。"上曰："此二人原无甚差别，着将色格补授蒙古都统。"

本日起居注官牛钮、邵吴远。

二十日壬辰 辰时，上御乾清门，听部院各衙门官员面奏政事。兵部引见驻防西安镶白旗协领员缺，正拟二等护卫阿克散，陪拟阿达哈哈番李柱。上曰："阿克散人最劣。驻防外省理应选择优长之人发往，此缺着陪拟李柱补授。各旗不以人缺相宜能管辖兵丁者推用，惟拟送贫苦人员，不知设官驻防，原为地方人民防守，岂为贫苦人员起见乎？尔等亦宜详察。"尚书杭爱奏曰："圣谕极当。臣等亦详阅各旗拟送官员，有不堪者即驳回另拟。"奏毕，出。

大学士、学士随捧折本面奏请旨。为吏部题补太常寺正卿崔澄升任员缺，开列光禄寺卿荣国祚、太仆寺卿崔官。上曰："此二人俱平常。尔等

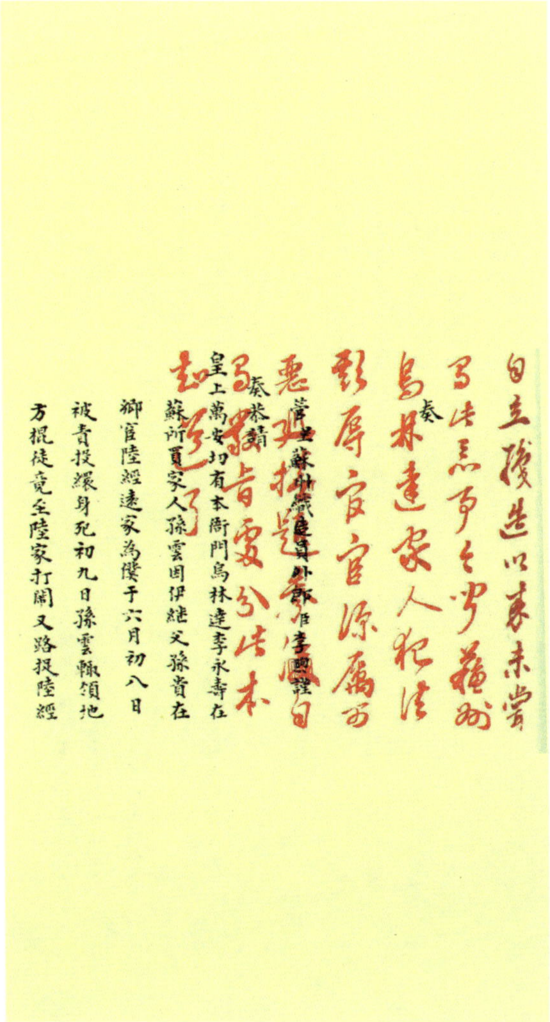
管理蘇州織造員外郎臣李煦謹
奏恭請
皇上萬安切有本衙門烏林達李永壽在
蘇所買家人孫雲因伊繼父孫貴在
御官陸經遠家為僕于六月初八日
被責投繯身死初九日孫雲輒領地
方棍徒竟至陸家打鬧又路捉陸經

自立織造以來未嘗
有此等事[illegible]
烏林達家人犯法
凌辱官員原屬可
惡[illegible]李煦自
[illegible]旨要分付本
知道了

苏州织造李煦奏报本署乌林达家人孙云等殴辱职官折

康熙三十七年六月

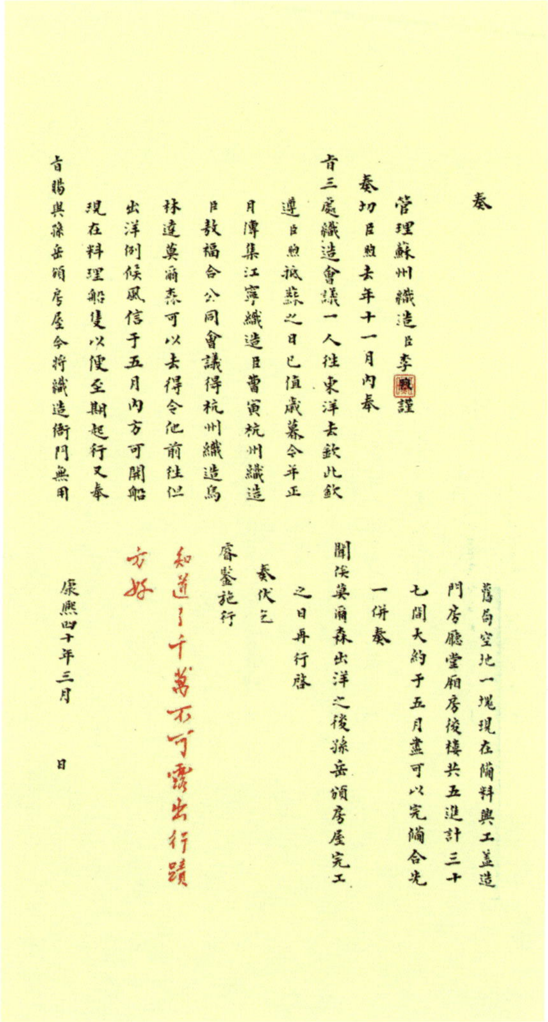

奏
管理蘇州織造臣李煦謹
奏：切臣煦去年十一月內奏
旨三處織造會議一人往東洋去。欽此欽
遵。臣煦祗蒙之日已值歲暮，今年正
月傳集江寧織造臣曹寅、杭州織造
臣敖福合公同會議，得杭州織造烏
林達莫爾泰可以去得，令他前往。但
出洋例候風信，于五月內方可開船，
現在料理船隻，以便至期起行。又奉
旨賜與孫岳頒房屋，今將織造衙門無用
舊局空地一塊，現在備料興工，蓋造
門房、廳堂、廂房、後樓共五進，計三十
七間，大約于五月盡可以完備。合先
一併奏
聞。俟莫爾森出洋之後，孫岳頒房屋完工
之日，再行啓
奏。伏乞
睿鑒施行。
知道了。千萬不可露出行蹟方好。
康熙四十年三月　日

苏州织造李煦奏陈杭州织造乌林达莫尔森可去东洋折

康熙四十年三月

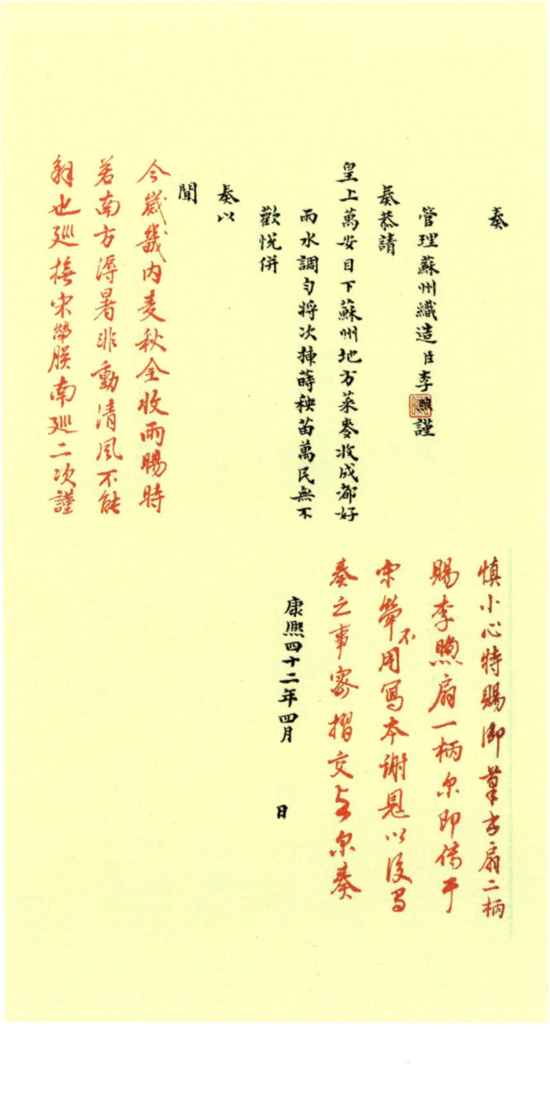

奏

管理蘇州織造臣李煦謹

奏恭請

皇上萬安目下蘇州地方菜麥收成都好

雨水調匀將次揷蒔秧苗萬民無不

歡悅併

奏以

聞

今歲畿內麥秋全收雨暘時

若南方溽暑非動清風不能

翔也巡撫宋犖朕南巡二次謹

慎小心特賜御筆字扇二柄

賜李煦扇一柄爾即傳于

宋犖不用寫本謝恩以後凡

奏之事密摺交与爾奏

康熙四十二年四月　日

苏州织造李煦奏报苏州地方菜麦收成都好折

康熙四十二年四月

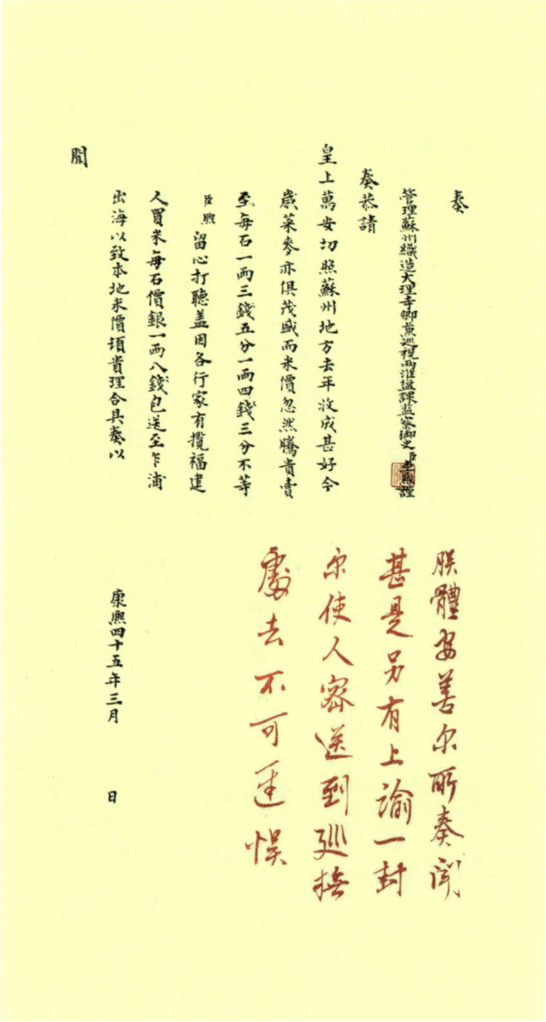
奏
管理蘇州織造大理寺卿兼巡視兩淮鹽課監察御史臣李煦謹
奏恭請
皇上萬安切照蘇州地方去年收成甚好今
歲菜麥亦俱茂盛而米價忽然騰貴
至每石一兩三錢五分一兩四錢三分不等
臣煦留心打聽蓋因各行家有攬福建
人買米每石價銀一兩八錢包送至乍浦
出海以致本地米價頓貴理合具奏以
聞
康熙四十五年三月　日

朕體安善尔所奏聞
甚是另有上諭一封
尔使人密送到巡撫
處去不可遲悞

苏州织造李煦奏报苏州米价腾贵缘由折

康熙四十五年三月

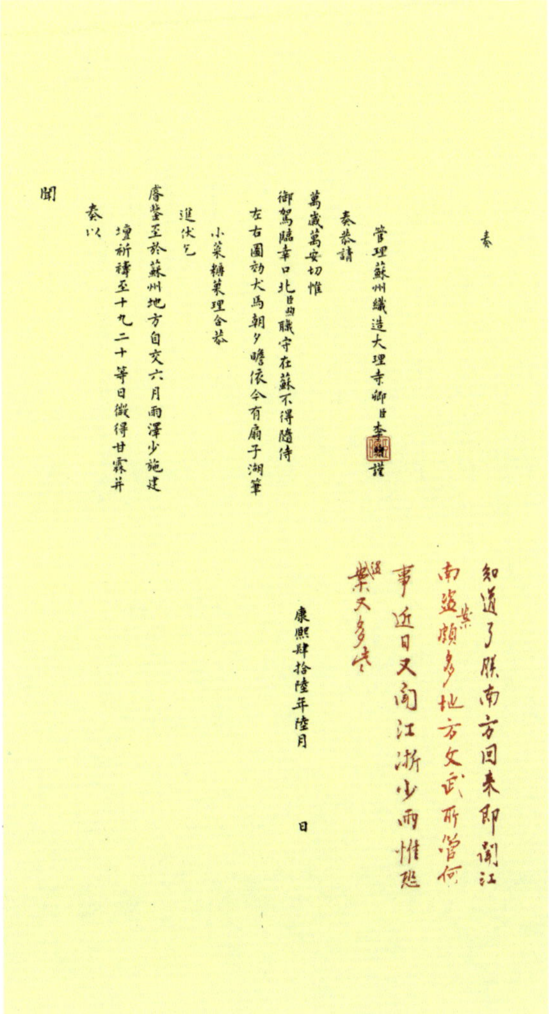

奏

管理蘇州織造大理寺卿臣李煦謹

奏恭請

萬歲萬安切惟

御駕臨幸口北臣由職守在蘇不得隨侍

左右圍効犬馬朝夕瞻依今有扇子湖筆

小菜糖菓理合恭

進伏乞

睿鑒至於蘇州地方自交六月雨澤少施建

壇祈禱至十九二十等日微得甘霖并

奏以

聞

康熙肆拾陸年陸月　日

知道了朕南方回來即聞江

南盜案頗多地方文武所管何

事近日又聞江浙少雨惟恐

盜案又多矣

苏州织造李煦奏进扇笔小菜并报苏州少雨折

康熙四十六年六月

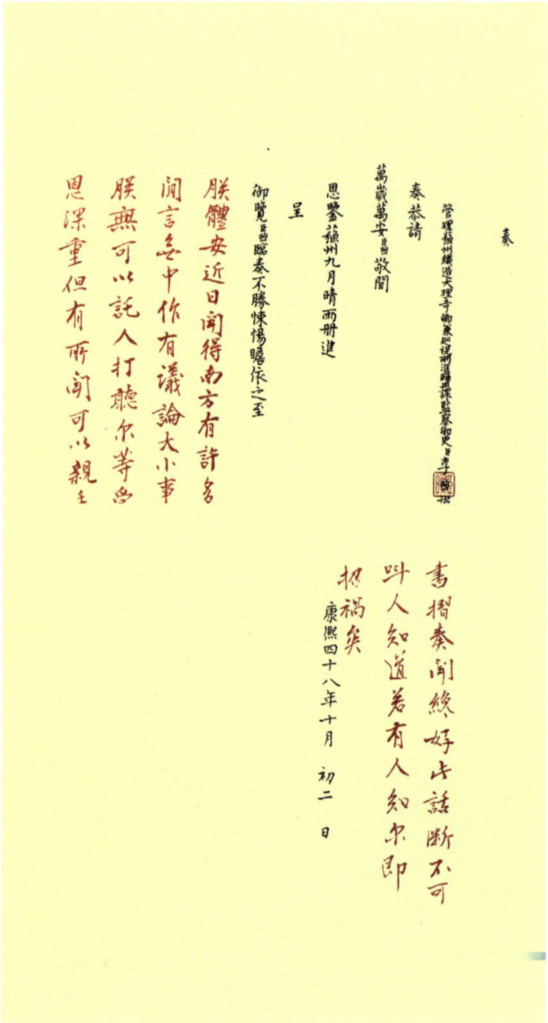
奏
管理蘇州織造大理寺卿兼巡視兩淮鹽課監察御史臣李煦跪
奏恭請
萬歲萬安臣煦敬聞
恩鑒蘇州九月晴雨册進
呈
御覽臣煦臨奏不勝悚惕瞻依之至
朕體安近日聞得南方有許多
閒言無中作有議論大小事
朕無可以託人打聽爾等兩
恩深重但有所聞可以親手
書摺奏聞纔好此話斷不可
叫人知道若有人知爾即
招禍矣
康熙四十八年十月初二日

苏州织造李煦奏进晴雨册并请安折

康熙四十八年十月初二日

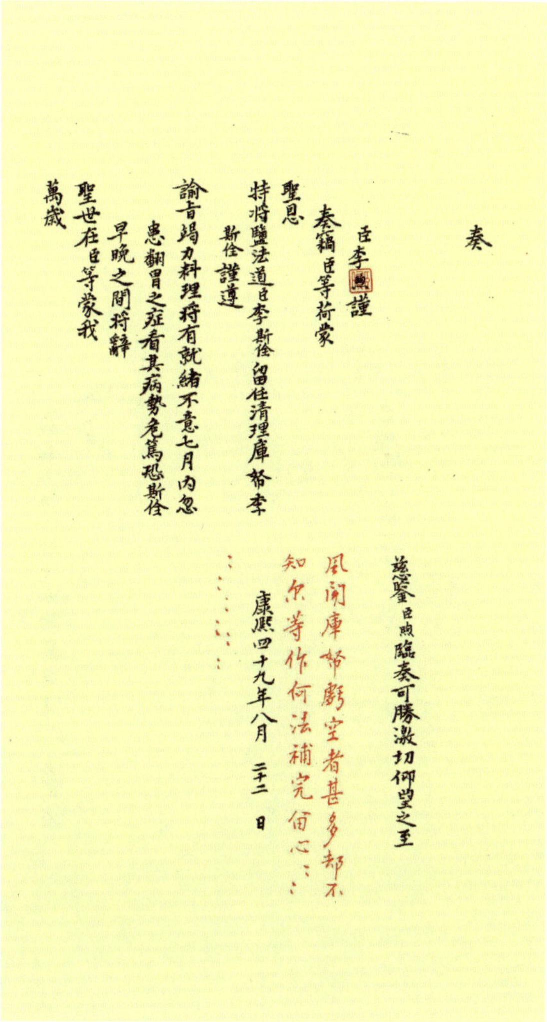

奏

臣李煦謹

奏竊臣等荷蒙

聖恩

特將鹽法道臣李斯佺留任清理庫帑李

斯佺謹遵

諭旨竭力料理將有就緒不意七月內忽

患翻胃之症看其病勢危篤恐斯佺

早晚之間將辭

聖世在臣等蒙我

萬歲

慈鑒臣煦臨奏可勝激切仰望之至

風聞庫帑虧空者甚多卻不

知爾等作何法補完留心留心

康熙四十九年八月二十二日

苏州织造李煦奏盐法道李斯佺病危预请简员佐理折

康熙四十九年八月二十二日

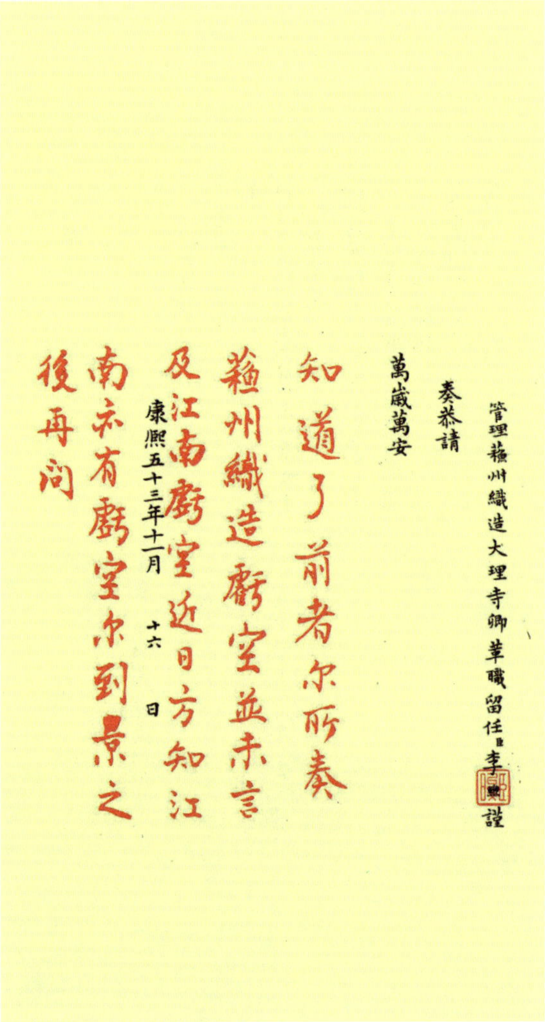

管理蘇州織造大理寺卿革職留任臣李煦謹

奏恭請

萬歲萬安

知道了前者爾所奏

蘇州織造虧空並未言

及江南虧空近日方知江

南亦有虧空爾到京之

後再問

康熙五十三年十一月十六日

苏州织造李煦奏请万安折

康熙五十三年十一月十六日

云何？”大学士明珠奏曰：“前布政使龚佳育、薛柱斗，按察使胡昇猷内陛时，奉有不必候人文到部，遇缺即补之旨。内升布政使应升太常寺等缺，或可即以伊等补授。”上曰：“即将伊等名次在前者补授。”

又户部以官员劝输常平仓米定例议叙事。上曰：“鼓劝捐助，一时似乎科敛，日后大有益于地方。”明珠奏曰：“凡捐助之人，必无自处不足而能勉力捐输者。人各以有余之物，酌量捐助，在彼原无大损，后来甚是有济。”上曰：“着依部议。”

又为礼部题请原任提督赵应奎应否与谥事。上曰：“赵应奎著有劳绩，着与他谥。”

又刑部议笔帖式石图，当斋戒日，于常朝处殴打家人，又辱骂本管都统、副都统，应不准折赎，枷号一月，鞭责八十事。上曰：“石图于斋戒日在朝会处所殴打家人，辱骂该管都统等，甚为可恶！着不准折赎，鞭一百、枷号一月。闻各部司员与笔帖式甚是骄傲无礼，皆不听该都统等约束教诫，殊属不合，着将此意严切票出。”

巳时，上御乾清宫，讲官牛钮、陈廷敬、孙在丰进讲：九二井谷射鲋二节、九三井渫不食二节。

午时，上诣太皇太后、皇太后宫问安。

未时，上御景山内前殿，赐福建巡抚金鋐食。上谕曰：“尔有所陈奏否？”金鋐奏曰：“臣未到地方，不敢悬揣。但臣以菲才，荷蒙皇上简用，恐负职任，仰请皇上圣谕。”上曰：“汝历任外职，地方情事知之素矣。但古来有治人无治法，在奉行之善不善耳。苟善于奉行，则地方自然受福，若不善奉行，虽有良法，岂能有济？汝为巡抚，须督率司、道有司实心料理，以副朕委任之意。”金鋐奏曰：“微臣仰承圣谕，敢不恪守遵行。今日陛辞，不知何时得觐天颜也。”奏毕，出。

本日起居注官沈荃、阿山。

二十一日癸巳　巳时，上由西华门出西直门，幸玉泉山。各部院衙门章奏，俱交内阁。命学士萨海扈行，其满大学士及众学士俱更番赴玉泉启奏折本。是日，上驻跸玉泉山。

本日起居注官傅腊塔、潘耒。

二十二日甲午 是日，上驻跸玉泉山。

二十三日乙未 早，上御玉泉山内前亭，大学士勒德洪，学士阿兰泰、席柱、王守才同扈从学士萨海捧折本面奏请旨。为礼部议申严服饰制度事。上曰："衣服制度有关风俗，惟在人能恪遵耳，不在强制之使不得服用。即今部院官员在朕前及广众之中，每服寻常衣服，其不在朕前及平居时，却过于靡丽，衣美衣、用美物者有之。如此，虽申饬何用？从前立法严禁时，因家仆及平民不许用貂，以致貉皮等价每张贵至一金有余。夫价至一金以外，岂有不得平常貂皮之理？如果移风易俗，人心各安其分，则尊卑大小自有辨别，不须法令，皆遵行定制矣。纵有奇异袭币等物，买者既少，其价自贱。又见今人婚姻丧葬之事不遵定制，妄行奢费者甚多，所以渐致贫困，皆此故也。此等事殊有关系，俟回京时，尔等可同来奏请。"

又议政王、贝勒、大臣会议，署副都统喀柱马尼妄奏大殪岳州冲出之贼，先经革职，无庸议事。上曰："喀柱马尼所击杀岳州冲出之贼本少，辄增数目，妄行报闻，虽甚可恶，但伊等俱有功绩。已经革职，着依议完结。"又会议署护军夸兰大喀尔沁，在平凉军中，诳称中暑陷入泥泞，应革去护军参领并所加级，止留佐领，仍罚俸一年事。上曰："喀尔沁本陷泥泞，诳称中暑是实，且无甚效力处。此议尚轻，着发回另议。"上又谕曰："简亲王长史索拜与王同败北，又另有失去龙纛败回之事。尔等可识之，若将此处另行拟罪则已，倘止与辅国将军惠兰、墨梅及王护卫等同拟罪，尔等可奏明请旨。"

是日，上驻跸玉泉山。

二十四日丙申 早，上御玉泉山内前亭，大学士明珠、学士佛伦、喇巴克、金汝祥同萨海捧折本面奏请旨。为宗人府题简亲王螺子山之战，辅国将军惠兰、墨梅并护卫等同王败北，俱拟革职事。上问曰："尔等之意若何？"明珠等奏曰："如伊等独行败北，当坐重罪。因王挫折退回，伊等随后奔北，故止拟革职。"上曰："长史索拜于此案议罪外，其失去龙纛败北之处，仍另拟罪否？"明珠奏曰："索拜失去龙纛败走，自另拟重罪。"上曰："索拜既另行拟罪，则惠兰、墨梅及护卫等随王败北者，可俱照此议完结。"

又吏部题补户部郎中伊尔格图调补员缺，正拟员外郎吴什巴，陪拟倭屯。上曰："票签侍读雍艾历年既久，其人亦优，着即补授此缺。"

又理藩院员外郎鄂齐礼缘病裁退员缺，正拟办事中书那燕泰，陪拟黑构。上曰："伊等如何？"明珠奏曰："伊等进衙门未久，知之不深。彼旗无应升之人，故论俸拟升。"上问学士喇巴克曰："尔知之否？"喇巴克奏曰："此二人所学平常，在衙门亦俱谨慎。"上曰："中书巴图赖所学甚优，因其办事内庭，曾经停升一次，今此缺可用否？"喇巴克奏曰："巴图赖因所学优长已经内用，此乃别旗分员缺，似乎未可。"上曰："此缺着补拟正之人。其巴图赖尔等识之，嗣后应升缺出，考试果佳，着即补授。"

又礼部奏销康熙二十一年会试等项费用银两。上曰："观此奏销文册银数太浮，此等乃每年、每季必用钱粮，若将一年、一季详核节省，则以后所费钱粮自然简少。其赐外藩蒙古王、台吉等牛羊等物，销算价值亦属浮冒，与其多费价值市牛羊以备赏赐，不若即将价值估计银两给与蒙古，在伊等亦觉甚便。牛羊作何估价，应否给与尔等，可会同礼部、理藩院详确定议。其销算浮冒一案，着都察院严察议奏。"

是日，上驻跸玉泉山。

二十五日丁酉　早，上御玉泉山内前亭，大学士勒德洪，学士阿兰泰、席柱、王守才同萨海捧折本面奏请旨。为湖广石首营给发康熙二十年兵饷，该抚题请销算，户部议不准事。上曰："二十年发过兵饷至今方请销算，彼时该管官员定未给与兵丁；故今侥幸请销，欲乘此侵渔入己。该抚并不严察此等情由，遽尔题请，殊属不合。俟再行严加详核回奏时，将该抚一并察议具奏。"

又三法司议强盗马伯元等四人应立斩事。上曰："观奏内马伯元等，虽持凶器，明劫萧通，并未杀伤人命。及将人劫去，勒令取赎，仍与赎还。岂有强盗而明令人回赎者乎？人命事情所关重大，朕心稍觉有疑。尔等云何？"勒德洪等奏曰："此事先经驳回一次，该部再加确审，仍照前议。臣等佥以马伯元等虽未杀伤人命，劫持凶器截夺财物，将人劫去，勒令赎取。观此乃大凶恶可恶之贼，似应仍依部议。"上曰："既属驳回再议之事，可依部议。”

是日，上驻跸玉泉山。

二十六日戊戌 早，上还自玉泉山，诣太皇太后、皇太后宫问安。

申时，上复幸玉泉山。

二十七日己亥 早，上御玉泉山内前亭，大学士明珠，学士佛伦、喇巴克、金汝祥同萨海捧折本面奏请旨。为议政王、贝勒、大臣会议螺子山败北事。长史索拜失去龙纛，因伊父吴达礼阵亡功，应免死，革职，鞭一百，籍没家产，本身及妻子俱给本主为奴。其散骑郎一等阿思哈尼哈番罗占及护卫等官俱分别议罪。上曰：“长史索拜情罪殊属可恶，并非可以宽免之人，理应依议正法。但吴达礼阵亡，从宽免死，着革职，鞭一百，发宁古塔。余依议。”

又会议都统喇哈达，自到浙江并不前进剿贼，及上洞悉情事，降谕严趣，方进衢州。闽省初定，又不能攻破海澄县贼众，为贼重困，海澄被陷。五案功罪相抵，免籍没家产，应革都统及恩诏所得拜他喇布勒哈番、佐领、加级，其父兄之三等阿达哈哈番应与应袭之人承袭。上曰：“喇哈达不能攻破海澄贼众，以致贼众围困海澄，其后赖塔虽至，亦不能救援，情罪重大。但随康亲王平闽有功，着止革去都统及恩诏所得拜他喇布勒哈番、加级，从宽留其所袭三等阿达哈哈番并佐领。”

又户部议民人刘裕封等以庄头霸占叩阍一案，口供舛错，牵连多人，若皆调取审讯，有误农时，应俟秋后质问。上问：“尔等之意如何？”明珠奏曰：“拨给旗下田地时，凡地内村庄房屋一并圈给，其人少不能设立庄屯，以房屋租与民人者甚多，故刘裕封等五十四人前已讲和。今叩阍又有别故，亦未可知。似应照部议，俟秋收后详审。”上曰：“此等控告事情不宜迟滞，应即行审明完结。郎中齐世前曾差审此案，可即令齐世前往质对，详审具奏。”

又山西巡抚穆尔赛请蠲太原、大同二府逃亡人丁荒地钱粮，九卿、詹事、科、道会议，自康熙二十一年始蠲免三年。上曰：“小民得安生理，皆在司道有司官员，而有司贤否，又皆在该抚。百姓果衣食丰足，不失生理，岂致逃散？此皆巡抚以下官员不行抚恤百姓，不令其尽力田亩。又未于常平等仓积谷备荒，一值岁歉，辄失生计。百姓既已逃散，若仍照额征收荒地钱粮，必致苛派现在百姓。着照九卿等议豁免钱粮。巡抚以下各官应从重议处，姑从宽免。这次可拟票严切申饬。”

是日，上驻跸玉泉山。

二十八日庚子　早，上御玉泉山内前亭，大学士勒德洪，学士阿兰泰、席柱、王守才同萨海捧折本面奏请旨。为吏部题补刑部员外郎德明病故员缺，正拟礼部主事吴尔瑚，陪拟工部主事萨音达礼。上曰：“吴尔瑚为人平常，先经拔回。刑部事务紧要，这员缺着将部院应升之人保举具奏。”

又户部题差崇文门抽分推举本部郎中佛伦，左翼税课司推举刑部郎中卫黑诺；工部题差杭关抽分推举兵部员外郎金之栋。上曰：“仍照先保举例，着六部保举廉介才能司官具奏。”

又兵部题补镶白旗护军统领色格升任员缺，开列副都统蟒吉禄、索诺木、达克萨喀、赛喀纳。上曰：“此内蟒吉禄人属可用，先显亲王曾举其人厚重谨慎，着即补授此缺。”

又四川提督何傅请留成都城守副将屠存义等四员，兵部议不准行事。上曰：“伊等俱系旗下人，故尔撤回，欲于该旗应用缺出酌量补用。但边疆亦属紧要，该提何傅谆谆吁请，此内宣抚朕知其人材力壮健，人品优长，着照所题留任。余照部议撤回来京。”

又议防御金玉相隐匿伪朱三太子杨起龙，议革职交与刑部严审事。上曰：“凡决狱必得实情，方无冤抑。据奏杨起龙更名匿金玉相家书写，被人出首，而金玉相并未承认。若谓更名是实，如何知是杨起龙？今并不详察情由，即革职交刑部，必至重加刑罚，甚属冤枉。着兵、刑二部会同详审，尔等可将朕意晓谕二部官员。”

巳时，上自玉泉山幸潭柘寺驻跸。

二十九日辛丑　巳时，上自潭柘寺复幸玉泉山。

五　月

初一日壬寅　申时，上自玉泉山进西直门，移驻瀛台。

扈从起居注官牛钮、常书。

初二日癸卯　辰时，上诣太皇太后、皇太后宫恭请避暑。太皇太后移驻五龙亭，皇太后移驻紫光阁。是日，亲近侍卫吴达禅等传旨：今日因恭迎两宫避暑瀛台，不暇听政，各部院章奏俱交内阁转奏。

本日起居注官朱马泰、徐乾学。

初三日甲辰　是日，仁孝皇后忌辰，上不御门听政。巳时，上诣五龙亭、紫光阁请太皇太后、皇太后安。

本日起居注官孙在丰、葛思泰。

初四日乙巳　辰时，上御瀛台门，听部院各衙门官员面奏政事。吏部会同工部选择镶蓝旗分主事，以司库希弗纳拟正，署丞拖罗拟陪引见。上曰："拖罗为傅弘烈笔帖式时，曾来奏事，朕问傅弘烈行事，其启奏多为隐蔽，后果如朕言，此非可用之人。"侍郎科尔坤奏曰："观此则其人实不可用。因拖罗在部院年久，其人尚能办事，故拣选拟陪。"奏毕，出。

大学士、学士随捧折本面奏请旨。为吏部题补翰林院学士陈廷敬升任员缺，开列侍读学士朱之佐等职名。上曰："翰林院学士员缺甚属紧要，应择人补授此缺，着将尔衙门学士张玉书调补。"

又议政王、贝勒、大臣会议都统喇哈达行间情罪事。上曰："喇哈达历任年久，能胜都统职任，且多有劳绩。从宽留其都统，降五级，革去佐领。"

未时，上诣五龙亭，请太皇太后安。

本日起居注官阿山、归允肃。

初五日丙午　早，上御太和门视朝。升转文武官员谢恩，次进贡厄鲁特部落噶尔玛代清和硕齐来使诺颜和卓等行礼，赐茶，召诺颜和卓等至阶下赐之。驾回宫。

少顷，御乾清门，听部院各衙门官员面奏政事毕，部院官员出。大学

士、学士随捧折本面奏请旨。为吏部题经略莫洛等于宁羌州阵亡，分别议叙事。上曰：“闻主事桑阿布曾从经略莫洛阵亡处逃出至宝鸡，着该部察明具奏。余俱依部议。”

又吏部议监察御史朱集义私买太监八名，应降三级调用，抵销加级、纪录留任事。上曰：“朱集义乃一钻营多事之人，其家必巨富，所买太监八名决不自用，必将送与某大臣、某官员耳。议降三级尚轻。”因顾大学士等问曰：“尔等之意何如？”大学士明珠奏曰：“皇上睿见极当。可交与该部照才力不及例降调。作何补用之处，似应另议。”上颔之。

又兵部题总兵周球标下周彬等七人，在永兴有血战功，应俟议叙满洲官兵之日一并议叙。上曰：“周彬等在永兴同满兵昼夜坚守可嘉，着即议叙。”

又佥都御史陈汝器条奏，每旗应添设一营操练火器事。上曰：“这条奏甚是，况汉军兵丁不能骑马者甚多，每旗应设一营操练火器。着议政王、贝勒、大臣会议具奏。”

本日起居注官傅腊塔、严绳孙。

初六日丁未　辰时，上御瀛台门，听部院各衙门官员面奏政事毕，部院官员出。大学士、学士随捧折本面奏请旨。为江宁巡抚余国柱题请带征漕项拖欠钱粮，户部议不准行事。上曰：“江南省钱粮最繁，数年以来，拖欠者亦多。此皆绅衿豪恶倚恃势力，任意抗拒藐忽，不肯速完，故耽延日月，冀遇恩诏蠲免。苟畏惧国法，如数勉输，何至积年拖欠耶？着依该部所议。嗣后如有仍前抗违者，着该管官据实指名题参，从重议处。可将此意票出。”

又议政王、贝勒、大臣会推西安副都统翁爱革职员缺，正拟郎中参领达哈泰，陪拟监察御史参领章泰。上曰：“章泰年久，其人亦堪用，着补授此缺。”

又兵部题补定海总兵牟大寅员缺，开列副将李绍杰等事。上曰：“孙雅统材力壮健，着补授定海总兵官。”

又议萨喇地方有焚经毁庙之事，应俟达赖喇嘛使至，另行启奏事。上曰：“此事甚不明晰。今达赖喇嘛使还，着理藩院、兵部遣贤能司官各一员，会同喇都虎，于达赖喇嘛来使前明白取供具奏。余依议。”大学士、学士出。

讲官牛钮、孙在丰进讲：六四井甃无咎二节、九五井洌寒泉食二节。

午时，上诣五龙亭，请太皇太后安。

本日起居注官牛钮、王鸿绪。

初七日戊申 辰时，上御瀛台门，听部院各衙门官员面奏政事毕，部院官员出。大学士、学士随捧折本面奏请旨。为兵部议镶红旗步军校噶思哈因禁约不严，以致所管地界有喧哗之声，应罚俸九个月事。上曰：“噶思哈未至所该管之地，旷误是实，该部并不察明，止以所管处喧哗议奏，甚属不合，着另议具奏。”

又议京城地方失火，延烧房屋，巡捕营参将、游击照兵马司指挥例罚俸六个月，守备照吏目例罚俸九个月事。上曰：“地方失火，处分文武各官，当分别房屋间数多寡。尔等之意若何？”大学士明珠奏曰：“上谕极当。若论间数多寡，分别免议、处分，俾有劝惩，则必奋力扑灭，不致延烧房屋矣。”上曰：“五间以下即行扑灭，不致延烧过多者，着免其处分。其不能扑灭致延烧多间者，作何议处，着吏、兵二部会同定例具奏。可改票签送进。”

巳时，上幸南苑。酉时，回宫。

本日起居注官葛思泰、曹禾。

初八日己酉 辰时，上御瀛台门，听部院各衙门官员面奏政事毕，部院官员出。大学士、学士随捧折本面奏请旨。为吏部题部院堂官保举主事升授员外郎员缺事。上曰：“凡保举官员，本以求得人耳。部院堂官理应加意详审，各举所深知之人，从公保题。观此所举人员太多，且有才不甚优者，若此则保举有何益哉？况所保之人，日后如有贪婪等罪发觉，伊等岂无干连？这所保举俱驳回，着各堂官再行详酌，据实保举。李之芳、陈廷敬、崔澄等皆系新升到任未久，各司官员尚未识面，未知其名，何以遽知其贤能耶？殊属草率！尔等可传问之。”

又为兵科给事中邵礼胡条奏，直省开垦荒地，令地方大小文官捐俸一年，并常平仓米谷借与垦荒百姓，不取利息，以为牛种之资等事，户部议不准行。上曰：“这本请以常平等仓米谷借发垦荒百姓，事属紧要，着九卿、詹事、科、道会议具奏。余依部议。”又为保奏关差司官事。上曰：“这所举官员，亦着驳回再行详酌，据实保举。”

本日起居注官常书、汤斌。

初九日庚戌　辰时，上御瀛台门，听部院各衙门官员面奏政事毕，部院官员出。大学士、学士随捧折本面奏请旨。为吏部题补山东按察使张仲举升任员缺，正拟湖北参政卢崇兴，陪拟贵州参政杨大鲲。上问大学士曰：“尔等云何？”明珠奏曰：“吴正治言，卢崇兴才具颇优。”上曰：“卢崇兴为人平常，现被参察议，为何开列？”明珠奏曰：“定例内惟逮系官员不许开列，其余缘事官俱不停升，故该部将崇兴拟正具题。”上曰：“杨大鲲朝觐时，朕观其人甚优，着补此缺。”

又题补江西按察使柯永升升任员缺，正拟湖北粮道章钦文，陪拟陕西参政白应科。上曰：“此二人何如？”明珠奏曰：“章钦文其人堪用，居官亦佳，臣等皆素知之。白应科系坐名带往陕西军前之人，因郎中祝表正荐于经略莫洛，故题补道员，其人颇庸劣。”上曰：“章钦文着升补江西按察使。”

又三法司议托克托何殴打主母，应行立斩事。上顾问大学士等。明珠奏曰：“托克托何主母虽告伊用拳殴打，本犯并未承认。臣等以为应监候，俟秋审时再行酌夺。”上曰：“迩来此等事甚多，托克托何着改为秋后处决。”大学士、学士出。

讲官牛钮、孙在丰进讲：上六井收勿幕二节、革已日乃孚一节。

本日起居注官崔蔚林、朱马泰。

初十日辛亥　辰时，上御瀛台门，听部院各衙门官员面奏政事毕，部院官员出。

讲官牛钮、张玉书、孙在丰进讲：象曰革水火相息二节、象曰泽中有火革一节。

巳时，上诣五龙亭，请太皇太后安。

本日起居注官张玉书、阿山。

十一日壬子　辰时，上御瀛台门，听部院各衙门官员面奏政事毕，部院官员出。大学士、学士随捧折本面奏请旨。为吏部题内阁学士张玉书调补员缺，开列侍读学士吴兴祖等职名。上曰："孙在丰乃一明敏可用之人，在讲筵年久，着补此缺。"大学士、学士出。

讲官牛钮、张玉书、孙在丰进讲：初九巩用黄牛之革二节、六二已日乃革之二节。

本日起居注官傅腊塔、邵吴远。

十二日癸丑 辰时，上御瀛台门，听部院各衙门官员面奏政事。上问理藩院尚书阿穆瑚朗等曰："尔衙门员外郎巴朗其人何如？"阿穆瑚朗等奏曰："巴朗才具庸劣。"上曰："果然。巴朗人甚劣，不能办理尔衙门事务，应令随旗上朝。"谕毕，出。

大学士、学士随捧折本面奏请旨。为吏部题补礼部郎中钟古尔代革职员缺，正拟员外郎鄂屯，陪拟辛柱。上曰："此本暂存尔衙门，俟保举人名送至再行启奏。"

巳时，上诣五龙亭、紫光阁，请太皇太后、皇太后安。

本日起居注官牛钮、王封溁。

十三日甲寅 辰时，上御瀛台门，听部院各衙门官员面奏政事毕，部院官员出。大学士、学士随捧折本面奏请旨。为吏部议管鼓厅事给事中索泰、莫大勋，御史李见龙明知李傅等在该抚处控告，未经审结，辄准状词，违例妄奏，俱应革职事。上曰："尔等之意若何？"大学士勒德洪奏曰："部议革职似觉稍过。"上顾汉大学士问曰："尔等云何？"李霨等奏曰："臣等之意亦以为太过。"上曰："然。果觉稍过。此案俟该抚将李傅等控告事情审明题到之日，该部再议具奏。"

又为议政王、贝勒、大臣会议浙江黄岩县失陷，拖沙喇哈番于国祥、骁骑校杨凤举等被贼掳去，应分着革职、籍没、鞭责事。上曰："于国祥、杨凤举等中伤被掳，大兵一到，即尔投回，与降贼者不同。这所议属过，着再议具奏。"大学士、学士出。

讲官牛钮、张玉书进讲：九三征凶贞厉二节、九四悔亡二节。

本日起居注官沈荃、葛思泰。

十四日乙卯 早，上诣五龙亭，请太皇太后安，随奉太皇太后还慈宁宫。

辰时，上御乾清门，听部院各衙门官员面奏政事毕，部院官员出。大学士、学士随捧折本面奏请旨。为江宁巡抚余国柱题，康熙十二年差巡检顾翥等四员，赍银十三万两解往云、贵，被贼劫去，户部议驳回行察事。上曰："此银被贼劫去是实，巡检顾翥等遇贼变乱，性命不保，何暇侵渔银两乎？况此事已经年久，今若再行追究，则耽延日月，必致烦扰，着该部即行议结具奏。"

谕毕，上顾大学士等曰："部院堂官惟敬慎廉洁，方可无玷厥职。今观各部侍郎内，虽办事有才，而操守不足，家计殷富者有数人焉，应将伊等改授武职。向来副都统员缺，有将侍郎改授之例，自后副都统缺出，可将侍郎职名一并开列，朕将酌而用之。尔等即传谕该部。"

未时，上诣紫光阁请皇太后安，随奉皇太后还宁寿宫。

本日起居注官常书、潘耒。

十五日丙辰　辰时，上御瀛台门，听部院各衙门官员面奏政事。

本日起居注官阿山、秦松龄。

十六日丁巳　辰时，上御瀛台门，听部院各衙门官员面奏政事毕，部院官员出。大学士、学士随捧折本面奏请旨。为礼部题正蓝旗都统勒贝应否与谥事。上曰："勒贝无甚劳绩，不必与谥。"

又为三法司议厄尔济图杀死其妻及子，拟绞，秋后处决事。上曰："据厄尔济图供称，因患伤寒不省人事，将伊妻、子斫死。如系真病，似有可原。"大学士勒德洪奏曰："今不立决，俟秋审时再酌亦可。"上曰："人命关系重大，监候尚有数月，不胜苦累。果否患病，着察明再议。"大学士、学士出。

讲官牛钮、张玉书、汤斌进讲:九五大人虎变二节、上六君子豹变二节。

本日起居注官朱马泰、徐乾学。

十七日戊午　辰时，上御瀛台门，听部院各衙门官员面奏政事毕。甘肃布政使巴锡陛辞，恭请谕旨。上曰："外任官员去京虽远，其贤否无不洞悉。尔到任须实心任事，务期有裨地方。"巴锡奏曰："臣当谨遵圣谕，黾勉竭力。"奏毕，巴锡出。

大学士、学士随捧折本面奏请旨。为吏部议科臣姚祖顼疏劾浙江将军马哈达不实，应降二级调用事。上曰："马哈达封疆大臣，效力行间，茂著劳绩。姚祖顼并无实据，即行妄奏，诋其庸劣，形同木偶，殊属不合，理应重处。但观姚祖顼原系厚重小心之人，自为科员以来，条奏事宜颇有合处，姑着降二级，从宽留任。"

又为议政王、贝勒、大臣会议阿达哈哈番刘广汉等，在石峡地方不曾收取阵亡骸骨，弃炮败北，俱应革职，籍没家产，鞭一百，不准折赎事。上顾问："大学士等云何？"勒德洪奏曰："所议似属允当。"上又顾问学士等曰："尔等之意若何？"阿兰泰奏曰："我朝军法向来严明，且又蒙皇上谕旨，凡著有劳绩及始终追灭贼寇者，准其功罪相抵，此正悯念官兵勤劳，欲明赏罚之意。今观所议将二三十次著有劳绩者，与三四次著有劳绩者，概议不准折赎，鞭一百，籍没家产，似与功罪相抵之旨不符。"上颔之。顾大学士等曰："这所议石峡失事官兵五本俱发回， 将朕此意传谕议政王、诸臣知之。"

巳时，上诣太皇太后、皇太后宫问安。

本日起居注官傅腊塔、归允肃。

十八日己未　辰时，上御瀛台门，听部院各衙门官员面奏政事毕，部院官员出。大学士、学士随捧折本面奏请旨。为户部题湖口关差，或仍差二员或差一员事。上曰："前因九江榷关初移湖口，故差两员。各处关差俱用一员，今湖口亦着差一员去。"

又议政王、贝勒、大臣会议八旗汉军马兵、鸟枪手，每佐领增十八人，共二十人演习鸟枪事。上顾大学士勒德洪曰："火器关系武备，甚为紧要，应严加操演，以裨实用。尔与学士阿兰泰、萨海、佛伦可会同八旗汉军都统详议。"

又湖南巡抚韩世琦题因同部员往察楠木，一应案件俱请展限，工部议准事。上曰："各省案件，该督、抚应在限内速行完结。若事件丛积，时日耽延，小民愈加困苦，以致失业。今观诸事稍有可推诿之处，即行题请展限。其所请诸事中多有情弊，尔等会同详议具奏。"

本日起居注官牛钮、曹禾。

十九日庚申　辰时，上御瀛台门，听部院各衙门官员面奏政事毕，部院官员出。大学士、学士随捧折本面奏请旨。为湖南巡抚韩世琦题请展限事。上问："尔等所议若何？"大学士勒德洪等奏曰："臣等议一切钦部件，总督、巡抚限内完结，并无烦难，借端展限具题者居多。曩差遣巡按时，周历巡行，凡事尚皆依限完结，并无因出巡题请展限之事。嗣后应一概不准行。"上曰："题请展限皆非无故，徒滋弊端，若累百姓，这部议不准行。嗣后展限应一概停止，或督、抚因公出境，有必不能兼理完结事件，应作何展限，着九卿、詹事、科、道会同详议定例具奏。"大学士、学士出。

讲官牛钮、张玉书、汤斌进讲：鼎元亨一节、象曰鼎象也二节。上亲讲毕，讲官照常进讲。

巳时，上诣太皇太后宫问安。

本日起居注官葛思泰、王鸿绪。

二十日辛酉　辰时，上御瀛台门，听部院各衙门官员面奏政事毕，部院官员出。大学士、学士随捧折本面奏请旨。为吏部议仓米被盗，监督马良、胡世塔应罚俸一年事。上曰："部议何故从轻？"大学士勒德洪奏曰："偷盗仓米系掘地而入，此巡逻人等应行捕缉之事，非监督之责，故部议止于罚俸。"上曰："马良等系专管仓粮之官，仓粮被盗甚多，这所议尚轻，着再议。"

又刑部等衙门覆直隶巡抚格尔古德条奏，凡卖身旗下之人，仍居本地方肆行诈害，应尽令归旗。如有容隐者，分别多寡，议处地方官员。上曰："朕因旗下人杂居民地，倚势妄行，欺压百姓。前于成龙、格尔古德陛见时俱经面谕，令其严察究处，故格尔古德有此条奏。今部议分别容隐多寡，以定处分条例，殊为未当。善良之人安处地方，虽多亦不为害，若凶恶之徒恃强逞势，恣行不法，虽一人亦为地方之累。其原有田产家口，素不为害于地方者，若尽令归旗，又恐致其失业。"学士佛伦奏曰："有田产房屋者，概令归旗诚难。如独身投旗或仅有妻子者，自以归旗为当。"上曰："每有地方光棍因造恶太多，为人所不容，遂投身王、贝勒、大臣之家，借名横行，抗拒官吏，欺凌小民，甚为可恶。可令九卿等会同确议定例具奏。"大学士、学士出。

讲官牛钮、张玉书、汤斌进讲：象曰木上有火鼎一节、初六鼎颠趾二节。

未时，上御景山内前殿，赐进贡乌朱穆秦部落和硕车臣亲王苏达尼，喀尔喀部落和硕达尔汉亲王诺内，翁牛忒部落多罗杜棱郡王笔里棍达来，科尔沁国和硕卓里克图亲王都尔巴、一品台吉索尼代等、二品台吉乌尔图那苏图等、四品台吉额尔黑图等，阿霸垓多罗卓里克图郡王充等食。

本日起居注官常书、严绳孙。

二十一日壬戌　辰时，上御瀛台门，听部院各衙门官员面奏政事。兵部官员入奏，上问曰："近议行间情罪如何？"尚书杭爱奏曰："大案俱已完结，现今所议惟细小情罪耳。"上曰："行间功罪相抵，难以允当，即如螺子山失利人员，其后效力功绩应得世职者亦有之。"侍郎郭丕奏曰："凡行间情罪以败绩为重，议处最严，是以劳绩多寡未行分晰。前奉旨石峡功罪着详加勘抵，圣谕极是。"上曰："螺子山、石峡、祖山头等处较他处更甚，若概行处分，不加分晰，似属冤抑。此后功过相抵，务期妥确。"谕毕，兵部官员出。

大学士、学士随捧折本面奏请旨。为兵部题补镶蓝旗骁骑参领殷德病故员缺，正拟前锋护卫马尔浑，陪拟雅哈。上曰："马尔浑为人颇优，兼之材力勇健，可称护军参领之职，这员缺着即补授，俟该旗有护军参领缺出即行调补。"

又三法司议刑部笔帖式穆克善私受罪人索拜贿，竟行轻责，应立绞。用鞭人傅喀禅等应枷号三月，鞭一百。上曰："朕洞悉刑部情弊，屡经申饬，并不厘剔。今果有此事，穆克善情罪甚为可恶，理应立绞。但伊祖有阵亡功，从宽免死，着枷号三月，鞭一百。傅喀禅等亦着照例枷责，仍一并流徙宁古塔。"大学士、学士出。

讲官牛钮、张玉书、汤斌进讲：九二鼎有实二节、九三鼎耳革二节。

本日起居注官蒋弘道、朱马泰。

二十二日癸亥　辰时，上御瀛台门，听部院各衙门官员面奏政事。翰林院拟侍讲学士卢琦等六员补充讲官，会同内阁引见请旨。上曰："讲官关系紧要，最宜选用老成，其轻浮立异之人，切不可用。"因问："何人为优？"学士牛钮、张玉书奏曰："六人俱老成谨慎，内翁叔元文章素优。”上然之。顾大学士等曰：“翁叔元素有文名，可即补日讲官。”

午时，上诣太皇太后、皇太后宫问安。

本日起居注官崔蔚林、阿山。

二十三日甲子　辰时，上御瀛台门，听部院各衙门官员面奏政事毕，部院官员出。大学士、学士随捧折本面奏请旨。为兵部题补镶白旗蒙古副都统达克萨喀调补员缺，开列侍郎吴努春等职名事。上曰：“此开列内，长史博济为人颇优，可补此缺。”大学士、学士出。

讲官牛钮、张玉书、汤斌进讲：九四鼎折足二节、六五鼎黄耳二节。

本日起居注官傅腊塔、王封溁。

二十四日乙丑　上以祀方泽，斋戒三日，不理政事。

本日起居注官牛钮、张玉书。

二十五日丙寅　酉时，上回宫。

本日起居注官葛思泰、邵吴远。

二十六日丁卯　上于保和殿视祭方泽坛祝版毕，回宫。

巳时，上诣太皇太后、皇太后宫问安。

本日起居注官常书、潘耒。

二十七日戊辰　早，上以夏至，躬诣方泽坛致祭毕，回宫。

巳时，上诣太皇太后、皇太后宫问安。

本日起居注官阿山、秦松龄。

二十八日己巳　辰时，上御乾清门，听部院各衙门官员面奏政事毕，部院官员出。大学士、学士随捧折本面奏请旨。为都察院议，供应外藩贡使牛羊，估价浮冒，不行核减，礼部堂官介山等应降二级调用，司官降四级调用。浮估银一千余两，责令司官赔补事。上曰：“凡工作及采买价值屡经严饬核减，乃竟不遵行，仍然浮估，此皆由各部堂官不行详察之故。礼部堂、司官着依议降级，俱从宽留任。其银两已经支用，姑免追赔。”

又为总河靳辅题请黄河上流开、归二府堤岸帮筑坚固，以全运道民生事。上曰：“这所奏极是。靳辅以下流筑塞已有头绪，故欲将上流堤岸修筑坚固，俾无冲决耳。”大学士明珠等奏曰：“皇上前有谕旨，河口决在下流效力尚易，决在上流修筑甚难。曩顺治年间，河南地方黄河曾经冲决，今欲预行修筑，极为切当。”上曰：“治河关系运道民生，甚属紧要。尔等可令工部作速详议具奏。”

巳时，上诣太皇太后宫问安。

本日起居注官沈荃、朱马泰。

二十九日庚午 辰时，上御乾清门，听部院各衙门官员面奏政事毕，部院官员出。大学士、学士随捧折本面奏请旨。为吏部题补侍读学士孙在丰升任员缺，拟侍讲学士卢琦转补；卢琦员缺，拟庶子王封溁升补。上顾大学士等曰：“尔等之意若何？”勒德洪奏曰：“臣素不识其人。”李霨奏曰：“近经选补讲官。”上又顾学士张玉书曰：“王封溁如何？”张玉书奏曰：“是一老成人。”上颔之。命以王封溁补授侍讲学士。

又户部议宁古塔将军巴海、副都统瓦里虎诳称叶赫、苏通等驿田亩，因严寒地冻，未得耕种，应交与该部严加议处事。上曰：“巴海诳诞处甚多，人人无不怨恨。据郎中鄂齐里云曾至苏通等驿，按户察勘，所有粮米可继秋收，牲畜亦照常牧养。巴海为封疆大臣，田地并未被冻，乃捏称驿站夫役已至饥馁，冒请银两，屡行咨部，殊负大臣之职。着严拟票签来看。”

巳时，上御乾清宫，讲官牛钮、张玉书、汤斌进讲：上九鼎玉铉二节、震亨震来虩虩一节。

少顷，上诣太皇太后宫问安。午时，上复诣太皇太后宫问安。

本日起居注官傅腊塔、汤斌。

三十日辛未 辰时，上御乾清门，听部院各衙门官员面奏政事。

巳时，上御乾清宫，讲官牛钮、张玉书、汤斌进讲：象曰震亨三节、象曰洊雷震一节。

本日起居注官牛钮、徐乾学。

六 月

初一日壬申 早，上由东华门出朝阳门，幸芳池。酉时，回宫。

是日，各部院章奏俱交内阁。

本日起居注官常书、翁叔元。

初二日癸酉　辰时，上御乾清门，听部院各衙门官员面奏政事毕，部院官员出。大学士、学士随捧折本面奏请旨。为吏部题补监察御史张泰升任员缺，正拟员外郎辛柱，陪拟秦齐喇。上曰："尔等曾问各堂官否？"大学士明珠奏曰："问督捕堂官言，辛柱勤慎可用。问户部堂官言，秦齐喇为人平常。"上曰："拟正之人俸深，着补授此缺。"

又议政王、贝勒、大臣会推正红旗汉军副都统吴国桢革职员缺，遵旨察行间效力之人，以大同总兵官鲍敬，在内参领吴熙、汪世举，阿思哈尼哈番吴云龙、阿达哈哈番李荣登、员外郎兼管佐领刘秉忠等开列引见。上命近前问吴熙曰："尔系谁族？"熙奏："臣系原任都统吴守进之孙。"上顾大学士曰："吴熙既系世族，且有效力之处，着补授副都统。"

又议拜他喇布勒哈番马负图于石峡地方弃炮败北，以功抵罪，应免处分事。上曰："马负图弃炮败回，免罪可乎？"大学士勒德洪等奏曰："马负图所弃之炮，系同事人舁出，竟议无罪，似觉未当。"上曰："然。伊功不足抵罪，着再议。"

巳时，上诣太皇太后宫问安。

未时，上御景山内前殿，赐进贡科尔沁国土谢图亲王阿喇善等、一品台吉哈里琦他特等、协理旗下事务三品台吉沙理等、四品台吉鄂诺达等，柰曼部落多罗达尔汉郡王鄂齐里等，喀尔喀部落多罗贝勒罗布臧、二品台吉达喇穆达喇、四品台吉胡鲁木锡，土默特部落多罗达尔汉贝勒厄尔德木图等、协理旗下事务一品台吉查浑等、四品塔布囊阿毕达，杜尔伯特部落一品台吉吴尔图纳苏图、二品台吉鄂齐里、协理旗下事务三品台吉鄂木布等、四品台吉萨木札等，克什克屯部落协理旗下事务四品台吉巴特马，阿禄科尔沁国二品台吉南札特，敖汉二品台吉顾穆布等、四品台吉诺尔布，鄂尔多斯部落一品台吉喀锡，翁牛忒部落三品台吉阿喇善、四品台吉吴尔占等，札赖忒部落三品台吉都思哈尔、四品台吉诺尔布等，札鲁忒部落四品台吉吴尔图纳苏图，吴喇忒部落三品台吉那木等、四品台吉班济思哈等及浙江定海总兵官孙维统食。

赐食毕，召维统至前问曰："尔系何处人？由何出身？向曾至定海否？”维统奏曰：“臣系山东人，由行伍出身，曾随大兵至湖广、陕西，未至定海。”上曰：“定海近虽无贼，尔到彼严束兵丁，勿致扰民。务令兵民相安，慎毋虚冒粮饷。”维统奏曰：“臣有何功，蒙皇上擢用，惟竭尽心力仰报圣恩，何敢纵兵扰民，虚冒兵饷。”上曰：“然。当益加勉励。”是日，赐孙维统鞍马一匹。

本日起居注官葛思泰、王封溁。

初三日甲戌 辰时，上御乾清门，听部院各衙门官员面奏政事毕，部院官员出。大学士、学士随捧折本面奏请旨。为两淮巡盐御史裘充美题察明加斤引目，部覆应无庸议。上曰：“裘充美原疏，俱该差定例应行之事，今指为创行事件启奏，不合，可拟严饬票签。此事着照部议。”因问：“充美学问何如？”大学士王熙奏曰：“文章颇好。”上曰：“尔何以知之？”王熙奏曰：“裘充美虽原籍浙江，久住京师，臣故知之。”上又问：“其人何如？”王熙奏曰：“其人有才，但少谨慎耳。”李霨奏曰：“虽有才能，不免轻躁。”

又兵部题护军参领克什图于大王庙对敌，不能败贼，应行议处，但众寡不敌，应无庸议。上曰：“此役虽贼兵甚众，我军甚寡，克什图等不能先期设备，未事筹划，以致贼众猝至，绿旗兵溃败被伤甚多。此本着驳回，令再详议。”大学士、学士出。

巳时，上御乾清宫，讲官牛钮、张玉书、汤斌进讲：初九震来虩虩二节、六二震来厉二节。

本日起居注官阿山、翁叔元。

初四日乙亥 辰时，上御乾清门，听部院各衙门官员面奏政事毕，部院官员出。大学士、学士随捧折本面奏请旨。为兵部题镶黄旗刘光精奇尼哈番世职，应令伊子文环承袭事。上曰：“尔等以为何如？”大学士明珠奏曰：“其母愿与次子刘邦柱承袭。”上曰：“其次子为人何如？原任何官？”明珠奏曰：“原任浙江提督，徒有外貌而已，其人亦属平常。”上曰：“此系刘志远世职，故令承袭。刘光素行原不佳，今其子刘文环复庸劣不堪。精奇尼哈番有管理人员之职，可令刘光弟刘邦柱承袭。”

巳时，上御乾清宫，讲官牛钮、张玉书、汤斌进讲：六三震苏苏二节、九四震遂泥二节。

午时，上诣太皇太后、皇太后宫问安。

本日起居注官朱马泰、王鸿绪。

初五日丙子　早，上御太和门视朝。升转文武官员谢恩，次进贡厄鲁特部落噶尔当博硕克图汗来使厄尔克鄂木布等行礼毕，赐茶。召昆都仑台吉来使达尔汉和硕齐至阶下赐之。驾回宫。

少顷，御乾清门，听部院各衙门官员面奏政事。

巳时，上御乾清宫，讲官牛钮、张玉书、汤斌进讲：六五震往来厉二节、上六震索索二节。

本日起居注官傅腊塔、潘耒。

初六日丁丑　辰时，上御乾清门，听部院各衙门官员面奏政事。九卿、詹事、科、道会议，湖南巡抚韩世琦题请展限一案，嗣后直隶各省督、抚概不准宽限。若有远离本省事情，准其题明缘由奏请展限。上顾九卿等曰："一切展限，断不宜准行。大抵诸事无不可限内速完，乃近日题请展限者甚多。凡事延缓一日，则小民多受一日之累。其所以题请展限者，中多有故，皆因督、抚不肯实心办事，惟务苟且迁延时日故耳。"又顾汉堂官问曰："尔等以为何如？"刑部尚书魏象枢奏曰："圣谕极当。凡事频频展限，则渐致丛脞，而罪人亦多苦累，以此臣等公议一概不准展限。"奏毕，出。

大学士、学士随捧折本面奏请旨。为兵部题镶黄旗八品官佛济保等于虎渡口退却，议以功抵罪，分别降级罚俸事。上曰："若在太平街虎渡口时，即奋勇力击挫贼锋锐，则贼势何由猖獗至于抗拒日久耶？惟初时失利，不能奋厉扑剿，大挫贼锋，贼方得并力坚守，以致我兵数年劳顿，耗费钱粮，小民疲敝。前因此故，将提兵将领尽行重处，今又将此等官员议处甚轻，可乎？尔等可将此处票出，着再行严议。"

又题补镶红旗护军参领胡喇禅革职员缺，正拟包衣佐领龚图，陪拟阿达哈哈番钟吉纳。上曰："尔等曾传问否？"大学士明珠奏曰："兵部曾问公乌猷，言伊等材力壮健，堪任统驭。"上曰："参领职司统辖，何必拘论所分属乎？阿纳库才具壮健可用，较诸人为优，着补授此缺。"

又议发伪将军杨一豹等于乌喇、宁古塔腰站安插事。上曰："此辈乘闽省叛乱时，聚众扰害地方，肆行凶恶，及至窘迫无计，始行投诚。着依部议，此后于黑龙江地方中设立腰站时，即将此辈酌量安插。尔等可传谕该部。"

是日，上幸内库，赐内阁大学士勒德洪、明珠、李霨、王熙、黄机、吴正治金杯盘各一副、缎各二匹、纱各三匹；学士萨海、佛伦、阿兰泰、石柱、喇巴克、王守才、金汝祥、胡简敬、孙在丰缎各二匹、纱各一匹；日讲官起居注、翰林院学士牛钮、张玉书缎各二匹、纱各一匹；詹事沈荃，少詹事崔蔚林、蒋弘道，侍读学士傅腊塔、常书、严我斯，侍讲学士朱马泰、葛思泰、阿山、王封溁，庶子邵吴远，侍读汤斌、王鸿绪，赞善徐乾学、翁叔元，修撰归允肃，编修曹禾、王顼龄，检讨秦松龄、严绳孙、潘耒缎各一匹、纱各一匹；内阁侍读苍柱、胡世通，满汉中书觉和托、田肇埏等十七人纱各一匹。

本日起居注官牛钮、曹禾。

初七日戊寅　辰时，上御乾清门，听部院各衙门官员面奏政事毕，部院官员出。大学士随捧折本面奏请旨。为吏部议刑部检举事，盗米人犯内王八、王玉槐系重名，未经除去，应照错拟人罪例，尚书喀尔图、侍郎禅塔海等罚俸六个月，尚书魏象枢罚俸三个月，郎中硕穆鼐等降一级留任。上曰："此本着依部议。司官硕穆鼐、魏赫纳，刑部堂上官曾保举其清廉谨慎，此等人命大案，尚尔草率，岂可以为谨慎乎？且硕穆鼐好事，非堪用之人。前出兵时，将军吴丹、鄂克济哈二人不睦，勒兵稍迟不前，皆听硕穆鼐及监察御史拉自之言所致。尔等将保举不当之处传谕刑部堂官。其硕穆鼐、魏赫纳着削去保举，不准注册。"

又提督王进宝奏请随征副将杨宗道患病已痊，应否补用，兵部议令休致事。上曰："杨宗道前曾效力行间，仍应补用。"大学士明珠奏曰："杨宗道原系现任副将，王进宝进取四川时，因其人壮健，坐名题请随征，在行间甚有劳绩。今既病痊，自应补用。"上命该部再议。

巳时，上诣太皇太后宫问安。

本日起居注官常书、严绳孙。

初八日己卯　辰时，上御乾清门，听部院各衙门官员面奏政事毕，部院官员出。大学士、学士随捧折本面奏请旨。为宗人府议赏贝子章泰金百两、银五千两事。上曰："章泰罪多功少，但因其直抵云南，故加赏赐。较征察哈尔，师行未久，旋即扑灭之功岂可同日而语？所议赏赐太过，这本着发回另议。"

又兵部题驻防荆州满兵议令七月二十日起程事。上曰："此兵若令七月二十日起程，恐房屋尚未能造完。若房屋未完，大兵至彼无栖止之所，必至暂取民房居住，如此则兵民两困。着俟盖造将完具报到日，再令起程。"

又九卿、詹事、科、道会议旗下所买民人，有房地者仍许留住本地，无产业者责令各主收回事。上问："尔等之意若何？"大学士明珠奏曰："此议似觉允当。"上曰："所议甚当，但有奸恶之徒在地方生事，已经治罪，或现有犯法事情，希图脱罪报仇，因卖身诸王及大臣家者甚众。如此情弊察出，应将卖主一并从重治罪。"随顾汉大学士等曰："此辈凶恶之徒极为可恶，不得不重惩之。"大学士李霨等奏曰："睿见甚明。此辈实宜严治。"上曰："此段着拟入票签送进。"

谕毕，大学士等以撰拟原任刑部侍郎叶方蔼祭文奏呈御览。上问："系谁所撰？"明珠奏曰："讲官徐乾学所撰。"上览毕，曰："凡祭文、碑文自应视其实绩撰拟，即一字褒贬皆有关系。嗣后撰祭文、碑文，凡同乡之人及亲戚应令回避。这祭文暂留，着另行撰拟，一并奏览。"

巳时，上御乾清宫，讲官牛钮、张玉书、汤斌进讲：艮其背一节、象曰艮止也二节。上亲讲毕，讲官照常进讲。

本日起居注官葛思泰、汤斌。

初九日庚辰　辰时，上御乾清门，听部院各衙门官员面奏政事毕，部院官员出。大学士、学士随捧折本面奏请旨。为吏部议川陕总督哈占、陕西巡抚鄂恺以召买米石草料，核减银两，称为民欠，援诏请免，应行革职事。上顾问大学士曰："尔等云何？"明珠奏曰："蠲免民欠钱粮恩诏甚明，若此等亦从宽免，则请免者必多。"上曰："着该督、抚回奏，援诏侵欺，情弊显然。可批出令其明白陈奏，谅伊等亦难以粉饰也。"

又兵部议宁古塔将军巴海诳奏苏通等处田禾未收，应行革去将军世职事。上曰："巴海应革去将军，其迁移新满洲不可全谓无功，伊所袭之职因何功绩而得？着察明具奏。"

巳时，上御乾清宫，讲官牛钮、张玉书、汤斌进讲：象曰兼山艮一节、初六艮其趾二节。

午时，上诣太皇太后、皇太后宫问安。

本日起居注官阿山、邵吴远。

初十日辛巳 辰时，上御乾清门，听部院各衙门官员面奏政事毕，部院官员出。大学士、学士随捧折本面奏请旨。为议政王等遵旨会议闲散宗室应尽给拖沙喇哈番俸禄事。上曰："此内有贝勒、贝子缘事降为闲散宗室者，有奉国将军、奉恩将军缘事降为闲散宗室者，所议并未分别，一概给与拖沙喇哈番俸禄，似属未当。着交与议政王等再议具奏。"谕毕，顾大学士等问："所察将军巴海世职如何？"大学士明珠奏曰："巴海世职内有阿达哈哈番，系因迁移新满洲特恩所赐。"上曰："巴海虚诳处甚多，且所属人员无不怨恨，本当依部议处分，但有迁移新满洲功，姑从宽留其阿达哈哈番世职，其余世职及将军职衔俱着革去。"

巳时，上御乾清宫，讲官牛钮、张玉书、汤斌进讲：六二艮其腓二节、九三艮其限二节。

本日起居注官张玉书、傅腊塔。

十一日壬午 辰时，上御乾清门，听部院各衙门官员面奏政事毕，部院官员出。大学士、学士随捧折本面奏请旨。为吏部题户部尚书伊桑阿调补员缺，开列都察院左都御史希福等职名。上曰："朕见杭爱记事明敏，每兵部引见人员或多至三四十人，其职名俱能详记不错。"因问大学士曰："办事何如？"勒德洪、明珠奏曰："办事颇优。"上曰："杭爱可调补户部尚书。"

又题理藩院主事雅图升任员缺，正拟中书巴图赉，陪拟保住。上曰："巴图赉所学虽佳，为人愚拙。这主事缺紧要，朕观理藩院笔帖式海三岱，其人才优可用，前差往喀尔喀处，处事得当，着升补此缺。"

又兵部议五城巡捕三营地方失火，延烧房屋至五间以上者，文武官员分别处分。上曰："火势甚速，凡失火处，该管官员未到时，或已延烧多间，依此处分，似属冤抑。若将五间以上改为十间以上，分别议处，则一经失火，尚可即往用力扑灭。其应作何定例处分，着再议具奏。"

又巡视北城监察御史阎兴邦条奏，候缺荫生先令入各部院衙门办事，俟满三年后，挨次补用。上曰："若令荫生于各部院衙门办事，员缺未必相宜，行止位置亦有未便。观此本似乎有因，可票这所奏无益，不准行。"

巳时，上御乾清宫，讲官牛钮、张玉书、汤斌进讲。上亲讲：六四艮其身二节。讲官进讲：六五艮其辅二节、上九敦艮吉二节。讲毕，上谕曰："《易经》义理精微，无所不该，但人不能一一体认，见诸躬行耳。"牛钮、张玉书等奏曰："易理只是一时中。皇上圣学渊深，以此理措诸政事，正是体用合一学问。"奏毕，出。

午时，上诣太皇太后、皇太后宫问安。

本日起居注官牛钮、翁叔元。

十二日癸未 上奉太皇太后出古北口避暑。寅时，上率皇太子、皇长子、皇三子诣太皇太后宫，候太皇太后登辇，上随辇行。出东华门，设卤簿，在京王以下文武各官俱服蟒服跪送。出东直门，至进膳所，上扶掖太皇太后降辇，入行宫。上御进膳所，膳毕，复诣太皇太后行宫，下马趋近前侍立，候太皇太后登辇，上扶辇行数武，然后乘马随行。至牛阑山驻跸处，上步送太皇太后至行宫门，扶掖降辇，入行宫，上始回行幄。

是日，古北口抽分工部郎中纳秦，霸昌道黄性震，顺义县防守尉巴郎、知县钟韵远，密云县知县张元声、守备胡守恩及怀柔县守备郭梅等来朝。

十三日甲申 上驻跸密云县东南。

十四日乙酉 上驻跸陈谷庄东南。是日，石匣营游击李鼎、石塘路都司佥书王来宣等来朝。

十五日丙戌 上驻跸古北口内西山。晚刻，上御行幄，扈从内阁学士萨海、佛伦、阿兰泰、喇巴克捧折本面奏请旨。为吏部题长宁县知县康汝安截短楠木，议革职事。上曰："尔等之意若何？"阿兰泰等奏曰："康汝安将上用楠木私行截断，部议似亦当罪。"上曰："如果截断楠木，罪尚不止此，否则，便应免罪。此事着往采楠木司官详察具奏。”

是日，曹家路守备李芃、古北路千总吕律等、古北口七品笔帖式萨西等来朝。

十六日丁亥　上出古北口，驻跸第一泉。

十七日戊子　上驻跸鞍匠屯东北。

十八日己丑　上驻跸鞍匠屯东北。

十九日庚寅　上驻跸上都河。晚刻，上御行幄，学士等捧折本面奏请旨。为吏部题郎中色忒等失察笔帖式穆克善私责长史索拜，应各罚俸六个月事。上曰：“部院官员徇情蒙蔽者甚多，这所议尚轻，着再议具奏。”

又兵部题补镶红旗佐领胡席穆病故员缺，正拟胡席穆兄子堪泰，陪拟胡席穆子华色。上曰：“胡席穆以创发而亡，着以伊子华色补授。”

二十日辛卯　上驻跸蓝旗鹰庄北。

二十一日壬辰　上驻跸青城北。

二十二日癸巳　上驻跸青城北。

二十三日甲午　早，上御行幄，学士等捧折本面奏请旨。为兵部议三等侍卫哈喇扣寅夜擅出入皇城禁门，应革职事。上曰：“哈喇扣非守分之人，旷误班直，寅夜唤开皇城禁门，私自出入，情属可恶。着革职，交刑部严加议处。”

又三法司题礼部侍郎吴努春将所买家人颜二故行打死，应交该部议罪事。上曰：“吴努春身为管兵大臣，于出征地方买人甚众，又强买释放为民之人。今故行打死，复巧饰推诿伊子，情属可恶。”学士佛伦奏曰：“观吴努春口供云，买颜二交与耿聚忠，携至其家。今并未讯问耿聚忠，且买契用印之处，亦未明白。”上曰：“三法司衙门凡审问事件必详加研究，务得实情为当。今审理此事官员并未详究，明系徇情。承审堂司官一并交与吏部严察具奏。”

是日，上驻跸荆溪。

二十四日乙未　上驻跸荆溪。是日，上猎于南山，殪一虎。

二十五日丙申　早，上御行幄，学士等捧折本面奏请旨。为吏部议，江南江西总督于成龙行文抽税司官苏赫，令勿抽木税，免罚木商。又令以湖口不宜抽税，具文详报，以俟题请。系阻挠税务，应革职事。上曰："于成龙之阻挠税务是实，理应革职，着从宽降五级留任。"

又兵部议杨宗道应以副将起用事。上曰："杨宗道材力壮健，原拟用于云南，今云南已平，可仍以彼处副将用。"

是日，翁牛忒部落多罗杜棱郡王毕理衮达赖、二品台吉鄂齐理，克什克屯部落一品台吉阿育锡等，率官兵七百于九隘口恭迎太皇太后、皇上圣驾。

是日，上驻跸九隘口。

二十六日丁酉　上驻跸拜巴哈口。

二十七日戊戌　上驻跸红川。

二十八日己亥　晚刻，上御行宫，学士等捧折本面奏请旨。为吏部议，觉罗监生，内阁咨送笔帖式、监生、俊秀及出征护军俊秀，候缺笔帖式与现在候补监生、俊秀，应分缺均用事。上顾诸学士曰："尔等之意若何？"佛伦等奏曰："人数甚多，倘不分缺，必致壅塞。"上曰："觉罗监生原不于部院衙门补用，今得一进身之路足矣。内阁笔帖式不过书写而已，无甚劳勋。其监生、俊秀而为护军出征者，效力艰辛，实为可悯。着将觉罗监生及内阁笔帖式所分二缺，各抽一缺与出征监生、俊秀。"

又刑部、理藩院议老章格龙骗卖林寿仁等十八人，应秋后处绞。上曰："边内边外议罪则例向来不同，今将边外罪犯引边内例治罪，可乎？着再行定例具奏。"

是日，上驻跸红川。

二十九日庚子　上驻跸红川。

闰六月

初一日辛丑　上驻跸红川。

初二日壬寅　晚刻，上御行宫，学士等捧折本面奏请旨。为吏部题正蓝旗候补笔帖式法葆挈妻子逃遁，应革职，交与五城缉拿，获日严行议罪事。上曰："法葆本一安为可恶之人，挈妻子逃遁，本旗该管官员何故不即举报缉拿，以致耽延时日。法葆着速行严缉，该管官员一并议处。"

是日，上驻跸红川。

初三日癸卯　未时，上诣太皇太后行宫问安。

少顷，上御黄幄，赐从猎翁牛忒部落多罗杜棱郡王毕理衮达赖，克什克屯部落一品台吉阿育锡等，科尔沁国和硕卓里克图亲王杜尔巴、和硕达尔汉亲王班第额驸，敖汉部落多罗郡王札木苏台吉等以下，兵丁以上食。

是日，上驻跸红川。

初四日甲辰　上驻跸红川。

初五日乙巳　巳时，上御行宫，学士等捧折本面奏请旨。为兵部议原任将军巴海将流徙人犯陈洪明等，不发往宁古塔，擅留乌喇，拟革职。上曰："陈洪明等仍议发往宁古塔甚当。巴海处分所拟太过，着再议具奏。"

是日，上驻跸红川。

初六日丙午　早，上率皇太子诣太皇太后行宫问安毕，巡视营西尔哈和罗地方。

是日，驻跸硕岩。

初七日丁未　上驻跸杨川。

初八日戊申　上驻跸黄陂。

晚刻，上御行幄，学士等捧折本面奏请旨。为兵部议将军蔡毓荣题参总督董卫国不听调度，任意抗违，贻误军机，应行议罪，但董卫国奉上指授，从镇远间道前进杀贼，恢复镇远府，应免议处事。上曰："军机最要，不容稍缓，董卫国能遵指授，剿杀贼寇，恢复镇远，实为可嘉，蔡毓荣何用题参？且自恢复黔省以后，蔡毓荣亦无甚劳绩，董卫国劳绩甚多，此直毓荣妒卫国之功故耳。"学士佛伦奏曰："上谕极当。董卫国用兵之地，臣亦曾亲到镇远府，乃伪将军张足法所守，最为坚固。董卫国从间道进攻，是以克之。"萨海奏曰："蔡毓荣本约董卫国于平溪卫会师，董卫国径过平溪深入，遂克镇远。"上曰："蔡毓荣、董卫国俱系敌体大臣，而毓荣以卫国不听调度，违误军机题参。军令至严，若罪坐，卫国必罹重罚，陷人于死，反坐自有定例，尔等可将此本交与在京大学士拟票送来。"

初九日己酉　上驻跸碾黄陂。

初十日庚戌　上驻跸鳍鬣口。

十一日辛亥　上驻跸细河。

晚刻，上御黄幄，学士等捧折本面奏请旨。为吏部题补江西巡抚佟康年病故员缺，开列候补巡抚安世鼎并学士、布政使职名事。上曰："安世鼎汝等孰知之者？"萨海奏曰："安世鼎未尝相识，闻其居官尚佳。"上曰："安世鼎前在江西，居官不佳，但原系候补之人，可补授此缺。"

又为贵州巡抚杨雍建请以候补主事朱昌绪补黎平府知府，议不准行事。上曰："先因各省用兵之际，该督、抚坐名带往人员俱照所题补授。今云、贵大定，凡补授官员，仍应从该部照例补授。此等坐名带往人员，俱着撤回补用。"

又为直隶巡抚格尔古德请于畿内设兵三万一千，兵部议驳回裁减事。上曰："尔等之意若何？"佛伦奏曰："先经议政王等会议设兵三万，今该抚又请增留一千，所以部议驳回，令其裁减。"上曰："直隶兵数酌定已久，该部屡议驳回，不合。着该部即行议结具奏。"

又议革阿达哈哈番聂有逵职，令伊妻离归母家事。上曰："聂有逵情罪甚属可恶。尔等云何？"阿兰泰奏曰："聂有逵守土关时与贼并无一战，从逆是实。后至广西，娶殉难马雄镇之女为妻，其情实为可恶。"上曰："向来似此情罪可恶者，俱流徙宁古塔，聂有逵亦着流徙宁古塔。"

又理藩院遵旨察明盗马人犯迈托合等三人，羁候门上致死情由事。上曰："人命所关重大，都城及边外罪人羁候致死者，作何议罪之处，曾交与大学士议。今观所奏说帖甚是，但系创定法律事宜，应写上传发出，交与九卿会议。此本尔等暂行收贮，俟上传藁送来阅定时，一并发去。"

又为驻防杭州副都统吴申巴图鲁奏请赴京陛见事。上曰："吴申巴图鲁请陛见本内，将伊平昔劳绩陈叙不合。近来请陛见总兵官等，有自陈劳绩者，俱票旨申饬。此本可发与大学士，亦拟申饬票签。"

十二日壬子　上驻跸洄流。

十三日癸丑　上驻跸野猪川。

十四日甲寅　辰时，车驾还红川，率皇太子诣太皇太后行宫问安毕，上入行宫。

晚刻，学士等捧折本面奏请旨。为户部题鄂木喀、韩铨以亏欠仓米已经全完，告复原官，议不准行事。上曰："此事似与丹都虎之例相符。"佛伦奏曰："上谕极当。先时丹都虎偿还亏欠粮米，系奉特旨复职，所以部议鄂木喀等事不准行。"上曰："仓米乃积年所亏，非鄂木喀等侵牟入己。伊等既将所亏之米全偿，着照丹都虎例复其原官。"

又兵部题副将周球请旨追赠职衔事。上曰："此可照延绥总兵许占魁例追赠宫保否？"阿兰泰奏曰："许占魁但守延绥而已，周球在赣州等处劳绩甚著，照许占魁赠衔自无不可。"萨海奏曰："周球又于永兴地方甚有劳绩。"上曰："周球着加赠太子少保。"

十五日乙卯 上驻跸红川。

晚刻，上御行宫，学士等捧折本面奏请旨。为理藩院议科尔沁国哈喇虎济、巴里马忒、祈他忒同盗包衣佐领马色行囊中物，哈喇虎济应立绞，巴里马忒等应各鞭一百事。上曰："这所议虽欲惩创此辈，觉坐罪稍重。"阿兰泰奏曰："圣谕极当。该部以圣驾在外，诸蒙古毕集，特议稍重，欲恩自上出耳。"上曰："哈喇虎济从宽免死，着减等发落。"

十六日丙辰 上驻跸红川。

十七日丁巳 上驻跸红川。

晚刻，上御行宫，学士等捧折本面奏请旨。为吏部题孙达礼巴图鲁世职，其次子苏尔泰控告请袭，应不准行，仍令其第三子杭受承袭事。上曰："孝友关系伦理，甚为重大。为人若亏大伦，他何足观？苏尔泰竟不听其父遗言，身为佐领，不令弟袭世职，而自行控告，不孝不友，莫此为甚。"阿兰泰奏曰："苏尔泰原非应袭世职之人，论次序，则长子苏拜应袭；论父遗言，则弟杭受应袭。彼有何控告之处？"上曰："苏尔泰朕素知之，原在正黄旗，今分拨镶白旗，素行凶戾，此等人不可不加惩治。尔等可将此本发与在京大学士商酌。"

又京口将军杨凤翔题请留裁汰防御，兵部议不准事。上曰："镇江地方比他处紧要否？佛伦前曾察海界，必悉知之。"佛伦奏曰："镇江地方虽当要冲，乃系内地，非他处边界可比。似应照部议。"上从之。

又刑部议丹阳县知县卞三锡闻母丧不即回旗；又钱粮交代故意迟延，应杖一百折赎事。上曰："卞三锡闻丧不即回旗，不速交明钱粮，久住扬州，情甚可恶！应鞭一百，不准折赎。此事亦发与大学士等商酌。"

十八日戊午　上驻跸红川。

是日晚刻，福建总督姚启圣以水师提督施琅进剿台湾，克取澎湖奏至，上召学士萨海等传谕曰："施琅大败海贼，克取澎湖，此乃捷音，尔等可遍谕扈从八旗诸王、贝子、公等，大臣、侍卫各官知之。"

十九日己未　上驻跸红川。

二十日庚申　早，上奉太皇太后往拜察地方，驻跸杨岭北。

晚刻，上御黄幄，学士等捧折本面奏请旨。为福建将军佟国瑶请增兵二千，立为四营等事。议政王、贝勒、大臣会议，张梦吉标兵一千三百名停止撤回，仍留福建，设立八旗。其京口裁汰各官，亦应发往福建。至佟国瑶标下裁汰兵三千名，请留设四营，及汉军四百名编入额数，俱不准行。上曰："驻防京口、福建官兵，各立产业，互相婚娶结亲，历年已久，今行更调，必致亲戚相离，沿途人民亦受其累。添设兵丁原为剿灭海贼，现今题报，我兵进剿台湾，克取澎湖。澎湖乃台湾咽喉之地，克取台湾即在旦夕。此本着暂留，可将朕意转谕尔衙门大学士知之。"

二十一日辛酉　上驻跸碾谷。

二十二日壬戌　上驻跸虚谷。

二十三日癸亥　上驻跸虚谷。

晚刻，上御行幄，学士捧折本面奏请旨。为兵部议云贵总督蔡毓荣因嫉湖广总督董卫国，遂以不听调度、违误军机题参，毓荣应降二级调用，以所加二级抵销事。上曰："蔡毓荣实以私恨排陷董卫国因而题参，其罪宁止于此？"阿兰泰奏曰："皇上所谕极是。如果罪坐董卫国，则军机所关，其罪重矣！"上曰："蔡毓荣着削去所加五级。"

又川陕总督哈占请以汉中镇守兵丁即留驻防，部议不准事。上曰："着议政王、贝勒、大臣会议。此事部议照墨勒根下例不准行。彼时正与贼对垒之际，种种粮饷不难转　输，今已经荡平，若仍前转饷，必致劳民。哈占久在地方，必能洞　悉情形，这所奏似当。可将朕意示尔衙门大学士等知之。”

谕毕，上顾学士等谕曰：“一切政事皆国计民生所关，最为重大，必处置极当，乃获实效。朕每详览奏章，内有所疑，或折五六本、七八本咨询尔等者，务欲得至当耳。今尔等不各以所见直陈，一切附会迎合朕意，则于事何益哉？朕从来不惮改过，惟善是从。即如乾清门听政时，虽朕意已定之事，但视何人之言为是，朕即择而行之，此尔等所共知也。坚执己见，独持议论之人，朕素所不悦。观今之大臣，甚不如昔之大臣，今之政事，亦甚不如昔日。部院无事无弊，大臣无人无私，外省之弊较内更多，朕知之久矣。欲严治之，则其人甚多，难于尽处。所以朕数年来，屡下严旨，加意剔厘。今虽较前差善，而弊尚未除。且部院堂官，止图己身安逸，办事不勤。堂官推诿司官，司官推诿笔帖式。早归私家，诡称终日在署。此何理也？”阿兰泰奏曰：“臣等蒙皇上拔用，惟是识见浅陋，不达事体。如果确有所见，不陈诸皇上之前，而于谁言耶。”上曰：“尔等俱自笔帖式递迁为大僚，云不达事体可乎？但恐开罪于人，故尔缄默不言耳！闻尔衙门满洲大学士等每当票拟及与学士议事时，某某如此票拟，某某如此持论，惟恐尔衙门中书辈漏泄，致部院大臣怀憾。汉大臣亦然。内阁最为机要之地，尔等亦议政之臣，宜各抒胸臆，直言无隐，但求事当于理，互相商酌。即小有得失，亦复何伤，朕焉有因议事而加罪者乎？且人资禀不齐，不可云事事尽知，此人所知，而彼不知者有之，彼人所知，而此不知者亦有之。譬如京官不知外州县之事，八旗人员惟知本旗之事，不知别旗之事。必云彼尽知之，己所知者置而不言，不可也。尔等其益勉之。”佛伦奏曰：“圣谕极当。臣等本皆微贱之人，蒙皇上累次拔擢，荐为大僚，使果有所知，焉敢瞻顾大学士等，惧人怨恨，不直言议事乎？嗣后谨遵皇上训谕，惟有竭臣之力，益加勉励而已。”

二十四日甲子 上驻跸拜察地方。

二十五日乙丑 上驻跸拜察地方。

二十六日丙寅 上驻跸拜察地方。

午刻，上于行宫前张黄幄、御坐、设仪仗，进贡科尔沁国达尔汉亲王班第额驸、和硕卓礼克图亲王都尔巴、多罗郡王毕理克图、多罗贝勒巴克西固尔、多罗额驸诺木齐、一品台吉巴忒马西等，敖汉多罗郡王札木苏，柰曼部落多罗达尔汉郡王鄂齐尔、辅国公格勒尔，阿霸垓多罗达尔汉郡王沙克沙僧格，喀尔喀部落多罗贝勒老臧，土默特部落多罗达尔汉贝勒厄尔德木图、固山贝子衮即思札卜，喀喇沁部落镇国公乌忒巴喇，管领围场翁牛忒部落多罗杜棱郡王毕理衮达赖，喀喇沁部落多罗杜棱郡王札西，翁牛忒部落喀喇车里克镇国公祁他忒，克什克屯札萨克一品台吉阿育西等及蒙古众官兵毕集，作乐，大宴。自王以下，一品台吉以上，俱召至御座前，上亲赐酒。二品台吉以下，四品台吉以上，俱召至御前赐酒。众官兵等亦遣内大臣、侍卫遍赐之。酒毕，蒙古王、台吉、官兵谢恩退。颁赐朝贡各部落亲王、郡王凉帽、蟒袍、妆缎套、珊瑚、松子石镶金带、玲珑嵌金刀、靴；贝勒、贝子、公、一品台吉以下，四品台吉以上各凉帽、袍套、带、靴有差。又赐管领围场各部落郡王、公凉帽、蟒袍、妆缎套、靴、珊瑚、镶金带、玲珑嵌金刀、镀金撒袋、弓箭、雕鞍；一品台吉以下，四品台吉以上，长史、护卫、都统、副都统、参领、佐领、骁骑校以至骁骑军，各帽、袍套、带、刀、靴、缎、布、银两有差。

晚刻，上御行宫，学士等捧折本面奏请旨。为吏部议监察御史唐朝彝劾道员卢崇兴诈取监生银两不实，应降二级调用事。上曰："唐朝彝所参岂尽虚耶？"阿兰泰奏曰："本内监生程进供称，崇兴并未诈取银两，被害之人既不承认，故部议反坐。"上曰："唐朝彝一朴实可用之人，屡次奏事尚属可取，九卿会议时亦有另为一议之处，着降一级，仍以原官补用。"

又福建提督施琅题澎湖既克，台湾不日可下，应作何设兵，请遣大臣酌议事。上曰："自用兵以来，凡陆地关山阻隘，相度形势以为进止，朕往往能悬揣而决。海上风涛不测，涉险可虞，是以朕不强之使进，数降明旨，言其难克。今观奏内屡次杀贼，挫其锋锐，火焚炮击，沉其战船，竟克澎湖，实为可嘉。施琅之功甚大，这票签拟旨尚觉未尽，尔等可将海寇盘踞四十余年，施琅奋勇攻克之处，增写票签来看。"

二十七日丁卯　上驻跸拜察地方。

二十八日戊辰　上驻跸拜察地方。

二十九日己巳　上驻跸拜察地方。

七　月

初一日庚午　早，上御行宫，学士等捧折本面奏请旨。为吏部议侍郎吴努春强买释放为民之颜二，复行打死，应革职交刑部。其三法司堂官应各降二级留任，司官各降三级调用。上曰："司官降三级从宽留任。余依部议。"

少顷，于行宫前设黄幄、仪仗。上御幄，召管领围场阿鲁科尔沁国多罗郡王色楞额驸、固山额驸巴忒玛、协理旗下事务二品台吉吹、二品台吉额森等、三品台吉塞尔济、四品台吉巴特玛桑等及蒙古众官兵大宴，作乐。命王以下，一品台吉以上，近御座，上亲赐酒。二品台吉以下，四品台吉以上，俱至御座前赐酒。其众官兵遣内大臣、侍卫遍赐之。宴毕，谢恩，退。

是日，上奉太皇太后自拜察还京师。巳时，上率皇太子、皇长子、皇三子诣太皇太后行宫，亲掖太皇太后登辇起行。蒙古王、台吉及众官兵俱夹道跪送，上乘马随行，至团河驻跸。晚刻，赐多罗郡王色楞额驸凉帽、蟒袍、妆缎套、靴、珊瑚、镶金带、镀金撒袋、弓箭；固山额驸巴忒玛凉帽、锦袍、妆缎套、靴、珊瑚、绿松镶嵌玲珑金带、镀金刀、撒袋、弓箭；一品台吉以下，四品台吉以上，长史、护卫及都统、副都统、参领、佐领、骁骑校、兵丁，俱赐袍、帽、外套、带、靴、缎、布、银两有差。

初二日辛未　上驻跸团河。是日，上召科尔沁国达尔汉亲王班第额驸，阿鲁科尔沁国多罗郡王色楞额驸，翁牛忒部落多罗杜棱郡王毕里衮达赖，喀喇沁部落多罗杜棱郡王札锡及公、台吉、官兵等，谕之曰："人生以道理为重。人有为情欲所牵，恣意妄为，以致丧身者，皆因不明道理故耳。朕见其无知陷罪，甚为悯恻。即今阿鲁科尔沁、翁牛忒二固山盗贼甚众。为盗贼而致富者能有几人？身受恶名，被获则死。凡贫富皆由天命，违理妄求，能必得乎？尔等若遵法守分，有一二牲畜者，择善水草地畜牧，能耕田者，勤于耕种，则各得生理，天亦佑之。如此岂不善乎？倘有贫困至极，无以聊生者，该管之主宜加抚恤，使之得所。坐视其迫于饥寒，以致离散，尔等之心何安？朕本内外一视，并无分别，尔外国遇年岁荒歉，朕即运粮米赈济，或有困乏，即赐牲畜、缎匹，无非虑尔等失所之意。况此番巡幸，尔等或有过犯，朕并不执法治罪，更频加赏赉，待尔之优，于此可见。嗣后尔等宜遵守教谕，革除恶习，以副朕好生至意。”班第额驸等奏曰：“皇上怜悯训诫谕旨最当，臣等惟有铭刻肺腑，竭力遵行。”其众官兵俱鼓舞踊跃，合辞奏曰：“皇上圣明，于我等生理历历洞悉。此后我等当尽改前非，共遵国法。盖自古恩威被于海外，教化迄于遐方，未有若今日之盛者也。”

初三日壬申　上驻跸石山。

晚刻，上御行幄，学士等捧折本面奏请旨。为吏部议川陕总督哈占、陕西巡抚鄂恺，以郿县贮库银一千六百余两，作民欠奏销，明系侵欺，俱应革职事。上曰：“哈占、鄂恺从宽免革职，所有加级、纪录着尽行革去，仍降二级留任。”

又兵部议广西等处撤回兵丁，所坐船只应给与驻防荆州、江宁兵丁乘坐事。上曰：“广西等处官兵方回京师，复以所坐船只令载送荆州、江宁兵丁，恐小民苦累。此事关系重大，着差部院大臣一员会同直隶巡抚计算驻防官兵数目，酌量拨给，不得滥封船只，以致累民。此事发与大学士等拟票送来。”

初四日癸酉　上驻跸尖锋。

初五日甲戌　上驻跸永宁口。

初六日乙亥　上驻跸永宁口。

初七日丙子　早，上御行幄，学士等捧折本面奏请旨。为福建水师提督施琅将联络营佥事陈子威、通判陈瀛题请实授，吏部议覆不准行事。上曰：“此事着照施琅所请行。目今进取台湾，正在用人之际，福建总督、提督、巡抚凡有所请，俱着允行。朕此旨尔衙门识之，如遇此等事，即拟准行票签来奏，切勿遗漏。”

又施琅奏报海贼郑克塽进投诚表章事。上曰：“此事为何拟票兵部知道？”佛伦奏曰：“郑克塽虽云投诚，并未言及剃头登岸。施琅已取澎湖，台湾不久可得，彼意亦不愿招抚，故如此拟票。”上曰：“此本可即如此批发。今天下已尽荡平，所余者海上一区耳。目下澎湖既得，正在攻取台湾之时，凡所需钱粮等物，刻难迟误，应遣在京大臣一员或司官一员，将福建不拘何项钱粮，令其随宜给发。前进取云南官员俱加一级，兵丁尽加恩赏，今福建官兵亦宜照此例恩赏，以示鼓励。仍应特颁上传。可将朕意传与尔衙门大学士等知之。”

是日，上驻跸鼾流河边。

初八日丁丑 上驻跸噶拜谷口。

初九日戊寅 上驻跸噶拜谷口。

初十日己卯 上驻跸上都河边。

十一日庚辰 上驻跸上都河边。

十二日辛巳 上驻跸上都河边。是早，上御行幄，学士等捧折本面奏请旨。为兵部题克取澎湖在事人员，俟造册到日再议；其阵亡总兵官朱天贵，自左都督以上，无可加赠之级，应否优赠宫保，伏候上裁，其子应以卫守备用事。上曰：“朱天贵之子授为守备，所议未优。向来阵亡总兵官之子有无优叙之例，着察明具奏。”

十三日壬午 上驻跸三道河。

十四日癸未 上驻跸草川。

十五日甲申 早，上御行幄，学士等捧折本面奏请旨。为理藩院题鄂尔多斯部落索诺木、贝勒松喇卜等报称，厄鲁忒部落巴图鲁济农于黄河崖驻牧，议遣司官二员，谕使归部事。上曰：“此事朕知其故。初厄鲁忒部落鄂齐尔图汗为噶尔当博硕克兔所杀，其国被夺，其子衮布喇卜滩、其侄巴图鲁济农败遁，求达赖喇嘛指授所居之处。达赖喇嘛令衮布喇卜滩住居阿喇克山，自此遂居彼地。先是巴图鲁济农于我所定边界缘边驻牧，曾移文噶尔当博硕克兔言，此乃尔厄鲁忒部落之人，尔若收取则取之，若不收取我自有处置。噶尔当覆云，且过来年，俟后年收之。今闻衮布喇卜滩取喀尔喀部落土谢图汗之女为妻，两处互相犄角，噶尔当博硕克兔欲以兵向衮布喇卜滩、巴图鲁济农，则恐喀尔喀土谢图汗蹑其后；欲以兵向喀尔喀，则恐衮布喇卜滩等蹑其后。盖断不能收取巴图鲁济农者也。且噶尔当部落最为贫苦，有一马者即称为富饶，势必内生变乱。此事暂留，俟朕进京时再奏，别有商酌。”

是日，上驻跸黄草川。

十六日乙酉 上驻跸喀喇巴克什地方。

十七日丙戌 上驻跸鞍匠屯东北。

十八日丁亥 上驻跸鞍匠屯东北。

十九日戊子 上驻跸鞍匠屯东北。上猎于偏岭，殪一虎。

二十日己丑 上猎于多栾岭，殪一虎。是日，驻跸第一泉。古北路千总吕律等、七品笔帖式萨西等来朝。

二十一日庚寅 早，上御行幄，学士等捧折本面奏请旨。为郎中图尔宸题荆州民房足供驻防大兵之用，不必更造房屋，其所占民房，着该督、抚会同酌估，给与价值，兵部议准行事。上曰：“圈占民房与兵居住，所关重大，着议政王、贝勒、大臣，九卿、詹事、科、道会议具奏。”

是日，驾入古北口，驻跸潮河营西山之东。石匣营游击李鼎等来朝。

晚刻，召学士萨海、佛伦、阿兰泰、喇巴克，记注官侍读学士常书、侍讲学士朱马泰至。典膳官桑格、莫洛浑传旨：内阁、翰林院职任机要，不与他比。此行，尔等从朕而来，夙夜办事，往来奔驰，视他部院衙门最多劳苦，特赐尔等腊肉、鹿尾等物。其阿兰泰署理兵部尤为劳苦，毫无稽误，加赐尔一鹿尾。学士萨海、记注官常书等跪领，同向衣都额真拜都转奏曰：“臣等忝为侍从，夙夜驰驱，乃分所应为之事。且办理诸事，皆遵皇上明训而行，何劳苦之有？臣等屡蒙颁赐狍鹿，今复降温纶荐加恩数，臣等不胜欣幸！谨此谢恩。”阿兰泰别转奏云：“臣署理兵部驿传事务，有稽措办。蒙皇上严禁驰驿之人，裁减冗滥，故幸免贻误，此圣恩使然，非臣之能也。不治臣罪，又加以隆恩，臣愧不克承。”奏入报闻，随谢恩退。

二十二日辛卯 上驻跸陈谷庄东南。晚刻，谕八旗护军统领夸兰大曰：“谷者生民之命，一岁不登，则一岁乏食。今正秋收之时，田谷未获，向恐擅放马匹，蹂践禾苗，屡降明谕传饬。乃今观随从人等，尚有不遵法令，蹂践民田者。尔等其各严缉奏闻，从重治罪。”

是日，古北口等处抽分郎中纳亲等、霸昌道黄性震等、守备胡守恩等来朝。

二十三日壬辰　上驻跸王家庄南。是日，顺义县防守尉巴郎等、知县钟韵远等来朝。

二十四日癸巳　上驻跸三家店东北。

二十五日甲午　未时，上率皇太子、皇长子、皇三子随太皇太后辇进东直门，在京王以下文武各官于东华门外跪接。入东华门，至慈宁宫，上亲掖太皇太后降辇，入宫。上随诣皇太后宫问安毕，回宫。

是行也，每日清晨上亲诣太皇太后行幄，候升辇起行，随从里许，然后分道。至暮，复亲诣行幄，请安毕，始还御幄。沿途视膳问寝，承欢养志，无所不曲尽焉。其部院各衙门章奏，每三日从驿递驰送行在，仍谕扈从学士等，本章一赍至，即时送入。午夜披览，未尝少辍云。

扈从起居注官常书、朱马泰。

二十六日乙未　辰时，上御乾清门，听部院各衙门官员面奏政事毕，部院官员出。大学士、学士随捧折本面奏请旨。为兵部题补宁古塔将军巴海缘事解任员缺，开列副都统席忒库等。上曰："宁古塔将军员缺紧要，着议政王、贝勒、大臣于都统、护军统领、副都统内选择具奏。"

又议政王、贝勒、大臣会推杭州副都统雅塔里病故员缺，正拟参领郎中沙纳海，陪拟杭州驻防协领库尔泰。上曰："所拟之人如何？"大学士勒德洪奏曰："沙纳海可用，库尔泰未知其人。"明珠奏曰："沙纳海未曾同事，故臣不知。观其人似亦平常，此即护军统领巴图之弟。"上曰："巴图虽能言，而行不能践，此缺着另拟具奏。"

又兵、刑二部会议副都统孙塔哈辱骂都统鄂托浑，应革职。上曰："孙塔哈昨叩阍言，现在偏向鄂托浑者俱系彼同一王之人，本日亦有恭亲王下官员在侧，乞传来质问。两次控辨，审事官不理等语。此事着兵、刑二部会同都察院详议具奏。"

又吏部请旨，为真人张继宗请给祖父诰命事。上曰："部议太过，张继宗现号真人，即着照所袭衔名给与诰命。一切僧道原不可过于优崇，若一时优崇，日后渐加纵肆，或驯致妄为者有之矣。"勒德洪等奏曰："圣谕诚然。”

巳时，上诣太皇太后、皇太后宫问安。

本日起居注官沈荃、阿山。

二十七日丙申　辰时，上御乾清门，听部院各衙门官员面奏政事毕，部院官员出。大学士、学士随捧折本面奏请旨。为兵部议荆州驻防官兵口粮、车辆、马匹分别定数事。上曰：“这所议车辆数目在官员亦差足，若贫乏兵丁止给车一辆，所带人口多或十余人，少亦五六人，何以给用？尔等可问明兵部来奏。”

又议澎湖死事总兵官朱天贵荫子录用事。上问：“大学士等云何？”明珠奏曰：“定例武职官死难者，俱照旗下官授职，故援例授为外卫守备。”上曰：“朱天贵初率众投诚，年来随征，著有劳绩，今又阵亡可悯，着以一子为荫生。”

又议政王、贝勒、大臣会议福建总督姚启圣奏招抚台湾贼众，应如所请事。上问：“准其投诚可否？”满汉大学士等皆奏以为可。上曰：“若不许其投诚，则彼或窜处外国，又生事端，不若抚之为善。”诸臣皆曰：“睿见诚然。”

又三法司议强盗葛二应立斩事。上曰：“葛二曾经自首，着改为监候，秋后处决。”

又湖广总督董卫国疏请陛见事。上曰：“董卫国向未见其人，可令来京陛见。”因问：“提督张勇将到京否？”明珠等奏曰：“想亦不久当至。”上曰：“张勇封疆大臣，素有功绩，可传谕兵部，将勇到京日期预行奏明，以便遣官迎劳之。”

本日起居注官张玉书、傅腊塔。

二十八日丁酉　辰时，上御乾清门，听部院各衙门官员面奏政事。工部侍郎苏拜，郎中明格里、党爱等以奉差料理台湾兵饷奏请谕旨。上曰：“方今区宇悉平，仅余海寇，因此事重大，特遣尔等往理官兵粮饷。尔于各项钱粮宜措备丰足。此番进兵，原欲灭绝海寇根株，倘钱粮不给，恐误事机。其进取台湾官兵勤劳奋力，攻克澎湖，深为可嘉。尔等至彼，专遣人宣谕，慰劳官兵。更念以兵力攻取台湾，则将士劳瘁，人民伤残，特下诏旨招降。倘其来归，即令登岸，善为安插，务俾得所，勿使余众仍留原地。此事甚有关系，尔等勉之。”苏拜等奏曰：“圣谕极当，臣等谨勉力奉行。”奏毕，出。

大学士、学士随捧折本面奏请旨。为吏部题补内阁学士达岱病故员缺，开列詹事图纳等；又遵旨开俸深郎中等职名。上曰：“这所察俸深郎中内，无甚优可补之人，惟陕西布政使麻尔图在俸深之列，办事亦优。其居官何如，尔等知之否？”大学士明珠等奏曰：“麻尔图居官不闻其甚优，亦不闻其甚劣。”上曰：“图纳办事亦优。”大学士等奏曰：“然。麻尔图、图纳俱能办事。”上曰：“尔衙门侍读学士中孰可者？”明珠奏曰：“丹代、阿哈达二人皆可。”上曰：“此缺着将麻尔图补授。”

又八品笔帖式傅德臣私放家人为民，议照例革职事。上曰：“向因用兵之际，恐有他故私放为民，故立法特严。今仍以此例定罪，似属可悯。傅德臣从宽免革职，罚俸一年。此例应作何更定，可着该部议奏。”

又为驻防荆州兵丁给与驿递车辆事，大学士等奏曰：“问之兵部言，各处驻防兵丁每人给车一辆，此系定例。”上曰：“朕因兵丁家口众多，车数太少，恐途中艰苦，故令察问。既有概给车一辆之例，着照定例给与。”

本日起居注官牛钮、王封溁。

二十九日戊戌 辰时，上御乾清门，听部院各衙门官员面奏政事。刑部尚书喀尔图等启奏毕，上曰：“观尔部事件过限不结者多，此中皆有情弊，故尔耽延时日，不作速完结。”喀尔图等奏曰：“凡题奏之事与部内完结之事，俱在一月限内。其中如有牵连犯人及供出见证，以提到之日算起，亦在限内完结。”上曰：“除题奏外，闻尔部完结之事，有并无牵连犯人及供出见证，而无故延挨时日，不即完结者甚多。岂非故意勒掯犯人，欲行私弊乎！”随顾汉尚书魏象枢曰：“并无他故，而耽延日期，显有弊端。”象枢奏曰：“臣等设立号簿，一应事件登记簿内，不时稽察，务期限内完结。有提人行查之事，以提查到日算起，亦在限内完结。”上曰：“提人行查者不必言，原为并无他故而迟延时日者言也。”谕毕，喀尔图等出。

大学士、学士随捧折本面奏请旨。为吏部题补郎中能德革职员缺，正拟员外郎觉罗罗达，陪拟觉罗勒新。上顾大学士勒德洪问曰："罗达为人何如？"勒德洪奏曰："其人平常。"上曰："罗达人甚劣。勒新何如？"勒德洪奏曰："勒新堪用。"上曰："此缺着另拟具奏。"

又题补郎中陈嘉猷病故员缺，正拟员外郎金璞，陪拟金玺。上曰："金璞办事虽优，但为人工于奔竞。"勒德洪奏曰："金璞办事有材。"明珠奏曰："金璞曾屡次驳回未用。"上顾学士问曰："尔等知金璞为人否？"阿兰泰奏曰："臣等不甚详知。"上曰："金璞着随旗行走，俟旗下缺出补用。这员缺另拟具奏。"

又议政王、贝勒、大臣会议永兴战败情由，原任夸兰大瓦尔达等以功抵罪，分别议处，共十二本。上曰："观各本内受伤颇轻，不应退回者，亦议免罪。夫败贼后受伤退回者，岂不准其叙功乎？败贼则请功，失利则免罪，如此，则不肖之徒皆怀侥幸，肆为欺罔，谁肯向前效力耶？"明珠奏曰："圣谕极是。且此案内议功罪相抵不符者甚多。又札萨克阿玉西等亦应议明以功抵罪，听恩出自上，乃并不议功罪相抵，但云系外藩札萨克蒙古，免其议罪，似为不合。"上曰："着另行拟票送进。"

谕毕，明珠等口奏："原任吏部尚书郝惟讷病故。"上命学士石柱、孙在丰往赐茶奠酒。

巳时，上诣太皇太后、皇太后宫问安。

本日起居注官葛思泰、王鸿绪。

三十日己亥　辰时，上御乾清门，听部院各衙门官员面奏政事毕，部院官员出。大学士、学士随捧折本面奏请旨。为宗人府题补本衙门郎中库顺革职员缺，正拟镶红旗员外郎觉罗三宝，陪拟正红旗员外郎觉罗华现。上曰："三宝因何降三级？此人何如？"大学士勒德洪等奏曰："考詹事府谕德员缺时，因未赴考降级。后又经考试，其试卷在臣衙门收贮。不知其人，其才学则颇优也。"上曰："三宝即补授郎中。"

又工部议总河靳辅大修清水潭、萧家渡等口，并岁修工程共二十八本，奏销钱粮事。上曰："此销算合否？"明珠奏曰："凡与尚书伊桑阿所勘之处相合者，部议俱准销算；其原勘所无及参差不符者，俱已驳回。似可依此完结。"上曰："今河道若何？"李霨等奏曰："闻河水皆归故道，可无冲决之患。”上又顾学士胡简敬曰：“尔所闻若何？”胡简敬奏曰：“今河道水深流急，往来船只无阻遏之处，与前河道疏通时相较无异。”上曰：“深处有几丈尺？”胡简敬奏曰：“据臣家人来云，河道挑浚甚深，至丈尺则未之知也。”上曰：“河道关系国计民生，最为紧要。前见靳辅为人似乎轻躁，恐其难以成功。今闻河流得归故道，良可喜也。”明珠奏曰：“河道既深，挽运无阻，往来商贾皆得通行，真国家之福。”上曰：“以后宜加严毖，勿致疏防，方为尽善。其各本可俱依部议。”

又靳辅请宽免河工原参革职各官处分，部议不准事。上曰：“尔等云何？”明珠奏曰：“河工新经告成，日久不能保其无虞。此本且留臣衙门，俟数月后无冲决之患方可宽免。”上从之。

本日起居注官常书、王顼龄。

八　月

初一日庚子　辰时，上御乾清门，听部院各衙门官员面奏政事毕，部院官员出。大学士、学士随捧折本面奏请旨。为吏部题补内阁学士萨海升任员缺，开列詹事图纳等职名事。上曰：“图纳办事颇优，着补授此缺。”

又谕曰：“观厄鲁特部落噶尔当博硕克图来使较前渐多，每一次常至数百人，闻其沿途遇边外游牧蒙古，肆行扰害，极为可恨。外国之人若行痛惩，又恐失柔远之意。彼处遣来人员当有定数，不可听其意为多寡。嗣后正使头目酌量数人，令进关口，其余人等或令在张家口外，或在归化城交易，事毕应即遣回。此事着议政王、贝勒、大臣会同确议具奏，尔等可传谕之。”

巳时，讲官牛钮、张玉书、汤斌至乾清门候进讲。奏事敦住传谕：“每日进讲在各衙门启奏之后，不免太迟。嗣后改于启奏前进讲，可以从容多讲数条，实为有益。”牛钮等奏曰：“臣等正以御门理事之后，复行进讲，皇上进膳太晚，未免过劳，改于清晨极便，当即遵谕行。”盖上每日御门，不遑进膳，听理机务，辄至日中，若复御讲筵，则圣躬之劳已甚。且清晨进讲，敷奏从容，讲学听政，洵为两得云。

未时，上御瀛台门，赐陛见西宁总兵官李芳述食毕，召至阶下，上详问出身效力之处。谕曰："西宁系沿疆要地，因尔投诚后，又有效力功绩，故授为总兵官。尔其爱养兵士，固守边陲，以勉副朕优眷之意。"芳述奏曰："臣受皇上高厚之恩，敢不尽力自效。"是日，赐芳述鞍马一匹。

本日起居注官牛钮、归允肃。

初二日辛丑　辰时，上御乾清门，听部院各衙门官员面奏政事。经筵讲官翰林院学士牛钮、张玉书，侍读学士傅腊塔启奏经筵进讲题目。上曰："经筵关系大典，自大学士以下九卿、詹事、科、道俱侍班，所讲之书，必君臣交儆，上下相成，方有裨于治理。向来进讲俱切君身，此后当兼寓训勉臣下之意，庶使诸臣皆有所警省。这四书题可再拟来看。"牛钮等出。

大学士、学士随捧折本面奏请旨。为兵部议叙蔡毓荣等军功事。上曰："蔡毓荣虽抵云南，俱系赖塔等由广西进剿之力，伊并无戮力先登之处。"遂顾学士佛伦曰："汝既在彼，当必尽知。"佛伦奏曰："前二月间抵云南，与贼兵接战时，蔡毓荣阵于大路，满洲大兵阵于迤东旷野之地。"上曰："蔡毓荣先在荆州虎渡口等处，并未独力建功，及至云南亦仅随众行事。董卫国居前效力，反行题参。这所议叙太过，复还所革之职足矣。"大学士勒德洪、明珠奏曰："蔡毓荣既无显然可录之功，止还原职甚当。"上曰："这议叙督、抚俱觉太过，着再议具奏。余依议。"

又议政王、贝勒、大臣会推宁古塔将军巴海解任员缺，正拟都统殷图，陪拟护军统领巴图。上曰："殷图为人甚优。尔等以为何如？"明珠奏曰："殷图实系优长。"勒德洪奏曰："殷图虽优，但未多历行阵。"上曰："殷图为人既优，必能钤辖士卒，着补授将军。"

又会推杭州副都统雅塔里病故员缺，正拟侍读学士参领洪尼喀，陪拟参领阿哈铎。上曰："洪尼喀堪用之人。尔等之意若何？"勒德洪、明珠奏曰："洪尼喀人才果优。"上曰："洪尼喀可即补授副都统。"

又谕大学士等曰："昨赐西宁总兵李芳述食，观其人甚堪用，且有劳绩。在云南对阵时，手指竟被鸟枪打折。"明珠奏曰："前皇上嘉李芳述功绩，命识之，特授西宁总兵官。今其人果足胜任，于地方真有益也。”

未时，上诣太皇太后宫问安。

本日起居注官阿山、曹禾。

初三日壬寅 早，上于保和殿视祀夕月坛祝版毕，回宫。

辰时，上御乾清门，听部院各衙门官员面奏政事毕，部院官员出。大学士、学士随捧折本面奏请旨。为吏部题本部司员内升外转，开列郎中李含春等职名事。上曰：“朕观吏部司员内无甚优者，亦无甚劣者，这次内升外转着停止。”

又为吏科题科员内升外转，开列掌印给事中王承祖等职名事。上曰：“尔等所见如何？”大学士李霨等奏曰：“臣等公议科员原论俸升转，前此曾举傅感丁、姚缔虞二人。”上曰：“此外稍优者谁？”李霨等奏曰：“前两次外转俱经停止，且伊等条奏本章亦俱相仿佛。”上曰：“姚缔虞着内升。其外转着停止。”

又谕曰：“朕观靳辅所绘黄河图，淮、黄交会之处，形势颇相吻合。其北河一带，于所题本章矛盾者甚多，应令工部行文总河，详加绘图送进。其各省地图，应行文该地方官绘图送兵部，以备披览。至塞外地名，或为汉语所有，或为汉语所无，应察明编入《一统志》内。”

本日起居注官蒋弘道、朱马泰。

初四日癸卯 早，上御乾清宫，讲官牛钮、张玉书、汤斌进讲：渐女归吉一节、象曰渐之进也一节。上亲讲毕，讲官照常进讲。

辰时，上御乾清门，听部院各衙门官员面奏政事毕，部院官员出。大学士、学士随捧折本面奏请旨。为三法司题原任侍郎吴努春打死平民，法应处死，但系大臣，伏候上裁事。上问：“大学士等云何？”明珠奏曰：“臣等满汉公议，打死雇工人，律止杖罪。今吴努春打死之人虽系平民，但依吴努春家衣食为生，与雇工人无异。”上曰：“吴努春从宽免死，着减等发落。”

又议政王、贝勒、大臣会议，内大臣祁他特奉差颁赏蒙古，擅娶齐桑之女为妻，辱骂博硕图汗，射引导之人，乘醉刃刺其弟诸罪，拟应处死。上曰：“祁他特亦从宽免死，着减等发落。”

本日起居注官傅腊塔、汤斌。

初五日甲辰 早，上御太和门视朝。升转文武官员谢恩，次喀尔喀部落伊喇古克山诺颜贡使拜汉尔等行礼毕，赐茶。召拜汉尔等至阶下，赐之。驾回宫。

少顷，御乾清门，听部院各衙门官员面奏政事毕，部院官员出。大学士、学士随捧折本面奏请旨。为吏部题补镶红旗监察御史辛柱袭世职员缺，正拟员外郎觉罗勒新，陪拟员外郎秦齐喇。上问："勒新何如？"大学士勒德洪、明珠奏曰："勒新人亦可用。"上曰："勒新历年亦久，可补授监察御史。"

又为陕西布政使麻尔图升任员缺，正拟郎中塞勒布，陪拟色黑。上曰："这所拟正陪之人皆平常，着另以通晓汉文官员选择具奏。"

又为都察院题道员内升外转，开列监察御史谢兆昌等职名事。上问："尔等之意若何？"明珠奏曰："臣等公议，开列居首之谢兆昌有降级尚未开复。卫执蒲、成其范、房廷祯伊等俱堪用。江有良自任御史以来，并未见其条陈。"上曰："房廷祯为人颇优，着内升。江有良前在部颇能办事。其余无甚劣者，外转着停这一次。"

辰时，上御乾清宫，讲官牛钮、张玉书、汤斌进讲：象曰山上有木渐一节，初六鸿渐于干二节。

是日，上移驻瀛台。

本日起居注官葛思泰、邵吴远。

初六日乙巳 早，上御瀛台门，讲官牛钮、张玉书、汤斌进讲：六二鸿渐于磐二节、九三鸿渐于陆二节。

辰时，听部院各衙门官员面奏政事毕，部院官员出。大学士、学士随捧折本面奏请旨。为吏部题上荆南道等四缺，以祖泽深、王毓贤等四人补授。上顾大学士曰："尔等云何？"大学士明珠奏曰："王毓贤等皆系应补之员，但前有谕旨，曾问臣等祖泽深何如。今问汉大学士，据云祖泽深向日居官不闻有甚优处，近在苏松任内，亦未闻有甚劣处。"上曰："祖泽深既系候补之员，着补授。"

又为兵部议内大臣都统公国舅佟国纲等，未以拜他喇布勒哈番白良蛟奉旨内用之处奏明，佟国纲应革去内大臣、都统，罚俸一年；副都统王光宗应革去副都统，罚俸一年；白良蛟革职。上曰："为人臣者或内用或外用当听其自然，白良蛟一闻内用，即妄行冒渎，欲补外任，大玷官箴。着依部议。都统等徇情隐庇具奏，殊为不合。本应依议处分，姑从宽免解任，着各罚俸一年。"

未时，上复御瀛台门，赐请安进贡苏尼忒部落多罗贝勒沙理，喀尔喀部落镇国公萨马第，苏尼忒部落一品台吉车木保等，鄂尔多斯部落二品台吉屹巴，四子部落二品台吉札木巴尔等，乌朱穆秦部落四品台吉郇驽护等，扎萨克喇嘛达木巴葛龙等、四品台吉阿里衮等，阿巴哈纳尔四品台吉图巴塔尔等，以补授协理旗下事务来朝谢恩鄂尔多斯部落一品台吉绰克图、二品台吉杨安食。

本日起居注官阿山、翁叔元。

初七日丙午 早，上御瀛台门，讲官牛钮、张玉书、汤斌进讲：六四鸿渐于木二节、九五鸿渐于陵二节。

辰时，听部院各衙门官员面奏政事。兵部引驻防江南副都统胡图陛见。上问："尔来时江南、山东、直隶田禾何如？"胡图奏曰："江南雨水应时，田禾甚茂。山东雨水较多，禾苗为草所掩。直隶田禾亦佳。"奏毕，出。

大学士、学士随捧折本面奏请旨。为吏部题补詹事图纳升任员缺，开列少詹喇巴等职名事。上曰："原任起居注官尔衙门侍读学士阿哈达为人甚优，这员缺着升补。"

又为题补起居注主事孙文光病故员缺，正拟中书赵英，陪拟太常寺博士徐宗周。上曰："起居注衙门关系机密，此缺着吏部会同翰林院选择具奏。"

又兵部题阿思哈尼哈番梁祚昌马步箭俱佳，请补副将事。上曰："梁祚昌马步箭俱劣，兵部即拟以副将用，不合。着都察院议。"

又议政王、贝勒、大臣会议八旗贫丁赒给房地，令其得所事。上召满大学士、学士等谕曰："朕轸念八旗贫丁，特令会议使之得所。今览所议无房产贫丁，令于城外空地造房居住等语。夫以单身贫丁，离本旗佐领地方远居城外，既难应差，又或有不肖之徒肆意为非，亦难稽察。八旗官员房屋田地虽皆系从前分占，亦有额外置买者，可令有房四五十间之人，量拨一间，与无房屋人居住。其正丁所分田地外，有旗下庄头将洼下之地，已经开垦耕种者，着该部明白丈量，有多余者注册，仍暂留与原主。俟现在收存地亩拨给不敷之时，将此地补拨，如此庶于贫丁少有禆益。尔等传谕议政王、贝勒、大臣，八旗佐领以上会议，着副都统以上面奏。”

本日起居注官牛钮、秦松龄。

初八日丁未　早，上御瀛台门，讲官牛钮、张玉书、汤斌进讲：上九鸿渐于陆二节、归妹征凶一节。

辰时，听部院各衙门官员面［奏］政事毕，部院官员出。大学士、学士随捧折本面奏请旨。为吏部题兵部尚书杭爱调补员缺，开列左都御史希福等职名事。上曰：“总督哈占老成厚重，行间著有劳绩，朕欲用之久矣，以地方多事，未及擢用。今疆宇底定，着即补授此缺。”

又题补郎中能德革职员缺，正拟员外郎鄂屯，陪拟乌什哈。上曰：“能德办事颇优，为人亦勤慎，自处分以来，驰驱效力，并无懈怠，着复还原职。”

午时，上诣太皇太后宫问安。

本日起居注官傅腊塔、潘耒。

初九日戊申　是日，太宗文皇帝忌辰，上不御门理政事。

本日起居注官朱马泰、汤斌。

初十日己酉　辰时，上御瀛台门，听部院各衙门官员面奏政事毕，部院官员出。大学士、学士随捧折本面奏请旨。为吏部议坐塘笔帖式瓦讷喀擅遣拨什库递送文书，应降一级留任事。上曰：“观近日部院衙门事务较前甚觉败坏，皆由笔帖式、书办肆行坏事所致，不可不加惩警。瓦讷喀身系坐塘笔帖式，不亲送文书，乃遣拨什库赍送，以致遗漏奏疏，情属可恶。着革职。”

又云南总督蔡毓荣题本衙门笔帖式黑格等应议叙，部覆准行。上曰：“前福建笔帖式常禄等因别效力之处，故令议叙。蔡毓荣之笔帖式等并无他劳，这议叙不准行。”

又刑部题故明废康王、定王坟被发，拟贼韩科等应绞。上曰："韩科等部议拟绞，系照盗发常人坟墓律。盗发藩王坟墓，何得与平人一例？"大学士勒德洪奏曰："皇上所谕极是。理应从重拟罪。"上又谕曰："凡历朝俱应称某代，必称故明，深觉未当。且明朝诸王坟墓宜拨人看守。"李霨、王熙奏曰："圣谕极当。即如汉、唐、宋朝，止称汉、唐、宋，并未称有故字。"上曰："故明废藩字样应除之，尔等详议具奏。其盗发坟墓与拨人看守之处，着九卿、詹事、科、道会议。"

又理藩院题达胡里、哈纳、乌尔等三人告称，贫苦难以聊生，恳入内地，应准编入旗下事。上曰："哈纳、乌尔等以贫苦无聊，来投内地，甚为可悯，务令安插得所。"

本日起居注官葛思泰、徐乾学。

十一日庚戌 是日，太祖高皇帝忌辰，上不理政事。

本日起居注官牛钮、王封溁。

十二日辛亥 早，上御乾清门，听部院各衙门官员面奏政事毕，部院官员出。大学士、学士随捧折本面奏请旨。为吏部议浙江总督施维翰详察原任巡道卢崇兴诈取程监生银七千两属虚，崇兴荐举一次，应准注册事。上曰："卢崇兴曾经御史参劾之人，这荐举不准注册。"

又刑部等衙门议，副都统孙塔哈辱骂都统鄂托浑云，以此等人为都统，实属差误，孙塔哈应革去阿思［哈］尼哈番、副都统、佐领，鞭一百折赎。副都统方额口供偏徇，应革去所加一级，仍降一级调用。参领劳代，佐领吴立达、白格达、兰泰，拖沙喇哈番花塞等口供推诿，应各降二级调用。上曰："凡事必各出所见，互相论辩，则是非方明，情理可得。若止为首之人独理事务，更无他人与之争辩，岂有不致错误者乎？副都统于都统乃敌体共理事之官，非属官比也。今因一争詈之事，坐孙塔哈如此重罪，自此以后，为副都统者又谁敢与都统折辩耶？即如部院衙门之事，止有尚书立议，侍郎知其非而缄默不言，可乎？"大学士勒德洪奏曰："部议以孙塔哈出言不善，故拟坐此罪。"上曰："孙塔哈所言果真，罪岂止此？其言若虚，宁无冤枉？朕闻孙塔哈人尚堪用，在军前颇有效力之处。"学士佛伦奏曰："皇上所见甚是。孙塔哈曾到云南，人甚壮健，行间效力之处甚多。”上曰：“孙塔哈从宽降三级留任，仍罚俸一年。方额着革去所加一级，仍降一级留任。”

又广西巡抚郝浴奏称患病事。上曰：“郝浴病势若何，尔等闻之否？”李霨奏曰：“闻七月间已故。”上曰：“郝浴为人堪用，具有才能。广西有事之时，颇着劳绩，较之原任浙江巡抚李本晟犹为过之。忽尔奄逝，深可悯恻，可增拟优旨来看。”

谕毕，勒德洪奏曰：“臣等遵旨酌议废藩、故明等字，皆以上谕为至当，故字理宜停写。”上曰：“可将此处票出。”

辰时，上御保和殿，举行经筵大典，讲官牛钮、陈廷敬进讲《四书》“子曰君子矜而不争”一节；图纳、张玉书进讲《书经》“帝光天之下”一段。讲毕，赐众官宴于太和门外。

是日，赐江西巡抚安世鼎鞍马一匹。

本日起居注官常书、王鸿绪。

十三日壬子　早，上御瀛台门，讲官牛钮、张玉书、汤斌进讲：象曰归妹天地之大义也一节、象曰泽上有雷归妹一节。上亲讲毕，讲官照常进讲。

辰时，听部院各衙门官员面奏政事毕，部院官员出。大学士、学士随捧折本面奏请旨。为吏部覆湖广巡抚王新命保举教官朱贞，未开明实迹具册送部，应不准行事。上曰：“督抚保举属官，应具册送部，久有定例，王新命岂不知之？明知部议必不允行，乃瞻徇情面具奏，殊属不合。教官虽系微员，亦应照定例题请。尔等可改拟申饬票签送入。”

又户部覆山西巡抚穆尔赛请减免盐丁事。上曰：“朕闻山西旧有盐井，取井水置盐池中，水干则成盐。近有外河水浸入池中，无处宣泄，不能成盐，于是贫丁别移一小池晒盐，办课遂致困苦。若不及今修理盐池，恐日久愈溃坏难治。尔等可传问本地方人深知此中情事者再奏。”

又兵部题补镶白旗蒙古参领色勒木苏告病员缺，正拟员外郎管佐领事达布，陪拟阿思哈尼哈番那木僧格第。上曰：“达布不堪参领之任，着另拟具奏。”

又刑部题盗发故明废藩坟墓事，内阁遵谕拟旨，“故明”、“废藩”等字着停止。上曰：“此二语不必票出，可传语各衙门，嗣后勿用故、废等字。至于盗发坟墓事，凡各地方有历代帝王陵寝及先贤名臣坟墓，俱应责成该管官不时察视，如有毁坏，应即行修葺。其作何察视修葺事宜，着九卿、詹事、科、道会议。”

巳时，上诣太皇太后、皇太后宫问安。

未时，上御瀛台门，赐江西巡抚安世鼎食毕，上召世鼎近前，问其历任官职及所历地方，因谕之曰：“尔既历任外官，民情土俗无不谙习。为官之道，宜以操守为第一，持己清廉，爱养百姓，方称大吏之职。今四方俱已荡平，尔在地方，务使兵民相安，则创残之民庶几得以苏息。”世鼎奏曰：“臣以庸才，荷皇上厚恩擢任巡抚，敢不竭尽心力，抚绥人民，以图报万一。”奏毕，出。

本日起居注官张玉书、阿山。

十四日癸丑 早，上御瀛台门，讲官牛钮、张玉书、汤斌进讲：初九归妹以娣二节、九二眇能视二节。

辰时，听部院各衙门官员面奏政事毕，部院官员出。大学士、学士随捧折本面奏请旨。为黄芳泰请以其亲属在汀州者，发往漳州料理殡葬，兵部议准事。上曰：“在本省往来，何须题请？”大学士勒德洪奏曰：“因彼亲属家口甚众，所以具题。”上曰：“着依所请，令其前去。黄芳度有全家殉难之节，黄芳泰此等家事袛在本省往来者，嗣后免其题请。”

谕毕，勒德洪奏曰：“臣等遵旨，将盐池情由问尚书魏象枢、侍郎陈廷敬，俱言地远不知。问监察御史傅腊塔，据言离盐池二十里有一湖，湖堤冲决，往往水灌盐池。此池长五十里，广二三十里，周围皆筑土墙。若土墙有颓坏，盐丁即于颓坏处防守补筑。”上曰：“如此则盐池不遂坏乎？”勒德洪奏曰：“观傅腊塔之言，尚可不至废坏。伊回时，东边一带水将涸矣。”上颔之。曰：“部本着依议。”

本日起居注官沈荃、傅腊塔。

十五日甲寅 早，上御太和门视朝，升转文武官员谢恩。次厄鲁特部落噶尔丹博硕克图汗贡使达木巴哈锡哈等行礼毕，赐茶，召达木巴哈锡哈等至阶下，赐之。驾回宫。

少顷，御乾清门，听部院各衙门官员面奏政事毕，部院官员出。大学

士、学士随捧折本面奏请旨。为宗人府题补本衙门员外郎三宝升任员缺，正拟巴西，陪拟喇璠。上问大学士等曰："此二人何如？"勒德洪奏曰："伊等皆系该旗开送者，巴西乃巴哈纳之子，喇璠乃阿范之子，臣等未深悉其人，闻亦堪用。"上问曰："宗人府补授官员旧例若何？"勒德洪奏曰："向来止以觉罗补授宗人府官，故阿思哈尼哈番、阿达哈哈番补郎中，四品以下则补员外郎。宗人府因照旧例具题。"上曰："觉罗官员今既如此补用，又参补别部院衙门，目前不觉其多，至十余年后，觉罗之官满部院，而民人居官者少矣。今仍以本衙门官员转补可耳。尔等可将此事详议具奏。"

又吏部题补内阁侍读学士阿哈达升任员缺，正拟郎中席忒，陪拟巴尔噶。上曰："此二人俱庸常。侍读学士职任紧要，且系即升学士之员，着将部院郎中应升之人察明来看。"

又九卿会推陕西布政使麻尔图升任员缺，正推监察御史布喀，陪推郎中希格。上曰："布喀、希格汉文想俱平常，不过粗能识字而已。如论其人，希格似差胜，着补授布政使。"

又八旗贫兵赡养不给，先奉旨令议政王、贝勒、大臣等会议资生之策。至是，会议旗下兵丁钱粮先经裁去一两，今应仍旧增给。其奉旨察出贫兵无妻室者，官给资婚娶；无房屋者，令八旗王以下，官员人等以上，有房屋四十间者，分拨一间给与居住；无田土者，以户部所存未分拨田土拨给，并丈量王以下，官员人等以上，户内田土有较原数浮溢者，令存留候拨。"上曰："所议尚未尽善。每四十间拨给一间，如在住室墙垣之内，恐有未便，或别所房屋或空地筑室拨给，庶不涉于强派。其皇庄地土未经议及，亦非公私一体之谊，应令一并丈量。若亲王以下，富户以上，有空闲园地房屋，情愿捐输入官者，着该部奏闻，分别议叙。尔等可以此意票明送入。"

又为镶白旗汉军都统朱延禧请休事。上曰："朱延禧为人甚劣，着准其解任，不必票优旨。"

巳时，上诣太皇太后宫问安。

本日起居注官朱马泰、严绳孙。

十六日乙卯 辰时，上御瀛台门，听部院各衙门官员面奏政事毕，部院官员出。大学士、学士随捧折本面奏请旨。为宗人府题补员外郎三宝员缺事。上问："尔等所议若何？"大学士明珠等奏曰："觉罗官员既于各部院衙门补用，其宗人府各官员缺似应停补，旗下官员将应升官员升补。"上曰："着宗人府会同吏部定例议奏。"

又为吏部题四川巡抚杭爱病故员缺，或开列满官，或开列汉军、汉人官员请旨事。上问："尔等之意若何？"明珠等奏曰："臣等众意，先因大兵进剿，四川粮饷事关紧要，故简择杭爱调补。今地方既已平定，或补满洲或补汉军、汉人，伏候上裁。"上曰："可开列汉军、汉人官员具奏。"又谕曰："巡抚杭爱为人甚优，用兵之际，曾殚心竭力，茂著劳绩，朕正欲于内部用之。巡抚郝浴亦效勤劳，今皆物故，深为可惜。想广西、四川地方，水土不善故耳。"明珠等奏曰："皇上所谕诚然。杭爱、郝浴仰体皇上委任之意，皆曾竭蹶效力。其广西、四川地方闻甚湿热，易生疾病。"上颔之。

又福建总督姚启圣题西洋国贸易香山澳夹板船被风漂失，由铜山以至厦门。兵部议夹板船漂至铜山，情由未报，各官应行察事。上曰："西洋国贸易船只若久令守候，必致苦累，着该督察明发回。其行察未报各官照部议。"

又理藩院题苏尼忒部落、四子部落二旗台吉及属下人等，无以聊生者，先曾搬至八旗游牧地方养赡，今该札萨克王并协理旗下事务台吉等既请收回抚养，应准发回事。上曰："此不能资生之台吉人等搬至游牧地方，给赡牲畜粮米已经三年，今该札萨克王等既请收回伊等抚养，应遣大臣一员前往，亲行验明，交与该札萨克王等。内有一二不能前去愿留者，仍准存留。嗣后如再不能养赡，则该札萨克王及协理旗下事务台吉等俱应处分，着申饬晓谕。"

谕毕，上顾大学士等曰："近见刑部事件延挨稽迟，不作速完结者甚多。因一人犯法之故，牵累多人，徒受缧绁之苦，朕心深为不忍。凡事虽皆有限期，而一遇斋戒又复扣除。杖责枷号，斋戒日固不便行，若寻常听断及审取口供，有何不可行耶？"明珠等奏曰："不但扣除斋戒日期，每月初一、初二两日亦行扣除。若遇斋戒日照常审理，其杖责枷号俟斋戒完日发落，实无不可。”上曰：“刑部事件如何速令完结，犯人如何不致苦累，尔等传九卿、詹事、科、道会议具奏。”

又谕曰：“施琅独力肩任直入海岛，使年久贼寇顿致穷蹙，其功甚大，应封以侯伯之爵，以昭劳绩。尔等亦与九卿、詹事、科、道会议具奏。”

本日起居注官葛思泰、王项龄。

十七日丙辰　辰时，上御瀛台门，听部院各衙门官员面奏政事毕，部院官员出。大学士、学士随捧折本面奏请旨。为吏部题补侍读学士阿哈达员缺事。上曰：“观所开应升人员觉罗郎中僧参虽先经考试记名，学问亦止平常。此中更有荒疏不堪者，尔等考试来奏。”

又为原任布政使麻尔图以给发采买余剩银两报称，实欠在民，溷请蠲免，议革职事。上问：“麻尔图有加级纪录否？”勒德洪等奏曰：“臣等不知。”上命察明具奏。

又议政王、贝勒、大臣会推都统殷图升任员缺，正拟护军统领纪尔他布，陪拟副都统胡巴。上曰：“纪尔他布为福建行间事牵连，这本着暂留，俟议结日再行请旨。”

大学士明珠等奏曰：“昨为刑部事件稽延时日，遇斋戒日期辄行扣除，臣等与九卿、詹事、科、道遵旨共议，皇上所谕诚为至当。刑部事件牵连人多，事件稽延一日，则罪犯多累一日。至于提取两造干证，如遇斋戒之日，又复迟延，则不能速结矣。斋戒之日不动刑具，止照常办事，取供定罪，似无不可。自后此等事件，似应仍旧办理。”上曰：“朕于刑部事件所以念念不忘者，特以别部事件虽少，迟延不过牵累一二人而已，不至大害。若刑部事件迟延太久，则正犯暨无辜牵累者，许多身家性命受害无穷。朕念及此，每为恻然。其借行提两造干证，故意稽迟时日，应立何法方可尽除弊源，尔等可会同九卿、詹事、科、道再加详议。”明珠奏曰：“古圣帝明王注意刑狱，频加研究者，盖谓死者不可复生，断者不可复续耳。”上曰：“刑部不独人命大事迟延日期，即杖笞鞭责之罪，亦复延迟。虽都察院及该科衙门每月稽察档案，不过虚名而已，何益实事？嗣后照热审例，十日内所结事件造册奏报，则事不至稽延，而坐罪之当否亦可尽知。此等小事朕不应苛察，但刑部事务渐至颓废，恐人犯无辜受害，故尔频加稽察。尔等可传谕此意一并会议。”

明珠等又奏曰：“臣等遵旨会议施琅剿抚海寇事。施琅克副皇上委任，深入海岛，剿抚多年贼寇，其功实大，应加封爵。施琅现系伯爵，应加封为侯，仍照张勇、王进宝例授为将军。其标下官兵俱各效力，亦应议叙。察云南绿旗官兵随满洲官兵平定云南，官员各加一级，兵丁各行酌量赏给。今施琅标下止有绿旗官兵，又在大海之内，比云南官兵更为劳苦，应加等议叙。”上曰：“此议甚当，着依议行。”

本日起居注官牛钮、曹禾。

十八日丁巳 辰时，上御瀛台门，听部院各衙门官员面奏政事毕，部院官员出。大学士、学士随捧折本面奏请旨。为吏部题补川陕总督哈占升任员缺，开列侍郎科尔坤等职名事。上曰：“川陕总督员缺，关系紧要。哈占因有军功，故擢为兵部尚书。左都御史希福为人颇优，其才可用，着补授此缺。”

又都察院议，兵部题补梁祚昌为副将，诳称骑步射俱佳，堂、司官应各降二级留任。上曰：“据兵部言，梁祚昌善射，今以不善骑步射议处，该部恐其心未服。尔衙门及都察院满汉堂官可会同兵部再加考试。如此，则从前该部考试之当否，皆可立见矣。”

又翰林院覆给事中许承宣请镌御制诗文疏，详察历代典例，允宜刊刻，颁赐中外。上问：“尔等云何？”大学士李霨、王熙、吴正治同奏：“皇上圣学渊深，御制诗文允宜刊刻，垂示万世，中外臣民想望颁发者久矣。”明珠奏曰：“前科臣陈奏时，臣与汉诸臣在阁，即云皇上御制诗文超绝今古，实应刊布，以慰天下之望。”上曰：“历代帝王诗文皆极其工美，然后刊布流传。朕万几余暇，留心经史，虽间有所撰著，岂能媲美古人？故向来从无刊刻之意。今既察前代俱有成例，姑勉从所请，颁发刊行。可将此意写入票签。”

明珠又奏曰：“臣等与九卿等遵旨再议刑部事件稽迟，多由行提人犯延缓之故，今宜立限期。在京城者限两日内送部，在外府者限五日内起解，每日勒行五十里。如违限不到者，该地方官严加议处。如此，则人犯易集，而事可速完。刑部诸臣又谓，事隶各衙门者，宜分发各衙门。如文武官争讼，则归吏、兵二部。人口田土则归户部。逃人问拟则归督捕。军罪以下则归五城。其先具状词，后掣状者，应鞭责五十，以示警。九卿等谓官员争讼，有重大事情，或干证系民者，必须刑部审结。人口田土事务有应刑审者，亦必刑部鞫问。逃人或犯盗窃等罪，则督捕不便即完。军罪减死一等，事属重大，则五城不便发落。至原被告领掣状词，亦是息讼之道，复行鞭责，未免太过。所言似俱不可行。其鞭笞等罪，不经题请者，应遵旨每十日造册一次，详开所问事情，奏呈御览。事情既无留滞，且可察其问断之是非。”上曰：“一切讼告事务如分送各部，则设刑部衙门何为？可俱照九卿等议行。”

巳时，上于保和殿视祀社稷坛祝版毕，回宫。

本日起居注官张玉书、常书。

十九日戊午　早，上躬诣社稷坛致祭毕，回宫。

巳时，上诣太皇太后、皇太后宫问安。

本日起居注官阿山、邵吴远。

二十日己未　辰时，上御乾清门，听部院各衙门官员面奏政事毕，部院官员出。大学士、学士随捧折本面奏请旨。为翰林院覆镌刻御制诗文事。上曰：“朕昨日虽勉从卿等所请，意终未决。”大学士李霨、王熙奏曰：“皇上御极二十二年，御制诗文甚富，天下臣民仰望颁发，且从来帝王皆有自制文集，此事原非创行。况圣学宏深，实非前代可比，允宜刊刻，颁赐中外。”上从之。

又为云南总督蔡毓荣题捐助修造营房事。上曰：“滇省旧有官兵暨援剿绿旗兵丁甚多，原住房屋今必尚存，该督为何复请营造？可着该部详察确议。”

未时，上复御乾清门，赐镇守荆州将军噶尔汉，副都统希福、阿济礼暨进贡喀尔沁部落多罗杜棱郡王札席、二品台吉色冷，土默特部落一等他布囊鄂齐里，郭尔罗斯部落四品台吉吴尔图那苏图，阿霸垓三品台吉达尔麻等，苏尼忒部落四品台吉敦津等，乌珠穆秦部落二品台吉胡尔占等食毕。上召噶尔汉、希福、阿济礼近前谕曰：“朕以荆州地方极其紧要，故特戍兵镇守，尔等至彼，务令兵民相安，方称委任。荆州自兵燹以后，地方残坏，民生困苦。曩时，尔等亲历其地，必知其详。自将领以至兵丁，宜严行禁饬，凡市肆要地毋得侵占。至秋成之后，尔等可亲率兵丁，不时操练，务期队伍整肃，纪律严明，毋得借端扰害百姓。凡尔等举动皆为兵丁表率，所行若正，不独官兵有益，即地方亦受其福矣。近见西安、江南、杭州驻防兵丁，惟西安官兵仍有满洲旧制，杭州驻防满兵渐习汉俗，此等情事皆责在尔等，到日可勉力图之。至尔等乘往船只，皆系云南、广西回京官兵所坐之船。在船人夫劳苦已极，尔等最宜体恤，勿加凌辱。闻船夫受兵丁凌辱不堪，皆弃船逃遁，深为可悯。尔等宜切戒。”噶尔汉等奏曰：“臣等谨遵圣谕，竭力料理，以仰副上意。”是日，赐将军噶尔汉鞍马、撒袋、披领。

本日起居注官蒋弘道、傅腊塔。

二十一日庚申 早，上御乾清宫，讲官牛钮、张玉书、汤斌进讲：六三归妹以须二节、九四归妹愆期二节。

辰时，上御乾清门，听部院各衙门官员面奏政事毕，部院官员出。大学士、学士等会同都察院堂官近前启奏，大学士明珠奏曰：“臣等遵旨验看梁祚昌骑步射，虽不甚精，较之汉人亦不为甚劣。及问兵部，从前考箭补授官员俱属不堪，即此可知。兵部言，向来考试武进士，照满洲例，设近鹄试步射，用氊毬试骑射，并观其马步箭式样。后改于八十步外试大鹄，试步射，设圆靶试骑射，但以弓满马疾所中如数，便为合式，取列优等。本年奉旨，考试军功，加授之官邓秉智等，亦取其弓满马疾以为优等，题用在案。数年以来，世袭官员无自愿效用者，故亦无考试之例。今验试梁祚昌亦与邓秉智等相同，原未取其合于满式。”上颔之。都察院堂官出。

随捧折本请旨。为兵部议西安驻防左翼四旗官兵及八旗汉军官兵，应给车辆价值事。上问：“尔等公议若何？”明珠奏曰：“臣等公议若给价值，令兵丁雇觅，恐穷兵不能足用。若取给于民，则兵丁所需车辆计四千有余，恐一时不能应付。兵丁携妻子家口同往，不给车辆，必不能成行。臣等之意，似应分队前往，不但兵得车辆之用，所过地方不致久停，民亦不甚苦累。”上曰：“因体恤兵丁而取车辆于民，则民不堪其苦；欲轸惜百姓，而不措给兵丁车辆，则兵丁又不免重困。应责令地方官，务使设法两便，乃为尽善。此事关系紧要，着议政王、贝勒、大臣，九卿、詹事、科、道会议具奏。”

又为禁止汉军擅买蒙古、满洲家仆事。上问：“此事若何？”明珠奏曰：“先曾奉旨除汉军擅买蒙古之禁，故臣等拟票签不必禁止。”上曰：“如令汉军招买蒙古，不但价值顿增，且尽为汉军所买，满洲不得买矣！着仍照部议禁止。”

又礼部为故汉军都统范达礼请旨，应否予谥事。上曰：“范达礼为人庸常，且军前并无劳绩，未至所指示地方，殊负都统之任，其赐谥恩恤俱着停止。”

又呈进侍读学士员缺考试应升官员各卷。明珠奏曰：“臣等公同阅视，平通者七卷，选列在前；次等八卷；又次者十一卷；未完者十六卷。”上拆名封逐一阅毕。谕曰：“谕德德格勒、侍讲傅继祖所翻稍通，其余俱不堪。朕观翻译无出翰林院官之右者。”明珠奏曰：“伊等身任文学之职，故宜乃尔。”上曰：“这所试诸人可开列名次送进。”又问：“第三名郎中蔡弼汉何如？”明珠奏曰：“蔡弼汉原曾管理票签，人亦谨慎。今闻身有微疾。”

本日起居注官朱马泰、归允肃。

二十二日辛酉 早，上御乾清宫，讲官牛钮、张玉书、汤斌进讲：六五帝乙归妹二节、上六女承筐无实二节。讲毕，上曰：“《易》理精微，难以意测。就讲章披览，词意亦甚分明，然寻绎圣人系辞取象之旨，实非言语所能尽意，故《易》学最难。”牛钮、张玉书、汤斌奏曰：“《易》理甚深，后人所解不能尽畅其理。皇上圣学渊通，默契古圣人之心，故深知义理无穷，言不尽意。臣等所撰讲章，就诸儒所解纂辑其说，亦仅能发明大旨而已。”上然之。

辰时，上御乾清门，听部院各衙门官员面奏政事毕，部院官员出。大学士、学士随捧折本面奏请旨。为吏部题补四川巡抚员缺，开列学士王守才等职名事。上顾大学士等曰：“尔等之意若何？”明珠等奏曰：“臣等以为川省虽属边地，人民稀少，与苏松、江安等处钱粮繁重之地不同。此缺但得一谨慎之人，便可料理。”上思之良久，曰：“以湖南巡抚韩世琦调往何如？”明珠等皆奏世琦可调。上曰：“此缺可将韩世琦调补。世琦居官以来，未闻其有善状，且用兵时亦未甚著劳绩。”明珠等奏曰：“皇上洞悉韩世琦，以之调补，彼自今以后，敢不尽心效力，抚绥百姓，安辑地方。”上颔之。

又为内阁侍读学士员缺，考试各官名次事。上问：“尔等云何？”明珠等奏曰：“内第二名傅继祖曾任臣衙门侍读，为人颇优，学问亦通，或可补授此缺。”上曰：“傅继祖历年未久，升迁甚速，若果有越众之才，则不必论年分深浅，不然升迁不应太速。蔡弼汉何如？”明珠等奏曰：“蔡弼汉其人可用，历年亦久。”上曰：“可即以蔡弼汉补授。”

又为中允王钟灵升任员缺，以检讨田成玉拟补事。上问：“田成玉何如？”明珠等奏曰：“臣等不甚识其人。”李霨奏曰：“其人亦谨慎。”上曰：“田成玉平常。尔等问翰林院选择具奏。”

又为户部题天津等关九差，拟用主事石天枢等九员事。上曰：“内达汉泰着停其差遣，可于保举官员内挨次填名拟票送进。余依所拟差遣。”

又为兵部议浙江杭州府监禁罪人闯门逃出，将军马哈达等应各罚俸一年事。上曰：“官兵驻防省会，原为镇守地方，巡缉盗贼。杭州既有驻防满汉官兵，监禁盗贼白昼脱逃，不行禁缉，且闯出城门，抢去悬挂撒袋、长枪等物，又不追擒，情甚可恶。这所议尚轻，着将兵丁一并严议具奏。”

又刑部议胡荣索债打死巴昌，拟绞，秋后处决事。上曰：“庄头王弘基原系光棍，平日作恶妄行，巴昌明系王弘基打死，令胡荣代伊认罪。旗下庄头倚势害人，霸占平民妻子者甚众，不可不惩治。尔等以为何如？”明珠等奏曰：“皇上所见极是。此等凶恶之人，自行打死人命，使他人认罪。及旗下庄头一切倚势肆恶等事，俱难保其必无。”上曰：“此案着再严审拟罪。旗下庄头倚势扰害平民，事发将本主作何处分，着会同吏、兵二部定例具奏。”

又为原任都统穆占私带逆贼吴三桂家人八名。穆占故后，伊妻不行举报，应鞭一百准折赎事。上曰：“此辈乃系三桂旧人，若俱令为民，则互相效尤，告出者必多。尔等以为何如？”勒德洪奏曰：“此辈若因首告释放为民，彼藏匿之主惟恐坐罪，不独私自释放，且贿嘱潜去者必多。伊等原系三桂旧人，应令入旗。”上曰：“私带之人亦无大过，但自行首出，便可勿问。尔等传谕议政王等会议来奏。”

又为工部奏销挑筑南苑红桥河工，动用钱粮事。上问：“尔等曾问明否？”明珠等奏曰：“臣等遵旨问估价官额音普，据言南苑河旁流乱石最多，挑浚艰难，因酌量浅深，每土一方，估用工三名至六名，共需用银一万九千余两。及向堂官言之，堂官以玉泉山工每方土止用夫三名，今所估太多，即行减估，以应用银一万二千余两具题。今内务府官员监工较原估价节省银六千两，无可置辩，皆庸昧未加详核之过。其工部堂官言，司官额音普估银一万九千余两，我等以估价太浮，照玉泉山工程减银六千七百余两具题。今内务府监工节省告竣，我等虽照前工核减，未能多减，复有何辩？”上言：“凡工价原不妨多估，但监工官员以所余银两悉照原估扣算，侵渔入己者多。此事着都察院察议具奏。”

又议政王、贝勒，大臣会议，永兴过河交战失利官员分别议处事。上曰：“此事着依议。我朝军法从来严明，虽承平时不少宽假，然尚有未尽处。因定例内击败贼寇，凡受伤回营之人俱准论功。又我军退却，凡受伤退回者亦得免罪。于是，不肖之徒怯于战斗，故将伊身自作伤痕，希图规避者不无其人。更有甚者，因一人受伤，即数十人扶拥送回，规避不前。如此，则军法岂不纵弛？今虽歼灭贼寇，海内宁一，所有军法未尽之处不可不详议改定。尔等以为何如？”明珠等奏曰：“皇上所见极是，真古帝王安不忘危之意也。”上曰：“尔等以此意传谕议政王等，着详议具奏。”

本日起居注官葛思泰、翁叔元。

二十三日壬戌　早，上御乾清宫，讲官牛钮、张玉书、汤斌进讲：丰亨一节、象曰丰大也三节。象传讲章内有云，骄心一生，何所不至，故圣人急急惕之以忧，以为安者危之伏也，治者乱之机也。讲至此，上曰：“这所发明极是。满招损，谦受益，圣人久安长治之道只在持满而已。”牛钮等奏曰：“皇上此言真保治之至言也。”

辰时，上御乾清门，听部院各衙门官员面奏政事毕，部院官员出。大

学士、学士随捧折本面奏请旨。为吏部题补本部郎中希格升任员缺，正拟员外郎罗达，陪拟鄂屯。上曰："吏部司官甚为紧要，应选用才能之人。此二人皆平常。尔衙门票签侍读今为兵部郎中常保，其人甚优，可补此缺。"大学士明珠等奏曰："常保在臣衙门甚有才能。又吏部堂官言，本部旧日才能司官俱已无人，文选司事务尤为紧要。今刑部员外郎能特向为文选司笔帖式主事，为人谨慎有才，在部年久，事务熟谙，欲以补授此缺。"上曰："凡职官宜论俸次升用，若越次用之，则幸得者必多。况希图速升者，岂安常守分之人乎？常保系现任郎中，着转补此缺。"

又户部覆山东巡抚徐旭龄奏，长山、新城同日被水灾，而报灾分数不同，令再行察明到日另议。上曰："被灾虽系同日，地方不同，雨水原无一定，一日被灾，岂必轻重相似乎？不必再察，该部可即议结。"

又工部题琉璃、黑窑两窑更差，拟用员外郎张圣业、易言翼事。上曰："两窑积弊甚多，皆关系钱粮，须差贤能司员方能清察弊端，不至钱粮糜费。可令该部选择具奏。"

又升补中允事。明珠等奏曰："臣等问学士牛钮、张玉书，言翰林官中现任讲官秦松龄品优学裕，历俸亦久，即继田成玉应升之员。臣衙门汉官亦皆言秦松龄品优俸深。"上曰："秦松龄朕亦知之，人品学问俱优，可升此缺。"

又奏："上谕吴三桂旧人悉放为民，必致互相效尤，告出者多。臣等传谕议政王等，皆言上谕极当。此辈俱吴三桂属下旧人，理宜入官，因隐匿带在京师，反放为民可乎？应再行详察，果当出为民者，准放为民。实系吴三桂下旧人，则应照定例完结。"上曰："然。此等叛犯应行入官人口，私携来京者，应作何察核？并作何令其自首？着议政王、贝勒、大臣会同详议具奏。"

本日起居注官牛钮、王封溁。

二十四日癸亥　早，上御乾清宫，讲官牛钮、张玉书、汤斌进讲：象曰雷电皆至丰一节、初九遇其配主二节。

辰时，上御乾清门，听部院各衙门官员面奏政事。

午时，上诣太皇太后宫问安。

本日起居注官常书、潘耒。

二十五日甲子 早，上御乾清宫，讲官牛钮、张玉书、汤斌进讲：六二丰其蔀二节、九三丰其沛二节。

辰时，上御乾清门，听部院各衙门官员面奏政事毕，部院官员出。大学士、学士随捧折本面奏请旨。为户部题浙江巡抚王国安请以免征白粮经费银三万四千两，暂征一年，买民间坚固民船以备运白粮之用。部议重征银两，有无病民，令会同该督再议。上曰：“凡事可行则行，不可行即当另议。王国安疏言曾与总督商酌具题，该部复令会同总督议奏，甚属不合！此事着照王国安所请行，仍将此意票明申饬该部。”

又川陕总督哈占以按察使叶穆济题补布政使员缺。上曰：“布政使乃一省大吏，若布、按缺出，即照督、抚所题补授，则安用吏部为？且叶穆济在此，朕亦知之，部院中较胜于彼者亦多。哈占明知官员铨补之例，乃将叶穆济题补布政使，殊属不合。可于旨内票出。”

本日起居注官阿山、王鸿绪。

二十六日乙丑 辰时，上御乾清门，听部院各衙门官员面奏政事。

本日起居注官沈荃、傅腊塔。

二十七日丙寅 辰时，上御乾清门，听部院各衙门官员面奏政事。工部题两窑更差，选择郎中凯音布、员外毕忠吉引见。上问：“此二人何如？”尚书萨穆哈奏曰：“凯音布原任内阁侍读，为人颇优。毕忠吉系进士，人亦堪用。”上曰：“尔等可传谕二人，两窑积弊甚多，今令伊等管理窑务，若能洁己奉公，清厘弊窦，必加优叙。倘借公肥己，仍前作弊，难免罪愆。勉之，慎之！”工部官员出。

大学士、学士随捧折本面奏请旨。为议政王、贝勒、大臣，九卿会议驻防西安官兵需用车辆。一议令沿途地方官员设法捐助，雇觅车辆，送出本境，不得扰害百姓，苦累兵丁；一议照部议，仍给车价银两。上问：“尔等以为何如？”大学士明珠奏曰：“前议因兵丁携带妻子，恐路途遥远，车辆难得，以致困累，故议令捐助。后议恐地方官借端科派，小民受害，故议准给价。臣等公议，似应仍敕议政王等酌量至当画一具奏。”上从之。

又为户部议，盛京宁古塔将军衙门有紧急公务，应发火牌，令驿站递送。如随常咨文，有铺兵处，应令铺兵传送，无铺兵处，则用驿递。上曰："此事着依议。至两陵及乌喇虞村地方，如有紧急事务，亦令发火牌于驿递传送。朕昨日即念及此，尔等可口传付该部。"

本日起居注官朱马泰、秦松龄。

二十八日丁卯 早，上御乾清宫，讲官牛钮、张玉书、汤斌进讲：九四丰其蔀二节、六五来章有庆誉二节。讲毕，上问："尔等所修明史如何？"牛钮、张玉书、汤斌奏曰："嘉靖以前已纂修过半，万历朝事迹甚多，天启朝实录有残缺，崇祯朝无实录。今就所有邸报编纂事迹，方可分作纪传，所以万历以后成书较难。"上曰："时代既近，则瞻徇易生。史事昭垂永久，关系甚大，务宜从公论断。"牛钮等奏曰："臣等自愧浅陋，但虑识见未到，安敢不矢公矢慎。皇上圣谕，当与诸臣共勉之。"奏毕，出。

辰时，上御乾清门，听部院各衙门官员面奏政事毕，部院官员出。大学士、学士随捧折本面奏请旨。为九卿等会议盗掘坟墓事。凡盗发藩王及名贤功臣墓者，应将为首人立斩，为从者立绞。其韩科、汪大光盗发明康王、定王墓，应即处斩，余俱立绞。上问："大学士等云何？"明珠等奏曰："臣等之意，以为盗发坟墓，情属可恶。此议定例甚当。至于盗发康王、定王坟墓事，既犯在定例之先，应将韩科等仍照先拟发落，嗣后再有犯法者，照新定例拟罪，似属允当。"上曰："然。韩科等所犯既在新例之先，应照先拟绞，秋后处决。人命关系甚重，故朕于一切死罪案内必为求其生路，稍有可原，即欲开释，所以折签与尔等商酌。如必不可贷，亦无可如何也。"明珠等奏曰："皇上好生之心同于天地，实古帝王所不能及。"

又为刑部题原任总兵官吴三畏从逆，拟立斩事。上曰："吴三畏投诚后著有劳绩，从宽免死，其妻子家属着一并流徙宁古塔。"

午时，上诣太皇太后、皇太后宫问安。

本日起居注官葛思泰、汤斌。

二十九日戊辰 早，上幸南苑。酉时，回宫。是日，各部院衙门章奏俱交内阁。

本日起居注官牛钮、王顼龄。

九 月

初一日己巳 早，上御乾清宫，讲官牛钮、张玉书、汤斌进讲：上六丰其屋二节、旅小亨一节。

辰时，上御乾清门，听部院各衙门官员面奏政事。礼部尚书介山等奏："裕亲王请御制藏经序文。臣等察例，唐太宗、德宗，宋太宗、真宗，明太祖、成祖皆于经首作序，古有此例。今皇上神圣之德迴越前古帝王，应作序文，永垂后世。"礼部官员出。

工部官入奏事。上问尚书萨穆哈曰："近日尔部之事若何？"萨穆哈奏曰："臣部奉皇上屡次严谕，臣等与该司官员各加敬惕，勤修职业，各项修造钱粮照时价详察核减，较之向日大为不同。今又察有应核减款项，臣等会同启奏。"上颔之。工部官员出。

大学士、学士随捧折本面奏请旨。为吏部题补侍郎科尔坤升任员缺，开列户部侍郎额库礼等职名事。上曰："侍郎内额星格、郭丕历年俱久。"大学士明珠奏曰："额星格与额库礼皆年久。"上曰："额星格在礼部事务娴熟，着调补吏部。"

又兵部题补参领洪尼喀升任员缺，正拟佐领勒祁，陪拟郎中罗毕。上曰："此二人如何？"明珠奏曰："勒祁向为护卫，闻为人甚优。罗毕为工部郎中，转补制造库，而工部堂上官皆言其娴习事务，因复调回管事。其人亦甚优。"上曰："罗毕着补参领。"

又为户部题书办刘廷佐条陈四十三款，部议不准行事。上曰："国家政事必紧要有益之处始当举行，琐细之事不宜轻举。前刘廷佐条奏时，朕意原以为不可，因内务府总管噶禄再三启奏，方下部议。今阅之皆无益不当行之事。此辈不应言事之人，妄行条奏，不可不加重处，以杜侥幸之路。刘廷佐着交刑部。"

未时，上御乾清门，赐进贡阿霸垓部落多罗卓理克图郡王冲等、苏尼忒部落四品台吉古木等、蒿齐特部落四品台吉噶布西匣布等、阿巴哈纳尔四品台吉阿纳达等、喀尔喀部落二品台吉老占等、阿鲁科尔沁四品台吉沙津达拉等食。

本日起居注官常书、严绳孙。

初二日庚午 早，上御乾清宫，讲官牛钮、张玉书、汤斌进讲：象曰旅小亨一节、象曰山上有火旅一节。上亲讲毕，讲官照常进讲。讲毕，上曰："君子明慎用刑，即是刑期无刑之意。"张玉书奏曰："圣谕诚然。比来屡次上谕申饬刑部，令其慎刑清狱，天下民命皆全于皇上好生一念中矣。"上曰："只是使民无讼难耳。"牛钮奏曰："皇上爱民如此，日久自臻刑措之盛，垂之史册，可与三代比隆。"张玉书奏曰："尧、舜在上，亦须从容化导，乃能至于无刑。"上曰："然。"

辰时，上御乾清门，听部院各衙门官员面奏政事毕，部院官员出。大学士、学士等随捧折本面奏请旨。为宗人府会同吏部议，不分觉罗、满洲官员，俱于部院衙门一体参用事。上问："尔等云何？"大学士明珠奏曰："该部所议，即从前觉罗、满洲官员参用之旧例。"上问："觉罗官员品级若何？"学士图纳奏曰："宗人府衙门郎中正四品、员外从四品与各部院品级不同。"上曰："如此则所议一体参用未合。尔等所拟票签亦尚有遗漏。"明珠奏曰："圣谕极是。臣等见未及此，故致遗漏。"上曰："只将宗人府衙门官员为四品，于例未当，品级亦太过。且前此蔡冲阿等在宗人府俱属四品，故以京堂官升用。至于论旗补授，宗人府人多逾额，一时裁退亦属未便。见任者，着仍留，以后遇缺，分旗补用。觉罗及满洲官员既不分别录用，则品级应令画一。尔等可票出，着再议。"

又议政王、贝勒、大臣，九卿、詹事、科、道会议，西安驻防官兵应令地方官供应车辆，画一具题。上问："这所议尔等以为何如？"明珠奏曰："众议佥同，令地方官协济似可允行。"上曰："此事着依议政王、大臣等议。但恐地方官借端加派，苦累小民，可将此意票明，通行申饬。"

又三法司议陈应元持砖打死亲兄应魁拟立斩事。上问大学士等。明珠、王熙奏曰："陈应元幼时为其亲兄诱卖，推此情由，似有可原。"上曰："陈应元本应立斩，但伊父年逾七十，无侍养之人，可悯。着该部再议。"

本日起居注官朱马泰、徐乾学。

初三日辛未　早，上御乾清宫，讲官牛钮、张玉书、汤斌进讲：初六旅琐琐二节、六二旅即次二节。

辰时，上御乾清门，听部院各衙门官员面奏政事毕，部院官员出。大学士、学士随捧折本面奏请旨。为礼部题藏经卷首应御制序文事。上问大学士曰："尔等以为何如？"明珠奏曰："历代俱有典例。皇上理应制序。"上颔之。

又为镶蓝旗蒙古都统喇赛年迈有疾请休事。上曰："喇赛虽年迈，而步履如常，且行间亦有效力之处，着照旧供职。"

本日起居注官傅腊塔、曹禾。

初四日壬申　早，上御乾清宫，讲官牛钮、张玉书、汤斌进讲：九三旅焚其次二节、九四旅于处二节。

辰时，上御乾清门，听部院各衙门官员面奏政事。兵部奏闻点阅日期。上曰："官兵有方从云南回者，其器械不必验看。伊等久在行间，盔甲器械皆已破损，今即验看，必从新营造，深为苦累。自行间先回并在京官兵，器械酌量整饬完备者验看。可将此意传谕众等知之。"谕毕，兵部官员出。

大学士、学士随捧折本面奏请旨。为吏部题偏沅巡抚韩世琦调补员缺，开列学士王守才等职名事。上曰："尔衙门学士金汝祥仅一硁隘谨饬之人，未能料理繁剧。王守才庸常，不能胜任。巡抚职任紧要，倘用一不堪之人，使之贻累地方，可乎？朕观原任河南布政使薛柱斗为人甚优，其朝觐启奏时，言论举止颇明白安详。"大学士勒德洪等奏曰："薛柱斗为人果优。"上曰："其操守何如？"李霨奏曰："臣等不甚知之。"吴正治奏曰："亦未闻其操守有失。"明珠奏曰："臣等公意，以为湖南地方虽不似云南、广东等处被贼蹂躏，但为贼巢已久，民亦深受其害。苏松布政使丁思孔为人既优，且竭力催科，钱粮已完八九分矣，虽稍有未完分数，而皇上已准其卓异。明朝定例，因苏松钱粮浩繁，完至七分以上者，即准为十分考成。若将此人补授，想定有益于地方小民。"王熙奏曰："丁思孔操守平常。"上沉思良久，曰："丁思孔才具原优，又能尽职征完钱粮，着补授巡抚。"

又为原任知府高显辰等未曾从逆事。上曰："据蔡毓荣所奏，虽察得高显辰不曾从逆，但此事关系甚重，皆垂之史册，传之后世者。可再详问投诚线绒、何进忠等，令其从实具奏。"明珠奏曰："圣谕甚是。此事分辨从贼与否，乃臣节所关。线绒等恐罪及己身，自无不实对之理。"

又为兵部题补汉军都统朱延禧休致员缺，察明本旗公、侯、伯暨精奇尼哈番等官事。上问："尔等所察如何？"明珠奏曰："臣等察镶白旗内并无公、侯、伯及精奇尼哈番等官。"上曰："都统职任紧要，或将别旗官员补授可乎？"明珠等奏曰："简选贤能，酌量补授，皆出自上裁。此缺若以别旗官员选授，俟其别项升补或休致时，本旗有可用之人，再行补授，未为不可。"上曰："仍着于本旗官员内另行选择，若不得，再酌量调补。"

又为广东碣石总兵官苗之秀病故员缺，开列参领、副将职名请旨事。上曰："陈耀为人颇优，且有效力之处。前因海寇未靖，故将投诚官员于沿海一带地方未曾补用。今海寇既已归顺，何必令其回避。朕观福建人多骁勇轻生，可将陈耀补授碣石总兵官。"

又为正蓝旗护军参领佛宝色病故员缺，正拟阿思哈尼哈番释迦保，陪拟佐领吴里达。上曰："尔等曾问否？"明珠奏曰："问信郡王及护军统领夸代，言释迦保在行间效力直抵云南，为人颇堪用，亦能管辖所属之人。"上曰："释迦保既有效力之处，且能驭众，着补护军参领。"

又议政王、贝勒、大臣会议，行察应入官叛属各项匠役人口等事。上曰："尔等之意若何？"明珠奏曰："此等人役若不行察，必皆以私情纵放。"上曰："此行察时，若系将军给与及因军功、受伤给与者，仍留原主。私自占来者，着察明具奏。"

谕毕，召刑部尚书魏象枢至乾清门，问其病状及所服何药。象枢奏曰："臣自保定府头晕，昏迷半日方苏，到京后时时举发。前侍经筵出，又晕倒在朝房，扶回私寓，服六君子汤数剂，稍愈。因衙门事繁，即入署办事。"上问："近来署中事能速结否？"象枢奏曰："臣等屡奉圣谕，恐案件稽迟，以致人犯苦累，谨体圣心，勉力办事，常至日暮出署。近来事件完结者多，惟一事经两衙门完结，往来迟滞者尚有数件。"上命赐参膏一瓶、参二斤。象枢奏曰："臣年老不能为皇上效力，蒙赐参膏及参，天恩隆厚，捐糜难报。得此良药，倘延余年，敢不图效犬马。"奏毕，谢恩出。

未时，上御景山内前殿，赐请安进贡鄂尔多斯部落多罗贝勒衮布喇西、一品台吉诺尔布等，巴林部落一品台吉格勒尔图等，乌朱穆秦部落一品台吉车根等，四子部落四品台吉巴达喇希等，阿霸垓部落二品台吉金塔尔等，苏尼忒部落四品台吉阿育西等，蒿齐特部落副都统巴忒玛等食。

本日起居注官阿山、邵吴远。

初五日癸酉　早，上御太和门视朝。文武升转官员谢恩，次送颁赏大臣回京厄鲁忒部落噶尔当博硕克图使臣厄尔克格龙等、阿育祁台吉来使墨勒根鄂木布等行礼，赐茶。召尼尔克格龙、墨勒根鄂木布等至阶下，赐之。驾回宫。

辰时，御乾清门，听部院各衙门官员面奏政事。

未时，上诣太皇太后宫问安。

本日起居注官张玉书、葛思泰。

初六日甲戌　早，上幸沙河。酉时，回宫。

本日起居注官蒋弘道、常书。

初七日乙亥　早，上御乾清宫，讲官牛钮、张玉书、汤斌进讲：六五射雉二节、上九鸟焚其巢二节。

辰时，上御乾清门，听部院各衙门官员面奏政事。郎中常保等奉遣往广东察审欺隐尚之信家产一案，面请谕旨。上谕曰："此事关系侵蚀入官财物。尚逆家产先系金俊、宜昌阿总理，后禅塔海亦曾往彼察审。今以尔等堪任，是以择遣前往，务须从公核审明白。此事颠末，朕皆洞悉，勿以干涉大臣势要，妄徇情面，株累无辜。"常保等奏曰："臣等奉差前往，敢不从公研审，恪遵谕旨而行。"部院官员出。

大学士、学士随捧折本面奏请旨。为吏部题补礼部侍郎额星格调补员缺，开列候补侍郎祁通格等职名事。上曰："刑部事件繁冗，侍郎敖哈年老，稍觉不及，着调补礼部侍郎。刑部尚书喀尔图年力已衰，侍郎禅塔海朕屡经申谕，并不将衙门事务料理更改，闻汉官魏象枢等尚皆尽心讲求。

禅塔海等所司何事？朕久欲痛加惩儆。学士佛伦办事优长，可补敖哈员缺。佛伦往刑部必能遵谕，实心办理。”大学士明珠奏曰：“知臣莫若君，圣谕诚然。”

奉天将军伊巴汉题锦州、宁远水手六百名，迁移巨流河地方，其运送米石时，请免征钱粮，部议不准行。上曰：“水手等运送粮米，往来甚属劳苦。运米时，着将地丁钱粮俱行蠲免。”

又都察院议工部尚书朱之弼等修南苑内红桥估价太浮，俱应革职，援赦准免。上曰：“朱之弼等罪应准赦免，承估司官额音普等明欲侵欺，是以浮估银六千余两，此等人岂可尚留衙门？着以原品随旗上朝。”

又川陕总督希福陛辞，面请谕旨。上谕曰：“今以尔才能堪任，简授总督。四川、陕西一路，皆尔素所经历，地方情形知之必详。尔到任后，凡钦件、部件不可稽迟。事件稽迟，则情弊丛生，小民苦累。人在朕前以勤敏自任，而行不能践言者甚多。尔其善体朕谕，勉之毋怠。”希福奏曰：“臣本微末之人，蒙皇上优眷，荐升宪长，今复简授两省总督，浩荡洪恩，诚难报答。臣才具谫劣，不能勉奏异效，惟当恪遵圣谕，尽力而行。臣思陕西三边，地属紧要，臣若驻扎汉中，栈道僻远，恐有调遣不能一时猝应。”上曰：“三边固属要地，九边宁非要地乎？朕意三边地界，内有鄂尔多斯，外有厄鲁特，此何足虑？”希福奏曰：“汉中地方虽属紧要，现有大兵驻防，可以无虑。臣驻此地，各府、州、县相距窎远，凡批行申报，取送档案，难免稽迟。臣意若驻一适中之地，庶免迟误。”上曰：“尔到地方详阅具题，再行酌量。”

未时，上御景山内前殿，赐希福及陕西布政使希格食毕。上命希福进殿内问曰：“尔尚有启奏事宜否？”希福奏曰：“臣别无所奏。到任后，将应行应革事宜当陆续题请。”上曰：“必文武协和，方于地方大有裨益，尔当善为调剂。”希福奏曰：“臣既膺两省重任，自当调剂文武，谨遵谕旨，勉力自效。”又谕希格曰：“朕以尔堪任，是以不次擢用。布政司事件与部院不同，凡钱粮奏销情弊多端，尔当尽心厘剔，以副朕委用之意。若因仍前辙，则罪不容逭，亦难怨朕之不从宽假矣。”希格奏曰：“臣本庸劣之人，蒙皇上擢用，惟以不能称职为忧，何敢不谨识谕旨，竭力奉行。”

是日，赐希福鞍马、撒袋、披领。

本日起居注官朱马泰、归允肃。

初八日丙子　早，上御乾清宫，讲官牛钮、张玉书、汤斌进讲：巽小亨一节、象曰重巽以申命一节。

辰时，上御乾清门，听部院各衙门官员面奏政事毕，部院官员出。大学士、学士随捧折本面奏请旨。为甘肃提督张勇告病请休事。上曰：“吴三桂叛乱时，秦省骚动，张勇、王进宝等剿御贼寇，固守地方，筹划周详，甚有劳绩。今张勇虽年迈有足疾，坐镇调度，亦无不可，着照旧供职。其久镇严疆，劳绩茂著之处，可写入票签。”

巳时，上诣太皇太后、皇太后宫问安。

是日，赐宁古塔将军殷图鞍马、撒袋、披领。

本日起居注官阿山、翁叔元。

初九日丁丑　早，上御乾清宫，讲官牛钮、张玉书、汤斌进讲：象曰随风巽一节、初六进退二节、九二巽在床下二节。上亲讲首节。讲官照常进讲。

辰时，上御乾清门，听部院各衙门官员面奏政事毕，部院官员出。大学士、学士随捧折本面奏请旨。为吏部题兵部郎中喀尼布调补员缺，正拟员外郎觉罗罗达，陪拟员外郎乌西哈。上曰：“此正陪之人俱属平常。兵部员外郎纪尔他洪何如？”大学士明珠奏：“纪尔他洪甚优。”上曰：“此缺即将纪尔他洪补授。”

又刑部题雅朱等争路闯正阳门，拟鞭责一百，伊主交该部议处事。上曰：“近见坛庙祭祀及朝集之处，随从人等将汉官推挤争行，甚属可恶，应行严禁。”明珠等奏曰：“皇上所谕极是。此皆体统等分所关。”上曰：“作何严禁定罪，着会同吏、兵二部一并确议定例具奏。”

又议政王、贝勒、大臣会议螺子山地方，修路前进及垛口排列用红衣炮击贼，各官数次退败，以功抵罪，分别议处共九本。上曰：“此事着依议。内侍卫、署护军参领丹布并无功绩，本内称有功绩二十一处，岂可以无功之人冒为有功而免罪乎？又布尔柴在螺子山地方交战时，诈称有疾，未经出战，故此案问罪无名。尔等将此二人传与议政王等，再行会议。”

又福建总督姚启圣请开垦广东等省沿海荒地等事，共八本。上曰：“朕观姚启圣近来行事，颇多虚妄。当施琅进兵时，不及时接济军需，每事掣肘，所造战船徒费钱粮，多不堪用。又屡奏捐助银十七八万两，大约虚冒居多。况姚启圣并无劳绩，而奏内妄自夸张，称臣与提臣如何调度。今台湾降附，海贼荡平，该省近海地方应行事件自当酌量陆续施行。姚启圣预行借端陈请，明系沽名市恩，殊为不合。这各本皆不准行。”明珠等奏曰：“姚启圣乃一好事夸诞之人，诚如圣鉴。”上曰：“尔等严切拟票送进。”

本日起居注官葛思泰、秦松龄。

初十日戊寅 早，上御乾清宫，讲官牛钮、张玉书、汤斌进讲：九三频巽吝二节、六四悔亡二节、九五贞吉二节、上九巽在床下二节。讲六四爻有“中臣事君以身，上臣事君以人”等语。上曰：“大臣以人事君，必出于公心方可。”张玉书奏曰：“圣谕诚然。若出私心，则所荐之人皆为党援矣。”汤斌奏曰：“大臣之心惟辨公私，若以树私党为心，则不可以对朝廷。若合天下之贤才以共事朝廷，自是大臣公忠之道。”上颔之。

辰时，上御乾清门，听部院各衙门官员面奏政事毕，部院官员出。大学士、学士随捧折本面奏请旨。为吏部题补江苏布政使丁思孔升任员缺，正拟湖北按察使李世昌，陪拟江苏按察使金镇。上曰：“江苏布政司关系紧要，钱粮浩繁，非他省可比，此缺着九卿、詹事、科、道会推具奏。”

又福建水师提督施琅题，海寇郑克塽令属下人众剃头，缴上册印投诚事。上曰：“郑克塽盘踞海岛，历年已久，今我兵进攻，克取澎湖，窘迫之极，方缴伪册印来归。然能改心易虑，率伪官兵人民纳土投诚，亦属可嘉。着票温旨来看，此事交与议政王等议奏。”

巳时，上诣太皇太后宫问安。

未时，上御景山内前殿，赐进贡敖汉部落一品台吉吴把西等、苏尼忒部落二品台吉剎哈代等、喀尔喀部落四品台吉根敦等、阿霸垓部落四品台吉伊思喀布等、喀喇沁部落四品塔布囊巴札尔等、四子部落四品台吉丹津等、克什克屯部落三品台吉齐里克忒等、鄂尔多斯部落三品台吉达木巴等及镇守宁古塔等处将军殷图、川陕总督希福、杭州副都统洪尼喀等食毕。

上召殷图殿内谕曰："南方各省，人人愿往，至宁古塔则不愿者多。朕以尔才能可用，故简任为将军。乌喇别无他事，彼土之人惟好讦讼，尔至当敷布教化，俾识理义，令俱改过迁善。尤宜爱养兵丁，令各得所。我兵逼近罗察，须时加操练，以修武备。巴海暴戾贪污，不恤士卒，遂致失所。其新满洲皆求主来归，理应抚绥慰劳，施以教化，俾安其生。盛京副都统佟宝是一堪用之人，在乌喇将及一载，彼处地方情形必能洞悉。尔到日，可暂留佟宝一二月，遣回时，奏明方遣。"殷图奏曰："皇上谕旨，谨勉力奉行。臣年幼蒙皇上累次拔擢，授为都统，愧无尺寸报效。今又不次擢用，授此重任。惟惧才质凡劣，少所谙练，以致差谬，焉敢效巴海贪行暴戾耶？"

又谕杭州副都统洪尼喀曰："杭州驻防满兵，渐染陋俗，日打马吊为戏，不整容束带而靸履行者甚多。既为满洲，则当讲习满洲职业，勤于骑射。尔至之日，可勉力遵行。仍将此旨传谕该将军。"洪尼喀奏曰："臣系微末之人，皇上不次擢用，授此职任，惟有竭力报效而已。"

本日起居注官傅腊塔、潘耒。

十一日己卯 上奉太皇太后诣五台山。辰时，上诣太皇太后宫，候升辇随行。出西华门，卤簿全设，王以下文武各官俱蟒服跪送。

出阜成门，至进膳处，上扶掖太皇太后降辇，入行幄。上进膳毕，复诣太皇太后行幄，候升辇，随行数武，然后乘马。比驻跸，复步送太皇太后入行宫，驾始入行殿。

是日驻跸万安寺。

十二日庚辰 上奉太皇太后驻跸董家林。

十三日辛巳 上奉太皇太后行过涿州，以长城岭一路山径险峻，特先往亲视所修道路，命和硕裕亲王福全、恭亲王常宁随太皇太后行。

是日，上驻跸刘家中王地方。传谕扈从科臣顾图、刑部郎中赵山：凡经过地方，不许随从人等借名市物，扰害小民，尔等宜严加察访，犯者并其本主题参治罪。

十四日壬午 上驻跸大马家庄。

戌时，上御行幄，内阁扈从学士阿兰泰、石柱、图纳捧折本面奏请旨。为吏部覆工部题参司属官员唐翰馥等才力不及者，应照例降调；老疾者，照例休致事。上曰："官员老疾者，自行请告，则准休致。既经被参，仍照休致例议处，似于理未当。可令大学士等酌议来奏。"

又议盛京赞礼郎沙浑赞礼错误，应罚俸六个月事。上曰："祭陵关系大礼，一岁祭祀不过数次。前曾有赞礼错误被参者，今复有错误之事，皆因未选堪任之人，故尔有此。应作何选用，可着大学士等议奏。"

又兵部议四品官吴朗阿伤发病故，应照例给银事。上曰："阵伤给赏，所以鼓励效力之人。吴朗阿并无劳绩，所得之伤非阵伤也。自汉中府遁走擂鼓台，中伤在背，其不能对敌可知。且未同大军突围而出，乃程福亮下兵丁携之从间道出者。朕知之甚悉，岂可以阵伤疮发致死一例议叙？可令大学士等传问当日同在行间将士，再议具奏。"

又两广总督吴兴祚题报广西提督哲尔肯病故事。上曰："哲尔肯止在赣州稍有效力之处，此外无劳足录，且因与尚之信结姻革职留任。这所拟票签岩疆重任等语太过，着改拟来看。"

又福建巡抚金鋐题参同知陈启霖等七员事。上曰："总督、巡抚一到地方，即题参属员者甚多，及到任既久，反无纠劾。官员贤否，必须日久体访，方能悉知。其入境即参，无非欲属吏畏己之意。积习相沿，殊为未当。尔等识之，回京后可奏明再行酌议。这所参各官仍照票签批发。"

是日，直隶巡抚格尔古德赴行在请安，上以地方事务关系紧要，命即回保定，不必扈行。

十五日癸未　上驻跸完县东白庙村。

十六日甲申　上驻跸曲阳县北镇里地方。以行近五台，传谕自明日始，扈从人等勿射生。

十七日乙酉　上驻跸阜平县西长寿庄。

十八日丙戌　早，上御行幄，内阁学士等捧折本面奏请旨。为九卿题会推江苏布政使员缺事，正推湖北按察使李世昌，陪推福建按察使赵进美。上曰："江苏布政司事务最繁，钱粮最多，必得才识敏练之人方能胜任。这所拟二人果否堪用，可着大学士等公议具奏。"

又议政王、贝勒、大臣议台湾郑克塽具疏投诚，自请就近安插，并宽贷明朝宗室诸事，应令奉差在闽侍郎苏拜会同福建督、抚、提督酌议，题请再行定议。上曰："此事所关甚大，议政王等应即商酌妥确，如何复诿苏拜等定议。"阿兰泰奏曰："安插事宜苏拜等可议，其明朝宗室诸事，自应议政王等议之。"上曰："此本着发回，令议政王等再行详议。"

又理藩院议内地蒙古绥克等十一人逃往喀喇沁部落，为守汛人所追捕，绥克等拒捕杀伤二人，俱拟应斩。上曰："绥克额伦杀伤守汛二人，应照律抵罪。其余未经下手者俱行处斩，朕心不忍。人命关系重大，应作何处分，着大学士等议明具奏。"

是日，上驻跸龙泉关。

十九日丁亥　上驻跸菩萨顶。是日，有五台县举人阎襄献《射虎川记》，上览毕，以其文示学士牛钮、张玉书。念襄为寒士，命以白金三十两赐之。

二十日戊子　驾出菩萨顶，途遇村民负米豆等物，询之，云备临幸之用。随传谕内阁学士管兵部事阿兰泰曰："太皇太后驾临五台，一切应用之物皆出内帑预备，原无丝毫取给于小民。这所备米豆等物何处应用，可察明具奏。"阿兰泰察明回旨言："询问知县赵继晋及村民等，皆云五台地方偏僻，恐太皇太后驾到，物用不敷，故给价小民，令预备以待用，原非出于科派。"上曰："因公事预备可免究处，但云知县曾经给价，未可深信。今一切用物内庭既备，此后太皇太后驾到，俱不必再行赍送。可传谕直隶、山西沿途官民知之。"

是日，上驻跸菩萨顶。

二十一日己丑　上驻跸菩萨顶。

戌时，内阁学士等捧折本面奏请旨。为吏部题补户部员外郎叶臣调补员缺，正拟主事席尔图，陪拟布尔钗。上问："正拟之人如何？"阿兰泰奏曰："席尔图曾为光禄寺属官，臣为光禄卿时，见其人忠厚谨慎。"上问："办事如何？"阿兰泰奏曰："光禄寺事务无多，无从见其才也。"上命以席尔图升补此缺。

又九卿等会议江南秋审情真人犯事。上以毛云祥原未受财，李开甫伙盗未获，即行正法可悯，着再议具奏。又会议江南缓决人犯事。上以王言孟因其弟宗歧持棍欲殴，故尔反击，以致身死，情有可原，着再议具奏。又会议山东秋审情真人犯事。上以王荣先因其妻韩氏裂衣辱骂，一时乘忿殴打致死。贾奇标因争给酒钱，同贾宗胜打死曹乐郊，情俱可矜，着再议具奏。

是晚，传谕翰林学士张玉书，明日不必赴龙泉关，可至五台遍观胜境。

二十二日庚寅 上自菩萨顶出迎太皇太后圣驾，留内大臣国舅佟国维、公福善率侍卫等修治菩萨顶至长城岭一带道路。

是日，上驻跸龙泉关。

二十三日辛卯 上自龙泉关行二十里许，往迎太皇太后圣驾。既至，上下马请安毕，即随太皇太后驾行抵龙泉关，送入行宫。上以长城岭道路虽经修治，而地势绝险，恐銮舆登陟维艰，特赴长城岭，用辇亲试。每至陡峻处，校尉舁辇步履攲侧，不能径上。驾还，奏闻太皇太后。太皇太后曰："吾以积诚瞻礼五台，今行至此，遽尔中止，吾心未安。明日至长城岭，如万不能登，可再酌行止。"于是，上谕校尉及随侍内监等务勤加演习，小心扈行。

是日，上驻跸龙泉关。

二十四日壬辰 早，上亲诣太皇太后行宫，候驾发，随行至长城岭，上侍左右，亲督校尉及随从人等前后扶掖，历岭路数盘，山势巉崿，险隘殊甚。太皇太后谕曰："岭路实险不可度，吾及此而止，积诚已尽。五台诸寺应行虔礼者，皇帝代吾行之，犹吾亲诣诸佛前也。"上下马谨受太皇太后命，遂恭送銮舆还龙泉关。仍命和硕裕亲王福全扈太皇太后圣驾前发。

戌时，上御行宫，内阁学士等捧折本面奏请旨。为吏部题补内阁典籍赵英升任员缺，正拟中书李隆宗，陪拟夏宗舜。上曰："典籍官秩虽卑，而职掌亦属紧要。这员缺着吏部会同尔衙门选择具奏。"

又御史石文桂条奏，各省绿旗兵丁支给草料价值应令画一，九卿等议不允行。上曰："各省绿旗兵丁甚多，所支马匹草料价值甚繁，九卿等虽以各省价值多寡不齐，难以画一，然或有一省开价过浮，亦未可定。钱粮关系重大，俟还京日可再请旨酌议。"

又刑部再议陈应元因其兄应魁先行殴打，遂反击应魁致死。其父以赡养无人请贷。应元应免死，枷号两月，杖四十。上曰："陈应元以弟反击其兄，致兄陨命，情罪可恶。兄弟关系伦常，谊不容道，但其父年老无人赡养，亦属可悯。应作何处分方为允协，可令满汉大学士等会同详酌议奏。"

又工部覆国子监疏，议分拨司官督修彝伦堂等处房舍。上曰："国子监为敷布教化、兴起文学之地，理应作速修治。明岁甲子年，一切工程俱宜停止，务期岁内修理完工。尔等可传旨大学士等转谕工部。"

是日，上驻跸龙泉关。

二十五日癸巳　驾复还菩萨顶驻跸。是日，发白金三百两、绵四百斤，命山西巡抚穆尔赛分给所过地方贫民。

二十六日甲午　上承太皇太后慈旨，代礼诸寺。

是日，上驻跸菩萨顶。

洪惟太皇太后，至仁弘德，普育群生，以五台为梵刹名胜之地，积诚瞻礼，粤有岁时。皇上纯孝性成，仰体睿念，遂于春二月躬诣［五］台山，致祈景福。又涣发帑金，修壁寺宇，不以纤毫累民。而御书扁额，以次颁布，珠林紫府之间，烂若云汉焉。时上亲睹岭路危险，车驾既还，即命工部诸臣，凡径路偪侧，桥梁圮坏者，悉董率修治。迄告成事，乃于是月恭奉太皇太后銮舆临幸。驾先至长城岭，见地势甚峻，人力难施，上即心疑之，故往返再三，亲试可否。仍留内大臣国舅佟国维、公福善率侍卫等于后，沿途葺理，无非曲承太皇太后瞻礼五台之素心，以求上慰圣怀，茂绥茀禄。及既奉慈旨，至岭而还，上遂命和硕裕亲王福全侍太皇太后銮舆先发，而驾复至菩萨顶，代申虔礼。自此太皇太后之夙忱得以毕展，皇上敬顺太皇太后之至意无所不周。慈孝相成，神人胥悦，真史册中希观之盛事也。

二十七日乙未　辰时，车驾返跸，发自菩萨顶，驻跸龙泉关。

戌时，内阁学士等捧折本面奏请旨。为吏部再议工部司官硕色既经以疾题参，应行革职。嗣后内外官员，凡以有疾被参者，俱照此例革职。上曰："事关定例，可俟回京日启奏。"

又题补工部主事鄂克亲革职员缺，正拟六品笔帖式赫慎，陪拟荫生三保。上命吏部会同工部选择具奏。又户部议罗察归顺人机里郭礼等，应交与正白旗，编入佐领下少壮丁者，因详开上三旗壮丁数目。上曰："罗察归顺人颇多，应俱编为一佐领，令其彼此相依，庶有资济。这本着仍发回另议。至于壮丁数目，从来俱开单密奏，不用本章，该部用题本，殊属不合！大学士等亦遗漏，未经票出，可令传谕该部知之。"

又江宁将军瓦代题，江宁地方为南北水陆冲要之地，城池旷阔，最宜周防，应于八旗四千兵丁内拣选二百人为前锋军，以每旗拨什库二人为前锋校，每旗拖沙喇哈番一人为前锋参领，以左右两翼每翼佐领一人为噶喇大，其旗帜俱用前锋旗色，以壮镇守军威，兵部议不允行。上曰："瓦代所请极合驻防机宜，即于经制兵额内拣选前锋，并无增用粮饷。且兵丁选入前锋，则士气益奋，军实益修，鼓舞训练之道正宜如此。岂独江南可行，即西安、荆州、杭州等处亦应仿而行之。俟回京日，再以此本请旨定夺。"

又兵部议前锋校光图等坐赌博，应照例革职，交刑部枷号鞭责。上曰："此案可俱如部议。内五品官尚为人最恶，朕所深知。此人不可留住京师，俟刑部启奏结案时，应流徙于乌喇地方，着大学士等至期奏明定夺。"

又为会议护军参领瓦尔大于广西地方遗失大纛，应降二级，以功罪相抵，免议。上曰："朕记瓦尔大曾于永兴败阵，戴罪图功。今所议失纛事，固可功罪相抵，而永兴旧案未曾议及，着察明具奏。"

又谕曰："朕巡幸在外，披览部院章奏，原无迟误，这送到本章，较在京时独少。此后宜照常赍送，可令大学士等传谕知之。"

二十八日丙申 早，赐扈从内大臣、侍卫及部院衙门官五台文木碗有差。是日，上驻跸阜平县。

二十九日丁酉 上驻跸长寿庄。是日，赐内大臣等文雉有差。

十　月

初一日戊戌 上驻跸镇里地方。是日，赐内阁、翰林院官野凫、兔各一。

初二日己亥 太皇太后驾次曲阳县北五郎河。

酉时，上率内大臣诣行宫问安，并奏五台诸寺恭代瞻礼已毕。是日，驻跸白庙村。直隶巡抚格尔古德诣行在请安，随命之还。

初三日庚子　上奉太皇太后驻跸满城县方上地方。

戌时，内阁学士等捧折本面奏请旨。为吏部题补贵州按察使李国亮丁忧员缺，正拟榆林道副使王廷弼，陪拟甘山道副使胡悉宁。上命九卿、詹事、科、道会推具奏。

又御史刘超凡条奏奉天府丞应用进士，所属州、县应通设教官，部议不允行。上曰："教职专司文教，奉天、锦州二府虽生员无多，而各州、县学教官自不可缺，可即于旨内票明。"

是日，赐扈从侍卫及护军人等牛十头、羊百只。

初四日辛丑　上奉太皇太后驻跸易州大方地方。

初五日壬寅　上奉太皇太后驻跸定兴县西南册上村。

初六日癸卯　上奉太皇太后驻跸涿州松林店。

初七日甲辰　早，内阁学士等捧折本面奏请旨。为吏部会同工部拟补主事马瑚山病故员缺，正拟内阁典籍穆世哈，陪拟孝陵赞礼郎黑图。上问："穆世哈为人如何？"阿兰泰、石柱奏："其人忠厚勤慎。"命补授工部主事。

又题补光禄寺署正席尔图升任员缺，正拟荫生觉罗巴哈布，陪拟荫生赖道。上命以赖道补授署正。

又刑部题盛京高大等一案，时将一载，方行移咨，司官阿赖等应下吏部议处。嗣后有移问事宜，应定限期。盛京于四个月内、宁古塔于五个月内即行咨部。上曰："盛京、宁古塔道路不为甚远，这定限四月、五月，时日太多，约限两三月亦已足矣。可令大学士等交与刑部另议。"

是日，上奉太皇太后驻跸董家林。

初八日乙巳　上奉太皇太后驻跸良乡东北长新店。

初九日丙午　午时，上随太皇太后辇进阜成门，在京王以下文武各官于西安门外跪接。入西华门至慈宁宫，上亲掖太皇太后降辇入宫。上随诣太皇太后宫问安毕，回宫。

扈从起居注官牛钮、张玉书、常书。

初十日丁未　辰时，上御乾清门，听部院各衙门官员面奏政事毕，部院官员出。大学士、学士随捧折本面奏请旨。为九卿、詹事、科、道以海寇底定，天下升平，请加上尊号事。上曰："加上尊号典礼甚大，台湾属海外地方，无甚关系，因向未向化，肆行骚扰，滨海居民迄无宁日，故尔兴师进剿。即台湾未顺，亦不足为治道之缺。朕观古来史册，盛世无屡赦之事，此时虽颁赦加恩，小民未必均沾实惠。治天下之道，但求平易宜民而已，何用矜张粉饰？且吴三桂剿灭后，颁赦未久，今又以升平行赦，殊觉太烦。"大学士明珠奏曰："九卿官员之意谓平复滇南，虽有诏赦，海寇尚尔负固。今将历年海寇尽行招抚，德被无涯，自古未有海岛尽入版图、中外无一贼寇者，允宜加上尊号。"上曰："朕但愿以平易之道，图久安长治，不愿烦扰多事。"李霨奏曰："皇上洞见至理，所谕甚是。"上曰："尔等可以朕意传谕九卿、詹事、科、道知之。"

又议政王、贝勒、大臣会推汉军都统朱延禧告病解任员缺，正拟佐领雷继宗，陪拟副都统卢扬祖。上问："伊等何如？"大学士明珠奏曰："雷继宗在陕西地方大有效力之处。"上曰："朕闻雷继宗在陕西著有劳绩，进京之日，秦省士民及妇人小子号泣攀留，此人较前推正陪不更优乎？"明珠奏曰："前所推之人俱平常，此人素有劳绩。前张勇亦曾言，其在地方大有裨益。"上曰："此人想能胜都统之任，着补授都统。"

又兵部题正白旗蒙古副都统得尔德转补满洲副都统员缺，开列吏部侍郎额星格等。上取本亲阅曰："户部侍郎额库礼不宜于部院，着调副都统。"

又礼部以原任经略莫洛应否与谥具题请旨。上曰："尔等之意何如？"明珠奏曰："原任提督陈福因标下作乱被害，皇上悯其为国殒身，特赐世职，并给谥号。莫洛进兵时，提督王辅臣与之同行敌体，猝然发难，未及预防，遂尔致命，与防守疏忽、失误军机者有异，似应给与谥号。"上曰："朕意亦然。莫洛为国效力，提兵前进，被同行提督猝然反叛，遂致殒命，其情可悯，着仍给与他谥。"

巳时，上诣太皇太后、皇太后宫问安。

本日起居注官沈荃、阿山。

十一日戊申　辰时，上御乾清门，听部院各衙门官员面奏政事毕，部院官员出。大学士、学士随捧折本面奏请旨。为吏部题补广西巡抚郝浴病故员缺，开列学士王守才等职名。上问大学士明珠等曰："尔等意见若何？"明珠奏曰："广西省系边地，须得才能之人补授方为相宜。山东布政使施天裔为人既优，历俸又久，颇无过失，臣等公议此人似属可用。"上命以施天裔补授。

又题补工部员外郎刘锡病故员缺，正拟镶黄旗荫生赖达，陪拟刑部主事穆尔太。上曰："赖达庸劣，着以原品随旗行走。这员缺，着选择具奏。"

又兵部题补广西提督折尔肯病故员缺，开列总兵高登科等职名。上问："开列各员内孰可者？"明珠奏曰："左江总兵吉孙略为人颇优，劳绩甚著，此人似可。"勒德洪奏曰："赣州总兵许盛为人亦优，素多劳绩。"上曰："吉孙略甚优，许盛亦善，但提督内福建人太多，着将吉孙略补授。"

又刑部覆安徽巡抚徐国相题，在籍编修黄土埙等因坟地争告，请令该抚严审。上曰："外省绅衿之事，地方官少能从公审断，着差吏、刑二部贤能司官各一员前往察审。"

又福建总督姚启圣以己功让与提督施琅。上曰："姚启圣并未渡海进剿，今见台湾归顺，海寇荡平，妄言曾保举施琅，饰为无益虚辞，明欲以施琅功绩攘为己有也。"明珠、王熙奏曰："姚启圣并无功绩，乃言以己之功让与施琅，是即欲以施琅之功归之于己耳。"上曰："姚启圣前有议叙之旨，应停止。尔等将此意拟切责票签送进。"明珠等奏曰："臣等昨遵旨传谕九卿、詹事、科、道诸臣，诸臣言台湾虽在海外，乃以中国人历年占据，凭恃其险，侵扰沿海居民。今皇上指授庙略，剿抚兼行，海贼遂尔向化，皇上威德加于海外，自古以来未有能及者。臣等非不知皇上以简易之道治天下，不尚粉饰，唯皇上功德实越古昔帝王，非加上尊号，无以慰臣民仰戴之愿，伏望勉从臣等之请。"上曰："海贼乃疥癣之疾，台湾仅弹丸之地，得之无所加，不得无所损。若称尊号，颁赦诏，即入于矜张粉饰矣，是不必行。至张集所奏告祭之事，尚属可行，尔等拟票签送进。"

本日起居注官葛思泰、王封溁。

十二日己酉　辰时，上御乾清门，听部院各衙门官员面奏政事。

本日起居注官傅腊塔、徐乾学。

十三日庚戌　早，上御乾清宫，牛钮、张玉书、汤斌进讲：兑亨利贞一节、彖曰兑说也一节。上亲讲毕，讲官照常进讲。

辰时，上御乾清门，听部院各衙门官员面奏政事毕，部院官员出。大学士、学士随捧折本面奏请旨。为吏部题中允李录予升任员缺，拟检讨田成玉补授事。上问："尔等云何？"大学士明珠奏曰："田成玉前曾驳回，将秦松龄选择补用。"上曰："其次应升之人优长者甚多，着仍选择补用。"

又为刑部侍郎高尔位题参本部员外郎萨毕，以秋审事件，屡次催逼，出辞不逊，应罚俸一年事。上曰："此事如何？"明珠奏曰："闻朝审时，萨毕以未完事件向高尔位屡行催促，高尔位变色发怒，萨毕亦遂愤然争辨。司官向堂官如此对答，或应降级罚俸。"上曰："高尔位所参甚为不当，若将萨毕议罪，嗣后司官谁肯执辨？观此，则萨毕于办理事务尚是一优长之人。"明珠奏曰："圣谕极当。是日，学士席忒纳见高尔位忿怒是真。臣先在兵部时，学士阿兰泰等为司官，在臣等前变色争执，臣深嘉美之。"上曰："萨毕着免罚俸。"

本日起居注官朱马泰、严绳孙。

十四日辛亥　辰时，上御乾清门，听部院各衙门官员面奏政事毕，部院官员出。大学士、学士随捧折本面奏请旨。为宗人府题冬至祭陵寝，遣公乌友行礼事。上曰："祭祀陵寝关系典礼，公乌友幼稚无知，恐有错误，理应遣年长老成之人。尔等可传谕宗人府另拟具奏。"

又为拟补中允员缺事。大学士明珠等奏曰："臣等问翰林院学士等云，讲官内编修王顼龄俸次在前，为人亦优。不在讲官内者检讨李振裕学问为人俱佳。恭候皇上简用。"上问："李振裕何处人？"大学士李霨等奏曰："江西人。"上曰："李振裕朕亦知之，学问好，书法亦佳。"又问翰林院学士牛钮曰："所学何如？"牛钮奏曰："学问为人俱优。"上曰："此缺着将李振裕补授。"

又副都御史马世济疏参总督于成龙、中军副将田万侯事。明珠奏曰：

"臣等公议于成龙居官清廉，素有声誉，若以标下官被参之故，一并察议，似属未便。田万侯系被特参之人，应令该部察议。俟具奏之日，将于成龙居官善处批出，宽免为当。"上曰："尔等所议甚是，着依议。"

又谕："近见在内部院衙门事件渐次清厘，较前稍觉就理。在外直隶各省刑名等事，迟延日月者极多，甚至二三年不行完结者亦有之。若如此淹迟时日，则缘事小民无辜受累，而夤缘贿赂亦从此生。此事朕时切于怀，与其事发严究，何若剔除源本，使弊端永绝。曾经外任官员如李之芳等必知此情。由尔等传谕九卿、詹事及掌印不掌印科、道官，俱令齐集，将一切迟延事件作何永除弊源，着确议具奏。又近来除授广西、四川各官，有逾年不赴任旷职者，皆因地远缺丑，故尔延挨时日，生出别故罢去。接任之人，又复延迟不肯即行到任。应作何处置，着一并定议。"

巳时，上诣太皇太后、皇太后宫问安。

午时，上御懋勤殿，召大学士、学士等入，酌定在京秋审情真重犯。命大学士、学士等坐，上取各犯罪案逐一亲阅，再三详审。其情罪决无可恕者，俱定情真。内古纳杀主，拟凌迟一案。上曰："古纳虽经定罪，但始终未曾自认，情属可疑，故数年未决，可仍着监候，俟另有发觉，再行定夺。"又田大夺钱伤人一案。上曰："田大止夺人钱一千五百，因兵丁追获，一时情急，刀刺二人手腕。所夺之钱为数无多。"又王大、陈一龙、严达理、双代等骂主谋害一案。上曰："王大等虽坐骂主，欲行谋害，但未经承认，又未动手致伤。"又二汉、托克托和朱二等殴主案。上曰："虽据伊主供称，二汉等以头抵触，用手相持，但俱未承认，又无证佐。"又梁长寿人命一案。上曰："梁长寿与严自贵妻私通，杀死自贵，情殊可恶，但伊兄阵亡，情尚可悯。"又阎五指逃讹诈一案。上曰："阎五虽行诈，并未害人。"又张德、海色、徐尔济图、徐子等人命一案。上曰："张德等虽与郝大争斗，打死三人，但造意斗殴之处俱未承认。"又噶尔拜私造假印一案。上曰："噶尔拜私造假印，诓取库银二千余两，罪虽应死，但其情迫于贫困，以致妄为。"又黑子魇魅家主一案。上曰："黑子书符置依主衣襟内，魇魅伊主，情虽可恶，然不过愚妄无知，从来符咒岂有使人受祸之理？"又牙兔、五子、袁二、李二、七儿等偷盗仓米一案。上曰："牙兔等虽同谋偷盗，然为首止牙兔一人，可止将牙兔正法。"又张三人命一案。上曰："张三持木棍打李大，伤重致死，原无仇恨。"又李大、李二、李三、苏五、张大等人命一案。上曰："李大等虽与王强等争斗，打死开极等三人，但案内俞五已经正法，若复将伊等尽行正法，人数太多，似觉可悯。"又葛巴库人命一案。上曰："葛巴库因困迫不能还银，与硕色商议谋死阎兔。硕色不系造意之人，情有可原。"又孙连盛人命一案。上曰："孙连盛因刘大裸身入其院内，认以为贼打死，素无仇恨，情亦可原。"又万儿人命一案。上曰："万儿看守园地，因潘国辅动手先打，乘醉回打致死，并非首先行凶。"又李松骗卖一案。上曰："李松将本家之人骗卖，止得银五两，并非大恶，且银数甚少。"又王六骂主一案。上曰："王六虽坐辱骂伊主，并无证见。"又刘二人命一案。上曰："刘二因严二打其弟，一时忿怒，打严二致死，素无仇恨。以上田大等各犯俱应缓决。"又来柱、杨二回子、杜黑獭、刘光玉、李五等指逃讹诈二案。上曰："来柱并未得银，且为首之李有功已经正法。杨二回子等案内，为首杨五亦经正法，则为从者尚可从宽。"又李四人命一案。上曰："李四与袁回子斗殴，持锹柄相打，袁回子逾二十日身死，素无仇隙，且为日亦久。以上来柱等各犯俱着减等发落。"阅毕，上谕曰："人命事关重大，故召尔等入内殿共相商酌，稍有可原，即开生路。今日事繁时久，尔等可用饭去。"随命坐批本房，赐大学士、学士、记注官食并茶。

本日起居注官牛钮、秦松龄。

十五日壬子　早，上御太和门视朝。升转文武官员谢恩，次进贡额尔克达尔汉等行礼毕，赐茶。召额尔克达尔汉等至阶下，赐之。驾回宫。

少顷，御乾清门，听部院各衙门官员面奏政事毕，部院官员出。大学士、学士随捧折本面奏请旨。为吏部题户部侍郎宜昌阿革职员缺，开列候补侍郎祁通格等职名事。上曰："祁通格为人不堪，着以原品随旗上朝。这员缺着察部院年久郎中并巡抚职名具奏。"大学士明珠奏曰："现有候补巡抚土克善。"上曰："土克善亦不堪用，前在晋省官箴有玷。"明珠奏曰："前因土克善居官不佳，皇上累次谕及，圣见极是。"

上又顾大学士等谕曰："晋省雁平道张道祥声绩甚著，彼处人民尽皆称颂。"明珠、李霨奏曰："此人居官果优，臣等亦曾闻知。"王熙奏曰："张道祥家计充裕，故不剥小民，实心办事，民间感激。闻其父年老呈请终养，该抚因地方保留，将伊原呈发还。"上曰："朕幸五台询问百姓，共知有道臣张道祥，其巡抚、藩、臬尽皆不知。"明珠奏曰："小民至愚，善恶不能隐讳也。"

未时，上御景山内前殿，赐应召来朝科尔沁国和硕达尔汉亲王班第额驸，敖汉部落多罗郡王札木苏旗下喀尔喀多罗贝勒罗布藏、二品台吉达尔马达喇，进贡巴林部落四品台吉代奔等，阿禄科尔沁部落二品台吉特媚等，苏尼忒部落二品台吉崔斯等，札鲁特部落四品台吉拜星等，喀尔喀部落二品台吉把苏太等，札赖忒部落四品台吉洪果尔等，阿霸垓部落多罗卓礼克图郡王充旗下衮楚客那克楚等，吴喇忒部落四品台吉董等，克什克屯部落一品台吉阿与西等，土默特部落三品他布囊西达，柰曼部落多罗达尔汉郡王鄂其礼，科尔沁国辅国公和硕额驸图纳黑等食。

本日起居注官常书、曹禾。

十六日癸丑　早，上御乾清宫，讲官牛钮、张玉书、汤斌进讲：彖曰丽泽兑一节、初九和兑二节。

辰时，上御乾清门，听部院各衙门官员面奏政事毕，部院官员出。大学士、学士随捧折本面奏请旨。为户部议广西布政使崔维雅题参已故巡抚郝浴冒销钱粮七万余两、米七千余石，请行该督确察事。上以事关钱粮，命差吏、户、刑三部贤能司官各一员同往察审。

又五经博士程佳璠请复其祖颢、颐祭田，礼部议，照颜、曾、思、孟及仲氏例给与，内阁拟票以宋儒甚多，所引颜、曾等例不符。上曰："拟票极是。但汉、唐、宋皆有名儒，不应专指宋儒也。这本可发还该部。"

又刑部议兵丁穆尔浑于擂鼓台为贼所执，应立绞。上命从宽免死，减等发落。

又福建水师提督施琅请以援事道员周昌为厦门道，料理台湾粮饷。上问："周昌原参事如何？"大学士明珠等奏曰："审无入己之赃，援赦具题，部议尚未覆。"上曰："如此则周昌正宜用于此处，令其效力，可照施琅所题，补授厦门道。台湾转饷，事关紧要，倘该督、抚不能接济，必致贻误。且海上风涛不测，若无专管之官，或督运人员虑违期限，冒险前进，贻误益多。今令周昌专司此事，缓急随宜，庶于运饷有济。”明珠等奏曰：“上谕诚然。”

本日起居注官张玉书、阿山。

十七日甲寅 早，上御乾清宫，讲官牛钮、张玉书、汤斌进讲：九二孚兑吉二节、六三来兑凶二节。

辰时，上御乾清门，听部院各衙门官员面奏政事毕，部院官员出。大学士、学士随捧折本面奏请旨。为吏部题补户部侍郎二缺，遵旨察年深郎中及巡抚职名。上命户部侍郎二缺，一以礼部侍郎萨海调补，一以兵部侍郎库勒纳调补。其萨海缺，以督捕侍郎温代调补。库勒纳缺，以内阁学士阿兰泰升补。又曰：“阿兰泰为人甚优，劲直笃实，学士中办事能及阿兰泰者有之，至心术诚实，无阿兰泰比，不特胜于现在学士，即校从前诸学士亦优。朕惜其人，未令骤出。可将此旨于众学士前传与阿兰泰知之。”

又题补山东布政使施天裔升任员缺，正拟湖北按察使李世昌，陪拟江苏按察使金镇。又江西按察使章钦文升任员缺，正拟陕西榆林道王廷弼，陪拟甘山道胡悉宁。上问：“大学士云何？”明珠等奏曰：“布政、按察员缺，多令九卿会推。”上命九卿、詹事、科、道会同选择具奏。

又刑部题督、抚题参贪官，前参赃数多而后审赃数少者不一而足。嗣后有如此等情弊，经审督、抚各官应定处分条例。上问：“尔等所见何如？”明珠奏曰：“外省督、抚题参贪官，赃数参多审少者诚属有之。臣等满官之意以此奏为是。”上问汉大学士等曰：“尔等之意如何？”李霨、王熙奏曰：“督、抚题参贪官，赃数参多审少者虽真，然无处分之例，故参劾贪官止据访闻人告者甚多。今若定处分之例，恐反致惧罪，即有访闻，不敢遽行参奏。”上命九卿、詹事、科、道会议具奏。

又广东省强盗朱振声等五十四人合伙劫财，杀伤三十五命，俱拟立斩事。上曰：“此案决人太多。尔等云何？”李霨奏曰：“盗党五十余人，伤失主三十余命，情属可恶。”上曰：“朱振声等三十六人，着依部议。仔章等十八人，念系自首，着改为拟斩监候，秋后处决。”

巳时，上诣太皇太后宫问安。

未时，上御保和殿，赐湖广总督董卫国及进贡厄鲁特部落噶尔当博硕克图来使达木巴哈西哈及送回前差往赏噶尔当博硕克图祁他特等、厄尔克格隆等食。

本日起居注官葛思泰、邵英远。

十八日乙卯　早，上御乾清宫，讲官牛钮、张玉书、汤斌进讲：九四商兑未宁二节、九五孚于剥二节、上六引兑二节。

辰时，上御乾清门，听部院各衙门官员面奏政事毕，部院官员出。大学士、学士随捧折本面奏请旨。为刑部题兵丁花子逃入贼营，拟立绞，藉没家产，妻及未分家之子一并交与该管之主为奴事。上顾问："大学士等云何？"明珠奏曰："似此等事多有从宽减等发落者。"上曰："花子着从宽免死，减等发落为奴。余依议。"

又为銮仪卫使赵良栋告病乞休事。上曰："赵良栋自变乱以来，行间著有劳绩，着拟票优旨送进。"

又顾大学士等曰："直隶各省事件迟延日久，曾令九卿大臣议奏，所议若何？"明珠奏曰："臣等今早问九卿，云因各出己见，不能相同，方在画一定议。"上曰："凡议事从容酌定则能停妥，若仓卒具议，必不能当可。令九卿从容商酌，不必急迫，着以此意传谕知之。"又顾学士麻尔图曰："尔曾为布政使，外间事件延迟之故，想能洞悉。"麻尔图奏曰："有距省城八九百里者，有千余里者，行文提人须经月日，或有事不得已及事情重大者，亦每致迟延。"上曰："凡事各有限期，如限内不能完结，则应展限。观外间极小事件，亦迟延者有之。"又顾麻尔图曰："尔为布政使系举卓异之人，乃云必不得已而致迟延何也？"麻尔图奏曰："西安距汉中千二百里，遇雨水稽迟，或雪大不能行，以致迟误者有之。总以地方辽远而致迟误，不敢将事件迁延时日也。"上顾大学士等曰："外省布、按不畏罚俸者，以其与彼无损，所畏者唯在住俸停其升转而已。"勒德洪等奏曰："圣见极是。"

本日起居注官傅腊塔、归允肃。

十九日丙辰　早，上御乾清宫，讲官牛钮、张玉书、汤斌进讲：涣亨一节、象曰涣亨一节。上亲讲毕，讲官照常进讲。

辰时，上御乾清门，听部院各衙门官员面奏政事毕，部院官员出。大学士、学士随捧折本面奏请旨。为九卿、詹事、科、道会议工部题参司官硕色等，仍应照八法议处事。上问："此事尔等云何？"大学士明珠奏曰："前奉旨，被参官员不应照休致例处分。今九卿仍照定例议覆。"大学士李霨、王熙奏曰："官员以病题参，仍以原官休致，似有未合。"上曰："既属从前旧例，着从九卿议。此等以病参处官员不可令其闲住，或应令随旗上朝，或应专管一事。尔等交与该旗都统仍行稽察。"

又直隶巡抚格尔古德请以降调州同高荣仍留原任，吏部议不准事。上问曰："此人必有才能。"大学士李霨奏曰："高荣系通州州同，夙闻有理事之才。"上曰："此奏虽与定例不合，既该抚深知其人，具题请留，着留原任。"

又两广总督吴兴祚请以广州等七府沿海地亩招民耕种，户部议准事。上曰："前因海寇未靖，故令迁界，今若展界，令民耕种采捕，甚有益于沿海之民。吴兴祚所奏极是。其浙、闽等处亦有此等事情，尔衙门所贮本章关系海岛事宜者甚多，此等事不可稽迟。着遣大臣一员前往展立界限，应于何处起止，应于何地设兵防守，着详阅确议，勿误来春耕种之期。尔等可速行酌议来奏。"

又兵部议江西等处战伤残废官兵应赏给银两事。上曰："内有一等侍卫穆森因失马跌伤肩臂，已经具疏辞任。其所受箭伤甚微，乃向部中称中箭伤重，以致残废，实属可耻。观此，则诳称受伤者不知凡几矣。着将该都统、副都统、兵部堂官及穆森一并交与都察院严加察议。"

本日起居注官蒋弘道、朱马泰。

二十日丁巳　早，上幸南苑。酉时，回宫。是日，部院各衙门章奏俱交内阁。

本日起居注官牛钮、翁叔元。

二十一日戊午　早，上御乾清宫，讲官牛钮、张玉书、汤斌进讲：象曰风行水上涣一节、初六用拯马壮二节。

辰时，上御乾清门，听部院各衙门官员面奏政事毕，部院官员出。大

学士、学士随捧折本面奏请旨。为吏部题补内阁典籍穆席哈升任员缺，正拟中书觉和托，陪拟金达善。上问:“此二人何如？”大学士明珠奏曰:“此二人俱优。觉和托先曾陪拟票签侍读。”上曰 :“觉和托着补授典籍。”

又为刑部题强盗袁仲英、陈奕光、何亚晚、叶屎妹等拟立斩事。上曰：“此内叶屎妹年甫十五，幼稚无知，况伊供被袁仲英哄诱入伙，若与众贼一体正法，情殊可悯。着另拟具奏。”

谕毕，明珠奏曰：“开展沿海边界，应否差遣大臣，奉上谕，令臣等议。臣等公议，今海寇郑克塽归化，正是安集百姓之时，应遣大臣会同督、抚详酌定议为是。臣等之意，江南、浙江、福建、广东四省似应两省遣一大臣，或一省遣一大臣。”上曰：“似此等差遣去。大臣至彼地方，便悉情形，即可定议完结，于事甚为有益。前遣库勒纳往云南、贵州，交付数事，观其所议俱极允当。今沿海展界，着两省遣一大臣，从前存贮事件，俱交伊等定议。应遣大臣职名，着开列具奏。”

本日起居注官常书、王顼龄。

二十二日己未　早，上御乾清宫，讲官牛钮、张玉书、汤斌进讲：九二涣奔其杌二节、六三涣其躬二节。汤斌讲次节，有公尔忘私，国尔忘家等语。讲毕，上曰：“公尔忘私，国尔忘家，亦徒有此语耳。欲得其人甚难。”张玉书奏曰：“此全在居心如何，外貌殊难知也。”上曰：“一心为公能有几人？”玉书奏曰：“人臣能为公为国，则身名俱泰；一涉于私，则名败身裂，究竟于己无补。”上然之。

辰时，上御乾清门，听部院各衙门官员面奏政事。刑部为广西察审钱粮，以郎中希福、杨茂伦，员外辛宝、杜林引见。上问尚书喀尔图等曰：“伊等办事若何？”侍郎禅塔海奏曰：“伊等办事俱优。”上又问侍郎佛伦曰：“郎中希福办事若何？”佛伦奏曰：“希福历年既久，其人复优，最能办事。”上曰：“广西省分辽远，路途险峻，希福年老，且新从兵间来，不必遣往。辛宝年壮，着遣行。”佛伦奏曰：“臣等亦知希福年老，且新从行间来，但以其年久人优，故尔派出。”奏毕，部院官员出。

大学士、学士随捧折本面奏请旨。为吏部题督捕侍郎温代调补员缺，开列学士石柱等职名事。上曰：“通政司左通政达哈塔其人堪用，先在督捕时声名甚佳，着升授此缺。”

又为兵部题原任总兵官李之兰侄李承震、李承祖议革职，给该管之主为奴事。上曰：“李承震、李承祖着革职，其李之兰同产兄弟及亲伯叔子，俱从宽免给该管之主为奴。余依议。”

未时，上御保和殿，赐请安进贡喀尔喀部落土谢图汗族弟之子厄尔得尼绰克图阿海达尔麻札卜台吉、车臣汗次子厄尔得尼巴图尔彭楚克台吉、札萨克墨勒根诺颜之弟墨勒根台吉、厄勒克代青诺颜第三子墨勒根阿海台吉等食毕，复召四人至御座前，亲以酒赐之。

本日起居注官傅腊塔、潘耒。

二十三日庚申 早，上御乾清宫，讲官牛钮、张玉书、汤斌进讲：六四涣其群二节、九五涣汗其大号二节。

辰时，上御乾清门，听部院各衙门官员面奏政事。吏部等衙门以尚之信名下应入官之妇为都统赖塔带回，欲取口供，绿签请旨。上谕曰：“赖塔自福建直抵广东、云南，系效力勤劳，树立大功之人，带回妇人事甚微，无大关系，因此遂与众犯一同取供，觉有未当。如事有牵连，应取口供，尔等亲询，勿因取供，遂以无礼加之，致失朕眷顾功臣之意。”谕毕，部院官员出。

大学士、学士随捧折本面奏请旨。为吏部题内阁学士阿兰泰升任员缺，开列詹事阿哈达等职名。上曰：“阿哈达为人优长。尔等云何？”大学士明珠等奏曰：“阿哈达为人果优。”上命升补此缺。

又山东布政使施天裔升任员缺，九卿、詹事、科、道会推以湖北按察使李世昌拟正，广西按察使黄元骥拟陪。上问大学士等曰：“尔等知此正陪二人如何？”明珠等奏曰：“臣等不甚深知，九卿以为才能选举。”上问：“正推李世昌系何族？”明珠奏曰：“系都统诺迈亲弟。”上问：“黄元骥系何处人？”明珠奏曰：“福建人，前曾陪推一次。”上曰：“着以黄元骥补授。”

又江西按察使章钦文升任员缺，九卿、詹事、科、道会推，以江南分巡庐凤副使道孙兰拟正，广东分巡广南韶副使道金维藩拟陪。上问：“此二人何如？”明珠等奏曰：“臣等亦不深知。孙兰系副都统孙承祚之子。

金维藩系侍郎金世鉴之叔。”上曰：“孙兰年甚少。金维藩朝觐时，朕曾识之。九卿中系何人推举，可问明具奏。”

又为外省事件迟延时日，九卿、詹事、科、道等会议九款，缮写折子进呈御览。上问：“这所议尔等之意云何？”明珠奏曰：“臣等亦曾详议。皇上以人命事件重大，屡降谕旨。臣等之意，以事关人命，若限期太促，恐有不肖有司不能依限完结，惧获罪戾，因擅改罪犯口供，代为捏造，弊端丛生，小民反无辜受屈。因问李之芳，之芳云，人命事件原限一年，今议于六个月内完结，往返详驳，虽需月日，然六个月内亦无难于完结之处。至州、县词讼，原限一月，今议于二十日内完结，系伊等本身听理之事，照京城例，于二十日内完结，亦属无难等语。又所开七款，似亦可行，但须发上传，令遵旨具奏，通行直省，晓谕穷乡百姓，俾内外人民皆知皇上轸念人命、爱惜矜怜至意，始不敢稽迟时日。”上曰：“是。此事应晓谕内外小民，通行知悉。尔等写上传来看。”

巳时，上诣太皇太后、皇太后宫问安。

未时，上御保和殿，赐请安进贡喀尔喀札萨克图汗子噶尔丹台吉、族弟塞布吞阿海台吉食。召噶尔丹台吉、塞布吞阿海台吉至御座前，上亲赐酒。其随从人等引至槅扇下，跪饮毕。回宫。

本日起居注官牛钮、王鸿绪。

二十四日辛酉　早，上御乾清宫，讲官牛钮、张玉书、汤斌进讲：上九涣其血去逖出二节、节亨一节。讲毕，上问：“理学之名始于宋人否？”张玉书奏曰：“天下道理具在人心，无事不有，宋儒讲辨更加详密耳。”上曰：“日用常行无非此理，自有理学名色，彼此辨论益多。”牛钮奏曰：“随事体认，义理真无穷尽，不必立理学之名。”上又问汤斌云何。斌奏曰：“理学者本乎天理，合乎人心，尧、舜、孔、孟以来总是此理，原不分时代。宋儒讲理，视汉、唐诸儒较细，故有理学之名。其实理学在躬行，近人辨论太繁耳。”上曰：“朕见言行不相符者甚多，终日讲理学，而所行之事全与其言悖谬，岂可谓之理学？若口虽不讲，而行事皆与道理符合，此即真理学也。”张玉书奏曰：“皇上此言真至言也。理学只在身体力行，岂尚辞说？”奏毕，出。

辰时，上御乾清门，听部院各衙门官员面奏政事毕，部院官员出。大学士、学士随捧折本面奏请旨。为御史噶尔泰条奏张家口应添设章京、笔帖式、兵丁，兵部议不准行事。上曰："尔等之意云何？"大学士明珠奏曰："此等地方粮草颇贱，令兵丁驻扎，日用可以宽裕。且其地于京甚近，或有事调遣，亦不至迟误。"上曰："是。着议政王、贝勒、大臣会议具奏。"

又理藩院题詹齐布喀屯来使无噶尔当博硕克图信牌，不准入口，应令于归化城贸易即回。上曰："噶尔当来使方去未远，着差人往问。如果是彼处使人，仍令其入口贸易可也。"

又为会推江西按察使员缺事。上曰："九卿云何？"明珠奏曰："传问九卿云，户部侍郎李天馥、李仙根举孙兰居官颇佳，为人亦优。左都御史科尔坤亦称，奉差时曾见兰为人颇优，故行正拟。今年三十岁。"上曰："众既称优，着补授按察使。"

本日起居注官阿山、汤斌。

二十五日壬戌　早，上御太和门视朝。升转文武官员谢恩，次进贡厄鲁特部落噶尔丹台吉来使诺颜和卓等、喀尔喀部落土谢图汗族弟之子厄尔德尼绰克图阿海达尔马札布台吉等、车臣汗次子厄尔德尼巴图鲁盆出克台吉等行礼毕，赐茶。召诺颜和卓等至阶下，赐之。驾回宫。

少顷，御乾清门，听部院各衙门官员面奏政事毕，部院官员出。大学士、学士随捧折本面奏请旨。为兵部题设镇守爱浑等处将军，开列副都统席忒库等职名。上顾大学士等曰："宁古塔副都统萨布素为人甚优，以补此缺何如？"明珠奏曰："萨布素甚优，与将军职任相宜。"上命以萨布素补授将军。

又题设爱珲等处左翼副都统，开列侍郎额星格等职名。上曰："侍郎温代为人优长，不论何职皆堪任用，其家亦富厚，且能驭众，着调补副都统。"又题设右翼副都统，开列侍郎塞黑等职名。上曰："给事中雅齐纳为人壮健，家业殷富，着授副都统。"

又为刑部题老米踢中朱二致死，老米应绞，秋后处决事。上曰："朱二先持刀赶老米，被恩格忒踢倒，老米始行脚踢，误伤致死。该部并不详察情由，遽引斗殴律抵偿不符。"明珠奏曰："上谕极是。应驳回再议。"

上命改票送进。又为邵广生打死继母，应即凌迟处死事。上曰："邵广生打死继母，伊父供称不知，其中别有隐情亦未可定。人命关系重大，着再确议具奏。"

又贵州巡抚杨雍建请开销备造药铅及局房、铜碾等项所用钱粮，工部议不准行事。上曰："修制火药原不需用局房、铜碾，今杨雍建违例，请动钱粮，且所用火药价值太多，明系借端浮冒。着再议具奏。"

谕毕，明珠奏曰："督、抚入境题参属官，皇上命臣等议。臣等公议，凡属官贤否，必督、抚到任日久方能周知。若一入境，即欲深知其善恶实难。且题参时，不过据该省司、道揭报耳。此后督、抚入境题参似应停止，此段宜增入上传内。"上然之。

是日，赐琉球国进贡正使耳目官毛文祥，副使正议大夫蔡国器大彩缎各四表里、罗各三匹、靴袜各一双，都通事官王可法大彩缎一表里、毛青布四匹，从人十七名毛青布各四匹。

本日起居注官沈荃、葛思泰。

二十六日癸亥　早，上御乾清宫，讲官牛钮、张玉书、汤斌进讲：象曰节亨一节、象曰泽上有水一节。上亲讲毕，讲官照常进讲。

辰时，上御乾清门，听部院各衙门官员面奏政事毕，部院官员出。大学士、学士随捧折本面奏请旨。为兵部题补左江总兵官吉孙略升任员缺，开列副将唐光尧等职名事。上问："大学士等云何？"明珠奏曰："此内各员并无劳绩显著素有声望者。"上取本详阅姓名，问曰："贵州副将唐光尧为人如何？"明珠奏曰："此系旗下人，前经荐举卓异。"上曰："左江地土甚恶，唐光尧系旗下人，可胜此任。且贵州去左江不远，着补授。"

又刑部议茌平知县屠缃举首荆州防御克什图经过其地，以私事嘱托，克什图应交兵部议处事。上曰："此事着从部议。汉人官员举首满洲嘱托事情者甚少。观此，则知县屠缃是一有能之人，殊为可嘉！应行议叙，以鼓将来，庶嘱托之风可以少止。"

本日起居注官朱马泰、王封溁。

二十七日甲子　早，上御乾清宫，讲官牛钮、张玉书、汤斌进讲：初九不出户庭二节、九二不出门庭二节。

辰时，上御乾清门，听部院各衙门官员面奏政事毕，部院官员出。大学士、学士随捧折本面奏请旨。为吏部题赞善徐乾学升任员缺，以检讨田成玉拟补。上曰："翰林官才品优者为谁？"大学士李霨奏曰："翰林院前举王顼龄、李振裕二人。李振裕已升中允。"王熙奏曰："王顼龄甚优。"上曰："王顼龄着升补赞善。"

又工部降级郎中唐翰馥员缺，正拟督捕员外郎刘泽寰，陪拟王道熙。上曰："刘泽寰为人何如？"明珠奏曰："其人曾为典籍，尔时尚年幼，随升督捕衙门，臣不深知。前各部保举员外郎时，此人未曾保举。"上曰："伊桑阿称其才能，并言王道熙亦可用。"明珠奏曰："伊桑阿既经称荐，必有所见。"上曰："刘泽寰着升补郎中。"

又进呈谕祭提督赵应奎文稿。上阅毕，问："谁撰拟？"明珠奏曰："潘耒。"上曰："翰林官通晓满书者为文易于翻译，否则，未必能明顺。凡文章之士，有学问本优而不善为此种文字者，非其才之诎，亦所长不在此耳。此稿稍有未顺，可另派别员撰拟。"

午时，上诣太皇太后宫问安。

本日起居注官常书、徐乾学。

二十八日乙丑 辰时，上御乾清门，听部院各衙门官员面奏政事毕，部院官员出。大学士、学士随捧折本面奏请旨。为吏部题补副都御史吴琠丁忧员缺，除降级官不开列外，止列宗人府府丞李廷松一人。上命察其次应开各员具奏。

又兵部题补凤凰城防御吴里海休致员缺，正拟奉天将军坐名咨送八品笔帖式袁留，陪拟在京七品官佛保。上问："袁留如何？"大学士明珠奏曰："此即吴里海之子，臣未见其人。"上曰："朕向见吴里海，其人甚优。袁留系镶蓝旗人，可问侍郎阿兰泰。"

又广西提督折尔肯保举属弁林大中，兵部议，折尔肯于七月十一日病故，此本于初八日具题，疑有情弊，应行该督详察，所保举不准行。上曰："林大中效力之处甚多，可令来京陛见。其中有无情弊，着依部议行察。"

又福建提督施琅题，舟山等处伪总兵有兵丁船只在海岛者，俱遣人招抚，令聚集一处，以杜奸宄。上曰："施琅所奏招集各岛船只，筹划周详，甚为可嘉。此等现在海岛船只及伪官兵丁，着施琅严加确察，俱行收抚，务靖根株，勿致复贻后患。票签内可批出。”

又户部开列大臣职名，请遣勘海界事。上问：“汉官内谁可遣者？”明珠奏曰：“尚书李之芳极练达，但年稍长耳。侍郎李天馥、杜臻，学士孙在丰、胡简敬皆可遣。”上取职名亲阅，曰：“李之芳果年长。杜臻系浙江人，着同石柱往福建、广东。金世鉴、雅思哈着往江南、浙江。”

巳时，上御内殿，大学士、学士捧京城秋审情真重犯三覆奏本，面奏请旨。赐大学士等坐。上取招册置御案，逐一披阅，命大学士明珠依次陈奏，李霨持姓名单候旨，勾者即勾出。上曰：“鸟子因千金宝素相欺压，持通条忿击，千金宝伤重，越三日而死。二哥因积子借衣争斗，遂刀伤其胸肋，积子越七日而死。李二被主母追打，反走撞仆，并无抵击之处。狄尚礼醉后，忿金应诏诟骂，持棍击应诏伤重致死。冉凤吾助周维新谋杀陈北楼。麻子鸡奸王保住。谭蛮子拐卖大汉。又范来成、大小子、牙兔、白六、吕文学、刘亮采、王国严、布隆祖、连捷、郭二、张四、谭僧儿、冯有才、王国盛、孙三吉、李五、陈六、郭大、二马色、温七、阿颜等或盗窃银两至于满贯，或拐卖人口得财未伤人，或斗殴伤人而非立毙，或手执凶器而未杀伤。虽情罪真确，法当处死，而人命关系甚重，朕于一切应死人犯，尚有一线可生之路，即令缓决，饬所司再行研审。这各犯姑缓勾如何？”满汉大学士同奏曰：“各犯皆有应死之罪，但这次情真者尚多，伊等稍有可生之路，惟皇上姑缓其死，是法外之恩也！”上曰：“然。这各犯且姑勿勾。”大学士明珠又奏：“王保持斧砍死牙住，共伤二十七处。李良弼持铁尺击李耀宗，两腿俱折，又令张大以石灰揉其两目，耀宗越二日死。周维新造意令冉凤吾等斫死陈北楼。觉和罗因博罗和索银，持刀杀死，抛弃其尸，历审情真。”上曰：“这各犯尚有可原处否？”大学士等皆奏曰：“情实难逭。”又吉梦麟掘五服以内尊长坟，开棺见尸者凡七。上曰：“此真天下凶恶人也。”又田三掘其主坟，开棺窃取衣物。朱玺亦掘主坟墓，开棺劫财物，因盗取其靴，致两足俱断。上曰：“此事极惨。朱玺之罪视田三为更甚。”又朱四逃走缉获，夜杀其监守人刘二、四儿。学士孙在丰奏曰：“此人未经自认。”上曰：“虽未自认，而其事真，不容宽也。”又王三、杨住儿、猞儿、浑沙尔罢、高君美、王喜儿、登儿、李寿宝、张有功、加官、陈国良、葛巴库、王养民、陈八、毛登科、奎马立、三儿、刘应选、孙拜、尚大、梁奎、刘英、多尔济、何四、郭天方、杨光武、朱四、徐三、华秉彝、王四、周文斗、杜四、倪良瑞以上各犯，或谋杀，或故杀，或剜目，或刀刺，情罪真确，俱无可生之理。上反复招册，命俱处决。因谕曰：“两年未行秋决，故人数多。”众奏曰：“然。”于是大学士李霨等复加勘对，取覆奏本一一勾出，以授票本房。

上问：“近日河道如何？”学士胡简敬奏曰：“闻河道疏浚极深，黄流俱由故道入海。”上问：“深有几丈？”简敬奏曰：“但闻河道深阔，未悉知其丈尺也。”上又问：“历代漕运如何？”李霨、王熙奏曰：“前代皆不由黄河，黄河转运自明时始耳。”上曰：“专讲治河则顺水之性，谁不知之。正因用河济漕，逆黄水之性，故治河为难也。”

谕毕，赐大学士、学士及记注官茶，遂出。学士候勾本批发，即授监斩御史。

钦惟皇上圣德好生，哀矜庶狱，一岁之中，法司奏上重犯，改立决为监候，或免死减等者以数十计。及秋决时，逐案覆阅，顾大学士等再三询问，欲求所以生之之道，至万无可逭，乃置之于法。盖积三岁而论死者四十人。刑期于无刑，仁之至、义之尽矣。

未时，上御乾清门，赐敖汉一品台吉安达阿玉席等、郭尔罗斯部落二品台吉毕理昆鄂齐尔、科尔沁国无品台吉毕理孤达赖等、苏尼忒部落二品台吉顾鼐等、阿霸垓三品台吉吴尔兔等食。

本日起居注官张玉书、阿山。

二十九日丙寅 早，上御乾清宫，讲官牛钮、张玉书、汤斌进讲：六三不节若则嗟若二节、六四安节亨二节。

辰时，上御乾清门，听部院各衙门官员面奏政事毕，部院官员出。大学士、学士随捧折本面奏请旨。为吏部题补詹事阿哈达升任员缺，开列少詹喇巴等职名。上曰：“喇巴为人甚平常。侍读学士傅腊塔何如？”大学士勒德洪奏曰：“人亦堪用。”上曰：“诸人内傅腊塔年久，侍读学士常书学问优长。”随顾学士牛钮曰：“常书学问优，傅腊塔年久，然否？”牛钮奏曰：“常书学问实优，傅腊塔俸深于常书。”上顾大学士等曰：“傅腊塔历年既久，着升补此缺。”

又为云南布政使田启光丁忧员缺，正拟湖北按察使李世昌，陪拟江苏按察使金镇。上曰：“前九卿曾以李世昌推山东布政使，此缺着补授。”

又原任湖南巡抚韩世琦题长沙等二十州、县烟酒典铺增加税课，应于何年停止，请部定夺。部以大兵尚未全还，不便遽停。上曰：“此等杂税所征无多，别省方且停止，此处何独加征？尔等详议来奏。”

是日，赐湖广总督董卫国鞍马、撒袋、披领。

本日起居注官牛钮、严绳孙。

三十日丁卯 早，上幸南苑。酉时，回宫。是日，部院各衙门章奏俱交内阁。

本日起居注官傅腊塔、曹禾。

十一月

初一日戊辰 上以冬至有事于圜丘，斋戒三日，不理政事。

辰时，湖广总督董卫国以回任起程，奏请谕旨。上召至乾清门，谕之曰：“尔任外官二十余年，地方事宜、民生利病知之已悉，何待朕言。第督、抚为一省大吏，惟以奉公秉法，洁己爱民为要。从前用兵之际，未免驿骚闾阎。今幸天下承平，休养民力，乃治道第一义。何利当兴，何弊当革，俱宜从实详酌举行。惟时当承平，而常若民生未遂，民困未苏，则地方自然受福。若谓地方已经宁谧，不复时加体恤，则所失多矣。至一切事务本可速结者，自应速结。每见在外官员，故意迟延，致滋民累，尔宜申饬所属官员，各实心任事。”董卫国奏曰：“皇上明如日月，洞见万里之外，臣复有何陈奏，惟恪守圣谕，传饬各官，以期勉尽职业而已。”上又谕曰：“在外官员行事京师无不悉知。尔从前在任所行，朕皆洞晓。尔在军中克有劳绩，朕即发旨褒奖，嗣后务益加砥砺。尔为部院官亦久，在京部院大臣何须结纳。尔行事无疵，何畏人言；若行事失当，虽结纳大臣，亦复何益？”卫国奏曰：“臣蒙皇上屡次拔擢，以有今日，臣惟知敬奉朝廷，实不敢与诸大臣私相交结。”上曰：“前事不必复言，惟嗣后实心秉公，斯为尽职。”卫国奏曰：“臣敢不恪遵圣谕。”奏毕，驾回宫。命卫国留乾清门，赐食。食毕，出。

本日起居注官牛钮、张玉书。

初二日己巳　巳时，上诣太皇太后、皇太后宫问安。酉时，上复诣太皇太后宫问安。

本日起居注官葛思泰、归允肃。

初三日庚午　早，上于保和殿视郊天祝版，视毕，回宫。

午时，上诣太皇太后宫问安。

本日起居注官常书、邵英远。

初四日辛未　早，上以冬至，亲祀天于圜丘，礼毕，回宫。

本日起居注官牛钮、张玉书。

初五日壬申　早，以冬至节，上率诸王、贝勒、贝子、公等，内大臣、侍卫、大学士等诣太皇太后宫行庆贺礼毕，又诣皇太后宫行礼毕，回宫。

少顷，御中和殿，内大臣、侍卫及执事等官行庆贺礼毕，上御太和门，诸王、贝勒、贝子、公等文武官员等上表，行庆贺礼。次进贡札萨克图汗来使墨尔根斋桑等进年贡，厄鲁特部落薄硕克兔汗来使厄尔克达尔汉等行礼，次琉球国进贡耳目官毛文祥等行礼毕，赐茶。召喀尔喀部落来使墨尔根斋桑、厄鲁特部落来使厄尔克达尔汉、琉球国进贡耳目官毛文祥等至阶下，赐之。驾回宫。

未时，上御保和殿，赐请安进贡喀尔喀部落土谢图汗之子札郎阿厄尔得尼绰克图阿海达喇穆札布台吉等、车臣汗之次子厄尔德尼巴图尔喷楚克等食。命侍卫等于达喇穆札布、喷楚克等坐次赐酒。

本日起居注官朱马泰、翁叔元。

初六日癸酉　早，上御乾清宫，讲官牛钮、张玉书、汤斌进讲：九五甘节二节、上六苦节二节。

辰时，上御乾清门，听部院各衙门官员面奏政事毕，部院官员出。大

学士、学士随捧折本面奏请旨。为吏部题补副都御史吴琠丁忧员缺，开列宗人府丞李廷松等职名。上问大学士等曰："尔等之意若何？"明珠等奏曰："李廷松、张吉午等皆序俸历升此职。龚佳育似觉稍优，前以用人不论出身，故升补太常寺卿。但凭皇上简用。"上曰："李廷松、张吉午等俱属庸劣，龚佳育虽优，然以异途出身，现居之职于分已足。都察院衙门关系纪纲，身任言职，不可不选择贤才，尔等可将翰林院官及内升京堂官拟出来看。"又谕曰："太仆寺衙门关系马政甚重，卿色冷尚为尽力。少卿胡木、布席秦俱劣不能胜任。光禄卿荣国祚，太仆卿崔官、大理少卿张尚礼亦皆庸劣。此五人着罢任，随旗上朝，尔等可传谕行。"

本日起居注官傅腊塔、王顼龄。

初七日甲戌　早，上御乾清宫，讲官牛钮、张玉书、汤斌进讲：中孚豚鱼吉一节、象曰中孚一节。上亲讲毕，讲官照常进讲。

辰时，上御乾清门，听部院各衙门官员面奏政事毕，部院官员出。大学士、学士随捧折本面奏请旨。为偏沅巡抚韩世琦请停湖南当铺、酒铺增添税银，户部议不准行事。上问大学士等曰："尔等云何？"明珠奏曰："前因用兵之际，直隶各省加增当税、酒税并征烟税。今各处逆贼歼灭，天下荡平，所增税银似应停止。"上曰："然。可拟票签送进。"

又为刑部题原任包衣大阿林诳称世祖皇帝有旨，勿令伊子牧马，拟绞，秋后处决事。上曰："阿林可免死乎？"勒德洪、明珠奏曰："阿林乃一狂愚之人，以其诳言可恶，故部议处死。至于法外宽免，出自圣恩。"上曰："阿林从宽免死，着减等发落。"

又为山西巡抚穆尔赛察报地震压死人数事。上曰："先报地震之时，朕意以为偶尔微动。今观所奏甚惨，着尚书萨木哈带司官一员，明日即前往亲履详勘，应作何拯救，会同该抚确议具奏。"

谕毕，大学士明珠等奏曰："副都御史员缺，上命臣等于翰林官及内升官员内推举奏请。今臣等公举翰林官内王鸿绪，其人堪用，前曾参朱方旦、陆光旭等，所参之事关系甚大。其内升官员内薛柱斗为人亦优。惟皇上简用。"上问："翰林官亦可补副都御史乎？"李霨奏曰："学士徐元文先曾补左都御史。"上问："王鸿绪与徐元文系亲戚否？"李霨奏曰：

“元文苏州人，鸿绪松江人，不知其为亲戚否也。”上又问：“薛柱斗居官何如？”李霨奏曰：“居官尚佳。”吴正治奏曰：“薛柱斗自知县起家，居官有名。”上曰：“着察以次应升之人，再开来看。”

本日起居注官崔蔚林、葛思泰。

初八日乙亥　早，上御乾清宫，讲官牛钮、张玉书、汤斌进讲：象曰泽上有风一节、初九虞吉二节。

辰时，上御乾清门，听部院各衙门官员面奏政事。吏部为翰林院侍读学士傅腊塔升任员缺，将候补侍讲学士顾巴代引见。上问记注官常书曰：“顾巴代所学若何？”常书奏曰：“先在翰林时，臣常见其所翻讲章文义亦佳。”上曰：“其学问优长否？”常书奏曰：“较之常人亦云优矣。”部院官员出。

大学士、学士随捧折本面奏请旨。为吏部题补礼部主事松阿代升任员缺，正拟候补主事张悟礼，陪拟国子监助教齐什。上曰：“张悟礼为人庸劣，着以原品随旗行走。这员缺另拟具奏。”

又为兵部题补副都统萨卜苏升任员缺，开列侍郎色赫等职名。上曰：“雅秦为人甚优，才堪驭众，着升补副都统。”

又为国子监祭酒王士祯等题请孔庙用八佾礼，部议不准行事。上问大学士等曰：“尔等之意若何？”明珠奏曰：“八佾惟天子得用，孔子有圣人之德，而无天子之位，用之似乎未称。”上又顾汉大学士曰：“尔等云何？”李霨奏曰：“孔庙用八佾，原非古制，起自近代。部议似当。”吴正治奏曰：“圣人虽应尊崇，典礼亦须恰当。昔子路欲使门人为臣，孔子以为行诈。无其位而行其礼，正恐先圣在天之灵亦有不安耳。”上曰：“此事关系典礼，务须斟酌尽善，故与尔等商之。今既众议若此，着依部议。”

巳时，上诣太皇太后、皇太后宫问安。

本日起居注官常书、潘耒。

初九日丙子　早，上御乾清宫，讲官牛钮、张玉书、汤斌进讲：九二鸣鹤在阴二节、六三得敌二节。

辰时，上御乾清门，听部院各衙门官员面奏政事毕，部院官员出。大学士、学士随捧折本面奏请旨。为吏部题副都御史吴琠丁忧员缺，遵旨察以次应升职名，将右通政赵士麟等四人开列事。上曰：“伊等谁为可用？”大学士明珠奏曰：“前，上曾问汉大臣，共举赵士麟为优。”上问汉大学士等。李霨、王熙奏曰：“赵士麟为人素优，为知县时声名颇佳。”吴正治奏曰：“赵士麟在吏部亦有声誉，人品果优。”上曰：“赵士麟既优，着升补副都御史。”

又兵部题补镶黄旗蒙古副都统佛罗讷调补员缺，开列侍郎阿尔尼等。上曰：“这员缺着察闲散官内品大者及大臣开列来看。”

又镶红旗骁骑参领阿纳库调补员缺，平郡王以一等护卫济兰拟正，佐领瓦尔达拟陪；公苏努以佐领孙代拟正，费扬古拟陪咨送事。上曰：“参领乃系公缺，应以才力强健，多著劳绩，可以驭众者补授。前曾屡次传谕申饬，今伊等互相争执，两议咨部，殊为不合。着宗人府会同兵部、都察院严察议奏。”

本日起居注官阿山、汤斌。

初十日丁丑 早，上御乾清宫，讲官牛钮、张玉书、汤斌进讲：六四月几望二节、九五有孚挛如二节。

辰时，上御乾清门，听部院各衙门官员面奏政事毕，部院官员出。大学士、学士随捧折本面奏请旨。为吏部议广东巡抚李士祯大计册内称，学宫俱已修葺，今复请捐助修理，应将总督吴兴祚、李士祯降二级，罚俸一年，转详司、道等官降四级调用，加级、纪录准其抵销。上曰：“此事必有故，着该督、抚明白回奏，到日再行定拟。”

又理藩院题古北口外鞍匠村、西巴尔泰，喜峰口外王霸垓三处应添设驿站事。上曰：“此等边外添设驿站，使内地百姓迁住，则安业之人，家口搬移，甚为苦累。现今出兵带回之人无田产闲旷者甚多，此等人宜安插于彼处驿站。将奏本发回，着会同户部、内务府作何安插之处，再议具奏。”

上又问大学士等曰：“所修明史若何？”李霨奏曰：“草本已有大略，总裁官各行分阅，尚未互相参酌。自万历以及天启、崇祯，此三朝事繁而杂，尚无头绪，方在纂修。”上曰：“史为永垂后世之书，关系最重，必据实秉公论断得正，始无偏诐之失，可以传信后世。观今人于己作之文他人稍改字句，便不快意，有此理乎？凡所作之文岂有一字一句不可更改者？

当虚心，彼此互相推究，安得遂以己作执为尽善耶？”又顾学士牛钮等曰：“即如朕偶有所制之文，常付伊等参酌，有当更改之处，字句即行更定。”大学士李霨奏曰：“圣谕极当。己作之文岂可据以为是，必无可更改耶？”王熙奏曰：“汉人陋习，皇上知之最悉。如此者甚多，若以其所作之文为不善，应行更改，彼即视为寇仇，此皆偏私之见，非大中至正之理也。”上曰：“然。今观翰林官员所撰祭文、碑文，亦俱不乐改易。若不稍加更定，恐文章一道流于偏私矣！尔等将此语传谕修史各官知之。”

未时，复御乾清门，赐请安进贡喀尔喀部落古西斋桑博罗厄尔克下等食。

本日起居注官牛钮、秦松龄。

十一日戊寅 早，上御乾清宫，讲官牛钮、张玉书、汤斌进讲：上九翰音登于天二节、小过亨一节。

辰时，上御乾清门，听部院各衙门官员面奏政事。吏部侍郎杜臻、内阁学士席柱等以奉差广东、福建，展沿海边界，面请谕旨。上曰：“迁移百姓甚为紧要，应察明原业，各还其主。可传谕该督、抚，务令安插得所。一切事宜可与将军施琅会商。”杜臻等奏曰：“此事先经广东总督吴兴祚陈奏，今臣等欲先往广东。”上曰：“尔等何以必先往广东？”杜臻等奏曰：“福建督、抚现在料理海上事宜，恐其繁冗无暇，亦未可定，因此以先往广东为便。”上曰：“如此，尔等可先往广东沿海各处，若皆亲到，则抵闽当在来岁四五月。琼州诸处尔等亦去否？”杜臻等奏曰：“该督原题内并未言及琼州，臣等至地方相酌事宜。如应臣等亲行阅视，则臣等分往，如应遣司官往视，则分遣司官，惟力是视，务在速行而已。其与督、抚会商迁移事宜，亦应令与施琅会议。”上曰：“施琅于沿海岛屿情形无不悉知，今在台湾，可移文会商。尔等承兹委任，宜思各立人品，勿似宜昌阿妄行鄙事也。”杜臻奏曰：“皇上轸念沿海百姓疾苦，察给原业，俾遂生理。一切要害地方，设兵防守，期于万世太平。臣等仰体皇上睿怀，自当与督、抚诸臣会同详议奏闻。”席柱奏曰：“臣蒙皇上特遣，惟谨识圣谕，竭力图效。”奏毕，出。

大学士、学士随捧折本面奏请旨。为议政王、贝勒、大臣会议夸兰大刘济清自南漳败回襄阳，应立绞事。上曰："刘济清本一微贱之人，从宽免死，着与该管之主为奴。其原任都统范达礼隐讳刘济清等败北事，不行举报，议政王等又不行议及，殊属不合。着再议具奏。"

本日起居注官朱马泰、王封溁。

十二日己卯　早，上御乾清宫，讲官牛钮、张玉书、汤斌进讲：象曰小过一节、象曰山上有雷小过一节。上亲讲毕，讲官照常进讲。

辰时，上御乾清门，听部院各衙门官员面奏政事。工部侍郎金世鉴、都察院左副都御史雅思哈等奉差往江南、浙江展沿海边界，面请谕旨。上曰："迁移百姓，事关紧要，当察明原产给还原主。尔等会同总督、巡抚安插，务使兵民得所。选择尔等前往，须廉洁自励，勿如前差往大臣所行鄙琐。"雅思哈奏曰："臣等惟谨遵圣谕，竭力自效，安敢行私。"奏毕，出。

大学士、学士随捧折本面奏请旨。为吏部题补太仆寺少卿觉罗西秦解任员缺，以宗人府员外郎罗达拟正，太仆寺员外郎吴西哈拟陪。上曰："御前侍卫杨舒为人颇优，亦能办事，着补授此缺。"

又议政王、贝勒、大臣会议尚之孝不愿在京效力，托言欲守陵寝，应革职。其五子一并交与内务府。其余诸弟调取进京，分拨入旗。上顾大学士等曰："尔等之意若何？"明珠奏曰："臣等之意伊等理应正法。皇上已经免其死罪，应作何处分，总在圣断。"上曰："尚之孝从宽免入内务府，着交与旗分。余依议。"

本日起居注官傅腊塔、归允肃。

十三日庚辰　早，上御乾清宫，讲官牛钮、张玉书、汤斌进讲：初六飞鸟以凶二节、六二过其祖二节、九三弗过防之二节。

辰时，上御乾清门，听部院各衙门官员面奏政事毕，部院官员出。大学士、学士随捧折本面奏请旨。为吏部题补工科掌印给事中雅齐纳升任员缺，将吏科给事中阿兰泰补授。其正黄旗旗分员缺，正拟督捕员外郎班代，陪拟工部员外郎法宝。上曰："言官职掌紧要，着拣选具奏。"

又兵部题补銮仪使赵良栋告病员缺，开列銮仪卫旗手卫冠军使苏宏化等职名。上曰："林兴珠自投诚以后，在湖南军前著有劳绩，现在随旗行走，着补此缺。”

又翰林院题补原任经筵讲官温代员缺，开列尚书哈占等职名。上曰：“尔等曾试令讲书否？”大学士明珠奏曰：“臣等曾令面讲。阿兰泰声音颇佳，向日曾读本章，但今少患嗽耳。常书前舌音微浊，以今观之音亦明亮，想温习已久。其葛思泰、阿山吐音俱佳。”上曰：“常书所学亦优，此缺着以常书补充。”

又原任湖南巡抚韩世琦为调补四川巡抚，具疏谢恩事。上曰：“四川边方要地，数年遭罹兵燹，地方凋残，人民疲困，若该抚不能身率下僚，竭力整顿，急拯百姓，则生灵未必得所。韩世琦乃一有才之人，但不知其能清廉自守，表率属吏，以尽厥职否也。此意可即于此疏内批出否？”明珠奏曰：“皇上谕旨，即批发此疏有何不可。”上曰：“可将此意拟旨票进。”

巳时，上诣太皇太后宫问安。

本日起居注官牛钮、蒋弘道。

十四日辛巳　早，上御乾清宫，讲官牛钮、张玉书、汤斌进讲：九四无咎二节、六五密云不雨二节、上六弗遇过之二节。

辰时，上御乾清门，听部院各衙门官员面奏政事毕，部院官员出。大学士、学士随捧折本面奏请旨。为吏部题补光禄寺卿荣国祚解任员缺，开列左通政陈寿、右通政徐元珙职名。上问：“尔等云何？”大学士明珠奏曰：“陈寿为人平常，徐元珙自口北道捐马内升。此缺似可以内升布政使薛柱斗补授。”上曰：“然。薛柱斗着补授。”

又国子监祭酒王士祯等题先贤三冉子牌位应旁注姓名，两庑先贤应增书某子。又汉儒田何、明儒曹端等十人，应增入从祀。明儒辛全所著之书，应行收采。礼部复议俱不准行。上问：“尔等之意如何？”明珠奏曰：“先贤应否书名，从前亦屡经讲求，而定其增入从祀事。明史现在纂修，俟成日再行酌议。部议似当。”上问汉大学士等曰：“尔等云何？”李霨奏曰：“先贤名次定议已久。明朝讲学之人甚多，其是非难以遽定，应俟史书告竣之日再议。”上曰：“然。着照部议。”

又会同翰林院题覆治理历法南怀仁疏，所请以西洋穷理学书刊刻颁布，议不准行。上曰：“此书内文辞甚悖谬不通。”明珠等奏曰：“其所云人之知识记忆皆系于头脑等语，于理实为舛谬。”上曰：“部覆本不必发南怀仁，所撰书着发还。”

又都察院议原任侍卫穆森等诳称，被伤残废，应革职交与刑部；都统巴浑代等未经详勘，应各降四级调用；兵部侍郎郭丕等亦应各降一级，罚俸一年留任；郎中达汉泰等勘伤不实，应各降四级调用；郎中鄂屯等不行详察，应各降二级留任。上曰：“穆森等诳称是实，着照议交与刑部。观达汉泰乃一气傲之人，办事未必谨慎，着降级调用。余俱依部议降级，从宽免留任。”

大学士等又奏：“太仆寺少卿员缺，上命臣等公举。臣等公议，少卿员缺，原应员外郎升补。今举工部员外郎敖拜，其人颇优，办事有能。员外郎尔黑图曾充侍卫，其人亦优。伏候皇上简用。”上曰：“敖拜为人可用，着补授此缺。”

本日起居注官葛思泰、王鸿绪。

十五日壬午　早，以天气严寒，上不御门，命部院章奏俱送内阁。

未时，上御乾清门，赐请安进贡喀尔喀部落扎萨克图汗之次子噶尔丹台吉、族叔塞布屯阿海台吉，乌诸穆秦部落一品台吉苏玛第等，科尔沁国四品台吉图霸等，苏尼忒部落四品台吉扎尔布等，敖汉二品台吉丹津等，四子部落四品台吉莽虎等，柰曼部落三品台吉萨尔塔哈等，扎鲁特部落三品台吉卜颜图等、四品台吉色尔古棱等食。召噶尔丹台吉、塞布屯阿海台吉至御座前，上亲赐酒。

本日起居注官阿山、严绳孙。

十六日癸未　辰时，上御乾清门，听部院各衙门官员面奏政事。

本日起居注官傅腊塔、曹禾。

十七日甲申　早，上命内官翟进忠传谕讲官，今天气严冷，可停进讲，俟明春开印时请旨。

辰时，上御乾清门，听部院各衙门官员面奏政事毕，部院官员出。大学士、学士随捧折本面奏请旨。为吏部题补翻译汤古忒国书添设教习，正拟郎中班第，陪拟中书巴图赖。上曰：“班第于汤古忒书义何如？”大学士明珠奏曰：“臣等曾问伊等，学习汤古忒书诸人，班第比众人为优。”上曰："班第人亦堪用，着添补教习。"

又为广东督粮道蒋伊捐纳加级事。上曰："蒋伊系贫寒之士，何能捐纳多金？尔等之意若何？"李霨等奏曰："捐纳加级向有定例，蒋伊原照定例捐纳。"上曰："尔等可察蒋伊为御史时条陈本章来奏。"

又户部为给事中屠粹忠条陈钱法事宜，应制三样钱式；其盐差应令买铜。户部议不准行事。上曰："定议钱法奉行已久，再行更张，恐或不便。尔等之意若何？"明珠奏曰："圣谕极当。所以臣等拟照部议。"李霨奏曰："钱法再行更改，于闾阎甚为不便。"王熙奏曰："盐法关系甚巨，买铜关系尚细。若令盐差办铜，窃恐有妨鹾政。"上曰："似应从部议。屠粹忠向者条陈事宜无甚紧要，人亦庸常，着照部议。"

又兵部题覆马化龙等辱骂杭严道王梁，应监候，秋后处决事。上曰："马化龙等辱骂职官，殊为可恶！此所议允当。其将军乃镇守地方大僚，所辖兵丁并伊家人应严行钤束，乃并不禁约，听伊家人任意行凶，不合。着再议具奏。"

又刑部题笔帖式宁住、四哥等，内有文武各官，不便遽议，请交吏、兵二部革职，到日再行议处事。上曰："此案内诸人专以赌博为事，行事凶恶，无所不至，不当留住京师，应遣发乌喇，令披甲效力。"

本日起居注官牛钮、徐乾学。

十八日乙酉　辰时，上御乾清门，听部院各衙门官员面奏政事毕，部院官员出。大学士、学士随捧折本面奏请旨。为户部奏销湖南康熙二十一年钱粮事。上曰："此内钱粮数目可相符否？"明珠奏曰："臣等取部中案卷与题本磨对，条款皆属相符。"上曰："户部钱粮浩繁，易致朦混，每于销算中多生弊窦。尔等传谕户部堂官，务期严加厘剔，以清弊源。若仍不悛改，必照处分工部之法处之。"

又为兵部题镶蓝旗前锋侍卫雅哈升任员缺，正拟三等护卫达善，陪拟护军校赛柱。上曰："尔等曾问明否？"明珠奏曰："臣问本旗都统根特、护军统领额黑纳等，皆言正拟达善有战功十余处，人亦壮健。"上曰："达善素善射，可着补此缺。"

又为盛京防御萨穆哈告病员缺，正拟萨穆哈养子山代，陪拟候补南泰。上曰："防御一官有防守之责，山代尚系稚子，安能胜任此缺？着选择贤能官员另拟具奏。"

又为三法司议谋叛散札之孙德、夏伯甫俱应立斩事。上曰："此系愚民无知，一时妄行，着从宽免死，发与宁古塔等处新满洲为奴。"

本日起居注官常书、邵吴远。

十九日丙戌　辰时，上御乾清门，听部院各衙门官员面奏政事毕，部院官员出。大学士、学士随捧折本面奏请旨。为吏部题工部侍郎苏拜调补员缺，开列内阁学士石柱等职名事。上问："巡抚亦可用否？"大学士明珠等奏曰："惟皇上简用。"上曰："甘肃巡抚巴锡如何？"明珠奏曰："前为御史时虽才不甚长，亦能办事。"上又问学士麻尔图："尔在陕西，知其居官如何？"麻尔图奏曰："居官甚佳。"上曰："然耶，果佳耶？"麻尔图奏曰："臣在任未甚久，闻之人言，皆称其居官之善。"上曰："朕闻其家计极富，何云居官甚佳？此等人若久留地方，必为百姓之累。工部事务繁剧，可补此缺。令其在内效力，试而观之。"

又谕曰："陕西省满洲官员，从无居官声誉如莫洛之为总督者。"明珠奏曰："直隶巡抚格尔古德亦有善名。"王熙奏曰："其人操守清廉。"上微哂曰："此密迩京师故耳。凡在外官员必持己廉洁，爱养小民，不多事滋扰，方于地方实有裨益。不然，鲜不为民累矣！"大学士等奏曰："诚然。"

又为蒋伊捐纳加级事。上曰："尔等云何？"明珠奏曰："蒋伊条奏内言，自古无捐纳之例。汉、唐、宋以来，捐输济国用者亦多，所言实属太过。"上曰："蒋伊为言官时，指陈铨政，则极言捐纳之非。今乃身自为之，殊属不合。这加级不准行。"

又三法司议迟二等四人劫夺一案，应立斩事。上问："尔等之意如何？"明珠奏曰："从前盗案，似此饥寒困迫劫夺米粮者，多蒙圣恩宽贷，改为监候。"上曰："迟二等可改为应斩，着监候，秋后处决。"

巳时，上诣太皇太后宫问安。

本日起居注官张玉书、朱马泰。

二十日丁亥　辰时，上御乾清门，听部院各衙门官员面奏政事毕，部院官员出。大学士、学士随捧折本面奏请旨。为吏部题补工部员外郎敖拜升任员缺，正拟主事廖哈，陪拟伊图。上问大学士等："廖哈为人何如？"明珠等奏曰："臣等未悉其人，但历年甚久。"上顾记注官葛思泰问曰："廖哈何如？"葛思泰奏曰："为人平常。"上曰："不但平常，且甚庸劣，着以原品随旗行走。其陪拟伊图为人颇优，着补授此缺。"

本日起居注官葛思泰、翁叔元。

二十一日戊子　早，上御乾清宫，大学士勒德洪、明珠，学士图纳捧折本面奏请旨。为吏部题补兵部郎中达汉泰降调员缺，正拟宗人府员外郎觉罗罗达，陪拟太仆寺员外郎乌西哈。上曰："罗达一庸劣之人。尔等云何？"大学士勒德洪奏曰："罗达果属庸常。"上曰："此系察哈喇之子。察哈喇为人既属平常，且又贪婪。罗达着随旗上朝。乌西哈何如？"勒德洪、明珠奏曰："乌西哈在太仆寺衙门，臣等不知其人。"上曰："此缺着选择具奏。"

又议正白旗原任副都统博济拜他布勒哈番，令伊孙富泰承袭。上曰："此职令富泰承袭，博济曾有遗言乎？"勒德洪、明珠奏曰："未尝闻有遗言。"上曰："既无遗言，汤鼐现管佐领，此职应令伊弟承袭，择其已成立者与之。况汤鼐本身既为佐领，世职又令伊子承袭，竟置其弟于不问，甚为非义。着再议具奏。"

又兵部题补正蓝旗护军参领阿洛锡病故员缺，正拟二等护卫阿喇米，陪拟三等护卫额衣图。上曰："阿喇米效力颇多。其胜统驭与否，还应询问。"

又川陕总督哈占题请将游击冯德昌补授副将，部议不准行。上曰："冯德昌才力壮健，颇效劳绩，着补授副将。"

又刑部题陆道清以伪总兵投诚，令其招抚吴三桂，不能招抚，反受伪将军职衔，应拟立斩，妻子交与内务府。上曰："陆道清投诚后又受伪将军职衔，理应正法，但系土司，其妻子免行入官可乎？"明珠奏曰："圣谕极当。若将伊妻子入官，恐失土司之心。"上曰："此案俟三法司会议具奏时，再行酌夺。"

又左副都御史赵士麟疏奏，斋戒官员甚少及执事人役亦应令其斋戒事。上曰："所奏甚是。祭祀须极加虔洁。朕观凡祭祀之所，朕躬诣后方寂静无声，朕未到之先，往来行走，谈笑之声不绝。及祭毕回銮之时，即嚣然紊乱而行，不按旗分次序，摩肩挃踵，殊无礼容。甚至随从人役各寻伊主，将大臣官员拥挤。着严行定例，祭祀之所，非令其严肃不可。”明珠奏曰：“臣等原拟：此本说的是。票签后又议，皇上因祭祀之处紊乱不肃，业奉旨严饬，故拟该部详议票签。”上曰：“还着增票这本说的是。”

辰时，上诣太皇太后、皇太后宫问安。

以平定海寇，祭告孝陵，由东华门出东直门，驻跸夏店。是日，巡视京通各仓监察御史任玥等、副将郭惠等、顺义县驻防防守尉巴郎等来朝。

本日起居注官阿山、王顼龄。

二十二日己丑 上驻跸蓟州城内。是日，蓟州知州杨天佑等来朝。

二十三日庚寅 上率王、内大臣、侍卫、部院大臣官员诣孝陵，行三跪九叩头礼，奠酒三爵。上及王、大臣、侍卫官员俱举哀毕。如仁孝皇后、孝昭皇后陵奠酒三爵，上及王、大臣、侍卫官员俱举哀。

是日，上驻跸马兰峪城内。

二十四日辛卯 上率扈从王、内大臣、侍卫、部院官员诣孝陵，陈玉帛，读祝大祭。

晚刻，上御行宫，扈从内阁大学士明珠，学士麻尔图、席忒纳捧折本面奏请旨。为刑部议穆森谎称被创身废，哄骗银两，拟枷号两月，鞭一百；萨木哈等分别枷号鞭责事。上曰：“穆森前曾在康亲王属下军前，并无效力之处，而诳称被创身废，情属可恶，着依部议。萨木哈等前曾被创，日久平复，亦未可知，着从宽免罪。”

又三法司议吴月喜果系反贼吴之茂之子，拟立斩事。上问曰：“此事如何？”明珠奏曰：“此等人前多有宽免，交总管内务府者。”上曰：“此等人何足算，着从宽免死，交与该衙门。”

是日，驻跸汤泉。

二十五日壬辰 早，上分遣扈从王、内大臣、侍卫、部院官员半往仁孝皇后、孝昭皇后陵陈玉帛，读祝大祭。

是日，上驻跸汤泉。

二十六日癸巳 上乘祭告之便，巡幸边界，驻跸罗文峪口内。是日，遵化州知州韦国佐、游击沈得胜等、罗文峪守口防御萨海等来朝。

二十七日甲午　上出罗文峪口，驻跸沙河峪。晚刻，上御行幄，内阁大学士、学士捧折本面奏请旨。为九卿会推湖北按察使李世昌升任员缺，将浙江宁绍道王垓拟正，陕西甘山道胡悉宁拟陪。上曰："王垓、胡悉宁人俱庸常，此缺着再行会推。"

又左都御史科尔坤等条奏捐纳官员，停其保举，俟大计之时严核优劣，吏部议覆准行事。上曰："此系更改定例之事，着九卿、詹事、科、道官员会议具奏。"

又左都御史徐元文题参候补御史萧鸣凤为知县时贪赃，现丁母艰，蔑礼宿娼事。上曰："萧鸣凤所行甚为秽恶，着交与该巡抚严审具奏！"

二十八日乙未　上入龙井关口，驻跸汉儿城西。是日，松棚路都司金英等来朝。晚刻，赐扈从侍郎、学士、卿、讲官、郎中等十三人兔、雉各一。

二十九日丙申　上于三屯营西北山殪一虎。是日，上驻跸三屯营城内。三屯营副将黄国昌等来朝。

三十日丁酉　驾幸米峪口，驻跸米儿峪北。

晚刻，上御行幄，内阁大学士、学士等捧折本面奏请旨。为议政王、贝勒、大臣会议伯穆赫临在祖山头等处地方败北，因功罪相抵，其阵亡之处，仍应议叙事。上曰："穆赫临行事甚为乖戾，前曾各处败北。在海澄时，身为兵主，不能预先防剿贼寇，及赖塔等往援，又不从内冲出，坐误军机，陷没城池，丧失许多士卒。议政王等反欲将彼议叙，何耶？"明珠奏曰："穆赫临两次交锋，俱行败北，又不能固守海澄，彼之事迹失多得少。"上曰："行军之道，机会决不可失。穆赫临贼至时，理应奋力剿杀，乃坐城中若不知者。其下官兵屡次请战，竟尔不从。后被贼围，赖塔等来援，若内外夹攻，贼亦易破。赖塔等再三移文，令其杀出，反谓其众曰：我等何须力战？赖塔等兵甚多，彼若不救我等，其罪大矣！及城陷后方自尽，此亦可谓之阵亡乎？穆赫临之罪甚大，这所议尚轻，可将议政王等拟切责票签，令再严议。"

又兵部覆总督于成龙将沙缸应修应毁题请定夺事。上曰："沙缸关系军务甚要，总督于成龙并不查明，草率朦混奏请，殊为不合。着拟严饬票签。”

是日，太平路都司程应运等来朝。

十二月

初一日戊戌　车驾自米峪口回，仍驻跸三屯营城内。

初二日己亥　上于遵化州北山殪一虎。是日，上驻跸遵化州城内。

初三日庚子　上驻跸汤泉。

初四日辛丑　早，上因将还京师，率王、内大臣、侍卫、部院官员诣孝陵奠酒三爵，上及王、大臣、侍卫官员俱举哀毕。如仁孝皇后、孝昭皇后陵奠酒三爵，上及王、大臣、侍卫官员俱举哀。上复亲至乳媪奉圣夫人坟前奠酒。

是日，驻跸孙家庄西北。

初五日壬寅　上驻跸蓟州城内。

晚刻，赐扈从内大臣、大学士雉各二，侍郎、一等侍卫以下，六品官员以上，雉各一。

初六日癸卯　上驻跸三河县城内　。

初七日甲辰　未时，上由东直门进东华门，诣太皇太后、皇太后宫问安毕，回宫。

扈从起居注官常书、朱马泰。

初八日乙巳　辰时，上御乾清门，听部院各衙门官员面奏政事毕，部院官员出。大学士、学士随捧折本面奏请旨。为都察院左都御史徐元文条奏，旗下官员应守制三年。九卿会议祖父母、父母之丧，应在家守孝三月，不入署理事。满三月后，令入署理事，居家仍令守制三年。上问：“尔等云何？”大学士明珠奏曰：“孝道本期各尽。但满洲官员文武互用，有文职补武职者，亦有武职补文职者，难以一例。且人人素日整理盔甲器械，以备不时出征围猎，若准令守制，则于公事多废矣。”上曰：“然。着从九卿议。”

又题补湖北按察使李世昌升任员缺，正拟福建延平建宁道许弘勋，陪拟江南驿盐道黄桂。上曰："前此推举王垓、胡悉宁者为谁？问明来奏。"

又吏部题督捕笔帖式桑额打死家人，未经报部，拟降一级留任事。上曰："观桑额打死家人，不行报部，乃最凶恶之人。此等人不可留在部院衙门用，着革职。"

又兵部议伪将军柏成功革职归旗事。上曰："尔等之意如何？"明珠奏曰："臣等以为所议尚轻，伊原系职官，褫革之后不即回旗，私自在外。值吴三桂反叛，遂行从贼，授伪将军，理应处死。但皇上将此等人曾经免死，似应入官。"上曰："尔等所言极当。着再议具奏。"

午时，上诣太皇太后、皇太后宫问安。

本日起居注官傅腊塔、王鸿绪。

初九日丙午　辰时，上御乾清门，听部院各衙门官员面奏政事毕，部院官员出。大学士、学士随捧折本面奏请旨。为吏部题补甘肃巡抚巴锡升任员缺，开列候补巡抚土克善等职名事。上问："布政使内孰可者？"大学士明珠奏曰："布政使巴锡到任未久，希格甫经赴任，那鼐并未闻其居官善状。"上又问曰："按察使内孰可者？"明珠奏曰："按察使索尔孙缘事议革职，蒙皇上宽免。叶穆济、库尔康为人堪用。"上曰："叶穆济为人既优，着即补授甘肃巡抚。"

又兵部议阿思哈尼哈番孙延昌应革职，交与内务府。上问曰："尔等之意若何？"明珠奏曰："孙延昌即孙延龄之兄，同伊弟反叛，凡事倡率妄行，情罪甚为可恶，非可留之人，所议似尚轻。"上曰："然。虽人命所关，亦不可不量情以为轻重，此人所行甚可恶。这本着发还该部，再议具奏。"

又三法司议伪将军陆道清拟立斩事。上问曰："尔等云何？"明珠等奏曰："陆道清乃土司内一奸狡之人，辜负皇上不杀之恩，两次授伪将军，法不可赦。"上问汉大学士等曰："尔等云何？"李霨等奏曰："陆道清罪大难赦。"上曰："尔等所言极当。陆道清乃土司中反复不常，极悖戾之人，着依部议。"

又逃人牙住拟立绞事。上问曰："尔等之意若何？"明珠等奏曰：

“前此等军前逃窜之人，皇上亦曾有宽免者。”上曰：“牙住着从宽免死，减等发落。”

又明珠等奏曰：“臣等遵旨问推举王垓、胡悉宁者为谁，九卿等称，都御史徐元文、尚书朱之弼以伊等贤能举出，故臣等公推。”上曰：“王垓为科员时，朕所洞悉，其人庸常。徐元文、朱之弼何以知其贤而举之，且正陪俱系山东人，是何意见？着问徐元文、朱之弼来奏。”

又问条奏捐纳官员满三年保举者为谁，九卿等称，“系杨雍建、张问政条奏。”上曰：“前伊等条奏时亦令九卿会议，朕曾有谕旨，此事若行，必滋弊端。九卿俱执言可行，故尔准行。今观此事果有营求徇庇情弊，此处尔等可问前议此事九卿官员来奏。”

又以司尔珵、司尔珪问钦天监监正安泰等，据言，司尔珵、司尔珪皇上知之甚悉，伊等所学既优，人亦厚重。叶钟龙等所学甚劣，为人乖张，即留衙门亦属无益，请将伊等革退，另补学习优通之人，方于监务有裨。上曰：“司尔珵、司尔珪着革职，从宽免责留衙门。余俱依部议。”

本日起居注官葛思泰、汤斌。

初十日丁未　辰时，上御乾清门，听部院各衙门官员面奏政事毕，部院官员出。大学士、学士随捧折本面奏请旨。为吏部题原任甘肃巡抚巴锡因保题游击张所钦，议将所加五级销去二级留任事。上曰：“巴锡将不应保举之人保题，殊属不合。应不准行。着将所加五级尽行削去，留任。”

又议政王、贝勒、大臣会议，盐山岭地方未曾收取都统伊理布等骸骨，将亲随兵丁贾麻塞、尔格、星塞俱即行处斩事。上曰:“伊等俱系微贱之人，此等罪犯前皆减等发落。着将贾麻塞等三人从宽免死，减等发落。”

又兵部议舒玉昆、李臻因诬告土司阿五叛逆，拟处死。其总兵张永祥用非刑拷讯阿五，亦应处死事。上曰：“总兵乃边疆大吏，因用非刑拷讯阿五，遽议处死，土司意气骄纵，渐至不遵法纪，亦未可定。这所议太过，将原本发回，着该部另议具奏。”

又大学士明珠等奏曰：“臣等将推举王垓、胡悉宁缘由问徐元文、朱之弼，据伊等称，王垓为人老成年久，其次胡悉宁亦属年久，故行推举。其俱系山东人，原未计及。”上曰：“王垓甚属庸劣。观徐元文、朱之弼等推举，或有情弊亦未可定，着该部察议具奏。其所改推许弘勋等亦着驳回，另行推举。”

又奏曰：“臣等将前此捐纳官员应行保题之故询问与议九卿官员，据伊等云，我等彼时意谓捐纳官员着令保题，或于事有益，是以定议。今观果有营求徇情之弊，上谕极是，我等有何可辨？”上良久曰：“此事着依议完结。”

本日起居注官牛钮、归允肃。

十一日戊申　辰时，上御乾清门，听部院各衙门官员面奏政事。

本日起居注官阿山、王封溁。

十二日己酉　早，上御保和殿，视平定海寇告祭天地太庙社稷祝版毕，回宫。

辰时，上御乾清门，听部院各衙门官员面奏政事毕，部院官员出。大学士、学士随捧折本面奏请旨。为吏部题补升任翰林院学士张玉书员缺，开列侍读学士朱之佐等职名。上曰：“尔等以为孰可用者？”大学士明珠奏曰：“翰林官员皇上尽知，惟候睿裁选用一人。”上曰：“翰林学士职掌甚要，内阁学士孙在丰在讲筵年久，学问优长，着调补翰林院学士。”

又为江南江西总督于成龙，因将标下副将田万侯妄行之处未行察出，议解任休致。其田万侯应交与兵部事。上曰：“于成龙居官素佳，从宽着留任。田万侯着依议。”

又理藩院郎中班第升任员缺，将员外郎穆珠瑚拟正，费颜图拟陪。上曰：“尔等曾问过否？”明珠奏曰：“曾问尚书阿穆瑚琅等，据伊称，穆珠瑚先从刑部坐名选择为臣衙门员外郎。自到衙门后，才堪办事，故将穆珠瑚拟正。其费颜图较穆珠瑚稍为不及，故拟陪。”上曰：“穆珠瑚先在何衙门，尔等知之否？”勒德洪奏曰：“先为吏部笔帖式，后升国子监，为人朴实谨慎。”上曰：“穆珠瑚为人既优，着补授郎中。”

未时，上御景山内前殿，赐请安进贡札萨克二品台吉博尔博克等，克什克屯协理旗下事务四品台吉班第等，翁牛忒部落三品台吉吴兰等，土默特部落一品塔布囊班第、二品台吉鄂齐尔等，苏尼忒部落四品台吉达西等，吴喇忒部落协理旗下事务四品台吉卓莫等，喀喇沁部落四品塔布囊巴三纳第等食。

是日，赐京口将军杨凤翔鞍马、撒袋、披领。

本日起居注官常书、秦松龄。

十三日庚戌　辰时，上御乾清门，听部院各衙门官员面奏政事毕，部院官员出。大学士、学士随捧折本面奏请旨。为礼部议覆副都御史赵士麟条奏，凡祭坛庙礼毕后，有喧哗失仪、奔走越次者，应行禁止等事。上曰："祭祀之事，昭格神明，关系大典，宜加严肃。近观朕未至坛庙之先及礼毕以后，陪祭官员有高声疾呼，不按班次，甚为失礼。务期进退行止有序，方称诚敬之意。"满汉大学士等奏曰："圣谕极当。臣等每见坛庙礼毕之后，扈从内大臣、侍卫及诸王护卫、陪祭官员等，有喧哗越次者甚多。"上曰："祭祀不过一日，应尽诚敬之道，宜严行禁约。着该部再加详议具奏。"

又三法司议孙四盗取伊主包裹骸骨衾褥，应拟斩，秋后处决事。上曰："凡奴仆殴骂伊主者立行斩绞。今孙四抛弃伊主骸骨，盗取衾褥，甚于殴骂，该部何得以平人之律拟罪耶？人命虽重，法难宽宥。前朕幸西山时，曾有似此一案，令九卿会议，至今朕尚有未惬于心。尔等再行详议具奏。"

又为科臣任辰旦条奏，提督施琅所保周昌系被参之员，线一信系丁艰之官，施琅虽建大功，不宜干预此事。此二员或即行解任，或俟事平令其罢职，仰候睿裁事。上曰："这本说的是。尔等云何？"明珠奏曰："前奉谕旨，因海氛未靖，凡施琅所奏事宜不许掣肘，一概准行，此乃皇上破格录用。嗣后料无此录用之例，亦无有如台湾之事也。"上曰："本内有应守持满之道等语，其意甚善。这本着票：知道了，该部知道。"

本日起居注官蒋弘道、朱马泰。

十四日辛亥　辰时，上御乾清门，听部院各衙门官员面奏政事毕，部院官员出。大学士、学士随捧折本面奏请旨。为吏部题补陕西按察使叶穆济升任员缺，将郎中色黑拟正，监察御史单毕拟陪。上曰："此缺着九卿等将通晓汉文之人会推具奏。"

又议政王、贝勒、大臣会推正红旗蒙古都统殷图升任员缺，将护军统领纪尔他布拟正，副都统胡霸拟陪。上曰："纪尔他布材力壮健，为人颇优，着补授此缺。”

又三法司议王好胜打死奸尼姑之僧人义然，拟立绞事。上曰：“王好胜乃一豪侠之人，见僧义然非礼妄行，一时逞怒，殴打致死，遽拟立绞，情属可悯。着改为秋后处决，临期尔等启奏从宽减等。”

又科臣任辰旦条奏请减苏松钱粮额数事。上顾问大学士曰：“尔等之意若何？”明珠奏曰：“苏松钱粮自明初以来相沿已久，蒙皇上轸念民生困苦，屡次谕及，今应否量减，出自睿裁。”上曰：“蠲免钱粮必使民沾实惠，方为有益。尔等会同户部堂官，将现征钱粮数目及水旱蠲免实数查明来奏。”

未时，上御景山内前殿，赐浙江荆州总兵官陈世凯、江西南赣总兵官许盛食毕。召入殿内，谕曰：“自吴逆叛乱以来，盗贼窃发，地方不宁。尔等提兵征剿，僇力用命，扫荡逆氛，建立功绩，朕甚嘉之。但为将之道，务在戢兵爱民，使兵民相安，则地方受福，汝等亦可永保勋名。朕每见功大者易生骄傲，以致文武不和，地方多事，尔等当以此为戒。”陈世凯奏曰：“臣等微末弁员，荷蒙皇上隆恩，擢授总兵之职，惟有一点血诚报效主上，臣等有何功劳，皆赖皇上神筹妙算，令群盗殄灭，疆宇廓清。即如台湾八十余年余孽，全岛来归，自此海不扬波，野无遗寇，皇上洪福齐天。臣等今日幸得亲觐龙颜，更承天语训诫，敢不凛凛遵守，仰副圣怀。”上顾记注官曰：“陈世凯所奏良是。”傅腊塔奏曰：“臣前奉差福建时，闻陈世凯为人健壮，著有劳绩。以今观之，果系一有志之人。”上颔之。是日赐陈世凯、许盛鞍马各一匹。

本日起居注官傅腊塔、沈荃。

十五日壬子　早，上御太和门视朝。升转文武官员谢恩，次进贡厄鲁特部落厄尔克巴图尔济农下来使阿齐图达尔汉噶巴楚等、厄鲁特部落詹济布喀屯下来使厄尔克鄂木布等行礼，赐茶。召阿齐图达尔汉噶巴楚等、厄尔克鄂木布等至阶下，赐之。驾回宫。

少顷，御乾清门，听部院各衙门官员面奏政事毕，部院官员出。大学士、学士随捧折本面奏请旨。为三法司议孙四应拟斩，秋后处决事。上问曰：“尔等所议如何？”大学士明珠奏曰：“凡奴仆殴骂家主立行斩绞。

其孙四抛弃伊主骸骨，盗取衾褥，情殊可恶，所议觉轻。”上曰：“奴仆发掘家主坟墓，抛弃骸骨，情罪重大，较之殴骂家主更为可恶，律内止定监候不符。此案着九卿、詹事、科、道会同确议定例具奏。”

本日起居注官葛思泰、严绳孙。

十六日癸丑　辰时，上御乾清门，听部院各衙门官员面奏政事毕，部院官员出。大学士、学士随捧折本面奏请旨。为议政王、贝勒、大臣会议虎祐诺尔地方墨尔根台吉下来使赛桑和硕齐等陈奏，伊车臣鄂不布代青台吉在时，曾于西宁等处效力有功，恳请黄成耳滩地方，不准行事。上曰：“墨尔根台吉之父虽有边疆效力之功，黄成耳滩乃边内之地，若照所请，许墨尔根台吉在彼游牧，蒙古与民人生计不同，断不可容其住牧边内，以启后日衅端。今止应酌量奖赏，不宜使之内地游牧。至会议本内未将伊父功绩议及，可将此本发回，令将车臣鄂木布代青台吉功绩添入。具题之日，应以奖赏及不宜在内游牧缘由票出。”

又礼部题正黄旗副都统卜舒库应否与谥事。上曰：“卜舒库行间效力有年，且其人甚优，着与他谥。”

巳时，上诣太皇太后、皇太后宫问安。

本日起居注官阿山、翁叔元。

十七日甲寅　辰时，上御乾清门，听部院各衙门官员面奏政事毕，部院官员出。大学士、学士随捧折本面奏请旨。为吏部题补内阁学士孙在丰调补员缺，开列内阁侍读学士吴兴祖等职名。上曰：“尔等之意若何？”大学士明珠奏曰：“此开列内皆皇上所素知。臣衙门学士必得通晓满文者，于批红办事有益，仰惟皇上酌量简用。”上曰：“庶子王鸿绪虽不在开列内，人品学问俱优，以之补用可乎？”明珠等奏曰：“圣鉴极是。王鸿绪果优。”上曰：“此缺着王鸿绪升补。”

又都察院以蓟州各处粘贴称颂歌谣，将知州杨天佑议革职事。上曰：“地方官员果能爱养百姓，实心任事，声誉自然著闻，不在各处粘贴歌谣，且闾阎小民亦不能为文。朕观其称颂德政之文，俱系大计考语，愚民何由而知？此必杨天佑自行买名，定非实事。但未闻其居官有不善之处，这本内事情，着该抚严察，具题到日再行议奏。”

本日起居注官牛钮、曹禾。

十八日乙卯 辰时，上御乾清门，听部院各衙门官员面奏政事毕，部院官员出。大学士、学士随捧折本面奏请旨。为吏部题福建总督姚启圣病故员缺，或开列满洲或开列汉军、汉人请旨事。上曰："浙、闽两省可共设一总督否？"大学士明珠等奏曰："臣等之意福建海寇近始投诚，台湾等处又新设官员，凡事俱系创制，且设总督理事，俟一二年后再裁此缺似便。"上曰："闽省现有安插投降人员等事，仍设总督为宜。浙省总督施维翰为人颇优，亦堪任事，即调补福建总督。可票拟优旨来看。"

又为给事中索泰、莫大勋，御史李绍闻明知武生李傅等控告之事，该巡抚未经审结，违例接受代题，将索泰等俱拟革职事。上曰："索泰、莫大勋、李绍闻各降三级，罚俸一年留任。"

又陕西巡抚鄂恺题请蠲免汉中兴安等处应征荒地逃丁钱粮，户部议准行事。上曰："这所蠲数目太多。外官先如此等谎报，后以人丁蕃育，荒地开垦，自冒功者甚众。"又顾学士麻尔图曰："此非尔任内事耶？"麻尔图奏曰："臣在任时交与道员行查，恐有虚冒情弊，屡经驳回，道员仍依前报。此本系臣来后所奏。"上曰："此等事不察明惩创不可，着遣户部贤能司官一员详加察核具奏。"

又为兵部题大定总兵官张永祥革职员缺，或开列参领，或开列现任副将请旨事。上曰："此缺着将裁缺滇西总兵官郭秉贞补授。"

未时，上御景山内前殿，赐进贡吴喇忒部落四品台吉董格等，翁牛忒部落三品台吉阿喇善、四品台吉沙尔嘉等，阿霸垓二品台吉秉，土默特部落四品台吉希德、副都统鄂尔者，苏尼忒部落二品台吉巴札尔、副都统莽呼，克什克屯四品台吉喇西希布等，札萨克四品台吉诺策矣，柰曼部落三品达尔汉当席喇及居驻代哈地方头目喇嘛丹津格隆，苏尼忒部落头目喇嘛孙都普格隆等食。

本日起居注官常书、王顼龄。

十九日丙辰 辰时，上御乾清宫，大学士勒德洪、明珠，学士图纳、麻尔图捧折本面奏请旨。为宗人府题正蓝旗辅国公华善叩阍，请以本身随旗上朝，以其子于内廷末班效力，议准行事。上问："此事始末如何？"

大学士明珠奏曰："先是，辅国公华善之父阿拜，率领太祖皇帝所赐二佐领归正黄旗，随旗上朝效力。阿拜乃太祖皇帝之子，原系别授分封，不在属下之列，是以宗人府议准行。"上曰："如此看来甚属屈抑，着依议行。"

又为兵部题补京口总兵官刘选胜病故员缺，开列副将刘体君等职名事。上曰："尚有劳绩胜此辈者，现今尚有总兵官一缺，尔等俟开印时，将各省副将察明来奏。此二缺用一旗下人，用一汉人。"

又为原任提督折尔肯保举副将林大忠、齐人龙来京考试，骑步射俱属平常，议不准保举事。上曰："此辈曾在行间，著有勤劳，若不录用，殊觉屈抑，俱着降补，以参将等缺用。"

又为刑部题明罪囚四十余人，在狱毙故。上曰："人命关系重大，无辜枉死，上干天和。朕念狱中犯人自作罪孽，理固应死，但恐死于非命，曾命御医给与药物疗治有疾之人。闻今岁狱囚患病者甚多，何故不将现给医药疗治此辈耶？秋决之犯尚不及四十余人，今乃病死若干人犯，岂皆其命耶？朕心甚为不忍，此皆该部怠忽之故。尔等可传刑部堂官，降朕谕旨，严加申饬。令伊等不时亲自巡视，仍令该管官员加意存恤，无致滥毙，以副朕慎重人命至意。"

是日，巳时，封印。上不御乾清门听政。

本日起居注官朱马泰、潘耒。

二十日丁巳　本日起居注官葛思泰、归允肃。

二十一日戊午　巳时，上诣太皇太后宫问安。

本日起居注官傅腊塔、汤斌。

二十二日己未　本日起居注官阿山、王封溁。

二十三日庚申　本日起居注官牛钮、秦松龄。

二十四日辛酉　本日起居注官沈荃、葛思泰。

二十五日壬戌　早，上幸南苑。酉时，回宫。

本日起居注官朱马泰、严绳孙。

二十六日癸亥　巳时，上诣太皇太后、皇太后宫问安。

本日起居注官常书、曹禾。

二十七日甲子　本日起居注官傅腊塔、王项龄。

二十八日乙丑 本日起居注官阿山、潘耒。

二十九日丙寅 巳时，上诣太皇太后宫问安。

午时，以岁除，上御保和殿，赐朝正外藩蒙古左翼科尔沁国和硕卓里克图亲王杜尔巴、和硕达尔汉亲王班第额驸、辅国公土那黑额驸、一品台吉喇第、四品台吉胡必图等，苏尼忒部落多罗杜棱郡王阿玉锡、多罗贝勒布木布、四品台吉钵尔济稽尔，蒿齐特部落多罗郡王车卜登、四品台吉伊礼札尔布，札鲁特部落多罗贝勒札木、多罗达尔汉贝勒巴达礼、护国公毛奇他特、二品台吉毕礼克图，乌朱穆秦部落多罗贝勒敖齐礼图、一品台吉吴达喇希，翁牛忒部落多罗贝勒厄林臣，喀喇齐礼克护国公奇他忒，土默特部落固山贝子衮济斯札布、三品塔布囊阿穆胡朗，郭尔罗斯部落辅国公蟒萨，四子部落四品台吉沙礼，右翼鄂尔多斯部落和硕亲王顾鲁、多罗贝勒达尔札、多罗贝勒顾鲁什奚布、二品台吉巴苏图、三品台吉库退、四品台吉崩苏，科尔沁国多罗札沙克图郡王鄂齐礼、一品台吉纪尔第、三品台吉布达，敖汉多罗郡王札木苏，喀尔喀部落多罗卓里克图郡王顾鲁什奚、多罗贝勒索诺木、固山贝子巴忒马、一品台吉额林臣，阿霸垓多罗郡王沙克沙僧格、达尔汉贝子车林东鲁布、一品台吉达尔马，阿巴哈纳尔多罗贝勒那木喀尔、四品台吉土巴泰，札赖忒部落固山贝子那孙，巴林固山贝子温冲、四品台吉阿第思等，吴喇忒部落护国公查木察、四品台吉董等，喀喇沁部落护国公吴忒巴喇、三品塔布囊班第等，克什克屯四品台吉巴塔马，阿鲁科尔沁国二品台吉坤忒尔，杜尔伯特四品台吉达礼，归化城都统吴巴什并住札虎祜诺尔地方厄鲁特部落达赖属下顾鲁木锡台吉，内大臣、侍卫、满汉大学士、上三旗都统、尚书、副都统、侍郎、学士宴。上进酒，作乐。召外藩王、贝勒、贝子、公等及顾鲁木锡台吉至御座前，上亲赐酒。又召内大臣、大学士、都统、尚书及外藩台吉至御前，赐酒。又命副都统、侍郎、学士、侍卫等至殿前阶下，赐酒。宴罢，群臣谢恩，上回宫。

本日起居注官牛钮、翁叔元。

伏惟皇上御极之二十有二年，万方宁谧，百度厘举。治化翔洽，文轨齐同。民康物阜，远至迩安。边徼要荒，至于海隅出日，享王职贡罔不来庭，甘雨和风罔不濡被。皞皞熙熙，世称极治焉。向年以来，三逆反侧，尽皆削平，惟台湾远在海洋，出没岛屿，自明迄今，沿海为扰。皇上轸念闽疆民困，亟思登之衽席。咨于廷议，断自宸衷，命将出师，指授成画。今年六月，一鼓而下澎湖，声威震詟台湾，余众投戈顿颡，归命恐后。海波不扬，鲸鲵尽息，盖自古未登版图者，咸沐浴圣泽于光天化日之下，猗欤盛矣！夫幅帧如此之广远，谟略如此之布昭，仁恩如此之溥遍，岂无所以致此者？盖武功皆由于文德，而大业实本于小心。我皇上勤于政，则宵旰不遑也；典于学，则寒暑无辍也。一话一言，罔非六经之旨；一举一措，咸合万姓之心。内而庶司积弊，剔之必尽；外而守令课绩，核之必详。藩臬入觐，面陈利病而咨诹之;提镇陛见，差别功劳而宠锡之。至于军功叙录，虽末弁微劳，不遗纤细，人皆鼓舞思效焉。他如漕运河工，披图省览；土司边卫，遣官区画。秦陇民劳，预免徭赋；晋省地震，发赈蠲恤。神周万几之余，而明见万里之外，措施未有不悉当者。尤念升平之时，宴安为戒，加意励精。肃吏治，省刑名，申谕再三，务期案无留牍，讼无留狱。俾吏称其职，民安其业，囹圄空虚，庶几刑措之风将见。天庥洊臻，民气和乐。席丰持泰，立纲陈纪。治定功成，礼明乐备。悉由时几交敕之一心，以裕亿万年有道之长。珥笔诸臣发扬盛美，登之简册，诚有书不胜书者哉！

[标点全本]

康熙起居注

徐尚定 标点

第三册

人民东方出版传媒
東方出版社

康熙帝西洋版画像

铜板雕刻，纵37.5厘米，横25厘米。法国巴黎吉美博物馆藏。

康熙帝赐年遐龄楷书“明法直绳”横额

洒金笺本。纵70.5厘米，横166.5厘米。

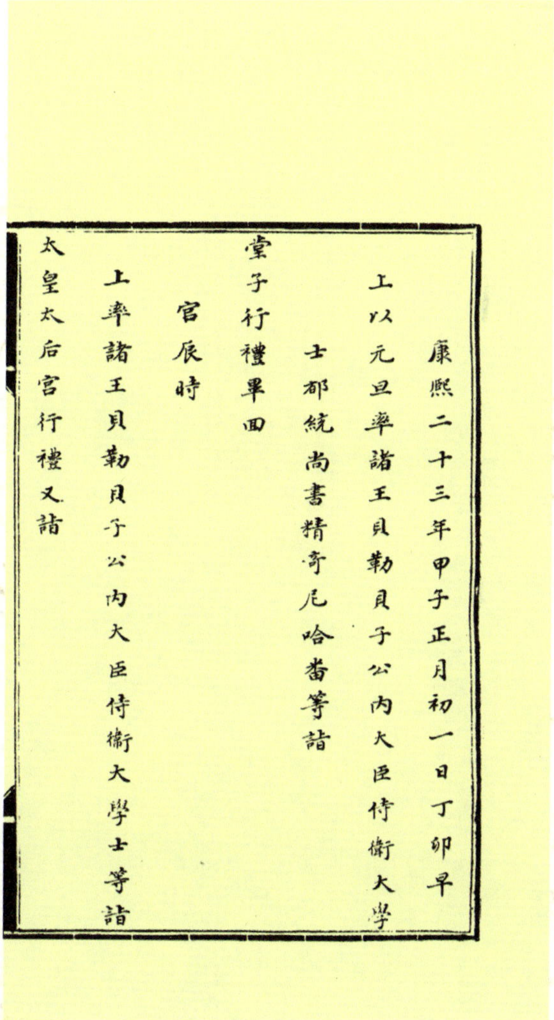

康熙二十三年甲子正月初一日丁卯早

上以元旦率諸王貝勒貝子公內大臣侍衛大學

士都統尚書精奇尼哈番等詣

堂子行禮畢回

宮辰時

上率諸王貝勒貝子公內大臣侍衛大學士等詣

太皇太后宮行禮又詣

《康熙起居注》二十三年正月首页

“佩文斋”印

第三册目录

康熙二十三年　甲子

正　月/001　二　月/009　三　月/020　四　月/035
五　月/050　六　月/060　七　月/067　八　月/077
九　月/088　十　月/103　十一月/112　十二月/123

康熙二十四年　乙丑

正　月/140　二　月/145　三　月/155　四　月/172
五　月/184　六　月/192　七　月/199　八　月/202
九　月/204　十　月/222　十一月/238　十二月/256

康熙二十五年　丙寅

正　月/270　二　月/276　三　月/291　四　月/304
闰四月/315　五　月/332　六　月/342　七　月/357
八　月/366　九　月/370　十　月/382　十一月/392
十二月/401

康熙二十六年　丁卯

正　月/414　二　月/422　三　月/433　四　月/443
五　月/453　六　月/464　七　月/479　八　月/487
九　月/492　十　月/496　十一月/502　十二月/511

插 图 目 录

康熙帝西洋版画像……85
康熙帝赐年遐龄楷书“明法直绳”横额……86
《康熙起居注》二十三年正月首页……87
“佩文斋”印……88
康熙十年月蚀图……89
地球仪……90
方矩度象限仪……91
木盒套装15件绘图仪器……92
钦定仪象考成赤道星图……93
几何原本……94
数表·度数表……95
新法历书……96
翰林院编修仇兆鳌奏为趋赴行宫未能进见上疏自劾折……97
安徽巡抚刘光美奏闻地方情形事折……98
密谕王鸿绪密奏京中可闻之事……99
江西巡抚郎廷极奏请将大理寺卿等现任官员发下质审折……100
署理偏远巡抚王度昭奏报地方情形折……101
江南提督师懿德奏为请将松江行宫交地方有司承管折……102
直隶巡抚赵弘灿奏为密陈部臣苛求陋规情形折……103
直隶总督赵弘燮奏为遵旨不敢信用巡道徐炯折……104

闽浙总督范时崇、福建巡抚黄秉中奏报泉州府陈五显等
聚众抗官情形折……105
闽浙总督范时崇、福建巡抚黄秉中奏报泉州府陈五显等
聚众抗官情形折……106
署理两江总督江西巡抚郎廷极奏报江南绅民恳留前督臣
噶礼请行折……107
署理两江总督江西巡抚郎廷极奏报江南绅民恳留前督臣
噶礼请行折……108
大同总兵张自兴奏谢朱批训诲折……109
两广总督杨琳奏明抚提二臣不和情由事折……110
刑部尚书赖都等奏为将私去归化之阿尔塞枷号追银折……111
刑部尚书赖都等奏为将私去归化之阿尔塞枷号追银折……112

康熙二十三年　甲子

正　月

初一日丁卯　早，上以元旦，率诸王、贝勒、贝子、公、内大臣、侍卫、大学士、都统、尚书、精奇尼哈番等，诣堂子行礼毕，回宫。辰时，上率诸王、贝勒、贝子、公、内大臣、侍卫、大学士等，诣太皇太后宫行礼，又诣皇太后宫行礼毕，回宫。

少顷，御中和殿，内大臣、侍卫及内阁、翰林院、礼部、都察院、詹事府等衙门官员庆贺元旦行礼毕，御太和门。诸王、贝勒、贝子、公等文武官员及朝正外藩王、贝勒、贝子、公、台吉等，朝鲜等国使臣，上庆贺元旦表，行礼毕，回宫。

巳时，御保和殿，召外藩王、贝勒、贝子、公、台吉等，内大臣、侍卫，上三旗大学士以下，学士、副都御史以上，都统以下，副都统以上等官赐食。

午时，复御太和门，大宴诸王、贝勒、贝子、公等，内大臣、侍卫文武各官及来朝外藩王、贝勒、贝子、公、台吉等，朝鲜等国使臣。乐作，上进酒。和硕康亲王杰淑以下，宗室、八分内公等以上，外藩王以下，台吉以上，俱令侍卫等各就其坐前以酒赐饮。外五旗都统、尚书以下，副都统、侍郎、学士以上等官，俱令上阶赐饮。次召浙江荆州总兵官陈世凯、江西南赣总兵官许盛、湖广彝陵总兵官严弘上阶赐饮。宴罢，众谢恩毕，上回宫。

本日起居注官常书、归允肃。

初二日戊辰　本日起居注官朱马泰、汤斌。

初三日己巳　本日起居注官傅腊塔、秦松龄。

初四日庚午　本日起居注官葛思泰、严绳孙。

初五日辛未　巳时，上诣太皇太后、皇太后宫问安。

本日起居注官沈荃、阿山。

初六日壬申　本日起居注官牛钮、曹禾。

初七日癸酉　午时，上诣太皇太后、皇太后宫问安。

本日起居注官朱马泰、王顼龄。

初八日甲戌　本日起居注官常书、王封溁。

初九日乙亥　本日起居注官傅腊塔、翁叔元。

初十日丙子　本日起居注官葛思泰、归允肃。

十一日丁丑　本日起居注官阿山、潘耒。

十二日戊寅　本日起居注官朱马泰、秦松龄。

十三日己卯　本日起居注官牛钮、严绳孙。

十四日庚辰　午时，上御保和殿，以上元节，宴朝正外藩蒙古左翼科尔沁国和硕卓里克图亲王杜尔巴、和硕达尔汉亲王班第额驸、辅国公土纳黑额驸、一品台吉喇第、二品台吉吴尔图那苏土、四品台吉胡必图等，苏尼忒部落多罗杜棱郡王阿玉锡、多罗贝勒布木布、四品台吉钵尔济稽尔，蒿齐特部落多罗郡王车卜登、四品台吉伊礼札尔布，札鲁特部落多罗贝勒札木、多罗达尔汉贝勒巴达礼、护国公毛奇他特、二品台吉毕礼克图，乌朱穆秦部落多罗贝勒敖齐礼图、一品台吉吴达喇希，翁牛忒部落多罗贝勒厄林臣，喀喇车礼克护国公奇他忒，土默特部落固山贝子衮济斯扎布、三品塔布囊阿穆胡朗，郭尔罗斯部落辅国公蟒萨，四子部落四品台吉沙礼，右翼鄂尔多斯部落和硕亲王顾鲁、多罗贝勒达尔扎、多罗贝勒顾鲁什奚布、二品台吉巴苏图、三品台吉布达，敖汉多罗郡王扎木苏，喀尔喀部落多罗卓里克图郡王顾鲁什奚、多罗贝勒索诺木、固山贝子巴忒马、一品台吉额林臣，阿霸垓多罗郡王沙克沙僧格、达尔汉贝子车林东鲁布、一品台吉达尔马，阿巴哈纳尔多罗贝勒那木喀尔、四品台吉土巴泰，扎赖忒部落固山贝子那孙，巴林固山贝子温春、四品台吉阿第思等，吴喇忒部落护国公查木察、四品台吉董等，喀喇沁部落护国公吴忒巴喇、三品塔布囊班第等，克什克屯四品台吉巴特马，阿鲁科尔沁二品台吉坤忒尔，杜尔伯特四品台吉达礼，归化城都统吴巴什，并内大臣、侍卫、上三旗大学士、都统、尚书、副都统、侍郎、学士、副都御史等官。上进酒，诸乐并作。召外藩王、贝勒、贝子、公等至御座前，上亲赐酒。召诸台吉等及都统等至御座下，赐酒。宴罢，众谢恩，上回宫。

本日起居注官沈荃、常书。

十五日辛巳 辰时，上御保和殿，召来朝左右两翼外藩蒙古诸王、贝勒、贝子、公、台吉等及内大臣、侍卫、上三旗大学士、都统、尚书、副都统、侍郎、学士、副都御史等赐食。

午时，上诣太皇太后、皇太后宫问安。

未时，上由午门出正阳门，幸南苑，驻跸大红门内。

十六日壬午 上驻跸东宫。

十七日癸未 午时，上由正阳门进午门，诣太皇太后、皇太后宫问安毕，回宫。

扈从学士孙在丰，起居注官常书。

十八日甲申 辰时，上御乾清门听政。部院各衙门官员面奏毕，大学士、学士以折本请旨。兵部题浙江提督石调声革职员缺，请旨开列。上曰："朕观总兵官陈世凯才力雄壮，其人甚优，着即补授提督。"

本日起居注官葛思泰、翁叔元。

十九日乙酉 辰时，上御乾清门听政。部院各衙门官员面奏毕，大学士、学士以折本请旨。吏部题补降级调用工部尚书朱之弼、左都御史徐元文员缺，开列侍郎杜臻等职名。上曰："杜臻办事有才，着补授工部尚书。左都御史员缺，尔等所拟若何？"大学士明珠奏曰："臣等之意，江南巡抚余国柱前任言官时，凡条奏皆当，今居官更有贤声，似可补授此缺。"上曰："江南亦属要地。"明珠等奏曰："江南虽要地，不过一省数府耳。左都乃言官之长，所关似为更大。"上曰："然。余国柱居官果善，着补授左都御史。"

又兵部题江南京口病故总兵官陈华员缺，请旨开列。上曰："冯德昌人材壮勇，志节坚定，当王辅臣叛时，被贼执去，复乘间来归。着升补此缺。"

本日起居注官牛钮、汤斌。

二十日丙戌 辰时，上御乾清门听政。部院各衙门官员面奏毕，陕西按察使布喀赴任面请谕旨。上曰："按察使职司一省刑名，必事到随结，不使迟误，方有益于事。凡弊之生及百姓苦于牵累，皆因迟延不速结之故。今既简授尔为按察使，当洁己勤政，将迟延牵累积弊详行纠察，勿致烦苦良民，方可表率属员。"布喀奏曰："臣谨奉圣谕，抵任后尽力报效。"又谕尚书伊桑阿，侍郎色黑、额星格、郭丕、阿兰泰、佛伦曰："禅塔海自为刑部侍郎以来，并无效力之处，每缘事降级戴罪留任，仍不修改尽职。又凡事遣大臣往审者求其得实，沈上达事发觉后，朕知巡抚金俊行事污滥，故着禅塔海前往严审。乃禅塔海不将金俊污滥及致死沈上达灭口之处审出，妄奏缢死是实。朕曾面言沈上达实系致死灭口，此事必有发觉之日。禅塔海执称缢死是实，如有致死之情发觉，臣愿受死罪。即此观之，虽下等司属亦不如矣。此人若不行惩治，则此等污滥之人不知畏惧。着将禅塔海拘禁，与此事一并严议具奏。"

谕毕，大学士、学士以折本请旨。监察御史钱珏条奏，请申画一刑具律令，刑部以向有定例，应无容议。上曰："刑罚关系人命，凡谳狱用刑理应恪遵定制，精详慎重，不得恣行酷虐，致滋冤滥。这本内事情虽经条奏申饬，或不肖官员日久玩忽，仍于法外妄用重刑，有负钦恤之意，亦未可知。着刑部仍通行内外问刑各衙门，严加申饬。如有故违，即行指参，从重治罪。"

巳时，上诣太皇太后、皇太后宫问安。

本日起居注官阿山、归允肃。

二十一日丁亥　辰时，上御乾清门听政。部院各衙门官员面奏毕，大学士、学士以折本请旨。福建提督施琅请于台湾设总兵官一员、副将一员、参将二员、兵八千，澎湖设副将一员、兵二千，镇守其地。议政王、贝勒、大臣，九卿、詹事、科、道会议准行。上顾汉大学士等曰："尔等之意若何？"李霨、王熙奏曰："据施琅奏内称，台湾有地数千里，人民十万，则其地甚要，弃之必为外国所踞，奸宄之徒窜匿其中亦未可料，臣等以为守之便。"上曰："台湾弃取所关甚大，镇守之官三年一易亦非至当之策，若徙其人民，又恐致失所，弃而不守，尤为不可。尔等可会同议政王、贝勒、大臣，九卿、詹事、科、道再行确议具奏。"

又会议将海寇郑克塽等遣送来京。上曰："郑克塽等不必令其来京，似应安插直隶、河南等处。"又顾大学士等曰："尔等云何？"明珠奏曰："臣等以为郑克塽等头目数人似应遣之至京，编入旗下。其余安插直隶、河南等处可也。"上曰："郑克塽等入旗无益，若入旗则须料理田产房屋，必致累民。此事尔等可会同议政王、贝勒、大臣再行详议具奏。"

本日起居注官傅腊塔、潘耒。

二十二日戊子　上以有事祈谷坛，斋戒三日，不理政事。

本日起居注官朱马泰、秦松龄。

二十三日己丑　本日起居注官常书、徐乾学。

二十四日庚寅　早，上于保和殿视祀祈谷坛祝版毕，回宫。

本日起居注官沈荃、葛思泰。

二十五日辛卯　早，上躬诣祈谷坛致祭毕，回宫。

巳时，上诣太皇太后、皇太后宫问安。

本日起居注官阿山、严绳孙。

二十六日壬辰　辰时，上御乾清门听政。部院各衙门官员面奏毕，大学士、学士以折本请旨。吏部题主事桑和升任员缺，正拟赞礼郎赫图，陪拟席图库。上曰："赞礼郎赫图看来甚粗鄙不知礼，不应于部院衙门用，着随旗上朝。席图库尚优，着补此缺，照常赞礼。"

又九卿、詹事、科、道会推湖北按察使李世昌升任员缺，正推雁平参议道张道祥，陪推贵州督粮参议道劳之辨。上曰："尔等之意若何？"大学士明珠奏曰："前奉旨：参政副使内无人，于参议佥事内推举。因此九卿等推举张道祥，汉大学士等亦称张道祥居官颇有贤声。"上曰："张道祥居官诚善，着升补湖北按察使。"

又礼部题请自后筵宴以兵部司官及每旗护军参领二员、每甲喇护军校一员，严行监察。上曰："筵宴关系大礼，官员齐集，理应各加敬谨，序次班行。元旦之日，见旗下官员坐次甚是参差。大礼所在，如此慢忽，殊为不合。着礼部会同兵部及八旗都统作何严加申饬，毋至紊越，再议具奏。"

又议政王、贝勒、大臣会推正红旗护军统领纪尔塔布升任员缺，正推副都统胡巴，陪推渣喇克图。上曰："尔等曾问明否？"明珠奏曰：

"臣等已问康亲王及本旗二都统，伊等云胡巴、渣喇克图俱系前经会推补授副都统。胡巴才力甚壮，颇能驭下。渣喇克图才力亦壮，且军前著有劳绩。"上曰："胡巴即叶克舒之孙、都统道喇之子否？"明珠奏曰："是。乃叶克舒之孙、道喇兄子，为道喇抚养者。"上曰："胡巴着补授护军统领。"

上又谕大学士等曰："各部司官内才力庸劣者，曾经有不时纠参之旨，然参处者甚少。虽有一二纠参者，皆以末员充数，其真实庸劣无能者多徇情面，不行参处。其狂妄好胜专恣行事者，较之庸劣无能为害更甚。或于各部有朕所明知，而徇情不参者亦有之。可严谕部院衙门：各该所属司官内，有庸劣无能，狂妄好胜，专恣行事之员，即行指名题参。"

本日起居注官牛钮、孙在丰。

二十七日癸巳 辰时，上御乾清门听政。部院各衙门官员面奏毕，大学士、学士以折本请旨。胡通文叩阍，请给王永年等十三员恩恤，吏部议不准行。上曰："此事尔等所议若何？"大学士明珠奏曰："王永年等并无反状，孙延龄挟仇杀之。此辈虽不给与恩恤，似当还其官职。该部因其在贼中，故议不准。"上曰："即今从贼之人亦或有居官者，此辈虽无守城之功，并未从贼，被杀可悯，仍应查其子弟之未反者令袭官职。着该部再议。"

又兵部覆副都御史马世济题参，江南总督于成龙标下中军副将田万侯行事悖谬，议将拖沙喇哈番及副将左都督职衔尽行革去。上曰："田万侯才力壮健，甚有劳绩，将彼降调可乎？"满汉大学士等奏曰："皇上从宽处置，有何不可。"上曰："着将田万侯之副将及所兼职衔加级纪录尽行削去，留其拖沙喇哈番，对品调用。"明珠奏曰："前为台湾二事所降谕旨已传与议政王、大臣及九卿、詹事、科、道等官，公同详议。议政王等云，上谕极当。提臣施琅目击彼处情形，请守已得之地，则设兵守之为宜。其郑克塽等事，议政王等云，凡明朝后裔及伪官人等安插直隶、河南等省甚当，但郑克塽、刘国轩、冯锡范、陈允华乃贼中头目，不便安插外省，应将伊等近族家口俱着遣来编入旗下。"上曰："然。着议政王等议，可将此意票出。"

本日起居注官朱马泰、翁叔元。

二十八日甲午　早，上御乾清宫，讲官牛钮、孙在丰、汤斌进讲：既济亨小一节、象曰既济亨小者亨也四节。

辰时，御乾清门听政。部院各衙门官员面奏毕，大学士、学士以折本请旨。吏部题补本部侍郎杜臻升任员缺，开列总督仓场户部右侍郎马汝骥等职名。上命读开列职名毕，谕曰："陈一炳平常，高尔位较前渐衰，仅能胜现在之职。此缺着陈廷敬调补。"

因又谕曰："太常寺衙门关系祭祀，卿龚佳育举止轻疏，着调补光禄寺卿，薛柱斗着调补太常寺卿。尔等可将此意传谕。"

未时，上御景山内前殿，召进贡翁牛忒部落多罗杜棱郡王毕理衮达赖，科尔沁国二品台吉诺木德尔格勒顾鲁克齐等、无品台吉察西，土默特部落一品台吉布达拉西，扎萨克四品台吉博罗兑等，阿霸垓四品台吉都尔麻等，苏尼忒四品台吉灵华等，喀喇沁部落协理旗下事务一品塔布囊鄂莫克图、三品塔布囊鄂齐尔、四品塔布囊卓里克图等、都统巴牙尔，归化城阿齐图格隆等赐食。

本日起居注官傅腊塔、曹禾。

二十九日乙未　辰时，上御乾清门听政。部院各衙门官员面奏毕，大学士、学士以折本请旨。江南江西总督于成龙以年老奏请解任。上曰："于成龙着留任。所拟票签太过，于成龙方被两次参劾，所司论罪，岂可予以温旨？可将优奖之语悉行删去。且此人居官不及从前，殊觉改操矣。"

又兵部题浙江温州总兵官陈世凯升任员缺，请旨开列。上曰："朕思京口有两总兵似应裁去一员。"明珠奏曰："向日京口汉军尚议撤回，裁一总兵无不可者。"李霨奏曰："京口之兵原因防御海寇而设，今海疆大定，裁去总兵一员极当。"上曰："总兵官虽裁，但京口之兵向属精练，不可遽行撤散，当以渐去之。再提督、总兵标下兵丁数本不足，而顶名冒饷者甚多，若裁总兵，宜专遣司官一员，将实数察明，减汰所余之兵，设立营伍可也。"满汉大学士等奏曰："圣见极当，此乃在外军营相沿积弊，必遣官详察，方能得实。"上曰："此本暂行收存。其京口总兵官应裁之处，着议政王、贝勒、大臣，九卿、詹事、科、道会同详议。"

巳时，上诣太皇太后、皇太后宫问安。

本日起居注官常书、王封溁。

三十日丙申 辰时，上御乾清门听政。部院各衙门官员面奏毕，大学士、学士以折本请旨。吏部题刑部侍郎禅塔海缘事员缺，开列内阁学士石柱等职名。上曰："刑部侍郎职任最要，必得贤能者补用，着察其次应升官员职名来看。至尔衙门学士皆属新任，人亦平常，视以前学士为不及矣。"又谕曰："副都御史色克德自补授都察院以来，并未见陈奏一事，才具庸劣，且非淳良之人，着解任。此缺拟出具奏。"

又监察御史严曾矩条奏《会典》、《一统志》宜催趱告成，礼部议覆各部院《会典》现在纂辑，《通志》各省间有送到者，应无容议。上曰："观《通志》序文，文词不协者甚多，《一统志》乃一代典制，必须修改允当为宜。"大学士明珠、李霨、王熙奏曰："皇上所谕极是。臣等阅看序文词句甚觉粗鄙。"上曰："尔等识之，纂修《一统志》时，务必修改允当。"

又刑部尚书魏象枢以病奏请解任。上问："魏象枢所患何疾？"勒德洪奏曰："昨象枢来启奏，忽晕倒在地。"上曰："晕倒乃象枢夙疾，着照旧供职。"又谕曰："朕观部院官员懒惰者甚多，一遇苦差或有称病规避者。嗣后部院官员或病或有事故，俱着注册以凭，分别勤惰，庶或不肖者不敢规避苦差，而各处差遣均得其平矣。"又谕曰："今观尚书萨木哈黾勉供职，部务渐觉整理，且各处工程钱粮俱得节省。着察所降之级来看。"

又顾大学士等谕曰："督、抚乃封疆大臣，通省民命所关，世祖皇帝时所用者尚属循良，逮至辅臣时，自用张长庚、白如梅、张自德、贾汉复、屈尽美、韩世琦等匪人以来，扰害地方，以致百姓困苦至极。今之督、抚较前虽觉稍愈，而相沿成习，尚未尽改。"明珠、李霨奏曰："皇上睿见甚明。"勒德洪奏曰："臣奉差广西时，闻彼处人民皆言屈尽美居官秽劣。"王熙、吴正治奏曰："当日张长庚等为督、抚时，甚属不堪。今若大吏不贪，小吏岂敢婪赃乎？"上曰："现出浙江、湖广总督，江宁巡抚员缺最为紧要，必择贤者补授，方于地方有济，如不得其人，则百姓受害不可胜言矣。此三缺须加意详审，务得相宜之人补授为当。尔等公议拟出来看。"

本日起居注官葛思泰、王顼龄。

二　月

初一日丁酉　早，上御保和殿，视祭社稷坛祝版毕，回宫。

辰时，御乾清门听政。部院各衙门官员面奏毕，大学士以折本请旨。吏部题病故湖广总督董卫国员缺，开列总督仓场户部右侍郎马汝骥等职名调补；福建浙江总督施维翰员缺，开列吏部左侍郎张士甄等职名二疏。上曰："尔等所拟为谁？"大学士明珠奏曰："臣等遵旨公同商确，总督重任，求其才能肆应、胜任愉快者实难，其人但就中差优者。巡抚徐国相在地方安静，居官颇佳；王国安莅任以来，尽力为民；副都御史马世济在任勤劳，前奉差审事，江南彼处地方皆称其行事之善；赵士麟任容城县时有治声，行取吏部以来，历官俱优。据大学士吴正治云，巡抚王新命在楚大有益于地方，虽屡次奉旨于本内申饬，皆系前任总督蔡毓荣、巡抚张朝珍任内之事。"上曰："徐国相朕亦知其优，着补授湖广总督。此外俱系旗下人员，汉侍郎内谁可任者？"明珠奏曰："汉侍郎内未见卓然拔萃者。皇上以总督员缺紧要，命臣等公同详议，非真知灼见者，不敢推举。"上顾汉大学士问曰："汉官内谁可任者？"王熙奏曰："侍郎居官京师，甚难定其操守优劣。"上曰："浙江总督员缺，将来定应裁去。"明珠奏曰："圣谕极是。此缺后来必裁。"上曰："王国安任学士时见其人才颇优，着升授浙江总督。"

又刑部革职郎中宋俄佗员缺，正拟兵部督捕员外郎巴布纳，陪拟太仆寺员外郎吴什哈。上曰："巴布纳平常，此缺着选择具奏。"又詹事府少詹崔蔚林因病请解任调理，议准行。上曰："崔蔚林自来入署之日少，旷官之日多，其胸中或有异才伟抱，但观其品概及所作文章，亦属平常，无大胜人处。"明珠奏曰："有诸内必形诸外，观所作文章足见其才矣。"上曰："着汝衙门学士等观其病势来奏。"明珠等又奏曰："臣等遵旨，查工部尚书萨穆哈降级情由，系制造六宫宝座等项销算浮冒，降五级留任。”上曰：“萨穆哈降级留任以来，颇著勤劳，凡工程俱行详估，节省钱粮甚多。着将所降之级复还。”

本日起居注官阿山、归允肃。

初二日戊戌 早，上躬诣社稷坛致祭毕，回宫。

本日起居注官牛钮、汤斌。

初三日己亥 早，上御保和殿，视祀朝日坛祝版毕，回宫。

辰时，御乾清门听政。翰林院学士牛钮、孙在丰，侍读学士常书，请定经筵讲章题目。奏毕，上俱召至御座前谕曰：“翰林院乃储养人材之地，教习庶常当以品行文章为事，一切琐屑皆宜杜绝。近闻馈送礼物颇重，此亦偶闻之耳，未曾灼见。但伊等甚寒苦，若自翰墨外别有所取，则亦觉可怜。先喇沙里在时，待伊等甚善，所以至今有感念之者。至库勒纳以来，交际之风浸甚。今尔等应加洗剔。”孙在丰奏曰：“皇上洞悉下情，无所不照。臣等仰体圣意，教育人材，自宜以身表率，俾其读书立品，凡礼文琐屑之事在所严绝。臣昨奉命教习，尚未莅任，业先传知庶吉士等，令其互相诰诫，不得有丝毫交际。万一有之，在臣即自行检举，在他人即行参处，断不敢负皇上训饬至意也。”上颔之，曰：“诚当如是。”

谕毕，大学士、学士以折本请旨。吏部题刑部侍郎禅塔海缘事员缺，察列以次应升之詹事傅腊塔等职名。上曰：“原任侍郎鄂尔多何如？”大学士明珠奏曰：“鄂尔多学问颇优，办事亦佳。向因行事微觉琐屑，是以罢斥。今涉历行间，年齿老成，似已悛改。皇上用之并无不可。”上曰：“然。鄂尔多先任刑部时，办事甚优，即着补用。”

又少詹崔蔚林告病乞休。上顾学士麻尔图、图纳问曰：“尔等验视若何？”麻尔图等奏曰：“臣等奉命往视，崔蔚林云，我自去年六月中痰疾陡发，右边手足不能举动，至十二月间，左边手足复患痿痹，延医服药，并不痊愈。臣等试令行动，两人掖之而行，观其病状，手足不甚尫羸，容颜不甚消瘦，似无甚重病。”上曰：“崔蔚林乃直隶极恶之人，在地方好生事端，干预词讼。近闻以草场地土纵其家人肆行控告。又动辄以道学自居，焉有道学之人而妄行兴讼者乎？此皆虚名耳。又诋先贤所释经传为差讹，自撰讲章甚属谬戾。彼之引疾乃是托词。此等人不行惩治，则汉官孰知畏惧！尔等可将此事商酌来奏。”

又礼部请旨巡抚杭爱应否与谥。上曰：“杭爱居官素劣，亦无操守，但自兵兴以来甚有劳绩，姑着与谥，以为将来效力者劝。”又谕曰：“凡外任官员不受贿赂者绝少，理应稍知厌足。夫财物何须过求，积聚务期充溢，此有何益耶？”随顾麻尔图曰：“麻勒吉、麻尔图本无所有，今家计甚饶，在尔兄弟亦当知足矣。”

本日起居注官朱马泰、潘耒。

初四日庚子 早，上躬诣朝日坛致祭毕，回宫。

午时，上诣太皇太后、皇太后宫问安。

本日起居注官傅腊塔、秦松龄。

初五日辛丑 早，上御太和门视朝。升转文武官员谢恩毕，回宫。

辰时，御乾清门听政。部院各衙门官员面奏毕，大学士、学士以折本请旨。吏部题户科掌印给事中孙蕙丁忧员缺，以给事中屠粹忠拟补。上曰：“掌印给事中与闲散科员不同，一切用人行政常令与闻，员缺紧要。屠粹忠为人稍觉轻浮，着将以下应转官员开列来看。”

又川陕总督希福请身驻西安，令旗兵五百、绿旗兵五百戍汉中，一年更换。上曰：“总督驻西安极是。朕观保宁地方距汉中七百里，最为险要。今西安现有兵八千，应令分拨保宁驻防，仍属总督统辖何如？”大学士明珠等奏曰：“圣谕极当。令之常行驻防，免更代往返之劳，兵民均便。”上曰：“尔等会同兵部议之。”

又兵部题从贼提督马化麒、总兵刘之复家产人口交送刑部。上曰：“吴三桂叛乱，京师闻知在十二年十二月。该部查称，化麒十三年正月病故。朕闻此人十二年六月已死，并未污伪职。叛逆之罪重大，若不核其实，恐致冤滥。”明珠等奏曰：“事干名节，关系非轻，稍有冤抑，便足遗臭千古。”上曰：“此事委属可疑，有知化麒踪迹者可细问之。至刘之复最驽劣之人，其情自真也。”

又狼山总兵姚仪以父丧乞请解任。上曰：“姚仪朕初不知其人，及授总兵陛辞，见其举动粗慢，自非循理守分之辈。今伊自请解任，可准其守制。”

又总河靳辅以漕船壅塞，请定例兵船不许搀越，部议准行。上曰：“今兵船渐少，若定此例，后有紧急调遣等事，恐致稽误。行之已久，不必更定新例。此疏不准行。”

明珠又奏曰：“臣等遵旨议得少詹事崔蔚林果系好博虚名，非议先儒，应交吏部严加议处。”上颔之。

本日起居注官常书、徐乾学。

初六日壬寅 早，上幸南苑。酉时，回宫。

是日，赐朝鲜国进贡陪臣赵师锡等银币、鞍马、貂皮等物有差。

本日起居注官沈荃、葛思泰。

初七日癸卯 早，上御乾清宫，讲官牛钮、孙在丰、汤斌进讲：象曰水在火上一节、初九曳其轮二节。

辰时，御乾清门听政。部院各衙门官员面奏毕，大学士、学士以折本请旨。吏部题调补礼部侍郎陈廷敬员缺，开列内阁学士胡简敬等。上曰：“胡简敬何如？”大学士明珠奏曰：“胡简敬系厚重人。”上曰：“胡简敬为人颇优，资俸在前，着补授此缺。”

又升任江宁巡抚余国柱员缺，开列内阁学士王守才等。上曰：“江宁地方紧要，事务繁剧，须得一有才之人方可。湖广巡抚王新命有办事之才，其操守朕未详知。”明珠奏曰：“王新命诚有办事之才，圣见极当。”上曰：“王新命着调补江宁巡抚。”

又升补道府事。上曰：“朕观在京官员犹可，外官庸劣者甚多，皆由荫监生并纳银之人兼授之故。荫监生出身中或有优于办事者，亦有极庸劣不谙事者。此辈该督、抚欲行题参，又念才虽不及，非系贪酷，必待一二年，冀其练达。究至惑于书办下役乘间播弄，实与地方无益。且朕观此升补道府引见官员，多有稚弱极少者。”明珠奏曰：“圣谕极是。荫监生等俱系官员子弟、殷富之人，虽办事不及，其有品行者实多，故督、抚亦不肯即行题参，少俟其练达耳。”上曰：“然。惟用荫监生以来，进士出身者俱壅滞不得补用。尔等公同一并酌议来奏。”

又理藩院题，进贡喀尔喀厄鲁特来使至某旗地方，即令某旗哨将拨什库兵丁递送交付次旗，回去之时，亦照此递送。上曰：“张家口外生草甚蕃，故进贡蒙古远涉而来，牲畜疲乏，于此等好草处歇息方进，去时亦将牲畜放青方去，所以生畜无虞。今若如此递送，不令于张家口等地方少息，非怀柔外藩之意。尔等详问该部启奏。”

又都察院题参本院狂妄不及官员。上曰：“观吕兆琳系敦厚人。尔等以为何如？”明珠奏曰：“吕兆琳系敦厚小心之人，但举步艰难，言语迟滞，故以不及题参。”上曰：“拉自、于珩着照拟批行。吕兆琳着批留任，若实不能动履，告退可也。”

又明珠等奏曰：“臣等遵旨传问统领佟佳、副都统龚图。佟佳云伊出征到云南，毕事凯旋，至贵州左腿酸痛，调治未痊，至今不能上马。统领之官乃向所欣慕不敢望者，但职任甚要，臣身虽无别症，腿痛既久，行走必致贻为误，岂敢久恋要职，故求罢任。臣等看佟佳虽掖行躄躃，颜色尚好；龚图云，伊到云南大病几死，后虽少愈，一边手足麻木，非掖行不能举步。副都统职任甚要，臣身实有病，不便在任误事，故求解任。臣等观龚图虽两人掖行，颜色亦好。”上曰：“佟佳腿痛非系大病，既无别症，着留任。此病若行针灸，庶几痊可。着大内针灸之人去针治。其龚图效力旧人，身虽有病，既颜色尚好，亦着留任调治，如不痊，可再行请告。”

本日起居注官阿山、严绳孙。

初八日甲辰　早，上率诸王、贝勒、贝子、公等，内大臣、侍卫、大学士等，诣慈宁宫庆贺太皇太后圣诞礼毕，回宫。

午时，上诣太皇太后、皇太后宫问安。

本日起居注官牛钮、孙在丰。

初九日乙巳　早，上御乾清门听政。兵部堂官奏事毕，上谕曰：“步兵看守街道，设立堆子，原以防闲匪类。近见凡系势力之人，多带仆从夜行者，并不缉拿，惟平人单身行走，即缉拿勒索钱物。又向负贩人索取煤炭柴薪等物，以致民人不胜嗟怨。似此必特加究治，庶几此风可息。尔等可将步军统领严行申饬，尔等亦不时加意巡视。”

谕毕，大学士、学士以折本请旨。九卿会议孙四抛弃伊主骸骨，盗取衾物，改议立斩。上问曰：“此事尔等以为何如？”大学士明珠奏曰：“今九卿所议似当。”李霨等奏曰：“孙四抛弃伊主骸骨，情罪甚属可恶，依议正法为是。”上曰 :“然。”先是，三法司议引平人例，监候秋后处决。上以孙四情罪重大，令九卿会议定例具奏。至是九卿会议孙四应立斩。嗣后凡奴仆、雇工人掘家长坟见棺者，为首立绞。掘坟开棺见尸者，为首立斩。将骸骨毁弃者，不论首从俱立斩。请著为定例遵行。上从之。

辰时，御保和殿，举行经筵大典，讲官牛钮、陈廷敬进讲：《四书》其行己也恭一节。阿哈达、张玉书进讲：《书经》翕受敷施一节。讲毕，赐宴于太和门前。

未时，御景山内前殿，召请安进贡奈曼部落固山贝子吴勒木济、阿霸垓四品台吉马西等、翁牛忒部落四品台吉吴尔占等、苏尼特部落四品台吉达代等、吴喇忒部落三品台吉纳穆等赐食。

本日起居注官朱马泰、秦松龄。

初十日丙午　辰时，上御乾清门听政。部院各衙门官员面奏毕，大学士、学士以折本请旨。为吏部题都察院左副都御史色克德解任员缺，开列通政使喇都虎。上曰：“太常卿席尔达为人颇优，着补此缺。”

又翰林院侍读高士奇升任员缺，将侍讲李录予转侍读，司业刘芳喆升侍讲。上曰：“此缺着选择具奏。”

又都察院题请台员内升外转。上曰：“阎兴邦人才颇优，着内升，其外转着暂停这一次。”大学士明珠奏曰：“臣等遵旨将升授道府郎中荫监出身者问户、兵、刑三部堂官，伊等云此等在衙门俱能勤慎，但办事平常，年幼尚可练习。”上曰：“王国泰等依拟用。余俱着暂留原任办事。这一次员缺，着将进士出身者另拟具奏。”又明珠奏曰：“臣等遵旨问尚书哈占，伊云应令督标将官一员、兵一千名防守广元，将原驻广元川北总兵标下官兵仍回保宁。”上颔之。

本日起居注官傅腊塔、王顼龄。

十一日丁未　上因章皇后忌辰，不理政事，各部院衙门章奏俱交内阁。

本日起居注官常书、王封溁。

十二日戊申　早，上御乾清宫，讲官牛钮、孙在丰、汤斌进讲：六二妇丧其茀二节、九三高宗伐鬼方二节。

辰时，御乾清门听政。兵部官员近前启奏，议政王等会推杭州副都统吴申把图鲁革职员缺，正拟杭州防守御拜色，陪拟参领穆成格。上问："拜色如何推出？"侍郎郭丕奏曰："因拜色历任年久，人才堪用，且在行间效力，颇有功牌，故行推出。"上曰："拜色乃善于奔竞之人，前此伊自行控告，请以副都统员缺录用。副都统系二品大臣，岂可自行告取？且孝陵工程糜费钱粮甚多，现令赔补修葺尚未完工。此等人遽行正推不合。尔等传谕议政王等，着另推具奏。"

谕毕，大学士、学士等以折本请旨。吏部题浙江巡抚王国安升任员缺，开列内阁学士王守才等。上问曰："尔等之意何如？"大学士明珠等奏曰："臣等公议副都御史马世济、赵士麟俱优，伏候皇上简用。"上曰："赵士麟才具果优，居官颇有声誉，着补授此缺。"又安徽巡抚徐国相升任员缺，开列王守才等。上问曰："尔等云何？"明珠等奏曰："浙江布政使石琳人才堪用，太常寺卿薛柱斗因居官有政绩已经内升，惟皇上裁夺。"上曰："薛柱斗向日居官颇佳，朕观凡为下吏者往往勉自刻励，博取廉名，以图上进，及为大吏，便改素节。居官如此，亦何足取。"明珠奏曰："皇上所见甚悉。"王熙奏曰："薛柱斗乃有志功名之人，未必改操。"上命以薛柱斗补授安徽巡抚。

又本部题参司官韦嗣贤等，议各降二级调用。及兵部题参司官额尔毕纳等，议分别降级调用二本。上曰："白特、额尔毕纳等俱庸劣狂妄，若仍于部院调用无益。着各照伊等所降之级随旗上朝，俟旗下缺出补用；汉官韦嗣贤依部议。"

又户部议宿迁、桃源回空船只冻阻缘由，将同知李灿等交吏、兵二部察议。上曰："去岁天寒冻早，致回空船只阻滞，较往年无故稽迟者不同。李灿等俱着免议。"

又兵部题正红旗蒙古副都统渣喇克图调补员缺，开列侍郎沙赖等。上曰："着查本旗闲散宗室并公、侯、伯等职名来奏。"

本日起居注官葛思泰、翁叔元。

十三日己酉 辰时，上御乾清门听政。

巳时，上诣太皇太后、皇太后宫问安。

本日起居注官阿山、汤斌。

十四日庚戌 早，上御乾清宫，讲官牛钮、孙在丰、汤斌进讲：六四繻有衣袽二节、九五东邻杀牛二节。

辰时，御乾清门听政。部院各衙门官员面奏毕，遣往设立乌喇至爱浑一路驿站郎中保奇、能得、额尔赛等奏请谕旨。上谕曰："此乃创立驿站之始，关系紧要，尔等会同彼处将军、副都统询明熟识地方之人，详加确议安设。凡住驿人役及马匹生畜需用之物，并所食粮米，今年耕种不及，须要算至明年，加意料理。倘过于俭啬，食用诸物或至匮乏。必须从长计议，使其久远可行，毋得狃于目前之见，草率了事。"谕毕，出。

大学士、学士以折本请旨。靖海将军侯施琅题请将伊拣选调往官兵九百余名补入内地官兵数内，部议准行。上曰："这所奏是进剿台湾官兵，冲冒险阻，远涉波涛，效力甚久。今海逆方平，即行裁去，殊属可悯，理当存留。应行文展界尚书杜臻、学士石柱并料理钱粮侍郎苏拜等公同会议，将闽省陆路官兵内裁汰老弱，即以征剿台湾官兵补额，务令得所。"

又三法司议宫殿持票吓诈，照为首例即行处斩；田五等五人照为从例，拟绞监候。上曰："京城之内如此等吓诈者甚多，宫殿等持票吓诈，情虽可恶，并无得财。人命关系重大，将宫殿改为拟斩，田五等五人俱监候秋后处决。"

本日起居注官牛钮、沈荃。

十五日辛亥 早，上御太和门视朝。升转文武官员谢恩，次进贡厄鲁特部落噶尔当薄硕克兔汗来使阿博都喇厄尔克寨桑等、格类顾英杜喇尔等行礼毕，赐茶。召头领阿博都喇厄尔克寨桑至阶下赐之。毕，回宫。

辰时，御乾清门听政。部院各衙门官员面奏毕，上召问户部侍郎库勒纳曰："尔病全愈否？"库勒纳奏曰："臣病较前大愈，但足无力，心时怔忡。"上问曰："想贵州风土甚恶。"库勒纳奏曰："贵州风土实恶，云南地方比贵州差胜。"上又问曰："与尔同往司官、笔帖式等亦有抱病者否？"库勒纳奏曰："同臣去司官、笔帖式以至随从仆役皆曾受病。"上颔之。奏毕，出。

大学士、学士以折本请旨。吏部题内阁学士胡简敬升任员缺，开列少詹蒋弘道等。上问满汉诸臣曰："尔等之意若何？"大学士明珠奏曰："此开列人员皆皇上所知。内蒋弘道俸深。臣等之意，学院董讷为人颇优，且有勤劳，现候升侍读学士，可授此缺。”上曰：“董讷果优，且有勤劳。朕观庶子汤斌厚重老成，学问甚优，交游亦少。此缺着汤斌补授。”

未时，御景山内前殿，召请安进贡喀喇沁部落多罗杜棱郡王查西、二品塔布囊阿喇那，阿霸垓三品台吉厄默根、四品台吉纳穆珊等，翁牛忒部落四品台吉巴燕等，苏尼忒部落二品台吉胡土克泰、四品台吉鄂齐尔等，归化城大喇嘛丹木巴格隆、副都统阿育西、四品台吉顾鲁黑等赐食。

本日起居注官傅腊塔、归允肃。

十六日壬子 早，上御乾清宫，讲官牛钮、孙在丰、汤斌进讲：上六濡其首二节、未济亨一节。

辰时，御乾清门听政。部院各衙门官员面奏毕，大学士、学士以折本请旨。步军统领费扬古奏为老病乞休事。上曰：“费扬古近来名誉不佳，着解任。”

巳时，上诣太皇太后宫问安。

本日起居注官阿山、严绳孙。

十七日癸丑 早，上御乾清宫，大学士勒德洪、明珠，学士图纳以折本请旨。吏部题湖广巡抚王新命调补员缺，开列学士王守才等。上曰：“原任江苏巡抚慕天颜人才颇优，亦堪任事。在江南地方未尝有害于民，但以结交在京大臣官员，欲使惩创，故尔降级罢任。诚能变改，尚可有裨地方。应否复用，尔等公同商酌具奏。”

又太常寺卿席尔达升任员缺，以太仆卿色冷拟正，布政使那鼐拟陪。上曰：“太常寺衙门关系祭祀大典，应简用才具优长之人。色冷平常，不宜用。着将以次应升之人开列来看。”

辰时，上由午门出正阳门，驻跸南苑旧宫。

本日起居注官牛钮、曹禾。

十八日甲寅 批红笔帖式禅代传谕扈从大学士明珠，学士麻尔图、席尔达曰：“朕凡理政事务得其当，故于部院所上奏章，虽小事未有不尽心穷究。近见户、刑二部启奏之事最为繁冗，皆钱粮、刑名所关，若一时不加详阅，恐有遗误。前此奏章俱三日一送，今后着两日一送。”

是日，上驻跸南红门内。

十九日乙卯 早，上御行幄，大学士以折本请旨。湖广巡抚王新命调补员缺，满汉大学士等遵旨会议，应以原任江南巡抚慕天颜补用。上曰："慕天颜着补授湖北巡抚。但此人前居官不甚佳，着拟诫饬旨意来看。"又太常寺卿员缺，将以次应升侍读学士翁英等职名开列。上曰："侍讲学士葛思泰其人颇优，胜于色冷，着内升补。"

又兵部题狼山总兵官姚仪丁忧员缺，以现任副将、参领请旨开列。上曰："进剿台湾副将、参将内有一人甚有效力处，此等人不可不鼓厉擢用，其人名朕一览便知。着察明具奏。"

又工部库内收藏鸟枪缺额，拟令原任员外郎吴兴祖等赔补。又鸟枪三千余枝缺数，应令广东、福建解送二事。上曰："火器关系军务，最为紧要，应行预备。近见鸟枪中有仅可充数，全不堪用者。所缺鸟枪着八旗设局支动钱粮，敬慎制造，不必取之广东、福建。余依部议。"

又大学士黄机以老病乞休。上曰："黄机虽办事不甚优长，而为人谨慎，居家安静，不似他人生事。着照冯溥致仕例拟票送进。"

是日，上驻跸南格驿。旧州营游击管都司事周智等来朝。

二十日丙辰 上驻跸霸州南关。是日，霸州游击张应大、防守御拜山、知州汪继奇等来朝。

二十一日丁巳 上驻跸雄县南十里铺。

晚刻，上御行幄，大学士、学士以折本请旨。议政王、贝勒、大臣会推正红旗调补满洲副都统扎喇克图员缺，以参领监察御史席柱拟正，护军参领安图拟陪。上曰："副都统职任紧要，席柱为人猥琐，甚属庸劣，并无骑射之长。若将此等补授副都统，竟无人矣。朕正思罢其监察御史，何得反称其人壮健？此本发回京师，着询明首先推举之人为谁来奏。"

又大学士黄机乞休事。上曰："此所拟票签内有端敏等字样，与其行事不甚相符。着改票谦谨等语。"

是日，雄县防守御达音达礼、知县沈以栻等来朝。

二十二日戊午 上驻跸段村北。是日，安州知州胡大定等来朝。

二十三日己未 上驻跸赵北口南。

晚刻，上御行幄，大学士、学士以折本请旨。吏部题翰林院侍读学士朱之佐病故员缺，以侍讲学士朱典转补。朱典员缺，以右庶子高士奇升补。上曰："高士奇系内廷供奉之人，不可骤令外用。此缺吏部会同翰林院另行选择具奏。"

二十四日庚申　上驻跸袁家口。

二十五日辛酉　上驻跸新安镇。

晚刻，上御行宫，大学士、学士以折本请旨。两淮巡盐监察御史张志栋奏称，盐差原定于十月受事，因前任官缘事，遂于八月接管。此两月盐引未经销完，请仍于十月交代。户部议准行。上曰："此事必有情弊。着将本发回京师，俟朕回日再议。"

二十六日壬戌　上驻跸新安镇。

二十七日癸亥　上驻跸范瓮口。是日，天津王庆柁营都司李仪等来朝。

二十八日甲子　上驻跸范瓮口。

二十九日乙丑　上驻跸洛发村。

晚刻，上御行幄。大学士、学士以折本请旨。吏部题太仆寺卿张可前升任员缺，以左通政陈寿拟正，右通政徐元珙拟陪。上曰："此二人俱属庸常。陈寿以其兄之故迁擢至此。伊等且置之，着将以次应升之人查奏。"

又侍讲学士葛思泰升任员缺，以户部郎中巴尔哈拟正，宗人府郎中僧森拟陪。上曰："前试卷内所有禅布办事有才，僧森学问颇优，其余有谁为佳？"明珠奏曰："侍读邬黑前从刑部主事坐名题补兵部员外郎后，又从员外郎原任学士喇沙里在时坐名题补侍讲。现经九卿会同拣选，差往安南。为人颇优。"上问记注官常书、朱马泰曰："尔等知邬黑所学如何？"常书等奏曰："就其所学而论可谓稍优。前考试在第六名。"又问："为人何如？"常书等奏曰："乃谨厚之人。"上曰："邬黑着补授侍讲学士。"

又兵部郎中厄尔毕纳降调员缺，以太仆寺员外郎吴席哈拟正，杜喜拟陪。上曰："此二人俱平常。着吏部会同兵部选择具奏。"又九卿、詹事、科、道官员会议，翰林院编修曹禾请封禅泰山，应不准行；科臣王承祖请行巡狩，燔柴泰山，即过孔林观礼器，应准行。上曰："此事着候旨行。其合行典礼，令察明具奏。然事关重大，此本着发回，尔满汉大学士等公同详议拟票具奏。”

又兵部题补步军统领费扬古解任员缺。上曰：“麻勒吉为世祖皇帝爱养之人，理应感恩报效，屡经委任，并无劳绩善状。且前差往云南，逼死三省总督，所行乖谬。今家计颇富，亦当知足。麻尔图现在，汝兄行事果是如何？着补授统领，令其效力，以赎前罪。”明珠奏曰：“皇上如此推仁任用，彼安敢不尽力。”麻尔图奏曰：“臣兄行事，皇上洞鉴，不行惩治，反授此职，唯有没身图报高厚之恩而已，焉敢不行改过。”

又佥都御史陈汝器条奏，贪官止应追赔，不应入官，九卿会议不准行。上曰 :“此本着依议。陈汝器以不应行之事条奏，殊为不合，着严饬行！”

又工部覆云南总督蔡毓荣修造铁索桥，估费二万余两，请行捐助修理。议不准捐助，仍令该督核减原估之价具奏。上曰：“前用兵之时，蔡毓荣每于销算估计营造等事，多行浮冒侵渔入己，云南军前官员孰有不得其财者。今尚不知足，于修造铁索桥多估价值，此事不难知。今遣一官前往确估，其弊自显然矣。着九卿、詹事、科、道一并严加察议具奏。”

又题孝陵甬道洞桥等处塌陷，仍令前监修官员赔修。其已故之人免议。上曰：“修造陵寝关系重大，此皆前后监修各官糜费钱粮，怠缓从事，故致损坏，情罪甚为可恶！虽已故之人，亦不当免。不许支动部银，通令赔修。”

是日，东安县防守御索齐、守备李云华、知县吴兆龙、武清营游击陈国兴等来朝。

三十日丙寅 上如南苑驻跸。

三　月

初一日丁卯 上驻跸旧宫。

晚刻，上御旧宫后殿，大学士、学士以折本请旨。工部议八旗教场设炉制造鸟枪。上曰：“着于两翼各置一局，设炉制造。”

又都察院以蓟州知州杨天佑系自己称颂德政，各处张挂，议革职。上曰："朕闻杨天佑人称其居官颇佳。"明珠奏曰："然。巡抚格尔古德陛见，臣曾问之，据言杨天佑颇有操守。"上曰："杨天佑从宽免革职，着降二级留任。"

初二日戊辰　申时，上由正阳门进午门，诣太皇太后宫问安毕，回宫。

扈从起居注官常书、朱马泰。

初三日己巳　辰时，上御乾清门听政。部院各衙门官员面奏毕，大学士、学士以折本请旨。吏部题升任太仆寺卿张可前员缺，正拟左通政陈寿，陪拟右通政徐元珙。上曰："右通政边声廷办事有才，人亦颇优，着补授此缺。"

巳时，上诣太皇太后、皇太后宫问安。

本日起居注官傅腊塔、王顼龄。

初四日庚午　辰时，上御乾清门听政。

本日起居注官阿山、王封溁。

初五日辛未　早，上御乾清宫，讲官牛钮、孙在丰、归允肃进讲：象曰未济亨二节、象曰火在水上一节。

辰时，御乾清门听政。部院各衙门官员面奏毕，大学士、学士以折本请旨。副都御史赵士麟升任员缺，查小四品以上官员职名具奏。上曰："以次应升官员无甚优之人。张可前何如，尔等可知之否？"大学士明珠、李霨等奏曰："张可前为人守分安静不生事者。"上曰："张可前尚属可用，着升补此缺。"

又传旨问正红旗蒙古副都统员缺将骁骑参领监察御史席柱拟正缘由。明珠等奏曰："臣等问过议政王、大臣等，因系正红旗副都统，众人不得深知。臣等又以席柱系康亲王本旗之人，知之必详，因问康亲王。据云席柱由佐领拣选才能补授部员，且现任骁骑参领，人尚可用，是以推举。又尚书萨穆哈言，席柱在部院衙门办事颇优，人才堪用，故公同拟正。"上曰："席柱为人庸劣，不能管辖兵丁。副都统责任为紧要，此缺着另推具奏。"

本日起居注官牛钮、翁叔元。

初六日壬申　辰时，上御乾清门听政。部院各衙门官员面奏毕，大学士、学士以折本请旨。翰林院升任讲官葛思泰员缺，开列侍读学士多奇等职名。上曰："讲官职掌紧要，尔等会同翰林院详加选择引见。"

又兵部降调郎中额尔毕纳员缺，选择本部员外郎囊吉里拟正，督捕员外郎戴都理拟陪。上曰："囊吉里曾为点侍卫笔帖式，为人平常。着另行选择具奏。"

少顷，御乾清宫，讲官牛钮、孙在丰、归允肃进讲：初六濡其尾吝二节、九二曳其轮二节。

巳时，上诣太皇太后宫问安。

本日起居注官常书、归允肃。

初七日癸酉 早，上御乾清宫，讲官牛钮、孙在丰、归允肃进讲：六三未济征凶二节、九四贞吉悔亡二节。

辰时，御乾清门听政。部院各衙门官员面奏毕，大学士、学士以折本请旨。吏、兵、刑三部会审宜昌阿、金俊侵蚀兵饷及入官财物，又干没沈上达财贿，恐后告发，设谋诬害灭口，应拟立斩，但在八议之内，听候上裁；原任道臣王永祚等分取财物，又同金俊谋死沈上达，应拟立斩；原任郎中索俄托、原任员外郎卓尔图及尚之璋、宁天祚、王衍等分别斩绞，革职。伊等共侵银八十九万余两及财帛等物，应追入官。禅塔海将沈上达事不行审出，及皇上问时，又奏称沈上达缢死是实，若有谋杀灭口之情发觉，愿甘死罪等语，应拟秋后处绞，但在八议之内，听候上裁；都统赖塔私取入官之人，应从重治罪，但在八议之内，听候上裁等事。上曰："金俊居官本无善状，所行贪秽，罪应如是。宜昌阿事有不同，一例问罪稍过。然此系大事，仍令议政王、贝勒、大臣，九卿、詹事、科、道、三法司衙门会议，使众知之。"

又理藩院题今岁系外藩蒙古会集审罪察丁之年，或行或止，仰候上裁。上曰："尔等所问如何？"大学士明珠奏曰："臣等问理藩院堂官尚书阿穆瑚琅等，言会集原为审罪察丁而设，或有冤抑之事远来控告，不无苦累，故于会集之处，令就近陈诉审结，庶冤抑得雪，免远涉之苦，此蒙古所甚便。至会集察丁，各处十家长、台吉等俱来，此役所费资用生畜甚多，故蒙古多怨。"上曰："今岁会集着停止。"

谕毕，上又谕曰："户部钱粮浩繁，一时难以清楚。地方督、抚将在库银两那移私用，虽云补垫，但至题奏时必致朦混销算，故内部无凭稽察，百姓深受其害。即今原任广西巡抚郝浴侵欺银两至十九万，由此观之，天下类此者不乏。故朕日夜思维，欲清察各省钱粮，拯救小民。访之外任官员及督、抚等，皆云清出存留钱粮，则别项钱粮自必清楚。朕思此事一行，虽在外督、抚、司、道不无被罪，实于国家有益。果钱粮充足，闾阎亦可施恩。今九卿曾为外官者多，知之必详。尔等会同九卿、詹事、科、道将清楚存留及存库钱粮之处详议具奏。"

巳时，上幸镶黄旗教场阅满洲、蒙古、汉军文武官员骑射。

本日起居注官沈荃、朱马泰。

初八日甲戌　辰时，上御乾清门听政。部院各衙门官员面奏毕，大学士、学士以折本请旨。翰林院题补日讲官崔蔚林等员缺，将侍读学士卢琦等职名开列。上曰："讲官职任紧要，着选学问优长、品行谨慎者具奏。"

又拟原任四川巡抚杭爱谥号进呈。上问学士麻尔图曰："杭爱居官何如？"麻尔图奏曰："臣至陕西仅一年，杭爱即调补四川。其在陕西时，居官甚好。至调补四川后，往来之人皆言，四川地方残破，杭爱至彼尽心料理，于民生大有济益。"上曰："杭爱在四川效力实多，着赐谥勤襄。"

是日赐福建福宁总兵官黄大来鞍马一匹。

本日起居注官孙在丰、傅腊塔。

初九日乙亥　早，上御乾清宫，讲官牛钮、孙在丰、归允肃进讲：六五贞吉无悔二节、上九有孚于饮酒二节。

辰时，御乾清门听政。

巳时，上诣太皇太后、皇太后宫问安。

本日起居注官阿山、曹禾。

初十日丙子　早，上御乾清宫，讲官牛钮、孙在丰、归允肃进讲：天尊地卑一节、是故刚柔相摩五节。上亲讲毕，讲官照常讲说。

辰时，御乾清门听政。部院各衙门官员面奏毕，大学士、学士以折本请旨。内阁会同翰林院拣选满缺日讲官，开列谕德德格勒、侍讲傅继祖引见。上问曰："此二人何族？"学士牛钮奏曰："德格勒出自单微，傅继祖乃兵部郎中吴勒申之子。”又问曰：“是何旗分？”牛钮奏曰：“德格勒镶蓝旗人，傅继祖正蓝旗人。”上曰：“记注起居关系机要，必用上三旗人方可。”大学士明珠奏曰：“皇上所见极是。”上曰：“着另行拣选具奏。”又会同拣选汉缺日讲官，开侍读学士卢琦等十二员引见。上问曰：“此内孰为最优？”明珠奏曰：“据汉大学士、翰林院学士俱言陈论、汪霦、徐潮、乔莱人品学问俱优。”学士孙在丰奏曰：“徐潮、乔莱可备进讲之选。”上问曰：“郭棻为人何如？”明珠奏曰：“学问颇优，但年稍长耳。”上曰：“讲官最宜用年长者。”又问：“卢琦如何？”孙在丰奏曰：“为人谨厚。”上曰：“讲官内无河南人。李元振何如？”王熙奏曰：“李元振系甲辰科一甲第二，人亦老成。”学士汤斌奏曰：“是一谨慎人。”上曰：“卢琦、郭棻、李元振着充日讲官。”

上又谕大学士等曰：“朕观各部院衙门笔帖式内才具不堪者甚多。笔帖式系各衙门上进之路，向来关差及各项差遣颇有生事妄为者，可令各部院衙门不论有品级、无品级笔帖式，有狂妄懒惰、才力不及者，不时察革。”

巳时，正阳门外民家失火，上幸正阳门楼，分遣内大臣、侍卫扑灭之。初火势甚炽，人不能近，上严谕拆毁近火房舍，用激水筒分救，火遂熄，一方居民得免于危。

午时，上回宫。

本日起居注官常书、秦松龄。

十一日丁丑 早，上御乾清宫，讲官牛钮、孙在丰、归允肃进讲：易则易知二节、圣人设卦观象四节。上亲讲毕，讲官照常讲说。

辰时，御乾清门听政。部院各衙门官员面奏毕，侍读学士常书同大学士等回奏考试监察御史朱衣贵事。上顾大学士曰：“朱衣贵人品庸劣，如此人何得以优长保举？着交与吏部将巡抚原举缘由察明具奏。”常书出。

大学士、学士以折本请旨。吏部题补御史阎兴邦内升员缺，以郎中刘芳远拟正，徐永昌拟陪。上曰：“御史职掌紧要。刘芳远才品平常。着拣选具奏。”

又题补右中允席柱病故员缺，以赞善傅尔哈拟正，主事萨克新拟陪。上曰：“詹事府衙门与翰林院同属纂修书籍之处，应将学问淹通之人补用。傅尔哈系论俸叙用之员，学问恐属平常。此缺着吏部、詹事府会同考试具奏。”

又谕曰：“昨日正阳门外被火，朕数遣人往看，该城及司坊巡捕营等官并无一人在者，亦无一救火之人。朕遣内大臣、侍卫往救，火势方炽，未能旋息。朕亲往登城指挥，方得扑灭。该城及司坊巡捕等官是其该管之处，职分所在，平日不加谨防，遇灾又不急救，殊属可恶！着交与该衙门严察具奏。左都御史科尔坤，侍郎郭丕、阿兰泰奏称留视以俟熄灭，及朕还宫，使人看时，伊等亦已散去。城外系汉官所居之地，遇此等事亦应协力料理，乃置若罔闻，袖手不顾，则他事亦因循坐视可知。伊等皆国家大臣，凡事当视若一体，乃于身外一不关心，可乎？尔等可将此旨传谕吏、兵二部及都察院知之。”

巳时，上幸正黄旗教场阅满洲、蒙古、汉军文武官员骑射。

本日起居注官牛钮、严绳孙。

十二日戊寅　辰时，上御乾清门听政。吏部官员近前奏事，上谕曰：“侍郎色赫语言蹇涩，奏事不明，嗣后着额星格启奏。”

部院官员面奏毕，大学士、学士等会同翰林院学士等为日讲员缺，将正黄旗侍读学士多奇、镶黄旗侍讲学士邬黑选择引见。上问曰：“此二人何如？”大学士明珠奏曰：“多奇虽为人平常，学问优通。邬黑才具堪用，学问不及多奇。其侍讲学士顾巴代前日试令讲书，据伊言眼目昏花，故不入选。”上颔之，顾问学士牛钮。牛钮奏曰：“多奇为人谨慎，学问颇优。邬黑才具堪用，长于办事，先以侍讲坐名补用，学问较之多奇稍逊。”上问曰：“多奇学问与谁相等？”牛钮奏曰：“与臣等仿佛。”上又问曰：“邬黑出差尚未回耶？”明珠奏曰：“邬黑尚未回来。”上曰：“多奇着补充日讲官。”谕毕，牛钮等出。

随为吏部题督捕理事官麻勒吉升任员缺，将郎中色赫拟正，御史单壁拟陪。上问曰：“此二人如何？”明珠奏曰：“伊等俱历年久，单壁较色赫稍胜。单壁先差往福建折草谷价直，节省甚多。”上曰：“色赫系原任尚书恩国泰之弟，为人不堪，此缺着将单壁补授。”

又兵部题正黄旗佐领员缺，将郎中殷图拟正，前锋参领僧格拟陪。上曰："原任护军统领吴丹前为亲随侍卫，效力勤劳，且又谨慎，但同鄂克济哈出征，不曾进川，故尔治罪。此人仍应起用，令其效力。察伊行间情罪来奏。"明珠奏曰："圣谕极当。适勒德洪与臣亦曾议及，应将吴丹补用此缺，特未敢启奏耳。"

又三法司议吴国鼎使人将金得信抉出双目，打折两腿致死，拟绞。上曰："此事所议甚为模糊。尔等以为若何？"明珠奏曰："吴三黑等既承认打死，部议吴国鼎与金得信赌博，凌辱结怨，因令伊子吴三黑等打死是实，将吴国鼎比造意律拟罪。"上曰："金得信打死是实，但吴国鼎并未至殴打之处，且称曾见吴国鼎之子架鹞驰马而去。岂有殴人至死，尚然架鹞之理乎？人命重大，朕心尚疑，着另行核拟具奏。"

又直隶巡抚格尔古德将直隶地形绘图进呈。上曰："朕览直隶地图，城池方向、河道源流及道里远近，舛错不符之处甚多。别省或不悉知，如直隶地方岂有未悉者乎？地图紧要，必精确详明，形势符合，方可称善。不然，何如不绘为愈耶？至豫省两府绘图亦不详明。自用兵以来，备览地图，相度形势，调遣将士，甚为有益。"李霨奏曰："昔萧何克咸阳，诸将争取宝物，何独收天下图籍，即此意也。"明珠等奏曰："各省地图及《一统志》俱视为虚文。"上曰："岂特此视为虚文，只今诸务孰非虚文耶！然凡事须以诚实为贵。此事着九卿会同详看，及各省地图作何察核，务令真确，勿蹈从前虚文，一并确议具奏。"

又察监察御史朱衣贵以前荐举缘由。上曰："朱衣贵着解任，其先荐举巡抚佟凤彩若在，应加处分。尔等可将此意传谕，俾将来各知儆戒。"

未时，复御乾清门，召进贡苏尼特部落多罗郡王萨木扎额驸、四品台吉伊思塔克等，吴喇忒部落护国公达尔玛迪、三品台吉伊禄尔等，阿霸垓二品台吉金塔尔，扎萨克四品台吉都尔玛等赐食。召台吉伊思塔克于乾清门阶上，赐坐。上传谕多罗郡王萨木扎额驸曰："王安否？地方牲畜蕃育否？去岁雨雪及时否？"萨木扎额驸跪奏曰："仰赖皇上福庇，臣身幸得无恙，牲畜颇善，惟羊只易于倒毙。臣来后，在途中闻臣地方有雪，但不甚大耳。"

本日起居注官朱马泰、王顼龄。

十三日己卯　早，上御乾清宫，讲官牛钮、孙在丰、归允肃进讲：是故君子所居而安二节、象者言乎象者也一章。

辰时，御乾清门听政。

巳时，上幸正白旗教场阅满洲、蒙古、汉军文武官员骑射。

本日起居注官傅腊塔、徐乾学。

十四日庚辰　早，上御乾清宫，讲官牛钮、孙在丰、归允肃进讲：易与天地准一节、仰以观乎天文一节。上亲讲毕，讲官照常讲说。

辰时，御乾清门听政。部院各衙门官员面奏毕，大学士、学士以折本请旨。吏部题理藩院降级随旗上朝员外郎桑额员缺，将中书赫构拟正，助教喇都浑拟陪。上曰："此二人俱学唐古特字否？其人何如？"大学士明珠奏曰："伊等俱学唐古特字。赫构系臣衙门中书，人甚平常。喇都浑知之未悉。"上曰："赫构历任未久，此员缺将内庭侍奉巴图赖补授可乎？"明珠奏曰："此等蒙古字员缺中书，如本旗无人，不数月即升。"学士喇巴克奏曰："赫构系镶白旗人，巴图赖系正白旗人，非伊本旗之员缺。"上曰："此亦无妨。巴图赖蒙古文学颇优，着即补授此缺，仍令内庭侍奉，俟其本旗缺出，即行抵补。"

又题户部员外郎祖泽汪降级随旗上朝员缺，将主事魏纯仁拟正，宋永康拟陪。上顾问大学士等。明珠奏曰："魏纯仁先以抱病曾传来验看，为人极庸。宋永康原系臣衙门中书，学问颇优，曾经选择以起居注主事补用。"上颔之。问记注官朱马泰曰："其人若何？"朱马泰奏曰："宋永康勤慎能办事。"上曰："宋永康着补授员外。"

又礼部题祭泰山如祭天坛礼；诣孔林致祭如上幸太学致祭礼，议定仪注。上问曰："此事尔等之意若何？"明珠奏曰："昔之封禅致祭之礼，年代久远，无从考其仪注，史书所载甚属繁多。又虞舜巡狩，燔柴致祭之典，亦无仪注。臣等之意似应从部议。"上曰："封禅之举，非所宜行。此事着依部议。"

又以吴丹军罪查明启奏。上曰："朕已览其军罪情由，其不行救援徐府、建昌，失误机宜，关系重大，仍着将原拟正之殷图补授佐领。"

又三法司议王玉吾、田云凤、尚辅皇等邪教惑众，俱分别拟绞、流徙。上曰："尔等所议若何？"明珠奏曰："王玉吾等年俱六七旬有余，皆系诵经持斋之人，其家中止搜获姚秦三藏等经，与实行邪教惑乱百姓者不同。似应着该部另行详议。"上曰："然。朕素重人命，虽理应处死者不忍轻加诛僇，必再三详究，方行定夺。此事朕阅之甚详，尚然如此，倘稍倦怠不阅，一时忽过，此辈不几枉死乎？该部并不详核，即以邪教拟罪，殊觉太过。"

巳时，上诣太皇太后宫问安。

本日起居注官朱马泰、归允肃。

十五日辛巳 早，上御乾清宫，讲官牛钮、孙在丰、归允肃进讲：与天地相似一节、范围天地之化一节。

辰时，御乾清门听政。部院各衙门官员面奏毕，大学士、学士以折本请旨。詹事府右中允石柱病故员缺，吏部、詹事府会同考试户部主事徐元梦等五卷进呈。上曰："此卷尔等以为何如？"大学士明珠奏曰："所出之题甚难，此内惟徐元梦卷稍可，其余无足观者。"上曰："徐元梦系进士出身，所学汉文自优，其人何如？"明珠奏曰："每来奏事，观其人亦朴实。"上曰："徐元梦着升补中允。"

巳时，上幸正红旗教场阅满洲、蒙古、汉军文武官员骑射。

本日起居注官常书、卢琦。

十六日壬午 辰时，上御乾清门听政。部院各衙门官员面奏毕，大学士、学士以折本请旨。户部题遣员外郎吴达库往张家口收税。上曰："张家口税课每年缺额。吴达库为人庸常，着选贤能官员前往。"

本日起居注官阿山、郭棻。

十七日癸未 辰时，上御乾清门听政。部院各衙门官员面奏毕，大学士、学士以折本请旨。户部题覆河南巡抚，请以常平仓积谷赈济饥民。上曰："设立常平，原以备济饥荒，应速行赈济。"大学士明珠奏曰："动支积谷赈济，于饥荒大有裨益。"

又议政王、贝勒、大臣会推正红旗调补副都统扎喇克图员缺，正拟前锋参领穆成格，陪拟护军参领托赖。上问曰："穆成格何如？"明珠奏曰："穆成格未识其人，托赖颇优。"上曰："托赖固优，但穆成格历年已久，着补授副都统。”

又会推革职杭州副都统俄申巴图鲁员缺，正拟镶蓝旗总尉朱山，陪拟正黄旗骁骑参领傅哈。上问曰：“伊等何如？”明珠奏曰：“朱山因其年久拟正，傅哈为人优长可用，故尔拟陪。”上曰：“朱山想已年老耶！”明珠奏曰：“朱山虽年老，在南方似乎可用。”上曰：“朱山着补授副都统。”

本日起居注官沈荃、多奇。

十八日甲申 万寿节。是早，上率诸王、贝勒、贝子、公、内大臣、侍卫、大学士等诣太皇太后宫行礼；次诣皇太后宫行礼毕，回宫。

少顷，御中和殿，内大臣、侍卫，内阁、翰林院、詹事府、礼部、都察院、鸿胪寺执事各官行礼毕。御太和门，诸王、贝勒、贝子、公等文武各官上表庆贺，行礼。次厄鲁特部落噶尔当博硕克图汗贡使葛藟固盈都喇尔等、阿巴都喇厄尔克寨桑等行礼，赐茶。葛藟固盈都喇尔、阿巴都喇厄尔克寨桑召至阶下，赐之。既毕，驾回宫。

本日起居注官傅腊塔、翁叔元。

十九日乙酉 早，上御乾清宫，讲官牛钮、孙在丰、归允肃进讲：一阴一阳之谓道三节。上亲讲毕，讲官照常讲说。

辰时，御乾清门听政。部院各衙门官员面奏毕，大学士、学士以折本请旨。议政王、贝勒、大臣、九卿、詹事、科、道会议，私铸小钱为首之人及匠役拟斩，知情买用者拟绞，卖钱经纪铺户人等、私杂小钱者拟责四十板，枷号一个月，流徙尚阳堡。上曰：“私铸小钱行使，定罪之例虽严，但小人贪利犯法者常有。此皆由该管官员不行严拿。管理钱法侍郎、稽察科、道官及监督官不将钱局内渔利销毁等项弊端严加稽查，所以积弊不能尽除，钱局迄无定法。今除现在官员外，另遣人严行稽察，庶诸弊尽剔，小人贪利犯法者亦少矣。其应遣官员职名，着该部开列具奏。”

又太常寺题康熙二十二年用过钱粮数目进呈御览。上曰：“观此所用钱粮数目颇有浮冒，若行核减，不可谓无数千百金之余。但太常寺钱粮皆祭祀牛羊等项，所用如照定价核减，此后祭祀所用牺牲果品等物或将瘦坏不堪者充用，亦未可定。祀典关系甚大，此用过钱粮，着照该衙门销算。”

是日，赐浙江巡抚赵士麟、安徽巡抚薛柱斗鞍马各一匹。

巳时，上幸镶白旗教场，阅满洲、蒙古、汉军文武官员骑射。

本日起居注官牛钮、李元振。

二十日丙戌 辰时，上御乾清门听政。部院各衙门官员面奏毕，大学士、学士以折本请旨。吏部议两淮巡盐御史丹代、堪泰交盘未完钱粮，妄报足额，应行革职。上曰："尔等以为何如？"大学士明珠奏曰："汉大学士等意以堪泰先经举报，似与丹代微有分别，乃该部俱议革职。"勒德洪奏曰："堪泰曾参罗文瑜，与丹代较异，该部概议革职，似为过当。"上曰："此二员巡盐行迹秽污，俱着革职。"

未时，复御乾清门，召浙江巡抚赵士麟、安徽巡抚薛柱斗、四川建昌总兵官王进才赐食毕，令赵士麟、薛柱斗至御座前问曰："尔等有所奏请否？"赵士麟、薛柱斗奏曰："臣等一介微末，历任内外。今又蒙皇上简任巡抚，天恩深重，惟恐才力不称，不能报答万一，仰恳天语训诲，臣等有所遵守。"上曰："在内部、院，在外督、抚，职任最为紧要。尔等至地方，务期实心任事，洁己爱民，奉公守法，方为尽职。近见各省督、抚行事，多涉虚伪，若能行事以实，乃于国家有益。"赵士麟等奏曰："臣等蒙皇恩深厚，圣谕谆谆，若不实心图报，是无人心也。自当谨守奉行，以仰副我皇上至意。"

巳时，上诣太皇太后宫问安。

本日起居注官孙在丰、朱马泰。

二十一日丁亥 早，上御乾清宫，讲官牛钮、孙在丰、归允肃进讲：显诸仁二节、生生之谓易四节。上亲讲毕，讲官照常讲说。

辰时，御乾清门听政。部院各衙门官员面奏毕，大学士、学士以折本请旨。户部郎中艾松阿降调员缺，将内阁侍读舒书拟正，本部员外郎托代拟陪。上曰："舒书何如？"大学士明珠奏曰："舒书先由吏部主事升臣衙门侍读，乃一敬慎之人。"上曰："舒书原在何衙门，办事何如？尔等知之否？"明珠等奏曰："向为户部司库，选授主事。臣衙门选补侍读诸臣知之者，皆言其人颇优。臣等观之，其人亦明习事体。"上曰："尔等皆言舒书为优，着补郎中。至托代其人甚是庸劣。"

又题郎中苏赫臣降调员缺，将都（督）捕员外郎色能格拟正，刑部员外郎辛保拟陪。上曰："色能格人才可用，着补郎中。辛保亦优，堂官皆称其善。"明珠奏曰："诚然。"

又户部题江宁巡抚余国柱疏请上用缎匹皆用宽机，原房不可置二机，宜增四十二间，部覆驳回察议。上曰："宽大缎匹亦间时所用，非常用物也，何为更劳民糜费？这增造房屋着停止。"

上召满洲大学士勒德洪、明珠，翰林院掌院学士牛钮，侍读学士常书至御座前谕曰："朕前奉太皇太后诣五台山，祈求景福，览观山川形势，一一历观其地，每台各制碑文。今录出，翻译满书与汉书，并勒于石。其蒙古及土白特书，字句稍粗，间失行文本指，可令学士喇巴克等与石图等翻译，勒于碑阴，庶免淆讹。朕所撰碑文，一时结构未能精当，尔等可与汉大学士等详加修饰，斟酌尽善。朕所撰文字有能润色改易者，朕所深喜，不以为嫌也。近见汉人中有自负才高，每一文出，不容人点窜。若易其一字一句，遂为仇憾，此习俗之可鄙，文之所以不工也。"明珠等奏曰："皇上圣学天纵，御制高深莫测，臣等岂能仰窥万一。而谦抑之怀，尤古帝王所不及。"牛钮、常书奏曰："皇上睿藻夐绝，出入经史，吐纳风雅。臣等每翻译圣制，深愧学问疏薄，不能仰窥训词深厚之指，往往有失神理。"上曰："文章贵于简当，即施日用如章奏之类亦须详要。明朝典故，朕所悉知。如奏疏多用排偶芜词，甚或一二千言。每日积至满案，人主讵能尽览，势必委之中官。中官复委于门客及名下人。此辈何知文义，讹舛必多，遂奸弊丛生，事权旁落，此皆文字冗秽以至此极也。"明珠奏曰："皇上殷殷图治，每日御门躬理庶政。又研穷经史，契圣贤之奥。大小内外事无阙遗，非特近代人主所不敢望，即古圣帝明王励精图治者不是过也。"

上又谕曰："尔等所修《实录》等书，往日告成呈览。朕万机之余，讲求经史，无多暑暇，而成书盈帙，堆积几案，一时急于披阅，未得从容研索，体验于身心政事。今闻《明史》将次成书，若将已成者以次送进，亦可徐徐翻阅，考镜得失，不致遗漏。"牛钮、常书奏曰："《明史》卷帙浩繁，若待书成缮进，恐一时观览，圣躬为劳。诚宜次第进呈，候皇上鉴裁既定，然后缮写，则不朽之盛事可传于无穷矣。"

巳时，上幸镶红旗教场，阅满洲、蒙古、汉军文武官员骑射。

本日起居注官常书、曹禾。

二十二日戊子 早，上御乾清宫，讲官牛钮、孙在丰、归允肃进讲：夫易广矣大矣一章。

辰时，御乾清门听政。部院各衙门官员面奏毕，大学士、学士奏缴御制五台山碑文五道。大学士李霨等奏曰："臣等公同详阅御制碑文，体裁正大，辞旨典雅，一字一句咸极精纯，尽善尽美，洵足辉映万古。"学士王鸿绪奏曰："五篇碑文内，便寓皇上仁被天下至意。虽言佛教，而儒家治平之理包括已尽。"汤斌奏曰："发挥象教而归本仁义，议论正大，真天壤间大文。"奏毕，上命翰林院翻译。

巳时，上诣太皇太后、皇太后宫问安。

本日起居注官阿山、秦松龄。

二十三日己丑 早，上御乾清宫，讲官牛钮、孙在丰、归允肃进讲：子曰易其至矣乎一章。上亲讲毕，讲官照常讲说。

辰时，御乾清门听政。

巳时，上幸正蓝旗教场，阅满洲、蒙古、汉军文武官员骑射。是日，赐四川建昌总兵官王进才鞍马一匹。

本日起居注官傅腊塔、严绳孙。

二十四日庚寅 辰时，上御乾清门听政。部院各衙门官员面奏毕，大学士、学士以折本请旨近前。上顾大学士等曰："前以直隶、河南百姓饥荒，令九卿、詹事、科、道会议。顷九卿等奏称，议开捐输银米事例。又春季钱粮缓至秋季征收，秋季钱粮缓至来岁征收。朕思民遇荒歉，甚为可悯，与其开无益之例，不若加以实惠。库内现有银两，不必捐银。如令捐米，则富户争籴，贫民不能买米，反致受累。若捐免半年钱粮及将备荒米谷赈给，民生庶其有济。"大学士明珠奏曰："此真皇上非常之恩也。"上又问学士汤斌曰："河南民颇苦饥，捐免钱粮于民或有裨益？"汤斌奏曰："皇上如此浩荡洪恩，百姓咸得生全矣。"

三法司题打死高文造意之王孝已死，应准抵偿，王二坡拟减等流徙。上曰："此事似应照部议。"明珠奏曰："汉大学士等之意以王孝系自毙，王二坡若不抵偿，则人皆以打死人命为儿戏矣。王二坡即不抵偿，仍应监候至秋后开释，庶人皆知惧法。”上曰：“父死，子又拟流，不为不蔽厥辜。着依部议。”

本日起居注官多奇、王顼龄。

二十五日辛卯 早，上御乾清宫，讲官牛钮、孙在丰、归允肃进讲：圣人有以见天下之赜四节。上亲讲毕，讲官照常讲说。

辰时，御乾清门听政。部院各衙门官员面奏毕，大学士、学士以折本请旨。吏部题补太仆寺卿边声廷升任员缺，正拟通政司左通政陈寿，陪拟右通政徐元珙。上曰：“此二人俱平常非材干之员。着将其次应升者开列来看。”

又太常寺寺丞范达礼被参解任员缺，正拟助教索住，陪拟司务华凤。上曰：“太常寺衙门专任祭祀之事，寺丞职司献帛等务，必得熟练之人，方于典礼无失。伊衙门赞礼郎内有优娴者补任此缺，始为允当。朕观赞礼郎宋古浑人才颇优，事亦熟练，着以补授。”

又议政王等会推归化城副都统毕里克病故员缺，正推郎中管参领事喀喇，陪推护军参领阿第。上曰：“陪推阿第尚属可用，较之喀喇为优，着补授此缺。”

巳时，上幸镶蓝旗教场，阅满洲、蒙古、汉军文武官员骑射。

本日起居注官牛钮、蒋弘道。

二十六日壬辰 辰时，上御乾清门听政。兵部官员前奏事。上谕曰：“朕阅视八旗文武官员骑射，八旗骁骑校、五旗护军校尽属庸劣。此辈官资虽小，协理佐领事务，统辖大众，将来即升章京之职。今见除授时不过以此为升阶，挨次充补，并未选择可否。”侍郎郭丕等奏曰：“圣谕甚当。此等官员皆由本旗咨送，臣部据以补授，或有控告者驳回，令其再行选择咨送。此乃定例，应请以后引见，候皇上睿裁补用，庶有得人之效。”上曰：“若行题补，事务益繁，即令该旗择其练达能为统御者保举咨送，尔部补授。尔等将此意严加传谕，俾悉知之。”

又户、兵二部满洲堂官会同奏事。上谕之曰：“凡赏罚之典，原为劝贤惩奸。又语有云，使功不如使过。近见我朝缘事宗室及有罪大臣、行间得罪官员，虽令披甲而优闲者甚众。此辈与其置之闲散，何如查出委以一职，则贤能者可得其用。况伊等或任统兵或历部院，较之旗下人等必优。已为大臣者姑勿论，其以下官员应行选用护军，令其效力，如此可渐得升迁之路。今如谭泰、席汉等子孙，朕试用之，颇有优者。又镶蓝旗原任郎中钟古尔代才力健壮，为人亦优，但以醴陵军前不得已治罪。似此者各旗亦殊不乏。”侍郎阿兰泰奏曰：“自出征以来，获罪人内才具优者颇多，但以失机之故，虽优亦难宽免其罪。”上曰：“尔等即照此谕遵行。”

大学士、学士以折本请旨。九卿、詹事、科、道会议直隶、河南二处饥民宜加赈济，捐纳事例应行暂开。上问曰：“尔等所议若何？”大学士明珠奏曰：“臣等公议皇上以捐纳事例无益，应捐半岁钱粮。上谕最当。但此二处钱粮数目甚多，似应差户部贤能司官一员，前往确察。”上曰：“捐纳事例必不可行。着差去司官会同该抚劝勉地方官员设法赈济。其饥荒最甚之处，速行察明具题到日，将应征钱粮酌量蠲免。”

又会议直隶各省，每省委道官二员、同知二员绘画地里图进呈。上曰：“绘画图经原为得实，若委生事匪类，乐此图利，事反未善。应差贤能通晓典故者详加阅看绘画。”

本日起居注官朱马泰、徐乾学。

二十七日癸巳 辰时，上御乾清门听政。部院各衙门官员面奏毕，大学士、学士以折本请旨。吏部题太仆寺卿边声廷升任员缺，开列次升各官职名。上曰：“佥都御史陈汝器年少不谙，举止轻率，可补太仆寺卿，俾之久任，俟其练事再与升转。至佥都御史员缺亦属紧要，宜选用一优长之人。右通政赵之鼎乃直隶满城县人，朕巡行过彼地，令人询问，民皆不知。于此可见其非狂妄生事者。”大学士明珠秦曰：“居乡有德者诚不易见。”王熙奏曰：“此人向任御史，居官亦善。”上曰：“赵之鼎即补佥都御史。”

又题翰林院侍读邬黑升任员缺，将侍讲戴通转补侍讲员缺，将刑部员外郎尼牙韩拟正，督捕员外郎班岱拟陪。上曰：“翰林官须用有学问人，此缺着考试。”

上复顾谓大学士等曰：“满文中书、笔帖式皆有旗分，汉文中书、笔帖式并无旗分，如此则或一旗多，或一旗少，殊属不均。今汉文中书、笔帖式即着照分均分，其有余者，令解任候缺；不足者，即为增补。且读书之人明于理道，与不读书者不同。况中书、笔帖式乃满人进身之阶，不可不加选用。嗣后部院各衙门中书、笔帖式缺出，俱令考授。如是则人人鼓舞，勤于诵习，而学问优长之人也众矣。”明珠奏曰：“圣谕极是。均用则无偏壅，考取则获真才。”上又谕曰：“汉军文官于旗分之缺及汉缺悉得除用，更以捐纳补授外缺者甚多。由是现在京城汉军官员较从前甚不及，或旗下要缺需用，极难得人。今将汉军补用之例更定可乎？”明珠奏曰：“汉军内外并用，致现在汉军不足。臣等谓此事，似应令九卿将何补用详议定例。”上曰：“尔等且自酌议来奏。朕观在外府、州、县官，汉军在任者比汉人杂途出身书办、外郎辈较胜，而由进士出身者又较汉军为优。”

复谕曰：“凡政事必勤敏速结方有实益。朕于部院大臣屡经严饬。今事务较前渐简，尔等可传知部院大臣。现在诸事咸令速结，若得政事肃清，岂不更善。”

巳时，上诣太皇太后、皇太后宫问安。

本日起居注官常书、王封溁。

二十八日甲午　辰时，上御乾清门听政。部院各衙门官员面奏毕，大学士、学士以折本请旨。吏部题御史单璧升任员缺，以督捕员外郎巴布纳拟正，户部员外郎马喇希拟陪。上曰：“御史职任最为紧要，盐课、仓差及钱局等处皆差伊等监察。此缺着吏部会同都察院于郎中内选择具奏。”

本日起居注官阿山、归允肃。

二十九日乙未　早，上御保和殿，视祭太庙祝版毕，回宫。

辰时，御乾清门听政。

本日起居注官傅腊塔、卢琦。

四　月

初一日丙申　早，上以孟夏，躬诣太庙致祭毕，回宫。

辰时，上幸玉泉山。酉时，回宫。

本日起居注官朱马泰、翁叔元。

初二日丁酉　早，上御乾清宫，讲官牛钮、孙在丰、归允肃进讲：鸣鹤在阴一节。

辰时，御乾清门听政。差往河南赈济饥民户部郎中吴什八进请谕旨。上谕曰："赈济饥民最为迫切，不可稍缓，尔其驰驿速往，同该巡抚确察，务令得沾实惠。其被荒地方百姓钱粮，亦详查奏请酌量蠲免，不得借端将未被灾地方钱粮混入蠲免之内，概行奏请。须严饬该司、道官员，令其确查申报。"吴什八奏曰："臣当谨遵圣谕，尽力料理。"奏毕，出。

大学士、学士以折本请旨。将应升侍讲官员试卷呈览。上曰："所出之题甚难，观首拟中允徐元梦所翻颇优，但近经升补中允，即补授侍讲似觉太骤。其次为谁？"大学士明珠奏曰："第二名内阁侍读博极，第三名尹泰。"上曰："尹泰学问素优，这员缺着以尹泰补授。"

未时，御乾清门，召进贡喀尔喀部落多罗贝勒罗布藏，阿禄科尔沁国二品台吉垂，阿霸垓二品台吉奇他特等，扎萨克二品台吉劳彰、四品台吉阿南达等，四子部落四品台吉厄野特，吴喇忒部落四品台吉多义等，翁牛忒部落四品台吉垂等，阿巴哈纳尔四品台吉达尔吉等及天津总兵官刘国轩等赐食毕。

上召刘国轩近前谕曰："汝有所启奏否？"刘国轩奏曰："臣无所奏，恭请皇上诫谕。臣荷蒙皇上高天厚地之恩，无可报答，愿归身旗下，以效犬马。"上颔之。因谕曰："台湾地方阻声教者六十余年，尔素怀忠诚因施琅督兵进剿首先归命，是以特授为总兵官，以示优眷。但天津地方近在畿辅，与远省不同，尔宜加意抚辑，使兵民相安，盗贼屏迹。且尔从闽海来归，并无亲知故旧，须当尽职，以副朕怀。"刘国轩奏曰："臣仰承谕旨，敢不尽力报效。"奏毕，出。上遣一等侍卫佟图等赍出白金二百两、表里各十匹，又内厩鞍马赐之。复传谕曰："朕嘉尔从海外倡率归诚，且孤身远来，今当赴任，殊为可念，故于常例之外，特赐尔白金二百两、表里二十匹、内厩鞍马一乘，以示异数。尔其祗受。"是日，先于午门外赐刘国轩鞍马一匹。

本日起居注官牛钮、沈荃。

初三日戊戌 辰时，上御乾清门听政。部院各衙门官员面奏毕，大学士、学士以折本请旨。户部题崇文门税课差兵部郎中塞忒，左翼税课差刑部员外郎安泰。上曰："税务关系紧要，若差遣得人，商民不致受困，亦且有裨钱粮。以前选择备差官员皆已差完，此两处税差着另拣选谨慎有操守官员具奏。"

未时，御景山内前殿，召进贡西方讷宁堪宝库图克图赐食。

本日起居注官多奇、李元振。

初四日己亥 早，上御乾清宫，讲官牛钮、孙在丰、归允肃进讲：同人先号咷而后笑一节、初六藉用白茅一节。

辰时，御乾清门听政。部院各衙门官员面奏毕，大学士、学士以折本请旨。吏部题补监察御史于珩降调员缺，正拟刑部郎中李锛，陪拟吏部郎中马君宠。上问大学士等曰："李锛何如？"大学士明珠奏曰："未经共事故不深知，观两衙门堂官公同选择，想其人必长于办事，方行举出。陪拟马君宠乃谨慎之人。"上曰："观两衙门公举必办事有能，且李锛系名族，着补授此缺。"

本日起居注官傅腊塔、严绳孙。

初五日庚子 早，上御乾清宫，讲官牛钮、孙在丰、归允肃进讲：劳谦君子有终吉一节。上亲讲：亢龙有悔一节。讲毕，上顾孙在丰问曰："亢龙有悔一节何以注在不应讲之列？"孙在丰奏曰："因乾卦文言有此一节，前已进讲，此节重见，字句皆同。且亢龙意义似宜避之，是以不讲。"上曰："天道亏盈，过高则亢。《易》中所言无非此理，正宜以此为戒，不必避忌。以后系辞讲章不分应讲、不讲，俱以次逐节进讲。"孙在丰奏曰："诚如圣谕。帝王保泰持盈，有大能，谦则豫。尧咨舜儆，兢兢业业，实同此心。皇上以此为心，真天下万世之福也。"

辰时，御乾清门听政。部院各衙门官员面奏毕，大学士、学士以折本请旨。吏部题补工部郎中席特库降调员缺，正拟工部员外郎朱臣，陪拟太仆寺员外郎努赫。上顾大学士曰："朱臣何如？"明珠奏曰："闻朱臣在工部亦能办事,前此修理内阁董役颇勤。至其为人,臣未之悉。"勒德洪奏曰：

"以臣观努赫为人亦堪任使。"上问学士席尔达曰："尔与朱臣同旗，必深悉其人。"席尔达奏曰："朱臣办事最优，人实可用。"上曰："凡为臣子必实心任事，兴利除弊，不苟且塞责，俾衙门事一切整顿，无有废弛，斯不负职业。若循分碌碌，因人成事，虽小有勤劳，殊无足取。朕观朱臣不过仅能办事，未见其可，似不如陪拟之努赫。此缺着以努赫升补。"

又江南江西总督于成龙题伪将军周允隆投诚在先，擒获在后。上曰："前据金铉疏称，周允隆系临阵擒获之人，故令正法。今于成龙奏周允隆投诚在先，果尔，则情有可矜。人命至重，朕心不忍。前旨虽发，今尚可追及否？"明珠奏曰："皇上好生念切，令速行该督或犹可及。如已正法，亦无可如何。"勒德洪奏曰："前旨发行计二十日，似已无及。"上曰："且速行该督，令其缓决，将周允隆投诚始末详查到日再议。或尚能追及，未可知也。"

上又顾大学士等曰："比来《实录》诸书纂辑颇就绪否？"明珠奏曰："《实录》、《圣训》渐次脱稿，唯《方略》及《明史》事绪繁多，未能即竣，拟令每书先缮写一二本恭呈御览。"上曰："朕几务殷繁，一日之间暇刻无几，若诸书并进，则卷帙纷沓，未能从容观览，宜以次呈阅，乃可专意研索，有裨身心。"明珠奏曰："皇上躬亲万几，每日御门裁决庶政，勤求治理。又日进儒臣，讲论经术，研穷至道，夙兴夜寐，孜孜不倦。诚天纵圣德，神授聪明，故能兼听并观，卓越千古，非臣下之愚所可及也。"

本日起居注官孙在丰、常书。

初六日辛丑 早，上御乾清宫，讲官牛钮、孙在丰、归允肃进讲：不出户庭一节、子曰作易者其知盗乎一节。

辰时，御乾清门听政。

巳时，上由西华门出西直门，幸玉泉山。

是日，上驻跸玉泉山。

本日起居注官阿山、曹禾。

初七日壬寅 是日，上驻跸玉泉山。

初八日癸卯 辰时，上御玉泉山内前亭，大学士勒德洪、学士喇巴克、阿哈达、王守才同扈从学士图纳以折本请旨。吏部题升任通政司右通政赵之鼎员缺，将太常寺少卿袁景星补授。上曰：“袁景星为人何如？尔等问明来奏，并将其次应升之人开列来看。”

又兵部议火器营纛旗盔甲各随旗色。上问曰：“尔等之意若何？”大学士勒德洪奏曰：“臣等之意部议各随旗色似可行。”上曰：“火器军士皆简练精兵，应表异以别之。尔等将此本带回公同商议具奏。”

又右翼步军总尉朱山升任员缺，将副尉恩格德等及一等侍卫等职名开列具奏。上曰：“正黄旗一等侍卫沙木布为人颇优，历俸年久，着补授总尉。”

是日，上驻跸玉泉山。

初九日甲辰　辰时，上御玉泉山内前亭，大学士明珠，学士麻尔图、席尔达、金汝祥同扈从学士图纳以折本请旨。九卿、詹事、科、道会议将崇明提督裁去，照前设总兵官。上曰：“尔等以为若何？”大学士明珠奏曰：“前此原设总兵官，后因有海寇，改设提督。今海上俱已荡平，似应裁去提督。”上颔之。

又吏部题佛多和拜他喇布勒哈番又一托沙喇哈番应令伊子纳秦承袭。上曰：“佛多和虽承袭伊父官职，并非伊父布达礼勤劳所得，不应仍令伊子纳秦承袭，可将原得官职之人察明来看。”

又理藩院题参降级郎中詹巴喇员缺拣选，以本院员外郎易道拟正，布延图拟陪。上曰：“易道为人若何？”明珠奏曰：“易道前曾驳过，今又拣选，理藩院堂官必有所见。”上曰：“尔等问明来奏。”

又吏部等衙门会议，以私支库银，将原任布政使颜敏等拟秋后处决；其原任巡抚郝浴浮冒银九万两，应于郝浴家属追征。上曰：“郝浴乃流徙情重罪人，朕赦回置之重任，理应洁己奉公，报朕优异之恩，乃将国家钱粮浮冒侵渔入己，情殊可恶。”明珠奏曰：“圣谕极是。郝浴行迹污秽，真负眷养之恩。近刑部尚书魏象枢已将误荐郝浴自行请罪。”上曰：“此事交与九卿、科、道会议具奏。”

明珠奏曰：“臣等遵旨会议，火器军士理应别异。议得此项军士皆简练精兵，器械营制亦俱尽善。今天下承平，虽无用兵之处，然皇上安不忘危，特谕简选军士，既另为火器军，其纛旗似应分别。其作何分别之处，候皇上指示，以便遵行。”上曰：“此事关系分别军士，亦属重务，着议政王、贝勒、大臣定议具奏。”

是日，上驻跸玉泉山。

初十日乙巳 辰时，上御玉泉山内前亭，大学士勒德洪，学士喇巴克、阿哈达、王守才同扈从学士图纳以折本请旨。偏沅巡抚丁思孔题请将伊到任之日为始，计算钦件限期，吏部议准行事。上曰：“近日直隶各省，凡事不准展限，已经定例。丁思孔奏请展限，与新定之例是否相合？尔等察明来奏。”

又勒德洪奏曰：“臣等遵旨问理藩院郎中员缺，正拟易道，陪拟布延图拣选缘由。据尚书阿木胡朗，侍郎阿尔尼、明爱等云，本衙门郎中员缺，例由吏部将本衙门员外郎内拟出具题。今奉旨驳回拣选，臣等会同吏部拣选，仍将易道拟正，布延图拟陪。易道人才堪用，办事有能，蒙古言语精熟。布延图为人颇优，亦能办事。本衙门员外郎内无出二人之右者，故仍将此二人推拟。”上曰：“此本暂留数日后再行请旨。”

是日，上驻跸玉泉山。

十一日丙午 辰时，上御玉泉山内前亭，大学士明珠，学士麻尔图、席尔达、金汝祥同扈从学士图纳以折本请旨。明珠奏曰：“臣等遵旨传问部臣，升通政司右通政袁景星为人，并察以次应升之人。据部臣中素知袁景星者言，景星为人谨厚，才具平常。”上曰：“然。袁景星果系平常。其次顶俸应升顺天府府丞张鹏其人甚优，长于办事，着补授此缺。”

又奏：“察得佛多和所袭官职，据吏部所送档案，此职原因布达礼之兄巴图阵亡，布达礼申控给与拜他喇布勒哈番，该部未令巴图之子承袭，仍令布达礼承袭。布达礼后遇恩诏，又得一托沙喇哈番。及布达礼殁，其子佛多和承袭。今此职应令创立原官巴图之子承袭，圣谕极是。”上曰：“布达礼申控伊兄阵亡所得官职，若给与伊兄之子尚属义举。乃不与兄子而身自承袭，又令伊子佛多和继袭，今又与佛多和子那秦继袭，其创得原官子孙屈抑不已甚乎！此职着巴图之子孙承袭。”

是日，上驻跸玉泉山。

十二日丁未 未时，上由西直门进西华门，回宫。

扈从起居注官牛钮、常书。

十三日戊申 早，上御乾清宫，讲官牛钮、孙在丰、归允肃进讲：天一地二二节。

辰时，御乾清门听政。部院各衙门官员面奏毕，大学士、学士以折本请旨。为刑部题城门尉伯尔黑等将原任侍郎宜昌阿家人札哈里等疏纵上城，应交与兵部革职后照例定罪。上曰："凡拘禁罪犯，理宜照定例带锁严行看守。札哈里等系重犯，宜昌阿家人该管人员私行疏放，令其任意游行。及事发之后，又公同行贿营求情面，大干法纪，情罪殊为可恶！着议政王、贝勒、大臣，九卿、詹事、科、道一并严议具奏。"

又九卿会议收藏姚秦三藏经田云凤无罪，应行释放。其出首人许可珍诬告伊父咬指情由，应即行正法。上曰："许可珍着解部正法。此案若非朕详阅，几令受冤而死。人命关系重大，凡引据律例，必须详慎，求其允当，庶无枉纵。此事并非左道妖书，援引旧律，俱属不合。着吏部察议具奏。"

又明珠奏曰："臣等遵旨传谕六部堂官，各处关差，将才守俱优、小心谨慎之人保举开送。今六部满汉堂官俱云，若保举办事有才及谨慎者尚有其人，至于操守优劣知之实难。如郝浴本系罪人，皇上召回畀以大任，尚负皇上委用，侵蚀钱粮数万。司官操守焉能保之。"上曰："清廉节操如何可废？凡犯贪恶之人，发觉后自有应坐之罪。郝浴在广西居官甚好，然犹侵蚀数万钱粮。魏象枢曾荐郝浴，此等情事魏象枢安能预知？即如部院堂官，朕皆信其清操而委任之，堂官亦信司官而委任之，各衙门官员谨慎有守或生事奔竞，岂有不知者？务将有守之人举出，则被举者必能效力。尔等即行传谕。"

本日起居注官傅腊塔、郭棻。

十四日己酉 早，上御乾清宫，讲官牛钮、孙在丰、归允肃进讲：大衍之数五十三节。

辰时，御乾清门听政。部院各衙门官员面奏毕，大学士、学士以折本请旨。为刑部侍郎宋文运以病请解任。上谓大学士等曰："宋文运居官清廉，应加秩准其解任。着察例具奏。"

未时，上御保和殿，赐进贡喀尔喀部落土谢图汗族弟阿海代青那颜等及请安厄鲁特噶尔当博硕克图汗来使葛雷顾英都喇尔等食。

本日起居注官多奇、王项龄。

十五日庚戌 早，上御太和门视朝。文武升转官员谢恩，赐茶毕，回宫。

少顷，御乾清宫，讲官牛钮、孙在丰、归允肃进讲：是故四营而成易五节、易有圣人之道四焉一节。

辰时，御乾清门听政。各部院衙门官员面奏毕，大学士、学士以折本请旨。为原任内大臣、大学士、正黄旗汉军都统巴泰以年老请休致。上曰："巴泰果系年老，着以原衔致仕行走。副都统张叔阳其人颇优，材力健壮，乃堪用之人。"

又福建总督施维翰病笃，恳请罢任。上曰："朕闻施维翰已故，人品优长，居官实善，着拟优票送进。"大学士明珠奏曰："似应照原任巡抚刘秉权之旨拟票为当。"上曰："刘秉权何能及此人？只因彼时在多事之际故耳。"

本日起居注官朱马泰、曹禾。

十六日辛亥 早，上御乾清宫，讲官牛钮、孙在丰、归允肃进讲：是以君子将有为也一节、参伍以变一节。

辰时，御乾清门听政。上以吏部尚书伊桑阿自盛京回，问曰："盛京至此雨水均调否？禾稼若何？"伊桑阿奏曰："自盛京至山海关皆有雨，禾稼甚茂。自山海关至蓟州麦子都好，其余禾稼尚未出土，雨水亦调。自蓟州至京稍苦旱，尚有未种之上。"上颔之。

又工部郎中舒书差往河南同巡抚王日藻查估河工毕，回京，诣上前复命。上曰："河南百姓饥荒若何，今得少苏息否？"舒书奏曰："臣问彼处居民，据云前此饥荒已极，地方官捐助米粮施舍粥糜，经今三月，饥民赖以稍安。近复奏请开仓赈济，又得雨水，二麦渐长，收成可望。有积贮之家，俱及时市粜，此时百姓可以度日。以臣观之，饥困较前似少苏矣。"奏毕，出。

大学士、学士以折本请旨。吏部题云南武定府知府雷璁踏勘沐氏勋庄及吴逆侵占田地，有违定限，议罚俸六个月。上曰："此勋庄田地事甚明晰，不难查勘，应作速完结。今违限许久，尚未查明具报，明系该管官员故意推委迟延，显有情弊，甚为可恶。这所议尚轻，着再严察议奏。”

又议随经略莫洛出征陕西原任刑部主事桑阿布，该督、抚咨称不知下落，应暂注册，俟其事白再议。大学士明珠奏曰：“臣等问总兵官蔡元。据云：我等不知桑阿布始末，但见其所乘之马，因向人访问。有知之者言，王辅臣反乱时，桑阿布既已逃出，又复回营，于树上自缢。我等所闻如此。”上曰：“桑阿布殉难似实。”明珠奏曰：“观蔡元所言，想死节果真。”上曰：“桑阿布于乱军中殉难情真，若注册以俟事情明白，则何时得明。着照常议恤。”

又兵部题调补满洲副都统敷尔虎员缺，开列吏部侍郎额星格等并骁骑参领色根等。上曰：“护军参领巴图为人颇优，材力壮健，着补授此缺。”

又题国姨、国舅之孙土黑等看守福陵、昭陵已经十六年，应照例给与八品职衔。上曰：“官员品级必量其勤劳方行给与，此事颇有关系。今该部止称合例，其先年因何有此例，并未题明。国姨、国舅等将来子孙繁衍，若尽给与职衔岂不太冗？着交与议政王、贝勒、大臣将先年给衔缘由查明详议来奏。”

又理藩院题归化城土默特部落佐领噶尔马世希因行间有罪革职，其佐领员缺，正拟伊子罗札喇希，陪拟伊族侄积孙。上曰：“噶尔马世希系对垒败绩之人，令伊子补授可乎？着将拟陪之积系补授佐领。”

又刑部侍郎宋文运因病请休致。明珠奏曰：“臣等查例，此等致仕大臣有加级者，有仍给俸者，有加宫保衔者。今宋文运现有降级。”上曰：“宋文运为人谨慎，服官以来，操守廉洁，在任勤劳，着准伊所请，令其致仕，复还所降之级，仍加太子少保。”

巳时，上诣太皇太后、皇太后宫问安。

本日起居注官牛钮、翁叔元。

十七日壬子　是日，文皇后忌辰，上不理政事。

本日起居注官朱马泰、归允肃。

十八日癸丑　早，上御乾清宫，讲官牛钮、孙在丰、归允肃进讲：易无思也一节、夫易圣人之所以极深而研几也三节。

辰时，御乾清门听政。部院各衙门官员面奏毕，大学士、学士以折本请旨。吏部题督捕员外郎色楞格升任员缺，正拟户部主事阿宁噶，陪拟刑部主事韩楚汉。上曰："正拟阿宁噶庸劣。陪拟韩楚汉何如？"大学士勒德洪奏曰："韩楚汉其人堪用。"上曰："阿宁噶着随旗行走，韩楚汉着补此缺。"

又户部题先经驳回江西巡抚安世鼎题，康熙十四年至十八年雇夫及船只需用银六万九千二百九十两零四钱，今称无可追征，援诏题请应准销算。上曰："此事该部曾屡驳回，今又照十五年例销算，是何意见？其中必有缘故。着交与都察院察议。"

又崇文门左翼抽分开列保举吏部郎中库查等职名。上曰："此保举内卢腾龙乃原任总督卢兴祖之子。卢兴祖前居官无善状，其子卢腾龙为人何如？"明珠奏曰："卢兴祖居官实无善状。其子卢腾龙兵部堂官以有守保举。"上曰："崇文门着刑部郎中布雅弩去，左翼着卢腾龙去。"

又兵部题苏松水师总兵官员缺，或开列参领，或开列现任副将请旨。上曰："此缺紧要，着将现任总兵官内选择具奏。"

又刑部题济儿殴打通仓监督吴自肃，拟绞立决。来旺、孙之显、孙之荣、达子、五十儿、海图、吴雅图各拟枷号三个月，鞭一百。上曰："尔等之意若何？"明珠奏曰："济儿殴打监督，情属可恶，宥之不可，立决太过。若改为监候，使在狱幽囚日久，凶徒或知警省。"上曰："济儿着三法司议。其为从来旺等助殴监督，情属可恶。着照三次逃人免死例，俱发宁古塔与披甲新满洲为奴。"

上又顾大学士等曰："近日天旱，宜照前遣大臣往审刑部重犯。着大学士王熙，尚书伊桑阿，学士阿哈达、王鸿绪去。"

本日起居注官常书、卢琦。

十九日甲寅　早，上御乾清宫，讲官牛钮、孙在丰、归允肃进讲：子曰夫易何为者也一节、是故蓍之德圆而神一节。上亲讲毕，讲官照常讲说。

辰时，御乾清门听政。

巳时，上诣太皇太后、皇太后宫问安。

本日起居注官傅腊塔、翁叔元。

二十日乙卯　早，上御乾清宫，讲官牛钮、孙在丰、归允肃进讲：是以明于天之道一节、是故阖户谓之坤一节。

辰时，御乾清门听政。部院各衙门官员面奏毕，大学士、学士以折本请旨。为吏部题安徽按察使卢崇兴丁忧员缺，正拟候补按察使王国泰，陪拟道员许弘勋。上曰："伊等何如？"大学士明珠奏曰："臣在吏部时，因闽省有事，曾拣选王国泰、王定国、佟国佐前往。王国泰人品颇优。"上曰："王国泰着补授按察使。"

又兵部题郎中赵山因上阅射时，不曾预射，议令解任，照伊阿达哈哈番随旗行走。上曰："赵山尚能办事，着照世职例罚俸留任。"

又光禄寺请拨户部钱粮七万两。上曰："太常寺钱粮不多，皆系备办祭祀之用。光禄寺非太常寺可比，每年尚可节省二三万。这一次所请钱粮，仍着给与。尔等传集光禄寺官员口谕之，以后务须殚心樽节，若奉行不力，必另遣官察勘。"

本日起居注官沈荃、朱马泰。

二十一日丙辰　早，上御乾清宫，讲官牛钮、孙在丰、归允肃进讲：易有太极二节。

辰时，御乾清门听政。部院各衙门官员面奏毕，大学士、学士以折本请旨。为兵部题年老休致正黄旗汉军都统巴泰员缺，开列副都统李林龙、张所知。上曰："张所知为人颇优，材力壮健，着补授都统。"

又工部题督修兵部衙门官及匠役浮冒银二千余两，应令赔补。上曰："此照时价核减银数不为甚多，匠役等皆小人，可问兵部堂官。若果修理坚固，免其赔补。"

又题请敕下直隶、河南巡抚严行责成所属官员，堵塞水口，勿使卫河之水旁泄，以济漕运。俟漕船过完后，照常听其分流。上曰："漕运关系至重，但直隶、河南之民资藉卫河水利亦多，若水口尽行堵塞，不使稍济田亩，一遇干旱，则环居之民必致艰苦。又部议俟漕船过完，方听照常通流等语。耕种自有定时，如漕船过完方始入田，于田禾究竟无济，其可乎？该部但期不误漕运，于民之生计未尝少虑及也。此事作何措置，尔等确求至当具奏。"

本日起居注官牛钮、秦松龄。

二十二日丁巳 早，上幸南苑。酉时，回宫。是日，各部院衙门章奏俱交内阁。

本日起居注官多奇、李元振。

二十三日戊午 早，上御乾清宫，讲官牛钮、孙在丰、归允肃进讲：是故法象莫大乎天地一节。

辰时，御乾清门听政。部院各衙门官员面奏毕，大学士、学士以折本请旨。吏部题补刑部侍郎宋文运致仕员缺，开列内阁学士王守才等。上曰："尔衙门学士王守才、金汝祥俱属平常，此外孰可者？"大学士明珠奏曰："马世济、张可前似皆可用。"上曰："马世济果优，然须再酌之。着将其次应升者开列来看。王守才原无劣状，但才具平常，兼有目疾，可照原品于别衙门调用。尔等议奏。"

又大学士王熙等奉旨清理刑狱，释囚若干人。上曰："内巴言兔手刃他库情真，仍着监候。其余持刀杀人者本应抵偿，但其中稍可矜疑，姑从轻典，着照所议发落。"

又明珠奏曰："前奉旨台湾总兵官员缺，应于现任总兵官内拣选调补。其总兵官补授之后，三年调补内地，令臣等酌议。臣等议得皇上睿算深远，诚为至当，应永远遵行。"上曰："着将现任总兵官及参领职名开列具奏。"

是日，学士牛钮、孙在丰至乾清门，向奏事敦柱转奏云："日讲旧例，于部院衙门奏事之前进讲。顷闻部院衙门明日无本章入奏，臣等进讲应停一日。且皇上勤政典学，万几之余，隆寒盛暑俱不辍讲，此日似可暂辍，为此请旨。"敦柱入奏，传谕曰："明日部院衙门偶尔无本章入奏，是时讲论经义更有余暇，着仍来进讲。以后每日照常直讲，不必间辍。"

是日，赐湖广总兵官蔡元鞍马一匹。

本日起居注官孙在丰、常书。

二十四日己未 早，上御乾清宫，讲官牛钮、孙在丰、归允肃进讲：天生神物二节、易曰自天佑之一节。

是日，部院各衙门无本章入奏，上不御门听政。

本日起居注官傅腊塔、王封溁。

二十五日庚申 上御太和门视朝。升转文武官员谢恩，次进贡喀尔喀部落土谢图汗来使阿尔达礼塔布囊、多尔济什奚楚杨下、同伴札沙克图汗代诺颜来使清格参等谢恩，赐茶。召阿尔达礼塔布囊、多尔济什奚楚杨下至阶下，赐茶毕，回宫。

少顷，御乾清宫，讲官牛钮、孙在丰、归允肃进讲：书不尽言一节。

辰时，御乾清门听政。部院各衙门官员面奏毕，大学士、学士以折本请旨。兵部题补已升刑部尚书正黄旗护军统领诺敏员缺，开列副都统喀齐阑等。上曰："护军统领职任紧要，宜行选用，着于一等侍卫中官大者察开来看。"

又大学士明珠奏曰："兵部修理衙门一事，臣等问过兵、工二部满汉堂官，伊等云，兵部衙门原因取用楠木拆毁者，基址未动，现今修整亦属坚固。"上曰："浮冒钱粮既不甚多，且修整坚固，着免其赔补。"

又谕曰："朕观部院衙门启奏之事，虽云俱有关系，然有一事而经两部启奏方结者。即如兵部议叙军功之事，必请下吏部。及至吏部，乃并无别用察核之处，复行启奏。如吏、兵二部议叙功牌，可以会同一次题覆，事既不繁，且经两部评确会议，不致舛错。此外，如议分编佐领事，户部奏过，而兵部复行题奏。一产三男事，礼部奏过，而户部复行题奏。事非甚要，两部启奏重复，委属繁冗。以后如此等之事，俱着两部会同启奏，尔等可传谕知之。"

未时，御保和殿，召进贡喀尔喀部落土谢图汗族弟阿海代青颜宛丹台吉、究札卜台吉，土谢图汗来使阿尔达礼塔布囊，多尔济什奚楚杨下等赐食。

是日，赐江西南瑞总兵官陈平鞍马一匹。

本日起居注官牛钮、郭棻。

二十六日辛酉 辰时，上御乾清门听政。部院各衙门官员面奏毕，大学士、学士以折本请旨。为吏部题刑部侍郎宋文运致仕员缺，开列以次应升官员。上问曰："尔等以为何如？"大学士明珠奏曰："有副都御史二员，其次应升者又有太仆寺卿边声廷等。"上曰："副都御史马世济才具堪用，着即补授侍郎。"

又内阁侍读尹泰升任员缺，正拟主事宋柱，陪拟阿尔赛。上问曰：

“前此中允员缺，考试人员所察若何？”明珠奏曰：“第二、第三希福纳等俱已升员外。第四者虽学问不及伊等，闻其人尚可用。”上曰：“内阁侍读及员外郎俱系对品，此缺着希福纳调补。”

又谕曰：“内阁、翰林院皆属文翰之地，关系紧要，仍应以文学优通者补用。”

又兵部题镶蓝旗蒙古都统喇赛致仕员缺，开列护军统领额黑纳、副都统麻尔汉等。上曰：“护军统领额黑纳等皆属庸常，不胜此任。辅国公瓦山人品颇优，着补授蒙古都统。至该旗满洲都统根特亦已请休，俟此缺出，乃应将瓦山调补。”

又游击李耀、守备柴桂芳等因谎报杀败逆贼周云龙，打沉船只，应将李耀等俱革职。其提督刘兆麒不行据实奏闻，议降二级，应抵销所加之级。总督于成龙、巡抚余国柱应交吏部议处。上曰：“此事着依议。刘兆麒居官无状，且才具庸劣，将伊加级、纪录俱行销去，着以该旗相应之缺补用。”

又三河盗劫城内，议将防守御厄楞格罚俸一年。上曰：“凡城池，虽无满兵防守，被盗行劫尚从重治罪，况三河县系满兵防守之地，岂可疏防如此！这所议尚轻，着再议具奏。”

巳时，上诣太皇太后、皇太后宫问安。

本日起居注官朱马泰、严绳孙。

二十七日壬戌　辰时，上御乾清门听政。部院各衙门官员面奏毕，大学士、学士以折本请旨。为吏部题刑部原任郎中索拜降级，随旗行走，所遗镶白旗分员外郎员缺，正拟候补员外南泰，陪拟勒色礼。上曰：“勒色礼为人颇优，着补授。南泰年老，着以原品随旗行走。”

又镶蓝旗都统根特以老病乞休。上曰：“根特既已年老，着解任。”

巳时，御乾清宫，讲官牛钮、孙在丰、归允肃进讲：乾坤其易之缊耶二节。

本日起居注官多奇、王顼龄。

二十八日癸亥　早，上御乾清宫，讲官牛钮、孙在丰、归允肃进讲：是故夫象三节。

辰时，御乾清门听政。

是日，赐朝鲜国奏表陪臣户曹参判李濡等缎匹、银两有差。

本日起居注官常书、曹禾。

二十九日甲子　早，上御乾清宫，讲官牛钮、孙在丰、归允肃进讲：八卦成列四节。上亲讲毕，讲官照常讲说。

辰时，御乾清门听政。

本日起居注官傅腊塔、徐乾学。

三十日乙丑　早，上御乾清宫，讲官牛钮、孙在丰、归允肃进讲：吉凶者贞胜者也二节、夫乾确然示人易矣三节。讲毕，上谕曰："讲章词取达意，以简要明白为尚。如本文敷衍太多，则断章未免重复。在本文贯了彻圣贤意旨，归于简当，而断章发挥数语，阐明理道，务去陈言。朕阅张居正尚书、四书直解，篇末俱无支辞。今后所撰《诗经讲义》亦须要言不烦，期于尽善。尔等知之。"

辰时，御乾清门听政。部院各衙门官员面奏毕，大学士、学士以折本请旨。吏部题调补通政使司通政使、内阁学士王守才员缺，开列少詹事蒋弘道等。上曰："此系汉军缺否？"大学士明珠奏曰："然。"上问曰："侍读学士吴兴祖、徐廷玺二人若何？"勒德洪、明珠奏曰："此二人俱优。"上曰："谁为稍胜？"明珠奏曰："吴兴祖年久，学问较胜。"上顾汉大学士曰："此二人若何？"李霨、王熙奏曰："为人俱诚实，亦能办事。"上曰："吴兴祖着补授学士。"

又江宁将军瓦代题请率领标下官兵一年二次行围，兵部议准行。上曰："瓦代所奏极是。驻防官兵若不令其每年行围习武，则渐致怠缓，军士将流于玩愒为非。但江宁地方官兵驻防虽久，向不曾令其行围，恐民人不知，以为骇异。着该督、抚将习武行围之处明白传谕。又恐军士行围，借端抢夺骚扰地方，着该将军严行禁戢。可将此意票出。"

又靖逆将军张勇告病乞休。明珠奏曰："兵部称张勇于此月十五日病故，已有题疏。"上曰："张勇身任严疆要职，历年已久，效力勤劳，今以病乞休，具疏未久，遽尔身故，深为可惜。可于本内将此意票出。"

巳时，上诣太皇太后、皇太后宫问安。

本日起居注官牛钮、归允肃。

五　月

初一日丙寅　辰时，上御乾清门听政。部院各衙门官员面奏毕，大学士、学士以折本请旨。吏部题福建总督施维翰病故员缺请旨，或开列满洲，或开列汉军、汉人官员。上问大学士等曰："闽省可令浙江总督兼管否？"明珠奏曰："前此二省设一总督时，总督驻扎衢州统理。今当福建多事之日，提督施琅又屡干预地方事务。因施琅系有大功之人，故彼处巡抚每事曲从，如此恐将来事有未便。且浙江总督驻扎衢州遥制，其间多山川险阻，往来或致误事，亦未可定。以今事势，浙江总督可省，福建总督必不可无。向日亦蒙谕及。"上曰："此缺着以王国安调补，其浙江总督停其补授。"

又江南总督于成龙病故员缺请旨，或开列满洲，或开列汉军、汉人官员。上曰："这员缺着将汉军、汉人官员开列具奏。江南最为重地，此处必用才德优长之人，始能胜任。"

又兵部题正黄旗副都统张所知升任员缺，开列参领李伦等。上曰："参领李伦等俱庸常。此内杨文魁甚优，正黄旗汉军中无有过之者。彼系何族？有无效力之处？着询明来奏。"

又看守南苑章京胡通格以年老乞休。上曰："胡通格虽以年老求罢，并未衰惫。自补授以来，南苑内事颇能整理，况所得行间功牌甚多，因少一二牌未得世职，正黄旗人无不知者。朕欲给以拖沙喇哈番，仍留原任。"勒德洪、明珠奏曰："闻胡通格人材壮健，多效力之处，旧时大臣官员尽知之。如此效力之人，给以世职，以示鼓励，亦何不可。"上曰："然。着兵部议奏。"

又三法司议杜大等四人、孙尚等三人、杨兴世等四人因为强盗行劫，俱应立斩三事。上问曰："尔等之意若何？"明珠奏曰："杜大等虽为强盗未至行凶，案内一盗虽扭伤失主妻手，亦未甚惨毒。臣等念人命关系重大，公议副签拟票监候秋后处决。”上曰：“尔等意甚当。前辅政臣时，有包衣佐领一人，外作善状，内怀凶恶，屡经惩戒，全不知改，卒为强盗，于通州地方被擒。有包衣大赴通州领粮遇见之云，尔不肯悛改，今事发矣。因历数其恶，以鞭鞭之。后鞫审时，遂衔恨扳陷包衣大同为强盗，其同伙盗皆云勿妄陷无罪之人，其人不听。此包衣大竟坐强盗正法，包衣佐领下人无不知此事者。由此推之，天下如此等事不少。朕常以此为念，凡裁决政事，遇有重罪，虽应死，必于死中求其生路，反复推详，下部再议，必无疑窦，然后完结。此宁失出毋失入之意也。”勒德洪、明珠奏曰：“汉人中如此诬陷之事实多。皇上睿见极是。”李霨、王熙奏曰：“情罪重大者固不可免，其中苟有一线可矜，少缓其死，诚皇上好生之德。”学士王鸿绪奏曰：“此是皇上法外施仁之意也。”

本日起居注官朱马泰、翁叔元。

初二日丁卯 早，上御乾清宫，讲官牛钮、孙在丰、归允肃进讲：天地之大德曰生一节。

辰时，御乾清门听政。部院各衙门官员面奏毕，大学士、学士以折本请旨。兵部题补正黄旗汉军副都统员缺。上问曰：“参领杨文魁若何？”大学士明珠奏曰：“观其言辞举止，其人似优，曾经出征二次。”上曰：“副都统职任紧要，尔等可将杨文魁详问原任都统巴泰及都统张所知来奏。”

又理藩院题将盗马人犯顾慕严加看守，俟厄鲁特部落厄尔克鄂木布到时质审。上曰：“顾慕盗马之事甚真，若待厄尔克鄂木布到时，必致迟延，应即议结，以惩不肖。”

巳时，上诣太皇太后宫问安。

本日起居注官多奇、严绳孙。

初三日戊辰 是日，仁孝皇后忌辰，上不听政。未时，上移驻瀛台。

本日起居注官常书、卢琦。

初四日己巳 早，上御瀛台门，讲官牛钮、孙在丰、归允肃进讲：古者庖牺氏之王天下也二节。

辰时，御瀛台门听政。部院各衙门官员面奏毕，大学士、学士以折本请旨。兵部题补台湾总兵官，将总兵官孙思克等十员、有功牌参领刘宗圣等十员一并开列。上顾大学士等问曰："尔等之意若何？"明珠奏曰："臣等之意以孙思克著有劳绩，材力健壮，应补此缺。但秦地紧要，张勇近又病故，孙思克甚得军民之心，似不宜调补。此外听皇上简用。"上曰："若将现任总兵官调补，伊等外任既久有所未便。尔等曾问杨文魁否？"明珠奏曰："臣等问原任都统巴泰及都统张所知，据云杨文魁人材雄健，颇有劳绩，以之统辖有余。"上曰："杨文魁既人材雄健，可以统辖，着补授台湾总兵官。"

午时，上诣太皇太后、皇太后宫问安。

是日，赐归化城副都统阿迪鞍马一匹。

本日起居注官傅腊塔、沈荃。

初五日庚午 是日，部院各衙门无本章入奏，上不御门听政。

本日起居注官牛钮、李元振。

初六日辛未 上以有事于方泽，斋戒三日，不理政事。

本日起居注官孙在丰、多奇。

初七日壬申 本日起居注官朱马泰、曹禾。

初八日癸酉 早，上御保和殿，视祭方泽坛祝版毕，回宫。

巳时，上诣太皇太后宫问安。

本日起居注官常书、王顼龄。

初九日甲戌 早，上以夏至，亲祀地祇于方泽毕，回宫。

本日起居注官傅腊塔、秦松龄。

初十日乙亥 辰时，上御瀛台门听政。部院各衙门官员面奏毕，大学士、学士以折本请旨。兵部题补正黄旗护军统领诺敏升任员缺。上曰："正黄旗见无可任护军统领之人，前锋统领沙纳哈人材颇优，着补此缺。其前锋统领缺，在右翼四旗内选择，谅必有堪用之人。"

又靖逆侯将军甘肃提督张勇病故员缺，请旨开列。上曰："甘肃地方甚为紧要，总兵官孙思克为人既优，又有效力之处，且现在甘肃，着即将孙思克补授此缺。"

本日起居注官牛钮、曹禾。

十一日丙子 早，上御瀛台门，讲官牛钮、孙在丰、归允肃进讲：包牺氏没一节。

辰时，御瀛台门听政。部院各衙门官员面奏毕，大学士、学士以折本请旨。吏部题补都察院副都御史马世济升任员缺，开列宗人府府丞李廷松等职名。上曰："副都御史职任綦重，着开其次应升者来看。"

又兵部题公瓦山调补满洲都统员缺，开列护军统领额黑纳等职名。上曰："这开列各官无可胜都统之任者。原任将军巴海人材既优，亦能统驭，且有迁移新满洲之功，虽乌拉兵丁称其贪劣，亦无非常秽迹，朕意以为尚可任用。尔等可传谕议政王、大臣，着会议来奏。"

又御史卫执蒲条奏，皇上或以五日或二三日为期御门听政。上谕曰："御史卫执蒲奏请御门听政或以五日或以二三日为期，其意盖欲君臣之间，政事余暇稍得休息也。朕自躬亲庶政，宵旰弗遑，念致治之道，务在精勤，厉始图终，勿宜有间。二十余年以来，于凡用人行政，事无巨细，罔不殚心筹划，早夜孜孜，有如一日。郊庙禋享必躬执祀事，间有不亲诣之时，皆甚非得已。至于内殿斋居，几微悉谨，左右执御咸所稔知。在朕未明求衣，辨色视朝，日与大小臣工率作省成，用熙庶绩。近念尔诸臣奏事劳苦，少展御门晷刻，俾得从容入奏，非图便安。迩年海宇敉宁，政事渐简。顷复谕部院衙门，事务应得归并者，酌量合奏，期于简要清省。从此民生日康，刑清政肃，部院章奏当不期省而自省。若必预定三日、五日以为奏事常期，非朕始终励精之意也。其本内事情，着内阁、翰林院会同九卿、詹事、科、道详议具奏。"

本日起居注官牛钮、孙在丰。

十二日丁丑 早，上御瀛台门，讲官牛钮、孙在丰、归允肃进讲：神农氏没六节。

辰时，御瀛台门听政。部院各衙门官员面奏毕，大学士、学士以折本请旨。吏部题江南江西总督于成龙病故员缺，并列吏部侍郎张士甄等。上谓大学士等曰："总督职任重大，尔等会同九卿，将此开列内有才能廉洁之人举出。"

又兵部议将杀死总兵官王怀忠之王可成等三人交与刑部立斩。上曰："人命关系最重，恐致无辜含屈，着兵、刑二部会同，令原任总兵官当子对质定案。”

本日起居注官多奇、归允肃。

十三日戊寅 早，上御瀛台门，讲官牛钮、孙在丰、归允肃进讲：上古穴居而野处三节。

辰时，御瀛台门听政。刑部官员近前奏事，上问曰：“宜昌阿等事何为许久不结？”侍郎佛伦奏曰：“近因裕亲王告假出外养病，安亲王有丧女之戚，不入朝会议，故未即结。”上曰：“诸王每遇大事，规避仇怨，多有托故延挨，不肯担任。尔等可传谕会审诸臣，不必更待王等，即行审结来奏，并将此旨传知议政王等。”佛伦奏曰：“近宜昌阿辨呈内称，赖塔既云素不识沈尚达之子，何以受其所赠女子？则赖塔受贿显然。”上曰：“宜昌阿受贿情由彼已招承否？”佛伦奏曰：“宜昌阿坚不肯承。”上曰：“宜昌阿与赖塔情同一体，若赖塔受贿情真，宜昌阿复有何辨？且受贿之事必自行承认，然后可攀他人。宜昌阿既不自招，乃欲攀引赖塔，有是理乎？”佛伦奏曰：“皇上所言洞见其隐。宜昌阿攀引赖塔，岂不反实己罪。”上颔之。刑部官员出。

大学士、学士随以折本请旨。九卿、詹事、科、道会推广西按察使金维藩丁忧员缺，正拟霸昌道黄性震，陪拟贵西道王梁。上曰：“闻黄性震居官素优，或因霸昌密迩京师，有所畏惮，勉自策励。尔等以为何如？”大学士明珠、王熙奏曰：“以臣等所闻，黄性震居官实有声誉。”上曰：“此缺着将黄性震升补。”

又吏部题补太仆寺升任员外郎吴什哈员缺，正拟候补员外郎屯泰，陪拟麻尔赛。上曰：“屯泰庸劣，麻尔赛前自岳州来京奏事，朕见其人举止轻狂。凡部院官员须用谨慎有守之人，若用此辈，必生事妄为，无所不至。此二人俱着随旗行走，这员缺着另拟具奏。”

又都察院副都御史员缺，开列其次应升边声廷等。上曰：“再将其次应升官员开列来看。折内何以不列崔澄职名？”明珠奏曰：“崔澄因有降级，故未开列。”上曰：“崔澄为人谨慎，居官亦善。”明珠奏曰：“皇上所见极是。”

又福建巡抚金铉援赦请销已支投诚人员牛种价值，户部议不准行，仍令原任巡抚吴兴祚赔补。上曰："此等冒销情弊自慕天颜始，其积年销算钱粮侵渔入己，不计其数。此种弊端最为可恶！吴兴祚冒支钱粮，仍着严追。"

明珠又奏曰："江南江西总督员缺，奉旨命臣等传谕九卿会推。据九卿诸臣云，总督一官控制两江数千里之地，必才干优长，操守廉洁，为众所推服者，始克胜任。皇上慎重此选，宸虑极周。今公同推举，正拟现任苏松巡抚王新命，才守并优，向在湖广声名甚著，江南诸臣皆云两省重地，得此人总制，于地方实有裨益。陪拟现任湖广巡抚丁思孔，素负长才，兼亦有守，为江苏布政时实能料理繁剧。此二员皆可任用。"上沉思良久曰："此二人系何人举出？"明珠奏曰："李之芳、余国柱举出，众人皆以为然。"上曰："总督关系重大，膺斯任者固贵有才，尤贵有守，苟不能洁己率属，地方军民必受其害。"因顾汉大学士王熙问曰："王新命之为人尔等能力保否？"王熙奏曰："臣等虽未敢遽保，然知其居官甚优。"学士王鸿绪、汤斌奏曰："王新命在湖广甚有政声。"上曰："王新命操守果否廉洁，朕亦不知。但伊向日所举之人，多有不当。如于成龙居官亦有声誉，而疏荐董秉忠殊为滥举。董秉忠之素行八旗之人无不悉知，而于成龙乃列之荐牍，岂不有负职守？王新命亦滥举匪类，其人不无可疑。丁思孔虽曰有才，未闻操守过人。尔等可再谕九卿，能力保此二人果能洁己奉公，始终不改，仍着合词来奏。"

巳时，上诣太皇太后宫问安。

本日起居注官常书、翁叔元。

十四日己卯 早，上御瀛台门，讲官牛钮、孙在丰、归允肃进讲：是故易者象也一章。

辰时，御瀛台门听政。部院各衙门官员面奏毕，大学士、学士以折本请旨。吏部题内阁侍读学士吴兴祖升任员缺，正拟监察御史祝钟灵，陪拟王国昌。上问大学士等曰："尔等之意若何？"明珠奏曰："王国昌先在臣衙门，为人敬慎，所学亦优。"上曰："此缺着将此外应升官员职名开列送阅。"

又给事中姬思哈降调员缺，正拟员外郎达哈塔，陪拟增寿。上曰：

"言官关系紧要，着选择。"

谕毕，明珠奏曰："臣等遵旨为选择江南总督传谕九卿、詹事、科、道，伊等云皇上所谕极当。但王新命、丁思孔才具堪用，居官亦佳。于成龙为直隶巡抚曾保举董秉忠。今王新命保举之人虽未允当，但于成龙最称清正之人，亦将八旗尽知之董秉忠保举，则王新命似无不可选用，一惟皇上裁夺。"上曰："伊等能保其清正否？"明珠奏曰："伊等尚不能自保，焉能保他人乎？"上曰："着九卿、詹事、科、道会推具奏。"

本日起居注官傅腊塔、严绳孙。

十五日庚辰　早，上御太和门视朝。升转文武官员谢恩，赐茶毕，回宫。

少顷，御乾清门听政。部院各衙门官员面奏毕，大学士、学士以折本请旨。为副都御史马世济升任员缺，查以次应升之员开列。上曰："这所开右通政张鹏为人颇优，着升补此缺。"

又御史李时谦条奏，初选州、县官员应请引见。上曰："州、县有司系亲民之官，宜将有才能者选授。虽一时引见未能深悉其行止心术，然其能否亦大概可见。这本着交与九卿、詹事、科、道会同酌议具奏。"

本日起居注官牛钮、沈荃。

十六日辛巳　早，上御瀛台门，讲官牛钮、孙在丰、归允肃进讲：阳卦多阴一章。

辰时，御瀛台门听政。部院各衙门官员面奏毕，大学士、学士以折本请旨。吏部题补内阁侍读学士员缺。上曰："尔等之意若何？"大学士明珠奏曰："上谕着将应升官员通查启奏，臣等查有江有良等六员。此内年遐龄、孙冈、江有良为人俱佳。"上曰："江有良系年久司官，着补授内阁侍读学士。"

谕毕，上复谕大学士勒德洪、明珠、王熙曰："凡居官以清廉为要。今九卿若有所知者，勿论内外大小官员，着令举出。"

本日起居注官多奇、卢琦。

十七日壬午　辰时，上御瀛台门听政。部院各衙门官员面奏毕，大学士、学士以折本请旨。户部以丈量过旗下官员溢额地亩，且暂留原主名下，俟需用时再行拨给。上曰："田地为民恒产，已经给与者不便复取。

其旗下官员人等既有溢额之地，宜注册，俟需用时再行拨给。民地不可轻动，着依议。”

又议政王、贝勒、大臣会推镶蓝旗蒙古都统公瓦山调补满洲都统员缺，正拟巴海，陪拟护军统领额黑纳。上曰：“诸王、大臣所议若何？”大学士明珠奏曰：“臣等将巴海可用之故传谕诸王、大臣，诸王、大臣皆以上谕为极当。巴海人材壮健，颇能统驭，向任宁古塔将军时，并无甚贪酷之处，此人尚可任用。”上曰：“巴海着补授都统。”

又兵部为甘肃升任总兵官孙思克员缺，或开列现任副将，或开列参领请旨。上曰：“现有候缺总兵官否？”大学士勒德洪奏曰：“闻现任副将康天保人材颇优，亦有效力之处。”上曰：“康天保原系孙思克属员，不便令在一处，应将王用予补授。虽与伊父王进宝汛地相近，所辖之地各异，且王进宝年老多病，此缺着将王用予调补。”明珠等又奏曰：“九卿、詹事、科、道各官遵奉谕旨举出操守清廉各官，直隶巡抚格尔古德，吏部郎中苏黑、范承勋，江南学道赵仑，扬州府知府崔华，兖州府知府张鹏翮，灵寿县知县陆陇其等，操守俱清，居官亦好。”上曰：“格尔古德想亦自佳，近闻患病，亦甚羸弱，因此特差御医前往调理。陆陇其向亦闻其居官甚好，今诸臣俱各称善，想当不谬。但从此之后操守不改，永著清名，方为真实好官。这举出各官，知道了。”

本日起居注官牛钮、李元振。

十八日癸未 辰时，上御乾清门听政。部院各衙门官员面奏毕，大学士、学士以折本请旨。议政王、贝勒、大臣遵旨会同定议诸王之子降封典例。上曰：“此事重大，着详察典例具奏。”

又议处多罗惠郡王博翁果诺庸懦懒惰，祭地坛时，未曾患病，不行斋戒，削去王爵。上顾勒德洪、明珠曰：“尔二人将此事奏闻太皇太后。”

又吏部题通政司升任通政使喇都虎员缺，开列詹事府詹事傅腊塔等职名。上曰：“顷九卿、大臣举苏黑清廉，前差往湖口时，多称其所行之善，着将苏黑补授通政使。补用此人，庶廉善者益加劝勉，贪劣者亦知愧耻。”

又兵部将额尔毕纳题补黑龙江协领。上曰：“苏黑臣视额尔毕纳较优，而家计亦且殷实，着将苏黑臣补授协领。”

又都察院议，户部覆准江西奏销浮冒扛抬炮位火药及大兵进剿雇觅人夫船只钱粮，将尚书杭爱、梁清标，侍郎沙海、李天馥、库勒纳、李仙根各降二级留任，司官各降四级调用。上曰："这所议似过。堂官免其降级，着各罚俸一年，司官各降二级留任。"

又议［政］王、贝勒、大臣，九卿、詹事、科、道会议将宜昌阿家人扎哈里、沙纳海议绞监候，秋后处决，将守尉白尔黑枷号鞭责。上曰："可将此本同议决金俊等本章一并来奏。"

巳时，上诣太皇太后、皇太后宫问安。

午时，复御乾清门，大学士、学士复旨。勒德洪、明珠奏曰："惠郡王事启奏太皇太后，奉太皇太后懿旨：博翁果诺身膺王爵，不尽力事上，彼荷谁之恩而致此王位？其爵自应削去。"上曰："然。理应削去王爵。"

又察诸王之子降封典例。上曰："此事重大，着将本朝定例及明朝定例另行详察具奏。"

又议决金俊等事。上曰："金俊可改为应斩监候，秋后处决。凡差往各处大臣、司官所带笔帖式，必拣择贤能带往。苟不预事，何用选为？既经预事，其大臣、司官妄行，岂可不行阻抑？有利则同，有失则于中脱免，非法之平。且各部院私作弊端，皆起自笔帖式。本内伊色、邵多礼情罪可恶！着改为应斩，秋后处决。都统赖塔征剿云南，著有劳绩，从宽留都统佐领，削去加级，罚俸一年。其子夸色从宽降三级留任。案内应追银两不必令内务府追取，着交与户部拨充兵饷。余俱依议。"

又拟扎哈里等罪。上曰："扎哈里等俱依拟。白尔黑着革职，从宽免其枷号鞭责并妻流徙宁古塔。余俱依议。"

未时，复御乾清门，召台湾总兵官杨文魁赐食毕，上谕文魁曰："台湾远在海隅，新经底定，将弁立功者颇多，俱未简用。因尔系旧人，可以委任，故特简尔为总兵官。彼处新附兵丁以及土人、黑人种类不一，向来未沾教化，不知礼义。尔到任务期抚辑有方，宜用威者，慑之以威，宜用恩者，怀之以恩，总在兵民两便，海外晏安，以称朕意。至于海洋为丛利之薮，海船商贩必多，尔须严辑，不得因以为利，致生事端，有负委托。"文魁奏曰："臣蒙皇上殊恩特用，圣谕谆谆，惟有仰体睿意，俯竭愚诚，弹力尽心，以图报效于万一，谨遵守奉行，不敢刻忘也。”

申时，上复诣太皇太后宫问安。

本日起居注官孙在丰、多奇。

十九日甲申　卯时，上出古北口避暑，由东华门，设卤簿，在京王以下文武各官俱服蟒服跪送。出东直门，驻跸三家店。

是日，驻防顺义县防守尉巴郎等、知县钟韵远来朝。

二十日乙酉　上驻跸河漕地方。是日，命内务府总管费扬古、起居注官常书传谕原任霸昌道今升贵州按察使黄性震曰：“念尔居官甚善，特赐蟒袍一袭，缎四匹。”黄性震奏曰：“臣系投诚之官，蒙皇恩授职，又屡加擢用。皇上天高地厚，并未图效涓埃，又赐袍缎，臣何以克当，实难报称。惟有抵任后黾勉尽瘁，洁己爱民，以图仰答皇上隆恩尔。”

是日，古北口等处抽分工部郎中沙纳海等、怀柔县守备郭美等、知县谢淳等来朝。

二十一日丙戌　上驻跸钓鱼台地方。是日，石匣营游击李鼎等来朝。

二十二日丁亥　上出古北口驻跸。是日，驻防古北口防御顾尔拜等、古北路把总萧从元等来朝。

二十三日戊子　上驻跸鞍匠屯。晚刻，上御行幄，扈从学士麻尔图、图纳、阿哈达以折本请旨。宗人府议给事中硕理虎骂詈觉罗傅哈，应降二级，罚俸一年。傅哈先不欲控告，阿达哈哈番岳拜等助之告理，俱应罚俸六个月。上曰：“凡事必有一定之是非，此为是，则彼为非。今不按其是非，止欲平和两造，概行议处，殊为不合。此本发回，传语尔衙门大学士，另拟票签来看。”

又吏部议刑部员外郎倪牙汉等，将正法犯人子章等原案不行查明，遽拟处斩，俱罚俸一年。尚书喀尔图等免议。上曰：“人命关系重大，务宜敬慎。今将对质犯人子章等遽拟正法，该部止以文件名数舛错，议处罚俸，不合。发与尔衙门大学士另拟票签来看。”

又巡抚慕天颜以补授巡抚上疏谢恩。上曰：“慕天颜素行乖张，宜降旨严饬。此本亦着大学士等改票。”

是日，上于偏岭西山射殪一虎。

二十四日己丑 上驻跸鞍匠屯。

二十五日庚寅 上驻跸鞍匠屯。

二十六日辛卯 上驻跸喀喇巴克西地方。

晚刻，上御行幄，扈从学士等以折本请旨。九卿等会推云南按察使员缺，正拟贵西副使道王梁，陪拟陇右副使道卞永誉。上曰："此二人何如？九卿诸臣因何推出？尔衙门汉诸臣果知此二人否？尔等写去，令商酌来奏。"

又监察御史李时谦条奏州、县一岁内安插流民若干，从某省逃来缘由，令其造册报部稽察，以为不善养民者之戒，户部议不准行。上曰："此事着九卿、詹事、科、道会议具奏。"

又议政王、贝勒、大臣会推前锋统领沙纳哈升任员缺，正拟正黄旗副都统喀代，陪拟正红旗副都统扎喇克图。上曰："此二人俱庸劣。前锋统领职任紧要，非有才能劳绩素著之人，不足胜任。此本发回，俟朕回时，再行启奏。"

二十七日壬辰 上驻跸鹳儿营北。

二十八日癸巳 上驻跸梨林地方。是日，赐八旗护军校、护军等每旗各牛一头、羊十只。

二十九日甲午 上驻跸三道河地方。

晚刻，上御行幄，扈从学士等以折本请旨。三法司议王进孝等指甄五道、翟应聘等窝隐逃人，吓诈银钱，又复行诈，致翟应聘自缢，王进孝拟立斩，叶冷格拟秋后绞。上曰："前此等事曾有秋后处决之例，着照此例行。"

六　月

初一日乙未 上驻跸温泉。

初二日丙申 上驻跸温泉。

初三日丁酉 上驻跸温泉。

初四日戊戌 上驻跸温泉。

初五日己亥　未时，上御行宫，扈从学士等以折本请旨。吏部题江宁巡抚王新命升任员缺，开列学士金汝祥等。上曰："江南地方人民稠密，钱粮浩繁，责任紧要，此缺着九卿、詹事、科、道会同选择具奏。"

又题监察御史江有良升任员缺，简选将郎中马君宠拟正，孟世泰拟陪。上曰："此缺着吏部会同都察院另行选择具奏。"

又题工部郎中赛华病故员缺，正拟员外郎都希，陪拟法山。上曰："赛华于工部事务甚谙练，病故可悯。此缺着吏部会同工部选择具奏。"

又给事中孙蕙条奏请令海洋贸易宜设专官收税，九卿会议准行。上曰："令海洋贸易，实有益于生民，但创收税课，若不定例，恐为商贾累。当照关差例，差部院贤能司官前往酌定则例。此事着写与大学士等商酌。"

又礼部题浙江、江西、湖广三省典试主考，开列侍讲学士高士奇等职名。上曰："考试举人，关系人材，必差遣学问优通之人，无负职掌。观此开列各官，皆属庸劣，何不举出长于文学者？"因顾翰林院侍读学士常书、朱马泰问曰："尔衙门开送试差成例若何？"常书等奏曰："臣衙门定例，已经典试过者例不开列，其未经典试之员概行开送。"上曰："其中有荐举博学之人由贡监出身者多，彼自己学问尚且不堪，何能辨别他人文字高下？且给事中止列二员，此外岂遂无人？着发回大学士等，询明学问优通之人何故不行开列，即详查送来。"

又兵部题奉天正蓝旗防御穆东阿员缺，该将军以骁骑校查哈里坐名咨送。因查哈里并无功牌，将穆东阿之子闲散人胡什巴拟正，亲军校殷颓拟陪。上曰："既称查哈里无功牌，则应择有功牌者另行拟出。今该旗仍将无功牌之人拟正，与该将军所送之人何异？"学士麻尔图奏曰："皇上睿见极当。此正该旗都统徇庇之故尔。"上曰："此缺着照该将军所送以查哈里补授，仍将该旗都统等严加申饬。"

又理藩院议游牧地方参领阿喇纳得马四匹，并不寻马主质问，辄与其所属之人。又向属下人科敛银两等物，应革职、鞭一百。上曰："从来定保举之例，原期国家得人，并非以此牵引同类，私其所爱。阿喇纳乃庸劣不堪之人，公苏努五、优准达，副都统华善、佛科陀等以才力健壮、堪任统驭保举，徇庇显然。着宗人府会同兵部严察议奏。"

是日，上驻跸温泉。

初六日庚子 上驻跸温泉。

初七日辛丑 上驻跸温泉。

初八日壬寅 侍臣以领侍卫内大臣公福善骤染重病奏闻。上驾出，因幸福善幕视疾。福善病方笃，令人扶掖跪迎奏云："臣犬马微躯，蒙圣躬临视，实不克当。"因感激涕零。上慰之曰："卿因一时寒暑不均致疾，料无他虞。朕躬临视，冀卿悦怿痊可耳。今反致伤感，于病何益？"于是令医胗脉，将御用良剂服之。少顷，沉疴顿安。上还。传谕曰："福善留温泉养病，令其兄弟辈殚心护视，医官加意调治。其病势如何，不时来奏。"伏惟君臣之分，尊卑阔绝同于天地。皇上一闻福善之病，屈万乘之尊，亲临顾视，赐以御剂，天语温慰，至再至三，不异家人父子。皇上殊恩，宁仅福善戴之罔极，凡为臣子感仰洪仁，有不鼓舞图报者乎？

又皇上巡行时，见田禾茂长，谕诸近臣曰："小民赖谷以生，倘西成无收，必致冻馁，尔等宜严行约束，如人马践踏禾苗，定加重处。"自是犯者即置之法，以故田畴无蹂躏之患。

上出边时，前数日，天气炎热，因念从人恐致疾病，特命一应官兵，凡有病者，即行奏闻，赐医调理，即属厮役亦令胗治。大抵圣泽如天，万物无不覆帱，虽自古爱民如伤之仁，不是过矣。

是日，上驻跸会岐口。

初九日癸卯 上驻跸青石崖地方。

初十日甲辰 上驻跸青石崖地方。

十一日乙巳 早，上御行幄，扈从学士等以折本请旨。理藩院议厄鲁特部落进贡来使阿布都喇厄尔克寨桑私将格里勒带去，应照例治罪。因阿布都喇厄尔克寨桑，于定例敕谕未到之前业已来京，今复起行，应俟厄鲁特噶尔丹博什克图汗来使到日，将部文带去，令其照旧例议处。嗣后遇此等情罪，照臣衙门定例拘禁议处。上曰："此事着议政王、贝勒、大臣议。如行文俟来使带去，则来使皆系回子，虽令带去，亦不能达之噶尔丹。观阿布都喇厄尔克寨桑同来之使格雷固盈有藐视阿布都喇之意，着理藩院差官速往追及格雷固盈，令其带往。可将此意详谕尔衙门大学士知之。"

是日，上驻跸青石崖地方。是日，赐八旗满洲章京及护军等每旗各牛一头、羊十只，蒙古固山查哈尔章京及护军等每旗各牛一头、羊十只。

十二日丙午　上驻跸榆林口上都河岸。

十三日丁未　上驻跸榆林口上都河岸。是日，上于西尔哈莫林山射殪一虎。

十四日戊申　上驻跸榆林口上都河岸。

十五日己酉　上驻跸近秀驼山池岸。

十六日庚戌　侍臣奏曰："圣驾今往牧马地方，可乘便经过乌兰哈达等处。彼处水草甚佳，兽类繁多，诚为胜地，但无柴薪，止上用柴薪已经预备。此去不过二三日之程，官军宜各带柴薪前往。"上曰："此非为朕一人，要当为众计尔。朕所需用岂至有误，惟恐官军穷乏，不能携带柴薪，以致窘急。兽类虽多，众人不免愁苦，朕有何乐？即今天下偶有一方以水旱见告，朕必遣官支发仓库，即行赈济。虽边疆海岛之遥，朕尚恻然加念，岂于左右近侍之人，令其忍饥行走乎？尔等另择有柴薪地方来奏。在尔等有管军之责，亦应体恤群下也。"伏思前代人主深居九重之中，于外方情形、民生疾苦茫然不知者多矣。我皇上巡行之际，好察民隐，故凡天下大小之事，无不洞悉。自皇上行幸以来，军士叨赐牛羊无算，兹又轸念众人难于柴薪，尤非自古英主所能及也。

是日，上驻跸近秀驼山河岸。

十七日辛亥　上驻跸长泉地方。

晚刻，上御行幄，扈从学士等以折本请旨。吏部题巡抚韩世琦隐匿入官妇女，议革职。上曰："韩世琦前任偏沅巡抚，所行不善，自调补四川以来，稍能黾勉职事。着革职留任，令其效力赎罪。尔等将此事写与大学士商酌。"

又礼部题江南、江西典试主考开列高士奇等。上曰："江南地广，人材众多，须差遣学问优通之人，方于事有济。今所开列翰林等官，既无学问优通之人，且更有不由进士、举人出身者。虽定例典试过者不行开列，此番不必照旧例，除已经典试江南者不开外，着将典试别省有才学者选择具奏。将此事写与尔大学士。"

又兵部题补镶蓝旗马世泰分编佐领，正拟亲军校罗密，陪拟乌林人图梅。上曰："罗密系军机革职之人，其间并无劳绩，竟以是人拟佐领，岂非乘间徇庇，欲行起用有罪之人乎？"学士麻尔图奏曰："皇上睿见极明。前此敕谕，行间有罪之人，止以护军校、骁骑校等职补用，并未令补用此等要缺。"上曰："这员缺着另拟。将举出罗密补用佐领之人应严察议处。此本发回大学士，着拟票签来奏。"

又刑部等衙门题采取东珠、人参偷卖情由，将李库、巴牙尔拟绞监候，秋后处决。又将管理条子边官汉占等各罚俸一年。上曰："李库等着依议。人参之禁欲行甚易。朕常谕大学士等，欲止私采人参，必须严饬巡察之官。今议管理条子边官汉占之罪太轻。"图纳阿哈达奏曰："上谕诚然。刑部议汉占等交与兵部，今请票严加察议具奏。"上曰："适朕所览系刑部会同兵部将汉占等议各罚俸一年，何至如此舛错？将本来看。"上阅之，果系将条子边官汉占、佛保、李子臣各罚俸一年。麻尔图奏曰："皇上睿鉴极明。臣等一时看阅未悉，以致错记。"上笑曰："此亦无妨。汉占等着严察议奏。"

十八日壬子　上驻跸二通河地方。

十九日癸丑　上驻跸二通河地方。

二十日甲寅　上谕副都统巴图、一等侍卫仪度额真阿南达曰："边外八旗蒙古与在内八旗一体， 朕未尝分别内外。今朕巡行之次，见其衣食常乏，朕心深为恻然。着通行晓谕所过地方蒙古人等，有鳏寡孤独老疾不得其所者，令其来见，加恩赏赉。且因其来见，朕亦可以悉其生计。"

于是每日诸蒙古贫穷男妇人等，各扶老携幼纷纷至行宫前稽首。上命其中晓事者进见，亲详问其年齿生理，又降温旨怜悯，均赐肉饭茶酒，酌量赐银两布匹等物，使各遂生计。众蒙古喜跃跪奏曰："臣等生长边野，衣食已绝，以为旦夕必致冻馁，幸遇皇上巡行，得蒙宏泽。臣等贫贱之人，不能报答隆恩，惟有日夜顶祝皇上万寿无疆。"伏惟皇上天性仁慈，凡巡幸之际，赏赉贫苦之人甚多，难以枚举。但此等贫苦蒙古，僻处塞外，不意得沐洪恩，亦若辈千载之奇遇也。

是日，上驻跸二通河地方。

二十一日乙卯　早，上率王、诸臣、侍卫等，御树侯源平阜所设黄幄，阅马匹、骆驼、牛、羊牧群。上顾温郡王延寿曰："朕虽未见先代，幼时好与诸故旧老臣谈论，得悉祖宗兴隆时所行事宜。昔太宗皇帝凡阅视牧群，令诸王亲于群内选取良马。今朕巡幸，诸王并未扈从，止汝一人在侧，可往视朕亲乘内厩之马，选取二匹。"温郡王喜跃起立，即亲拣马二匹。其扈从内大臣、都统、前锋统领、护军统领等赐内厩马各一匹。侍卫、前锋参领、护军参领以下及八旗前锋护军、察哈尔蒙古官军并执事人等，各赏马一匹。内正黄旗前锋参领西图、镶白旗前锋参领塔尔代因效力行间，材具壮健，故于寻常赏赐马匹外，又各赐内厩马一匹，以奖之。计共赐马五千余匹。于是奏乐，王率大臣、侍卫、官军人等谢恩。

少顷，王、大臣、侍卫诸臣跪奉皇上酒。上进酒，诸臣各以次坐。上顾王、诸大臣谕曰："此酒朕牧群内马乳所蒸之酒，系牧马首领送来，故于阅视牧群处与王及诸臣饮之。今日日色融和，又在塞地，尔等各宽心畅饮。"随遣近侍传谕满洲、蒙古官军，令饮之，众皆欢然喜悦。

是日，天气晴朗，微风清凉，旷野之中，以数万马匹往来其间，无有边涯，真属大观。且皇上浩荡之恩加于群下，赏赉数千马匹，乃自古史册中未有之盛事也。

是日，上驻跸二通河地方。

二十二日丙辰　上驻跸长泉地方。

二十三日丁巳　上驻跸近秀驼山池岸。

晚刻，上御行幄，扈从学士等以折本请旨。九卿会推江宁巡抚员缺，正拟翰林院学士孙在丰，陪拟浙江布政使石琳。上曰："此事前曾有旨问大学士，伊等云何？"学士麻尔图奏曰："据大学士云，孙在丰系皇上洞悉之人，学问优通，长于事务。江南地方辽阔，事繁人众，此人甚当。陪拟石琳为人老成，亦能事之人。"上沉思良久曰："朕观学士汤斌质朴耿直，与尔等同衙门，尔等以为何如？"学士阿哈达奏曰："皇上睿见甚当。此人质直能事。"图纳奏曰："人品优长，平昔寡交。"上曰："道学者必在身体力行，见诸实事，非徒托之空言。今视汉官内务道学之名者甚多，考其究竟，言行皆背。如崔蔚林之好事，居乡不善，此可云道学乎？朕观汤斌颇有实行。”因顾侍读学士常书、朱马泰曰：“汤斌何如人？”常书等奏曰：“汤斌才学优长，立志坚介。”上曰：“较徐乾学何如？”常书等奏曰：“汤斌道学优长，徐乾学文章富丽。”上曰：“然。作文章谁及徐乾学？徐乾学视陈廷敬何如？”常书等奏曰：“作诗陈廷敬为优，文章大略相等。”上曰：“此二人有分别否？”常书等奏曰：“陈廷敬文章端重，徐乾学文章工妙。”上曰：“叶方蔼较陈廷敬何如？”常书等奏曰：“陈廷敬下笔敏捷，叶方蔼构思颇艰，及成文之后阅之尚佳，汉人莫不称许。此二人亦相等。”上曰：“朕闻陈廷敬欲将叶方蔼所作《明史》大加改正，曾改否？”常书等奏曰：“未闻改正。”上曰：“汉人所作文字最不喜人删改，或致成仇，凡事不务实录要，专尚虚名。满洲中尚有真正道学者。”复问曰：“汤斌、崔蔚林相殊否？”常书等奏曰：“此二人皇上知之甚悉。汤斌果远胜于崔蔚林。”上曰：“精通道学自古为难。朕闻汤斌曾与河南姓孙之人相与讲明，如此尚于道学相近。且汤斌前典试浙江，操守甚善，着补授江宁巡抚。”

又内阁题陕西、江南主考，拣选侍讲李振裕，庶子陈论，赞善徐潮、汪霦。上曰：“此内孰可？”图纳奏曰：“其他臣不能知，内陈论学问颇通，勤于办事，为人亦优。”上顾阿哈达问曰：“尔曾同衙门，其人若何？”阿哈达奏曰：“陈论与臣曾同衙门，为人谨慎，学问颇优。”上顾侍读学士常书、朱马泰问曰：“此内谁可？”常书等奏曰：“徐潮前选择赞善时，三衙门汉大臣曾保举学问优通，人品颇佳。以臣等观之，亦一明达之人。陈论年资已久，人亦堪用。”上问：“徐潮何处人？”常书等奏曰：“浙江人。”上问曰：“李振裕为人何如？”常书等奏曰：“臣等观其人亦属老成。”上曰：“江南正主考着徐潮去，陕西正主考着李振裕去。”

又兵部等衙门议因制火药预造房屋墙垣及铸铜磨，动用钱粮，开报浮冒，将云贵总督蔡毓荣罚俸六个月，贵州巡抚杨雍建降二级留任，布政使柯鼎降三级调用。上曰：“柯鼎办事优长。”麻尔图奏曰：“柯鼎前任吏部时颇能办事。”上曰：“柯鼎应降级留任，可写与大学士。”

又湖广总督徐国相题参武昌府同知亢从时等三员贪婪事。上曰：“总督、巡抚才至地方，便行参劾所属官员，前已有旨。”麻尔图奏曰：“然。前因总督、巡抚才至地方，即行题参属官，尚未深知所属贤否，必致是非颠倒，故曾奉旨。”上曰:“这所参亢从时系武昌同知，巡抚王新命与之同在一城，何以见其贪污不行题参？亢从时秽迹，司、道官员何以不揭报于王新命？今总督徐国相到任，何以即行揭报？可写与大学士，伊等以为何如？”

是日，始行酌量赏赐各处陆续所来穷困蒙古男妇银两、布匹等物。

二十四日戊午　上驻跸近秀驼山池岸。

二十五日己未　上驻跸近秀驼山池岸。

二十六日庚申　上驻跸㠊鼻谷北。

二十七日辛酉　上驻跸永宁口。是日，上于㠊鼻谷射殪一虎。

二十八日壬戌　上驻跸永宁口。

二十九日癸亥　上驻跸潺流河岸。

三十日甲子　上驻跸近秀驼山池岸。

七　月

初一日乙丑　上驻跸横泉地方。是日，赐八旗满洲官兵每旗各牛二头、羊二十只，八旗察哈尔蒙古官兵每旗各牛二头。

初二日丙寅　上驻跸横泉地方。

晚刻，上御行幄，扈从学士等以折本请旨。云贵总督蔡毓荣题请云南地方应设满洲大兵防守。上曰：“云南一省最为边隅，明季止有沐姓在彼防守。先议各省驻防之时，曾议云南断不便设立大兵。地方极远，设兵未便，且家口亦如何能至？不必令议政王、大臣等会议。这本发回大学士，着另拟不准行票签送来。”

又将军萨布苏等奏请今年暂停进剿，俟来年四月进剿。议政王、大臣等会议，仍移文将军萨布苏，有可进机会仍遵前旨行。上曰：“前奏称水陆兵丁佯为进取雅克萨地方，将其所种田禾尽行踏毁，则罗刹不久势必困穷。且罗刹部人栖止地方亦必迫狭少，引精兵往剿亦易。朕因谕伊等，或陆路兵，或水路兵相机前进，将其所种田禾尽行割刈。若由陆路进，将所刈田木投诸江流。若水陆齐进，将所刈田禾尽以船载回，旨意甚明。又遣侍卫关保去时，萨布苏等亦曾言罗刹田禾应行踏毁。果将罗刹田禾尽行踏毁，我兵不劳费力，罗刹已自困矣。今萨布苏等坐失机会，更借端题请，殊属不合。又闻罗刹田地甚为肥饶，收获极多，将来伊等领兵直抵罗刹城池，若围守日久，势必推托罗刹粮多，不能遽克，致迁延长久。这本着发回大学士等，将此意悉传谕议政王、大臣等，令其严议申饬。”

初三日丁卯 上驻跸迅流一捺河岸。

初四日戊辰 上驻跸迅流一捺河岸。

初五日己巳 批本笔帖式刘九思出传谕内阁学士等曰："这折理藩院所奏三本，尔等与侍郎阿尔尼共看议同进启奏。"侍郎阿尔尼等捧折本诣皇上行幄，面奏请旨。理藩院议科尔沁国宜拉固克山台吉下属人噶札尔图等一应赋役，傲慢不肯奉行输纳，呼唤不至，又射死遣去副都统塞根等，将噶札尔图等十九人俱比照反叛例立斩。其逃去迈塞俟拿回时，再行完结。上曰："尔等所议若何？"侍郎阿尔尼奏曰："臣等之意以为此议稍重，射死副都统塞根等固为可恶，似应将主谋为首数人严加审明正法，其妻子、家产、牲畜追给塞根等。此内年不成丁莫俟舒勒黑及为从之人俱鞭一百，交与本主。"上曰："然。噶札尔图等与伊主不合逃出，将追赶之人射死，不可拟以叛逆国家之罪。将此本发回京，着照尔等所议拟票签送来。"

又拉什希布告副都御史拉都虎将伊带来不行启奏，又不令其与伊族鄂七里等完聚。据拉都虎供："先在凉州住时，巴图鲁额尔克即农因我所买昂噶尔察哈逃去，将此人与我，我带来是真"等语。应取伊所告状词口供，俱付巴图鲁额尔克即农来使带去，俟巴图鲁额尔克即农等口供到日再议。上曰："此事尔等以为何如？"阿尔尼奏曰："此系相争主仆之事，此处无据可明，似应照部议完结。"上曰："拉都虎在西边日久，与巴图鲁额尔克即农甚交好，即行文去问，亦必照拉都虎具供，难得其实。若此事果真，则拉都虎假称旨意之处重大。况巴图鲁额尔克即农欲投降之意已定，此人降与不降关系拉都虎一人。应将拉什希布暂留公所，将此存案，俟事发之日再议。可写与大学士商议。"

又厄鲁特部落来使沙活琢等正月已到，至六月未行详查，致外国之人久留，将总尉穆舒、章京拜布拉交与该部议处。上曰："此事尔等会议否？"阿尔尼奏曰："臣等遵旨议得沙活琢供称，正月已到，因马匹骆驼羸瘦未曾进口，俟马匹骆驼稍壮，至四月始进等语。但自正月以至三四月并非马匹骆驼肥壮之时，沙活琢等因图己便，推诿马匹骆驼羸瘦具供，亦未可知。且伊等迟延日期，然后来报，反将本朝官员究处，则此等使人将益纵肆，难于约束矣。皇上睿见最是，故议将穆舒、拜布拉免交该部，着先差去部内章京飞颜图查阅，沙活琢果系从前印信不符遣回之人否？其人果是，着另行启奏；如非其人，着议明遣回。"上曰："尔等所议甚是，着依议。可将尔等所议录出并原本发回该部。"

是日，上驻跸迅流一捺河岸，赐吴喇忒部落台吉顾木布牛一百头、犊十四头。

初六日庚午　上驻跸松林南。

初七日辛未　上驻跸松林南。

初八日壬申　上驻跸平冈地方。

初九日癸酉　上驻跸拜察地方。是日，先差往广东、福建开拓海界内阁学士石柱回京。赴行在请安毕，向奏事笔帖式禅岱转奏："臣奉差事毕回来，愿留于此，随皇上同进京。"奉旨："着留从。"

初十日甲戌　上驻跸拜察地方。是日，赐公噶尔马、参领品级章京阿尧等八人缎袍各一领、外套各一件，副章京阿玉西等二十二人各缎一匹，自护军校以至兵丁及御塘官兵赐绸缎、银两、布匹等物有差。

十一日乙亥　上驻跸拜察地方。晚刻，上御行宫，扈从学士等以折本请旨。宗人府议毁坏大钱私铸小钱陈二、王公调等应照例立决，因在逃，俟缉护之日再行完结。匠役史大、龚大应行立决，家口入官。韩大等六人照为从例立绞。上曰："此系初犯事，为首之人又未拿护，事关人命，俟回京日请旨再议。"

又三法司议朱文兆将春儿食以药物哄骗，应照为首例立绞；姚子祥、王瑞卿等照为从例，并妻子解送该部发遣宁古塔。上曰："此本内云半夏和鸡子食之，因此喉哑。夫半夏乃常用之药，虽本草云半夏多食喉闭，若和鸡子食之，便致昏迷喉哑之说殊谬，决无此理。凡谳狱官员应详察事情，据理审断。若理之所无，不可信者，岂可执坐人罪乎？朱文兆之罪可疑，着改为监候秋后处决，俟秋审具题之日再为详酌。刑罚关系人命，朕每于刑部章奏必详加看阅。近将藏姚秦三藏书道人等俱坐妖言惑众之罪启奏，朕观乃道人平常所看之书，并非妖言，故免其罪。若一时看阅不到，如许人命不几徒死乎？今或有犯罪甚轻，反坐以重罪者，皆系文墨之吏不详体缘由，徒执法律之过耳。"

又工部题总河靳辅奏请奏销香河县搬罾口筑修堤岸共享银两数目，议准行。上曰："此修筑价值过多，着工部贤能司官一员前去详察具奏。"

谕毕，上问学士石柱曰："尔曾到广东几府？"石柱奏曰："臣曾到肇庆、高州、廉州、雷州、琼州、广州、惠州、潮州等府。自潮州入福建境。臣奉命往开海界，闽、粤两省沿海居民纷纷群集，焚香跪迎。皆云，我等离去旧土二十余年，毫无归故乡之望矣，幸皇上神灵威德，削平寇盗，海不扬波，我等众民得还故土，保有室家，各安耕获，乐其生业。不特此生仰戴皇仁，我等子孙亦世世沐皇上洪恩无尽矣。皆拥聚马前稽首欢呼，沿途陆续不绝。"上曰："百姓乐于沿海居住者，原因可以海上贸易捕鱼之故。尔等明知其故，海上贸易何以不议准行？"石柱奏曰："海上贸易自明季以来，原未曾开，故议不准行。"上曰："先因海寇，故海禁未开为是。今海寇既已投诚，更何所待！"石柱奏曰："据彼处总督、巡抚、提督云，台湾、金门、厦门等处虽设官兵防守，但系新得之地，应俟一二年后，相其机宜，然后再开。"上曰："边疆大臣当以国计民生为念，今虽禁海，其私自贸易者何尝断绝？今议海上贸易不行者，皆由总督、巡抚自图便利故也。"石柱奏曰："皇上所谕甚是。地方官员或此等存心，亦未可定。"

上问曰："先差往展界官员皆未至琼州，今尔既至其境，彼处地方形势若何？百姓生计若何？"石柱奏曰："琼州地方原称一千七百里，臣等往察，共计十三州、县，周围二千七百余里；地方极热，生黎、熟黎二种人居住，男女约计十万余口，视绕城居住之民甚为富饶，服饰鲜明。至远离府城各州、县之民，容色皆陋。其地产沉香、槟榔、花椒等物，生黎人入山采取，货与熟黎，熟黎人转贩诸商。山有瘴气，即熟黎人亦不敢入，入则必病矣。”上曰：“闻琼州偏居海中，甚为炎热，至夏时日高则不见人影，夜间止见南极老人等星，并不见北极星，北极星被地遮掩。尔亲至彼处，果如是否？”石柱奏曰：“臣等不知天文，不识南极、北极等星，但日在头上仰面而视。”

上曰：“总兵官内有声名者为谁？”石柱奏曰：“顺德府总兵官蔡璋，年七十余，外貌虽极粗鄙，而整列船兵甚为严肃，官兵皆诚服。潮州总兵官马三奇原任提督马得功之子，伊标下有伊父旧属数百健丁，凡地方稍有贼盗，即亲率兵丁剿灭，于地方有益，彼处人民亦颇称赞。”上曰：“马三奇年幼，刘成龙、马云程朕素知之。”

上问曰：“广东总督何如？”石柱奏曰：“据彼处人云，总督吴兴祚不受属下官员礼物，居官亦善。但到任未久，今虽如此，久后亦未可知。”上问曰：“巡抚何如？”石柱奏曰：“巡抚李士祯虽六十余岁，容貌甚少。据彼处人云，李士祯虽稍受礼物，为人和平，不生事端，较前任巡抚金俊为优。”上曰：“此言最是，凡居好官之后者最难胜任，善名亦未即得；居不肖官之后者最易胜任，百姓因苦于前任不肖官员，所以稍有好处即易显出。前广东官员内刘秉权居官稍优，至卢兴祖、王来任、金俊等品行贪劣，人民甚为受累。后李士祯到时稍优，所以称善。即今原任总督、巡抚等或有多行贪婪积恶者，今皆覆败，于己何益，谓天报远，可乎？”图纳奏曰：“皇上所见极是。”

又问石柱曰：“福建总兵官黄大来尔曾见否？彼处人云何？”石柱奏曰：“臣至福州府，黄大来来京陛见，未得相遇。彼处官民皆称黄大来勇壮，颇有军功。标下兵丁俱强，整理器械皆极鲜明，闽省内未有能及者。”上曰：“所云人材健壮，果然。前来陛见时，曾奏闽省内别营兵丁无有及伊标下者，若有谎处，甘承重罪，诚属果然。”

又问曰：“尔到江南否？总督于成龙居官何如？”石柱奏曰：“臣到江南，于成龙居官甚清，但因轻信，少被属员欺罔。”上曰：“于成龙因在直隶居官甚善，朕特简任江南总督。闻补授后，成龙居官不及前任，变更素行。至病故后，始知居官廉洁，甚为百姓所称。或成龙素行梗直，与之不合者挟仇谗害，造作属下欺罔等语亦未可定。是不肖之徒有嫉之者耳，居官如于成龙者有几？”

上问曰：“总河靳辅尔曾见否？河道近日如何？”石柱奏曰：“曾见靳辅，颜色甚瘦。河道颇好，往来无阻。臣来时，见宿迁地方将水均排筑堤，共计五堤。其二堤已完，三堤正在修筑。水若大时，开闸以杀其势，令其循堤四散分流，已无冲决之患。”上曰：“凡人有所见不若本处之人知之最切，其本处耆民云何？”石柱奏曰：“臣亦曾向本处附近耆民访问，皆云修理坚固，今可不畏水患。”上曰：“河道关系漕运，甚为紧要。前召靳辅来京时，众议皆以为宜另行更换。朕思若另用一人，则旧官离任，新官推诿旧官，必致坏事，所以严饬靳辅，令其留任，限期修筑。今河工已成，水归故道，尚可望有裨漕运商民。使轻易他人，其事必致后悔矣。”石柱奏曰：“臣观河道自非靳辅不能。靳辅历任年久，素谙水性，又蒙皇上面谕，严切谆恳委任，在伊无可推诿，日夜惧罪，尽心修筑，以底于成。此后虽有大水，想可无虞矣。”图纳奏曰：“臣曾数至南省，亦稍识河道形势，必顺水性修理，始能有益，若逆其性，则不能治矣。”上曰：“顺水性而治，此自古之常谈也。今治河则不然，黄河不循故道，涣散流决，今倒转一百八十里，令其复故道，所以为难。今古不同，若但顺水性修治，又何难哉？”

上顾石柱曰：“尔至广东，想至香山澳。”石柱奏曰：“臣曾至其处。香山澳居民以臣为奉旨开展海界之官，皆放炮远接，甚为恭敬。其本地头目至臣前跪云，我辈皆海岛细民，皇上天威，平定薄海内外，克取香山澳，我等以为必将我辈迁移，蒙皇上隆恩，令我辈不离故土，老幼得仍守旧业谋生。今又遣大臣安插沿海居民，我辈庶获互相贸易，此地可以富饶，我等诚欢欣无尽矣。皇上浩荡洪仁，我辈何能酬答，惟有竭力奉公以纳贡赋，效犬马之力已耳。”上曰：“闻香山澳地方周围皆水，惟北有一小道通旱路。”石柱奏曰：“皇上洞悉万里之外，较臣等亲至其地更为真切。彼处武官云，前荷皇上威灵，大军直入，澳内人等莫不震慑，故不战即降。”

上问曰：“广东地方之热较江浙何如？”石柱奏曰：“广东甚热，臣到之日是为二月，瓜菜等物俱已成熟。”上曰：“江、浙之热较京师何如？”图纳奏曰：“臣曾数至南省，夏月之热，江浙与京师无异，但冬月之时，南方稍胜北方。”上顾石柱问曰：“据尔所见何地为热？”石柱奏曰：“江浙地方较京师热甚，郁蒸之气难堪。”麻尔图奏曰：“臣亦到南省，甚热且湿，衣服等物皆污。”上曰：“然。五行内南方属火，愈南则愈热，此理之必然也。”

石柱奏曰：“臣回时自江西来，江西曾被贼蹂躏，今观之仍然富庶。”上曰：“江南、江西等处水路有马头地方，为商贾聚集之所，其人甚好华美，外视若富，其家实无所有。闻人云，江南徽州府、山西平阳府民人既能节俭，亦复勤于农事，外视极似淡薄，就中积蓄颇厚，天下之富未有过于此二处者。麻尔图尔曾为陕西官，想应知之？”麻尔图奏曰：“平阳府百姓素性俭啬，九年之内必有三年之蓄，其家虽万金之富，皆衣布褐，诚如圣谕。”

上问石柱曰：“沿途田禾若何？”石柱奏曰：“福建田禾甚盛，江南、浙江田禾亦好，山东田禾雨水调顺，彼处百姓皆谓大收之年。但德州至真定雨水不足，田禾稍旱。自彼处至京师又觉好矣。”上曰：“农事实为国之本，俭用乃居家之道，是以朕听政时，必以此二者为先务。凡亲民之官仰体朕意，在在竭力，何虑不家给人足乎？”

伏惟皇上天纵聪明，复勤学问有年，其于天文、地理、地方情形，闾阎生计，事之巨细精粗，无不洞彻。至勤理庶政，尤非前古所能及。凡有为之君，始勤而终怠者甚多，皇上早日御门，亲听诸臣启奏，晚入宫中，阅览本章，每至夜分。二十余年有如一日，风雨罔间，猗欤盛哉！天行何其健也！且于出巡之时，志益精勤，各部、院衙门及督、抚奏章，令其三日一送，奏章到时，必亲加详阅，迟至更深。内有关系用人、行政、刑名、钱粮要务，必折出，着扈从内院诸大臣请旨商酌。复奏之时，皇上必和颜虚衷，俾诸臣各尽言其意，然后皇上始行独断。或内阁大臣于本内一时未悉原委，启奏容有错误，皇上必逐一明晰其理，诸臣未有不悦服者。又谓为政之道莫要于用人，得一人则事治，失一人则事败，故凡内外官员缺出，务详加选择，必皇上所洞悉者然后用之。《书》云：“在知人，在安民。”古帝其难之。皇上欲天下人民安乐，志虑殷切，是以洞悉在外总督、巡抚，清正贪酷，明如龟鉴。皇上知人之明，洵超越汉、唐诸贤君远矣。

是日，赐克什克屯都统、参领、佐领、骁骑校及兵丁蟒袍、绸缎、银两、布匹等物有差。

十二日丙子 上驻跸拜察地方。是日，赐各执事兵丁人役一千九十余名牛十八头、羊一百一十一只，内步军二百余名各赐银一两。

十三日丁丑 上驻跸拜察地方。

十四日戊寅 上驻跸拜察地方。

十五日己卯 上驻跸拜察地方。

十六日庚辰 上驻跸拜察地方。是日，赐八旗章京及护军每旗各牛三头、羊十只。

十七日辛巳 上驻跸碾谷温泉。

十八日壬午 上驻跸碾谷温泉。是日，赐温郡王延寿乳牛五头、犊五头。

十九日癸未 上驻跸努湖埭河岸。

二十日甲申 早，上御行幄，扈从学士等以折本请旨。礼部题原任总督于成龙应否加恩恤给与谥号请旨。上曰："于成龙居官甚清，应给还尚书衔及所降之级，以褒之。其加祭、谥号着照原任总督施维翰例。此本发与大学士，着拟票签送来。"

是日，上驻跸茂林地方。

二十一日乙酉 上驻跸茂林地方。

二十二日丙戌 上驻跸红川地方。

晚刻，上御行宫，扈从学士等以折本请旨。宗人府议正蓝旗包衣耿佐领革去宗室，食拜他喇布勒哈番品给俸。夬新之子佛伦照勒德之子特克星格食俸之例给俸。上曰："这本内并未详悉，夬新系何人子孙及情罪原由，着详察送来。本内油污若系伊衙门污染，大学士等定行票出。观此系票签之人污染，着写与大学士等，令其详察。"

又吏部议失察钱法情弊，侍郎李仙根等堂、司官员分着革职降级。上曰："凡为臣者理应各尽力于职掌，兴利除弊。近观在内部、院，在外督、抚，必俟朕严饬始将弊端察出，如此则伊等所司者何事？这本留在内，俟朕细阅。”

又议太常寺赞礼郎张达祭太庙少赞一礼，罚俸六个月。上曰：“祭太庙关系大典，与寻常错误不同，张达着罚俸一年。”

又议徐国相题无籍棍徒罗玉明改名彭兆渭，欲夺土司官职，俟严审具题到日再议。上曰：“此等土司承袭官职等事，督抚、地方官员受贿赂者甚多。这事应差司官一员详审，可发与大学士拟票签送来。”

又兵部等衙门议阿达哈哈番马拉等所有马一千七百余匹，于户部取布匹、茶叶换米喂养。上曰：“朕思此马并非现用马匹，全行豢养无益。若将彼处米粮尽用喂养，日后或有用米之处，则难矣。此马可将一分喂养，二分牧放。其索伦地方不可牧放，扎赖特之地颇肥饶，可以牧放。此事紧要，着议政王、贝勒、大臣及大学士会议。可将朕旨意晓谕大学士。”

又刑部题顺义县地方，有高忠等三人骑马带器械抢夺旗下人巴尔，拟立斩。上曰：“高忠等系响马强盗，尔大学士照何案拟秋后票签？着带字去问。”

又都察院题差巡城御史，以德古等拟出。上曰：“德古适差出稽察钱法，今又差遣巡城，此处大学士票签何以不曾拟出？尔等看本，又为何不行启奏？似此潦草塞责，尔等所谓办事者云何？”石柱奏曰：“想因差遣德古稽察钱法之旨未到，故票签未曾拟出。即臣等此本亦未及先看，皇上折出时始得知之。总由臣等愚劣，见识未到。”上曰：“余俱依拟，差遣将德古更换，另拟别员。”

谕毕，上顾石柱问曰：“朕前日未曾问得提督万正色、施琅，若等品行何如？”石柱奏曰：“相传旱路提督万正色为人忠厚和平，居官亦优，别无称赞之语。”上曰：“万正色前督水师时奏台湾断不可进取，朕见其不能济事，故将施琅替换，令其勉力进剿台湾，遂一战而克。万正色、施琅二人可相和睦否？”石柱奏曰：“二人觌面佯为和好，阴相谮嫉，甚不和睦。”上曰：“施琅何如？”石柱奏曰：“水师提督施琅人材颇优，善于用兵。但既成功，行事微觉好胜。”上曰：“粗鲁武夫，未尝学问，度量褊浅，恃功骄纵，此理势之必然也。”

二十三日丁亥　上驻跸红川地方。

二十四日戊子　上驻跸红川地方。

二十五日己丑　上驻跸红川地方。

二十六日庚寅　上驻跸红川地方。

二十七日辛卯　上驻跸骅骝道口。

二十八日壬辰　上驻跸细流地方。

晚刻，上御行幄，扈从学士等以折本请旨。吏部题直隶巡抚印务交与守道李玠护理。上曰："直隶地方紧要，亦且甚近，不必令其护理。这员缺速行补授，令其赴任。着传语大学士。"

又礼部题琉球国王尚贞题请使臣汪楫等自五虎门起程，历三昼夜即抵本国，两鱼夹舟，桅篷之上众鸟绕飞，既有此瑞征，请令史馆记注，将汪楫等议叙之处不准行。上曰："前者差遣张学礼等往琉球，迟延数年始回。今汪楫等往返甚速，又兼外国题请恳切，应议叙。着另拟票签送来。"

又顺天乡试，拟差正副主考。上曰："朕前曾着批本笔帖式刘九思传谕学士云，高士奇等皆非进士出身，张廷瓒等虽系进士出身，俱属年幼。考试关系紧要，若将伊等差遣，难以胜任。除曾经差典试顺天外，其别省典试由进士出身者开列。刘九思将此语错传。若朕果如刘九思所传旨意，则误甚矣。尔大学士何所见而云极是？且大学士等系国家大臣，凡事当直言，是者是，非者非。若惟逢迎将顺，何益于事？将此旨明白写出，发与大学士。其未曾典试顺天已经典试别省者，系进士出身官员，另写一折子带来。"

又兵部题提督施琅题请侍卫吴起蛟效力行间，以总兵官补用，将革职铜山总兵官陈昌请补现任总兵员缺，议不准行。上曰："吴起蛟等效力直抵台湾，应将此辈以福建总兵员缺选用。此本着暂收尔衙门，俟前番收留补授总兵之本请旨时，一并请旨。"

又议政王、贝勒、大臣会议原任贵州提督今升都统赵赖，不能速剿贼之援兵，将所加一级并纪录一次革去，仍以效力之处议功。上曰："凡议军罪，有效力之处即以抵罪，如不抵罪，方革去加级、纪录。今议赵赖革去加级、纪录，效力之处仍行议叙，与例不相符。前议军罪有此例否？着察来看。”

又提督施琅题请将厦门总兵官杨嘉瑞调补金门，将金门总兵官陈龙移驻南澳，议不准行。上顾石柱问曰：“前尔等议时，施琅在否？今为何又如此启奏？”石柱奏曰：“前臣等会议时，施琅亦曾言及于此，臣等以为不可。若谓厦门总兵官冗多，即当移驻南澳。今乃移驻金门，却将金门总兵官移驻南澳，则是多一番事矣。”上曰：“朕欲问尔缘由，故折此本。着照部议行。”

又九卿会议因估计修理铁锁桥钱粮浮多，将总督蔡毓荣、巡抚杨雍建、布政使柯鼎等革职，道员劳之辨等俱革职提问。上曰：“这所议太过。伊等或有加级、纪录可尽行削去，酌量降级留任。着写与大学士商议。”

二十九日癸巳 上驻跸黄杨林地方。

八 月

初一日甲午 上驻跸村落口。

初二日乙未 上驻跸红川地方。是日，赐科尔沁国端敏公主缎八匹、鞍一副，苏尼特部落和硕郡主、翁牛忒部落和硕郡主缎各六匹、鞍各一副，巴林王纳木达克凉帽一顶、蟒袍一领、妆缎套一件、镶珊瑚金带一条、嵌金玲珑刀一口、靴一双、插弓箭镶珊瑚嵌金撒袋一副、鞍一副，固山贝子吴尔占、温纯凉帽各一顶、蟒袍各一领、妆缎套各一件、镶珊瑚金带各一条、嵌金玲珑刀各一口、靴各一双、插弓箭七块饰件撒袋各一副、鞍各一副，又赐多罗额驸阿拉布谈、一品台吉葛勒尔都等以下，护卫、典仪以上及随围行走都统、副都统以下至兵丁凉帽、蟒袍、妆缎套、腰刀、带、靴、撒袋、弓箭、绸缎、布匹、银两有差。

初三日丙申 上驻跸红川地方。是日，赐苏尼特部落萨木扎王郡主乳牛二头、犊二头，其巴林王纳木达克、贝子吴尔占、温纯、多罗额驸阿喇布谈及台吉以下兵丁以上，俱赐食。

初四日丁酉 上驻跸玲珑谷口。

初五日戊戌 上驻跸玲珑谷口。

初六日己亥 上驻跸硕岩。是日，赐上三旗参领及护军等每旗各羊十只。

初七日庚子 上驻跸硕岩。

初八日辛丑 上驻跸坡濑村。

初九日壬寅 上驻跸玲珑峰地方。是日，赐八旗护军校及护军等每旗各牛一头、羊十只。

初十日癸卯 上驻跸玲珑峰地方。

十一日甲辰 上驻跸上都河岸。

晚刻，上御行幄，扈从学士等以折本请旨。吏部议武进县知县武俊将拿获逃人枷责，降一级调用。上曰："凡逃走之人若不用刑鞫问，必不实招。定例不许地方官员私行刑审旗下人，殊为不便，甚难奉行。此事着回京请旨，另行商酌。"

又原任同知马遇伯将伊妹吴世宗之妻马氏隐瞒不报，议革职。上问曰："同知马遇伯系汉人系旗下，尔等知否？"石柱等奏曰："臣等皆不知。"上曰："此果系吴三桂藩下人，尚可依议完结。如系旗下人，私与此辈反叛之人结为婚媾，情罪可恶，如系汉人更为可恶！应令入旗，以示惩创。可传语大学士等，将马遇伯查明，若如朕所谕，将此本发与吏部，着改正送来。"

又户部议覆丁思孔题参开铅矿迟延各官，交与吏部议处。上曰："十一月应复卦，十二月应临卦，正月应泰卦，此为三阳开泰。夏至一阴生，阴气始上升。冬至一阳生，阳气始上升。阳今四月乃尽，阴令十月乃尽，此天地之定理。今巡抚丁思孔疏称开矿之事，时值夏至，阳气上升，不可挖取等语，果出何书？此皆听信主文之人任意妄言。况夏至阳气上升，本无此语。此等无学不谙道理愚鲁之人，殊当穷究，令其惭愧。着写与大学士，着另拟诘责票签送来。"

又刑部题会同兵部、都察院、大理寺以管条子边口开原地方防御哈占等及兴京条子边口防御纳阑柱等，将偷采人参之人不行严查缉拿，皆议革职。上曰："朕前岁谒陵时，见纳阑柱为人浮躁，曾谕近臣，此人将来必获罪戾，今果如是。此辈系专管边疆之官，将私出边外盗采人参者，并未见其查拿，明系同谋，情罪殊为可恶！若仍留彼处，伊等反为得计。皆依议革职，令其回京披甲效力。”

十二日乙巳　上驻跸鞍匠屯。

十三日丙午　上驻跸古北口。是日，赐吴喇忒部落布木布台吉、科尔沁国毕理克台吉羊二十只，又赐八旗官兵每旗各牛三头。

十四日丁未　上驻跸河漕地方。

十五日戊申　上回京，皇太子率领在京内大臣、侍卫官员等于孙河庄长城根地方迎接。

未时，上由东直门进东华门，诣太皇太后、皇太后宫问安，回宫。

扈从起居注官常书、朱马泰。

十六日己酉　辰时，上御乾清门，大学士觉罗勒德洪、明珠、王熙、吴正治、宋德宜，学士喇巴克、金汝祥、麻尔图、图纳、席尔达、吴兴祖、王鸿绪以折本请旨。九卿会议强盗数目应以初获盗供出之数为准。上曰：“尔等云何？”勒德洪、明珠奏曰：“臣等公议，被盗失主彼时恐惧难知实数，势必约略具报，若为定数，或不肖有司官员欲结盗案，令扳良民无辜受累，亦未可定。似应将初获强盗严行审取盗数以之为准。”上曰：“朕亦念及此。若将贼供数目为准，盗党或有一二幸免者，无辜之人可免株累。着依议。”

又礼部议喀尔喀部落、厄鲁特部落定限喂养马匹、骆驼日期。上曰：“此事尔等之意若何？”勒德洪、明珠等奏曰：“臣等公议，此辈俱外藩之人，进贡朝觐来者，若限期太促，恐牲畜不及肥泽。”上呈曰：“然。若喂养马匹、骆驼日期太促，牲畜不及肥泽，以至回时艰难，非柔远之意。着会同理藩院详议具奏。”

又议政王、贝勒、大臣会推前锋统领沙纳哈调补护军统领员缺，正拟副都统喀代，陪拟扎拉克图。上曰：“前锋统领员缺甚要，管辖四旗精兵，行间前行。观喀代觉少衰弱，着另选择具奏。”

又兵部题补镶白旗蒙古都统塞格告病解任员缺，开列护军统领莽吉禄等。上曰：“莽吉禄庸常，尔等有所知之人否？”勒德洪、明珠奏曰：“臣等公议，长史班达喇善为人颇优，上尝称其人材壮健。”上曰：“班达喇善朕今见其为人亦属平常，都统职任甚要，应拣选堪任管辖有谋略者补授。着问该旗裕王、显王、温王来奏，将朕此旨亦行传谕。”

又吏部题宝泉、宝源二局在前物料工价不行减定，糜费浮冒，户部钱法侍郎李仙根、监察御史罗秉伦等分别议处。上曰：“李仙根、巴锡、金鼐、金世鉴俱庸劣，将自己任内事并不详察，所司何事！伊等着照所议降级调用，余皆留任。科、道职非专管，系兼察之官，亦俱着留任。朕观金世鉴大不如其兄。”明珠奏曰：“上谕极是。金世鉴实不如金世德。”

巳时，上诣太皇太后、皇太后宫问安。

本日起居注官阿山、归允肃。

十七日庚戌　辰时，上御乾清门听政。部院各衙门官员面奏。谕督捕侍郎达哈塔曰：“以尔素有操守，简用侍郎，近见尔衙门细事弊端尚多，旗下人不无怨言，若但守己廉洁，而于凡事不能勉力肃清，究竟何益？自后尔当严率属员细察事务，悉加厘剔，以副委任之意。”达哈塔奏曰：“臣蒙皇上破格优用，惟有竭尽愚分，殚力效能，无他念也。”

奏毕，大学士觉罗勒德洪、明珠、王熙、吴正治、宋德宜，学士喇巴克、金汝祥、麻尔图、图纳、席尔达、吴兴祖、王鸿绪以折本请旨。吏部题本部尚书宋德宜升任员缺，开列工部尚书杜臻等。上曰：“兵部尚书李之芳为人厚重，着转补此缺。”

又内阁学士汤斌升任员缺，开列少詹事蒋弘道等。上曰：“这开列各员尔等以为何如？”明珠等奏曰：“臣等众见以开列各员皆皇上所洞悉者，伏请圣裁，择其可者用之。”上曰：“郎中范承勋为人颇优，操守廉善，曾经诸臣保举，且其父兄皆著有茂绩，着升补学士。”

又内阁学士阿哈达升任员缺，开列詹事傅腊塔等。上曰：“学士职任甚为紧要，应简人品优长者任用。苟长于办事，而品行操守不善，工于奔竞，适足以败事。尔等意谓何如？”明珠等奏曰：“开列内傅腊塔名次居首。其翰林院讲读学士等俱皇上所素知者。臣衙门侍读学士丹代，臣等曾经屡次奏知。”上曰：“伊等俱着引见。”

又太常寺寺丞宋俄浑升任员缺，正拟内阁典籍觉和托，陪拟赞礼郎黑尔苏。上曰：“伊等何如？”明珠等奏曰：“臣衙门觉和托为人谨慎，且勤于办事。臣等意以太常寺为礼仪所系，应将谙练本衙门事体者简用为善。”上问席尔达曰：“陪拟黑尔苏何如？尔知之否？”席尔达奏曰：“黑尔苏乃平等（常）人，无甚优处。”上曰：“这员缺着将伊衙门人材优长、熟谙事务者选择补用。”

又国子监请将助教官考用，吏部议覆准行。上曰：“助教官员职掌教习荫监官生，应选优于文学者补用。若遽用监生及文学庸劣者，何以教习生徒？以后着吏部考取，仍将试卷送尔衙门，尔等看阅具奏。”

本日起居注官牛钮、孙在丰。

十八日辛亥 早，上御乾清宫，讲官牛钮、孙在丰、归允肃进讲：憧憧往来四节。

辰时，御乾清门听政。部院各衙门官员面奏毕，大学士觉罗勒德洪、明珠、王熙、吴正治、宋德宜，学士喇巴克、金汝祥、麻尔图、图纳、王鸿绪、吴兴祖、席尔达以折本请旨。明珠等奏曰：“臣等遵旨传问镶白旗显亲王、裕亲王、温郡王等题补该旗蒙古都统员缺，除护军统领莽吉鲁、副都统达克撒喀诸人外，可更有人品优长堪任统辖之人否？据云，副都统博吉才具素优，可当管辖之任；达克撒喀、索诺木才力壮健，长于军旅；长史班达儿沙等才品亦优长。”上曰：“博吉果优，着升补蒙古都统。”

是日，赐暹罗国王及进贡来使坤孛述列瓦提等䌷缎、布匹有差。

本日起居注官多奇、翁叔元。

十九日壬子 辰时，上御乾清门听政。部院各衙门官员面奏毕，大学士觉罗勒德洪、明珠、王熙、吴正治、宋德宜，学士喇巴克、金汝祥、麻尔图、图纳、王鸿绪、吴兴祖、席尔达以折本请旨。吏部题补内阁学士阿哈达升任员缺，开列詹事傅腊塔等职名。上曰：“常书何如？”大学士明珠等奏曰：“常书学问优通。”上曰：“其人何如？”明珠等奏曰：“其人皇上所洞悉，亦颇优长。”上曰：“此缺将牛钮调补。”

本日起居注官牛钮、严绳孙。

二十日癸丑 辰时，上御乾清门听政。

巳时，上诣太皇太后宫问安。

本日起居注官傅腊塔、卢琦。

二十一日甲寅 早，上御乾清宫，讲官孙在丰、常书、归允肃进讲：易曰困于石一节、易曰公用射隼于高墉之上一节。

辰时，御乾清门听政。部院各衙门官员面奏毕，大学士觉罗勒德洪、明珠、王熙、吴正治、宋德宜，学士喇巴克、金汝祥、麻尔图、图纳、王鸿绪、吴兴祖、席尔达以折本请旨。刑部尚书魏象枢以老病乞休。上曰："魏象枢素虽好名，但居官年久，勤劳职任，应批与优旨，仍着驰驿回籍。"

又兵部题补爱浑地方镶蓝旗防御等官及骁骑校。上曰："其中原任巡抚张德地素行乖谬，乃一极酷虐之人，着改为管理船只水手微员。"

明珠等又奏曰："皇上命臣等将镶红旗护军统领员缺，拟正佛科多，拟陪缪起纳。问会议诸王、大臣等，据云，拟正佛科多人材壮健，亦多经战阵。"上曰："佛科多人材壮健果然，着补授护军统领。至前锋统领职任紧要，应拣选优长之人补授。若护军统领亦可调补前锋统领否？"明珠等奏曰："护军统领、前锋统领所定品级原同。护军统领，于本旗内补授，前锋统领，于本旗四翼内拣选补授，惟皇上斟酌补用，无不可者。"上曰："都统、前锋统领、护军统领、副都统皆管辖兵丁，职任最为紧要。朕此番巡幸，见正黄旗副都统噶思哈、正白旗前锋统领郎谈及镶蓝旗署夸兰大参领一员皆才具庸劣，不能胜任。其八旗内有此等武大臣，可将职名开列来看，或有才力不及者查革。"

又谕曰："从前汉军人材壮健，骑射亦优，与满洲相去无几。近日汉军渐以庸懦，皆似绿旗。有时都统、副都统缺出，欲选择补授，急切难得其人。有此等缺出将满洲补授何如？"勒德洪等奏曰："圣谕极是。先蒙古旗分原将蒙古人补授都统、副都统，后因无人，改用满洲补授。这汉军旗分将满洲补授，实于事有益。"上曰："此事着议政王、贝勒、大臣会议具奏。又汉军人等相聚会时，多谈无益之事，在满汉之间恣肆行事，习俗甚坏。"明珠等奏曰："皇上睿见甚明。"

明珠等又奏曰："大学士李霨已经病故。查先大学士王熙之父王崇简、原任尚书郝惟讷柩前，皇上曾遣臣同学士一人前往吊奠茶酒，今李霨柩前应否差遣吊奠请旨。"上曰："李霨简任机务，效力多年。明珠尔再同一汉学士前往伊柩前吊奠。"

明珠等奏曰："前奉上谕，病故直隶巡抚格尔古德之柩何日进京，着问明启奏。今闻明日到。"上曰："此事着交与乾清门侍卫。"

本日起居注官常书、李元振。

二十二日乙卯 早，上御乾清宫，讲官孙在丰、常书、归允肃进讲：子曰小人不耻不仁一节、善不积不足以成名一节。

辰时，御乾清门听政。兵部堂官以八旗汉军都统、副都统绿头签及镶蓝旗护军参领绿头签进呈御览。上逐一览毕，谕曰："朕观镶蓝旗护军参领笃库、正红旗护军参领克英格为人庸常，不能驭下，理应解任。伊等可有劳绩，诸王、大臣有知之者否？着议奏。其正白旗汉军都统赛音达里、镶黄旗汉军副都统王光宗俱属庸劣，往时如何补授此任？以外更有不堪者，朕知之未详，着议政王、大臣会议具奏。"谕毕，兵部堂官出。

大学士觉罗勒德洪、明珠、王熙、吴正治、宋德宜，学士石柱、喇巴克、金汝祥、麻尔图、图纳、王鸿绪、席尔达、吴兴祖、范承勋、牛钮以折本请旨。九卿会推福建按察使赵进美告病员缺，以福建兴泉道丹达礼拟正，江南驿盐道黄桂拟陪。上曰："尔等所拟票签甚当。丹达礼虽才具堪用，但系旗下家人，名器攸关，不便破格升擢。"因问学士石柱曰："此人居官何如？"石柱奏曰："臣到福建，闻其官声颇佳。但臣不同久住，知之未悉。"上又问大学士等曰："陪推黄桂若何？"明珠等奏曰："此二人俱优，但正拟者未便耳。"上命以黄桂升补按察使。

又福建水师提督施琅请封天妃之神，礼部议不准行，但令致祭。上曰："此神显有默佑之处，着遣官致祭。此本着还该部另议。"

又翰林院题补满洲经筵讲官。上问："谁可者？"明珠等奏曰："臣等传集开列官员，学士席尔达、太常寺卿葛思泰、侍讲学士阿山等试其讲读，虽未甚佳，颇可学习。"上曰："席尔达堪充此缺，着补用。"

本日起居注官朱马泰、徐乾学。

二十三日丙辰 早，上御乾清宫，讲官孙在丰、常书、归允肃进讲：子曰危者安其位者也一节、子曰德薄而位尊一节。上亲讲首节，讲官照常进讲。

辰时，御乾清门听政。部院各衙门官员面奏毕，大学士觉罗勒德洪、明珠、王熙、吴正治、宋德宜，学士石柱、喇巴克、金汝祥、麻尔图、图纳、王鸿绪、席尔达、吴兴祖、范承勋、牛钮以折本请旨。刑部题李玉家被盗，续获强盗李九等应立决。上曰："伊等俱应处决，尚有可商否？"明珠奏曰："臣等之意因伊等所得财物甚多，故未行拟票。此等盗犯从前亦有奉旨改为监候者。"勒德洪奏曰："此盗得财甚多，每人各分银三四十两。"王熙奏曰："所得银两虽多，先经正法外病死者亦有四五人。"上曰："此案正法病死者既多，着改秋后。"

又议知县郑绶诬告道员萧进美，拟徒三年。上曰："此案原参极严，何以尽属乌有？着再详察。"

巳时，上诣太皇太后、皇太后宫问安。

本日起居注官沈荃、阿山。

二十四日丁巳 辰时，上御乾清门听政。部院各衙门官员面奏毕，兵部以议政王、贝勒、大臣遵旨议八旗满洲、蒙古、汉军都统、副都统，甄别正红旗满洲副都统噶哈，镶白旗满洲都统马齐，汉军副都统卢仰祖，镶红旗满洲副都统洪世禄，正蓝旗满洲副都统龚图，汉军副都统关保、喻维邦，镶蓝旗汉军副都统刘显忠等员，皆系庸劣，不能弹压下人，相应革职，开列职名以绿头签呈览。上曰："洪世禄年老将罢职，龚图前曾题请休致，不可列于众人中黜退。喻维邦人材健壮，亦善射，将伊等仍留原任。余俱依议。"

又以镶黄旗汉军副都统王光宗、正白旗汉军都统赛音达里、正红旗护军参领克英格、镶蓝旗护军参领笃库等员，皆系庸劣，不能胜任，皇上睿见甚当，相应解任。上曰："尔等所见皆同，着将伊等解任。"兵部官员出。

大学士觉罗勒德洪、明珠、王熙、吴正治、宋德宜，学士石柱、喇巴克、麻尔图、图纳、席尔达、牛钮以折本请旨。吏部题补户部侍郎李仙根，工部侍郎金鼐、金世鉴降调员缺，开列内阁学士金汝祥等。上曰："着将其次应升者一并开列来奏。"

又兵部题河南河北总兵官傅奎调补苏松水师总兵官员缺，开列先以总兵官用之现任副将刘蒂虞等。上曰："冯德昌着调补总兵官员缺。"

又谕曰："如将冗多之兵尽行裁汰，则穷兵无所依倚。着将老弱之兵裁去，其余兵丁添补别营。”

明珠等又奏曰：“臣等遵旨将诸王之子减等册封，察明朝定例，传问诸王。诸王云，我朝定例太过，明朝定例不及，宜如伊等议。”上问曰：“诸王所议何如？”明珠等奏曰：“诸王所议，将亲王一子册封为世子，候袭亲王，其余诸子皆立为贝子。将郡王一子册封长子，候袭郡王，其余诸子立为护国公。贝勒以下皆有减等册封之例，仍应照现行例行。”上曰：“亲王诸子着授为贝勒，郡王诸子着授为贝子，余依议。”

明珠等又奏曰：“臣等遵旨将尚书沙澄等试其讲读，内阁学士王鸿绪、少詹蒋弘道、翰林院侍读学士王封溁讲读颇佳。”上曰：“王鸿绪讲读口吃，着将蒋弘道授为经筵讲官。”

上又顾大学士等问曰：“朕观金汝祥诚谨慎之人，办事何如？”勒德洪、明珠等奏曰：“办事无有长于人处，亦无甚不及处。”又问曰：“卢震居官何如？”吴正治奏曰：“卢震居官颇优，但于贼乱之际弃城而归，是其罪也。”勒德洪奏曰：“臣前奉使广西时，闻卢震居官甚佳。”

本日起居注官多奇、王封溁。

二十五日戊午 辰时，上御乾清门听政。

本日起居注官傅腊塔、郭棻。

二十六日己未 卯时，上御乾清门听政。部院各衙门官员面奏毕，大学士觉罗勒德洪、明珠、王熙、吴正治、宋德宜，学士石柱、喇巴克、麻尔图、图纳、席尔达、牛钮以折本请旨。吏部题补户部侍郎李仙根降调员缺，开列内阁学士金汝祥等职名。上曰：“贵州巡抚杨雍建当大兵往来之际，颇能效力，其人可用否？”勒德洪等奏曰：“皇上所用极当。”又顾问汉大学士曰：“尔等之意若何？”王熙等奏曰：“杨雍建居官恪慎，在外久着勤劳，其人果堪任用。”上曰：“伊任内降级甚多，着将所降之级查明来看。”

又翰林院学士牛钮调补员缺，开列詹事府詹事傅腊塔等。上曰：“其中谁为优者？”明珠奏曰：“以臣所见，惟常书最优。”上曰：“常书学问优长，遇事明决，且凡事中无欺隐，朕所深悉。内中侍讲学士顾巴代为人亦敏练可用。此缺着将常书升补。”

又兵部题步军副尉萨克查巴都鲁年老乞休。上曰："萨克查巴都鲁军前效力有年，勤慎素著，可以温旨准其解任。"

又理藩院题归化城蒙古佐领员缺，将伊子色冷喇布丹拟正，族弟阿布珠拟陪。上曰："此佐领虽系伊祖父所传，但其父以出征犯罪，如何即将其子补用？阿布珠既系伊族弟，即属一枝，此缺着将阿布珠补授。"

巳时，上御保和殿，举行经筵大典，讲官陈廷敬、库勒纳进讲《四书》"子曰事君敬其事而后其食"一章；牛钮、孙在丰进讲《易经》"君子以教思无穷、容保民无疆"二句。讲毕，赐宴于太和门前。

午时，御景山内前殿，召陛见广东潮州府总兵官马三奇。赐食毕，上问曰："尔有应奏事宜否？"马三奇奏曰："当今海宇升平，地方宁谧，皆赖皇上洪福，臣无可奏之事。"上曰："山海虽经荡平，尔在地方，务使兵民相安，方为不负职守。"

本日起居注官常书、邵远平。

二十七日庚申 早，上御乾清宫，讲官常书、孙在丰、归允肃进讲：子曰知几其神乎一节、子曰颜氏之子一节。

辰时，御乾清门听政。部院各衙门官员面奏毕，大学士觉罗勒德洪、明珠、王熙、吴正治、宋德宜，学士石柱、喇巴克、麻尔图、图纳、王鸿绪、席尔达、吴兴祖、范承勋、牛钮以折本请旨。吏部题补本部升任郎中范承勋员缺，正拟员外郎王道熙，陪拟毕兴林。上谓大学士等曰："伊等何如？"明珠奏曰："王道熙原系臣衙门中书，为人谨厚。毕兴林平常。"上曰："狂躁之人不便登用，必择谨慎之人，方于事有裨益。王道熙既称谨厚，着补授郎中。"

又题补兵部堂上主事庸爱升任员缺，正拟六品笔帖式喀济礼，陪拟屯玺。上曰："喀济礼任户部笔帖式甚久，屡经缘事，令随旗上朝。此缺着另拟具奏。"

巳时，上诣太皇太后宫问安。

本日起居注官蒋弘道、阿山。

二十八日辛酉 早，上幸南苑。酉时，回宫。

本日起居注官朱马泰、曹禾。

二十九日壬戌　早，上御乾清宫，讲官常书、孙在丰、归允肃进讲：天地絪缊一节、子曰君子安其身而后动一节。

辰时，御乾清门听政。部院各衙门官员面奏毕，大学士觉罗勒德洪、明珠、王熙、吴正治、宋德宜，学士石柱、喇巴克、麻尔图、图纳、席尔达、牛钮以折本请旨。吏部题补户部侍郎李仙根、工部侍郎金世鉴降调员缺，开列内阁学士吴兴祖等，并所察贵州巡抚杨雍建降级折子。上曰："尔等之意若何？"明珠等奏曰："臣等众意云贵用兵之际，杨雍建无有迟误粮饷之处，凡事颇多效力。"上曰："兵部侍郎焦毓瑞着调补户部侍郎。杨雍建既有效力之处，着将所降五级复还，仍带降五级升补兵部侍郎。其工部侍郎且俟补授礼部侍郎时再商酌。"

又户部题奉差广东、福建收税郎中宜尔格图等欲添带笔帖式。上曰："欲添笔帖式带去甚是。今于广东、福建收税者，非欲多得钱粮之意，因彼处兵饷于邻近地方运送，恐致劳民，故有此举。然其零星之船以至小港之处尽行收税，则反致劳民。此事原系九卿、大臣所议，其作何收税之处，仍令九卿、大臣确议。"

又兵部题补正红旗满洲副都统噶哈解任员缺，正拟蒙古副都统希禅，陪拟穆成格。上曰："此辈朕俱不识，着问议政王。"

未时，御景山内前殿，召进贡土默特部落多罗达尔汉贝勒额尔德木图，郭尔罗斯部落护国公安达西里，扎萨克一品台吉那尔布等，阿巴哈纳尔协理旗下事务一品台吉韩巴等，阿霸垓二品台吉丹津，阿鲁科尔沁国协理旗下事务二品台吉昆图尔，苏尼忒部落二品台吉阿嘛礼克等，请安喀尔喀部落二品台吉根敦、都统罗布臧，科尔沁国三品台吉阿玉锡，扎鲁特部落四品台吉拜胜、副都统阿玉锡，归化城副都统阿第等赐食。

本日起居注官多奇、归允肃。

三十日癸亥　辰时，上御乾清门听政。部院各衙门官员面奏毕，大学士觉罗勒德洪、明珠、王熙、吴正治、宋德宜，学士石柱、喇巴克、麻尔图、图纳、王鸿绪、席尔达、吴兴祖、范承勋、牛钮以折本请旨。吏部议刑部主事汪懋麟革职流徙宁古塔。上曰："着将九卿所议汪懋麟不安分生事等情，写入本内来奏。"

又礼部题大学士李霨应否加祭赐谥请旨。上曰："李霨系世祖皇帝时大学士，着加祭赐谥。"

又兵部题补镶黄旗蒙古都统员缺，开列护军统领巴图等。上曰："除领侍卫内大臣外，无可以当都统之任者？侍郎阿尔尼为人颇优，又系旧族，着补授此缺。"

又左翼前锋统领员缺，开列护军统领巴图等职名。上曰："护军统领杭奇其人亦可，但于统驭稍有不及。这员缺着将一等侍卫并诸王长史查开来看。"

又右翼前锋统领员缺，开列护军统领沙纳海巴图鲁等职名。上曰："护军统领额黑纳才品既优，人亦勤谨，且在行间劳绩显著，着补授此缺。"

又九卿议刑部侍郎高尔位降三级调用。上问大学士等曰："尔等之意若何？"大学士明珠奏曰："臣等众意以为高尔位身为侍郎，于本衙门启奏重定则例，如意见与众合，当列名本内；如另出意见，则当两议上请。彼既不列名，又不两议，及九卿会议时，乃复列名，如此则所议似当。"上曰："观高尔位乃一琐琐之人。"因顾学士范承勋问曰："尔观其人何如？"范承勋奏曰："臣观高尔位乃执滞偏僻之人。"上曰："执滞尚可，朕视其人本极庸劣，自以为甚能。但近日侍郎缺出太多，姑着降三级留任，以观其后效。"

本日起居注官傅腊塔、翁叔元。

九　月

初一日甲子　早，上御乾清宫，讲官常书、孙在丰、归允肃进讲：子曰乾坤其易之门邪一节、其称名也一节。

辰时，御乾清门听政。部院各衙门官员面奏毕，大学士觉罗勒德洪、明珠、王熙、吴正治、宋德宜，学士石柱、喇巴克、麻尔图、图纳、席尔达、牛钮以折本请旨。吏部题礼部侍郎张玉书丁忧员缺，开列学士王鸿绪等职名。上问大学士等曰："尔等以为何如？"明珠等奏曰："王鸿绪才具颇优，学问亦通，练达时务，在署勤慎，臣等众意以之留臣衙门赞理，实有裨益。”上曰：“然。今翰林内优通之人俱已出用，学士孙在丰升任未久，现在各官内除此人无可胜讲幄之任者。其次为谁？”明珠等奏曰：“现有蒋弘道等。”上曰：“少詹严我斯为人质朴，所学亦优。尔等云何？”王熙等奏曰：“严我斯果谨慎优长。”上命以严我斯升补礼部右侍郎。

又题补工部侍郎员缺。上问：“谁可者？”明珠等奏曰：“现在开列有学士吴兴祖、范承勋及副都御史张可前、张鹏。其中张鹏人材颇优，堪以办事，但新任未久。”上曰：“各省巡抚内或有可用之人否？”明珠等奏曰：“皇上简用无有不可。”上曰：“将现任巡抚及其次应升之人一并查来。”

又题内阁学士金汝祥升任员缺，开列少詹蒋弘道等职名。上曰：“原任学士王启元若何？”明珠等奏曰：“臣未及与王启元共事，闻其人亦颇通达。今守制已满，具疏自陈。”上曰：“此人善于营私，既经服满，暂行补用，倘无善状，再行褫革。”

又御史李时谦条奏上元甲子，请广好生之德，停止秋审，九卿会议准行。上曰：“朕观此事似可行。”明珠等奏曰：“此乃一百八十年之景会，普天之下莫不欣跃颙望，似应准此议。”上从之。

午时，上诣太皇太后、皇太后宫问安。

本日起居注官朱马泰、归允肃。

初二日乙丑 早，上御乾清宫，讲官常书、孙在丰、归允肃进讲：《易经》“彰往而察来”一节、“其称名也小”一节。

辰时，御乾清门听政。部院各衙门官员面奏毕，大学士觉罗勒德洪、明珠、王熙、吴正治、宋德宜，学士石柱、喇巴克、麻尔图、图纳、席尔达、王鸿绪、吴兴祖、范承勋、牛钮以折本请旨。吏部题补兵部尚书李之芳调补员缺，开列都察院左都御史余国柱等职名。上曰：“此内谁可者？”明珠等奏曰：“臣等众意户部事务关系钱粮，一说帖内即销算二三十万银两，甚为紧要。尚书梁清标自补用此任以来，获戾之处甚多。左都御史余国柱于户部事务甚为谙练，若将梁清标调补兵部，余国柱补授户部，实有济于事务。”上曰：“余国柱于户部事务果然谙练，着照尔等所拟补授，若所行不正，议处何难。”

又题补刑部尚书魏象枢老病休致员缺，亦开列余国柱等。上曰：“外任总督内谁可者？”明珠等奏曰：“汉军总督内有蔡毓荣、徐国相、靳辅、王国安、王新命。”上曰：“吏部侍郎张士甄为人谨慎，且复年久，着补授刑部尚书。”

又题补都察院副都御史席特纳升任员缺，开列通政使司通政使苏赫等。上曰：“一等侍卫孙郭原在部院，学问通敏，为人颇优，着将此人补授。”

又题补户部郎中朱尔扎哈降调员缺，正拟太仆寺员外郎都希，陪拟工部员外郎法山。上问曰：“此二人尔等曾问否？”明珠等奏曰：“将都希问卿色冷，据云，都希亦堪办事，其人平常。将法山问尚书萨木哈，据云，法山为人亦平常。”上曰：“此缺着另选择。色冷亦一庸劣不堪之人，先，刑部屡经坐名补用。以此观之，部院坐名补用之事仍有情弊。”

又刑部议韩玉成杀伤本家刘姐等三人，拟斩监候，秋后处决。上曰：“韩玉成杀伤伊一家三人，情罪可恶！若进伊主房内，伊主亦必被斫。此本内援窃盗律议罪尚轻，着另行严议具奏。”

谕毕，明珠等奏曰；“工部侍郎金鼐降调员缺，蒙谕令臣等于巡抚并其次应升人内议奏，臣等公拟巡抚徐旭龄、王日藻暨大理寺卿崔澄似可。”上曰：“崔澄为人亦谨厚可用。这员缺着徐旭龄补授。”

本日起居注官常书、蒋弘道。

初三日丙寅　辰时，上御乾清门听政。

本日起居注官卢琦、阿山。

初四日丁卯　早，上御乾清宫，讲官常书、孙在丰、归允肃进讲：易之兴也二节。

辰时，御乾清门听政。部院各衙门官员面奏毕，大学士觉罗勒德洪、明珠、王熙、吴正治、宋德宜，学士石柱、喇巴克、麻尔图、图纳、席尔达、王鸿绪、吴兴祖、范承勋、牛钮以折本请旨。兵部题补镶黄旗满洲副都统西特库升任员缺，开列蒙古副都统扎木素、苏尔达。上曰：“苏尔达调补满洲副都统。嗣后调补满洲副都统时，将补蒙古副都统之处一并开列具奏。”

巳时，上诣太皇太后、皇太后官问安。

本日起居注官多奇、王封溁。

初五日戊辰　早，上御太和门视朝。升转文武官员谢恩，次琉球国册封王具表谢恩来使法司王舅毛国珍、紫金大夫王明佐等；暹罗国具表进贡正贡使坤孛述列瓦提、二贡使坤巴实提瓦抒、三贡使坤司喀嗒瓦喳等行礼，赐茶毕，回宫。

少顷，御乾清宫，讲官常书、孙在丰、归允肃进讲：履和而至二节。

辰时，御乾清门听政毕。召刑部、都察院堂官及监察御史等官谕曰："近见处处穴地，将人隐藏私卖者甚多，此皆由不清本源，以致获罪人多，故哄骗之事不已。又私毁制钱、铸造小钱为首之人，不曾拿获，致牵连之众现禁刑部狱中，此亦皆由五城巡捕、三营步军不行严缉之故耳。设立尔监察御史、巡捕三营官员、步军副尉、步军校及步军统领、总尉等官，所司何事？尔等必晓谕内外，将为首之人严加稽查，尽行拿获，此处亦严行申饬。若不尽行缉拿，或傍人告首，或朕访出，将尔等俱照钱法堂司官员议罪例处分。所司官员毋得借此缉拿之端，妄行扰害良民！"

谕毕，大学士觉罗勒德洪、明珠、王熙、吴正治、宋德宜，学士石柱、喇巴克、麻尔图、图纳、席尔达、王鸿绪、吴兴祖、范承勋、牛钮以折本请旨。吏部题补理藩院尚书阿木胡朗员缺，开列左都御史科尔坤等职名。上曰："阿尔尼人品优长，且甚练达事务，这员缺着兼都统任补授。"

未时，复御乾清门，召请安进贡阿禄科尔沁国多罗郡王色冷额驸，科尔沁国二品台吉郎苏等、三品台吉额林彻等、四品台吉额尔得尼等，阿霸垓三品台吉宜尔扎木、四品台吉阿密滩等，四子部落四品台吉古木扎木苏等，吴喇忒部落三品台吉顾木德、四品台吉沙津等，扎萨克四品台吉布当泰等，扎鲁特部落二品台吉阿木胡郎、都统丹达理，鄂尔多斯部落二品台吉杨安、都统李思西布等赐食。

本日起居注官傅腊塔、邵远平。

初六日己巳　早，上幸南苑。酉时，回宫。

本日起居注官朱马泰、徐乾学。

初七日庚午　早，上御乾清宫，讲官常书、孙在丰、归允肃进讲：《易》

"之为书也不可远"一章。

辰时，御乾清门听政。部院各衙门官员面奏毕，大学士觉罗勒德洪、明珠、王熙、吴正治、宋德宜，学士石柱、麻尔图、图纳、席尔达、王鸿绪、吴兴祖、范承勋、牛钮以折本请旨。刑部议文遇喜隐瞒方士周大升等，拟立绞。上曰："此案前本内云，方士周大升等五百余人尽行剿除，如是则人犯甚众，稽察亦易。今为何又云众犯人口无凭稽察？此本内情由甚胡涂。人命关系重大，着再详察。"

谕毕，大学士明珠等奏曰："直隶巡抚格尔古德之柩于初九日发引。"上曰："格尔古德居官颇佳，素行忠廉，交与亦少，且又无近支兄弟亲眷，甚为孤独，实属可怜。尔等通知部院官员，有素相知识欲往送者着去。"

巳时，上诣太皇太后宫问安。

未时，复御乾清门，召江宁巡抚汤斌、广东总兵官蔡璋等赐食毕，上命汤斌近御座前问曰："尔有何启奏？"汤斌奏曰："臣一介寒儒，学识浅陋，蒙皇上知遇之恩高天厚地，未能图报万一。今蒙特简巡抚，臣感激涕零，惶恐无地。今将远离阙廷，不能常近天颜，应行事宜，仰乞皇上教诲。"上谕曰："朕以尔久侍讲筵，老成端谨，江苏为东南重地，故特简用。居官以正风俗为先，江苏风俗奢侈浮华，尔当加意化导。移风易俗，非旦夕之事，从容渐摩，使之改心易虑，当有成效。钱粮历年不清，亦须留意。尔在内阁曾看章疏，在外督、抚凡钱谷、刑名大事多有舛错，致令驳察。尔到地方，尤当留意。近日江南吏治稍稍就理，尔能洁己率属，自然改观。"汤斌奏曰："地方之事，臣未受任，何敢妄奏。据平日所闻，江苏赋额繁重，历年不能全完，新粮旧欠一时并征，官民交困，不知作何区处为善？"上曰："赋额久定，但当清厘耳。"汤斌辞出。一等侍卫仪度额真吴达禅、二等侍卫马武传谕曰："汤斌在讲筵年久，今远行，其赐白金五百两，表里十端。临行之日，仍令入朝，更有谕旨。"汤斌领赏讫，奏谢曰："臣本驽钝，幸逢尧舜之主，特简重任。又蒙恩赐非常，臣受恩愈重，图报愈难，惟有洁己率属，抚安百姓，以副皇上爱民图治至意。"

是日，赐江宁巡抚汤斌鞍马一匹，广东总兵官蔡璋内厩鞍马一匹。

本日起居注官常书、卢琦。

初八日辛未　早，上御乾清宫，讲官常书、孙在丰、归允肃进讲：易之为书也原始要终四节、二与四同功而异位二节。

辰时，御乾清门听政。部院各衙门官员面奏毕，大学士觉罗勒德洪、明珠、王熙、吴正治、宋德宜，学士石柱、麻尔图、图纳、席尔达、王鸿绪、吴兴祖、范承勋、牛钮以折本请旨。吏部题翰林院侍读学士常书升任员缺，以侍讲学士顾巴代转补，其侍讲学士员缺，正拟郎中达苏喀，陪拟巴尔哈。上曰："伊等何如？"勒德洪、明珠等奏曰："闻达苏喀颇优，巴尔哈平常。"上曰："达苏喀学问何如？"明珠奏曰："达苏喀年近五十，想学问已疏矣。"上曰："前所考之人亦无学问甚优者，着将应升官员再行考试。"

又户部题二十二年兴平仓多出米二千七百余石，应候新任御史查题之日再议。上曰："近见粮米充积，仓内不能容，是以俸粮于六月支放。来年米到无处收贮，何以料理得宜？"明珠奏曰："京城积米甚为有益，若来年米到无收贮之处，或可增建仓廪。"上曰："米在仓内太久，浥烂必多。数年以来，百姓、旗丁亦属困苦，今应酌量裁减漕粮，以苏民力。日后或有须米之处，给发钱粮置买运送，亦或不致迟误。尔等会同户部确议具奏。"本日起居注官阿山、李元振。

初九日壬申　辰时，上御乾清门听政。部院各衙门官员面奏毕，大学士觉罗勒德洪、明珠、王熙、吴正治、宋德宜，学士石柱、麻尔图、图纳、席尔达、王鸿绪、吴兴祖、范承勋、牛钮以折本请旨。吏部题补左都御史余国柱升任员缺，开列吏部侍郎陈廷敬等。上曰："陈廷敬甚优，着升补左都御史。"

又翰林院题补学士牛钮日讲官员缺，开列侍讲学士顾巴代等。上问曰："顾巴代何如？"明珠等奏曰："顾巴代因眼目昏花，未曾试其讲读。邬黑、明图、徐元梦颇能讲读。"上问曰："伊等系何旗？"明珠等奏曰："顾巴代、邬黑系镶黄旗，明图、徐元梦系正白旗。"上又问曰："邬黑、明图为人何如？"明珠等奏曰："邬黑原系兵部员外郎，老成慎重。明图亦系老成之人。”上曰：“邬黑着补充日讲官。”

本日起居注官多奇、曹禾。

初十日癸酉 早，上御乾清宫，讲官常书、孙在丰、归允肃进讲：易之为书也广大悉备一章、易之兴也其当殷之末世一章。

辰时，御乾清门听政。部院官员出，召户部、工部、光禄寺堂、司各官近前，谕曰：“朕凡巡幸一应动用之物皆从节俭，此番户部采买草豆，工部木炭，光禄寺食物，勿令地方官派取民间，扰害百姓。尔三衙门前往官员，按每程所用，合其时价采买供给。倘有扰害民间派取者，着令该督、抚指名题参，将此严敕尔三衙门前往官员，一并晓谕该省督、抚。”谕毕，三衙门官员出。

大学士觉罗勒德洪、明珠、王熙、吴正治、宋德宜，学士石柱、麻尔图、图纳、席尔达、王鸿绪、吴兴祖、范承勋、牛钮以折本请旨。刑部以原任员外郎莫落浑差往拨地受贿，议绞。上曰：“此事俟三法司议结再看。笔帖式塞纶泰甚是积滑恶人，断不可宽宥。着鞭责枷号，发往黑龙江，令其披甲报效。”

又顾大学士明珠等谕曰：“朕观人有甚富者，假为贫苦之状，或有外假廉洁，而暗受财贿者。将此辈如此惩治，方知戒惧，不然必不知警。”明珠奏曰：“皇上睿见甚是。苟有贪污，以此惩治，方知警惧。”

本日起居注官傅腊塔、归允肃。

十一日甲戌 早，上御乾清宫，讲官常书、孙在丰、归允肃进讲：夫乾天下之至健也四节。

辰时，御乾清门听政。部院各衙门官员面奏毕，大学士觉罗勒德洪、明珠、王熙、吴正治、宋德宜，学士石柱、麻尔图、图纳、席尔达、王鸿绪、范承勋、牛钮以折本请旨。九卿会议皇上东巡，宜乘便致祭泰山之神及阙里孔庙。上曰：“这所议似可行。”明珠等奏曰：“诚如圣谕。臣等初时竟不能晓，今聆天语，方得豁然。”上颔之。

又兵部题正白旗蒙古副都统额库礼降调员缺，开列侍郎额星格等。上曰：“额星格于部院事务并无裨益，着补副都统。”明珠等奏曰：“此人更善营私。”

又将军萨布素等以失误军机请罪，议政王、大臣会议萨布素应即行严加议处，但现领大兵临罗刹之境，姑俟事竣再议。其来岁进剿事宜，悉令遵前旨行。明珠等奏曰："昨者皇上谕遣八旗都统、副都统内一员，部院尚书、侍郎内一员，前往黑龙江，会同将军萨布素等相度彼地形势。臣等传谕诸王、大臣，皆言臣等见不及此，皇上睿虑甚当。"上曰："进取牙克萨机宜关系重大，令都统公瓦山、侍郎郭丕前往黑龙江，会同该将军，将牙克萨地方应否攻取、作何行事方克有益，逐一详明议奏。"

又以御前发出太祖实录呈览。上曰："所修实录朕已敬览，满、汉文义俱符，能不失本意，但中有一条语句稍谬，尚未发明，俟朕改订发出。其实录内勋旧及诸臣后裔可察明，另列一单送进。如无后者，亦行注明，备朕观览。"

本日起居注官沈荃、朱马泰。

十二日乙亥　早，上御乾清宫，讲官常书、孙在丰、归允肃进讲：八卦以象告三节。

辰时，御乾清门听政。

巳时，上诣太皇太后、皇太后宫问安。

本日起居注官常书、严绳孙。

十三日丙子　早，上御乾清宫，讲官常书、孙在丰、归允肃进讲：昔者圣人之作易也，幽赞于神明而生蓍一章。

辰时，御乾清门听政。部院各衙门官员面奏毕，大学士觉罗勒德洪、明珠、王熙、吴正治、宋德宜，学士石柱、麻尔图、图纳、席尔达、王鸿绪、吴兴祖、范承勋、牛钮以折本请旨。翰林院侍讲学士员缺，将侍讲尹泰等考试拟定名次，候皇上简用。上问曰："尹泰何如？"勒德洪、明珠奏曰："尹泰学问颇优，办事平常。"上又问："第二、三、四、五各员何如？"勒德洪、明珠奏曰："第二德格勒学问颇优，为人平常。第三傅继祖学问亦佳，为人优敏。第四明图历年已久，为人纯朴。第五禅布为人亦优。"上曰："禅布历年久耶？"明珠奏曰："禅布历年亦久，原任内阁中书。"上曰："伊等俱传来引见，其未定次序完卷十四员，亦着一并引见。"

又兵部题原任总督姚启圣修理船只、兵器浮冒钱粮四万七千余两，应行追赔。上曰："姚启圣后来居官亦好，其攻取台湾时亦效有劳绩，着免其追赔。"

又谕曰："吏部事务最要，督捕侍郎达哈塔居官颇佳，立行清介，着特传旨转补吏部侍郎。"

本日起居注官阿山、董讷。

十四日丁丑 早，上御乾清宫，讲官常书、孙在丰、归允肃进讲：昔者圣人之作易也，将以顺性命之理一章。上亲讲毕，讲官照常讲说。

辰时，御乾清门听政。部院各衙门官员面奏毕，大学士觉罗勒德洪、明珠、王熙、吴正治、宋德宜，学士石柱、麻尔图、图纳、席尔达、牛钮以折本请旨。吏部题本部侍郎张士甄升任员缺，开列户部侍郎焦毓瑞等职名。上曰："李天馥为人颇优，且练达事务。尔等以为何如？"明珠等奏曰："皇上睿见甚当。"上曰："李天馥曾降几级？"王熙奏曰："李天馥现任内有降三级。"上曰："李天馥着调补吏部侍郎。"

又题贵州巡抚杨雍建升任员缺，开列学士王鸿绪等。上曰："尔等以为何如？"明珠等奏曰："广东布政使郎廷枢居官颇优，才具堪用。"上曰："郎廷枢居官既优，何必在此处用，以慕天颜调补何如？"明珠等奏曰："圣谕极是。以慕天颜调补最为允当。"上曰："慕天颜着调补贵州巡抚。"

又议政王、贝勒、大臣会推前锋统领郎谈解任员缺，将镶黄旗护军统领巴图拟正，正蓝旗护军统领觉罗夸代拟陪。上曰："塔尔代材力健壮，着升补前锋统领。"

又兵部题步军总尉撒克察巴图鲁年老解任员缺，开列阿达哈哈番道禅等。上曰："步军副尉慕胡达人材勇健，着升补步军总尉。二等侍卫硕桑阿堪以驭下，即补授副尉员缺。"

本日起居注官孙在丰、邬黑。

十五日戊寅 辰时，上御乾清门听政。部院各衙门官员面奏毕，大学士觉罗勒德洪、明珠、王熙、吴正治、宋德宜，学士石柱、麻尔图、图纳、席尔达、王鸿绪、吴兴祖、范承勋、牛钮以折本请旨。吏部题学士喇巴克升任员缺，开列詹事傅腊塔等职名。上顾内阁大臣曰："尔等所举侍读学士丹代为人颇优，着补授此缺。"

本日起居注官傅腊塔、卢琦。

十六日己卯　辰时，上御乾清门听政。

本日起居注官蒋弘道、多奇。

十七日庚辰　早，上御乾清宫，讲官常书、孙在丰、归允肃进讲：天地定位一章、雷以动之一章。

辰时，御乾清门听政。部院各衙门官员面奏毕，直隶巡抚阿哈达以陛辞面请训旨。上曰："尔近来病势若何？"阿哈达奏曰："仰蒙皇上赐医调治，今已全愈。"上曰："往在边外时，见尔形容颇好，今面目甚瘦。"阿哈达奏曰："诚然。"上曰："直隶地方旗下人与民杂处，争讼繁多，尔先正己，俾军民和辑，此乃尔职分当然之事。至若皇庄及诸王、大臣家人、豪强扰害者甚众，尔之尽力者在此尔。向来金世德、于成龙、格尔古德虽行有小失，然大概居官悉有声望。前人如此，恐尔一时难获令誉。"阿哈达奏曰："臣一介庸陋，蒙皇上殊恩简用，诚恐谫劣，所见不及，致有缺漏。若大贪大恶之行，则断不敢为。今蒙天语训诲，臣洁己奉公，无容多说，惟莅任后，毕力图效而已。"奏毕，出。

大学士觉罗勒德洪、明珠、王熙、吴正治、宋德宜，学士石柱、麻尔图、图纳、席尔达、王鸿绪、范承勋、牛钮、丹代以折本请旨。吏部题督捕侍郎达哈塔调补员缺，开列学士石柱等。上曰："库勒纳练达事务，着调补此缺。"

又都察院议光禄寺卿等及户、礼二部司官、御史、顺天府官等，浮冒价值，俱降四级调用。上曰："此番觉察伊等，岂有不惩警者？俱从宽降二级，伊等有加级、纪录者准抵销。"

本日起居注官朱马泰、王封溁。

十八日辛巳　早，上御乾清宫，讲官常书、孙在丰、归允肃进讲：帝出乎震齐乎巽一章。

辰时，御乾清门听政。部院各衙门官员面奏毕，大学士觉罗勒德洪、明珠、王熙、吴正治、宋德宜，学士石柱、麻尔图、图纳、席尔达、牛钮以折本请旨。吏部题山东巡抚徐旭龄升任员缺，开列学士吴兴祖等。上曰："其中谁可者？"大学士明珠等奏曰："臣等众意，在内副都御史张鹏，在外广东布政使郎廷枢，此二人俱可用。"上曰："张鹏颇优，着补授山东巡抚。"

巳时，上诣太皇太后宫问安。

本日起居注官常书、邵远平。

十九日壬午　早，上御乾清宫，讲官常书、孙在丰、归允肃进讲：神也者妙万物而为言者也一章。

辰时，御乾清门听政。

未时，御景山内前殿，召请安进贡巴林一品台吉葛勒尔图，阿霸垓四品台吉僧格等，苏尼特部落四品台吉巴榜等，四子部落四品台吉哈达等，喀尔喀部落一品台吉吴都、二品台吉达西等、四品台吉库勒尔得等，喀喇沁部落三品塔布囊鄂齐尔、四品塔布囊卓礼克图等，盛京马哈噶喇庙为首喇嘛甘丹格龙，归化城纳依齐退因胡毕尔汉，吴喇忒部落为首喇嘛西喇布格龙等赐食。

本日起居注官傅腊塔、沈荃。

二十日癸未　辰时，上御乾清门听政。部院各衙门官员面奏毕，大学士觉罗勒德洪、明珠、王熙、吴正治、宋德宜，学士石柱、麻尔图、图纳、席尔达、王鸿绪、吴兴祖、范承勋、牛钮、丹代以折本请旨。议政王、贝勒、大臣会推镶黄旗蒙古副都统苏尔达调补员缺，正拟护军参领觉罗海度，陪拟舒恕。上曰："海度尚堪管辖，但微有胡涂。尔将一等侍卫及应升者开列来看。"

又谕曰："近见朕凡谕令议奏之事，或会议或九卿、部院，皆首以上谕极是回奏。朕命诸臣会议者，但欲事得其理，视与众意相符否耳，并非必以朕言为是，令遵议也。尔等可将此旨晓谕诸臣，嗣后将如此称写，着永行停止。尔等亦当识之。"

巳时，上诣太皇太后、皇太后宫问安。

本日起居注官阿山、郭棻。

二十一日甲申　早，上御乾清宫，讲官常书、孙在丰、归允肃进讲：

乾健也坤顺也一章、乾为马坤为牛一章。

辰时，御乾清门听政。部院各衙门官员面奏毕，大学士觉罗勒德洪、明珠、王熙、吴正治、宋德宜，学士石柱、麻尔图、图纳、席尔达、牛钮、丹代以折本请旨。吏部题户部侍郎李天馥升任员缺，开列学士吴兴祖等。上曰："尔等之意若何？"明珠等奏曰："户部事务繁冗，当用精明事体之人。臣衙门学士王鸿绪人材颇优，亦堪任事。"上曰："孙在丰、王鸿绪俱优。若将孙在丰补授，翰林院事务紧要，难得其人。着将王鸿绪升补户部侍郎。"

又礼部侍郎胡简敬升任员缺，开列学士王鸿绪等。上曰："尔等云何？"明珠等奏曰："礼部侍郎员缺，原系翰林院官员升授。蒋弘道居官年久，董讷曾为顺天等处学院，今事完回京，其人颇优。"上曰："董讷着升补礼部侍郎。"

未时，御保和殿，召进贡喀尔喀部落车臣汗下查罕衣特格尔图等，尊义喀尔喀部落来使达西、台吉巴朗等，及浙江温州总兵官康调元等赐食。召巴朗台吉至御座前，上亲赐酒。又召查罕衣特格尔图等六人至殿内，遣侍卫赐酒。

是日，赐温州总兵官康调元备鞍马一匹。

本日起居注官邬黑、李元振。

二十二日乙酉　早，上御乾清宫，讲官常书、孙在丰、归允肃进讲：乾为首坤为腹一章。

辰时，御乾清门听政。部院各衙门官员面奏，钦天监监正会同礼部堂官，以北方关系风水，请禁烧造砖瓦。上曰："采煤烧制灰砖，关系风水之处向未禁止。今云北方关系风水，欲行禁止，或有情弊亦未可定。"因又顾礼部堂官曰："尔等会议并不详审，辄信钦天监官员议，令尔等会议者为何？"尚书介山等奏曰："因风水关系重大，故照钦天监议禁止。臣等或可另行查议。"上曰："尔等会同都察院另行详议。"因召都察院堂官谕曰："钦天监以北方关系风水，题请禁止烧制砖瓦，礼部会议仍照钦天监议。尔等会同另行详议。"谕毕，都察院堂官出。

大学士觉罗勒德洪、明珠、王熙、吴正治、宋德宜，学士吴兴祖、范承勋以折本请旨。吏部题补户部侍郎库勒纳调补员缺，开列内阁学士石柱等。上曰："刑部侍郎佛伦为人颇优，亦堪任事，自补授刑部以来，甚效力勤敏，刑部事务紧要，着暂留。将鄂尔铎调补户部。"

又勒德洪、明珠等奏，遵旨议皇上东巡致祭阙里，似应上亲奠酒，赐衍圣公等书籍及加赏赉。上曰："致祭先师孔子礼仪、赏赉衍圣公等之事，所关紧要，尔等会同翰林院堂官及原任翰林院学士陈廷敬、库勒纳等详议。"

本日起居注官多奇、归允肃。

二十三日丙戌 早，上御乾清宫，讲官常书、孙在丰、归允肃进讲：乾天也故称乎父一章、乾为天为圜为君一节。

辰时，御乾清门听政。部院各衙门官员面奏毕，大学士觉罗勒德洪、明珠、王熙、吴正治、宋德宜，学士石柱、麻尔图、图纳、席尔达、牛钮、丹代以折本请旨。吏部题湖广巡抚慕天颜调补员缺，开列学士吴兴祖等。上问曰："尔等以为何如？"明珠等奏曰："大理寺卿崔澄、浙江布政使石琳为人俱优，前九卿等会推曾以石琳拟陪。广东布政使郎廷枢人亦堪用。"上曰："着九卿会推。"

又兵部以高雷廉总兵员缺，或开列现任参领，或开列副将等请旨。明珠等奏曰："奉旨令臣等询问都统喇哈达、赖塔，尚书李之芳、哈占，伊等所知有向在行间效力之人否？喇哈达、赖塔所知者或已身故，或已升任，现今无有。李之芳荐举浙江副将陈梦旸、陕西副将王万祥。哈占荐举三屯营副将王化兴、浙江副将翟国襄、湖广副将胡代臣。伊等云，诸人皆才力健壮，著有劳绩，堪以任用。"上曰："陈梦旸果才力勇健，朕所素知，着内升补总兵官员缺。"

本日起居注官朱马泰、翁叔元。

二十四日丁亥 早，上御乾清宫，讲官常书、孙在丰、归允肃进讲：震为雷为龙一节、巽为木为风一节、坎为水为沟渎一节、离为火为日一节。

辰时，御乾清门听政。

未时，御景山内前殿，召请安进贡科尔沁国多罗郡王牙噶尔，鄂尔多斯部落多罗贝勒宋喇布、协理旗下事务二品台吉色冷，阿禄科尔沁国固山额驸巴他麻、二品台吉董玉克、四品台吉杜尔巴等，柰曼部落无品台吉诺们桑，阿霸垓滚处克纳克出等，滚处克纳克出之子达尔马等、孙兰禅等，喀喇沁部落一品塔布囊苗秀、四品塔布囊色冷，苏尼特部落二品台吉伊喇库克散、四品台吉诺尔布等，吴喇忒部落三品台吉顾锡等、四品台吉胡鲁木西等，克什克屯四品台吉温秦等，蒿齐特部落协理旗下事务四品台吉萨喇克、都统顾禄等赐食。

本日起居注官傅腊塔、曹禾。

二十五日戊子 早，上御太和门视朝。升转文武官员谢恩，赐茶毕，回宫。

少顷，御乾清宫，讲官常书、孙在丰、归允肃进讲：艮为山为径路一节、兑为泽为少女一节、有天地然后万物生焉一章。

辰时，御乾清门听政。部院各衙门官员面奏毕，大学士觉罗勒德洪、明珠、王熙、吴正治、宋德宜，学士石柱、麻尔图、图纳、席尔达、吴兴祖、范承勋、牛钮、丹代以折本请旨。吏部题副都御史张鹏升任员缺，开列宗人府府丞李廷松等。上曰："尔等所拟为谁？"勒德洪、明珠等奏曰："臣等众意崔澄于陕西变乱时，不受贼札付。王守才曾任学士，历年最久。赵之鼎人材颇优。候皇上选用。"上曰："崔澄不受贼札付亦属可嘉，着补授副都御史。"

巳时，上诣太皇太后宫问安。

本日起居注官阿山、严绳孙。

二十六日己丑 早，上御乾清宫，讲官常书、孙在丰、归允肃进讲：泰者通也一节、有天地然后有万物一节、主器者莫若长子一节。上亲讲泰者通也一节。讲官照常讲说。

辰时，御乾清门听政。部院各衙门官员面奏毕，大学士觉罗勒德洪、明珠、王熙、吴正治、宋德宜，学士石柱、麻尔图、图纳、吴兴祖、范承勋、牛钮、丹代以折本请旨。吏部题补学士王鸿绪升任员缺，开列詹事府少詹事蒋弘道等。上曰："这员缺着将蒋弘道升补。"

又议政王、贝勒、大臣会推镶蓝旗蒙古副都统叶楚黑调补满洲副都统员缺，正拟护军参领达尔泰，陪拟前锋参领马齐。上曰："尔等曾问否？”明珠等奏曰：“臣等遵旨问议政王、大臣，据王等云，达尔泰出征三次，于陕西、湖广岳州洞庭湖等处多有效力之处，人材健壮，前推副都统时曾陪二次，堪任统辖，故拟正。马齐亦有效力之处，人材健壮，堪以御下，故拟陪。”上曰：“着依议政王等议，将达尔泰补授副都统。”

谕毕，撤御馔，赐讲官常书、孙在丰、归允肃食。

复御乾清宫，讲官常书、孙在丰、归允肃进讲：乾刚坤柔十二节、咸速也八节。讲毕，上谕曰：“易道精微广大，朕于卦辞所设粗识其概，至于圣人作《易》之理，神妙未测，未能悉其奥义。”孙在丰奏曰：“皇上圣明天纵，学问日新，天人理数之奥，无不洞彻。臣等学识短浅，日侍帷幄，仰藉天语诲迪，于圣学渊源，曾未能测其涯涘也。”常书奏曰：“自古帝王好学右文，往往骛名鲜实，循之未必能久。皇上心思经学，日御讲筵，隆冬盛暑无间。夙夜讨论，孜孜忘倦，精义入神，为亘古帝王所未有。”归允肃奏曰：“臣等章句鄙儒，所习止训诂之学。皇上睿诣渊深，识解精邃，度越寻常万万，非臣等所能窥测。”

未时，御保和殿，召进贡扎鲁特部落二品台吉厄尔德布，克什克屯三品台吉喇马塔尔，翁牛忒部落四品台吉巴彦，阿霸垓四品台吉莫雷，扎赖忒部落协理旗下事务二品台吉诺尔布、四品台吉阿拉善，苏尼忒部落四品台吉扎木布，达赖喇嘛罗布臧顾木布阿拉布滩台吉来使楚胡喇，杜尔伯特协理旗下事务三品台吉吴尔图纳苏图等，暨山东巡抚张鹏，福建金门总兵官陈龙，海坛总兵官林贤等赐食。

上召张鹏至御座前问曰：“尔有所奏否？”张鹏奏曰：“臣蒙皇上简任山东巡抚，仰沐厚恩，敢不竭力以图报效，但臣识浅才短，望皇上面赐训谕。”上曰：“今见山东人民逃亡京畿近地及边外各处，为非者甚多，率皆由地方势豪侵占良民田产，无所倚藉，方至于此。尔至任所，务除戢势豪，招集逃亡，俾得其所。”张鹏奏曰：“臣谨识圣训，爱养百姓，实心任事，以仰副皇上高厚之恩。”

又召总兵官陈龙、林贤至御座前，谕曰：“福建沿海地方，今已平定，必兵民协和，方可久安。今尔等赴任，宜抚绥兵民，使各相安。”

是日，致仕刑部尚书魏象枢陛辞，上赐御书“寒松堂”扁一，扁末书："甲子秋日赐尚书魏象枢。"又赐御制古北口诗一幅，诗曰："断山逾古北，石壁开峻远。形胜固难凭，在德不在险。"象枢跪读祗受。随奉旨入乾清宫谢恩，复命诣御座侧，赐坐、赐茶。象枢跪奏曰："臣才学疏浅，蒙皇上生成教训，优擢尚书，捐糜难报。祗因年衰有疾，再疏请告，始蒙温旨，准臣以原官致仕，驰驿回籍。臣仰窥圣心，不忍舍臣，臣岂忍遽离圣主。但臣今生不能报效，惟有世世子孙图报犬马。昨二十二日，臣诣后左门陛辞，蒙皇上赐饭，随奉有着再来二次之旨。二十四日，奏请圣安，复蒙皇上赐茶。今又蒙恩赐扁、赐诗，荣宠至极，不但臣家珍为世宝，臣每逢朔望，率合家大小仰瞻御笔叩头，如近天颜矣。"上问魏象枢曰："尔头晕愈否？饮食如何？"象枢奏曰："臣迩来或半月或二十日间一发晕，视前稍轻，饮食亦稍加。每日早服钦赐人参膏，保全残喘，无非天高地厚之恩。臣虽不才，皇上不以不才待臣。臣观前代史册，优礼臣工，未有如今日者。臣请宣付史馆，以昭朝廷德意，臣亦得藉以不朽。臣愚幸甚！"上曰："可。"象枢叩头出。

本日起居注官鄂黑、卢琦。

二十七日庚寅　上以高皇后忌辰，不理政事。

巳时，上诣太皇太后、皇太后宫问安。

本日起居注官多奇、王封溁。

二十八日辛卯　上诣太皇太后、皇太后宫问安。

东巡狩，由午门出正阳门，驻跸永清县南格驿。是日，固安县驻防防守尉钟席布等、东安县驻防防守尉索齐等、永清县知县陈国祝等、旧州营都司周志等来朝。

二十九日壬辰　上驻跸霸州燕家口。是日，霸州驻防防守尉拜山等、霸州知州马逸姿等、霸州营游击张应达等来朝。

十　月

初一日癸巳　上驻跸任丘县李花村。是日，任丘县知县邓文源、千总赵应臣来朝。

初二日甲午 上驻跸河间府城南。

晚刻，上御行宫，扈从内阁大学士明珠、王熙，学士麻尔图、席尔达以折本请旨。吏部题詹事府谕德秦松龄革职员缺，以国子监司业刘芳喆拟补。上曰："此缺着选择。"

又内阁侍读董昌国升任员缺，正拟兵部主事刘琯，陪拟大理寺寺正李天桢。上问："此二人若何？"明珠等奏曰："陪拟李天桢臣等不知。刘琯原系内阁中书，虽办事平常，然亦谨慎。"上曰："刘琯学问何如？"明珠等奏曰："刘琯向改正翻译本章，于臣衙门事情亦能料理。"上曰："刘琯着补授侍读。"

又兵部题云南临元征江总兵官马山以病请解任。上问曰："马山有何病症？"明珠等奏曰："果有重病，该总督、提督必为代题。今自行题请，必非重病，想因地方瘠苦，欲辞避耳。"上曰："马山着仍留任。"

是日，大学士王熙向仪度额真费岳色转奏曰："昨医生马之俊传旨谕臣：尔病体汗后不可冒风，觅肩舆乘坐，徐行而来。臣今日坐一小轿至此。昨服药汗出，今因得乘轿，臣体较前痊可。此皆皇上格外怜惜隆恩，臣实不克承受，因求请谢恩。"奏事笔帖式禅代出，传谕曰："卿年齿已迈，身有疾病，须加意调理，毋令过劳。"王熙跪奏曰："臣犬马之躯抱病，乃荷皇上注念，如此训诲，臣感激不尽。苟得病愈，有生之年，惟有尽瘁以报高厚之恩耳。"禅代转奏讫，奉旨："不必谢恩，俟医生调治病愈后，一并谢恩。"

是日，河间府副将何勇等、知府徐可先等来朝。

初三日乙未 上驻跸献县单家桥地方。是日，献县知县白元亨等、河间府右营千总孙自贤等来朝。

初四日丙申 上驻跸阜城县伊家村。是日，景州知州刘藻等、阜城县千总李彬等来朝。

初五日丁酉 上召大学士明珠，尚书伊桑阿、介山，学士席尔达、常书，侍读学士朱马泰、徐庭玺，卿葛思泰、阿里虎、安泰于围中射猎。

是日，赐山东巡抚以下，知县以上等官及致仕大学士冯溥等兔。

上驻跸德州南关。是日，山东巡抚徐旭龄、镇守登州等处总兵官李林盛、德州驻防城守尉宋阿里等，布政使黄元骥、按察使吴毓珍、督粮道胡介祉、提学道唐赓尧、盐法道胡瑾、德州知州吴轸等，德州参将晋淑玉等来朝。

初六日戊戌　上召福建金门、海坛总兵官陈龙、林贤于围中射猎。

上驻跸平原县七里铺。是日，平原县知县李荣等、把总浦士元来朝。

初七日己亥　上驻跸禹城县二十里铺地方。是日，禹城县知县孙克恭、把总韩应科来朝。

初八日庚子　上以济南为山东省会之地，特行巡幸。亭午，驾至济南府，巡抚徐旭龄率所属地方官员、士庶等跪迎于城西。上至趵突泉亭，命旭龄近前，咨询地方利病、民风土俗，甚悉。上临泉览视，称赏久之。旭龄奏请御笔留题，以宠名泉，为万世宝翰。上命侍讲学士高士奇宣谕曰："此泉为名胜之地，尔等请书至再，故勉书二字留之。"上乃援笔大书"激湍"二字。天章辉耀，翰彩飞动，化工神妙，真有龙跳凤舞之势。扈从诸臣及巡抚、布、按等官瞻仰宸藻，罔不欢忭踊跃。皆称超越百王，亘古罕觏，山泉生色，光照万祀也。

上由西门入城，出南门。

是日，驻跸杜家庙地方。传谕大学士明珠等曰："趵突泉为历下名胜，尔等从官可各书二字留之泉亭，以传来许。"大学士明珠，尚书伊桑阿、介山，学士麻尔图、常书、孙在丰，副都御史孙果奉诏各拟书二字奏呈御览。上览毕，诏"可"。一鼓后，侍卫二格捧出御书"清漪"二字赐从臣观，传谕曰："顷巡抚徐旭龄奏称，衙署内有珍珠泉，请书二字留题。今书此赐之，特示尔等共观。"大学士明珠等奏曰："臣等瞻仰宸翰，笔墨飞舞，备极其妙，真从古帝王所未有。清漪二字意义尤美，抚臣何幸而得此，臣等不胜欢跃健羡之至。"

是日，太子少师衍圣公孔毓圻，五经博士孔毓彦、颜懋衡、曾贞豫、仲秉贞、孟贞仁，济南府知府纪尧典等，城守营守备李尚敬等来朝。

初九日辛丑　上驻跸长清县大湾底地方。

初十日壬寅　上至泰安州，日方午，登岱。上乘马进红门，行里许，步行蹑磴而上，行四十里。日晡，登岭，于昭真宫天仙殿行礼。又东北上数百步，至东岳庙，行礼。又西北上百余步，至玉皇宫，行礼，是位泰山极顶。又东至秦观峰及孔子小天下处。东南至日观峰。时薄暮，回至行宫驻跸。

伏惟《汉书》所载，武帝登泰山，无风雨灾，史策记之以为盛事。今我皇上省方所及，名山望幸，登降上下，天色晴霁，和气四塞，百灵效顺，神人胥悦，过于嵩呼万岁者远矣。

上驻跸泰山顶上。是日，泰安州知州陈宇魁等、守备陈虎等来朝。

十一日癸卯　上登泰山，侍臣云有舍身崖，请上往观。上曰："愚民无知，惑于妄诞之说，以舍身为孝。不知身体发肤受之父母，不敢毁伤，故曾子有临深履薄之惧。且父母爱子，惟疾之忧，子既舍身，不能奉养父母，是不孝也。此等事处处有之，正宜晓谕严禁，使百姓不为习俗所误。观之何为？"

是日早，上率从官于天仙殿行礼，御书"坤元叶德"四大字，悬额殿中。回御行宫，出御书"普照乾坤"四大字、又"云峰"二大字宣示从臣。笔力雄健，结撰精整，神彩炳焕，楮墨间备乾坤之广大并云汉之光华。从臣瞻仰，罔不欢跃赞颂，盛称天授神奇，圣学工妙，从古帝王以书法传者所不能及也。

辰时，上自岱峰步行而下。日近午，设卤簿于泰安城北，上御辇诣东岳庙，躬祀泰山之神于峻极殿。礼毕，驾行至泰安州崔家庄驻跸。

是日，上谕大学士明珠曰："朕夙夜孜孜，勤求治理，深宫宁处，轸念闾阎，诹吉时巡，省观民隐。经行所至，登于泰山，至圣遗踪，缅然如睹。一览众山，临眺九有，洵足揽天下之胜，察造化之奇。遂援笔濡毫，书成'普照乾坤'四字，可于孔子小天下处建亭悬额。复书'云峰'二字，可于极顶处磨崖勒石。其本年泰山香税免解该部，用以鸠工庀材，虔修山顶各庙。应行事宜，尔会同该抚确议具奏。"

伏惟皇上文德诞敷，武功烜赫，声教四讫。东西南朔，罔不率俾，海隅向化，自古幅帙所不及者尽入版图。建置郡邑，功德隆盛，固已并三皇而媲五帝矣。乃圣心有大益，谦斥封禅之文，举省方之典。巡幸所至，清问下民，闾阎疾苦靡弗周知。蠲租徭，恤耆老，悯颠连，吏治清浊，咨访激扬，白叟黄童，引领望幸，銮舆经过之地，欢呼载道。既登岱岳，秩祀有文，稽古典礼，为万世法。榜题御墨，焜耀名山，与岱峰并永。视彼玉检金泥，徒传夸诞，七十二君奚足道哉！乃知圣主举动度越百王，史臣执简，惟有颂扬莫罄也已。

十二日甲辰　上驻跸新泰县西舟村。是日，新泰县知县吴大亮、把总孙守业来朝。

十三日乙巳　上驻跸蒙阴县，赐大学士王熙以下，副都御史以上各兔二只。是日，沂州副将霍维篚等、蒙阴县知县刘德芳来朝。

十四日丙午　上于围中赐大学士明珠，尚书伊桑阿、介山，学士席尔达、常书、孙在丰，副都御史孙果各兔一只。

是日，上驻跸蒙阴县师姑庄。

十五日丁未　上驻跸沂州大石桥地方。先是，一应本章俱三日递到一奏。

是日，上坐待至二鼓，数问本章到否。因未经递到，谕阁臣曰："奏章关系国政，最为紧要。朕凡在巡幸之处，奏到随即听览，未尝一有稽留。前此递本官员因其迟延，朕已经重处。此番本章何又至今未到？今日奏章不拘时刻到来，尔等即便呈进，朕宵兴省览。"是夜四鼓，本章递到呈进，上即起，一一详览达旦。次日黎明，将折本听断发落。

窃观自古勤政之主，高居深宫，或三日或五日一听政。史书犹称为盛事。皇上马上巡行，日省方舆风俗，闾阎生业，未尝少即晏安。夜分而起，彻曙听政，以视古人未明求衣，日晡而食，诚远过之。国家万年之基端在此矣！

是日，沂州总兵官林伯馨等、济东参议道陈俞侯等来朝。

十六日戊申　上驻跸沂州华堡村。

十七日己酉　上驻跸郯城县红花铺。

内发装橐数驮，交与兵部，谕曰："此系进太皇太后黄河鲜鱼及地方土产鲜果等物，着沿途敬慎，星速驰送，毋得迟延。"

伏惟皇上至孝性成，宫闱问寝，无间晨昏。委曲尽志，惟承圣母欢心。虽在巡省时迈，驰奏问安，遣使络绎。得一鲜美品物，罔有躬自先尝，必敬谨装盛，亲视送往，然后进馔，此从古大孝之主所未及也。

是日，总漕邵甘、总河靳辅、郯城县知县方殿元、把总李耀水来朝。

十八日庚戌 上以黄河屡岁冲决，久为民害，欲亲至其地，相度形势，察视河工，命驾南巡，于是日启行，驻跸宿迁县城内。

是日，昭武将军江南提督杨捷，江宁府将军瓦代、副都统穆成格、防守尉绰尔巴等，副将林宗等，淮安府同知乔显忠等来朝。

十九日辛亥 车驾过宿迁县，夹道叩阍者甚众。上谕侍卫曰："此断不可收览！民人果有冤抑，地方督、抚等官尽可申诉。今因朕巡幸，纷纷控告，不过希图幸准，快其私怨。若一经发审，其中事理未必皆真，地方官奉为钦件，转转驳讯，则被告与原告之人皆致拖累。以小忿而破身家，后悔无及矣。有天下者惟贵以德化民，使之无讼。即贤能官吏，亦当求讼简刑清，与民相安于无事。若以多讼为喜，开其争竞之风，俗疲民困，皆由于此。"侍讲学士高士奇奏曰："皇上留心治理，天下之事无微不烛，恭聆纶言，真足垂诫将来，刑措之风当立见矣。"

上驻跸桃源县众兴集。是日，遣翰林院学士孙在丰于河神金龙四大王庙读文致祭。

是日，桃源管河同知石执梅等、守备李肇基等来朝。

二十日壬子 上临视天妃闸，御舟过清河县、淮安府。

是日，京口镇海将军杨凤翔、江南江西总督王新命、淮安钞关监督礼部员外郎马世真、监理河务候补佥事道俞森等、总漕标下副将许壮猷等、巡视两淮盐课监察御史查哈纳等、京口水师总兵官陈奇、淮杨副使道多弘安等来朝。

二十一日癸丑 上过高邮湖，见两岸民居田亩被水淹没，谕总督王新命曰："朕巡狩行幸，历视直隶、山东、江南诸处，惟高邮等地方百姓甚为可悯。今虽水涸，民择高阜栖息，但庐舍田畴仍被水淹，未复生业，朕心殊为不忍。尔系地方大臣，作何多方筹划，浚水通流，拯此一方民命，以副朕轸恤黎元至意？"王新命奏曰："皇上此心即天地父母之心，高邮等处百姓皆为万幸矣！但此事必图久远之计，方有裨益于民，非一时所能议悉。容臣竭力后图，措一善策，以仰副皇上好生之仁。”

伏惟民为邦本，皇上时在深宫，时行巡省，总期登斯世于衽席，意念谆切。巡行以来，沿途遇穷苦之民，即加赏赉，见老弱者，即加矜恤。日者驾过郯城县所属村落中，见一老叟、一老妪，问其年岁，老人九十七、老妪九十三，系从幼结发夫妇，偕老垂白。上顾近臣曰：“此亦人世希有事，因以白金赐之。”老夫妇欢忻叩首奏曰：“民等乡村百姓，得睹皇上龙颜，此意外之大幸。今又蒙如此重赏，吾等得养活余年。我二老其何以祝祷，惟有仰颂万寿无疆尔！”我皇上洪施仁政，实史臣所不胜记载也。

先是，上阅河堤北岸萧家渡、九里冈、崔家镇、徐升坝、七里沟、黄家嘴、新庄诸险工。上谕河臣靳辅曰：“朕向来留心河务，每在宫中细览河防诸书及尔屡年所进河图与险工决口诸地名，时加探讨。虽知险工修筑之难，未曾身历河上，其河势之汹涌漶漫，堤岸之远近高下，不能了然。今详勘地势，相度情形，细察萧家渡、九里冈、崔家镇、徐升坝、七里沟、黄家嘴、新庄一带，皆吃紧迎溜之处，甚为危险。所筑长堤与逼水坝，须时加防护。大略运道之患在黄河，御河全凭堤岸，若南北两堤修筑坚固，可免决啮，则河水不致四溃。水不四溃，则浚涤淤沙，沙去河深，堤岸益可无虞。今诸处堤防虽经整理，还宜培薄增卑，随时修筑，以防未然，不可忽也。又如宿迁、桃源、清河上下，旧设减水诸坝，盖欲分杀涨溢。一使堤岸免于冲决，可以束水归漕；一使下流少轻，可无淮弱黄强、清口喷沙之虑。近来凡有决工处所，皆仿其意，不过暂济目前之急。虽受其益；亦有少损。倘遇河水泛溢，因势横流，安保今日之减水坝不为他年之决口乎？且水流浸灌，多坏民田，朕心不忍。尔当筹划精详，措置得当，使黄河之水顺轨东下。水行沙刷，永无壅决，则减水诸坝皆可不用。运道既免梗塞之患，民生亦无垫溺之忧，庶几一劳永逸，可以告河工之成也。”靳辅奏曰：“黄河为患最大，为功最艰，目前急务，不得不治其大而略其小，故借减水诸坝，使决口水分势弱，人力易施。待黄河尽复故道之后，臣当更议筑塞减水诸坝，仰副皇上爱民至意。恭聆圣谕，尽得肯綮，臣虽愚昧，自当勉力恪遵，以尽犬马之职也。”

乘舆自宿迁至清河，所过之处，见河工夫役运土，卷埽下桩，夯筑甚力。上皆驻辔久之，亲加慰劳。复谕河臣靳辅曰："堤上夫役，风雨昼夜，露宿草栖，劳苦倍常。所领工食无几，恐有不肖官吏从中侵蚀，必使人沾实惠，不可不加意轸恤也。"

上过宝应县、高邮州召伯镇，驻跸扬州城黄金坝。是日，通州知州边声扬等、宝应县把总萧宠来朝。

二十二日甲寅 上舟过高邮、宝应诸处，见民间田庐多在水中，恻然念之。因登岸亲行堤畔十余里，察其形势，召集生员耆老，问其致灾之故，细与讲求。复谕之曰："朕此行原欲访问民间疾苦，凡有地方利弊皆必设法举行，使之各得其所。昔尧忧一夫之不获，况目睹此方被水情形，岂可不为拯济耶？"登舟，复成御制五言古诗一首云："淮扬罹水灾，流波常浩浩。龙舰偶经过，一望类洲岛。田亩尽沉沦，舍庐半倾倒。茕茕赤子民，栖栖卧深潦。对之心惕然，无策施襁褓。夹岸罗黔黎，跽陈进耆老。咨诹不厌频，利弊细探讨。饥寒或有由，良惭主仓颢。古人念一夫，何况睹枯槁。凛凛夜不寐，忧勤惄如捣。亟图浚治功，拯济须及早。会当复故业，咸令乐怀保。"

上至扬州，登览蜀冈栖灵寺、平山堂诸胜，御书"怡情"二字，留题于平山堂。至天宁寺，御书"萧闲"二字。

上驻跸仪真江干。是日，苏松常镇督粮道刘鼎等、扬州营游击罗泰明等来朝。

二十三日乙卯 早，上御舟，大学士明珠、王熙，学士麻尔图、席尔达以折本请旨。礼部题直隶巡抚格尔古德应否给谥号请旨。上曰："格尔古德居官素优，清廉颇著，应从优赐恤。这本着再详议具奏。"

上自仪真江口渡江，至镇江府西门外驻跸。是日，杭州府将军马哈达，京口副都统张元勋、张思恭，杭州府副都统石文炳，巡抚薛柱斗、汤斌，京口右路总兵官冯德昌，布政使柯永升、章钦文，按察使王国泰，新升福建按察使黄桂，督粮参议道张永茂，江南提学道赵仑，参议道刘梅，镇江府知府高龙光等，京口副将陆元文等，京口防守尉宣文素等，参领刘通海等，拜他喇布勒哈番徐文武等，防尉崔思英等，骁骑校苏文成等来朝。

二十四日丙辰 上乘沙船渡杨子江，风恬浪静，帆樯十数里，舟子运舟甚速。上顾高士奇曰："自兴兵以来，恢复岳州、长沙，多得此船之力。今海宇承平，昔时战舰仅供巡幸渡江之用。然安当思危，治不忘乱，朕乘此舟未尝不念艰难用武之时，非以游观为乐也。"士奇对曰："兹四方无事，时雍风动，皇上犹兢兢业业，居安思危，诚帝王持盈保泰之盛心也。"

上临幸金山游龙禅寺，御书"江天一揽"四字。赐内大臣、侍卫、部院大臣食毕，又幸焦山。

午后，自镇江启行往苏州府。

是日，丹阳县知县朱配成来朝。

二十五日丁巳　上过丹阳县、常州府、无锡县。

二十六日戊午　上驻跸苏州府城内。是日，浒墅关监督吏部员外郎高必弘、苏州府知府赵禄星等、抚标左营游击李虎等来朝。

是日，赐护军校、护军、前锋及执事人役各银三两。

二十七日己未　上临虎丘，顾谓侍臣曰："向闻吴阊繁盛，今观其风土，大略尚虚华，安佚乐。逐末者众，力田者寡，遂致家鲜盖藏，人情浇薄。为政者当使之去奢反朴，事事务本，庶几家给人足，可挽颓风。渐摩既久，自有熙皞景象。"

是日，启行往江宁府，驻跸无锡县南门。

二十八日庚申　上幸观惠泉山。既登舟，命大学士明珠、总督王新命传江宁巡抚汤斌谕曰："朕欲知地方风俗，小民生计，有事巡行。凡需用之物，皆自内储备，秋毫不取之民间，恐地方或有不肖官员，借端妄派，以致扰害穷民，尔其加意严察。如有此等，即指名题参，从重治罪。其沿途供役纤夫，及闻朕巡行至此远来聚观百姓，恐离家已遥，不能自归。尔逐一详察，多方区画，令其还家。尔巡抚率布政使即从此回，料理此等事，不必前送。"汤斌奏曰："此番皇上巡行，所过地方钱粮尽行蠲免，凡需用诸物并不派取民间，又赏赉沿途穷苦人民，恩恤耆老，百姓莫不欢呼踊跃，引领以望皇上速临。至地方各官，臣已行严禁，又蒙皇上命科、道等官不时纠察，虽有不肖官员，亦何敢妄为？沿途供役纤夫已给工食。其人民愿睹天颜，从远方来者，亦各自备资给，无烦圣虑。皇上巡幸江南等处，实千载奇逢，臣愿送驾渡江始回，令布政使章钦文先还。”斌再四恳奏，上始允。

是日，又谕巡抚汤斌曰：“苏州乡官汪琬原系翰林，为人厚重，学问优通，且居乡安静，不预外事，因此特赐御笔手卷一轴，尔遣人付与。不必令其来见，着即在家谢恩。”

伏见皇上轸念民生，如保赤子，惟恐一夫失所，意虑无所不周。今时百姓优游于光天化日之下，何幸如之！至皇上恩赏，必及居官廉洁、品行端方之士，故寰宇有志从善者，莫不欢忻鼓舞，竭力自修。即唐虞三代之治，岂有过于今日者耶！

是日，上驻跸丹阳县南门。

二十九日辛酉 上由陆路启行，驻跸句容县长巷村。是日，句容县知县陈协浚、把总杜鸿来朝。

十一月

初一日壬戌 上过句容县，见道傍跪接知县陈协浚，问曰；“尔所治县今岁秋成何如？”陈协浚奏曰；“句容地亩赖皇上洪福，今秋收获甚丰。”上曰：“知县系亲民之官，与一县民生休戚相关。朕巡行之次，见此处百姓困苦，尔当洁己奉公，爱民如赤子。不尔，则国法具在。”陈协浚叩首奏曰，“臣微末小吏，遭逢圣明之世，焉敢越法妄为？此处民生由来贫乏，今岁收获既多，又蒙皇上蠲免钱粮，各得生理。且皇上念及民生，谆谆严谕，臣惟有益加谨慎，洁己爱民，黾勉职业而已。”

上至江宁府，将军瓦代，副都统胡图、穆成格率八旗官兵于教场戎服列队出迎。总督王新命亦率绿旗官兵戎服列队出迎。安徽布政使、按察使以下所属知府、知州、知县等官俱朝服跪迎。上登雨花台，观江宁城郭山川地方形势。进江宁府城驻跸。

是日，原任大学士熊赐履、江宁府副都统胡图、狼山总兵官陈昌、防守尉黑特黑等、佐领阿尔善等、防尉穆世塔等、骁骑校塞冷等、龙江关监督礼部员外郎法都虎、江宁府知府于成龙、副将罗煌等来朝。

初二日癸亥 是日，遣内阁学士席尔达于明太祖陵读文致祭。

巳时，上率内大臣、侍卫、部院官员往谒明太祖陵，于孝陵殿前行三跪九叩头礼。次于宝城前三奠酒。

申时，赐扈从内大臣、满汉大学士、尚书、都统、护军统领、前锋统领等上用缎表里各三匹。赐一等侍卫、副都统、学士、副都御史表里各二匹。赐卿、侍读学士等自郎中以下至主事表里各一匹。赐中书、笔帖式及各执事人员各表一匹。赐匠役人等各纺丝一匹。又赐江南将军瓦代、杨捷，镇江将军杨凤翔，杭州将军马哈达上用绵缎袍各一领。江南副都统胡图、穆成格，总兵官陈昌，镇江副都统张元勋、张思恭，杭州副都统石文炳绵蟒袍各一领。江南总督王新命、巡抚汤斌、安徽巡抚薛柱斗狐腋蟒袍各一领。又江宁满洲、汉军防守御以下，骁骑校以上武职官员；布政使、按察使以下，知县小职官员以上，副将以下；把总以上；镇江、杭州满洲汉军绿旗来朝武职等职官，各赐表里缎匹有差。赐江宁马兵、步兵及年老退甲闲散耆老，京口马兵、步兵、炮手、水手、匠役等银两、纺丝有差。

上驻跸江宁府。

是日，车驾在江宁府过明时故宫，上慨然久之。御制《过金陵论》，论曰："金陵，禹贡扬州之域。秦立郡县为秣陵，两汉因之。孙权时称建业，东晋及宋、齐、梁、陈地号佳丽。隋、唐之间，六朝旧迹渐致湮没。南唐李氏始更筑城，名金陵府。明有天下，建都于此。窥明太祖之意，以为宅中图大，控制四方，千百世无有替也。岁在甲子，冬十一月，朕省方南来，驻跸江宁。将登钟山，酹酒于明太祖之陵。道出故宫，荆榛满目，昔者凤阙之巍峨，今则颓垣断壁矣。昔者玉河之湾环，今则荒沟废岸矣。路旁老民，跽而进曰：若为建极殿，若为乾清宫，阶礩陛级，犹得想见其华构焉。夫明太祖以布衣起淮、泗之间，经营大业，应天顺人，奄有区夏。顷过其城市，闾阎巷陌，未改旧观，而宫阙无一存者。睹此兴怀，能不有吴宫花草，晋代衣冠之叹耶！昔人论形势之地，首推燕秦，金陵次之。然金陵虽有长江之险为天堑，而地脉单弱，无所凭依。六朝偏安，弗克自振。固历数之不齐，或亦地势使然也。明自文皇靖难之后，尝以燕京为行在。宣德末年，遂徙而都之。其时金陵台殿苑囿之观，声名文物之盛，南北并峙，远胜六朝。迨成平既久，忽于治安。万历以后，政事渐弛，宦寺朋党，交相构陷。门户日分而士气浇漓，赋敛日繁而民心涣散。闯贼以乌合之众，唾手燕京，宗社不守；马、阮以嚣伪之徒，托名恢复，仅快私仇。使有明艰难创造之基业，未三百年而为丘墟。良可悲夫！孟子曰：天时不如地利，地利不如人和。有国家者，知天心之可畏，地利之不足恃，兢兢业业，取前代废兴之迹，日加儆惕焉，则庶几矣！”

初三日甲子　上幸江南教场阅射，命各将军、副都统、总兵等官及内大臣、侍卫等射毕，上亲射。右发五矢，五中；左发五矢，四中。士民观者以数万计，皆踊跃蹈舞，欢呼动地。浙江将军马哈达等奏曰：“皇上神武天授，超越从古帝王。今日军民人等咸得瞻仰，诚千载奇遇，不胜幸甚！”

伏惟皇上天纵圣神，乃文乃武，天章炳焕，翰藻琳琅，已远驾千古。而圣武绝伦，俱臻至极。稽之前代帝王，诚未之或观也。

是日，上驻跸江宁府。

初四日乙丑　大学士明珠传谕江宁府知府于成龙曰：“朕于京师，即闻尔知府于成龙居官廉洁。今临幸此地咨访，与前所闻无异，是用赐尔朕亲书手卷一轴。朕所书字非尔等职官应得者，特因嘉尔清操，以示旌扬。但观凡人靡不有初，鲜克有终。尔必自始至终，毋有改操，务效前总督于成龙正直洁清，乃无负朕优眷之意。”于成龙奏曰：“臣前任乐亭知县时，以事诖误降级调用，蒙皇恩留任。又已故巡抚金世德将臣保题，除授通州知州，因逃人缘事降级解任，又蒙皇上宽免。后原任总督于成龙将臣坐名题授江宁府知府，部议不准，具题奉旨准行。念臣至庸极贱，始终成就，皆荷主恩。至于洁己奉职，此臣分内当行之事。曾无异绩图效，乃蒙赐御书，不世奇珍，臣不胜愧悚。自后有生之日，惟有捐躯致身，图效犬马，仰报高深于万一尔。”

伏惟周官六计，所重惟廉。我皇上澄清吏治，鼓励人材，首于廉吏，特加奖劝，破格优隆，赐之宸翰。且天语煌煌，叮咛告诫，勉其始终一辙，毋有改操，此真鼓动万物，陶育群生，有如风雨露雷，天之教也。大小臣工，凡有心知血气，谁不感发兴起，自励洁清者。虞廷巡省方岳，黜陟幽明之意，诚兼而行之矣。

上自江宁回銮，出石城门，御舟至仪凤门外，督、抚、提、镇以下大小文武官员及地方缙绅士民不下数十万，于两岸跪送。上停舟，谕曰："朕向闻江南财赋之地，今见通衢市镇似觉充盈。至于乡村之饶，人情之朴，不及北方，皆因粉饰奢华所致。尔等身为大小有司，当洁己爱民，奉公守法，激浊扬清，体恤民隐。务令敦本尚实，家给人足，以副朕老安少怀之至意。"总督王新命等奏曰："江南风俗浮华，人心浇漓，诚如圣谕。今皇上巡行，洞悉民隐，天语申饬，仰见圣心无刻不以民生风俗为念，即尧仁舜智亦不过是。臣等自当一一仰遵，洁己率属，祛浮崇俭，并遍谕百姓，务使穷陬僻壤，士敦礼让，民尚淳朴，以仰副皇上谆谆德教至意。仍于江宁、苏州、安庆诸处立石，大书深刻，以垂永久。从此江南士民型仁讲义，渐近淳古，以副皇上治臻上理至意。臣等不胜欣幸之至！"

伏惟皇上至德广运，巡行所过，不惟体访民情，亦且丕变民俗。睿谟鸿训，风行草偃，化驰若神，天下之人，罔不向道革心。风移俗易，力田孝弟，比户可封。时雍风动之治，再见于今，不亦盛哉！

是日，驻跸燕子矶。上读书至三鼓。臣士奇奏曰："皇上南巡以来，行殿读书写字，每至夜分，诚恐圣躬过劳，宜少自节养。"上曰："朕自五龄即知读书，八龄践祚，辄以学庸训诂询之左右，求得大意而后愉快。日所读者必使字字成诵，从来不肯自欺。及四子之书既已通贯，乃读《尚书》，于典谟训诰之中，体会古帝王孜孜求治之意，期见之施行。及读大易，观象玩占于数，圣人扶阳抑阴，防微杜渐，垂世立教之精心，朕皆反复探索，必心与理会，不使纤毫扞格。实觉义理悦心，故乐此不疲。但资性不敏，独于易旨虽极研究，终未洞彻耳。至若史、汉以及诸子百家、内典、道书，莫不涉猎，触事犹能记忆。"臣士奇奏曰："皇上天纵之姿，好学不倦，非独儒臣经生无此纯一夫工，即自古帝王实未闻有专志笃好若此者。盖圣心原极虚明，不为外物所蔽。又时勤学问，于古今治乱之理，看得了然。故凡用人行政，独出乾纲，尽合至道。迩来部院臣工莫不砥砺名节，思欲仰佐高深。吏治人心渐加变易，唐、虞、三代之隆，将复见矣。"上曰："朕于政事无论大小，从未草率。每在宫中默坐，即以天下事经营筹画于胸中。简任督、抚之时，又必详加察访，盖一方大吏贤能自足表率僚属。今贪墨之风，未必尽除，然激劝澄清，正欲使之潜移默化也。”臣士奇奏曰：“仰见睿学精微，又非徒事章句者所可窥测万一矣。”

初五日丙寅　上驻跸仪真。是日，赐总督王新命，将军杨凤翔、杨捷羊六十只。

初六日丁卯　上面谕吏部尚书伊桑阿曰：“朕车驾南巡，省民疾苦。路经高邮、宝应等处，见民庐舍田畴被水淹没，朕心深为轸念。访问其故，具悉梗概。高、宝等处湖水下流，原有海口，以年久沙淤，遂致壅塞。今将入海故道浚治疏通，可免水患。自是往还，每念及此，不忍于怀。此一方生灵，必图拯济安全，咸使得所，始称朕意。尔同工部尚书萨穆哈往被水灾州、县逐一详勘，期于旬日内覆奏。务期济民除患，纵有经费，在所不惜。尔等体朕至意速行。”

伏惟高、宝一带，湖水泛溢，久为民患，河臣胼手焦心，未能一时奏绩。皇上巡行览视，洞察形势，深悉民艰，恻然轸念。敕浚海口，且不惜经费，此真如天怙冒之仁。高、宝等处百姓安生复业，立见成效矣！尧舜其咨之心、平成之绩不是过也。

是日，上驻跸召伯镇。

初七日戊辰　上驻跸高邮州界首镇。是日，赐将军傅鸿烈之子银伍十两。

初八日己巳　上驻跸淮安府南所坝。

初九日庚午　上驻跸清河县天妃闸。

初十日辛未　上欲亲视高家堰堤工，又念天气渐寒，回銮日近，因于是日黎明登岸，扈从止数十骑，历武家墩、高家堰、高良涧闸、周家桥、翟家坝、洪泽湖，自卯至午，往返百里，河工要害，上皆细为咨询。因谕河臣靳辅曰：“朕观高家堰地势高于宝应、高邮诸水数倍，前人于此筑石堤障水，实为淮、扬屏蔽。且使洪泽湖与淮水并力敌黄，冲刷淤沙，关系最重。今高堰旧口及周桥、翟坝修筑虽久，仍须岁岁防护，不可轻视，以隳前功。”靳辅奏曰：“谨遵圣谕。”

圣驾回至天妃闸，渡清口，复阅黄河南岸高家湾、谈家口及龙窝诸险工。驻跸桃源县北关。

十一日壬申　传谕申饬总漕邵甘曰：“朕时巡之举，原欲周览民情，察访吏治。尔身内大臣，理应洁己率属，乃莅任以来，并无善状，且多不谨处。此朕得之舆情，访闻颇确。”邵甘叩首奏曰：“臣庸劣菲材，不知检束，有负皇上委任至意，臣罪奚辞？但以满人官此土者，惟臣一人，不免为众所忌，岂能自致声誉。”上又传谕曰：“莫洛、格尔古德皆为督、抚，殁后人犹思慕称颂。居官苟善，岂有不致声誉者乎？”邵甘伏地谢罪，且乞扈从。上命随至京。

晚刻，上御行宫，大学士明珠、王熙，学士麻尔图、席尔达以折本请旨。刑部题法葆携妻子逃匿，与马雄同伙招兵，拟立斩。上曰：“法葆系满洲，逃匿招兵，欲行不法，情罪殊为可恶，理宜凌迟。该部视为平常事议斩，不合。尔等拟申饬票签送进。”

是日，上阅南岸烟墩险工，过白洋湖，居人老幼数千跪迎堤畔。其年老贫寒者，赐以白金，咸感泣而去。

是日，上驻跸宿迁县城内。

十二日癸酉　上驻跸红花铺。是日，山东巡抚张鹏来朝。

十三日甲戌　上阅河堤毕，驻跸郯城县沙沟地方。御制《阅河堤诗》云：“防河纡旰食，六御出深宫。缓辔求民隐，临流叹俗穷。何年乐稼穑？此日是疏通。已着勤劳意，安澜早奏功。”上曰：“朕南来目睹河工，夫役劳苦，闾阎贫困，必使此方百姓尽安畎亩之日，方是河工告成之时。偶成此诗，聊写朕怀，不在词藻之工也。”

是日，沂州营守备田缉武来朝。

十四日乙亥　上亲洒翰墨，书《阅河堤诗》赐总督河道臣靳辅。复召辅入行幄，谕之曰：“尔数年以来，修治河工，著有成效，黾勉尽力，朕已悉知。此后当益加勉励，早告成功，使百姓各安旧业，庶不负朕委任至意。”靳辅叩头奏曰：“臣自蒙简任以来，昼夜危惧，惟恐有负任使。但以河工艰难，以致逾限，未得告成，糜费钱粮，臣罪何辞？独荷皇上鉴臣愚朴，不加责谴，仍令竣事。兹圣驾视河南幸，得拜天章之赐，荣宠逾分。臣惟有鞠躬尽瘁，以效犬马之报而已。”上复问曰：“尔之僚属何人最为清廉？”辅奏曰：“清廉二字，人所难能。为大吏者必洁己率属，然后可以责人。臣起家寒微，蒙皇上畀以总督河务之职，河工浩繁，员役众多，其中赏赉激劝，使之奔走，不无费用。即臣衣食所资，亦皆仰托皇恩，举家温饱。若古人一介不取，一介不与，远愧不能。臣自揣如此，何敢保其僚属清廉，以欺圣明。然非理妄取，枉法坏公之事，亦断不敢为也。”上笑曰：“此语正见汝之不欺尔。”

上驻跸费县探沂地方。是日，费县知县陈振羽、把总许希禹来朝。

十五日丙子 太常寺卿葛思泰钦奉上谕曰：“阙里为圣人之域，秉礼之邦，朕临幸鲁地，致祭先师，正以阐扬文教，振起儒风。祀礼告成，意欲讲明经义，研究心传，以称大典。应否举行，着内阁、部院等衙门会同议奏。”

是日，上驻跸费县锦堡地方。

十六日丁丑 上驻跸泗水县大便桥地方。是日，原任工部侍郎降二级调用王天眷、署泗水县事宁阳县知县茹肇祥、泗水县把总赵天选来朝。

十七日戊寅 上驻跸曲阜县城南。

先是，上谕学士常书、侍读学士朱马泰曰：“朕幸阙里，将行礼讲学。邹鲁圣贤之乡，意必有学问淹通之士，尔等先至曲阜，令彼处择能讲经义者，撰大学之道一节、《易经》天尊地卑一节讲章二篇来看。”常书、朱马泰遵旨星驰赴曲阜。

是日，谕衍圣公孔毓圻令选学有经术者一二人，撰拟讲章以进。毓圻以士子生于僻壤鄙陋，不足以副诏旨，勉令国子生孔尚任草二篇。常书、朱马泰赍至行幄，奏呈御览。上览毕，顾常书等曰：“所撰讲章文字尚未得其精微，其篇末排语平仄亦少不调，音韵无伦。大典关系綦重，不可不加详酌。”常书等奏曰：“臣等少时粗读经史，虽稍知文义，因备员部署，寻究不深。皇上聪明天授，默识心通，研精韵学，故能一览辨别瑕疵。臣等经皇上指示，昭然若发蒙矣。”上曰：“尔等可以此讲章与大学士王熙、学士孙在丰共相更定。”熙等遵旨更定讫，随呈御览。上称善。

臣等窃惟皇上岐嶷首出，聪明齐圣，粤自五龄，矢志读书，当是之时，鞠育深宫，不离阿保，非有左右丞弼，而好学孜孜，出于天性。早夜读诵，无间寒暑，至忘寝食。年十龄，益博综群书，潜心好古，背诵不遗。虽皇上天姿敏妙，一见辄记忆，而必百倍其功。反复乎简编，沉潜乎理义，使书与心契，无少乖违。故于古人文字，随举一篇，皆口诵如流，不遗一字。年十三，援笔为文章，莫不穷微达奥，摛藻扬辉。而诗歌古辞，上薄风骚，下陵汉魏，六朝、三唐以降不足道也。又以余暇临池染翰，于古人书法，一一得其精微，传其体势，淋漓泼墨，所谓似龙凤之腾仪，应神灵之变化者矣。臣等又窃闻皇上冲龄读书时，奉圣夫人爱护圣躬，恐勤诵过苦，乃匿所读书，冀得暂辍，皇上必索读之不少休。太皇太后尝谓皇上曰："贵为天子，岂欲应主司试而勤苦乃尔。"上亦不为止。盖性自甘之，不知疲也。

夫皇上自亲政以来，日御门听政，临决万几，不遑夙夜。而必以其间留意篇章，垂情翰墨，虽巡幸之次，鞍马之余，未尝废书卷也。臣等观自古帝王，非无一二锐志坟典，然始勤终怠，未能一辙。又或者娱情书史，则倦于政事。未有励精求治，不懈于政，而又逊志时敏，掉鞅文苑，如我皇上者也。臣等学识浅陋，备员侍从，目睹皇上勤政好学，真千古帝王之所不及，故附记于此，以光简册，传之无穷。至圣学高深，同于天地，又岂臣等所能诵扬万一者哉。

是日，原任山东沂州总兵官惠占春、直隶口北参议道孔兴洪等、河东运使张鹏翮等、曲阜县知县孔兴仁等、兖州营参将王继先等来朝。

十八日己卯 遣国子监祭酒阿礼胡致祭于启圣公祠。

黎明，上御辇，设卤簿，进曲阜南门，诣圣庙，至奎女阁前下辇，由甬道旁行至大成殿，行三跪九叩礼。四配十哲两庑，从官分献。乐舞作，礼毕。上幸诗礼堂，衍圣公孔毓圻等行礼毕，监生孔尚任、举人孔尚礼讲：大学之道一节、天尊地卑一节。

讲毕，上命大学士王熙宣谕衍圣公孔毓圻等曰："至圣之道与日月并行，与天地同运，万世帝王咸所师法，逮公卿士庶罔不率由。尔等远承圣泽，世守家传，务期型仁讲义，履中蹈和，存忠恕以立心，敦孝弟以修行，斯须弗去，以奉先训，以称朕怀。尔等其祗遵毋替。特谕。"衍圣公孔毓圻等跪听，谢恩毕。

上步至大成殿，瞻仰圣像，历览圣迹、历代碑记。复至大成殿前，命大学士明珠、王熙等宣谕曰："至圣之德与天地日月同，其高明广大，无可指称。朕向来研求经义，体思至道，欲加赞颂，莫能名言。特书'万世师表'四字，悬额殿中，非云阐扬圣教，亦以垂示将来。"衍圣公孔毓圻等跪接御书，谢恩毕。

上又命明珠等宣谕曰："历代帝王致祀阙里，或留金银器皿。朕今亲诣行礼，务极尊崇。至圣异于前代，所有曲柄黄盖，留之庙中，以示朕尊圣之意。"孔毓圻等跪接，谢恩毕。

上复幸诗礼堂，赐衍圣公孔毓圻御制过阙里诗一首，诗曰："銮辂来东鲁，先登夫子堂。两楹陈俎豆，数仞见宫墙。道统唐虞接，儒宗洙泗长。入门抚松栢，瞻拜肃冠裳。"毓圻等跪接，捧诵谢恩。奏曰："前代幸阙里诗，传者惟唐明皇一首，今仰诵圣制，实远过之，意义正大，声调黍皇。至于御墨精工，备极其妙。臣得此永为传家世宝，不胜感激之至。"

又颁赐衍圣公、曲阜知县及五经博士日讲《四书》、《易经》、《书经解义》人各一部。又赐衍圣公狐腋蟒服一领、黑貂褂一领、表里各五匹。又赐曲阜知县、五经博士及四氏子孙在仕籍者羊皮蟒袍各一领、蟒绵外套各一领。又赐孔氏子孙进士、举人、贡生蟒镶领缎袍各一领，绵缎外套各一领。又赐孔氏子孙监生、生员白金各五两。曲阜阖县康熙二十四年分地丁银两尽行恩免。

上诣孔林，于洙泗桥下马，步行至孔墓前，跪奠酒三爵毕，仍步行至殿首，衍圣公孔毓圻等谢恩行礼。大学士明珠、王熙等跪奏曰："先师孔子道大德隆，为万世师，为百王法，然犹有其德而无位。我皇上德位兼隆，心契圣学，躬备至道，作君作师，以立人极，是以尊师重道，典礼隆备，度越前古。历代帝王幸阙里者，仪文之盛未有如我皇上者也。臣等遭逢圣明，备员扈从，不胜欣忭之至。"学士孙在丰、侍讲学士高士奇等跪奏曰："至圣之道，昭垂万世，而振兴文教，实赖一人。我皇上躬诣阙里，盛举仪章，正以宣扬圣化，蒸育群生。凡有血气，莫不感发。诚海内向风之自，亿载太平之基，不独孔氏子孙感沐皇恩已也。"

是日，上驻跸兖州府西关。又谕大学士明珠曰："周公，古大圣人，制礼作乐，垂示万世，今庙在曲阜，应行致祭。此系重大典礼，尔衙门会同礼部、翰林院详议来奏。"钦此。该衙门议得道统之传，上自尧、舜，逮于周、孔。我皇上备尧、舜之德，明周、孔之道，躬祀阙里，复命致祭周公庙庭，礼仪隆盛，询为万世章程。应令该衙门即撰祭文，遣官致祭。上曰："致祭周公，礼宜隆重，其遣恭亲王长宁及礼部尚书介山偕往，以见朕尊崇先圣之意。"

伏惟皇上缵承洪绪，统御万方，圣德诞被，远至迩安。兴礼乐，明教化，允厘庶绩，表章六经，至治再见唐、虞，心传上接洙泗。固已躬备至德，丕扬圣教。兹者临幸阙里，尊尚先师，以万乘之尊，特行九叩礼。牲牢乐舞，隆举仪章，谒林奠爵，拜跪致敬。周览庙庭车服礼器，缅然长想。榜书御笔，悬额殿中。圣制诗章，赐及宗胄。撤銮仪曲盖，留置殿庭，永光俎豆。进生徒于诗礼堂，讲说经书，宣传天语，煌煌训诫。颁赐讲筵经书解义及袍服、文绮、白金，蠲复曲阜租徭。旷典隆恩，超轶前古。汉高之祀大牢，明皇经邹鲁赋诗，宋宗制赞辞留祭器，虽传为盛事，礼犹阙略，孰有如今日者哉！臣等躬逢巨典，不胜踊跃庆幸之至。

十九日庚辰 上驻跸汶上县李家庄。是日，遣和硕恭亲王长宁、礼部尚书介山往周公庙，读文致祭。

是日，汶上县知县尚崇壮、千总吕铭来朝。

二十日辛巳 上驻跸东阿县杨古店地方。是日，东平州知州张聪等、千总曹国辅来朝。

二十一日壬午 上驻跸东阿县二十里铺地方。是日，东昌府知府杨朝祯等、都司佥书熊如谟等来朝。

二十二日癸未 上驻跸高唐州黄店村。是日，临清钞关监督理藩院郎中喀喇、高唐州知州夏恂等、游击杨遇春等来朝。

二十三日甲申 上驻跸德州城西关。

二十四日乙酉 上驻跸阜城县阜庄驿。

二十五日丙戌 上驻跸河间府秦家庄。

二十六日丁亥 上驻跸雄县留镇村。

二十七日戊子 上驻跸永清县蔡家营。

二十八日己丑 午时，皇太子率皇长子、皇三子及留京城内大臣、侍卫、大学士、学士等出南苑南红门，迎圣驾请安。

是日，上进南苑，驻跸旧宫。

二十九日庚寅 早，上由正阳门进午门，诣太皇太后、皇太后宫问安毕，回宫。

酉时，上复诣太皇太后、皇太后宫问安。

扈从起居注官常书、孙在丰、朱马泰。

三十日辛卯 辰时，上御乾清门，听部院各衙门官员面奏毕，大学士觉罗勒德洪、明珠、王熙、吴正治、宋德宜，学士石柱、麻尔图、图纳、席尔达、吴兴祖、丹代、蒋弘道以折本请旨毕。上召满汉大学士、九卿等至前，谕曰："朕亲历江南采访，已故督臣于成龙居官廉介，洁己奉公，自闾巷细民及各省之人，无不望风推服。此等清操，从古以来实罕其比，当为廉官第一。其应得恤典，已照例给与，应格外作何褒奖优恤，以副朕轸念劳臣，表厉廉洁至意。尔等详议具奏。又奉差官员，其特赍诏敕及出使大臣、御前侍卫等经过，地方官接见应有定体。至部院衙门差遣笔帖式等，或有不肖之人，要挟地方官，以问安、请安为名，恣其需索，外郡疲于供应，致累小民，奚以堪此？且伊等官职微末，何由自达于上而有问安、请安之举乎？应作何禁止，尔等定议来奏。"

又谕大学士等曰："部院大臣年老者，藉以料理政事，不以筋力为礼。即如尔勒德洪亦有足疾，原无碍于机务。顷尚书李之芳赍捧本匣，以衣裘厚重，偶致失足，此等倘或至损伤，朕心深为不忍。以后本匣可令侍郎、尚书内年力少壮者捧进。谕部院官知之。"

上回宫，讲官常书、孙在丰、归允肃向奏事敦住转奏，往年冬至后，向有停讲之例，皇上圣学日新，寒暑无间。今《易经》讲义已毕，将进讲《诗经》。时值沍寒，应否停讲，请旨。上传谕："天气虽寒，朕于宫中暖阁可以进讲。且机务少暇，每日披览经义，于学问多所裨益，不必停讲。"

午时，上诣太皇太后、皇太后宫问安。

本日起居注官傅腊塔、归允肃。

十二月

初一日壬辰　辰时，上御乾清门听政。部院各衙门官员面奏毕，大学士觉罗勒德洪、明珠、王熙、吴正治、宋德宜同九卿、詹事、科、道各官回奏赐恤于成龙事。王熙等奏曰："圣谕极当。臣等共议，欲安百姓，必先清吏治，吏治以操守为本。于成龙清操始终一辙，非寻常廉吏可比，应破格优恤，以为廉吏劝。今议于成龙加祭赐谥外，特赠太子太保，荫一子入监读书。"上曰："可。"

王熙等又奏曰："凡奉旨差遣，若系大臣，督、抚等官应叩请圣安。于小臣亦请安，似属失体，此后应行禁止。"上曰："然。即行禁止。"九卿等官出。

大学士及学士石柱、麻尔图、图纳、席尔达、吴兴祖、王启元、丹代、蒋弘道以折本请旨。议政王、贝勒、大臣会推正黄旗蒙古都统颇尔盆升任员缺，正推护军统领沙纳哈，陪推副都统班达尔沙。上曰："着沙纳哈补授蒙古都统。盛京副都统佟宝为人颇优，彼处人亦皆称许，着补授护军统领。"

又正白旗汉军都统赛音达礼解任员缺，正推护军统领杭奇，陪推副都统孙承祖。上曰："浙江副都统石文炳为人颇优，着补授。"

又吏部题詹事府詹事沈荃病故员缺，开列少詹周之麟等。上曰："徐乾学学问最优，此内谅无有及之者。"勒德洪、明珠等奏曰："徐乾学学问诚优。"上曰："徐乾学学问既优，着补授詹事。"

本日起居注官阿山、翁叔元。

初二日癸巳　早，上御乾清宫，讲官常书、孙在丰、归允肃进讲：关关雎鸠一章、参差荇菜一章。上亲讲首章，讲官照常进讲。

辰时，御乾清门听政。

本日起居注官邬黑、徐乾学。

初三日甲午　早，上御乾清宫，讲官常书、孙在丰、归允肃进讲：参差荇菜、左右采之一章，葛之覃兮一章。

辰时，御乾清门听政。部院各衙门官员面奏毕，大学士觉罗勒德洪、明珠、王熙、吴正治、宋德宜，学士石柱、麻尔图、图纳、席尔达、吴兴祖、丹代、蒋弘道以折本请旨。户部题覆福建巡抚金鋐查奏，自康熙十五年至二十年给发大兵绿旗兵钱粮。上曰："黄芳世效力行间，又且身故，所用钱粮，着免其追赔。"

又兵部题总兵官黄蓝已经身故，无庸议。王进公等妻子应交与刑部。上曰："海澄守城官兵不接应援兵，皆系穆赫林、段应举之罪，与黄蓝无涉。且黄蓝合家殉难可悯，仍着议叙具奏。余依议。"

又三法司会议法葆挈其妻子逃匿，与马雄等同伙招兵，拟凌迟立决，其妻子交与该主为奴。上曰："尔等之意若何？"明珠等奏曰："法葆所行悖乱，人所共愤，法所不免。"上曰："着照议完结。"

未时，御保和殿，召请安达赖喇嘛为首来使准丹喀木布、次使丁羊噶布楚，罗布臧伊西同阿起图格龙等偕至。为首来使策拉喀木札木巴、次使阿旺喀克怕，达赖汗来使达尔汉寨桑，虎祐诺尔达赖台吉来使诺颜哈西汗，厄尔德尼代青台吉来使巴图鲁包齐，巴图鲁台吉来使巴图鲁下，博硕克图即农下通事墨尔根台吉来使达尔汗厄木齐，和硕齐台吉来使喀嘛巴图鲁，多尔济台吉来使顾应下，彭楚克台吉来使厄尔德尼下，及科尔沁国一品台吉吴尔图那苏图、二品台吉毕礼衮达赖等、四品台吉乌尔虎马儿等、无品台吉达那，札鲁特部落三品台吉布党图，郭尔罗斯部落协理旗下事务四品台吉吴尔图那苏图等，克什克屯协理旗下事务四品台吉班第，阿霸垓四品台吉齐理木，苏尼忒部落四品台吉达锡等，土默特部落四品塔布囊喇嘛什希等。召来科尔沁国协理旗下事务护国公和硕额驸土纳黑及盛京为首喇嘛达尔占格隆，五台山居住原为首喇嘛阿旺罗布臧，为首喇嘛达木霸格龙等赐食。

本日起居注官多奇、归允肃。

初四日乙未 早，上御乾清宫，讲官常书、孙在丰、归允肃进讲：葛之覃兮施于中谷维叶莫莫一章、言告师氏一章。

辰时，御乾清门听政。

是日，赐狼山总兵官陈昌备鞍马一匹。

本日起居注官常书、严绳孙。

初五日丙申　早，上御太和门视朝。升转文武官员谢恩，次进贡厄鲁特部落衮占古木布台吉来使达尔汉鄂木布等，虎祐诺尔墨尔根台吉来使彭楚克噶布楚等行礼，赐茶毕，驾回宫。

辰时，御乾清门听政。部院各衙门官员面奏毕，大学士觉罗勒德洪、明珠、王熙、吴正治、宋德宜，学士石柱、麻尔图、图纳、席尔达、吴兴祖、丹代、蒋弘道以折本请旨。兵部题补杭州将军马哈达升任员缺，开列副都统佛罗诺等。上曰："朕此番巡幸江南，见副都统胡图为人颇优，材力壮健，且行间多有劳绩，着内升补镇守杭州等处将军。"

又题李遇芳等六人，以参将等缺推用。上曰："李遇芳等依拟用。此内李华勤劳效力，其人颇优，停其以参将缺用，遇副将缺出，从优升补。这员缺着另拟具奏。"

本日起居注官朱马泰、卢琦。

初六日丁酉　早，上御乾清宫，讲官常书、孙在丰、归允肃进讲：采采卷耳四章、南有樛木三章。

辰时，御乾清门听政。部院各衙门官员面奏毕，大学士觉罗勒德洪、明珠、王熙、吴正治、宋德宜，学士石柱、麻尔图、图纳、席尔达、丹代、蒋弘道以折本请旨毕。上谓内阁诸臣曰："学道关系教育人才，必须慎选。朕观董讷向在直隶甚善，至今人无议之者。如山东、江南皆殊不善。今该部题补学道员内知府徐可先，朕于东巡时见其老迈，言官近复论劾，岂可用之？其学道应作何选用之处，传谕九卿、詹事、科、道官员议奏。"

本日起居注官傅腊塔、郭棻。

初七日戊戌　早，上御乾清宫，讲官常书、孙在丰、归允肃进讲：螽斯羽三章、桃之夭夭三章。

辰时，御乾清门听政。部院各衙门官员面奏毕，大学士觉罗勒德洪、明珠、王熙、吴正治、朱德宜，学士石柱、麻尔图、图纳、席尔达、吴兴祖、丹代、蒋弘道以折本请旨。翰林院题经筵讲官张玉书丁忧员缺，开列礼部尚书沙澄等。上曰："尔等所选为谁？"明珠等奏曰：

“侍读学士王封溁语音清亮，诵读有节。侍郎董讷系山东人，语音亦真，但目稍短视。”上曰：“着将董讷补充经筵讲官。”

上又曰：“总漕邵甘其人平常，不可留任，着革去总漕。查有无世职，酌量给与应得之官，随旗行走。这员缺着吏部另拟具奏。”

本日起居注官邬黑、邵远平。

初八日己亥 辰时，上御乾清门听政。部院各衙门官员面奏毕，大学士觉罗勒德洪、明珠、王熙、吴正治、宋德宜，学士石柱、麻尔图、席尔达、吴兴祖、丹代、蒋弘道以折本请旨。兵部题登州府总兵官李林盛升任员缺，或开列副将或开列参领请旨。上曰：“总漕标下中军副将林忠为人颇优，亦有效力处，着升补总兵官。”

明珠又奏曰：“臣等遵旨查得邵甘有无世职。邵甘于查哈尔军前得一拖沙喇哈番，或令照拖沙喇哈番行走，或作何定夺请旨。”上曰：“邵甘着照伊拖沙喇哈番品级行走。”

本日起居注官王封溁、阿山。

初九日庚子 早，上御乾清宫，讲官常书、孙在丰、归允肃进讲：肃肃兔罝三章、采采芣苢三章。

辰时，御乾清门听政。部院各衙门官员面奏毕，大学士觉罗勒德洪、明珠、王熙、吴正治、宋德宜，学士石柱、麻尔图、图纳、席尔达、吴兴祖、丹代、蒋［弘］道以折本请旨。翰林院题补日讲官董讷等升任员缺，开列侍读学士朱典等。上曰：“尔等会同翰林院学士等简选材品优长、学问淹通者具奏。”

又兵部题镶蓝旗前锋护卫常舒升任员缺，以前锋校敦拜拟正，朱马喇拟陪。上顾大学士等问曰：“伊等人材何如，尔等曾问否？”明珠等奏曰：“臣等遵旨问简亲王、前锋统领额黑纳，据云敦拜、朱马喇在行间俱有效力之处，人材壮健。”上曰：“敦拜着补授前锋护卫。”

又议党喀里之妻将家奴杨寿打死，照伊夫原俸罚俸一年。上曰：“这打死家奴于理相合，与无故行凶打死者不同，着察原案另拟宽免党喀里之妻票签。”

又刑部议嬴朝臣等称，伊主张凤扬冤抑叩阍，将嬴朝臣等各枷号三个月、鞭一百。上曰："张凤扬乃极恶光棍，流徙时千余人饯送招摇。此事交与刑部，将张凤扬一并议罪。并谕都察院，问其为何不行题参张凤扬招摇之处？"

又吏部题顺天学院员缺，将洗马田喜霈拟正，侍读韩菼拟陪。及遵旨增添王顼龄、李振裕、沈上墉折子一并请旨。上曰："王顼龄为人颇优。"因问学士孙在丰曰："王顼龄何如？"孙在丰奏曰："王顼龄学问优长。"上曰："王顼龄着补授学院。"

是日，召江南按察使于成龙之父原任阿达哈哈番于得水至乾清门，赐以貂裘、披领。谕之曰："尔子成龙居官清廉，惟尔教子有方，特加赏赉，尔其勖勉。尔子殚心竭力，始终如一，朕不难频加显擢，苟末路不终，辜负国恩，定行惩治，亦尔家门之玷也。"

又召八旗汉军都统、副都统、侍郎等官谕曰："国家自祖宗定鼎以来，委任汉军官员与满洲一体，其中颇有宣猷效力者。如孟乔芳、张存仁辈，朝廷亦得其用。比年汉军居官者大不如初，每赴外任，多带傔从，汰侈糜费，惟务黩货累民。恣肆放逸，未能谨守法度。如张长庚、贾汉复、白色纯等不可胜举，屡加申饬，尚多因循，未见改辙。兹者巡行江南，见文武各官及军民人等，众口一辞，称江宁知府于成龙清廉爱民，朕心喜悦，已面加奖励，超迁为安徽按察使。又特召成龙父赏赐，以见褒美廉吏至意。凡尔八旗汉军人等，自今以后，悉宜洗心涤虑，痛除旧习，或子弟官守在外，宜各贻书训勉。果有洁己爱民如于成龙者，朕立行擢用。如犹怙非不悛，国有常法，不能为此辈贷也。"

窃惟国家治安，吏治实录根本。吏治得人，则民物安阜，狱讼衰息，太平之效可睹。而所以鼓舞吏治者，其要在人主赏罚精明，俾人人知所激劝。伏观汉唐之盛，人主亦多留意郡邑长吏，有著绩循良者，数下玺书褒美。至唐以后，又恩貤其父母，然亦多视为具文，未必激劝悉当。孰有如我皇上至诚恻怛，丁宁告诫，如天地之大仁，如怙恃之极慈，使人人父劝其子，兄勉其弟，感激奋发，惶愧汗集而不自知者哉。会见风俗醇厚，吏治蒸蒸，海宇乂安，黎民乐业，治平之化远轶三代。臣等载笔螭陛，不胜庆幸之至。

午时，上诣太皇太后、皇太后宫问安。

未时，御保和殿，召进贡喀尔喀部落札萨克达尔马西里颜来使厄衣图下、达赖下，图谢图汗来使顾尹台吉、即布宗丹把枯图克图［下］达西格楚尔，科尔沁国二品台吉毕里克图、四品台吉厄尔黑图，克什克屯协理旗下事务四品台吉把特马、三品台吉齐勒克推等、四品台吉拉希下布等，喀拉沁二品塔布囊阿拉那等、三品塔布囊博勒、四品塔布囊杜拉尔等，翁牛特部落二品台吉西拉布，福建南澳总兵官杨嘉瑞等赐食。

是日，赐福建南澳总兵官杨嘉瑞备鞍马一匹。

本日起居注官孙在丰、多奇。

初十日辛丑　早，上御乾清宫，讲官常书、孙在丰、归允肃进讲：南有乔木三章。

辰时，御乾清门听政。部院各衙门官员面奏毕，大学士觉罗勒德洪、明珠、王熙、吴正治、宋德宜，学士石柱、麻尔图、图纳、席尔达、吴兴祖、丹代、蒋弘道，翰林院学士常书、孙在丰为讲官员缺，遵旨公同推举储振等十三人引见。上问大学士："谁可者？"明珠奏曰："适与翰林院学士公议得，韩菼系旧讲官，学问素优。李振裕才学并佳，近差陕西主考，人称公明。王掞人品学问并属优长。至如储振资俸俱深；彭定求系会元、状元，科名最盛；李应廌、颜光猷人亦俱老成。惟皇上裁择。"上曰："李振裕陕西主试，着有声誉，朕亦知之。韩菼、李振裕、王掞、储振充补日讲官，励杜讷供奉内廷年久，为人忠实勤慎，亦着为日讲官。"

又大学士等以折本请旨。御史梅钼条奏科场事宜。上问："近日文体如何？"王熙、吴正治奏曰："实多浮靡之辞，熟烂之调。"上曰："疏中所言撤棘太速，似属有理。凡人精神有限，卷牍浩繁，岂能一一遍阅。闻竟有试卷未经考官点阅者，倘致真才沦弃，岂不可惜？况弊之有无，亦不在发榜迟速，宜令宽展日期，细加校阅，以无虚国家求才至意。"王熙等奏曰："圣谕极当。"上曰："此本着该部确议具奏。"

又九卿、詹事、科、道官员会议决车路河、清河口令其入海之事，交与总河靳辅。上曰："靳辅现在督理黄河堤岸，又令兼理海口，必致两误。且黄河、海口系在两处，宜另行特差官员督理，令靳辅兼摄。着另详

议具奏。”

上顾大学士明珠等曰：“今封印在迩，各部院衙门事务宜俱于未封印之先速行完结。尔等传谕各部院衙门。”

本日起居注官徐乾学、邬黑。

十一日壬寅　早，上御乾清宫，讲官常书、孙在丰、归允肃进讲：遵彼汝坟三章。

辰时，御乾清门听政。部院各衙门官员面奏毕，大学士觉罗勒德洪、明珠、王熙、吴正治、宋德宜，学士石柱、麻尔图、图纳、席尔达、吴兴祖、丹代、蒋弘道以折本请旨。先是兵部题銮仪卫銮仪使严自明革职员缺，开列苏宏化等。上曰：“尔等云何？”明珠等奏曰：“此本向留内阁，悬缺已久，似应选补。”上问：“谁可者？”明珠等奏曰：“在外提督等官皆在皇上洞鉴中。”上曰：“銮仪使既有一人，衙门事务可以料理，此缺着停补。”

本日起居注官常书、翁叔元。

十二日癸卯　早，上御乾清宫，讲官常书、孙在丰、归允肃进讲：麟之趾三章。

辰时，御乾清门听政。部院各衙门官员面奏毕，大学士觉罗勒德洪、明珠、王熙、吴正治、宋德宜，学士石柱、麻尔图、图纳、席尔达、吴兴祖、丹代、蒋弘道以折本请旨。吏部以周卜世或侍郎员缺，或提督员缺补用请旨。上曰：“此人善于营私，部院及外缺皆不可用。着以本旗员缺补用。”

又题补宗人府主事觉罗郭迈升任员缺，将荫生贾海拟正，典籍殷布珠拟陪。上曰：“伊等何如？”明珠奏曰：“臣等不深知贾海，殷布珠系臣衙门典籍，才具平常。”上曰：“贾海系原侍卫贾布佳之子，为人甚庸劣，朕素知之，着随旗上朝。这员缺着另拟具奏。”

又兵部题补杭州副都统石文炳升任员缺，开列防守御高联捷等。上曰：“京口防守御董延庆其人甚优，着补授副都统。”

又议政王、贝勒、大臣会议，爱浑地方将士遣大臣一员统辖，又将彼处田地遣户部大臣一员监督耕种。上问曰：“诸王、大臣内可有告往者否？”明珠奏曰：“都统彭春、鄂托浑向臣等言，如选才能遣往则已，若以经历其地，我等前番曾去，愿往效力。其余并无告往者。”上曰：“军机关系紧要，非熟练戎行者不可，公瓦山素谙行师，以之遣往，料必胜任。护军统领佟宝、佛科多皆欲效力之人，可将公瓦山为首统辖，佟宝、佛科多为参赞遣往。其监督耕种，着侍郎萨海去。”阁臣出。

又召都察院满汉诸臣暨五城御史谕曰：“京畿重地，理宜肃清，近闻盗窃公行，居民不得安静。且盗贼各有窝主，马匹器械昼则藏匿其家，夜则出而为盗，大约多在坟园荒僻之处为其窟穴。即如向所拿获开人窑，诱卖人口，必有藏匿处所。盗无窝主，何以能行？其令五城严缉，务在必获正法，则盗源自绝。”科尔坤奏曰：“近日严令五城拿察销毁制钱人，今北城、东城缉获三起，送刑部议罪。”上曰：“此等事须令严察。”陈廷敬奏曰：“巡捕三营设有番役，专用察缉盗贼不法等事。今五城御史衙役甚少，前御史李时谦条陈，欲令五城司坊兼管，部议不行。盖番役在捕营，未必尽得其用，若令五城管辖，则臣等严饬使察拿盗贼不法等事，可使人各尽力。若止衙役数人，于事实无所济。”上曰：“尔等酌议，如可行即具疏条奏。”

本日起居注官朱马泰、曹禾。

十三日甲辰 辰时，上御乾清门听政。部院各衙门官员面奏毕，大学士觉罗勒德洪、明珠、王熙、吴正治、宋德宜，学士石柱、麻尔图、图纳、席尔达、吴兴祖、丹代、蒋弘道以折本请旨。吏部题补中书科记事官洪良升任员缺，将中书杨柱拟正，特倍拟陪。上问曰：“伊等何如？”明珠奏曰：“杨柱年久，人亦颇优。”上曰：“着将杨柱补授。”

又兵部题补盛京副都统佟宝升任员缺，开列吏部侍郎色赫等。上曰：“护军参领保定为人颇优，着补授副都统。”

又理藩院议因阿拉善传来画地理图不至，革去管理五旗札萨克之职。上曰：“阿拉善应即革去管理之职，但伊祖累世管理札萨克，阿拉善着从宽，免其革去管理之职。着札萨克图郡王鄂齐尔同阿拉善商酌协理札萨克事务。”

本日起居注官阿山、储振。

十四日乙巳 早，上御乾清宫，讲官常书、孙在丰、归允肃进讲：维鹊有巢三章。

辰时，御乾清门听政。部院各衙门官员面奏毕，大学士觉罗勒德洪、明珠、王熙、吴正治、宋德宜，学士石柱、麻尔图、图纳、席尔达、吴兴祖、丹代、蒋弘道以折本请旨。吏部题补礼部尚书介山老病休致员缺，开列都察院左都御史科尔坤等。上曰：“此缺着以户部尚书杭爱调补。杭爱员缺，着科尔坤升补。此本内俱票出。”

又题詹事傅腊塔升任员缺，开列少詹事喇巴等。上问曰：“此内谁可者？”明珠等奏曰：“少詹事喇巴在伊衙门年久，为人老成，似可补授。”上曰：“詹事府衙门系纂修书籍之所，宜以有学问人补授。喇巴学问平常。其次为谁？”明珠等奏曰：“其次少詹事色度。”上曰：“色度非甚优之人。”明珠等奏曰：“臣衙门侍读学士翁英、赛弼汉，伊等年齿已长，不能从事于学。”上曰：“然。伊等学问平常。其次学问孰优？”明珠等奏曰：“太常寺卿葛思泰学问优通。”上曰：“此开列内有葛思泰名否？”明珠等奏曰：“未有其名。其次翰林院侍讲学士阿山学问优通。”上顾翰林院学士常书问曰：“阿山学问视尔衙门诸讲读学士何如？”常书奏曰：“阿山学问亦优，较侍读学士顾巴代、朱马泰少逊。”上曰：“然。朱马泰于衙门事务甚为效力，着补授此缺。”

又兵部覆云南贵州总督蔡毓荣题请云南省苗猓杂处，且地方辽廓，或遣发大兵，或令要路官兵统辖，议不准行。上曰：“云南、贵州新经荡平，必得雄兵镇守，蔡毓荣所奏近是。着九卿、詹事、科、道会同详议具奏。”

本日起居注官常书、韩菼。

十五日丙午 早，上御太和门视朝。升转文武官员谢恩，次进贡厄鲁特部落虎祜诺尔厄尔克巴图鲁济农达尔汉噶布楚等、深图台吉纳尔巴格龙等行礼，赐茶毕，驾回宫。

辰时，御乾清门听政。部院各衙门官员面奏毕，次九卿、詹事、科、道会议，直隶学差仍照旧例开列外，江南、浙江两省学道今改为学院开列侍读、侍讲、谕德、洗马、中允、赞善，其余各省仍用由进士出身之郎中，道、府一并开列，惟听皇上简用。上曰：“选择固善，但变法历久，又恐弊生。”尚书余国柱奏曰：“上谕极当。选择惟在得人。”上曰："有治人，无治法，差遣时应慎加遴选。"

谕毕，大学士觉罗勒德洪、明珠、王熙、吴正治、宋德宜，学士石柱、麻尔图、图纳、席尔达、吴兴祖、丹代、蒋弘道以折本请旨。刑部覆给事中杨尔淑条奏，直隶各省军流人犯，请照流徙尚阳堡、宁古塔例，严寒盛暑之时，宜停发遣，议不准行。上曰："军流人犯，甫离刑狱，一线仅存，盛暑尚可发遣，严寒发去，恐致有一二死亡之患，朕心不忍。嗣后着过严寒之时发遣。"

本日起居注官邬黑、李振裕。

十六日丁未 早，上御乾清宫，讲官常书、孙在丰、归允肃进讲：于以采蘩三章。

辰时，御乾清门听政。部院各衙门官员面奏毕，大学士觉罗勒德洪、明珠、王熙、吴正治、宋德宜，学士石柱、麻尔图、图纳、席尔达、吴兴祖、丹代、王起元、蒋弘道以折本请旨。吏部题总漕邵甘解任员缺，开列侍郎胡简敬等。上顾大学士等曰："尔等之意若何？"明珠等奏曰："开列各官皆皇上素知之人，伏候选用。臣等看得侍郎王鸿绪、董讷、徐旭龄为人俱优，似可补授此缺。"上曰："徐旭龄在山东居官甚优，着补授总漕。"

又侍讲学士徐乾学升任员缺，拟补庶子储振。上曰："着选择补授。"

又三法司会议晋二等在一通河劫夺，拟立斩，枭首示众。上曰："此案着照议完结。笔帖式浙输忒等在该驿地拿贼，照例不议叙，虽为允当，但一闻消息，即行缉捕可嘉，仍着议叙具奏。"

又九卿、詹事、科、道会议决河，拟举安徽按察使于成龙。上曰："尔等之意若何？"明珠等奏曰："臣等众意，于成龙系特旨超擢者，若将伊差遣，必殚心竭力，似于河工有益。"上曰："修河原以为民，此河非黄河可比。但谨慎黾勉，于河工未有无益者。着差于成龙。"

大学士明珠等又将开列庶吉士姓名折子奏曰："臣等遵旨问教习庶吉士学士孙在丰，据云，许嗣隆学问优长，著有声誉。史陆舆系解元。臣等众意，除蔡升元、吴涵、彭宁求外，授为翰林二十一人，授为科、道六人，授为部属七人。"上曰："翰林二十一人不少乎？"王熙等奏曰："此二十一人外，余皆学问平常，似不可以翰林用。"上曰："蔡升元、吴涵、彭宁求授职外，清书庶吉士吴一辈、李孚青、路元升、王喆生、史夔、张廷枢、尤珍、刘果实、潘麒生、鲁德升、王思轼、李复泌、许嗣隆，汉书庶吉士孙岳颁、王九龄、吴晟、金德嘉、周金然、吴苑、许汝霖、周蒲璧皆授为翰林院编修、检讨。顾镡、刘国黻、王绅、阮尔询、陆祖修、余泰来皆以科、道官用。曾炳、姚文光、方伸、武维宁、袁拱、黄轩、史陆舆皆以部属用。"

未时，上诣太皇太后宫问安。

本日起居注官多奇、王掞。

十七日戊申 早，上御乾清宫，讲官常书、孙在丰、归允肃进讲：喓喓草虫三章。

辰时，御乾清门听政。部院各衙门官员面奏毕，大学士觉罗勒德洪、明珠、王熙、吴正治、宋德宜，学士石柱、麻尔图、图纳、席尔达、吴兴祖、丹代、王起元、蒋弘道以折本请旨。吏部题补典籍马朝赞升任员缺，以中书高起桂拟正，庞铨拟陪。上曰："伊等何如？"明珠奏曰："高起桂勤敏，此二人俱相同。"上曰："将伊等补授可乎？"明珠奏曰："伊等俱可。"上曰："着拟正之人补授。"

又户部题各省颜料价值，照轻价数目为定。上曰："采买价值共几何？着查奏。"

又兵部题恭亲王因三等护卫哈尔赛怠惰，欲行革退。上曰："见王等护卫怠惰不前者甚多，此皆由王等不即行革惩所致。哈尔赛着照议革退，交付该王，着于苦处蹂躏差遣，此处皆票出。"

又题谭姓人俱令查明解京。上曰："谭弘之子弟着行查。若将谭姓人尽查，则百姓受累。着免查解。"

又翰林院检讨张鸿烈条奏，太和殿应急修造，淮南至淮北桃源一带等处河应行挑浚，应用钞法三事。上曰："尔等之意若何？"明珠奏曰："臣等众意，伊本内既云太和殿应急修造，又云不当扰民等语，若扰民，自有一定律例。河工皇上特遣于成龙修治，凡应行事件，于成龙定行查奏。古之用钞者由国用不足。今天下太平，钱粮充足，似不可行钞。"上曰："然。即照票签。"

明珠等又奏曰："日讲官起居注傅腊塔员缺，遵旨令伊等诵读。侍读明图、中允、徐元梦俱可。"上曰："着将徐元梦补充。"

午时，御保和殿，召厄鲁特部落虎祜诺尔堪度台吉来使尼尔巴格龙、车臣台吉、厄尔克巴图鲁即农来使阿齐图达尔汉噶布楚，科尔沁国协理旗下事务四品台吉席拉达拉、未得品级台吉喇西席布，阿鲁科科尔沁四品台吉鄂齐尔，扎鲁特部落四品台吉鄂齐尔等，柰曼部落副都统吴鲁木素等，克什克屯四品台吉噶尔毕、副都统噶尔马，翁牛特部落四品台吉齐他特、都统满诸西里，喀喇沁部落四品塔布囊格勒僧等，盛京真隆寺为首喇嘛罗布臧格龙，归化城札萨克为首喇嘛鄂木布丹禁扎木苏格龙、厄齐格龙等赐食毕。召车臣台吉至御座前赐酒。

本日起居注官阿山、严绳孙。

十八日己酉 早，上御乾清宫，讲官常书、孙在丰、归允肃进讲：于以采苹三章。

辰时，御乾清门听政。吏部官员近前奏事，尚书伊桑阿奏曰："宗人府主事员缺，臣等会同该衙门简选内阁中书塞德礼拟正，牛钮拟陪，将人带来引见。"上皆令至前看毕，谕曰："此系谁先拟出，衙门各别，如何知其好处？"桑阿奏曰："此系旗分缺，臣等会同访问选出。"上曰："朕之用人，令其选择者欲得真才。尔等亦当齐集该旗在各部院者公平选择，何独内阁之人即善？其都察院选择监察御史，自内阁出身者，亦有庸劣之员。即如以才能选择之人，或多浮躁喜事者，此等人用之足以败事，毫无所益。或其人虽系平常，在任年久，淹滞无人推举者，用此辈尚能守分，不生弊端。此番业已举出，着准行。尔等自后凡遇此事，当留心详加选用。"伊桑阿等奏曰："圣谕极当，若果如是，众心亦服。臣等谨记遵行。"奏毕，出。

大学士觉罗勒德洪、明珠、王熙、吴正治、宋德宜，学士石柱、麻尔图、图纳、席尔达、吴兴祖、丹代、王起元、蒋弘道以折本请旨。宗人府覆闲散宗室颜代告伊兄厄起等隐匿房田。上曰："此事着依议完结。参领查哈达徇庇，将厄起等所余田地不行查出，情罪殊为可恶！着革职，以乌喇、宁古塔等处员缺用。"

又吏部题翰林院侍讲学士员缺，以郎中达苏哈拟正，巴尔哈拟陪。上曰："先经考试者有谁？"明珠等奏曰："有谕德德格勒，侍讲尹泰、傅继祖，侍读明图，郎中三保。"上曰："明图学问亦庸。"上又问曰："伊泰何如？"明珠等奏曰："尹泰在臣衙门时，见其翻本亦优。"上曰："尹泰着升补侍讲学士。"

又户部题山西、江西兵饷遗漏未算者，令其按年措办。上曰："凡事皆有定限，何独此事不曾定限？殊为不合。此等情由，着都察院一并查明定例来奏。"

又礼部题病故都统赖塔应否给与谥号请旨。上曰："赖塔罪戾甚多，然以众将军未能克取之云南，即行荡平，功莫大于此，应给与谥号。尔等再将应加祭之处查例具奏。"

又原任詹事沈荃应否给与谥号请旨。上问曰："尔等之意若何？"明珠等奏曰："沈荃效力皇上之处甚多，似应给与谥号。"上曰："不必加祭，着给与谥号。"

又张凤扬家人，伊主充发之事不系冤枉，告称冤枉叩阍。刑部议张凤扬照光棍例拟立斩。上曰："张凤扬乃京城内大光棍，充发时饯送之人甚多，送者即光棍之党。"明珠奏曰："张凤扬系皇上甚恶充发之人，与彼依附有何好处？"上曰："此事不搜根彻底，大加惩治，他人又何知戒惧？此案内情由着三法司会同严审详拟具奏。"

又墨尔根台吉请改换诰敕，理藩院议不准行。上曰："墨尔根台吉系外藩之人，请给诰敕，情悃真切，是倾心向化者，该部为何议不准行？仍着另议具奏。"

未时，御景山内前殿，召贵州威宁总兵官王潮海赐食毕，召至御前，问其年岁、籍贯，并出身、历任官职。复谕曰："威宁乃猓蛮杂处之地，性多骄悍。今海内升平，边陲无事，尔往任所，须加意抚恤，务使相安，以副朕意。"

是日，赐威宁总兵官王潮海备鞍马一匹。

本日起居注官朱马泰、卢琦。

十九日庚戌 辰时，封印。上不御乾清门听政。

本日起居注官王封溁、徐元梦。

二十日辛亥 辰时，上诣太皇太后宫问安。

本日起居注官邬黑、郭棻。

二十一日壬子 本日起居注官多奇、归允肃。

二十二日癸丑 本日起居注官阿山、韩菼。

二十三日甲寅 本日起居注官翁淑元、徐元梦。

二十四日乙卯 巳时，上诣太皇太后宫问安。

本日起居注官邬黑、曹禾。

二十五日丙辰 早，上以岁除，致祭孝陵，由东华门出朝阳门，驻跸蓟州。

二十六日丁巳 早，上率扈从王等、内大臣、侍卫、部院大臣于午时诣孝陵，行三跪九叩头礼，三奠酒，举哀毕。又率王、大臣等至两皇后陵，三奠酒，举哀。又至奉圣夫人坟墓，亲奠酒。

上驻跸温泉。是日，赐守陵官兵牛五头、羊五十只，上三旗护军每旗各猪二口。

二十七日戊午 早，上率王、内大臣、侍卫、部院大臣诣孝陵，于崇恩殿献玉帛，读祝文，以岁除礼大祭。

伏惟上陵之礼始于东汉，终光武之世，三幸长安，有事于十一陵。史臣记之，以为盛事。自时厥后，天子诣寝园，或旷世一举，大约遣官主祀事，奉行故典而已。我皇上奉先思孝，于岁时禘祫宗庙享尝之祭，既尽志备物，必躬必亲。而又念梓宫所藏，实在陵寝，感春秋霜露之变，兴思慕眷念之诚，行展省拜谒之礼。自亲政以后，无岁不举行，或一岁再行，不以道路之远，鞍马之烦，而少有间辍。展拜之际，洞洞属属，俨然肃然，思灵爽之凭依，俨音容之如在。盖自致斋祼献馈献，以至加爵彻俎，登降上下，莫不致敬致悫，通于神明。溯古帝王以来，史册纪载所未有也。

比者巡省回銮，已逼岁暮，有司以故事请，冀得旨遣祭。上曰："朕于陵寝，感时依恋，顷刻不敢忘。今岁以有事巡行，尚阙展省，于心戚然，岂可以岁暮辞？"于是简省驺从，戴星而驰，恭诣山陵。当车驾方回，值岁除之令节，而经险远，蒙霜雪，不以为瘁，自非仁孝之至，出于天性，有能如是之前后一辙，不懈益虔者哉！臣等载笔之次，惟有踊跃赞叹云尔。

又遣世子马尔浑令于两皇后陵献玉帛，读祝文，以岁除礼大祭。

是日，上回銮，驻跸邦君。

二十八日己未　上由朝阳门进东华门，诣太皇太后、皇太后宫问安毕，驾回宫。

是日，遣领侍卫内大臣公倭黑、一等侍卫仪度额真费岳塞、二等侍卫纳尔泰于已故赠一等公佟图赖、一等公妻封一品夫人觉罗氏墓前奠酒。

扈从起居注官常书、朱马泰。

二十九日庚申　午时，以岁除，上御保和殿，赐朝正外藩王蒙古左翼科尔沁国和硕达尔汉亲王班第额驸、多罗郡王毕理克图、多罗郡王雅喀里、多罗贝勒巴克西固尔、一品台吉噶勒尔图等、协理旗下事务三品台吉沙礼，乌朱穆秦部落和硕车臣亲王苏达尼、二品台吉布轮，翁牛忒部落多罗都棱郡王毕理衮达赖、二品台吉鄂齐尔、三品台吉宁布，苏尼特部落多罗郡王萨木札额驸、多罗贝勒沙里、协理旗下事务四品台吉衣思达克，扎鲁特部落多罗达尔汉贝勒巴达里、辅国公根都西希布、协理旗下事务四品台吉衮催，扎萨克多罗贝勒图巴、一品台吉诺尔布，土默特部落多罗达尔汉贝勒厄尔德木图、协理旗下事务三品台吉达木巴宋，喀尔喀部落二品台吉牢占，四子部落协理旗下事务三品台吉耨德，郭尔罗斯部落四品台吉毕理衮达赖等，蒿齐特部落四品台吉沙克杜尔；右翼科尔沁国和硕土谢图亲王阿拉善、多罗贝勒沙津额驸、护国公杜思噶尔、二品台吉布颜图，喀尔喀部落和硕达尔汉亲王诺垒、护国公萨马第，敖汉多罗郡王萨木珀尔、多罗贝勒鲁布臧、二品台吉顾木布等，阿霸垓多罗郡王沙克沙僧格、四品台吉厄理木，喀喇沁部落多罗杜棱郡王扎西、三品台吉鄂齐尔，鄂尔多斯部落多罗贝勒宋拉布、护国公杜棱、二品台吉鄂克楚特巴，杜尔伯特固山贝子沙津，柰曼部落固山贝子吴勒木集、辅国公格勒尔、三品台吉博洛特，巴林固山贝子吴尔占多尔、额驸阿拉布滩、一品台吉鲁西下布，阿巴哈纳尔固山贝子衮楚克扎布、协理旗下事务二品台吉阿毕达，吴喇忒部落辅国公达尔马、三品台吉吴尔图等，克什克屯一品台吉阿禹西，阿鲁科尔沁国协理旗下事务二品台吉昆塔尔，扎赖特部落四品台吉诺木齐，归化城都统古木德、四品台吉古鲁格，及内大臣、侍卫、满汉大学士、上三旗都统、尚书、副都统、侍郎、学士宴。上进酒，作乐。召外藩王、贝勒、贝子、公、台吉等至御座前，上亲赐酒。又召内大臣、都统、尚书及外藩台吉至御前，赐酒。又命副都统、侍郎、学士、侍卫等至殿前阶下，赐酒。宴毕，群臣谢恩，上回宫。

本日起居注官阿山、韩菼。

恭惟皇上御极之二十有三年，岁在甲子。运启上元，薄海内外，清和咸理，四民乐业，万方来庭。而皇上念致理之艰难，凛持盈之匪易，兢兢业业，勤劳庶政，日昃不遑。廷臣援引故事，请五日一听政，休养圣躬，而皇上法天行健，惟恐一日稍即于安。布昭圣谕，传示在廷，嘉与大小臣工，益务勤求治理。是皇上以明作先天下也。当四海永清之日，佥谓文德既敷，武功可缓，而皇上安不忘危，帅八旗之众，分日大射，亲临较阅。诸王、大臣、文武百司以下莫不治兵甲，挟弓矢以相周旋，无有怠惰。是皇上示天下以除戎器，戒不虞也。古者省方设教，自三代以下鲜有能行之者。皇上斥封禅之具文，行时巡之实政，发德音，下明诏，蠲租赋，减刑狱，祛烦涤苛，仁恩普被。乃自京畿历齐鲁，逾江淮，抵吴会，所遇问民疾苦，一切供张之具不烦有司。百姓扶老携幼，瞻望天颜，咸呼万岁，欢声动地。是皇上以勤民问俗，大赉于四海也。河为民患，其来已久，皇上委任河臣，业渐有成效，犹恐决塞不时，坐弃前绩。于是经阅险工，相度水势，若者宜浚，若者宜疏，指示方略，历历如掌。而目击淮、扬被水之民，颠连无告，停骖叹息，恻然伤怀。申命督、抚诸臣，加意抚绥，无俾失所。又念海口壅塞，下流未通，命大臣集议疏浚，勿靳水衡之费，惟期蔀屋之安。天语谆切，盈廷动容。是皇上洒沉澹灾，以仁泽及庶类也。念吴地逐末者众，侈靡成习，而民实贫困，特命守土重臣严立条教，崇本抑末，务敦节俭，以挽颓风。是皇上正风俗，以厚民生也。亲祀阙里，临幸讲堂，阐洙泗之心传，辟君师之道统。表章绝学，昌明六经，修礼陈乐，殊锡充庭。御墨榜书，炳耀千古。是皇上以崇儒劝学，风示万世也。祭明祖之墓，周视园寝，肃拜几筵，谕所司守护，毋令毁伤。是皇上追念前代，令辟天下为公之至意也。旌大吏之廉，则眷彼孤忠，临朝兴叹，而勿替其子孙。嘉郡守之操，则不次之擢，锡以殊荣，而赏及其父母。是皇上封廉录孝，以饬吏治也。至于留题翰墨，发挥宸藻，或寄情于民隐，或托兴于山川。极炳蔚之人文，空古今之作者。是皇上以著作冠百王也。回銮之日，已逼岁除，而皇上犹驰诣山陵，严风凛雪，日行二百里，不以为瘁。是皇上之继志述事，孝思不匮也。夫治莫先于勤政，功莫要于讲武，典莫大于时巡，恩莫深于除患，教莫切于正俗，道莫善于崇儒。厚先代莫重于陵墓，劝吏治莫急于奖廉。信今而传后莫久于文章，报本而反始莫隆于展省。而皇上事事无憾，动皆可法，与天地合德，与四时合序，至矣！蔑以加矣！臣等备员侍从，不能以弇鄙之学，仰测高深，特举数大端，传示万世。而皇上圣德神功，美不胜纪，臣等躬逢其盛，惟有踊跃欢忭，额手称颂，非载笔所能宣也。谨稽首而识其后云。

康熙二十四年　乙丑

正　月

初一日辛酉　上以元旦，率诸王、贝勒、贝子、公、内大臣、侍卫、大学士、都统、尚书、精奇尼哈番等，诣堂子行礼毕，回宫。

辰时，上率诸王、贝勒、贝子、公、内大臣、侍卫、大学士等诣太皇太后宫行礼，又诣皇太后宫行礼毕，回宫。

少顷，御中和殿，内大臣、侍卫及内阁、翰林院、礼部、都察院、詹事府等衙门官员庆贺元旦，行礼毕，御太和门。诸王、贝勒、贝子、公等文武官员及朝正外藩王、贝勒、贝子、公、台吉等，朝鲜等国使臣，上庆贺元旦表，行礼毕，回宫。

午时复御太和门，大宴诸王、贝勒、贝子、公等，内大臣、侍卫、文武各官及来朝外藩王、贝勒、贝子、公、台吉等，朝鲜等国使臣。乐作，上进酒。和硕康亲王杰淑以下，宗室、八分内公等以上，外藩王以下、台吉以上，俱令侍卫等各就其坐前以酒赐饮。外五旗都统、尚书以下，副都统、侍郎、学士以上等官，俱令上阶赐饮。宴罢，众谢恩毕，上回宫。

申时，上诣太皇太后宫问安。

本日起居注官常书、孙在丰。

初二日壬戌　本日起居注官王封溁、徐元梦。

初三日癸亥　本日起居注官邬黑、郭棻。

初四日甲子　巳时，上诣太皇太后、皇太后宫问安。

本日起居注官多奇、归允肃。

初五日乙丑　本日起居注官阿山、储振。

初六日丙寅　本日起居注官常书、徐乾学。

初七日丁卯　午时，上诣太皇太后宫问安。

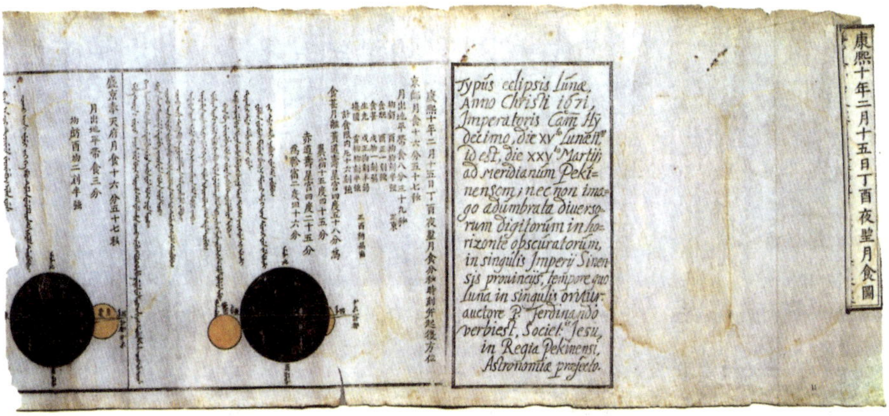
康熙十年二月十五日丁酉夜望月食圖
Typus eclipsis Lunæ,
Anno Christi 1671,
Imperatoris Cam Hy
decimo, die XV Lunæ II,
id est, die XXV Martij,
ad meridianum Peki=
nensem; nec non ima=
go adumbrata diverso-
rum digitorum in ho-
rizonte obscuratorum,
in singulis Imperij Sinen
sis provinciis, tempore quo
Luna in singulis oritur:
auctore P. Ferdinando
Verbiest, Societ. Jesu,
in Regia Pekinensi,
Astronomiæ præfecto.

康熙十年月蚀图

地球仪

康熙年制，通高135厘米，球径70厘米。故宫博物院藏。

方矩度象限仪

康熙年制，方盘边长32厘米。故宫博物院藏。象限仪是用于测算天体的地平高度和天顶距及测算水平方向的距离的仪器，上刻“康熙御制”字样。

木盒套装15件绘图仪器

康熙年制，盒套长17厘米，宽7厘米。故宫博物院藏。此套绘图仪器设计精巧，便于携带，或许是康熙帝外出时所用之物。

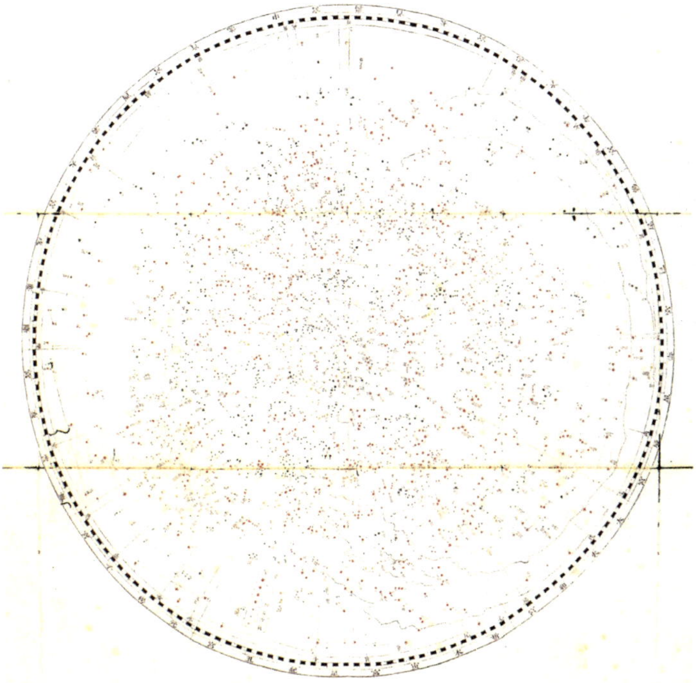

钦定仪象考成赤道星图

不著撰人名氏，清康熙内府彩绘本。图直径73cm，分为“赤道全恒星图”，“赤道南恒星图”。

几何原本

满文钞本，七卷三册。无边栏，半页九行，书口右开。清康熙时法国传教士白晋、张诚在宫中学习满文，为康熙皇帝讲授算学，按讲稿在康熙二十九年（1960年）编汇成书。是欧几里得《几何原本》的国内外唯一一部满文编译本。原存故宫景阳宫。

数表·度数表

清圣祖玄烨制，允祉等编。三卷，康熙年内府刻朱墨套印本。半页六行，宽、细各三行，行五十字。四周双边，白口，单鱼尾。版框20.5cmX14.5cm。此书为康熙年内府刊《御制数理精蕴》一书内“对数表”及“三角函数表”之单行本。

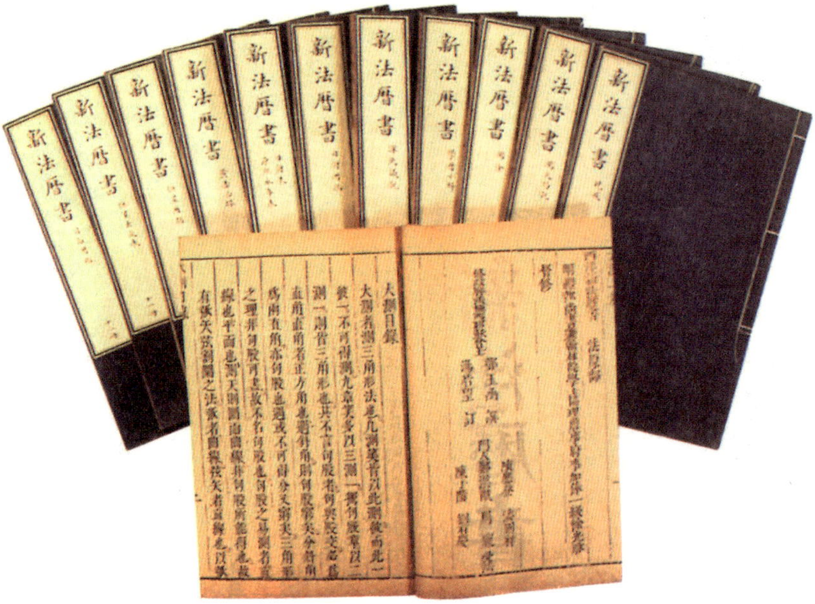

新法历书

明徐光启等修、清汤若望、南怀仁等增修，康熙十三年（1674年）增刻本。半页九行，行二十二字。左右双边。白口。版心上刻小题，卷次，中刻细目。无鱼尾。版框20.5cmX14.7cm。继《西洋新法历书》刊行后，康熙年又有增删。增刻南怀仁撰《灵台仪象志》十四卷、《康熙永年表》三卷，共为九十七卷，题名《新法历书》。

本日起居注官翁叔元、徐元梦。

初八日戊辰　本日起居注官邬黑、曹禾。

初九日己巳　本日起居注官多奇、卢琦。

初十日庚午　本日起居注官阿山、韩菼。

十一日辛未　辰时，上诣太皇太后、皇太后宫问安。

本日起居注官邬黑、郭棻。

十二日壬申　早，上御保和殿，视祭太庙祝版毕，回宫。

本日起居注官常书、卢琦。

十三日癸酉　早，上以孟春，亲诣太庙致祭。

祭毕，下丹墀行至甬道，上顾学士席尔达、太常卿葛思泰曰："往见赞礼郎宣读祝版至朕名，声音辄低。父前子名，礼经所载，朕对越之次，惟恐诚敬少有未至，无以昭格神灵。为子孙者通名于祖父，岂可稍涉慢易。嗣后俱着高声朗读，毋有顾忌。"席尔达等奏曰："向来赞礼郎宣读御讳，原不敢高声。今皇上孝思罔极，垂谕谆切，当即传谕赞礼郎等，仰体圣意遵行。"

本日起居注官翁叔元、徐元梦。

十四日甲戌　午时，上御保和殿，以上元节，宴朝正外藩蒙古左翼科尔沁国和硕达尔汉亲王班第额驸、多罗郡王毕理克图、多罗郡王雅喀里、多罗贝勒巴克西固尔、一品台吉葛勒尔图等、协理旗下事务三品台吉沙礼，乌朱穆秦部落和硕车臣亲王苏达尼、二品台吉布轮，翁牛忒部落多罗都棱郡王毕理衮达赖、二品台吉鄂齐尔、三品台吉宁布，苏尼特部落多罗郡王萨木札额驸、多罗贝勒沙里、协理旗下事务四品台吉衣思达克，札鲁特部落多罗达尔汉贝勒巴达里、辅国公根都西希布，协理旗下事务四品台吉衮催，札萨克多罗贝勒图巴、一品台吉诺尔布，土默特部落多罗达尔汉贝勒厄尔德木图、协理旗下事务三品台吉达木巴宋，喀尔喀部落二品台吉牢占，四子部落协理旗下事务三品台吉耨德，郭尔罗斯部落四品台吉毕理衮达赖等，蒿齐特部落四品台吉沙克杜尔；右翼科尔沁国和硕土谢图亲王阿拉善、多罗贝勒沙津额驸、镇国公杜思噶尔、二品台吉布颜图，喀尔喀部落和硕达尔汉亲王诺内、镇国公萨马第，敖汉多罗郡王萨木珀尔、多罗贝勒鲁布臧、二品台吉顾木布等，阿霸垓多罗郡王沙克沙僧格、四品台吉厄理木，喀喇沁部落多罗杜棱郡王扎西、三品台吉鄂齐尔，鄂尔多斯部落多罗贝勒宋拉布、镇国公杜棱、二品台吉鄂克绰特巴，杜尔伯特固山贝子沙津，柰曼部落固山贝子吴拉木集、辅国公格勒尔、三品台吉博洛特，巴林固山贝子吴尔占、多罗额驸阿拉布滩、一品台吉鲁西协布，阿巴哈纳尔固山贝子衮楚克扎布、协理旗下事务二品台吉阿毕达，吴喇忒部落辅国公达尔马、三品台吉吴尔图等，克什克屯一品台吉阿禹西，阿鲁科尔沁国协理旗下事务二品台吉昆塔尔，扎赖特部落四品台吉诺木齐，归化城都统古木德、四品台吉古鲁格，及内大臣、侍卫，上三旗大学士、都统、尚书、副都统、侍郎、学士等。令科尔沁国一品台吉葛勒尔图、三品台吉沙礼、无品台吉察希顾鲁，翁牛忒部落四品台吉鄂齐里，乌朱穆秦二品台吉布轮，土默特部落三品台吉达木巴宋，扎鲁忒部落四品台吉衮催坐于公下。上进酒，诸乐并作。召外藩王、贝勒、贝子、公等及令坐于公下台吉葛勒尔图等至御座前，上亲赐酒。召诸台吉等及都统等至御座下，赐酒。宴罢，众谢恩，上回宫。

本日起居注官徐乾学、多奇。

十五日乙亥　辰时，上御保和殿，召来朝外藩蒙古左右两翼诸王、贝勒、贝子、公、台吉等及内大臣、侍卫，上三旗大学士、都统、尚书、副都统、侍郎、学士等赐食。

未时，上由午门出正阳门，幸南苑，驻跸大红门内。

本日起居注官阿山、归允肃。

十六日丙子　上驻跸大红门内。

十七日丁丑　未时，上由正阳门进午门，回宫。

扈从起居注官常书、朱马泰。

十八日戊寅　上以有事祈谷坛，斋戒三日，不理政事。

本日起居注官邬黑、韩菼。

十九日己卯　本日起居注官郭棻、徐元梦。

二十日庚辰　早，上于保和殿视祭祈谷坛祝版毕，回宫。

巳时，上诣太皇太后宫问安。

本日起居注官多奇、归允肃。

二十一日辛巳　早，上躬诣祈谷坛致祭，礼毕。

上顾学士席尔达、太常卿葛思泰曰："前见太庙祭毕时，执事官捧福胙由两神位间趋走，于尊祖敬宗之意似属未合，尔等曾查旧例否？"席尔达等奏曰："臣等查太常寺《纪书》、礼部《会典》止载祭享太庙时，太常寺官替赐福胙，光禄寺官进福酒、胙肉。其应从何处趋走，并未开载。"上曰："对越祖宗，关系重大，礼宜严肃。在庙奔走之人，亦当诚敬将事，不应少有亵慢。又凡祭祀，亚献礼俱唱为次献礼，亦与汉字不符。尔等会同内阁、礼部察例来奏。"

本日起居注官阿山、翁叔元。

二十二日壬午　辰时，上御乾清门听政。

本日起居注官常书、孙在丰。

二十三日癸未　辰时，上御乾清门听政。部院各衙门官员面奏毕，大学士觉罗勒德洪、明珠、王熙、吴正治，学士石柱、麻尔图、图纳、席尔达、吴兴祖、丹代、王起元、蒋弘道以折本请旨。兵部题补福陵协领库拜病故员缺，将原任护军参领随旗上朝萨克拟正，席清格拟陪。上曰："陵寝关系重大，观此二人俱属平常。察彼处贤能官员具奏。"

本日起居注官徐乾学、徐元梦。

二十四日甲申　辰时，上御乾清门听政。部院各衙门官员面奏毕，大学士觉罗勒德洪、明珠、王熙、吴正治，学士石柱、麻尔图、图纳、席尔达、丹代、蒋弘道以折本请旨。吏部题补工部侍郎徐旭龄升任员缺，开列学士吴兴祖等。上问曰："尔等可知开列内有堪用人员否？"明珠等奏曰："此开列内亦有材具颇优者。臣等众见，工部职司营造，监理工程，必须汉军。"上曰："兵部侍郎陈一炳着以原衔管工部侍郎事。"

又题补侍讲尹泰升任员缺，以员外郎尼雅汉拟正，班代拟陪。上曰："先有考试之人否？"明珠等奏曰："无已经考试者。"上曰："这员缺着考试补用。"

又谕曰："讲官职任紧要，应考试学问优长者充补。朕观翰林官员内不能著作文章者甚多，此皆由既中进士入翰林后，即以饮酒博奕为事，不加学问所致。今朕欲加考试，以分别其优劣，庶抚者益加鼓励，劣者亦知勉励。尔等会同翰林院，除掌院学士外，将詹事以下、检讨以上官员传集保和殿考试。”

本日起居注官朱马泰、卢琦。

二十五日乙酉　本日起居注官孙在丰、邬黑。

二十六日丙戌　本日起居注官多奇、韩菼。

二十七日丁亥　辰时，上御乾清门听政。部院各衙门官员面奏毕，大学士觉罗勒德洪、明珠、王熙、吴正治、宋德宜，学士石柱、麻尔图、图纳、席尔达、吴兴祖、丹代、王起元、蒋弘道以折本请旨。都察院副都御史张可前条奏，皇上御极以来，历年听政，应汇集成书，刊刻昭示臣民。上曰：“朕御极以来，孜孜图治，勤政爱民，日理万几，常怀兢业。虽海宇底定，渐致升平，但风俗人心未臻上理。这所请历年政事汇集成书，是否可行，尔衙门同翰林院会议具奏。”

本日起居注官邬黑、储振。

二十八日戊子　辰时，上御乾清门听政。部院各衙门官员面奏毕，大学士觉罗勒德洪、明珠、王熙、吴正治、宋德宜，学士石柱、麻尔图、图纳、席尔达、丹代、吴兴祖、王起元、范承勋、蒋弘道以折本请旨。公诺敏请照伊父图海遗言，停其叙功，兵部议仍行议叙。上曰：“图海先经超授公爵，后出征川陕，并未著有功绩，此事着从诺敏之请。”

又谕曰：“昨者朕将尔等序次考试，徐乾学等十一人入内庭复试。此内徐乾学、韩菼殊优，朕未分别伊等次序，即将试卷发出。尔等详阅，分别次序送进。”王熙奏曰：“臣等适看得二、三卷，徐乾学所作《班马异同辨》极其精核风雅。”吴正治奏曰：“颇为典丽。”上曰：“然。徐乾学原不甚作诗，此番所作之诗亦可，但首句平仄不调耳。”

上又谕曰：“近总河靳辅所奏黄河南岸毛城堡等处、北岸大姑山等处宜造减水坝，令水分流；归仁堤等处宜造石坝保护之处。曾令九卿、詹事、科、道会议。至朕南巡，靳辅亦称，自白洋河引黄水下流入洪泽湖、骆玛湖以助淮水。其下清河县黄、淮合流之处，因有洄涡，自能洗逐淤沙。朕思导流之水总会于清河县，水势既强，流湍激涌，必致逾越堤岸，愈损民间田庐。此减水坝虽有益于河工，实无补于百姓，斯不可不为熟计。尔等可以朕意传示九卿，务筹久远，详明议奏。”

巳时，上诣太皇太后、皇太后宫问安。

未时，复御乾清门，召科尔沁国多罗贝勒和硕额驸沙津、阿巴哈纳尔多罗贝勒布卓、请安进贡科尔沁国二品台吉吴尔图纳苏图、四子部落四品台吉丹津等、巴林四品台吉阿木胡郎等、阿鲁科尔沁国二品台吉忒梅等、吴喇忒部落四品台吉洪鄂尔等、土默特部落协理旗下事务一品他布囊善达等赐食。

本日起居注官朱马泰、王封溁。

二十九日己丑　巳时，上由西华门出西直门，幸玉泉山。

是日，驻跸玉泉山。

本日起居注官多奇、郭棻。

三十日庚寅　上驻跸玉泉山。

本日起居注官常书、邬黑。

二　月

初一日辛卯　上驻跸玉泉山。

本日起居注官朱马泰、多奇。

初二日壬辰　上驻跸玉泉山。

本日起居注官常书、邬黑。

初三日癸巳　上驻跸玉泉山。

本日起居注官朱马泰、多奇。

初四日甲午　上驻跸玉泉山。

本日起居注官常书、邬黑。

初五日乙未　未时，上由西直门进西华门，诣太皇太后、皇太后宫问安毕，回宫。

本日起居注官归允肃、徐元梦。

初六日丙申 辰时，上御乾清门听政。部院各衙门官员面奏毕，大学士觉罗勒德洪、明珠、王熙、吴正治、宋德宜，学士石柱、麻尔图、图纳、席尔达、吴兴祖、范承勋、王起元、丹代、蒋弘道以折本请旨。议政王、贝勒、大臣会议江宁副都统胡图升任员缺，正拟护军参领邬黑，陪拟索住巴图鲁。上曰："拟正之邬黑何如？"明珠等奏曰："邬黑年长材优，宜补此缺。"上曰："邬黑果优，着补授副都统。"

又九卿、詹事、科、道会议，总河靳辅题修减水诸坝应否建造，令江南督、抚，山东巡抚会议具奏。上曰："这建造减水闸坝，若俟该督、抚等会议具题，必至迟误。靳辅前曾奏称，建造此等闸坝，将无用滚水坝旧石可用等语。此事着差曾经看阅河道、谙练河工司官一员速往，与靳辅详议。若建坝分水，不至多损民田，着一面兴工，一面具题。倘水无所归，多致淹没民田，着会同该地方督、抚等官确议具奏。"

又上以翰林官试卷示大学士，谕曰："从来文章家作者手笔固自不同，阅者好尚亦不一辙。朕观翰林文颇多佳卷，而笔力高古无出徐乾学之右。朕向闻徐乾学文字最工，诸翰林官莫不向彼请正。今细阅其所试文，果堪领袖，置之第三，恐众论不服。即其为人，或有被人议论处，然此考试止论文章，不及其他。尔等以朕所阅各卷传集诸翰林官，令其自行阅看，视朕所定次第何如？"

本日起居注官邬黑、翁叔元。

初七日丁酉 辰时，上御乾清门听政。部院各衙门官员面奏毕，大学士觉罗勒德洪、明珠、王熙、宋德宜，学士石柱、麻尔图、图纳、席尔达、吴兴祖、范承勋、王起元、丹代、蒋弘道以折本请旨。吏部题本部侍郎苏拜随旗上朝员缺，开列户部侍郎萨海等。上曰："阿兰泰材品优长，着调补吏部侍郎。兵部事务紧要，其员缺应遴选有才能者补用。近见尚书哈占颇觉衰惫。"明珠奏曰："然。哈占为病所累，以致衰惫。"

又左都御史陈廷敬条奏，捐纳之人于补官日应以策判考试，部议以前补用人员，从未考试，应不准行。上曰："临民之官若不识字义，何以办理民事而尽职掌？此事着依议。不分捐纳与不捐纳，凡临民之官内，有不识字义者，着该督、抚不时实心察参休致。可将此意票出。"

又安徽按察使于成龙员缺，九卿等会议正推淮扬道多弘安，陪推浙江驿盐道李之苹。上问曰："伊等何如？"明珠奏曰："伊桑阿等俱称多弘安颇优。"上曰："然。多弘安在河务效力有益，人才亦优，着补授。"

又议政王、贝勒、大臣会议镶红旗病故护军统领佛可多员缺，正推副都统缪齐纳，陪推西伯黑。遵旨查取宗室官员及公、侯、伯、精奇尼哈番等官。上顾席尔达问曰："伊等谁可用者？"席尔达奏曰："伯莽喀曾与围猎堪达汉事（堪达汉者巨鹿也），人亦聪慧。他人未见历事之处。"上曰："彼系何族？"明珠奏曰："原任都统叶臣之孙，原任都统车尔布之子。"上曰："莽喀人材尚优，着补授。"

又兵部题正蓝旗满洲副都统龚图告病员缺，除蒙古副都统房格、孙塔哈降级留任不行开列，将汉军副都统伊雷调补。其伊雷员缺，开列侍郎苏黑等。上曰："孙塔哈颇优，着转补。"

本日起居注官阿山、归允肃。

初八日戊戌　早，上率诸王、贝勒、贝子、公等，内大臣、侍卫、大学士等诣慈宁宫庆贺太皇太后圣诞，礼毕，回宫。

本日起居注官徐元梦、曹禾。

初九日己亥　辰时，上御乾清门听政。部院各衙门官员面奏毕，大学士觉罗勒德洪、明珠、王熙、吴正治、宋德宜，学士石柱、麻尔图、图纳、席尔达、吴兴祖、王起元、丹代、蒋弘道以折本请旨。吏部题刑部侍郎马世济调补员缺，开列内阁学士吴兴祖等。上曰："此开列内谁可用者？"明珠等奏曰："此内张可前人材颇优，吴兴祖、范承勋、王起元亦皆年久。"上曰："张可前才具果优，着升补刑部侍郎。"

又题副都御史崔澄升任员缺，开列府丞李廷松等。上曰："此开列内孰优？"明珠等奏曰："边声廷素著才名，李廷松、王守才历任年久。"上曰："朕观此汉军内无一堪用者。佥都御史胡昇猷为人诚实，其中进士年久，观其精力尚强。"王熙奏曰："胡昇猷系臣同年，精力尚尔强健。"上曰："胡昇猷着补此缺。"

又兵部题镶红旗佐领恩特黑病故员缺，将伊子厄什腾拟正，阿什屯拟陪。上顾学士席尔达问曰："伊等系都统博尔济虾之后，其子孙中尚有堪用者否？”席尔达奏曰：“伊孙侍讲学士禅布、护军参领康喀拉为人俱优。其余皆非亲枝也。”上曰：“厄什腾着补授佐领。此系世族，其中有才能应用者，尔等识之。”

又都察院题御史内升外转，开列祝钟灵等。上曰：“尔等之意若何？”明珠等奏曰：“前皇上曾云京堂缺多，乏人补用。臣等众见，此番将御史升补二人，科员、吏部各升补一人，再将外道内升一人，如此则无遗缺矣。”上曰：“然。此内孰可升者？”明珠等奏曰：“卫执蒲、张集才具优长，祝钟灵、洪之杰历任年久。”上曰：“卫执蒲、张集着内升。其外转着停止这一次。”

又理藩院题索伦总管布济尔代员缺，将能通索伦言语者引见。上曰：“布济尔代之子二等侍卫洪吉为人颇优，着补此缺。”

上又顾大学士曰：“朕昨始闻向来场中出题，多有避忌字句者，似属无谓。”王熙等奏曰：“圣谕诚然。昔吴三桂反叛时，因其僭号伪周，遂并《周书》不复出题。今会场题目皇上亲出，皆大题全章，作文甚难，举子无从揣摩，此科人文自盛于往日也。”

又内阁题补《会典》副总裁张玉书、沈荃员缺。上曰：“此系汉缺否？”明珠等曰：“然。”上曰：“副总裁关系重要，非学问优通者不可，着将常书、徐乾学补充。”

是日，赐朝鲜国谢恩进贡议政官南九万等银币、鞍马、貂皮等物有差。

本日起居注官常书、卢琦。

初十日庚子　辰时，上御乾清门听政。部院各衙门官员面奏毕，大学士觉罗勒德洪、明珠、王熙、吴正治、宋德宜，学士石柱、麻尔图、图纳、席尔达、吴兴祖、范承勋、王起元、丹代、蒋弘道以折本请旨。吏部题中允归允肃升任员缺，拟编修沈涵升补。上曰：“近考试时沈涵名次第几？”王熙等奏曰：“第十九名。”上曰：“即将沈涵升补此缺。”

又翰林院题日讲起居注官邵远平、严绳孙员缺，将侍读学士朱典等开列。上曰：“近考试名次孰在前列？”明珠等奏曰：“前五名徐乾学、韩菼、孙岳颁、归允肃、乔莱，内徐乾学、韩菼、归允肃现充讲官。”上曰：“乔莱为人何如？”明珠等奏曰：“乔莱原任内阁中书，其人可用。”上曰：“孙岳颁、乔莱着充日讲起居注官。”

又户部题覆东抚张鹏具题白芝麻等项价值浮多，棉花价值减少，应行令该抚照九卿定价，具题到日再议。上曰：“棉花价值既已减少，何必照九卿定价驳回？”明珠等奏曰：“据户部堂官云，看具题册内惟棉花一项价值比定价减少，合算银数不过十八两。比定价浮多者合算银数最多，因此议令该抚照定价具题。”上曰：“据此所议亦当，着依议。”

又兵部二本题袁州总兵官和尚及定海总兵官孙维统员缺，或开列参领，或开列副将请旨。上曰：“候缺总兵现有几人？”明珠等奏曰：“姚启圣之子姚仪今服满候缺。”上曰：“此员缺将现任副将内著有劳绩者查奏。”

又议准御史钱珏条奏投诚人已经安插者，应令得所。上曰：“这所议该部有所见否？”明珠等奏曰：“投诚人虽经安插，若不令其得所，恐逃匿生事，亦未可定。想该部亦虑及此，故议准行。”上曰：“然。着依议。”

又三法司会同满大学士议张凤扬立斩，其子秋后处绞。上顾大学士勒德洪、明珠、王熙曰：“尔等之意云何？”勒德洪等奏曰：“张凤扬显系凶恶光棍，断不可留。”上曰：“张凤扬系大光棍，着议政王、贝勒、大臣，九卿、詹事、科、道会议具奏。”

是日，赐总漕徐旭龄备鞍马一匹、弓箭、撒袋、朝衣。

本日起居注官韩菼、徐元梦。

十一日辛丑　上以章皇后忌辰，不理政事。

巳时，上诣太皇太后、皇太后宫问安。

本日起居注官朱马泰、储振。

十二日壬寅　辰时，上御乾清门听政。吏部题司官内升外转，开列郎中尹源进等九员引见。上问曰：“伊等若何？”尚书伊桑阿奏曰：“李含春在选司中年久，为人谨厚。”

户部条奏本部种种积弊，皆由款项多端，档册繁冗所致。嗣后将钱粮各项名色删去，总修为一清册，应归并者归并，应裁革者裁革，拣选满汉官员内谙练钱粮事务者，令其专管修纂满汉新书。上曰：“尔等此言亦识弊原，但改毫、忽、纤、微为厘，恐害于民。”尚书科尔坤奏曰：“毫、忽原不可秤，条项繁多，则不肖官吏乘机作弊。若悉改为厘，条项既简，奸徒无由作弊，于民亦便。”奏毕出。

大学士觉罗勒德洪、明珠、王熙、吴正治、宋德宜，学士石柱、麻尔图、图纳、席尔达、吴兴祖、王起元、丹代、范承勋、蒋弘道以折本请旨。宗人府题右宗人公瓦山病故员缺，开列镇国公门度等。上曰：“此中孰可者？”勒德洪奏曰：“公花善、绰克托皆优。”上曰：“然。花善骑射甚精，人品亦优，着补授此缺。”

吏部题侍讲学士邵远平迁葬员缺，以庶子储振升补。上曰：“此人如何？”明珠奏曰：“储振考序在第二十五名，前用郭棻时，曾经选择拟陪。”上曰：“其次应升之官为谁？”明珠奏曰：“侍讲学士员缺，定例庶子升。庶子无人，则以侍读、侍讲升。今有侍读韩菼等。”上曰：“着将韩菼补授。”

又两淮巡盐御史张志栋，任内钱粮未完，拟革职。上曰：“张志栋乃一强干之人，其居官若何？”明珠奏曰：“观张志栋向来纠弹本章，果为强干。”王熙等奏曰：“其居官亦未闻不善。”上曰：“所议太过，着更议具奏。”

复谕大学士等曰：“光禄卿布占衰惫不堪，可令休致。钦天监副邵泰衢最为匪类，所行不端，着革职。至于工部主事德布色，人品甚优。”

是日，赐广东提督许贞备鞍马一匹、撒袋一副，直隶巡抚崔澄鞍马一匹。

本日起居注官阿山、王封溁。

十三日癸卯 卯时，上御保和殿，举行经筵大典。讲官库勒纳杜臻进讲：《四书》子曰兴于诗一节；常书、陈廷敬进讲：《易经》易简而天下之理得矣一节。讲毕，赐宴于太和门之前。

巳时，御乾清门。大学士觉罗勒德洪、明珠、王熙、吴正治、宋德宜，学士石柱、麻尔图、图纳、席尔达、吴兴祖、范承勋、王起元、丹代、蒋弘道以折本请旨。吏部题兵部侍郎阿兰泰调补吏部员缺，开列学士石柱等。上曰：“这员缺将刑部侍郎佛伦调补，石柱着升补刑部侍郎。”

又内升外转，开列郎中尹源进等。上曰：“尹源进着内升。”

又吏科内升外转，开列给事中傅感丁等。上曰：“傅感丁、王承祖着内升。”

又礼部题镶黄旗精奇尼哈番觉罗喇祜塔应否给谥请旨。上曰："喇祜塔并无效力之处，谥法恤典都着停止。"

又以原任刑部侍郎宋文运应否给谥请旨。上曰："宋文运素日清廉，应给谥。"

又兵部所题福陵协领库拜病故员缺，将萨克拟正，奚清格拟陪；兴陵防守御那兰柱革职员缺，将防御满都户拟正，前锋校图尔哈拟陪；兴陵防御胡什巴革职员缺，将骁骑校博罗努拟正，艾尔图拟陪。俱遵旨问过统领穆敦，据云尹代、伊尔赛、西伦为人可用。上曰："尹代着补授协领，伊尔赛着补授防守御，西伦着补授防御。兴陵官员近觉庸劣，渐不如前。事关陵寝，俱着加意谨守。可传谕之。"

又三法司题将与法葆同谋之覃应祥、计应隆、张四回子、王升、温玉拟凌迟，知情不出首之陈英拟立斩。上曰："重辟之人太多，此辈可宽免否？"明珠等奏曰："此辈情罪甚重，不可宽免。"上曰："覃应祥等着改为立斩。"大学士等奏毕出。

漕运总督徐旭龄于乾清门陛辞，上命至榻前，谕曰："尔有所陈奏否？"旭龄奏曰："臣本庸才，荷皇上不次优擢，圣思高厚同于天地，惟有尽力以图报称。但臣识浅才疎，不能胜任。皇上明并日月，民生国计事事周知。去岁圣驾南巡，跸经淮扬，咨访利病，一切漕运事宜尤所洞悉。伏候皇上训诲，以便遵行。"上曰："源洁则流清。尔为大吏，务正己率属，官吏自不为奸。朕因前任诸漕督俱不称职，闻尔向任山东，居官清慎，著有声誉，故特简兹任。尔可益励勤恪，安辑军民，以副朕委任至意。"旭龄奏曰："凡官吏营私莫如钱粮火耗，臣在山东曾行严禁。今者漕运陋规，巧立名色，积习相因，不可枚举。即如漕船过淮，例应盘验，乃经管官吏专事需索，以致旗丁穷困，盗卖漕粮，亏损国课。臣到任后，务彻底清厘，以苏军民之困。至额设标兵六千，臣衙门非有防守之责，似应量裁，以节冗费。前任漕督原系满官，故一应本章皆用笔帖式翻译。臣是汉人，奏疏止用汉字，所设笔帖式亦应裁撤。官省则弊亦省，似于地方有益。"上曰："此等应行事宜，尔到任后即具本来奏，朕自允行。漕河事务原属一体，凡河工有关漕务者，尔便宜行事，不必推诿。其属官贤否，宜从容细访，廉察得真，方可入告。举一人务使千万人知劝，劾一人务使千万人知惩。至于待属吏，勿致过刻，伊等各有难处，尔若平心待之，则下吏皆悦服矣。”旭龄奏曰：“圣谕明见万里，臣谨仰体遵行。臣今日即出都门，去天日远，犬马之情，不胜依恋。”奏毕，出。仍传旨命旭龄候于乾清门，赐食。

未时，御保和殿，召请安进贡土默特部落固山贝子滚齐思扎布、三品台吉达赖、都统蒙俄尔，科尔沁国二品台吉毕礼克图，郭尔罗斯部落四品台吉甘达巴杂尔，苏尼特部落四品台吉济尔哈朗等，克什克屯三品台吉伊马克塔等，扎萨克部落二品台吉顾木西等，巴林部落三品台吉沙克都尔，吴喇忒部落四品台吉哈扎哈尔等，喀喇沁部落四品塔布囊卓里克图，及达赖喇嘛正使准丹喀木布、副使定扬噶布楚罗布藏伊西阿旺拉克拍，达赖汗来使达尔汉寨桑，达赖台吉部下颜哈什哈，厄尔得尼台吉部下巴图尔鲍齐，巴图尔台吉部下巴图尔下，博硕克图济农所部下同什，墨尔根台吉部下达情汉厄木齐，和硕齐台吉部下萨喇巴图尔，多尔吉台吉部下顾盈，盆苏克台吉部下厄尔得尼，下及广东提督许贞、直隶巡抚崔澄赐食。召达尔汉寨桑、颜哈什哈、巴图尔鲍齐、巴图尔下、下同什、达尔汉厄木齐、萨喇巴图尔、顾盈、厄尔得尼下至御座前赐酒毕。

又召许贞、崔澄至御座前，谕许贞曰：“尔在江西著有战功，朕嘉尔劳，故简任提督。近闻广东盗贼未靖，尔宜加意缉捕，以安民生。”贞奏曰：“广东地方多有溪水，盗贼出没其中，最难捕治。臣今设法打造小船，或三里或五里安设水路塘兵，昼夜巡哨，庶盗贼可息。”上曰：“尔此去务加意绥辑，使兵民两安，斯无负职掌。”又谕崔澄曰：“直隶地方旗民杂处，安辑匪易，尔为巡抚，须抚乂得宜。至洁己率属，尤为要领，宜体朕意毋忽。”澄奏曰：“臣本庸劣，无所知识。蒙皇上不次拔擢，惟有仰遵圣谕，谨慎自守，以报洪恩于万一尔。”

本日起居注官多奇、翁叔元。

十四日甲辰 辰时，上御乾清门听政。部院各衙门官员面奏毕，大学士觉罗勒德洪、明珠、王熙、吴正治、宋德宜，学士麻尔图、图纳、席尔达、吴兴祖、范承勋、丹代、王起元、蒋弘道以折本请旨。吏部题广西巡抚施天裔将十九年存库钱粮，诈称未经入库，以民欠援赦，相应革职。上曰："此案尔等云何？"明珠等奏曰："施天裔在山东居官二十余年，并无美名。今年迈衰惫，所行亦无善状，似应如部议。"上曰："施天裔乃善为营私之人，居官殊无善状，应革职。"又顾王熙等曰："尔等之见若何？"王熙等奏曰："皇上所见最当，理应革职。"上曰："施天裔着依部议。"

巳时，上诣太皇太后、皇太后宫问安。

本日起居注官邬黑、乔莱。

十五日乙巳 巳时，上由午门出正阳门，驻跸南苑旧宫。

十六日丙午 早，上御旧宫。扈从大学士明珠，学士麻尔图、图纳、席尔达以折本请旨。副都御史张可前条奏冲繁县今拣选调补；节年拖欠钱粮，嗣后入正项钱粮内带征；严饬骚扰驿站等弊。吏部等衙门俱议不准行。上曰："尔等之意若何？"大学士明珠等奏曰："此内别款，部议不准行，近是。惟拖欠钱粮带征一款，尚似可行。但今户部尚书科尔坤、王鸿绪等俱各勤劳，将户部情弊彻底清理，此处伊等必然酌议而行。臣等众意此事暂且如此完结，俟户部题奏再准行为便。"上曰："有一县钱粮繁多，易于完结，官员升转，并无挂误；有一县钱粮轻少，官员不得升转，以致降革。不知此系何故。欲将此处敕问督、抚，又生弊端亦不可定。尔衙门汉大臣知之必详，尔等将此语写去问来。"

又兵部题补护军参领科山升任员缺，将阿达哈哈番张库拟正，散骑郎穆时馨拟陪。上曰："尔等曾问否？"明珠等奏曰："将伊等问显亲王，据云张库人材壮健，穆时馨为人亦优。张库，学士图纳知之。"图纳奏曰："张库为人颇优，效力之处亦多。"上曰："张库着补授护军参领。"

是日，上驻跸蠡县，旧州营都司周智来朝。

十七日丁未 上驻跸霸州东关。是日霸州防守尉拜山、游击张应大等、知州马逸咨等来朝。

十八日戊申 上驻跸雄县十里铺地方。是日，雄县防守尉丹达里等、知县沈以栻、把总陈志麟来朝。

十九日己酉 上驻跸雄县十里铺地方。

二十日庚戌　上驻跸雄县十里铺。是日，传谕大学士明珠曰："朕夙兴夜寐，勤求治理，无非欲使小民遂其生计。故每次巡幸，必带科、道官，或有不肖之人强行买卖，扰害百姓者，令其稽察。此番因在近畿，未经带来，今着尔衙门学士不时严行稽察参奏。"

二十一日辛亥　大学士明珠启奏折本毕，上谕曰："朕观古今文章风气与时递迁，六经而外，秦、汉最为古茂，唐、宋诸大家已不能及。凡明体达用之资，莫切于经史。朕每披览载籍，非徒寻章摘句，采取枝叶而已，以探索源流，考镜得失，期于措诸行事，有裨实用。其为治道之助，良非小补。又财赋出于闾阎，凡查核钱粮，必彻底澄清，不致以完作欠，额外科派，方于小民实有利益。朕于正供所入，毫无滥用，正以爱养物力，使国有三年、九年之蓄，纵遇水旱，民生亦不至苦累。朕所以留意清核，正欲加惠元元也。"

是日，上驻跸雄县十里铺。

二十二日壬子　上驻跸雄县十里铺地方。

二十三日癸丑　上驻跸霸州苑家口地方。

二十四日甲寅　上驻跸永清县信安镇地方。

二十五日乙卯　上驻跸武清县王庆坨地方。是日，王庆坨营都司李仪等来朝。

二十六日丙辰　上驻跸武清县王庆坨地方。

二十七日丁巳　上驻跸武清县王庆坨地方。

二十八日戊午　早，命大学士明珠、一等侍卫仪度额真通图、二等侍卫海青等，传谕天津总兵官刘国轩曰："朕抚御寰区，聿臻治理，止台湾余孽一线尚存，虽属小岛未平，犹虑海滨弗靖。尔刘国轩身为渠党，乃能仰识天时，劝令郑克塽纳土来归，朕心嘉悦，授以总兵官之任。闻尔家口众多，栖息无所，京城廛市，人有定业，况价值不赀，尔安从得之？今特赐尔第宅，俾有宁居，以示优眷。"国轩免冠叩头奏曰："臣以穷屿微躯，久违圣化。向者王师下讨，皇上睿算神谟，如雷霆摧击。臣等自彭湖败衄，心胆俱寒，天威所摄，不得不输诚归命。釜底游魂，苟图免死，何敢望如此洪恩。且皇上圣德昭宣，无远弗届，海外诸国，莫不慕义向仁，将来被尧舜之泽者，又不但臣等已也。”

是日，上驻跸永清县韩村。东安县防尉莫琐里等、知县吴兆龙来朝。

二十九日己未　上驻跸南苑旧宫。

三十日庚申　上由正阳门进午门，诣太皇太后、皇太后宫问安毕，回宫。

伏惟上巡行近畿，皇太子尝随侍，行动饮食，未尝暂离。上好诗书，出自天性，或御辇幄，或在行宫，手不释卷。上乘辇，皇太子在侧。上沿途观书，每至齐家治国、裨益身心之处，及经史诸子中疑难者，上必将意义本末善为诱掖，旁引曲喻，一一启发，教之通晓。皇太子心领神会，从容奏对。言词温雅清朗，即侍从近臣不谙文义者，经夫语研究讨论明晰，亦皆忻然，不自知其手舞足蹈也。在行宫御前，几案周环，皆列图书，上或翻阅书史，或书大小字，或著文及作诗赋，常至夜分，为时甚久。皇太子在傍读书，未尝先寝。且天潢衍庆，圣子众多，上以成就德器，皆在自幼豫教，四五岁即令读书，教以彝常。是以诸皇子自五六岁，动止进退应对，皆合法度，俨若成人。皇上豫教之方，诚非古帝王所能见及也。至若皇太子随上所历，上必指示闾阎风俗，民生疾病，令周知稼穑之艰难。此即无逸作所之盛心，而勤俭保邦之至计，所以诒休未艾者远矣。

扈从起居注官常书、朱马泰。

三　月

初一日辛酉　辰时，上御乾清门听政。部院各衙门官员面奏毕，刑部郎中赵山等以往审易州州同贾缵芳诬良为盗事请旨，出。上谓讲官阿山曰：“赵山学问何如？”何山奏曰：“学问颇优。”上问曰：“果甚优否？”阿山奏曰：“其人记问亦多。”上曰：“亦能撰著否？”阿山奏曰：“撰著尚非其长。”上曰：“如此何以见其记问颇多？”阿山奏曰：“伊告病解任后，在家闲暇无事，唯看阅书籍。”上曰：“所阅何书？”阿山奏曰：“常阅经史等书。”上颔之。

大学士觉罗勒德洪、明珠、王熙、吴正治、宋德宜，学士麻尔图、图纳、席尔达、吴兴祖、王起元、丹代、禅布以折本请旨。吏部题礼部侍郎董讷转补员缺，开列学士蒋弘道等。上问曰："尔等之意若何？"明珠等奏曰："臣等众见蒋弘道学问虽不甚优，系忠厚谨慎之人，此缺系伊应升之缺，似可补授。"上曰："蒋弘道着补授此缺。"

又题光禄寺卿布占老病致仕员缺，正拟少詹事喇巴，陪拟内阁侍读学士翁英。上曰："伊等何如？"明珠等奏曰："臣等众见，此衙门关系采买内用各物件，估计价值，应用详慎之人。"上曰："然。估计价值等项，头绪甚多，各物俱照时价，须详察估计，使公私俱便，方为称职。必择剔厘诸弊甚优之人，逐一定为条款，以便永久遵行，则国课不致妄费。户部储有余财，凡遇有旱涝，国用既足，可以酌量赈济蠲免，无所顾虑，民间不致困苦，大有裨益。"明珠奏曰："此皇上以节俭治天下，使官有余财，在国在民，凡有急需，克足无匮之至意也。"王熙奏曰："此皇上足国足民至意，卜年卜世，亿万年有道之长，俱在此矣。"上曰："此缺紧要，着九卿、詹事、科、道会同选择贤能之人具奏。"

又礼部议覆左都御史陈廷敬请定服式事。上曰："今观服用奢侈之习较前少减，然好奢之人虽禁之亦不止，先经议定服式晓谕后，其貉皮价值腾涌。若俭朴之人，虽不禁亦自不致妄费。但定为等次，使上下有序，所言极是。此处亦甚难议。"明珠奏曰："圣见极当。奢侈之人禁之不止，前照品级禁饬，其穿貉皮之人务买毛色黑润整齐者，其价将及百金，与貂皮、猞猁狲之价相去不远。"上曰："更有甚者，满洲祭葬之事，明知其无益，多行靡费，宁竭已赀，加以借贷，唯恐人嗤其俭陋，争相效尤者颇多。此事须当酌定一至当之例。"王熙奏曰："为人子者或不知大体，恐人议其俭于亲，以为不孝，故至于侈费，其实于生者死者均无裨益。"上曰："此事甚为重大，着议政王、贝勒、大臣，九卿、詹事、科、道会同详议具奏。"

又九卿、詹事、科、道会议覆准副都御史张可前题请编纂圣政成书等事。上曰："朕每日听政理所当然，非欲昭示臣民，若编辑成书，于朕心未慊。着传谕九卿、詹事、科、道知之。"

又进呈江南江西总督于成龙祭文、碑文。上曰："于成龙系本朝至清廉循良之官，此文留览，朕从容细阅，改定发出。”

巳时，上诣太皇太后、皇太后宫问安。

本日起居注官阿山、韩菼。

初二日壬戌　早，上御乾清宫，讲官常书、孙在丰、归允肃进讲：蔽芾甘棠三章、厌浥行露三章。

辰时，御乾清门听政。部院各衙门官员面奏毕，大学士觉罗勒德洪、明珠、王熙、吴正治、宋德宜，学士麻尔图、图纳、席尔达、吴兴祖、王起元、丹代、禅布以折本请旨。吏部题覆江南道监察御史郑为旭条奏，请更撰诰命勅命文章事。上顾大学士等曰：“尔等之意若何？”明珠等奏曰：“诰命敕命皆系顺治十年所撰旧文，今皇上圣学渊深，似应改撰文辞，俾焕然一新。”上曰：“着依议。”

明珠等又奏曰：“九卿、詹事、科、道会议重修《赋役全书》，举侍郎佛伦等。遵旨问九卿，据云纂修此书，不必专派人员，既系兼修，应俟皇上钦点。”上曰：“苏赫、龚佳育、胡昇猷颇谙钱粮事务，着令纂修。”

又题覆湖广道监察御史都甫条奏，分遣西新、龙江关差。上曰：“此事着交与九卿会议。”

明珠等又奏曰：“前经九卿、詹事、科、道官员会议，圣德远迈千古，请敕编辑成书。臣等遵旨问九卿，据云皇上亲政以来，无逸作所，宵旰孜孜，勤求治理，民各遂生，峻德丰功。在近侍诸臣职司纪载，虽得洞悉，而远方之人，山林草野之士，何由仰睹？况明洪武亦纂宝训，颁于庶民。方今普天率土，皆沐皇上鸿恩，共乐升平之业，自应纂修宝训，传示臣民者也。”上颔之。

又兵部题覆安徽巡抚薛柱斗请将驿站钱粮二分入为兵饷。上曰：“此事尔等之意若何？”明珠等奏曰：“前因骚扰驿站情弊良多，皇上屡经敕谕。这薛柱斗所奏尚属可嘉。”上曰：“然。着票优旨。”

又兵部题补正白旗蒙古副都统额星格调补礼部侍郎员缺，将护军参领卓尔和拟正，拖伦拟陪。上曰：“一等侍卫胡世塔、罗奇为人俱优，着将胡世塔升补。卓尔和人才平常，并未著劳绩，可传谕兵部，嗣后凡有升擢，卓尔和不必推举。”

本日起居注官孙在丰、多奇。

初三日癸亥 早，上御乾清宫，讲官常书、孙在丰、归允肃进讲：羔羊之皮三章、殷其雷三章。

辰时，御乾清门听政。部院各衙门官员面奏毕，大学士觉罗勒德洪、明珠、王熙、吴正治、宋德宜，学士麻尔图、图纳、席尔达、吴兴祖、王起元、丹代、禅布以折本请旨。吏部拣选国子监司业刘芳喆降调员缺，将编修励杜讷拟正，孙岳颁拟陪。上曰："励杜讷内庭行走，孙岳颁俸次太浅，这员缺着另行选择具奏。"

又兵部题补正蓝旗蒙古副都统孙塔哈员缺，将长史扎穆杨拟正，前锋参领雅海拟陪。上曰："这员缺着另查应补之人具奏。"

又台湾投诚郑克塽、郑崇请议叙之处，议不准行。上曰："尔等之意若何？"明珠等奏曰："他省投诚之人亦有概行议叙者，郑克塽、郑崇等献纳台湾，投诚亦为可嘉。况此投诚人内人材健壮，可用者颇多，此辈似仍应议叙。"上曰："大兵进剿，郑克塽等即献台湾投诚，久踞海岛之寇，尽行消灭，天下遂尔宁谧。若此辈不行议叙，殊属屈抑。着九卿、詹事、科、道会议具奏。"

明珠等又奏曰："臣等公同敬阅御制总督于成龙碑文，据汉大学士等云，措辞极其典雅，一字不可移易。"随以翰林院翻译满文呈览，上阅之称善。

又顾大学士等曰："昨考试翰林院侍讲学士员缺，朕于乾清门前将应试官员严加考试，观侍讲随黑图翻译颇不佳，前次考试如何列名在前？又科员硕木科竟不能翻译，向日何以完篇？谓无情弊可乎？随黑［图］、硕木科着交都察院察议具奏。"

又谕曰："内阁翰林院唯博通汉文，善于翻译之人，方为有用。可将正卿以下、部院无品笔帖式以上及满洲、蒙古、汉军革职随旗行走并闲散人等内，有博通汉文，善于翻译者齐集，详加考试。其学问优长者，着行录用，交与该部速行察奏。"

本日起居注官徐乾学、徐元梦。

初四日甲子 早，上御乾清宫，讲官常书、孙在丰、归允肃进讲：摽有梅三章、嘒彼小星二章。

辰时，御乾清门听政。

本日起居注官邬黑、孙岳颁。

初五日乙丑　早，上御太和门视朝。升转文武官员谢恩。次进贡喀尔喀部落扎萨克墨尔根颜来使诺尔布等，厄尔德尼代青颜来使布当郭尔和尔泰等，土谢图汗族弟诺木齐代青台吉来使厄尔德木葛春等行礼毕，赐茶。召扎萨克墨尔根颜来使诺尔布、厄尔克下至阶下赐之，回宫。

少顷，御乾清宫，讲官常书、孙在丰、归允肃进讲：江有汜三章、野有死麕三章。

辰时，御乾清门听政。宗人府以四月行围，应点出王、贝勒、贝子、公等列名绿头签奏览。上览毕，曰："此番行围，着恭亲王为总领，其余照朕所点遣往。"

又谕安亲王岳乐等曰："朕观此内无一成材者，局量甚属衰葸，似此虽点出行围，料其不能效力。且观其上朝时弇陋不知礼节，惟外饰虚貌，实无所有。所以致此高位者，亦不过各承祖父之荫耳，其曾有著绩行陈者耶！我先世曾见有如此等辈否？应严饬令其悛改，凡事务各矢志奋勉。"上又谕曰："恭亲王常宁令与会议。"

又九卿会推补授光禄寺卿。奏毕，上谕曰："户部、工部、光禄寺系专司钱粮衙门，关系最要。今闻招买书办人等，与伊本管官员私自通贿，擅作情弊，甚至有官员等将事承认，代为包揽。此等积弊，永行除革，方有益也。"

大学士觉罗勒德洪、明珠、王熙、吴正治、宋德宜，学士麻尔图、图纳、席尔达、吴兴祖、王起元、丹代、禅布以折本请旨。启奏毕，上谕曰："朕观今议政王所议机务，动辄漏泄，此皆冗员众多之故耳。今会议内所有八旗满洲、蒙古都统，或因人材壮健，或因支派选授，于部院事务毫无所知者颇多，故或于是非不出一言，或不晓事理，但随众而散。此等虽与会议，有何益耶？嗣后于都统内有通晓部院事务者，酌量采选，令与会议，余皆应免。如有军机，乃其专职，仍令预议。尔等将此旨传谕议政王等。"

巳时，上诣太皇太后宫问安。

本日起居注官朱马泰、归允肃。

初六日丙寅 辰时，上御乾清门听政。是日，赐山西太原府总兵官吴启爵备鞍马一匹。

本日起居注官卢琦、阿山。

初七日丁卯 早，上御乾清宫，讲官常书、孙在丰、归允肃进讲：何彼秾矣三章、彼茁者葭二章。

辰时，御乾清门听政。部院各衙门官员面奏毕，大学士觉罗勒德洪、明珠、王熙、吴正治、宋德宜，学士麻尔图、图纳、席尔达、吴兴祖、王起元、丹代、禅布以折本请旨。吏部题内阁学士范承勋升任员缺，将詹事徐乾学等职名开列。上曰："此缺系汉军缺否？"明珠等奏曰："非汉军员缺，范承勋原以汉缺升补者。"上曰："此开列内孰可？"明珠等奏曰："徐乾学学问优长。"上曰："内阁宜用有学问者，徐乾学着升内阁学士。"

又光禄寺卿员缺，九卿、詹事、科、道会同选择，以庶子敦多礼拟正，侍读学士顾八代拟陪。上曰："敦多礼为人如何？"明珠等奏曰："敦多礼原任刑部郎中，其素行人多知之。"上曰："敦多礼非即榷关溢额者耶？"明珠等奏曰："是。因税银溢额，议叙先用，升补庶子。其人厚重可用。"上曰："敦多礼着升补光禄寺卿。"

又吏部题补翰林院侍读韩菼升任员缺，以侍讲归允肃转补，其侍讲员缺，以中允朱阜升补。上曰："这员缺着选择具奏。"

本日起居注官郭棻、徐元梦。

初八日戊辰 早，上御乾清宫，讲官常书、孙在丰、归允肃进讲：泛彼柏舟一章、我心匪鉴一章。

辰时，御乾清门听政。

是日，将各部院满洲、汉军卿以下、有职掌官员以上及解任革职官员齐集乾清门，出御制《竹赋》考试翻译。

晚刻，上召大学士明珠、提督麻尔吉、学士常书至养心殿，命阅满洲官员试卷。上顾麻尔吉问曰："尔曾阅《性理大全》否？其中意义亦能通晓耶？”麻尔吉奏曰：“臣才识浅陋，《性理大全》书虽曾看阅，至于《皇极经世》等篇，殊茫然不得其解。”上曰：“朕正欲以此为问。《皇极经世》乃邵尧夫以数合理之书，所推先天卦画元会运世之数，言之甚悉，非浅学所能窥测。其全书卷帙尚多，程、朱恐其流于数学，摘取大要著之。此篇朕尝细加研究，略识其义。至于精微之蕴尚未窥其全也。”因出上手批《性理大全》以示，一字一句评阅精详。麻尔吉、常书奏曰：“皇上天纵聪明，潜心理学先天象数，默契千载不传之秘。圣学缉熙，超出前古，臣等莫测涯涘，不胜欣幸之至！”

上又顾常书曰：“尔曾读何古文？”常书奏曰：“臣少时所读古文今皆遗忘。至《文选》、《离骚》诸书亦曾看过，但其用字僻奥，比物连类，多所未喻。”上曰：“读《离骚》当识其大意所在。屈原以忠君爱国之心，原本山川，极命草木，微文见志，一篇之中，三致意焉。遂为千古风骚之祖，三百篇而后，以此为最。且读《离骚》者，于作文深有裨益，非徒拾其字句而已，此学者所当知也。”

本日起居注官常书、归允肃。

初九日己巳　早，上御乾清宫，讲官常书、孙在丰、归允肃进讲：我心匪石一章、忧心悄悄一章。

辰时，御乾清门听政。

本日起居注官朱马泰、王封溁。

初十日庚午　早，上御乾清宫，讲官常书、孙在丰、归允肃进讲：日居月诸胡迭而微一章、绿兮衣兮二章。

辰时，御乾清门听政。部院各衙门官员面奏。户部纂修《赋役全书》，拟满郎中苍柱等，汉员外郎王之麟等共六人引见。上曰：“编纂此书甚要，若辈学问优否？人品何如？”尚书科尔坤等奏曰：“伊等仅可办理部院事务。此事关系甚重，故臣等亦选择拟用。”上曰：“《赋役全书》一定，将永以为例。尔等必须精心详慎，务求要当，编纂成书。朕思田地一亩之外，亦有零星不足亩者，若将毫忽俱为一厘，虽目下易于办理，诚恐有累小民。此等去处尔等尤宜详加确议。”尚书余国柱奏曰：“此皇上唯恐累民，即如伤之至意也。臣等以为毫、忽以下，民间无物可以称量。赋税满厘者固以一厘完纳，即毫、忽之微，亦必以一厘为断。如此改定，想不至下累黎民。”上曰：“此事关系民间休戚，尔等不可不博访详议。”户部官出。

大学士觉罗勒德洪、明珠、王熙、吴正治、宋德宜，学士麻尔图、图纳、席尔达、吴兴祖、王起元、丹代、禅布、徐乾学以折本请旨。吏部题转吏科掌印给事中杨周宪员缺，拟汪晋征补授。上问，“此人何如？”王熙奏曰：“汪晋征为人诚实。”上曰：“着补授科员。”

又户部题江南浙江税差，开列郎中觉罗李立马等。上曰：“此遣去抽税之人，凡事俱创行以为定例，必遣甚优有清操之人，方于事有益。着九卿、詹事、科、道官会同选择具奏。”

又兵部题浙江巡抚赵士麟奏请舟山添设防守官兵，议不准行。上曰：“舟山在海岛中，系往来要路，这所奏应准行。着九卿、詹事、科、道会同确议具奏。”

又议政王、贝勒、大臣，九卿、詹事、科、道会同定议左都御史陈廷敬条奏服饰等项。上曰：“着依议。此服饰等项久经定例禁止，近见习俗奢靡，服用僭滥者，皆因该管各官视为具文，并未实行稽察，以致不遵定例。嗣后必须着实奉行，时加申饬，务期返朴还淳，恪循法制，以副朕敦本务实，崇尚节俭之意。可将此意票出。”明珠奏曰：“圣见极当，若将该管各官严旨申饬，各官自然各行严查，以副皇上务实崇俭之至意矣。”

巳时，上诣太皇太后、皇太后宫问安。

是日，将各部院满洲汉军有顶带、无顶带笔帖式及候补监生、俊秀齐集保和殿前，出御制《阙里古桧赋》考试翻译。

本日起居注官阿山、曹禾。

十一日辛未　早，上御乾清宫，讲官常书、孙在丰、归允肃进讲：绿兮丝兮二章、燕燕于飞三章。

本日起居注官徐元梦、乔莱。

十二日壬申　早，上御乾清宫，讲官常书、孙在丰、归允肃进讲：仲氏任只一章、日居月诸照临下土四章。

辰时，御乾清门听政。

本日起居注官徐元梦、孙岳颁。

十三日癸酉 早，上御乾清宫，讲官常书、孙在丰、归允肃进讲：终风且暴四章、击鼓其镗三章。

辰时，御乾清门听政。

本日起居注官常书、归允肃。

十四日甲戌 早，讲官常书、孙在丰、归允肃等至乾清门，向奏事近侍敦柱转奏曰："恭逢皇上万寿节，普天同庆，视元旦尤重。自十五日至二十一日，似应停讲。"即奉上谕曰："讲书深有益于学问，朕爱听不倦。前偶尔违和，辍讲数日，心尚歉然。朕意欲将《诗经》速速讲完，不必停也。"常书等奏曰："皇上在深宫之中，手不释卷，无时不然。臣等愚见，谓士庶之家，每逢生辰，尚且少假休暇。今皇上万乘至尊，值兹圣节，臣等奏请辍讲，欲得暂息睿劳。乃奉上谕不允，仰见皇上孜孜典学，进德日新至意。臣等不胜欣悦，谨遵谕照常进讲。"

少顷，上御乾清宫，讲官常书、孙在丰、归允肃进讲：死生契阔二章、凯风自南二章。

辰时，上御乾清门听政。部院各衙门官员面奏毕，大学士觉罗勒德洪、明珠、王熙、吴正治、宋德宜，学士麻尔图、图纳、席尔达、牛钮、丹代、禅布以折本请旨。吏部题补升任学士蒋弘道员缺，开列少詹事王士禛等。上问："此内谁可者？"明珠奏曰："伊等皆皇上所知，其旧者卢琦俸次最久，而学问亦优。新升之韩菼、翁叔元学问俱优。"上曰："韩菼学问甚优，内升补内阁学士。"

又题升任庶子郭棻员缺，以候补王维珍拟补。上曰："王维珍学问欠佳。"明珠奏曰："王维珍学问原属平常，向有周之麟等对品调补之例，今王维珍似应照此例调补。"上又问学士孙在丰。在丰奏曰："王维珍学问平常。"上顾大学士等曰："王维珍着对品调补，其员缺另拟。"

又礼部覆准左副都御史胡昇猷条奏殿试请皇上亲定题目。上曰："殿试设有读卷官，俱系大臣，岂不相信？纵有他故，亦自有定例。若题目俱由朕亲出，不胜烦琐，将此等之事条奏者多矣。即如会试表题，乃偶然权宜行之，岂遂为例？且朕所出之题，乃试官不出，人所不能预拟者，若屡屡出，则人亦能预为揣摩矣。应仍照旧例行，着传谕九卿、詹事、科、道。”

又理藩院题蒙古阵亡病故官兵宜加优恤。上曰：“理藩院侍郎喇巴克为人甚优，可差去颁赏。”明珠奏曰：“喇巴克为人谨慎厚重，能通蒙古文。自伊升后，内阁蒙古侍读学士皆不能及。此后凡有蒙古往来文移，臣等请旨令其阅看。”上曰：“然。着喇巴克去。”

又都察院题差两浙巡盐，开列御史温达等。上曰：“新补御史不见有甚优之人，吴都察院选择几员有才能者来奏。”

又总河靳辅题淮安知府高成美为淮扬道。上曰：“高成美颇优。”明珠奏曰：“皇上南巡曾亲见高成美，其人果优。”上曰：“即准补授淮扬道。”

巳时，上诣太皇太后、皇太后宫问安。

本日起居注官孙在丰、阿山。

十五日乙亥　早，上御乾清宫，讲官常书、孙在丰、归允肃进讲：爰有寒泉二章。

辰时，御乾清门听政。部院各衙门官员面奏毕，大学士觉罗勒德洪、明珠、王熙、吴正治、宋德宜，学士麻尔图、图纳、席尔达、吴兴祖、王起元、丹代、禅布、徐乾学以折本请旨。吏部题司道内升官员，开列布政使郎永清等职名。上曰：“尔等问九卿、詹事、科、道，此外有伊等所知居官甚善，为人最优者，着举出。”

又兵部题左都督张琳、黄德、李升、罗珰等叩阍祈议叙四事，俱议不准行。上曰：“朕观张琳等皆人材壮健，伊等效力行间，皆至左都督，亦有得拜他喇布勒哈番者，亦有得拖沙喇哈番者，伊等控告处若不准行，如何鼓励后之效力者？着该部另行议叙具奏。”

又广东广西总督吴兴祚题民间所有火器应皆收敛。上曰：“民间所有火器应否收敛，着问九卿、詹事、科、道。”

本日起居注官邬黑、郭棻。

十六日丙子　本日起居注官朱马泰、王封溁。

十七日丁丑　早，上御乾清宫，讲官常书、孙在丰、归允肃进讲：雄雉于飞二章。

辰时，御乾清门听政。部院各衙门官员面奏毕，大学士觉罗勒德洪、明珠、王熙、吴正治、宋德宜，学士麻尔图、图纳、席尔达、吴兴祖、牛钮、王起元、丹代、禅布、徐乾学、韩菼以折本请旨。户部题赈济顺德等处饥民应照该抚所题交与地方官捐助。上曰："朕闻顺德、河间、真定、广平等处百姓殊苦饥荒，今正值青黄未接之时，若不速行赈济，恐致流亡，离去乡土。着交与该抚那动正项钱粮急行赈济，方可救此饥民耳。"明珠等奏曰："若动正项钱粮赈济，则地方官员必仰体皇上爱民至意，各自尽心，俾百姓得沾实惠矣。"上曰："即照此票出。余依议。"

又九卿等议舟山应添设官兵，分为三营。上曰："尔等之意若何？"明珠等奏曰："舟山在洋海之中，地方最为紧要，似应照此议。"上曰："舟山既添官兵防守，则定海总兵似属多设，即调定海总兵驻扎舟山如何？"明珠等奏曰："皇上所见极当。"上曰："将定海总兵官移驻舟山，其定海作何防守，着酌量确议具奏。"

请旨毕，明珠等奏曰："司道等内升之官，臣等遵旨传问九卿、詹事、科、道。伊等议论良久，以原任贵州驿传道、今升广东南韶道劳之辨贤能有守，公同举出。"上曰："劳之辨系何处人？原任何职？"王熙等奏曰："系浙江石门县人，甲辰进士，由庶吉士散馆补授部属，续任山东学道，居官亦善。"上曰："劳之辨着内升。"

明珠等又奏曰："两广总督吴兴祚题请收民间火器，遵旨传问九卿、詹事、科、道。据伊等云，如将民间火器尽行收取，倘有盗贼，则百姓无以保护身家。且火器一经禁止，则奸恶之徒借端讦告，诬害良民，亦未可定。"上曰："九卿等官意见画一否？"明珠等奏曰："九卿之意相同。"上曰："将此本封贮内阁。"

是日，赐江宁副都统郛黑鞍马一匹。

本日起居注官卢琦、徐元梦。

十八日戊寅　万寿节。因雨免朝贺。

辰时，上诣太皇太后宫问安。

本日起居注官常书、曹禾。

十九日己卯　早，上御乾清宫，讲官常书、孙在丰、归允肃进讲：瞻彼日月二章、匏有苦叶二章。

辰时，御乾清门听政。部院各衙门官员面奏毕，大学士觉罗勒德洪、明珠、王熙、吴正治、宋德宜，学士麻尔图、图纳、席尔达、吴兴祖、牛钮、王起元、丹代、禅布、徐乾学、韩菼以折本请旨。太常寺以孟夏祭太庙，或皇上亲祭，或遣官恭代请旨。上曰："祭祀大典，朕历来必皆亲祭，近因朕躬违和之后，两膝微痛，未能行礼，心正不安。昨日诞辰，天雨免百官朝贺，于心甚慊。可传谕太常寺，以恭代请旨，暂遣官这一次。"

本日起居注官阿山、孙岳颁。

二十日庚辰　早，上御乾清宫，讲官常书、孙在丰、归允肃进讲：雝雝鸣雁二章、习习谷风一章、行道迟迟二章。

辰时，御乾清门听政。

是日，试天下贡士陆肯堂等一百六十四人于太和门前。

本日起居注官邬黑、归允肃。

二十一日辛巳　辰时，上御乾清门听政。部院各衙门官员面奏毕，大学士觉罗勒德洪、明珠、王熙、吴正治、宋德宜，学士麻尔图、图纳、席尔达、吴兴祖、牛钮、王起元、丹代、禅布、韩菼以折本请旨。吏部题补谕德德格勒升任员缺，正拟员外郎尼雅汉，陪拟班代。上曰："尔等以为何如？"明珠奏曰："此员缺似应以有学问者任之。"上曰："孰可？"明珠奏曰："中允徐元梦考列一等第八名，吏部员外郎哈山考列二等十五名内。"上曰："哈山在部年久，才具堪用，着升补谕德。"

上谕曰："朕南巡时，见闾阎疾苦，深为轸念。所经过地方如此，其他省可知。今国帑充足，朕欲蠲免直省明岁钱粮，以纾民困。尔等会同户部预行酌议，俾天下均沾实惠。其直隶、顺德等府，正在饥荒，且此地供应甚多，徭役殷繁，今宜即行议蠲。直隶抚循得所，实为有益，但时已春暮，钱粮或已征在官否？"王熙奏曰："夏税秋粮原分两次征收，此时蠲免，亦不为迟。"上曰："尔等会同户部议奏。"

又谕曰："朕历来坛庙无不虔洁亲祭，孟夏祭太庙以足痛，故令遣官恭代。今已痊愈，朕仍亲诣行礼。"

本日起居注官朱马泰、乔莱。

二十二日壬午 辰时，上御乾清门听政。部院各衙门官员面奏毕，大学士觉罗勒德洪、明珠、王熙、吴正治、宋德宜，学士麻尔图、图纳、席尔达、吴兴祖、牛钮、王起元、丹代、禅布、韩菼以折本请旨。吏部题詹事徐乾学升任员缺，开列少詹事王士禛等。上曰："郭棻可乎？"明珠等奏曰："臣等之意高士奇学问优长，且现在内庭供奉，似属可用。"上曰："郭棻为人老成，在北人中学问尚优，且历年亦久。"明珠、王熙等奏曰："圣谕诚然。"上曰："郭棻着补授詹事。"

又福建提督施烺题请议叙巡海道线一信等，议不准行。上曰："航海维艰，线一信等安插百姓著有劳绩，着议叙。"

又兵部题提督施烺题请议叙伊子施世骥以文职用，议不准行。上曰："施烺之子应照部议不叙。但施烺多有劳绩，着议叙。"

又题原任都统席白臣等自汉中回，途中杀贼之处，议不准叙功，其阵亡者姑准叙。上曰："失守地方而回，尚可议功乎？当行饬谕。"明珠等奏曰："圣谕诚然。"

未时，御景山内前殿，召广西巡抚范承勋、福建兴化府总兵官吴英赐宴毕，召范承勋至御榻前。上问曰："尔有何奏？"承勋奏曰："臣父兄世受国恩，臣尤庸菲，又蒙皇上超擢学士，旋荷简任巡抚，臣感激殊遇，自矢勉竭愚驽，仰答隆恩。广西乃荒远边地，其应行事宜不能悬揣，臣到任后，或兴或革，再具疏上奏。臣愚昧无才，伏望皇上训谕。"上曰："尔父兄俱曾效力于国，尔今巡抚钱谷刑名，虽系职任，其要者在洁己爱民。尔等汉军本无学术，往往听信幕客，沽名妄作，强不知以为知，欺人欺己，大为不可，尔宜戒之。郝浴、崔维雅二人自有是非。乃喜浴者，是浴而非维雅；喜维雅者，是维雅而非浴。尔至彼处，当秉公从直，不可偏私。每见汉军外任携带家口，动至数百人，尔今往广西，料不能多带。"承勋奏曰："臣岂能多带家口？但广西边远，臣于臣父在太宗时所赐之人中，择其可用者量带数十人以往。臣承圣谕，自当遵奉而行。"奏毕退。

又召总兵官吴英至御榻前，上曰："尔有所奏否？"英奏曰："臣前同提督施烺进征台湾，仰伏天威，得以奏捷。郑克塽纳土投降，已经安插得所，不敢渎奏。但台湾设兵八千人，彼处钱粮不足赡养，岁需内地协饷数万金，似非长计。今臣愚见，请将八千兵丁，半为镇守，半为屯种，每兵给田三十亩，督令尽力耕获。除费用外，收其余粒，可以充饷。况牛只田器彼处俱有存者，耕种甚易，收获颇饶，行之有法，可以永省协济。伏望睿裁。”上曰：“尔言甚是。边地屯田，古有成法，尔回任后具疏来奏，朕自酌行。”谕毕，上回宫。

酉时，上御懋勤殿。殿试读卷官大学士明珠等将策试天下贡士卷选择十卷进呈，面奏请旨定夺。上于灯下逐卷详览。至第三卷，谓明珠等曰：“第一卷文理平顺，犹有时文笔气。第二卷颇有古意。第三卷条对开海一段，甚觉简略，何也？”王熙奏曰：“前二条，诸士平日尚有揣摩，易于条对。开海一条，出于揣摩之外，故尔窘索。”又顾杜臻问曰：“尔习何经？”臻对曰：“臣习《书经》。”因命就御案右跪讲第三卷策文，至开海一段果然简略。将阅第四卷，命诸臣暂退，俟阅毕传旨。明珠等出，候于乾清门，旋赐酒菓。漏下二更，召入。上曰：“朕俱阅讫，所拟不差，殿试虽文、字兼取，朕意以文为重。次卷为第一；首卷改第二；第四卷微胜，拔第三；三卷改为第五。余如拟。御笔批定后拆卷。第一甲第一名陆肯堂、第二名陈元龙、第三名黄梦麟，余俱列二甲。上问王熙曰：“尔曾读《性理》乎？”熙对曰：“臣少年亦曾读，但不能精心玩味耳。”上曰：“此书不可不读。”王鸿绪奏曰：“《性理》义旨精深，读者不过识其大义，故作文不能明切。”孙在丰奏曰：“皇上天纵圣姿，又加以圣学精勤，自然词理洞达，臣等岂能仰望万一。”奏毕，诸臣捧卷出。

留学士孙在丰谕之曰：“尔可熟读《性理》否？”在丰奏曰：“臣虽涉猎，不能晓畅。”上曰：“朕亦有不能即解者，然必取《大全》及他书考究之，务得解而后已。”因以上所读之书示之，一句一读皆御笔手自丹黄。

是日，赐广西巡抚范承勋、福建兴化府总兵官吴英备鞍马各一匹。

本日起居注官多奇、郭棻。

二十三日癸未 早，上御太和门传胪。赐贡士陆肯堂、陈元龙、黄梦麟一甲进士及第；张希良等四十人二甲进士出身；诸来晟等一百二十一人三甲同进士出身。礼毕，回宫。

本日起居注官卢琦、徐元梦。

二十四日甲申 早，上御乾清宫，讲官常书、孙在丰、归允肃进讲：就其深矣二章、我有旨蓄一章。

辰时，御乾清门听政。部院各衙门官员面奏毕，大学士觉罗勒德洪、明珠、王熙、吴正治、宋德宜，学士麻尔图、图纳、席尔达、吴兴祖、牛钮、王起元、丹代、禅布、韩菼以折本请旨。吏部题镶蓝旗升任助教常恕员缺，正拟七品笔帖式托三泰，陪拟努山。上曰："助教虽微员，职掌殊要。伊等文义若何？着考试来奏。国子监职司督率八旗官学生及荫监等生，非能胜教育之责者不可。先，徐元文为祭酒时，甚得司成之礼。此后因循苟且，不以董正为事，遂成流弊。如阿礼瑚者安能督率他人？至翰林院系储养儒臣之地，倘非操履清廉，必将需索礼仪，贫儒不能应副，遂致怨苦。"明珠奏曰："圣鉴极当。若果需索礼仪，贫儒未能应副，岂不怨苦？"

又工部题覆湖广总督徐国相将修过随征二营兵丁盔甲器械酌减，银两请于捐助钱粮内扣出。议不准行，仍令赔偿。上曰："陈珀阵亡，王度冲有行间效力之处，此银若令伊等赔补，似属可悯，应免其补偿。着再议具奏。"

本日起居注官阿山、曹禾。

二十五日乙酉 早，上御太和门视朝。文武升转官员谢恩，次请安进贡喀尔喀部落阿克敦达哈思浑厄尔克代青讷颜来使墨尔根和硕齐克什克图等，土谢图汗巴兔儿台吉来使吹达西等，扎萨克图汗代讷颜来使达尔汉葛诸尔等行礼赐茶。召墨尔根和硕齐克什克图至阶下赐茶毕，回宫。

少顷，御乾清宫，讲官常书、孙在丰、归允肃进讲：式微式微二章。

辰时，御乾清门听政。部院各衙门官员面奏毕，大学士觉罗勒德洪、明珠、王熙、吴正治、宋德宜，学士麻尔图、图纳、席尔达、吴兴祖、牛钮、王起元、丹代、禅布、徐乾学、韩菼以折本请旨。兵部题荆州将军噶尔翰等题参防守御拉都浑及管家赵晋寿，伙同熊宗绪侵蚀官兵口粮，又不发脚价，每次放粮时，需索银米等情。俟将军会审到日再议。上曰："拉都浑原系狂妄不安分之人，此案着差兵、刑二部贤能官各一员，会同该将军等及督、抚严拿究问具奏。"

本日起居注官邬黑、孙岳颁。

二十六日丙戌 早，上传谕讲官常书、孙在丰、归允肃曰："向于瀛台门进讲，观听烦杂，于讨论经义，究悉书旨，尚属未便。今欲移至内殿进讲，便于从容顾问。尔等以为何如？"常书、孙在丰奏曰："皇上所谕极是。臣等叨与讲幄，不胜忻幸之至。"奏毕，上召至内殿进讲：旄丘之葛兮二章、狐裘蒙戎二章。

辰时，上御瀛台门听政，部院各衙门官员面奏毕，大学士觉罗勒德洪、明珠、王熙、吴正治、宋德宜，学士麻尔图、图纳、席尔达、吴兴祖、牛钮、王起元、丹代、禅布、徐乾学、韩菼以折本请旨。吏部以工部解任随旗上朝郎中伊图员缺，正拟候补郎中觉罗海色，陪拟工部员外郎法山。上曰："海色为人平常，年又衰老，着罢职另行拟补。"

明珠等又奏曰："国子监助教常书升任员缺，正拟工部笔帖式陶三泰，陪拟兵部笔帖式努山。臣等遵旨看其书写，陶三泰书写精工，为人亦优。努山系一朴实之人。"上曰："陶三泰着补授助教。"

本日起居注官多奇、归允肃。

二十七日丁亥 辰时，上御瀛台门听政，部院各衙门官员面奏毕，大学士觉罗勒德洪、明珠、王熙、吴正治、宋德宜，学士麻尔图、图纳、席尔达、吴兴祖、牛钮、王起元、丹代、禅布、徐乾学、韩菼以折本请旨。吏部题补两庶子员缺，拟洗马田喜霅、侍读李录予。上问曰："尔等以为何如？"明珠等奏曰："前考试，田喜霅第六十五名，李录予第五十六名。"上曰："此职尚属紧要，应以人品相宜，学问优通者补用。尔等会同翰林院虚公商确，选择具奏。或有汉诸臣所举不公者，即行参劾。"

又议屠应泰弟屠永泰子屠中潭，既属包衣佐领下，乃诈称民人，又将二女出嫁，俱应革职。其二女与本夫离异，入官。上曰："此事乃总管内务府朦溷遗漏。今其罪极当。但已经婚配之女，令其拆散，致夫妇别离，朕心甚为不忍，仍着给还本夫。"

又提督施烺题进剿彭湖伤亡兵丁，应给恤赏。兵部议此番军功尚未议叙，应无庸议。上曰："凡军功议叙、恤赏，俱关紧要。如迟延日期，往返咨查，恐奸宄之徒舞文作巧，易生弊端。朕思此等贫兵早给一日恤赏，便早受一日实惠。此后着一概速行议叙结案。"

本日起居注官朱马泰、乔莱。

二十八日戊子　辰时，上御瀛台门听政，部院各衙门官员面奏毕，大学士觉罗勒德洪、明珠、王熙、吴正治、宋德宜，学士麻尔图、图纳、席尔达、吴兴祖、牛钮、王起元、丹代、禅布、徐乾学、韩菼以折本请旨。宗人府等衙门题礼部尚书杭爱与宗室额奇等互相讦讼事。上曰：“这本内所议事情是否相合？着议政王、贝勒、大臣、满洲九卿、詹事、科、道会同一并详议具奏。”

又吏部题国子监司业拜山随旗上朝员缺，将刑部员外郎尼雅汉拟正，兵部员外郎达哈塔拟陪。上曰：“着九卿、詹事、科、道会推具奏。”

又兵部议施烺题请赏恤彭湖伤亡兵丁。上曰：“议叙军功，恤赏伤亡，俱关紧要。着差兵部贤能司官二员，前往察明，速行议叙赏恤，务裨各沾实惠。”

又翰林院题日讲官起居注翁叔元等四人员缺，开列朱典等职名。上顾大学士等曰：“尔等会同翰林院，将翰林各官齐集，试令讲书。其所学优劣，问明学士徐乾学、韩菼、孙在丰公同选择具奏。”

又内阁会同翰林院遵旨，庶子储振、郭棻员缺，选择谕德顾汧、侍读归允肃补授。上曰：“顷者所用多南人，宜以北人参用。此二缺再行选择具奏。”

本日起居注官王封溁、徐元梦。

二十九日己丑　早，上于保和殿视祭太庙祝版毕，回宫。

辰时，御乾清门听政。兵部、刑部以差往荆州审理防守御拉都浑等一案，拟兵部郎中吉尔塔浑、员外郎马塞，刑部郎中朱臣、员外郎沙弼，开列绿头签呈览。上曰：“防守御拉都浑系正白旗极能营干之人，还须另开审事公正、不徇情面及阀阅之族有才能者来看。”

谕毕，大学士觉罗勒德洪、明珠、王熙、吴正治、宋德宜，学士麻尔图、图纳、席尔达、吴兴祖、牛钮、王起元、丹代、禅布、徐乾学、韩菼以折本请旨。九卿会拟江南抽分海税官户部郎中舒书、刑部郎中赵延组；浙江抽分海税官兵部郎中能特、督捕主事王荣恩。上曰：“伊等如何？”明珠奏曰：“伊等皆九卿会拟，其人俱可。”勒德洪奏曰：“舒书、能特俱朴实守分之人。”上曰：“依拟遣往。”

又吏部题补升任庶子郭棻员缺，以洗马田喜霱拟补。丁忧庶子储振员缺，以侍读李录予拟补。上问曰：“尔等所议若何？”明珠奏曰：“臣等公查，伊等应升官员内考案无在其前者。其他资序皆非应升。此二人历任已久，人亦颇优，似可补授。”上曰：“俱着补授。李录予曩日曾在讲筵，朕知其为人平常。”

又以谕祭故大学士李霨祭文呈览。上曰：“此系谁作？”明珠奏曰：“徐乾学所作。”上曰：“祭文、碑文关系紧要，须相其人之行事而为文，方可信服天下。此文虽佳，尚当按其行事稍加更改。尔等可酌量改定。凡为大学士者，以进贤退不肖为职，不可稍存私意。必休休有容，知无不言，言无不尽，方可称内大臣。其他朕亦不须尽言。”王熙奏曰：“臣等皆以庸菲，荷皇上简任大学士，敢不秉公绝私。凡天下之人之才能，臣等苟能举之，即臣等之才能。若媢嫉隐蔽，知而不言，臣等岂敢。《秦誓》云：休休有容谓之相度。相之一字，臣等亦不敢当。若去私秉公，敢不谨遵圣谕。”

本日起居注官郭棻、阿山。

四　月

初一日庚寅　早，上以孟夏，躬诣太庙致祭毕，回宫。

巳时，上诣太皇太后宫问安。

本日起居注官卢琦、邬黑。

初二日辛卯　早，上御瀛台内殿，讲官常书、孙在丰、归允肃进讲。上亲讲：简子三章。讲官进讲：山有榛一章。

辰时，御瀛台门听政，部院各衙门官员面奏毕，大学士觉罗勒德洪、明珠、王熙、吴正治、宋德宜，学士麻尔图、图纳、席尔达、吴兴祖、牛钮、王起元、丹代、禅布、徐乾学、韩菼，掌院学士常书、孙在丰，为日讲官翁叔元等四缺，引见谕德顾汧等十二人。上曰：“彭定求、蔡升元二人系状元。闻徐倬颇有才学。”因顾常书、孙在丰曰：“此外有留心理学者否？”孙在丰奏曰：“前大学士熊赐履讲究理学，闻伊弟熊赐瓒亦留意于此。”上问大学士曰：“熊赐瓒何如？”明珠奏曰：“闻赐瓒能得其兄之学。”上曰：“此四人着充日讲起居注官。”

上又曰：“从来道德、文章原非二事，能文之士必须能明理，而学道之人亦贵能文章。朕观周、程、张、朱诸子之书，虽主于明道，不尚词华，而其著作体裁简要，晰理精深，何尝不文质灿然，令人神解意释。至近世则空疏不学之人，借理学以自文其陋。如崔蔚林本无知识，文义荒谬，岸然自负为儒者，究其意解不出庸夫之见，真可鄙也。”明珠奏曰：“圣鉴极当。崔蔚林不过托以藏身，反自形其丑拙矣。”常书、孙在丰出。

大学士等以折本请旨。为兵部题舟山总兵孙维统病故员缺，或开列骁骑参领，或开列副将事。上曰：“吴英向在行间效力，甚有才干，为人尚义，着调补舟山总兵官。王万祥着升补兴化总兵官。”

本日起居注官多奇、曹禾。

初三日壬辰 早，上御瀛台内殿，讲官常书、孙在丰、归允肃进讲：毖彼泉水二章、出宿于干二章。

辰时，御瀛台门听政，部院各衙门官员面奏毕，大学士觉罗勒德洪、明珠、王熙、吴正治、宋德宜，学士麻尔图、图纳、席尔达、吴兴祖、牛钮、王起元、丹代、禅布、徐乾学、韩菼以折本请旨。都察院左都御史陈廷敬、兵部侍郎佛伦启奏，为钱局一年差满事请旨。上问曰：“今钱价究不能减，其故何也？”勒德洪等奏曰：“此处臣等亦已议及，或云富者积聚制钱，不为流通，钱所以贵者有之；或云京城制钱，散布外省者多，故价值不减者亦有之。议论不同。”上曰：“此必有故，着问九卿来奏。”

巳时，御保和殿，召进贡喀尔喀部落土谢图汗族弟凡丹台吉、陈布儿台吉及来使博罗厄勒客下，阿霸垓二品台吉得里克，吴喇忒部落三品台吉阿南达等，翁牛忒部落四品台吉索宁，札萨克部落一品台吉那尔部等赐食。召凡丹台吉、陈布儿台吉近御座前赐酒；博罗厄勒客下至御座下赐酒。

本日起居注官常书、孙岳颁。

初四日癸巳 早，上御瀛台内殿，讲官常书、孙在丰、归允肃进讲：

出自北门三章。上亲讲毕，讲官照常进讲。

辰时，御瀛台门听政。部院各衙门官员面奏毕，大学士觉罗勒德洪、明珠、王熙、吴正治、宋德宜，学士麻尔图、图纳、席尔达、吴兴祖、牛钮、王起元、丹代、禅布、徐乾学、韩菼以折本请旨。启奏毕，明珠等奏曰："昨奉上谕：旗下人应否出洋贸易，传谕议政王、贝勒、大臣、九卿、詹事、科、道公同酌议。据伊等云，今海内一统，寰宇宁谧，满汉人民皆蒙皇上养育，视同一体，应令其出洋贸易，以彰富庶之治。"上曰："今开海贸易，原欲令满汉人民各遂生息。倘有无籍棍徒，倚势横行，借端生事，贻害地方，反为不便，应严加禁止。如有违法者，该督、抚即指名题参。"

本日起居注官孙在丰、朱马泰。

初五日甲午 早，上幸南苑。申时，回宫。

本日起居注官徐元梦、乔莱。

初六日乙未 早，上御瀛台内殿，讲官常书、孙在丰、归允肃进讲：北风其凉三章。

辰时，御瀛台门听政，部院各衙门官员面奏毕，大学士觉罗勒德洪、明珠、王熙、吴正治、宋德宜，学士麻尔图、图纳、席尔达、吴兴祖、牛钮、王起元、丹代、禅布、徐乾学、韩菼以折本请旨。吏部题工部郎中伊图解任员缺，以员外郎尼雅汉拟正，秦齐喇拟陪。上曰："尼雅汉庸人也。"明珠奏曰："尼雅汉办事平常。"上曰："尼雅汉为人甚庸，嗣有郎中缺出不必拟补。"

户部题覆甘肃巡抚叶穆济以回民吴钟良等所隐匿地一万一千余亩，系沙石荒土，售买无人，若追取价值，吴钟良等贫苦至极，不能完纳。部议不准，将同知邵逢春、千总金镇推诿不行估价，交该部议处。上曰："宁夏系边方，地瘠民贫，这隐匿地亩价值并赔补钱粮悉行免征。其邵逢春等亦从宽免交该部。"

本日起居注官阿山、王封溁。

初七日丙申 早，上御瀛台内殿，讲官常书、孙在丰、归允肃进讲：静女其姝三章、新台有泚三章。

辰时，御瀛台门听政。

本日起居注官郭棻、邬黑。

初八日丁酉 早，上御瀛台内殿，讲官常书、孙在丰、归允肃进讲：二子乘舟二章、泛彼柏舟二章。

辰时，御瀛台门听政，部院各衙门官员面奏毕，大学士觉罗勒德洪、明珠、王熙、吴正治、宋德宜，学士麻尔图、图纳、席尔达、吴兴祖、牛钮、王起元、丹代、禅布、徐乾学、韩菼以折本请旨。议政王、贝勒、大臣、九卿、詹事、科、道会议，将尚书杭爱革职，安亲王及各大臣俱罚俸一年。上问曰："这所议当否？"明珠等奏曰："所议诚当。"上曰："杭爱着依议。王、诸大臣俱从宽免。"

又吏部题补刑部侍郎苏黑转补员缺，开列学士麻尔图等。上曰："学士等或为人平常，或历年未久。麻尔图在陕西居官平常。其次应升者为谁？"明珠等奏曰："次有通政、大理、詹事等官。"上问曰："鸿胪寺卿开列否？"明珠等奏曰："鸿胪寺卿品级甚小，不与开列。"上问曰："傅腊［塔］何如？"明珠奏曰："傅腊塔是诚实厚重之人。"上问曰："考试在何等第？"明珠奏曰："在平等。"上曰："傅腊塔着补授刑部侍郎。"

又侍读翁叔元升任员缺，将侍讲曹禾转补。曹禾员缺，将中允朱阜升补。上问曰："朱阜何如？"明珠等奏曰："问得其人平常，考试在四十八名。"上曰："此缺着选择补授。"

又九卿、詹事、科、道会推国子监司业拜山解任员缺，将内阁侍读博极拟正，尹泰拟陪。上问曰："伊等何如？"勒德洪、明珠等奏曰："博极系进士出身，前任户部主事，拣选补授内阁侍读，人甚谨慎，辨事亦勤。尹泰学问颇佳，为人亦优。"上曰："博极着补授司业。"

又户部题崇文门抽分，差员外郎莫尔浑；左翼抽分，差郎中佛保。上曰："崇文门抽分事务繁冗，必得有干才能除弊之人方克胜任。此差着遣厄尔金、佛保若何？"明珠等奏曰："佛保系工部郎中，臣等不识其人。"上曰："佛保着差遣。"

又议政王、贝勒、大臣会议镶蓝旗蒙古副都统赛毕汉转补员缺，正推前锋参领马奇，陪推隆席库。上问曰："伊等若何？"明珠等奏曰："臣等遵旨问议政王等，据安亲王云，曾问都统厄黑纳，据云，马奇为人颇优，统辖严明；隆席库人材亦优，堪以统辖。问侍郎阿兰泰，据云，马奇办事明白，人材健壮；隆席库人材亦壮。安亲王又云，马奇前是扎喀纳贝子属下，为人甚优，马上娴熟，骑射颇精。"上曰："马奇着升补副都统。"

本日起居注官多奇、彭定求。

初九日戊戌 早，上御瀛台内殿，讲官常书、孙在丰、归允肃进讲：墙有茨三章。

辰时，御瀛台门听政，部院各衙门官员面奏毕，大学士觉罗勒德洪、明珠、王熙、吴正治、宋德宜，学士麻尔图、图纳、席尔达、吴兴祖、牛钮、王起元、丹代、禅布、徐乾学、韩菼，会同户部尚书科尔坤、余国柱，侍郎鄂尔多、王鸿绪、董讷奏曰："皇上轸念民间疾苦，蠲租赈贷，即古帝王如伤保赤之念无以加兹。臣等谨遵旨公同酌议，直隶顺、永、保、河等处圈占地方，应征康熙二十一年地丁钱粮，已经奉诏蠲免。所有直隶八府康熙二十三年未完地丁钱粮应尽豁除。其顺、永、保、河未经圈占地方及真、顺、广、大等处，康熙二十四年地丁各项正赋，应俱免三分之一。"上问曰："康熙二十三年，直隶八府未完地丁钱粮，其数几何？"科尔坤奏曰："约有六十余万。"上又问曰："康熙二十四年所免三分之一，其数几何？"科尔坤奏曰："约有五十余万。"上曰："朕御极以来，早作夜思，唯以爱养民生为急。迩来四方大定，犹恐民气未复，时廑朕怀。今军国之需，只在樽节制度，自可足用，必使百姓乐业，家给人足，无一夫不获其所，始慰宵旰。况畿辅重地，频年旱灾，尤可悯恤。这所奏俱依议。尔等速行该管地方有司官，实心奉行，务使人人得沾实惠，以副朕恤民之意。"谕毕，户部官员出。

大学士等以折本请旨。吏部题工部识造库左翼郎中罗璧升任员缺，开列郎中吴什巴等。上曰："吴什巴着补此缺。这开列内有旗下官二员，此辈不谙部务，以后不必开列。"

又户部题顺天府府尹张吉午疏请，自康熙二十四年起，凡民间开垦地亩永免圈取。议不准行。上曰："凡民间自开田亩，毋许圈取，久已有旨，今若圈与旗下，恐致病民。嗣后百姓自开田亩，永不许圈。如有应给之处，着以户部现存旗下多余田地给发。”

又兵部题投诚左都督李升，自投诚后曾立军功，以原级管游击事注册，俟试弓马后再用。上曰：“李升年力强壮，效力行间，着以参将用。”

又题投诚左都督黄德亦以原级管游击事补用。上曰：“人材不一，有弓马精熟者，亦有长于别艺者，若概课以弓马，恐湮没人材。况从来为将之道，全恃谋略，不仅在武艺。嗣后凡投诚官员，俱视其军功以定优劣。如无军功者，再试弓马。若既无军功，又不娴弓马，着照文官不及例引见处分。彼亦自然心服无怨矣。”

又刑部题诬良民为盗，将易州知州韩文煜、同知贾缵芳革职，永远充军；保定府知府纪弘谟、同知汪攀高革职；巡道吴元莱降四级调用。上曰：“此本着依议。凡不肖官员止为一己考成，诬良民为盗者甚多，以致百姓受冤莫诉，深可悯恤。嗣后应如何立法惩劝地方官，俾善良得安，民无冤枉，以慰朕祥刑至意。着九卿、詹事、科、道官员会议具奏。”

巳时，上诣太皇太后、皇太后宫问安。

本日起居注官常书、蔡升元。

初十日己亥 巳时，上由西华门出西直门，驻跸玉泉山。

十一日庚子 上驻跸玉泉山。

十二日辛丑 上召大学士明珠、学士常书、詹事朱马泰至殿前，出原任江南已故总督于成龙御制亲书碑文一道以示。传谕曰：“朕素留心书法，兹在外间中书此笔墨，尚欠精良，特赐尔等阅之。”大学士明珠奏曰：“皇上御书，笔笔神妙，龙跳虎卧，真卓绝千古。于成龙虽居官尽职，沐此大恩，诚为异数。前总督范承谟、巡抚马雄镇亦系御书，当蒙颁赐，一时传为盛事。伏乞皇上亦将于成龙碑文刊石，俯赐臣等奉为至宝。”学士常书、詹事朱马泰奏曰：“近来碑版诸书，大都欧、颜一派。皇上御笔铁画银钩，于欧、颜法帖中神明变真，抉钟、王之妙，非臣等所能窥测万一。于成龙居官清慎，始终一节。今蒙皇上特恩，虽死犹生。伏望以御书镌石，颁给诸臣，使凡为臣者，时时仰睹宸翰，勉思效法，以副皇上鼓励臣工至意。”

是日，驻跸玉泉山。

十三日壬寅　上驻跸玉泉山。

十四日癸卯　上驻跸玉泉山。

十五日甲辰　未时，上由西直门进西华门，诣太皇太后宫问安毕，回瀛台。

扈从起居注官常书、朱马泰。

十六日乙巳　早，上御瀛台内殿，讲官常书、孙在丰、归允肃进讲：君子偕老一章、玼兮玼兮一章。

本日起居注官阿山、熊赐瓒。

十七日丙午　文皇后忌辰，上不理政事。

本日起居注官卢琦、邬黑。

十八日丁未　早，上御乾清宫，讲官常书、孙在丰、归允肃进讲：瑳兮瑳兮一章。

辰时，御乾清门听政。讲官常书、孙在丰、归允肃至乾清门，向奉事敦住转奏曰："臣等日侍讲幄，仰见皇上聪明天纵，孜孜典学，朝夕无间。臣等所撰讲义，虽殚思竭虑，以效一得之愚，而圣学高深，洞悉原委，于一字一句少有未妥，必亲加指示，务期斟酌尽善。睿虑精晰，卓冠今古。历观前代，人君务学，多由儒臣劝勉。今则考订研讨，无一不出自圣裁。臣等虽竭蹶办理，不足以供披览之万一。迩以臣衙门分撰讲义人员尚少，特谕詹事府官归并臣衙门办事。顾臣等才识短浅，合两衙门人员，犹未能刻期速就。臣等区区之心，仰祈皇上鉴其驽钝，稍宽程限，庶撰拟、翻译得以尽心，不致陨越。臣等幸甚！"孙在丰又奏曰："臣蒙皇上圣恩高厚，备员讲幄，十有五年，仰见皇上圣神天亶，典学不辍，有如一日。凡有撰拟编辑诸书，皆奉天语提诲，开示愚蒙。臣等谫劣，并无寸效，不胜惭愧惶悚之至！"敦住进奏，传谕曰："每日照常进讲，毋有间辍。进讲时，朕量减篇数，俟尔等作速办理讲章进览。"

本日起居注官阿山、曹禾。

十九日戊申　辰时，上御乾清门听政。部院各衙门官员面奏毕，大学士觉罗勒德洪、明珠、王熙、吴正治、宋德宜，学士麻尔图、图纳、席尔达、吴兴祖、牛钮、王起元、丹代、禅布、徐乾学、韩菼以折本请旨。议政王、贝勒、大臣会议正蓝旗吴赫齐家产应令伊同族正白旗马锡承受。嗣后同祖子孙无论在别旗别属，视其近者，令其承受家产，永远为例遵行。上曰："尔等之意若何？"明珠奏曰："定例内身故无子孙者，其家产惟族人同旗者始准承受，若别旗有一族之人，不准承受。今议政王等以同祖子孙的派因在别旗，不准承受家产，情有可悯，故议准其承受。"勒德洪奏曰："吴赫齐、马锡原系同旗，后分往别旗，因系的派近族弟兄，议准承受家产，甚合人情。"上曰："此事着依议。"

又川陕总督希福题进剿四川官兵多给料草银两，请援诏免其追取，部议准行。上曰："此事尔等之意若何？"明珠等奏曰："蠲免钱粮数多，似应令九卿等详议。"上曰："钱粮款项甚多，在外官兵或冒支钱粮亦不可定。着九卿、詹事、科、道会议具奏。"

又礼部覆准福建总督王国安题外国进贡船只应行抽税，令其贸易。上曰："外国私自贸易船只，或可抽税。若进贡船只亦行抽税，于大体不合，亦非朕柔远之意。"明珠、王熙等奏曰："大哉王言！寔非臣下所能见及。"上曰："此事俟九卿将施琅等所题之事会议启奏后，再行请旨。"

又兵部议叙秦州等处击败贼众等事。上曰："尔等之意若何？"明珠等奏曰："此等征战之处，上皆洞悉，兵部议叙军功，虽照击败贼众数目遵例定议，其剿贼之时，有无劳勚，亦应分别议叙。"上曰："观此所叙之处，穆占、希福等击败秦州城内外贼众，议为头等第一太过，应改为头等军功。翁爱等击败秦州后营贼众，议头等军功，应改为二等军功。及议叙招降伪道员谢惠等、沙窝地方击败贼众等案，一并发还该部，减等改定。其平凉之贼为我兵击败，王辅臣势穷不得已来归，遂得恢复平凉。此等议叙之处，朕意以为尚轻。"明珠等奏曰："此皆皇上所洞见者。伪将军带领万余贼兵排列对垒，为我兵所败。又贼之前锋锐旗贼中曾犯我二队兵马，以此观之，我兵实属劳苦。"上曰："然。此本内所叙头等军功改为头等第一，所叙二等军功改为头等。击败虎三屯贼众，议叙头等军功，改为头等第一。皆拟票来奏。盐关等地方击贼之处，贼众败北，不行穷追，不将吴之茂等擒获，佛罗诺等乃称矢尽劳苦，侥幸妄对，情殊可恶！此口供内有名佛罗诺等，皆不许请功。所叙军功二等减为三等，官兵仍准请功。亦应票出。”明珠等又奏曰：“巩昌等处招安伪总兵、副将陈科等及伪将军谢思等皆议军功头等第一，亦觉太过。”上曰：“此亦着减等改定。”

巳时，上诣太皇太后、皇太后宫问安。

本日起居注官徐元梦、孙岳颁。

二十日己酉　早，上御乾清宫，讲官常书、孙在丰、归允肃进讲：爰采唐矣三章。

辰时，御乾清门听政。部院各衙门官员面奏毕，大学士觉罗勒德洪、明珠、王熙、吴正治、宋德宜，学士麻尔图、图纳、席尔达、吴兴祖、牛钮、王起元、丹代、禅布、徐乾学、韩菼以折本请旨。吏部题补内阁侍读博极升任员缺，将刑部主事宋柱拟正，都察院都事贾色拟陪。上问曰：“此二人为人何如？”明珠等奏曰：“二人俱属平常。”上曰：“此缺尔衙门会同吏部选择补授。近来尔衙门官员升转太速，今应将俸深之人拣选具奏。”

又刑部议奏伪尚书王于玉应凌迟处死，其所住地方未经查拿文武各官，请敕各省该督、抚查取职名到日再议。上曰：“王于玉既经拿获，现拟正法，其所住地方官员若逐一追究，恐株连太多，朕心不忍。王于玉着三法司照常核拟，其文武各官免取职名。”

又太常寺会同礼部议文华殿供设伏羲、神农、黄帝、尧、舜、禹、汤、文、武、周公、孔子牌位。上问曰：“尔等之意若何？”明珠等奏曰：“文华殿奉祀先圣先师，明代原有此制。”上曰：“前代既有此例，着照例举行。”

未时，御景山内前殿，召兴化总兵官王万祥赐食毕，召至御座前问曰：“尔有所陈奏否？”王万祥奏曰：“臣系西人，本无知识，仰仗皇上指示。”上曰：“今天下太平，尔到地方毋骚扰百姓，务使军民相安，此尔统辖封疆之责也。”王万祥奏曰：“臣才质懦钝，受皇上洪恩，敢不恪遵谕旨，竭力报效。”上又问曰：“尔曾经战阵，受伤几处？”万祥指其创处奏曰："曾受箭伤、鸟枪伤、刀伤共有六处。"上颔之。

是日，赐福建兴化总兵官王万祥鞍马一匹。

本日起居注官孙在丰、多奇。

二十一日庚戌 早，上御乾清宫，讲官常书、孙在丰、归允肃进讲：鹑之奔奔二章、定之方中一章。

辰时，御乾清门听政。部院各衙门官员面奏毕，大学士觉罗勒德洪、明珠、王熙、吴正治、宋德宜，学士图纳、吴兴祖、牛钮、王起元、丹代、禅布、徐乾学、韩菼以折本请旨。吏部题补太常寺卿葛思泰升任员缺，将太仆寺卿色冷拟正，山西布政使那鼐拟陪。上曰："色冷其人平常。此职任须得谙练事务、材具优长者补用。"明珠等奏曰："前者鸿胪寺卿穆成格皇上欲任用，其人尚能胜此责任。"上曰："穆成格着升补太常寺卿。"

又议监察御史严曾榘题参补授丰县知县石渠，原籍苏州，冒称北籍。已经行查江南总督，据称随伊父居住苏州，委非苏州，保结前来，俱应无庸议。上曰："石渠冒籍甚实，今观该总督等保结，必有情由。"明珠等奏曰："诚如圣谕。"上问曰："此人居官不善，尔等汉诸臣可知否？"王熙奏曰："臣在京师，此人住苏州，诚知之不确。"上曰："非论地方吴远，为尔等或有闻见之处故也。宋德宜、徐乾学、韩菼，尔等俱苏州人，知之必详？尔等无妨直奏，此乃一言可决之事耳。"宋德宜奏曰："臣离家年久，此人亦未闻其残酷。"徐乾学奏曰："此人未闻其有善，亦未闻其有恶。"上曰："为人臣者凡事理宜专确尽言。尔等皆朕任用之人，此一小事，何必如此推托？"因谕："石渠着以原品回籍。"

本日起居注官朱马泰，蔡升元。

二十二日辛亥 早，上御乾清宫，讲官常书、孙在丰，归允肃进讲：升彼虚矣一章、灵雨既零一章。

辰时，御乾清门听政。部院各衙门官员面奏毕，大学士觉罗勒德洪、明珠、王熙、吴正治、宋德宜，学士麻尔图、图纳、席尔达、吴兴祖、牛钮、王起元、丹代、禅布、徐乾学、韩菼以折本请旨。九卿、詹事、科、道会覆提督施琅题请定船只数目，及防察渔舟则例，不准行。其抽税郎中吴什巴请于台湾、厦门建立衙门抽税等因，仍准行。上曰："这疏内事情关系紧要，着遣部院堂上官一员前去，与施琅会同详议具题。其应差堂官职名，着开列来奏。"

又户部覆御史李时谦题河东盐池开浚姚暹渠减水，应设分司官一员，不准行，仍交与州、县官员开浚。上曰："着设分司官一员，如李时谦所奏行。"

又兵、刑二部题黑儿擅入流杯亭门，拟绞；守门护军校革职，护军等各鞭九十。上曰："黑儿小人无知，误入禁地，着免死减等发落。余依议。"

本日起居注官王封溁、邬黑。

二十三日壬子 早，上御乾清宫，讲官常书、孙在丰、归允肃进讲：蝃蝀在东二章、乃如之人也一章。

本日起居注官常书、郭棻。

二十四日癸丑 早，上御乾清宫，讲官常书、孙在丰、归允肃进讲：相鼠有皮三章。

辰时，御乾清门听政。

本日起居注官阿山、徐倬。

二十五日甲寅 早，上御太和门视朝。升转文武官员谢恩，次进贡喀尔喀部落万舒克台吉来使库鲁克下等行礼，赐茶毕，回宫。

少顷，御乾清宫，讲官常书、孙在丰、归允肃进讲：孑孑干旄三章。

辰时，御乾清门听政。部院各衙门官员面奏毕，大学士觉罗勒德洪、明珠、王熙、吴正治、宋德宜，学士麻尔图、图纳、席尔达、吴兴祖、牛钮、王起元、丹代、禅布、徐乾学、韩菼以折本请旨。礼部题已故镶白旗都统尼牙汉应否给谥请旨。上曰："尼牙汉在岳州时所行未有善状，不必给谥。"

又兵部题火器营每旗添设参领一员，骁骑校二员。上曰："尔等之意若何？"明珠等奏曰："火器所关最为紧要，况旗下无职掌闲散章京颇多，似应将伊等补授管理。"上曰："此事着议政王、贝勒、大臣会议具奏。"

又正红旗护军参领阿哈尼堪病故员缺，将骁骑参领色尔固伦拟正，觉罗塞尔滕拟陪。上曰："尔等之意若何？"明珠等奏曰："此二人据该王及护军统领皆保称材力壮健。"上曰："凡保举之人有当者，亦有不当者。观此二人俱属平常。"明珠等奏曰："诚如圣鉴。近见保举之人或将应保者保举，或将不应保者亦行保举。"上曰："此番既系该王及护军统领保举，着将拟正之人补授。"

又议将叩阍革职总兵官惠占春复还原职，罚俸一年。上曰："惠占春之罪原议如何？"明珠等奏曰："原定罪革职。"上曰："亦曾差部员往审否？"明珠等奏曰："系地方官审定具奏，未差部员。"上曰："原将惠占春定罪革职，今又审称无罪议还原职，尔等将此本并原审档案详看具奏。"

本日起居注官徐元梦、乔莱。

二十六日乙卯 早，上御乾清宫，讲官常书、孙在丰、归允肃进讲：载驰载驱一章、既不我嘉一章。

辰时，御乾清门听政。

本日起居注官多奇、熊赐瓒。

二十七日丙辰 早，上御乾清宫，讲官常书、孙在丰、归允肃进讲：陟彼阿丘一章、我行其野一章。

辰时，御乾清门听政。部院各衙门官员面奏毕，大学士觉罗勒德洪、明珠、王熙、吴正治、宋德宜，学士麻尔图、图纳、席尔达、吴兴祖、牛钮、王起元、丹代、禅布、徐乾学、韩菼以折本请旨。吏部题补中允徐元梦升任员缺，将主事宋柱拟正，贾色拟陪。上问曰："此缺孰可用？"明珠等奏曰："主事顾仪系侍读学士顾巴代之子，御试二等第十二名。"上曰："一等第一名西安何如？"明珠等奏曰："西安应升品级尚未及此。"上曰："此内学问并无及西安者，着内升补中允。"

本日起居注官朱马泰、卢琦。

二十八日丁巳 早，上御乾清宫，讲官常书、孙在丰、归允肃进讲：瞻彼淇奥首章、瞻彼淇奥次章。

辰时，御乾清门听政。部院各衙门官员面奏毕，大学士觉罗勒德洪、明珠、王熙、吴正治、宋德宜，学士麻尔图、图纳、席尔达、吴兴祖、牛钮、王起元、丹代、禅布、徐乾学、韩菼以折本请旨。刑部等衙门题拟逆犯王于玉凌迟处死。上曰："法司将王于玉拟凌迟固当，可从轻改拟否？"明珠等奏曰："皇上法外施恩，无所不可。"上曰："王于玉着改为立斩。"

本日起居注官邬黑、曹禾。

二十九日戊午 早，上御乾清宫，讲官常书、孙在丰、归允肃进讲：瞻彼淇奥末章。

辰时，御乾清门听政。

本日起居注官阿山、孙岳颁。

三十日己未 早，上御乾清宫，讲官常书、孙在丰、归允肃进讲：考盘在涧三章。

辰时，御乾清门听政。部院各衙门官员面奏毕，大学士觉罗勒德洪、明珠、王熙、吴正治、宋德宜，学士麻尔图、图纳、席尔达、吴兴祖、牛钮、王起元、丹代、禅布、徐乾学、韩菼以折本请旨。吏部题补鸿胪寺卿穆成格升任员缺，正拟工部员外郎法山，陪拟户部员外郎秦齐喇。上曰："鸿胪寺少卿何玺为人颇优，熟谙事务，着升补此缺。"

又刑部题舒书将伊弟赛纳家人打死，理应拟罪，但事在赦前，相应免罪。上曰："朕曾问裕亲王，王奏此兄弟数人皆系暴恶。"明珠奏曰："此辈果系暴恶，且其子亦曾杀人，但未经举发，此皆其积恶所致。"上曰："此本依部议。伊等恣意妄为，殊属不良，不可留京。传谕裕亲王，令其发遣荒远地方。"

本日起居注官常书、归允肃。

五 月

初一日庚申 辰时，上御保和殿遴选庶吉士。翰林院引见二甲进士张希良等四十名、三甲进士诸来晟等一百十八名。

上亲选张希良等三十五名为庶吉士后，引见修撰陆肯堂，编修陈元龙、黄梦麟既毕，命大学士觉罗勒德洪、明珠、王熙、吴正治，学士麻尔图、图纳、席尔达、吴兴祖、牛钮、王起元、丹代、禅布、韩菼、常书、孙在丰于保和殿前宣谕一甲三名及庶吉士并诸进士曰："士子读书稽古，原期穷理致用，平居砥砺廉隅，敦修品行，皆为异日服官莅政之本。迨一登仕路，志在功名，未免专意求进，干营奔竞，丧其怀来往往有之。尔多士从田间来，甫通仕籍，务宜率其素履，不改初心。凡受内外职任，当益加黾勉，清操自矢，恬静寡营，循分尽职，洁己爱民，以副朕造就人材至意。"陆肯堂等奏曰："臣等遭逢圣明，被服恩遇，敢不凛遵天语，矢志不渝，以图报称。"大学士勒德洪等覆旨，上回宫。

本日起居注官郭棻、徐元梦。

初二日辛酉 早，上御乾清宫，讲官常书、孙在丰、归允肃进讲：硕人颀颀一章、手如柔荑一章。

辰时，御乾清门听政。部院各衙门官员面奏毕，大学士觉罗勒德洪、明珠、王熙、吴正治、宋德宜，学士麻尔图、图纳、席尔达、吴兴祖、牛钮、王起元、丹代、禅布、徐乾学、韩菼以折本请旨。户部题覆郎中色楞格议，福建设炉二十座铸钱，将明季旧钱悉行销毁。上顾大学士等问曰："在明朝时曾将元朝钱尽销毁否？"明珠等奏曰："臣等不知。"上曰："尔等试为查明。"王熙奏曰："宋朝崇宁钱最工，至今有流传者。"上曰："旧钱流布不止福建一省，他省亦皆有之，止可听其从容毁去。若骤为禁止，恐不肖之徒借端生事，贻害平民，亦未可定。其命九卿酌议。"

上又曰："近闻督、抚每行一善政，其不肖有司辄造言诽谤，此意何居？"王熙等奏曰："如有此等小人，造为蜚语，毁败善政，即当题参惩治。"上微笑曰："督、抚所居去所属州、县甚远，且造言之人至巧至隐，何从察访？然是非原有定论，日久自明，岂可轻听一时谤语，有玷善良？"

本日起居注官多奇、乔莱。

初三日壬戌 上以仁孝皇后忌辰，不理政事。

本日起居注官朱马泰、熊赐瓒。

初四日癸亥 本日起居注官王封溁、邬黑。

初五日甲子 本日起居注官徐元梦、徐倬。

初六日乙丑　本日起居注官常书、蔡升元。

初七日丙寅　本日起居注官卢琦、阿山。

初八日丁卯　本日起居注官朱马泰、曹禾。

初九日戊辰　辰时，上御乾清宫。大学士觉罗勒德洪、明珠、王熙，学士麻尔图、图纳、席尔达、牛钮、丹代、禅布以折本请旨。刑部题余元英吓诈等情，照光棍例拟立斩。上曰："余元英所犯情罪非甚重大，如立决，似属稍过，着改为拟斩监候，秋后处决。"

本日起居注官邬黑、彭定求。

初十日己巳　本日起居注官多奇、乔莱。

十一日庚午　巳时，上诣太皇太后宫问安。

本日起居注官郭菼、徐元梦。

十二日辛未　本日起居注官常书、乔莱。

十三日壬申　本日起居注官阿山、熊赐瓒。

十四日癸酉　本日起居注官王封溁、邬黑。

十五日甲戌　本日起居注官朱马泰、徐倬。

十六日乙亥　本日起居注官多奇、蔡升元。

十七日丙子　本日起居注官卢琦、徐元梦。

十八日丁丑　本日起居注官阿山、曹禾。

十九日戊寅　本日起居注官邬黑、彭定求。

二十日己卯　本日起居注官朱马泰、归允肃。

二十一日庚辰　巳时，上诣太皇太后宫问安。

本日起居注官孙在丰、徐元梦。

二十二日辛巳　本日起居注官郭菼、阿山。

二十三日壬午　辰时，上御乾清门听政。

本日起居注官常书、乔莱。

二十四日癸未　辰时，上御乾清门听政。部院各衙门官员面奏毕，大学士觉罗勒德洪、明珠、王熙、吴正治、宋德宜，学士麻尔图、图纳、席尔达、吴兴祖、牛钮、王起元、丹代、禅布、徐乾学、韩菼以折本请旨。佥都御史姚缔虞条奏，凡大朝之期，皇上视朝最早，回宫进讲后，仍御门听政，恐圣躬太劳。今四海升平，政事简少，请以后大朝之期及大雨大雪，俱应停其启奏，或遇大寒大暑之日，亦当酌定间几日一御门听政。九卿会议如其所请，嗣后大寒大暑之时，或各部院无可启奏之事，俱酌量暂停启奏。上曰："朕御极以来，孜孜图治，罔有暇逸，惟求裨益国家，乂安兆庶，用臻上理，非不自知其劳。但若从所请，未免始勤终怠，且恐庶政丛集，不及详裁，致有疎略舛错，于政体得失，关系匪细。以后凡大朝之期，一切章奏交与尔衙门；如遇大雨大雪，临时请旨；其大寒大暑之时，各部院果无应奏之事，方许暂停启奏。朕始终不欲一念倦怠，晏安自便也。"

又川陕总督希福援赦请免进川兵丁长支钱粮。九卿会同两议具奏：一议请交与该巡抚，提督详察；一议请遣大臣严察。上曰："尔等所查档案若何？"明珠等奏曰："当日自陕西进剿四川兵丁，拨给陕西粮饷，后因不敷，该巡抚题请照四川饷例支给，户部曾题准增支在案。嗣各省将军、总督、提督等又照各省分草豆时值，合词定议具题，部议准行。后巡抚杭爱奏销时，户部因所支钱粮浮多，题令扣追。查彼时陕西草豆价贱，四川草豆价贵，所以支给银两浮多。且由河南进剿湖广兵丁，由浙江进剿福建兵丁，俱经照湖广、福建饷例支给销算在案，故总督援赦请免。但曾扣追过十万余两，恐其中不无隐情，所以九卿会议未经说明。"上曰："朕亦知部议前后有异。念向年军兴之际，兵丁甚属劳苦，今若严行扣追，朕心深为不忍。此项钱粮应与赦免，尔等将此情由一一票出，令兵丁悉知。朕意其错议此事堂司官员，着察明具奏。"

本日起居注官朱马泰、郭棻。

二十五日甲申　辰时，上御乾清门听政。部院各衙门官员面奏毕，大学士觉罗勒德洪、明珠、王熙、吴正治，学士麻尔图、图纳、席尔达、吴兴祖、牛钮、王起元、丹代、禅布、徐乾学、韩菼以折本请旨。户部议分拨田地此后停其差遣笔帖式，应遣司官。所遣司官将旗下章京交与之地不行分拨，或另拨别地，降三级调用。上曰："若圈占别地止于调用，何以示惩？着降三级，随旗行走。余皆依部议。"

又工部题修白塔价值照新定例估计，其浮冒银两着于伊哈齐等名下追取。至所修白塔石灰脱落之处，亦令伊哈齐等赔修。上曰：“朕观白塔所修坚致，其石灰脱落，因系圆塔，而灰亦不及旧时，故致脱落。着再议具奏。”

午时，上诣太皇太后、皇太后宫问安。

本日起居注官阿山、蔡升元。

二十六日乙酉 辰时，上御乾清门听政。

本日起居注官邬黑、徐倬。

二十七日丙戌 辰时，上御乾清门听政。部院各衙门官员面奏毕，大学士觉罗勒德洪、王熙、吴正治、宋德宜，学士麻尔图、牛钮、丹代、禅布、徐乾学、韩菼以折本请旨。吏部议考试汉军官员。上曰：“此番考试，无论现任与候补官员，俱行考试。其旗分官员考试翻译，汉缺官员考试文章。汉缺内或有不能作文，情愿翻译者，令其翻译。如果通满汉文义，翻译精通，以之料理部院事务，自无不能者。若旗分官员内情愿作文考试者，令其作文。余依议。”

又三法司会议强盗李之才即行正法。上曰：“尔等之意若何？”勒德洪等奏曰：“李之才抢夺之物不甚多，又未杀伤人命。臣等众见，似应将李之才改斩监候，秋后处决。”上曰：“然。着改秋后。”

又李全刺杀药死伊父之李节，应拟杖，事在赦前，相应免罪。上曰：“尔等之意若何？”勒德洪等奏曰：“李全因李节药死伊父李五，遂报仇刺死李节。部议将李全免罪，似亦为当。”上曰：“此事着依议。”

又工部议湖广巡抚石琳、浙江巡抚赵士麟题请楠木、杉木不能如限运到，恳求宽限，应不准行。上曰：“朕闻明时采取楠木，从山运至于河，民力告竭，地方甚为受累。今运各省所备楠木、杉木，若限期太迫，地方虽有良吏，恐山路崎岖，转运艰难，苦累百姓，亦未可定。着交与该部作何宽缓搬运，不致累民，另议具奏。”

上问讲官熊赐瓒曰：“尔习何经？”熊赐瓒奏曰：“习《尚书》。”上曰：“尔可常看《性理大全》否？”熊赐瓒奏曰：“曾看过。”上问曰：“《皇极经世》书其源流，尔亦曾穷究否？”熊赐瓒奏曰：“《皇极经世》理数精微，臣虽看过，未能洞然。”上颔之。

本日起居注官徐元梦、熊赐瓒。

二十八日丁亥　辰时，上御乾清门听政。部院各衙门官员面奏毕，御史钱珏条奏山西省火耗甚重，请严行禁止。上曰："何以知之？"钱珏奏曰："臣访闻最确。上年抚臣穆尔赛知有风声，虽曾出示申禁，然并未参处一人，于此可知其巧为掩饰，阳禁阴行。"奏毕出。

大学士觉罗勒德洪、明珠、王熙、吴正治、宋德宜，学士麻尔图、席尔达、牛钮、丹代、禅布、徐乾学、韩菼以折本请旨。宗人府等衙门议安亲王违例将外藩喇嘛留住伊庙。奉旨察通医喇嘛，隐瞒不行举出，又伪称喇嘛疯魔耳聋。拟将亲王革去。上曰："王从前所犯之罪较此番甚重，朕曾宽免，今若将王革去，朕心不忍。着从宽免革王爵，止将宗人府及议政革去，罚俸三年。"

又吏部以克什兔等修筑卢沟桥堤岸草率不坚固，议革职。上顾麻尔图、席尔达问曰："尔等曾往看过，修筑果不坚否？"麻尔图等奏曰："修筑草率，桩木微细，若遇大水，即可危矣！"上曰："混河与京城相近，明季成化时堤岸冲决，水至京城，内外官民房屋被水淹没，皆在东西长安门周围设庐居住，人物多致损伤。此堤不可不令其坚固。克什兔等暂行停其革职，着戴罪监修，告成之日再行察看定夺。"明珠奏曰："皇上建都之所，非他处可比，理当慎重，何况曾被水冲一次。"

又刑部题偷采人参王自逸等，将往拿伊等骁骑校敦托和杀死。为首王自逸照光棍例拟立斩，余拟徒罪。上曰："王自逸等抗拒官兵，杀死骁骑校，将为从者拟罪甚轻，何以惩创凶徒？伊等虽不立斩，亦应秋后处决。"

又顾大学士曰："顷钱珏条奏山西火耗甚重。山西巡抚居官若何？"明珠奏曰："未闻有人称其善者。"上曰："闻山西巡抚居官无善状，火耗情弊事在巡抚、布政使。朕任用满洲，以为必有裨益。观此，则不肖者仍为不肖，并无裨益。"

本日起居注官卢琦、阿山。

二十九日戊子　辰时，上御乾清门听政。部院各衙门官员面奏毕，大学士觉罗勒德洪、明珠、王熙、吴正治、宋德宜，学士麻尔图、图纳、席尔达、牛钮、丹代、禅布、徐乾学、韩菼以折本请旨。吏部题侍读归允肃员缺，以赞善徐潮升补侍读；李录予员缺，以侍讲乔莱转补，其缺以赞善胡士著升补；洗马田喜霱员缺，以中允朱阜升补；中允乔莱员缺，以编修高裔升补。上曰："翰林乃侍从清要之官，必学问优裕，品行端方，老成勤慎者始为称职。迩来翰林官内，乃有不思读书砥行勤修职业，胸无实学，妄自矜夸，刊布诗文，沽名钓誉。甚而遇一缺出，不肯安分静守，钻营奔竞，觊觎升迁。此等之人深为可鄙！这四缺，尔等会同翰林院掌院选拟来奏。"又谕曰："尔等亦有拣选人材之责，凡有简用，务得端良之士，始有裨益。"明珠等奏曰："皇上用人如此精详，臣等敢不实心咨访，以副委任至意。"

又户部题云南巡抚王继文请减云南铸钱铜筋，议不准行。上曰："滇省产铜甚多，所铸之钱其值甚贱，故以减铸为请。京城需铜最为紧要，前曾将滇省铜炮解京，未见艰苦。今彼处铜筋可径交驿递，勿烦民力，从容运解，递至沅州，载于船内起运来京，殊有裨益，亦不致累民。"明珠等奏曰："此铜若令如此解送，丝毫不借民力，且又易达京师。"上曰："这铜筋应否解送，尔等可问九卿。"

上又曰："今岁雨旸时若，二麦已登，他谷亦皆沃茂，秋成可望，黎民不至阻饥。但豪强富室，田地原多，收获亦丰，往往用之酿酒，又轻价粜藏，以待重价。贫民田少，收获有限，并不节用，效尤酿酒，亦甚糜费。虽遇丰年，仅免饥馑。倘复遭荒岁，何以自赡？朕巡省闾阎，历历亲睹，非同耳闻。每一念及，恻然廑怀。应作何禁止奢靡，使家给人足，尔等可图一良策，以待秋期举行。"

又谕曰："九卿皆有条奏之责，科道亦为耳目之官，须于灾异未见之先，预行筹划。凡有所见闻，应行之事，当不时入告。今天下虽已升平，岂遂无可陈之事？尔等可将此旨晓谕九卿、科、道等官。"

是日，将各部院汉军侍郎有职掌官员以下、有顶带无顶带笔帖式以上及内外候补官员、监生、俊秀齐集太和殿前，上亲定题目，为请禁奢侈以养民财，惩僭越以定民志事，考试满汉奏章。

本日起居注官邬黑、曹禾。

三十日己丑　辰时，上御乾清门听政。兵部将八旗各佐领下壮丁一百名外，其余壮丁查出，每二名内议令一名披甲折子呈览。上曰："闻八旗新编佐领并无二百名壮丁实数，妄称足额，分编佐领。因此内多不堪披甲者，遂将各家奴仆披甲支领钱粮。朕若果行查核，此等情由未有不发觉者。但事属已往，朕亦不究。"侍郎郭丕、佛伦奏曰："皇上所见极当。新编佐领内如圣谕者诚多。"上曰："此不但糜费钱粮，即兵丁亦渐衰弱，而精锐者少矣。且令奴仆披甲，亦不过有益于富家，于贫者并未有益。何也？富家奴仆众多，披甲之人易得，贫者又岂能得披甲之人乎？"佛伦奏曰："或有孤寡无以为生者，本佐领内商酌，令其得食钱粮，故给甲者亦有人。"上曰："此辈亦应画策赡养，俟朕巡幸回时，可着议政王、贝勒、大臣及八旗都统、副都统、参领、佐领以上会齐，将八旗兵丁何以令其精锐，孤寡无以为生者何以料理，俾其得所之处，一并详确定议具奏。"

部院各衙门官员面奏毕，大学士觉罗勒德洪、明珠、王熙、吴正治、宋德宜，学士麻尔图、图纳、席尔达、牛钮、丹代、禅布、徐乾学、韩菼以折本请旨。吏部题兵部尚书调转礼部尚书哈占员缺，开列都察院左都御史达哈塔等。上曰："吏部宜用清正之人，伊桑阿前任户部之时，并无厘剔弊端有所裨益处，着调补兵部尚书。"又奏请应否带吏部尚书衔。上曰："不必带衔。"

王熙等奏曰："臣等遵旨，会同翰林院满汉学士，为侍读归允肃员缺，选择得国子监司业彭孙遹学优守分，堪升此缺。洗马田喜霨员缺，中允李应鹰系山东人，人亦可用，堪升此缺。又拟升侍讲胡士著安分读书，学问颇优，办事亦勤。又拟升中允高裔学问虽属平常，然能守分，办事亦勤，又有孝名。此二人应即行升补。上曰："此四缺，依尔等所拟四人，准其升补。"

勒德洪等又奏曰："遵旨传问九卿：云南所产之铜，应否运至京师？九卿等称，京师需铜紧要，云南所产之铜若行运取，无有不可。"上曰："可将云南果否产铜甚多之处，问曾到云南德尔得等。若铜斤果多，可差官前往取解。"

又将太常寺正卿徐元珙条奏地坛配位事，查明历代典礼，开写折子呈览。上曰："配享关系重大，不可轻议。此事俟朕回时，着交与九卿议。"

午时，上诣太皇太后、皇太后宫问安。

本日起居注官归允肃、徐元梦。

六　月

初一日庚寅　上由东华门出东直门，驻跸三家店。是日，顺义县驻防防守尉巴朗等、知县钟韵远来朝。

初二日辛卯　上驻跸河漕地方。是日，霸昌佥事道许兆麟等、密云县守备胡守恩等来朝。

初三日壬辰　上驻跸钓鱼台地方。是日，石匣营守备姜彪等来朝。

初四日癸巳　上出古北口驻跸。是日，皇上驾行途次，理藩院尚书阿尔尼奏曰："侍郎明爱遣拨什库席纳尔图疾驰报称，大兵于五月二十二日抵雅克萨城，遵谕旨将皇上不忍加诛洪恩，悉着于书致罗刹。罗刹恃巢穴坚固，不肯迁归。于是二十三日，将水陆官兵分二处列营夹立。二十四日夜，将神威将军等火器移置于前。二十五日黎明，并进急攻，城中大惊，内乱。少顷，罗刹城守头目额里克舍等出城，军前稽首愿降，乞贷犬豕微命。都统公彭春、乌龙江将军萨布苏等，将皇上恩德逐一宣谕。罗刹头目额里克舍所部官兵皆垂涕，望阙稽首。于是，遵皇上谕旨，将罗刹所部官兵及妇女童稚，立视迁归，收回逃人，恢复雅克萨城。"上停辇顾阿尔尼曰："征罗刹之举，众心皆以路远难之，朕独断兴师致讨。今仰荷天眷，遂尔克之，朕心嘉悦。尔将此捷音传知诸王、大臣。"

既驻跸行宫，恭亲王常宁等率文武官员，向奏事近侍转奏庆贺。皇上遣尚书阿尔尼、侍郎佛伦传谕诸王、大臣曰："治国之道，当期久安长治，不可苟安一时。朕于天下承平无事之时，常殚心筹度。即今征罗刹之举，似非甚要，然所关最巨。罗刹扰我乌龙江、松花江一带地方三十余年。其窃据之地，与我朝发祥之地相近，若不加剪除，边远疆隅何能宁辑？朕自十三岁亲政之后，即留意于此。将其土地险易，山川形胜，人物情性，道涂远近，备细访问，以故酌定天时地利，馈运道路，进剿机宜，不徇众见，决意命将出师，深入挞伐。然兵贵相机而动，变化无穷，恐所遣诸将违朕指授，致失机宜，深以为虑。今承天眷佑，如朕之意，俾克雅克萨地，乃遂初心。至于抚绥外国之道，惟在使之心服，不在加之以威。近遣亲随侍卫关保等前往罗刹时，谆谆谕之曰：兵凶器，战危事，古人不得已而用之。朕以仁治天下，素不嗜杀，尔至其地，严谕将士，毋或有违朕意。今我军士马精锐，器械坚利，敌人断不能敌，势穷之际，必献地归诚。此时一人勿杀，尽迁归故土，俾称述朕柔远至意。今悉如朕言而行，朕甚嘉焉。其以此传谕诸王、大臣。”

王及诸大臣合词奏曰：“征罗刹之举，诸臣咸谓地势最远，输饷最难，故皆不愿。然皇上于事形未发之先，洞悉事理必至之势，遂独出乾断。今观罗刹归诚，雅克萨城恢复，果如圣算，前定不爽纤毫，若合符节。圣人设施至深至密，寻常浅近之人何能解会？况征罗刹之举，从根本起见，尤非臣等愚见所能计及万一。且罗刹乃不奉教化小国，前所俘获未加诛戮，复豢养之。今大兵进剿，又遣亲随侍卫关保等屡谕将军诸臣，诫以勿杀，乃皇上好生之德，覆被天下，罔勿周遍。匪但罗刹仰戴仁恩，即海外诸邦莫不倾向圣化。今蒙皇上福庇，边陲巩固，万世永安，臣等合行庆贺。”阿尔尼、佛伦进奏毕，复出传谕曰：“朕观凡事必周详熟审，方获实效，不可苟且轻率。前因尚书明安达礼轻进，粮不得继，将军沙尔呼达、巴海等失计，半途而归，遂致罗刹骄恣。而索伦、奇勒礼、鄂罗春等心怀疑二，皆由此故。朕细问伊等失机情由，一一详计，今始奏功。兵法云：多算胜，少算不胜。讵可忽视？且兵以神速为贵。前逆贼吴三桂等叛时，朕思岳州系湖广门户，不可不早计，因遣人指示速战，始克岳州。遂一面进取四川，以分贼势；一面密谕大将军赖塔从广西直趋云南。于是云南诸省底定，兵革休息，然亦在将军等奋勉效力耳，倘怠忽而不奉行，虽有良策，何所用之？所以平定云南，赖塔之功最大，纵有他过，被人控告，朕亦不加罪也。”

诸王、大臣同奏曰："前三逆反叛时，在外将士各自支守，并无进取之日，赖皇上神谋内运，决胜万里之外，恩威并用，剿抚兼施，所以负固巨孽刻日诛锄，数省黎民皆享太平之福。圣功神谋，炳著天壤。皇上又俯念赖塔有功，为之保全，凡效力行间者，皆欢忻鼓舞，而臣等亦莫不感戴皇仁。"阿尔尼、佛伦复传旨曰："前亲随侍卫关保有两事来奏：其一已令部议，一本朕密不示人。内云：方我兵定议于四月二十八日水陆进剿，其时雷雨大作，直至二十六日，江水泛溢，又风逆，船不得前。及二十七日，天晴水落。二十八日平旦，忽转顺风，我兵忻悦，尽扬帆逆流直上，陆路之兵虽疾行不及也。三日之程，遂一朝而至。又驻札爱浑兵丁正当肉食匮乏时，忽有鹿数万自山趋下，骑者驰射，步者梃击，及江中船筏截获者，计五千余。朕观此二事，心知其可以奏功，但事尚未成，秘而不发。今既平定，故传谕尔等知之。"

诸王大臣奏曰："皇上仁政，上符天意，故尔鉴佑。此事甚奇，诚亘古希觏。国祚绵永，万年无疆之休，于此可卜，臣等不胜惊喜。"阿尔尼、佛伦进奏，上允行礼。王等率文武官员行三跪九叩头礼。

是日，古北口防御古尔拜等、古北路都司佥书石春等来朝。

初五日甲午　上驻跸鞍匠屯。

初六日乙未　上驻跸鞍匠屯。

初七日丙申　上驻跸鞍匠屯。是日，侍卫二格出，宣谕兵部侍郎佛伦曰："尔旧任学士，曩来练习事务。嗣后凡遇本章到日，尔同内阁公阅；有折本请旨，尔亦同启奏。"

初八日丁酉　因皇四子病，巳时，上回銮。

初九日戊戌　卯时，上由东直门进东华门，回宫。

巳时，上诣太皇太后宫问安。

上亲视疗治，皇四子遂渐痊可。

扈从起居注官常书、朱马泰。

初十日己亥　本日起居注官孙在丰、多奇。

十一日庚子　本日起居注官郭棻、邬黑。

十二日辛丑　本日起居注官乔莱、徐元梦。

十三日壬寅　申时，上诣太皇太后、皇太后宫问安。

本日起居注官阿山、徐倬。

十四日癸卯　辰时，上御乾清门听政。部院各衙门官员面奏毕，大学士觉罗勒德洪、王熙、吴正治、宋德宜，学士麻尔图、图纳、席尔达、牛钮、丹代、禅布、徐乾学、韩菼以折本请旨。吏部议汉军官员笔帖式及候补官员、监生、俊秀内，曳白卷八百人，俱应革职。上曰："此辈毫无学问，如何可令居官？俱着解任，令其读书，俟其学习之后，考试补用。"

又兵部题镶红旗原任步军校通色应否给与半俸请旨。上曰："伊有效力之处否？"勒德洪等奏曰："问通色所历之处，据云行间效力颇多，几合得官之例。"上曰："通色既效力得有功牌，着与半俸。"又五品官噶达浑应否给与半俸请旨。上曰："此人何如？"勒德洪等奏曰："问噶达浑，据云人材壮健，行间效力之处亦多，但无功牌。"上曰："噶达浑既无功牌，着停给半俸。"

又三法司会议携家属叛逃之黄升、陈英、刘佑俱拟立斩。上曰："此拟当否？"勒德洪等奏曰："向有似伊等所犯黄豪、吴三畏，亦有令归旗、令充发者。"上曰："前既有已行定例，将为升等俱免死，令其归旗。"又曰："前既有安插黄豪等例，尔等为何不拟票签？"勒德洪等奏曰："从前凡叛逆之罪，皆不拟票签，故此事亦不拟票签。此皆臣等意见不及处。"

又兵部等衙门议原任福建副都统胡启元等，将耿精忠名下应撤回兵丁张君锡等五十四人，受贿留住福建，因将胡启元、原任参领杜荣及遗贿兵张君锡等四人皆拟绞监后，秋候处决。上顾大学士等问曰："此事尔等亦曾酌议否？"勒德洪等奏曰："胡启元等所犯之罪已拟重罪，无容另行酌议。"上曰："胡启元等甚是贪婪，妄行犯法，着依部议。"

本日起居注官孙在丰、多奇。

十五日甲辰　早，部院各衙门章奏俱交送内阁。

巳时，上诣太皇太后、皇太后宫问安。

晚刻，大学士觉罗勒德洪、王熙捧折本进乾清宫请旨，奏曰："吏部题杨素蕴等学道五员，以一员内升。臣等遵旨问九卿等。据满官云，此五人伊等皆不知。据汉官皆称杨素蕴谨慎，为人颇优。”上问王熙曰：“尔知杨素蕴否？”王熙奏曰：“杨素蕴系顺治八年进士，原任中书。由中书升监察御史，因参吴三桂革职。及吴三桂反后，已故侍郎杨永宁题荐补授湖广郧襄道，后为学道，闻其居官有贤声。其列名之高璜尚属平常。丁蕙由庶吉士散馆补授部属，为人平常。邹峄、钱捷任学道，皆在小省考试，政绩甚少，人亦平常。”上曰：“杨素蕴着内升。”

又六品笔帖式布喇代将伊妻殴打以致缢死，而巧饰供称不曾殴打，因议削去所加一级。上曰：“此事照马齐例议不符，着吏、刑二部会同另行详议具奏。”

又刑部题张彩书、邹可远明知法葆，故意隐匿，拟立斩。上曰：“张彩书、邹可远虽隐匿法葆，而法葆反情，原未得知。今将张彩书、邹可远即行处斩，似觉稍过。”王熙奏曰：“张彩书、邹可远谓其明知满洲法葆隐匿则可；谓其知法葆反情，故行隐匿则不可。”勒德洪奏曰：“张彩书前于京师在法葆家处馆，后法葆逃去，张彩书留在伊家居住将及一年。其邹可远将法葆留住伊家数日。观此，二人情亦应斩。”上曰：“张彩书、邹可远俱着监候，秋后处决。”

本日起居注官归允肃、徐元梦。

十六日乙巳 早，上由东华门出东直门，驻跸前后屯。

十七日丙午 上驻跸老鸹店。

十八日丁未 上出口外，行至偏岭下，皇太子率皇长子及扈从行在诸王、内大臣、侍卫迎驾请安。

巳时，上至行宫。

十九日戊申 巳时，上御行幄，扈从侍郎佛伦，学士图纳、席尔达、牛钮以折本请旨。吏部题赞善布达礼升任员缺，以中书尹布珠拟正，阿里马拟陪。上问曰：“伊等何如？”图纳奏曰：“尹布珠为人庸劣，阿里马在衙门颇勤。此二人皆在臣衙门，故臣知之。”上曰：“着另行选择具奏。”

又考试汉军下卷一百三十二人，令随旗行走。曳白者八百人，见任者解任，候补者停其补用。上曰：“此事着遵前旨行。其解任学习人员内，有弓马娴熟，愿于武职效用者，应于各旗员缺酌量补用。此意传语大学士，转交该部及该旗都统查明。”

又给事中费扬古参任辰旦妄奏不合，及任辰旦条陈错误，自行认罪二疏。上曰：“任辰旦系微末之人，不必治罪。着批：知道了。”佛伦奏曰：“此人该交部议处，俟启奏时，皇上再从宽免耳。”图纳奏曰：“任辰旦端为沽名启奏。”上曰：“征战松山等处地方，已四十余年。两国交锋，自多杀伤。任辰旦必追论此事具奏，殊属狂妄。即今吴三桂叛乱以来，各处盗贼自相戕杀者甚多，此岂尽满洲人所杀耶？任辰旦愚蠢无知，似此不堪之人，何足治罪？着改票：知道了，该部知道。”初，任辰旦条奏称，松山等处白骨暴露如山，皇上泽及枯骨，应立义冢掩埋。上遣给事中费扬古同任辰旦驰驿往，遍视无有，故费扬古、任辰旦奏此二疏，上乃下此旨。

是日，上驻跸鞍匠屯。

二十日己酉 上命亲随侍卫宣谕曰：“朕喜观书史，遍阅圣经贤传，而《通鉴》一书，关于治道尤为切要，虽不时翻阅，恐有缺略，故将《资治通鉴》、《资治通鉴纲目》、《纲目大全》三书以朱笔亲加点定。因《资治通鉴》及《纲目》卷帙繁多，未携带至此，止携《纲目汇纂》以备披览。朕虽时时校阅，然不能尽记。尔等职司文翰，各将所携书籍呈览。因将内阁、翰林院学士，詹事府詹事等所带《通鉴》、《文选》诸书取进。览毕，谕曰：“凡为仕者，无论文武，皆须读书，深讨古今得失，加以研究。尔等携带诸书，以备问答，甚善。朕所点定之书，尔等亦试观之，此内有错误处，尔等直言勿隐。”

谕毕，图纳、席尔达、牛钮、常书、朱马泰等恭捧阅视毕，奏曰：“皇上万几之暇，一切经传悉加博览，又将《通鉴》三大书御笔点定，不独古来好学圣主远不能及，即夙学名儒亦不能似此。臣等恭捧敬览皇上朱笔点定，一色停匀，分划段落，甚为清晰，不但错误者悉加改正，即缺失者亦皆增补。虽臣等学问最为疏浅，而开卷一览，易于通晓。若得照此刊布，实于后学大有裨益。而谕旨犹谓不能尽记，仰见皇上圣不自圣，望道未见至意。臣等忝列侍从，亦已多年，见皇上经理政务，不但二十年以前之事更无遗忘，即二十年以前偶经一见之人，无不记忆者。此盖由于天纵，又非学问之力所能致矣。”

是日，上驻跸鞍匠屯。

二十一日庚戌　上驻跸鞍匠屯。

二十二日辛亥　上驻跸鞍匠屯。

二十三日壬子　上驻跸鞍匠屯。

二十四日癸丑　上驻跸鞍匠屯。

二十五日甲寅　上御行幄，扈从侍郎佛伦，学士图纳、席尔达、牛钮以折本请旨。吏部题补国子监司业彭孙遹升任员缺，拟编修米汉雯。上曰：“国学关系教育人才，此缺殊为紧要，着内阁会同翰林院选择具奏。”

又户部议自吴喇一带至黑龙江所设十九处驿站户口，令于次年正月起程，其应给米粮着盛京户部采买，募车运送。上曰：“朕定计征罗刹，预设良策，于爱浑地方屯积糗粮，想足支数年矣。”侍郎佛伦奏曰：“黑龙江等处米粮原甚稀少，皇上周详熟计，既多积米粮，而又遣侍郎萨海于彼处屯田，闻今岁田禾甚为茂盛。今大兵征服罗刹复回爱浑，此所积之粮，自不可胜用矣。”上曰：“着该部将黑龙江现在米粮酌议具奏。至明岁可停止运米。”

又朝鲜王李焞因伊国牛多疫死，致民失耕种之期，请暂停互市。礼部议朝鲜托言牛多疫死，冒渎具奏，殊为不合。应令国王李焞回奏到日再议。上曰：“此事尔等云何？”佛伦等奏曰：“臣等之意谓从前康熙十一年时，朝鲜进贡之物与例不合，曾议令该王回奏，奉旨宽免。臣思前此进贡违例事大，今请停互市事小，应如部议，俟回奏到日，皇上宽免可也。”上曰：“抚驭外国之道固不可太严，亦不可太宽。朝鲜之人赋性狡诈，若竟依所请，此后又或玩忽，亦未可定。其传语大学士等议奏。”

又三法司议荆州协领喇都浑将伊家人德黑特遣往蒲圻县，用强吓诈银两，照枉法律，拟绞监候，秋后。将伊家人德黑照光棍例立斩。上曰：“喇都浑为人最为凶恶，着依议。所议德黑罪稍过。”学士图纳等奏曰：“圣谕最当。喇都浑系起意之人，德黑乃被遣之人，今拟德黑之罪更重于喇都浑。”上曰：“德黑亦改为监候，秋后处决。”

是日，上驻跸鞍匠屯。

二十六日乙卯　上驻跸上都河岸。

二十七日丙辰　上驻跸上都河岸。

二十八日丁巳　晚刻，上御行幄，扈从侍郎佛伦，学士图纳、席尔达、牛钮以折本请旨。佛伦奏曰："礼部所议朝鲜国王回奏之事，大学士等议将此本发回该部严加议奏。前皇上问臣等时，臣等照部议启奏。今思圣谕极当，此等小国，非如是警戒不可。"上曰："此本着礼部另议具奏。"

又兵部题江南、浙江兵丁于浙江台州等处阵亡、被伤者，应给赏银两。上曰："赏赐原系酬功，倘不得实惠，何以鼓励将来效力之人？着特遣该部贤能官一员，明白详查，务沾实惠，以副朕酬功之意。"

是日，赐上三旗参领、护军校及护军等共牛四只、羊七十八只。

是日，上驻跸上都河岸。

二十九日戊午　上驻跸上都河岸。

七　月

初一日己未　上驻跸九汇河岸。

初二日庚申　上驻跸青城地方。

初三日辛酉　上驻跸荆溪地方。

初四日壬戌　上驻跸荆溪地方。

初五日癸亥　上驻跸九隘口。

初六日甲子　上驻跸石塞冈。

初七日乙丑　上驻跸会岭口。

初八日丙寅　上览章奏，见蒿齐特部落多罗郡王车布登以伊旗下蒙古饥馑，题请赈济一疏。上召理藩院尚书阿尔尼谕曰："朕顷见蒿齐特王车布登疏奏，伊所属旗下蒙古大饥，朕心深为悯恻，岂可坐视，听其饥荒？蒿齐特所居之地去此不甚相远，可亟遣尔衙门司官将彼饥荒户口数目速查具奏。"

晚刻，上御行幄，扈从侍郎佛伦，学士图纳、席尔达、牛钮以折本请旨。吏部等衙门题补詹事府右赞善员缺，拣选典籍参忒拟正，中书鄂勒拟陪。上曰："伊等如何？"佛伦等奏曰："参忒前补典籍时，曾经内阁选授，其人颇优。鄂勒办事勤敏。"上曰："参忒着补授赞善。"

又户部题古北口抽分，拟遣员外郎莫落浑。上曰："莫落浑为人甚属平常。此缺着另拟。"

又礼部议朝鲜国王李焞题请暂停贸易，应罚银一万两。上曰："此事应照部议，但系外藩小国，姑恕这一次。仍着照常贸易。"

又刑部议李才因争家产，将伊堂叔李之荣殴死，拟立斩。上曰："此事尔等云何？"佛伦等奏曰："家产系李之荣所应得，而李之荣使李才亦与分授，其意颇善。李才反将伊叔殴死，罪应处决。"上曰："李才殴死尊长，着照部议。"

是日，上驻跸弩湖埭地方。

初九日丁卯　上驻跸温泉。

初十日戊辰　上驻跸杉林地方。

十一日己巳　上驻跸拜察地方。

十二日庚午　上驻跸拜察地方。是日，赐上三旗护军校、护军及包衣三旗护军等共羊三百八十五只，赐喀栏人羊一百只。

十三日辛未　上驻跸拜察地方。

十四日壬申　上驻跸拜察地方。

十五日癸酉　上驻跸独远峰地方。是日，郎中苏巴泰差往蒿齐特部落查蒙古饥民户口还，尚书阿尔尼引奏曰："蒿齐特部落饥荒蒙古，约有三千名，皆采野薤草根为食，人多形容憔悴。一闻皇上遣官稽查户口，皆环跪举手加额曰：我等犬马残喘，自分旦夕就死，初不计及皇上遣官稽查，特行赈救也。今幸天使至此，我等微命可无患矣。遂皆欢忻稽首。"上顾尚书阿尔尼曰："食为民命，朕先有谕旨，各处设立常平仓，令其积储，以备拯救此等饥民。今岁畿内秋成大熟，正当详酌此事之时。至救荒之道，以速为贵。倘赈济稍缓，迟误时日，则流离死丧者必多，虽有赈贷，亦无济矣。朕每闻水旱饥荒，即行遣官，动支正项钱粮赈贷，以此故也。今欲救蒿齐特部落蒙古，若将畿内之粟转运至彼，则饥而甚者恐不能待，可速将拜察地方储备之粟措支一千石，遣尔部贤能司官昼夜兼驰，运去赈济。朕宁自节用可耳。”遂遣郎中穆朱虎等速运赈贷，而蒿齐特部落饥荒蒙古于是皆得更生矣！

十六日甲戌　上驻跸黄阜地方。

十七日乙亥　上驻跸榆山口。

十八日丙子　晚刻，上御行幄。扈从侍郎佛伦，学士图纳、席尔达、牛钮以折本请旨。兵部题太常寺牺牲所所目、所副员缺，请选用满官，议不准行。上曰：“所目、所副之官关于祀事，亦为紧要，着会同太常寺议奏。”

又叛逆胡国柱等带领贼众二万余攻围永兴，我军击败之处，不准议叙。上曰：“永兴之兵虽未出城迎战，然保守城郭，击退贼众，甚为劳苦。永兴乃江西咽喉，倘不克保守，则江西可危！此番军功，理应准议，着再行议叙具奏。”

是日，上驻跸长泉地方。是日，赐上三旗内大臣、侍卫等牛三头、羊一百只。

十九日丁丑　上驻跸福延山地方。是日，赐巴林王、翁牛忒部落杜棱王牛五头、羊五十五只。

二十日戊寅　上驻跸寒泉河岸。

二十一日己卯　上驻跸寒泉河岸。

二十二日庚辰　上驻跸寒泉河岸。

二十三日辛巳　上驻跸平苍冈。

二十四日壬午　上驻跸榆山地方。

二十五日癸未　上驻跸榆山地方。

二十六日甲申　上驻跸柳林地方。

二十七日乙酉　上驻跸柳林地方。

二十八日丙戌　上驻跸鸳峰。

二十九日丁亥　上驻跸潺流河红门口。

三十日戊子　上驻跸潺流河红门口。

八　月

初一日己丑　上驻跸潹流河红门口。

初二日庚寅　上驻跸潹流河白谷口。

初三日辛卯　上驻跸永宁口。

初四日壬辰　上驻跸永宁口。

初五日癸巳　上驻跸石山地方。是日，赐察哈尔官兵绸缎、布匹、银两、袍套有差。

初六日甲午　上驻跸石山地方。

初七日乙未　上驻跸石山地方。

初八日丙申　上驻跸山羊谷地方。

巳时，召随行蒙古科尔沁国和硕达尔汉亲王班第额驸、多罗贝勒沙津额驸，翁牛忒部落多罗杜棱郡王毕礼衮达赖、多罗达尔汉贝勒厄林臣、护国公毛奇他特，巴林部落乌尔衮额驸、多罗额驸阿尔布谭台吉等及巴林、翁牛忒部落官兵，八旗察哈尔官兵于行宫前赐食。蒙古王等率众谢恩毕，上遣尚书阿尔尼、副都统马锡巴图、一等侍卫仪度额真阿南达，命八旗察哈尔官兵跪听传谕曰："尔等察哈尔官兵，自太宗皇帝时，皆编旗分佐领，爱养有年。今朕巡历边外，讲习武备，视尔等兵丁，皆人材壮健，颇谙体制，与京师八旗无异。朕所以奖励尔等，不分内外，一视同仁。此后尔等各应善养牲畜，勤力农事，谨守成规，毋为贼盗。果能如此奉行，不但人皆得所，即朕任使亦有裨益。尔等其谨志遵行。"总管游牧参领品级阿耀等及八旗察哈尔官兵皆欢忭稽首，奏曰："臣等系皇上奴隶，殚力效命，皆分内之事。皇上于臣等官兵屡加赏赉，又蒙恩眷，降以温纶，臣等官兵喜不自胜，唯竭力捐躯，以图报称。且沾皇上福庇，今岁雨水调顺，秋成大获，牲畜亦甚蕃息。此后但当小心奉行，以期生计充足，仰副圣谕。"

本日，命领侍卫内大臣国舅佟国维、公郛黑传谕镶黄旗总管察哈尔游牧蒙古带参领品级阿耀曰："自命尔管辖察哈尔兵丁以来，尔能敬慎奉太后宫问安。

酉时，上复诣太皇太后宫问安。

本日起居注官邬黑、乔莱。

初四日辛酉　早，上诣太皇太后宫问安。

辰时，御乾清门听政。部院各衙门官员面奏毕，大学士觉罗勒德洪、明珠、王熙、吴正治、宋德宜，学士麻尔图、图纳、席尔达、吴兴祖、牛钮、王起元、丹代、禅布、徐乾学、韩菼以折本请旨。吏部题补佥都御史姚缔虞升任员缺，开列左通政袁景星等。上曰："府丞房廷祯为人颇优，着补授佥都御史。"

又司道内升，开列布政使郎永清等。上曰："着问九卿，将清廉者举出。"

又正红旗、镶白旗汉军员外郎缺出，拟兵马司指挥等官补用。上曰："汉军既有旗分员缺，又补授汉缺，人不敷用。汉举人、进士甚为壅塞，不得补用。汉军既有外任，则在内汉缺，渐行消完。该旗员缺，若无升补之人，将外任汉军补授，亦无不可。着传谕九卿。"

又九卿、詹事、科、道会议山西巡抚穆尔赛降三级调用。上曰："凡居官不善者，应以所坐请罪，明白纠举，严加惩治。穆尔赛居官不善，犹言其不生事，岂其余皆生事之人耶？此事或着原参之人指实陈奏亦可。凡议事须当秉公，若满洲偏向满洲，汉人偏向汉人，嗣后九卿何可信任？温代、达尔布因其贪污，已发往爱浑。非但此两人，凡贪劣者断不可恕！着以此问九卿。"

又兵部题补黑龙江副都统雅齐纳革职员缺，开列侍郎阿兰泰等。上曰："此缺着将本旗强壮健之人及右翼由部院革职官员察明具奏。"

又镶红旗汉军副都统周邦宁病故员缺，开列侍郎敖哈等。上问曰："尔等之意若何？"明珠奏曰："琼州总兵官刘成龙居官不善，似应补授此缺。"上曰："然。刘成龙不可久留外任，着补授此缺。"

又正白旗解任汉军副都统孙承祖员缺，开列侍郎鄂尔多等。上曰："汉军甚为衰靡，此缺应以甚优之人补授。"因停思少顷曰："着以对秦补授。"

又题补革职拟重辟福州府副都统胡启元员缺，议政王、贝勒、大臣会推京口正白旗协领祖光锡拟正，镶黄旗参领邓之隆拟陪。上曰："此二人俱属庸常，着另拟。"

又刑部题杀张世兴父子三人张林等两议。上问曰："此事尔等以为何如？"明珠等奏曰："臣等之意，此事前议照律，后议原情。若照律坐罪，似属太过，若原情定议，又难行之久远。似应交与九卿定议。"上曰："然。尔等所议交与九卿甚当。"

又总漕徐旭龄报徐州等处水灾。上曰："今岁禾苗甚丰，惟被水处田禾荒歉。"王熙奏曰："今岁苗禾实丰，当此饶裕之年，不可妄费，务宜积贮，以备荒年。"上曰："然。徐州等处州、县之民遭罹水灾，甚为可悯。着明悉传谕，使被灾百姓勿致流离，务令得所。"

本日起居注官郭棻、多奇。

初五日壬戌 早，上诣太皇太后宫问安毕，御太和门视朝。升转文武官员谢恩，次进贡喀尔喀部落巴图尔台吉来使色纳克等、厄尔德尼代青颜来使海拉图秉图等、鄂齐尔达喇库图克图来使鄂穆博格楚尔等、噶尔丹台吉来使顾鲁习熙等、厄尔克颜来使喇什希和硕齐等行礼，赐茶毕，回宫。

申时，上复诣太皇太后宫问安。

本日起居注官卢琦、徐元梦。

初六日癸亥 辰时，上御乾清门听政。部院各衙门官员面奏毕，大学士觉罗勒德洪、明珠、王熙、吴正治、宋德宜，学士麻尔图、图纳、席尔达、吴兴祖、牛钮、王起元、丹代、禅布、徐乾学、韩英以折本请旨。九卿会议山西巡抚穆尔赛降三级调用。上曰："九卿等云何？"明珠奏曰："九卿等称圣谕极当，穆尔赛等应从重治罪。"上曰："伊等云穆尔赛居官何如？"明珠奏曰："诸臣亦谓其居官无甚好处。"上曰："此事着钱珏指实具奏。"

又吏部题汉军员外郎员缺补授无人，请以指挥升补。上问曰："九卿云何？"明珠奏曰："九卿俱谓汉军既补旗缺，复以汉缺用，似属重复。如汉军旗分缺出，补授无人，则将汉军外任者升补。其部院汉缺出，俱用汉人。上曰："着九卿、詹事、科、道会同详议定例具奏。"

职，驭下严明，且牲畜孳生颇盛。尔若在京，应授散职内大臣，今任外职，此后凡进京之日，着即以内大臣品级行走。”

初九日丁酉　上驻跸山羊谷地方。

初十日戊戌　上驻跸山羊谷疏林口地方。

十一日己亥　晚刻，上御行幄，扈从侍郎佛伦，学士图纳、席尔达、牛钮以折本请旨。吏部题补光禄寺卿龚佳育病故员缺，开列以次应升官员。上曰：“此内鸿胪寺卿阎兴邦为人颇优，着从优升补光禄寺卿。光禄衙门系钱粮所关，阎兴邦着久任此职，尔衙门其志之。”

又议覆山西巡抚穆尔赛属下官员多派火耗，不能查参，拟降三级调用。上曰：“朕闻穆尔赛居官不善，尔等知否？”佛伦奏曰：“诚如圣见。穆尔赛前任兵部司官，为人昏愦，不能办事。”图纳、席尔达奏曰：“穆尔赛之贪，众皆言之。”牛钮奏曰：“臣往祭西岳，见彼处州、县官皆嗟怨，声名不佳。”上曰：“凡事以清廉为本。原任侍郎温代、察库不可谓无材，但以贪污故，凡所行俱不足取。此皆不知廉耻故耳。”图纳奏曰：“人臣理宜廉洁，若贪污恣行，皇上纵不加罪，天理亦断不容也。”佛伦奏曰：“观温代等于衙门办事，胆大横行，无所顾忌。”上曰：“部院衙门，唯谨慎之人，能循分不致生事。其专擅好胜之徒，特欲借公事遂其私意耳，虽有材能，于国家何裨？穆尔赛品行最贪，山西布政司、按察司声名亦不佳。此等不可不惩治一二人。穆尔赛居官何如？着内阁、九卿从公会议，将众论写明具奏。”

是日，上驻跸玲珑谷口。

十二日庚子　上驻跸玲珑谷口。是日，赐翁牛忒部落多罗杜棱郡王毕理衮达赖、多罗达尔汉贝勒厄林臣、一品台吉卓特巴等，巴林多罗郡王纳木达克、吴尔衮额驸、多罗额驸阿尔巴滩，科尔沁国和硕达尔汉亲王班第额驸、二品台吉毕理克图等，敖汉二品台吉顾木布等及官兵蟒袍、褂、镀金鞓带、靴袜、缎袍褂、缎布、银两有差。又赐翁牛忒部落多罗达尔汉贝勒厄林臣固山、一品台吉卓特巴等、都统多木朱克及官兵缎布、银两有差。

十三日辛丑　上驻跸玲珑谷口。

十四日壬寅　上驻跸石幕地方。

十五日癸卯　上驻跸石幕地方。

十六日甲辰　上驻跸红川地方。

十七日乙巳　上还玲珑谷口驻跸。

十八日丙午　上驻跸拜巴哈口。是日，赐修路翁牛忒部落官兵缎布、银两有差。

十九日丁未　上驻跸郜落口。

二十日戊申　上驻跸骅骝杨林。

二十一日己酉　上驻跸永宁口。

二十二日庚戌　上驻跸永宁口。

二十三日辛亥　上驻跸永宁口。

二十四日壬子　上驻跸骅骝谷。

二十五日癸丑　上驻跸上原。

二十六日甲寅　上驻跸可汗铁岭口。

二十七日乙卯　上驻跸荆溪地方。

二十八日丙辰　上驻跸荆溪地方。是日，赐喀喇沁部落多罗杜棱郡王扎西以下、兵丁以上凉帽、袍褂、带、靴袜、缎布、银两有差。又赐三驿官兵及御车兵丁袍褂、布匹、银两有差。

二十九日丁巳　上驻跸山羊谷九汇河地方。

九　月

初一日戊午　上在青城，闻太皇太后违和，即启行星驰来京。

初二日己未　午时，上由东直门进神武门，诣太皇太后宫问安，久之。诣皇太后宫问安。申时，复诣太皇太后宫问安，回宫。酉时，复诣太皇太后宫问安。

扈从起居注官常书、朱马泰。

初三日庚申　早，上诣太皇太后宫问安。巳时，上复诣太皇太后、皇又题为司道内升事。上曰："九卿推举何人？"明珠奏曰："九卿俱言湖北粮道田雯居官有贤声，人品亦优，应内升。"上从之。

酉时，上诣太皇太后宫问安。

本日起居注官阿山、王封溁。

初七日甲子 早，上诣太皇太后宫问安。

辰时，御乾清门听政。部院各衙门官员面奏毕，大学士觉罗勒德洪、明珠、王熙、吴正治、宋德宜，学士麻尔图、图纳、席尔达、吴兴祖、牛钮、王起元、丹代、禅布、徐乾学、韩菼以折本请旨。兵部题黑龙江副都统雅齐纳革职员缺，开列侍郎阿兰泰等。上曰："协领纳秦人材健壮堪用，着升补此缺。"

申时，上复诣太皇太后宫问安。

本日起居注官归允肃、邬黑。

初八日乙丑 早，上诣太皇太后宫问安。

辰时，御乾清门听政。部院各衙门官员面奏毕，御史钱珏遵旨将山西巡抚穆尔赛劣迹逐一指实陈奏毕。又奏曰："穆尔赛虽经臣指参，但彼势力最大，若审理时，不将穆尔赛离任，则所属人民必不敢将实迹吐露。伏乞皇上睿断，将穆尔赛离任审理。"

酉时，上复诣太皇太后宫问安。

本日起居注官曹禾、徐元梦。

初九日丙寅 早，上诣太皇太后宫问安。先是，总漕徐旭龄以淮、扬等处水灾题报请赈，户部议令地方官赈济。

是日，以此本折出，即召大学士勒德洪、明珠至乾清宫。谕曰："今淮、扬等处又罹水患，百姓被灾甚苦，朕心深为悯恻。若令地方官赈济，恐灾民未沾实惠，应亟为拯救，使小民不致流离失所。着部院堂上官一员速往踏勘，察明被灾情形，作何拯救，具题到日，再行详议具奏。其应差官员，着开列来看。"

巳时，上御保和殿，举行经筵大典。讲官库勒纳、陈廷敬进讲《四书》仕而优则学一章；牛钮、孙在丰进讲《易经》君子进德修业一节。讲毕，赐宴于太和门前。

本日起居注官朱马泰、乔莱。

初十日丁卯 早，上诣太皇太后宫问安。

辰时，御乾清门听政。部院各衙门官员面奏毕，大学士觉罗勒德洪、明珠、王熙、吴正治、宋德宜，学士麻尔图、席尔达、吴兴祖、牛钮、王起元、丹代、禅布、徐乾学以折本请旨。户部覆山东巡抚张鹏题请各属地方距临清甚远，解送米石，穷民殊为苦累。临清、济宁近水二处，仍征本色，以备支给。其余米麦应请改折，议准行。上问大学士等曰："运米想实有累民处。"勒德洪等奏曰："诚有之。"上曰："此事着票旨准行，并将从前所行缘由，尔等察明具奏。"

又兵部题补祭祀看养牲畜正五品官，将镶黄旗护军校穆尔浑拟正，正蓝旗护军校色黑拟陪。上曰："索尔和多材力健壮，为人颇优，着升补此缺。"

又翰林院题请将平定罗刹始末机宜，宣付方略馆，与平定三逆方略一并编缉。上顾大学士等问曰："尔等之意若何？"明珠等奏曰："皇上谟略深远，功德隆盛，应编入方略。"上问曰："此本可票依议否？"明珠等奏曰："票依议甚当。"上曰："着票依议。"

午时，上诣太皇太后宫问安。申时，上复诣太皇太后宫问安。

本日起居注官多奇、彭定求。

十一日戊辰 早，上诣太皇太后宫问安。

辰时，御乾清门听政。部院各衙门官员面奏毕，大学士觉罗勒德洪、王熙、吴正治、宋德宜，学士麻尔图、席尔达、吴兴祖、牛钮、王起元、丹代、禅布、徐乾学以折本请旨。户部议复直隶巡抚崔澄题报，所属二十七州、县俱被水灾，应移文该抚，将是否成灾之处，遣官踏勘明白，再行报部。上曰："着遣贤能司官一员速行踏勘回奏。"

又提督王进宝病故员缺，或开列副都统，或开列总兵官请旨。上曰："此要害之地，必得才具优长之人补授，方于边疆有益。"大学士勒德洪等奏曰："臣等公议，总兵官高孟人材壮健。"上曰："提督乃边疆要任，虽贵人材壮健，亦宜用有谋略之人。朕观高孟为人粗鄙。四川提督何傅曾任天津总兵官，品行颇佳，且有谋略，着调补陕西提督。"

巳时，上诣太皇太后、皇太后宫问安。申时，上复诣太皇太后宫问安。

本日起居注官常书、蔡升元。

十二日己巳　早，上诣太皇太后宫问安。

辰时，御乾清门听政。部院各衙门官员面奏毕，大学士觉罗勒德洪、明珠、王熙、吴正治、宋德宜，学士麻尔图、图纳、席尔达、吴兴祖、牛钮、王起元、丹代、禅布、徐乾学以折本请旨。三法司议散布伪札翁添等十八人拟立斩；黄赞、黄礼欲将翁添之母杀死以灭其迹，应秋后处决。上曰："翁添等系愚民，无知妄作。如此之事，前亦有宽宥者。应将此等免其正法，发与乌喇、宁古塔新披甲之人为奴。黄赞等着依议监候。"

明珠等又奏曰："臣等遵旨问张泰等，尔衙门既无关系刑名钱谷要务，何以保举之官甚多？据张泰等云：宗人府衙门无钱粮等要务是真，但众官俱各勤劳，办事敏慎。今保举太多，实难辞咎，当再行酌量少举送来。"上曰："宗人府衙门既无事务，且官员甚少，停其保举。朕观张泰品行不端，着传谕解任。"

巳时，上诣太皇太后宫问安。酉时，上复诣太皇太后宫问安。

本日起居注官阿山、熊赐瓒。

十三日庚午　早，上诣太皇太后宫问安。

辰时，御乾清门听政。部院各衙门官员面奏毕，大学士觉罗勒德洪、明珠、王熙、吴正治、宋德宜，学士麻尔图、图纳、吴兴祖、牛钮、王起元、丹代、禅布、徐乾学以折本请旨。兵部题江西老虎洞地方，逆贼韩大任等率领万余贼列阵前来，护军统领哈克山等带领官兵杀败，议叙军功第三。上曰："哈克山等自巳时至未时与贼相战，备极劳苦，遂克破敌。这议叙稍轻，着再议具奏。"

又瑞州府会浦地方，贼首朱一典等率领一万五千余贼对垒，击败贼众，斩万余级，议叙军功第三。上曰："尔等云何？"明珠等奏曰："据称击败一万五千余贼，斩首万余级，其数目颇有浮冒，军功议叙第三，似属稍过。上曰："是。将此本再议具奏。"

申时，上复诣太皇太后宫问安。

本日起居注官鄂黑、孙岳颁。

十四日辛未　早，上诣太皇太后宫问安。

辰时，御乾清门听政。部院各衙门官员面奏毕，大学士觉罗勒德洪、明珠、王熙、吴正治、宋德宜，学士麻尔图、图纳、吴兴祖、牛钮、王起元、丹代、禅布、徐乾学、韩菼以折本请旨。翰林院为日讲官起居注徐倬升国子监司业员缺，开列侍讲学士田喜霅等职名具题。上曰："此缺尔等同该衙门会拟具奏。"

又礼部题镶红旗汉军副都统周邦宁病故，应否给谥请旨。上曰："周邦宁在河南时居官不善，且于行间并未著有劳绩，非惟不应给谥，即祭葬恤典俱应停止。将此票出。"

明珠等又奏曰："臣等遵旨查得临仓米麦一案，原系征收本色，存贮以备支给驻防过往官兵及运丁之用。嗣因仓内米多，恐致朽烂，遂于康熙十一年起，将临仓米折银三年。康熙十三年内，经原任佥都御史李赞元条奏，临仓米石应运至通州仓，随于康熙十四年征收本色起运。续经原任巡抚赵祥星请将此仓米石于康熙十五年起折征三年。又复具题改征本色在案。今该抚张鹏因各州、县征收本色，解运临仓，路途吴远，百姓苦累，且多费脚价，故题请折征。"上曰："此项米石或请征本色，或请改折，亦有故乎？"明珠等奏曰："想因地方米贵则请改折，米贱则请征本色耳。"上颔之。

未时，上御景山内前殿，召请安进贡蒿齐特部落多罗郡王车布登、二品台吉厄墨根等，鄂尔多斯部落多罗贝勒松喇布、二品台吉布苏克、扎萨克一品台吉诺尔布，土默特部落协理旗下事务一品塔布囊鄂齐尔、三品塔布囊泰布等，郭尔罗斯部落四品台吉顾鲁格等，苏尼特部落二品台吉苏达米、四品台吉塞勒席期等，阿霸垓协理旗下事务四品台吉巴巴等，沙克沙僧格四品台吉那马桑等，喀喇沁部落都统扎马等赐食。

本日起居注官卢琦、徐元梦。

十五日壬申 辰时，上御乾清门听政。九卿会奏曰："监察御史钱珏指实录奏山西巡抚穆尔赛多加文水等县火耗，又嫁女时苛索属官礼物，又革职通判张谦交结该抚家人，妄诈属官财贿，布政使那鼐收兑多征银两事。臣等议将穆尔赛、那鼐及本内有名官役俱提至京师严审。"上顾问尚书科尔坤曰："前者谓穆尔赛为人老实不生事，孰倡此语？"科尔坤奏曰："穆尔赛为人老实，众人皆知，应将此问该省大臣。因问左都御史陈廷敬。廷敬先言穆尔赛不生事，臣等以廷敬或有确见，故所议如此。"上问陈廷敬。廷敬奏曰："臣等同内阁诸臣会议时，臣止言穆尔赛平常，并未言其不生事。"上复问科尔坤曰："又谁称其不生事，可即举出。"科尔坤奏曰："侍郎蒋弘道亦如此说。"上问曰："蒋弘道在此否？尔所见若何？"弘道奏曰："臣离家年久，并不知穆尔赛行迹。"上曰："凡人臣事君，以竭尽忠诚为本。尔等皆朕信用之人，既已同议，今又推诿陈廷敬等，是何理也？即今居官者，更有如穆尔赛贪婪者乎！如此之人，尚谓其不生事，嗣后九卿更何可信？"九卿等出。

大学士觉罗勒德洪、明珠、王熙、吴正治、宋德宜，学士麻尔图、图纳、吴兴祖、牛钮、王起元、丹代、禅布、徐乾学、韩菼以折本请旨。礼部尚书沙澄以年老不能供职，奏请罢任。上曰："朕观沙澄精力尚健，且居官年久，仍着留任。"

申时，上诣太皇太后宫问安。

本日起居注官朱马泰、王封溁。

十六日癸酉 早，上诣太皇太后宫问安。

辰时，御乾清门听政。部院各衙门官员面奏毕，大学士明珠、王熙、吴正治、宋德宜，学士麻尔图、图纳、吴兴祖、牛钮、王起元、丹代、禅布、徐乾学、韩菼同翰林院学士常书、孙在丰，以日讲起居注官徐倬升国子监司业员缺，遵旨选择侍讲学士顾汧等八人开列折子呈览。上问曰："此内孰优？"王熙等奏曰："侍讲学士顾汧官较大，名次在前。其次洗马李应廌系北人。编修王九龄今常撰着《诗经》、《通鉴》、《礼记》讲章，办事勤，人亦老成。"上曰："顾汧首列且优，系江南人否？"孙在丰奏曰："江南苏州人，顺天籍。"上曰："着充日讲起居注官。"常书、孙在丰出。

又宗人府以左宗正贝子张泰员缺，开列贝子福善、苏尔法、兴尼等。上曰："这员缺着将凡应补授之人查奏。"

又吏部以内阁学士席尔达随旗行走员缺，开列詹事朱马泰等职名。上问曰："此内孰堪任者？"明珠等奏曰："此开列内有名者皆系皇上擢用之人，惟听皇上简用。”上问曰：“尔衙门侍读学士有堪用者否？”明珠等奏曰：“臣衙门侍读学士翁英、色勒布俱历任年久。”上曰：“此缺着将以次应升之人查奏。”

又九卿、詹事、科、道等会议，汉军官员停其补授。在京汉缺，应于汉军旗分内应补之缺补授，分别各项员缺具题。上曰：“此议当耶？”明珠等奏曰：“此议就各旗分内员缺补授，甚当。”上曰：“着依议。汉军人少缺多，致贤愚莫辨，猥琐不堪之人，亦被录用。”

又九卿等会议山西巡抚穆尔赛等并案内有名人员，应提解来京严审。其提解穆尔赛等，应差吏、刑二部司官前往。”上曰：“此事着依议。其提解穆尔赛等可差贤能官去。”

又户部具题以修成山东济南府《简明赋役全书》体式呈览。上曰：“朕细览《全书》，条目繁多，一时不能了然。”王熙等奏曰：“钱粮款项繁多，实难一见了然。皇上天纵聪明，尚谓不能洞晰。臣等览其凡例，似稍知大略，至其中所分细款，全未明晰。”上曰：“州、县官员必能深知钱粮事务？”王熙等奏曰：“州、县官非甚留心钱粮者，未必尽知，能尽知者，不过十中一二。”上问曰：“户部本内又称，将原刊《赋役全书》一并存用，何也？”王熙等奏曰：“此书自明朝相传已久。世祖皇帝时，曾命王弘祚等重修。今所修《简明赋役全书》便于民间遵行，使贪官滑吏不得因缘为奸。至于条分缕晰，原刊《赋役全书》开载详明，可备密核，似亦不可废。”上又曰：“丝忽细数可免征否？”明珠等奏曰：“若免征丝忽，正项钱粮致亏三万余两。”上曰：“如果有益于民，则三万余两亦不为多，但恐因此更生弊端，致累民耳。这《全书》着交与九卿从公详看议奏。九卿内有曾任外官者，必能深知。如麻尔图曾任布政使，钱粮款项想必知之。”麻尔图奏曰：“臣任布政使时，但知州、县钱谷总数耳，其中款项亦未能尽知。”上曰：“查核钱粮款项系布政使专责，尔既不知，何以为布政使耶？”

又兵部以广东琼州总兵官刘成龙升任员缺，或开列副将，或开列参领请旨。上曰：“着将有劳绩副将等查奏。”明珠等奏曰：“琼州地居海洋之中，视江南崇明更远，所属州、县较多，最为紧要。此缺应将现任总兵官内选择调补。”上曰：“着将见任有劳绩总兵官一并查奏。”

酉时，上诣太皇太后宫问安。

本日起居注官乔莱、徐元梦。

十七日甲戌 早，上诣太皇太后宫问安。

辰时，御乾清门听政。

是日赐四川巡抚姚缔虞备鞍马一匹。

本日，起居注官常书、孙在丰。

十八日乙亥 早，上诣太皇太后宫问安。

辰时，四川巡抚姚缔虞陛辞，上召至乾清宫，谕曰：“四川省当明末时遭张献忠之乱，百姓凋敝，地亦荒残。后又屡经贼变，人民愈加疲耗。尔宜正己率属，爱养抚绥，俾远方之人遂生乐业，以副朕简用至意。”姚缔虞奏曰：“臣向任四川推官，深悉四川情形。招集百姓，莫若令出仕者各归伊祖父原籍。今因四川民少，故凡出仕者，官于某省，即家于某省，不归原籍。此等宦室巨族去而不止，四川户口何从增益？臣到任后，将此等情由陆续进奏。臣荷深恩，无由报称，惟务爱民，以仰答皇上耳。”奏毕，谢恩出。

上幸白塔寺。先是，太皇太后懿旨修葺庙宇，以十八日吉日，特命上往，上遂往虔行进香礼拜。将行，大雨如注。近侍奏曰：“雨不止，道泥泞，请俟少霁。”上曰：“近因圣祖母偶尔违和，朕心深切忧虑。今已痊愈，甚为庆幸，何惮此一往，以慰慈颜乎！”遂冒雨行。

前因皇上圣体违和，太皇太后曾命往口外避暑静摄。九月初一日，和硕裕亲王请太皇太后安，因差人奏曰：“八月二十九日，太皇太后慈体偶尔违和，医官胗视进药。”奏甫至，遂传旨回京。次日午时，即至趋视。太皇太后慈体业已大安，尚在服药，侍奉至夜半，犹亲视进药。数日后，遂康宁如初。

本日起居注官多奇、曹禾。

十九日丙子 早，上诣太皇太后宫问安。

辰时，御乾清门听政。部院各衙门官员面奏毕，大学士觉罗勒德洪，明珠、王熙、吴正治、宋德宜，学士麻尔图、图纳、吴兴祖、牛钮、王起元、丹代、禅布、徐乾学、韩菼以折本请旨。进前时，上谕曰：“凡九卿会议政事，必当从公直言。近闻九卿会议时，每有一二人倡说，则其他皆畏缩缄默，如此于国家事何益？今张志栋所参穆尔赛事，尔内阁拟票九卿回奏。此回奏时，尔等必各陈所见，断勿雷同具奏。且前日科尔坤奏称，陈廷敬先言之，而陈廷敬又谓并无是言。在朕前尚如此推诿，遑言退后？身亲行之而顾诿于人，岂可乎？”勒德洪、王熙等奏曰：“皇上诘责极是。”上曰：“闻前议是事，众散后复追回会议。其并不闻有劣迹之语，众欲删之，而科尔坤谓：我意必不可去此语。遂先掷坐褥而出，其意欲救穆尔赛耳。然此时为臣者，又谁能救人，而谁能杀人乎？ 勒德洪奏曰：“科尔坤恐无先出之事。”王熙奏曰：“皇上圣明，臣等焉敢隐而不言。是日议毕，众散后，吴正治、宋德宜及臣三人云：此事所关甚巨，不可苟且议论，宜追回公议。屡向满洲大臣言之，始将九卿追回。臣等汉官另缮一稿，众皆不用。”上曰：“治国莫要于惩贪，故朕前将贪官温代等皆惩以法。今穆尔赛居官不善，事迹贪秽，天下所共知，而九卿乃谓非生事之人，则九卿又何可倚信乎？此一事也，必有一二人力庇穆尔赛者，断不可恕！似此不加惩究，众何由知所儆戒乎？今回奏时，可令前扈从尚书伊桑阿、左都御史达哈塔、侍郎学士等往听之。”谕毕。

大学士等以宗人府左宗正贝子张泰罢任员缺，开列贝子福善等折本请旨。上曰：“福善补左宗正。公哈尔萨补授右宗正。公苏努办事优长，补授左宗人。”

又吏部题补内阁学士席尔达随旗行走员缺，将以次应升官员察列折子呈览。上曰：“此内谁可用者？”明珠等奏曰：“翰林官员皆皇上所知者。臣等衙门侍读学士色勒布、翁英历任年久，赛必汉为人谨慎，任事甚勤，见今纂修方略，在本衙门勤劳最著。”上曰：“此内顾巴代为人甚优，语言耿直，断非谄媚之人，着补用此缺。”

又议政王等会推福建副都统胡起元革职员缺，以参领祖建极拟正，李希进拟陪。上问曰：“伊等为人如何？”明珠等奏曰：“祖建极曾与尚书诺敏同在行间，称其人材壮健，且有功牌。”上曰：“着问该旗都统。”

又九卿以杀一家非死罪三人，王廪拟即凌迟；杨希震、王周德、王奉教、景大成、王宪文照为从例拟斩。上曰："王廪等依议。王奉教、景大成、王宪文皆系愚民，听信王廪唆令打死与尔等无干之言，无知行凶。且非造谋之人，若遽诛之，似属可悯。此三人改为秋后。"

未时，御景山内前殿，召请安进贡喀尔喀部落多罗贝勒罗布藏、一品台吉吴巴锡、二品台吉达尔马达喇等、四品台吉僧格等，阿巴哈纳尔四品台吉西尔伯德，苏尼特部落四品台吉纳马什西等，乌朱穆秦部落协理旗下事务一品台吉吴达喇期，阿霸垓二品台吉毕理克图等、三品台吉伊尔扎木等、四品台吉图巴扎布等，扎赖忒部落一品台吉朝图、四品台吉纳孙等，四子部落四品台吉达木巴等赐食。

酉时，上诣太皇太后宫问安。

本日起居注官常书、顾汧。

二十日丁丑　早，上诣太皇太后宫问安。

辰时，御乾清门听政。部院各衙门官员面奏毕，大学士觉罗勒德洪、明珠、王熙、吴正治、宋德宜，学士麻尔图、图纳、吴兴祖、牛钮、王起元、丹代、禅布、徐乾学、韩菼以折本请旨。兵部题补琼州总兵官请旨。上曰："尔等所拟为谁？"明珠奏曰："臣等公拟陈龙、黄大来，请皇上简用一人。"上曰："吴英乃鲠直之人，将此人调补何如？"明珠奏曰："前以舟山要地，皇上简用吴英。舟山地在海内，乃航海贸易之人往来要路。吴英为人果优，虽任提督亦可。"上曰："吴起蛟为人优长，亦有效力处，着调补此缺。"

又请裁陕西提督标下副将补授参将。上曰："杨宗道人材壮健，着仍留任，俟缺出时补授参将。"

又议政王等会推福建副都统胡起元革职员缺，以参领祖建极拟正，李希进拟陪。上顾大学士等曰："尔等所问如何？"明珠奏曰："臣等问伊所属都统、副都统，据都统国舅佟国刚等云，祖建极能管辖，为人颇优。"上曰："祖建极着补授副都统。"

是日，赐广东碣石总兵官陈瑶备鞍马一匹。

本日起居注官阿山、归允肃。

二十一日戊寅　早，上诣太皇太后宫问安。

辰时，御乾清门听政。部院各衙门官员面奏毕，大学士觉罗勒德洪、明珠、王熙、吴正治、宋德宜，学士麻尔图、图纳、吴兴祖、牛钮、王起元、丹代、禅布、徐乾学、韩菼以折本请旨。吏部题补本部尚书伊桑阿调补兵部尚书员缺，开列尚书科尔坤等。上曰："达哈塔品行端方，年齿亦高，于此缺相宜，着补授吏部尚书。"

又工部题掘修京城内外街道。上曰："朕出阜城门，见所掘牌坊旧基，土高数尺。若掘弃此土，俾至旧基，则临街房屋浮在土上，倘遇雨水，难免倾坏之虞。尔等会同八旗都统、副都统，各部院尚书、侍郎，步军统领阅视，确议具奏。"

又议政王、贝勒、大臣会议孔郭尔津地方宜修筑城郭，其修筑之时，应遣盛京副都统一员及黑龙江副都统内应遣何人驻扎孔郭尔津之处请旨。上曰："观此本内所议情由不甚详尽，且议止将宁古塔兵丁尽行发往黑龙江不合。前充发宁古塔、乌喇罪人，皆应发往黑龙江。着另行逐一详确议奏。"

又兵部题前锋参领蒙库具呈告病，议准解任。上曰："朕闻蒙库病，遣医胜治，医云蒙库无甚大病。又奏疏内蒙库效力行间四次，或有超卓效力之处否，着问两翼前锋统领具奏。"

又理藩院议逃往罗刹之诺摩托、代布、顾辛泰、岳苏乌儿、按都甘剎、黑叶尔臣即行正法。上曰："诺摩托等乃无知愚徒，俱着从宽免死，并妻子交与该管衙门。"

本日起居注官邬黑、彭定求。

二十二日己卯 辰时，上御乾清门听政。九卿会同进奏曰："山东运使员缺，臣等公同拟补大名府知府鲍复昌。"上曰："此人若何？"尚书哈占奏曰："臣等公举鲍复昌，其人可用。"伊桑阿奏曰："侍郎董讷荐此人可用。"董讷奏曰："臣奉学差时，考试大名府两次，知之甚确，尚属可用。"上曰："知之。"九卿奏毕出。

大学士觉罗勒德洪、明珠、王熙、吴正治、宋德宜，学士麻尔图、图纳、吴兴祖、牛钮、王起元、丹代、禅布、徐乾学、韩菼以折本请旨。吏部议被参员外郎韩铨浮躁，应降三级调用。上曰："韩铨着随旗行走。"

又兵部题补宁古塔防尉硕尔会告老解任员缺，将镶红旗佐领穆尔泰拟正，前锋护卫恩格德拟陪。上曰："防尉员缺尚属紧要。朕观穆尔泰为人庸劣，且年力衰迈，于此缺不相宜。着另拟具奏。其该旗部院官员及缘事解任文官并旗下应升武官，着一并查明来看。"

本日起居注官朱马泰、蔡升元。

二十三日庚辰　早，上诣太皇太后宫问安。

辰时，御乾清门听政。部院各衙门官员面奏毕，大学士觉罗勒德洪、明珠、王熙、吴正治、宋德宜，学士麻尔图、图纳、吴兴祖、牛钮、王起元、丹代、禅布、徐乾学、韩菼会同翰林院学士常书、孙在丰，以加上太皇太后徽号，缮写宝册满汉字样呈览。上问曰："此汉字系谁所书？"常书奏曰："孙岳颁书。"上曰："着用此字。朕观今人书法，此等体式颇多，高士奇字亦与此相类。近日王鸿绪字殊不见佳，惟已故沈荃书法遒劲，想专心学习有年故耳。"常书、孙在丰出。

大学士等以折本请旨。兵部题请病故将军王进宝应赠何衔？上曰："王进宝曾加宫保否？"明珠等奏曰："向未曾加。"上曰："王进宝着加赠宫保。"明珠等奏曰："初加宫保者例加太子少保，其一品大臣则加太子太保。王进宝系一品。"上曰："王进宝着加太子太保。"

又工部覆总河靳辅题拦马河、高家堰等处堤坝损坏，应加修理，议准行。上曰："此事着依议。今年雨多水大，河道堤岸宜加防护，该管大小官员着各尽心料理，相机修补，务保无虞。此意着票出。"明珠等奏曰："皇上所见极是。闻今年高家堰水势最大。"上曰："然。想此时可无患否？"明珠等奏曰："今秋深水落，想当无患耳。"

又奏曰："臣等遵旨查得呈请解任镶红旗前锋参领蒙库，其初授前锋参领时，因该主及护军统领合保人材壮健，故尔补授。及问前锋统领等答云：我等并不知蒙库效力处，但据伊呈词咨部耳。"上曰："其人材若何，尔等曾问否？"明珠等奏曰："问其人材亦称平常。"上曰："蒙库着解任。但伊并无効力功绩，呈称出征四次，该前锋统领等即扶同咨部，殊属不合，着严饬行。"

上又谕曰："顷九卿因穆尔赛事已具疏认罪。凡有会议，九卿等俱应从公合议。或有人自谓能于一二事倡议，则异日会议他事，众人必俱从已议。

此等意见往往有之。即如今日九卿中，岂无一二人倡议？究竟伊等能主持甚事耶？至纠参，原系科、道职掌，今张志栋已将九卿题参，九卿其奈张志栋何哉？至于九卿会议，并未禁其两议，若果有所见，俱当明言。或有人中有所见，众人之前不能执论，及事有舛误，又推诿云我之初议原若彼也。既公共列名，而谓无与于已，可乎？此等情状，朕于十八年曾传谕申饬九卿，可将此谕旨查出与九卿看。又见会推时，汉大臣内瞻徇同年门生，偏向立议者颇多。”王熙奏曰：“瞻徇同年门生，偏向立议者，臣等焉敢保其必无。至议穆尔赛事，臣等不能辞咎。前皇上谕臣等知无不言，言无不尽，今犹凛然于中。乃如此委任臣等，臣等并不能仰副圣意。九卿议穆尔赛降三级调用，皇上复传旨并问内阁者，原欲得其实迹也。臣等不能详察，遽与九卿扶同议奏，此系臣等愚昧处，臣等更有何辨？”吴正治奏曰：“臣等于此事实惭对天颜。”勒德洪奏曰：“穆尔赛贪劣实迹，经钱珏尽行指参，臣等始能知之。”上曰：“凡与穆尔赛交好之人，理应劝勉穆尔赛，俾为好官。如果清廉尽职，岂不彼此有光。今事已败露，虽欲隐讳，得乎？至于督、抚贤否，问之本地缙绅，此断然不可者也。如以江南督、抚之贤否，即问江南之人，则将来督、抚亦难乎为官矣！”

本日起居注官徐元梦、熊赐瓒。

二十四日辛巳　早，上诣太皇太后宫问安。

辰时，御乾清门听政。部院各衙门官员面奏毕，大学士觉罗勒德洪、明珠、王熙、吴正治、宋德宜，学士吴兴祖、王起元、徐乾学、韩菼以折本请旨。吏部题山西巡抚穆尔赛解任员缺，开列学士图纳等。上曰：“伊等谁可任此者？”明珠等奏曰：“此开列人员皇上无不悉知。至巡抚员缺，虽俱系紧要，但穆尔赛居官不善，现今提来审问，此缺更须得人，应交与九卿将廉正之人详慎推举。”上踌躇良久曰：“着九卿、詹事、科、道详慎会推具奏。”

又制造库郎中喀霓布病故员缺，开列郎中觉罗僧参、苏尔特。上曰：“伊等何如？”明珠等奏曰：“僧参前考试名次列在平等，苏尔特原系侍卫。”上曰：“苏尔特为人颇优。”明珠等奏曰：“苏尔特为人实优。”上良久曰：“僧参亦优，着补此缺。”

又九卿、詹事、科、道会推山东运使胡瑾丁忧员缺，以知府鲍复昌拟补。上问曰："伊系谁族？其人何如？"王熙奏曰："是正红旗人，系九卿会推拣选者。"上曰："伊系鲍敬弟兄否？尔等亦知之乎？"明珠奏曰："既系正红旗人，自是鲍敬弟兄。此缺原票令九卿选择，今据九卿选择会推，臣等原未识认也。"上曰："着补用。"

本日起居注官阿山、孙岳颁。

二十五日壬午　早，上诣太皇太后宫问安。

辰时，御乾清门听政。部院各衙门官员面奏毕，大学士觉罗勒德洪、明珠、王熙、吴正治、宋德宜，学士麻尔图、图纳、吴兴祖、牛钮、王起元、丹代、禅布、徐乾学、韩菼以折本请旨。户部题崇文门抽分监督布雅努溢额三分，应交吏部议叙。上曰："此事着依议。凡抽分司员及巡监御史差满考成，此乃定例。今户部启奏一次，吏部、都察院又照依启奏一次，实属重复。如此则事益繁冗。嗣后着两衙门会集一本具奏。"

又九卿会议广东、云南秋审事。上曰："凡别项人犯尚可宽恕，贪官之罪断不可宽！此等人藐视法纪，贪污而不悛者祗以缓决故耳。今若法不加严，不肖之徒何以知警？朕意欲将今岁贪官概行处决。此内贪官将耿文明等正法外，其余情真、缓决、可矜、可疑之众，俱照尔等所议完结。"

本日起居注官常书、孙在丰。

二十六日癸未　早，上诣太皇太后宫问安。

辰时，御乾清门听政。部院各衙门官员面奏毕，大学士觉罗勒德洪、明珠、王熙、吴正治、宋德宜，学士麻尔图、图纳、吴兴祖、牛钮、王起元、丹代、禅布、徐乾学、韩菼以折本请旨。九卿等会议福建罪犯张元荐等十一人秋审情真事。上曰："张元荐、李各兰俱照所审处斩。内李三畏系部给都督札付之人；顾耀宗虽分财物，原未同行；庄犹兴、王信、林三、吴四、吴奇、杨招、蔡马使虽经为盗，于未分财物之前被获。俱着改为缓决。"

本日起居注官卢奇、邬黑。

二十七日甲申　早，上诣太皇太后、皇太后宫问安。

是日，高皇后忌辰，上不理政事。

本日起居注官朱马泰、归允肃。

二十八日乙酉 辰时，上御乾清门听政。部院各衙门官员面奏毕，大学士觉罗勒德洪、明珠、王熙、吴正治、宋德宜，学士麻尔图、图纳、吴兴祖、牛钮、王起元、丹代、禅布、韩菼以折本请旨。九卿等会议总漕徐旭龄条奏漕粮派索诸弊请行禁止二本，应俱令徐旭龄将历年私行派索各官指名题参。上曰："此等弊端相沿已久，若使指名题参，则后来督、抚难于条陈矣。"明珠等奏曰："此等弊端相沿实已多年。"王熙等奏曰："但令徐旭龄于伊任内严禁，将来诸弊自绝。"上曰："此可依户部原议。"

又户部题张家口等处应修造仓厫。其修造时，应交与地方官设法。上曰："若交与地方官设法修造，必至加派于民，着即动用本处税银修造。"

又四川提督何傅调补陕西员缺，开列总兵高登科等。上曰："黄大来人材壮健，大有劳绩，且其居官亦优。尔等以为何如？"明珠等奏曰："吴英在福建地方甚有劳绩，高孟亦大有效力处。"上曰："吴英颇有学问，这员缺着将吴英补授。"

又议征罗刹回左都督林伯馨等十八员，以原衔管游击事；参将姚禄等四员，以原衔管都司佥书事。及新来投诚未经议叙之台湾伪都督何佑，亦以游击补用。上曰："此辈俱有劳绩，议叙稍轻。林伯馨等俱着以参将用，姚禄等俱着以游击用。"明珠等奏曰："何佑作何补用？"上曰："何佑着以副将用。"

本日起居注官曹禾、徐元梦。

二十九日丙戌 辰时，上御乾清门听政。部院各衙门官员面奏毕，大学士觉罗勒德洪、明珠、王熙、吴正治、宋德宜，学士吴兴祖、王起元、徐乾学、韩菼以折本请旨。九卿会推山西巡抚穆尔赛解任员缺，以学士图纳拟正，通政使葛思泰拟陪。上问曰："尔等所议若何？"明珠奏曰："图纳长于办事。"上曰："图纳为人耿直，尔等云何？"王熙奏曰："图纳办事明晰、爽直。"吴正治奏曰："殊有才能。"上曰："图纳诚为耿直、非谄谀之人，第操守何如？"明珠奏曰："莅任后便可见其操守矣。"上曰："既经会推，着补授。"又问："葛思泰何如？"勒德洪、明珠奏曰："亦长于办事。"

又户部题为山东巡抚张鹏题报兖州、青州二府属州、县被水灾处，应令踏勘，覆奏时再议。上曰："朕去岁巡行，经高唐、济宁等处，见小民生业艰艰（难），今又值水灾，恐致流难失所。着速遣才能官员踏勘，俟其到时，作何蠲赈议奏。"

又兵部题沧州城守尉嫩泰等守进贤县，虽将来犯贼众以火器矢石击杀，因其未曾出城迎敌，不准议叙。上曰："若进贤失守，则抚州大兵阻隔可虞。惟嫩泰等坚守进贤，故于抚州大兵有裨。如不议叙，可悯。着再议具奏。"

本日起居注官阿山、顾汧。

三十日丁亥　早，上御保和殿，视祭太庙祝版毕，回宫。

辰时，御乾清门听政。部院各衙门官员面奏毕，大学士觉罗勒德洪、明珠、王熙、吴正治、宋德宜，学士麻尔图、吴兴祖、牛钮、王起元、丹代、禅布、徐乾学、韩菼以折本请旨。吏部题詹事府少詹王士禛告假员缺，拟侍读学士王封溁升补。上曰："着问此人何如，并将应升官员会同翰林院拟出具奏。"

又议江南巡抚汤斌以降级调用常州府知府祖进朝居官实清，请留原任之处，不准行。上曰："此事尔等云何？"明珠等奏曰："臣等众见巡抚汤斌居官最善，必有确见，然后题奏，似应将伊所请破格准行。"上曰："设官原以爱养民生。巡抚汤斌保奏祖进朝清廉，地方百姓莫不具呈，齐声请留。着依所请，准其留任，以劝廉吏。"

又工部题给事中阿兰泰题参监修崇文门楼司库包福等、监修正阳门楼员外郎马世祯等。上曰："此修造工程，吴都察院会同工部查阅具奏。"

又镶黄旗都统喇哈达老病请解任。上曰："喇哈达想患病果真。"勒德洪等奏曰："观彼行走之处甚少，容颜亦甚瘦减。"上曰："喇哈达为人庸懦，着解任。"

本日起居注官常书、乔莱。

十　月

初一日戊子　早，上以孟冬，躬诣太庙致祭，礼毕回宫。

少顷，诣太皇太后宫问安。

本日起居注官邬黑、彭定求。

初二日己丑　辰时，上御乾清门听政。部院各衙门官员面奏毕，大学士觉罗勒德洪、明珠、王熙、吴正治、宋德宜，学士麻尔图、吴兴祖、牛钮、王起元、丹代、禅布、徐乾学、韩菼以折本请旨。少詹事王士禛省亲员缺，内阁、翰林院遵旨会同选择侍读学士高士奇、祭酒翁叔元、侍读学士归允肃，开列折子呈览。上问曰："尔等之意若何？"明珠等奏曰："伊等学问俱优，论俸将高士奇等次序开列。"上曰："归允肃颇优，着补授少詹事。"

又户部题索伦地方进贡貂皮不堪，应将索伦副都统品级扎木苏等停其赏赐，交与该部分别议处。上曰："索伦达胡里在黑龙江军前设立驿站，奔走效力，未暇猎取貂鼠，姑免议。这一次仍照例给赏。"

本日起居注官多奇、蔡升元。

初三日庚寅　辰时，上御乾清门听政。部院各衙门官员面奏毕，大学士觉罗勒德洪、明珠、王熙、吴正治、宋德宜，学士麻尔图、吴兴祖、牛钮、王起元、丹代、禅布、徐乾学、韩菼以折本请旨。九卿以山西布政使员缺，会推郎中布雅弩拟正，噶尔萨拟陪。上问曰："伊等如何？"明珠等奏曰："布雅弩前经刑部堂官保举关差，今因伊抽分崇文门溢额三分以上议叙，于应升员缺准其先用。噶尔萨现差临清关。"上问曰："尔衙门侍读学士与布政使对品否？可以调补否？"明珠等奏曰："布政使与侍读学士品级相当，调补自无不可。"上曰："侍读学士马齐颇通汉文，其人可用，着调补山西布政使。"

又户部覆巡抚薛柱斗题报凤阳、泗州等四州县水灾。上曰："泗州等处水灾最大，民甚苦之，速令侍郎苏赫就近踏勘情形具奏。"

又兵部题山西太原府总兵官员缺，或开列现任副将，或开列参领请旨。上曰："尔等所问若何？"明珠等奏曰："臣等传出征都统拉哈达、马哈达、根特、拉赛等来问。据伊等云：向所知副将数人曾在军前效力者，俱已升任，现在者无甚堪用之人。其副将胡大臣则哈占、吴丹知之。王化兴则吴丹、鄂克济哈知之。王国祥、蒋懋勋则李之芳知之。郑交珠则哈占知之。伊等云：此数人皆阅历艰苦，奋力行间。"上命以胡大臣补授太原总兵官。又谕曰："总兵官黄大来效力行间，劳绩素著，且甚有勇略，人材壮健，应于重要之地用之。"明珠等奏曰："诚如圣谕。"

又九卿秋审福建、广东、云南、贵州重罪人犯四本。明珠等奏曰："此四本臣等遵旨悉加详阅。内有曹亮侵盗钱粮，应拟情真。舒玉昆虽诬告阿五等反叛，但阿五等尚未处决，则舒玉昆似可稍缓。"上曰："人命关系重大，或致一人冤抑，朕心深为不忍。尔等暂将各本收回，俟各省及在京秋审事竣启奏之日，朕逐一详览，视其罪之重轻，计其侵盗钱粮之多寡，持平酌定。"

巳时，上诣太皇太后宫问安。

未时，御景山内前殿，召请安进贡阿霸垓多罗郡王沙克沙僧格、贝子席尔哈、协理旗下事务一品台吉达尔马，鄂尔多斯部落固山贝子根都希夏布、二品台基德穆阻克等、三品台吉噶尔藏等，克什克屯一品台吉托尔博和等，巴林三品台吉讷木齐，蒿齐特部落一品台吉扎儿布等，苏尼忒部落二品台吉卜穆塔儿等，翁牛忒部落三品台吉茂海等，吴喇忒部落三品台吉阿赖冲，阿鲁科尔沁国副都统达巴海，归化城扎克萨喇嘛盆苏克格隆属下尼马达克齐厄木齐等赐食。

本日起居注官朱马泰、熊赐瓒。

初四日辛卯　辰时，上御乾清门听政。部院各衙门官员面奏毕，大学士觉罗勒德洪、明珠、王熙、吴正治、宋德宜，学士麻尔图、吴兴祖、牛钮、王起元、丹代、禅布、徐乾学、韩菼以折本请旨。理藩院题参本衙门郎中穆朱虎才力不及。上曰："穆朱虎遇事推诿，为人懒惰，所差之事并不留心，随有所问不能应答。尔等有与彼共事知之者否？"禅布奏曰："穆朱虎与臣同旗，系朴实庸常之人。"上曰："朕观其人甚劣，前此何为称其贤能，坐名用之？其理藩院堂官先既将伊坐名补授员外郎、郎中，又称其贤能，保举关差，今又题参才力不及，是何缘故？此处着究问伊等来奏。”

本日起居注官阿山、孙岳颁。

初五日壬辰 早，上诣太皇太后宫问安。

辰时，御乾清门听政。部院各衙门官员面奏毕，大学士觉罗勒德洪、明珠、王熙、吴正治、宋德宜，学士麻尔图、吴兴祖、牛钮、王起元、丹代、禅布、徐乾学、韩菼以折本请旨。兵部题舟山总兵官吴英升任员缺，或开列参领，或开列副将请旨。上曰：“这员缺着黄大来调补。黄大来员缺着康调元调补。”

又理藩院议喀尔喀部落汗诺颜等并未奏厄尔德尼台吉为扎克萨克，其厄尔德尼台吉所称岁贡骆驼马匹，应无庸议。上曰：“此本内事情着议政王、贝勒、大臣、蒙古大臣会同确议具奏。”

明珠等奏曰：“臣等遵旨查得理藩院郎中穆朱虎原系吏部七品笔帖式，论俸补授助教。其补用刑部主事时，系吏部侍郎达都、觉罗沙赖、刑部尚书郭四海等会同选择补授。后理藩院员外郎员缺，系吏部尚书介山、侍郎达都、觉罗沙赖等，理藩院尚书阿穆瑚朗、侍郎阿尔尼、明爱会同选择补授。据介山、沙赖云：我等以为穆朱虎可用，故尔选授，不能识其庸劣，我等有何辨处。据明爱云：我等亦以穆朱虎为可用，故选授本衙门员外郎。补授后，观其办事颇勤，故坐名补授郎中，又保举关差。至理藩院有驰驿面奏等事甚为紧要，今穆朱虎将伊所差之事未能洞悉，及回时又在御前不能启奏，观此真属庸劣，故尔题参”。上曰：“观穆朱虎举止岂堪用之人？然恐有屈抑，尔等会同吏部将穆朱虎当面询视具奏。”

巳时，上御瀛台紫光阁，读卷官大学士觉罗勒德洪、明珠等皆赐坐。亲试武举骑射毕，又考试杨允文等三十人步射、开弓、舞刀、掇石。

申时，回宫。

本日起居注官郭棻、徐元梦。

初六日癸巳 辰时，上御乾清门听政。部院各衙门官员面奏毕，户部郎中席喇、齐穑等以遣往踏勘山东莱州等府属州、县水灾，面请谕旨。上曰："莱州等州、县地方被灾，甚属可悯。尔等仰体朕爱恤百姓至意，必遍至被灾之地，亲行详勘，据实具奏。"

谕毕，大学士觉罗勒德洪、明珠、王熙、吴正治、宋德宜，学士麻尔图、吴兴祖、牛钮、王起元、丹代、禅布、徐乾学、韩菼以折本请旨。吏部议户部员外郎达里虎降三级调用。上曰："达里虎降三级，着于旗分对品员缺补用。"

又以问明郎中穆朱虎之处请旨。上曰："尔等所问若何？"明珠等奏曰："穆朱虎前任国子监助教，后拣选补授刑部主事。历俸未久，又拣选补授理藩院员外郎、郎中。又经本院保举关差。"上曰："穆朱虎人甚庸常，国子监并无可办事务。补授刑部历时未久，观其不能回奏差遣之事，有何材能，不过营求奔竞，连次升迁耳。可将拣选穆朱虎主事、员外郎、郎中堂官及保举关差堂官着吏部、都察院会同一并察议。"

大学士觉罗勒德洪、王熙等，学士麻尔图、吴兴祖等出。大学士明珠、学士牛钮、尚书达哈塔等以会议山西巡抚穆尔赛，内阁满汉大学士、学士、九卿、詹事、科、道官员议处之疏请旨。上曰："尚书科尔坤、侍郎阿兰泰俱依议，各降三级，从宽留任。大学士勒德洪等及满九卿、科、道官员亦各降二级，从宽留任，有纪录、加级者仍着抵销。汉官俱着从宽免降级。"

巳时，上御瀛台紫光阁亲试武举步射、开弓、舞刀、掇石，召读卷官大学士勒德洪、明珠等赐坐同观。上亲射。命侍卫等射，又命举人等射。布侯置的骑射毕，谕大学士明珠等曰："武举袁丽系江南人，胡之培系浙江人，李纬系山西人，黄兆系江南人。此四人马步箭俱不堪，三种技艺又俱不能，姓名不必填入榜内。又进呈黄册内错误之处既多，且与伊等所记多相舛错，将监射官员等俱着交与吏部、都察院一并察议具奏。"

申时，回宫。

戌时，上御懋勤殿，读卷官大学士勒德洪等捧卷进呈，学士麻尔图以公拟六卷呈御案前。上取第一卷阅毕，曰："此卷文意不贯，且书法亦不佳，何也？"王熙、孙在丰奏曰："此番考取举人内此卷稍可。"上又将第二卷、第三卷阅毕，曰："观此番试卷俱甚不堪。"王熙奏曰："武举文字难与文举人文字并论。此番试卷实皆不堪，此所选数卷比他卷稍可，故拟在前列。”上曰：“向来考试武进士皆以骑射技勇为主。两日所试徐宪武、陈廷玺、李载骑射皆可观。着将伊等检来。”学士麻尔图等检出三卷进呈。上亲批三卷为一甲三名，其二甲进士二十名及三甲进士皆依读卷官所拟。上赐茶毕，诸臣出。

是日，赐山西巡抚图纳备鞍马一匹。

本日起居注官邬黑、卢琦。

初七日甲午 早，上御太和门，传胪第一甲第一名徐宪武、第二名陈廷玺、第三名李载，二甲第一名萧彩等二十名，三甲第一名张文机等七十三名，赐武进士及第出身有差。读卷官大学士勒德洪等并执事各官及徐宪武等行礼毕，回宫。

巳时，上诣太皇太后宫问安。

本日起居注官常书、王封溁。

初八日乙未 早，上御乾清宫，讲官常书、孙在丰、归允肃进讲：硕人敖敖一章、河水洋洋一章。

辰时，御乾清门听政。部院各衙门官员面奏毕，山西巡抚图纳陛辞。上问曰:“尔有所陈奏否？”图纳奏曰:“臣原系微末之人，蒙皇上屡次拔擢，以致荣显，高厚之恩不能报答，断不敢怀私妄为，有负委任至意。”上谕曰：“前任巡抚达尔布、穆尔赛居官不善，尔此去易于见长。且百姓亦颇淳朴，不难抚绥，可殚心尽力以副职掌。”

本日起居注官孙在丰、多奇。

初九日丙申 辰时，上御乾清门听政。

本日起居注官朱马泰、曹禾。

初十日丁酉 早，上幸南苑。酉时，回宫。

本日起居注官阿山、顾汧。

十一日戊戌 早，上诣太皇太后宫问安。

辰时，御乾清门听政。吏部以翰林院侍读学士顾巴代升任员缺，将侍讲学士邬黑转补。其侍讲学士员缺，将刑部郎中达苏喀拟正，户部郎中巴尔哈拟陪。启奏毕，出。上问讲官徐元梦曰：“邬黑学问平常耶？”

徐元梦奏曰："邬黑学问仅可。"上曰："似属平常。"徐元梦奏曰："然。"上问曰："邬黑考试名次在于何等？"徐元梦奏曰："不在所取数内。"

又吏、刑二部会同以审理穆尔赛应交何衙门，用绿头签请旨。上曰："此专系刑部之事，应交与刑部满汉官及从前不与议穆尔赛九卿等，一同会审。"

部院各衙门官员启奏毕，大学士觉罗勒德洪、明珠、王熙、吴正治、宋德宜，学士麻尔图、吴兴祖、牛钮、王起元、禅布、徐乾学、韩菼以折本请旨。吏部题补内阁学士图纳升任员缺，开列詹事朱马泰等职名。上问曰："谁可用者？"明珠等奏曰："伊等皆皇上所素知。"上曰："尔衙门侍读学士等何如？"明珠等奏曰："臣衙门侍读学士翁英、塞勒布皆系年久，赛毕汉勤于办事。"上曰："这员缺并将以次应升官员职名查出，尔等呈览。"

又户部议黑龙江墨尔根地方驻防官兵，应于二十五年未收获以前给口粮，至秋成后停其支给。上曰："黑龙江墨尔根地方驻防官兵俱着给两年口粮。"

又兵部以镶黄旗满洲都统喇哈达老病致仕员缺，开列蒙古都统阿尔尼等职名。上曰："这员缺着将瓦代补授。瓦代在江南有贤声，民甚称之。"

又三法司议行劫刘嗣圣家陈天德等四人即行处斩。上曰："尔等之意若何？"明珠等奏曰："此内查洪宗供称，并未同伙行劫，情有可疑，应俟秋后处决。"王熙奏曰："刘嗣圣原系贼党，观陈天德之行劫，亦以贼盗贼耳。"上曰："此四人俱改为秋后处决。"

又理藩院等衙门议，厄鲁特部落噶尔丹博硕克图汗来使厄尔克达尔汉等伙同沙里巴图儿台吉来使衣特木根，于北馆内将正白旗石图佐领下商人王治民殴死，因拟绞。上曰："尔等曾传问回子否？"明珠等奏曰："臣等传谕回子曰：尔部下人殴毙人命，尔等应将凶犯处死。伊等俱变色战栗云：容我等商议。顷之，复来告曰：我部下人犯法殴死人命，理应处死，惟听皇上明正国法，我等实不忍下手。"上曰："衣特木根拟何罪？"勒德洪等奏曰："拟绞罪。"上曰："衣特木根着处斩。临刑时，可传集厄鲁特部落遣来人众谕之：尔厄鲁特部落来往进贡人员沿途骚扰人民，侵害畜产，恣行抢夺，塞内塞外之人怨愤者甚多。朕虽明知，以尔等系远方之人，不知此处法度，冒昧妄行，故屡次不行治罪，务从宽免。曾谕进贡人员，此后来往之时，如有抢夺行凶者，俱照律治罪。今尔等将朕屡次宽免晓谕之处，不行遵奉，恣逞凶恶，殴死内地之人，大干法纪。今若不将犯法之人抵罪处斩，恐日后渐致滋蔓，大生衅咎，亦不可定。故将衣特木根照殴死人命律处斩，俾尔等共睹，以儆将来。”

本日起居注官归允肃、徐元梦。

十二日己亥 辰时，上御乾清门听政。部院各衙门官员面奏毕，大学士觉罗勒德洪、明珠、王熙、吴正治、宋德宜，学士麻尔图、吴兴祖、牛钮、王起元、禅布、徐乾学、韩菼以折本请旨。吏部题内阁学士图纳升补山西巡抚员缺，开列詹事朱马泰等及开写以次应升官员职名折子，一并请旨。上曰：“以次应升者，无有如开列之人。太常寺卿穆成格效力有年，着升补学士。”

又宗人府理事官觉罗僧塞调补制造库郎中员缺，以员外郎法山拟正，代都拟陪。上曰：“法山其人平常，着照原品随旗上朝。代都着升补理事官。”

又九卿、詹事、科、道会议广东秋审情真犯人耿文明。上曰：“情真贪婪官役，应即正法示惩。但今年秋审，情真贪婪官役甚多，人命关系重大，若一概照拟处决，朕心甚为不忍。其贪婪官役，似应照所犯赃数多寡定罪。尔等将往年秋审贪婪官役有无或照赃数多寡定罪之处查来。”

午时，上诣太皇太后宫问安。申时，复诣太皇太后宫问安。

本日起居注官邬黑、乔莱。

十三日庚子 辰时，上御乾清门听政。部院各衙门官员面奏毕，大学士觉罗勒德洪、明珠、王熙、吴正治、宋德宜，学士麻尔图、牛钮、王起元、禅布、徐乾学、韩菼以折本请旨。吏部题补翰林院侍读学士顾巴代升任员缺，将郎中达苏喀拟正，巴尔哈拟陪。上问曰：“考试卷内孰优？”明珠等奏曰：“前考试卷内学问优者俱已补用，其余无甚可升者。先考一次，曾记六人，其三人已经补用，今尚有傅继祖、明图、三宝三人。”上曰：“将伊等明日引见。”

又宗人府等衙门题恩泰补授佐领，将原告阿尔图革去护军校品级，鞭一百。上曰："镶红旗平郡王所属补授官员，每事皆有情弊，虽典仪等微秩亦不能免，故伊旗下控告之事甚多。尔等将都统公苏努等传至问明具奏。"

明珠等奏曰："上谕臣等将贪官缓决、立决之处查明议奏。钦此。令刑部详查，数年内亦有缓决者，亦有立决者。赃犯之数不同，或有赃犯虽不甚多，因别项罪状处决者。"上曰："人命关系重大。今年所拟秋决贪官甚多，若尽行处决，朕心不忍。若不行处决，贪劣之徒何以知儆？且或有赃犯虽多，而情有可矜者；或赃犯虽少，而情有可恶者。若一律议罪，殊属未便。"王熙等奏曰："圣见诚然。此内有贪赃入己者，亦有因公那用者。又赃数虽少，酷虐杀人等案，实有不同。"上曰："尔等将应决贪官罪犯分别轻重送进，朕酌量定罪。"

午时，上诣太皇太后宫问安。

未时，御景山内前殿，召科尔沁部落和硕卓里克图亲王杜尔巴、一品台吉伯起等、二品台吉噶尔毕等、三品台吉鄂齐尔等、四品台吉衣拉古克山等，敖汉一品台吉安达阿玉西、二品台吉厄林臣、四品台吉阿穆胡朗等，喀喇沁部落三品塔布囊鄂齐尔、四品塔布囊鄂尔济图等，苏尼特部落协理旗下事务一品台吉图巴西夏布、四品台吉阿尔西等，扎赖忒部落四品台吉巴牙思胡朗等，巴林四品台吉诺尔布等，翁牛特部落四品台吉沙津等，阿鲁科尔沁四品台吉扎那等赐食。

申时，上诣太皇太后宫问安。

本日起居注官常书、彭定求。

十四日辛丑　辰时，上御乾清门听政。部院各衙门官员面奏毕，大学士觉罗勒德洪、明珠、王熙、吴正治、宋德宜，学士麻尔图、吴兴祖、牛钮、王起元、禅布以折本请旨。翰林院侍读学士顾巴代升任员缺，以侍讲学士邬黑转补此缺。将侍读明图、侍讲傅继祖、郎中三宝引见。上曰："明图何如？"明珠奏曰："明图原系臣衙门侍读，翻译尚优。"上曰："观明图是一谨慎之人，此其应升之缺耶？"明珠奏曰："然。系伊等应升之缺。"上曰："着将明图升补。"

明珠又奏曰："臣等遵旨问都统公苏努。据苏努云：凡补授官员，本旗内告者甚众，其平郡王所属控者尤多，不可谓无故。以余年少之人，蒙皇上简用，补授都统，凡事亦俱竭诚详议，与各该主争论更改之处甚多。前议补此缺时，以恩特、阿尔胡、阿尔图等皆系同祖，且此佐领系恩特之父管辖。今恩特为人又优，故尔拟正。上曰："着将拟正之人补授。"

巳时，上诣太皇太后宫问安。

本日起居注官阿山、熊赐瓒。

十五日壬寅　早，上御太和门视朝。领赐《易经解义》诸王、文武大臣及升转官员谢恩，次进贡厄鲁特部落噶尔丹博硕克图汗来使巴颜和卓等、厄尔克巴克等、厄尔克鄂木布等行礼毕，赐茶。召巴颜和卓、厄尔克巴克至阶下，赐茶毕，回宫。

少顷，御乾清门听政。部院各衙门官员面奏毕，大学士觉罗勒德洪、明珠、王熙、吴正治、宋德宜，学士麻尔图、吴兴祖、牛钮、王起元、禅布、徐乾学、韩菼、穆成格以折本请旨。吏部题内阁侍读学士马齐调补员缺，以督捕郎中索诺和拟正，户部郎中明格礼拟陪。上问曰："索诺和为人何如？"明珠等奏曰："索诺和臣等知之不悉。但侍读学士之任虽不甚要，再一升转，则即内大臣，不可不遴选其人。似应问原任督捕侍郎达哈塔。"上曰："着问达哈塔来奏。"

午时，上诣太皇太后、皇太后宫问安。

本日起居注官朱马泰、蔡升元。

十六日癸卯　早，上诣太皇太后宫问安。

辰时，御乾清门听政。部院各衙门官员面奏毕，大学士觉罗勒德洪、明珠会同工部尚书萨穆哈、侍郎党古里、席特纳，以所议京城道路酌量修掘折子呈览。上曰："支给工役钱尚少，宜稍增加。其小路若令附近居住者刨掘，贫人必致苦累。其小路亦照大路估算，给与钱粮。至将泡子河等濠填塞有无关系及街道应否刨掘之处，着会同该衙门详看，一并议奏。"

谕毕，觉罗勒德洪、明珠及汉大学士王熙、吴正治、宋德宜，学士麻尔图、吴兴祖、牛钮、王起元、禅布、徐乾学、韩菼、穆成格以折本请旨。兵部以温州总兵官康调元调补员缺，或开列参领，或开列副将请旨。

上曰："与温州相近地方副将内有可用者否？总兵员缺所关紧要，着查出，于明日启奏。"

又三法司议将行劫卢自有家强盗刘五等即行正法。上问曰："此事尔等之意若何？"明珠等奏曰："刘五等并未执持器械杀死人命，应俟秋后。"上曰："着俟秋后。今年人命案件颇多，朕心实为不忍。"王熙等奏曰："此诚皇上好生之盛心也。"

本日起居注官徐元梦、孙岳颁。

十七日甲辰 辰时，上御乾清门听政。部院各衙门官员面奏毕，大学士觉罗勒德洪、明珠、王熙、吴正治、宋德宜，学士麻尔图、吴兴祖、牛钮、王起元、禅布、徐乾学、韩菼、穆成格以折本请旨。荆州总兵官康调元调补福宁总兵官员缺，遵旨查副将等职名启奏。上曰："江南总督标下中军副将刘泽深为人颇优。伊向由副将转补中军耶，抑由参将升授耶？"明珠奏曰："由参将升补之人。"上曰："如此太速。蒋懋勋为人亦优，且有劳绩，着补授总兵官。"

本日起居注官卢琦、阿山。

十八日乙巳 辰时，上御乾清门听政。部院各衙门官员面奏毕，大学士觉罗勒德洪、明珠、王熙、吴正治、宋德宜，学士麻尔图、吴兴祖、牛钮、王起元、禅布、徐乾学、韩菼、穆成格以折本请旨。九卿等会议江南秋审情真人犯。上曰："今年秋审情真人犯甚多，俱即处决，朕心不忍。此内如萧孟长、陈善言、张有声、李华轴、张士宁、戎衣员、文龙、萧祥、洪汉章二起，止将人诱拐，并无极恶之处，俱令监候缓决。"明珠等奏曰："疏内有韩先格一起，所犯重罪俱在赦前，侵那钱粮之罪在赦后，似应照该抚原议。"上曰："韩先格亦着缓决。"

又工部覆准总河靳辅题请岁修、急修等事。上曰："此事依议。河工所关最要，须及时速修，方有裨益。若此等事必待题明议覆始行修治，贻误工程亦未可定。嗣后岁修、急修应动支河工钱粮，即行修理，年终奏销。如此始于河工无误，亦可以省章奏。"明珠等奏曰："圣见诚然。"

又四川巡抚韩世琦题为土司地方楠木不能运出等事。部议不准行，仍令趱催运送。上曰："韩世琦前任偏沅巡抚时，曾疏请酉阳土司地方出产楠木，及调补四川巡抚后，又称酉阳地方楠木系属隔省，不便查阅。今将近离任，又具题托辞土司大木不能运出。尔等将韩世琦从前章奏俱行查来。”

巳时，上诣太皇太后宫问安。

未时，御保和殿，召进贡虎祐诺尔顾鲁木西台吉、喀尔喀部落土谢图汗来使寨桑台吉等、车臣汗来使查汗衣特革尔图等赐食毕，回宫。

申时，上复诣太皇太后宫问安。

本日起居注官郭棻、邬黑。

十九日丙午　辰时，上御乾清门听政。部院各衙门官员面奏毕，大学士觉罗勒德洪、明珠、王熙、吴正治、宋德宜，学士麻尔图、吴兴祖、牛钮、王起元、禅布、徐乾学、韩菼、穆成格以折本请旨。宗人府等衙门议通政司参议卦扎，为争告佐领，因将护国公哈尔萨、辅国公讷墨孙、副都统扎喇克图、希禅各罚俸六个月。卦扎革职，鞭一百，枷号，准其折赎。上顾大学士等问曰：“此事尔等所议若何？”明珠等奏曰：“事情是实，拟罪相符。”上曰：“该属讼事甚多，哈尔萨、讷墨孙着各罚俸六个月，停其管理顺承郡王事务。副都统扎喇克图等屡有过犯，着详察具奏。此佐领员缺，着兵部另选具奏。”复问曰：“卦扎为人若何？”勒德洪奏曰：“臣在吏部时知其人平常。”

本日起居注官多奇、王封溁。

二十日丁未　是日，部院各衙门无本章入奏，上不御乾清门听政。

本日起居注官归允肃、徐元梦。

二十一日戊申　早，上诣太皇太后宫问安。

辰时，御乾清门听政。部院各衙门官员面奏毕，大学士觉罗勒德洪、明珠、王熙、吴正治、宋德宜，学士麻尔图、吴兴祖、牛钮、王起元、禅布、徐乾学、韩菼、穆成格以折本请旨。吏部题太常寺卿穆成格升任员缺，以太仆寺卿色冷拟正，陕西布政使巴锡拟陪。上曰：“色冷才力不及，系应黜之人。所陪巴锡何如？”明珠等奏曰：“巴锡是一谨慎之人。”上曰：“太常寺卿关系祭祀典礼，应选一才优堪任者补授。着查以次应升官员具奏。”

又议处考取武进士与式不合，应将尚书伊桑阿等各降二级留任。上问曰："伊等如何考试？"明珠等奏曰："臣先曾奉差考试其马步箭、掇石、舞刀等项，俱与御前亲试无异，相去甚近，视之甚明。"上曰："如此则不堪者何以选取？此本着依议。此番武进士文字甚属不佳，一甲三名，尚不如往年三甲之人。且今年考试文进士内亦有学问浅陋者。似此不可不惩治数人。"

又兵部题贵州大定总兵官葛秉贞病故员缺，或开列参将，或开列副将请旨。上曰："狼山总兵官姚仪人材壮健，可以调补。所遗之缺，谁可用者？"明珠等奏曰："闻有候补总兵李超，其人材未能悉知。"上曰："李超人材原属壮健，着明日引见。"

又议正蓝旗护军参领多鼐擅带护军，不勤职事，应革职。又正红旗护军参领苏丹虽擅带护军，尚勤于职事，应罚俸六月。上曰："正蓝旗多鼐等族姓豪强，情有可恶。将多鼐降五级，着于爱浑等处对品之缺补用。"

又议政王、贝勒、大臣会议索伦地方总管，将郎中郑都拟正，三等侍卫尼堪拟陪。上曰："郑都不习蒙古语，尼堪人材庸劣，会议将伊等推出不合。将本驳回，另拟具奏。"

又翰林院题升任内阁学士图纳及原品随旗上朝学士席尔达经筵讲官员缺，开列吏部尚书达哈塔等。上曰："开列官员俱着试讲。"

又四川巡抚韩世琦题参酉阳土司运解楠木迟延，部议土司无俸可罚，应免议。上曰："韩世琦前任江苏巡抚，居官狼藉。使至今在彼，其贪迹岂减穆尔赛耶？后任偏沅、四川，亦复不善。其在偏沅时采办楠木，则称四川酉阳土司产木合式，请令蜀省督、抚劝谕捐输。及调任川抚，又题称酉阳系湖广所属，隔省不便察看，请行湖广督、抚，就近察明。经部驳察，今始委过土司，称大木难运等语。前题疏参差，不合，着交吏部严加议处。"

是日，赐福建副都统祖建极备鞍马一匹。

本日起居注官常书、曹禾。

二十二日己酉 早，上传谕讲官常书等曰："朕比来每清晨诣太皇太后宫问安，又亲为皇太子讲书，并披览他经及古文，以此宫中略无暇晷，所讲《诗经》不得逐日无间，应须陆续进讲。然讲论经义，未尝刻忘于心，尔等照常伺候，有暇即召尔等进来。”常书等奏曰：“皇上至孝格天，万几无旷。留心国本，亲加谕教。且自古载籍无不研究，帝王之学莫有大于是者。臣等所进《诗经》讲章，当祗候圣政有暇，陆续进讲。”

少顷，上御乾清宫，讲官常书、孙在丰、归允肃进讲：氓之蚩蚩一章、乘彼危垣一章。

辰时，御乾清门听政。部院各衙门官员面奏毕，九卿等会奏总河靳辅所题高宝等七州、县下河应筑堤高过海潮，又于沿海口地方挑河，白驹场等处建闸。诸工共需银二百七十八万余两，请先发银一半趱工，俟涸出额余官田，取佃价及盐引加纳银偿还解部，议准行。上问曰：“尔等满汉诸臣所见同否？”余国柱等奏曰：“臣等所见俱同。”上问曰：“若如其所请，嗣后能永保安澜乎？”杜臻奏曰：“若照靳辅疏内所言行之，亦可为久奠下河之计。”上曰：“治河原以拯救民生，若涸出田亩令纳佃价偿还，恐反有累于民，朕意谓不如将涸出田亩给民耕种为便。况今国计较前稍裕，若果能救此百万苍生，即二百七十余万两钱粮亦不为多。”萨穆哈奏曰：“此诚皇上之特恩也。若如此，则民生皆得阜安矣。”杜臻奏曰：“皇上念及下民昏垫，除菑去患，真万世之计也。”

又奏为靳辅所题高家堰应加密排桩、丁头小埽，再于堤里挑小河，筑束水堤，共需银五十三万余两，请先拨银三十万两，亦议准行。上曰：“高家堰所系甚重，若堤防不固，以致漫决，则前功尽弃，此实不可忽也。”

又奏为靳辅所题黄河两岸筑堤工银一百五十八万余两，请先拨银五十万两，亦议准行。上曰：“此工似为可缓，况三工一时并举，实属烦难。尔诸臣以为何如？”萨穆哈等奏曰：“臣等仰体皇上爱民，不使一夫不得其所至意，故并议准行。今圣谕极是，此工尚属可缓。”九卿奏毕出。

大学士觉罗勒德洪、明珠、王熙、吴正治、宋德宜，学士麻尔图、吴兴祖、牛钮、王起元、禅布、徐乾学、韩菼、穆成格以折本请旨。吏部题为刑部郎中布雅努升任员缺，以户部员外郎秦齐喇拟正，督捕员外郎僧格拟陪。上问曰：“此二人尔等孰知之？”勒德洪、明珠奏曰：“臣等不知。”穆成格奏曰：“臣知秦齐喇为人平常。”上问曰：“有知僧格者乎？”禅布奏曰：“臣未曾与僧格同事，但识其人，亦觉平常。”上曰：

“此员缺令选择具奏。”

又户部题投诚罗刹四十人，不足编为半个佐领，酌量归入上三旗内。上曰：“此议亦当，但率领投诚之人不与议叙，实属可悯，应量给伊等原带品级。”

又刑部题为贾占儿砍伤伊主殷代，拟立斩。上曰：“此事尔等以为何如？”明珠等奏曰：“观贾占儿始终未曾承认，其情可疑。”上曰：“此事与古那事相同。”明珠等奏曰：“此事较古那事尤属可疑。”上曰：“此事令九卿等明白审理确议具奏。”

又以秋审山东罪犯情真、缓决、可矜三本奏请。上曰：“此事尔等之意若何？”明珠等奏曰:“臣等阅情真二十五人内,马进尼等十二人宜缓决。其所议缓决之内，亦有可矜者，亦有可疑者。”上曰：“尔等拟票送进。”

明珠等又奏曰：“臣等遵旨查得正红旗副都统扎喇克图所犯情罪：前因拟补乌喇协领事，部议降一级、罚俸一年。今又拟补佐领员缺之人，兵部几次驳令画一拟补，仍未画一，屡于哈尔萨、讷墨孙两议处，更换列名送部。”上曰：“扎喇克图等着严加议处。余依议。”

上又谕曰：“顷九卿来奏，将靳辅题请下河治法‘在筑堤束水以注海，其工费将涸出田亩取佃价偿还’等处，会议准行。朕思田亩涸出，便当与民垦种纳粮，若取佃价偿还，恐致累民。九卿等特不敢自为主张，故议准行耳。至高家堰帮筑工程实为紧要，朕旧岁南巡，量度水势，见前人创筑高家堰以捍洪泽诸湖，颇有深意。今此堰若或溃决，则黄河亦难保固。至黄河两岸堤工，似在可缓。况三工并举，需费钱粮甚多，倘他处或有水旱灾荒，恐国用不敷，难供赈济之用。”明珠奏曰：“皇上所见甚明，此工实属可缓。”王熙奏曰：“三工并兴，即治河诸臣亦难兼顾。”上曰：“此事关系最巨，尔等当详议具奏。”

本日起居注官顾汧、徐元梦。

二十三日庚戌　辰时，上御乾清门听政。部院各衙门官员面奏毕，大学士觉罗勒德洪、明珠、王熙、吴正治、宋德宜，学士麻尔图、吴兴祖、牛钮、王起元、禅布、徐乾学、韩菼、穆成格以折本请旨。太常寺卿穆成格升任员缺，将以次应升官员职名开写折子，一并启奏。上问曰：“此以次应升官员内孰可？”明珠等奏曰：“伊等皆系皇上深知之人。”上顾记注官朱马泰问曰：“少詹喇拔其人何如？”朱马泰奏曰：“喇拔仅一朴实之人。”上顾大学士等曰：“喇拔乃平常人。”又谕曰：“色度亦极庸劣。”明珠等奏曰：“皇上所见最是。”上又问曰：“此外有谁可用？”勒德洪等奏曰：“敦多礼曾经九卿保举，乃可用之人。”上曰：“敦多礼果经九卿保举，着补授太常寺卿。”

又兵部议彭春等招抚雅克萨城罗刹，应作头等军功。上曰：“此番军功与明安达礼等不同，以历年不能剿除之寇，不久奏绩，犹属可嘉。此等招抚之功，议作头等尚轻，着为头等第一军功。至将军萨木苏超越众人，著有劳绩，着议叙具奏。”

又阿米纳等跃入罗刹舟中，杀败乘筏往雅克萨城之罗刹，应照跳船战功例赏赐。上曰：“此议叙亦轻，着照跳船例分别另行议叙具奏。”

又副都统班达尔沙等于厄尔顾纳等处焚毁房屋，刈获田禾，拿获罗刹妇女，不及议叙之列，相应不准。上曰：“若不议叙，则后来效力者何以知劝？着发回该部准为军功。”

又刑部题秋审山西情真杨洞等十三起，缓决李鹤鸣等十三起，可矜张子彭等五起，共三本。上问曰：“此事尔等云何？”明珠等奏曰：“此内李鹤鸣、张林纶赃银俱已交完。曹理盈殴死伊族弟，其中情有可矜，似俱应减等完结。”上曰：“然。”

又九卿等会议总河靳辅题请挑浚高、宝等七州、县下河令入海，又帮筑高家堰堤岸，又修理黄河两堤，共三本。上问曰：“此事尔等之意若何？”明珠等奏曰：“臣等意谓最宜修治，但钱粮陆续给与似为有益。”上问曰：“如何为有益？”明珠等奏曰：“靳辅疏云，工程须用三年，若照伊所请，今尽给与，殊属难行。必今年给三十万两，明年给五十万两，又明年给四十万两，钱粮方不迟误。”上曰：“别项如何？”明珠等奏曰：“昨奉上谕，三工并举，恐难告竣。修筑黄何两岸，宜于少缓。臣将此旨传谕臣衙门众臣，众皆谓圣谕极是。”上曰：“此事关系最要。今时值寒冬，河工无修筑之事，可着靳辅将伊事务交与所属官员，同按察使于成龙驰驿速来，会同九卿、詹事、科、道，熟计详慎议奏。”

又翰林院题补经筵讲官二员缺，开列吏部尚书达哈塔等职名。明珠等奏曰："臣等遵旨将此开列官员，令其讲书。伊等所讲，俱不甚优。此内葛思泰、朱马泰、阿山、德格勒将来似皆可以学习。"上问曰："达哈塔何如？"明珠等奏曰："达哈塔眼昏，看字不真。"上曰："朱马泰、阿山着充补经筵讲官。"

本日起居注官朱马泰、乔莱。

二十四日辛亥　早，上诣太皇太后宫问安。

辰时，御乾清门听政。部院各衙门官员面奏毕，大学士觉罗勒德洪、明珠、王熙、吴正治、宋德宜，学士麻尔图、吴兴祖、牛钮、王起元、禅布、徐乾学、韩菼、穆成格以折本请旨。九卿会议将大海榜式从祀孔子庙。上顾大学士等问曰："尔等以为何如？"王熙、吴正治奏曰："孔庙中必得承接道统、倡明理学者，方可从祀。此事不可不详审之。"宋德宜奏曰："从祀孔庙必人品心术端方廉洁，方膺此典，若专系创造文字，未便从祀。"上曰："此事关系紧要，尔等详察具奏。"

又议海上贸易商人除火炮外，许带别项兵器。上曰："闻泛海者，凡遇风浪及鱼虾等物，还须用炮。海岛外国既有火炮，有何禁止之处？着另议。"

又山西重犯白金阳等拟缓决。上曰："山西地方人民果甚暴悍，观此罪犯内皆系用刀棍斗殴，杀死者甚多。虽云白金阳用铡刀砍尚金保住，以致误杀郭寿甫。但郭寿甫乃白金阳之继父，事关伦理，着再议。"

本日起居注官阿山、彭定求。

二十五日壬子　辰时，上御乾清门听政。部院各衙门官员面奏毕，大学士觉罗勒德洪、明珠、王熙、吴正治、宋德宜，学士麻尔图、吴兴祖、牛钮、王起元、禅布、徐乾学、韩菼、穆成格以折本请旨。议政王、贝勒、大臣会推索伦地方总管，以阿达哈哈番马喇拟正，参领墨德拟陪。上曰："马喇有用之人，不宜补授此缺。若将原任奉天等处将军安珠虎升补此缺，必当效力以赎前愆。尔等之意若何？"明珠等奏曰："安珠虎倘蒙圣恩擢用总管，必将欢忻鼓舞，思释前愆，唯知专心效力，岂更有他愿乎？"上曰："安珠虎着升补总管。"

午时，上诣太皇太后、皇太后宫问安。

本日起居注官邬黑、蔡升元。

二十六日癸丑　早，上诣太皇太后宫问安毕，随由午门出正阳门，幸南苑，驻跸东宫。是日，部院各衙门章奏交与内阁。

二十七日甲寅　上驻跸东宫。

二十八日乙卯　上驻跸东宫。

二十九日丙辰　上由正阳门进午门，诣太皇太后宫问安毕，回宫。

扈从起居注官常书、朱马泰。

十一月

初一日丁巳　辰时，上御乾清门听政。部院各衙门官员面奏毕，吏科给事中杨周宪为纂修《简明赋役全书》不便于民，奏请停止。奏毕，出。

大学士觉罗勒德洪、明珠、王熙、吴正治、宋德宜，学士麻尔图、吴兴祖、牛钮、王起元、禅布、徐乾学、韩菼、穆成格以折本请旨。吏部题覆浙江巡抚赵士麟请以通判靳襄改授理事同知，议不准行。上曰："杭州满汉错处，此官宜设。况江宁亦有此官，似可允行。"王熙奏曰："赵士麟居官颇佳，凡事留心地方。圣谕诚然。"上曰："靳襄着照该抚所请改补。"

上又顾大学士等曰："顷杨周宪奏称，纂修《简明赋役全书》，将银之尾数收入厘内，粮之尾数收入勺内，所增银、米、豆、麦为数不多。在部议所收者，乃州县之尾数；州、县所收者，则各图、各甲、各里之尾数。殊为繁多，不无滋弊。且岁造册籍，书吏需索，恐致扰民。伊言似是。不知户部初题时是何意见？果能永久无弊否？"明珠等奏曰："户部亦止谓简明可行耳。"上曰："九卿云何？"明珠等奏曰："九卿有谓可行者，亦有谓不可行者。"上曰："此事关系国计民生，须求确当，方可永行。勿以一人以为可而辄行，勿以一人以为不可而辄止。宜虚心公议，从容确定，务期可以垂示久远。倘急遽议行，不过数年又议更改，岂可为法？户部尚书余国柱、侍郎王鸿绪意在可行，尔等再为公同商确具奏可也。"

本日起居注官郭棻、阿山。

初二日戊午　辰时，上御乾清门听政。部院各衙门官员面奏毕，大学士觉罗勒德洪、明珠、王熙、吴正治、宋德宜，学士麻尔图、吴兴祖、牛钮、王起元、禅布、徐乾学、韩菼、穆成格以折本请旨。刑部等衙门会审山西巡抚穆尔赛等，照例拟绞，秋后处决。上曰："穆尔赛身为大吏，贪酷已极，秽迹显著，非用重典，何以示惩？应即行正法。且见九卿会议穆尔赛事，瞻顾徇庇，并未详明议罪，真有弥天之手，朕不行立断，谁肯执法耶？治天下以惩贪奖廉为要，廉洁者奖一以劝众，贪婪者惩一以儆百。尔等将此意传问九卿，回奏。"

又九卿会审犯人白金阳、张登改定情真。上曰："白金阳既系情真，依拟处决。九卿先议掘坟绞犯王三情真，后将张登又议缓决，及奉旨再议，止将张登改为情真。人命关系重大，其前后参差、情节错误之罪，并不自认陈奏，殊为不合。着都察院一并察议。"

未时，御景山内前殿，召请安进贡喀尔喀部落和硕达尔汉亲王诺鼐，科尔沁部落多罗郡王代布，阿霸哈纳尔固山贝子厄林臣达锡，敖汉协理旗下事务和硕额驸齐伦巴图鲁，扎鲁忒部落四品台吉西尔德克等，苏尼特部落一品台吉懋、四品台吉达锡等，蒿齐特部落二品台吉沙里等赐食。

本日起居注官孙在丰、邬黑。

初三日己未　辰时，上御乾清门听政。部院各衙门官员面奏毕，大学士觉罗勒德洪、明珠、王熙、吴正治、宋德宜，学士麻尔图、吴兴祖、牛钮、王起元、禅布、徐乾学、韩菼、穆成格以折本请旨。九卿具题在京朝审重囚。上曰："朕反覆详阅，情真案内尚有应缓决者。人命关系重大，不便即行完结，着再加确议。"

又大学士等奏曰："臣等遵旨，将山西巡抚穆尔赛等拟罪缘由传问九卿。满汉官员皆云，穆尔赛贪污之罪显著，理应正法，以警众人。"上曰："布、按二司皆系巡抚属员，穆尔赛身为大吏，恣意贪婪，若不即行正法，何以儆戒各官？其家人号小巡抚，虐害百姓，殊为可恶。应一并正法，以惩家仆。着再严加详议。"

本日起居注官卢琦、多奇。

初四日庚申　早，上诣太皇太后宫问安。

辰时，御乾清门听政。吏部奏事毕，上谕曰："往者康熙十八年，曾谕九卿、詹事、科、道一同奏事，期于政治得失，互相讨究，虽微员亦得于朕前各抒己见。前阿兰泰于九卿启奏时言，诸大臣跪列于臣之前，故未说出，此则非朕令一同奏事之意矣。尔等将此再行晓谕九卿等官。"部院官员出。

大学士觉罗勒德洪、明珠、王熙、吴正治、宋德宜，学士麻尔图、吴兴祖、牛钮、王起元、禅布、徐乾学、韩菼、穆成格以折本请旨。吏部题补光禄寺卿敦多礼升任员缺，以少詹事喇巴拟正，侍读学士翁英拟陪。上曰："二人俱属平常。光禄寺有钱粮事务，着九卿会同选举。"

又侍郎苏赫往勘淮、扬水灾，疏请免被灾百姓钱粮，将运丁所余米麦赈济。上曰："今国用亦云充足，前曾令详察各省钱粮，于来岁蠲免。夫欲使民被实惠，莫如蠲免钱粮。朕南巡时，观宿迁、邳州百姓生计，今年尚可支吾，淮、扬等处饥民，已经被灾，不能办纳钱粮。今仅免本年钱粮，百姓沾恩有限，须将明岁钱粮一并蠲免，庶于民大有裨益。"明珠等奏曰："圣谕诚然，钱粮期于充足者，原欲遇灾以便蠲免耳。"王熙等奏曰："皇上斯言，诚百姓大幸。小民得蠲免钱粮，方沾实惠，生计有赖也。"上曰："直省遇灾，钱粮前亦欲蠲免，尔等会同户部，将被灾地方蠲免钱粮数目，一并察明详议具奏。"

又兵部题补镶白旗满洲都统博极升任员缺，开列蒙古都统莽吉禄等。上问曰："莽吉禄、塔尔代何如？"明珠等奏曰："塔尔代在行间甚为奋勇，莽吉禄亦曾出征，未闻有甚优之处。前经议政王大臣会推，补授都统。"上问曰："莽吉禄为谁族氏？系何王所属？"明珠等奏曰："莽吉禄为显亲王所属，原系叶赫人，族间无甚显宦。"上曰："莽吉禄系应升之人，着补授满洲都统。其蒙古都统员缺，以塔尔代升补。"

又正红旗副都统扎喇克图、希禅以办理旗务失当，俱拟罢任。上曰："本旗无优于此者，二人着各降五级，从宽留任。"

又补授正红旗分编佐领员缺，将大理寺卿舒书拟正，长史安泰拟陪。上曰："如此补授佐领，皆为现任部院者所得，武职官员岂不可悯？安泰族人亦似有曾任部院者。”明珠奏曰：“安泰乃原任尚书郭四海亲弟。”上曰：“朕闻五旗文职官员在该主前意气甚为雄豪，虽笔帖式，该主亦加以礼貌。前有与佟佳争告佐领者，今将复有此等人矣。尔等将本旗现任武官内不系文职大臣族人者查明来看。”

又刑部等衙门奏拟穆尔赛等罪。上曰：“世祖章皇帝时，于此等贪官有严审之例。今穆尔赛贪酷之迹甚著，无可宽假。其家人理宜再行严加夹讯，务究实情。观此所审，殊为草率，不甚明晰。”明珠等奏曰：“穆尔赛止承认一款，布政使那鼐、按察使库尔康皆毫未承认，亦未明晰，即行坐罪。”上曰：“穆尔赛恶贯满盈，以致获罪。不明讯其始末可乎？尔等口谕责饬承审大臣，再行严审，务究实情。”

本日起居注官朱马泰、王封溁。

初五日辛酉 是日，部院各衙门无本章入奏，上不御乾清门听政。

本日起居注官常书、归允肃。

初六日壬戌 辰时，上御乾清门听政。部院各衙门官员面奏毕，大学士觉罗勒德洪、明珠、王熙、吴正治、宋德宜，学士麻尔图、吴兴祖、牛钮、王起元、禅布、徐乾学、韩菼、穆成格以折本请旨。吏部题补督捕郎中索诺和升任员缺，以员外郎秦齐喇拟正，僧格拟陪。上曰：“秦齐喇等皆平常，此缺着选择具奏。”

又侍读明图升任员缺，以侍讲何托转补。其侍讲员缺，以员外郎达哈塔拟正，常在拟陪。上问曰：“前考试内应升者为谁？”明珠奏曰：“前次考案内应升人员无一二等者。其一等西安今已升中允。”上曰：“西安学问颇优，着即补授。”

本日起居注官阿山、曹禾。

初七日癸亥 是日，部院各衙门章奏俱交送内阁。

巳时，上诣太皇太后、皇太后宫问安。

本日起居注官邬黑、顾汧。

初八日甲子 辰时，上御乾清门听政。部院各衙门官员面奏毕，大学士觉罗勒德洪、明珠、王熙、吴正治、宋德宜，学士麻尔图、吴兴祖、牛钮、王起元、禅布、徐乾学、韩菼、穆成格以折本请旨。吏部题补侍讲学士李录予给假员缺，拟右庶子孟亮揆升补。上曰："此员缺着简选。"

又兵部题补镶红旗蒙古都统佟佳解任员缺，将护军统领莽喀拟正，副都统缪齐纳拟陪。上曰："此旗分并无优长之人，着以莽喀补授。"

又九卿、詹事、科、道会议将达海榜式入先儒伏胜等之列，从祀文庙。上顾大学士等问曰："此事尔等之意若何？"明珠等奏曰："向因达海榜式曾经效力，已授其子孙官秩，以展皇恩，似不必入文庙。"上曰："然。不必从祀。"

又太常寺卿徐元珙条奏北郊配位。上问曰："此事若何？"明珠奏曰："此事关系甚大，请交与九卿详议。"王熙奏曰："皇地祇坐位北向，故配位似应详议。但此事关系甚重，行之已久，更改似难。"上又问徐乾学等曰："尔等之意如何？"徐乾学奏曰："臣考历代祀典，皇地祇皆南向。惟宋政和及明嘉靖以后北向。宋政和配位与今不同，配位当论左右，不当论东西。虽行之已久，皇上制礼作乐，更正似亦非难。"韩菼奏曰："左右配位皆由所祭正神，原无一定。"上沉吟久之，曰："着交与九卿、翰林、詹事、科、道详议。"

本日起居注官多奇、乔莱。

初九日乙丑 辰时，上御乾清门听政。兵部尚书梁清标等题补署步军校引见。上问曰："补授署步军校起于何时？"侍郎郭丕奏曰："康熙十四年，因步军校不足用，故增补署事者。"上曰："若足供使用，将伊等应裁去，若不足用，便当添设，又何用补署事者耶？尔部会同步军统领议奏。"

又九卿、詹事、科、道进奏。吏部尚书达哈塔奏曰："光禄寺卿员缺，命臣等选择。臣等会同以翰林院侍读学士阿山拟正，侍读学士邬黑拟陪。"上问曰："邬黑其人平常，不足入选，此系谁先举出？"达哈塔奏曰："臣等公同举出，无先举之人。"上曰："邬黑先曾差往安南，朕故知之。"上又顾掌院学士常书曰："邬黑为人何如？"常书奏曰："皇上所见诚然。邬黑为人朴实。"上曰："然。视之乃平常。"常书奏曰："邬黑办事颇勤。"上问曰："邬黑学问何如？"常书奏曰："学问平常，前考试未曾入选。"上又问曰："阿山学问何如？"常书奏曰："阿山学问颇优，前考试在二等第二。”上颔之。九卿出。

大学士觉罗勒德洪、明珠、王熙、吴正治、宋德宜，学士麻尔图、吴兴祖、牛钮、王起元、禅布、徐乾学、韩菼、穆成格以折本请旨。在京秋审重犯。上曰：“尔等所议如何？”明珠等奏曰：“臣等会同再三详阅，此内有将情真拟缓决者，亦有将缓决拟减等者，或有援例议结者。”上曰：“照尔等所议拟票送进，朕详览之。至援引成例，乃部院奉行之事。朕与尔等裁断，必酌量情罪，审度时宜，岂可拘于定例。若果照律执议，则穆尔赛之罪不至于立决矣。今因惩创贪官，故不容宽恕。”明珠等奏曰：“圣谕诚然。凡情真内有可原者，可疑、可矜之内亦有情可恶者，诚难执一而论。”

未时，御保和殿，召请安进贡喀尔喀部落土谢图汗次子多尔济厄尔德尼阿海台吉，吉布宗达木巴库土克图来使扎麻阳、吴勒墨吉、毕里克图等，厄尔克楚护喇塔布囊等及科尔沁国多罗郡王毕里克图、一品台吉葛勒尔图等，敖汉多罗郡王萨木迫尔、二品台吉丹津，柰曼部落多罗达尔汗郡王鄂齐尔、辅国公葛勒尔，克什克屯一品台吉阿玉锡等，扎鲁特部落二品台吉毕里克图，阿禄科尔沁国四品台吉阿尔巴纳等，翁牛忒部落四品台吉巴颜等，苏尼忒部落二品台吉崔思等，扎萨克四品台吉巴特马等赐食。

本日起居注官常书，彭定求。

初十日丙寅　辰时，上御乾清门听政。

本日起居注官朱马泰、蔡升元。

十一日丁卯　辰时，上御乾清门听政。部院各衙门官员面奏毕，大学士觉罗勒德洪、明珠、王熙、吴正治、宋德宜，学士麻尔图、吴兴祖、牛钮、王起元、禅布、徐乾学、韩菼、穆成格以折本请旨。都察院题为既将掘坟之王三议情真，而掘坟之张登又议缓决，应将尚书达哈塔等俱各罚俸一年、尚书哈占等各罚俸六个月。上曰：“此系舛错之罪，俱从宽免。”

又九卿、詹事、科、道会题在京朝审情真各犯。上曰：“拟罪宜分首从，此内田五、李世英、梁顺、陈四、徐四、白国柱、刘应登、张四、潘三、卢二麻子、樊大回子、穆老儿俱免死，照例减等发落。”又缓决各犯。上曰：“此内巴言兔在王府门前砍死人，刺都洪为人凶恶，情罪可恶，俱着改为情真，照例覆奏。冉凤吾、小黑儿、刘正芳、史黑丫、图古纳、费四、傅成贵、孙世俊、王成义、刘大、李大、姚康太、王二胡子、周二俱免死，照例减等发落。”又可矜、可疑各犯。上曰：“此内徐自立将人射死，情罪可恶，着监候缓决。”

本日起居注官多奇、熊赐瓒。

十二日戊辰　早，上诣太皇太后宫问安。

辰时，御乾清门听政。部院各衙门官员面奏毕，大学士觉罗勒德洪、明珠、王熙、吴正治、宋德宜，学士麻尔图、吴兴祖、牛钮、王起元、禅布、徐乾学、韩菼、穆成格以折本请旨。兵部题补左翼前锋统领塔尔代升任员缺，开列护军统领苏尔达等。上曰：“着将左翼公、侯、伯以下大僚名次查明来看。”

本日起居注官常书、孙岳颁。

十三日己巳　辰时，上御乾清门听政。部院各衙门官员面奏毕，大学士觉罗勒德洪、明珠、王熙、吴正治、宋德宜，学士麻尔图、吴兴祖、牛钮、王起元、禅布、徐乾学、韩菼、穆成格以折本请旨。兵部题五品官朱集义私往涿州，议革职。上曰：“朱集义乃素称善为营私之人，不便容留此处。从宽免革职，着降二级，发往宁古塔效力。遇有有相当缺补用。”

是日，上召领侍卫内大臣国舅佟国维、伯费扬古至内殿谕曰：“原任都统鄂鼐、内大臣坤巴图鲁皆系太宗时旧臣，效力有年。前虽军中获罪，咎非由己，今罢职闲居于家，朕心甚为悯恻。鄂鼐、坤巴图鲁俱着授为散秩内大臣。伊等年老衰迈，若能步履，令其上朝，如不能，许其家居，勿得强勉。尔等即召来，以示朕优恤年老之意。”国舅佟国维等奏曰：“鄂鼐、坤巴图鲁皆系获罪之人，圣心念及，授为内大臣，又降温纶，真不弃故旧至意，即古来罕见。臣等恭聆圣谕，不胜叹美。不但鄂鼐等终身顶戴天恩，凡诸臣闻知，莫不观感皇上浩荡之仁，皆奋勉以图报称。臣等即行召至，宣布睿旨。”

本日起居注官孙在丰、邬黑。

十四日庚午　早，上诣太皇太后宫问安。

辰时，御乾清门听政。部院各衙门官员面奏毕，大学士觉罗勒德洪、明珠、王熙、吴正治、宋德宜，学士麻尔图、吴兴祖、牛钮、王起元、禅布、徐乾学、韩菼、穆成格以折本请旨。兵部题补左翼前锋都统塔尔代升任员缺，开列护军统领苏尔达等。上曰："将军伊巴汉声名不佳，但善于临阵，着转补前锋统领。"

本日起居注官卢琦、多奇。

十五日辛未　早，上御太和门视朝。文武升转官员谢恩，次进贡喀尔喀部落土谢图汗次子多尔济厄尔德尼阿海台吉等头目三十五人行礼毕，赐茶。召多尔济厄尔德尼阿海台吉、厄尔克楚护喇塔布囊、厄尔德尼台吉至阶上，赐茶毕，回宫。

本日起居注官朱马泰、王封溁。

十六日壬申　辰时，上御乾清门听政。部院各衙门官员面奏毕，大学士觉罗勒德洪、明珠、王熙、吴正治、宋德宜，学士麻尔图、吴兴祖、牛钮、王起元、禅布、徐乾学、韩菼、穆成格以折本请旨。吏部题补理藩院郎中穆朱虎降调员缺，将伊衙门员外郎布延图拟正，易道拟陪。上曰："陪拟易道为人颇优，着补授郎中。"

又议工部笔帖式尼雅汉遗失印箱钥匙，罚俸一年。上曰："尼雅汉怠忽，以致遗失印钥，情由可恶，着于旗分员缺调用。"

又刑部题原任巡抚穆尔赛贪敛银两，拟立绞。布政使纳鼐，按察使库尔康，知府李玑，知县毛文铣、宋思陟俱拟绞监候，秋后处决。上曰："穆尔赛承认赃银数目不符，若即行处决，有贪婪更倍于此而免死幸生者尚余一二人，着改为监候，秋后处决。"

又礼部尚书哈占告病乞解任。上曰："哈占敷衍奏章又兼汉文，欲众人知伊有功耳。其任陕西总督时，迁延不肯进兵，后因屡降谕旨申饬催督，方将高孟为前驱，伊随后进川，此天下所共知者。伊称效力，果何事乎？"明珠等奏曰："凡军中之事，皇上知之甚悉，岂可妄行渎奏？"上曰："可严谕留任，仍着效力赎罪。"

巳时，上诣太皇太后、皇太后宫问安。

本日起居注官常书、乔莱。

十七日癸酉　辰时，上御乾清门听政。部院各衙门官员面奏毕，大学士觉罗勒德洪、明珠、王熙、吴正治、宋德宜，学士麻尔图、吴兴祖、牛钮、王起元、禅布、徐乾学、韩菼、穆成格以折本请旨。九卿为江西巡抚安世鼎题请安插裁汰兵丁，会议准行。上曰："此兵已经议裁，即当汰革，又何容再议？此皆言官相沿明季积习条奏，若果允行，则事无完日矣！尔等将此传询九卿，再行具奏。"

本日起居注官邬黑、顾汧。

十八日甲戌　先是，上谕兵部："国家武备不可一日懈弛。旧例每岁必操练将士，试发火炮。今朕于十八日亲加阅视，尔部即传谕八旗都统等，预为整备。"

是日，喀尔喀部落土谢图汗子多尔济厄尔德尼阿海台吉等以朝贡在京，因请于理藩院尚书阿尔尼转奏曰："闻皇上大阅甲兵，试火器，臣等远方之人，天朝军容难得一见，幸朝贡而来，恭逢盛典，求赐臣及同来之人观之。"上谕曰："从来抚绥万邦，在德教不在兵力，故兵者圣王不得已而用之。今四海治安，偃兵不用，然练习士卒，简阅器械，所以修、武备、昭法制也。向来定例，或亲阅或遣官，今岁朕将亲阅。喀尔喀台吉既请往观，应可其奏。"时又有厄鲁特部落虎祜诺尔固鲁木锡台吉、噶尔丹博硕克图来使塔西兰和卓等，亦转奏求赐往观。上命皆往。

是日早，上由午门出宣武门，陈设卤簿，起广宁门至湾子里。八旗都统各率所部将士，被甲胄，佩弓矢，建旗纛，严队伍，起湾子里，夹道分列至洪极城。前锋官军起芦沟桥夹道，分列至王家岭山麓。其东则排枪官军层叠并立，其西则红衣巨炮次第毕陈。上登王家岭，升御座，命吹螺甲者三，发巨炮三。既而排枪并发，前后相继，声络绎不绝者久之，且无不中的。上御黄幄，命将士所列红衣巨炮四，各发二次。又八旗所列红衣将军及诸火器一时尽发，凡二次，声震天地。巨炮所击树侯栏墙莫不应声而倒。

是时，阿海台吉及众蒙古等惊惧失色，有仆地者，有匍匐不能起者，有起而战栗不止者。有顷，阿海台吉少息，语阿尔尼曰："我等先见士马精锐，甲兵坚利，旗帜鲜明，已知天朝军威天下无敌。至于火器如此轰烈，不但目所未睹，亦耳所未闻，真足惊心破胆，更有何敌能当此耶？"阿尔尼转奏毕，上曰："尔可传谕，朕惟以宽仁抚驭，使近者悦、远者来，海内乂安，家给人足，天下无事，万邦遂生乐业，此朕本怀也。至于兵，凶器非可轻试，缘尔等奏请乘便来观，故令尔等观之。自古承平之世不忘武备，所以整军容、试火器，乃本朝常制耳，毋庸赞颂。”阿尔尼传谕毕，阿海台吉跪奏曰：“此真统一万方圣天子之神谋远略也。”

上御行宫，召扈从诸王、内大臣及阿海台吉等赐食毕，复御黄幄，设布侯，上先射五发，四中。又命诸王、贝勒、八旗中所选善射者校射，中的者甚众。阿海台吉等向阿尔尼转奏曰：“皇上开弓圆满，安舒自如，体式精妙，且发必中的，真神射也。臣等何幸得见圣天子亲射！且见中国善射何其多耶！”上曰：“八旗之中善射者多，由不时演习，故娴熟耳。”阿海台吉等又见力士角抵，枪手击小侯，红衣击远侯，各称羡不已。上将还，谕阿尔尼曰：“天将暮，若阿海台吉等随朕入城道远，此间有小径，尔同往竟归馆舍。”阿海台吉奏请送驾。上复谕曰：“朕知尔等意，但今日劳顿，其径归馆舍。”

酉时，上回宫。

扈从起居注官常书、朱马泰。

十九日乙亥　早，上诣太皇太后宫问安。

辰时，御乾清门听政。部院各衙门官员面奏毕，大学士觉罗勒德洪、明珠、王熙、吴正治、宋德宜，学士麻尔图、吴兴祖、牛钮、王起元、禅布、徐乾学、韩菼、穆成格以折本请旨。吏部题补翰林院侍读学士阿山升任员缺，以侍讲学士尹泰转补。其侍讲学士员缺，以郎中达苏喀拟正，巴尔哈拟陪。上问曰：“有曾经考试之人否？”明珠等奏曰：“有傅继祖、三宝。”上问曰：“达苏喀何如？”明珠奏曰：“达苏喀学问疏浅，人尚可用。”上曰：“达苏喀为人果优，傅继祖学问想亦优也。”明珠奏曰：“学问果优。”上曰：“翰林院因以学问优者补授，故干济之才甚少。着将郎中内选择具奏。”

又刑部等衙门议处清风闸口水脚王和祥等，应照银数拟杖，其监督秦齐喇等各罚俸一年。上曰：“此事所议不甚详悉，着问明回奏。”

又九卿会议江西巡抚安世鼎题请安插裁兵须令得所，应准行。上曰：“此事前经任辰旦、杨周宪条奏，想伊等或别有所见，着传问。”

又以理藩院议逃人于尔既尼五人俱拟立斩请旨。明珠等奏曰："臣等遵旨问马拉、郎谭。据伊等云：于尔既尼乃为首之人，情罪可恶。余四人系无知小人，免其死罪似无不可。"上曰："然。于尔既尼着立斩，布尔济带、郛赖、恒德希、纳德等乃无知愚人，着从宽免死，及妻子一并交与该管衙门。"

又以撰拟所赐琉球国敕及赏赉数目开列折子呈览。上曰："琉球等外国赏赐甚轻，非厚往薄来之义。尔衙门会同礼部察赏赐外国之例，将赏赐之物酌量增添，定议具奏。"

又大学士等以会议地坛配位折子呈览，因奏曰："九卿等称，配位之礼非臣子所敢轻言。皇上学问渊弘，识见深奥，应断自睿裁。"上曰："着即将折子进呈，俟朕详阅。"

本日起居注官多奇、蔡升元。

二十日丙子 辰时，上御乾清门听政。部院各衙门官员面奏毕，大学士觉罗勒德洪、明珠、王熙、吴正治、宋德宜，学士麻尔图、吴兴祖、牛钮、王起元、禅布、徐乾学、韩菼、穆成格以折本请旨。礼部议通判王国祯等吓诈安南国官员银伍千余两，既经安南国王察明具奏，应将案内有名员役交与该总督严加议处。上曰："此等官员吓诈银两是实。此事历年已久，必遣官严审方得真情，且该国王亦悦服矣。"

明珠等奏曰："昨奉旨问河工事宜，总河靳辅议开大河，建长堤，高一丈五尺，束水一丈，以敌海潮。按察使于成龙议开浚故道。臣等以两人之议不合，劝谕画一兴工，伊等各坚执不从。臣等与九卿公议，河工情形臣等未能悉知。于成龙居官虽清，但河工事宜未经阅历。靳辅久任河务，已有成效，似应从靳辅之议。至参议成其范等，科道王又旦、钱珏等议河工之事，我等亦未深知。但由靳辅、于成龙二人之议观之，觉于成龙之议理长。臣等因问，高家堰与下河事同一体，若高家堰修筑不坚，下河开浚难成。伊等言，止论下河，不必计及高家堰也。"上问汉大学士曰："尔等意见如何？"王熙奏曰："于成龙所议是一旧说，乃照明朝河臣潘季驯河防一览之法。靳辅所议是一创建之策。"

上曰："朕闻自宋以来，河道不甚为害。至明隆庆间，诸口故道始至壅塞。自康熙七年，清水潭溃决，遂为七邑之患。今两人各持一说，似俱有理。”又问汉学士曰：“尔等之意若何？”徐乾学奏曰：“臣家住江南，黄河事宜不甚晓悉。但靳辅治河已见成效，似乎可行。”韩菼奏曰：“从于成龙之议，即或目下无功，事后必无他患。”上曰：“据两人之议，似俱可以建功，但不知孰者于民有益无害？尔等传问高、宝、兴、盐、山、江、泰七州县见任京官，此两说何者为是？伊等既系本地之人，知之必确，务令直言无隐。若因产业有碍，或徇私不以实对，虽一时掩饰，将来朕必知之。”

本日起居注官朱马泰、曹禾。

二十一日丁丑　早，大学士觉罗勒德洪、明珠、王熙、吴正治、宋德宜，学士麻尔图、吴兴祖、牛钮、王起元、禅布、徐乾学、韩菼，记注官常书、乔莱诣乾清门，先撤御馔赐食。

未几，召至懋勤殿之南暖阁，大学士等以折本请旨。为九卿议覆江西巡抚安世鼎裁兵安插一疏，遵旨传问给事中杨周宪、任辰旦。上问曰：“杨周宪云何？”明珠奏曰：“杨周宪自称身为谏官，有闻不敢不奏。所裁之兵乃无籍之人，苟不聊生，必聚为盗贼。江西盗案最多，至阑入城市焚掠，皆裁兵也。”上曰：“任辰旦云何？”明珠奏曰：“任辰旦有言书生不谙，惶恐待命而已。”上着照见行例行。

既以御史处决重囚疏请旨。上曰：“兹事重大，人命所系，虽经廷臣详讯，朕已矜减多人，而情真各犯苟可生全，姑令缓死。朕与卿等详议之，卿等坐。”诸臣叩头坐。

御案先设招册，上一一朗诵。谕大学士等曰：“尔等携有招册节略折子，各取出比对。”因命大学士王熙、学士牛钮执笔，于应勾者先勾于折子内，有拟议未定者姑点之，以俟再议。

王熙读招册。如杨四、金义等持刀杀人立时殒命者，上曰：“凡用刀剑金刃凶器者，是有意杀人，真正人命也。纵之，则彼死者何罪？”明珠、王熙奏曰：“真正人命，无可宽也。”有高德辅以刀戳人致死。上以死者在十五日后，可以求其生路。吴正治奏曰：“以刀伤人，真正人命。”上曰：“未知戳伤何处？”因检阅招册，谕曰：“非致命伤，姑再监候一年。”

如王定邦、琐住。上以其讹诈陈秉直、李士祯，未曾得财，命姑置之。内杀妻者三人：靳杨有疯病，来宝因妻詈其父母，惟保住并勒死其女最惨毒。上读招册曰：“保住天性凶恶，宜勾保住而缓此二人。”王熙奏：“巴言兔二十二年缓决，吕文学、温七二十二年免勾。”上曰：“此等人命皆真，但或以先世阵亡，或以未经承认，前已从宽缓，且不必勾。”

王自仁等八人因貂皮、人参杀死骁骑校一案。上曰：“奸猾杀官，法所不宥，但案内人犯太多，于中择情罪重者正法可乎？”明珠、王熙奏曰：“此案牵连多人，诚如圣谕。首犯王自义已经正法。王自仁乃是一家之长，比诸人稍重。”上细阅招册曰：“俱着缓决。”

伪将军刘弘义夹拷旗人一案，上问：“如何？”王熙奏曰：“臣等与学士等公同商酌，此案有无确证，尚属可疑。”明珠奏曰：“总以吴逆伪将军，故拟重耳。”上曰：“刑期协中，岂可如此论也？”

沈美琀、范东信二案共十二人。上曰：“京师重地，恶棍假文假印，冒领钱粮累万，罪不容诛。”明珠等奏曰：“然。”徐乾学奏曰：“沈美琀案内周灿等系铺户，未曾承认得银，此五人似可缓死。”穆成格奏云：“此事系臣纠发，经臣审鞫情真罪当，实无可逭。”复向乾学云：“此罪条甚重，尔未阅全招耳。”乾学云：“全招已曾细阅，似可不必骈斩。”上命缓决。

又范东信案内铺户王兆龙、书办王之翰赃银已完，王熙、宋德宜俱称可宽。明珠言：“此京师有名恶棍，理应正法。”上命勾兆龙、之翰，而周统得暂留焉。王熙读广东巡抚金俊招词。上曰：“此事已详悉，不必阅册。”顾大学士明珠曰：“尔意若何？”明珠奏曰：“金俊情罪，皇上深知，惟听圣裁。”上又问汉大学士。王熙奏曰：“情真罪当。”宋德宜奏曰：“金俊先处置尚之信尚有微功，后遂居官不善矣。”上又问徐乾学等。徐乾学奏曰：“金俊情罪难宽，惟求皇上法外施仁。”上谕王熙曰：“金俊在广东贪秽殊甚，姑点之以俟再议。”

秦永贵者番禺县丞也，逋银万余。徐乾学奏曰：“督、抚二次审讯，俱云因公那用。”王熙云：“督、抚均如此说，只银未有着落。”上令勿勾。

花善者醉后戳死和尚。徐乾学奏称："此人原未承认。"上曰："渠杀人肯承认耶！"牛钮云："其婢坚称花善杀死。"上命点之。凡重犯六十六人谳词一一览毕，再加详阅，乃命勾。于御史本内再议及金俊，诸臣求免。上艴然曰："此人大有气力。往令诸王、九卿讯鞫，延迟半载，经朕严催乃始定拟。此种情节，殊为可恨！可即勾之。"至花善，上曰："此事尚有一线可疑，姑留一年。"随命牛钮、韩菼于御案傍批红。

是日也，所勾凡二十有九人，俱咨询详慎，至再至三。仰见皇上圣德仁厚，而又睿照如神，古帝王泣罪解网不是过也。

上问学士徐乾学曰："尔江南人，河工之事毕竟若何？"徐乾学奏曰："臣系江南人，不知江北地形。但于成龙从未治河，难以深信。靳辅久任河工，屡著成效，举朝皆以为是，毕竟从靳辅之议为是。"上顾讲官乔莱问曰："尔江北人，尔如何说？"乔莱奏曰："皇上圣恩如天，救此七邑灾民。若依于成龙之议，工也易成，百姓有利无害。若依靳辅之议，工也难成，伤损民田、民房、坟墓甚多。且堤高一丈六尺，束水一丈，水不由地中行，比民间房檐还高，伏秋之时，一旦溃决，百万生灵俱为鱼鳖，如何行得？"上顾大学士等曰："下河朕虽未到，上河曾亲见来。高家堰之水减下至高宝湖，由湖而至运河，河堤决始入民田。看来靳辅、于成龙之议皆可泄水下海，功皆可成。"王熙奏曰："原因功皆可成，所以两人争欲立功。"上又问乔莱曰："此事毋得有私，开河地方有尔庄地否？"乔莱奏曰："臣宝应县人，开河地方在高邮、兴化、盐城、泰州，并不伤损宝应田地。只是这工原不是朝廷万不可已之工，原是皇上圣恩救百姓的。皇上行此救民之事，靳辅建此害民之议，此断断不可行者。"上又顾大学士等曰："看来两人虽皆可成功，毕竟于成龙之议便民。其实这工原不是万不可已之工，原是朕救百姓的，若有害于民，如何行得？"王熙奏曰："此工实与运道无涉。"上又顾乔莱曰："江北之人与尔意见相同否？"乔莱奏曰："俱与臣相同，臣等明日有公议进呈皇上。皇上如此轸念淮、扬之人，臣等本地之人，若徇私畏祸，不以实情奏对，上负皇上，下负苍生，清议所不容，乡评所共弃矣。"上又顾大学士等曰："于成龙所请钱粮不多，又不害百姓，且着他做，做得成固好，即不成再议未迟。”明珠奏曰：“乡绅之议如此，未知百姓何如？宜着章京带伊等亲至其地一看。”上命赐大学士、学士、讲官茶。

本日起居注官常书、乔莱。

二十二日戊寅　早，上诣太皇太后宫问安。

辰时，御乾清门听政。部院各衙门官员面奏毕，大学士觉罗勒德洪、明珠、王熙、吴正治、宋德宜，学士麻尔图、吴兴祖、牛钮、王起元、禅布、穆成格以折本请旨。太常寺卿徐元珙疏奏北郊配位事，以九卿等会议折子及内阁学士徐乾学、韩菼，翰林院学士孙在丰等所议折子一并启奏。上问曰：“九卿之议若何？”明珠等奏曰：“九卿议照旧行，学士诸臣所论不一，仰候圣裁。”上曰：“配位典礼重大，务期至当，方可举行。今众论不一，应暂停。”明珠奏曰：“此事未经准行，似应发还章奏。”上曰：“且留尔衙门，俟朕与尔等从容讨论尽善，始酌定行之。”

又九卿议覆总河靳辅、按察使于成龙条奏河工等事，及翰林院侍读乔莱等公议折子。上问曰：“此系乔莱一人之议否？”明珠奏曰：“淮、扬所属七州、县在京官员共十一人皆同一议。筑堤之处并无伊等田亩、庐舍，但从民生利害起见耳。”上顾大学士等曰：“尔等其各陈所见。”大学士等奏曰：“臣等未悉地方形势，难于定议。”上因将乔莱等折子详览，谕曰：“浚河原以救民，今靳辅所请与于成龙不同，或有累百姓，亦未可知。应遣满汉大臣有识见者往询地方父老，并详视形势，必期允协民情，俾有利无害，方于事有济。”宋德宜奏曰：“总漕徐旭龄、巡抚汤斌皆身在地方，似应遣大臣会同详问地方父老。”上曰：“着工部尚书萨穆哈、学士穆成格速往淮安、高邮等处，会同徐旭龄、汤斌，详问地方父老，往返期于两旬内回奏。”

又宗人府题总理宗人府事安亲王岳乐员缺，请旨补授。上曰：“着以信郡王鄂扎总理宗人府事。”

又兵部学士题补盛京将军伊巴汉调补员缺，开列副都统佛尔诺等。上曰：“此缺应用品行素优之人，着议政王等会推具奏。”

又吏部题补工部员外郎福达禅升任员缺，以主事塔尔禅拟正，乌金泰拟陪。上曰：“乌金泰虽系陪拟，然比之达尔禅历俸年久。达尔禅升主事曾经选择否，着问吏部。嗣后凡升补官员曾否选择及历俸年久之处，俱着吏部引见时口奏。”

又刑部题叛犯侯满英家仆张兴等四人拟交与内务府。上曰：“张兴等不必交内务府，着交与户部入官。嗣后叛逆旗丁照例交该管衙门外，此等奴仆俱交户部入官，着为例。”

本日起居注官孙在丰、德格勒。

二十三日己卯　上因有事于南郊，斋戒三日，不理政事。

本日起居注官邬黑、熊赐瓒。

二十四日庚辰　本日起居注官多奇、孙岳颁。

二十五日辛巳　早，上御保和殿，视郊天祝版毕，回宫。

本日起居注官朱马泰、郭棻。

二十六日壬午　早，上以冬至，亲祀天于圜丘毕，回宫。

本日起居注官常书、卢琦。

二十七日癸未　早，以冬至节，上御中和殿，内大臣、侍卫及执事等官行庆贺礼毕，御太和门视朝。诸王、贝勒、贝子、公等文武官员等上表行庆贺礼，次进贡厄鲁特部落噶尔丹博硕克图汗来使塔席兰等、都哈尔台吉来使厄尔克博克等、厄尔德尼布木台吉来使毕理克图下等行礼，次琉球国进贡正使耳目官吴世俊、副使正议大夫郑永安等行礼，赐茶毕，回宫。

是日，赐江宁将军博济鞍马、撒袋、披领。

本日起居注官德格勒、王封溁。

二十八日甲申　早，上诣太皇太后宫问安。

辰时，御乾清门听政。部院各衙门官员面奏毕，大学士觉罗勒德洪、明珠、王熙、吴正治、宋德宜，学士麻尔图、吴兴祖、牛钮、王起元、禅布、徐乾学、韩菼以折本请旨。吏部题补翰林院侍读学士阿山升任员缺，以郎中达苏喀拟正，巴尔哈拟陪。上曰：“尔等所查郎中等为谁？”明珠等奏曰：“魏黑讷、硕木鼐、苏巴泰、麻喇、额尔格图、李里、麻齐穑、达苏喀等。”上问曰：“苏巴泰为人何如？”明珠等奏曰：“为人平常。”上曰：“尔等所言良是，朕观此人亦系平常。此内学问孰优？”明珠等奏曰：“此等在部俱长于办事，学问不及臣等两衙门之人。”上曰：

“前此俱以学问优者补用，干济之才甚少，今应论人材补用。此缺着将达苏喀升补。”

又九卿议覆江西巡抚安世鼎题请安插裁兵。上曰：“此系九卿从前议结之事，仍交与九卿再行详议具奏。”谕毕，大学士等出。

江宁等处将军博济进奏曰：“臣于今日起程，请皇上谕旨。”上曰：“已前江宁将军、副都统及官员等因不和衷，俱不相能。自遣瓦代为将军，副都统官员等众志谐同，彼此协睦。尔到任后，须和辑官员，将兵民一体爱惜，毋得纵放满兵骚扰百姓。务必勉力，以副朕简用之意。”博济奏曰：“臣原系微贱之人，蒙皇恩屡次升擢至将军之职，臣虽捐躯糜骨不能仰报于万一也。当恪遵皇上谕旨，竭力报效。”

本日起居注官归允肃、邬黑。

二十九日乙酉 辰时，上御乾清门听政。部院各衙门官员面奏毕，大学士觉罗勒德洪、明珠、王熙、吴正治、宋德宜，学士麻尔图、吴兴祖、牛钮、王起元、禅布、徐乾学、韩菼以折本请旨。吏部题补光禄寺少卿王维珍升任员缺，以候补许登隆拟补。上问曰：“此系何人？”明珠奏曰：“此人原系顺天府府丞，缘事降调，候补此缺。”上曰：“此人着于在外员缺调用。”

又户部题右翼税务拟差员外郎莫尔浑。上曰：“莫尔浑曾在上驷院，乃无知粗率之人，着另将保举之人差遣。”

又议政王、大臣会推镶红旗护军统领莽喀升任员缺，以副都统缪齐纳拟正，希白赫拟陪。上问曰：“伊等何如？”明珠奏曰：“伊等俱属平常。”上曰：“着将伊等引见。”

又兵部题正白旗汉军步军校金永失误直日，议罚俸两月。上曰：“此人因祖母之丧致误直日，似可宽免。”明珠奏曰：“祖母病故理应赴告。”上曰：“因赴告之人未至竟致获罪。着查伊祖母如果亡故，从宽免处。”

又议原任四川巡抚韩世琦题，总兵官高鼎等剿平巴猪寨逆番及招抚白卜等十三寨，在事有功人员、被伤、阵亡官兵，档册收留，仍俟川陕总督查明具题到日再议。其十三寨番人情愿每年纳粮四十六石九斗，着于康熙二十五年起征报部。上曰：“此事并未完结，辄议征收钱粮，殊为不合。

着严饬行。”

又工部等衙门题黑龙江遗失铁锚铜锣，将防守尉胡满、噶鲁各降一级，罚俸一年，其余官员查明到日再议。上曰：“胡满等怠慢殊甚，情最可恶，着另行严议。”

上命蠲免河南、湖北二十五年钱粮之半，又全免直隶十州、县及江南、山东水荒田地今年秋冬、明年春夏地丁各项钱粮，内阁拟谕旨进呈，中有海宇升平等语。上曰：“今海内虽定，民生未尽悦安。朕宵旰不遑，思求闾阎疾苦，每得一利民事，即勤行恐后，虑稍迟延致有流离失所，庶几孜孜不已，渐见太平。且古帝王已治益求其治，已安益求其安。朕常自省惕，惟虑始勤中怠，致政化不底于成。今若遽谓升平，则泰然自足，无勤求上理之心，非朕意也。嗣后谕旨，此等夸张盈满语，勿复拟入。”

上又谕曰：“今月朔日食，十六日月食，且比日积阴无雪。朕思天象稍有愆违，即当儆戒修省。或施行政事有未当欤？或下有冤抑未得伸欤？尔等传谕九卿、詹事、科、道，详议以闻。”钦此。吏部尚书达哈塔、李之芳，左侍郎阿兰泰、李天馥，右侍郎萨海、胡简敬；户部尚书科尔坤、余国柱，左侍郎鄂尔多，右侍郎苏赫、董讷；礼部尚书沙澄，左侍郎敖哈、严我斯，右侍郎额星格、蒋弘道；兵部尚书梁清标，左侍郎郭丕、杨雍建，右侍郎马世济，督捕左侍郎库勒纳；刑部尚书公诺敏、张士甄，左侍郎石柱、高尔位，右侍郎傅喇塔、张可前；工部尚书杜臻，左侍郎党古礼、金汝祥，右侍郎席特纳、陈一炳；都察院左副都御史觉罗孙果、胡昇猷；通政使葛思泰、王守才，右通政郑重、王遵训，左参议达尔汉傅尔塔、李迥，右参议成其范；大理寺卿舒枢、边声廷，少卿索济、徐诰武、张冲翼，寺丞王承祖；詹事郭棻，少詹事喇拔；吏科掌印给事中费扬古，户科掌印给事中顾图、王又旦，礼科掌印给事中乌冷格、王连瑛，兵科掌印给事中任辰旦，刑科掌印给事中严泰、岳峰秀，工科掌印给事中纪愈；掌河南道监察御史凯音布、刘安国，掌江南道监察御史钱珏，掌浙江道监察御史巴锡、李锦，掌山东道监察御史戴通、许三礼，掌陕西道监察御史占扎，会议奏称：“皇上敬天爱民，宽仁御下，励精图治。凡用人行政，吏治民生，无不仰承乾断，备极周详。今逆寇荡平，海宇乂安，人民乐业，咸由皇上仁心实政，涵濡广被所致。然犹有日食、月食、积阴不雪之事，皆因臣等大小臣工，才识阘浅，弗克称职，于各衙门政事不能尽心办理，以致有干天和。今惟有洗心涤虑，实图修省，以仰副皇上克谨天戒至意。荷蒙询问，政事或有未当，冤抑或有未伸。臣等伏睹诸司政务，无可更改，至事关刑狱，悉经皇上裁断，至明至慎。比有大贪极酷重犯，已经正法示惩，其少可矜缓者，复蒙皇上浩荡弘恩，悉从宽减。是皆皇上如天好生之德，刑狱允当亦无冤抑。谨此奏闻。”

本日起居注官多奇、曹禾。

三十日丙戌　早，上诣太皇太后宫问安。

辰时，御乾清门听政。部院各衙门官员面奏毕，大学士觉罗勒德洪、王熙、吴正治、宋德宜，学士麻尔图、吴兴祖、牛钮、王起元、禅布、徐乾学、韩菼以折本请旨。兵部题续顺公下副都统张梦吉题请所属兵丁除编成佐领外，其余八百名仍留披甲，议不准行。上曰：“此等余兵若不令披甲，以赡家口，必致失所，实为可悯。着兵部会同该旗都统等议奏。”

又黑龙江墨尔根地方驻防官兵请留运粮船，议覆不准。上曰：“黑龙江积贮粮米已足二十七年之用，又令彼处屯垦，今复何事运粮？”勒德洪等奏曰：“部议犹谓明年运粮。”麻尔图奏曰：“此部议误耳。”上曰：“凡事宜明白建议。此兵部所议甚谬，尔等问明再奏。”

又刑部题陆有吉诱取商人财物，拟立斩，从犯杨士奇拟绞。上曰：“陆有吉等皆系小人，一时贪利妄行，俱置之法，似过其罪。令该部即议减等发落。”

本日起居注官朱马泰、顾汧。

十二月

初一日丁亥　辰时，上御乾清门听政。部院各衙门官员面奏毕，大学士觉罗勒德洪、明珠、王熙、吴正治、宋德宜，学士麻尔图、吴兴祖、牛钮、王起元、禅布、徐乾学、韩菼以折本请旨。吏部题赞善傅尔哈升任员缺，以中书科掌印中书多萨纳拟正，中书特默德拟陪。上曰："着查应升之员及考试名次在前者来看。"

又四川提督何傅条奏武官亦应令丁忧。上曰："此事尔等以为何如？"明珠等奏曰："前代武官俱不丁忧，今定例亦不丁忧。"上曰："孝者治天下之本，理应丁忧。且武官久任非善事也。在昔唐朝藩镇骄蹇跋扈，皆由久典兵权之故耳。丁忧之例既定，自不致久任矣。"明珠等奏曰："圣见甚为深远，应令九卿会议。"上颔之。

本日起居注官常书、乔莱。

初二日戊子　辰时，上御乾清门听政。部院各衙门官员面奏毕，九卿等会议，吏科给事中杨周宪条奏，钱粮丝忽以下细数断不应删去，其《简明赋役全书》当停其刊刻。应无庸议。上问曰："尔等皆同一议否？"科尔坤奏曰："臣等所议皆同。"上曰："闻此事曾有两议，今缘何并成一议？"科尔坤奏曰："九卿内欲另议者曾有数人，后见众人议稿，遂并归一议。"上顾达哈塔等问曰："尔等之意皆同否？"达哈塔奏曰："钱粮事件臣不能洞悉，但微细之数删去，则档册简明，似易查核。臣等今议将忽以下细数删去，所删之银不过数千两，数目不多，臣等故同一议。"上曰："朕原不从所删些微钱粮起见，但论有益于民否耳。"李之芳奏曰："户部前奏将丝归于毫。今臣等议将丝以上之数仍存，忽以下之数删去。如此则便于查核，吏胥不得作弊，实有益于民。"余国柱奏曰："臣部原系仰体皇上爱民至意，故将此事条奏。今天下凡利弊得失，圣鉴无不洞彻，臣等何敢以为允行所奏，遂保积弊尽除。但减一分之弊，则小民便沾皇上一分之恩也。刍荛末议，惟听皇上采择。"上问曰："后班中人意见亦相同否？"阿兰泰等奏曰："臣等之议皆同。"苏赫奏曰："先有数人因将丝归于毫，欲为两议。后因将丝数以上仍存，忽数以下删去，故皆一议。"上问曰："科道官更有意见否？"科道等官奏曰："臣等并无所见。"九卿等出。上又顾原任有司，科道钱珏、任辰旦等问曰："此议毕竟有益于民否？"钱珏等奏曰："臣等任知县时颇知钱粮细数繁多，档案冗杂，由部驳至藩司，由藩司至州县，转转驳查，滋累民间，吏胥藉此作弊。今若删去忽以下细数，实于民有益。"奏毕出。

大学士明珠、王熙、吴正治、宋德宜，学士麻尔图、吴兴祖、牛钮、王起元、禅布、徐乾学、韩菼以折本请旨。议政王等会推镶红旗护军统领莽喀升任员缺，将满洲副都统缪齐纳拟正，希白赫拟陪。上曰："朕观缪齐纳为人平常。"明珠等奏曰："然。臣等问得缪齐纳曾往云南出征二次，前一次有头等第一功牌，后一次直抵云南。"上曰："缪齐纳着补授护军统领。"

又刑部拟杨运启妄写黄河图叩阍，应发边卫充军。上曰："杨运启情罪殊为可恶。"王熙等奏曰："杨运启系一小人。"上曰："然。此人不可留住京城，着发往宁古塔。"

上又谕曰："朕昨召靳辅、于成龙至内庭，将河图一一详询。又令二人各出己见，互相论难。朕又问以淮安、扬州等地原系低洼潴水，遂致成湖。彼处百姓倘遇年旱，仍资湖水灌溉。况地方既属低洼，纵尽力决导，能令水尽涸乎？二人俱奏称不能尽涸。朕意水势稍减，即有益于民，应依于成龙所言，挑浚海口，俾所潴之水得以通流，其有无利益之处不久便见。但不知所需钱粮若干始可敷用？"明珠奏曰："据于成龙疏称，钱粮不能预行估计。想从故道挑浚似不大费经营。"

本日起居注官徐元梦、彭定求。

初三日己丑 辰时，上御乾清门听政。部院各衙门官员面奏毕，大学士觉罗勒德洪、明珠、王熙、吴正治、宋德宜，学士麻尔图、吴兴祖、牛钮、王起元、徐乾学、韩菼以折本请旨。御史许三礼条奏先儒董仲舒应在六十三贤之列。上曰："尔等之意若何？"明珠奏曰："臣等曾问汉大学士，据云汉儒向有扬雄列于先儒，至洪武时始黜扬雄而易以董仲舒。今据御史许三礼条奏，欲以董仲舒改入先贤，应令九卿、翰林、詹事、科、道会同确议可否。"上又问汉大学士曰："尔等云何？"王熙奏曰："董仲舒久在先儒之列，今欲改入先贤，其是否应令九卿、翰林、詹事、科、道会同详议。"上从之。

巳时，上诣太皇太后、皇太后宫问安。

本日起居注官孙在丰、德格勒。

初四日庚寅 辰时，上御乾清门听政。部院各衙门官员面奏毕，大学士觉罗勒德洪、明珠、王熙、吴正治、宋德宜，学士麻尔图、吴兴祖、牛钮、王起元、禅布、徐乾学、韩菼以折本请旨。吏部题补庶子孟亮揆升任员缺，拟侍读乔莱升补。上问学士牛钮曰："尔前任翰林学士乔莱何如？尔必知之。"牛钮奏曰："乔莱学问颇优，勤于办事。"上又问王熙曰："乔莱为人若何？"王熙奏曰："乔莱学问颇优，其为人不甚深知。"又问吴正治、宋德宜曰："尔等所见何如？"吴正治奏曰："乔莱文章颇佳，行事在各人心内，学士不能悉知。"宋德宜所奏，亦同吴正治。上又顾大学士明珠等曰："闻翰林官所作文字皆送徐乾学评定，想徐乾学必知乔莱也。"随问徐乾学。徐乾学奏曰："乔莱学问颇优，善作文，且勤于办事。但臣系江南，乔莱系江北，不知其人。"上又问学士韩菼。韩菼奏曰："乔莱学问甚优，亦有才。"上又问讲官邬黑曰："乔莱为人若何？"邬黑奏曰："乔莱在衙门办事勤，其人尚优。"上沉吟久之曰："乔莱着问学士常书、孙在丰来奏。"

又题补赞善傅尔哈升任员缺，以中书科掌印中书多萨纳拟正，中书特默德拟陪。上曰："特默德曾出征长沙，其人似属可用。"因问考试之人有几，学士吴兴祖将考试等第姓名宣读，至三等第七特默德名，上问曰："此即拟陪之特默德否？"明珠奏曰："然。特默德颇有学问，其人亦优。"上曰："这赞善员缺着将特默德升补。"

又九卿会议银米以丝抄为止，以下细数俱裁去，俾《全书》简明。上问大学士明珠等曰："此事尔等以为何如？"王熙奏曰："从九卿之议于小民无累，而完纳钱粮似亦简易。"吴正治、宋德宜奏曰："似应从九卿议为便。"徐乾学、韩菼奏曰："若从此议，于小民完课亦无甚关系，而行事似觉便易。"上曰："凡言官条奏事宜，俱朕独断，于他人何与？昨朕将奏事言官留问此事缘由，皆云从现在所议则不累小民，且遵行甚便。尔等着将九卿所议传问杨周宪心服否？"

又礼部纂修《一统志》，请给桌饭银两。其纂修处，应交与内阁。上曰："纂修《明史》俱撰文字，故多费时日。若修《实录》、《会典》以及此书，不过誊录，并非撰文，岂宜迟缓？凡纂修各馆俱宜定限，尔等议奏。"

又兵部议骁骑参领噶达浑原令其禁止喧呼，今反大声诃斥，应罚俸一年。上曰："噶达浑为人甚劣。"随顾大学士觉罗勒德洪问曰："噶达浑系尔同旗，其人若何？"勒德洪奏曰："噶达浑甚为庸劣。"上曰："噶达浑着革去参领。"

本日起居注官邬黑、蔡升元。

初五日辛卯 早，上御太和门视朝。升转文武官员谢恩，次进贡厄鲁特部落噶尔丹博硕克图汗来使厄尔克伯克头目一百八人、噶尔丹博硕克图汗来使塔西兰和卓头目一百三十五人、厄尔德尼布穆台吉下毕里克图下头目四十二人、都哈尔台吉下厄尔克白克头目一百十二人、阿喇布潭台吉下扎木禅达希头目四十五人等行礼毕，赐茶。召塔西兰和卓、厄尔克白克至阶下，赐茶毕，回宫。

辰时，上诣太皇太后宫问安。

是日，赐琉球国王蟒缎等五十匹，正使耳目官吴世俊、副使正议大夫郑永安等表里、彩缎、布匹有差。先是，外国朝贡，颁赏定例：朝鲜国进贡赏王马二匹、玲珑鞍辔二副、蟒缎等四十匹、白银一千两；琉球国进贡赏王蟒缎等二十匹，谢恩进方物三十匹；安南国进贡及谢恩进方物赏王蟒缎等三十匹；暹罗国进贡赏王织金缎等三十四匹，王妃十八匹；西洋国进贡赏王蟒缎等一百匹、白银三百两；荷兰国进贡赏王蟒缎等八十匹、白银三百两；土鲁番进贡，视所贡玉石至千斤者赏绢三百匹，金刚钻一钱赏绢十匹、西弓一张赏绢二匹，小刀一百把赏绢二十匹回赐外，又赏表缎十匹。近奉上谕从厚增给琉球等外国赏赐，于是内阁会同礼部定议：朝鲜、西洋、荷兰赏赐素厚，不必复增，及暹罗王、妃赏赐仍如常遵行；而琉球增缎三十；安南增缎二十；暹罗增缎十六，凡表里各五十匹；土鲁番亦增缎六匹。上从其议，遂着为令。

按：本朝颁赏外国定例，视明朝相沿则例已属优隆，而皇上深仁厚泽，浃宙绵区，凡雕题凿齿之国，沐日浴月之乡，莫不纳赆归琛重译而来。皇上鉴其慕化之诚，念其跋涉之远，特沛温纶，详察典例，厚往薄来，赏赉优渥。所以柔远人者，真超越千古矣。

本日起居注官多奇、熊赐瓒。

初六日壬辰 辰时，上御乾清门听政。部院各衙门官员面奏毕，大学士觉罗勒德洪、明珠、王熙、吴正治、宋德宜，学士麻尔图、吴兴祖、牛钮、王起元、禅布、徐乾学、韩菼以折本请旨。吏部题补刑部郎中达苏喀升任员缺，以员外郎秦齐喇拟正，僧格拟陪。上曰："此缺着将拟陪僧格补授。"

又庶子孟亮揆升任员缺，拟补侍读乔莱。上曰："尔等所问若何？"明珠等奏曰："臣等问学士常书、孙在丰。据常书云，乔莱勤于办事，衙门文章所撰颇多，学问亦优，但系汉官，住在城外，其品行臣未悉知。孙在丰云，乔莱学问颇优，衙门办事甚勤，凡事办理甚多，并未闻其有劣迹。"上曰："孙在丰伊乃一院之长，当是曰是，非曰非，不宜似此模棱启奏。尔等将所奏于档册内记入。即将记入档内之语谕孙在丰、常书。此缺着另选择具奏。"

又议覆给事中刘国黻条奏捐纳各官不通文义者，原奉旨令督、抚参奏，今并未参奏，应行申饬。承差书办等或令顶带荣身，或调补无事之地一疏，应无庸议。上谓大学士等曰："尔等之意若何？"王熙奏曰："此事关系吏治，恭听睿裁。"上曰："捐纳之官不加考试，何以知其果否通晓文义？虽在京捐纳各官，朕亦不能尽知，适才考试始知其文义通否。今若令督、抚概行考试，伊等任内职掌尚有未遑，何暇考人？此不特无益，反致多事，徒滋奔竞耳。"王熙奏曰："多事不如省事，兴利不如除弊，古来原有此语。今天下承平，正当省事宁民。圣谕诚然。"上曰："此事着不准行。政事以简静为贵，不可纷更。近见科道条奏，大抵类此耳。"

又兵部题旗分之事，应行定限。上曰："尔等所拟票签之意若何？"明珠等奏曰："凡都统、副都统补授官员，必遴选人材壮健有才能者，众意方服。今竟不然，所以争讼甚多。若一人讦讼，驳回必须十日。若二人，便须二十日。如此竟无完结之时。臣等之意，应令该旗详确送部。若有人随来讦告，该部仍行收准，辨其是非启奏。臣等拟票之意如此。"上曰："然。似此则弊端自不生矣。尔等拟严饬票签送进。"

又黄草坝地方击败贼众，议为二等军功。又石门坎第一崖口击败贼众，议为一等军功。又桂花寺地击败贼众，议为一等军功。上曰："进取云南之兵甚为劳苦，此三处议叙尚轻，俱着改为头等第一。"

又理藩院议阿霸垓多罗郡王沙克沙僧格薨，照例遣官以牲致祭。上曰："沙克沙僧格是一甚优之人，现今马畜肥壮，不必待来春，急遣官前往致祭。"

谕毕，大学士王熙奏曰："臣等问杨周宪。据周宪云：凡数生于理。理无尽，数亦无尽，奇零之数，原不可无。天下万事万物莫不起于黄钟，此亦生生不穷之数。天行三百六十五度四分度之一亦无穷尽。今九卿会议允行，臣非敢谓其尽非，但臣意见不同，故言其理数如此。九卿之疏与臣之原疏俱在，伏候皇上睿裁。"上曰："此论亦佳。"王熙奏曰："是一明晰之人。"

本日起居注官朱马泰、郭棻。

初七日癸巳 辰时，上御乾清门听政。部院各衙门官员面奏毕，大学士觉罗勒德洪、明珠、王熙、吴正治、宋德宜，学士麻尔图、吴兴祖、牛钮、王起元、禅布、徐乾学、韩菼以折本请旨。吏部题补通政使司左参议王维珍升任员缺，以成其范转补，右参议员缺，俟候补之人到日再行补授。上曰："奖善惩恶，治国之大经。御史钱珏参奏穆尔赛事迹俱实，为人颇优。闻前在外任时，居官亦善。尔等知否？"王熙等奏曰："其人明晰，在外居官亦善。"上曰："钱珏着即补授右参议。再御史席珠条奏降级罚俸处分舛错二事俱实，亦可谓直言。"

又兵部议往黑龙江墨尔根地方料理官兵船只。上曰："此事关系甚大，恐致迟误，着户、兵二部遣贤能司官一员往彼，同将军萨布苏会议具奏。"

本日起居注官常书、孙岳颁。

初八日甲午 早，上诣太皇太后宫问安。

辰时，御乾清门听政。部院各衙门官员面奏毕，大学士觉罗勒德洪、明珠、王熙、吴正治、宋德宜，学士麻尔图、吴兴祖、牛钮、王起元、禅布、徐乾学、韩菼以折本请旨。宗人府同礼部会议王等马扯手，应用金黄色，其紫色马扯手，原非定制当用，应概行禁止具题。上曰："此事依议。长子、贝勒、贝子着用紫扯手。"

本日起居注官卢琦、徐元梦。

初九日乙未 辰时，上御乾清门听政。部院各衙门官员面奏毕，大学士觉罗勒德洪、明珠、王熙、吴正治、宋德宜，学士麻尔图、吴兴祖、牛钮、王起元、禅布、徐乾学、韩菼以折本请旨。礼部题奋威将军王进宝请旨赐谥、加祭。上曰："向于将军张勇若何？"明珠奏曰："曾予谥，加祭二次。"上曰："可令与彼相同。祭时可遣官否？"明珠奏曰："若遣官甚为荣耀，有何不可？"上曰："俟祭文成时，将遣官之处请旨。"

又题杭州副都统雅塔里加恩祭葬。上曰："雅塔里自简任以来，并无尽职效力之处，祭葬加恩俱行停止。"

又兵部题广东顺德总兵官蔡璋病故员缺，或开列副将，或开列参领请旨。上曰："尔等所问若何？"明珠奏曰："问尚书李之芳、侍郎石柱。据云：广东惠州副将刘召当变乱之时，由千总功升副将，授三等阿达哈哈番，居官颇佳，兵民俱共感戴。"上曰："刘召及浙江象山副将王国祥、四川遵义副将郑侨柱，俱着来京引见。"

未时，御保和殿，召请安进贡喀尔喀部落土谢图汗次子多尔济厄尔德尼阿海台吉、蓟布松达木巴库图克图来使札马杨、吴勒木济、毕里克图等、厄尔克楚胡拉塔布囊、厄尔德尼台吉等头目三十五人，科尔沁国二品台吉诺木德儿格勒固鲁纳奇等，喀喇沁部落协理旗下事务二品塔布囊巴图儿等、四品塔布囊吹第斯马里等，喀尔喀部落三品台吉吹等，阿鲁科尔沁国四品台吉巴特马桑，翁牛忒部落四品台吉丹津，阿霸垓衮楚克舅、鄂拉海舅等赐食毕，回宫。

本日起居注官王封溁、德格勒。

初十日丙申 早，上诣太皇太后宫问安。

辰时，御乾清门听政。

本日起居注官孙在丰、邬黑。

十一日丁酉 辰时，上御乾清门听政。部院各衙门官员面奏毕，大学士觉罗勒德洪、明珠、王熙、吴正治、宋德宜，学士麻尔图、吴兴祖、牛钮、禅布、徐乾学、韩菼以折本请旨。户部题明山东巡抚张鹏题免曲阜县二十四年钱粮。上曰："这钱粮蠲免之处系康熙二十三年谕旨，为何今岁年终始行题明？"明珠奏曰："此钱粮蠲免之处，该部于巡抚咨来时不曾具题，俟题本到方行题明，故迟延耳。"上曰："此事定有含糊之处，可票旨申饬。”

是日，赐贵州大定总兵官李超备鞍马一匹。

本日起居注官归允肃、多奇。

十二日戊戌 辰时，上御乾清门听政。吏部启奏刑部主事伊巴礼升任员缺，将内阁典籍尹布珠拟正，国子监助教达里虎拟陪引见。上问曰：“此二人如何？”尚书达哈塔奏曰：“曾问该衙门。据称：拟正之人平常，拟陪之人可用。”上问曰：“此二人历任几年？”达哈塔奏曰：“拟正之人历任十八年，拟陪之人历任二十二年。”上曰：“着将拟陪之人补用，可谕大学士等知之。”

部院各衙门官员面奏毕，大学士觉罗勒德洪、明珠、王熙、吴正治、宋德宜，学士麻尔图、吴兴祖、牛钮、禅布、徐乾学、韩菼以折本请旨。吏部议四川平武县典史徐应桂赴任违限，罚俸三个月。上曰：“凡事关知县以上正印官者应具题，此等微员事故，岂不可令该部照例注册完结乎？”王熙等奏曰：“圣谕极当。臣等阅此本时亦见及此。”上曰：“此本着发回该部，定例具奏。”

又礼部以贵州大定总兵官朱万化病故，应否给谥请旨。上曰：“朱万化有劳绩否？”明珠等奏曰：“臣等询知朱万化并无劳绩。”上曰：“朱万化祭葬恤典俱着停给。”

又兵部议浙江提督陈世凯等将洪符瑛等来降官兵招致，并无冒险招抚之处，不准议叙。上曰：“此等若不议叙，难以鼓励将来。着交与该部，仍行议叙具奏。”

又议恢复保宁府时满洲夹攻官兵不准议叙。上曰：“保宁府系王进宝攻取，其满兵止在两旁夹攻。此本发回该部，令将此缘由明白开载。”

又议原任护军统领佟佳等于四川云阳县等处，击败逆贼谭弘三万余众，应准为三等军功。上曰：“云阳县等地方击败贼众之处，议作三等军功尚属稍轻，着改为二等军功。”

酉时，上诣太皇太后、皇太后宫问安。

本日起居注官曹禾、徐元梦。

十三日己亥 早，上以岁暮致祭孝陵，由东华门出朝阳门，驻跸蓟州。

十四日庚子　早，上率扈从王、内大臣、侍卫、部院大臣于巳时诣孝陵，行三跪九叩头礼，三奠酒，举哀。又率王、大臣等至两皇后陵，三奠酒，举哀。

上驻跸汤泉。是日，赐守陵官兵牛五头、羊五十只。

十五日辛丑　早，上率王、内大臣、侍卫、部院大臣诣孝陵，于崇恩殿献玉帛，读祝文，以岁暮礼大祭。又遣恭亲王长宁于两皇后陵献玉帛，读祝文，以岁暮礼大祭。上回銮，至奉圣夫人坟墓前奠酒。

是日，驻跸马伸桥。

十六日壬寅　上驻跸三河。

十七日癸卯　未时，上由朝阳门进东华门，回宫。

扈从起居注官常书、邬黑。

十八日甲辰　早，上诣太皇太后宫问安。

辰时，上御乾清门听政。部院各衙门官员面奏毕，大学士觉罗勒德洪、王熙、吴正治、宋德宜，学士麻尔图、吴兴祖、牛钮、王起元、禅布、徐乾学、韩菼以折本请旨。四川提督何傅条奏武职丁忧事，九卿两议。上曰："武职久典兵权，原非良法。前令提镇陛见，亦此意耳。若岩疆要地当需才之日，何妨临时酌定。况丁忧有关孝道，文武有何分别？着再画一具奏。"

又福建总督王国安以应裁之兵不能依限全裁，九卿议降三级调用。上曰："总督乃地方大僚，将奉旨之事不实心奉行，理应降级示儆，但调用似属太过，着留任。"

又吏部遵旨定议嗣后凡州同以下官员有应罚俸等事，俱由本部完结注册，停其奏闻。上曰："若竟停奏闻，或有他故亦未可定，但每事启奏亦觉烦细，此后着每月汇奏。"

又御史张志栋任内带征淮北盐课未完，议降三级调用。上曰："此即前经处分之事否？"勒德洪奏曰："即从前之事。"上曰："前已因此事降级留任，何必又加处分？着从宽免。"

又户部题大通桥等仓监督，差员外郎格尔特等。上曰："各仓尚有积弊，应将各部院曾经保举者差遣，其内务府保举者不必差遣。"

又题乌尔图纳苏图无嗣，家产议分给哈尔哈齐、吴兰毕里克图。上曰："事无两是，若应给吴兰毕里克图，即不应给哈尔哈齐，若应给哈尔哈齐，即不应给吴兰毕里克图。吴兰毕里克图系养子是实，应将家产尽与之。"

又兵部以步军校王有寿、护军校阿三柱年老告退，应否给与半俸请旨。上曰："阿三柱有功牌否？"勒德洪奏曰："有功牌十九。"上曰："既有功牌，又属年老，应给半俸。王有寿虽无功牌，但效力甚久，年逾七十，又家贫无子，亦着给半俸。"

又议叙广东韶州击败马宝贼众万余，准军功二等。广西新村击破吴世琮，歼其众六千余人，世琮穷蹙自刎死，准军功四等。上曰："马宝、吴世琮俱系逆贼渠魁，此处议叙尚轻，着各加一等。"

又刑部以府丞王维珍被康亲王包依人史书等辱骂，议枷一月，鞭一百。上曰："旗下恶棍辱骂职官者甚多，但未发觉，无从惩治。今既已发觉，又如此轻处，何以儆戒众人？况朕十八年曾有谕旨，尔查出晚刻来奏。"

又三法司议程富等杀死伊主程九案，将程富、程德、大陶拟凌迟立决。造谋之周之鼎应行拟斩，但因关说之张大在逃，将之鼎监候，俟拿获张大日对质。上曰："此事初奏时，朕固疑之。今周之鼎之子周式之又在三河地方叩阍。尔等之意若何？"王熙奏曰："杀人重情也，无遣人代杀之理。况给银八两，又倡言于众，此事之必无者。法司亦可疑，故拟监候。"上曰："若将凶手先决，则此事终无明白之日矣。着再详审确拟具奏。"

申时，上复御乾清门，大学士等："臣等将十八年谕旨查出，曾经九卿定议，诸王及大臣仆人有干预词讼索取财物者，其主知情将其主从重议处，仆人枷三月，鞭一百。其主不知情，仆人以光棍治罪。"上曰："此情最为可恶，着从重治罪，伊主一并察议。此等事甚多，举首者少。王维珍不顾情面举首可嘉，着议叙。"勒德洪奏曰："其主乃康亲王也。"上微笑曰："朕止论事之是非，不论其为何人也。"

本日起居注官孙在丰、德格勒。

十九日乙巳　是日辰时，封印，上不御门听政。

本日起居注官多奇、乔莱。

二十日丙午　辰时，上诣太皇太后、皇太后宫问安。

本日起居注官徐元梦、熊赐瓒。

二十一日丁未　本日起居注官邬黑、孙岳颁。

二十二日戊申　辰时，上诣太皇太后宫问安。

本日起居注官朱马泰、卢琦。

二十三日己酉　早，上诣太皇太后宫问安。

本日起居注官王封溁、德格勒。

二十四日庚戌　本日起居注官多奇、蔡升元。

二十五日辛亥　本日起居注官归允肃、邬黑。

二十六日壬子　本日起居注官徐元梦、乔莱。

二十七日癸丑　早，上御保和殿，视岁暮享太庙祝版毕，回宫。

本日起居注官德格勒、顾汧。

二十八日甲寅　早，上以岁暮，躬诣太庙致祭毕，回宫。

巳时，上诣太皇太后宫问安。

本日起居注官朱马泰、曹禾。

二十九日乙卯　午时，上御保和殿，赐朝正外藩蒙古左翼科尔沁国和硕达尔汉亲王班第额驸、辅国公和硕额驸图纳黑、一品台吉厄尔德尼等、协理旗下事务二品台吉莫罗泰等、三品台吉吴勒木济、四品台吉董胡里等，札鲁特部落多罗贝勒札穆、三品台吉布当都，苏尼特部多罗贝勒博木布、二品台吉巴郎，土默特部落多罗达尔汉贝勒厄尔德木图、固山贝子衮济斯札布、协理旗下事务一品台吉查胡儿、三品塔布囊色冷，郭尔罗斯部落镇国公安达萨里、辅国公蟒萨，翁牛忒部落镇国公齐他特、三品台吉塔尔巴，四子部落四品台吉阿南达、札萨克四品台吉阿里胡尔，右翼科尔沁国多罗札萨克图郡王鄂齐尔、一品台吉布达、四品台吉苏麻达达尔马等，敖汉多罗郡王札木苏，柰曼部落多罗达尔汉郡王鄂齐尔，喀尔喀部落多罗卓里克图郡王顾鲁什希、多罗贝勒索诺木、固山贝子霸特马、一品台吉罗布臧，喀喇沁部多罗杜棱郡王札希、四品塔布囊班第，鄂尔多斯部落多罗贝勒宋喇布、多罗贝勒顾鲁萨赫布、二品台吉伊斯单津、三品台吉达尔马、四品台吉山达，札赖忒部落固山贝子纳孙，巴林固山贝子温椿、多罗额驸阿喇布潭、三品台吉讷木布，杜尔伯特三品台吉吴勒木济，吴喇忒部落三品台吉沙津、协理旗下事务四品台吉卓莫，克什克屯协理旗下事务四品台吉班第，阿霸垓四品台吉噶尔马，归化城土默特部落都统吴巴西及请安进贡厄鲁忒部落巴图尔厄尔克济农讷颜、哈什哈台吉等、下等，喀尔喀部落阿海代青讷颜济拉哈郎、墨尔根台吉等，内大臣、侍卫、满汉大学士、上三旗都统、尚书、副都统、侍郎、学士等宴。上进酒，作乐。召外藩王、贝勒、贝子、公等，科尔沁国一品台吉布达等以上及厄鲁忒部落巴图尔厄尔克济农、喀尔喀部落阿海代青颜至御座前，上亲赐酒。召内大臣、大学士、都统、尚书及外藩台吉至御座前赐酒。命副都统、侍郎、侍卫等至殿前阶下赐酒。宴罢，群臣谢恩，上回宫。

本日起居注官多奇、乔莱。

伏惟皇上御极之二十有四年，休兵偃革，浃德翔和，八区宁谧，兆姓乂安。幅员之广远，府库之充实，称极盛焉。皇上视民如伤，率下以德，谨几微，戒逸豫，省徭赋，明教化。虽时清道泰，泽普仁深，而求治求安之心，予溺予饥之虑，未尝一日忘也。臣等职司纪载，亲炙光华，仰见皇上沉酣经史，贯穿百家，圣学邃深，已度越前古。又于经筵日讲之外，更命儒臣分撰《春秋》、《礼记》讲义，辑注《古文渊鉴》，万几之余，讲习研索，常至丙夜。典学之勤，古未有焉。皇上重道崇儒，慎顾问著作之选，试翰詹诸臣于保和殿，再试于乾清宫，赏赉示劝，迁谪示惩。而满洲、汉军诸臣亦以次考试，鉴优劣，别去留，一时臣庶咸以稽古为荣。至南宫策士，特颁试题，亲定甲乙，馆选之日，天语诫谕，俾不愧科名。右文之治，古未有焉。皇上轸念灾荒，不啻救焚拯溺。若直隶、若淮扬、若齐鲁之乡，叠罹水旱，上廑宸衷，发粟蠲租，已群沾浩荡矣。至河南、湖北又于未灾之时，念其供亿，思其疾苦，预赐来岁田租。而外藩部落，如蒿齐特者，亦怜其饥荒，移粟赈救，不愆晷刻。益下之仁，古未有焉。皇上好生如天，庙算如神，不独疆宇销兵，亦且岛屿受吏。而蠢兹罗刹，梗化稽诛，久肆陆梁，致烦天讨，决策于十余年之前，制胜于数千里之外。因其革面，许以更新，销隐患于未萌，播神威于异域。武功之盛，古未有焉。至于惩大吏之贪婪，诫廷僚之徇纵，擢言官以肃风纪，留循吏以惬民情，厚赏赉以柔远人，陈军容以威殊俗。编纂《全书》，剔弊也，必集众议，而酌其可行。开浚海口，救民也，更询土人，而求其无害。慎刑罚，虽应决之人，犹加钦恤。重农桑，即不毛之地亦课耕耘。每行一政，无非锡福苍生，但发一言，允矣贻谟奕世。真巍巍荡荡，盛德难名，皞皞熙熙，淳风遐讫者已。

康熙二十五年　丙寅

正　月

初一日丙辰　早，上以元旦，率诸王、贝勒、贝子、公等，内大臣、侍卫、大学士、都统、尚书、精奇尼哈番等，往堂子行礼毕，回宫。辰时，上率诸王、贝勒、贝子、公等，内大臣、侍卫、大学士等，诣太皇太后宫行礼。又诣皇太后宫行礼毕，复诣太皇太后宫问安，始回宫。

少顷，御中和殿，内大臣、侍卫及内阁、翰林院、礼部、都察院、詹事府等衙门官员庆贺元旦。礼毕，御太和门。诸王、贝勒、贝子、公等文武官员及来朝元旦外藩蒙古王、贝勒、贝子、公、台吉等，朝鲜等国使臣，上庆贺元旦表，行礼毕，回宫。

巳时，复诣太皇太后宫问安毕，御保和殿，赐外藩蒙古王、贝勒、贝子、公、台吉等、朝鲜国使臣、内大臣、侍卫、上三旗大学士以下学士副都御史以上、都统以下副都统以上等官食。午时，复御太和门，大宴诸王、贝勒、贝子、公等，内大臣、侍卫、文武各官及来朝外藩蒙古王、贝勒、贝子、公、台吉等，朝鲜等国使臣。乐作，上进酒。和硕康亲王杰淑以下宗室八分内公等以上、外藩蒙古王以下台吉以上，俱令侍卫各就其坐前，以酒赐饮。及外五旗都统、尚书以下副都统侍郎等官以上，俱令上阶，召至檐柱前赐饮。宴罢，众谢恩毕，上回宫。

本日起居注官常书、孙在丰。

初二日丁巳　本日起居注官归允肃、徐元梦。

初三日戊午　辰时，上诣太皇太后、皇太后宫问安。

本日起居注官卢琦、邬黑。

初四日己未　本日起居注官王封溁、德格勒。

初五日庚申　早，上诣太皇太后宫问安。

本日起居注官朱马泰、顾汧。

初六日辛酉 本日起居注官多奇、曹禾。

初七日壬戌 本日起居注官乔莱、徐元梦。

初八日癸亥 本日起居注官邬黑、蔡升元。

初九日甲子 早，上于保和殿视祭太庙祝版毕，回宫。

本日起居注官德格勒、熊赐瓒。

初十日乙丑 早，上以孟春，躬诣太庙致祭，礼毕回宫。

卯时，上诣太皇太后宫问安。

本日起居注官常书、孙在丰。

十一日丙寅 本日起居注官朱马泰、孙岳颁。

十二日丁卯 本日起居注官卢琦、多奇。

十三日戊辰 辰时，上诣太皇太后、皇太后宫问安。

本日起居注官归允肃、徐元梦。

十四日己巳 午时，上御保和殿，以上元节，宴朝正外藩蒙古，左翼科尔沁国和硕达尔汉亲王班第额驸、辅国公和硕额驸图纳黑、一品台吉厄尔德尼等、二品台吉莫罗泰等、三品台吉吴勒木济、四品台吉董胡里等，扎鲁特部落多罗贝勒扎穆、三品台吉布当都，苏尼特部落多罗贝勒博木布、二品台吉巴郎，土默特部落多罗达尔汉贝勒厄尔德木图、固山贝子衮济斯扎布、一品台吉查胡尔、三品塔布囊色冷，郭尔罗斯部落镇国公安达萨里、辅国公蟒萨，翁牛忒部落镇国公奇他特、三品台吉塔尔巴，四子部落四品台吉阿南达等；右翼科尔沁国多罗扎萨克图郡王鄂齐尔、一品台吉布达、四品台吉苏麻达达尔马，敖汉部落多罗郡王扎木苏，柰曼部落多罗达尔汉郡王鄂齐尔，喀尔喀部落多罗卓里克图郡王顾鲁什希、多罗贝勒索诺木、固山贝子霸特马、一品台吉罗布臧，喀喇沁部落多罗都棱郡王扎西、四品塔布囊班第，鄂尔多斯部落多罗贝勒宋喇布、多罗贝勒顾鲁西希布、二品台吉伊斯单津、三品台吉达尔马、四品台吉山达，扎赖忒部落固山贝子纳孙，巴林部落固山贝子温椿、多罗额驸阿喇布潭、三品台吉讷木布，杜尔伯特部落三品台吉吴勒木济，吴喇忒部落三品台吉沙津、四品台吉卓莫，克什克屯部落四品台吉班第，阿霸垓部落四品台吉噶尔马，归化城驻扎土默特部落都统吴巴西及请安进贡厄鲁忒部落巴图尔厄尔克济农讷颜、哈什哈台吉等，喀尔喀部落阿海代青讷颜、济尔哈郎墨尔根台吉等，又内大臣、侍卫，上三旗大学士、都统、尚书、副都统、侍郎、学士等。上进酒，诸乐并作。召外藩蒙古王、贝勒、贝子、公等及巴图尔厄尔克济农、阿海代青讷颜等至御座前，上亲赐酒；召诸台吉、都统等至御座下，赐酒。宴罢、众谢恩，上回宫。

酉时，上御乾清宫，召满汉诸臣入，照品赐坐，作乐，大宴诸臣。两进酒御前毕，上召大学士、尚书、都御史至御座前，亲赐酒，侍郎、学士、副都御史、通政使、大理寺卿、詹事、日讲官、科道掌印官，各于座前以酒赐饮。宴毕，诸臣趋下陛阶谢恩出。

本日起居注官常书、孙在丰。

十五日庚午　未时，上御保和殿，大宴来朝外藩蒙古左右两翼诸王、贝勒、贝子、公、台吉等及请安进贡厄鲁忒部落巴图尔厄尔克济农讷颜、哈什哈台吉等，喀尔喀部落阿海代青讷颜、济尔哈郎墨尔根台吉等及内大臣、侍卫、上三旗大学士、都统、尚书、副都统、侍郎、学士等。诸乐并作，上进酒。召外藩蒙古王、贝勒、贝子、公等及巴图尔厄尔克济农、阿海代青讷颜等至御座前，上亲赐酒。又召大学士、都统、尚书至御座前，上亲赐酒；副都统、侍郎、学士各于座前以酒赐饮。宴罢，众谢恩，上回宫。

本日起居注官常书、孙在丰。

十六日辛未　辰时，上诣太皇太后宫问安。

午时，上幸南苑。戌时，回宫。

本日起居注官常书、孙在丰。

十七日壬申　辰时，上御乾清门听政。部院各衙门官员面奏毕，差往黑龙江督理农务阿达哈哈番马喇面请谕旨。上曰："农事关系兵饷，须积贮充足。其在驿递人夫，亦令其合力播种屯田，如此甚有裨益。尔等前往，务期农政修举，收获饶裕，年胜一年，懋著成效，以副朕意。"

本日起居注官常书、孙在丰。

十八日癸酉　辰时，上御乾清门，听部院各衙门官员面奏政事。

本日起居注官朱马泰、郭棻。

十九日甲戌 辰时，上御乾清门听政。部院各衙门官员面奏毕，大学士觉罗勒德洪、王熙、吴正治、宋德宜，学士麻尔图、吴兴祖、王起元、丹代、禅布、徐乾学、韩菼以折本请旨。云贵总督蔡毓荣题逆苗王腾龙等聚众窃发，劫掠横行，应行征剿。上曰："苗蛮赋性朴实，不敢生事，只以地方该管官不克平情抚恤，反需索马匹、金银，诛求无已，致苗蛮不能供应，遂生衅端耳。"勒德洪等奏曰："蔡毓荣疏内称，我兵已抵贼境，见彼处亦设枪炮器械对垒等语。"上曰："前者吴逆亦因需索水西，不遂贪欲，捏奏水西反叛，竟自发兵剿灭，尽取其利以为己有。今苗蛮之事，恐亦类此。"勒德洪等奏曰："圣见极当。"上曰："着票该部知道。"

本日起居注官卢琦、邬黑。

二十日乙亥 辰时，上御乾清门，听部院各衙门官员面奏政事。是日，厄鲁特部落巴图尔厄尔克济农以上赐紫貂披领、貂裘，奏请谢恩。上御乾清门，巴图尔厄尔克济农行礼毕，召令近前赐坐，赐茶酒。上谕济农曰："尔祖顾实汗于太宗皇帝朝输诚进贡，是时同达赖喇嘛齐来通款。尔叔鄂齐尔图车臣汗，当世祖皇帝时，竭抒忠悃，每年进贡请安。其土产白鹰以时岁贡，朕犹及见之。夫贡物何足珍贵，正鉴其诚敬之心如是耳。及尔等厄鲁特内乱，噶尔丹攻灭鄂齐尔图车臣汗，并吞其众，遣使告称，攻灭鄂齐尔图车臣汗国，故来献俘。朕念前此鄂济尔图车臣汗勉效忱悃，闻其破亡，且加悯恤，何忍受之？因谕伊来使云：尔等固输款来贡，鄂齐尔图车臣汗亦曾效悃贡献，尔等自相仇怨，攻灭鄂齐尔图车臣汗，朕何忍受是物乎？尔等常贡之物自当收纳，其所献俘获，在所弗取。遂却之。顷者，尔为噶尔丹击败，奔来边境，将沿疆附近居民、牲畜等偷盗侵夺。朕即应正尔犯边之罪，何难遣兵剿除？但念尔昔时顾实汗与鄂齐尔图车臣汗颇竭诚款，尔复引罪自首，以迫于饥穷，濒死妄行等情，奏请朕即行宽宥。今若从尔于边内外不拘何地居之，尔敢不凛遵？兹念尔祖顾实汗、尔叔鄂齐尔图车臣汗素效恭谨，故俾尔绝者复继，散者复聚，欲使鄂齐尔图车臣汗之孙罗布臧固木布阿喇布滩与尔聚处，尔等宜相与辑睦，善自安业。至于令尔等聚合与否，在朕本无所资益，惟是朕为天下主，凡在函盖，咸欲使之共乐太平。朕兹意旨，自尔身及尔子孙，当世世念之勿替。”巴图尔厄尔克济农涕泣奏曰：“皇上圣谕至仁至厚，尽天所覆，咸被乐育，诞及群生，各得其所。似此德意，岂仅臣之一身感沐皇恩？延及子子孙孙，皆当永戴。惟死而无知，忘与不忘非臣所能睹，在生之年，宁有或忘之理？若生前忘此恩德，便消尽己福，不得久视息于人世，立见陨灭，臣尚何言。”

是日，赐奉天将军宗室察尼鞍马、撒袋、披领。

本日起居注官归允肃、德格勒。

二十一日丙子 辰时，上御乾清门，听部院各衙门官员面奏政事。

本日起居注官顾汧、徐元梦。

二十二日丁丑 早，上诣太皇太后宫问安。

辰时，御乾清门听政。部院各衙门官员面奏毕，大学士觉罗勒德洪、明珠、王熙、吴正治、宋德宜，学士吴兴祖、王起元、徐乾学、韩菼以折本请旨。宗人府题镇国公百寿，因上元节朝会不至，议罚俸二年。上曰：“百寿品行不端，且朝会时稀少。可将原本发回，着另行严加议处。”

又吏部题补兵部侍郎佛伦升任员缺，开列学士牛钮等职名。上问曰：“巡抚内有可升用者否？”明珠奏曰；“图纳到任未久。鄂凯不可入简选之列。”上曰：“将此本送进，待朕详思。”

又吏部会同都察院题行京察。上曰：“京察无益，着候旨行。”

又兵部题正白旗蒙古副都统巴图病故员缺，开列盛京户部侍郎莽色等职名。上曰：“骁骑参领迈图，人材壮健，且有劳绩。”又顾大学士等问曰：“精奇尼哈番智勇何如？”明珠奏曰：“观智勇射箭平常。”上曰：“将此人问明来奏。”

又谕曰：“朕闻大计百姓甚是苦累，此大计并无裨益。”明珠奏曰：“圣谕极当，大计时陋规甚多。”王熙、吴正治、宋德宜奏曰：“大计因造册，百姓难免苦累。”

上又顾王熙等问曰：“直隶巡抚何如？”王熙奏曰：“直隶巡抚崔澄到任未久，不曾闻其行迹。”宋德宜奏曰：“平常。”上曰：“崔澄甚是平常。前任巡抚格尔古德甚善。”又问曰：“复有谁？”明珠奏曰：“于成龙、阿哈达皆有贤声。”王熙奏曰：“汉军内金世德亦有贤声。”上曰："然。格尔古德、于成龙清廉爱民，故百姓至今犹赞扬不已。"王熙奏曰："圣谕诚然。"

本日起居注官多奇、曹禾。

二十三日戊寅　上以有事祈谷坛，斋戒三日，不理事。

本日起居注官朱马泰、乔莱。

二十四日己卯　本日起居注官常书、熊赐瓒。

二十五日庚辰　早，上于保和殿视祭祈谷坛祝版毕，回宫。

本日起居注官邬黑、蔡升元。

二十六日辛巳　早，上躬诣南郊，祈谷于大享殿，礼毕，回宫。

辰时，上诣太皇太后宫问安。

本日起居注官常书、孙在丰。

二十七日壬午　辰时，上御乾清门，听部院各衙门官员面奏政事。

本日起居注官徐元梦、孙岳颁。

二十八日癸未　辰时，上御乾清门，听政部院各衙门官员面奏。吏部、都察院、吏科奏会议大计处分直省官员三本。上问曰："三本系何事？"尚书达哈塔奏曰："一本会议陕西布政使希格，照不谨例革职。一本议处贪酷官员。一本议处罢软等项官员。"上问曰："两司各官除希格外果皆贤乎？"达哈塔、李之芳、陈廷敬等奏曰："其他各官臣等不能洞悉，俱照督、抚考语考察讫。"奏毕出。

大学士觉罗勒德洪、明珠、王熙、吴正治、宋德宜，学士麻尔图、吴兴祖、王起元、丹代、禅布、徐乾学、韩菼以折本请旨。宗人府题镇国公百寿上元节朝会不到，应革去爵，为闲散宗室。上曰："百寿着革去镇国公，从宽降为镇国将军，交与安亲王、僖郡王。凡有行走之处，务勤勉行走，倘容其仍前怠惰，王等一并议处。着谕王等知之。"

又议政王、贝勒、大臣会议遣发盛京等处驻防兵丁。上曰："今遣发兵丁，使盛京之兵又行迁移，必致苦累。此本着姑存尔衙门，俟秋后再行启奏。"

又兵部题补正白旗蒙古副都统巴图病故员缺，开列盛京户部侍郎莽色等职名。大学士勒德洪等奏称："臣等遵旨传到都统阿密达、副都统胡世塔，问智勇其人何如？伊等云智勇人优，堪以管辖。”上曰：“迈图人材壮健，著有劳绩，着补授此缺。”

本日起居注官郭棻、多奇。

二十九日甲申　辰时，上御乾清门听政。部院各衙门官员面奏毕，大学士觉罗勒德洪、明珠、王熙、吴正治、宋德宜，学士麻尔图、吴兴祖、王起元、丹代、禅布、徐乾学以折本请旨。兵部题拨什库延布妄唆乌喇兵丁控原将军巴海，因拟立斩。上曰：“延布无知小人，着从宽免死，与本旗王为奴。”

巳时，上诣太皇太后、皇太后宫问安。

本日起居注官朱马泰、卢琦。

二　月

初一日乙酉　辰时，上御乾清门听政。部院各衙门官员面奏毕，大学士觉罗勒德洪、明珠、王熙、吴正治、宋德宜，学士麻尔图、吴兴祖、王起元、丹代、禅布、徐乾学、韩菼以折本请旨。吏部等衙门大计题参陕西布政使希格不谨，拟革职。上顾大学士曰：“希格居官何如？”王熙等奏曰：“希格居官并未闻有贤声。”上曰：“巡抚鄂恺亦无善政。”明珠奏曰：“部议希格应革职，总督、巡抚令其自行回奏。”上曰：“希格革职犹从宽典，余着依议。”

又贪酷处分张万寿等七十八员，拟革职提问。又八法处分张能鳞等六百二员，应分别议处。上曰：“此等处分俱合例否？”明珠等奏曰：“部议俱照旧例。”上曰：“着依议。”

又九卿会议武职官员应令守制，著为定例。上曰：“守制关于孝道，人子之心各宜自尽，文武一体守制，极为合理。间有应留者，临期酌定，着依议。”

又九卿会议开浚海口，应暂停止。上顾大学士曰：“九卿所议若何？”明珠等奏曰：“九卿公议，已经尚书萨木哈、学士穆成格奉旨往勘，会同总漕徐旭龄、巡抚汤斌，身至其地看验，熟审形势，议行停止，似乎可从。”上曰：“海口不行开浚，则泛滥之水究无去路。若行开浚，使水有所泄，高邮等处沿城一带，淹浸田亩可以涸出，庶有裨益。着于成龙、萨木哈、穆成格同九卿、詹事及掌印科道再加详议。”

本日起居注官常书、孙在丰。

初二日丙戌 辰时，上御乾清门听政。部院各衙门官员面奏毕，大学士觉罗勒德洪、明珠、王熙、吴正治、宋德宜，学士麻尔图、吴兴祖、王起元、丹代、禅布、徐乾学、韩菼以折本请旨。礼部题朝鲜国王李焞将本国人民不行严饬，致韩得完等三十一人违禁渡江，偷采人参，将遣往画地图人员用鸟枪打伤，应罚银二万两。上曰：“李焞将本国人民不行严禁，情状可恶，难从宽免，着依议。”

本日起居注官鄂黑、王封溁。

初三日丁亥 早，上于保和殿视祭社稷坛祝版毕，回宫。

辰时，御乾清门听政。部院各衙门官员面奏毕，大学士觉罗勒德洪、明珠、王熙、宋德宜，学士麻尔图、吴兴祖、王起元、禅布、徐乾学、韩菼以折本请旨。差回萨木哈等会同江南督、抚题请停止下河工程。上曰：“尔等传问九卿若何？”明珠等奏曰：“臣等传问九卿，俱云既经奉差大臣及该督、抚亲历河干，勘问彼处百姓，佥谓挑浚海口无甚利益，应照伊等所题停止。”上问曰：“于成龙亦曾传问否？”明珠等奏曰：“臣等曾传问之。据于成龙云，欲开浚海口，必修治串场河，其工费约用百余万两。臣等意以皇上凡事节俭，不致糜费，正欲节用以爱民耳。若此工果有裨于民，即费至千万两，固所不惜。若以百万帑金尝试于未必可成之工，殊为无益，不若留此金钱，以备各处赈济及蠲免地丁钱粮，于民实有裨益。此工似应停止。”上沉思久之曰：“既经众议如是，着停止。”

本日起居注官德格勒、顾汧。

初四日戊子 早，上躬诣社稷坛致祭，礼毕，回宫。

本日起居注官常书、孙在丰。

初五日己丑 早，上御太和门视朝。升转文武官员谢恩，赐茶毕，回宫。

本日起居注官常书、孙在丰。

初六日庚寅 辰时，上御乾清门听政。部院各衙门官员面奏毕，通政司引见朝觐顺天府府丞，江南、河南、山东、陕西、浙江、湖广布按等官。江苏布政使章钦，安徽布政使柯永昇、按察使多弘安，山东布政使黄元骥、按察使吴毓珍，浙江布政使王国泰、按察使佟国佐，湖南布政使张仲举各上条奏。上详问所奏事宜，顾科、道等官曰："佟国佐所奏饥民为盗，请宽减其罪。天下焉有不饥不寒而为盗者？若以饥寒所迫为辞，将为盗者竟可不坐罪乎？藩臬条奏，应以地方利弊关系重大者入告，今伊等所言，大都皆职司之内平等事务，非甚紧要，于地方亦未有裨益。"给事中费扬古等奏曰："诚如圣谕。"

又顺天府府丞王维珍，直隶守道朱弘祚、巡道胡献征，河南布政使郎永清、按察使迟日巽，陕西按察使布喀，甘肃按察使索尔孙，湖广下荆南道沈志礼俱无条奏。上命通政使葛思泰引至御座前，详问职衔、履历毕，布、按等官出。

大学士觉罗勒德洪、明珠、王熙、吴正治、宋德宜，学士麻尔图、吴兴祖、王起元、禅布、徐乾学、韩菼以折本请旨。吏部等衙门大计题参直隶永平府知府佟世锡不谨，应革职。巡抚崔澄荐举卓异不当，应降四级调用。其山东等省荐举东昌府知府杨朝祯等四员，俱不准卓异。上问大学士曰："佟世锡居官若何？"王熙等奏曰："居官并无善状。"上曰："永平府近在京畿，所以秽迹著闻，知之最悉。此处分当否？"王熙等奏曰："皇上俯从部议，照例处分犹从宽典耳。"明珠奏曰："部议不准卓异四员，似属允当，内三员俱系捐纳之官也。"上曰："然。着依议。"

又顾大学士曰："各省所举卓异其公而当者为何省，汉大学士等知之否？"王熙等奏曰："闻浙江所举卓异俱当。江南止举教官一员亦合舆论。"上颔之。

又理藩院题科尔沁国王鄂齐尔等请给符信，不准行。上曰："给与符信以便往来，是亦柔远之道。着议政王、贝勒、大臣等会议具奏。"

明珠奏曰："朝觐官员陛见后，应颁敕谕。臣等查向来旧式语句简少，康熙二十二年已经奉旨添入诰诫之语。今复遵旨将朝觐等官在外妄行科派、入京私通交际等情，严加禁饬，添入敕谕内，拟稿呈奏睿览。"上详阅毕，谕曰："添入禁饬之语，字句稍繁，可再加改定，令词旨简明。尚有应添入者，凡居官以清廉有守为要，近见九卿会推督、抚、藩、臬时，每有奔竞营求，夤缘干进，希图升任者。伊等居官贤否，自有鉴别，若未任之先，既怀不肖之念，又安望其清廉有守，率属莅民耶？如有此等，必行重惩不贷。尔等将此意添入敕谕内，缮写稿来看。"

是日，赐朝鲜国王李焞及进贡正使朗原君李偘、副使议政府左参赞李选等鞍马、表里、彩缎、貂皮、银两、布匹等物有差。

本日起居注官常书、孙在丰。

初七日辛卯　辰时，上御乾清门听政。部院各衙门官员面奏毕，通政司引见江西、福建、广西、广东、四川、云南、贵州布按等官。江西按察使孙兰，福建布政使张汧，广东布政使郎廷枢、按察使胡戴仁，广西布政使教化新、按察使黄性震，四川按察使王业兴、松威道王骘，云南布政使李世昌，贵州布政使柯鼎各上条奏。上详问所奏事宜，顾通政使葛思泰曰："孙兰本内事情不能敷奏，想已忘却矣。"葛思泰奏曰："诚如圣谕。其人惶惧失次，不知所措。"又江西布政使张所志、福建延建邵道黄道行、云南永昌道尚崇恩、贵州石阡府知府蔡廷辅俱无条奏。上命通政使葛思泰引至御座前，详问职衔、履历毕，布按等官出。

大学士觉罗勒德洪、明珠、王熙、吴正治、宋德宜，学士麻尔图、吴兴祖、王起元、禅布、徐乾学、韩菼以折本请旨。户部题覆广东抽分郎中伊尔格图等请减西洋诸国商船税十分，止取其二，部议准行。上曰："这所减极当，于外国之人自有裨益，着依议。"

又九卿会议开浚海口暂行停止。上曰："开浚海口，关系民生，自应举行。今众议应停，再俟裁酌。看今岁河上水势若何，方定行止。这本且留尔衙门收贮。"

是日，赐宁古塔副都统雅秦备鞍马一匹。

本日起居注官常书、孙在丰。

初八日壬辰　早，上率诸王、贝勒、贝子、公等，内大臣、侍卫、大学士等诣慈宁宫庆贺太皇太后圣诞，礼毕，回宫。

本日起居注官德格勒、孙岳颁。

初九日癸巳 辰时，上御保和殿，礼部官引直省朝覲各官行礼毕，鸿胪寺官宣读上谕曰："谕：国家三载考绩，原以崇奖廉善，摈斥贪残，必吏治澄清，庶民生安乐。今当大计，已严饬所司，重惩贪酷，余俱如例降革。其有众论不孚，是非失实者，特黜一二以警积玩外，姑准尔等仍服原官。尔等平日官评贤否，公论昭然，若值会推，辄钻营奔竞，以图侥幸，居心先自不肖，何以率属莅民？且凡朝觐之期，每因仍陋习，借端科派，大小相循，私通交际。是察吏本以安民，而反以扰民，甚非朕激扬清浊至意。嗣后务须洗涤肺肠，勉图自新，毋貌承心违，蹈常袭故。国宪具存，决不尔贷。钦哉，特谕。"谕毕，上回宫。布、按等官出，赐茶于中左门。

本日起居注官常书、孙在丰。

初十日甲午 早，上诣太皇太后宫问安。

辰时，御乾清门听政。部院各衙门官员面奏毕，大学士觉罗勒德洪、明珠、吴正治、宋德宜，学士麻尔图、吴兴祖、王起元、禅布、徐乾学、韩菼以折本请旨。吏部题内阁学士丹代升任员缺，开列詹事朱马泰等。上问曰："此内孰可用者？"明珠等奏曰："侍读学士等皆皇上擢用之人，惟候睿裁简任。"上曰："尔衙门侍读学士内有可用者否？"明珠等奏曰："臣衙门侍读学士赛弼汉历任最久，向为臣衙门侍读，继任户部郎中，办事极勤。今现在纂修方略，身任其事，勤劳甚著。"上问曰："其他俸深者为谁？"明珠等奏曰："色勒布历任亦久。"上曰："赛弼汉向在户部，办事亦优，着升补内阁学士。"又顾大学士曰："尹泰亦优。"明珠奏曰："皇上知之最悉。尹泰系一诚实之人。"上曰："然。其学问亦优。"

又议原任湖口监督张天觉任内应解铜斤限满不完，应降一级留任。上曰："朕每见汉官得关差或盐差，辄思取利肥家，其意以为即至去官，亦可在家安享耳。"明珠等奏曰："此等情状诚有之。"上曰："朕又细访各关，收税重累商人。即如铜斤部定价值每斤止六分，而关上采买一钱六分，若非加派商人，将何银垫补采买？"明珠等奏曰："诚如圣谕。部定铜价原止六分，而各关采买大都一钱六分，甚至有一钱七八分者。各关监督遂借端科派以肥己橐，商甚苦之。”上曰：“部定价值应酌量增加，庶几便于采买。至各关差溢额者定例议叙，或加级，或即升，此等亦宜停止。且关差溢额为数无多，徒累商耳。国家财赋原不争此锱铢之利也。今若增定采买之价，停止议叙之例，则各关既不忧赔累，亦不求溢额，完课之外，彼尚有余，自不至重敛商人矣。傥犹有不肖官员加派商人，事觉之日，即重加惩治，彼亦心服无词耳。”大学士等奏曰：“皇上洞鉴情弊，轸恤商民，周详曲至，诚万世之福也。”上曰：“尔等可传集旧任关差各官，将采买铜斤情由逐一详问。朕又闻各差一年内，四季造册送部，俱有所费，这送册果有益否？可一并问明具奏。”

又刑部议刘冲翮等盗铸小钱，应即行正法。上曰：“此等事曾有从宽发落者否？”明珠等奏曰：“向来此等大都从宽免死，发与宁古塔、乌喇新满洲披甲之人为奴。”上曰：“此案即照此发落。今小钱又复搀用，着该管官严行禁止。”

又九卿会议总河靳辅请修理高家堰及黄河两岸，应准行。上曰：“高家堰所关紧要，向立此堰以为堤防，设意甚善。朕意以为此工似不可停。”明珠奏曰：“圣见极当。前靳辅、于成龙两人互相执论，以下河不修，则高家堰一工亦可停止，此不过一时争胜，故发此论。究竟高家堰所关非小，虽不大兴工役，亦当稍加帮修。”王熙奏曰：“高家堰关系南河一带及淮、扬等处，此工诚不可停。”上曰：“此事着靳辅再行确议具奏。”

又都察院题御史内升外转。上问曰：“孰当内升？”明珠等奏曰：“刘安国以俸深首列，其次则蒋鸣梧、李绍闻、黄斐。”上又问曰：“孰当外转？”明珠等奏曰：“夏景松、刘光美无甚条奏，非堪为御史之人，似应外用。”上曰：“郭维藩学问稍优，但品行不端，若令外转，犹为侥幸，应令其随旗上朝。”明珠等奏曰：“品行既不端，虽有才何用？”上曰：“尔等可将各御史内孰当内升、外转之处，问明都察院具奏。”

本日起居注官徐元梦、蔡升元。

十一日乙未　上以章皇后忌辰，不理政事。

本日起居注官朱马泰、归允肃。

十二日丙申　辰时，上御乾清门听政。部院各衙门官员面奏毕，大学士觉罗勒德洪、明珠、吴正治、宋德宜，学士麻尔图、吴兴祖、王起元、禅布、徐乾学、韩菼、赛弼汉以折本请旨。吏部题降级调用直隶巡抚崔澄员缺，或开列满洲或开列汉军、汉人请旨。上曰："直隶地方旗下人民杂处，甚属繁重，此缺须得贤能官补授，方有裨于地方。尔等有所知之人乎？"明珠等奏曰："户部侍郎董讷前任直隶学院，居官颇佳，旗民咸称其善，似可补授此缺。"上曰："董讷现任侍郎，若补授巡抚，其品较大。按察使于成龙任江南时甚佳，他省百姓亦俱称誉之。于成龙着升补直隶巡抚。"

又九卿会推甘肃布政使巴锡病故员缺，正拟郎中图尔宸，陪拟监察御史傅腊塔。上问曰："图尔宸为人何如？"明珠等奏曰："图尔宸为人颇优，且能办事。"上曰："图尔宸果优，着升补甘肃布政使。"

又都察院题御史内升外转。上曰："李绍闻为人若何？"明珠等奏曰："李绍闻其人颇优，条奏亦多。"上曰："李绍闻为人既优，着内升。夏景松着外转。"

又广西按察使黄性震题广西省最多瘴气，请以地方相宜官员调用，以化边民，以兴吏治。上曰："广西因有瘴疠之气，凡各省人员往任彼处，与土俗俱不相宜，死丧者实多。凡人居官，皆思荣贵。今往任广西者，每不得归而死于彼处，诚可怜悯。此本着九卿、詹事、科、道官员确议具奏。"

又四川分守松威道王骘条奏，修造大殿之木所需甚急，难于搬运，民力不堪。上曰："四川民少，搬运此木诚属艰难。况明时此省之木俱取之深山穷谷中，因艰于搬运，驾造天桥，始得转运而出。此本着九卿、詹事、科、道官员会议具奏。"

又江南安徽按察使多弘安题请修理高家堰。上曰："高家堰为黄河堤防，所关甚巨，若修筑不坚，则运河可虑。此本内情由，着总河靳辅一并确议具奏。"

又大学士明珠等奏曰："臣等遵旨传问抽分官员，众皆对曰：部定每铜一斤价止六分，以之采买殊觉不敷，俱自行添价，增至一钱五六分，采买解送，因将货船酌其大小量增税额，以补充铜价，其造册止照旧额。又档册报部分为四季，因途中等处需费，必多备钱粮解送。若停其四季解册，俟差满之日一并汇送，则钱粮既不耗费，而于部务亦无误也。”上曰：“国家设关榷税，原以阜财利用，恤商裕民，必征输无弊，出入有经，庶百物流通，民生饶给。近来各关差官不恪遵定例，任意征收，官役通同恣行苛虐，托言办铜，价值浮多。四季解册需费，将商人亲填部册隐匿更改，既已充肥私橐，更图溢额议叙，重困商民，无裨国计。种种情弊，不可枚举。朕思商民皆吾赤子，何忍使之苦累？今欲除害去弊，正须易辙改弦。所有现行例内收税溢额，即升加级纪录，应行停止。其采办铜斤定价，既已不敷，作何酌议增加。其四季达部册籍，应俟差满一次汇报。嗣后务令各差洁己奉公，实心厘剔，以副朕体下恤商至意。如或仍前滥征侵欺，藐玩不悛，作何从重治罪，至铜价既议酌加，税额应否量增，着谕九卿、詹事、科、道详议。”明珠等奏曰：“皇上洞悉收税之弊，如此敕谕，则出差官员知戒，而商民亦俱有益矣。”

巳时，上诣太皇太后、皇太后宫问安。

未时，御景山内前殿，赐请安进贡敖汉部落二品台吉滚布，翁牛忒部落二品台吉鄂齐尔、三品台吉班第、四品台吉毕理克图等，喀喇沁部落一品塔布囊鄂莫克图、四品塔布囊诺木齐，阿霸垓部落二品台吉吴尔詹、噶喇布等、四品台吉博尔等，阿禄科尔沁国二品台吉劳彰、四品台吉都尔墨等，归化城阿济图绰尔济等食。

本日起居注官邬黑、王封溁。

十三日丁酉 辰时，上御乾清门听政。部院各衙门官员面奏毕，大学士觉罗勒德洪、明珠、吴正治、宋德宜，学士麻尔图、吴兴祖、王起元、禅布、徐乾学、韩菼以折本请旨。吏部题监察御史黄斐参布政使刘显第贪婪，应令督、抚查明到日再议。上曰：“尔等之意若何？”明珠等奏曰：“近监察御史许三礼又经参奏，应遣京官审讯，但总督希福现往川省巡视，似应令其会同巡抚姚缔虞严审奏报。”上曰：“然。”

又议湖口监督张天觉所交铜斤违限，应降一级留任。上曰：“尔等所问若何？”明珠等奏曰：“臣等传问众监督，俱云四季报册部费及买铜增价皆真。”上曰：“此等情由可传谕旨，令九卿议奏。其传谕内，应将优恤商民之意明白开载。张天觉着照部议。”

又礼部题直隶各省僧道应给度牒。吴正治奏曰："此辈皆游手好闲之人，原于国家无益。"上曰："现今僧道甚众，若又给与度牒，势必更多。着候旨行。"

本日起居注官归允肃、德格勒。

十四日戊戌 辰时，上御乾清门，听部院各衙门官员面奏政事。

本日起居注官多奇、顾汧。

十五日己亥 早，上御太和门视朝。升转文武官员谢恩，次进表厄鲁特部落噶尔丹博硕克图汗来使达木巴哈什哈、进贡来使察汗诺木布等行礼，赐茶。召达木巴哈什哈至阶下，赐茶毕，回宫。

辰时，上诣太皇太后宫问安。

本日起居注官常书、孙在丰。

十六日庚子 辰时，上御乾清门听政。工部堂官近前启奏毕，上谕曰："昨夜东华门外有喧哗之声，遣侍卫往探，乃夫役未得工价之故。朕闻凡夫役工价俱交督工官员、拨什库给发，只有第一旗第一参领下人得之，其余夫役俱不能实得。似此劳苦佣工，不给工价，于理可乎？"尚书萨穆哈等奏曰："此乃皇上怜悯夫役，特赐之价。臣等即将该管官严饬。"上曰："此乃尔等明知而故为也。"工部官员出。

大学士觉罗勒德洪、明珠、吴正治、宋德宜，学士吴兴祖、王起元、徐乾学、韩菼以折本请旨。礼部题三月十八日万寿节行礼筵宴事。上曰："着行礼，停止筵宴。"

又吏部题理藩院侍郎明爱年老休致员缺，开列学士牛钮等。上曰："尔等以为何如？"明珠等奏曰："此开列内学士、副都御史颇有练达事务之人，惟听睿裁简用。"上问曰："别有可用者否？"明珠等奏曰："臣衙门乌喇代拜礼止堪任侍读学士，与此恐不能胜。"上曰："朕意欲用一满洲。盖用满洲，则在本官谙晓蒙古事体，在司官又能习知体统。学士穆成格若何？"明珠奏曰："乃一有才能之人。"上曰："穆成格为人拗直，可与蒙古诸臣争执。太常卿敦多礼若何？"明珠奏曰："敦多礼在刑部时，审事亦能持正。"上曰："此二人年孰长？历任孰久？"明珠奏曰："穆成格长于敦多礼一、二岁，自幼在部，历任甚久。"上曰："穆

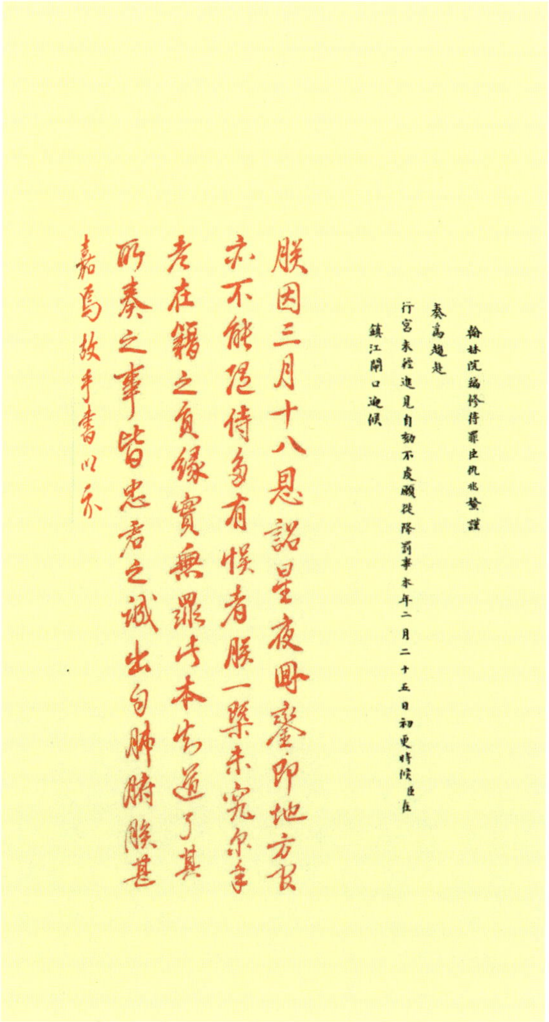
翰林院編修待罪臣仇兆鰲謹
奏爲趨赴
行宮未經進見自劾不及願從降罰事本年二月二十五日初更時候臣在
鎮江閘口迎候

朕因三月十八恩詔星夜回鑾即地方官
亦不能得侍多有悮者朕一槩未究爾等
老在籍之員緣實無罪特本分道了其
所奏之事皆忠君之誠出自肺腑朕甚
嘉焉故手書以示

翰林院编修仇兆鳌奏为趋赴行宫未能进见上疏自劾折

康熙四十二年三月二十一日

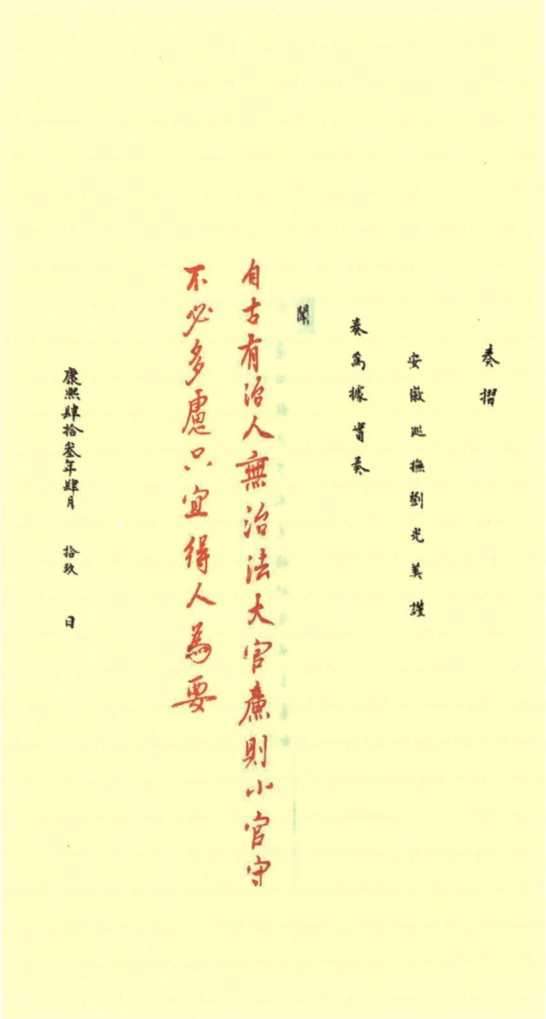
奏摺
安徽巡撫劉光美謹
奏爲據實奏
聞
自古有治人無治法大官廉則小官守
不必多慮只宜得人爲要
康熙肆拾叁年肆月拾玖日

安徽巡抚刘光美奏闻地方情形事折

康熙四十三年四月十九日

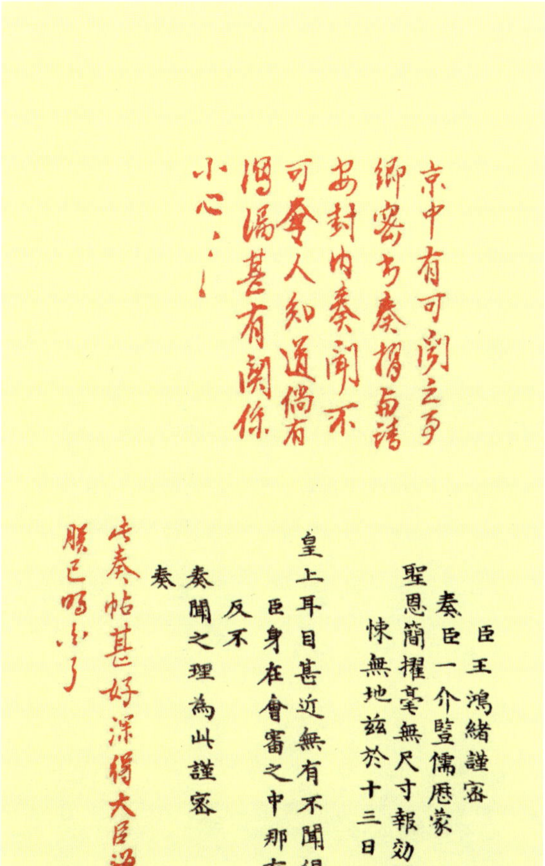
京中有可聞之事卿密書奏摺與請安封內奏聞不可令人知道倘有泄漏甚有關係小心小心

臣王鸿緒謹密
奏臣一介豎儒歷蒙
聖恩簡擢毫無尺寸報効愧
悚無地茲於十三日卯
皇上耳目甚近無有不聞但
臣身在會審之中那有
反不
奏聞之理為此謹密
奏

此奏帖甚好深得大臣體
朕已明白了

密谕王鸿绪密奏京中可闻之事

康熙四十四年

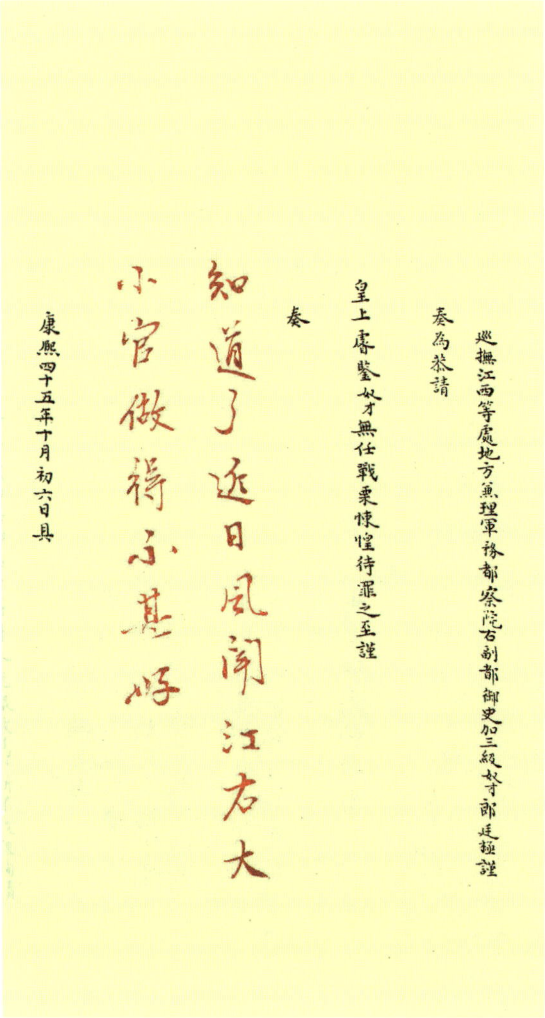
巡撫江西等處地方兼理軍務都察院右副都御史加三級奴才郎廷極謹

奏為恭請

皇上睿鑒奴才無任戰栗悚惶待罪之至謹

奏

知道了近日風聞江右大小官做得不甚好

康熙四十五年十月初六日具

江西巡抚郎廷极奏请将大理寺卿等现任官员发下质审折

康熙四十五年十月初六日

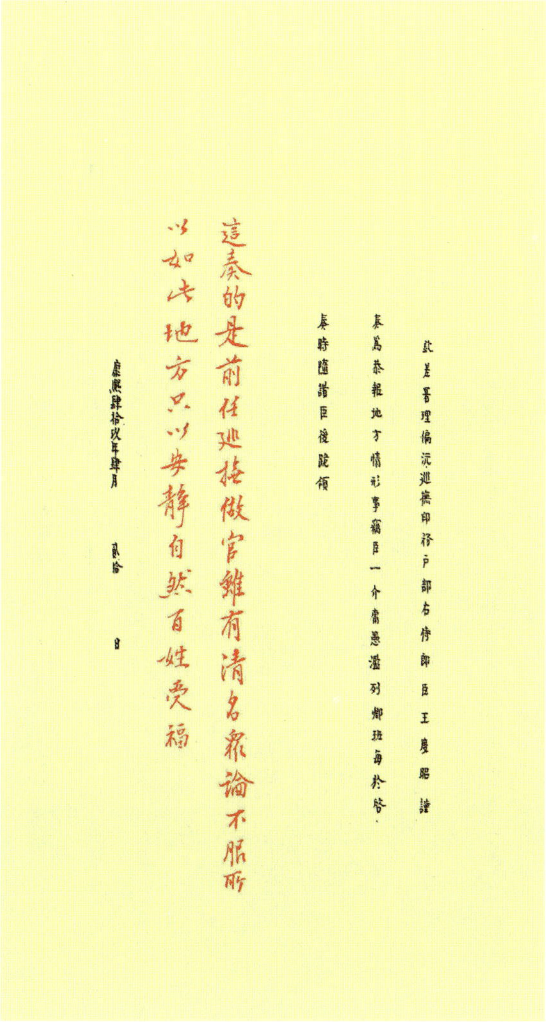
欽差署理偏沅巡撫印務戶部右侍郎臣王度昭謹
奏為恭報地方情形事竊臣一介書愚濫列卿班每於啓
奏時隨諸臣後跪領

這奏的是前任巡撫做官雖有清名衆論不服所
以如此地方只以安靜自然百姓受福

康熙肆拾玖年肆月 貳拾 日

署理偏远巡抚王度昭奏报地方情形折

康熙四十九年四月二十日

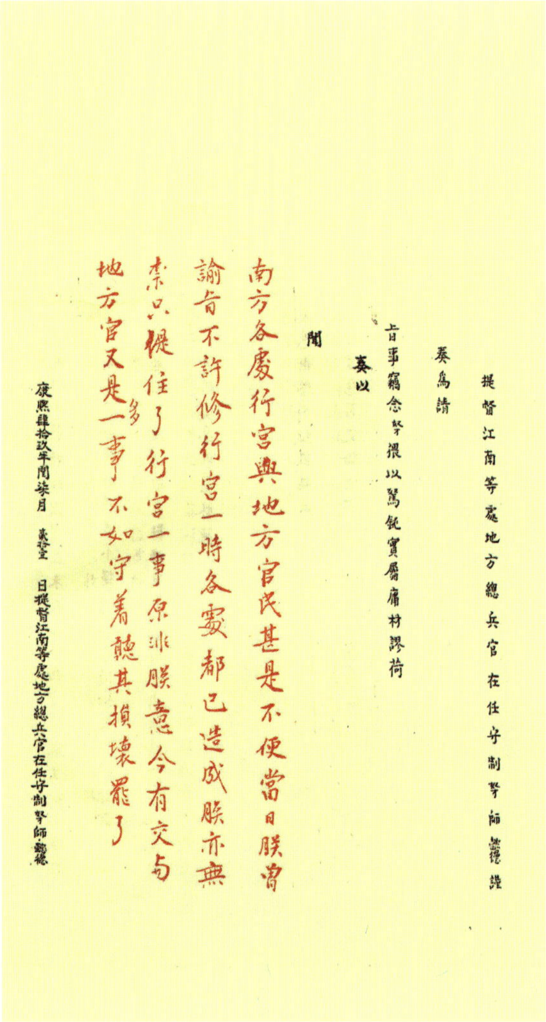

提督江南等處地方總兵官在任守制䇿師懿德謹

奏為請

旨事竊念䇿猥以駑鈍實屬庸材謬荷

奏以

聞

南方各處行宮與地方官民甚是不便當日朕曾

諭旨不許修行宮一時各處都已造成朕亦無

柰只得住了行宮一事原非朕意今有交与

地方官又是多一事不如守着聽其損壞罷了

康熙肆拾玖年閏柒月　貳拾壹　日提督江南等處地方總兵官在任守制䇿師懿德

江南提督师懿德奏为请将松江行宫交地方有司承管折

康熙四十九年闰七月二十一日

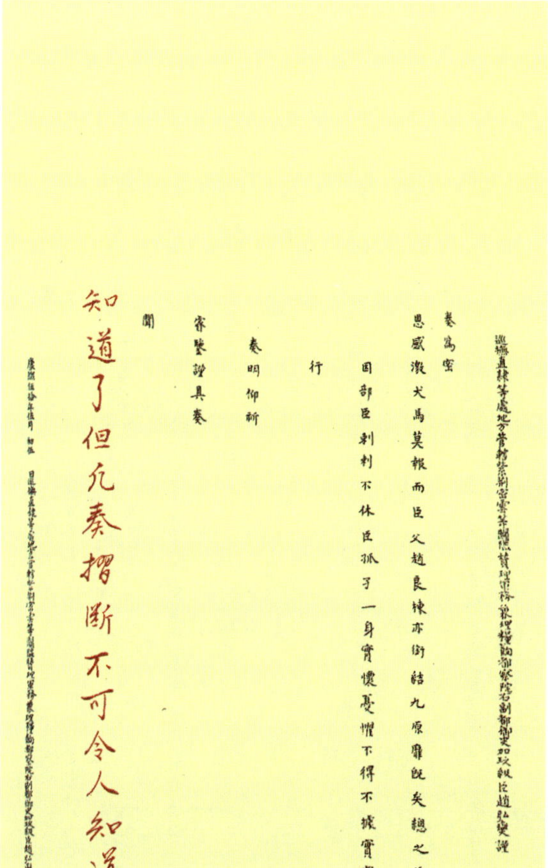

巡撫直隸等處地方贊理軍務兼理糧餉都察院右副都御史加五級臣趙弘燮謹

奏為密

恩感激犬馬莫報而臣父趙良棟亦銜結九原靡既矣總之臣

國部臣剋剋不休臣孤子一身實懷憂懼不得不據實密

行

奏明仰祈

睿鑒謹具奏

聞

知道了但凡奏摺斷不可令人知道

康熙伍拾年伍月初伍日巡撫直隸等處地方贊理軍務兼理糧餉都察院右副都御史加五級臣趙弘燮

直隶巡抚赵弘灿奏为密陈部臣苛求陋规情形折

康熙五十年五月初五日

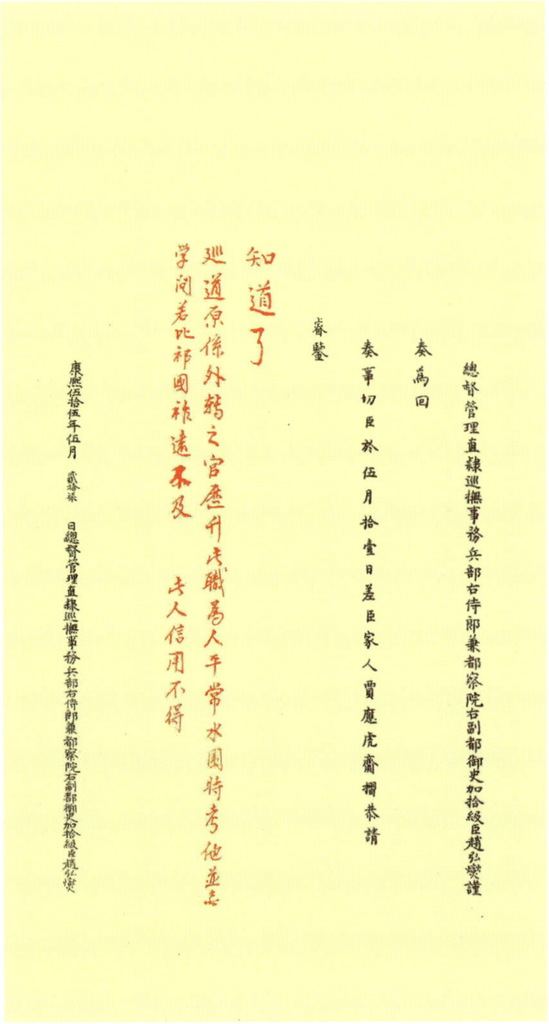

直隶总督赵弘燮奏为遵旨不敢信用巡道徐炯折

康熙五十五年五月二十七日

成格着补授此缺。”

上又谕曰：“近云贵督、抚，四川、广西巡抚，请剿土司之疏甚多。朕思从来控制苗蛮，惟在绥以恩德，不宜生事骚扰。今览蔡毓荣奏疏，已稔悉其情由。盖因土司地方所产金帛异物颇多，不肖之人苛求剥削，苟不遂所欲，辄以为抗拒反叛，请兵征剿。在地方官则杀少报多，希冒军功。在彝人则动生疑惧，携志寒心。此适足启衅败事，于国家何益？朕但以逆贼剿除，四方底定，期于无事。如蔡毓荣、王继文、哈占在外居官，苛取云、贵、川省财物，亦已足矣，不思安静抚绥，尚诛求无已，是何理也？前出征云南赵良栋将彼过端几至发露，穆占之家人举首，朕寝其议。若此等尚多，朕无不洞悉。但事系已结，朕不复究，置之宽宥。至云贵督、抚，居官殊无善状，或地处辽远，朕不悉知，亦未可定。尔等将此谕旨传知九卿、詹事、科、道各官，土司一事应否饬谕，及云贵督、抚居官优劣，令其详议具奏。哈占另行饬谕。”勒德洪等奏曰：“圣谕极当，真明见万里。”明珠奏曰：“若皇上不加曲宥，则无人不获罪戾，此皆出自圣恩。”徐乾学奏曰：“此弊明朝督、抚皆然。”

本日起居注官朱马泰、卢琦。

十七日辛丑 辰时，上御乾清门，听部院各衙门官员面奏政事。

本日起居注官邬黑、熊赐瓒。

十八日壬寅 辰时，上御乾清门听政。部院各衙门官员面奏毕，大学士觉罗勒德洪、明珠、王熙、吴正治、宋德宜，学士麻尔图、吴兴祖、王起元、禅布、徐乾学、韩菼、赛弼汉以折本请旨。吏部题直隶巡抚于成龙应兼职衔。上曰：“所兼职衔，着照部议。于成龙前任曾罚俸五年，闻于成龙家计贫穷，若不得俸，何以自给？所罚之俸，俱着照旧给与。”

又题补内阁侍读学士赛弼汉升任员缺，以户部郎中巴尔哈拟正，制造库郎中僧参拟陪。上曰：“尔等之意若何？”明珠等奏曰：“内阁翻译本章，事关紧要。年少人内，虽有学问佳者，于翻译旧语尚多未谙。此缺若以内阁旧人补授，于办事殊有裨益。”上问曰：“前考试官员内尚有何人？”明珠等奏曰：“尚有侍讲傅继祖、司业博极。又户部郎中齐色原在内阁，颇谙翻译体式。”上问曰：“齐色为人若何？”明珠等奏曰：“向在内阁时勤于办事，翻译亦佳。”上问曰：“齐色即系先当差往四川查皇木者否？”明珠等奏曰：“然。”上曰：“此内齐色为人亦可，着补授侍读学士。”

又户部题云南巡抚王继文回奏，现在捐纳米草价值，仍照采买原价估计。上曰：“此事尔等以为若何？”明珠等奏曰：“部议仍照伊采买原价估计解送，否则，从重严加议处。”上曰：“前陈廷敬所参之事若何？”明珠等奏曰：“陈廷敬所参与户部驳回俱属相同，其所参之事尚未覆奏。”上曰：“王继文既已欺诳且不回奏，欲借此事朦混完结耳。前捐助时人得便宜，今销算时又图自己便宜，此岂封疆大臣所为？此本着俟陈廷敬题参之事启奏时，一并再议。”

又刑部题陈文泰因赌钱不与，用铁烟袋将陈文贵打死，拟立斩。张文纪系从旁帮打之人，拟绞监候，秋后处决。上曰：“此事尔等之意若何？”明珠等奏曰：“臣等公议，若将陈文泰辄行宽免，既打死伊近族兄，则败坏人伦。若即处决，则已死文贵之父又称伊兄止生文泰一子，求免决，膳养伊兄。此案难以剖决，似应交与九卿，令其详议。”上颔之。

请旨毕，明珠等奏曰：“昨奉旨传谕九卿，九卿等再三酌议，向臣等云：皇上谕旨真洞见万里之外。方今天下底定，土司苗蛮焉敢有叛志？此皆督、抚等诛求凌虐，而此辈性又卤莽，不能忍耐，居然相抗，遂扬言反叛，发兵剿灭。或杀一二人，辄谎称剿杀多人，冀邀功赏等情，不得以为无有也。应传上谕，严敕云贵、川、广等处督、抚。至总督蔡毓荣、巡抚王继文，若居官果善，臣等亦必闻之。今并未闻有善状，居官颇平常。又传谕尚书哈占，哈占免冠叩头奏言：圣见极当。但臣莅总督任才十九日，即便出征，未曾久住地方。及进四川，并未有贪虐土司苗蛮之处。若论军中，岂得谓一无所取。皇上如天，臣何敢欺隐等语。”上曰：“哈占所奏是实。其蔡毓荣、王继文等，当盗贼叛乱之时，已贪取致富。今又将土司等欲肆其诛求，殊不知厌足。尔等可撰敕谕，严饬封疆大臣及抚绥土司等，具稿来奏。”

本日起居注官常书、孙岳颁。

十九日癸卯 辰时，上御乾清门听政。部院各衙门官员面奏毕，大学士觉罗勒德洪、明珠、王熙、吴正治、宋德宜，学士麻尔图、吴兴祖、王起元、禅布、徐乾学、韩菼、赛弼汉以折本请旨。九卿会推西安布政使希格革职员缺，正拟御史傅腊塔，陪拟郎中色冷格。上曰："傅腊塔既经九卿会推，着升补。朕见满洲御史但思得一盐差，安享富厚而已，并未有嘉言谠论为国为民者。"明珠等奏曰："诚如圣见。"

又九卿会推江苏按察使卞永誉丁忧员缺，正拟李国亮，陪拟丁炜。上问曰："李国亮其人若何？"王熙奏曰："闻其在陕西居官颇善。"上又顾吴正治、宋德宜问曰："尔等皆知之否？"吴正治、宋德宜奏曰："向任陕西时，闻居官有贤声。前大将军图海亦曾荐举。"上曰："李国亮着升补。"

明珠等又奏曰："臣等遵旨，将皇太子出阁读书事已传谕汉大学士矣。"王熙奏曰："自古人君生长深宫，习于逸乐，不惟不能通达治理，即目不知书者有之。恭遇我皇上圣明，深惟国本，念皇太子读书关系重大，于宫中严加豫教。今皇太子睿龄十三，论年祗满十二，恭闻四书、《书经》讲贯全完，深通义旨。虽由皇太子天赋聪明，皆赖我皇上勤学好问，躬行率先，以致皇太子睿学有成。自古之所希遘，即圣帝明王尧、舜、禹、汤所不能兼具者。皇上圣德洪福备臻其盛，此社稷灵长之庆，四海苍生之福。臣等躬际昌时，遭逢盛典，不胜欢忭庆幸。所有出阁典礼，应请上谕，谕礼部、詹事府详察典例，择吉具奏，恭候皇上裁定。"上颔之。

本日起居注官德格勒、蔡升元。

二十日甲辰　上以《太祖高皇帝实录》、《圣训》告成，辰时，御太和门，立视捧送《实录》、《圣训》进宫，升座。总裁官、副总裁官、编纂各官上表行进《实录》、《圣训》礼，次诸王、贝勒、贝子、公等率文武群臣行庆贺礼毕。鸿胪寺官宣旨曰："太祖高祖皇帝圣德神功，编辑成书，朕心忻悦，与卿等同。"宣毕，赐茶，上回宫。

巳时，上诣太皇太后宫问安。

本日起居注官常书、郭棻。

二十一日乙巳　辰时，上御乾清门听政。部院各衙门官员面奏毕，大学士觉罗勒德洪、明珠、王熙、吴正治、宋德宜，学士麻尔图、吴兴祖、王起元、禅布、徐乾学、韩菼、赛弼汉以折本请旨。兵部议镶黄旗护军参领朱尔素将堵截栈道贼众冲击之处，不准叙功。上曰："朱尔素止率十六人，从崎岖栈道中将堵截贼众冲杀而出，劳绩伟著，若不准议叙，实属屈抑。宜票优旨，令该部再议。"

本日起居注官卢琦、徐元梦。

二十二日丙午 辰时，上御乾清门听政。部院各衙门官员面奏毕，大学士觉罗勒德洪、明珠、王熙、吴正治、宋德宜，学士麻尔图、吴兴祖、王起元、禅布、徐乾学、韩菼、赛弼汉同翰林院学士常书、孙在丰遵旨公同选择日讲官，将洗马李应鹰等六员引见。上问李应鹰籍贯、科第毕，曰："起居注北人颇少，着将李应鹰补授此缺。"谕毕，翰林院学士出。

大学士等以折本请旨。兵部议原任奉天将军伊巴汉、副都统穆泰等因朝鲜国人追击防守御勒楚，不待请旨，即擅发兵，应各降二级调用。上曰："着将伊巴汉等各降二级，从宽留任。"

又以皇太子出阁读书上谕撰拟呈览。上览毕，命："留内，俟朕详阅改定发出。"

又以为土司事申饬之上谕撰拟呈览。上曰："地方官取财已足，朕知之而宽免其罪等语，不必写入，但口传可耳。末后只云着定议地方官员处分之例，而土司生事妄行，应作何措置，并未说出。可将此语添改来奏。"明珠奏曰："皇上所见甚当，臣等意计不及，故致舛错遗漏耳。"

本日起居注官朱马泰、归允肃。

二十三日丁未 早，上诣太皇太后宫问安。

辰时，御乾清门听政。部院各衙门官员面奏毕，大学士觉罗勒德洪、明珠、王熙、吴正治、宋德宜，学士麻尔图、吴兴祖、王起元、禅布、徐乾学、韩菼、赛弼汉以折本请旨。吏部题内阁学士穆成格升任员缺，开列詹事朱马泰等。上问曰："此内孰优？"大学士明珠等奏曰："臣衙门有翻译旨意、上传等事，必得学问优通者方能胜任。侍读学士尹泰现供奉内庭，学问颇优，似可补授。"上曰："尹泰学问果优，人亦朴直，但未娴于事务。此外有谁？"明珠等奏曰："太常寺卿敦多礼、光禄寺卿阿山皆系九卿选择补授者，人皆可用。"上曰："敦多礼着补授学士。"

本日起居注官常书、王封溁。

二十四日戊申　早，上幸南苑。酉时，回宫。

本日起居注官德格勒、顾汧。

二十五日己酉　辰时，上御乾清门听政。部院各衙门官员面奏毕，大学士觉罗勒德洪、明珠、王熙、吴正治、宋德宜，学士麻尔图、吴兴祖、王起元、禅布、徐乾学、韩菼、赛弼汉以折本请旨。兵部题叙总兵官吴英等攻克台湾军功。上曰："吴英、林贤、陈昌效力倍于众人。吴英着给与拜他喇布勒哈番，再加一拖沙喇哈番，授为三等阿达哈哈番。林贤、陈昌俱给与拜他喇布勒哈番，再加一拖沙喇哈番。陈龙、杨嘉瑞俱给与拜他喇布勒哈番。蒋懋勋授一等阿达哈哈番。吴启爵授为左都督，给与拜他喇布勒哈番。吴英等十七员、蓝理等十四员血战破敌，功在首先。此内官员除已经补授外，其余着遇缺先用。余依议。"

又太常寺题请经筵前一日祭文华殿，皇上或亲诣行礼，或遣官恭代。上曰："经筵大典，文华殿初次举行，先圣先师道法相传，昭垂统绪，炳若日星。朕远承心学，稽古敏求，效法不已，渐近自然，然后施之政教，庶不与圣贤相悖耳。这次致祭，朕亲诣行礼，以彰景仰之意。"

本日起居注官多奇、曹禾。

二十六日庚戌　早，上于保和殿视祀朝日坛祝版毕，回宫。

是日，以孝昭皇后忌辰，不理事。

本日起居注官徐元梦、熊赐瓒。

二十七日辛亥　早，上诣太皇太后宫问安。部院各衙门本章俱交送内阁。

辰时，上御乾清门。大学士觉罗勒德洪、明珠、王熙、吴正治、宋德宜，学士麻尔图、吴兴祖、王起元、禅布、徐乾学、韩菼、赛弼汉、敦多礼以折本请旨。九卿议覆广西按察使黄性震条奏，南宁等四府，宜以人地相宜之官调补，应准行。上顾大学士等曰："南宁等四府，皆系烟瘴地方，若不服水土之人往任彼处，不能免于死亡。此事着依议。"

又覆松威道王骘条奏，四川省所运楠木酌量停减，议不准行。上曰："川民鲜少，移运楠木最属艰难，朕所深知。尔等有所条议否？"明珠等奏曰："楠木生于深山穷谷之中，山路崎岖，移运实难，此乃皇上明见万里，仁覆苍生。若停其采取，岂独川民被泽，即薄海内外无不感戴矣。但殿工关系重大，臣子义不敢言，祗听上裁。"上曰："蜀中屡遭兵燹，百姓穷苦已极，朕甚悯之，岂宜重困。且今塞外松木大而可用者甚多，若取充殿材，即数百年可支，何必楠木？"王熙奏曰："皇上仁慈节俭，远超前代，虽茅茨土阶亦所安然。"上曰："着九卿再行详议具奏。"

又议增铜斤价值量加税银之处，应令该督、抚会同监督等详定，具题到日再议。上曰："曾任关差官员在京者甚多，即将各关抽分之处问明伊等，酌量定议，未尝不可，何必移令督、抚议耶？即今监督等借称买铜，加派商船，督、抚岂有不知？曾将谁人指名题参？九卿议交与各该督、抚会议，不合。着即定议具奏。"

本日起居注官邬黑、李应鹰。

二十八日壬子 早，上以次日举行经筵大典，躬诣传心殿，告祭先圣先师，礼毕，回宫。

本日起居注官常书、孙在丰。

二十九日癸丑 辰时，上御乾清门听政。部院各衙门官员面奏毕，大学士觉罗勒德洪、明珠、王熙、吴正治、宋德宜，学士麻尔图、吴兴祖、王起元、禅布、徐乾学、韩菼、赛弼汉、敦多礼以折本请旨。九卿会议布政使张仲举条奏，请裁无益之费等事，应准行。上顾大学士等曰："解运钱粮官员路费与青衣皂隶工食可以裁否？"王熙奏曰："解官路费不过七、八省，所费者少，可以姑留。青衣皂隶直省十一处皆设，所费颇多，似应裁革。"上曰："直隶各省存留钱粮，原系预备本处地方各项支发，遇有缓急需用，便于通融接济，以纾民力。今若再行裁减，恐支应不敷，致借端科派，重累小民。尔等可再问九卿。"

又吏部题察哈尔蒙古纳墨库等承袭世职。上问大学士等曰："尔等所议若何？"明珠等奏曰："臣等公议，察哈尔部落既为反叛，则其中若有南征阵亡者，方准承袭，其余皆一概不准。"上曰："此辈虽身从布尔尼反叛，但伊等祖父有在太祖、太宗时来降得官者，有效力行间得官者，亦有现今从戎效力者，伊等世职若一概不准承袭，似乎屈抑。此等还着照旧承袭。”

又监察御史程文彝密奏，请选差熟悉四川、云南、贵州地方官员往勘土司情形。上曰：“尔等所问云何？”明珠等奏曰：“臣等传问程文彝，据云：以臣管见，似属可行，故敢冒奏。至于不应密而密，我不知此例。是我愚昧，有何辩处。”上曰：“程文彝既系监察御史，若因此察议，恐塞言路，姑从宽免察议。其所奏无益，不准行。”

巳时，上御文华殿，举行经筵大典。讲官库勒纳、杜臻进讲《四书》“惟天下至诚为能尽其性”一章，傅腊塔、陈廷敬进讲《书经》“教胄子”一节。讲毕，赐宴于太和门前。

本日起居注官郭棻、德格勒。

三十日甲寅 辰时，上御乾清门听政。部院各衙门官员面奏毕，大学士觉罗勒德洪、王熙、吴正治、宋德宜，学士麻尔图、吴兴祖、王起元、禅布、徐乾学、韩菼、赛弼汉、敦多礼以折本请旨。礼部题太子太保和硕额驸品级耿昭忠，应照内大臣赐恤例，给与全葬之价，并给一次致祭银两，遣官读文。应否与谥，伏候上裁。上曰：“尔等之意若何？”勒德洪等奏曰：“耿昭忠向在内大臣之列，皇上知之甚悉。”麻尔图奏曰：“恩惟出于皇上。”上曰：“耿昭忠向在闽省效力，着依议还与他谥。”

巳时，上诣太皇太后、皇太后宫问安。

是日，赐直隶巡抚于成龙鞍马一匹。

本日起居注官多奇、孙岳颁。

三 月

初一日乙卯 辰时，上御乾清门听政。部院各衙门官员面奏毕，大学士觉罗勒德洪、明珠、王熙、吴正治、宋德宜，学士麻尔图、吴兴祖、王起元、禅布、徐乾学、韩菼、赛弼汉、敦多礼以折本请旨。云南巡抚王继文条奏滇省皆系山岭险阻，故制钱壅滞，价值甚贱。再铜矿自用兵以来，采取甚少。止买民间旧铜鼓铸，钱法不行，并非铜多之故。部议令其采取铜斤，将所得之数陆续报部。上曰："云南离京甚远，每观所奏之事不实者颇多。此事着九卿议奏。"

直隶巡抚于成龙陛辞，赐食于太和门。未时，上召至乾清宫御座前问曰："尔有所当陈奏否？"成龙奏曰："臣本微贱，历任州、县，屡诖部议处分，皆蒙宽免。邀恩格外，不次超迁。今又特升臣直抚，虽捐糜顶踵，不足报称。伏念直隶地方旗、民并处，任大责重，虽竭臣愚，恐不能仰副圣怀。但请旨示，以便恭行。"上曰："尔自居官以来，廉慎官方，朕所素知。今直隶地方一切利弊应兴应革者甚繁，尔如何厘举？"成龙奏曰："直隶地方以弭盗为第一要务，但守法之人虽多，不肖而为盗者亦不少。况倚仗旗下名色，或吓诈，或劫掠，无所不为，有司官虽明知而不敢深求治罪。嗣后臣查得凡旗下家人有如前不遵法者，臣当执法究治。"上曰："直隶地方弭盗原是要务，若旗下各庄人户不守法度，尔须执法严治，亦不得瞻徇顾忌。朕留心民瘼，外事无不周知。即如工部所用车辆，俱系现发银两，止应在京师就近雇募，今竟派取州、县，尔知之否？"成龙奏曰："臣向任直隶，即受此累。但积弊不止一端，如狐皮一项，臣闻折色每张银五钱，州、县起解五六两不等。"上曰："尔到任后，将此等利弊逐一查明奏闻。"成龙奏曰："巡抚有巡历地方、抚绥百姓之责，臣欲减从出巡，察访贪廉，奏请皇上黜陟，以示劝惩。"上曰："职所当为，尔即奏毋隐，但有好名，朕无不知。"成龙奏曰："臣年已四十九岁，自小官至于巡抚，特出上裁者，惟一廉耳。若有改其操守，不但国法难容，即天下言清廉者皆不可信。况负知遇隆恩，罪莫逭矣。臣身虽不死，名节已去，何以为人？"上曰："廉吏间或有之，及既得大官，往往改操。尔须正己率属，廉洁爱民，但亦宜宽以济猛，勿过刻也。"成龙奏曰："皇上如天好生，臣何敢过刻。即直隶各官，臣到任后务先令其自新，若仍前不悛，然后题参。"上曰："居官不善之人，纵能漏网，亦将祸及子孙。尔须有始有终，实心实政，从国计民生起见，尽力为之。"成龙辞出。上命近侍萨木哈、五十传谕，赐白金一千、表里二十。成龙祗受谢恩出。

本日起居注官孙在丰、徐元梦。

初二日丙辰 早，上诣太皇太后宫问安。

辰时，御乾清门听政。部院各衙门官员面奏毕，大学士觉罗勒德洪、明珠、王熙、吴正治、宋德宜，学士麻尔图、吴兴祖、王起元、禅布、徐乾学、韩菼、赛弼汉、敦多礼以折本请旨。吏部议御史许三礼参奏通政司不实，拟革职。上顾大学士等曰："尔等之意若何？"明珠等奏曰："许三礼不谙定例，擅行渎奏，其意中原未了然。至口称此本原为众汉官参奏，其言尤为可哂。"上曰："闻许三礼素有理学之名，且系言官，从宽免其革职，着将纪录尽行削去，仍降四级留任。"

又九卿会议湖广布政使张仲举条奏，请裁存留钱粮，议准行。明珠等覆奏曰："臣等遵谕传问九卿等，皆云：我等以张仲举身系经管钱粮之官，既称当裁，必有确见，故议准行。我皇上睿照深远，洞悉民隐，特谕臣等云，若将存留各项尽行裁革，恐不肖官员复行私派，百姓反致受累。且经费短少，虽有廉吏，亦无补苴之策。睿见极是。"上曰："朕节省钱粮，原为百姓留余之意。若将存留经费通行裁革，恐复致私派，苦累小民。督、抚身任地方，其应裁应留，知之必悉。着将此意票出，令其详议具奏。"

本日起居注官常书、归允肃。

初三日丁巳 辰时，上御乾清门听政。部院各衙门官员面奏毕，大学士觉罗勒德洪、明珠、王熙、吴正治、宋德宜，学士吴兴祖、王起元、徐乾学、韩菼以折本请旨。吏部题工部侍郎席特纳年老休致员缺，开列学士牛钮等。上曰："工部侍郎员缺最为紧要，必得相宜之人补授，方有益于职事。谁为可用？"明珠等奏曰："学士敦多礼为人颇优，麻尔图年久。"上曰："敦多礼升任未久，麻尔图为人平常。且留此本，朕更思之。"

本日起居注官卢琦、邬黑。

初四日戊午 辰时，上御乾清门，听部院各衙官员面奏政事。

巳时，上御乾清宫，讲官常书、孙在丰、归允肃进讲：桑之未落一章、桑之落矣一章。

本日起居注官王封溁、德格勒。

初五日己未 早，上诣太皇太后宫问安。

辰时，御乾清门听政。部院各衙门官员面奏毕，大学士觉罗勒德洪、明珠、王熙、吴正治、宋德宜，学士麻尔图、吴兴祖、王起元、禅布、徐乾学、韩菼、赛弼汉、敦多礼以折本请旨。起居注官常书、归允肃题参礼科给事中吴源起失仪。上曰：“着该部察议具奏。其部院衙门启奏时，应令科道官员侍班。纠参失仪，着察例议奏。”

又谕曰：“吴源起条奏詹事府添设宫僚等事，俱属无益。如果官员不足，詹事府独不可具奏乎？”明珠等奏曰：“吴源起此疏似为詹事府代奏矣。”上曰：“伊所奏疏着批：知道了。”

本日起居注官多奇、顾汧。

初六日庚申 早，上幸南苑。酉时，回宫。

本日起居注官曹禾、徐元梦。

初七日辛酉 辰时，上御乾清门听政。部院各衙门官员面奏毕，大学士觉罗勒德洪、明珠、王熙、吴正治、宋德宜，学士麻尔图、吴兴祖、王起元、禅布、徐乾学、韩菼、赛弼汉、敦多礼以折本请旨。兵部题川北总兵官王屏尧病故员缺，或开列参领，或开列现任副将请旨。上曰：“川北总兵员缺紧要，若调补远省官员，必致迟误时日，着将就近山西、直隶现任副将查奏。”

本日起居注官鄂黑、乔莱。

初八日壬戌 辰时，上御乾清门听政。部院各衙门官员面奏毕，大学士觉罗勒德洪、明珠、王熙、吴正治、宋德宜，学士麻尔图、吴兴祖、王起元、禅布、徐乾学、韩菼、敦多礼以折本请旨。九卿会推湖北按察使张道祥病故员缺，以江西赣南道佥事丁炜拟正，河南河北道参政田庆曾拟陪。上顾大学士等曰：“丁炜何处人？”王熙奏曰：“福建人。”上曰：“何途出身？”王熙奏曰：“系投诚。”上曰：“其人何如？”明珠等奏曰：“臣等未与共事，不知其人。但既经九卿会推保举其人可用，必有所见。”上曰：“丁炜着升补按察使。”

又福建运使吴延贵升任员缺，会推安庆府知府刘枟升补。上顾大学士等曰：“此人何途出身？系进士否？”王熙等奏曰：“系銮仪使刘养灏之子，荫生出身。”上曰：“其人何如？”明珠等奏曰：“臣等不知其人。”上顾问学士徐乾学。乾学奏曰：“此人初任松江知府，在任未久。今任安庆，闻其为官亦优。”上曰：“刘柗着内升补运使。”

又陕西巡抚鄂恺题参泾阳知县常学易加征火耗七八分不等，共得银一百五十八两七钱有奇。上曰：“加耗固所不宜，但七八分尚属轻者。陕西全省征收火耗果能尽革否？今将常学易题参，其余州、县各官，或有加耗甚多者不行纠劾，反将加耗极轻者塞责参奏，亦未可定。着该督希福将此情由一并严察，据实具奏。”

谕毕，上顾大学士等曰：“工部侍郎金汝祥前任微员时尚属勤谨，及升任侍郎，全是碌碌因人，不能自出己见。通政使王守才为人卤莽，俱不胜任。尔等传谕吏部，令各解任随旗上朝。”

巳时，上诣太皇太后、皇太后宫问安。

未时，御保和殿，召进贡翁牛忒部落三品台吉齐伦、四品台吉多尔济等，苏尼特部落四品台吉都噶尔等，喀喇沁部落二品塔布囊阿拉纳等、四品塔布囊席拉布等、都统巴雅尔，土默特部落二品台吉丹巴松、四品台吉多尔济，及厄鲁特部落噶尔丹博硕克图汗来使达木巴哈什哈、察汗鄂木布，喀尔喀部落扎萨克图汗来使秉图囊苏等赐食。召达木巴哈什哈、察汗鄂木布、秉图囊苏等至御座前赐酒。

本日起居注官常书、孙在丰。

初九日癸亥　辰时，上御乾清门听政。部院各衙门官员面奏毕，大学士觉罗勒德洪、明珠、王熙、吴正治、宋德宜，学士吴兴祖、王起元、徐乾学、韩菼以折本请旨。吏部题补工部侍郎席特纳年老休致员缺，开列学士牛钮等。上曰：“总督仓场侍郎沙赖着调补工部侍郎。”

又吏部、三法司会同覆审杀死程九之程富等三人，拟即凌迟。周之鼎主谋是虚，应免。上曰：“人命关系重大，务须详审得其实情。先议周之鼎为主谋之人，拟斩监候。因情甚可疑，令其再审，始将周之鼎冤枉审明，以无罪释放。观此，向来或有如此无辜受戮者亦未可知。凡人命之事，疑者应从宽释，岂可反入重罪乎？且刑部司官皆经几次选授，乃办事如此蒙溷，殊为可恶，不可不加惩治。着吏部、都察院会同将原审堂司各官严察议处具奏。”

又兵部题川北总兵官员缺，或开列副将，或开列参领请旨。上曰："汉中副将马子云虽不知其居官何如，然人材勇健，于用兵时颇立战功，宜补授保宁总兵。且保宁兵数甚少，非为美缺，无愿往之人。"

又巡抚慕天颜题，所送军前马匹倒毙，请免赔补，议不准行。上曰："贵州地方狭隘，且数年来供应大兵，甚为劳苦。又令赔补此马，恐致累民，着免其赔补。"明珠等奏曰："皇上施此浩荡之恩，真苍生之福也。"

陕西布政使傅腊塔、甘肃布政使图尔宸陛辞，恭请皇上指示。上谕曰："凡外官赴任时，所奏每自称可保无过，及身至地方，曾未见有为国利民者，每与所奏之言大相违谬。陕西百姓迩年劳苦，尔等宜殚心竭力，为国为民，以副职任。"傅腊塔、图尔宸奏曰："臣本一介微贱，蒙皇上浩荡鸿恩，授以布政使之职，敢不凛遵圣谕，竭力自效。所行事迹，自难逃圣明洞鉴也。"

本日起居注官德格勒、熊赐瓒。

初十日甲子 早，上诣太皇太后宫问安。

辰时，御乾清门听政。部院各衙门官员面奏毕，大学士觉罗勒德洪、明珠、王熙、吴正治、宋德宜，学士麻尔图、吴兴祖、王起元、禅布、徐乾学、韩菼、赛弼汉、敦多礼以折本请旨。吏部题补御史傅腊塔升任员缺，以内阁侍读尹泰拟正，太仆寺员外郎关寿拟陪。上问曰："尹泰为人若何？"勒德洪奏曰："尹泰乃一敏便之人也。"上复问王熙。王熙奏曰："尹泰学问亦可，为人明晓。"上又问关寿何如。明珠奏曰："关寿前曾任刑部主事，人亦堪用。"上曰："尹泰在镶黄旗，朕素知之，乃奔竞之人。关寿历俸年久，着补授此缺。"

上又谕曰："苏州巡抚汤斌居官廉洁，甚著贤声。向在讲筵，朕素所优眷，此诚可以大用。尔等会同九卿议奏。至詹事府关系最为紧要，现在官员殊不副职任，着一并传谕。"

巳时，上御乾清宫，讲官常书、孙在丰、归允肃进讲：三岁为妇一章、及尔偕老一章。

本日起居注官多奇、蔡升元。

十一日乙丑 辰时，上御乾清门听政。部院各衙门官员面奏毕，大学士觉罗勒德洪、明珠、王熙、吴正治、宋德宜，学士麻尔图、吴兴祖、王起元、禅布、徐乾学、韩菼、赛弼汉、敦多礼以折本请旨。刑部题为康亲王王府佐领下人司书等辱骂府丞王维珍，应照光棍例，拟立斩。上曰："司书辱骂职官，情虽可恶，但拟斩似属稍过，着监候，秋后处决。"

明珠等又奏曰："昨遵谕旨，臣等会同九卿、科、道议得江宁巡抚汤斌居官廉洁，人品端方，允堪内召，以副大用。至于詹事府衙门关系最为重大，自古以来，无不慎简贤良，以资辅导。今现任满詹事朱马泰，少詹事喇巴、色度俱不称职，宜令解任。其汉詹事郭棻为人既优，兼有学问；少詹事卢琦、归允肃学问俱优，仍应留任。至如汤斌，操履清正，情性和平，洵可翼赞东宫，应升为礼部尚书，总管詹事府事。若尚书缺出，即行补授，仍兼理詹事，庶于皇上重国本、端豫教至意，可以相副。而臣等仰见圣心深远，度越千古，诚不胜踊跃欣幸之至。"上曰："尔等所议，深合朕心，即写谕旨来看。"

本日起居注官徐元梦、孙岳颁。

十二日丙寅　早，上幸玉泉山。酉时，回宫。

本日起居注官卢琦、德格勒。

十三日丁卯　辰时，上御乾清门听政。部院各衙门官员面奏毕，大学士觉罗勒德洪、明珠、王熙、宋德宜，学士麻尔图、禅布、徐乾学、韩菼、赛弼汉、敦多礼以折本请旨。吏部题补通政使王守才解任随旗行走员缺，开列太常寺卿徐元珙等。上曰："徐元珙为人何如？"明珠奏曰："此开列内，阎兴邦由鸿胪寺卿优升光禄寺卿，曾奉旨着久任办理事务。"上曰："然。"随顾徐乾学曰："尔知徐元珙否？"乾学奏曰："徐元珙居官年久，人亦可用。"上又问王熙等。熙奏曰："徐元珙人尚可用。"宋德宜奏曰："徐元珙人亦可用，并未闻有劣迹。"上曰："徐元珙着升补通政使。"

又礼部题布政使张仲举题请五子祠堂祈赐御书，议准行。上曰："尔等有所商议否？"明珠等奏曰："臣等公议程颢等皆前代大贤，阐明书理，应赐御笔，垂示永久。"上曰："尔等所议甚当，允宜表彰，着依议。"

又刑部等衙门题打劫孙如丰家强盗李小楼等，拟立斩。上曰："王二等六人，因李小楼坚供同伙，该部即议立斩。但该部夹讯时，王二等始终未曾招认，竟拟立斩，情有可疑。人命关系甚为重大，此审当否？着再核议具奏。”

又大学士等遵旨，将苏州巡抚汤斌议授礼部尚书管詹事府事。其詹事朱马泰等不称职，议解任。拟上谕呈览。上详阅毕，顾大学士明珠等曰：“此上传词语俱好，但朱马泰等不称职之语，着改为朱马泰以对品调补。其喇巴、色度着随旗行走。”

巳时，上诣太皇太后宫问安。

本日起居注官孙在丰、邬黑。

十四日戊辰 辰时，上御乾清门听政。部院各衙门官员面奏毕，大学士觉罗勒德洪、明珠、王熙、吴正治、宋德宜，学士麻尔图、吴兴祖、王起元、禅布、徐乾学、韩菼、赛弼汉、敦多礼以折本请旨。刑部题王永宗等假冒扬州人民，请开海口，拟流徒罪。上顾大学士等曰：“尔等之意若何？”明珠等奏曰：“王永宗等久在京师，冒称扬州百姓，擅递通状，所拟似属非枉。”上曰：“疏浚海口，原为淮、扬水灾，向有议行之旨。今虽暂停，若此事日后尚欲举行，遽将请开海口之人加以重罪，恐此辈不免负屈。虽寄籍冒名，擅递通状，情有可恶，祗应薄惩以儆。着将此意传谕九卿等，酌议具奏。”

又谕曰：“凡各衙门事件，堂、司官员务须殚心料理，以尽职掌，若稍怠玩必致蒙混滋弊。昨户部奏，将军萨木苏来报爱浑进兵日期，该司官视为平常事，将本部未阅咨文之堂官，擅署职名，参奏前来。朕谕以此事岂止当摘参司官，尔等亦难辞责，令一并交吏部议处。大凡堂官庸懦，而被司官欺蔽者颇多，此等朕悉知之。”明珠等奏曰：“臣在部院衙门时，曾未经有此事，俱系亲往阅视，方行署名。今堂官既经署名，岂容推诿。”上谕曰：“刑名系民命所关，宜加详慎，朕屡有谕旨，令其虚公听断，用法平允，诰诫不啻再三。今阅刑部章奏，舛错缪戾者甚多。尔等可传谕三法司堂、司官，令其明晨齐集，朕有谕旨宣示。”

本日起居注官常书、归允肃。

十五日己巳 早，上御太和门视朝。升转文武官员谢恩，赐茶毕，回宫。

巳时，上诣太皇太后宫问安。

本日起居注官郭棻、多奇。

十六日庚午　辰时，上御乾清门听政。部院各衙门官员面奏毕，召刑部、都察院、大理寺大小诸臣面谕曰："刑曹民命攸关，国典所系。今见法司谳鞫刑狱，或恐不得其情，专尚苛刻，偏于严酷者为多。夫人命系于刑法，必以中正之心，行平恕之道，使法蔽其辜，毋纵毋枉。豪强有力凶顽不逞之徒，必无解脱，苟免于刑宪；贫贱孤茕孱弱无知之辈，必为详慎，务得其真情。如是则安有屈抑之事？若惟以深文为能事，以锻炼为尽职，及狱词既具，罪状既成，即反复推详，欲从奏当之中，求其更生之路，亦不可得矣。今自严饬限期以来，虽加整顿，而冤抑之事尚未全除。朕于尔诸臣所上章疏，有情可矜疑、罪未允协者，皆驳令覆审。自兹以往，其各体朕怀，殚竭心虑，矢慎矢明，以副朕祥刑之意。朕披阅史册，采择历代贤臣慎刑事迹，书之简牍，内阁、三法司官员其详加省视。"诸臣奏曰："皇上如天好生，钦恤刑狱，慎重民命。臣等敢不上体圣心，恪遵谕旨，仰助刑期无刑之至治。"又谕曰："刑者所以禁暴止邪，若豪猾奸宄，毋使漏网；贫弱无知，虽偶失于宽，亦不为姑纵。"诸臣又奏曰："古称帝尧加志穷民，文王惠鲜鳏寡。皇上天语，真千载心源相合也。"三法司各官出。

大学士觉罗勒德洪、明珠、王熙、吴正治、宋德宜，学士吴兴祖、王起元、徐乾学、韩菼以折本请旨。吏部题户部仓场侍郎觉罗沙赖调补工部员缺，开列内阁学士牛钮职名。上曰："苏赫可用，着调补。"

又九卿会题光禄寺卿阿山升任员缺，正拟内阁侍读学士索诺和，陪拟右春坊右庶子罗璧。上问曰："索诺和为人何如？"明珠奏曰："索诺和前自督捕郎中升侍读学士时，臣等遵旨询其原任堂官达哈塔，据称索诺和历俸多年，勤于办事。今任臣等衙门未久，然观其人颇勤。"上曰："索诺和着升光禄寺卿。"

又会题福建按察使孔兴洪身故员缺，正拟河北道田庆曾，陪拟淮扬道高成美。上顾王熙等问曰："尔等知田庆曾否？"王熙奏曰："田庆曾初任知县，曾举卓异。继任刑部审事，颇有声名。"吴正治奏曰："任湖南道时居官亦佳。”上曰：“田庆曾着升补福建按察使。”

本日起居注官王封溁、徐元梦。

十七日辛未　本日起居注官德格勒、顾汧。

十八日壬申　万寿节。因雨免朝贺。

辰时，上诣太皇太后、皇太后宫问安。

本日起居注官郭棻、邬黑。

十九日癸酉　辰时，上御乾清门，听部院各衙门官员面奏政事。

本日起居注官多奇、曹禾。

二十日甲戌　早，上诣太皇太后、皇太后宫问安。

辰时，御乾清门听政。部院各衙门官员面奏毕，大学士觉罗勒德洪、明珠、王熙、吴正治、宋德宜，学士麻尔图、吴兴祖、牛钮、王起元、禅布、徐乾学、韩菼、赛弼汉、敦多礼以折本请旨。吏部题翰林院掌院学士孙在丰升任员缺，开列詹事郭棻等。上问大学士等。明珠等奏曰：“学士张英、徐乾学、韩菼皆皇上素知者，惟皇上简用。”上曰：“张英为人厚重，不干预外事，补授此缺最妥。”

又佥都御史房廷祯解任员缺，以左通政袁景星拟正，右通政郑重拟陪。上顾大学士等曰：“此二人俱属平常。尔等知有堪任者否？”明珠等奏曰：“臣等公议张集为人颇优。”上曰：“此缺甚为紧要，须得正直之人用之，方能纠劾贪吏。尔等有选举人才之责，汉大学士向来多荐同年、门生，不肯将正直之人推举，殊负委任之意。此缺尔等从公举出来奏。”

本日起居注官德格勒、乔莱。

二十一日乙亥　早，上御养心殿，大学士觉罗勒德洪、明珠，学士麻尔图、牛钮捧折本入请旨。吏部题翰林院学士孙在丰已升补工部侍郎，不应兼学士衔。上曰：“孙在丰向侍讲筵，勤劳已久，着仍兼翰林院学士衔。”

又佥都御史房廷祯员缺，以通政司左通政袁景星拟正，右通政郑重拟陪。明珠奏曰：“臣等公议应补此缺之人时，据大学士云，钱珏曾条奏要务，但因建白已经超擢通政司参议矣。其次成其范亦多陈奏。至督捕理事官张集亦有条奏处，尚属可用。”上曰：“张集着升补。”

巳时，上由西华门出西直门，驻跸玉泉山。

本日起居注官徐元梦、李应鹰。

二十二日丙子 上驻跸玉泉山。

二十三日丁丑 上驻跸玉泉山。

二十四日戊寅 巳时，上御玉泉山内前亭，大学士觉罗勒德洪、明珠、王熙，学士王起元、禅布，扈从学士麻尔图以折本请旨。吏部题江宁巡抚汤斌升任员缺，或开列满洲，或开列汉军、汉人请旨。上曰："江宁巡抚责任甚属重要，必得练达事务贤能之人，方于地方有益。着于在内官员及在外巡抚内拣选具奏。"

又题詹事府詹事朱马泰员缺，开列内阁侍读学士翁英等。上曰："此内谁可用？"明珠等奏曰："詹事府应将学问优通者补授。侍读学士尹泰、德格勒学问颇优，伊等似可用。"上曰："尹泰学问颇优，着补授詹事。"

又题因将周之鼎冒定死罪，将尚书诺敏系世袭公爵，无级可降，议住半俸三年，仍罚俸一年；尚书张士甄、侍郎石柱等各降一级留任，罚俸一年；郎中陈布禄等各降三级调用。上曰："堂官俱从宽免降级，各罚俸一年。司官非加惩创不可。俱着依议。"

是日，上自玉泉山移驻南苑旧宫。

二十五日己卯 上驻跸南苑旧宫。

二十六日庚辰 辰时，上由正阳门进午门，回宫。

扈从起居注官常书、德格勒。

二十七日辛巳 辰时，上御乾清门听政。部院各衙门官员面奏毕，大学士觉罗勒德洪、明珠、王熙、吴正治、宋德宜，学士麻尔图、吴兴祖、牛钮、王起元、徐乾学、韩菼、赛弼汉、敦多礼以折本请旨。吏部题补太常寺卿徐元珙升任员缺，论俸开列左通政袁景星、右通政郑重。上问曰："伊等何如？"明珠等奏曰："袁景星为人平常。郑重系福建人，人亦朴实颇勤。"上曰："郑重人果朴实，但太常寺祀典攸关，亦属紧要。正卿有献爵、献帛之责，必得贤能相宜之人，方可补授。着将应升官员查奏。"

又户部覆福建巡抚金鋐题请台湾所产白糖、鹿皮，仍令照常贩卖，至于民间贸易应行禁止，议不准行。上曰："海上贩易惟在总督、巡抚、提督、总兵等官，无有私意，不起争端，相与协力和衷，于商民始有利益。

倘因私争竞，反于商民不相便矣。且福建督、抚所行不善，海上应否贸易，可问九卿来奏。”

又兵部题广东顺德总兵官员缺请旨。上曰：“朕观刘诏、郑侨柱人皆粗卤，统辖兵丁亦须择可以胜任者用之。”明珠等奏曰：“刘诏、郑侨柱诚粗人也。臣等曾以刘诏问尚书李之芳、杜臻及侍郎石柱等，据云人材壮健，其属兵丁亦皆称赞。刘诏在行间效力至阿达哈哈番矣。”上曰：“刘诏属下兵丁既称其善，着升补顺德总兵官。”

未时，御景山内前殿，赐请安进贡科尔沁国多罗秉图郡王额齐股、多罗贝勒沙律额驸、三品台吉吴兰，喀喇沁部落二品塔布囊阿里雅、四品塔布囊葛尔僧等，土默特部落三品台吉沙达、四品台吉诺尔布札尔等，吴喇忒部落四品台吉伊思克木等食。

本日起居注官邬黑、蔡升元。

二十八日壬午　早，上诣太皇太后、皇太后宫问安。

辰时，御乾清门听政。部院各衙门官员面奏毕，大学士觉罗勒德洪、明珠、王熙、吴正治、宋德宜，学士麻尔图、吴兴祖、牛钮、王起元、禅布、徐乾学、韩菼、赛弼汉、敦多礼以折本请旨。吏部题补内阁侍读学士索诺和升任员缺，将郎中吴什巴拟正，明格礼拟陪。又遵旨，将侍讲西安等十余人考试次第开列折子一并奏请。上问曰：“伊等谁系年久？”明珠等奏曰：“未曾查其年分，但照其考试次第开写耳。”上又顾牛钮问曰：“伊等所学何如？”牛钮奏曰：“傅继祖、博济、徐元梦所学皆优。”上曰：“徐元梦所学较傅继祖何如？”牛钮奏曰：“汉文以徐元梦为优。傅继祖在翰林院年久，翻译甚多，能记成语。”明珠奏曰：“傅继祖在侍讲内，凡翻译文字皆身任其事。博济由进士出身，前曾任内阁侍读，经九卿拣选补授国子监司业，人亦厚重。”上曰：“徐元梦为人何如？”牛钮奏曰：“人亦可用。”上曰：“徐元梦闻其在户部时优于办事，以今观之，乃一平常人也。观德格勒较徐元梦尚优。”又问曰：“傅继祖为人想亦优耶？”勒德洪等奏曰：“傅继祖果优。”上曰：“此缺着傅继祖补授。”

又户部覆巡抚金铉题请台湾所出鹿皮、沙糖仍照常贩卖，至于民间贸易应行禁止，议不准行。明珠等奏曰：“臣等遵旨传问九卿，九卿等云，商人壅滞，皆由督、抚不实心奉公。此事仍照户部所议为是。”上曰：“督、抚若不图利己，则百姓何至受害？将伊等解任可乎？”明珠等奏曰：“今京察已停，似此无益于民者，令其解任，何所不可？”上曰：“此事尔等议奏。”

又问曰：“山东巡抚张鹏何如？”王熙奏曰：“其人亦可。”吴正治、宋德宜奏曰：“张鹏尚有操守。”上曰：“然。闻总漕徐旭龄居官甚善。”明珠奏曰：“诚如圣谕。”

又礼部题正白旗已故蒙古副都统巴图应否与谥请旨。上曰：“巴图人材壮健，曾有效力处，着给与谥。”

本日起居注官多奇、孙岳颁。

二十九日癸未　辰时，上御乾清门听政。部院各衙门官员面奏毕，大学士觉罗勒德洪、王熙、吴正治、宋德宜，学士麻尔图、吴兴祖、牛钮、王起元、禅布、徐乾学、韩菼、赛弼汉、敦多礼以折本请旨。　吏部题补太常寺卿徐元珙升任员缺，将以次应升官员职名开列。上曰：“此内孰可？”大学士明珠等奏曰：“徐诰武正在壮年，成其范为人朴实。伊等先为言官时，条奏亦善。”上曰：“成其范为人质朴，着升补太常寺卿。”

明珠等又奏曰：“皇太子出阁读书，臣等公同会议，每岁于春秋二季进讲时，应令内阁九卿、科、道等官侍班。至于每日讲读，恭候皇上选用詹事府官员，以备讲劝。应讲何书，詹事府奏请皇上指示遵行。”上曰：“读书贵于精进，必攻苦勤劳，日久始能洞彻，非一时骤能贯通者也。如得之甚易，则人尽通材，又何有优劣乎？若在大庭广厦之中，群臣纷集，未尝质疑问难，俄顷之间讲诵已毕，岂得谓之学耶？凡人学业成就，俱在少年。当幼冲之时，虽严加督责，犹恐未能专心致志，况可任其放逸乎？朕观前代之教太子，真同儿戏，何可为法。”明珠等奏曰：“臣等窃谓皇上大圣人，而又淹贯经史，故凡动作威仪古今罕觏。至于躬亲严教太子一节，诚可为法于万世者也。”上曰：“此事关系甚大，尔衙门会同翰林院、詹事府、礼部详加定议具奏。”

本日起居注官常书、张英。

三十日甲申　早，上于保和殿视祭太庙祝版毕，回宫。

少顷，御乾清门听政。部院各衙门官员面奏毕，大学士觉罗勒德洪、明珠、王熙、吴正治、宋德宜，学士麻尔图、吴兴祖、牛钮、王起元、禅布、徐乾学、韩菼、赛弼汉、敦多礼以折本请旨。四川巡抚姚缔虞题参布政使刘显第、知府孙世泽。上曰："刘显第、孙世泽俱着解任。其贪婪各款，着巡抚会同总督严加质审，究拟具奏。"

又顾大学士等曰："原任云贵总督赵良栋才品优长，劳绩颇多，今已年迈，朕甚悯之，应否复其原官，尔等公议来奏。"

本日起居注官郭棻、德格勒。

四　月

初一日乙酉　早，上以孟夏，躬诣太庙致祭毕，回宫。

顷之，上诣太皇太后宫问安。

本日起居注官常书、张英。

初二日丙戌　辰时，上御乾清门听政。部院各衙门官员面奏毕，大学士觉罗勒德洪、明珠、王熙、吴正治、宋德宜，学士麻尔图、吴兴祖、牛钮、王起元、徐乾学、韩菼、赛弼汉、敦多礼以折本请旨。九卿会推江宁巡抚汤斌升任员缺，以浙江巡抚赵士麟拟正，兵部侍郎马世济拟陪。上曰："尔等之意若何？"明珠等奏曰："赵士麟在浙江居官颇佳，既经九卿会推，共称其善，臣等众见似可调补此缺。"上曰："赵士麟居官诚善，着调补江宁巡抚。其浙江巡抚员缺，以福建巡抚金鋐补授可乎？赵士麟在浙江居官颇善，因而以下属官亦皆良善，有益于民生。金鋐虽欲为不善，当亦无计可施矣！"

明珠等奏曰："皇上睿见诚然。以金鋐调补亦无所不可。"上曰："金鋐着调补浙江巡抚。其福建巡抚员缺，着九卿不拘定例选择具奏。"明珠等又奏曰："臣等遵旨问尚书达哈塔，据达哈塔云：在京师时曾闻总督王国安行迹不善。到福建止住三日，公馆供役人等皆系督、抚家人衙役，不便问王国安行迹善否，因而未问。后上船回来时，曾问船户，称王国安居官尚优，故进京曾奏王国安居官颇善。今九卿等皆言王国安居官不善，则王国安之居官不善是实矣等语。王国安似应解任。”上曰：“王国安着仍留原任，俟补授新巡抚到时再看。”

上又顾大学士等曰：“学问无穷，需博极群书，悉心研究，始能淹贯。但考据源流，探索义蕴，必广蒐秘书，以备翻阅，庶于典学有益。朕思通都大邑，野乘名山，必有藏编善本。但藏书之家每多爱惜，传为家珍，秘之良是。朕欲晓谕，俾其进呈，抄录既竣，仍将原本发还。”明珠、王熙奏曰：“皇上如此传谕蒐罗，藏书之家自当踊跃进献。”徐乾学奏曰：“皇上圣学渊微，自古未有。今又广蒐秘书，以资披览，真千载盛事，允宜传谕。”

本日起居注官卢琦、邬黑。

初三日丁亥 早，上诣太皇太后宫问安。

辰时，御乾清门听政。部院各衙门官员面奏毕，大学士觉罗勒德洪、明珠、王熙、吴正治、宋德宜，学士麻尔图、吴兴祖、牛钮、王起元、禅布、徐乾学、韩菼、赛弼汉、敦多礼以折本请旨。吏部议覆起居注官常书、归允肃题参礼科给事中吴源起失仪，不能条奏，应降一级，将纪录四次抵销留任。上曰：“吴源起为人平庸，其所陈事宜又不能条奏，着削去纪录四次，抵所降一级，调补部属官员。”

又工部题孔庙所立之碑，自济宁州送至曲阜县，应造旱船、架桥，需用银六百五十两，交与衍圣公孔毓圻。上曰：“此碑石甚佳，着差工部、总管内务府官各一员前往，小心运送。”

谕毕，明珠等又奏曰：“臣等遵旨公议得赵良栋曾在汉中、云南著有劳绩，似宜给还原官。”上曰：“赵良栋在云南所行甚清，应给还原官，使贪污者愧耻。可拟上传来奏。”

本日起居注官归允肃、多奇。

初四日戊子 辰时，上御乾清门听政。部院各衙门官员面奏毕，大学士觉罗勒德洪、明珠、王熙、吴正治、宋德宜，学士吴兴祖、王起元、徐乾学、韩菼以折本请旨。吏部题刑部侍郎丹代调补员缺， 开列学士牛钮等。上曰：“尔等之意若何？”明珠等奏曰：“刑部人命攸关，衙门紧要。学士诸臣皆皇上所知，惟于其中选用耳。”上曰：“盛京侍郎噶尔图为人颇优，朕屡任以大事，悉能成之，着调补刑部侍郎。”

又题补詹事府汉字少詹事喇巴解任员缺，以郎中巴尔哈拟正，僧参拟陪；满字少詹事色都解任员缺，以郎中伍什巴拟正，明格里拟陪。上曰：“尔等云何？”明珠等奏曰：“今皇太子出阁读书，满字少詹事员缺，应用通习汉文之人，于翻译讲章似觉有益。”上曰：“四书粗解之，则张居正《直解》为佳，欲求精意，莫过于《日讲解义》。皇太子诚能通贯此书，自克明晰义理，惟视其力行何如耳。不然，徒滋繁言何益？其詹事府官亦宜择用厚重之人，着将应升官员职名查列具奏。”

又勒德洪等以复赵良栋原官所拟上传呈览。上览之曰：“可将此上传示九卿观之，伊等若别有所闻，令其举奏。”明珠等奏曰：“汉大学士等皆言，赵良栋入云南可比宋之曹彬。”上曰：“用兵以不嗜杀为本。曹彬取江南不戮一人，以是福延子孙。潘美虽云名将，其入蜀多杀无辜，故其子孙全无兴起者。此真后世之戒也。”

本日起居注官王封溁、德格勒。

初五日己丑　早，上御太和门视朝。升转文武官员谢恩，次朝鲜国进表谢恩来使陪臣郑载嵩、判书崔锡鼎等行礼，赐茶毕，回宫。

辰时，上诣太皇太后、皇太后宫问安。

未时，移驻瀛台。

本日起居注官常书、顾汧。

初六日庚寅　辰时，上御瀛台勤政殿，大学士觉罗勒德洪、明珠，学士麻尔图、吴兴祖、牛钮、王起元、禅布、赛弼汉、敦多礼以折本请旨。吏部题补少詹事员缺，以巴尔哈拟正，僧参拟陪。上曰：“僧参人亦可用，似宜补授此缺。”明珠等奏曰：“圣见诚然。僧参人果可用。”上曰：“僧参着升补詹事府少詹事。”

又题补少詹事员缺，以吴什巴拟正，明格里拟陪。上曰：“尔等所查此内谁可？”明珠等奏曰：“太常寺少卿舒书、郎中舒书俱历俸年久，人皆颇优。司业博极为人颇优，学问亦好。”上曰：“博极果优。此系满字缺，博极系何旗分？”明珠等奏曰：“博极正蓝旗人。”上曰：“少卿舒书为人颇优，着补詹事府少詹事。”

又题补翰林院侍讲傅继祖升任员缺，以员外郎达哈塔拟正，常在拟陪。上曰：“考试内谁可者？”明珠等奏曰：“臣衙门侍读朱都纳考在一等。员外郎洪俄岱原任臣衙门中书，补授刑部主事、兵部员外郎时，皆经选择，考在三等。伊等皆可用。”上曰：“朱都纳为人颇优，着升补翰林院侍讲。”

本日起居注官邬黑、曹禾。

初七日辛卯　本日起居注官乔莱、徐元梦。

初八日壬辰　辰时，上御瀛台勤政殿，大学士觉罗勒德洪、明珠，学士麻尔图、牛钮、禅布、赛弼汉、敦多礼以折本请旨。九卿会推福建巡抚金鋐调补员缺，以兵部侍郎马世济拟正，湖南布政使张仲举拟陪。上曰：“张仲举为人若何？”勒德洪奏曰：“张仲举其人颇优。”明珠奏曰：“张仲举曾入觐，想其人亦优，所以九卿推举。”上曰：“张仲举着升补巡抚，马世济俟有总督等要缺用之可耳。”

又工部题请差往潘家口等处稽查木料，开列主事满丕等六人。上曰：“前者四川因百姓困苦，已停采楠木。今潘家口等处木料，若令直隶之民采伐，不又苦累直隶之民乎？况潘家口等处采取木料原不甚艰难，喀喇沁部落、翁牛忒部落等处树木甚多，惟采其堪用者，从水中顺流而下，止须百人之力即可至矣。且此等开列之人差去焉能济事？前保举贤能官员内有未经差遣者，亦有差满回来者，何故不将伊等举出？着问明各部堂官来奏。”

又内阁会同翰林院以编纂《一统志》副统（总）裁开列学士、詹事等。明珠奏曰：“据汉大学士等云，《一统志》门类浩繁，全赖副总裁校阅。其明史馆中亦曾以赞善等官充副总裁。今编辑《一统志》似当于讲读学士内，择其学问优长者，并充副总裁可也。”上曰：“然。着将应用官员开列具奏。”

本日起居注官多奇、李应廌。

初九日癸巳　辰时，上诣太皇太后宫问安。

少顷，御乾清门，大学士觉罗勒德洪、明珠、王熙、吴正治、宋德宜，学士吴兴祖、王起元、徐乾学、韩菼以折本请旨。刑部题打死方新之马鸣镳，拟绞监候，秋决。上曰："马鸣镳率众打死方新，且伤痕甚多，观此实系故杀。若以为误杀，则失出矣。着再确议具奏。"

又大学士明珠等奏曰："臣等传问六部大臣，据云古北口等处查看木料非甚难事，且自备骑往，故臣等将家业殷实、为人谨慎者选出耳。"上颔之，令将工部原本发回。

本日起居注官德格勒、熊赐瓒。

初十日甲午 辰时，上御瀛台勤政殿，大学士觉罗勒德洪、明珠，学士吴兴祖、王起元以折本请旨。内阁题编纂《一统志》开列应派副总裁各官职名。上曰："编辑此书，宜于副总裁内专委一二人纂阅，始克速成。尔等会同汉大学士等，将应派之人拟奏。"

又吏部等衙门议，陕西巡抚鄂恺当大计之时，将不谨革职之布政使希格不据实注考，应照例降四级调用。上问曰："尔等问九卿云何？"明珠等奏曰："九卿云鄂恺未闻有善状。今所议乃照例处分，并无枉屈。"上曰："鄂恺居官不善，着依议。"

本日起居注官徐元梦、蔡升元。

十一日乙未 本日起居注官邬黑、孙岳颁。

十二日丙申 本日起居注官张英、多奇。

十三日丁酉 辰时，上御瀛台勤政殿，大学士觉罗勒德洪、明珠，学士麻尔图、吴兴祖、牛钮、王起元、禅布、赛弼汉、敦多礼以折本请旨。内阁等衙门具题皇太子出阁讲书典礼。上曰："谒文庙之礼何以不议？"明珠等奏曰："查会典诸书，无谒文庙之礼。"上曰："旧典既无亦可以已。"随取题疏阅视良久曰："此本所议甚为详悉。"

又吏部等衙门题川陕总督希福将不谨之布政使希格徇庇，不行据实注考，议降四级调用。上曰："希福居官贤否，着问九卿来奏。"

明珠等又奏曰："纂修《一统志》副总裁，臣等公同推举原任左都御史徐元文，学士徐乾学、韩菼、张英，詹事郭棻，侍读学士高士奇，庶子曹禾，祭酒翁叔元，共八员。"上曰："韩菼、翁叔元不必举派，余俱着充副总裁。"明珠等又奏曰："此内专委何人？"上曰："着陈廷敬、徐乾学专理。"

酉时，上回宫。

本日起居注官常书、郭棻。

十四日戊戌 辰时，上御乾清门听政。部院各衙门官员面奏毕，大学士觉罗勒德洪、明珠、王熙、吴正治、宋德宜，学士麻尔图、吴兴祖、牛钮、王起元、禅布、徐乾学、韩菼、赛弼汉、敦多礼以折本请旨。吏部等衙门题川陕总督希福，于大计时将不谨革职之布政使希格不据实注考，照例议降四级调用。明珠等奏曰："臣等谨遵旨问满汉九卿，皆云希福居官亦善。"上顾问汉大学士曰："尔等云何？"王熙、吴正治同奏曰："闻希福居官尚善。"上曰："希福着降四级，从宽留任。"

本日起居注官卢琦、徐元梦。

十五日己亥 辰时，上御乾清门，听部院各衙门官员面奏政事。

是日，赐广东顺德总兵官刘诏鞍马一匹。

本日起居注官归允肃、邬黑。

十六日庚子 辰时，上御乾清门听政。部院各衙门官员面奏毕，大学士觉罗勒德洪、明珠、王熙、吴正治、宋德宜，学士吴兴祖、王起元、徐乾学、韩菼以折本请旨。吏部题补盛京刑部侍郎喀尔图调补员缺，开列学士牛钮等，及奉旨开列其次应升詹事尹泰等折子一并奏请。上问曰："尔等之意若何？"明珠等奏曰："盛京刑部侍郎办理刑名事务，似应以年高练达之人补授。"上曰："阿里虎为人谨慎，居官颇善，且历俸年久，着升补盛京刑部侍郎。"

又问曰："国子监汉祭酒翁叔元若何？"王熙等奏曰："翁叔元实心办事，居官颇好。"

又江宁巡抚汤斌等题请吴县知县刘滋、吴江县知县郭琇居官廉洁，办事有才，应优升，部议不准。明珠等奏曰："臣等遵旨问九卿等，据云刘滋、郭琇居官颇好。"上问曰："伊等何处人？"王熙等奏曰："刘滋直隶人，郭琇山东人。"上曰："该抚既奏称刘滋、郭琇廉能甚著，着如其所请行取，不必为例。"

明珠等又奏曰："纂修《会典》已完大半，副总裁徐乾学所任之事甚多，无暇常阅。侍讲学士顾汧学问颇佳，办事甚勤，似应充补副总裁。"上曰：

"修此等书，应得勤敏之人，方可速于告竣。顾汧着充补副总裁。"

巳时，上诣太皇太后、皇太后宫问安。

本日起居注官多奇、王封溁。

十七日辛丑 上以文皇后忌辰，不理事。

本日起居注官顾汧、徐元梦。

十八日壬寅 辰时，上御乾清门听政。部院各衙门官员面奏毕，吏部会同内阁翰林院题考试汉军官员日期。上曰："此番考试须革尽弊端，方协舆论。即如去岁考试，尚书介山三子俱列一等，而学问优长如德格勒等皆不入选，人心甚为不服。此岂可谓无弊耶？"达哈塔奏曰："试卷弥封用印，似可无弊。"上曰："尔老臣，此事何由悉知？"明珠奏曰："或故将试卷涂染损破，以为弊端亦未可定。至于阅卷官员临时点用，似乎无弊。"上曰："然。"吏部、翰林院官员出。

大学士觉罗勒德洪、明珠、王熙、吴正治、宋德宜，学士吴兴祖、王起元、徐乾学、韩菼以折本请旨。吏部题陕西巡抚鄂恺员缺，或开列满洲，或开列汉军、汉人请旨。上曰："布政使图尔宸居官年久，为人颇直，着补授此缺。"

又题补侍讲学士尹泰员缺，将郎中巴尔哈拟正，胡西塔拟陪。上曰："尔等之意若何？"明珠等奏曰："博极系进士出身，且在国学居官谨慎，似应补授。"上曰："博极着升补侍讲学士。"

又户部题覆直隶巡抚于成龙请将直隶每年办解狐皮改为折色，部议直隶、河南、山东应解狐皮，半停半解。上曰："地方采买狐皮一倍，费至十倍，故百姓困苦，此后俱停其解送。应用狐皮，着户部在京采买。"

又翰林院题日讲起居注官朱马泰员缺，开列侍讲学士明图等。上曰："西安学问颇优，人亦壮健，著有劳绩。"又顾记注官德格勒问曰："西安为人何如？所学较徐元梦若何？"德格勒奏曰："西安为人厚重，以记诵论之，则西安优，以著作论之，则徐元梦优。"上曰："西安着补充日讲起居注官。"

本日起居注官德格勒、曹禾。

十九日癸卯 早，上诣太皇太后宫问安。

辰时，御乾清门，听部院各衙门官员面奏政事。

本日起居注官常书、乔莱。

二十日甲辰 辰时，上御乾清门听政。部院各衙门官员面奏毕，大学士觉罗勒德洪、明珠、王熙、吴正治、宋德宜，学士麻尔图、吴兴祖、牛钮、王起元、禅布、徐乾学、韩菼、赛弼汉、敦多礼以折本请旨。翰林院题日讲官孙在丰升任、王顼龄丁忧员缺，将侍读学士田喜霱等职名开列。上曰："此二讲官员缺，试令讲书及问人品何如来奏。"

又都察院题，两浙盐差将监察御史温达等开列。上曰："尔等所问若何？"明珠等奏曰："都御史佛伦等公举温达、图纳哈，马光、刘光美。"上顾王熙等问曰："马光、刘光美系何出身？"王熙奏曰："马光系顺治十六年进士，刘光美系镶红旗人。"上曰："马光何省人？为人何如？"王熙奏曰："马光山东邹平县人。其为人若何，臣不甚知。"上复顾问徐乾学等。徐乾学奏曰："马光曾任江南宁国知县，居官最好，乃因荐举卓异，行取考选御史者。"上曰："马光着差往巡视两浙盐政。"

又吏部题翰林院侍讲王顼龄丁忧员缺，以赞善王尹方升补。上曰："尔等所问若何？"明珠等奏曰："问学士常书、张英，据称王尹方办事勤，学问人品亦优。"上曰："王尹方着升补翰林院侍讲。"

是日，将各部院汉军官员及内外候缺官员、监生、俊秀并去年投交白卷官员齐集乾清门前。上御门，亲定题目：治天下有道、贵五谷论、性理辨、夏日乾清门应制诗、颜渊喟然叹曰全章、为《一统志》将修敬陈天下形势以备参考事共六题。考试各随其便，作满汉文一篇。

是日，谕领侍卫内大臣公鄂黑、福善、坡尔盆，亲随侍卫关保等曰："学士常书原系微贱之人，理应仰体朕委任之意，效力图报。考试之事乃翰林院职掌，应将考试情弊查明具奏。常书明知而未尝举奏一次。考试情弊，朕亦闻之久矣。考试时虽云严肃，而并不行严肃。尔等惟于朕前蒙蔽行诈，理应将尔正法，奈事端现未发觉，果事端发觉，将尔从重治罪，以示众人。现今被获者即此。为此，将常书革去学士，授为三等侍卫值班。着照常上宿，该值日外，着永久终日在门伺候。其于围场瞭望，着同新满洲等。凡行走之处常走，勿令落后。"

本日起居注官邬黑、李应鹰。

二十一日乙巳 部院各衙门无本章启奏，上不御乾清门。

本日起居注官多奇、熊赐瓒。

二十二日丙午 早，上诣太皇太后宫问安。

辰时，御乾清门听政。部院各衙门官员面奏毕，大学士觉罗勒德洪、明珠、王熙、吴正治、宋德宜，学士麻尔图、吴兴祖、牛钮、王起元、禅布、徐乾学、韩菼、赛弼汉、敦多礼以折本请旨。吏部题补织造库郎中僧参升任员缺，将工部郎中苏尔忒拟正，孝陵郎中穆里布拟陪。上问曰："此二人何如？"明珠奏曰："苏尔忒乃皇上所深悉者。穆里布则勒德洪知之，言其人亦属可用。"上曰："穆里布着补授。"

又兵部题云南病故提督桑格员缺，或开列副都统，或开列总兵官请旨。上问曰："尔等之意云何？"明珠等奏曰："云南系要地，应将现任总兵官开列，候皇上特简一人补授。"上曰："将陕西提督何傅调补可乎？"明珠奏曰："何傅在山东、四川时居官俱善。今皇上念地方紧要，欲行调补，无不可者。"王熙奏曰："何傅颇有局度，与寻常武弁不同。前在真定及任山东胶州时，皆能镇静。"上曰："何傅且识汉文，似应调补云南提督。至张勇乃有功之臣，其子张云翼颇谙军务，今不必以文职补用，应擢为提督。但伊父久任陕西，不宜仍授此地。张云翼应任何处？尔等一并议奏。"

又以朝鲜国陪臣郑载嵩等妄行呈请宽免伊国王之罪，遵旨撰拟敕谕，发礼部戒饬，恭呈御览。上曰："此非大事，不必特降谕旨，但照所撰敕语，令该部缮本具奏。俟启奏时，止票依议可耳。"明珠等奏曰："皇上所见最当。止于本上票出，深得大体。"

本日起居注官徐元梦、蔡升元。

二十三日丁未 辰时，上御乾清门听政。部院各衙门官员面奏毕，翰林院会同内阁拟补日讲起居注官孙在丰、王顼龄员缺，拣选侍讲学士孟亮揆等八人引见。上顾宋德宜曰："尔意若何？"宋德宜奏曰："彭孙遹颇好。"上又顾徐乾学曰："尔意若何？"徐乾学奏曰："孟亮揆、彭孙遹俱好。"上曰："二人着充补翰林院学士。"张英出。

大学士觉罗勒德洪、明珠、王熙、吴正治、宋德宜，学士麻尔图、吴兴祖、牛钮、王起元、禅布、徐乾学、韩菼、赛弼汉、敦多礼以折本请旨。工部议减修宫殿灰价。上曰："若减此价，恐下人有受累之处，亦未可定。着问该部。"

明珠等又奏曰："臣等公议陕西提督何傅调补云南提督。福建武职多本省之人，此缺以福建提督万正色调补。万正色员缺，以张云翼补授。"上曰："万正色居官颇优，兼通文理，即调补云南提督。所遗员缺，着张云翼补授。"

本日起居注官德格勒、孙岳颁。

二十四日戊申 辰时，上御乾清门听政。部院各衙门官员面奏毕，大学士觉罗勒德洪、明珠、王熙、吴正治、宋德宜，学士麻尔图、牛钮、王起元、禅布、徐乾学、韩菼、赛弼汉、敦多礼以折本请旨。吏部题补翰林院学士常书解任员缺，开列詹事尹泰等。上曰："翰林院学士职任关系最重，必学行兼优之人，方为允当。满汉学士果皆得其人，则词林观摩兴起，咸勤学砥行，人材渐可陶成。如人材成就，有裨治道匪浅。曩者喇萨里在时，所行最佳，故词林至今犹追述之。嗣是为学士者俱不能及，甚至有所行琐屑，贻笑于人者。朕观尹泰其人亦优，任以詹事则甚宜，但办事不得甚敏，若用为翰林学士，微有不足。库勒纳任学士时，视他人为优。通政使葛思泰似亦可用。尔等将此二人及别有应用者，公同酌议来奏。"

又九卿、詹事、科、道会推洗马李应鹰提督顺天等处学政。上问曰："李应鹰为人若何？"明珠奏曰："汉大学士俱称其优。"上因顾问汉大学士。王熙等奏曰："李应鹰为人谨慎寡交，尚属可用。"上曰："着李应鹰去。"

又问曰："王顼龄居官何如？"王熙奏曰："居官犹属谨饬。"上问曰："较之董讷何如？"王熙奏曰："董讷三年差满，试事已竣，王顼龄考试仅及一半，不能定其孰优。"

又吏部议礼科掌印给事中乌冷额失仪，罚俸六个月。上曰："观乌冷额乃一庸人耳。"明珠等奏曰："然。乌冷额前任户部员外时，尚能小心办事。"上曰："乌冷额着调补部属。"

又镇守天津等处总兵官刘国轩题参中南仓监督桑格唤令衙役家人打死营兵。上曰："此事举国通知。着吏刑二部、都察院会同严察确审具奏。"

本日起居注官郭棻、徐元梦。

二十五日己酉 早，上御太和门视朝。升转文武官员谢恩，赐茶毕，回宫。

巳时，上诣太皇太后宫问安。

本日起居注官郭棻、多奇。

二十六日庚戌 辰时，上御乾清门听政。部院各衙门官员面奏毕，大学士觉罗勒德洪、明珠、王熙、吴正治、宋德宜，学士麻尔图、吴兴祖、牛钮、王起元、禅布、徐乾学、韩菼、赛弼汉、敦多礼以折本请旨。吏部题补翰林院学士常书解任员缺，开列詹事尹泰等。上问曰："尔等所议若何？"明珠等奏曰："臣等公议通政使葛思泰曾为翰林，其人颇优，学问虽未淹通，然亦可用。太常寺卿阿山亦曾任翰林，人亦可用。"上曰："葛思泰为人果优。尔等曾未议及库勒纳耶？"明珠等奏曰："库勒纳现任侍郎，臣等议时已议及。库勒纳并户部侍郎傅腊塔俱曾任翰林，今将库勒纳仍以侍郎衔调补翰林院，无有不可。"上曰："库勒纳为人谨慎，不与人交往。"明珠等奏曰："圣谕极是。库勒纳人品最醇。"上曰："库勒纳着为礼部左侍郎管翰林院掌院学士事。"

又礼部议原任江宁巡抚汤斌题补酌用先贤言偃后裔，应不准行。上曰："尔等之意若何？"明珠等奏曰："颜、鲁、思、孟四大贤之后，俱以博士录用。其十哲内仲由之后，亦以博士录用。故汤斌因言偃亦在十哲之内，题请录用其后。臣等之意，此事行亦可，不行亦可，伏候上裁。"上曰："着交与九卿、詹事、科、道会议具奏。"

本日起居注官卢琦、徐元梦。

二十七日辛亥 早，上幸玉泉山。酉时，回宫。

本日起居注官归允肃、德格勒。

二十八日壬子 辰时，上御乾清门听政。部院各衙门官员面奏毕，大学士觉罗勒德洪、明珠、王熙、吴正治、宋德宜，学士麻尔图、吴兴祖、牛钮、王起元、徐乾学、韩菼、赛弼汉、敦多礼以折本请旨。礼部题闰四月二十四日皇太子出阁讲书，其元旦等节，诸王、大臣应否奏进笺文请旨。上曰："诸王、大臣于皇太子前行两跪六叩头礼。尔等察例议奏。"

又题朝鲜国陪臣郑载嵩应严拿交与该王。上问曰："尔等之意若何？"勒德洪等奏曰："朝鲜国屡次处分，皇上垂念外藩小国，悉从宽宥。今所遣陪臣郑载嵩情罪可恶，难以再逭，应照部议。"上曰："郑载嵩着免严拿。余依议。"

又吏部题国子监司业博济升任员缺，以员外郎达哈塔拟正，常在拟陪。上曰："司业亦系要缺，着选择具奏。"

又九卿会议福建总督王国安请裁福建兵四千名、船六十只，应准行。上曰："王国安前称此兵必不可裁，今复请裁兵四千名、船六十只，何也？尔等可察取前疏来奏。"

巳时，上诣太皇太后、皇太后宫问安。

本日起居注官邬黑、王封溁。

二十九日癸丑 辰时，上御乾清门，听部院各衙官员面奏政事。

本日起居注官多奇、孟亮揆。

闰四月

初一日甲寅 上因天雨，命部院各衙门本章俱交送内阁。

本日起居注官顾汧、徐元梦。

初二日乙卯 早，上诣太皇太后宫问安。

辰时，御乾清门听政。部院各衙门官员面奏毕，大学士觉罗勒德洪、明珠、王熙、吴正治、宋德宜，学士麻尔图、吴兴祖、牛钮、王起元、禅布、徐乾学、韩菼、赛弼汉、敦多礼以折本请旨。户部覆差回河东巡盐御史李时谦请停郃阳等八县按亩派销盐引，议不准行。上曰："部议不准何故？"明珠等奏曰："前此巡盐御史傅廷俊曾以此条奏，彼时未蒙准行，故今日部议亦不准行。"上曰："前此不准者以傅廷俊为人不堪故耳，今宜论累民与否。着见任巡盐御史及该巡抚，将此增添盐引果否累民，详察具奏。”

又刑部等衙门题陈希因戏踢死贾之方，拟绞监候。上曰：“陈希与贾之方原因相戏误伤致死，本无仇恨，且闻陈希乃善良之人，着减等另议具奏。”

又川陕总督希福出巡四川，题报回署日期。上曰：“总督希福出巡川省，称巡抚姚缔虞居官甚善。夫暂至其地，便称其善，而同城溺职之巡抚，反不能参奏，明系瞻徇情面。尔等拟严旨来奏。”

本日起居注官德格勒、乔莱。

初三日丙辰 早，上幸南苑。酉时，回宫。

本日起居注官邬黑、曹禾。

初四日丁巳 辰时，上御乾清门听政。部院各衙门官员面奏毕，大学士觉罗勒德洪、明珠、王熙、吴正治、宋德宜，学士吴兴祖、王起元、徐乾学、韩菼以折本请旨。吏部题补督捕侍郎库勒纳员缺，开列学士牛钮等。上曰：“尔等曾会议否？”明珠等奏曰：“督捕衙门职在专理事务，先皆选择补授。”上曰：“侍郎石柱办事亦优，着调补。”

又九卿会推国子监祭酒阿里虎员缺，正拟侍讲徐元梦，陪拟侍讲朱都纳。上曰：“徐元梦学问犹可，其人平常。朱都纳何如？”明珠等奏曰：“朱都纳学问亦可，人亦谨慎。”上曰：“祭酒乃国学表率之官，必得优于学问，兼能统辖所属，始堪补授此缺。着另推具奏。”

又题补甘肃布政使图尔宸员缺，正拟户部郎中色冷格，陪拟陕西按察使布喀。上曰：“拟正色冷格何如？”明珠等奏曰：“九卿公举色冷格可用。前色冷格差往福建查看铸钱时，行事甚善。回京面奏伊所办之事，皇上亦称其善。”上曰：“然。着色冷格补授。”

又户部覆巡抚于成龙请免扣追挑浅所费银两，议不准行。上曰：“若将此所费银两扣追，必至累民。着如该抚所请免追。”

本日起居注官库勒纳、彭孙遹。

初五日戊午 辰时，上御乾清门听政。部院各衙门官员面奏毕，大学士觉罗勒德洪、明珠、王熙、吴正治、宋德宜，学士麻尔图、吴兴祖、牛钮、王起元、禅布、徐乾学、韩菼、赛弼汉、敦多礼以折本请旨。礼部会同翰林院议博采藏书。上曰："博采藏书原期有裨治道，除六经、正史外，其余无益书籍不必采取充数。着九卿会议。"

又詹事府题设东宫讲官，开列詹事尹泰、郭棻等。遵旨将未任讲官满官尹泰等四员、汉官黄与坚等六员一并开列折子呈览。上问曰："尔等之议云何？"明珠等奏曰："臣等酌议，满官四员内应用二员，汉官六员内应用四员。"上曰："满洲讲官着尹泰、舒书充补，汉讲官着汤斌、郭棻充补。"又问曰："此外谁为可用？"王熙等奏曰："黄与坚、闫世绳可用。"上问曰："黄与坚学问若何？"王熙奏曰："乃宿儒。"上又问曰："人品若何？系何处人？"王熙奏曰："为人能守其分，系太仓州人。"上问曰："闫世绳系何处人？"王熙奏曰："山东人。"上曰："黄与坚、闫世绳亦着充讲官。"

明珠等又奏曰："臣等将赍送御制原任总督于成龙碑文学录李若沆传问，伊云：去时，于成龙阖家恭迎六十里外。成龙之妻甚老。长子五十余岁，候补教职。次子四十余岁，三子三十余岁，俱系生员。孙系荫生。居住房屋三十余间，家计澹泊。"上曰："清廉如于成龙者甚少。"明珠奏曰："于成龙因品行清廉，皇上赐手书碑文勒石，芳名可传万世。"王熙等奏曰："居官如于成龙者甚少。"

上曰："世间全才正未易得。凡人于《性理》一书少加观览，则愧怍之处甚多。虽不能全依此书以行，亦宜勉强研求，粗明道理。若止泥辞章字句，有何裨益？"明珠奏曰："皇上博览群书，所以精微洞晰。"王熙奏曰："《性理》一书，义理甚为精奥，历代以来明彻者少。皇上天亶圣神，故能发宣义蕴，非臣等愚昧所能晓其万一也。"

本日起居注官多奇、熊赐瓒。

初六日己未 早，上诣太皇太后宫问安。

辰时，御乾清门听政。部院各衙门官员面奏毕，管翰林院事侍郎库勒纳、学士张英等启奏补授经筵讲官。上谕曰："《春秋》、《礼记》朕在内每日讲阅，尔等将《诗经》、《通鉴》讲章每日捧至乾清门豫备，诣讲筵行礼进讲为时良久，有妨朕披览书籍。其每日豫备，着暂行停止。《诗经》、《通鉴》讲章俱交与张英，令其赍至内庭。"库勒纳、张英出。

大学士觉罗勒德洪、明珠、王熙、吴正治、宋德宜，学士麻尔图、吴兴祖、牛钮、王起元、禅布、徐乾学、韩菼、赛弼汉、敦多礼以折本请旨。礼部议皇太子出阁应行典礼。上曰："人君豫教太子，令出阁读书，原期于朝夕无间，洞彻书史，实有益于身心，实有裨于治道，本不在此繁文缛节也。倘徒事虚文，日习威仪，奚暇究心实学？况情之最亲者，莫如父子。父子主恩出自天性，礼节繁多，则父子之间反或疏远，历观前代往往有之。至若明季，东宫出阁，每另设官属，旅进旅退，无非具文，并未笃志黾勉，以求实学，遂令太子不能通贯经史，以致庸阘。诸臣且因便乘间欺隐蒙蔽，肆其奸诡，离间父子，止图自利身家。此皆专尚仪文，不求实学之故。种种积弊，不可胜道。朕思东宫官属总属朝廷臣子，宁有异耶？即如岁时令节，百官另进太子笺文等礼，亦皆沿袭故套。惟以进笺及诸王、大臣行礼为要务，则于研究经史，修治身心之事反致有误，曾何裨益？我朝令太子出阁读书，乃初次举行，当垂之永久，遵循勿替。且皇太子宫殿尚未建造，诸王、大臣于何处行礼？此事关系最为巨要，礼部所奏，尔等其详议以闻。"

本日起居注官邬黑、蔡升元。

初七日庚申 辰时，上御乾清门听政。部院各衙门官员面奏毕，大学士觉罗勒德洪、明珠、王熙、吴正治、宋德宜，学士麻尔图、吴兴祖、牛钮、王起元、禅布、徐乾学、韩菼、赛弼汉、敦多礼以折本请旨。礼部题皇太子出阁应行典礼。明珠等奏曰："臣等昨奉上谕，以皇太子出阁读书，必究心经史，讲求实学，期有裨于治道。且见明代东宫寮属，彼此异视，专尚虚文，以致天伦间隔。本朝初举典礼，岂可仍沿明季陋习？因命臣等详议。仰见皇上敦本尚实，计虑深远，洵超越前古，垂宪万世者矣。但诸王、大臣等进笺行礼事宜，大典攸关。且行礼之期无多，似无妨于讲究经史，允宜举行。今皇太子宫殿尚未建造，俟皇太子宫殿告成之日，诸王、大臣等进笺行礼之处，即当举行。此事所关最巨，或令议政王、贝勒、大臣、九卿、詹事、科、道会议，或候旨行，恭听睿裁。"上曰："着候旨行。"

又直隶巡抚于成龙题报，闻原任大学士魏裔介病故。上问曰："此本票旨尔等照何人拟票？”明珠等奏曰：“较所拟黄机、李霨之旨稍轻。”上曰：“人主待大臣之道当出至公，岂可因其曾为大臣，不论所行，而一概视之乎？魏裔介生平实好生事，尔等可将此旨再拟来奏。”

本日起居注官徐元梦、孙岳颁。

初八日辛酉　辰时，上御乾清门听政。部院各衙门官员面奏毕，大学士觉罗勒德洪、明珠、王熙、吴正治、宋德宜，学士麻尔图、吴兴祖、牛钮、王起元、禅布、徐乾学、韩菼、赛弼汉、敦多礼以折本请旨。九卿会推湖南布政使员缺，将广西按察使黄性震拟正，广东按察使胡戴仁拟陪。上顾汉大学士等曰：“尔等知黄性震否？”王熙等奏曰：“黄性震原任霸昌道时居官好，今在广西居官亦好。”上曰：“黄性震着补授布政使。”

又刑部题郎廷祚自通州运来之物，被蓝翎侍卫齐格则串同门军截路抢夺。上曰：“蓝翎侍卫乃专管禁门之人，干预他事，夺人财物，殊为不合！着该部严议具奏。”

本日起居注官张英、德格勒。

初九日壬戌　早，上诣太皇太后、皇太后宫问安。

辰时，御乾清门听政。部院各衙门官员面奏毕，大学士觉罗勒德洪、明珠、王熙、吴正治、宋德宜，学士吴兴祖、王起元、徐乾学、韩菼以折本请旨。吏部题刑部侍郎石柱调补员缺，开列学士牛钮等。上曰：“学士敦多礼为人颇优，尔等看来何如？”明珠等奏曰：“敦多礼为人果优，前任刑部司官时曾有声名。”上曰：“然。敦多礼着补授刑部侍郎。”

又礼部题正黄旗已故二等伯郎素应否给与谥号请旨。上曰：“郎素随常行走，无有效力之处，不必给与谥号。”

又题甘肃布政使巴锡应给造坟银两，致祭一次。上曰：“巴锡任甘肃时何如？”明珠等奏曰：“巴锡由郎中以俸深补授布政使，莅任未久身故，无甚劳绩。”上曰：“巴锡莅任未久，不必给与恤典。”

本日起居注官库勒纳、卢琦。

初十日癸亥　辰时，上御乾清门听政。部院各衙门官员面奏毕，大学士觉罗勒德洪、明珠、王熙、吴正治、宋德宜，学士麻尔图、吴兴祖、牛钮、王起元、禅布、徐乾学、韩菼、赛弼汉以折本请旨。礼部覆浙江提督陈世凯条奏，请令武官讲读上谕十六条。礼义既明，永无匪行。上问曰："尔等之意若何？"明珠等奏曰："上谕十六条，事皆至要，人人俱宜讲习。"上复顾王熙等曰："尔等云何？"王熙等奏曰："武官虽有统领将士镇守地方之责，乘暇讲书明理，亦似有益。"上问曰："陈世凯居官何如？"王熙等奏曰："居官颇佳，能守其分。"上曰："因有满书，满洲武官翻阅史书，通达义理者甚多。汉人武官读书者甚少，竟有一字不识者，因谕曰，凡人不安分妄行悖乱者，咸由不明书义，不达道理之故。陈世凯武人，而能知此，奏令武官讲明义理，甚为可嘉。着九卿会同详议具奏。"

本日起居注官多奇、王封溁。

十一日甲子 辰时，上御乾清门听政。部院各衙门官员面奏毕，大学士觉罗勒德洪、明珠、王熙、吴正治、宋德宜，学士麻尔图、吴兴祖、牛钮、王起元、禅布、徐乾学、韩菼、赛弼汉以折本请旨。礼部题请原任都统释迦保应否予谥请旨。上曰："释迦保并未有效力之处，不必予谥。"

又吏部题汉军文职官员上年考试交过白卷，今年考试五等及仍交白卷者，俱应革职。上曰："凡出仕之人，须读书明理，方有裨益。若不能通晓文义，焉能治民理事？今姑从宽，一并免其革职。此等人员内有愿随旗行走者，着随旗行走。愿学习者，仍准其学习，俟后再试时一并考试。"

又刑部题汉军官员考试夹带文章之齐谦等十人，枷号、鞭一百，遣发宁古塔披甲。其看守护军丫头拟斩立决。上曰："丫头无知小人，着从宽免死，枷号三个月，鞭一百。齐谦等着免其流徙宁古塔，各枷号三个月，鞭一百。余依议。"

又刑部题通州仓监督桑格将看守地方兵丁打死情由，不准折赎，枷号四十日，鞭一百。侍郎马汝骥将桑格打死人命之事不行参奏，反为桑格营求消释，拟降四级调用。上曰："马汝骥职任仓场侍郎，有总理稽核之责，乃将属员监督桑格招饮至醉，致毙人命，又不立行指参，反听其营求，嘱托武弁欲行泯灭，殊为可恶，着革职。余依议。"

又刑部题朝鲜国韩得完等将遣画舆图官员人等以鸟枪打死，俱拟斩立决。上曰："正法人犯甚多，内有可原情者否？"明珠等奏曰："案内韩得完等六人乃执凶器伤人者，金太成等二十二人未曾动手。"上曰："韩得完等六名着处斩立决。金太成等二十二人俱着从宽免死，减等发落。”

本日起居注官归允肃、邬黑。

十二日乙丑　早，上诣太皇太后宫问安。

辰时，御乾清门，听部院各衙门官员面奏政事。

未时，御景山内前殿，赐请安进贡扎鲁特部落多罗达尔汉贝勒巴达里、二品台吉毕理克图，巴林一品台吉葛勒尔图，科尔沁国四品台吉毕理衮达赖，喀尔喀部落二品台吉罗布臧、都统罗布臧等食。

本日起居注官孟亮揆、徐元梦。

十三日丙寅　上因天雨，命部院各衙门本章俱交送内阁。

本日起居注官德格勒、顾汧。

十四日丁卯　辰时，上御乾清门听政。部院各衙门官员面奏毕，大学士觉罗勒德洪、明珠、王熙、吴正治、宋德宜，学士麻尔图、吴兴祖、牛钮、王起元、禅布、徐乾学、韩菼、赛弼汉以折本请旨。吏部题补内阁学士敦多礼升任员缺，开列詹事尹泰等。上曰：“葛思泰为人颇优，着转补学士。”

本日起居注官库勒纳、曹禾。

十五日戊辰　早，上御太和门视朝。升转文武官员谢恩，次进贡喀尔喀部讷木齐代青台吉来使额尔德尼达尔汉格龙等行礼，赐茶毕，回宫。

辰时，上诣太皇太后宫问安。

本日起居注官库勒纳、张英。

十六日己巳　辰时，上御乾清门听政。部院各衙门官员面奏毕，大学士觉罗勒德洪、明珠、王熙、吴正治、宋德宜，学士吴兴祖、王起元、徐乾学、韩菼以折本请旨。吏部题补礼部侍郎敖哈告病解任员缺，开列学士牛钮等。上曰：“理藩院侍郎穆成格为人颇优，且谙练礼部事务，着即补授左侍郎。”

大学士明珠等奏曰：“臣等遵旨询问尚书科尔坤等，据云：先丝价浙抚奏销时，臣部以其比二十年销算价值浮多，驳令核减。今该抚回奏，二十年丝价贱，二十二年丝价贵，故照时价购买，现今奏销断不能照二十年例核减。臣等谓巡抚系大臣，织造官员又系皇上选用之人，因难核减，仍照原题。故臣部详议，照该抚奏销具题。至于司官、笔帖式、书办等，岂敢主持事务等语。”上曰：“尚书科尔坤等、司官索礼等俱着从宽，免降级罚俸。余依议。”

又顾大学士等曰：“刑部事务关系人命，甚为紧要。今天气渐热，现审人犯虽少，而系狱之人尚多。此内有情可减等者，值此炎暑，或久系囹圄，以致瘐毙，朕心不忍。今欲特遣大臣等会同三按司，将已结重案逐一详加审讯，如有罪可矜疑者，即察明事由具奏。务期情法允协，不致淹滞毙狱，以副朕顺时好生至意。尔等以为何如？”明珠等奏曰：“皇上好生至德，曲加矜恤，法外施仁，直侔天地，如此旷典，亟宜举行。”上曰：“尔等拟谕旨呈览。”

本日起居注官邬黑、彭孙遹。

十七日庚午 辰时，上御乾清门听政。部院各衙门官员面奏毕，大学士觉罗勒德洪、明珠、王熙、吴正治、宋德宜，学士麻尔图、牛钮、禅布、徐乾学、韩菼、赛弼汉、葛思泰以折本请旨。吏部题补总督仓场侍郎马汝骥革职员缺，开列学士吴兴祖等职名。明珠等奏曰：“臣等遵旨，谨议得云贵总督蔡毓荣居官平常，用兵以来，并未著有功绩，应调补仓场侍郎。广西巡抚范承勋为人颇优，虽到任未久，居官犹善，应即升补蔡毓荣之缺。”上曰：“蔡毓荣着调补仓场侍郎。蔡毓荣员缺，着范承勋升补。即于此本票出，以便范承勋速赴任所。至范承勋员缺，亦令作速开列具奏。”

本日起居注官徐元梦、熊赐瓒。

十八日辛未 辰时，上御乾清门听政。部院各衙门官员面奏毕，左都御史陈廷敬，内阁学士半钮、徐乾学恭捧《鉴古辑览》进呈御览。奏曰：“皇上命编纂《鉴古辑览》，臣等仰承谕旨，汇集成书，共计一百卷，敬呈御览。伏睹皇上右文稽古，圣学渊深，臣等才识浅陋，实多未当，恭候皇上酌定。”上命留览。陈廷敬等出。

大学士觉罗勒德洪、明珠、王熙、吴正治、宋德宜，学士麻尔图、吴兴祖、牛钮、王起元、禅布、徐乾学、韩菼、赛弼汉、葛思泰以折本请旨。刑部议通判戴纯打死雇工人汤明亮，应绞监候，秋后处决。上曰：“尔等曾看李时谦奏疏否？”明珠等奏曰：“臣等以三法司奏章观之，则戴纯并未契买汤明亮，而竟自写契用印，似属故杀。以李时谦奏章观之，又云前后口供互异。此事实系可疑。或命九卿审拟，或仍令三法司再审，伏候上裁。”上曰：“朕闻太监张进忠干预此事，妄行控告。然张进忠与汤明亮本不相涉，而冒认尸亲，竟将其妻留于伊家，后闻戴纯定拟绞罪，又将其妻送回。如此行径，想欲吓诈财物耳。此事仍着三法司严审具奏。”

本日起居注官德格勒、蔡升元。

十九日壬申　辰时，上御乾清门，听部院各衙门官员面奏政事。

本日起居注官库勒纳、孙岳颁。

二十日癸酉　辰时，上御乾清门听政。部院各衙门官员面奏毕，大学士觉罗勒德洪、明珠、王熙、吴正治、宋德宜，学士麻尔图、吴兴祖、牛钮、王起元、禅布、徐乾学、韩菼、赛弼汉、葛思泰以折本请旨。吏部题补通政使葛思泰调补员缺，开列詹事尹泰等。上问曰：“尔等之意若何？”明珠等奏曰：“尹泰已有旨暂停升转。阿山可用。”上顾葛思泰问曰：“阿山为讲官时，尔曾共事，想知其人。”葛思泰奏曰：“阿山为人可用。”上曰：“阿山着补授此缺。观讲官内邬黑、顾汧不胜记注之事，备员而已，着解日讲官起居注任。”

本日起居注官多奇、乔莱。

二十一日甲戌　早，上诣太皇太后、皇太后宫问安。

辰时，御乾清门听政。部院各衙门官员面奏毕，九卿达哈塔等奏曰：“臣等奉旨，令面奏广西按察使员缺会推高成美事。先因福建按察使员缺，吏部侍郎胡简敬曾保举高成美，臣等以为其人必优，故尔会推。”上曰：“本地乡绅即保举本地方官员，则乡绅权重，外官必多掣肘，而不得自行其志矣。且旧年陈廷敬言穆尔赛安静，朕已有谕旨，此番何得复蹈前辙？汉大臣内尚有知高成美居官者否？”户部侍郎董讷奏曰：“曾闻巡抚汤斌委高成美访拿棍徒，颇能任事。”上顾左都御史佛伦曰：“尔等专司言职，此等事何故不言？”佛伦奏曰：“胡简敬系本地乡绅，即保举本地方官员，有违谕旨。且保举高成美独胡简敬一人，臣等即从其言，殊为轻忽。臣一时虑不及此，故未言耳。”上曰：“萨穆哈、穆成格必干预此事。萨穆哈、穆成格往淮安时，全赖高成美作事，久当必露。”九卿出。

大学士觉罗勒德洪、明珠、王熙、吴正治、宋德宜，学士麻尔图、吴兴祖、牛钮、王起元、禅布、徐乾学、韩菼、赛弼汉、葛思泰以折本请旨。九卿会推广西按察使员缺，将淮扬道高成美拟正，荆南道沈志礼拟陪。上曰：“朕观近日九卿会推殊为疏忽。高成美居官未有善绩，胡简敬保之，群然从之，甚属不合。”明珠等奏曰：“凡选用官员，皇上未尝不可亲定，而必令九卿推举者，无非欲得人才耳。今如此行事，实负皇上委任之意。”上曰：“胡简敬、高成美着严加议处，以惩儆将来。”

是日，礼部尚书掌管詹事府事汤斌由江苏巡抚升任至京，陛见乾清门。上曰：“汝在江苏能洁己率属，实心任事。天下官有才者不少，操守谨慎者未能多见。汝前陛辞时，自言平日不敢自欺，今克践此言，朕用嘉悦，故行超擢，尔其勉之。”汤斌奏曰：“臣学识庸陋，蒙皇上简任江抚，奉职无状，惟陨越是惧。乃蒙皇上不次超擢，臣敢不勉竭心力，以图报称万一。”上问：“江苏风景何如？”汤斌奏曰：“苏、松去年颇称丰稔。淮、扬、徐去岁异常水灾，蒙圣恩蠲赋赈恤，民庆更生。邳、宿等五州、县，蠲旧年一半、今年一半钱粮，万姓欢呼。惟徐州所属，地最荒瘠，水灾之后，今春民困较甚。”

上曰：“一路风景何如？”汤斌奏曰：“臣经过地方，畿辅广平以北，麦田丰收，开州以南稍旱，凤阳、蒙城一路饥民甚多。闻宿州、灵璧一带，去年水灾，今春麦尚未熟，民间谋生无策。”上曰：“凤阳地瘠民贫，饥荒自是难堪。”圣意恻然久之。

又问：“江苏风俗如何？”汤斌奏曰：“前年臣陛辞时，蒙皇上面谕，苏州风俗奢侈浮华，当以移风易俗为先。圣驾巡狩，谕臣民敦本尚实，返朴还醇，万姓无不感动。臣仰奉皇上德意，朝夕告诫，风俗亦渐改观。”

上问：“吏治何如？”汤斌奏曰：“江南吏治自于成龙、余国柱后，有司已知守法。臣遵奉功令，复多方劝诫，吏治渐归醇谨。”上问：“有司中有好官否？”汤斌奏曰：“松江知府鲁超，才具亦优。”上曰：“祖进朝何如？”汤斌奏曰：“祖进朝朴实人，操守真廉，士民爱戴。前议降调时，民间罢市，群聚臣署号泣乞留。臣敢据实上闻。”上问:“高成美何如?”汤斌奏曰:“其人亦有才。”上曰:“居官有才固好,若操守不谨,恃才多事,反为民累。”汤斌奏曰:“诚如圣谕。”上问:“总督王新命何如?”汤斌奏曰:“事体晓畅,与地方相安。”上曰:“操守能仿佛于成龙否?于成龙之廉,世间原不多见,亦难以此律人,但能与地方相安,亦足矣。”又问:“今直抚于成龙何如?”汤斌奏曰:“成龙曾为江宁知府,臣知其人清而不刻,且有才略,有担当,用为巡抚,天下服皇上知人之明。”

上曰:“往日闻吴中乡绅多事,近日何如?”汤斌奏曰:“苏州乡绅,如大学士宋德宜,居乡最善。”上曰:“朕知之。”汤斌奏曰:“汪琬养病山中,不与外事。缪彤亦杜门读书。其余俱谨慎。臣在任年余,实未见乡绅以私事干渎。彭定求之父彭珑,彭宁求之祖彭行先,皆年高品行甚端。臣于朔望,集士民讲解上谕,二人必来叩拜龙亭,为士民之倡。”上曰:“有博学好古之人否?”汤斌奏曰:“吴俗素重文学,隐居著述者亦颇有人。”

上问:“下河开海口事如何?”汤斌奏曰:“皇上命尚书萨穆哈、学士穆成格等与总漕徐旭龄及臣询问下河民情,臣等遍历海口各州、县,初来人众,言语嘈杂,不能归一。即州县水道海口亦不相同,大约其言以开海口,积水可泄,但四分工银,今年荒歉,恐不足用。惟高邮、兴化之民闻筑堤开河,毁其坟墓庐舍,皆甚言其不便。部臣公议以筑堤取土艰难,工必不成,且毁人坟墓庐舍,非皇上轸念民生之意。开海口工亦浩大,恐多费帑金,不能奏绩,不如暂停为便。臣与徐旭龄议,以目下遍地皆水,工力难施,暂停未为不善,遂同具题。但念此事,乃我皇上巡狩江南,亲见民间房屋淹没水中,圣主恫瘝念切,随命大臣相视海口,简选贤能开海泄水,真尧舜之心也。今议暂停则可,若竟中辍,非臣子所敢擅议。且上流之水滔滔而来,下流无一出路,不但民间田地永无涸期,且恐城郭人民将有不测之患。如兴化去年城内水深数尺,万一三五年间,再遇水灾,一城付之巨浸,臣等何所逃罪?”上曰:“汝意云何?”汤斌奏曰:“淮、扬实天下泽国。若曰开海口,则水遂尽涸,臣不敢为此言。但水有去路,开一丈则有一丈之益,开一尺则有一尺之益。使浮溢之水渐去,则旧日湖河之形可寻，再加疏浚筑防，工夫自有次第。然举事当念民生，尤当重国计，若多费帑金而水不能尽涸，非长策也。请无多发帑金，止于七州、县钱粮中酌量款项，暂停一二年起解，留为修河之用。此外，再议设处之法。总之，以本地民力、本地钱粮开本地海口，心既专一，工不误用，不作大举，不多设官，渐渐做去，当有成效。”上曰：“此意曾与萨穆哈等言之否？”汤斌奏曰：“臣与总漕臣徐旭龄曾向萨穆哈等言之。”上曰：“本内何未叙及？”汤斌奏曰：“当时先起清字稿，不便繁琐。萨穆哈以奉命询问民情，止当以民间口供开列具闻。此言俟上问及当面奏，候皇上睿裁。又海水内灌坏田之说，臣以为无虑。臣询之土人，当日范仲淹筑堤时，海水与堤甚近。今海水远者百里，近者六七十里。海之潮汐，犹人之呼吸也，有一定时刻，有一定分量，平日海潮所及，原不甚远。江河之水为海潮所涌，乃江河之水，非海水也。飓风海啸，非常灾异，岂可预计？”上曰：“此理朕所深明，人不知潮汐之理，故有此言耳。”遂命至南书房赐食，谢恩而出。

本日起居注官归允肃、德格勒。

二十二日乙亥　辰时，上御乾清门听政。部院各衙门官员面奏毕，上谕督捕侍郎石柱等曰：“今天气渐热，将罪犯速行审结，毋得迟延。”石柱等出。

大学士觉罗勒德洪、明珠、王熙、吴正治、宋德宜，学士麻尔图、牛钮、禅布、赛弼汉、葛思泰以折本请旨。吏部题广西巡抚范承勋升任员缺，开列候补巡抚董国兴、学士吴兴祖等。上曰：“董国兴三任巡抚未有善状，尔等看来何如？”王熙奏曰：“董国兴较伊同时巡抚犹觉为善，若比近今巡抚则为平常。”上曰：“董国兴常有疾病，以后停其开列巡抚，着随旗上朝。其余开列各官内谁堪此任？”明珠等奏曰：“学士王起元系厚重人，且能办事，前经随征广西，历时甚久。副都御史赵之鼎为人亦优。此二人似可补授巡抚。”上曰：“广西极远边地，须得汉军方可。着王起元补授。”

上又顾大学士等曰：“昨汤斌陛见时，朕问一路地方情景，据汤斌奏称，凤阳、徐州百姓岁荒无收，饥馑已甚，朕闻之不胜悯恻，应速行赈救。着学士麻尔图同户部司官一员，即于明日驰驿速往彼地查勘，一面开仓赈济，一面奏闻，务使饥民得所。”

又谕大学士等曰：“学士徐乾学、张英学问淹通，文章事务着留办理，且前曾将熊赐履留用有例。以后开列巡抚，徐乾学、张英不必列名。”

上召礼部侍郎穆成格问曰：“昨汤斌奏称：前会议开浚下河时，满稿先成，翻译汉文，臣等看过，曾向萨穆哈等云，若将下河高处挑浚，使积水渐归于海，于民亦稍有益。尔等答云，此语若入疏内觉为繁琐，我等回京面奏等语。尔等当日如何会议？回京时何以并不奏闻？”穆成格奏曰：“臣等至江南地方，与总漕徐旭龄、巡抚汤斌同至河干看视，又传问七州、县民，皆称此水漫决日久，今欲开浚海口，其事甚难。臣等公议，河工应暂行停止，其挑浚下河高处，使积水渐归于海等语。汤斌等并未向臣等说。且徐旭龄、汤斌皆系地方大臣，若果开浚下河于民有益，即应奏闻。臣等并未曾有面奏之语。况海口开浚阔大，更有海潮倒入之患，亦未可定。”上曰：“海潮有一定之时，安有倒入之事？即如庙湾口，何尝闻有海水倒入耶？”

又召问工部尚书萨穆哈。萨穆哈奏曰：“臣等到彼处与总漕徐旭龄、巡抚汤斌会同踏看河道，传集七州、县民问时，齐集者甚众，各就地方情形而言。臣等因百姓过多，语言不一，遂令每州、县派出通晓事体者十人，于淮安集问时，皆言不便挑浚。臣等遂公同商议，开浚下河所费不赀，事关重大，故议暂行停止。其汤斌等挑浚下河高处，使水归海，于民亦稍有益等语，闲谈时诚有之，并非公同商确时之语也。臣等实不曾有回京面奏之言。”上曰：“尔前回京面奏时，但云百姓皆言不便挑浚，并无各就地方情形而言之语。”萨穆哈奏曰：“臣前奏时只是举其大概，其各就地方情形而言之语，未奏是实。”上曰：“尔每州、县派出十人，是令高成美传集否？”萨穆哈奏曰：“系令徐旭龄传集。”上曰：“尔等会议公事，何暇闲谈？”上又问曰：“今尔等意谓此河可开浚否？”萨穆哈奏曰：“大堤恐不能筑，若将下河高阜处陆续挑浚，使水渐入于海，似亦可行。”奏毕，萨穆哈等出。

本日起居注官库勒纳、卢琦。

二十三日丙子　早，上诣太皇太后宫问安。

辰时，御乾清门听政。部院各衙门官员面奏毕，内阁学士麻尔图、户部郎中席特库因差往踏勘凤阳、徐州饥民情形，进请谕旨。上谕曰：“尔等乘此行可看沿途麦实及徐州等处饥荒情状，一并速行奏报。”麻尔图等出。

大学士觉罗勒德洪、明珠、王熙、吴正治、宋德宜，学士吴兴祖、牛钮、禅布、徐乾学、韩菼、赛弼汉、葛思泰以折本请旨。礼部题病故原任刑部尚书喀尔图请给祭葬银两。上曰：“喀尔图效力年久，着照部议给与祭葬。”

又兵部议原任礼部左侍郎敖哈解去佐领。上曰：“敖哈仍留佐领，着以原品随旗上朝。敖哈向任部郎时，犹闻有贤声。今观其办事胡涂，一无所知，此不过专袭虚名耳。”

本日起居注官王封溁、徐元梦。

二十四日丁丑　辰时，举行皇太子出阁读书典礼。上御保和殿，皇太子率满汉大学士、九卿、翰林院、詹事府官员行三跪九叩礼。礼毕，上回宫。

本日起居注官多奇、孟亮揆。

二十五日戊寅　辰时，上御乾清门听政。部院各衙门官员面奏毕，大学士觉罗勒德洪、明珠、王熙、吴正治、宋德宜，学士吴兴祖、徐乾学、韩菼以折本请旨。户部尚书科尔坤等热审死罪减等发落者一百五十余人。上曰：“此外尚有可轻者否？”明珠等奏曰：“狱中死罪共三百余人，皇上免其大半，固属法外施仁。此外皆系重案，无可宽恕。若恩出自皇上，无所不可，臣等不敢议及。”上曰：“伊昌阿等情罪固属允当，但朕久欲矜恕，与其长系狱中，不如减等发落。至沙纳哈，其主既已免死，亦着一并宽免。胡启元克扣军饷，罪固难宥，但在行间曾有劳绩，不忍加诛，亦着减等发落。喇都浑与家人包揽军士口粮，情虽可恶，赃实无多，亦着减等发落。赵存私入禁地，不过夺赐宴之余物，本无他意，无知小人，为可矜悯，亦着减等发落。司书辱詈职官，罪不至死，朕因欲惩旗下凶徒，置之重辟。但人命攸关，必情罪相当，始可无憾。司书亦着减等发落。田五勾通内侍索住吓诈陈秉直之子，情亦可恶，但念未经得财，亦着减等发落。”勒德洪等奏曰：“皇上好生之德，法乎天地，臣等仰承天语，不胜欢忭之至。”

上顾大学士勒德洪等曰：“从来太子书字皆内阁詹事看详。今皇太子自六岁至今，所写满汉字一并发出，尔等传詹事会同较阅，将不到处来奏。”大学士勒德洪等捧出，同詹事汤斌等细加展阅。满字书《贞观政要》，汉字书古人格言。书法端重藏锋，俨然名帖。每张皆皇上逐日朱笔点阅者。

是日，皇太子讲官礼部尚书管詹事府事汤斌、詹事尹泰、郭棻等向侍卫纳尔泰、二格转奏曰：“臣等今日于皇太子宫初行日讲，奉皇太子令旨曰：皇父虑予幼稚，未知勤学，日以为念，即一字一画无不躬亲详示，勤加训诲。予性不敏，于皇父睿旨虽未尽能领会，然何敢不殚心竭力从事于学？《四书》、《书经》、《易经》略能背读。既恭听皇父讲解，今复举行大典，设立讲员，敢不佩服《易经》蒙卦之义。况尔等皆学问渊博，品行端方，可以倚任，所以皇父着尔等为予讲官，此正予重道崇儒之日也。今特于尔等进讲时，停其行礼侍立，赐坐进讲，庶得从容讨论，便于问难，可以讲解多时。臣等恭听，不胜惶悚，遂呈奏曰：臣等谫陋微末，学问粗疎，蒙皇太子勤学重道，孜孜不已，特加旷典，优待臣等，殊不克当。仍应行礼侍讲，以抒微悃。未蒙皇太子俞允，复奉令旨，谆谕臣等曰：予意已定，实出至诚，尔等其勿固辞。恭请皇上敕谕，令照旧例进讲。”奉旨：“皇太子冲年，嘉向典学，尔等勿沮其意。况赐坐进讲，古礼有之，着即遵行。”汤斌等又奏曰：“赐坐免行礼，虽古有之，但臣等自分何人，焉敢邀此特典。”上曰：“尔等既再三固辞，仍着行礼，还遵皇太子意坐讲。”随呈奏皇太子，蒙皇太子令旨曰：“皇父既有谕旨，尔等遵行。”

本日起居注官德格勒、曹禾。

二十六日己卯　辰时，上御乾清门听政。部院各衙门官员面奏毕，礼科给事中达奇纳条陈，西安府驻防大兵更番戍守汉中，今云南、四川既皆平定，似宜停其往戍。奏毕，上谕曰：“科道乃专司言责之官，宜各将意中之事据实直陈。近今科、道等官条奏绝少，而为御史者不过冀得盐差，并无建白。”达奇纳奏曰：“圣谕极当，谨识遵行。”达奇纳出。

大学士觉罗勒德洪、明珠、王熙、吴正治、宋德宜，学士吴兴祖、牛钮、禅布、徐乾学、韩菼、赛弼汉、葛思泰以折本请旨。翰林院题补日讲起居注官邬黑员缺。上曰："侍讲朱都纳为人朴实，学问亦优，着补授讲官。"

又大学士觉罗勒德洪等奏曰："臣等伏承皇上以皇太子历年亲写所读书本及临摹楷法大小字共八箧有奇，示内阁与詹事府诸臣同阅者，臣等瞻仰敬观，不胜欣庆。窃曾博考史册，自古帝王懋建承华，未尝不重念国本，设官讲读，要皆率循故事，等为具文。皇上圣学渊深，超出夐古。自建立元良，亲行训迪，六龄至今，寒暑昕夕，未尝间辍。诵读经书盈箱累帙。固由皇太子岐嶷性成，实皆皇上以身率教，勤加程课，以至造诣如此。自汉、唐以来，豫教万弗能逮兹者。恭捧缥缃，琳琅满幅，臣等再三展览，满字自六岁起至十岁，汉字自十岁起至今年睿龄十三岁闰四月二十三日出阁以前卷册，积累已几等身。岁月日时，加进无已。字字端整，笔笔精楷。自兹以外，深宫视膳之暇，帐殿从幸之时，翰墨之美，又不知凡几。仰见皇上合天之行健，自强不息，于二帝、三王大经大法，深体力行，以建皇极，即以翼元子。故凡学问启牖，皆纯而不杂，勤而有常，即此书体之精，亦关正心之学。我皇上天章宸翰，烂若星云，囊括众家，超轶前代。今皇太子书法进而愈上，虽本英姿之特茂，亦征养正之渐深。从此日新又新，陶淑于宫庭之善诲。加以出阁方始，讲读益勤，自然驯造高明，同符至圣，真国家亿万年无疆之福！臣等凡属臣子，感叹赞颂，莫可形容，惟有舞蹈踊跃而已。谨奏。"上曰："知之。"

本日起居注官库勒纳、乔莱。

二十七日庚辰 早，上诣太皇太后宫问安。

辰时，御乾清门听政。部院各衙门官员面奏毕，大学士觉罗勒德洪、明珠、王熙、吴正治、宋德宜，学士吴兴祖、牛钮、禅布、徐乾学、韩菼、赛弼汉、葛思泰以折本请旨。吏部题补内阁学士王起元升任员缺，开列詹事郭棻等。上问曰："此内孰可用？"明珠等奏曰："此缺系汉军员缺。"上问曰："徐廷玺何如？"明珠等奏曰："徐廷玺亦可用，江有良较伊年久。"上问曰："汉军内另有可用者否？"明珠等奏曰："光禄寺正卿阎兴邦曾奉旨久留光禄寺办事，且着停其升转。此外可用之人，一时拟议，难以遽得。”上曰：“着徐廷玺升补。”

又副都御史胡昇猷升任员缺，开列宗人府府丞李廷松等。上问曰：“谁可用者？”明珠奏曰：“汉大学士称，通政使徐元珙为可用。”上问曰：“其次又有何人？”明珠等奏曰：“有大理寺卿边声廷、顺天府府尹张吉午、奉天府府尹董秉忠。至于太常寺正卿成其范系新升任者。”上顾葛思泰问曰：“徐元珙与尔曾同衙门否？”葛思泰奏曰：“是。”上问曰：“其人如何？”葛思泰奏曰：“为人老实，虽才具平常，然亦勤于办事。”上沉吟良久曰：“着徐元珙升补。”

又贵州巡抚慕天颜题参布政使柯鼎等不早行揭报黎平府知府刘桢贪婪事迹，部议将柯鼎革职审问。上问曰：“柯鼎居官何如？”王熙奏曰：“贵州地方辽远，柯鼎居官善否，并未有闻。”上问曰：“柯鼎前在京时居官何如？”勒德洪奏曰：“办事颇优。”上曰：“以慕天颜之为人，遽将伊题参之布政使柯鼎等革职审问，恐未允惬。”明珠奏曰：“皇上所见极当。巡抚、布政使等同居省会，知府刘桢驻于别府，其贪婪事迹巡抚得知，布政使亦应得知。若巡抚不知，布政使亦未必得知。”上曰：“柯鼎着留任。这本内事情，交与新任总督详审确议具奏。”

是日，詹事尹泰等向敦住转奏曰：“自本月二十八日斋戒，祀方泽坛，皇太子应否讲书，恭请谕旨。”奉旨：“斋戒日着停讲。自古人君于太子讲书时，从无命其覆讲之例。今太子略能覆讲，此例自朕始行之。但关系巨典，尔等会同大学士等议奏。”

本日起居注官彭孙遹、徐元梦。

二十八日辛巳　上以祀方泽，斋戒三日，不理事。

本日起居注官多奇、熊赐瓒。

二十九日壬午　本日起居注官德格勒、孙岳颁。

三十日癸未　早，上于保和殿视祭方泽坛祝版毕，回宫。

本日起居注官徐元梦、蔡升元。

五　月

初一日甲申　早，上以夏至，躬诣方泽坛，致祭毕，回宫。

巳时，上诣太皇太后、皇太后宫问安。

本日起居注官库勒纳、张英。

初二日乙酉　辰时，上御乾清门听政。部院各衙门官员面奏毕，大学士觉罗勒德洪、明珠、王熙、吴正治、宋德宜，学士吴兴祖、禅布、徐乾学、韩菼、赛弼汉、葛思泰，礼部尚书管詹事府事汤斌，詹事尹泰、郭棻等遵旨会议，口奏曰："前代太子讲学俱属虚文，故不覆讲。今因皇上豫教有素，启迪维勤，皇太子聪明天亶，以致学问有成，若行覆讲，诚有裨于实学。臣等亦深为忻忭。"上曰："然。"汤斌等出。

库勒纳、张英等会同大学士等为日讲起居注官顾汧员缺，选择检讨徐嘉炎等六人，开列折子呈览。上曰："向因选择学问优者，故南方之人居多。北方之人亦应并用，着选择来奏。"库勒纳、张英出。

大学士觉罗勒德洪等以折本请旨。奏曰："臣等遵旨为理藩院侍郎员缺，查八旗精奇尼哈番以下官员因系世袭，俱尚年幼，故臣等选择内阁侍读学士乌喇代拜里，郎中喀喇额尔黑兔。"上曰："孙果原任侍卫，故于部院之事荒疏。自任都察院以来，并无条奏，着调补理藩院侍郎。"

又九卿会推广西按察使黄性震升任员缺，正拟江南粮道张永茂，陪拟陕西甘山道柴望。上顾大学士等曰："张永茂为人何如？"明珠等奏曰："闻张永茂居官颇优。"上曰："着张永茂补授。"

又覆浙江提督陈世凯条奏，上谕十六条武官亦应讲读，议准行。上曰："自古武职名臣，如郭子仪、李靖等皆系读书明理，熟谙经史，乃能保守功名，克全臣节。自后武职官员遇有职事闲暇时，俱应阅览书籍，讲明忠孝大义。着该管官员勤加劝谕。"

是日，发御览《通鉴纲目》、《十七史》等书，命翰林诸臣校正。随赐侍读学士王封溁等五十五人表里、缎匹各三。

本日起居注官卢琦、朱都纳。

初三日丙戌　上以仁孝皇后忌辰，不理事。

本日起居注官归允肃、多奇。

初四日丁亥　辰时，上御乾清门听政。部院各衙门官员面奏毕，大学士觉罗勒德洪、明珠、王熙、吴正治、宋德宜，学士吴兴祖、禅布、徐乾学、韩菼、赛弼汉、葛思泰，礼部侍郎管翰林院事库勒纳，掌院学士张英等以日讲起居注官顾汧员缺，遵旨选择侍读学士田喜霷等北人六员，开列折子呈览。上顾侍郎库勒纳问曰："伊等何如？"库勒纳奏曰："伊等皆为人朴实。田喜霷历俸最久。"上曰："田喜霷着补讲官。"库勒纳、张英等出。

大学士觉罗勒德洪等以折本请旨。盛京户部侍郎莽色题堂主事员缺，请坐名题补。上曰："莽色小人，意中有援引之人，故不遵定例，妄行陈奏，殊为不合！着察议具奏。"

午时，上移驻瀛台。

本日起居注官德格勒、王封溁。

初五日戊子　本日起居注官孟亮揆、徐元梦。

初六日己丑　辰时，上御瀛台勤政殿听政。部院各衙门官员面奏毕，上召刑部侍郎噶尔图进前问曰："盛京地方雨水何如？自盛京至京师皆沾足否？尔见麦田若何？"噶尔图奏曰："盛京周围地方雨水甚足。自杏山至山海关少不足耳。自山海关至丰润雨泽亦调。但近京地方天旱殊甚，路旁麦田问种地之人，答云想来可以半收。"上又问曰："盛京人民生理何如？"葛尔图奏曰："去岁大稔，所以民生丰裕。"奏毕出。

大学士觉罗勒德洪、明珠、王熙、吴正治、宋德宜，学士吴兴祖、禅布、徐乾学、韩菼、赛弼汉、葛思泰、徐廷玺以折本请旨。吏部覆巡抚于成龙题请，通州知州傅泽洪拿解假冒巡抚家丁黄四，应行议叙，议不准行。上曰："傅泽洪将冒称巡抚家丁黄四拿解，亦属可嘉，着议叙，后不为例。"

又工部题参本部员外郎郭迈等，将青龙桥等处工程承修迟误，应交该部议处。上曰："工部凡修理工程，监工官员并不速行完结，怠忽迟误，堂官理应定限催结。今亦因循草率，从未督催查参，着将监工堂官一并交与都察院严行查议。至各处工程，亦着都察院定限。工完后，有无违限，坚固与否，俱察明议奏。”

本日起居注官库勒纳、张英。

初七日庚寅 辰时，上御瀛台勤政殿听政。部院各衙门官员面奏毕，大学士觉罗勒德洪、明珠、王熙、吴正治、宋德宜，学士吴兴祖、禅布、徐乾学、韩菼、赛弼汉、葛思泰、徐廷玺以折本请旨。吏部题补通政使司徐元珙员缺，开列顺天府府尹张吉午等。上曰：“此内孰优？”明珠等奏曰：“臣等公议郑重为人谨慎，前在吏部居官颇善。徐诰武亦优。”上曰：“郑重着补授通政使。”

巳时，上诣太皇太后、皇太后宫问安。

本日起居注官德格勒、乔莱。

初八日辛卯 辰时，上御瀛台勤政殿，听部院各衙门官员面奏政事。

未时，复御勤政殿，赐广西巡抚王起元食。时，请安柰曼部落多罗达尔汉郡王鄂齐尔、辅国公格勒尔及未授品级台吉拉西札木苏，行三跪九叩头礼毕，命坐于御座傍，同赐食毕。召王起元至陛前谕曰:“尔有所奏否？”王起元奏曰 :“臣以微末之人，叨蒙圣恩，授为内阁学士，方惧不克胜任。今复超擢巡抚，浩荡之恩，感戴不尽，惟有竭力勤勉而已。”上曰 :“前任巡抚郝浴、范承勋居官颇优，尔继其后，难于见长。但于伊等之善者踵而行之，其错误处为之改正，勿得纷更成法，惟便于民者，勉力行之。至于苗蛮之人未娴礼法，尤宜抚恤。武职因其蠢愚，加以欺凌，或至生事邀功，亦未可定。尔到任后，须将此等情弊严加禁止。”王起元奏曰 :“臣蒙睿旨教训，惟当谨志遵行。”奏毕出。

是日，赐王起元鞍马一匹。

本日起居注官多奇、田喜霁。

初九日壬辰 辰时，上御瀛台勤政殿听政。部院各衙门官员面奏毕，大学士觉罗勒德洪、明珠、王熙、吴正治、宋德宜，学士吴兴祖、禅布、徐乾学、韩菼、赛弼汉、葛思泰、徐廷玺以折本请旨。吏部题补内阁侍读学士徐廷玺升任员缺，将监察御史王国昌拟正，石文桂拟陪。上问曰：

“伊等若何？”明珠等奏曰：“王国昌曾任内阁衙门。石文桂系进士出身，为人颇优，亦能办事。”上曰：“石文桂着升补。”

本日起居注官彭孙遹、徐元梦。

初十日癸巳　辰时，上御瀛台勤政殿听政。部院各衙门官员面奏毕，大学士觉罗勒德洪、明珠、王熙、吴正治、宋德宜，学士吴兴祖、徐乾学、韩菼、赛弼汉、葛思泰、徐廷玺以折本请旨。吏部题补都察院副都御史孙果调补员缺，开列通政使阿山及奉旨开列年久郎中等官索济等折子一并启奏。上曰：“监察御史席珠居官年久，条奏亦多，着升补都察院左副都御史。”

本日起居注官朱都纳、熊赐瓒。

十一日甲午　辰时，上御瀛台勤政殿，听部院各衙门官员面奏政事。

巳时，上诣太皇太后、皇太后宫问安。

本日起居注官库勒纳、蔡升元。

十二日乙未　辰时，上御瀛台勤政殿，听部院各衙门官员面奏政事。

本日起居注官德格勒、孙岳颁。

十三日丙申　辰时，上御瀛台勤政殿听政。部院各衙门官员面奏毕，大学士觉罗勒德洪、明珠、吴正治、宋德宜，学士吴兴祖、禅布、赛弼汉、葛思泰、徐廷玺以折本请旨。吏部题补本部侍郎胡简敬降调员缺，开列礼部侍郎严我斯等。上问曰：“尔等以为何如？”明珠等奏曰：“学士徐乾学为人谨慎，学问优长，似堪升补此缺。”上又问曰：“汉大学士意见若何？”明珠等奏曰：“汉大学士公拟董讷、徐乾学二人内，恭候皇上选用。”上曰：“董讷居官甚优，着转补吏部侍郎。”

又祭地坛错误执事太常寺卿朱马泰等议罚俸。上曰：“朱马泰等听赞礼郎赞礼向前，故尔前进。赞礼郎萨木哈年久，从前并无失误。”因顾葛思泰问曰：“萨木哈为人何如？”葛思泰奏曰：“为人颇优。”上曰：“朱马泰等俱从宽，免罚俸。”

又三法司题通判戴纯故杀雇工人唐明亮，拟绞。案内李时谦等分别拟罪。上曰：“诺敏并未听人嘱托行事。此等事若欲加罪，恐连累者多矣！”明珠奏曰：“若此等事一概问罪，则凶徒妄行指名者实多。”上曰：“然。

诺敏着免罚俸。余犯尔等再加详议具奏。”

本日起居注官张英、多奇。

十四日丁酉 辰时，上御瀛台勤政殿听政。部院各衙门官员面奏毕，大学士觉罗勒德洪、明珠、吴正治、宋德宜，学士吴兴祖、禅布、徐乾学、韩菼、赛弼汉、葛思泰、徐廷玺以折本请旨。都察院题戴纯等一案分别拟罪。明珠等奏曰：“臣等详看戴纯一案，据索尔毕供称，与尚书诺敏因系至亲行走，曾问戴纯一事可以掣原状否，诺敏不允。诺敏既未听从，其罪似可宽免。御史满丕、关寿虽供戴纶并未央求李时谦，亦未曾转说。但满丕、关寿以所议太过，强为争论，今拟降调，似属尚轻。”上曰：“然。诺敏着免罚俸，满丕、关寿情罪殊为可恶，着革职。”

明珠等又奏曰：“据审员外郎马拉希一案，因马拉希贿求关保等并未承认，故原议俟关保出兵回日，质对口供。但马拉希既已不认，似应即为议结。”上颔之。

本日起居注官卢琦、朱都纳。

十五日戊戌 早，上御太和门视朝。升转文武官员谢恩，次进贡请安喀尔喀土谢图汗来使席拉布阿尔达尔下巴达礼等行礼，赐茶。召席拉布阿尔达尔下巴达礼至阶下，赐茶毕，回宫。

辰时，上诣太皇太后宫问安。

本日起居注官库勒纳、张英。

十六日己亥 早，上幸玉泉山。申时，回宫。

本日起居注官王封溁、德格勒。

十七日庚子 辰时，上御瀛台勤政殿听政。部院各衙门官员面奏毕，大学士觉罗勒德洪、明珠、吴正治、宋德宜，学士吴兴祖、禅布、徐乾学、韩菼、赛弼汉、葛思泰、徐廷玺以折本请旨。礼部题请原任大学士魏裔介应否与谥。上曰：“谥典关系劝戒，务须至公，方合人心。魏裔介为人强悍，居乡多事，不宜与谥。”

未时，上御勤政殿，赐请安进贡科尔沁国和硕土谢图亲王阿拉山、多罗郡王苏朱克图、未授品级台吉班第诺门额尔黑图等，柰曼部落达尔汉郡王鄂齐里、辅国公格勒尔等食。

本日起居注官德格勒、孟亮揆。

十八日辛丑　辰时，上御瀛台勤政殿听政。部院各衙门官员面奏毕，大学士觉罗勒德洪、明珠、吴正治、宋德宜，学士吴兴祖、禅布、徐乾学、韩菼、赛弼汉、葛思泰、徐廷玺以折本请旨。三法司题戴纯因故杀雇工人唐明亮拟绞。上曰："戴纶事母孝，欲救弟纯而为求托。又御史李时谦居官若何？曾条奏何事？着问九卿来奏。"

又理藩院题偷盗恭亲王马匹之顾西拟立绞，失脱固鲁满柱之佐领诺尔布等革职。上问曰："尔等之意若何？"明珠等奏曰："此等人犯曾有免死、给与该管本主为奴者。"上曰："然。顾西着免死为奴。余依议。"

本日起居注官多奇、田喜霈。

十九日壬寅　辰时，上御瀛台勤政殿听政。部院各衙门官员面奏毕，大学士觉罗勒德洪、明珠、吴正治、宋德宜，学士禅布、徐乾学、韩菼、赛弼汉、葛思泰以折本请旨。吏部题户部侍郎董讷员缺，开列学士吴兴祖等。上曰："蒋弘道何如？"明珠等奏曰："蒋弘道为人安静。"上曰："然。蒋弘道着转补户部侍郎。"

又监察御史席珠升任员缺，将员外郎普海拟正，西特库拟陪。上曰："这员缺着选择具奏。"

又翰林院题经筵讲官胡简敬员缺，开列礼部尚书沙澄等。上曰："汤斌居官甚善，着补充经筵讲官。"

本日起居注官乔莱、朱都纳。

二十日癸卯　辰时，上御瀛台勤政殿听政。部院各衙门官员面奏毕，大学士觉罗勒德洪、明珠、吴正治、宋德宜，学士吴兴祖、禅布、徐乾学、韩菼、赛弼汉、葛思泰、徐廷玺同礼部侍郎管翰林院学士事库勒纳、翰林院掌院学士张英，以日讲官起居注郭棻员缺，将侍讲王尹方等十一人开列折子呈览。上曰："新科鼎甲陆肯堂等三人亦可选用。庶吉士张希良，闻其人品亦优。尔等于明早引见。"库勒纳、张英出。

大学士觉罗勒德洪等以折本请旨。礼部题正白旗辅国将军、散秩大臣杜尔霸病故，照例议给恤典，应否给与谥号，伏候上裁。上曰："杜尔霸品行庸劣，着停给恤典、谥号。"

又广西布政使崔维雅病故，议给恤典。上曰："崔维雅系不端之人。当时曾条议修河，若果委以此任，不但工不得成，必至事体败坏。着停给恤典。"

又兵部覆川陕总督希福题，重庆总兵官王度冲请令在任守制，议不准行，仍令离任守制。上问曰："尔等之意若何？"明珠等奏曰："新经定例，令武职丁忧。此系初行之事，宜令其离任守制。"上曰："着依部议。兵部题补此缺时，即以遵义副将郑侨柱升补。"

又三法司题通判戴纯故杀雇工人唐明亮，拟绞。将伊兄员外郎戴纶及御史李时谦等分别拟罪。明珠等奏曰："臣等遵旨传问九卿，九卿云戴纶情罪允当。蒙皇上念其家有老母故代弟营求，欲于法外施仁，以全母子天性之恩，是诚尧舜之用心也。李时谦曾巡盐河东，有无善状实无所闻，而在衙门办事颇优。今已有应得之罪，乃蒙皇上俯垂清问，询其平时居官之迹，仰见圣心宽仁矜恕，同于天地。不独臣等亲奉德音，踊跃忻喜，即内外臣工闻之，无不颂扬感戴。"上曰："戴纶、李时谦免其徙流、杖罪。"

又工部等衙门题鲇鱼口把总陈闻礼匿炮不报，议革职。上问曰："尔等云何？"勒德洪等奏曰："据该部称，把总无级可降，故议革职。然此事实在赦前，本内并未议及。"上曰："此事着都察院一并察议具奏。"

本日起居注官彭孙遹、徐元梦。

二十一日甲辰 辰时，上御瀛台勤政殿听政。部院各衙门官员面奏毕，大学士觉罗勒德洪、明珠、吴正治、宋德宜，学士吴兴祖、禅布、徐乾学、韩菼、赛弼汉、葛思泰同礼部侍郎管翰林院学士事库勒纳，翰林院掌院学士张英，以日讲起居注官郭棻员缺，将鼎甲陆肯堂等三人及庶吉士张希良开列折子呈览。上曰："此内孰可者？"明珠等奏曰："张英、徐乾学云每次馆课，陈元龙第一，学问颇优。"上曰："张希良何如？"明珠等奏曰："张英等云，张希良品行虽优，尚须教习。"上曰："陈元龙为人何如？"明珠等奏云："张英等云，可以充讲官。"上曰："此缺着陈元龙补充。"库勒纳、张英出。

大学士觉罗勒德洪等以兵部题碣石卫总兵官员缺，或开列参领，或开列副将请旨。上曰："江南副将刘泽深人材壮健，战功颇多，着升授总兵官。”

本日起居注官德格勒、曹禾。

二十二日乙巳 部院各衙门无本章启奏，上不御瀛台勤政殿。

辰时，上诣太皇太后宫问安。

本日起居注官多奇、熊赐瓒。

二十三日丙午 辰时，上御瀛台勤政殿听政。部院各衙门官员面奏毕，大学士觉罗勒德洪、明珠、吴正治、宋德宜，学士吴兴祖、禅布、徐乾学、韩菼、赛弼汉、葛思泰、徐廷玺以折本请旨。户部题崇文门税差，论俸拟差兵部郎中李铎。上曰："李铎何如？"明珠等奏曰："李铎系汉军，乃原任总督李荫祖之子，以汉缺补用。据汉大臣云，李铎为人可用。"上曰："保举内更有何人？"明珠等奏曰："在前列者有内务府三员，其次则有内阁侍读胡什屯。"上曰："胡什屯为人若何？"明珠等奏曰："胡什屯乃谨慎人也。"上曰："此地光棍甚多，须得风厉强干者方可胜任。尔等酌议具奏。"

又三法司议覆王国桢等差往安南，于途次杀死人命，应将王国桢等三人正法。上曰："伊等可宽免否？"明珠等奏曰："王国桢等差遣外邦，杀死人命，情罪亦属可恶。但近有谕旨，凡此辈已从宽免，则伊等亦似可减等发落。"上曰："伊等于外邦杀伤人命，若遽从宽典，殊非怀柔外藩之道。俟秋后再宽，尔等识之。"

又监察御史敦拜条奏关差缺额处分例轻，故不肖之徒每多缺额。嗣后所欠钱粮，必须令其赔补。上曰："关差缺额处分自有定例。若法令太严，必致苦累商贾。这所奏殊属无益。"

又吏部题补工部主事塔尔禅升任员缺，将大理寺评事花尚拟正，内阁中书索伦拟陪。明珠等奏曰："臣等遵旨查花尚去年内庭考试列于三等第三，翻译尚通。"上曰："其人若何？"明珠等奏曰："问其本衙门堂官云，人亦颇优。"上曰："花尚着升补主事。"

本日起居注官朱都纳、蔡升元。

二十四日丁未 辰时，上御瀛台勤政殿，听部院各衙门官员面奏政事。

本日起居注官徐元梦、孙岳颁。

二十五日戊申　早，上诣太皇太后宫问安。

辰时，御乾清门听政。部院各衙门官员面奏毕，大学士觉罗勒德洪、明珠、吴正治、宋德宜，学士吴兴祖、禅布、赛弼汉、葛思泰、徐廷玺以折本请旨。吏部题补礼部侍郎蒋弘道调补员缺，开列学士徐乾学等。上曰："尔等之意若何？"明珠等奏曰："徐乾学、张英等皆皇上所知。至于孙在丰既兼翰林学士衔，似宜转补此缺。"上曰："徐乾学学问优长，着补授此缺。"

又户部题崇文门税差，论俸将李铎拟差。上问曰："刑部郎中对兰何如？"明珠等奏曰："对兰只身往江南获法保有功。"上曰："然。即将对兰差往。"

又刑部题，因贿买逃人，将范允恭等议处。上曰："逃人一事，民甚苦之。该管衙门官员应厘剔弊端，严查奸恶，务使生民安业。今格色里等不将贿买逃人玩法之奸吏查出，殊属可恶，格色里、杨为梓俱照所降之级随旗行走，冯慈彻照所降之级休致。余依部议。"

本日起居注官德格勒、陈元龙。

二十六日己酉　辰时，上御瀛台勤政殿，听部院各衙门官员面奏政事。

本日起居注官库勒纳、张英。

二十七日庚戌　辰时，上御瀛台勤政殿听政。部院各衙门官员面奏毕，大学士觉罗勒德洪、明珠、吴正治、宋德宜，学士吴兴祖、禅布、韩菼、赛弼汉、葛思泰、徐廷玺以折本请旨。户部题湖口抽分，拟差工部郎中苏尔特。奉旨问工部堂官，据云："我等未曾补授工部之前，苏尔特已经派修陵工，并未闻其操守好处。"上曰："既称未闻其操守，何以保举？"明珠等奏曰："苏尔特原非保举，系论俸拟差者。"上曰："苏尔特向为侍卫，着仍充侍卫。其湖口关差，着另拟。"

本日起居注官卢琦、多奇。

二十八日辛亥　辰时，上御瀛台勤政殿听政。部院各衙门官员面奏毕，九卿启奏会推湖北布政使王定国病故员缺，以广东按察使胡戴仁拟正，湖南按察使范时秀拟陪。上问曰："胡戴仁系何人所举？"尚书达哈塔奏曰："胡戴仁系尚书杜臻、参议劳之辨所举。"又问曰："范时秀系何人所举？”达哈塔奏曰：“范时秀系兵部侍郎杨雍建所举。”上问杨雍建曰：“尔何由知范时秀而举之？”杨雍建奏曰：“臣自贵州来时，湖南百姓皆称范时秀居官之善。”上曰：“尔居官何如？”杨雍建奏曰：“臣居官无状。”上顾九卿等曰：“杨雍建居官平常。今日之陪推，将来遇缺，即系拟正之人。尔等于所陪之人，宜加详慎。”

又议覆萨木哈等回奏疏通海口事。杜臻等奏曰：“臣等议得疏通海口，既于民生有益，应行疏浚，仍动支正项钱粮。其监视河工，或仍遣用于成龙，或另选用贤能之员，伏候睿裁。又汤斌言，海口应开之处曾令萨木哈、穆成格口奏等语。问萨木哈、穆成格云：海口应开系闲时论及，未曾要我必定启奏，我亦不曾许其特为奏闻。此处应俟命下之日，将萨木哈等查议。”上顾伊桑阿曰：“尔曾经往下河相视，可以兴工否？”伊桑阿奏曰：“开海口则水有所归，诚然有益。”上又问曰：“尔前与萨木哈同往，原以为应开，今又何故以为不可？”伊桑阿奏曰：“然。此事萨木哈来后，臣亦曾以私意问之。萨木哈言：目今与前不同，安东等处减水坝流下之水，势甚泛滥，难于修理等语。”九卿等出。

大学士觉罗勒德洪、明珠、吴正治、宋德宜，学士吴兴祖、禅布、韩菼、赛弼汉、葛思泰、徐廷玺以折本请旨。礼部题原任广东合浦县知县金世爵不准恩恤。明珠等奏曰：“金世爵当变乱之时，骂贼不屈，殊为可悯，先曾奉旨敕部再议。今部议仍以金世爵之妻子在尚之信藩下，不准恩恤。”上曰：“金世爵妻子无可逃避，羁身尚之信藩下，诚非得已。若以此不准恩恤，殊可悯恻。着再议具奏。”

又兵部题正红旗参领席珠员缺，以黑色拟正，傅喀拟陪。明珠等奏曰：“臣等遵旨问都统彭春等，据称此缺应升补康亲王所属之人，曾向王禀明。王以参领员缺，关系紧要，不必定拟我门上之人，可将旗内人材壮健、多有劳绩者推补。因此禀明王、贝子、公等，将纳默孙公属下阿达哈哈番黑色先经两次拟陪，又有劳绩，相应拟正。将康亲王属下拜他喇布勒哈番傅喀先经正推宁古塔驻防协领，相应拟陪等语。又据勒尔锦称：参领一缺，在家有管人职掌，在外则有管领一旗及独任队伍之责，关系甚要。此正拟黑色甚属平常，旗内尚有胜于此者等语。”上曰：“然。朕观黑色、傅喀实属平常，着另拟具奏。”

本日起居注官归允肃、朱都纳。

二十九日壬子　辰时，上御瀛台勤政殿听政。部院各衙门官员面奏毕，大学士觉罗勒德洪、明珠、吴正治、宋德宜，学士吴兴祖、禅布、韩菼、赛弼汉、葛思泰、徐廷玺，会同礼部侍郎管翰林院学士事库勒纳、翰林院掌院学士张英，以侍讲顾祖荣转补侍读员缺，选择郑之谌、高裔、闫世绳、米汉雯等四人开列折子呈览。上阅毕曰：“郑之谌既在选择之内，着升补此缺。”库勒纳、张英出。

大学士觉罗勒德洪等又以兵部题正红旗参领席珠员缺请旨。上曰：“黑色、傅喀人皆庸劣，当日何以保举其人材壮健、能管事耶？着一并察议具奏。”

巳时，上诣太皇太后宫问安。

本日起居注官王封溁、徐元梦。

六　月

初一日癸丑　上因科尔沁国端贞长公主薨，不理事，命部院各衙门本章俱交送内阁。

本日起居注官德格勒、田喜霱。

初二日甲寅　辰时，上御瀛台勤政殿听政。部院各衙门官员面奏毕，大学士明珠、吴正治、宋德宜，学士吴兴祖、禅布、韩菼、赛弼汉、葛思泰、徐廷玺以折本请旨。九卿会推湖北布政使王定国病故员缺，以广东按察使胡戴仁拟正，湖南按察使范时秀拟陪。上曰：“尔等曾问九卿否？”明珠等奏白：“臣等问九卿，据云：前推布政使时，曾将胡戴仁拟陪，故众人公意此番拟正。至拟陪之人，正在商议，未得其人者久之。因兵部侍郎杨雍建云，我自贵州来时，闻众百姓皆称范时秀良吏。故将范时秀拟陪。今闻范时秀并无善状，我等前所推误矣。”上又顾大学士等问曰：“杨雍建居官若何？尔等曾问九卿否？”明珠等奏曰：“问九卿，皆云杨雍建居官亦好，其人似属可用。”上曰：“胡戴仁既众称其优，着升补布政使。范时秀品行不佳，着令来京，以旗下员缺补用。”

又开浚海口相应举行，其管理开浚，或差巡抚于成龙，或另差大臣之处请旨。上曰：“此事再着九卿及淮安、扬州所属七州、县在京官员齐集，详问具奏。”

又都察院议修理青龙桥通紫闸等处，因工程迟缓，将工部尚书萨木哈、杜臻，侍郎觉古里、陈一炳各降一级调用。侍郎觉罗沙赖、孙在丰各罚俸一年，员外郎国迈降二级调用。上曰：“萨木哈等着降级，从宽留任，沙赖等着罚俸，国迈着照所降之级随旗行走。”

本日起居注官库勒纳、孟亮揆。

初三日乙卯 辰时，上御瀛台勤政殿听政。部院各衙门官员面奏毕，大学士觉罗勒德洪、明珠、吴正治、宋德宜，学士吴兴祖、禅布、韩菼、赛弼汉、葛思泰、徐廷玺以折本请旨。吏部题补内阁学士徐乾学升任员缺，开列詹事郭棻等。上顾大学士等问曰：“尔等之意若何？”吴正治等奏曰：“侍读学士高士奇学问优长，似堪补授此缺。”上曰：“高士奇内廷供奉，着暂留。其次谁可者？”明珠等奏曰：“詹事郭棻、少詹事卢琦等俱可用。”上曰：“郭棻着补授此缺。”

又差收福建海税郎中吴锡巴题外番船只抽税等项，俱应照广东例行。上曰：“闻三处榷税俱有累于民，至江南海上捕鱼船只不令即过，以致海鱼腐烂，不能货卖。此等情形，着问九卿。”

大学士明珠等又奏曰：“九卿会议应开海口事，臣等遵旨询问淮、扬等处见任京官乔莱等及九卿等。据乔莱等称：积水须有去路，开一尺有一尺之益，开一丈有一丈之益，虽低洼之地未必尽涸，而减水坝淹没田地，断能涸出。但得实心任事、为国为民之人，自然成功。七邑钱粮有限，又多因灾伤蠲免，毕竟皇上发帑金救民更速等语。据九卿云：先萨木哈、穆成格前往，相度海口，以水势甚大，不便开浚，臣等因议暂停。汤斌原任江宁巡抚，所见必确，今来京云开海口有益，故复议应开具题。”上曰：“众议共称应开，萨穆哈、穆成格为何以为不可，至穆成格又固称断不可开？尔等令萨木哈、穆成格跪于九卿之前，详问来奏。”

本日起居注官多奇、曹禾。

初四日丙辰 辰时，上御瀛台勤政殿听政。部院各衙门官员面奏毕，大学士觉罗勒德洪、明珠、吴正治、宋德宜，学士吴兴祖、禅布、韩菼、赛弼汉、葛思泰、徐廷玺以折本请旨。吏部题监察御史关寿革职员缺，以兵部员外郎达哈塔拟正，礼部员外郎常在拟陪。上曰："给事中费扬古为人颇优，着调补监察御史。费扬古员缺，将达哈塔补授。"

又监察御史满丕员缺，以督捕员外郎马尔泰拟正，内阁侍读达哈塔拟陪。上曰："这员缺着选择具奏。"明珠等奏曰："臣等遵旨问九卿福建收海税事。据九卿云：渔船等船只税银，原系地方官带征。今既专差官员收税，欲多得税银，或致贻累商民。"上曰："然。收税之人欲图多得，必任意增民船税银。着严饬务遵定例征收，不许苦累商民。"

又九卿题下河宜开等事。明珠等奏曰："臣等遵旨齐集九卿，令萨木哈、穆成格跪问。萨木哈等曰：'我等去时，见减水坝流来之水势甚泛滥，难以成功，故奏请暂停。且地方百姓之言虽各不同，大约皆以四分工价难以修理，故我等奏称不可修理。此皆我等庸劣，识见不到处。'又诘问穆成格：'你先称断不成功，曾有此言否？'穆成格曰：'我原有断不成功之言，此皆我之庸劣，有何辩处'等语。"上曰："萨木哈、穆成格应否开河之处，但凭信高成美，惟成美之言是从，自己全不曾详察。"明珠等又奏曰："此工程应差于成龙，或另选拣？"上熟思良久曰："此事必须委任得人，方可成功。这本后日还来启奏，朕再思之。"

上又曰："闻目今天旱有蝗，恐政事或有阙失，民间疾苦或有不能上达者。即刻传集九卿问之，俾各抒所见奏闻。"

本日起居注官彭孙遹、朱都纳。

初五日丁巳 早，上诣太皇太后宫问安。

辰时，御乾清门听政。部院各衙门官员面奏毕，大学士觉罗勒德洪、明珠、吴正治、宋德宜，学士吴兴祖、禅布、韩菼、赛弼汉、葛思泰、徐廷玺以折本请旨。吏部题外转御史夏景松补江南粮道，捐纳还职知府梁继祖补汉阳知府。上曰："夏景松曾任御史，朕知其为人甚庸，着随旗行走。梁继祖才力不及，着休致。"

又户部题总督仓场侍郎苏赫请修京城八仓，议准行。上曰："修仓事属紧要，若交与工部，仍致迟延时日。着即令苏赫督修，完日造册送工部察核。"

明珠等又奏曰："昨者皇上以天旱飞蝗，命臣等询问九卿、詹事、科、道，恐政事或有阙失，民间疾苦壅于上闻，俾其详议直陈。九卿等议曰：政事以爱民为本，爱民莫大于蠲租。今凡遇直省水旱饥荒，皇上蠲免正赋，虽数百万亦所不惜，小民已沾浩荡之恩矣。爱民莫要于详刑，皇上每遇关系人命之事，其难其慎，详审再三，务得真情，期于平允，亦无有冤抑之人矣。至于用人，尤行政要务，皇上每用一人，必加详慎，务使人与职掌相称。自亲政以来，夙兴夜寐，发政施仁，不独在廷诸臣事事悦服，即四海臣民无不感颂德化，政事岂有阙失？虽间有水旱，亦天行时有之事，然皆由臣等奉职无状，或所行有未当之处，致干天和耳。今公议在京重囚，皇上特遣大臣清理，凡可矜可疑者，悉蒙宽宥。其在外重囚，亦宜分遣大臣会同督、抚，一体清理。臣等谓此事似属可行。"上曰："然。"

明珠等又奏曰："给事中温达等请停藩、臬会推，臣等问九卿云何。九卿等皆曰：皇上以会推任九卿，乃慎重用人至意，岂可以一二会推未当，致废良法？又御史蒋鸣梧、黄斐等言：民间杂税应停，其派定额数，随所得之数征收。九卿等曰：此事自马佑题请通行各省以来，不闻有累民之处。又尚书汤斌向臣等言曰：闻九卿中言我将海税累民奏闻皇上，我实未奏闻，亦不闻其累民。"上曰："汤斌乃实语也。"

明珠等又奏曰："御史吴震方自言有救荒良策，欲具疏另奏。臣等询之，乃曰：常平一仓，须多积粟，始足备赈救之用。今米少之故，由于捐米五百石始准加级，故急公者少耳。应酌量减额，以鼓舞之。九卿皆言：定例仓米不足，发正赋籴米贮仓，以备赈济。况捐米五百石者，即加一级，米数原不为多，应不准行。又黄斐等言：督、抚系封疆大臣，所报灾伤，宜按其分数酌量蠲免，不实则治其欺隐之罪，应停遣官踏勘。户部堂官皆言：见今督、抚报灾之后，恐遣官踏勘失实，往往续报多不成灾。且尚书科尔坤曾往江南勘灾，因所报多虚，将百余万钱粮未行蠲免，此断不可停者。”上曰：“朕自即位以来，二十余年，凡民间之事留心体访，亦稍知情状。古人不言救荒，而言备荒。故三年有一年之蓄，九年有三年之蓄。虽间值水旱，小民不致失所。去岁可谓丰年，若今岁不登，即致饥馑，总由素无蓄积耳。即常平一仓，若积米太多，亦易朽烂，若临时令有司捐贷，则又不可。纵有良法，奉行不得其人，终属无益。诚能得良有司，视民如一家，痛养相关，始有裨耳。至于贫民不能自保，其田多卖于富室、宦族，而富室、宦族不自耕种，募贫民代耕。是耕者少而食者多也。若禁民不得卖田，恐贫者益又苦矣。至于富家多积谷石，待价始卖，以致贫民愈困。今将备荒之事令九卿议，恤刑一事亦令该部议奏。”

巳时，上诣皇太后宫问安。

本日起居注官乔莱、徐元梦。

初六日戊午　辰时，上御瀛台勤政殿听政。部院各衙门官员面奏毕，大学士觉罗勒德洪、明珠、吴正治、宋德宜，学士吴兴祖、禅布、韩菼、赛弼汉、葛思泰、徐廷玺以折本请旨。九卿会议开海口应动支正项钱粮，或令巡抚于成龙督开，或另遣别员请旨。上曰：“孙在丰有才，着发内帑二十万两，前往督修，工若可成，再动支正项钱粮。”

又吏部题补鸿胪寺卿员缺，拟田雯升补。上顾大学士等曰：“田雯为人何如？”明珠等奏曰：“汉大学士皆云在江南作学道甚优，总督于成龙曾行保举。”上曰：“此缺着田雯升补。”

又户部覆巡抚姚缔虞题请四川乡绅应回原籍，议准行。上曰：“此奏甚是。四川土广人稀，若居官者尽留他省，则川中人益稀少，愈致荒芜矣。着令该部查明具奏。”

本日起居注官德格勒、熊赐瓒。

初七日己未　辰时，上御瀛台勤政殿，听部院各衙门官员面奏政事。

未时，复御勤政殿门，赐喀尔喀部落土谢图汗弟济布尊丹巴库图克图来使厄尔德尼囊素戴青下、顾英下等食。

本日起居注官库勒纳、蔡升元。

初八日庚申　辰时，上御瀛台　勤政殿听政。部院各衙门官员面奏毕，大学士觉罗勒德洪、明珠、　吴正治、宋德宜，学士吴兴祖、禅布、韩菼、赛弼汉、葛思泰、徐廷玺以折本请旨。吏部题补詹事郭棻升任员缺，开列少詹事卢琦等。上问曰：“尔等之意云何？”吴正治等奏曰：“高士奇为人堪用。”上曰：“其次谁可？”明珠等奏曰：“论俸少詹事卢琦、归允肃亦可。”上曰：“汤斌补授可乎？”明珠等奏曰：“汤斌补授未尝不可，翰林院亦以侍郎兼管。”上曰：“汤斌着仍以尚书管詹事事。”

又兵部题镶黄旗汉军副都统马思文病故员缺，开列侍郎沙海等。上曰：“现在开列内无可补者，将一等侍卫、提督、总兵开写折子来奏。”大学士等出。

工部右侍郎孙在丰奏曰：“臣蒙圣恩，命臣督修下河，其间事宜，仰请皇上谕旨指授。”上曰：“这下河海口屡下廷议，博采舆情，皆言应行修浚，行之必有裨益。其间情形事宜，可再问汤斌及于成龙，与之计议。至于河工钱粮出纳，每有势豪包揽，至滋奸弊，不可不严行禁缉。尔身任督修重务，必须亲身经历河干，相度区画，期于底绩。若汉官行事，身居衙门，但用文移往来，非所宜也。”在丰奏曰：“淮、扬百万生灵，皇上急欲出之昏垫之中，登之衽席之上。惟有实心实意，殚智竭力，以仰副圣心于万一。所有应行事宜，容臣陆续再行请旨。臣今所带同往司官，应用何项官员，伏乞上裁。”上曰：“可于各部司官内选择带去。”

本日起居注官多奇、孙岳颁。

初九日辛酉　辰时，上御瀛台勤政殿听政。部院各衙门官员面奏毕，大学士觉罗勒德洪、明珠、吴正治、宋德宜，学士吴兴祖、禅布、韩菼、赛弼汉、葛思泰、徐廷玺以折本请旨。工部题靳辅修理河工已经九年，并无成功，虚縻钱粮，相应交与该部严加议处。上曰：“河工重大，因一时不能成功，即行处分，另差人修理，恐反致贻误。且俟一、二年后，看其若何？”明珠等奏曰：“靳辅修河已经九年，尚无头绪，若另差人修理，未必悉如靳辅所行，或又更张，必致多费钱粮，工之成否，亦未可定。”上曰：“然。着九卿会议具奏。”

本日起居注官朱都纳、陈元龙。

初十日壬戌　是日，部院各衙门无本章启奏，上不御殿。

本日起居注官张英、徐元梦。

十一日癸亥　辰时，上御瀛台勤政殿听政。部院各衙门官员面奏毕，大学士觉罗勒德洪、明珠、吴正治、宋德宜，学士吴兴祖、禅布、韩菼、赛弼汉、葛思泰、徐廷玺以折本请旨。兵部题镶黄旗汉军副都统马思文员缺，开列侍郎萨海等。上问曰："尔等所问若何？"明珠等奏曰："臣等问都统佟国纲，据云：参领田象坤人材壮健，且在行间亦有劳绩；卢崇峻现为火器营协领，颇得人心。"上曰："田象坤劳绩颇多，着升授副都统。"

本日起居注官卢琦、德格勒。

十二日甲子　辰时，上御瀛台勤政殿听政。部院各衙门官员面奏毕，大学士觉罗勒德洪、明珠、吴正治、宋德宜，学士吴兴祖、禅布、韩菼、赛弼汉、葛思泰、徐廷玺、郭棻以折本请旨。吏部题补监察御史满丕革职员缺，拣选工部员外郎德木图拟正，户部员外郎托代拟陪。上曰："德木图如何？"明珠等奏曰："德木图前曾任中书典籍，是小心谨慎之人。"上曰："德木图着补授此缺。"

又都察院题，因将鲇鱼关把总陈文理议处之事，未经援赦，兵、工二部尚书伊桑阿、萨穆哈等各罚俸六个月，司官罚俸一年。上曰："此系小事，错误是真，俱着从宽免其罚俸。"

前差往江南凤阳、徐州等州、县赈济饥民学士麻尔图回，将伊赈济银米数目具疏启奏。上问曰："凤阳、徐州等处民饥情形尔到时若何？"麻尔图奏曰："春间饥馑殊甚。臣于闰四月二十八日到彼，正遇下雨，又赈济银米。百姓皆欣喜云：我等麦子又得稍收，复蒙圣主隆恩拯救，恰遇甘霖，我等藉此所赈银米度日，可冀望秋成。众百姓极为欢忭。"上问曰："彼处田苗若何？"麻尔图奏曰："彼地田苗甚佳。"上又问："自江南一路田苗若何？闻近京一带起有蝗虫，果真否？"麻尔图奏曰："臣观沿路，今岁禾苗可谓甚佳。及问沿路百姓，皆云蝗虫所在或有，不久即飞去，不为灾。"奏毕出。

本日起居注官库勒纳、归允肃。

十三日乙丑　辰时，上御瀛台勤政殿听政。部院各衙门官员面奏毕，大学士觉罗勒德洪、明珠、吴正治、宋德宜，学士麻尔图、吴兴祖、禅布、韩菼、赛弼汉、葛思泰、徐廷玺、郭棻以折本请旨。吏部题工部郎中公爱解任员缺，以员外郎吴赛拟正，法宝拟陪。又工部郎中苏尔泰调补侍卫员缺，以员外郎胡西塔拟正，勒色礼拟陪。上曰："此二缺着选择具奏。此拟正、陪吴赛等四人，殊属平常。可传谕吏部，嗣后郎中缺出，再不必拟补。"

又原任巡抚郝浴子郝林请复其父原职，部议不准行。上曰："郝浴居官亦优，着复原官。"

又太常寺题七月初一日孟秋时享太庙。上曰："朕往年每感暑热，今岁仅能堪之。此一次暂停躬诣行礼，着遣官致祭。"明珠奏曰："皇上于祭祀之事甚为诚敬，凡有所祭，必躬诣行礼。今圣体常感暑热，自应遣官致祭。"

本日起居注官多奇、田喜霠。

十四日丙寅　辰时，上御瀛台勤政殿，听部院各衙门官员面奏政事。

本日起居注官孟亮揆、朱都纳。

十五日丁卯　早，上御太和门视朝。升转文武官员谢恩，次荷兰国具表进贡正使宾先吧芝，副使雷氏、圭氏等行礼，赐茶毕，回宫。

辰时，上诣太皇太后、皇太后宫问安。

巳时，复御保和殿，赐达赖喇嘛来使禅木纳克堪布、崔扎特罗布臧王布囊素，达赖汗来使阿尔达尔和硕齐，达赖巴图尔台吉来使图布辛下、厄尔德尼巴图尔来使阿尔达尔下，多尔济台吉来使青达鲁哈，彭楚克台吉来使厄尔克多托诺等食。

本日起居注官库勒纳、张英。

十六日戊辰　辰时，上御瀛台勤政殿听政。部院各衙门官员面奏。工部官员奏事毕，上谕之曰："尔衙门所修工程不肯及时告竣，虽数株之木、数片之石处处皆拨兵防守。近年，出征官兵，劳苦殊甚。况当霪雨之时，各设棚帐，昼夜防守，劳瘁可悯。尔等岂无知识，因何不行稽查？"沙赖奏曰："臣等回署即行查阅。"上曰："尔等速行查阅，毋使兵丁劳于看守。"

大学士觉罗勒德洪、明珠、吴正治、宋德宜，尚书汤斌，学士麻尔图、吴兴祖、禅布、韩菼、赛弼汉、葛思泰、徐廷玺、郭棻，詹事尹泰等以皇太子讲官郭棻员缺，选择谕德徐潮、中允高裔引见。上曰："伊等何如？"明珠等奏曰："臣等传汤斌、尹泰至内阁，宣皇上谕旨：皇太子讲官关系紧要，务须公选学行兼优。据汤斌云，徐潮学问优长，且考试江南举人甚公。郭棻云，高裔学问虽属平常，然有孝行。"上曰："熊赐瓒何如？"汤斌奏曰："亦可。因皇太子讲官，故未选入翰林院官。"上曰："翰、詹原无分别，尔等再议。"汤斌等出。上曰："翰林官当闭户读书，不可干预他事。闻徐潮多事，其人似未可也。"吴正治奏曰："翰林官员喜发议论。"上曰："议论当固佳，恐妄言耳。"

大学士等以折本请旨。九卿会议，工部尚书萨木哈、礼部侍郎穆成格解尚书、侍郎任，以佐领随旗行走。上曰："萨木哈、穆成格品行甚卑，以挑浚海口差往询问土著之民，回奏时甚为巧饰。此等之人岂堪委任？议令解任殊当，着依议。"

本日起居注官德格勒、乔莱。

十七日己巳 辰时，上御瀛台勤政殿听政。部院各衙门官员面奏毕，大学士觉罗勒德洪、明珠、王熙、吴正治、宋德宜，学士吴兴祖、禅布、韩菼、赛弼汉、葛思泰、徐廷玺、郭棻以折本请旨。兵部题监察御史凯音布条奏，满洲武官父母之丧，亦宜守制二十七个月，议准行。上曰："文武官员总属一体，自应丁忧。此例未定之先，有丧事者，停其守制；此后有遭丧事者，遵例守制。其打围出兵，仍照常行走。"

又大学士觉罗勒德洪等、管詹事府事尚书汤斌，詹事尹泰，少詹事舒恕、觉罗僧参会同奏曰："臣等遵旨会议皇太子讲官员缺，日讲官熊赐瓒谨慎行优，以之调补亦无不可。再汤斌向臣等云，谕德徐潮向往江南主试时，考取甚公，人心皆服，操守颇优，学问亦好。"上曰："既称徐潮可用，此进讲着徐潮进讲。"

本日起居注官库勒纳、彭孙遹。

十八日庚午 辰时，上御瀛台勤政殿，听部院各衙门官员面奏政事。

本日起居注官多奇、熊赐瓒。

十九日辛未 辰时，上御瀛台勤政殿，听部院各衙门官员面奏政事。

本日起居注官朱都纳、孙岳颁。

二十日壬申　辰时，上御瀛台勤政殿听政。部院各衙门官员面奏毕，大学士觉罗勒德洪、明珠、王熙、吴正治、宋德宜，学士麻尔图、吴兴祖、禅布、韩菼、赛弼汉、葛思泰、徐廷玺、郭棻以折本请旨。吏部题督捕左理事官卫执蒲升任员缺，将右理事官钱珏转补。其钱珏员缺，将通政使司左参议李绍闻升补。上曰："督捕事务紧要，李绍闻为人平庸。且逃人案件山东颇多，李绍闻系山东人，应停用。督捕衙门另将应转补之人开列具奏。"

明珠等又奏曰："九卿等遵旨议，司道官可以内升者，皆言河东运使张鹏翮居官颇善，有清操。前会议时，因张鹏翮之名不在开列内，故未推举，此人实堪内升。"上曰："张鹏翮居官果优，着内升。"

启奏毕，六部堂官复入，同大学士等公举内阁侍读安楮库、吏部郎中门德礼、户部郎中郑都、礼部郎中喇璧、兵部郎中卦拉、刑部员外郎托谟和、工部郎中凯音布同侍郎孙在丰往浚下河引见。上问曰："安楮库为人若何？"明珠奏曰："现在臣衙门侍读七人内，安楮库尚优。"上问尚书达哈塔曰："门德礼何如？"达哈塔奏曰："门德礼办事颇优。"上问曰："尔部郎中常保若何？"达哈塔奏曰："臣未任吏部之先，常保已出差钱局，未知其办事若何。"侍郎阿兰泰奏曰："常保优于办事。"上曰："较之门德礼何如？"阿兰泰奏曰："此二人办事相仿。"上曰："此役必得能办事而心术端正方可胜任。郑都勤于办事，着差去。安楮库、卦拉、托谟和亦着差出。工部官诸事稽迟，积习甚深，虽优于办事，不可差往，着再将内务府官派出二员同往。"

本日起居注官徐元梦、蔡升元。

二十一日癸酉　辰时，上御瀛台勤政殿，听部院各衙门官员面奏政事。

本日起居注官德格勒、陈元龙。

二十二日甲戌　辰时，上御瀛台勤政殿听政。部院各衙门官员面奏毕，九卿会议总河靳辅河工并无成效，糜费钱粮，应革职留任，仍令修河。上问尚书伊桑阿曰："尔以为何如？"伊桑阿奏曰："因靳辅启奏前后舛错，臣等故如此议。再因开减水坝，故泄下之水稍淹没民田；若塞减水坝，则河堤又不能保。”上曰：“不淹没民田而又可保固河堤，亦有良法否？”伊桑阿奏曰：“二者俱使尽善，似乎稍难。”上问尚书余国柱曰：“尔意如何？”国柱奏曰：“皇上不惜数百万金，欲救民生昏垫之患，倘河工有成，则靳辅矛盾之罪小，若河工不成，靳辅又不止矛盾之罪。所以臣等议，在工成之日再议。”上又问曰：“尔在江南曾访土人，除筑堤之外，另有治河之法否？”国柱奏曰：“黄河之水变幻无常，自南决后，河底垫高，往年漕船经过黄河，岸上只见船桅，今则船身与河岸相等。靳辅修河以来，河归故道，运船无阻。若不筑堤以防泛溢，则不能束水归漕。此外并无别法。”上曰：“为人臣者议论国家之事，当执中公论。今见与靳辅善者，则言靳辅之是；与靳辅不善者，则言靳辅之非。靳辅原好大言，河务不可豫定。靳辅一人去留无所关系，但河务所关者甚要。若另补一人，必塞减水坝，减水坝塞，则河堤万不能保。可有两全之良法否？尔等今日会议，明日口奏。”九卿出。

大学士觉罗勒德洪、明珠、王熙、吴正治、宋德宜，学士吴兴祖、徐廷玺以折本请旨。吏部题工部尚书萨木哈解任员缺，开列吏部侍郎沙海等。上问曰：“左都御史佛伦之名因何不列？”明珠等奏曰：“佛伦因有降级，故未开列。”上曰：“佛伦能办事务，着升补此缺。”

又礼部侍郎穆成格解任员缺，开列学士牛钮等。上问曰：“尔等之意若何？”明珠等奏曰：“学士等俱为皇上所知。葛思泰虽办事颇优，补授未久。”上又问曰：“副都御史有谁？”明珠等奏曰：“有席柱亦补授未久。”上曰：“补授侍郎之人，俟朕徐思之。”

又右理事官钱珏员缺，遵旨将太常寺少卿傅感丁等开列折子一并启奏。上曰：“王承祖是一诚实人，着转补督捕右理事官。李绍闻着转补太常寺少卿，提督四译馆。”

又升任学士徐乾学教习庶吉士员缺，开列学士韩菼、郭棻。上曰：“徐乾学仍着教习庶吉士。”

上又顾大学士等曰：“顷九卿来奏，会议将靳辅革职留任。据朕观之，与靳辅善者，为之称美，与靳辅不善者，言其过失。靳辅一人有何关系，但大臣等似此挟私意、纵偏论，朝廷大事欲望其修举得乎？靳辅前为学士，朕所素知。此人出言轻躁，不虑始终。河工之事甚要，不可逆料其必能有成。”明珠等奏曰：“圣谕诚然。”

本日起居注官多奇、曹禾。

二十三日乙亥 辰时，上御瀛台勤政殿听政。九卿、詹事、科、道等奏云：“臣等遵旨会议得，修筑河堤，皇上不惜数百万金钱，原为运道民生起见。自修筑以来，运道无阻，止因减水坝所泄之水，民田少有淹没。今皇上又发金修筑黄河遥堤，添筑高家堰。复遣部臣前往修浚下河，民生自可乐业。若目前竟闭减水坝，恐一时溃决，受害更大。俟河底渐渐刷深之后，减水坝方可不用，再无别法。”上又问曰：“尔等意见皆同否？”达哈塔等奏曰：“臣等原系公同商确，意见皆同。”汤斌奏曰：“臣原不知河道情形，因旧年奉旨往徐州一带看视河形，见减水坝太多，旧时减水坝只有四处，今增至三十余处。目前若竟塞减水坝，恐黄河冲决堤岸，民田仍受其害；若不塞减水坝，恐水势分散，河流缓弱，则河底渐高，运道有碍。臣愚意将减水坝稍筑加高，若水大仍可分泄，水小俱使归道，则河底渐渐刷深，水无泛溢之患，减水坝亦渐可堵塞矣。”余国柱奏曰：“黄河之堤，欲其永无溃决，亦甚难事。即明潘季驯曾云：治河无一劳永逸之法，止有补偏救弊之方。”上曰：“潘季驯之言诚然。”杜臻奏曰：“筑堤开减水坝，原是古人成法。但古人先开引河，使水有所归，不致漫溢民田。今靳辅但开减水坝，无有引河，此民田所以淹没。”奏毕，九卿等出。

次部院各衙门官员面奏毕，大学士觉罗勒德洪、明珠、王熙、吴正治、宋德宜，学士麻尔图、吴兴祖、禅布、韩菼、赛弼汉、葛思泰、徐廷玺、郭棻以折本请旨。兵部题正蓝旗革职佐领满丕员缺，以阿达哈哈番何礼拟正，吏部郎中朱山拟陪。上曰：“此佐领原非何礼世管之缺，伊族中虽管五世，皆系轮辖。今若仍令伊管，将来必为伊世袭佐领，起争竞之端。着朱山补授佐领。”

又监察御史喇占条奏，京城内官民之家若有失盗，即令报部，责成步军统领等严行缉拿。其步军校内所有衰老者，应令解任，选补壮健。上曰：“尔等以为何如？”明珠等奏曰：“京城内失盗处分，久有定例。”上曰：“步军校皆效力有年者始补此职，若依此疏，将年老者俱令解任，伊等无俸，何以自给？且喇占语言不明，为人才短。此疏着批：知道了。"

本日起居注官库勒纳、卢琦。

二十四日丙子　辰时，上御瀛台勤政殿听政。部院各衙门官员面奏毕，大学士觉罗勒德洪、明珠、王熙、吴正治、宋德宜，学士麻尔图、吴兴祖、禅布、韩菼、赛弼汉、葛思泰、徐廷玺、郭棻以折本请旨。九卿会推湖南按察使范时秀解任员缺，以甘山道柴望拟正，陕西道许弘勋拟陪。上问曰："柴望为人若何？"明珠奏曰："汉大学士等皆云：柴望为人可用。"上顾问汉大学士等。宋德宜奏曰："柴望在山东颇有政声。"王熙奏曰："柴望系顺治四年进士，为山东莱州府知府甚久。"上曰："柴望着补授湖南按察使。"

又议总河靳辅革职戴罪督理河工。上问曰："尔等之意若何？"明珠等奏曰："二十二年九卿会题，靳辅修河告竣，水归故道，将所革之职复还。今河水尚循故道，靳辅或暂免其革职，令督理河工，或从九卿所议，伏候上裁。"上曰："河工甚难，靳辅易视之。今遽将靳辅议处，恐后任事者益难效力。"明珠奏曰："皇上所见最为洞悉。"王熙奏曰："河工诚难，岂但靳辅，不拘何人为之，亦难保其必成。靳辅言语浮夸，未免视之太易，致不能践其所言。"上曰："靳辅所题修理下河一事，舆情大不相服，此系靳辅错误。今暂免其革职，仍令督修。"

本日起居注官归允肃、徐元梦。

二十五日丁丑　早，上诣太皇太后宫问安。

辰时，御乾清门听政。部院各衙门官员面奏毕，大学士觉罗勒德洪、明珠、王熙、吴正治、宋德宜，学士麻尔图、吴兴祖、禅布、韩菼、赛弼汉、葛思泰、徐廷玺、郭棻以折本请旨。吏部题盛京工部郎中库尔吉兰员缺，以盛京户部员外郎萨克苏拟正，盛京刑部员外郎达尔吉拟陪。上曰："盛京工部郎中关系紧要，所拟之人俱属平常，着将在京刑部郎中齐世调补。"

又礼部题工部侍郎孙在丰开修下河，应给印信。上曰："部拟印文内，何以有'等处'二字？"明珠等奏曰："下河地方凡七州、县，故云等处。"上曰："'等处'二字可以不用，且衙门可以不设。夫治水原无定处，况一立衙门，即有胥役，未免多事。应否准行，尔等议奏。”

本日起居注官王封溁、朱都纳。

二十六日戊寅　辰时，上御乾清门听政。部院各衙门官员面奏毕，大学士觉罗勒德洪、明珠、王熙、吴正治、宋德宜，学士麻尔图、吴兴祖、禅布、韩菼、赛弼汉、葛思泰、徐廷玺、郭棻以折本请旨。礼部题侍郎孙在丰疏浚下何，应铸给印信。上曰：“尔等所议若何？”明珠等奏曰：“臣等遵旨公议，疏浚下河，必各处亲为巡视，原无定所，难以建立衙宇。且伊等疏浚止于下河，印文不便刊刻等处字样。”上曰：“然。”

又曰：“见今阴雨已久，若再不止，必致秋成失望，应命礼部祈晴。”

本日起居注官德格勒、田喜霅。

二十七日己卯　辰时，上御乾清门听政。部院各衙门官员面奏毕，大学士觉罗勒德洪、明珠、王熙、吴正治、宋德宜，学士麻尔图、吴兴祖、禅布、韩菼、赛弼汉、葛思泰、徐廷玺、郭棻以折本请旨。兵部题先从雷谷台、三岔河离去无踪之潘吉士等十人，应行革职，籍没家产妻子，交与该管之处。上曰：“伊等或系阵亡，或系从贼，尚未明白，免其家产籍没及妻子交与该管之处，止停其世袭官职，注册存案。事明之日再议。”

本日起居注官多奇、孟亮揆。

二十八日庚辰　辰时，上御乾清门听政。部院各衙门官员面奏。工部尚书佛伦等奏事毕，上曰：“尔部诸事，堂官俱不勤加料理，销算钱粮时，亦不亲行察核。其工程久而不成，皆尔等堂官不能详察之所致也。”尚书杜臻奏曰：“臣等于诸事无敢不详慎者。”上顾佛伦曰：“彼言虽如此，然诸事并未详察，档案并未亲阅，此皆虚语耳。”上又曰：“即如陵工已经二十余年，尚未告成，良由司官不勤、堂官不亲加督理之故。”佛伦奏曰：“督理不勤，其咎实由臣等。但陵工当时所用物料俱系当时价值，见今未完之工及补修之工，尽照当时程式，至诸色价值则皆遵新例，其价值既不能如旧，而工料仍比照当时，所以耽延时日。且有责其浮冒，俾令赔补，纵监督赔补，于工何益？虽有节省帑金之名，并无节省帑金之实。一切工程不能速竣者，皆由于此。臣等欲察明此等情由面奏。”上曰：“然。”佛伦等出。

大学士觉罗勒德洪、明珠、王熙、吴正治、宋德宜，学士麻尔图、吴兴祖、禅布、韩菼、赛弼汉、葛思泰、徐廷玺以折本请旨。吏部题尚书达哈塔等不穿补服，议罚俸。上曰："不穿补服，理应参奏。近来宦尊者，并无纠参。今因奉旨，始将达哈塔等参奏。如此则科、道官所司何事？原参此案之官问明来奏。"

本日起居注官张英、西安。

二十九日辛巳 辰时，上御乾清门听政。部院各衙门官员面奏毕，九卿、詹事、科、道会议汉中驻防事。兵部尚书伊桑阿奏曰："总督希福、巡抚图尔宸议：汉中最为要地，应驻汉军兵一千名，副都统一员管辖等语。西安将军希福暨副都统等议：汉中距西安千里，道路不甚远，纵有不虞，自西安驰往，未为不可，驻防无益等语。九卿议：汉中原属岩疆，应设兵驻防，将西安之汉军一千名调往其地，分副都统一员管辖。其副都统职名，该部另行启奏。"上曰："汉中用汉军千人驻防无益，若兵止一千，则兵力单弱，而军民杂处，百姓亦受其累。"佛伦奏曰："汉中甚为紧要，臣等以为非设兵驻防不可。今西安汉军分彼驻防，似属有益。"九卿奏毕出。

上复召尚书、侍郎谕曰："汉中用汉军千人驻防无益，纵有仓卒之事，此兵岂能独拒乎？若设兵驻防，民反受其累。且渐至年久，则此兵丁之子若孙皆成汉中人矣，能复习骑射耶？各处驻防，多设旗兵，庶几犹习骑射，武备不致废弛。即如京师，满洲子弟尚有习汉语，耽于逸乐，不以骑射为事者，况令旗人分居民地，与之杂处，其不学骑射又何待言。在京官兵，每年二、三次更番行围，盖专欲俾其练习武事。虽或有不愿者停止可乎？且仍令旗兵驻防发祥之处，则围猎于荒山广野，日事骑射，断不至遗忘武备矣。若今将旗兵多驻外省，则兵力分而少，又无益于事。尔等会议此等事务，详加商酌，计及久远。虽国家兴衰，皆由天命，而永承天命，常保治安，可谓不在人事耶？谚云：宁为太平犬，莫作乱离人。尔等常念及此，于大小事务当详加商酌，以图永久。"诸臣奏曰："圣谕诚然。"

本日起居注官库勒纳、乔莱。

三十日壬午 早，上御保和殿，视祭太庙祝版毕，回宫。

辰时，御乾清门听政。部院各衙门官员面奏毕，大学士觉罗勒德洪、明珠、王熙、吴正治、宋德宜，学士麻尔图、禅布、韩菼、赛弼汉、葛思泰、郭棻以折本请旨。吏部题刑部侍郎丁优离任高尔位员缺，将学士吴兴祖等开列。上曰："尔等之意若何？"明珠奏曰："开列内皆系皇上所知者。若此内不点用，或调外省巡抚补授，内外互相调补亦好。"上曰："巡抚内孰优？"王熙、吴正治奏曰："河南巡抚王日藻在地方安静，实心任事。"上曰："然。着王日藻补授刑部侍郎。"

本日起居注官彭孙遹、朱都纳。

七　月

初一日癸未　早，上诣太皇太后、皇太后宫问安。

辰时，御乾清门听政。部院各衙门官员面奏毕，大学士觉罗勒德洪、明珠、王熙、吴正治、宋德宜，学士麻尔图、吴兴祖、禅布、韩菼、赛弼汉、葛思泰、徐廷玺、郭棻以折本请旨。九卿等会议汉中府驻防汉军官兵一千名，应派副都统一员管理。上曰："汉中驻防官兵原属无益，且兵民交困，着停止。"

本日起居注官徐元梦、熊赐瓒。

初二日甲申　辰时，上御乾清门，听部院各衙门官员面奏政事。

本日起居注官德格勒、蔡升元。

初三日乙酉　辰时，上御乾清门听政。部院各衙门官员面奏毕，大学士觉罗勒德洪、明珠、王熙、吴正治、宋德宜，学士麻尔图、吴兴祖、禅布、韩菼、赛弼汉、葛思泰、徐廷玺、郭棻以折本请旨。户部议准御史戴通条奏，坐粮厅监督员缺，应将清廉贤能之人保举拣选差往。上曰："各部院官员倘有不称厥职者，许堂上官不时参奏，传谕已久。至于保举拣选，不过特旨，偶一行之，若以此为定例，则资俸深者既有壅滞之患，而奔竞之端亦即由此而生矣。"明珠等奏曰："圣见诚然。皇上自来洞悉此等情弊，故数行保举而中止。"上曰："保举着不准行。"

本日起居注官西安、孙岳颁。

初四日丙戌　辰时，上御乾清门，部院各衙门官员面奏政事毕，监修下河侍郎孙在丰、司官郑都等奏曰："臣等初六日启行，恭请皇上谕旨。"上顾郑都等曰："尔等虽经办理部院事务，但治河之事非素所熟谙。今将尔等选择差往，必同心协力，毋得各执所见。侍郎孙在丰将应修地方派与尔等料理，须各遵所派，详看督修，不得图易辞难，互相推诿。"郑都等奏曰："臣等恪遵谕旨，自当黾勉。"孙在丰奏曰："臣蒙皇上特简重任，必竭尽心力，身先满汉司官，务期速有成效，以副皇上拯救黎民之至意。至所需帑金，乞皇上即赐给发，交与该部送往，俾彼处百姓闻之踊跃赴工。钱粮销算虽系臣专掌，至支放之时，仍同内务府郎中二员公同验给。"上曰："然。尔度量工程几时可以告成？"孙在丰奏曰："最速亦须一年有余。"上曰："尔等往应修地方，必须亲身踏勘，互相酌量，庶修理易于奏绩。地之形势高下最宜详审，约略几时可以各处看遍？"孙在丰奏曰："海口周历约有千里，臣等亲往踏勘详估，速则三月可以看遍其地之高卑，水之源流，细加审度，庶可底绩。"上曰："然。"

未时，御保和殿，赐请安进贡喀尔喀部落多罗贝勒索诺木、二品台吉罗布臧，阿禄科尔沁部落二品台吉厄齐尔图等、都统多尔继、长史查汗戴，土默特部落固山贝子衮济斯查布、都统蒙古尔，翁牛忒部落四品台吉乌尔哲等，克什克屯三品台吉齐礼克忒、四品台吉巴忒马等、副都统噶尔马多尔吉，吴喇忒部落三品台吉阿难达、四品台吉桑阿等，荷兰国正使宾先吧芝、副使雷氏、圭氏，从官雅里善格勒得禄尔洪等食。

本日起居注官库勒纳、张英。

初五日丁亥　早，上诣太皇太后宫问安。

辰时，御乾清门，听部院各衙门官员面奏政事。

本日起居注官库勒纳、张英。

初六日戊子　辰时，上御乾清门听政。部院各衙门官员面奏毕，大学士觉罗勒德洪、明珠、王熙、吴正治、宋德宜，学士麻尔图、吴兴祖、禅布、韩菼、赛弼汉、葛思泰、徐廷玺、郭棻以折本请旨。吏部题升补府道事。上曰："府道系渐升大僚之员。今所题李显忠等十人可用与否，着问九卿来奏。”

又九卿会选河东运使张鹏翮升任员缺，将云南顺宁府知府郎廷极拟补。上问曰：“郎廷极何如？”明珠奏曰：“据汉大学士云，郎廷极为江宁理事同知时，居官亦善。”上顾问汉大学士。王熙等奏曰：“伊在云南为知府，其居官何如，臣等不知。在江宁为同知时，闻其居官颇善。”上曰：“郎廷极着升补河东运使。”

明珠等又奏曰：“臣等遵旨查荷兰国进贡之路，礼部定例，向由广东。其何故令从广东来贡之处，并未开载。再问荷兰国来使，据云：广东路虽稍近，泊船之地甚险；福建路虽稍远，泊船之地较稳。请许我国来使从福建路进贡等语。”上曰：“如此着由福建路进贡。”

本日起居注官卢琦、徐元梦。

初七日己丑　辰时，上御乾清门听政。部院各衙门官员面奏毕，大学士觉罗勒德洪、明珠、王熙、吴正治、宋德宜，学士吴兴祖、禅布、韩菼、赛弼汉、葛思泰、郭棻以折本请旨。吏部题李显忠等十人升授道府事。明珠等奏曰：“臣等遵旨以补授道府事传问九卿，九卿言：兵部郎中李显忠、刑部郎中金秉抡系捐纳之员，部务未甚练达，且宜留部效力。云南粮道孔兴诏其任内捐纳粮草一事，尚未奏销，应俟事完再行升补。松江府知府王俊系捐纳之人。此缺甚属烦剧，似应选择。刑部郎中高缉睿以荫生录用，礼部郎中郭恒由进士录用，二人谙练事务。其余外任官四员，俱未认识。”上曰：“然。九卿所议良是。李显忠、金秉抡、孔兴诏、王俊且停其升授。余皆依部议用。松江府知府着选择。”

又刑部以刘大等吓诈成坛，拟正法。上曰：“尔等之意云何？”明珠等奏曰：“此等诈人未经得财，亦有改为秋后者。刘大或可改为秋后。”上曰：“此辈改为秋后亦可。但案内两太监妄行吓诈，可恶！此等恶徒不可不加惩治。尔等识之，俟秋审时奏明。”

是日，上移驻瀛台。

本日起居注官归允肃、朱都纳。

初八日庚寅　辰时，上御瀛台勤政殿听政。部院各衙门官员面奏毕，大学士觉罗勒德洪、明珠、王熙、吴正治、宋德宜，学士吴兴祖、禅布、韩菼、赛弼汉、葛思泰、徐廷玺、郭棻以折本请旨。吏部题覆给事中温达条奏，庶吉士散馆候补科、道者，请照现任官给假例，定限赴补，议准行。上曰："科、道现缺几员？"明珠等奏曰："缺四五员。"上曰："行取知县不可补此缺乎？"明珠等奏曰："五部主事等官及行取知县皆可补用。但知县尚未到齐，应令该部速催，到日一并开列补用。"上曰："然。"

本日起居注官德格勒、王封溁。

初九日辛卯 辰时，上御瀛台勤政殿听政。部院各衙门官员面奏毕，大学士觉罗勒德洪、明珠、王熙、吴正治、宋德宜，学士禅布、赛弼汉、葛思泰以折本请旨。吏部题河南巡抚王日藻升任员缺，开列学士吴兴祖等。上曰："尔等有所知之人否？"明珠等奏曰："胡昇猷、钱珏、张集、马世济等俱优。"上又曰："外任布政使内有超卓堪以补用者否？"明珠等奏曰："布政使内无超卓之人。"上曰："着九卿、詹事、科、道选择会推具奏。"

又兵部题西安等处兵丁骸骨回京之时，其子弟有愿留彼处者，令其披甲留驻，愿回京者，令随骸骨进京。上曰："驻防兵丁关系最为紧要。岁月既久，恐致疏懈，必选娴于骑射，骁勇之人方可披甲。见在兵丁内有庸弱不于娴骑射者，革退另补，不得虚充兵数。着严饬该管将军等知之。"

又刑部题开窑人犯赵三，按律立斩。上曰："赵三拟罪似属少过，着改为应斩，秋后处决。"

又工部题修造陵工明楼等处钱粮及颜料等项浮冒，责令监修官员赔补。上曰："朕阅所修陵工坚固精好，着从宽免其赔补。"

本日起居注官田喜霅、西安。

初十日壬辰 辰时，上御瀛台勤政殿，听部院各衙门官员面奏政事。

巳时，上诣太皇太后宫问安。

午时，上复诣皇太后宫问安。

本日起居注官多奇、孟亮揆。

十一日癸巳 辰时，上御瀛台勤政殿，听部院各衙门官员面奏政事。

本日起居注官库勒纳、曹禾。

十二日甲午 辰时，上御瀛台勤政殿听政。部院各衙门官员面奏毕，大学士觉罗勒德洪、明珠、王熙、吴正治、宋德宜，学士吴兴祖、禅布、赛弼汉、葛思泰、徐廷玺、郭棻以折本请旨。吏部以原任陕西巡抚鄂恺不将重取火耗之属官查参，乃将七分火耗之泾阳县知县常学易题参塞责，议革职。其总督希福不将多派火耗之官查出，议降四级调用。上曰："为政当尚宽平，若逐事苛察，虽汤斌、于成龙亦难免罪衍矣。此本着发还吏部另议具奏。"

又兵部题都统张所志等承追流徙人犯吕朝荫未完银两，限期已满，尚欠银一千四百八十两有奇，议罚俸九个月。上曰："吕朝荫家产耗尽，难完逋欠银两，着从宽免追。张所志等亦免罚俸。"

又议政王、贝勒、大臣会议，差遣大臣同达赖喇嘛来使会商把图尔厄尔克济农等应住地方，令其居住。其应差大臣，请旨差遣。上曰："着侍郎喇都虎、一等侍卫温达去。"

本日起居注官乔莱、徐元梦。

十三日乙未 辰时，上御瀛台勤政殿，听部院各衙门官员面奏政事。

本日起居注官彭孙遹、朱都纳。

十四日丙申 辰时，上御瀛台勤政殿听政。部院各衙门官员面奏毕，大学士觉罗勒德洪、明珠、王熙、吴正治、宋德宜，学士禅布、赛弼汉、葛思泰、徐廷玺以折本请旨。九卿、詹事、科、道会推河南巡抚王日藻员缺，将佥都御史张集拟正，苏松布政使章钦文拟陪。上曰："伊等何如？"明珠等奏曰："九卿因其可用，故尔推举。"王熙奏曰："章钦文为人忠厚，办事颇优。"上曰："章钦文升补河南巡抚。"

又礼部题令荷兰国进贡五年一次。上曰："今定五年一次甚当，着依议。"

本日起居注官西安、熊赐瓒。

十五日丁酉 辰时，上御瀛台勤政殿听政。部院各衙门官员面奏毕，大学士觉罗勒德洪、明珠、王熙、吴正治、宋德宜，学士吴兴祖、禅布、韩菼、赛弼汉、葛思泰、徐廷玺、郭棻以折本请旨。吏部题补学士麻尔图升任员缺，开列詹事尹泰等职名。上问曰："谁可用者？"明珠等奏曰："学士员缺紧要，此开列内少詹事舒书为人颇优。侍读学士翁英、色勒布，太仆寺卿色冷历俸年久。侍读学士德格勒、傅继祖、博极满洲内学问尚优。皇上先命查郎中等官，御史内凯音布人亦可用。”上曰：“此事着过数日再行请旨。”

又副都御史喇都虎升任员缺，开列通政司通政使阿山。上问曰：“尔等之意若何？”明珠等奏曰：“大理寺卿舒恕其人虽无长处，尚属朴实。”上曰：“舒恕年俸已久，着补授此缺。”

本日起居注官德格勒、蔡升元。

十六日戊戌　辰时，上御瀛台勤政殿，听部院各衙门官员面奏政事。

本日起居注官多奇、孙岳颁。

十七日己亥　辰时，上御瀛台勤政殿，听部院各衙门官员面奏政事。

本日起居注官西安、陈元龙。

十八日庚子　上命部院各衙门本章俱交送内阁。

本日起居注官归允肃、徐元梦。

十九日辛丑　辰时，上御乾清门，听部院各衙门官员面奏政事。

是日，赐福建陆路提督张云翼备鞍马一匹、弓箭、撒袋。

本日起居注官卢琦、西安。

二十日壬寅　辰时，上御乾清门听政。部院各衙门官员面奏毕，上谕大学士明珠、王熙、吴正治、宋德宜，学士吴兴祖、禅布、赛弼汉、韩英、葛思泰、徐廷玺、郭棻曰：“刑部事件关系甚要，斋戒日停其审讯启奏，则事件壅积，且犯人亦苦于久滞。初一、初二日虽不宜理刑名，然启奏已结之案，或审理细务亦何不可？尔等问九卿来奏。”

又谕曰：“原任学士李光地着于额外补授学士。”

巳时，上诣太皇太后宫问安。

本日起居注官张英、朱都纳。

二十一日癸卯　早，上诣太皇太后宫问安。

辰时，御乾清门，听部院各衙门官员面奏政事。

未时，御景山内前殿，赐请安进贡敖汉多罗郡王札木苏，喀喇沁部落多罗都棱郡王扎西、未授品级塔布囊崔札木苏等、镇国公鄂特巴喇、二品塔布囊巴图尔，札鲁特部落三品台吉布丹图，苏尼忒部落四品台吉巴苏，吴喇忒部落四品台吉甘朱尔等，乌朱穆秦部落四品台吉巴喇第，归化城札萨克喇嘛彭楚克格龙等食。

本日起居注官德格勒、王封溁。

二十二日甲辰 早，上诣太皇太后宫问安。

辰时，御乾清门听政。部院各衙门官员面奏毕，大学士觉罗勒德洪、明珠、王熙、吴正治、宋德宜，学士李光地、吴兴祖、禅布、韩菼、赛弼汉、葛思泰、徐廷玺、郭棻以折本请旨。吏部题补学士麻尔图、牛钮员缺，开列詹事尹泰等。上曰："尔等之意若何？"明珠等奏曰："此开列诸人皆皇上所深知者。"上命读开列姓名毕，问大学士等曰："孰为可者？"明珠等奏曰："少詹事舒书、监察御史凯音布俱可，且历年已久。"上曰："舒书外虽与人相合，而未尝身任事务。"明珠等奏曰："皇上所见诚然。"又奏侍读学士翁英历年亦久。上曰："翁英为人庸常。"明珠等又奏曰："侍读学士乌喇代年久，人亦可用。"上曰："乌喇代着升补学士。"又问曰："齐色为人若何？"明珠等奏曰："可用。"上曰："齐色遇事敢为乎？"明珠等奏曰："齐色遇事敢为，并无疑阻，诚如圣谕。"上曰："齐色着升补学士。"

本日起居注官多奇、田喜霁。

二十三日乙巳 辰时，上御乾清门，听部院各衙门官员面奏政事。

本日起居注官孟亮揆、西安。

二十四日丙午 早，上诣太皇太后、皇太后宫问安。

辰时，御乾清门，听部院各衙门官员面奏政事。

本日起居注官曹禾、徐元梦。

二十五日丁未 早，上御太和门视朝。升转文武官员谢恩，次安南国进表谢恩正使阮进财等行礼，赐茶毕，回宫。

巳时，御文华殿，举行经筵大典。讲官库勒纳、汤斌进讲《四书》"成己仁也"一节，傅腊塔、陈廷敬进讲《书经》"臣为上为德"一节。讲毕，赐宴于太和门前。

本日起居注官库勒纳、张英。

二十六日戊申 辰时，上御乾清门听政。部院各衙门官员面奏毕，九卿沙澄等奏曰："臣等会议得，江南学院李振裕、台臣许三礼条奏先贤先儒从祀位次两疏：前议周惇（敦）颐、程颢、程颐、邵雍、张载、朱熹应在先儒之上，左丘明之下，后议应照世代序定位次。”上曰：“尔等前议诸臣有何意见？”达哈塔、伊桑阿奏曰：“臣等原无意见，但六子既称先贤，宜在七十二贤之列。”上曰：“尔等后议诸臣有何意见？”余国柱奏曰：“师生之谊古来最重，即如李侗乃朱熹受业师也，今以弟子而反居其上，师长而反居其下，先贤之灵亦有不安者。”陈廷敬奏曰：“六子羽翼六经，功不可泯，但坐位仍照世次为便。”徐乾学奏曰：“羽翼六经，汉儒亦为有功，若无汉儒笺注，六经已泯没久矣，六子其何从而考究乎？况许三礼先曾条奏董仲舒宜称先贤，居六子之上，今又云六子宜在先贤之列，居仲舒之上，前后颇觉互异。”李之芳奏曰：“先贤先儒原有不同，但位次各从其代，未为不可。”梁清标奏曰：“先贤先儒位次及今宜有一定之序，不然恐后来搀越者更多。”沙澄又奏曰：“从祀位次，但论其道德品行之优劣，以为坐次之上下。即如孟轲生乎七十二贤之后，位在十哲之上。曾参，子也，而位在曾点之前，岂复论前后世代乎？”九卿出。上又顾大学士等曰：“尔等以九卿之议为何如？”明珠奏曰：“臣等众见以后议为然。”宋德宜奏曰：“后议固是。但孟轲位在七十二贤之上，世次有所不论，前议亦未为不可。”上曰：“理无二是。前议是，则后议必非；前议非，则后议必是。”上又顾李光地曰：“尔意云何？”李光地奏曰：“后议颇觉稳当。若论六子之功德，宜在四配之下。前议处之七十二贤之列，则上下皆不得其所矣。”上曰：“此事无关国计民生，许三礼辈不过欲沽虚名耳。朕闻九卿会议时，彼此争论纷纷不绝，若他事尽然，岂不有益乎？”明珠奏曰：“圣见诚然。”

本日起居注官德格勒、彭孙遹。

二十七日己酉 早，上诣太皇太后宫问安。

辰时，御乾清门，听部院各衙门官员面奏政事。

是日，赐荷兰国王耀汉连氏甘勃氏蟒、妆等缎六十六匹，银三百两，正使宾先吧芝等蟒缎、妆缎、银两有差。

本日起居注官库勒纳、熊赐瓒。

二十八日庚戌 辰时，上御乾清门听政。部院各衙门官员面奏毕，大学士觉罗勒德洪、明珠、王熙、吴正治、宋德宜，学士李光地、吴兴祖、禅布、韩菼、葛思泰、徐廷玺、郭棻以折本请旨。九卿等会推江南江苏布政使章钦文员缺，以江南苏松道刘鼎拟正，原任布政使田启光拟陪。上问曰："此二人何如？"明珠奏曰："问汉大臣，皆称其人可用。"上遂顾王熙等，问此二人。宋德宜奏曰："刘鼎为人颇优，办事谨慎。"上又曰："刘鼎系同省之官，可升补否？"明珠奏曰："虽同在一省，所掌之事不同，可以补用。"上曰："刘鼎升补布政使。"

又吏部议翰林官外转事。上曰："尔等之意若何？"明珠奏曰："照部定议即以为例，调补外用，似亦相宜。"上曰："此皆尔等瞻徇情面之言也。即今翰林官员内，或有不善书法者，或有不能撰讲章者，或有不能点断通鉴章句者，惟以饮酒、宴会、围棋、马吊为戏，未有读书立品，思副委用，以裨益国事为心者。今若依部议，以道缺调用，恐伊等登第之后，未经扬历，骤任监司，则无才之人，反为侥幸，何所惩创？应以学问不及者，分别一、二人降谪，庶众人皆知儆戒矣！此事着问吏部、翰林院堂官，此道缺调用之议是否相宜。"明珠等奏曰："当即遵圣谕传伊等知之。"

巳时，上诣太皇太后、皇太后宫问安。

晚刻，大学士觉罗勒德洪、明珠，学士徐廷玺等回奏翰林官调补外用事。上问曰："两衙门堂官其言若何？"明珠等奏曰："臣等遵旨传谕，据吏部尚书达哈塔、管翰林院学士事侍郎库勒纳等奏称：圣谕极是。翰林官以作字著书为伊等专责，或有书法不工、章句不能点断者，反以道缺升补，诚不相宜。应甄别其不及者，对品调补可也等语。"上曰："伊等因朕有谕旨，故如此启奏耳。着再议具奏。"

上又言及江南学院李振裕、御史许三礼条奏先贤先儒从祀位次，顾大学士明珠等曰："九卿两议，尔等之意若何？"明珠奏曰："满大臣之意，以师弟分次序为不然。"上曰："定先贤先儒位次，止应视其道德行谊以为次序，不可据师、弟为定例。即如明末时，从师生、同年起见，怀私报怨，互相标榜，全无为公之念。虽冤抑非理之事，每因师生、同年情面，遂致掣肘，未有从直秉公立论行事者。以故明季诸事，皆致废弛。此风殊为可恶，今亦不得谓之绝无也！"王熙奏曰："顺治初年尚有此风。

今皇上圣明，此风已久息矣。”上曰：“若谓汉官内全无师生相昵之事，亦不可必也。”

本日起居注官西安、蔡升元。

二十九日辛亥　早，上巡视口外，由东华门设卤簿，在京诸王以下文武各官，俱服蟒袍，两翼跪送。出东直门，驻跸密云县河漕庄。

是日，古北口等处抽木税户部郎中庸爱，霸昌道许兆麟，密云县知县陈隽、守备胡守恩等来朝。

三十日壬子　上驻跸古北口城内。是日，古北口守御喇萨里等、古北路都司施纯等来朝。

八　月

初一日癸丑　上驻跸古北口外上都河岸。

初二日甲寅　上驻跸青城。

初三日乙卯　上驻跸九隘口。

初四日丙辰　上驻跸硕岩。

初五日丁巳　上驻跸红崖。是日，赐上三旗护军、八旗前锋等牛羊。

初六日戊午　上驻跸玲珑峰。

初七日己未　上驻跸红川。

初八日庚申　上驻跸野猪川。是日，喀喇沁部落额林臣妻乡君、原任额驸额林臣，敖汉二品台吉额林臣、四品台吉巴尔当，翁牛忒部落喀喇齐里克镇国公祁塔忒等来朝请安。

初九日辛酉　上驻跸饶苍地方。

初十日壬戌　上驻跸骅骝杨川。是日，又赐上三旗护军、八旗前锋等羊。

十一日癸亥　上驻跸骅骝地方。

十二日甲子　上驻跸骅骝地方。

十三日乙丑　上驻跸黄陂地方。

十四日丙寅　上驻跸黄陂地方。是日，巴林部落多罗郡王纳木达克，翁牛忒部落多罗达尔汉贝勒额林臣，敖汉二品台吉丹津，苏尼特部落二品台吉多尔吉思哈布、未授品级台吉王舒克等来朝请安。

十五日丁卯　上前行五里，仍驻跸黄陂地方。是日，敖汉一品台吉安达阿玉锡、四品台吉毕理衮达赖等，阿霸垓固山贝子车林董鲁布、二品台基德木楚克允敦、未授品级台吉诺尔布等来朝请安。

十六日戊辰　上驻跸黄陂杨川。

十七日己巳　上驻跸独村口。

十八日庚午　上驻跸可汗铁岭南。是日，敖汉二品台吉额尔德尼萨阑绰克图、四品台吉诺尔布来朝请安。

十九日辛未　召翁牛忒部落多罗杜棱郡王毕礼滚达赖，喀喇沁部落多罗杜棱郡王扎西、一品塔布囊苗秀、西达、三品塔布囊布勒、四品塔布囊班第、都拉尔等及喀喇沁部落官兵，列坐于御幄前，赐食、赐茶毕。赐翁牛忒部落多罗杜棱郡王毕礼滚达赖蟒袍、褂、帽、靴，喀喇沁部落多罗杜棱郡王扎西以下、兵丁以上蟒袍、褂、帽、带、靴、缎、布、银两有差。多罗杜棱郡王毕礼滚达赖、多罗杜棱郡王扎西率所属官兵谢恩。上启行，复率官兵跪送。

是日，上驻跸荆溪，复赐上三旗护军、八旗前锋等羊。

二十日壬申　上驻跸镶白旗鹰庄。

二十一日癸酉　上驻跸鞍匠屯。

二十二日甲戌　上驻跸姚亭庄。

二十三日乙亥　上驻跸牛阑山。

二十四日丙子　巳时，上由东直门进东华门，诣太皇太后、皇太后宫问安毕，回宫。

扈从起居注官库勒纳。

二十五日丁丑　辰时，上御乾清门听政。部院各衙门官员面奏毕，大学士觉罗勒德洪、明珠、王熙、吴正治、宋德宜，学士李光地、吴兴祖、禅布、韩菼、赛弼汉、葛思泰、徐廷玺、吴喇代以折本请旨。兵部题永陵驻防协领赛图员缺，将原任山西巡抚觉罗阿塔拟正，拖沙喇哈番马克都拟陪。上问曰："尔等之意若何？"明珠等奏曰："阿塔原任山西巡抚，缘事革任。其人尚优，似可补授此等员缺。"上曰："阿塔为人颇优，着补授驻防协领。"

又工部等衙门题覆王国安条奏，台湾地方修造府、县城池，建立学校，考取生员，驻防兵丁三年一换，其兵饷豫行拨送，议准行。上顾大学士等曰："这条奏亦好。若如此，则台湾想可永久无虑矣！尔等问明学士李光地具奏。"

巳时，上诣太皇太后宫问安。

本日起居注官朱都纳、陈元龙。

二十六日戊寅 辰时，上御乾清门听政。部院各衙门官员面奏毕，大学士觉罗勒德洪、明珠、王熙、吴正治、宋德宜，学士李光地、吴兴祖、禅布、韩菼、赛弼汉、葛思泰、徐廷玺、郭棻、吴喇代以折本请旨。九卿再议先贤先儒位次。上曰："九卿云何？"明珠等奏曰："据九卿云，臣等初议先贤先儒位次各出己见，故有两议。但内外陪位相沿已久，不便遽改，似宜照旧行。"上曰："许三礼云何？"明珠等奏曰："据许三礼云：臣因李振裕条陈先贤先儒位次，故亦据所见条奏。今九卿既以照旧行为便，似亦未为不可。"上曰："着照现行例行。"

又礼部题都统塔尔代、副都统马思文应否予谥请旨。上曰："塔尔代为人正直，且行间著有劳绩，应予谥。马思文并无劳绩，不必予谥。"

又工部覆准福建总督王国安条奏台湾事宜四款。上曰："李光地云何？"明珠等奏曰："据李光地云：今皇上德威远播，四海归心，台湾弹丸之地，其敢有异志？但恐将帅非人，致生他变耳。至于久安之策，非臣愚所能及也。"上顾李光地曰："现在总兵杨文魁如何？"李光地奏曰："杨文魁深得兵民之心。"上曰："然。杨文魁善人也，朕素知之。"

又翰林院题请翰林官外转。上曰："翰林衙门原无他事，不必见才，惟闭户读书，方称其职。若学问荒疏，好干外事，岂可列于翰林乎？尔等问明满汉学士来奏。"

本日起居注官卢琦、德格勒。

二十七日己卯 辰时，上御乾清门听政。部院各衙门官员面奏毕，大学士觉罗勒德洪、明珠、王熙、吴正治、宋德宜，学士李光地、吴兴祖、禅布、韩菼、赛弼汉、葛思泰、徐廷玺、郭棻、吴喇代以折本请旨。吏部题补侍讲西安升任员缺，将中允真特拟正，员外郎艾新泰拟陪。遵旨将员外郎吴通宝等，开列折子一并请旨。上问曰："此内孰可？"明珠等奏曰："洪鄂代为人可用。"上曰："洪鄂代系拣选补用者否？"明珠奏曰："想系拣选补用者，亦曾保举关差。"上曰："洪鄂代为人颇优，着补授此缺。"

又兵部题舒书家被盗，将步军统领麻尔吉等议罚俸。上曰："麻尔吉并不尽心弭盗，着再严加议处。"

又翰林院等衙门题请将翰林官外转。明珠等奏曰："臣等遵旨传问侍郎库勒纳、学士张英。据张英［云］欲公同商议举出。据库勒纳云，不必商酌，各自纠举。因举乔莱为妄行，孙岳颁为不谨，毛升芳、徐钒、冯勖、杨作桢为不及。据张英称：乔莱能文，勤于办事，未闻有妄行处。孙岳颁向来勤于入署，近稍疏懒。徐钒较毛升芳等三人稍愈。"上曰："库勒纳所举为当。张英乃一好人，但不能统辖翰林。即所撰《礼记》讲章不佳，并不诫饬编纂诸人。乔莱妄行，故张英畏惧之耳。"又顾汉大学士等问曰："尔等之意若何？"王熙、吴正治、宋德宜奏曰："乔莱好事。"又顾葛思泰问曰："尔曾为翰林官，乔莱为人想亦知之。"葛思泰奏曰："乔莱文字颇优，但多管事务。据伊本衙门学士举其妄行，似乎相符。"明珠又奏曰："汉大学士云，杨作桢系山西人，文字虽稍不及，而品行甚优，其家最贫。"上曰："这所举不及四人，尔等传来，令其写字、讲书来奏。"

本日起居注官归允肃、多奇。

二十八日庚辰　辰时，上御乾清门听政。部院各衙门官员面奏毕，大学士觉罗勒德洪、明珠、王熙、吴正治、宋德宜，学士李光地、吴兴祖、禅布、韩菼、赛弼汉、葛思泰、徐廷玺、郭棻、吴喇代以折本请旨。工部等衙门覆准福建总督王国安条奏请于台湾建城，并定驻防兵丁更番之例等事。上顾李光地问曰："尔意若何？"李光地奏曰："台湾驻防兵丁如不行更番，令其常住岁久，各立家业，恐意外致生他变。但一时齐换，似乎稍难，且不能得如许船只。若三年之中，陆续更番，事觉稳便。”上曰：“台湾驻防兵丁，着令更番，永著为例。余俱依部议。”

又吏部题补曾寅等道府事。明珠等奏曰：“臣等遵旨询问曾寅辈五人。大学士宋德宜、尚书李之芳皆知曾寅，言其原任御史，人品平常。线一信、李廷机、杨道泰三人俱曾官浙江。李之芳言：往日大兵齐集浙江，我曾令线一信料理军饷，办事勤敏，居官并无不善。若果有不善，我岂不参？李廷机曾任宁波，见其往来文移，才具亦属平常。杨道泰任同知时为人颇优，居官亦善，我故荐之。我向为御史时，徐榊虽为笔帖式，因其旗下之人，不能深知。”上曰：“曾寅、李廷机着休致。余依拟用。”

又翰林院以外转开列翰林官员请旨事。明珠等奏曰：“臣等将杨作桢等面试，令其各讲所习经书，毛升芳、冯勖讲错者甚多，杨作桢、徐榊虽讲不大佳，较毛升芳、冯勖为胜。令作字，俱属平常。臣等谨以其所书字样上呈睿览。”上览毕，问曰：“杨作桢何年进士？”王熙等奏曰：“康熙十五年进士。”上曰：“杨作桢着留衙门，毛升芳等三人学问不及，并乔莱同交该部察议。闻孙岳颁懒惰，着革去日讲官，从宽留任，仍行严饬，俾其改行，务加勤勉。”

是日，赐安南国王黎维禛表里五十匹，正使陪臣阮进材等表里缎布等物有差。

本日起居注官王封溁、徐元梦。

二十九日辛巳 辰时，上御乾清门，听部院各衙门官员面奏政事。

本日起居注官田喜霱、朱都纳。

九 月

初一日壬午 早，上诣太皇太后、皇太后宫问安。

辰时，御乾清门听政。部院各衙门官员面奏毕，大学士觉罗勒德洪、明珠、王熙、吴正治、宋德宜，学士李光地、吴兴祖、禅布、韩菼、赛弼汉、葛思泰、徐廷玺、郭棻、吴喇代以折本请旨。兵部题叙都统赵赖老虎洞等四处军功，准给等第。上曰："赏功罚罪，军法之大权也。当其围吉安之时，赵赖不能防守汛地，故韩大任得以全军而出，诸臣曾无一人参奏。朕若复赏其功，何以示天下公？韩大任渡江时，有无船只，曾否堵截？着兵部问明赵赖来奏。"

本日起居注官张英、德格勒。

初二日癸未 辰时，上御乾清门听政。部院各衙门官员面奏毕，大学士觉罗勒德洪、明珠、王熙、吴正治、宋德宜，学士李光地、吴兴祖、禅布、韩菼、赛弼汉、葛思泰、徐廷玺、郭棻、吴喇代以折本请旨。兵部题叙都统赵赖老虎洞等四处军功，准给等第。明珠等奏曰："臣等遵旨传问赵赖及兵部堂官。据赵赖云：吉安府城围困之时，我所防守汛地兵丁单薄，曾经启王。韩大任等突出败亡，我同护军统领哈克山领兵穷追击败。为马宝之事，将我销去所加之级，又降一级。韩大任之事，皇上宽免不曾议罪，因援孙思克例请叙。据兵部堂官等云：赵赖若照绿旗例，尚可得官。今现任都统，因照伊任议叙，给予二等功牌一个、五等功牌两个、等第功牌一个，不应得官。"上曰："赵赖所行岂可与孙思克比？溃败之贼，止用二三十人击射，亦可尽令溺死江中。赵赖伊所防守汛地，韩大任等突出，不能堵御剿杀，今妄自称曾效力请叙，殊属不合。赵赖军功等第不准给。"

又请补会典馆副总裁麻尔图、常书员缺，将学士吴兴祖、徐廷玺、吴喇代、库勒纳，詹事尹泰等职名开写绿头签启奏。上曰："徐廷玺、尹泰着充补。"

本日起居注官多奇、曹禾。

初三日甲申 早，上幸玉泉山。酉时，回宫。

本日起居注官彭孙遹、朱都纳。

初四日乙酉 早，上诣太皇太后宫问安。

辰时，御乾清门，听部院各衙门官员面奏政事。

未时，御景山内前殿，赐请安进贡苏尼特部落杜棱郡王阿玉西、二品台吉诺尔济、四品台吉章赖等、长史阿敏达赖，阿霸垓一品台吉达尔马、四品台吉鲁布秦等，四子部落二品台吉劳章、四品台吉毛奇塔特等，克什克屯四品台吉克勒布齐等，喀尔喀部落三品台吉达木霸等、四品台吉阿玉西等，阿巴哈纳尔四品台吉吴尔章等，乌朱穆秦部落都统阿穆尔扎萨克、三品台吉崔扎木、四品台吉绰布海等，归化城土默特部落副都统阿第等、达尔马达尔汉喇嘛等食。

本日起居注官徐元梦、熊赐瓒。

初五日丙戌 早，上御太和门视朝。升转文武官员谢恩，次朝鲜国谢恩陈奏正使左议政南九万、副使右参赞李奎龄等行礼，赐茶。召南九万、李奎龄至阶下，赐茶毕，回宫。

本日起居注官张英、德格勒。

初六日丁亥 辰时，上御乾清门听政。部院各衙门官员面奏毕，大学士觉罗勒德洪、明珠、王熙、吴正治、宋德宜，学士李光地、吴兴祖、禅布、韩菼、赛弼汉、葛思泰、徐廷玺、郭棻、吴喇代以折本请旨。兵部题补镶白旗蒙古都统塔尔代病故员缺，以副都统班达尔善拟正，护军统领索诺木拟陪。上问曰："伊等何如？"明珠等奏曰："因旗分不同，不甚深知。"上曰："都统职任紧要，着问明具奏。"

又工部题销算陵上所修茶饭房舍等处，统用银十四万三千二百两有奇。照新例查算，所用浮多，令内务府总管海拉孙等赔偿银四千一百三十两及颜料等项。上曰："修葺所费既省，而赔偿银数且又无多，此浮用银两及颜料等项俱着免赔。"

启奏毕，户部尚书科尔坤等会同大学士勒德洪等，遵旨将直隶、福建、湖南、四川、贵州地丁钱粮数目开载折子呈奏。上曰："顺天、永平、保定、河间四府比畿南四府差徭加倍，至湖南、福建、四川、贵州地方先经贼踞，百姓苦累，地丁各项钱粮应行蠲免，以示德意。"谕毕，又顾诸臣问曰："尔等云何？"诸臣皆奏曰："此皆出自皇上浩荡之恩，诚万民之福也。"上曰："尔等可酌量详议具奏。"

本日起居注官多奇、蔡升元。

初七日戊子 辰时，上御乾清门听政。部院各衙门官员面奏毕，大学士觉罗勒德洪、明珠、王熙、吴正治、宋德宜，学士李光地、吴兴祖、禅布、韩菼、赛弼汉、葛思泰、徐廷玺、郭棻、吴喇代以折本请旨。

九卿会推四川学道员缺，将刑部郎中胥琬拟补。明珠等奏曰："臣等遵旨询问九卿会推胥琬情由。据九卿云：论俸则礼部郎中王曰曾居先，次则刑部郎中胥琬。侍郎严我斯、徐乾学、张可前举出王曰曾，汉九卿俱言可用，惟尚书沙澄默然。诸臣叩问其故，沙澄云：既有人举出，我复何言。诸臣以王曰曾系伊本部司官，必欲定其可否。沙澄云：王曰曾无甚不好，亦无甚好处。九卿因见沙登言语游移，遂另将胥琬拟出。尚书张士甄、侍郎张可前俱言胥琬亦好。张可前又云：王曰曾亦曾做刑部司官，若将胥琬较王曰曾，似属不如。尚书李之芳、余国柱，侍郎董讷向沙澄云：王曰曾系众论称好之人，今舍王曰曾而用胥琬，且胥琬又系山东人，恐有不便。沙澄云：胥琬系伊部堂官称好，与我无涉。揆此，则不是处似在沙澄。"上曰："这情节朕已悉知，不必深究。此学道员缺，着另推具奏。但汉人每多瞻顾徇私，皆由患得患失之念太甚耳！"王熙等奏曰："实难逃皇上洞鉴。"

启奏毕，户部尚书科尔坤等会同大学士觉罗勒德洪等奏曰："臣等遵旨谨议得直隶系畿辅重地，其顺天等四府民田曾经圈占，徭役较重，今岁又被灾伤，钱粮似应蠲免。其顺德等四府未经圈占，民力尚可自给，不必概蠲。又云南、四川、湖南、福建四省地方久被逆贼蹂躏，应行蠲免。但湖南、福建二处明年钱粮若全行蠲免，则此地兵饷须从他省协济，又多解费。今议将二十六年下半年及二十七年上半年蠲免，则彼处钱粮可以接济。但蠲免既多，钱粮解部者少。"上曰："今解部钱粮足用否？"科尔坤奏云："照常支放，亦可足用。"上曰："既属足用，此等地方应行蠲免，以昭朕子惠元元至意。尔等可即拟谕旨来看。"

本日起居注官徐元梦、陈元龙。

初八日己丑　辰时，上御乾清门听政。部院各衙门官员面奏毕，大学士觉罗勒德洪、明珠、王熙、吴正治、宋德宜，学士李光地、吴兴祖、禅布、韩菼、赛弼汉、葛思泰、徐廷玺、郭棻、吴喇代以折本请旨。兵部题长沙等处阵伤喇占等给赏银两。上曰："阅验伤折子，喇占等并无伤痕。其有伤痕者，照旧给与银两，喇占等不准给。原验喇占等伤痕官员应严加议处，姑念年久，从宽免。"

又刑部题三次窃盗傻子，拟枷号三个月、鞭一百。嗣后三次窃盗得财不多者，不必题请，臣部即行完结。候命下之日，载入条例遵行。上曰："律内窃盗得银至一百二十两者拟绞。今所议得财不多，即行减等发落，得财之数并未题明，着问明具奏。"

本日起居注官卢琦、朱都纳。

初九日庚寅 辰时，上御乾清门听政。部院各衙官员面奏毕，大学士觉罗勒德洪、明珠、王熙、吴正治、宋德宜，学士李光地、吴兴祖、禅布、韩菼、赛弼汉、葛思泰、徐廷玺、郭棻、吴喇代以折本请旨。议政王、贝勒、大臣会议，遣满兵屯驻盛京等处。上曰："盛京虽云沃壤，但人民稀少，粮米未必饶裕，恐大兵移驻此地，米价一时腾贵。且议政王所议或仍有未到处亦未可知，该将军身在地方，知之必悉，应遣侍郎郭丕、学士禅布驰驿速往盛京，问明该将军等来奏。"

本日起居注官归允肃、德格勒。

初十日辛卯 早，上诣太皇太后、皇太后宫问安。

辰时，御乾清门听政。部院各衙门官员面奏毕，大学士觉罗勒德洪、明珠、王熙、吴正治、宋德宜，学士李光地、吴兴祖、韩菼、赛弼汉、葛思泰、徐廷玺、郭棻、吴喇代以折本请旨。刑部题三次窃盗傻子拟枷号三个月、鞭一百。嗣后三次窃盗得财不多者，不必题请，臣部即行完结。明珠等奏曰："臣等遵旨传问刑部堂官，三次窃盗尔等议免，题请竟从部议完结何也？据诺敏等云：臣等所议错误。"上曰："三次窃盗若皆免死，则良善何以安生？"复顾汉大学士问曰："尔等之意云何？"王熙等奏曰："圣谕极当，宜从旧例。"葛思泰奏曰："律例内止有三次窃盗请旨完结之语，并未尝云竟从部议完结。部臣辞已穷矣。"上曰："伊等固自语塞，更有何对。此事着三法司一并核拟具奏。"

本日起居注官多奇、王封溁。

十一日壬辰 辰时，上御乾清门，听部院各衙门官员面奏政事。

本日起居注官田喜霱、徐元梦。

十二日癸巳 辰时，上御乾清门，听部院各衙门官员面奏政事。

本日起居注官德格勒、孟亮揆。

十三日甲午　早，上幸沙河。酉时，回宫。

本日起居注官朱都纳、陈元龙。

十四日乙未　辰时，上御乾清门听政。部院各衙门官员面奏毕，大学士觉罗勒德洪、明珠、王熙、吴正治、宋德宜，学士李光地、吴兴祖、韩菼、赛弼汉、葛思泰、徐廷玺、郭棻、吴喇代、齐色以折本请旨。吏部题刑部尚书诺敏调补员缺，开列侍郎沙海等。上曰："总督希福为人堪用，着补授刑部尚书。"

又兵部题陕西延绥总兵官李承恩年老休致员缺，开列副将祁车伯等。上曰："河南河北总兵官冯德昌人材健壮，着调补陕西延绥总兵官。"

本日起居注官多奇、彭孙遹。

十五日丙申　早，上诣太皇太后宫问安。

辰时，御乾清门，听部院各衙门官员面奏政事。

未时，御景山内前殿，赐请安进贡土默特部落多罗达尔汉贝勒厄尔德木图、三品塔布囊毕理克图，吴喇忒部落辅国公鄂尔奔，四子部落四品台吉达木巴等，喀喇沁部落三品塔布囊鄂齐尔、四品塔布囊阿拉西等，翁牛忒部落四品台吉博尔巴孙等，郭尔罗斯部落四品台吉吴尔图那苏图等，扎赖忒部落四品台吉毕理克等，鄂尔多斯部落二品台吉毕木巴拉等、四品台吉诺尔布等，苏尼忒部落四品台吉阿尔麻斯等，克什克屯四品台吉班第等食。

本日起居注官徐元梦、熊赐瓒。

十六日丁酉　辰时，上御乾清门听政。部院各衙门官员面奏毕，大学士觉罗勒德洪、明珠、吴正治、宋德宜，学士李光地、吴兴祖、韩菼、赛弼汉、葛思泰、徐廷玺、吴喇代、齐色以折本请旨。吏部覆直隶巡抚于成龙题，阜城县知县王焯先因盗案停升，今已开复，特请行取，部议仍不准行。上问曰："王焯居官若何？尔等知之否？"明珠奏曰："问汉大学士、学士等，皆云不知。前因于成龙荐举，已经具题移咨行取，因有缉盗之案未销，故部议不准。今虽开复，但以前此既经不准，今仍议不准行。"上曰："既经于成龙荐举，必属良吏，着准行取，不为例。"

又礼部题朝鲜国王李焞谢罪进贡方物，应交与内务府收贮。上曰：

“朝鲜国数年以来殊觉疲困。这因罪进献之物，或令免贡，抑既已贡来，收之以抵年例。尔等会同礼部议奏。”

又理藩院题盗马贼扎木苏拖克拖和议立绞。上问曰：“尔等之意若何？”勒德洪等奏曰：“盗窃皇太子猎马，情罪殊为可恶。臣等众见，应照部议完结。”上曰：“定例虽当正法，但所盗者系皇太子围猎遗下羸马。着从宽免死，鞭一百，给与最贫之人为奴。”

本日起居注官库勒纳、蔡升元。

十七日戊戌 辰时，上御乾清门听政。部院各衙门官员面奏毕，大学士觉罗勒德洪、明珠、王熙、吴正治、宋德宜，学士李光地、吴兴祖、韩菼、赛弼汉、葛思泰、徐廷玺、郭棻、吴喇代、齐色以折本请旨。礼部题原任广西巡抚郝浴应否给谥请旨。上曰：“郝浴给还原职可矣，不必与谥。”

又刑部等衙门题会审陕西贪官盛四维等情真。上曰：“伊等赃数不多，着缓决。”

本日起居注官朱都纳、陈元龙。

十八日己亥 辰时，上御乾清门听政。部院各衙门官员面奏毕，大学士觉罗勒德洪、明珠、王熙、吴正治、宋德宜，学士李光地、吴兴祖、韩菼、赛弼汉、葛思泰、徐廷玺、吴喇代以折本请旨。礼部题朝鲜国王因谢罪进贡方物，理应交内务府收贮。上曰：“尔等问礼部何如？”明珠等奏曰：“此一次所进贡物，比常例尚少数件。”上曰：“朝鲜国因谢罪进贡方物，理宜不收。但恐发还不惟赍送人役劳苦，亦且骚扰驿递。着将此一次贡物作年例常贡，嗣后因谢罪贡物着停止。恩威并用，斯有合于抚驭外藩之道也。”

先是，礼部题原任广西巡抚郝浴应给祭葬银两，应否与谥，伏候上裁请旨。内阁拟进两票签。上曰：“郝浴微有过失，不必给谥。其给与祭葬银两，着依部议。内阁错拟恤典俱着停给。”票签折出请旨。上曰：“郝浴清廉，近有谕旨。今复将恤典俱行停给，前后大相舛错。但命不必与谥耳，并未命不与祭葬也。”

又顾大学士等曰：“尔等职任皆系朝廷重务，岂可专为一身一家之计？古有‘诏旨既下，大臣封驳’之例。今满大学士凡有所言，汉大学士但唯唯诺诺，徒为自保禄位之计，并不辨论是非。如此则刘正宗、陈名夏之例具在！学士等诚能各抒己见，共相参酌，事务岂至舛错？尔等谄媚大学士，缄默不言，以为保身之计。吴格子、卓灵阿之例具在。至翰林院撰拟文章，皆关要务。今翰林撰拟不堪，汉掌院学士畏惧，并不改正。汉大学士又畏惧掌院学士，亦不改正，诚恐改正一字，即为终身之仇。掌院学士畏惧翰林，大学士畏惧六部，此皆尸位素餐、患得患失之所致也。”王熙奏曰：“臣等自愧愚驽，得至斯位，皆我皇上拔擢之恩。如果获罪于君父，谁能救解？今闻严谕申饬，惶恐无地，敢不洗心涤虑，勉思报称。”奏毕，诸臣退。

本日起居注官张英、德格勒。

十九日庚子　辰时，上御乾清门，听部院各衙门官员面奏政事。

本日起居注官归允肃、多奇。

二十日辛丑　早，上诣太皇太后、皇太后宫问安。

辰时，御乾清门，听部院各衙门官员面奏政事。

本日起居注官卢琦、徐元梦。

二十一日壬寅　辰时，上御乾清门。听部院各衙门官员面奏毕，大学士觉罗勒德洪、明珠、王熙、吴正治、宋德宜，学士李光地、吴兴祖、禅布、韩菼、赛弼汉、葛思泰、徐廷玺、郭棻、吴喇代、齐色以折本请旨。刑部等衙门会审江南阮弘诏等情真。上问曰：“此内龚其裕因公侵欺银两虽多，入己者少，可缓决否？”明珠等奏曰：“如此等辈，皇上从宽缓决者甚多。”上曰：“然。龚其裕着监候缓决。”

又会议盛京等处驻防兵马事。上曰：“尔等云何？”明珠奏曰：“学士禅布、奉天将军等议称，如此驻防人实得其生理。但与会议条项有一二处须改者。前会议云，开原、锦州、凤凰城三处目下即遣驻防。今观锦州、凤凰城居人现少，备粮维艰，此二处应缓遣。开原、东京、兴京三处现可得米，不妨遣之。在前又会议云，将盛京兵一千五百名遣驻乌喇，复将京城兵如数遣驻盛京。如此则重费钱粮，不若不动盛京之兵，即以京城兵一千五百名竟遣乌喇，将给盛京兵每名银十两以给京城兵，是为两便。”上曰：“其言诚是，朕意亦如此。着议政诸臣会议。”

本日起居注官王封溁、朱都纳。

二十二日癸卯 辰时，上御乾清门听政。部院各衙门官员面奏毕，大学士觉罗勒德洪、明珠、王熙、吴正治、宋德宜、学士李光地、吴兴祖、禅布、韩菼、赛弼汉、葛思泰、徐廷玺、郭棻、吴喇代、齐色以折本请旨。理藩院题厄鲁特部落土哈尔台吉、噶尔丹台吉等遣使互市。上曰：“厄鲁特部落小台吉甚多，俱来互市，颇属烦扰。嗣后如噶尔丹等四大台吉应令来京互市，其余小台吉于张家口互市。着理藩院定例议奏。”

午时，上诣太皇太后宫问安。

本日起居注官德格勒、田喜霅。

二十三日甲辰 辰时，上御乾清门听政。部院各衙门官员面奏毕，总督仓场侍郎苏赫题参运丁沈启祥等三十五人首告经纪刘应魁等三十五人，每船诈取银三十两，又多收米石。坐粮厅秦齐喇、黄承芳与经纪串通，公同作弊。后因事发，贿使脱逃是实。若不重处，则漕运之弊决不能除。奏毕出。上随召回苏赫问曰：“尔曾奏称，坐粮厅事务不必加严，今又称应加严处，何也？”苏赫奏曰：“臣前者恐不能胜皇上之事，故请稍宽。今观不肖匪类视枷责为常事，多方禁之，竟置不理，如此辈断不可不加重惩也。”奏毕出。

大学士觉罗勒德洪、明珠、王熙、吴正治、宋德宜，学士李光地、吴兴祖、禅布、韩菼、赛弼汉、葛思泰、徐廷玺、郭棻、吴喇代、齐色以折本请旨。吏部题川陕总督希福升任员缺，开列侍郎沙海等。上曰：“此缺最为紧要。尔等云何？”明珠等奏曰：“此开列侍郎等，皆皇上所知者。”上曰：“山西巡抚图纳声名甚佳。”明珠奏曰：“睿见极是。”王熙奏曰：“图纳在内阁时，见其为人甚直。”上曰：“然。图纳着升补总督。”

又翰林院题日讲起居注官西安升任员缺，开列侍讲学士明图等。上曰：“明图最无学问，而貌为文学之人。前差往安南国，后视其进呈之书，甚为鄙琐。”明珠等奏曰：“明图本一微贱之人，竟不知大体。”上曰：“此外谁为可用？”明珠奏曰：“博极为人朴实，学问颇优。戴通学问虽属平常，人尚可用。”上曰：“着问翰林院满汉学士来奏。”

明珠等又奏曰："臣等遵旨，将直隶缓决罪人酌议，张二等十八人皆系强盗，因情故少有可疑，故九卿议请缓决。与其将此辈拘系狱中，不如给与黑龙江穷披甲为奴。曹桐乃谋杀为从之人，为首者既议情真，则曹桐似应减等发落。"上曰："然。张二等着免死，给与黑龙江驿站素伦为奴。曹桐着免死，照例减等发落。"

本日起居注官多奇、孟亮揆。

二十四日乙巳　辰时，上御乾清门听政。部院各衙门官员面奏毕，大学士觉罗勒德洪、明珠、王熙、吴正治、宋德宜，学士李光地、吴兴祖、禅布、韩菼、赛弼汉、葛思泰、徐廷玺、郭棻、吴喇代、齐色以折本请旨。翰林院题补日讲起居注官西安升任员缺，开列侍讲学士明图等。明珠等奏曰："臣等遵旨问库勒纳、张英，据称：侍讲学士博极学问颇优，人亦可用。侍读戴通学问平常，人尚可用。又问汤斌、尹泰，据称：庶子伊图、谕德哈山、赞善特墨德人俱可用。"上曰："伊图为人似属可用。"明珠等奏曰："伊图原任内阁中书，其人果可用。"上问曰："学问何如？"明珠等奏曰："学问虽稍不如博极，尚能番译。"上曰："着将伊图充补。"

本日起居注官曹禾、徐元梦。

二十五日丙午　上御太和门视朝。升转文武官员谢恩，次进贡厄鲁特部落阿玉西台吉来使西达尔额木布等、多尔吉台吉来使鄂尔克额木布等、阿喇布滩台吉来使岳尔博第哈西哈等、杜尔伯特鄂尔肯台吉来使卫征格楚尔等行礼，赐茶毕，回宫。

本日起居注官库勒纳、张英。

二十六日丁未　辰时，上御乾清门听政。部院各衙门官员面奏毕，大学士觉罗勒德洪、王熙、吴正治、学士李光地、吴兴祖、禅布、葛思泰、徐廷玺、郭棻、吴喇代、齐色以折本请旨。吏部题议处礼部尚书沙澄等。上问曰："尔等云何？"勒德洪等奏曰："王日曾系伊衙门司官，今三堂官议论贤否各异，似属不合，伏候上裁。"上曰："尔等将王日曾传来，令其作稿，看其为人何如？可一并来奏。"

又兵部等衙门议盛京等处驻防兵丁事。上曰："此兵若于明岁春间遣驻，时值粮米缺少，穷兵必至受累。俟秋成后遣驻为便。尔等可将屯种事情详议具奏。”

未时，御景山内前殿，赐请安进贡科尔沁国和硕卓里克图亲王都尔巴、多罗扎萨克图郡王鄂齐尔、二品台吉达纳，翁牛忒部落达尔汉贝勒额林臣等、未授品级台吉博第，鄂尔多斯部落多罗贝勒达尔扎、四品台吉阿班代，阿巴哈纳尔多罗贝勒布昭，扎赖忒部落固山贝子纳孙，土默特部落一品台吉查浑、一品塔布囊厄尔德尼、四品台吉宋阿尔寨等，克什克屯三品台吉布达喇、四品台吉乌巴等，翁牛忒部落四品台吉僧格等，阿霸垓四品台吉乌度等，巴林部落四品台吉图巴思希等食。

本日起居注官朱都纳、熊赐瓒。

二十七日戊申　上以高皇后忌辰，不理事。

本日起居注官多奇、蔡升元。

二十八日己酉　辰时，上御乾清门听政。部院各衙门官员面奏毕，大学士觉罗勒德洪、明珠、王熙、吴正治、宋德宜，学士李光地、吴兴祖、禅布、韩菼、赛弼汉、葛思泰、徐廷玺、郭棻、吴喇代、齐色以折本请旨。吏部以山西巡抚图纳升任员缺，或开列满洲，或开列汉军、汉人请旨。上曰：“布政使马齐人品甚优，着升补山西巡抚。”

又题礼部尚书沙澄等议革职降级。复以王曰曾所作稿呈览。上览王曰曾稿毕，顾大学士勒德洪等曰：“此稿尚佳。”明珠奏曰：“尚书沙澄尚不能作此。”上曰：“果然不能。”又问曰：“尔等面试之乎？曾起草抑遂书也？”明珠奏曰：“在臣等前起草而作。”上问曰：“其人何如？”王熙奏曰：“其人尚可。”上又问曰：“学士中有知之者否？”禅布奏曰：“臣曾与同衙门，知之。王曰曾虽无大过人处，然无妄行。”上复览王曰曾所作稿曰：“上一句何以多一增字？想有遗漏处。”王熙奏曰：“诚如圣谕，果落一字。”上命学士李光地近前观王曰曾所作稿，指示之曰：“尔试观此语，下似落一字。”李光地观之，奏曰：“上谕诚然，果落一字。”上曰：“会推当至公无私，既系堂官，彼此议论参差，殊非体统！沙澄年齿衰迈，亦宜罢任，但居官年久，从宽免革职，着降五级，以尚书衔致仕。徐乾学亦从宽免其调用，着降四级留任。严我斯着降一级留任，仍罚俸一年。”

又会议盛京等处驻防兵丁事。上顾大学士等问曰：“尔等云何？”明珠等奏曰：“皇上曾谕目下天寒，俟来年春耕秋获之后陆续遣往，圣谕极当。如此则新驻兵丁可无虑生计矣。”上曰：“俟明岁春耕秋获，后陆续遣往。其耕种地亩，着户、兵二部详确议奏。”

又翰林院题补日讲起居注官乔莱、孙岳颁革任员缺，开列侍讲学士沈上墉等。上曰：“讲官职任甚要，必须品行端方、学问醇正者始能胜任。着问明满汉掌院学士来奏。”

又刑部等衙门题傻子三次窃盗事。上曰：“窃盗内亦有极凶恶者，傻子着照旧例完结。”

本日起居注官王封溁、伊图。

二十九日庚戌　辰时，上御乾清门，听部院各衙门官员面奏政事。

本日起居注官徐元梦、彭孙遹。

三十日辛亥　早，上于保和殿视祭太庙祝版毕，回宫。

辰时，御乾清门听政。部院各衙门官员面奏毕，大学士觉罗勒德洪、明珠、王熙、吴正治、宋德宜，学士李光地、吴兴祖、禅布、韩菼、赛弼汉、葛思泰、徐廷玺、郭棻、吴喇代、齐色以折本请旨。管翰林院事侍郎库勒纳、学士张英、侍读学士德格勒同至前，库勒纳奏张英、德格勒记注舛错。上顾大学士等问曰：“此事尔等云何？曾问张英否？”明珠等奏曰：“观记注之事亦有舛错者，曾问张英。据英云：惶恐之甚，不能全记。”上曰：“朕知张英纪载不实，欲行穷诘，故发露耳。观此一事，则他事亦有错记可知矣。”又召德格勒问曰：“尔何故全诿张英，致于错记？”德格勒奏曰：“臣极庸愚，止就臣所听者同张英记注耳。”上曰：“若张英谎记，尔亦随彼同记乎？”张英奏曰：“臣前侍直时，因天语严切，恐惧悚惶，不能悉记，错误之处是实，非有心遗漏。臣侍左右十余年，蒙皇上非常厚恩，若有心错记，死有余辜。”奏毕，库勒纳、张英、德格勒出。

上又顾大学士等曰：“圣人云：造次必于是，颠沛必于是。张英日在朕前侍讲有年，止此数语，诿云惶惧不能记忆，可乎？”王熙等奏曰：

“圣谕诚然。”勒德洪等奏曰：“此事如何完结？”上曰：“阅记注档册，非朕之事。尔等议奏。”

吏部题中允石汉致仕员缺，将赞善费雅汉拟正，主事雅库纳拟陪。上问曰：“伊等为人何如？”明珠等奏曰：“臣等不甚深知。”上曰：“尔等问明具奏。”

本日起居注官卢琦、多奇。

十　月

初一日壬子　早，上以孟冬，躬诣太庙致祭，礼毕，回宫。

辰时，上诣太皇太后宫问安。幸玉泉山。酉时，回宫。

是日，赐朝鲜国正使议政府左议政南九万、副使议政府右参赞李奎龄等紬缎、银两、鞍马有差。

本日起居注官归允肃、多奇。

初二日癸丑　辰时，上御乾清门听政。部院各衙门官员面奏毕，大学士觉罗勒德洪、明珠、王熙、吴正治、宋德宜，学士李光地、吴兴祖、禅布、韩菼、赛弼汉、葛思泰、徐廷玺、郭棻、吴喇代、齐色以折本请旨。吏部题左春坊左中允石汉年老致仕员缺，以右春坊右中允阿哈尼堪转补。其右中允员缺，以赞善费雅汉拟正，户部主事雅库纳拟陪。明珠等奏曰：“臣等遵旨问詹事尹泰等，据云：费雅汉勤于办事，为人可用。前光禄寺少卿员缺，曾经吏部选择拟陪。问户部堂官，据云：雅库纳办事亦勤，为人平常。”上曰：“着将费雅汉升补。”

又兵部题正黄旗礼部笔帖式额石黑家被盗，因将步军校成治国议罚俸六个月，副尉以上官员分别处分。上曰：“成治国坐堆之地，距额石黑家止有七庹，成治国乃称身往他处坐堆，此辈应加严处，以示惩创。着学士赛弼汉前往，将成治国坐堆地方与额石黑家相距几许，丈量看明来奏。”明珠等又奏曰：“臣等公议得张英、德格勒记注一事。记注事务殊关紧要，起居注官理应将上谕及臣下奏对语言，俱明白纪载，即一语不可遗漏舛错。张英职司记注，不从实纪载，粉饰开写，殊属不合。应将张英、德格勒一并交与该部严加议处。张英等记注之事，交与该衙门改正。”上曰：“张英等着交与吏部，其记注着改正。”

未时，御景山内前殿，赐请安进贡科尔沁国和硕达尔汉亲王班第额驸、多罗郡王代布、一品台吉乌尔图纳苏图等、二品台吉鄂齐尔，蒿齐特部落二品台吉萨喇纳，苏尼特部落四品台吉多尔吉等，吴喇忒部落四品台吉多尔吉巴等，喀喇沁部落一品塔布囊鄂莫克图等食。

本日起居注官徐元梦、陈元龙。

初三日甲寅　早，上率诸王、贝勒、贝子、公等，内大臣、大学士、都统、尚书、精奇尼哈番、侍卫等庆贺皇太后圣诞，礼毕，回宫。

未时，上率皇太子诣皇太后宫问安。

本日起居注官田喜霅、伊图。

初四日乙卯　辰时，上御乾清门听政。部院各衙门官员面奏毕，大学士觉罗勒德洪、明珠、王熙、吴正治、宋德宜，学士李光地、吴兴祖、禅布、韩菼、赛弼汉、葛思泰、徐廷玺、郭棻、吴喇代、齐色会同翰林院掌院侍郎库勒纳、学士张英，以讲官乔莱、孙岳颁员缺，选择侍读王尹方等十一人，开列折子引见。上问曰：“徐嘉炎、顾藻、倪灿何如？”库勒纳奏曰：“徐嘉炎为人朴实，学问亦可。顾藻为人朴实，学问次于徐嘉炎。倪灿学问亦可。”上问曰：“徐嘉炎由何出身？”库勒纳奏曰：“监生出身。”上又顾大学士等问曰：“王尹方何如？”王熙奏曰：“亦优。系山西人。”上曰：“王尹方、徐嘉炎着补充讲官。”库勒纳、张英出。

上问曰：“向有翰林卫既齐今居何官？其人何如？”王熙奏曰：“卫既齐为霸州州判时，居官小心。北人之中，其所学尚优。”上曰：“朕闻其居官甚善。今在何处？”李光地奏曰：“卫既齐今守制在家。”上问曰：“尔知卫既齐否？”李光地奏曰：“臣会试时，卫既齐曾为房官。向日微有性气，今已消磨矣。”上曰：“尔等试问之。”

又以折本请旨。兵部题河南河北总兵官冯德昌调补员缺，或开列参将，或开列现任副将请旨。上曰：“林宝人材壮健，着升补此缺。参将何应元人亦壮健，尔等识之。”又奏笔帖式额石黑家被盗，将步军校成治国等议罪事。学士赛弼汉近前奏曰："臣往看额石黑家，其门与堆子虽称相隔七庹，然从额石黑房后倒坏墙角丈量，至坐堆之处，止有三庹。步军校成治国所宿之堆与额石黑家相去不远，不过二里许。四更时往报，成治国迟至明钟后方来。"上曰："缉捕盗贼乃步军专责。该管官事前疏于防守，事后不行缉获，俱属可恶！着一并另行严议具奏。"

本日起居注官多奇、孟亮揆。

初五日丙辰　早，上御太和门视朝。升转文武官员谢恩。次进表鄂罗斯国察寒汗正使米奇佛尔卫牛膏、副使驿番法鄂罗哇、笔帖式一名、书冷格二名、得木齐二人等行礼，赐茶。又召米奇佛尔卫牛膏、驿番法鄂罗哇至阶下，赐茶毕，回宫。

辰时，诣太皇太后宫问安。

午时，御保和殿，赐鄂罗斯国正使、副使及笔帖式、书冷格、得木齐等食。令米奇佛尔卫牛膏、驿番法鄂罗哇跪殿门内，笔帖式等跪殿外，皆赐酒毕，回宫。

本日起居注官库勒纳、归允肃。

初六日丁巳　早，上由午门出正阳门，驻跸南苑旧宫。

初七日戊午　上驻跸南苑旧宫。

初八日己未　上驻跸南苑旧宫。

初九日庚申　上驻跸南苑旧宫。

初十日辛酉　上驻跸南苑旧宫。

十一日壬戌　上自南苑移驻玉泉山。

十二日癸亥　上驻跸玉泉山。

十三日甲子　上驻跸玉泉山。

十四日乙丑　申时，上由西直门进西华门，诣太皇太后宫问安毕，回宫。

扈从起居注官徐元梦。

十五日丙寅　早，上诣太皇太后、皇太后宫问安。

辰时，御乾清门听政。部院各衙门官员面奏毕，大学士觉罗勒德洪、明珠、王熙、吴正治、宋德宜，学士李光地、禅布、韩菼、赛弼汉、葛思泰、郭棻、吴喇代、齐色以折本请旨。吏部题补吏部侍郎胡昇猷升任员缺，开列户部侍郎蒋弘道等。上曰："马世济为人颇佳，着调补吏部右侍郎。"

又以刑部侍郎王日藻调补员缺，开列学士吴兴祖等。上问曰："学士内谁可者？"勒德洪奏曰："吴兴祖、徐廷玺俱可。"上又问曰："尔等众意若何？"明珠等奏曰："副都御史赵之鼎年久，巡抚内张鹏、赵士麟亦可。"上问曰："赵之鼎居乡何如？"王熙奏曰："赵之鼎系满城县人，居住保定府，居乡亦可。"上问曰："张鹏居官何如？"王熙奏曰："张鹏为人谨慎。"吴正治、宋德宜奏曰："张鹏居官亦善。"上曰："张鹏着升补刑部右侍郎。"

本日起居注官多奇、熊赐瓒。

十六日丁卯　辰时，上御乾清门听政。部院各衙门官员面奏毕，前往黑龙江等处设立驿站督理屯种郎中包奇等，来京回奏伊等所理事务。上问曰："驿站已安设否？得成村落否？新迁驿地人民可以度日否？"包奇等奏曰："驿站皆已设立，亦成村落矣。所迁人民可得生计。"上曰："此事着交与该部。"包奇等出。

大学士觉罗勒德洪、明珠、王熙、吴正治、宋德宜，学士李光地、吴兴祖、禅布、韩菼、赛弼汉、葛思泰、徐廷玺、郭棻、吴喇代、齐色以折本请旨。九卿等朝审京城情真重犯颜大等八十三人。上顾大学士等问曰："尔等云何？"明珠等奏曰："去年秋审时情真重犯，皇上每有从宽减等者。臣等仰体皇上好生之意，故将此内十四人分别随签。"上曰："此内原任按察使库尔堪赃迹未曾显著，彼处百姓亦尚有称之者，着免死，照例减等发落。其原任巡抚穆尔赛、原任布政使纳鼐甚为贪恶，宜正法。余皆照尔等所议完结。"

又缓决重犯张国栋等五十三人。上问曰："尔等云何？"明珠等奏曰："此内十九人，臣等亦分别随签。"上曰："尔等所议良是。此内尚有可宽者，再加搜求详阅之。"又可矜罪犯朱二等十七人。上曰："此等情有可矜之罪犯，着分别议处，照例减等发落。"

又吏部题翰林院掌院学士张英、侍读学士德格勒议革职降级。上曰："张英原无甚不好处，但全无一定主意，随东逐西而已。因在内廷年久，着从宽免革职。德格勒亦从宽免调用。俱各降五级留任。侍读学士亦尚有责任之官，理宜争论，德格勒并无所言，故亦降级，以儆戒侍读学士等耳。”

本日起居注官伊图、蔡升元。

十七日戊辰　辰时，上御乾清门听政。部院各衙门官员面奏毕，大学士觉罗勒德洪、明珠、王熙、吴正治、宋德宜，学士李光地、吴兴祖、禅布、韩菼、赛弼汉、葛思泰、徐廷玺、郭棻、吴喇代、齐色以折本请旨。礼部题覆浙江提督陈世凯请令武官照文官例，一体赴孔庙行礼，议不准行。上曰：“武官亦应赴孔庙行礼。其不许武官行礼旧例，查明来奏。”

又监修下河侍郎孙在丰题，所修之河应先应后之处，将滚水坝改为闸座，并内外候补官员选择题用，九卿议准行。上曰：“滚水坝改为闸座之处，着孙在丰等会同靳辅酌议具奏。余依议。”

本日起居注官库勒纳、陈元龙。

十八日己巳　辰时，上御乾清门听政。部院各衙门官员面奏毕，大学士觉罗勒德洪、明珠、王熙、吴正治、宋德宜，学士李光地、吴兴祖、禅布、韩菼、赛弼汉、葛思泰、徐廷玺、吴喇代、齐色以折本请旨。兵部题护军参领纳秦升任员缺，以佐领图西希拟正，护军校博托科拟陪。上曰：“博托科殊有效力之处，且人材壮健，着升补此缺。”

又刑部题原任副将郭盛春系免死流徙人犯，不便折赎，拟照例佥妻流徙。上曰：“郭盛春老迈，足又伤折，并无子嗣，从宽免流徙。不为例。”

本日起居注官田喜篝、徐元梦。

十九日庚午　辰时，上御乾清门听政。部院各衙门官员面奏毕，大学士觉罗勒德洪、明珠、王熙、吴正治、宋德宜，学士李光地、吴兴祖、禅布、韩菼、赛弼汉、葛思泰、徐廷玺、郭棻、吴喇代、齐色以折本请旨。户部等衙门题开元等处，议令耕种。上曰：“黑尔苏、伊巴丹地方人民稀少，不必驻兵。盛京有皇庄及诸王、大臣之庄，似可酌拨庄内屯丁及州、县人夫耕地。这议尚未周详，着发还原本，令再议具奏。”

又兵部题永平地方行猎，副都统刘成龙等不及行围，行列并不能统辖，议罪事。上曰：“刘成龙在琼州居官甚劣，且似有病，尔等传来验看。”

又刑部等衙门题希佛纳打死和善，拟绞，秋后处决。上曰："希佛纳系新满洲，情有可原。"明珠等奏曰："希佛纳系一时之怒，殴打误伤，至三十二日身死，原无必杀之意。"上曰："此事着该部再行确议具奏。"

本日起居注官多奇、曹禾。

二十日辛未 早，上诣太皇太后宫问安。

辰时，御乾清门，听部院各衙门官员面奏政事。

本日起居注官德格勒、王封溁。

二十一日壬申 辰时，上御乾清门听政。部院各衙门官员面奏毕，大学士觉罗勒德洪、明珠、王熙、吴正治、宋德宜，学士李光地、吴兴祖、禅布、韩菼、赛弼汉、葛思泰、徐廷玺、郭棻、吴喇代、齐色以折本请旨。礼部覆浙江提督陈世凯条奏，直省武官应照文官例，一体瞻礼文庙，议不准行。王熙等奏曰："臣等遵旨，历考前代典礼，人主幸学亦有武臣从往者。至春秋二祭，未有武臣陪祀之例。今圣明在御礼乐明备之时，令武官同文官一体瞻礼文庙，未为不可。"上曰："此事可行，着九卿、詹事、科、道会议具奏。"

本日起居注官卢琦、徐元梦。

二十二日癸酉 辰时，上御乾清门听政。部院各衙门官员面奏毕，大学士觉罗勒德洪、明珠、王熙、吴正治、宋德宜，学士李光地、吴兴祖、禅布、韩菼、赛弼汉、葛思泰、徐廷玺、郭棻、吴喇代、齐色以折本请旨。吏部题开列主事赵吉士等三十六员，请定引见日期。上曰："科、道官关系甚要，此各官居官若何？为人若何？着问九卿开写来奏。"

未时，御景山内前殿，赐请安进贡科尔沁国一品台吉布达、三品阿思哈尼哈番达尔汉喀巴拉、四品台吉巴特马达赖，鄂尔多斯部落一品台吉拉特纳、二品台吉吴巴西、四品台吉伊思丹津，阿禄科尔沁国三品台吉阿希胡等、四品台吉阿拉纳等，扎鲁特部落四品台吉扎木巴拉，杜尔伯特四品台基德尔格尔等，柰曼部落都统懋秦，吴喇忒部落副都统僧吉德等食。

本日起居注官多奇、孟亮揆。

二十三日甲戌 辰时，上御乾清门，听部院各衙门官员面奏政事。

本日起居注官张英、伊图。

二十四日乙亥　辰时，上御乾清门听政。部院各衙门官员面奏毕，大学士觉罗勒德洪、明珠、王熙、吴正治、宋德宜，学士李光地、吴兴祖、禅布、韩菼、赛弼汉、葛思泰、徐廷玺、郭棻、吴喇代、齐色以折本请旨。九卿会推山西按察使布雅努升任员缺，正拟吏部郎中萨毕图，陪拟兵部郎中邬黑。上顾大学士等问曰："伊等何如？"明珠等奏曰："人皆优长，是以九卿选择。"上曰："尔学士内有与彼同事者否？"徐廷玺奏曰："萨毕图曾与臣同司共事，为人谨慎，办事颇优。"上曰："既经会推，萨毕图着升补按察使。"

又吏部题开列主事赵吉士等三十六人，请定引见日期。内阁遵旨传问九卿，开写折子呈览。上曰："九卿云何？"明珠等奏曰："据九卿云：现今各衙门官员及臣等向在外任，所知者可以保举；至行人司中书科所送之员及臣等外任未经相值者，臣等不知。"上曰："于成龙所荐卢龙知县何如？"王熙奏曰："格尔古德为巡抚时，曾经荐举，但距京辽远，臣知之未详。"上曰："此内有原任巡抚鄂恺、崔澄所荐之人，鄂恺、崔澄居官甚劣，所荐之人岂可用乎？"明珠等奏曰："皇上所见极是。"上曰："二十六日，将应行时务拟出数件，考试伊等定夺。"

本日起居注官德格勒、曹禾。

二十五日丙子　早，上御太和门视朝。

升转文武官员谢恩，次进贡厄鲁特部落噶尔丹博硕克图汗来使达尔汉巴图尔白克寨桑等，滚占顾木布台吉来使达尔汉格隆等、都哈尔台吉来使厄尔德尼厄尔克格楚尔等行礼，赐茶。召达尔汉巴图尔白克寨桑至阶下，赐茶毕，回宫。

少顷，诣太皇太后、皇太后宫问安。

是日，赐河南河北总兵官林宝鞍马一匹，赐食。

本日起居注官库勒纳、彭孙遹。

二十六日丁丑　辰时，上御乾清门听政。部院各衙门官员面奏毕，大学士觉罗勒德洪、明珠、王熙、吴正治、宋德宜，学士李光地、吴兴祖、禅布、韩菼、赛弼汉、葛思泰、徐廷玺、郭棻、吴喇代、齐色以折本请旨。吏部题佥都御史张集升任员缺，论俸开列大理寺少卿徐诰武，通政使司左通政王遵训。上顾大学士等问曰："其次应升者有谁？"王熙奏曰："有王承祖、钱珏。"明珠奏曰："尚有卫执蒲。"上问曰："钱珏居官何如？"王熙等奏曰："居官好。"上曰："钱珏曾参穆尔赛，着补授此缺。"

本日起居注官多奇、王尹方。

二十七日戊寅　辰时，上御乾清门听政。部院各衙门官员面奏毕，大学士觉罗勒德洪、明珠、王熙、吴正治、宋德宜，学士李光地、吴兴祖、禅布、韩菼、赛弼汉、葛思泰、徐廷玺、郭棻、吴喇代、齐色以折本请旨。上言及二十六日以策题考选科、道事。谕曰："尔等所拟上卷，朕略加观览，其第一名刘楷为人何如？"王熙等奏曰："刘楷现任中书科衙门，常见其以诰敕事回堂，系一明晓之人。"上问曰："刘楷曾出试差否？"王熙等奏曰："曾同王顼龄典试福建。"上顾李光地问曰："声名何如？"李光地奏曰："并未闻有不善处。"上曰："此题想伊等未尝揣摹，观其行文殊觉艰涩。"明珠、王熙奏曰："皇上所见诚然。伊等废学已久，不但作字不工，即文义亦未甚允惬。或有不能条对所问，将闲言敷衍成篇者；或有止书臣不能对数字者。此诚中无所有，出于不得已耳。"上曰："内有条对西北地区宜讲究水田之利者。从来水田因乎地势，若果西北可行，古人岂不早行之耶？徒生事耳，有何裨益！"因又顾大学士等曰："伊等内有居官优者否？"王熙奏曰："行取江南溧阳县知县裴衮居官诚善。吴江县知县郭琇系汤斌荐举，奉特旨行取者。"上顾问宋德宜。宋德宜奏曰："裴衮居官清廉，郭琇有才，且在地方安静。"上问曰："系何处人？"王熙奏曰："裴衮河南人，郭琇山东人。"上又问曰："更有居官优者否？"王熙奏曰："直隶真定府阜城县知县王焯系于成龙荐举者，想于成龙自不妄行荐举。"

奏毕，以吏部题，左都御史董纳以中书科掌印中书舍人托鼐为考选科道，将伊衙门中书舍人职名咨送吏部时，不将应送者尽行咨送，将原任左都御史徐元文之婿王缉植咨送，实有情弊，题参察议，将托鼎、王缉植、徐元文革职。上曰："闻王缉植之妻非徐元文生女。"明珠等奏曰："适董讷向臣等言：王缉植前妻徐氏，系徐元文同族侄女，犹可不论。继娶朱氏，系徐元文抚字之女。王缉植所刊齿录内明白开载。此齿录现在我处，徐元文未将此处供出。徐元文原系国家大臣，伊固如此欺隐皇上，我何敢瞒昧？”上曰：“汉人内常有此不雅之处，此事尔等议奏。”

又议政王、贝勒、大臣等会议，安亲王岳乐向厄林臣扎西王求取八十三户蒙古之处，隐匿并不实供，应罚俸一年。其前两议王等大臣官员交与该衙门察议。上曰：“两议王等大臣官员俱从宽，免交该衙门。余依议。”

又谕曰：“哈尔萨令其承袭公爵者，乃念伊父故耳。以正理论之，哈尔萨不应承袭，应令伊兄六格承袭。且六格为人朴实，观其从前控告甚属屈抑。着褫革哈尔萨所袭公爵，令六格承袭。尔等传谕。”

本日起居注官徐元梦、熊赐瓒。

二十八日己卯 辰时，上御乾清门。听部院各衙门官员面奏毕，九卿启奏，会推山东巡抚张鹏升任员缺，正拟河南布政使郎永清，陪拟副都御史赵之鼎。上问曰：“郎永清居官何如？”刑部尚书胡昇猷奏曰：“臣从陕西来，经过河南，闻其爱民，百姓皆称其善。”户部侍郎王日藻奏曰：“为人老成，居官安静。”上又问曰：“赵之鼎何如？”吏部尚书达哈塔奏曰：“赵之鼎众人皆谓其可用。”九卿出。

大学士觉罗勒德洪、明珠、王熙、吴正治，学士李光地、吴兴祖、禅布、韩菼、赛弼汉、葛思泰、徐廷玺、郭棻、吴喇代、齐色以折本请旨。吏部题中书科中书舍人托鼐，受托咨送王缉植及原任左都御史降级候补徐元文为婿嘱托，并拟革职。上曰：“徐元文纂修《明史》，闻已成大半，今复降级令其纂修可乎？”明珠等奏曰：“徐元文纂修《明史》甚勤。今降级令其纂修亦无不可。”上曰：“徐元文从宽免革职，着降四级，仍候补用。余依议。”

上又顾大学士等曰：“《续资治通鉴纲目》一书不逮《朱子纲目》远甚，其中剿袭前人处甚多，殊为草率。”又问：“纂修《明史》若何？”大学士王熙等奏曰：“本纪纂修至弘治年，列传亦渐次撰拟。”上曰：“一代史书，关系甚重，最宜详慎。”

巳时，上御懋勤殿之南暖阁，大学士觉罗勒德洪、明珠、王熙、吴正治，学士李光地、吴兴祖、禅布、韩菼、赛弼汉、葛思泰、徐廷玺、郭棻、吴喇代、齐色以御史处决重囚疏请旨。上命大学士、学士等坐，诸臣叩头坐。上细阅招册再三，详审其中陈万程等十四人情罪真确，决无可矜恕者，着令处决。其王魏桼等三十八人罪案逐一亲加裁定，求其可生之路。上曰："王魏桼指逃吓诈，未经得财。马鸣标打死方心，未曾供认。李必荣虽拒捕伤人，未曾致死。赵三诱卖人口，亦未曾杀人。黑儿因醉斫死伊妻，非系故杀。六十七年止十九岁，虽因奸致死，原无杀人之心。丁均宠戳死伊妻，未曾承认。济思哈戳死常格，起事有因。张六、杨九雅、稽保、孙绍武、陈三、韩一枝斗殴致死人命，非系故杀。王七与蒋德兴斗殴，德兴六日之后身死。聂杨逃后，伊妻配与花拉，因忿打死花拉。任二同案已经处死三人。蔡国勋此等光棍，从前多有发宁古塔为奴者。刘大等五人讹诈，未经得财。张世奇父张凤阳已经正法。杨保存虽用假印，得财不多。朱成凤、秦永贵、李廷辅、齐遵周虽系贪官，往年此等俱行监候。又于四、萧狮子、李二以上各犯俱着监候。原任巡抚穆尔赛、原任布政司那鼐等实系贪官，罪应重典，但穆尔赛之父，那鼐之伯，俱系阵亡。且此等贪官如屈尽美、张长庚、祖泽溥、贾汉复、韩世琦，从前漏网者亦有，今穆尔赛、那鼐等俱着监候。"又谕曰："人命关系最重。各省所审录强盗人命事件，文致周密，无隙可窥，故阅之最难。此等事皆深宜详慎。"谕毕，赐大学士、学士、起居注官茶。臣等伏惟皇上好生之德，如天之仁，宽恤详慎，远迈古帝，虽情真罪当之中，苟有一线可生之路，必俯加矜悯，不忍即行正法。刑期无刑之盛心，真超越千古者也。

本日起居注官库勒纳、张英。

二十九日庚辰　辰时，上御乾清门听政。部院各衙门官员面奏毕，大学士觉罗勒德洪、明珠、王熙、吴正治，学士李光地，吴兴祖、禅布、韩菼、赛弼汉、葛思泰、徐廷玺、郭棻、吴喇代、齐色以折本请旨。吏部题吏部郎中萨毕图升任员缺，正拟户部员外郎额德贝，陪拟马尔苏。上曰："此缺着选择具奏。"

本日起居注官伊图、徐嘉炎。

十一月

初一日辛巳 早，上诣太皇太后宫问安。

辰时，御乾清门听政。部院各衙门官员面奏毕，学士李光地、赛弼汉收本时，上曰："前考选科、道卷内，有一人所作之文与策体不合，何以拟置中等？"李光地奏曰："如此类者共有四本，因下卷太多，此一卷文理尚通，故置中等。"上曰："郭琇居官颇善，今亦置于后。尔等将试卷捧去，同大学士等参定，明日来奏。"

本日起居注官卢琦、德格勒。

初二日壬午 辰时，上御乾清门听政。部院各衙门官员面奏毕，大学士觉罗勒德洪、明珠、王熙、吴正治、宋德宜，学士李光地、吴兴祖、禅布、韩菼、赛弼汉、葛思泰、徐廷玺、郭棻、吴喇代、齐色以折本请旨。宗人府题右宗人公哈尔萨革任员缺，开列贝子星厄、苏尔法。上曰："此二人皆庸常，着将其次公等查奏。"

又九卿会推山东巡抚张鹏升任员缺，正拟河南布政使郎永清，陪拟副都御史赵之鼎。上问曰："尔等云何？"明珠奏曰："九卿推郎永清，称其忠厚可用。"王熙奏曰："郎永清既经九卿选择，似属可用，其为人亦忠厚。"上又顾吴正治、宋德宜等问曰："尔等众见若何？"吴正治、宋德宜奏曰："郎永清居官安静，其人尚可。"上沉吟久之曰："山东自徐旭龄、张鹏居官皆善，嗣后为巡抚者，亦不得不为良吏矣。"王熙奏曰："山东素有豪强，自施维翰、徐旭龄、张鹏相继为好官，地方颇觉安宁。"上曰："郎永清着升补山东巡抚。"

又启奏考选赵吉士等试卷。王熙奏曰："格式错误者共有四卷。此四卷内，程大夏虽亦违式，但以其文字犹可，故臣等拟欲置之二等末。因年老灯下昏聩，竟不知何以置之二等第二矣！"上曰："其余尚有倒置者否？"王熙奏曰："其余臣等不能看出。"明珠奏曰："三等内郭琇系汤斌荐举，众人皆云居官颇善。王焯系于成龙两次荐举，部议不允，蒙皇上特准。虽伊等所撰文字不佳，而居官殊善。裴衮系慕天颜荐举，问余国柱云，知之不甚详。”上问曰：“孔兴范系山东人否？”王熙奏曰：“是。系图纳、马齐所荐。”上曰：“伊等着引见。”

本日起居官朱都纳、蔡升元。

初三日癸未 早，上诣太皇太后、皇太后宫问安。

辰时，御乾清门听政。部院各衙门官员面奏毕，大学士觉罗勒德洪、明珠、王熙、吴正治、宋德宜，学士李光地、吴兴祖、禅布、韩菼、赛弼汉、葛思泰、徐廷玺、郭棻、吴喇代、齐色以折本请旨。宗人府题右宗正宗室公哈尔萨革任员缺，开列贝子兴尼等，及开写所查以次公等折子一并奏请。上曰：“观尚善之子公门度为人老成，将伊弟根都一并问本旗王等来奏。”

又以考选科、道名次折子请旨。上曰：“一等几人？二等几人？”明珠等奏曰：“一等八人，二等十六人，三等十二人。”上问曰：“应用几人？”明珠等奏曰：“往年人多，有用至三十余员者。此番共止三十六人，应用几员，恭候皇上酌定。”上问曰：“科道共有几缺？”明珠等奏曰：“科道共缺十人。科五缺、道五缺。”上曰：“照考试名次用二十人。十人以科员用，十人以道员用。其二等内程大夏着除去。”又问曰：“郭琇居官颇善，尔等之意若何？”王熙等奏曰：“郭琇系汤斌举荐者，居官实善。又王焯系于成龙举荐，居官亦善。”上问曰：“王焯系何处人？”王熙等奏曰：“系陕西三原县人。此二人蒙皇上简用，则二十人内，将程大夏除去外，二等内赵申乔作字既不佳，文亦平常，亦一并除去。此二十人应以科、道员缺，挨次间补。”上曰：“然。尔等可即撰拟谕旨。”

本日起居注官徐元梦、陈元龙。

初四日甲申 上因有事于南郊，斋戒三日，不理事。

本日起居注官归允肃、多奇。

初五日乙酉 本日起居注官王封溁、伊图。

初六日丙戌 早，上于保和殿视郊天祝版毕，回宫。

本日起居注官德格勒、田喜霦。

初七日丁亥　早，上以冬至，亲祀天于圜丘毕，回宫。

本日起居注官归允肃、多奇。

初八日戊子　早，以冬至节，上率诸王、贝勒、贝子、公等、内大臣、侍卫、大学士等，诣太皇太后宫行庆贺礼毕，又诣皇太后宫行礼毕，回宫。

少顷，御中和殿，内大臣、侍卫，内阁、翰林院、詹事府、礼部、理藩院、都察院、鸿胪寺执事大臣、官员行庆贺礼毕。

上御太和门，诸王、贝勒、贝子、公等、文武官员等上表行庆贺礼，次进贡厄鲁特部落噶尔丹博硕克图汗来使达尔汉巴图尔、白克赛（寨）桑等，都哈尔台吉来使厄尔德尼厄尔克格楚克等，滚占顾木布台吉来使达尔汉格隆等，喀尔喀部落土谢图汗来使博罗厄尔克下，扎萨克图汗来使鄂齐尔萨达尔下，厄尔克朝克托台吉来使达尔汉囊苏等，厄尔德木阿海台吉来使墨尔根噶布楚等，伊尔登台吉来使盆楚克格楚尔等，济布宗丹巴库图克图来使达锡格楚尔等，巴图尔台吉来使塞噶克等，阿巴哈纳尔厄尔希木顾盈台吉来使诺米等，厄尔克代青颜来使楚盈和硕齐等行礼，赐茶毕，驾回宫。

本日起居注官库勒纳、张英。

初九日己丑　辰时，上御乾清门听政。部院各衙门官员面奏毕，大学士觉罗勒德洪、明珠、王熙、吴正治、宋德宜，学士李光地、吴兴祖、禅布、韩菼、赛弼汉、葛思泰、徐廷玺、郭棻、吴喇代、齐色以折本请旨。宗人府题右宗正宗室公哈尔萨革任员缺，将贝子兴尼等开列。明珠等奏曰："臣等遵旨将宗室公门度、公根都问简亲王雅布、贝子福山。雅布云门度为人老成。福山亦云门度为人老成，根都少有智慧。"上曰："门度为人既是老成，着补授右宗正。"大学士等出。

山西巡抚马齐进请谕旨。上问曰："有所陈奏否？"马齐奏曰："臣原系微贱之人，屡蒙皇恩，升至布政使，方切战惧不能胜任。前赴任时，蒙皇上谆加训诲。臣到任后，惟凛奉谕旨，毫无效力之处。今又拔擢巡抚，巡抚之任甚为重要，臣实难胜任。恭请皇上天语指示，以便钦遵。"上曰："尔等现在居官皆好，声名亦佳。但朕观督、抚，其始未有不善，旋即改辙。尔若始终如一，毋改其操，则善矣。”马齐奏曰：“臣蒙皇上隆恩，不止一身，即祖、父世世皆蒙皇上浩荡之泽，臣焉敢改操。惟有竭力黾勉，以图报称。”上曰：“凡在朕前皆自许清正，至莅任日久，即言行相违。且山西相去不远，尔之优劣，朕自得知。”又问曰：“山西一省可有好官否？”马齐奏曰：“寿阳知县孙起纶居官颇优，清廉爱民。”上问曰：“果优否？系何处人？由何出身？”马齐奏曰：“孙起纶居官实优，系山东人，由进士出身。”上问曰：“此外尚有好官否？”马齐奏曰：“尚有一、二人。”上曰：“可及孙起纶否？”马齐奏曰：“孙起纶有办事之才，当冲繁之地，并无稽迟事件。”奏毕出。

未时，御景山内前殿，赐请安进贡郭尔罗斯部落辅国公莽萨、四品台吉西拉虎，科尔沁国一品台吉厄尔德尼等、四品台吉拉忒纳，扎鲁特部落二品台吉博退等、三品台吉达尔马、四品台吉马哈萨都等，翁牛忒部落三品台吉宁布、四品台吉布等，士默特部落四品塔布囊喇马西希等，柰曼部落四品台吉巴扎尔等，扎萨克为首喇嘛丹巴格隆，盛京嘛哈噶喇庙为首喇嘛甘丹格隆及山西巡抚马齐食。是日，赐山西巡抚马齐鞍马一匹。

本日起居注官彭孙遹、朱都纳。

初十日庚寅 早，上诣太皇太后、皇太后宫问安。

辰时，御乾清门听政。部院各衙门官员面奏毕，大学士觉罗勒德洪、明珠、王熙、吴正治、宋德宜，学士李光地、吴兴祖、禅布、韩菼、赛弼汉、葛思泰、徐廷玺、郭棻、吴喇代、齐色以折本请旨。吏部题本部郎中萨毕图升任员缺，选择户部员外郎恩格礼拟正，本部员外郎巢可托拟陪。上问曰：“恩格礼为人若何？”明珠奏曰：“据户部堂官称，恩格礼为人可用。”上顾葛思泰问曰：“尔知之乎？”葛思泰奏曰：“恩格礼曾任刑部，办事勤慎。”上曰：“部院属官但能谨慎即可用矣。着以恩格礼升补此缺。”

又议令云南巡抚王继文离任守制。上曰：“王继文未完钱粮，稽迟时日，故行不完者，无非希图留任之计耳。王继文着丁忧，其未完钱粮仍于伊名下追取。”

又以御览呈样《方略》付大学士等，谕曰：“《方略》四册，朕已览讫，其中舛错者颇多。如称王辅臣为马鹞子，当年随经略洪承畴去时，并无此号。且朕记其由云南援剿总兵官授为陕西提督，今谓由陕西总兵官升任，是竟未详察耳。至于论赞中，援宋祖杯酒释兵权故事以况朕，在作者或有所见，朕心实录惭愧。且吴三桂等亦非宋功臣比，直唐藩镇之流也。”明珠等奏曰：“圣谕甚当。宋臣时在辇下，释其兵权诚易，与诸逆之久在边陲者不同。以此比拟，殊属大误。”上曰：“平逆始末，阿兰泰知之甚悉。是非得失，天下自有公论，岂誉之而增高，不誉而加损耶？大抵记事欲得其实而已。此内夹签者七处，尔等俱逐一详看，问明来奏。”本日起居注官王尹方、徐元梦。

十一日辛卯 辰时，上御乾清门听政。部院各衙门官员面奏毕，大学士觉罗勒德洪、明珠、王熙、吴正治、宋德宜，学士李光地、吴兴祖、禅布、韩菼、赛弼汉、葛思泰、徐廷玺、郭棻、吴喇代、齐色以折本请旨。九卿会议浙江提督陈世凯条奏武官应赴文庙行礼，议准行。上曰：“此议准行，想亦甚当。”勒德洪等奏曰：“圣谕诚然。应准行。”上曰：“着依议。”

谕毕，大学士觉罗勒德洪、明珠、王熙、吴正治、宋德宜，左都御史阿兰泰，学士顾八代、赛弼汉、韩菼、张英等将《方略》内舛错七处改正呈览。上曰：“可将王辅臣由援剿总兵官升任陕西提督之处查明否？”明珠奏曰：“臣等查得王辅臣原系由援剿总兵官升任陕西提督，并非由陕西总兵升授陕西提督，此臣等大误处。皇上所见诚然。”上问曰：“汉官云何？”王熙、张英、韩菼奏曰：“皇上所见甚确。臣等愚昧，一时舛错。”上顾左都御史阿兰泰曰：“此事系尔身任料理之事，尔如何错误？”阿兰泰奏曰：“因年久忘却。”上曰：“忘之可乎？三逆之事非终身可忘者也。”上顾诸臣曰：“凡事应兢兢业业，若常此错误，岂可乎？”因又曰：“向日迁移吴三桂一案，亦曾两议，未有议及吴三桂必反者，亦未有议及吴三桂必不反者。后索额图曾云，主议当迁移之人应当处斩。此事举朝悉知，岂可遗漏不入乎？”

本日起居注官伊图、熊赐瓒。

十二日壬辰 辰时，上御乾清门，听部院各衙门官员面奏政事。

本日起居注官德格勒、徐嘉炎。

十三日癸巳　辰时，上御乾清门，听部院各衙门官员面奏政事。

本日起居注官多奇、陈元龙。

十四日甲午　辰时，上御乾清门听政。部院各衙门官员面奏毕，九卿启奏河南布政使郎永清升任员缺，会推将候补布政田启光拟正，云南按察使蒋寅拟陪。上问曰："田启光前任何处布政使？其人若何？"达哈塔奏曰："田启光向任云南布政使，丁忧解任。前江苏布政使员缺时，参议劳之辨称其为人老成，办事亦优。举出之后，众人亦皆称善拟陪。因系前次拟陪之人，故此番会推拟正。"上又问曰："为云南布政使时，诸臣内有知之者否？"尚书佛伦奏曰："臣曾到云南。田启光为人安静老成，亦能办事。"上又问曰："田启光前在何部？诸臣内有知之者否？"达哈塔奏曰："前为内阁侍读，系一谨慎之人。"上问曰："拟陪之人若何？系谁推举者？"达哈塔奏曰："拟陪蒋寅，众皆称其可用。公同推出，无有首先推举之人。"奏毕，九卿出。

大学士觉罗勒德洪、明珠、王熙、吴正治、宋德宜，学士李光地、吴兴祖、禅布、韩菼、葛思泰、徐廷玺、郭棻、吴喇代、齐色以折本请旨。吏部题太常寺卿朱马泰将不给香靠之处，未曾查出，且伊启奏时不自认罪，止将奉祀官交部议处。又桌案未撤之先，误奏礼毕。至于锡保告言声哑，既已明知，不行更换，令其赞引，议应革职。少卿胡世图、寺丞锡保不查未给香靠之处，又伊等不自认罪，但启奏将奉祀官交部议处。至锡保启奏系銮仪卫职掌之处，胡世图未曾题参，议各降三级调用。奉祀官陈义禄因香靠未给，议降二级留任。上曰："祭祀天地，关系大典，宜极诚致敬，岂可高声喧闹，往来行走？前祭天坛时，赞礼官并不能赞引，声音哑涩，朕行礼殊觉不便。且祭毕后，朕方下一、二阶级，便有人杂乱行走，高声喧嚷，亦有走马驰骤之声。郊天之际，岂宜如此不敬？明朝斋戒官员皆在坛内上宿，末季行之苟且，遂视为具文矣。郊天大典，岂可比之寻常？今纠仪监察御史止似仪仗排列而已，并不纠察。且坛垣基址所以极其宽广者，原欲其虔加严敬，禁止妄行喧闹耳。嗣后各官应令于外垣下马步进，极其诚敬，以承祀事。"明珠奏曰："圣谕诚然。皇上因祀典关系甚叵，每于坛庙，莫不亲祭致敬。自古人君似此每次亲祭致敬者亦少。”王熙奏曰：“明朝洪武时，郊祀天地亦极祗敬，后来慢忽，视为常事矣。”上曰：“此事着交与九卿，应如何严肃定议之处，尔等明日来奏。”

又礼部题哈尔萨护国公爵既已褫革，令伊兄六格承袭，并伊子海青之辅国公亦行革去，照例追夺伊妻诰命。又哈尔萨之女嫁于吴勒木吉时，曾封县君，吴勒木吉曾封固山额驸，一并照例革去。上曰：“哈尔萨之女及婿已经受封，着仍留其县君、额驸。余依议。”

又刑部题夏朝卿赌博，拟革职，照例各枷号两个月，鞭一百。将失察之佐领张文素等，俱照例各罚俸一年。上曰：“这事着依议完结。赌博之风近闻愈盛，竟有缙绅亦行赌博者，此皆该管官员不严饬所致。尔等传集八旗都统、副都统等，严加申饬。”

未时，御景山内前殿，赐请安喀尔喀部落土谢图汗来使博罗厄尔克下、扎萨克图汗来使鄂齐尔西达尔下、济布宗达木巴库图克图来使济木巴扎木散格楚尔等食。

本日起居注官库勒纳、卢琦。

十五日乙未　早，上诣太皇太后宫问安。

辰时，御乾清门听政。部院各衙门官员面奏毕，大学士觉罗勒德洪、明珠、王熙、吴正治、宋德宜，学士李光地、吴兴祖、禅布、韩菼、葛思泰、徐廷玺、郭棻、吴喇代、齐色以折本请旨。吏部题云南巡抚王继文丁忧员缺，或开列满洲，或开列汉军、汉人请旨。上问大学士等曰：“尔等云何？”明珠等奏曰：“此缺向来多用汉军，况云内（南）地居边疆，必得世家谨慎之人谙练钱粮事务者补用，庶称其任。”上问曰：“尔等意中以何人为堪用？”明珠等奏曰：“臣等公议湖广巡抚石琳系原任都统石廷柱之子，其人谨慎，谙练钱粮事务，似可补用。”上曰：“既如此，着以石琳调补云南巡抚。”

又题太常寺卿朱马泰等革职降调事。上问大学士等曰：“九卿之议若何？”明珠等奏曰：“臣等昨承上谕，录示九卿。九卿咸曰：飨祀南郊，理当恭慎。我皇上御极以来，于天地宗庙一切大祭，每皆亲诣行礼，极致精诚，自古帝王鲜克臻此。顷聆圣言，更期礼制严肃，敬意昭孚，天语殊为允惬。惟俟谕下，臣等详细议奏。”上曰：“尔等可撰拟上谕来看。祀天关系大典，岂容失礼？况朱马泰等屡有错误，俱照部议革职降调。”

本日起居注官王封溁、伊图。

十六日丙申　辰时，上御乾清门听政。部院各衙门官员面奏毕，大学士觉罗勒德洪、明珠、王熙、吴正治、宋德宜，学士李光地、吴兴祖、禅布、韩菼、葛思泰、徐廷玺、郭棻、吴喇代、齐色以折本请旨。九卿会推河南布政使郎永清升任员缺，以候补布政使田启光拟正，云南按察使蒋寅拟陪。上问曰：“田启光为人何如？”明珠奏曰：“田启光曾在内阁衙门，颇能翻译。其人未见有甚优之处。”宋德宜奏曰：“臣曾与之同修《世祖章皇帝实录》，知其人谨慎有才。”上曰：“田启光着补授此缺。”

又以坛庙祭祀宜加虔肃，令九卿等会议上谕呈览。上曰：“坛庙祀典，关系重大。太常寺丞西宝人最不堪，赞礼声音高下无节。朕每于行礼时，恐其违失大典，辄怀忧虑。原任学士席尔达素娴赞导，声音清朗，着以原品补授太常寺卿。又少卿原缺，亦宜选用，必得如原任少卿舒恕者补授，始为得当。”因顾大学士等问曰：“太常少卿由何项官升任？”明珠等奏曰：“系员外郎等官升授。”上曰：“郎中亦可调用否？”明珠等奏曰：“皇上因材调用，无不可者。”上曰：“工部郎中阿喇密原为赞礼郎，其人老成，着调补少卿。”

是日，发出宋儒周敦颐、张载、程灏、程颐、邵雍、朱熹祠堂及白鹿洞书院、岳麓书院扁额共八面，皆御书“学达性天”四字；定海山扁额一面，御书“定海山”三字，命转交礼部。

本日起居注官孟亮揆、徐元梦。

十七日丁酉　早，上诣太皇太后宫问安。

辰时，御乾清门听政。部院各衙门官员面奏毕，大学士觉罗勒德洪、明珠、王熙、吴正治、宋德宜，学士李光地、吴兴祖、禅布、韩菼、葛思泰、徐廷玺、郭棻、吴喇代、齐色以折本请旨。吏部题学士赛弼汉升任员缺，开列詹事尹泰等。上问曰：“尔等云何？”明珠等奏曰：“开列之人皆皇上所知者，恭候皇上简用。”上曰：“此开列内谁为优者？”明珠等奏曰："额尔黑图为人颇优。"上沉思良久。明珠又奏曰："前亦曾有简用布政使补授学士者。陕西布政使傅腊塔、山西布政使布雅努居官颇善，伊等或可简用。"上曰："诚善。伊等为人亦可，且居官颇善。"王熙奏曰："傅腊塔、布雅努清廉爱民，在地方安静。"上沉思良久曰："山、陕地方紧要，伊等着留在地方。额尔黑图着升补学士。"

又题转补郎中员缺，将户部员外郎厄德贝拟正，工部员外郎麻尔苏拟陪。明珠等奏曰："臣等遵旨将厄德贝问户部堂官，据尚书科尔坤等云，厄德贝为人老成勤慎，亦堪办事。"上曰："伊部堂官曾言其不及否？"明珠等奏曰："未曾言不及，称其能办事。"上曰："如此着厄德贝升补郎中。"

又总漕徐旭龄自行回奏。上曰："观徐旭龄奏章纯是巧饰诳称，将差遣司官督催回空之处，皆为己功。今年颇暖，故如此，若早冰冻，岂不迟误？"王熙奏曰："是今年颇暖，往年有小雪即冻之时。若果早冻，实属迟误矣。"上曰："徐旭龄不直陈其错误，巧饰回奏，殊属不合。着严加察议。"

本日起居注官张英、朱都纳。

十八日戊戌 早，上诣太皇太后、皇太后宫问安毕，以岁暮致祭孝陵，由东华门出朝阳门，驻跸邦均。是日，监督通州坐粮厅事户部郎中秦齐喇等、通永道宋荦等、务关营游击刘廷栋等、三河县防守御马库等、三河县知县彭鹏等来朝。

十九日己亥 未时，上率扈从王、内大臣、侍卫、部院大臣诣孝陵，行三跪九叩头礼，三奠酒举哀。又率王、大臣等至仁孝皇后、孝昭皇后陵，三奠酒举哀。又至慧妃墓，三奠酒举哀。又至奉圣夫人墓，举哀。

是日，驻跸马兰峪城内。

二十日庚子 早，上率王、内大臣、侍卫、部院大臣诣孝陵，于崇恩殿献玉帛，读祝文，以岁暮礼大祭。又遣显亲王丹臻于仁孝皇后、孝昭皇后陵献玉帛，读祝文，以岁暮礼大祭。

因祭告之便，巡历遵化州一带地方，驻跸汤泉。是日，松棚路鲇鱼关把总陈文利等来朝。

二十一日辛丑　上驻跸遵化州城内。是日，遵化州游击李得胜等、遵化知州韦国佐等来朝。

二十二日壬寅　上驻跸三屯营城内。是日，三屯营副将王化行等来朝。

二十三日癸卯　上驻跸米儿口。是日，上射殪二虎。

二十四日甲辰　上驻跸滦河西岸。是日，上射殪二虎。

二十五日乙巳　上驻跸龙井关，上射殪一虎。是日，潘家口把总崔东等来朝。

二十六日丙午　上出龙井关，驻跸拦羊口西。

二十七日丁未　赐三旗护军牛羊。上进罗文峪，驻跸孤山西南，上射殪一豹。是日，罗文峪关守尉吴赖等来朝。

二十八日戊申　上驻跸汤泉。

二十九日己酉　早，上率扈从王、内大臣、侍卫、部院大臣诣孝陵，三奠酒，举哀。又率王、大臣至仁孝皇后、孝昭皇后陵，三奠酒，举哀。

是日，上驻跸孙家庄西。

三十日庚戌　上驻跸蓟州城内。是日，蓟州都司佥书茹罴等、蓟州知州杨天佑来朝。

十二月

初一日辛亥　上驻跸邦均。

初二日壬子　上驻跸夏店。是日，赐扈从内大臣，侍卫以下、护军以上野鸡。

初三日癸丑　未时，上由朝阳门进东华门，诣太皇太后宫问安毕，回宫。

部院各衙门章奏每日交与内阁，内阁每三日驿递汇送行在听理。

扈从起居注官库勒纳。

初四日甲寅　早，上诣太皇太后、皇太后宫问安。

辰时，御乾清门听政。部院各衙门官员面奏毕，大学士觉罗勒德洪、明珠、王熙、吴正治、宋德宜，学士李光地、吴兴祖、禅布、韩菼、葛思泰、徐廷玺、郭棻、吴喇代、齐色、额尔黑图以折本请旨。吏部题总漕徐旭龄迟延漕艘，议降二级调用。上曰："徐旭龄巧饰诳奏，该部徇庇，草率蒙混塞责，不行详议，着再严加详议具奏。尔等所拟票签亦错误矣。"

又刑部等衙门题楞皮因私债将刘七弟兄折算为奴，又奸占刘七之妻刘氏，照光棍为首例拟立斩。刘氏抹颈之处，往告步军统领麻勒吉，伊不即行送部，瞻徇情面，交与楞皮，照例议降二级调用。上曰："楞皮行事强横，麻勒吉将抹颈刘氏不即行送部，实系畏惧楞皮，显有徇庇情弊。此案内情节，该部并未详加审明，着再行详审严议具奏。"

上又曰："孙果等部议亦未明白。孙果原系侍卫，因稍通汉文，补用部院，并不仰体朕任用之意，厘革弊端，竭力报称，且所行甚是不端。又大学士勒德洪之子通义品行亦属不端，因病免居家，不务安静，处处结交，败坏大学士之名者，必是子也。"勒德洪奏曰："臣蒙皇上圣恩，历升至此，臣但望没世之后，名与身随，勒一石于墓前，垂示久远。至于子嗣，但能养其身，实未能养其心也。"

本日起居注官归允肃、多奇。

初五日乙卯 辰时，上御乾清门听政。部院各衙门官员面奏毕，吏、刑二部堂官以绿头签请旨。议将侍郎蔡毓荣并子蔡琳革职提问。上顾尚书希福等曰："蔡毓荣居官甚是贪酷，此人品行秽恶极矣。伊恃财势笼络人心，内外无不周到。况既得云南城吴三桂家赀等物，理应赏赐八旗效力兵丁，而蔡毓荣将珍奇细软皆多方侵入私囊，馈送大臣官员。佛伦、希福，尔等皆至四川、云南，尔等岂有不知如此大恶之人？若不惩创一人，何以使其余官员警戒？尔等详加审询，务将情弊尽行发觉。"尚书希福奏曰："臣等定行竭力详审。"上曰："此事着依尔等议。"吏、刑二部堂官出。

大学士觉罗勒德洪、明珠、王熙、吴正治、宋德宜，学士李光地、吴兴祖、禅布、韩菼、葛思泰、徐廷玺、郭棻、吴喇代、齐色、额尔黑图以折本请旨。九卿会推广西巡抚石琳调补员缺，以副都御史赵之鼎拟正，福建布政使张汧拟陪。上曰："赵之鼎系一庸劣之人。巡抚职任重要，应补用贤能之人。"因顾问大学士等曰："拟陪张汧若何？"王熙、吴正治、宋德宜奏曰："赵之鼎实非理烦治剧之才。张汧为人尚优，行事亦谨慎。”上又顾李光地问曰：“其人若何？”李光地奏曰：“居官在地方安静。”上曰：“张汧着升补湖广巡抚。”

又吏部题补太常寺寺丞员缺，以赞礼郎布尔哈拟正，典簿外图库拟陪。上曰：“太常寺寺丞关系祭典，应补娴熟典礼之人。着将太常寺赞礼郎内，年久娴熟典礼者，问学士葛思泰、卿席尔达来奏。”

又题补工部司库员缺，将勒贝拟正，蒙古拟陪。上曰：“勒贝系狂妄之人。学士齐色，尔必知之。”齐色奏曰：“然。勒贝实系狂人。”上曰：“勒贝为人甚是平常，着以原品随旗行走。着补用拟陪之人。”

又刑部题，沈颠霸占尹鸿勋田产，又打勒书写卖身文契，因拟立斩。上顾大学士等曰：“沈颠系有名光棍，人无不知。尔等之意若何？”王熙奏曰：“此人系一积恶光棍，似应即行正法，以示众人。”上曰：“此人着即在伊行凶地面正法，令百姓共知。”

又中城御史德木图等题参兵马司倪嘉征、总甲曲祥等，同长班何承业，吓诈地方杜祥银十八两。上曰：“此等事可以本城完结否？”王熙奏曰：“向来似此些小事，在本衙门完结者甚多。”上曰：“此等微琐之事，既可本衙门完结，何须具奏？若尽皆如此，则一金之事，亦致琐渎，殊违大体。此本着发还该御史，令其自行完结。”

又宗人府等衙门题议固木德事。上曰：“此案内营求情弊甚为显著，该部所议并未明悉，着再严加详议具奏。”

本日起居注官伊图、曹禾。

初六日丙辰　辰时，上御乾清门听政。部院各衙门官员面奏毕，大学士觉罗勒德洪、明珠、王熙、吴正治、宋德宜，学士李光地、禅布、韩菼、葛思泰、郭棻、吴喇代、齐色、额尔黑图以折本请旨。兵部题叙西安、江宁等处官兵军功，议给世职。上曰：“此事依议。此等在外得世职之人，若俱令来京，道路辽远，恐致艰苦。着仍留各驻地方，照伊本等职役行走，遇缺即行补用。”

又刑部等衙门议僧人化乘谋杀伊师传智，拟凌迟处死。同谋李大、蔡大拟立斩。明珠等奏曰：“臣等传旨与九卿，九卿等公议得：律内儒家弟子杀师，拟立斩，僧道杀师拟凌迟处死，盖以其承受家财也。夫以承受家财之故，遽拟凌迟，似未允当，化乘应改为立斩。皇上圣明，洞晰情理，诚非臣等意见所及。”上曰：“化乘着改为即斩，永著为例。李大、蔡大俱改为应斩，着监候，秋后处决。”

本日起居注官彭孙遹、徐元梦。

初七日丁巳 早，上诣太皇太后宫问安。

辰时，御乾清门听政。部院各衙门官员面奏毕，大学士觉罗勒德洪、明珠、王熙、吴正治、宋德宜，学士李光地、禅布、韩菼、葛思泰、吴喇代、齐色以折本请旨。吏部题兵部侍郎杨雍建员缺，开列学士吴兴祖等。明珠等奏曰：“臣等遵旨议得巡抚亦有升用侍郎者。外则四川巡抚姚缔虞、广东巡抚李士桢居官俱好；内则刑部侍郎张可前为人老实。此三人似属可用。又副都御史赵之鼎、徐元珙为人虽属平常，亦皆应升者。恭候皇上简用。”上曰：“张可前着转补兵部左侍郎。其张可前员缺，着赵之鼎升补。”又问曰：“其次应升者为谁？”明珠等奏曰：“其次则通政使司通政使郑重、大理寺卿边声廷。”上熟思良久曰：“又一缺若用姚缔虞，则四川地方亦属紧要。学士张英在翰苑不称，着升补兵部右侍郎。”

又太常寺寺丞西宝降调员缺，以赞礼郎布尔哈拟正，典簿外图库拟陪。明珠等奏曰：“臣等遵旨问学士葛思泰、太常寺卿席尔达。据称：赞理郎法山、华善为人颇优，礼仪娴熟，此二人可用。即将法山、华善引见。”上问曰：“伊等历俸几年？”葛思泰奏曰：“法山四年，华善二年。”上曰：“岂再无俸深者乎？伊等声音何如？伊等声音朕未之闻也。”葛思泰奏曰：“伊等声音平常。寺丞职在引礼办事，此二人老成，可以任事，所以选择。”上曰：“法山系何出身？”勒德洪奏曰：“由乌林人笔帖式升赞礼郎，为人颇优，且年已老成。”上问曰：“比西宝何如？”葛思泰奏曰：“此二人比西宝果优。西宝但因办事熟练选择，其为人甚属狂妄。此二人比西宝果优。”上熟思良久曰：“此二人未必可用，其他俸深者为谁？”葛思泰奏曰：“雅奇、张达俸深。”上曰：“寺丞员缺，甚属紧要，必须历俸年久、声音洪亮、礼仪娴熟者，方可补用。着另行选择具奏。”

本日起居注官王尹方、朱都纳。

初八日戊午 辰时，上御乾清门，听部院各衙门官员面奏政事。

本日起居注官德格勒、熊赐瓒。

初九日己未 辰时，上御乾清门听政。部院各衙门官员面奏毕，大学士觉罗勒德洪、明珠、王熙、吴正治、宋德宜，学士李光地、吴兴祖、禅布、韩菼、葛思泰、徐廷玺、郭棻、吴喇代、齐色、额尔黑图以折本诣旨。吏部题寺丞西宝降调员缺，将赞礼郎布尔哈拟正，典簿外图库拟陪。遵旨选择读祝官张达、赞礼郎萨木哈引见。上问曰："张达、萨木哈历任几年？"葛思泰奏曰："张达历任十一年，萨木哈历任八年。"上问曰："张达为人若何？"葛思泰奏曰："张达为人堪用。"上曰："这员缺着张达补授。"

又都察院等衙门题巴拜等原在安亲王王府佐领下，今所告状内，既称粉身碎骨，情愿效力，应将伊等交与内务府，拨入三旗佐领下。上曰："开出巴拜等，非朕欲得其人，原以惩戒贪黩之辈耳。着拨入八旗内缺少壮丁之蒙古旗下。"

本日起居注官多奇、陈元龙。

初十日庚申 辰时，上御乾清门，听部院各衙门官员面奏政事。

本日起居注官伊图、徐嘉炎。

十一日辛酉 辰时，上御乾清门，听部院各衙门官员面奏政事。

本日起居注官卢琦、徐元梦。

十二日壬戌 早，上诣太皇太后宫问安。

辰时，御乾清门听政。部院各衙门官员面奏毕，大学士觉罗勒德洪、明珠、王熙、吴正治、宋德宜，学士李光地、吴兴祖、禅布、韩菼、葛思泰、徐廷玺、郭棻、吴喇代、齐色以折本请旨。九卿定议祭天地坛庙等典礼。上曰："这所议妥当，着照九卿议。凡祭祀时特遣御史监礼，专以纠劾不敬。今观御史不过左右顾盼，聊以充数，未尝纠参一人。且非特诸臣而已，即朕设有不敬处，亦当举奏也。"

又吏部题翰林院学士张英升任员缺，开列少詹事卢琦等。上顾大学士等问曰："尔等曾议过否？"明珠等奏曰："掌院职任最要，皇上圣学高深，必得老成而有学问者，方能称职。此开列内，皆皇上所悉知者，伏候睿裁，臣下难以定议。"王熙奏曰："翰林院撰述文字皆关紧要，皇上圣学渊邃，居此职者不但当老成谨慎，尤贵学问淹贯，能得文字之大体。讲读学士等俱在圣鉴，惟候皇上裁定。”上曰：“掌院职任关系紧要，必得有主见之人，方可胜任。李光地学问虽不甚深知，其中却有定见。此缺着李光地补授。”

上又曰：“张英人亦谨厚，但无主见，且怠惰，朕再三谆谕，并不肯细心体认文字。当日尚好，自此番来甚觉懒惰。如《礼记》讲章将来欲传于后世，岂可不斟酌精当？且《礼记》多汉儒傅会之说，翰林官不过照旧时解义敷衍词章，其中是非理宜自加体察。向来熊赐履屡言张英止属谨慎之人，其中却无主见。”明珠奏曰：“熊赐履亦看得真。”王熙奏曰：“张英人尚朴实。今皇上如此宽贷，实出皇上浩荡之恩。”

又副都御史赵之鼎升任员缺，开列宗人府府丞李廷松等。上曰：“尔等云何？”明珠等奏曰：“此内开列者系宗人府府丞李廷松、通政使郑重、大理寺卿边声廷。”上问曰：“此内谁可？”明珠等奏曰：“郑重为人朴实，向在吏部时颇有贤声。”王熙、吴正治奏曰：“郑重人亦老成忠厚。”上问曰：“郑重由进士出身否？”王熙奏曰：“系福建进士。”上又问李光地曰：“郑重系福建何府人？”李光地奏曰：“建宁府人。”上问曰：“其次可用者更有何人？”明珠奏曰：“次则有钱珏。”上曰：“钱珏顷才优升，此缺着郑重补授。”

又题总漕徐旭龄议应革职。上曰：“徐旭龄居官尚优，着从宽免革职，降五级留任。嗣后务悛改前非，实心任事，恪尽乃职。尔等票旨饬谕。”

未时，御景山内前殿，赐请安进贡郭尔罗斯部落护国公安达西里、四品台吉毕木巴拉等，阿霸垓二品台基德木楚克，土默特部落三品台吉阿喇讷等、四品台吉阿尔德尼等、一品塔布囊布颜图、二品塔布囊桑图、三品塔布囊色冷、四品塔布囊阿第萨等，归化城德木齐尚南多尔济格隆、尼马达克秦额木齐等食。

本日起居注官朱都纳、蔡升元。

十三日癸亥 辰时，上御乾清门，听部院各衙门官员面奏政事。

本日起居注官归允肃、德格勒。

十四日甲子 辰时，上御乾清门，听部院各衙门官员面奏政事。

本日起居注官库勒纳、王封溁。

十五日乙丑　早，上御太和门视朝。升转文武官员谢恩，次土鲁番国具表进贡来使伍禄合泽亦私麦路哈信别革麻劳藏行礼，赐茶毕，回宫。

本日起居注官库勒纳、田喜霱。

十六日丙寅　辰时，上御乾清门听政。部院各衙门官员面奏毕，大学士觉罗勒德洪、明珠、王熙、吴正治、宋德宜，学士吴兴祖、禅布、葛思泰、徐廷玺、郭棻、吴喇代、齐色、额尔黑图以折本请旨。福建提督张云翼题提督施琅在泉州天地春地方建立碑亭，镌勒御制诗，不便经由来往，请旨定夺。礼部议令与施琅会商具题到日再议。上曰："施琅此举大为非是。朕亲书诗字赐之者，原以褒施琅之功，荣宠其一身一家，于伊家左右犹可竖碑。今乃于公所建立碑亭，不独张云翼一人出入未便，即合省文武大僚亦皆震悚回避，殊为非便。况施琅、张云翼同为提督，乃欲张云翼降心以从可乎？此特借端招摇，欲引以为重耳。即如请安一事，京中遣一笔帖式往赴直省，地方大小官员齐至，请问朕安。笔帖式系微末之员，禁地且不得入，何由得至朕前？此皆炫耀地方，吓取财物之计耳。施琅建碑之事，良有关系，礼部因系朕制诗章，不便定议，故如此题覆。应将此本发还礼部，令严饬施琅，不得于公所立碑。"又施琅题将御制诗章勒碑，摹拓进呈睿览。上曰："张云翼之疏从此事起，此本着礼部一并议奏。"

又顾郭棻问大学士曰："此汉学士若何？"明珠奏曰："系一庸人。"上曰："朕观此人于此等请旨事件，未必悉知。国家用一人，即欲得一人之益，既任学士之职，凡公事皆宜尽言，言之而当固善，即言之不当，亦复何妨。观尔两汉学士缄默不言，依违随众，未见议论一事，如此则用一无用之物耳，于国家何益？今大庭广众之前，有所见而不言，退则啧有烦言，此真非人类矣。"王熙奏曰："学士职掌甚为机要，每遇公事意见所及，即应明言。今于大庭广众之前不言，而退有后言，诚大负职掌。"

又监修下河侍郎孙在丰与总河靳辅会议，改滚水坝为闸座之处，俟黄河刷深之日再议。又孙在丰等题，先从海口应挑石墩等处兴工，请敕河臣，如遇水势消减，即将滚水坝尽行闭塞，以便开浚下河。上曰："顷郎中郑都至京奏称，伊身回时，即兴工挑浚下河，朕谕以尔等恐未能即便兴工。今孙在丰等果如此具题，孙在丰之不能与靳辅抗明矣！今若不闭塞滚水坝等口，则下河一面挑浚，上河一面放水，何日方有成功？若即闭塞，日后运河溃决，则靳辅借以为辞。欲筹两全之道，实为甚难。然靳辅前曾启奏，筑堤以束下河之水，使之归海。此疏内有无闭塞滚水坝等口之语，尔等会同九卿详看。如向欲闭塞，今孙在丰修理下河又云不可闭塞，可乎？尔等即会同定议具奏。”

午时，上复御乾清门，满汉大学士、学士会同工部尚书佛伦、陈廷敬，侍郎党古里、陈一炳、觉罗沙赖奏曰：“臣等与九卿公议，查前靳辅、于成龙会议疏通下河疏内，欲将高邮州北小闸小堤俱行闭塞，运至高邮州南、邵伯镇南二处修造大石闸两座等语。今值寒冬，非大修时，且孙在丰尚未兴工，此二人应俱令来京。其滚水坝诸处应否闭塞，令在九卿前各陈己见，候皇上亲行详诘裁定，然后兴工，似乎有裨于事。”上顾次班大臣问曰：“尔等之意皆同否？”党古里等奏曰：“臣等之意皆同。”葛思泰奏曰：“召靳辅、孙在丰两人来时，皇上详问，则是非自辨，可得一定之理矣。”上顾陈廷敬问曰：“尔意若何？”陈廷敬奏曰：“皇上轸念高、宝等七州、县之民，遭罹水灾，因发帑金遣大臣督修，不独七州、县之民喜跃，即天下之民无有不感戴者。今两人言既参差，臣等之意令其来京，皇上亲加详问，庶便于遵行。”上曰：“此下河决宜开浚，断不可止，孙在丰不必令其来京。堵塞堤闸之处，孙在丰何敢轻言？若日后上河溃决，渠能任其咎乎？孙在丰所请，不过欲上河不放水耳，并无多言。假使靳辅治理下河，不塞水口，能于巨浸中从事乎？令靳辅为之，必欲闭塞诸口。今孙在丰为之，又云不可，何也？岂非有阻挠之意耶？”王熙奏曰：“圣谕诚然。靳辅前疏欲将诸口闭塞，今又云不可闭塞，前后之言相为矛盾。皇上圣明，且亲历河干，洞见河形，若召靳辅详问，自不得有所隐蔽矣。”上顾佛伦问曰：“尔以为何如？”佛伦奏曰：“如靳辅疏内明陈不可闭塞之故，皇上犹可曲原。今不言其故，但以不可闭塞，含糊具奏。况伊曩日又奏言应塞，睿念及此，命加查看，最为允当。”明珠奏曰：“靳辅自背前言，皇上念及前疏，一令查看，故罅隙立见。”上曰：

“依尔等所议召靳辅来京，朕有面问靳辅之处。”

本日起居注官孟亮揆、徐元梦。

十七日丁卯　辰时，上御乾清门听政。部院各衙门官员面奏毕，大学士觉罗勒德洪、明珠、王熙、吴正治，学士吴兴祖、禅布、葛思泰、徐廷玺、郭棻、吴喇代、齐色、额尔黑图以折本请旨。九卿会推福建布政使张汧升任员缺，以云南按察使蒋寅拟正，江南粮道张永茂拟陪。上问曰：“尔等云何？”王熙奏曰：“蒋寅既经九卿简选，似乎可用。”上问曰：“拟陪张永茂系何处人？曾在何处居官？”王熙奏曰：“张永茂系旗下人，现为江南粮道。皇上巡视江南曾见过。”上曰：“张永茂居官若何？可问汤斌来奏。”

又兵部题正黄旗汉军都统张所志等议罪事。上曰：“张所志着降三级留任。李林隆甚是庸懦，着解任。余依议。”

本日起居注官曹禾、朱都纳。

十八日戊辰　辰时，上御乾清门，听部院各衙门官员面奏政事。刑部尚书希福会同吏、户二部奏曰：“蔡毓荣原系微贱之人，蒙皇上擢为总督，并不效力图报，以致湖南失陷，彼时即应论斩，皇上又免其死罪，用为将军。而蔡毓荣并不效力报称，反将财物贪没入己，将应入官之吴氏娶为己妾，故纵逆党胡永宾。为此，应将蔡毓荣拟立斩。”上曰：“更如何？”希福奏曰：“蔡琳因行贿纳尔泰银，拟枷号五十日，鞭一百。”上曰：“又更如何？”希福奏曰：“将贝子章泰等审讯，口供内并未承认，应无容（庸）议。”上曰：“尔衙门此等官员，岂可令审此案？顾义之父顾八代及萨海皆到云南，与蔡毓荣结交，又岂可令此辈审此案耶？”科尔坤奏曰：“臣等见不及此。”萨海奏曰：“臣到云南，虽然认识蔡毓荣，并未相与来往。”上曰：“佛伦、希福皆蔡毓荣密友，岂可审讯此案？”希福奏曰：“蔡毓荣为侍郎时，臣为笔帖式。”上曰：“尔为笔帖式，朕岂不知耶？且蔡毓荣最是营私之人，凡大臣无不结以贿赂。”科尔坤奏曰：“圣谕诚然。但前谕云，蔡毓荣行贿甚广，若事有蔓延，则牵连者众，此谕尤为极当。因将此事简截议结。”上曰：“蔡毓荣弃常德退回，以致湖南地方皆被贼陷。徐治都死守，故彝陵仅存。后大兵既到，处处进剿，恢复云南。蔡毓荣不过跟随大兵行走而已，并未建立尺寸之功。且董卫国攻取枫木岭，蔡毓荣方能进辰龙关，蔡毓荣又弄巧夺董卫国之功。兵部屡次将蔡毓荣叙功，甚是愚昧，小人盖利其财物而然耳。”

申时，上复御乾清门，大学士觉罗勒德洪、明珠、王熙、吴正治，学士吴兴祖、禅布、葛思泰、徐廷玺、郭棻、吴喇代、齐色、额尔黑图以折本请旨。刑部等衙门将蔡毓荣拟立斩。上曰：“此案所议甚属缺略，胡永宾为何不议令解京？部臣之意何故？”王熙奏曰：“胡永宾不令解京，不知何心，实不可解。”上曰：“部臣计算，若提胡永宾，则此事蔓延牵连人众，如此拟议，希冀事易完结耳。”明珠奏曰：“部臣虽如此计算，而皇上所见甚明。此事蔓延与否，皆在皇上。胡永宾是极重罪犯，曾为伪侍郎，自宜解至京城。”上曰：“今胡永宾不死，想必在逃矣，虽然仍令解送京师。又蔡毓荣将贝子、大臣等既皆供出，赵良栋同为将军、总督，何以不曾供出？况赵良栋召进京时，有曾言其宜处死者。”明珠奏曰：“赵良栋行事与蔡毓荣殊不相同，伊如何供得？”上顾学士郭棻曰：“此事尔意以为何如？”郭棻良久奏曰：“蔡毓荣之恶，人所共知。”上曰：“蔡毓荣且着交与三法司议，其纳尔泰非系情愿首告者，迫于不得已，方行首告，着革职。余依议。”

又将真、顺、广、大四府地方，康熙二十六年地丁各项钱粮尽行蠲免上传呈览。上命照此传谕户部。

是日，赐进贡土鲁番国表里、缎绢三百九十七匹。来使分为五等，各赐表里、缎绢、衣服、靴袜等物有差。

本日起居注官德格勒、彭孙遹。

十九日己巳 辰时，封印。上不御乾清门听政。

本日起居注官伊图、王尹方。

二十日庚午 早，上诣太皇太后宫问安。

本日起居注官徐元梦、熊赐瓒。

二十一日辛未 本日起居注官多奇、蔡升元。

二十二日壬申 本日起居注官朱都纳、徐嘉炎。

二十三日癸酉 本日起居注官伊图、陈元龙。

二十四日甲戌　早，上幸南苑。酉时，回宫。

本日起居注官卢奇、德格勒。

二十五日乙亥　辰时，上诣太皇太后、皇太后宫问安。

本日起居注官王封溁、徐元梦。

二十六日丙子　本日起居注官归允肃、多奇。

二十七日丁丑　早，上于保和殿视岁暮享太庙祝版毕，回宫。

本日起居注官田喜霱、朱都纳。

二十八日戊寅　早，上以岁暮，躬诣太庙致祭毕，回宫。

本日起居注官孟亮揆、伊图。

二十九日己卯　午时，上御保和殿，赐朝正外藩蒙古，左翼乌朱穆秦部落和硕车臣亲王苏达尼、二品台吉布木布，科尔沁国多罗郡王代布、多罗贝勒巴克西固尔、二品台吉诺木德尔葛勒固鲁克齐毕里克图、三品台吉吴兰，翁牛忒部落多罗杜棱郡王毕里衮达赖、三品台吉允木春，扎鲁特部落多罗达尔汉贝勒巴达尔、辅国公根都西希布、三品台吉厄布根、札萨克多罗贝勒图巴、一品台吉诺尔布，郭尔罗斯部落二品台吉毕里滚鄂齐尔、四品台吉阿毕达，四子部落二品台吉劳章，土默特部落三品台吉拉斯扎布、四品台吉噶尔丹，阿霸垓四品台吉郭尼，阿禄科尔沁国四品台吉桑，阿巴哈纳尔四品台吉巴当；右翼喀尔喀部落和硕达尔汉亲王诺纳、协理旗下事务二品台吉根敦，敖汉多罗郡王萨木抬尔、多罗贝勒罗布藏、二品台吉扎木山，喀喇沁部落多罗杜棱郡王扎西、三品塔布囊巴达尔、未得品级塔布囊垂扎木苏噶尔桑，科尔沁国多罗贝勒和硕额驸沙津、护国公都斯哈尔、一品台吉诺木齐，鄂尔多斯部落多罗贝勒松喇布、护国公杜棱、二品台吉纳木僧格赖海，杜尔伯特固山贝子沙津，柰曼部落固山贝子吴勒木济、辅国公葛勒尔、协理旗下事务一品台吉吴尔图纳苏图，吴喇忒部落辅国公鄂尔奔、协理旗下事务三品台吉噶尔玛、三品台吉布殷，克什克屯一品台吉阿玉锡，扎赖忒部落一品台吉朝图，巴林部落四品台吉劳章，喀尔喀部落土谢图汗来使博罗厄尔克下等，及内大臣、侍卫、大学士等，上三旗都统、尚书、副都统、侍郎、学士等宴。上进酒，作乐。召外藩王、贝勒、贝子、公等，左翼乌朱穆秦部落和硕车臣亲王苏达尼、科尔沁国多罗郡王代布、多罗贝勒巴克西固尔、二品台吉诺木德尔葛勒固鲁克齐毕里克图，翁牛忒部落多罗杜棱郡王毕里衮达赖，扎鲁特部落多罗达尔汉贝勒巴达尔、辅国公根都西希布，扎萨克多罗贝勒图巴，右翼喀尔喀部落和硕达尔汉亲王诺讷，敖汉多罗郡王萨木拍尔、多罗贝勒罗布藏喀喇沁部落多罗杜棱郡王扎西，科尔沁国多罗贝勒和硕额驸沙津、护国公都斯哈尔，鄂尔多斯部落多罗贝勒松喇布、护国公杜棱，杜尔伯特固山贝子沙津，柰曼部落固山贝子吴勒木济、辅国公葛勒尔，吴喇忒部落辅国公鄂尔奔等至御座前，上亲赐酒。召内大臣、都统、大学士、尚书及外藩台吉至御座前，赐酒。命副都统、侍郎、学士、侍卫及喀尔喀部落土谢图汗来使博罗厄尔克下至殿前阶下，赐酒。宴罢，群臣谢恩，上回宫。

本日起居注官库勒纳。

伏惟皇上御极二十有五载，迩安远至，八荒之内，芽孽殄息。小大百僚奉流布化，黎首蒸蒸向风。此诚目陈纲举，礼乐熙明之时也。皇上天纵神睿，健行不息，敬天尊祖，崇学修文，预养元良，躬勤道统。加以周知治道要务，民生疾苦，察吏御将之方，怀远安边之略，一岁之内，巨细本末，厘然具举。是春，首以皇太子睿性日开，典学宜亟，择讲员资劝导。又以近代出阁之礼，仪节烦多，无裨实学，诏从裁损。专心讲问，隆冬盛暑，翻经不辍，燕私扈从，悉有程课。春秋经筵礼罢之后，皇太子诣主敬殿讲书，使臣寮瞻望颜色。大哉，豫教之道！汉、唐以来所未讲也。留神经籍，下诏出天下藏书，必关于经史治道者。因武臣陈世凯奏请，许所在将帅，以时集兵丁，宣讲圣谕，戴弁荷戈之徒，悉令读书明理，识忠孝大节。释菜先师，文武一体，各以品阶陪位。至于翰林禁近之臣，间有荒嬉，不能仰承圣意，戒谕申饬，至于再三，必使力学端修，无负职掌。御试言官，以经术心术为问，真材实用为先。盖皇上之学，实列圣相传之学，故道与治不相悖而相资，群臣得闻大道之要，黎庶得承文教之余，岂不幸欤！严天祖之祀，肃坛庙之仪。哀江淮昏垫，则发帑金，开海口疏巨浸。悯楚、闽、黔、蜀兵创之后，则下温诏，免全租悉除旧负。念辇毂根本，则蠲畿北之赋，嗣及南郡。恤商则停关课溢额之叙，慎刑则宽三次逃人之诛。仁心溥博，覃及区外。朝鲜谢罪，方物诏抵岁献，罗刹、喀尔喀诸国遣使来朝，德威所格，远人慕义。五帝三王不宾之地，化行如神焉。若乃追叙劳勚，澄汰军功，裁武臣以礼法，其当日弃地失守，贪污跂扈之辈，虽远必惩。是《易》所谓大君有命，开国承家，小人勿用。载观一岁，自春徂冬，仁义恩威与四时合其序。臣等珥笔粗陈大略，规模已远矣。

康熙二十六年　丁卯

正　月

初一日庚辰　早，上以元旦，率诸王、贝勒、贝子、公等，内大臣、侍卫、大学士、都统、尚书、精奇尼哈番等往堂子行礼毕，回宫。辰时，上率诸王、贝勒、贝子、公等，内大臣、侍卫、大学士等诣太皇太后宫行礼，又诣皇太后宫行礼毕，回宫。

少顷，御中和殿，内大臣、侍卫及内阁、翰林院、礼部、都察院、詹事府等衙门官员庆贺元旦礼毕，御太和门。诸王、贝勒、贝子、公等文武官员及来朝元旦外藩蒙古王、贝勒、贝子、公、台吉等，朝鲜等国使臣上庆贺元旦表，行礼毕，回宫。

午时，诣太皇太后宫问安。

御太和门，大宴诸王、贝勒、贝子、公等，内大臣、侍卫、文武各官及来朝外藩蒙古王、贝勒、贝子、公、台吉等，朝鲜等国使臣，乐作，上进酒。和硕康亲王杰淑以下，宗室八分公等以上；外藩蒙古王以下，台吉以上及朝鲜国使臣正使郎善君李俣，俱令侍卫各就其坐前，以酒赐饮。又外五旗都统、尚书以下，副都统、侍郎等官以上，俱令上阶，召至檐柱前赐饮。宴罢，众谢恩毕，上回宫。

本日起居注官库勒纳、李光地。

初二日辛巳　本日起居注官多奇、曹禾。

初三日壬午　早，上诣太皇太后宫问安。

本日起居注官王尹方、朱都纳。

初四日癸未　本日起居注官德格勒、徐嘉炎。

初五日甲申　早，上诣太皇太后、皇太后宫问安。

本日起居注官徐元梦、蔡升元。

初六日乙酉　本日起居注官多奇、熊赐瓒。

初七日丙戌　本日起居注官朱都纳、陈元龙。

初八日丁亥　午时，上御保和殿，喀尔喀部落左右两翼汗、济农、颜、台吉等，谢修睦之恩恭请圣安进贡喀尔喀部落土谢图汗之长子噶尔丹台吉，札萨克图汗之弟噶尔丹台吉、札萨克墨尔根颜之子陵华伊尔登代青台吉，色冷阿海台吉之子允木厄尔克阿海台吉，札萨克图汗族叔察汗巴尔诺颜、伊族弟厄尔克台吉、随来寨桑下斯役喇嘛共五十人及厄鲁特部落巴图尔厄尔克济农之孙登津台吉，巴图尔厄尔克济农来使达尔汉噶布楚等，以初来入觐，行三跪九叩头礼，赐食。两噶尔丹台吉，陵华伊尔登代青台吉、允木厄尔克阿海台吉、察汗巴尔诺颜召至御座前，上亲赐酒。登津台吉、厄尔克台吉及寨桑下斯役等，每班五人，皆引至殿门内，赐酒。台吉等谢恩出，上回宫。

本日起居注官库勒纳、李光地。

初九日戊子　本日起居注官卢琦、伊图。

初十日己丑　辰时，上诣太皇太后宫问安。

本日起居注官归允肃、多奇。

十一日庚寅　本日起居注官王封溁、徐元梦。

十二日辛卯　本日起居注官田喜霦、伊图。

十三日壬辰　本日起居注官德格勒、孟亮揆。

十四日癸巳　午时，上御保和殿，以上元节，宴朝正外藩蒙古，左翼喀尔喀部落和硕达尔汉亲王诺诺，科尔沁国多罗郡王代布、多罗贝勒巴克西固尔、二品台吉查西、三品台吉吴兰，翁牛忒部落多罗杜棱郡王毕里衮达赖、三品台吉允木春，扎鲁特部落多罗达尔汉贝勒巴达尔、辅国公根都西希布、二品台吉诺木德尔葛勒固鲁克齐、毕里克图、三品台吉厄布根，扎萨克多罗贝勒图巴、一品台吉诺尔布，郭尔罗斯部落二品台吉毕里滚鄂齐尔、四品台吉阿毕达，乌朱穆秦部落二品台吉布木布，四子部落二品台吉劳章，土默特部落三品台吉拉斯扎布、四品台吉噶尔丹，阿霸垓四品台吉郭尼，阿禄科尔沁国四品台吉桑，阿巴哈纳尔四品台吉巴当；右翼乌朱穆秦部落和硕车臣亲王苏达尼，敖汉多罗郡王萨木拍尔、多罗贝勒罗布臧、二品台吉扎木山，喀喇沁部落多罗杜棱郡王扎西、三品塔布囊巴达里、未授品级塔布囊垂扎木苏，科尔沁国多罗贝勒沙津额驸、一品台吉诺木齐，鄂尔多斯部落多罗贝勒松喇布、护国公杜棱、二品台吉纳木僧格赖海，杜尔伯特固山贝子沙津，柰曼部落固山贝子吴勒木济、辅国公葛勒尔、一品台吉吴尔图纳苏图，吴喇忒部落辅国公鄂尔奔、三品台吉噶尔玛布颜，克什克屯一品台吉阿玉锡，扎赖忒部落一品台吉朝图，喀尔喀部落二品台吉根敦，巴林部落四品台吉劳章及喀尔喀部落左右两翼汗、济农诺颜、台吉等，谢修睦之恩恭请圣安进贡土谢图汗之子噶尔丹台吉、扎萨克图汗之弟噶尔丹台吉、扎萨克墨尔根颜之子陵华伊尔登代青台吉、色冷阿海台吉之子允木厄尔克阿海台吉、扎萨克图汗族叔察汗巴尔颜、胡毕尔汉拉木、扎木巴顾西寨桑、厄尔克台吉，罗布臧车臣多因喇嘛寨桑下十一人，厄鲁特部落巴图尔厄尔克济农之孙登津台吉、巴图尔厄尔克济农来使达尔汉噶布楚及内大臣、侍卫、上三旗大学士、都统、尚书、副都统、侍郎、学士等。诸乐并作，上进酒。召外藩蒙古王、贝勒、贝子、公等及两噶尔丹台吉、允木厄尔克阿海台吉、陵华伊尔登代青台吉、察汗巴尔诺颜至御座前，上亲赐酒。召诸台吉、都统等至御座下，赐酒。宴罢，众谢恩出，上回宫。

本日起居注官库勒纳、李光地。

十五日甲午 早，上御太和门视朝。升转文武官员谢恩。次喀尔喀部落土谢图汗之子噶尔丹台吉、扎萨克图汗之弟噶尔丹台吉、允木厄尔克阿海台吉、陵华伊尔登代青台吉、察汗巴尔诺颜、厄尔克台吉、登津台吉，令于诸王行礼处，及伊等随来寨桑下五十人，令于常朝处行礼，赐茶。召土谢图汗之子噶尔丹台吉、扎萨克图汗之弟噶尔丹台吉、允木厄尔克阿海台吉、陵华伊尔登代青台吉、察汗巴尔诺颜至太和门，坐于诸王位次。厄尔克台吉、登津台吉坐于内大臣位次。赐茶毕，上回宫。

本日起居注官库勒纳、李光地。

十六日乙未 本日起居注官伊图、王尹方。

十七日丙申 辰时，上御乾清门听政。部院各衙门官员面奏毕，内阁会同九卿、詹事、科、道官员将开下河塞减水坝之处，问明总河靳辅，开写折子呈览。上曰："尔等所议若何？"明珠奏曰："臣等传靳辅来问，据云：高邮州之南两大减水坝，自正月可塞至五月；三小减水坝，自正月可塞至三月。高邮州之北，其坝亦有可塞之处，唯高家堰之坝断不可塞。其应塞之处，与孙在丰会议时，并未说出，殊为不合，因将靳辅交与该部议处。"上顾问诸臣曰："尔等之意若何？"余国柱、陈廷敬奏曰："臣等之意皆同。"上曰："开浚下河，其要不在高邮州之坝，惟在塞高家堰之坝。今不塞高家堰之坝，但塞高邮州之坝，何益之有？又郑都等岁前来奏云：臣等至彼，作速修理，可以成功。朕曾谕云：尔等未晓其故，安得速行修理？今果迟误矣。况靳辅到日，朕曾面问，其词颇穷。"

又召靳辅问曰："九卿问尔之言与朕所问有不同处否？"靳辅奏曰："大臣所问，止一处不同。"上曰："何处不同？"靳辅奏曰："大臣云：尔若堵塞淮水入黄河之口，令其流入七州、县，则下河修理必至迟误等语。今修理正河钱粮尚忧不足，何得有钱粮堵塞无用之口？且黄水强，则流入淮河，淮水强，则流入黄河，并非人力所能禁止者。臣若阻挠挑浚下河，国法岂其可逃？"汤斌奏曰："今云梯关与前不同，若塞高家堰之坝，则淮水自入黄河，黄水无倒入淮河之理。从前河堤单弱，不筑减水坝，则黄河必致溃决。今堤既高坚，若塞堤坝，使水归一路，则沙不停塞，河身渐深。今靳辅惟恐黄河溃决，于毛城铺等处筑减水坝，令黄河之水入洪泽湖。洪泽湖不能容，又于高家堰筑减水坝，令入运河。运河不能容，又于高邮州等处筑减水坝，令入七州、县。今七州、县之水无所归，不但七州、县之民被灾，三二年间，黄水、淮水及三十六湖之水，并皆停蓄泛滥，则漕运亦甚可虑。今皇上令堵塞高家堰之堤，修理下河，不止七州、县之民渐安生理，即漕运亦永受其益矣。靳辅久任河工，必有所见。臣若令堵塞高家堰之堤，日后河溃，臣安能任其罪？但以理而言，似属可行。"靳辅奏曰："河工之事知之甚难，必身任二三年，然后知之耳。偶尔经过，即云全知可乎？臣初至彼处，误修之处亦多，今始渐知其故。至挑浚下河，使积水入海，虽云善策，然下河既浚，恐海水倒灌可虑。"上曰："若挑下河，海水断无倒灌之理，此则朕可以保之。即如庙湾口，现今通海，海水并未倒灌，但潮发时，则水或逆入，至潮退，水即退矣，此又何妨？”

又顾伊桑阿曰：“河工之事，尔俱知之，尔意若何？”伊桑阿奏曰：“堵塞高家堰之堤，下河固可挑浚，即不堵塞高家堰之堤，下河亦可挑浚。但塞上流，则下河似尤易治耳。”上曰：“若将黄河南岸毛城铺等处之减水坝闭塞，则黄河之水不入洪泽湖。黄河之水既不入洪泽湖，止有淮河之水，则高家堰之堤暂塞一年，以挑浚下河，方能有济。尔等再行详议具奏。”

本日起居注官德格勒、熊赐瓒。

十八日丁酉 早，上诣太皇太后宫问安。

辰时，御乾清门听政。部院各衙门官员面奏毕，内阁会同九卿、詹事、科、道官员遵旨复议开浚下河，应塞减水坝折子呈览。上详阅毕，顾靳辅问曰：“黄河南岸毛城铺一带闸坝可以闭塞耶？”靳辅奏曰：“永塞不便，可以暂塞一年。”上曰：“闭塞此等闸坝，水势可减几分？”靳辅奏曰：“春夏间可减十分之四，秋冬止减二分。”上曰：“能减几分亦好。黄河南坝闭塞，则黄河之水不入洪泽湖，洪泽湖内止有淮水，便能容受，高家堰之坝亦可闭塞矣。”靳辅奏曰：“圣见极当。皇上如此爱民盛心，臣敢不仰体，故议闭塞一年。若黄河南坝永塞，恐淮弱不能引入清口，黄河水发，反逆灌入淮河。”上曰：“淮水原不弱，或恐河南等处水少，以致淮弱。若将高家堰减水坝堵塞，则淮水自不弱，黄水岂能逆入耶？”靳辅奏曰：“圣见极明。故臣议将高家堰之古沟、唐埂两坝，自正月闭塞至四月初一开，其余四坝亦自正月闭塞至六月初一开。”上曰：“塞此六坝可无患耶？”靳辅奏曰：“五月以前犹可无患，六月以后便不可必。若水势骤发，虽有千军万马亦不能抵当。”上曰：“欲开下河，须塞上流，不在高邮州之坝，而在高家堰之坝。若但塞高邮州之五坝，不塞高家堰，所谓不揣其本，而齐其末，于事何济？”靳辅奏曰：“前孙在丰止说高邮州，未尝议及高家堰，故臣亦止云高邮州等坝宜闭耳。今皇上所见最为洞悉，臣何敢欺隐？高家堰之坝与高邮州之坝总属一体，亦当如圣谕闭塞也。”明珠奏曰：“皇上明见万里之外，塞上流之水，则下河自可兴工。探本穷源，靳辅亦心服无词矣。”余国柱奏曰：“孙在丰初至彼处，未能熟悉情形，即臣等公议，亦止知其大略，不能明悉水势。今皇上明见万里，当面指示，靳辅自不能支吾其说矣。”靳辅奏曰：“臣尚有一言启奏，皇上欲救七州、县百姓，如此爱民，臣自当仰遵，暂塞诸坝。但盱眙等处尚有水流入下河，恐物议以为臣嫉妒孙在丰成功，又放水至下河，即彼处土人亦不知水势，但云总河放水矣。求皇上令孙在丰着一人至高家堰，看臣开闭，以免众议。”上曰：“盱眙等处水之流入下河者亦无多也。”汤斌奏曰：“皇上救民昏垫，靳辅身内大臣，皇上如此任用，若有此等私心，真大负圣恩矣！”佛伦奏曰：“此折子应缮写本章进呈御览。”上颔之。

本日起居注官多奇、蔡升元。

十九日戊戌　上以祈谷，斋戒三日，不理事。

本日起居注官徐元梦、徐嘉炎。

二十日己亥　本日起居注官李光地、伊图。

二十一日庚子　早，上于保和殿视祈谷祝版毕，回宫。

本日起居注官德格勒、陈元龙。

二十二日辛丑　早，上躬诣大享殿，行祈谷礼毕，回宫。

本日起居注官库勒纳、李光地。

二十三日壬寅　辰时，上诣太皇太后、皇太后宫问安。

随御乾清门听政。部院各衙门官员面奏毕，大学士觉罗勒德洪、明珠、王熙，学士吴兴祖、徐廷玺、郭棻以折本请旨。礼部会同翰林院议覆日讲官起居注、翰林院编修励杜讷题御览《纲鉴大全》、《纲目全编》已毕，所记注圣论，请宣付史馆，应翻译刊刻，颁布中外。上曰：“此书似可不必颁布。”明珠奏曰：“圣论正大平易，俱关体要，若行刊布，实有裨于后学。”王熙奏曰：“皇上所论，是非得失精当不磨，大有关于世道人心，允宜公之天下后世，使知所折衷。”上曰：“《纲目》自宋以后，以徐乾学所进长编对校，多有不符，后编亦殊不佳。此等处，须得汉大臣等详阅改定方妥。此本尔等暂留内阁，俟改定完日，再行请旨。”

又吏部题礼部右侍郎孙果解任员缺，开列学士顾八代等职名。上问曰：“孰为可用？”明珠等奏曰：“学士、副都御史及通政司使、大理寺卿俱系皇上简用之人，恭请皇上睿裁。”上曰：“巡抚图尔宸优于办事，宜京缺补用，着升授礼部侍郎。”

是日，皇太子讲官尹泰、汤斌、徐潮进讲皇太子宫。皇太子讲：唯女子与小人为难养也一节毕，谕曰：“予常侍左右，闻皇父教诲云，最难处者小人，最难防者亦小人，但少有不当，即为所欺。览前代小人误国，皆因为上者信用之故。当念兹在兹。”

本日起居注官归允肃、徐元梦。

二十四日癸卯 辰时，上御乾清门，听部院各衙门官员面奏政事。

本日起居注官库勒纳、王封溁。

二十五日甲辰 辰时，上御乾清门听政。部院各衙门官员面奏毕，大学士觉罗勒德洪、明珠、王熙，学士吴兴祖、禅布、葛思泰、徐廷玺、郭棻、吴喇代、额尔黑图以折本请旨。大学士吴正治疏称年老，请乞休致。上顾大学士等曰：“吴正治年老应致仕。”明珠奏曰：“前大学士杜立德、冯溥、黄机引年乞休时，曾以折本请旨，蒙赐温纶，驰驿遣官送回原籍。”上沉吟久之曰：“吴正治较前三大学士不及，但能保身，未尝自出所见议论一事。遣官驰驿，岂可概施？着照尔等所拟票签行。”

又兵部题正黄旗蒙古都统沙纳海告病解任员缺，开列护军统领佟宝等。上曰：“礼部尚书诺敏不能办理部务，着解尚书任，补授都统。”

又九卿题开浚下河。上顾大学士等曰：“朕熟筹此事，今若命下，于二月间旨意到彼，方行堵塞闸口，不得大施工程。今年且将高邮州等处闸口堵塞，令其开浚。俟明年再行堵塞黄河之南堤闸兴工，庶得经年尽力修理。”大学士勒德洪等奏曰：“圣论最为精当。”上曰：“此事尔等于明晨传问九卿来奏。”

未时，上御景山内前殿，赐来朝元旦乌朱穆秦部落和硕车臣亲王苏达尼，敖汉多罗郡王萨木拍尔，喀喇沁部落多罗贝勒沙津额驸，鄂尔多斯部落多罗贝勒松拉布及喀尔喀部落扎萨克图汗之族叔察汗巴尔诺颜、阿海台吉、厄尔德尼台吉、伊族弟厄尔克台吉食。召察汗诺颜至阶上，赐饮。召阿海台吉、厄尔德尼台吉、厄尔克台吉至阶下，赐饮。

本日起居注官田喜霨、伊图。

二十六日乙巳　辰时，上御乾清门听政。部院各衙门官员面奏毕，大学士觉罗勒德洪、明珠、王熙，学士吴兴祖、禅布、葛思泰、徐廷玺、吴喇代、额尔黑图以折本请旨。九卿会议开浚下河。明珠奏曰："臣等遵奉谕旨，传问九卿，九卿云：今谕旨到时约已二月，旨到之后，始备夫役物料，然后兴工，实不能大济于事。今岁且塞高邮州等堤，令其挑浚。黄河以南堤闸于来岁堵塞，则经年之内得尽力修理。圣见所及最为周详。设使今年幸遇雨水稀少，即闸尚可不闭矣。"上曰："然。高邮州、高家堰诸闸，今照原议，限期闭塞。黄河以南堤闸，俟来岁堵塞。"

又议政王等将喀尔喀部落七旗汗、贝勒等请上尊号，议不准行。上曰："伊等若不相侵扰，共务安和，较胜于上朕尊号也。这所请不准行甚是。"

本日起居注官孟亮揆、朱都纳。

二十七日丙午　早，上诣太皇太后宫问安。

辰时，御乾清门，听部院各衙门官员面奏政事。

本日起居注官德格勒、曹禾。

二十八日丁未　辰时，上御乾清门，听部院各衙门官员面奏政事。

本日起居注官多奇、彭孙遹。

二十九日戊申　辰时，上御乾清门听政。部院各衙门官员面奏毕，大学士觉罗勒德洪、明珠、王熙，学士吴兴祖、禅布、葛思泰、徐廷玺、吴喇代、额尔黑图以折本请旨。吏部题都察院左佥都御史钱珏升任员缺，开列大理寺少卿徐诰武、通政使司左通政王遵训。上问曰："尔等之意云何？"王熙奏曰："徐诰武为人忠厚。"上曰："徐诰武历任亦久，系何处人？"王熙奏曰："系江南镇江府金坛县人。"上曰："着将徐诰武升补。"

又陕西巡抚图尔宸升任员缺，或开列满洲官员，或开列汉军、汉人请旨。上曰："闻陕西布政使富腊塔居官好。"明珠奏曰："富腊塔原任内阁票签侍读，为人迟钝而忠厚。近闻其居官诚善，但不知畀以重任为何如耳。"上复顾问汉大学士，王熙奏曰："其居官诚善。"上曰："闻山西布政使布雅努居官亦好，尔等知之否？"明珠奏曰："布雅努居官诚善。"王熙奏曰："布雅努前为按察使时即有清操。同时，山、陕、甘肃布按各官俱好。"上问曰："甘肃布政使为谁？"明珠等奏曰："塞楞格。”上沉思良久曰：“着将布雅努升补陕西巡抚。”

又兵部题看守蔡毓荣章京、兵丁等得贿，不将毓荣镣锁，拟枷号两个月，鞭一百，发往黑龙江地方当差。其承审各官希福等，交与都察院察议。上曰：“此弊止在大臣与章京，不在兵丁也。兵丁但鞭责追赃足矣，枷号及发往黑龙江之处，俱着宽免。余依议。”

未时，上御景山内前殿，赐请安进贡鄂尔多斯部落多罗贝勒固鲁西希布、二品台吉桑噶尔扎西希布，喀尔喀部落固山贝子扎木巴、三品台吉纳木扎尔，克什克屯三品台吉齐礼克特等、四品台吉喇西等，扎萨克三品台吉齐克扎木等、四品台吉布因塔尔等，喀喇沁部落三品塔布囊扎木苏等，都统巴雅尔及喀尔喀部落土谢图汗之子噶尔丹台吉、扎萨克图汗之弟噶尔丹台吉、色冷阿海台吉之子允木厄尔克阿海台吉、墨尔根诺颜之子陵华伊尔登代青台吉及寨桑、喇嘛等食。

是日，兵部右侍郎张英纂修《孝经衍义》书成，进呈御览。

本日起居注官王尹方、徐元梦。

二　月

初一日己酉　辰时，上御乾清门，听部院各衙门官员面奏政事。

本日起居注官伊图、徐嘉炎。

初二日庚戌　辰时，上御乾清门，听部院各衙门官员面奏政事。

是日，赐朝鲜国王李焞备鞍马二匹、表里缎二十匹、银一千两，正使郎善君李㻑、副使议政府右参赞金德远等鞍马、细缎、银两、布匹等物有差。

本日起居注官朱都纳、蔡升元。

初三日辛亥　辰时，上御乾清门，听部院各衙门官员面奏政事。

本日起居注官德格勒、熊赐瓒。

初四日壬子　辰时，上御乾清门听政。部院各衙门官员面奏毕，九卿、詹事、科、道启奏，会推山东巡抚郎永清病故员缺，正拟副都御史徐元珙，陪拟府尹钱珏。上问曰，“徐元珙为人何如？”尚书科尔坤奏曰：“徐元珙臣不甚知，众人皆言可用，所以公同拟出。”佛伦奏曰：“徐元珙为人平常。”上曰：“既属平常，尔等如何拟出？”佛伦奏曰：“其人忠厚，不妄作为，所以拟出。”左都御史董讷奏曰：“徐元珙为人忠厚，论官拟正。钱珏有才，曾参穆尔赛。今若为巡抚，欲为不善可乎？”尚书余国柱奏曰：“徐元珙因系副都御史，故拟正。钱珏升府尹未久，故拟陪。总出自皇上简用。”九卿出。

大学士觉罗勒德洪、明珠、王熙，学士吴兴祖、禅布、葛思泰、徐廷玺、吴喇代、额尔黑图以折本请旨。都察院题御史内升外转。上问曰：“尔等所议若何？”明珠等奏曰：“汉大学士与臣等之意，以黄斐似属可用。”上曰：“黄斐从无条奏处。”明珠奏曰：“曾参布政使刘显第。”上曰：“朕曾将张志栋在两淮居官贤否问徐元珙，伊云不知。今日又将徐元珙拟推巡抚。山东宜用一风力之人，方为允当。黄斐着内升，张志栋着外转。”

又兵部侍郎张英等以《孝经衍义》进呈御览。上曰：“着交与王熙、宋德宜、徐乾学详阅。”

本日起居注官多奇、陈元龙。

初五日癸丑　早，上幸卢沟桥，大阅军容，试放火器。由午门出宣武门，大设卤簿，夹道陈列，起广宁门至湾子里。八旗骁骑将士于路外分列，都统、前锋统领、副都统及护军官兵于路内分列，俱擐甲胄，佩弓矢，建旗纛，整队伍。自湾子里至拱极城，各乘马，分为两翼，层叠排列。其前锋统领率前锋官军步行，亦分两翼夹道而列。自芦沟桥至王家岭山麓，其南则排枪官军照旗分排，其北则设红衣将军及诸火器，亦照旗分，以次陈列。八旗官军巨炮、排枪排列整齐，军容严肃，大著赫濯。上按辔徐行，沿途阅视。过芦沟桥，登王家岭，升座后，三吹螺角，三发巨炮，八旗排枪一时并发。发毕者，退而装药，装毕者，进而复发。进退皆有节度，故络绎相继，久之不绝。既毕，上移御黄幄，令试冲天炮。所列红衣四巨炮，各发二次。又将八旗所列红衣将军及诸火器一时尽发，凡二次，所树侯正莫不击仆，炮声震天地。

是时，请安进贡喀喇沁部落多罗杜棱郡王扎西，杜尔伯特固山贝子沙津，鄂尔多斯部落多罗贝勒松喇布、固鲁西希布、镇国公杜棱，吴喇特部落辅国公鄂尔奔、三品台吉噶尔马，克什克屯扎萨克下一品台吉阿玉西，乌朱穆秦部落和硕车臣亲王苏达尼，喀尔喀部落和硕达尔汉亲王诺诺，附于敖汉喀尔喀多罗贝勒罗布臧、楚杨寨桑、卫寨桑、二品台吉根敦，科尔沁国多罗郡王代布、多罗贝勒沙津额驸，敖汉多罗郡王萨木拍尔，翁牛忒部落多罗杜棱郡王毕里衮达赖，扎鲁特部落辅国公根都西希布，及谢修睦之恩、恭请圣安进贡喀尔喀部落土谢图汗之子噶尔丹台吉、扎萨克图汗之弟噶尔丹台吉、陵华伊尔登代青台吉、允木厄尔克阿海台吉、车臣托因墨尔根班第达顾西、寨桑宾图囊素、厄鲁特部落登津台吉、达尔汉噶布楚寨桑下皆未归部落，因随行，见试放排枪、红衣将军诸火器，皆惊惧失色。

上御行宫，赐扈从诸王、内大臣、侍卫、文武官员及外藩蒙古王、台吉等食。少顷，御黄幄，设布侯，上率诸王射，次命八旗善射者较射。又命喀尔喀部落土谢图汗之子噶尔丹台吉所属额尔德尼额尔克寨桑等五人射。申时，上回宫。

扈从起居注官库勒纳、德格勒。

初六日甲寅 辰时，上御乾清门听政。部院各衙门官员面奏毕，大学士觉罗勒德洪、明珠、王熙，学士吴兴祖、禅布、葛思泰、徐廷玺、吴喇代、额尔黑图以折本请旨。宗人府等衙门题尚书希福、少詹事觉罗僧参等拟罪事。上顾大学士勒德洪、明珠等问曰："尔等之意若何？"勒德洪等奏曰："僧参家仆萨尔班受夹之四日身死，乃谎奏第八日身死。及奉旨询问果系第八日死否？仍称第八日身死是真。尚书希福等身为内大臣，诳君罪大，应照部议。"上曰："希福等以夹后第四日身死之人，谎奏八日身死，虚罔殊甚！着照部议完结。"

本日起居注官伊图、王尹方。

初七日乙卯 辰时，上御乾清门听政。部院各衙门官员面奏毕，大学士觉罗勒德洪、明珠、王熙，学士吴兴祖、禅布、徐廷玺、吴喇代、额尔黑图以折本请旨。宗人府等衙门题议詹事府少詹事僧参等罪，复折出请旨。上曰："僧参着革职，从宽免枷号、鞭一百，僧参所承受家产，皆均分于应得弟兄。至于硕里将伊家人李三，明知令其逃走，硕里着拘禁，俟伊家人李三拿获之日质审。”

巳时，上诣太皇太后、皇太后宫问安。

午时，上御文华殿举行经筵大典。讲官库勒纳、陈廷敬进讲《四书》“致广大而尽精微”一节；傅腊塔、徐乾学进讲《书经》“学古入官”一段。讲毕，赐宴于太和门前。

本日起居注官归允肃、朱都纳。

初八日丙辰　早，上率诸王、贝勒、贝子、公等，内大臣、侍卫、大学士等诣慈宁宫，庆贺太皇太后圣诞，礼毕，回宫。

巳时，上诣太皇太后宫问安。

本日起居注官库勒纳、李光地。

初九日丁巳　辰时，上御乾清门听政。部院各衙门官员面奏毕，大学士觉罗勒德洪、明珠、王熙、余国柱，学士吴兴祖、禅布、徐廷玺、吴喇代、额尔黑图以折本请旨。吏部题补内阁学士郭棻革职员缺，开列少詹事卢琦等。上问曰：“尔等云何？”明珠奏曰：“臣等与汉大学士公议，此内皆皇上所深悉者，伏候皇上简用。”王熙奏曰：“学士职任关系重大，必得小心谨慎又有学问，而长于办事者，方可胜任。”上曰：“翁叔元何如？”王熙奏曰：“翁叔元学问颇优。”上问曰：“为人若何？”王熙奏曰：“臣不甚深知。”上复问余国柱。国柱奏曰：“翁叔元学问颇优，未知其为人。翰林院官员难逃圣鉴。”上曰：“翰林官学问朕固知之，其为人岂能尽悉？”余国柱奏曰：“内阁学士固须有学问，要以小心慎密为第一。”上复问曰：“此内孰可？”明珠奏曰：“此开列诸臣，皆在皇上洞鉴之中，惟候睿裁。”王熙、余国柱奏曰：“侍读学士高士奇在内廷勤劳年久，极其谨密，其学问乃皇上所洞悉者。升补此缺，亦不误内廷之事。”上复问曰：“更有何人？”王熙奏曰：“臣衙门汉军侍读学士石文桂人亦小心，若论学问未必能及翰林，但办事甚勤。”上复以问明珠。明珠奏曰：“石文桂办事亦勤，但翻译尚在初学。”上又问曰：“此内首列者为谁？”明珠奏曰：“少詹事卢琦历俸年久。”王熙奏曰：“卢琦人亦安分。”上问曰：“卢琦系何处人？”王照奏曰："浙江杭州府人。"上曰："卢琦历俸既深，着升补此缺。"

本日起居注官多奇、蔡升元。

初十日戊午　辰时，上御乾清门，听部院各衙门官员面奏政事。

本日起居注官孟亮揆、徐元梦。

十一日己未　上以章皇后忌辰，不理事。

本日起居注官曹禾、朱都纳。

十二日庚申　辰时，上御乾清门听政。部院各衙门官员面奏毕，大学士觉罗勒德洪、明珠、王熙，学士吴兴祖、禅布、徐廷玺、吴喇代，额尔黑图、卢琦以折本请旨。吏部题顺天府府尹钱珏升任员缺，将佥都御史徐诰武拟补。上曰："顺天所属地方旗人与民杂处，管辖之官必须补授有风力者，着问明九卿具奏。"

又刑部题罗四拷打捕役郭三，令将无干李四供扳为贼，拟立斩。李天笃、杨大监候，秋后处决。上曰："此事所议并不明晰。人命关系重大，着另行详审具奏。"

又都察院议原任刑部尚书希福徇庇原任总督蔡毓荣，将各款裁减，拟以轻罪，情弊显然。希福已经别事革职，应枷号两月、鞭一百，不准折赎。户部尚书科尔坤将蔡毓荣止拟斩罪，不拟抄家。胡昇猷、张鹏、赵之鼎、敦多礼不严加审讯，俱系徇庇，应各降二级调用。敦多礼缘别事已经革去侍郎，应将佐领降二级调用。尚书李之芳等不严加审讯，各降一级留任，罚俸一年。员外郎顾仪等不欲严审，应降一级留任，罚俸一年。喀尔图既经举首，应免罪。萨海、赛弼汉俟到日另行议奏。上曰："希福情罪甚为可恶，先从陕西来时，朕曾问希福云：尔同城鄂恺、希格贪污，何以不行题参？伊云：此臣之罪也。凡事皆因他处发露，始肯如此奏对，非自知举首之人。着照部议完结后，发往黑龙江披甲效力赎罪。胡昇猷补授刑部以来，并无效力处，亦照议降二级调用。张鹏莅任未久，着免罪。赵之鼎从宽免调用，着降二级留任。科尔坤于户部事务颇多效力，从宽免其降调。余依议。"

又谕大学士等曰："昨晚正阳门外失火，闻汉官并不欲扑灭，袖手旁观。今八旗都统、副都统、五旗护军统领从未直宿，今作何立法，令其于要地分班轮宿。若遇火灾，即行扑救，倘有传集之事，亦易于取齐。今时际太平，伊等并无效力之处，应令分班直宿，效力行走。着满洲、蒙古、汉军都统、副都统、五旗护军统领会议。”

本日起居注官库勒纳、彭孙遹。

十三日辛酉　卯时，上诣太皇太后宫问安。

辰时，御乾清门听政。部院各衙门官员面奏毕，大学士觉罗勒德洪、明珠、王熙，学士吴兴祖、禅布、徐廷玺、吴喇代、额尔黑图、卢琦以折本请旨。都察院题议原任刑部尚书希福等罪，再行折出请旨。上曰：“敦多礼原系微贱之人，自用为侍郎，凡事并无争论，但为己耳。着带所降余级发往黑龙江。”

又吏部题顺天府府尹钱珏升任员缺，开列佥都御史徐诰武等。明珠等奏曰：“臣等遵旨问九卿，九卿言：奉天府府丞杨素蕴向曾纠参吴三桂，其人可用。”王熙奏曰：“杨素蕴系陕西人，颇能直言，似属可用。”上曰：“众皆言杨素蕴可用，着升补府尹。”

大学士明珠等奏曰：“臣等传谕八旗都统、副都统等，据都统等云：方今天下已极升平，臣等亦无甚效力之处。圣谕极为允当。今臣等公议都统、副都统等两黄旗于地安门，两白旗于东安门，两红旗于西安门，两蓝旗于东西两长安门，更番豫备，如遇何方火灾，即往扑救。其官兵应派数目，容臣等详议交与兵部转奏。据五旗护军统领等云：臣等各于该主门上看守。今既奉旨，或令臣等入班豫备，或仍令于该主门上看守之处，恭请皇上定夺。”上曰：“这所议甚善。其护军统领等仍令照前。”

未时，上御景山内前殿，赐请安进贡鄂尔多斯部落和硕亲王顾鲁、一品台吉喇西，阿霸垓多罗郡王吴尔占噶拉布、二品台基德木楚克等、未授品级台吉诺尔布，敖汉二品台吉额林臣，巴林部落四品台吉诺尔布等，阿鲁科尔沁部落三品台吉达第巴等、四品台吉蒙克等，喀喇沁部落一品塔布囊鄂莫克图、四品塔布囊卓里克图等，居住代汗地方为首喇嘛丹津格隆，归化城扎萨克喇嘛阿齐图绰尔齐等食。

本日起居注官李光地、伊图。

十四日壬戌　辰时，上御乾清门听政。部院各衙门官员面奏毕，大学士觉罗勒德洪、明珠、王熙、余国柱，学士吴兴祖、禅布、徐廷玺、吴喇代、额尔黑图、卢琦以折本请旨。吏部题兵部尚书伊桑阿调补员缺，开列侍郎沙海等。上曰:“鄂尔多朕曾用为内务府总管,人亦可用。尔等之意若何?”明珠等奏曰:“圣见诚然。”上曰:“鄂尔多着补授兵部尚书。”

本日起居注官德格勒、熊赐瓒。

十五日癸亥 早，上幸南苑。酉时，回宫。

是日，部院各衙门本章俱交送内阁。

本日起居注官多奇、田喜霱。

十六日甲子 辰时，上御乾清门听政。部院各衙门官员面奏毕，九卿等近前奏曰：“刑科给事中刘楷条陈，禁止淫词小说。臣等会议，顺治十六年、康熙二年，杨雍建、黄熙缵曾奏淫词小说应行禁止，礼部覆准，通行内外禁止在案。今所奏似无容再议。”上曰：“淫词小说人所乐观，实能败坏风俗，蛊惑人心。朕见人乐观小说者多不成材，是不惟无益，而且有害。至于僧道邪教，素悖礼法，其惑世诬民尤甚。愚人遇方术之士，闻其虚诞之言，辄以为有道，敬之如神，殊堪嗤笑，俱宜严行禁止。”陈廷敬、董讷奏曰：“邪教之书惊愚惑众，实关世道人心。圣见及此，诚为深远。”佛伦奏曰：“臣等众见，如另行立法严禁，恐有不肖之徒借端生事，吓诈累民，故公议如此。皇上念及此等，关系人心风俗，所见甚大。嗣后凡淫词邪说，俱宜焚书毁板，永行杜绝。”奏毕，九卿出。

大学士觉罗勒德洪、明珠、王熙、余国柱，学士吴兴祖、禅布、徐廷玺、吴喇代、额尔黑图、卢琦以折本请旨。中城御史德穆图等奏，正阳门外鲜鱼口地方失火。上曰：“中城地方系伊等巡视，失火不能力行扑救，以致延烧房屋甚多，且烧死二人，并未详察姓名籍贯，本内缘由含糊未明，殊为不合。着再察明具奏。”

又工科给事中何金蔺条奏，知府一官关系吏治民生。近见督、抚所劾不肖知府甚多。自后知府缺出，除在内部郎办事启奏其堪用与否，候皇上睿裁外，若在外同知应升知府者，请令九卿保举，或令考试方行擢用。上曰：“这所奏不可行。此项人员固有不肖，亦岂无贤者？今因一二人之不肖，而谓他人尽皆如是可乎？所奏无益，着票出。”

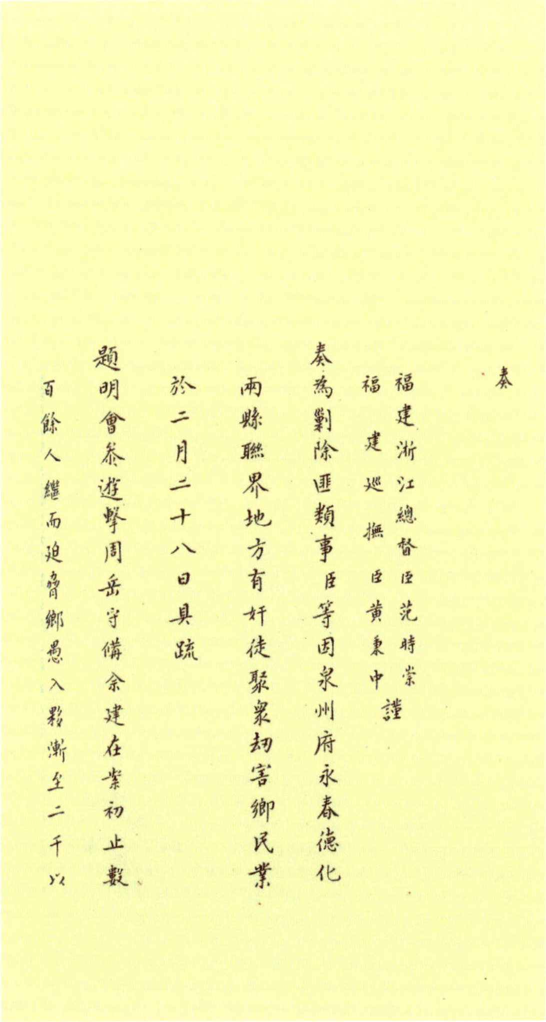

奏

福建浙江總督臣范時崇

福建巡撫臣黃秉中謹

奏為剿除匪類事臣等因泉州府永春德化

兩縣聯界地方有奸徒聚衆刼害鄉民業

於二月二十八日具疏

題明會叅遊擊周岳守備佘建在案初止數

百餘人繼而迫脅鄉愚入夥漸至二千以

闽浙总督范时崇、福建巡抚黄秉中奏报泉州府陈五显等聚众抗官情形折

康熙五十年五月十六日

地方有賊爾等當早報聞延至平
後纔奏不合況京中傳聞不詳有許
多訛言所以朕特使大臣去

康熙五十年五月　十六　日

闽浙总督范时崇、福建巡抚黄秉中奏报泉州府陈五显等聚众抗官情形折

康熙五十年五月十六日

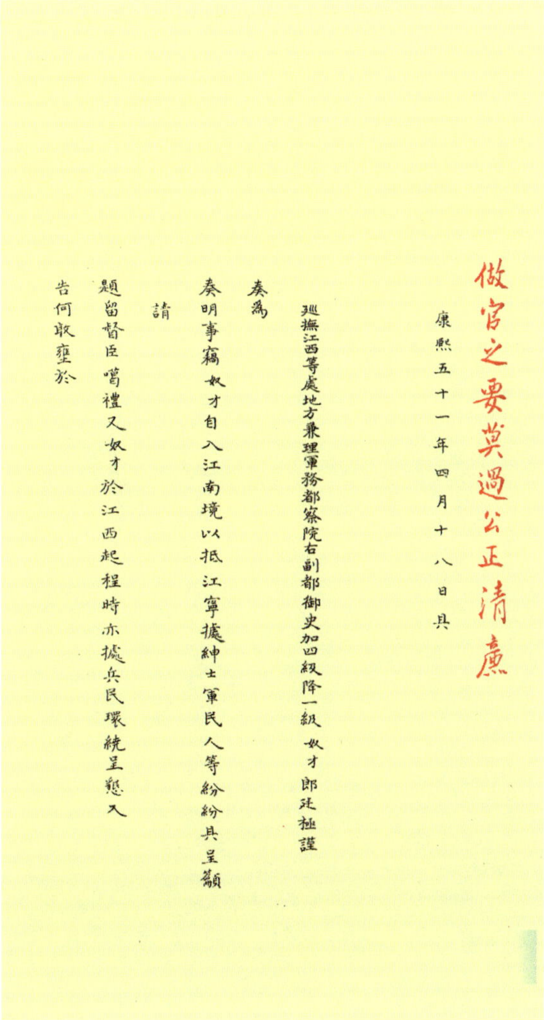
做官之要莫過公正清廉

康熙五十一年四月十八日具

巡撫江西等處地方兼理軍務都察院右副都御史加四級降一級奴才郎廷極謹

奏爲

奏明事竊奴才自入江南境以抵江寧據紳士軍民人等紛紛具呈籲

請

題留督臣噶禮又奴才於江西起程時亦據兵民環繞呈懇入

告何敢壅於

署理两江总督江西巡抚郎廷极奏报江南绅民恳留前督臣噶礼请行折

康熙五十一年四月十八日

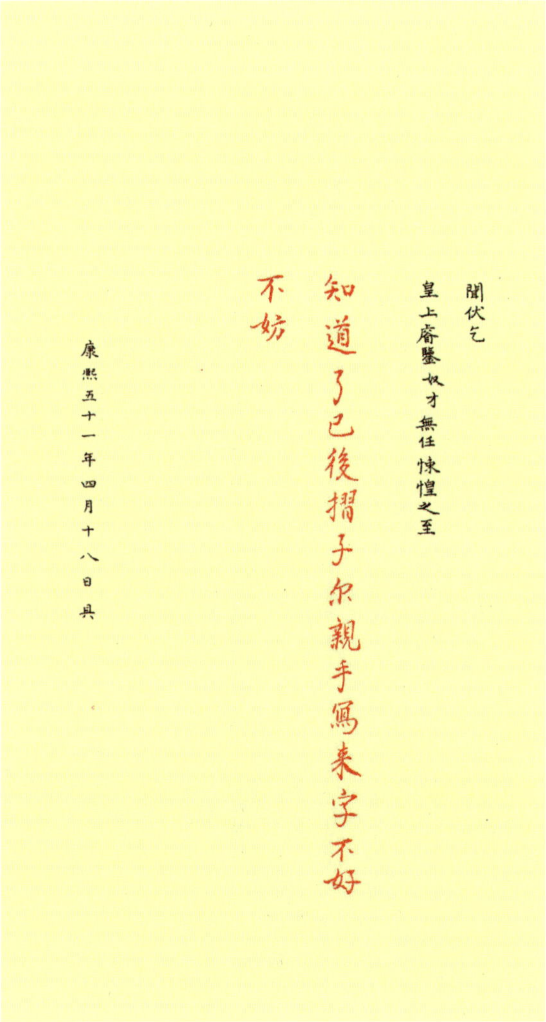

聞伏乞

皇上睿鑒奴才無任悚惶之至

知道了已後摺子爾親手寫來字不好

不妨

康熙五十一年四月十八日具

署理两江总督江西巡抚郎廷极奏报江南绅民恳留前督臣噶礼请行折

康熙五十一年四月十八日

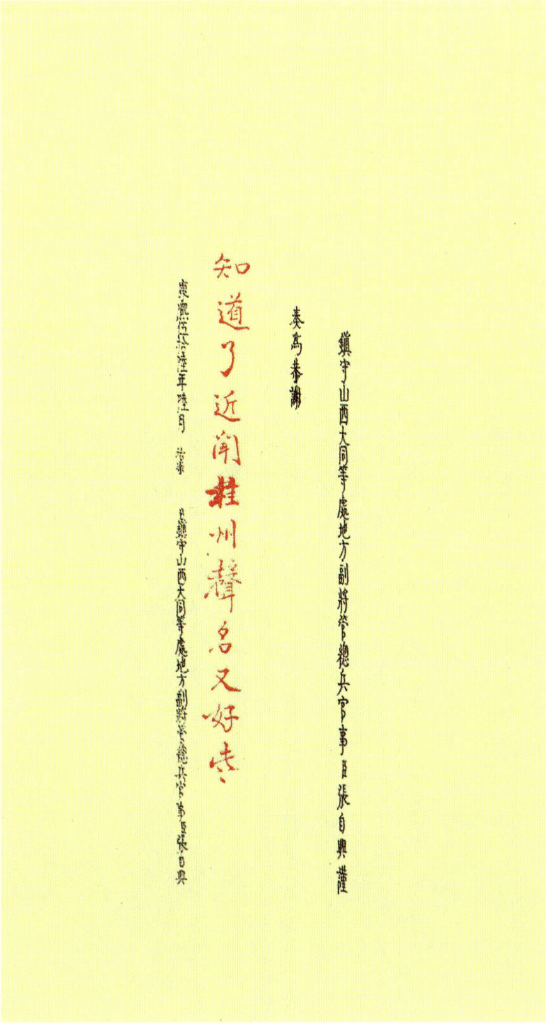
鎮守山西大同等處地方副將管總兵官事臣張自興謹
奏爲恭謝
知道了近聞桂州聲名又好些
康熙伍拾陸年陸月拾柒日鎮守山西大同等處地方副將管總兵官事臣張自興

大同总兵张自兴奏谢朱批训诲折

康熙五十六年六月十七日

奏

兩廣總督奴才楊琳爲

奏明撫提二臣不和情由事本年八月内拏

獲旅順口逃犯陳君元等七名奴才業經

具疏

這奏的甚是京中早已聞得督撫

提鎮都不和之語

康熙伍拾陸年拾月初捌日奴才楊琳

两广总督杨琳奏明抚提二臣不和情由事折

康熙五十六年十月初八日

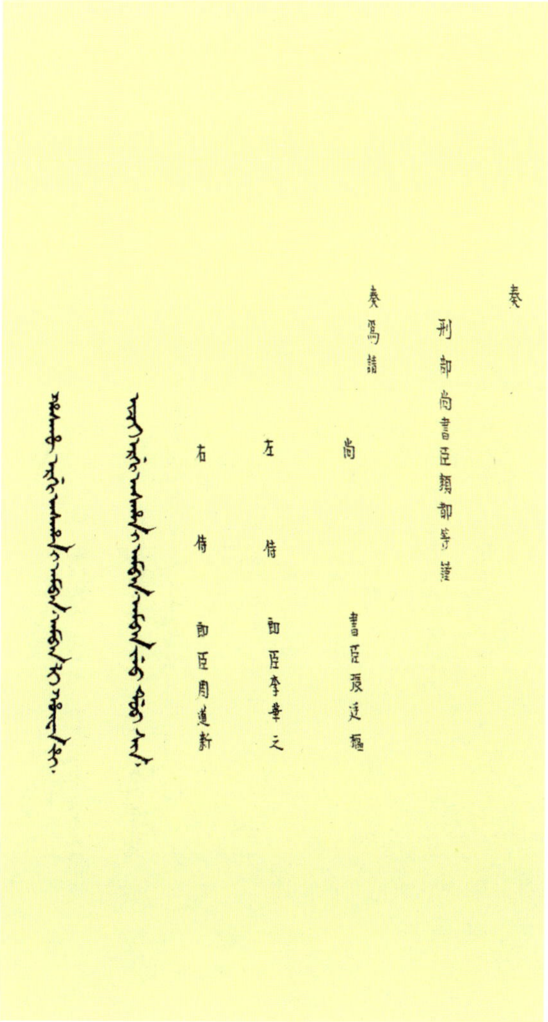
奏
刑部尚書臣賴都等謹
奏爲請
尚書臣張廷樞
左侍郎臣李華之
右侍郎臣周道新

刑部尚书赖都等奏为将私去归化之阿尔塞枷号追银折

康熙五十七年七月初三日

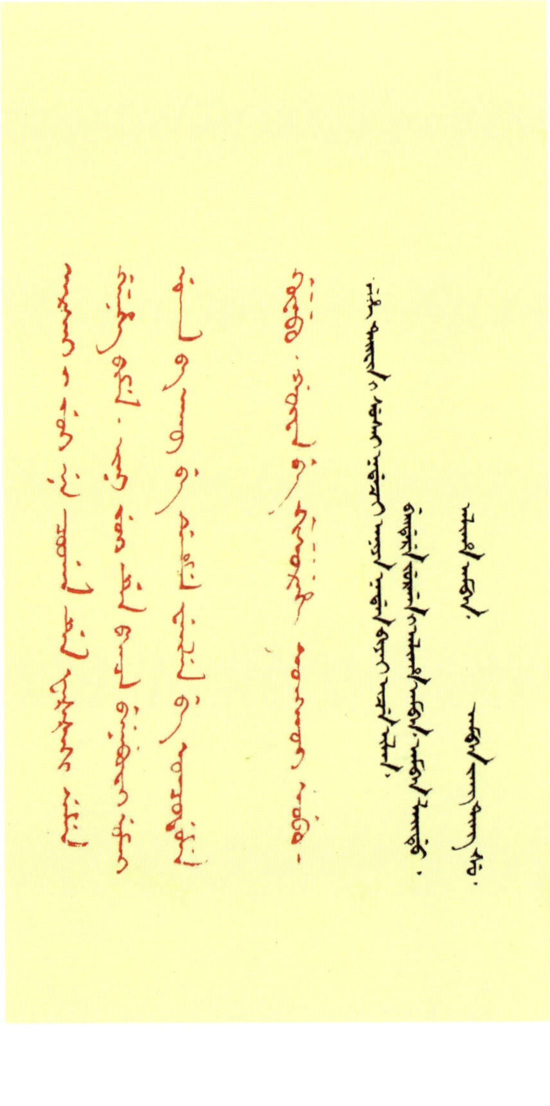

刑部尚书赖都等奏为将私去归化之阿尔塞枷号追银折

康熙五十七年七月初三日

又吏部议左都御史董讷劾礼部尚书张士甄庸陋，应令原品休致。上曰：“张士甄亦属谨慎，国家用人固当用有才者，亦当兼用老成者。张士甄着留任。”

又题补詹事府少詹事觉罗僧参革职员缺，以户部郎中巴尔哈拟正，孝陵郎中胡什塔拟陪。上曰：“少詹事职任紧要，着将应升之官开列具奏。”

本日起居注官徐元梦、徐嘉炎。

十七日乙丑　早，上诣太皇太后、皇太后宫问安。

辰时，皇太子会讲，九卿齐集，上不御乾清门。

本日起居注官朱都纳、陈元龙。

十八日丙寅　辰时，上御乾清门听政。部院各衙门官员面奏毕，大学士觉罗勒德洪、明珠、王熙、余国柱，学士吴兴祖、禅布、徐廷玺、吴喇代、额尔黑图、卢琦以折本请旨。吏部题补刑部尚书胡昇猷、工部尚书陈廷敬员缺，开列都察院左都御史董讷等。上曰：“可有告假丁忧侍郎等否？”王熙、余国柱奏曰：“侍郎王鸿绪、张玉书现在丁忧。”上曰：“此二人孰优？”余国柱奏曰：“王鸿绪曾与臣同事，其人有才。张玉书亦可用。”上曰：“伊等丁忧限期曾满否？着察明来奏。”上又问曰：“户部侍郎王日藻若何？”王熙奏曰：“颇能任事。”余国柱奏曰：“王日藻为布政、巡抚历年既久，其所理事务皆为允当。”上曰：“王日藻为人果优。”

又内阁学士葛思泰升任员缺，开列詹事尹泰等。上曰：“员外郎以上，少卿以下，不论年俸，着九卿保举操守品行卓异者来奏。”

又都察院副都御史席柱升任员缺，开列通政使司通政使阿山等。上曰：“亦着将员外郎以上，少卿以下，令九卿保举来奏。”

本日起居注官伊图、彭孙遹。

十九日丁卯　辰时，上御乾清门听政。部院各衙门官员面奏毕，大学士觉罗勒德洪、明珠、王熙、余国柱、宋德宜，学士吴兴祖、禅布、徐廷玺、吴喇代、额尔黑图、卢琦以折本请旨。九卿会推山西布政使布雅努升任员缺，正拟陕西按察使布喀，陪拟郎中邬黑。上曰：“布喀居官何如？”王熙奏曰：“布喀居官尚优。”上曰：“布喀居官较傅腊塔何如？”王熙奏曰：“似觉少逊。”上曰：“非但少逊，且大相悬绝。但既经九卿会推，着补授布政使。”

又吏部题补内阁学士、副都御史员缺。明珠等奏曰：“臣等齐集九卿，传上谕毕，据九卿云，才长之人尚有，若论操守，现今虽属清廉，日后改辙者甚多，故难以保举。”上曰：“朕观布政使傅腊塔、色冷格，郎中郛黑、堪布，伊等才品俱属可用，尔等问九卿具奏。伊等外，有现今才长清廉之人，亦着选择其奏。”

上又顾大学士等曰：“马齐居官何如？”王熙等奏曰：“居官颇优。”上曰：“马齐居官甚优，总督图纳居官亦甚优，此二人民最称颂。”明珠奏曰：“此二人现今居官实善，日后未知若何耳。”

又刑部尚书胡昇猷、工部尚书陈廷敬员缺，开列左都御史董讷等。明珠等奏曰：“臣等查得张玉书、王鸿绪限期俱满。”上曰：“张玉书若何？”明珠奏曰：“张玉书久任翰林，学问颇优。”王熙奏曰：“张玉书任翰林院学士时，皇上曾经申饬。”勒德洪奏曰：“张玉书任内阁学士时，观其人甚优，办事颇佳。”上曰：“张玉书着补授刑部尚书。”又顾大学士等问曰：“工部谁可？”明珠奏曰：“工部系钱粮衙门，王日藻谙练钱粮事务，似可补授工部尚书。”上曰：“王日藻着补授工部尚书。至董讷，朕欲其久留都察院也。”

又少詹事卢琦升任员缺，拟补侍读学士王封溁。上曰：“王封溁为人若何？系何处人？”王熙奏曰：“王封溁为人朴实，学问少不及耳。系黄州府人。”上顾余国柱问曰：“与尔同乡，尔必知之。”余国柱奏曰：“其人尚属守分。”上曰：“翁叔元学问颇优，品行较前亦改，着补授少詹事。”

又户部题浒墅关监督桑格溢额二万余两。上曰：“桑格居官甚劣，民甚怨之。且新定税额不多不少，甚为合宜，今又于额外多收，百姓必至苦累。故前者德伯色溢额八千两，朕亦驳回。此事尔等详议具奏。”

巳时，上由西华门出西直门，驻跸玉泉山。

本日起居注官归允肃、德格勒。

二十日戊辰　上驻跸玉泉山。

二十一日己巳 上驻跸玉泉山。

二十二日庚午 辰时，上御玉泉山内前亭，大学士觉罗勒德洪、明珠，学士禅布、徐廷玺、吴喇代、额尔黑图、吴兴祖以折本请旨。吏部题补内阁学士、副都御史、少詹事三本。明珠等奏曰："臣等遵旨传问九卿，据九卿云：布政使傅腊塔其人甚优，居官颇好。按察使色冷格亦优。至郎中凯音布、邬黑其人亦优，谙练事务，现今观其操守亦佳，未知日后何如。臣等观傅腊塔、凯音布言语迟钝直率，宜于部院衙门。色冷格、邬黑谨慎，宜于内院。"上曰："朕观大理寺卿舜拜乃一朴实谨慎之人，着升补副都御史。色冷格着升补学士。"上又顾大学士等问曰："尔衙门侍读学士内有甚优者否？"明珠等奏曰："侍读学士傅继祖其人甚优，但历任未久。"上曰："詹事府亦属紧要，凯音布着升补少詹事。"

又九卿会推河南学道员缺，拟补道员陆祚蕃，广西学道员缺，拟补知府王际有。上问曰："陆祚蕃原系道员否？"明珠等奏曰："是。"上曰："陆祚蕃着改补广西学道，王际有着改补河南学道，俱着星速赴任。"

又兵部题镶白旗杭州防守御程格员缺，以佐领图尔禅拟正，佐领费扬古拟陪。上曰："此拟陪之费扬古原任侍卫，人极庸常，朕所稔知。洪尼堪等不与将军同心一意秉公而行，将庸常之费扬古称为人材壮健，堪任管辖，两议具奏，殊为不合！着严饬行。图尔禅着补授防守御。"

又理藩院议各省之民无牌票私出边口者，将妻子一并发往乌喇、宁古塔与新披甲者为奴。上曰："百姓私出边口，将妻子一并给与新披甲者为奴，所议太过，或在辽阳安插可乎？尔等问明九卿。"

是日，上移驻畅春园。

二十三日辛未 上驻跸畅春园。

二十四日壬申 上驻跸畅春园。

二十五日癸酉 辰时，上御畅春园内门，大学士觉罗勒德洪、明珠，学士禅布、吴喇代、额尔黑图以折本请旨。吏部题补左都御史阿兰泰升任员缺，开列侍郎萨海等。上曰："侍郎廖旦操守清廉，历俸亦久，着升补左都御史。"

又题补户部右侍郎王日藻升任员缺，开列吴兴祖等。上曰："刑部侍郎张鹏着调补。”

又题补祭酒翁叔元升任员缺，开列庶子曹禾等。上曰：“此祭酒员缺，着将应升之人问明九卿具奏。”

又理藩院题禁止民人私出边口。明珠等奏曰：“臣等遵旨传问九卿，据九卿云：抛弃乡土出口之民，皆系本处或已获罪，或避钱粮凶恶光棍，此等人应发乌喇、宁古塔为奴。乃蒙上谕，安插辽阳，圣恩浩荡，此等之人诚得其所矣。”上曰：“此事着照议禁止，若违禁者免发乌喇、宁古塔，着安插山海关外辽阳等处。”

是日，上驻跸畅春园。

二十六日甲戌 上驻跸畅春园。

二十七日乙亥 上驻跸畅春园。

二十八日丙子 上御畅春园内门，大学士觉罗勒德洪、明珠，学士禅布、徐廷玺、吴喇代、额尔黑图、吴兴祖以折本请旨。吏部题祭酒员缺，开列曹禾等。明珠等奏曰：“臣等遵旨传问九卿，据九卿云：曹禾颇优。侍讲李振裕其人甚优，今奉江南学差，品行甚好。熊赐瓒其人甚优，但今系编修，可升赞善、中允，若补授祭酒，似属太过。”上曰：“曹禾着补授祭酒。”

又兵部题镶蓝旗副都统马云程革职员缺，开列侍郎赛弼汉等。明珠等奏曰：“臣等遵旨问该旗王大臣等，据王大臣云：此开列内，前锋参领龙西库、吴什人材壮健，堪任管辖。龙西库任护军参领、前锋参领十六年，出兵三次，察哈尔军前曾得拖沙喇哈番。吴什自监察御史管护军参领、前锋参领二十五年，出兵四次，未得世职。”上曰：“吴什年久，着吴什补授。”

是日，上驻跸畅春园。

二十九日丁丑 上驻跸畅春园。

三十日戊寅 辰时，上御畅春园内门，大学士觉罗勒德洪、明珠，学士禅布、徐廷玺、吴喇代、额尔黑图、吴兴祖以折本请旨。吏部题补内阁学士韩菼请假员缺，开列少詹事归允肃等。上曰：“李振裕着升补内阁学士。”

未时，上由西直门进西华门，回宫。

扈从起居注官库勒纳。

三 月

初一日己卯 早，上躬诣堂子致祭毕，回宫。

本日起居注官多奇、田喜霈。

初二日庚辰 辰时，上御乾清门，听部院各衙门官员面奏政事。

是日，赐山东巡抚钱珏备鞍马一匹。

本日起居注官李光地、徐元梦。

初三日辛巳 辰时，上御乾清门听政。部院各衙门官员面奏毕，大学士觉罗勒德洪、明珠、王熙、宋德宜、余国柱，学士吴兴祖、禅布、徐廷玺、吴喇代、额尔黑图、卢琦以折本请旨。吏部题光禄寺卿索诺和升任员缺，以内阁侍读学士翁英拟正，翰林院侍读学士多奇拟陪。上问曰："翁英何如？"明珠等奏曰："翁英在衙门甚勤，无误事之处。"上曰："翁英系汉人否？"明珠等奏曰："是。"上又问曰："多奇何如？"明珠等奏曰："为人朴实，学问颇优。"上沉吟久之曰："其次应升者有谁？""明珠等奏曰："其次应升者系监察御史、郎中等官。"上曰："监察御史凯音布何如？"勒德洪、明珠等奏曰："为人甚优。"徐廷玺、吴兴祖奏曰："凯音布与臣等曾同衙门，其为人甚优，办事颇佳。"上问曰："品行何如？"明珠奏曰："凯音布品行未闻有不端处。"上曰："然。凯音布甚优，着升补光禄寺卿。"

又陕西按察使布喀升任员缺，选择兵部郎中乌赫拟正，兵部郎中噶尔萨拟陪。上曰："乌赫何如？"明珠等奏曰："其人甚优。"王熙、宋德宜奏曰："臣等在兵部时，观其办事谨慎有才。"上曰："乌赫着升补陕西按察使。"

巳时，上移驻瀛台。

本日起居注官孟亮揆、朱都纳。

初四日壬午 辰时，上御瀛台勤政殿，听部院各衙门官员面奏政事。山东巡抚钱珏陛辞。上问曰："尔有所陈奏否？"钱珏奏曰："臣一介庸恩，蒙皇上屡加超擢，复命臣巡抚山东，臣敢不竭尽心力，以报皇上知遇之恩。但臣愚昧不谙治体，皇上睿虑周详，无微不照。臣今临行，伏乞指示。”上曰：“为治之道要以爱养百姓为本，不宜更张生事。尔到地方当务安静，与民休息。”钱珏奏曰：“臣谨遵圣谕。”复奏曰：“臣知泾阳县时，曾有火耗数厘。即于成龙巡抚直隶，亦许州、县官加火耗一分，臣欲引以为例。过一分者，即行参奏。”上复谕曰：“地方文武各官多有不和协者，文武不协，以致兵民不安。尔册封疆大吏，须戒饬劝谕，务令相安。”珏又奏曰：“臣纠参穆尔赛后，自知怨深祸结，无可逃避。今受兹重寄，必有中伤之者，臣只恃圣明鉴察。”上颔之。珏又奏曰：“臣今辞别天颜，未识何时始得瞻仰，谨当叩谢隆恩。”上令出谢恩。

本日起居注官伊图、王尹方。

初五日癸未　早，上御太和门视朝。升转文武官员谢恩。次进贡喀尔喀部落土谢图汗族弟额尔德尼绰克图阿海达尔马扎布台吉、扎萨克墨尔根诺颜来使马纳海卫征诺尔木等行礼，赐茶。令额尔德尼绰克图阿海达尔马扎布台吉坐于内大臣班末，赐茶。召马纳海卫征诺尔木至阶下，赐茶毕，回宫。

本日起居注官库勒纳、熊赐瓒。

初六日甲申　辰时，上御瀛台勤政殿，听部院各衙门官员面奏政事毕，谕大学士觉罗勒德洪等曰：“九卿逐日启奏，欲赐一饭，故令齐集，并非筵宴。着谕诸臣知之。至于闽省系边海地方，总督王国安员缺甚为紧要，可乘九卿齐集之便，即令选择。目下所行政事，或有不合处应更改者否？有见今应行事宜否？亦着九卿会同详议。”顷之，召满汉大学士、学士及九卿、詹事、科、道等官赐食。

本日起居注官徐元梦、蔡升元。

初七日乙酉　辰时，上御瀛台勤政殿听政。部院各衙门官员面奏毕，大学士觉罗勒德洪、明珠、王熙、宋德宜、余国柱，学士吴兴祖、徐廷玺、卢琦以折本请旨。吏部题礼部侍郎图尔宸升任员缺，开列学士禅布等。上曰：“顾八代为人直率，着升补礼部侍郎。”

又总漕徐旭龄病笃陈奏。上问曰：“徐旭龄居官若何？”大学士明珠等奏曰："居官颇好。徐旭龄无弟兄子侄，孑然一身，甚为可悯。"上曰："然。徐旭龄清廉谨慎，应得恤典，着从优议奏。"

明珠等又奏曰："臣等遵旨传谕九卿、詹事、科、道官员：福建总督职任甚要，尔等可将应用之人公同商酌。九卿诸臣云：福建地方近海，诚为紧要。江南总督王新命、广东总督吴兴祚此二人皆现在岩疆，若用在外者，此二人似可补授。吏部侍郎马世济之祖马鸣佩原任大学士时，品行清廉。父马雄镇为巡抚，尽节不辱其父。马世济人亦可用，若用此人，或能效伊祖、父所为。"上曰："马世济年少，未曾历练事务。王新命居官若何？"王熙奏曰："王新命操守颇好，亦有才。"上曰："王新命品行虽不及于成龙，然尚有才，着调补福建总督。"

明珠奏曰："臣等又遵旨询问九卿、詹事、科、道官员：见今或有应行事件及应改者否？诸臣云：皇上夙夜孜孜，勤求治理，政务固已全备，寰宇已极升平，见今并无应行应改事件。又九卿云：前辅政大臣时，各省皆有总督，自皇上亲政以来，以为无益，皆行裁革。惟广东、广西一总督，云南、贵州一总督，湖南、湖北一总督，四川、陕西一总督，浙江、福建一总督。后将浙江、福建总督改为福建总督。然浙江、福建皆系近海地方，将浙江、福建仍设一总督兼辖，似属有益。"上曰："甚善。王新命即着为浙闽总督。"

未时，上御瀛台勤政殿，赐请安进贡科尔沁国辅国公和硕额驸图纳黑，敖汉和硕额驸齐隆巴图鲁，土默特部落一品台吉查浑、一品塔布囊山达，翁牛忒部落二品台吉厄齐尔，苏尼特部落一品台吉图巴西希雅布等、二品台吉胡图克泰、四品台吉萨尼特等，喀喇沁部落二品塔布囊阿里雅、四品塔布囊班第等，归化城副都统阿第等食。

本日起居注官李光地、朱都纳。

初八日丙戌 辰时，上御瀛台勤政殿，听部院各衙门官员面奏政事。

本日起居注官伊图、陈元龙。

初九日丁亥 辰时，上御瀛台勤政殿听政。部院各衙门官员面奏毕，大学士觉罗勒德洪、明珠、王熙、宋德宜、余国柱，学士吴兴祖、禅布、徐廷玺、吴喇代、额尔黑图、卢琦会同礼部侍郎管翰林院事库勒纳、掌院学士李光地以日讲起居注官卢琦等三缺，将编修顾藻等十二人引见。上曰："此内谁可？"王熙奏曰："侍讲高裔，中允米汉雯、胡会恩，编修顾藻可用。"上又顾李光地曰："尔意云何？"李光地奏曰："闻高裔有内行，观其为人亦优。胡会恩作文颇佳。顾藻亦可用。"上又曰："米汉雯何如？"李光地奏曰："人亦可用。"上曰："高裔、米汉雯、胡会恩俱着充补日讲起居注官。"

本日起居注官德格勒、彭孙遹。

初十日戊子 辰时，上御瀛台勤政殿，听部院各衙门官员面奏政事。

巳时，上诣太皇太后宫问安。

本日起居注官徐元梦、徐嘉炎。

十一日己丑 辰时，上御瀛台勤政殿听政。部院各衙门官员面奏毕，大学士觉罗勒德洪、明珠、王熙、宋德宜、余国柱，学士吴兴祖、禅布、徐廷玺、额尔黑图、卢琦以折本请旨。吏部题江南江西总督王新命调补员缺，或开列满洲，或开列汉军、汉人请旨。上曰："江南地方紧要，董讷为人鲠直，似乎可用。"明珠等奏曰："董讷非瞻徇情面之人，颇属可用。"上曰："董讷着授为江南江西总督。"

又甘肃布政使色冷格升任员缺，选择兵部郎中噶尔萨拟正，制造库郎中穆里布拟陪。上曰："噶尔萨其人可用，着升补布政使。"

又兵部郎中乌赫升任员缺，以户部员外郎阿禄拟正，督捕员外郎马尔台拟陪。上曰："阿禄为人平常，后次不必拟升。此缺着另拟具奏。"

本日起居注官王封溁、朱都纳。

十二日庚寅 辰时，上御瀛台勤政殿听政。部院各衙门官员面奏毕，大学士觉罗勒德洪、明珠、王熙、宋德宜、余国柱，学士吴兴祖、禅布、徐廷玺、额尔黑图、卢琦以折本请旨。吏部题学士顾八代升任员缺，开列詹事尹泰等。上曰："舜拜其人可用，着转补内阁学士。"

又翰林院掌院学士李光地以母病笃，请假省视。上曰："李光地既称其母有病，准其省视，稍愈即速来供职，不必开缺。"

又刑部题三等侍卫莫洛拟罪事。上曰："莫洛系妄行之人，不可留居于此，着照部议枷号、鞭责，发往黑龙江当差。"

本日起居注官田喜霱、伊图。

十三日辛卯　辰时，上御瀛台勤政殿，听部院各衙门官员面奏政事。

本日起居注官德格勒、孟亮揆。

十四日壬辰　辰时，上御瀛台勤政殿听政。部院各衙门官员面奏毕，大学士觉罗勒德洪、明珠、王熙、宋德宜、余国柱，学士吴兴祖、禅布、徐廷玺、额尔黑图、卢琦以折本请旨。吏部题监察御史凯音布升任员缺，以户部员外郎佛保拟正，督捕员外郎哈克山泰拟陪。上曰："此缺着吏部会同都察院选择。"

又正白旗都统马哈达以年老乞休。上曰："马哈达习为外任，故于都统职掌不思效力。既已补授都统，仍着留任，务勤供职。"

本日起居注官库勒纳、王尹方。

十五日癸巳　辰时，上御瀛台勤政殿听政。部院各衙门官员面奏毕，大学士觉罗勒德洪、明珠、王熙、宋德宜、余国柱，学士吴兴祖、禅布、徐廷玺、额尔黑图、卢琦、觉罗舜拜以折本请旨。吏部题中城御史德穆图等为鲜鱼口失火，议各降一级，罚俸一年。上曰："德穆图为人平庸，着降一级，随旗行走。余依议。"未时，上回宫。

本日起居注官徐元梦、熊赐瓒。

十六日甲午　早，上诣太皇太后宫问安。

辰时，御乾清门听政。部院各衙门官员面奏毕，大学士觉罗勒德洪、明珠、王熙、宋德宜、余国柱，学士吴兴祖、禅布、徐廷玺、额尔黑图、卢琦、觉罗舜拜以折本请旨。吏部题补都察院左都御史董讷员缺，开列侍郎蒋弘道等。上曰："尔等曾议过否？"明珠等奏曰："臣等公议得侍郎王鸿绪今已服满，前未为言官，曾将朱方旦参奏，以补此缺，似属可用。"上曰："善。着升补左都御史。"

又江宁巡抚赵士麟将奉裁装载紬缎船只变价题请，户部以变卖价值不足，议驳回。上曰："若因价少驳回，必致累民。着照该抚所请行。"

本日起居注官朱都纳、蔡升元。

十七日乙未　辰时，上御乾清门听政。部院各衙门官员面奏毕，大学士觉罗勒德洪、明珠、王熙、宋德宜、余国柱，学士吴兴祖、禅布、徐廷玺、额尔黑图、卢琦、觉罗舜拜以折本请旨。吏部题补副都御史觉罗舜拜员缺，开列通政司通政使阿山等。上顾大学士等曰："尔等之意若何？"明珠奏曰："布政使傅喇塔，九卿曾奏其可用，人似堪任。"王熙、余国柱奏曰："傅喇塔颇能办事，为人鲠直。"上曰："傅喇塔居官甚优，着升补副都御史。"

又刑部员外郎员缺，以阿萨里拟正，塞得理拟陪。上曰："二人俱属庸常。此员缺及刑部所参司官员缺，着吏、刑二部不拘品级，一并选择具奏。"

又议处郎中庄名弼、员外任塾，于引见时，进不能趋，跪不能立，俱属失仪。上顾大学士等问曰："尔等曾令写字否？"明珠奏曰："视所写之字，庄名弼甚为不堪，任塾之字虽属不堪，尚有字意。"上曰："伊等年齿若干？"明珠奏曰："臣等曾问之。庄名弼自云五十三，任塾自云五十二。臣等观之，俱逾六十矣。闻任塾曾任磁州知州，居官颇优。"上曰："庄名弼年老衰迈，着解任。任塾如部议。"

又兵部题补前锋参领伍什员缺，以护军参领傅成格拟正，硕鼐拟陪。上顾大学士等问曰："尔等之意若何？"明珠奏曰："硕鼐在长沙等处，曾极效力。"上曰："观硕鼐人材壮健，着补授前锋参领。"

本日起居注官伊图、高裔。

十八日丙申 万寿节。是早，上率诸王、贝勒、贝子、公，内大臣、侍卫、大学士诣太皇太后宫，又诣皇太后宫，行礼毕，回宫。免文武官员朝贺。

本日起居注官德格勒、田喜篝。

十九日丁酉 辰时，上御乾清门，听部院各衙门官员面奏政事。

本日起居注官徐元梦、王尹方。

二十日戊戌 早，上诣太皇太后、皇太后宫问安。

辰时，御乾清门听政。部院各衙门官员面奏毕，大学士觉罗勒德洪、明珠、王熙、宋德宜、余国柱，学士吴兴祖、禅布、徐廷玺、额尔黑图、卢琦、觉罗舜拜以折本请旨。九卿会推总漕徐旭龄病故员缺，将吏部侍郎马世济拟正，贵州巡抚慕天颜拟陪。上曰："尔等之意若何？"明珠等奏曰："马世济系九卿拣选，慕天颜有才。"王熙奏曰："慕天颜才具果优。”上顾宋德宜问曰：“慕天颜为江苏巡抚时何如？”宋德宜奏曰：“慕天颜为江苏巡抚甚好，百姓至今感之。”上曰：“伊在苏州开河一事实有裨益。”余国柱奏曰：“慕天颜为湖广巡抚居官亦优。”上曰：“慕天颜不得不为好官耳。前杨雍建为贵州巡抚时，朕曾问尚书佛伦，据称居官尚优，及大兵回来，俱言杨雍建甚属平常。”明珠奏曰：“众所闻见自然无误。”上曰：“慕天颜在贵州较杨雍建何如？”王熙奏曰：“慕天颜较杨雍建实为过之。”上曰：“凡为臣子必须才德兼全，若有才无德，不如有德无才也。至马世济乃一守分之人，仅能自顾一身，向在兵部亦属平常。”明珠等奏曰：“马世济乃谨慎自守之人，诚如皇上所见。”上曰：“这员缺着慕天颜升补。”

本日起居注官库勒纳、陈元龙。

二十一日己亥　早，上诣太皇太后、皇太后宫问安。

辰时，御乾清门听政。部院各衙门官员面奏毕，大学士觉罗勒德洪、明珠、王熙、宋德宜、余国柱，学士吴兴祖、禅布、徐廷玺、额尔黑图、卢琦、觉罗舜拜以折本请旨。九卿会推河南解任按察使迟日巽员缺，以江南淮扬巡道鲁超拟正，直隶巡道胡献征拟陪。上曰：“尔等云何？”明珠奏曰：“汉大学士皆称鲁超、胡献征居官颇优。”上顾王熙等问曰：“伊等居官果优否？”王熙、宋德宜奏曰：“鲁超、胡献征居官诚优，果属可用。”余国柱奏曰：“臣在江南时，鲁超居官颇优，且有才有守，系明白道理之人。汤斌来时，臣曾问之，据云，居官如前，未尝改行。”上曰：“胡献征想亦佳耶。”明珠等奏曰：“胡献征系直隶道员，地方既近，所闻必确。据云其居官颇优。”上曰：“用人诚得品行端方、才具优长者，方有裨益。前所用张鹏翮、崔华等为道员，想所行亦佳。”明珠等奏曰：“伊等所行并未更改。”上沉思良久曰：“九卿既公举鲁超，必有确见，着升补河南按察使。”

本日起居注官归允肃、朱都纳。

二十二日庚子　辰时，上御乾清门，听部院各衙门官员面奏政事。

未时，上御保和殿，赐请安达赖喇嘛下车齐克达赖堪布，喀尔喀部落土谢图汗族弟额尔德尼绰克图阿海达喇木扎布台吉、额尔德尼托因台吉食。召额尔德尼绰克图阿海达喇木扎布台吉至殿内，赐以酒。

本日起居注官伊图、胡会恩。

二十三日辛丑 辰时，上御乾清门听政。部院各衙门官员面奏毕，大学士觉罗勒德洪、明珠、王熙、宋德宜、余国柱，学士吴兴祖、禅布、徐廷玺、额尔黑图、卢琦、觉罗舜拜以折本请旨。侍郎孙在丰题修下河。上曰："与孙在丰同往修河诸员未尝留心河务，惟事图利。孙在丰以汉人不能约束若辈。至高成美乃罢职之人，今犹不赴京，必与往修河工诸员串通妄为。河工事关紧要，须与江南江西总督、总漕、总河会同商酌修理，方克有成。着交与九卿议。"

上复顾大学士等曰："近来不雨，政事恐有未合者，尔等问九卿来奏。"

本日起居注官多奇、王封溁。

二十四日壬寅 辰时，上御乾清门，听部院各衙门官员面奏政事。

本日起居注官德格勒、孟亮揆。

二十五日癸卯 早，上御太和门视朝。升转文武官员谢恩，赐茶毕，回宫。

少顷，御乾清门，大学士觉罗勒德洪、明珠、王熙、宋德宜、余国柱，学士吴兴祖、禅布、徐廷玺、额尔黑图、卢琦、觉罗舜拜会同九卿、詹事、科、道奏曰："钦奉上谕：差往浚治下河司官各怀所见，惟图私利，不听侍郎孙在丰调度，阻挠河工，令九卿等会议。今诸臣公议得，皇上轸念高、宝七州、县百姓久罹水患，特遣大臣挑治下河，甚盛心也。今所差司官便已怀私，不听侍郎孙在丰调度，诚有如圣谕所云者，应请敕下江南督、抚及总漕，公同孙在丰监修，庶河工无所阻挠，告成可俟。原任淮扬道高成美系降调之官，乃淹留彼地，行事不端，实为可恶，亦应移文地方官，勒令回京，交与该部严加议处。"上曰："朕特颁帑金，浚治下河，原为救民起见。今国计非绌，设钱粮不敷，何妨再请颁发。今闻差往各官，初欲派之民间，后又中止，乃复按引派加盐课。是未尝救民，先已害民，岂不大负朕之初意？此事断不可行。今费扬古来京，亦面奏此事。总之，此等小人，不以国家工程为急，惟希网利行私，以久恋河工为得计耳！尔等应传费扬古严加询问，将此事再行确议具奏。"

明珠等又奏曰："圣谕天时似觉亢旱，国家政务有可更改厘定者，令臣等会同详议具奏。该臣等会议得，皇上励精图治，加惠黎元，比年以来，将各省钱粮屡行蠲免，民皆得所。至如刑罚，皇上念及人命所关，惟矜惟恤，务期平允，故天下无冤抑之民。国家政事岂有阙失？今畿辅地方，虽微觉亢旱，而山东、河南、山西等处，雨泽不愆，有年可望。臣等再三酌议，见今政务实无可更改厘定者。"上曰："尧舜之世方可称无阙失，然犹兢兢业业，不敢谓已治已安。汉文帝亦古之贤主，贾谊犹指陈得失，直言切谏。今但云主圣臣贤，政事无阙，岂国家果无一事可言耶？况求言原属要事，无论智愚皆当各陈己见，以备采择，始于政务有所裨益。如漫无可否，但图己身作一干净好人，亦易易耳。"王熙、余国柱奏曰："皇上圣不自圣，故孜孜下询。今海宇承平，兆民安乐，实无阙失可以指陈。如有可言，臣等岂容缄默？"科尔坤等奏曰："国家大事，无过于钱谷刑名。今皇上于此二者克慎克明，纲举目张，实无阙失可陈。"上曰："大小臣工各宜尽心职业，视国事如家事，方副委任之意。今每部满汉堂官各有六员，其间任事者，每部但一二人，余则随众署名而已。即如各部启奏本章，每日不过数件，其中情节，如汉侍郎等未必了彻，设朕问之，谅有不能对者。汉官公事之余，或持斋诵经；满官公事之余，或崇尚僧道，不以国事为念。且朕观今世之人，专务逢迎谄媚，鲜有直道而行者。且己不勤，而每诮人为懒；己无能，而更嗤人为劣。此不过徒工浮议耳，何益之有？"王熙奏曰："皇上诘责甚当。臣等汉官内诚有如圣谕所云者。"勒德洪奏曰："今诸臣咸集，皇上面加训诫，深切著明。嗣后诸臣各当洗心涤虑，勉修职业，以副皇上委任之意。"

本日起居注官徐元梦、米汉雯。

二十六日甲辰　辰时，上御乾清门听政。部院各衙门官员面奏毕，大学士觉罗勒德洪、明珠、王熙、宋德宜、余国柱，学士吴兴祖、禅布、徐廷玺、额尔黑图、卢琦、觉罗舜拜以折本请旨。都察院题两浙盐差。明珠等奏曰："臣等将开列官员，问都察院堂官。据云：御史布尔哈年久，人亦可用。西木图办事甚优，人亦可用。刘光美亦可用。常翼圣甚优。"上曰："此差着常翼圣去。"

又江南水师提督杨捷年老请休致。上曰："杨捷管辖兵丁极其严肃，故兵民甚为相安。在地方安静，不预民事，勤敏效力年久。今虽年老，尚可坐镇弹压，料理事务，着留任，拟温旨来看。"

又九卿会议侍郎孙在丰题浚下河事。明珠等奏曰："臣等问赍本郎中费扬古，据费扬古云：此挑浚下河，部定工价，雇夫不足，因移文督、抚，将工价设法增添。督、抚一年增银三十万两，若作为火耗派之民间，则火耗停止已久，恐有未便，盐商按引派征，尚属可行。闻如此行文侍郎孙在丰。"上顾内大臣曰："今库内钱粮岂不足用乎？派民之事断不可行。尔等之意若何？"余国柱奏曰："若挑浚下河，小民实有裨益，但钱粮不可派征于民。"陈廷敬奏曰："用兵之时，皇上轸念小民，犹不加征。今议派民，实属不合。"上曰："私派商民，着即行停止。挑浚下河之事，着江南总督、总漕、总河、江苏巡抚会同侍郎孙在丰料理。其差往司官，着撤回。总漕慕天颜着驰驿赴任。"大学士、九卿等出。

陕西按察使乌赫奏曰："臣于二十八日前往赴任，恭请皇上谕旨。"上问曰："尔有所陈奏否？"乌赫奏曰："臣无所陈奏，恭请皇上天语训诲。"上曰："尔通汉文否？乌赫奏曰："臣未仕之先，曾读汉书，止略识数字，不能阅看案牍。"上曰："尔任部员后可曾习学否？尔居官几年？今几岁矣？"乌赫奏曰："臣出仕后未学。在员外郎十年，郎中十二年。今三十八岁矣。"上曰："诸臣以尔甚善，故行拣选。尔到任之后，须毋忘此时选择方好。"乌赫奏曰："臣虽庸陋，蒙皇上优升今职，臣父亦曾任都统。累世受恩，惟有竭才效力耳。"上谕曰："尔到西安时，传谕总督图纳，伊去时，在乾清门所奉之旨，与伊所奏之言极为明白。但人初服官时甚好，日久必然变易。前在乾清门，朕所面谕及伊启奏之语，当详识于心。闻西安各官傅腊塔居官甚优，其余尚未闻有表著者。朕之谕旨，尔可传谕图纳知之。至武官闻有干预民事者，伊等止当练习兵丁，不应干预民事。尔可传谕将军、总督。"

本日起居注官库勒纳、彭孙遹。

二十七日乙巳 辰时，上御乾清门听政。部院各衙门官员面奏毕，大学士觉罗勒德洪、明珠、王熙、宋德宜、余国柱，学士吴兴祖、禅布、徐廷玺、额尔黑图、卢琦、觉罗舜拜以折本请旨。兵部题功加都督以守备用苏曜阵亡，应照例给与埋葬银两，予祭一次，仍准一子以守备录用。上曰："苏曜效力行间，阵亡可悯，着从优照副将例给与恩恤。"

本日起居注官朱都纳、徐嘉炎。

二十八日丙午 辰时，上御乾清门，听部院各衙门官员面奏政事。

本日起居注官伊图、熊赐瓒。

二十九日丁未 早，上御保和殿视祭太庙祝版毕，回宫。

辰时，御乾清门听政。部院各衙门官员面奏毕，大学士觉罗勒德洪、明珠、王熙、宋德宜、余国柱，学士禅布、额尔黑图、卢琦、觉罗舜拜以折本请旨。吏部题本部侍郎马世济调补员缺，开列户部侍郎蒋弘道等。上曰："督捕侍郎熊一潇历俸已久，其人若何？"王熙奏曰："熊一潇守分，其人似属可用。"上曰："熊一潇着调补吏部侍郎。"

又九卿会推陕西布政使傅腊塔升任员缺，选择制造库郎中慕里布拟正，监察御史齐西布拟陪。上问曰："伊等何如？"勒德洪奏曰："慕里布向在刑部，其人颇优。"上曰："慕里布系佛伦所荐，其人想属可用。"明珠奏曰："慕里布自任制造库以来，能整理制造之事，所以众共选举。"上曰："此缺着慕里布补授。"

又翰林院题革任侍郎喀尔图经筵讲官员缺，开列尚书达哈塔等。上曰："尔等选拟何人？"明珠等奏曰："臣等遵旨令伊等讲书，侍读学士德格勒所讲颇优。次则学士觉罗舜拜、詹事尹泰一并选拟。"上曰："舜拜着补充经筵讲官。"

本日起居注官徐元梦、蔡升元。

四　月

初一日戊申 早，上以孟夏，躬诣太庙致祭毕，回宫。

顷之，上诣太皇太后、皇太后宫问安。

本日起居注官库勒纳、田喜霈。

初二日己酉　辰时，上御乾清门，听部院各衙门官员面奏政事。

本日起居注官朱都纳、米汉雯。

初三日庚戌　辰时，上御乾清门，听部院各衙门官员面奏政事。

本日起居注官多奇、徐嘉炎。

初四日辛亥　辰时，上御乾清门听政。吏部尚书达哈塔等题工部员外郎正蓝旗温宝员缺，以刑部主事刘向拟正，户部主事黑成纳拟陪引见。上顾尚书达哈塔曰："有才之人办理部务固为有益，忠厚之人亦于衙门有裨。其在部院年久者，亦有一二有才之人，所以不升者，不可概谓无才也，不过因其守分故耳。朕听政有年，见其人或有才，辄专擅部院事务，实为可畏。必忠厚而有才乃佳，若止才优，终于事无济。"尚书达哈塔奏曰："圣谕极是。臣观优于办事之人，能自保其品行者甚少。"

又监察御史耿格、于养志启奏盗案。上曰："尔等虽将所司之官参奏，于事何益？尔等皆因优于办事，选择补授之员，应思所以靖盗之原，如何无失事之患。"耿格等奏曰："圣谕诚然。此皆守坟独住之人，故常被劫。臣等亦常严饬总甲巡捕营官兵。"上曰："必息所以弭盗之原，方为善耳。"耿格又奏曰："臣等当严加晓谕总甲司坊巡捕官员，臣等亦不时巡察。"

又大学士觉罗勒德洪、明珠、王熙、宋德宜、余国柱，监修《明史》徐元文，尚书阿兰泰，侍郎管翰林院事库勒纳，侍郎徐乾学等奏曰："《明史》纂成本纪三本、列传五本，进呈御览。"又奏曰："臣等查《晋史》系唐太宗亲加论断。明朝三百年之事，皇上深为洞悉，恭请皇上论断。一、太祖、太宗、世祖皇帝皇略所布，事几相接，而明世史臣纪载或多失实，将欲翦其繁芜，正其矫诬，非窥国史不可，乞许恭阅《实录》，以便参稽。一、明之末造，猥多秕政，朝议纷纭。天启、崇祯《实录》、邸抄，实多挂漏，两朝是非之实，难逃皇上圣鉴之明，仰请睿裁。"上曰："尔等所奏三款，疏中皆明晰否？"明珠奏曰："疏内皆明白开载。"上曰："朕在内所阅之书甚多，恐无暇亲为论断。若万历以前之事尚易，至万历以后之事，殊为繁冗，论断亦难。"上又顾学士库勒纳曰："此史书尔皆阅过否？"库勒纳奏曰："曾经阅过。"上曰："皆能记忆否？"库勒纳奏曰："不能记忆。"

上曰："一二事亦不能记乎？"库勒纳奏曰："一二事亦不能记。"上曰："不能记忆一二事与不看同。"又顾明珠曰："尔皆阅过否？"明珠奏曰："臣皆阅过。"上曰："尔等将此史书在家看阅乎？"明珠奏曰："臣等俱在家看阅。"王熙奏曰："纂修各官固在衙门内纂修，亦有携至家纂修者。"上曰："此纂修史书，尔等以为何如？"王熙奏曰："臣等观此纂修之书，较之宋、元二史实远过之。"上取所进本纪三本、列传五本展阅。阿兰泰等出。

大学士觉罗勒德洪、明珠、王熙、宋德宜、余国柱，学士吴兴祖、禅布、徐廷玺、吴喇代、额尔黑图、卢琦、觉罗舜拜以折本请旨。吏部题汤斌所荐耿介应照何品级补用请旨。上曰："朕闻耿介学问虽属平常，其人甚优，原任何官？"明珠等奏曰："原任副使道。"上曰："副使道系何品级？"明珠奏曰："系四品。"上曰："与京官中何项对品？"明珠等奏曰："与通政司左右参议、光禄寺少卿对品。"上曰："若以翰林官用，应照何品级？"明珠奏曰："侍读、侍讲俱可。"上曰："较此少优，可补何官？"明珠奏曰："侍读学士、侍讲学士俱可。"上曰："着以侍讲学士用。"

是日，赐江南江西总督董讷鞍马一匹、撒袋、披领。

本日起居注官伊图、陈元龙。

初五日壬子　早，上诣太皇太后、皇太后宫问安。

辰时，御乾清门，听部院各衙门官员面奏政事。

未时，上御景山内前殿，赐请安进贡土默特部落多罗达尔汉贝勒额尔德木图、固山贝子衮济斯扎布、二品塔布囊额尔黑图、三品台吉汉都什西牙布、四品台吉阿必达等，副都统巴雅思胡郎等，鄂尔多斯部落固山贝子根都什西牙布，翁牛忒部落三品台吉齐龙、四品台吉苏尔木等，附于敖汉喀尔喀四品台吉古鲁等，巴林部落三品台吉阿拉衣充等、四品台吉墨尔根，扎鲁特部落四品台吉何托等，阿巴哈纳尔三品台吉博落尔追、四品台吉罗布臧等，阿霸垓鄂尔海舅、鄂木布舅及江南江西总督董讷食毕。赐董讷银一千两、蟒缎二匹、缎八匹、绫十匹、御书三张。

本日起居注官库勒纳、胡会恩。

初六日癸丑　早，上幸玉泉山。酉时，回宫。

本日起居注官王封溁、徐元梦。

初七日甲寅　辰时，上御乾清门，听部院各衙门官员面奏政事。

本日起居注官德格勒、田喜霅。

初八日乙卯　辰时，上御乾清门听政。部院各衙门官员面奏毕，大学士觉罗勒德洪、明珠、王熙、宋德宜、余国柱，学士吴兴祖、禅布、徐廷玺、吴喇代、额尔黑图、卢琦、觉罗舜拜以折本请旨。四川巡抚姚缔虞题奏楠木堪用者虽多，俱产于崇山悬岩，万难挽运。工部议覆仍令照旧设法运送。上曰："此楠木若仍令运解，必致大累土司，着免其解送。"

又镇守杭州等处将军胡图奏病势危急。上曰："胡图在浙江居官甚好，尔等亦闻之否？"王熙、宋德宜奏曰："胡图前在江南亦好。"上曰："然。胡图果属安静，此人久在地方，军民大为有益。览奏病势似已沉重，甚为可悯，着从优拟票。"

上又曰："设官分职原以为民，所在得一良吏，则民便遂其生。今观各官虽有品行清洁者，但皆畏国法而然。如直隶巡抚于成龙之真实清廉者甚少，观其为人，天性忠直，并无交游，惟知爱民，即伊本旗王门上亦不行走，直隶地方百姓旗人无不感戴称颂。如此好官，若不从优褒奖，将何以为众劝？或加宫保，或加尚书，可令九卿议。于成龙前因九卿推荐，朕始擢用。以今观之实善。若再有如此好官，不拘大小，可令九卿保举来奏。"

上又谕大学士觉罗勒德洪等曰："前日朕出城外观看田苗，甚是亢旱。着传谕礼部诚敬祈雨。"

本日起居注官朱都纳、陈元龙。

初九日丙辰　辰时，上御乾清门听政。部院各衙门官员面奏毕，大学士觉罗勒德洪、明珠、王熙、宋德宜、余国柱，学士吴兴祖、禅布、徐廷玺、额尔黑图、卢琦、觉罗舜拜奏曰："昨奉谕旨：直隶巡抚于成龙居官甚好，应否加尚书职衔及宫保之处，令九卿议。其外任各官内更有居官甚好，如于成龙者，令九卿等一并举出。臣等遵旨，传谕九卿。据九卿云：皇上圣见甚明。于成龙居官真能实心任事，并无勉强虚假之处，应当恩赐奖劝，以励官方。其尚书衔，向系按品递加，宫保衔乃出自特恩加给，恭听皇上睿裁。至督、抚各官内，有云贵总督范承勋、山西巡抚马齐、四川巡抚姚缔虞等，居官皆好。其余有司甚众，中间或有居官好者，九卿未必公共知悉，惟有原任布政使傅腊塔居官良优，众所共知，已蒙皇上洞鉴，召还内用矣。”上曰：“范承勋等居官果善，但伊等尚有勉强之意。于成龙则出自诚心，毫无瞻顾。今人不往来大臣之家，则恐其意有所歉。如于成龙介然自守，无所交游，为大臣者，其奈于成龙何？”明珠等奏曰：“圣谕诚然。人能端方自守，无所交游，大臣其奈彼何？”上曰：“于成龙着加宫保衔，尔等撰谕旨来看。”

本日起居注官彭孙遹、徐元梦。

初十日丁巳　早，上诣太皇太后宫问安。

辰时，御乾清门听政。部院各衙门官员面奏毕，大学士觉罗勒德洪、明珠、王熙、宋德宜、余国柱，学士吴兴祖、禅布、徐廷玺、吴喇代、额尔黑图、卢琦、觉罗舜拜以折本请旨。吏部题贵州布政使柯鼎降调员缺，以湖南按察使柴望拟正，浙江按察使佟国佐拟陪。上问曰：“蒋寅为何不行拟出？”明珠奏曰：“蒋寅先曾拟正，因补授拟陪之人，故此缺未曾拟出。”上又问曰：“蒋寅若何？”王熙奏曰：“蒋寅曾为通永道，居官颇优。”上曰：“蒋寅先曾拟出，着补授此缺。”

是日，皇太子讲官尹泰、汤斌、徐潮进讲皇太子宫。皇太子讲博学之三节毕，谕曰：“皇父尝言此节乃尽人合天之道，下学上达之功。又每读至‘人一能之己百之，人十能之己千之’之句，必再三叹息，以为学者不可不用力。”

是日，赐陕西宁夏总兵官李嗣兴鞍马一匹。

本日起居注官多奇、王尹方。

十一日戊午　辰时，上御乾清门，听部院各衙门官员面奏政事。

本日起居注官伊图、高裔。

十二日己未　辰时，上御乾清门听政。部院各衙门官员面奏毕，大学士觉罗勒德洪、明珠、王熙、宋德宜、余国柱，学士禅布、吴喇代、额尔黑图、觉罗舜拜以折本请旨。上曰：“尔等看所修《明史》曾参看《实录》否？”王熙奏曰：“臣等未曾参看。”上曰：“所修《明史》文字固好，但此事关系重大，若不参看《实录》，虚实何由得知？他或可以文章遑能，修史直书实事，岂宜以空言文饰乎？如明朝纂修《元史》限期过迫，以致要紧事务尽行遗漏，且议论偏僻，甚为不公。《明史》修完之日，应将《实录》珍存，令后世有所考据。从来论人甚易，自处则难，若不观己之所行，徒轻议古人，虽文词可观，亦何足道？朕尝博览群书，凡古之圣帝明王，未敢漫加褒贬。”王熙奏曰：“臣等将现修《明史》同《明朝实录》参看，如有舛错，拟签进呈御览。”上曰：“朕将现在所修进呈史书留内观览，尔等将底稿同《明朝实录》参看，如有舛错，拟签来奏，朕亦参览焉。”

本日起居注官德格勒、熊赐瓒。

十三日庚申　早，上诣太皇太后、皇太后宫问安。

辰时，御乾清门听政。部院各衙门官员面奏毕，大学士觉罗勒德洪、明珠、王熙、宋德宜、余国柱，学士吴兴祖、禅布、徐廷玺、吴喇代、额尔黑图、卢琦、觉罗舜拜以折本请旨。礼部题差云贵乡试考官。上曰：“尔等曾查旧例否？”明珠奏曰：“向年差翰林官一员、部属官一员。”王熙奏曰：“臣等公议，据旧例差遣，易于揣摩开列，内惟皇上酌量点用。”上然之。

又题南怀仁题请冲天炮刻名之处，议准行，欲行天主教之处，不准行。上曰：“天主教应行禁止，部议极当。但见地方官禁止条约内，将天主教同于白莲教谋叛字样，此言太过，着删去。”

本日起居注官朱都纳、胡会恩。

十四日辛酉　辰时，上御乾清门听政。部院各衙门官员面奏毕，大学士觉罗勒德洪、明珠、王熙、宋德宜、余国柱，学士吴兴祖、禅布、徐廷玺、额尔黑图、卢琦、觉罗舜拜以折本请旨。吏部题少詹归允肃给假员缺，以侍读学士王封溁升补。上问曰：“王封溁何如？”王熙等奏曰：“王封溁为人谨慎，学问虽觉平常，而历俸颇久。”上曰：“此缺着耿介升补。”

本日起居注官徐元梦、高裔。

十五日壬戌　早，上御太和门视朝。升转文武官员谢恩，次进贡喀尔喀部落扎萨克默尔根诺颜来使厄叶图　　　　等、扎萨克图汗所属满诸西理库图克图来使扎布等行礼，赐茶毕，回宫。

顷之，上诣太皇太后宫问安。

未时，上御景山内前殿，赐谢恩请安进贡蒿齐特部落多罗额尔德尼郡王达尔马济理第，敖汉四品台吉诺尔布，阿霸垓二品台基德理克等、三品台吉齐克扎穆等、四品台吉纳迈西奇布等食。

本日起居注官库勒纳、蔡升元。

十六日癸亥　辰时，上御乾清门听政。部院各衙门官员面奏毕，大学士觉罗勒德洪、明珠、王熙、宋德宜、余国柱，学士吴兴祖、禅布、徐廷玺、吴喇代、额尔黑图、卢琦、觉罗舜拜以折本请旨。吏部题国子监祭酒常锡布病故员缺，以郎中巴尔哈拟正，胡什塔拟陪。上曰："常锡布人品颇优，殊为可惜。"王熙奏曰："常锡布为人忠厚，居官亦不生事。"余国柱奏曰："常锡布前差两浙巡盐，人多称其安静。"上曰："此缺须用此等好人，着九卿会同拣选。"

又兵部题台湾总兵官王化行兼衔署都司佥书。上曰："王化行人材健壮，授为都督佥书。"

又题步军校许有成，于未定更之前，以犯夜捆拿蓝翎侍卫土木卓，议革职。上曰："夜巡原为搜缉奸人，若因贿赂徇情纵放，则其罪重。今因过于小心，故拿获略早，与纵放不同，着免革职，罚俸一年。"

本日起居注官多奇、徐嘉炎。

十七日甲子　上以文皇后忌辰，不御乾清门理事，命大学士明珠、王熙、宋德宜至乾清宫内，以折本请旨。九卿会推江宁巡抚赵士麟升任员缺，选择四川巡抚姚缔虞拟正，浙江巡抚金鋐拟陪。上曰："四川地方极其荒残，姚缔虞居官颇优，再令在彼处数年，于民大有裨益。着将此本发还九卿，另行选择具奏。"

上又顾明珠等曰："朕适书阙里碑文，尔等可试观之。"又命讲官伊图、陈元龙向前共观。明珠奏曰："御书神妙，真足卓绝古今。"上曰："迩来无暇作书，运笔殊觉勉强，不甚惬意。"王熙奏曰："皇上书法精熟，光华焕发。笔意与赵子昂相仿佛，而神彩浑厚实远过之。"宋德宜奏曰："皇上究心字学，不但远迈宋、元诸家，即晋、唐名人俱在陶镕之内，所以诸体毕备，独集大成。”陈元龙奏曰：“御书结构谨严，笔法超拔，神化之妙，难以名言。臣新进小臣，得侍禁闼，恭睹天章，更属非常荣幸。”上曰：“宋大学士向有善书之名，可就此案作书，朕欲一观其用笔耳。”上降座立案前，观书。宋德宜书唐诗一首毕。上又曰：“陈元龙作小楷颇佳，且甚敏捷，可就此案作大字一幅。”陈元龙亦书唐诗一首。上览毕，即亲洒宸翰，书唐诗一首。王熙、宋德宜奏曰：“仰睹宸章，真如龙飞凤舞。臣等得侍临池，可胜欣幸。”上书毕，升座。王熙、宋德宜奏曰：“臣等蒙皇上简拔，忝列纶扉，叨恩逾量。伏睹御书墨妙，真希世之珍，得蒙颁赐一二幅，俾臣等奉为世宝，则世世子孙皆仰沐光荣于无既矣。”上颔之。明珠等出。

本日起居注官伊图、陈元龙。

十八日乙丑 辰时，上御乾清门，听部院各衙门官员面奏政事。

本日起居注官德格勒、王封溁。

十九日丙寅 辰时，上御乾清门，听部院各衙门官员面奏政事。

本日起居注官田喜霱、朱都纳。

二十日丁卯 早，上诣太皇太后宫问安。

辰时，御乾清门，听部院各衙门官员面奏政事。

本日起居注官徐元梦、熊赐瓒。

二十一日戊辰 辰时，上御乾清门听政。部院各衙门官员面奏毕，大学士觉罗勒德洪、明珠、王熙、宋德宜、余国柱，学士吴兴祖、禅布、徐廷玺、吴喇代、额尔黑图、卢琦、觉罗舜拜、色冷格以折本请旨。九卿会推江宁巡抚赵士麟升任员缺，以鸿胪寺正卿田雯拟正，布政使黄性震拟陪。上曰：“田雯何如？”王熙奏曰：“田雯为人颇优，居官亦善。”上曰：“现任总督山东人，今复以山东人为巡抚，或者不可乎？”余国柱奏曰：“田雯先在江南为学道时，居官甚善。同省之人共官一处，凡事可以同心协力，于事有裨，或有不合之处，彼此陈奏亦无不可。”上曰：“此缺着田雯升补。”

本日起居注官库勒纳、彭孙遹。

二十二日己巳 辰时，上御乾清门，听部院各衙门官员面奏政事。

本日起居注官多奇、陈元龙。

二十三日庚午　辰时，上御乾清门听政。部院各衙门官员面奏毕，大学士觉罗勒德洪、明珠、王熙、宋德宜、余国柱，学士吴兴祖、禅布、徐廷玺、吴喇代、额尔黑图、卢琦、觉罗舜拜、色冷格以折本请旨。议政王、贝勒、大臣会推杭州将军胡图病故员缺，以副都统迈图拟正，副都统阿尔法拟陪。上曰："此将军责任亦得似胡图有才之人补授方可。此拟正之迈图朕知之，人材虽好，不能胜将军之任。拟陪之阿尔法尔等知之否？"大学士明珠等奏曰："臣等不知其人。"上顾学士舜拜、色冷格曰："尔等知之否？"舜拜等奏曰："臣等虽属同旗，因系各王，不知其人。禅布与之同王，想必知之。"上顾禅布曰："尔知阿尔法否？"禅布奏曰："阿尔法尚能办事。"上久思曰："孝陵噶喇大敖哈其人谨慎，亦曾效力行间。兵部侍郎郭丕办理部务虽属平常，然其人谨慎，人材亦好。将此二人及现任护军统领、副都统着议政王、贝勒、大臣一并另拟具奏。此本发还。"

本日起居注官伊图、高裔。

二十四日辛未　辰时，上御乾清门，听部院各衙门官员面奏政事。

本日起居注官德格勒、徐嘉炎。

二十五日壬申　早，上诣太皇太后、皇太后宫问安。

辰时，御乾清门，听部院各衙门官员面奏政事。

是日，皇太子讲官尹泰、汤斌、徐潮进讲皇太子宫。皇太子讲《诗》曰奏假无言三节毕，谕曰："皇父言《中庸》一书，论性命精微处无以复加，当细细玩味，温故知新，尽人以合天，方为不负所学，不可以讲完而忽之。"

本日起居注官朱都纳、蔡升元。

二十六日癸酉　辰时，上御乾清门听政。部院各衙门官员面奏毕，大学士觉罗勒德洪、明珠、王熙、宋德宜、余国柱，学士吴兴祖、禅布、徐廷玺、吴喇代、额尔黑图、卢琦、觉罗舜拜、色冷格以折本请旨。翰林院题补日讲起居注官归允肃给假员缺，开列侍讲学士沈上墉等。上曰："讲官职任紧要，必得老成宿学之人，始可胜任。朕观此时讲官，迥不如前。

以前讲官如史大成、宋德宜、徐元文、张玉书、张英、王鸿绪等，俱能好学，勤于办事，凡有撰述，必禅精竭虑，竟见所长。今则皆不肯读书，所撰讲章，惟图潦草塞责，并章旨亦未能明晰。即如写字一事，沈荃在时，极喜书写，从无厌倦。今虽间有能写字者，若令其书写，则深以为苦矣。这讲官员缺，尔等将可用之人问明翰林院具奏。”

复谕曰：“自令科、道侍班纠仪之后，致启奏各官往往心怀畏惧。即科、道官虽欲有所建白，或恐以失仪被纠，不敢条奏亦未可定。朕思启奏各官，果有失仪应处分者，朕自当付部议。若系无心小误，自当宽宥。况来启奏者，俱系国家大臣，即有差误，伊等宜自行检举，岂待人纠？至科、道官，朕本欲其尽言无讳，况其中有新从外任擢授者，礼仪未经娴习，虽有些小过误，朕亦不计也。科、道侍班着停止。尔等其以此意谕九卿知之。”

是日，赐贵州巡抚马世济鞍马一匹。

本日起居注官彭孙遹、徐元梦。

二十七日甲戌　辰时，上御乾清门听政。部院各衙门官员面奏毕，大学士明珠、王熙、宋德宜、余国柱，学士吴兴祖、禅布、徐廷玺、吴喇代、额尔黑图、卢琦、觉罗舜拜、色冷格会同礼部侍郎管翰林院事库勒纳，以日讲起居注官归允肃员缺，将编修顾藻等十人引见。上曰：“顾藻着充日讲起居注官。”库勒纳出。

大学士等以折本请旨。议政王、大臣会推杭州将军胡图病故员缺，以兵部侍郎郭丕拟正，孝陵噶喇大敖哈拟陪。上问曰：“议政王云何？”明珠奏曰：“据王等云：郭丕等皆皇上所知者。伊等在部院年久谨慎，堪任管辖。”上曰：“郭丕着补授杭州将军。”

本日起居注官多奇、胡会恩。

二十八日乙亥　辰时，上御乾清门，听部院各衙门官员面奏政事。

巳时，上诣太皇太后、皇太后宫问安。

本日起居注官库勒纳、田喜霽。

二十九日丙子　辰时，上御乾清门，听部院各衙门官员面奏政事。

本日起居注官王封溁、伊图。

三十日丁丑　辰时，上御乾清门，听部院各衙门官员面奏政事。

上诣太皇太后宫问安。

未时，上御保和殿，赐请安进贡科尔沁国和硕达尔汉亲王班第额驸，苏尼特部落多罗郡王萨马扎额驸，阿霸垓多罗卓理克图郡王充、二品台吉秉、四品台吉巴拔等，敖汉多罗贝勒罗布臧、二品台吉准退等、四品台吉根敦等，厄鲁特部落噶尔丹博硕克图汗来使喇木扎木巴索诺木达西食。

本日起居注官德格勒、陈元龙。

五　月

初一日戊寅　辰时，上御乾清门，听部院各衙门官员面奏政事毕，贵州巡抚马世济陛辞，恭请谕旨。上曰："尔有所奏否？"马世济奏曰："臣系菲才，蒙皇上付以重任，实不能胜一切地方事宜，请皇上面加训诲。"上曰："汉军中多有喜做外官者，不过希有所得耳。在部院衙门见闻甚近，尚不敢为非，一至远处，即便于行私矣。"世济奏曰："皇上所见极是。汉军多有愿为外官者，然臣实不敢萌此念。"上曰："今天下虽已承平，而百姓甚苦。贵州残破地方，其苦尤甚，不但火耗多派于民，即一应供亿，动辄取之百姓，是受困者总此民耳。又闻驿递一项，因云、贵往来差使颇多，竟有该给一马，而多至数马者，岂得不为病民？"世济奏曰："俟臣到过地方，方敢有所陈奏。"上曰："尔纵到地方，恐亦未必能如何措置也。"世济奏曰："臣祖父世受国恩，臣虽无才，敢不竭尽心力，悉奉皇上圣训遵行。"

本日起居注官孟亮揆、朱都纳。

初二日己卯　辰时，上御乾清门听政。部院各衙门官员面奏毕，大学士觉罗勒德洪、明珠、王熙、宋德宜、余国柱，学士吴兴祖、徐廷玺、卢琦以折本请旨。吏部题兵部侍郎郭丕升任员缺，开列学士吴喇代等。上曰："喇都虎着转补兵部右侍郎。喇都虎员缺，以学士吴喇代升补。"

本日起居注官徐元梦、顾藻。

初三日庚辰　上以仁孝皇后忌辰，不御乾清门理事。

是日，因天旱，颁诏天下。

本日起居注官多奇、彭孙遹。

初四日辛巳　辰时，上御乾清门，听部院各衙门官员面奏政事。

本日起居注官伊图、高裔。

初五日壬午　上谕各部院本章俱交送内阁转奏。

本日起居注官库勒纳、胡会恩。

初六日癸未　辰时，上御乾清门，听部院各衙门官员面奏政事。

本日起居注官德格勒、徐嘉炎。

初七日甲申　早，上诣太皇太后、皇太后宫问安。

辰时，御乾清门，听部院各衙门官员面奏政事。

本日起居注官朱都纳、熊赐瓒。

初八日乙酉　辰时，上御乾清门，听部院各衙门官员面奏政事。

巳时，上幸畅春园。

申时，回宫。

本日起居注官徐元梦、蔡升元。

初九日丙戌　上以祀方泽，斋戒三日，不理事。

本日起居注官多奇、陈元龙。

初十日丁亥　本日起居注官伊图、彭孙遹。

十一日戊子　早，上于保和殿视祭方泽坛祝版毕，回宫。

巳时，召尚书陈廷敬、汤斌，侍郎徐乾学，少詹事耿介，侍读学士高士奇、德格勒，侍讲学士孟亮揆，侍讲徐元梦，谕德徐潮，中允徐嘉炎，编修熊赐瓒、励杜讷等，命侍郎、管掌院学士库勒纳引至乾清宫内，上出首题："昊天与圣人皆有四府，其道何如"，次题："阅农五言排律十二韵"面试。各以试卷呈览。

上阅毕，谓诸臣曰："朕政事之暇，惟好读书，始与熊赐履讲论经史，有疑必问，乐此不疲。继而张英、陈廷敬等以次进讲，于朕大有裨益。然限于资质，未能融贯，不过得其大概，从来不轻评论古人。即如《明史》一书，朕亦不遽加论断。然品评古人犹易，古人无可对证，若品评时人，即有对证，非古人可比矣！昨偶召德格勒讲书，言及熊赐瓒学问不如徐元梦。朕思汉人学问俱有根柢，乃云逊于元梦，朕心以为不然，故召尔等面试。今妍媸优劣已较然矣。”陈廷敬、汤斌、徐乾学等奏曰：“皇上圣学渊深，臣等文字荒谬，不堪呈览，总求皇上教诲。”德格勒奏曰：“臣系寒微，在皇上之前妄行奏对，死有余辜，仰冀圣恩宽宥。”上又取徐嘉炎试卷，问德格勒曰：“尔昨言徐嘉炎如何？”德格勒奏曰：“臣昨言其博而不精，又言其讲书不细。总是臣之无知，一时失言。”上笑曰：“此亦无妨。总之，人之学问原有一定分量，真伪易明，若徒肆议论，而不知著作之难，则不自量矣！”因将德格勒、徐元梦、熊赐瓒三卷命汤斌朗诵一过。读毕，诸臣出，令于乾清宫门候旨。

复以三卷令陈廷敬等传阅，从公定一次第。陈廷敬、汤斌、徐乾学等公拟熊赐瓒卷为最；徐元梦次之；德格勒卷不成诗文，难置等第之内。随转奏。复传谕曰：“朕待满人、汉人俱属一体，总出于至公无私，如以美为恶，以恶为美，即非大公之道。今日已晚，明日又系行礼之期，将试卷交与库勒纳封固，收回衙门，传集未考翰林各官公同阅看，再来启奏。”

本日起居注官库勒纳、孟亮揆。

十二日己丑　早，上以夏至，躬诣方泽坛致祭毕，回宫。

本日起居注官库勒纳、田喜霶。

十三日庚寅　早，上诣太皇太后、皇太后宫问安。

辰时，御乾清门，听部院各衙门官员面奏政事。侍郎、管翰林院事库勒纳近前奏曰：“臣谨遵旨，将考试陈廷敬等十二卷，传集不与考翰林各官阅看。伊等皆云：熊赐瓒所作诗文尚优；徐元梦所作之文亦稍可；观德格勒所作，不成诗文，难置等第之内。”上曰：“知道了。”

本日起居注官朱都纳、高裔。

十四日辛卯　辰时，上御乾清门听政。部院各衙门官员面奏毕，大学士觉罗勒德洪、明珠、王熙、宋德宜、余国柱，学士吴兴祖、禅布、徐廷玺、额尔黑图、卢琦、觉罗舜拜、色冷格以折本请旨。侍郎、管翰林院事库勒纳题参本衙门侍读学士德格勒不谨事。上曰：“朕观学问浅陋者，大都假借道学之名。德格勒饰为道学，无甚大罪，着宽免这次。”大学士明珠奏曰："德格勒本系满洲，而假借道学之名，深可厌恶，应交该部严加议处。"上曰："德格勒乃微贱之人，一时谬论人物，竟行妄奏，其罪姑从宽免，将此情由著于本内票出。"

明珠等又奏曰："臣等遵旨，将考试陈廷敬等十二卷俱已看讫。"上曰："尔等以为何如？"王熙奏曰："十二卷中高士奇所作为最，徐乾学所作亦佳。"余国柱奏曰："惟高士奇诗文俱佳。"上曰："徐乾学所作甚好。"王熙奏曰："耿介因讲学年久，所作类于讲章语录，并非文章体式。观德格勒诗文全无文理，不足比于此数。再观熊赐瓒、徐元梦之文，元梦迥不及赐瓒。"上曰："熊赐瓒之文不止胜徐元梦，较之孟亮揆、徐潮俱胜。此二人之文亦不过徐元梦等耳。向闻徐潮学问素优，此番所作颇不见佳。至于孟亮揆所作错误数字，经朕指示然后改正。孟亮揆学问平常，着解去讲官。"

未时，御保和殿，赐请安进贡科尔沁国和硕达尔汉亲王班第额驸、三品台吉阿玉西，克什克屯四品台吉理克塔尔等，土默特部落一品塔布囊额齐尔、三品塔布囊罗里等、四品塔布囊达赖，归化城扎萨克为首喇嘛阿齐图绰尔济，厄鲁特部落罗布臧顾木布阿拉布滩台吉来使拉木扎木巴纳木拉完食。

本日起居注官伊图、王尹方。

十五日壬辰　辰时，上御乾清门听政。部院各衙门官员面奏毕，大学士觉罗勒德洪、明珠、王熙、宋德宜、余国柱，学士吴兴祖、禅布、徐廷玺、额尔黑图、卢琦、觉罗舜拜、色冷格以折本请旨。兵部题前锋统领苏尔达升任员缺，开列护军统领佛罗诺等。上曰："德尔得着转补前锋统领。"

勒德洪等又奏曰："臣等遵旨，将昨日考取人员侍读学士多奇等引见。"上曰："多奇所作文章颇佳，为人亦属谨慎，着升补学士。"

又谕曰："天时尚旱，尔等会同九卿议奏。"巳时，上御乾清宫，大学士、学士等进奏曰："臣等会同九卿公议，伏惟皇上敬天爱民，孜孜图治，详酌政事，无不得宜，然犹以为未足，恐致累民。蠲免钱粮，轸念囚人，省刑赦罪，宜乎甘霖大沛。而至今犹未沾足者，此必外而督、抚，内而臣等，有一二不肖之人，未能奉行德意，有负职掌，以干天和耳。自古知臣莫如君，伏乞睿断，惩革数人，则留任诸臣，自各务洗心涤虑，实图修省，庶可挽回天意，立沛甘霖耳。”上曰：“朕观今时之人，不敦本务实，品行轻浮奢侈者甚多。虽国家政事粗备，而言路犹属壅塞。近观灵台郎董汉臣条奏疏内，有数条人皆畏惧不敢言者，伊竟言之。古云：不以人废言。董汉臣虽系微员，言尚切实。至伊疏内所称，满洲之例乃起自祖宗，不可停止者。彼系微贱之人，何由知之？朕观可行之事已圈出数条，尔等带去即同九卿会议具奏。”

午时，大学士等同九卿议毕，至乾清门。上命大学士、学士等及吏部尚书达哈塔、礼部尚书管詹事府事汤斌进乾清宫。明珠等奏曰：“皇上亲圈董汉臣条奏数款，臣等另行抄出，逐一详议。观舍己从人一款，其言虽出于经史，然皇上听政以来，少有关系之事，必令九卿详议，以求至当，未有以己为是，而不从众议者。至所云达四聪，亦出于经史之言。然皇上勤政，每日御门，接见臣工，凡事皆令各陈己见详议，只以臣等庸陋，不能仰副圣意，而君臣之间，从无阻隔。至广言路一款，皇上虚心纳谏，未有因条奏将科、道官从重议处者。又恐科、道侍班，人怀畏惧，有意不敢言，特谕九卿停止科、道侍班。即今董汉臣极微之人，伊所条奏，尚令诸臣会议，言路未尝壅塞也。至如逃人之事，皇上洞悉民隐，屡经更定条例。又因缉获逃人将地方官加级即升之例俱已停止。据李之芳、张鹏云，山东逃人之事较前甚少。至所云风俗一款，今奢侈僭越诚如圣见。臣等恭惟皇上实心至意，专行节俭，复按品级定服色器用之制，已经通行晓谕，但臣等不能倡率实心遵行耳。嗣后臣等满汉诸臣，以身率行，令子弟族党共知效法。佐领则申谕所属之人，五城各官则申谕所属之民，庶自京师以至四方，风俗渐臻淳厚，而人不至于轻薄矣。”上顾汤斌、达哈塔问曰：“尔等之意若何？”汤斌奏曰：“董汉臣条奏时弊，虽有一二切近处，但如何应行之处并未说明，故难以详议。且伊所条奏，皆皇上预行晓谕之事，但臣等不能实心奉行耳。”达哈塔奏曰：“董汉臣条奏奢侈一款，尚属可行。但服色器用之禁已经定例通行，此后臣等满汉诸臣实心奉行，加意节俭，庶风俗渐归淳厚矣。”勒德洪奏曰：“戏子、秧歌原非美俗，此等事亦应行禁止。”上曰：“奢侈之风汉人居多。今满官田舍俱在畿辅之地，人皆知之。汉人内或有自称道学，粉饰名节，而本乡房舍几至半城者有之，或多置田园者有之。此等事若遣满官稽察，即败露耳。如此奢侈之风在满洲乎，在汉人乎？”王熙奏曰：“皇上所见甚明。臣等汉人内诚有如此者。”上曰：“观今之人群集宴会，流于邪僻嬉戏者甚多。此等事若不行禁止，则渐流于放纵。或有身为大臣，沉湎之色形于颜面者，真非人类矣！宴饮嬉戏等事，如何禁止之处，着礼部议奏。”

又谕曰：“古有因灾变罢免大臣者，合于理否？”汤斌奏曰：“臣等实忝所职。”余国柱奏曰：“自古有云合乎理者，亦有云不合者。皇上宽仁同天地，如此询问，臣等实感愧交集矣。”

本日起居注官徐元梦、胡会恩。

十六日癸巳　辰时，上御乾清门听政。部院各衙门官员面奏毕，大学士觉罗勒德洪、明珠、王熙、宋德宜、余国柱，学士吴兴祖、徐廷玺、额尔黑图、卢琦、觉罗舜拜、色冷格以折本请旨。礼部题八旗满洲蒙古中式举人十名，汉军五名，今岁乡试为期已迫，应暂行停止。护军披甲职事人等原系俊秀、监生、生员者，仍准乡试。上曰：“汉军佐领甚少，其数目减于满洲甚是。至职事人等原有品级，并非无官之人，若令乡试，恐有营求之弊，伊等不必准其考试。余依议。”

又谕曰：“天气甚旱，朕欲亲行祈祷，着传谕九卿会议。”大学士等出，传谕九卿毕。大学士勒德洪等进乾清宫奏曰：“九卿议得，前因天旱，上谕欲亲行祈祷，臣等原议得，近日时有微雨，虽未沾足，亦不至大旱，皇上可不必亲祷。乃至今未得大雨，苦旱犹甚。皇上念切民生，宵旰罔逸，欲亲行祈祷，臣等何敢劝止。但仰见圣躬劳瘁，臣子之心实有不安。今如圣意虔祷，自然天心感应。”上曰：“然。朕惟有诚心亲祷耳。”谕毕，大学士、学士等出。

又召大学士觉罗勒德洪、明珠进内，复出传谕九卿曰：“京师为天下根本之地，殊属紧要，乃几月不雨，岂无故乎？虽秋成尚远，而目前旱干，朕甚忧之，今欲亲行祈祷。尔等大小臣工，亦宜尽诚斋戒，实心祈祷。夫求雨乃为小民，如朕与尔等共享富贵，朕之焦劳岂为一身之计？祗念穷檐一岁不登，即至失所，不但朕心不忍，尔等皆国家大臣，亦何忍坐视？应各矢至诚，毋循故事。今内外宦家富室，遇此亢旱，或多蓄粮谷，惟望价值腾贵，粜卖所蓄之粮，希图厚利者有之。至于臣工，凡系斋戒求雨，徒事具文，诚敬者少，或偷安不斋戒者有之。今值此大旱，犹然忍心不思斋戒，虽斋戒而不诚心者，此等真非人类！朕虽查出，亦不足责。但朕如此祈雨，或反有幸灾乐患，以不雨为快者，或有祈雨时，因己不诚，反指某某为不诚者，俱未可知。如此匪类与禽兽无异，更何足道！今朕与尔等务期实心祈祷，其应行典礼，着礼部议奏。”

酉时，上诣太皇太后宫问安。

本日起居注官朱都纳、顾藻。

十七日甲午　上因天旱祈雨，躬诣天坛致祭，斋戒三日，不理事。

是日，雨。

本日起居注官伊图、米汉雯。

十八日乙未　本日起居注官德格勒、蔡升元。

十九日丙申　早，上于保和殿视祈雨天坛祝版毕，回宫。

本日起居注官徐元梦、陈元龙。

二十日丁酉　卯时，上素服乘马，躬诣天坛祈雨。自西天门步行至坛，致祭毕，仍步行出西天门，乘马回宫。

是夜，雨。

本日起居注官库勒纳、田喜霈。

二十一日戊戌　早，上诣太皇太后、皇太后宫问安。

辰时，御乾清门，听部院各衙门官员面奏政事。

是日，赐杭州将军郭丕鞍马、弓箭、撒袋、披领。

本日起居注官王封溁、伊图。

二十二日己亥　辰时，上御乾清门，听部院各衙门官员面奏政事。

申时，上移驻瀛台。

本日起居注官库勒纳、彭孙遹。

二十三日庚子　早，上回宫。

辰时，御乾清门，听部院各衙门官员面奏政事毕，谕大学士觉罗勒德洪、明珠、王熙、余国柱，学士吴兴祖、禅布、徐廷玺、额尔黑图、卢琦、觉罗舜拜、色冷格、多奇曰："观部院事务稍简，今时值暑热，嗣后着间一日一面奏。其非面奏之日，凡不系紧要事，径交内院。若九卿会推紧要事务，着仍于面奏日一并启奏。"

巳时，上率皇太子诣太皇太后、皇太后宫问安，驻跸瀛台。

本日起居注官王尹方、朱都纳。

二十四日辛丑 本日起居注官德格勒、高裔。

二十五日壬午 早，上御太和门视朝。升转文武官员谢恩，次喀尔喀部落阿海代青诺颜族弟瓦丹台吉、阿拉布滩台吉、车尔奔台吉、查克巴台吉及阿海代青诺颜来使蟒吉尔等，伊尔登诺颜来使达尔汉寨桑等，额尔克诺颜来使吴能下等，子恩拉克沙特来使额尔克额木布等，代诺颜来使达尔汉达鲁哈等，吴世西诺颜来使崔山宝等行礼，赐茶。上召瓦丹台吉、阿拉布滩台吉、车尔奔台吉、查克巴台吉至殿内，赐茶毕，回宫。

顷之，御乾清门听政。部院各衙门官员面奏毕，大学士觉罗勒德洪、明珠、王熙、余国柱，学士禅布、额尔黑图、卢琦、觉罗舜拜、色冷格、多奇以折本请旨。吏部题刑部侍郎赵之鼎告病解任员缺，开列学士吴兴祖等。上曰："巡抚薛柱斗着补授刑部侍郎。"

又题翰林院侍读学士多奇员缺，以郎中巴尔哈拟正，郎中胡世塔拟陪。上曰："巴尔哈为人庸常，学问甚劣，着随旗行走。此缺将先经考取官员列名送进。"

又御史陶式玉题参董汉臣任意越职妄奏，上曰："尔等之意若何？"大学士明珠等奏曰："董汉臣身系微员，并无言责，因启奏公事，私上条陈，于大体不合。况伊条奏皆系现行之事，故票拟革职，严加议处。"上曰："前召尚书达哈塔、汤斌进内看董汉臣条奏之事。大学士勒德洪，尔曾云董汉臣条奏疏内尚有一款可行。"大学士勒德洪沉吟良久曰："臣忘之矣。"上曰："尔是日曾云一事可行，为何云忘之？"勒德洪又良久曰："然。臣曾云秧歌、作戏应行禁止。"上曰："凡身任其事，不能明言始末，附和他人，议成之事，但持两可。至凡祭祀坛庙之时，推托残病躲避，不往斋戒，此等人虽有何益？且学士等俱有言责，于应言处并不进言，至退后乃哓哓有词，真非人类，与禽兽何异？"学士禅布奏曰："上谕诚然。若于皇上之前，竟无一言，而退后哓哓者，真畜类耳。”上曰：“董汉臣应否议处，着问达哈塔、汤斌来奏。”

又刑部题强盗杨长儿等应正法。上曰：“朕凡遇盗案，必推原情罪，曲加宽免，今已甚众。但恐宽纵太多，有害良民。应否宽免，尔等问九卿具奏。”

大学士勒德洪等出，传谕尚书达哈塔、汤斌曰：“曾召尔等进内，看董汉臣条奏之事。今董汉臣应否议处，着问明尔等具奏。”达哈塔对曰：“前令我等看董汉臣条奏之事，我曾云：此疏内禁奢侈一事虽经禁止，尚属可行。董汉臣身系微贱，越职条奏，于体统不合，应加议处。”汤斌对曰：“令我等看董汉臣条奏之事，我曾奏云：伊疏内有一二款尚属切近可行，但如何应行处，并未题明。今思董汉臣微贱之人，身无言责，越职妄奏，于大体不合，应加议处。”

又强盗杨长儿一案，九卿会议曰：“皇上洪恩浩荡，如天好生，强盗内宥免者甚众。今又虑宽纵太多，有害良民，圣谕诚然。据满汉诸臣众见，强盗乃僭越奢侈、废弃本业、暴横之徒，如此恶辈，屡加宽免，似无益于良民。但案内情有可疑者，皇上偶行宽宥，亦无不可耳。”勒德洪等将此二事进内启奏。上曰：“董汉臣事，着九卿一并会议面奏。”

巳时，上复御乾清门，九卿近前启奏董汉臣条陈及强盗杨长儿之事。上顾九卿曰：“尔等所议若何？”尚书科尔坤奏曰：“臣等公议：董汉臣微贱之人，并无言责，冒行条奏，于大体不合，应加议处。至强盗杨长儿之事，臣等公议：皇上念人命关系重大，强盗内从宽免者亦多，然强盗非善类，皆系僭越酗酒赌博滥费失业之徒，如此恶辈，若行宽免，似无益于良民。皇上于强盗内情有可疑者，偶有宽恕，亦在睿裁。”上顾汉大臣曰：“尔等之意若何？”陈廷敬、汤斌、梁清标、张玉书、王日藻奏曰：“强盗断不可恕，但案内或情有可疑者，皇上法外施仁亦可宽免一二人。”上问尚书佛伦曰：“尔专司此事，尔意若何？”佛伦奏曰：“强盗皆系恶徒，屡行宽免，似无益于良民。若情有可疑者，皇上偶免一二亦可。”上曰：“张鹏、耿介，曾任外官，必知强盗之事，尔等之意若何？”张鹏奏曰：“皇上好生之德，臣等自当仰体。但强盗屡行宽恕，似无益于良民。”上又顾汤斌曰：“尔曾任外官，必熟知强盗之事，尔意若何？”汤斌奏曰：“强盗断不可宽恕，然盗多由于讳盗，而讳盗由于处分过严，所以盗贼不熄，肆行劫掠。”上又问耿介。耿介奏曰：“强盗实不可恕。”九卿出。

大学士、学士复以二事请旨。上曰：“观九卿所奏，汉官内尚有数员未深悉此事者。将此事逐员详语其故，令伊等再议，及董汉臣之事一并议奏。”

本日起居注官伊图、米汉雯。

二十六日癸卯　早，上诣太皇太后宫问安。

本日起居注官库勒纳、胡会恩。

二十七日甲辰　辰时，上御瀛台勤政殿听政。部院各衙门官员面奏毕，大学士觉罗勒德洪、明珠、王熙、余国柱，学士吴兴祖、禅布、徐廷玺、额尔黑图、卢琦、觉罗舜拜、色冷格、多奇同九卿、詹事、科、道会议强盗杨长儿一案启奏。上问曰：“尔等所议若何？”勒德洪、王熙、达哈塔等奏曰：“臣等会议得强盗巨恶穷凶，于法实难宽贷，然于应正法之内稍有可宽者，皇上酌量宽免一二人，亦无不可。”上顾佛伦问曰：“尔意云何？”佛伦奏曰：“强盗乃穷凶极恶，凡案到臣部，臣等亦仰体皇上好生之心，再四详审，必毫无可疑者，方拟死罪具题。若此辈多从宽免，则凶恶之徒，反云虽为盗贼不至于死，便希图侥幸，必致盗贼滋多，实无益于良民。”上又顾汤斌问曰：“尔曾为巡抚，当知其中情弊。”汤斌奏曰：“皇上慎重刑名，凡盗案内有一线可生者，曲加宽贷一二人，此乃如天好生之心。但强盗实良民之大害，立法不得不严。律例内，凡强盗得财者，不分首从俱斩。盖强盗非一二人所能行，必纠集多凶，或为之把风，或为之瞭望，此内但有行凶未行凶之别，而实相济为恶，故无论首从，皆当正法。至失主被盗报官后，地方官恐不全获，以致罢官，每欲脱卸己罪，或有逼勒失主，但报窃盗者，或有将贼数减报者。被劫之人，不但失财可悯，而报官之后，更多受累，故强盗实为良民之害。”上又顾王日藻问曰：“尔意云何？”王日藻奏曰：“皇上轸恤黎元，严治强盗，正以抚安良民。”上曰：“然。”

勒德洪又奏曰："臣等同九卿公议得：董汉臣一介微贱，并无言责，乘公事启奏，殊为不合，且所条奏不过现行事条，应加议处。"上顾王熙、达哈塔问曰："尔等云何？"王熙、达哈塔奏曰："董汉臣并无言责，乘公事条奏，殊乖体统，且伊所奏皆系现行者，越职妄言，希图侥幸，应行议处。"上又顾问汤斌，汤斌奏曰："董汉臣无言责，妄奏不合。但愚人妄奏，应否宽免，恭候皇上睿裁。"上曰："董汉臣恣肆妄奏，希图侥幸，本当严加议处，姑从宽免。安泰等不将该衙门越职妄奏之员即行纠参，殊属不合！该部严察议奏。"九卿等出。

大学士、学士以折本请旨。吏部题翰林院侍读学士多奇升任员缺，将考试学士员缺一等第六名卫黑纳、考试翻译竹赋第八名徐元梦职名呈览。上曰："三等内御史詹扎何如？"明珠等奏曰："其人老成，在内院年久，学问平常。"上曰："詹扎既年久，着升补侍读学士。"

是日，赐江宁巡抚田雯鞍马一匹。

本日起居注官朱都纳、徐嘉炎。

二十八日乙巳　本日起居注官德格勒、顾藻。

二十九日丙午　辰时，上御瀛台勤政殿听政。部院各衙门官员面奏毕，大学士觉罗勒德洪、明珠、王熙、余国柱，学士吴兴祖、禅布、徐廷玺、额尔黑图、卢琦、觉罗舜拜、色冷格、多奇以折本请旨。兵部题广东广州府副都统巴喀告病解任员缺，以参领韩佐周拟正，李毓梁拟陪。上曰："外省地方应用诚实之人，此缺不论满洲、汉军另拟具奏。"

又谕大学士等曰："自皇太子就学以来，朕于听政之暇，时时指授，罔或有间，故学问渐有进益。如《四书》、《易经》、《书经》、《礼记》今俱已诵习。如此等处，诸臣在外，未必悉知。但朕日理万几，精神有限，课诵之事，恐未能兼，致误皇太子精进之功。着于汉大臣内择其学问优长者，令专侍皇太子左右，朝夕劝导，庶学问日进，而德性有成矣。尔等会同九卿选择具奏。"

本日起居注官徐元梦、熊赐瓒。

六　月

初一日丁未　辰时，江宁巡抚田雯陛辞。上召至瀛台勤政殿问曰："尔有所陈奏否？"田雯奏曰："臣一介小臣，蒙皇恩用为巡抚，臣虽草木犬马，亦思仰报高深。江苏地方曾经圣驾巡历，一切风俗人心，皆在皇上洞鉴之中，恭候皇上教谕。"上曰："向闻江苏富饶，朕亲历其地，见百姓颇多贫困。尔至彼处，当以爱养民生为要务。至地方豪强，亦往往为害于民，如此辈不可不惩，然政贵宽平，不必一一搜访，反致多事。"又问曰："尔尚有所陈奏否？"田雯奏曰："求皇上指示。"上又谕曰："文武本属一体，文武辑睦，则兵民自安矣。"田雯奏曰："臣到地方，惟当安静和平，不敢生事。"上问曰："尔系何科进士？第几名？"田雯奏曰："辛丑科，二甲第四名。"上复问曰："尔曾为何官？"田雯奏曰："由内阁中书，历升江南学道、湖广粮道，蒙恩内升。今自鸿胪寺卿升任此职。"上又问年齿。田雯奏曰："臣今年五十矣。"奏毕，田雯出。

上诣太皇太后、皇太后宫问安。

本日起居注官库勒纳、蔡升元。

初二日戊申　辰时，上御瀛台勤政殿听政。部院各衙门官员面奏毕，大学士明珠、王熙、余国柱，学士吴兴祖、禅布、徐廷玺、额尔黑图、卢琦、觉罗舜拜、色冷格、多奇会同九卿詹事、科、道进前。王熙奏曰："臣等遵旨公议，皇上谕教皇太子，无间于朝夕寒暑，工夫切实精密。皇太子睿龄十四，读完诸经，学问大成。圣父圣子，此自古所未有，尧舜所不及，中外臣僚无不深知，无不欣庆。今蒙上谕以万几勤劳，命臣等择学行兼优者辅导皇太子。苟有此等人，可以胜任，稍纾皇上勤劳，臣等敢不公同举出。只因实无其人，圣明亦所洞鉴。"上顾达哈塔问曰："尔意云何？"达哈塔奏曰："此责任甚为重要，欲仰副圣谕，实难其人。"上又顾问汤斌。汤斌奏曰："皇太子睿哲天纵，皇上深宫豫教，现今经书皆能淹贯，诚自古所未有。今圣谕谓万几无暇，命推文行端优者辅导东宫，以成圣德。睿虑诚深，但实难其人。”上曰：“皇太子亦多阅经史，朕万几之余，不过与皇太子讲明经书大旨。至于言行之微，朕有训诫不及处，非专有启沃之人不可。纵无渊博通儒，或满洲、汉人内有品行端方，可资辅导者亦好，尔等再议具奏。”九卿出。

大学士、学士等会同侍郎管翰林院事库勒纳以日讲起居注官多奇员缺，选择侍讲学士博济等五人。孟亮揆员缺，选择少詹事翁叔元等九人引见。上曰：“讲官职任甚要，必厚重之人方可胜任。博济、戴通、翁叔元着充补讲官。”库勒纳出。

吏部题湖南巡抚丁思孔荐举祁阳县知县王永昌清廉才能，部议准行。上曰 :“丁思孔居官平常，伊所荐举着不准行。”

又议政王、大臣会推正红旗汉军副都统王之弼革职员缺，以护军参领苏丹拟正，虎胡拟陪。上曰：“护军参领托赖历俸年久，且有效力处，着升补副都统。”

是日，皇太子讲官尹泰、汤斌、徐潮进讲。皇太子讲敢问夫子之不动心二节毕，谕曰：“皇父言，孟子论志壹则动气，气壹则动志，言简而理备，治世养身之道不外乎是矣。”

本日起居注官朱都纳、王尹方。

初三日己酉　早，上于保和殿视天坛谢雨祝版毕，回宫。

午时，上诣五龙亭，问太皇太后安。

本日起居注官田喜霱、伊图。

初四日庚戌　辰时，上御瀛台勤政殿，听部院各衙门官员面奏政事。

本日起居注官德格勒、彭孙遹。

初五日辛亥　未时，上御瀛台勤政殿，赐请安进贡巴林部落多罗额驸阿拉布滩，杜尔伯特一品台吉莽沙、四品台吉德尔格尔，苏尼特部落四品台吉博对等，喀尔喀部落阿海代青诺颜族弟湾丹台吉、阿拉布滩台吉、车木布尔台吉、查克霸台吉，土谢图汗来使詹巴拉车尔伯寨桑台吉，哲布尊丹巴库土克图来使车臣囊苏等食。

本日起居注官朱都纳、顾藻。

初六日壬子　辰时，上御瀛台勤政殿听政。部院各衙门官员面奏。国子监祭酒德伯色等题参助教额尔图、学正李祯才力不及，请以后助教等缺，用正途出身。上曰："国子监系培养人才之地，尔等宜洁己率属，必自正其身，乃可为众人之表帅。"德伯色等奏曰："圣谕诚然。臣等恪遵，断不敢有负皇上教谕。"奏毕出。

大学士明珠、王熙、余国柱，学士禅布、额尔黑图、觉罗舜拜、色冷格、多奇以折本请旨。吏部题补安徽巡抚薛柱斗升任员缺，开列学士吴兴祖等。上曰："此开列中谁可用者？"明珠等奏曰："顺天府府尹杨素蕴虽无甚过人处，而居官颇善。"上曰："杨素蕴居官诚善，着升补安徽巡抚。"

上复谕明珠等曰："皇太子前必得谨慎之人，朝夕讲究，方为有益。达哈塔、汤斌、耿介三人皆有贤声，朕欲用之，尔等可传问九卿。"顷之，上复御勤政殿，明珠等同九卿奏曰："达哈塔谓：臣原系庸愚之人，蒙皇上简任吏部尚书，朝夕兢惕，惟惧陨越，不克称职，何能当此重任？汤斌谓：臣今年已六十外，诸事健忘。每日虽为皇太子讲书，不过读皇上钦定讲章。衰老之人，岂能当此重任？"上顾问九卿曰："尔等云何？"九卿同奏曰："此三人皇上简定极当。"上曰："皇太子讲书关系紧要，必简老成谨慎者，朝夕讲究于皇太子前。汤斌居官颇善，耿介虽年老耳重，素有贤名，犹可讲书。达哈塔诚实。此三人俱着朝夕于皇太子前讲书。"明珠等以达哈塔应否开缺请旨。上曰："仍着管尚书事。"

巳时，上出西直门，驻跸畅春园。

本日起居注官库勒纳、高裔。

初七日癸丑　未时，上御畅春园门，皇太子及皇子四人侍命，内大臣、侍卫分列左右。大学士明珠，起居注官库勒纳、德格勒、博济、伊图、戴通、朱都纳侍立于左。尚书达哈塔、汤斌，少詹事耿介入跪。谕曰："自古帝王，莫不以豫教储贰为国家根本。朕恐皇太子不深通学问，即未能明达治体，是以孳孳在念，面命耳提，自幼时勤加教督，训以礼节，不使一日暇逸，曾未暂离左右，即诃责之事往往不免。今皇太子在此，朕无饰言，阿保近侍亦皆知之。皇太子从来惟知读书，嬉戏之事一切不晓。即朕于众子，当其稚幼时，亦必令究心文学，严励礼节者，盖欲其明晓道义，谦以持身，期无陨越耳。尔等皆有声望于外，兹特命尔等训导东宫。朕观古昔贤君，训储不得其道，以致颠覆，往往有之，能保其身者甚少。如唐太宗亦称英明之主，而不能保全储副。朕深悉其故，虽闻见鲜寡，惟尽心训诲。而在外小人不知皇太子粗能诵读，谓尚宜选择正人，令之辅导。尔等皆有闻誉，今特委任。尔等宜体朕意，但毋使皇太子为不孝之子，朕为不慈之父，即朕之大幸矣！”

汤斌奏曰：“皇上豫教元良，旷古所无，即尧舜莫之及。”上曰：“大凡奏对贵乎诚实，尔此言皆谗谄面谀之语。今实非尧舜之世，朕亦非尧舜之君，尔遂云远过尧舜，其果中心之诚然耶？今人面相扬颂，而退有后言，或三四人聚论，肆其讥议者有之。大凡人之言行，务期表里合一，若内外不符，实非人类。朕自来凡有举措，诚于中，必形于外，论说于大庭广众之前，人人可以共质，无一毫粉饰，断不似他人心口各异。朕非以尔等学问优长，故尔委任。比来内庭考试，尔等所学造诣朕业已深知，翰林各官亦所共见。若专选才学，岂无较优于尔等者而用之？止缘尔等向有闻誉，故以相委耳。”

达哈塔奏曰：“臣本最庸至陋，辅导皇太子责任极其重大，实非臣所能胜任。”上曰：“此言昨者尔已奏闻，朕所洞悉。汉人学问胜满洲百倍，朕未尝不知，但恐皇太子耽于汉习，所以不任汉人，朕自行诲励。今皇太子略通汉文，于凡学问之事，似无扞格。且讲解书义，有汤斌等在，尔惟引若等奉侍皇太子，导以满洲礼法，勿染汉习可也。尔部院官员教子者，不过粗通汉文，希图仕进，何尝有实以文武之艺，教其子为全才者乎！朕谨识祖宗家训，文武要务并行，讲肄骑射不敢少废，故令皇太子、皇子等既课以诗书，兼令娴习骑射。即如八旗以次行猎，诚恐满洲武备渐弛，为国家善后之策。朕若为一人行乐，何不躬率遄往？近见众人及诸王以下其心皆不愿行猎，朕未尝不闻。但满洲若废此业，即成汉人，此岂为国家计久远者哉？文臣中愿朕习汉俗者颇多，汉俗有何难学？一入汉习，即大背祖父明训，朕誓不为此。且内廷亦有汉官供奉，朕曾入于汉习否？或有侥幸辅导东宫以为荣名，营求嘱托者，欲令皇太子一依汉人习尚，全不以立国大体为念，是直易视皇太子矣。皇太子其可易视耶？其果自愿效力，何不请效于朕前耶？设使皇太子入于汉习，皇太子不能尽为子之孝，朕亦不能尽为父之慈矣。至于见侍诸子内，或有一人日后入于汉习，朕定不宽宥！且太祖皇帝、太宗皇帝时成法具在，自难稍为姑息也。达哈塔尔若尚在，犹及见之。又有一辈小人，以不照世祖皇帝时行事为言者，朕躬凉薄，祖、父遗训多不能一一钦承。今人料朕浅易，可以议论，所以如此胆大妄行。若在先朝时，此等魑魅魍魉辈，岂容于离照之下？其必放诸海滨绝域，定不留之中国蛊惑众心。故圣人有言曰：惟仁者能爱人，能恶人。此皆朕所未能行者也。今尔等入侍内廷，当自知之。"达哈塔奏曰："皇太子乃天亶聪明，故当此髫年，学即大成，若臣下断不能如此。惟思皇上每日勤教太严，恐皇太子过劳。其不曾谕教皇太子之说，或有人言之，臣并未有言。至臣不但不通汉文，即汉语亦不甚知。臣之满语，汤斌等不知；斌等汉语，臣亦不知。日后阙失，臣一身之死小，诚恐有误大事。"上曰："汤斌尔等皆为契友，同心辅导，不致有误。且欧阳修有云：君子有君子之党，小人有小人之党。今自夸诩为道学者，惟口为道学之言，不能实践者甚多。若辈亦有各立门户，自相诋毁者。又有遣人致书与同年门生，索取四五百金或千金者。此等行径，朕无不悉知。若行擿发，则为狭小苛刻，姑尔包荒。即今满、汉习俗不同，达哈塔尔因母丧，故用青服，他人学尔亦皆服青，有服无服何以辨乎？尔因丧既用青服，能不饮酒茹荤乎？既饮酒茹荤，尚可谓之守制乎？以此推之，即可明矣。"达哈塔奏曰："臣一介孤愚，不惟汉人无交，即满洲中亦无交游，除吊丧问疾外，不曾无故与人交往。"上曰："朕亦知汝所为如此，故特委任。"达哈塔奏曰："臣之亲族累受皇上高厚之恩，臣以埋没土中之人，蒙皇上超擢今职。臣恐皇上以臣堪此任委付，故悚惧恳辞。皇上既洞晰臣之不能，臣何敢辞？"

上复顾起居注官曰："尔等皆窃学问之名，若令尔等子弟及部院衙门官员子弟与朕子相较，其学业可知。或云披甲，择用执事，无暇学习。今若令与皇子同读二三十年，即晓然矣。即如德格勒，自以为曾习数字，渠今有何学问？即渠之子亦曾如此教诲乎？且渠子亦未必通晓满语也。又有谓朕左右皆微贱小人，即今在朕左右侍御之人，多有阀阅名胄，彼祖、父历历可述。现在部院大臣官员中，微贱小人子孙甚多，若与彼身相较，已大不侔矣。”

自是日，各部院本章，俱送内阁，内阁转送听理。

初八日甲寅

初九日乙卯　早，皇太子读书无逸斋。尚书达哈塔、汤斌，少詹事耿介入，行礼毕，侍立于东。起居注官库勒纳、田喜霶侍立于西。皇太子朗诵《礼记》数节、经义一篇，声韵清远，句读铿锵，反复抑扬，讽咏不辍。久之，谓汤斌曰："书已熟，可背诵否？"斌立启曰："昨日皇上［谕令］背书，今请皇太子定夺。"皇太子曰："书已熟，尔等欲背则背，欲候则候。"斌方跪启曰："谨候皇太子复诵书。"少顷，侍卫出，传谕曰："皇上令尔等与皇太子背书。"斌即至案前跪。皇太子以书付斌，斌捧接，皇太子背诵不遗一字。斌以朱笔点定新书读一过，退至原立处。侍卫复出传谕曰："皇上即来，可伺候。"

上出御无逸斋，问汤斌等曰："皇太子背书能熟否？"斌奏曰："甚为纯熟。"皇太子侍立榻傍，捧进所读书于上前，即背立诵所读书，不遗一字如初。上以书授皇太子毕，命汤斌、耿介至前，问斌曰："河图、洛书之义云何？"斌奏曰："河图、洛书，天道扶阳抑阴意思，臣昔年与李光地讲论亦未能通晓。"上命斌转问耿介，介未能对。上又问斌："《书经》'汝无面从，退有后言'如何说？"斌奏曰："言无面谀而背毁。"上命斌问介："钦四隣如何？"三问介，亦未能对。上问斌："'一阳初动处，万物未生时'如何说？"斌奏曰："此邵子解复卦诗。"上曰："尔试诵此诗。"斌曰："冬至子之半，天心无改移。一阳初动处，万物未生时。"上曰："下句如何？"斌未能对。上曰："冬至时亦难说万物尽不生。此不过言一静字耳。"斌奏曰："圣谕诚然。"上又问曰："'火之性能迎而不能随故灭，水之体能随而不能迎故热'如何？"斌属思良久，未能对。又命斌转问介："'夏后氏五十而贡'数句如何？"介亦未能对。上乃谕斌曰："朕常读朱子、王阳明等书，道理亦为深微，乃门人各是其师说，互为攻击。夫道体本虚，顾力行何如耳。攻击者私也，私岂道乎？朕于古来人物从不肯轻为评议，即于今人亦然。若人心无私，何庸攻击？”斌奏曰：“臣学问粗浅，亦不敢轻诋前人。当今山林中潜心实学者有人，而务虚名者亦复不少。”上曰：“潜心实学者何拘山林平地？前者张德地为巡抚时，曾言沙土之地不产贤人。夫十室之邑必有忠信，贤哲笃生，原不择地，岂沙土即无贤人耶？德地之言殊为可鄙。朕深宫读书，常于书旨详加考究，尔试举经书中语来问。”斌奏曰：“《中庸》‘喜怒哀乐之未发’一节，请皇上俯赐圣教。”上为之探本穷原，条分缕晰，阐中和之奥义，敷本道之微言。讲至天地位焉，万物育焉，将戒惧谨独，心正气顺，学问之极功，圣人之能事。《中庸》首章大旨，阐发宣不无复余蕴。斌奏曰：“天地万物亦可分属中和否？”上曰：“先儒分属中和良是。”斌奏曰：“圣学高深极矣。”达哈塔奏曰：“臣本庸劣之人，加以年齿衰老，不识汉字。皇太子睿学久已大成，即汤斌等亦赞服为不可及。辅导责任重大，非臣庸劣所堪，伏望皇上将臣罢斥。”上曰：“朕在诸臣前任尔以辅导之职，尔如欲辞，可具疏来奏。”谕毕，上回宫。

皇太子复坐，侍卫捧置纸笔于案。时盛夏初伏，溽暑炎蒸。皇太子凝神端穆，冠服严整，仪度从容，伏案作书，持笔甚敬，而汤斌、耿介常常昏倦，几至颠仆。久之，侍卫等进皇太子膳。皇太子令旨，命赐诸臣食。皇太子作书，书完，以所书汉文数百字、清文一章，令诸臣观。汤斌启曰：“此字端严秀劲，真佳书也。”库勒纳、田喜霁启曰：“笔法精妙，结构纯熟。臣等获睹睿书，不胜欣幸。”皇太子令旨，命诸臣坐。诸臣叩头就坐。皇太子朗诵《礼记》数节，计百有二十遍，顾汤斌曰：“《礼记》已读过百二十遍矣。今所读经义系温旧书，应读几何？”斌启曰：“请照常。”皇太子复读经义如数。自初读至终篇，为时甚久，目不傍视，身不欹倚，无惰容，无倦志，正襟端坐，口诵手披。诸臣仰睹睿容，罔不欣忭。

读毕，侍卫等再进皇太子膳。皇太子复令赐诸臣食。

少顷，侍卫张侯苑中，皇太子出门外阶下立，左右奉弓矢，皇太子御射三回，中者甚多。

射毕，复入坐，诸臣随入侍。汤斌、耿介跪案前，皇太子谓斌曰：

"尔可于书中随意拈出，予为讲说。"斌指《大学》"汤之盘铭曰"一节及《中庸》"回之为人也"一章、"修身则道立"一节。皇太子不假思索，阐发奥旨，言简而义尽，词约而理明，经传神情，了然心口。斌复指"舜其大知也与"一章，皇太子亦为讲说。斌启曰："何谓两端？"皇太子曰："两端者善中之过与不及也，舜惟执此以用中，所以为大知。"斌与诸臣相顾悦服。时已薄暮，皇太子复令斌指书。斌启曰："天道暑热，皇太子用功太多，请休息。"皇太子从之。诸臣趋而出。

初十日丙辰　辰时，上御畅春园内门，大学士明珠、学士多奇以折本请旨。议政王、大臣会推广东副都统巴喀员缺，以正黄旗参领爱图拟正，镶红旗参领法喀拟陪。上曰："广东系边疆之地，甚为紧要，应选择能和睦兵民者补授此缺，着于部院郎中内察其年久、在行间效力者具奏。"

是日早，皇太子读书无逸斋。达哈塔、汤斌、耿介入，行礼毕，侍立于东。起居注官德格勒、彭孙遹侍立于西。皇太子朗诵《礼记》数节、经义一篇，令汤斌近案前。斌跪，皇太子以书付斌，斌捧接，皇太子背诵不遗一字。复读新书，斌退原立处。皇太子写楷书一纸，约数百字。

辰时，皇上驾至，皇太子率诸臣至阶下恭迎。上至斋中升座，顾起居注官曰："尔等观皇太子读书何如？"彭孙遹奏曰："皇太子睿质岐嶷，学问渊通，实宗社万年无疆之庆。"上曰："不能读书，饰以为能读；不能讲书，饰以为能讲，若此者非人类矣。"随取皇太子楷书细观。詹事尹泰入奏曰："皇上命臣同汤斌、耿介行走，臣奉命在此，止可备皇太子使令而已。窃见皇上谕教皇太子过严，臣是詹事，职分所在，若畏死不敢言，异日死有余辜。汤斌、耿介学问平常，年又衰迈，恐不堪此任。"上曰："俟再过数日裁之。"少顷，上回宫。

巳时，皇太子进膳，随赐诸臣食。

食毕，皇太子又写楷书一纸，随以皇上御制喜雨诗并序示诸臣。诸臣恭读毕，彭孙遹启曰："皇上步祷郊坛，至诚感格，致斋之夕，即沛甘霖。礼成之后，连日雷雨交作，四郊沾足。臣等方仰颂皇上圣德格天如此迅速，今又恭读御制诗篇、序文，恫瘝岂弟之意，高古渊雅之词，真为殊幸。"汤斌又以皇太子楷书示诸臣，诸臣恭览毕，启曰："皇太子楷字，笔笔中锋，端妍秀劲，臣等何幸得睹法书。”斌启曰：“臣两日来，见皇太子学问精深，臣不能仰补万一，敢先启过皇太子，即具疏诣通政司奏闻皇上，求解此任。”皇太子曰：“皇父命汝辅导才及三四日，何为遽萌此意？汝殆见予每日读书、写字尚少，故欲辞任？果尔，予当再增功课，无为具疏以辞也。”斌又启曰：“皇太子每日功课甚多，臣岂敢因此告辞？”皇太子曰：“前皇父命汝时，汝何故不辞耶？”斌启曰：“彼时皇上始有谕旨，臣一时意见不及，故未辞奏。”皇太子曰：“汝之所请非予可以擅专，汝自面奏皇父可也。”斌叩头退。

于时日已正中，甚暑。皇太子不挥扇，不解衣冠，端坐无惰容，而达哈塔、汤斌、耿介不能支持，斜立昏盹而已。皇太子随又写清书一纸毕，令达哈塔近前校对。复令诸臣观之，诸臣恭览毕，启曰：“臣等虽习清书，未能精工。仰观皇太子书法端妍匀熟，非臣等所可学而至也。”皇太子令旨，命诸臣坐，诸臣叩头就坐。

皇太子又温诵《礼记》数节、经义一篇，各一百二十遍。诵毕，顾汤斌曰：“太皇太后明日幸畅春园，皇父于五鼓还宫恭迎，予应随去否？”斌启曰：“此事宜启奏皇上。”皇太子曰：“奏皇父自不待说，但应去与否，须咨汝以决。”斌启曰：“皇上一言一动俱成礼法，自当请旨以定去留，臣不敢擅便。”

皇太子进膳，又赐诸臣食。

食毕，上复至斋中，命移案近南荣。皇太子、皇长子、皇三子、皇四子、皇五子、皇七子、皇八子俱侍。汤斌奏曰：“皇上教皇太子过严，当此暑天，功课太多，恐皇太子睿体劳苦。”上曰：“皇太子每日读书，皆是如此，虽寒暑无间，并不以为劳苦。若勉强为之，则不能如此暇豫。汝等亲见，可曾有一毫勉强乎？”因命尹泰、德格勒传谕曰：“朕宫中从无不读书之子。今诸皇子虽非大有学问之人所教，然已俱能读书。朕非好名之主，故向来太子及诸皇子读书之处，未尝有意使人知之，所以外廷容有未晓然者。今特召诸皇子至前讲诵，汝等试观之。”因取案上经书十余本，亲授汤斌曰：“汝可信手拈出，令诸皇子诵读。”汤斌随揭经书，皇三子、皇四子、皇七子、皇八子以次进前，各读数篇，纯熟舒徐，声音朗朗。又命皇长子讲格物致知一节，皇三子讲《论语·乡党》首章，皆逐字疏解，又能融贯大义。上顾诸臣曰："皇五子向在皇太后宫中育养，皇太后爱之不令其读汉书，止令其习清书。今汉书虽未曾读，已能通晓清书矣。"因命读清书一篇，段落清楚，句句明亮。诸臣奏曰："臣等得观皇子读书讲义，因仰见皇上训迪不倦之圣心，忻喜无已。"上曰："朕幼年读书必以一百二十遍为率，盖不如此则义理不能淹贯，故教太子及诸皇子读书皆是如此。顾八代曾言其太多，谓只须数十遍便足，朕殊不以为然。即皇太子写字，向来仿史鹤龄，每写一纸，朕改抹者多，加点者少，未尝加圈。昨岁宣示内阁之时，汤斌等已皆知之，诸皇子在宫中从无人敢赞好者。若有人赞好，朕即非之。昨讲官入直，亲见皇太子读书、写字，有称扬之语，皇太子才始闻得人说一好字耳。"

随命汤斌等写字。斌写唐诗一首，耿介写陈语一行，字俱平常。其余诸臣皆谢不能写。上遂亲洒宸翰，书宋儒程颢七言诗一绫幅，"存诚"两大字一纸，绫字秀丽，大字苍劲，皆有法度，诸臣莫不欣忭赞扬。

随命张侯，皇三子、皇四子、皇五子、皇七子、皇八子同射，皆中四箭、三箭不等。又命皇太子、皇长子同射，皇太子中三箭，皇长子中二箭。上遂同亲近侍卫佟图射，上连发皆中。诸臣仰见皇上及皇太子、诸皇子射，靡不咨嗟称叹。又命达哈塔、尹泰、德格勒、侍讲徐元梦、亲近侍卫武什同射毕，时已薄暮，诸臣遂出。

十一日丁巳　早，上率皇太子迎太皇太后至畅春园。

巳时，皇太子读书无逸斋。达哈塔、汤斌、耿介入行礼毕，侍立于东。詹事尹泰亦侍立于东。起居注官伊图、高裔侍立于西。皇太子朗诵《礼记》数节、经义一篇，汤斌乃捧书跪听皇太子背诵。皇太子复读新书，顾斌曰："长长字还应作上声，其二曰其三曰应读。"斌承命圈点讫。皇太子读新书毕，即写楷书。

甫写时，耿介忽仆，皇太子问其故。汤斌启曰："耿介早间头晕，臣等强起之乃入内，今痰气忽发，以故不能立。"皇太子令在外暂休，侍卫扶出。皇太子曰："耿介老病，且时值暑热，应即遣归，但无皇父之旨，不敢擅遣，应奏闻。"顷，上令侍卫传谕曰："耿介老病可怜，在内功课从来甚久，彼何能奉侍？令暂回调摄，遣御医视之。”须臾，侍卫复传谕曰：“向来讲书，尔等皆坐。今以皇太子委付尔等，应坐应立，宜自言之。尔等侍立，朕焉得知？凡大臣启奏时久，朕皆赐之坐论，起居注官皆知之。皇太子欲赐坐，未奉朕谕，岂敢自主？”达哈塔奏曰：“臣等学识疏浅，不敢当辅导重任，是以臣等自行侍立。”

皇太子写楷书千字文一纸，令汤斌观之，随付伊图、高裔同视。伊图、高裔启曰：“皇太子书法天然秀劲，结构精密，不但满洲不能及，即汉人之内久习书法者亦不能及。臣等小臣，获睹睿书，何等欣幸！”皇太子复写清书一纸，付伊图等视之。伊图等视毕，启曰：“小字、精楷大字从来难写，皇太子所书，诚可为人法式。”皇太子赐诸臣坐，诸臣叩头坐。皇太子读《礼记》八遍即背，凡背三次。虽至熟，必以一百二十遍为度。经义亦如之。

读毕，皇太子射箭，矢十发，凡八中的。达哈塔等启曰：“射法熟娴，连发连中，且式样至精，洵非易至。”

皇太子复坐无逸斋，授汤斌《四书》一部，曰：“汝检出难者，予为讲解。”汤斌遂检出“樊迟问知”一章、“康诰曰克明德”一章、“仲尼祖述尧舜”一章、“惟天下至圣”一节、“其为气也”二节。皇太子讲解，声韵顿挫铿锵，词不繁而精义奥旨无不毕露。皇太子问曰：“古井田之制八家为井，人各百亩。若不及百亩，七十亩、八十亩，或偏隅之地，作何均分？予未了彻，尔试讲之。”斌不能讲。时已薄暮，诸臣出。

十二日戊午　早，上迎皇太后，送皇太后至玉泉山宫内。未时，驻跸畅春园。是日早，皇太子读书无逸斋。达哈塔、汤斌入，行礼毕，侍立于东。詹事尹泰亦侍立于东。起居注官朱都纳、米汉雯侍立于西。

令旨命诸臣坐。汤斌启曰：“辅导东宫，责任重大。皇上曾命九卿选择，九卿诸臣两次回奏，皆云实难其人。不意皇上委臣是任，臣不胜恐惧，力辞奏请，皇上不允。数日来，奉侍左右，仰见皇太子天亶聪明，皇上朝夕豫教，故能洞悉群书，睿学渊邃。若臣学本浅陋，且年齿衰迈，于皇太子实无少补，臣已将此情由具本送至通政司矣。”皇太子曰：“尔虽启奏，未奉皇父之旨，予何敢擅专。”汤斌启曰：“臣非敢欲遽离左右，但以臣情由启知皇太子耳。”乃叩头就坐。

达哈塔、尹泰、朱都纳、米汉雯等皆叩头就坐。皇太子朗诵《礼记》数节、经义一篇各数遍。命汤斌执书背诵，音韵铿锵，极其纯熟，即书旨俱已隐然宣露。汤斌启曰：“新上《礼记》或逐篇挨读，抑摘取诵读？”皇太子曰：“檀弓，亦逐篇尽读，无所避忌。”汤斌遂以朱笔点定新读《礼记》数节及经义一篇，进呈皇太子。皇太子甫读一二遍，至经义内韦编三绝句，顾诸臣曰：“孔子以圣人读《易》，其勤尚且如此，后学当愈加勤勉，何待言也。”

皇太子读毕，进膳。赐诸臣食。

巳时，皇太子仿帖书汉字一幅，临池正容端坐，连书数百余字，一笔不苟。付汤斌看，汤斌阅毕，启曰：“书法匀而且秀。”复捧与记注官朱都纳、米汉雯看毕。朱都纳启曰：“体格端凝，殊为神妙。向闻皇太子书法极工，私心每谓何由得见。今得恭睹妙墨，臣不胜欣忭之至。”米汉雯启曰：“皇太子书法，八体俱备，如铁画银钩，美难言尽。臣睹皇太子书法，俱用中锋悬掌，迥异常人，皆因皇上以古人秘诀指示，故运腕极灵，且甚有力。”皇太子又书满字一幅，令达哈塔看。达哈塔启曰：“书法较前秀美。书法秀美，皆精熟之故耳。”

皇太子将新读《礼记》及经义复朗读数遍，即付汤斌执书背诵。又每篇反复一百二十遍。时当盛暑，自朝至暮，皇太子端坐朗诵，极其恭谨，毫无惰容，左右诸臣莫不肃然。

晚刻，出无逸斋前，习射三次，射法精妙，发多中的。

射毕，复入无逸斋。令旨命汤斌至前，付以《四书》曰：“尔于此中不拘何章，随便摘出，予将讲之。”汤斌启曰：“数日奉侍皇太子，恭听讲解，知睿学极为渊深。皇太子本以天亶聪明，加之皇上豫教，故能至此，臣焉敢复令皇太子讲书？自古太子三日一进讲，隆冬盛暑俱暂停止。今皇太子讲书一日无间，虽元旦佳节封印之期，亦不少辍。近日在内，恭睹皇上庭教甚严，自古未有。睿学大成，不但臣才疏陋，实无少补，即通国亦未有能胜此任者矣。向来日讲时，清晨进讲毕，到家犹可少憩。日来奉侍左右，直至日暮，实为疲惫。臣若稍可支吾，臣虽谫劣，日聆皇太子讲解，臣学亦有进益。躬亲圣人，乃臣之大幸也！”皇太子曰：“圣人二字予何敢当？予若不亲讲，则皇父问及何以奏对？”汤斌乃就榻前摘出《中庸》内“知斯三者”一节、《论语》内“知者乐水”一章、又“舜有天下选于众”一节、又《孟子》内“分人以财谓之惠”一节。皇太子开卷即讲，毫不思索，言简意该。汤斌启曰：“皇太子讲解极其明晰，诚如九卿所云，辅导之责难得其人也。”朱都纳、米汉雯启曰：“皇太子洞彻书理，开卷即讲，毫无迟疑，毫无遗漏，虽皓首穷经之士亦不能至此，此皆皇上豫教深宫，皇太子夙夜勤学，故如此融贯耳。”

讲毕，达哈塔启曰：“前日奉旨，九卿会议，着臣照常办事。明日有九卿会议，臣遵旨往赴九卿班，启知皇太子。”皇太子首肯毕，诸臣皆出。

十三日己未 早，皇太子读书无逸斋。汤斌入，行礼毕，侍立于东。起居注官翁叔元、博济侍立于西。皇太子命诸臣坐，诸臣叩头就坐。皇太子朗诵《礼记》数节、制义一篇各数遍。背诵讫，汤斌前跪进本日所读书，用朱笔点讫。

皇太子读毕，进膳，赐诸臣食。

巳时，皇太子作书。书完，以所书汉文示汤斌等。斌启曰：“确是钟、王的派。”叔元启曰：“皇太子书法于端楷中有飞动之致，兼晋、唐人之长，真一笔不苟。”博济启曰：“皇太子书法精工，笔笔得体，虽钟、王不是过也。”又以清字一章命观，博济启曰：“皇太子满书字画端正，极其精工。”叔元启曰：“臣不识满字，然见笔画如此精工，便知皇太子心细如发。”汤斌启曰：“皇太子天资既高，学力又到，故于满、汉法书无不精工。臣前此初进讲《论语》时，即聆皇太子亲讲志壹则动气，气壹则动志二语，知皇太子已精通《孟子》。向闻皇太子熟读《易》、《书》二经，今又知读《礼记》，因是具悉皇太子在内庭工夫严密，皇上谕教勤劳，实非臣等所能仰窥万一。”

皇太子读《礼记》，读未数遍，即能背诵，诸臣皆叹服。又读完一百二十遍。

读毕，进膳。又赐诸臣食。

皇太子温读制义毕。皇太子从容下阶，引弓矢而射，诸臣环观，连中九矢。博济启曰："皇太子射法精妙，超出寻常。"

射毕，复入无逸斋。皇太子命汤斌曰："尔可展书拈出某章，以便予讲解。"斌辞不敢，皇太子强之，斌乃进前，跪指《大学》所谓"治国"一节，《论语》"道之以政"、"吾十有五而志于学"二章。皇太子讲解，口无停滞，洞中理解。叔元启曰："皇太子于书义无所不贯，即讲一二句而通章关键俱灵。臣等向来止知皇太子学问高深，臣等今日见皇太子威仪，亲聆讲诵，贯穿精妙，出人意想之外，乃知皇太子天纵聪明，学力深至，皇上谕教精严，真从来所未有。"博济启曰："皇太子讲书，要言不烦，于书义之精微奥妙无不发露，此皆由皇太子天纵之姿，皇上谕教之切，故能至此。"汤斌叩头启曰："臣至愚极陋，荷蒙皇上隆恩拔擢，苟可竭其驽钝，死亦不辞。但皇太子如此天姿，如此学问，皇上如此谕教，圣父、圣子亘古所无，臣自揣何人，岂能仰佐万一？且臣衰老已极，精神实不能支，万万不敢当此任也。"

是日也，皇太子自卯至酉，正襟端坐，读书则节奏琅然，写字则声容不动，左右侍侧，莫不叹服。

十四日庚申　早，吏部尚书达哈塔，詹事府詹事尹泰，起居注官戴通、胡会恩至畅春园门外，礼部尚书管詹事府詹事事汤斌因病后至。

辰时，侍卫尔格、海青令诸臣入侍，汤斌称病不能入侍，祈转奏。尔格等入奏。少顷，出传谕曰："尔系何病？是旧病耶？尔今病，皇太子暂停讲，俟尔病痊进讲耶？"汤斌奏曰："臣在家时有心痛旧症，近来复发，实不能入侍。日内臣虽入侍，不曾进讲。恭听皇太子讲书，伏见皇太子学问精深，皆由我皇上谕教有素。皇太子乃宗庙社稷根本，关系非轻，当此天气暑热，诚恐过劳。臣更有衷悃之言，《论语》云：无友不如己者。臣本非敢妄比，但臣学疏年迈，一毫无补，反致有损。"尔格、海青入奏出，复传谕曰："朕平日教皇太子亦不过粗讲大概，日来委任尔等，朕已宽心。今闻尔病，朕心为之不安，尔且归调治。皇太子仍照常读书、写字，止暂停讲书，俟尔病愈之日照前讲书，尔等同来。向来，非但皇太子功课寒暑不令间断，即诸皇子亦不令间断也。"

十五日辛酉　早，上自畅春园还，御太和门视朝。升转文武官员谢恩，赐茶毕，回宫。

顷之，御乾清门听政。部院各衙门官员面奏毕，大学士明珠、王熙、余国柱，学士吴兴祖、禅布、徐廷玺、额尔黑图、觉罗舜拜、色冷格、多奇以折本请旨。直隶巡抚于成龙题修堤岸。上曰："于成龙先所条陈弭盗一疏，虽属末议，亦似有裨。夫弭盗之法莫如家给人足，但能言而不能遽及此耳。此本俟九卿会议弭盗启奏时，遣各部司官往直隶巡抚于成龙商议具奏。"

申时，上回畅春园。

本日起居注官王封溁、伊图。

十六日壬戌

十七日癸亥

十八日甲子

十九日乙丑

二十日丙寅

二十一日丁卯

二十二日戊辰　大学士明珠以大学士宋德宜病故奏闻。上遣大学士明珠携茶酒诣丧次致奠。

本日起居注官库勒纳、博济。

二十三日己巳

二十四日庚午

二十五日辛未

二十六日壬申

二十七日癸酉

二十八日甲戌

二十九日乙亥

三十日丙子

七　月

初一日丁丑

初二日戊寅　早，上自畅春园随太皇太后辇，由阜城门进西华门，至慈宁宫。太皇太后回宫，上始回宫。

未时，上御保和殿，赐喀尔喀部落土谢图汗来使车林顾殷台吉、信顺山巴额尔克代青诺颜来使巴特马下、西第西里巴图尔台吉来使阿齐图下食。

本日起居注官戴通、陈元龙。

初三日己卯　早，皇太子自畅春园，随皇太后辇，由西直门进西华门，至宁寿宫。皇太后回宫，皇太子始回宫。

辰时，上御乾清门听政。部院各衙门官员面奏毕，大学士觉罗勒德洪、明珠、王熙、余国柱，学士吴兴祖、禅布、徐廷玺、额尔黑图、卢琦、觉罗舜拜、色冷格、多奇以折本请旨。尚书汤斌明白回奏及尚书达哈塔所奏，命九卿公阅事。上曰："九卿云何？"勒德洪奏曰："九卿云：浑齐分户之处殊未明晰，达哈塔不能断理此事，应交该部审理。"上曰："汤斌三次回奏，方始据实。"王熙奏曰："此疏内但云擅执朱笔，并未申明擅执朱笔之故。圣明无远勿届，无微勿照。汤斌隐蔽妄奏，并未题明，在皇上之前犹且如此，倘在远方更不知何如矣！皇上宽大无所不容，如此尚不据实陈奏，胡涂粉饰，诚犬彘不如也。"余国柱奏曰："汤斌假称道学，其实假不到底。"上曰："尔等曾言汤斌为恺悌君子。"王熙奏曰："臣等一时为虚名所误，此实臣等不能知人之罪，臣何敢置辨。"上曰："尔等俱诚实人。前九卿举江苏巡抚时，曾举孙在丰，朕不用孙在丰而用汤斌，其后居官颇优，故补授尚书。达哈塔曾因才力不及，随旗行走，后以魏象枢荐举，又屡擢至尚书。今伊等俱欲为师为相，行止较前大相违背。且国家用人，或视其才能，或视其操守，有才能者当勤于办事，有操守者当益励清修。今或肆行议论，或箝口窃叹。前因达哈塔不能办理吏部之事，令葛思泰助之，且内阁亦有因人成事，尸位素餐者，不亲试其人而用之，可乎？今可命九卿传汤斌至，详问擅执朱笔缘由。传达哈塔至，详问浑齐分户缘由。达哈塔与汤斌同事，汤斌等屡有失仪处，亦着问达哈塔。今日命九卿会议之事，达哈塔、汤斌亦着与议。朕非有意难之，正欲深知之耳。”

申时，上回畅春园。

本日起居注官德格勒、徐嘉炎。

初四日庚辰 辰时，上御畅春园内门，大学士觉罗勒德洪、明珠，学士吴兴祖、禅布、徐廷玺、额尔黑图、觉罗舜拜、色冷格、多奇以折本请旨。以汤斌回奏事问九卿。上顾勒德洪曰：“尔可启奏。”勒德洪奏曰：“以汉话问汤斌，汤斌汉话答之，臣不明晰。”上曰：“凡事洞晰方可办理，若不洞晰，如何办事？”明珠奏曰：“九卿以擅执朱笔问汤斌，汤斌云：皇太子写仿毕，以朱笔付我，命将不好字乂之。我即启皇太子曰，我岂敢乂皇太子之字耶？皇太子令旨曰：皇父有旨。因愚见不到，将皇太子仿内甚好之字擅加圈点。后知受朱笔圈点之罪，即在皇上前请罪，故疏内未全写出。达哈塔言汤斌失仪，云皇太子写仿时，汤斌执书昏倦，以面掩书，惟垂头而已。”上曰：“票签仍照常送进。”

又以达哈塔所审之事问九卿。明珠等奏曰：“九卿问达哈塔，据云：我以满洲人为汉人，乃我愚懦之处。我原用于内阁翰林院，屡升今职。为部郎时，审理之事未曾谙练。但臣愚懦，惟有听皇上置罪耳。”上曰：“此案仍着达哈塔审奏。”

又吏部题礼部郎中喇璧升任员缺，以孝陵员外郎哈达汉拟正，督捕员外郎席特库拟陪。户部郎中明格礼升任员缺，以太仆寺员外郎温泰拟正，户部员外郎伊世泰拟陪。刑部郎中魏成格升任员缺，以礼部员外郎赛音达拟正，户部员外郎佛保拟陪。明珠等奏曰：“刑部堂官口奏云：臣衙门郎中员缺，以礼部员外郎镶白旗赛音达拟正具题。若以此人补用，臣部即将伊同旗不论次序选择补授之员外郎伊独立，系俸浅之人，相应解任。今礼部郎中若将赛音达补授，则伊独立可以不解任矣。”上曰：“伊堂官既惜伊独立，将赛音达补授。礼部哈达汉调补刑部。保举之人若自始至终清正如一，方可称保举，着存案。”

又督捕衙门左理事官王承祖升任员缺，将右理事官张鹏翮转左。右理事官员缺，将通政司参议劳之辨补授。明珠等奏曰："臣等遵旨问九卿，九卿云：张鹏翮居外官时曾闻其善，自补京官以来，看其人平常。至于旗下大臣家行走，臣等不闻，即行走亦未可定。"上曰："张鹏翮俸浅，着停其转补，久任此缺。劳之辨着升补左理事官。"

本日起居注官库勒纳、戴通。

初五日辛巳

初六日壬午　辰时，上御畅春园内门，大学士觉罗勒德洪、明珠，学士吴兴祖、禅布、徐廷玺、额尔黑图、觉罗舜拜、色冷格、多奇以折本请旨。九卿会议直隶巡抚于成龙题修堤岸。上顾大学士勒德洪问曰："此议尔意云何？"勒德洪奏曰："于成龙疏内云，令地方官同屯拨什库派百姓旗人同修，部议遣旗员踏勘。"上曰："部议遣贤能官详看，将应修之处分拨带来，并未议遣旗员踏勘。尔等皆任咨询之责，凡事皆应明白洞彻，若并不明悉，则事务渐至败坏。既不洞彻，每日早散回家，可乎？应久在署中，将事务详问明彻方可耳。"

本日起居注官库勒纳、博济。

初七日癸未

初八日甲申　辰时，上御畅春园内门，大学士觉罗勒德洪、明珠，学士吴兴祖、禅布、徐廷玺、额尔黑图、觉罗舜拜、色冷格，多奇以折本请旨。吏部题山东巡抚钱珏因泉林寺所立碑石绽裂，将泗水县知县周之昌等题参，部议周之昌等各罚俸一年。上曰："山东原少好石，闻周公、孟子庙所立碑石至今未有。恐因觅泉林寺碑石借端劳民，着该抚选择廉能官从容觅石建立。余依议。"

又议尚书达哈塔革职。上曰："达哈塔着从宽免革尚书。"

本日起居注官库勒纳、德格勒。

初九日乙酉　是日，赐安徽巡抚杨素蕴鞍马一匹。

初十日丙戌

十一日丁亥　早，上自畅春园诣太皇太后宫问安，恭请避暑，太皇太后移驻五龙亭。

辰时，上御瀛台勤政殿听政。部院各衙门官员面奏毕，大学士觉罗勒德洪、明珠、王熙、余国柱，学士吴兴祖、禅布、徐廷玺、额尔黑图、卢琦、觉罗舜拜、色冷格、多奇以折本请旨。兵部题为陕西西安府副都统尚吉图告老休致员缺，开列侍郎萨海等。上曰："西安地方紧要，侍郎党古礼为人谨慎，着升补副都统。"

酉时，上回畅春园。

本日起居注官朱都纳、胡会恩。

十二日戊子

十三日己丑

十四日庚寅

十五日辛卯 辰时，上御畅春园内门，大学士觉罗勒德洪、明珠，学士吴兴祖、禅布、徐廷玺、额尔黑图、觉罗舜拜、色冷格、多奇以折本请旨。礼部题已故大学士宋德宜应否给谥、加祭请旨。上曰："宋德宜任大学士未久，着停止加祭，仍着与谥。"

又刑部题浙江民张遴叩阍，应发往该抚审理。上顾大学士等曰："此案若交与该抚审理，岂肯将实情明白审出？"大学士明珠奏曰："此案或可遣部员审理。"上曰："即遣司员审理亦未必审出实情，但此案且仍着刑部选择贤能官往审。近见差往河南审理司员，竟不明白审理，此皆恐结怨各部堂官，故不从公审理耳。大凡督、抚无不于部院堂官营求结交，各为门户。若司员往审，与督、抚相悖，则结怨于堂官，尚能保其职乎？即今部院堂官皆各援引亲戚、朋党营求之辈，凡缺未出之前，豫先已定，及会推时，惟赞扬援引，而从公推拟者甚少。又有为司官、笔帖式时，图取财帛，所行贪婪，至于大任，伪称己身清廉者，此等之人其居心亦可鄙耻矣！今观部院官员皆稍稍更改，若照此而行，尚有何说？如所行贪污，仍蹈前辙，是自弃其身也，虽侥幸苟免，鬼神岂肯宥耶！"

本日起居注官库勒纳、伊图。

十六日壬辰

十七日癸巳

十八日甲午 未时，上自畅春园，进西直门回瀛台。

本日起居注官戴通、蔡升元。

十九日乙未　辰时，上御瀛台勤政殿听政。部院各衙门官员面奏毕，大学士觉罗勒德洪、明珠、王熙、余国柱，学士吴兴祖、禅布、徐廷玺、额尔黑图、卢琦、多奇以折本请旨。吏部题甘肃按察使索尔孙解任员缺，以郎中明格礼拟正，格尔泰拟陪。上曰："着九卿、詹事、科、道会同选择具奏。"

又吏部尚书达哈塔所审，以满洲浑齐伪称汉人，应将都统马哈达革职。上曰："马哈达在杭州居官不善，并无实效力之军功，而冒功邀爵。今至京师补授都统以来，不知更改，凡咨补官员皆有情弊。着革去都统、世职，以微员发往黑龙江，令其效力。余着依议。"

巳时，上诣皇太后宫问安。

本日起居注官翁叔元、朱都纳。

二十日丙申　辰时，上御瀛台勤政殿听政。部院各衙门官员面奏毕，大学士觉罗勒德洪、明珠、王熙、余国柱，学士吴兴祖、禅布、徐廷玺、额尔黑图、卢琦、觉罗舜拜、色冷格、多奇以折本请旨。尚书达哈塔所审之事再行启奏。上曰："赖塔曾平定福建、广东、云南三省，此等有功之人，纵有大罪，朕断不掩其功。再施琅亦曾平复台湾，立人所不能立之功，如此之人，虽加毁议，朕必不之罪也。蔡毓荣并无功绩，私受吴三桂伪扫北将军，去年令其来京治罪，人尚言狡兔亡，走狗烹。以赖塔之功较之，远胜百倍，此岂可加之罪耶？赖塔功加阿思哈尼哈番并应追金银等物，俱着宽免。余依议。"

本日起居注官德格勒、陈元龙。

二十一日丁酉　上谕部院各衙门本章俱交送内阁转奏。

本日起居注官博济、蔡升元。

二十二日戊戌　本日起居注官戴通、顾藻。

二十三日己亥　辰时，上御瀛台勤政殿，刑部郎中阿西谭、员外郎伊独立以奉命往审浙江张遴叩阍事面请谕旨。上曰："向来奉差官员，往往骚扰驿递，为累小民，朕深悉之，故数年以来概不差遣。昨见张遴所告，似有冤抑，因遣尔等往理。务须公平确审，慎毋以是为非，以非为是。奸民叩阍亦有巧于饰说者，地方官亦有善于夤缘者。尔等到彼处，不可徇私偏听，专信一面之词，必得两造实情，始副朕差遣至意。若稍存私见，是非不明，舆论不服，则大负朕怀矣！”阿西谭等奏曰：“臣等本属微贱，蒙恩历升今职。兹又奉命往审此案，敢不恪遵圣谕，从公详审。倘有容私，颠倒是非，纵圣恩宽宥，上天亦将降祸于子孙也。”上曰：“此等套语，朕习闻之，颇觉厌听。如向日差审广东沈上达一案之禅塔海，曾在朕前奏言：若果徇情，置臣于死地。其面奏时，何等恳切，及至广东，曲直不分，是非倒置，与前面奏之言判然大异。朕若诘问，惟有叩首而已。如此行径，岂不负朕耶？尔等其戒之！”阿西谭等奏曰：“案内牵连官属甚多，若情事果真，当概行拿问。”上曰：“案内有牵连大僚，即情真亦但当拘禁，若下属情真，竟行拿问可耳。”

本日起居注官库勒纳、蔡升元。

二十四日庚子 辰时，上御瀛台勤政殿听政。部院各衙门官员面奏毕，内阁大学士等会同九卿进前，达哈塔、伊桑阿同奏曰：“今谕九卿诸臣一日两至乾清门，有应商应议之政以便咨询。臣等谨念古时人君五日一听政，即以为甚勤。明朝创业之洪武及宣宗勤于政事，称为贤君，至今赞扬，亦不过五日一听政。今皇上日日听政，天下虽极升平，犹不少有间辍，乃自古未有者。宋儒程颐云：君德之成就在经筵。又云：人主每日接贤士大夫。盖因彼时人君不能勤政，故其言如此。设使程颐生于今日，亲见圣德，岂尚为此言耶？皇上天行乾健，臣等材质驽下，实不能及。况今四海至治至安，皆由皇上励精所致，臣等虽逐日久坐，毫无寸补。皇上不弃臣等愚陋，拔擢至此，若臣等每日在内行走，其不谙礼法愚昧之处甚多，皇上虽宽容矜恕，亦终不能保全矣。”奏毕，皆免冠叩首。

上曰：“观尔等九卿会推之时，往往援引亲友，回家即会宾客，此等之处并不言及。少有失仪何妨？”沉吟良久曰：“俟朕思之。”九卿出。

顾大学士等曰：“民间用度克足，必由于节俭。观八旗之人，祭葬筵宴之事踰分者多，都统、副都统宜严为处分，着礼部议。至三年之丧，武官虽不可行，而文官似属可行。或有三年之服未满，即会客宴饮，殊为不合，着一并定议。至凡举动皆由于上，若上之人躬行节俭，则下自效法。但今之人效尤者多，而效法好者少，不可不严加禁止。”

本日起居注官彭孙遹、朱都纳。

二十五日辛丑　早，上御太和门视朝。升转文武官员谢恩，赐茶毕，回宫。

少顷，御乾清门，听部院各衙门官员面奏政事。

本日起居注官德格勒、王尹方。

二十六日壬寅　早，上幸南苑。酉时，回宫。

本日起居注官博济、顾藻。

二十七日癸卯　辰时，上御瀛台勤政殿，听部院各衙门官员面奏政事。

本日起居注官戴通、徐嘉炎。

二十八日甲辰　辰时，上御瀛台勤政殿听政。部院各衙门官员面奏毕，大学士觉罗勒德洪、明珠、王熙、余国柱，学士吴兴祖、禅布、徐廷玺、额尔黑图、卢琦、觉罗舜拜、色冷格、多奇以折本请旨。吏部议尚书达哈塔所审骁骑校阿齐尼叩阍之事胡涂，应革职。上曰：“达哈塔从宽免革职，着降五级留任。”

巳时，上诣五龙亭问太皇太后安。

未时，上复御瀛台勤政殿，赐请安进贡翁牛忒部落多罗达尔汉贝勒额尔德布额齐尔、三品台吉宁布、未授品级台吉博第，巴林部落一品台吉格勒尔图，阿鲁科尔沁国固山额驸巴特马，敖汉二品台吉额林臣，苏尼忒部落一品台吉茂、二品台吉劳占等、四品台吉托博克等，四子部落四品台吉阿第等，吴喇忒部落四品台吉拜虎赖等，土默特部落三品台吉马哈西里、四品台吉诺门桑，归化城居住扎萨克为首喇嘛彭苏克格隆等食。

本日起居注官伊图、顾藻。

二十九日乙巳　辰时，上御瀛台勤政殿听政。部院各衙门官员面奏毕，大学士觉罗勒德洪、明珠、王熙、余国柱，学士吴兴祖、禅布、徐廷玺、额尔黑图、卢琦、觉罗舜拜、色冷格、多奇以折本请旨。九卿会推甘肃按察使索尔孙解任员缺，以工部郎中党爱拟正，刑部郎中对兰拟陪。上问曰：“二人何如？”勒德洪奏曰：“党爱为人亦优，居任已久。”明珠奏曰：“二人皆九卿所推，想俱可用。”上曰：“党爱历任年久，着升补按察使。”

巳时，回宫。

本日起居注官王封溁、朱都纳。

三十日丙午　早，上诣五龙亭，送太皇太后回慈宁宫。

辰时，御乾清门听政。部院各衙门官员面奏毕，内阁、九卿、詹事、科、道近前，大学士觉罗勒德洪奏曰：“臣等会同议政王公议得，向来服色亦曾屡行禁约，往往不可行而止。今若复加申禁，则小民舍现在所用之物，另行置办，势必至于苦累。”上顾达哈塔曰：“尔曾云宜加禁约，今又以为不可行，何也？”达哈塔免冠叩首，奏曰：“臣本庸劣之人，一时妄奏。今议政王及诸大臣皆云行之不便，臣始自知其非，即加以重罪，亦无憾也。”汤斌免冠叩首奏曰：“臣罪当死，蒙皇上屡次宽宥，真天高地厚之恩。臣本愚昧，前者妄行陈奏。今思农桑为民生本业，若如此严禁，则商贾不通，民将何所依以为生计？似宜照旧例行。”勒德洪免冠叩首奏曰：“前因伊等陈奏，故臣亦以为宜行禁止。以今观之，果不便行也。”上问曰：“尔等众见以为何如？”王熙等奏曰：“现今风俗并无过于奢靡之处，果如此禁约，京师百姓难以聊生。况衣冠者国之华也，倘服色太素，殊不雅观。”佛伦奏曰：“向者禁约时人颇怨望，故尔中止。今若既知其不便行，而复令行之，天下皆谓出自圣意矣。及行之而仍不便，又复停止，将皇上谕旨可如此轻亵耶？”上曰：“尔等跪列于后。诸臣意见若何？”诸臣奏曰：“臣等众见皆谓必不可行。”九卿等出。

大学士觉罗勒德洪、明珠、王熙、余国柱，学士吴兴祖、禅布、徐廷玺、额尔黑图、卢琦、觉罗舜拜、色冷格、多奇以折本请旨。上顾大学士等曰：“此事若果可行，则行之久矣，奚待于今？朕意以为俗尚不能骤更，当潜移而默导之。今伊等既以为宜严禁，若偏听一、二人之言，不参考于众见，遽尔行之，可乎？况近日所禁数项服色，亦尚有服之者。概行禁止，可乎？”上又顾起居注官曰：“天下事有言之可听而行之不便者，此类是也。”德格勒奏曰：“诚如圣谕。”蔡升元奏曰：“王道本乎人情，不近人情者自不可行。皇上所见极是。”上谓大学士等曰：“此事暂留尔衙门从容商之。”

户部题请裁公费。上曰："目下国计充裕，所争不在于此。况贫官需此以资生者甚多，岂可尽裁？着户部再行确议具奏。"

又刑部题张谦应立绞。上曰："张谦为穆尔赛心腹，相助为恶，勒索各属银两、缎匹，伙同授受。发觉之时，又行潜逃。刑部不将真情严加根究，草率取供，便拟立决，希图灭口，殊属不合！着再严加究审，务得真情具奏。"

本日起居注官德格勒、蔡升元。

八　月

初一日丁未　早，上于保和殿视祀社稷坛祝版毕，回宫。

少顷，御乾清门听政。部院各衙门官员面奏毕，大学士觉罗勒德洪、明珠、王熙，学士吴兴祖、禅布、徐廷玺、额尔黑图、卢琦、觉罗舜拜、色冷格、多奇以折本请旨。吏部议少詹事耿介借老称疾求去，应革职。尚书汤斌将无德无行如尸之耿介充贤特荐，应革职。上曰："汤斌从宽免革职，着降五级留任。耿介从宽免革职，着革去少詹事，以原任道员品级休致。"

是日，赐西安副都统党古礼、广东副都统魏黑讷备鞍马各一匹。

本日起居注官田喜霱、伊图。

初二日戊申　早，上亲诣社稷坛致祭毕，回宫。

辰时，御乾清门听政。部院各衙门官员面奏毕，大学士觉罗勒德洪、明珠、王熙、余国柱，学士吴兴祖、禅布、徐廷玺、额尔黑图、卢琦、觉罗舜拜、色冷格、多奇以折本请旨。为科员内升外转事。上曰："科、道系言官，建言乃其职掌，如有所见，自当陈奏。若言之可行者，朕即行之，有不可行者，朕始不允。近来科、道官竟不条奏，反以所当言者卖与他人言之，岂不甚为可耻！"随问大学士等曰："尔等之意此内孰当内升，孰当外转？"明珠奏曰："臣等公议科员内杨尔淑、汪晋征人皆可用。纪愈俸深。若行内升，则此内可用一人。卞三畏为人平常。若行外转，此应外转。”上曰：“汪晋征着内升。外转着停止这一次。”

又道员内升外转事。上问曰：“此内孰当内升，孰当外转？”王熙奏曰：“道员内唐朝彝福建人，虽条奏稀少，然历俸年久，人亦可用。若行内升，应将此人内升。其余道员皆系新考授者。”上问曰：“许三礼何如？”明珠奏曰：“人亦可用。”上曰：“许三礼着内升。外转着停止这一次。”

又吏部内升外转事。上曰：“尔等将应内升外转之员问明吏部堂官具奏。”

又顺天乡试同考试官开列知县陈国祝等。上问曰：“应用几员？”明珠奏曰：“应用十六员。”上曰：“既应用十六员，此疏内进士知县止有十人。若应试之人预拟此十员必为试官，有所钻营，则作弊更易，弊何得除？前董讷条陈时，朕见其可行，故准行之。今若此，则似妄矣。”明珠奏曰：“皇上除弊，务得真才，若应试之人知此十人必为同考，则钻营情弊显然，诚如圣谕。”余国柱奏曰：“旧例小京官及知县等一并开列。”上曰：“问明九卿来奏。”

又待诏宋骏业具疏谢恩。上曰：“尔等云何？”明珠奏曰：“前大学士黄机告老，蒙皇上遣官护送。”上曰：“病故官员有遣官护送者否？”王熙奏曰：“顺治年间大学士张端病故，曾遣官护丧归籍。”明珠奏曰：“汉大学士俱云：卒于官者，似与告老回籍者不同。”上曰：“宋德宜效力年久，忽然病故，深为可悯。今其柩回籍，着遣官护送，仍给与夫马。尔等可拟票签送进。”

又山西巡抚马齐题请武官不宜丁忧。上曰：“前因何傅具疏，言武官皆宜丁忧，九卿以为不可行，朕曾谓此事关系孝道，武官亦宜行之，若行后有未便处，不妨更改。今观马齐疏所言亦是，参、游、守备等官皆有守御地方之责，概令丁忧，诚属未便。朕意副将以上官员令其丁忧，参将以下官员令其在任守制。”明珠奏曰：“圣谕诚然。参将以下官员皆有地方责任，屡屡补授，恐地方受累。况武职亦无回避之例，若副将以上官员准其丁忧，有身任紧要岩疆者，或令在任守制，亦无不可。”上曰：“尔等可将此意传谕九卿。”

少顷，上复御乾清门，大学士、学士等入奏曰："臣等遵旨问吏部堂官云，文选司郎中刘始恢办事颇优，主事张泰来平常。"上顾学士等曰："尔等知刘始恢为人否？"吴兴祖等奏曰："臣等不知。"上曰："吏部内升外转着停止这一次。"

明珠等又奏曰："臣等传问九卿，据九卿云：顺天考试官旧例，员外主事以下小京官及知县、守部进士一并开列，候皇上不拘次序点用，庶不肖者不及营求。上曰："即行开列来奏。"

明珠等又奏曰："臣等遵旨，以武官副将以上丁忧，参将以下不准丁忧，传谕九卿。九卿云：圣见极是，自当遵行。"上曰："仍着九卿议奏。"

巳时，上诣太皇太后、皇太后宫问安。

少顷，上御文华殿，举行经筵大典，讲官库勒纳、陈廷敬进讲《四书》尽其心者知其性也一节，傅腊塔、徐乾学进讲《书经》汝无面从退有后言一段。讲毕，赐宴于太和门前。

未时，上御保和殿，赐请安进贡四子部落四品台吉塔布泰等，吴喇特部落三品台吉纳苏等，扎萨克四品台吉毕林达等，喀尔喀部落车臣汗来使吴巴什寨桑阿尔达尔下等食。

本日起居注官彭孙遹、戴通。

初三日己酉　早，上巡视口外，由东华门设卤簿，在京诸王以下文武各官俱服蟒袍两翼跪送。出东直门，驻跸密云县河漕庄。

是日，科尔沁国多罗扎萨克图郡王额齐尔来朝请安，霸昌道许兆麟等、密云县守备胡守恩等来朝。

初四日庚戌　上驻跸古北口城内。是日，古北口守御喇萨里等、石匣营游击周克训等来朝。

初五日辛亥　上驻跸鞍匠屯。

初六日壬子　上驻跸九汇河。

初七日癸丑　上驻跸青城。是日，上射殪二虎。阿霸垓二品台基德木楚克，敖汉二品台吉额林臣、四品台吉巴尔丹，喀喇沁部落原任额驸额林臣、二品塔布囊山济斯希布、三品塔布囊伯勒，附于土默特部落喀尔喀一品台吉丹津等来朝请安。

初八日甲寅 上驻跸九隘口。是日，喀喇沁部落多罗杜棱郡王扎西、一品塔布囊妙秀、二品塔布囊索宁等、四品塔布囊额齐尔、未授品级塔布囊垂扎木苏、都统巴雅尔，翁牛忒部落多罗杜棱郡王毕礼衮达赖、二品台吉额齐尔等来朝请安。

初九日乙卯 上驻跸硕岩。是日，赐上三旗扈从护军八旗前锋等羊。附于敖汉喀尔喀多罗贝勒罗布臧来朝请安。

初十日丙辰 上驻跸红崖。

十一日丁巳 上驻跸玲珑地方。是日，翁牛忒部落喀拉齐里克镇国公祁塔忒，敖汉多罗郡王扎木苏、多罗郡王萨木珀尔、二品台吉额尔德尼丹津、未授品级台吉车木珀尔等来朝请安。

十二日戊午 上自玲珑地方往北十里驻跸。

十三日己未 上驻跸石幕地方。是日，柰曼部落护国公格勒尔来朝请安。

十四日庚申 上驻跸红川。是日，苏尼特部落二品台吉多尔扎斯喀布旺书克、柰曼部落固山贝子吴勒木济、翁牛忒部落多罗达尔汉贝勒额尔德布额齐尔等来朝请安。

十五日辛酉 上驻跸红川。

十六日壬戌 上驻跸巴龙桑古苏泰山北。是日，科尔沁国一品台吉博第来朝请安。

十七日癸亥 上驻跸骅骝杨川。是日，巴林部落多罗郡王纳木达克［来］朝请安。

十八日甲子 上驻跸独村口。是日，科尔沁国一品台吉巴特马西毕里克图、二品台吉吴尔图纳苏图、三品台吉布尼、四品台吉额尔黑图、阿穆尔灵贵、未授品级台吉巴鲁扎纳等来朝请安。

十九日乙丑 上驻跸骅骝道口南。

二十日丙寅 上驻跸黄陂。

二十一日丁卯 上仍驻跸黄陂。是日，科尔沁国多罗贝勒沙津额驸、一品台吉布达、二品台吉阿毕达，扎鲁特部落二品台吉毕里克图，土默特部落固山贝子衮济斯扎布等来朝请安。

二十二日戊辰　上行十里，仍驻跸黄陂。是日，科尔沁国和硕达尔汉亲王班第额驸、一品台吉阿毕达、未授品级台吉丹达里，阿鲁科尔沁国二品台吉昆特尔苏达尼，未授品级台吉纳孙、额尔黑图等来朝请安。

二十三日己巳　上仍驻跸黄陂。

二十四日庚午　上仍驻跸黄陂。是日，召科尔沁国和硕达尔汉亲王班第额驸、多罗贝勒沙津额驸、一品台吉阿毕达等、未授品级台吉丹达里、二品台吉吴尔图纳苏图等、四品台吉额尔黑图，巴林部落多罗郡王纳木达克、多罗额驸阿拉布滩、吴尔浑额驸，敖汉二品台吉衮木布等、四品台吉巴尔丹，附于敖汉喀尔喀多罗贝勒罗布臧，土默特部落固山贝子衮济斯扎布、一品台吉丹津，阿鲁科尔沁国二品台吉昆特尔等，扎鲁特部落二品台吉毕里克图随围行走。翁牛忒部落多罗杜棱郡王毕礼衮达赖、镇国公齐塔特、二品台吉额齐尔、三品台吉茂海等、四品台吉僧格等都统以下，兵丁以上；喀喇沁部落多罗郡王扎西、未授品级塔布囊垂扎木苏、一品塔布囊苗秀、二品塔布囊索宁等、四品塔布囊额齐尔等都统以下，兵丁以上赐食、赐茶。赐上三旗扈从护军、八旗前锋等牛羊。

科尔沁国多罗贝勒巴克西顾尔、土默特部落多罗达尔汉贝勒额尔德木图等来朝请安。

二十五日辛未　上驻跸骅骝谷。是日，科尔沁国原任王额齐尔、翁牛忒部落四品台吉伊特根等来朝请安。

二十六日壬申　上驻跸可汗铁岭。

二十七日癸酉　赐喀喇沁部落二品塔布囊索宁等、翁牛忒部落镇国公祁塔特等以下，兵丁以上蟒袍、靴、弓箭、缎布、银两有差。

是日，上驻跸坡濑村。

二十八日甲戌　赐喀喇沁部落多罗杜棱郡王扎西银一千两、色缎四十匹，翁牛忒部落多罗杜棱郡王毕礼衮达赖之母和硕公主银八百两、色缎四十匹，多罗杜棱郡王毕里衮达赖、二品台吉额齐尔银各三百两、色缎各十五匹，喀喇沁部落未授品级塔布囊垂扎木苏、敖汉二品台吉顾木布银各二百两、色缎各十匹，敖汉二品台吉额林臣、阿霸垓二品台基德木楚克银各一百两、色缎各八匹。多罗杜棱郡王扎西、毕礼衮达赖等率所属官兵谢恩。上启行时，复跪送。

是日，上驻跸青城。

二十九日乙亥　上驻跸九汇河。是日，上射殪一虎。科尔沁国多罗郡王代布、四品台吉伊拉顾克山等来朝请安。

九　月

初一日丙子　上驻跸鞍匠屯。是日，赐内大臣、侍卫、都统、前锋统领、护军统领、副都统、前锋参领、参领等狍、鹿肉。又赐上三旗扈从护军、八旗前锋等牛羊。

初二日丁丑　上驻跸姚亭庄。

初三日戊寅　上驻跸牛阑山。

初四日己卯　巳时，上由东直门进东华门，诣太皇太后、皇太后宫问安毕，回宫。

是行也，部院各衙门章奏每日送内阁，内阁三日从驿递送至行宫转奏听理。

扈从起居注官库勒纳。

初五日庚辰　早，上御太和门视朝。升转文武官员谢恩，次进贡喀尔喀部落信顺额尔克代青诺颜所属卓礼克图寨桑等、绰克图阿海台吉所属阿礼密等、阿霸哈纳尔额尔克吴巴什诺颜所属都拉尔囊素等、达西默尔根台吉所属阿尔萨兰等赐茶毕，回宫。

巳时，上诣太皇太后、皇太后宫问安。

本日起居注官库勒纳、翁叔元。

初六日辛巳　辰时，上御乾清门听政。部院各衙门官员面奏毕，大学士觉罗勒德洪、明珠、王熙、余国柱，学士禅布、徐廷玺、额尔黑图、卢琦、觉罗舜拜、色冷格、多奇以折本请旨。吏部题兵科给事中巴尔泰员缺，以员外郎佟宝拟正，恩丕拟陪。上曰："给事中职任紧要，着选择具奏。"

又户部题闲散衙门公费应行裁革。上曰："户部议节省钱粮固是，但微员皆赖此用度，仍着照现行例行。”

又兵部题宣府总兵官阎可权病故员缺，或开列参领，或开列现任副将请旨。上曰：“蓝理人材壮健，着内升补宣府总兵官。”

又礼部题总兵官郑侨柱请赐御书“清慎勤”匾额，议准行。上曰：“居官善否不关匾额，反致多事，着不准行。”

本日起居注官朱都纳、徐嘉炎。

初七日壬午 辰时，上御乾清门听政。部院各衙门官员面奏毕，大学士觉罗勒德洪、明珠、王熙、余国柱，学士禅布、徐廷玺、额尔黑图、卢琦、觉罗舜拜、色冷格、多奇以折本请旨。吏部题光禄寺卿凯音布升任员缺，以内阁侍读学士翁英拟正，大理寺少卿索济拟陪。上曰：“少詹事凯音布着升补光禄寺卿。”

本日起居注官博济、胡会恩。

初八日癸未 辰时，上御乾清门，听部院各衙门官员面奏政事。

本日起居注官王封溁、戴通。

初九日甲申 辰时，上御乾清门，听部院各衙门官员面奏政事。

少顷，上诣太皇太后宫问安。

本日起居注官伊图、陈元龙。

初十日乙酉 辰时，上御乾清门，听部院各衙门官员面奏政事。

本日起居注官德格勒、蔡升元。

十一日丙戌 辰时，上御乾清门，听部院各衙门官员面奏政事。

是日，赐台湾总兵官王化行貂裘一袭、银五百两。

本日起居注官朱都纳、顾藻。

十二日丁亥 辰时，上御乾清宫听政。部院各衙门官员面奏毕，大学士觉罗勒德洪、明珠、王熙、余国柱、李之芳，学士禅布、徐廷玺、额尔黑图、卢琦、觉罗舜拜、色冷格、多奇以折本请旨。兵部题浙江平阳总兵官黄瑞病故员缺，开列副将祁车伯等。上曰：“浙江荆州副将李华，闻其为人颇优，尔等看来何如？”李之芳奏曰：“李华为人实优。”上曰：“此缺着李华升补。”

本日起居注官库勒纳、彭孙遹。

十三日戊子 辰时，上御乾清门听政。部院各衙门官员面奏毕，大学士觉罗勒德洪、明珠、王熙、余国柱，学士禅布、徐廷玺、额尔黑图、卢琦、觉罗舜拜、多奇以折本请旨。兵部题正白旗蒙古都统阿密达调补员缺，以前锋统领德尔得拟正，副都统罗奇拟陪。上曰："郎潭在雅克萨地方曾有效力处，着补授都统。"

本日起居注官博济、王尹方。

十四日己丑 辰时，上御乾清门，听部院各衙门官员面奏政事。

本日起居注官戴通、徐嘉炎。

十五日庚寅 辰时，上御乾清门听政。部院各衙门官员面奏毕，大学士觉罗勒德洪、明珠、王熙、余国柱、李之芳，学士禅布、徐廷玺、额尔黑图、卢琦、觉罗舜拜、多奇、翁叔元以折本请旨。工部题御史噶萨理题请议叙挑浚串场河官员，议准行。上曰："凡官员料理事务，必公事告成，后察其所任之事果有成效，方可酌量应否议叙。今串场河始行修理，噶萨理等即题请议叙监修官员，显系瞻徇。工部将此等情由并不议及，皆殊属不合！着一并严饬行。"

本日起居注官伊图、胡会恩。

十六日辛卯 早，上幸畅春园。酉时，回宫。

本日起居注官王封溁、德格勒。

十七日壬辰 辰时，上御乾清门，听部院各衙门官员面奏政事。

本日起居注官朱都纳、陈元龙。

十八日癸巳 辰时，皇太子会讲，九卿齐集，上不御乾清门。

辰时，上诣太皇太后、皇太后宫问安。

本日起居注官库勒纳、蔡升元。

十九日甲午 辰时，上御乾清门，听部院各衙门官员面奏政事。

本日起居注官戴通、顾藻。

二十日乙未 辰时，上御乾清门听政。部院各衙门官员面奏毕，大学士觉罗勒德洪、明珠、王熙、余国柱、李之芳，学士禅布、徐廷玺、额尔黑图、卢琦、觉罗舜拜、多奇、翁叔元以折本请旨。吏部题内阁学士色冷格升任员缺，开列詹事尹泰等。上曰："尹泰为人轻佻，伊所出之言，伊尚不知，极其浮躁庸常，但翻译尚可。德格勒学问浅陋，而自以为优长，欲升学士，极其皇皇，如此谓之有学问之人，可乎？此二员凡升转着永行停止。将年久郎中等员查来具奏。”

又大学士、学士等同户部尚书佛伦，侍郎麻尔图、蒋弘道、张鹏奏曰：“臣等遵旨查蠲江宁七府、陕西全省钱粮，计此二处蠲免之数，共六百万有余。蠲免田租乃皇上爱民至意，但亘古以来未有如此之多者。臣等因其为数太多，不敢遽议，伏候皇上睿裁。”上曰：“朕念切民生，即多蠲亦所不惜。且国用不为不足，尽可破格蠲除。”明珠奏曰：“此真皇上浩荡之恩也。”王熙、余国柱奏曰：“臣等观史册所载，蠲田租之半即为盛事，从未见有蠲至数百万者。如此圣恩，古今罕见。”李之芳奏曰：“仁政多端，惟蠲租乃是实惠，况多至六百余万，诚天地之仁也。”上曰：“朕从百姓起见，六百余万未足为多。尔等可拟谕旨来奏。”

本日起居注官伊图、彭孙遹。

二十一日丙申　辰时，上御乾清门听政。部院各衙门官员面奏毕，大学士觉罗勒德洪、明珠、王熙、余国柱、李之芳，学士禅布、徐廷玺、额尔黑图、卢琦、觉罗舜拜、多奇、翁叔元以折本请旨。刑部题刘汝振打死叔父，应立斩。刘汝振之子刘登化随父助殴，应监候，秋后处决。上曰：“刘汝振打死其叔，着依议发落。其子见父斗殴因而相助，一命既有一命抵偿，其子可免。”王熙奏曰：“臣等亦议及此，圣谕诚然。”上曰：“刘登化着减等发落。”

本日起居注官库勒纳、王尹方。

二十二日丁酉　辰时，上御乾清门，听部院各衙门官员面奏政事。

巳时，上诣太皇太后宫问安。

本日起居注官朱都纳、徐嘉炎。

二十三日戊戌　辰时，上御乾清门，听部院各衙门官员面奏政事。

本日起居注官王封溁、戴通。

二十四日己亥　辰时，上御乾清门，听部院各衙门官员面奏政事。

本日起居注官田喜霌、博济。

二十五日庚子　辰时，上御乾清门，听部院各衙门官员面奏政事。

本日起居注官德格勒、胡会恩。

二十六日辛丑　辰时，上御乾清门，听部院各衙门官员面奏政事。

巳时，上诣太皇太后、皇太后宫问安。

本日起居注官伊图、顾藻。

二十七日壬寅　上以高皇后忌辰，不御乾清门理事。

本日起居注官库勒纳、陈元龙。

二十八日癸卯　寅时，上诣太皇太后宫问安。

辰时，御乾清门听政。部院各衙门官员面奏毕，大学士觉罗勒德洪、明珠、王熙、余国柱、李之芳，学士禅布、徐廷玺、额尔黑图、觉罗舜拜、多奇、凯音布以折本请旨。吏部题补詹事府正詹汤斌升任员缺，开列候补正詹王飏昌等。上曰："詹事职任最为紧要。朕观张英为人谨慎，学问亦优，在内廷年久，所行并无不端，着以礼部侍郎兼管詹事府事。"

又礼部侍郎徐乾学升任员缺，开列学士卢琦等。上曰："王飏昌为人若何？"王熙奏曰："王飏昌学问虽属平常，而为人朴实。"上曰："王飏昌着升补礼部侍郎。"

本日起居注官朱都纳、蔡升元。

二十九日甲辰　辰时，上御乾清门，听部院各衙门官员面奏政事。

本日起居注官彭孙遹、戴通。

三十日乙巳　早，上于保和殿视祭太庙祝版毕，回宫。

少顷，御乾清门，听部院各衙门官员面奏政事。

本日起居注官博济、王尹方。

十　月

初一日丙午　早，上以孟冬，躬诣太庙致祭毕，回宫。

本日起居注官德格勒、徐嘉炎。

初二日丁未　辰时，上御乾清门，听部院各衙门官员面奏政事。

本日起居注官伊图、汪霦。

初三日戊申　辰时，上御乾清门，听部院各衙门官员面奏政事。

未时，上复御乾清门，赐请安进贡苏尼特部落多罗杜棱郡王阿玉西等，鄂尔多斯部落多罗贝勒达尔扎、四品台吉塔喇哈尔等，吴喇忒部落镇国公达尔马第、四品台吉董等、都统济尔哈朗，科尔沁国四品台吉毕礼衮达赖，喀喇沁部落一品塔布囊额莫克图、四品塔布囊卓礼克图等，蒿齐特部落四品台吉顾木布齐朗，阿霸垓二品台基德木楚克，巴林部落三品台吉额木布、四品台吉吴兰等，扎鲁特部落四品台吉衮垂等、都统丹达礼马哈，扎萨克四品台吉阿理浑等，厄鲁特部落喀尔丹博硕克图汗来使车臣寨桑等食。

本日起居注官朱都纳、胡会恩。

初四日己酉　辰时，上御乾清门，听部院各衙门官员面奏政事。

是日，赐宣府总兵官蓝理鞍马一匹。

午时，上率皇太子诣太皇太后宫问安毕，由午门出正阳门，驻跸南苑旧宫。

初五日庚戌　上驻跸南苑旧宫。

初六日辛亥　早，上御旧宫，扈从大学士明珠，学士禅布、额尔黑图、觉罗舜拜以折本请旨。吏部题内阁蒙古侍读学士白达尔病故员缺，以理藩院郎中喀喇拟正，工部郎中白尔黑拟陪。上曰："喀喇年久，似属可用。"明珠奏曰："喀喇年久，人亦可用。"上曰："喀喇着补授侍读学士。"

是日，上驻跸旧宫。

初七日壬子　早，传集大学士、尚书以下，有品级笔帖式以上满洲、蒙古官员至南苑，均赐茶毕，上亲率诸臣教以行猎。主事以上俱许射獐、兔，所射獐、兔即赐射获之人。行猎毕，又亲阅各官以次骑射，笔帖式以上大小各官均赐食，群臣谢恩退。

是日，上驻跸南苑红门内。

初八日癸丑　早，上御行宫，大学士明珠，学士禅布、额尔黑图、觉罗舜拜以折本请旨。刑部尚书廖旦以老病乞休。上曰："观廖旦未必衰老难行，可拟'卿膺简用，仍照旧供职'等语。票签送进。"

上率皇太子出南红门，巡视南方一带。上将途次亲射之兔赐讲官库勒纳、伊图，内阁学士禅布、额尔黑图、觉罗舜拜各一只。

是日，上驻跸永清县南阁驿东。旧州营都司高光斗等、永清县知县陈国祝等来朝。

初九日甲寅　上驻跸霸州南。是日，直隶巡抚于成龙、卢沟桥同知王辅等、霸州防守尉拜山等来朝。

初十日乙卯　上驻跸雄县十里铺。是日，雄县防守尉戴音达里等、署雄县知县事县丞张叔忍、把总陈志麟来朝。

十一日丙辰　早，上御行宫，大学士明珠，学士禅布、额尔黑图、觉罗舜拜以折本请旨。吏部题太常寺卿王遵训升任员缺，以佥都御史卫执蒲拟补。上曰："鸿胪寺卿王骘为口北道时，居官甚好，为人亦优，着从优升补太常寺卿。"

是日，上驻跸雄县十里铺。

十二日丁巳　上驻跸赵北口桥南。

十三日戊午　上驻跸霸州苑家口南。

十四日己未　早，赐直隶巡抚于成龙食，又赐上乘黄鞍马一匹、银一千两。

是日，驻跸永清县信安镇北。信安镇把总余永显来朝。

十五日庚申　上驻跸永清县韩村北。是日，赐上三旗扈从护军等兔、羊。东安县防守尉南达尔汉、知县程俊、千总吕守富来朝。

十六日辛酉　上驻跸南苑南红门内　。

十七日壬戌　早，上御行宫，大学士明珠，学士禅布、额尔黑图、觉罗舜拜以折本请旨。总河靳辅题称高家堰之外再筑重堤，停其丁溪等处工程。上命问巡抚于成龙。于成龙折子内称，挑下河有益于民，若照靳辅之疏修理，则民反受其害等语。九卿议覆仍照靳辅所奏。上曰："朕令挑浚此河，原欲有益七州、县生民。靳辅疏称，高家堰等处筑堤以为屯田，可获百余万钱粮。朕原从利益民生起见，非为钱粮也。若止为钱粮起见，则不必蠲免江南、陕西应征六百余万矣。此挑河关系紧要，着差部院贤能堂官一员会同总督董讷、慕天颜等详议具奏。

是日，上驻跸南苑旧宫。

十八日癸亥　上驻跸旧宫。

十九日甲子　上驻跸畅春园。

二十日乙丑　上驻跸畅春园。

二十一日丙寅　上由西直门进西华门，诣太皇太后、皇太后宫问安毕，回宫。

是行也，部院各衙门章奏每日送内阁，内阁三日从驿递送至行宫转奏听理。

扈从起居注官库勒纳、伊图。

二十二日丁卯　辰时，上御乾清门听政。都察院左都御史葛思泰、徐乾学等奏云：工部尚书阿兰泰，侍郎觉罗沙赖、陈一炳、富腊塔将商人杨国清等捐解楠木，不行亲身验看，止凭司官混报，俱应降三级调用。郎中刘泽寰、员外夏畴、唐鼐以堪用之楠木迟延勒措，俱应革职。郎中希福纳、徐必遴，主事朱虎布未经详查回堂，应降三级调用。上曰："观部院诸事驳回者甚多，一经驳回，皆致累民，或有不应驳而驳者，亦有应驳而又不驳者。"葛思泰等出。

大学士觉罗勒德洪、明珠、王熙、余国柱、李之芳，学士禅布、徐廷玺、额尔黑图、卢琦、觉罗舜拜、多奇、翁叔元、凯音布以折本请旨。吏部题谕德徐潮升任员缺，论俸以中允李铠拟补。大学士明珠奏曰："问侍郎管翰林院事库勒纳，据云：李铠原系知县，荐举博学宏辞，为人平常，学问亦平常。应升人内有中允胡会恩、赞善汪霦，为人俱优，学问亦优。再编修熊赐瓒虽非应升之员，但学问好，为人亦优。"上曰："熊赐瓒着从优升补谕德。"

本日起居注官王尹方、朱都纳。

二十三日戊辰　辰时，上御乾清门听政。部院各衙门官员面奏毕，九卿、詹事、科、道同近前奏曰："先是，礼部题封印、开印日期，上以封早开迟，恐妨政治，欲令改期。臣等公意，皇上励精图治，寰宇极其太平，况今年岁丰裕，良辰令节，正普天共庆之时，封印、开印只此数日，政事亦不至丛积。行之各直省、州、县官吏军民，皆乐此闲暇得以休息，即在内诸臣亦得休沐数日，均沾圣恩也。”上颔之。九卿等出。

上谕大学士觉罗勒德洪、明珠、王熙、余国柱、李之芳，学士徐廷玺、额尔黑图、卢琦、觉罗舜拜、多奇、翁叔元、凯音布，谕曰：“侍郎喇都虎宜以武职用，着解任。遇有副都统员缺，即行补用。副都御史舒恕昏愚，亦着解任，交与该王为护卫。”

本日起居注官博济、蔡升元。

二十四日己巳 辰时，上御乾清门，听部院各衙门官员面奏政事。

未时，上御景山内前殿，赐请安进贡鄂尔多斯部落和硕亲王顾禄、多罗贝勒松拉布、镇国公杜棱、一品台吉敦鲁布、三品台吉丹津，科尔沁国多罗郡王毕礼克图、一品台吉格勒尔图等、二品台吉苏柱克图、四品台吉毕礼衮达赖等、未授品级台吉班第等，喀尔喀部落多罗贝勒罗布臧、四品台吉顾禄等，扎萨克多罗贝勒图巴，扎鲁特部落镇国公毛奇塔特、三品台吉布当都、四品台吉毕礼克图等、未授品级台吉巴理马特，杜尔伯特三品台吉吴尔图纳苏图，敖汉一品台吉安达阿玉西、二品台吉丹津、四品台吉阿木胡朗等，翁牛忒部落二品台吉额齐尔、四品台吉阿密尔达等，土默特部落一品塔布囊山达、四品台吉阿木胡，归化城都统阿拉纳等食。

本日起居注官德格勒、徐嘉炎。

二十五日庚午 早，上御太和门视朝。升转文武官员谢恩，次进贡厄鲁特部落博硕克图汗来使额尔克达尔汉等、罗布臧顾木布阿拉布滩台吉来使西塔库纳秦等行礼，赐茶。

未时，上诣太皇太后宫问安。

本日起居注官伊图、胡会恩。

二十六日辛未 辰时，上御乾清门，听部院各衙门官员面奏政事。是日，传集八旗汉军都统以下，三品以上文武官员，大学士觉罗勒德洪、明珠、王熙、余国柱、李之芳，学士禅布、徐廷玺、额尔黑图、卢琦、觉罗舜拜、多奇、翁叔元、凯音布，起居注官库勒纳传谕曰：“凡人之行莫先于孝。近者汉军居父母之丧，亲朋聚会，演戏饮酒，呼卢斗牌，有如筵宴，毫无居丧之体。至孝服、鞍辔等类，所用素白皆异常华美。丧礼止当自尽其诚，服用粗恶，岂宜华美耶？居丧演戏，满洲所无，亦汉人所未有，惟汉军则有之。百行莫大于孝，孝道如此，其他又何足观也！又汉军外官赴任，每借京债，饰治行装，务为奇异。且多带家人，致债主至任所催迫，而又为家人谋给衣食，势必苛取于民，以资用度。且亲朋债主时往任所，请托需索。是官虽一人，实数人为之，以致朘削小民，民何以堪？又汉军外官不能骑射，乃指称行猎，多带鹰犬，借宿村庄，滋害于民。禽兽本生于山野，岂生于村庄耶？又汉军服用多僭越非分，终日群居，以马吊饮酒为乐。此等物力从何而出，宁非苛取诸民者乎？汉军习俗极其恶陋，如原任总兵诺迈，原任提督哈喇库、祖永烈等，于任所多买良民带归。原任总督张长庚，原任巡抚张德地、韩世琦等，皆贪婪苛取于百姓，居官甚劣。今汉军都统、副都统将居丧演戏，饮酒呼卢斗牌，照赌博例严行禁止。其在外汉军官员任所，有亲朋债主，前往请托需索，贻累小民者，亦令查访，指名题参！朕此谕旨总为敦厚人心风俗耳。如汉军居官者，皆似总督范承勋、巡抚于成龙之善，朕又何谕之有？这谕旨着徐廷玺传谕。钦此。”传谕毕，都统国舅佟国纲等奏曰：“汉军此等所为，皇上洞悉，诚如谕旨，此皆由臣等不能约束所致。嗣后谨遵圣谕，力为禁约。”

又传谕满州管汉军副都统、参领等曰：“向因汉军习俗不善，故用尔等补授汉军副都统、参领，欲教汉军骑射，导以满州行事，一如满州。近见并不教以骑射，凡事又不能使之效法满州，反有不肖者，吓诈汉军，指摘其短，希图需索。此朕所深悉。嗣后尔等务皆悛改，善为训诫汉军可也。”

本日起居注官库勒纳、顾藻。

二十七日壬申　辰时，上御乾清门听政。部院各衙门官员面奏毕，大学士觉罗勒德洪、明珠、王熙、余国柱、李之芳，学士禅布、徐廷玺、额尔黑图、卢琦、觉罗舜拜、多奇、翁叔元、凯音布以折本请旨。吏部题三河县知县彭鹏将越狱强盗逾限无获，应降一级调用。上曰：“闻彭鹏居官素优，该抚亦曾奏其称职。从宽免调用，着降一级留任。”

都察院题商人杨国清等捐送楠木，日久未收，将工部堂、司官议处。上曰：“阿兰泰、富腊塔在任未久，富腊塔居外任颇优，俱免调用，降级留任。沙赖饮酒呼卢，陈一炳尸位无知，俱不应留任，着革去侍郎。余依议。”

本日起居注官戴通、汪霦。

二十八日癸酉　早，上诣太皇太后、皇大后宫问安。

辰时，御乾清门，听部院各衙门官员面奏政事。

本日起居注官朱都纳、陈元龙。

二十九日甲戌　辰时，上御乾清门，听部院各衙门官员面奏政事。

本日起居注官王封溁、博济。

三十日乙亥　辰时，上御乾清门，听部院各衙门官员面奏政事。

本日起居注官德格勒、田喜霶。

十一月

初一日丙子　辰时，上御乾清门，听部院各衙门官员面奏政事。

本日起居注官伊图、高裔。

初二日丁丑　辰时，上御乾清门，听部院各衙门官员面奏政事。

本日起居注官库勒纳、王尹方。

初三日戊寅　辰时，上御乾清门听政。部院各衙门官员面奏毕，大学士觉罗勒德洪、明珠、王熙、余国柱、李之芳，学士额尔黑图、卢琦、觉罗舜拜、多奇、翁叔元、凯音布以折本请旨。各省提镇自陈事。上曰："何傅、陈世凯、张云翼、施烺、黄大来，伊等所行俱优。"大学士明珠奏曰："诚如圣见。"上曰："此自陈提镇，着问明九卿具奏。"

本日起居注官彭孙遹、戴通。

初四日己卯　辰时，上御乾清门听政。部院各衙门官员面奏毕，大学士觉罗勒德洪、明珠、王熙、余国柱、李之芳，学士额尔黑图、卢琦、觉罗舜拜、多奇、翁叔元、凯音布以折本请旨。工部题四川省前所运解楠木，文武官员捐助银二万余两。今屡经驳查，俱系虚报数目，并未实收库内，应向原助之人追取。但四川楠木已经免解，其捐助银两应免追。上曰："捐助俱属虚名，此原助之人免其追取，部议甚是。且各省捐助银两，名虽急公，不过先报虚数，并无交库，希图议叙。及至实行支用之时，皆苛取民财，以充原数。甚至用少派多，除原数外，仍行侵渔肥己。

即此一事，余皆可知。总因沿习陋弊，视为固然，以致滋累民生，殊非实心急公之谊。着通行严饬。”

明珠又奏曰：“臣等遵旨将各省自陈提督、总兵官问九卿。九卿云：孙思克、杨捷、施烺、何傅、陈世凯、张云翼、赵弘灿、黄大来、陈梦旸，伊等所行俱优。傅魁、林宗、高孟，伊等所行俱劣。蔡元、高鼎，此二人素行不端，有玷名器。”上曰：“蔡元、高鼎人材壮健，俱着留任。傅魁、林宗、高孟所行果劣，着察议。”

巳时，上诣太皇太后宫问安。

本日起居注官朱都纳、胡会恩。

初五日庚辰　辰时，上御乾清门听政。部院各衙门官员面奏毕，大学士觉罗勒德洪、明珠、王熙、余国柱、李之芳，学士额尔黑图、卢琦、觉罗舜拜、多奇、翁叔元、凯音布以折本请旨。兵部题佐领恩格礼调补员缺，以散骑郎查辛拟正，候补笔帖式纳尔库拟陪。上曰：“昨将纳尔库带至该王处验看，骑射甚属不堪。纳尔库又谎称在朕前骑射时，曾连中五矢，马箭亦中。此等人骑射既已不堪，又复诡谲，乃该王、大臣保举其人材壮健，殊为不合！昨已将王、大臣交该部议处。着将纳尔库革去笔帖式，交与该王当差。”

本日起居注官德格勒、徐嘉炎。

初六日辛巳　辰时，上御乾清门，听部院各衙门官员面奏政事。

本日起居注官博济、汪霦。

初七日壬午　辰时，上御乾清门，听部院各衙门官员面奏政事。

本日起居注官伊图、顾藻。

初八日癸未　辰时，上御乾清门，听政部院各衙门官员面奏毕，大学士觉罗勒德洪、明珠、王熙、余国柱、李之芳，学士额尔黑图、卢琦、觉罗舜拜、多奇、翁叔元、凯音布、赵山以折本请旨。吏部题光禄寺正卿凯音布升任员缺，以大理寺少卿索济拟正，左春坊左庶子伊图拟陪。上曰：“伊图着升补此缺。观索济为人庸常，着问明具奏。”

本日起居注官戴通、蔡升元。

初九日甲申　辰时，上御乾清门听政。部院各衙门官员面奏毕，大学士明珠、王熙、余国柱、李之芳，学士额尔黑图、卢琦、觉罗舜拜、多奇、翁叔元、凯音布、赵山以折本启奏。明珠奏曰："臣等遵旨问大理寺卿索诺和，云索济果属庸常。"上曰："索济为人庸常，着解大理寺任，以原品补用旗缺。"

本日起居注官博济、陈元龙。

初十日乙酉 辰时，上御乾清门，听部院各衙门官员面奏政事。

巳时，上诣太皇太后、皇太后宫问安。

本日起居注官田喜霈、朱都纳。

十一日丙戌 辰时，上御乾清门听政。部院各衙门官员面奏毕，大学士明珠、王熙、余国柱、李之芳，学士额尔黑图、卢琦、觉罗舜拜、多奇、翁叔元、凯音布、赵山、石文桂以折本请旨。吏部题内阁侍读学士翁英革职员缺，遵旨查郎中等员，开列折子启奏。上顾大学士明珠曰："郎中对兰何如？"明珠奏曰："对兰甚有效力处，汉文虽属平常，而满文纯熟。"上又曰："少卿阿喇密、司业宋古洪何如？"明珠奏曰："人皆可用。"上曰："尚有可用之人否？"明珠奏曰："先，内阁侍读学士员缺，选择西安拟正，朱都纳拟陪。朱都纳为人甚优，考试取在一等。"上曰："朱都纳为人敬谨，学问亦优，若以补授内阁，则翰院无人矣。阿喇密为人敬谨，着即补授此缺，俟祀事毕，再令到任。"又曰："顷御史李炳条奏，应清查四川田亩。四川甚为凋残，今方欲勤加抚养，若清查田亩，民岂有不受累者乎？此事断不可行！"

本日起居注官德格勒、彭孙遹。

十二日丁亥 早，上幸南苑。酉时，回宫。

本日起居注官库勒纳、王尹方。

十三日戊子 辰时，上御乾清门，听部院各衙门官员面奏政事。

未时，上御保和殿，赐进贡蒿齐特部落二品台吉沙理、巴林部落四品台吉劳彰等、扎鲁特部落四品台吉毕理克等、克什克屯四品台吉博班等、翁牛忒部落四品台吉满朱等、西勒图库冷地方为首喇嘛额尔得尼拉木占巴、归化城扎萨克喇嘛、敦住克绰尔济卫征喇嘛、厄鲁特部落巴图鲁厄尔克济农族弟卫征台吉等食。

本日起居注官戴通、高裔。

十四日己丑　上因有事于南郊，斋戒三日，不理事。

本日起居注官博济、胡会恩。

十五日庚寅　本日起居注官朱都纳、徐嘉炎。

十六日辛卯　早，上于保和殿视郊天祝版毕，回宫。

本日起居注官朱都纳、汪霦。

十七日壬辰　早，上以冬至，亲祀天于圜丘毕，回宫。

午时，上诣太皇太后宫问安。

本日起居注官库勒纳、戴通、顾藻。

十八日癸巳　早，以冬至节，上率诸王、贝勒、贝子、公等，内大臣、侍卫、大学士等诣太皇太后宫行庆贺礼毕，又诣皇太后宫行礼毕，回宫。

少顷，御中和殿，内大臣、侍卫、内阁、翰林院、詹事府、礼部、理藩院、都察院、鸿胪寺执事大臣官员，行庆贺礼毕。上御太和门视朝。诸王、贝勒、贝子、公等文武官员等上表行庆贺礼，次进贡厄鲁特部落噶尔丹博硕克图汗来使额尔克达尔汉等行礼，赐茶。召额尔克达尔汉至阶下，赐茶毕，回宫。

辰时，上御乾清门，听部院各衙门官员面奏政事。

本日起居注官库勒纳、蔡升元。

十九日甲午　辰时，上御乾清门，听部院各衙门官员面奏政事。

本日起居注官博济、陈元龙。

二十日乙未　辰时，上御乾清门听政。部院各衙门官员面奏毕，九卿近前奏事。上问曰："各省学道孰优？尔等可在众前公议。"陈廷敬等奏曰："未闻有卓越好官。"上又问曰："尔等既未闻有甚优者，或闻有甚劣者否？"左都御史徐乾学奏曰："闻湖广学道姚淳焘品行不端，未见实迹，不敢题参。"侍郎李天馥及科、道官皆奏姚淳焘品行不端。上曰："姚淳焘品行甚劣，朕亦闻之久矣。观历年来学政，惟董讷所行为佳。今直隶学院李应廌亦优。"九卿出。

大学士觉罗勒德洪、明珠、王熙、余国柱、李之芳，学士额尔黑图、卢琦、觉罗舜拜、多奇、翁叔元、凯音布、赵山、石文桂以折本请旨。兵部题军政察议宁夏总兵官高孟应革职。上曰："高孟居官不善，理宜革职，但在行间曾有效力处，从宽免革职，以原品休致。"

又谕大学士等曰："近见支用修造等项钱粮奏销时，该部不准，驳回者甚多。此等奏销屡行驳回，官员未必捐橐给与，亦止派取民间，如此则百姓愈苦。向因需用钱粮之时，故不准奏销。今钱粮并未匮乏，着停止驳回，即行完结。此等事若不驳回，官员虽稍有便益处，百姓乃大有裨也。可传谕九卿、詹事、科、道。"

上又曰："凡参劾贪官，其受贿作弊处，因身未目睹，无所对据，恐言事不实，不行参劾者甚多。今间有弹章，亦止据风闻参劾耳。苟非通同受贿，何以深知？天下岂有通同受贿，而尚肯题参者乎？自来原有风闻之例，世祖皇帝时及辅政大臣停止。今再行此例，贪官似有畏惧。若有挟仇参劾者，必须审明，果系挟仇，自有反坐之例。将此谕旨着九卿确议具奏。"

未时，上御景山内前殿，赐请安进贡杜尔伯特固山贝子沙津、三品台吉塔毕、四品台吉额齐尔，科尔沁国四品台吉土黑默尔，阿霸垓四品台吉色冷等，翁牛忒部落四品台吉祁塔特等，扎鲁特部落四品台吉阿毕达等，克什克屯四品台吉龙等，上默特部落四品塔布囊班第等食。

本日起居注官王封溁、朱都纳。

二十一日丙申 太皇太后圣体违和，上早诣慈宁宫问安。

辰时，御乾清门听政。部院各衙门官员面奏毕，大学士觉罗勒德洪、明珠、王熙、余国柱、李之芳，学士齐色、额尔黑图、卢琦、觉罗舜拜、多奇、翁叔元、凯音布、赵山、石文桂以折本请旨。吏部题广东巡抚李士祯解任员缺，开列学士卢琦等。上曰："这员缺，着九卿将布政使内，品行操守超群者拟出面奏。"

又兵部题金华副将赵延庆贪酷，应革职拿问。上曰："赵延庆在行间有效力处，着革职，从宽免拿问。"

明珠等奏曰："臣等遵旨传谕九卿，一应奏销之事，着停止驳回，即行完结。此等事若不驳回，于官员虽稍有便宜，百姓乃大有裨益。据九卿云，皇上圣明，洞悉下民之艰难，谕旨诚是，臣等不胜欣忭。臣等又遵旨传谕九卿，凡参劾贪官有风闻之例，应复举行，着详议具奏。据九卿、詹事、科、道会同详议云：惩戒贪婪，剔除积弊，乃致太平之美政。皇上至德英明，与尧、舜同。御极以来，留心吏治民生，孜孜图治，天下升平。自古虽极盛之世，不无一二奸贪之人。今间有一二贪官，难逃皇上明鉴，亦不能免于诸臣之访举。若风闻参劾之例，自古未有，明末始有此例，复设立厂卫衙门，故不肖之徒各结朋党，争立门户，互相仇害，借端风闻，姿肆妄议，祸及边疆。今又行风闻之例，恐不肖之徒借端吓诈，阴挟私仇，转相请托，谗构横行，亦未可定。此例断不可设，请照现行例行。”上曰：“知道了。”

是日，上在慈宁宫侍疾。

本日起居注官戴通、胡会恩。

二十二日丁酉 上在慈宁宫侍疾。

辰时，御乾清门听政。部院各衙门官员面奏毕，九卿、詹事、科、道进前，尚书科尔坤奏曰：“昨大学士等传谕曰：广东巡抚员缺，令于布政使内推举品行操守出众者面奏。钦此。臣等会议得布政使内，操行出众者难得其人，惟湖南布政使黄性震，向因其居官颇优，曾陪推苏州巡抚。”上问曰：“更有谁可？”科尔坤奏曰：“河南布政使田启光亦可。”上又问曰：“更有谁可？”科尔坤奏曰：“布政使张所志尚可。因巡抚安世鼎被参，故不便推举。”上曰：“直隶守巡两道何如？”兵部尚书梁清标、左都御史徐乾学奏曰：“伊等居官颇优。”上又问曰：“兴永朝前任居官何如？尔等知否？”九卿、詹事、科、道皆云不知。九卿、詹事、科、道出。

大学士觉罗勒德洪、明珠、王熙、余国柱、李之芳，学士齐色、额尔黑图、卢琦、觉罗舜拜、多奇、翁叔元、凯音布、赵山、石文桂以折本请旨。吏部题广东巡抚李士祯解任员缺，开列学士卢琦等。上问曰：“尔等曾问九卿否？”大学士明珠奏曰：“九卿云，布政使内品行操守出众者难得其人，惟布政使黄性震、田启光可用。”上问曰：“伊等何如？”明珠奏曰：“黄性震可用。田启光曾任内阁侍读，其人平常。”上曰：“直隶守巡两道何如？”明珠奏曰：“守道朱弘祚、巡道胡献征，伊等俱可用。朱弘祚甚优。”王熙奏曰：“朱弘祚有才，操守亦好。”上曰：“朱弘祚品行可嘉，着升补广东巡抚。”

毕，仍诣慈宁宫。

本日起居注官博济、彭孙遹。

二十三日戊戌 上在慈宁宫侍疾。

辰时，御乾清门听政毕，仍诣慈宁宫。

本日起居注官朱都纳、王尹方。

二十四日己亥 上在慈宁宫侍疾。

辰时，御乾清门听政。部院各衙门官员面奏毕，大学士觉罗勒德洪、明珠、王熙、余国柱、李之芳，学士齐色、额尔黑图、卢琦、觉罗舜拜、多奇、翁叔元、凯音布、赵山、石文桂以折本请旨。吏部题提督顺天学院李应鹰报满回署。上曰：“李应鹰提督学务甚善，着再留差一次，整饬学政。”

毕，仍诣慈宁宫。

本日起居注官库勒纳、高裔。

二十五日庚子 上在慈宁宫侍疾。

辰时，御乾清门听政毕，仍诣慈宁宫。

本日起居注官戴通、徐嘉炎。

二十六日辛丑 上在慈宁宫侍疾。

卯时，御乾清门听政。部院各衙门官员面奏毕，大学士觉罗勒德洪、王熙、余国柱、李之芳，学士齐色、额尔黑图、卢琦、觉罗舜拜、多奇、翁叔元、凯音布、赵山、石文桂以折本请旨。吏部题补山东等各省学道，开列户部郎中高日聪等十二人。上曰：“尔等之意如何？”勒德洪等奏曰：“本内列名各官，俱系九卿会同举出者。”上曰：“九卿所举当者间有一二，而不当者亦多。然自保举之例行，较前亦稍胜矣。其所举之人，理宜勉力，以副荐扬之意。此开列官员内，着将文行素优者，详加选择拟补具奏。”

毕，仍诣慈宁宫。

本日起居注官田喜霅、洪俄岱。

二十七日壬寅 上在慈宁宫侍疾。

辰时，御乾清门听政。部院各衙门官员面奏毕，大学士觉罗勒德洪、明珠、王熙、余国柱、李之芳，学士齐色、额尔黑图、卢琦、觉罗舜拜、多奇、翁叔元、凯音布、赵山、石文桂以折本请旨。吏部题江西巡抚安世鼎议应革职。上曰："安世鼎居官甚劣，着革职。布政使张所志系安世鼎同城之官，巡抚科派营私，必与布政使通同作弊。布政使果能持己清正，巡抚岂能独自妄行？张所志素行不谨，有玷官方，亦着照不谨例革职。"

毕，仍诣慈宁宫。是日，因太皇太后圣体违和，特谕刑部："朕奉太皇太后朝夕承欢，祇遵慈训，竭诚奉养。今者圣躬偶尔违豫，朕夙夜滋惧，寝食靡宁。仰冀上天眷顾，俯垂默佑。惟思好生以迓天庥，宽大以延遐寿。所有内外问刑衙门，现监重辟人犯，除十恶死罪及贪官、光棍不赦外，其余已经奉旨监候死罪重犯，概行减等发落，以昭朕祈天永佑至意。尔部即遵谕行。特谕。"

本日起居注官博济、汪霦。

二十八日癸卯 上在慈宁宫侍疾。

辰时，御乾清门听政。部院各衙门官员面奏毕，大学士觉罗勒德洪、明珠、王熙、余国柱、李之芳，学士齐色、额尔黑图、卢琦、觉罗舜拜、多奇、翁叔元、凯音布、赵山、石文柱以折本请旨。吏部题磨勘江南等三省乡试卷，应将米汉雯等罚俸。明珠等奏曰："臣等遵旨传问九卿各省主考优劣。据九卿云：主考浙江、山西、陕西、湖广四省颇有令誉，其福建、河南声名不佳，至江南主考米汉雯声名更为不堪。但江南应试者以万计，中式者止六十余人，所以历科每多怀怨，致生议论，然未有如此番之甚者等语。今臣等公议得，米汉雯应照不谨例革职。"上曰："凡人品行虽素贪劣，一经他人保举，便当勉励，毋负推荐。米汉雯系北人，朕以其能书，人亦聪明，故特选择差往。理应矢公矢慎，副朕简用之意，乃品行若此，负朕殊甚。着即将米汉雯、龚章革职。"

毕，仍诣慈宁宫。

本日起居注官朱都纳、顾藻。

二十九日甲辰 上在慈宁宫侍疾，不御乾清门。

自太皇太后圣躬违豫以来，上日在慈宁宫恭侍。遍检方书，亲调药饵，昼夜席地而坐，衣不解带，寝食俱废。

是日，部院各衙门本章俱交送内阁。辰时，上命大学士明珠传谕九卿等曰："自太皇太后圣体违和以来，多方医治，罔克奏效，病势渐增，甚为可虑。朕夙夜忧惧，兹欲躬祷郊坛，保护慈躬康宁。可将朕意传谕九卿。"九卿等奏曰："皇上至孝，超越万古。太皇太后违和，皇上朝夕在慈宁宫席地奉侍，亲调药饵，寝食俱废。圣孝之诚，必当感格穹苍。臣等愚见，似不必诣坛致祭，天心自为默佑。"大学士明珠转奏毕，上复谕曰："自太皇太后违和以来，朕在宫中无日不竭诚默祷。今太皇太后病势渐增危笃，难期痊可。御医诊脉，皆云深可忧虑。朕心益加恐惧，无计可施，惟有竭抒忱悃，叩祈上天之眷佑耳。并非沽取虚名，徒事粉饰。可即将此旨传谕诸臣。"

上亲制祭文，词意恳笃，字字皆天性至情，极其激切。其文曰："维康熙二十六年，岁次丁卯，十二月朔乙巳。嗣天子臣敢昭告于皇天上帝曰：臣仰承天佑，奉事祖母太皇太后，高年荷庇，藉得安康。今者疹患骤作，一旬以内，渐觉沉笃，旦夕可虑。臣夙夜靡宁，寝食捐废，处治药饵，遍问方医，罔克奏效。五内忧灼，莫知所措。窃思天心仁爱，覆帱无方。矧臣眇躬，夙蒙慈眷。忆自弱龄，早失怙恃，趋承祖母膝下，三十余年，鞠养教诲，以至有成。设无祖母太皇太后，臣断不能致有今日。成立罔极之恩，毕生难报。值兹危殆，方寸溃迷，用敢洁蠲择日，谨率群臣，呼吁皇穹，伏恳悯念笃诚，立垂昭鉴。俾沉疴迅起，遐算长延。若大数或穷，愿减臣龄，冀增太皇太后数年之寿。为此匍伏坛下，仰祈洪佑，不胜恳祷之至。"

大学士明珠、王熙传示满汉九卿、詹事、科、道诸臣，莫不感动涕泣。总缘圣孝至诚，感人心腑，真不期然而然者也。

少顷，礼部择斋戒告祭日期奏请。上传谕诸臣曰："朕在宫中，每日斋戒，可即于明早步行恭祭祈祷。"

本日起居注官库勒纳、蔡升元。

十二月

初一日乙巳　卯时，上以太皇太后圣体违和，亲率诸王、贝勒、贝子、公等及文武官员，自乾清宫步诣天坛致祭，恭祈太皇太后万安。读祝版时，上涕泪交颐。陪祀诸王、贝勒、贝子、公等及文武官员无不感泣。祭毕，上即诣慈宁宫侍疾。

是日，太皇太后饮膳少加，御医诊视，脉息较前顿觉平和云。

本日起居注官库勒纳、陈元龙。

初二日丙午　上在慈宁宫侍疾。

本日起居注官王封溁、洪佽岱。

初三日丁未　上在慈宁宫侍疾。

本日起居注官田喜霅、博济。

初四日戊申　上在慈宁宫侍疾。

本日起居注官德格勒、彭孙遹。

初五日己酉　上在慈宁宫侍疾。

本日起居注官朱都纳、王尹方。

初六日庚戌　上在慈宁宫侍疾。

本日起居注官戴通、高裔。

初七日辛亥　上在慈宁宫侍疾。

本日起居注官库勒纳、胡会恩。

初八日壬子　上在慈宁宫侍疾。

本日起居注官博济、徐嘉炎。

初九日癸丑　上在慈宁宫侍疾。

本日起居注官德格勒、汪霦。

初十日甲寅　上在慈宁宫侍疾。

是日，内阁等大小各衙门堂上官公同具疏，俯伏于慈宁宫门，奏请皇上少节劳悴。其疏云："圣孝超绝古今，圣躬尤宜珍摄，伏诸少节劳悴，俯慰下情事。臣等伏睹皇上至德纯孝，奉事太皇太后三十年来，孺慕色养，无一时不尽敬，无一事不竭诚，中外臣民所共闻见。是以慈颜有喜，延享遐龄。虽书契以来，史册所载，未有能仿佛者。兹者太皇太后圣体违豫，皇上孝思不匮，心忧色悴，寝膳忘废。朝夕虔侍，不离左右。遍检方书，亲尝汤药。涣恩释罪，期迓休和。复自宫中步祷南郊，亲制祝文，词义恳笃。当太常宣读之际，涕泗交颐，文武从官，无不感泣。今值此严寒气候，皇上深夜席地，护视动静，目不交睫，衣不解带，更阑漏尽，弗遑宁处。圣体过劳，天颜清减。臣等蝼蚁下情，忧惧无地。窃惟皇上膺祖宗之寄托，为臣民所怙恃，圣躬起居，关系最重。且太皇太后慈爱至深，见我皇上劳悴非常，慈怀必有未慊。伏愿皇上仰体太皇太后之勤惓，俯念中外臣民之诚悃，每日早还宫寝，调养圣躬，以时御膳，则太皇太后圣心自大慰安。臣等至微至贱，受恩实深，爱主之诚，出自肝鬲。谨冒昧稽首，合词上奏，无任瞻天依恋之至。”上谕曰：“朕自太皇太后违豫以来，心怀忧虑，日侍左右，检方调药，亲视饮馔。太皇太后宁憩之时，朕惟隔幔静俟，席地危坐。一闻太皇太后声息，即趋至榻前。凡有所需，手奉以进，因此昼夜不能少离。太皇太后屡有慈旨，命朕回宫，少宜自爱。朕念幼蒙太皇太后抚养教训三十余年，罔极深恩，难以报答。今见病体依然，五内焦灼，莫知所措。朕躬寝处，何暇顾计。览奏具见大小臣工爱君诚悃，但当此时不竭尽心力，少抒仰报之忱，异日虽欲依恋慈闱，竭朕心力，岂易得耶！这所奏知道了。”

本日起居注官朱都纳、顾藻。

十一日乙卯　上在慈宁宫侍疾。

本日起居注官戴通、蔡升元。

十二日丙辰　上在慈宁宫侍疾。

是日，诸王、贝勒、贝子、公等，内大臣、侍卫及部院堂上官至慈宁宫门跪奏曰：“皇上自太皇太后圣躬违豫以来，日在慈宁侍奉。当此严寒天气，昼夜席地，寝食捐忘，忧劳过甚。臣等愚见，乾清宫与慈宁宫相去不远，伏乞皇上间一回宫，稍为休息。皇上诚孝如此肫笃，臣等焉敢渎奏？但见圣容清减，臣等局蹐不安，故敢冒昧奏请。”奏毕，皆免冠顿首。上谕曰："太皇太后病势渐觉沉笃，朕心忧灼，片刻难离，朕即回宫，心亦不得安也。诸王、大臣等所奏知道了。"

本日起居注官洪俄岱、熊赐瓒。

十三日丁巳　上在慈宁宫侍疾。

本日起居注官库勒纳、陈元龙。

十四日戊午　上在慈宁宫侍疾。

本日起居注官王封溁、朱都纳。

十五日己未　上在慈宁宫侍疾。

本日起居注官田喜霅、戴通。

十六日庚申　上在慈宁宫侍疾。

刑部侍郎色冷格等往审湖广巡抚张汧题参道员祖泽深贪酷事回奏。上谕大学士明珠曰："侍郎色冷格等审来之事公否？张汧居官何如？问明九卿具奏。"

是日，赐江南苏松总兵官梁鼐、河南南汝总兵官史孔笔鞍马各一匹。

本日起居注官彭孙遹、洪俄岱。

十七日辛酉　上在慈宁宫侍疾。

本日起居注官库勒纳、王尹方。

十八日壬戌　上在慈宁宫侍疾。

辰时，御乾清门听政。部院各衙门官员面奏，山西道御史陈紫芝参奏："湖广巡抚张汧居官贪劣，应敕部严处，以为贪官之戒。其保举张汧之员亦应一并察议。"奏毕，九卿、詹事、科、道遵旨，将色冷格等审来之事看毕入奏。上问曰："张汧居官何如？"吏部尚书陈廷敬奏曰："张汧系臣同乡亲戚，性行向来乖戾。"刑部尚书张玉书奏曰："张汧任事未久，名声甚是贪劣。"左都御史徐乾学奏曰："张汧五月到任，中更文武科场，视事未久，秽声遂已流布，此岂可令久居民上？"御史陆祖修等奏曰："臣等久闻张汧劣状，因无实迹，不敢入告。"上曰："似此贪恶，岂可一日姑容民上？科、道职司耳目，今陈紫芝据实参奏，甚为可嘉。"又顾诸臣问曰："河南巡抚章钦文何如？"九卿等奏曰："章钦文居官亦甚不堪。"兵科给事中陈世安、御史陆祖修等奏曰："此二员臣等久欲劾奏，因无实据，迟延至今。”尚书科尔坤、佛伦等奏曰：“祖泽深口供内巡抚张汧向彼索银一万两，未曾给与，故行题参。色冷格等将此等情由不行审明，应交该部一并议处。”上曰：“张汧、章钦文贪劣之状，天下人共知，若不严加处分，贪官何所惩戒？色冷格等不从公审理，瞻徇情面，殊为可恶！若不一并议罪，恶人愈无忌惮矣！张汧情罪着直隶巡抚于成龙、山西巡抚马奇、副都御史凯音布等再行详审。”

传旨毕，尚书科尔坤、佛伦等奏曰：“自太皇太后违豫以来，皇上日夕忧虑，圣容甚为清减，伏祈皇上稍息圣躬，以慰臣等犬马之私。”上颔之。九卿出。

大学士觉罗勒德洪、明珠、王熙、余国柱、李之芳，学士齐色、额尔黑图、卢琦、觉罗舜拜、翁叔元、凯音布、赵山、石文桂以折本请旨。吏部题覆翰林院掌院学士李光地，伊母病势渐笃，应准在籍侍养。上曰：“李光地仍着来京。”

又兵部题正红旗汉军都统臧延凤病故员缺，开列护军统领胡巴等。上曰：“王永誉任粤年久，着补授都统。”

又刑部题侍郎额星格等喂养蒙古官马，将伊私马同喂，应将侍郎额星格、喇巴克革职。司官色黑臣等私折草料银两，应拟绞监候。上曰：“伊等所行，朕愈思之愈觉可耻，鄙秽至此极矣！从来此等贪利之夫，止一时侥幸，子孙必不久享富贵。额星格等依拟革职，司官等事毕之日，免死发往黑龙江。”

上又顾余国柱问曰：“汝湖广人，必知张汧劣迹。”余国柱奏曰：“臣久在京师，湖广事虽不能尽知，然张汧五月到任，臣于七八月间即闻其秽声昭著。皇上明见万里，自难逃睿鉴。”上曰：“似此贪官，当日保举之人不过希图货贿耳，自思亦为大耻，应一并议处，以儆将来。张汧情罪着直隶巡抚于成龙、山西巡抚马奇、副都御史凯音布驰驿速往，再行严审。如果情真，将张汧与穆尔赛同日正法，以为居官贪污之戒。色冷格徇情，亦应惩治。其直隶巡抚印务着巡道胡献征护理。山西巡抚印务着按察司赛毕图护理。”

启奏折本毕，大学士王熙等奏曰：“臣等伏见皇上天颜清减，下情惶悚，无以自容。皇上圣躬，天地宗庙之主，臣等仰赖以生，惟望节劳调摄，以慰中外臣民之望。”上曰：“知道了。”大学士等出。

上复召入谕曰：“科道职在纠参，张汧大贪大恶，祇以恃财横行，无人敢言。陈紫芝独能弹劾，甚为可嘉。着传谕吏部，即令内升，以儆贪官，而劝科、道耳。”

本日起居注官库勒纳、汪霦。

十九日癸亥　上在慈宁宫侍疾。

本日起居注官戴通、徐嘉炎。

二十日甲子　上在慈宁宫侍疾。

本日起居注官朱都纳、胡会恩。

二十一日乙丑　上在慈宁宫侍疾。

本日起居注官洪俄岱、顾藻。

二十二日丙寅　上在慈宁宫侍疾。

本日起居注官博济、陈元龙。

二十三日丁卯　上在慈宁宫侍疾。

本日起居注官朱都纳、熊赐瓒。

二十四日戊辰　上在慈宁宫侍疾。

本日起居注官戴通、陈元龙。

二十五日己巳　子时，太皇太后崩于慈宁宫。

卯时，以太皇太后遗诰颁示天下。

皇上擗踊哀号，呼天抢地，哭无停声，饮食不入口。

巳时，诸王、贝勒、贝子、公等文武群臣见上哀痛过甚，皆惶惧无措，公疏奏请节哀。其疏云：“圣孝已隆古今，圣躬宜加保惜，仰祈节哀，以重宗社，以慰臣民事。臣等窃闻，上圣之德以孝为先，慎终之典惟礼是节。是以《经》垂毁不灭性之语，《记》有丧无过瘠之文。况人主一身，上为天地祖宗所式凭，下为万国臣民所仰赖，尤宜勉抑至情，以全孝治者也。臣等伏睹我皇上至德纯孝，奉事太皇太后三十余年，极四海九州之养，尽一日三朝之礼，无一时不尽敬，无一事不竭诚。居则视膳于寝门，出则亲扶于雕辇。万几稍暇，则修温凊之仪；千里时巡，恒驰络绎之使。此皇上事太皇太后于平日，诚自古帝王所未有也。近自长至节后，太皇太后圣体违和，我皇上朝夕侍奉，寝食废捐。遍检方书，亲尝汤药。至于泰坛步祷，情词恳笃，太祝宣读之际，皇上涕下成冰，从臣环卫，无不感激。而又衣不解带，坐不离地，劳形苦神，将及四旬。此皇上事太皇太后违豫时，又自古史册所未载，凡为人子孙者所未能也。今者慈驭上宾，我皇上至性，自天哀容触地，水浆不御，号慕不辍。臣等伏瞻天表，过于毁瘠，众心惶慄，无地自安。伏念太皇太后顺德承天，徽音衍祚。佐太宗文皇帝，肇造丕基，启世祖章皇帝式廓大业。迨我皇上缵承洪绪，手定太平，克享耆年，流光亿祀。太皇太后之心，固已慰矣。惟是遗诰谆谆，虑皇上过于哀戚。皇上宜体太皇太后之心，斯为视于无形、听于无声之大孝。况一日万几，乾纲独运，垓埏万里，皆仰托皇上以为命。向者皇上侍疾之际，圣容清减，臣等忧惶无措。值兹降割之辰，皇上悲摧太甚，万一圣体略有未安，中外臣民自容何所？臣等素蒙驱使，犬马之诚，不能自达，万死不足塞罪。谨冒昧合词上请，伏望皇上顺时节哀，勉图珍摄。斟酌礼制，采纳刍荛。从古天子之孝，不在哭踊末节，往圣格言，具可稽考。惟愿保固圣躬，善加调摄，上念太祖、太宗、世祖三圣付托之重，近承太皇太后遗诰之切，下慰臣民勤恳之情。臣等爱主至诚，发于胸臆，无任悚惶激切之至。”奉旨：“朕自八龄，皇考世祖章皇帝宾天，十一岁，又遘皇妣章皇后崩逝。早失怙恃，未得久依膝下，于考妣音容，仅能仿佛，全赖圣祖母太皇太后抚育教训。三十余年，朕竭此衷诚，期尽孝养，朝夕事奉，未敢少懈。近值太皇太后违豫，虔诚祈祷，躬奉汤药，三十余日，不离左右，尚冀痊安，永享遐福。讵意竟遭捐弃，五内摧迷。顾念慈恩，罔极难报，哀号痛切，情何容已！览奏具见诚悃，知道了。”

复谕诸王、贝勒、贝子、公，内大臣、内阁、九卿、詹事、科、道等曰：“朕览自古帝王居丧，持服以二十七月，易为二十七日，惟魏孝文帝欲行三年丧。朕平日读史至此，常羡慕之。今非欲迈古贤君，只念朕八岁，世祖皇帝宾天，十一岁慈和皇太后崩逝，藐兹冲龄，音容记忆不真，未获尽孝，至今犹憾。借圣祖母太皇太后鞠养教诲，以至成立。遽遭弃养，五情溃糜。因此大故，回思早丧怙恃，益增痛伤，哀疚靡尽。今兼行往事，持服二十七月，少慰罔极之痛。朕独持于宫中，几政毫无旷废，不令臣民持服，一切俱不禁止，如此可以遂朕本怀，朕哀恸即可少止。诸王、大臣各官其集议之。”诸王大臣等奏曰：“皇上至德纯孝，自古无伦，但古者以日易月，为不易之典。汉、唐、宋、元、明，人主无不皆然。诚以帝王之孝与臣民不同，愿皇上仰遵遗诰，博稽古制，上思天地祖宗付畀之重，下慰群臣百姓蝼蚁之忱，以礼节哀。易月之典，守而勿更。臣等不胜惓惓之至。”又奉旨：“朕事太皇太后三十余年，竭此衷诚，无稍违拂。近者圣体违豫，三十余日，衣不解带，必诚必敬。朕之此志，期在必遂。否则，贵为天子，富有四海，亦奚以为？尔等其详议之。”诸王、大臣等闻谕皆感悚呜咽。又奏曰：“屡奉皇上传谕，词旨激切，臣等犬马微诚，何敢不上达于君父。皇上一身为郊坛宗庙社稷所寄托，每当祭享，伏见銮舆亲莅，罔弗竭诚尽敬。古者祭为吉礼，必于除服之后举行。是以郊焉而天神格，庙焉而人鬼飨。皇上以太皇太后之故，若使郊庙神灵少有弗歆，即太皇太后在天之灵，亦必不安。臣等所切恳者一也。自古君臣兆姓，本属一体，若皇上遂持服宫中，听臣民即吉，甚非一体之义。晋臣傅元有言曰：使主上不除，而天下除之，是谓有父子而无君臣，三纲之义亏矣，万万不可者也。如中外一体持服，停止祭祀、音乐、嫁娶，又非皇上爱育万物之心。臣等所切恳者一也。况皇上奉事慈宁，三十余年之晨昏，孝养逮今。违豫以来，三十余日之昼夜忧勤，无非尽孝于太皇太后。今乃于慈闱遗命，反不曲遵，恐有虚太皇太后之惓惓。臣等所切恳者一也。臣等不揣愚贱，敢固以请。”又奉旨：“朕意已定，不必更奏。”

是日，礼部题孝慈文皇后、慈和皇太后、仁孝皇后、孝昭皇后之丧，俱不割辫，仰请皇上亦不割辫。奉旨：“从前后丧，虽无割辫之例，太皇太后教育深恩，朕不能报，朕已立意割辫。着另议具奏。”是日，又奉皇太后传谕：“太皇太后不豫时，曾向予云：我病若不起，皇帝断勿割辫。”至是，礼部复议奏云：“本朝后丧，皇帝例不割辫。今太皇太后遗旨又云皇上断勿割辫，应敬遵太皇太后之旨。”奉旨：“太皇太后教育恩深，朕自尽其心，仍行割辫。着另议具奏。”诸臣奏曰：“皇上至孝性成，臣等请遵本朝定例，不必割辫。若皇上割辫，皇太后以下俱应割发。

伏乞圣裁。”奉旨：“知道了。”上遂割辫。

复传谕：“朕孝服用布。旧制国有大丧，自宗室公以上服素帛。今孝服俱改用布。宫内年幼皇子、公主俱一体持服。”

是日，诸王、贝勒、贝子、公以下文武大小官员，外藩王、贝勒、贝子、公、台吉、塔布囊等，及王妃、公主、郡主以下，八旗二品以上官员之妻，各照所定齐集之处举哀。晚刻，王妃以下、二品以上官员之妻俱散。

本日起居注官库勒纳、高士奇、王封溁、博济、朱都纳、戴通。

二十六日庚午　上在大行太皇太后丧次，昼夜号痛不止，水浆不入口，天颜癯瘠，以至昏迷。晡时，诸王、贝勒、贝子、公等咸跪奏曰：“皇上一身为天地祖宗所付托，天下臣民所仰赖。今哀戚过甚，圣容大减，伏祈皇上少抑哀恸，以慰太皇太后在天之灵。”外藩王、贝勒、贝子、公等亦皆跪奏曰：“自太皇太后上宾以来，皇上恸哭不辍，臣等更闻圣躬微有不安，伏望少自节哀，保护圣躬。”奉旨：“亲在则竭心力以尽孝，既殁则思报教育之恩，终身不忘。为子孙者，谊所当然。太皇太后高厚之恩，可一刻忘乎？”谕毕，复大恸不已。

是日，礼部题大行太皇太后梓宫发引日期，钦天监选择，宜用十二月二十九日癸酉卯时，梓宫发引，请旨。奉旨：“太皇太后梓宫速行发引，朕心不忍。意欲久留慈宁宫内，尔诸臣议奏。”诸臣回奏：“素无久留寝宫之例，应于二十九日发引。”奉旨：“既如此，朕意欲停丧三七，另行选期。”诸臣奏曰：“我朝向日所行，年内丧事不令逾年。仍应于二十九日发引。”奉旨：“尔等所奏恐劳朕躬故耳，朕岂不自知？二十九日发引为期太近，着另择期。”覆奏：“钦天监另选二十七年正月初三日丁丑巳时，或十一日乙酉卯时，梓宫发行。臣等因皇上至孝诚笃，意不可回，只惧悚惶，故另行选择。臣等之意，仍宜于二十九日发引。”奉旨：“两皇后梓宫尚迟至多日而始发，若以太皇太后梓宫拘满洲旧例，谓逾年不便，速行发引，于大义不合。满洲例有可从者，有不可从者。朕意在正月十七、十八日方可发引。着另行选期具奏。”诸臣又奏曰：“此事关系甚大，伏乞敕下诸王、大臣集议。”奉旨：“着诸王、大臣议奏。”诸王、贝勒、贝子、公等文武群臣公同会议奏曰：“本朝向行之例，以旧年之丧，逾年为忌。似仍宜于二十九日发引。”奉旨：“尔等所云忌讳，祇为朕躬。朕殊不避忌。朕前祷天坛，尚欲减朕年，以增太皇太后之寿，岂以梓宫逾年发引，顾有避忌之理乎？如有所忌，朕躬当之。否则，忌讳之说虚诞不足信，亦可以破后人之疑，使皆以朕为法也。太皇太后梓宫着正月十一日发引。”

是日，诸王、贝勒、贝子、公以下文武大小官员，外藩王、贝勒、贝子、公、台吉、塔布囊等，及王妃、公主、郡主以下，八旗二品以上官员之妻，照前齐集，一日三次举哀。晚刻，王妃以下、二品以上官员之妻俱散。

本日起居注官库勒纳、高士奇、田喜霅、博济、朱都纳、洪俄岱。

二十七日辛未　上在大行太皇太后丧次，昼夜号恸不止，水浆不入口如前。于是内阁、翰林院、九卿、詹事、科、道等公同具疏，齐集于慈宁门，跪奏曰：“皇上哀号痛切，饮食不进者已三昼夜矣。伏望皇上深念遗诰，以礼节哀，珍摄圣躬，以慰天下臣民之望。”其疏云：“为恭恳皇上节哀进膳，以慰臣子愚悃事。臣等伏见皇上自遭太皇太后大丧，孺慕悲泣，三日以内，饘粥水浆不入于口。圣孝纯笃，超轶千古，真简编所未载，往代所未闻。臣等入临之际，不胜感悚。窃思先王定礼，有哭踊之节，有糜粥之奉，立为中制，不使或过，惟恐凡为人子者，一事伤生，反亏孝道，故垂训至切。而况人主，握万几之重，莅四海之广，岂与卿、大夫、士居庐者同日而语？我皇上至德纯孝，自慈宁违豫，逾月以来，昼夜侍奉，目未交睫，坐不离地，圣容憔悴，臣等已深忧惧。兹者慈驭宾天，尽孝竭诚，已无留憾。皇上当深思遗命，以礼损哀。乃恸哭无间，屏却饮食，哀惨之深，以至昏晕。诸臣苦言劝慰，未蒙采纳。若使圣躬稍有未适，天下臣民何所托命？臣等愚贱下情，伏求皇上深思太祖、太宗、世祖列圣付托至意，太皇太后慈爱本怀。节太甚之哀，为不匮之孝。况皇太子学问精进，识见大成，诸皇子造就有方，俱秉至性。每当皇上号哭之际，皇太子及诸皇子悲思填膺，忧皇无措，诸王、大臣目睹者，无不心摧。总之，皇上一身负荷甚巨，惟望立减哀悰，照常御膳，调护圣体，以时保摄。庶几仰承列圣在天之眷，次以慰安皇太子及诸皇子，下以昭示中外臣民，不令跼蹐无所。臣等无任屏营激切之至！为此具本。谨题请旨。”奉旨："朕忽遭大故，五中溃糜。非不知恪遵遗诰，守身为重，勉自节哀，强进饮食，但悲从中来，情实痛切，莫由自主，以至昏迷。即欲少餐饘粥，亦不能下咽，非故却不御。览奏具见诚悃，朕当强支自爱，卿等无须过虑。"

诸王、贝勒、贝子、公、文武大臣官员复公同奏请，以三年之丧断不便行，应遵太皇太后遗诰，以日易月，持服二十七日。因具公疏，跪奏于慈宁门。其疏云："为圣孝超迈万古，仰祈遵奉遗诰，守以日易月之制，以慰中外臣民事。臣等当大行太皇太后在殡，普天同痛之时，苟非情至迫切，何敢渎辞繁引，以溷圣听。特有不得不伏地泣请者：《孝经》一书，所载天子、诸侯、卿、大夫、士、庶人之孝甚详，天子以德教加于百姓，施于四海，为孝而不在衰麻哭踊之节文。是以一月即吉。揆理度势，有不得不然者。诚以贵为天子，为四海所托命，乾为天为日，日光或有黯黮，凡在照临之下者，心皆不舒矣。至尊一日忧惨，则四海臣民一日不安，而况连年缟素，礼乐废缺，太平玉烛之时，断断不宜如此。臣等谨按殷高宗谅闇之辞，《尚书大传》郑康成、杜预所说，皆是卒哭除服。三代人主，大约逾月即葬，葬而即吉，无再期衰服之明文。故汉章帝至孝，于明德太后之丧，不淹旬而从吉，后世以为合礼。魏孝文初欲持服，以太尉丕、李彪、游明根等言，亦遂中罢。况魏幅员未广，非可比于今日。皇上临万国之重，为八埏所共戴，玉帛朝会，非白服可以临御，歆祀百神，非衰绖可以从事，岂可使历代未行之典创设于今？愿皇上哀悯臣等愚诚，察臣先后奏词，出自悃愊，非敢一毫矫饰。特下俞旨，恪遵遗诰，以上慰列圣之倚托，下怜臣子之勤拳。臣等无任激切哀吁之至！"奉旨："朕从来一言一事，必躬行实践，并无故为文饰，邀取虚名。今于宫中持服二十七月，朕志已定，屡旨甚明，王等其体朕至意遵行。"因将公本发还。诸王、大臣等再三跪请，叩首奏曰："皇上一身关系重大，若行三年之丧，则天地祖宗祭祀必致缺典。况太皇太后深知皇上至孝，恐哀毁太过，故命持服二十七日。遗诰甚明，今若必行三年之丧，似非太皇太后圣意。据臣等愚见，断不便行，伏乞皇上睿裁。"又奉旨："朕意甚决，无可裁度，亦无俟多言。着遵前旨。"

复谕曰："皇太后圣躬素弱，近者太皇太后病笃，朝夕奉侍，慈颜瘦减。又因太皇太后上宾，悲哀过甚，昼夜不离梓宫，饮食不御，愈加羸弱。当今最尊者惟皇太后一人，朕见皇太后慈颜羸弱，力为劝慰，皇太后不允。尔诸王、大臣俱系骨肉至戚，应公同奏劝。又诸王妃、郡主等举哀时，皇太后恸哭几至仆地，谅众所共睹，而无有进前劝慰者，今已三日矣。若此时漫不关切，将来宁不腼颜耶？"诸王、大臣奏曰："劝请皇太后节哀，圣论极是。"

午间，上食毕，诸王、大臣奏请皇太后节哀，回宫暂息。皇太后谕曰："皇帝大孝，事太皇太后及予三十余年，承欢靡间，敬礼兼隆。太皇太后圣体违和，皇帝躬亲侍奉三十余日，席处冷地，亲奉汤药，衣不解带，极其诚孝。太皇太后宾天，内庭一切事务，皆皇帝亲自预为料理，所以诸事各得详善。今太皇太后宾天已经三日，皇帝痛哭不止，容颜甚为瘦减，予心殊觉不宁。尔等宜劝皇帝节哀，最为紧要，不必向予敦请。这所奏已知道了。"诸王、大臣复再三叩请。皇太后又谕曰："诸王、大臣所奏，请予回宫，以少慰皇帝之心，所言良是。下午供饭毕，予即率众妃同散，然虽散亦不各归自己宫内，仍率众妃俱集于别宫。自明日为始，每日三次供饭后，即回别宫。"

诸王、贝勒、大臣复跪奏曰："自太皇太后圣体违和以来，三十余日，皇上在慈宁宫侍奉，席处冷地，亲调药饵，目不交睫，衣不解带，天颜清减。今不幸太皇太后上宾，已经三日，皇上昼夜号恸不止。臣等惶惧不知所措。伏乞皇上暂离丧次，于乾清门内不拘何处，少为休息。"奉旨："朕遭不幸，太皇太后宾天。每思太皇太后高厚洪恩，寸衷如割，哀不能已，更何心绪回宫，以图安逸？况太皇太后上宾以来，至今饮食不能入口。昨皇太后再三劝进糜粥，朕虽勉啜少许，究不能下咽。不但朕躬如此，即皇太子、皇子等亦至今未曾进食。朕决意仍在丧次，以尽朕心。尔等所奏知道了。"诸王、大臣等复再三叩请，上不允。

是日，礼部以太皇太后小祭所用冥楮等项数目请旨。奉旨："依议。着传谕诸王、大臣，朕于祭献物用未敢糜费，孝道在自尽其心，不在仪物多寡。太皇太后祭物，着俱照世祖皇帝往例。"

是日，齐集举哀，亦如二十六日。

本日起居注官库勒纳、高士奇、博济、朱都纳、彭孙遹、戴通。

二十八日壬申 上在大行太皇太后丧次，哀恸不止如前。诸王、大臣跪奏曰："皇上自太皇太后宾天以来，昼夜不离丧次。今除夕在即，素有避忌之例，皇上仍不回宫，臣等窃以为未便。明日祭毕，除夜请暂回宫。"奉旨："除夕避忌，果有此说否？"诸王、大臣奏曰："除夕所忌，从来如此。臣等微贱之家，如岁前遇有凶丧，即于岁前卒事，无有过新岁者。盖以元旦乃吉祥之日。今圣躬不离丧次，臣等之心甚为惶恐不安。叩请皇上于除夜回宫，元旦在宫中，停止哭泣。"奉旨："数日以来，朕心甚觉愦迷。今据尔等所奏，稍有关系，除夕可令皇太子、皇子等俱回宫中书室，众妃等亦令各归本宫。若朕复有何心回宫耶？况皇太子、诸皇子等自太皇太后违豫以来，四十余日，皆在书室，原未尝安处宫中。元旦日，太皇太后梓宫前，令宫人照常上食。慈宁宫前院内，皇太子、皇子等所住帷帐，朕当于此暂居一日。"诸王、大臣又再三叩奏曰："圣谕诚是。皇上至孝，亘古未有。皇上如此诚笃，臣等何敢琐渎。但元旦乃忌哭泣之辰，臣等故敢再三恳请。"奉旨："朕决意在此。元旦诸王等亦各散去，有愿在此者听之。"诸王、大臣等又奏曰："臣等因元旦吉辰，所以固请皇上回宫。臣等微贱，又何足道？"上不听。

自是日至正月初十日，诸王、贝勒、贝子、公，内大臣、侍卫、大学士、学士等，上三旗都统、副都统等，外藩王、贝勒、贝子、公、台吉、塔布囊等，一日三次齐集举哀。文武大小官员一日二次齐集举哀。

本日起居注官库勒纳、高士奇、博济、朱都纳、王尹方、洪俄岱。

二十九日癸酉 早，诸王、贝勒、贝子、公以下文武大小官员，外藩王、贝勒、贝子、公、台吉、塔布囊等，及王妃、公主、郡主以下，八旗二品以上官员之妻，照前齐集。上于大行太皇太后梓宫前行小祭礼，读祝祭哭。

上仍在大行太皇太后丧次，哀恸不已如前。内阁、翰林院、九卿、詹事、科、道等公同具疏，以元旦令节，叩乞皇上节哀回宫。其疏云："为再陈愚悃，仰冀皇上勉节哀衷，回宫珍摄，以慰舆情事。臣等伏睹皇上孝思诚切，悲伤过甚，合词上请，以礼节情，虽赐报闻，未蒙允可。臣等又伏睹皇上三日以来，哭踊无时，水浆不入，圣容清瘁，大异平时。臣等忧惶失措，益不胜惓惓之思。乃复合词固请，奉有恩纶。臣等仰见皇上虽未能即抑哀情，亦已俯鉴微悃，少自珍爱。臣等且感且泣，不胜幸甚！不意自昨至今，惊闻皇上号恸无间，不减于初，中情哽郁，火炎发嗽，痰涎之内，往往见血。臣等心摧胆裂，莫知所为。窃念皇上一身，郊庙神灵所式凭，子孙臣庶所托命，苟不自惜，以殷忧致疾，则臣等备股肱之任，居侍从之班，论思献纳，所司何事！苟且隐忍，百死何辞。且皇上少育于太皇太后之怀，皇上试念平昔设有一日不遑启处，圣体稍有未宁，太皇太后之心肯一刻安乎？今者，在天之灵，所以关切圣躬，维持顾复之念，夫岂异是？今一旦以哀痛之故，渐致违和，太皇太后必有焦然不宁于在天者。《孝经》云：毁不灭性。《礼》云：毁不危身。故先王之于礼也，深戒夫悲哀太过，而不能胜丧者。往哲遗训，深切著明，圣学渊邃，素所讨论，岂可不勉强裁抑以从斯义？况皇上为天宗子，对时育物，当此三阳肇节，万象更新，尤宜恭己璇宫，节捐哀思。伏乞皇上念祖宗付托之重，太皇太后鞠育之勤，以节情为礼，以守身为孝。还宫调摄，少抑哀衷，以慰臣子之私，以答天下之望。臣等不胜屏营切祷之至！为此具本。谨题请旨。”奉旨：“据奏，元旦请朕还宫。人主宫殿原多，可以因时移跸。若在庶民遭此大故，所居止于一室，又迁避何所？回宫断不可行。卿等念切爱君，恐朕哀毁过甚，谆恳再三，勉从所请，强节哀情。该部知道。”

诸王、大臣等叩首复奏曰：“皇上俯鉴下情，勉节哀痛，臣等不胜慰藉。但皇上乃万邦之主，元旦乃岁首之辰，若是日将乾清宫门扃闭，断然不可。为此特求皇上，于除夕回宫，元旦后再诣慈宁。臣等再三奏恳之意，非敢遽求皇上安逸也。以皇上至孝，虽在乾清宫，岂有一刻忘太皇太后者乎？衹以元旦必不可扃闭乾清宫故耳。”奉旨：“朕自幼蒙太皇太后教育之恩，至为深厚，方且仰报难尽，何云回宫！朕年正富，安享之日方长，报太皇太后之日从兹已矣！尔等诸王、大臣再三奏请，朕因于元日暂移前院，此亦从尔等之请耳。”诸王、大臣又再三叩首，奏曰：“臣等焉敢求皇上回宫休息，但以元旦乃属吉辰，扃闭乾清宫所系甚大。”奉旨：

"朕不幸当此大故，设太皇太后之变恰遇二十九、三十日，将若之何？亦惟有聚集此处，岂可他避耶？因尔等再三奏劝止，于元旦暂移，少忍哀恸，是亦从尔等之所请矣。今若渎奏不止，则并此言亦不听从！"诸王、大臣复叩奏曰："皇上若云元旦不可在乾清宫竟日居住，请于三十晚回宫，初一早再诣慈宁亦可。"奉旨："朕意已定，并无他说。诸王、大臣即彻晓夜奏请，总不更移也。"诸王、大臣又奏曰："臣等再三奏恳，以皇上一身万民仰赖，太皇太后素以爱民为念，皇上若坚意不允回宫，恐太皇太后在天之灵亦有所未惬。"又奉旨："尔等如此执滞，朕愈不允从！着照前谕遵行。"

晡时，又传集诸王、大臣等将所请以日易月之疏发出。谕曰："三年之丧，朕意在必行。将欲手书谕旨，而朕体疲惫。愿尔等诸王、大臣共谅朕怀，勉从前谕。尔大学士等可将原本照前拟票不允之旨。"诸王、大臣复奏曰："圣谕必欲行三年之丧，臣等何敢违执？但圣躬乃天地宗庙及万民生命所关，三年之丧，断不可行。故自昔贤君皆从易月之制，臣等所托命惟有皇上，若必令仰承，即加臣等以罪，亦所不辞，断断不敢遵行也。"又奉旨："此事尚早，将本暂存阁中，过初一日再行启奏。"

是日，诸王、贝勒、贝子、公，内大臣、侍卫、大学士、学士等，上三旗都统、副都统等，外藩王以下，塔布囊以上，日中、晚刻仍照前齐集举哀。文武大小官员晚刻仍照前齐集举哀。

本日起居注官库勒纳、高士奇、博济、朱都纳、戴通、胡会恩。

三十日甲戌 上在大行太皇太后丧次哀恸不止如前。

诸王、贝勒、大臣公同启奏皇太后曰："皇上圣躬及妃嫔等皆在慈宁宫，明日元旦，乃天地人协吉之辰，乾清宫不宜扃闭。臣等昨者再三跪奏，复具疏陈情，皇上并不俯从，故臣等复恳祈于皇太后。皇上至孝，皇太后敦劝，庶冀勉从耳。"少顷，传谕曰："予已力劝两次，皇帝未允。"

本日起居注官库勒纳、高士奇、博济、朱都纳、洪俄岱、徐嘉炎。

钦惟皇上圣德茂隆，至仁溥博，大猷大政，超轶古今。是岁之春，塞外诸国、喀尔喀等部落七旗汗、贝勒等，请上尊号，皇上深执谦冲，却而勿许。尊光之德，上同乾造，载笔之臣，岂能仰窥万一。谨就一岁之中，述其梗概。如首春大阅于卢沟桥，初冬幸南苑，较阅八旗大小文臣骑射，声灵赫濯，节制严明，方之于古轩辕之修德振兵，未足多焉。轸念旧劳，于赖塔之有犯也，即行宥释；体恤臣工，于部议之裁公费也，仍许支给。因部臣之奉差，而驿递必戒其骚扰；因蜀省之荒残，而田亩不准其清查。免楠木之解送，恐其病土司也；禁关税之溢额，恐其病商旅也。又紬缎船只之变价未足，不许议增；修造钱粮之奏销未完，不令驳诘，皆恐其病小民也。明烛万里之遐，惠流八荒之表。方之于古尧之仁如天而智如神，未足多焉。半载之内，两布赦书，三谳之后，犹垂矜恻。特宽愚民出边之罪，数减重犯立斩之条。泽沛圜扉，恩沾中外。方之于古舜之钦恤好生，未足多焉。盗案宜缉也，必深思所以弭盗之原；俗尚宜更也，必务求所以化俗之本。劝勉臣下，则先德而后才；训诫汉军，则重廉而兴孝。德心深厚，教思谆详，方之于古禹先祗德、汤儆官刑，未足多焉。撰阙里之文，以推崇至圣；颁书院之额，以褒显先贤。禁遏淫诐小说之书，屏黜二氏异端之教。隆儒重道，正学昌明，方之于古，文演《易辞》、武传《洪范》，未足多焉。至因畿内亢旱，涣发德音，斋居蔬食，减膳彻悬，步祷郊坛，甘霖立降。又因江南、陕西供调烦劳，蠲免正赋六百余万，厚泽弘仁，旁皇周浃。皇太子聪明天纵，睿学大成，皇上犹亲为谕教，惟圣祖神宗之家法是遵，惟天人性命之精微是究，以及五经、诸史、书法、骑射靡不博洽贯通，殚精入妙。仲秋驾幸口外，皇太子暨诸皇子咸从骑射之法，皆皇上以身为则，亲自指授。经文纬武，洵足垂裕万年。历稽史册，所载盖未有若斯者也。若夫侍奉两宫，备极尊养。季夏恭侍太皇太后、皇太后避暑于畅春园，躬执温清之礼。仲冬太皇太后圣体违豫，上自宫中步诣南郊，自制祝文，洒泣申祷。在慈宁奉起居，尝汤药，捐废寝食，不自言劳。至季冬二十五日，太皇太后慈驭上宾，皇上恸哭不辍声，水浆不入口，昼夜号慕，毁瘠过常。圣孝之笃诚，尤属亘古所未有者。臣等职司记注，颂扬难罄，敬据实书之，以见我皇上之德，驾百王而迈千圣，不独比美于唐、虞三代已也！

雲在叟文史

袁行霈題

[标 点 全 本]

康熙起居注

徐尚定 标点

第 四 册

人民东方出版传媒
東方出版社

康熙帝便服半身像

清宫廷画家绘。绢本，设色。纵59.7厘米，横45.6厘米。故宫博物院藏。

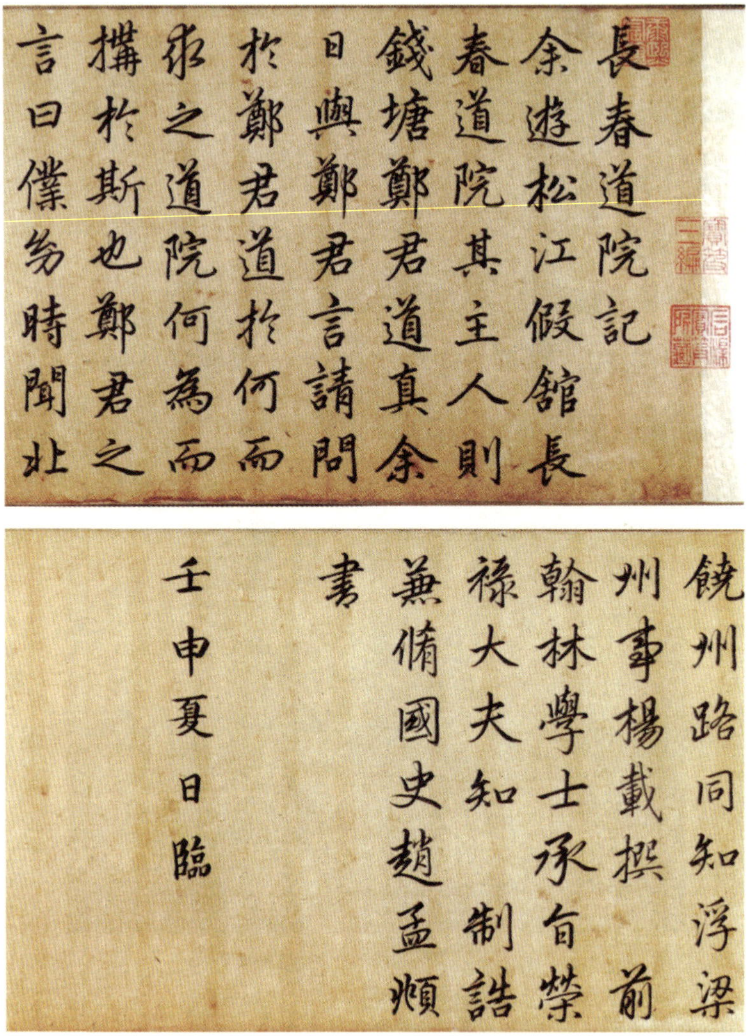

康熙帝行书《临赵孟頫长春道院记》卷（局部）

纵25.6厘米 横460厘米

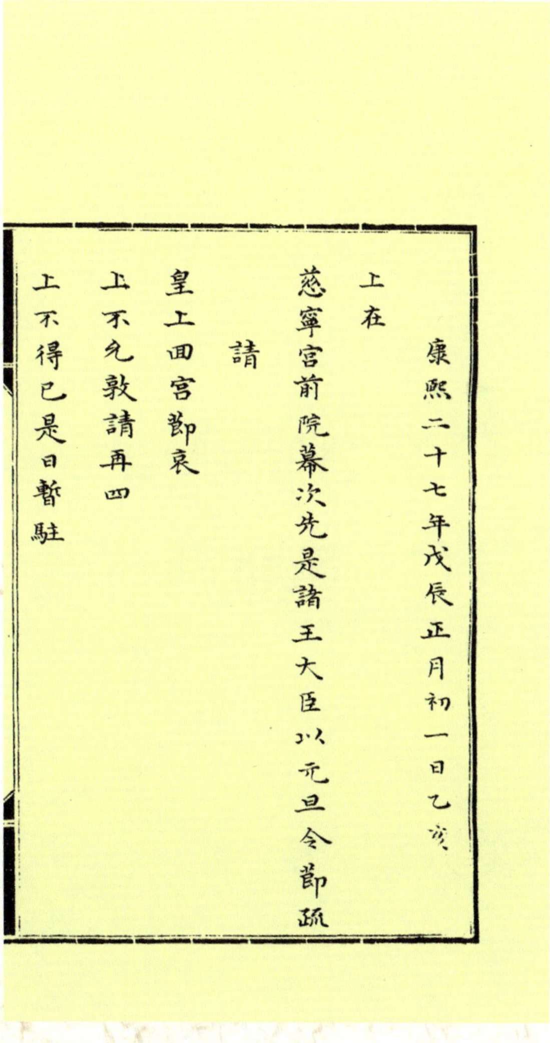

康熙二十七年戊辰正月初一日乙亥
上在
慈寧宮前院幕次先是諸王大臣以元旦令節疏
請
皇上回宮節哀
上不允敦請再四
上不得已是日暫駐

《康熙起居注》二十七年正月首页

"稽古右文之章"印

第四册目录

康熙二十七年　戊辰

正　月/001　二　月/017　三　月/026　四　月/048
五　月/058　六　月/066　七　月/070　八　月/074
九　月/079　十　月/083　十一月/093　十二月/099

康熙二十八年　己巳

正　月/105　二　月/112　三　月/124　闰三月/132
四　月/139　五　月/144　六　月/153　七　月/157
八　月/162　九　月/168　十　月/175　十一月/182
十二月/187

康熙二十九年　庚午

正　月/199　二　月/206　三　月/213　四　月/234
五　月/241　六　月/247　七　月/252　八　月/256
九　月/259　十　月/263　十一月/269　十二月/273

康熙三十年　辛未

正　月/280　二　月/284　三　月/290　四　月/294
五　月/296　六　月/306　七　月/310　闰七月/314
八　月/318　九　月/320　十　月/328　十一月/342
十二月/348

康熙三十一年　壬申

正　月/361	二　月/368	三　月/375	四　月/383
五　月/393	六　月/399	七　月/404	八　月/409
九　月/412	十　月/419	十一月/427	十二月/435

康熙三十二年　癸酉

正　月/445	二　月/448	三　月/456	四　月/461
五　月/467	六　月/470	七　月/475	八　月/479
九　月/482	十　月/487	十一月/495	十二月/501

插 图 目 录

康熙帝便服半身像……117
康熙帝行书《临赵孟頫长春道院记》卷（局部）……118
《康熙起居注》二十七年正月首页……119
“稽古右文之章”印……120
《康熙帝南巡图卷·出京盛况》（一）……121
《康熙帝南巡图卷·出京盛况》（二）……122
《康熙帝南巡图卷·出京盛况》（三）……123
《康熙帝南巡图卷·出京盛况》（四）……124
《康熙帝南巡图卷·济南免赋》（一）……125
《康熙帝南巡图卷·济南免赋》（二）……126
《康熙帝南巡图卷·江宁阅武》（一）……127
《康熙帝南巡图卷·江宁阅武》（二）……128
奏 折……129
呈……130
小密折……131
塘 报……132
禀 帖……133
乡试卷……134
勘合牌文黄册……135
密 咨……136
江西巡抚郎廷极奏陈江西兵粮情形折……137

江西巡抚郎廷极奏陈江西兵粮情形折……138
福建水师提督施世骠奏报训练添补水师兵丁事折……139
福建水师提督施世骠奏报训练添补水师兵丁事折……140
太原总兵金国正奏请将已造之子母炮分给各营收贮折……141
太原总兵金国正奏请将已造之子母炮分给各营收贮折……142
江南提督高其位奏陈整顿营伍留用兵粮折……143
江南提督高其位奏陈整顿营伍留用兵粮折……144
《清史稿》李光地传……145
大学士李光地奏为残疾加剧并父母尚待合祔请准休致折……146
大学士李光地奏为残疾加剧并父母尚待合祔请准休致折……147
大学士李光地奏陈病情并乞再赐坐汤折……148
大学士李光地奏陈病情并乞再赐坐汤折……149
大学士李光地奏陈病情及遵旨饬校书诸臣详慎校勘折……150
大学士李光地奏请圣安折……151
大学士李光地奏谢遣医赐假及现在病情折……152

康熙二十七年　戊辰

正　月

初一日乙亥　上在慈宁宫前院幕次。

先是诸王、大臣以元旦令节，疏请皇上回宫节哀，上不允。敦请再四，上不得已，是日暂驻慈宁宫前院，诏王以下，辍哭一日，各官于午门外齐集。

本日起居注官库勒纳、高士奇、博济、朱都纳、戴通、汪霦。

初二日丙子　上在大行太皇太后丧次哀恸不止如前。

是日，国子监祭酒德白色等，以太学生刘枝桂等五百余人呈称，皇上三年之丧万不可行，具疏代题。其疏云："为圣孝笃诚，超越千古，恭请勉遵遗诰，俯慰臣民事。臣等伏见大行太皇太后违豫以来，皇上亲侍汤药，谨奉起居，闻声立应，日夜不遑休息，步祷郊坛，竭诚殚力。侧闻四十余日，圣躬日渐臞瘦。及慈驭上宾，皇上哀号骨立，勺饮不入口，呼抢咯血，不自顾恤。今复欲行三年丧礼，诸王、大臣等先后奏请仰遵太皇太后遗诰，以日易月，章数十上，不蒙天听。此诚皇上至孝性成，思慕殷勤不自知，其用情之至笃，而圣体之当重也。臣等感动悲怆，肝肠摧裂，何敢妄生臆见，冒渎宸慈，但蝼蚁微诚，有不得不上达者。皇上之身，天地宗祖及万国臣民所共系之身也，实与士庶不同。即士庶中有毁伤灭性，儒者犹谓其过于中道，何者？以承先启后，所关甚巨，虽终身之慕无穷，而致哀之宜有节。况于朝廷则郊坛宗庙不可不亲，朝会宴飨不可或废，而服物采章亦不宜久缺而不用，势不得过用其情也。今者臣等斋戒午门外，见合监生徒数百余人，纷纷至臣等之前呈称，士民闻皇上哀痛过情，圣躬憔悴，无不惊惶感泣，惟恐忧伤逾节。又闻欲持服三年，益虑至尊凄怆伤怀，无时舒解，敷天率土，何忍乐业安居？即春秋释奠，亦必佾舞尽辍；

经筵会讲，策士胪传，大典尽将停罢。胶庠凄楚，里巷彷徨。且以日易月之典，历代英君谊主相沿已久，则缘情制礼，为古今之中道明矣。伏惟太皇太后厚德深仁，贻谋翼燕，功施天下万世，薄海内外咸望即时升祔太庙，飨无疆之祀。皇上合万国欢心，仰慰太皇太后在天之灵，大报深恩，莫此为重。《礼》称，易吉始祔。若必持服三年，为期旷远，揆之事理有所未便。况太皇太后慈恩罔极，灵爽式凭，倘见皇上如此矗伤，能无悯恤而悲痛乎？为此合监生徒刘枝桂等，援自古太学生伏阙上书之例，沥陈士民呼吁之诚，欲臣等代为题请。臣等既恋主情殷，而舆情又不敢隐，伏恳皇上遵承遗诰，俯询廷议，勉抑哀情，仍行以日易月之制。上慰太皇太后之洪慈，下安朝野臣民之瞻恋。臣等不胜激切之至！伏乞皇上睿鉴施行。”奉旨：“此本交与内阁。”

本日起居注官库勒纳、高士奇、博济、朱都纳、洪俄岱、熊赐瓒。

初三日丁丑 上在大行太皇太后丧次，恸哭不止如前。

是日，科尔沁国达尔汉亲王班第额驸率蒙古王、贝勒、贝子、公、台吉、塔布囊等齐集于永康门外，跪奏曰：“臣等一日三次哭临，虽不得近睹天颜，窃闻皇上悲哀太过。臣等世受国恩，今皇上如此哀恸，并不少解，臣等何能自安？且臣等所托命者惟皇上，即普天之下所仰赖以生者亦惟皇上，敢恳皇上一日三次哭临，节为一次。”奉旨：“尔等闻丧即自远方速至，昼夜齐集哭临，此即情关一体之谊。尔等奏劝节哀，诚是。但太皇太后恩深罔极，朕年力方富，安享之日长，仰报太皇太后之日渐少。每念教育厚恩，哀痛实难自禁。尔等爱主，劝节哀情，朕当勉从。”于是蒙古王、贝勒等皆免冠顿首谢。

本日起居注官库勒纳、高士奇、博济、朱都纳、戴通、顾藻。

初四日戊寅 上在大行太皇太后丧次，恸哭不止如前。

是日，内阁将诸王、贝勒、贝子、公等文武大臣官员公同启奏，持服二十七月，断不可行原疏，并巡抚王骘、朱弘祚及科、道各官、国子监官员、太学生所奏劝请以日易月之疏，一并送进。公同奏曰：“皇上欲行三年之丧，臣等安敢违拂渎奏？但有必不可行之故。自古以来，未有行之者。今虽加臣等之罪，臣等不辞，惟请仍遵历代圣王定制。”奉旨：“朕凡事俱本诚实，欲行三年之丧，朕意甚专，并非粉饰虚名。尔等诸王、大臣及在廷各官以至士庶皆云，宜遵往制，断不可行。朕前所谕岂可食言？果如此则为天下无信人矣！着仍照前旨。”

诸王、大臣复奏曰：“天为万民而作之君？皇上仁爱万民，天下感戴同于天地父母。圣谕虽云独自持服，臣民焉敢忘皇上爱养之恩，而自图逸乐耶？今皇上哀毁过甚，道路闻之皆为惊惧。如必欲行三年之丧，万民何以自安？臣等知皇上诚意必行，故再三冒死具恳，虽未蒙皇上俯允，臣等渎奏断不止也。”上谕曰：“三年之丧，朕意以为可行，故欲行之。今诸王、大臣、士庶举国皆为阻止，屡行陈恳，此际朕心甚烦，俟再思之。”诸王、大臣奏曰：“皇上孝心肫切，出自诚悃。臣等每闻圣谕，中心感动，不能自禁，若少有可行处，何敢执奏？蒙皇上特下再思之旨，臣等不胜万幸。”皆免冠叩首谢。

本日起居注官库勒纳、高士奇、博济、朱都纳、洪俄岱、蔡升元。

初五日己卯 上在大行太皇太后丧次，恸哭不止如前。

是日，诸王、贝勒、贝子、公、文武大臣、官员齐集永康门，坚请以日易月。上谕曰：“昨同裕王、恭王商酌，二王俱云，王以下、士民以上通国皆言不可行，臣等之意亦同。今思王以下、士民以上既再三以为断不可行，即朕亦无可奈何，不得已勉从尔等所请。皇太后及皇太子、众妃以及官民，至二十七日俱行释服。但满洲旧例，百日内不行喜庆之事，尔等素所共知。今满百日后，不数日即为移厝之期，移厝祭奠时，若概不用孝服，朕心仍属不安，朕躬及慈宁宫人暂缓释服。二十七日以后，朕在宫中则用素服，诣梓宫前则仍用孝服，俟满百日而除。朕本意决欲持服二十七月，因尔等诸王、大臣、士民举国皆言不可行，故勉从所请。朕此言亦必愿尔等从之。”诸王、大臣奏曰：“皇上怜念臣等，俯听群言，臣等不胜幸甚！但谕旨移厝祭奠仍用孝服，此事关系最大，俟臣等详加酌议具奏。”

顷之，诸王、大臣、公同议奏曰：“皇上至孝，欲行三年之丧，立意甚决。自王以下、官民以上再三叩首，抵死固请，历陈断不可行之故，蒙圣主垂念群下，恐致生民失业，曲从众论，臣等感慰无既。但天子之孝与众不同，故自古人君皆以日易月，至二十七日而释服，此定制也。今皇上孝思极至，不能自遏，仍欲持服百日，实自古未行之事。皇上从来爱育万民，若皇上独持百日之服，诸王、大臣亦必持服百日；王等既持服，官民亦必持服。虽欲禁止，而天下之民受皇上深恩，亦断不能禁也。如此，则从京师以及天下，官民商贾皆失其常业矣。皇上甚爱百姓，仍乞勉从臣等所请。况旧制二十七日外，即用浅淡服色。今逾二十七日，已经除服，又将孝服与常服间杂用之，甚属未便，仰冀圣明垂察。”奉旨：“俟朕思之。”

本日起居注官库勒纳、高士奇、博济、朱都纳、戴通、陈元龙。

初六日庚辰 上在大行太皇太后丧次恸哭不止如前。

本日起居注官库勒纳、高士奇、王封溁、博济、朱都纳、戴通。

初七日辛巳 上在大行太皇太后丧次恸哭不止如前。

本日起居注官库勒纳、高士奇、田喜霠、博济、朱都纳、洪俄岱。

初八日壬午 上在大行太皇太后丧次恸哭不止如前。

是日，谕礼部曰：“大行太皇太后圣德母仪昭示万国，昔奉我皇祖太宗文皇帝赞宣内政，诞育我皇考世祖章皇帝，顾复劬劳受无疆休大一统业。暨朕践祚，方在冲龄，仰荷我圣祖母训诲恩勤，以至成立，晨昏依恋，三十余年。方期洊享遐龄，茂膺繁祉，讵意适遭违豫，奄忽上宾。哀疚之深，五中摧绝，昊天罔极，报德实难。缅维厚泽深仁，信足炳传简册，非荐隆号，莫展哀诚。宜恪遵彝宪，恭上尊谥，垂示无穷，以慰朕尊亲之意。着内阁、翰林院、詹事府会同拟奏。其应行典礼，尔部详察议奏。”

内阁、翰林院、詹事府会同恭拟大行太皇太后尊谥二道，进呈御览。奉旨：“应上太皇太后谥号曰：孝庄仁宣诚宪恭懿翊天启圣文皇后。”

复谕曰：“太皇太后升遐未久，祭文内遽改称尊谥，朕心甚为不忍，俟梓宫奉安昌瑞山寝园后，始称尊谥以祭。着大学士等详议具奏。”大学士等奏曰：“皇上至孝，于祭文内不忍即改太皇太后徽称，仰见皇上圣德圣孝根于天性，裁定礼制，万举万当，真亘古未有，初非臣等愚昧所及。应俟奉安后，于祭文内称尊谥以祭，实合大体。”奉旨：“知道了。”

本日起居注官库勒纳、高士奇、博济、朱都纳，彭孙遹、戴通。

初九日癸未 早，诸王、贝勒、贝子、公以下文武大小官员，外藩王、贝勒、贝子、公、台吉、塔布囊等，王妃、公主、郡主以下八旗二品以上官员之妻，照前齐集。上因大行太皇太后梓宫十一日发引，读文致祭，恸哭。

本日起居注官库勒纳、高士奇、博济、朱都纳、王尹方、洪俄岱。

初十日甲申 上在大行太皇太后丧次恸哭不止如前。

本日起居注官库勒纳、高士奇、博济、朱都纳、戴通、熊赐瓒。

十一日乙酉 奉移大行太皇太后梓宫安于朝阳门外殡宫。卯时，发引。上以是日梓宫发引，备极悲哀，环抱梓宫，稽颡痛哭。近臣再四恳劝，不从。将及发引，近臣以时刻不可误，复再四哭劝，上不从。不得已扶拥，皇上始移梓宫启行。上于梓宫前步行，痛哭甚哀。

至东华门外，近臣跪哭，奏曰："皇上于去岁圣体少有违和，又自太皇太后慈躬违豫以至宾天，皇上昼夜躬奉，极其劳瘁悲伤，天颜甚为清减。今路远天寒，圣情正在哀痛之中，深恐过劳，伏乞乘轿。"上曰："朕步行恭送已定，志不乘轿，诸臣无庸固请。"先是，上立志步送梓宫，恐诸臣临时劝恳，先将轿鞘割断，诸臣不知，尚为奏请。上于沿途哭不停声，梓宫每次更换舁校时，必跪于道左，哀恸不已。至梓宫安奉之后，号泣良久。

行致奠礼毕，诸王、贝勒、贝子、公等文武官员奏曰："皇上圣体劳瘁太过，今梓宫已经安奉殡宫，请遵国家定例，乞请回宫。"上曰："朕于太皇太后无由复得奉侍，此乃慎终之理，虽憔悴困惫，皆所不顾，故将轿绳俱行割断，力疾步行，身体委顿，内中似觉烦热。今日欲于此处寻一小室暂居，略看身体如何，明日尚未知能回宫否？尔诸臣爱君诚悃，知道了。"

是日，梓宫发引，排设仪仗，自雍和门、协和门、东华门出朝阳门，王以下、奉恩将军以上，外藩王以下台吉、塔布囊等，内大臣、侍卫于东华门外齐集；左翼民公、侯、伯以下、有顶带官员以上，于红庙大路齐集，右翼民公、侯、伯以下、有顶带官员以上，于灯市口齐集。候梓宫至，举哀跪迎，随行哭送。汉文武官员于殡宫墙外齐集，候梓宫至，举哀跪迎。公主、王妃以下，大臣妻以上，先至二门外，照两翼站立。梓宫至，举哀跪迎。奉安梓宫设帷幔毕，奠酒时，王等、公主、王妃以下，皆随上行礼举哀。

本日起居注官库勒纳、高士奇、博济、朱都纳、洪俄岱、胡会恩。

十二日丙戌 上在大行太皇太后殡宫三次上食时，率诸王、贝勒、贝子、公、大臣、侍卫，外藩王、贝勒、贝子、公、台吉、塔布囊等，于梓宫前举哀。

本日起居注官库勒纳、高士奇、博济、朱都纳、戴通、汪霦。

十三日丁亥 辰时，上于大行太皇太后梓宫前行首七礼，读文致祭，痛哭尽哀。诸王、贝勒、贝子、公、文武大臣官员，外藩王、贝勒、贝子、公、台吉、塔布囊等，及公主、王妃以下、二品以上官员之妻，齐集举哀。

祭礼毕，诸王、贝勒、贝子、公、文武大臣同奏曰："我朝定例，祭毕即归。皇上积劳已久，哀毁复深。今祭事已毕，宜少加珍摄，伏请还宫。"奉旨："明日行小祭礼，朕若无恙，今日暂回，明早可以复来。今朕躬实为惫困，且当留此。尔等所奏，知道了。"大学士王熙等又奏曰："太皇太后梓宫发引前一日，銮仪卫请备轿于永康左门，已经奉旨，臣等愚见以为皇上乘轿，不胜私慰。至梓宫发引之时，皇上割断轿绳，坚志步行，沿途痛哭不止，每次更换梓宫舁校时，必跪于道左痛哭，以至奉安处，刻不停声。臣等见此，肺肝俱裂。皇上圣躬痛哭过劳，臣等又何敢渎请回宫？但恳今日两次上食时，皇上少节哀情，以息圣体。"

是日，上居大行太皇太后殡宫之侧。

本日起居注官库勒纳、高士奇、博济、朱都纳、洪俄岱、徐嘉炎。

十四日戊子 早，上致祭大行太皇太后于殡宫，哭尽哀。诸王、贝勒、贝子、公、大臣、侍卫，外藩王、贝勒、贝子、公、台吉、塔布囊等进前举哀。祭毕，诸王、贝勒、贝子、公、内大臣、大学士、尚书等会同奏曰："圣躬劳瘁日甚，且每日哀恸不止，天颜瘦减已极，在此一日多一日之劳。今祭已毕，请皇上回宫。"奉旨："朕连日率侍卫等居一小室，意欲久驻于此。尔诸王、大臣既再三奏请，今且暂回。朕自幼读书，稍知孝道，岂忍回宫，遽图便安？兹虽暂回，亦不入宫内，姑随便幕居，席地而处；少迟一二日复来此间。"诸王、大臣等又奏曰："圣躬自去年五月微有违和，又因太皇太后不豫，皇上躬亲奉侍，日夜劳瘁，继值大故，天心哀痛，号恸不已。今虽蒙谕暂回，仍然席地而处，臣等心实难安。请回宫中，就暖室少憩，调摄圣躬。”上不允。

巳时，上自大行太皇太后殡宫，乘四人轿，帷用青色，由朝阳门进东华门，幕居于乾清门外之左。诸王、贝勒、贝子、公等，外藩王、台吉、塔布囊等，内大臣、满汉大学士，至乾清门外皇上所御幕前，跪奏曰：“去年五月间，圣躬微有违和。今又哀劳备至，天颜清减，步履亦艰。臣等仰赖以生者惟皇上。今皇上仍处账房冷地，万一圣躬致疾，奈何！臣等求皇上即回乾清门内，居温暖之室，以养圣体。”奉旨：“朕欲持服二十七月，立意已定，以尔等奏劝不止，故尔勉从尔等。彼时若遵朕意，则朕亦可从尔等今日之请。今者持服二十七日，朕在此两日，十七日复往殡宫，计在此为日无几。若从尔等之固请，遽然回宫，则将贻悔于后日。想尔等恐朕劳苦太过，或致成疾耳。近者朕足肿疼，今忽全愈，朕亦心异之。朕为天子，岂不知爱身之道，所以强进饮食。兹居幕次，于朕甚宜，尔等毋屡屡劝请。这所奏知道了。”诸王、大臣又奏曰：“皇上纯孝非常，不特近今所无，亘古亦所未有。若圣躬安好，无纤毫未适，臣等何敢渎奏？但皇上为普天所托命，以皇上孝思肫笃，绝不计一身之劳瘁。臣等亲睹圣容癯瘠已甚，不敢不劝。身之致疾，不在为日多寡，即一日间偶尔触寒劳顿，便可致疾。万一圣躬有恙，臣等其何以堪？因是臣等再三奏恳。”奉旨：“尔等如此固请，朕悔此来矣！若屡请不休，朕之悲哀愈不能止，则尔等复将进劝，及至烦苦，朕将竟往殡宫，尔等又如之何？夫父母与祖父母人所共有，孝道原无分于贵贱。朕以孝治天下，凡人孝道不尽，即同狗彘，尔等众人有不自爱其亲者乎？若不尽孝道，则与狗彘何异！”

谕毕，复召信郡王乐禧、翁牛忒多罗杜棱郡王毕礼滚达赖近前，谕曰：“尔等皆有父母尊长，朕此谕旨当加意识之。”毕礼滚达赖奏曰：“臣素无知识，闻圣谕顿然晓悟，谨志不忘。”诸王、大臣出。

又九卿、詹事、科、道合词奏曰：“昨梓宫启攒之夕，皇上步送恸哭，刻无绝声。每舁校更班，辄哀号跪伏，直至郊园殡宫，颜瘁足疲。及传旨回跸，仍居幕次，此从古未有之礼。天子居庐，罕有此制，伏乞回宫摄养。”其疏云：“为皇上珍护圣躬，以慰臣民仰望事。窃惟皇上至德大孝，超越万古。自大行太皇太后一违康豫，亲侍汤药，目不交睫，坐不离地，步祷圜丘，至诚纯笃。以故慈体已甚危剧，皇上孝思昭感，犹延匝月之筭。迄于仙驭登遐，皇上苫次孺慕，哀痛非常，毁瘠过甚，乃至昏晕咯血。臣等虽蝼蚁微贱，爱君有心，曾以下情仰恳调摄，业蒙温谕批答，私怀藉用少慰。乃昨梓宫启攒之夕，攀慕不胜，左右大臣泣请升辇，皇上坚不就驾，断去轿绳，恸哭步送，刻无绝声。每舁校更班，辄哀号跪伏，直至郊园殡宫，颜瘁足疲，哀感衢陌。窃睹圣体益复清癯，臣等跼蹐无地。皇上天行素健，祗因积劳积苦，以至如斯委顿。又传旨回宫，仍居幕次，寒霜冷地，一刻难居，此从古未有之礼。臣等博稽简册，自古人主，无亲送辒车者。明时如孝宗极贤，至午门祖奠即回。至于天子居庐，罕有此制。伏乞皇上仰思郊庙神灵所凭，四海臣民所赖，遵守旧章，回宫摄养，顺时珍卫，此为大圣人不匮之孝。臣等昧死渎奏。”奉旨：“朕遭太皇太后崩逝，欲持服二十七月，立志甚坚。诸王大臣及各官士民等再三陈奏，情词恳切，不得已勉从所请，衷犹歉仄，因幕居乾清门外，以尽哀诚。今乃又请回宫，不过以朕躬为念。身为天子，岂不自爱？但人孰无祖父母、父母，为子孙者，皆当尽孝，何分贵贱？朕孝治天下，思以表率臣民，垂则后禩。今距释服之期为时甚近，若从所言，以致异日少留遗憾，恐非诸臣爱君之意。诸王、大臣曾激切奏恳，已有谕旨不允。卿等宜体朕心，这所奏知道了。”

本日起居注官库勒纳、高士奇、博济、朱都纳、戴通、顾藻。

十五日己丑　上幕居于乾清门外。

本日起居注官库勒纳、高士奇、博济、朱都纳、洪俄岱、蔡升元。

十六日庚寅　上幕居于乾清门外。先是，诸王、贝勒、大臣所奏，以日易月之疏，未奉谕旨。是日，奉旨：“朕以薄祜，早失怙恃，幸依圣祖母膝下，如亲皇考妣音容。今遭遐弃，痛念慈恩，悲哀并集，欲持服二十七月，仰答圣祖母鞠育深仁，兼报皇考妣劬劳大德。诸王、大臣及各官等援引历代成例，坚请至再至三，并称郊庙祀典不宜久辍，升祔大礼及时举行。且士民伏阙披历，众情谓国恤淹久有妨民业。朕反复思维，不得已以礼抑情，勉从所请。该部知道。”

本日起居注官库勒纳、高士奇、博济、朱都纳、戴通、陈元龙。

十七日辛卯　早，上率诸王、贝勒、贝子、公等及外藩诸王、台吉、塔布囊等，大臣、侍卫诣大行太皇太后梓宫前，三次举哀。

是日，上居殡宫之侧。

本日起居注官库勒纳、高士奇、王封溁、博济、朱都纳、洪俄岱。

十八日壬辰　上居大行太皇太后殡宫之侧，率诸王、贝勒、贝子、公等及外藩诸王、台吉、塔布囊等，大臣、侍卫于梓宫前三次举哀。

本日起居注官库勒纳、高士奇、田喜霅、博济、朱都纳、戴通。

十九日癸巳　上居大行太皇太后殡宫之侧，率诸王、贝勒、贝子、公等及外藩诸王、台吉、塔布囊等，大臣、侍卫于梓宫前三次举哀。

本日起居注官库勒纳、高士奇、博济、朱都纳、彭孙遹、戴通。

二十日甲午　上居大行太皇太后殡宫之侧，率诸王、贝勒、贝子、公等及外藩诸王、台吉、塔布囊等，大臣、侍卫于梓宫前三次举哀。

是日，诸王、贝勒、贝子、公，内大臣、大学士、尚书等合词奏曰："明日行大祭礼，释服毕，伏乞皇上照定例回宫。乾清门所设幕次，臣等拟于今日遣人拆收。"奉旨："俟二十二日复祭毕始回。其乾清门外幕次着仍留，朕意于梓宫奉安昌瑞山寝园之前常居，幕次内亦温暖。"

诸王、大臣复奏曰："皇上必欲行二十七月之丧，臣等为万民生计起见，恳遵往制，再四敦请。皇上轸念黎庶，俯允所请，臣民莫不幸慰。若释服后，仍居幕次，臣民复局蹐不宁矣！"奉旨："尔等奏请恳挚，朕于二十二日复祭毕回宫。是日，亦欲命外藩王等起行。乾清门所设幕次着拆收。至朕自太皇太后旧症复发以来，三十五昼夜，衣带靴袜俱不宽解，中心焦灼，捐废寝食。及居丧次，梓宫未发引之先，席地而坐，并不设褥。今至此地，方设一褥。胯骨尚作痛楚。六十日来，并不宽解衣靴，犹未盥洗，五内怔忡恍惚，若有人入奏声音。足疾虽痊，旧疴丛生。令尔等闻之。"诸王、大臣奏曰："此皆皇上过于忧劳悲恸所致。凡人疾病由于居丧者甚多。皇上至孝肫笃，哀毁过情，臣等伏睹圣体瘦弱如此，不胜惶惧，叩乞回宫调摄，以慰愚悃。"

本日起居注官库勒纳、高士奇、博济、朱都纳、王尹方、洪俄岱。

二十一日乙未 早，上于大行太皇太后梓宫前行大祭礼，读文致祭毕，释服。上释服时，亲率皇太子、皇长子于梓宫前行三跪九叩首礼，哭泣尽哀。国舅佟国维进前释孝衣帽带，内大臣金津释皇太子及皇长子孝服。诸王、贝勒、贝子、公、文武官员，外藩王、贝勒、贝子、公、台吉、塔布囊等，及公主、王妃以下二品以上官员之妻，齐集举哀，释服。

是日，传谕内大臣国舅佟国维，内大臣索额图，大学士明珠，散秩大臣图巴，内务府总管班第、费扬古曰："科尔沁国王、贝勒、贝子、公、台吉等各皆驰至守服，殊为可悯。应否赏赐，着议奏。"内大臣等议奏曰："科尔沁国王、贝勒、贝子、公、台吉等素念皇上抚育厚恩，各皆惶悚，速至持服，此亦理之宜然。复蒙皇上垂念，欲加恩赐，此皆皇上浩荡之恩，伏乞睿裁。"上曰："太皇太后宫内银两缎匹，着赏赐姻戚。尔等会同理藩院将太皇太后姻戚分别远近赏赐议奏。其先因未出痘令回部落者，若留此地，亦可以终其事，伊等亦应一体赏赐。着议奏。"

诸大臣会议奏曰："先至近戚内科尔沁国和硕达尔汉亲王班第额驸、多罗贝勒巴克西固尔、一品台吉阿毕达、阿齐图、巴特马西、吴尔图纳苏图、巴木布喇、西伯奇额齐尔，此八人应赏银各三百两，缎各十五匹。二品台吉吴尔图纳苏图、毕礼克图、毕礼滚达赖、查西、顾禄、喇西、希布萨马第、额尔泽图，三品台吉纳木喀、固山额驸吴勒木济，四品台吉额尔黑图、额齐尔、苏柱克图、额齐尔、吴尔胡满、毕木巴里、额齐尔、毕礼克图、额齐尔、毕礼克图，原王职额齐尔，未授品级台吉甘第沙，此二十二人应赏银各二百五十两，缎十二匹。后至近戚多罗郡王毕礼克图、一品台吉班第、格勒尔图、绰克图、阿津、鲁奇巴、阿喇纳、阿里鲁克散、达散木、巴图、额尔德尼、额齐尔，此十二人，应赏银各二百两，缎各十匹。二品台吉诺木德尔格勒固鲁克齐、三品台吉沙克扎、四品台吉董胡里、额齐尔、毕里克图、诺木齐、额尔德尼、毕里克图、额尔德尼、毕里滚达赖、毕里滚达赖未满岁数台吉丹达礼，此十二人应各赏银一百五十两，缎各八匹。先至远戚内多罗秉图郡王额济殷、王代布、扎萨克图王额齐尔，此三人应各赏银二百两，缎各十匹。贝子纳孙、公蟒沙、一品台吉喇第，此三人应各赏银一百五十两、缎各八匹。二品台吉莫伦泰、噶尔毕、达纳、阿毕达，三品台吉额林臣沙里，四品台吉伊喇固克山、浑济希、诺木齐、巴雅思胡朗、额林臣、塞因查克、班柱尔、苏鲁木、诺尔布、查浑、阿木尔灵归、班第、萨马第、班第斯希布、喇萨、喇里达、阿毕达，此二十三人，应各赏银一百两，缎各六匹。后至贝勒沙津应赏银二百两，缎十匹。一品台吉布达应赏银五十两，缎四匹。计共赏银一万五千七百两，缎八百六匹。图谢图亲王阿喇善现今议处，应毋庸赏赐。”奉旨：“依议。原王职额齐尔着不必赏赐。”

因令王、贝勒、贝子、公、台吉跪领赏讫。谕曰：“尔等皆太皇太后姻戚，齐至丧次，以终其事，殊为可悯。因以太皇太后所遗之物，悯恤尔等，特行赏赐。”谕毕，众皆感泣。上谕曰：“不必向朕谢恩，着在太皇太后梓宫前谢恩。”因引众至梓宫前，众皆跪哭良久。谢恩毕，同泣奏曰：“臣等赖太皇太后之恩，以至荣显。今皇上正在悲哀之际，念臣等系太皇太后姻戚，特加浩荡皇恩，臣等肝胆俱裂。此莫极之恩，真铭刻心腑，感戴难忘。但谆谆切恳者，皇上哀劳过甚，天颜臞瘦，臣等实难自安。原欲姑留数日，特奉谕旨，以边疆要务，命臣等释服即往，敢不遵谕。臣等今将启行矣。臣等草芥微贱，何足记忆？但念系太皇太后姻戚，敢求皇上少节哀恸，颐养圣躬。伏乞俯鉴鄙忱，立赐温旨，臣等即欣慰前往矣！”奉旨：“尔等再三奏请，朕自当从之。”诸王、台吉等皆免冠叩首谢。

是日，上居殡宫之侧。

本日起居注官库勒纳、高士奇、博济、朱都纳、戴通、胡会恩。

二十二日丙申 早，上致祭大行太皇太后于殡宫，哭泣尽哀。扈从诸王、贝勒、贝子、公、大臣、侍卫，科尔沁国王、贝勒、贝子、公、台吉、塔布囊等进前举哀。辰时，上自大行太皇太后殡宫由朝阳门进东华门，回乾清门内偏殿。

是日，亲近蓝翎侍卫尔格传谕曰：“裕亲王自太皇太后违豫以来，朕与同处，殊为劳苦，着皇长子及领侍卫内大臣等送王归第。”传谕毕，皇长子，领侍卫内大臣国舅佟国维、索额图、费扬古，亲近蓝翎侍卫尔格、二等侍卫韩楚汉、马武、吴格、巴哈连送归。

本日起居注官库勒纳、高士奇、博济、朱都纳、洪俄岱、徐嘉炎。

二十三日丁酉 辰时，上御乾清门。先是，太皇太后圣体违豫，上日夜在慈宁宫，令各衙门本章俱交送内阁。及太皇太后宾天，上居丧次，晨夕哀恸，不御门者几两月。上又恐妨政事，于除服第三日，衣青色布衣听政，侍卫扶掖升座。

部院各衙门官员面奏时，御史郭琇参奏："靳辅治河多年，迄无成效。皇上爱民，开浚下河，欲拯淮、扬七州、县百姓，而靳辅听信幕客陈潢，百计阻挠，宜加惩处。"上曰："此事九卿即来启奏，尔其俟之。"少顷，九卿、詹事、科、道近前，仰见天颜癯瘠，大异平时，皆不胜惶惧，遂合词奏曰："皇上圣容瘦减已极，如此劳瘁，犹衣布衣，臣等愈觉局蹐无地。伏乞皇上勉节哀情，调摄圣躬。"上颔之。遂令九卿启奏河务，户部尚书王日藻奏曰："臣等公议得，屯田一事有累于民，应停止。至河工筑堤，应如靳辅所请。"上曰："河道必亲历其地，然后可议其事，尔九卿等俱未亲历，徒然悬揣，洵属难事。"九卿等奏曰："诚如圣谕。"上令郭琇跪御前，随顾九卿曰："朕南巡时，亲勘河道，高家堰以南一百八十里，高家堰以北亦一百八十里，朕皆亲往相视，河上情形颇深悉之。今欲筑重堤，使水由清口入海，若果有裨益，则当日何以不早筑耶？高邮七州、县百姓苦累非常，此朕所目击而心伤者。今于堤外又筑一堤，是重困小民矣。至于屯田有利于廷臣，而害民实甚。陈潢本一介小人，通国皆知，其屯田之说，江南人尤莫不嗟怨，尔等宁不闻耶？"兵部尚书梁清标奏曰："屯田实有害于百姓，断不宜行。"上又问九卿等曰："赵吉士为人若何？其行径尔等知之否？"九卿等相顾未及答。上曰："但言之，无伤也。"又顾问郭琇曰："尔知赵吉士否？"郭琇奏曰："臣与赵吉士同考选，见其在衙门勤于办事，未悉其为人。"上又顾科、道官问曰："尔等身为言官，其直言无隐。人各有良心，当从公言之，又何害耶？"科、道诸臣奏曰："皇上圣明，难逃洞鉴。"上复问九卿曰："熊一潇何以不至？"九卿答以有疾。上曰："人有大胆者，亦有小胆者。熊一潇畏启奏此事，故托疾不至耳。"上又曰："凡事必须当理，议事贵乎得中，若偏执己见，立异好胜，以及内怀贪欲，外饰清高，此二者皆朕所不取也。"上又问郭琇曰："尔本章内言之详悉否？"郭琇奏曰："臣本内大略俱有。”上曰 :“廷臣中有掣肘河务者，尔于本内曾言及否？”郭琇曰 :“无之。”上顾九卿等曰 :“此参本尔等一并会同议奏。”九卿等出。

江西巡抚王骘、广东巡抚朱弘祚陛辞，上令近前，问曰：“尔等有所陈奏否？”王骘奏曰：“臣蒙圣恩，由道员内升，历任今职，责任重大，凡地方事宜，伏候皇上教训。”朱弘祚奏曰：“道员从无即升巡抚之例，蒙皇上破格隆恩，超擢今职。伏念广东为滨海之地，目下虽已承平，正须休养民生。臣至彼处，诸事当仰遵圣谕。”上曰：“巡抚为地方大吏，以操守为要。大法则小廉，百姓则俱蒙福矣！”王骘奏曰：“臣向在四川时，不食民间粒米，不取民间束草。臣一身之外惟带二三家僮，往往于家中取给盘费，有时借资于督、抚。臣从不敢有私也。”上曰：“身为大臣，寻常日用岂能一无所费？若必分毫取给于家中，势亦有所不能。但要操守廉洁，念念从爱百姓起见，便为良吏。督、抚中如两于成龙及范承勋，诚良吏也。”王骘奏曰：“臣才不及三人，但不敢有私耳。臣若稍萌私念，天地难容。”朱弘祚奏曰：“臣受皇上如此隆恩，虽捐糜不能仰报万一。若犹敢徇私，岂特大负皇上，即天下闻之，亦皆唾骂臣矣！”上曰：“为督、抚者在朕前皆如此说，及至地方，与所言往往不符。人贵始终如一。朕特简尔等，当砥厉清操，毋负朕擢用之意。”朱弘祚奏曰：“臣至彼处，所行之事，自难逃圣鉴。此时在皇上前言之，亦未有据也。”上曰：“朕事事以百姓为念，尔等到地方，凡一切利害有关百姓者，不妨时时奏闻。”王骘、朱弘祚奏曰：“皇上蠲租动至数百万，如此爱民，诚旷古所未有。臣等敢不仰体至意。”王骘又奏曰：“皇上已将前任江西巡抚及布政使革职，贪污之吏闻之，莫不胆寒。臣至彼处为巡抚亦易，但当严禁属吏科派及词讼贿赂诸弊耳。”上曰：“为大吏者亦须安静，安静即为地方之福。凡贪污属吏先当训诫之，若始终不悛，再行参劾。”王骘、朱弘祚奏曰：“臣等谨志之。”奏毕，出。

大学士觉罗勒德洪、明珠、王熙、余国柱、李之芳，学士齐色、卢琦、觉罗舜拜、翁叔元、凯音布、赵山、石文桂、拜礼以折本请旨毕。王熙、余国柱、李之芳奏曰：“皇上至孝肫笃，悲哀太过，且积劳已及两月，今仰瞻天表，迥异寻常。乃犹衣布服，御门听政，则愈加劳瘁。伏祈皇上珍摄圣躬，臣等不胜惓惓。”上曰：“九卿启奏河工所关重大，两巡抚陛辞赴任，亦属紧要，朕所以力疾御门。尔等所奏，知道了。”

听政毕，上回乾清门内偏殿。诸王、贝勒、贝子、公、内大臣、大学士、尚书等奏曰：“本朝先代或遇丧事，事毕即行幸郊外。今圣容过瘦，圣躬过劳，若不行幸郊外，何以少舒郁闷？皇上纵不能乘马，请肩舆徐行，诣陵寝，视奉安梓宫工程。”奉旨：“尔等恐朕过劳，援引成例，未必记忆往事。朕曾详阅实录所载，莽古尔泰贝勒卒之九日，因诸王、贝勒、大臣奏请，太宗曾一游豫。宸妃薨之五十五日，因诸王、贝勒、大臣奏请，故曾游豫，然未有如太皇太后之大丧者。梓宫奉安处，朕已命绘图，皆亲加指示，并无疑惑，亦无庸往视。且两皇后之丧，百日内尚未行幸郊外。不幸遭太皇太后之变，即行幸郊外，可乎？尔等如此奏请，特为朕躬过劳致疾之意。朕自去年，心内膨闷不舒，故勉强颐养，朕躬稍御饮食，亦仍进汤药。四月间，意欲炙艾。朕今日力疾御门理事，止因国政紧要，又未接见臣工，故令人扶掖强出耳。”诸王、大臣奏曰：“臣等见天颜极其清減，虽云回宫，仍衣布衣，闷坐一小室内，衣带靴袜昼夜并不宽解，孝思如旧。今若不行幸郊外，则疾病愈增。皇上虽不远往陵寝，或南苑近地，亦可稍遣圣怀。如必不俞允，或移跸宫内大厦，照常进膳，夜则宽解衣带靴袜，少舒圣意，以养圣躬。不然虽进饮食汤药，亦何裨益？”奉旨：“凡事皆有不易之理。朕因定例，不得已释服。今于宫中，朕自尽孝，此亦理所当然，并非好异沽名。故左右侍卫，亦各令散回。且两皇后之丧，朕皆如此。尔等在外庭，未必悉知，内庭之人无不知者。皇后之丧尚且如此，太皇太后之丧，反有轻忽之理乎？尔等毋庸渎奏。”诸王、贝勒、大臣再三叩奏曰：“皇上孝思无穷，臣等焉敢渎奏？但皇上劳瘁过甚，臣等不胜惶惧。伏乞悯念臣等，以养圣躬。”奏毕，叩首出。

巳时，上诣皇太后宫问安。

本日起居注官库勒纳、高士奇、博济、朱都纳、戴通、蔡升元。

二十四日戊戌 因二十七日祈谷致祭，斋戒三日，部院各衙门俱不奏事。

巳时，上由东华门出朝阳门，居于大行太皇太后殡宫之侧。日中晚刻，二次上食时，上率扈从王、贝勒、贝子、公、大臣、侍卫举哀。

是日早，谕大学士明珠、内务府总管班第、亲近蓝翎侍卫尔格、总管顾太监曰："自太皇太后违豫，皇太后尽孝侍奉，甚为劳瘁。不幸太皇太后宾天，复哀痛太过，慈颜清减。昨者，朕诣皇太后宫问安，见癯瘦更甚，积劳成疾，服药调理。皇太后关系甚大，朕心深为忧虑。明日太皇太后一月之祭，尔等可奏请不必前去。钦此。"至皇太后宫门，总管顾太监进内，遵旨奏毕。皇太后谕曰："太皇太后之丧，予身有何劳苦？但皇帝前者侍奉太皇太后，已极诚敬，后又悲哀过当，劳苦致病，心甚忧虑。予之服药，专为明日月祭前往之意。今亦少安，明日决意必去。"大臣又奏曰："皇帝至孝，过于劳苦，容颜羸瘦，步履维艰，但以皇太后为虑，勉强自来请安，见皇太后羸瘦成疾，故特奏劝。伏乞皇太后悯念皇帝孝思肫笃，珍摄慈躬，明日之祭可以不必前往。"皇太后谕曰："明日月祭，若不亲往，予心殊为不安。此数日服药调理，颇觉稍愈，明日月祭予必前往，可奏闻皇帝。"

本日起居注官库勒纳、高士奇、博济、朱都纳、洪俄岱、熊赐瓒。

二十五日己亥　早，上于大行太皇太后殡宫前，行一月礼，致祭举哀。诸王、贝勒、贝子、公、大臣、侍卫，三品以上官员，及王妃、公主、郡主以下、一品以上官员之妻，齐集举哀。

是日，上由朝阳门进东华门，回乾清门内偏殿。

本日起居注官库勒纳、高士奇、博济、朱都纳、戴通、顾藻。

二十六日庚子　本日起居注官库勒纳、高士奇、博济、朱都纳、洪俄岱、蔡升元。

二十七日辛丑　本日起居注官库勒纳、高士奇、博济、朱都纳、戴通、陈元龙。

二十八日壬寅　各部院衙门本章俱交送内阁。

是日，诸王、贝勒、贝子、公、内大臣、满汉大学士、学士等奏曰："太皇太后违豫以迄慈驭上宾以来，圣躬忧劳，圣容癯瘠。皇上为天下庶民，采纳臣等奏请，虽于二十七日除服，但闻皇上于宫中，仍服御粗布，昼夜衣履不解，惨郁持丧，居于小室。天下万姓皆受皇上仁恩，今闻圣躬如此，不胜惶惧。臣等公请，今既除服，伏愿圣躬少加调养。"上曰："人孰无亲，今为日几何？朕静居于此，尔等再三陈奏，朕心愈烦。”诸王、大臣等又奏曰：“皇上忧劳过甚，圣躬毁瘠。凡居丧毁瘠，调摄甚难。臣等之意，窃谓我朝骑射之事，原无拘忌。仁孝皇后之丧，正值用兵，至孝昭皇后之丧，除服后曾以诸王、大臣奏请出行郊外。今皇上虽不肯远行，至于景山、瀛台，原属禁地，出视诸皇子骑射，亦无不可。今圣躬毁瘠过甚，仍坚持丧礼，不自调养，臣等何忍不谏？若皇上丧礼止守常制，臣等又何敢再三渎奏耶？”上曰：“尔诸王、大臣等奏请，朕惟知道了。”

诸王、大臣等又奏曰：“皇上抚爱天下万姓，已遵定制，于二十七日除服，祈皇上以安天下万姓为念，仰候睿裁。”皆免冠叩头，出。又九卿、詹事、科、道公同具疏，奏请皇上照常服御摄养。其疏云：“为皇上孝思无穷，今当公除之后，恭恳照常服御，以慰中外臣庶事。臣等仰惟皇上至德大孝，超轶古。自遭太皇太后违豫及于升遐，二三月来，非常劳瘁，臣等再三恳请，屡蒙恩谕，许勉进饮食，节哀自爱。今梓宫迁殡，服制已除，皇上承郊庙神灵，下为臣民倚赖，粗服既释，当宴息璇宫，加意珍卫，一切服用，并宜如常。乃窃见至尊犹服黪色棉布，粗敝羊裘，每日寝处斋宫小室，不解衣履，臣等不胜惊愕。因思向者，中外交章，士民伏阙，累牍叩请，求遵易月之制，原以天子为万国之主，服制一日不除，臣民一日不安，故必释衰就吉，屈己以为天下。今皇上既允公除，当此春寒时节，犹然粗布敝裘，终宵不解，是虽有除服之名，实与不除无异。且今者大小臣工，居处服用，并已如常，独至尊犹怀忧惨，则臣等向日连章溷渎宸听，皆为己身安逸，死不足以蔽辜！方今四海万姓，衔悲国恤，即穷檐至贱，罔弗以圣躬为念。伏恳圣上俯顺舆情，即从所请，衣服燕处，一切如旧，顺时调摄，以迓休和。臣等愚悃稍安，薄海臣民无弗深慰矣！不胜恳迫祈吁之至！为此具本，谨题请旨。”奉旨：“凡为子孙者理应养尽其敬，丧竭其诚。朕虽勉从众议，屈己释服，今服用粗布，居处偏殿，寝不解衣，皆由中心不容已。诸王、大臣亦曾恳请，已有谕旨。这所奏知道了，该部知道。”

是日，赐广东巡抚朱弘祚、江西巡抚王骘鞍马各一匹。

本日起居注官库勒纳、高士奇、王封溁、博济、朱都纳、洪佽岱。

二十九日癸卯　是日，部院各衙门本章交送内阁。

本日起居注官彭孙遹、戴通。

二　月

初一日甲辰　是日，部院各衙门本章俱交送内阁。

本日起居注官朱都纳、王尹方。

初二日乙巳　早，上由东华门出朝阳门，诣大行太皇太后梓宫前，三次上食时，率扈从诸王、贝勒、贝子、公、大臣、侍卫举哀。

酉时，上由朝阳门进东华门，回乾清门内偏殿。

扈从起居注官库勒纳、博济。

初三日丙午　辰时，上御乾清门，大学士觉罗勒德洪、明珠、王熙、余国柱，学士齐色、卢琦、觉罗舜拜、翁叔元、凯音布、赵山、石文桂、拜礼、阿喇密以折本请旨。翰林院题参侍读学士德格勒奸诈诡谲，私抹记注档案。侍讲徐元梦与德格勒互相标榜，奸诡虚诞，妄自矜夸。此二人应俱行革职，交与刑部严加议罪。上曰："近来朕览太宗实录，凡所行虚伪诡诈，退居议论朝政者，乃国法所不容。且记注起居关系重大，必详慎从实登载，勿致纤毫舛漏，方为不负职掌。德格勒奸诈怪僻，行止悖乱，以善卜惑众。又将公同记注档案，任意私自删抹，大干法纪，着革了职，刑部严拿，从重究拟具奏。徐元梦奸诡虚诞，同恶相济，亦殊可恶，着革了职，刑部一并严加究拟具奏。"

又御史郭琇纠参河臣靳辅蠹国累民，幕宾陈潢冒滥名器。上曰："科、道系朝廷耳目之官，凡有所见俱当陈奏，若不陈奏，何由得闻？朕以郭琇参奏河工，故特行擢用。"王熙等奏曰："此乃皇上所以激劝言官也。"上曰："佛伦原系微贱，朕超拔为大臣，理应尽心效力。今差遣公议河务，偏徇靳辅，执拗好胜，其人如此，不加惩治，可乎？"又顾学士等曰："朕向日南巡，亲至河上，高加堰以南一百八十里，以北一百八十里，朕悉为阅历。清口以南高邮等处，曾沿堤步行，遍加详览，知减水坝实为累民。靳辅在河工虽不为全无料理，但那费钱粮，贻害地方，天下共知，即百口亦不能置辨也。”明珠奏曰：“漕臣慕天颜有劾奏佛伦、赵吉士途间窜改本章等情，其疏已至内阁，正在翻译。”上曰：“朕疑此事慕天颜、董讷或似汤斌，朕不以汤斌为人。即因前日此事，今已具疏，觉微有不同。其郭琇所参，着九卿等一并严察议奏。”

是日，部院各衙门本章俱交送内阁。

巳时，上诣皇太后宫问安。

本日起居注官戴通、胡会恩。

初四日丁未 是日，部院各衙门本章俱交送内阁。

本日起居注官朱都纳、徐嘉炎。

初五日戊申 是日，部院各衙门本章俱交送内阁。

本日起居注官洪俄岱、汪霦。

初六日己酉 是日，部院各衙门本章俱交送内阁。

本日起居注官博济、顾藻。

初七日庚戌 辰时，上御乾清门听政。部院各衙门官员面奏毕，大学士觉罗勒德洪、王熙、李之芳，学士齐色、觉罗舜拜、翁叔元、凯音布、赵山、石文桂、拜礼、阿喇密以折本请旨。原任大学士杜立德叩赴大行太皇太后丧，哭临礼毕，具疏回籍。上曰：“原任大学士图海与杜立德，此二人凡事俱能公正直言，甚为优善。今杜立德临丧回籍。从前此等大臣若奔赴国丧而回者，曾有例否？”王熙奏曰：“此等旧例臣等未查。杜立德居乡安静，甚优。”上曰：“伊居乡如何，朕犹不深知。其任大学士时，甚优。尔等查例来奏。”

又钦天监南怀仁病笃，具遗疏奏闻。上曰：“南怀仁治理历法，效力有年。前用兵时，制造军器多有裨益。今闻病逝，深轸朕怀。应得恤典，察例从优议奏。”

又总督图纳题，原任宁夏总兵官高孟打死标下千总，应革去总兵职衔，拿审拟罪。上曰：“高孟曾经效力行间，从宽免其提拿，着革去总兵职衔。该督究拟具奏。”

又兵部题，奉天驻防协领尹达浑病故员缺，将拜他喇布勒哈番戴禅拟正，拜他喇布勒哈番萨尔图拟陪。上曰："这拟正戴禅补授驻防协领。尹达浑前曾看河运粮，且垦田勤劳，复往雅克萨效力，在行间病故可悯。着议叙具奏。"

大学士等出，复召学士齐色等谕曰："尔学士等俱应裁汰之员，朕以一切事务欲公议办理，所以留任。尔等俱有议事责任之臣，朕曾屡次有谕，令尔等凡事各抒己见，无得徇人而行。一切事务朕岂有不知者乎？尔等诚能据理各抒己见争论，自朕而外，其谁奈尔等何！至若河工屯田之事，于九卿诸臣俱有利益，惟朕知其累民，再三详酌，以至于今，尔等未尝发一语也。至每事俱徇人而言，并不争论，致有今日。若事发议罪，则尔等俱在一处，虽云从无一言，岂得免乎？因何不各抒己见执论？至于受贿贪赃之辈，朕未尝不知，但从宽大而已。若果详究，其有一人得免者乎？前曾将敖拜、班布尔善俱行正法，若有败乱国政者，朕岂加宽宥耶？"学士等奏曰："臣等俱系微末卑贱之人，叨蒙皇恩，至此职任。但因庸劣，意见不到，所以不言耳。果有确见，岂敢不言？升降生杀出自皇上，际遇圣主之时，孰能相害耶？自我皇上之外，臣等更畏何人？"又谕曰："部院衙门官员内，凡事不发一言，置身局外，希图富贵有之，此辈自问亦觉可愧。朕尝阅实录，太宗皇帝时，凡事默默无言，而退后议论国政者，亦曾有禁。至于尔等俱经奉差榷关，略有所得，朕岂不知？大凡人衣食可以自给，便宜知足，理应洁己守分，遇事则各抒己见而言。"学士等奏曰："圣谕诚然，臣等谨识遵行。"

未时，上由东华门出朝阳门，居于大行太皇太后殡宫之侧。晚刻，上食时，上率扈从诸王、贝勒、贝子、公、大臣、侍卫举哀。

本日，起居注官库勒纳、彭孙遹。

初八日辛亥　上于大行太皇太后梓宫前，早午二次上食时，率扈从诸王、贝勒、贝子、公、大臣、侍卫举哀。

未时，上由朝阳门进东华门，回乾清门内偏殿。

扈从起居注官库勒纳、朱都纳。

初九日壬子　辰时，上御乾清门，大学士觉罗勒德洪、王熙，学士齐色、卢琦、觉罗舜拜、凯音布、翁叔元、赵山、石文桂、拜礼、阿喇密以折本请旨。吏部题原任检讨卫既齐仍补用检讨。上曰："卫既齐前任外官，所行甚佳，此人若补用外任有益。山东布政使黄元骥居官不职，着革任，此缺着卫既齐升补。"

复谕曰："国家建设职官，料理庶务，必须精白矢志，大法小廉，各守职业，实心任事，庶不负拔擢简用之意。朕亲政已久，于部院大小官员行事无不深知。为臣子者既荷爵禄，荣父母，荫庇子孙，家能自给，便当知足，无致陨越。前已屡颁谕旨，严行申诫，且谆谆面谕，训诲再三。今在廷诸臣，自大学士以下、有职掌官员以上，全不勤敬供职，但知早出衙门，偷安自便。三五成群，互相交结，同年门生相为援引倾陷。商谋私事，徇庇党与，图取财贿，作弊营私。种种情状，久已确知。九卿、詹事、科、道皆朕委任之员，凡遇会议，理宜各出己见，公同商酌。乃一、二欲行倡率之人持议于前，众遂附和于后，雷同草率，一意诡随。又其甚者，虽在会议之班，茫无知识，随众画题，希图完结。廷议如此，国事何凭？更有当集议时，缄默自容，及至偾事，巧行推卸。此等推诿苟容之辈，朕甚恶之！亦屡加严饬。至于用人，关系重大。群臣贤否，难以周知，故遇紧要员缺，特令会推，原期为国得人，实有裨益，亦欲令被举者警心易虑，惟恐溺职，累及举者，因而自加勉励。九卿诸臣宜体朕心，从公选举，方为不负委任。乃历来所举官员，如于成龙、范承勋、王骘等固为称职，而张汧、章钦文之流，贪黩败类，往往发觉。此皆瞻徇情面，植党纳赂所致。凡兹情弊，朕非不知。前者班布尔善、阿思哈等身为大臣，所行悖乱，致干宪典，遂行正法，至今尚耿于怀。所以比来大小官员背公徇私，交通货贿，朕虽洞见，而不即指发，冀其自知罪戾，痛加省改，庶可终始保全。岂意积习深锢，漫无悛悔。如审拟蔡毓荣一案，庇护营救，瞻徇党类，百计求谋。因朕具悉其奸，私谋莫遂。近差色楞格往审张汧所参事情，朕曾面谕色楞格：张汧居官贪秽，尔宜严行审出。及差回时询问，色楞格奏称：臣于此案尽心研审，若有失实，情甘死罪。及览其奏案，惟恐累及保举张汧之人，竟为庇护。朕见内阁原拟票签，将保举张汧官员并未议及，业行折出。复念张汧审定之后，自然发露，因仍用原签票发。又靳辅下河工程屯田之案，朕早已察其情弊，特遣佛伦等前往勘议。今所议殊属偏私。且凡会议之时，科尔坤、佛伦等务执己见，持论好胜，苟非怀挟私情，何以力排众议？朕亦曾面加诫谕，未见畏悔。如此积弊，愈久愈深，物议沸腾，舆情愤激，以致言官列款参奏。虽言官所言亦非先期举发，直待朕于张汧、靳辅之事屡经谕饬之后，方行论纠。然尔等均系同舟共济之人，使能持公事论，何至败事？且尔等行私，朕皆洞晓。”王熙奏曰：“圣谕极当。臣等下情咸在睿鉴，荷皇上天覆海涵，悉从宽宥，臣等不独惶惧靡宁，实滋愧赧。”舜拜、凯音布奏曰：“圣鉴极是，臣等更有何言？”上曰：“本应发明其事，以肃官方，因不忍遽行加罪大臣，且用兵之时，有效劳绩者，故免其发明。勒德洪、明珠着革去大学士，交与领侍卫内大臣酌用。李之芳着休致回籍，余国柱着革职。科尔坤着以原品解任，佛伦、熊一潇等着解任，于河工案内完结。葛思泰、石柱于勅审之事能加详明，着免议。嗣后大小臣工，各宜洗涤肺肠，痛改陋习，洁己奉公，勉尽职掌，以副朕宽大矜全，咸与维新之至意。尔等可撰拟上传来奏。”

是日，部院各衙门本章俱交送内阁。

本日起居注官王封溁、朱都纳。

初十日癸丑　敦柱传谕曰：“朕躬自太皇太后违豫以来，较往日不同，殊觉迷溃，或因过于劳瘁耶。甫有所言，旋即遗忘。昨有一、二紧要本章，已经折定，后竟忘记，反复思维，不知何事。中宵辗转思之，恐已经发出，即召管本官员问之，仍折存未发，朕心始觉少安。或思有谕旨欲下，召人至前，其欲谕者已忘之矣，全不记忆。此上传皆朕所谕者，昨所改定之处，今阅止觉缺少遗漏，故又增改。虽改，尚歉然若有未尽者。凡各部院衙门本章俱系国家紧要，朕恐有阅视未详者，启奏本章大臣各官当愈加谨慎。至大学士、学士等亦宜各尽心勤慎，细加看视。此旨可传谕九卿等知之。”

是日，部院各衙门本章俱交送内阁。

巳时，上诣皇太后宫问安。

本日起居注官田喜霶、洪俄岱。

十一日甲寅　上以章皇后忌辰，不御乾清门。

是日，部院各衙门本章俱交送内阁。

本日起居注官戴通、汪霦。

十二日乙卯 是日，部院各衙门本章俱交送内阁。

本日起居注官博济、王尹方。

十三日丙辰 早，上由东华门出朝阳门，诣大行太皇太后梓宫前，早午二次上食时，率扈从诸王、贝勒、贝子、公、大臣、侍卫举哀。

未时，上由朝阳门进东华门，回乾清门内偏殿。

扈从起居注官库勒纳、洪俄岱。

十四日丁巳 是日，部院各衙门本章俱交送内阁。

本日起居注官朱都纳、胡会恩。

十五日戊午 辰时，上御乾清门，大学士伊桑阿、王熙、梁清标，学士齐色、卢琦、觉罗舜拜、凯音布、赵山、石文柱、拜礼、阿喇密以折本请旨。吏部题内阁侍读学士阿喇密升任员缺，以理藩院郎中马喇拟正，司业达鼐拟陪。上曰："达鼐品行乖戾，居官亦劣，着以旗缺用。马喇亦属平常，这员缺着另行选择具奏。"

又吏部题礼部尚书张士甄，侍郎张英、王飏昌不理职事，躲避推诿，俱应降五级调用。上曰："张士甄、张英、王飏昌等俱着从宽降五级留任。"

是日，部院各衙门本章俱交送内阁。

本日起居注官博济、徐嘉炎。

十六日己未 是日，部院各衙门本章俱交送内阁。

是日，赐进贡谢恩朝鲜国王李焞正使东平君李杭、副使李曹、判书任相元、书状官等鞍马、彩缎、表里、貂皮、银、布。

本日起居注官戴通、蔡升元。

十七日庚申 是日，部院各衙门本章俱交送内阁。

本日起居注官洪俄岱、顾藻。

十八日辛酉 早，上由东华门出朝阳门，诣大行太皇太后梓宫前，早午二次上食时，率扈从诸王、贝勒、贝子、公、大臣、侍卫举哀。

未时，上由朝阳门进东华门，回乾清门内偏殿。

扈从起居注官库勒纳、朱都纳。

十九日壬戌 是日，部院各衙门本章俱交送内阁。

巳时，上诣皇太后宫问安。

本日起居注官博济、王尹方。

二十日癸亥 辰时，上御乾清门，大学士伊桑阿、梁清标，学士齐色、卢琦、觉罗舜拜、赵山、石文桂、拜礼、阿喇密以折本请旨。上谕大学士伊桑阿等曰："近见科、道官参人之疏甚多，如果有大贪恶者，何不早行题参？有等人声言纠参，妄行吓诈，希图利己，以致各官不能自安。将此等吓诈之人，许即行首告。传谕吏部、都察院通行晓谕。"

是日，部院各衙门本章俱交送内阁。

本日起居注官洪俄岱、顾藻。

二十一日甲子 是日，部院各衙门本章俱交送内阁。赐福建海坛总兵官穆维雍鞍马一匹。

本日起居注官朱都纳、彭孙遹。

二十二日乙丑 是日，部院各衙门本章俱交送内阁。

巳时，上由东华门出朝阳门，居于大行太皇太后殡宫之侧。日中晚刻二次上食时，上率扈从诸王、贝勒、贝子、公、大臣、侍卫举哀。

二十三日丙寅 早，上于大行太皇太后殡宫前行二月礼，致祭举哀。诸王、贝勒、贝子、公、大臣、侍卫，三品以上官员，及公主、王妃、郡主以下，一品以上官员之妻，齐集举哀。

是日，上由朝阳门进东华门，回乾清门内偏殿。

扈从起居注官库勒纳、博济。

二十四日丁卯 辰时，上御乾清门，大学士伊桑阿、梁清标，学士齐色、卢琦、觉罗舜拜、赵山、石文桂、阿喇密、王封溁以折本请旨。宗人府题大学士王熙、余国柱、李之芳等议持服事，向王跪语，康亲王杰淑等坐受，俱属不合。嗣后会议，大臣停其跪语，诸王、大臣应行察议。上曰："朕召大臣议事，如时久，每赐垫坐语。大臣与诸王会议，即行跪语，不符。嗣后凡会议公事，不必向诸王行跪。杰淑、王熙等俱从宽免察议。"

又吏部题通政使司左通政张鼎彝休致员缺，将右通政王承祖转补。王承祖员缺，以太常寺少卿李绍闻拟补。上曰："李绍闻其人不佳，着问九卿。"

又谕曰："今用一人，外人即曰，某大臣荐举，故用之。或有商议之事，即声言某大臣称某官之优，言某官之劣。故躁进之徒，营求奔竞，从此而起。凡官之优劣，若不问，何由而知？大臣虽有荐举，用舍皆出于朕。间用一二人，亦朕所知而用者。若但因大臣荐举而用之，朕所理者又何事耶？亦有问九卿而举出者，虽得者半，不得者亦半，此皆幸遇耳。原任尚书佛伦曾荐举学士赵山，原任大学士明珠曾荐举学士齐色、学士舜拜、阿喇密，朕知而用之。伊等俱系朕屡次擢用，并非听人之言而用者。朕曾以噶尔图问詹事府，詹事尹泰遂行启奏，伊即肆言于外，曾将噶尔图荐举，尔等岂不闻乎？至翰林院侍读学士德格勒曾向朕奏云：有人问臣，臣即云宫内门户亦复不知。后来即将某人好，某人不好混行启奏。尹泰但粗识数字，凡事皆不堪任用，伊等真微贱小人也。又巡抚张汧亦是九卿荐举之人，今张汧所行贪秽，其保举之人岂不发觉耶？"

又谕曰："原任侍郎色冷格等今有何言？"大学士伊桑阿等奏曰："未闻色冷格等有言。"上又谕曰："侍郎色冷格、郎中对兰、刘始恢俱着看守议罪。"

是日，部院各衙门本章俱交送内阁。

本日起居注官洪俄岱、胡会恩。

二十五日戊辰 辰时，上御乾清门，大学士伊桑阿、梁清标，学士齐色、卢琦、觉罗舜拜、赵山、石文桂、拜礼、阿喇密、王封溁以折本请旨。伊桑阿等奏曰："昨奉旨问九卿，李绍闻居官何如？九卿回奏，李绍闻为人平常。其巡盐两浙，钱粮虽系清楚，而声名不佳。"上曰："李绍闻居官素无善状，着革职。"大学士等出。

原任大学士杜立德、冯溥以赴谒大行太皇太后梓宫至京师，事毕辞归，上以二人效力旧臣，特命礼部引见。上问曰："尔等有何陈奏？"冯溥奏曰："皇上至孝性成，海内臣民无不感动，具见皇上以孝治天下，真亘古所未有。臣年八十岁，幸得再睹天颜，不胜欣庆。伏愿皇上节哀节劳，以理万几，天下幸甚。"杜立德奏曰："皇上圣孝，亘古所无，臣致仕已六七年，复睹天颜，实臣之大幸。"上谕曰："本应赐尔饭属，有国恤，例不便赐。尔等俱系暮年，归宜加意调摄，保安身体。"二人叩谢毕，奏曰："皇上眷念臣等，锡以温纶，臣等不胜感戴。"奏毕，出。上命赐茶，仍各赐缎匹五表里。

是日，部院各衙门本章俱交送内阁。

本日起居注官朱都纳、徐嘉炎。

二十六日己巳　上以孝昭皇后忌辰，不御乾清门听政。部院各衙门本章俱交送内阁。

本日起居注官戴通、汪霦。

二十七日庚午　辰时，上御乾清门，大学士伊桑阿、梁清标，学士齐色、卢琦、觉罗舜拜、赵山、石文桂、拜礼、阿喇密、王封溁以折本请旨。礼部题太皇太后之丧未满百日，万寿日应停止庆贺礼。上曰："唐太宗停止诞日行礼，甚善。后唐明皇以诞日名为千秋节，令行礼。朕之生日久已停止筵宴，今欲将庆贺礼永行停止。尔等查例具奏。"

又总河靳辅题参总漕慕天颜等。上曰："凡事俱有是非，应据理直言。今观有言人之过者，众皆随声附和，以为不善，并不据理辨其是非。今因靳辅被参，而议论其过者甚多。靳辅为总河有年，挑河筑堤，漕运并未迟误，谓之毫无效力亦属不可。但其贸易粮米及屯田下河之事，虽百喙亦难逃罪。即欲将靳辅置之重刑，亦须留七八年，俟继用之人河工告成之日，始可议罪。靳辅将何往耶？凡事有不可令其奏辨者，亦有宜令其奏辨者。语云：'人穷则呼天'。今如尔等票拟批发，不令靳辅奏辨，则定案矣！靳辅不将情由陈辨朕前，复何所控告耶？且朕曾阅河防一览，于治河之事洞悉。今即继用一人，若将滚水坝闭塞，能使河水归漕，河底刷深，方于运道有裨。不然，仍留滚水坝，费用钱粮不过修筑堤岸，朕断不信从也。朕凡事皆虑永久，不计目前。此事可仍令九卿一并察议。"大学士、学士等出。

差往云南审事侍郎多奇、傅腊塔等进前奏曰："臣等明日起行，有当问总督范承勋者，应否亦取口供？并请皇上谕旨。"上曰："提督万正色、总兵王珍皆效力行间之人。此案尔等不必过于深求，当从公审问，明断是非。有应取总督口供者，亦取口供。"多奇等奏曰："谨遵圣谕。"

是日，部院各衙门本章俱交送内阁。

本日起居注官库勒纳、田喜霱。

二十八日辛未　早，上由东华门出朝阳门，诣大行太皇太后梓宫前，早午二次上食时，率扈从诸王、贝勒、贝子、公、大臣、侍卫举哀。

未时，上由朝阳门进东华门，回乾清门内偏殿。

扈从起居注官库勒纳、戴通。

二十九日壬申 是日，部院各衙门本章俱交送内阁。

巳时，上诣皇太后宫问安。

本日起居注官王尹方、洪俄岱。

三十日癸酉 是日，部院各衙门本章俱交送内阁。

本日起居注官朱都纳、徐嘉炎。

三 月

初一日甲戌 辰时，上御乾清门听政。部院各衙门官员面奏毕，吏部引山东布政使卫既齐陛见。上问卫既齐曰："尔有何启奏？"既齐奏曰："臣向在外任，并无寸长。臣前丁忧在家，忽蒙殊恩，复臣检讨原官，闻命感泣。今年吏部以臣服满题补，又蒙殊恩，擢为山东布政使，品级悬绝，责任重大，臣愈加悚惧。但臣本书生，于地方事宜原不谙练，故敢冒昧奏请，伏乞皇上面赐指授。"上曰："尔到地方，但当实意爱民，尽心任事，不可博取虚名。朕闻州、县火耗，止在孔道附近严行禁革，似乎分文无有，而穷乡僻壤火耗偏重，是徒欲掩饰人耳目也。掩饰耳目之事，断不可行。"既齐奏曰："臣屡蒙皇上殊恩，敢不实心任事。但地方诸事，伏乞皇上指授，以便奉行。"上曰："地方诸事皆有成宪，若有应行应革之处，可申详该抚，令该抚奏闻。"卫既齐出。

大学士伊桑阿、梁清标，学士齐穑、卢琦、凯音布、赵山、石文桂、拜礼、阿喇密、王封溁会同礼部侍郎管翰林院事库勒纳，以日讲起居注官王封溁、米汉雯二缺，将编修冯云骕等八人具折启奏。上曰："冯云骕、陆肯堂俱着以原衔充日讲起居注官。"

又礼部题三月十八日万寿节，向行庆贺礼，今因大行太皇太后服制未满百日，应停止庆贺。上曰："前代帝王生辰，立节朝贺设宴，相沿已久。朕仰惟皇考妣怙恃深恩，罔极难报，岂宜于生我劬劳之日，反更为欢？每值诞辰，弥增悲感，筵宴早已停罢。向因行礼于圣祖母太皇太后宫，故令行礼。今若仍受贺，心实未安。嗣后庆贺礼仪永行停止。”

巳时，上复御乾清门，两江总督董讷入见。上问曰：“尔有何启奏？”讷奏曰：“臣第一次疏，原欲尽一得之愚，故于疏内载咨文甚详，且有反复辨论，靳辅坚覆如前二句。臣具疏时，原望皇上洞鉴此意。臣今在皇上之前，不敢不以实告。皇上虽费金钱雇夫，其实地方都是派夫。每处派夫五千名，其帮贴银皆费至一二万金。夫到河工，报死者又多，甚为地方之累。各处俱有申文，臣皆携带来京。今日初到，尚不敢呈御览。臣看下河冈门、白驹、丁溪、草堰四海口，地势大约南高北下。若上河不放水，止开冈门、白驹，似易为力。臣起初仰体皇上爱民之意，故有止开冈门、白驹两海口，停丁溪、草堰二工之议。后来臣见孙在丰面议此事，云派夫累民。因问在丰：尔能雇夫否？在丰曰：能。又问：尔能承当雇夫之事否？在丰曰：能承当。臣思前议，止开两海口者，原为派夫起见。今既有人担承雇夫，臣是以仍欲全开。至有云开海口后，遇海啸、海潮反恐海水灌入，不便地方者。其实海啸为数十年不经见之事，一见即为灾异。海潮原有定候，时刻不爽，故谓之信潮。总之，佛伦为人执拗，不肯容臣说话。至于屯田一事，甚累地方。”

上曰：“屯田累民，朕已悉知，尔不必言。可将高加堰之事奏来。”讷奏曰：“此地有祠堂湖，原受河南睢水，今于湖堤东南开坝放水，以致湖堤溃决。”上曰：“水从堤上漫入洪泽湖，朕亦知之。”讷奏曰：“皇上南巡，彼处情形俱在睿鉴之中。此洪泽湖即是古淮河，受诸处山水，由清口出黄河。今又益以睢水，汪洋灏瀚，所以从周桥、翟坝等处决入高邮、宝应、邵伯诸湖。”上曰：“还有界首湖。”讷奏曰：“是。圣见诚然。”复奏曰：“高、宝、邵三湖原受天长、盱眙诸水，水势原大，又加淮水，俱从减水坝注下，所以七州、县俱遭水患。”上曰：“尔总未言及重堤。”讷奏曰：“高加堰旧系石堤，近来损坏。总河将石别用，复欲筑重堤一道。臣等公议以为重堤可不必筑。若筑重堤，是高堰两面受水。其时佛伦亦从臣说，云依臣议。后来赵吉士忽尔不从，云必须总河担承。遂面问靳辅，靳辅断不担承，因而众论游移。佛伦遂议筑月堤一道，想是若辈故作此局。”上曰：“筑月堤有益否？”讷奏曰：“筑月堤无益，不过苦累百姓耳。”

上曰：“既如此，尔为何画题？”讷奏曰：“臣原系孤踪。向在京时，蒙圣恩隆重，不敢缄默。每于会议，班中多持公论，以此获罪于人者甚多。今为外吏，又遇河工为国家大事，臣何敢独执私见？况佛伦又不容人说话，臣不得已而从之。臣所赖者惟皇上耳。”因以手探怀中，仍奏曰：“臣当日公同定稿，彼时却不缮疏，行到红花埠方缮疏，缮疏后方寄稿来。臣看原稿又改二句。臣原稿云以民田作屯田，伊改为民之余田作屯田。臣因屯官累民，曾疏参数人，故原稿云不肖屯官，伊改为不肖官吏。所改之稿，臣带在此，伏乞皇上睿鉴，自当了然。”遂取稿于怀，去包封白纸呈上。上问曰：“改易何处？”讷复奏以民田作屯田二语如初。上读其稿，指改易之处，顾问讷曰：“此是何人改易？”讷奏曰：“或系佛伦自改，或系别人所改，臣不得知。皇上但看改易之处，便知其心为谁矣。”上曰：“佛伦亦言有尔手书底稿一纸。”讷奏曰：“佛伦先定满字稿，定要臣翻译汉字，臣不得不翻。”上阅稿毕，仍以稿还讷，顾问讷曰：“尔还有何说？”讷奏曰：“臣还有奏，今日恐圣躬过劳，容臣另日奏闻。”上颔之。遂令讷出。

本日起居注官戴通、王尹方。

初二日乙亥　辰时，上御乾清门，听部院各衙门官员面奏政事。

本日起居注官博济、熊赐瓒。

初三日丙子　是日，部院各衙门本章俱交送内阁。

巳时，上由东华门出朝阳门，居于大行太皇太后殡宫之侧。日中晚刻二次上食时，上率扈从诸王、贝勒、贝子、公、大臣、侍卫举哀。

初四日丁丑　早，上以清明节，于大行太皇太后殡宫前致祭举哀，诸王、贝勒、贝子、公、大臣、侍卫，三品以上文武官员，及王妃、公主、郡主以下、一品以上官员之妻，齐集举哀。

是日巳时，上由朝阳门进东华门，回乾清门内偏殿。

扈从起居注官库勒纳、洪俄岱。

初五日戊寅　辰时，上御乾清门，听部院各衙门官员面奏政事。

本日起居注官戴通、汪霦。

初六日己卯　辰时，上御乾清门，听部院各衙门官员面奏政事毕。将会试主考大学士王熙等进呈试卷，发与大学士伊桑阿，学士阿喇密、石文桂、王封溁，谕曰："前科考试，因朕出题，故将进呈试卷评定。今科题目系试官所出，将这进呈试卷原封发回，令伊等阅定可也。"

本日起居注官库勒纳、顾藻。

初七日庚辰　辰时，上御乾清门听政。部院各衙门官员面奏毕，大学士伊桑阿、梁清标，学士凯音布、卢琦、赵山、王封溁、阿喇密、朱都纳以折本请旨。刑部题李万景杀死伊主，议应凌迟。上问曰："往时曾有此等事否？"伊桑阿奏曰："臣查旧日亦有因伊主奸其妻，竟将伊主杀死，当即正法者。"上曰："往例固然，但杀死其主，即在奸处。尔等或另有意见否？"伊桑阿奏曰："伊主所行虽属不端，但主仆分重，如此行凶，应如部议。"上然之。

本日起居注官洪俄岱、蔡升元。

初八日辛巳　巳时，上御乾清门，召大学士、学士、九卿、詹事、科、道及总督董讷、总河靳辅、巡抚于成龙，原任尚书佛伦、熊一潇，原任给事中达奇讷、赵吉士等入。上问董讷等曰："河工事尔等谁先启奏？"董讷奏曰："皇上命谁先启奏，臣等仰遵。"上曰："即尔启奏。"董讷奏曰："海口原应开浚，臣见派夫，民累已极，所以公议停工。若雇募人夫，则各口俱可开也。"

佛伦奏曰："臣等会议修理下河时，董讷、慕天颜、臣等会同公议停修白驹一口，臣并未执拗。至丁溪、草堰俱系董讷、慕天颜等从前会议停止。又屯田之事，臣等公议，凡丈出民之余田、湖塘、滩地俱应交州、县，给与百姓耕种。今慕天颜参臣，将稿内民田之语忽改为民之余出之田，臣并未更改，将原稿与奏疏校阅可知矣。且靳辅原止取民余田而为屯田，并无取民额田以为屯田之处。倘靳辅奏以民讷粮之田为屯田，皇上圣明，不于彼时即将靳辅治罪，岂有将此事交与九卿议乎？果董讷、慕天颜写作取民之田以为屯田，即是误处，岂可以此写入本内，为圣治之累，而留于盛世之史册乎？此亦臣之应行改者。董讷、慕天颜俱系大臣，河务关系甚大，意有不合之处，亦可两议，随即陈奏，亦无不可。乃至数月，慕天颜方行具奏。董讷报伊起身日期全本之内将臣参劾，而贴黄中并不写出。据此，董讷、慕天颜伙同党谋，将臣暗行巧陷耳。”

熊一潇奏曰：“臣就道时，即患泻痢，至淮安寒病大作，河上情形不能细阅，亦不曾公同会议，有负皇上差遣，臣罪应死。”上曰：“尔既病，彼时何不即具疏奏闻？”熊一潇奏曰：“臣甘死罪。”

达奇纳奏曰：“臣到彼处，即随佛伦等河上细阅。佛伦、熊一潇俱云高加堰旧堤宜增修。赵吉士随云，若非亲问靳辅，倘靳辅以为不可，将如之何？故议论不定，遂传靳辅至。靳辅云，必须筑重堤。若修高加堰旧堤，须尔等料理，我不担承。因此众议筑立重堤。臣谓若筑重堤，则水行两堤之间，堤恐受水之害。佛伦云，果如此，修筑月堤，则堤可以无虑。慕天颜、董讷等皆以为甚善。”

上顾熊一潇曰：“议修高加堰时，尔亦同议耶？”熊一潇奏曰：“臣亦在同议，以为高加堰旧堤宜修。”上曰：“尔先称有病，不曾与议，今又云议修高加堰时，亦同在一处。据此，明系推诿，希图卸罪，深负大臣职任。如此之人，若不惩一以示众，可乎？”

靳辅奏曰：“臣专管上河，再四筹度，惟有于高加堰外再筑重堤，水不归于下河，庶有裨于淮、扬七州、县。至于开浚下河，臣恐海水有倒灌之患。”上曰：“朕不忍淮、扬百姓遭罹水患，故令尔等公同详议耳。海水倒灌无有是理，惟海中大潮难定，此何足为害耶？”于成龙奏曰：“以臣愚见，下河必当开浚，靳辅听信陈潢，百计阻挠，将海口已开工程不令成功，皆系嫉妒私心。皇上自有洞见。”靳辅奏曰：“人皆诬臣阻挠下河工程，臣实无此意。臣曾云，开治下河虽不能泄大水，亦可以泄行潦之水。伊曾有咨文向臣商议，臣有回答之咨甚明，何云阻挠？止缘慕天颜、孙在丰朋谋排挤，此二人原系亲家，乃董讷所知。”董讷奏曰：“臣等前与慕天颜议下河事时，慕天颜曰，此系我亲家事，不便置喙。臣折以国家公事，岂避私嫌？ 故知二人原属亲家。”

达奇纳奏曰：“臣看海口，敢不以实情奏明皇上。臣见海口工程，有报六分至七分、八分不等，臣查看水流处，并无差别。”上曰：“尔未明此处，凡水之流，浮面虽同，水中所以流处，则因乎深浅，若但看水面，有何分别耶？”

赵吉士奏曰：“臣小臣也，又已革职，臣何敢言？但今日不敢不以实情上告。臣同佛伦等会议时，慕天颜要将减水坝尽塞，增修高加堰。臣以为今日水道与古不同，今归仁堤之睢水亦入洪泽湖，因洪泽湖水大，是以于高加堰多开减水坝。若增堰塞坝，必致决溃。靳辅重堤之策，臣以为应行。至下河，臣亦云宜开，更当深浚，众议以派夫累民而止。”

董讷奏曰：“臣与佛伦等会议下河，止云派夫累民。佛伦云下河既是累民，便当停止。一句便定，不容臣复议。”佛伦奏曰：“臣等看河形势已毕，会于宿迁县，公同商议，众人意见画一议定之后，臣恐他日有更变处，亦未可定，故向董讷云，此事甚大，尔离卿班未久，看语即尔写之。董讷亲自执笔，立看语稿。臣等公看改定毕，臣向众人云，尔等之意皆如此，抑别有异论耶？众人云，此系我等众意佥同所定之稿，我等并无别议。董讷等遂亲笔画题。臣又云，日后或汤斌、萨木哈等，以为我曾如彼言之，亦不可定。董讷等云，我等非如此之人。今董讷手书之稿现在，可呈圣览。”董讷奏曰：“原系公同会议，已定筑重堤、停下河，汉字稿系臣所写。屯田的稿，臣不曾写。及佛伦行至红花铺，遣笔帖式赍稿来看，已将原稿改窜矣。”佛伦奏曰：“臣并未改窜原稿，今将底稿奏疏校阅可知。”

上问于成龙曰：“尔曾云上河放水，信有之乎？”于成龙奏曰：“总督王新命向臣言，每年因上河放水，故下河地方田禾皆致淹没。”靳辅奏曰：“于成龙并不谙晓上河，听人妄传而言。总之，雨后河内方有水，若不下雨，则水从何来？何得谓臣放水？臣从无放水之事。”于成龙奏曰：“纵非靳辅亲自放水，系伊属官所为，靳辅不行约束，所以江南百姓欲食伊之肉。”上问于成龙曰：“尔曾至高加堰否？”于成龙奏曰：“臣未至高加堰。”靳辅奏曰：“臣为朝廷效力，将富豪隐占之地察出甚多，所以豪强怀恨，与百姓何干？”于成龙奏曰：“靳辅立屯田名色，坏民坟墓，害民生业，亦不为少。”靳辅奏曰：“今田亩现在，皇上若遣人量勘，果无余出之田，臣愿伏罪。”董讷奏曰：“为臣子者多属愚昧，安能无错误之处？皇上圣明，止求宽恩。至尊之前，如此争辨，便失奏对之体。”上问于成龙曰：“上河放水究系何人？又属何处？水可以欲放即放，欲止即止乎？”于成龙奏曰：“臣实不知，但得之传闻耳。”上又问董讷曰：“尔知之否？”董讷奏曰：“臣亦得之传闻。至屯田原系害民之事，所以臣屡次将屯田官参奏。”

上问九卿曰：“尔九卿之意若何？”张玉书奏曰：“下河应修。”郭琇奏曰：“上河害民之事亦甚多，即如派车派驴，在在骚动。况屯田之事，明系夺民己业。江南田亩原有二亩算一亩者，亦有数顷算一顷者，因地势洼下坍长不常。若计亩重课，实为累民。皇上原以爱民为心，今因治河屯田，反致累民，此实靳辅之大负皇上也。”陆祖修奏曰：“凡治水者必须顺水之性，即禹贡之书亦不出此意。”上曰：“尔不知黄河之性，故有是言。若顺黄河之性，河水尽从宿迁县之北入海，此河之本性也。若如此，则清口至宿迁县一百八十里皆涸，漕艘何由通运耶？”陆祖修又奏曰：“海口若不尽开，则以前所费钱粮岂不可惜？”上曰：“开海口乃必然应行之事，但当论下河之当挑与否及重堤之筑与不筑耳。”

董讷奏曰：“高加堰并不如前，甚单薄可虑，今若再筑重堤，则高加堰两面受水，其势必至坍坏。”靳辅奏曰：“当时高加堰真属单薄，焉能如今日耶？”上问靳辅曰：“如修筑重堤，能保其必不冲决乎？”靳辅奏曰：“皇上殷殷救七州、县生民于水患之中，故臣不顾身家，修筑重堤，不令水趋下流，以仰副皇上救民之意，疏请允行。若不可保，臣之性命岂不自惜？”

上又问靳辅曰：“毛城铺减水坝所出之水，可淹没民之田庐否？”靳辅奏曰：“毛城铺堤岸惟二十三年有水流，每年并无水流。”上顾伊桑阿问曰：“尔曾往勘，所见如何？”伊桑阿奏曰：“臣于二十一年看时，已有水矣。”上曰：“屯田害民，靳辅纵百口亦不能辨。修治上河之处，谓靳辅不效勤劳，亦不可也。但下河事务究当若何？”董讷奏曰：“臣在江南，但知地方情形，百姓疾苦。至于河道曲折，臣实不能深知。”佛伦奏曰：“河道事惟于成龙、靳辅在彼日久，自能深知，臣实不能深晰其曲折。”靳辅奏曰：“臣以为高加堰修筑重堤，将水截住，尽出清口，不令水归下河，则七州、县被水之田可出，故题请修筑重堤。前奏此事时，臣亦熟筹甚当，始行题请。即今犹以修筑重堤为是。”于成龙奏曰：“修下河、开海口之事，奉特旨而行。今高加堰修筑重堤，停开海口，纵使上流之水不来，而秋霖暴涨，天长、六合等处所来之水泄归何处？臣意海口仍应开浚。”

靳辅奏曰：“凡地方官不肯清查田亩，务为容隐，以博虚名。见实心任事之人，反共怨嫉。”上曰：“三代以下，亦惟恐不好名耳。”

靳辅奏曰：“于成龙与臣幕客陈潢结为兄弟，私通书札，岂正人所为？”于成龙奏曰：“臣为公事，不得不求靳辅，求之无益，不得不求陈潢。所通书札俱用官函露封，有何私处？”靳辅奏曰：“于成龙前在泰州妄自尊大，讹传伊升兵部侍郎，信以为真。后知不确，疑为臣所阻抑。今圣主在上，如欲加成龙部衔，谁敢阻抑？泰州士民曾有：兵部侍郎冒不得，八人轿坐不得，司道官管不得之歌。因羞成怒，恨臣刺骨。”于成龙奏曰：“彼时臣何敢坐八人轿耶？兵部侍郎之说闻系高成美捏造。靳辅事事贪黩，专任陈潢，横行无忌。即如常君恩之子拜陈潢为父，馈送华美楼房、三千银两，诸如此类，罪不胜诛。”靳辅奏曰：“此皆诬陷之言也。”

上顾九卿曰：“河道乃漕运民生所系，故召看河人员及尔等诸臣至朕前询问，互相辨难讨论，以得事理之宜。乃尔等并不穷诘靳辅、于成龙，岂非畏惧靳辅、于成龙乎？”九卿奏曰：“皇上于上下河形势知之甚晰，臣等实不谙河道，未敢悬议，不知所问，故不问耳。臣等有何惧于伊等耶？”

佛伦又奏曰：“前董讷、慕天颜等所奏河务疏内止云，若修重堤，令水出清口，则高加堰之堤甚属可虑；淮河之水必分入运河，运河之堤可虑，若引黄河水从安东县之西流，则安东甚属可虑等语。其如何措置，方可无虑之处，并未说明。臣此次遣往，议得保高加堰之堤，修月堤一道至淮安，所有运河之黄浦、子婴等闸修理宽大，使水合流入射阳湖、草湾河入海。董讷、慕天颜身系大臣，此等事并不详议。至河务关系地方情形，水之大小，臣意见不到。其未详议之处，焉得免罪？但并无徇庇靳辅之处，伏乞皇上睿鉴。”上顾九卿曰：“此事尔等会同，将孰是孰非及河务作何区画之处，详加议奏。”九卿出。

上顾大学士等曰：“河道实属难知，朕留心已久，深悉情形。九卿各怀私意，畏惧汉军这厮，所以不肯定议。今伊等如此失体，互相诋诟，朕意且勿发明。若示以朕意，则九卿等必将承望风旨而言矣。此等大事，议须至公，方有当于理耳。”

本日起居注官库勒纳、胡会恩。

初九日壬午 早，上由东华门出朝阳门，诣大行太皇太后殡宫前，早午二次上食时，上率扈从王、贝勒、贝子、公、大臣、侍卫举哀。

未时，上由朝阳门进东华门，回乾清门内偏殿。

顷之，上御乾清门，召大学士、学士、九卿、詹事、科、道，及总督董讷，总河靳辅，巡抚于成龙，原任尚书佛伦、熊一潇，原任给事中达奇纳、赵吉士入。工部尚书李天馥奏曰：“臣等问靳辅、于成龙二人，皆坚执前说，与昨天所奏无异。臣等公同酌议，下河当开，重堤当止。”上问九卿曰：“尔等众议意见若何？”九卿公奏曰：“若再筑重堤，则高加堰内外受水，恐不能坚固。”

上问：“董讷云何？”董讷奏曰：“现今河堤不至大决，运道亦未有坏，则上河似不必更张。但雇募夫役，则海口不难开浚。若欲将上河更张，治之不得其法，恐堤岸冲决，并妨运道。”

上问靳辅曰：“尔有所陈奏否？”靳辅奏曰：“涸出地亩皆属无主之田，屯田未始妨民。”上曰：“地亩皆有业主，屯田累民已不待言。尔所筑重堤之意为何？”靳辅奏曰：“若塞高加堰滚水坝，恐不胜风涛，故仍留滚水坝，修筑重堤，使水由中流耳。”

上问于成龙。于成龙奏曰：“修高加堰是靳辅分内事，为何又筑重堤，糜费钱粮？”

上问：“佛伦云何？”佛伦奏曰：“下河丁溪、草堰两口子，前经董讷等会议停止开浚。臣等至彼公议时，董讷等云开浚下河，派夫累民。臣意皇上欲救者此七州、县之民，今派夫受累者亦此七州、县之民，故臣等公议停工。今众人俱谓高加堰重堤应停，其修筑下河仍应开浚，想众论自然允当耳。”上曰：“尔当日看河时，何以不主此说耶？”佛伦免冠叩首。

上又问：“熊一潇云何？”熊一潇奏曰：“臣当日曾云，宜修高加堰，停筑重堤。”上曰：“尔昨云病不能看河，又云曾说高加堰宜修，前后何其矛盾耶？朕于十八年曾有旨饬谕，凡为臣子者同寅协恭，自古皆然。今各部院办理事务，大小汉官，凡事推诿满官。事之得当，则归功于己，如事失宜，则卸过于人。至于入署不待事毕，诿于满官，祇图早归宴会嬉游，不为国家尽力担当，料理公务。自此以后各宜协力同心，务尽厥职，不可仍前推诿。至科、道各官，平日章奏内将一二可行之事，隐附私情，希图作弊。凡有条议，鲜非无因。阅览奏疏，多以己为至公至廉，其嘱托公事，肆行妄为，外播威势，挟制多端，地方督、抚等官莫不畏惧，小民困苦未必不由于此。尔当日奉差看河，为国家公务，身为大臣，何所畏而不言明？明不肯实心任事，借病推诿，希图脱卸己罪。此尚得谓之大臣耶？陈名夏、刘正宗二人之事可鉴。此事今若论罪，则首当置之于法者，即尔也。”熊一潇战栗无措，惟免冠叩首而已。

上问靳辅曰：“开浚下河，则水有所泄，七州、县民田自无水患矣。”靳辅奏曰：“开下河止可泄些小之水，无所裨益，且恐有海水倒灌之患。”上曰：“尔今日所奏，异日便有对据，终难掩饰。如尔之言，将谓下河成功，竟不能泄上河之水耶？”靳辅奏曰：“正二三月间，雨水稀少，犹可泄几分，若至六七月以后，水发时，仍然淹没，不能泄也。”于成龙奏曰：“今下河开处，现在流通，岂不能泄水？靳辅若果将河工钱粮尽数用在河上，则堤岸坚固，何患冲决？今见其各属夺人妻子，占人房屋，怨声载道，现有被参者矣。”董讷奏曰：“臣所参丁理曾有此事。”

上顾九卿曰：“靳辅举行屯田之事，因取民余田，故小民实皆嗟怨，此在靳辅，当亦无可置辨耳。”九卿奏曰：“圣见极当。”靳辅奏曰：“向者河道大坏，处处冲决，民田已尽被水淹。自臣任总河，将决口堵闭，两旁筑堤，仰赖皇上福庇，比年以来，河流故道，无有冲决之患。是以数年水没之民田，尽皆涸出。臣意将民间原纳租税之额田给与本主，而以余出之田作为屯田，抵补河工上所用钱粮。因属吏奉行不善，民怨是实，此处臣无可置辨，惟候皇上处分。至丁理虽经参劾，而虚实未定，亦还待质审。”

上问靳辅曰：“重堤已筑几何？”靳辅奏曰：“有四分矣。”上曰：“重堤如果有裨益，则尔治河已久，何为不早筑耶！”靳辅奏曰：“臣向者亦未得此策。自去岁入京时，蒙皇上谕云，上下河本属相关，下河之水皆从上河流去，必须探求原本。臣仰见皇上洞悉泝流穷源之意，遂中心识之，思维不已，得此筑重堤之策，因以奏闻。”

上问九卿曰：“海口淤塞，起自何年？”王日藻等奏曰：“想从明时淤塞至今，臣等未能明晓。”上复以问靳辅。靳辅奏曰：“臣亦不知，但据土人云，从明季隆庆年淤塞至今。每海潮来一次，即增一叶厚之沙，故渐致壅塞。”上曰：“尔云海潮每至一次，即增一叶厚之沙，此言甚属虚妄。凡河内遇海潮来时，水壅逆流，及潮退则壅积之水其流甚疾，即微有停蓄之物，亦顺流刷去，尚何沙之存积耶？大抵所开河道久历年所，两岸堤土为雨水倾塌，则河底渐淤，此势所必至。即如近水地亩，或以倾塌成河，河内或以沙滩成地，此岂因海潮灌注而然耶？”上复问靳辅曰：“据尔言开浚海口，海水必将倒入。将来海口一开，便有成验，朕记尔今日之言，留为后日之据。”靳辅奏曰：“若开海口，则海水必然倒灌。海水甚咸，易坏田亩。”上顾九卿曰：“海水必无倒注之理，但潮来则河水退入耳，究之退入亦不甚远，潮去则河水亦去。如天津卫亦有海口，曾无咸水倒入。即庙湾海口甚宽，几见有海水为患耶？海水倒灌之说，祇可以绐愚人，明理者断不为所惑也。”九卿奏曰：“诚如圣谕。”

于成龙奏曰：“靳辅即派柳枝一事，实属累民。”靳辅奏曰：“臣初任总河时，未有栽种杨柳，而堵塞各口需柳甚多，故于山东、河南给发价值，派取柳枝。今河上两岸植柳，皆已长成，并无派取之处。”上问于成龙曰：“河上两岸所有柳枝尔见之乎？尔当日曾至何处？”于成龙奏曰：“臣见宿迁一带稍有柳枝。山东等省派取者甚多，而所用甚少。”靳辅奏曰：“柳枝不用于河上，将用于何地？所用柳枝皆在皇上洞鉴中也。”上复以问董讷。董讷沉思良久奏曰：“臣见宿迁、安东俱有小柳，然亦不多。”上顾九卿曰：“伊等俱未细阅，不过依傍人言。朕南巡时，亲见黄河南北两岸，皆有柳枝。”大学士伊桑阿及九卿等奏曰：“难逃圣鉴。”

上问于成龙曰："减水坝可塞乎？塞减水坝以开海口，河堤可不冲决乎？"于成龙奏曰："不能保其不决。臣于上河实未明晓，焉敢妄对？若靳辅治河，诚如圣谕，早已成功。今数年以来，河道尽为靳辅所坏矣。"上问于成龙曰："河道所坏何处？"于成龙奏曰："靳辅自任总河，偏听陈潢之言，山东、河南省分科派柳枝，至数年以后，始给价值，累民实甚，谁不知之？"靳辅奏曰："于成龙全然不谙河务，妄行议论，惟候皇上睿鉴。"

上又问曰："上河之水安能放入下河？朕熟思再三，除是建闸，将黄水先蓄而后可放耳。"于成龙奏曰："靳辅自有诡计放水，臣不能知。若其计为人所觉，则不得放矣。"上曰："如此大要处，不能明悉，安可妄议耶？"

上又问于成龙曰："尔曾言崔维雅治河之论可行，果可行乎？"于成龙奏曰："臣曾言其可行。"上复问："何者可行？"于成龙奏曰："崔维雅之论可行，但闻人言如此，臣实未甚明晓。"上复问："汉九卿云何？"工部尚书李天馥奏曰："崔维雅有治河一书，臣实未看。"兵部尚书张玉书奏曰："臣虽看过，不甚明晰。"吏部尚书陈廷敬等奏曰："臣等俱未深知。"上曰："朕于河务留心甚久，崔维雅治河书亦皆细阅，其势必不能行。即彼所云，自萧家渡直开至清口，日用夫七万，期于五旬告成。朕思夫役安得如许之多？即夫役可得，而饮食之类从何运济？凡立说贵乎持平，要在当理。于成龙谓崔维雅治河之说可行，则于理难通，朕未之信也。"于成龙免冠叩首，奏曰："是臣愚昧处。"

上复问郭琇曰："尔意云何？"郭琇奏曰："自古治河无善策。靳辅听信陈潢，糜费钱粮，治河无效，今应遣贤能大臣亲历其地，访问土著之民。"上曰："土著之言亦不足为据。如泗州与扬州接壤，其土人往往潜掘水岸，互相放水。是便于此，即不便于彼。若访问土民，伊等不过就其便己者言之，岂肯言不便之事？尔云访问，将问此乎？抑问彼乎？即直隶霸州地界相连处，民间往往争讼。凡议论期于合理，若于理未合，则能言而不能行，终无补也。"九卿等奏曰："圣见极当。"上曰："继靳辅而治河者，须不用减水坝，不保题官员，不派民夫，而河道又较胜于今日。

如此则朕方心许矣。”因命董讷等出。

赵吉士复自怀中出疏稿面奏。兵部尚书阿兰泰等奏曰：“赵吉士已经有罪革职，何得渎奏？”上曰：“姑听其所奏。”赵吉士奏曰：“当日董讷、慕天颜、田雯等会题，皆云重堤宜筑，海口宜停。九卿会议，亦照督、抚题覆。至于成龙始云重堤不可筑，下河必当开。皇上命臣等看河，会议时，董讷等并无异说，今忽改议。臣原云，重堤束水未尝不是，若塞滚水坝，关系非小。佛伦主筑月堤，似属可行。但臣尚有未尽之言，列于疏内。至海口淤塞，由串场河未浚之故耳。”上命都御史马齐收疏，令赵吉士出。

上谓九卿曰：“屯田害民，朕已洞悉。各省民田，未有不溢于纳粮之额数。若以余田作屯，按亩定额，岂不大扰民乎？屯田断无行理，无可复议。至下河作何开浚？重堤应否停筑？尔等必须公同详酌，确议来奏。”九卿等出。

上顾大学士等曰：“于成龙亦未洞悉河务，朕以其为直隶巡抚颇优，故未深难耳。总之，有治人，无治法，只在实心以任事，若徒以口舌争辨，亦何济乎？”伊桑阿奏曰：“诚如圣谕。”

本日起居注官库勒纳、蔡升元。

初十日癸未 辰时，上御乾清门听政。部院各衙门官员面奏毕，大学士伊桑阿，学士凯音布、赵山、石文桂、拜礼、阿喇密、王封溁、朱都纳以折本请旨。吏部题钦天监监副李光洪革职员缺，以冬官正何君锡拟补。上曰：“朕曾召何君锡至宫，推算日食分数，伊混将旧历法推算应食三分妄奏。朕于新旧历法无不洞悉，知其谬误，故遣人于各处测验。往例日食二分者应不启奏，后果未有奏日食者。以此知其不堪。这员缺另拟具奏。”

又兵部题正黄旗汉军参领拖沙喇哈番戴哈照不谨例革职。上曰：“戴哈甚属不端，革去参领，其本旗之人必为愉快。”大学士伊桑阿奏曰：“实为愉快。”上曰：“戴哈虽所行不端，但其父效力所得之拖沙喇哈番仍留与伊。且其人尚健，着交与领侍卫内大臣酌用。”

上又曰：“河工事诸臣所议若何？”伊桑阿奏曰：“所议者似与皇上谕旨略合。”上曰：“若不縻费钱粮，而能疏通深浚河道者，朕乃心允，如此果能乎？至于穷诘河工之人，即视为仇敌，如直隶巡抚于成龙，朕岂不能穷诘？但成龙在地方居官颇优。朕凡事但据理持平，岂顾此辈情面乎？况专擅之人，近经黜革，岂更令其专擅乎？然自顺治元年以来，专擅之人虽经黜革，踵故辙者未尝断绝也。”

巳时，上诣皇太后宫问安。

本日起居注官田喜霱、洪俄岱。

十一日甲申 辰时，上御乾清门，听部院各衙门官员面奏政事。

本日起居注官博济、彭孙遹。

十二日乙酉 辰时，上御乾清门听政。部院各衙门官员面奏毕，九卿等公议，下河海口宜开，高堰重堤停筑，各减水闸坝留其紧要者，塞其不紧要者，俟海口开通后，各闸坝应塞之处再议，以折子启奏。上顾九卿等问曰："各闸坝中孰为紧要者，孰为不紧要者？"礼部尚书麻尔图等奏曰："臣等原不知河道，不过听伊等口陈，并看所绘河图，以臣等愚意悬揣而已。"

上曰："河工一事，汉官有能担任者否？"兵部尚书张玉书奏曰："此事诚难。"上复问："科、道官云何？"科、道推诿良久，给事中杨尔淑始奏曰："臣有一言，目今在下河者祇顾下河，在上河者祇顾上河，彼此推卸，究难成功。以臣愚见，莫若专任一人，方可责以成功。"上又问："郭琇以为何如？"琇奏曰："河工一事，皇上虽发九卿会议，但九卿都不知其详，不能悬揣。靳辅身为总河十余年，理应事事熟悉。今靳辅身边时带档子一包，凡有问难，惟凭稽察档案，可知平时单倚陈潢，原未留心河务。靳辅亦非无才之人，若肯实心任事，河工岂有不成之理？只因他将河工钱粮分送与人，又与陈潢分用，始终为私，所以致此。"

上曰："议处伊等之事如何？"麻尔图等奏曰："此案共有七疏，昨日始得抄完。臣等以为孙在丰、慕天颜指日到京，俟二人到时，问明再议。"上曰："孙在丰、慕天颜何必等候。董讷、慕天颜、孙在丰等身为大臣，凡有所见，即当题明。伊等于事前并不题参，乃于别人参奏之后，始行具陈。且今日之言如此，明日又复如彼，全无定见，可谓大臣乎？此真妇人不如，岂不愧死！今下河海口应行挑浚，其各闸坝俟海口挑完，或塞或留，方可定夺。”九卿等出。

大学士伊桑阿、王熙，学士齐穑、凯音布、赵山、石文桂、拜礼、阿喇密、王封溁、朱都纳会同礼部侍郎、管翰林院事库勒纳，以日讲起居注官德格勒、朱都纳二缺，将侍读思格则等四人具折启奏。上曰：“思格则、达苏喀俱着以原衔充日讲起居注官。”库勒纳出。

大学士、学士等以折本请旨。兵部题浙江黄岩总兵官林本植丁忧员缺，或开列副将，或开列参领请旨。上曰：“黄岩地方关系紧要，这员缺着将真定总兵官赵弘灿调补。”

又刑部等衙门题差侍郎色楞格往审原任巡抚张汧、原任道官祖泽深，不将实情审出，反受张汧、祖泽深嘱托，违悖旨意，消灭事情。及上问时，反云甘受诛戮，谎奏缘由。将色楞格拟斩监候，秋后处决。郎中对兰枷号两月，鞭一百。刘始恢佥妻流徙三千里，至配所责四十板。原任湖广巡抚张汧、原任道官祖泽深藐法受贿，俱拟绞监候。总督徐国相与巡抚张汧同城，不行参奏，应革职。其保举张汧升布政使者为升任大学士梁清标、尚书熊一潇，保举升巡抚者为户部侍郎王遵训、内阁学士卢琦、大理寺寺丞任辰旦，俱应革职。上曰：“色楞格原有甘受诛戮之言，张汧、祖泽深皆系贪官，俱着依议完结。至保举张汧之官，俱议革职，似无分别。张汧事犯于巡抚任内，其保举为巡抚者俱着革职；其保举为布政使者，着从宽免革职，俱降三级留任。对兰鞭责枷号、刘始恢流徙从宽免，着革职。余依议。”

本日起居注官戴通、王尹方。

十三日丙戌 辰时，上御乾清门，听部院各衙门官员面奏政事。

本日起居注官库勒纳、熊赐瓒。

十四日丁亥 早，上由东华门出朝阳门，诣大行太皇太后梓宫前，早午二次上食时，上率扈从诸王、贝勒、贝子、公、大臣、侍卫举哀。

未时，上由朝阳门进东华门，回乾清门内偏殿。

扈从起居注官库勒纳、戴通。

十五日戊子 辰时，上御乾清门听政。部院各衙门官员面奏毕，大学士伊桑阿、王熙、梁清标，学士凯音布、赵山、石文桂、拜礼、阿喇密、王封溁、朱都纳、萨木哈以折本请旨。刑部题苏楞格打死驿夫李世辅，拟绞监候，秋后处决。上曰："盛京、宁古塔一带驿递过往官员人等，多索车辆马匹，殴打荼毒驿站人役者甚多。以后仍有如此骚扰驿站者，即令管驿站官员申报该部。如该管驿站官员徇情不行申报，事发之时，将管驿站官员一并治罪之处，着兵部定例具奏。此事依议完结。"

本日起居注官博济、徐嘉炎。

十六日己丑　辰时，上御乾清门，听部院各衙门官员面奏政事。

本日起居注官达苏喀、汪霦。

十七日庚寅　辰时，上御乾清门听政。部院各衙门官员面奏毕，川陕总督葛思泰陛辞，近前奏曰："臣于本月十九日启行，伏候皇上教训。"上问曰："尔有所陈奏否？"葛思泰奏曰："臣未到地方，诸事尚未及知，不敢妄奏。俟到任后，应行应革事件，访见确实，自当陈奏。"上曰："此两省地方宁静已久，亦无事更张。尔到地方时，务正己率下，使属吏有所效法，乃为称职。"葛思泰奏曰："臣至微极贱，蒙皇上擢为大臣。前者被参，复蒙皇上宽宥，不加处分，今又授以两省总督重任。皇上屡施浩荡之恩，臣并无图报，惟有谨遵谕旨，洁己率属，激劝良吏，惩戒不肖，裨益地方，爱养百姓，仰答洪恩于万一耳。臣更有所奏者，凡外任之官，寻常日用若云皆取给于家中，是欺君矣，臣不敢不以实情上告。闻各省总督、提镇每将所带家兵，充入兵数，借口粮以为用度。若系侵欺军饷之事，断不可行。臣到彼处，欲以所带家丁量编数名充伍，以资日用，不敢丝毫妄取馈遗。臣于皇上之前，何敢欺隐？今特奏明。又臣孤踪微贱，屡荷皇上优擢，欲报圣恩，凡与会议及本衙门事，常自出己见尽言者多，往往开怨于人。在京时仰赖皇上，今陛辞远离，犬马恋主之诚，不胜依切。"遂免冠叩首。上颔之。葛思泰出。

大学士伊桑阿、王熙、梁清标，学士齐穑、凯音布、赵山、石文桂、拜礼、阿喇密、王封溁、朱都纳、萨木哈以折本请旨。户部覆原任总漕慕天颜题，康熙十三年至十七年带征漕项银两米麦，应行豁免。十八年以后，应分年带征。议不准行。上曰："康熙十七年以前所欠漕项银两米麦，俱着蠲免。余依议。"

是日，赐川陕总督葛思泰鞍马、撒袋、弓箭、披领。

巳时，上诣皇太后宫问安。

本日起居注官戴通、顾藻。

十八日辛卯 是日，部院各衙门本章俱交送内阁。

本日起居注官思格则、蔡升元。

十九日壬辰 辰时，上御乾清门听政。部院各衙门官员面奏毕，大学士伊桑阿、王熙、梁清标，学士凯音布、赵山、石文桂、拜礼、阿喇密、王封溁、朱都纳、萨木哈以折本请旨。吏部题为光禄寺正卿伊图升任员缺，以督捕理事官马朗古拟正，翰林院侍读学士邬黑拟陪。上曰："马朗古、邬黑才品不及，这员缺着另拟具奏。马朗古着以原品解任。"

又题为湖广总督徐国相革职员缺，或将满洲开列，或将汉军、汉人开列请旨。上曰："此总督之缺无用，应裁去。"大学士王熙奏曰："此省既有两巡抚，则总督之缺宜裁。圣见甚当。"

又兵部题为真定总兵官赵弘灿调补员缺，或将现任副将开列，或将参领开列请旨。上曰："这总兵官员缺着裁去，作何分管地方、裁减兵数，该抚会同天津、宣府总兵官确议具奏。"

本日起居注官思格则、冯云骕。

二十日癸巳 早，上由东华门出朝阳门，诣大行太皇太后梓宫前，早午二次上食时，上率扈从诸王、贝勒、贝子、公、大臣、侍卫举哀。

未时，上由朝阳门进东华门，回乾清门内偏殿。

扈从起居注官库勒纳、博济。

二十一日甲午 辰时，上御乾清门听政。部院各衙门官员面奏毕，大学士伊桑阿、王熙、梁清标，学士凯音布、赵山、石文桂、拜礼、阿喇密、王封溁、朱都纳、萨木哈以折本请旨。议政王会议左都御史马齐条奏，差往俄罗斯大臣应不分满汉，应如所请差往。其应遣汉军、汉人大臣、官员职名，着吏部开列具奏。上顾大学士等曰："尔等之意若何？"大学士伊桑阿奏曰："满汉皆属一体，似应差遣。"上曰："这所议甚是。其应遣官员，着九卿拟出具奏。"

本日起居注官戴通、陆肯堂。

二十二日乙未　辰时，上御乾清门，听部院各衙门官员面奏政事。

本日起居注官田喜霅、洪俄岱。

二十三日丙申　辰时，上御乾清门听政。部院各衙门官员面奏毕，大学士伊桑阿、王熙、梁清标，学士凯音布、赵山、石文桂、拜礼、王封溁、阿喇密、朱都纳、萨木哈、彭孙遹以折本请旨。原任銮仪卫銮仪使赵良栋陛见事。上曰："赵良栋操履廉洁，著绩封疆之臣，今来见回籍，着引见，以示优眷。该部知道。"

又谕大学士等曰："目今少旱。又钦天监奏称，四月初一日食过甚，或有应行应革之事，着九卿、詹事、掌印不掌印科、道会议面奏。"

本日起居注官博济、王尹方。

二十四日丁酉　辰时，上御乾清门听政。部院各衙门官员面奏毕，九卿、詹事、科、道进前，礼部尚书麻尔图奏曰："臣等昨者遵谕旨公议，谓皇上功德超越从古帝王，大孝至仁，皆诚意笃行，总理庶务无不合于理道。轸念小民，务期蠲免赈赉，以沾实惠。圣上数年将各省加恩蠲免，其加恩之厚者，昨年奉旨蠲免江南、陕西等省钱粮八百万有奇。且漕粮挂欠旧例不蠲，今奉旨轸恤运丁，将历年所欠概行蠲免。如此大施实惠，亘古罕有。又以刑名为要务，每年遣大臣审理，稍有可矜可疑处，无不从宽。其关乎人命者，必曲求一线生路，以为宽释，此皇上好生之至意也。至日蚀载在历法，人可推算而知。以此看来，皆有一定之理，况从古亦有日蚀之事。闻江南、江北雨水俱已调和。山东、河南等省不为甚旱。陕西潼关以外，二月二十间，雨雪沾足，今正值三月，尚不谓之违时。臣等浅陋，仰遵皇上教训，欣逢盛世太平之时，复蒙皇上虚衷下问，若少有愚见，安敢不陈于君父之前？实无可奏请。今大小臣工之意皆如此。"上曰："知道了。"九卿出。

大学士伊桑阿、王熙、梁清标，学士凯音布、赵山、石文桂、拜礼、阿喇密、王封溁、朱都纳、萨木哈、彭孙遹以折本请旨。九卿会议河工事，将总河靳辅革职，枷号两月，鞭一百，不准折赎。尚书佛伦、熊一潇，给事中达奇纳，侍郎孙在丰，两江总督董讷，总漕慕天颜俱应革职。陈潢应革去职衔，责四十板，流徙三千里。给事中赵吉士缘另案已经革职，应无容议。上顾学士等问曰："此议尔等之意若何？"赵山、阿喇密等奏曰："靳辅等身为大臣，不将此事从公据理而言，皆怀私意，各偏执己见，不合。如此处分，亦不为重。"上顾问大学士等。伊桑阿奏曰："九卿之议似觉允当。"王熙奏曰："靳辅欲开屯田，其说甚非。慕天颜、董讷等公议此事，既已画题，后又云原非本意，殊失大臣之体。今九卿所议各官处分，似觉咸当。"上曰："南方之地有大亩，有小亩，有二亩算一亩者。靳辅启奏欲将丈出余田为屯田，甚不当。靳辅任河工年久，人皆云河道甚坏于靳辅之手，以至河底上淤。如果河底上淤，则堤岸即洼下矣，堤岸何能犹存？粮艘又何能运行而无误乎？朕则不信。今若不俟继用之人治河，即将靳辅置之重典，倘继用之人修理河道，仍不甚善，犹然如旧，则靳辅不心服矣。今若有人顺靳辅而言，又恐议为靳辅之党，谁复敢言？朕则不然，惟求合理而已。俟继用之人治六七年后，再定之。"伊桑阿奏曰："皇上圣谕诚然。若继用之人果能治河，而无水息，靳辅夫复何辞！"上曰："凡为臣者怀挟私意，互相陷害，自古有之。不但汉官蹈此习俗，为陷害之事，虽满洲大臣亦行此陷害之事。凡为臣者应竭诚秉公，变此习俗。"伊桑阿奏曰："谕旨诚是。"上曰："此案着将靳辅革职。至佛伦任工部时极其勤劳，凡奉差遣亦能胜任，但此事所议无甚佳处。赵山、阿喇密尔等曾为佛伦司官，尔等看来如何？"赵山奏曰："佛伦在部勤劳，臣等奴仆行事，安能逃于圣鉴？"阿喇密奏曰："佛伦曾为臣上司，为皇上尽心办理，如此等人亦少。"上曰："然。佛伦仍算勤慎中人，何以此事遂舛错至此？"又顾大学士等曰："佛伦着留佐领，以原品随旗行走。董讷、孙在丰在翰林院时颇优，从宽免革职，降五级，仍以翰林官用。熊一潇极其庸劣，慕天颜居官不善，俱着依议革职。达奇纳着降五级，随旗行走。赵吉士极其鄙陋不端之人，着依议。陈潢着革去职衔，解京监候。余依议。"

又兵部题原任三屯营副将今升台湾总兵官王化行将无用火药不行详查，应降一级调用。上曰："王化行在行间曾委实效力，免降一级调用，着罚俸一年。"

巳时，上由东华门出朝阳门，居于大行太皇太后殡宫之侧。日中晚刻二次上食时，上率扈从王、贝勒、贝子、公、大臣、侍卫举哀。

本日起居注官库勒纳、熊赐瓒。

二十五日戊戌　早，上于大行太皇太后殡宫前，以三月礼致祭举哀，诸王、贝勒、贝子、公、大臣、侍卫、三品以上官员，及公主、王妃以下，一品以上官员之妻，齐集举哀。

是日，上由朝阳门进东华门，回乾清门内偏殿。

扈从起居注官库勒纳、思格则。

二十六日己亥　辰时，上御乾清门听政。部院各衙门官员面奏毕，大学士伊桑阿、王熙、梁清标，学士凯音布、赵山、石文柱、拜礼、阿喇密、王封溁、朱都纳、萨木哈、彭孙遹以折本请旨。九卿会推往罗刹兵部尚书张玉书、吏部侍郎张鹏、刑部侍郎王国安、给事中何金蔺、监察御史王承祐等。上曰："张玉书向在内庭行走，其人秉质极弱，朕素知之，难以远行。朕观督捕理事官张鹏翮年少，且通满语。兵科给事中陈世安亦年少。此二人着差往。余皆免差。"

是日，策天下贡士范光阳等一百四十六人于太和门。

本日起居注官戴通、徐嘉炎。

二十七日庚子　辰时，上御乾清门听政。部院各衙门官员面奏毕，户部侍郎凯音布为往修河工陛辞，求皇上谕旨。上曰："前已具有谕旨，不必再谕。今春微旱，夏间雨水必多。"凯音布奏曰："臣前往，即速行修理。孙在丰来京，臣必于途中相遇，遇时或臣即带伊同往，或令其至京，再行咨部。"上曰："尔欲与孙在丰同往耶？同去果有益乎？"凯音布奏曰："彼处所留皆属微员，臣所奏事，宜同孙在丰将伊修理之处公同详看，所以欲同彼往。"上曰："尔即同孙在丰去。"

本日起居注官博济、胡会恩。

二十八日辛丑　辰时，上御乾清门，听部院各衙门官员面奏政事。

巳时，上诣皇太后宫问安。

酉时，上御乾清宫东厢便殿殿试。读卷官大学士伊桑阿等将策试天下贡士卷选择十卷进呈，面奏请旨定夺。上曰："十卷内有查嗣韩卷，尔等知之否？"大学士梁清标等奏曰："不知。"上曰："查嗣韩以五经特授举人，朕曾见其墨卷，以此知之。”遂拆卷，第五卷果查嗣韩也。大学士等叹服。

上顾大学士等曰：“诸卷皆佳。”大学士梁清标等奏曰：“臣等愚昧拟呈，还望皇上睿鉴。”上曰：“尔等十数人公阅三日，谅已精详，朕一刻间，岂能鉴别？”大学士梁清标、学士王封溁奏曰：“皇上天纵圣明，远迈寻常万万。臣等即阅十日，亦不如皇上一刻之精详。”上曰：“所拟第一卷丘升何如？”大学士梁清标、尚书李天馥奏曰：“文极条达，字亦精工。”上顾记注官汪霦曰：“尔同乡，知其人否？中何年乡试？”汪霦奏曰：“臣素识其人，颇有才名，系丁卯科举人。”上曰：“第二卷沈廷文策较胜。”梁清标等奏曰：“圣谕诚然。臣等以丘升卷字画端楷，故拟第一。”上曰：“试日风甚大，第一卷无一懈笔，可嘉，第其文不若次卷之警拔耳。”上顾汪霦曰：“此亦尔同乡，知之否？”汪霦奏曰：“臣未识其人，然闻是谙修之士？”上顾大学士等曰：“殿试虽兼重字，然毕竟以文为主。”又顾张英曰：“第三卷范光阳是会元否？”张英奏曰：“是会元。”上曰：“此卷文亦胜于第一卷。”梁清标等奏曰：“与第二卷不相上下。”上顾汪霦曰：“范光阳为人何如？是世家否？”汪霦奏曰：“家世臣不知。其人是老成宿学。”上曰：“第四卷何如？”陈廷敬奏曰：“臣读制策，甚有深意，孝廉二字最宜重发，此卷得之。”上顾大学士等曰：“第五卷查嗣韩文何如？”梁清标等奏曰：“文甚佳，只以错落四字，不敢置前三卷。”翁叔元奏曰：“若以文论，查嗣韩尤胜。”张英奏曰：“即所错二字亦系行笔偶误。”上曰：“文果胜前数卷，即行笔小有错落，似亦无碍。”顾汪霦曰：“查嗣韩时文朕所见，外间以彼为何如？”汪霦奏曰：“人皆服其精敏。”上曰：“能作古文否？”汪霦奏曰：“能作。”上曰：“年几何？”汪霦奏曰：“四十余矣。”上曰：“此前后甚有关系。”因取五卷细阅，久之，顾大学士等曰：“第二卷文气好，可第一。第五卷虽有错落，然条对精详，可第二。尔等以为何如？”梁清标等奏曰：“圣见极当。”上曰：“范光阳文甚佳，只三名皆浙江，奈何？”梁清标等奏曰：“第四卷何名？”上曰：“张豫章。”梁清标等奏曰：“此非浙江人。”上曰：“即以张豫章置第三，范光阳二甲第一，丘升二甲第二。”

大学士伊桑阿等以凌绍雯卷翻有清字进呈请旨。上命张英读汉文毕，亲阅清书。顾汪霦曰：“尔知其人否？平素何如？何以能清书？”汪霦奏曰：“臣乡有驻防满洲，凌绍雯曾教读旗下，故习清书。人亦谨饬。”上顾大学士等曰：“此卷较前数卷何如？”梁清标奏曰：“文甚平，不如前数卷，想因留清书地耳。”上顾伊桑阿曰：“伊所翻清书尚有汉人语气，然庶吉士须教习清书，可置之二甲末。”伊桑阿奏曰：“二甲应用几何？”上曰：“旧例何如？”翁叔元奏曰：“有四十名者，有五十名者。”上顾伊桑阿曰：“用四十名。”顾汪霦曰：“尔何甲进士？”汪霦奏曰：“二甲。”上曰：“乡会试第几？”汪霦奏曰：“会试二十三名。乡试三名。”上曰：“尔由庶吉士升授乎？”汪霦奏曰：“臣初任行人，后以荐举，御试改授编修，升今职。”上曰：“何人荐举？”汪霦奏曰：“原任詹事沈荃。”上顾大学士等曰：“尔等向来知其人否？”梁清标奏曰：“臣等素知其人，学问优长。”上顾大学士等曰：“诸卷中有极不通者否？”梁清标奏曰：“无大不通者，但有浅率肤庸数卷，已置三甲之末矣。此外，尚有四卷违式例，亦置三甲。”上顾伊桑阿等曰：“出榜后仍将各卷一并缴入，朕万几之暇尚欲一一省览。”大学士等出。

本日起居注官思格则、汪霦。

二十九日壬寅　早，传胪于太和门前，赐贡士沈廷文、查嗣韩、张豫章一甲进士及第，范光阳等四十人二甲进士出身，陈于豫等一百三人三甲同进士出身。

辰时，上御乾清门听政。部院各衙门官员面奏毕，甘肃巡抚伊图近前奏曰：“臣于四月初八日起程赴任，求皇上谕旨。”上曰：“尔有所陈奏否？”伊图奏曰：“臣未到地方，不敢冒奏，惟祈皇上指训。”上曰：“陕西一省凡事宁静已久。去岁又蠲免钱粮，想民生更为乐业。尔到地方，当洁己率属，修守成例，若纷更一次，则民受一次之累。如有甚不便民之处，方可更改。”伊图奏曰：“皇上训谕诚然，臣谨记竭力遵行。”奏毕出。

本日起居注官戴通、冯云骕。

四　月

初一日癸卯　是日，兵部尚书张玉书、刑部尚书图纳、都察院左都御史马奇奉上谕："前李光地曾奏德格勒、徐元梦所学甚博，作文甚优，汉官亦不能及。德格勒并善占易卦。后德格勒又奏，熊赐瓒所学甚浅，非可用之人；李光地若用为总督、提督，令同伊母赴任，彼方肯来，若用于别任，必不来也。因其彼此互相陈奏，朕欲辨别真伪优劣，特将陈廷敬、徐乾学、汤斌、德格勒、徐元梦等考试，遣侍卫等监考。彼时，德格勒即高声哭诉，有我不能作文，祈赐宽宥之语。迨阅伊等所作文章时，汤斌见德格勒之文大笑，至口鼻涎涕交流，将所持文章坠失于地。奏云：臣因彼所写辞语毫无文气，不禁大笑，甚属失礼。后将伊等所作文章发出乾清门，与众汉官看阅，汤斌闭目不视，且云：适我不得已而笑。汤斌固自笑，岂朕使之笑耶？汤斌前之所笑何意？后称不得已而笑又何意？汤斌前在江宁居官有声，朕亦甚加优遇。且彼尝自以为道学，如果系道学，惟以忠诚为本，岂在君前作一等语，退后又作一等语哉！近又闻有人言，德格勒被左右之人诬陷，冤枉坐罪。何其妄耶！今德格勒现存，伊等所作之文具在，尔等可持出询问当日与考之人，曾看阅德格勒之文与否？如云看阅，岂有不能略记一二语之理。九卿、詹事、科、道官亦令同看。九卿等必有公论，李光地更有何言？尔等可传朕旨谕。"

九卿诸臣详问李光地。随传问陈廷敬、徐乾学及大学士王熙、学士彭孙遹等，曾见德格勒试卷，略记其文字梗概否？皆云，记其文中有老母在家等语，全非作文之体。因将德格勒及陈廷敬等试卷令九卿、詹事、科、道各官及李光地看阅。汉九卿、詹事、科、道诸臣皆言，德格勒所作文章，不惟与题目不符，且辞语殊甚粗鄙，毫无文气。陈廷敬、徐乾学又言，考试之日，德格勒云，我不能作文，求宽宥。我曾经哭诉恳求等语。李光地称，德格勒为人狂妄，且所学甚劣，其所作文章全无文气。诸臣随问李光地：既称德格勒狂妄，所学甚劣，反在皇上前奏德格勒学问甚博，文章甚优，汉官亦不能及，且善占易卦，是属何意？李光地供：此皆系我识人不明，交友不慎所致。又问李光地云，尔在皇上前奏人贤否，关系甚重。据称德格勒为人狂妄，所学甚劣，既知如此，自应据实陈奏，乃反将狂妄陋劣之人妄行举奏。且德格勒又称尔应于总督等官任用。是不与尔等同党者，即行诽谤陷害，同党者即交相赞美。欺罔陈奏之处，显然昭著矣！李光地供：我妄奏是实，此皆系我之罪，更无辩处。臣等公议，德格勒所作之文现在，李光地亦自认妄奏，应交与该部严察议处。张玉书、图纳、马奇入奏。随奉上谕："李光地先奏德格勒所学甚博，文章甚优，亦善占易卦。德格勒又称李光地若以总督、提督任用，令同伊母赴任则来，若于别处任用，必不肯来。因伊等互相陈奏，朕欲辩其真伪优劣，特加考试。迨将德格勒治罪，又有称德格勒被朕左右之人诬陷，冤枉坐罪者。今德格勒活口尚在，李光地亦至。朕欲明白此事，故令询问。李光地既自认妄奏，同考之人又将德格勒不能作文恳求之处供出。九卿、詹事、科、道等官并李光地俱称，德格勒所作之文，全无文气，甚属陋劣。事已昭著，应将李光地治罪，但李光地前为学士时，凡议事不委顺从人。台湾之役，众人皆谓不可取，独李光地以为必可取。此其所长。除妄奏德格勒外，亦别无如此启奏之事，姑从宽免其治罪，令仍为学士。嗣后勿再妄冀外任，并希图回籍。宜痛加省改，勉力尽职。尔等可于九卿、詹事、科、道官员前，将李光地严行申饬。"

本日起居注官库勒纳、陆肯堂。

初二日甲辰　辰时，上御乾清门听政。部院各衙门官员面奏毕，九卿进前，尚书李天馥奏曰："中河工程告竣一事，臣等议得：靳辅已经去任，王新命补授总河，所开中河，果否可以永通漕运，遥堤应否加修，及所用钱粮一并交与新任总河，逐一查明详议，具题到日再议。"上曰："粮船由中河有无阻滞之处，曾议及否？"张玉书奏曰："中河新开，恐河道太狭，重运不能通行，故臣等公议，应令新河臣详看具题。"徐乾学奏曰："目下粮船正行之时，若今年可行，则每年俱可行矣。且粮船由中河而行，亦可避黄河之险。"上又问尚书图纳等曰："尔等云何？"图纳等奏曰："粮船可行与否，中河果否永远有益，堤岸应否坚筑之处，臣等欲俟新河臣亲身看明，具题到日再议。”上曰：“中河粮船今年可行，则每年亦可行，此自然之理。但靳辅已经革职，新河臣尚未到任，现在河上各官或视河工与己无涉，不尽心力，以致运艘阻滞，将如之何？”阿兰泰曰：“靳辅疏称，三月内，粮船可由中河运行。”上曰：“靳辅身在彼处，自然勉力料理。今已革职，若至运艘壅塞一处，进退两难之时，再将靳辅议处，伊必不心服。且议处靳辅事小，漕艘或致阻滞，关系甚大。”诸臣奏曰：“圣谕诚然。臣等止议得中河果否永通漕运，令新河臣察明，具题到日再议。至漕艘现今或有阻滞，臣等意见俱未及此。”阿兰泰奏曰：“或可暂遣靳辅督催。”上曰：“靳辅如何可遣？”图纳奏曰：“或即令监修下河凯音布往督。”李天馥奏曰：“中河止有百里，若令凯音布往看粮船运行，亦不过数日。”上曰：“凯音布有监修之事，不可往。”九卿出。

大学士伊桑阿、王熙、梁清标，学士凯音布、赵山、石文桂、拜理、王封溁、阿喇密、朱都纳、萨木哈，彭孙遹以折本启奏毕。上谓大学士等曰：“顷九卿、詹事、科、道等官陈奏中河工程，朕问以粮船阻滞之处，其词皆穷，有言应暂遣靳辅督催者。今靳辅业经革职，权已不属，即差往，属员亦谁听其节制乎？目下新河臣又未到任，河上各官皆以为靳辅革职，我等想亦将解任，因视河工与己无涉，不竭尽心力，以致漕艘阻滞，往来难通，关系非小。”大学士伊桑阿等奏曰：“漕运所关甚大，圣见极当。或可遣人往看。”上曰：“着学士凯音布带一部员同两侍卫速往，看其情形回京。”

是日，赐甘肃巡抚伊图鞍马一匹。

本日起居注官博济、顾藻。

初三日乙巳 早，上由东华门出朝阳门，诣大行太皇太后殡宫前，行百日礼，读文致祭举哀。诸王、贝勒、贝子、公等，大臣、侍卫、文武大小官员，外藩王、贝勒等、台吉等及王妃、公主、郡主以下，一品以上官员之妻，齐集举哀。

辰时，上由朝阳门进东华门，回乾清门内偏殿。

巳时，上诣皇太后宫问安。

扈从起居注官库勒纳、戴通。

初四日丙午　辰时，上御乾清门，听部院各衙门官员面奏政事。

本日起居注官李光地、戴通。

初五日丁未　早，上由东华门出朝阳门，于大行太皇太后殡宫前。梓宫初七日发引，读文致祭举哀。诸王、贝勒、贝子、公、内大臣、侍卫、一品责任官员，外藩王、贝勒、台吉等及王妃、公主、郡主以下，一品以上官员之妻，齐集举哀。

辰时，上由朝阳门进东华门，回乾清门内偏殿。

扈从起居注官库勒纳、博济。

初六日戊申　辰时，上御乾清门，听部院各衙门官员面奏政事。

未时，上由东华门出朝阳门，诣大行太皇太后殡宫前。晚刻上食时，上恸哭，扈从诸王、贝勒、贝子、公、大臣、侍卫举哀，上居于殡宫之侧。

是日，扈从诸王、贝勒、贝子、公、满汉大臣进前奏曰："奉旨：明日梓宫启行，朕亲随扶送。臣等伏念皇上遇丧以来，圣躬过劳，天颜瘦削，今又随梓宫扶行，皇上至孝性成，则悲哀愈不能禁。明日，头班舁校更换毕，伏乞皇上先行，至末班更换时，再行奉迎。"奉旨："朕躬如常，且梓宫一日止行三十里，亦不甚远，若不亲随扶送，但付之管理舁夫之员，则朕此行何为？朕决意亲随扶护。"

诸王、大臣又奏曰："臣等仰见圣躬过劳，天颜甚瘦，已致成疾，不胜惶惧，伏乞皇上俯允臣等所请。"奉旨："朕不亲随扶送，则不能尽朕之心。诸王、大臣不使朕得尽心，非所以爱朕也。"诸王、大臣又奏曰："臣等敢不爱君？但遇丧以来，至今百有余日，皇上犹衣不解带，积劳太过，容颜甚瘦，圣躬致疾，臣等惶惧无措，所以再三奏请。"奉旨："朕未尝一日随行。若于头班舁校换处即先行，至末班处奉迎于心不安，此必不可行之事。朕决意尽力随行，至不能支持更议耳。"诸王、大臣奏曰："谕旨如此，臣等敢不仰遵。"遂免冠叩首出。

初七日己酉　大行太皇太后梓宫未发之前，上哀恸不胜。至卯时，三奠酒毕，梓宫启行，上近随扶掖步行三里余，方乘马。每舁校更班时，必下马旁跪。沿途哀恸，哭不停声。遥见享殿，即下马步随梓宫，哭至享殿。奉安后，仍哀恸良久。

是日，上近享殿，驻跸于通州西五里桥。扈从诸王、贝勒、贝子、公，满汉大臣至行宫前奏曰："自遇丧以来，皇上劳苦太过，以致成疾。今近随梓宫哀号无已，臣等不胜恐惧。皇上至孝笃诚，盖不计圣躬致疾也。伏乞皇上自明日始，于头班舁校更换处，即行前往，少节哀恸，俟梓宫将至奉迎。"奉旨："朕躬如常，如此随行，未为不能。但比来久不外出，足力未舒，今日下马复乘时，微觉费力。尔等既屡敦请，朕姑不下马。若竟离梓宫而前，朕心不忍也。"诸王、大臣又奏曰："皇上圣躬过劳，天颜清削，今正值炎热，臣等不胜忧惧，故敢再三奏请。"奉旨："今日此事，岂可与先年之事比耶？朕若不亲随照理，不可。执事人员未慊朕意，朕何忍前往？人各有心，朕必欲自尽其心。尔等虽再三陈请，断难俞允。"

初八日庚戌 雨。大行太皇太后梓宫未启行。上驻跸行宫。

是日，诣梓宫前，上食时上恸哭良久。上食毕，回至行宫，犹泪下不止。

初九日辛亥 辰时，大行太皇太后梓宫启行，上恸哭，步行二里许，近随扶送。遥见享殿，即下马哀恸如前。

是日，上近享殿，驻跸于三河县双秀屯之南。

初十日壬子 雨。大行太皇太后梓宫不启行。上驻跸行宫。

是日，诣梓宫前，上食，上哀恸如前。

十一日癸丑 早，上御行宫，大学士伊桑阿、王熙，学士阿喇密、石文桂以折本请旨。吏部题升任刑部侍郎傅腊塔员缺，以学士凯音布等开列。上曰："阿喇密为人诚实，闻其家中亦甚有义，着将升补侍郎。"

又吏部题直隶巡道胡献徵员缺，以福建兴泉道丹达礼等开列具题。上曰："此缺甚为紧要，应宜选补，着问巡抚于成龙举出具奏。"

又刑部题斗殴打死董国定之徐应虎，拟监候，秋后绞。上曰："徐应虎因董国定将伊父扼打，一时欲救助，打董国定死，情属可矜，着再拟具题。"

辰时，大行太皇太后梓宫启行，上恸哭步行二里许，近随扶送。遥见享殿，即下马，哀恸仍如前。

是日，上近享殿驻跸于蓟州新屯庄之南。

十二日甲寅 辰时，大行太皇太后梓宫启行，上举哀行礼，步随恸哭仍如前。

是日，上近享殿驻跸于蓟州岭上庄之北。

十三日乙卯 辰时，大行太皇太后梓宫启行，上举哀行礼，步随恸哭仍如前。

是日，礼部奏称："明日十四日，乃丙辰日。梓宫前，皇上早晚奠酒及随行，俱应停止，皇长子亦应停止，皇太后及妃嫔等亦应停止往诣，遣王代奠。为此请旨。"奉旨："朕素日概无避忌。前在京时，皇太后屡遣传谕，辰日停止往诣。皇太后之旨，不可违悖，故勉停一日。今送梓宫至此，不但辰日，虽有甚于此者，岂有停止之理乎？"

是日，上近享殿驻跸于蓟州鲇头庄之南。

十四日丙辰 辰时，大行太皇太后梓宫启行，上举哀行礼，步随恸哭仍如前。梓宫至暂行永设地方，奉安于享殿，上恸哭良久。

是日，上驻跸于守陵人所居城内。

十五日丁巳 早，朝鲜国王李焞遣祭陪臣议政府左赞成洪万钟等，读文致祭大行太皇太后梓宫前。

是日，上率内大臣、侍卫谒孝陵及陵，举哀行礼毕。上驻跸行宫。

十六日戊午 大行太皇太后梓宫前，上食三次，上恸哭。扈从诸王、贝勒、贝子、公及蒙古王、贝勒、贝子、公、台吉、塔布囊等文武各官齐集举哀。是日早间，上食甫毕，诸王、贝勒、贝子、公及蒙古王、台吉、塔布囊等文武各官谒孝陵及陵。

晚刻，上召各部院大臣官员齐集行宫前，谕曰："十九日安奉梓宫后，旗员及部院各官俱令回京。其封掩门口，尚需四五日，朕欲看视事毕方回，尔等议其可否以奏。今若不议，勿得后言。"部院诸臣议奏曰："圣谕诚然，旗员、汉官俱留此颇觉繁杂，伊等皆可回京。至部院衙门料理事务自有在京官员，臣等亦愿在此，随驾回京。"奉旨："尔等俱遵前旨回京。"

是日，上驻跸行宫。

十七日己未 早，以十九日奉安大行太皇太后梓宫，上读文致祭举哀。诸王、贝勒、贝子、公及蒙古王台吉、塔布囊等文武各官齐集举哀。

辰时，上御行宫，大学士伊桑阿、学士阿喇密以折本请旨。吏部议翰林院掌院学士李光地赴太皇太后之丧迟至，应降五级调用。上曰："李光地闻丧，在家持服二十七日，月尽至京。福建地远，着从宽免降五级调用。"

又吏部题奉天府府尹董秉忠升任员缺，以大理寺少卿周之麟拟正，左通政李迴拟陪。上曰："奉天地方紧要，应将汉军补授。"

是日，上驻跸行宫。

十八日庚申 大行太皇太后梓宫前上食时，上恸哭。扈从诸王、贝勒、贝子、公及蒙古王、台吉、塔布囊等文武各官齐集举哀。申时，奉移梓宫于暂行永设宫院内享殿，上亲随步行，哀恸哭不停声。至享殿，亲视奉安后，复哀恸良久，始回行宫。

是日，诸王、贝勒、贝子、公等至皇上行宫前，奏曰："明日梓宫奉安丧事已毕。本朝之例，奉安后，即离丧次。伏乞皇上明日于梓宫奉安后，遵例移居。"奉旨："朕昨者齐集部院诸臣，谕以十九日梓宫奉安后，封掩门口，尚需四五日，朕俟修毕方回。尔诸臣议奏，诸臣皆以朕言为当。"诸王等又奏曰："自丧事以来，皇上劳瘁过甚，容颜清削，臣等再四恳请，圣明何所不鉴。伏乞俯允，仍遵旧例行。"奉旨："旧例奉安后，虽不居丧次，但关系甚大，朕不亲视封掩，遽行回京，可乎？王等既谆切奏请，朕当暂离此处，移跸汤泉三四日。俟封掩后，朕亲阅毕，然后回京。"诸王、贝勒、贝子、公等奏曰："圣见极当。"

复奏曰："昨日奉旨：令臣等俱各回京。但皇上在此数日，臣等亦应随驾同行。"奉旨："尔等俱留此地甚烦，可并回京。"王等又奏曰："皇上在此，臣等先归，于心何安？况臣等人数无多，愿随皇上同往。"奉旨："汤泉地隘，若俱移驻，恐无立营之所。尔等仍居此处，回京时同往可耳。"又九卿满大臣进前奏曰："臣等不谙旧例，昨奉旨集议时，以为应留此处。顷闻王等所议，始知臣等之非，此皆臣等愚昧无知，应交与该部议处。今皇上既留此数日，臣等仍求随驾。"奉旨："尔等昨日所议如彼，今复改言认罪，此属何例？岂尔等皆新用大臣，又有新定之例乎？"诸臣奏曰："臣等至愚极陋，有何辨处。"遂免冠叩首请罪。奉旨："尔等有何罪？但若此未免可耻耳！可即回京。"

少顷，复传谕刑部尚书图纳、都察院左都御史马齐曰："尔等不知河务，尚且挺身而言，如此事乃竟付之默默，此莫非国事？何不如前发议？何以若是懦怯也！朕素不食言，尔等可传起居注衙门记之。"图纳奏曰："凡蒙圣恩，为大臣者甚众，但臣被优擢受恩独厚，而毫无报称。复蒙皇上特拔内用以来，亦无寸效。此事诸臣共议时，臣亦从众论以为是，实属庸愚，意见不到。苟有所见，敢不期其允当乎？臣复何言？"马齐奏曰："河工之事系诸臣公议，臣意见所及亦曾言之。今此事奉旨集议，系诸臣同议启奏。及见诸王所奏甚是，是以臣等请罪。臣庸劣，意见不到，所以随众而言，更有何辨？"遂叩首。

是日，上驻跸行宫。

十九日辛酉 卯时，奉安大行太皇太后梓宫于宝殿之座，上于五鼓即至享殿内梓宫之侧，哀恸不止。奉移梓宫之时将及，裕亲王及近臣等前至奏曰："已届奉安吉时矣。"再三跪请，始移梓宫升龙輴。奉安于宝座时，皆皇上躬亲举扶安置，复痛哭良久，行三跪九叩礼。又以头抢地，哀恸不止。裕亲王及诸臣再四劝请，上始出殿，哀犹不止。掩门后，始回行宫。皇上至孝肫笃，大小臣工无不感动流涕者。自梓宫载发以来，上每日必步随数里，布服敝鞍，扶掖不离左右。沿途哀毁，无异初丧。

是日，扈从内阁、翰林院，九卿、詹事、科、道公同奏请皇上除发，一切俱应从吉。其疏云："为梓宫奉安大礼告成，仰乞圣怀宽慰，俯答群情事。臣等伏睹大行太皇太后上仙以来，皇上尽孝竭诚，悲苦劳瘁，典仪文物备极哀荣，诚輶古所莫睹，史册所未闻。臣等虽欲抒写万一，莫能罄述高深。顷者四月初七日，龙輴载发，一切礼制并蒙指授，百司将事告戒再三。每日灵舆启途，皇上步送，号恸数里，群臣伏地悲哀，不能仰睹。及舁校更番，必亲行审视，跋步扶掖，不离左右。比至行殿，复号哭步行，朝夕馈奠，有如初丧。惟我皇上孝思不匮，通感神明，是以灵雨宵零，轻云昼覆，炎暵不作，纤尘避路，良辰吉日，届于园陵。至新筑宝宫成于不日，堂室门隧丹雘炳焕，经营周密，悉禀睿裁。近栎阳之神宇，依原陵之封树，于四月十九日奉安礼成，灵宅永奠，百神胥护。臣等骏奔在列，不胜悃慰。窃思汉、唐、宋、明历代人主，凡丧礼遣奠窀穸，皆命有司执事，祖筵不出外郊，率至宫门而止。从来未有亲送陵寝，挽绋攀慕，哀痛恻怛如我皇上之大孝卓绝者。自去冬及今，数月之内，为臣子者亲见天颜清削，真一刻难以自安。兹辒车已奠，大典既毕，伏愿皇上舒释宸怀，调适圣体，以安太皇太后在天之灵，以慰中外臣民颙望之意。旧制于百日除发，今过期已久，恭请皇上即于是日除发，起居服御一切从吉。薄海内外，罔不沾沐协气，翔泳太和。臣等犬马下情，无任惓切待命之至。”奉旨：“朕荷太皇太后抚育，深恩罔极难报，追思悲痛不能自已，应行慎终典礼，务竭诚敬，式展哀衷。朕谨恭送，虽已奉安，从兹不复再睹梓宫，思慕之忱，更为靡尽。尔等以大礼告成恳请，着照所奏行。”

又命尔格、敦柱传谕管事大臣内务府总管曰：“看守暂行永设殿最为紧要，露陈之器甚多，所派章京又俱系新用，未曾谙练，且在外看守，朕未释于怀。孝陵章京不敢轻用，其陵上章京看守年久，熟悉旧规，且系内地，虽不看守，犹可无妨。着就此内章京选择贤能者，以其半调往暂行永设殿看守。尔等须亲加选择调补看守。”

是日，上移驻遵化汤泉。

二十日壬戌　上驻跸行宫。

二十一日癸亥　上驻跸行宫。

二十二日甲子　早，上自汤泉启行，诣大行太皇太后梓宫奉安殿，视封掩毕，恸哭，三奠酒，悲哀良久，始出。

是日，上驻跸蓟州孙家庄之西。

晚刻，扈从诸王、贝勒、贝子、公诸臣至行宫前奏曰：“今太皇太后梓宫已奉安于宝殿，丧礼告成。自古人君居丧之制，止二十七日内，俱已完毕。皇上极其纯孝，已过百日，阅四月矣。今将回京，伏乞皇上遵例除发。”奉旨：“今已日暮，明日至蓟州除发。”

二十三日乙丑　上驻跸蓟州城内。是日，上始除发。

二十四日丙寅　上驻跸三河县之西。

二十五日丁卯　上驻跸通州河之东。

二十六日戊辰　午时，上由朝阳门进东华门回宫。

扈从起居注官库勒纳、李光地、博济、思格则、戴通、熊赐瓒、蔡升元、陈元龙。

二十七日己巳　辰时，上御乾清门听政。部院各衙门官员面奏毕，召九卿、詹事、科、道及巡抚于成龙至前谕曰："前差于成龙、马齐、凯音布往审张汧一案，曾谕云：尔等往审此事，须就款鞫问，不可蔓延，若蔓延，则牵累者多矣。倘有别事，尔等记来密奏。后伊等回时，曾将张汧举首书札及口供密奏。不欲此事蔓延者，诚恐牵累众人，实非偏徇。况张汧供称，伊系论俸补授，又称系拟陪时补授者。凡补用督、抚，朕与九卿、内阁诸臣同议补用。此等处，起居记注档内甚明，一阅即知之矣。"刑部尚书图纳奏曰："臣往审张汧时，其口供亦属舛错。"上曰："尔等可将于成龙等带来张汧之举首书札看阅，察审人亦心服。"上又顾于成龙曰："尔前者不曾奏张汧、祖泽深、姚缔虞、金鋐、钱珏、王国安居官不善乎？"于成龙奏曰："臣未奏王国安居官不善。"上曰："尔在城外，不曾向色楞格有言乎？"于成龙奏曰："臣向色楞格言是真，臣亦曾奏明。"九卿出。

大学士伊桑阿、王熙、梁清标，学士凯音布、赵山、石文桂、拜礼、王封溁、朱都纳、萨木哈、彭孙遹、吴什巴以折本请旨。兵部题高雷廉总兵官陈梦旸病故员缺，开列副将林魁等。上曰："张英琦曾为侍卫，人材壮健，着升补广东高雷廉总兵官。"

又题镶黄旗一品官马九玉等七员年老，应解任。拖沙拉哈番尚遇杰骑射不及，应革职。上曰："马九玉等皆系效力之员，仍留原官。伊等若呈称年老不能行走，再行解任。六十余岁之人，已逾学习之期，其骑射亦无可查。此本着交还兵部。"

又诸王、贝勒、贝子、公、内大臣、满汉大学士、九卿、詹事、科、道至后左门奏曰："本朝旧例，若遇丧事事毕，即行幸郊外。今圣容癯瘦，劳瘁过甚，其行幸郊外一应事体，敢请照常举行。"奉旨："朕御食亦未觉和适，目力亦昏，朕即欲移驻瀛台灸艾。所请一应事体，俱照常举行。知道了。"

本日起居注官达苏喀、田喜篝。

二十八日庚午 辰时，上御乾清门，听部院各衙官员面奏政事。

本日起居注官洪佾岱、胡会恩。

二十九日辛未 早，上幸畅春园。酉时，回宫。

本日起居注官博济、熊赐瓒。

五 月

初一日壬申 辰时，上御乾清门，听部院各衙门官员面奏政事毕。杭州副都统丹代、广东副都统佾纶代奏请谕旨。上问曰："尔等几时启行？"丹代奏曰："臣初二日启行。"佾纶代奏曰："臣初三日启行。"上曰："尔等至地方当谨慎，勤于职事，毋在地方生事，不时教习兵丁骑射。"丹代、佾纶代奏曰："臣等谨志皇上睿旨遵行。"是日，赐丹代、佾纶代鞍马各一匹。

午时，上召满大学士、学士、尚书入乾清宫。问刑部尚书图纳曰："尔等将欲取于成龙口供之处启奏。"图纳奏曰："臣等公同问慕天颜。慕天颜供称，于成龙所与书内云，董讷、慕天颜汝二人，我曾荐举河工，尔等为何顺靳辅而言，竟不各出己见启奏。尔等即不启奏，我启奏有不可乎？我故行启奏。为此，臣等曾奏，欲将于成龙质询。"上曰："凡为臣者议论事务，当是曰是，非曰非，从公而言。前召九卿及靳辅、于成龙至乾清门时，诸臣皆畏靳辅、于成龙，无一人与之辨难者。于成［龙］云自上河放水，尔诸臣亦曾有一人与之辨难乎？朕问放水究系何人？又属何处？于成龙辞穷，云曾闻王新命有言。至于成龙云，河道已为靳辅大坏，尔诸臣亦并未详问所坏之由。朕问于成龙若塞减水坝，河堤可不冲决乎？于成龙辞穷，云臣于上河实未明晓。朕在乾清门曾谕诸臣，为何畏惧靳辅、于成龙？尔等升迁俱系朕累加擢用，并非以人言之故。因于成龙居官颇优，故屡行升擢。今于成龙云九卿欲将伊倾陷。于成龙能升谁，能害谁？即尔九卿诸臣又岂能升于成龙，害于成龙耶？虽或有不肖者，将人谗害，朕岂不详酌，而即听信之乎？尔诸臣应实心为朝廷效力，秉公而行。”尚书鄂尔多、阿兰泰叩首奏曰：“臣等闻皇上睿旨，不胜欣悦。”

上又曰：“前尔等皆云靳辅所修上河不善，朕独云靳辅所修上河不可谓之不善。若所修上河果云不善，堤岸如何存立如许之年？京城如许官员所赖以生者惟上河坚固，漕艘不壅塞之故耳。况朕前南巡时，高加堰、宿迁等处朕躬步行，尽皆详看，所修之处，不可谓之甚不善也。”尚书苏赫奏曰：“所修上河真不可谓之不善，如许之年堤岸并未冲决，漕艘未曾有误。”

上又曰：“靳辅阻挠开下河，以民余田作屯田之处甚非。尔诸臣前议时，以此言靳辅之非定罪，则自无言。惟顺于成龙言靳辅修河之非，故不心服。至靳辅筑重堤亦无益，于成龙参靳辅之处亦有实据。伊云派取柳枝实为累民之处，亦属靳辅之非。今图纳、马齐尔等往看河工，靳辅所修之处，几处是，几处不是；于成龙之言，几款是真，几款是虚，至公详看，议定带来。朕遣尔等若不能成，非欲置之重罪。况尔等虽亲身踏勘，岂能保百年无虞？不但尔等不能，即朕亦不能保也，但欲得其真情耳。朕听政年久，事之延蔓殊觉厌烦。前朕命尔等将慕天颜夹讯，于成龙即惶恐变色，将寄书于慕天颜之处亦自认受。今尔等诸臣但问于成龙，所遣督河大臣及地方督、抚，自当各出意见而言，尔寄书慕天颜系何意思？伊如何对答。着口奏。”

巳时，上问皇太后安。

本日起居注官库勒纳、李光地。

初二日癸酉　辰时，上御乾清门，听部院各衙门官员面奏政事毕。九卿近前奏曰：“臣等遵谕问于成龙与慕天颜手书之故，于成龙云：我闻人言，挑浚中河无益累民，故致书慕天颜，云尔受皇上恩深，何不启奏？我有书是实，有何辨处？”上曰：“于成龙奏挑浚中河累民，必有人向伊言之者。尔等可追究于成龙，问其出自何人之口。”九卿出。

差往看河刑部尚书图纳、兵部尚书张玉书、左都御史马齐、兵部侍郎成其范、工部侍郎徐廷玺近前奏请谕旨。上曰：“尔等至彼处，从公详看，是曰是，非曰非，据实具奏。”上又顾张玉书曰：“尔有所奏否？”张玉书奏曰：“河工关系重大，伏乞皇上指示。”上曰：“凡是非可否，尔须当秉公具奏，不可如熊一潇托疾推诿。”

又谕图纳等曰："朕听政二十余年，阅历世务已多，甚觉栗栗危惧。前者，凡事视以为易，自逆贼变乱之后，觉事多难处。每遇事必慎重图维，详细商确而后定。凡所行事，起居官无不记注。历年所奏河道变迁图形，朕俱留在内，时时看阅。朕素知河道最难料理，从古治河之法，朕自十四岁即翻覆详考。人皆云河道坏于靳辅放决河水，朕意不然。靳辅果能收放河水，则其人亦非平常，必能成功，何云河道自彼而坏耶？宿迁以下高加堰等处运河，朕所深知，他处未经亲到，未能明晰。《书》云：无稽之言勿听，弗询之谋勿庸。尔等皆国家大臣，此系国家公务，非尔等一己之事。若果有异灾大水，堤岸冲决，亦非尔等所能保。尔等但据见在，从公详阅可耳。前佛伦往勘回奏，殊多错误，今已处分。尔等今到彼处，会同总河王新命，将茅城铺、高加堰诸处，从公详看，三分之中得其一二，便可遣人将情形大略先行陈奏。至公同看毕之后，再行具疏。其茅城铺减水坝无益，尔等将海口亦行看阅。下河自有专遣之人，尔等但观其大略，不必缮入疏内。"图纳等出。

巳时，九卿至后左门，向敦住令其转奏云："遵谕问于成龙，云尔奏挑浚中河累民，必有人向尔言之者。于成龙云，并无有人向我言者，我闻七州、县百姓之言，即以入告。将无据言语妄行启奏，有何辨处？"敦住转奏毕，出。

传大学士等及昨日入内官员等入。上召满洲大学士、学士及满尚书等至乾清宫，谕曰："于成龙巡抚直隶，居官甚优，仍着赴任。慕天颜居官不善，素行乖戾，着仍羁禁，俟看河官员回定夺。凡会议政事，必详察合理，不可怠忽轻易。朕前者凡事易视，自逆贼变乱后，觉事多难处，每事必精察详审。如遇事之大者，即折票签，与内阁大臣商议而后定。前张汧升补巡抚时，朕与内阁大臣所商之语，尔等想已录出观之。凡补授大僚时，无不如此。至吏部升补官员，俱有一定之例，或有不肖之徒，贿求不已，此皆不良习俗。今当痛改前辙，秉公而行。朕听政年久，阅历滋多，事不惮烦，于人之善恶，事之是非，无有不知。其事属微渺，每多宽恕。若果事事推求，当无人可免罪者。且朕所理之事，悉载记注，凡乾清门、瀛台、景山临御之处，所言所行，皆无不记。朕之所言，必日后有可征验者，不为无稽之语。起居记注，古人或旋设旋废，朕常设此署，不令废弛。当三逆变乱之时，亦有彷徨畏惧者，惟朕坚意主持，大小事宜必详审处断，始得平定。今尔诸臣，凡事俱当各抒所见，一意秉公，不可碌碌徇人。且徇人何益？孰优孰劣，朕岂有不知者乎？”谕毕，诸臣出。

是日，赐朝鲜国为大行太皇太后进香赍表正使陪臣议政府左赞成洪、万钟银、缎等物及马各一匹，书状官等银、缎有差。午时，上移驻瀛台。

本日起居注官库勒纳、思格则、徐嘉炎。

初三日甲戌　仁孝皇后忌辰，上不御门理事，部院各衙门本章俱交送内阁。

本日起居注官戴通、汪霦。

初四日乙亥　辰时，上御瀛台勤政殿听政。部院各衙门官员面奏毕，大学士伊桑阿、王熙、梁清标，学士凯音布、石文桂、拜礼、王封溁、朱都纳、萨木哈、彭孙遹、吴世巴以折本请旨。礼部题山西省烈妇荆氏等，应照例各给银三十两，令其自行建坊。上曰：“此事着依议。”又谕曰：“夫亡从死，前已屡行禁止。近见京城及各省从死者尚多。人命关系重大，死亡已属堪怜，修短听其自然，岂可妄捐躯体？况轻生从死，事属不经，若复加褒扬，恐益多摧折。嗣后夫殁从死旌表之例，应行停止。自王以下以及小民妇人，从死亦应永行严禁。如有必欲身殉者，赴部及该管官司陈诉，应俟奏闻定夺。着议政王、贝勒、大臣、九卿、詹事、科、道会同确议具奏。”

是日，赐浙江平阳总兵官李华鞍马一匹。

本日起居注官达苏喀、顾藻。

初五日丙子　辰时，上御瀛台勤政殿，听部院各衙门官员面奏政事。

本日起居注官洪俄岱、蔡升元。

初六日丁丑　辰时，上御瀛台勤政殿听政。部院各衙门官员面奏毕，大学士伊桑阿、王熙、梁清标，学士凯音布、石文桂、拜礼、王封溁、萨木哈、彭孙遹、吴世巴以折本请旨。吏部尚书陈廷敬、刑部尚书徐乾学疏请解任。上曰：“据奏情辞恳切，着以原官解任。其修书总裁等项，着照旧管理。”

本日起居注官博济、陆肯堂。

初七日戊寅 辰时，上御瀛台勤政殿听政。部院各衙门官员面奏毕，大学士伊桑阿、王熙、梁清标，学士凯音布、石文桂、拜礼、王封溁、萨木哈、彭孙遹、吴世巴以折本请旨。詹事府少詹事高士奇疏请解任。上曰："览高士奇所奏，情辞恳切，准以原官解任。其修书副总裁等项，着照旧管理。"

本日起居注官思格则、陈元龙。

初八日己卯 早，上幸南苑。酉时，回瀛台。

本日起居注官田喜霱、戴通。

初九日庚辰 辰时，上御乾清门，遴选庶吉士。大学士伊桑阿、王熙、梁清标，学士凯音布、石文桂、王封溁、萨木哈、彭孙遹、吴世巴，管翰林院事侍郎库勒纳，学士李光地引见二甲进士范光阳等四十人，三甲进士陈于豫等一百三人，每十人一班，跪于乾清门台阶引见，上亲选范光阳等三十四名为庶吉士。又引见修撰沈廷文，编修查嗣韩、张豫章。上令各奏姓名、职衔、籍贯毕，回宫。

本日起居注官达苏喀、熊赐瓒。

初十日辛巳 辰时，上御瀛台勤政殿，听部院各衙门官员面奏政事。巳时，上问皇太后安。

本日起居注官洪俄岱、胡会恩。

十一日壬午 辰时，上御瀛台勤政殿听政。部院各衙门官员面奏毕，大学士伊桑阿、王熙、梁清标，学士凯音布、石文桂、王封溁、萨木哈、彭孙遹、吴世巴以折本请旨。兵部题西安驻防协领噶达洪员缺，以拖沙喇哈番管佐领西图拟正，佐领瓦尔达拟陪。上曰："西图补授驻防协领。嗣后驻防协领、佐领缺出，停止该将军坐名，尔部选取外省应补之人交与该旗，同在京应补人员引见，送部补授。"

是日，赐江宁巡抚洪之杰鞍马一匹。

本日起居注官博济、徐嘉炎。

十二日癸未 辰时，上御瀛台勤政殿，听部院各衙门官员面奏政事毕。江苏巡抚洪之杰陛辞，奏曰："臣才识短浅，荷蒙皇上特简抚绥重任。江南地大事繁，求皇上教诲。”上曰：“地方大吏以安静为主，江南火耗闻虽不重，尔须洗心涤虑，一除积弊。凡事不可过于刻薄，然亦不宜罢软。至于纠参属官，尤当至公无私。若举劾未当，便大负朕简用之意。尔受兹重任，有何意见，欲启奏否？”洪之杰奏曰：“事难遥度，容臣抵任后细心体察，逐一陈奏。臣在京十年，赋性硁硁，除衙门办事之外，从不与人交往。今远隔阙庭二千余里，总求皇上俯鉴愚悃，曲赐保全。”上颔之。叩头出。

本日起居注官思格则、汪霦。

十三日甲申 辰时，上御瀛台勤政殿，听部院各衙门官员面奏政事。

本日起居注官李光地、达苏喀。

十四日乙酉 辰时，上御瀛台勤政殿听政。部院各衙门官员面奏毕，大学士伊桑阿、王熙、梁清标，学士凯音布、石文桂、王封溁、萨木哈、彭孙遹、吴世巴以折本请旨。工部题广西原任将军傅弘烈制造船械等项，擅动银二万余两，相应交与江西总督、巡抚追取等因具题。上曰：“此项银两该省各官亦俱动用，以傅弘烈身亡，止着落一人，希图结案。但念傅弘烈效力行间，陷贼被害，这银两免其追取。”

巳时，上问皇太后安。

本日起居注官洪俄岱、顾藻。

十五日丙戌 辰时，上御瀛台勤政殿，听部院各衙门官员面奏政事。

本日起居注官思格则、蔡升元。

十六日丁亥 辰时，上御瀛台勤政殿听政。部院各衙门官员面奏毕，大学士伊桑阿、王熙、梁清标，学士凯音布、石文桂、王封溁、萨木哈、彭孙遹、吴世巴以折本请旨。吏部题兵部尚书阿兰泰升任员缺，开列吏部侍郎沙海等。上曰：“都统纪尔塔布其人明晓颇可，着补授兵部尚书。”

又翰林院题庶吉士丘升等二十五人习满书，范光阳等十二人习汉书。上曰：“俱着读满书。交与翰林院考试时，令其番清并作汉文可也。”

本日起居注官博济、陆肯堂。

十七日戊子 辰时，上御瀛台勤政殿，听部院各衙门官员面奏政事。

巳时，上幸畅春园。酉时，回瀛台。

本日起居注官库勒纳、陈元龙。

十八日己丑 辰时，上御瀛台勤政殿听政。部院各衙门官员面奏毕，大学士伊桑阿、王熙、梁清标，学士凯音布、石文桂、王封溁、萨木哈、彭孙遹、吴世巴以折本请旨。兵部题镶白旗骁骑参领车尔门员缺，以国子监司业宋古洪拟正，拖沙喇哈番兼护军额黑理拟陪。上曰："具告之阿达哈哈番毂骑射虽不佳，亦为熟练，人材壮健，着补授参领。"

本日起居注官达苏喀、王尹方。

十九日庚寅 辰时，上御瀛台勤政殿听政。部院各衙门官员面奏毕，大学士伊桑阿、王熙、梁清标，学士凯音布、石文桂、王封溁、萨木哈、彭孙遹、吴世巴、李振裕以折本请旨。兵部题补镶白旗骁骑参领车尔门员缺，阿达哈哈番毂骑射既不佳，而又控告，因议降级，再行折出。上曰："阿达哈哈番毂所告者，是因补授参领，其议罪处，着从宽免。"

本日起居注官洪俄岱、熊赐瓒。

二十日辛卯 上以祀方泽斋戒三日，不理事。

本日起居注官思格则、胡会恩。

二十一日壬辰 辰时，诸王、贝勒、贝子、公、内大臣、满汉大学士、学士、九卿、詹事、科、道等至瀛台勤政殿门奏曰："臣等闻皇上于二十三日祭毕，即启行往谒太皇太后梓宫暂安奉殿。自太皇太后升遐以来，皇上劳瘁过甚，至今尚未如常。本朝之例，奉安后，月祭之礼无复举行，臣等伏祈皇上停止往谒。"奉旨："朕并未有往祭之旨。惟梓宫奉安处甚为紧要，近者霖雨数次，故欲往看所修宫殿。"诸王、大臣等又奏曰："宫殿俱系皇上亲示画图，付与承修官员，所修坚固，已经告竣。况皇上送梓宫方回，圣躬劳苦过甚，颜容癯瘦，凡丧事致疾，难以复初。皇上至孝之心，极其思慕之切，故欲往谒。若往谒则哀恸之际，圣躬必致劳瘁，皇上应渐节思慕，颐养圣躬。臣等仰见皇上过劳，不行奏劝，倘致成疾，彼时虽奏劝何益？伏祈皇上停止此次往谒。"奉旨："暂安奉殿虽已告竣，前殿犹未修完，所修之处尚须指示。"

诸王、大臣等又奏曰："皇上至孝，极其肫笃，不计圣躬劳瘁致疾，臣等不胜惶惧，故敢屡为奏请。圣躬虽诸凡甚健，而不能当暑，此臣等所熟知者。若圣躬稍得如常，此次往谒，臣等亦不敢屡奏以渎宸听。但皇上圣躬劳瘁过甚，尚未如常，且送梓宫方回，今值炎热之时，又欲往谒，臣等不胜惶惧。是以明知皇上烦厌，而冒行奏请耳。”奉旨：“朕在瀛台，步履觉已如常。若至六月，则愈炎热矣。所以朕欲往即回。”诸王、大臣等又奏曰：“皇上孝思，追慕不止，不计圣躬劳瘁，故以为如常耳。天颜癯瘠，臣等岂有不知。皇上不惜圣躬，过为肫切，臣等不胜惶惧，故如此屡行奏请。伏乞皇上俯念，停止此次，俟秋至时，再行往谒。”皆免冠叩首请。奉旨：“现今诸臣中若遇丧事，于期年之内亦尝往诣。今因雨水之时，朕欲往视所修工程，尔等何为屡行奏劝？”诸王、大臣等又奏曰：“皇上劳苦过甚，臣等不胜惶惧，故如此坚请。伏乞皇上俯念，停止此次往谒。”复免冠叩首请。上不允。

本日起居注官田喜霄、博济。

二十二日癸巳　早，上于保和殿视祭方泽坛祝版毕，回宫。

巳时，上问皇太后安。

本日起居注官达苏喀、徐嘉炎。

二十三日甲午　早，上以夏至，躬诣方泽坛致祭毕，回宫。

辰时，上往谒大行太皇太后梓宫，由东华门出朝阳门，驻跸三河夏店。

二十四日乙未　上驻跸蓟州马伸桥。

二十五日丙申　早，上启行。距陵右十里许，自淋河庄即哀不能禁，沿途哭泣。至大行太皇太后暂安奉殿，大恸，行三跪九叩首礼，三奠酒，痛哭良久。出殿后，犹流泪，乘马行良久不止。又谒孝陵，行三跪九叩首礼，三次奠酒，举哀。次至陵，三奠酒，举哀。

是日，上驻跸守陵人新城内。

二十六日丁酉　早，上复至大行太皇太后梓宫暂安奉殿，痛哭良久始出。是日，回京，驻跸三河县城内。

二十七日戊戌　上驻跸通州城东关。

二十八日己亥　上驻跸通州新各庄。

二十九日庚子　上由朝阳门进东华门，回瀛台宫。

扈从起居注官库勒纳。

三十日辛丑　辰时，上御瀛台勤政殿听政。部院各衙门官员面奏毕，大学士伊桑阿、王熙、梁清标，学士凯音布、石文桂、王封溁、萨木哈、彭孙遹、李振裕以折本请旨。刑部题莽牛于甘石桥地方打倒金二，抢去骑骡，应拟斩监候，秋后。上曰："京城重地，莽牛等白昼抢夺，情罪殊为可恶！着另行严议具奏。"

又总兵官姚仪疏请叩谒大行太皇太后梓宫。上曰："姚仪简用以来，毫无善状，不能尽职。且于各官恳请来京具题之后，始行奏请，殊属不合！着该部严加议处具奏。"

巳时，上问皇太后安。

本日起居注官思格则、汪霦。

六　月

初一日壬寅　辰时，上御瀛台勤政殿，听部院各衙门官员面奏政事。是日，赐云南临元澄江总兵官王洪仁鞍马一匹。

本日起居注官田喜霱、达苏喀。

初二日癸卯　辰时，上御乾清门，听部院各衙门官员面奏政事。

本日起居注官博济、蔡升元。

初三日甲辰　早，上出西直门，驻跸畅春园。巳时，上御畅春园内澹宁居，大学士伊桑阿，学士凯音布、石文桂、萨穆哈、吴世巴以折本请旨。内阁等衙门题大行太皇太后上尊谥时，遣大臣一员行礼，天、地、太庙、社稷，奉先殿亦遣大臣一员致祭。其应行祭礼，议如典例。上曰："恭上尊谥吉日，朕亲诣行礼。其上尊谥及祔庙时，应行典礼所关重大，着九卿、詹事、科、道等会同详议具奏。"

又吏部题原任江南学道赵㐻补授福建兴泉参议道。上曰："赵㐻任江南学道时居官甚优，前总督于成龙亦心服其人。照常考核，未惬舆情。其向在部院衙门若何？"伊桑阿奏曰："在部院衙门时颇优，众亦共贤之。"上曰："赵㐻着从优内升。"本日起居注官库勒纳、洪峨岱。

初四日乙巳

初五日丙午

初六日丁未 早，上御畅春园内澹宁居，大学士伊桑阿，学士凯音布、石文桂、萨木哈以折本请旨。户部题黑龙江将军萨布苏等喂马多用粮料，应令陆续赔补，议准行。上曰："萨布苏等现在行间效力，其应追赔粮料，着从宽免。"

又刑部题侍卫常官保不严束家奴，打死百姓，应降二级调用。上曰："凡差遣人员，朕必严加戒谕，不许生事扰民。常官保既不能管束家奴，以致滥毙人命，回时又不行奏明，显系纵仆妄行，殊为可恶！着严拿，兵、刑二部会同一并审拟具奏。"

本日起居注官库勒纳、博济。

初七日戊申

初八日己酉 巳时，上问皇太后安。

初九日庚戌 早，上御畅春园内澹宁居，大学士伊桑阿，学士凯音布、石文桂、萨木哈以折本请旨。吏部题国子监祭酒德伯色并非管理佐领之人，及回都统时，却称爱音布鲁无嗣，应罚俸一年。上曰："德伯色将此事虚诳，乃夸诈人也。尔等以为何如？"大学士伊桑阿奏曰："诚属夸诈。"上曰："德伯色着以原品随旗上朝。"

又以所给振武将军瓦岱敕谕及湖广巡抚丁思孔敕谕稿呈览。上亲执笔，将两敕谕大为删改毕，大学士、学士出。

兵部堂官进前奏事时，谕曰："前因登州边海紧要，将蔡元调补。今襄阳较登州更要，着以蔡元补授襄阳总兵官。此缺着另行推补。"兵部堂官出。

河南巡抚阎兴邦于是月初十日赴任陛辞，奏请谕旨。上问曰："尔有所陈奏否？"阎兴邦奏曰："臣极微贱，自知县屡次升迁，不意竟至今职。臣到任时，惟当竭尽心力，报皇上高厚之恩于万一。臣在外任时，闻河南与湖广接壤马山固四山皆高峻，向设守备防守，后将守备裁革，今似应设立参将、游击防守。"上曰："闻河南火耗甚重。"阎兴邦奏曰："不特河南，各省皆然，惟直隶一省所取尚轻。"上曰："为巡抚者止以和辑兵民为要。尔到任时，其加意和辑之。河南有荒地，当募民开垦。凡地方应行事宜，尔到任后酌量具奏。”阎兴邦奏曰：“谨志皇上睿旨，招民开垦。”是日，赐河南巡抚阎兴邦鞴鞍马一匹。

本日起居注官库勒纳、达苏喀。

初十日辛亥 巳时，上问皇太后安。

十一日壬子 早，上御畅春园内澹宁居，大学士伊桑阿，学士凯音布、石文桂、萨木哈以折本请旨。兵部题步军校郭成龙当皇太子出行时，不开中门，议应革职。上曰：“凡管守门禁当极其谨严。古有人主出行，守门之官不纳，尚且嘉奖。郭成龙虽开门少缓，亦未尝违误太子之行，着从宽免革职。”

又吏部题刑部员外博式泰解任员缺，论俸将户部主事农格礼拟正，刑部主事绥咨拟陪引见。上曰：“比来刑部堂官条奏，伊部事件皆关系人命，甚为紧要，嗣后员外缺出，候朕选用。此正陪二人何如？”吏部尚书等奏曰：“臣等以正陪二人问伊堂官，据云拟正之人平常，其办事亦平常。拟陪之人曾经选用，其人颇优，长于办事。”上曰：“着将拟陪者补授。”又谕吏部尚书等曰：“自兹以后，凡刑部员外缺出，尔部除照常拟用正陪引见外，将伊本旗内现任员外尽令引见，朕自选用。”

复召大学士、学士等入，谕曰：“迩来科道绝无奏章，条陈乃科道专职，惟在中无私意而已。尔等可将此旨遍谕科道，如有条陈，着到畅春园面奏。”

又往奉天审事监察御史德珠、郭世隆奏请谕旨。上曰：“尔等到彼处，但当将原被告从公审断。朕闻彼处大臣遇此等事件，互相嘱托者甚多。尔等到彼处，自知之矣。此事若可同彼处大臣会审，即公同明白审理具奏。如不便会同，尔等即自行详审奏闻。”

本日起居注官库勒纳、思格则。

十二日癸丑

十三日甲寅

十四日乙卯

十五日丙辰 早，上御畅春园内澹宁居，大学士伊桑阿，学士凯音布、石文桂、萨木哈、吴世巴以折本请旨。兵部题宣府总兵官阎可权应否与谥。

上曰 :“阎可权为人庸常，居官亦无善处，这与谥、赐恤俱着停止。”

巳时，上问皇太后安。

本日起居注官库勒纳、博济。

十六日丁巳

十七日戊午

十八日己未

十九日庚申　早，上御畅春园内澹宁居，大学士伊桑阿，学士凯音布、石文桂、萨木哈、吴世巴以折本请旨。吏部题原任国子监祭酒德伯色员缺，正拟户部郎中色克，陪拟翰林院侍读何托。上曰 :“国子监祭酒教育人材，关系紧要，着将应升之员开列具奏。”

本日起居注官库勒纳、达苏喀。

二十日辛酉　巳时，上问皇太后安。

二十一日壬戌

二十二日癸亥　早，上御畅春园内澹宁居，大学士伊桑阿，学士石文桂、萨木哈、吴世巴以折本请旨。刑部等衙门题二等侍卫常官保不遵谕旨训诫，纵仆星格礼等于放鹰之处打死张守礼，因将伊拜他喇布勒哈番、又一拖沙喇哈番、佐领、二等侍卫俱行革去，鞭一百，不准折赎。康巴儿辱詈职官，枷号两月，鞭一百。上曰：“常官保着从宽免其鞭责。康巴儿着枷号三月，鞭一百，给与乌喇打牲之人为奴。余依议。”

本日起居注官库勒纳、思格则。

二十三日甲子　巳时，上问皇太后安。

二十四日乙丑

二十五日丙寅

二十六日丁卯

二十七日戊辰　巳时，上问皇太后安。

二十八日己巳

二十九日庚午　巳时，上问皇太后安。

七　月

初一日辛未

初二日壬申

初三日癸酉

初四日甲戌

初五日乙亥

初六日丙子

初七日丁丑　早，上御畅春园内澹宁居，大学士伊桑阿，学士凯音布、吴世巴、萨木哈以折本请旨。吏部题巡抚杨素蕴等督修战船，稽迟日久，应行议罪。上曰："战船关系军务，遇应修年分，当速行修理。今不速修，稽迟日久，以致有妨于用。着杨素蕴等将此情由明白回奏。"

又题原任湖广巡抚柯永升等自尽情由明白时再议。上曰："柯永升、叶暎榴皆系现任官员，遇裁兵鼓噪，抗拒不屈，尽节殉难，可悯。事平之日，着议奏。"

又礼部题原任巡抚姚缔虞，照例应给与半葬银两。上曰："姚缔虞居官颇优，着给与全葬之价。"

又兵部等衙门题万正色贪取金银粮米等物，所犯之罪律应死，伏候上裁。上曰："万正色前陷贼时，抗志不屈。身当行阵，拚命血战，劳绩甚多。从宽免死，着革去提督，留伊所得拜他喇布勒哈番。"

又四川巡抚噶尔图陛辞，进前奏曰："臣于本月初九日启行，伏祈皇上训谕。"上曰："尔在部院衙门办事已久，何待指示。到任以后，惟当洁己而行。前任杭爱、姚缔虞居官皆善，尔但照伊等行事可也。姚缔虞曾奏四川缙绅迁居别省者甚多，应令伊等各归原籍。若伊等果归原籍，则地方富庶，而于贫民亦有裨益。此事尔其次第行之。四川荒土甚多，尔当募民开垦。又闻彼处军粮往往不应时速给，尔到任后，必须应时给发，毋致迟误。"噶尔图奏曰："四川钱粮总计止有四万，因各省协济粮饷不至，以致有误应付。”上曰："运送军饷皆有定限，一到即给散兵丁，断不致迟误。且从来未有一人以违限题参者也。”噶尔图奏曰："臣本至微极贱，蒙皇上屡次擢用，今又授任巡抚，惟有谨识圣训，廉洁自持，竭尽心力，勉报隆恩于万一耳。”上问曰："尔尚有陈奏否？”噶尔图奏曰："大计最为要务。臣甫到彼处，官吏贤否贪婪未能明晰，举劾恐有不当处，伏祈将二十八年大计暂行停止。”上曰："尔可具本送通政司。”

辰时，上问皇太后安。

本日起居注官库勒纳、达苏喀。

初八日戊寅

初九日己卯

初十日庚辰

十一日辛巳

十二日壬午 早，上由西直门进西华门，回瀛台宫。是行，部院各衙门章奏每日交送内阁，内阁转送畅春园听理。

本日起居注官博济、胡会恩。

十三日癸未 辰时，上御乾清门，听部院各衙门官员面奏政事。

本日起居注官田喜霈、尹泰。

十四日甲申 辰时，上问皇太后安。

少顷，上御瀛台勤政殿，听部院各衙门官员面奏政事。

是日，赐福建靖海将军施琅有里蟒披领一件。

本日起居注官思格则、王掞。

十五日乙酉 辰时，上御瀛台勤政殿，部院各衙门官员面奏政事毕。江南江西总督傅腊塔近前奏曰："臣是月二十九日启行，求皇上训谕。”上问曰："尔有所陈奏否？”傅腊塔奏曰："臣候皇上指训遵行。”上曰："尔此去，当洁己行事。前任江南总督诸人无过于成龙者，尔照于成龙所行可矣。”傅腊塔奏曰："臣原系笔帖式，蒙皇上厚恩屡擢，当此重任。臣无弟兄，惟此孤身，自当竭力洁己而行。但臣原系一粗鄙之人，虽料理事务不能保其无错误。而居官之善与不善，责在臣躬。皇上极其圣明，必能洞晰。臣所恳者，臣所带家人，欲量入兵数内食粮，以养家口。”上曰：“战船关系军务，不为速行修理，以致迟延，有妨于用。前者提督杨捷题奏，给发兵丁口粮，不曾给与。兵乱之际，行役为劳，当使得其所生。尔至彼时，须将官兵抚恤。”傅腊塔奏曰：“臣谨志皇上谕旨而行。”

又召福建水师提督、靖海将军、靖海侯施琅至乾清门，赐食毕，复召至乾清宫。上问曰：“尔有所陈奏否？”施琅奏曰：“臣任福建水师提督，祇承皇上天威洪福，海疆宁静，无烦圣虑。”上曰：“尔前为内大臣十有三年，当时因尔系闽人，尚有轻尔者，惟朕深知尔，待尔甚厚。其后三逆反叛，虐我赤子，旋经次第平定，惟有海寇游魂潜据台湾，尚为闽害。欲除此寇，非尔不可，爰断自朕衷，特加擢用。尔果能竭力尽心，不负任使，奋不顾身，举六十年难靖之寇，殄灭无余，此诚尔之功也。迩来，或有言尔恃功骄傲者，朕亦颇闻之。今尔来京，又有言当留尔勿遣者。朕思寇乱之际，尚用尔勿疑，况今天下已太平，反疑尔勿遣耶！今命尔复任，自此宜益加敬慎，以保功名。从来功高者，往往不克保全始终，皆由未能敬慎之故，尔其勉之。更须和辑兵民，使地方安静，以副朕爱兵恤民并保全功臣至意。”施琅奏曰：“海寇荡平皆赖皇上神谋睿算，授臣方略，得以成功，臣何力之有焉。臣御将束兵，素为严谨。皇上设兵卫民，臣敢不仰体圣怀，和辑军民耶？况闽中实臣桑梓，臣无不加意抚绥。臣蒙皇上天恩最重，既锡以内大臣，又加封侯爵，子孙世袭，皇上亿万载无疆之天下，臣子孙亦享无疆之福。又蒙皇上解衣衣臣，推食食臣，臣蒙亘古所无之特典，惟有矢心效力，誓死图报而已。但臣孤踪独立，心直口快，以致获戾于人者多，全赖皇上始终保全。臣年老力衰，封疆重大，恐精神不堪料理。”上曰：“为将尚智不尚力，朕用尔以智耳，岂在手足之力？尔其勉之。”上因施琅年老，特令侍卫掖出。

是日，赐两江总督傅腊塔鞍马、撒袋、披领。

本日起居注官库勒纳、达苏喀、徐嘉炎。

十六日丙戌　早，上巡视口外，由东华门出东直门，驻跸河漕庄。是日途次，谕曰：“今见天时暑热，年老残疾及体胖大臣、侍卫不必紧行，可于阴凉处暂停歇息，晚至宿处，勿致劳苦身体及马匹。”

是日，霸昌道许兆麟、古北口等处抽分吏部郎中张圣猷等、密云县守备胡守恩等来朝。

十七日丁亥 上驻跸石匣城内。是日，石匣营游击周克训等来朝。

十八日戊子 上出古北口，驻跸鹌鹑沟。

十九日己丑 上驻跸八间房。

二十日庚寅 上驻跸白谷。

二十一日辛卯 上驻跸新房。

二十二日壬辰 上驻跸超射峰。是峰旧名纳哈里峰，石状如浮图，高百余丈。是日，上至此，率文武诸臣以次仰射。上连发数矢，皆过峰顶。头等侍卫桑格、二等侍卫纳拉善二人射至其巅，余俱不能至。射毕，上因更此峰名为超射峰。

二十三日癸巳 上驻跸榆山。是日，敖汉二品台吉额林臣来朝请安。

二十四日甲午 上驻跸平原。是日，谕内阁学士凯音布等曰："顷驿传笔帖式报内称，我兵近至武昌，贼首带三人逃窜武昌城内，百姓将贼首妻子羁禁，献城投降。据此，城内之贼皆降，所余之贼无几。该地方提督、总兵、绿旗官兵可以追擒招抚。若江宁、京口、荆州等处兵丁皆发往武昌，则转运供亿必重累民。满洲、汉军及所调绿旗兵丁，皆令各回原处。及遭难官民妻子恐致扰害，着令该抚查明具奏。尔等将此谕旨可传与大学士等。"先此，武昌督标裁兵鼓噪，上曾谕曰："裁兵鼓噪，被累者不过一二府之民，大兵一至，必迎接归降。"今果未久，大兵到时，众民即将贼首擒献，凌迟正法，余皆迎接归降，果不出圣明预料。睿算如神，闻者莫不惊异云。

二十五日乙未 上驻跸行宫。是日，行猎毕，齐集口外驻扎八旗蒙古官兵。上亲视赐茶毕，以行猎所获黄羊赐蒙古诸臣。

二十六日丙申 上驻跸福延山。是日，合围毕，上命内大臣、部院堂官于围内射黄羊，即以各所射之黄羊赐之。上亲射一黄羊，赐掌院库勒纳。又赐仓场总督石文桂黄羊一。晚刻，又赐上三旗护军参领，护军八旗前锋参领、前锋等黄羊。

二十七日丁酉 上驻跸行宫。是日，苏尼特部落多罗郡王萨玛扎额驸、未得品级台吉歪舒克等来朝请安。

二十八日戊戌 上驻跸长泉。是日，赐随围八旗查哈尔兵丁牛羊。

是日，苏尼特部落多罗贝勒博木布、喀喇沁部落一品塔布囊苗寿、敖汉四品台吉巴尔当来朝请安。

二十九日己亥 上驻跸会岭下之榆山。

三十日庚子 上驻跸温泉。是日，科尔沁国秉图郡王额津来朝请安。

八 月

初一日辛丑 上驻跸行宫。

初二日壬寅 上驻跸行宫。是日，谕内阁学士凯音布等曰："徐治都标下兵丁屡次大战，受伤阵亡之人必不少，况系各营镇调来之人，及至回各标下，则清察又须时日。今即遣户、兵二部贤能司员，会同该提督、巡抚察明，即在武昌赏赐。如此则穷兵得沾实惠，而日后无增减稽迟之弊。"又谕曰："此谕旨尔等可转交大学士等，着将户、兵二部贤能司员名次开列折子具奏。此开列司员选择点出之后，即着星速前往武昌赏赐。"

是日，科尔沁国和硕土谢图亲王沙津额驸来朝请安。

初三日癸卯 上驻跸富沟。是日，上射殪一虎。

是日，苏尼特部落多罗杜棱郡王阿玉西、四品台吉伊思塔克，阿霸垓多罗卓礼克图郡王崇西、拉布葛隆，敖汉二品台吉丹津来朝请安。

初四日甲辰 上驻跸秀驼峰所建之行宫。是日，敖汉多罗郡王扎木素、附于敖汉喀尔喀部落多罗贝勒罗布臧，喀尔喀部落多罗贝勒索诺木，翁牛忒部落佐理固山事喀喇车里克镇国公祁塔忒、扎木素王固山佐理固山事和硕额驸齐伦巴图鲁、佐理固山事一品台吉安达阿玉西、阿玉西子四品台吉毕礼滚达赖等，附于敖汉喀尔喀部落一品台吉吴巴西、二品台吉达尔马达拉，罗布臧贝勒子二品台吉葛勒尔图、四品台吉顾禄等，喀尔喀部落多罗贝勒索诺木固山佐理固山事二品台吉根敦等、三品台吉班达扎布、四品台吉崔尔拉扎等来朝请安。

初五日乙巳 上驻跸行宫。是日，赐八旗前锋护军等牛羊。

初六日丙午 上驻跸行宫。是日，护军统领穆图等奏称，镶白旗赖山佐领下护军哈充噶于七月二十三日病故，骨榇应令回京，为此奏闻。上念哈充噶行间病故可悯，赏银二十两。又令本参领内选择的当家人，送骨榇至其家。

又哈充噶于七月二十三日病故，是日，始行奏闻不合，因将该管护军统领胡巴、宗室惠兰各降二级，罚俸一年。

又谕曰："官兵内有病者，各旗都统、副都统、夸蓝大等亲来说与依都额真，令其启奏，遣御医调治之。"

初七日丁未 上驻跸行宫。是日，谕曰："众官兵内有大病者，该管官员奏明，令其回京。"

申时，上阅京城所送部院衙门及总督、巡抚奏章毕，齐集王、大臣、官员谕曰："凡地方官员城存与存、城亡尽节殉难者，乃人臣之分。近者武昌裁兵鼓噪，署布政使事道员叶映榴守义不屈，骂贼自刎。朕阅伊奏明情由之疏，朕心恻然，五内伤悼，口鼻酸楚，不忍披阅。王、大臣等其共听之。"因令展读奏疏，闻者莫不感泣。

是日，喀尔喀部落土谢图汗来使多尔济斯奚布楚扬下、扎萨克额尔得尼班第达来使姜、扎萨克墨尔根诺颜叔车臣诺颜来使秉图下，为太皇太后宾天，喀尔喀部落土谢图汗进丧仪一百两。喀尔喀部落土谢图汗弟扎布孙旦巴枯图克图来使毕礼克图囊苏来朝请安。

初八日戊申 上驻跸横泉。是日，上射殪一虎。

初九日己酉 上驻跸行宫。

初十日庚戌 上驻跸红门口之北潺流河之西。

十一日辛亥 辰时，上召喀尔喀部落索诺木贝勒近前，谕曰："近伐木场有一人被贼杀死，将牛夺去。闻此贼系尔所管喀尔喀之人。此周围地方，皆系镶白、正蓝放马之人居住。众皆云，尔所管喀尔喀之人极其凶恶，为盗贼者甚多，朕亦闻之有素。今当此承平之时，应各守分安居，为良民有何不好？为盗贼有何好处？朕轸爱尔蒙古等，无衣者赐以缎帛，无食者赈济米粮，赖偷盗以生可乎？为盗贼者虽幸逃法网，而天神岂肯宥乎？”索诺木贝勒奏曰：“臣所属人常尽力禁止，臣所属之人无为贼者。”上又谕曰：“今蒙古诸王、贝勒、台吉等俱在此地，朕何为不言他人？尔所属喀尔喀为贼者甚真，朕久已闻之，尔宜遵朕旨严加禁止。倘不行悛改，将贼拿获之后，朕断不轻释，彼时，尔亦无言可对也。”

是日，上驻跸行宫。是日，科尔沁国和硕卓里克图亲王巴特马，翁牛忒部落多罗杜棱郡王毕礼滚达赖、王之固山三品台吉毛海等、四品台吉叟色等、精奇尼哈番额林，土默特部落多罗达尔汉贝勒额尔德木图、固山贝子滚济斯扎布，柰曼部落固山贝子吴勒木济，阿鲁科尔沁国二品台吉库塔尔，克西克滕扎萨克一品台吉阿玉西固山、佐理固山事四品台吉噶尔毕、三品台吉齐礼克特、四品台吉达讷等来朝请安。

十二日壬子 上驻跸行宫。

十三日癸丑 上驻跸山羊谷。是日，上御行宫，学士凯音布、吴世巴、仓场侍郎石文桂等遵旨，会同理藩院尚书阿尔尼近前，将折出先理藩院题，蒿齐特部落穷蒙古应归附本旗内，有牲畜者令其养赡事请旨。上顾阿尔尼问曰：“蒿齐特蒙古生理若何？”阿尔尼奏曰：“观蒿齐特蒙古生理艰难。”上曰：“然。蒿齐特贫穷实真，应赈济米粮，若赐以银两买牲畜养，庶有裨于生理。拜察地方所有米五百石，今预备带来银一千两，着侍读学士喀拉、郎中马第带往，将穷蒙古酌量赏赐。此米粮着用喀尔喀索诺木贝勒旗内骆驼、克什克屯旗内车辆送至。”

十四日甲寅 上驻跸行宫。是日，赐随围管八旗查哈尔兵丁参领以上官员蟒袍各一件，阿达哈哈番、佐领、拜他拉布勒哈番等官缎各一匹，拖沙拉哈番、护军校、骁骑校等彭缎各一匹，护军、拨什库、兵等每人银各四两、毛青布各二匹。

是日，蒿齐特部落多罗郡王巴扎尔来朝请安。

十五日乙卯 上驻跸阿拜诺颜塔之前疏林口。是日，阿霸垓多罗郡王吴尔颜噶喀布、固山达尔汉贝子车林东鲁布、二品台吉德木楚克等，阿巴哈那尔固山贝子阿林臣达西，柰曼部落镇国公葛勒尔原、多罗达尔汉郡王俄齐尔子未得品级台吉班第，科尔沁国四品台吉小俄齐尔来朝请安。

十六日丙辰 上驻跸行宫。是日，翁牛忒部落多罗达尔汉代青贝勒额尔德布俄齐尔，克西克滕扎萨克一品台吉阿玉西、四品台吉戴通等来朝请安。

十七日丁巳 上驻跸玲珑谷。

十八日戊午 上驻跸红崖西。是日，阿霸哈那尔多罗贝勒薄昭来朝请安。

十九日己未 上驻跸行宫。

二十日庚申 上驻跸石幕地方。是日，扎鲁特部落多罗贝勒扎木、四品台吉坤垂等，阿鲁科尔沁国多罗垂和硕额驸色冷、二品台吉特美等，克西克滕扎萨克一品台吉阿玉西固山佐理固山、事四品台吉班第，巴林部落一品台吉葛勒尔图、三品台吉额尔德尼额驸吴尔滚，科尔沁国和硕达尔汉亲王班第额驸、一品台吉阿西图、多罗郡王代布、多罗贝勒巴克西古尔、贝勒叔二品台吉诺木德尔葛勒古鲁克齐、毕礼滚达赖、台吉毕礼克图、三品台吉那木噶布、固山额驸吴勒木济、二品台吉古鲁等、未得品级台吉甘第西、佐理固山事一品台吉巴特马西、二品台吉吴尔图那苏图，郭尔罗斯扎萨克四品台吉吴尔图那苏图等、原王俄齐尔、一品台吉吴尔图那苏图，蒿齐特部落多罗额尔得尼郡王达尔马葛理第来朝请安。

二十一日辛酉 上驻跸行宫。

二十二日壬戌 上驻跸红川谷。

二十三日癸亥 巳时，北边外喀尔喀部落车臣汗族人洪俄尔代青台吉等，率伊属台吉、塞桑等至，叩请上安。上召入见时，令洪俄尔代青台吉等三跪九叩首毕，上令入御幄赐茶。谕洪俄尔代青台吉曰：“尔喀尔喀厄鲁特世世进贡，诚心行走，朕心宠眷，从无偏庇，一体看待，恩赏叠加。今闻喀尔喀厄鲁特互相结怨，亟遣使臣令其和睦。使臣未至，而喀尔喀败遁，悉至朕哨探地方居牧，朕一体加恩。今伊等乱尚未定，故留之未曾逐出。尔知此事否？”洪俄尔代青台吉奏曰：“臣原系小台吉，非汗扎萨克之子，此如何得知之？”又谕曰：“尔母达赖达熙纳闻朕大兵往尼布朝地方，预备糇粮牛羊，朕闻之甚为嘉悦。尔先众人差人报厄鲁特追喀尔喀部落土谢图汗，又先众人请朕安、进贡，甚为可嘉。”谕毕，上取所带珊瑚数珠赐洪俄尔代青台吉。谕曰：“此示朕优眷之意，随当厚赐尔。”洪俄尔代青台吉谢恩出。

午时，上御黄幄，扈从诸王、内大臣、侍卫、八旗文武大小官员以至兵丁及外藩蒙古王、贝勒、贝子、公、台吉、塔布囊等，照两翼坐，喀尔喀洪俄尔代青台吉等坐于右次，大筵宴。上亲赐敖汉多罗郡王扎木苏额驸、齐伦巴图鲁、一品台吉安达阿玉西，翁牛忒部落多罗郡王毕礼滚达赖、多罗贝勒额尔德布额齐尔，土默特部落多罗贝勒额尔德木图、贝子滚齐思扎布，喀尔喀部落多罗贝勒罗布臧，扎鲁特部落多罗贝勒扎穆，阿霸垓贝子查林董罗布，巴林一品台吉格勒尔图等饮。众台吉、塔布囊等俱就坐，赐饮。喀尔喀部落洪俄尔代青台吉、阿拉布滩、图巴、玖哲四人，上亲赐饮。从洪俄尔代青、额尔德尼塞桑等七十余人，至案前跪饮毕。

上自红川启行，驻跸松林岭前。

二十四日甲子　上驻跸近红川。

二十五日乙丑　上驻跸行宫。

二十六日丙寅　上仍驻跸红川谷。

二十七日丁卯　上驻跸巴龙桑古苏泰。是日，上御行宫，学士凯音布、吴世巴、仓场侍郎石文桂，遵旨会同理藩院尚书阿尔尼近前，以折出理藩院题补扎鲁特部落协理旗下事务三缺，开列二品台吉额齐尔、额齐尔图、三品台吉布达西理、四品台吉班达尔沙、额尔哲图等事请旨。上顾阿尔尼问曰：“此内孰可用？”阿尔尼奏曰：“额齐尔图、布达西理伊等可用。又裁革衮崔其人甚优，较此开列之人俱优。衮崔一案，贝勒扎穆亦曾革去扎萨克，后皇上以扎穆仍为扎萨克。”上顾阿尔尼问曰：“同衮崔裁革根都什西布、阿穆胡朗若何？”阿尔尼奏曰：“根都什西布品行甚劣，不是端人。阿穆胡朗亦非可用之人。”上又问曰：“贝勒扎穆若何？”阿尔尼奏曰：“扎穆但一诚实人，非甚有才能之人，品行不乱。”上曰：“此三缺着将裁革衮崔及额齐尔图、布达西理三人协理旗下事务。”

二十八日戊辰　上驻跸野猪川口。

二十九日己巳　上驻跸骅骝杨川。

九　月

初一日庚午　上驻跸独村口。

初二日辛未　上驻跸黑湾口。

初三日壬申　上驻跸行宫。是日，赐洪俄尔代青玲珑鞍银、茶盆、蟒缎、貂袍、貂裘、貂帽、镀金围带、靴袜、缎二十匹、毛青布二百匹，阿拉布滩、图巴、玖哲蟒缎、羊皮袍、貂帽、镀金围带、靴袜、漆鞍、缎各七匹、布各七十匹，同伊等来西拉布格楚尔、额尔德尼等十一寨桑缎各二匹、布各十六匹，绰克图囊素、色津下等七十二人缎各一匹、布各八匹，堪度额尔克巴图尔台吉缎七匹、布七十匹、漆鞍一付，同伊来阿拉克、绰胡拉等四人缎各一匹、毛青布八匹。又赐洪俄尔代青、堪度额尔克巴图尔、图巴、玖哲、阿拉布滩、西拉布格楚尔、达尔汉囊苏、额尔德尼寨桑、绰胡拉等食。

初四日癸酉　上驻跸骅骝谷。

初五日甲戌　上驻跸行宫。

初六日乙亥　上驻跸黄陂谷。

初七日丙子　上驻跸行宫。是日，科尔沁国多罗郡王毕礼克图、科尔沁国多罗扎萨克图郡王俄齐尔、一品台吉葛勒尔图、额夫班第，巴林固山贝子吴尔瞻，喀喇沁部落镇国公吴特巴喇，乌朱穆秦部落二品台吉博木布，扎鲁特部落二品台吉毕礼克图，克什克屯部落扎萨克四品台吉拉马扎布来朝请安。

初八日丁丑　上驻跸行宫。

初九日戊寅　上驻跸行宫。是日，上射野猪一，分赐扈从内大臣、都统、尚书、前锋统领、护军统领、学士、记注官。

初十日己卯　上驻跸行宫。

十一日庚辰　上驻跸骅骝谷底。是日，赐随围喀拉沁部落都统、副都统三员缎袍各一，参领、一等护卫十员镶蟒领缎袍各一，佐领等四十七名镶妆缎领彭缎袍各一，骁骑校四十四员缎各一匹，拨什库兵共一千五百名，毛青布各一匹、银一两。

十二日辛巳　上驻跸布鲁理口。

十三日壬午　上驻跸荆溪。

十四日癸未　上驻跸行宫。是日，赐八旗前锋护军、兵丁牛羊。

十五日甲申　上驻跸青城南。是日，巴林部落一品台吉纳木詹来朝请安。

十六日乙酉　上驻跸正蓝鹰庄北。

十七日丙戌　上驻跸金沟屯。

十八日丁亥　上驻跸鞍匠屯。

十九日戊子　上进古北口，驻跸南天门之东北。是日，驻防古北口拖沙拉哈番品级章京拉沙里等、笔帖式萨西等、古北路都司佥书施纯等来朝。

二十日己丑　上驻跸密云县所属石岭。

二十一日庚寅　上驻跸三加店。是日，顺义县驻防守御卓博尔图、拖沙拉哈番品级章京西拉寇等,知县钟韵远、笔帖式博礼善、把总焦承恩来朝。

二十二日辛卯　辰时，上由东直门进神武门回宫。

巳时，上问皇太后安。

是行，部院各衙门章奏每日送内阁，内阁三日从驿递送至行宫转奏听理。

扈从起居注官库勒纳、洪俄岱。

二十三日壬辰　辰时，上御乾清门听政。部院各衙门官员面奏毕，大学士伊桑阿、王熙、梁清标，学士凯音布、朱都纳、萨木哈、彭孙遹、吴世巴、李振裕、江有良、董讷、迈图以折本请旨。吏部题尽节原任粮道叶映榴，加赠通政使司通政使，荫一子入监读书。上曰：“叶映榴应旌表之人，着赠工部右侍郎衔，荫一子入监读书。”谕毕，大学士等出。

召九卿、詹事、科、道近前，上问曰：“尔等阅河诸臣之意皆同否？”刑部尚书图纳奏曰：“臣等之意皆同。臣等阅黄河两堤皆高，而河底亦刷深，并无淤塞之处。前王光裕为总河时，河曾冲决九处，堵塞一处将完，复行冲决。自靳辅修减水坝以来，河底渐深，而堤岸增高，可无虞矣。此数年虽水不漫堤，而臣等以为恐有大水亦不可定，故仍留减水坝。”上曰：“尔等奏疏，朕皆洞晰。”因顾兵部尚书张玉书曰：“尔意同否？”张玉书奏曰：“臣等之意皆同。”上又顾兵部侍郎成其范及科、道官等曰：“尔等之意亦同否？”成其范及科、道官等奏曰：“臣等之意亦皆同。”上又顾工部尚书苏赫等曰：“尔等工部诸臣之意若何？”苏赫奏曰：“皇上特遣五臣详阅回京，臣等之意亦同。”上又以立三闸问图纳。图纳奏曰：“欲立此三闸，因中河狭隘，恐水大不能容蓄，立此闸，水大则可减泄耳。”上颔之。九卿出。

随召礼部尚书熊赐履近前，上问曰：“尔身体佳否？”熊赐履奏曰：“皇上圣学、圣孝，天下臣民无不景仰称颂。”上又问曰：“尔居江南年久，河道想亦知之。”熊赐履奏曰：“皇上洞鉴，下河已令挑浚。靳辅所挑中河实有裨益。”上然之。熊赐履又奏曰：“臣乃负罪之人，蒙皇上保全，又擢用礼部尚书，皇上隆恩实不能仰报，乞叩圣恩。”遂下乾清门，三跪九叩首出。

本日起居注官李光地、博济。

二十四日癸巳 辰时，上御乾清门听政。部院各衙门官员面奏政事毕。九卿、詹事、科、道近前，吏部尚书阿兰泰奏曰：“补授湖广总督事，令臣等面奏。今臣等公议湖广地方辽阔，巡抚、提督管辖各有分地，若设总督似于地方有益。”兵部尚书纪尔塔布奏曰：“臣曾在湖广行兵，其地广阔，且襄阳等处山形险要，总督有统制兵马之责，设立似乎有益。”工部尚书苏赫奏曰：“臣曾经过湖广，地广二千余里，较他省颇大，应仍设总督。”上颔之。

又户部尚书鄂尔多奏曰：“臣等公议，将各省易知由单刊刻晓谕，应行停止。”上问曰：“尔等众意皆同否？”刑部尚书图纳奏曰：“易知由单虽刊刻晓谕，百姓究未明晰，似乎无用。”上曰：“尔任川陕总督时，为何不奏？”图谕奏曰：“以行之甚久，故未奏请。”左都御史马齐奏曰：“臣在山西巡抚时，将易知由单刊刻晓谕无益之处，曾经启奏。”上又顾问汉大臣曰：“尔等之意云何？”户部尚书王日藻奏曰：“凡征收钱粮皆载在《赋役全书》，易知由单刊刻晓谕似乎无用。”上又问汉大臣等。兵部尚书张玉书、工部尚书翁叔元、左都御史徐元文、通政司参议高层云、给事中钱晋锡等同奏曰："易知由单刊刻晓谕，于百姓无益。"上曰："尔等今奏应停，后日复言应行，亦未可定。所奏知道了。"九卿出。

伊桑阿、王熙、梁清标，学士凯音布、朱都纳、萨木哈、彭孙遹、吴世巴、李振裕、江有良、董讷、迈图以折本请旨。九卿议看河事。上问学士董讷曰："尔意云何？"董讷奏曰："数年以来运道无阻，河底渐次刷深，臣前者亦曾启奏。"上曰："尔所奏殊属参差。凡事是非自有分别，尔一人之功名犹属小事，河工关系重大。尔系读书之人，自应秉公启奏。如此天理良心何在？"

本日起居注官田喜霌、尹泰。

二十五日甲午 辰时，上御乾清门听政。部院各衙门官员面奏毕，大学士伊桑阿、王熙、梁清标，学士凯音布、萨木哈、彭孙遹、吴世巴、李振裕、江有良、董讷等，遵旨以河工事问明靳辅启奏。上曰："河工事关系重大，着九卿详议口奏。"

巳时，上问皇太后安。

本日起居注官思格则、王尹方。

二十六日乙未 上幸畅春园。酉时，回宫。

本日起居注官洪俄岱、熊赐瓒。

二十七日丙申 上以高皇后忌辰，不御乾清门理事。

本日起居注官博济、王掞。

二十八日丁酉 上御乾清门听政。部院各衙门官员面奏毕，九卿、詹事、科、道进前，工部尚书苏赫奏曰："所看河工，臣等公议得，往看河工大臣欲于中河修三闸，问靳辅。据云于二三十里之间应修筑小闸涵洞。但河工关系重大，臣等不敢擅断，伏乞皇上定夺。臣等复恳皇上亲临指示修筑，不但于万年漕运、生民有益，亦可折服众论。但皇上屡次劳苦，恐烦圣躬。"上曰："尔等众意皆同否？"尚书苏赫奏曰："臣等众意皆同。"上又顾汉大臣曰："尔等之意若何？"刑部尚书李天馥奏曰："凡事臣等皆可酌议而行，惟河工不可溷行悬揣。立闸之处，臣等不敢擅定，伏乞圣明定夺。"上顾礼部尚书熊赐履曰："尔经历河上，想必知之。"

熊赐履奏曰："臣偶尔经过，知之不详。问土人，皆云中河有益，但尚未修完，伏乞皇上圣明定夺，但不敢请劳圣躬耳。"上曰："看河诸臣欲修三闸，靳辅欲于二三十里之间修闸及涵洞，所言虽异，其意皆同。"熊赐履奏曰："圣见极是。"九卿出。

大学士伊桑阿、王熙、梁清标，学士凯音布、朱都纳、萨木哈、彭孙遹、吴世巴、李振裕、江有良、董讷、迈图以折本请旨。吏部题三河县知县彭鹏于限年缉获案内，限满尚未获盗，应照例降一级调用。上曰："彭鹏居官甚优，着从宽免，降一级留任。"

本日起居注官尹泰、胡会恩。

二十九日戊戌 辰时，上御乾清门，听部院各衙门官员面奏政事毕。随云南提督诺穆图赴任陛辞，请皇上训旨。上曰："闻各省给与兵丁钱粮，依原额实给者甚少。尔到任后，须将此弊尽行革除，务须实给原额之数。兵丁勤习武备。"诺木图奏曰："臣谨志皇上圣谕。"奏毕出。

大学士伊桑阿、王熙、梁清标，学士凯音布、朱都纳、萨木哈、彭孙遹、吴什巴、李振裕、江有良、董讷、迈图以折本请旨。吏部题湖广复设总督，开列满洲或汉军、汉人请旨。上曰："丁思孔当裁兵倡乱之时，甚著勤劳，着升补湖广总督。"

是日，赐云南提督诺穆图鞍马、弓箭、撒袋全副。

本日起居注官库勒纳、徐嘉炎。

三十日己亥 早，上御保和殿，视太庙祝版毕，回宫。

少顷，御乾清门，听部院各衙门官员面奏政事。

本日起居注官思格则、汪霦。

十　月

初一日庚子 早，上以孟冬，躬诣太庙致祭毕，回宫。

本日起居注官尹泰、顾藻。

初二日辛丑 辰时，上御乾清门，听部院各衙门官员面奏政事。谕署理藩院事前锋统领马拉、学士拜礼曰："郎中赛柱办事糊涂，人极庸常，随从蒙古地方，几误大事。如此积年推诿之人，若不革退惩治，则尔衙门官员何由勤于效力？尔等即行参奏。"

毕，大学士伊桑阿、王熙、梁清标，学士凯音布、朱都纳、萨木哈、彭孙遹、李振裕、江有良、董讷、迈图以折本请旨。刑部等衙门题原任总漕慕天颜阻坏河工，应杖一百，徒三年，不准折赎；巡抚于成龙不据实陈奏，应削去太子少保，仍降二级调用。上曰："于成龙着削去宫保衔，从宽免降级调用。慕天颜前造船有效力之处，从宽免罪。"

本日起居注官田喜霅、博济。

初三日壬寅 辰时，上御乾清门听政。部院各衙门官员面奏毕，大学士伊桑阿、王熙、梁清标，学士凯音布、朱都纳、李振裕、彭孙遹、董讷、江有良、迈图以折本请旨。吏部题陕西巡抚布雅努革职员缺，或开列满洲或开列汉军、汉人请旨。上曰："按察司萨弼图居官有名，前在郎中年久，为人亦优，着升补巡抚。"

少顷，上问皇太后安。

本日起居注官思格则、吴涵。

初四日癸卯 辰时，上御乾清门，听部院各衙门官员面奏政事。是日，照例赐进贡琉球国王尚贞及正使耳目官魏应伯、副使正议大夫曾益都、通事官蔡应祥等表里缎布等物有差。

本日起居注官博济、张希良。

初五日甲辰 辰时，上御乾清门听政。各部院衙门官员面奏毕，大学士伊桑阿、王熙、梁清标，学士凯音布、萨木哈、朱都纳、彭孙遹、吴世巴、李振裕、董讷、江有良、迈图以折本请旨。吏部题外转主事张泰来拟补广东肇高廉罗道。上曰："广东地方最属紧要，张泰来才具不堪，着原品休致。这员缺着另拟具奏。"

巳时，上御瀛台紫光阁，召读卷官大学士伊桑阿、王熙等，皆赐坐。亲试武举骑射毕，又考试步射、开弓、舞刀、掇石。申时，回宫。

本日起居注官尹泰、陆肯堂。

初六日乙巳 辰时，上御乾清门听政。部院各衙门官员面奏毕，管翰林院掌院事侍郎库勒纳奏称：阅试天下武举，骑射关系大典。本月初五日，上御紫光阁阅武举骑射，读卷等官理宜极其恭敬，大学士梁清标侍坐垂头，闭目假寐，殊属失体。臣职司记注，所见最真，不敢不行纠参，应交与该部察议。为此护题请旨。上曰："凡朝会大典，理宜敬共严肃，汉人垂头假寐者颇多，皆于礼不合，应行诫谕。梁清标免交该部。"

巳时，上御瀛台紫光阁，读卷官大学士伊桑阿等皆赐坐。亲试武举步射、开弓、舞刀、掇石。内有武举王大猷三种技勇俱不能举，上问会试时系何人监箭？兵部侍郎成其范奏曰："臣监射时，王大猷曾能开弓，今想因天寒弓劲，故不能耳。"上命将王大猷并不能开弓之李华国、骑射不堪之曹志宁俱交与兵部。射毕，上命易布侯置的，命侍卫等射。又命武举等射。兵部侍郎成其范引武举上下动履，甚为不堪，大违敬共将事之道。试毕，申时回宫。

酉时，上御批本房，读卷官大学士伊桑阿捧卷进呈，学士李振裕以公拟十卷呈御案前。大学士王熙奏曰："臣等公阅，今年武举试卷似较上科稍胜。臣等就其中拟出文理略优者十卷，恭呈睿览。"上命学士李振裕、尚书熊赐履、左都御史徐元文、掌院学士李光地各读一卷。毕，上顾大学士伊桑阿等曰："向来考试武进士，皆以骑射为主，着将王应统为一甲一名，林云汉为一甲二名，吴开圻为一甲三名。"上又顾读卷官曰："为武将者粗知识字足矣，阅伊等卷，尚能写字。其余着照朕黄册所记定为前后。"诸臣出。

本日起居注官思格则、陈元龙。

初七日丙午　早，传胪于太和门前，赐武举王应统、林云汉、吴开圻一甲进士及第，刘职等廿人二甲进士出身，饶应贤等七十一人三甲同进士出身。

辰时，上御乾清门听政。部院各衙门官员面奏毕，大学士伊桑阿、王熙、梁清标，学士凯音布、朱都纳、萨木哈、彭孙遹、李振裕、董讷、迈图以折本请旨。理藩院题年例来朝王等令其来京请旨。上曰："喀尔喀部落内互相构怨，俱投入我哨探地方居住。蒙古王、贝勒、贝子、公等皆有防守地方、稽拿贼盗之责。今年年例来朝，着停止。"

又翰林院题翰林院官外转。上曰："翰林官着停止外转。"

本日起居注官博济、王掞。

初八日丁未　早，上幸南苑。酉时，回宫。

本日起居注官库勒纳、李光地。

初九日戊申　辰时，上御乾清门听政。部院各衙门官员面奏毕，大学士伊桑阿、王熙、梁清标，学士凯音布、朱都纳、萨木哈、彭孙遹、吴世巴、李振裕、董讷、江有良、迈图以折本请旨。兵部题云南营左副将兵鼓噪缘由，将总督范承勋、总兵官偏图各拟罚俸一年。上曰："偏图、范承勋俱从宽免罚俸一年。余依议。"

本日起居注官王尹方、顾仪。

初十日己酉　辰时，上御乾清门听政。部院各衙门官员面奏毕，大学士伊桑阿、王熙、梁清标，学士凯音布、萨木哈、彭孙遹、李振裕、董讷、江有良、迈图以折本请旨。九卿议镇守奉天等处将军察尼员缺，以公华善拟正，护军统领佟宝拟陪。上曰："绰克托为人甚优，着补授镇守奉天等处将军。"

本日起居注官洪俄岱、胡会恩。

十一日庚戌　辰时，上御乾清门听政。部院各衙门官员面奏毕，盛京刑部侍郎吴世巴陛辞，奏曰："臣授盛京刑部侍郎，吏部昨已宣旨。臣部所补郎中、员外等官，于本月十六日起程，臣亦欲于是日行，请皇上训旨。"上曰："朕闻盛京地方光棍、匪类聚集颇众，互相告讦者甚多，尔去诸事切勿偏向，须从公审理。"吴世巴奏曰："臣本微末之人，屡蒙皇上擢用以至今职。但臣庸懦，意见不到，恐有过失，何敢不从公审理，以致偏向。"上曰："闻盛京刑部审事，或别部官员及旗下官员闲散之人与审事之人并坐，干预所审事情。又与堂官同坐，嘱托事体。京师刑部前亦如此。朕再三申饬，今已整理矣。尔去务于此项禁约持正而行。"吴世巴奏曰："谨志皇上睿旨，自当竭力遵行。"吴世巴出。

大学士伊桑阿、王熙、梁清标，学士凯音布、朱都纳、彭孙遹、李振裕、董讷、迈图以折本请旨。吏部题巡抚柯永升因尽节，赠以都察院右都御史之衔，荫一子入监读书。上曰："柯永升系封疆大臣，裁兵鼓噪，必先有可知之处。方鼓噪时，宜率伊标下兵剿灭，乃反欲越墙逃走，见兵围困，遂从井而死。此事先已报过，柯永升甚为庸懦。凡死难者虽有旌表赐恤之例，而死者不同。柯永升应否追赠右都御史，问九卿来奏。”

又礼部题原任湖广湖北参议道，因死难追赠工部右侍郎叶映榴，照例以所赠之衔给与全葬银两，遣官读文致祭。应否与谥，伏乞上裁。上曰：“此事亦问九卿，一并具奏。”

本日，大学士伊桑阿，学士凯音布、朱都纳、萨木哈、迈图等入乾清宫奏曰：“臣等遵旨将柯永升、叶映榴之事已问九卿。九卿云：柯永升系封疆大臣，兼管兵丁。值裁兵鼓噪时，应率兵剿灭，乃不思剿灭贼兵，反欲越墙逃去，因在外兵马围困，遂从井而死。于此看来，甚是庸懦，不应追赠。至道员叶映榴无管兵之责，为贼所陷，尽节不屈，情形可悯，但前福建尽节道员陈启泰亦曾赠工部右侍郎之衔，不曾予谥。其予谥之恩，出自皇上。”上曰：“柯永升追赠官衔及荫一子俱着停止。道员陈启泰既不曾予谥，叶映榴亦照此例。”

少顷，上问皇太后安。

本日起居注官库勒纳、熊赐瓒。

十二日辛亥 上奉大行太皇太后尊谥册宝，将送至暂安奉殿。早，驾出太和门，亲视册宝降阶，奉安彩亭内，始启行。

上由东华门出朝阳门，行至大黄庄东，见道傍沟内有尸，圣心不忍，命发内帑银五两，遣官传集彼处总甲百姓，令买棺殓之，并察伊亲戚，令其识认，弗为犬彘残食。传谕毕，众百姓跪叩云：“圣上惠爱小民，泽及道路死尸，诚亘古未有之仁政。”村中老幼匍匐道傍，莫不欢呼感诵而泣下者。

是日，上驻跸三河县城内。晚刻，谕三河县知县彭鹏曰：“尔本贫士，居官颇有贤声，故赐银三百两，为尔需用之资。”彭鹏奏曰：“皇上用臣为知县，循分效力，乃臣职所宜然。今又蒙特旨赐银，臣感激无尽，难于仰报。”奏毕，谢恩。

十三日壬子 上驻跸马伸桥。

十四日癸丑 早，上自行宫启行，将至大行太皇太后暂安奉殿，未及门，涕泪交颐，哭而入。至殿中，复痛哭良久，始出。少顷，又诣孝陵行礼、举哀。又至皇后陵寝，亦举哀。晚刻，复诣暂安奉殿，哭良久。

是日，上驻跸新城内。

十五日甲寅 早，上诣大行太皇太后暂安奉殿，哭良久，始出。晚刻，又诣哭。

是日，上驻跸行宫。

十六日乙卯 卯时，恭上大行太皇太后尊谥册宝。皇上服素服，于大门相近处下马，入左傍门，至享殿前阶。上西向立，大学士等捧册宝奉安于左边案上，皇上就拜位行三跪九叩头礼。听赞礼官赞："跪。"皇上跪；赞："进册。"大学士捧册跪献，皇上受册。献毕，仍授大学士。赞："进宝。"大学士捧宝跪献，皇上受宝。献毕，仍授大学士。二大学士捧册宝同送至正中案上，退。宣册官捧绢册，在皇上左边北向跪，宣毕，捧册立。宣宝官捧绢宝，在皇上左边北向跪，宣毕。宣册宝二官各捧册宝，同送至正中案上。皇上就跪处，行三叩头礼，兴。又行二跪六叩头礼。嗣致祭时，皇上行三跪九叩头礼。行初献礼，捧帛、爵进献，宣读官捧祝文立，皇上跪。宣读官跪于皇上左傍读祝毕，送至盛帛盒内，皇上行三叩头礼。亚献、终献俱照初献礼供献。献毕，皇上行三跪九叩头礼，送黄绢册宝、祝文焚化处时，皇上退至东边立，候祝帛过，复原处立。黄绢册宝、祝文焚化将半，二大学士捧香、册宝前行，皇上随后行，至暂安奉殿。奉安册宝时，皇上至暂安奉殿月台下，行一跪三叩头礼毕，皇上出。

是日，上驻跸蓟州城内。

十七日丙辰 上驻跸三河县城内。

十八日丁巳 申时，上由朝阳门进东华门，回宫。

是行，部院各衙门章奏每日送内阁，内阁三日从驿递送至行宫，转奏听理。

扈从起居注官库勒纳、李光地、尹泰、蔡升元。

十九日戊午 辰时，上御乾清门听政。部院各衙门官员面奏毕，大学士伊桑阿、王熙、梁清标，学士凯音布、朱都纳、萨木哈、彭孙遹、李振裕、董讷、迈图以折本请旨。吏部题兵部右侍郎成其范溺职，议应革职。上曰：“成其范着降五级调用。”

少顷，上问皇太后安。

本日起居注官博济、汪霦。

二十日己未 辰时，上御乾清门听政。部院各衙门官员面奏毕，大学士伊桑阿、王熙、梁清标，学士凯音布、萨木哈、彭孙遹、李振裕、董讷、迈图以折本请旨。直抚于成龙题顺、永、保、河等府拨补被圈田地，俱系远处抛荒瘠土，若照部更改《全书》征收钱粮，必不能完，请仍照现年钱粮征收，部议不准行。上曰：“这拨补田地征收钱粮历年已久，今不应复增征，着照该抚所题行。”

本日起居注官顾仪、顾藻。

二十一日庚申 早，上以大行太皇太后升祔，将祭太庙，恭视祝版于保和殿，礼毕，回宫。

辰时，御乾清门听政。部院各衙门官员面奏毕，大学士伊桑阿、王熙、梁清标，学士凯音布、朱都纳、彭孙遹、李振裕、董讷、迈图以折本请旨。兵部题议杭州防守御陈廷章，将伊已经承袭管佐领之子带至任所，不合，应将陈廷章罚俸一年。上曰：“陈廷章着从宽免罚俸。此等承袭官及管佐领之员，年幼未满岁者，若不令随父任所。则无人教育，势必流为匪类，将至于生计困穷矣。向来上朝俱有一定年岁，嗣后未满岁之幼子，许携至伊父任所，几岁后令其送归京师，着定例议奏。”

又理藩院以差往厄鲁特部落噶尔丹博硕克图汗事请旨。上曰：“前遣阿南达至噶尔丹博硕克图处，闻彼极其恭敬。此事俟阿南达到日再行启奏。”大学士伊桑阿奏曰：“皇上恩威并济，远被万方，使臣所至，异域之人自应敬畏也。”

本日起居注官洪俄岱、蔡升元。

二十二日辛酉 卯时，大行太皇太后升祔太庙奉先殿，皇上具服礼服出宫，进太庙傍门，照常降辇处降辇。皇上盥手，诣神牌前，行一跪三叩头礼，捧请神牌安奉亭内，行一跪三叩头礼。皇上在后随行至太庙外左傍门，皇上诣亭前，行一跪三叩头礼，于亭内捧请神牌，由左傍门入。皇上至太庙行礼处，将神牌安奉拜褥上。皇上稍后立，赞礼官赞："大行太皇太后行升祔太庙礼，参拜太祖高皇帝、高皇后，太宗文皇帝。"皇上行三跪九叩头礼，将神牌奉安于宝坐椅上，行一跪三叩头礼。续捧神牌大臣二员，跪奉世祖章皇帝、章皇后神牌，并安于拜褥上。赞礼官赞："参拜大行太皇太后。"皇上行三跪九叩头礼。将世祖章皇帝、章皇后神牌，大臣二员亦跪请奉安于宝坐椅上，各行一跪三叩头礼。续以大行太皇太后神位升祔太庙之礼，读祝致祭毕，皇上还宫。更礼服，穿补服，由景运门出，诣奉先殿傍门降辇，盥手，诣神牌前，行一跪三叩头礼，恭捧神牌，由奉先殿左门入，奉安于宝坐椅上，行一跪三叩头礼。皇上诣拜位，以神位升祔奉先殿之礼，读祝致祭毕，还宫。

本日起居注官库勒纳、李光地。

二十三日壬戌　以大行太皇太后神位祔庙礼成，颁诏天下。

是日，部院各衙门章奏俱交送内阁。

本日起居注官尹泰、陆肯堂。

二十四日癸亥　辰时，上御乾清门听政。部院各衙门官员面奏毕，云南布政使于三贤、广东布政使张建绩陛辞，恭请皇上谕旨。上曰："尔等有所奏否？"于三贤、张建绩奏曰："臣等未至地方，不敢妄奏。"上曰："凡事皆有一定之处，尔等至地方，杂派应永行禁止。若地方官人人尽革除杂派，一年之间，民力自即充裕矣。"于三贤、张建绩奏曰："臣等谨遵谕旨，到地方当与总督、巡抚严加禁革，以报皇上高厚隆恩。"于三贤、张建绩出。

大学士伊桑阿、王熙、梁清标，学士凯音布、朱都纳、萨木哈、彭孙遹、李振裕、董讷、迈图、郭世隆以折本请旨。兵部等衙门为江宁兵丁马匹不堪，有误大兵进剿，将将军博济、副都统邬黑等各降一级调用。上曰："南方马匹易于倒毙，兵丁所以不能足数喂养。博济、邬黑着降一级，从宽留任。"

本日起居注官思格则、陈元龙。

二十五日甲子　辰时，上御乾清门听政。部院各衙门官员面奏毕，九卿等进前，兵部尚书纪尔塔布奏："臣等会议得，杭州将军郭丕所奏，杜光裕告兵丁肆行累民一案，俱无实据，且系旧事，无庸议。嗣后有如此行者，令该将军、总督、巡抚严审议罪具奏。”上问曰：“尔等之意俱同否？”尚书李天馥、张玉书奏曰：“所告俱系旧事，臣等之意俱同。凡各省总督、巡抚、提督、总兵官等属下兵丁，鲜有不如此稍稍肆行者，但在严禁而已。”尚书熊赐履奏曰：“所告俱系旧事，今但乞天语饬申，禁止将来。”上曰：“凡所予将军、提督敕书内，开载训饬之语甚明，岂属虚文耶？”又顾满洲大臣问曰：“尔等之意如何？”尚书阿兰泰奏曰：“所告之事俱系旧案，故臣等所议如是。”尚书图纳奏曰：“兵丁如此行者所在都有。前值陕西省绿旗兵丁肆行，因加严禁方止。”言官巴拜奏曰：“贼盗从古有之，虽尧舜之世亦有，非起自今日。金铉所奏之词甚不顺。”奏毕，九卿出。

大学士伊桑阿、王熙、梁清标，学士凯音布、萨木哈、彭孙遹、李振裕、董讷、迈图、索诺和以折本请旨。兵部题江南省狼山总兵官员缺，或开列参领，或开列现任副将等请旨。上问董讷曰：“江宁督标副将刘含高为人何如？”董讷奏曰：“臣前任江南总督，刘含高是臣标下副将，其人甚优，在地方安静，骑步射皇上所知。”上曰：“刘含高着补授狼山总兵官。”

本日起居注官库勒纳、张希良。

二十六日乙丑 辰时，上御乾清门，听部院各衙门官员面奏政事。

本日起居注官李光地、尹泰。

二十七日丙寅 辰时，上御乾清门听政。部院各衙门官员面奏毕，大学士伊桑阿、王熙、梁清标，学士凯音布、朱都纳、萨木哈、彭孙遹、李振裕、迈图、郭世隆、索诺和以折本请旨。礼部题安南国莫敬瑆以伊母兄被杀，请旨除强，祈赐原地叩阍事，议不准行。上曰：“莫敬瑆昔曾从逆，部议不准其请，良是。但发回彼国必不肯容，其行文该地方，令其存活，勿行戕害可也。”

少顷，上问皇太后安。

本日起居注官田喜霌、博济。

二十八日丁卯 辰时，上御乾清门听政。部院各衙门官员面奏毕，大学士伊桑阿、王熙、梁清标，学士凯音布、朱都纳、萨木哈、彭孙遹、李振裕、迈图、郭世隆、索诺和等以折本请旨。上召兵部满汉堂官近前，以该部题准图纳补授佐领与不准花色所争佐领二事问曰：“图纳、花色二事俱属一体，图纳系尚书，尔部即议补授，花色叩阍，尔部不惟不准，反议罚俸，殊属可笑，显有瞻徇情弊。”兵部尚书纪尔塔布奏曰：“臣本庸愚，无心错失有之，焉敢徇情？”遂免冠叩首。上曰：“尔等以图纳之佐领谓自其父管来，则花色现争之佐领亦自其伯祖管来，为何不将此情载入看语，岂非用巧乎？尔系新任，为人所欺，此皆两侍郎所为。”侍郎禅布奏曰：“臣等一时疏忽，以致错误，焉敢行私？如果行私，图纳、花色二事岂肯同时启奏？”遂免冠叩首。侍郎舜拜等亦免冠叩首。上顾侍郎董讷曰：“尔系新任，与尔无涉。此事明系司官朦蔽，朕若不详究，竟为所欺，殊属可恶！”

上又曰：“大学士等亦在此，尔等共听。朕闻绿旗兵饷，兵丁照数得者甚少，皆由不肖武弁扣克，夤缘馈送兵部。”遂指大学士梁清标曰：“梁清标向在兵部年久，此等情弊伊岂有不知之理？官兵所恃者粮饷，若果全得，兵丁自然精健。今在外武官，将饷银侵欺入己，又馈送兵部，是以兵丁无以聊生，以致鼓噪。而管兵总兵、副将等官亦不能弹压，惟有在通衢跪求而已。此等兵丁将来如何可用！凡事当穷究根本，此事根本全在兵部。”侍郎董讷奏曰：“皇上圣明，此等情弊如何瞒得？臣为江南总督时，闻放饷文官，每银百两扣克一二两不等。臣是以严禁，务令文武官公同监兑，不致侵克。”尚书张玉书奏曰：“此等事在前原有。”上曰：“尔既知有此事，何不预为奏闻？今董讷启奏，尔始随便塞责，似此现成之语，谁不能说！”张玉书等俱免冠叩首。

董讷奏曰：“从前每遇军政解部册籍，字义差讹，部有处分之条，是以在外武官以部费为名，科敛馈送，此弊实有。近蒙皇上洞鉴，停止送册，在外武官无以为名，此风觉少。”上曰：“尔所言是。此风迩来果少。但武弁于空粮所取者既多，又扣克现在兵粮，兵如何得精？”大学士伊桑阿奏曰：“圣谕诚然。此所谓有其名而无其实也。”兵部等官出。

《康熙帝南巡图卷·出京盛况》（一）

清宫廷画家绘。绢本，设色。全图纵67.8厘米，横1555厘米。故宫博物院藏。《康熙帝南巡图》是描绘康熙帝第二次南巡盛况的历史画卷。它共分为12卷，每卷首尾相接，将所经过的州县府郡、山川河流、名胜古迹一一入画。此卷为《康熙帝南巡图》第一卷，描绘康熙二十八年（1689年）正月初八日，康熙帝率众出京，自永定门至南苑行宫的情景。

《康熙帝南巡图卷·出京盛况》（二）

《康熙帝南巡图卷·出京盛况》（三）

《康熙帝南巡图卷·出京盛况》（四）

《康熙帝南巡图卷·济南免赋》（一）

《康熙帝南巡图卷·济南免赋》（二）

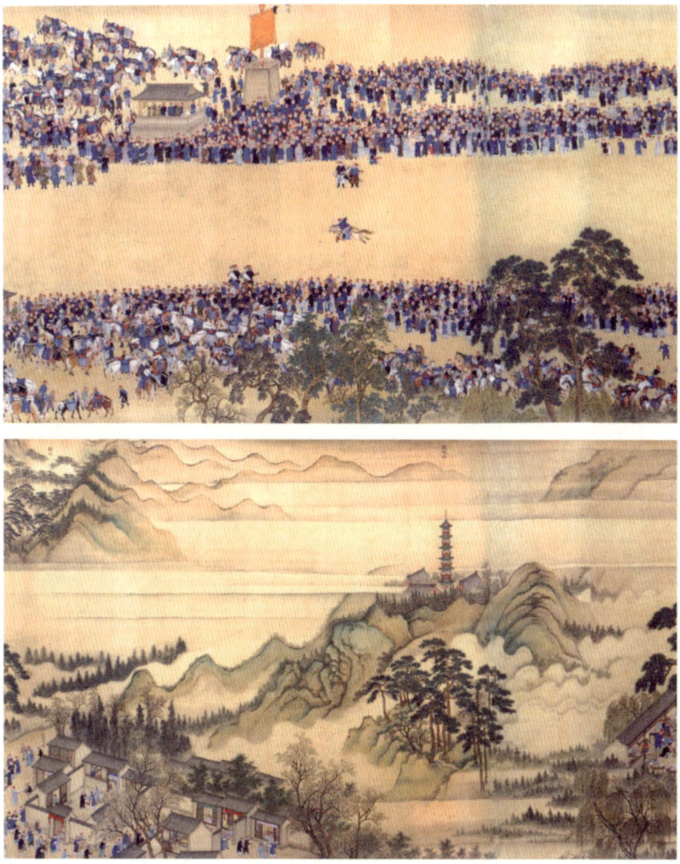

《康熙帝南巡图卷·江宁阅武》（一）

《康熙帝南巡图卷·江宁阅武》（二）

大学士等以偏沅巡抚兴永朝摘参副将胡云一事请旨。上曰："武官有效力疆场累著功绩者，一旦有不肖之处被参，即行严提，亦觉可悯。尔等查胡云有无功绩再奏。嗣后如武官被参，即查有无功绩奏闻。"

本日起居注官王尹方、顾仪。

二十九日戊辰　辰时，上御乾清门，听部院各衙门官员面奏政事毕。安徽巡抚江有良陛辞求训谕。上曰："尔在部年久，凡事无不谙练。到地方后，惟有洁己奉公，以副委任之意。尔有所陈奏否？"江有良奏曰："臣未到地方，利弊俱未明悉，不敢妄奏。"上颔之。

本日起居注官洪俄岱、王掞。

三十日己巳　辰时，上御乾清门，听部院各衙门官员面奏政事。

是日，赐安徽巡抚江有良鞍马一匹。

本日起居注官思格则、熊赐瓒。

十一月

初一日庚午　辰时，上御乾清门听政。部院各衙门官员面奏毕，山西按察使能德陛辞，近前请皇上训谕。上曰："近来在外官员较前俱优，及此整顿之时，尔当洁己奉公而行。"能德奏曰："臣一介微贱之人，又以获罪革职，皇上复加起用，历升今职，敢不奉公而行。但臣不识汉字，意见不到之处，或有差误。"上曰："有心而行与无心致错之事甚不相同，自有分别。"能德奏曰："皇上谕旨极是，臣当尽力勉行。"

大学士伊桑阿、王熙、梁清标，学士凯音布、萨木哈、彭孙遹、李振裕、迈图、索诺和以折本请旨。吏部题三河县知县彭鹏盗案，限一年缉获，今限满未获，应降一级调用事。上曰："彭鹏居官最善，人亦甚优，着降一级，从宽留任。"

本日起居注官库勒纳、胡会恩。

初二日辛未　卯时，上在乾清宫，大学士伊桑阿，学士凯音布、朱都纳、萨木哈、迈图等人以折本请旨。吏部题内阁学士董讷升任员缺，开列少詹事王泽弘等。上曰："太常卿郭琇为人颇优，着升补学士。"

又兵部题原任御史郭世隆条奏，山海关城守御、章京等官，应将谨慎廉能之人补授，及失查偷刨人参者，应另行严定处分之例，部覆俱无庸议。上曰："偷刨人参之人禁绝甚易。但人参为物，于治病有益，且无甚关系，故朕于偷刨之人亦未曾有一正法者。着如部议。山海关城守御穆成格乃一奔竞之人，声名甚属不佳。着解任，于盛京地方酌用。"

又都察院题将叩阍图墨德于伊主明登家撤出，拨与镶黄旗海喇孙佐领下。上曰："图墨德之父艾山原系饶郡王所属之人，今议拨与上三旗佐领下，不合。着给与安亲王可也。"

辰时，上由午门出正阳门，幸南苑。

本日起居注官尹泰、徐嘉炎。

初三日壬申

初四日癸酉

初五日甲戌 早，上御南苑旧宫，大学士伊桑阿，学士凯音布、朱都纳、萨木哈、迈图、索诺和以折本请旨。兵部题都司宣德仁尽节死难原由，应追赠署参将衔，荫一子弟以守备用。上曰："宣德仁系一微员，值裁兵鼓噪，抗拒不屈，殉难尽节，可悯。着从优加赠副将衔，余依议。"

又贵州巡抚田雯题永宁等九县建立学宫，此建造银两请令捐输。又请书牌匾四面悬挂，童生、秀才俱照例准取。上曰："捐助皆系空名。凡捐助各项，派取累民者甚多。贵州有数千里之遥，孰从家中捐助，不过派民而已。况设法捐助等语，断不可行。如此等粉饰虚名，取派民间，民何以聊生？其所请捐助建造之处，着一并议奏。"

是日，未启奏前，赐大学士伊桑阿，学士凯音布、朱都纳、萨木哈、索诺和，礼部侍郎管翰林院学士事库勒纳，侍读学士博济食。启奏后，上复以亲自射获二獐赐之，大学士、学士等，翰林院学士等叩领出。

本日起居注官库勒纳、博济。

初六日乙亥

初七日丙子

初八日丁丑 早，上御南苑旧宫。大学士伊桑阿，学士凯音布、朱都纳、萨木哈、迈图、索诺和以折本请旨。吏部题补副都御史傅感丁丁忧员缺，开列宗人府府丞董秉忠等具题。上曰：“董秉忠为人庸常，着将其次应升官员开列折子具奏。”

又吏部题内阁票签侍读戴纳升任员缺，将内阁中书穆黑伦拟正，阿米达拟陪。上曰：“内阁侍读职任尚属紧要，着将应升官员开列折子具奏。”大学士伊桑阿奏曰：“票签侍读员缺，原就臣衙门中书内选择出送部题用。穆黑伦系臣所举，其人亦可。”上曰：“如此，着将穆黑伦补用。”

又于偏殿内赐大学士伊桑阿，学士凯音布、朱都纳、萨木哈、迈图、索诺和，起居注官库勒纳、思格则食毕。

上至晾鹰台，御黄幄内，令火器营官兵俱擐甲胄，有鹿角兵列于东，无鹿角兵列于西，挨次进放火器，以观军容。士卒进退极其严整，毫无紊乱，兵威赫濯。旋设布侯，令湖广辰州府副将郭忠孝、福建汀州府副将薛受益射毕。皇上及裕亲王、大阿哥、皇太子排次递射，俱中三四矢。既而三阿哥、四阿哥、五阿哥、七阿哥、八阿哥亦序立，皇上亲示射法，亦俱中三四矢。皇上复偕皇太子及诸皇子射，众官莫不惊叹以为神。

本日起居注官库勒纳、思格则。

初九日戊寅

初十日己卯

十一日庚辰 上自南苑移驻畅春园。

十二日辛巳

十三日壬午 辰时，上御畅春园内澹宁居，兵部尚书纪尔塔布进前奏事毕，上谕曰：“榆林总兵官严弘年纪衰迈，闻于武昌兵丁鼓噪时，乘轿而至。着以原品休致。这员缺着将湖广辰州府副将郭忠孝升补，其应兼职衔，尔部具奏。又，此番同来引见之福建汀州府副将薛受益遇总兵员缺，亦即拟出具奏。”纪尔塔布等出。

大学士伊桑阿，学士凯音布、朱都纳、萨木哈、索诺和、迈图以折本请旨。户部题右翼抽分，拟差内务府员外郎罗甘。上曰：“罗甘乃一粗人，以其年久，故升授员外，着永停其差委。这差着另拟具奏。”

又兵部题盛京佐领金色勒革职员缺，将伊弟昂素拟正，扎思图拟陪。

上曰："金色勒人材甚优，亦善射。"伊桑阿奏曰："臣等亦闻之。此佐领止可令金色勒子弟管辖，他人未便。若仍令金色勒管此佐领似乎亦可。"上曰："然。金色勒着仍为佐领。"

本日起居注官库勒纳、洪俄岱。

十四日癸未

十五日甲申

十六日乙酉

十七日丙戌 未时，上由西直门进西华门回宫。

是行也，部院各衙门章奏每日交送内阁，内阁每日送行宫听理。

本日起居注官思格则、顾藻。

十八日丁亥 辰时，上御乾清门听政。部院各衙门官员面奏毕，大学士伊桑阿、王熙、梁清标，学士凯音布、朱都纳、彭孙遹、萨木哈、李振裕、迈图、索诺和、郭琇以折本请旨。吏部题翰林院侍讲熊赐瓒请假终养。上曰："翰林官往来交结者甚多，熊赐瓒并无交游，品行最优，学问亦佳。"伊桑阿奏曰："熊赐瓒去岁典试浙江，声名颇善。"王熙奏曰："熊赐瓒果系寡交，人亦谨慎。"上曰："伊所请终养疏内，情词恳切。向来以养亲乞假者曾有优旨否？尔等察明具奏。"

又兵部题散骑郎孟魁解任员缺，将佐领邬尔德黑拟正，苏尼克拟陪。上曰："孟魁人材壮健，着仍留任。"

本日起居注官尹泰、蔡升元。

十九日戊子 辰时，上御乾清门听政。部院各衙门官员面奏毕，大学士伊桑阿、王熙、梁清标，学士凯音布、朱都纳、萨木哈、彭孙遹、李振裕、迈图、索诺和、郭琇以折本请旨。兵部题湖广总督丁思孔以武昌兵变，将战守逃避官员分别具题，部议俱行拿问。上曰："依议。受伪职官员，着革职拿问，余皆免其拿问。"

又翰林院侍讲熊赐瓒，伊母李氏七十四岁，无人奉养，情愿终养具题一疏。大学士伊桑阿奏曰："查例，前韩菼因患病请令解任养病一疏，曾批温旨。又张英欲迁葬伊父题请，亦曾批温旨。"上曰："熊赐瓒品行端廉，学术醇正，介以自守，不事交游，简侍讲幄以来，敬慎益着。据奏称伊母年老，无人侍养，情词恳切，准其回籍终养。”

又户部题《赋役全书》告成，进呈御览。大学士伊桑阿奏曰：“看新旧书，大概旧书田一亩绵几厘、布几厘、丝几厘，共银三分。新修书不载其目，惟田一亩出银三分。看新全书似乎易晓。”大学士王熙奏曰：“用新修全书，旧全书应仍留备查。”上曰：“《全书》关系紧要，今不详细尽看，后日或有不便之处，必至难行。将此交九卿，着彼等看过明日面奏。”

少顷，上问皇太后安。

本日起居注官顾仪、吴涵。

二十日己丑　辰时，上御乾清门听政。部院各衙门官员面奏毕，九卿、詹事、科、道进前，户部尚书鄂尔多奏曰：“臣等看得《赋役全书》新修者简而明，应当刊刻颁行。”上顾熊赐履等问曰：“尔等云何？”熊赐履等奏曰：“新修《赋役全书》简而明，可以刊刻颁行。其旧《赋役全书》亦当仍留，以备查考。”上顾图纳、马齐等问曰：“尔等曾为外官者云何？”图纳奏曰：“新修《赋役全书》简而明，应当刊刻颁行。”马齐奏曰：“新修《赋役全书》简而明，百姓易晓，颁行为善。”九卿、詹事、科、道官员出。

大学士伊桑阿、王熙、梁清标，学士凯音布、朱都纳、萨木哈、彭孙遹、李振裕、迈图、索诺和、郭琇进前，上曰：“新修《赋役全书》满诸臣以为简明，刊刻颁行为善；汉诸臣以为简明，可以刊刻颁行，其旧《赋役全书》亦当仍留，以备查考。着将各省《全书》发与各省巡抚，会同经管钱粮司道官员详察细阅，有无应行更改增删，务期永远可行，明白确议，毋得彼此瞻顾。各行具题，到日再议具奏。”伊桑阿等奏曰：“督、抚等官身在地方，所知必确。圣谕甚善。”

本日起居注官博济、陆肯堂。

二十一日庚寅　辰时，上御乾清门，听部院各衙门官员面奏政事。

本日起居注官思格则、顾藻。

二十二日辛卯　辰时，上御乾清门听政。部院各衙门官员面奏毕，大学士伊桑阿、王熙、梁清标，学士凯音布、朱都纳、彭孙遹、李振裕、迈图、索诺和、郭琇以折本请旨。兵部题原任镇守荆州等处将军噶尔汉、副都统希福带兵进剿武昌鼓噪兵丁，不能即行扑灭，藉称无战船粮饷，辄自退回，殊为可恶。应将都统噶尔汉革职，鞭一百，不准折赎，家产籍没。副都统希福革职，鞭一百，不准折赎。上曰："噶尔汉着革职，鞭一百，不准折赎，免其籍没。希福着革职，免其鞭责。"

又管理下河户部右侍郎凯音布，开浚河道，派夫一万有余，倘有急公之处，酌量加添，断不至过二万有零之数等语。上曰："凯音布前往修理下河时，朕曾有不得擅派民夫，以致受累之旨。今称开河夫役仍须签派，势必贻累。况前经九卿、大臣会议，不准派及民夫乎！"大学士伊桑阿奏曰："若无民夫难以开浚。"学士郭琇奏曰："虽不派及民夫，地方官若不委役收管夫役，代为行文，不可。但修理宜逐日给以应得工食，俾沾实惠。"上曰："前此亦无不全给工费之处。原任下河侍郎孙在丰，若不将人夫应得工食全给，其能免纠参耶？这本内事情，着九卿、詹事、科、道会议具奏。"

本日起居注官洪俄岱、张希良。

二十三日壬辰 辰时，上御乾清门，听部院各衙门官员面奏政事。

本日起居注官李光地、顾仪。

二十四日癸巳 辰时，上御乾清门听政。部院各衙门官员面奏毕，大学士伊桑阿、王熙、梁清标，学士凯音布、彭孙遹、李振裕、迈图、索诺和、郭琇以折本请旨。监察御史吴升东条奏，汉军考居五等人员，应不准食俸，仍令学习考试。上曰："汉军人员但欲各处游行安闲，其愿于部院及外省居官者甚多。此考居五等人员，令其随旗上朝，于彼深为厚幸。况汉军随旗上朝之官亦少，闻伊等自令随旗上朝以来，于任事差遣之处有益。此事若谓汉军人员无有营求不可，尔等可问吴升东上本之意来奏。"

是日，赐镇守奉天等处将军辅国公宗室绰克图弓箭、撒袋、蟒缎、披领、鞍马。又赐湖广彝陵总兵官郭忠孝鞍马一匹。

本日起居注官库勒纳、田喜霅。

二十五日甲午 辰时，上御乾清门，听部院各衙门官员面奏政事。

本日起居注官尹泰、王尹方。

二十六日乙未 上因有事于南郊，斋戒三日，不理事。

辰时，上问皇太后安。

本日起居注官博济、汪霦。

二十七日丙申　本日起居注官思格则、胡会恩。

二十八日丁酉　早，上御保和殿，视郊天祝版毕，回宫。

本日起居注官顾仪、徐嘉炎。

二十九日戊戌　早，上以冬至，亲祀天于圜丘毕，回宫。

本日起居注官库勒纳、李光地。

三十日己亥　辰时，上御乾清门，听部院各衙门官员面奏政事。

本日起居注官尹泰、顾藻。

十二月

初一日庚子　辰时，上御乾清门听政。部院各衙门官员面奏毕，大学士伊桑阿、王熙、梁清标，学士凯音布、朱都纳、彭孙遹、迈图、李振裕、索诺和、郭琇以折本请旨。御史吴升东条奏考五等随旗上朝之汉军一疏，大学士伊桑阿奏曰："此事臣等谨遵旨问汉军都统、副都统等，皆云汉军考五等者令其随旗上朝，颇便于任使。若依此条奏，竟行停止，似属未便。"上曰："满洲汉军何分文武？在任办事则为文臣，出外从戎即为将士，不可与汉人比也。"

又顾郭琇问曰："闻不肖科、道往往卖本，此事有诸？"郭琇奏曰："闻亦有之，但臣则不知耳。"上曰："此满洲汉军之事，与汉人绝不相关。这本章必有营求情弊，不知其受贿若干矣。着该部严察议处具奏。"

本日起居注官博济、蔡升元。

初二日辛丑　辰时，上御乾清门，听部院各衙门官员面奏政事。随有江宁副都统禅布近前奏曰："臣本月二十一日启行，乞皇上训谕。"上曰："凡事皆有定例，向用尔于部院衙门，事事皆晓，无可训尔之处。尔到任时，凡事皆当敬慎而行，不可干预民事，当使兵民相和。至将士常令勤习武事。"禅布奏曰："皇上此训，谨识遵行。"遂叩首出。

本日起居注官库勒纳、吴涵。

初三日壬寅 辰时，上御乾清门听政。部院各衙门官员面奏毕，大学士伊桑阿、王熙、梁清标，学士凯音布、朱都纳、彭孙遹、李振裕、迈图、索诺和、郭琇、西安以折本请旨。刑部为王骘题覆张汧亏空钱粮事违限，应交与吏部议。上曰："这本内事情，着与顾镡参疏一并议奏。"上又顾郭琇问曰："张汧亏空钱粮，你可知其真否？"郭琇奏曰："其真否臣亦不知。"上曰："张汧亏空钱粮谅来是真。"

本日起居注官思格则、陆肯堂。

初四日癸卯 辰时，上御乾清门，听部院各衙门官员面奏政事。

本日起居注官洪俄岱、陈元龙。

初五日甲辰 辰时，上御乾清门听政。部院各衙门官员面奏毕，大学士伊桑阿、王熙、梁清标，学士凯音布、朱都纳、彭孙遹、李振裕、迈图、索诺和、郭琇以折本请旨。吏部题御史刘维祯所题知府员缺，应急补授，议不准行。上问学士郭琇曰："尔等之意何如？"郭琇奏曰："这员缺无有俸满之人，故每月悬缺至今，所积累者甚多。或不肖之人规避行私，亦未可定，应作速补授。"大学士王熙奏曰："知府悬缺甚多，不即补授，恐挨延日久，致滋弊端。若不论俸满即行补授，俸浅之人岂不过幸？二者皆有弊，惟乞睿裁。"上曰："然。知府职司牧民之责，员缺不可久悬。日前湖广地方出缺颇多，朕即酌量补授遣往。这员缺，朕自除之。尔等即传谕吏部，将翰林官员并汉军汉人郎中、同知等名开列启奏，将人领来引见。"大学士伊桑阿奏曰："甚善。湖广省分所出员缺，皇上明断，人职两得其宜。随即补授遣往，所以各官感激皇上擢用之恩，莫不勉为好官。至不肖之人无徇求之路，今岁甚觉安静，此皆由皇上精明独断之所致也。"奏毕，出。

少顷，上问皇太后安。

申时，上复御乾清门，大学士等以折本请旨。吏部题左都御史徐元文所题台班员缺，祈将从前革职李时谦、裘充美复用，议不准行。上曰："此二人何如？"王熙、梁清标奏曰："此二人素有敢言之名。"上问郭琇曰："尔知其人否？"郭琇奏曰："李时谦居外官亦善。裘充美臣不知，闻其人亦优。”王熙又奏曰：“裘充美有粗率处。”上曰：“李时谦为人优，准其复用。余依议。”

又吏部遵旨将翰林官员并汉军汉人郎中、同知等名，开列折子启奏。上曰：“翰林官员以知府用，尔等以为何如？”王熙奏曰：“知府系四品官，将修撰、编修、检讨补用，此皆皇上之恩。”上问曰：“此翰林内尔等闻有学问颇优、事体历练者否？”彭孙遹奏曰：“翰林官内学问好者亦有，但不曾历事，恐事情未必谙练。”上曰：“学问政事原非二途。书云：孝乎，惟孝友于兄弟，施于有政，是亦为政。进士初任即授知县，及到地方，民事自然历练。”上将知府二十一缺，以翰林官李涛、丁廷楗、汪楫三人并汉军汉人郎中十一人，同知七人，共二十一人补授知府毕，回宫。

本日起居注官顾仪、胡会恩、张希良。

初六日乙巳 早，上由东华门出朝阳门，驻跸烟郊。

初七日丙午 上驻跸石牌村。

初八日丁未 上驻跸黄土坡。

是日，皇上、大阿哥射毕，随命扈从王、贝子、公、文武诸臣等射。

是日，赐江宁副都统禅布鞍马一匹。

初九日戊申 早，上自行宫启行，将至太皇太后暂安奉殿，哭而入。至殿中，痛哭良久，奠酒，始出。

是日，上驻跸新城内。

初十日己酉 早，上自新城启行，诣孝陵，行礼举哀。

又至皇后陵寝，亦举哀。

是日，上驻跸汤泉。

十一日庚戌 上驻跸冷水头。是日，赐朝鲜国王李焞差来告讣奏表陪臣礼曹参判尹世纪等银、缎有差。

十二日辛亥 上驻跸四十里铺。

十三日壬子 上驻跸兰河崖。是日，上射殪一虎。三屯营副将石帝宾，守备朱逢盛、徐耀，千总孙应奎、黄时辅，把总杜得功、俞永爵等来朝。

十四日癸丑 上驻跸米儿口。是日，赐护军校、护军牛羊。

十五日甲寅 上驻跸米儿口。是日，上射殪三虎，大阿哥射殪一虎。

此地虎多，每入村落，白昼噬人并伤畜牧，民不得安。是日，射殪四虎，村民以夙害骤除，无不喜悦。

十六日乙卯 上驻跸三屯营城南。

十七日丙辰 上驻跸龙井关内。是日，上射殪一虎。

是日，龙井关把总王国佑来朝。

十八日丁巳 上驻跸兰营口。晡时，大学士伊桑阿，学士凯音布、迈图捧折本诣行宫请旨。翰林院题为岁终讲义循例题明事。奉旨："今岁因有事，故日讲讲义未得甚讲，春秋二季经筵亦未得举行。且交与尔衙门所修各书，迟延数年，至今尚未告成。这过行称奏，殊属不合，着严饬行。"

十九日戊午 上驻跸兰营口。是日，赐扈从内大臣、侍卫，部院各衙门大臣、官员，护军校、护军等食。

二十日己未 上驻跸罗文峪口内。是日，罗文峪关口守御严泰、防御折库纳，遵化营游击李得胜、千总姜佐周、把总邢得功等来朝。

二十一日庚申 上驻跸汤泉。是日，鲶鱼关把总张守奎来朝。

二十二日辛酉 未时，上诣太皇太后暂安奉殿，痛哭良久。

是日，上驻跸新城内。

二十三日壬戌 早，上因太皇太后周年，率王、贝勒、贝子、公等，文武大臣官员等诣太皇太后暂安奉殿，读文致祭，恸哭良久。

是日，上驻跸汤泉。

二十四日癸亥 上驻跸汤泉。

二十五日甲子 早，上以太皇太后常祭日期，率诸王、贝勒、贝子、公等、文武大臣官员等致祭。

是日，上驻跸蓟州城内。

是日，蓟州营都司韩三奇、千总王嘉辅来朝。

二十六日乙丑 上驻跸三河县城内。是日，三河县副尉马库，防御阿兰泰、穆哈连，守备马遇君，把总张进忠等来朝。

二十七日丙寅 午时，上由朝阳门进东华门，回宫。

是行，部院各衙门章奏每日送内阁，三日从驿递送至行宫，转奏听理。

扈从起居注官洪俄岱、尹泰。

二十八日丁卯 辰时，上问皇太后安。

本日起居注官王尹方、顾仪。

二十九日戊辰 本日起居注官思格则、王掞。

钦惟皇上孝德通于神明，仁恩洽于中外。岁前五日，文皇后初辞隆养，皇上哀恸哭踊，勺饮不入，欲行三年之礼，群臣请以日易月，章疏累上，士庶伏阙恳请，坚持不允，至以十数，乃勉从焉。及梓宫奉移郊园，上环抱呼抢，却辇断鞫，步送冰雪中，沿途号恸不辍，三日方回，犹幕处宫门外，不设茵褥，寝食捐忘。释服后，尚御粗布衣，居于小室，数月间，曾不解衣盥洗，虽圣体癯劳，亦未尝少自顾恤。逮梓宫发引至昌瑞山，上扶从不离左右，日必步行数里，哭泣之哀，感动行路。躬扶宝座奉安殿中，犹必临视封掩，攀号眷恋，未忍遽归。盖自初丧以至于兹，尽敬竭哀，事事无憾。诏谕肫切，寰海闻而陨涕；天颜毁瘠，臣僚见而摧心。自史籍所载，孝思纯笃，从未有若斯者也。由是上尊谥祔太庙，大礼告成，推恩肆赦，极一人之爱敬，合万国之欢心。诚洽幽明，福流天壤，圣人之德信，无以加于孝矣。服甫除，力疾御门，勤励政事。以河工未能底绩，屯田实为累民，中河、下河纷纷异论，既集廷议，复遣巡阅，务底周详，重河漕也。惩交结徇庇之私，戒推诿雷同之习，荡涤瑕垢，咸与维新，标榜者处分，虚夸者黜免，儆官邪也。大吏陛辞，面加训诫，以奉公洁己为先，以实心爱民为本，于县令之贤能者，赐金奖予，饬吏治也。清兵饷之扣克，核战舰之稽迟，重武闱技勇之科，明大帅退回之罚，严戎政也。武昌裁兵鼓噪，亲授庙谟，旬月之间，渠魁授首，余众迎降，悉如圣料。远至外藩部落，如蒿齐特之贫穷，则发粟以赈之；喀尔喀洪俄尔代青台吉等之朝见，则赐宴御幄以宠之。畅恩威，靖内外也。若乃禁驿递之骚扰，停罪人之秋决，宽军功武弁之拏问。以至两浙、三晋及江楚诸省正供全蠲，至数百万，泽不遗于一夫，恩遍及乎天下。大哉，厚德深仁，蔑以加矣！兹惟我皇上至孝，超迈古今，而推是心以爱百姓，故用人行政，纬武经文，靡不执中而履和，仁至而义尽。洵明天察地，皇王之极轨也。臣等职司载笔，谨就一岁之中，述其梗概。而皇上圣德渊微，懿美莫罄，固非臣等弇陋所能仰窥万一云。

康熙二十八年　己巳

正　月

初一日己巳　早，上以元旦，率诸王、贝勒、贝子、公、内大臣、侍卫、大学士、都统、尚书、精奇尼哈番等，往堂子行礼毕，回宫。

辰时，上率诸王、贝勒、贝子、公、内大臣、侍卫、大学士等诣皇太后宫行礼毕，回宫。

少顷，御中和殿升座，内大臣、侍卫及内阁、翰林院、礼部、都察院、詹事府等衙门官员庆贺元旦礼毕。御太和门升座，诸王、贝勒、贝子、公、文武官员，及来朝外藩王、贝勒、贝子、公、台吉等，朝鲜国使臣，上庆贺元旦表，行礼毕，回宫。

本日起居注官库勒纳、李光地。

初二日庚午　本日起居注官尹泰、汪霦。

初三日辛未　辰时，上问皇太后安。

本日起居注官思格则、胡会恩。

初四日壬申　本日起居注官顾仪、顾藻。

初五日癸酉　辰时，上问皇太后安。

本日起居注官尹泰、蔡升元。

初六日甲戌　辰时，上问皇太后安。

未时，上御保和殿，赐请安进贡敖汉多罗郡王萨木盆尔，科尔沁国一品台吉吴尔图纳苏图、三品台吉阿玉锡，阿霸垓二品台吉德木楚克，附于敖汉喀尔喀二品台吉准对等、四品台吉顾鲁等，蒿齐特部落二品台吉沙理等，土默特部落三品台吉拉思扎布，西安将军尼雅翰，荆州副都统严泰食。

是日，赐西安将军尼雅翰弓箭、撒袋、朝衣、鞍马，荆州副都统严泰鞍马。

本日起居注官库勒纳、张希良。

初七日乙亥　辰时，上问皇太后安。

本日起居注官田喜霄、顾仪。

初八日丙子　上问皇太后安。

上南巡阅视河工，省观风俗，咨访吏治。黎明，自午门出正阳门。

是日，驻跸永清县南格驿。固安县防守御钟席布等、知县郭峻，东安县防守御南达尔汉等、知县程俊、千总任国盛、旧州营都司高光斗，永清县知县陈国祝、千总范有成等来朝。

初九日丁丑　上驻跸文安县刘寨村南。是日，都御史马齐，侍郎舜拜，学士凯音布、朱都纳、西安奉上谕："朕阅视河道，巡察地方，恐有司派民修路，或预备修理无用之处，烦劳百姓，亦未可定。朕不择路而行，何用修治，徒劳民力？应通行严饬。尔等议奏。"马齐等议曰："皇上悯念生民，阅视河道，巡察吏治，所至之处，万民瞻仰，莫不欢忭。我皇上又以劳民为虑，特颁上谕，轸念肫至。臣等钦遵皇上爱民至意，请行令督、抚，严饬地方各官，所过道涂停止修治。"奉旨："依议行。"

又管理御用驮马官员奏曰："自明日始，御用驮马行后，方许扈从人员行装随行。"上谕曰："扈从人员行装若俱令在后，恐至宿顿处必晚，其听令随便，不为例。"

是日，霸州防守御拜山等、知州马逸姿、游击万世泽等，文安营游击杨钊等、文安县知县张朝琮，保定县知县何讷、把总阎应会等来朝。

初十日戊寅　上驻跸河间府石槽村东南。是日，河间府副将丁勇等、知府黄锦等，河间县知县彭开祜、千总叶云翼等来朝。

十一日己卯　上驻跸献县冯家庄南。

是日，上以直隶巡抚于成龙居官素优，出行在御用袍褂及靴赐之。

上又阅河间营守备刘官统骑射，以其壮健善射，命兵部记名后，从优升补参将。

是日，保定府道董世琦等、交河县知县卢询，献县知县白元亨、把总张成功等来朝。

十二日庚辰　上过献县，居民夹道跪迎，有进嘉禾一茎双穗者，奏曰："我等小民，恭逢圣世，身享太平。比年以来，五谷丰熟，禾苗多有双穗者，敬持此宝禾以献，叩谢皇上恩德。"上曰："尔等知此谷为宝，甚善。"召侍郎库勒纳，学士朱都纳、西安等至前，上曰："自古圣王不贵金玉，而贵五谷。谷者，民之命也。朕念切民依，惟以五谷为宝。适百姓竞进嘉禾双穗，尔等见否？"库勒纳等奏曰："民赖谷以生，故养民以重农为首务。今众民屡遇丰年，且禾多双穗，皆我皇上爱民诚意感格所致，臣等不胜庆幸。"

是日，上驻跸阜城县城内。景州知州赵国宣、把总李玉，阜城县知县钱式庄、千总张应龙、武邑县知县徐待京等来朝。

十三日辛巳 上驻跸山东德州西关。原任大学士李之芳、衍圣公孔毓圻、原任兵部侍郎孙光祀、巡抚钱珏、总兵官曹应鹄、少詹事王士禛、布政使卫既齐等至行宫请安。令侍郎库勒纳、学士朱都纳传旨曰："尔等在朝时，朕尝赐食，比来或履外任，或归乡里，久未得与颁赐。今朕省方来此，尔等至行在起居，特以携来御用鹿尾、乌塔糕、乳饼、葡萄糕、乳酒等物赐尔等尝之。"李之芳、孔毓圻、孙光祀、王士禛奏曰："臣等受皇上高厚之恩，略无报称，今又蒙赐以御用珍物，臣等举室饱皇上之德矣。"钱珏、曹应鹄、卫既齐奏曰："臣等出身微贱，蒙恩超擢，未有片长寸效，今又承恩赐御用食品，不胜欣喜。"皆叩头谢恩。

先是皇上御撰孔子、孟子及周公庙碑文各一篇手书勒石。孔毓圻等奏请御书墨本，以为世宝，因命装潢成册。是日，分赐衍圣公孔毓圻，博士孟贞仁、东野沛然等。

是日，按察使王梁、德州防守御宋噶里等、道刘安国等、参将晋淑玉等、博士孔毓埏等来朝。

十四日壬午 上驻跸平原县七里铺西南。是日，上亲制上谕，谕山东巡抚钱珏："朕轸恤民隐，载举时巡，懋宣德化，勤求疾苦。比至山东，所经城邑，百姓扶老携幼夹道欢迎。朕问及连岁顺成，民生少得安业。第思百姓足则国家充裕，若期比户丰盈，必以蠲租减赋，除其杂派为先。迩年以来，各省地丁钱粮已经节次豁免，山东地丁正赋，意欲来岁蠲除，兹因巡幸至此，特先谕该抚速行晓示，日传三百里，遐村僻壤咸使闻知，以副朕省耕问俗之意。特谕。”

是日，平原县知县李瑢、千总周朝相，恩县知县张民望、把总夏成功、署理陵县事泰安州州同吴桱等来朝。

十五日癸未 上驻跸齐河县晏城村。是日，齐河县知县黄雯、把总金梦显，禹城县知县许定升、把总韩应科等来朝。

十六日甲申 上幸济南府，乡绅士民数万人跪迎，夹道欢呼。具言：皇上轸念民隐，再举时巡，白叟黄童得睹天颜，已属万幸。又蒙皇恩浩荡，蠲免山东二十九年地丁钱粮，预行晓示，尤从古所未有。咸叩首谢。辰时，驾进济南府，因览民俗之便，观趵突、珍珠二泉。扈从诸臣及巡抚、布政使等进前，公请御笔留题，为名泉光宠。上御亭书作霖二大字。诸臣皆环列敬观。午时，上从南门出。

是日，驻跸长清县张夏店。署理长清县事齐河县县丞王元臣、千总孙孟松等来朝。

十七日乙酉 上至泰山之麓，率文武诸臣向泰山行礼毕。从泰安州北门入，诣东岳庙峻极殿，率文武诸臣行礼。

是日，上手谕扈从部院诸臣曰：“朕巡历所至，再经岱麓，重瞻祠宇。询其庙祝，知香火荒凉，日用难给。岱顶诸庙亦复如之。念泰山为五岳之长，载在祀典，有功社稷，不宜使之渐就寥落。今将每岁香税钱粮内量给数百金，使上下岳庙与元君诸祠守祀者得以资赖，晓夜尽心，兼可时加修葺，以壮往来观瞻，示朕崇祀之意。尔诸臣即与山东巡抚、藩、臬会议以闻。”诸臣议曰：“臣等蒙恩扈从，伏睹我皇上翠华临幸所至，询问民间疾苦，万姓夹道欢迎，上古君民一体之风，于斯再见。顷至山东，特下蠲租之诏，恩波洋溢，讴歌遍野。于十七日车驾至泰安州，复沛纶音。念泰山神祠，载在祀典，令于香税钱粮酌量支给与守祀之人，俾益虔修香火，命诸臣议奏，仰见我皇上敬神崇祀之盛心。《诗》所称：时迈其邦，怀柔百神，及河乔岳。正今日之谓也。臣等会议得，泰山祠宇原有每年储备修葺工银一千余两无庸议外，今应于香税钱粮内，每年动支四百两。东岳神庙应分给二百两，岱顶碧霞元君祠应分给二百两，俱给与各守祀庙祝。务令均沾实惠，虔修香火，时加修葺。仍令山东巡抚稽察，无使有司扣克虚冒，每年注册奏销，益令祠宇庄严，观瞻永肃，以副我皇上昭格神明至意。”奉旨：“依议。”

是日，上驻跸泰安州城内。总河标营副将陈寿，泰安州知州张迎芳、守备崔彪等来朝。

十八日丙戌 上驻跸新泰县苏家庄。是日，新泰县吴大梁、把总王成裕等来朝。

十九日丁亥 上驻跸蒙阴县东关。是日，沂州副将霍维鼐，署理蒙阴县事通判孔毓恩、千总王嘉泰等来朝。

二十日戊子 上驻跸沂州青驼寺。

二十一日己丑 上驻跸沂州李家庄。是日，东兖道李炜、署理沂州事同知李兴祖、守备孙玉等来朝。

二十二日庚寅 上驻跸郯城县红花埠。

是日，赐扈从护军校、护军每人银五两，拨什库、披甲每人银三两。

是日，总河王新命，江宁巡抚洪之杰，同知朱琦，郯城县知县方殿元、千总刘恩等，原任侍郎张鹏等来朝。

二十三日辛卯 上率扈从部院大臣及总河王新命、江南江西总督傅腊塔、总漕马世济等阅视中河。至支河口下马，坐于堤上。令诸臣近前问曰：“尔等看此河云何？”诸臣奏曰：“河工关系甚要，臣等意识浅陋，实不能知，仰听皇上指训。”上出河图指示诸臣，谕曰：“河道关系漕运民生，若不深究地形水性，随时权变，惟执纸上之陈言，或徇一时之成说，则河工必至于坏。且就目前观之，修治此处似乎有益，然将来且连彼处受害矣。朕虽屡遣大臣来视，而河工是非终无定论。朕夙念河道频坏，群黎屡罹灾害，因详阅河图，未离左右，故地方堤岸河形朕衷深晰。今朕躬特来观阅，试以朕意言之。朕观此河狭隘，逼近黄河之岸，且自徐州北镇口闸所出黄水及微山湖荆山口之水，俱归内运河，必流入中河，骆马湖之水亦入此河。若遇霪潦之年，水势愈涨，万一黄堤溃决，失于防御，中河、黄河必将混而为一。此中河开浚后，小民商贾无不称便者，盖由免行黄河一百八十里之险耳。然此论徒知目前小利，又安识日后久长有利无利也。”

又问学士凯音布曰：“尔等从前如何看阅此河？”凯音布奏曰：“臣

等但谓彼时可以行舟，故云有益。若水大堪虞，见不及此。”问尚书图纳、左都御史马齐等曰：“尔等看河时，如此险处何未虑及？”图纳等奏曰：“臣等来看河时，正值水大，目击中河逼近黄河之岸，且河身狭隘，恐内运河与骆马湖之水不能容受，故议于迤北遥堤修减水坝三座，令水由昔日黄河所冲河形以入于海。”上顾靳辅曰：“尔当日如何筹划开浚中河？今又云何？”靳辅奏曰：“皇上前东巡时，曾谕云，拦马河减水坝所出之水淹没民田，如何方不致淹没？臣意开浚此河，可以束水入海，是以开浚。及浚毕观之，漕艘亦属可行。与其令漕艘行黄河一百八十里之险，不若行此河之为便也。今若将遥堤加增修筑，保固黄河堤岸，当可无虑。”上问总河王新命曰：“尔意云何？”王新命奏曰：“以臣观之，支河口止修一闸，镇口闸、微山湖等处之水甚大。倘又遇霪潦之年，一闸不能支，则必至于坏。若下草埽，随时启闭，于骆马湖口将竹篓盛石作减水坝，以为捍御，令汛涨之水归入黄河，酌存其足用之水。再将郯城县之禹王台修筑，以御流入骆马湖之水，令归沭河，则中河可无虞矣。”上曰：“若重载与回空之船并行，则中河窄狭，且逼近黄河，朕意犹以为可虑。但既浚之河，难以复塞。若永恃此河输运，断然不可。镇口闸、微山湖等处水大，可仍开支河口。其黄河运道原自不废，仍并存之。”

是日，上驻跸江南宿迁县东关。江南提督杨捷，京口将军杨凤翔，总漕马世济，总督傅腊塔，两淮巡监御史德柱道、梁万祀等，宿迁营游击章宏等，邳州知州孙居湜，署理宿迁县知县事、安东县知县许同文，宿虹水师营守备范福，灵璧水师营守备姚国干等来朝。

二十四日壬辰　上御舟由中河阅视河道，遂自清河县渡黄河南巡。

是日，驻跸清口。同知符冏，桃源县知县萧文蔚、守备尹先知等，清河县知县管巨、守备马班如等，原任学士韩菼，原任少詹事归允肃，江南按察使李国亮、扬州府知府高承爵，淮安府知府单务孜，淮安钞关郎中觉罗莫里溥，虹县知县王有冯，睢宁县知县卢信鸿、守备陈正英等，原任浙江黄岩总兵官林本植等来朝。

二十五日癸巳　上以江南通省百姓积年拖欠钱粮，征收甚为苦累，谕江南江西总督傅腊塔、江苏巡抚洪之杰、安徽巡抚江有良特予蠲免。谕曰："朕南巡以来，轸念民依，勤求治理。顷至江南境上，所经宿迁诸处，民生风景较前次南巡稍加富庶。朕念江南财赋甲于他省，素切留心。因尚有历年带征钱粮，恐为民累，出京时，曾询户部，知全省积欠约有二百二十余万。今亲历兹土，访知民隐，无异所闻。除江南正项钱粮已与直隶各省节次蠲免外，再将江南全省积年民欠一应地丁钱粮、屯粮、芦课、米麦豆杂税概与蠲除。自此民免催征，官无参罚，尔督、抚务须切实举行，俾均沾实惠，副朕爱恤民生至意。如有以完作欠，侵收肥己等弊，一经发觉，定行从重治罪。夫民为邦本，足民即以富国。朕平日躬行节俭，一丝一粟未尝轻费。所以如此简约者，无非爱养物力，为优恤元元之地。在民间惟正之供，军国所需，岂易骤言蠲免？迩年国用稍裕，故能频沛恩施。总期藏富于民，使家给人足，则礼让益敦，庶几渐臻雍穆之治欤！着速行传谕，令咸知朕意。特谕。"

是日，上驻跸山阳县京河。安徽巡抚江有良，山阳县知县崔靖等来朝。

二十六日甲午　上驻跸高邮州王三家口。是日，原任大学士吴正治来朝。

二十七日乙未　赐江南江西总督傅腊塔、总河王新命、安徽巡抚江有良鹿尾、鹿腊。

是日，上驻跸杨州黄金坝。一等阿达哈哈番张国玺，扬州府水师营守备李进福，高邮州知州刘显爵、千总徐统等来朝。

二十八日丙申　上亲制上谕，谕总督傅腊塔、王骘，巡抚洪之杰、金铉："朕因省察黎庶疾苦，兼阅河工，巡幸江南，便道至浙，观问风俗。简约仪卫，卤簿不设，扈从者仅三百余人。顷经维扬，民间结彩欢迎，盈衢溢巷。虽出其恭敬爱戴之诚，恐致稍损物力，甚为惜之。朕视寓内编氓，皆吾赤子，惟使比户丰饶，即不张结彩幔，朕心亦所嘉悦。前涂经历诸郡邑，宜体朕意，悉为停止。又见百姓老幼男妇奔走杂沓，瞻望恐后，未免喧哗拥塞。念此行原以为民，不严警跸，但人众无所区别，高崖水次，或有倾跌之虞。一夫不获其所，足轸朕怀。此后止于夹道跪迎，勿得紊乱追趋，致有诸患。著即详加晓谕，使知朕爱民切实，咸为遵行。特谕。"

是日，上驻跸江都县陈家湾。江南道周训成等、管河同知牟铨元等，江都县知县熊开楚，京口防守御祖良相等、副将许壮猷等来朝。

二十九日丁酉 谕总河王新命曰："朕过高邮州等处，见石堤间有损坏者，尔可即归修葺。"

是日，上驻跸镇江府金山寺。

三十日戊戌 上过镇江府，驻跸丹阳县七里庙。

是日，京口防守御祖光溥等、参将赵成万等，镇江府知府王燕，丹徒县知县朱城等来朝。

二 月

初一日己亥 上驻跸常州府海子口。是日，苏松水师营总兵官梁鼐、镇江府通判赵琦、丹阳县知县窦重光、金坛县知县董尔弘等来朝。

初二日庚子 上驻跸无锡县放生池。是日，谕旨云："无锡县降级调用知县徐永言，百姓奏称其善。问之巡抚洪之杰，亦云居官素优，着带所降之级留任。"

是日，常州府知府周元宰等，武进县知县罗国珍、守备徐名显等，原任尚书杜臻，原任侍郎严我斯等，原任布政使胡献征，原任按察使许缵曾，浒墅钞关郎中阎承诏，松江府同知李经政，无锡县知县徐永言、千总赵钦等来朝。

初三日辛丑 上驻跸苏州府城内。是日，浙江巡抚金鋐、总兵官李华等，苏州府知府胡世威等，松江府知府赵宁，凤阳府寿州知州佟山年等，长洲县知县刘玢等，吴县知县张噻，巢县知县杨极、游击赵弘荫等来朝。

初四日壬寅 上巡察民生风俗，便道观虎丘山。是日，上驻跸苏州府。

初五日癸卯 上观苏州府属万峰山、太湖。驻跸万峰山。

是日，江南苏州府属吴县民徐长民妻周氏叩阍，称伊夫徐长民、伊子徐汲敏所坐死罪俱冤。上以其状命刑部、都察院更谳。两衙门议奏云："徐长民、徐汲敏指称，钞关使用诓派贸易民船银两，应照律免死，各枷号两个月，发边卫充军。"上允行。

初六日甲辰 上自万峰山启行，观灵岩山。

上过苏州府时，原署湖北布政使道员叶映榴之子叶旉道旁跪迎。上顾诸臣曰："此叶旉乃武昌兵变被难尽节道臣之子，甚属可悯。"因顾工部尚书苏赫云："俟朕回至苏州，尔为奏闻，当有所颁赐。"

是日，上驻跸吴江县龙王庙。吴江县知县祖允焜、守备陈桓等来朝。

初七日乙巳 上驻跸浙江秀水县施茶亭。是日，两浙巡盐御史席米图、南新钞关郎中金秉抡、北新钞关员外郎刘治中、浙江沿海钞关主事殷忒等，海盐县知县毛之林、原任总兵官王欲典等来朝。

初八日丙午 上驻跸仁和县塘栖镇。是日，浙江湖州府副将罗琦、原任粮道陶作楫等来朝。

初九日丁未 上驻跸杭州府城内。是日，杭州防守御林应福等，杭州府通判王进楫、副将谢鸿儒等，原任侍郎杨雍建等来朝。

初十日戊申 上驻跸杭州府。

十一日己酉 上谕扈从部院诸大臣曰："朕稽古省方，咨求治理，阅视河道，期底平成，凡有利于民生，必令沾夫实惠。兹行次浙省，禹陵在望，念大禹功德隆盛，万世永赖，应行亲诣，以展企慕之忱。其致祭典礼，所司即察例举行。政治所先，在崇文教。江南、浙江为人文萃集之地，入学额数应酌量加增，永昭弘奖，着该督、抚详议奏请。江宁、镇江、杭州驻防满洲、汉军兵丁镇守要地，久历岁时，深用轸念，应作何恩赉，以彰优恤，着该部议奏。自南巡以来，所经过地方官员除八法处分及列款纠劾外，凡因公诖误，降级留任者，俱准与开复；降级调用者，着带所降之级留任。其经过地方，现在监禁人犯，除十恶及诏款所不赦等罪并官员犯赃不宥外，其余自康熙二十八年二月十一日以前死罪及军流徒罪以下，已结、未结俱着宽释，以示朕赦罪宥过之意。备办船只地方，各官效力勤劳，着该督、抚会奉差官员确查具题，各加一级。纤夫供役劳苦，亦着该督、抚察明人数，量给恩赏。朕廑念民依，特蠲租赋，总期实德润泽苍生。近见民间有建立碑亭称颂德意者，虽出群黎感戴之诚，但恐各郡皆然，未免致损民力。诚使闾阎殷阜，则裨益良多，碑亭何与焉。嗣后亦宜停止。江浙钱粮既经蠲豁，犹虑有不肖有司借端词讼，朘削民生，着该督、抚严行禁饬。至各处榷关原有则例，朕舟行所至，咨访过关商民，每不难于输纳额税，而以稽留关次不能速过为苦。榷关官员理宜遵奉屡颁谕旨，恤商惠民，岂可反贻商民之累？自今应力除积弊，凡商民抵关交纳正税，即与放行，毋得稽留苛勒，以致苦累，违者定行从重处分。朕蚤夜孜孜，惟冀官吏军民士农商贾无一人不获其所，故于民生吏治，图维区画，务极周详。尔等可即传谕，俾一体奉行，称朕意焉。特谕。”

礼部等衙门奏曰：“钦奉谕旨，大禹系前古圣王，应行致祭，命臣等察典礼具奏，此真圣世盛典。伏察康熙二十三年，皇上轸念民生，巡行江左，遣官致祭明太祖陵，皇上亲诣奠酒。今禹陵亦应如例，遣官献香帛，读文致祭。祭毕，皇上亲诣奠酒。”奉旨：“明太祖陵遣官致祭后，朕念未已，复亲诣奠酒。今禹王陵朕应亲诣致祭。着扈从诸大臣议奏。”诸大臣议曰：“从来祭历代帝王，皆遣官行礼。今皇上省方，行近禹陵，特遣官致祭，皇上亲诣奠酒，尊崇前代帝王之典，亦已极矣。臣愚以为似当仍如原议。”奉旨：“尧、舜、禹、汤皆前代至圣之主，先遣官致祭，后朕亲诣奠酒，未为允惬，朕应亲诣致祭。着再议具奏。”诸大臣复奏曰：“皇上南巡至浙江，以禹陵在迩，欲行亲祭。臣等恭惟我皇上德迈前圣，学超百王，遣官致祭禹陵，亲诣奠酒，已为尊崇之极，故臣等于皇上亲祭之礼，未曾议及。今皇上圣不自圣，推隆往代帝王，厚自谦抑，以尧、舜、禹、汤皆前古圣主，欲亲诣致祭，此真圣主崇古重道，万世之令典。谨遵谕旨，祭文令翰林院拟撰，祭文内不书圣讳。应行典礼并祭物，令该督、抚预备。”奉旨：“此祭文内可书朕名。余依议。”

又翰林院撰拟祭文进呈。上曰：“祭文关系最要，此祭文内有一二未合，朕另行撰发。”上即亲撰祭文。其文曰：“惟王精一传心，俭勤式训。道由天锡，启皇极之图畴。功在民生，定中邦之井牧。四载昔劳胼胝，永赖平成。九叙早着谋谟，惟歌府事。行其无间，德远益新。朕省方东南，道经吴越，睹长江之浩渺，心切溯洄；瞻高巘之嵯峨，企深仰止。幸矣！松楸伊迩，俨然律度可亲。特荐馨香，躬修祀事，惟祈灵爽，尚克来歆。”又谕礼部曰：“祭以敬为主。禹陵僻处荒村，恐致亵慢，凡供献粢盛、礼仪诸事，着都御史马齐与席尔达同往省视。”

赐扈从王、内大臣、侍卫、执事人、护军校、护军等缎匹、银两，及尚书以下主事中书以上缎匹。

是日，上驻跸杭州府。

十二日庚戌　上驻跸杭州府。是日，赐杭州驻防八旗男妇年六十以上银两。

十三日辛亥　上往祭禹陵，自杭州府乘舟启行，驻跸绍兴府会稽山之麓。是日，运使刘俞、署理绍兴府事同知胡文烽、原任知府胡以涣、武城县知县张敷、余姚县知县康如琏、遂安县知县何伟、嵊县知县蒋伟、上虞县知县万中一、山阴县知县卢纬、萧山县知县刘俨、副将杨汝澄等来朝。

十四日壬子　黎明，上诣禹陵，至外门前，步行入。率扈从王、内大臣、侍卫、部院大小官员行三跪九叩礼，读祝文致祭。祭毕，上登窆石亭，留览良久。

是日，即回銮，驻跸萧山县西兴镇。

前遣阅下河侍郎徐廷玺、巡抚于成龙等回奏曰："往下河所经串场河甚浅，不通舟楫，陆路亦甚难行，且宿顿无所。各口工程业已及半，其工作既无可疑，亦无甚要。"上令扈从诸臣议。诸臣议曰："修理下河诸工，俱遵皇上指画。今工已及半，凡所修治举无可疑者，皇上似可无行。"上报闻。

十五日癸丑　上驻跸杭州府城内。

是日，上谕曰："明日赏赉杭州官兵并赐筵宴事毕，随即启行。"将军郭丕、副都统朱三丹代跪奏曰："圣上阅视河道，访问民生风俗，来至杭州，加赐满洲、汉军官兵甚厚，此乃万载奇遇。臣等忽闻车驾来日，即行中心愦瞀，伏乞皇上留跸数日，以副官吏军民欣喜瞻仰之意。"上谕曰："朕前往江宁，仅留一二日，且杭州地湿，水土不甚相宜，明日启行，朕意已定。"郭丕等又跪奏曰："臣等衰老，恐不得长觐天颜，所幸车驾至此，万望更留数日，以少慰臣等犬马恋主之意。"因免冠涕泣，再三叩首。上谕曰："今天下太平无事，尔等欲见朕，奏请入觐，无不可者。既尔等陈请恳至，诘朝当更留一日。"

又尚书图纳等奏曰："圣上廑虑万民生业，以地方为重，阅视河道，沿途无一日安息，风尘不惮，雨潦无阻，劳瘁难以言尽。即臣等奉差外省，乘传星驰，亦未有似皇上之每日兼程速行者，遇地可止宿亦暂淹留，景足盘桓，不无登眺，臣等安敢隐讳。自古兹土号为名区，伏祈皇上稍安圣体，驻跸一二日，少纾观览。”满汉大臣、学士、巡抚于成龙等皆顿首奏请。谕曰：“朕兹行特为百姓，阅视河道，咨访闾阎风俗。因禹陵在迩，躬往致祭，归时便道过西湖，聊尔寓目。恐或者臆度以为游玩，不胜厪念，是以行至薄暮，未尝于一处稍有停息，惟偶酌虎跑泉水一啾而已。膳饮皆未尝御，地方官所备湖船，亦未尝用也。尔等皆未离左右，谅众目所共见。独往祭禹陵，御舟不得越渡，故乘彼所备之船。此外，凡所经临，一切诸物毫未动用，皆事之显然者。若朕或停留，则好事之徒，又将流布浮言，驾空谭论矣。尔等所奏，不准行。”

十六日甲寅 在籍尚书杜臻，侍郎严我斯、杨雍建，侍讲学士邵远平，御史顾豹文等并生员人民皆至行宫前，叩首奏请曰：“皇上念切百姓，省方南来。圣驾所临，德意翔洽，蠲除租赋，赦宥囹圄，种种深恩，皆旷古所未有。臣等得望见皇上，真如赤子之见父母，伏乞俯览愚诚，再留数日，以慰臣等欣喜瞻望之私。”上谕曰：“朕乘暇至此，巡省事毕，已奏闻皇太后矣。况朕留此一日，则预备纤夫多一日之累。朕明日必行，勿得渎请。”官民等复奏曰：“圣上施从古未有之恩，区区供役，臣等欢欣趋赴，何烦圣念耶！”再三叩请不已。上谕扈从部院诸臣曰：“尔等传谕众百姓，朕巡省事毕，必不久留，朕意已定，尔等慰劳众民遣之。”赐杭州将军、副都统等蟒袍缎匹，防守御以下、有品笔帖式以上缎匹。

上幸教场，集将军以下、兵以上，大设筵宴，上亲执酒赐将军郭丕，副都统朱三丹代、董元卿、邵凤翔等饮。自防守御以下、兵以上，皆遣侍卫执酒分赐之。又阅官兵骑射。

射毕，上还行宫，谕部院诸臣、总督王骘曰：“朕观小民建造碑亭，所费颇多，虽出百姓感戴诚心，但恐年久颓坏，不肖官员勒令修缮，借端扰民，亦未可定。碑亭甚为无益。”尚书苏赫奏曰：“建造碑亭，虽出万民诚心，但日后或不肖官员借口皇上碑亭，修理劳民，谅当有之。圣见甚远。”王骘奏曰：“诚如圣谕。”

以御用凉帽、袍褂并御书赐浙江提督陈世凯、定海镇总兵官黄大来、平阳镇总兵官李华、黄岩镇总兵官赵弘灿、温州镇总兵官蒋茂勋等。又赐浙闽总督王骘、浙江布政使李之粹、按察使卞永誉等缎匹。

至晚，上亲制上谕一道，召学士凯音布、朱都纳、西安，起居注官库勒纳、李光地进前。曰："朕前至禹王庙，见礼器简少，室宇倾颓，特撰此上谕。尔等传示诸大臣，应否颁发，着议奏。"诸大臣奏曰："皇上亲至禹王庙致祭，今又亲书匾额，下修葺庙宇之旨，诚亘古以来所无之盛事也。圣谕应即颁发。"奉旨："着传谕。"谕曰："谕浙闽总督王骘：朕巡行江表，缅怀禹德，躬率群臣展祭陵庙。顾瞻殿庑圮倾，礼器缺略，人役寥寥，荒凉增叹。愚民风俗崇祀淫祠，俎豆馨香，奔走恐后，宜祀之神反多轻忽，朕甚慨焉。在昔帝王陵寝，理应隆重培护，况大禹道冠百王，身劳疏凿，奠宁率土，至今攸赖，岂可因循？特书地平天成四字，悬之宇下。着地方官即加修理，毕备仪物。守祀人役，亦宜增添。俾规模弘整，岁时严肃。兼赐银二百两，给与守祠之人。此后益令敬慎，地方官亦须时为留心，以副朕尊崇遐慕之怀。其即遵谕行。特谕。"

是日，上驻跸杭州府。

十七日乙卯 早，上谕扈从部院诸大臣曰："朕巡省民生风俗，行至浙江，见省会兵民俱相和辑，生齿蕃庶，闾里乂安。但观民间习尚好为争讼，争讼一兴，则不肖有司因缘诈索，势所必至。纵或官员无所朘削，而胥吏作奸，究不能无私行勒取之弊，小民之牵连苦累者多矣。夫微忿不捐，构成嫌怨，小则耗损物力，大则倾捐身家，其为蠹害，不可胜言。矜此愚民，允宜深戒。地方大小衙门官员，亦应各简词讼，劝导闾阎，俾守分息争，共安生业。又夙闻东南巨商大贾，号称辐辏。今朕行历吴越州郡，察其市肆贸迁，多系晋省之人，而土著者盖寡。良由晋风多俭，积累易饶，而南人习俗奢靡，家无储蓄。日所经营，仅供朝夕。一遇水旱不登，则民生将至坐困。苟不变易陋俗，何以致家给人足之风？尔等可传谕将军、总督等，令家喻户晓，务使敦本兴让，崇俭黜浮，兵民日益协和，风俗日益淳朴，词讼日益减少，积贮日益丰盈，则教洽化行，朕心实嘉赖焉。"

又谕旨："巡抚金鋐、布政使李之粹俱着解任。俟原案完结，其员缺朕另简授。"

是日，上自杭州乘舟还至石门县石门镇驻跸。

十八日丙辰 上驻跸江南吴江县南。

十九日丁巳 上驻跸苏州府城内。

是日，扈从部院诸大臣诣行宫跪奏曰："皇上阅视河道，访问民生吏治，每日兼程，不少宁息，圣躬劳矣。今天下升平无事，且各部院奏章沿途料理初无稽误，伏祈皇上暂停车驾，休憩数日。"上报闻。

二十日戊午 在籍户部尚书王日藻、都御史王鸿绪、学士韩菼并苏州松江乡绅士民俱集行宫前，恭捧土产、米酒、果品等物，跪奏曰："我皇上南巡至此，蠲免阖省积年拖欠钱粮，赦罪加恩，万姓亲见龙颜，爱戴何极。今闻皇上即日回銮，不胜瞻恋，伏乞圣驾暂留数日，以慰万姓瞻天觐日之私，并献本处所产土物，略表野人区区之意。"上谕曰："国家之用虽尽出于百姓，朕兹南行，民间之物秋毫无所扰。既尔等殷殷恳请，姑取米一撮、果一枚。朕时巡之事已毕，明日必行。"乡绅士民又叩首奏曰："皇上临幸至此，真乃千载一时。况圣驾出都以来，观风问俗，日无宁晷，万祈暂留数日，怡养圣躬。"上谕曰："江浙民生风俗咨省已竟，尔等绅民殷殷恳请之意，朕知之矣，勿得再行渎奏。"乡绅士民等又奏曰："皇上至此，瑞雪甘霖随车而至，万姓欣欣爱慕，自远而来，冀得瞻觐者络绎未已。皇上视民如子，伏恳暂留数日，以慰舆情。"上谕曰："南方卑湿，水土不宜。况朕时巡之事既毕，已奏闻皇太后矣。既尔等殷殷恳请，明日迟迟启行可也。"绅民等复叩首恳留，继以泣下。上谕曰："念尔等再三攀留，出于诚恳，勉徇所请，姑留一日，后日早行。"

又松江府属华亭、娄县、青浦、上海四县百姓齐集行在门外，跪献所刻碑文，奏云："已蒙皇上全蠲一年钱粮，万姓均沾雨露。又免积年拖欠，恩膏叠沛，千古罕见，无论穷乡僻壤，莫不感深刻骨。但未能趋赴京师叩谢皇恩，因建亭立碑，得以朝夕顶礼，仰祝圣寿无疆。谨献所刻碑文，聊尽草野诚悃。"上谕曰："民为邦本，休养宜先。年来蠲免江南正供，兼及积逋，惟望百姓家给人足，以副嘉惠元元至意。今阅所进碑文，足仞爱戴之诚。第虑不肖有司，指称建亭立碑，借端科敛，犹廑朕怀。其碑刻发还。"众民仰闻上谕，感泣伏地，叩首不已。又奏云："阖郡公举，初无科敛。我等小民，何幸生逢圣主，得沾格外洪恩，又烦天心过虑。古称尧、舜爱民，亦不能如此。曲尽碑刻，少展微忱，众民不敢领去。”及奉俞旨：“将碑刻收存。”百姓喜悦非常，连祝万岁，欢声如雷，移时方散。

上又谕扈从部院诸臣曰：“当楚省兵哗之际，叶映榴尽节捐躯，朕心深加悯悼，特诏所司优赠亚卿，兼予恤荫。今巡行江南，见其子叶敷迎伏道左，弥增轸恻。忠节之臣，应特予谥，以彰异数。尔等会议具奏。”诸臣议曰：“原任湖广粮道叶映榴当兵哗之际，手缮遗疏，从容尽节。仰荷圣慈悯悼，特沛温纶，加赠工部侍郎，赐恤赐荫，所以轸念死事之臣者至矣！比因遵循往例，未经议谥。兹车驾南巡，见其子叶敷，复廑宸怀，诏议易名之典，祇聆天语，不胜感跃。在臣子捐躯就义，自矢常经，而朝廷厉节加恩，弥彰异数。应特予谥，以慰忠魂。”奉旨：“依议。叶映榴着谥忠节。”上即此二字亲洒宸翰赐之。

是日，上驻跸苏州府。

二十一日己未　上谕扈从部院诸臣曰：“大理寺少卿张鹏翮为人颇优，前任兖州府时，居官素善，着从优升补浙江巡抚。浙江按察使卞永誉着升补浙江布政使。江苏按察使李国亮着升补江苏布政使。此时诸事壅积，俱着明日即行赴任。其先补江苏布政使于养志，着仍回伊湖北布政使任。”

是日，上驻跸苏州府。

二十二日庚申　上在苏州未发。浙江巡抚张鹏翮、江苏布政使李国亮、浙江布政使卞永誉陛辞，请旨训谕。上问鹏翮曰：“尔有何奏？”鹏翮奏曰：“臣一介贱儒，累蒙圣恩。今又特授浙江巡抚，封疆重大，臣才劣惧不胜任，伏求皇上教训，臣得勉力遵行。”上曰：“今地方宁靖无事，最要者在兵民相安耳。浙省向来文武、兵民时不相得，以今观之，皆已协和。尔其益务辑睦兵民，要之，凡事从公，则得其平矣。昔日江南将军瓦代、总督于成龙和衷有如一体，文武官亦皆同心共事，毫无满汉兵民之别也。”鹏翮奏曰：“文武皆朝廷臣工，兵民皆皇上赤子，原属一体，宁可异视？臣当祇承教诲，尽心竭力，以图报效。”

上又问李国亮、卞永誉：“尔等何言？”国亮奏曰：“臣才力浅劣，又系参罚之官，蒙皇上特简升擢，捐糜难报。江南财赋重地，小臣恐不胜任，乞皇上指诲。”上曰：“地方事尔有所见，可转详上司奏请施行。且布政与巡抚事体相关，布政果能洁己自爱，守法奉公，虽巡抚亦无如之何。”永誉奏：“臣本微末，三世受国家豢养深恩，今又不由部推，特蒙简擢，圣恩高厚，微臣惟有洁己率属，以报万一。”

鹏翮等又奏，乞远送圣驾。上曰：“地方事务重大，尔等果能尽心殚力，为国家循吏，比之远送不更多乎。”谕毕，鹏翮等出。

是日，上驻跸无锡县放生池。

二十三日辛酉 上过常州府。

二十四日壬戌 上自丹阳县启行，驻跸江宁府句容县城内。是日，句容县知县白良琯、把总赵瑚等来朝。

二十五日癸亥 上驻跸江宁府城内。

是日，谕刑部尚书图纳、都御史马齐、巡抚于成龙曰：“朕巡行所过，见兵民相安，地方宁靖，村居稠密，然犹恐比屋不登，小民有不得其所者。且兵民虽享承平之福，尚虑无知，或抵触法禁，用是大沛恩泽，蠲免钱粮，赦宥罪犯，以至官兵商民咸加恩恤。至于舟楫不通之所，令营马预备，以应一时之需，并绿旗兵丁护送随行，此皆伊等分内专责。但兵丁备马劳苦，马亦稍疲，宜示轸恤，一体加恩。尔等将绿旗兵备马来者，察明人数奏闻，酌量给赏。朕以绿旗兵止官马一匹，恐随行备用日久疲乏，已令各回汛地驻防。满洲兵所有马匹业已足用，扬州所备者亦着停止。尔等即传谕通知。”于是图纳等察明兵数具题。奉旨：“各赏银二两。”

是日，江宁将军博济、副将赵廷栋等，提督江南学政翰林院侍讲高裔，署理江宁府事同知赵世显等，溧水县知县王毓美，黟县知县王景曾，署理江宁县句容县县丞刘质，上元县知县金以谋，原任大学士吴正治、余国柱，原任尚书熊赐履，原任侍讲熊赐瓒，原任学道谢观等来朝。

二十六日甲子 民王来熊献炼丹养身秘书一册。上谕扈从部院诸大臣曰：“朕经史之余，所阅载籍多矣。凡炼丹修养长生及师巫自谓前知者，皆诞妄不足信，但可欺愚民而已，通经明理者，断不为其所惑也。宋司马光所论甚当，朕有取焉。此等事朕素不信，其掷还之。”诸臣奏曰：“我皇上博通经史，洞彻义理，故灼知此等之虚诞。若不读书不明理之徒，未免为彼所惑。臣等得闻圣诲，始昭然共喻耳。”

少顷，上诣明太祖陵，至大门前，下辇步行。进前殿，行三跪九叩头礼。至陵前跪，奠酒三爵，行三叩头礼毕，赐守陵人一百两而还。

自二十四、二十五两日，阴雨连绵，至是日驾才发，即晴霁。谕扈从部院诸臣曰：“朕往巡幸江宁，地方情形既已熟悉。兹以阅河之便，复来至此。顷谒洪武陵，又过后湖，见地方官装饰舟船，预备以待。朕自出京来，自纤夫之外，所需一切皆出帑金采办，不许分毫派取民间，以为预备。所御沙船，特发库银修造。扈从人等需用小舡，俱僦以官价。故于今日地方官预备之船，非惟不御，亦并未临观。欲尔等共悉此意，故尔谕知，并传谕江南江西总督傅腊塔等。伊等舟船空劳预备，朕初未就视，但恐朕回銮后，故为声扬，云此船乃朕所曾御，妄令存贮。着将造饰物料俱行拆毁，于应用处用之。”

又遣礼部尚书张玉书、工部尚书苏赫至丁忧礼部尚书熊赐履宅，赐茶、酒、果品、鹿肉、鹿尾及羊。谕曰：“尔等至赐履家，以所赐物授之。”有顷，张玉书等回奏曰：“熊赐履云，臣自居官以来，皇上高厚之恩，毫无寸报。臣在京闻讣之日，蒙钦遣大臣赐以茶、酒，已属非常隆典。今又遣大臣赐御用珍物，高天厚地之德，诚无足以当之。皇上如许隆恩，臣安敢即家中叩谢？”于是，赐履随至行宫前，叩首谢恩而去。

又赐江宁将军、副都统等蟒袍、缎匹，江南江西总督、总漕、江苏巡抚、安徽巡抚、江南布政使、按察使并江宁八旗防守御以下、骁骑校、有品级笔帖式以上缎匹。又赐江宁驻防八旗男妇六十岁以上银两。

是日，上自明太祖陵回行宫时，江宁士民数万人，各捧土产、米、果、食物跪迎道左。奏曰：“皇上怜念百姓，蠲免钱粮，赦宥罪犯，臣等士民咸受圣上如天如地之恩。虽得仰觐天颜，于心未足，伏乞皇上从容驻跸于此，过万寿圣节，使兆姓得遂顶祝之忱。臣等所献虽草野微物，亦小民欢喜感戴之诚心，恳乞鉴纳。”再三叩首。上命取米一撮。谕曰：“朕取此一撮，即与全纳尔等之物无异。朕明日筵宴既毕，定期二十八日启行，无庸奏请。”士民等皆涕泣奏曰：“众民尚有未得仰觐天颜者，伏乞皇上俯鉴蚁诚，再留数日，以慰小民依恋。”上谕曰：“朕见尔等泣留，心甚恻然，其再留二日，于初一日启行。”诸臣奏曰：“观众百姓涕泣扳留，出于至诚，真乃仰之如日月，亲之如父母，自古以来未有深得人心如我皇上者也。”

是日，上驻跸江宁府。

二十七日乙丑 辰时，上幸教场，集将军以下、兵以上，大设筵宴，上亲执酒，赐江宁将军博济，镇江将军杨凤翔，江南提督、将军杨捷，总督傅腊塔，副都统俄赫禅布，镇江副都统张思恭，总兵官陈奇、刘含高、梁鼐等饮。自防守御以下、兵以上，皆遣侍卫执酒分赐之。阅官兵步射，射毕，回行宫。

又遣侍卫马武传谕江宁将军博济曰：“朕未至时，即闻尔母亡故。尔遭母丧，顾沿途扈从，效力勤劳，殊可嘉奖。去年武昌兵扰，尔心怀奋励，且闻事母颇孝。今事已竟，又有两副都统在，尔可归丧次，朕即遣大臣往视。”博济泣涕跪奏曰：“臣素未效力戎行，蒙皇上恩眷，历升副都统、都统以至今职。去岁武昌之行，矢志殄寇，又未及遇贼。惟有益竭犬马之力，以报我皇上洪恩而已。”奏毕，遂去。顷之，上遣都统郎坦等往吊，奠茶、酒毕，博济诣行宫谢恩。

酉刻，上幸观星台，召部院诸臣前，上问：“汉臣中有晓知天文者否？”皆奏曰：“臣等未尝通晓。”上又问掌院学士李光地：“尔所识星宿几何？”光地奏曰：“二十八宿臣尚不能尽识。”上因令指其所知者。又问：“古历觜、参，今为参、觜，其理云何？”光地奏曰：“此理臣殊未能晓。”上曰：“此殆距星或有谬误。以观星台仪器测之，参宿至天中，确在觜宿之先。观于此，足知今历不谬矣。”又问：“《尧典》中星今移几度？”光地奏曰：“据先儒言，已差五十余度。”上又问：“恒星动否？”光地奏曰：“臣不能知。惟新历言恒星、天亦动，但其动也微耳。”上曰：“郭守敬仪器不可行于今，由不知恒星、天动故也。”上又问：“历家言五星如联珠，可信乎？”光地奏曰：“五星有经纬度，联珠之说似乎荒唐。”上笑曰：“自来史志历法多不可信，质之以理，类空言无实。”上又顾诸臣曰：“如荧惑退舍之说，天象垂戒，理则有之。但若果已退舍，后来推历者以何积算乎？”上又历指三垣星座问光地，不能尽举其名。上指示从官历历明析。尚书张玉书、图纳等咸跪奏曰：“皇上聪明天纵，观文察理，诚非臣愚等所能仰窥也。”上又披小星图，案方位，指南方近地大星，谕诸臣曰：“此老人星也。”光地奏曰：“据史传谓，老人星见，天下仁寿之征。”上曰：“以北极度推之，江宁合见是星。此岂有隐现耶？”谕毕，回行宫。

是日，上驻跸江宁府。

二十八日丙寅 赐镇江将军、副都统等蟒袍、缎匹，防守御以下、有品级笔帖式以上缎匹。又赐镇江驻防汉军六十以上男妇银两。

是日，上驻跸江宁府。

二十九日丁卯 上巡察民生风俗，至秦淮江，扈从部院诸臣奏曰：“此地素为名区，伏祈皇上御船观览。臣等蒙皇恩扈从至此，亦愿观之。”上因聊一观览。谕总督傅腊塔、布政使郑端曰：“朕自出京来，凡经过地方，民间之物一毫不用，前曾谕禁止结彩及预备舡只，今此处为何又结彩预备船只？”傅腊塔、郑端等奏曰：“此处民风，春夏之时，百姓常坐小船游玩。此皆伊等常规，并非地方官特备者。至结彩臣等曾严禁晓谕，百姓并不听从，争相张挂，此亦无大费。”图纳、苏赫、马齐等奏曰：“臣等先年至此，亦来看此河，见百姓亦如此，坐船游玩，此实伊等常规。”

是日，上以御用袍、褂、貂帽赐江宁将军博济，谕曰：“尔自幼在内生长之人，兹复效力勤劳，故以朕所御袍、帽赐尔。”又以御用袍、褂、貂帽、手书、御制诗赐总督傅腊塔，谕曰：“尔亦与将军博济同效勤劳，故以所御袍、帽并御制诗手书以赐。”博济、傅腊塔奏曰：“臣等俱属微贱，蒙皇上擢用，授以今职，臣等黾勉效力，乃分内之事。自皇上临幸以来，宠赉多矣，今又赐以御用袍、帽，臣等戴恩感切，无言可以奏谢，惟有致死图报而已。”奏毕，谢恩。

上又以御用袍、褂、貂帽、手书御制诗赐江南提督将军杨捷，谕曰：“前者加尔恩赐已累次矣，兹以尔效力甚勤，故又将御用衣、帽并手书御制诗赐尔。”杨捷奏曰：“臣庸劣下材，毫无寸效，蒙皇上屡加恩赐，诚不克当。今天下升平，臣亦年老无用，惟有铭诸肺腑，教训子孙，使世世仰报君恩而已。”奏毕，谢恩。

上又以御用袍、褂赐副都统俄赫禅布，谕曰：“兹因尔等效力勤劳，故将自用衣服赐汝。”俄赫禅布奏曰：“臣等素以微末，蒙恩擢为副都统，臣等骨肉皆出自皇上生成。今又蒙旷典，赐以御用衣服，惟有生生世世，勉图犬马之报而已。”奏毕，谢恩。

又赐江南总督傅腊塔，巡抚洪之杰、江有良，布政使李国亮、郑端及办理舟船夫役知县以上官员羊乳酒、鹿尾、鹿腊。又赐江南将军、副都统各官乳牛羊、肉腊、乳酒、乳油。

是日，上驻跸江宁府。

三　月

初一日戊辰　上谕扈从部院诸臣曰：“扬州府知府高承爵、江宁府同知赵世显居官俱善。高承爵着从优升补江苏按察使，赵世显着升补江宁府知府。”又谕曰：“朕闻江宁百姓甚苦房税及丈量芦洲。房税着豁免，其丈量芦洲，交与该督察明确议具奏。”

是日，上御舟自江宁府启行，驻跸上元县朱家嘴。

初二日己巳　上驻跸金山寺。

初三日庚午　上驻跸扬州府南宝塔湾。

初四日辛未　驾至扬州，阖城乡绅士民皆诣御舟前跪奏曰：“圣上巡幸江南，加恩百姓，振古未有。小民得睹天颜，欢忭之意无穷，瞻仰之愿未足，伏祈皇上鉴万民恋慕之诚，暂停车驾数日。”因长跪不起，再四叩首祈请。上谕曰：“尔等诚意殷殷，所奏朕已知之。”

又将军博济、杨凤翔，提督将军杨捷，总督傅腊塔，巡抚洪之杰、江有良，副都统张思恭等并大小各官跪奏曰：“皇上临幸至此，不但臣等欢欣无极，万民皆受皇上高厚之恩，踊跃瞻仰，出于至诚。附近人民虽幸得迎见圣驾，而远乡僻壤尚有未觐天颜者，幸皇上鉴其爱戴之忱，少留信宿。”上谕曰：

“朕巡察事毕，急欲遄行，尔等殷殷奏请，已知之矣。”

又谕扈从部院诸臣曰：“泰州知州施世纶居官颇善，着从优升补扬州府知府。传谕该总督，令加训勉，嗣后宜益洁己爱民。”

是日，上驻跸扬州府东门外。众士民再三奏请，乞车驾暂留数日，上不许。是夜，士民欲各尽其诚，环绕御舟达旦。

初五日壬申　上过宝应县、淮安府。

初六日癸酉　上驻跸清河县清口。

初七日甲戌　上率扈从诸臣自七里闸、太平闸阅视高家堰一带堤岸、闸坝。先是天妃闸水势湍急，往来漕船、民船间至损坏。我皇上加意国计民生，命河臣改天妃闸为草坝，别设七里、太平二闸，以分水势，于是漕流平缓，舟船上下，利涉无虞矣。

上阅至高家堰，顾诸臣曰：“观此一带堤岸颇为坚固，岂可谓之单薄？此堤亦不可无减水坝。若妄将减水坝轻塞，湖水势大，安能保堤无决？故朕前谓减水坝亦有当用者，此也。但旧堤之外更筑重堤，实属无益。湖面高，堤势卑，若旧石堤果不能保，以土新筑之重堤，何足以遏之？此正古人所谓：日费千金，不敌西风一浪。徒使石堤两面皆受水耳。凡事必亲历乃知。尔等今并扈从，其详加阅视，以为如何？”诸臣奏曰：“皇上于治河诸书无不观览，河道利害一一洞鉴。臣等仰承谕旨，觉愚昧顿开。”

上又顾诸臣曰：“前总河王新命面奏，天长、盱眙、六合等处雨水俱自洪泽湖入高邮诸湖。湖水渐溢，田庐往往淹没。闻土著之民言，天长、盱眙、六合旧有河通江，其形尚存。今若疏浚，以分天长、盱眙、六合雨水及淮河之水，归之于江，则淮流减而不溢，堤岸不至冲决，所注下河之水亦少而易涸矣。朕于治河之事，究心年久，所阅治河诸书甚多。黄、淮水势相敌，则清口刷而海口开；淮水弱则黄水倒灌，湖底淤垫，堤势危而海口闭塞矣。此乃自古不易之定理。况先年因高家堰冲决，淮水东流，无抵黄之力，黄水倒灌，湖底淤垫，海口闭塞，此即其实验也。高家堰既有减水坝，不可又令分流，使黄河水弱。倘遇大涝之年，淮水盛涨，出清口不及，则堤必受伤。朕意以王新命所奏亦有可行。何则？通江之河，若果挑浚，必于淮水会合之处修置板闸。苟淮水盛涨，则启闸以分其流。淮、黄均敌，则闭闸不令旁溢。如此庶可无患。且天长、盱眙、六合诸处雨水亦有所宣泄，准此而行，自应有益无损。”

上又顾总河王新命曰：“尔乃专司河务之人，凡堤岸坝闸宜随时察视，惟勤乃能集事。”新命奏曰：“臣一介微贱，蒙恩屡次擢用，遂膺今职，惟图勉自竭蹶，以报高厚。但河务要重，非臣独力所克胜任。属吏似宜选择题授，若漫用不知河务之人，必俟一二年乃得谙习，而縻费国家金钱已不赀矣。”上曰：“选择之事甚难，往往奔走营求者多。且人固难知，初虽见为优长，其能始终如一者亦鲜。故曰：知人则哲。”诸臣无不悦服，奏曰：“圣谕真至言也。”上又顾诸臣曰：“朕兹来此，见河底业已刷深，与旧迥异，似可保数十年堤岸无决。”王新命奏曰：“黄河底深而两岸沙壅，堤防亦厚，此皆皇上至仁景福，河灵效顺，故成百世之利。”

上又阅寿州营副将杨元弼步射，见其材力壮健，命兵部记名后用为总兵官。

是日，上过清河县、桃源县。

初八日乙亥 上驻跸舟中。尚书张玉书、图纳、苏赫，都御史马齐，侍郎赛璧汉、席尔达、张英、徐廷玺，总河王新命等，以奉旨会议中河事宜，进前请旨。上曰：“尔等疏内言，拦马河三减水坝，以二坝水归中河，其一坝令从遥堤外入海。不致淹损民田否？”张玉书等奏曰：“遥堤外向有通流故道，可无淹损。”

上曰：“所建诸坝，尔等议用竹篓，可保久远乎？”图纳奏曰：“臣等前本议建石坝，王新命欲用竹篓盛石御水。”徐廷玺奏曰：“从来闸坝俱用大石，尚时有冲决之患。今用竹篓，岂能捍御？”王新命奏曰：“若建石坝，所费不赀，不如竹篓费省易成。臣乡川江泛滥，亦尝用此奏效。纵有损坏，修治不难。”上曰：“成大功者不惜小费。今王新命既言竹篓可用，且如议行，试观之。”

上顾王新命曰：“中河之水取资于骆马湖，汝欲修禹王台，以御流入骆马湖之水，倘遇大旱之岁，湖水又少，中河不虑浅涸否？”新命良久奏曰：“湖水甚大，似可无虑。”

上又问诸臣曰："中河逼近黄河，黄水泛涨恐为中河害，奈何？"马齐奏曰："黄河水势不常，若果泛涨，则中河有无等尔。"图纳奏曰："清江浦诸处堤岸与黄河止隔一线，从来亦未有冲决。"上又顾王新命曰："中河工尚未成，善后事宜尔须留心，随处修治。遥堤、减水坝所关尤要，天时旱潦不齐，尔当相其缓急先时整理。至于黄河险工，靳辅修挑水坝，令水势回缓，甚善。"新命奏曰："圣谕至当，臣惟竭力慎谨从事。"奏毕，诸臣出。

是日，上驻跸宿迁县。下关管河同知丁健，邳州知州孙居湜等、守备姚国干等来朝。

初九日丙子　是日，山东巡抚钱珏、登州府总兵官曹应鹄、布政使卫既齐、按察使王梁、沂州副将霍维鼐等来朝。

初十日丁丑　是日，滕县知县史秉直、沙沟营守备徐可成、副将侯奇等，同知臧兴祖等，沛县知县梁文炳等来朝。

十一日戊寅　上驻跸济宁州南门外天井闸。顷之，济宁州众士民感戴皇上隆恩，书士民姓名于所画龙袍，并果品等物填塞御舟之次，跪捧以献。曰："蒙圣上施莫大之恩，蠲免我等山东钱粮，万民受圣上隆恩，不胜欣戴。十八日乃圣上万寿之辰，我等众民无以报圣上高厚之德，敬献所画万寿龙袍、果品等物。"上谕曰："朕以爱民为本，访问民俗，省察吏治，行三千余里，小民之物毫无所取。尔等殷殷之意，朕已知之，着取果品一枚，袍可发还。"众士民复跪奏曰："我等蒙圣上之恩，俱得其所。欲输我等诚悃，仰报隆恩，故制此龙袍进献。且此袍既已画龙，我等收藏何处？"再三叩首奏请。上谕曰："尔等既殷殷祈恳，袍可收存。"众士民咸欢呼叩首而去。

是日，鱼台县知县马得祯、道杨廷耀，副将陈寿，兖州府参将王继先等，兖州府同知陈良谟、都司刘宾等，济宁州知州王自金、守备王荣选等来朝。

十二日己卯　上驻跸寿张县西河湾。是日，汶上县知县应大用、嘉祥县知县齐宗德、署理东平州事登州府通判靳治雍等，梁山营守备钱万一等来朝。

十三日庚辰 上过东昌府。是日，临清钞关吏部郎中穆舒、游击陈应奎，平阴县知县陈良玉，寿张县知县黄肇新，兖州府通判许嗣华、寿张营游击祁伯豸等，山东学道任塾，东昌府知府杨朝桢，聊城县知县顾弘、都司熊汝谟等，清平县知县张建烈，堂邑县知县邓鼎甲、把总方虎等来朝。

十四日辛巳 上过临清州。是日，临清营副将徐强等、临清州知州于准、原任道员孔廷樾等，武城县知县赵完璧等来朝。

十五日壬午 上过武城县、故城县。

十六日癸未 是日，天津总兵官刘国轩、真定府同知焦映汉、景州知州赵国宣、唐县知县祝钟俊、吴桥县知县徐钟煌、河间府守备刘官统等，管河通判徐烺、东光县知县王绨、天津守备严进朝等来朝。

十七日甲申 是日，沧州防守尉驽泰等，沧州运判张鉴、沧州知州李勛、清县知县李肇丰、天津游击蔡世德等来朝。

十八日乙酉 皇太子率三皇子、四皇子、五皇子、七皇子及留京师内大臣、侍卫，迎驾至天津卫，恭请圣安。

上由陆路还京师。是日，驻跸武清县三家茅店南。上自巡省南行，每日百姓夹道伏迎，聚观者以十数万计。或焚香献果，擎跪马前，或捧土填水，以济御道，鼓舞欢欣，皆出诚悃。上又驻马慰劳，众情益悦。逮舟行之时，夹岸跪迎者日益多，追随阗溢，欢声雷动，携米、面、酒、果、土产诸物，傍舟叩献。上悉令侍卫慰谕而遣之。甚有恳切攀留，行泥潦中，衣履沾湿不顾者。皆由皇上视万民如子，故所在之民，虽遐乡僻邑，襁负而至，瞻仰恐后，真诚爱戴有如父母焉。

是日，天津钞关郎中吴光祖、天津盐法道石天枢、都司陈学礼等，长芦巡监御史王承佑、同知靳治扬等来朝。

十九日丙戌 先，和硕安亲王薨，未发引。是日，上入崇文门，诣安亲王府第，立柩前哭良久。三奠酒毕，又哭。王、大臣跪奏："皇上哀痛已久，请即回銮。"又安亲王世子马尔浑、僖郡王岳希、勤郡王袁端、贝勒吴尔占等跪请，上乃止。

于乘马之所，御骑而行。未时，由东长安门进午门，问皇太后安，回宫。

是行也，部院本章日送内阁，内阁汇集诸事，三日一次驿送行宫办理。

扈从起居注官库勒纳、李光地、洪俄岱、汪霦。

二十日丁亥 辰时，上御乾清门听政。部院各衙门官员面奏毕，大学士伊桑阿、王熙、梁清标，学士凯音布、拜礼、朱都纳、彭孙遹、李振裕、迈图、索诺和、郭琇、郭世隆、西安以折本请旨。宗人府题赵三已经汛地拿获，马塔擅行夺回，应革去一等护卫。显亲王罚俸六个月。上曰："此事王不宜干预，所议尚轻，着再严议具奏。"

又兵部题杭州副都统董元卿调补员缺，开列侍郎王国安等。上曰："杭州兵颇整齐，其将军向在部院犹为差胜。副都统朱山庸劣且老，着解任。杭州地方紧要，可将海坛总兵官穆维雍补授。其员缺，以寿春营副将杨元弼升补。"

又议覆科臣能特条奏，考取满州生员宜试骑射。上命依议。且谕云："骑射本无碍学问，考试举人、进士亦着骑射。倘将不堪者中式，监箭官及中式人等一并从重治罪。"

又理藩院题军器缺少，将王达尔马、吉礼第等议处。上曰："蒿齐特部落达尔马、吉礼第等旗屡次饥荒，已发银米赈救。其兵人贫困，故不能治办甲胄。达尔马、吉礼第等俱从宽免议处。其缺少甲胄，令从容治办。"

又原任总兵官鲍虎之子鲍希仁叩阍事。上曰："鲍希仁前经随征效力，令该督察明到日再议具奏。"

折本请旨毕，上谕满洲大学士伊桑阿，学士凯音布、朱都纳、迈图、索诺和、西安，吏部尚书阿兰泰、侍郎沙海曰："总漕事务关系最要。顷见总漕马世济有疾，且才具庸常，不能胜任，可以原品休致，随旗上朝。其总漕员缺，着将董纳补授。"

少顷，上问皇太后安。

本日起居注官思格则、王掞。

二十一日戊子 辰时，上御乾清门听政。部院各衙门官员面奏毕，大学士伊桑阿、王熙、梁清标，学士凯音布、拜理、朱都纳、彭孙遹、李振裕、迈图、索诺和、郭琇、郭世隆、西安捧折本近前。谕曰："朕南巡阅河，闻江淮诸处百姓及行船夫役，俱称颂原任总河靳辅，感念不忘。且见靳辅疏理河道及修筑上河一带堤岸，于河工似有成效，实心任事，克着勤劳。前革职属过，可照原品致仕官例，复其从前衔级。”

谕毕，大学士等随以折本请旨。吏部题原任工部侍郎降三级调用郭廷祚因病恳祈停补，议准行。上曰：“凡官员在任，着有勤劳者，应以原品休致。郭廷祚居官之时推诿，初无效力，着革职。”

又奉天府尹金世鉴题参牧马头目吴达禅，率马厂人驱马入民田内。上曰：“朕巡幸时并未伤践民田一亩。且马厂之人不许骚扰地方，伤践田亩，屡行申饬。吴达禅等不于牧地放马，驱入民田，恣行骚扰，深为可恶！着提拿，并将该管官员严加议处具奏。”

本日起居注官尹泰、胡会恩。

二十二日己丑 辰时，上御乾清门听政。部院各衙门官员面奏毕，大学士伊桑阿、王熙、梁清标，学士凯音布、拜礼、朱都纳、彭孙遹、李振裕、迈图、索诺和、郭琇、郭世隆、西安以折本请旨。刑部等衙门题巡抚金鋐等负恩，摇惑众心，捏造无影十事，毁谤国家，应即正法。上曰：“金鋐从宽免死，流徙奉天地方。李之粹从宽免死，发往黑龙江当差。”

上又顾大学士伊桑阿等曰：“河间营守备刘官统善于骑射，材力壮健，居官亦优，着兵部记名。”

本日起居注官顾仪、徐嘉炎。

二十三日庚寅 辰时，上御乾清门，听部院各衙门官员面奏政事。

本日起居注官洪俄岱、顾藻。

二十四日辛卯 辰时，上御乾清门听政。部院各衙门官员面奏毕，大学士伊桑阿、王熙、梁清标，学士凯音布、朱都纳、彭孙遹、李振裕、迈图、索诺和、郭琇、郭世隆、西安以折本请旨。吏部题刑部尚书徐元文调补员缺，开列吏部左侍郎张集等。上曰：“此开列侍郎内无一可者。总督、巡抚中虽有可升之人，但职任甚要，且久在地方，则于民有裨。原任工部尚书杜臻其人颇可，着补授刑部尚书。”

巳时，上问皇太后安。

是日，上移驻瀛台。

本日起居注官尹泰、蔡升元。

二十五日壬辰 早，上御太和门视朝。升转文武官员谢恩，次进贡喀尔喀部落墨尔根代青台吉、额林臣台吉、西喇布台吉等行礼，赐茶毕，回宫。

本日起居注官库勒纳、李光地。

二十六日癸巳 辰时，上御瀛台勤政殿听政。部院各衙门官员面奏毕，大学士伊桑阿、王熙、梁清标，学士凯音布、拜礼、朱都纳、彭孙遹、李振裕、迈图、索诺和、郭琇、郭世隆、西安以折本请旨。户部题覆苏常粮道钱捷、署常镇道事镇江府知府王燕不行挑浚河道，应交吏部。其府厅、州、县各官，总河、总漕职名，俟一并题参再议。上曰："漕运关系重大，凡经过河道，该管地方各官，理应预行挑浚，无致浅阻误运。今苏常镇诸处河道未经疏浚，以致漕艘停阻，殊属不合。着俟察明，到日一并严加议处具奏。"

少顷，上问皇太后安。

本日起居注官思格则、吴涵。

二十七日甲午 辰时，上御瀛台勤政殿，听部院各衙门官员面奏政事。

未时，上由西直门幸畅春园驻跸。部院各衙门本章每日送交内阁，内阁转送畅春园听理。

本日起居注官顾仪、陆肯堂。

二十八日乙未

二十九日丙申 辰时，上御畅春园内澹宁居，大学士伊桑阿，学士凯音布、拜礼、朱都纳、迈图、索诺和、郭世隆、西安以折本请旨。兵部题游击曹成章不行修船，且并未阅视，问及长短阔狭，混行妄对，应革职。上曰："曹成章人最不堪，着依部议。凡地方文武官员务须各尽职掌，实心任事，黾勉效力，方为称职。今见直省文武各官多有虚縻廪禄，怠玩因循，事务废弛。行伍虚冒，船只任其朽坏，器械全无整理，且有无多寡，茫昧不知。总因分内职业视为具文，漫不经心，殊属不合。各该督、抚、提、镇通行所属官员，严加申饬，令其痛改积习，力图振刷，恪勤职守。如仍前玩忽，定行从重治罪。"

本日起居注官尹泰、顾仪。

闰三月

初一日戊戌 早，上自畅春园由西直门进神武门，回宫。未时，诣畅春园。

本日起居注官尹泰、张希良。

初二日己亥 辰时，上御畅春园内澹宁居，大学士伊桑阿，学士凯音布、拜礼、朱都纳、迈图、索诺和、郭世隆、西安以折本请旨。宗人府题汛地所执赵三为马塔夺去，议将显亲王罚俸二年，马塔革去一等护卫，枷号一个月，鞭一百，不准折赎。上曰：“王从宽免罚俸，余依议。”

又兵部题德州营参将晋淑玉等，拟补广东、福建等省副将。上曰：“晋淑玉等依拟用。杭州城守副将员缺，可将湖广提标中军参将陈宗魁升补。陈宗魁员缺，将河间协标右营守备刘官统升补。”

本日起居注官库勒纳、思格则。

初三日庚子 辰时，上问皇太后安。

初四日辛丑

初五日壬寅 辰时，上御畅春园内澹宁居，兵部尚书纪尔塔布，侍郎觉罗舜拜、萨木哈奏事毕，上谕曰：“往鄂罗斯兵丁可给与半年行粮。其未去之前，有因事故不去者，即撤其行粮，给与替代之人。其严行传谕，转交户部。”

又谕曰：“朕幸江南、浙江，见骁骑校、小拨什库披甲内，曾效力行间，人材壮健者甚多。此辈出兵时，有虽得功牌而未应得官者，亦有因罪抵销功牌者。若此等效力人材以其未应得官，或无功牌，因而不用，则至于淹滞。可行文江宁、杭州、荆州、西安满洲将军、副都统，如彼处果有身力壮健、才堪管辖者及曾经效力者，或十人或十五人，选择不拘旗分，如彼处佐领、拖沙喇哈番品级章京、骁骑校缺出咨部时，将此选择之人一并咨送，到日尔部引见。”

又礼部尚书麻尔图，侍郎席尔达、多奇近前奏曰：“本月初二日起，令龙虎山道官孔明德等三人，在黑龙潭仰体皇上重农恤民至意，祷雨三日。初三日自寅时降雨，为此题知。”上谕曰：“雨尚未足，可令伊等商酌，再行祈祷。今既得雨，此三人各赏银三十两。”

谕毕，大学士伊桑阿，学士凯音布、拜礼、朱都纳、迈图、索诺和、郭世隆、西安以折本请旨。刑部等衙门议，陕西礼县知县万世纬贪赃，杖毙良民赵连祝等四人，应革职，拟斩监候，秋后处决。巩昌知府纪元私取礼物银两，应革职，拟绞监候，秋后处决。原任甘肃巡抚叶穆济将万世纬保奏卓异，革职。上曰：“叶穆济任甘肃巡抚时居官甚优，今为山西巡抚亦佳，可从宽免革职，降五级留任。”

又议湖广广济县革职知县钱文炌闻武昌裁兵鼓噪，携印挟饷而逃，应坐斩监候。上曰：“广济无城可守，且库银全行交出，钱文炌情有可矜，着再议具奏。”

少顷，上问皇太后安。

本日起居注官库勒纳、洪俄岱。

初六日癸卯

初七日甲辰

初八日乙巳　早，上自畅春园由西直门进神武门，回宫。辰时，上御文华殿举行经筵大典，讲官库勒纳、徐元文讲《四书》子所雅言一节；傅腊塔、张英讲《书经》功崇惟志一节。讲毕，上问经筵讲官、户部尚书徐元文曰：“尔所撰讲章内有使异端其永绝之语，所谓异端者何所指也？”徐元文奏曰：“诗书礼皆圣人之实教，若佛老虚无，乃异端也。”上曰：“江南人崇信佛老者多矣。”随召掌院侍郎库勒纳谕曰：“孔子云：攻乎异端，斯害也已。徐元文讲章内所云，使异端其永绝，岂虚语耶？伊必有永绝异端之良策，着具本来奏。”谕毕，回宫。

少顷，御乾清门，大学士伊桑阿、王熙、梁清标，学士凯音布、拜礼、朱都纳、彭孙遹、李振裕、迈图、索诺和、郭琇、郭世隆、西安以折本请旨。工部议仓场侍郎洪尼堪题修五闸剥船，宜准行。上曰：“漕船及驿站渡口各项船只初造及大小岁修，价值不足充用，每致累民，或竟侵欺不给价值，反行滥取充用。驿站渡口船只或止有虚数，初无实在。至于纤夫水手等役额定工食，亦有全不给发，或扣克减支者。此等积弊，作何革除？各项船只务俾修造坚固，足以济用，工食钱粮俱令照数支给，均沾实惠，着漕运总督、河道总督一一会同详察，确议具奏。此五闸剥船俟详察具题，到日一并议奏。”

未时，上诣畅春园。

本日起居注官田喜霌、尹泰。

初九日丙午 辰时，上问皇太后安。

初十日丁未 辰时，上御畅春园内澹宁居，大学士伊桑阿，学士凯音布、拜礼、朱都纳、迈图、索诺和、郭世隆、西安以折本请旨。兵部题都统瓦代进剿武昌诸处，至桐城县，因兵丁马瘦，面语巡抚杨素蕴，令随力助马。杨素蕴因遂捐马八十匹，但在未经奉旨之前，无庸议叙。上曰：“杨素蕴事属急公，着议叙。”

又大学士伊桑阿等拟撰上谕，以江、浙、闽、广海关凡捕鱼及贸易小船，若概行抽税，于小民不便。今作何征收，使商民均有裨益，令九卿等议奏具，以稿呈览。上亲改数句，复顾阁臣曰：“朕昨南巡，闻诸处灶丁极其劳苦。此数年来，各省赋税皆以次蠲免，惟灶丁钱粮未蠲，其旧时逋欠及现年钱粮亦应蠲免。着交与户部察明数目，开写折子，尔等呈奏。”

本日起居注官库勒纳、顾仪。

十一日戊申

十二日己酉

十三日庚戌 辰时，上御畅春园内澹宁居，大学士伊桑阿，学士凯音布、拜礼、朱都纳、迈图、索诺和、郭世隆、西安以折本请旨。直隶巡抚于成龙题，吴桥县民杨居易等及陕西成县民樊豫辉等亲赴臣处云，伊等叩阍事件，奉旨交臣。未知真假，故行奏闻。上曰：“江浙、山东经过地方俱有官员昼夜随行，其民人叩阍事件，随交本官定议，即面奏完结。至直隶并无地方官，其民人叩阍状词无可交付，故令民人各持原状交与该抚。其别省民词并未令交直抚，伊等在一处叩奏，因未明晓，遂亦持交直抚。这民本内系直隶者，着于成龙议奏，余着该部议奏。”

谕毕，大学士伊桑阿等遵旨交户部查长芦、两淮、两浙、河东灶户钱粮，开写折子呈览。上曰："康熙二十八年，河东额征盐池地租银两，着宽免，其余三处，俟岁暮时请旨。"

少顷，上问皇太后安。

本日起居注官库勒纳、思格则。

十四日辛亥

十五日壬子　未时，上由西直门进西华门，回宫。

本日起居注官思格则、王尹方。

十六日癸丑　辰时，上御乾清门听政。部院各衙门官员面奏毕，大学士伊桑阿、王熙、梁清标，学士凯音布、拜礼、朱都纳、彭孙遹、李振裕、迈图、索诺和、郭世隆、西安、顾汧以折本请旨。先是吏部题补钦天监升任监副郎鼐员缺，以五官正常额拟正，三保拟陪。奉旨："考试。"至是大学士伊桑阿奏曰："常额番译不堪，三保尚可。至推算历法，常额则差误九日，三保稍有差误。"上曰："着将三保补授。"

又理藩院题补协理旗下事务索宁病故员缺。上曰："西达着协理旗下事务。索宁各处效力，可照一品塔布囊例赐恤。"

本日起居注官博济、王顼龄。

十七日甲寅　辰时，上御乾清门，听部院各衙门官员面奏政事。先是，上以畿内雨泽愆期，命九卿议陈时政得失，至是九卿进前。礼部尚书麻尔图奏曰："臣等谨遵旨公议，伏睹我皇上大德神功，超越古帝王。实心实政，恩泽及于小民者甚深。数年来，各省钱粮蠲免无算。至于刑名人命之事，至详且慎，必委曲以求其生路，苟可矜宥罔不从宽。皇上轸念漕运民生，南巡时，又蠲江南、浙江、山东等省钱粮至数百万。凡经过地方，所有罪犯咸与赦宥，兵丁小民皆施浩荡之仁。复加恩士子，广入学之额。又恐榷关累商，屡颁谕旨，谆谆严戒。圣天子如天好生爱民至意，自古帝王所不及。今真定、河间诸处业已得雨，京师亦有微雨先降，近者初三日又雨。时才立夏，尚不为亢旱。臣等谫劣，遭逢盛世，仰承皇上训示，虚衷下问，若稍有愚见，安敢不陈于君父之前？政事实已尽善，并无可言。"奏毕，九卿出。

大学士伊桑阿、王熙、梁清标，学士凯音布、拜礼、朱都纳、彭孙适、李振裕、迈图、索诺和、郭世隆、西安、顾汧以折本请旨。吏部议直隶巡抚于成龙凡应用人夫俱推诿程汲，以致迟误，应降五级调用。巡道程汲等凡应用人夫不行预备，疏忽规避，以致误事，俱应革职，交刑部。知府黄锦等俱应革职。上曰："于成龙同在内官员扈从南巡，直隶巡抚事务系程汲署理，于成龙免其处分。程汲、董世琦、石天枢俱着革职，交与刑部。黄锦着革职。同知以下各官，有自远调来协理，未及驰赴，或居官素优，及真系逃避玩误者，着该抚察明分别具题，到日再议具奏。"

又奉天府尹金世鉴等题请盛京八旗官兵庄头等，凡有余地、荒地，俱令勘出给民，交府、州、县起科，则钱粮可增，有裨国用。户部议覆应令盛京户部侍郎、府尹会同详察，或应与旗下，或应给百姓，着定议具奏。上曰："若将盛京官兵之庄头余地、荒地俱令勘出给民，倘日后满洲生齿日繁，势必仍将百姓之田拨回转给，如此则百姓愈滋苦累矣。金世鉴人甚庸劣，惟知持斋诵经而已，此等事伊能虑及耶？至奉天等地方旗民杂处，地亩垄界交连耕种者甚多。旗下界内居民有力开垦者，许其耕种，照例征收钱粮。若旗人有力开垦，亦听其耕种。不许互相拦阻。先经该部通行甚明。况旗人垦种余地，遇有应拨给处，何尝不勘出拨给？今金世鉴题请，以八旗官兵庄头余地荒地俱令勘出，给民起科，庶钱粮可增，有裨国用。金世鉴必有所见。钱粮可增若干？何以有裨国用？着金世鉴明白具奏。"

本日起居注官尹泰、曹鉴伦。

十八日乙卯 辰时，上御乾清门听政。部院各衙门官员面奏毕，大学士伊桑阿、王熙、梁清标，学士凯音布、拜礼、朱都纳、彭孙适、迈图、索诺和、郭世隆、西安、顾汧以折本请旨。吏、兵二部会奏，原任副将今升总兵官杨元弼不趣革职知县姜玉回旗，议降一级调用。上命杨元弼降一级，从宽留任。

少顷，上问皇太后安。

本日起居注官顾仪、徐嘉炎。

十九日丙辰 辰时，上御乾清宫，大学士伊桑阿、学士凯音布、拜礼、朱都纳、迈图、索诺和、郭世隆、西安以折本请旨。吏部题内阁侍读学士喀喇革职员缺，以理藩院郎中奈马代拟正，满丕拟陪。上曰："户部郎中西拉其人颇优，可升补内阁侍读学士。”

又刑部议原任七品笔帖式海保，纠合强盗，主谋行劫王三家，但未分财，应枷号两个月，鞭一百。强盗杨三等应立斩。上曰：“海保身为职官，乃纠合强盗，主谋行劫，情罪殊为可恶。着三法司一并核拟具奏。”

又步兵拨什库呵呵里为窃盗，应准律免刺字，鞭八十。步军校伊塞罚俸三个月。步军副尉朱思裕罚俸一个月。上曰：“步兵系捕盗之人，乃自行窃盗，这所议官员兵丁俱轻。及兵丁为盗，仍应刺字。俱着另议具奏。”

辰时，上谒陵，由东华门出朝阳门。是日，上驻跸夏店。

本日起居注官库勒纳、胡会恩。

二十日丁巳　上驻跸蓟州城内。

二十一日戊午　上自行宫启行，诣太皇太后暂安奉殿，哭而入，哀恸良久，奠酒，出。随诣孝陵，行礼举哀。又至皇后陵，举哀。

是日，驻跸汤泉。

二十二日己未　未时，上自行宫启行，诣太皇太后暂安奉殿，恸哭久之，奠酒毕，出。

是日，驻跸马伸桥。

二十三日庚申　上驻跸夏店。

二十四日辛酉　未时，上由朝阳门进东华门，问皇太后安，回宫。

是日，遣领侍卫内大臣伯费扬古至大学士管吏部尚书事对哈纳墓前奠酒，遣总管上驷院事二等侍卫黄海至学士牛钮墓前奠酒。

是行也，部院本章每日送交内阁。内阁间三日汇集，驿送行宫听理。

扈从起居注官思格则、尹泰。

二十五日壬戌　巳时，宗人府、内阁、礼部以纂修玉牒告成，会同恭进。上御中和殿，受玉牒，阅毕，出。御太和门，总裁、纂修官员行礼毕，上回宫。

本日起居注官库勒纳、顾藻。

二十六日癸亥　辰时，上御乾清门听政。部院各衙门官员面奏毕，大学士伊桑阿、王熙、梁清标，学士凯音布、拜礼、朱都纳、彭孙遹、李振裕、迈图、索诺和、郭世隆、西安、顾汧以折本请旨。兵部题总兵官许盛系封疆大臣，为贼所执，复偷生潜往九江。彼处地方官问时，又言尔等守此空城何用。摇惑人心，情罪殊为可恶。宜革去许盛总兵及拖沙喇哈番，交刑部议罪。上曰："前当吴三桂叛乱时，许盛非系现任职官，从屯垦之所剿杀贼寇，效力行间，积功以得世职。何有武昌兵噪之时，乃肯屈节？且身被箭伤，经朕亲阅。尔部乃以无据之言具议，殊属不合。着再议具奏。"

又吏部题翰林院侍读学士顾汧升任员缺，将侍讲学士孟亮揆转补。其侍讲学士员缺，论俸拟将庶子徐潮升补。上曰："二人俱庸碌，着另拟具奏。"上又顾大学士伊桑阿曰："前因天旱，令九卿议。至今尚未得雨，尔等传谕，着九卿等再加详议具奏。"

本日起居注官顾仪、蔡升元。

二十七日甲子　辰时，上御乾清门听政。部院各衙门官员面奏毕，大学士伊桑阿、王熙、梁清标，学士凯音布、拜礼、朱都纳、彭孙遹、李振裕、迈图、索诺和、郭世隆、西安、顾汧近前，大学士伊桑阿等奏曰："昨蒙上谕，因天时亢旱，令九卿再加详议具奏。九卿等云，臣等伏见皇上爱养百姓，于各省钱粮蠲免甚多。以人命关系重大，遇有刑罚备极详慎。政事举行莫不尽美尽善，无可更易。今天时稍旱，乃臣等奉行未当所致。嗣后臣等各期洗心涤虑，勉尽职守。"上顾伊桑阿曰："向遇天旱，曾命清理刑狱，尔等察例以闻。"

本日起居注官博济、陆肯堂。

二十八日乙丑　辰时，上御乾清门听政。部院各衙门官员面奏政事。是日，特颁上谕，遣吏部尚书阿兰泰、户部尚书徐元文审理在京狱囚。

本日起居注官尹泰、张希良。

二十九日丙寅　早，上御保和殿，视祭太庙祝版毕，回宫。

辰时，御乾清门，听部院各衙门官员面奏政事。

本日起居注官思格则、胡会恩。

四　月

初一日丁卯　早，上以孟夏，躬诣太庙致祭毕，回宫。

辰时，上幸畅春园。酉时，回宫。

本日起居注官库勒纳、李光地。

初二日戊辰　辰时，上御乾清门听政。部院各衙门官员面奏毕，大学士伊桑阿、王熙、梁清标，学士凯音布、拜礼、朱都纳、彭孙遹、李振裕、迈图、索诺和、郭世隆、西安、顾汧以折本请旨毕，伊桑阿等又奏曰："臣等遵旨问九卿收海税事，一议：钱粮无多，应交与地方官征收；一议：收税若交与地方官，则无专管之员，因而潜移禁物，占据生业，致累百姓，亦未可定，应仍差官收税。至海中船只何者应免，恩出自上，惟候圣裁。"上曰："采捕鱼虾船只及民间日用之物，并糊口贸易，俱免其收税。嗣后海关着各差一员。"

巳时，上问皇太后安。

本日起居注官田喜霱、顾仪。

初三日己巳　巳时，上问皇太后安。

是日，上以世祖章皇帝恭靖妃薨，辍朝三日。

本日起居注官博济、王顼龄。

初四日庚午　本日起居注官尹泰、吴涵。

初五日辛未　巳时，上问皇太后安。

本日起居注官思格则、王尹方。

初六日壬申　辰时，上御乾清门，听部院各衙门官员面奏政事。

本日起居注官库勒纳、王掞。

初七日癸酉　辰时，上御乾清门，听部院各衙门官员面奏政事。

巳时，上问皇太后安。

本日起居注官顾仪、徐嘉炎。

初八日甲戌　辰时，上御乾清门，听部院各衙门官员面奏政事。

本日起居注官博济、胡会恩。

初九日乙亥　辰时，上御乾清门，听部院各衙门官员面奏政事。

本日起居注官尹泰、顾藻。

初十日丙子　辰时，上御乾清门听政。部院各衙门官员面奏毕，大学士伊桑阿、王熙、梁清标，学士凯音布、拜礼、朱都纳、彭孙遹、李振裕、迈图、索诺和、郭世隆、西安、顾汧以折本请旨。吏部题高唐州驿夫聂二传送本章，坠马身死，致本章遗失，议罚知州谈镕。上曰："驿夫既坠马身死，谈镕处分宜从宽免。"

本日起居注官思格则、曹鉴伦。

十一日丁丑　上试汉军人员于乾清门。凡部院衙门未经与考者，内外候补者，二十五年考五等及曳白者，并各项监生皆集。上亲命试题：子曰愚而好自用全章时艺一篇，生事不如省事奏疏一道。

本日起居注官库勒纳、张希良。

十二日戊寅　辰时，上御乾清门，听部院各衙门官员面奏政事。

巳时，上问皇太后安。

本日起居注官顾仪、陆肯堂。

十三日己卯　辰时，上御乾清门听政。部院各衙门官员面奏毕，大学士伊桑阿、王熙、梁清标，学士凯音布、拜礼、朱都纳、彭孙遹、李振裕、迈图、索诺和、郭世隆、西安、顾汧以折本请旨。礼部侍郎管翰林院学士事库勒纳等题参，汉掌院学士李光地进呈文字草率不谨，请敕部严加议处。上曰："作文不堪，何可参劾？此本着发还。"大学士伊桑阿等奏曰："臣等观李光地文诚为草率。光地亲随大驾，目击圣政，尤当加意作文。今所进文字，殊属不堪。"上曰："凡人为亲朋作一文字，亦宜尽心。即自己不善作文，或可与朋友商酌改定，何草率不堪竟至此耶？"

大学士伊桑阿又奏曰："臣等遵旨因天旱传问九卿等。据九卿言，国家政事最重大者无过刑名钱谷。今皇上仁恩浩荡，钱粮蠲免甚多。至于刑名，则再三慎重加意宽恤。臣等实无可言。据臣等众言，皇上圣躬关乎天地，今中宫久虚，似应册立。"上问："复有所议否？"伊桑阿奏曰："别无所议。"上颔之。复命大学士伊桑阿传谕九卿等："再加详议，或有阙失欲言而不敢言者，其令直陈毋隐。”伊桑阿传谕毕，满汉九卿等奏曰：“实无阙失可言。皇上谕旨如此谆切，若有可言，臣等敢不入告？”

伊桑阿转奏毕，上复传谕曰：“朕欲御门面言于诸臣，恐言至不忍言处，未能尽言。今特传旨，以朕意谕诸臣共悉之。非特近今亢旱，自去秋以来，雨雪一无沾足。闻直隶、山西、山东以至江南、浙江皆旱，心甚忧之。屡问九卿诸臣，或有未当及应行之事，曾不得一。朕思政事失于下，则灾患应于上，如影响然。《尚书·洪范》曰：僭，恒旸若；蒙，恒风若。去岁将旧任诸臣尽皆罢斥，择其有品有守者而用之。至于在外督、抚、司、道等官，所用多有令闻，似应风雨以时。以此观之，所关必在于上，非由他故。诸臣肯直言乎？至祈雨一事，朕非不留意，一为念及，便有心肝摧裂处。前此屡旱，屡率诸臣祷于天坛，幸皆遇雨，此天爱苍生，下应诸臣虔意，于朕毫无与焉。何则？前岁之冬，圣祖母大渐，匍匐祈祷，愿减朕龄，乞太皇太后病愈，仰对郊坛，肫恳祝告。因朕福薄，心意未诚，致抱终身之恨，且服制未遂厥心。彼时自意朕寿或亦不永，故尔所求未应。今观二载余生，则朕之不诚不孝愈实矣。目今祈祷，若雨不降则已，万一适逢雨泽，则罪尤莫解。诸臣诚心祈祷，与朕祈祷无异。若能切直言事，是即所以召甘霖也。朕自幼过劳，知虑所及弗复如前，目力不能书写细字，诸疾时作，不离灼艾。今一身之识见精力不敢自恃，亦尔诸臣之勤慎是赖。明示朕怀，欲与诸臣共悉之。特谕。”伊桑阿传谕毕，满汉九卿等合词奏曰：“皇上至仁至孝，敬天勤民，宵衣旰食，凡恩泽所加，无一夫不获其所。且崇尚俭朴，日用节省，而蠲免钱粮，则不惜数百万，诚旷古未有。臣等更有何言？况水旱为灾，尧、汤不免。今雨泽偶愆，未至亢旱，此亦臣等不能恪恭尽职，仰副圣心。皇上不谴责臣等，而反诏谕谆谆，返躬自责，臣等愈无地自容矣。”伊桑阿转奏毕，上报闻，仍命斋戒三日，虔心祈祷。

本日起居注官博济、蔡升元。

十四日庚辰 辰时，上御乾清门，听部院各衙门官员面奏政事。

巳时，上问皇太后安。

本日起居注官田喜霱、尹泰。

十五日辛巳　辰时，上御乾清门，听部院各衙门官员面奏政事。

巳时，上问皇太后安。

本日起居注官思格则、王尹方。

十六日壬午　辰时，上御乾清门，听部院各衙门官员面奏政事。

巳时，上问皇太后安。

是日，福建靖海将军施烺进红毛国枣骝马一匹，上不纳。

本日起居注官库勒纳、王项龄。

十七日癸未　上以文皇后忌辰，不御乾清门。

巳时，上问皇太后安。

本日起居注官顾仪、王掞。

十八日甲申　辰时，上御乾清门，听部院各衙门官员面奏政事。

巳时，上问皇太后安。

本日起居注官尹泰、胡会恩。

十九日乙酉　辰时，上御乾清门，听部院各衙门官员面奏政事。

巳时，上问皇太后安。

本日起居注官博济、徐嘉炎。

二十日丙戌　辰时，上御乾清门听政。部院各衙门官员面奏毕，大学士伊桑阿、王熙、梁清标，学士凯音布、拜礼、彭孙遹、李振裕、迈图、索诺和、郭世隆、西安、顾汧以折本请旨。户部题神武等卫民冯三等自首私开荒地，议应免罪。其钱粮应自二十四年开垦日起，按年催征。前未经察出，该管官员应交督、抚参奏。上曰："冯三等自首，地亩钱粮免其按年追征，该管官员不必察取职名。嗣后民人若有出首开垦地亩，不必拘定年限，俱自出首之年征收钱粮。该管官员亦免其议处。"

大学士伊桑阿又奏曰："历考从前祈雨事例，奉旨命臣等同九卿公议。臣等议得山东、河南皆已得雨，直隶虽有微雨，尚未沾足。皇上轸念民依，以雨泽未足为忧，应如十九年例祈祷。"上曰："着交与礼部。"

巳时，上问皇太后安。

本日起居注官李光地、思格则。

二十一日丁亥　辰时，上御乾清门，听部院各衙门官员面奏政事。

巳时，上问皇太后安。

本日起居注官顾仪、顾藻。

二十二日戊子 辰时，上御乾清门听政。部院各衙门官员面奏毕，大学士伊桑阿、王熙、梁清标，学士凯音布、拜礼、朱都纳、彭孙遹、李振裕、迈图、索诺和、郭世隆、西安、顾汧以折本请旨。户部题议漕运船只过淮，违限官员，俟题参到日再议。上曰："朕前经过江南，丹阳一带水浅，且瓜州口江西、湖广漕船壅塞，朕所亲见。这迟误有因，各官职名免其察取处分。"

又兵部题正红旗蒙古都统下佐领蛮子员缺，以苏第拟正，都第拟陪。上曰："苏第原管佐领，况都第年幼，虽补授佐领，苏第必代为办事。且苏第革职情由本无可恶，这员缺着将苏第补授。此补授情由，令该都统开明咨文内，叙入奏疏。其苏第议处之案，亦察明载于疏内。自后有此等事，俱如此例开具情由奏请。"

本日起居注官尹泰、曹鉴伦。

二十三日己丑 辰时，上御乾清门，听部院各衙门官员面奏政事。

本日起居注官博济、蔡升元。

二十四日庚寅 辰时，上御乾清门，听部院各衙门官面奏政事。

本日起居注官思格则、陆肯堂。

二十五日辛卯 辰时，上御乾清门，听部院各衙门官员面奏政事。

巳时，上问皇太后安。

本日起居注官库勒纳、张希良。

二十六日壬辰 辰时，上御乾清门，听部院各衙门官员面奏政事。

本日起居注官顾仪、史夔。

二十七日癸巳 辰时，上御乾清门，听部院各衙门官员面奏政事。

本日起居注官尹泰、周金然。

二十八日甲午 辰时，上御乾清门听政。部院各衙门官员面奏毕，大学士伊桑阿、王熙、梁清标，学士凯音布、朱都纳、彭孙遹、李振裕、迈图、郭世隆、西安、顾汧以折本请旨。宗人府题正红旗参领法山升任员缺，以觉罗阿达哈哈番闲散骑郎哈尔费颜拟正，南苑防守御硕色拟陪。上曰："伊等保举之言可载入本内，日后易于察考。自后有此等事，俱如此例，以保举之言开写具奏。"

本日起居注官田喜霱、博济。

二十九日乙未　辰时，上御乾清门，听部院各衙门官员面奏政事。

本日起居注官思格则、王尹方。

五　月

初一日丙申　辰时，上御乾清门听政。太常寺奏，五月初五日夏至，祭方泽坛。因皇上灸艾，请遣大臣一员恭代行礼，为此请旨。上曰："朕每祭祀无一不亲诣行礼。今者灸处有患，其祭祀可亲诣与否？尔等即与大学士等会议具奏。"太常寺官随同大学士等奏曰："皇上凡祭祀坛庙，必亲诣行礼，竭诚尽敬，从古未有。今灸处未愈，不便祭祀，请遣大臣恭代致祭。"上曰："灸处若稍愈，朕犹欲行礼。今视患处更发，着佟国维代朕行礼。"

谕毕，大学士伊桑阿、王熙、梁清标，学士凯音布、朱都纳、彭孙遹、李振裕、迈图、郭世隆、西安、顾汧以折本请旨。吏部题补吏科给事中镶黄旗达哈塔解任员缺，以太仆寺员外郎艾色拟正，工部员外郎齐什拟陪。上曰："此缺可将昨日考取一等、二等内俸深者拟票送进。"

又户部题崇文门税差，将兵部郎中张琰圭拟出。上曰："尔衙门侍读穆和伦如何？"伊桑阿奏曰："其人颇优。"上曰："这差着穆和伦去。"

本日起居注官库勒纳、王顼龄。

初二日丁酉　上因有事于方泽坛，斋戒三日，不理事。

巳时，上问皇太后安。

本日起居注官王掞、顾仪。

初三日戊戌　本日起居注官尹泰、胡会恩。

初四日己亥　早，上御保和殿，视祭方泽坛祝版毕，回宫。

本日起居注官博济、徐嘉炎。

初五日庚子　大学士伊桑阿，学士凯音布、朱都纳、西安、郭世隆进乾清宫。伊桑阿奏曰："前奉谕旨，自春至今未雨，旱暵已甚，且又闻今年旱处颇多，朕与尔等岂可坐视？政事或有应更改者，着九卿等议奏。据九卿等云，皇上轸念民生，谆谆屡谕，命臣等会议。臣等虽庸劣，蒙皇上隆恩，忝列大臣，无不仰体皇上子爱元元至意，留心民瘼。若政事果有可议，臣等敢不即言？今实无可更改。臣等之意，应令九卿、詹事、科、道虔诚步祷于太岁坛、天神坛、地祇坛。"上曰："此祈雨事宜，着察例具奏。内地虽有灾祲，尚可曲图补救。近闻山海关外盛京等处，至今无雨，尚未播种，万一不收，转运维艰，朕心深为忧虑。且其米粮多糜费于无用之处，不可不预议也。闻彼处蒸造烧酒，偷采人参之人，将米粮糜费颇多。着遣部院堂官一员，速往奉天，会同将军、副都统、侍郎等，将此等糜费米粮之处，严加禁止。尔等会同满洲九卿、詹事、科、道议奏。"

九卿等会议奏曰："皇上勤恤群生如同赤子，无刻不以民依为念。今山东、陕西等省已报雨泽沾足，惟盛京未见奏报，致烦圣虑。顷奉谕：内地旱涝尚可曲图补救，若盛京不收，转运维艰，将糜费米粮之处务令预禁。此真救灾备荒之要策也。应差部院堂官一员速往奉天，会同将军、副都统、侍郎等严行禁止。"大学士伊桑阿等入奏。奉旨："依议。着赛弼汉带司官一员前往。地方不远，可自备马匹。"

本日起居注官库勒纳、顾藻。

初六日辛丑　辰时，上御乾清门，听部院各衙门官员面奏政事。

未时，上御景山内前殿，赐请安进贡科尔沁国多罗札萨克图郡王额齐尔、未授品级台吉杜尔噶第，杜尔伯特固山贝子沙津、三品台吉吴勒木济、四品台吉德尔格尔、都统札木布，阿鲁科尔沁国和硕额驸色冷、四品台吉色冷僧格，科尔沁国镇国公杜思喀尔、未授品级台吉图筝马尔、二品台吉兰木布、四品台吉图格默尔，土默特部落三品台吉沙理、四品台吉额尔德尼等，喀喇沁部落四品塔布囊诺木齐等，五台山为首喇嘛达木巴格隆等食。

本日起居注官思格则、曹鉴伦。

初七日壬寅　辰时，上御乾清门听政。部院各衙门官员面奏时，礼部尚书张玉书等奏曰："前奉上谕：时已仲夏，雨泽未沾，农事堪忧，已经遣官于太岁、天神、地祇诸坛祈求未应，朕衷夙夜靡宁。今特遣官于天坛、地坛、社稷坛虔行祷祀，尔部即察例择期来奏。钦此。臣等即行钦天监，择期于本月十二日丁未卯时致祭。诸王以下、满汉文武各官以上至民间，素服斋戒三日，钦遣祭官及执事各官照例斋戒三日。所有祈雨礼仪，俱照顺治十五年例。"上曰："近每次祈雨，朕于宫中虔诚斋戒，并不茹荤。今兹祷祀，止令遣祭官斋戒，朕躬及诸王、大臣、官员若不斋戒，何以仰祈昭格？朕及诸王以下满汉文武各官俱竭诚虔行斋戒，余如议。"礼部堂官等出，部院各衙门以次启奏毕。

大学士伊桑阿、王熙、梁清标，学士凯音布、朱都纳、彭孙遹、李振裕、郭世隆、西安、顾汧以折本请旨。上召工部满汉尚书、侍郎同阁臣至前，谕曰："向来旱时，凡工程概行停止。目今天旱，一应修葺处俱着暂停。"工部堂官出。

吏部议覆翰林院管掌院事侍郎库勒纳等，题参侍读学士沈上墉等七员，俱照罢软无为例革职。上曰："翰林职司文墨，沈上墉等学问庸劣，不能作文，将安所用之？孟亮揆、田成玉、金德嘉较四人稍愈，着以原品解任。沈上墉、王钟灵、阎世绳、马教思俱着革职。"

随问大学士等曰："学士与通政使品级相当否？"伊桑阿等奏曰："俱属三品，官级相等。"上曰："古来道学如周、程、张、朱，何尝不能文？李光地等冒名道学，自谓通晓《易经》卦爻，而所作文字不堪殊甚，何以表率翰林？且翰林官不肯读书，能文者少，若遇制、诰、碑、祭等大文，将若之何？"伊桑阿奏曰："此所谓有名而无实也。"上曰："李光地着调补通政使司通政使。"

又顾伊桑阿曰："满大学士止尔一人，将吏部尚书阿兰泰补授内阁大学士。汉大学士尚虚一缺，户部尚书徐元文学问甚优，着补授内阁大学士。"

巳时，上问皇太后安。

本日起居注官顾仪、蔡升元。

初八日癸卯　辰时，上御乾清门听政。部院各衙门官员面奏毕，大学士伊桑阿、阿兰泰、王熙、梁清标、徐元文，学士凯音布、朱都纳、彭孙遹、李振裕、迈图、索诺和、郭世隆、西安、顾汧以折本请旨。户部议御史李时谦条奏，往例地亩，州、县等官有以熟作荒者治罪。有查报三百顷以上者即升，故州、县官任意摊洒。嗣后如有摊洒地亩，察明取具甘结，题请准与豁除。此处应无庸议。至山东乐陵县，每顷坐派七亩有零。山西黎城县洒派各里，应行该抚察明。又海边田少而粮多，内地田多而粮少，应通行丈量。议不准行。上曰："若行察此等摊洒田亩及丈量海边地亩，地方官百姓必至贻累，这所奏不准行。乐陵、黎城二县地亩亦不必行察。"

又理藩院题覆总管索伦马布代等所奏，索伦、达胡里等生计穷乏已极事。上曰："此数年用兵时，索伦、达胡里曾经效力，免其今年采取貂皮、大鹿。"

本日起居注官尹泰、史夔。

初九日甲辰 辰时，上御乾清门，听部院各衙门官员面奏政事。

本日起居注官博济、周金然。

初十日乙巳 辰时，上御乾清门，听部院各衙门官员面奏政事。

本日起居注官库勒纳、陆肯堂。

十一日丙午 早，上因祈雨，于保和殿，视祭天坛、地坛、社稷坛祝版毕，回宫。

辰时，御乾清门，听部院各衙门官员面奏政事。

本日起居注官思格则、张希良。

十二日丁未 辰时，上御乾清门听政。部院各衙门官员面奏毕，大学士阿兰泰、王熙、梁清标、徐元文，学士凯音布、朱都纳、彭孙遹、李振裕、迈图、索诺和、郭世隆、西安、顾汧以折本请旨。吏部题同知傅世喆等迟误夫役，分别降级调用、革职。上曰："卢询、焦暎汉、蔡玮、董绍业该抚既称居官素优，俱着照议降级，从宽留任。"

本日起居注官王掞、顾仪。

十三日戊申 辰时，上御乾清门听政。部院各衙门官员面奏毕，大学士伊桑阿、阿兰泰、王熙、梁清标、徐元文，学士凯音布、朱都纳、彭孙遹、李振裕、迈图、索诺和、郭世隆、西安、顾汧以折本请旨。吏部题补监察御史吴尔祜解任员缺，以员外郎增寿拟正，齐什拟陪。上曰："此旗内前考取员外郎有谁？”大学士伊桑阿奏曰：“一等内有臣衙门侍读喀拜，二等内有员外郎萨音布、缪保。”上问曰：“喀拜如何？”伊桑阿奏曰：“其人可用。”上曰：“着喀拜补授。”

又郎中穆占员缺，以员外郎额什伦拟正，音达礼拟陪。上曰：“额什伦病久。前考试一等内有谁？”伊桑阿奏曰：“有傅珅、音达礼、佛保、长寿、瓦奈。佛保已经补授给事中。”上曰：“朕视诸人学问材品定其等第，至姓名面貌知之不悉，着将伊等引见。喀拜亦着一并引见。”

又顾大学士等曰：“翰林掌院一官，职任最属紧要，必文学淹通，为众所推服者，始克胜任。凡翰林撰拟之文，亦须掌院详加删润，然后成章。朕观迩来皆草率从事，衙门事务隳废殊甚。曩熊赐履、徐元文掌院时，不徇情面，一切文章手自更定。即大为改抹，人亦莫不倾服。”大学士王熙奏曰：“文章必再三删改方佳。”上又曰：“翰林官当留心正学，读有用之书。至于庶吉士，亦当严课读书，时加考试。”大学士王熙奏曰：“经、史及诸经济之书，皆所当留心者。圣谕诚然。”上又曰：“翰林院实属紧要，曾记明时大学士有兼管掌院之例，尔等察明奏闻。”

本日起居注官王尹方、尹泰。

十四日己酉 辰时，上御乾清门听政。部院各衙门官员面奏毕，大学士伊桑阿、阿兰泰、王熙、梁清标、徐元文，学士凯音布、朱都纳、彭孙遹、李振裕、迈图、索诺和、郭世隆、西安、顾汧进前，为补授翰林院掌院学士李光地员缺，大学士伊桑阿奏曰：“察明朝永乐时，有杨荣、金幼孜以大学士管翰林院事。”上曰：“翰林关系紧要，徐元文着兼管翰林院事。”

又监察御史、郎中员缺，将前此考试一等、二等官员引见。上曰：“喀拜着补授监察御史，硕戴着补授郎中。”

上又顾大学士伊桑阿等曰：“至今亢旱不雨，岂可坐视？或有应行政事及阙失应改者，着九卿会议具奏。”

巳时，上问皇太后安。

本日起居注官博济、王顼龄。

十五日庚戌 早，上御中和殿升座，二十七年十月内，恭遇恩诏领赏内大臣、侍卫，内阁、翰林院、詹事府及执事官员谢恩毕。上御太和门升座，诸王、贝勒、贝子、公、文武官员谢恩毕，回宫。

少顷，大学士伊桑阿、阿兰泰进乾清宫奏曰：“九卿、詹事、科、道遵旨会议云，皇上因天道亢旱，屡问臣等以政事所宜兴革。臣等再四详议，如果有之，前日即当陈奏，实无应行应革之事。臣等闻山东、河南诸省大雨沾足，直隶大名诸府皆有雨，惟京城亢旱，昨晚亦已得雨。皇上于宫中日日虔祷，朝夕儆惕，茹素修省，忧劳过甚，臣民之心殊为蹋蹐不安，惟望皇上稍释忧勤，照常起居出入。”上曰：“昨晚得雨，朕心深为喜慰，尔等想亦欢悦。”伊桑阿等奏曰：“臣等不胜欣悦。此雨既降，将来甘霖必相继而至。伏祈皇上如常出入，以颐养圣躬，臣等之愿也。”奏毕，出。

九卿等至乾清门跪向奏事。敦柱转奏曰：“近因天旱无雨，皇上极其忧虑。如此暑天，长昼郁郁，居暖阁中不出，日惟二膳，止进薄粥，尚不能尽一盏，捐废饮食，劳瘁过甚，圣容清减。臣等奏事时，瞻仰之下，不能自安。故臣等公议，乞皇上暂为游豫，以舒睿怀。前即欲奏请，值求雨斋戒，故尔暂止。今各省俱报得雨，昨日又雨。凡可驻跸之处，即与宫中无异，或临幸畅春园，以颐圣躬。”上谕九卿曰：“朕可与他人比耶！先人而忧，后人而乐，理固宜然。近因久旱无雨，农时违误，日夜所思虑者，于内地近省尚觉稍可，惟于北边蒙古、盛京、乌喇、宁古塔等处地方，更戚于怀。因此忧劳过甚，以致癯弱。人或可欺，天亦可欺耶？向以朕躬不能亲诣求雨之故，曾颁谕旨以示尔等。遣官祈祷，与朕无异。虽未能躬往，而每次祈祷，皆竭诚斋戒。荷天之眷，得降雨泽，朕自出行也。”

上又命礼部侍郎张英传谕诸臣曰：“朕从来览观载籍，备见古帝王遇灾修省之道，因素明此理，所以深加儆惧，遇有灾变，即小心兢业。朕之忧虑，恒在众人之先。今畿辅地方亢旱日久，念系根本之地，故朕心甚为忧惕，寝食靡宁。可传谕诸臣知之。”大学士王熙奏曰：“所在俱有雨泽，惟京师遘旱，皇上儆惧修省，忧劳过甚，真从古所未有。皇上勤政爱民，无日不忧勤惕厉，今更焦心如此，臣民岂能自安？惟望一切如常，使臣民之心得以少慰。”尚书鄂尔多等奏曰：“皇上为百姓祈雨，夙夜焦劳，圣容癯弱，不但臣下见之，即京城亿万小民亦未有不知之者。臣等仰瞻天颜，不胜悚仄。况昨已有雨，此后甘霖必降。惟恳皇上照常起居出入，以慰臣民之望。”张英转奏，出谕诸臣曰：“尔等所奏已知之矣。”

巳时，上移驻瀛台。

本日起居注官库勒纳、田喜霱。

十六日辛亥 辰时，上御瀛台勤政殿听政。部院各衙门官员面奏毕，大学士伊桑阿、阿兰泰、王熙、梁清标、徐元文，学士凯音布、朱都纳、彭孙遹、李振裕、迈图、索诺和、郭世隆、西安、顾汧以折本请旨。吏部题本部员外郎农奇员缺，以銮仪卫主事华善拟正，工部主事尚吉图拟陪。上曰：“尚吉图依拟用。华善为人轻浮，学问不堪，着以原品随旗行走。”

又吏部题原任兵科给事中车万育拟补户科给事中，赵吉士革职员缺事。上顾大学士问曰：“车万育为人何如？”徐元文奏曰：“车万育为言官时，条奏甚少，人亦平常。”王熙、梁清标奏曰：“果属平常。”伊桑阿奏曰：“前条陈河道甚谬。”上曰：“车万育着照原品调补。”

又顾大学士曰：“见今科、道悬缺正多，可谕吏部：凡京官自郎中以下及中、行、评、博俱传集，候考补用。”

又吏部题浙闽总督王骘员缺，或开列满洲，或开列汉军、汉人请旨。上曰：“巡抚兴永朝历任年久，在湖广居官亦优，着升补福建浙江总督。”

又理藩院题厄鲁特部落巴兔儿额儿克吉农所属憨顿台吉，入内地抢夺，应罚九九牲畜事。上曰：“憨顿穷苦度日为难，姑从宽，止罚二九牲畜。”

本日起居注官思格则、胡会恩。

十七日壬子 辰时，上御瀛台勤政殿听政。部院各衙门官员面奏毕，大学士伊桑阿、阿兰泰、王熙、梁清标、徐元文，学士凯音布、朱都纳、彭孙遹、迈图、索诺和、郭世隆、西安、顾汧以折本请旨。礼部题已经降雨，应行告祭。上曰：“屡经虔祷，雨泽虽降，尚未沾足，朕衷焦劳犹甚。这所奏词语属过，着饬行。”

本日起居注官顾仪、徐嘉炎。

十八日癸丑 辰时，上御乾清门，听部院各衙门官员面奏政事。

本日起居注官尹泰、顾藻。

十九日甲寅 辰时，上御乾清门，听部院各衙门官员面奏政事。

本日起居注官博济、曹鉴伦。

二十日乙卯　辰时，上御瀛台勤政殿听政。部院各衙门官员面奏毕，大学士伊桑阿、阿兰泰、王熙、梁清标、徐元文，学士凯音布、朱都纳、彭孙遹、迈图、索诺和、郭世隆、西安、顾汧以折本请旨。詹事府题补皇太子讲官。大学士伊桑阿等奏曰："臣等遵旨，令翰林官讲书。有侍读学士博济，侍讲尹泰、顾仪俱优。"上曰："博济为人厚重而学问亦优，又能办事，着补授皇太子讲官。"

又刑部等衙门题，康熙二十七年武昌裁兵鼓噪时，经历李毓昌等四人曾授伪职，宜即行正法。上曰："李毓昌等皆小人，可从宽免死，减等发与黑龙江披甲之人为奴。"

是日，吏部遵旨传集各部院郎中以下，中、行、评、博以上，上亲试于瀛台勤政殿前，题用奏疏一道。

本日起居注官库勒纳、蔡升元。

二十一日丙辰　辰时，上御瀛台勤政殿，听部院各衙门官员面奏政事。

本日起居注官思格则、史夔。

二十二日丁巳　辰时，上御瀛台勤政殿，听部院各衙门官员面奏政事毕。谕大学士徐元文曰："尔既兼管翰林院事，可将庶吉士严课读书，不时考试。"徐元文奏曰："臣当祗遵圣谕，时加考课，以副皇上造就人才至意。"上曰："善。"

本日起居注官顾仪、周金然。

二十三日戊午　辰时，上御瀛台勤政殿听政。部院各衙门官员面奏毕，大学士伊桑阿、阿兰泰、王熙、梁清标、徐元文，学士凯音布、朱都纳、彭孙遹、迈图、索诺和、郭世隆、西安、顾汧启奏折本毕，为补授科、道员缺，将考取一等户部主事裘充佩等十八人引见。上一一详问，亲定裘充佩等十二人以科、道用。

本日起居注官尹泰、陆肯堂。

二十四日己未　是日，谕曰："近朕躬稍有违和，部院各衙门本章可交送内阁转奏。"

本日起居注官博济、张希良。

二十五日庚申　本日起居注官库勒纳、王尹方。

二十六日辛酉　辰时，上御瀛台勤政殿听政。部院各衙门官员面奏毕，大学士伊桑阿、阿兰泰、王熙、梁清标、徐元文，学士凯音布、朱都纳、彭孙遹、迈图、索诺和、郭世隆、西安、顾汧以折本请旨。礼部侍郎张英以《孝经衍义》告竣，缮写进呈。上曰："《孝经》一书，皇考世祖章皇帝以孝为万事之纲，五常百行皆本诸此，令儒臣博采群书，加以论断，名曰《孝经衍义》。奉有谕旨，尚未编纂。朕继述先志，特命纂修。今书成进呈，已经全览，着刊刻颁发，以副皇考孝治天下之至意。"

又刑部等衙门以防守尉杨古代等侵取送往黑龙江兵米，分别拟罪，请旨定夺。上曰："侵取兵米，殊为可恶。杨古代、噶鲁俱应斩，吴什巴依拟应斩，舒书依拟应绞，俱着监候秋后处决。瓦理虎着革去副都统并拖沙喇哈番。殷图为人庸劣，不能统辖，着革去将军任。"

又三法司题覆山西巡抚叶穆济以卫一勋打死族弟，拟绞。其母八十余岁，恳留终养。应不准行，仍拟监候秋后处决。上曰："卫一勋之母年逾八十，无人养赡，着从宽免死，减等存留养亲。"

又工部题管工郎中驽赫等不能赔修王府，应交与该部议罪。上曰："驽赫等免议罪，王府尔部修造。"

巳时，上由西华门出西直门，幸畅春园驻跸。部院各衙门本章每日交送内阁，内阁转送畅春园听理。

本日起居注官田喜霄、思格则。

二十七日壬戌

二十八日癸亥　巳时，上问皇太后安。

二十九日甲子

三十日乙丑　辰时，上御畅春园内澹宁居，大学士伊桑阿、阿兰泰，学士凯音布、朱都纳、迈图、索诺和、郭世隆、西安以折本请旨。翰林院题，日讲起居注官李光地员缺，开列侍读学士邵远平等。上曰："吴苑着以原衔充日讲起居注官。"

又大学士伊桑阿等奏曰："奉旨：高璜以翰林官用。臣等会同翰林院察得原任参议道李来泰、施闰章等曾以侍讲用，原任副使道耿介曾以侍讲学士用。今侍讲学士、侍讲二缺俱出，高璜或以侍讲学士用，或以侍讲用，伏候上裁。”上曰：“高璜着补授侍讲。”

本日起居注官博济、顾仪。

六　月

初一日丙寅

初二日丁卯

初三日戊辰　辰时，上御畅春园内澹宁居，大学士伊桑阿、阿兰泰，学士凯音布、朱都纳、迈图、索纳和、郭世隆、西安以折本请旨。刑部等衙门题原任按察使库尔康脏银不如数交部，应枷号四十日，鞭一百，仍交与该都统等如数追取。上曰：“据该旗既称库尔康家产尽绝，其追取银两、枷责俱从宽免。”

又刑部题千总郭显荣受黄进功等贿，听其私开煤窑，应革职，不准折赎，杖三十。总领萨尔图等将犯人不速解送，迟延时日，应罚俸一年。副将师帝宾等不行举报，应各降一级，留任。民徐度中恣意开窑，应枷号一月，发边卫充军。行文总领，闭所开之窑，永行禁止。

上曰：“风水处俱筑墙立界。爨岭沟去陵十三里，离风水较远，将此等处俱称有碍风水，此内所有村井，则如之何？若果如是，将来何所底止？其问明钦天监官员具奏。”

本日起居注官库勒纳、尹泰。

初四日己巳

初五日庚午　巳时，上问皇太后安。

酉时，上由西直门进西华门，回宫。

本日起居注官顾仪、周金然。

初六日辛未　上因祈雨，致祭天坛，斋戒三日，不理事。

本日起居注官博济、吴苑。

初七日壬申　本日起居注官尹泰、陆肯堂。

初八日癸酉　早，上因祈雨，于保和殿视祭天坛祝版毕，回宫。

本日起居注官思格则、张希良。

初九日甲戌　巳时，上问皇太后安。

申时，上由西华门出西直门，幸畅春园驻跸。部院各衙门本章每日送交内阁，转送畅春园听理。

本日起居注官顾仪、周金然。

初十日乙亥

十一日丙子　辰时，上御畅春园内澹宁居，大学士伊桑阿、阿兰泰，学士凯音布、朱都纳、迈图、索诺和、郭世隆、西安以折本请旨。大学士伊桑阿奏曰："开窑之处，问钦天监官。据云，此开窑处离陵十三里余，虽无碍风水，但今若不禁，后来开凿渐广，有侵风水亦未可定。"上曰："此开窑地方若于风水有碍，钦天监官员即宜明白指定界限，严行禁止。若果在界外，于风水无碍，亦应指明免禁。今乃称在风水界墙十三里有余，于风水无碍，虽然无碍，若不禁止，必致侵伤风水。游移含糊，全无一定，殊属不合。其令刑部会同礼部再加定议具奏。"

巳时，上问皇太后安。

本日起居注官博济、尹泰。

十二日丁丑

十三日戊寅　辰时，上御畅春园内澹宁居，大学士伊桑阿、阿兰泰，学士凯音布、朱都纳、迈图、索诺和、郭世隆、西安以折本请旨。吏部题奉天府府尹金世鉴病故员缺，开列左佥都御史周之麟、太仆寺卿魏双凤。上曰："奉天地方最属紧要，欲择一优长者补授。其令以应升府尹及以次应升职名开列具奏。"

本日起居注官思格则、顾仪。

十四日己卯

十五日庚辰

十六日辛巳　辰时，上御畅春园内澹宁居，大学士伊桑阿、阿兰泰，学士凯音布、朱都纳、迈图、索诺和、郭世隆、西安以折本请旨。吏部开列应升奉天府府尹职名。上曰："刑部侍郎王国安为人颇优，其以原衔管奉天府府尹事。”

又三河县盗案，逸贼逾限未获，拟将知县彭鹏降级调用。上曰：“彭鹏善居官，可从宽降一级留任，免其调用。”

本日起居注官博济、尹泰。

十七日壬午 巳时，上问皇太后安。

十八日癸未

十九日甲申 辰时，上御畅春园内澹宁居，大学士伊桑阿、阿兰泰，学士凯音布、朱都纳、迈图、索诺和、郭世隆、西安以折本请旨。监察御史李时谦条奏弭盗事。上曰：“李时谦以盗案令文官举报，缉拿责之武官，则盗贼可弭。朕则就根本处言之，若果家给人足，孰肯为盗？然亦托之空言则易，而行之则难。朕自听政以来，早夜孜孜，惟以吏治民生为务。凡事之可行与否，不可不加详审。文官管民，凡巡察乡村，严缉奸宄，是其专责。今若置之不论，独责之武官，则州、县兵少，不但不足以缉盗，即使业已缉获，而文官审讯时，又谓其诬良为盗，此岂可行者耶？朕欲即降旨申饬，恐言官畏惧不言。此事令该部如常议覆。”

本日起居注官思格则、顾仪。

二十日乙酉

二十一日丙戌 巳时，上问皇太后安。

二十二日丁亥 辰时，上御畅春园内澹宁居，大学士伊桑阿、阿兰泰，学士凯音布、朱都纳、迈图、索诺和、西安以折本请旨。吏部题刑部侍郎王国安调用员缺，开列候补侍郎高尔位等职名。上曰：“高尔位其人何如？”大学士伊桑阿奏曰：“善于办事，亦不妄行。”阿兰泰奏曰：“其办事诚优，但稍刻耳。”迈图奏曰：“臣为刑部员外时，高尔位为侍郎，其办事极为详细。”朱都纳奏曰：“办事颇优。”上曰：“着将高尔位补授。”

巳时，上问皇太后安。

本日起居注官博济、尹泰。

二十三日戊子

二十四日己丑 巳时，上问皇太后安。

二十五日庚寅　辰时，上御畅春园内澹宁居，奉天府府尹王国安陛辞，恭请谕旨。上曰："尔有所陈否？"王国安奏曰："臣俟到任时，察其要务，有应奏者再行奏请。"上曰："府尹无甚要务。但奉天为根本重地。今闻光棍闲民甚多，务农者少。闲民若多，一遇旱涝之年，即难补救。今年亢旱，朕虑及于此，故遣户部侍郎赛弼汉往奉天，将诸处蒸酒糜费米粮等项禁止。尔至彼，当劝民务农，严察光棍游手之徒。况奉天田土早已遣郎中额齐礼丈量，旗民田亩疆界指画明白，欲以旗下余地付之庄头，俟满洲蕃衍之时，渐次给与耕种。近金世鉴奏请将旗下地亩俱与百姓耕种，征收钱粮。此地亩纵给百姓，不过数万银两。伊所见何浅陋也。"王国安奏曰："谨识皇上睿旨遵行。奉天地方土著之民少，充发者多，故务农者甚少。即给与地亩，亦无人耕种。"上曰："朕已另遣官丈量矣。虽系彼处户部事，尔在地方，亦须公同详察明白，永定则例。"谕毕，王国安出。

大学士伊桑阿、阿兰泰，学士凯音布、朱都纳、迈图、索诺和、郭世隆、西安以折本请旨。兵部题正白旗汉军佐领赵宗周果属患病，宜解佐领任。上曰："赵宗周可问该都统，其人若果优长，善于统辖，仍着留任养病。若人本庸常，着解任。朕见官员有因年至六十，不能骑射，畏上司及兵部察验，因欲解任者。或曾效力行间，材力壮健，能统辖之人，即不能骑射，何妨于事？此辈即令解任，良为可惜。尔等可传谕八旗都统知之。"

又议定给半俸例。上曰："有未至一二功牌者，亦着请旨。"

本日起居注官思格则、顾仪。

二十六日辛卯　巳时，上问皇太后安。

二十七日壬辰　巳时，上问皇太后安。

二十八日癸巳

二十九日甲午　辰时，上御畅春园内澹宁居，大学士伊桑阿、阿兰泰，学士凯音布、朱都纳、迈图、郭世隆、西安以折本请旨。吏部题补降调吏部尚书鄂尔多员缺，开列礼部尚书顾巴代等。上曰："鄂尔多着带所降二级仍留原任。董讷前居官颇优，任总漕未久，亦着降二级留任。"

又顾大学士伊桑阿等问曰："吴兴祚其人何如？"伊桑阿等奏曰：

"吴兴祚前于福建用兵时颇有劳绩。"上曰："可问九卿。"

本日起居注官库勒纳、博济。

七　月

初一日乙未

初二日丙申

初三日丁酉

初四日戊戌　辰时，上御畅春园内澹宁居，大学士伊桑阿、阿兰泰，学士凯音布、朱都纳、迈图、郭世隆、西安以折本请旨。升任偏沅巡抚兴永朝条奏，应清丈荒熟地亩，开浚避风河道，月课州、县诸生。上曰："兴永朝在湖广居官甚优，本内三事俱关振兴士子，裨益民生，其令后任巡抚督率属员，务期实心奉行，毋得怠玩，畏避豪强，致扰小民。其考校劝惩，亦必从实奉行，勿饬虚文。"

又淮安等六关拟差员外郎汪一图等。上曰："郎中伊道甚为勤劳，浒墅关着伊道差往。汪一图其人平常，此缺着另拟。"

巳时，上问皇太后安。

本日起居注官库勒纳、尹泰。

初五日己亥　巳时，上问皇太后安。

初六日庚子　辰时，上御畅春园内澹宁居，大学士伊桑阿、阿兰泰，学士凯音布、拜礼、朱都纳、迈图、郭世隆、西安以折本请旨。兵部议永平卫军罪潘泉妻郑氏应留原籍。上曰："尔等之意若何？"伊桑阿奏曰："凡军罪犯人身死有子，则以次为军。无子孤寡之妇，应否回籍，未曾定例。巡抚于成龙报称，潘泉之妻郑氏已经回籍，应令存留原籍。至犯人身死，寡妇应否回籍，仰祈部议等语。部议应酌量，嗣后永远充军犯人身死无子，止有妻，欲归原籍者，清查报部，应回各籍。此乃新定则例，伏乞皇上定夺。"上曰："犯人身死，孤寡之妇仍留配所，情实可矜。留此妇人亦无益，因新定则例，朕又详思，故行折出，着依部议。"

又户部题邳州田亩水淹，应无庸议。上曰："邳州地势洼下，四面皆高，所存之水并无出路。朕此番南巡，坐筏行十余里，观看水淹是实。邳州地丁钱粮杂项应行豁免。其令该部另议具奏。"

本日起居注官库勒纳、顾仪。

初七日辛丑 亥时，上由西直门进神武门，回宫。

初八日壬寅 部院各衙门奏章交送内阁。

巳时，上问皇太后安。

本日起居注官田喜霈、博济。

初九日癸卯 谕礼部："钦奉皇太后谕旨：皇贵妃孝敬性成，淑仪素著。鞠育众子，备极恩勤。今忽尔遘疾，势在濒危。予心深为轸惜，应即立为皇后，以示宠褒。钦此。前者九卿诸臣屡以册立中宫上请，朕心少有思维，迁延未许。今祗遵慈谕，立皇贵妃佟氏为皇后。应行典礼，尔部即议具奏。特谕。"

是日，部院各衙门奏章交送内阁。

本日起居注官王尹方、尹泰。

初十日甲辰 早，册立皇贵妃佟氏为皇后，颁诏天下。

是日，部院各衙门奏章交送内阁。

申时，皇后崩。诸王、贝勒、贝子、公以下文武大小官员，及王妃、公主、郡主以下，八旗二品以上官员之妻，各于所定齐集之所举哀。晚刻，王妃以下、二品以上官员之妻俱散。

本日起居注官库勒纳、王顼龄、顾仪。

十一日乙巳 上以大行皇后崩，辍朝五日。自是日始，诸王、贝勒、贝子、公、内大臣、侍卫、大学士、学士等，上三旗都统、副都统等，一日三次齐集举哀。文武大小官员一日二次齐集举哀。王妃、公主、郡主以下，八旗二品官员之妻以上，一日一次齐集举哀。

是日，诸王、贝勒、贝子、公、内大臣跪奏曰："皇上前年居太皇太后丧，过于悲哀，极其劳瘁。近又圣躬违和，臣等公请皇上节哀。"有旨报闻。

本日起居注官库勒纳、思格则、王掞。

十二日丙午 大行皇后梓宫前，诸王、大臣、官员，王妃、公主、郡主、大臣之妻如前齐集举哀。

本日起居注官库勒纳、博济、胡会恩。

十三日丁未 卯时，上亲送大行皇后梓宫安于朝阳门外殡宫。

是日，上近殡宫驻跸。大行皇后梓宫发引，排设仪仗，自东华门出朝阳门。王以下、八分公以上于东华门外齐集；内大臣、侍卫、大学士、学士等于东华门内齐集；左翼民公、候、伯以下，有顶带官员以上，于红庙大路齐集；右翼民公、侯、伯以下，有顶带官员以上，于灯市口大路齐集。候梓宫至，举哀，跪迎。随行汉文武官员，于殡宫墙外齐集，候梓宫至，举哀，跪迎。王妃、公主以下，大臣妻以上先至二门外，照两翼站立，梓宫至，举哀，跪迎。奉安梓宫设帷幔毕，奠酒时，王等、王妃、公主以下皆行礼，举哀。

本日起居注官库勒纳、顾仪。

十四日戊申 上驻跸行宫。是日，大行皇后梓宫前三次上食时，上躬临举哀。

本日起居注官库勒纳、顾仪。

十五日己酉 早，大行皇后梓宫前读文致祭。诸王、贝勒、贝子、公、文武大小官员及王妃、公主、郡主以下，二品以上官员之妻齐集，举哀毕，上由朝阳门进东华门，回宫。

是日，部院各衙门奏章交送内阁。

本日起居注官库勒纳、思格则。

十六日庚戌 部院各衙门奏章交送内阁。

本日起居注官顾仪、曹鉴伦。

十七日辛亥 部院各衙门奏章交送内阁。

本日起居注官博济、史夔。

十八日壬子 早，上至大行皇后梓宫前，三次上食，举哀。上近殡宫驻跸。

是日，扈从内大臣、大学士、尚书、侍郎等近前奏曰："今奉皇上谕旨：二十一日祭毕始回。皇上在此，则多郁闷悲伤，臣等伏祈皇上今日回銮，二十一日再至。”奉旨：“持服居宫中，于心未惬。此处清凉，为日无几，二十一日祭毕始回。”诸臣又奏曰：“圣体因前者太皇太后之丧，过劳成疾。今天时甚热，所御之屋甚小，且皇上悲哀甚久，臣等之意深为不安，祈皇上少节哀痛。”上报闻。

本日起居注官库勒纳、博济。

十九日癸丑　上驻跸行宫。是日，上于梓宫前三次上食，举哀。

本日起居注官库勒纳、博济。

二十日甲寅　上驻跸行宫。是日，上于梓宫前三次上食，举哀。

本日起居注官库勒纳、博济。

二十一日乙卯　早，大行皇后梓宫前行首祭礼，读文致祭。诸王、贝勒、贝子、公等文武大小官员及王妃、公主、郡主以下，二品官员妻以上齐集举哀。是日，上释服毕，上由朝阳门进东华门，回宫。

顷之，上御乾清宫，召大学士伊桑阿、阿兰泰，学士凯音布、朱都纳、迈图、郭世隆、西安，吏部尚书鄂尔多，户部尚书麻尔图，礼部尚书顾巴代，兵部尚书纪尔塔布，刑部尚书图纳，都察院都御史马齐等近前，谕曰：“直隶今岁亢旸，虽间有得雨，近时甘澍未敷，秋获失望，恐民致流离。可差户部贤能司官令同于成龙详加察勘，作何赡救，使不罹患害，内阁即拟谕旨来奏。又江南邳州田地多为水所淹，被淹田亩应纳地丁及漕项钱粮俱行蠲免，历年逋欠并尽与豁除，亦宜特颁谕旨。”谕毕，诸臣出。

转奏事敦柱传谕曰：“朕近虽遇丧，无一时不留心国事。尔诸臣每日奏事时，常得相见，近不见已久，故传谕召见，朕目殊觉爽豁。”大学士伊桑阿等奏曰：“臣等数日来未曾仰觐，今得睹天颜，深为欢忭。但见圣容清减，五内茫然。臣等伏乞皇上于水土佳爽之处少加游适，怡养圣躬。臣等殷殷奏请，不胜至愿。”

本日起居注官库勒纳、博济。

二十二日丙辰　早，上至大行皇后梓宫前，上早食，举哀。辰时，回宫。

本日起居注官库勒纳、思格则。

二十三日丁巳　部院各衙门奏章俱交送内阁。

是日，诸王、贝勒、贝子、公、内大臣、大学士、九卿、詹事、科、道近前，向奏事敦柱转奏曰："皇上前遇太皇太后事，劳苦过甚，以致成疾。今年畿辅近地雨泽稍愆，皇上忧劳万姓，圣躬违和。今又遇皇后之丧，郁闷过甚。臣等仰见圣容清减，踧踖不安，公同肫恳皇上少舒郁闷，行幸郊外。本朝先帝遇此等丧事，亦有行幸郊外之例。"奉旨："朕因今年亢旱，五内焦劳，故并未他出。夏时移驻瀛台，未曾御船。虽往畅春园，亦从未他幸。复患时疾，因而癯瘦。尔诸王、大臣所奏，已知之矣。"诸王、大臣又免冠叩首，奏曰："臣等所仰赖以生者惟皇上，今天颜癯瘦，臣等不胜忧虑，故求释闷郊游。今虽亢旱，措置俱各得宜。伏乞皇上俯从臣等之请。"因再三叩请。奉旨："朕因今岁亢旱，甚为焦劳，又患时疾，诚然癯瘦。俟尔等释服后，再往行幸。"

本日起居注官王尹方、顾仪。

二十四日戊午 早，上至大行皇后梓宫前，三次上食，举哀。申时，回宫。

本日起居注官库勒纳、尹泰。

二十五日己未 部院各衙门奏章俱交送内阁。

巳时，上问皇太后安。

本日起居注官思格则、王掞。

二十六日庚申 早，上至大行皇后梓宫前，三次上食，举哀。上近殡宫驻跸。

本日起居注官库勒纳、思格则。

二十七日辛酉 早，大行皇后梓宫前，读文致祭。诸王、贝勒、贝子、公、文武大小官员及王妃、公主、郡主以下，二品官员妻以上齐集，举哀。辰时，上回宫。

本日起居注官库勒纳、思格则。

二十八日壬戌 辰时，上御乾清宫，大学士伊桑阿、阿兰泰，学士凯音布、朱都纳、迈图、郭世隆、西安以折本请旨。吏部题江宁巡抚洪之杰清理狱囚，将应减等五十余人不行详审，草率具题，拟革职。上曰："洪之杰从宽免革职，着降四级留任。"

又浙江粮道刘晓患病是真，应准休致回籍。上曰："刘晓曾于军前效力，病痊之日，仍准起用。"

本日起居注官思格则、顾藻。

二十九日癸亥 部院各衙门奏章俱交送内阁。

本日起居注官顾仪、曹鉴伦。

八 月

初一日甲子 部院各衙门本章俱交送内阁。

本日起居注官尹泰、蔡升元。

初二日乙丑 部院各衙门本章俱交送内阁。

本日起居注官思格则、史夔。

初三日丙寅 早，上至大行皇后梓宫前。辰、午二时，上食，举哀。未时，回宫。

本日起居注官库勒纳、顾仪。

初四日丁卯 部院各衙门本章俱交送内阁。

本日起居注官思格则、吴苑。

初五日戊辰 部院各衙门本章俱交送内阁。

是日，赐宁古塔将军佟宝弓箭、撒袋、蟒缎、披领、鞍马一匹，宁古塔副都统巴尔达、云南巡抚王继文鞍马各一匹。

巳时，上问皇太后安。

本日起居注官尹泰、陆肯堂。

初六日己巳 早，上至大行皇后梓宫前，三次上食，举哀。上近殡宫驻跸。

本日起居注官库勒纳、尹泰。

初七日庚午 早，大行皇后梓宫前，行大祭礼，读文致祭。诸王、贝勒、贝子、公、文武大小官员及王妃、公主、郡主以下，二品官员妻以上齐集，举哀。是日，皇太子、诸皇子以下俱释服。辰时，上回宫。

本日起居注官库勒纳、尹泰。

初八日辛未 早，上至大行皇后梓宫前，上食，举哀。辰时，回宫。

本日起居注官库勒纳、思格则。

初九日壬申 早，上至大行皇后梓宫前，行月祭礼，致祭。诸王、贝勒、贝子、公、三品以上官员及王妃、公主、郡主以下，一品官员妻以上齐集，举哀。辰时，上回宫。

少顷，上御乾清宫，大学士伊桑阿、阿兰泰，学士凯音布、朱都纳以折本请旨。兵部题覆四川巡抚噶尔图所奏，番人阿所侵边杀吏，应行云贵总督，遣官会同四川委官协同缉拿。上曰："闻此土司颇富，或差出官员缉拿阿所，借端索诈，亦未可定。可遣兵部贤能官员会同四川所委官前往东川安氏禄世豪处，令其献出阿所，察审明白，到日再议。"

又刑部题蓝翎代哈于皇后丧事时，殴骂布达，裂毁孝衣，又夺刀欲杀布达，情罪殊为可恶，将代哈拟斩监候。上曰："代哈本系索诈恶棍，理应处斩。但伊父图占曾效力行间，代哈着从宽免死，枷号一百日，鞭一百，发往黑龙江当差。"

又题侵欺兵饷，将副将胡云拟斩监候。上曰："胡云曾效力行间，已经革职，从宽免死。"

申时，上复御乾清宫，大学士伊桑阿、阿兰泰，学士凯音布、朱都纳以折本请旨。吏部题翰林院侍讲王项龄升任员缺，拟补励杜讷。侍讲王掞升任员缺，拟补郑开极。大学士伊桑阿等奏曰："臣等遵旨问翰林院。据云，励杜讷学问平常，为人谨慎。郑开极学问平常，为人朴实。"上曰："此缺着另拟具奏。"

又刑部等衙门监督胡文爚所告后任监督张圣诏要取贿赂，议文爚诬告，应革职。张圣诏不将米朽情由举报，总督私以别仓米那补给放，应降三级调用。御史张星法独为一议，言张圣诏等俱系职官，难于审理，故不得实情。张圣诏等俱应革职，另加详审。大学士伊桑阿等奏曰："遵旨问刑部等衙门堂官。据云，此事奉旨驳后，臣等即令司官累次严审。又臣等亲身将对证严加夹讯，并无受赂等情，故仍如前议。问御史张星法。据云，伊等供系职官，难以严审，故不得实情。查外省各官，凡坐互告赃款者，有俱革职严审之例，故请将首告证佐胡文爚等，俱应革职，另行详审，庶可无疑。此外，并无确见。若果有确见，臣居言责，岂不据实题参？”上曰：“可依前议。部院诸臣皆系大臣，岂为张圣诏一人而徇情？若果有徇情之事，他日发觉，不但大臣无颜，胡文爚亦安肯默默？尔等可传谕与议诸臣。”

本日起居注官库勒纳、王项龄、尹泰。

初十日癸酉　早，上至大行皇后梓宫前，举哀。

辰时，上幸边外调养圣躬。启行时，传集大学士、学士、九卿、大臣等，令奏事敦柱传谕曰：“前诸王、大臣以朕躬积劳致病，宜往外调摄，再三惓惓叩请。朕允其言，今往边外养病，恐不知者谓朕借此嬉游。且今岁亢旱，谷食不登，朕沿途省观田亩，愈增烦闷耳。”诸臣跪奏曰：“皇上因今岁亢旱，系念民生，居常郁郁，致圣躬不安，天颜清减。臣等每入乾清宫启奏，知之甚悉，汉大臣常问时，臣等亦常言之，所以诸王、大臣再三叩请皇上行幸郊外。蒙圣恩俯徇群情，行幸调养，诸臣莫不欢忭，断未有以皇上为嬉游者。若有人如此存心，非人类也，乃叛逆之徒也。”奉（奏）毕，上启行。驻跸顺义县牛栏山。

十一日甲戌　上驻跸密云县南新庄。

十二日乙亥　上驻跸古北口城内。

十三日丙子　上驻跸鞍匠屯。是日，赏是驿男妇及幼童共一百七十九口，人各银二两。

至晚，传集内大臣、都统、大学士等，令侍卫马武传谕曰：“前诸王、大臣以朕为岁旱，抑郁靡宁，兼遇丧事，体加劳瘁，再三恳请行幸郊外，以养朕躬，朕允所请而行。前以内地田禾被旱致荒，遣官往察。今观口外田亩，亦因旱无收，故朕于此处人民皆赏以银两。又闻此间马毙甚多。恐无知者不识朕来养病，谓来此嬉游，朕是以旋回口内，行数日即还矣。”诸臣免冠叩首奏曰：“皇上频时劳瘁，天颜清减，圣躬致疾。诸王、大臣再三叩请，蒙皇上俯允，勉强乘骑行幸郊外。臣等见之，无不欢忭。皇上欲兆民各得其所，以畿辅旱灾，遣官勘阅。今又因口外田禾荒旱，悉沛恩施。至所云马匹倒毙者，毙于病耳，初非在外则毙，在家即不躬也。天下所共仰赖以生者皇上耳，皇上行幸养病，圣躬大安，则臣等不胜欢忭。若有谓嬉游而来者，即非人类矣。如此恶徒，天必诛之。臣等叩头恳请，皇上仍宜于边外行幸，以养圣躬。”奏讫，上报闻。

十四日丁丑 上驻跸正红旗营。是日，以蒙古各部落贫苦，应加赈济，令内大臣，蒙古都统、副都统，大学士，学士会议。上亲撰谕旨，谕曰：“诸王、大臣见朕清减有病，力劝出宫，于水草佳处暂憩调养。再三叩请，因勉从众意以行。自出宫来，观览禾稼，一束不登，人民无不愁困者。朕自春至今，缘兹旱灾，无日不殷忧轸念，而口外尤为可虑。出口阅视，更不堪寓目。方今比户即以山核桃作粥而食，若时届冬春，何以存活？且闻诸蒙古所在亦然。如此情形，躬亲目击，忧悯不能自止。前于口上积粮，特为众蒙古计。今蒙古牲畜此时稍可补救，若不豫给米粮，则牲畜羸瘦。至于极穷困之时，即再议给赈，无论彼不能承领，此间亦无术可以运致矣。所关非小，今择贤能官员，分遣诸处，察其实不能存活、极其困穷者，一面令带人夫车辆骆驼而来，何旗于何口相近，即以就近口上所收粮食量给之。则所需之粮不至万斛，而众蒙古之感戴无穷矣。粮食有而牲畜留，渐遇丰年，庶可得济。故朕之意，以此及时远虑为善也。朕所见如此，众议之意云何？”

诸臣会议曰：“皇上仁圣性成，欲内外众民皆得其所。今岁自春徂夏，忧悯旱灾，未尝一日少舒，圣体渐癯，忧思转甚。病未全复，又遇大事，更切悲伤，天颜极其清减。虽当哀痛之时，以百姓生计惓惓在念，遣官至直省会同该抚清察罹灾百姓，命加恩泽。诸王、大臣仰见圣容加悴，再三奏请，往口外风凉水美之地怡养宸躬。皇上俯徇众意，力疾出幸。今见口外亢旱，田禾不收，复恻然轸念，详计所以拯救，不令坐废生业。谕旨所云，恩施诚为浩荡。若清察蒙古无粮之人，给与糊口粮米，其所有牲畜可不至尽卖。如此则生产不破，勿致饥饿流离。养民之计，未有善于此者。应遵上谕行，令口外八旗众扎萨克等，应差理藩院贤能司员，将彼处实不能度日、极其穷困者，会同各扎萨克等严核确查伊等牲畜，离喜峰口、古北口、杀虎口、张家口、独石口此五口，何口为近，即取至所近口子。若无牲畜者，各扎萨克捐助牲畜，运米散给。今应行文户部，于五口所有米粮，令其预备。每口速差官员总察，贫人蒙古到日，每人应给五仓斗。所与米数及人口数目，该部奏闻。如此，庶可仰副皇上爱惜内外百姓、一体加恩至意。且蒙古感激天恩，万年无尽矣。”奉旨：“尔等议一人给米五斗，误矣。朕已差出章京五员，应将蒙古侍卫及通蒙古语满洲侍卫等一并差遣。此差出侍卫、章京，前往会同该王协理旗下事务台吉等，明白清察。果属饥饿穷苦之人，或数目若干，应给米若干，可以度日处，细加详算，交与王、台吉等赡养，则速而且易。王、台吉等皆朕所信任办事之人，伊等有何不可信？散米时，令王、台吉等亲身领去。此运送之米，以王、贝勒、台吉等车辆骆驼及旗内富家派取车辆骆驼领去。巴林、翁牛特、二喀拉沁为一起，二土默特、敖汉、柰曼为一起，苏尼特及八旗为一起，扎鲁特、阿鲁科尔沁为一起，前往详查确实数目具奏。又一起，着察其所居旗外何旗窘迫。伊等行时，请旨。”

诸臣复议曰：“赈救贫穷蒙古，臣等议覆，奉谕极其详尽，应谨遵上谕。巴林、翁牛特、二喀拉沁为一起，二土默特、敖汉、柰曼为一起，苏尼特及八旗为一起，扎鲁特、阿鲁科尔沁为一起。侍卫、章京前往会同各扎萨克王、贝勒、协理旗下事务台吉等，详细确察实在穷困不能度日之人，取具数目，应给粮若干，可至明年春草茂盛，据实定议。来奏之后，应给喜峰口、古北口、独石口、张家口收贮米粮。此粮穷人不能支领，各扎萨克王、贝勒、台吉等出骆驼车辆及旗内富家骆驼车辆，王、贝勒、台吉等亲来领去，给与穷人。其八旗察哈尔穷人，令该管旗务阿岳、博尔和对等官，会同参佐察明。领米时，亦令官员及旗内富家出骆驼车辆，阿岳、博尔和对等官亲来支领。又一起，着差往侍卫、章京，察明其所居旗外何旗穷迫。统应行文户部，于喜峰口、古北口、独石口、张家口积贮米粮，作速遣官前往。”奉旨：“依议。”

十五日戊寅 上驻跸青城。是日，上赐西巴尔台居住九百六十五人各银二两、米一斗。

十六日己卯 上驻跸九隘南口。是日，上至汤三营，见其地田禾不收，居人共一千二百七十人，人各赏银二两、米一斗。

晚刻，上御行宫，大学士伊桑阿、凯音布、迈图、西安以折本请旨。

吏部题内阁侍读学士图巴什希解任员缺，以理藩院郎中奈马代拟正，满丕拟陪。上曰："此二人学问人品俱平常。此缺可将各郎中备列折子具奏。"

又三河县未获贼盗限满，知县彭鹏宜降二级调用。上曰："该抚尝口奏，彭鹏居官素优，可降级留任。"

又江南提督将军杨捷为教谕缢死陈明回奏二疏。上曰："贼寇变乱之时，杨捷甚著劳绩。张勇、王进宝、赵良栋、杨捷等坚持诚悃，力效勤劳，朕犹记忆不忘。明末时，文官之任太重，专于轻视武官。武官任不可太轻，亦不可太重。今杨捷若因此事遂议处以辱之，朕心不忍。尔等之意若何？"伊桑阿奏曰："皇上于夙时立功之臣眷念不忘，真属仁恩浩荡。且起衅兵丁自有应得之条例，非杨捷自作之罪。皇上从宽，最当。"上曰："然。此本可报闻。"

十七日庚辰　上驻跸黑湾口。

十八日辛巳　上驻跸独村口底。

十九日壬午　上驻跸独村口底。

二十日癸未　上驻跸骅骝谷。

二十一日甲申　上驻跸骅骝谷。

二十二日乙酉　上驻跸野猪川。

二十三日丙戌　上驻跸巴龙桑古苏泰。

二十四日丁亥　上驻跸巴龙桑古苏泰。

二十五日戊子　上驻跸红川口。晚刻，上御行宫，大学士伊桑阿，学士凯音布、迈图、西安以折本请旨。吏部题江南江西总督傅腊塔所降之级，乃侍郎任内所降之级，非总督任内所降者，应不准复还。上曰："傅腊塔居官甚优，此所降之级着复还。"

又遵化州知州韦国佐将逃人不速行解部，监禁三月有余，应革职。上曰："韦国佐，该抚既称居官素优，着从宽免。"

又兵部题湖广容美都司田舜年恭请陛见，议不准行。上曰："览明朝实录，有土司入觐之例。田舜年着来京陛见。"

又原任浙江总督王骘题，日本国贸易船只请令停泊定海山，差官验看，方准贸易，兵部议准行。上曰："此所奏之事无益。令王骘来京，俟到日问明具奏。”

又顾伊桑阿等曰：“朕南巡时，见沿途设有台座。问地方官及村庄耆老，据云明季备倭所筑。明朝末年，日本来贸易，大船停泊，乘小船登岸，直至湖州。原非为劫掠而来，乃被在内官兵杀尽，未曾放出一人。从此，衅端滋长，设兵防备，遂无宁静。今我君臣凡事皆昼夜详慎，务求至当，然能保百年无事乎？且良善之民屡遭水旱，迫于衣食，亦为盗矣。军备固宜预设，但专任之官得其治理，抚绥百姓，时时留意不怠，则乱民亦自消弭。否则，盗贼蜂起为乱者，不知其所自来矣。”伊桑阿奏曰：“圣谕诚然。”

二十六日己丑 上驻跸红川谷。

二十七日庚寅 上驻跸杨岭之右。

二十八日辛卯 上驻跸杨岭之右。

是日，上御行宫，大学士伊桑阿，学士凯音布、迈图、西安以折本请旨。原任总督王骘题功加李涵等五十六人，又王佑等九人俱在海澄、彭湖等处招服寇盗，奋身破贼，伊等离乡久，免取同乡保结，祈请录用，兵部议不准行。上曰：“此等效力勤劳之人内，有材力壮健堪用者甚多，作何定例录用，着九卿、詹事、科、道会同详议具奏。”

又都察院覆吏科给事中温达等题参吏部派往收税笔帖式，与例舛错，不相画一。取吏部及温达等口供，其题参之处，无庸议。上曰：“此事可依议。部院所办之事，内有情弊及舛错处，言官察参，乃其专责。都察院辄同取温达等口供，殊为不合。着严饬。”

二十九日壬辰 上驻跸玲珑谷。

三十日癸巳 上驻跸玲珑谷。

九　月

初一日甲午 上驻跸阿拜诺颜塔之前踈林口。

初二日乙未 上驻跸潺流河之西。

初三日丙申 上驻跸温泉。

初四日丁酉 上驻跸白谷。

初五日戊戌 上驻跸黄草川之拜察谷。

晚刻，上御行宫，大学士伊桑阿，学士凯音布、迈图、西安以折本请旨。礼部题覆朝鲜国王因广东民出洋贸易，遭风飘至彼国，人船货物送至京师。上曰："前禁出海贸易，故往朝鲜国人船货物令送至京师。今海禁已开，嗣后或往朝鲜国贸易船只，或被风飘去船只，俱停其送京。着另议具奏。"

又理藩院题喀尔喀信顺额尔克代青诺颜等六台吉奏请，伊等所属牲畜尽毙，饥荒不能度日，祈皇上恤养，应差官二员，清察到日再议。上曰："此六台吉等称，见今牲畜尽毙，饥荒不能度日，若不速行拯救，则死亡愈多。着速差官，明白确察，到日即行议奏。"

又湖北巡抚杨素蕴题湖北地方旱灾，百姓荒馑，今年应征漕粮并随漕各项，或照邳州豁免例，或照江南例带征。上曰："此事着该部议奏。近因直隶亢旱，朕心深切焦劳，已遣官详察。今据奏，湖北地方亢旱，小民饥馑，朕心益廑忧虑。可遣户部贤能司官速往，会同该督、抚详察具奏。"

又福州将军佟国瑶遗疏。上曰："佟国瑶自任将军以来，实心任事，廉介自持。且在地方并不生事，兵民甚安。方期久镇边疆，乃忽闻病殒，朕心恻然。应得恤典，察例议奏。"

又理藩院题苏尼特部落满济思哈硕色等，抢夺喀尔喀折布遵丹巴枯图克徒之弟子多尔济巴尔桑之骆驼、羊、行李等物。满济思哈硕色应照为首例，立绞，妻子家产籍没。博罗寨等照为从例，各鞭一百，罚三九牲畜。王阿玉锡等不严约旗属，应罚俸半年。上曰："满济思哈硕色从宽免死，照为从例完结。阿玉锡着罚俸半年。余依议。"

又喀尔喀朱布尔哈什哈等抢夺哨探人之马匹等物，应将朱布尔哈什哈等照为首例，立绞，妻子家产俱籍没。顾木德等照为从例，各鞭一百，罚三九牲畜。上曰："朱布尔哈什哈、阿敏布胡鲁克、喀拉巴图尔、珀尔鄂勒、汗都西希、桑纳齐纳尔、绰对、敦济、敦杜克、车木巴、扎马纳俱从宽免死，照为从例完结。余依议。至于求入内地之喀尔喀等，互相杀夺，若不速料理安插，渐致流离。今宜专遣大臣，收集喀尔喀散亡之众。其料理安插事宜，理藩院议奏。”

谕毕，上顾大学士伊桑阿等曰：“昔太宗皇帝以次收定四十九旗蒙古，复欲全收此北边喀尔喀，未及行。而太宗皇帝宾天后，苏尼特部落腾济思怀恨睿王，反入喀尔喀。喀尔喀欲杀腾济思所尚我国公主，腾济思向喀尔喀哭云：我如何负太宗皇父仁恩杀我妻耶？尔等欲杀我妻，将我一并加戮。如此坚执，故我国公主未尝遇害。今闻喀尔喀国内饥荒，互相杀掳，朕欲普天万国皆得其所，一体加恩，何忍喀尔喀流离至此？故特遣大臣收集流亡，使喀尔喀等安插得所。”伊桑阿等奏曰：“皇上圣谕，诚天地覆载之心也。”

初六日己亥　上驻跸兴州。

初七日庚子　上驻跸鞍匠屯。

初八日辛丑　上驻跸老鸹店。

初九日壬寅　上驻跸乐山。

初十日癸卯　巳时，上问皇太后安。

午时，上至大行皇后梓宫前，上食，举哀毕，由朝阳门进东华门，回宫。

是行也，部院奏章日送内阁，内阁三日一次驿送行宫听理。

扈从起居注官库勒纳、顾仪。

十一日甲辰　辰时，上御乾清宫，大学士伊桑阿、阿兰泰，学士凯音布、拜礼、朱都纳、迈图、郭世隆、西安、博济、王国昌以折本请旨。兵部题原任兖州参将王继先叩阍之事，实属冤抑，应复原降二级，但病故，无容议。上曰：“王继先人材壮健，骑射亦佳，可追复所降之级，给驿归其榇。”

又谕大学士曰：“今岁亢旱，秋成不登，草豆腾贵，致兵丁艰于畜马。将八旗护军披甲察明有贫穷者作何给与钱粮，尔等会同九卿议奏。”

本日起居注官尹泰、胡会恩。

十二日乙巳　辰时，上御乾清宫，大学士伊桑阿、阿兰泰，学士凯音布、朱都纳、迈图、郭世隆、西安、博济、王国昌以折本请旨。刑部题同知钱裕解送木料，贿求书办，应交部议。上曰：“凡解送各项钱粮物料，多有需索措勒包揽情弊。作何永行禁止，九卿、詹事、科、道会议具奏。”

浙闽总督兴永朝陛见，召入乾清宫。上问曰：“尔有所陈奏否？”兴永朝奏曰：“臣本微贱谫劣，蒙皇上隆恩，不及二年历升总督。臣到任后，凡事惟竭力黾勉。今求皇上睿旨训谕。”上曰：“浙、闽百姓数年困苦，尔当洁己率属，惟务轸恤小民。至文武和睦，调辑兵民，尤为要务。”兴永朝奏曰：“圣谕诚然，臣当谨志遵行。至浙、闽边海岩疆，总兵、副将等官应选择补授。”上曰：“现任总兵、副将等官，俱系选用优长之人。近王鹭曾奏，海中尚有小盗，然亦无妨。”

又问曰：“尔属官内有甚优者否？”兴永朝奏曰：“原任长沙府通判今升福州府同知王俊、汉阳府知府戴梦熊，此二员操守甚廉，亦有才。”上曰：“汉阳府非尔所属。”兴永朝奏曰：“臣闻之众论，经过彼处亦知之甚真。臣前任广西梧州道时，同城副将朱起龙居官最廉，人亦优长。”

上又问曰：“湖南今岁雨水如何？”兴永朝奏曰：“湖南地方今岁雨水调和，田禾亦收，止岳州、常德二府报罹旱灾，然邻郡田禾俱收，则此二府亦可无患。”上又问曰：“湖北旱灾，尔看来如何？”兴永朝奏曰：“臣观臣所过近大路处，俱罹旱灾，田禾不收。闻武昌、荆州四周旱灾犹甚。”上又问曰：“尔来所过一路旱灾情形若何？”兴永朝奏曰：“河南雨水调和，田禾得获。直隶田禾亦获，惟近畿地方遭罹旱灾。”上又问曰：“湖北旱灾比近畿地方若何？”兴永朝奏曰：“相同。”

上又问曰：“尔所属布政使、按察使居官何如？”兴永朝奏曰：“亦皆守分遵法。”上问曰：“湖南所收火耗何如？”兴永朝奏曰：“臣严禁裁革，已减七八分矣。臣焉敢欺皇上？若断绝外官火耗，则外任实不能度日。”上曰：“然。”又问曰：“总兵官卢崇耀何如？”兴永朝奏曰：“卢崇耀居官佳。”上又问曰：“总兵官姚仪何如？”兴永朝奏曰：“居官亦佳。”上问曰：“卢崇耀、姚仪居官佳处，谁为较优？”兴永朝奏曰：“此二员相等。”上又问：“提督徐治都何如？”兴永朝奏曰：“在地方亦安静。”奏毕，兴永朝出。

未时，上至大行皇后梓宫前。申次，上食，举哀。上近殡宫驻跸。

是日，赐浙闽总督兴永朝弓矢、櫜鞬、蟒缎、披领、鞍马。

本日起居注官库勒纳、思格则、徐嘉炎。

十三日丙午 早，上至大行皇后梓宫前，行月祭礼，举哀。辰时，回宫。

本日起居注官库勒纳、思格则。

十四日丁未 部院各衙门奏章俱交送内阁。

本日起居注官库勒纳、蔡升元。

十五日戊申 辰时，上御乾清门听政。部院各衙门官员面奏毕，大学士伊桑阿、阿兰泰、王熙、梁清标、徐元文，学士凯音布、朱都纳、彭孙遹、迈图、郭世隆、西安、顾汧、博济、王国昌以折本请旨。吏部覆江南江西总督傅腊塔题，降调同知张圣清居官颇优，请带所降之级留任，议不准行。上曰："该督既称张圣清居官颇优，可如所题，带降级留任。"

本日起居注官尹泰、曹鉴伦。

十六日己酉 辰时，上御乾清门听政。部院各衙门官员面奏毕，大学士伊桑阿、阿兰泰、王熙、梁清标、徐元文，学士凯音布、朱都纳、彭孙遹、迈图、郭世隆、西安、顾汧、博济、王国昌以折本请旨。兵部题病故福州将军佟国瑶员缺，以副都统祖泽椿等开列具题。上曰："将军职任甚要。福建总兵金世荣居官颇善，人材亦优，但将伊超补，则同列之人必不心服。"又问："副都统张俊何如？"伊桑阿等奏曰："张俊系左良玉辈投旗新人。"上曰："副都统内尔等有素知者否？"伊桑阿等奏曰："副都统内无有知者，都统杨文魁、诺迈尚可用。"上曰："杨文魁曾在福建为总兵，不可补授。诺迈有病。都统石文炳为人甚优，着补将军。"

本日起居注官思格则、史夔。

十七日庚戌 辰时，上御乾清宫，大学士伊桑阿、阿兰泰，学士凯音布、朱都纳、迈图、郭世隆、西安、博济、王国昌以折本请旨。户部议覆郎中殷特等，会同直隶巡抚于成龙察勘直属被灾地方，在城等四十四州、县、卫所、城堡未征钱粮，应准其豁免。将宣府、昌平等仓所贮米、谷、粟、麦、高粱，自今年十月起至明年四月止，通行赈济。若米、谷不敷，动正项钱粮折米支给。又保定、真定、顺德、广平、大名、顺天、河间等府五十六州、县、卫所，应准照定例，按被灾分数酌免钱粮。上曰："小民生计最多苦辛，今人动称耕九余三，谈何容易。农家终岁勤动，幸遇有秋，而谷价又贱，欲办八口衣食，与来岁耕种之资，犹恐不足，安得宽然有余？一遇歉岁，便不免颠连困苦矣。惟富饶业户，陈陈相因，贱买贵卖，每获厚利。然赖有富户居积，犹得散粜民间，以济荒歉。使若尽皆灾黎，其何以堪？自古帝王生长深宫，少知稼穑艰难与民生疾苦。朕轸念民艰，时常巡省，周咨博访，悉知穷檐困踣之状，实可哀怜。朕前见国用颇充，已将递年各省钱粮次第蠲免。但国家经费出入，当酌剂盈虚，务期上安下全，公私交济，不得漫无筹画，支左绌右。”大学士伊桑阿等奏曰：“圣谕诚恤民经国之至计也。”上曰：“此本可依议。今岁畿辅旱灾情形，朕所亲见。小民糊口尚不能给，若更责以输赋，必致流移失业。直隶被灾州、县、卫所，所有本年未经征收地丁各项钱粮，及康熙二十九年上半年钱粮，尽行蠲免。尔等即拟敕谕来奏。”大学士伊桑阿等出。

上至大行皇后梓宫前，辰、午二次上食，举哀。未时，回宫。

本日起居注官顾仪、周金然。

十八日辛亥 辰时，上御乾清门听政。部院各衙门官员面奏毕，大学士伊桑阿、阿兰泰、王熙、梁清标、徐元文，学士凯音布、朱都纳、彭孙遹、迈图、郭世隆、西安、顾汧、博济、王国昌以折本请旨。都御史郭琇题《全书》原有旧章，止宜斟酌损益，不宜草率编辑，仰祈简员纂修，急正舛错事。上曰：“这所奏甚是，着九卿、詹事、科、道确议具奏。”

又特参近臣植党营私，招摇撞岁事。上曰：“高士奇着休致回籍。本内所有官员俱着休致回籍。”

谕毕，顾大学士等谕曰：“顷副都御史许三礼题参原任刑部尚书徐乾学，荐举原任礼部尚书熊赐履。往者皆言熊赐履不好，今见朕起用，又言熊赐履好。此皆因人咳唾，动辄效尤。熊赐履乃读书之人，母丧未满，今虽召用，亦必控辞。前熊赐履所作《日讲四书解义》刊刻之时，朕以为熊赐履所作，应列其名；原任大学士索额图、杜立德、冯溥以熊赐履名教中罪人，不应列名。又因僧人事牵连议处，朕以为熊赐履断不为此，故宽释之。彼时若将熊赐履问罪，今如何可用？且熊赐履所作《日讲四书解义》甚佳，汤斌又谓不然。以此观之，汉人行径殊为可耻。况许三礼、汤斌、李光地俱言王守仁道学，熊赐履惟宗朱熹，伊等学问不同。”大学士王熙奏曰：“道学之人当涵养性情，若各立门户，各持意见，互相陷害结仇，何云道学？”上曰：“意见若能持久，亦自不妨，但久之彼自变易其说耳。”

是日，赐西安副都统巴什鞍马一匹。

巳时，上问皇太后安。

本日起居注官尹泰、吴苑。

十九日壬子 辰时，上御乾清门，听部院各衙门官员面奏政事。

本日起居注官库勒纳、陆肯堂。

二十日癸丑 辰时，上御乾清门，听部院各衙门官员面奏政事。

本日起居注官思格则、张希良。

二十一日甲寅 早，上至大行皇后梓宫前，辰、午二次上食，举哀。未时，回宫。

本日起居注官库勒纳、尹泰。

二十二日乙卯 卯时，上命简亲王雅布、信郡王鄂札赍册宝，谥大行皇后为孝懿皇后。

本日起居注官库勒纳、王尹方。

二十三日丙辰 辰时，上御乾清门，听部院各衙门官员面奏政事。

本日起居注官王掞、尹泰。

二十四日丁巳 辰时，上御乾清门听政。部院各衙门官员面奏毕，大学士伊桑阿、阿兰泰、王熙、梁清标、徐元文，学士凯音布、朱都纳、彭孙遹、迈图、郭世隆、西安、顾汧、博济、王国昌以折本请旨。兵部题补正白旗汉军都统石文炳授福建将军员缺，开列前锋统领阿西滩等。上曰：“石文炳祖父皆世为都统，伊子穆赫伦着补授都统。该旗要务令伊祖华善协理。”

本日起居注官思格则、胡会恩。

二十五日戊午 辰时，上御乾清门，听部院各衙门官员面奏政事。

本日起居注官顾仪、徐嘉炎。

二十六日己未 早，上至孝懿皇后梓宫前，辰、午二次上食，举哀。未时，回宫。

本日起居注官库勒纳、思格则。

二十七日庚申　上以高皇后忌辰，不御乾清门。

巳时，上问皇太后安。

本日起居注官库勒纳、蔡升元。

二十八日辛酉　辰时，上御乾清门听政。部院各衙门官员面奏毕，大学士伊桑阿、阿兰泰、王熙、梁清标、徐元文，学士凯音布、朱都纳、彭孙遹、迈图、郭世隆、西安、顾汧、博济、王国昌以折本请旨。兵部题以千把总录用周映台等，并无冤抑，妄行叩阍，应照例补官之日罚俸九个月。上曰："周映台等随征有无效力，令赵良栋察明，到日再议具奏。"

本日起居注官思格则、曹鉴伦。

二十九日壬戌　辰时，上御乾清门听政。部院各衙门官员面奏毕，大学士伊桑阿、阿兰泰、王熙、梁清标、徐元文，学士凯音布、朱都纳、彭孙遹、迈图、郭世隆、西安、顾汧、博济、王国昌以折本请旨。广东将军拜音达礼题广东地方潮湿，马死颇多，且口粮不敷，度日维艰，祈照别省驻防旗下兵丁口粮草料支给，部议不准行。上曰："广东地方湿热，马死果多，兵丁苦累，其令再议具奏。"

本日起居注官王尹方、席米图。

三十日癸亥　早，上至孝懿皇后梓宫前，辰、午二次上食，举哀。未时，回宫。

本日起居注官库勒纳、顾仪。

十　月

初一日甲子　辰时，上御乾清门，听部院各衙门官员面奏政事。

本日起居注官尹泰、吴苑。

初二日乙丑　辰时，上御乾清门听政。部院各衙门官员面奏毕，大学士伊桑阿、阿兰泰、王熙、梁清标，学士凯音布、朱都纳、彭孙遹、迈图、郭世隆、西安、顾汧、博济、王国昌以折本请旨。先是大学士等以《政治典训》进呈御览，上谕欲停止编纂，至是诸臣具疏，恳请仍行编纂成书。上曰：“《政治典训》朕欲停止编摩，览卿等奏，历代俱有成书，纂辑已经五载，将次告竣，恳请仍行纂修，其依议行。”

本日起居注官思格则、陆肯堂。

初三日丙寅 辰时，上御乾清门听政。部院各衙门官员面奏毕，大学士伊桑阿、阿兰泰、王熙、梁清标，学士凯音布、拜礼、朱都纳、彭孙遹、迈图、郭世隆、西安、顾汧、博济、王国昌以折本请旨。兵部题功加署守备周金其授为新丰守备及捐助招兵之处，俱无档案。至于杀贼保守永兴城等处，俱已议叙。周金现在并无保题与保送到部之处，无容议。并无冤抑，妄行叩阍，应照例议处。但周金已不录用，应无容议。上曰：“看周金人材颇优，伊父周球曾经效力行间，周金着以守备用。”

是日，上朝皇太后。

本日起居注官库勒纳、张希良。

初四日丁卯 辰时，上御乾清门，听部院各衙门官员面奏政事。

未时，上至孝懿皇后梓宫前，晚次，上食，举哀。上近殡宫驻跸。

本日起居注官顾仪、史夔。

初五日戊辰 早，孝懿皇后梓宫前，行月祭礼，诸王、贝勒、贝子、公等，三品以上官员，及王妃、公主、郡主以下，一品官员妻以上齐集，举哀。辰时，上回宫。

本日起居注官库勒纳、思格则。

初六日己巳 辰时，上御乾清门听政。部院各衙门官员面奏毕，大学士伊桑阿、阿兰泰、王熙、梁清标，学士凯音布、朱都纳、彭孙遹、迈图、郭世隆、西安、博济、王国昌以折本请旨。户部题请煮赈事。上曰：“今岁年谷不登，民人就食者必多，朕深为轸念。这煮赈银米着加一倍，再展限两月，专差官员亲身散给，俾贫民得沾实惠，勿致胥役侵蚀中饱。仍着都察院堂上官不时察看。”

本日起居注官顾仪、徐嘉炎。

初七日庚午 早，上至孝懿皇后梓宫前，行百日礼，致祭。诸王、贝勒、贝子、公等，三品以上官员，及王妃、公主、郡主以下，一品官员妻以上齐集，举哀。辰时，上回宫。

本日起居注官库勒纳、顾仪。

初八日辛未　辰时，上御乾清门听政。部院各衙门官员面奏毕，大学士伊桑阿、阿兰泰、王熙、梁清标、徐元文，学士凯音布、朱都纳、彭孙遹、迈图、郭世隆、西安、顾汧、博济、王国昌以折本请旨。吏部题覆许三礼原参三河县知县彭鹏，有田子良之子长命儿被人杀死案内干连人犯不行举报，竟自释放，相应革职。上曰："彭鹏本应照部议革职，但伊居官颇佳，从宽免其革职，降二级留任。"

又户部题因索伦等所进一等、二等貂皮俱不及格，将总管贝勒尔等一并交与理藩院议处。上曰："索伦、打虎里等比年于雅克萨、尼布楚行走坐站，因其效力兵间勤苦，已免今年采捕貂皮、驼鹿。着从宽免其议处，仍照例给赏。"

本日起居注官思格则、曹鉴伦。

初九日壬申　早，上至孝懿皇后梓宫前，行迁移梓宫礼，读文致祭，举哀。诸王、贝勒、贝子、公等，三品以上官员，及王妃、公主、郡主以下一品官员妻以上齐集，举哀。辰时，上回宫。

本日起居注官库勒纳、思格则。

初十日癸酉　辰时，上御乾清门听政。部院各衙门官员面奏毕，大学士伊桑阿、阿兰泰、王熙、梁清标、徐元文，学士凯音布、朱都纳、彭孙遹、迈图、郭世隆、西安、顾汧、博济、王国昌以折本请旨。吏部题覆给事中黄六鸿所参赞善赵执信、候补知府翁世庸等，值皇后之丧未满百日，即在候选县丞洪升寓所，与书办同席观剧饮酒，大玷官箴，俱应革职。其所参候补侍讲学士朱典常斗马吊，并无实据，应毋庸议。上曰："赵执信着革职。朱典问伊衙门学士等，据云人品学问俱属平常，着休致回籍。"

又刑部等衙门题覆都察院左都御史郭琇，为教官刘奉家等，曾寄书嘱托山东巡抚钱珏，缘此不便自行纠弹，故嘱御史张星法将钱珏题参，有玷大臣之职，应照例革职，杖一百，准其折赎。张星法既听郭琇之言，将钱珏纠参，且多方巧辩，亦照例革职，杖一百，准其折赎。太常寺少卿赵岺，御史鹿廷瑛、马光，郎中高启元等身为京官，为伊亲朋寄书嘱托巡抚钱珏，俱应革职。御史盛符升居言官之任，私将纠参钱珏情事寄书通知钱珏，又不实供，应降三级调用。教官刘奉家、孙熙，知县高上达等，央求郭琇等寄书钱珏，俱应革职。上曰："郭琇本当依议处分，念其鲠直敢言，屡经超擢，从宽免革职治罪，降五级调用。张星法从宽免革职治罪，着降二级留任。凡官员理应各尽职业，不得扶同结党。赵岺、鹿廷瑛、马光、高启元居官无所表见，乃依倚郭琇同致私书，明系党附，殊为可恶，俱着革职，流徙奉天地方。盛符升着降三级调用。钱珏既接私书，彼时不行具题，今被纠参，始行举出，殊属不合，可以原品解任。余俱依议。"

少顷，上问皇太后安。

未时，上至孝懿皇后梓宫前，晚时，上食，举哀。是日，上近殡宫驻跸。

本日起居注官库勒纳、周金然。

十一日甲戌 辰时，迁孝懿皇后梓宫于山陵，上亲往送，至通州五里桥村南驻跸。

是日，通州仓场侍郎李廷松、天津总兵官刘国轩、通永道孟卜、通州监督刑部郎中僧额等、管坐粮厅事掌仪司员外噶大洪等、通州副将杨盛等、顺义县防守尉卓博尔图等、及顺义县知县吴元臣来朝。

十二日乙亥 上驻跸三河县所属双九村东南。

十三日丙子 以阴雨故，上驻跸双九村。

十四日丁丑 亦以阴雨，上驻跸双九村。

十五日戊寅 上驻跸三河县所属屈头庄西北。是日，上御行宫，大学士伊桑阿，学士迈图、朱都纳、博济、郭世隆以折本请旨。吏部题补授解任山东巡抚钱珏员缺，或开列满洲，或开列汉军、汉人请旨。上曰："山东一省绅衿甚为强骜，且好结朋党。巡抚宜用风力之人，可将佛伦补授。"

又升任内阁侍读阿尔拜员缺，将江南理事同知吴什布拟正，钦天监监副郎鼐拟陪具奏。上曰："前考各衙门司官之时，观礼部员外郎苏海为人颇优，所学亦佳，此员缺可将苏海调补。"

又刑部议原任广东道王永祚私分尚之信家财物未完，将伊妻子人口交与总管内务府。上曰："王永祚妻子人口免其入官。"

上驻跸三河县。是日，三河县防守尉马库等、知县彭鹏、守备马玉俊等来朝。

十六日己卯　上驻跸蓟州之南。是日，蓟州知州杨天佑、千总王家福等来朝。

十七日庚辰　上至暂安奉殿前，行三跪九叩礼，三奠酒，举哀。随至孝陵，如前行礼，奠酒，举哀。又至皇后陵前，奠酒，举哀。

是日，上驻跸陵左。

十八日辛巳　上御行宫，大学士伊桑阿，学士迈图、朱都纳、博济、郭世隆以折本请旨。户部议题盛京、辽阳、兴京屯庄所种田地，因亢旱及霜陨，米谷不收，应免其纳租，行咨盛京户部详计所需米数，俟将米谷时价具题，到日发银彼处，准时价采买给济。上曰："盛京地方今年亢旱，米粮不收。闻兵丁现在买米而食，已及艰窘，朕心深切轸念。其令户部侍郎阿山乘驿速往，与盛京各部大臣公同察明，量其度岁所须，取庄上所有之米散给，俾得沾实惠。庄上米粮令内府官前往取给，官庄亦着给散此米。"

又议准直隶巡抚于成龙所奏，直隶所属诸处积贮米粮，照时价卖银，赈济被灾州、县。上曰："仓廒积粮，端备本处灾歉。若因应赈州、县无粮，以他处仓粮卖银移赈，则现在有粮州、县无备灾之粮。且一时出粜，价值必贱，于赈济亦无甚裨益。其仓粮不敷之处，可动支正项钱粮，速行赈济。着再议具奏。"

又理藩院议额尔克戴清讷颜等六台吉所属之人，饥馑难于度日，应遣官将杀虎口仓内所贮之米，监视发给。上曰："给发此米可差贤能官前往，毋令粮米减少，照数取给，务令得沾实惠。若米内有杂和糠土及发给短少等弊，发觉之日，将发给官员从重议处。"

又湖北巡抚杨素蕴题为患病乞解任。上曰："杨素蕴居官并无善状，被灾处所不亲行察勘，托病求罢，殊为可恶！着革职。"

是日，驻跸行宫。

十九日壬午　行葬孝懿皇后梓宫礼，遣皇长子读文致祭。

是日，上驻跸行宫。

二十日癸未　巳时，葬孝懿皇后梓宫毕，上移跸温泉。

二十一日甲申　上御行宫，大学士伊桑阿，学士迈图、朱都纳、博济、郭世隆以折本请旨。兵部题川陕总督葛思泰题，土司巴旦子立告杨威一案，应令该督将杨威提至，与原告巴旦子立等并证佐等对质，审明具奏。若杨威不至，令将不至缘由具奏。上曰："杨威之父杨朝梁，曾率领番人在洮、泯地方效力。且杨威本身赴京叩阍，今该督不行确取杨威口供，含糊审奏，殊为不合。着复行审明具题，到日再议具奏。"

又吏部题工科给事中何楷休致员缺，以考授科员郑昱拟补。大学士伊桑阿奏曰："遵谕以原任工科给事中何楷问工部尚书苏赫、侍郎齐穑，云为人优，能办事。大学士徐元文、学士顾汧亦云为人颇优。"上曰："何楷着留原任。"

是日，上驻跸温泉。

二十二日乙酉 上驻跸遵化州所属金山寺西北。

是日，上以躬所射兔赐大学士伊桑阿、侍郎库勒纳各一。

是日，遵化州游击李国盛等、罗文峪口守尉颜泰等、遵化州知州祖允熹等来朝。

二十三日丙戌 上驻跸滦河西。是日，射殪两虎。

二十四日丁亥 上驻跸迁安县属米儿口。

是日，上御行宫，大学士伊桑阿，学士迈图、朱都纳、博济、郭世隆以折本请旨。吏部题湖广革职巡抚杨素蕴员缺，或开列满州，或开列汉军、汉人请旨。上曰："兵部侍郎吴琠系直戆能事之人，着补授湖广巡抚。"

又侍讲学士王顼龄解任员缺，将庶子徐潮拟补。上问管翰林院事侍郎库勒纳："王顼龄为人何如？"库勒纳奏曰："王顼龄乃堪用之人，学问亦佳。"上又问曰："素行何如？"库勒纳奏曰："以臣观之，颇老成谨慎。"上曰："王顼龄着留原任。"

又户部题直隶被灾州、县，如现在贮有仓粮，即令给与本处人民。若无积贮之米，或有米而未敷，令动正项钱粮作速赈给。上曰："被灾地方人民见在候赈，可依议速行。"

是日，赐内阁大学士伊桑阿，学士迈图、朱都纳、博济、郭世隆，管翰林院事侍郎库勒纳，侍读学士思格则，侍讲顾仪，兵部侍郎觉罗舜拜雉、兔。

是日，三屯营副将师帝宾等来朝。

二十五日戊子 上驻跸米儿口。

二十六日己丑 上驻跸三屯营北。

二十七日庚寅 上驻跸龙井关内东。

是日，上御行宫，大学士伊桑阿，学士迈图、朱都纳、博济、郭世隆以折本请旨。总漕董讷题济宁原无额设船只，凡回京官兵家口，自淮安至济宁无船更换，故贴给抵北后节省三分之二，乞照旧例贴给，户部议不准行。上曰："这船户津贴银米，着照旧支给。"

本日赐巡抚于成龙雉、兔。

是日，潘家口把总徐国柱等来朝。

二十八日辛卯 上出龙井关驻跸滦阳口。

二十九日壬辰 上由大安口入，驻跸温泉。是日，鲇鱼口把总张守奎来朝。

三十日癸巳 上至暂安奉殿前，三奠酒，举哀。随至孝陵，如前奠酒，举哀。又至皇后陵举哀。是日，上驻跸蓟州。

上御行宫，大学士伊桑阿，学士迈图、朱都纳、博济、郭世隆以折本请旨。户部覆直隶巡抚于成龙题称兵丁藉月粮度日，今岁天旱，米豆草价俱腾贵，应于原价外增添一半。所请过浮，应令巡抚将时价详加核实，具奏到日再议。上曰："今岁直隶所属地方米谷不登，这米豆草束折价若不增给，兵丁必至苦累，可如该抚所请增给。宣府、古北口等沿边地方现有积谷，可将此米支与附近兵丁，不必折给。其赈济亦着动支此米。"

又礼部题冬至礼宜朝贺。上曰："今岁直隶地方米谷不登，庆贺行礼可停止。"

又朝鲜国王李焞题请将伊妃闵氏斥废，册副室张氏为妃。上顾大学士伊桑阿问曰："此奏表内称伊室为后宫，且遇皇太子名亦不避讳，于例可否？"伊桑阿奏曰："外藩将伊室称为后宫，非礼。不避皇太子名，尤属不合。"上曰："册立王妃，令该部察例。表内违式之处，一并察议具奏。"

是日，赐礼部侍郎席尔达兔。

十一月

初一日甲午　上驻跸三河县。

初二日乙未　上驻跸通州。是日，赐新满洲侍卫、护军银各五两，扈从护军校、护军银各四两。

初三日丙申　皇太子率诸皇子出朝阳门关厢外，接驾请安。上率皇太子、诸皇子射良久。毕，上由朝阳门进东华门，回宫。

辰时，上问皇太后安。

是行也，部院奏章日送内阁，内阁汇集三日驿送行宫听理。

扈从起居注官库勒纳、思格则、王尹方、顾仪、蔡升元、吴苑。

初四日丁酉　辰时，上御乾清门听政。部院各衙门官员面奏毕，大学士伊桑阿、阿兰泰、王熙、梁清标、徐元文，学士凯音布、朱都纳、彭孙遹、迈图、郭世隆、西安、顾汧、博济、王国昌以折本请旨。吏部题理藩院员外郎葛思泰、鄂齐尔以审理佐领巴达礼事舛错，应降三级调用。上曰："部院办理事务有错误者尚可从宽，葛思泰等系专往审理之官，乃颠倒是非，深属可恶！其从重议处具奏。"

本日起居注官田喜霅、尹泰。

初五日戊戌　辰时，上御乾清门，听部院各衙门官员面奏政事。

本日起居注官王尹方、西米图。

初六日己亥　辰时，上御乾清门听政。部院各衙门官员面奏毕，大学士伊桑阿、王熙、梁清标、徐元文，学士凯音布、朱都纳、彭孙遹、迈图、郭世隆、西安、顾汧、博济、王国昌以折本请旨。吏部题郭二故杀严命新一案，州同李成宷等不行详察，以为盗案，议应革职。巡抚于成龙应降一级留任。上曰："于成龙从宽免降级，孟卜等俱令留任。余如议。"

又题席棚门枢木损坏，议将工部郎中艾芳曾革职。上曰："艾芳曾从宽免革职，着罚俸一年。"

又顾大学士等谕曰："今岁近京遇旱，米谷不登，小民无力度日。虽蠲免钱粮，加恩赈救，然给银籴米，购买甚难，仍恐艰于粒食。朕前往山陵，凡经过地方，访其疾苦，目击被灾情形，不但粟米匮乏，即柴薪亦多不给，用致饥寒交迫。朕日夜焦劳，不能自安。若不速立良法，抚绥赈济，必致流离失所。朕思值此饥馑之年，或将内府屯庄、诸王以下大臣官员富厚人家屯庄所有米粮，令酌量捐助。直隶乡绅富民有积谷者，亦令捐助赈济。其所散银两，仍给小民，以充柴薪之用，庶于饥民有所裨益。尔等会同九卿、詹事、科、道官员详议具奏。”

又谕曰：“涿州知州高登先既已衰老，令休致回籍。此缺着将降级调用原任同知秦毓琦补授。”

本日起居注官王掞、顾仪。

初七日庚子 上因有事于圜丘，斋戒三日，不理事。

本日起居注官思格则、胡会恩。

初八日辛丑 辰时，上问皇太后安。

本日起居注官库勒纳、徐嘉炎。

初九日壬寅 早，上御保和殿，视祭圜丘祝版毕，回宫。

本日起居注官尹泰、顾藻。

初十日癸卯 早，上以冬至，亲祀天于圜丘。礼毕，回宫。

本日起居注官库勒纳、蔡升元。

十一日甲辰 辰时，上御乾清门，听部院各衙门官员面奏政事。

本日起居注官顾仪、曹鉴伦。

十二日乙巳 辰时，上御乾清门听政。各部院衙门官员面奏毕，大学士伊桑阿、阿兰泰、王熙、梁清标、徐元文，学士凯音布、朱都纳、彭孙遹、迈图、郭世隆、西安、顾汧、博济、王国昌以折本请旨。原任大学士李之芳为孝懿皇后崩逝具疏，恭慰圣怀。上曰：“李之芳身系大臣，部文到日，即应具疏。乃迟至典礼已竣，始行具奏，深属不合！其严饬行。”

少顷，上问皇太后安。

巳时，上自午门出正阳门，幸南苑。各部院奏章日送内阁，内阁转送行宫听理。

本日起居注官思格则、史夔。

十三日丙午

十四日丁未 是日，赐杭州副都统索罗希鞍马一匹。

十五日戊申

十六日己酉 辰时，上御南苑内旧宫，大学士伊桑阿、阿兰泰，学士凯音布、朱都纳、迈图、郭世隆、西安、博济、王国昌以折本请旨。江南江西总督傅腊塔题请免征江宁廊棚税银，户部议不准行。上曰："这廊檐篷搭租税，俱照总督所题蠲免。"

又礼部题朝鲜国王李焞侧室张氏应照例册封为妃。至李焞奏疏内应讳之字不行避讳，又称德冠后宫，俱属违例不敬，应罚银五千两。上曰："疏内违例情由，令李焞明白回奏。余依议。"

本日起居注官库勒纳、思格则。

十七日庚戌 辰时，上御南苑内旧宫，大学士伊桑阿、阿兰泰，学士凯音布、朱都纳、迈图、郭世隆、西安、博济、王国昌进前请旨。先是湖广巡抚杨素蕴题德安等六府、县被灾，曾差户部郎中舒书等查勘，至是舒书等以被灾分数勘实，开写奏闻。上曰："湖北民被旱灾，米谷不登，深属可悯。被灾州、县凡今岁未征钱粮与来岁上半年钱粮，俱应蠲免。尔等可拟上谕进览。"

本日起居注官库勒纳、西米图。

十八日辛亥 辰时，上御南苑内旧宫，大学士伊桑阿、阿兰泰，学士凯音布、朱都纳、迈图、郭世隆、西安、博济、王国昌以折本请旨。兵部题陕西总督葛思泰题，洮州卫等处番贼私进内地，抢夺牲畜，射伤民人。专汛武职官员隐讳推托，不即呈报。宜将把总何景名、守备赵得疆俱革职，提督孙思克降一级带罪图功，总兵官李芳述削去功加二级，抵降二级。该总督既称，此案番人系达赖喇嘛所属，应交与理藩院议。上曰："此案可差兵部、理藩院贤能司官各一员察明具题，到日再议具奏。察明后，令兵部司官先回，理藩院司官可留于嘉峪关，自巴图鲁额尔克济农等处，探取差往厄鲁特衣拉枯克三库图克图达赖喇嘛所使喇嘛等信息具报，并厄鲁特噶尔丹薄朔克图信息亦不时探取来报。可以此交与理藩院。"

又内阁以蠲免湖北钱粮撰拟上谕呈览。上览毕，令誊写颁发。其词曰："谕户部：朕念小民衣食，惟田亩是赖，必年谷顺成，斯生计无乏。若遭罹荒歉，饘粥尚且艰难，正赋安能输办？今年湖北亢旱为灾，已遣官会同该督察勘。今据将武昌等府所属二十九州县、八卫所灾伤分数，勘明具奏。朕心深用轸念，倘不亟加蠲恤，恐致流移失所。武昌等四府，今年钱粮前已全蠲，其被灾二十州县、四卫所康熙二十九年上半年地丁钱粮，着与蠲免。荆州、安陆二府所属被灾九州县、四卫所本年地丁钱粮，除已征在官外，其未经征收及二十九年上半年钱粮，亦尽行蠲免。尔部速行该督抚，通行晓谕，务使均沾实惠，以副朕拯济穷黎至意。如民人或致流散，不肖官役朦溷侵蚀及仍行私征者，将该督、抚一并严加处分。尔部即遵谕行。特谕。"

又湖北巡抚吴琠陛辞，恭请谕旨。上问曰："尔有所陈奏否？"吴琠奏曰："臣本一介鄙儒，才浅任重，恐不能胜。求皇上训谕，敬奉遵行。"上曰："湖北地方去岁兵丁鼓噪，今岁又遭亢旱，黎民困苦殊甚。尔到任后，善为抚循，无令失所。"吴琠奏曰："大计关系劝惩大典。臣初莅任，凡官员贤否不得而知，应照总督考语填写。"上曰："尔到任后，明白具奏。"

是日，赐朝鲜国正使东平君李杭、副使议政府参赞官申厚载等银两、鞍马、䌷布。

本日起居注官库勒纳、尹泰。

十九日壬子　上自南苑移驻畅春园。是日，赐福州将军石文炳弓箭、撒袋、蟒缎、披领，又赐山东巡抚佛伦、湖广巡抚吴琠鞍马各一匹。

二十日癸丑　酉时，上自西直门进西华门，回宫。

本日起居注官思格则、周金然。

二十一日甲寅　辰时，上御乾清门听政。部院各衙门官员面奏毕，大学士伊桑阿、阿兰泰、王熙、梁清标、徐元文，学士凯音布、朱都纳、彭孙遹、迈图、郭世隆、西安、顾汧、博济、王国昌以折本请旨。礼部题镇守福州等处将军佟国瑶病故，宜赐恤典。上曰："佟国瑶镇守福建，和辑兵民，地方绥静，可与以谥，加祭一次。"

又山东巡抚佛伦陛辞，恭请谕旨。上曰："汝此去务期清廉公正，黾勉尽职，以副朕委任至意。”

少顷，上问皇太后安。

本日起居注官思格则、周金然。

二十二日乙卯 辰时，上御乾清门，听部院各衙门官员面奏政事。

本日起居注官顾仪、陆肯堂。

二十三日丙辰 辰时，上御乾清宫，各部满尚书面奏毕。大学士伊桑阿、阿兰泰，学士凯音布、朱都纳、迈图、郭世隆、西安、王国昌以折本请旨。直隶巡抚于成龙题给散饥民银两甚多，请动邻省山西、河南银三十万两，送至协济，以便速行散给。上曰：“赈济饥民所关紧要，可就户部库银拨给三十万两，即遣官解送该抚，速行赈给。”

本日起居注官西米图、张希良。

二十四日丁巳 辰时，上御乾清宫，听各部满尚书面奏政事。

本日起居注官田喜霶、尹泰。

二十五日戊午 辰时，上御乾清宫，各部满尚书面奏毕。大学士伊桑阿、阿兰泰，学士凯音布、朱都纳、迈图、郭世隆、西安、博济、王国昌以折本请旨。管理修书总裁原任刑部尚书徐乾学具疏请假。上曰：“徐乾学奏请省墓，情词恳切，准令回籍。所纂之书，亦令携归编辑。”

是日，有兵科给事中朱云条奏天时已届严寒，罪人尤宜矜恤一疏。上览毕，顾大学士伊桑阿等曰：“此殆为富人条奏耳。凡流徙人犯，若遇富室有力者，耽延时日，不速发遣。其贫困无力者，即行发遣。至于监禁罪人亦然。遇富室有力者，则纵其亲友随意往来。贫困无力者，即严为禁锢。如此等弊，朕皆洞悉，但不究耳。若究，即得其实矣。曩者，蔡毓荣身获重罪，以九锁禁系之犯，犹且开放。又锁禁宜昌阿家人，亦散放行走。此非实据乎？”大学士伊桑阿等奏曰：“此等事不可谓无，诚如圣见。”上又曰：“凡奏应决重犯，朕必再三详审，求其略可宽宥之处，所以宽宥者常多。但思被害受伤死者，亦属可悯，故于宽宥之中，亦不可不详察也。”伊桑阿等奏曰：“圣谕诚然。”

本日起居注官库勒纳、王尹方。

二十六日己未 辰时，上御乾清宫，听各部满尚书面奏政事。

本日起居注官思格则、王掞。

二十七日庚申　辰时，上御乾清宫，各部满尚书面奏毕。大学士伊桑阿、阿兰泰，学士朱都纳、迈图、郭世隆、西安、博济、王国昌以折本请旨。理藩院题乌斯尼哈白塔住持喇嘛罗布臧宜宁等称，伊师喇木占巴喇嘛复转生于世，祈请往聚，议不准行。上曰："蒙古之性，深信诡言。但闻喇嘛、库图克图、忽必尔汗，不详其真伪，便至诚叩头，送牲畜等物，以为可以获福长生，即至破荡家产，不以为意。而奸宄营利之徒，诈谓能知前生事，惑众欺人，罔取财帛牲畜，以累佛教。诸蒙古笃信喇嘛，久已惑溺，家家供养喇嘛，听其言而行者甚众。应将此等诈称库图克图者严行禁止。"

少顷，上问皇太后安。

本日起居注官西米图、胡会恩。

二十八日辛酉　辰时，上御乾清宫，听各部满尚书面奏政事。

本日起居注官顾仪、徐嘉炎。

二十九日壬戌　辰时，上御乾清宫，听各部满尚书面奏政事。

本日起居注官尹泰、顾藻。

十二月

初一日癸亥　辰时，上御乾清宫，各部满尚书面奏毕。大学士伊桑阿、阿兰泰，学士凯音布、朱都纳、迈图、郭世隆、西安、博济、王国昌以折本请旨。直隶巡抚于成龙请于遵化州驿，如常设立马车三十辆，以给陵寝之用，俟事毕，以此车辆留于紧要驿递。兵部议如巡抚所请，设立车三十辆，俟事毕后，裁去十四辆，于遵化、石门二驿各存八辆。上曰："巡抚于成龙因恐劳民，故尔具奏。可如巡抚所请行。"

又问讯达赖喇嘛谕旨稿呈览。上命依此稿发与。又顾大学士伊桑阿等曰："适达赖喇嘛来使沙木八凌喀穆布奏称达赖喇嘛之言，欲将喀尔喀土谢图汗、折布遵丹巴枯图克图执付厄鲁特噶尔丹薄朔克土，若等性命我保其无虞等语。今宜发与回书云：朕于宇内之民不分内外，惟令各享太平安乐，罢其战争，不致逃亡散失。各处困穷之民来投，皆令得其所养，从无分别二视。尔达赖喇嘛奉行佛教，利益群生，以救人为本，其意彼此相同。厄鲁特、喀尔喀本与朕为进贡敬顺之国，亦与尔喇嘛奉供之施主也。闻兹二国不睦，互相战斗，朕与尔会同令伊等罢其争战，互相和睦，曾屡次遣使持谕。若听此两国互争，必有一败，失其所生，故欲令其息兵，两相和好，以享太平安乐，原非偏有所向。其后厄鲁特、喀尔喀不遵劝谕，互相争战，致喀尔喀败遁，穷极投朕，朕故纳之，处之边境内外，赐米畜以赡其生。如或彼等往求喇嘛，想亦应安养之也。今尔来使沙木八凌喀穆布奏称：尔喇嘛之言，欲将土谢图汗、折布遵丹巴枯图克图执付噶尔丹薄朔克图，若等性命，我保无他等语。凡为君师者，穷则养之，绝则续之，此从来定理。今以土谢图汗、折布遵丹巴枯图克图执付噶尔丹薄朔克图，即偏于一也，于前者令两国相和之意岂相合耶？我与尔诸凡从无偏向爱护，令两国和好相善，曾屡次遣使，虽至今日，犹未尝不冀其和好也。朕所遣尚书阿尔尼自噶尔丹薄朔克图所还奏称，噶尔丹薄朔克图败于色望阿喇布潭，其众溃散将尽，且极饥荒，至于人相食矣。喇嘛使还，想亦闻之耶。若噶尔丹薄朔克图迫极来投，朕亦留之，令得所养，岂可执与彼之仇人乎？朕仁育万国，视之如一，无偏向爱护之意。如此喇嘛向有利益群生之行，沙木八凌喀穆布所奏岂是喇嘛之言？如果系喇嘛之言，何以不具书来奏耶？或所属之人，假托喇嘛之言，殆未可定。朕衷疑之，故特颁发谕旨。以此故明白作书来奏，可即撰发。”上又曰：“朕览书籍，边外诸处各蒙古等，在明朝时，屡侵边境，即于伊各蒙古内，亦互相战斗，致有二十余年，不得宁谧。太宗皇帝统驭若属以来，各蒙古皆安静矣。如朕所见，三十年来，各蒙古俱获安生，极其恬息。彼等欢欣称道，谓从未闻有如此太平，令我等诸蒙古安然舒足，共享升平者，皆出自圣恩所赐。”伊桑阿、阿兰泰等奏曰：“皇上视天下百姓尽如赤子，内外之民各得其所，安享太平。自古来至于明朝，边外众蒙古侵犯疆界，靡岁不有，彼中亦无不互相战鬬。今太平至极，此皆皇上至仁圣德所致也。”

本日起居注官库勒纳、曹鉴伦。

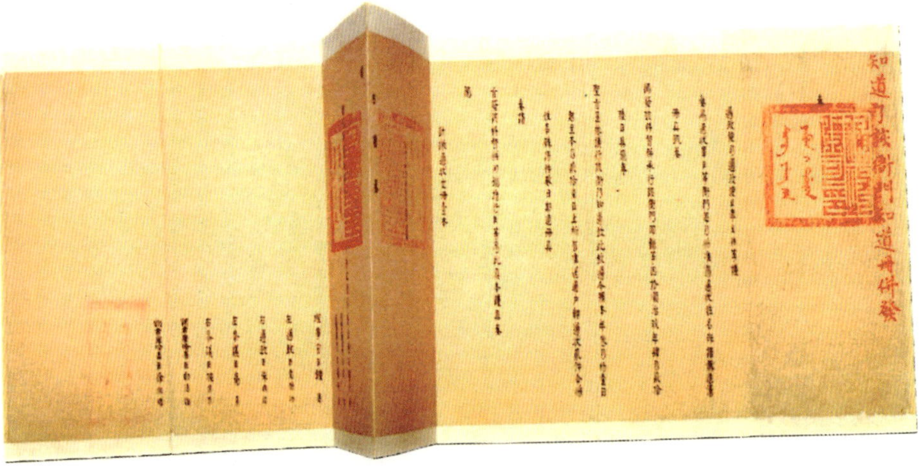

奏折

臣工上奏文书。折件为纸质折叠形式，一般折长23厘米，宽10厘米。奏折文字要求简练、准确、通顺、最忌“晦、涩、乱、复”。要使皇帝阅折时，一目了然，心无疑惑，不必再阅。缮折中，凡遇帝、后及其祖宗的地方，一律抬写，抬一格，或二、三格不等。

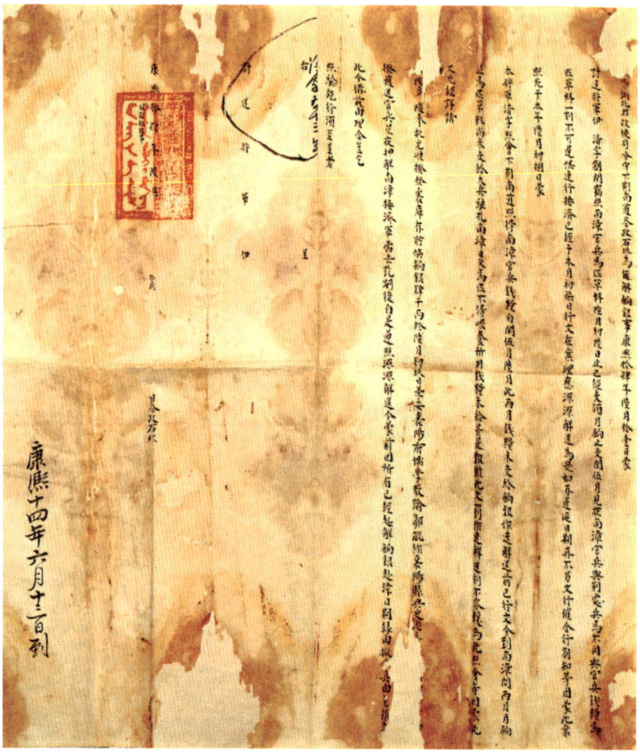

呈

呈在清代为下级官员向上级官员呈报公务的一种上行文书。此为康熙十四年（1675年）六月十二日湖广湖北荆南道参政石琳的报呈。

【一·一·八附】

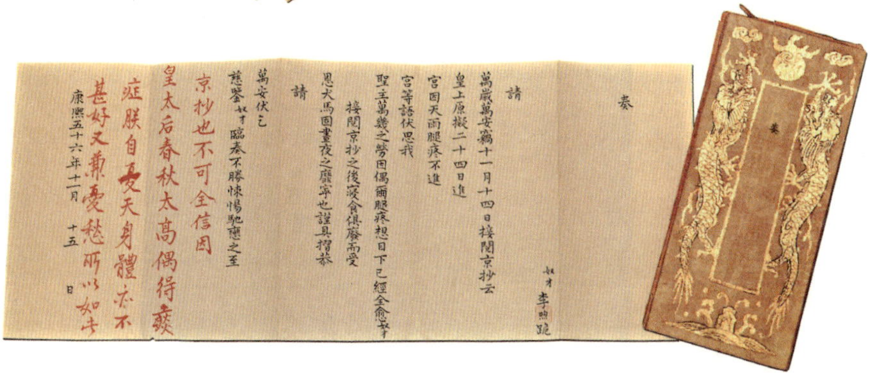

【一·一·八】

小密折

清代奏折之一种。奏折是清代高级官员向皇帝报告政务的一种重要文书，创始于康熙朝，起初仅为特许的某些亲信人员密报地方官员情况所用。有奏报权的官员，职位并不甚高，但这种奏报权却使其身份变得十分特殊。用这种方式，康熙帝可以严密掌握地方各级官员等各方面的情况。至康熙后期，逐渐成为各级官员普遍使用的一种文书。

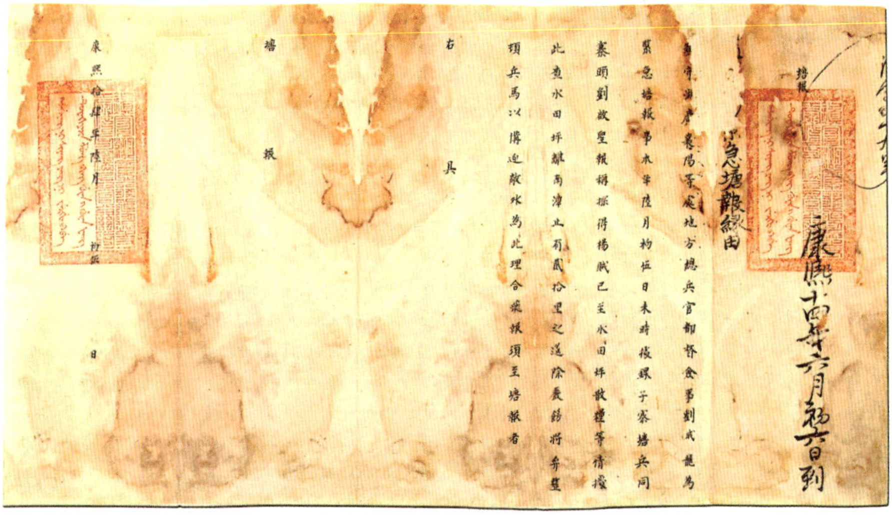
康熙十四年六月初六日到

塘報

緊急塘報緣由

鎮守湖廣襄陽等處地方總兵官都督僉事劉成龍為
緊急塘報事本年陸月初伍日未時據探子秦塘兵同
秦頭劉啟聖報稱探得揚賊已至水田坪散糧等情據
此查水田坪離南漳止有貳拾里之遙除分發將弁整
頓兵馬以備迎敵外為此理合飛報須至塘報者

右具

塘報

康熙拾肆年陸月 初伍 日

塘报

提塘快报，清初多用于军事战争等特殊时期，此为“平定三藩”时期，湖广襄阳总兵刘成龙为战时急情上的塘报。

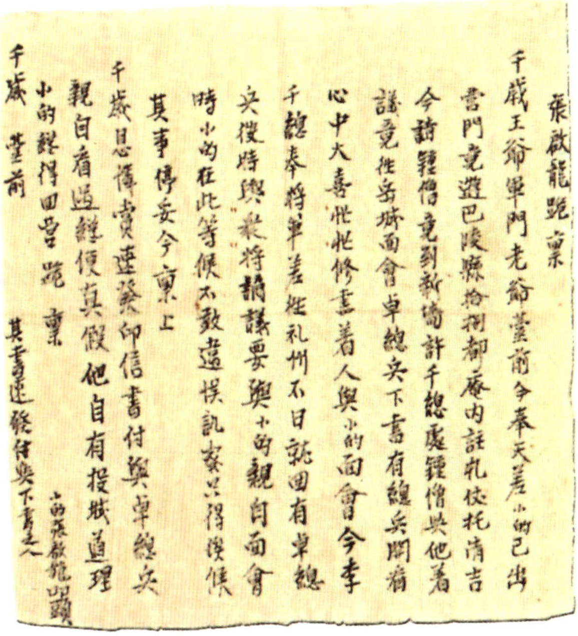
張啟龍跪禀
千歲王爺軍門老爺臺前今奉天差小的已出
書門竟遊巴陵縣洽利都庵内詐札伏托清吉
今請鍾僧竟到新墻許千總處鍾僧與他着
議竟往岳墻面會卓總兵下書有總兵開着
心中大喜忙忙修書着人與小的面會今李
千總奉將軍差往礼州不日就回有卓總
兵從時與衆將請議要與小的親自面會
時小的在此等候不敢遠據訊察只得後候
其事停妥今禀上
千歲恳傳賞速發印信書付與卓總兵
親自看過辨便真假他自有投誠道理
小的懇得回音跪禀
千歲臺前　　其書速發付與下書之人
小的張啟龍叩頭

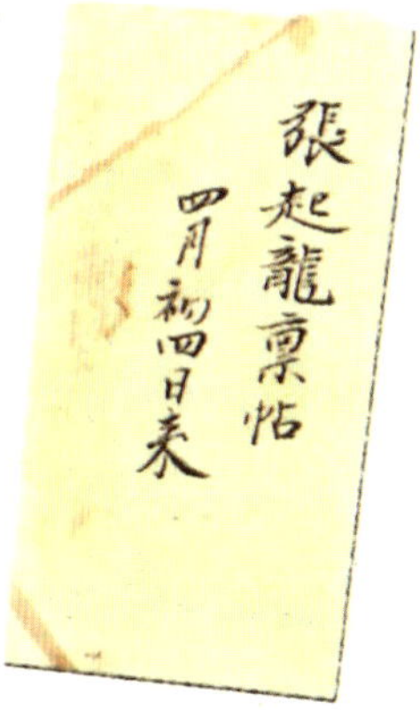
張起龍禀帖
四月初四日來

禀帖

此为“三藩之乱”时期清军某将军（王爷）手下被密派前往叛军招安所发回的禀帖。

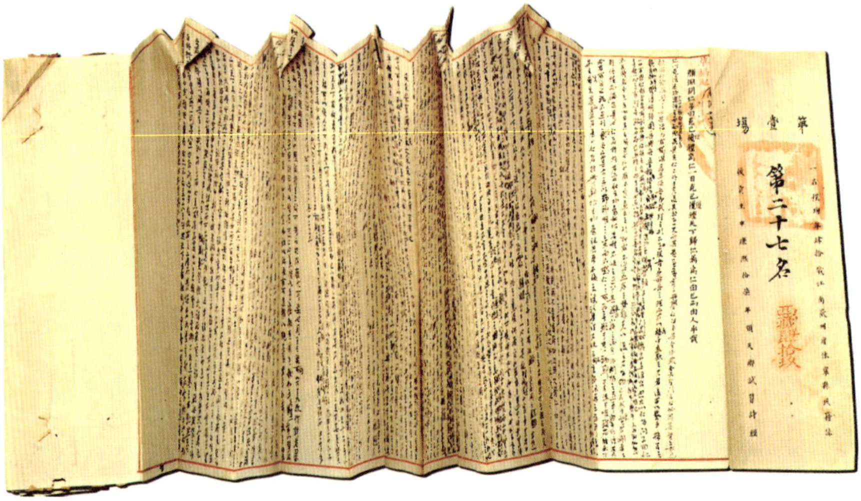

乡试卷

此为康熙十七年乡试墨卷，为士子入场考试之原始卷，因试文用墨写，故称“墨卷”。

勘合牌文黄册

清代公务出差，官员给与勘合，吏兵给与牌文，以为凭证。此为署理杭州将军戴色等向兵部兵科报送的康熙五十三年杭州将军填用过的勘合火牌数目清册。

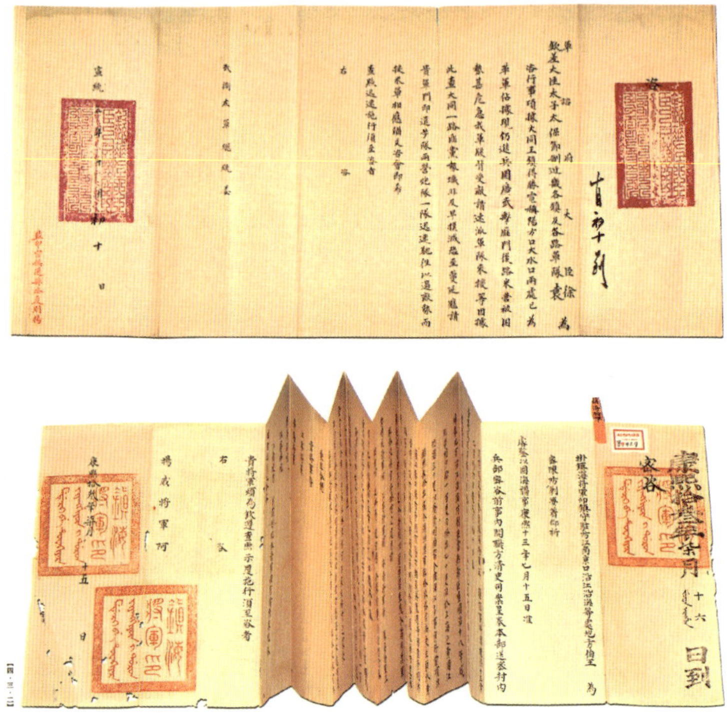

密咨

此件为康熙十三年，镇海将军王国光为海防剿抚事给扬威将军阿密达的咨文。

初二日甲子　辰时，上御乾清宫，各部满尚书面奏毕。大学士伊桑阿、阿兰泰，学士凯音布、朱都纳、迈图、郭世隆、西安、博济、王国昌以折本请旨。户部题直隶巡抚于成龙奏请，比年以来，荒瘠地方，众户残破，增引之盐，穷民力不能食，故盐至于壅积，而不能销。若将新增盐引务欲通销，必更致穷困，不能度日。祈察明减去，以苏商民之困，议不准行。上曰："今年五谷不登，百姓艰于谋食，安有余财市盐？长芦新增盐引课额，可如该抚所题蠲免。"

又顾大学士伊桑阿等曰："昨云贵总督范承勋疏称，云、贵屯赋钱粮，自康熙二十一年起至康熙二十七年止，每年所欠，分年带征。朕思云南地方，前因供应大兵，又兼搬移叛逆家口，转输劳苦，本年正项钱粮尚多拮据，若又带征拖欠钱粮，必至愈加困苦。其历年所欠屯赋等项钱粮，可尽行蠲免。尔等撰拟谕旨来奏。"

少顷，上问皇太后安。

本日起居注官思格则、史夔。

初三日乙丑　辰时，上御乾清宫，听各部满尚书面奏政事。

本日起居注官西米图、周金然。

初四日丙寅　辰时，上御乾清宫，听各部满尚书面奏政事。是日，浙江提督陈世凯病故奏闻。上念世凯行间效力，因遣领侍卫内大臣公舅佟国维、二等侍卫马武以茶酒赐奠，仍赉其子陈天培扶榇银三百两。

本日起居注官田喜霨、尹泰。

初五日丁卯　辰时，上御乾清宫，各部满尚书面奏毕。大学士伊桑阿、阿兰泰，学士迈图、郭世隆、西安、博济、王国昌以折本请旨。吏部题，刑部参郎中席特库等才力不及，宜降二级调用。上曰："席特库等俱照所降品级随旗行走。"

又户部题乌龙江耕种田地，拨盛京兵五百名，令其如前耕种。上曰："此耕种用兵五百名，殊为过多，可拨三百名。其拨去兵丁，停其扣追口粮。"

上顾内阁大臣曰："浙江提督陈世凯来京陛见，顷遂病故。陈世凯人材甚属雄健，行间效力亦多，可给驿，送其榇还治所，即于彼地，如例送令回籍。陈世凯未殁前一日叩阙请见，朕曾召入，见其喘甚，向近侍诸臣言，其病势甚危，近侍诸臣尚谓无妨，比归果殁矣！方陈世凯未殁时，向朕所遣医云：病剧矣。圣恩深厚，无能仰报。因欲谢恩，令掖之起，三跪九叩头。少焉竟卒，甚可伤悼。”

又谕曰：“三屯营副将师帝宾人材壮健，骑射亦优。总兵官王化行、金世荣、黄大来、赵弘灿、蒋茂勋俱人材壮健，彼地之人亦称为好官。为武职者，宜视地方形势预为堤防。如湖广岳州之洞庭湖、黄梅、马蓬诸处暨各省险要，素有盗贼藏匿之区，宜不时巡察。或有居职不肯尽力，但苟延日月，希图迁擢者甚多。观直隶巡抚于成龙，允为地方尽职，亦严缉贼盗，为人风厉敏捷。但肯听信左右密近官员，恐将来有时为人贻累。”大学士伊桑阿、阿兰泰等奏曰：“皇上所见诚然。武职官员果视地方情形险要之所，不时巡察，盗贼自屏迹矣。”

少顷，上问皇太后安。

本日起居注官库勒纳、张希良。

初六日戊辰　辰时，上御乾清宫，各部满尚书面奏毕。大学士伊桑阿、阿兰泰，学士朱都纳、迈图、郭世隆、西安、博济、王国昌以折本请旨。吏部题按察司高承爵承审迟延，罚俸三个月。上曰：“直隶各省地方官员乡绅倚势妄行，扰害小民者甚多。周廷鉴控告胡简敬一案，审结迟延，是何缘故？吏部移取高承爵口供，到日严议具奏。”

又户部议准巡抚洪之杰，请自行捐输挑浚自镇江至无锡河道一事。上曰：“今岁雨泽鲜少，河道多浅，着河道、漕运总督及沿河督、抚文武各官，多方挑浚蓄水，务使漕艘通行，毋得阻滞。”

本日起居注官顾仪、陆肯堂。

初七日己巳　辰时，上御乾清宫，听各部满尚书面奏政事。

本日起居注官思格则、王尹方。

初八日庚午　辰时，上御乾清宫，听各部满尚书面奏政事。

本日起居注官西米图、王掞。

初九日辛未　辰时，上御乾清宫，听各部满尚书面奏政事。

本日起居注官尹泰、胡会恩。

初十日壬申　辰时，上御乾清宫，各部满尚书面奏毕。大学士伊桑阿、阿兰泰，学士朱都纳、迈图、郭世隆、西安、博济、王国昌以折本请旨。礼部题贵州提督侯袭爵病故，请赐恤。上曰："侯袭爵自任提督以来，并无效力，恤典不准给。"

又兵部题浙江提督陈世凯病故员缺，或开列副都统，或开列总兵官请旨。上曰："总兵官金世荣人材壮健，居官亦优，可升补浙江提督。"

本日起居注官库勒纳、顾藻。

十一日癸酉　辰时，上御乾清宫，各部满尚书面奏毕。大学士伊桑阿、阿兰泰，学士凯音布、朱都纳、迈图、郭世隆、西安、博济、王国昌以折本请旨。刑部题兵科给事中朱云条奏，天时已届严寒，罪人更当恤悯，议不准行。上曰："依议。流徙人犯遇有势力者，每羁禁不严，及至发遣，又展转迁延。其贫困之人，无力营求者，即肆行凌虐，滨于死亡。向来此等情弊甚多。嗣后如遇有势力之人，即行发遣，不得迟延。其有贫困之人，毋许凌虐致毙。着户、刑二部堂上官不时详加稽察，如有前项情弊，立行指参，从重治罪。"

少顷，上问皇太后安。

本日起居注官顾仪、徐嘉炎。

十二日甲戌　辰时，上御乾清宫，听各部满尚书面奏政事。是日，谕领侍卫内大臣曰："朕本欲亲往祭陵，因时苦头痛，早经灼艾，冀即痊可，朕岂不计定日期？灼艾之时，尔等所共知也。本谓此际必痊，犹可及期无误。不意所灼之处至今未愈，而祭期已在目前，太医等又再三劝阻，谓候值寒威，切不可出行。想此言似亦近理。朕之灼艾，众皆知之，若言欲往，必来谏止。朕非沽名，何所为而如此？朕固知之，因遂止耳。其令皇太子恭代，三皇子、四皇子亦令前往。扈从人员该部启奏，从减派往。"

本日起居注官思格则、蔡升元。

十三日乙亥　辰时，上御乾清宫，听各部满尚书面奏政事。

本日起居注官西米图、曹鉴伦。

十四日丙子　辰时，上御乾清宫，各部满尚书面奏毕。大学士伊桑阿、阿兰泰，学士凯音布、朱都纳、迈图、郭世隆、西安、博济、王国昌以折本请旨。兵部题黑龙江将军萨菩苏奏称，彼已经罚俸二年，其搬移家口车辆银两停其给发，乞给驿递车辆，议不准行。上曰：“萨菩苏自授为黑龙江将军以来，效力显著，所罚二年俸银可仍给与。至于应给车辆银两、驿递车辆，俱着给与。”

本日起居注官尹泰、史夔。

十五日丁丑 辰时，上御乾清门，听部院各衙门官员面奏政事。

少顷，上问皇太后安。

本日起居注官顾仪、周金然。

十六日戊寅 辰时，上御乾清门听政。部院各衙门官员面奏毕，大学士伊桑阿、阿兰泰、王熙、梁清标、徐元文，学士凯音布、朱都纳、彭孙遹、郭世隆、西安、博济、王国昌以折本请旨。吏部题休致知府祖进朝归旗违限之故，宜将武进县知县罗国珍、专汛守备季楷俱照例降二级调用，升任陕西兼辖管游击印务守备武定国宜降一级调用。但武进乃皇上经过之处，将伊等俱降级留任。江宁巡抚洪之杰、提督杨捷、江南总督傅腊塔俱照例罚俸六个月。洪之杰有记录三次，应销一纪录，免其罚俸。祖进朝照例革职，交刑部议。上曰：“此系朕经过之处，洪之杰、杨捷、傅腊塔俱从宽免其罚俸。余依议。”

又兵部题叩阍功加署守备张龙贵照例发往山西巡抚，以该省营千总把总缺补用。上曰：“若将张龙贵发往山西，力不能到，必致中途而毙，可就近地发与直隶巡抚于成龙酌量录用。”

又工部题原任浙江提督陈世凯奏请海外定海山地方辽阔，新集之民在一处居住者少。若将小民居住之处周围创造一城，街道相通，始得安集。请如先年修河南开封府城、直隶通州城捐纳之例，酌议捐输建造，议不准行。上曰：“定海地方关系紧要。捐纳非善事。这筑城着动支正项钱粮建造。”

又喀尔喀达尔汉亲王讷鼐等题，扎萨克信顺额尔克代清诺颜沙木巴、扎萨克丹晋额尔得尼台吉等，于宁夏横城、平罗营等处，乞令其贸易。理藩院题，此等地方向来并无令蒙古贸易。其可否贸易之处，行文该总督、提督详议到日再议。上曰：“信顺额尔克代清诺颜沙木巴等既奏称，宁夏等处地方令其贸易，甚有益于穷人，不必行文于总督、提督议，且暂令其贸易，不为例。俟来年会期再定。”

本日起居注官思格则、吴苑。

十七日乙卯　封印。

是日，上谕内阁九卿、詹事、科、道：“今岁畿辅亢旱，小民粒食艰难，累经蠲免钱粮，见在赈济，但雨雪不时，朕心尚未少释。兹虽遇岁节，朕念廑闾阎，殷忧仍迫，尔等亦当体朕恤民至意，共怀兢惕。值此封印之时，毋得各图安便，每日俱于午门前齐集，将弭灾济民事宜，详加筹画具议。”

是日，赐朝鲜国为孝懿皇后进香奏表陪臣正使议政府左赞成朴泰尚、副使礼曹参判金海一等银两、缎匹等物，马各一匹。书状等官俱照品级赐银两、缎匹等物。

本日起居注官西米图、陆肯堂。

十八日庚辰　辰时，上问皇太后安。

本日起居注官尹泰、张希良。

十九日辛巳　本日起居注官田喜霱、顾仪。

二十日壬午　早，上命满汉大学士、学士同满汉九卿、詹事、科、道诸臣集议，户部题覆御史陈菁疏于午门外。陈菁请禁邻封闭籴及免米船关税，部覆闭籴应禁，免税不便。是日，诸臣议俱应如御史请。巳时，上特御乾清门，召诸臣至前问曰：“尔等之意若何？”大学士伊桑阿奏曰：“臣等遵旨公议，闭籴严禁，可使有无相通，赡救灾黎。米船免税，可使市价稍平。其船之自南而北者免税，船料自北而南者仍旧征收。”上顾问大学士徐元文曰：“尔意云何？”元文奏曰：“发帑蠲租，皇上为民之意已极。臣等闻被灾之处，此乡米谷不容出粜，彼乡得米既难，灾民益困。所以仰体圣心，以为此事应禁。”上复顾问大学士王熙曰：“尔意云何？”熙奏曰：“有积粟者率皆富户，贫民必无积粟。每遇荒歉，有粟之家多勒价不粜，或有地方官禁止不容他处采籴者。如此，则米谷愈少，市价日高。臣等识见甚浅，以为有无相通，或可补救一时。然祗不许闭籴，亦非强之使粜也。至于免税运米船料，亦止天津、通州二三处，他处不免也。”

上又顾诸尚书问曰：“户部以为何如？”户部尚书王骘奏曰：“米谷

乃粗重之物，地通舟楫，易于搬运，若肩负驴驮，能运几何？”上曰：“顷有使来自曲阜，朕询彼米价。据奏，日见腾贵，岂非搬运之故乎？”鹭奏曰：“臣家登州，登州米价未闻日贵。臣乡西三府皆近运河，舟楫可通，故米价因搬运腾贵？”上曰：“尔等皆言有无相通。今一禁闭粜令，丰稔省分米粮粜于荒歉省分，则小民射利，乘价值腾贵，必将所蓄米谷尽行发卖。万一彼地遇有灾伤，所食不继，必至穷困。”刑部尚书杜臻奏曰：“皇上以天下为家，各省百姓均系赤子，所以虑之深远。”王鹭又奏曰：“大抵小民贫困者多，终岁所获办纳国赋而外，糊口尚不能给，焉有余粮出粜？能出粜者多系积粟之家，彼亦必预留一二年之食，或不至于匮乏也。臣等原为目前之计，即如前日议开事例，京师米价顿高。近闻皇上预放俸饷，每石便减二三钱不等。”上曰：“预放俸饷，尔等以为法至善矣！但目下以来岁春季之粮预放，春季亦必以秋季者预放，至七八月间，又当若何？”鹭沉思良久曰：“彼时粮艘毕集，可无患矣。”

上又顾问副都御史许三礼曰：“尔有何说？”三礼奏曰：“臣乡河南今年薄收，然地近山西者，米谷俱搬运山西；近直隶者，俱搬运直隶。”上顾大学士伊桑阿曰：“是于此事尚未了了也。”

上复顾诸臣曰：“救荒一道，原在先时预备，若待告灾，补救何及？”因顾问户部侍郎赛弼汉曰：“朕遣尔往盛京记在何月？”赛弼汉奏曰：“五月初七日。”上曰：“即如今年，朕因雨泽甚少，念盛京重地，又不通舟楫，一遇荒歉，便有乏食之虑，所以特遣赛弼汉往盛京会同将军诸臣预禁烧酒及糜费米谷诸事。彼时内而九卿，外而督、抚，何曾一人言及？迟之又久，直至旱灾已成，始纷纷奏曰某处旱荒，某处旱荒，业已迟矣！”诸臣同声奏曰：“此诚皇上先见之明也。”

兵部尚书李天馥奏曰：“目下湖广、江南、山东、河南、山西、陕西俱已有雪，来年二麦自然有望。”上曰：“曩者，尔等何尝不奏某地得雨，某地得雨耶？况二麦乃来年之事，岂能预必？且闻宣大诸处多未下种，又可望其收获耶？”杜臻又奏曰：“浙江亦有雨雪。”上曰：“江浙皆通舟楫，或亦无妨。其不通舟楫省分，乃重可虑耳。”王鹭又奏曰：“救荒别无良策，惟有劝贷一事，可以赡救贫民。臣前奉迎圣驾，至牛栏山，主于黄姓之家。黄姓告臣云，牛栏山村外百二十家，皆家无颗粒。村内之人公议敛米百二十石，自今年十月起至明年四月止，务保此百二十家不使饥饿流离。臣思被灾处所，未必尽如牛栏山，若督、抚责成州、县，州、县官实心任事，尽如牛栏山之法，各保其民，使积粟之家贷于贫民，秋收还主。如此行之，亦似甚有裨益。”上曰：“此亦一时可暂行耳，若使来岁又遇歉收，其可恃乎？”上顾大学士伊桑阿等曰：“出境贩粜之事，尔等同九卿诸臣详议具奏。”诸臣遂出。

本日起居注官思格则、王尹方。

二十一日癸未　辰时，上御乾清门听政。大学士、学士等同九卿、詹事、科、道官员覆奏御史陈菁条奏，米谷隔省出粜，禁与不禁之处，该部原无定例。陈菁所请，俱无容议。上可之。仍谕：“今虽封印，若言官有事条陈，仍听来奏。”

本日起居注官西米图、王掞。

二十二日甲申　是日，传谕内阁九卿、詹事、科、道官员曰：“朕意将祈谷坛祝文欲行更改。祈谷坛历代有致祭者，有未致祭者。辅政大臣时，曾经停止。朕以为民祈岁，始复行虔祀，每年祝文俱用定式。频年以来，米谷未甚收获，致民生艰窘。既系专为小民祈求丰稔，应直抒情事，另行撰写。着内阁九卿、詹事、掌印不掌印科、道官员会同详议具奏。”

本日起居注官尹泰、胡会恩。

二十三日乙酉　内阁、九卿、詹事、科、道官员钦奉谕旨会议奏称：“皇上重恤民依，更撰祝文，申达诚悃，仰见我皇上敬天勤民至殷且切，宜令该衙门另拟祝文进呈。”上曰：“今岁直隶地方亢旱，小民粒食艰难，已经蠲免钱粮，兼发帑金、仓粟及准输助米谷赈济，但三冬雨雪鲜少，朕心仍切焦劳，即进御膳羞亦为损减，无非轸念民生，自竭诚悃。此祝文该衙门其将朕肫恳恤民之意，切实撰写进览。”

辰时，上问皇太后安。

本日起居注官顾仪、徐嘉炎。

二十四日丙戌　本日起居注官思格则、顾藻。

二十五日丁亥　本日起居注官西米图、蔡升元。

二十六日戊子 巳时，上御乾清门，召大学士伊桑阿、阿兰泰，户部尚书麻尔图，侍郎赛弼汉谕曰："今岁直属（隶）地方亢旱，谷未收获，民生困极。被灾九分、十分之民，钱粮俱经蠲免，又行赈济。惟七分、八分被灾者，钱粮虽经蠲免，未行赈济。此七分、八分被灾之民，其中恐有不能度日至于穷困者，亦应赈恤、可交与巡抚于成龙速行察明具奏。"又谕曰："近直隶巡抚于成龙奏称，直隶地方被灾之民，蠲免钱粮，又行赈济，俱获生计，止有旗下庄头度日维艰等语。大臣官员及富室庄头其各主犹可给粟赡养，若穷兵何能养及庄屯之人？其被灾州、县居住旗人，有不能赡养伊庄屯人口者，亦应察明赈济，可交与九卿酌议具奏。"

本日起居注官库勒纳、尹泰、曹鉴伦。

二十七日己丑 辰时，上御乾清门听政。大学士、学士、九卿等进前奏曰："臣等遵旨会议，今岁亢旱，我皇上轸念八旗护军兵丁，已增与一倍钱粮，伊等庄屯人口足以养赡。应将护军兵丁、庄屯人口不议外，或穷寡妇及下屯倚田为生者，或无披甲人止有一铁匠穷人，所得之米甚少，将此等人察明酌量赐恤。"上曰："兵丁虽已增添钱粮，其穷困之人见在此处，家口尚不能养，何能养其庄屯人口？可将此等人察明，再行详议具奏。"

少顷，上问皇太后安。

本日起居注官顾仪、史夔。

二十八日庚寅 辰时，上御乾清门听政。大学士伊桑阿、阿兰泰、王熙、梁清标、徐元文，学士朱都纳、彭孙遹、郭世隆、西安、博济、王国昌以折本请旨。喀尔喀土谢图汗奏称，臣一国之人，自归诚皇上，随蒙累次大加赐赉银米、牛羊，所以几成饿莩之众，得救性命。但后来所赐米粮，止堪救济一月，今六千余人口，食已尽。臣虽不得安养之术，自当竭力约束，然或至盗抢在内扎萨喀人等之物，亦未可定。若臣不能制，横肆迭出，罪必归臣。有何善策，祈赐训谕。理藩院题，我皇上内外一体同仁，将急迫投来饥困之喀尔喀等安插边内边外居住，又遣大臣官员颁给恩赐，已令得恒产。土谢图汗所奏，无容议。上曰："览土谢图汗所奏，濒于急迫。此事可遣理藩院贤能司官一员前往，明白察勘具奏。"

本日起居注官思格则、周金然。

二十九日辛卯　辰时，上御乾清门听政。大学士伊桑阿、阿兰泰、王熙、梁清标、徐元文，学士朱都纳、彭孙遹、郭世隆、西安、博济、王国昌以折本请旨。直隶巡抚于成龙题蔚州、广昌县系山西所属，蔚州卫、广昌所系直隶所属，俱在一城。今卫、所之民已动支库银赈济，祈将州、县之民亦为赈给。九卿议，蔚州、广昌县之民亦应一体赈济。上曰："这被灾地方，着山西巡抚叶穆济亲往赈给，务令穷民得沾实惠。"

本日起居注官西米图、吴苑。

三十日壬辰　辰时，上御乾清门听政。大学士伊桑阿、阿兰泰、王熙、梁清标、徐元文，学士彭孙遹、郭世隆、西安、博济、王国昌以折本请旨毕，大学士伊桑阿、阿兰泰、王熙、梁清标、徐元文等奏曰："四海九州幅幁甚大，况本朝土宇尤极广远，为从来所未有，若必在在丰稔，水旱不侵，实有不能。今皇上因直隶一隅，睿念焦劳，未尝少释。虽当岁节，日亲政事无异平时，臣等皆悚惧不宁。至昨御史李时谦两疏，殊无紧要，臣等以明日元旦，其疏今晚姑停送进。"上曰："仍照常送进。"

少顷，上问皇太后安。

本日起居注官尹泰、陆肯堂。

钦惟我皇上至仁如天，抚育函寓，薄海内外，靡有一民一物不安全于覆载之中。犹恐端居九重，凡民生之休戚，吏治之贤否，弗克周知灼见。乃于春王首月，因廷臣恭恳视河之请，爰勤法驾，巡省东南。徒御不惊，恩膏载路，预蠲山左之正供，尽豁江南之逋赋，动以数百万计。欢声雷动，协气云蒸。亲诣禹陵，恪修祀典。德音谆切，以息讼宁人。敦本崇俭，牖迪下民，俾移风而易俗。由是陟明黜幽，用肃官方。赦过宥罪，爰彰钦恤。大赉以奖戎行，广额以培学校，厚德深慈，旁皇周浃。河工缓急，经睿虑之周详，万世乃永赖焉。銮辂所临，耆老扶杖，童稚攀辕，僻壤穷檐，近光恐后，自古以来未有。元后父母，情若家人。如此其盛者也。若夫时及初夏，雨泽未敷，随命清理刑狱，由中覃外，曲赐矜全，解网之深仁也。累下明诏，咨询在廷，访求政事阙失，鼗铎之虚怀也。斋居刻责，宵旦靡宁，屡竭精虔，告泰坛而肃事焉，桑林之诚祷也。因直隶苦旱，特遣部臣会同大吏察勘被灾州、县，免本年之余赋，蠲来岁之半租，复发内帑三十万两，徧赡饥氓。仍令动支积粟，以充救济。开例储谷，以备凶荒。展五城煮赈之期，增八旗穷兵之饷，而仁流于畿辅矣。宣府、大同发仓散给，爰及晋地五台、崞县等属，察赈靡遗。以江楚武昌诸郡、县、卫、所叠被兵荒，蠲除浩荡，并免来岁田租之半。以奉天为根本重地，遣官预禁糜费米谷，随命发内屯积贮散予军民。他若邳州被淹之田，河东灶丁之赋，长芦增引之课，海关采捕之征，云南屯额之逋，江宁廊檐之税，以次除免，悉涣恩纶，而仁周于方域矣。边外蒙古阻饥，亲撰谕旨，恻怛慈矜，特发喜峰口五处积年储粟，分路振救，转输车辆，悉厪宸衷。区画尽善，勿拘成格，曲赐安全，而仁洽于边陲矣。蒿齐特、喀尔喀诸部落，灾祲屡告，渐至流离，赡恤之恩有加靡已。颁给银米，犒发牛羊，安集抚绥，务令得所。又以厄鲁特等互相侵掠，谕令戢兵和睦，共享太平，而仁被于敷天万国矣。夫是以德威遐畅，殊方重译，罔不率俾。惟鄂罗斯国，僻处绝域，边人弗戢，多历年所。皇上庙谟柔远，先之以文告，加之以震叠，彼乃遣使乞和，罔不共令。随命大臣宣布德意，勒碑定界，永昭大信。廓列朝未辟之疆圉，扬振古无前之休烈，赫声濯灵，岂非迈百王而首出者耶？若乃宫庭王化之原，惟孝懿皇后仰承慈谕，位正母仪，洎乎淑德上宾，哀礼兼备。于此见人伦之至焉。省方所历，宸章奎翰，辉映山川，乙夜牙签，经史勿辍。训饬词臣，务崇正学。刊行《孝经衍义》，以光前训。于此见文治之隆焉。恤效力之武臣，念立功之旧帅，稽核军伍，遴拔材雄，八旗取士，兼用骑射。于此见武略之远焉。亲试言官，训励督、抚，宥过以旌廉，特谥以表节。鲠直者从宥，党附者必惩。岁晚谕饬，臣工集于朝阙，筹划弭灾恤民之要。于此见纪纲之肃，规制之宏焉。虽圣不自圣，过示谦冲，欲停典训之修，屡却表笺之贺，而亿兆臣民咸知皇上之心即尧舜之心也，皇上之政皆尧舜之政也。以敬天勤民之学，为久安长治之图，仁渐而义摩，知明而恩普，于以照临率土，参赞两仪，荡荡巍巍，有非名言之所得而罄者矣。臣等备员记注，谨就一岁之中，珥笔略陈其概，又安能传圣德之高深于万一也哉！

康熙二十九年　庚午

正　月

初一日癸巳　早，上以元旦率诸王、贝勒、贝子、公、内大臣、侍卫、大学士、都统、尚书、精奇尼哈番等，往堂子行礼毕，回宫。

辰时，上率诸王、贝勒、贝子、公、内大臣、侍卫、大学士等，诣皇太后宫行礼毕，回宫。

少顷，御中和殿升座，内大臣、侍卫及内阁翰林院、礼部、都察院、詹事府等衙门官员庆贺元旦。礼毕，御太和门升座，诸王、贝勒、贝子、公、文武官员及来朝外藩王、贝勒、贝子、公、台吉等，朝鲜等国使臣，庆贺元旦行礼毕，回宫。

本日起居注官库勒纳、田喜霱、 顾仪。

初二日甲午　本日起居注官思格则、张希良。

初三日乙未　是日，御史李时谦奏一疏，奉旨："览奏为人上者，绸缪于未荒之前，始可从容于既荒以后。若平日蓄储无具，忽遇饥年，不得已而为一切补苴之术，晚矣等语。朕为天下主，固宜上则感召天和，下俾亿兆得所。朕以凉德，且识见未周，虽有积谷之旨，并无积贮，以致为一切补苴之术，虽频经蠲免钱粮，豁除逋欠，民愈贫穷。收受馈遗，科敛杂派，虽经严禁，灾沴弥甚。此皆与大臣各官无涉，咸属朕之薄德所致。古云上有好者，下必有甚焉者矣。又董子曰：正朝廷以正百官，正百官以正万民。观此宜深夜抚膺自愧。朕躬自前岁不幸遭罹大故，气血过损。又值小民年谷艰窘，情形岂待陈奏，自有耳目，欲不闻不见亦所不能。因此益切焦劳，心跳头晕，精神恍惚，颜貌清减，不离服药灼艾，想众亦知之。朕躬虽不胜劳顿，夙夜黾勉。为民之心，上天下民，谅所鉴知。李时谦因人命之案受贿，情由照贪官例，已经拟罪徒杖，特从宽免其徒杖。后经徐元文具疏荐举，复行起用。酬报恩遇激切，具奏可嘉。所与于成龙会议事情，一并着九卿、詹事、科、道，会同逐一详议具奏。其所陈审刑衙门失出失入，居职未尽，莅事不实，阳奉阴违。律例当简仍繁，当宽犹严，习俗骄奢，人心浇悍等处，着李时谦逐款指明参奏。”

本日起居注官库勒纳、王尹方。

初四日丙申　早，上于保和殿视祭太庙祝版毕，回宫。

本日起居注官西米图、王掞。

初五日丁酉　巳时，上问皇太后安。

本日起居注官王项龄、尹泰。

初六日戊戌　上因有事于祈谷坛，斋戒三日。

本日起居注官顾仪、胡会恩。

初七日己亥　本日起居注官库勒纳、徐嘉炎。

初八日庚子　早，上于保和殿视祭祈谷坛祝版毕，回宫。

本日起注官库勒纳、顾藻。

初九日辛丑　早，上躬诣祈欲坛致祭毕，回宫。

本日起居注官库勒纳、尹泰、蔡升元。

初十日壬寅　巳时，上问皇太后安。

本日起居注官顾仪、曹鉴伦。

十一日癸卯　卯时，开印。

辰时，上御乾清门，听部院各衙门官员面奏政事毕，上顾大学士伊桑阿等曰：“户部尚书麻尔图为人甚懦，不能如顾八代、苏赫各陈己见，唯听人之言而行，着带原降三级，再降五级，随旗效力。”

是日，谕户部曰：“朕抚御区寓，夙夜孜孜，唯期厚民之生，使渐登殷阜，重念食为民天，必盖藏素裕而后水旱无虞。曾经特颁谕旨，着各地方大吏督率有司，晓谕小民，务令多积米粮，庶俾俯仰有资，凶荒可备，已经通行。其各省编设常平及义仓、社仓，劝谕捐输米谷亦有旨允行，后复有旨。常平等仓积谷关系最为紧要，现今某省实心奉行，某省奉行不力，着再行各该督抚，确察具奏。朕于积贮一事，申饬不啻再三，藉令所在官司能俱体朕心，实有储蓄，何致如直隶地方偶罹旱灾，辄为补苴之术？嗣后，直省总督、巡抚及司道府州县官员，务宜恪遵屡次谕旨，切实举行，俾家有余粮，仓庾充牣，以副朕养生民至意。如有仍前玩愒、苟图塞责、漫无积贮者，将该管官员及总督、巡抚一并从重治罪。尔部即遵谕通行，特谕。”

本日起居注官西米图、史夔。

十二日甲辰　辰时，上御乾清门，听部院各衙门官员面奏政事。是日，谕户部曰：“朕惟阜民之道，端在重农，必东作功勤，然后西成有赖。畿辅地方，去岁遭罹荒歉，已经蠲免钱粮，特发帑金，兼支仓粟赈济。虽小民糊口有资，其子粒、牛具恐多匮乏，今时届首春，田功肇始，若弗经营措给，将误菑载之期。播种不齐，仓箱何望？直隶被灾州县卫所，穷民有不能自备牛种等项者，该抚督率有司劝谕捐输，及时分行助给，务令田畴遍得耕易，毋致稍有荒芜。八旗官兵皆倚屯庄收获，用以资生。若有被灾贫乏、耕作无力者，该都统等通行各该佐领，酌量资助牛种。所有庄田，勿致播种后时，以副朕敦本劝农、爱养兵民至意。尔部即遵谕行，特谕。”

本日起居注官库勒纳、周金然。

十三日乙巳　辰时，上御乾清门听政。部院各衙官员面奏毕，大学士伊桑阿、阿兰泰、王熙、梁清标、徐元文，学士朱都纳、彭孙遹、西安、博济、王国昌、席喇以折本请旨。兵部题覆西安将军尼雅翰请差官至西宁关买马事。上曰：“此疏可依议。西安地方平广，水土甚佳。该将军称地方险隘，马匹无存，不合，着饬行。”

又谕大学士等曰：“迩年以来，部院满洲章京各处差遣办事有劳。郎中以下、有职掌官员以上，可察明给赏，分为一二三等。其不在分别等内者，该衙门堂官一并开写具奏。”

是日，赏内大臣、侍卫蟒缎、缎匹有差。

本日起居注官尹泰、陆肯堂。

十四日丙午　午时，上御保和殿，以上元节宴朝正外藩蒙古，左翼科尔沁国二品台吉诺木得尔格勒姑六克齐苏珠克图、未得品级台吉乌巴西、多罗贝勒巴克西尔之第二品台吉查西喇西希布，扎赖忒部落协理旗下事务二品台吉诺尔布，喀喇沁部落未得品级塔布囊催扎木苏；右翼鄂尔多斯部落多罗贝勒达尔札，阿鲁科尔沁部落多罗贝勒催，毛明安部落多罗贝勒图巴，科尔沁部落班第额驸，巴林乌尔浑额驸，及请安进贡喀尔喀土谢图汗之子噶尔丹台吉，喀尔喀部落土谢图汗之族侄齐把克台吉、查克巴台吉，齐巴克台吉之族侄寨塔克台吉，查克巴台吉第二子诺尔布台吉，扎萨克图汗之族叔额尔克台吉，及内大臣、侍卫，上三旗都统、副都统等。上进酒毕，令喀尔喀部落土谢图汗之子噶尔丹台吉及鄂尔多斯多罗贝勒达尔札，阿鲁科尔沁部落多罗贝勒催，毛明安部落多罗贝勒图巴、诺木得尔格勒姑六克齐苏珠克图台吉等至御座前，上亲赐酒。大臣、侍卫及蒙古台吉等，令侍卫赐酒。宴罢，众谢恩。上回宫。

本日起居注官库勒纳、顾仪、张希良。

十五日丁未 巳时，上问皇太后安。

本日起居注官西米图、史夔。

十六日戊申 本日起居注官库勒纳、王尹方。

十七日己酉 大学士伊桑阿等奏曰："前者皇上以明朝宫殿楼亭门名开载一折，并慈宁宫、宁寿宫、乾清宫妃嫔、宫人及老媪数目折子发出，令臣等观看。向曾屡奉谕令：'尔等察明朝匾额字样，尔等俱云无从稽考，今朕俱已察得之矣。尔等可抄录存贮尔衙门。近以天旱，朕欲省减宫人所用器物，详加搜察。因自来未尝有余，故不能再减。尔等亦将明朝宫中所用银两及金花铺垫银两数目亦为察阅。'臣等察明朝宫内每年用金花银共九十六万九千四百余两，今悉已充饷。又察明朝光禄寺每年送内所用各项钱粮二十四万余两，今每年止用三万余两。每年木柴二千六百八十六万余斤，今止用六、七百万斤。每年共用红螺等炭共一千二百八万余斤，今止用百万余斤。各宫床帐、舆轿、花毯等项，每年共用银二万八千二百余两，今俱不用。又察明朝宫殿楼亭门数，共七百八十六座。今以本朝宫殿数目较之，不及明朝十分之一。至明朝各宫殿九层基址、墙垣，俱用临清砖，木料俱用楠木。今禁中修造房屋，出于断不可已，非但基址未尝用砖，凡一切墙垣，止用寻常砖料，所用木植，亦惟松木而已。臣等以所察各条，并皇上所下折子，令九卿、詹事，掌印、不掌印科、道官员遍观。诸臣皆奏曰：我皇上凡撙节俭约，臣等向所共知，未能详悉。今观事事减省，至矣、极矣。又礼云：天子后立六宫、三夫人、九嫔、二十七世妇、八十一御妻，此皆有名数者，至所使宫人妇女以数千计。唐太宗乃有唐令主，观其一次遣发宫人已及三千，则其余更有数千人。可知今除慈宁宫、宁寿宫外，乾清宫妃嫔以下，使令老媪、洒扫宫女以上，合计一百三十四人，可谓至少。我皇上节俭盛德，不独三代以下所无，虽三代以上亦未有如此者。臣等以为，皇上过于节俭，所愿执中，以酌其宜。又科、道官员就臣等俱奏曰：仰惟皇上诸凡如此节省，臣等即居数椽、使令数人，亦皆过分矣。臣等窃谓皇上节俭太过，还以适中为宜。”奏毕，出。

本日起居注官尹泰、顾藻。

十八日庚戌 辰时，上御乾清门听政。部院各衙门官员面奏毕，大学士伊桑阿、阿兰泰、王熙、梁清标、徐元文，学士朱都纳、彭孙遹、郭世隆、西安、博济、王国昌、席喇以折本请旨。兵部题覆原任总督赵良栋疏题遵旨将随征周应泰等效力处察明，又自叙伊领兵在四川、云南等处攻取城池效力功绩，并求将随征之人，除周应泰等外，遗漏者亦许其察明具奏。上曰："赵良栋首倡进取四川，又直抵云南省城，止率伊标官兵，奋勇克取得胜桥等要处，逼近城郭立营，劳绩茂著。所属官员，亦同心随征效力。此疏内事情，令九卿、詹事、科、道会议具奏。"大学士等出。

巳时，上问皇太后安。

少顷，上由神武门出西直门，驻跸畅春园。部院各衙门本章每日交送内阁，内阁转送畅春园听理。

本日起居注官王项龄、顾仪。

十九日辛亥

二十日壬子

二十一日癸丑 上自畅春园移驻南苑。

二十二日甲寅

二十三日乙卯

二十四日丙辰 辰时，上御南苑宫。大学士伊桑阿、阿兰泰，学士朱都纳、西安、博济、王国昌、席喇，理藩院尚书阿喇呢，侍郎额尔黑图、温达等进前奏曰："前曾奉旨以达赖喇嘛使者来往行走，地方官协同应付骆驼、马匹、牛羊甚为苦累，着问明议奏。今臣等议以嗣后：若达赖喇嘛有紧要事务差遣人来，意欲令地方官停其捐给，动正项钱粮买给之。"上曰："此事可如议。闻一应奉差驰驿，官员执事人不照定例乘驿马，有擅乘营兵马匹苦累者。嗣后若有紧急事务，乘驿马不敷矣。该部奏过许骑营兵马匹，未经奏过者，毋得擅乘。"阿喇呢等出。

大学士、学士等以折本请旨。总河王新命题，河工事务必得熟谙官员，令其处理，方可无虞。今同知丁建已经革职，有通判冯佑熟谙河务，请即补此缺。上曰："河工所关甚为要紧，且动工处隔距数千里，一人之身难于周到，亦赖僚属修葺耳。冯佑着照该总督所题补授。嗣后河工官员应否坐名题补，着九卿、詹事、科、道官员会议具奏。"

又三法司议奏王国宪昏夜醉后欲打其兄子，误中其兄，身死。但打死期服尊长，应将王国宪照律立斩。上曰："人命关系重大，着九卿、詹事、科、道官员会议具奏。"

本日起居注官库勒纳、西米图。

二十五日丁巳 申时，上自正阳门进午门回宫。

本日起居注官库勒纳、王顼龄。

二十六日戊午 辰时，上御乾清门听政。部院各衙门面奏毕，大学士伊桑阿、阿兰泰、王熙、梁清标、徐元文，学士朱都纳、彭孙遹、西安、博济、王国昌、席喇、王泽弘以折本请旨。户部题直隶巡抚于成龙奏，赈济饥民，若米谷不敷，请动正项钱粮赈济。不准行。上从之曰："其未报成灾州县饥民，着照该抚所题赈济。"

又礼部［请］旨总兵黄大来应否赐恤予谥。上曰："黄大来效力行间，劳绩茂著，照提督例，加赠赐恤。"

是日，照例赐朝鲜国王李焞及进贡正使议政府左参赞俞夏益、副使礼曹参判姜世龟书状等官缎帛、布匹、鞍马。

巳时，上问皇太后安。

本日起居注官顾仪、胡会恩。

二十七日己未　辰时，上御乾清门听政。部院各衙门官员面奏毕，大学士伊桑阿、阿兰泰、王熙、梁清标、徐元文，学士朱都纳、彭孙遹、西安、博济、王国昌、席喇、王泽弘以折本请旨。户部覆和山东巡抚佛伦题，沂州等州县卫所未完康熙二十八年钱粮，俟收麦之后征完报销，议准行。上曰："山东康熙二十九年地丁钱粮全行蠲免，原欲使小民终年无有租赋，得以休息，均沾实惠。若将未完带征，必致借端混扰滋弊。这本内，二十八年钱粮理应于岁内全完，今仍有未完，显系地方官员明知今年已经蠲免，故行延缓逋欠，详请带征，希图乘此，混将已蠲钱粮侵蚀肥己。该抚并不详察，即为具题请于二十九年麦登之后征完，殊属不合，着严饬。这未完钱粮，着于康熙三十年带征。"

本日起居注官尹泰、徐嘉炎。

二十八日庚申　辰时，上御乾清门听部院各衙门官员面奏政事。

本日起居注官西米图、曹鉴伦。

二十九日辛酉　辰时，上御乾清门听政。部院各衙门官员面奏毕，大学士伊桑阿、阿兰泰、王熙、梁清标、徐元文，学士朱都纳、彭孙遹、西安、博济、王国昌、席喇、王泽弘以折本请旨。兵部题云南、贵州总督范承勋参沅江副将李全信克扣钱粮三百两有奇，派兵修造衙门，应革职，交与该巡抚提问。上曰："李全信曾效力行间，从宽免其提问，着革职。"

谕毕，顾大学士徐元文问曰："《明史》除尔等进呈数本外，尚在编辑否？"文元奏曰："前进呈数本，求皇上改定。其余臣等现在陆续编纂。"上问："俱有论断否？"文元奏曰："臣等俱未置论断。向曾奏请御制，如唐太宗于《晋书》亦有御制论断，然止四篇。今《明史》中有事关重要者，仰求皇上御制。"奏毕，大学士、学士等出。

又内阁九卿、詹事、科、道以皇上圣容清减，公请行幸汤泉。转奏毕，上传谕曰："朕因去年天旱，廑念民生，夙夜焦劳，至今未释。兹值东作方兴，尚无雨雪，朕心倍深忧虑。且现今颊上患疖，方令太医调治。尔等所奏，已悉之。"

巳时，上问皇太后安。

本日起居注官库勒纳、蔡升元。

三十日壬戌 辰时，上御乾清门，听院部各衙门官员面奏政事。

是日，赐浙江提督金世荣弓箭、撒带。

本日起居注官王掞、顾仪。

二 月

初一日癸亥 辰时，上御乾清门，听院部各衙门官员面奏政事。

本日起居注官尹泰、史夔。

初二日甲子 辰时，上御乾清门，听院部各衙门官员面奏毕，大学士伊桑阿、阿兰泰、王熙、梁清标、徐元文，学士朱都纳、彭孙遹、西安、博济、王国昌、西喇、布颜图、王泽弘以折本请旨。礼部题覆顺天府府丞汪晋徵疏奏，每年修理国子监时，请并修府学，议不准行。上曰："顺天府学为京师文教所关，甚属重要，应加修理。令礼部会同工部再议具奏。"

是日，赐广东高州总兵张英奇营鞍马一匹。

本日起居注官席米图、周金然。

初三日乙丑 辰时，上御乾清门听政。院部各衙门官员面奏毕，大学士伊桑阿、阿兰泰、王熙、梁清标、徐元文，学士朱都纳、彭孙遹、西安、博济、王国昌、席喇、王泽弘，同九卿、詹事、科、道等进前。上谕曰："畿辅地方去岁荒歉，朕恐民生艰食，或至流移，既蠲免钱粮，又特发帑金三十万两及动支常平等仓粟，交该抚通行赈济，务俾灾黎得所，毋致流散。今闻沿途大路之民，虽已沾惠，其乡僻山村，不能自存，至于播迁离散者甚众。小民如此流移，该抚等所赈济者安在？所发三十万帑金如何散给及民人有无流移，应遣部院大臣前往，详加察视。至于外来穷民，多集京师。今年五城粥厂，虽倍给银米，宽展日期，但恐人多，难以遍济，未得普沾恩泽。应添设粥厂，选各部满汉贤能司官赈济。尔等其会同议奏。"谕毕，九卿、詹事、科、道官员出。

大学士、学士等以钦天监所题晴明风雨日期奏请。上曰："晴雨日期册可留览，嗣后照旧例题奏。"又谕大学士等曰："尔等所进《明史》，朕已详阅，编纂甚佳，视宋、元诸史远过矣。史书最关紧要，纂辑之时，务宜考核精详，不可疏漏。史书必身亲考论，方能洞晓。朕于明代《实录》详悉披览。宣德以前，尚觉可观。至宣德以后，颇多纰缪，讹字亦不少，弗甚寓目。宋《通鉴》，其书亦多失实。如所载兀术以六马登金山，为韩世忠所阻，今观大江如此辽阔，金山在江中央，六马岂能飞渡耶？旧史归功世忠，谓赖其坚守四十一日。此不过当时粉饰之谈，妄为夸张，以夸耀后世耳！史舛谬类多如此，不可不察。”大学士徐元文奏曰：“明代《实录》中叶以后，文笔愈觉不堪，所载之事，往往不见首尾。宋元通鉴，误谬颇多。其书竟可废也。”大学士王熙奏曰：“南宋用兵之时，纪载俱不确实。其时宋兵屡败于金，无可措手。彼时迂儒，故为侈张粉饰其说，以图泄忿，甚不足信。”上颔之。

少顷，九卿、詹事、科、道官员会议奏曰：“臣等以畿辅地方应遵谕旨，特遣部院堂官分为四路，详加察勘。有赈济不实、草率塞责者，即行参奏。其五城粥厂，亦遵旨添设粥厂五处，各遣贤能满汉司官各一员，亲往散给。所增粥厂，每日给米二十石、银十两，并前五城原设粥厂，俱令散至六月终止。所有差往察勘堂官及散粥官员请旨。”上遣侍郎索诺和、阿山、席柱、齐穑、李振裕、李光地、王维珍、徐廷玺，分四路驰往巡察。又遣满汉司官于五城增设粥厂，分往赈济。

巳时，上问皇太后安。

本日起居注官顾仪、陆肯堂。

初四日丙寅 卯时，上谒陵，由东华门出朝阳。是日，上驻跸夏店。

初五日丁卯 上驻跸邦均。

初六日戊辰 上驻跸马伸桥。

初七日己巳 早，上至暂安奉殿，行三跪九叩头礼、三奠酒，举哀。随至孝陵，行三跪九叩头礼、三奠酒毕，至皇后陵前三奠酒，举哀。是日，上驻跸汤泉。礼部奏曰：“皇上谒陵于暂安奉殿，孝陵、皇后陵前俱已奠酒，明日回銮，不须再奠。为此奏闻。”上命仍至暂安奉殿，回。

晚次上御行宫，大学士伊桑阿、学士博济、西喇以折本请旨。宗人府题，镇国将军穆黑麟等知皇太子于二十日往祭陵寝，不扈从，皆往察点之时不到，俱应罚俸一年。公品级郑克塽先去，殊属不合，应降一级，准罚俸年半。副都统张素义理宜亲率旗下官员同往祭祀，乃私令公孙正豪等先去。又巧供不曾令伊先去，亦属不合，应降级调用。上曰："郑克塽从宽免罚俸，张素义亦从宽降三级留任，余依议。"

又户部奉上谕议，八旗不能赡养庄屯人口及穷官护军、拨什库兵等之庄屯所有人口共二万二千四百二十八人，每人给米一石，自今年二月起至七月止。至于孑身寡妇、退甲护军、拨什库及无马甲，止给一两钱粮者，其家口庄屯人口共六万三千七百零十九人，每人亦给米一石，自今年二月起至七月止。因缮写二折进呈。上曰："此等人口，俱应给米粮，可令速给之。"

又户部议，奉天将军公绰克托请以盛京所征税银归于各城税银，一处采卖米粮。应如所请。其奉天锦州所属九州县百姓钱粮作何折米征收收储积之处，应俟该将军等会议到日再议具奏。上曰："盛京积谷之事，甚为紧要。可令该将军会同盛京户部府尹作速确议以闻。"

又刑部等衙门议，御史昂吉图、周士皇违例，将无干证、无代书名词状接留同审，殊属不合。应降二级调用。上曰："昂吉图、周士皇俱从宽各降三级留用。"

又理藩院议，伊克等杀死人命、偷盗生畜，应立斩。上曰："外藩蒙古因盗抢牛马牲畜，杀死人命，当照强盗例枭示，方知畏惧。可再定议以闻。"

初八日庚午　早，上诣暂安奉殿，三奠酒举哀。自去岁直隶地方雨雪未敷，皇上轸念民生，日夜焦劳，圣容极其清减。沿途见农民，即遣人访问。圣怀无少宽释。

是日，自早至夜半时，雨大沛，天颜有喜，顾扈从诸大臣曰："得此雨泽，既种之田，固可发生；而未种之田，亦可耕种矣。朕甚喜慰，诸卿谅亦有同心也。"

是日，上驻跸孙家庄。

初九日辛未　上驻跸邦均。

初十日壬申　上驻跸通州。

十一日癸酉　巳时，上由朝阳门进东华门回宫。

少顷，上问皇太后安。

是行也，各部院衙门奏章日送内阁，三日一次驿送行宫听理。

扈从起居注官库勒纳、尹泰。

十二日甲戌　辰时，上御乾清门，听部院各衙门官员面奏政事。内阁、九卿、詹事、科、道官员会同题："为宸衷爱民至切，膏雨快得普沾，仰祈圣怀宽解，以慰舆情事。窃惟八政以民食为先，三时惟东作是亟，必当播种之候甘雨应期，然后岁兆丰盈，仓箱有庆。去年畿辅之地，偶值旱灾，皇上轸恤穷黎，至勤至笃，宵旰焦劳，无一时一刻不以民生为念。是以绸缪毕当，布护咸周，汪涉之恩有加而无已。既蠲昨岁未完钱粮，复免今年正赋之半。既散常平等仓积粟，复发帑金三十万两赈济。既推广施恩于被灾，五分以上之民破格加赈；复虑未报灾各州县民生艰食，亦准一体赈恤。既开救荒之例，广劝捐输济赈；复虑旗民之无力者种具缺乏，令各佐领及州县官交相鼓劝，通融资助。既虑八旗马兵贫者不能饲秣，加给一年饷银；复虑穷员穷兵不能赡其屯丁及各旗孤寡人等无以糊口，皆散给米粮。既于五城粥厂加给银米，宽展期日，以济饥民；复于每城各添一厂，并原设粥厂俱展限至六月。既令该巡抚率各官亲行赒赈，复虑山僻居民不能均沾实惠，又遣部院堂官分道体察，至于盛京地方，特遣大臣以内府屯庄积粮给散兵丁、驿站。湖广、山西被灾之地，莫不广行蠲赈。边外蒙古，以诸口仓粮赈救。甚至喀尔喀饥馑，银米牛羊累行颁给。皇上之睿虑无所不周，仁恩无所不遍。是以虽遇荒歉，民无流散，自城邑以逮村野，自父老以及童稚，罔不悉沾惠泽，共庆更生。亘古以来帝王，恤民救灾，未有如我皇上之肫切而弘溥者也。乃皇上念厘民依犹旦夕不肯暂释，损尚方之膳馐，罢长至之朝贺。时进群臣，讲求恤民之策。元旦朝贺，停宣奏表。皇上久积殷劳，至天颜清减。臣等区区下悃，踢蹐惶悚，无以自容。倾见瑞雪四降，窃惟足宽圣怀。车驾谒陵，途次所历，时时省视田畴，咨访耕种。及直抚于成龙题报保定府得雪一疏，奉旨：'朕谒陵，见初二日之雪，洼地仅堪种春麦、高粮，其高地尚未可播种。朕心切焦劳，亟望雨泽。这所奏知道了，该部知道。钦此。'皇上轸念小民，方兴农作，虽同云已应，犹甘澍是期，果即于颁旨之日，雨膏大沛，既沾既足，遍济耕犁，臣等欣忭勇跃不能自已。至于在野在城群黎百姓，莫不欢声雷动。从此大有书年，百室盈止。皆我皇上积诚感格、上应天心所致也。臣等喁喁下情，伏冀圣情悦豫，释解忧劳，一切如常。萃元气之太和，迓天休之滋至，以安臣下之微悃，以慰海寓之群情。臣等不胜恳切祈愿之至。”上曰：“诸臣称雨泽沾，固当欢悦。但去年大旱，饥民未苏，其填沟壑者，不知凡几。昔汉文帝为三代以下令主，贾谊犹以处厝火积薪之上而谓无危为喻，以今较之，如火已然，焦头烂额，犹谓无虑。且目下虽已得雨，夏季不知若何，秋季不知若何。当远虑深思，愈加轸念，何得称庆？”

巳时，上御文华殿，举行经筵大典。讲官库勒纳、徐文元进讲：《四书》子曰志于道一章；图纳、张玉书进讲：《书经》怀保小民一节。讲毕，赐宴于太和门前。

本日起居注官田喜霱、顾仪。

十三日乙亥　辰时，上御乾清门听政。部院各衙门官员面奏毕，大学士伊桑阿、阿兰泰、王熙、梁清标、徐元文，学士朱都纳、彭孙遹、西安、博济、王国昌、西喇、布颜图、王泽弘以折本请旨。伊桑阿奏曰：“臣等问九卿，河工官员应否拣选补授。据九卿议，河工事宜应用谙练人员。向因河臣拣选题补，恐生嘱托之弊，故臣等议停。今思河务所关，甚为要紧，前此议停诚非。”上曰：“河工为漕运民生所系，事属重要。凡应修处，若不预修，则河堤一决，害民甚大。或所修不固，一经溃决，监修官属获罪匪轻，是职司河务官员所得者少，所失者多。为利则轻，为祸则重。自今河道官员，可令该督拣题补如九卿议。”

本日起居注官库勒纳、王尹方。

十四日丙子　辰时，上御乾清门听政。部院各衙门官员面奏毕，大学士伊桑阿、阿兰泰、王熙、梁清标、徐元文，学士朱都纳、彭孙遹、西安、博济、王国昌、西喇、布颜图、王泽弘以折本请旨。工部题福建总督兴永朝奏请大修战船一百九十只，议不准行。上曰：“战船关系甚重，可如该督所题修理。”

本日起居注官王掞、尹泰。

十五日丁丑 早，上御保和殿，视祭社稷坛祝版毕，回宫。

辰时，上御乾清门听部院各衙门官员面奏政事。

巳时，上问皇太后安。

本日起居注官王顼龄、顾仪。

十六日戊寅 早，上亲诣社稷坛，祭毕，回宫。

少顷，谕大学士伊桑阿、阿兰泰曰："朕近日身体违和，明日移居瀛台。部院各衙门奏章俱送内阁。"

本日起居注居官库勒纳、胡会恩。

十七日己卯 辰时，上御乾清门听政。部院各衙门官员面奏毕，大学士伊桑阿、阿兰泰、王熙、梁清标、徐元文，学士朱都纳、彭孙遹、郭世隆、西安、博济、王国昌、西喇、布颜图、王泽弘以折本请旨。工部题估计修阙里圣庙工料价值。上曰："修阙里圣庙所用物料，工价不必动支部内钱粮，可如数发内帑银采办修理。"

又江南江西总督傅腊塔题，江南百姓感戴圣恩，起造龙亭，建立石碑，其碑文折呈御览。上曰："蠲免钱粮原欲使小民物力稍舒，渐登殷阜。前已颁谕旨，民间建立碑亭颂扬德意，虽出群黎爱戴之诚，但恐致烦民力。嗣后，地方官员不得借端修葺碑亭，以滋扰累。"

巳时，上移驻瀛台。

本日起居注官尹泰、徐嘉炎。

十八日庚辰 巳时，上自瀛台出西直门，驻跸畅春园。

部院各衙门本章每日交送内阁，内阁转送畅春园听理。

本日起居注官顾仪、顾藻。

十九日辛巳 巳时，上问皇太后安。

二十日壬午 巳时，上问皇太后安。

二十一日癸未 巳时，上问皇太后安。

二十二日甲申 辰时，上御畅春园澹宁居，大学士伊桑阿、阿兰泰，学士朱都纳、西安、博济、王国昌、西喇、布颜图以折本请旨。九卿题原任总督赵良栋亲领兵马，在云南诸地方攻取城池，劳绩显著，应作何加恩伏候上裁。其所题白守仁等，止称随征效力，并未照例指名保题。应移咨赵良栋，令其详察，俟保题保到，送部注册录用。瞿洪升、张友成等，虽投诚后有效力功加之处，例不应用，其所请注册录用，无容议。上曰："赵良栋由四川进云南时，破贼取城，效力甚多，可给与拜他喇布勒哈番。瞿洪升、张友成等，亦同伊行走，应俱准其录用。"

又三法司题议广东巡抚朱弘祚等，将应流徙之彭演拟斩，无罪之苏休等拟绞，应如例将承审广州府知府刘茂溶革职，署按察司事道张云翮降四级调用，巡抚朱弘祚降三级调用。知县孔兴琏出票，欲科派银两，应革职。巡检吴永惠等失于觉察，各罚俸一年。上曰："观疏内所审情由，彭演等果属光棍，非善良之人。若因此事即黜革承审官员，则恶人无所惩矣。朱弘祚、张云翮、刘茂溶，俱从宽免议处，余如议。"

巳时，上问皇太后安。

本日起居注官库勒纳、顾仪。

二十三日乙酉　是日，赐满州大学士等以下、有职掌官员以上蟒缎、缎匹有差。

二十四日丙戌　巳时，上问皇太后安。

二十五日丁亥　辰时，上御畅春园澹宁居，大学士伊桑阿、阿兰泰，学士朱都纳、西安、博济、王日昌、西喇、布颜图以折本请旨。吏部题，都察院左都御史郭琇调员缺，开列吏部侍郎张集等职名。上曰："陈廷敬为人老成，可补授左都御史。"

又兵部题议拜他喇布勒哈番张绍英，据顺天府称其年壮，步射亦优。应照例考试弓箭，授为都司佥书，注册录用。上曰："张绍英之父张国彦，乃世祖皇帝时武状元，步射殊佳，后授为陕西波罗营副将。贼变之时，曾令守兴安。后因其调回，兴安即叛降于贼。其人材颇优，全家亦曾殉难。今张绍英弓箭若何，尔等同兵部堂官考验以奏。"

本日起居注官库勒纳、尹泰。

二十六日戊子

二十七日己丑

二十八日庚寅　辰时，上御畅春园澹宁居，大学士伊桑阿、阿兰泰，学士朱都纳、西安、博济、王国昌、西喇、布颜图以折本请旨。伊桑阿等奏曰："臣等遵旨会同兵部考验张绍英，步射亦优。"上曰："张绍英可记名录用。"

又兵部题江南江西总督傅腊塔以各营裁革马匹，穷兵实不能偿，请遵例照本营所买年月，免其赔补，议不准行。仍令如例作速赔补报部。上曰："此赔桩马匹，令如该督所题宽免。"

又翰林院题原任左都御史郭琇、经筵讲官员缺，开列尚书张士甄等职名。上命以陈廷敬充补。

又福建兴永朝题请蠲免台湾九项钱粮。上曰："台湾属在海岛，地方颇佳，田土肥沃。若钱粮亦如内地减额，则小民以赋少役轻聚集者必众，关系非轻。"伊桑阿等奏曰："皇上睿虑极其深远，非臣等意见所及料也。"上曰："此事可交九卿议奏。"

巳时，上问皇太后安。

本日起居注官库勒纳、顾仪。

二十九日辛卯

三　月

初一日壬辰　早，上由西直门进西华门，回宫。

辰时，上御乾清门听政。部院各衙门官员面奏毕，大学士伊桑阿、阿兰泰、王熙、梁清标、徐元文，学士朱都纳、彭孙遹、郭世隆、西安、博济、王国昌、西喇、布颜图、王泽弘以折本请旨。吏部题覆偏沅巡抚郑端疏称，归旗官员定限迫促，未免困累，请少宽限期，议不准行。上曰："归旗官员迟延处分定例过严，令再议具奏。"

又户部题覆直隶巡抚于成龙同巡盐御史江蘩请蠲天津卫所新增盐引课饷，议不准行。上曰："新增天津盐引，可如该抚等所题蠲免。"

又刑部等衙门题，番人阿所杀鲁姐一家九口，且攻城杀官，情罪可恶，乃不自投首，被安氏获送，应立斩。前任游击、今升湖广均房参将吴永祚，因阿所杀死鲁姐、诈夺银两等物，会川营革职守备江九鼎亦曾需索银两，俱应拟绞，秋后处决。程君玺说合过付，亦应拟绞，秋后处决。千总王起凤过付银两，虽王进才未受，但王起凤既已过付，得马一匹，应革去千总。会理州既属四川管辖，或令就近地方官兼管，或另设州员管理。应敕川陕总督、四川巡抚议定具题，到日再议。

又总督葛思泰恐汛防将领贪图彝利，妄启边衅亦未可定，曾移咨巡抚噶尔图等行察。噶尔图等仍不察出吴永祚等实情。应将通判程仪新、道员韩俊杰、按察使董安国、布政使李辉祖、巡抚噶尔图、提督吴英，俱各降一级留任。总兵官王进才所属之官在边启衅，诈银馈送，其游击吴永祚奸占阿所之媳母，遂等情俱隐匿不参，有忝厥其，应革职。总督葛思泰驳回四川提督、巡抚，行察在边武弁并无贪取彝利等情，直至回咨到后始行启奏，应罚俸一年。上曰："总兵官王进才既未受财物，从宽免其革职，令降三级留任。其会理州寺方可如温保等所议，设立社流官。余如议。"

又工部题，监修国子监房屋主事观保、笔帖式屯齐喀俱已身故，其向日应追银两，应交各该都统等追取送部。上曰："银两、颜料诸项俱免追取。"

申时，上由西华门出西直门，幸畅春园。

本日起居注官库勒纳、顾藻。

初二日癸巳　巳时，上问皇太后安。

初三日甲午　辰时，上御畅春园澹宁居，大学士伊桑阿、阿兰泰，学士朱都纳、西安、博济、王国昌、西喇、布颜图以折本请旨。礼部等衙门题覆御史徐树谷疏，请纂修我朝国史，应准行。上曰："太祖、太宗肇造丕基，永垂谟烈，神功圣德，千古莫伦。世祖统一寰区，弘开景运，治化綦隆，光昭天壤。且当时勋旧，翊赞勤劳，若不及时纂辑成书，恐岁久人堙，诸臣事迹致滋阙略。可如议即行纂编，昭示奕祀。"

又刑部题镶白旗强盗革尔得等盗劫原任笔帖式田杰家，拟立斩。上曰："此事令三法司核拟具奏。厢白旗护军甲兵人等为盗者甚多，此皆该管各官不能严察所致。该旗都统、护军统领、副都统、参领、佐领等，令一并严察议奏。"

巳时，上问皇太后安。

本日起居注官库勒纳、尹泰。

初四日乙未　巳时，上问皇太后安。

初五日丙申

初六日丁酉

初七日戊戌　辰时，上御畅春园澹宁居，大学士伊桑阿、阿兰泰，学士朱都纳、西安、博济、王国昌、西喇、布颜图以折本请旨。理藩院题苏尼特部落亡故协理都统事务四等台吉额思达纳员缺，开列郡王阿与势族中侄四等台吉祁塔特等五台吉具奏。上曰："阿与势旗下盗贼甚多，且其所属之人生计艰窘，可调左翼协理都统事务台吉多尔记思哈普管右翼。阿与势都统事，其多尔记思哈普员缺，可调祁塔特管左翼事。"

本日起居注官尹泰、顾仪。

初八日己亥　巳时，上问皇太后安。

初九日庚子

初十日辛丑　辰时，上御畅春园澹宁居，大学士伊桑阿、阿兰泰，学士朱都纳、郭世隆、西安、博济、王国昌、西喇、王泽弘、布颜图以折本请旨。吏部题都察院左副都御史许三礼升任员缺，开列宗人府府丞年遐龄等职名。上曰："开列之人俱平常，此缺可以少詹事王士祯补授。"

又吏部等衙门题刑部郎中都希等俱系承审官员，与犯人王君诏、索尔碧戴枷之时，应将枷上封条粘紧，乃不行粘紧，纵一指有余，殊属不合。应将郎中都希，员外瓦尔达、罗玉，主事法克三、魏男，俱降三级调用。苏尔特等俱系稽察犯人官员，察验枷时，应将封条详为察看。王君诏、索尔碧卸枷散适，不行察出，殊为不合。应将郎中苏尔特、萨妈哈、布泰，员外郎白璧琛、佛延寿、张信，主事黑子，各降二级调用。尚书图纳等不行严察，故王君诏、索尔碧卸枷散适。应将尚书图纳、杜臻，侍郎噶石图、郑重、噶尔泰、高尔位，各降一级留任，罚俸一年。郑重有纪录四次抵销，免其降级。上曰："司官俱着降级留任，其余俱照所议完结。"

又吏部题刘明惠罪应拟杖，今误拟为绞罪，将承审官、祁阳县知县王启烈，岳州府通判徐升贞，各降三级调用。王启烈有纪录十二次抵销，免其调用。徐升贞已升大理寺右署丞，应照原任降三级调用。按察使线一信降二级调用，有纪录五次抵销，免其调用。原任偏沅巡抚、今升浙闽总督兴永朝照例于新任内降一级留任。上曰："罪人所犯，已经援赦，则承审官应免处分。既有定例，兴永朝等俱从宽免议。嗣后令仍如例行。"

又九卿、詹事、科、道题覆浙闽总督兴永朝条奏，各州县常平仓所贮捐助米谷若尽派为该地方军粮，于春季给发，至秋收后照数偿还，则有司官断不至冒数，徇情妄保，而仓内所贮米谷又无朽烂之患，议准行。上顾问阁臣曰："尔等之意若何？"伊桑阿等奏曰："常平仓所贮米谷，若日久必至朽烂，且所捐之米虽名为入仓，其不入仓而空冒者亦或有之。若如其所请，以陈米发为兵丁月粮，收新米贮仓，既不至朽烂，而亦可免空冒之弊。"上曰："常平仓米谷原以备饥馑赈济民人，至兵丁月粮散给，俱有定时。若以此米给发兵丁，或民有饥馑，将以何处米谷给之？"伊桑阿等奏曰："臣等意见实未及此，圣谕诚然。"上曰："此事可再问九卿具奏。"

又镇海将军杨凤翔以年老衰病乞休致。上曰："杨凤翔年高患病是实，可令解任，着撰优旨奏览。"

本日起居注官库勒纳、尹泰。

十一日壬寅

十二日癸卯 巳时，上问皇太后安。

十三日甲辰 辰时，上御畅春园澹宁居，大学士伊桑阿、阿兰泰，学士朱都纳、郭世隆、西安、博济、王国昌、西喇、布颜图以折本请旨。吏部题日讲官起居注、翰林院侍读洪俄岱患病，令解任调理，俟病愈之日补用。上曰："洪俄岱为人颇优，且学问亦好，令在任调理，遣御医往治。尔等传太医院知之。"

谕毕，伊桑阿等奏曰："浙闽总督兴永朝请拨各州县常平仓所贮米谷给为该地方军粮。臣等遵旨传问九卿，九卿、詹事、科、道官云，臣等见兴永朝所题民陈米给发，以新米入仓抵补，意谓可行。今思皇上谕旨良是，睿见深远，断非臣等所能虑及。"上曰："朕之谕旨，与九卿所议可俱录出，遣户部司官一员往问于成龙。"

巳时，上问皇太后安。

本日起居注官库勒纳、顾仪。

十四日乙巳　巳时，上问皇太后安。

十五日丙午　巳时，上问皇太后安。

十六日丁未

十七日戊申　巳时，上问皇太后安。

十八日己酉　是日，上朝皇太后。

十九日庚戌　巳时，上问皇太后安。

二十日辛亥　辰时，上御畅春园澹宁居，大学士伊桑阿、阿兰泰，学士朱都纳、郭世隆、西安、博济、王国昌、西喇、布颜图以折本请旨。内阁、翰林院题，太祖高皇帝、太宗文皇帝、世祖章皇帝创垂鸿业，实千古史书所未载，宜撰三朝国史。皇上德协两仪，功隆八极，凡兹大经大猷，允为世法世守。凡所奉谕旨及一应奏章、文案，恭纂大政统纪与二典三谟，永昭万世。其三朝国史监修总裁官、大政统纪总裁官，应另具疏请旨。至所派副总裁以下官员人等，亦另请旨。上曰："大政统纪暂停纂修，俟太祖、太宗、世祖皇帝三朝国史修成，着再请旨。"

又总督兴永朝题请以常平仓收贮米谷拨为兵饷，伊桑阿等奏曰："臣等遵旨录皇上谕旨及九卿所议，差户部司官往问于成龙。据于成龙云，九卿所议，骤然观之，似属可行。及细思皇上谕旨，九卿所议殊非。常平仓原以备饥年赈济，若此米于春季给发兵饷，其如日后百姓何？皇上时以民生为念，故计虑及此，实非诸臣所能见及。皇上谕旨极是。"上曰："常平仓米谷可仍如现行例行。"

又议新修《赋役全书》，应停其刊示，仍照旧全书遵行。上曰："当日重修全书，朕思维再三，每启奏时，辄折票询问。九卿诸臣俱云新全书甚善，想尔等亦曾言之矣。"伊桑阿、阿兰泰等奏曰："彼时众议俱以新全书为善，臣等意亦谓可行。以今观之，甚觉繁冗。"上曰："修辑全书，原期便民。今观事件甚多，若依此修辑，必致繁冗。可如九卿议。"

又刑部题奏，则例六条内，开犯官流徙者，许其于奉旨三日内即分送户、兵二部、顺天府等衙门，给假十五日收检行李，即令起程。若于限内迟延不送　，迟误官俱交该部议处。上曰："官员获罪革职，即与民人一体，不必另立限期。仍照现行例行。余悉如所议。”

巳时，上问皇太后安。

本日起居注官库勒纳、尹泰。

二十一日壬子

二十二日癸丑

二十三日甲寅 辰时，上御畅春园澹宁居，大学士伊桑阿、阿兰泰，学士朱都纳、迈图、西安、博济、王国昌、西喇、布颜图以折本请旨。兵部题覆川陕总督葛思泰奏请，精奇尼哈番陈世琳原系陕西提督陈福之子，年少才优，在臣属下虽有立功之意，效力无由，或令回原籍，或酌量录用之处。无容议。陈世琳令回原籍。上曰：“陈世琳系功臣之子，且年少才优，可于直隶地方副将缺录用。”

巳时，上问皇太后安。

本日起居官尹泰、顾仪。

二十四日乙卯

二十五日丙辰 午时，上由西直门进西华门，回宫。

本日起居注官顾仪、蔡升元。

二十六日丁巳 辰时，上御乾清门听政。部院各衙门官员面奏毕，大学士伊桑阿、阿兰泰、王熙、梁清标、徐元文，学士朱都纳、彭孙遹、迈图、郭世隆、西安、博济、王国昌、西喇、布颜图、田喜霨以折本请旨。吏部、兵部题黑龙江官兵搬移家口，俱令船载。所议甚明。而将军萨菩苏等咨称照旱路搬运，各给车脚银四十两，不合。将军萨菩苏、副都统温代、纳亲，俱议罚俸一年；户部不细察原案，即议照给银，亦为不合，员外郎朱户布、晋布应各罚俸一年。尚书苏赫、侍郎赛弼汉各罚俸六个月。上曰：“黑龙江官兵现在搬移家口，萨菩苏、温代、纳亲这次姑从宽免其处分。余依议。”

又直隶巡抚于成龙题，部拨银三十万两赈济，今止存二万九千有奇，用实不敷，请再给三十万备用。户部议，唐县等州县虽未赈济，需银不多，不便再给三十万两。应移咨该抚，以所需银数，作速察明，俟具题时，再议给银。上命拨五万两散给。

又川陕总督葛思泰题，洪德城营游击黄瑞病故，以中军守备李应龙年力壮健、熟娴骑射、著有才能，请升补此缺。兵部议覆，守备超迁游击，品级不符，不允行。上曰："李应龙可如该督题补。"

又题京口将军杨凤翔因老病解任员缺，开列提督孙思克等、副都统张思恭等。上曰："开列内孙思克职任边疆要地，又深得人心，且令仍留旧任。张思恭人才骁健，颇能管辖，可升补此缺。"

又工部议总漕董讷题运河沿北一带水浅，虽曲为筑堤，蓄水无多，数千漕艘不能速行，请早放南旺湖水，以裨漕运。应允行，上曰："南旺湖之水自来流入运河。朕去岁南巡归时沿堤步行，细阅河势，知南旺湖之水至分水龙王庙分流，俱流入南北运河。当日始建堤岸之人，经营甚善。今若使南旺湖之水尽入北流，则南运河将至水浅矣。可传从前勘河诸臣及靳辅问明回奏。"

又顾大学士等曰："前朕归时，舟至分水龙王庙，见一货船停阻。地方官虑碍朕舟，辄遣人役，令伊船退避，将所载米粮、物件移置岸。朕遂命侍卫传按察使王梁谕，以朕舟从旁可行，其舟中物不必搬那，恐有散失。朕舟旋即绕过。复令王梁亲身察看，仍将米粮、货物尽令装载船中，毋致些毫遗失。事毕，仍来覆旨。故彼处河形，朕知之最悉也。"

本日起居注官库勒纳、蔡升元。

二十七日戊午 辰时，上御乾清门听政。部院各衙门官员面奏毕，大学士伊桑阿、阿兰泰、王熙、梁清标、徐元文，学士朱都纳、彭孙遹、迈图、郭世隆、西安、博济、王国昌、西喇、布颜图、田喜霅启奏折本。伊桑阿等奏曰："臣等遵旨问从前勘河诸臣暨靳辅，据勘河诸臣云，我等匆匆行过，所见不甚详明。靳辅云，南旺湖水一支入南运河，一支入北运河，河水不甚大。今若使之偏入北河，则目前虽少有裨益，及粮艘齐集时，南运河必至水浅。圣见诚然。"上曰："湖水可令总河务其善后之图，以裨漕运，应开闭处酌而行之。"

本日起居注官尹泰、曹鉴伦。

二十八日己未 辰时，上御乾清门听部院各衙门官员面奏政事。

巳时，上问皇太后安。

本日起居注官顾仪、史夔。

二十九日庚申 辰时，上御乾清门听政。部院各衙门官员面奏毕，大学士伊桑阿、阿兰泰、王熙、梁清标、徐元文，学士朱都纳、彭孙遹、郭世隆、西安、博济、王国昌、西喇、田喜霨以折本请旨。理藩院题请安喀尔喀扎萨克图汗族叔扎萨克察汗巴尔诺颜已授札萨克，照给与蒙古贝勒例给赏食物，其子噶尔丹台吉等，照给与四十九旗台吉等例给赏食物。上曰："察汗巴尔诺颜当喀尔喀未败之先，曾奏，喀尔喀基业未定，必致于败，彼时臣必来归。后果践其言，率所属来归，可嘉。令照给与郡王例给赏食物。余如所议。"

谕毕，顾大学士等曰："此时少有雨泽方好，朕以此忧劳日夜，冀望雨降。"伊桑阿等奏曰："前下雨数次，田土犹然滋润。今若得二三指雨，即有益矣。"上曰："适问口外来人，云口外已大有雨矣。"

本日起居注官库勒纳、吴苑。

三十日辛酉 早，上御保和殿，视祭太庙祝版毕，回宫。

辰时，上御乾清门听政。部院各衙门官员面奏毕，大学士伊桑阿、阿兰泰、王熙、梁清标、徐元文，学士朱都纳、彭孙遹、迈图、郭世隆、西安、博济、王国昌、西喇、布颜图、田喜霨以折本请旨。吏部题议监督巴布纳等支放官员俸米并不清算，均给致两旗官员，所给米石不敷，殊属不合。郎中巴布纳、主事程本道等俱应罚俸一处。上曰："巴布纳原系侍卫，规避庸劣。今支放俸米，是其专责，仍并不算明均派，殊属不合。所议尚轻，令再议具奏。"

又工部题参主事穆察将票出红本收贮不谨，因致遗失，应交吏部议处。上曰："观部院衙门遗失档案者甚多，皆经管官员疏忽所致。穆察将票出红本收贮不谨，以致失遗，殊属不合，令严加议处具奏。"

复谕大学士伊桑阿等曰："比来风霾时作，天气稍旱，或政事有应行应改处。尔等同九卿会议以奏。"

本日起居注官尹泰、张希良。

附：阅《通鉴》论断语

康熙二十九年三月二十九日，内庭供奉日讲官、起居注赞善励杜讷至起居注馆，以折子三册交掌院侍郎库勒纳，云："皇上二十四、二十五两年览阅《通鉴》论断之语，记为折子三册。我于本日口奏交起居注馆记注，奉旨交与，遂交讫。"

上阅三皇五帝纪论曰："上古之世荒远无征，其所纪载不可信者甚多。如十日并出，射去其九，尤为诞妄。大凡天下之事，皆宜断之以理，庶不为其所惑。读古人之书，亦当自有定见也。"臣杜讷对曰："敬承圣谕，读书论事皆有要领矣。"

上阅周桓王纪论曰："春秋之时，纲常不振，渎乱彝伦，甚于后世，即节义著闻、简策所艳称者亦多涉于偏激好名，非大中至正之道。皆由教化不明，人心陂僻，不可徒诿气运也。"

上阅周景王时楚灭蔡用隐太子于冈山论曰："灭邻国而执其世子以归，戮之已为不仁，乃以为牺牲而用之于冈山，其残忍刻毒无以复加矣。"

上阅韩昭侯藏敝袴以待有功论曰："韩昭侯此事从来以为美谈，不知国家之待有功，自当郑重其事，如彤弓弨兮受言藏之可也。敝袴之微，毋乃近于鄙陋乎。径以不赞赏目之，似非确论。"臣杜讷对曰："圣鉴超卓，足空千古。"

上阅汉高祖封萧何为酂侯因设譬以晓诸功臣论曰："人主立言，自有大体。汉高祖论萧何与诸臣之功，乃譬之以猎，谓发纵指示者，人也，追杀走兔者，狗也。比拟之辞，未免过甚。"

上阅汉文帝时齐楚地震山崩论曰："汉文帝即位之初，善政累累，顾有地震山崩之异，殆所谓天心仁爱而示以时保之义耶？"臣杜纳对曰："敬承圣训，洵与董子之言吻合也。"

上阅汉文帝时虎圈啬夫代上林尉对甚悉论曰："啬夫利口，足动一时之听。张释之恐天下闻风而靡咸以口给，希进深识治体之言，汉廷诸臣，皆未所及。"

上阅晁错《贵粟疏》论曰："天生蒸民，厥有恒性，其即于匪彝不从教令者，多为饥寒所迫，非尽同于性恶也。晁错云虽慈父不能得之于其子，入情入理，不可以人废言。"

上阅汉景帝时诏谳疑狱论曰："汉景帝诏谳疑狱，可谓得钦恤之心矣。盖听狱之际，未必尽得其情。及爰书既成，虽若一无可议，其中尚多隐伏，况有几微疑窦，何忍置之不问乎？"臣杜讷对曰："皇上于奏谳之时必详加驳正，好生之德，足为世法也。"

上阅汉武帝遣方士求神仙论曰："汉武帝信李少君之说，遂遣方士入海，求安期生之属化丹砂诸药，以冀成金，惑已甚矣。至少君既死，犹以为化去，何其迷而不悟耶！"

上阅汉宣帝时赵充国屯田诸奏论曰："赵充国所上诸书，洞晰机宜，矢竭忠悃，不恤利害，卒致万全。古大臣之悉心谋国罕有出其右者，不只以将略胜人。"

上阅汉元帝时萧望之自杀、以石显为中书令论曰："宦寺之为害最烈，皆人主不能慎之于始，以为微而易制。及宠之以爵禄，授之以事权，遂至骄恣横肆，如弘恭、石显擅作威福，敢于戕害大臣而无忌惮之心。易曰：'童牛之牿，豮豕之牙'，当防之于未然也。"

上阅汉成帝时悉封诸舅为列侯论曰："自古外戚之祸莫甚于汉。由王氏相继秉政，根深蒂固，加以莽贼承袭诸父之势，包藏祸心，卒成篡窃，非一朝一夕之故也。履霜坚冰，成、哀之昧斯义也。"

上阅汉成帝时贾让奏治河三策论曰："治河之难，其来已久。观贾让所画，在当时亦惟中策可行尔，况今籍黄流以济运艘，其间疏筑兼施，亦不得不然之势也。"

上阅王匡等攻洛阳共诛莽论曰："自古奸雄并称操、莽。然观莽之生平，初虽谦恭下士，谲诈欺人。及篡逆之后，张皇灭裂，洛阳垂陷，丑态毕露，不过一庸碌陋劣之人，又不可与曹操同日语矣。"

上阅汉和帝诏勿受远国珍馐论曰："人主抚有天下，玉食万方，若穷极异味，何求而不得？第轸念下民供亿之烦，诚有所不忍尔。如宋仁宗计蛤蜊之费，下一筋二十八千，吾不堪焉。又中夜偶思烧羊，复戒左右勿令宣索，恐膳夫奉行沿为成例，徒糜有用之物以备不时之需，皆此意也。况养生之道，尤以节饮为要义。朕自御极以来，凡所供肴馔，皆寻常品味，未尝罗列珍馐，侈以自奉。然于日用尝餐，犹加意撙节，适可而止，颇得调摄之方。纵恣口腹者无益而有损，此人情所易忽，不可不慎。”臣杜讷对曰：“敬承圣训。”

上阅汉安帝时太后亲录囚徒论曰：“汉安帝时太后录囚具得枉实，行未还宫，澍雨遂降，史册书之。若以为盛事，不知垂帘听政，亦非国家之福，矧亲录囚徒乎？汉室其益衰矣。”

上阅汉安帝诏省荐新物二十三种论曰：“凡果蔬之生，各有其时，必待气足而熟，食之乃可养人。若矫拂其性使之先时早熟，其味不全，有何滋益？朕自幼至今从未食也。”

上阅汉质帝因朝会目梁冀语论曰：“汉质帝冲龄临御，能识梁冀之奸，固为聪颖，第遽目之曰，此拔扈将军也，遂为所毒。聪颖而不善韬晦，适足以为害矣！”

上阅汉桓帝时采女六千人、侍者不在其数论曰：“宫闱之中，可供使令足矣，何须若是之多耶！每见史册所载后宫之繁，辄为之恻然。人情不甚相远，顾忍出于此，诚所不解。本朝家法务崇俭约，至于掖庭用人最简，较诸历代，仅百分之一尔。”臣杜敬对曰：“皇上仁俭至德超绝千古，犹忾念往昔，动容久之，洵覆载之心也。”

上阅汉何进召外兵以诛宦官论曰：“宦官张让等恣行不法，何进若止奏诛首恶则可矣，乃必欲尽杀而后快，斯为已甚，太后所以不许也。复召外兵以速乱，则又至愚极谬，宜其祸不旋踵。”

上阅吴臣赵咨称其主之学不在寻章摘句论曰：“赵咨对魏主之言可谓得体。盖人主万机待理，自博览载籍，扩充闻见。然所贵者，在于上下古今得其要领，辨别是非，归于至当。使天下之人情物理，靡不洞悉其隐微，熟识其常变，因以措诸施行，斯为有益，岂如士庶之学仅娴习词章而已哉。”

上阅竹林七贤论曰：“阮籍辈皆崇尚虚无、蔑礼败度，当时士大夫乃以为放达，争慕效仿之。此晋俗之敝，其所由来者远矣。”

上阅晋张华以才学文识名重一时论曰：“国家用人，当以德器为本，才艺为末。凡才长者，虽能济事，亦多败检。若德器醇朴，必不至荡轶准绳之外。朕临御日久，阅历人情，所见甚确。如张华在晋以才学知名，后乃蔑弃典礼以附贼，后所学又安在耶。”

上阅秦主诏云杀不过千、何谓残虐论曰：“维天好生，故立君，以子民其所以爱养生全之者，宜无所不至也。秦主生乃以杀千人为常事，又谓野兽食人，正天所以助朕杀之。草菅民命，自有载籍以来，莫甚于此。”

上阅秦丞相王猛疾中所陈疏论曰：“王猛之事秦竭忠尽智，至于临殁之时，犹惓惓以善作善成，望秦王追踪前圣。宜其主眷优隆，为人臣之所当勉也。”

上阅魏立天师道场论曰：“崔浩研精经术，练习政事，洵魏臣之杰出者。其不信佛法，尤度越时俗，卓然高蹈，何乃师受道士之术而崇奉尊礼之，且上其书以蛊惑君心，得罪名教不浅。”

上阅魏诏吏民告守令罪论曰：“国家设守令以牧百姓，其贪墨不法者固为可恨。若魏诏吏民告守令则大非矣。小民得以犯上，则名分荡然，纪纲不振，其害有不可胜言者。惩贪自有国法，何其计之拙也。”

上阅魏诛沙门论曰：“魏信道士寇谦之以黜沙门，复因佛寺有兵器，诏无少长悉诛之。素无明禁，一旦尽行歼除，可谓不教而杀，亦惨甚矣！”

上阅魏文成帝立子弘为太子、依故事赐其母死论曰：“齐家乃平治之原，太子为国家之本，选建储位，则其母必素被刑于之化者矣。藉以养育青宫，裨益匪浅。稽诸往牒，如申生之母尚在，则骊姬之谮不行，晋国之家庭骨肉，岂至有惨祸耶。汉武帝欲立太子，乃先赐钩弋夫人死，特有惩于吕后之故，而耄年计拙，遂至因噎废食也。至北魏时径相沿为故事而踵行之，使其子以得立而丧母，将必有大不忍于其中者。嗣服继统之日，欲以孝治天下，能无隐恫哉！夫汉武固雄才大略之主也，而举动不合于经常，流弊一至于此。作俑者之责，其何辞焉。”

上阅宋主昱骄恣日甚论曰：“宋主昱之资禀未必绝异于人，其所以逞欲败度无所不至者，必由于生长深宫未闻训诫，故日流于纵恣。可见谕教之方，所关最重，不当以具文视之。”

上阅魏宣武帝时甄琛请罢盐池之禁论曰：“盐之产利甚厚，不操之自上，则豪强互相渔夺，闾阎之间，必纷嚣多事矣。况取山泽之资，以薄田畴之赋，使民力宽然有余，其为益不已多乎？若不审度时势，辄弛其禁，则南亩之农，不获沾毫末之利，而国用既绌，税敛渐加，亦必至之势也。凡为政者，只求实惠及民而已，何必以美名自托哉。”

上阅隋诏公私文翰并宜实录论曰：“文取达意而止，原不贵乎繁缛。自六朝总尚瑰丽，渐失古质遗风，遂致文人佻达成习，行不顾言，愈趋愈下。隋李谔上言，可谓切中时弊。”

上阅陈起临春结绮望仙阁论曰：“陈构三阁，将以居处娱乐，势必轩窗弘敞。若果高数十丈，则凌风插云，乌能卓立乎？”臣杜讷对曰：“此皆浮夸谬妄之词，臣等不能详察， 仰承圣谕，豁然顿悟矣。”

上阅唐高祖立老子庙论曰：“唐高祖惑于诞妄之言，遂以老子为祖，而为之立庙。至高宗、明皇，复恢张其说，崇信不疑。何所见之皆左耶？”

上阅秦王世民杀太子建成、齐王元吉事论曰：“秦王既有创业之功，亦饶守成之略。唐高祖审度神器所归，自当早定大计，顾乃优游不决，坐致惨祸，诚不得辞其责。若秦王英明特达，为有唐之令主，其于建成、元吉，岂无委蛇善全之道，必致骨肉相残，取讥后世？固其谋之未臧，匪独遭逢不幸也。”

上阅唐太宗时山东旱诏所在赈恤蠲其租赋论曰：“赈恤以惠民，固朝廷之德意，惟虑奉行未善，泽不下究尔。独蠲其租赋，则比户均沾，为爱民之实政。”臣杜讷对曰：“皇上躬行节俭，即进御服食，悉从省约，为天下留有余，屡诏蠲租，动辄数百万金。浩荡之恩，沦洽宇内，开辟以来，所未闻也。”

上阅唐太宗谓赦有罪者贼良民论曰：“赦者，小人之幸，君子之不幸，昔人论之甚详矣。诸葛亮治蜀，亦深以赦为非。朕幼时观之，似乎太刻。及临御以来，稔悉人情，赦诚不可数也。惟当薄税敛、敦教化，使百姓足衣食以兴礼义、惜廉耻，而重犯法，庶几刑措之风，为致治之本原耳。”

上阅唐太宗时诏非大瑞不得表闻论曰：“汉俗甚好祥瑞，多傅会其事，自欺以欺人。如区区鹊巢之异，亦欲表贺，唐太宗拒廷臣之请，识见迥出寻常。至谓瑞在得贤，则卓然名论矣。”

上阅唐太宗谕长孙无忌及侍臣语论曰：“唐太宗用魏征之言偃武修文，化洽海宇，诚得古帝王善治之道。至其二喜一惧，兢兢以骄奢自戒，尤复盛而谦、安不忘危之至计也。”

上阅魏征十思疏论曰：“人莫不慎于创业，怠于守成，故善始者未必善终。惟朝乾夕惕，不敢稍自暇逸，乃可臻于上理。魏征所陈，可谓深识治要。”臣杜讷对曰：“皇上敬天爱民，好学勤政，诚所谓仁至义尽、声律身度矣。每阅简册，犹拳拳于慎始慎终之义，真尧舜兢业之圣心也！”

上阅唐太宗面举群臣得失谓刘洎私于朋友论曰：“传有之云，公而忘私、私于朋友者，必有忝于朝廷。在昔已然，今人愈甚矣。”

上阅唐太宗贬萧瑀为商州刺史论曰：“汉唐以来，士人信从佛教者往往有之，皆其识见愚昧，中无所主，故为所惑耳。萧瑀自请出家，则又愚之至者矣！”

上阅唐太宗时杀华州刺史李君羡论曰：“谶纬之说，本不足据，如唐太宗以疑诛李君羡，既失为政之体，又无益于事，可为信谶者之戒。”

上阅唐高宗时太子弘以忤天后遽薨论曰：“弘之奏请义阳、宣城二公主出降，洵仁厚之至。第时方母后逞志，宜曲为感悟，徐俟转移。径上闻于君父，致触母后之怒，亦在自取之咎云。”

上阅武后不豫阎朝隐祷少室山事论曰：“朝隐自为牺牲，沐浴伏俎上，请代太后命，此小人献媚之极致，亦不足道。第武后遂喜而厚赏之，则崇长谄谀，甚为失体。”

上阅狄仁杰卒太后泣云朝堂空矣论曰：“仁杰在当时为诸臣第一，武后亦以第一流目之。人臣特患不能竭忠为国尔。若果尽诚无二，不以身家为念，虽当艰危之际，亦可深蒙主眷，况朝廷清明乎！”

上阅唐临淄王隆基讨韦氏天星乱落如雪论曰：“凡天星皆有定数，若史册所纪星陨颇多，甚至乱落如雪，果尔则星之残缺，不可胜数矣。何至今犹粲然如故耶？此等必流星过度，误以为陨落也。”

上阅道士司马承祯对唐睿宗语论曰：“阴阳术数，道士且不屑为，况人主日御万机，何暇及此？睿宗之问，为失言矣。承祯应对确有至理，固请还山，尤见高致。”

上阅唐明皇焚珠玉锦绣于殿前论曰：“人主崇尚节俭，自是美德，第当近情平易，不可矫激太甚，如唐明皇以金玉锦绣焚之殿前矣。未几复遣使求珠翠奇宝，何前后之判然不侔耶！铣始者必鲜终，人情大抵然也。”

上阅唐明皇杀三子论曰：“人主信任馋佞，不能自保其子，如汉武帝巫蛊之篇，每不忍观，况一日杀三子乎。奸邪之害人家国亦惨毒之至哉！”

上阅唐明皇次于马嵬军士杀杨国忠论曰：“唐明皇耽于逸乐，任用杨国忠，以致仓卒出奔。军士愤怨，是其素所逸乐者，即取祸之道也。历观史册，比比皆是矣。”

上阅李光弼与史思明战于印山败绩论曰：“兵机迟速，关系最重。利害所争，间不容发。有宜速而迟者，固失事机；有宜迟而速者，亦患于轻躁，皆足取败。至于轻信佥壬浮说及令中使督师，往往会偾事，以致全军覆没。如鱼朝恩之促李光弼者，何可胜数。明季亦坐此弊。”臣杜讷对曰：“诚如圣论。”

上阅郭子仪因盗发父冢乃以天谴引咎论曰：“自汉唐以来之勋臣，功名最盛而福祚克全者，以郭子仪为首称。非其得于天者独厚也，良由笃棐谦冲、不敢以功业自矜，故能终身显荣，声施后世。观其自谓不能禁暴，乃遭天谴数语，其虚怀卓识过人远矣。”

上阅唐德宗时罢榷酒沽论曰：“酒之糜谷甚多，若能禁止，谷必有余。第在地方官相机裁抑，使民自然乐从，斯为有益。如必自朝廷禁之，则恐奉行不善，反滋弊端矣。”臣杜讷对曰：“皇上圣明，曲体民隐无微不致也。”

上阅陆贽奏代李楚琳事论曰：“陆贽章奏甚多，莫不竭忠尽志，悉中机宜，此尤务全国体，深有合于王道。虽遭时不淑，其嘉谟硕画，足为臣子进言之法。”

上阅李晟表请为僧不许恳辞方镇亦不许论曰：“李晟虽遭馋间，不能坦然自信，则未尝学问之过也。凡人臣善处功名者不多，概见惟在帝王加意保全之，斯可得善始善终耳。”

上阅唐德宗时诏葺白起庙赠兵部尚书论曰："白起即当褒赠，面因或人虚诳之言，亦非政体。况起之残忍好杀，不可以飨俎豆，而风示将帅也明甚。德宗此举，有两失矣。"

上阅唐德宗谓建中之乱术士豫言之盖天命也论曰："天下托命于人主，而相识佐君以有为。故朝廷振作，则庆流宗社、泽被蒸民，非时命所得而主也。李泌云：惟君相不可言命，确是实理。"

上阅唐德宗抚纳云南王异牟寻论曰："帝王于蛮荒之外，非不欲声教遐暨，第未免烦后虑耳。观唐德宗之招云南等部，以弱土蕃而卒以为患，可知怀远有道，不必强致之也。"

上阅唐宪宗时裴潾辟、柳泌之药不可服论曰："金石性烈，烹炼益毒，从古饵之被害者众矣。后人犹蹈覆辙，何也？夫金石固不可饵，即养生家服气之说，亦属矫揉。朕尝体中小不平，寻味参同契诸道书，殊无所益。静览《性理》一篇，遂觉神志清明，举体强固。足见方士家言，皆不可信。"臣杜讷对曰："《性理》全集，臣等翻阅维艰。皇太评订丹黄，数旬卒业，仰见圣心澄彻，性天之学，融会贯通。凡道书曲说，自不足当睿照也。"

上阅唐文宗与李德裕言朋党事论曰："人受天地之中，以生所谓公心也。公好公恶，岂可阿徇？若曲附朋党，灭天理，丧人心，无所不至矣。士流读书明理，至于如此，尚不愧衾影哉！"

上阅唐懿宗拜十六陵发明非之论曰："古人虽重庙祭，然陵寝所在，拜之未为非礼。传云，过墓思哀，乃人情也。故天下风俗虽殊，至于拜墓，则四海同然矣。尹起莘之言，于理未确。"

上阅冯道对唐明宗谓历险则谨而无失，平路则逸而颠蹶论曰："奥稽史册，国家当蒙休集庆之后，率以丰享豫大驰，其兢业之心渐至废坠者，往往有之。所以古昔圣贤，每于持盈保泰之际三致意焉。冯道以明宗喜有年而设譬以对，犹得古人遗意。虽道之生平不足比数，而其言固自可采也。"

上阅冯道卒论曰："自后晋至周，缘以篡得国。冯道历臣，其比肩事主之人，其俯仰愧怍不识，当何若矣？乃犹著长乐老以自述，其荣遇当时，反以德量称之，四维不张，于兹为甚。无惑乎其乱亡接踵也。"

上阅五代纪论曰："六朝五代，于开国之初，诒谋率多未善，一切举动，苟且目前，殊无久长之计。以视汉唐之规模宏远，相去奚啻迳庭！"

上阅宋太祖欲察人情向背颇为微行论曰："宋太祖欲察人情而不安于深宫晏处，洵励精求治之心，第当命驾时巡省，方问俗进穷檐之父老，而使得自言其疾苦，则民隐足以周知，可无九阁万里之隔矣。何必仆仆微行以自轻耶？"

上阅南汉主作烧煮剥剔、刀山剑树之刑论曰："愚民自罹法网，情罪昭然，万无可生之路，必不得已而刑之，尚觉恻然不忍，何得于五刑之外，恣为惨酷，残民以逞耶？"

上阅宋太祖时五星聚奎论曰："五星之行于天，度数不同，迟速各异，何由聚于一宿？虽史册书之，考之天文，断之以理，终不可信。"臣杜讷对曰："敬承圣训。"

上阅宋太祖时潘美用樊若水策造浮梁渡江论曰："江势之汹涌，浮梁似乎难结，或当时联舟而济也。即如晋伐吴时，吴以铁索截江，晋用炬镕断之。夫以铁之重，截江之阔，何能浮而不沉？此皆纪事者未及深思之故。"

上阅宋真宗时天书见于承天门论曰："虚诞之说欺人且不可，况假为书词欺天乎？宋真宗之蔽惑不待言也。王钦若小人之尤，以致其君过，举罪难逭矣。"

上阅宋真宗时作玉清昭应宫论曰："宋真宗以天书之故，作此宫以奉之，劳民伤财，置于无用之地。复为御容，以待天书，命大臣兼领宫使。何所取益，甚不可解。"

上阅王旦遗令诸子削发披缁以敛论曰："王旦，辅弼大臣，不能救正天书之失，负职甚矣。至于临没之时，悔心始萌，亦已无及。复遗令削发披缁以敛，是其心犹谓佞佛可以免过。则平日之崇信异端，不能笃守正道，益较然可睹矣。"

上阅宋仁宗时夏人寇渭川旗左麾左伏起、右麾右伏起论曰："史笔须劲质高洁，言简而事详。朕览纲目续编，文气薄弱，字句之间，每多冗杂，有似稗官小说者。较之正编，相去远矣。至发明广义，率剿袭陈言，泛滥无当，且议论偏谬，尤不足观。"臣杜讷对曰："诚如圣论。"

上阅宋仁宗时刘义叟以钟声弇郁谓之害金、帝当感心腹之疾论曰："乐以昭功德、召和气，当从其大者言之。偶尔之疾，亦属感应，毋乃琐屑乎！况古乐久失其传，义叟何所考据，不过凭臆之词，好事者遂为之傅会耳。"

上阅司马光上宋仁宗札子论曰："司马光立朝行己，正大和平，无几微之可议。不只冠有宋诸臣，求之历代，亦不可多得。其论君德有三，曰仁、明、武；治道有三，曰任官、信赏、必罚。要言至理，可书丹扆座右，万世不易也。"

上阅宋英宗时司马光以不能四六辞翰林学士论曰："司马光综史传为《通鉴》，其学殖淹博，文词最为典雅。岂不能为四六者，盖因宋承五季之后，时犹崇尚俳偶，竞趋浮华。故光以不能四六为辞，所以矫当世之失，而欲返之于淳朴。其用意良深矣。固非如后世鄙陋无文之人高谈性命而蔑视辞章，以自文其不学者所得而藉口也。"

上阅宋神宗时诏王安石越次入对论曰："王安石赋性坚僻，动辄援引古义，以文其执拗之私心，而又口给便捷，应辨不穷，足以惑乱人主之听。所谓大奸似忠、大诈似信也。"

上阅宋神宗时苏轼言求治太急、听言太广、进人太锐论曰："宋神宗励精图治，王安石遂以新奇可喜之说杂沓并进，渐致海内棼然，民生重困。苏轼云愿镇以安静，待事之来，然后应之，深得致治大体，不止为当时药石。致其条奏详明，洋洋洒洒，忌者乃以纵横讥之，非公论矣。"

上阅宋神宗时用巨木为浚川杷论曰："杷之不可以浚川，虽庸俗皆知之。当时决违众议，特置浚河司，设官以主其事，迂疏之甚。"

上阅宋神宗时郑侠上流民图论曰："熙宁之时，民苦新法，如在汤火。郑侠以疏远小臣绘图上闻，其为民请命，忠谠激切之心，犹可想见。"

上阅司马光谓改新法当如救焚拯溺论曰："宋哲宗之初，廷臣咸欲革除新法，犹以改父之政为嫌。司马光毅然为以母改子，遂使群疑立释。可谓要言不烦，善处大事者矣。若以绍圣更法，遂尤其建议之际，已留瑕隙，令惠卿辈得持其短长，是皆事后之见尔。"

上阅宋哲宗时召程颐为崇政殿说书论曰："历代讲筵之设，率临御殿廷，诸臣拱侍，不过进讲数行，徒了故事而已，夫有何益？必清宫便殿，潜心诵读，朝夕研究，始能贯通义理，有会于心。”臣杜讷对曰：“圣学高深，犹懋勤罔斁，自昧旦以至夜分，皆手不释卷。从古帝王所谨见也。”

上阅宋徽宗时诏童贯等勒兵巡边以应金论曰：“辽之建国在宋之先，相邻百有余年。一旦乘辽之敝，结金以图之，不知唇亡齿寒，失策极矣。矧信誓昭然甘于背弃，其不详孰大焉。固不待靖康之末而知其倾覆已。”

上阅宋徽宗时勒蔡京致仕论曰：“蔡京以庸劣之流，依附小人，以图登进，即当烛其奸回，决意屏黜。迨其误国而始逐之，已无及矣。用人之道，诚不可不慎之于始也。”

上阅宋钦宗时以李纲为东京留守论曰：“李纲之忠悃笃挚，诚有大过人者。第靖康之时，国势已不可为。即使尽行其言，久居其位，亦未必有济也。”臣杜讷对曰：“诚如圣谕。”

上阅宋钦宗时宗泽与金人十三战皆捷论曰：“钦宗失国，距此才四月尔。宗泽一木之支，其力几何？十三战皆捷，似有虚冒也。曩进剿逆贼时，我兵偶失利，绿旗营将犹以捷闻。将军诘之，则曰明朝旧例皆然。可见陋习相沿，其来已久。”

上阅宋高宗时曹勋建议谋奉上皇由海道归论曰：“徽、钦北行年余，宋之诸臣未有能画一策者。曹勋所议，虽陟险道，未必得当，然其亟于君父之心，则犹可取也。”

上阅宗泽闻警对客围棋论曰：“兵凶战危，大将临敌，当如何戒惧，可与客对奕乎？或其时亦有矫情镇物之意，纪事者未必不加饰其辞尔。”

上阅宋高宗时吴璘新立叠阵法论曰：“锋镝相接，迅不及停，何暇约计为百步则用神臂弓、七十步则用强弓从容拟若是耶？皆全不知兵，于纸上谈之。乃谓以此取胜，恐未必然。”

上阅宋高宗作损斋论曰：“宋高宗以损名斋，自是清心寡欲之意，第当其时正宜奋励有为，非仅淡泊㧑谦可以恢复大业，即此一端观之，知其优游苟且，而无振俗之志矣。”

上阅宋孝宗时月四朝太上皇论曰：“上皇在御，自当乘暇问视，岂可限定朝见之期。孝宗于宋固敦伦之主，乃以月四朝遂盛称于史册，何所见之狭也。”臣杜讷对曰：“皇上孝事两宫，诚敬交至，从古寝门问安之礼，惟我皇上能躬行之也。”

上阅宋孝宗时从太上皇幸玉津园论曰：“人子爱日之诚，从幸园亭，未为不可。论者则极非之。唐太宗奉太上皇置酒未央宫，又以止于一见，为孝养之缺务为刻论，互相矛盾，悖谬至矣。”

上阅宋孝宗作敬天图论曰：“敬天以实不以文，诗所云不显亦临，小心翼翼。昭事上帝，皆常存敬畏，不因有所见而始惕也。宋孝宗作敬天图，尚隔一膜。虞允文之言，可谓切至。”

上阅宋孝宗时陈贾请禁道学论曰：“宋之诸臣排击程朱，以伪道学斥之，固非正论。若涂饰言貌，袭取君子之名，其隐微践履，实不可以告人者，则又不可不辨。设以假窃之徒，尽目之为道学，是宋室之与闻性天者更多于孔门也。”臣杜讷对曰：“诚如圣论。”

上阅宋光宗时群臣请朝重华宫不果行论曰：“人君以孝治天下，则臣下观感以作忠，兆民亲睦而成俗，真所谓至德要道也。宋光宗不朝重华宫，蔑弃彝伦，莫此为甚。至于勉强一朝，都人为之大悦，则其宫庭悖德，久为举国之所共忧矣。”

上阅宋宁宗时李全会、张林袭金东平败绩论曰：“当时金之兵力固衰，以敌方长之元则不足，以敌垂敝之宋则有余。兵法有云，知彼知己。宋人何其昏瞶也。先是辽困于金，宋乘其衅，已为辽所败，前车既覆而不悔，深可悯哉。”臣杜讷对曰：“宋自颠危以后，内政军实未闻修举，顾妄启干戈，动辄败衄，自作之祸，不可救已。”

上阅宋理宗诏赠朱熹太师、信国公论曰：“宋理宗以不得与朱子同时为憾，续编书之以向慕正学之切，不知当时信任佥壬，即使朱子在朝，恐亦为谗邪所中，不得大行其道也。此皆掠美虚谈，且以彰其祖宗之失，尤非所宜。”臣杜讷对曰：“皇上诵读经史，必以躬行实践为第一义。谕及理宗所言彰其前代之短，大义炳然，尤从来所未发也。”

上阅宋理宗蜀将王夔迎谒余玠事论曰：“王夔帅所部迎余玠，班声如雷，江水为沸，虽属形容之辞，涉于诞妄矣。他如矢大如椽、山崩则江水不通、锁枪以为桥、画地以为船、以习水战之类，不可枚举。又张贵募士，伏水数日不食，手能凿船，敌船岂皆聋聩然无一觉者？伏水数日，而又不食，恐非人所能也，徒为奇僻之说以新耳目。揆之情理，皆不足信。”臣杜讷对曰：“诚如圣论。”

上阅宋理宗封贾似道卫国公、权倾中外论曰：“天下之大，待理于一人断，宜读书明理，使万几洞察于中，可以当前立决，自然权不下移。若中无定见，不得不委任臣下，渐至乾纲解弛，太阿旁落，鲜有不败者。如宋理宗可以为鉴。”

上阅宋帝昺时陈宜中请迁都不果行论曰：“人臣事上自当一言一事极其详确。宋末危急之时，陈宜中恸哭请迁都，乃以仓卒失奏行期。致太后束装虚待，儒者涵养素定，虽造次必于是，颠沛必于是，宜中良愧此矣。”

上阅宋帝昺时君臣相继逃遁论曰：“人臣之谊与国同休戚者也。宋之丞相章鉴与廷臣曾子渊辈相率潜逃。平日所学何事，乃径不知有纲常，全不顾惜廉耻乎？”臣杜讷对曰：“负恩至此，真物类之不若也。”

上阅元世祖时遣使穷河源论曰：“汉之张骞、唐之蔡元鼎所访河源，皆不过玉门关外，纪载寥寥。元之都实远履发源之地，纪其分流、伏脉，历历可指。较之往代，相去悬绝。论者乃以为无益，何也？”臣杜讷对曰：“明人考河源必引星宿海为典据，至论遣都，实则又以为无，益不自知其刺谬。盖续编之发明广义，乃彼时妄人所著，文气重复鄙俚，议论多徇私曲，人心大公之理，汩没殆尽矣。”

上阅元世祖纪称伯颜不妄杀、劳而不伐论曰：“大将统数十万众摧坚陷阵能不妄杀者，元之伯颜与宋之曹彬可以并称。至其劳而不伐，若不知有平宋之功，则又卓然独步。”

上阅元成宗时太史奏日食不应论曰：“凡日月之薄蚀，原有定期。若日食二分有奇，其象甚微，且当巳时阳光方盛，仰观未明，遂以当食不食为说，可谓浮诞矣。今日食不及三分，皆不入占，诚为有见。”臣杜讷对曰：“敬承圣训。”

上阅元泰定帝时禁西僧驰驿扰民论曰：“邮传之设所以速使节，非军国重务不得轻扰之。至于金字圆符，元时用以备边，乃僧人佩符乘驿者多，至传舍不能容，无谓甚矣。元政之衰于此可见。”

上阅元顺帝时更钞法论曰："金钱实货而以钞易之，即使上下流通，亦易于腐败，非经久之计也。昔人交子、会子，每行之多弊，不便于民。凡为民所不便者，皆不可行。钞法其一端也。"

四　月

初一日壬戌　早，上以孟夏躬诣太庙祭毕，回宫。

本日起居注官库勒纳、顾仪、陆肯堂。

初二日癸亥　辰时，上御乾清门听政。部院各衙门官员面奏毕，大学士伊桑阿、阿兰泰、王熙、梁清标、徐元文，学士朱都纳、彭孙遹、迈图、郭世隆、西安、博济、王国昌、西喇、布颜图、田喜霦启奏折本。伊桑阿等奏曰："臣等遵旨传谕九卿、詹事、科、道等，迩来风霾时作，天气少旱，倘有应行应改事宜，可会议以奏。九卿云，去岁皇上谨念天旱，屡颁谕旨。若政事果有应行应改，臣等敢不入告？即如祈谷坛祭文，皇上亦且特命改撰。今凡事悉有定例，实无应行应改处。"上颔之。

未时，上御保和殿，赐请安科尔沁国多罗郡王毕立克图、多罗贝勒巴西古里、和硕额驸班第、一品台吉格勒尔图、二品台吉苏柱克图、四品台吉毕立滚大来等、未得品台吉绰克图等，吴喇忒部落镇国公都棱，扎鲁特部落二品台吉毕萨、四品台吉马尔穆等，克什克屯四品台吉老章，巴林部落三品台吉阿赖冲等、四品台吉达尔查，毛明阿部落二品台吉班第等，喀尔喀部落二品台吉达西、四品台吉根敦，又请安进贡喀尔喀土谢图汗第五子纪克巴台吉族弟阿海代青诺等三十四台吉、一寨桑食。

本日起居注官库勒纳、王掞。

初三日甲子　辰时，上御乾清门，听部院各衙门官员面奏政事。

本日起居注王顼龄、尹泰。

初四日乙丑　辰时，上御乾清门，听部院各衙门官员面奏政事。

巳时，上问皇太后安。

本日起居注官胡会恩、顾仪。

初五日丙寅　早，上御太和门视朝，升转文武官员谢恩。次问安进贡喀尔喀部落土谢图汗第五子纪克巴台吉族弟阿海代青诺颜等二十九台吉坐于内大臣班末，赐茶毕，回宫。

本日起居注官库勒纳、徐嘉炎。

初六日丁卯　辰时，上御乾清门，听部院各衙门官员面奏政事。

本日起居注官尹泰、顾藻。

初七日戊辰　辰时，上御乾清门，听部院各衙门官员面奏政事。

本日起居注官顾仪、蔡升元。

初八日己巳　辰时，上御乾清门听政。部院各衙门官员面奏毕，上谕户部尚书苏赫等曰："京城内穷官员兵丁暨各屯中家口贫苦者，已被恩泽。但直隶地方防守官兵家口，尚未沾恩，其间有艰难困苦者，尔部遣司官等往察，以便赈恤。"谕毕，户部尚书等出。

大学士伊桑阿、阿兰泰、王熙、梁清标、徐元文，学士朱都纳、彭孙遹、迈图、郭世隆、西安、博济、王国昌、西喇、布颜图、田喜霅以折本请旨。兵部题把总史进朝等讳盗不报，俱议革职。上曰："盗案处分俱有定例，若有例而不遵行，则微员武弁革职者多矣。其事不过报迟，非系隐讳，此议何也？可问明该部情由以奏。"

本日起居注官库勒纳、曹鉴伦。

初九日庚午　辰时，上御乾清门，听部院各衙门官员面奏毕，大学士伊桑阿、阿兰泰、王熙、梁清标、徐元文，学士朱都纳、彭孙遹、迈图、郭世隆、西安、博济、王国昌、西喇、布颜图、田喜霅以折本请旨毕，伊桑阿等曰："臣等遵旨问兵部大臣，据兵部诸臣云，陈猷采家于康熙二十八年十月三十日被贼行劫，该把总史进朝既同一处居住，岂有不知？彼时不行呈报，迟至十一月方才报明，明系隐讳，应坐讳盗例革职。"上曰："盗案疏防及讳盗处分各有定例。史进朝、王玺、张时魁等既已申报，不照疏防例议处，乃坐以讳盗例，不合。从前有如此完结者，俱令察明，一并再议具奏。"

本日起居注官尹泰、史夔。

初十日辛未　辰时，上御乾清门，听部院各衙门官员面奏政事。

本日起居注官顾仪、陆肯堂。

十一日壬申 各部院衙门无章奏。上不御乾清门。

巳时，上问皇太后安。

本日起居注官库勒纳、张希良。

十二日癸酉 辰时，上御乾清门，听部院各衙门官员面奏政事。

本日起居注官王尹方、尹泰。

十三日甲戌 辰时，上御乾清门听政。部院各衙门官员面奏毕，大学士伊桑阿、阿兰泰、王熙、梁清标、徐元文，学士朱都纳、彭孙遹、迈图、郭世隆、西安、博济、王国昌、布颜图、田喜霁以折本请旨。户部题漕艘阻滞，应将总督董讷等及挑浅不力丹阳等处官员二十七员一并交吏部。上曰："去岁漕船并无迟误，督抚免交吏部，其挑浅不力各官亦俱免议。"

本日起居注官王掞、顾仪。

十四日乙亥 辰时，上御乾清门听政。部院各衙门官员面奏时，吏部尚书鄂尔多等奏曰："刑部主事员缺，前以鸣替戴屯拟正，霍滕拟陪。奉上谕令以本旗年久笔帖式引见，今特传集引见。"上令引众笔帖式至前，以其俸次及年齿逐一详问毕，谕曰："鸣赞除朝贺引礼唱赞，并无他事，且一二年内即可升迁。众笔帖式在衙门抄写文案，因事差遣，有至二、三十年不得升者，甚属屈抑。此缺可将历俸三十一年笔帖式巴吉尔图补授。嗣后主事员缺，尔部仍以应升者拟定正、陪，再以年久笔帖式三员并同引见。"谕毕，吏部尚书等出。

大学士伊桑阿、阿兰泰、王熙、梁清标、徐元文，学士朱都纳、彭孙遹、迈图、郭世隆、西安、博济、王国昌、布颜图、田喜霁以折本请旨。仓场侍郎凯音布等因运河水浅、船只难行，请交与总漕、总河，速加挑浚，庶漕艘可以速抵。伊桑阿等奏曰："臣等遵旨问原任总河靳辅，若将运河水从两傍下埽筑堤夹堵，令水流归漕，则水必深，庶可行舟。靳辅云，圣谕诚然。若从两傍夹堵修筑，则舟可行矣。"上曰："此事若行文总河，修筑则迟延日久。即令凯音布同靳辅速往，从分水龙王庙以北照此，速动正项钱粮，率地官酌量挑浚下埽，束水修理，以济漕运。"

巳时，上问皇太后安。

本日起居注官库勒纳、王顼龄。

十五日丙子　辰时，上御乾清门，听部院各衙门官员面奏政事。

本日起居注官李楠、尹泰。

十六日丁丑　辰时，上御乾清门，听部院各衙门官员面奏政事。

本日起居注官胡会恩、顾仪。

十七日戊寅　上以文皇后忌辰不御乾清门。命大学士伊桑阿、阿兰泰，学士朱都纳、迈图、郭世隆、西安、博济、王国昌、布颜图至乾清宫内，以折本请旨。吏部题工部主事穆察因遗失红本，议以其所加二级抵销，免其调用。上曰："收掌红本乃主事专责，穆察贮藏不谨，致有遗失，不合。令以旗分员缺补用。"

本日起居注官思格则、顾藻。

十八日己卯　辰时，上御乾清门听政。部院各衙门官员面奏时，吏部尚书鄂尔多奏曰："监察御史靳新病故员缺。前曾拟员外郎吴通保为正，黑伸为陪，蒙上谕引见本旗郎中，今特传集引见。"上命俱朝前跪列，一一详问，乃以俸深户部郎中吴什巴补授。

又户部侍郎阿山等所察沧州东安等处穷兵家口数目，上问差往察勘郎中殷特曰："山东田禾若何，曾雨几次？"殷特奏曰："观麦子稍觉苦旱。据民言，若旬日得雨，尚可有收。二月间曾经大雨，田中禾稼俱能发生。"上又问河水若何。殷特对曰："比前觉浅矣。"奏毕，出。

大学士伊桑阿、阿兰泰、王熙、梁清标、徐元文，学士朱都纳、彭孙遹、郭世隆、西安、博济、王国昌、田喜霱以折本请旨。户部覆奉天将军会同盛京户部府尹等议，盛京锦州、开元、辽阳、盖州诸处，应积蓄米谷，地丁、钱粮仍如前征收，银两转交城守尉等，视米谷充足价贱时陆续采买。至于每岁所收牛马税银，从将军衙门归并省城税银，一处买米收贮。盛京仓内若无所用处，则以陈者发出，新者入贮，春贷秋收。应令将军衙门料理，交纳明白。如此则数年内积贮米谷，可备荒欠，且于兵民亦俱有裨益，议准行。上从之曰："仓米所关甚为紧要，令盛京户部侍郎详察。收贮米粮，其每年出入之数仍令报部。"

本日起居注官库勒纳、蔡升元。

十九日庚辰　各部院衙门无章奏。上不御乾清门。

本日起居注官尹泰、曹鉴伦。

二十日辛巳　辰时，上御乾清门听政。部院各衙门官员面奏毕，户部侍郎阿山奏宝泉局一年内收用铜斤细册。上曰："观向来钱法，特派堂官管理甚善，今则流弊不堪矣。阿山乃一微贱笔帖式，朕以尔尚在可用超擢大臣，尔之所优乃如此乎？钱为国宝，尔专其事，乃不身亲严察，委任属官，钱法遂至于坏。此事尚且不能，更将何所用尔？耶温代、额库里俱发黑龙江，尔不此为鉴耶？"阿山奏曰："圣谕诚然。钱法流弊，俱臣愚劣所致。嗣后臣当竭力勤慎。"上又曰："部院官员极其罔诈，任事不勤，及至事发乃云此后谨慎可乎？若职守不谨，则所行何事？凡有恪共国事、效力多者，朕即从优超擢，其或怠惰不敬，即治以重罪，或斩或流，岂能宽宥耶！"

谕毕，学士伊桑阿、阿兰泰、王熙、梁清标、徐元文，学士朱都纳、彭孙遹、迈图、郭世隆、西安、博济、王国昌、布颜图、田喜霅以折本请旨。

本日起居注官库勒纳、张希良。

二十三日甲申　辰时，上御乾清门，听部院各衙门官员面奏政事。

本日起居注官尹泰、顾藻。

二十四日乙酉　辰时，上御乾清门听政。部院各衙门官员面奏政事毕。大学士伊桑阿、阿兰泰，学士朱都纳、迈图、郭世隆、西安、博济、王国昌以折本请旨。伊桑阿等奏曰："臣等前以理藩院所题喇嘛日给肉米等物事奏请，奉旨'朕宫中每日食物甚少，此等喇嘛所给，似稍过之。尊莫尊于宫中，尔等观朕及内廷用饭人员，并每日常馔之数，将此本再议以奏。'臣等遂以皇上每日膳羞并内廷用饭人员食物数目，从内务府取观。据开饭房、膳房每日供用皇上猪肉十九斤，鸡三只，羊肉二盘，新碾粳米三升，鹅一、小猪一，每日轮用。皇太子用猪肉十八斤八两，羊肉一盘，鹅一只，鸡二只，笋鸡一只，鸭一只，新碾粳米一升半。大阿哥用猪肉十二斤，羊肉一盘，鹅一只，鸡两只，笋鸡一只，新碾粳米二碗。阿哥五位各用猪肉九斤，鹅半只，鸡一只半，鸭半只，新碾粳米二碗。小阿哥五位各用猪肉二斤八两，鸭一只，新碾粳米一碗。十月起至正月止，此四月内有冬季猎人进狍、鹿，则以常用猪、羊减去，进野鸡、鱼，则以常用小猪、鸡、鹅、笋鸡减去。其所减猪、羊、鸡、鹅，发回所司。每日乾清门侍卫、近侍并有官职人等，用猪肉十二两，水稻米一碗又四分碗之一。无官职人等，猪肉八两，水稻米一碗又四分碗之一。夏季进送腌鱼，及冬季猎人进鹿时，则以常用猪肉减去，其所减之肉发回光禄寺等语。皇上每日膳馐，至为减约。天子当富有四海，自宜享天下之奉，故《书》云惟辟玉食，言珍异之食，惟人主得备之也。《周礼》云惟王之膳，不会言有司，不敢会计，所以奉至尊也。今皇上日用过简，似于经义未合。皇上所用数目，令部院满汉诸臣阅之，众皆云所减太过。臣等区区愚意，窃谓宜量加增益。至养赡喇嘛日给米肉，虽属闲项，但此等人既受圣恩，食物有年。臣等之意，仍冀如旧颁给，伏候上裁。”上曰：“朕自来所御，如此已可足用。其喇嘛仍如旧给与。”

又吏部议覆皇上升殿时鸿胪寺衙门鸣赞伊密孙声音不好，且又误唱，应降一级调用。正卿何玺、少卿布达理不令声音好者鸣赞，亦属不合，应各罚俸一年。又喀尔喀台吉等行礼后，其班次不照品级排列，不合，应将理藩院侍郎额尔黑图、员外郎常寿各罚俸六个月。上曰：“伊密孙照所降级以笔帖式补用。余皆如议。”又谕曰：“太常寺鸿胪寺鸣赞，原以声音好者选取，论俸补授主事。今观此等历年未久，皆从捷径越年久笔帖式以升，于是声音不好者反取为鸣赞，甚至越数年而并未赞唱一次者亦有之。传谕太常寺鸿胪寺，察现在鸣赞内声音不好者，题参革去鸣赞，仍以笔帖式用。若声音不好者不察参黜革，朕察出时一并治罪。”

本日起居注官王掞、顾仪。

二十五日丙戌 辰时，上御乾清门听政。部院各衙门官员面奏时，吏部尚书鄂尔多等题太常寺少卿高层云病故员缺，以通政司参议钱三锡等引见。上顾起居注官曰：“高层云书法甚工，所患何病，尔等闻之否？”库勒纳、王项龄奏曰：“高层云患痰火，六日而亡。”

奏毕，大学大学士伊桑阿、阿兰泰、王熙、梁清标、徐元文，学士朱都纳、彭孙遹、迈图、郭世隆、西安、博济、王国昌、布颜图、田喜篝以折本请旨。户部题崇文门税差拟遣员外郎徐崇礼。上曰："此差甚繁，可就郎中选择差遣，令开列职名具奏。"

礼部议覆科臣何楷疏奏乡试条例。上曰："科场弊端甚多，虽严申禁令，断不能止。如果令人察拿，必然可获。但恐事滋繁扰耳。此条陈事宜，可令九卿议奏。"

又兵部题台臣杨敬儒条奏湖南陆路既有驿递，则水路所给船只永宜停止，议不准行。上曰："湖广额船甚少，给与官兵家口，往来行走之人不敷，必派取民船，滋累殊甚，作何添设船只？令户、工二部会议具奏。"

又议奏承追那移银两不力佐领萧永藻、佟福宾，骁骑校冯国隆、王仁德，俱应如例革职。参领李兴静、佟国佐，俱应降二级。都统郭布、李正宗，副都统祖植椿、苏赫、俞维邦、伊类，应各降一级，俱再限一年，带罪督催。上曰："此事若照此议处，事务愈烦。尔等之意若何？"伊桑阿等奏曰："如此诚觉烦琐。"阿兰泰奏曰："若限内所保者，即令完结。保后或有隐匿处，发觉似应严议，倍加处分。"西安奏曰："圣谕诚然。"上曰："前议此事时，尔等皆在。其可行与否当议事时不即陈察，但顺承云上谕诚是，于事何益。此案令九卿、詹事、科、道官员，八旗都统、副都统，会同确议具奏。"

又理藩院题喀尔喀图冷尔吉图等偷盗内厩之马，应照律定为首者拟绞，其妻子、家属、牲畜应籍没。上曰："图冷尔吉图从宽免死，此等俱喀尔喀部落之人作何安插，再议具奏。"

本日起居注官库勒纳、王顼龄。

二十六日丁亥　辰时，上御乾清门听政。部院各衙门官员面奏毕，大学大学士伊桑阿、阿兰泰、王熙、梁清标、徐元文，学士朱都纳、彭孙遹、迈图、郭世隆、西安、博济、王国昌、布颜图、田喜篝以折本请旨。刑部奏，苗一成、魏国良、王明、刘辉、王义同持柴木，打死吴珠尔瑚父子，又杀死吴珠尔瑚带去李英等六人。苗一成应凌迟立决，魏国良、王明、刘辉、王义俱应立斩。李才并伊妻，应发遣三千里。至魏国良等逃窜，被笔帖式阿尔飞擒获，无庸议。上曰："三法司核拟具奏。阿尔飞令议叙。"

本日起居注官思格则、李楠。

二十七日戊子 辰时，上御乾清门听政。部院各衙门官员面奏毕，大学士伊桑阿、阿兰泰、王熙、梁清标、徐元文，学士朱都纳、彭孙遹、迈图、郭世隆、西安、博济、王国昌、布颜图、田喜霈以折本请旨。户部题崇文门税差开列郎中等职名。上顾大学士等问曰："郑都为人何如？"伊桑阿奏曰："其人可用。"上又问："温宝何如？"伊桑阿奏曰："其人亦可。"上顾阿兰泰问曰："温宝曾与尔同衙门，其人若何？"阿兰泰奏曰："温宝能办事，而所行亦得体。"上曰："郑都鲠直人也，且能办事。温宝各处差遣行走，效力甚勤。此差令温宝去。"

巳时，上问皇太后安。

本日起居注官胡会恩、尹泰。

二十八日己丑 先是京师雨泽未敷，上忧之。昨二十七日大雨一昼夜，四野沾足。上遂于二十八日寅时由午门出正阳门，至南苑观禾。酉时，回宫。上出午门时，顾大学士伊桑阿等曰："保定等处未知雨足否？可遣户部司官善驰马者即往察勘。"

本日起居注官顾仪、蔡升元。

二十九日庚寅 辰时，上御乾清门，听部院各衙门官员面奏政事。

巳时，上问皇太后安。

本日起居注官思格则、曹鉴伦。

五　月

初一日辛卯 辰时，上御乾清门听政。部院各衙门官员面奏毕，大学士伊桑阿、阿兰泰、王熙、梁清标、徐元文，学士朱都纳、彭孙遹、迈图、郭世隆、西安、王国昌、布颜图、田喜霈以折本请旨。吏部题请行取知县。上曰："行取知县，以科、道用者甚多。科、道职任关系紧要，尔等可传谕九卿，各以平昔所知学问优长、品行可用者面同举奏。"

又兵部题请以四川驿递移至中路。上曰："闻现在所迁驿道平坦而近，该抚等为地方尽心筹画，可嘉。可另拟票签以进。”

未时，上御保和殿，赐进贡苏尼忒部落头等台吉阿必达、四等台吉扎尔布等，克什克屯三等台吉齐礼克特、四等台吉巴商，翁牛忒部落都统鄂穆布，毛明安副都统阿里麻乌勒特、四品台吉阿雅等，及请安进贡喀尔喀部落扎萨克那颜察汗把尔保拜，扎萨克图汗之子厄尔克阿海巴琅台吉、卫征台吉等食，令那颜察汗把尔保拜、厄尔克阿海巴琅台吉至御座近前，上亲赐酒。

本日起居注官库勒纳、陆肯堂。

初二日壬辰　辰时，上御乾清门听政。部院各衙门官员面奏毕，九卿、詹事、科、道进前奏曰：“昨蒙谕令臣等各举所知才品优长知县等官，臣等谨遵谕，各陈所见。”上曰：“尔等所知若何？”户部尚书王骘奏曰：“以臣历任所知，清苑县知县邵嗣尧、万载县知县刘体元、上虞县知县万中一、沅陵县知县陈名璠、建阳县知县李六成等，皆清廉慈惠，不愧民之父母。又臣衙门郎中王承露才品亦长。”礼部尚书张玉书奏曰：“臣衙门主事赛璋办事勤敏。”兵部尚书李天馥奏曰：“三河县知县彭鹏、灵寿县知县陆陇其，居官矫矫有声。”工部尚书张英奏曰：“臣衙门员外王吉武、主事朱卷才学颇优。”左都御史陈廷敬奏曰：“清苑清知县邵嗣尧、灵寿县知县陆陇其廉能茂著，名实允符。”礼部侍郎王泽弘奏曰：“臣所知彭鹏、陆陇其已经诸臣举奏，臣不更举。”督捕侍郎席柱奏曰：“清苑清知县邵嗣尧才守兼优，臣亦闻之。”兵部侍郎李光地奏曰：“臣所知亦惟邵嗣尧、彭鹏二人允称良吏。”上问刑部尚书图纳、左都御史马齐曰：“尔等亦有深知确见者否？”马齐奏曰：“臣等历任督抚，亦尝循例荐举卓异，但止据彼时之廉能。至于操守历久不移，臣未敢信，难逃圣鉴。科、道所关最要，臣等不敢妄奏。”九卿、詹事、科、道出。

大学士伊桑阿、阿兰泰、王熙、梁清标、徐元文，学士朱都纳、彭孙遹、迈图、郭世隆、西安、王国昌、田喜霈以折本请旨。上曰：“适九卿列荐有邵嗣尧、陆陇其、彭鹏三人，其服官廉介，朕所素知，尔汉大学士亦有所知者否？”梁清标奏曰：“邵嗣尧、陆陇其、彭鹏允称廉吏，但陆陇其于事情迂阔，未免德胜才耳。”徐元文奏曰：“臣所闻湖广麻城县知县赵苍璧牧民有声，然臣实未识其面。”王熙奏曰：“臣亦闻之。”上曰：“彭鹏任事勤敏，廉而有守。三河密迩京师，朕上陵往还必经其地，贤否昭然，虽欲为不肖之官而不能。但从前名誉固佳，安能尽保其后靡不有初、鲜克有终？惟始终不渝，乃称良吏耳。”

吏部题通政司参议员缺，以降调左都御史郭琇拟补。上曰：“郭琇本出寒微，朕因其能言特加拔擢。不思报称，身为宪臣，擅通书札，嘱托徇私，殊属溺职。既经降谪，理宜闭门思咎，所行不然，可鄙极矣！且郭琇向所参奏，动以无耻责人，今乃身自蹈之，无耻孰甚焉。凡为人当以品行为第一，如郭琇者品行何在？”大学士王熙奏曰：“郭琇人品极其污下，诚可耻笑。”徐元文奏曰：“人臣义无私交，敢行请托，大玷官箴，而又贪鄙如此，其品行奚足道哉。”上曰：“郭琇令以原品休致，这员缺可另拟具奏。”

巳时，上问皇太后安。

本日起居注官顾仪、张希良。

初三日癸巳 仁孝皇后忌辰，上不御乾清门。部院各衙门本章俱交送内阁。

本日起居注官思格则、史夔。

初四日甲午 辰时，上御乾清门听政。部院各衙门官员面奏毕，大学士伊桑阿、阿兰泰、王熙、梁清标、徐元文，学士朱都纳、彭孙遹、迈图、郭世隆、西安、博济、王国昌、布颜图、田喜霈以折本请旨。九卿以保举知县彭鹏等职名开列折子。上曰：“保举知县内朕所知者惟彭鹏、邵嗣尧、陆陇其三人。”又顾大学士徐元文问曰：“尔所举赵苍璧若何？”徐元文奏曰：“赵苍璧现为湖广麻城县知县，闻武昌兵噪时，所在州县官俱弃城潜去，惟彼安抚百姓，修城预备，居官固善，学问亦优。”上曰：“彭鹏、邵嗣尧、陆陇其、赵苍璧俱准行取。”又谕大学士等曰：“朕往江南时，观外任汉军官员勤于任事，黾勉效劳，凡有辛苦处，俱藉其力。似此保举不与人，将何由激劝？尔等可谕九卿大臣，各以所知者保奏。”

本日起居注官尹泰、周金然。

初五日乙未 早，上御太和门视朝，升转文武官员谢恩，次问安进贡喀尔喀部落查萨克那颜察汗把尔保拜、扎萨克图汗之子台吉厄尔克阿海巴琅等行礼，喀尔喀查萨克那颜察汗把尔保拜坐于贝勒班末，扎萨克图汗之子台吉厄尔克阿海巴琅坐于公班末，卫征台吉等坐于内大臣班末，赐茶毕，回宫。

本日起居注官库勒纳、王掞。

初六日丙申 辰时，上御乾清门，听部院各衙门官员面奏政事。

未时，上移驻瀛台。

本日起居注官王顼龄、顾仪。

初七日丁酉 辰时，上御瀛台勤政殿，听部院各衙门官员面奏政事。

本日起居注官思格则、李楠。

初八日戊戌 辰时，上御瀛台勤政殿，听部院各衙门官员面奏毕，大学士伊桑阿、阿兰泰、王熙、梁清标、徐元文，学士朱都纳、彭孙遹、迈图、郭世隆、西安、博济、王国昌、布颜图、田喜霨以折本请旨。工部题修造文华殿等殿椅座、圣牌，核减浮用银十八两有奇，但所减银数不多，无容议。上曰："此等浮用银，皆由档案舛错所致。嗣后浮用三百两以上者，仍题令补偿；其未及三百两者免之。"

巳时，上问皇太后安。

本日起居注官尹泰、胡会恩。

初九日己亥 部院各衙门无章奏。早，上由西直门幸畅春园。酉时，回瀛台。

本日起居注官库勒纳、顾藻。

初十日庚子 辰时，上御瀛台勤政殿，听部院各衙门官员面奏政事。

本日起居注官顾仪、蔡升元。

十一日辛丑 辰时，上御瀛台勤政殿，听部院各衙门官员面奏毕，大学士伊桑阿、阿兰泰、王熙、梁清标、徐元文，学士朱都纳、彭孙遹、迈图、郭世隆、西安、博济、王国昌、布颜图、田喜霨以折本请旨。刑部等衙门题覆江南江西总督傅腊塔所审沭阳县民周廷鉴叩阍控告太常寺少卿胡简敬父子等一门济恶，奸人妻女、霸占田产、诬陷良人为盗等事，俱系情真，胡简敬应革职、徒三年，胡旭、胡敷世俱应绞，胡简尤、胡安世、胡简英、胡简翊、胡简亮、胡简奇、胡简易、胡正俱拟杖徒。巡抚洪之杰奉旨审事件，不速行审讯，反收胡简敬等诉词，明系徇情，应降三级调用。上曰："朕早夜孜孜，勤思治理，日与在廷诸臣讲求，无非爱养民生，恐其颠连无告，以致失所。若绅衿土豪倚势横行，凌虐小民，藐法纵恣，毫无顾忌，穷黎受害，于何底止？今胡简敬等一家济恶，霸占有主田地，奸夺良家子女，诬告盗情致毙人命。阖县之人遭其毒害，种种恶迹，昭然有据。督抚不行举发，科、道漫无纠参，无非畏其势力，瞻徇情面。今已告发审实，若不严加处分，立置重典，何以为直省地方不法绅衿、积恶豪强之戒！胡简敬等应于彼处正法治罪。巡抚洪之杰为地方大吏，平日既不能体察纠参，及经告发，又不遵旨速行审结，迁延徇庇，殊负委任，应革职，令九卿、詹事、科、道会同议奏。"

又户部以张五等一案两议具题，一议张五等实系投充郑五家人，应断还；一议张五等并非投充郑五家人，应断归民籍。上曰："凡一应事件，务须满汉各官同心协衷，虚公料理，屡有谕旨，申饬甚明。若满官偏徇旗下，汉官偏徇民人，事理何由得当？今张五一案，满则断归旗人，汉则断归民籍，各执意见，两议俱题，殊属不合，令明白回奏。此案仍令画一议奏。"

巳时，上问皇太后安。

本日起居注官思格则、曹鉴伦。

十二日壬寅　上因有事于方泽坛，斋戒三日，不理事。

巳时，上问皇太后安。

本日起居注官库勒纳、周金然。

十四日甲辰　早，上御保和殿视祭方泽坛祝版毕，回宫。

巳时，上问皇太后安。

本日起居注官顾仪、陆肯堂。

十五日乙巳　早，上以夏至，躬诣方泽坛致祭毕，回宫。

巳时，上问皇太后安。

本日起居注官库勒纳、胡会恩。

十六日丙午　辰时，上御瀛台勤政殿听政。部院各衙门官员面奏毕，大学士、九卿、詹事、科、道官员进前，尚书张士甄、王骘、张玉书、杜臻、张英等奏曰："皇上宵旰焦劳，无时不以爱养生民为念。为臣子者自当仰体圣心，教训子孙和睦乡里，不令生事。胡简敬一门济恶，奸人妻女，霸占田产，甚至陷盗杀命，种种不法凶虐已极，应从重治罪，为地方横恶豪绅之戒。"上曰："科、道官平日但摭拾无益细务奏以塞责，如此害民之事，竟无敢言者矣！此事可令九卿会议具奏。"

巳时，上问皇太后安。

本日起居注官王掞、尹泰。

十七日丁未 早，上自瀛台出西直门，驻跸畅春园。部院各衙门本章每日交送内阁，内阁转送畅春园听理。

本日起居注官库勒纳、王顼龄。

十八日戊申 巳时，上问皇太后安。

十九日己酉 辰时，上御畅春园澹宁居听政。部院各衙门官员面奏毕，大学士伊桑阿、阿兰泰、王熙、梁清标、徐元文，学士朱都纳、彭孙遹、迈图、郭世隆、西安、博济、王国昌、布颜图、田喜霱以折本请旨。户部议覆安插驿站之李汉英等不亲往驿递，令江炳旺、萧回子等代去，应交与刑部提江炳旺等，严加察议。上曰："江炳旺、萧回子不必提来，李汉英、李世茂等令严提察议具奏。"

巳时，上问皇太后安。

本日起居注官思格则、王掞。

二十日庚戌

二十一日辛亥

二十二日壬子 辰时，上御畅春园澹宁居听政。部院各衙门官员面奏毕，大学士伊桑阿、阿兰泰、王熙、梁清标、徐元文，学士朱都纳、彭孙遹、郭世隆、西安、博济、王国昌、布颜图、田喜霱以折本请旨。吏部题沭阳县民周廷鉴等叩阍告胡简敬等事，镇江府知府王燕推诿不往审理，殊属不合，应照例降三能调用，销去所加二级，抵降二级，仍降一级调用。上曰："王燕居官颇优，令带所降之级仍留原任。"

又盛京刑部侍郎邬黑陛辞，请皇上训谕。上曰："闻盛京地方嘱托之事甚多。尔到任后，诸事须奉公而行。"邬奏曰："臣一介微末，蒙皇上之恩累加擢用，授为侍郎，岂敢于事徇情，不以公断。谨遵皇上训谕，勤勉效力。”

本日起居注官王顼龄、尹泰。

二十三日癸丑

二十四日甲寅　巳时，上问皇太后安。

二十五日乙卯

二十六日丙辰

二十七日丁巳　上自畅春园移驻南苑。是日，赐京口副都统祖泽源鞍马一匹。

二十八日戊午　早，上幸凉鹰台，以内厩马同诸王、八旗大臣官员马并驰，共用千余骑，阅其尤者五十匹给赏缎匹等物有差，赐茶。申时，上回畅春园宫。

本日起居注官库勒纳。

二十九日己未　辰时，上御畅春园澹宁居听政。部院各衙门官员面奏毕，大学士伊桑阿、阿兰泰、王熙、梁清标、徐元文，学士朱都纳、彭孙遹、迈图、郭世隆、西安、博济、王国昌、布颜图、田喜霱以折本请旨时，自内发出所印四书五经各二部。谕曰：“旧官板印四书五经式样甚大，难于披阅。如令该部改刻精小，所需钱粮又多，因以大内现存旧板，重令精小改刻刷印。尔等将此书看阅，如果善，即以此板发该部。有愿印者，听其印取。”

巳时，上问皇太后安。

本日起注居官李楠、顾仪。

六　月

初一日庚申

初二日辛酉

初三日壬戌　辰时，上御畅春园澹宁居听政。部院各衙门官员面奏时，户部侍郎赛弼汉等奏曰："所给出征官兵家人两月行粮及带去预备之米，俱应发古北口仓内所贮米粮。给发时，应遣臣部司官二官同霸昌道监放，请旨。"上曰："所给之米，能带去者令驮两月之粮，前往不能者则令少少带去。闻有不能带米或致货卖者，亦有弃之而去者，尔阿山可前往给发。"赛弼汉等又奏曰："此前去官员秋季俸银及兵丁，四个月钱粮应预为给发。"上曰："伊等起程日期甚速，各给银十两。令其修理器械，给与一个月钱粮，余依议。"谕毕，户部侍郎等出。

大学士伊桑阿、阿兰泰、王熙、梁清标，学士朱都纳、彭孙遹、迈图、郭世隆、西安、博济、王国昌、布颜图、田喜霈以折本请旨。伊桑阿等奏曰："臣等恭阅内发印就《四书》、《五经》，字画清真，卷帙精雅，此书甚佳。请以一部存臣衙门，一部存翰林院。其板交发该部，有愿印者听其印取。"上曰："此书存留尔衙门与翰林院，其发板该部之处，另有谕旨。"

又工部题："造炮所减银钱五百三十三两有奇，应令原任郎中、今任督捕左理事官佛保、笔帖式说思泰如数追取，交臣衙门库内收贮。其所减铜油及大绿块子、红土等项颜料共七百八十斤有奇，一并交户部，缮写黄册进呈。"上曰："此所减银钱，俱免其追取。"

巳时，上问皇太后安。

本日起居注官库勒纳、胡会恩。

初四日癸亥

初五日甲子

初六日乙丑　辰时，上御畅春园澹宁居听政。部院各衙门官员面奏毕，大学士伊桑阿、阿兰泰、王熙、梁清标、徐元文，学士朱都纳、彭孙遹、迈图、郭世隆、西安、博济、王国昌、布颜图、田喜霈以折本请旨。九卿题，原任太常侍少卿胡简敬一家济恶，种种不法。胡简敬应坐光棍为首例立决。胡旭、胡敷世原拟应绞监候，秋后处决。洪之杰身为封疆大臣，不行参奏、奉旨审理，又不速结，徇情护庇，稽延日时，应革职。余俱照原议。"上曰："胡旭、胡世敷依拟应绞，令监候秋后处决。胡简敬从宽免死，并胡简尤、胡简奇、胡简翊、胡简英、胡简亮、胡简易、胡安世、胡正等，俱发河南安插，开垦荒地纳粮。洪之杰着革职，余依议。”又江南江西总督傅腊塔题参大学士徐元文等。上曰：“此事可问九卿回奏。”

本日起居注官思格则、顾藻。

初七日丙寅

初八日丁卯

初九日戊辰 辰时，上御畅春园澹宁居，听部院各衙门官员面奏毕，大学士伊桑阿、阿兰泰、王熙、梁清标，学士朱都纳、迈图、郭世隆、西安、博济、王国昌、布颜图以折本请旨。伊桑阿等奏曰：“九卿、詹事、科、道所议两江总督傅腊塔将大学士徐元文、原任尚书徐乾学等列款题参后，大学士徐元文亦有辩奏，察旧例应交该部究拟实情。但皇上至圣至仁，洞悉古今，从前亦有如此题参大臣之事，俱蒙保全，从宽消弭。此事伏候上裁。”上曰：“此事俱实，若令究审，即显露矣。但为其事纷繁，宜作何处置，可仍令九卿议奏。”又吏部题外转运史刘懋藻补江南粮道，原任湖广黄州知府苏良嗣补任浙江杭州府，原任江宁府知府师若琪补任江南苏州府，原任广西平乐府知府徐祚焜补任四川叙州府。上曰：“苏州知府缺甚紧要，观永平知府卢腾龙为人既优，居官亦善。湖广黄州知府王辅原任卢沟桥捕盗同知，为人颇优，学问亦佳，书法亦善。”伊桑阿等奏曰：“皇上所见极是，即此二人中可调一人补授苏州知府。”上曰：“刘懋藻等依拟用，卢腾龙可调补苏州知府。”

巳时，上问皇太后安。

本日起居注官库勒纳、尹泰。

初十日己巳

十一日庚午

十二日辛未 辰时，上御畅春园澹宁居听政。部院各衙门官员面奏毕，大学士伊桑阿、阿兰泰，学士朱都纳、迈图、郭世隆、西安、博济、王国昌、布颜图以折本请旨。伊桑阿等奏曰：“两江总督傅腊塔题参大学士徐元文、原任尚书徐乾学等及徐元文辩奏一疏，臣等遵旨传问九卿。据九卿云，从前有此等题参大臣之事，皇上亦曾从宽消弭，以保全大臣。徐元文或令休致回籍，或严旨申饬留任，伏祈上裁。”上曰：“姚启圣若果有行贿营求处，徐元文任都御史时何不纠劾？今被参始奏，殊属不合，令严饬之。总督傅腊塔所参本内各款，从宽免其审明。徐元文令休致回籍。”

又兵部题海澄公黄芳泰请以公爵令其弟黄芳都继子黄应缵承袭，俾得安葬殉难者之柩。应无容议。上曰：“黄芳泰系功臣之裔，可如其所请，令黄应缵在籍安葬。”

又鲍希仁叩阍祈请议叙随其父总兵官鲍虎出征功绩，部覆无容议。且鲍希仁并无冤抑，妄行叩阍，应交刑部议处。上曰：“鲍虎在浙江等地方效力处多，鲍希仁随父效劳，且人才亦优，作何录用，令再议具奏。”

本日起居注官库勒纳、顾仪。

十三日壬申　巳时，上问皇太后安。

十四日癸酉

十五日甲戌　辰时，上御畅春园澹宁居听政。部院各衙门官员面奏毕，大学士伊桑阿、阿兰泰、王熙、梁清标，学士朱都纳、彭孙遹、迈图、郭世隆、西安、博济、王国昌、布颜图、田喜霈以折本请旨。吏部题江苏巡抚洪之杰革职员缺，或开列满州，或开列汉军汉人，请旨。上曰：“湖南巡抚郑端居官殊善，且为人亦优，尔等所闻若何？”伊桑阿、王熙等奏曰：“臣等所闻亦然。”上顾梁清标问曰：“是尔同乡否？以尔观之何如？”梁清标奏曰：“郑端乃真定府枣强县人，与臣同郡。诚如皇上所见。”上曰：“江苏巡抚缺以郑端调补。”

又礼部题议各关监督仪注与总兵官对品。上曰：“监督与总兵官对品所议太过，令再议具奏。”又刑部等衙门议覆陈先打死族内功服兄，应立斩。上曰：“陈先见父殴，因助殴其兄。人命所关重大，令九卿会议具奏。”

巳时，上问皇太后安。

本日起居注官库勒纳、蔡升元。

十六日乙亥

十七日丙子

十八日丁丑　辰时，上御畅春园澹宁居，听部院各衙门官员面奏政事。

本日起居注官思格则、曹鉴伦。

十九日戊寅　巳时，上问皇太后安。

二十日己卯

二十一日庚辰　辰时，上御畅春园澹宁居听政。部院各衙门官员面奏毕，大学士伊桑阿、阿兰泰、王熙、梁清标，学士朱都纳、彭孙遹、迈图、郭世隆、西安、博济、王国昌、田喜霈以折本请旨。吏部题原任大学士兼管翰林院掌院士徐元文员缺，开列少詹徐潮等职名。上曰："翰林院掌院责任紧要，尚书张英、张玉书此二人内用一人似善。"大学士伊桑阿等奏曰："诚如圣见。"上曰："张英可兼管翰林院事。"又偏沅巡抚郑端员缺，开列学士郭世隆等职名。上曰："湖北布政使于养志，观其为人甚明晰；浙江布政使卞永誉居官亦善。可问九卿、詹事、科、道具奏。"

又福建总督兴永朝、郎中吴尔泰等将革职安溪县知县孙永首告张永茂等一事质审，俱有情罪，应将布政司张永茂等摘印卸事，伊等之缺请速行补授。上曰："此事极为重大。吴尔泰等乃一司官，或将此事妄为张大亦未可定。可速开侍郎、学士等职名具奏。"

本日起居注官尹泰、史夔。

二十二日辛巳

二十三日壬午

二十四日癸未　辰时，上御畅春园澹宁居听政。部院各衙门官员面奏毕，大学士伊桑阿、阿兰泰、王熙、梁清标，学士朱都纳、彭孙遹、迈图、郭世隆、西安、博济、王国昌、田喜霈以折本请旨。吏部题偏沅巡抚郑端调补员缺、福建巡抚张促举革职员缺开列学士郭世隆等职名。上曰："于养志升补偏沅巡抚，卞永誉升补福建巡抚。"

又吏部郎中中法喀升任员缺，以督捕员外郎吴通宝拟正，太仆寺员外郎雅图拟陪。上曰："法喀令以护军参领留郎中任。"

本日起居注官顾仪、吴苑。

二十五日甲申　辰时，上由西直门进西华门回宫。

本日起居注官库勒纳、陆肯堂。

二十六日乙酉　辰时，上御乾清门，听部院各衙门官员面奏政事。

本日起居注官思格则、王尹方。

二十七日丙戌 辰时，上御乾清门听政。部院各衙门官员面奏毕，大学士伊桑阿、阿兰泰、王熙、梁清标，张玉书，学士朱都纳、彭孙遹、迈图、西安、博济、王国昌、田喜霈以折本请旨。吏部题广东巡抚朱弘祚督征革职临高县知县于起凤侵欺民欠地丁钱粮，二年限满未完，不及一分，应罚俸三个月，戴罪督催。”上曰：“朕睹高雷、连琼等府所属州县地丁各项钱粮历年逋欠甚多，该管官畏罪严惩，恐小民愈滋困累。令该督抚以各州县理欠钱粮不能办纳情由详悉察明具奏，尔等可拟谕旨以进。”

本日起居注官王掞、尹泰。

二十八日丁亥 辰时，上御乾清门听政。部院各衙门官员面奏毕，大学士伊桑阿、阿兰泰、王熙、梁清标，张玉书，学士朱都纳、彭孙遹、迈图、西安、博济、王国昌、田喜霈以折本请旨。九卿会议奏直隶各省乡绅名下田地应察明征收钱粮。上曰：“山东省清厘赋役可如议行。其直隶各省，令各该督抚确议具奏。”

又吏部议覆御史王承祐条奏翰林官告假事。上命九卿、詹事、科、道会议具奏。

本日起居注官李楠、顾仪。

二十九日戊子 辰时，上御乾清门，听部院各衙门官员面奏政事。

本日起居注官库勒纳、胡会恩。

三十日己丑 辰时，上御乾清门，听部院各衙门官员面奏政事。

是日，上问皇太后安。

本日起居注官思格则、曹鉴伦。

七　月

初一日庚寅 辰时，上御乾清门听政。部院各衙门官员面奏毕，大学士伊桑阿、阿兰泰、王熙、梁清标，张玉书，学士朱都纳、彭孙遹、迈图、西安、博济、王国昌、田喜霈以折本请旨。兵部题京口将军张思恭病故员缺，开列镶白旗副都统祖植椿等职名。上曰："京口将军职任甚属紧要，当用熟谙水性者方善。"因问大学士张玉书曰："尔镇江府人知张思恭如何？"张玉书奏曰："张思恭任将军未久，前任副都统时颇优。"上又问曰："杨凤翔如何？"张玉书奏曰："杨凤翔任京口将军年久，能辑和兵民。"上又问曰："董元卿如何？"张玉书奏曰："董元卿任副都统未久，闻居官亦善。"上曰："董元卿可升补京口将军。"

本日起居注官尹泰、史夔。

初二日辛卯 辰时，上御乾清门听政。部院各衙门官员面奏毕，大学士伊桑阿、阿兰泰、王熙、梁清标、张玉书，学士朱都纳、彭孙遹、迈图、西安、博济、王国昌、田喜霈以折本请旨。三法司题继获强盗李大娃议立决。上曰："李大娃虽伤人夺财，该抚既引律具奏，可如该抚所题，从宽免立决，令监候秋后处决。"

本日起居注官顾仪、吴苑。

初三日壬辰 辰时，上御乾清门，听部院各衙门官员面奏政事。

本日起居注官库勒纳、陆肯堂。

初四日癸巳 辰时，上御乾清门，听部院各衙门官员面奏政事。是日，谕户部："朕抚育黎元，勤思治理足民之道，宜裕盖藏。从来水旱靡常，必丰年恒有积储，庶厥歉岁不忧饥馑。如康熙二十七年颇称岁稔，诚使民间经营樽节，早为储偫，何至二十八年偶遇旱祲，室皆悬罄。总因先时无备，遂致糊口维艰。比蠲除正赋，特发帑金，分行赈济。所在官司悉仰体朕情，竭力从事，被灾之众始获安全。倘非拯救多方，则穷黎必流移失所。今霖雨时降，黍苗被野，刈获在即，可望有秋。惟恐愚民不知爱惜物力，狼藉耗费。只为目前之计，罔图来岁之需，纵今年获屡丰，亦难渐臻殷阜。应行直省各督抚严饬地方官吏，家谕户晓，务俾及时积贮。度终岁所食，常有余储。用副朕轸念民依，绸缪区画至意，尔部即遵谕行。特谕。"

本日起居注官思格则、王掞。

初五日甲午 辰时，上御乾清门，听部院各衙门官员面奏政事。

本日起居注官席米图、李楠。

初六日乙未 卯时，大学士伊桑阿捧敕书、阿兰泰捧印于太和门前授抚远大将军和硕裕亲王福全，王及皇长子率同出征大臣、官员等行礼毕，王等启行。上亲送出征王等，由东华门出东直门至排列兵马火器处，以次阅视。见军士武勇，火器烜赫，甚为嘉奖。回銮时，出征王及诸臣跪候经过。

巳时，上回宫。先是北边外藩厄鲁特、喀尔喀二国素皆纳贡来朝，因二国构衅相攻，厄鲁特噶尔丹博朔克图声言追逐喀尔喀，潜进哨地，掳掠人口牲畜，故发兵。授裕亲王为将军往问之。

本日起居注官库勒纳、胡会恩、尹泰。

初七日丙申 辰时，上御乾清门，听部院各衙门官员面奏政事。

本日起居注官库勒纳、曹鉴伦。

初八日丁酉 辰时，上御乾清门，听部院各衙门官员面奏政事。

是日，上问皇太后安。

本日起居注官思格则、吴苑。

初九日戊戌 辰时，上御乾清门听政。部院各衙门官员面奏毕，大学士伊桑阿、阿兰泰、王熙、梁清标，张玉书，学士朱都纳、彭孙遹、西安、博济、王国昌、田喜霨以折本请旨。吏部工部尚书张英转补员缺，开列都察院左都御史陈廷敬等职名。上曰："陈廷敬可升补工部尚书。观直隶巡抚于成龙实心效力，察其间隙无可疑处，可升补都察院左都御史。"

又总河王新命题山盱同知员缺，以邳睢同知冯佑等坐名补授，部议不准行。上曰："河务甚重。王新命坐名官员内有朕所知者一二人，若不照伊坐名录用，则河务益难。其如该督所题补授。"

又户部题浙闽总督兴永朝题请禁止台湾地方兵民捕鹿，议不准行。上曰："台湾地方可如该督所题，禁止捕鹿。"

本日起居注官席米图、史夔。

初十日己亥 上以孝懿皇后忌辰，不御乾清门，部院各衙门奏章俱交送内阁。

本日起居注官库勒纳、陆肯堂。

十一日庚子 早，上由神武门出西直门幸畅春园。申时，回宫。

本日起居注官思格则、王掞。

十二日辛丑 辰时，上御乾清门，听部院各衙门官员面奏政事。

本日起注官思格则、李楠。

十三日壬寅 辰时，上御乾清门，听部院各衙门官员面奏政事。未时，御保和殿，赐来进奏章达赖喇嘛徒济隆枯图克图使者阿礼克喀木扎木巴、噶尔丹博朔克图使者达尔汉格龙等食。

是日，上问皇太后安。

本日起居注官胡会恩、尹泰。

十四日癸卯 上问皇太后安。

是日，上将抚慰北边外蒙古，由东华门出东直门，驻跸河漕庄。

十五日甲辰 上驻跸古北口城内。

十六日乙巳 上出古北口，驻跸鞍匠屯。

十七日丙午 上驻跸正红旗鹰庄。是日，谕大学士伊桑阿、尚书顾巴代曰："朕沿途阅视，见所践禾田，过于朕初时谕旨部中丈量者，惟鞍匠屯以南。过此并未丈量。何地非朕赤子，可令侍郎赛弼汉即自口以北至坡赖村，凡践割田禾，作速明悉丈量。"

十八日丁未 上驻跸正红旗鹰庄。

十九日戊申 上驻跸正红旗鹰庄。

二十日己酉 上驻跸青城。

二十一日庚戌 大学士伊桑阿、尚书顾巴代奏曰："圣躬违和，此地风高且寒暑难调，祈请回銮择一佳处游憩，以调摄圣躬。"上报闻。

是日，上驻跸青城。

二十二日辛亥 上驻跸青城。

二十三日壬子 上因圣躬违和，遂回銮。上驻跸第一泉。

二十四日癸丑 上驻跸正红旗鹰庄。

二十五日甲寅 上驻跸正红旗鹰庄。谕左都御史马齐、学士西喇曰："朕问二等侍卫吴达禅云，喀尔喀土谢图汗折布遵丹巴枯图克图属下，贫不聊生者甚多，可遣尔衙门司官一员至土谢图汗处，将至穷乏食者带至张家口外相宜处，同口北道动支张家口所贮之米，日给饭一餐。其每日食米人数及所需米数，俟进京时奏销。"

是日，皇太子、三皇子自京驰至问上安。

二十六日乙卯　上驻跸正红旗鹰庄。

二十七日丙辰　扈从内大臣、大学士、尚书、学士等奏曰："圣躬尚未全愈，此处风高，寒暑难调，太医云回京调治为佳。臣等叩请皇上回京安摄圣躬。"奉旨："朕亦然，体中一日稍可，一日复病，当缓行至京调理。"是日，上驻跸金沟屯。

二十八日丁巳　上驻跸喇嘛洞。

二十九日戊午　上驻跸鞍匠屯。

八　月

初一日己未　上命皇太子先回京师。是日，上驻跸三岔口。

初二日庚申　抚远大将军裕亲王兵于八月初一日击厄鲁特噶尔丹博朔克图，即大败之，先以捷书奏闻。闻者莫不欢忭。此皆由皇上神谟豫定，次第遣发大兵，一应机宜，悉赖皇上躬亲指示之所致也。是日，上驻跸古北口城内。

初三日辛酉　上驻跸石匣城内。

初四日壬戌　上驻跸石匣。

初五日癸亥　上驻跸密云县南新庄。

初六日甲子　上自行宫启行，由密云县乘船至牛兰山驻跸。

初七日乙丑　上自东直门进神武门回宫。是行也，部院奏章日送内阁，内阁三日一次驿送行宫听理。

扈从起居注官库勒纳、尹泰。

初八日丙寅　本日起居注官思格则、曹鉴伦。

初九日丁卯　本日起居注官尹泰、史夔。

初十日戊辰　本日起居注官库勒纳、吴苑。

十一日己巳　圣体犹未全愈。是日，令部院衙门奏章日送内阁，内阁日送宫内听理。

本日起居注官思格则、陆肯堂。

十二日庚午 本日起居注官李楠、尹泰。

十三日辛未 是日，上问皇太后安。

本日起居注官库勒纳、曹鉴伦。

十四日壬申 本日起居注官思格则、蔡升元。

十五日癸酉 本日起居注官胡会恩、尹泰。

十六日甲戌 本日起居注官库勒纳、史夔。

十七日乙亥 是日，上问皇太后安。

本日起居注官思格则、吴苑。

十八日丙子 谕曰："朕体较前大愈，许久不见部院诸臣，思欲相见。明日当御门见之。"

本日起居注官尹泰、陆肯堂。

十九日丁丑 巳时，上御乾清门，大学士、学士等九卿、詹事、科、道官员进前请安。大学士王熙等奏曰："臣等久未见皇上，今得觐天颜，不胜欢忭。但瞻仰之下，较前尚觉清减。请驾幸畅春园，以遣圣怀。"上颔之。

本日起居注官库勒纳、李楠。

二十日戊寅 本日起居注官思格则、曹鉴伦。

二十一日己卯 本日起居注官尹泰、蔡升元。

二十二日庚辰 巳时，上由西华门出西直门，幸畅春园驻跸。部院各衙门奏章每日交送内阁，内阁传送畅春园听理。

本日起居注官库勒纳、曹鉴伦。

二十三日辛巳 是日，上问皇太后安。

二十四日壬午 辰时，上御畅春园内澹宁居，大学士伊桑阿、阿兰泰，学士朱都纳、西安、博济、王国昌以折本请旨。吏部题左都御史于成龙在巡抚任内有降一级留任及未满罚俸四年，俱应带于新任。上曰："于成龙降级、罚俸俱从宽免带于新任。"

又户部题巡抚郑端将湖南所属荒熟田地不照原题概行丈量，反将熟田一概停其丈量，朦混具题，殊属不合，应交吏部察议。上曰："此案令九卿会议。"

又朝鲜国王李焞回奏前请封侧室张氏疏内，有应避讳字样不行避讳，又称德冠后宫，俱属违例，惟候严加处分。上曰："李焞可从宽免，着批'知道了'。"

又兵部题，镶红旗都统赵璟当看亮班次，托称身病，令阿思哈尼哈番佟自勋代宿，应降二级调用，佟自勋罚俸一年。上曰："赵璟可降二级，从宽留任。"

又刑部等衙门题革职淮扬道张天觉以总漕董讷结党诬参叩阍一案，董讷原参张天觉到任后见董讷时面许送礼，俱属虚诬。董讷应降一级留用。上曰："董讷可降一级，从宽留任。"

本日起居注官库勒纳、思格则。

二十五日癸未

二十六日甲申

二十七日乙酉　辰时，上御畅春园澹宁居听政。部院各衙门官员面奏毕，大学士伊桑阿、阿兰泰，学士朱都纳、西安、博济、王国昌以折本请旨。兵部题镇海将军张思恭虽称京口所有沙船、虎船一百五十只，今惟存七十只，其余皆分在沿海地方。请将此仍照旧例留在一处。但水师各营俱系要地，该将军所题无容议。其所题镇法兵丁过孔子庙皆令下马，请勅下各省，令知晓礼法。应交于礼部议。上曰："这战船之处，着再议具奏。"

又赵良栋题功加白守仁等叩阍，蒙皇恩准其录用应保题者，令臣保题在宁夏白守仁等六十四员，既称才能可用，保题前来，应将白守仁等照原品录用。其在西宁功加官员赵良栋，虽称臣身在边陲，不便行取驳查，应就近令该督提镇保题，但此各员皆系随赵良栋效力行间之人，仍令赵良栋保题。上曰："西宁地方与赵良栋住处相隔甚遥，这保题各员可如赵良栋所题行。余依议。"

又江南江西总督傅腊塔题，南赣总兵詹六奇患病，请以原品休致回籍。上曰："詹六奇行间效力甚多，可令在任调理。"

本日起居注官库勒纳、顾仪。

二十八日丙戌

二十九日丁亥　是日，赐朝鲜国王李焞恭进谢恩礼物正使全城君李浚、副使议政府左参赞权愈、书状官等鞍马、银两、缎匹等物。

是日，上问皇太后安。

九　月

初一日戊子　辰时，上御畅春园澹宁居听政。部院各衙门官员面奏毕，大学士伊桑阿、阿兰泰，学士朱都纳、西安、博济、王国昌以折本请旨。户部题奉天将军宗室公绰克托、户部侍郎阿喇密等，预给盛京出征官兵以本年八月俸饷及来年二月俸饷，且格外预给五个月钱粮。绰克托、阿喇密等应交该部察议。上曰："盛京兵丁全恃田亩耕获及月给粮饷，以为资生之计。昨岁盛京禾稼不登，贫困兵丁艰于粒食，曾以所有屯粮颁发赈救。顷值军兴，遣一等侍卫齐兰布往调盛京兵丁，随发谕旨，令无马匹者，给以官场马匹；无行粮者，给以庄屯粮米。官兵因勇跃遄征仓卒之际，置办一切军装，遂支领来年二月分应给俸饷，又预支五个月钱粮，刻期进发。比厄鲁特噶尔丹败遁，盛京官员虽未接战，而奋勇敌忾，深可嘉悦。今若将预支俸饷，复行抵扣，则穷乏兵丁必致生计艰窘，朕心殊切悯恻，所预给来年二月分应支俸饷，及增给五个月月钱钱粮，免其抵扣，令照常支给俸饷，示朕爱养将士、轸恤疾苦至意。尔等可写上传谕户部知之，其大臣亦从宽免交该部察议。"又谕曰："京城兵丁预给五个月钱粮，若全抵扣不与，则兵丁必至于疾苦。每月抵扣一两，以足其数。如有事故，则已此亦传谕户部知之。"

本日起居注官库勒纳、尹泰。

初二日己丑

初三日庚寅

初四日辛卯　辰时，上御畅春园澹宁居，听部院各衙门官员面奏政事。本日起居注官库勒纳、思格则。

初五日壬辰

初六日癸巳　往剿厄鲁特阵亡镶黄旗内大臣都统公舅舅佟国纲丧，于初八日到奏闻。上遣和硕额驸尚之隆、内大臣公颇尔盆及侍卫等迎接，二宿。是日，上问皇太后安。

初七日甲午 上又遣皇长子、四皇子迎接阵亡舅舅佟国纲丧，一宿。

初八日乙未 阵亡舅舅佟国纲丧到家。上遣内大臣公福善及侍卫等携茶酒往奠于丧，次至八旗阵亡大臣、官员，亦俱遣内大臣、侍卫等携茶酒往奠于丧次。

初九日丙申

初十日丁酉 辰时，上御畅春园澹宁居听政。部院各衙门官员面奏毕，大学士伊桑阿、阿兰泰，学士朱都纳、西安、博济、王国昌以折本请旨。兵部题原任镇海将军张思恭题，沙船、虎船请仍照旧例俱留京口，一体操练。议覆除京口原有船七十只外，水师镇标所有船三十只、狼山镇标船四十只、金山等营船十只，俱留京口。令该将军一体操练。上曰："狼山镇标可令留船三十只，余如议。"

又喀尔喀额尔得尼济农彭椿、喇布滩台吉等题请助伊等银两、牲畜一疏呈览。上顾大学士等曰："凡人以忠孝为本，观塞外蒙古不忠不孝，全然不晓理义，虽多方爱养，施恩抚育，竟不一思仰报。"伊桑阿等奏曰："圣谕诚然。塞外蒙古忠孝全无，何异畜类。"上又曰："曩者旧臣曾参于朕曰：'凡蒙古对敌初进时，人虽骁勇；败北之后，即奔窜首尾不顾，甚是怯懦，比于诸敌为易。'适我兵与厄鲁特对敌，厄鲁特败时，即奔窜高山之顶，遁于险恶处矣。因我兵排列极密，所以敌人乱放鸟枪得伤，而进退之际，海螺亦未鸣。此皆战阵之道未熟故耳。从古以来，行兵之道未尝不豫为熟行操练，故前八旗兵丁，春秋令其行猎者，即操练行兵之道也。但令其行猎，兵丁之马匹羸瘦，令暂行停止。八旗兵丁于春秋二季使集于宽敞平原之处，排列阵势鸣螺，令兵丁进退，熟行操练。"诸臣奏曰："圣谕诚然。兵丁应如此熟行操练。"上曰："将此事尔等交与议政大臣。"上又曰："闻在用兵处议政大臣及此处议政大臣，或有静坐不出一言者，如此与木偶何异？于议论诸事时，各出己见，议论方得其情。若竟于一言，则事何由得当耶？"

本日起居注官库勒纳、尹泰。

十一日戊戌

十二日己亥　是日，上问皇太后安。

十三日庚子　辰时，上御畅春园澹宁居听政。部院各衙门官员面奏毕，大学士伊桑阿、阿兰泰，学士朱都纳、西安、博济、王国昌以折本请旨。吏部题补授科、道员缺，将行取知县彭鹏等四员开列引见。上曰："彭鹏着以科员用，邵嗣尧、陆陇其、赵苍璧着以御史用。"

本日起居注官库勒纳、席米图。

十四日辛丑

十五日壬寅

十六日癸卯　是日，上问皇太后安。

十七日甲辰　辰时，上御畅春园澹宁居听政。部院各衙门官员面奏毕，偏沅巡抚于养志陛见。上曰："今岁湖广地方米谷何如？抑或有盗贼之事否？"于养志奏曰："近今一二岁内米谷未甚收获，今岁田禾最好，麦亦大收，亦无盗贼之事，地方甚是安静。"又问曰："河南地方田禾何如？"于养志奏曰："河南地方田禾亦好。"上曰："尔等职任之事紧要，尔应速往。"于养志奏曰："臣一微贱之人，蒙皇上屡次擢用，不意至此职任。臣惟竭力黾勉从事，祈皇上训谕。"上曰："尔当竭尽乃职，尔之善恶，民必知之。"于养志奏曰："臣谨志皇上训谕，何敢不仰体皇上爱民之意而行。臣所行善恶之处，皇上将来必闻。"

巳时，上由畅春园移驻南苑。

本日起居注官库勒纳、顾仪。

十八日乙巳　是日，赐湖南巡抚于养志备鞍马一匹。

十九日丙午

二十日丁未　巳时，上由正阳门进午门，回宫。

二十一日戊申　辰时，上御乾清宫，大学士伊桑阿、阿兰泰以折本请旨。九卿会题，云南、贵州、四川、福建秋审情真、缓决、矜疑犯人。上曰："今年内外秋决着停止。情真及缓决各案俱不必具题。其情可矜疑者，着照例具题。"

又兵部题，两广总督石琳既称，海外游魂诸贼方云龙等，聚集奸宄之徒，在安南国新安、岳山诸岛劫掠洋船，伪称将军。龙门副将叶升帅兵进剿，俱已擒获。应将与贼通连梁斌一并行咨，交与该督严审定罪具奏。上曰："这本内当阵擒获分散伪札及南国擒送各犯，俱系熟谙水性之人，从宽免死，并伊等妻子解送来京，发黑龙江充水手当差。其通贼梁斌等仍着该督严审拟罪具奏。"

本日起居注官席米图、史夔。

二十二日己酉 部院各衙门奏章俱交送内阁。

本日起居注官顾仪、吴苑。

二十三日庚戌 部院各衙门奏章俱交送内阁。

本日起居注官思格则、陆肯堂。

二十四日辛亥 辰时，上御乾清门听政。各衙门官员面奏毕，直隶巡抚郭世隆恭请皇上谕旨赴任。上曰："凡接任好官者难，接任不好官者易。于成龙居官甚好，继之者期得好名甚难。尔系能事之人，到任时惟当勤谨竭力而行。"郭世隆奏曰："臣以微末之人，蒙皇上隆恩，以致今职。恐任重才浅，有负委任，谨志皇上训旨，勤谨竭力而行。"

是日，上问皇太后安。

本日起居注官王掞、尹泰。

二十五日壬子 部院各衙门奏章俱交送内阁。

本日起居注官库勒纳、李楠。

二十六日癸丑 部院各衙门奏章俱交送内阁。是日，赐直隶巡抚郭世隆备鞍马一匹。

本日起居注官席米图、胡会恩。

二十七日甲寅 辰时，上御乾清宫，大学士伊桑阿、阿兰泰以折本请旨。兵部题议副都统鄂莫克图应接任。伊桑阿等奏曰："臣等传副都统鄂莫克图来看，有病是实。上曰："鄂莫克图着解副都统任，仍留佐领。病痊补用。"

是日，赐江苏巡抚郑端备鞍马一匹。

本日起居注官顾仪、蔡升元。

二十八日乙卯 辰时，上御乾清宫，江苏巡抚郑端陛见。上曰："尔有何启奏？”郑端奏曰：“臣一介寒儒，蒙天恩拔擢，历升今职，才识短浅，仰求皇上训诲。”上曰：“江苏地方繁华，人心不古，乡绅不奉法者多。”郑端奏曰：“若乡绅肆行无忌，自犯科条，臣惟有执法而已。”上曰：“尔只须公尔忘私，亦不必吹毛求疵。在地方务以安静为善。”

本日起居注官思格则、曹鉴伦。

二十九日丙辰　部院各衙门奏章俱交送内阁。

本日起居注官尹泰、史夔。

三十日丁巳　部院各衙门奏章俱交送内阁。

本日起居注官库勒纳、陆肯堂。

十　月

初一日戊午　部院各衙门奏章俱交送内阁。

本日起居注官席米图、王掞。

初二日己未　部院各衙门奏章俱交送内阁。是日，奏事敦柱传谕大学士、部院大臣，曰：“今朕躬大愈，但因灼艾处忌风寒，未御乾清门听政。虽在宫中理每日奏章，而不得见诸大臣。以不得见，遂无所咨议。朕听政三十年来，无日不见大臣。乃许久不出，因以间隔，心甚不宁，思之如有所失。且近日旗下引见题补诸事恐致壅滞，大臣奏事乾清宫，向来行之，本无嫌忌，其始自明日，仍如常进奏。”

本日起居注官李楠、顾仪。

初三日庚申　辰时，上御乾清宫听政。部院各衙门官员面奏毕，大学士伊桑阿、阿兰泰、王熙、梁清标、张玉书，学士朱都纳、彭孙遹、西安、博济、王国昌、田喜霨以折本请旨。三法司题王启候、颜四、黄迪三人因谋杀贾钦，俱应立斩。但王启候双瞽，照律伏请上裁。上曰：“此案尔等之意若何？”王熙奏曰：“王启候一瞽者为首造，谋杀贾钦，将伊妻逼勒，与人取银分肥，其所行甚恶，俱应立决。”上曰：“伊等俱如所议。”

毕，上顾大学士等曰：“闻满洲兵丁家贫者多，曩日满洲初进京师时，人人俱给有房田，各遂生计，饲养牲畜亦便。今子孙繁衍，一人增至数人，是以无房田者甚多。且既顺治年间以来，出征行间，致有称贷不能偿还，遂至穷迫。今将满洲兵丁之旧债负作何清给，俾各遂其生计。俟出征兵丁全旋之日酌议之。”

是日，上问皇太后安。

本日起居注官库勒纳、胡会恩。

初四日辛酉　辰时，上御乾清宫，听部院各衙门官员面奏政事。

本日起居注官尹泰、蔡升元。

初五日壬戌　辰时，上御乾清门听政。部院各衙门官员面奏毕，大学士伊桑阿、阿兰泰、王熙、梁清标、张玉书，学士朱都纳、彭孙遹、西安、博济、王国昌、田喜霁以折本请旨。户部科给事中何金兰以皇上用人行政条例具举，凡平常启奏，日劳圣躬，臣谊难安。自后请定御门之期，或三日，或五日。凡应面奏、请旨事件，皆于是日皇上前陈奏。至于寻常奏章，俱交内阁照例送进。上曰：“朕惟致治，务在精勤久道，期于无斁。朕恭亲庶政，早夜孜孜，靡敢暇逸，冀与大小臣工共图熙绩。据奏用人行政条例具举寻常奏章日烦临御，臣谊难安，请酌定御门之期等语，朕三十年来，每晨听政，面见诸臣，咨询得失，习以为常。今若行更改，非励精求治、初终罔间之道，且与诸臣接见稍疏，朕衷亦萦眷念。这所奏着批‘知道了’。”

又户部议覆黑龙江将军萨布素题，请将在墨尔根居住提督索伦安诸祜等每年耕种官田二千余晌，分给移驻墨尔根官兵、水手、人役耕种，于新迁之处起立产业有益等语，应将此二千余晌熟官田均分与官兵、水手、人役耕种。上曰：“此事着依议。其索伦、打虎里等应否仍开垦耕种之处，令将军萨布素、提督安诸祜会议具奏。”

本日起居注官库勒纳、曹鉴伦。

初六日癸亥　辰时，上御乾清宫，听部院各衙门官员面奏政事。

本日起居注官席米图、史夔。

初七日甲子　辰时，上御乾清宫，听部院各衙门官员面奏政事。

本日起居注官顾仪、吴苑。

初八日乙丑　辰时，上御乾清宫，听部院各衙门官员面奏政事。是日，谕领侍卫大臣曰："朕前下旨欲临大舅舅之丧，因朕躬有病，至于此时。舅舅乃朕之嫡舅，后日发引。今艾疤虽发，舅舅非应阵亡之人，每一思之，痛不能已。朕此病之增至今岁月者，亦是故耳。必须一视其丧，痛乃少慰。且往临大臣之丧，例亦有之。公福善、伯四格之祖殁时，太宗皇帝曾亲往临。舅舅为国效力阵亡，朕明日亲临，着预备。"

本日起居注官思格则、陆肯堂。

初九日丙寅　早，内大臣大学士舅舅佟国维等奏曰："皇上圣躬感冒风寒甚重，几月来犹未全愈，且当艾疤正发之时。舅舅亡于阵，为国效力，仰报皇上擢用，尽忠固其宜耳。丧来时，奉旨遣阿哥等途宿往接至家，又令往吊，与圣躬亲临无异，至往临大臣之丧，虽有旧例，如公福善病时，皇上犹临视之，况往临舅舅之丧，何敢琐琐渎奏耶。但艾疤甚忌此等之处。皇上圣体未甚全愈，必至伤悼哀切。臣等不胜恐惧。舅舅之魂如有知，亦必不安。且时日已久，不拘几时往临皆同，伏乞俟圣体全愈，再行往临。"奉旨谕众大臣、舅舅曰："谕旨已下，朕躬较前颇觉稍健，于艾疤何有？俟日出微暖时往。"

众大臣、舅舅佟国维等再三叩请，奉旨："众大臣、舅舅悉云不可，皆为朕躬。今日之往停止，不拘几时往临。明日出殡，朕诸子皆令往，及上三旗大臣、侍卫、部院大臣，令其往送。"

辰时，上御乾清宫，听部院各衙门官员面奏政事。

本日起居注官王掞、尹泰。

初十日丁卯　因大舅舅之丧发引，部院各衙门大臣往送，故不奏事。

本日起居注官库勒纳、李楠。

十一日戊辰　辰时，上御乾清宫，听部院各衙门官员面奏政事。

本日起居注官席米图、胡会恩。

十二日己巳　辰时，上御乾清宫，听部院各衙门官员面奏政事。

是日，上问皇太后安。

本日起居注官顾仪、蔡升元。

十三日庚午　辰时，上御乾清宫，听部院各衙门官员面奏政事。

本日起居注官思格则、曹鉴伦。

十四日辛未 辰时，上御乾清宫听政。部院各衙门官员面奏毕，大学士伊桑阿、阿兰泰、王熙、梁清标、张玉书，学士朱都纳、彭孙遹、西安、博济、王国昌、田喜霱以折本请旨。兵部题调用襄阳总兵官蔡元员缺，或开列参领，或开列副将请旨。上曰："三屯营副将师帝宾人材勇健，着升补襄阳总兵官。"

本日起居注官尹泰、史夔。

十五日壬申 部院各衙门无奏章，故不奏事。

本日起居注官库勒纳、陆肯堂。

十六日癸酉 辰时，上御乾清宫听政。部院各衙门官员面奏毕，大学士伊桑阿、阿兰泰、王熙、梁清标、张玉书，学士朱都纳、彭孙遹、西安、博济、王国昌、田喜霱以折本请旨。兵部题黑龙江防守御钮莫舜等阵亡，照例俱给与拖沙喇哈番。上曰："钮莫舜人材素优，于黑龙江横衮等处效力甚多，既经阵亡，着从优给与，拜他喇布勒哈番。"

本日起居注官席米图、蔡升元。

十七日甲戌 辰时，上御乾清宫听政。部院各衙门官员面奏毕，大学士伊桑阿、阿兰泰、王熙、梁清标、张玉书，学士朱都纳、彭孙遹、西安、博济、王国昌、田喜霱以折本请旨。礼部题舅舅佟国纲当照例赐恤，其应否予谥及优恤之处，伏乞上裁。上曰："依议，还与他谥，加祭三次。"又兵部题补正白旗阵亡副都统迈图员缺。上曰："原任前锋统领硕代人材壮健，谙练战阵，从优补授副都统。"

本日起居注官李楠、顾仪。

十八日乙亥 部院各衙门奏章俱交送内阁。

是日，上问皇太后安。

本日起居注官思格则、胡会恩。

十九日丙子 辰时，上御乾清宫听政。部院各衙门官员面奏毕，大学士伊桑阿、阿兰泰、王熙、梁清标、张玉书，学士朱都纳、彭孙遹、西安、博济、王国昌、田喜霱以折本请旨。兵部题怀来路升参将哈什库因将良民用酷刑拷打、诬陷为盗，应革职。上曰："哈什库人材壮健，而且年久，从宽免革职，着降四级，以旗下员缺用。"

本日起居注官王掞、尹泰。

二十日丁丑　部院各衙奏章俱交送内阁。

本日起居注官库勒纳、曹鉴伦。

二十一日戊寅　辰时，上御乾清宫听政。部院各衙门官员面奏毕，大学士伊桑阿、阿兰泰、王熙、梁清标、张玉书，学士朱都纳、彭孙遹、西安、博济、王国昌、田喜霅以折本请旨。巡视西城御史吴什巴等题，民人沈七家被盗杀死人命，劫夺银两、衣服而去，应将该管兵马司副指挥刘晋祥交与该部察议。上曰："这案着该部议。近来常有贼盗之事，交与都察院督捕严饬。营城官员昼夜不时巡察，使盗风止息。"

本日起居注官库勒纳、史夔。

二十二日己卯　部院各衙门无奏章，故不奏事。

本日起居注官顾仪、蔡升元。

二十三日庚辰　辰时，上御乾清宫，听部院各衙门官员面奏政事。

本日起居注官思格则、李楠。

二十四日辛巳　辰时，上御乾清宫听政。部院各衙门官员面奏毕，大学士伊桑阿、阿兰泰、王熙、梁清标、张玉书，学士朱都纳、彭孙遹、西安、博济、王国昌、田喜霅以折本请旨。吏部题，盛京礼部侍郎朱山，将伊告假来京之笔帖式桓贞咨称不行告假、私自来京，又不将原任鸣赞佛伦私自来京之处即行纠参，不合，应将朱山降一级，罚俸一年。上曰："朱山不能管束人员，甚属庸劣。着革去侍郎任。"

又谕大学士等曰："凡拟撰文章系翰林官职掌，理当加意详慎。文中题义，务期克肖其人，何可意为轻重。今览杨瑄所撰内大臣都统公舅舅佟国纲祭文，引用王彦章事迹，极其悖谬。且见所撰祭文，每于旗下官员，多隐藏不美之言；于汉人则多铺张粉饰，是何意见？尔等瞻徇情面，不行改削，朕岂容姑释耶！"王熙等奏曰："此文引用王彦章事迹果属悖谬。皇上所见极当。臣等一时意见未及，何敢徇情？"上曰："此等撰文之人若不削籍流窜，何以惩戒将来？尔等可即题参并传张英及撰文者，以从前姚文然、魏象枢、叶方蔼祭文与此祭文较看。"

本日起居注官尹泰、陆肯堂。

二十五日壬午　辰时，上御乾清宫听政。部院各衙门官员面奏毕，大学士伊桑阿、阿兰泰、王熙、梁清标、张玉书，学士朱都纳、彭孙遹、西安、博济、王国昌、田喜霅以折本请旨。兵部题师帝宾系署游击带管直隶三屯营副将事，今照例将伊以署游击授为镇守湖广襄阳等处总兵官。上曰："师帝宾从优准为副将，授襄阳总兵官。"

是日，上问皇太后安。

本日起居注官库勒纳、胡会恩。

二十六日癸未　辰时，上御乾清宫，听部院各衙门官员面奏政事。

本日起居注官席米图、王顼龄。

二十七日甲申　辰时，上御乾清宫，听部院各衙门官员面奏政事。

未时，上御保和殿，赐请安进贡阿鲁科尔沁部落多罗贝勒傕、协理旗下事务二品台吉鄂齐尔图，土默特部落多罗达尔汉贝勒厄尔德米图、二品塔布囊厄尔革图，巴林额驸乌尔浑，敖汉二品台吉滚卜，土默特部落协理旗下事务二品台吉鄂齐尔，克什克屯三品台吉布达喇、四品台吉叁对等食。令喀尔喀部落土谢图汗第二子达尔汉台吉阿必达、第三子厄尔德尼阿海台吉多尔济，坐于蒙古贝勒班次，并图代青台吉罗布臧苏泰议尔登拖多厄尔德尼坐于公之班次，泽望纳尔布等二十六台吉坐于内大臣班末食。令达尔汉台吉阿必达、厄尔德尼阿海台吉多尔济、并图代青台吉罗布臧苏泰议尔登拖多厄尔德尼至御座前，令侍卫赐酒，令泽望讷尔布等跪于槛内，令侍卫赐酒。

是日，上问皇太后安。

本日起居注官王掞、顾仪。

二十八日乙酉　辰时，上御乾清宫，听部院各衙门官员面奏政事。

巳时，上由午门出正阳门，幸驻南苑。部院各部门奏章日送内阁，内阁转送南苑听理。

本日起居注官思格则、曹鉴伦。

二十九日丙戌

三十日丁亥

十一月

初一日戊子

初二日己丑

初三日庚寅

初四日辛卯

初五日壬辰

初六日癸巳

初七日甲午　是日，上移驻玉泉山。

初八日乙未

初九日丙申　是日，上移驻畅春园。

初十日丁酉

十一日戊戌　未时，上由西直门进神武门回宫。

本日起居注官席米图、曹鉴伦。

十二日己亥　辰时，上御乾清宫听政。部院各衙门官员面奏毕，大学士伊桑阿、阿兰泰、王熙、梁清标、张玉书，学士彭孙遹、迈图、西安、博济、王国昌、布颜图、田喜霈、年遐龄以折本请旨。吏部题解任部尚书张英员缺，将都察院左都御史于成龙等如职开列具奏。上曰："熊赐履补授礼部尚书。

又兵部议题，将出征效力功加左都督陈机、王文雄以原品管游击事用；郭俊在先曾给与总兵官札付，亦令管游击事用；候守御所千总缺，李正春升一级，署守备管守备事用；白身人毕之兆以千总用。上曰："依议。陈机等俱着于新设营制官员缺补用。"

又刑部等衙门题，强盗徐二、张所经审，拟立斩。上曰："将伊等俱从宽免死，照例减等，着给与黑龙江披甲新满洲为奴。"

是日，上问皇太后安。

本日起居注官库勒纳、史夔。

十三日庚子 辰时，上御乾清宫，听部院各衙门官员面奏政事。

本日起居注官尹泰、顾藻。

十四日辛丑 辰时，上御乾清宫听政。部院各衙门官员面奏毕，大学士伊桑阿、阿兰泰、王熙、梁清标、张玉书，学士彭孙遹、迈图、西安、博济、王国昌、西喇、布颜图、田喜霱、年遐龄以折本请旨。兵部题镶蓝旗七品官叟色黑因打死乳母，议罚俸一年。上曰："叟色黑将乳母打死，负议殊甚。着革了职，枷号一个月，鞭一百。令当下贱差役。"

本日起居注官席米图、吴苑。

十五日壬寅 早，上御太和门视朝，升转文武官员谢恩。次喀尔喀部落土谢图汗之子达尔汉台吉阿必达厄尔德尼阿海台吉多尔济，土谢图汗之弟并图代青台吉、罗布臧及代青和硕齐台吉等行礼。赐茶毕，回宫。

本日起居注官库勒纳、陆肯堂。

十六日癸卯 因部院各衙门无奏章，故不奏事。是日，上问皇太后安。

本日起居注官思格则、王掞。

十七日甲辰 辰时，上御乾清宫听政。部院各衙门官员面奏毕，大学士伊桑阿、阿兰泰、王熙、梁清标、张玉书，学士彭孙遹、迈图、西安、博济、王国昌、西喇、布颜图、田喜霱、年遐龄以折本请旨。兵部题，福建、浙江总督兴永朝既称浙江总督标下后营把总郭伟，协理福建进剿海贼，对敌阵亡。应照例将把总郭伟子第一人以卫千总用。张元该总督虽称与郭伟一日同事阵亡，但原任浙江总督施维翰原疏内并无张元姓名，该督题请加恩之处无庸议。上曰："郭伟依议。张元阵亡之处，着再察明议奏。"又理藩院题，克什克屯四品台吉莫伦噶尔弼这次行兵在侦探防汛等处效力显著，将伊等俱升一等，授为三品台吉。上曰："莫伦噶尔弼这次行兵探听消息，在侦探防汛等处效力甚多，俱从优升为一品台吉。将此俱晓谕众扎萨克。"又镇守广东高州总兵官张英奇题请："臣患病危笃，调治难痊。臣家乡万里，亲老家贫，三子幼稚，俱在天涯，零仃孤苦，无所依托。若蒙圣恩得紧原籍，诚为万幸。"上曰："张英奇为侍卫时效力年久，览奏称患病危笃，亲老家贫，三子幼稚，家乡万里等语，所有家口，俱着给驿回籍。"

本日起居注官库勒纳、王顼龄。

十八日乙巳　上因有事于圜丘，斋戒三日，不理事。

本日起居注官席米图、李楠。

十九日丙午　是日，上问皇太后安。

本日起居注官胡会恩、尹泰。

二十日丁未　早，上御保和殿视祭圜丘坛祝版毕，回宫。

本日起居注官顾仪、顾藻。

二十一日戊申　早，上以冬至，躬诣圜丘坛致祭毕，回宫。

本日起居注官库勒纳、思格则、蔡升元。

二十二日己酉　辰时，上御乾清宫听政。部院各衙门官员面奏毕，大学士伊桑阿、阿兰泰、王熙、梁清标、张玉书，学士彭孙遹、迈图、西安、博济、王国昌、西喇、布颜图、田喜霨、年遐龄、南达海以折本请旨。礼部题阵亡正白旗副都统迈图应照例给全葬银两，致祭一次，应否与谥伏乞上裁。上曰："依议。还与他谥，加祭一次。"

又刑部等衙门题，郑士英、潘茂训将官卖人参不令正身商人收买，霸占货物，情罪可恶。应将郑士英在原犯事处即行立斩示众，潘茂训拟绞监候秋后处决。上曰："郑士英亦改为应斩，俱着监候，秋后处决。"

本日起居注官库勒纳、曹鉴伦。

二十三日庚戌　辰时，上御乾清宫，听部院各衙门官员面奏政事。

本日起居注官席米图、吴苑。

二十四日辛亥　辰时，上御乾清宫听政。部院各衙门官员面奏毕，大学士伊桑阿、阿兰泰、王熙、梁清标、张玉书，学士彭孙遹、迈图、西安、博济、王国昌、西喇、布颜图、田喜霨、年遐龄、南达海以折本请旨。兵部题覆革职副将张翰叩阍称，军政考察革去者止臣左都督参将之职，并未将世袭拖沙喇哈番一并革去，恳请留臣世职之处，无庸议。上曰："张翰人材壮健，着复还其拖沙喇哈番，于新设营制内游击守备等缺用。"又镇海将军董元乡题请，将已故镇海将军张思恭之子、监生张景仲补授本旗防御张世成员缺。上曰："张思恭自镇守京口以来，并不干预地方事务，和辑兵民，居官甚优。据奏'家道贫穷，人口养赡无资'等语，深为可悯。

其子张景促着补授防御。”

本日起居注官尹泰、陆肯堂。

二十五日壬子 辰时，上御乾清宫听政。部院各衙门官员面奏毕，大学士伊桑阿、阿兰泰、王熙、梁清标、张玉书，学士彭孙遹、迈图、西安、博济、王国昌、西喇、布颜图、田喜霅、年遐龄、南达海以折本请旨。户部题覆甘肃巡抚伊图将宁夏中卫千总鲁淑所管仓内积贮米、麦、豆子潮湿朽烂，谷豆数又短少参奏前来。应照例将千总鲁淑交与兵部，勒令解任，另行铨补。所欠米谷或侵或那，行该抚作速严审具奏。上曰：“这本内事情，着差户部贤能司官一员前往严察。到日将该抚一并议奏。”又镶红旗汉军都统赵璟染病题请休致。上曰：“赵璟既称染病，着解任。于成龙人材壮健，长于统辖，以左都御史补授都统。”

本日起居注官库勒纳、王掞。

二十六日癸丑 辰时，上御乾清宫，听部院各衙门官员面奏政事。

本日起居注官王顼龄、顾仪。

二十七日甲寅 辰时，上御乾清宫听政。部院各衙门官员面奏毕，大学士伊桑阿、阿兰泰、王熙、梁清标、张玉书，学士彭孙遹、迈图、西安、博济、王国昌、西喇、布颜图、田喜溝、年遐龄、南达海以折本请旨。吏部题升任吏部员外郎赫中员缺，论俸以钦天监左监副郎鼐拟正，户部主事钱齐保拟陪。上曰：“郎鼐谙练衙门事务，监副二员讵可全调？着依议用，仍兼管钦天监监副事。”

又陕西提督孙思克以衰老乞解任。上曰：“孙思克长才伟略，简用提督，久镇岩疆，熟谙地方情形，安镇兵民，劳绩茂著，老成威望，边疆要务，正资料理，着照旧供职，不必以衰老求罢。”

本日起居注官思格则、李楠。

二十八日乙卯 辰时，上御乾清宫，听部院各衙门官员面奏政事。

本日起居注官席米图、胡会恩。

二十九日丙辰 辰时，上御乾清宫，听部院各衙门官员面奏政事。

本日起居注官尹泰、史夔。

十二月

初一日丁巳 辰时，上御乾清宫听政。部院各衙门官员面奏毕，大学士伊桑阿、阿兰泰、王熙、梁清标、张玉书，学士彭孙遹、迈图、西安、博济、王国昌、西喇、布颜图、田喜篝、年遐龄、南达海以折本请旨。翰林院题补日讲起居注张希良丁忧员缺，开列掌院学士张英等。上曰："张英着以原衔充日讲起居注官。"又兵部题补正红旗汉军副都统托赖病故员缺，开列侍郎席珠、护军参领觉罗安图等。上曰："王毓秀着补副都统。"

又江南提督杨捷病故员缺，或开列副都统，或开列总兵官请旨。上曰："金世荣调补江南提督，马世奇调补浙江提督，陈奇升补贵州提督。"

是日，上问皇太后安。

本日起居注官顾仪、蔡升元。

初二日戊午 上御乾清宫，听部院各衙门官员面奏政事。

本日起居注官思格则、曹鉴伦。

初三日己未 辰时，上御乾清宫，听部院各衙门官员面奏政事毕，镇守湖广襄阳等处总兵官师帝宾陛见。上曰："尔有何陈奏？"师帝宾奏曰："臣由游击蒙皇上超升副将，在任二年，并无尺寸之效，今又蒙超升总兵官。但臣才疏任重，恐不能胜任，求皇上训谕，当谨遵行。"上曰："尔在三屯营居官甚好，今所行，仍当如前。"师帝宾奏曰："臣一介武夫，屡蒙皇恩擢用，何敢改行？襄阳路当孔道，亦难逃皇上洞鉴。"奏毕，出。赐师帝宾鞍马一匹。

未时，上御保和殿，赐达赖喇嘛使者济农枯图克图虎祐诺尔六台吉等使者食。

是日，上问皇太后安。

本日起居注官尹泰、吴苑。

初四日庚申 早，上御乾清宫，大学士伊桑阿、阿兰泰，学士迈图、西安、博济、王国昌、西喇、布颜图、年遐龄、南达海以折本请旨。宗人府题，和硕显亲王丹臻家人郑士英霸占官参，应照例罚银一万两，外再罚俸六个月。料理王府事散骑郎三品阿达哈哈番、佐领觉罗孙住、一等护卫胡聘，俱应革职。令应袭孙住之职者，另行承袭。四品典仪王振京乃管辖郑士英之官，不预行严管，应革职。上曰："王属下多妄行之人，何由而知？丹臻从宽免其罚俸及罚银一万两，孙住、胡聘俱从宽免其革职，各降五级留任。孙住既系世袭之职，以所降之级照例罚俸，余如所议。"

又甘肃巡抚伊图疏请来京陛见请安。上曰："伊图见各官已经具疏，始行题请，殊属不合。着严饬，不必来京陛见。"

本日起居注官思格则、陆肯堂。

辰时，上以文皇后三周礼往祭，由东华门出朝阳门，驻跸通州东关。是日，上至大舅舅佟国纲停柩处，谕曰："前大舅舅丧至家时，朕欲往临，因诸大臣再三劝止。今日一到停柩处，以舒朕郁结之怀。"遂向茔前进时，小舅舅佟国维率伊子侄跪于茔门奏曰："臣兄丧未到京时，皇上命皇长子往接一宿，至家时皇上又遣内大臣奠以茶酒。我皇上之隆恩至矣极矣。今岁系皇上本命之年，新丧断不可临。臣兄为皇上效力阵亡，乃人臣之当然。如果魂其有知，皇上此临，不但臣兄之魂不安，臣父母之魂亦必不安，皇上断不可临。"免冠再三叩请。上如其请，遂止。遣皇长子奠酒。

是日，督理通惠河郎中厄苏等、中南仓监督郎中巴布纳等、西仓监督花色等、督理坐粮厅员外常书等、副将杨盛如、知州程俊、守备葛起秀等、千总金礼相、把总虞伦等来朝。

初五日辛酉　上驻跸三河县城内。是日，三河县防守御马库，防御章京阿兰泰等，知县张鼐、守备周伟、千总程英来朝。

初六日壬戌　上驻跸蓟州城内。是日，蓟州知州杨天祐、千总陈良才、把总刘文显等来朝。

初七日癸亥　早，上御行宫，大学伊桑阿，学士西安、南达海以折本请旨。户部议覆将宁古塔将军佟宝等预备运米黑龙江口袋数内破坏七万七千余条袋，令其变价。上曰："将此余袋免其变价，令该将军酌量给与彼处兵丁。"

又兵部题偷去西阁库之小锁将大锁扭曲缘由，将看守该班章京阿喇纳罚俸一年。既非护军统领托伦之班，免其议处，又定例具题。上曰："将各处看守护军严行巡察，乃护军统领之专责。托伦旗分看守班内库锁扭曲偷去，反推托掌钥匙官，所供不合。托伦着罚俸一年，阿喇纳免其罚俸。余依议。"

又题补授高雷廉总兵官事。上曰："这员缺着将山东沂州副将霍维鼒升补。"

又工部题总河王新命所奏卫河之五闸及丹河万金渠闸等处，仍行该督会同总漕、河南巡抚速行详加确议具题，到日再议。上曰："这事与总漕无涉，系河南巡抚事。石柱自补授尚书以来，诸事竟不自任速为料理完结，每至迁延迟久，驳回者多。尔等传谕石柱：'尔原系至微至贱之人，从优擢用。自今以后，改过则已；如其不悛，则有温代、麻尔图等例，决不姑贷！'此事着速行河南巡抚具题，到日再议具奏。"

谕毕，上启行至暂安奉殿前，行三跪九叩礼，三奠酒举哀。

是日，上驻跸新城。

初八日甲子 上旨孝陵前，行三跪九叩礼，三奠酒举哀。又至陵前奠酒举哀。

是日，上驻跸汤泉。鲇鱼关把总张守魁来朝。

初九日乙丑 上驻跸遵化州之钱家屯。是日，遵化州游击李国盛等、知州祖允熹、把总邢得功等来朝。

初十日丙寅 早，上御行宫，大学士伊桑阿，学士西安、南达海以折本请旨。兵部题升任江南京口水师总兵官陈奇员缺，或开列参领，或开列候补总兵官、现任副将，请旨。上曰："将候补总兵官林本直补授。"

是日，上驻跸遵化州之四十里铺。三屯营副将陈世璘、守备朱逢升等、千总孙应魁等来朝。

十一日丁卯 上驻跸三屯营城内。

十二日戊辰 上驻跸米峪口。是日，太平寨千总顾达来朝。

十三日己巳 早，上御行宫，大学士伊桑阿，学士西安、南达海以折本请旨。吏部题大舅舅佟国纲公爵，与第三男夸代承袭。上曰："这公爵与长男峨峦代承袭。"

又兵部题因用兵处点灯火，将副都统色格荫议罚俸三个月。上曰："军务立法最严，此违禁点灯者所议甚轻，着再议具奏。"

又议覆都统公宗室苏努、都统公彭春、副都统觉罗海兰等所领兵丁，践踏田禾。户部一一丈明，已加恩田主，赏给银两。应将此三路官员免其察议。上曰："苏努、彭春、海兰等出兵时，朕再三面加训谕，将兵丁严禁，勿踏民田。苏努等亦言：'臣等亲身尾后督行，断不至践踏田禾，一力担任。'今将田禾践踏，议为无罪，殊属不合，着再严议具奏。"

又宗人府贝子福善以患病请解任。上曰："朕因眷念福善，令袭贝子，乃向来全不勉力图报，所行甚是乖乱，殊负朕眷念之意。着宗人府严行议处具奏。"

是日，上驻跸行宫。

十四日庚午　上驻跸三屯营。

十五日辛未　上驻跸汉儿庄城北。是日，潘家口把总徐国柱来朝。

十六日壬申　早，上御行宫，大学士伊桑阿，学士西安、南达海以折本请旨。吏部题，将地丁钱粮未完四分以上之广西博白县知县李卜岐降四级带罪征收，署桂县事桂平县知县白元贞降一级调用。上曰："广西、四川、贵州皆极远边地，官员以此等事降调，新补之官，到必甚迟。转易之间，致生弊端，亦未可定。白元贞着降级留任，嗣后此三省官员如有降级调用之事，尔等奏请。"

又为追赠将军杨捷宫保事请旨。上曰："杨捷着加赠少傅兼太子太傅。"是日，上出龙井关，驻跸兰阳口北。

十七日癸酉　上入罗文峪口驻跸。是日，罗文峪口防御颜泰等、把总王永来朝。

十八日甲戌　上驻跸汤泉。

十九日乙亥　早，上御行宫，大学士伊桑阿，学士西安、南达海以折本请旨。福建提督张云翼奏称："臣蒙皇上鸿恩擢用提督以来，全未效力，仗皇上威福，海疆宁静，倘有边方用兵之事，请遣臣于用兵处效力。"上曰："张云翼奏请于边方用武之地效力，可嘉。"是日，上驻跸新城。

二十日丙子　上驻跸行宫。是日，赐守陵官兵执事人及副将以下至兵丁银、缎有差。

二十一日丁丑　早，上以文皇后三周礼，率诸王、大臣、官员读文致祭。

是日，上驻跸蓟州城南。上御行宫，大学士伊桑阿，学士西安、南达海以折本请旨。湖广总督丁思孔为奏闻雨雪事。上曰："冬季雨雪乃平常事，有何奏闻之处。这所奏无益。"

二十二日戊寅　上驻跸三河县北。

二十三日己卯　上驻跸烟郊之西北白庙地方。

二十四日庚辰　巳时，上由东直门进东华门，回宫。

是行也，各部院奏章日送内阁，内阁三日一次驿送行宫听理。

是日，赏扈从护军校、护军等银每人各十两。

扈从起居注官库勒纳、席米图。

二十五日辛巳　本日，起居注官王掞、顾仪。

二十六日壬午　本日起居注官思格则、李楠。

二十七日癸未　辰时，上幸畅春园。申时，回宫。

是日，上问皇太后安。

本日起居注官席米图、李应廌。

二十八日甲申　是日，上问皇太后安。

本日起居注官尹泰、曹鉴伦。

二十九日乙酉　本日，起居注官顾仪、史夔。

三十日丙戌　午时，上御保和殿，赐朝正外藩蒙古，左翼科尔沁国多罗郡王毕礼克图、王戴布，翁牛忒部落多罗杜棱郡王毕礼滚达赖，蒿齐特部落多罗额尔得尼、郡王达尔麻吉里弟，科尔沁国多罗贝勒巴克西库尔，扎鲁特部落达尔汉贝勒毕礼克图，苏尼特部落多罗贝勒沙里，毛明安部落多罗贝勒图巴，土默特部落多罗达尔汉贝勒额尔得穆图，科尔沁国和硕额驸班第，扎鲁特部落辅国公根都西夏布，科尔沁国固山额驸吴勒穆济、一品台吉额尔德尼等、二品台吉毕礼克图等、三品台吉达尔东、四品台吉额尔黑图，翁牛忒部落二台品吉鄂齐尔、四品台吉巴扎尔，毛明安扎萨克一品台吉诺尔布，郭尔罗斯部落扎萨克四品台吉吴尔图纳苏图等，苏尼特部落一品台吉图巴西奚布，土默特部落二品台吉厄齐尔，四子部落二品台吉毕西勒尔图，蒿齐特部落二品台吉萨喇纳，扎鲁特部落三品台吉卜达西里，乌朱穆部落四品台吉里塔尔；右翼科尔沁和硕土谢图亲王、额驸沙津，喀尔喀部落和硕达尔汉亲王诺内，喀喇沁部落多罗杜棱郡王扎西，阿禄科尔沁部落多罗贝勒傕，鄂尔多斯部落多罗贝勒松喇布，喀尔喀部落多罗贝勒罗布臧，巴林额驸吴尔浑杜尔白特、固山贝子沙津，巴林固山贝子吴尔占，柰曼部落固山贝子吴勒穆济、阿巴哈纳尔固山贝子厄林臣达西，鄂尔多斯部落固山贝子根都西夏布，科尔沁镇国公杜斯喀尔，鄂尔多斯部落镇国公杜棱，乌喇特部落镇国公鄂尔麻第、辅国公鄂尔奔，柰曼部落辅国公葛垒尔，敖汉部落二品台吉丹津、四品台吉诺尔布，柰曼部落二品台吉绰穆聘、四品台吉达赖等，科尔沁国二品台吉喇西等、未得品台吉毕麻喇，克什克屯扎萨克一品台吉阿玉玺，扎赖忒部落一品台吉纳逊，喀喇沁部落一品塔布囊鄂莫克图，鄂尔多斯部落二品台吉噶尔丹等、四品台吉多尔济、阿巴哈纳尔二品台吉阿必达，巴林四品台吉老章，阿霸垓四品台吉坤托布，乌喇特四品台吉达尔扎，阿禄科尔沁国四品台吉萨木扎布，归化城四品台吉老占、都统阿喇纳等，及内大臣、侍卫、大学士，上三旗都统、副都统等宴。上进酒，作乐，外藩蒙古、王、贝勒、贝子、公等，台吉以上，俱于坐于坐处赐酒。召都统、副都统等至殿前阶下赐酒，宴毕，群臣谢恩。上回宫。

本日起居注官库勒纳、思格则、吴苑。

钦惟皇上文治光昭，武功赫濯，盛德大业，富有日新。盖天诞圣人，首出庶物，仁渐义育，久道化成，固已轶三王而驾五帝，君极之隆，古未有也。然犹宵旰靡宁，忧勤弗辍，视已安已治之天下，若不胜求安求治之思焉。窃见南郊祀天，孟春祈谷，前代或视为具文，今则斋祓将事，必敬必虔，务殚至诚，以期昭格列圣，神功骏烈。《圣训》宝录，久有成书，更深念祖宗栉风沐雨之劳，创业垂统之大，命词臣纂修国史，以垂示永久。此敬天法祖之大略也。循吏可嘉，则擢居台谏；剧任难理，则调补贤能。大吏陛辞，每天语谆，复面加训诫。直省常平，命行实心收贮之法；边海逋负，命察不能办纳之由。若修战船，以不忌武备之严；赡家口，以大沛汛兵之泽。河工题补，务求任事之得人。运道疏通，爰给钱粮之正项。此敷政宁人之大略也。孔子为万世之师，发内帑以修阙里；京师为首善之地，命所司以缮辟雍。御制通鉴论断，以穷往代治乱之由；敕纂经史讲章，以究天人性命之旨。此崇儒重道之大略也。故明后宫之费，每岁以百万计，今不及十之一二。宫中备使，令洒扫者无多人数。宫殿惟安俭朴，尚方膳羞务从简约，节省无算。科臣以圣躬劳瘁，请定间日御门之期。皇上特布纶言，以三十年来躬亲庶政，早夜孜孜，初终罔间，视朝或旷，无由与臣下咨询得失，每晨听政，悉依旧制。虽古圣王之俭勤，无以过矣。蠲免钱粮，地方建碑颂德。恐恤民转以烦民，谕自后毋滋扰累。至于刑期无刑，停罪人之秋决，察谳狱之矜疑，此尚德缓刑之大略也。他若录随征之官属而戎行奋矣，恤封疆之勤事而忠烈劝矣，豁预支之兵饷而腾饱资矣，严科场之弊端而径窦清矣，惩绅士之虐而豪强戢矣，禁营马之擅乘而骚扰杜矣。盖民生国计，无时不厘宸衷；风俗人心，无事不勤睿虑。圣政之足纪，洵书之不胜书也。至于轸念灾伤，图维肫切。因去秋畿辅旱祲，蠲租发帑，赈恤必周，申饬有司，广行积谷。其不能耕者，给之牛种。犹恐乡僻未尽沾恩，遣部臣分路察视都城，添设粥厂。又谓足民之道，宜裕盖藏，谕地方官吏，先时预备，及夏而雨泽未敷则忧，入冬而雪霰应时则喜，厚泽深仁，入人肌髓，宜乎薄海内外罔不悦服也。外藩厄鲁特、喀尔喀素奉朝贡，近因二国构衅相攻，谕令修睦。噶尔丹外饰顺从，中怀狡诈。爰烦王师，指授方略，决胜于数千里之外。彼皆望风奔溃，此又神武之无远弗届者也。夫用人行政，经理咸宜，而救荒柔远，区画尽善。丰功渥泽，蟠际宇宙。固知乾坤之大，日月之光，非可绘画。然记事记言，史臣之职也。臣等备员记注，谨就一岁之中，略述其概，以昭示万世焉。

康熙三十年 辛未

正　月

初一日丁亥　早，上以元旦，率诸王、贝勒、贝子、公、内大臣、侍卫、大学士、都统、尚书、精奇尼哈番等，往堂子行礼毕，回宫。

辰时，上率诸王、贝勒、贝子、公、内大臣、侍卫、大学士等，诣皇太后宫，行礼毕，回宫。

少顷，御中和殿升座，内大臣、侍卫及内阁、翰林院、礼部、都察院、詹事府等衙门官员庆贺元旦。礼毕，御太和门升座，诸王、贝勒、贝子、公、文武官员及来朝外番蒙古王、贝勒、贝子、公、台吉等，朝鲜等国使臣，上表庆贺元旦，行礼毕，回宫。

午时，复御太和门，大宴诸王、贝勒、贝子等内大臣、侍卫、文武各官及来朝正外藩蒙古王、贝勒、贝子、公、台吉等，朝鲜等国使臣，乐作，上进酒。和硕亲王杰淑以下，宗室八分内公等以上，外藩蒙古王以下、台吉以上，俱令侍卫各就其坐前，以酒赐饮。都统、尚书以下，副都统、侍郎、学士以上等官，俱召令上阶饮，宴罢，众谢恩毕，上回宫。

本日起居注官库勒纳、张英、席米图。

初二日戊子　上因有事于祈谷坛，斋戒三日。

是日，上问皇太后安。

本日起居注官尹泰、周金然。

初三日己丑　本日起居注官顾仪、陆肯堂。

初四日庚寅　上御保和殿，视祭祈谷坛祝版毕，回宫。

本日起居注官思格则、王掞。

初五日辛卯　早，上躬旨祈谷坛致祭毕，回宫。

本日起居注官库勒纳、张英、席米图、王项龄。

初六日壬辰 本日起居注官尹泰、李楠。

初七日癸巳 本日起居注官顾仪、胡会恩。

初八日甲午 辰时，上由神武门出西直门，驻跸畅春园。

本日起居注官思格则、李应鹰。

初九日乙未 是日，上问皇太后安。

初十日丙申 是日，上问皇太后安。

十一日丁酉 是日，上问皇太后安。

十二日戊戌 是日，上问皇太后安。

十三日己亥 是日，上问皇太后安。

十四日庚子 辰时，上御畅春园内含淳堂，以上元节宴朝正，左翼科尔沁国多罗郡王毕理克图、郡王代布，翁牛忒部落多罗都棱郡王毕理滚达赖，蒿齐特多罗厄尔德尼、郡王达尔麻吉礼第，科尔沁国多罗贝勒巴克西顾尔，扎鲁特部落多罗贝勒毕礼克图，苏尼忒部落多罗贝勒沙礼，茂明安多罗贝勒图巴，土默特部落多罗达尔汉贝勒厄尔德木图，科尔沁国和硕额驸班第，扎鲁特部落辅国公根都西夏布，科尔沁国固山额驸吴勒木济、一品台吉厄尔德尼等、二品台吉毕礼克图等、三品台吉达尔东等、四品台吉毕礼滚达赖等，茂明安扎萨克一品台吉诺尔布，郭尔罗斯部落扎萨克四品台吉吴尔图纳苏图等，苏尼忒部落一品台吉图巴西夏布，土默特部落二品台吉鄂齐尔，四子部落二品台吉毕西勒尔图，蒿齐特二品台吉萨喇纳，乌朱穆秦部落二品台吉博托和、四品台吉礼他尔；右翼喀喇沁部落多罗都棱郡王扎西，阿鲁科尔沁多罗贝勒绰仪，喀尔喀部落多罗贝勒老卜臧，巴林额驸吴尔浑，杜尔伯特固山贝子沙津，柰曼部落固山贝子吴勒穆济，阿巴哈纳尔固山贝子额林臣达西，科尔沁国镇国公杜思哈尔，鄂尔多斯部落镇国公都棱，吴喇忒部落辅国公鄂尔本，柰曼部落辅国公格勒尔，敖汉二品台吉丹津、四品台吉诺尔布，柰曼部落二品台吉绰穆聘、四品台吉达赖等，科尔沁国二品台吉喇西等、未得品级台吉毕嘛喇，克什克屯扎萨克一品台吉阿玉西，扎赖特部落一品台吉纳孙，喀喇沁部落一品台吉塔布囊鄂莫克图，鄂尔多斯部落二品台吉噶尔丹等、四品台吉多尔济，阿巴哈纳尔二品台吉阿毕达，巴林四品台吉劳章，吴喇忒部落四品台吉达尔扎，阿鲁科尔沁四品台吉萨穆尔扎布，归化城四品台吉老占、都统阿喇纳及内大臣、侍卫、大学士等，上三旗都统、副都统等。上进酒，诸乐并作。赐外藩蒙古王、贝勒、贝子、公等、台吉以上酒于坐次。宴罢，众谢恩毕，上回宫。

是日，上问皇太后安。

本日起居注官库勒纳。

十五日辛丑 未时，上御畅春园内含淳堂，大宴朝正外藩蒙古左右两翼王、贝勒、贝子、公、台吉等，及内大臣、侍卫、大学士，上三旗都统、副都统等，诸乐并作。上进酒毕，赐外藩蒙古王、贝勒、贝子、公等台吉以上酒于坐次，宴罢，众谢恩毕，上回宫。

是日，上问皇太后安。

本日，起居注官库勒纳。

十六日壬寅 是日，上问皇太后安。

十七日癸卯 是日，上问皇太后安。

十八日甲辰 是日，上问皇太后安。

十九日乙巳 是日，上问皇太后安。

二十日丙午 辰时，上御畅春园内澹泊无为殿听政。部院各衙门官员面奏毕，大学士伊桑阿、阿兰泰，学士迈图、西安、博济、王国昌、布颜图、年遐龄、南达海以折本请旨。兵部题勇略将军、总督赵良栋疏内虽称请用瞿弘胜、张有成、王梦祯、哈蛟龙、陈应先、高登科、陈自熊、吴明国等，但原疏内惟有瞿弘胜、张有成之名，余俱无名，其请用陈应先等六人之处，应无容议。上曰："赵良栋既奏称伊等俱同时效力，着再议具奏。"

是日，上问皇太后安。

本日起居注官库勒纳、席米图。

二十一日丁未 是日，上问皇太后安。

二十二日戊申 辰时，上御畅春园内澹泊无为殿听政。部院各衙门官员面奏毕，大学士伊桑阿、阿兰泰，学士迈图、西安、博济、王国昌、布颜图、年遐龄、南达海以折本请旨。宗人府题革去固山贝子福善所有满洲、汉军二佐领，作何料理之处，伏乞上裁。上曰："傅腊塔效力行间，安抚地方甚为显著，固山贝子着与福存承袭，其佐领亦着与福存。”

又议政大臣等会议，因出兵有罪，应将护军统领杨代降四级留任，尚书阿尔尼罢其议政并革去尚书，尚书纪尔他布罢其议政并革去尚书，佐领郎中巴亚思瑚、郎诺、穆齐代、马第等俱各降四级调用。护军参领诺尔逊、司务英古因曾在左翼头队、旁队杀败贼众，免其降四级，不准叙功。巴扎尔革去其郎中参领并所加一级，留其佐领。扎喇克图革去其拖沙喇哈番并候补副都统，留其佐领。丁三革去其拜他喇布勒哈番、前锋参领并加一级，留其佐领。护军参领席林革其拜他喇布勒哈番、降四级调用。员外郎达赖革去其拖沙喇哈番、降四级调用。达尔图曾在左翼旁队攻杀，革去本身所得拜他喇布勒哈番，留其前锋参领。上曰：“杨代着降四级留任，阿尔尼着罢其议政、降四级调用，纪尔他布着罢其议政、降四级调用、留其佐领，余依议。”

是日，上问皇太后安。

本日起居注官库勒纳、顾仪。

二十三日己酉　是日，上问皇太后安。

二十四日庚戌　上移驻玉泉山。

是日，上问皇太后安。

二十五日辛亥　上移驻南苑。是日，赐杭州副都统石元声鞍马一匹。

本日起居注官库勒纳、张英。

二十六日壬子

二十七日癸丑

二十八日甲寅　未时，上由正阳门进午门，回宫。

本日起居注官顾仪、李应廌。

二十九日乙卯　辰时，上御乾清门，听部院各衙门官员面奏政事。

本日起居注官思格则、蔡升元。

三十日丙辰　辰时，上御乾清门，听部院各衙门官员面奏政事。

本日起居注官洪俄岱、徐嘉炎。

二　月

初一日丁巳　早，上御保和殿，视祭社稷坛祝版毕，回宫。

辰时，上御乾清门听政。部院各衙门官员面奏毕，谕大学士等曰："京师为辇毂重地，人民商贾四方辐辏，城内外统辖，必有专责，务俾稽察奸宄，消弭盗贼，然后商民得以安堵。今城内地方，既属步军统领管理，城外巡捕三营又属兵部督捕等衙门管辖，内外责任各殊，不相统摄。遇有盗案，反难察缉。嗣后巡捕三营，亦令步军统领管理，京城内外一体巡察。责任既专，则于芟除盗贼、安缉商民庶有裨益。其三营事务作何归并管理，着九卿、詹事、科、道会同确议具奏。尔等可传谕兵部。"

本日起居注官顾仪、曹鉴伦。

初二日戊午　辰时，上御乾清门，听部院各衙门官员面奏政事。赐朝鲜国王李焞谢恩贡进礼物正使陪臣瀛昌君李沉、副使议政府右参赞徐文重、书状官等鞍马、彩缎、银两等物。

是日，上问皇太后安。

本日起居注官思格则、史夔。

初三日己未　辰时，上御乾清宫听政。部院各衙门官员面奏毕，大学士伊桑阿、阿兰泰、王熙、梁清标、张玉书，学士彭孙遹、迈图、西安、博济、王国昌、年遐龄、南达海以折本请旨。吏部题补授顺天府尹王梁升任员缺。上曰："王梁居官甚善，人材亦优，尔等以为何如？"伊桑阿、阿兰泰等奏曰："王梁在山东居官，操守果好。"梁清标、张玉书奏曰："王梁在江西、山东居官，操守皆好。"上曰："府尹职任甚为紧要，当选择补授山东布政使卫既齐、通政司参议张云翮，伊等居官皆善。"伊桑阿、阿兰泰奏曰："此二人操守果好，不拘一员，皆可用。"王熙奏曰："卫既齐在山东居官甚善。"梁清标奏曰："卫既齐操守好而且实心任事。"张玉书奏曰："卫既齐操守甚好，每事亦认真。"上曰："这府尹员缺，着将卫既齐补授。"

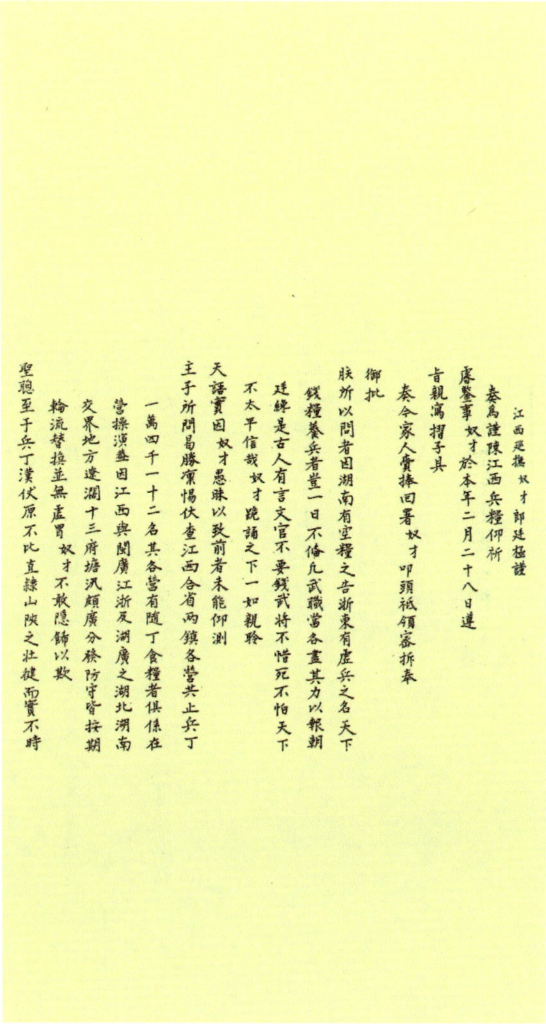
江西巡撫奴才郎廷極謹
奏爲謹陳江西兵糧仰祈
睿鑒事奴才於本年二月二十八日違
旨親寫摺子具
奏今家人賫捧回署奴才叩頭祗領密折奉
御批
朕所以問者因湖南有空糧之告浙東有虛兵之名天下
錢糧養兵者豈一日不備凡武職當各盡其力以報朝
廷緣是古人有言文官不要錢武將不惜死不怕天下
不太平信哉奴才跪誦之下一如親聆
天語實因奴才愚昧以致前者未能仰測
主子所問曷勝凜惕伏查江西合省兩鎮各營共止兵丁
一萬四千一十二名其各營有隨丁食糧者俱係在
營操演蓋因江西與閩廣江浙及湖廣之湖北湖南
交界地方遼闊十三府塘汛頗廣分發防守皆按期
輪流替換並無虛冒奴才不敢隱飾以欺
聖聰至于兵丁漢伏原不比直隸山陜之壯健而實不時

江西巡抚郎廷极奏陈江西兵粮情形折

康熙四十九年四月二十日

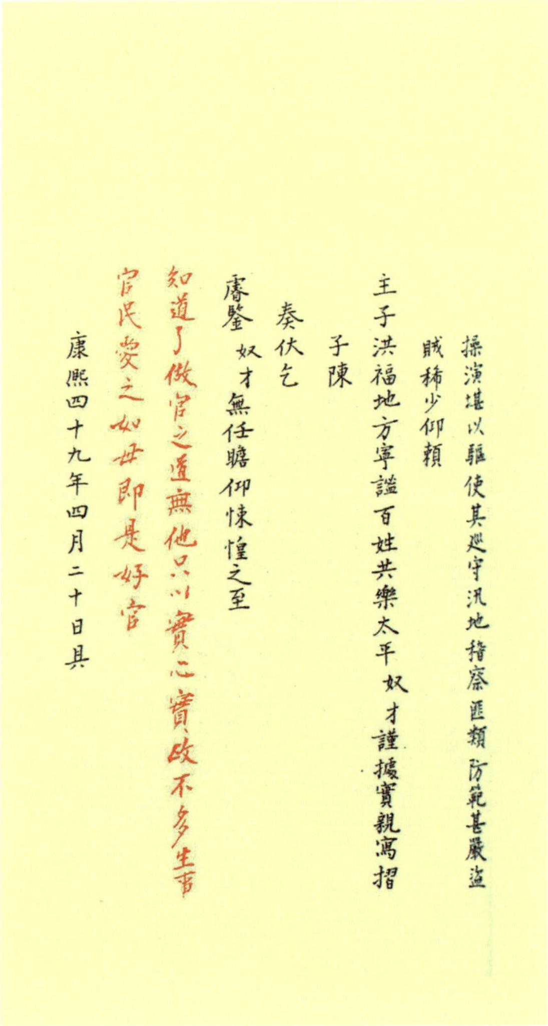

操演堪以驅使其巡守汛地稽察匪類防範甚嚴盗
賊稀少仰賴
主子洪福地方寧謐百姓共樂太平奴才謹據實親寫摺
子陳
奏伏乞
睿鑒 奴才無任瞻仰悚惶之至
知道了做官之道無他只以實心實政不多生事
官民愛之如母即是好官
康熙四十九年四月二十日具

江西巡抚郎廷极奏陈江西兵粮情形折

康熙四十九年四月二十日

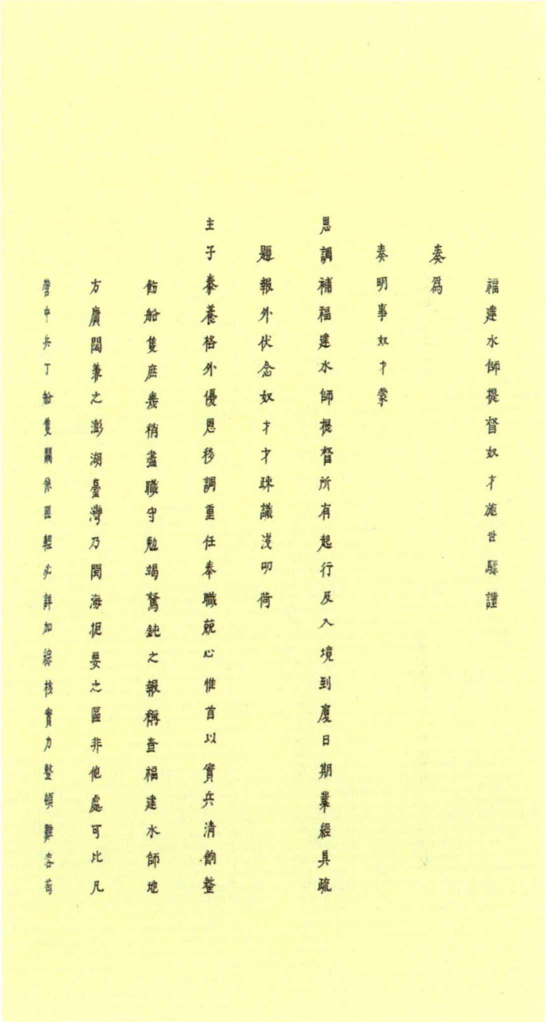

福建水師提督奴才施世驃謹
奏爲
奏明事奴才蒙
恩調補福建水師提督所有起行及入境到廈日期業經具疏
題報外伏念奴才才疎識淺叨荷
主子豢養格外優恩移調重任奉職兢心惟首以實兵清餉整
飭船隻庶幾稍盡職守勉竭駑鈍之報稽查福建水師地
方廣闊兼之澎湖臺灣乃閩海扼要之區非他處可比凡
營中兵丁船隻關係匪輕必詳加綜核實力整頓難容苟

福建水师提督施世骠奏报训练添补水师兵丁事折

康熙五十一年十二月二十八日

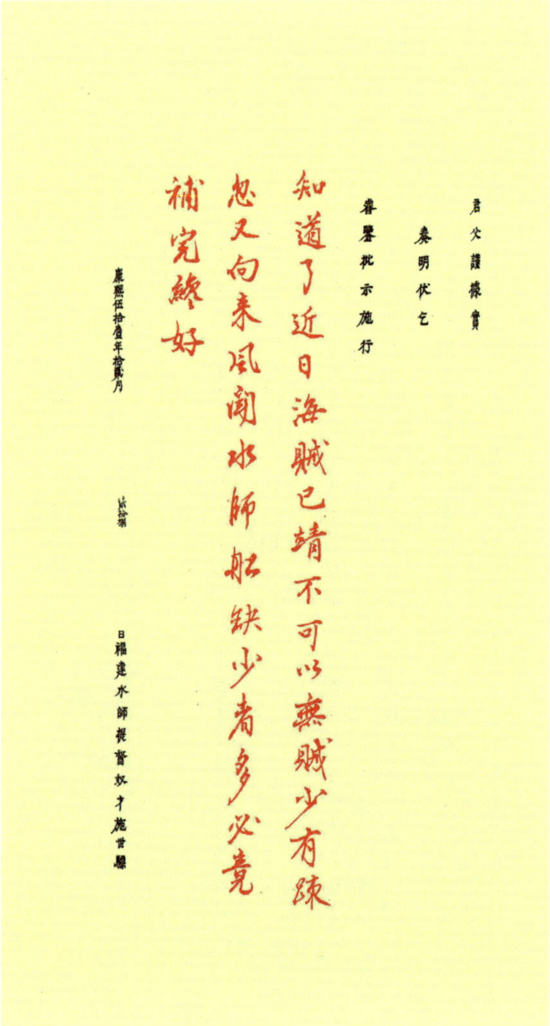

君父護據實

奏明伏乞

睿鑒批示施行

知道了近日海賊已靖不可以無賊少有疎

忽又向來閩水師船缺少者多必竟

補完纔好

康熙伍拾壹年拾貳月貳拾捌日福建水師提督奴才施世驃

福建水师提督施世骠奏报训练添补水师兵丁事折

康熙五十一年十二月二十八日

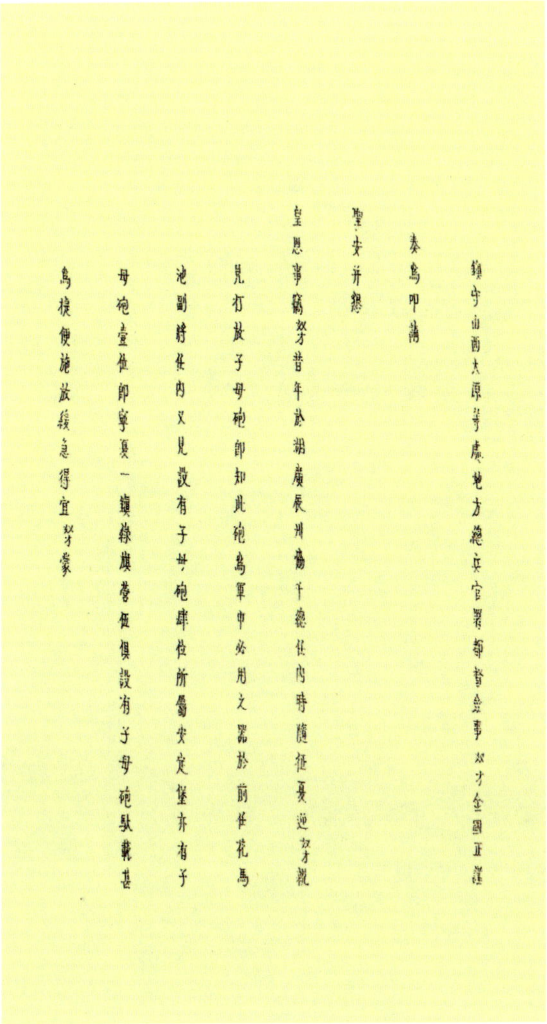
鎮守山西太原等處地方總兵官署都督僉事奴才金國正謹
奏爲叩請
聖安并懇
皇恩事竊奴才昔年於湖廣辰州協千總任內時隨征夏逆奴才親
見打放子母砲即知此砲爲軍中必用之器於前任花馬
池副將任內又見設有子母砲肆位所屬安定堡亦有子
母砲壹位即寧夏一鎮綠旗營伍俱設有子母砲馱載甚
爲捷便施放緩急得宜奴才蒙

太原总兵金国正奏请将已造之子母炮分给各营收贮折

康熙五十四年十二月

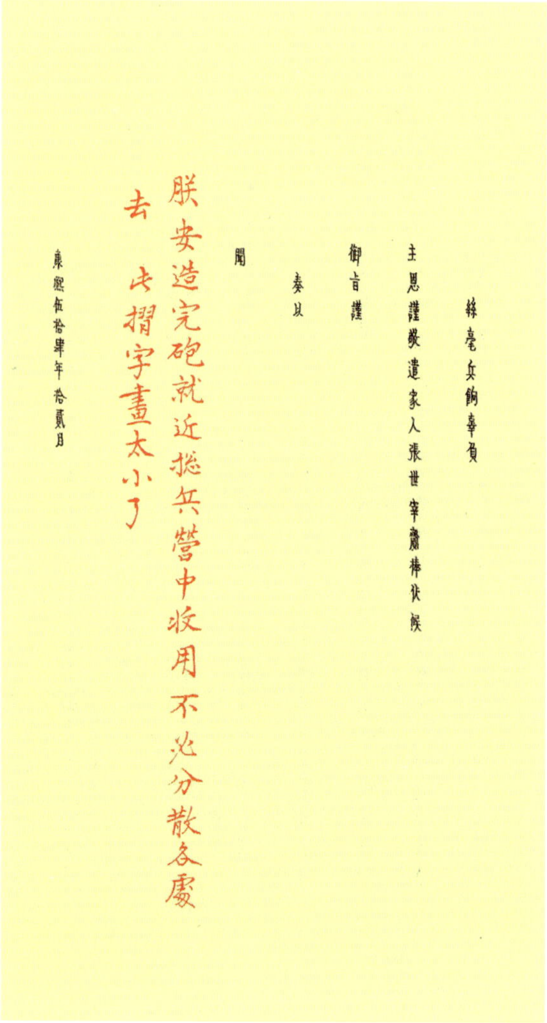

絲毫兵餉辜負
主恩謹撥遣家人張世寧齎捧伏候
御旨謹
奏以
聞
朕安造完砲就近撥兵營中收用不必分散各處
去　此摺字畫太小了
康熙伍拾肆年拾貳月

太原总兵金国正奏请将已造之子母炮分给各营收贮折

康熙五十四年十二月

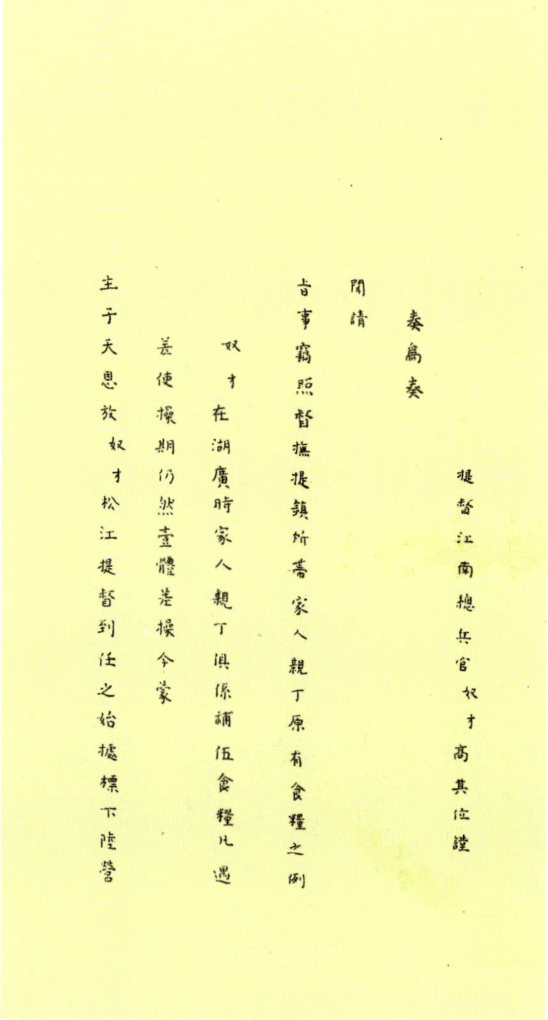
提督江南總兵官奴才高其位謹
奏爲奏
聞請
旨事竊照督撫提鎮所帶家人親丁原有食糧之例
奴才在湖廣時家人親丁俱係補伍食糧凡遇
差使操期仍然壹體差操今蒙
主子天恩放奴才松江提督到任之始據標下陸營

江南提督高其位奏陈整顿营伍留用兵粮折

康熙六十年八月初一日

聞伏祈
睿鑒
凡武官不可責之過於清如陳瓊之清留禍於
後官以至臺灣之反其来有自作大官者須要
得體寬嚴和中平安無事方好若一味大破情
面整理一番恐其多事而得罪者廣須留心斟
酌

康熙陸拾年捌月初壹日

江南提督高其位奏陈整顿营伍留用兵粮折

康熙六十年八月初一日

本日起居注官库勒纳、周金然。

初四日庚申　辰时，上御乾清宫，听部院各衙门官员面奏政事。

本日起居注官席米图、吴苑。

初五日辛酉　早，上御太和殿视朝，升转文武官员谢恩毕，回宫。

是日，上问皇太后安。

本日起居注官库勒纳、张英。

初六日壬戌　辰时，上御乾清宫听政。部院各衙门官员面奏毕，大学士伊桑阿、阿兰泰、王熙、梁清标、张玉书，学士彭孙遹、迈图、西安、博济、王国昌、年遐龄、南达海、王尹方以折本请旨。户部覆直隶巡抚郭世隆题请，续报保安州等三十二处被灾地方应征地亩钱粮，分为两年带征，议不准行。上曰："保安州等处被灾既经续报，且现在供办军需，其未完钱粮，俱着豁免。"

又兵部题覆湖广总督丁思孔疏内荐中军副将刘国兴、吕八音，虽称其才具优长，勇略超众，因与例不符，应无庸议。上曰："刘国兴、吕八音着准荐举注册。"

本日起居注官王掞、洪俄岱。

初七日癸亥　辰时，上御乾清宫听政。部院各衙门官员面奏毕，湖广偏沅巡抚王梁陛辞，恭请皇上训谕。上曰："尔前在山东、江西居官原好，尔可仍照前行。"王梁奏曰："臣本一介庸愚，蒙圣恩累加擢用，今又陛授湖南巡抚，敢不竭力报效？惟是丈量地亩一事，最为紧要。臣到任时当四月，正值农忙之候。臣愚欲俟秋收后逐一清丈，以仰副皇上爱养百姓至意。"上颔之。

本日起居注官王顼龄、尹泰。

初八日甲子　辰时，上御乾清宫听政。部院各衙门官员面奏毕，大学士伊桑阿、阿兰泰、王熙、梁清标，学士彭孙遹、迈图、西安、博济、王国昌、西喇、年遐龄、南达海、王尹方以折本请旨。刑部题郭琇自康熙二十二、三等年侵欺运粮旗丁之食米二千三百一十三石余缘由，应照律减等免其刺字，不准折赎，佥妻发边卫充军。上曰："郭琇曾经为官，着从宽免其充军。"

又刑科给事中郑昱条奏，自今以后，革职拿问官员，必限定日期发回原籍，其余解任、休致、告病、丁忧、告假等官，请停其勒催回籍，听从自便。上曰："这本说得是，着九卿、詹事、科、道会同详议具奏。"

是日，保和殿试庶吉士，上赐学士等、庶吉士等食。

本日起居注官思格则、吴苑。

初九日乙丑 各部院衙门章奏俱交送内阁。巳时，上御文华殿，举行经筵大典。讲官库勒纳、杜臻讲《四书》后稷教民稼穑一段，席尔达、张英讲《书经》六卿分职一段。毕，宴于太和门前。

本日起居注官席米图、胡会恩。

初十日丙寅 辰时，上御乾清宫听政。部院各衙门官员面奏毕，大学士伊桑阿、阿兰泰、王熙、梁清标，学士彭孙遹、迈图、西安、博济、王国昌、年遐龄、南达海、王尹方以折本请旨。吏部题升任山东布政使卫既齐员缺，以按察使董安国拟正，杨凤起拟陪。上曰："杨廷耀居官甚善，着升补山东布政使司布政使。"又顾大学士王熙等曰："朕闻盐法道喻成龙居官亦善，尔等亦知此人否？"王熙奏曰："伊作知府时曾闻其居官亦好。"上曰："喻成龙着升补山东按察使司按察使。"

又兵部题请议赏提督孙思克标下官兵与蒙古战时阵亡、被伤者。上曰："潘育龙等领兵出边，剿杀阿奇老卜藏，可嘉。及往迎达琥等受伤阵亡官兵，一并议叙具奏。"

本日起居注官顾仪、李应廌。

十一日丁卯 章皇后忌辰，上不理事。

是日，上问皇太后安。

本日起居注官洪俄岱、史夔。

十二日戊辰 辰时，上御乾清宫听政。部院各衙门官员面奏毕，大学士伊桑阿、阿兰泰、王熙、梁清标，学士彭孙遹、迈图、西安、博济、王国昌、年遐龄、南达海、王尹方、傅继祖以折本请旨。刑部等衙门议覆行劫宁乡县强盗张旋玉等立斩枭示；郑子杰虽称强逼同往，至县门畏惧先逃，但执器械同至劫夺之处，仍应照强盗例立斩枭示。上曰："张旋玉等依议处斩，郑子杰虽与众盗执械同往，至衙门畏惧逃走，可矜，着从宽免死，照例减等，发与黑龙江新满洲披甲之人为奴。”

本日起居注官尹泰、徐嘉炎。

十三日己巳　辰时，上御乾清宫，听部院各衙门官员面奏政事。

本日，起居注官库勒纳、曹鉴伦。

十四日庚午　辰时，上御乾清宫，听部院各衙门官员面奏政事。

本日起居注官张英、思格则。

十五日辛未　辰时，上御乾清宫，听部院各衙门官员面奏政事。

本日起居注官席米图、周金然。

十六日壬申　辰时，上御乾清宫，听部院各衙门官员面奏政事。

本日起居注官顾仪、吴苑。

十七日癸酉　辰时，上御乾清宫听政。部院各衙门官员面奏毕，大学士伊桑阿、阿兰泰、王熙、梁清标，学士彭孙遹、迈图、西安、博济、王国昌、年遐龄、南达海、王尹方、傅继祖以折本请旨。兵部题将承追白粮未完苏州等卫守备林士昌等，俱应降俸二级，带罪督追；将注册舛错之镇江府知府王燕于补官日罚俸一年。上曰："此事依议。王燕着留原任。"

又谕户部："八旗甲兵，国家根本，当使生计充裕，匮乏无虞。向因剿除三逆，久历行间，制办军器，购送马匹，兼之户口日增，费用益广，以致物力渐绌，称贷滋多。朕每念及，深为轸恻。若不大沛恩施，清完夙逋，将愈至困迫，难以资生。今八旗、满洲、蒙古护军校、骁骑校及另户护军拨什库马甲，并子幼或无嗣、寡妇、老病、伤残、告退人等，家下马甲，所有积债，尔部动支库银给还。汉军每佐领各给银五千两，令其偿完债负外，余者各该都统收贮，以备公用。其口外驻牧八旗、察哈尔兵丁，出征随围，凡有差使，一同效力，向并未给钱粮，亦属可悯。嗣后，察哈尔护军校、骁骑校、护军拨什库着月给钱粮各二两，甲兵及执事人并太仆寺等牧厂人役，着月给钱粮各一两。俟其赡足时停支。尔部即遵谕行，特谕。"

又谕："八旗兵丁债负偿完后，恐又有不得已而称贷之事，若向部内借取，事务繁扰。今发帑银交与八旗，将各旗内部院堂官派出，会同该旗都统、副都统，视其所遇之事借与，于每月钱粮扣除。如此则兵丁断不至于窘迫，每月钱粮可以供其食用，不致称贷，永有裨益。应派官职名尔部启奏。”

是日，上问皇太后安。

本日起居注官洪俄岱、陆肯堂。

十八日甲戌 辰时，上御乾清宫，听部院各衙门官员面奏政事。

本日起居注官张英、尹泰。

十九日乙亥 辰时，上御乾清宫，听部院各衙门官员面奏政事。

本日起居注官思格则、王掞。

二十日丙子 辰时，上御乾清宫听政。部院各衙门官员面奏毕，大学士伊桑阿、阿兰泰、王熙、梁清标，学士彭孙遹、迈图、西安、博济、王国昌、年遐龄、南达海、王尹方、傅继祖以折本请旨。兵部题覆西安将军尼雅汉疏称，八旗内创添兵一千名学习鸟枪，又拨兵二千名携带家口，驻扎兰州之处。俱应无庸议。上曰："火器甚有裨益，应添火器兵一千名，着再议具奏。余依议。"

本日起居注官库勒纳、王顼龄。

二十一日丁丑 辰时，上御乾清宫，听部院各衙门官员面奏政事。

是日，上问皇太后安。

本日起居注官席米图、李楠。

二十二日戊寅 辰时，上御乾清宫听政。部院各衙门官员面奏毕，大学士伊桑阿、阿兰泰、王熙、梁清标，学士彭孙遹、迈图、西安、博济、王国昌、年遐龄、南达海、王尹方、傅继祖以折本请旨。兵部题覆湖广巡抚吴琠请于湖北水路驿站宣楼船，每船添设水手十名，应无庸议。再宣楼船历年已久，应如该抚所请折毁重修。上曰："湖北滨江大水不时泛滥，暴风骤起，添设水手着照该抚所请行，余依议。"

本日起居注官顾仪、李应鹰。

二十三日己卯 辰时，上御乾清门，听部院各衙门官员面奏政事。

本日起居注官洪俄岱、徐嘉炎。

二十四日庚辰 辰时，上御乾清宫听政。部院各衙门官员面奏毕，大学士伊桑阿、阿兰泰、王熙、梁清标，学士彭孙遹、迈图、西安、博济、王国昌、年遐龄、南达海、王尹方、傅继祖以折本请旨。礼部题正黄旗游牧地方参领品级加二级博尔和代，虽充为副都统，同吴丹、塞尔济等差往厄鲁特，被叛逆喀尔喀所害，但迎吊之处未经奉旨照大臣例行。应照伊参领加级例给与全葬银两，致祭一次。上曰："博尔和代自补授游牧地方参领以来，各处效力。近诸王在军前，又充为副都统差往厄鲁特。应照副都统例赐恤议奏。"

本日起居注官思格则、曹鉴伦。

二十五日辛巳 辰时，上御乾清宫，听部院各衙门官员面奏政事。

本日起居注官尹泰、史夔。

二十六日壬午 孝昭皇后忌辰。部院各衙门章奏俱交送内阁。

本日起居注官库勒纳、周金然。

二十七日癸未 辰时，上御乾清宫听政。部院各衙门官员面奏毕，大学士伊桑阿、阿兰泰、王熙、梁清标，学士彭孙遹、迈图、西安、博济、王国昌、年遐龄、南达海、王尹方、傅继祖以折本请旨。兵部题拨什库邵科里告称固山大索住往汉中驻防，撤兵时诳称病重不能行走，先回西安，又令伊家甲兵不当差行走是实，应将索住罚俸一年。又告称索住于太皇太后升遐未满五十日打围、放鹰等处，该将军审问俱虚。邵科里将索住骂詈、扼喉殴打是实等语，应照律将邵科里枷号两个月、鞭一百。上曰："邵科里将该管官扼喉殴打，妄行诬告，殊属可恶。着枷号一百日、鞭一百。所告索住之事俱属细故，且系管辖之官，着从宽免治罪。"

又直隶巡抚郭世隆题请，直隶乃畿辅要地，守道总理八府钱粮，为众监司之首，今守道任玑因病乞休，此员缺请不拘内外、圣衷所素知者，选择一员补授。上曰："这本说得是，知道了。"

本日起居注官席米图、吴苑。

二十八日甲申 辰时，上御乾清宫听政。部院各衙门官员面奏毕，大学士伊桑阿、阿兰泰、王熙、梁清标，学士彭孙遹、迈图、西安、博济、王国昌、年遐龄、南达海、王尹方、傅继祖以折本请旨后，上谕大学士等曰："顷科臣博尔济条奏，盛京旗下左右两翼各设一官学，应于彼处俊秀子弟，酌量每旗选择十名，设满汉官令其读满汉书，教其骑射。此事朕久已念及，正宜。八旗每佐领立一官学，选择老成为之师长，教以读书，俾知伦理，不时学习骑射，有暇又练习角抵超距，亦足以增益膂力。此等子弟学业有成，则出仕必为贤能之吏；即学业无成，身在行伍，亦必粗知礼义矣。”

是日，上问皇太后安。

本日起居注官顾仪、陆肯堂。

二十九日乙酉　辰时，上御乾清宫，听部院各衙门官员面奏政事。

本日起居注官王掞、洪俄岱。

三十日丙戌　辰时，上御乾清宫，听部院各衙门官员面奏政事。

本日起居注官思格则、李楠。

三　月

初一日丁亥　辰时，上御乾清宫，听部院各衙门官员面奏政事。

本日起居注官王顼龄、尹泰。

初二日戊子　辰时，上由西华门出西直门，驻跸畅春园。部院各衙门应面奏事务仍行面奏外，其余奏章每日送内阁，内阁转送畅春园听理。

本日起居注官库勒纳、李楠。

初三日己丑

初四日庚寅　是日，上问皇太后安。

初五日辛卯　是日，上问皇太后安。

初六日壬辰

初七日癸巳　辰时，上御畅春园内澹宁居听政。部院各衙门官员面奏毕，大学士伊桑阿、阿兰泰，学士迈图、博济、王国昌、年遐龄、南达海、王尹方、傅继祖以折本请旨。吏部议覆江南江西总督傅腊塔题，原任同知朱国相居官声闻甚好，实地方百姓所受爱戴者，乞带所降四级留任，应不准行。上曰："朱国相照该督所题留任。"

又议准镇守奉天等处将军公绰克托题请每旗应添设办事文官笔帖式。上曰："盛京应添设，兵部着再议具奏。"

又户部议覆偏沅巡抚于养志题丈量湖南田地，请不拘限期，于年内完结，议不准行。上曰："着新任巡抚于今年秋收后丈量起，至来春青苗前完结具奏。"

又议奏张家口原任照该督杜喀禅所欠皮张，再三严催，迟延日期至一年有余，貂鼠等皮尚未全完。应交吏部议处。未完皮张，交与该都统等照限严催全完交部。上曰："杜喀禅未完银两，仍令户部追收。其未办皮张，从宽免其追买。"

本日起居注官库勒纳、思格则。

初八日甲午　是日，上问皇太后安。

初九日乙未　是日，上问皇太后安。

初十日丙申　辰时，上御畅春园内澹宁居听政。部院各衙门官员面奏毕，大学士伊桑阿、阿兰泰，学士迈图、博济、王国昌、年遐龄、南达海、王尹方、傅继祖以折本请旨。九卿议覆礼科给事中博尔济请于盛京左右两翼各设二所，应照其条奏准行。

又遵旨议得，京师八旗满洲蒙古汉军佐领内除读汉书外，其余自十岁以上幼童，今各佐领于本佐领内择优通者一人，勤加才教习清字清语并马步箭。令本佐领骁骑校等稽察。上依议。

又吏部以直隶守道任玑员缺，开列长芦运使李法祖等七十二员具奏。上曰："直隶守道员缺紧要，着以邵嗣尧调补。"

本日起居注官席米图、洪俄岱。

十一日丁酉　是日，上问皇太后安。

十二日戊戌

十三日己亥

十四日庚子　辰时，上御畅春园内澹宁居，听部院各衙门官员面奏政事。

是日，上问皇太后安。

本日起居注官思格则、顾仪。

十五日辛丑

十六日壬寅　是日，上问皇太后安。

十七日癸卯 辰时，上御畅春园内澹宁居听政。部院各衙门官员面奏毕，大学士伊桑阿、阿兰泰，学士迈图、博济、王国昌、年遐龄、南达海、王尹方、傅继祖以折本请旨。户部议覆山西巡抚叶穆济题，大同地方屡罹饥荒，其采买草豆，小民难于运至军前，乞给与脚价，以苏民力。近虽开捐纳米谷草豆事例，但现今无捐纳人员。如有情愿捐助银两者，请照时价收其银两。俱不准行。上曰："今当草青时，大同宣府驻扎大兵不日出边外，其应支给米豆若令小民输运，必致苦累，着停止运送。于未出边之前，将现有米豆节省支给。余依议。"

又太常寺于四月初一日行孟夏礼，应祭太庙，皇上躬诣行礼，或遣大臣恭代，请旨。上曰："朕灸艾瘢发尚未全愈，着明珠恭代朕躬行礼。"

又山西巡抚叶穆济题，料豆一项大同采买已尽，太原、平阳等府，山路崎岖，虽昼夜运送，恐不能接济。若不照臣前疏以米抵豆给与，则军需必致迟误。上曰："以米抵豆，着照该抚所请行。"

本日起居注官库勒纳、尹泰。

十八日甲辰 是日，上问皇太后安。

十九日乙巳

二十日丙午 是日，上问皇太后安。

二十一日丁未 辰时，上御畅春园内澹宁居，听部院各衙门官员面奏政事。

是日，上问皇太后安。

本日起居注官库勒纳、洪俄岱。

二十二日戊申 申时，上由西直门进西华门回宫。少顷，殿试读卷官、大学士伊桑阿等将策试天下贡士卷选择十卷，进乾清门面奏，请旨定夺。上于烛下逐卷详览，曰："第一卷、第二卷文章大概不相上下，第二卷字体较优。以次卷为第一，首卷为第二。"其余卷令一一读姓名、籍贯，至第九卷乃黄叔琳，直隶顺天府人。上又取其卷阅之，曰："北方人文章在前列者甚少，观此文章尚可，尔等有识其人者否？"王熙奏曰："伊祖曾任陕西巡抚，名黄尔性。此黄叔琳今大约二十一二岁，幼龄曾读五经。闻其所学颇优。"上曰："以此为第三名。"因于三卷上，上亲加批定第一名、第二名、第三名汉字，其余卷皆逐一阅毕，谕："照尔等所拟。"上又问曰："所作文章亦有甚不堪者否？"王熙奏曰："文章无甚不堪者，但有一卷字迹潦草。"上令取其卷，拆名阅毕，曰："此五格字迹甚不堪，初学书写，将伊停此一科，下次再试。"事毕，读卷官出。

本日起居注官胡会恩、顾仪。

二十三日己酉 早，上御太和门传胪，赐贡士戴有祺、吴昺、黄叔琳等一甲进士，杨中讷等四十人二甲进士，贾汝楫等一百十四人三甲进士。毕，回宫。

巳时，上由西华门出西直门，幸畅春园。

是日，上问皇太后安。

本日起居注官尹泰、李应鹰。

二十四日庚戌 是日，上问皇太后安。

二十五日辛亥

二十六日壬子

二十七日癸丑 辰时，上御畅春园内澹宁居听政。部院各衙门官员面奏毕，大学士伊桑阿、阿兰泰，学士迈图、博济、王国昌、年遐龄、南达海、傅继祖以折本请旨。勇略将军、总督赵良栋题，前奉谕令臣与将军、总督等会同指授商酌，臣何敢以老疾辞？但臣年七十有一，精神已不同前。若在宁夏和辑兵民、安靖地方、保固疆围，则可仰副圣谕。若有他处进兵，满洲兵则将军总领，绿旗兵则总督调用。且奉圣谕甚明，臣不在随行之内。上曰："卿谙练军务，如有应行之处，仍指授将军、总督而行。"

又甘肃总兵官柯彩题，请选伊标下官兵一千，于宁夏军前效力，伊员缺祈另选能员补授。上曰："柯彩效力行间，多有劳绩，这请于宁夏军前自效，可嘉！今现任边疆要地，着仍留本处。"

又吏部题补盛京兵部侍郎，将内阁学士迈图等职名开列。上曰："舜拜为人平常，盛京兵部事务甚简，将伊调补。"又顾太学士曰："比来天时炎旱，尔等传谕九卿，如政事有应更改者，着议奏。"

是日，上问皇太后安。

本日起居注官思格则、席米图。

二十八日甲寅

二十九日乙卯

四　月

初一日丙辰

初二日丁巳　辰时，上御畅春园内澹宁居听政。部院各衙门官员面奏毕，大学士伊桑阿、阿兰泰，学士迈图、博济、王国昌、年遐龄、南达海、傅继祖以折本请旨。户部题覆直隶巡抚郭世隆将康熙二十九年常平仓收贮米石，若于三四月间平价粜卖，九月初及时平价籴买新谷入仓，每年减价粜卖，又买补入仓，则米谷不致糜烂，官无赔补之患，而民无荒欠之忧，议不准行。上曰："此事着再议具奏。"

又兵部覆古北口总兵官蔡元题炤宣府例于伊标下请再添兵七百五十名，应无庸议。将蓝瑗、李正春请补游击、守备俱照所题补授。黄而炳原无职衔，非应用之人，不便优等以守备用。上曰："增设兵丁之处，着照蔡元所请，余依议。"

又刑部等衙门题，山东巡抚佛伦疏称，革职县丞谭明命以前任潍县知县朱敦厚贪婪叩阍一案审得，朱敦厚入已赃银共四万四千八百六十余两，库吏谭廷章等所供甚明。朱敦厚亦称入已是实，自行承认。相应拟绞监候，秋后处决；将书办于泽润等拟杖、革役。朱敦厚家恶仆王仿虚等审拟是实，布政司等不行申详题参，皆属瞻徇情面，相应将卫既齐等降三级调用。原任尚书徐乾学为贪官朱敦厚寄书求免，原任巡抚钱珏允受嘱托之书，将自行访实之贪官不行题参，反送吏部以主事用，缘有玷大臣职任，俱应革职。上曰："卫既齐着照现任降三级，免其调用。徐乾学、钱珏俱着革职。余依议。"

是日，上问皇太后安。

本日起居注官库勒纳、洪俄岱。

初三日戊午

初四日己未　是日，上问皇太后安。

初五日庚申

初六日辛酉　是日，上问皇太后安。

初七日壬戌　辰时，上御畅春园内澹宁居，听部院各衙门官员面奏政事。

本日起居注官尹泰、顾仪。

初八日癸亥

初九日甲子　是日，上问皇太后安。

初十日乙丑　申时，上由西直门进西华门，回宫。

本日起居注官思格则、徐嘉炎。

十一日丙寅　辰时，上御乾清门听政。部院各衙门官员面奏政事。

是日，上问皇太后安。

本日起居注官洪俄岱、曹鉴伦。

十二日丁卯　上巡察边外蒙古等生计，又以边之极北喀尔喀曩虽进贡，其汗等未曾亲身归顺，今喀尔喀汗等亲率所属数十余万人来归，故往抚绥安辑。由东华门出东直门，驻跸牛栏山。是日，顺义县居住城守尉卓博尔图等、知县吴元臣等来朝。

十三日戊辰　上谕内大臣曰："尔等可亲率侍卫等于沿途严管官兵人众，切勿使践踏麦田。"是日，上驻跸密云古北口等处，抽分员外郎洪提等、密云县捕盗同知赵邦牧等来朝。

十四日己巳　上驻跸石匣城。赐石匣营副将王廷彪银五十两，守备、千总、把总等十四员每人各银十两。是日，石匣营副将王廷彪、署游击事守备刘光祖等来朝。

十五日庚午　上令管理古北口等处总兵官蔡元标以下众官兵于平野布阵，观其军容，以其进退有序、布列整齐，上善之，赐蔡元以行在御用冠褂及银五百两、马一匹。又赐总兵官标下游击张翰等二十员每人银各十两，兵丁每人银各二两。是日，上驻跸古北口城内。古北口居住拖沙勒哈番顾尔拜等、总兵官蔡元等、霸昌道许兆麟等来朝。

十六日辛未　是日，上驻跸行宫。

十七日壬申　上出古北口，驻跸鞍匠屯。

十八日癸酉　上驻跸博罗诺地方。是日，上以亲射之鹿赐内大臣、侍卫、部院衙门官员。

十九日甲戌　上驻跸黄草川。是日，赐总兵官蔡元及标下官兵羊二十只、牛二头。

二十日乙亥　上驻跸草川口。

二十一日丙子　上驻跸三道营地方。

二十二日丁丑　上驻跸秃峰谷口之温泉。

二十三日戊寅　上驻跸行宫。是日，赐总兵官蔡元及标下官兵羊二十只、牛二头。

二十四日己卯　上驻跸富沟地方。

二十五日庚辰　上驻跸行宫。

二十六日辛巳　上驻跸遮鼻谷地方。是日，赐部院衙门大臣官员狍、鹿及赐八旗汉军火器营官兵牛羊狍、鹿，总兵官蔡元标下官兵狍、鹿。

二十七日壬午　上驻跸蒙翳谷地方。

二十八日癸未　上驻跸秀驼峰之北上都河岸。是日，赐来迎行围喀喇沁部落王查西下官兵银、缎有差。

二十九日甲申　上驻跸榆山口。

三十日乙酉　上驻跸七溪。

五　月

初一日丙戌　上御行宫，命大学士伊桑阿、学士迈图及奉差议事尚书马齐、班第，侍郎索诺和、布颜图、额尔黑图、温达，学士西喇，侍读学士达虎，原任尚书阿尔尼、纪尔布及随行居中官俱同入。马齐等奏疏有云："折布尊丹巴枯图克图、土谢图汗等尽坏喀尔喀生计，致起兵端。其引罪之疏，将此情事不行悉载，仍自以伊等为是，以为扎萨克图汗得克得黑默尔根阿海背众喀尔喀，依附噶尔丹博硕克图。我等亲往征取地方得闻，其实因用兵击杀之。巧辞掩饰，殊属不合。应将土谢图汗革去其汗，为闲散台吉；折布尊丹巴枯图克图革去名号，为小喇嘛；似应令土谢图汗管辖居住。伏候睿裁。”上曰：“土谢图汗兄弟之间内相构怨，托征厄鲁特起兵，遂杀扎萨克图汗，自生乱端，使喀尔喀百姓流离，皆其所致。但伊曾于众人之先遣使来奏云，‘我欲求归皇上，惟虑不蒙优待耳。然归附皇上之意已决。’今伊并未他往，即率众来归。朕故不忍治罪。但数其过恶，宣谕于众，至伊汗之名号，意欲仍留。明日以此问众喀尔喀等以为何如。”

又奏疏有云：“扎萨克图汗乃喀尔喀七旗之长，因其累世抒诚进贡，将扎萨克图汗之名号似应仍令承袭。伏乞睿裁。”上曰：“扎萨克图汗在日抒诚进贡，倘其子巴朗厄尔克阿海尚在，自应袭封。但今已亡故，而现存之子幼稚。今来觐扎萨克图汗之亲弟策旺扎布，众皆称其贤，意欲封为亲王。明日亦以此问众喀尔喀等以为何如。”

至于车臣汗之事，上曰：“车臣汗我朝已经袭封，可将其汗之名仍留。”又奏疏有云：“四十九旗内，喀尔喀之多罗贝勒索诺穆等不思仰报皇上爱养隆恩，不严加约束其众，致使恣意偷盗，肆行凶恶。且噶尔丹入边之时，伊扎萨克之贝勒老卜臧令伊等移入内地，竟不听从。所行种种恶乱，若将索诺穆、根敦、老卜臧仍由留原住之处，恐恶乱之行终不能改。应将索诺穆、根敦、老卜臧所属之别台吉等仍留，其贝勒、台吉伊所属人一并交送盛京将军等，将索诺穆等加编佐领披甲。”上曰：“索诺穆贝勒是一甚恶之人，将边外蒙古牲畜等物偷盗者，皆伊所属之众。索诺穆贝勒及伊所属应俱移他处居住。土墨特之厄尔德穆图贝勒素能管理，所居地亦偏僻，着将索诺穆贝勒令厄尔德穆图兼辖。”

是日，赐领兵来王等、贝子、公等狍各一，及内大臣、侍卫、八旗前锋、护军火器营兵、绿旗兵牛羊。

上驻跸行宫。

初二日丁亥　归顺喀尔喀土谢图汗扎萨克图汗之弟策旺扎布、车臣汗及折布尊丹巴枯图克图众台吉、寨桑等至。上令折布尊丹巴枯图克图、土谢图汗进行幄朝见。折布尊丹巴枯图克图跪奏曰：“仁德高峻，养育群生，弘施利益者谓之佛。臣等为敌国所败，以死亡流离之身，蒙圣主大沛洪恩，特加拯救，是即臣等得遇活佛也。惟祝皇上万寿无疆。臣等赖皇上之恩，亦自此安乐得所矣。”土谢图汗跪叩首时，上命免叩首，曰：“尔一国之君，且年齿已老，故特免叩首。”土谢图汗奏曰：“蒙圣主殊恩慈爱，臣等已死之躯今得更生。臣亦不能缕祈敷奏，惟仰赖圣主恩庇，自此安乐得所。”上赐二人茶讫，赐土谢图汗数珠一串，令带之而出。

又遣大学士伊桑阿等传谕问喀尔喀车臣汗等暨众人，曰：“尔等七旗喀尔喀皆由兄弟不睦，将所属人民互相吞噬，其势不成仇敌不已。朕皆洞悉，曾特遣大臣，期会将互相吞噬之人民各行给还，誓言已定。土谢图汗等自食其言，托征厄鲁特，起兵将扎萨克图汗得克得黑墨尔根阿海执而杀之，从此喀尔喀等心志携贰，一睹军锋即行骇窜。以至国土败亡，生计遂失。然虽穷困已极，但能思朕夙昔爱养之恩，来求归附，仍皆一体养育。今土谢图汗等将一切大过引罪具奏，当此大会同之时，若即惩以重罪，岂惟朕心不忍，尔等七旗皆能无愧于心乎？若治以轻罪，则现今生计全失，皆朕所养育，何从议罚？故将伊等责其大过，复原恕其情。尔等众喀尔喀汗、诺颜、大小台吉以为何如？又扎萨克图汗抒诚进贡业已有年，无故被土谢图汗等残害，殊为可悯。巴朗厄尔克阿海若在，应即袭封。今扎萨克图汗亲弟来觐，即令承袭，以示眷爱，似为允当。尔众以为何如？”谕毕，喀尔喀汗、诺颜、大小众台吉同奏曰：“土谢图汗等自知其过，引罪陈奏，圣主洞鉴即已。如果治罪，不但皇上不忍，我等实皆惭愧无地。又扎萨克图汗所属人民散失，将伊所遗幼稚策旺扎布蒙皇上轸念，恩令袭封，诚为旷典。臣等众人更复何词。惟不胜欢忭感激，仰祝于天而已民。”

启奏毕，上御行宫前黄幄升座。喀尔喀汗、诺颜、台吉等率众前进，行三跪九叩头礼。礼毕，令以次序坐。乐作，大宴喀尔喀车臣汗及第二班次扎萨克之墨尔根济农古路西稀等十四济农、台吉等，第三班次扎萨克之魏正诺颜阿玉西等十三大台吉，俱令近御座前，上亲赐酒。其三十五台吉、扎萨克之达云多尔济等七十九台吉，土谢图汗之尼尔喀等一百四十台吉，车臣汗之察哈尔台吉昂吉代等一百四十台吉等，各以次坐，皆令侍卫等于坐处送酒。宴毕，上回行宫。是日，扈从诸王等，贝子、公等，内大臣、侍卫、文武大臣于行宫前跪奏曰：“从古以来，边外蒙古皆另为一国。今蒙古诸国俱效顺于我，喀尔喀国之三汗皆归服称臣，洵旷古未有之事。臣等际此非常大庆，恭请叩首称贺。”上谕免行礼。

此日，筵宴时喀尔喀等坐于右翼，外藩四十九旗蒙古王等坐于左翼。宴毕，同行三跪九叩首礼谢恩。上驻跸行宫。

初三日戊子　赐归顺喀尔喀土谢图汗、折布尊丹巴枯图克图、扎萨克图汗之弟策旺扎布、车臣汗银各千两，蟒缎及彩缎各十五匹，银茶桶、茶盆、袍、帽、撒袋、布、茶等物。又赐济农、台吉、寨桑等银、缎等物有差。上御行宫，又命喀尔喀土谢图汗、扎萨克图汗之弟策旺扎布、车臣汗、折布尊丹巴枯图克图及济农、台吉等三十五人入内筵宴。上顾谓土谢图汗、车臣汗诸人曰：“昨日虽已筵宴，今朕复欲熟识尔等，故特召入，俾各陈所欲言。尔等欲食之物食之，舒怀共语，以飨斯宴，勿以在朕前过于拘束。”土谢图汗、车臣汗等欢忭陈奏曰：“圣主如此深仁，臣等欢跃无已，但自恨归顺之晚耳。惟祝皇上圣寿万万岁，臣等众人仰沾皇上之恩，亦获欢欣乐豫，长享太平之福。”宴毕，众皆出。上又以皇子所服衣帽、数珠加赐扎萨克图汗之弟策旺扎布。

随引归顺众喀尔喀至南门跪听谕旨，谕曰：“皇帝诏谕喀尔喀汗、济农、诺颜、台吉等：朕承天命，统御万方，惟思率土人民咸得其所，安生乐业，不致沦于灭亡，中外同观，原于殊别。前尔七旗喀尔喀等本皆兄弟，乃互相侵夺，吞噬人民，以致不睦。朕因此故，曾特遣大臣往莅会所。今尔等各相和协，而土谢图汗等自食誓言，不遵约会已定之议，起衅用兵，致为厄鲁特噶尔丹博硕克图所败，丧其国土地。汗、诺颜、台吉等不能保聚所属之人民，而其人民亦不能各保其妻子，纷纷溃散，投入朕之边哨。尔等当此困穷至极之际，倘朕之众扎萨克等各行收取，尔喀尔喀早已无遗类矣。朕好生之心，本于天性，不忍视尔等之灭亡，给地安置，复屡予牲畜糗粮，以资赡养。汗、诺颜、台吉仍留如故，车臣汗仍令承袭。又因尔等互相偷夺，故于各处添设管辖扎萨克，以便稽察。且今尔等素无法纪，故颁示定例，令各遵行。自古以来，未有如朕之拯救爱养若此者。朕于尔等既加爱养，更欲令其苏息繁育，用是亲临训谕，大行赏赉。会同之时，见尔等倾心感戴，故将尔等与朕四十九旗一例编设，其名号亦与四十九旗同，以示朕一体仁爱之意。土谢图汗、车臣汗名号俱着仍旧存留。扎萨克图汗无故被杀，且所属人民离散，困苦已极，深为可悯。着将伊亲弟策旺扎布封为和硕亲王，其扎萨克之墨尔根济农古路西稀，扎萨克之坤都伦博硕克图滚布，扎萨克之信顺额尔克代青诺颜山巴，扎萨克之台吉色楞阿海，扎萨克之额尔得尼济农盆楚克腊卜谈，伊等原系旧扎萨克，着去其济农、诺颜之名，皆封为多罗郡王、台吉。噶尔丹系土谢图汗之长子，且从枯伦白尔齐尔期会以后，屡来请安，着封为多罗郡王。车臣汗之叔、扎萨克之额尔得尼济农那穆扎尔，虽系新扎萨克，而劝车臣汗领十万众归顺，又身为之倡，请照四十九旗一例，可嘉，着亦照旧扎萨克例，去其济农之名，封为多罗郡王。车臣汗之族叔扎萨克之额尔克、台吉车布登，当征厄鲁特之际效力行走，侦探信息，以己马助用于事，不致有误，着为多罗贝勒。台吉西第西理，土谢图汗之亲弟，且所属甚众，同土谢图汗归顺，着为多罗贝勒。车臣汗之叔祖车臣济农布登达赖济农阿南达额尔得尼济农布达扎布、伊尔登诺颜达理、车臣汗之叔伊尔登济农盆苏克，伊等皆属车臣汗之族祖及叔，且系奉旨所援之济农。今去其济农之名，皆着为固山贝子。白苏特之察汗巴尔诺颜布贝虽系新小扎萨克，当在喀尔喀地方时，曾奏喀尔喀基业难保，日后必败，时我来投归皇上。后喀尔喀国败，即副前言归顺，可嘉，亦着为固山贝子。洪俄尔代青之佐理固山事台吉汉都，归顺在众人之先，效力行间被创，着为镇国公。土谢图汗之同族台吉苏台伊尔登、额尔克代青诺颜山巴之同族台吉托多额尔得尼，伊等诚心归顺，效力行间，此二人亦着为镇国公。土谢图汗之扎萨克台吉车穆楚克那穆扎尔、扎萨克之台吉班珠尔多尔济、扎萨克之达尔汉台吉巴朗，车臣汗之扎萨克额尔得尼阿海车陵达西、扎萨克之台吉额尔克色楞西、扎萨克之台吉古路扎布额尔克代青，诺颜山巴之扎萨克魏正诺颜阿玉西、扎萨克之台吉丹津，额尔得尼额尔济根之扎萨克台吉额尔得尼哈谈巴图鲁滚占，白苏特之扎萨克车臣台吉乌尔占，扎萨克之墨尔根济农索诺穆伊萨扎布，伊等俱着为一品台吉。此外，在事台吉等与众台吉等给与品级之处，已敕该部一一察明具奏，各与以应得品级。自今以往，尔等体朕爱养之恩，各守法度，力行恭顺，如此则尔等生计渐蕃，福及子孙，世世被泽。若违法妄行，则尔等生计既坏，且国法具在，凡事必依所犯之法治罪。着于各属通行晓示，特谕。”土谢图汗、车臣汗、众济农、台吉等奏曰：“圣主殊恩，锡封出臣等望外。仰荷鸿慈，欢欣无已，谨勒肺腑，世世感戴，以图报高厚。”奏毕，行三跪九叩首礼。

是日，上驻跸行宫。

初四日己丑 上令八旗满洲官兵、汉军火器营官兵及总兵官蔡元标下绿旗官兵排列火炮鸟枪，皆上亲自指示。上躬御甲胄，大阅军容毕，御黄幄，赐诸王、大臣及归顺众喀尔喀等茶，令侍卫等射，有膂力者角抵，炮火、鸟枪之声响震山谷。将士进退赫奕威严，行伍布列整齐壮丽。众喀尔喀等皆畏惧，无不骇异赞美。事毕，上回行宫。

赐策旺扎布骆驼四匹、马十匹、羊五十只。又念策旺扎布年幼，且所属人民俱已离散，恐致失所，令归化城都统、副都统等加意护视抚养。又赐四十九旗王、贝勒、贝子、公、台吉等袍、帽、银两等物有差。

是日，上驻跸行宫。

初五日庚寅 上往阅喀尔喀所立营寨，察其穷困者赏以银、布。又大赉喀尔喀之王、贝勒、贝子、公、台吉等牛羊。

是日，上驻跸行宫。

初六日辛卯 以拨给投诚喀尔喀等游牧地方，命原任尚书阿尔尼、侍郎布颜图、温达，侍读学士达虎往谕而遣之。又令侍郎额尔黑图迁移索诺穆贝勒。是日，赐四十九旗王、贝勒、贝子、公、台吉等御用袍、帽、靴。又喀尔喀台吉等因无马匹、骆驼将所赐之物不能运致者察出，赐与骆驼、马匹。

是日，上驻跸行宫。

初七日壬辰 早，上御行宫。命大学士伊桑阿、学士迈图及奉差议事尚书马齐、班第，侍郎索诺和、布颜图、额尔黑图、温达，学士西喇，侍读学士达虎，原任尚书阿尔尼、纪尔塔布等俱入。马齐等奏疏有云：“乌珠穆亲王苏达尼之妻及台吉车根等顺附噶尔丹之处是实，车根、阿穆尔、充科、阿达理、罗雷喇扎布等，应皆即行处斩。王之妻系妇人，应革封号，免其家产入官，撤去所属之人。苏达尼已经病故，无容议。苏达尼之亲王应革去，不准承袭。又二品台吉博托和等揆其曾送马匹、牲畜，则顺附噶尔丹之处是实，博托和、喇扎布、阿喇西、博罗特及为向导绰克图等，亦应具即处斩，妻子入官。又拨什库阿尔塔等为噶尔丹指路，往来问询，送骆驼、马匹之处皆实，阿尔塔、阿穆弟朗、巴颜、乌兰达汉，博尔博孙博罗，照谋叛例俱应即绞。其妻子应作何处治，交与该部议奏。”奉旨：“车根、阿穆尔、充科、阿达理、罗雷喇扎布、博托和、喇扎布、阿喇西、博托和、绰克图、阿穆弟朗、阿尔塔、乌兰达汉、巴颜、博尔博孙博罗等，违背国恩，顺从噶尔丹，应俱依议治罪，从宽免籍没家产及撤所属之人，惟将本身俱依议正法。苏达尼因病笃不知，从宽免革，亲王仍与伊子承袭。将撤出所属亦从宽免。其首告此事之阿霸垓台吉奔塔尔等，不便留于乌珠穆亲，俱着归伊兄弟，余依议。”

又奏疏有云：“乌珠穆亲之吴达理稀所告事内有名参领博罗特，乃谋叛事内即行正法重罪之人。护卫巴扎尔伊白葛儿将博罗特明知故纵，使之逃走，情罪甚为可恶。巴扎尔伊白葛儿合依谋叛皆斩，若知情故纵、隐藏者绞律，俱即行处绞。贝勒毕鲁瓦将重罪之人博罗特不交付的当之人严行看守，应罚俸一年。逃走博罗特应遍行传谕四十九旗严查，俟拿获之日，即行正法。”奉旨：“巴扎尔、伊白葛儿俱从宽免处死，籍没，着穿耳鼻示众，鞭一百。毕鲁瓦罚俸一年。余依议。”

是日，上自驻跸处还。驾行之前，令喀尔喀土谢图汗、折布尊丹巴枯图克图入内赐食，又赐土谢图汗金盘并所盛食物，赐折布尊丹巴枯图克图金碗并所盛食物，仍各赐上御用帐房一副，赐折布尊丹巴枯图克图上御鞍辔一匹。

事毕，上启行时，四十九旗王、贝勒、贝子、公等、台吉等跪于路左，喀尔喀土谢图汗、车臣汗及王、贝勒、贝子、公等、台吉等跪于路右。上过众喀尔喀等跪处，喀尔喀土谢图汗、车臣汗、王、贝勒、贝子、公、台吉等皆依恋皇上，无不跪泣堕泪。皇上近前，谕曰：“朕欲带尔等至京师，路途遥远，天气暑热。尔等系北边生长习惯之人，不服南方水土。期尔等享长年，各安生业。朕再出边时，即因便召尔等来见。”

上又谕四十九旗王、贝勒、贝子、公、台吉等曰："边外无城郭墙垣，不肖之人易于偷盗。闻比年以来，边外盗贼日滋，马牛牲畜多被攘窃。边外蒙古俱赖牲畜为业，其家有牲畜可以资生之人，恐被人偷盗，各将牲畜圈絷，不行放牧，必致瘦毙。如此，则虽可以资生之人，亦必致于穷蹙，贫富同归于困苦矣。此等情事，尔等应不时晓谕各所管辖之人，严加禁止，使盗贼永息。"王沙济、班第等诸王、贝勒、贝子、公、台吉等奏曰："圣主轸念臣等边外、蒙古生计，从前屡经训诲，今又颁此恩纶，臣等敬识于心，各严察禁止，所属之人效力以弭盗贼。"因堕泪叩首。奏毕，上遂行。

是日，赐三旗护军、八旗前锋牛羊。上驻跸福延山。

初八日癸巳　赐八旗汉军火器营兵牛羊。是日，上驻跸涌泉。

初九日甲午　上驻跸饶峰。

初十日乙未　上驻跸射峰。

十一日丙申　上驻跸达瑚理屯。

十二日丁酉　上驻跸白塔附近黄旗营。

十三日戊戌　上驻跸鹌鹑沟北白旗营。

十四日己亥　上驻跸古北口城内。

十五日庚子　上驻跸石匣城内。

十六日辛丑　上驻跸密云县城内。

十七日壬寅　上驻跸顺义县东大东庄。

十八日癸卯　卯时，上自东直门进东华门，诣皇太后宫问安，回宫。

是行也，部院各衙门奏章每日送内阁，内阁三日一次驿送行宫听理。

扈从起居注官库勒纳、尹泰。

十九日甲辰　辰时，上御乾清门听政。部院各衙门官员面奏毕，大学士伊桑阿、阿兰泰、王熙、梁清标、张玉书，学士彭孙遹、迈图、博济、王国昌、年遐龄、南达海、王尹方、傅继祖以折本请旨。都察院题再议得云南学道吴自肃、山西学道李观光、陕西学道张光豸、湖广学道郑侨生，该总督、巡抚皆以革除十弊称职一体具题之事，尚书鄂尔多等不遵定例议覆，违例议为三项，应将尚书鄂尔多、张士甄，左侍郎沙海、李振裕，右侍郎赵士麟，俱应降三级调用，不准加级，纪录抵销。将郎中法喀、梁钦构、王敏政，员外郎郎鼐、吴秉谦、张璘，主事苏巴海、苏玮，降四级调用，俱不准加级，纪录抵销。余仍照前议。上曰："张士甄衰迈，奏事时常默无所言，着降三级解任。鄂尔多、沙海、李振裕、赵士麟着各降三级，法喀等着各降四级，俱从宽留任。有加级纪录者，仍准抵销。余依议。"

又吏部题光禄寺正卿金鼐前工部侍郎任内降二级留任，今已满三年无过，与例相符，复其所降二级。上曰："依议。金鼐为人庸劣，着随旗行走。"又谕大学士等曰："仓场侍郎李廷松为人庸劣，着解任。"

又升任刑部主事郎图员缺，论俸将荫生、觉罗舒起图拟正、户部七品笔帖式达喜拟陪。上曰："达喜依拟用，舒起图为人庸劣，着随旗行走。"

又刑部等衙门题满朱西理塔布囊带伊家之虎班代等夺御厂之牛情由，应立绞。上曰："满朱西理塔布囊从宽免死，着鞭一百为奴。虎班代从宽免死，着鞭一百。"又海沙赖将诺敏等马十八匹、骆驼十四并所驮之物全行夺去情由，应立绞。上曰："海沙赖从宽免死，着鞭一百为奴。"

是日，上问皇太后安。

本日起居注官思格则、吴苑。

二十日乙辰 辰时，上御乾清门，听部院各衙门官员面奏政事。

本日起居注官洪俄、陆肯堂。

二十一日丙午 辰时，上御乾清门听政。部院各衙门官员面奏毕，大学士伊桑阿、阿兰泰、王熙、梁清标、张玉书，学士彭孙遹、迈图、博济、王国昌、年遐龄、南达海、王尹方、傅继祖以折本请旨。工部等衙门覆总兵官蔡元奏称古北口附近一带边墙倾颓有五百余丈，已行咨沿边各属查明，俟其查明沿边倾颓丈尺具报到日一并再议。"上曰："蔡元所奏未谙事宜，帝王治天下自有本原，不专恃险阻。秦筑长城以来，汉、唐、宋亦常修理，其时宁无边患？明崇祯中，我太祖统大兵长驱直入，各路瓦解，皆莫敢当。可见守国之道惟在修德安民，民心悦则邦本得，而边境自固。所谓众志成城者是也。如古北口喜峰口一带，朕皆巡阅，概多损坏。今若欲修，势必全加葺治，耗费钱粮，兴工劳役，岂能无害百姓？且长城延袤数千里，其势散漫，焉知敌所自来？养兵几何方能分守？蔡元见未及此，其言甚属无益。可以此传谕九卿，并将九卿之语转奏。"大学士王熙奏曰："天时不如地利，地利不如人和。我朝德威所服无远弗届，岂惟长城是恃？"大学士张玉书奏曰："皇上明见万里，自古治国在德不在险，诚如圣谕。"

本日，起居注官顾仪、徐元正。

二十二日丁未　上因有事于方泽坛，斋戒三日，不理事。

是日，上问皇太后安。

本日起居注官席米图、王掞。

二十三日戊申　本日起居注官李楠、尹泰。

二十四日己酉　早，上御保和殿视祭方泽坛祝版毕，回宫。

是日，上问皇太后安。

本日起居注官库勒、王顼龄。

二十五日庚戌　上行夏至礼，躬诣方泽坛致祭。毕，回宫。

巳时，上移驻瀛台。

本日起居注官洪俄岱、曹鉴伦。

二十六日辛亥　辰时，上御瀛台勤政殿，部院各衙门官员面奏毕，大学士伊桑阿、阿兰泰、王熙、梁清标、张玉书，学士彭孙遹、迈图、博济、王国昌、年遐龄、南达海、王尹方、傅继祖以折本请旨。大学士伊桑阿等奏曰："蔡元奏请修理边封墙事臣等遵旨问九卿，九卿云，圣谕诚然，修理实为无用。"上曰："治天下者在德不在险，边墙历年既久，损坏甚多，修之徒劳民力，究属无益。这所奏捐修事宜不必行查。"

又工部题毛城铺闸岸限内不能修完，将同知王隆熙交与吏部议处。河工关系紧要，不便迟延，再展限三个月，速行坚固修理完结。上曰："河道关系重大，一应修筑工程必作速报竣方有裨益。若冬月则称寒冻，春月称桃花水发，夏秋复称水涨，辄以人力难施展限，是终岁无兴工之时。毛城铺地方紧要，理应刻期完工。尔部并不致详，草率茫昧，议准展期三月，殊属不合，着严饬。这工程仍着速行修筑。"

本日起居注官思格则、李应廌。

二十七日壬子　早，上由西华门出西直门，幸驻畅春园。部院各衙门应面奏事务仍行面奏外，其余奏章每日送内阁，内阁逐日转送畅春园听理。

本日起居注官胡会恩、顾仪。

二十八日癸丑　是日，上问皇太后安。

二十九日甲寅

六　月

初一日乙卯　辰时，上御畅春园内澹宁居听政。部院各衙门官员面奏毕，大学士伊桑阿、阿兰泰，学士迈图、西安、博济、王国昌、年遐龄、南达海、傅继祖以折本请旨。刑部等衙门议覆山东巡抚佛伦题审大伙盐贼李彪等，皆持兵器贩卖私盐，应立斩。上曰："依议。其拿获大伙盐贼有议叙之例，这案获贼官员该部议叙具奏。"

本日起居注官库勒纳、思格则。

初二日丙辰

初三日丁巳　是日，上问皇太后安。

初四日戊午　辰时，上御畅春园内澹宁居，听部院各衙门官员面奏政事。本日起居注官库勒纳、席米图。

初五日己未

初六日庚申

初七日辛酉

初八日壬戌　因公主下嫁巴林鄂齐尔郡王子吴尔衮行筵宴礼。上御畅春园内重门，齐集巴林多罗郡王纳穆达克、固山贝子额尔得尼，一品台吉葛勒尔图、鲁西希布等，三品台吉莫伦等，土默特部落多罗达尔汉贝勒额尔德穆图、额驸班第等，及内大臣、侍卫等，作乐，大设筵宴。令巴林纳穆达克王、贝勒额尔德穆图、固山贝子额尔德尼、一品台吉葛勒尔图等至御座前，上亲赐酒。命鲁西希布、莫伦等近前，令侍卫赐酒。宴毕，上回宫。

是日，上问皇太后安。

本日，起居注官库勒纳。

初九日癸亥

初十日甲子 辰时，上御畅春园内澹宁居，听部院各衙门官员面奏政事。

本日起居注官库勒纳、洪俄岱。

十一日乙丑 是日，上问皇太后安。

十二日丙寅

十三日丁卯 辰时，上御畅春园内澹宁居听政。部院各衙门官员面奏毕，大学士伊桑阿、阿兰泰，学士迈图、西安、博济、王国昌、年遐龄、傅继祖以折本请旨。吏部议覆江宁巡抚郑端所参松江府知府李元瑨，应照罢软无为例革职，松江府及下江一带知府员缺，请俱以拣选补授，无容议。上曰："堪任松江知府者，着九卿拟出，尔等具奏。"

又工部题修造宣武门样楼、箭楼、闸楼实用银两与例相符，准其销算。其浮多银七百九十九两有余，应于监修原任主事、今升员外郎骆尔达等名下追取。上曰："这浮多银着免赔补。"

本日起居注官库勒纳、顾仪。

十四日戊辰 是日，上问皇太后安。

十五日己巳 是日，上问皇太后安。

十六日庚午

十七日辛未 辰时，上御畅春园内澹宁居听政。部院各衙门官员面奏毕，大学士伊桑阿、阿兰泰，学士迈图、西安、博济、王国昌、年遐龄、傅继祖以折本请旨。伊桑阿等奏曰："九卿会同拟出堪补授松江府知府之人，礼部郎中、镶红旗李毓柱，兵部郎中、镶红旗将兴芑，昌平州知州、镶黄旗王光谟，涿州知州、镶黄旗秦毓琦，通州知州、镶白旗程俊，吏部员外郎、正红旗吴秉谦，刑部员外郎、镶红旗陈邦器，赵州知州龚煠，福建人。伊等人材俱优，是以选举。"上曰："龚煠是何出身？荐举者为谁？"伊桑阿等奏曰："龚煠系福建例，监都御史于成龙、侍郎赵士麟所举。"上曰："松江府员缺着龚煠。此荐举内吴秉谦，朕知其人材颇优，应于山东登州等处滨海地方要职补授。尔等识之。其巡抚所参知府，着依议。"

又九卿议覆监察御史陆陇其谓保举不宜捐纳，夫保举虽行捐纳，原未尝废八法纠参。倘有劣迹，则朝捐纳而暮纠参可也。况西北之地利，与东南大不相侔，无平原水道可行，军需输运，劳苦百倍，东南小民何以堪此？惟行捐纳，则困可苏，物力可聚。原从苏民以安地方起见，陆陇其条奏之处应无容议。至于陆陇其不计时之缓急、事之要否，专务虚名，有紊政事，妄行具奏，殊负言官之职。应将陆陇其革职，发往奉天安插。上曰："将此事再问九卿，众意皆同乎？抑有另议乎？"

又礼部议覆朝鲜国王李焞纵其民越江用鸟枪将采参人马打死，夺去人参等物，大干法纪。为此，应罚王李焞银一万两。上曰："李焞从宽免罚银一万两。"

又江宁巡抚郑端奏，因上海县知县董鼎祚居官酷劣，臣纠参后，士民以董鼎居官不善被劾，有污地方，众行侮辱，担水刷洗公堂，及书办何元龙等，暮夜聚众于街坊骂詈，特行题参。上曰："凡纠劾官员治罪自有定例。上海县士民倡众侮辱职官，水洗公堂，大干法纪。着该部一并严察议奏。"

本日起居注官库勒纳、尹泰。

十八日壬申

十九日癸酉

二十日甲戌 是日，上问皇太后安。

二十一日乙亥

二十二日丙子 辰时，上御畅春园内澹宁居听政。部院各衙门官员面奏毕，山西布政使郭洪陛辞，奏曰："臣于今月二十五日启行，求皇上训谕。"上曰："布政司管通省钱粮，所关甚重，尔务竭力勤慎。至于征取火耗若不行禁止，百姓必致受害。但尽行革除，则官亦艰苦。不禁不可，尽行革除亦不可。尔于所属官员将苛派百姓之处严行禁革。再满洲官于各省者，汉人皆称其贤，尔亦当体其称赞之意，勉力自奋，毋贻众人之羞。尔到任时，将此旨并宣谕巡抚、按察司。"郭洪奏曰："臣一介微贱，历俸未久，蒙皇恩擢补今职。若臣所行不直，敢于妄为，即幸得免于显戮，亦当冥诛。谨识皇上训旨，竭力奉行。"

奏毕，大学士伊桑阿、阿兰泰，学士迈图、西安、博济、王国昌、年遐龄、傅继祖、满丕以折本请旨。伊桑阿等奏曰："议处监察御史陆陇其之事，臣等复集九卿、詹事、科、道满汉官员问之，诸臣公同奏云，议行捐纳，原欲抚绥百姓，安辑地方，从裨益军需起见。陆陇其默默于未事之前，破坏已成之事，图取虚名，紊乱政事，妄行陈奏，殊负职任，不可不惩。臣等皆以为应照此议诚为允当。”上曰：“陆陇其理应依议，但念系言官，从宽免治罪。陆陇其居官未久，懵愦不知事情，妄昧陈奏，甚属庸鄙，可并批出。”

又云南、贵州总督范承勋奏请来京陛见，求聆圣谕。上曰：“云南地方遥远，两省事务紧要。范承勋不必来京陛见。”

本日起居注官库勒纳、思格则。

二十三日丁丑

二十四日戊寅 辰时，上御畅春园内澹宁居，听部院各衙门官员面奏政事。

是日，上问皇太后安。

本日起居注官库勒纳、席米图。

二十五日己卯 辰时，上御畅春园内澹宁居听政。部院各衙门官员面奏毕，大学士伊桑阿、阿兰泰，学士西安、博济、王国昌、年遐龄、傅继祖、满丕以折本请旨。理藩院题厄鲁特噶尔丹陈奏乞请施恩之处无容议。上曰：“噶尔丹乞请施恩，笃诚恳切，着赏给银五百两。”

又原任尚书阿尔尼等领扎萨克等兵与厄鲁特对敌时阵亡，台吉、官兵给与身价银两，照常例减半给与。此银两取自户部。本衙门堂司官赍往会同各扎萨克，给与阵亡之人父母、兄弟、妻子。上曰：“此阵亡台吉以上身价银两俱着全给，照常议叙。其官兵超众奋力而阵亡者，着查明，亦全给身价银两，照常议叙。”

本日起居注官库勒纳、洪俄岱。

二十六日庚辰

二十七日辛巳

二十八日壬午 辰时，上御畅春园内澹宁居，听部院各衙门官员面奏政事。

本日，起居注官库勒纳、顾仪。

二十九日癸未

七　月

初一日甲申　辰时，上御畅春园内澹宁居，听部院各衙门官员面奏政事。是日，上问皇太后安。

本日起居注官库勒纳、尹泰。

初二日乙酉

初三日丙戌

初四日丁亥

初五日戊子　辰时，上御畅春园内澹宁居听政。部院各衙门官员面奏毕，大学士伊桑阿、阿兰泰，学士西安、博济、王国昌、年遐龄、傅继祖、满丕以折本请旨。吏部题升任内阁侍读学士满丕员缺，论俸将户部郎中纳垒拟正，都察院监察御史巴锡拟陪。上曰："温保升补内阁侍读学士。"

又礼部议覆朝鲜国进贡正使李沉，其同伴通官张粲违禁将《一统志》书盗买带去，相应革职，发配伊国边界充军。正使瀛昌君李沉、副使议政府右参赞徐文重、书状官权儹不能钤束所带员役，应革职。不知卖书人为谁，无容查议。该王李焞既遵奉科条，戒饬臣民，相应免议。上曰："李沉、徐文重、权儹俱从宽免革职。余依议。"

又四川、陕西总督葛思泰奏，闻宁夏总兵官李嗣兴病故，暂令游击陈宗显镇守。上曰："李嗣兴虽履任未久，而居官甚优，忽闻溘逝，朕心深为悯恻。应得恤典，着察例议奏。"

又总督葛思泰等题请，宁夏地方甚为紧要，现在用兵之际，补授总兵官难以久待。延绥总兵官冯德昌久历行间，且谋勇兼优，地方形势无不尽知，请将调补宁夏总兵官。延绥地方亦为紧要，难以久待。甘肃总兵官柯彩才猷练达，晓畅军务，请调补延绥总兵官。至甘肃总兵官缺，另拣贤能补授，则连续俱有裨益矣。上曰："总督葛思泰等疏称调补冯德昌、柯彩，允属人地相宜，着照所请即行调补。柯彩员缺，着将师帝宾调补；师帝宾员缺，着将王化行调补。"

本日起居注官库勒纳、席米图。

初六日己丑

初七日庚寅　是日，上问皇太后安。

初八日辛卯

初九日壬辰

初十日癸巳　辰时，上御畅春园内澹宁居听政。部院各衙门官员面奏毕，大学士伊桑阿、阿兰泰，学士西安、博济、王国昌、年遐龄、傅继祖、满丕以折本请旨。兵部题冯德昌仍兼右都督，充镇守陕西宁夏等处总兵官。柯彩仍兼右都督，充镇守陕西延绥等处总兵官。师帝宾仍兼副将，充镇守陕西凉州等处总兵官。王化行仍兼都督佥事，充镇守湖广襄阳等处总兵官。俟命下之日，送内阁写敕给与。上曰："依议。着写敕与他。凉州地方紧要，师帝宾着速赴新任。师帝宾员缺，着该督速委贤能官署理。"

又理藩院题，喀尔喀俱照四十九旗编为旗分，其众扎萨克、亲王以下，骁骑校以上，凡遣使请安进贡及本身来朝等事，土谢图汗、车臣汗，旗分内王以下、骁骑校以上，一切应行事宜，令俱照四十九旗现行例遵行。土谢图汗、车臣汗既留其汗之名号，令伊等仍贡九白，其来使仍令照前行。折布遵丹巴枯图克图之使，亦令照前行。上曰："喀尔喀等始行归顺，新经安插，俟三年后着依此议行。折布遵丹巴枯图克图亦着贡九白。"

本日起居注官思格则、洪俄岱。

十一日甲午

十二日乙未

十三日丙申　是日，上问皇太后安。

十四日丁酉

十五日戊戌

十六日己亥　辰时，上御畅春园内澹宁居听政。部院各衙门官员面奏毕，大学士伊桑阿、阿兰泰，学士西安、博济、王国昌、西喇、年遐龄、傅继祖、图纳哈以折本请旨。刑部等衙门议覆，偷刨人参，复行抢夺人参硕色等俱应照强盗例立斩。郎中穆克坦受李小眼银一百两，准其所递病呈，将铁锁释去，交付阿尔法后致脱逃，应革职，照律拟绞监候，秋后处决。李小眼以财行贿，原任骁骑校阿尔法于中说事过付，俱应拟绞监候，秋后处决。再郎中吴库虽称侍郎邬黑云“我身有病，大事来向我说，小事说与郎中等完结”等语，故李小眼事不曾说与侍郎邬黑，照穆克坦所说而行，其致李小眼脱逃，我并不知，但小事说与郎中完结、有无之处行文，盛京刑部向侍郎邬黑详明取供，到日再议。上曰：“邬黑身为侍郎，托疾偷安，不理事务，推诿司官，殊属不合，着一并另行严议具奏。”

又兵部议覆两广总督石琳题，广东香山副将朱明请给假三月，与伊父安葬。但现任武官从无给假令其安葬之例，应将该督所奏无容议。上曰：“朱明准给假三月为伊父安葬。”

又福建台湾总兵官王化行员缺，或将参领开列，或将现任副将开列，请旨。上曰：“台湾总兵官三年一次更易，所关紧要，着将杭州副都统穆维雍补授。”

本日起居注官库勒纳、顾仪。

十七日庚子 是日，上问皇太后安。

十八日辛丑 辰时，上御畅春园内澹宁居，听部院各衙门官员面奏政事。本日起居注官库勒纳、尹泰。

十九日壬寅

二十日癸卯 是日，上问皇太后安。

二十一日甲辰

二十二日乙巳 辰时，上御畅春园内澹宁居听政。部院各衙门官员面奏毕，大学士伊桑阿、阿兰泰，学士西安、博济、王国昌、西喇、年遐龄、傅继祖、图纳哈以折本请旨。吏部题头等公舅舅佟国纲阵亡，应照参赞大臣阵亡例，给与拜他喇布勒哈番再一拖沙喇哈番，但系头等公，不便加官，照例交与兵部议赏可也。上曰：“舅舅佟国纲照例给与拜他喇布勒哈番又一拖沙喇哈番，令伊子承袭，著为例。”

又兵部题副都统署前锋统领参赞迈图、前锋参领葛思泰等，与厄鲁特对敌身亡，在事有功人员，分别议叙，应给官注册。上曰：“依议。葛思泰效力年久，各处劳绩显著，着再加一拖沙喇哈番，授为拜他喇布勒哈番。”

又刑部等衙门议覆将私铸周三、薛文、高卜二俱应立斩；张鼎、梁三照为从，俱应立绞。上曰 :“周三着即处斩，薛文、高卜二、张鼎、梁三俱从宽免死，照例减等，发与黑龙江新满洲披甲之人为奴，务期严押解到。”

本日起居注官库勒纳、思格则。

二十三日丙午

二十四日丁未

二十五日戊申

二十六日己酉　是日，上问皇太后安。

二十七日庚戌

二十八日辛亥　辰时，上御畅春园内澹宁居听政。部院各衙门官员面奏毕，大学士伊桑阿、阿兰泰，学士西安、博济、王国昌、西喇、年遐龄、傅继祖、图纳哈以折本请旨后，伊桑阿等奏曰：“病故大学士杜立德应否与谥，臣等遵旨问九卿，九卿云，杜立德任大学士，行端志洁。礼部尚书熊赐履云，我彼时为内阁学士，杜立德品德端方，如果所行乖张，岂有不闻者？”上曰：“杜立德朕知之甚晰。在世祖时著有贤声，其禀性厚重，而行事正大，不似人之徒务虚名者。如遇事得其情理，不但不苟随同列，即于朕亦不曲从。议政王、大臣将尚之信议以正法，朕以为尚之信向受封爵，一旦正法，诚属不忍，欲令伊自裁。杜立德奏曰，尚之信乃背国叛逆、窥伺朝廷之贼，若不加之显戮，以正国法，圣意非臣之所能知也。执奏甚力。又独留诸臣后奏曰，皇上不将此逆贼即显行正法，后日以为臣曾与皇上同议此事，则臣断然不当此名。诚可谓贤臣矣。似此等处甚多。杜立德还与他谥，加祭一次。”

本日起居注官库勒纳、洪俄岱。

二十九日壬子

三十日癸丑

闰七月

初一日甲寅

初二日乙卯 辰时，上御畅春园内澹宁居听政。部院各衙门官员面奏毕，大学士伊桑阿、阿兰泰，学士西安、博济、王国昌、西喇、年遐龄、傅继祖、图纳哈以折本请旨。吏部题升任顺天府府尹卫既齐员缺，拟以都察院左佥都御史陈肇昌、太仆寺正卿唐朝彝。上曰：“这府尹员缺，着九卿将堪任之人选举具奏。”

又户部题覆江西巡抚宋荦疏称，南昌等五府所属十二县，自康熙二十三年以及二十七年民欠钱粮六万三千余两。江西省苦遭兵乱，又罹旱灾，一时难于并征，请从康熙三十年起，每年带征一年，议准行。上曰：“这所欠钱粮着免其追取，务令小民得沾实惠。如有不肖官员已经征收称为未征，已经蠲免借端征取，致累百姓者，察出，将该管官员定行从重治罪！”

又刑部等衙门题，邬黑身为侍郎，乃懒惰将事务推诿司官，殊属不合，应革职。郎中吴库不详察事务，即照穆克坦所说完结，应降三级调用。硕色等俱照前拟立斩。穆克坦、李小眼、阿尔法仍俱照前拟绞监候秋决。余俱照前审拟。上曰：“邬黑着降五级，以盛京武职用。余着依议。”

又四川、陕西总督葛思泰题报调总兵官柯彩率兵与厄鲁特济农之弟博极对敌、大败厄鲁特剿杀情形。上曰：“览奏，总兵官柯彩出边筹画，遣发官兵，分头前进，将厄鲁特人众尽行剿杀，可嘉。在事人员着议叙具奏。”

是日，上问皇太后安。

本日起居注官库勒纳、席米图。

初三日丙辰

初四日丁巳 辰时，上御畅春园内澹宁居听政。部院各衙门官员面奏毕，大学士伊桑阿、阿兰泰，学士西安、博济、王国昌、西喇、年遐龄、傅继祖、图纳哈以折本请旨。又以顺天府府尹卫既齐员缺，九卿遵旨选举布政使马如龙等七人折子进呈。上顾问日讲官起居注掌翰林院事侍郎库勒纳曰："这所举内邵远平何如？"库勒纳奏曰："学问平常，其人亦可。"上又问曰："其所行何如？"库勒纳奏曰："臣前在翰林院时，闻其所行不端。自伊补官以来，未闻其所行若何。"上顾大学士等曰："邵远平何人所举？"大学士伊桑阿奏曰："都御史于成龙、侍郎赵士麟、副都御史卫既齐。"上曰："邵远平所行甚是乖乱。卫既齐道学之人，乃将此行事乖乱者举出，岂不有累道学之名乎？着问举出者。"

本日起居注官库勒纳、尹泰。

初五日戊午　是日是，上问皇太后安。

初六日己未

初七日庚申　辰时，上御畅春园内澹宁居听政。部院各衙门官员面奏毕，大学士伊桑阿、阿兰泰，学士西安、博济、王国昌、西喇、年遐龄、傅继祖、图纳哈以折本请旨后，伊桑阿等奏曰："臣等遵旨问于成龙、赵士麟、卫既齐等，于成龙等云，邵远平素行臣等不知。适九卿会议进士中式卷额，南方人所议多偏向本处，惟邵远平之言不同。臣等见以为可，所以举出。至其品行，皇上洞鉴极是。卫既齐又云，臣补授府尹时，邵远平来会，曾云，尔在城外居住，或有人来相见，或有请托事情，恐不能却。顺天府衙署可居，移居为是。臣思此言与理相近，所以举出。行事臣实不知。皇上洞鉴如何可逃。"上曰："令九卿大臣选举，本欲得人，以今观之，结党行私，不论美恶，惟欲各自扶持门生、同年。如邵远平朕所深悉，并非堪选举者。刘楷同郭琇为徐乾学门生，听伊指使始末朕皆知之，所行甚劣，俱着休致回籍。邵嗣尧乃有罪革职知县，因有诸臣荐举，复以知县用。未久，又行荐举升补御史守道。屡次升用，皆由荐举。今于新任，并未著有善状，又行荐举。由此观之，不仅力举至吏部尚书、大学士，其意不已。凡为官者，人主知其善，举而用之则荣。今邵嗣尧并无竭力效劳之处，但藉人之称荐，以致升迁，即邵嗣尧能无愧于心乎？这府尹员缺，着将该部所拟在前者补授。"

又谕大学士等曰："吏部尚书员缺，朕将户部尚书苏赫调补。诸臣俱已从优升用，惟库勒纳未升。前有应升之处，屡欲将伊升补，因翰林院甚为紧要，故尔留之，历年已久。其人即加遣斥，在外并无怨言。虽称其善，未闻其有骄色。一心笃诚，竭力奔走，志意坚定，为人甚优。着补授户部尚书。”

是日，上问皇太后安。

本日起居注官顾仪。

初八日辛酉

初九日壬戌

初十日癸亥

十一日甲子

十二日乙丑 辰时，上御畅春园内澹宁居听政。部院各衙门官员面奏毕，大学士伊桑阿、阿兰泰，学士西安、王国昌、年遐龄、傅继祖、图纳哈以折本请旨。四川、陕西总督葛思泰请将陕西官兵驻防地方酌时更调迁移，列款陈奏。上曰：“葛思泰同大兵驻扎宁夏，如果胸有成算，则将军等出边时即宜公同筹画擒剿巴图鲁厄尔克济农。乃漫无谋略，致附近济农竟尔远窜噶尔丹。济农皆系败走逃遁之人，安敢侵犯边境。纵使侵犯，官兵自足扑剿。今并无他故，忽即内怯，将久处官兵辄行扰动，奏请移驻。各处官兵驻防年久，俱置有产业，骤然更调，往返迁移，必致苦累。且暂拨民房居住，又必扰及闾阎，所损实多。兵民为国家根本，久安长治之道，惟在爱兵恤民，培养元气。这所奏无益，不准行。”

本日起居注官思格则、洪俄岱。

十三日丙寅 是日，上问皇太后安。

十四日丁卯

十五日戊辰

十六日己巳 辰时，上御畅春园内澹宁居听政。部院各衙门官员面奏毕，大学士伊桑阿、阿兰泰，学士西安、王国昌、年遐龄、傅继祖、图纳哈、思格则以折本请旨。礼部题吏部尚书鄂尔多给与全葬银两、致祭一次，应否与谥，伏候上裁。上曰：“前九卿会议河工事，众皆变更原议，惟伊桑阿、鄂尔多并无变更。以此，朕甚嘉之。此一心笃诚之人。尔等问九卿具奏。”

又工部题挑浚京城护城河估计需用钱粮。上曰：“监淤城河郎中石楞吉等估计需用银七万余两，甚属浮多。此人亦庸常，着侍读学士温保、监察御史德珠会同内务府官，再行详细丈量料估。”

本日起居注官尹泰、顾仪。

十七日庚午

十八日辛未

十九日壬申　未时，上由西直门进西华门回宫。

本日起居注官洪俄岱、徐嘉炎。

二十日癸酉　辰时，上御乾清门听政。部院各衙门官员面奏毕，大学士伊桑阿、阿兰泰、王熙、张玉书，学士彭孙遹、西安、王国昌、西喇、年遐龄、王尹方、傅继祖、图纳哈、思格则以折本请旨后，伊桑阿等奏曰：“臣等遵旨以鄂尔多为人问于九卿，汉诸臣称其人端重和平，满诸臣称为善人。”上曰：“着与他谥。”

上又曰：“前卫既齐因邵远平议分南北卷时有江浙人尽奸诈之语，即信其为贤而保之。邵远平谓江浙人尽奸诈，伊之祖父独非江浙人乎？父为子隐，子为父隐，直在其中。果如邵远平之言，则伊祖父兄弟皆奸诈人矣。卖祖父兄弟以沽直名，乃奸诈中之第一人也，岂得谓之直哉？真为可笑。况从来贤才不择地而生，十室之邑必有忠信。朱子徽州人也，绍洙泗道统之传，江浙中岂无贤者？卫既齐一假道学耳。认理不明，中无定见，是以为其所愚也。”伊桑阿等奏曰：“诚如圣谕。”

是日，上问皇太后安。

本日起居注官顾仪、高裔。

二十一日甲戌　辰时，上御乾清门听政。部院各衙门官员面奏毕，大学士伊桑阿、阿兰泰、王熙、张玉书，学士彭孙遹、西安、王国昌、西喇、年遐龄、王尹方、傅继祖、图纳哈、思格则以折本请旨。四川、陕西总督葛思泰陈奏“臣曾劝指授将军尼雅汉等应将巴图鲁厄尔克济农急速剿灭”缘由。上曰：“葛思泰着一并察议具奏。”

未时，上御保和殿，召请安进贡科尔沁国多罗郡王鄂齐尔，土默特达尔汉贝勒额尔得穆图，喀尔喀扎萨克额尔得尼济农、多罗郡王盆楚克喇布谈西布退哈谈巴图鲁及台吉等赐食。令多罗郡王盆楚克喇布谈西布退哈谈巴图鲁至御座前亲赐酒。

是日，上问皇太后安。

本日起居注官张英、洪俄岱。

二十二日乙亥 早，上巡幸边外，由神武门出安定门，驻跸汤山温泉。是日，昌平州防守御庞楚尼、参将徐登甲、知州王光谟等来朝。

二十三日丙子 上驻跸温泉。

二十四日丁丑 上驻跸怀柔县城内。是日，怀柔县知县黄景仕、守备王成功等来朝。

二十五日戊寅 上驻跸密云县城内。是日，霸昌副使道金云凤、古北口等处抽分员外郎洪体、密云县知县陈世荃、把总吴文智等来朝。

二十六日己卯 上驻跸密云县属陈各庄。是日，石匣营管副将事王廷标、管游击事左都督胡攀、守备李正春等来朝。

二十七日庚辰 上驻跸古北口城内。是日，镇守古北口等处总兵官蔡元、防御喇萨里都司杨应魁、同知张霖等来朝。

二十八日辛巳 上驻跸鞍马屯。

二十九日壬午 上驻跸金沟屯。

八　月

初一日癸未 上驻跸山隘地方。

初二日甲申 上驻跸秃白地方。

初三日乙酉 上驻跸布禄里口。

初四日丙戌 上驻跸黑湾地方。

初五日丁亥 上驻跸独村。

初六日戊子 上驻跸独村北。

初七日己丑 上驻跸黑湾口。

初八日庚寅 上驻跸湾红崖。

初九日辛卯 上驻跸玲珑峰地方。

初十日壬辰 上驻跸行宫。

十一日癸巳 上驻跸狍子谷相对地方。

十二日甲午 上驻跸石幕地方。

十三日乙未 上驻跸红川。

十四日丙申 上驻跸行宫。

十五日丁酉 上驻跸野猪川。

十六日戊戌 上驻跸骅骝杨川。是日，赐喀尔喀原任扎萨克梓纳腊克沙津妻并伊三子缎、布、蟒袍。

十七日己亥 上驻黄陂杨川。

十八日庚子 上驻跸细黄陂。

十九日辛丑 上驻跸碎石红崖。是日，赐八旗护军校、护军牛羊。

二十日壬寅 上驻跸山阴峡。是日，头等侍卫吴达禅、马武传谕曰："今所经过，系喀喇沁部落蒙古居住地方，扈从人众如有妄行，窃取马匹及贸易时恣意攘夺、焚毁木栅、掠取乳酪等事被获，必依军法治之。喀喇沁部落蒙古如盗我马匹，朕亦从重治罪，断不宽宥，着照内地例晓谕。若违朕法，即行诛戮。弃置其奴仆犯法，将本主一并究治，决不宽免。即豫为晓示，严行禁止。"

二十一日癸卯 上驻跸贵巴哈地方。是日，上幸喀喇沁多罗杜棱郡王扎西第，扎西率所属塔布囊、官员跪迎。上御扎西居住厅堂，扎西及塔布囊等行三跪九叩头礼。扎西设筵，亲率塔布囊等跪进酒。上饮毕，命领侍卫内大臣等看扎西、塔布囊等及扈从内大臣、侍卫、官员、兵丁饮酒毕，上遣尚书班迪、副都统总管上驷院事马锡传谕王扎西曰："朕因巡行之便，欲视汝宅第，故尔临幸。汝设宴款待扈从大臣、官员以下及兵丁、执事人等，朕心甚悦。且去岁征厄鲁特时，汝率所属兵极其效力，故赐朕御服一袭、黄缰鞍马一匹、银五百两，及汝一门皆加恩赐。"扎西奏曰："蒙圣主幸奴仆家，重赐微臣一门，又蒙恩赉，臣何以克当！惟有捐躯图报而已。"奏毕，扎西因皇上亲幸伊第，尽所有马匹进献，又以九九白马献诸皇子。上皆不纳。

二十二日甲辰 上驻跸卜罗图谷。

二十三日乙巳 上驻跸横河额驸额林臣家。

二十四日丙午 上驻跸行宫。是日，头等侍卫吴达禅奏事，敦住传谕内务府总管马思喀曰："朕至喀喇沁部落居住地方，观额林臣妻格格家业贫乏，又无牲畜，着赏给肥马一百五十匹，牛二百头，羊五百五十只。"

二十五日丁未 上驻跸巴尔汉温泉。

二十六日戊申 上驻跸不淜渊地方。

二十七日己酉 上驻跸奇渣代谷羝羊谷之间。

二十八日庚戌 上驻跸行宫。是日，上赐内大臣、侍卫、官员，蒙古王、贝勒、台吉、塔布囊等及兵丁食。

二十九日辛亥 上御行宫，大学士伊桑阿、学士王国昌、西喇、傅继祖、满丕以折本请旨。吏部题贵州巡抚田雯员缺，或开列满洲，或开列汉军汉人请旨。上曰："着卫既齐升补巡抚。贵州系边疆要地，令作速赴任。"

又户部议覆民赵良辅条奏盐务，俟行该抚查明，到日再议。上曰："赵良辅系下同贱小民，将不可行之事狂妄具奏。户部既知事不可行，乃欲生事议，令该抚行察，殊属不合，着再议具奏。"

又兵部题满洲副都统伊勒慎员缺，以侍郎阿喇密等职名开列。上曰："阿哥王府长史黑硕色材具优长，于王府事务亦黾勉效力。王府长史皆不及此人，着升补副都统。"

是日，上驻跸环谷口。

九　月

初一日壬子 上驻跸核桃林地方。

初二日癸丑 上驻跸旧墟地方。是日，上赐八旗护军校、护军银各二两。

初三日甲寅 上驻跸五十家。

初四日乙卯 上驻跸大吉隘口。是日，上赐宴喀喇沁王扎西、台吉、塔布囊、官员及所属兵丁。上又以喀喇沁行围甚善，赐公、塔布囊以下及兵丁绒缨凉帽、袍褂、缎布、银两等物有差。

初五日丙辰 上御行宫。大学士伊桑阿，学士王国昌、西喇、傅继祖、满丕以折本请旨。兵部议覆云贵总督范承勋疏称，金沙江汛广兵单，必应择险要而控御之臣，请会同云南提督诺穆图前往，相度地方形势分布汛防等语。准该督同提督诺穆图撤去议从，减少人役，前往察看。上曰："金沙江最为边疆要地，总督、提督亲往踏勘，声名威势所关，非寻常省内巡察者可比。兵部轻率具议，令撤去议从，减少人役，殊属不合，着该总督、提督酌量带去。"

又工部题齐齐哈尔地方新编佐领下官兵所需盔甲应制造送去。上曰："盔甲军器所关，该部造完时，令武备院官员看阅送去。"

是日，上驻跸水窖地方。

初六日丁巳 上御行宫。大学士伊桑阿，学士王国昌、西喇、傅继祖、满丕以折本请旨。吏部题佥事道刘显谟等五人升补副使道，捕盗同知祝兆麒等五人升补知府。上曰："刘显谟等九人俱着依拟用。镇江府知府王燕居官素优，着带所降之级留任。"

是日，上驻跸喜峰口外。喜峰防御萨克察、署游击事守备李正春等来朝。上赐内大臣、侍卫、都统、副都统、护军参领、部院大臣、官员等鹿脯。又以鹿脯赐八旗护军校、护军，且谕曰："此脯尔等勿食，带回家与尔等尊长食之。"

初七日戊午 上驻跸三屯营城南。是日，护理通永道印务永平府知府梁世勋、古北口游击署三屯营副将事张翰、三屯营守备朱逢盛等来朝。

初八日己未 上驻跸遵化州城西北。是日，罗文峪掩沙喇哈番燕泰、遵化州游击李国盛、知州祖允焘等来朝。

初九日庚申 上驻跸温泉。是日，鲇鱼关把总杨文成来朝。

初十日辛酉 早，贵州巡抚卫既齐陛辞，请皇上训谕。头等侍卫转奏上遣奏事敦住传谕："补授尔布政府尹时皆曾训谕，今更无多训。但居官之道，清正无偏而已。"卫既齐奏曰："令臣清正无偏，圣训至矣！臣谨志之于衷，遵行不敢有违。"

午时，上诣暂安奉殿，行三跪九叩头礼，三奠酒，举哀。又诣孝陵，行三跪九叩头礼，三奠酒，举哀。毕，至陵三奠酒，举哀。

是日，上驻跸供奉寝人员所居城内。

十一日壬戌 早，上以孝懿皇后二周礼，率诸王、大臣、官员读文致祭。

申时，上御行宫。大学士伊桑阿、阿兰泰，学士王国昌、西喇、傅继祖、满丕以折本请旨。兵部议覆镇江副都统祖泽源受骁骑校张其昌马匹等物缘由，应将泽源副都统及本身所得拖沙哈番一并革去，枷号三个月，鞭一百，不准折赎。将军董元卿、副都统邵凤翔将不应补之人徇情送补，俱应降二级调用。上曰："董元卿等著降二级，从宽留任。祖泽源人材壮健，曾经效力行间，枷号鞭责俱从宽免。"

是日，上驻跸蓟州城内。蓟州知府杨天祐、都司韩三奇来朝。

十二日癸亥 上驻跸三河县城内。是日，三河县防守御马库、防御阿兰泰、知县张鼐、守备周维等来朝。

十三日甲子 上驻跸通州城内。是日，管坐粮事郎中、管住寺正徐升贞，西仓监督员外郎陆席六、梁尔寿，中南仓监督员外郎关保，主事陈国柱，管通惠河事主事杨赐昌，署通州副将事游击蔡世德，知州程俊，守备葛奇秀等来朝。

十四日乙丑 巳时，上由东便门进崇文门，诣瀛台问皇太后安，进西华门回宫。是行也，部院各衙门奏章每日送交内阁，内阁三日一次驿送行宫听理。

扈从起居注官思格则、尹泰。

十五日丙寅 早，上御太和门视朝，升转文武官员谢恩。次进贡安南国陪臣阮名儒等，琉球国陪臣、耳目官温允杰、正议大夫金元达等叩首，毕，回宫。

本日起居注官张英、顾仪。

十六日丁卯 辰时，上御乾清门听政。三法司官员面奏毕，上问尚书图纳曰："户部审理葛柗一案，司官因何旷日持久不行完结？"图纳奏曰："因提取干连人犯，查阅档案，所以迟延日期。"上曰："户部天下钱粮案甚多，似此迟延亦可乎？"图纳奏曰："档案堆积，难以查阅，故此迟误。"上又曰："尔果能保此乎？"图纳奏曰："皇上问日久之故极是，但此案臣等详细审理，并无怠慢、徇庇之处。如果徇庇怠慢、延迟日久，何以对越天颜，臣等亦无复人理矣！”上又顾左都御史于成龙等曰：“此事迟延日期之故，尔等知否？”于成龙奏曰：“寻查档案迟延日期，司官夫复何辞！”

部院各衙门官员面奏毕，大学士伊桑阿、阿兰泰、王熙、张玉书，学士彭孙遹、西安、王国昌、西喇、年遐龄、王尹方、傅继祖、满丕、图纳哈、思格则以折本请旨。刑部等衙门题户部郎中杜尔荪等审理葛柸一案担延日久，应问处不行查问，将赐王校尉档案又不查出，应将杜尔荪、刘住、马克度、殷特、陶乐、何隆、特贝俱降五级调用。尚书苏赫于此事不候旨完结，即为分辨具奏，殊属不合。应将尚书苏赫所加一级销去，罚俸一年。上曰：“苏赫着销去所加一级，罚俸一年。杜尔荪、何隆、陶乐俱着革职，枷号三个月，鞭一百，发往黑龙江当差。余着依议。”

又礼部议覆琉球国所进熟硫磺一万二千六百斤，照例交与福建布政司收贮，仍行咨工部，令其取用。外其海螺壳三千个、红铜三千斤，交与内务府照数查收。上曰：“着依议。琉球国航海入贡，途远烦劳，海螺壳嗣后免进。”

是日，上问皇太后安。

本日起居注官洪俄岱、张廷枢。

十七日戊辰 辰时，上御乾清门听政。部院各衙门官员面奏毕，大学士伊桑阿、阿兰泰、王熙、张玉书，学士彭孙遹、西安、王国昌、西喇、年遐龄、王尹方、傅继祖、满丕、图纳哈、思格则同户部尚书库勒纳进。上曰：“朕巡省边外，进喜峰口，见田中禾稼被蝗侵蚀甚多。其榛子镇、丰润县等处，田禾亦遭侵蚀。民所依赖者惟有米谷，倘不豫谋积贮，来岁必致饥困。朕所过之处，虽目击灾伤，其他处被灾者不得而知。着该抚亲往查明具奏。米谷应如何储积，钱粮应作何缓征，尔等可撰上传呈奏。”谕毕，库勒纳出。

大学士、学士等以折本请旨。礼部题原任大学士梁清标应否与谥。上曰：“大学士乃畀以商酌机密要务之责。梁清标补授大学士以来，缄默不言一事，与谥乃关系奖励人臣之典，岂可因情面而与之乎？如原任杜立德，间有一事，每抗直争论，断不推让，朕至今尚称之不已。原任大学士李霨凡撰谕旨拟票必因事措词，务使切当，虽一字亦不苟。冯溥亦优。今清标居官何如，应否与谥，尔等可问九卿。”

是日，上问皇太后安。

本日起居注官尹泰、周金然。

十八日己巳 辰时，上御乾清门听政。部院各衙门官员面奏毕，大学士伊桑阿、阿兰泰、王熙、张玉书，学士彭孙遹、西安、王国昌、西喇、年遐龄、王尹方、满丕、图纳哈、思格则以折本请旨。伊桑阿等奏曰：“臣等遵旨以原任大学士梁清标问九卿，九卿云，梁清标任尚书年久，其在大学士时，因彼在内臣，臣等不知。”上曰：“梁清标任大学士从未见其独发一语，不必与谥。”

又议政大臣等会议具题，西安将军尼雅汉，当巴图鲁厄尔克济农败走时不疾速尽力穷追，懦弱逗留；于所指授之处不能遵行，甚失机宜，应将将军及本身所得拖沙喇哈番一并革去、鞭一百，不准折赎。副都统柏天毓迟延畏怯，不遵指授，殊失机宜，应将副都统革去。郎中葛西、员外郎二郎保不能任事，致巴图鲁厄尔克济农逃遁，伊等供内又推诿尼雅汉等，希图免罪，殊属不合，俱应革职。总督葛思泰竟听巴图鲁厄尔克济农逃遁，至遣大臣审问将军尼雅汉时，方以曾经劝说尼雅汉饰辞回奏，殊属不合，应将葛尔泰降二级调用。上曰：“尼雅汉俟提拿到日再奏。柏天毓从宽免革副都统，着降五级留任。葛思泰从宽免其调用，着削去右都御史、降五级留任。余着依议。”

又吏部议覆江南江西总督傅腊塔、安徽巡抚江有良题请原任徽州府知府朱廷梅留任之处，无庸议。上曰：“朱廷梅着照该督抚所题留任。”

又兵部题，护军校常在将本管护军参领张库扼喉殴打、辱骂其父母等情俱实。应将常在护军校革去，枷号三十日，鞭八十。上曰：“常在将本管官扼喉殴打，殊为可恶。这所议尚轻，着再严加议处，定例具奏。”

是日，上谕户部曰：“朕倾巡行边外，入喜峰口，见有民间田亩为蝗虫所伤。又闻榛子镇及丰润等处地方，被蝗虫灾者亦所在。间有秋粮失望，则粒食维艰。朕心深切轸念。倘及今不为区画储蓄，恐至来岁不免饥馑之虞。着行该抚亲历直隶被灾各州县通加察勘，悉心筹画，应作何积贮，该抚详议具奏。其被灾各地方明岁钱粮，若仍照例催科小民，必致苦累。着俟该抚察报分数，到日将康熙三十一年春夏二季应征钱粮缓至秋季征收，用称朕体恤民生、休息爱养至意。尔部即遵谕行，特谕。”

本日起居注官席米图、徐元正。

十九日庚午　辰时，上御乾清门听政。部院各衙门官员面奏毕，大学士伊桑阿、阿兰泰、王熙、张玉书，学士彭孙遹、西安、王国昌、西喇、年遐龄、王尹方、满丕、图纳哈、思格则以折本请旨。兵部题西安将军尼雅汉员缺，以副都统马斯喀等职名开列。上曰：“西安将军职任关系重大，非大有才能之人不可。朕于大臣内细思累日，如江南将军博济事亲最孝，持己颇端，江南人皆称之。朕欲将博济及宁古塔将军佟保等调用，伊等所任地方亦甚紧要。其都统莽吉禄、护军统领缪齐纳，为人谨慎，亦长于战阵。但伊等过于谨慎，事遇仓卒，恐其犹豫，或致有误。护军统领马喇系有能之人，于蒙古事亦谙练，着升补西安将军。其马喇员缺，适调补西安副都统。伊勒慎尚未启行，着升补护军统领。正蓝旗前锋护卫西尔哈达人材壮健，行间亦优，真所谓骁勇之将也。将此等人擢用，则群情皆为鼓舞矣。着优升西安副都统。马喇、西尔达哈俱令作速赴任。”

是日，谕户部曰：“朕孜孜图治，轸念切民，依闾阎耕获，时勤咨访；其有以荒欠上闻者，或蠲或赈，旋即施行，务令得所。念河南一省连岁秋成未获，丰稔未沛，特恩蠲恤，恐致生计艰难。康熙三十一年钱粮着通行蠲免，并漕银亦着停征。至山西、陕西被灾州县，钱粮除照分数蠲免外，其康熙三十一年春夏二季应征钱粮，俱着缓至秋季征收，用称朕眷爱黎元、抚绥休养至意。尔部即遵谕行。特谕。”

本日起居注官王掞、顾仪。

二十日辛未　辰时，上御乾清门，听部院各衙门官员面奏政事毕，西安按察使司按察使纳垒陛辞，奏曰：“臣赴任行期近，仰皇上训旨，谨奉遵行。”上曰：“无庸多训，尔但勤尔职掌，行事持正。按察司人命攸关，不可少有轻忽。”纳垒出。

大学士伊桑阿、阿兰泰、王熙、张玉书，学士彭孙遹、西安、王国昌、西喇、年遐龄、王尹方、满丕、图纳哈、思格则以折本请旨后，上谕曰：“朕咨访蝗虫始生情状，凡蝗虫未经生子而天气寒冻，则蝗皆冻毙，来岁可无复患。若既经生子，天气始寒，虽蝗已冻毙而遗种在地，来岁势必更生。今年寒冻稍迟，蝗虫已有遗种。朕心预为来岁深虑，宜及早耕耨田亩，使蝗种为覆土所压，则其势不能复孽。设有萌孽，即时驱捕，亦易为力。可传谕户部，移咨被蝗灾各地方巡抚，责令有司晓示百姓，务于今冬、明春及早尽力，田亩悉行耕耨，俾来岁更无蝗患。倘或田亩不能尽耕，来岁蝗虫得起，亦须力督驱捕，毋致为灾。”

是日，赐贵州巡抚卫既齐鞍马一匹。

本日起居注官李楠、洪俄岱。

二十一日壬申 辰时，上御乾清门，听部院各衙门官员面奏政事。

是日，照例赐琉球国中山王尚贞及进贡正使耳目官温允杰、副使正议大夫金元达、都通事郑职良等缎布。

本日，起居注官李应鹰、尹泰。

二十二日癸酉 是日，部院各衙门奏章俱交送内阁。未时，上御文华殿，举行经筵大典。讲官库勒纳、陈廷敬讲《四书》放勋曰劳之、来之、匡之、直之、辅之、翼之，使自得之，又从而振德之。傅腊塔、张英进讲《易经》是以立天之道曰阴与阳，立地之道曰柔与刚，立人之道曰仁与义。讲毕，赐宴于太和门前。

本日起居注官席米图、高裔。

二十三日甲戌 辰时，上御乾清门听政。部院各衙门官员面奏毕，大学士伊桑阿、阿兰泰、王熙、张玉书，学士彭孙遹、西安、王国昌、西喇、年遐龄、王尹方、满丕、图纳哈、思格则以折本请旨。工部题看阅河道，将尚书苏赫等职名开列。上曰："看阅河道，着博济、李光地、徐廷玺去，亦着靳辅去。河务关系甚要，如黄河一决，则运河、中河俱坏。靳辅于河务最为谙练，其所修紧要处，不惟宽而且坚固；其单薄处亦知其万无一失，故可从单薄耳。前于成龙、郭琇等皆云靳辅于河岸一带不曾植柳，九卿皆依于成龙等说。朕南巡时视沿河一带俱经植柳，并未有不植处。此皆朕所目击。彼时若非朕有定见，即将靳辅致之典刑，亦不胜其辜矣。朕非今日方言，即起居注册内前亦曾有载入者。"大学士阿兰泰奏曰："圣谕诚然。如今靳辅去，臣心亦觉允当。"

本日起居注官胡会恩、顾仪。

二十四日乙亥　辰时，上御乾清门，听部院各衙门官员面奏政事。

未时，上御保和殿，召请安进贡阿霸垓多罗郡王吴尔占、噶喀布旗协理旗分事务固山达尔汉贝子车领敦鲁布、二品台吉里克津、四品台吉王济儿等，乌珠穆秦部落多罗厄尔德尼贝勒博穆博，喀尔喀部落多罗贝勒老卜臧、一品台吉丹津、二品台吉肫退等、三品台吉傕鲁克、四品台吉谷鲁等，科尔沁国三品台吉阿玉西，蒿齐特部落多罗郡王燕聘，鄂尔多斯部落一品台吉敦鲁布，土默特部落协理旗分事务一品塔布囊山达等赐食。

是日，上问皇太后安。

本日起居注官洪俄岱、徐嘉炎。

二十五日丙子　早，上幸畅春园。申时，回宫。

本日起居注官尹泰、曹鉴伦。

二十六日丁丑　是日，部院各衙门奏章俱交送内阁。

本日起居注官席米图、史夔。

二十七日戊寅　高皇后忌辰，上不御乾清门。

是日，上问皇太后安。

本日起居注官顾仪、周金然。

二十八日己卯　辰时，上御乾清门，听部院各衙门官员面奏政事。

本日起居注官洪俄岱、张廷枢。

二十九日庚辰　辰时，上御乾清门，听部院各衙门官员面奏政事。

本日起居注官尹泰、吴苑。

三十日辛巳　辰时，上御乾清门听政。部院各衙门官员面奏毕，差阅河工户部侍郎博济、兵部侍郎李光地、工部侍郎徐廷玺奏曰："臣等于十月初二日起行，求皇上训谕。"上曰："河务最为明显，无可掩蔽，有何训谕？"博济等奏曰："河务关系重大，臣等从未经历，得闻皇上训谕，臣等谨志遵行。"上曰："险工关系最要。如险工稍有可危，则黄河中河之危不可胜言矣。尔等将黄河刷底深阔如何、所修险工如何，从公看阅。"

本日起居注官席米图、陆肯堂。

十　月

初一日壬午　早，上以孟冬，躬诣太庙致祭礼毕，回宫。

本日起居注官顾仪、徐元正。

初二日癸未　辰时，上御乾清门听政。部院各衙门官员面奏毕，大学士伊桑阿、阿兰泰、王熙、张玉书，学士彭孙遹、西安、王国昌、西喇、年遐龄、王尹方、满丕、图纳哈、思格则、布喀以折本请旨。吏部题因喀尔喀等迟延日期，不行进贡贸易，将尚书班第、侍郎温达各降三级调用。上曰："班第、温达着各降一级留任。"

又以给与巡视广东、广西盐课太常寺少卿沙拜敕书呈览。上善之，谕大学士伊桑阿等曰："尔等传谕沙拜，从前广东、广西盐课虽交与地方官管理，其中豪强占据，不输国税，行贩私盐，隐匿侵欺，积弊相沿，商民苦累。今特简尔巡视两广盐课，系创行差遣。彼处商人内京师有势力者甚多，其中行盐之弊朕所稔知。亦非欲令尔将从前之弊察出参奏。尔至彼处，矢敬矢慎，将积弊尽行革除。下利商民，上裕国课，俾兵饷有资，尔亦与有荣施。若徇人请托情面，不能革除夙弊，朕必置以重典。尔之臧否，皆视此行。敬之勉之。"

未时，上御景山内前殿，召请安进贡蒿齐特部落多罗额尔得尼郡王达尔麻吉里第，阿巴哈纳尔固山贝子额林臣达西，克西克腾扎萨克一品台吉阿玉西旗分协理旗分事务一品台吉噶尔毕等、三品台吉巴扎尔、四品台吉达兰都等，土默特部落多罗达尔汉贝勒额尔得穆图旗分一品塔布囊巴朗、三品塔布囊西达、四品塔布囊扎尔布等，管归化城喇嘛班第扎萨克首领喇嘛盆苏克葛隆及进贡喀尔喀部落辅国公宛舒克伊尔登济农、固山贝子达里嫡男车穆巴尔等，扎萨克卫征诺颜一品台吉阿玉西亲弟布尼达赖等、嫡男帕喇等，赭布遵丹巴枯图克图族中台吉唐古特等，土谢图汗族中台吉凌华等，扎萨克和硕亲王策旺扎布族中台吉达麻喇扎布，扎萨克多罗郡王色楞阿海族中台吉温都苏等，赭布遵丹巴枯图克图所属台吉绰克图等，车臣汗所属台吉车臣等，扎萨克多罗郡王沙木巴所属台吉阿玉西等，扎萨克多罗贝勒西第西里所属台吉巴达喇虎等，及西安将军马喇、副都统西尔哈达等赐食。命公宛舒克至御座前，令侍卫送酒，其余台吉等皆在坐处，令侍卫送酒。是日，赐西安将军马喇鞍马、弓箭、撒袋、蟒缎、朝服，副都统西尔哈达鞍马一匹。

本日起居注官傅继祖、张英。

初三日甲申　因皇太后圣诞，部院各衙门官员不启奏事。

是日，上问皇太后安。

本日起居注官王掞、洪俄岱。

初四日乙酉　辰时，上御乾清门听政。部院各衙门官员面奏毕，大学士伊桑阿、阿兰泰、王熙、张玉书，学士彭孙遹、西安、王国昌、年遐龄、王尹方、满丕、图纳哈、思格则、布喀以折本请旨。吏部题少詹事额尔赛员缺，以监察御史戴通拟正，给事中严泰拟陪。上曰："此与何缺相等？"伊桑阿奏曰："与侍读学士相等。"上曰："系何等官补授？"阿兰泰奏曰："此系郎中等官升缺。"上曰："此缺着将近考试第一洗马巢可托补授。"

又户部覆陕西巡抚萨弼图以西安府属州县被灾，请开捐纳，应准行。上曰："去岁有尼鲁特事情，又因沿边屡旱，欲储备军需，裨益百姓，故开捐纳，乃一时权宜。今若于西安府又开捐纳，各省偶尔水旱不能全无，每遇此等事情，则捐纳无停止之时。且捐纳利于富有之人，贫者何益？地方官或借此徇情亦未可定。"伊桑阿等奏曰："圣谕诚然。宜不准行。"

上又曰："西安地方距京师二三千里，米粮势难从此转输，必于本地购买。购买者多则价值踊贵，及于民生无益。官员图便于己，欲行者众。朕晰其情，故尔明言之。倘有应赈之事，或动支积贮米谷散给，或发正项银两采买，亦无不可。"王熙、张玉书奏曰："皇上圣见甚大。"上曰："此事着问九卿具奏。"大学士等出。

西安将军马喇、副都统西尔哈达陛辞，请皇上训谕。上曰："马喇，尔镇守地方，抚绥兵民，尚其勤慎效力。"马喇奏曰："臣谨识圣谕，黾勉自效。"上又顾西尔哈达曰："以尔克勤职事，又曾于行间效力，得授拜他喇布勒哈番，故从优擢用副都统。尔遵将军指授，益加勉励。”西尔哈达奏曰：“皇上从优补授副都统，臣何能仰报。臣无权断之才，但遵将军指授，捐躯自效。”

本日起居注官王顼、傅伸。

初五日丙戌 是日，部院各衙门奏章俱交送内阁。

巳时，上御瀛台紫光阁，读卷官、大学伊桑阿等皆赐坐。亲试中式武举骑举射毕，又试王世坦等二十人步射、开弓、舞刀、掇石。申时，回宫。

本日起居注官傅继祖、李楠。

初六日丁亥 是日，部院各衙门奏章俱交送内阁。

巳时，上御瀛台紫光阁，读卷官、大学士伊桑阿等皆赐坐，亲试中式武举步射、开弓、舞刀、掇石。试毕，上命置布侯，令侍卫等射。又令善射武举张文焕等十三人射，讫。又令张文焕、袁钤、韩良辅、高天位、叶世奕五人步射并骑射，复令步射一次。射毕，上谕尚书马齐等曰：“数年来取中武进士，皆无所成就。惟林本植、王化行、张英奇等曾为侍卫，故皆致大任。今年中式武进士如有情愿为侍卫效力者，问明具奏。”申时，上回宫。

酉时，上批本房读卷官大学士伊桑阿等捧卷进呈，学士张英以公拟十卷呈御案。上阅毕，以张文焕为一甲一名，袁钤为一甲二名，韩良辅为一甲三名，高天位为二甲一名，叶世奕为二甲二名。余悉依读卷官所拟次序。读卷既毕，上命诸臣坐，赐茶，谓诸臣曰：“自古帝王制治未乱，保邦未危，武备所关亦甚重大。近见武臣自行伍出身者著有劳绩，自科目出身者反多败检。武进士内惟王化行等克有成就。”大学士王熙奏曰：“行伍出身者，功名之路甚难，故皆效力边疆，积著勤劳。迩来简用提镇大帅，多由行伍，皆能称职。”尚书李天馥奏曰：“今日皇上亲试弓马，反复较阅，不啻再三。诸武举自当感激，简拔弘恩，竭力图报。”上曰：“取中武举，重在骑射，文章不过余事耳。即古来名将不能文章者亦多，如有骑射娴熟、技勇过人之人，而以文章不合式弃之，亦觉可惜。”左都御史于成龙奏曰：“武举重在弓马、胆略，即举石、舞刀亦属无用。”上又曰：“今绿旗官兵甚苦，正须加意抚绥。”尚书熊赐履奏曰：“养兵之道，在乎择将。主帅得人，兵自不苦矣。”

本日起居注官席米图、张廷枢。

初七日戊子 早，传胪太和门前，赐武举张文焕、袁钤、韩良辅一甲进士及第，高天位等二十人二甲进士出身，叶世奕等七十七人三甲同进士出身。

辰时，上御乾清门听政。部院各衙门官员面奏毕，大学士伊桑阿、阿兰泰、王熙、张玉书，学士彭孙遹、西安、王国昌、西喇、年遐龄、王尹方、满丕、图纳哈、思格则、布喀以折本请旨。大学士伊桑阿等奏曰："陕西西安府开例捐纳，臣等遵旨问九卿，九卿云，圣谕极是。"上曰："凡捐纳事例原因一时急需，且于小民实有裨益，方始举行。倘一遇荒欠即开捐纳，恐捐纳之人不能远道运输，仍于开例之处购买米谷，则价值必益腾贵，反致苦累小民。陕西地方被灾，萨弼图不为悉心筹画，辄请捐纳；该部不从长商确，察其有无实济，即议允行。俱殊属不合，着严饬行。"

又兵部题覆总兵官蔡元保题录用军功都督吕虎臣等，议不准行。上曰："吕虎臣等曾经行间效力，着照蔡元所题录用。"

又刑部题积尔海家子闫墙子委系家人，抗不自认，因拟鞭一百、枷号三个月。上曰："近见旗下家奴积有赀材，即行背主，营求部院不肖人等诬讦伊主，图谋开户，甚属悖理。闫墙子明系积尔海家人，乃放枪持械抗拒不服拘拿，情罪殊为可恶。着拿交伊主，听从其便。"

未时，上御景山内前殿，召喀尔喀部落扎萨克图和硕亲王策旺扎布、扎萨克墨尔根济农多罗郡王古鲁西希弟诺颜枯图克图、扎萨克卫征诺颜一品台吉阿玉西嫡男滚巴色克扎布等，扎萨克达尔汉一品台吉巴朗嫡男车登等，扎萨克图和硕亲王策旺扎布族中台吉乐苏图阿海等，多罗郡王色楞阿海族中台吉沙克扎等，昆都伦博硕克图多罗郡王滚布族中台吉汪扎尔等，信顺多罗郡王山木巴族中台吉卜推等，多罗贝勒西第西理族中台吉阿必达等，额尔克多罗贝勒车布登族中台吉尔葛伊尔登济农、固山贝子达理族中台吉多尔济等，护国公苏台伊尔登族中台吉马噶特等，护国公托多额尔得尼族中台吉泰达穆尼等，辅国公宛舒克族中台吉洪俄尔，已故扎萨克穆扬代青和邵齐嫡男伊达穆、墨尔根阿海嫡男达尔扎等，扎萨克卫征诺颜一品台吉阿玉西族中台吉寨达克等，扎萨克一品台吉图巴族中台吉盆苏克，扎萨克额尔克一品台吉色楞达西族中台吉盆楚克额尔济根，扎萨克一品台吉额尔得尼哈番坦巴图鲁滚古族中台吉第第米等，多罗贝勒西第西理所属台吉尼尔查海等，辅国公宛舒克所属台吉推达穆，扎萨克达尔汉一品台吉巴朗所属台吉鄂齐穆等，及请安进贡鄂尔多斯部落多罗贝勒松喇布、协理旗分事务二品台吉盆苏克，科尔沁国二品台吉乌尔图纳苏图、四品台吉苏麻第，扎赖特一品台吉纳孙、四品台吉萨都等，喀喇沁部落协理旗分事务一品塔布囊鄂莫克图、三品塔布囊鄂齐尔、四品塔布囊丹把喇西，总管归化城扎萨克首领喇嘛阿齐图绰尔济，居住五台山扎萨克喇嘛丹巴葛隆，住居归化城喀尔喀部落渣雅班第达枯图克图达赖绰尔济，总管盛京喇嘛班第为首喇嘛才卜臧葛隆，居住南塔为首喇嘛色楞噶布楚，居住西塔为首喇嘛老卜臧伊西葛隆，居住北塔为首喇嘛额林臣葛隆等，及江宁副都统鄂罗顺赐食。

是日，赐江宁副都统鄂罗顺鞍马一匹。

本日起居注官顾仪、高裔。

初八日己丑　辰时，上御乾清门听政。部院各衙门官员面奏毕，大学士伊桑阿、阿兰泰、王熙、张玉书，学士彭孙遹、西安、王国昌、年遐龄、王尹方、满丕、图纳哈、思格则、布喀以折本请旨。兵部题原任副将田万侯为捐纳复还原职事。上曰："田万侯所行乖乱，其捐纳不准行。"

大学士等以侍读学士温保等再行估计护城河桥闸等处修理工程，较工部原估银两减去四万四千八百余两细册呈览。上将估计各项逐一细阅毕，令工部尚书石柱、高尔位，侍郎宜尔格图、齐穑、王承祖近前，谕曰："一应修理工程皆尔等专责，必当清查核算，只一味徇情，苟且从事，安能整理？尔部郎中石楞吉等估计钱粮数目，甚属浮多，且又欲将桥闸整齐处折毁修理，或又将丈尺多行估计，此皆何为？"尚书石柱等奏曰："皆因臣等庸懦，不行查出，有何辨处。"遂再三叩首。上曰："此岂非尔等部院衙门不改积弊而徇情耶。"石柱等奏曰："此实臣等庸懦之处，何敢徇情。"上曰："尔等言不徇情，交与尔等查时，为何不即将石楞吉等题参，此非徇情而何尔？尔等皆系大臣，公然徇情，巧饰不认，但只自认为庸懦。庸懦有何善处？"

石柱等遂叩首，出。上曰："石楞吉等估计浮冒，希图侵蚀，情弊显然。着刑部、都察院严审拟罪具奏。石柱等明知司官估计浮冒，乃不据实指参，反瞻徇隐庇，着一并严加议处具奏。这工程着照温何等所估修理。"

巳时，赐安南国王黎维禛进贡来使陪臣阮石儒等彩缎、纱罗等物。

是日，上问皇太后安。

本日起居注官胡会恩、尹泰。

初九日庚寅　辰时，上御乾清门听政。部院各衙门官员面奏毕，大学士伊桑阿、阿兰泰、王熙、张玉书，学士彭孙遹、西安、王国昌、西喇、年遐龄、王尹方、满丕、图纳哈、思格则、布喀以折本请旨。川陕总督葛思泰以击败吐鲁番谢素尔族报捷奏闻。上曰："吐鲁番有熟番、生番，以前兵部遣官，令生番与熟番纳贡，殊为失宜。"上因问王熙、张玉书曰："尔等知突厥为今何国？"王熙奏曰："臣等但知其为西北部落，未考其详。"上又问学士彭孙遹、王尹方及起居注官徐嘉炎，皆奏曰："臣等实未之知。"上曰："突厥即土默特也。"王熙奏曰："回纥部落亦不可考。"上曰："今撒马儿罕等六七处皆回纥种族。朕初亦未尽知，近览彼处书籍，始知其详。"王熙又奏曰："鄂罗斯自昔未见史册。"上曰："朕览《汉书·张骞传》所载西域诸国风土形貌，颇有与彼仿佛者。传称大宛产名马，今鄂罗斯最高大，或即西域诸国之一种亦未可知。"上又曰："昔汉霍去病出陇西北地二千余里，可称极远。自宁夏以西至瀚海诸处，多有绝无人烟必不可行之地，计去病出塞，必迂道而北，始可前进。道里迢遥，当不止二千里。如此绝远，亦古今所未有也。"

是日，上问皇太后安。

本日起居注官洪俄岱、徐嘉炎。

初十日辛未　部院各衙门无奏章。上不御乾清门。

是日，上问皇太后安。

本日起居注官傅伸、曹鉴伦。

十一日壬辰　辰时，上御乾清门听政。部院各衙门官员面奏毕，大学士伊桑阿、阿兰泰、王熙、张玉书，学士彭孙遹、西安、王国昌、年遐龄、王尹方、满丕、图纳哈、思格则、布喀以折本请旨后，上顾大学士等曰：

“《性理大全》所言三分损益、径一围三之法，尔等以为可行否？明时人有论乐律之书，前令熊赐履看阅，昨赐履阅毕进呈，其意仍以蔡元定之说为主。朕问蔡元定之说果吻合乎？赐履云，似亦相近。以朕观之，径一围三之法推算，必不能相符。若用之治历，必多违舛。今试以此法算日月交食，其错缪可立见矣。又有为密率乘除之说者，径一则围三，有奇径七则圆当二十有二。递推之，皆用此法，然止可算少，不可算多。少则所差微渺，积至于多而所差或什佰千万矣。即圆十方九之说，其法似乎少密。数多亦未能悉合。明末有郑世子载堉，其论乐律极言三分损益、隔八相生之非，但其说亦不能无弊。总之算法明显易见，不容毫厘有差，试之于事，皆可立验。虽不谙文义之人，亦能辨其是非。欲以空言取胜，不可得也。”王熙、张玉书奏曰：“凡事必求实验，况算法争在铢黍，关系最要。律度量衡皆从此出。历代论岁差亦只重算法，胶执偏见，茫无实验，何补于用？”

上又谕曰：“近日有江南人梅姓者，闻其通算学。曾令试之所言测景，全然未合。从来测景之法，某日某时太阳到某度，影之长短，其辨至细。此人立表甚短，虽所差微渺，但一寸中差一分，至尺则差一寸，至丈即差一尺。彼因算法不密，故测景用短表以欺人不见耳。算法之吻合者，其本原具在，止因人不能穷究。如熊赐履言算法，皆踵袭宋人旧说以为是，径一围三之法深晰其非者有人。今若直指其误，必群起而非之。以为宋人既主此论，不可不从。究竟施诸实用，一无所验。尔等第依其法试之，当自了然也。”王熙等奏曰：“前人所言岂能尽当？径一围三之法推算不符，虽蔡元定之言，何可从也。皇上洞悉律数，究极精微，真足超载千古。臣等疏陋，得闻所未闻，不胜欣幸。”

是日，上问皇太后安。

本日起居注官傅继祖、史夔。

十二日癸巳 辰时，上御乾清门听政。部院各衙门官员面奏毕，大学士伊桑阿、阿兰泰、王熙、张玉书，学士彭孙遹、西安、王国昌、年遐龄、王尹方、满丕、图纳哈、思格则、布喀以折本请旨。兵部题正白旗满洲副都统郎基达员缺，以侍郎温达等职名开列。上曰：“观正白旗参领内殊无堪任副都统之人，侍卫内尚有升补者。侍卫吴达禅为人颇优，这员缺着将吴达禅补授。副都统事务简少，仍令于侍卫班内行走。”

本日起居注官席米图、周金然。

十三日甲午　辰时，上御乾清门，听部院各衙门官员面奏政事。

本日起居注官李应鹰、尹泰。

十四日乙未　辰时，上御乾清门听政。部院各衙门官员面奏毕，大学士伊桑阿、阿兰泰、王熙、张玉书，学士彭孙遹、西安、王国昌、年遐龄、王尹方、满丕、图纳哈、思格则以折本请旨。吏部题太常寺少卿钱三锡员缺，无应升应补之人，查得康熙二十年八月内臣部题明通政司参议员缺无无应升应补之人疏内，此后遇缺无人升补，俱行停补在案。今五品京堂共悬八缺，太常寺少卿钱三锡员缺又无升补之人。此后四品京堂缺出，若无人升补，亦照五品京堂停补例停补。上曰：“何谓无人？朕见翰林官员勤劳公事，少有闲暇，又纂修书籍。近闻由翰林官调补河南府知府汪楫居官甚好，侍读胡会恩历任有年，书法亦佳。至于行取知县补授科、道后不一二年即屡升京堂、洊登乡贰，殊觉太速。翰林官原以文字优长，授为翰林，反在科、道之后。这少卿等员缺，意欲补用翰林。着将翰林院、詹事府衙门职任相当翰林官员开列具奏。”

又兵部题正黄旗满洲副都统色黑解任员缺，以蒙古副都统马锡等职名开列。上曰：“二等侍卫俄克济哈有才干，人材亦优，颇能钤束。前出兵陕西时虽曾有罪，非军前之过。若补授此职，人心悦服。着将俄克济哈补授副都统。”

是日，上问皇太后安。

本日起居注官洪俄岱、吴苑。

十五日丙申　辰时，上御乾清门听政。部院各衙门官员面奏毕，大学士伊桑阿、阿兰泰、王熙、张玉书，学士彭孙遹、西安、王国昌、年遐龄、王尹方、满丕、图纳哈、思格则、布喀以折本请旨。兵部题陕西西安储副都统柏天毓员缺，以兵部侍郎王维珍等职名开列。上曰：“应补副都统人员内有曾经效力、人材壮健可用者，着问右翼汉军都统等具奏。”

又理藩院议覆赏给阿鲁科尔沁等七旗分贫人米谷。上曰：“这赏给米谷，将蒙古骆驼、马匹调来运送。时值寒冷，运至彼处，殊为艰难。蒙古亦且受累，况来领米谷之人。不能运到，必致沿边粜卖，则贫人不得皆沾实惠。今量米折银，赏给银两，到彼亦甚易，而贫人均得沾惠。这本着发回该部再议具奏。”

又定例议副都御史尹泰条奏骚扰四十九旗蒙古驿马口粮事。上曰：“投诚喀尔喀已经给地居住，今定例应将喀尔喀并议。凡一应差役维均，则人不偏劳。差往扎赖忒等处人役，俱由喜峰口行走，则喀尔沁等旗甚为偏累。若出山海关，由盛京地方法库口行走，道路近便，不劳而可至。喀尔沁等旗亦免偏累。古北口、喜峰口外现各有五十家，一村设为驿站。自此至科尔沁等处，其间亦须照此于各旗内查出贫穷之人，给与牛羊等物，使为产业，设立驿站，则贫穷之人咸得生理，而各处亦免苦累。可将此问来朝正诸王、贝勒、台吉等具奏。”

是日，上问皇太后安。

本日起居注官傅伸、陆肯堂。

十六日丁酉 辰时，上御乾清门听政。部院各衙门官员面奏毕，大学士伊桑阿、阿兰泰、王熙、张玉书，学士彭孙遹、西安、王国昌、年遐龄、王尹方、满丕、图纳哈、思格则、布喀以折本请旨时，伊桑阿等奏曰：“臣等遵旨问右翼汉军都统等，正黄旗都统杨文奎等拟出本旗参领李铨、正红旗都统王永誉等拟出本旗参领刘秉忠、镶红旗都统于成龙等拟出本旗参领吴洪、镶蓝旗都统诺迈等拟出本旗参领刘显位，俱称人材壮健，足以管理。又四旗都统等公同拟出，正黄旗火器营协领马自德人材壮健，足以管理。”上曰：“马自德人材壮健是实，朕亦知之。西安副都统员缺，着马自德补授。”

又兵部题覆福陵防御巴颜图自称有疾，请将防御与伊弟阿颜图承袭，议不准行。上曰：“自巴颜图曾祖以来，累世效力，着阿颜图本身承袭防御一次，不为例事。”

毕，上谓大学士等曰：“朕闻陕西西安凤翔等处年岁不登，民艰粒粮，以致流移。今遣学士布喀速往陕西，凡被灾地方亲历查看，其作何赈济之处，会同总督、巡抚速议具奏。”

本日起居注官傅继祖、徐元正。

十七日戊戌 辰时，上御乾清门，听部院各衙门官员面奏政事。

是日，赐朝鲜国王李焞恭赍谢恩礼物正使议政府右议政闵黯、副使议政府右参赞姜硕宾等鞍马、彩缎、紬布、银两等物。

本日起居注官张英、席米图。

十八日己亥 辰时，上御乾清门听政。部院各衙门官员面奏毕，大学士伊桑阿、阿兰泰、王熙、张玉书，学士彭孙遹、西安、王国昌、年遐龄、王尹方、满丕、图纳哈、思格则以折本请旨。吏部题太常寺少卿钱三锡员缺，并开列翰林官员折子呈览。上曰："陈元龙学问、写字俱好，为人亦优，以不相涉之事休致，着原官起用。李应廌颇能办事，顾藻、吴涵、王九龄为人皆优，这各缺着将翰林官员酌量补授，逐缺具本启奏。"

又兵部题正红旗满洲副都统希禅解任员缺，以兵部侍郎朱都纳等职名开列。上曰："原任兵部尚书纪尔塔布虽以罪降用，然人材壮健，效力年久。似此效力之人颇少。纪尔塔着补授副都统。"

又理藩院题赏给阿鲁科尔沁郡王绰仪等七旗穷户米谷，若派取扎萨克马匹、骆驼运送，不惟苦累，而穷人亦不能照数得米。议每家给米五斗，折价银五钱五分与之。上曰："每家给银五钱五分，为数殊少。朕意犹谓不能赡足。着照每家给银一两，令大得其所。"

未时，上御保和殿，召达赖喇嘛来使得木坪囊苏赐食。毕，回宫。

是日，上问皇太后安。

本日起居注官王掞、洪俄岱。

十九日庚子 部院各衙门无奏章，上不御乾清门。

未时，御保和殿，召请安进贡科尔沁国一品台吉博第，柰曼部落一品台吉吴把西等，翁牛忒部落二品台吉鄂齐尔，扎鲁特多罗贝勒毕鲁瓦旗分协理旗分事务四品台吉喇布克等，鄂尔多斯部落一品台吉喇西，归化城扎萨克首领喇嘛额木齐，都统阿喇纳等，及进贡喀尔喀部落扎萨克墨尔根济农达尔汉一品台吉索诺木宜扎布巴朗、扎萨克墨尔根济农一品台吉土谢图汗次子额尔得尼阿海多尔济，扎萨克墨尔根济农多罗郡王古鲁西布亲弟台吉额勒尔朱尔等、嫡男噶尔丹，扎萨克达赖济农固山贝子阿南达嫡男巴尔党，扎萨克达尔汉一品台吉巴朗嫡男策旺等，扎萨克一品台吉色楞达西嫡男台吉毕渣雅等，扎萨克墨尔根济农一品台吉索诺木宜思扎布亲弟台吉陀音等、嫡男那内等，扎萨克额尔得尼济农多罗郡王那木扎尔族中台吉色楞等，扎萨克达尔汉一品台吉巴朗族中台吉伊尔登等，扎萨克墨尔根济农一品台吉索诺森宜思扎布族中台吉济宁等，扎萨克墨尔根济农多罗郡王古鲁西希族中台吉老卜臧，和硕亲王策旺扎布族中台吉喇曼扎布等，扎萨克一品台吉色楞达西族中台吉盆楚克，扎萨克额尔得尼济农固山贝子布达扎布族中台吉古鲁扎布等，扎萨克一品台吉吴尔占族中台吉老卜臧等，信顺多罗郡王沙木巴族中台吉沙里等，坤度伦博硕克图多罗郡王滚布族中台吉西达克车布登，扎萨克一品台吉里塔尔族中台吉伍把西等，土谢图汗所属台吉温钦等，扎萨克一品台吉巴朗所属台吉第雅等，扎萨克一品台吉索诺木扎布所属台吉阿海等，车臣所属台吉多尔济布追等，额尔得尼济农多罗郡王那木扎尔所属台吉巴苏图等，扎萨克一品台吉色楞达西所属台吉卫征等，信顺多罗郡王沙木巴所属台吉葛处尔等，扎萨克达赖济农固山贝子阿南达旗分都统诺尔布，公苏泰伊尔登旗分都统苏吉，固山贝子达里伊尔登旗分都统多尔济，多罗贝勒车布登旗分都统博罗，固山贝子车布登旗分副都统绰克托、扎萨克古鲁扎布旗分副都统色楞，扎萨克一品台吉巴朗旗分副都统查尔毕，多罗贝勒车布登旗分副都统丹津等，赐食。令巴朗索诺木宜思扎布、额尔得尼阿海多尔济至御座前赐酒，其余台吉等命进殿槛内，令侍卫送酒。毕，上回宫。

本日起居注官傅继祖、王顼龄。

二十日辛丑　辰时，上御乾清门，听部院各衙门官员面奏政事。

本日起居注官傅伸、李楠。

二十一日壬寅　辰时，上御乾清门听政。部院各衙门官员面奏毕，大学士伊桑阿、阿兰泰、王熙、张玉书，学士彭孙遹、西安、王国昌、年遐龄、王尹方、满丕、图纳哈、思格则以折本请旨。兵部题荆州将军巴浑德员缺，以副都统马斯喀等职名开列。上曰："莽吉禄人才壮健，本旗人俱称其优。莽吉禄着补授镇守荆州等处将军。

是日，上问皇太后安。

本日起居注官席米图、高裔。

二十二日癸卯　辰时，上御乾清门听政。部院各衙门官员面奏毕，大学士伊桑阿、阿兰泰、王熙、张玉书，学士彭孙遹、西安、王国昌、年遐龄、王尹方、满丕、图纳哈、思格则以折本请旨。理藩院题喀尔沁、巴林二旗官兵争先效力、击败厄鲁特者应议叙给赏。上曰："这效力人众，止给赏赐未当，朕意其亲王着照在内亲王例议叙，郡王以下，一品台吉、塔布囊以上，效力行间得有功牌者，着注册，不必给赏，俟后奋勇再得功牌，总计功牌若干，应作何加升之处，定例奏具。"

本日起居注官洪佽岱、胡会恩。

二十三日甲辰　辰时，上御乾清门听政。部院各衙门官员面奏毕，大学士伊桑阿、阿兰泰，学士西安、王国昌、年遐龄、满丕、图纳哈、思格则以折本请旨后，上顾大学士等曰："朕言径一围三之舛误，人未必以为诚然。"学士伊桑阿、阿兰泰等奏曰："皇上指示其舛误甚详，咸谓圣学高深，无不心悦诚服。"

上又曰："朕阅《性理》所载朱熹辈之言，谓字都被苏、黄胡乱写坏了，其非之之说，汉大学士等以为何如？"伊桑阿、阿兰泰等奏曰："汉大学士之言朱熹辈与苏轼辈各自为党，故非之如此。况苏轼等真迹最为难得。"上又曰："苏轼、黄庭坚文章书法后人至今仿效，由此观之，其非之之意无乃偏甚。朕亦久不作字矣。"大学士伊桑阿、阿兰泰奏曰："字被苏轼、黄庭坚胡乱写坏，其非之之意果属偏私。诚如圣谕，自臣等观之，读书人每日习字，宜皆善书，乃至白首而书法竟不能工者，良由天分所限。皇上天纵之圣，书法尽善尽美，允为楷模，何为不常作字？古今以来善书者无多，今日御书，万世流传无极，尚祈皇上时御毫素，臣等幸得御笔藏之于家，以为鸿宝，累世子孙，传之无穷。臣等不胜冀望。"

是日，上问皇太后安。

本日起居注官傅继祖、徐嘉炎。

二十四日乙巳　早，上幸南苑，申时回宫。

本日起居注官傅伸、曹鉴伦。

二十五日丙午　辰时，上御乾清门听政。部院各衙门官员面奏毕，大学士伊桑阿、阿兰泰、王熙、张玉书，学士彭孙遹、西安、王国昌、年遐龄、王尹方、满丕、图纳哈、思格则以折本请旨。兵部议覆阿气老卜臧将钦差官员肆行抢夺，有干法纪，应查取行凶之人惩治正法，抢夺之物照数追取。但该提督孙思克以"阿气老卜臧人逃窜避、贫穷至极、抢夺之物实不能追取，阿气老卜臧畏惧天恩，再三恳臣传奏，求皇上宽免"等语相应，将行凶之人免查并照数追取抢夺之物俱行宽免。上曰："孙思克所议此案区处极为合宜，一切边务尽心筹画，效力可嘉。本内事情俱依议。"

本日起居注官席米图、史夔。

二十六日丁未 巳时，上御乾清宫东暖阁，大学士伊桑阿、阿兰泰、王熙、张玉书，学士彭孙遹、满丕、图纳哈等以御史处决重囚疏请旨。上命大学士等坐，诸臣叩头坐。上细阅招册，逐名详加核酌。其中李春玉等四十九人情罪决无可恕，着令处决。其李小眼等二十三人，上一一指其罪状，谕曰："李小眼以财行求，希图自身逃遁，非比陷害他人。刘应袭九卿原议缓决。郑士英、潘茂训霸占官参，视杀人者差别。黄桂讹诈银两，未曾招认。孙璜雕刻假印、骗取财物，但所得无几。祖植松论罪应死，但所致死者乃伊家下奴仆。裴洪简虽经杀人，亦未招认。李子粹强奸吕氏，亦未自承。噶布喇希图冒领赏银，即行查出。李莲庚妄行诬告，愚昧无知。五丫图虽偷盗高粱拒捕，但伤人之人俱已身死。盗犯李世茂、邵三、纪成、苗才、郭二、殷二，着暂留。福儿、阿二仍俟质审。桑阿儿、济佛、噶打洪、张继先皆非杀人之罪。以上各犯，俱着监候。"

事毕，上顾谓大学士曰："此时谷价渐腾，制造烧酒糜费米谷甚多，可遣户部材能笔帖式一员往谕直隶巡抚，令其酌量禁约。虽未便尽行革除，但能使不致多糜米谷，于民生良有裨益。"谕毕，各官退。

臣等伏惟自康熙二十六年至二十九年，皆奉旨停止秋决。凡罪戾稍有可恕者俱行宽释。现今三覆奏应决各犯，皆情真罪当，法无可逭。皇上钦恤刑辟慎重民命之心，反复详核，再四咨访，于万无可宽之中，而曲求其可生之路，仰见我皇上如天好生之德，有加无已也。

是日，部院各衙门奏章俱交送内阁。

本日起居注官傅继祖、张英。

二十七日戊申 辰时，上御乾清门听政。部院各衙门官员面奏毕，大学士伊桑阿、阿兰泰、王熙、张玉书，学士彭孙遹、王国昌、王尹方、满丕、图纳哈、思格则以折本请旨。吏部、都察院题工部郎中石楞吉等疏浚护城河，各思侵欺入己，估计浮多，将尚书石柱等各降五级调用。上曰："尚书石柱、侍郎宜尔格图等甚属庸懦，人所欲为便听从之，毫无定见，全不体朕简用之意，竭力奉公。此辈岂可为部堂大臣！着依部议降五级调用。"

伊桑阿等奏曰："臣等遵旨问九卿，九卿云，王以下、五品官员以上，凡遇郊天之期，针灸未平，概不斋戒，祭时亦不入坛。这次祭祀，皇上若斋戒亲往，恐与例不符。"上曰："九卿满汉大臣其意同乎？"伊桑阿等奏曰："其意皆同。"上曰："朕虽不往祭，然朕躬斋戒及阅视祝版俱不可废，先期朕仍恭阅祝版。"

本日起居注官洪俄岱、张廷枢。

二十八日己酉　辰时，上御乾清门，听部院各衙门官员面奏政事。

未时，御保和殿，召请安进贡科尔沁国护国公杜斯旗分四品台吉毕理滚达赖，扎鲁特部落多罗达尔汉贝勒毕理克图旗分四品台吉鄂齐尔等，归化城内齐陀音瑚毕喇汉，科尔沁国和硕土谢图亲王额驸沙律旗分为首喇嘛毕理滚达赖，及进贡喀尔喀部落多罗贝勒车布登、扎萨克额尔得尼济农固山贝子布达扎布及次子台吉西喇布等，四品台吉滚楚克族中台吉丹巴等，扎萨克一品台吉理塔尔族中台吉丹纯等，固山贝子布达扎布所属台吉车本等、都统额林臣等赐食。令车布登布达扎布至御座前赐酒，其余台吉等命至殿槛内，令侍卫赐酒。毕，回宫。

是日，上问皇太后安。

本日起居注官席米图、吴苑。

二十九日庚戌　上因有事于南郊，斋戒三日，不理事。

本日起居注官傅继祖、陆肯堂。

十一月

初一日辛亥

初二日壬子 上御保和殿视祭圜丘祝版毕，回宫。

是日，上问皇太后安。

本日起居注官席米图、周金然。

初三日癸丑

初四日甲寅 早，上由午门出正阳门，驻跸南苑。部院各衙门应面奏事务仍行面奏外，其余奏章每日送内阁，内阁逐日转送南苑听理。

本日起居注官李楠、洪俄岱。

初五日乙卯

初六日丙辰

初七日丁巳 辰时，上御南苑内旧宫，大学士伊桑阿、阿兰泰，学士王国昌、满丕、图纳哈以折本请旨。户部题覆山西巡抚叶穆济疏称奉上谕，将被蝗州、县康熙三十一年春夏钱粮缓至秋季征收，但灾民目前糊口无资，尚有未完钱粮，难以征比。浮山等十五州、县现今未完钱十八万六千零，请于三十一年秋后带征全完等，因无庸议。上曰："被灾百姓度日维艰，浮山等州、县所欠钱粮带征之处，着照该抚所请行。"

又兵部题镶白旗满洲都统莽吉禄员缺，开列蒙古都统班达尔沙等。上曰："伊勒慎人材颇优，着升补都统。"

又理藩院题查得土谢图汗之子、弟俱已授一品台吉在案，今扎萨克图汗之子克塞克亦授为一品台吉。上曰："扎萨克图汗无辜被杀，所存止此一子。克塞克着从优授为辅国公。"

本日起居注官傅继祖、席米图。

初八日戊午

初九日己未 是日，上谕吏部曰："从来致治之道在正人心，人心偏私则诈伪生，而习俗滋敝；人心公直则嚣竞自息，而庶绩允厘。朕早夜孜孜，崇尚德教，蠲涤烦苛，期与中外臣民，共适于宽大和平之治。凡大小诸臣，素经拔擢，咸思恩礼下达，曲全始终。即或因事放归，或罹咎罢斥，仍令各安田里，乐业遂生。惟尔诸臣，亦宜奉职恪，共绝偏私而襄国事。乃近见内外各官，间有彼此倾轧，伐异党同，私怨交寻，牵连报复。或己所衔恨而反嘱人代纠，阴为主使；或意所欲言而不直指其事，巧堕术中。虽业已解职投闲，仍复吹求不止，株累逮于子弟，颠覆及于身家。甚且市井奸民，亦得借端凌辱，蔑纪伤化，不可胜言。凡若所行虽迹甚诡秘，朕总揽几务已三十年，此等情态知之最悉。倘因仍陋习益致蔓延，殊非朝廷所以体恤臣工、保全爱惜之意。夫谗谮媢嫉之害历代皆有，而明末为甚。公家之事置若罔闻，而分树党援，飞诬排陷，迄无虚日，以致酿祸既久，上延国家。朕所历观前史，于此等背公误国之人深切痛恨。自今已往，内外大小诸臣应仰体朕怀，各端心术尽蠲私愤，共矢公忠，岂独国事有裨，即尔诸臣亦获身名俱泰。倘仍执迷不悟，复踵前非，朕将穷极根株，悉坐以交结朋党之罪。尔部可即传示中外，使咸知朕意。特谕。”

本日起居注官傅继祖、傅伸。

初十日庚申

十一日辛酉

十二日壬戌

十三日癸亥 辰时，上御南苑内旧宫，差往陕西察看被灾地方学士布喀至，捧疏进奏曰：“臣奉旨往西安府属咸宁等二十四州县卫，凤翔府属郿县等三县地方，遍行察看，其被旱灾是实，谷价腾贵。”上曰：“百姓有流移者否？”布喀奏曰：“见百姓有流移者，臣察看所至之地，宣谕百姓曰：‘皇上以尔等众民被灾乏食，甚为焦劳，特遣我来此察视。皇上即行赈济，以苏尔等之困。’凡宣谕之处，百姓咸乐，更生踊跃欢忭，焚香叩首。民情从此稍安。臣会同总督、巡抚商议，每日大口约算米三合，小口一合五勺，照时价折银给散。”上览奏曰：“这本交与内阁。”布喀出。

大学士伊桑阿、阿兰泰，学士王国昌、西喇、满丕、图纳哈、思格则以折本请旨。吏部题总督仓场户部侍郎凯音布员缺，以学士西安等职名开列。上曰："伊图升补总督仓场户部侍郎。甘肃地方甚为紧要，布喀曾任外官甚善，著有名誉。着补授甘肃巡抚。"

又兵部题前锋统领班达尔沙员缺，以护军统领伯四格等职名开列。上曰："硕鼐曾经试用，人材果优，着补授前锋统领。"

事毕，上谓大学士等曰："陕西西安、凤翔所属地方，年谷不登，特遣学士布喀往彼察看。今阅其回奏，谷价腾贵，办买供给驻防官兵粮豆，恐致累民。闻甘肃巡抚所属地方年谷收成，西安官兵麦秋之前暂移驻宁夏，则西安粮豆可以余剩民间，良有裨益。尔等会同户、兵二部确义具奏。"

本日起居注官傅继祖、傅伸。

十四日甲子　是日，上谕户部曰："朕前闻陕西西安、凤翔等处年岁不登，民艰粒粮，特命学士布喀星驰前往察勘赈济，顷来回奏称，西安府属咸宁等州县卫，凤翔府属郿县等三县米价腾贵，百姓流移，朕心深切轸念。若不大沛恩施，无以遍苏疾苦。这被灾各地方康熙三十一年额征银米，着通行蠲免。又闻甘肃巡抚所属地方秋收丰稔，米价较平，着该督抚会同详议作何购买转输，速行赈济，务俾比屋得沾实惠，不致仳离失所，以副朕抚恤灾黎至意。尔部即遵谕行。特谕。"

是日，赐西安副都统马自德鞍马一匹。

本日起居注官傅继祖、洪俄岱。

十五日乙丑　是日，上移驻畅春园。

本日起居注官傅继祖、张英。

十六日丙寅

十七日丁卯　辰时，上御畅春园内澹宁居听政。部院各衙门官员面奏毕，荆州将军莽吉禄陛辞，恭请训谕。上曰："将军职任最为紧要，尔莅任之后，和睦兵民，安辑地方，勿以偏徇兵而扰民，亦勿干誉于民而扰兵。无事之时加意训练官兵，倘遇有事可以奏则奏请以行，如不及奏，则相机而行，以济厥事。"莽吉禄奏曰："臣一介微贱，蒙皇上屡次擢拔，升任都统，今又升授将军。敬志训词，仰答隆恩，勉图报效。"

又西安布政使载通陛辞，恭请训谕。上曰："布政使管通省钱粮，所关紧要。尔当洁己奉公，严禁苛派，勿致扰民。如此斯为克尽厥职。"戴通奏曰："臣今年已六十，唯思仰答皇上擢拔之恩，尽心报效。"

又直隶巡抚郭世隆陛见请安。上问曰："尔察视被灾地方已毕否？今年直隶收成何如?民间安生业否？"郭世隆奏曰："臣遍行察视，百姓蒙皇上之福，咸得安生。但真定以南沿山十州县地方年谷欠收，又喜峰口迁安县榛子镇等处田谷为蝗所食，宣府等处尚未察看。"上又问曰："此雪想于麦田有益？"郭世隆奏曰："臣沿途所见，今年所种秋麦较之往岁甚广。臣问民间此雪何如,民间皆言此雪已足于秋麦，大有裨益。明春虽无雨，亦不足忧。麦田必可收成。"上曰："直隶数年以来麦不登，今有此大雪，来年三四月间再得一次雨泽，沾足麦田，洵可多收矣。惟民间生业有余，朕复何忧！"郭世隆出。

大学士伊桑阿、阿兰泰，学士王国昌、西喇、满丕、图纳哈、思格则以折本请旨。吏部题学士西安员缺，以光禄寺卿穆里布等职名开列。上曰："尔衙门侍读学士何如？"伊桑阿奏曰："温保乃皇上所素知，戴通为人亦可。"上曰："温保办事好，达瑚、伊道办事俱好，但伊道遇事差遣，于担当处微有不足。达瑚屡次差遣甚有勤劳，为人颇优，办事亦好，着升补学士。"

是日，上问皇太后安。

本日起居注官傅继祖、洪俄岱。

十八日戊辰

十九日己巳　是日，赐荆州将军莽吉禄弓箭、撒袋、蟒缎、披领、鞍马。

本日起居注官傅继祖、李楠。

二十日庚午　是日，上问皇太后安。

二十一日辛未　辰时，上御畅春园内澹宁居听政。部院各衙门官员面奏毕，甘肃巡抚布喀奏曰："臣二十五日起行，恭请皇上训谕，谨志肺腑遵行。"上曰："西安一带二十余州县被灾殊甚尔所目击，尔经过西安见总督、巡抚时，有当言之事即与言之。尔任外官年久，巡抚之事亦无不知，但务正己以为属官表帅。凡事奉公料理，抚爱百姓。"布喀奏曰："臣数月之间蒙皇上屡次擢用，今又超迁封疆重任，臣无可言，惟到任后居官善恶，皇上必然洞鉴。"布喀出。

大学士伊桑阿、阿兰泰，学士王国昌、西喇、满丕、图纳哈、思格则以折本请旨。吏部题学士布喀员缺，以光禄寺卿穆里布等职名开列。上曰："开列诸人何如？"伊桑阿奏曰："侍读学士温保优于办事。"上曰："温保果优于办事，朕观监察御史德珠亦优于办事，曾问其盐差事务，一一据实陈奏，毫无隐讳。且用兵征厄鲁忒时，亦曾效力。尔等可将温保、德珠问九卿。朕所知者二人，其年久郎中等员内有优者，亦令伊等举出。太仆寺卿色冷，任用未久，屡次坐名，即至卿员，人甚平常。朕巡行时彼多从之，骑射亦劣。"

又礼部题风飘至福建日本国十二番人，行文该总督，令其乘坐便船速回本国。上曰："日本乃海外之国，其十二人被风飘至福建，可悯。着总督酌量赏赐发回。"

又兵部题覆湖广总督丁思孔题参均房右营守备张明日用柴炭、马草俱令兵丁采取，以致怨恨比例。守备张明应革职。上曰："朕思贫穷武弁家人必少，细小事务遽行革职，可悯。此本发回，着再议具奏。兵丁以细小事务故控告专管官员，朕从未准行。若此端一开，兵丁必致相聚各处控告，汛守空虚，将弁亦难管辖。"

是日，上问皇太后安。

本日起居注官傅继祖、席米图。

二十二日壬申

二十三日癸酉　未时，上由西直门进神武门，回宫。

是日，赐甘肃巡抚布喀鞍马一匹。

本日起居注官傅伸、徐嘉炎。

二十四日甲戌　辰时，上御乾清门听政。部院各衙门官员面奏毕，大学士伊桑阿、阿兰泰、王熙、张玉书，学士王国昌、王尹方、满丕、图纳哈、思格则、王掞、达瑚、李楠以折本请旨。兵部题西安副都统巴锡员缺，以吏部侍郎布颜图等职名开列。上曰："郎中阿兰台为人固优，办事亦好，用兵征厄鲁特时曾经效力。其护军参领苏丹为人固优，材力壮健。现任副都统西尔哈达人材壮健，但西安地方亦有应办事务，阿兰台系在部办事之人。这员缺着将阿兰台升补。"

又西安副都统祖之辉员缺，以仓场侍郎石文桂等职名开列。上曰："参领祖良弼人材壮健，其人亦优，这员缺着将祖良弼升补。"伊桑阿等奏曰："臣等遵旨问九卿，九卿云，温保、德珠，皇上所知甚明。伊等优于办事，臣等众所共知，部院衙门内虽各有一二贤能者，皆不能过此二人。"上曰："历俸孰久？"伊桑阿奏曰："现作历俸不知孰久，补授司官德珠在前。"上曰："德珠着升补学士。"

是日，上谕礼部曰："自昔帝王敬天勤政，凡遇垂象示儆，必实修人事以答天戒。顷钦天监奏推日食当在康熙三十一年正月朔日。夫日食为天象之变，且又见于岁首。朕兢惕靡宁，力图修省。惟大小诸臣务精白乃心，各尽职业，以称朕钦承昭格至意。其元旦行礼、筵宴着停止。尔部即遵谕行。特谕。"

本日起居注官张英、傅伸。

二十五日乙亥　是日，部院各衙门奏章俱交送内阁。

本日起居注官洪俄岱、史夔。

二十六日丙子　辰时，上御乾清门听政。部院各衙门官员面奏毕，大学士伊桑阿、阿兰泰、王熙、张玉书，学士王国昌、王尹方、满丕、图纳哈、思格则、王掞、达瑚、李楠以折本请旨。吏部题：左春坊左庶子李应鹰员缺，以翰林院侍读高璜升补。上曰："高璜人甚不堪，所行多不实。这员缺着将应升补之人另行具奏。高璜照伊原品以部院衙门用。"

王熙、张玉书奏曰："臣等阅杨锡震及毛奇龄所进韵书，二人皆称诗韵非沈约原本，锡震则详于注释，奇龄则详于转韵、叶韵。但旧韵通行已久，若更改一书，未必能行。"上问学士王尹方、王掞、李楠曰："尔等以为何如？"王尹方等奏曰："旧韵历代相沿，不若仍旧为便。"上又问起居注官周金然曰："尔以为如何？"周金然奏曰："韵书从无善本，即洪武正韵，亦未尽善。恭遇皇上天纵圣明，海内车书一统，仰祈皇上亲定万古不刊之书，庶可昭垂后世人人遵守。"上曰："从事作诗多用旧韵，朕在宫中曾经遍阅。即填词亦必以韵为准。若舍旧韵便无倚傍。大约四声乃自然元音，非由造作，特五方风气不齐，故难画一。南人所读字音，北人以为不协；北人所读字音，南人以为不谐，互有参差之见。又如江、阳之分为两韵，平声之分为上平、下平，此等向来沿袭，何以究其得失？杨震锡、毛奇龄所进韵书，可交与熊赐履看阅。”

本日起居注官席米图、周金然。

二十七日丁丑 部院各衙门无奏章。上不御乾清门。

是日，上问皇太后安。

本日起居注官傅继祖、张廷枢。

二十八日戊寅 辰时，上御乾清门，听部院各衙门官员面奏政事。

本日起居注官傅伸、徐嘉炎。

二十九日己卯 辰时，上御乾清门听政。部院各衙门官员面奏毕，大学士伊桑阿、阿兰泰、王熙、张玉书，学士王国昌、王尹方、满丕、图纳哈、思格则、王掞、达瑚、李楠、德珠以折本请旨。吏部题内阁蒙古侍读学士达瑚员缺，论俸将理藩院郎中满丕拟正，户部郎中巴党锡拟陪。上曰：“这员缺将精通蒙古书、为人颇优者察来选用。”

是日，上问皇太后安。

本日起居注官洪俄岱、陆肯堂。

三十日庚辰 是日，部院各衙门奏章俱交送内阁。

本日起居注官席米图、徐元正。

十二月

初一日辛巳 辰时，上御乾清门听政。部院各衙门官员面奏毕，大学士伊桑阿、阿兰泰、王熙、张玉书，学士王国昌、王尹方、满丕、图纳哈、思格则、王掞、达瑚、李楠、德珠以折本请旨。吏部题覆江南江西总督傅腊塔察审革职知县闻在上案内干连王鸿绪，等一议王鸿绪既有馈送银两，不行出首，私自退还，殊溺大臣之体，应革去职衔；王封溁关说等处，仍令审明，又一议王封溁等未曾取有口供，应令将前后本内情由详察。上曰：“这事着问九卿。”

又总督仓场侍郎石文桂题请京通仓内添设廒房。上曰：“各省輓运京师粮米，除一岁所需，每年存余几何？”伊桑阿奏曰：“余米细数未得晰知，大约连年存剩之粟足供一二年之用。”上曰：“治道以爱民为要，而利益生民务在均沾实惠。思漕运之事，小民良苦，朕常蠲免钱粮，其漕运亦欲特赐蠲征，此念已久。每岁余米若足供一二年之用，则来岁漕粮酌量免征。其荆州、江宁、杭州等大兵驻防处所，又酌量截留，以为储备。民既沾实惠，或遇水旱之年，亦有裨益。凡事总在务实，若不施恩于百姓，空言条奏，粉饰虚文，亦何所益？”伊桑阿、阿兰泰奏曰：“皇上念切小民，屡赐蠲租。今漕粮免征，百姓得普沾恩泽。”上又曰：“尔等会同户部详察米数具奏。至于运丁赖运资生，若停輓运，须使运丁不至困穷，亦着并议。”

伊桑阿等人又奏曰：“臣等遵旨为补授蒙古侍读学士事，查得教习唐古特书副教官巴图赖所学精通，郎中喇西为人亦好。”上曰：“喇西办事虽好，为人稍浮。员外郎来福为人好，差遣亦多，甚为劳苦。又诺木齐泰、马第俱优，办事亦好，但伊等出征时曾经获罪，此系国法所关，且不便用，再观其效力何如耳，来福所学何如？”伊桑阿奏曰：“来福所学平常。”上又曰：“可问来福所学何如？”

是日，上问皇太后安。

本日起居注官傅伸、曹鉴伦。

初二日壬午　辰时，上御乾清门听政。部院各衙门官员面奏毕，大学士伊桑阿、阿兰泰、王熙、张玉书，学士王国昌、王尹方、满丕、图纳哈、思格则、王掞、达瑚、李楠、德珠以折本请旨。伊桑阿等奏曰：“臣等遵旨问来福所学，来福对云，我部事务尚能翻译，经书精微处不能。喇西、来福所学相同。”上曰：“来福行间差遣甚多，颇能效力。着从优升补侍读学士。”

伊桑阿等又奏曰：“臣等以两议王鸿绪等处分之事问于九卿，九卿云，此事两议皆令察审似乎未确，此乃事外支节，原案已经审结，今又行察，必致纷纭，干连不已。”顷者皇上仁爱宽容，以大小臣工挟仇陷害，将颁谕旨：“此案亦望从宽免，停其察审。”上曰：“朕意亦与众相同，已经颁有谕旨，这案处分、行察俱从宽免。”

又副都御史李元振条奏，属员下吏曾经计处者，应严禁控告上官。及今岁大计后，即令督抚自陈。上曰："本内限定字数者，特为条奏之人多用冗长无益之言。今此本内字数甚多，且观此事非出无意。尔等可问九卿。"

伊桑阿等又奏曰："臣等同户部查仓内所有米谷，现今仓内贮米七百八十万石有余。每年所进米三百四十万石余，所出米二百八十万石余，以仓内现贮之米算之，足供三年给发。"上曰："有如许米石，朕意欲将三十一年起运之米，于江宁、京口、杭州、荆州等处大兵驻防地方酌量截留，以备积贮。三十二年一年漕运俱从蠲免，民生宽裕于国实有裨益，但恐一年漕船不至，或有所碍。尔等以为何如？"伊桑阿等奏曰："如此则民生大有利赖。皇上仁爱百姓之心可谓至矣。但一年漕船不至，京师所用之物价恐至腾贵。"王熙、张玉书奏曰："漕米从未蠲免，皇上欲全蠲一岁之漕，真可谓仁之至矣。今太仓余谷甚多，皆由皇上留心民瘼、加意节损之所致也。"上曰："朕欲蠲免漕粮之意已久，此米亦非一年二年之所积矣。作何蠲免，尔等可会同九卿确议具奏。"

未时，上御乾清门，召科尔沁国多罗郡王毕礼克图、固山额驸吴勒穆济、一品台吉厄尔得尼、二品台吉苏珠克图、四品台吉大鄂齐尔、未得品级台吉吴巴什等，郭尔罗斯部落二品台吉厄尔得尼、四品台吉吴尔图纳苏图、未得品级台吉厄尔得尼达赖等，扎赖忒部落固山贝子纳孙旗分四品台吉毕马喇等，赐食。

本日起居注官傅继祖、张英。

初三日癸未　辰时，上御乾清门听政。部院各衙门官员面奏毕，大学士伊桑阿、阿兰泰、王熙、张玉书，学士王国昌、王尹方、满丕、图纳哈、王掞、李楠、德珠以折本请旨。吏部题议叙原任理藩院员外郎二郎保以八品笔帖式补用。上曰："二郎保效力行间，着以主事用。"

伊桑阿等奏曰："臣等遵奉谕旨，将副都统李元振条奏问九卿，佥云，大计处分属员怀恨妄告久有治罪成例，现任督抚诸俱在皇上洞鉴之中，臣等意谓不必令其自陈。李元振或别有意见，非臣等所知。所奏应无庸议。"上曰："属官讦告治罪久有定例，且不系京察之年。李元振请令督抚自陈是何意见，着该部察议具奏。"

伊桑阿等又奏曰："皇上欲全蠲各省三十二年解运漕粮，臣等遵旨同九卿会议。满九卿云漕米关系重大，从无蠲例；汉九卿云，皇上爱养百姓，屡年蠲免各省钱米，海内受恩已极。今皇上又欲全蠲一年漕粮，恩同天地。但臣等窃思，京师根本重地，漕粮关系国计，似难轻议全蠲。况五方杂处，人烟辏集，需用孔多，若一年停运，余米不得北来，粮食、百货价将腾踊。皇上欲宽民力，或将漕米照省分府，逐年挨免，二三年间即可周遍，无有不邀圣恩者矣！"上曰："朕急思轸念民生，于都城人民日用之需未曾计及，汉九卿所议良是。"

本日起居注官徐嘉炎、洪俄岱。

初四日甲申　辰时，上御乾清门听政。部院各衙门官员面奏毕，大学士伊桑阿、阿兰泰、王熙、张玉书，学士王国昌、西喇、王尹方、满丕、图纳哈、思格则、王掞、达瑚、李楠、德珠以折本请旨。兵部题镶白旗蒙古副都统噶尔马员缺，以侍郎沙木哈等职名开列。上曰："此内无堪补之人，将本内未曾开列及本旗官职大者俱查来具奏。内护军参领吴什为人甚庸，德尔特亦庸。去年吴什出征厄鲁特时，曾在失炮案内。吴什着解任。"

是日，上谕户部曰："朕抚驭区宇三十年以来，早夜图维，惟以爱育苍生，俾咸臻安阜为念。比岁各省上征钱粮业已次第蠲豁，其岁运漕米向来未经议免，朕时切轸怀，所有京通各仓米谷樽节支给数载于兹。今观历年储积之粟，恰足供用。应将起运漕米逐省蠲免，以舒民力。除河南省明岁漕粮已颁谕免征外，湖广、江西、浙江、江苏、安徽、山东应输漕米，着自康熙三十一年始以次各免一年。至江宁、京口、杭州、荆州大兵驻防地方，亦应预行积贮，着将康熙三十一年起运三十年漕米各截留十万石，存置仓廒。令该地方官敬慎守视，以备需用。尔部即遵谕行。"

是日，上问皇太后安。

本日起居注官傅伸、史夔。

初五日乙酉　是日，部院各衙门无奏章。上不御乾清门。

本日起居注官洪俄岱、周金然。

初六日丙戌　辰时，上御乾清门听政。部院各衙门官员面奏毕，大学士伊桑阿、阿兰泰、王熙、张玉书，学士王国昌、王尹方、满丕、图纳哈、思格则、王掞、达瑚、李楠、德珠以折本请旨。理藩院题归化城一带地方耕种牛只，八旗内两佐领共助一牛，其耒耜等项，俱移文山西巡抚于杀虎口预备，照监管耕种官员所用之数给与，用过银数造册申报户、工二部。上曰："此耕种所用牛只不必令其帮助，于御厂牛只内取用耒耜等项。若令山西巡抚制备，巡抚必委属吏。一委属吏，必致累民。其铁器着支用库银制造，从驿递运送。边外水植甚多，其木器即于彼处制用。农田者人生之根本，朕凡所至之地，先察视其土田。边外耕种必培护谷苗，使高其垅。此皆由土性寒而风又厉之故。不如此，则谷苗不能植立矣！内地之田，其垅不高。各处耕种不同者，皆随其地土之性故也。"王熙奏曰："耕种之事，初意以为相同。皇上洞鉴各处耕种，详晰言之，始知系于土性之故。"

又理藩院会同三法司议覆，抢夺奉差笔帖式季兰泰等马匹、衣服、撒带等物贼，郃赖为首，拟即行处斩枭示；巴素等二十八人为从，拟即行处绞。上曰："观此辈抢夺非平素立意行劫，二十九人俱行正法可悯。郃赖着即处斩，巴素等二十八人俱从宽免死，入官为奴。"

又镇守西安等处将军马喇等题，据西安八旗汉军防守御赵文选等以下至骁骑校周九畴等九十六员具呈"都司库内所贮炮位试放不准，且所造炮甚粗，俱重百斤、七八十斤不等，此炮用之攻城，破阵无益。我等俱蒙皇上养育洪恩，无可报答，查得子母炮于挫锐攻坚甚为有益，又便于携带。我等各愿捐俸，帮助制造子母炮四十位。其不敷用炮手六十四名，于西安闲丁内选用。驮炮牲口，亦愿自备。求为我等奏请施行"等语。臣等请照赵文选等具呈，捐修交与制造；添补炮手六十四名，于闲丁内选用。俟命下之日，速行制造、演习。上曰："防守御赵文选等勉力奉公，愿请捐助制造炮位，可嘉。伊等俱系穷弁，不必捐助。着动支正项钱粮，即交与赵文选等制造。余着该部议奏。马喇朕素知其才，凡有才之人，所至之地即有表见。"

本日起居注官傅继祖、张廷枢。

初七日丁亥　辰时，上御乾清门听政。部院各衙门官员面奏毕，大学士伊桑阿、阿兰泰、王熙、张玉书，学士王国昌、王尹方、满丕、图纳哈、思格则、王掞、达瑚、李楠、德珠以折本请旨。理藩院题遵旨于达尔河等处种地积谷，将来或令人居住，或行赈济，俱属有益。上曰："边外积谷甚为紧要。达尔河地方着交与内务府，派各庄壮丁耕种。呼儿河地方，令五旗王等庄屯人前往耕种。其籽粒、耒耜耕牛皆令预备。着派谙练农事官员前往监管。布种完时，酌留耘田之人，余夫遣归；田熟之时，即令耘田之人收获。其农夫所食米谷，着于古北口所贮米谷计口带去。席喇穆伦地方，仍照前议令盛京人役前往耕种。秋收之时收获多者，监管官员着该部议叙具奏。朕观各处地亩肥瘠不同。朕巡视南方，见彼处稻田收稔时一亩可收谷三四石，近京玉泉山稻田，一亩不过一石。又见古北口内谷田，丰收之年，一穗约三千粒。口外近边地方，丰收之年，穗几万粒。此皆土脉不同，故收获亦异。以此观之，达尔河等三处，垦种所费无几，而所获者必多矣。"

是日，上问皇太后安。

本日起居注官傅伸、吴苑。

初八日戊子　辰时，上御乾清门听政。部院各衙门官员面奏毕，大学士伊桑阿、阿兰泰、王熙、张玉书，学士王国昌、王尹方、满丕、图纳哈、思格则、王掞、李楠、德珠以折本请旨。户部议覆准陕西巡抚萨弼图以西安所属等处地方被灾，贫民不能糊口，请发常平仓所贮米谷四万余石赈济。上曰："这事着依议。西安等处被灾，令动支正项钱粮赈济。着部院堂官一员前往，亲行给散，务使饥民均沾实惠。应差官员着开列具奏。"

本日起居注官席米图、陆肯堂。

初九日己丑　辰时，上御乾清门听政。部院各衙门官员面奏毕，大学士伊桑阿、阿兰泰、王熙、张玉书，学士王国昌、王尹方、满丕、图纳哈、思格则、王掞、李楠、德珠以折本请旨。吏部题鸿胪寺正卿何玺员缺，以鸿胪寺少卿布达理拟正，以内阁侍读海山岱拟陪。上曰："这员缺着将曾任鸿胪寺官应升者及各部院衙门对品者开列选用。"

本日起居注官洪俄岱、徐元正。

初十日庚寅　辰时，上御乾清门，听部院各衙门官员面奏毕政事。

本日起居注官傅继祖、张英。

十一日辛卯 部院各衙门奏章俱交送内阁。

是日，上问皇太后安。

本日起居注官傅伸、徐嘉炎。

十二日壬辰 辰时，上御乾清门听政。部院各衙门官员面奏毕，差往陕西西安等处赈济饥民户部侍郎阿山、内阁学士德珠奏曰："臣等明日起行，恭请皇上训谕。"上曰："训尔等亦无多语，但将饥民详查，俾得均沾实惠，流离百姓令归原籍。尔等毋徇总督、巡抚情面，彼在地方，致百姓饥荒如此，副都统巴西启奏，督抚所司何事？尔等到彼处传谕严饬。去岁直隶地方被灾时，巡抚于成龙竭力图维，百姓不至流移。朕思西安等处，今冬若得雨雪沾足，来岁麦秋有望，百姓可无忧矣。"

是日，上谕兵部曰："武职官员任寄封疆，关系甚重，必得其人，始有裨益。朕所简阅素悉之员，俱已次第拔擢，今宜选材，以备任用。尔部行文各将军、总督、提督、巡抚及无提督省分总兵官，于武职官员内副将以下、千把总以上有灼见、人才勇健、谙练军务、整饬营伍、爱恤士卒及行间效力曾经立功者，不论本省、别省见任候补，限文到三日内各举所知保奏。不必彼此会同。其在内八旗、汉军官员有人才素优、娴于约束、堪任要地者，亦着各都统、副都统保奏。尔部即遵谕行。特谕。"

本日起居注官席米图、曹鉴伦。

十三日癸巳 辰时，上御乾清门听政。部院各衙门官员面奏毕，大学士伊桑阿、阿兰泰、王熙、张玉书，学士王国昌、王尹方、满丕、图纳哈、思格则、王掞、李楠以折本请旨。吏部察议，副都御史李元振于非系京察之年令各省督抚自陈，又禁被参官员妄行讦告条奏不合，李元振所加一级革去，再降一级调用。上曰："李元振愚昧条奏，本当照部议处分，但系言官，从宽免其降调。"

是日，上问皇太后安。

本日起居注官洪俄岱、张廷枢。

十四日甲午 辰时，上御乾清门听政。部院各衙门官员面奏毕，大学士伊桑阿、阿兰泰、王熙、张玉书，学士王国昌、西喇、王尹方、满丕、图纳哈、思格则、王掞、李楠以折本请旨。吏部题部院衙门及直隶各省行取太常寺博士戴璠等四十一员引见。上曰："这行取官员朕不能悉知，作何分别补用乃可？"伊桑阿奏曰："从前有简用者，亦有考用者。若考试则南人取用者多，北人取用者少。"王熙奏曰："此皆系荐举之员，伏求皇上简用。如考取未免偏于东南，其服官甚优而未必长于文字者，恐亦有之。"张玉书奏曰："言官不全在乎文字，伏求皇上选用。"上曰："不必考试，其从前作何补用，查来具奏。"

是日，上问皇太后安。

本日起居注官傅伸、周金然。

十五日乙未　早。上御太和门视朝，升转文武官员谢恩毕，回宫。

是日，上问皇太后安。

本日起居注官张英、席米图。

十六日丙申　辰时，上御乾清门，听部院各衙门官员面奏政事。巳时，赐西安副都统阿兰台、祖良弼鞍马各一匹。

是日，上问皇太后安。

本日起居注官洪俄岱、吴苑。

十七日丁酉　辰时，上御乾清门，听部院各衙门官员面奏政事。

未时，上御景山内前殿，召朝正四子部落多罗达尔汉卓礼克图郡王丹巴彭苏，请安进贡喀喇沁部落多罗杜棱郡王扎西、伊子未得品级塔布囊崔扎穆素，茂明安扎萨克一品台吉诺尔布旗分多罗贝勒图巴、伊子二品台吉博尔克博等，巴林固山贝子额尔得尼，科尔沁国多罗郡王戴布旗分四品台吉达布等，克什克屯扎萨克一品台吉阿玉西等，翁牛忒部落多罗达尔汉贝勒额尔得布鄂齐尔旗分协理旗分事务一品台吉根都扎布，四子部落多罗达尔汉卓礼克图郡王丹巴彭苏旗分二品台吉劳彰，喀喇沁部落护国公山巴喇西旗分三品塔布囊积汉等，土默特部落多罗达尔汉贝勒额驸额尔得穆图旗分一品塔布囊布颜图等，赐食毕，回宫。

是日，上问皇太后安。

本日起居注官傅继祖、陆肯堂。

十八日戊戌　辰时，上御乾清门，听部院各衙门官员面奏政事。

是日，上问皇太后安。

本日起居注官傅伸、徐嘉炎。

十九日己亥　早，上以文皇后忌辰行致祭礼启行，由东华门出崇文门，驻跸夏店。是日，督理坐粮厅郎中官柱等、中南仓监督员外郎关保等、西仓监督员外郎梁尔寿等，督理通惠河主事杨赐昌等，护理通永道印务永平府知府梁世勋，知州程俊等，副将何维圣等来朝。

二十日庚子　上驻跸蓟州城内。是日，三河县防守御马库等，知县张鼒、守备周渭等，蓟州知州杨天佑、都司韩三奇等来朝。

二十一日辛丑　上至暂安奉殿，行三跪九叩头礼，三奠酒，举哀。诣孝陵行三跪九叩头礼，三奠酒，举哀。毕，至陵，三奠酒，举哀。

是日，上驻跸供奉陵寝人员所居城内。

二十二日壬寅　是日，上移驻新城。

申时，上御行宫，大学士阿兰泰，学士图纳哈、思格则以折本请旨。九卿议覆，副都统尹泰条奏“日食、月食乃气数自然之理，自古皆然。夫元旦者，三始之首，万国瞻拜之辰，钜典攸关，皇上应行升殿行庆贺礼。乃因日食廑怀，不以定数偶然之会为念，将行礼筵宴俱停止。凡为臣子者，应钦承皇上之意，于正月朔日食以至复圆，部院衙门大臣官员俱于午门前齐集，仰体皇上敬天之至意”等语，查自古元旦日食见于岁首者甚多，俱系定数。元旦令节，钜典攸关，庆贺礼仪筵宴之处，应照例举行。上曰：“停止行礼筵宴已有谕旨，着仍遵前谕行。前于未发谕旨之时，以日食事诏问九卿等商确，众皆合词启奏云‘皇上敬天至意极善，应如谕行’，随经颁发谕旨。今尹泰并非奏请行礼，止言九卿等应令会集，乃辄称日食系定数，请照常行礼筵宴。前后矛盾，违背义理已至于极。着严饬行。余着再议具奏。”

又户部议覆河南巡抚闫兴邦以原武等四十六州县未完银三十六万二千四百二十两，百姓被灾必不能依限全完，请俟来岁秋后征收。不准行。上曰：“河南一省连岁秋成未获丰稔，故颁谕将三十一年钱禄通行蠲免。今令依限征收逋欠，百姓必致苦累。这原武等州县未完钱粮着于三十二年、三十三年带征。”

又兵部题汉军副都统苏赫员缺，以侍郎萨穆哈等职名开列。上曰：“参领冯国相本旗都统曾经保举，朕亦素闻其人材壮健，着升补副都统。”

二十三日癸卯　早，上以文皇后忌辰，率大臣、侍卫等读文致祭。

是日，上驻跸黄崖口城内。

二十四日甲辰　上驻跸蓟州城内。

二十五日乙巳　上驻跸夏店。

二十六日丙午　未时，上由崇文门进东华门，回宫。

是行也，部院各衙门奏章每日交送内阁，内阁逐日驿送行宫听理。

是日，上问皇太后安。

扈从起居注官傅继祖。

二十七日丁未　本日起居注官傅伸、曹鉴伦。

二十八日戊申　是日，上问皇太后安。

本日起 居注官席米图、史夔。

二十九日己酉　是日，上问皇太后安。

本日起居注官洪俄岱、周金然。

三十日庚戌　午时，以岁除上御保和殿，赐朝正外藩，左翼敖汉多罗郡王扎穆素，阿禄科尔沁多罗郡王绰仪，阿霸垓多罗郡王吴尔占噶布，土默特部落多罗达尔汉贝勒额驸额尔得穆图，苏尼忒部落多罗贝勒奔布，乌珠穆秦多罗额尔得尼贝勒博木布，喀尔喀部落多罗贝勒索诺木，喀尔喀部落固山贝子占巴，科尔沁国和硕额驸班第，翁牛忒部落哈喇齐礼克护国公祁他特，科尔沁国二品台吉毕礼克图，翁牛忒部落二品台吉鄂齐尔，科尔沁国固山额驸吴勒穆济、未得品级台吉甘达沙吴巴桑济扎布，土默特部落多罗达尔汉贝勒额驸额尔得穆图旗分协理旗分事务一品塔布囊鄂齐尔，苏尼忒部落多罗郡王萨麻扎额驸旗分协理旗分事务二品台吉苏泰原，土默特部落贝子滚济斯扎布旗分协理旗分事务二品台吉丹巴，蒿齐特部落多罗郡王达尔马极理第旗分二品台吉顾马喇，扎鲁特部落毕礼克图贝勒旗分协理旗分事务三品台吉巴图，四子部落多罗郡王丹巴彭苏旗分四品台吉劳彰，茂明安诺布台吉旗分四品台吉额济内，喀尔喀部落达尔汉亲王旗分四品台吉杜斯喀布，乌朱穆秦部落色登敦多布王旗分四品台吉达尔济；右翼喀喇沁部落多罗杜棱郡王扎西，喀尔喀部落多罗卓礼克图郡王古鲁西布，喀尔喀部落扎萨克信顺多罗郡王沙木巴，喀尔喀部落额尔得尼济农多罗郡王那木扎尔，阿巴哈纳尔多罗贝勒卜昭，阿巴垓旗分达尔汉贝子车林东鲁布，巴林旗分贝子额尔得尼、巴林和硕额驸吴尔浑，喀尔沁部落额驸噶尔臧，喀喇沁部落护国公山巴喇西，巴林多罗额驸阿喇布坦，喀尔喀部落扎萨克卫征诺颜一品台吉阿玉西、扎萨克额尔克阿海、一品台吉图巴、扎萨克一品台吉车穆楚尔那木车尔、扎萨克额尔得尼阿海、一品台吉车林达西，敖汉四品台吉扎穆素，柰曼部落达尔汉王旗分四品台吉特古斯，敖汉未得品级台吉车穆拍尔，喀喇沁部落未得品级塔布囊崔扎穆素，阿霸垓吴勒占噶喀布王旗分协理旗分事务二品台吉达穆楚克，克什克屯阿玉西台吉旗分协理旗分事务一品台吉噶喇毕，喀尔喀部落老卜臧贝勒旗二品台吉达喇麻达赖，喀喇沁部落扎西王旗分二品塔布囊阿理雅，巴林吴尔占贝子旗分三品台吉尼穆布，巴林纳穆达克王旗分四品台吉阿第斯，归化城都统喇查布，阿霸垓卓礼克图王旗分四品台吉阿密坦阿巴哈纳尔，额林车达西贝子旗分四品台吉塔尔巴，归化城四品台吉额林臣，及内大臣、侍卫、大学士，上三旗都统、副都统等宴。上进酒，作乐，左右两翼王以下，翁牛忒鄂齐尔台吉、喀尔喀车林达西台吉以上，俱上亲赐酒。喀尔喀素诺木贝勒，令侍卫关保送酒。再固山额驸吴勒穆齐、敖汉扎穆素台吉以下，四子部落劳彰台吉、巴林阿第斯台吉以上，及殿外坐左右两翼都统以下、台吉以上，内大臣、大学士、都统、副都统等，命至殿前阶下，令侍卫送酒。宴毕，众谢恩毕，上回宫。

本日起居注官傅伸、张廷枢。

钦惟我皇上圣德广运，泽洋恩普，安万方于衽席，底庶类于雍熙。云行雨施，而美利溥于不言；东渐西被，而声教讫于无外。凡乾坤之所覆载，日月之所照临，固已靡物不获其所矣。乃犹如伤在抱，宵旰不遑，敬天勤民，竭诚殚虑，钜细毕照，遐迩不遗。念要荒皆我赤子，喀尔喀诸汗前此以困苦来告，特遣重臣给地安置，与以牲畜糗粮，拯其穷乏，资其赡养，至是感激圣恩，输诚归附。我皇上不辞暑雨，亲莅翠华，彼国诸汗率其所部，咸稽首于行殿，齐蹈舞而嵩呼。皇上至仁渥泽，安养生全，行庆施惠之典丕昭，任恤睦婣之训备至。遂同外藩四十九旗，一例编设旗分。若者宜封，若者宜袭，各予品秩，俾永为国家藩服。洎乎事毕回銮，喀尔喀相率扶携老幼，匐伏载途，挥涕依恋。自昔帝王怀柔盛烈，未有如今日之规模宏远、恩施沦浃者也。念八旗甲兵尤为国家根本，向因戮力行间，整器械，购马匹，兼以生齿日繁，费用弥广，致多拮据称贷，特谕户部动支帑金七百余万，俾尽偿夙负。更虑嗣后或事不获已，用无所措，再发帑金，存贮各旗。派文武大臣，量事给借。其口外驻牧八旗、察哈尔兵丁及牧厂人役，俱分别予饷，赡恤其生，弥见家给人足，生计丰盈。执锐披坚之士，莫不感睿虑之周详，恩波之汪涉。自昔帝王作勇敢而练军，实未有如皇上稠缪至计者也。惟正之供本率土常分，乃念东南输辀维劳，特沛恩纶，悉蠲豫省来岁漕米。湖广、四川、浙江、江苏、安徽、山东漕米一岁应征之数，自三十一年始，三年之内以次全免。各省沾沐皇仁，动以数百万计。自昔帝王蠲租之诏，从无及于仓庾玉粒者。此实不世之殊恩异数也。至于秦晋被灾州县，既视分数为蠲除，复缓输次年田税，以纾民力。其浮山十五州县之积逋不下二十万，令于三十一年秋后带征。江西所属十二县曾经兵荒者，数年积欠六万三千余两，全与豁除。又悯西安、凤翔两郡灾黎失所，既免其田赋，复发布公帑二十万，遣大臣以赈恤之，且令督抚购米谷于甘肃，协济其困。更因两郡谷值腾踊，采办米豆刍茭累民，敕驻防官兵分移宁夏，而本地之粟庶足供本地之食。历稽前代救荒，德泽未有如皇上之委曲焦劳、应期立沛者也。至积储为天下大计，江宁、京口、杭州、荆州大兵驻防之地，则以三十年米糟，各截留十万，以备所需。念口外边方积粟尤要，特遣文武大臣于归化城等处督理农事，以广贮蓄。当车驾巡幸道路所经，则诫徒御以田禾之柔践。虑来岁蝗蝻孳种出土，则诏所司以垦辟之及时。重农工，勤民事，盖无时不廑圣衷矣。而尤汲汲于以正人心、厚风俗为要务。敕诫内外臣工，尽去党同伐异之私，共适于宽大和平之治。圣谟洋洋，王路所以荡平而正直也。于八旗每佐领各设一学，择立师长，俾各旗子弟咸敦诗书而习骑射，明伦理而究古今。又于盛京两翼建置官学，圣化蒸蒸，人材所以造就而乐育也。至于论钟律，则穷径一围三之误；论音韵，则辨五方风气之殊。圣谕所及，超越前古矣。垂眷翰苑之臣，而破格以擢用；俯念绿旗之众，而加意于抚绥。以治道之在德不在险也，不欲劳民力以葺长城；

以王道之任德不任刑也，实本好生而行矜恤。皆皇上如天之至德，丕冒无疆，殷流翔浃者也。臣等备员记注，仰惟皇上励精政务，衡量人材，轸念军民，慎重刑辟，日所睹闻，史不胜书。猗欤盛哉。极参赞位育之功，迈放勋重华之治，巍巍荡荡，蔑以加矣。谨就一岁之中，恭述梗概，以仰志高深之万一云。

康熙三十一年　壬申

正　月

初一日辛亥　早，上以元旦率诸王、贝勒、贝子、公、内大臣侍卫、大学士、都统、尚书精奇尼哈番等，往堂子行礼，毕，回宫。

少顷，上率诸王、贝勒、贝子、公、内大臣侍卫等，诣皇太后宫行礼，毕，回宫。

本日起居注官席米图、吴苑。

初二日壬子　是日，上问皇太后安。

本日起居注官洪俄岱、陆肯堂。

初三日癸丑　本日起居注官傅伸、徐元正。

初四日甲寅　早，召大学士伊桑阿、阿兰泰、王熙、张玉书，尚书李天馥、库勒纳、王骘、顾八代、熊赐履、马齐、杜臻、陈廷敬、索诺和、李振裕，左都御史沙海、于成龙，侍郎彭孙遹、朱都纳、李光地，学士张英，至后左门，传谕曰："今当岁首，机务少暇，欲与尔等闲论乐律、算数之学，有能知其义者，将咨询焉，故特召入。"诸臣奏曰："新岁得瞻觐天颜，祇聆训诲，臣等非常之荣遇也。"

有顷，上御乾清门，诸臣趋入，至御座前。上取御案所置《性理》展阅，指《太极图》谓诸臣，曰："此所言，皆一定之理，无可疑者。"又指《五声八音八风图》曰："古人谓十二律定而后，被之八音则八音和，奏之天地则八风和，而诸福之物可致之祥，无不毕至其言。乐律所关，如此重大，而欲究十二律之所从出，其义安在？"诸臣对曰："臣等学识疏浅，实不能详究其义。"上曰："《律吕新书》所言算数专用径一围三之法，此法若合，则所算皆合；此法若舛，则无所不舛矣。朕观径一围三之法，用之必不能合。盖径一尺，则围当三尺一寸四分一厘有余。今止言围三，则每径一尺，差一寸四分有奇。若积累至于百丈，所差至十四丈有奇。等而上之，其为舛错可胜言耶？”因取方圆诸图，指示诸臣，曰：“所言径一围三，止可算六角之数。若围圆，则必有奇零。其理具在目前，甚为明显。乃径一围三之说，前人笔之于书，后人胶执而不知变，果何意也。朕观《八线表》中半径、勾股之法，极其精微。凡圆者，皆可以方算，开方之法，即从此出。遂用方圆诸图逐一验算，无不吻合。”诸臣奏曰：“径一围三之说，疏舛如此。前人为此言者，未经试诸实用；后人泥其说者，亦仅习其空言。臣等蒙皇上指示，乃知舛错甚明，无如人之茫昧而不察也。”

上曰：“黄钟之管，九寸空，围九分，积八百一十分，是为律本此旧说也。其分寸当以何为据？若以尺言，则古今尺制不同，即今各州县，民间所用之尺，皆不画一，又将何所折衷？自朕观之，必当以天地之度数为准。”诸臣奏曰：“圣言广大精微，诚不易之论也。”

上又指《性理》中《隔八相生图》，谕曰：“朕细阅隔八相生之说，觉有义理，虽未经试验，而据理推度，声音高下，循环相生，复还本音，必须隔八。”遂命乐人取笛和瑟，次第审音。至第八声，仍还本音。上曰：“此非隔八相生之义耶？以理推之，固应如是。”诸臣咸欣喜钦伏，曰：“臣等但习闻隔八相生之说，其所以然之故，即古人辨论乐律之书，亦未尝研究及此。皇上圣学渊深，穷理格物，独有神悟，出于睿思，发古人从来未发之奥，真天纵之圣，超越千古也。”

上曰：“算数精密，即河道闸口流水，亦可算其昼夜所流分数。”因顾问李光地曰：“顷尔等往观河道，亦有言及此者否？”李光地对曰：“未有能言之者。”上曰：“算水先量闸口阔狭，计一秒所流几何，积至一昼夜，则所流多寡可以数计。”诸臣奏曰：“臣等今日仰承圣诲，得闻所未闻，见所未见，不胜欢庆之至。”

上又命取测日晷表，以御笔画之，曰：“此正午日影所至之处。”遂置乾清门正中。令诸臣候视，上回宫，至正午日影与御笔画处毫发不爽，诸臣咸感激欣忭而出。

本日起居注官席米图、张廷枢。

初五日乙卯　本日起居注官洪俄岱、徐嘉炎。

初六日丙辰 本日起居注官傅伸、曹鉴伦。

初七日丁巳 本日起居注官席米图、史夔。

初八日戊午 本日起居注官洪俄岱、周金然。

初九日己未 是日，上问皇太后安。

本日起居注官张英、傅伸。

初十日庚申 本日起居注官席米图、徐嘉炎。

十一日辛酉 本日起居注官洪俄岱、曹鉴伦。

十二日壬戌 早，上由西华门出西直门，驻跸畅春园。

是日，上问皇太后安。

本日起居注官傅伸、张廷枢。

十三日癸亥 是日，上问皇太后安。

十四日甲子 上以所御狐腋、蟒袍、冠带赐喀尔喀多罗郡王山巴、多罗郡王纳木扎尔，令奏事敦住传谕曰："诸王、大臣俱有礼服，因尔二人独无，故赐之。"郡王山巴、纳木扎尔奏曰："圣主自收抚我等喀尔喀部落以来，施恩豢养赏赐甚多，无言可以奏答，惟祝皇上国祚无疆。"遂三跪九叩头。

是日午时，上御畅春园内含淳堂，以上元节赐朝正，左翼敖汉多罗郡王扎木素、阿鲁科尔沁国多罗郡王绰依，阿霸垓多罗郡王吴尔禅噶喀布，土默特部落多罗贝勒、额驸额尔得穆图，苏尼忒部落多罗贝勒博木博，乌朱穆秦部落多罗额尔得尼贝勒博木博，喀尔喀部落固山贝子扎木巴，科尔沁国额驸班第，翁牛忒部落哈喇齐理克护国公祁塔特，翁牛忒部落王毕礼滚达赖旗分协理旗分事务二品台吉鄂齐，科尔沁国王秉图旗分三品台吉阿玉西、未得品级台吉吴巴西，土默特部落贝勒额尔得穆图旗分协理旗分事务一品塔布囊鄂齐尔，苏尼忒部落额驸王萨麻扎旗分二品台吉苏代，土默特部落原任贝子滚济思扎布旗分协理旗分事务二品台吉丹巴松，蒿齐特部落王达尔麻吉理第旗分二品台吉顾麻喇，扎鲁特部落贝勒毕鲁瓦旗分协理旗分事务三品台吉巴图，四子部落王丹巴彭苏旗分二品台吉劳彰，巴林部落贝子吴尔占旗分三品台吉尹布，巴林部落王纳木达克旗分协理旗分事务四品台吉阿第斯；右翼喀喇沁部落多罗都棱郡王扎西，喀尔喀部落多罗信顺郡王沙木巴，喀尔喀部落扎萨克额尔得尼济农多罗郡王纳木扎尔，喀尔喀部落多罗绰理克图郡王顾鲁西希，阿霸哈纳尔多罗贝勒卜昭，阿霸垓旗分贝子车林董罗布，巴林部落旗分贝子额尔得尼，巴林部落和硕额驸吴尔滚，喀喇沁部落额驸噶尔臧，喀喇沁部落护国公沙木巴喇西，巴林部落多罗额驸阿喇布坦，喀尔喀部落扎萨克卫征诺颜、一品台吉阿玉西扎萨克额尔克阿海、一品台吉图巴扎萨克额尔得尼阿海、一品台吉车林达西，噶尔丹敖汉王扎木素旗分四品台吉扎木素，柰曼部落王班第旗分四品台吉忒古思，敖汉王扎木素之子未得品级台吉车穆帕尔，喀喇沁部落未得品级塔布囊崔扎木素,阿霸垓王吴尔占噶喀布旗分协理旗分事务二品台吉得穆楚克，克什克屯台吉阿王西旗分协理旗分事务一品台吉噶尔毕，喀尔喀部落贝勒老卜臧旗分四品台吉达尔麻达赖,喀喇沁部王扎西旗分二品塔布囊阿理雅，喀尔喀部落台吉车布登、台吉丹津，于重门外排坐。左翼茂明安台吉诺尔布旗分四品台吉额济内，乌朱穆秦部落王车臣旗分四品台吉达尔扎，阿霸哈纳尔贝子额林臣达西旗分四品台吉杜斯喀布；右翼归化城都统喇查布，阿霸垓王卓理克图色冷旗分四品台吉阿密坦，喀尔喀部落王达尔汉旗分四品台吉塔尔巴等，及内大臣侍卫、大学士，上三旗都统、副都统等宴。上进酒，诸乐并作。外藩、左右两翼多罗郡王，扎木素、扎西等以下，台吉鄂齐尔、阿玉西等以上，俱上亲赐饮。其余台吉、塔布囊等，俱令侍卫赐饮。宴罢，众谢恩毕，上回宫。

是日，上问皇太后安。

本日起居注官洪俄岱。

十五日乙丑　未时，上御畅春园内含淳堂，大宴朝正、外藩、蒙古左右两翼王、贝勒、贝子、公、台吉等及内大臣侍卫、大学士，上三旗都统、副都统等，诸乐并作。上进酒毕，赐外藩蒙古王、贝勒、贝子、公等台吉以上酒于坐次，宴罢，众谢恩毕，上回宫。

是日，上问皇太后安。

本日起居注官傅伸。

十六日丙寅　是日，上问皇太后安。

十七日丁卯　是日，上问皇太后安。

十八日戊辰

十九日己巳 上移驻玉泉山。

二十日庚午 上移驻南苑。

二十一日辛未

二十二日壬申 辰时，上御南苑内旧宫。大学士伊桑阿、阿兰泰，学士王国昌、满丕、图纳哈、思格则以折本请旨。吏部题行人司刘淑因跛足不能步履，咨送考选科、道缘由，司正吴震卫罚俸六个月。上曰："凡官员跛足不能步履，即应休致。刘淑因以跛足恋职，希冀为科、道，情节殊为可恶，着革职。吴震卫明知刘淑因跛足，保送考选科、道，显有情弊，着革职，刑部拿问拟罪具奏。"

本日起居官傅继祖、尹泰。

二十三日癸酉

二十四日甲戌

二十五日乙亥 酉时，上由正阳门进午门，回宫。

是日，上问皇太后安。

本日起居注官洪俄岱、徐元正。

二十六日丙子 辰时，上御乾清门听政。部院各衙门官员面奏毕，差往阅看河工侍郎博济、李光地、徐廷玺，原任总河靳辅以阅视河工事务并河图启奏。上命博济等近御座前，展图详阅。谕曰："黄河沙滩消长本无定所，缓水处可以设立滚水坝，至急流处，则滚水坝断不可设。自朕观之，其至紧要者，更无过于险工，但钱粮实用于险工之处，使之坚固，斯可永保无虞矣。尔等奏章，可交送内阁。"

又镇守湖广永州等处总兵官李日煜赴任陛辞，恭请训谕。上曰："文武协和，兵民自能辑睦，而地方亦安。朕闻绿旗兵丁甚苦，近地者稍可，在边远者甚苦。当严行禁饬克扣军饷，加意抚绥兵丁。"李日煜奏曰："谨遵上谕。"李日煜出。

大学士伊桑阿、阿兰泰、王熙、张玉书，学士王国昌、王尹方、满丕、图纳哈、思格则、王掞、李楠以折本请旨。理藩院题土默特部落旗分贝子滚济斯扎布，因出兵时规避，革去贝子。其贝子照例着伊长子丹莀承袭。上曰："滚济斯扎布为人残虐，且矜夸诈伪，其族中亦不和睦。因出兵时规避，革除贝子，令其子承袭不合，着另议具奏。”

又钦天监奏本年正月初一日辛亥，日食，谨按占书曰，正月日食，大臣死，不死则黜。辛亥日食，近臣有忧。上曰：“朕观自古帝王，于不肖大臣正法者颇多，今设有贪污之臣，朕得其实，亦必置之重典，此皆系于人事。凡占候当直书其占语，今钦天监往往揣度时势，附会陈说以奏，如去年视有旱状，则用天时亢旱之占。此等处，可传钦天监监正等谕之。”

上顾大学士等曰：“前纂修《明史》，诸臣以所编本纪、列传数卷进呈，朕俱一一披览，备加核实。曾示熊赐履，命之看阅。赐履具签奏缴，于洪武、永乐本纪多有驳论。朕思明洪武为创业之君，功德甚盛。如宣德则为守成令主。虽时殊事异，皆能于一代之中奋发有为，功德垂后，各尽为君之道。朕亦一代之主也，孜孜图治，蚤夜靡宁，惟期无旷万几，致臻上理。若于前代贤君苛求疵隙，评论是非，不特朕素无此才，无此本领，且亦并无此心。朕自顾于古昔圣王，不能企及，安敢轻论胜国谊辟耶？如欲撰洪武、宣德诸论赞，朕当指示词臣重加称美。倘使苛谪贬刺，非朕所忍为也。至于开创时佐命之臣，文武各有功绩。列传内纪文臣事绩，逾于武臣，则持论失平，乌可为信史？编纂史书虽属史官之事，而当朕之时修成《明史》，有一失当，则咎将归朕。《明实录》及纪载事绩诸书悉应汇辑收贮。日后《明史》告成，新编之史与旧著之书可并存之，以俟公论于天下后世。向年面谕徐元文亦曾及此，尔等识之。”

本日起居注官傅继祖、张英。

二十七日丁丑 辰时，上御乾清门听政。部院各衙门官员面奏毕，大学士伊桑阿、阿兰泰、王熙、张玉书，学士王国昌、王尹方、满丕、图纳哈、思格则、王掞、李楠以折本请旨。兵部题六品官何尔托因年老不能行走，应照伊原品休致。上曰：“何尔托于各处效力，可悯其一子，着给与六品官，余如议行。”

是日，赐湖广永州总兵官李日煜鞍马一匹。

本日起居注官傅伸、徐嘉炎。

二十八日戊寅 辰时，上御乾清门，听部院各衙门官员面奏政事。

是日，上问皇太后安。

本日起居注官席米图、曹鉴伦。

二十九日己卯　辰时，上御乾清门听政。部院各衙门官员面奏毕，大学士伊桑阿、阿兰泰、王熙、张玉书同汉九卿，以熊赐履看阅《明史》议论偏僻，具折子题参。上曰："朕自冲龄即在宫中博览经史，《明实录》曾阅数过，见其中立言过当、纪载失实者甚多。纂修《明史》，宜详加斟酌。如弘治中太后思念崇王，欲令朝见，此亦情理之常，且所封之地，初不甚远。而一时大臣及科、道官员交章争执，以为不可，至云人民骚扰，国势动摇。时已有旨宣召崇王，竟因人言而止。书曰'以亲九族'，九族既睦。若藩王就封，必不可召见，则自古帝王所云睦族之道谓何？又正德实录午朝罢后于御道得匿名文簿一卷，传旨诘问，百官皆跪于丹墀时，仆而暴死者数人，暍而病死者尤众。虽夏月天时炎热，何至人多暴卒？此皆当时之臣，言其主太甚耳。且行间将士，每披坚执锐，戮力于烈日之中，未闻因暑而至死。岂朝堂之上，病暍若斯之甚耶？所云尽信书不如无书，正此之谓矣！至于宦官为害，历代有之。明之王振、刘瑾、魏忠贤辈，罪恶尤甚。崇祯时诛锄阉党，极为善政。但谓明之亡，亡于太监，则朕殊不以为然。明末朋党纷争，在廷诸臣置封疆社稷于度外，惟以门户胜负为念。不待智者知其必亡，乃以国祚之颠覆，尽委罪于太监，谓由中珰用事之故，乌得为笃论耶？朕宫中所用太监，止令供洒扫奔走之役，一颦一笑，从不假借。所以三十年来，太监皆极贫乏，有不能自给者尔。诸臣想亦悉知。朕非信用太监之主，故惟朕可为此言。作史之道，务在秉公持平，不应胶执私见为一偏之论，今特与诸臣言之。修史者，宜令知此意。熊赐履曾令其看阅明朝实录，今若将言者参处，更谁肯言？熊赐履不必参奏。"诸臣出。

大学士伊桑阿、阿兰泰、王熙、张玉书，学士王国昌、王尹方、满丕、图纳哈、思格则、王掞、李楠以折本请旨。吏部题将同知陈良谟等革职，王新命等调至省城，巡抚佛伦严加质审，河道事务暂交与总漕董讷料理。上曰："巡抚不宜独审总督之事，着差大臣会同佛伦审理，河道事务交与董讷。董讷为人性刻，欲合彼意，则愤事亦未可定。河道事务甚为重大，朕听政以来，以三逆及河务、漕运三事夙夜廑念。朕初南巡时，观黄河水势，不胜悚惕，即思预治。曾以三逆及河务、漕运为三大事，书而悬之宫中柱上，至今尚在。河务不可不得其人，一时漕艘有误，关系非轻。靳辅熟练河务，及其未甚老迈，将河道交与靳辅，朕与尔等可以无忧，得抒数载之虑。其以此问之九卿。”

又礼部题原任大学士吴正治病故，给与全葬银两，致祭一次，应否与谥，伏乞上裁。上曰：“吴正治为人何如，尔等问之九卿。”

本日起居注官三宝、史夔。

三十日庚辰　辰时，上御乾清门听政。部院各衙门官员面奏毕，大学士伊桑阿、阿兰泰、王熙、张玉书同汉九卿启奏：“纂成《明史》底稿，以次呈奏，伏乞皇上御制论断。”上曰：“史书关系后世褒贬，务须公平论断，万几虽有少暇，明代历朝史书焉能遍览？为之论定，可令汉大臣中实学明识者从公酌定，勿似元史，任意撰次，以致失实。”九卿出。

大学士伊桑阿等奏曰：“臣等遵旨问九卿，九卿皆云靳辅谙练河务。从前所修河堤，历有成效。若用之总督河道，诚为允当。”上曰：“河道关系重大，目下正当挑浚之时，靳辅久任总河，着仍以原衔补授河道总督，速驰驿前往。王新命着解任。”

又奏曰：“九卿云，原任大学士吴正治，其办事臣等不得深知，见其为人谨慎。”上曰：“朕观吴正治为人果系谨慎，未尝妄为，办事精勤。着与谥。”

是日，赐朝鲜国王李焞及进贡正使议政府左参赞李宇鼎、礼曹参判尹以道等鞍马、彩缎、银两有差。

是日，上问皇太后安。

本日起居注官洪俄岱、周金然。

二　月

初一日辛巳　辰时，上御乾清门，听部院各衙门官员面奏政事。

本日起居注官尹泰、张廷枢。

初二日壬午　辰时，上御乾清门，听部院各衙门官员面奏政事。

本日起居注官傅继祖、吴苑。

初三日癸未 辰时，上御乾清门听政。部院各衙门官员面奏毕，差往陕西西安等处地方赈济饥民户部侍郎阿山、内阁学士德珠回，将赈济被灾各州县事呈览。上曰："闻被灾之民有流于襄阳者，今情状何如？"阿山奏曰："民未曾流至襄阳，闻有流于河南者。自赈济以后，人民安辑，且因正月两次下雪，不致流散失所。"上曰："正月虽雪，二三月雨水不调，麦田亦未可望。人民流于襄阳者甚多，尔未之知。彼地督抚何如？"阿山奏曰："百姓说好。"上曰："好处安在？"阿山奏曰："居官好。"德珠奏曰："以现今百姓流散观之，督抚亦觉未当。"上曰："较之总督傅腊塔何如？"德珠奏曰："不及傅腊塔。"阿山、德珠出。

大学士伊桑阿、阿兰泰、王熙、张玉书，学士王国昌、王尹方、满丕、图纳哈、思格则、王掞、李楠、德珠以折本请旨毕，伊桑阿奏曰："纂修《明史》臣等遵旨同汉九卿诸臣会议，史书繁多，皇上日理万机，难以遍览。其底稿陆续进呈御览，应行停止。俟纂定全史，其中创守贤辟及有勋绩之臣，酌量开写，具题仰请御制论赞，垂光永久。"上曰："可。纂修史书，宜公平论断。史官若存偏私，颠倒是非，即惩以重典，或流戍边方，罪难宽恕。"

上又曰："阿山为人庸劣，奉差之事，不能尽心，凡事启奏多涉两可。前同郭世隆往福建审事，以病推诿，疏内竟未列名。着解任，以郎中品级随旗行走。其西安所属灾民，虽经赈济，麦田未可预定收成。倘雨水不调，麦田失望，则米价愈腾。且秋禾之登亦难期。必陕西地方不通水路，临时始为筹画，必致误事。预备积谷，宜加详议。着九卿会议具奏。"

本日起居注官傅伸、陆肯堂。

初四日甲申 辰时，上御乾清门，听部院各衙门官员面奏政事毕，谕户部曰："朕勤求治理念切，民依凡有往来人等，必以年岁之丰歉雨泽之有无，一切闾阎情形，备悉咨访。前闻陕西西安、凤翔各属饥荒，已经特颁谕旨蠲免钱粮，并发帑金，专遣大臣赈济，仍拨给别省钱粮，刻期运送，务使均沾实惠，人获更生。近又闻颁赈之前尚有贫民散入四方，流离失业，势不能复还乡井，倘不曲加抚绥，必致转于沟壑，深为可悯。凡流民所至地方，应令该省督抚董率有司官员，区画赈济，令各得所。其赈济过人口数目，着具册题报。有能酌量资给，俾回原籍者，一并造册具奏。至于湖广襄阳等处，距潼关相近，且道路平坦，易于转输。襄阳等处所有积贮米谷，应令该督抚运至潼关，陕西督抚接受转运，庶于散给军饷、赈济饥民，均有裨益。应作何輓运，尔部作速详议具奏。特谕。"

巳时，赐河道总督靳辅弓箭、撒袋、蟒缎披领。

是日，上问皇太后安。

本日起居注官席米图、徐元正。

初五日乙酉 辰时，上御乾清门听政。部院各衙门官员面奏毕，大学士伊桑阿、阿兰泰、王熙、张玉书，学士王国昌、王尹方、满丕、图纳哈、思格则、王掞、李楠、德珠以折本请旨。九卿议覆川陕总督葛思泰疏称所拨宁夏仓谷十五万石，至今正月中尚未运至，请敕甘肃巡抚布喀作速催赶，不致贻误军需等语。查得十五万石米豆，尽行运送，为数甚多，难于輓输，请减五万石，给以价值。着甘肃巡抚作速催赶运到。又户部议覆甘肃巡抚布喀疏称，赈济饥民米七万石，断不可令民輓运，有误耕作，百姓必致饥寒等语，此米七万石停止搬运，将山西银两拨给十万两，用以赈济。上曰："此二疏关系紧要，今日即传集九卿一并议奏。户部所题郧阳、襄阳米十五万石运至陕西，朕思襄阳米谷犹可运至陕西，郧阳则难于輓运。若必欲运送此十五万石之米，言之虽易，民间必致苦累。可将襄阳等处米谷拨十万石，遣部院堂上官一员前往管理。现给运米脚价，陕西流至襄阳等处之饥民，乘此运米之便，令其运送。如此，则有济转输，流民亦得以复还本籍。总河靳辅在河道居官日久，甚为熟练。可将起运漕粮截留二十万石，交与靳辅，从黄河运至荥泽渡，选堪载之船，剥运至三门等急溜闸，从此又移载小船，运至陕西。如此，斯可以赈济饥民。"

又顾大学士等曰："朕向年欲运米至乌剌，诸臣皆谓不能运到。尔等彼时皆为部臣，岂有不知？凡事实心办理，焉有不成？今此事若交与陕西巡抚，令其相助，彼断然推诿，必谓非我境内之事，或言苦累百姓。如果百姓饥困已极，至于为盗，其累民不滋甚乎？不然必致迁延河冻，不惟米谷弃于道路，而朕汲汲救民之意亦徒劳矣！况曩者军兴之际，兵马数十万云集陕西，尚且粮饷不绝。今无事时，岂可安坐而听粮匮民饥乎？此等处，着九卿官员详议。”

是日，上问皇太后安。

本日起居注官洪俄岱、周金然。

初六日丙戌　辰时，上御乾清门听政。部院各衙门官员面奏毕，差往山东审理王新命等事吏部尚书库勒纳、礼部尚书熊赐履请训旨。上曰：“事情自有是非，尔等惟从直鞫问。”

又差往襄阳管理运送陕西米石刑部侍郎傅腊塔请训旨。上曰：“运送米石，事情最急，或有当行事宜。尔思维再奏请旨。”

又差往耕种达尔河等三处地方田亩都统瓦代等请训旨。上曰：“耕种之事，最为紧要。尔等诸臣，善为经营管理。边外寒冷，当及时广播麦种，将田陇深耕，勤谨耘耨。耘时将草根无令土压，若草重发芽，则有妨田禾。耕种若太稠密，田禾虽觉可观，所得实少；若稀疏耕种，所垂之穗既好而所得甚多。凡有河之处，可造船捕鱼，更须爱养畊夫，和睦附近。蒙古耕种毕时，将夫役酌量留于彼处，其余夫空费粮米，先即遣回。尔等倘或米谷多获，不可因后人难以为继遂致减少数目。米谷收获多少，虽由人力，亦赖雨泽及时耳。”瓦代等出。

大学士伊桑阿、阿兰泰、王熙、张玉书，学士王国昌、王尹方、满丕、图纳哈、思格则、王掞、李柟、德珠以折本请旨。兵部题都统鄂伦代等，将降级调用；卢崇峻保举不合，相应降二级调用。上曰：“鄂伦代、沙纳哈从宽，免其降二级调用，罚俸三个月。田象坤着降二级调用。”

上又顾大学士伊桑阿、阿兰泰曰：“部院中有贤能司官，凡事自能速办，司官才力不及，必致迟误。今观部院满司官内，朕所识贤能者甚少，不逮向日远甚。作何选用，使衙门俱得贤能司官？尔等会同满九卿酌议具奏。”

是日，上问皇太后安。

本日起居注官三宝、徐嘉炎。

初七日丁亥　早，上巡视畿甸，由午门出正阳门。驻跸永清县所属南各奕地方。是日，蓟州营都司高光斗、永清县知县徐煌等来朝。

初八日戊子　上驻跸霸州所属苑家口南。是日，霸州驻防防守御多奇、知州沈朝聘等来朝。

初九日己丑　上驻跸雄县所属十里铺。是日，雄县驻防防御席林、知县张重启等来朝。

初十日庚寅　上驻跸行宫。是日，赐八旗护军校、护军等银各二两，执事人等各一两。

十一日辛卯　上驻跸行宫。

十二日壬辰　上驻跸行宫。

十三日癸巳　上驻跸苑家口南。

十四日甲午　上驻跸永清县所属信安镇。是日，信安镇把总余永显来朝。

十五日乙未　上驻跸武清县所属王庆坨。是日，王庆坨营都司王天禄等来朝。

十六日丙申　申时，上御行宫。大学士伊桑阿、学士满丕以折本请旨。吏部议覆查川陕总督葛思泰、巡抚萨弼图俱系封疆大臣，理应于被灾之先，预防积谷备赈，既不能赈给，又不即行奏明，且饥民流至襄阳等处者甚多。葛思泰等又不据实陈奏，乃称灾黎俱已得苏，不致失所，过于粉饰具奏，殊溺大臣之职。俱应革职。上曰："葛思泰着革职，从宽留任，戴罪自效。萨弼图居官无善状，着革职，来京效力。"

又刑部题覆贵州巡抚卫既齐疏称，革职游击张延龄贪劣，案内供报，给散兵饷内有铜元宝一案审得，已故总兵李超将领到饷银停留衙内，则掉换铜元宝之处，不能为李超解也。此项铜银既系张延龄赔垫，应于李超家属名下追给，张延龄收领等。因查原任总兵李超已经病故，无容议。此项铜银，应于李超家属名下追给，张延龄收领。上曰："近见察审事情，文武官员同在一案，则文职推诿于武职者甚多，武职各官在行间则捐躯效力，在地方则捍卫固圉。一旦身殁，复以悬坐之事，着其家属赔偿，贻累妻子，深为可悯。这铜元宝一案，并未审有实据，遂议向李超家属追赔，可乎？所议殊属不合。此事俟回京时批发。"

是日，上驻跸东安县城内。东安县驻防防守御南达尔汉、知县梁缵祖等来朝。

十七日丁酉　上驻跸南苑。

十八日戊戌　申时，上由正阳门进午门回宫。

是日，上问皇太后安。

是行部院各衙门奏章，每日交送内阁，内阁三日一次汇送行宫听理。

扈从起居注官傅继祖。

十九日己亥　部院各衙门章奏俱交送内阁。未时，上御文华殿举行经筵大典。讲官席尔达、陈廷敬讲《四书》天地之道博也、厚也、高也、明也、悠也、久也一节，傅腊塔、张英讲《书经》日宣三德，夙夜浚明有家，日严祇敬六德，亮采有邦一节。毕，宴于太和门前。

是日，上问皇太后安。

本日起居注官席米图、周金然。

二十日庚子　辰时，上御乾清门听政。部院各衙门官员面奏毕，大学士伊桑阿、阿兰泰、王熙、张玉书，学士王国昌、王尹方、满丕、思格则、王掞、李楠、德珠以折本请旨。吏部题本部郎中顾素员缺，论俸以工部员外郎瓦鼐拟正，刑部员外郎刘相拟陪。上曰："这员缺于部院衙门应升官员内，着该衙门堂官各保举贤能官二员具奏。"

又礼部题原任吏部尚书苏赫病故，给与全葬银两，致祭一次，应否与谥请旨。上曰："可问之九卿具奏。"

巳时，上由西华门出西直门，驻跸畅春园。部院各衙门应面奏事仍面奏外，其余奏章，每日交送内阁传送畅春园听理。

本日起居注官洪俄岱、张廷枢。

二十一日辛丑　是日，上问皇太后安。

二十二日壬寅

二十三日癸卯　辰时，上御畅春园内澹宁居听政。部院各衙门官员面奏毕，大学士伊桑阿、阿兰泰，学士王国昌、思格则、达瑚、德珠以折本请旨。吏部题补郎中顾素员缺。上曰："朕观部院衙门保举官员内，户部员外郎牛钮为人素优，其父胡图曾任将军，行事端重，著有劳绩。这员缺着牛钮升补。"

伊桑阿等奏曰："臣等遵旨问九卿，九卿咸谓尚书苏赫，敏捷有为。"上曰："苏赫为大臣未久，观其为人，狂妄而无定。恭亲王乃其管辖之主，尚且胁之而行。若久存，必致罹于罪戾。为大臣者，当处事和平。狂妄之端，断不可启。苏赫不必予谥。”

又吏部以陕西巡抚萨弼图员缺，或将满洲或将汉军汉人开列请旨。上曰：“西安地方甚为紧要，将布喀调补陕西巡抚，甘肃布政使吴赫为人素优，居官亦善，着升补甘肃巡抚。”

本日起居注官傅继祖、三宝。

二十四日甲辰

二十五日乙巳

二十六日丙午　是日，上问皇太后安。

二十七日丁未　辰时，上御畅春园内澹宁居听政。部院各衙门官员面奏毕，大学士伊桑阿、阿兰泰，学士王国昌、思格则、达瑚、德珠以折本请旨。四川巡抚噶尔图奏请，臣赴任以来，将及四载，恋主之心，时刻不能自已。臣不敢动烦驿递，自备轻骑兼程赴京陛见，俾得叩瞻天颜，即便回任。上曰：“噶尔图任盛京侍郎时，于乌喇地方转输米谷之事，伊身往踏看。河道奏称可以转运，遂督率运至此，实彼之功也。今任巡抚，居官又甚善。朕曾欲噶尔图于内职任用，但念四川地方清查田地尚未完结，噶尔图着驰驿速来京陛见，即速回任。”

又兵部议覆以千总、把总缺用，功加千总王道隆等并无遇缺先用之处，其叩阍请用，无庸议。查得先经该督既称王道隆等带札逃走，应将王道隆、张凤、彭伏受、任先智革去职衔，追取札付销毁。上曰：“王道隆等因叩阍来京，并非逃走。其革去职衔，追取札付，俱从宽免。观王道隆人材壮健，身带有伤痕数处，着发与直隶巡抚酌量录用。张凤、彭伏受、任先智仍发与该督照常录用。”

本日起居注官傅继祖、席米图。

二十八日戊申

二十九日己酉　辰时，上御畅春园内澹宁居听政。部院部各衙门官员面奏毕，大学士伊桑阿、阿兰泰，学士王国昌、思格则、达瑚、德珠、温保以折本请旨。吏部题正黄旗二等阿思哈尼哈番噶纳海病故，郎中达鼐等呈虽称此职原系我始祖德尔葛尔之职，第一祖、第二祖、第三祖、第六祖之子孙俱已袭过一次，我等第四祖子孙并未承袭，今请于我等承袭等因。

但现有噶纳海长子噶西泰，应照例承袭。上曰："噶西泰人材庸劣，不应袭职。此原因戚畹所给之职，非缘行间效力所授。吴丹亦系应袭之人，且行间效力捐躯。此职着与吴丹袭职之子加袭。"

又直隶巡抚郭世隆奏请永平所属及丰润、玉田等处，去岁薄收，米价腾贵，奉天地方屡登大有，颇称丰盈。请暂启关禁数月许，令肩挑畜驮者进关转粜。上曰："郭世隆所请之处，该部速议具奏。朕亦闻永平、玉田等处米价腾贵，作何裨益于民，不可不详为计画。朕之庄屯及王等之庄屯，所积米谷必多，如无伊主之言，则庄头等何敢转粜？通州以东以至山海关，此间所有朕之庄屯、王等之庄屯米谷数目，尔等与户部会同内务府总管，将办理王府事务官员等传集，公同查明，作何发出，照时价转粜之处。速议具奏。若此米布散，则青黄不接之际，于生民必大有裨益。"

又户部题覆陕西巡抚萨弼图疏称华阴等七州县，去岁被蝗之后，收获歉薄，若再加追呼，必致流移，请将康熙三十年未完银米，并康熙三十一年春夏二季本折银粮，俱俟秋后开征等语，不准行。上曰："华阴澄城等州县康熙三十年未完银米，三十一年春夏二季应征银米俱着照该抚所请，于秋成后带征。华阴等七州县，小民有粒食艰难者，该督抚一体赈济，务令均沾实惠，勿致流散。"

本日起居注官傅继祖、洪俄岱。

三　月

初一日庚戌

初二日辛亥　是日，上移驻玉泉山。

本日起居注官傅继祖、张英。

初三日壬子　辰时，上御玉泉山左门。大学士伊桑阿、阿兰泰，学士王国昌、思格则、达瑚、德珠、温保以折本请旨。兵部议覆镶红旗前锋参领尹孜之子常寿叩阍疏，内称"伊父前锋参领尹孜出征厄鲁特时，左腋下受鸟枪伤，铅子未出。倏尔，铅子内作，五中受伤口流黄黑水，以致身故。因不知部差验看之例，将黄黑水洗去”等语。查得先经臣部差员外郎验看，尹孜伤痕并无青肿，于例不符，无庸议。上曰：“尹孜屡次扈从，见其勤谨效力，该都统护军统领、副都统等，保其因伤痕发动致死是实。着照伤痕发动致死例议叙，并与恤赉。”

本日起居注官傅继祖、傅伸。

初四日癸丑

初五日甲寅

初六日乙卯 是日，上移驻畅春园。

本日起居注官傅继祖、张英。

初七日丙辰 辰时，上御畅春园内澹宁居听政。部院各衙门官员面奏。宗人府左宗令护国公门都等，以和硕端亲王博果铎来说修筑伊父坟墙，伊身亲往，视其修筑告成、安葬讫方回，相应令往以绿头签，启奏。上曰：“亲王乃国家之首爵，请假无有限期，任意在外可乎？博果铎以为伊身有病，不能行走，凡出兵围猎、上朝齐集俱不往，而于修筑伊父之坟墙，又何以即能行走耶？尔衙门将博果铎严行申饬。王之长史为王料理事务之人，理应将伊王劝阻，不行劝阻，殊负职任。尔衙门将长史题参，会同刑部严审具奏。”

继差往边外蒙古地方五路设立驿站，内大臣阿尔第、尚书班第等近前，请训旨。上令理藩院侍郎温达、满丕同进。上曰：“凡遇边外事务，皆用蒙古马匹，以致甚累，蒙古事亦有误，令设立驿站。虽费钱粮，后日于蒙古大有裨益，亦可不致误事。此事甚为紧要。选择尔等差往办理，尔等须加详慎，必使断然不可更改、堪为永久之处筹画而行。”阿尔第等出。

大学士伊桑阿、阿兰泰，学士王国昌、思格则、德珠、温保以折本请旨。吏部题降调总督吴兴祚以布政使补用。上曰：“吴兴祚向在行间，奋勇效力，且晓畅军务，着以副都统用。”

本日起居注官傅继祖、三宝。

初八日丁巳

初九日戊午 是日，上问皇太后安。

初十日己未

十一日庚申　是日，上问皇太后安。

十二日辛酉　辰时，上御畅春园内澹宁居听政。部院各衙门官员面奏毕，差往山东审理总河王新命等事务尚书库勒纳、熊赐履回奏曰："臣等遵旨审得，总河王新命等私自动用库银是实，俱按律拟罪。"上问曰："山东、直隶麦田何如？"库勒纳等奏曰："山东于二月十五日、二十三日、三月初四日皆有雨泽，麦田茂盛。直隶麦田亦好，但直隶地方较山东寒冷，故麦田视山东少差。"上又问曰："巡抚佛伦百姓说他何如？藩臬司道等官何如？"库勒纳等奏曰："沿途百姓皆称巡抚佛伦操守清廉，理事明白。臣等观布政使杨廷耀为人老成，按察使喻成龙人材优长，监司陈俞侯人亦老成，李兴祖言语明爽，人材优长。"库勒纳等出。

大学士伊桑阿、阿兰泰，学士王国昌、思格则、德珠、温保以折本请旨。兵部议覆宣府总兵官许盛保题功加官陈维元等六人，俱与例不符，不准行。上曰："陈维元等效力行间，朕素知之。既经该总兵官保题，着注册录用。"

又黑龙江正红旗防守御喀图虎员缺，以佐领喀代拟正，佐领阿禄拟陪。上曰："朕曾问都统彭春，阿禄较其父邦纳密何如？彼奏云，阿禄之父，臣未及同事，不知其人。朕言邦纳密曾为步兵总尉，朕所稔知。因其为人庸劣革职。彭春奏云，阿禄较其父稍优。今观本内皆无此语。彭春因畏人，将朕言及所奏之语俱行删去，不全录咨送兵部。观彭春耽于嬉戏，于正务多所规避。不但无他才具，即骑射亦不堪，人材甚劣。尔等可将彭春面斥。将此本发回，增入前语，令众人知之。彭春着交与兵部察议。"

又南阳总兵官史孔笔奏称："臣病势危笃有向，带亲丁百名，皆甘凉人氏，年力精壮，弓马娴熟，请于殁后仍留本标食粮。"上曰："史孔笔于西边行间，多有效力。今观其所奏，势难存活。若其病故本至，可即于此本批优旨。所有家口，着给驿回籍，其亲丁仍着于镇标食粮。"

又湖广总督丁思孔奏请武昌等营水师船只于洞庭湖操演。上曰："武昌等营沙船甚少，非全部之兵，不必于洞庭湖操演。朕观京口船只，最为紧要，有事可以调发四应。此船朕亦曾乘坐，当不时操演。且舟战甚难，彼此乘船交战犹可，倘水战之际，倏尔登岸交战，更觉险难。即如澎湖大败，水贼收取台湾，事后人皆视以为易当未得之先。朕若遽以为得之不难，岂不自愧。朕且举一事与尔等言之。当吴逆变乱，闻在岳州湖中与贼战时，护军参领扎喇克图查库等九船官员，会齐于将军鄂鼐前告称，我等九船，进则齐进，同心破贼，断不相离。不谙事者闻其语，遂以为诚能奋勇效力。若仿此而行事，未有不误者。阵战之道，彼此争先前进方为有益。若互相观望，特为各保躯命而已。此九船前进，并未擒获贼船一只，其中不过互相观望耳。彼时原任护军统领韩奇，乘船前进，擒获贼船一只。奋勇效力，此之谓也。此事止可欺鄂鼐辈，其可以欺朕乎。朕曾以扎喇克图等告称齐进之事诘问，鄂鼐等但俯首不能答一言。后朕洞知扎喇克图之为人，解其前锋统领职任。及往征厄鲁特时，并不冒死效力，以赎前愆，反怀懦怯，弃众先奔。立心奋勇之人岂如是乎？”伊桑阿等奏曰：“皇上洞见甚明。交战之时，彼此当争先前进，断不可互相观望。”

本日起居注官傅继祖、洪俄岱。

十三日壬戌 是日，上问皇太后安。

十四日癸亥

十五日甲子

十六日乙丑 辰时，上御畅春园内澹宁居听政。部院各衙门官员面奏毕，大学士伊桑阿、阿兰泰，学士王国昌、德珠、温保以折本请旨。工部题奏销朴赖村修仓事。上曰：“这所修仓房，朕曾亲见，甚是坚固，价值亦符。将此缘由票出，以为监修者劝。”

上又谓大学士曰：“河工关系运道民生，甚属紧要。非经历谙练之人，断难治理。靳辅年老，应遣大臣一二员为之协理，熟谙河务。俟靳辅衰迈之时，视其有效，可以补用。尔等可问之九卿。”

上又曰：“甘肃提督孙思克久历边地，熟谙机宜，当秦省用兵之时，素著劳绩。自任提督以来，益殚谋猷，实心干济，惠爱士卒，威镇外彝，且系年老宿将，应加太子少保，给一拜他喇布勒哈番。”

本日起居注官席米图、傅伸。

十七日丙寅 是日，上问皇太后安。

十八日丁卯　是日，上问皇太后安。

十九日戊辰　辰时，上御畅春园内澹宁居听政。部院各衙门官员面奏毕，大学士伊桑阿、阿兰泰，学士王国昌、德珠、温保以折本请旨毕，伊桑阿等奏曰："臣等遵旨问九卿，九卿云，修河事宜，必历练之人方能有济。靳辅年老，遣人协理甚是。其所遣之人，伏候上裁。"上曰："靳辅赴任之前，朕召入内廷，曾经久语。视其奏对情况，不似从前，因病衰迈。河工事务，诸臣视为平常。朕以有关漕运民生，最为紧要，常深念之。府丞徐廷玺、侍郎石文桂、巡抚卞永誉，人材颇优；布政使马如龙居官称善，人材亦优。朕所知者，此数人耳。尔等可再问之九卿。"

本日起居注官傅伸、洪俄岱。

二十日己巳

二十一日庚午

二十二日辛未　是日，上问皇太后安。

二十三日壬申　辰时，上御畅春园内澹宁居听政。部院各衙门官员面奏毕，甘肃布政使严泰陛辞，恭请训谕。上曰："布政司管理一省钱粮，尔但正直而行。再，甘肃、西安皆朕之地方，百姓皆朕之赤子，今西安地方饥荒，督抚等当一体扶助，不可以为各自地方偏私邀誉。可将朕此旨传谕督抚。"严泰奏曰："臣谨遵皇上训旨，志于肺腑，竭力而行。见督抚时，即将圣谕谕之。"严泰出。

大学士伊桑阿、阿兰泰，学士王国昌、思格则、德珠、温保以折本请旨。江宁巡抚郑端奏称："臣与王鸿绪素无嫌怨，止为私派一事不肯代为隐瞒，即捏造无根谤语，以图中伤。臣病势日甚繁剧难堪，伏乞皇上放归田里。"上曰："王鸿绪、徐乾学俱极乖乱，不肯安静。当将伊等发往奉天。徐乾学更不当留，佥伊妻子发往奉天安插，则地方众人始得安生。可将朕此旨问之九卿。"

又吏部题降调侍郎额尔黑图以蒙古侍读学士补用。上曰："额尔黑图为人庸劣，所学亦不及，虽用无益。照伊所降级，随旗行走。"

又礼部题原任大学士冯溥病故，给全葬银，致祭一次，应否与谥，伏候上裁。上曰："冯溥应否与谥，着问九卿。"

又兵部议覆正红旗都统公彭春，因未全写谕旨，应降三级调用。彭春有世袭公爵，解都统任，随旗行走。上曰：“彭春人甚庸劣、懒惰，耽于嬉戏，并不勉力趋事。将彭春解去都统任，随旗行走，仍照降三级例罚俸。其正蓝旗都统喇克达华善，人皆庸劣，极其聩聩，不明事体。”

又兵部题河南南汝总兵官史孔笔员缺，或将参领开列，或将现任副将开列，具题请旨。上曰：“副将郭文魁人材甚优，着升补南汝总兵官。”

又理藩院题喀尔喀部落多罗郡王姑鲁西希旗分无牲畜人等给与米粮。上曰：“贫穷蒙古，给与米粮，特为施恩赡养。闻蒙古所得米粮，放米官员往往诱买转卖取利，以故奉差往察，蒙古官员但思利归于己，不论蒙古之果能度日与否，而称为穷困者甚多。嗣后理藩院司官有买取蒙古所得米粮，私图利己者，朕若察实，必将该管堂官一并置之重典，决不轻恕。将此旨传谕理藩院。”

又贵州巡抚卫既齐密题：“黎平府属古州司高洞凶苗金倒等劫杀吴千金情由，委土官杨霞鼎前往查验，又委八舟司吏目刘浡率役同往。不期苗蛮伏兵杀死吏目刘浡及司役兵丁二十余人。臣差官持示训诲令，将元凶自行擒献，以免多戮。逆苗不肯自献首恶，竟将原示退还，诚国法所难容。臣与督提咨议，速拨官兵，刻期进剿。”上曰：“当时山东盗于七，原系良善之人，被人告讦，衙役往捕。于七上山躲避，众人念其素行，因往从之。后地方官率众围捕，于七迫急，同众持棍相拒。辅政大臣遂发大兵往剿。于七善走，由正蓝旗、镶蓝旗兵围处逃出。后有一人告称于七在某乡某秀才家隐匿，大兵遂往围住。乡村百姓惊惶，持械以拒。本县知县往谕，百姓放枪伤其手。知县即袒衣露胸，言：‘我乃本地知县，特为尔等前来，并无他故。有人告称此乡隐匿于七，所以兵来。举出于七则已。’言毕竟入。于是百姓弃其器械，声言并无隐匿于七。迎接知县，环抱大哭。其被讦秀才，因首先抗拒正法，首告之人，亦快跃而言曰：‘此乡并无隐匿于七。我将仇人诬告，今既杀死，我仇已报，亦应杀我。’遂并将其人斩之。此兵部侍郎纳布在时亲经其事，向朕激切陈奏。似此微末事情，竟不详察，遂发官兵，以致于此。不肖之辈如此捏造诳行，往往有之。凡土司苗人，遇有小事，地方官理应善为抚慰，勿致生事。这案即遣

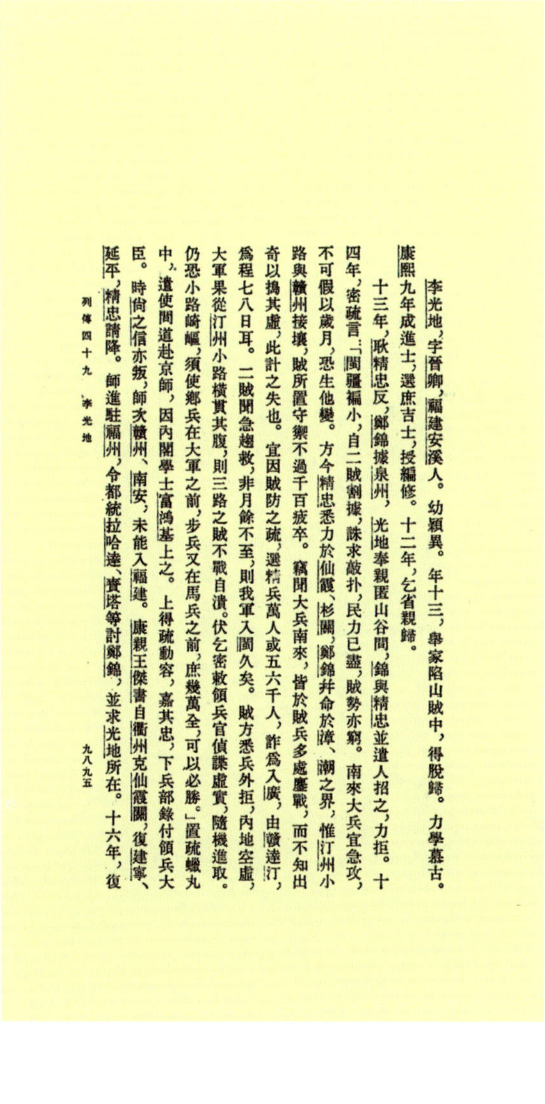

李光地，字晉卿，福建安溪人。幼穎異。年十三，舉家陷山賊中，得脫歸。力學慕古。康熙九年成進士，選庶吉士，授編修。十二年，乞省親歸。

十三年，耿精忠反，鄭錦據泉州，光地奉親匿山谷間，錦與精忠並遣人招之，力拒。十四年，密疏言：「閩疆褊小，自二賊割據，誅求敲扑，民力已盡，賊勢亦窮。南來大兵宜急攻，不可假以歲月，恐生他變。方今精忠悉力於仙霞、杉關，鄭錦并命於漳、潮之界，惟汀州小路與贛州接壤，賊所置守禦不過千百疲卒。竊聞大兵南來，皆於賊兵多處鏖戰，而不知出奇以擣其虛，此計之失也。宜因賊防之疏，選精兵萬人或五六千人，詐爲入廣，由贛達汀，爲程七八日耳。二賊聞急趨救，非月餘不至，則我軍入閩久矣。賊方悉兵外拒，內地空虛，大軍果從汀州小路橫貫其腹，則三路之賊不戰自潰。伏乞密敕領兵官偵諜虛實，隨機進取。仍恐小路崎嶇，須使鄉兵在大軍之前，步兵又在馬兵之前，庶幾萬全，可以必勝。」置疏蠟丸中，遣使間道赴京師，因內閣學士富鴻基上之。上得疏動容，嘉其忠，下兵部錄付領兵大臣。時尚之信亦叛，師次贛州、南安，未能入福建。康親王傑書自衢州克仙霞關，復建寧、延平，精忠請降。師進駐福州，令都統拉哈達、賚塔等討鄭錦，並求光地所在。十六年，復

列傳四十九 李光地 九八九五

《清史稿》李光地传

奏摺

臣李光地謹

奏臣海濱微賤遭遇

聖世廁名清華累蒙

皇上不次之恩由編脩躐陞侍讀學士又陞內閣學

士改翰林院掌院學士洊歷通政使兵部侍郎

督學京畿未經報滿遂受廵撫之

命在任四年餘復陞吏部尚書仍管廵撫事又二年

即陞今職是臣一生除授皆出

聖心特簡非臣階級俸次之所宜受也前後居官廩

祿無狀荷

大学士李光地奏为残疾加剧并父母尚待合祔请准休致折

康熙五十年八月

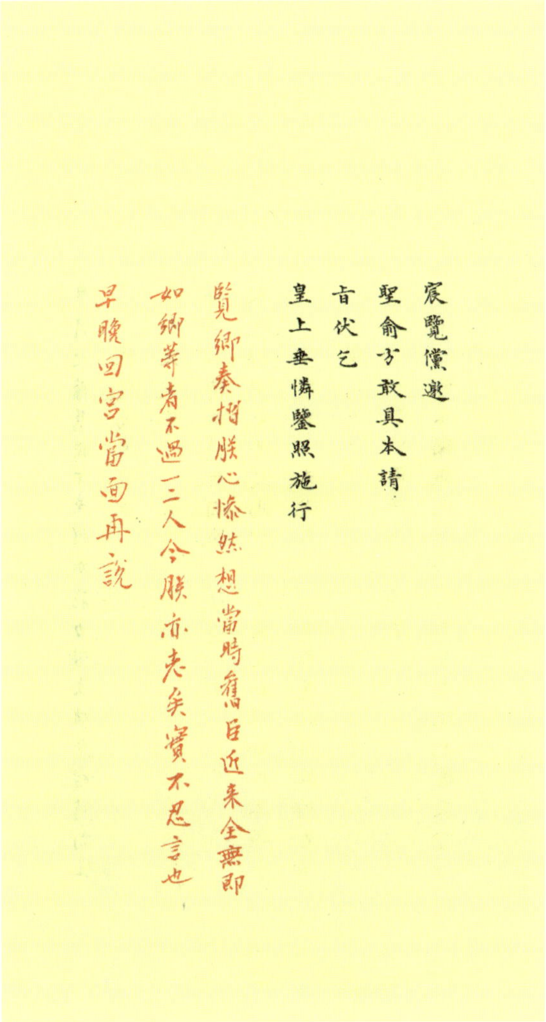
宸覽儻邀
聖俞方敢具本請
旨伏乞
皇上垂憐鑒照施行
覽卿奏拊朕心惨然想當時舊臣近來全無即
如卿等者不過一二人今朕亦老矣實不忍言也
早晚回宮當面再說

大学士李光地奏为残疾加剧并父母尚待合祔请准休致折

康熙五十年八月

即扶曳以往庶幾脫體可望面
聖有期臣不勝感
恩鳴謝惶悚待
命之至

坐湯好須日子多些纔是尔
漢人最喜吃人參人參害人
處就死難覺

大学士李光地奏陈病情并乞再赐坐汤折

康熙五十年九月

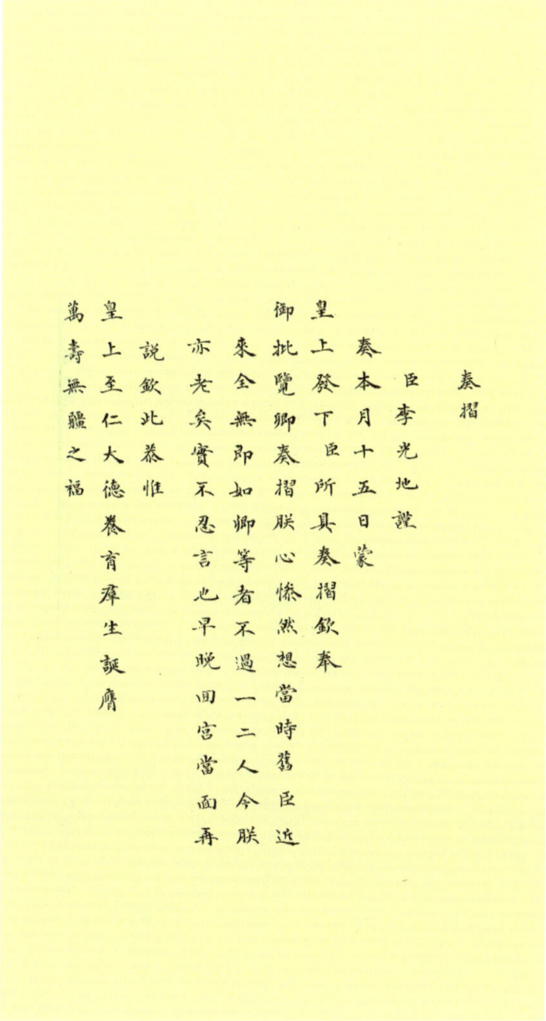
奏摺
臣李光地謹
奏本月十五日蒙
皇上發下臣所具奏摺欽奉
御批覽卿奏摺朕心惻然想當時舊臣近
來全無即如卿等者不過一二人今朕
亦老矣實不忍言也早晚回宮當面再
說欽此恭惟
皇上至仁大德養育群生誕膺
萬壽無疆之福

大学士李光地奏陈病情并乞再赐坐汤折

康熙五十年九月

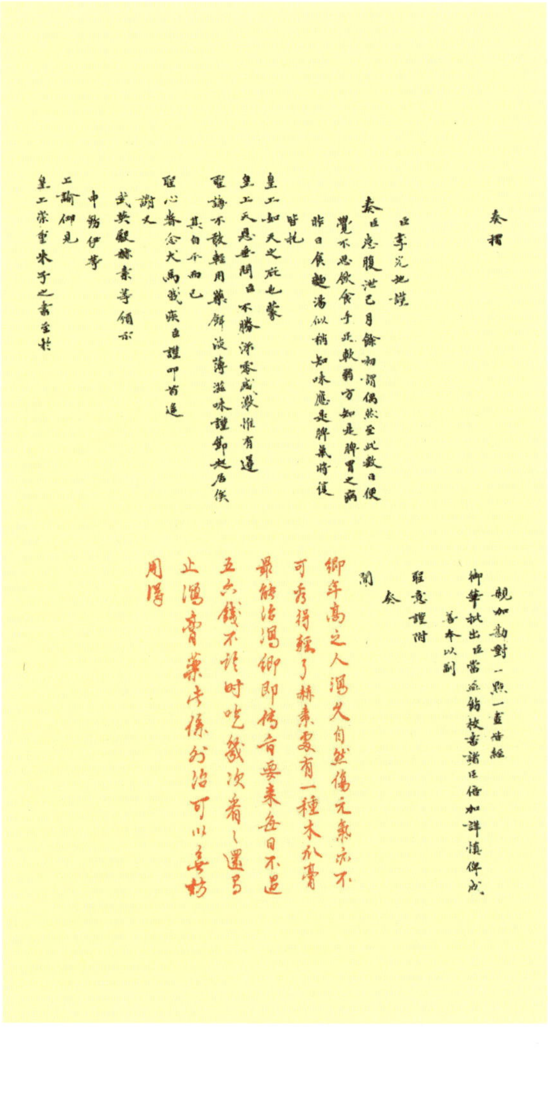

奏摺

臣李光地謹

奏臣患腹泄已月餘初謂偶然至此數日便

覺不思飲食手足軟弱方知是脾胃之病

昨日食麵湯似稍知味應是脾氣將復

旨批

皇上如天之庇也蒙

皇上天恩垂問臣不勝涕零感激惟有遵

聖諭不敢輕用藥餌淡薄滋味謹節起居俟

其自平而已

聖心眷念犬馬賤疾臣謹叩首遵

謝又

武英殿繕書等領示

中務伊等

上

諭御見

皇上崇重朱子之書至於

覲加勘對一點一畫皆經

御筆批出臣當再飭校書諸臣倍加詳慎俾成

善本以副

聖意謹附

奏

聞

卿年高之人瀉久自然傷元氣亦不

可秀得輕了赫素處有一種木瓜膏

最能治瀉卿即傳旨要來每日不過

五六錢不論時吃幾次看看還可

止瀉膏藥方係好治可以無妨

用得

大学士李光地奏陈病情及遵旨饬校书诸臣详慎校勘折

康熙五十二年

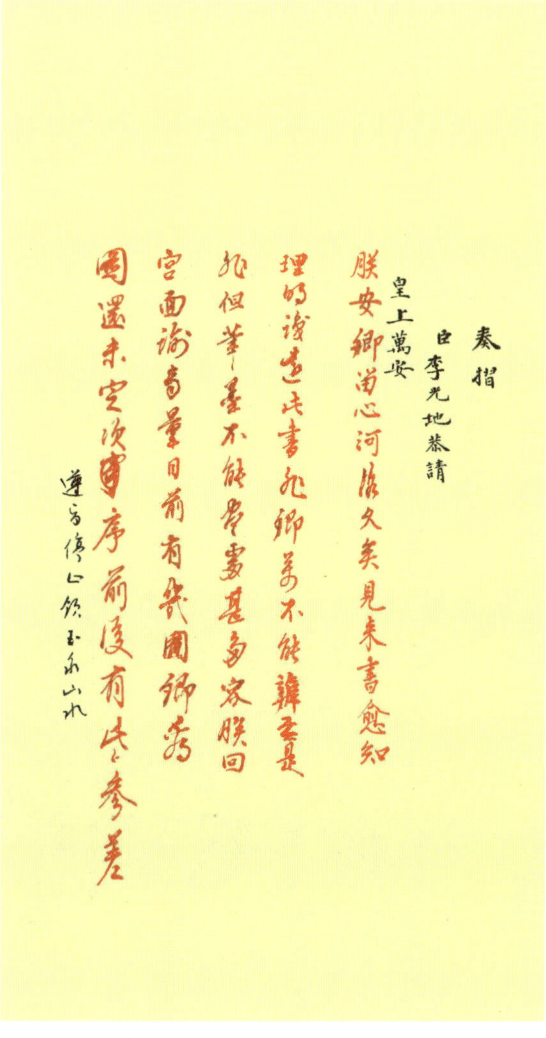

大学士李光地奏请圣安折

康熙五十二年

奏摺

臣李光地謹

奏臣荷

皇上聖恩遣醫調理且

諭令在家休息臣得以卧起從容時親藥

餌現在精神已復七分飲食亦漸如

常知可苟全視息再望

天光此皆托

皇上如天之庇加以

雨露之恩故使頹殆餘生重遊

聖世也來稱之中樸顙鳴

謝不知涕之零落今惟轎輪之下因前

日墜脫太甚時尚作痛胄膂拘攣未

能移步且

皇上回鑾在即臣切於跪迎道左敢一意

在家靜攝至今尚未入直辦事相應

一并

奏明伏乞

慈恕

卿年紀太高到行宮將有百

里再若心苦重複即難醫治

千萬不可來

牛二種魚南方不知有

無若認得有便時奏聞

大学士李光地奏谢遣医赐假及现在病情折

康熙五十二年

官兵进剿，殊属轻率。兵部确议具奏。”

上又谓伊桑阿等曰：“宁夏米谷运至西安地方，路途遥远，有误供应军需、赈济饥民。将宁夏米谷由黄河运至归化城甚易，地方亦近。朕意自归化城地方，由保德州府谷县一路，可至潼关。若可运，则为益甚速。都统郎坦、前锋统领邵鼐等，曾令阅视黄河。今着邵鼐带护军参领布代及户部司官一员，将河之宽窄、水之平迅，从某处至某处可以行船，其不可行处及盘剥路程，着明白阅视。尔等启奏时，可将郎坦、邵鼐偕来。”

大学士伊桑阿等又奏曰：“臣等遵旨问九卿，九卿云，皇上所言石文桂、卞永誉、徐廷玺、马如龙俱优，但马如龙年老，虽遣料理河务，不甚得力。徐廷玺办事好，人材亦优。”上曰：“徐廷玺人材果优，但稍涉轻浮。直隶巡抚郭世隆，人材甚优，办事敏而且慎，所学亦优，更有义气，断不至行无理悖义之事。欲将河务付之。但直隶地方亦属紧要，着徐廷玺助靳辅料理河务。”

是日，上问皇太后安。

本日起居注官席米图、三宝。

二十四日癸酉　辰时，上御畅春园内澹宁居。大学士伊桑阿、阿兰泰，学士王国昌、思格则、德珠、温保，都统郎坦，前锋统领邵鼐近前。上问郎坦等自归化城以至保德州府谷县水路毕，又曰：“自归化城由水路，过保德州府谷县至潼关，一直河道，邵鼐尔详细阅视。如果可输运，于饥民大有裨益。此河道前令司官马奈往阅，虚诳不实。尔将一直可运水道，并盘剥路程，俱细心详察。前审司官阅视之处，勿庸瞻顾。”邵鼐奏曰：“谨志训谕，详细看阅。臣效力皇上，无敢有二。”郎坦等出。以折本请旨。

吏部题给事中严泰员缺，以候补给事中穆联拟正，刑部员外郎刘相拟陪。上曰：“穆联需次十余年，可悯。似此候久者，定有于给事中一缺。如此久候，则以郎中用之，有何不可？将此等久候者，查明具奏。”

又户部议覆总督葛思泰疏称停止运送宁夏仓粮，于现今军需支用无项。又西安藩库内存银甚少，实不足折给。应行文甘肃抚巡，或将长武陇州附近州县米豆，或宁夏米石，速令运至陇州长武。再行文山西巡抚，拨银十万两，送至西安，以济军需。上曰：“依议速行。此拨银尚少，着将相近省分增拨银二十万两。”

伊桑阿等又奏曰：“臣等遵旨问九卿，九卿云，冯溥在阁办事年久，为人谨慎。”上曰：“杜立德、冯溥任大学士俱优。冯溥果系谨慎，亦颇直率，应与谥。但冯溥每遇山东事及山东人，辄抵死相为。尔等亦将此传谕九卿，令皆知之。”

又奏曰：“王鸿绪、徐乾学处分事，满汉九卿官员皆如谕旨。惟尚书李振裕、都御史于成龙、佥都御史宫梦仁、参议周清源、给事中刘国黻，此五人云，王鸿绪谢恩本内有干连巡抚郑端之语，故郑端因而启奏。徐乾学、王鸿绪理应处分，但皇上近已下宽仁谕旨，此案非上谕之后新生事端。总候皇上睿裁。”上曰：“此五人之言亦是，此本票，知道了。”

本日起居注官傅继祖、傅伸。

二十五日甲戌　将公主下嫁喀喇沁部落多罗杜棱郡王扎西之子噶尔臧行聘筵宴。上御畅春园内重门。喀尔喀部落多罗郡王色冷阿海、固山贝子布贝，喀喇沁部落多罗杜棱郡王扎西、额驸噶尔臧、台吉扎木素等，塔布囊希达等、都统巴牙尔、副都统敦朱克等，及内大臣、侍卫排坐，作乐大宴。令喀尔喀部落多罗色冷阿海、固山贝子布贝，三等塔布囊扎木素以下及都统巴牙尔、副都统敦朱克等，俱至御座前，上亲赐酒，其余令侍卫送酒。宴毕，上回宫。

本日起居注官席米图。

二十六日乙亥　是日，上问皇太后安。

二十七日丙子

二十八日丁丑

二十九日戊寅　辰时，上御畅春园内澹宁居听政。部院各衙门官员面奏毕，大学士伊桑阿、阿兰泰，学士王国昌、德珠、温保以折本请旨。兵部议覆云贵总督范承勋题请将永北副将改为总兵官，不准行。上曰：“永北地方最为紧要。该督目击地方情形具题，着改协为镇。”

又镇守古北口等处总兵官蔡元题请守备任全忠员缺，以候推守备唐成补授。上曰：“唐成人材果系壮健，亦甚明爽。着照该镇题，以唐成补授守备。”

上又顾伊桑阿等曰：“国家设立科道，本欲建言得失。近日不见一人条陈。尔等可将科道等官传集晓谕，俾各抒所见，陈奏勿隐。”

是日，上问皇太后安。

本日起居注官傅继祖、三宝。

三十日己卯　辰时，上御畅春园内澹宁居，令大学士伊桑阿、阿兰泰，学士王国昌、德珠、温保近前，出题补正红旗满州都统彭春员缺本曰：“彭春员缺。着蒙古都统希福调补。观护军统领胡巴，人材颇优，着升补蒙古都统。又观护军参领内苏丹，人材壮健，甚能效力，着升补护军统领。”

本日起居注官傅继祖、傅伸。

四　月

初一日庚辰

初二日辛巳

初三日壬午

初四日癸未　辰时，上御畅春园内澹宁居听政。部院各衙门官员面奏毕，大学士伊桑阿、阿兰泰，学士王国昌、德珠、温保以折本请旨。三法司题覆审得总河王新命，因贸易借用库银，虽未承认，家人叶大等俱已承认。王新命所犯应死，伏候上裁。河道同知陈良谟侵盗库银，应照例拟斩监候。守备李又隆私借库银，应拟绞监候。济宁道韩作栋借用库银，已经补还，应革职枷号鞭责。余俱照前拟。上曰：“王新命未经承认，着从宽免死。王新命既从宽，陈良谟、李又隆亦从宽免死。韩作栋于用兵之际曾经差遣，着免其枷责。余着依议。”

又吏部题覆宁夏道李焕斗、庆阳府知府李甲声，将驻扎省会官兵马匹、需用粮豆任意迟延，俱应革职。上曰：“事之最要且急者，莫过于军需。李焕斗等任意迟延军需，情罪殊属可恶，不可不加惩治，俱着革职，该督严拿究拟具奏。”

本日起居注官傅继祖、席米图。

初五日甲申　是日，上问皇太后安。

初六日乙酉

初七日丙戌　辰时，上御畅春园内澹宁居听政。部院各衙门官员面奏毕，大学士伊桑阿、阿兰泰，学士王国昌、德珠、温保以折本请旨。兵部题云南永北新补总兵官员缺，或开列参领，或开列现任副将，请旨。上曰："总督范承勋看阅建川地方差来具奏，建川副将马声，视其人颇优。伊父马之迅，世祖皇帝时曾随侍卫行走，后为彝陵州游击，剿杀贼寇，甚为效力。马声乃有功之人之子，着升补永北总兵官。"

本日起居注官傅继祖、三宝。

初八日丁亥

初九日戊子　是日，上问皇太后安。

初十日己丑　酉时，上由西直门进西华门回宫。

是日，赐河南南汝总兵官郭文魁鞍马一匹。

本日起居注官傅伸、陆肯堂。

十一日庚寅　辰时，上御乾清门听政。部院各衙门官员面奏毕，协理河务府丞徐廷玺陛辞，恭请圣谕。上曰："河道关系国计民生，最为紧要。以尔有材能选择遣助靳辅，一切事情俱从靳辅而行，务期小心熟练。勿听浮言，勿作聪明。倘作聪明而听浮言，一有错误将无底止。朕南巡时至高邮、邵白、淮安等处，历询河道事务，官民所言各异，不可不细心详察。"徐廷玺奏曰："臣一介微贱，累蒙圣恩擢用，今又差往协理河务。谨听皇上训谕，勒于肺腑，竭力奉行。"出。

大学士伊桑阿、阿兰泰、王熙、张玉书，学士王国昌、王尹方、王掞、李楠、德珠、温保以折本请旨。川陕总督葛思泰疏请驻扎省城官兵每月需粮三万石，原拨宁夏粮一十五万石，今减去五万石，请敕部于附近省分见贮银内迅为拨解，以济军需。上曰："西安凤翔所属州县因遇饥馑，已全蠲一岁钱粮。今欲动支户部库银一百万两，速送至陕西，以备散给军需，赈济饥民，必于地方大有裨益，人心安静，流民亦可复还原籍。此事着问九卿。"

又山东巡抚佛伦疏称："臣将本年地丁银两征收，协解陕西饷银四十五万两，其余九月应解银四十五万两，臣亦不拘定限，劝令百姓早完，尽征尽解。”上曰：“陕西需用银两，今将户部库银拨给一百万两。这未解协饷，若不拘限期，尽征尽解，百姓必致苦累，着停。其现今征收，仍留该省，候部拨用。此事并问九卿。”

又礼部题覆偏沅巡抚王梁疏称武冈州学请改为大学，无庸议。上曰：“武冈州地方丰盛，人民众多。武冈州学着改为大学。”

又兵部题贵州威宁总兵官王朝海丁忧员缺，或将参领开列具题，或将现任副将开列具题，请旨。上曰：“贵州副将叶日升人材壮健，娴习军务，系朕亲考取进士，步射亦好，记于紧要边疆处录用。观贵州副将谢英人材亦壮健，着升补威宁总兵官。”

上顾大学士伊桑阿等曰：“今日督捕衙门绿头牌启奏三十年逃人数目，有二等侍卫一人逃去已经拿获等语。朕问席珠，侍卫何名，是何旗分，逃往何处？席珠奏曰：‘系镶黄旗麻喇希。’朕云：‘镶黄旗侍卫无有名麻喇希者。’席珠又云：‘系告病退职者，不知逃往何处。’朕云：‘告病退职则有马三捷，而无麻喇希。’因问同奏事督捕理事官尼满、何玺及各司官员等俱云不知。督捕衙门特为逃人事来奏，所奏之人姓名尚且不知，伊等所奏者何事？此岂非司官不亲身办理而推诿笔帖式之故耶？席珠全不谙事务，尼满、何玺皆如木偶。如此怠惰，部院衙门事务更何可言！将席珠、尼满、何玺并司官等俱交与吏部、都察院，严察议奏。”

本日起居注官张英、三宝。

十二日辛卯　辰时，上御乾清门听政。部院各衙门官员面奏毕，大学士伊桑阿、阿兰泰、王熙、张玉书，学士王国昌、王尹方、王掞、李楠、德珠、温保以折本请旨后，伊桑阿等奏曰：“臣等遵旨问九卿，九卿云，皇上轸念陕西人民饥馑，动支库银一百万两拨送，不但军民之心获安，即流民亦乐归故土，诚为大有裨益。其山东未解陕西银四十五万两，若不拘限期勒催解送，山东之民苦累是实。皇上苏捐瘠之民命，轸输纳之民艰，筹画精详如此，真可谓至仁至圣者矣。”

本日起居注官傅继祖、徐元正。

十三日壬辰　辰时，上御乾清门听政。部院各衙门官员面奏毕，大学士伊桑阿、阿兰泰、王熙、张玉书，学士王国昌、王尹方、王掞、李楠、德珠、温保以折本请旨。吏部题工科给事中何楷员缺，李旭升补授。上曰："原任三河县知县彭鹏居官颇善，效力亦多，虽请假回籍未到，着补授工科给事中。"

又总河靳辅题济宁道韩作栋员缺，伏乞皇上以候补知府佟国聘从优补授。上曰："朕知佟国聘于河务甚为熟练，人材亦优。济宁道员缺，必得河工谙练之人用之，方为有益。佟国聘着照该督所题补授。"

是日，上问皇太后安。

本日起居注官傅伸、徐嘉炎。

十四日癸巳 辰时，上御乾清门听政。部院各衙门官员面奏毕，兵部尚书索诺和、内阁学士德珠为往查山西平阳府以西被灾未报地方恭请训旨。上曰："赈济饥民甚为紧要，尔等前往尽心详查，必使饥民得沾实惠，勿致罹于死亡。"索诺和等出。

大学士伊桑阿、阿兰泰、王熙、张玉书，学士王国昌、王尹方、王掞、温保以折本请旨毕，上曰："翰林院学士傅继祖人材优长，办事、所学皆优，翰林院事务不多，着兼内阁学士行走，亦令其改本。"

未时，上御保和殿，召请安进贡扎鲁特部落多罗达尔汉贝勒毕理克图，吴喇忒部落辅国公额尔奔，阿霸垓多罗卓理克图郡王色冷旗分协理旗分事务一品台吉巴鲁、四品台吉达穆占、多罗郡王吴尔占、噶喀布旗分二品台吉岳敦、四品台吉图巴扎布等，吴喇忒部落辅国公额尔奔旗分协理旗分事务四品台吉阿穆瑚朗等、三品台吉毕理克等，喀尔喀部落扎萨克多罗郡王色冷阿海，扎萨克额尔得尼济农多罗郡王彭楚克喇布坦，扎萨克白苏特察汉巴喇诺颜旗分贝子布贝，扎萨克原一品台吉顾禄扎布旗分协理旗分事务一品台吉老卜臧丹巴等，扎萨克多罗郡王色冷阿海嫡男二品台吉乌欣，扎萨克额尔得尼济农多罗郡王彭楚克喇布坦旗分二品台吉达赖等，扎萨克护国公托多额尔得尼旗分协理旗分事务二品台吉葛木布巴扎萨克，辅国公王舒克旗分三品台吉奔扎尔，扎萨克一品台吉丹津额尔得尼旗分二品台吉齐巴克，扎萨克坤都伦博朔克图，多罗郡王滚布旗分原任扎萨克查木扬代青和硕齐子宜达木，墨尔根阿海伊子达尔扎，扎萨克护国公托多额尔得尼旗分四品台吉喇世希布等，扎萨克辅国公王舒克旗分四品台吉桑吉扎布等，扎萨克达尔汉一品台吉巴朗旗分四品台吉车布登等，扎萨克巴苏克车臣一品台吉吴尔占旗分四品台吉济那等，扎萨克坤都伦博朔克图，多罗郡王滚布旗分四品台吉西第等，扎萨克墨尔根济农多罗郡王顾禄世希旗分四品台吉喀木绰克，扎萨克额尔得尼济农多罗郡王彭楚克喇布坦旗分四品台吉多济扎布等，归化城内齐陀音枯图克图同伴扎萨克为首喇嘛枯理成圭葛隆，扎萨克信顺多罗郡王沙木巴族叔伊喇古克山，诺颜枯图克图等赐食，令喀尔喀部落扎萨克多罗郡王色冷阿海、扎萨克额尔得尼济农多罗郡王彭楚克喇布坦、扎萨克白苏特察汉巴喇诺颜固山贝子布贝至御前，上亲赐酒。再喀尔喀部落一品台吉老卜臧等四十六人，皆令侍卫送酒。毕，上回宫。

本日起居注官三宝、曹鉴伦。

十五日甲午　早，上观视畿甸田禾，由东华门出崇文门。

是日，驻跸于通州新各庄。

十六日乙未　酉时，上由崇文门进东华门回宫。

扈从起居注官傅继祖。

十七日丙申　上以文皇后忌辰不御乾清门。

本日起居注官三宝、史夔。

十八日丁酉　辰时，上御乾清门听政。部院各衙门官员面奏毕，大学士伊桑阿、阿兰泰、王熙、张玉书，学士王国昌、王尹方、傅继祖、王掞、李楠、德珠、温保以折本请旨。户部题覆偏沅巡抚王梁疏称，湖南所属府、州、县、卫丈出地亩于三十一年起征钱粮。上曰："此丈量田地有无贻累民生，着九卿、詹事、科、道会同确议具奏。"

又总督傅腊塔疏请，臣访得淮安邳州原任知州孙居湜为地方勤劳，实心爱民，应否将孙居湜戴罪留任，恩出圣主。上曰："孙居湜居官实优，着照该督所题留任。"

又兵部题原任黄岩总兵官标下中营守备鲍子仪三员，率舟师出洋，保护商渔。遇飓风，船只击碎，应令其赔补。私令兵丁出洋各官查取职名题参，到日再行察议。上曰："小民生计渔商为业者甚多，海船原为巡察盗贼、保护商民而设，此船既称防海而又不令其出海保护商渔，则设船何用？这议察取职名不合，着再议具奏。”

上又曰:“陕西西安、凤翔饥荒,朕在宫中夙夜轸念,有从陕西往来人员,必亲加询问。顷四川巡抚噶尔图来京陛见，问所过陕西州县情形。噶尔图奏称，西、凤二府百姓流亡者多，以饥馁、疾疫而死者亦间有之。朕闻之不胜恻然。应作何赈济，使饥民即遍沾实惠，尔等与九卿、詹事，掌印不掌印科、道官员详加确议，即日具奏。”

申时，上御乾清宫。大学士、学士同九卿官员奏曰：“陕西西、凤二府饥馑上廑圣心，蠲租发帑不下数百万，屡遣重臣省灾赈济，转运邻省粟米。又敕所在有司招徕流亡，务令得所。凡所以恤民御灾，备极周至，皆从古帝王所未有。今赈济事宜，应再特遣大臣会同该督抚，不论拨解银两及运送米石于被灾州县，酌量人民多寡，作速通行给散，事后奏销。务俾得受实惠，以仰副我皇上赈恤元元至意。”上曰：“赈济事关紧要，应遣大臣，着开列具奏。”

是日，上问皇太后安。

本日起居注官席米图、徐元正。

十九日戊戌　辰时，上御乾清门听政。部院各衙门官员面奏毕，大学士伊桑阿、阿兰泰、张玉书，学士王国昌、王尹方、傅继祖、王掞、李楠、德珠、温保以折本请旨。吏部、都察院题督捕侍郎席珠、王士祯，理事官何玺、劳之辨、尼满将原任侍卫马三捷逃走之处不能奏对，应各降一级留任，罚俸一年。上曰:“席珠、何玺、尼满不谙事务，俱着降三级随旗行走，余着依议。”

又理藩院会同三法司核议杀死拨什库、多讷缘由，应将乌珠穆秦副都统伊喇库克山等十二人俱照律即行处斩。上曰：“人命关系甚为重大，据其口供将伊喇库克山等十余人即行处斩，事属陷害亦未可定，仍遣喇西将多讷等尸骸查明得获日，将此事议奏完结。”

又兵部题往审事情员外郎贝和诺等议得游击薛世杰将家丁充伍食粮，又将把总王金捏报逃走，逼令缢死，应革职；副将施世禄、守备郝桂芳瞻徇薛世杰情面，将王金报逃，又因薛世杰家丁充伍食粮，俱应降二级调用。上曰：“曾有谕旨于兵部，如武弁家中有壮健闲丁，令其入营充伍。

武弁生计所恃者，惟在家丁及子弟充伍食粮，古时壮士亦有食双粮者。应将家丁充伍议罪一条着删去。”

是日巳时，上移驻瀛台。

本日起居注官三宝、陆肯堂。

二十日己亥　辰时，上御瀛台勤政殿听政。部院各衙门官员面奏。往陕西西安府等处赈济灾黎尚书王骘、沙木哈，引见郎中鄂奇等六员奏曰：“赈济时人员多则于事有益，将此六员欲俱行带往到彼处，如不足用，拣选地方官员一并差遣。”上曰：“这六员着俱带去，被灾饥民得受实惠，方为有益。此赈济钱粮或尔等带去，司官或地方官侵欺，即以军法从事。”王骘等出。

大学士伊桑阿、阿兰泰、张玉书，学士王国昌、王尹方、傅继祖、王掞、李楠、德珠、温保以折本请旨毕，上顾谓伊桑阿等曰：“朕自昔年有恙之后，体中虽已平复，但稍有焦劳，便不能寐。今闻陕西民人饥馑，心切轸忧，终夜不能安寝，故移驻瀛台调摄，恐不知者以为晏安。朕为民生，夙夜萦怀，经理政事，毫无暇逸。尔等可传谕九卿、詹事、科、道知之。”

是日，上问皇太后安。

本日起居注官张英、傅伸。

二十一日庚子　辰时，上御瀛台勤政殿听政。部院各衙门官员面奏毕，大学士伊桑阿、阿兰泰、王熙、张玉书，学士王国昌、王尹方、傅继祖、王掞、温保以折本请旨毕，伊桑阿等奏曰：“臣等以谕旨传之九卿，九卿官员跪奏云：皇上之御瀛台及畅春园，与在宫中无异，但何处相宜便当驻跸。惟皇上圣躬安和，臣等皆不胜欢忭。臣等每日奏事时，必先仰瞻天颜。皇上圣颜和畅，臣等退出，必互相欢欣乐道。若睹圣颜稍有违和，必相顾悚惕。大小臣工，无不皆然。臣等蒙皇上深恩，得膺显秩，多历年所，皇上之不自暇逸，励精政务，笃念民生，皆臣等之所素知。且天下幅员至广，自古以来，未有如我国家者。以海宇之寥阔如此，一方小有水旱，此亦自然之数。从古迄今，水旱皆所时有。去年陕西西安、凤翔二府被灾，皇上已经颁发帑金，遣官赈济，蠲免钱粮。顷又发帑金百万两，遣大臣往赈，并转输漕粮及邻省米谷。自古救荒，未有如今日之周至者也。灾黎仰沾圣泽，自获安全，伏望圣上宽释焦劳，或驻瀛台，或驻畅春园，随便调摄圣躬。

臣愚不胜欣幸。臣等窃更有请者，皇上自临莅以来，每日御门听政，必令诸大臣官员面奏，虽祈寒盛暑，未尝一日少间。现在部院诸臣中，多有年逾六十，精力衰惫，甚至有不能步履者。今遇海内宁谧，政务简少，嗣后请将寻常本章交送内阁，每日送进御前。至引见人员及绿头签启奏事，宜间三四日一次皇上御门面奏。如此则年老诸臣，不必夙兴，得以从容赴衙门办事。且皇上御笔书法、御制文章，超绝古今，可为天下模楷。正宜昭布御笔御制，以垂示无穷。近或因诞妄之言，皇上久不写字作文，仰惟皇上书法文章之精微，无论自古帝王，罕能媲美。即臣工处士中，亦不多见。此皆有裨正学，弃之可惜。伏愿皇上常御翰墨，写字作文，以流传万世。至京师地方，最宜繁盛，从前臣工蒙圣恩，赐食赐宴，百姓胥相欢庆。今海内平康，纤毫无间，而此等事反觉稀少，百姓咸谓皇上躬致。天下太平之极盛如此，何为将欢宴之事概行停止耶？此等语，虽系细事，亦于太平之象有关。此皆臣等积念。君臣谊同父子，有怀不敢自隐，故敢倾吐于君父之前。伏乞皇上睿鉴。”上曰：“或有谓写字作文皆系虚文粉饰，虽极精工，亦无益于国计。朕不写字作文亦已久矣。每观今之读书人，但好为夸诈大言而不谙事务者甚多，即如两江总督于成龙，从不为夸大之言，至于今百姓爱戴思念不忘，岂非本诚心以出之者乎？朕每日御门，励精政务三十年于兹，前此曾经诸臣公请，间数日一次御门听政，朕不允从。今仍照前理事，知道了。”

本日起居注官席米图、徐嘉炎。

二十二日辛丑　辰时，上御瀛台内丰泽园澄怀堂，大学士伊桑阿、阿兰泰、张玉书，学士王国昌、傅继祖、温保以折本请旨。吏部题光禄寺少卿张万禄升补右通政司使参议。上曰：“光禄寺事体紧要，关系钱粮。张万禄着以光禄寺卿用。这员缺着另拟具奏。”

既毕，召尚书库勒纳、马齐入。上顾诸臣曰：“顷尔等进来时曾见朕所种稻田耶？”诸臣奏曰：“曾见过稻苗，已长尺许矣。此特如此茂盛，民间所未有。”上曰：“朕初种稻时，见有一穗于六月时即成熟，命取收藏。次年种时，亦至六月成熟，一穗约取四升。旧年又种，约收四斗。今年将此稻种播，共有八亩，约略可得四十石。此皆系六月成熟之稻。故此时若此茂盛，若寻常成熟之稻，未有能如此茂盛者。朕巡省南方时，将江南香稻暨菱角带来此处栽种，北方地寒，未能结实即遇霜降，遂至不收。南方虽有霜雪，然地气温暖，无损于田苗。谚云：清明霜，谷雨雪。言不足为害也。总之，南北地气不同，节候各异，寒暑之迟早，全视太阳之远近。所以赤道度数，最宜详审。欲定南北之向，惟以太阳正午所到之处为准，即指南针亦不能无偏。设有铁器在傍，则针为所引，亦复不准。尔等知其故否？”伊桑阿等奏曰：“臣等曾经向人考索，未有能指其故者。”上曰：“此是一定之理。今将一片石以绳悬之，使之旋转，俟其既定，刻记所向南北，复动如前，其所向南北仍复不变，即此可思其理。所以凡物皆有自然一定之理也。”库勒纳奏曰：“闻说黑龙江日长夜短，虽晚日落，不至甚暗，不知何故？”上曰：“黑龙江极东北之地，日出日入，皆近东北方。所以黑龙江夜短，日落亦不甚暗。”又着伊桑阿等看澄怀堂后院内所栽修竹，前院盆内所植人参及各种花卉。上亲指曰：“北方地寒风高，无如此大竹。此系朕亲视栽植，每年培养得法，所以长得如许壮大。由此观之，天下无不可养成之物。”命取人参一叶，赐张玉书。伊桑阿等奏曰：“皇上深念农桑之务，亲视播种稻田，又人参非此地土脉所宜，及修竹皆致养成，此即天地好生之心也。蒙皇上殊恩，臣等今日得闻所未闻、见所未见。”

本日起居注官三宝、曹鉴伦。

二十三日壬寅 辰时，上御瀛台勤政殿，听部院各衙门官员面奏政事。

是日，上问皇太后安。

本日起居注官傅伸、史夔。

二十四日癸卯 辰时，上御瀛台勤政殿听政。部院各衙门官员面奏毕，大学士伊桑阿、阿兰泰、王熙、张玉书，学士王国昌、王尹方、傅继祖、王掞、李楠、温保以折本请旨。光禄寺题照例移取户部银七万两贮库备用。上曰：“此事着依议。光禄寺卿穆里布甚为蒙昧庸劣，在外何以居官？着革去职任。”

本日起居注官席米图、周金然。

二十五日甲辰 辰时，上御瀛台勤政殿，听部院各衙门官员面奏政事。

是日，赐云南永北总兵官马声鞍马一匹。

本日起居注官傅伸、张廷枢。

二十六日乙巳　辰时，上御瀛台勤政殿听政。部院各衙门官员面奏毕，大学士伊桑阿、阿兰泰、王熙、张玉书，学士王国昌、王尹方、傅继祖、王掞、李楠、温保以折本请旨。吏部题督捕左理事官何玺员缺，以候补齐穑拟正，盛京工部郎中齐什拟陪。上曰："这员缺着将齐穑补授。齐什为刑部司官时，朕曾差往外省审事，观其为人浮躁，于该管堂官必然藐视，不应留在部院，着解郎中任，以盛京武官员缺用。"

本日起居注官三宝、陆肯堂。

二十七日丙午　辰时，上御瀛台勤政殿听政。部院各衙门官员面奏毕，大学士伊桑阿、阿兰泰、王熙、张玉书，学士王国昌、王尹方、王掞、李楠、温保以折本请旨。吏部题内阁侍读学士戴通员缺，以郎中努黑拟正，额席黑拟陪。上问："努黑何如？"伊桑阿奏曰："努黑办事尚可，学问甚是平常。"上曰："尔衙门汉文侍读学士职任紧要，将考试入选及应升内学问堪用、保举员外郎内通汉文者，着一并引见补授。"

又理藩院题索伦总管博魁员缺，以索伦达瑚理副总管、顾尔鼎阿等六人职名开列。上曰："达瑚理佐领塔尔瑚兰，前率四十人往雅克萨侦探路，遇厄罗斯五百余人，冲入交战。出时因失三人，往寻，又冲入两次交战，我师止损三人，将厄罗斯之人已杀五十余名。塔尔瑚兰实系人材壮健。朕稔知其详，着升补索伦总管。"

是日，赐威宁总兵官谢英鞍马一匹。

本日起居注官傅继祖、徐元正。

二十八日丁未　辰时，上御瀛台勤政殿听政。部院各衙门官员面奏毕，大学士伊桑阿、阿兰泰、张玉书，学士王国昌、王尹方、傅继祖、王掞、李楠、温保以折本请旨毕，上曰："朕阅大学士王熙以病求罢奏疏，此疏当票云：卿才品优长，效力年久，自世祖皇帝特简侍禁廷，恪恭尽职。朕屡加擢用，洊进纶扉，夙夜殚心，勤劳懋著。今先帝旧臣俱已凋谢，惟卿独在班列。朕眷倚良殷，虽精力就衰，而老成练达之臣常侍左右，殊有裨益。着勉自调摄，照旧供职，不必求罢。"

本日起居注官张英、席米图。

二十九日戊申　辰时，上御瀛台勤政殿听政。部院各衙门官员面奏毕，往四川审事理藩院员外郎关住回，将伊所审事情启奏时，上曰："尔过凤翔等处，百姓尚有流散者否？麦田有收割者否？田亩播种及田苗何如？"关住奏曰："臣去时曾见百姓有流散者，回时未见。彼处麦尚未割，其田亩十分之中，已种二三分，田禾俱已长出。"上曰："彼处雨水沾足否？陕西地方赈粥，尔曾见于饥民有益否？朕闻饥民疫疠甚多，近日何如？"关住奏曰："曾见赈粥于民，大有裨益。三月一次，四月一次，下雨入土，将及一尺，甚是沾足。疫疠者今已甚少。"上又曰："闻山西平阳府以东麦田甚好，尔看何如？"关住奏曰："自平阳以东，一路麦田俱好，平阳尤盛。百姓云，今岁麦田比往岁较好。"关住出。

大学士伊桑阿、阿兰泰、张玉书，学士王国昌、王尹方、傅继祖、王掞、李楠、温保以折本请旨。九卿题覆今据巡抚王梁疏称，豪强欺隐者尽行察出，愚懦包赔者尽行开除等语，此丈量一事，有益于小民，而征纳钱粮，亦可清楚，无累民生。上顾伊桑阿等曰："此事尔等云何？"伊桑阿等奏曰："看《赋役全书》所载，湖南地方田亩数目三十一万顷有余，纳钱粮田亩惟十九万顷，仍未及原数。既于熟田内丈出，无累民之处。"上曰："虽皆言不累百姓，恐赔累亦未可定。倘少累百姓，朕实不忍。此事行之永久，尔等详问九卿。"

是日，上问皇太后安。

本日起居注官傅伸、徐嘉炎。

三十日己酉　早，上幸南苑。酉时回瀛台宫。

本日起居注官三宝、曹鉴伦。

五　月

初一日庚戌　辰时，上御瀛台勤政殿听政。部院各衙门官员面奏毕，大学士伊桑阿、阿兰泰、张玉书，学士王国昌、王尹方、傅继祖、王掞、李楠、温保以折本请旨时，召尚书马齐、侍郎凯音布，谕曰："闻山西平阳府一带地方雨泽沾足，麦田稔收，其价必贱。着差一贤能之人前往收买预备，于民有益。日后用时，亦大有裨补。可会同九卿、詹事、科、道议奏。”马齐等出。

大学士伊桑阿奏曰：“臣等遵旨将偏沅巡抚王梁丈出地亩事问之九卿，九卿皆言，此丈出地亩，系强有力者霸占隐匿不纳钱粮之地。虽经丈出六万顷，于《赋役全书》之数亏缺尚多，于民毫无所累。”上曰：“既云于民无累，着依议。”

上又顾大学士等曰：“往视黄河前锋统领硕鼐等来奏云，看得黄河自宁夏以至潼关，皆可以舡运米。惟龙王站一处，水急不可行舟。于此间陆路盘剥十里，过急流处则可以用船运送，直至潼关、西安矣。所言如此，着差工部贤能司官一员，会同巡抚叶穆济，于舡窝里地方修造可载百石之船二百只，于龙王站地方预备。又归化城北翁俄一带，山中多有树木，可使八旗铁匠、木匠、归化城人夫斫取木植，于湖滩渡口地方修造可载百石之船二百只，其修舡所用等物，从该部办送。船只修毕，将大同之米由杀虎口运至湖滩、渡口地方，彼时再议。趁此修船之时，应将自大同以至湖滩、渡口地方运粮道路预先查看明白。尔等会同户、工二部确议具奏。”

本日起居注官席米图、史夔。

初二日辛亥 辰时，上御瀛台勤政殿听政。部院各衙门官员面奏毕，大学士伊桑阿、阿兰泰，学士王国昌、傅继祖，同户部尚书马齐、侍郎凯音布入奏曰：“臣等遵旨会议，山西平阳等处麦田大熟，应遣部院堂官一员，照时价采买积贮。”上曰：“着兵部侍郎王维珍去。朕思积贮米谷最为要务，倘能实有盖藏，则虽凶荒，必不至于饥馁。但小民不知储蓄，每遇丰稔之年，恣意糜费；一遇欠岁，即坐困不支。今正值麦石收获之时，应行各该地方官劝谕百姓，令各户量力捐输积贮。该州、县官以输纳之人姓名、数目详记册籍。其秋禾收获以后，亦依此例举行。至春月转贷于匮乏之民，俟秋月即照此数偿还备用。每岁当收获时遵行此捐输之法，不数年间米谷充裕。纵使岁遇不登，何至闾阎艰于粒食？尔等会同九卿、詹事、科、道详议具奏。”

本日起居注官傅伸、周金然。

初三日壬子　早，上回宫。上以祀方泽坛斋戒三日，不理事。

本日起居注官三宝、张廷枢。

初四日癸丑

本日起居注官席米图、陆肯堂。

初五日甲寅　早，上于保和殿视祭方泽坛祝版毕，回宫。

是日，上问皇太后安。

本日起居注官傅伸、徐元正。

初六日乙卯

本日起居注官张英、三宝。

初七日丙辰　辰时，上御乾清门，听部院各衙门官员面奏政事。

本日起居注官席米图、徐嘉炎。

初八日丁巳　辰时，上御乾清门，听部院各衙门官员面奏政事。

本日起居注官傅继祖、曹鉴伦。

初九日戊午　辰时，上御乾清门听政。部院各衙门官员面奏毕，差往山西平阳府采买麦石兵部侍郎王维珍请训旨。上曰："差尔采买麦石，特为赈济山西饥民，事关紧要。但动支帑银采买，则一时价值腾贵，穷民反至为累。尔至山西，详察地方情形及谷之价值。果能有益于民，可即采买。若无益于民，则详悉具奏请旨。"

本日起居注官三宝、史夔。

初十日己未　早，上由西华门出西直门，驻跸畅春园。

部院各衙门应面奏事宜仍面奏外，其余奏章，每日交送内阁，内阁传送畅春园听理。

本日起居注官傅伸、周金然。

十一日庚申

十二日辛酉

十三日壬戌

十四日癸亥　是日，上问皇太后安。

十五日甲子　辰时，上御畅春园内澹宁居听政。部院各衙门官员面奏毕，差往山西修造舡只工部郎中常书请训旨。上曰："尔父朕曾差遣，亦曾为朕效力。以尔人材堪用，朕优擢以授此职。尔宜加意，矢志勤勉。造船事务最为紧要，倘巡抚等以匠工物料艰难，或称有累百姓，托词推诿，尔即指名题参。若避嫌疑瞻，徇情面事，焉得成船！造成一二只，即报部转行奏闻。其水手给价雇觅，未有不得。且蒲州、潼关之间捕鱼者多，可以雇募。修造完时，尔未可即回，所造舡只运输之间或致损坏，其谁修理仍候召旨。"常书奏曰 ："谨志圣上训谕，竭力黾勉。"

又差往湖滩、渡口地方造船兵部郎中囊吉理等请训旨。上曰："尔部院衙门官员不专心办事，苟且草率，朕皆悉知。今造舡只，原为饥民运输米谷，事属紧要，务期修造坚固。倘怠忽从事，中途损坏，则必致误事。尔等宜加意勤勉。"囊吉理等奏曰："皇上简选臣等差遣，臣等何敢怠忽，当竭力修造。"囊吉理等出。

大学士伊桑阿、阿兰泰，学士王国昌、傅继祖、温保、戴通以折本请旨。陕西巡抚布喀疏称："臣前任甘抚时将长武、陇州仓所贮米谷麦石，题请动支七万石，并运出宁粮共合十万石之数未暇计及，应需米若干石，豆若干石。今准督臣葛思泰咨移豆多于粮米，数不敷。应将宁仓及附近州县运到米麦尽数支给，其不足之米，候楚粮运到支发。再查长武相近平庆府属米石，至今尚未运到，应请敕下甘抚严催轮运。"上曰："朕轸念西安、凤翔所属灾民，曾令将本省、宁夏米石作速运往。布喀任甘肃巡抚时，不遵指授速行运送，借称百姓困苦，将宁夏运送米石推诿，饰词陈奏。及调为西安巡抚，又称至今尚未运到，请敕下甘抚，严催轮运，以陷人于罪。若布喀从前不行推诿，作速轮运，则宁夏之米已到西安矣。今贻误正在布喀，岂可推诿于人？此疏乃自参耳。观此等情节，布喀奸巧处处、欺哄愚民、市恩沽名，如此匪类不行惩治，众何以知警。朕将布喀必正典刑，或遣发黑龙江，或令当下贱差役，决不宽宥。大臣内虽有党类，谁能护庇布喀？况宁夏积贮米石原以备供应急需，支散赈济。倘西安等处有用兵之事，此米亦必转输。今西安地方兵困民饥，需米甚急，实与军机无异。若以甘肃饱食之民运送维艰，则西安百姓饥馁而死，岂不深可悯乎！昔年用兵之际，一切军需自巩昌等处皆用民夫运送，从无贻误。今西安兵困，百姓致死，皆系布喀从前推诿迟延所致。布喀应置重典，尔等问之九卿。"

本日，起居注官席米图、傅伸。

十六日乙丑　辰时，上御畅春园内澹宁居，大学士伊桑阿、阿兰泰，学士王国昌、傅继祖、温保、戴通奏曰："臣等遵旨问九卿，满九卿云，布喀贻误运送米石，不竭力公务，欺哄愚民、沽名是实，上谕诚然。应将布喀革职，拿至正以重法。汉九卿云，布喀贻误运送米石，不竭力公务，欺哄愚民、沽名是实，惟在皇上睿裁。"上曰："前将布喀补授甘肃巡抚，陛辞请训旨时奏曰：'闻宁夏米石运送西安，运送必致苦累百姓。'朕曾言，不可以为苦累百姓遂停止运送。西安百姓饥饿几死，当作速拯救。布喀不听朕言，反言'臣到彼处看究竟，以宁夏之米运至西安苦累百姓'为辞具奏，将朕作速拯救饥民之事贻误，以致西安百姓散亡失所。百姓皆朕之百姓，布喀不念西、凤二属百姓之死，惟欺哄一方愚民，沽取虚名，邀市私恩。朕知之，故将布喀调为西安巡抚，看伊作何展布大才谋略，拯救饥民。今果然具奏米石至今尚未运到，当令严催挽运等语。布喀先奏难于运送，今以米石运送未到而归罪他人，可乎？凡积贮米谷，原以备供应急需，支散赈济。西安、凤翔二属被灾，朕心深切焦劳，因将宁夏粮石作速运往。布喀以宁夏道远、挽运艰难，欲将长武附近州县之粮运往，自行陈情，随即允行。经今数月，乃布喀欺哄愚民，辄称百姓困苦，邀取虚名。总不竭力公事，迁延推诿，竟未运到。顷调伊为西安巡抚，又向西安之民巧示情面，请敕甘肃巡抚速行挽运，以陷人于罪，专示奸巧。希图要誉，耽误委任，稽迟急务，莫逾于此。从前西安、汉中、平凉、秦州等处大兵云集之际，一切兵饷亦用民夫，自巩昌等处挽运，从无贻误军需，未有若此邀虚名、误公事者。满洲绿旗兵丁困乏无措，西安如许百姓饥馁而死，皆布喀之罪也。理应即置重典，以为邀虚名、误公事者之戒。但伊尚有未完之事，着革职带罪留任，将宁夏等处米石俱亲身照数运赴西安。至赈济之事，布喀停其管理。总督葛思泰同差往大臣协力赈济。倘布喀仍不作速运到，稍有耽延，定置重典，决不宽宥。凡为大臣、官员者，当竭力奉公，以副朕励精图治之至意。朕未有不擢用眷注者，即如温保，原系笔帖式，差往云南，因其事有成，屡擢为学士。满丕系有罪革职之员，差往厄鲁特。朕曾面谕，满丕出，朕衷凄然泪下。彼时近侍向前问：‘上何故落泪？’及满丕回，朕优擢为侍郎，岂不荣耀？前朕将兵部郎中哈尔吉布、理藩院郎中桑格差往西宁，因未到所指之地而回。阿南达往厄鲁特时，令带哈尔吉布前往，任其使令，哈尔吉布仍规避不前，其桑格今该部保举才能于尔衙门记名，此乃不应保举之人，勿记其名。朕凡培养人才，特为治天下。欲以差遣之事，期其成效。若自取虚名，不竭力奉公，似此辈养之何益？前任尚书魏象枢、廖旦亦皆沽名之人。当吴三桂叛时，魏象枢奏曰：‘不必兴师，皇上止可修德舞干羽，有苗来格。’此何言也！廖旦甚属庸劣。事无成效，图取虚名何益？”

伊桑阿、阿兰泰等奏曰：“皇上怜悯西安百姓饥荒，令将宁夏米谷速行运送拯救。布喀当仰副皇上仁爱之意，速行运送。将本省近处米谷运送，乃以为苦累百姓，则别省远处米谷不当运送乎？现今宁夏地方百姓得以饱食，西安百姓将至饥死。布喀不图报皇上养育深恩，体皇上悯救饥民之意，反欺哄愚民，沽取虚名，市恩行私，情殊可恶，理应即当致死。皇上暂行宽免，令其运送米石。若布喀改过赎罪，将米石速行运到，有益于饥民，皇上自有睿裁。倘到彼时有误处，死亦未为晚。皇上睿鉴诚然。”

本日起居注官席米图、三宝。

十七日丙寅

十八日丁卯

十九日戊辰　是日，上问皇太后安。

二十日己巳

二十一日庚午　辰时，上御畅春园内澹宁居听政。部院各衙门官员面奏毕，大学士伊桑阿、阿兰泰，学士王国昌、傅继祖、温保、戴通以折本请旨。吏部题督捕主事张廷柱乞将伊名改为富通阿。上曰：“张廷柱之父张德第曾为四川巡抚，为人殊属庸懦。且又系人之家仆，着改张廷柱之名，随旗行走。”

本日起居注官傅伸、三宝。

二十二日辛未

二十三日壬申

二十四日癸酉　辰时，上御畅春园内澹宁居听政。部院各衙门官员面奏毕，大学士伊桑阿、阿兰泰，学士王国昌、傅继祖、温保、戴通以折本请旨。兵部议覆两广总督石琳等疏称，黎人地方户口田亩无多，瘴毒最甚，不便设立州县等语，应将总兵官吴启爵议于黎人地方设立州县、建筑城垣、添设官兵之处，无庸议。上曰："看琼州舆图，周围皆服内州县，中则黎人居住。如果此处应取，古人将周围取之，而反将在内弹丸之地不取乎？不入版图必有深意。今创立州县，建筑城垣，有累百姓，此处着照部议。吴启爵曾为侍卫，骑射俱善，人材亦健壮，惟语言繁多，且又好事。这所奏无益。"

又议覆江宁佐领昂琦不向该管将军等告知，私离防汛地方来京，在部讦告，应革职。上曰："昂琦并无冤屈，且不向将军等告诉，私离汛地，来京讦告，殊属可恶。昂琦着革职，拿送江宁，着该将军会同总督审拟具奏。"

本日起居注官傅伸、尹泰。

二十五日甲戌　是日，上问皇太后安。

二十六日乙亥

二十七日丙子　是日，上问皇太后安。

二十八日丁丑　辰时，上御畅春园内澹宁居听政。部院各衙门官员面奏毕，山西布政使舒书陛辞，请训旨。上曰："布政使职任甚为紧要，管理一省钱谷，尔当勤勉清廉，为各官表率。将朝廷事务，竭力办理有成，勿得沽取虚名。"舒书奏曰："皇上训谕诚然。臣谨志之，惟竭力黾勉。"

本日起居注官席米图、三宝。

二十九戊寅

六　月

初一日己卯

初二日庚辰　辰时，上御畅春园内澹宁居听政。部院各衙门官员面奏毕。往查山、陕等处地方被灾州县兵部尚书索诺和、内阁学士德珠回，将往查事情奏览。上曰："西安等处雨水何如？收获之麦并所种田苗如何？百姓仍有流离者否？"索诺和奏曰："彼处止有微雨一次，因田地干燥，耕种者甚少。低洼地方所种之麦稍获，百姓或有一二流离者。山西自平阳府以至京师一带，麦田大获，禾苗长成，芃芃整齐。"上曰："自襄阳、宁夏运送米石已到者几何？米麦价值、兵民景况何如？闻彼处病者甚多，今如何？"索诺和等奏曰："现今襄阳运送之米已到二千余石，宁夏运送之米已到一万余石。运送米石陆续而至，将此已到之米，尽力散赈百姓。四方贩卖之米络绎不绝而至，买米亦得。兵丁因照时价支给，于买米无误，度日甚为有益。其病者尚有，较前稍瘥。西安地方米价减退，现今一石价银六两。平阳府所属地方，麦一石价银三两三钱。"上曰："平阳地方之麦既然大获，而麦价腾贵者何故？"索诺和奏曰："平阳之麦，比往年较多，但因商贾往贩甚众，是以腾贵。"上曰："总督葛思泰居官何如？"索诺和等奏曰："皇上洞鉴，已治罪矣。"上曰："百姓云何？"索诺和等奏曰："未闻百姓说好，因现任亦未闻百姓言其不善。"

本日起居注官傅伸、尹泰。

初三日辛巳

初四日壬午

初五日癸未　辰时，上御畅春园内澹宁居听政。部院各衙门官员面奏毕，大学士伊桑阿、阿兰泰，学士王国昌、傅继祖、温保、戴通以折本请旨。礼部题为祭永陵、福陵、昭陵，各遣盛京一员致祭，请旨。上曰："祭陵之事甚为紧要，当遣厚重敬慎之人。侍郎西安殊为轻浮，嗣后一应祭祀勿遣。"

本日起居注官席米图、尹泰。

初六日甲申　是日，上问皇太后安。

初七日乙酉

初八日丙戌　辰时，上御畅春园内澹宁居听政。部院各衙门官员面奏毕，大学士伊桑阿、阿兰泰，学士王国昌、傅继祖、达瑚、德珠、温保、戴通以折本请旨。吏部题内阁满文侍读学士庸爱员缺，以太仆寺少卿杨舒拟正，监察御史安布禄拟陪。上曰："杨舒曾为侍卫，乃粗率之人，宜于太仆寺。安布禄朕差遣颇多，甚为效力，历年亦久，着以安布禄升补侍读学士。”

又刑部等衙门题覆镇守西安等处地方副都统阿兰泰等举送，讹诈民财兵丁鄂罗诺等以恶棍吓诈例，将鄂罗诺解部，应斩立决。上曰：“各省驻防兵丁诈害小民者有之，将军、副都统等察拿举出者甚少，副都统阿兰泰将讹诈之鄂罗诺等察出，可嘉。鄂罗诺着即于彼地处斩示众。”

又云南巡抚王继文疏称，土司高曦燕妻陈氏系伪知县陈思相之女，嫁高曦燕，生育三子，仍归高曦燕出自皇恩。上曰：“土司高曦燕娶陈氏年久，已经生子，着停其解送。仍给高曦燕完聚，嗣后逆属妇女一概不必行察。”

本日起居注官三宝、傅伸。

初九日丁亥

初十日戊子 是日，上问皇太后安。

十一日己丑

十二日庚寅 辰时，上御畅春园内澹宁居听政。部院各衙门官员面奏毕，大学士伊桑阿、阿兰泰，学士王国昌、德珠、温保、戴通以折本请旨。吏部题彭图之拜他喇布勒哈番，又一拖沙喇哈番照例与伊子华色承袭。上曰：“彭图所袭之职，并非由效力得官者承袭。彭图自分袭以来，全无效力之处。今又互相争告，着将此职不必承袭。”

又礼部题正白旗原任散秩大臣图巴病故，给与全葬银两，致祭一次，应否与谥，伏候上裁。上曰：“与谥赐恤，所以鼓励臣工。图巴原系内府人，朕初年，尚为司库，以年久之故，致为散秩大臣。自擢用以来，并无尽职效力之处，不必赐恤。”

又刑部题覆朝鲜国王李焞疏称臣遵奉部文，将违禁潜渡江滨用鸟枪打死人马、将人参等物劫去林仁等皆已正法，无凭详审等。因查得镇守宁古塔等处将军佟宝等报称，有高丽几三十人等语相应，仍令严察缉捕。上曰：“该王李焞以余党搜捕无获，并无隐匿，笃诚具疏陈情，不必再令察缉。”

本日起居注官傅继祖、尹泰。

十三日辛卯

十四日壬辰

十五日癸巳　是日，上问皇太后安。

十六日甲午　辰时,上御畅春园内澹宁居,听部院各衙门官员面奏政事。

本日起居注官席米图、三宝。

十七日乙未

十八日丙申

十九日丁酉

二十日戊戌　辰时，上御畅春园内澹宁居听政。部院各衙门官员面奏毕，大学士伊桑阿、阿兰泰，学士王国昌、傅继祖、德珠、温保、戴通以折本请旨。户部题覆山西巡抚叶穆济疏称，于蒲州等处运送米石，将今岁官员奉薪、衙役工食，令其捐助，以为雇觅之费，相应准行。上曰："外官衙役俱赖俸禄钱粮为生，若将官俸役食令其捐用恐有贫乏，官役反将小民勒索困苦亦未可定。这米石运价，着动支正项钱粮应用。"

本日起居注官席米图、尹泰。

二十一日己亥

二十二日庚子

二十三日辛丑　辰时，上御畅春园内澹宁居听政。部院各衙门官员面奏毕，差往看视运米道路户部员外郎杨住回奏曰："自大同派车二千辆，以致裴家川路可以輓运。"以折子呈览。

上曰："大同地方焉能得车二千辆？"杨住奏曰："皇上轸念饥民，大同地方虽不能得，将宣府车辆派添亦可。"上曰："路途遥远，于百姓派如许车辆，必致劳民。将此折子交与户部议奏。大同地方田禾今岁如何？曾吐穗否？自南口至此，田禾皆吐穗乎？"杨住奏曰："大同一带地方田禾甚是茂盛，尚未吐穗。问彼处土人，云因地方寒冷，故吐穗稍迟。今岁雨水调和，比往岁田禾茂盛。自南口至此，田禾甚好，大半吐穗矣。"杨住出。

大学士伊桑阿、阿兰泰，学士王国昌、傅继祖、德珠、温保、戴通以折本请旨。贵州巡抚卫既齐疏称黎平府高洞逆苗拒捕杀官一事，知府、副将请剿，臣奏明发兵往剿。自此以后，知府、副将各营官员报称，将三寨归顺进剿，高洞大败，杀苗一千一百余人等语。臣故速行具奏。后访问逆苗，并无对敌，官兵亦无被伤，高洞之头目俱存，将子女七人俱验明放还。五月十六日，官兵俱回省城。臣面加详问诸人，三寨之苗俱在，冯游击营前将告示承领，康游击排兵进高洞，侯副将发兵破祖文山，各营相继而进，并无对敌。将人大杀之处等语，各营官员前报称杀人一千一百二十八人俱虚。此事皆知府、副将私自遣兵目赵明宇等，将吏目刘浡护送索财之故，是以拒阻致杀。该知府、副将惧罪，同心以图粉饰蒙蔽，在武职居功谎称众多。臣据实题参，将造端之知府张瀓、副将侯奇当先行严审定罪。但臣前即轻信具题，难辞其咎，伏候处分。上曰："凡事详慎方善，卫既齐于此事轻率发兵，又称将苗人杀败，伊自行具奏。今仍云尽属虚妄，将人参劾，果何为耶？朕自临御以来，未见有如此错误者。卫既齐以学问经济自负，然大才之人如此凭空乖谬乎？贵州系边徼之地，此事遣贤能堂官，会同总督，详加察审。如果系知府、副将之罪，即于彼处以军法从事。苗人果不遵旨为逆，亦酌量即行剿灭，不必往返具奏，稽迟时日。即行完结具奏。"

本日起居注官傅伸、三宝。

二十四日壬寅

二十五日癸卯

二十六日甲辰

二十七日乙巳　辰时，上御畅春园内澹宁居，听部院各衙门官员面奏政事。

本日起居注官席米图、三宝。

二十八日丙午　是日，上问皇太后安。

二十九日丁未

七　月

初一日戊申

初二日己酉

初三日庚戌　辰时，上御畅春园内澹宁居听政。部院各衙门官员面奏毕，大学士伊桑阿、阿兰泰，学士王国昌、德珠、温保、戴通以折本请旨。镇守黑龙江等处将军萨布素条奏，今齐齐哈里地方造城驻扎兵丁设立官庄十处，收米贮仓备用，差使往来官员人等取食物应付等事七件。上曰："将军萨布素凡事诚心料理，于兵民有益之处筹画周详，条奏事宜俱得情理，殊为可嘉。这本内事情俱着照该将军所奏议行。"

又湖北巡抚吴琠疏奏，粮道参议王道熙报称，运送截留米石已入洪泽湖口，今照部咨兵船装载运至襄阳，必迟延月日，相应本道即捐俸给与食米，亲自随往，以原运船只运送，于六月初六日起行等语，臣批限日期运至襄阳收贮。上曰："凡事若何于兵民有益，不致贻误，地方官知之甚明，详加筹画，从长斟酌。果于事情有济，便当即时举行。这运送米石事务，巡抚吴琠、粮道王道熙，即将原船装载，期于速抵襄阳。殚心任事，殊为可嘉。"

本日起居注官傅继祖、尹泰。

初四日辛亥

初五日壬子

初六日癸丑　是日，上问皇太后安。

初七日甲寅　辰时，上御畅春园内澹宁居听政。部院各衙门官员面奏毕，差往西安等处赈济工部尚书沙木哈等回奏。上问曰："尔往西安等处赈济，看百姓景况何如？耕种田禾何如？闻其灾病甚多，今瘥否？"沙木哈奏曰："西安等处从前一二年岁欠无收，以致百姓饥荒，非独去岁无收遂至于此。臣等遵皇上睿旨赈济，百姓不胜欢欣。或有年老者言：'一岁之中三次赈济，以救我等性命，不但我等自幼至老所未曾见，亦耳所未闻。我等愚蠢，无言奏答，但祝圣主万万岁。'臣等去时，耕种田禾稀少，苗叶萎黄。六月初十日大雨，继而又雨。长出田禾俱得重活。民间尚有耕种者，自此以后，雨水应时，所种之谷子、荞麦，尚皆可得。人之形容如旧病者较前大愈矣。”上曰：“百姓流散者有几分？”沙木哈奏曰：“流散几分臣不知，看来田亩已种六七分，百姓流散者当有三四分。”沙木哈等出。

差往贵州审理吏部尚书库勒纳、内阁学士温保奏请训谕。上曰：“事毕尔等将本章同来启奏知府、副将于边疆地方启衅生端、未反言反、轻率动兵、谎报杀败，关系军机，即斩无疑。尔等会同总督审理得实，在彼处即行正法示众。如其不然，边疆地方生端诳行者何以惩之？再土司等，尔等当再三招抚唤来，如抗拒不出，会同总督剿灭。将此谕旨写出奏览后，交与大学士。”库勒纳出。

大学士伊桑阿、阿兰泰，学士王国昌、傅继祖、戴通以折本请旨。户部题巡视两广盐课太常寺少卿沙拜请将临高县旧欠盐地钱粮豁免，议不准行。上曰：“此项逐年拖欠银两，追比必致有累。临高县拖欠盐地钱粮着俱豁免。”

又福建巡抚卞永誉题台湾地方所存裁减俸禄及建旷等银，令解送司库，往返风波，行走可虞。将此存留以充兵饷，议不准行。上曰：“台湾地方兵饷，自司库解送；而台湾之杂项钱粮，又送司库，往返必致有累。此事应照该抚所奏行。着再议具奏。”

上顾大学士等曰：“西安等处赈救饥民三十余万口，览史书，宋人富弼在青州居官时，河北京东饥民流散至其地者，拯救五十余万口。我朝竭尽全力仅可拯救三十余万，富弼一人且拯救五十余万人。观此，我朝与宋人甚不及矣，尔等问之九卿。”

本日起居注官傅伸、额席赫。

初八日乙卯　辰时，上御畅春园内澹宁居，大学士伊桑阿、阿兰泰，学士王国昌、傅继祖、戴通奏曰：“臣等遵旨问九卿，九卿云，宋富弼在青州居官时，河北京东百姓流至其地者，或与之一食，或养之数日即为拯救。不过视各属所报，以为总数而已。今我圣主拯救西安等处百姓，屡遣大臣，令将大小人口尽行察出计足，其自春徂秋之食，人人皆受实惠。富弼之拯救，何足以及皇上之拯救！”上曰：“史书中云活五十余万人。”大学士伊桑阿奏曰：“史书中载之太过也。”

本日起居注官傅伸、额席赫。

初九日丙辰

初十日丁巳

十一日戊午

十二日己未　辰时，上御畅春园内澹宁居，听部院各衙门官员面奏政事。

本日起居注官席米图、三宝。

十三日庚申

十四日辛酉

十五日壬戌　辰时，上御畅春园内澹宁居听政。部院各衙门官员面奏毕，大学士伊桑阿、阿兰泰，学士王国昌、傅继祖、戴通以折本请旨。贵州巡抚卫既齐疏称，土官卢君宠扰害苗民，肆行凶恶，所当请旨革职。其长子卢大乾素行不法，不便仍准承袭，应以次子卢大晋承袭。上曰：“蒙古土司习俗各异，必顺其性而抚治之方为得宜。卫既齐每拘泥书本办事，欲强土司屈从其性。在山东居官时，朕以其有守，擢为巡抚。今观其于土司之事，屡生衅端。此等人不可专任，若身当其事即率意偏执。尔等问之九卿。”

是日，上问皇太后安。

本日起居注官傅伸、额席赫。

十六日癸亥

十七日甲子　是日，上问皇太后安。

十八日乙丑

十九日丙寅

二十日丁卯　申时，上由西直门进西华门回宫。

本日起居注官尹泰、徐元正。

二十一日戊辰　辰时，上御乾清门听政。部院各衙门官员面奏毕，大学士伊桑阿、阿兰泰、张玉书，学士王国昌、王尹方、傅继祖、王掞、李楠、戴通以折本请旨时，伊桑阿等奏曰：“臣等遵旨问九卿。九卿云，卫既齐偏信书本，书中有当信者，亦有不当信者。因卫既齐但执定书本办事，故致生事端。边疆地方紧要，伏乞皇上裁夺。”上曰：“读书专为经理政务，但拘泥书本行事可乎？着再问九卿。”

又川陕总督葛思泰请将襄阳运之送米所余六万石给散兵丁。上曰：“将布喀运送米石给与。”大学士伊桑阿奏曰：“俟布喀运送米石给与，恐致有误兵粮。”上曰：“兵粮若致有误，应将布喀正法。前已有谕旨。”伊桑阿奏曰：“布喀一身之死，其事甚微。现今给与兵粮之事紧要，仍请照总督葛思泰所奏行。其运送米石，另勒限期令布喀运送。”上曰：“将此问之九卿。”

本日起居注官额席赫、徐嘉炎。

二十二日己巳　辰时，上御乾清门听政。部院各衙门官员面奏毕，大学士伊桑阿、阿兰泰、张玉书，学士王国昌、王尹方、傅继祖、王掞、李楠、戴通以折本请旨时，伊桑阿等奏曰：“臣等遵旨问九卿，九卿云，为人臣者，读书实为有裨政事。但卫既齐性偏于书之当行者不信，不可行者信之。”上曰：“卫既齐以大才自负，狂言议论。今库勒纳等所审苗子事，当遣卫既齐单身往说。前原任两江总督于成龙初为黄梅县知县，时闻黄梅地方有贼，单骑往行招徕。卫既齐有大才之人，亦单骑入苗子地方，苗子有不顺之理乎？且卫既齐若以书言之，古书有云：忠信可以格豚鱼。苗子亦人类也，何不可格之有？着再问之九卿。”

伊桑阿等又奏曰：“九卿云，布喀一身之死无所关系，但官兵应给之米，事关紧要，不可稍有担误。请依总督葛思泰所奏，至布喀所运米石限于十月运完。伏候皇上裁夺。”上曰：“这本内事情，着布喀明白回奏。官兵月饷，责令布喀支应，不得贻误。布喀所运米石，限九月内尽数运至西安。如官兵月饷有误，輓运米石逾期，即照前旨从重治罪。其襄阳米石，该督至期酌量支给。理藩院拨什库效力年久，通文义者察来具奏。”

未时，上御保和殿，召请安进贡科尔沁国二品台吉吴尔图纳苏图等，扎鲁特协理旗分事务四品台吉喇布克，土默特部落四品台吉和济葛尔等，喀喇沁部落二品塔布囊巴喇麻等、护国公沙木巴喇西旗分协理旗分事务三品塔布囊鄂齐尔等，喀尔喀部落扎萨克台吉阿理雅等，阿尔萨兰卫寨桑根都扎布等赐食。

本日起居注官张英、三宝。

二十三日庚午 辰时，上御乾清门听政。部院各衙门官员面奏毕，大学士伊桑阿、阿兰泰、张玉书，学士王国昌、王尹方、傅继祖、王掞、李楠、戴通以折本请旨后，伊桑阿奏曰："臣等遵旨问九卿，九卿云，卫既齐于事务懵懂，性复偏僻。既起苗子事端，应即遣伊前往，但卫既齐系地方巡抚，苗人愚蠢，若有忤犯又致诛灭。库勒纳等现今往审，将卫既齐暂留贵州，俟库勒纳等到彼事情完结，再请定夺。"上曰："这本内事情，着库勒纳等一并察明议奏。"

本日起居注官傅伸、曹鉴伦。

二十四日辛未 辰时，上御乾清门，听部院各衙门官员面奏政事。

是日，上问皇太后安。

本日起居注官尹泰、陈元龙。

二十五日壬申 早，上御太和门视朝。升转文武官员谢恩毕，回宫。

本日起居注官额席赫、张榕端。

二十六日癸酉 辰时，上御乾清门听政。部院各衙门官员面奏毕，大学士伊桑阿、阿兰泰、张玉书，学士王国昌、西喇、王尹方、傅继祖、王掞、李楠、戴通以折本请旨时，理藩院尚书班第，侍郎温达、满丕同进，将理藩院效力年久拨什库、现任骁骑校奈麻代等六人引见。上曰："伊等于事务何如？"温达、西喇奏曰："伊等未为司官，不曾办事，想未能妥当。"上曰:"办事在人，何论曾为司官？即如温达，虽身为侍郎，事情尚多未晓。阿尔尼原系侍卫，从未办事，自授理藩院尚书时，即能通晓事务，甚是勤劳。都统纪尔塔布擢授兵部尚书，观其办事亦优。况朕临御多年，何事未历。部院诸臣欲宽人罪，却不务求允当，而故拟过重，直待驳回，旋即改为无罪。或注意在此而饰辞在彼，实欲为此而佯托为彼，此等处最多。大凡经理事务，须以持平为当。此引见诸人虽曾为拨什库，而差遣年久，熟知蒙古性情与地方形势，俟理藩院主事缺出，将伊等一并选择具奏。"

本日起居注官三宝、沈涵。

二十七日甲戌 辰时，上御乾清门，听部院各衙门官员面奏政事。

是日，上问皇太后安。

本日起居注官傅伸、周金然。

二十八日乙亥　早，上巡幸口外，由神武门出安定门，驻跸汤山之温泉。是日，昌平州驻防防守御邦楚尼等、参将徐登甲等、同知魏国佐等来朝。

二十九日丙子　上驻跸怀柔县属罗山屯。是日，怀柔县守备王成功等来朝。

三十日丁丑　上驻跸密云县属南沈庄。是日，监督税务礼部员外郎达赖等、密云县知县陈世佺、守备李云卿等来朝。

八　月

初一日戊寅　未时，上幸总兵官蔡元署，令石匣副将王廷彪以下官员射，又令善舞长枪、藤牌者舞之。

是日，上驻跸古北口城内。总兵官蔡元等、霸昌道金云凤等、古北口防尉顾尔拜等来朝。

初二日己卯　上驻跸鞍匠屯。

初三日庚辰　上驻跸红旗营。

初四日辛巳　上御行宫，大学士阿兰泰以折本请旨。吏部题病故镶黄旗前锋统领兼拖沙喇哈番穆图，拖沙喇哈番令伊亲弟员外郎莫洛浑承袭。上曰："员外郎莫洛浑其兄患病时竟不省视，没时又不尽为弟之礼，无仁义之人，所行甚为刻薄。此职与伊弟齐尔沙承袭，莫洛浑着革去职任，以旗下员缺补用。"

是日，上驻跸青城。

初五日壬午　上驻跸坡濑村。

初六日癸未　上驻跸可汗铁岭。

初七日甲申　上驻跸可汗铁岭。

初八日乙酉　上驻跸狠铁岭。

初九日丙戌　上驻跸骅骝河上游。

初十日丁亥 上驻跸大黄陂谷地方。

十一日戊子 上驻跸黄陂谷产雕谷口间。

十二日己丑 上驻跸骅骝杨川地方。

十三日庚寅 上驻跸独村硕岩间。

十四日辛卯 上驻跸拜巴哈地方。

十五日壬辰 上驻跸红川谷之南口。

酉时，上以是日佳节，宴大臣、侍卫以下，护军、执事人等于南门。

十六日癸巳 上御行宫，大学士阿兰泰以折本请旨。吏部题修理五龙亭等处，将浮用钱粮不行详悉查出。又将余剩颜料已领未领之处不行查明具题，均照徇庇例，将原任尚书今补通政使司左通政石柱等各降三级调用。上曰："石柱等俱从宽留任。"

又难荫生宣化成兵部咨称系贡生候选训导，未谙骑射，以守备用恐不称职等，因以知州用。上曰："文武官员难荫选授官职，久有定例，此等应授武职之人，若俱准以文职改用，则人皆援例请改，谁愿用于武职？宣化成着仍照例以守备用。"

又户部议覆河南巡抚阎兴邦疏称，豫省两次增添牛角弓面一千五百副豁免，令出产牛角省分办解，不准行。上曰："牛角弓面需用紧要，河南既不出产，若采购一千五百副，致有累百姓。应令广东太平桥、扬州等关出产牛角之处速行办解。"

又兵部题西安将军马喇员缺，以副都统马斯喀等开列，并将都统瓦代等开列折子。上曰："都统希福人材颇优，谙练军务，但自西安将军召回未久，且又年老，虽补授将军，亦不能久任。朕观江宁将军博济虽未历行间，为人甚优，且有行谊，朕意欲调补西安将军。将此传问大学士伊桑阿以为何如。"

又题覆陕西提督何傅疏称衰老，难胜负荷，相应准其原品休致。上曰："何傅自简任提督以来，和辑兵民，绥靖地方，效力年久，著有勤劳。今因衰老乞休，应以原品致仕。"

又刑部等衙门题私铸铜钱吴岳、李华俱拟斩立决，家产入官。上曰："吴岳等系小人，希图获利，一时无知，私铸铜钱。俱从宽免死，发与黑龙江新满洲披甲之人为奴。”

是日，上驻跸红川。

十七日甲午　上驻跸红川。

十八日乙未　上驻跸红川上游柳林地方。

十九日丙申　上驻跸红川上游柳林地方。

二十日丁酉　上驻跸伞盖河。是日，喀尔喀折布尊丹巴枯图克图、土谢图汗和硕亲王策旺、扎布多罗贝勒西第西理、一品台吉多尔济额尔得尼阿海等来请安进贡。上召入行宫赐食。

二十一日戊戌　上驻跸伞盖河。

未时，召喀尔喀折布尊丹巴枯图克图、土谢图汗、和硕亲王策旺、扎布多罗贝勒西第西理、土谢图汗之子一品台吉多尔济额尔得尼阿海等、土谢图汗之孙未得品级台吉诺尔布宛楚克等，于行宫赐宴。族中台吉、代青诺颜、扎木巴喇等及随从人等于南门。

二十二日己亥　上御行宫，大学士阿兰泰以折本请旨。吏部题内阁学士王国昌员缺，以少詹事朱阜等职名开列。上曰：“朕观调补外衙门翰林官员较此开列者为优，查来启奏。”

又户部题陕西巡抚布喀将米石不行作速运送，给发官兵，迟误二十余日，殊属不合。将布喀交与吏部从重议处。上曰：“布喀革职留任效力。如其迟误兵粮，定行正法，曾下谕旨。布喀乃革职之人，何又交与吏部议？应即交与刑部，从重议处。户部专为布喀徇庇，其迟误军机急需粮米，亦能为之徇庇乎？如此，朕当与之作对。”

是日，上驻跸狍子谷口地方。

二十三日庚子　上驻跸阿巴诺颜塔地方。

二十四日辛丑　上驻跸永峨拜谷口。

二十五日壬寅　上御行宫，大学士阿兰泰以折本请旨。吏部题内阁学士王国昌员缺，以少詹事朱阜等开列，并太常寺少卿李应廌等开列折子。上曰：“李应廌人材优长，府丞吴涵亦优。李应廌着升补学士。”

又兵部题陕西提督何傅、贵州提督陈奇员缺，或将汉军副都统开列，或将总兵官开列，请旨。上曰：“陕西甚为紧要，非才能之人不可。副都统李林隆人材颇优，闻在行间亦善。李林隆着升补陕西提督。总兵官李芳述整理营伍甚善，亦得军士心。李芳述着升补贵州提督。”

是日，上驻跸永峨拜岭北。

二十六日癸卯　上驻跸永峨拜岭北。

未时，召喀尔喀折布尊丹巴枯图克图、土谢图汗、和硕亲王策旺扎布、多罗贝勒西第西理、土谢图汗之子一品台吉多尔济额尔得尼阿海等、土谢图汗之孙未得品级台吉诺尔布宛楚克等入行宫赐宴。其族中四品台吉代青诺颜扎木巴喇等，及随从人等，宴于南门。赐喀尔喀折布尊丹巴枯图克图、土谢图汗、多罗贝勒西第西理以下台吉等众凉帽、袍褂、鞓带、蟒缎、彩缎、鞍辔、撒袋、弓箭、腰刀、靴等物有差。

二十七日甲辰　上驻跸石山岭之东谷。

二十八日己巳　上御行宫，大学阿兰泰以折本请旨。兵部题江宁将军博济员缺，以副都统马斯哈等开列，并都统瓦代等开列折子。上曰：“观折子所开列，若有年纪者则已老，若少年者则又甚幼。江宁将军职任甚为紧要，可传问大学士伊桑阿如何说。”

又陕西巡抚布喀疏称宁夏仓米四万石内缺额五千石，请敕下该抚照数赔补。上曰：“布喀自知委任之事不能奉行，特借端陈奏。况布喀曾任甘抚，此米伊未有不知。前参劾如许，满洲大臣彼时无一人议论相救。布喀乃善钻刺之人。故遇彼之事，户部专为徇庇，诸臣亦无有非之者，虽为徇庇，朕岂听之乎？必杀之乃已。这本发回，着严拟票签。”

是日，上驻跸山羊谷。

二十九日丙午　上驻跸山羊谷。

九　月

初一日丁未　上驻跸噶拜谷。

初二日戊申　上驻跸潺流河六子口。

初三日己酉　上驻跸富谷。

初四日庚戌　上驻跸温泉。是日，以上喀喇沁此番行围甚为效力，自王扎西以下以至台吉官兵等，赐凉帽、袍褂、鞓带、蟒缎、彩缎、布匹、银两、撒袋、弓箭、靴等物有差。

初五日辛亥　上驻跸华子营。

初六日壬子　上驻跸草川谷口。

初七日癸丑　上驻跸官儿营。是日，上赐八旗前锋、护军等每旗牛一头、羊十只。

初八日甲寅　上御行宫，大学士阿兰泰以折本请旨。吏部题工部郎中孟格降级调用员缺，将原任郎中殷特拟正，督捕员外郎浑哲拟陪。上曰："孟格曾修理宁寿宫，朕每出即见之，人材颇优，亦且勤慎。着带所降之级留任。"

又兵部题覆陕西兴安总兵官程福亮以老病自行乞休，与例不符，应令该督抚验明具题，到日再议。上曰："程福亮效力年久，行间勤劳。若令该督抚查验，致彼惭愧。不必查验，拟温旨批出。"

又题陕西西宁总兵官李芳述员缺，或将参领开列，或将副将开列，请旨。上曰："大同总兵官王弼人材壮健，着转补西宁总兵官。"

是日，上驻跸兴州。

初九日乙卯　上驻跸鞍匠屯。

初十日丙辰　上驻跸古北口城内。

十一日丁巳　上驻跸密云县属南沈庄。

十二日戊午　上驻跸顺义县属大东庄。是日，顺义县防守御卓博尔图等、知县吴元臣等来朝。

十三日己未　巳时，上由东直门进东华门回宫。

是行也，部院衙门章奏逐日交送内阁，内阁三日一次驿送行宫听理。

是日，上问皇太后安。

扈行起居注官傅继祖、席米图。

十四日庚申　辰时，上御乾清门，听部院各衙门官员面奏政事。

未时，上御保和殿，召请安蒿齐特部落多罗额尔得尼郡王达尔马机里的，土默特部落多罗达尔汉贝勒额驸厄尔得木图，巴林部落一品台吉纳木扎、多罗额驸阿拉布坦，喀喇沁部落护国公善巴拉席，喀尔喀部落扎萨克之和硕亲王策旺布厄尔克、多罗贝勒车布登、多罗贝勒萨木，多尔济固山贝子程奔尔协理旗下事台吉阿拉布坦等赐食。

是日，上问皇太后安。

本日起居注官张英、额席赫。

十五日辛酉　辰时，上御乾清门听政。部院各衙门官员面奏毕，大学士伊桑阿、阿兰泰、张玉书，学士西喇、王尹方、王掞、达湖、李楠、李应鹰以折本请旨。兵部题大同总兵官王弼员缺，或将参领开列，或将副将开列，请旨。上曰："总兵官康调元人材壮健，河南系内地，事务简少，着调补，令驰驿速往。"

又江宁将军博济员缺，将镶黄旗副都统马思哈等职名开列。上曰："这员缺如将都统希福等年老者补授，南方暑热，水土不宜。都统胡巴、护军统领缪齐纳、辉蓝、杨代等甚为谨慎，宿卫克勤，人材壮健，屡著劳绩，亦能统驭。但将军职任最为紧要，必得有担当识见者方为有益。副都统纪尔塔布人材颇优，素称壮健，但于行间曾有过犯。将此等人若即用，之后人必以为现今虽治我罪，将来犹可宽宥，罔知惩戒。副都统赵山骑射虽不及，但竭力奉公。将军职任无事时人皆可以居之，但有事之际，所关甚巨。遇仓卒而无失，临大事而能当，胸中有主见者方能胜任。汉时韩信背水战胜，可见事无一定，惟在相机调度耳！朕在外即欲定夺，因难其人，故未补授。知人实难，朕姑酌之，明日再奏。"

本日起居注官傅伸、彭宁求。

十六日壬戌　辰时，上御乾清门听政。部院各衙门官员面奏毕，大学士伊桑阿、阿兰泰、张玉书，学士西喇、王尹方、傅继祖、王掞、达瑚、李楠、李应鹰以折本请旨。兵部议覆江宁将军博济员缺。上曰："都统胡巴，护军统领缪齐纳、杨代皆极谨慎，宿卫克勤，人材壮健，但将军责任关系紧要，着问都统希福、额黑纳、巴海来奏。"

本日起居注官三宝、史夔。

十七日癸亥　辰时，上御乾清门听政。部院各衙门官员面奏毕，大学士伊桑阿、阿兰泰、张玉书，学士西喇、王尹方、傅继祖、王掞、达瑚、李楠、李应鹰以折本请旨后，伊桑阿等奏曰："臣等遵旨问希福等，希福等云，胡巴曾在陕西、湖广军中屡经大战，行间有勇，为人亦优。杨代在湖广军中曾为安亲王护卫，其人明白谨慎。缪齐纳在湖广军中曾为护军参领，未曾同彼临阵，人甚谨慎小心。皇上所见诚然。"上曰："缪齐纳为人颇优，甚是敬慎。彼若遇仓卒之事如何料理，朕虽难定，但于地方断不生事。缪齐纳着升补江宁将军。"

本日起居注官尹泰、徐元正。

十八日甲子　辰时，上御乾清门听政。部院各衙门官员面奏毕，大学士伊桑阿、阿兰泰、王熙、张玉书，学士西喇、王尹方、王掞、达瑚、李楠、戴通、李应鹰以折本请旨。刑部题覆会审福建、四川、广西情真缓决可矜罪犯。上曰："朕阅刑部所奏今年秋审册，各省情真罪人甚少，除可矜者照例减等发落外，其情真各犯今年停其正法。"

本日起居注官傅继祖、宋大业。

十九日乙丑　辰时，上御乾清门听政。部院各衙门官员面奏毕，大学士伊桑阿、阿兰泰、王熙、张玉书，学士西喇、王尹方、王掞、达瑚、李楠、戴通、李应鹰以折本请旨。九卿议覆陕西巡抚布喀疏称，自湖广运至陕西米石，其斛与部颁铁斛相较，湖广之斛微小二合请定等语。查得顺治十二年铸铁斛二十面，颁给户部仓场、漕运总督各一面，直隶各省各一面。此斛颁给年久，应交与工部，照户部所有铁斛修造木斛，发往陕西使用。上曰："顺治年间曾造铁斛二十面，颁行各省。此斛已在西安。今又令部颁给，以湖广之斛较西安之斛，止少二合，无甚分别。此或小人量米之时摇撼所致亦未可定。朕前将此事详问，马齐甚是辞穷，熊赐履但以谨权量成语启奏，于成龙亦以斛之大小不同启奏。以此观之，九卿未明此事之原由耳。尔等复问九卿具奏。"

本日起居注官傅继祖、郑崑瑛。

二十日丙寅　辰时，上御乾清门听政。部院各衙门官员面奏毕，大学士伊桑阿、阿兰泰、王熙、张玉书，学士西喇、王尹方、傅继祖、王掞、达瑚、李楠、戴通、李应鹰以折本请旨。陕西巡抚布喀疏称，臣将临洮道解送司库银一万五千两动用给与脚价之处未经题明，臣之罪也。又银一千两，据巡抚吴赫疏内经承书办供称，临洮道姜登高借与前任巡抚布喀等语，臣何敢妄行？但只取经承书办郭章口供，并未取姜登高口供启奏，明系吴赫将臣陷害。上曰：“布喀、吴赫皆曾为布政司，其钱粮不明，自应审理。布喀乃甚不肖之人，在宁夏时于运米事务并不黾勉效力。及调任西安，又推诿于人。此审理不必差遣大臣，即着交与该督葛思泰，严审具奏。”

大学士伊桑阿奏曰：“九卿所议酌定斛面事，臣等遵旨传问九卿，九卿云，臣等所议甚是舛错。”上曰：“斛之大小不同者，皆由以尽寸量度，故致舛错。须以斛内所容之物为准，方能画一。然但视所容之米谷尚有虚浮，亦不足以为准。若精而推之，或水与水银始能符合。现今所行之斛，皆属参差。”伊桑阿奏曰：“圣谕诚然。今应依此较定，令其画一。”上曰：“如此则不胜其烦矣。顺治十二年已将铁斛通行颁发各省，今又另造木斛颁给，这所议含糊，着再议具奏。”

是日，上问皇太后安。

本日起居注官傅伸、刘灏。

二十一日丁卯 辰时，上御乾清门，听部院各衙门官员面奏政事。

未时，上御文华殿，举行经筵大典。讲官索诺和、杜臻讲《四书》天地之道，可一言而尽也。其为物不贰，则其生物不测一节，席尔达、张英讲《书经》帝曰俞允若兹嘉，言罔攸伏，野无遗贤，万邦咸宁，稽于众，舍己从人，不虐无告，不废困穷，惟帝时克一节。毕，宴于太和门前。

本日起居注官尹泰、颜光敩。

二十二日戊辰 辰时，上御乾清门听政。部院各衙门官员面奏毕，陕西固原提督李林隆陛辞，请训旨。上曰：“提督职任，至为紧要，选择用尔，尔当训练士卒，惠爱百姓，谨守地方。”李林隆出。

大学士伊桑阿、阿兰泰、王熙、张玉书，学士西喇、王尹方、傅继祖、王掞、达瑚、李楠、德珠、戴通、李应廌以折本请旨。后补授内阁蒙古侍读学士员缺，选择教习唐古特书副教官兼郎中巴图赖，兵部郎中喇西，理藩院郎中关住引见。上曰：“喇西办事仅可，虽未能熟谙事务，然每处效力，且其家世颇好。此员缺着喇西补授。巴图赖学问虽优，人材不及，亦且嗜酒，朕令彼在内翻译书史，曾见二三次。”

又补授鸿胪寺卿员缺，选择礼部员外郎关保等引见。上曰：“鸿胪寺卿导引朕躬行礼，应以习礼娴熟、人品优长者补授，着另于郎中内选择具奏。”

本日起居注官三宝、徐嘉炎。

二十三日己巳　辰时，上御乾清门听政。部院各衙门官员面奏毕，大学士伊桑阿、阿兰泰、王熙、张玉书，学士西喇、傅继祖、达瑚、戴通以折本请旨。吏部题湖广巡抚吴琠员缺，将内阁学士王尹方等开列。上曰：“巡抚吴琠居官甚善，较之总督丁思孔、巡抚王梁更优。督抚之任最为紧要，必得端方之人补授，则属员皆知效法，而同官亦有所瞻。顾布政司、按察司内有荐举者俱已补用，现今未有恰当应补之人。江宁织造府桑格居官几四十年，为人厚重，办事明达，操守亦好。其兄费雅达，人材甚为壮健，效力行间，曾经阵亡，殊为可悯。这员缺着将桑格补授。”

本日起居注官傅伸、张榕端。

二十四日庚午　辰时，上御乾清门，听部院各衙门官员面奏政事。

本日起居注官傅继祖、王思轼。

二十五日辛未　早，上御太和门视朝，升转文武官员谢恩毕，回宫。

辰时，上御乾清宫，大学士伊桑阿、阿兰泰，学士西喇、傅继祖、达瑚、戴通以折本请旨。吏部题户部侍郎凯音布员缺，以内阁学士图纳哈等职名开列。上曰：“学士图纳哈人甚庸劣，若留此庸劣之人，则优者不得升转。图纳哈差往耕田，近在阿哥之处，并未请安。着解去学士任，于旗下员缺补用。”

巳时，上由神武门出西直门，驻跸畅春园。部院各衙门应面奏事仍面奏外，其余奏章每日交送内阁，内阁传送畅春园听理。

本日起居注官席米图、曹鉴伦。

二十六日壬申　巳时，上观览军容于玉泉山西南空地，头队居中，列红衣大炮等火器及鸟枪，骑步兵左右相接者八旗护军、骁骑兵；二队列护军、骁骑兵卫；后列护军、骁骑兵，分为队伍两旁列。前锋、护军及骁骑兵各举大纛旗帜，官兵皆擐甲胄，乘马排列。上由右翼至左翼遍观毕，御玉泉山巅黄幄幄中吹海螺三次，八旗官兵皆吹海螺，先放大炮三次，步骑兵皆齐放鸟枪。其趋进时，骑兵放鸟枪不绝。官兵齐声发喊，军势炳耀威武，炮火、鸟枪之声，山响谷震。事毕，各收兵整齐队伍，复回原班。

上顾此问喀喇沁部落都棱郡王扎西等曰："此兵排列趋进何如？"扎西奏曰："此兵排列整齐威严，趋进时队伍甚明，洵无敌之兵也。"敖汉部落一等台吉俺答阿裕西奏曰："兵虽相同，全在指示训练之人。此兵由皇上指示训练，故排列整齐威严，进退时队伍毫不紊乱，深可畏惧。我等蒙古兵，令之进前或有退后者，令之退后或又有进前者，断不能若是整齐。虽教之亦不能如此。"

上遣亲随侍卫关保等传谕管侍卫内大臣苏尔达等曰："朕先有谕旨，尔等练习之兵若进退不齐，队伍不整，必以军法从事。今观八旗官兵排列，放炮火、鸟枪，皆整齐威武。进退之时，队伍分明娴熟，朕心甚悦。可传谕八旗都统、前锋统领、护军统领、副都统及官兵，咸使知之。"事毕，以牛羊赐八旗官兵食。

是日，上驻跸畅春园。

二十七日癸酉　巳时，上御玉泉山巅黄幄。八旗官兵及大纛旗帜，炮火、鸟枪等俱照前排列，使官兵背立，吹海螺，放炮火、鸟枪，发喊进退。俱览毕，总管鸟枪、骑兵内大臣公常泰等奏曰："臣等所练习鸟枪兵，请近于皇上御前试放。"上问曰："尔等所习者几种？"常泰等奏曰："臣等所练习者，有马上放一枪、又射一箭者，有趋进时放枪不绝者，有连环旋转放枪者，有跪而放枪者，有仰卧而放枪者。"奏毕，上令趋进时放枪不绝与连环旋转放枪二种试放。随而八旗鸟枪骑兵齐列，照此二种试放。上遣亲随侍卫关保传谕常泰等曰："鸟枪试放娴熟，甚好！"事毕，以牛羊赐八旗官兵食。

是日，上驻跸畅春园。

扈从起居注官傅继祖、尹泰。

二十八日甲戌

二十九日乙亥　未时，上由西直门入西华门，回宫。

本日起居注官席米图、沈涵。

十　月

初一日丙子　辰时，上御乾清门听政。部院各衙门官员面奏毕，大学士伊桑阿、阿兰泰、王熙、张玉书，学士西喇、王尹方、傅继祖、王掞、达瑚、李楠、戴通、李应鹰以折本请旨。吏部题司道内升以粮道张仲信等十员开列。上曰："开列内朕无知者，由翰林外转，汪楫向曾奉使流球，今在外居官颇优，历年甚久，若在内亦屡升矣。因授外职，升转迟滞。朕所知惟汪楫。"王熙奏曰:"汪楫现任河南知府,居官实善。"伊桑阿奏曰:"汪楫居官有善状，皇上知之，虽系知府内升亦无不可。"上曰："将司道官概查开列具奏。"

又吏部等衙门题差往管理呼尔河种地都统班达尔沙、侍郎舒恕等，不将田地勤行耕种，俱降一级、罚俸一年。上曰："班达尔沙其人甚轻浮怪诞，不副都统之任。前曾差往俄罗斯。凡事好为穿凿，并无实济。将班达尔沙降一级、罚俸一年，革去都统任，随该管王行走。"

又刑部题将强盗刘二和尚即行正法。上曰："此事着三法司核拟具奏。盗贼拒捕，兵丁致伤身死可悯，应施恩鼓励。这被伤营兵，着兵部验明，照绿旗阵伤例给赏。嗣后官员、兵丁有擒拿盗贼中伤及伤亡者，俱着照绿旗阵伤阵亡例分别具奏给赏。"

又山西巡抚叶穆济题请将三十年带征钱粮并借赈分贮米银，俟至三十二年征收完纳。上曰："这本内未完钱粮及借赈米银，俱着照该抚所请行。再西安所属地方去岁无收，百姓甚苦。今岁虽薄有收获，明春随即征收，小民失业，无以资养。西安巡抚所属州、县卫所三十二年应征钱粮，相应蠲免。尔等会同户部查应蠲免钱粮数目具奏。"

本日起居注官傅伸、曹鉴伦。

初二日丁丑　辰时，上御乾清门听政。部院各衙门官员面奏毕，大学士伊桑阿、阿兰泰、王熙、张玉书，学士西喇、王尹方、傅继祖、王掞、达瑚、李楠、戴通、李应鹰以折本请旨。刑部题将保窃盗牙住之翰林院八品笔帖式吉庆和革职。上曰:"吉庆和已经保贼复行巧饰,情殊可恶,着革职,发往黑龙江效力。工部笔帖式爱星阿曾监修新满洲住房,房檩倒塌,将新满洲压死。爱星阿乃内大臣伯费扬古佐领下人,朕闻伊父且被其打,其不孝不义,八旗之人皆所共知。工部堂官不行题参黜革,反委代司官,派往监修。夫笔帖式乃将来屡升司官堂官之人,如此不孝不义,其可为司官堂官乎?着严谕各部院,将此等不孝不义、行止不端、好管闲事、代写词讼者,严查革退。笔帖式所革之人,后日挟仇叩阍者,朕必不准。此旨俱着传谕。"

未时,因公主下嫁喀喇沁部落杜棱郡王扎西之子噶尔臧行筵宴礼,上御保和殿,召喀喇沁部落多罗杜棱郡王扎西,土默特部落多罗达尔汉贝勒额驸厄尔德穆图、和硕额驸噶尔臧、护国公沙穆巴喇西、一品塔布囊崔扎木素等四十八塔布囊等,喀尔喀部落和硕亲王策旺扎布,阿霸垓部落多罗卓礼克图郡王色冷、扎萨克墨尔根济农多罗郡王顾禄世希,科尔沁国多罗贝勒巴克西顾尔,扎鲁特部落多罗达尔汉贝勒毕礼克图、和硕额驸班第,巴林部落和硕额驸乌尔滚、多罗额驸那木松,敖汉部落和硕额驸齐伦巴图鲁,吴喇忒部落公杜棱,敖汉部落一品台吉安达阿玉西等、多罗额驸扎木素,科尔沁国一品台吉阿西图等,土谢图汗之子一品台吉车棱巴尔、扎萨克二品台吉阿喇布坦、四品台吉敦多布多尔吉,喀尔喀台吉巴尔当、扎萨克一品台吉老卜臧等、四品台吉责旺诺尔布等,及内大臣、侍卫、大学士,上三旗都统、副都统等,赐宴。喀喇沁王扎西率公、塔布囊等跪,上进酒毕,作乐。蒙古王以下,台吉、塔布囊以上俱至御座前,上亲赐酒。内大臣、大学士、都统、副都统、侍卫等五人一排近前,令侍卫送酒。宴毕,上回宫。

本日起居注官尹泰、黄梦麟。

初三日戊寅 皇太后圣诞,上不理事。

是日,上问皇太后安。

本日起居注官席米图、陆肯堂。

初四日己卯 辰时,上御乾清门听政。部院各衙门官员面奏毕,大学士伊桑阿、阿兰泰、王熙、张玉书,学士西喇、王尹方、傅继祖、王掞、李楠、达瑚、德珠、戴通、李应廌以折本请旨。吏部题司道内升以广西布政使教化新等一百九员职名开列。上曰:"李钠曾任御史,因居官素优,擢试外任。今居官亦好，李钠着内升。”

是日，上谕户部："陕西西安等处地方，连岁凶荒，继以疾疫，因而闾阎失业，洊至流移，朕轸念民艰，焦劳宵旰。自去岁冬月以来，颁发帑金，蠲免正赋，挽运积谷，转运漕粮，屡次特遣大臣察勘，多方赈济。念国家所重，惟在养民。目今秦省虽薄有秋收，但民间匮乏已极。倘非格外加恩，无以使积困尽苏，转徙尽复。陕抚所属府州县卫所，康熙三十二年地丁银米，着通行免征。从前所有积欠未完钱粮，亦着通行蠲豁，务裨比屋同沾实惠，小民咸庆更生，用称朕子爱元元、抚育安全至意。尔部即遵谕行。"

赐江宁将军缪齐纳弓箭、撒袋、蟒缎、披领、鞍马。

是日，上问皇太后安。

本日起居注官三宝、彭宁求。

初五日庚辰　早，上问皇太后安。

辰时，上诣陵寝，由东华门出崇文门，驻跸夏店。是日，通永道沈志达等，管通会河兵部主事杨赐昌等，通州中南仓监督、礼部主事赵炷晃等，坐粮厅、工部主事王正方，通州副将何维圣等来朝。

初六日辛巳　上驻跸蓟州城内。是日，三河县防守御马库等，知县张鼐等，守备周渭等，蓟州知州杨天佑等来朝。

初七日壬午　上率诸王、贝勒、公等内大臣、侍卫、文武官员诣暂安奉殿，行三跪九叩头礼，三奠酒举哀。继诣孝陵，行三跪九叩头礼，三奠酒举哀。毕，至陵，三奠酒举哀。

是日，上驻跸汤泉。鲇鱼关把总杨文成来朝。

初八日癸未　是日，上驻跸汤泉。

初九日甲申　早，上率诸王、官员等，以孝懿皇后三周年礼，读文致祭。是日，上驻跸供奉陵寝人员所居城内。

初十日乙酉　是日，上驻跸孙家庄。

十一日丙戌　是日，上驻跸黄崖口营城内。黄崖关把总王仲贤来朝。

十二日丁亥　是日，上驻跸蓟州城内。

十三日戊子　是日，上驻跸三河县城内。

十四日己丑　是日，上驻跸通州新各庄。都统以下、阿达哈哈番以上，大学士以下、笔帖式以上，俱赐食。

十五日庚寅　酉时，上由崇文门进东华门回宫。

是日，上问皇太后安。

是行也，部院各衙门奏章每日交送内阁，内阁三日一次汇送行宫听理。

扈从起居注官傅继祖、尹泰。

十六日辛卯　辰时，上御乾清门听政。部院各衙门官员面奏毕，大学士伊桑阿、阿兰泰、王熙、张玉书、李天馥，学士德珠、王尹方、傅继祖、王掞、达瑚、李楠、戴通、李应廌以折本请旨。吏部题山东巡抚佛伦员缺，以内阁学士西喇等职名开列。上曰："山东地方必得强毅之人补授方妥。湖广巡抚桑格不事交游，相识者少，着调补山东巡抚。湖广巡抚员缺，着将汉军汉人开列具奏。"

又以福建布政使李钢员缺，无合例应升之员，按察使内有俸未满而无罚俸者七员，有俸未满而罚俸者三员，将何项拟正、拟陪，请旨。上曰："江苏按察使高承爵颇能办事，着升补福建布政使。"

又镇守古北口等处地方总兵官蔡元遗疏。上曰："蔡元效力行间，人材壮健，忽闻溘逝，殊可悯念。其应得恤典，着察例具奏。蔡元家计甚贫，其归榇及家口，着驰驿送往襄阳，即着安插襄阳居住。"

是日，上问皇太后安。

本日起居注官傅伸、宋大业。

十七日壬辰　辰时，上御乾清门，听部院各衙门官员面奏政事。

本日起居注官三宝、郑昆瑛。

十八日癸巳　辰时，上御乾清门听政。部院各衙门官员面奏毕，大学士伊桑阿、阿兰泰、王熙、张玉书、李天馥，学士西喇、王尹方、傅继祖、王掞、达瑚、李楠、戴通、李应廌以折本请旨毕，上谕大学士等曰："朕见部院内官员有年老与才力不及者，伊等不肯辞职，其恋恋之意，欲得差后方辞耳。尔等可传谕部院各衙门，若有年老与才力不及者，即行题参，勿得徇情。如或不参，察出之时一并治罪。如年老而善办事者不必题参。"

本日起居注官席米图、刘灏。

十九日甲午　辰时，上御乾清门，听部院各衙门官员面奏政事。

本日起居注官尹泰、颜光敩。

二十日乙未　辰时，上御乾清门听政。部院各衙门官员面奏毕，大学士伊桑阿、阿兰泰、王熙、张玉书、李天馥，学士西喇、王尹方、傅继祖、王掞、达瑚、李楠、德珠、戴通、李应廌以折本请旨。刑部题和尚故杀王七，拟斩监候秋后处决；助殴德尔白代及同谋往殴他布代达尔渣、李三、郑二，俱枷号三个月、鞭一百。上曰："和尚着三法司核拟具奏。德尔白代等俱系旗下人，不遵法纪，伙结党类，将王七带出城外殴死，殊属可恶、凶恶之徒，不可不惩。俱着充往黑龙江。"

是日，上问皇太后安。

本日起居注官张英、傅伸。

二十一日丙申　辰时，上御乾清门听政。部院各衙门官员面奏毕，大学士伊桑阿、阿兰泰、王熙、张玉书、李天馥，学士西喇、王尹方、王掞、达瑚、李楠、德珠、戴通、李应廌以折本请旨。户部题陕西巡抚布喀违旨，将宁夏粮米十万石直至十月半未经运完，又借端巧饰，希图卸罪具奏。应将布喀革去巡抚任，交与刑部，遣官拿至照前旨从重治罪。上曰："布喀违误官兵需用之米，又于挽运之事虽多端巧饰，希图卸罪，然究竟逾限，且沽名要誉之处甚为显著。布喀曾管两淮盐税，家颇饶裕，极能钻营。必于大臣官员纳贿求情，故并无一人参论之者。似此钻营要誉之人，不可不行严拿，加以重典。若令部员往拿，必有徇情之弊。着差朕前侍卫，用九条铁索往彼严拿。"

未时，上御景山内前殿，召请安进贡阿禄科尔沁国多罗郡王崔，柰曼部落多罗达尔汉郡王班第，郭尔罗斯部落护国公安达西里，科尔沁国固山额驸巴塔玛扎萨克、四品台吉吴尔图那速图、鄂齐礼，扎鲁特部落一品台吉布颜，科尔沁国协理旗分事二品台吉鄂齐尔图等，翁牛忒部落未得品级台吉丹津，柰曼部落一品台吉吴巴什等，敖汉部落四品台吉诺尔布等，杜尔伯特部落协理旗分事三品台吉乌勒木纪等，扎萨克扎赖忒部落协理旗分事二品台吉诺尔布，喀尔喀扎萨克多罗郡王色楞阿海，扎萨克护国公苏泰伊尔登，协理旗分事台吉奇他特等，归化城副都统阿底，归化城扎萨克头领喇嘛阿齐图绰尔济等，扎萨克喇嘛扎牙班第达库图克图等，居住带哈头领喇嘛丹津格龙，居住五台山头领喇嘛丹泊格龙、丹津格龙等赐食。

本日起居注官傅继祖、徐嘉炎。

二十二日丁酉 辰时，上御乾清门听政。部院各衙门官员面奏毕，大学士伊桑阿、阿兰泰、王熙、张玉书、李天馥，学士西喇、王尹方、傅继祖、王掞、达瑚、李楠、德珠、戴通、李应廌以折本请旨。吏部题礼部尚书熊赐履员缺，以都察院左都御史于成龙等职名开列。上曰："开列内皆近年升用之人。张英效力年久，乃系旧人，将张英补授礼部尚书。"

又江苏按察司高承爵员缺，将四川副使道高缉睿拟正，陕西副使道常名扬拟陪。上曰："河南府知府汪楫，其人颇优，居官亦好。但汪楫系江南人，不便补授江南地方。镇江府知府王燕居官好，为人亦优。将王燕从优升补江苏按察司。再扬州府知府施世纶居官亦好，但执拗耳。"

又兵部题古北口总兵官蔡元员缺，或开列参领，或开列副将，请旨。上曰："石匣副将王廷彪人材壮健，在行间亦优，其所属兵丁极赞颂心服，着升补古北口总兵官。三屯营副将吕八音人材壮健，调补王廷彪员缺。丁忧离任贵州副将李振定人材壮健，补授吕八音员缺。"

上又顾大学士等曰："国家设立言官，职司耳目，一切吏治民生得失利弊，皆宜殚思虑，据实直陈。近见满汉科、道官员建白甚少，殊非朕责望言路之意。嗣后应各矢公忠，研求时务。凡有可以裨益国家之事，悉据所见奏闻，以俟采择。但不得怀挟私情，纷更定例，剿袭陈言，浮泛塞责。其有真知灼见，应得纠劾者即行参奏，亦不得暗受嘱托，代人报复，苛责细事，希图倾陷。着写上，传晓谕遵行。"

本日起居注官三宝、曹鉴伦。

二十三日戊戌 辰时，上御乾清门听政。部院各衙门官员面奏毕，大学士伊桑阿、阿兰泰、王熙、张玉书、李天馥，学士西喇、王尹方、傅继祖、王掞、达瑚、李楠、德珠、戴通、李应廌以折本请旨。礼部题原任将军杨凤翔、都统色格、副都统巴图、三等精奇尼哈番刘邦柱，给与全葬银两，致祭一次，应否与谥，请旨。上曰："杨凤翔、刘邦柱着给与恤典，不必与谥。色格为人平常，巴图曾任侍卫，甚属浮躁庸劣之人，俱不必给与恤典。"

巳时，赐山东巡抚桑格鞍马一匹。

是日，上问皇太后安。

本日起居注官席米图、史夔。

二十四日己亥 辰时，上御乾清门听政。部院各衙门官员面奏毕，大学士伊桑阿、阿兰泰、王熙、张玉书、李天馥，学士西喇、王尹方、傅继祖、王掞、达瑚、李楠、德珠、戴通、李应廌以折本请旨。上谕大学士等曰："西安地方甚属紧要，将甘肃巡抚邬黑调补西安巡抚，着驰驿作速赴任。布政使为谁？"伊桑阿奏曰："西安布政使戴通，甘肃布政使严泰。"上问曰："伊等若何？"伊桑阿奏曰："戴通、严泰为人俱优，所行平稳。"上曰："严泰居官年久，为人颇优，着升授甘肃巡抚。"

上又顾大学士等曰："适布喀奏署总督印务。葛思泰奏称，总督印务断不可令伊署理，布喀岂不知之？伊既明知，乃置运米事务，竟来署总督之篆，特欲改换案卷，掩蔽任内之事耳，甚属无耻！观布喀如此屡行奸诈，定有倚仗之人。朕岂宥之乎。"

本日起居注官尹泰、张榕端。

二十五日庚子 辰时，上御乾清门听政。部院各衙门官员面奏毕，大学士伊桑阿、阿兰泰、王熙、张玉书、李天馥，学士西喇、王尹方、王掞、达瑚、李楠、德珠、戴通、李应廌以折本请旨。吏部题内阁学士图纳哈员缺，将太仆寺卿色冷等职名开列具奏。上曰："尔衙门侍读学士为谁？"伊桑阿奏曰："汉文何托办事平常，在署甚勤；哈山学问颇优，补授未久。其侍读学士安布禄系满文。"上曰："安布禄屡奉差遣，虽办事平常，而一心效力，非有私曲之人。着升补学士。"

伊桑阿奏曰："臣等遵旨议得热审重犯系三法司会题，各省审拟死罪亦系三法司会题。独刑部现审拟死罪案件，刑部具题一次，三法司又会同具题一次，未免重复。相应合并三法司一次会题完结。"上曰："热审现审俱系重犯案件，而具题完结各异。人命事情关系重大，应作何画一，尔等会同该部院再详议之。近日光禄寺奏停荐新芽茶，凡有类于此者，俱宜停止。其各省庆贺表笺，每次遣官赍送，不惟驿递烦扰，而赍送官员亦属劳苦。朕思凡物解京，均于地方百姓有累。省一件如去一病，今将表笺停，其每次遣官赍送，或应照朝鲜国一年一次汇送。凡事皆由督抚具题，或着督抚汇收一次赍送。尔等亦会同该部议之。”

本日起居注官傅伸、沈涵。

二十六日辛丑 辰时，上御乾清门听政。部院各衙门官员面奏毕，大学士伊桑阿、阿兰泰、王熙、张玉书、李天馥，学士西喇、王尹方、傅继祖、王掞、达瑚、李楠、德珠、戴通、李应薦、安布禄以折本请旨。兵、户二部会议得江南人朱佩玉于康熙三十一年在大同等处开垦荒田二次，应照例以卫千总用，再加一级，以署守备、管守备事。上曰：“垦荒议叙，原期荒地尽皆开垦，以裨益民生。近闻实行垦荒者甚少，购买、隐占熟地报作新垦者甚多，民间隐地自首免罪，久有明旨。若照现行例行，则隐占地亩之人，皆因之获利，而军功效力之人，久致淹抑。这垦荒叙用是否有益，尔等会议具奏。”

又理藩院、户部会同议得往归化城种地散秩大臣伯辛裕等，交与吏、兵二部议叙。归化城官员在本地监看耕种，无庸议叙。上曰：“归化城官兵此数年来为喀尔喀、厄鲁特事奔走差役，供应劳苦，造船、耕种，又甚效力。应将归化城官兵一并议叙。”

又刑部等衙门题秋审各犯。上曰：“这情真各犯内，李三、阿二、常三、付二、李蓬庚、噶布喇俱着免死，减等发落。”

又三法司官员偕进，伊桑阿奏曰：“臣等遵旨议得，热审、现审俱系重犯事件，启奏完结，实为不一，应停止。刑部启奏，三法司会同核议，并作一次启奏完结。”上曰：“诸臣之意同否？”诸臣奏曰：“臣等之意皆同。”上曰：“此事该部议奏。”三法司官员出。

礼部官员偕进。伊桑阿奏曰：“臣等遵旨议得，各省庆贺表笺遣官赍送，累及驿递官民是实，今若将表笺停，其每次赍送总归一次，又为繁冗。此后应将凡庆贺表笺，按期交与督抚汇齐赍送，停止遣官。”上然之。

本日起居注官三宝、王思轼。

二十七日壬寅 早，上幸南苑。酉时回宫。

本日起居注官席米图、陆肯堂。

二十八日癸卯 辰时，上御乾清门，听部院各衙门官员面奏政事。

本日起居注官傅继祖、黄梦麟。

二十九日甲辰　辰时，上御乾清门，听部院各衙门官员面奏政事。

本日起居注官尹泰、彭宁求。

三十日乙巳　辰时，上御乾清门听政。部院各衙门官员面奏毕，大学士伊桑阿、阿兰泰、王熙、张玉书、李天馥，学士西喇、王尹方、傅继祖、王掞、达瑚、李楠、德珠、戴通、李应厲、安布禄以折本请旨。吏部题内阁侍读学士安布禄员缺，以太仆寺少卿杨舒拟正，织造库郎中巴布纳拟陪。上曰："杨舒于太仆寺衙门事务虽能办理，但未经历部院衙门事情。巴布纳曾为侍卫，人材不及，办事未能妥当。尔等更有所知者否？"伊桑阿奏曰："请将部院衙门保举人员内拣选擢用。"上曰："郎中牛钮若何？"伊桑阿奏曰："为人尚可。"上曰："俟朕拣选擢用。"

又江宁理事同知石禄员缺，以中书科中书宝善拟正，司库纳林拟陪。上曰："理事同知乃审理旗下民间相关事务，这员缺紧要，尔等会同吏部选择具奏。"伊桑阿奏曰："臣等遵旨会议得垦荒一事，将真正荒地开垦是虚，买民间隐匿熟地冒称开垦是实，若将此等之人叙用，则效力者淹滞。其垦荒叙用无益，相应停止。"上曰："着九卿、詹事、科、道会议具奏。"

本日起居注官傅伸、陈元龙。

十一月

初一日丙午　辰时，上御乾清门听政。部院各衙门官员面奏毕，大学士伊桑阿、阿兰泰、王熙、张玉书、李天馥，学士西喇、王尹方、傅继祖、王掞、达瑚、李楠、德珠、戴通、李应厲、安布禄以折本请旨毕，上顾大学士等曰："闻外藩蒙古内有极贫困不能为生者，宜作何抚养，尔等会同领侍卫内大臣、议政大臣、蒙古大臣、都统等酌议具奏。"

本日起居注官席米图、徐元正。

初二日丁未　辰时，上御乾清门，听部院各衙门官员面奏政事。

是日，上问皇太后安。

本日起居注官三宝、宋大业。

初三日戊申　辰时，上御乾清门，听部院各衙门官员面奏政事。

本日起居注官傅继祖、郑崑瑛。

初四日己酉　辰时，上御乾清门，听部院各衙门官员面奏政事。

本日起居注官尹泰、刘灏。

初五日庚戌　早，上御太和门视朝，升转文武官员谢恩毕，回宫。

是日，赐陕西西宁总兵官王弼鞍马一匹。

本日起居注官傅伸、曹鉴伦。

初六日辛亥　辰时，上御乾清门听政。部院各衙门官员面奏毕，甘肃布政使杜希赴任陛辞，请训旨。上曰："惟在洁己，勉图报效而已。"

本日起居注官张英、席米图。

初七日壬子　辰时，上御乾清门听政。部院各衙门官员面奏毕，大学士伊桑阿、阿兰泰、王熙、张玉书、李天馥，学士西喇、王尹方、傅继祖、王掞、达瑚、李楠、德珠、戴通、李应廌、安布禄以折本请旨。兵部题覆三品官林兴珠并无冤枉，叩阍不合。应将林兴珠照例罚俸九个月。上曰："林兴珠效力行间，所在多有劳绩。着补授銮仪使。"

本日起居注官三宝、徐嘉炎。

初八日癸丑　辰时，上御乾清门听政。部院各衙门官员面奏毕，湖广巡抚年遐龄赴任陛辞，请训谕。上曰："为官之道，莫要于洁己，以抚绥百姓。"年遐龄奏曰："臣敢不洁己以副皇上擢用！"上曰："湖广地方甚属平静，惟文武和睦，使兵民皆安，不必生事为善耳。"年遐龄奏曰："臣谨遵圣训，竭力图效。"

巳时，赐湖广巡抚年遐龄鞍马一匹。

是日，上问皇太后安。

本日起居注官尹泰、颜光敩。

初九日甲寅　辰时，上御乾清门听政。部院各衙门官员面奏毕，大学士伊桑阿、阿兰泰、王熙、张玉书、李天馥，学士西喇、王尹方、傅继祖、王掞、达瑚、李楠、德珠、戴通、李应廌、安布禄以折本请旨。理藩院题西白瓜尔查有官职人等，给与半俸。上曰："西白瓜尔查原系科尔沁国之奴，何至给与俸禄？此疏内竟将朕旨舛错，尚书班第甚属可厌之人，好沽虚名，原系朕亲近侍卫，自部用以来，虽朕躬违和，于内庭诸事未见其亲近，甚为无义。可问其舛错朕旨之处。”

上又顾大学士等曰："顷都察院纠参御吏任弘嘉怀挟私情欲更成例塞责具奏，应交与该部察议。近因言官条奏者甚少，故谕其各抒己见。任弘嘉虽欲更成例，条奏无益，所奏亦系公事。若将此等议罪，则无人肯言矣！任弘嘉免其议处。"

未时，上御保和殿，召请安进贡科尔沁国和硕土谢图亲王额驸沙津，扎赖忒部落固山贝子纳孙，都尔白忒部落固山贝子沙津，科尔沁国护镇国公都思哈尔，鄂尔都斯部落多罗郡王董罗布、四品台吉滚布等，翁牛忒部落三品台吉宁布等，吴喇忒部落四品台吉奔，科尔沁国四品台吉马那瑚等，喀尔喀部落扎萨克一品台吉色冷达西，归化城内齐托音枯土克图扎萨克、喇嘛库里承规等赐食。

本日起居注官傅伸、史夔。

初十日乙卯　早，上幸南苑。酉时回宫。

本日起居注官席米图、张榕端。

十一日丙辰　上以有事南郊斋戒三日，不理政事。

本日起居注官三宝、沈涵。

十二日丁巳　本日起居注官尹泰、王思轼。

十三日戊午　早，上于保和殿视郊天祝版毕，回宫。

本日起居注官傅伸、陆肯堂。

十四日己未　本日起居注官席米图、黄梦麟。

十五日庚申　辰时，上御乾清门，听部院各衙门官员面奏政事。

是日，上问皇太后安。

本日起居注官尹泰、彭宁求。

十六日辛酉　辰时，上御乾清门听政。部院各衙门官员面奏毕，大学士伊桑阿、阿兰泰、王熙、张玉书、李天馥，学士西喇、王尹方、傅继祖、王掞、李楠、德珠、戴通、李应廌、安布禄以折本请旨后，上曰："顷吏部将正白旗主事张四、雅代拟补理藩院员外郎引见。朕问张四、雅代，前补内务府员外郎时为何不来？称张四身染时症，雅代患病，往汤泉调治。观此二人面色俱好，并无病容。若使患病果真，距拣选内务府员外郎时三四日间，面色如何即愈？伊等特恐为内务府员外郎，规避劳苦，欲在外部，其情显然。张四、雅代俱革职，着为护军。”

本日起居注官三宝、陈元龙。

十七日壬戌 辰时，上御乾清门听政。部院各衙门官员面奏毕，大学士伊桑阿、阿兰泰、王熙、张玉书、李天馥，学士西喇、王尹方、王掞、李楠、德珠、戴通、李应廌、安布禄以折本请旨。御史任弘嘉条奏六款。上曰：“朕详阅任弘嘉条奏，事内所云严学臣之处，分专监臣之考校，此二款关系养育人才，严饬监臣、学臣，则读书者勉励真才不至遗弃。此二条着该部议奏。”

本日起居注官傅继祖、徐元正。

十八日癸亥 辰时，上御乾清门，听部院各衙门官员面奏政事。

本日起居注官席米图、宋大业。

十九日甲子 辰时，上御乾清门听政。部院各衙门官员面奏毕，大学士伊桑阿、阿兰泰、王熙、张玉书、李天馥，学士西喇、王尹方、傅继祖、王掞、李楠、德珠、戴通、李应廌、安布禄以折本请旨。甘肃提督孙思克等及太原总兵官胡戴臣因军政遵例自陈。上曰：“提督孙思克年老，且劳绩茂著，着应加将军职衔。提督施琅、张云翼、徐治都俱有劳绩，将伊等奏章俱拟温旨批发。总兵官等俱系朕选择补用，人材壮健，皆朕所悉知。其在地方居官贤否，朕未知之。九卿诸臣内各省之人皆有，尔等传问九卿。至胡戴臣居官如何，尚书马齐等自应知之。曾忆胡戴臣所奏一疏，殊觉未当。尔等将其疏查看。”

本日起居注官傅伸、郑崑瑛。

二十日乙丑 辰时，上御乾清门听政。部院各衙门官员面奏毕，九卿趋进。工部尚书沙木哈奏曰：“臣等遵旨会议得，总河靳辅疏称高家堰加筑小堤，中河挑浚河沟，增高遥堤，添造闸口等事，俱依所请行。”上问尚书熊赐履曰：“尔意云何？”熊赐履奏曰：“靳辅身在河道，历年甚久，其有益于河之处，必能洞晓。是以臣等依其所请。”上又问左都御史于成龙曰："尔意亦相同否？"于成龙奏曰："臣意相同。"上又问尚书马齐、图纳等曰："尔等俱曾往视河道，尔等何言？"马齐等奏曰："臣等往视河道，系暂时经过。河道关系重大，不可悬揣而言。但以靳辅治河甚久，必有洞悉之处，伏候上裁。"上曰："中河甚为有益，靳辅欲挑浚河沟，加高遥堤，又塞张庄运口，修骆马湖东西石闸，水涨之时开之使流，水落之时塞之使聚。其言犹可。至于高家堰堤外欲筑一小堤，此岂可乎？且承受洪泽湖大水，全惟高家堰是赖。将高家堰之堤筑之，使其益坚，则可其外筑一小堤，有何益哉？倘高家堰之堤冲决，则一小堤能御之乎？此皆靳辅执其向时意见，而行之者也。"尚书马齐等奏曰："臣等但以为从大堤之外再筑一小堤，使其坚者益坚耳。皇上所见诚然。"九卿出。

大学士伊桑阿、阿兰泰、王熙、张玉书、李天馥，学士西喇、王尹方、傅继祖、王掞、李楠、德珠、戴通、李应鹰、安布禄趋进。伊桑阿奏曰："臣等遵旨问九卿，九卿云，现今总兵官皆系皇上睿鉴选择擢用，人材皆壮健。至其居官，臣等各省之人皆未闻其有不好声名。若有生事妄行，彼系武臣，谁肯为之隐匿？胡戴臣向所条奏，臣等查看，所言实系未当。"上颔之。

本日起居注官尹泰、刘灏。

二十一日丙寅　辰时，上御乾清门听政。部院各衙门官员面奏毕，大学士伊桑阿、阿兰泰、王熙、张玉书、李天馥，学士西喇、王尹方、王掞、李楠、德珠、戴通、李应鹰、安布禄以折本请旨。九卿议覆总河靳辅疏称高家堰加筑小堤、中河开浚河沟、增高遥堤、添造闸口等事，均应如其所题修治。上曰："观中河，现今甚为有益，后日虽不知何如。其开浚河沟、增筑遥堤、添造闸口、堵塞张庄运口、另建石闸之说，俱可行。但阻障洪泽湖大水，全赖高家堰大堤。高家堰堤内受水，则内外浸灌冲激，虽大堤亦不可保。大堤不保，虽筑数堤何用？朕将畅春园内河堤令治为偏坡，每为水冲激，从中坍毁。细流尚且如此，何况黄河水势至大乎！前者诸臣皆议置靳辅于重典，朕独立意宽免。由今观靳辅修治河工，可谓无益乎。但其年老有病，已就昏耄，未可定耳。再问之九卿。"

又刑部题安亲王山茔后偷挖窑口傅之寿等杖一百、流三千里。上曰："傅之寿等虽经治罪，若不禁止窑口，后日仍复开掘。安亲王茔地附近所有窑口，着该部发官价尽买填塞，禁止永不许开。”

是日，上问皇太后安。

本日起居注官三宝、颜光敩。

二十二日丁卯 辰时，上御乾清门听政。部院各衙门官员面奏毕，大学士伊桑阿、阿兰泰、王熙、张玉书、李天馥，学士西喇、王尹方、王掞、李楠、德珠、戴通、李应廌、安布禄以折本请旨。大学士伊桑阿等奏曰：“靳辅所奏治河事宜，臣等遵旨问九卿，九卿奏云，中河挑浚河沟，加筑遥堤，添建闸座及堵塞张庄运口，另建闸座，俱蒙俞行。圣谕至为允当。至堵御洪泽湖泛涨之水，全恃高家堰旧日大堤。若高家堰大堤不可保，另筑数层小堤何益？圣谕真超出寻常之外，非臣等愚昧所及。靳辅在当日廷臣曾议请从重治罪，皇上圣明洞鉴，独赐保全。今任用克有成效，益显我皇上知人之明。臣等不胜惭悚。”上曰：“靳辅疏请于高家堰另行加筑小堤，九卿议以为可行。朕思高家堰障淮敌黄，关系最为紧要。若使堤内受水，则内外浸灌、冲激，甚属危险。高家堰堤之不固，虽另增数层小堤何益？运料小河增加堤岸不必行。高家堰当作何增修，令其永远坚固，遣大臣前往察视，着开列职名具奏。其中河张庄运口筑堤建闸等项，着河臣将工费估计具题再议。”

本日起居注官傅继祖、张英。

二十三日戊辰 辰时，上御乾清门听政。部院各衙门官员面奏毕，大学士伊桑阿、阿兰泰、王熙、张玉书、李天馥，学士西喇、王尹方、傅继祖、王掞、李楠、德珠、戴通、李应廌、安布禄以折本请旨。九卿议奏总河靳辅疏黄河两岸栽柳种草、设立涵洞相应准行，至所称挑浚河沟引水、淤垫堤下积水之处，又引水淤垫邳州低洼之处，应令该督等详加议妥具奏再议。上曰：“这引黄水内灌使淤平洼地之事，虽称有益，朕断不肯轻言。黄河水势甚属危险，倏尔彼处深此处浅，倏尔船被淤阻，水势变迁无定。不独黄河为然，即如此地浑河之水，数十年前其流尚在南苑，中未几渐徙而南，犹去南苑未远，在蠡县村落间。今则分为二股，一股出新安，一股出霸州，其流愈远矣。朕幼时闻土人云，元朝欲引浑河之水通京城而未果，想亦有所难行耳。黄河水势湍汛，这引黄内灌使淤平洼地，事属危险，难保万全，不准行。”

又礼部题元旦行礼筵宴，请旨。上曰：“西安、凤翔之民困于饥荒，朕时时轸念。元旦行礼筵宴似宜停止。着问九卿。”

未时，上御保和殿，召请安进贡敖汉多罗郡王扎木苏，科尔沁国和硕土谢图亲王、额驸沙津，巴林多罗额驸阿拉布坍，鄂尔多斯部落贝勒宋拉布、固山贝子根都斯希雅布、协理旗分事一品台吉诺尔布等，蒿齐特部落协理旗分事二品台吉沙里，苏尼特部落一品台吉阿毕达，扎鲁特部落三品台吉噶尔毕等赐食。

本日起居注官席米图、徐嘉炎。

二十四日己巳　辰时，上御乾清门听政。部院各衙门官员面奏毕，大学士伊桑阿、阿兰泰、王熙、张玉书、李天馥，学士西喇、王尹方、傅继祖、王掞、李楠、德珠、戴通、李应鹰、安布禄以折本请旨。吏部题总河靳辅员缺，将本部侍郎布颜图等职名开列。上曰：“诸事以河工为要，关系最重。这员缺着问九卿。”

又九卿议覆总河靳辅疏称淮安等四府州地方各有开河、筑堤、建闸、栽柳之处，俱系纳粮民田，理应豁免。至于涸出淤成膏腴熟地，亦应升科。应令该督抚差贤能官员确查具奏。上曰：“开河筑堤所用民田及涸出膏腴熟地，若遣地方官丈量踏勘，恐借端扰民。着差部院堂官一员前往确查。”

伊桑阿等奏曰：“皇上因西、凤两府被灾欲止停元旦行礼筵宴，臣等遵旨问九卿，九卿、诸臣闻命咸跪奏曰，天下之大，一隅偶尔被灾，自古所不能无。去岁西、凤两府荒欠，圣心轸念，特发帑金、转运漕谷，屡经赈济。且今岁又稍有秋，百姓渐得生养。元旦系万国臣民忻忭之日，臣等得以瞻叩天颜，不胜颙望，行礼筵宴，断不可停止。”上曰：“众议如此，着照常行礼，筵宴停止。”

本日起居注官傅伸、曹鉴伦。

二十五日庚午　辰时，上御乾清门听政。部院各衙门官员面奏毕，大学士伊桑阿、阿兰泰、王熙、张玉书、李天馥，学士西喇、王尹方、傅继祖、王掞、李楠、德珠、戴通、李应鹰、安布禄以折本请旨后，伊桑阿奏曰：“总河靳辅员缺，臣等遵旨问九卿，九卿云，总河责任甚属要紧。知臣者莫若君，臣等不敢妄拟，伏候皇上选用。”上曰：“协理河务府丞徐廷玺办事亦可，但为人轻浮。河道总督之责甚为紧要，必得才与任相宜、能办理河工急务之人方为有益。以满洲汉军补用为当。”

是日，上问皇太后安。

本日起居注官史夔、尹泰。

二十六日辛未 辰时，上御乾清门听政。部院各衙门官员面奏毕，大学士伊桑阿、阿兰泰、王熙、张玉书、李天馥，学士西喇、王尹方、傅继祖、王掞、李楠、德珠、戴通、李应廌、安布禄以折本请旨后，伊桑阿奏曰：“臣等遵旨问九卿，九卿云，河工关系最重，若预筹少有不到，贻患非小。总河员缺，满洲汉军相宜，非出必乘舆空言谈论之辈所能胜任，仰候皇上睿鉴选用。”上曰：“河工责任最要，得人实难。若王新命之为总督，则甚易耳。若王新命在河道三年，幸值河道无事，得以安静。如有事时，将如之何？今时值寒冻，河道无事之时，暂迟数日，朕熟计之。”

巳时，上由神武门出西直门，驻跸畅春园。各衙门应面奏事务仍行面奏外，其余章奏每日交送内阁，内阁传送畅春园。

是日，上问皇太后安。

本日起居注官三宝、张榕端。

二十七日壬申

二十八日癸酉

二十九日甲戌 辰时，上御畅春园内澹宁居听政。部院各衙门官员面奏毕，大学士伊桑阿、阿兰泰，学士西喇、德珠、戴通、安布禄以折本请旨。吏部题原任易州驻防佐领拜他拉布勒哈番殷木纳澄叩阍，疏内称臣佐领职任与长子都尔海承袭、拜他拉布勒哈番乞与次子科纳布承袭等。因拜他拉布勒哈番应照例给与佐领都尔海承袭，殷木纳澄并无冤枉之处，即行叩阍，应交与兵部议处。上曰：“科纳布朕素知之，人材壮健，将此职令伊承袭。”

又总河靳辅员缺。上曰：“尔等云何？”伊桑阿等奏曰：“河务最为紧要，伏乞皇上简用。”上曰：“事务莫重于河工。流贼乱时，曾将河南地方黄河开掘数处，百姓甚被其害。嗣后相继修治，至康熙二十年以来方好。黄河关系国计民生，从前靳辅修治河道，九卿纠参者甚多，朕尽记之。若将纠参人内补用，彼必执其偏见，随意小为改修；亦不自觉，及至大坏。彼时将如之何？朕实惧焉。”伊桑阿等奏曰：“皇上洞悉河务，若选用之，谁敢妄为？岂不思保其身家乎！”上曰：“人之心，胆最大。一朝事败，身家何足言？彼处无限生民，顷刻尽皆沦没矣。朕当再思之。”

本日起居注官傅继祖、莫里溥。

十二月

初一日乙亥

初二日丙子

初三日丁丑　未时，上御畅春园内重门，召请安进贡喀尔喀部落扎萨克多罗郡王纳木扎尔，巴林部落固山贝子额尔得尼、扎萨克固山贝子盆褚克、扎萨克护国公汉都，车臣汗亲弟台吉散济扎布等，协理旗分事台吉噶尔丹等，协理旗分事台吉尼玛沙尔等，协理旗分事台吉崔扎木素，协理旗分事台吉完扎尔等，及内大臣、侍卫等赐宴。上召多罗郡王纳木扎尔、固山贝子额尔得尼、盆褚克、公汉都等近御座前，上亲赐酒，其余台吉，令侍卫等传饮。宴毕，上回宫。

本日起居注官席米图。

初四日戊寅　辰时，上御畅春园内澹宁居听政。部院各衙门官员面奏毕，大学士伊桑阿、阿兰泰，学士西喇、傅继祖、德珠、戴通、安布禄以折本请旨。吏部题补总河靳辅员缺。上曰：“总河得人甚难，巡抚宋荦、朱弘祚居官俱优，但河务与地方之事不同，其长于地方事者，未必优于河务。巡抚郭世隆居官甚善，行谊诚笃，谨慎小心，其学问亦优。前任内阁学士时，朕固知之。从来汉军学士中无逾于此人者。侍郎思格则素行诚实，非阿谀巧诈之人，为数年来满洲学士中所不及。总督佛伦居官甚善，前用为内务府总管，曾实心效力。赴任陕西时，闻山东百姓无论老幼泣送境外，至今犹追思垂涕。不止佛伦在山东时一心惟事安静，所以官民悦服。总督傅腊塔居官亦甚善，并不逢迎畏惧于人，惟一心效力。”伊桑阿奏曰：“圣见诚然。”阿兰泰奏曰：“洵如皇上洞鉴。佛伦在山东时并未参劾一人，人皆悦服。”上曰：“凡官员赴外任请训旨时，每诫以不可诬陷纠参，凡人获罪于朕，犹有解免之时。不可获罪于友朋，彼必专心伺其间隙而排陷之。佛伦不违朕旨，所行皆遵训谕。自朕观之，凡遵旨者皆吉，违旨者获戾恒多。朕于居官者，皆望其保全而有成，岂愿其至于陨越乎？凡官员扶同结党者不祥，倾陷他人者更不祥，总不若安分尽职、倾心效力之为优也。”伊桑阿等奏曰：“谕旨甚善。居官之理，皇上一言尽之矣。”上曰：“此缺朕再思之。”

本日起居注官三宝、傅伸。

初五日己卯

初六日庚辰

初七日辛巳　辰时，上御畅春园内澹宁居听政。部院各衙门官员面奏毕，大学士伊桑阿、阿兰泰，学士西喇、德珠、戴通、安布禄以折本请旨。九卿题覆总河靳辅疏称河道通判、县丞、主簿等员更调之处，不准行。上曰：“河务甚属紧要，河工官员窎远管理，事必有误。靳辅量事筹画，欲更调河员，着依所请行。”

又吏部题补总河靳辅员缺。上曰：“左都御史于成龙凡事尽力，材干亦优，且曾在河工，着补授总河。”

又太常寺题十二月二十五日文皇后忌辰，照例应遣彼处官一员，于暂安奉殿致祭。上曰：“遣皇长子保清行礼。”

上又顾大学士伊桑阿等曰：“兵部题陵寝驻防协领道禅已经病故，所遗员缺顷将补授之人引见。道禅之祖索海曾任工部尚书，父多颇罗曾任副都统，其家世原好。道禅之子多尔泰朕曾见之，状貌亦好，着袭伊父阿达哈哈番，补授驻防协领。”

本日起居注官傅继祖、莫里溥。

初八日壬午　是日，上移驻南苑。

初九日癸未

初十日甲申

十一日乙酉

十二日丙戌　辰时，上御南苑旧宫听政。部院各衙门官员面奏毕，大学士伊桑阿、阿兰泰，学士西喇、傅继祖、德珠、戴通、安布禄以折本请旨。都察院议覆给事中苏俊所参应双月掣签之知县张镐，改为单月掣签等事，将吏部郎中穆舒等俱降四级调用；原任尚书、今升大学士李天馥销去加一级，仍降二级调用；侍郎彭孙遹降三级调用；侍郎布颜图销去加三级，侍郎赵士麟销去纪录十二次，免调用。上曰："李天馥、彭孙遹着降级从宽留任。此内郎中穆舒系保举之员，理应不顾身家，竭力奉公。彼因保举而得升迁，岂宜如此！则保举更有何益？着革职，令为护军效力。"

又銮仪卫銮仪使林兴珠遗疏。上曰："林兴珠投诚时妻子被杀，归顺之后屡于行间效力，殊为可悯。着议叙具奏。"

本日起居注官席米图、傅伸。

十三日丁亥

十四日戊子　未时，上由正阳门进午门回宫。

是日，上问皇太后安。

本日起居注官三宝、沈涵。

十五日己丑　辰时，上御乾清门，听部院各衙门官员面奏政毕。总河于成龙奏曰："臣于本月二十日起程。河工最为紧要，恭请皇上训谕。"上曰："诸事以河工为要，河道必须身亲遍看治河事务，切勿轻信旁人虚言，亦不可偏执己见。"于成龙奏曰："上谕诚然。现今河道安澜，漕运无阻，皆由皇上指谕之所致也。臣到任后一惟守旧，不时查察巡视，凡工程钱粮，照数亲发官属，令其足给夫役。臣断不受属吏财贿，在己既清，合属自无扣克，夫役工值得以全领，所修工程自然坚固，而且速成。至河工官员果有勤劳任事、著有成绩者，方敢荐举，决不敢徇私受赂。倘有另宜修理者，必请皇上指谕方行，丝毫不敢任意更改。臣到任时，不候大学士张玉书、尚书图纳，先往河南查勘黄河两岸及各处工程，再往清江浦勘毕，料理数月，仍由济宁至通州挑浚浅滩，粮艘因此地阻浅而用剥船，甚为苦累。"上曰："通河浅处，尔能挑浚令其久深否？"于成龙奏曰："臣前任通州知州时，自通州至南铃十余里，浅滩曾经挑浚。后任江宁知府，臣问运丁前所挑南铃浅处有无阻滞，皆云不阻。"上曰："朕今岁四月幸窝头庙，乘舟行三十余里，过南铃一带，水皆甚浅。沙地纵然挑浚，岂能久远乎？"于成龙奏曰："皇上洞鉴甚明，沙地不久旋即淤浅。臣家中并无好人，今有跟随臣笔帖式苏信、随印笔帖式吴什图，乞皇上准带往。”上然之。于成龙因叩谢而出。

大学士伊桑阿、阿兰泰、王熙、李天馥，学士西喇、王尹方、王掞、李楠、德珠、戴通、李应廌、安布禄以折本请旨。吏部尚书库勒纳等审得，贵州巡抚卫既齐身为封疆大臣，未经查出实情，即轻行用兵，应议革职。上曰：“卫既齐将子虚之事捏词谎奏，朕阅库勒纳等审来疏内，苗子有一人死在本境，知府、副将等借端希图人命钱，遣吏目与兵丁二十人向苗子索取，因苗子不与，将苗子射死一人。苗子说，我们人死在本境，何为无辜杀我，遂尔相拒，杀吏目刘浡等。卫既齐不将此事详查明白，轻信属员报称苗人反叛，请发官兵，遽即发兵往剿。及兵到彼地，寨内并无一人，乃搜获苗人逃避山间者仅十四人，杀七人，擒七人。卫既齐竟将此事奏称与苗子对敌、阵杀一千一百一十八人，欺诳如此，所以启衅边疆也。边地全赖督抚提镇弹压，巡抚将军事如此谎奏，岂不生乱？卫既齐以忠诚道学自任，其为府尹时上疏又自比于召公，岂召公为人亦如此欺罔乎！卫既齐言行全不相符，欺朕之人若不正法，何以治天下！卫既齐应以军法从事。即因此致人议论，朕亦听之不畏也。库勒纳曾问彼为何发兵，卫既齐云，我一闻杀人惊惶之至，遂尔发兵。忠诚道学之人如此轻举妄动耶？以此观之，卫既齐不过自为粉饰，所行皆虚，全无诚实。此事提督陈奇亦曾谎奏，若在，亦应正法。尔等可将此旨传谕九卿，令九卿将卫既齐事会议具奏。卫既齐为检讨时大言条陈之疏、为府尹时自比召公之疏，俱查出与九卿看。”

本日起居注官傅继祖、王思轼。

十六日庚寅 辰时，上御乾清门听政。部院各衙门官员面奏毕，九卿进。兵部尚书索诺和等奏曰：“臣等遵旨会议，巡抚卫既齐启衅封疆，不察虚实，遽行发兵，谎奏苗子反叛，深负皇上委任至意。应将卫既齐立斩。”上曰：“卫既齐当封疆重任，乃于地方生事，谎奏欺朕，深为可恶！尔等所议甚是。”九卿出。

大学士伊桑阿、阿兰泰、王熙、李天馥，学士西喇、王尹方、傅继祖、王掞、李楠、德珠、温保、戴通、李应廌、安布禄以折本请旨。吏部题都察院左都御史于成龙员缺，开列侍郎赵士麟等。上曰：“董讷曾于靳辅所修河工有阻挠之议，今于成龙已任总河，伊将拘执前事、嫉妒坏事亦未可定。将董讷升任授左都御史，河工庶几清静。”

又总河靳辅疏荐江南山清、盱眙同知冯佑等七人，俱系谙练河务之员。山东按察使喻成龙系司道卓异之员，再看河原任尚书熊一潇等事，皆与臣一体无辜诖误、求皇上一并怜悯等语，俱无庸议。上曰：“这所荐冯佑等已知之。熊一潇等着再议具奏。”

上又曰：“卫既齐着差刑部司官一员照布喀提拿，到日再行具奏。”

本日起居注官莫里溥、陆肯堂。

十七日辛卯　辰时，上御乾清门，听部院各衙门官员面奏政事。

是日，上问皇太后安。

本日起居注官尹泰、陈元龙。

十八日壬辰　辰时，上御乾清门，听部院各衙门官员面奏政事。

是日，赐总河于成龙弓箭、撒袋、蟒缎披领。

本日起居注官席米图、彭宁求。

十九日癸巳　辰时，上御乾清门听政。部院各衙门官员面奏毕，大学士伊桑阿、阿兰泰、王熙、李天馥，学士西喇、王尹方、傅继祖、王掞、李楠、德珠、温保、戴通、李应廌、安布禄以折本请旨。吏部题覆河南巡抚阎兴邦奏请，开封乃省会大郡，知府员缺，伏乞皇上拣选才能官员补授，议不准行。上曰：“开封系大府，应如该抚所请，着将候缺知府开列具奏。有素知其贤能者选择补授。”

上又顾大学士等曰：“总督兴永朝行事倨傲，与镇将不睦。浙闽乃边陲近海之地，设或有事，恐难料理。然兴永朝居官亦好，总督事务不烦，着将兴永朝调补总漕。至浙闽总督必择如李之芳者补授。尔等议之。李之芳在浙江时曾披甲持刃，亲临阵伍之前。”

本日起居注官三宝、黄梦麟。

二十日甲午　辰时，上御乾清门听政。部院各衙门官员面奏毕，差往湖广督理运米事务吏部侍郎傅腊塔至。上问曰：“运往西安之米全到否？运此米有累于民否？”傅腊塔奏曰：“米俱运到，不至甚累于民。”上又问曰：“今年湖广所收米谷如何？”傅腊塔奏曰：“今年湖广米谷甚好，所收较胜常年。惟近潼关数州县所收仅五六分。”傅腊塔出。

大学士伊桑阿、阿兰泰、王熙、李天馥，学士西喇、王尹方、傅继祖、王掞、李楠、德珠、温保、戴通、李应廌、安布禄以折本请旨。吏部题正黄旗一等伯巴特马因年老有疾休致，将伊一等伯应与长子四格袭替。上曰：“伯系显爵，四格为人庸劣，次子厄参现为侍卫，人材俊爽，将伊等问巴特马。”伊桑阿奏曰：“臣等遵旨会议，堪补浙闽总督者无稔知之人。浙闽地方最为紧要，应升官员皇上悉知，不拘现在何职，听皇上选用。”上曰：“浙闽滨海地方，甚属紧要，此缺必得其人方善。观广东巡抚朱弘祚居官颇优，其人亦可，着升授浙闽总督。”

本日起居注官傅伸、徐元正。

二十一日乙未 辰时，上御乾清门听政。部院各衙门官员面奏毕，大学士伊桑阿、阿兰泰、王熙、李天馥，学士西喇、王尹方、王掞、李楠、德珠、温保、戴通、李应廌、安布禄以折本请旨。吏部以开封府知府员缺，将候补知府职名开列。上曰：“候补知府之人，朕皆不识。着问九卿。”

又礼部题总河靳辅病故，给与全葬银两，致祭一次，应否与谥。伏候上裁。上曰：“靳辅之谥应与应不与，可问之九卿。”

伊桑阿等又奏曰：“臣等遵旨问巴特马，巴特马云：‘例应长子袭职，故将长子四格请袭。臣之子四格、厄参，皆皇上所知，应与何人承袭，惟听上裁。’”上曰：“厄参人材俊爽，着令厄参袭职。”

申时，上御乾清门。大学士伊桑阿、阿兰泰、王熙、李天馥，学士西喇、王尹方、王掞、李楠、德珠、温保、戴通、李应廌、安布禄以折本请旨。吏部题河南巡抚阎兴邦、广东巡抚朱弘祚员缺，以内阁学士德珠等职名开列。上曰：“朕观候补侍郎顾汧为人颇优，曾任尔衙门学士，尔等以为何如？”伊桑阿等奏曰：“顾汧为人明爽，皇上所见甚是。”上曰：“顾汧着补授河南巡抚。安徽巡抚江有良居官何如？”伊桑阿等奏曰：“江有良谨慎安静。”上曰：“朕亦闻之。江有良居官年久，着调补广东巡抚。阎兴邦、江有良俱着驰驿赴任。顾汧亦着速往赴任。”

伊桑阿等奏曰：“臣等遵旨问九卿，户部尚书王骘、御史郝惟谦荐候补知府管竭忠，曾任开封知府，丁优解任，开封百姓至今感念。少詹事李录予、御史冯瑞荐候补知府丁廷楗，曾任凤阳知府，丁忧解任，居官颇善，人材亦优。”上曰 :“朕曾记有人奏管竭忠居官善状，着补授开封知府。”

又户部议覆原任巡抚格尔古德之妻叩阍，疏称夫格尔古德无嗣，亦无近族昆弟之亲，求将外孙窦格为格尔古德之嗣，承其产业等语。查与例不符，应无庸议。上顾阿兰泰曰：“尔与格尔古德同旗，格尔古德之族人、其世系何如？族人有侵扰寡妇者否？”阿兰泰奏曰：“其族人虽系同姓，世系疏远，不明闻族人有与寡妇不睦者。”上曰：“若不以外孙为嗣，将家业给与疏远族人，则格尔古德后嗣断绝，奉祀无人，家产必致散亡。着以窦格为嗣。”

又兵部题覆候补守备张岳叩阍，疏称岳原任千总，在行间屡经血战，今停止垦荒录用之例，岳虽经垦荒而无录用之期等语。查得张岳并无冤枉，妄行叩阍，不合，俟补官之日罚俸九个月。上曰：“朕曾令张岳步射，其射颇善，而人材亦优。都统王永誉曾奏张岳于行间甚能效力，人材壮健，遇有附近沿途守备缺出，即将张岳补用。从宽免其罚俸。”

伊桑阿又奏曰：“九卿云，靳辅治河甚有裨益，皇上复用以来，又黾勉效力，相应与谥。”上曰：“靳辅着与谥。”

本日起居注官傅继祖、宋大业。

二十二日丙申　辰时，封印。

本日起居注官莫里溥、郑崑瑛。

二十三日丁酉　本日起居注官尹泰、刘灏。

二十四日戊戌　本日起居注官席米图、颜光敩。

二十五日己亥　本日起居注官张英、傅伸。

二十六日庚子　是日，上问皇太后安。

本日起居注官三宝、徐嘉炎。

二十七日辛丑　辰时，上御乾清宫，大学士伊桑阿、阿兰泰，学士西喇、傅继祖、德珠、温保、戴通、安布禄，户部尚书马齐，侍郎思格则、法尔哈进内奏事毕，上曰 :“闻西安米价仍贵，流民还原籍者稀少。朕为陕西百姓常萦于怀，若何可以有益民生，时切念之。先闻有自湖广襄阳至陕西商州水路，因遣郎中苏赫纳往视。今问内大臣索额图，伊曾经自商州坐船至襄阳。若西安米价仍贵，则流民不能还籍，商州到襄阳既有水路，应将目下运到襄阳米二十万石自襄阳水路运至商州，自商州运至西安粜卖，则饥民流民咸有裨益。特遣在京贤能大臣一员，会同总督丁思孔、总兵官王化兴等，率河道刘皑专任料理輓运米石及使流民还籍之事。自襄阳运至西安之米，照湖广米价粜卖，则米价即平，于百姓大有裨益，流民亦得速还原籍矣。将粜米银两至湖广买米，亦如此运卖。俟陕西流民回籍、米价平时，令其停止。"

本日起居注官莫里溥、曹鉴伦。

二十八日壬寅　早，上御保和殿视岁终享太庙祝版毕，回宫。

本日起居注官尹泰、彭宁求。

二十九日癸卯　本日起居注官席米图、张榕端。

三十日甲辰　午时，因岁暮，上御保和殿，召元旦朝觐外藩，左翼乌朱穆秦部落和硕车臣亲王色登顿多布，喀尔喀部落和硕达尔汉亲王讷内，科尔沁国多罗郡王毕力克图、多罗郡王戴布，科而泌国多罗贝勒巴克西固尔，扎鲁特部落多罗达尔汉贝勒毕里克图，土默特部落达尔汉贝勒额驸额尔德木图，喀尔喀部落多罗贝勒老卜臧，杜尔伯特固山贝子沙靳，科尔沁国和硕额驸班第，鄂尔多斯部落护国公杜冷，扎鲁特部落辅国公根度西希布，吴喇忒部落辅国公鄂尔奔，科尔沁国一品台吉吴尔图那素图等、固山额驸吴勒木济，毛明安扎萨克一品台吉诺尔布，郭尔罗斯部落扎萨克四品台吉吴尔图那素图、鄂齐尔等，土默特部落二品台吉鄂齐尔、二品塔布囊额尔黑图，扎鲁特部落二品台吉额布根，苏尼特部落三品台吉杜思噶尔，阿禄科尔沁国三品台吉达思萨那，吴喇特三品台吉噶尔马等，四子部落四品台吉巴特喇奇，翁牛忒部落四品台吉巴扎尔，乌朱穆秦部落四品台吉萨哈，蒿齐特部落四品台吉沙克度尔，柰曼部落四品台吉白奇，巴林部落四品台吉阿穆胡朗，归化城四品台吉索那木，喀喇沁部落四品台吉塔布囊巴牙思胡；右翼科尔沁国和硕土谢图亲王额驸沙津，喀尔喀部落信顺多罗郡王善巴，喀尔喀部落多罗郡王色冷阿海，鄂尔多斯部落多罗贝勒达尔扎，毛明安部落多罗贝勒土巴，阿巴哈纳尔部落固山贝子额林臣达西，喀尔喀查汉巴尔固山贝子布拜，巴林部落和硕额驸吴尔衮，科尔沁国护国公都斯哈尔，喀尔喀部落辅国公万楚克，柰曼部落辅国公革勒尔，巴林部落多罗额驸阿拉布坦，敖汉部落多罗额驸扎木素、二品台吉丹津，科尔沁国四品何济欢阿必达，克什克屯部落扎萨克一品台吉阿玉西，喀尔喀一品台吉班诸尔多尔济等，阿霸垓二品台吉德木褚克等，鄂尔多斯部落一品台吉策旺依西希布等，乌朱穆秦部落二品台吉固禄黑，巴林部落三品台吉图巴，科尔沁国四品台吉吴尔图那素图，及内大臣、侍卫、大学士、三旗都统、副都统等赐宴。上进酒毕，奏乐。左右两翼王以下坐于公次，台吉以上坐于右翼内大臣之次，阿霸亥二品台吉德木褚克以下台吉，俱上亲赐酒。其余台吉、塔布囊等，五人一班跪于御座下，令侍卫送酒。内大臣、大学士、都统、副都统等，俱命侍卫送酒。宴毕，众谢恩毕，上回宫。

是日，赐科尔沁国多罗郡王毕力克图，喀尔喀部落多罗郡王善巴、多罗郡王色冷阿海，科尔沁多罗贝勒巴克西固尔，鄂尔多斯部落多罗贝勒达尔扎等元狐褂子各一袭。

本日起居注官傅继祖。

钦惟皇上至德诞敷，湛恩广被，太和翔洽于宇宙，声教遍讫于要荒。凡日月之所照临，乾坤之所帱载，莫不沐浴涵濡，戴高履厚。皇哉堂哉，圣神功化之隆，书契以来未之有已。乃皇上宵旰勤劳，弥深惕厉。是岁群臣以海宇宁谧，政务简省，恭请御门稍间数日。上谕以励精图治，三十年于兹，不从所请。圣心广运，虽尧咨舜儆，禹训汤铭，奚以过焉！臣等备员记注，亲炙光华，仰见皇上之道法，为尧舜以来千圣相传之道；而皇上之治法，为尧舜以来百王不易之治。其高深难罄敷扬，其规模大略有可概陈也。岁首机务少暇，召诸臣于殿，陛出《性理》诸书，讲求乐律算数。辨径一围三之讹，指隔八相生之实，莫不极深研几，精义入神。群臣咸勇跃欢忭，得闻所未闻，盖睿学渊微，非管窥蠡测之儒所能跂望万一矣。念孔子为万世之师，阙里为圣人之地，特发帑金，鼎新庙貌。造成之日，圣裔子孙毕至，阙廷舞蹈称谢。又念《通鉴纲目》一书，允资考镜，爰于内庭翻译，亲加阅定，剞劂竣工，复命颁布中外。崇儒重道之心与稽古右文之意，兼隆而并懋矣。谕司历诸臣，占验务从其实；论南北度数，赤道务求其准。示测日表之仪，抉指南针之义，所以奉若天道也。边鄙荒芜之区，遣官耕耨，咸成沃壤，所以顺成地利也。本乎格物致知，极诸参赞化育，范围而不过，曲成而不遗，皇上之道法，合千圣而同符者，大略如此。秦省西、凤二郡岁偶不登，已大沛洪恩，蠲租肆赉矣。复虑贫民流移失业，特谕该督抚董率有司，区画赈给，俾还故土。仍敕邻省积贮，刻期馈运，挽湖广襄阳之粟，输大同宁夏之粮。河臣截漕米以至潼关，山东、山西拨饷银以佐军实。又发帑金百万，屡遣大臣遄行赈济。往则亲授规画，训诫周详；旋则咨访情形，悱恻备至。视民如伤之念，未尝一日释于宸衷，用是西秦父老感泣欢呼，咸庆更生，谓一岁三赈从古未有。而皇上痌瘝弥切，诏谕来岁正供并从前积逋尽，行蠲免。浩荡之恩，蔀屋茅檐，尽皆沾被，诚天地父母之心也。他如畿东谷贵，则散庄屯储积以平之；山右逋负，则允次岁带征以宽之。于临高之盐欠，则豁免矣；于东省之协饷，则缓征矣。至中州之采办牛角，各省之荐新牙茶，凡纤悉有烦民力，靡不蠲除。尤念河漕关系重大，慎简河臣，议浚沟渠，建筑堤闸。而高家堰障淮敌黄，倍切畴咨，特命大臣巡行荒度，是皇上之忧劳万姓、不忍一物失所者，又不独轸念秦省为然也。若夫论胜国史书，则创承令主，纪事不宜苛谪；文武功绩，持论务协公平。末季祸由门户，史官毋徇偏私，则鉴古之明训也。两谕科道条奏，甄别部院庶僚，则审官之要政也。秋决特谕停刑，谳审务遵画一，则钦恤之深仁也。慎选驻防阃臣，严惩卒伍扰害，则驭将戢兵之远略也。抚辑蒙古诸藩，则设立边方驿站，以纾其骚扰；申饬放米官员，以周其困乏。尝谕廷臣，以蒙古、苗蛮习俗各异，宜顺其性而抚治之，不宜轻启衅端。迨黔抚以黎平苗人事奏闻，上意其不善抚绥，生事妄报，爰遣大臣往讯得情，远近咸服。圣明洞见万里之外，此恤边怀远之宏谟，尤超越寻常万万者也。要之，辨材论官，立纲陈纪，畿辅之近，绝徼之遥，罔不有圣天子之神明，旁皇四达而次第布之。皇上之治法，迈百王而不易者，大略如此。夫天体之行惟健，圣德之至惟纯，皇上以自强不息之衷，臻纯一不已之诣，故能弥沦充塞，久道化成，从此日新月盛，以至于亿万斯年。皆皇上内圣外王之功，用所昭垂而罔极者也。臣等敢拜手稽首飏言于简末云。

康熙三十二年　癸酉

正　月

初一日乙巳　早，上以元旦率诸王、贝勒、贝子、公、内大臣、侍卫、大学士、都统、尚书、精奇尼哈番等，往堂子行礼毕，回宫。

辰时，上率诸王、贝勒、贝子、公、内大臣、侍卫、大学士等，诣皇太后宫行礼毕，回宫。

少顷，御中和殿升座，内大臣、侍卫及内阁、翰林院、礼部、都察院、詹事府等衙门官员庆贺元旦。行礼毕，御太和门升座，诸王、贝勒、贝子、公等文武各官及元旦朝觐外藩王、贝勒、贝子、公、台吉、朝鲜等国使臣，上庆贺元旦表，行礼毕，回宫。

本日起居注官傅继祖、张英。

初二日丙午　是日，上问皇太后安。

本日起居注官莫里溥、陆肯堂。

初三日丁未　本日起居注官尹泰、黄梦麟。

初四日戊申　本日起居注官席米图、史夔。

初五日己酉　辰时，上由神武门出西直门，驻跸畅春园。

本日起居注官三宝、陈元龙。

初六日庚戌

初七日辛亥

初八日壬子

初九日癸丑　是日，上问皇太后安。

初十日甲寅

十一日乙卯

十二日丙辰　是日，上问皇太后安。

十三日丁巳　是日，上问皇太后安。

十四日戊午　午时，上御畅春园内含淳堂，以上元节赐朝正，左翼乌珠穆秦部落和硕车臣亲王色登顿多布，喀尔喀部落和硕达尔汉亲王讷内，科尔沁国多罗郡王毕里克图、多罗郡王戴布，科尔沁国多罗贝勒巴克西固尔，札鲁特部落多罗贝勒毕里克图，土默特部落多罗贝勒、额驸额尔德木图，喀尔喀部落多罗贝勒老卜臧，杜尔伯特部落固山贝子沙律，科尔沁国和硕额驸班第，鄂尔多斯部落护国公杜冷，扎鲁特部落辅国公根度西希布，吴喇忒部落辅国公鄂尔奔，科尔沁国一品台吉吴尔图纳素图等、固山额驸吴勒木济，毛明安部落扎萨克一品台吉诺尔布，郭尔罗斯部落扎萨克四品台吉吴尔图纳素图等、土默特部落协理旗分事务二品台吉鄂齐尔等，扎鲁特部落协理旗分事务二品台吉额布根，苏尼特部落三品台吉杜思噶尔，阿禄科尔沁国三品台吉达萨纳，吴喇特部落协理旗分事务三品台吉巴达喇熙，乌朱穆秦部落四品台吉萨哈，翁牛忒部落四品台吉巴札尔，蒿齐特部落四品台吉沙克度尔；右翼科尔沁国和硕土谢图亲王额驸沙津，喀尔喀部落多罗郡王善巴、多罗郡王董罗布多尔济、多罗郡王色冷阿海，鄂尔多斯部落多罗贝勒达尔札，喀尔喀部落多罗贝勒老卜臧，阿巴哈纳尔部落固山贝子额林臣达西，喀尔喀部落固山贝子布拜，科尔沁国镇国公都斯哈尔，柰曼部落辅国公格勒尔，喀尔喀部落辅国公万楚克，巴林部落多罗额驸阿拉布坦，敖汉部落多罗额驸扎木素，敖汉部落多罗郡王扎木素之弟丹津，克什克屯部落扎萨克一品台吉阿玉西，喀尔喀部落扎萨克一品台吉班诸尔多尔济等，阿霸垓部落二品台吉德木褚克等，鄂尔多斯部落协理旗分事务一品台吉策旺依西希布等，阿巴哈纳尔部落二品台吉顾禄格，巴林部落三品台吉图巴等，科尔沁国四品台吉吴尔图纳素图，鄂尔多斯部落四品台吉塞布屯，吴喇忒部落四品台吉董，土默特部落四品台吉梭那木，喀尔喀部落台吉王扎尔多济等，喀喇沁部落四品塔布囊巴牙斯胡等，及内大臣、侍卫、大学士、上三旗都统、副都统等宴。上进酒，诸乐并作。外藩、左右两翼亲王色登顿多布等以下、台吉德木褚克等以上，俱上亲赐酒，其余台吉、塔布囊等，俱令侍卫赐饮。宴罢，众谢恩毕，上回宫。

本日起居注官傅继祖。

十五日己未　未时，上御畅春园内含淳堂，大宴朝正外藩左右两翼王、贝勒、贝子、公、台吉等，及内大臣、侍卫、大学士、上三旗都统、副都统等，诸乐并作。上进酒毕，赐外藩王、贝勒、贝子、公、台吉等以上酒于坐次，宴罢，众谢恩毕，上回宫。

是日，上问皇太后安。

本日起居注官傅继祖。

十六日庚申　是日，上问皇太后安。

十七日辛酉

十八日壬戌　是日，上问皇太后安。

十九日癸亥　是日，上问皇太后安。

二十日甲子　辰时，上御畅春园内澹宁居听政。部院各衙门官员面奏毕，差阅河工大学士张玉书、尚书图纳回，将所议勘阅河工疏及河图呈览。上问曰："高家堰水势如何，另筑小堤果有益否？"张玉书、图纳奏曰："去岁黄河水大，淮水被逼，故洪泽湖水较高于往年。今所欲筑小堤之处，距高家堰甚近，若遇洪泽湖水涨，高家堰大堤冲决，小堤断难保护。前谕旨所云小堤无益，圣见极是。"上曰："朕前揆之事理以为无益，尔等所议甚当。"又将图详阅，问曰："近来宿迁县民生如何？"张玉书、图纳奏曰："宿迁民间生计较胜从前，臣等过宿迁时，询问村中父老，俱言蒙圣主指授，河道顺利。又自南巡之后，官吏奉公，豪强畏法，小民俱得所矣。"上又问："郯城百姓如何？"奏曰："郯城百姓生计稍不如宿迁。"张玉书、图纳出。

大学士伊桑阿、阿兰泰，学士西喇、温保、戴通、安布禄以折本请旨。礼部题朝鲜国王李焞进冬至、元旦、万寿圣节及年贡礼物交送该衙门照数查收。上曰："朝鲜国世笃悃忱，进贡方物，克殚恭顺，顷复输应军需，捐进鸟枪三千杆，可嘉。年贡内黄金百两，及蓝青红木绵，嗣后永着停止。"

又理藩院题照例赏赐元旦朝觐科尔沁国和硕土谢图亲王额驸沙津等。上曰："元旦朝觐蒙古王等赏赐，俱依议。其来请安遇元旦之王、贝勒、贝子、公、台吉等，着一体赏赐。"

本日起居注官傅继祖、傅伸。

二十一日乙丑

二十二日丙寅　辰时，上御畅春园内澹宁居，大学士伊桑阿、阿兰泰，学士西喇、傅继祖、温保、戴通、安布禄以折本请旨。吏部题安徽巡抚江有良员缺，将内阁学士德珠等职名开列。上曰："山东按察使喻成龙居官甚善，但巡抚桑格初往莅任，喻成龙不可轻易，福建布政使高承爵任江宁按察使时居官甚善，在外任既久，习知民间疾苦，着升补安徽巡抚。"

又兵部题授右卫将军以镶黄旗副都统马思哈等职名开列。上曰："都统希福虽未经塞外行兵，乃系旧人，曾在南方出征，熟谙军机，着授为右卫将军。"

又议叙原任銮仪使林兴珠加赠一级为正一品，其祭葬之处交与礼、工二部议奏。上曰："这议叙于林兴珠之子无益，着另议具奏。"

巳时，上驻跸汤泉。

本日起居注官席米图、莫里溥。

二十三日丁卯

二十四日戊辰

二十五日己巳

二十六日庚午

二十七日辛未

二十八日壬申

二十九日癸酉

三十日甲戌　未时，上由安定门进神武门回宫。

是日，上问皇太后安。

是行也，部院衙门奏章逐日交送内阁，内阁三日一次传送行宫听理。

本日起居注官尹泰、徐元正。

二　月

初一日乙亥　辰时，上御乾清门，听部院各衙门官员面奏政事。

本日起居注官傅伸、宋大业。

初二日丙子　辰时，上御乾清门听政。部院各衙门官员面奏毕，差往归化城等三处垦种内大臣公坡尔盆等请训旨。上曰："种地惟勤为善。北地风寒，宜高其田垅。若种寻常之谷，断不能收，必种早熟之麦与油麦、大麦、糜黍，方为有益。去岁往彼垦种之人朕曾以此命之，因违朕旨，多种荞麦，以致田禾失收。尔等到彼，亦须问地方人宜种何谷易得收获。朕曾问老农，皆云将雪拌种，可以耐旱。尔等将谷种少拌雪水试之。朕前带南方稻谷、菱角种于京师，奈风高霜早，又用泉水灌溉，无南方池塘蓄养之水，因此不熟。以此观之，若将此地谷种带往北地，亦难收成。惟将麦与大麦、油麦、糜黍及早播种，务须克勤方善。尔等谨识之。"坡尔盆等出。

大学士伊桑阿、阿兰泰、王熙、张玉书、李天馥，学士西喇、王尹方、傅继祖、王掞、李楠、温保、戴通、李应廌、安布禄以折本请旨。伊桑阿等奏曰："臣等遵旨问都察院，左都御史沙海等云，监察御史中除未为御史时出过关差者外，止有五人。此五人内，色得礼、勒贝为人颇优。"上曰："伊等朕未熟识，禅布虽曾出关差，其人甚优。此等人出差，有益商民。禅布着巡视两浙盐政。"

本日起居注官三宝、郑昆瑛。

初三日丁丑　早，上御保和殿视祭社稷坛祝版毕，回宫。

辰时，上御乾清门听政。部院各衙门官员面奏毕，大学士伊桑阿、阿兰泰、王熙、张玉书、李天馥，学士西喇、王尹方、傅继祖、王掞、李楠、温保、戴通、李应廌、安布禄以折本请旨。兵部题覆黑龙江将军萨布素疏称，正白旗防御品级章京查库自受五处官屯，竭力赡养，将五处官屯交官讫。查库应加二级。上曰："查库于公事效力显著，准加二级，令其回京。"

是日，上问皇太后安。

本日起居注官席米图、刘灏。

初四日戊寅　辰时，上御乾清门听政。部院各衙门官员面奏毕，大学士阿兰泰、王熙、张玉书、李天馥，学士西喇、王尹方、傅继祖、王掞、李楠、温保、戴通、李应廌、安布禄以折本请旨。吏部题原任尚书熊一潇、原任给事中达启纳、赵吉士，皆系革职降级之员，作何录用，伏候上裁。

上曰:“伊等因差阅河工规避不言革职降级,非缘事议处。达启纳现任参领,无庸议。熊一潇、赵吉士俱照伊原品降三级用。”

本日起居注官莫里溥、颜光敩。

初五日己卯 早,上御太和门升座,升转文武官员谢恩。朝鲜国正使郎原君李偘等行礼。引李偘至阶上,坐于头等侍卫之末。赐茶毕,上回宫。

是日,上问皇太后安。

本日起居注官尹泰、沈涵。

初六日庚辰 辰时,上御乾清门听政。部院各衙门官员面奏毕,大学士伊桑阿、阿兰泰、王熙、张玉书、李天馥,学士西喇、王尹方、傅继祖、王掞、李楠、戴通、李应廌、安布禄以折本请旨。礼部题山西民杨玉璽之父杨俊德讦告学道李观光,先将杨玉璽取入学,后来受贿将榜上杨玉璽名字挖去,改填王如绅等语,应行该抚详审。上曰:“此案着差不徇情面贤能司官前往严审明白具奏。考试关系人材,最为紧要,各省学道屡经严饬,此事若有情弊,必置重典。”

本日起居注官徐嘉炎、傅伸。

初七日辛巳 辰时,上御乾清门听政。部院各衙门官员面奏毕,大学士伊桑阿、阿兰泰、王熙、张玉书、李天馥,学士西喇、王尹方、傅继祖、王掞、李楠、温保、戴通、李应廌、安布禄以折本请旨。兵部题覆云贵总督范承勋疏称,贵州黎平府地方四面苗夷,非才守素著之人不堪副将之任。乞将贵州大定总兵官标下参将雷如管理黎平府副将事,议不准行。上曰:“前任直隶巡抚于成龙曾题河间守备刘贯通人材健壮,朕巡视江南时,刘贯通曾在河沿随行二昼夜,人材实属健壮,随升湖广参将。昨日召见,骑射甚优,且于军旅营伍之事亦皆练达。凡武进士中能晓营伍事务者甚少,刘贯通系武进士出身,亦能通晓,若用此等人于地方,实有裨益。雷如既系该督等保举,人材健壮,颇能管事,着照该督所请补授副将。”

本日起居注官张英、三宝。

初八日壬午 辰时,上御乾清门听政。部院各衙门官员面奏毕,大学士伊桑阿、阿兰泰、王熙、张玉书、李天馥,学士西喇、王尹方、王掞、李楠、温保、戴通、李应廌、安布禄以折本请旨。吏部题覆直隶巡抚郭世隆疏称，将宣府厅卫裁革，改为府县，设立知府、知县等官，议不准行。上曰："此事于成龙任直隶巡抚时已曾奏过，若改为府县，则一应事务易于办理，有益民生，亦未可定。着九卿确议具奏。"

又兵部督捕题回空漕船藏载逃人梁阿舍等，千总孟养体虽供亲自看验漕米入仓，但定例应将总管漕运官员议罪，千总孟养体应交兵部议处。上曰："千总孟养体虽例应议罪，但曾亲验漕米入仓，即行议处，似属可悯，着免交兵部。"

又谕伊桑阿等曰："广东盐田灶丁等项于康熙二十二年原数之外增银一万四千两有余，将此加增银两自今年免其一半。"

又谕曰："初五日各官谢恩时鸣赞唱礼、排班进跪毕，东班一官曳足不能随班齐进，唱拜后方至，后二次行拜礼，又不能起立，即行连拜，查系刑部员外郎万象。监察御史侍班观看，特为纠参失仪。今万象失仪，监察御史多鼐、杨念祖、吴一蜚等并不纠参，殊属不合。将伊等交与该部一并严察议处具奏。"

是日，赐朝鲜国王李焞进贡正使郎原君李偘，副使礼曹、判书闵就道等鞍马、缎匹、银两有差。

本日起居注官傅继祖、史夔。

初九日癸未　是日，部院各衙门章奏俱交送内阁。

巳时，上御文华殿举行经筵大典。讲官库勒纳、张英讲《四书》孔子曰老者安之，朋友信之，少者怀之一节，傅喇塔、彭孙遹讲《易经》天地感而万物化生，圣人感人心而天下和平一节。毕，宴于太和门前。

未时，上御保和殿，召请安进贡谢恩科尔沁国和硕达尔汉亲王额驸班第、多罗郡王毕力克图、多罗郡王戴布、多罗贝勒巴克西固尔，杜尔伯特部落固山贝子沙津，科尔沁国护国公杜思噶尔、一品台吉班第等、二品台吉毕力克图等、固山额驸吴勒木济、三品台吉绰克图，郭尔罗斯部落扎萨克四品台吉吴尔图那素图、鄂齐尔等，科尔沁国多罗秉图郡王额津旗分四品台吉扈木固尔、多罗扎萨克图郡王鄂齐尔旗分四品台吉吴尔图那素图，郭尔罗斯部落四品台吉毕力克图、多罗郡王戴布旗分二品台吉杜尔董等，阿霸垓部落多罗卓礼克图郡王色冷旗分四品台吉滚登等，克什克屯部落三品台吉伊玛克塔等，土默特部落三品塔布囊色冷等，及喀尔喀部落台吉塞音老卜臧等赐食。

本日起居注官席米图、张榕端。

初十日甲申 辰时，上御乾清门听政。部院各衙门官员面奏毕，大学士伊桑阿、阿兰泰、王熙、张玉书、李天馥，学士西喇、王尹方、傅继祖、王掞、李楠、温保、戴通、李应廌、安布禄以折本请旨。礼科给事中马士芳条奏，各省学道视其新进生员内本年中式多少以定贤否。上顾大学士王熙等曰："此条奏事宜尔等以为何如？"王熙等奏曰："新进生员学问大概粗浅，本年中式者常少，后科陆续中式者有之，况学道考取旧生员内优者尚多，止就新进生员本年中式多少，似未足以定学道优劣。"上曰："以新进生员本年中举人多寡定学道之优劣，则学道各为其取进生员，希图侥幸多送入，闱旧生员反致淹抑。以此定例愈滋弊端矣。今言官条奏，未可逆料，其必有缘故。但条奏之事合理则行，否则不行而已。这本着批：知道了。"

本日起居注官莫里溥、曹鉴伦。

十一日乙酉 章皇后忌辰，上不理事。

本日起居注官尹泰、王思轼。

十二日丙戌 辰时，上御乾清门听政。部院各衙门官员面奏毕，大学士伊桑阿、阿兰泰、王熙、张玉书、李天馥，学士西喇、王尹方、傅继祖、王掞、李楠、温保、戴通、李应廌、安布禄以折本请旨。吏部题福建按察使董延祚员缺，论俸以副使道江皋拟正，高缉睿拟陪。上曰："河南府知府汪楫居官甚优，着升补福建按察使。"

又理藩院题，审得骁骑校巴代等五十四人实系贝勒额尔得木图家下屯庄兵丁，将巴代革去骁骑校、通鞭一百。上曰："额尔德木图为人甚属暴恶，屡被讦告。况额尔德木图口供有'土默特部落册内原未分晰所属人役及家中奴仆与屯庄兵丁'等语，蒙古别旗俱经分晰注册，独伊不分，是何缘故？该院于此等情由并不明究，将巴代等遽行议处，殊属颠倒。这事情着都察院会同尚书马齐、索诺和详议具奏。"

又九卿议得应移文学士德珠，自襄阳至商州龙驹寨水路滩浅处须行疏浚，将襄阳二十万石米内，动运十万石至龙驹寨，交与陕西督抚，由陆路运至西安。上顾王熙等问曰："汉唐时作何輓运？"王熙奏曰："汉时曾有通陕河渠，唐时輓运多至河南，故唐主时有往河南者。"上曰："朕披阅书籍，彼时輓运虽有其说，或水路，或陆路，从某处至某处，若何輓运并无明文。此事可如议行。直隶守道邵嗣尧能任此等事，着前往同德珠办理。"

又工部题覆两江总督傅腊塔疏请建造宝山城，将苏州府八州县官役两年俸工银两裁留取用，议准行。上曰："官役俸工银两原以养赡家口，若俱裁用，必至苛敛，百姓岂不受困？宝山城工着动支正项钱粮建造。"

本日起居注官三宝、陆肯堂。

十三日丁亥　辰时，上御乾清门，听部院各衙门官员面奏政事。

本日起居注官傅伸、黄梦麟。

十四日戊子　辰时，上御乾清门，听部院各衙门官员面奏政事。

是日，上问皇太后安。

本日起居注官莫里溥、彭宁求。

十五日己丑　辰时，上御乾清门听政。部院各衙门官员面奏毕，大学士伊桑阿、阿兰泰、王熙、张玉书、李天馥，学士西喇、王尹方、王掞、李楠、温保、戴通、李应廌、安布禄以折本请旨。兵部题陕西凉州永固营等四处副将员缺，将参将郑云等拟补。上曰："此永固营等四处甚属紧要，着将提督孙思克等所保举壮健人员补授。"

又谕伊桑阿等曰："向年山东亢旱，曾遣尚书苏赫致祭泰山。今年陕西地方虽得时雨，前屡被旱灾。华山为陕西名山，当遣大臣致祭。尔等会同礼部议奏。"

本日起居注官傅继祖、陈元龙。

十六日庚寅　上问皇太后安。

是日，早，上巡视畿甸，由午门出正阳门，驻跸南苑南红门内。

十七日辛卯　上驻跸永清县所属南各奕。是日，旧州营都司卞佳等、知县徐煌来朝。

十八日壬辰　上驻跸霸州所属苑家口。是日，直隶巡抚郭世隆、霸州驻防防守御多奇等、游击万世泽等、知州沈朝聘等来朝。

十九日癸巳　上驻跸雄县所属十里铺。是日，雄县驻防防守御山等、知县张重启等来朝。

二十日甲午　上驻跸行宫。

二十一日乙未　上驻跸新安县所属段村。是日，安州知州罗守疆、把总王天福来朝。

二十二日丙申　上驻跸雄县十里铺。

二十三日丁酉　早，上自十里铺乘舟往苑家口，中途登河堤视堤，召直隶巡抚郭世隆至前，上谕曰：“朕观霸州所属苑家口迤西旧堤，倾圮处甚多，今浑河泛溢，西逼于众水之流，出水处又复窄狭，势必直冲南堤。倘有崩决，则保定、大城、文安等处必受水灾，殊为可虞。尔可详加估计，动正项钱粮加增固筑，以防水患。着升任霸州知州沈朝聘监修。”

是日，上驻跸霸州所属苑家口。

二十四日戊戌　早，奏事敦住传谕：“升任霸州知州沈朝聘，朕闻尔居官颇优，而家道寒贫，因此赐尔盘费银三百两。”又谕大学士阿兰泰，将沈朝聘着以升任职衔留任霸州。

是日，上驻跸永清县所属南各奕。

二十五日己亥　上驻跸南苑内旧宫。

二十六日庚子　巳时，上由正阳门进午门回宫。

是行也，部院各衙门章奏逐日交送内阁，内阁三日一次传送行宫听理。

是日，上问皇太后安。

扈从起居注官傅继祖、尹泰。

二十七日辛丑　辰时，上御乾清门听政。部院各衙门官员面奏毕，大学士伊桑阿、阿兰泰、王熙、张玉书、李天馥，学士西喇、王尹方、傅继祖、王掞、李楠、温保、戴通、李应廌、安布禄以折本请旨。三法司题覆山东民人李唐祚将杨二之女三姐强占为妾；又其兄李唐裔死后，入兄之室索取银钱；又将宜三捷、刘永力房屋、田亩逼写卖契，霸占、居住、耕种等事。应照该抚所审，拟绞秋后处决。上顾学士李应廌问曰：“尔山东，李唐祚为人何如？”李应廌奏曰：“臣之家与李唐祚家相隔八百余里，不知其人。”上曰：“据尔所闻何如？”李应廌奏问曰：“以臣所闻，此人甚恶。”王熙奏曰：“伊兄李唐裔曾任科臣。李唐裔在时，李唐祚恃势横行，今伊兄死后，又入兄之室索取银钱，且欺压良民，强行霸占。观此，则其人果系凶恶。”上曰：“前佛伦任山东巡抚时早知此人凶恶，亟欲拿究。因党类众多，恐如于七故事。因出示晓谕，冀其改图。谅佛伦离任时必向按察使喻成龙言之。乃李唐祚仍为恶不悛，故尔访拿。此等人深为地方大害，若不严惩，何以儆戒凶顽？且伊压良霸占，恶迹种种，与光棍无异。即行立斩，亦未为不合。着再议具奏。”

又谕大学士伊桑阿等曰：“卫既齐原系降级调用州判之微员，特复旧职，授为检讨。优升布政使不久，又内升府尹，以至副都御史。随又授为贵州巡抚。其受国恩至矣。彼任府尹时曾上条陈，妄以召伯君陈自比。使所行之事稍有一二与其言合，尚亦可恕。乃在贵州未久，擅自出兵，生事边境，杀戮无辜苗民，虚报军功。种种欺罔，如此匪行，在常人尚不肯为，而彼以古人自比者反无顾忌。其所行与所言全不相符，大负国恩。平时但务虚名，自居道学。及验之行事，总无实效。若不将此等人重惩，则何以儆后之欺世盗名者。可将卫既齐传至午门外，尔等同九卿问之。”

本日起居注官傅伸、郑崑瑛。

二十八日壬寅　辰时，上御乾清门听政。部院各衙门官员面奏毕，大学士伊桑阿、阿兰泰、王熙、张玉书、李天馥，学士西喇、王尹方、傅继祖、王掞、李楠、温保、戴通、李应廌、安布禄以折本请旨毕，伊桑阿等奏曰：“臣等遵旨诘问卫既齐，卫既齐供：从前年少无知，曾经狂妄渎奏。任府尹时条陈职掌，又妄引古人以召伯君陈为比，是罪之当死者也。及为巡抚，不能仰体皇上尧舜爱民之心，安抚地方，轻率用兵，致使无辜被戮，是罪之当死者也。发兵之后，又不能详察虚实，竟凭呈报，妄行奏捷，是又罪之当死者也。我上负皇上高天厚地之恩，死有余责，即身死之后，犹且含羞地下，更有何辨？”上曰：“知道了。将议处卫既齐本照常送进。”

巳时，上由西华门出西直门，驻跸畅春园。部院各衙门应面奏事宜仍面奏外，其余章奏逐日交送内阁，内阁传送畅春园听理。

本日起居注官张英、三宝。

二十九日癸卯

三十日甲辰

三　月

初一日乙巳

初二日丙午　卯时，上由西直门进神武门回宫。

辰时，上御乾清门听政。部院各衙门官员面奏毕，大学士伊桑阿、阿兰泰、王熙、张玉书、李天馥，学士西喇、王尹方、傅继祖、王掞、李楠、温保、戴通、李应廌、安布禄以折本请旨。上召礼部尚书顾巴代等进前，谕曰："陕西连年遭旱，民甚困苦，祭华山停止遣官，着皇长子胤禔前往致祭。"顾巴代等出。

九卿题覆贵州巡抚卫既齐因高洞苗子金道小事启衅边疆，不察虚实，遽行发兵，杀戮无辜苗民。又谎奏大取苗子叛兵，深负皇上信任封疆大臣之至意。今将卫既齐议即处斩。上曰："卫既齐从宽免死，发往黑龙江。"

未时，上由西华门出西直门，驻跸畅春园。

本日起居注官莫里溥、颜光敩。

初三日丁未

初四日戊申　是日，上问皇太后安。

初五日己酉　辰时，上御畅春园内澹宁居听政。部院各衙门官员面奏毕，差往边外三路安设驿站吏部侍郎布颜图等请训旨。上曰："边外设立驿站，特欲宽恤蒙古，无误公事。以尔等才品素优，故尔差遣。尔等到彼，务须殚心经理，所立驿站后或敝坏致误公事，咎即汝归。必期于国事有裨，垂诸久远，不可苟且目前。尔等行期尚早，内有道路遥远者，若不俟草青时，恐马匹困乏，应于四月初间启行。"布颜图奏曰："臣等奉皇上特差，惟竭力报效。"布颜图等出。

四川巡抚于养志陛辞，请训旨。上曰："尔前任湖广巡抚时曾有谕旨，川省事务与湖广无异，居官惟期清廉诚实。朕观云贵、广西等省各官不及近地。"于养志奏曰："想因地方遥远所致。"上又曰："率土皆我赤子，远近俱属臣僚，均宜洁己奉公。"于养志奏曰："臣谨遵上谕，黾勉图效。”于养志出。

大学士伊桑阿、阿兰泰，学士西喇、傅继祖、温保、戴通、安布禄以折本请旨毕，伊桑阿等奏曰：“臣等选取蒙古官学生八名，充臣衙门贴写。”上曰：“朕包衣佐领下幼童特派专官教习文义、骑射，多有成就，即微贱之子亦皆可观。由此言之，幼童惟在训迪，苟加意教诲，未有不成者。骑射与文字，原宜并重，不可偏废。满洲通文义官员即用之行间，未尝不可。近看国子监教习官学生甚属委靡，大不及前，即八旗教训幼童亦皆懈怠。幼时勤于教谕，及长方得其用。养育人材最为紧要。今将八旗幼童作何选择良师勤加训诲，尔等会同该都统详议。兹所取蒙古官学生依奏选用。”

本日起居注官傅伸、尹泰。

初六日庚戌

初七日辛亥

初八日壬子

初九日癸丑　辰时，上御畅春园内澹宁居听政。部院各衙门官员面奏毕，大学士伊桑阿、阿兰泰，学士西喇、傅继祖、温保、戴通、安布禄以折本请旨。九卿议得科臣黄六鸿条奏河堤密栽柳株，树大根深，风雨摇撼，堤土虚松，反致速毁等事，俱无容议。上曰：“树长根深，则堤益坚固，若以风雨摇撼致土虚松，乃属异常怪风，非寻常之风也。这所言殊属迂谬。”

又吏部升补道府等官。上曰：“河南府知府职甚紧要，非才优之人不能胜任。邳州知州孙居湜居官最善，着升补河南府知府。”

又户部议覆科臣彭鹏条奏“陕西赈济饥民輓运米石，在河南所属地方多派车辆，民殊劳苦”等语，应移文该抚，将所派之处详查，到日再议具奏。上曰：“因西安、凤翔等处灾荒，故輓运河南、湖广米石，速行赈济。若果有地方官员借端多派于民，以入己者，彭鹏应即指名题参。朕思輓运米石，非动用民力势所不能。輓运米石虽河南、湖广之民少有困苦，未必至死，米到则秦省饥民皆得生全。若因輓运劳民，不行派用，今所贮襄阳二十万石之米何以运至陕西？即尚书马齐、王骘等亲到襄阳，能不用民力运至陕西否？着问马齐、王骘。”

又兵部题覆功加副将陈起龙因部覆以履历少开一岁不准叙用叩阍之

处，议准行。上曰："朕巡幸霸州，陈起龙叩阍，朕观其人材壮健，令伊弯弓，虽未尽善，亦颇习熟。又闻其善于涉水。陈起龙错误少开一岁有何关系，而遂不用乎？此等皆属可用之人，着前往该省沿海地方以千总等缺补用。"

又伊桑阿等奏曰："礼部题参'正蓝旗笔帖式赛费图以不得拣选鸣赞各处腾议。若拣选果谬，应将臣等交部议处；倘无不当，应将赛费图治罪，以惩其狂妄'等语，臣等遵旨将拟正图尔瑚、拟陪浑泰并被参赛费图试其声音，图尔瑚、浑泰声音响亮，赛费图唱赞习熟，声音少细。三人俱在外祗候。"上令图尔瑚、浑泰、赛费图以次唱赞毕，谕曰："图尔瑚声音散乱不堪，浑泰声音颇善，但少有蛮韵，将来学习必至甚佳。赛费图甚属习练。这鸣赞员缺，礼部宜将浑泰、赛费图拟正、陪。礼部官免交部议处，其徇情与否，伊等当自知之。"

本日起居注官席米图、三宝。

初十日甲寅

十一日乙卯

十二日丙辰

十三日丁巳

十四日戊午

十五日己未　辰时，上御畅春园内澹宁居听政。部院各衙门官员面奏毕，大学士伊桑阿、阿兰泰，学士西喇、傅继祖、温保、戴通、安布禄以折本请旨。吏部题江西按察使张奇抱员缺，以陕西平庆道江皋拟正，四川永宁道高绢睿拟陪。上曰："江皋现在陕西，暂停升补陪推。高绢睿朕未稔知。这按察使员缺，选择才具优长之人补授方为有益，着将道员内卓异及保举者察明具奏。"

又都察院衙门会同尚书马齐、索诺和等议得，骁骑校巴代等五十四人原非贝勒额尔德木图所属，乃皇上恩赐之人，反视为奴仆，勒索作践。将额尔德木图照例罚牲口，五九以无凭之银为巴代等行贿之银出首，应将往审员外郎萨哈连降二级调用，八品笔帖式杜雷降一级留任；将所赐额尔德木图户口俱撤回。上曰："这事情前议若是，即应照前议；若前议不当，应将前议大臣官员一并议罪。今止将原审官萨哈连等议罪，巴代等从额尔德木图处撤回，不并将前议大臣官员等议罪，徇情显然。此事着再议具奏。”

伊桑阿等又奏曰：“臣等遵旨问尚书马齐、王骘，马齐等云，彭鹏条奏有因运米多派之语，若不行查，恐属徇情，故议行查。运米如此之多，不用民力，势不能行，圣谕诚然。臣等有何辨处？”上曰：“西安、凤翔地方荒欠，兵民饥困，特令运米往济。若不用民力，则米何由得达？前遣侍郎傅腊塔往湖广运米，能速行运至，所以陕西兵民得生。此即傅腊塔效力之处也。若彼时恐劳民力，不行运送，以致迟误，西安等处万一有事，其罪不更重乎？河南、湖广地方饱食之民尚云运米劳苦，西安地方饥死之民，岂不更可悯耶？凡任用大臣办事，甫竣，随被纠参，此后奉差之员，事不成既虑得罪，事成又畏人言，谁人更肯效力？倘谓脚价短少，其过在定议部院官员。若令马齐等前往运米，必有不用民力而可至之计，此处尔等曾问及否？”伊桑阿等奏曰：“此处亦曾问之，马齐等云，无论差遣臣等，即不拘何人前往，若不用民力，如何能达？”上曰：“昔日福建海冠有警，内大臣达苏赖塔等率大兵自水路急进，牵夫多用民力，民亦苦累。救荒之事实与用兵无异，但云民累，何以办此紧急之事？彭鹏若实知运米有多派之处，着指名题参。”

本日起居注官莫里溥、傅伸。

十六日庚申

十七日辛酉

十八日壬戌　是日，上问皇太后安。

十九日癸亥

二十日甲子　是日，上问皇太后安。

二十一日乙丑

二十二日丙寅　辰时，上御畅春园内澹宁居听政。部院各衙门官员面奏毕，大学士伊桑阿、阿兰泰，学士西喇、傅继祖、温保、戴通、安布禄以折本请旨。吏部题覆直隶巡抚郭世隆奏请宣化府新设知府员缺，祈皇上选择才能之人任用之处，无庸议。上曰：“涿州知州秦毓琦曾经于成龙、郭世隆荐其居官颇善，明达事务，这宣化府知府员缺，着秦毓琦升补。”

又兵部题覆湖广总督丁思孔以“武昌左卫拜他喇布勒哈番陈天培人材健壮，谙练骑射”等语，应照例考试，以都司佥书补用。上曰：“原任提督陈世凯于行间效力显著，伊子陈天培朕所素知，人材可用，着以游击员缺补用。”

本日起居注官席米图、尹泰。

二十三日丁卯

二十四日戊辰

二十五日己巳

二十六日庚午 辰时，上御畅春园内澹宁居听政。部院各衙门官员面奏毕，大学士伊桑阿、阿兰泰，学士西喇、温保、戴通、安布禄以折本请旨。吏部题两淮运使崔华员缺，将候补运使杨茂祖、应升知府于嗣昌等职名开列。上曰：“两淮运使所管钱粮甚多，须得才优之人。江宁府知府赵世显人材颇优，居官甚善，朕所深知。又闻平阳府知府石文晟居官亦优。但赵世显朕所亲见，着升补两淮运使。”

又兵部题覆天津总兵官刘国轩疏称，霍县营守备张大受愿于边疆效力，议不准行。上曰：“张大受人材壮健且又善射，着以沿边游击员缺补用。”

又三法司会议得，陈玉同伊叔陈天瑞催租，带至屯庄，乘其落马，令之缢死是实。陈天瑞、陈玉既系无服之人，应将陈玉照谋杀律拟斩监候处决。上曰：“陈玉于陈天瑞虽服制已尽，本内有陈玉因天瑞不允开户、互相角口之处，且陈天瑞伤痕甚多，因彼无嗣，欲承其产业，推令坠马，加以拴跌缢死，情殊可恶。着再议具奏。”

上又顾大学士伊桑阿等曰：“陵寝掌印郎中顾赛迈图桑格、员外郎阿布喇在陵寝效力年久，并无升转之路，殊属可悯。伊等应兼太常光禄卿衔，照所兼衔食俸。尔等议奏。”

本日起居注官傅继祖、三宝。

二十七日辛未

二十八日壬申 是日，上问皇太后安。

二十九日癸酉 辰时，上御畅春园内澹宁居听政。部院各衙门官员面奏毕，大学士伊桑阿、阿兰泰，学士西喇、傅继祖、温保、戴通、安布禄以折本请旨。三法司题覆三儿在神武门外越过仓墙，偷盗铜盘等物，比三次窃盗例，拟绞监候处决。上曰："三儿依拟应绞。凡官员兵丁于看守处拿获贼犯，虽系伊等专责，亦因巡察严谨所致，仍应酌量议叙，以示鼓励。着定例具奏。"

又理藩院题喀喇沁部落多罗杜冷郡王扎西之子一品塔布囊垂扎木素亡故，照例致祭。上曰："垂扎木素在围场行间效力，人材甚优，闻其亡故，朕甚悯之。着照公例优恤。"

又天津总兵官刘国轩遗疏。上曰："刘国轩曾献台湾澎湖投诚，乃有功之人。补授总兵官以来，勤慎称职。俟其亡故题到之日，着批与优旨。"

本日起居注官莫里溥、傅伸。

四　月

初一日甲戌　是日，上问皇太后安。

初二日乙亥

初三日丙子　是日，赐京口将军董元卿弓箭、撒袋、蟒缎、披领。

初四日丁丑

初五日戊寅

初六日己卯　辰时，上御畅春园内澹宁居听政。部院各衙门官员面奏毕，大学士伊桑阿、阿兰泰，学士傅继祖、温保、戴通以折本请旨。三法司题鸣赞塔林家人洪德违法，擅入畅春园东门，按律拟绞监候，秋后处决。将守门护军参领白奇、护军校花色俱革职，拟绞监候，秋后处决。护军赵特拔等枷号三个月，鞭一百。护军统领噶尔马革职，其护军校宋三、护军二格等因供餐饭他往，将宋三罚俸一年，二格等鞭八十。鸣赞塔林交与吏部严加议处。上曰："洪德着照审，拟监候，秋后处决。白奇善射，现在善射十五名内，将白奇、花色从宽免死，革职、留任效力。赵特拔等从宽免其枷号，仍鞭一百。守门护军校、护军等每日内赐官饭，而宋三等供称餐饭他往，显系巧饰。宋三亦着革职，留任效力。二格等俱鞭一百。

噶尔马从宽免其革职，降四级留任。”

又谕伊桑阿等曰：“畿内地方近日雨水少间，似乎有亢旱之象。尔等谕九卿官员，或有应行应革事宜着议奏。闻陕西地方今春大雨，流民回籍者甚多。今岁若雨水调均，秋禾丰稔，彼处百姓生计自可无虑。倘或不收或半收，则失产之民又致缺食，如此则陕西运到米石不足需用，届期再行挽运，断不可更用河南民力。黄河上流，势又不能逆挽。九卿必有成算，着问之。”

是日，上问皇太后安。

本日起居注官三宝、尹泰。

初七日庚辰

初八日辛巳 是日，上问皇太后安。

初九日壬午 是日，上问皇太后安。

初十日癸未 辰时，上御畅春园内澹宁居听政。部院各衙门官员面奏毕，大学士伊桑阿、阿兰泰，学士傅继祖、温保、戴通以折本请旨。满洲九卿会议得，土默特部落骁骑校巴代等非贝勒额尔德木图家仆，实系所属人役，乃皇上恩赐之人，并不恩养，反以为奴，苛刻凌践。应将额尔德木图革去贝勒，着应袭之人承袭。其赐过额尔德木图家产人口俱入官，其员外郎萨哈连、八品笔帖式杜雷将己银谎称巴代行贿之银，希图议叙，俱革职。主事色尔济、郎中建良等捏造口供，将巴代等所告事情并不详究，俱降二级调用。侍郎温达、满丕并不详察，将巴代等竟断为奴，各降一级、罚俸一年。上曰：“额尔德木图免其革去贝勒，着罚俸一年，建良免其调用，降二级留任。余依议。额尔德木图甚不及伊祖父，其祖父朕悉知之。其祖卓礼克图贝勒、父达尔汉贝勒人品俱优，材力壮健，朕尝令其近前赐坐、赐食。额尔德木图家素甚贫，朕念其祖父嫁与县主，又赐额尔德木图兄弟二人牛马千余，以资赡养。至今犹藉朕所赐为生，自宜感戴恩德，尽心效力。今观额尔德木图竟不诚心效力，乃甚无恩无义之人也。”

又吏部题镶蓝旗监察御史多鼐员缺，以户部员外郎屯锡拟正，陵寝员外郎额勒拟陪。上曰：“朕观屯锡人材不及，本旗保举应升者有几人？”傅继祖奏曰：“保举者有四人，内阁侍读穆黑伦，员外郎扎赖、满都、杨色。”上曰：“将本旗内郎中查明具奏，朕酌用之。”

又兵部议奏琼州总兵官吴启爵征派黎人米石，年月未经报明，含糊从事，相应削去军功纪录一次。上曰：“此事依议。总兵官吴启爵原系侍卫，朕稔知之。其人材壮健，但好生事。将伊转补天津卫总兵官。台湾副将唐希舜为人颇优，材力壮健，贵州威宁总兵官谢英员缺，将伊升补。琼州地方紧要，吴启爵员缺，着速开列具奏。有旗下旧人才力优长者，朕当简用之。”

伊桑阿等奏曰：“臣等遵旨传谕九卿，九卿云，近日畿内地方虽雨水少间，闻他省皆已得雨，天时不为亢旱。今若数日内有雨，禾苗仍可收获。至于政事并无应行应革，若将现行事例改易，不惟无益，反滋弊端。皇上如此念切民生，果有当酌议处，臣等敢不具奏。凡事不用民力断难成功，輓运湖广米石，全赖用河南民夫，故于陕西饥民及官兵大有裨益。假若不用民力，则湖广如许米石安能运至陕西？倘河南饥馑，亦未有不用邻省民力以救之者。此必然之理也。赈济饥民，譬如人家失火，邻家协力救护。虽有一二人焚燎须发，损伤手足，可言止而不救乎？火即延烧矣。凡事已成之后，或有借端多派累民之处，方可稽查。若正当始事时，未可遽说累民。恐致有累，则事必违误。臣等闻，现今陕西地方雨水甚调，皇上圣意为民筹画已至。今岁田禾必大获有秋。”上颔之，曰：“朕欲诛布哈者，即此故也。若非严旨令布哈作速运送，则西安官兵及饥民将如之何！”

是日，上问皇太后安。

本日起居注官莫里溥、傅伸。

十一日甲申　是日，上问皇太后安。

十二日乙酉　是日，上问皇太后安。

十三日丙戌　是日，上问皇太后安。

十四日丁亥　辰时，上御畅春园内澹宁居听政。部院各衙门官员面奏毕，大学士伊桑阿、阿兰泰，学士温保、戴通以折本请旨。直隶巡抚郭世隆题涿州地方紧要，事务繁冗，三河县知县张鼐才堪肆应，乞升授涿州知州。上曰：“朕知张鼐人材优长，居官颇善，且民甚称之。着照该抚所题，升授涿州知州。"

又郭世隆保题迟误买米降调之同知韩镐、卢询、知县钱式庄，实系勤慎好官，甚为可惜，乞带降级留任。上曰："近日通州民数百人曾在朕前叩阍，称同知韩镐居官甚好，恳乞留任。韩镐果系好官，该抚深知其人，保题甚当，不然何以鼓励人才？韩镐等俱着照该抚保题，仍带所降之级留任。"

又兵部题覆宣府总兵官许盛疏请所属标下增设三营兵丁，将炮手改为战兵等事，俱无庸议。上曰："这所议甚是。许盛虽人材健壮，但好生事，为人乖张，只宜用于近地，不可远任。"

上顾大学士伊桑阿等曰："昨日皇长子信来，云往祭华山，每日行一百七八十里，逼近潼关。三月二十七、二十八、二十九连雨三日，泥泞难行，一日止可行一百里。至陕西，见麦田甚好。问总督佛伦，云雨水甚调，麦田颇好，故流民回籍者甚多。将播种银两发与州县百姓时，内有两县百姓云田已种完，不用库银，将银两缴回。有自甘肃及秦岭来者，问之，皆云雨水均调，麦田甚好。所言皆同。向日西安、凤翔饥民逃窜者，众，目下麦田长成，俱各回籍。如今岁秋稼有收，方可安业。若秋禾不登，将如之何？朕实忧之。现今畿甸稍旱，尔等将祈雨事宜会同礼部议奏。"伊桑阿等奏曰："臣等访问南至安肃，东至三河县，雨水尚少，微觉亢旱。其余各省，雨水甚调。我皇上念切民生如此忧劳，天必应之。陕西秋稼必多收获。"

是日，上问皇太后安。

本日起居注官傅继祖、三宝。

十五日戊子　是日，上问皇太后安。

十六日己丑　是日，上问皇太后安。

十七日庚寅　辰时，上由西直门进西华门回宫。

本日起居注官莫里溥、刘灏。

十八日辛卯　辰时，上御乾清门听政。部院各衙门官员面奏毕，大学士伊桑阿、阿兰泰、王熙、张玉书、李天馥，学士王尹方、李楠、温保、戴通、李应鹰以折本请旨。兵部题黑龙江副都统温代员缺，将侍郎思格则、骁骑参领硕色等职名开列。上曰："索伦总管喀图瑚材力壮健，为人亦优，甚有劳绩，着升补副都统。”

本日起居注官傅继祖、徐嘉炎。

十九日壬辰　辰时，上御乾清门听政。部院各衙门官员面奏毕，大学士伊桑阿、阿兰泰、王熙、张玉书、李天馥，学士王尹方、傅继祖、李楠、温保、戴通、李应廌以折本请旨。兵部题武乡试应行事宜，预行文各省，一例遵行。上曰 :“武乡会试旧例步箭，大把以八十步为则，太远，善射者不能多收，人才或致遗弃。嗣后着改为五十步，以中二箭为合式。”

上又谕伊桑阿等曰：“翰林官以文章为职业，向年如叶方蔼辈时，以所作文字进呈，故得知其造诣。比来翰林官竟无文字进呈者，其于读书职业，不几于荒弃乎？应令翰林诸臣将平日所作文字，陆续缮写进呈朕览，乃可知其孰优于为文，孰工于作字。今人好讲理学者，辄谓文字非关急务。即如四六文章，虽属词华然，作表不用对偶，岂成体裁？四六顾可废耶？”王熙等奏曰：“圣谕极当。二典三谟，古帝王之文章也。我皇上发号施令，亦必用文采，以昭宣纶綍，文章诚最有关系。”上曰：“宋之周、程、张、朱何尝无文字？其言如是，其行亦如是。今人果能如宋儒言行相顾，朕亦在所心服，即天下万世，亦皆心服之矣。若徒托空言，而谓不必从事于文章，究奚益乎？可传谕翰林官。”

是日，上问皇太后安。

本日起居注官三宝、曹鉴伦。

二十日癸巳　辰时，上御乾清门，听部院各衙门官员面奏政事。

未时，上御保和殿，赐请安进贡鄂尔多斯部落多罗贝勒宋喇布，喀尔喀部落护国公西布退哈坛巴图尔，扎萨克台吉丹津等，鄂尔多斯部落多罗贝勒固禄西希布之子津巴扎木素喇木扎木巴扈必尔汉，土谢图汉之族台吉车棱扎布等，鄂尔多斯二品台吉图巴等，敖汉部落四品台吉绰克图等，阿禄科尔沁二品台吉鲧他尔等，扎萨克协理旗分事务二品台吉那图等食。

本日起居注官史夔、尹泰。

二十一日甲午　辰时，上御乾清门，听部院各衙门官员面奏政事。

未时，上御保和殿，赐请安达赖喇麻正使查木巴领堪木布、副使西喇布扎木三囊苏达赖、汉之使臣威正齐呼拉斋桑、丹津巴图尔、众台吉之使臣等食。

本日起居注官傅伸、张榕端。

二十二日乙未 部院各衙门无奏章。

本日起居注官莫里溥、沈涵。

二十三日丙申 辰时，上御乾清门，听部院各衙门官员面奏政事。

本日起居注官张英、三宝。

二十四日丁酉 辰时，上御乾清门，听部院各衙门官员面奏政事。

是日，上问皇太后安。

本日起居注官尹泰、陆肯堂。

二十五日戊戌 早，上御太和门升座，升转文武大臣官员谢恩毕，上回宫。

本日起居注官傅伸、彭宁求。

二十六日己亥 辰时，上御乾清门听政。部院各衙门官员面奏毕，大学士伊桑阿、阿兰泰、王熙、张玉书、李天馥，学士王尹方、傅继祖、李楠、温保、戴通、李应廌以折本请旨。兵部题广东琼州总兵官吴启爵员缺，将参领管源忠等十人副将、陈寿等十人职名开列。上曰："广西左江总兵官唐光尧着调补琼州总兵官，左江亦属要地，此缺将朕所记副将内选补。"

是日，赐威宁总兵官唐希舜鞍马一匹。

本日起居注官莫里溥、陈元龙。

二十七日庚子 辰时，上御乾清门听政。部院各衙门官员面奏毕，大学士伊桑阿、阿兰泰、王熙、张玉书、李天馥，学士王尹方、傅继祖、李楠、温保、戴通、李应廌以折本请旨。户部题覆两江总督傅腊塔查覆，邳州地方甚为洼瘠，屡遭灾荒，百姓各处求生，去来无定。商人到者甚少，乞将三年内缺额税银豁免，嗣后令量其所收起解，议不准行。上曰："邳州地方数年来实是被灾，甚为可悯。此邳州商税，俱着照该督所请行。"

本日起居注官三宝、徐元正。

二十八日辛丑 辰时，上御乾清门听政。部院各衙门官员面奏毕，大学士伊桑阿、阿兰泰、王熙、张玉书、李天馥，学士王尹方、李楠以折本请旨。兵部题归化城将军以副都统马思喀等职名开列及蒙古内大臣、八旗公侯伯职名开列折子具奏。上曰："此将军专管蒙古兵丁，又掌操练，职任甚重。若得通蒙古言语、人材健壮、骑射兼优、有谋略之人，方称此将军之任。尔等会同部院衙门满尚书公同详举具奏。"

本日起居注官傅继祖、宋大业。

二十九日壬寅　辰时，上御乾清门听政。部院各衙门官员面奏毕，大学士伊桑阿、阿兰泰、王熙、张玉书、李天馥，学士王尹方、傅继祖、李楠、温保、戴通、李应廌以折本请旨。兵部题病故天津总兵官刘国轩应否加赠，伏候上裁；其祭葬交与礼、工二部议。上曰："刘国轩自台湾倾心纳土，率众归诚，著有功绩，着加赠。余依议。"

本日起居注官傅伸、郑崑英。

三十日癸卯　辰时，上御乾清门听政。部院各衙门官员面奏毕，大学士伊桑阿、阿兰泰、王熙、张玉书、李天馥，学士常书、王尹方、傅继祖、李楠、温保、戴通、李应廌以折本请旨。太常寺题五月十八日夏至祭祀地坛，伏候钦点一员恭代皇上行礼。上曰："朕凡于祭祀，必亲诣致敬。前一二日因旧病偶作，未能亲祭，心甚不安。近来体中甚好，祭祀地坛，朕亲诣行礼。"

是日，上问皇太后安。

本日起居注官尹泰、刘灏。

五　月

初一日甲辰　辰时，上御乾清门，听部院各衙门官员面奏政事。

本日起居注官莫里溥、颜光敩。

初二日乙巳　辰时，上御乾清门，听部院各衙门官员面奏政事。

本日起居注官三宝、王思轼。

初三日丙午　仁孝皇后忌辰，上不理事。

是日，上问皇太后安。

本日起居注官傅伸、徐嘉炎。

初四日丁未 辰时，上御乾清门听政。部院各衙门官员面奏毕，大学士伊桑阿、阿兰泰、王熙、张玉书、李天馥，学士常书、王尹方、傅继祖、李楠、温保、戴通、李应廌以折本请旨毕，上谕伊桑阿等曰："皇长子往祭华山时，平阳府百姓曾以历年带征钱粮完纳甚艰上诉。平阳府地方数年来田禾欠收，百姓流移者众。若新回籍之民，令其于本年正供外，带征历年旧欠，民间生计实难。应蠲免钱粮。尔等详察具奏。"

巳时，上移驻瀛台。

本日起居注官曹鉴伦、尹泰。

初五日戊申 辰时，上御瀛台勤政殿听政。部院各衙门官员面奏毕，大学士伊桑阿、阿兰泰、王熙、张玉书、李天馥，学士常书、王尹方、傅继祖、李楠、温保、戴通、李应廌以折本请旨。户部尚书王骘以老病恳乞解任。上曰："尚书王骘年虽八旬有余，观其举止尚健，办事鲠直，此等老臣乞休，朕甚惜之。久于其任，实有裨益。着批优旨留任。"

是日，上问皇太后安。

本日起居注官莫里溥、史夔。

初六日己酉 是日，部院各衙门无奏章。

本日起居注官三宝、张榕端。

初七日庚戌 早，上回宫。

辰时，御乾清门听政。部院各衙门官员面奏毕，大学士伊桑阿、阿兰泰、王熙、张玉书、李天馥，学士常书、王尹方、傅继祖、李楠、温保、戴通、李应廌以折本请旨。礼部题阙里孔子庙工成，应遣官致祭。上曰："孔庙祀事最重，俟秋时遣皇子往祭。"

巳时，上仍驻瀛台。

本日起居注官傅伸、沈涵。

初八日辛亥 是日，部院各衙门奏章俱交送内阁。

本日起居注官尹泰、王思轼。

初九日壬子 辰时，上回宫。

是日，部院各衙门奏章俱交送内阁。

本日起居注官莫里溥、陆肯堂。

初十日癸丑　上因圣躬违和，不理事。

本日起居注官傅伸、彭宁求。

十一日甲寅　本日起居注官三宝、陈元龙。

十二日乙卯　本日起居注官尹泰、徐元正。

十三日丙辰　本日起居注官莫里溥、宋大业。

十四日丁巳　本日起居注官傅伸、郑崑瑛。

十五日戊午　本日起居注官三宝、刘灏。

十六日己未　本日起居注官尹泰、颜光敩。

十七日庚申　本日起居注官莫里溥、史夔。

十八日辛酉　本日起居注官三宝、徐嘉炎。

十九日壬戌　是日，转奏事敦住传旨，谕大学士伊桑阿等曰："朕因违和，于国家政事久未办理，奏章照常送进，令皇太子办理付批。本处批发，细微之事即或有一二遗误，无甚关系。其紧要大事，皇太子自于朕前奏闻。"

本日起居注官傅伸、曹鉴伦。

二十日癸亥　是日，部院各衙门奏章俱交送内阁。

本日起居注官莫里溥、刘灏。

二十一日甲子　是日，部院各衙门奏章俱交送内阁。

本日起居注官尹泰、张榕端。

二十二日乙丑　是日，部院各衙门奏章俱交送内阁。

本日起居注官三宝、沈涵。

二十三日丙寅　是日，部院各衙门奏章俱交送内阁。

本日起居注官傅伸、王思轼。

二十四日丁卯　是日，部院各衙门奏章俱交送内阁。

本日起居注官莫里溥、陆肯堂。

二十五日戊辰　是日，部院各衙门奏章俱交送内阁。

本日起居注官尹泰、彭宁求。

二十六日己巳　是日，部院各衙门奏章俱交送内阁。

本日起居注官三宝、陈元龙。

二十七日庚午　是日，部院各衙门奏章俱交送内阁。

本日起居注官傅伸、徐元正。

二十八日辛未　是日，部院各衙门奏章俱交送内阁。

本日起居注官莫里溥、宋大业。

二十九日壬申　是日，部院各衙门奏章俱交送内阁。

本日起居注官尹泰、郑崑瑛。

六　月

初一日癸酉　皇上圣躬大安。辰时，御乾清宫西暖阁，召诸王、内大臣、都统、满汉大学士、满尚书等进见。

是日，部院各衙门奏章俱交送内阁。

先是，圣躬违和，诸王、公、内大臣、侍卫、满汉蒙古文武大小臣工皆夙夜在朝候请万安。虽解任告老、缘事罢斥之臣，无不咸至。数日内，圣躬痊愈。诸王及诸臣虽屡奉谕旨，令各回家，众皆未退。诸王、公等内外满汉蒙古大小臣工，凡有顶带官员以下至护军、马步、甲人等，以及士、农、工、商四方流寓之人，皆各情愿出赀，致敬竭诚，于各寺庙建礼吉醮，恭为皇上祈祷万安。环近畿辅城邑文武官员以至田野小民，不约而同皆祷祝神祇，奔走巷陌，无不为皇上祈请福佑。京师近省暨盛京等处诸臣，皆不暇候旨，星夜驰至阙廷请安。远省诸臣，各缮疏恭请陛见。圣躬万安之后，臣民闻之，皆踊跃嵩呼万岁，欢声震地。此皆由皇上临御日久，爱养臣工，抚育黎庶，深仁大泽，如高天厚地。凡薄海臣民，罔不沦洽肌髓。故亿兆感戴之诚，发于不能自已。斯诚旷古之所罕觏也。

本日起居注官三宝、刘灏。

初二日甲戌　辰时，上御乾清宫，召副都统、上三旗侍卫、汉尚书，满汉侍郎、学士等官及总管内务府官员进见。

是日，部院各衙门奏章俱交送内阁。

本日起居注官傅伸、颜光敩。

初三日乙亥　是日，部院各衙门奏章俱交送内阁。

本日起居注官张英、莫里溥。

初四日丙子　是日，部院各衙门奏章俱交送内阁。

本日起居注官徐嘉炎、尹泰。

初五日丁丑　是日，部院各衙门奏章俱交送内阁。

本日起居注官三宝、曹鉴伦。

初六日戊寅　早，上由神武门出西直门，幸畅春园。部院各衙门奏章逐日交送内阁，内阁转送畅春园听理。

本日起居注官傅伸、陆肯堂。

初七日己卯

初八日庚辰　是日，上问皇太后安。

初九日辛巳　是日，上问皇太后安。

初十日壬午　转奏事敦住传谕大学士伊桑阿等曰："今朕体已大愈，行走并无妨碍，折本及章疏照常启奏。朕意亦欲面见，来奏时将事情简省具奏。"

十一日癸未　是日，上问皇太后安。

十二日甲申

十三日乙酉　辰时，上御畅春园内澹宁居，听部院各衙门官员面奏政事。

本日起居注官莫里溥、尹泰。

十四日丙戌

十五日丁亥

十六日戊子

十七日己丑

十八日庚寅　辰时，上御畅春园内澹宁居听政。部院各衙门官员面奏毕，大学士伊桑阿、阿兰泰、王熙、张玉书，学士常书、王尹方、王掞、李楠、温保、戴通、李应廌、安布禄以折本请旨。九卿议覆河南巡抚顾汧疏称"河南漕粮百姓远至直隶大名府小滩镇采买交兑，甚为民累，请将漕米改折，以充兵饷"等语，查得河南漕米自明时照各省例起运，本色解京漕米所关甚重，将改折之处无庸议。上曰："观该抚所奏河南漕粮不出于本省，百姓远至直隶大名府小滩地方采买。将漕米改折有益民生，着停止百姓采买。但解京米石所关甚重，着该抚将改折银两，亲至大名府所属地方，照数采买，验看起运。倘有迟误，该抚从重治罪。”

又吏部题江南庐州府知府员缺，将候选王祯补授。上曰：“朕观江南粮多事繁，知府员缺甚为紧要。此缺着该督抚将应升官员内选择贤能具奏。”

又兵部题白身人二格、太监王朝辅因起白塔西面之土，毁坏风水，将失察步军校郭丕、胡穆都各降二级调用。上曰：“正犯既已宽免，将伊等降二级从宽留任。”

又三法司题太医孙斯百等误用人参，以致皇上烦燥甚病，又妄言当用附子、肉桂等语，查律，合和御药误，不依对症本方，将医人杖一百。今孙斯百等罪甚重大，难以此律拟罪，应将孙斯百、孙徽百、郑起鹍、罗性涵俱拟斩。上曰：“孙斯百等误诊朕病，强用人参，致朕烦燥甚病。又将他人所立之方，伊等阻隔，不使前进。其后朕决意不用人参，病遂得痊。今朕体全愈，孙徽百后复进内调治，着从宽免死。孙斯百、郑起鹍、罗性涵，俱从宽免死，各责二十板，永不许行医。”

又工部题覆总河于成龙疏虽称康熙二十五年所栽之柳不足，仍用分买之柳。当日靳辅不料所栽之柳不足，今若将所用柳价一万八千余两仍令追补，则经管各官苦于重赔，但需用柳条之时，各官未经详明题报。应无庸议。上曰：“柳条用于河工年久，着照该督所奏，免其追补。”

本日起居注官傅继祖、张英。

十九日辛卯

二十日壬辰

二十一日癸巳　辰时，上御畅春园内澹宁居听政。部院各衙门官员面奏毕，大学士伊桑阿、阿兰泰、王熙、张玉书，学士常书、王尹方、傅继祖、王掞、李楠、温保、戴通、李应廌、安布禄以折本请旨毕，上顾大学士伊桑阿等曰：“朕问山东、山西来人，云今岁雨水甚多。北方雨水多，则黄河水必长，甚为可虑。着遣司官往问总河于成龙水势若何。”

本日起居注官席米图、傅伸。

二十二日甲午

二十三日乙未

二十四日丙申

二十五日丁酉　辰时，上御畅春园内澹宁居听政。部院各衙门官员面奏毕，大学士伊桑阿、阿兰泰、王熙、张玉书，学士常书、王尹方、傅继祖、王掞、李楠、温保、戴通、李应廌、安布禄以折本请旨。兵部题覆昭武将军郎坦疏称原任左副都御史觉罗舒书、原任前锋参领色尔古伦，请加护军统领、副都统品级前来等语，应将舒书、色尔古伦俱署副都统前往。上曰："色尔古伦以年老解任，舒书因军前获罪革职。现任大臣皆朕所简用，各效其职，有才干者不少，今皆置之。以军前获罪革职之人前往，岂不令人心灰而志懈乎？若将舒书坐名前往，幸遇机会，将来又望复职矣。舒书为侍卫时，曾在朕左右使令，性虽稍直，甚无恩义。尚之信反叛时，城内兵少，彼时舒书曾率大兵逼近对垒。若毅然竟进，则尚之信已被擒矣。其后不思报效，反托病而归。于正当尽力之处尚且如此，此等人虽往何益？郎坦行兵有术，但遇事多疑，每信人言。此奏显然徇情，不必准行。着批严旨。"

本日起居注官莫里溥、尹泰。

二十六日戊戌

二十七日己亥

二十八日庚子　辰时，上御畅春园内澹宁居听政。部院各衙门官员面奏毕，大学士伊桑阿、阿兰泰、王熙、张玉书，学士常书、王尹方、王掞、李楠、温保、戴通、李应廌、安布禄以折本请旨。户、工二部议覆川陕总督佛伦疏称西安府省城驻防官兵家口约有数万，本色粮草俱于西安、凤翔所属州县征取，百姓苦于解送。查得离省城四十里有曹店地方可通水路，若于彼处设立仓廒，派官职掌，其通水路州县之粮令其运至曹店交兑入仓，其不通水路州县之粮或就近运至省城，或运至曹店交兑入仓，则无缺粮迟误之患等处，俱准行。上曰："佛伦自简任总督以来，于地方一切事务筹画周详，实心料理，咸得其宜，本省兵民莫不心服称赞，深为可嘉。即自西域来京之喇嘛僧众，俱赞美佛伦诚实清廉，理事甚善，百姓深感。但僧众未得见佛伦之面耳！这本内事情俱着依议行。"

又户部题覆贵州巡抚闫兴邦疏称将官屯地丁量算两次，应征米二百八十余石，银四十六两有余。先经逆贼李本深违例勒取一千三百余石，今若照此数加征，则民苗苦累等语，但据提督陈奇曾题此项所征米豆一千三百余石，遵行二十余年，并无苦累民苗。应咨该抚再行严加量算，到日再议。上曰："贵州地方山多人少，既将此官屯地丁两次量算明白，今又纷更量算，则民苗苦累。这事情着照该抚所奏行。"

又兵科给事中苏俊条陈，请增乡试进场人额及会试南、北、中卷内不必各分左右。上曰："苏俊此疏称人才之出无定所，而参侍郎赵士麟疏内有天末寒微之语，岂云南、贵州远地不出人才乎？此本岂无情弊？必是江南人难以条奏，故立稿以付苏俊。以此观之，江南之人将云贵人在此居官者不尽逐，则其心不足也。苏俊条奏之处，着问汉九卿来奏。"

上又谓伊桑阿等曰："朕每见各省往来及请安之人，必问地方情形，雨水沾足与否。前问自江南浙江来人，云江浙地方今岁甚旱，至五月二十日尚未得雨。朕幸江南，深知彼处民生，家无二日之储，所食之粟，每日粜买。若五月以后仍不得雨，则米价腾贵，穷民必至困苦。此不可不预防者。着遣户部才能司官二员，一往江南，一往浙江，详问督抚，观看雨水形势来奏。江浙地方涝不足虑，雨水虽大，若不没禾穗，水消即复旧矣。旱则池中所蓄之水尽涸，乃无法可施。朕又曾见舟中满载猪毛、鸡毛，问其故，则曰福建地方稻田，以山泉灌之，泉水寒凉。用此，则禾苗茂盛而亦早熟。朕记此言，将玉泉山泉水所灌之稻田，亦照此法，果禾苗早熟而丰收。江浙稻田俱池中蓄水灌之，池水不寒，所以不用毛也。"伊桑阿等奏曰："臣等虽知种稻，并不知此说。皇上忧念民生，无所不至。至如水性寒热之宜，亦皆洞然。我皇上如此为民筹画，自古未有，真仁爱之至矣。"

本日起居注官傅继祖、三宝。

二十九日辛丑

三十日壬寅　是日，上问皇太后安。

七　月

初一日癸卯

初二日甲辰

初三日乙巳　辰时，上御畅春园内澹宁居听政。部院各衙门官员面奏毕，大学士伊桑阿、阿兰泰、王熙、张玉书，学士常书、王尹方、傅继祖、王掞、李楠、温保、戴通、李应廌、安布禄以折本请旨。兵部题覆山东总兵官曹应鹄将已故功加官刘新等执照付与边四等顶替，又将伊子曹文简之名冒入册内保奏。应将曹应鹄本身效力所得拖沙喇哈番及总兵官俱革去，交与该抚严审。上曰："曹应鹄人材壮健，曾经效力行间。若将伊职全革，必至拿问。从宽免革拖沙喇哈番，着革去总兵官审拟具奏。"

伊桑阿等奏曰："臣等遵旨传问汉九卿，九卿云，会试分南、北、中卷，欲其均平，近已议定，无庸改议。至于录旧雷同、顶冒不到监生姓名入场，及录科抑勒等处，原俱有处分定例，亦无庸另议等语。"上曰："这所奏无益，不准行。"

本日起居注官席米图、傅伸。

初四日丙午

初五日丁未　是日，上问皇太后安。

初六日戊申

初七日己酉

初八日庚戌　辰时，上御畅春园内澹宁居听政。部院各衙门官员面奏毕，大学士伊桑阿、阿兰泰、王熙、张玉书，学士常书、王尹方、傅继祖、王掞、李楠、温保、戴通、李应廌、安布禄以折本请旨。都察院题给事中苏俊所参吏部侍郎赵士麟值，圣躬违和时众人齐集之处，理应随众同至，竟不早来，且推委躯体过肥，足短步窄，殊属不合。应将赵士麟所有加级纪录俱不准抵销，降四级调用。上曰："大臣官员请安后至者，岂独赵士麟一人？朕御门理事时，大臣官员亦有迟延进奏者。会聚之所侍卫不至者恒多，亦属常事。若将此一概过拟，则苛刻太甚。赵士麟着削去所有加级纪录，从宽免降四级调用。”

本日起居注官三宝、尹泰。

初九日辛亥

初十日壬子

十一日癸丑　是日，上问皇太后安。

十二日甲寅

十三日乙卯　辰时，上御畅春园内澹宁居听政。部院各衙门官员面奏毕，大学士伊桑阿、阿兰泰、王熙、张玉书，学士常书、王尹方、王掞、李楠、温保、戴通、李应廌、安布禄以折本请旨。吏部题户部郎中王文锦等五人升授浙江衢州金华、福建汀州、陕西汉中、江南淮安等府知府。上曰：“总督佛伦曾以山东济南府同知金世扬贤能保题汉中府知府，着即升汉中府知府。其淮安府知府员缺，甚属紧要，该督抚将应升官员内贤能者选择速奏。”

本日起居注官傅继祖、莫里溥。

十四日丙辰

十五日丁巳

十六日戊午

十七日己未　辰时，上御畅春园内澹宁居听政。部院各衙门官员面奏毕，大学士伊桑阿、阿兰泰、王熙、张玉书，学士常书、王尹方、傅继祖、王掞、李楠、温保、戴通、李应廌、安布禄以折本请旨。兵部题广东碣石卫总兵官刘泽深病故员缺，将汉军参领管源忠等、副将陈寿等职名开列。上曰：“广东地方甚属紧要，守陵副将韩佐周人材健壮，驭兵甚善，曾出兵江西，在安亲王军前任夸兰大，闻其亦谙军务，着升授碣石卫总兵官。”

本日起居注官席米图、傅伸。

十八日庚申

十九日辛酉

二十日壬戌

二十一日癸亥　是日，上问皇太后安。

二十二日甲子

二十三日乙丑　辰时，上御畅春园内澹宁居听政。部院各衙门官员面奏毕，大学士伊桑阿、阿兰泰、王熙、张玉书，学士常书、王尹方、傅继祖、王掞、李楠、温保、戴通、李应廌、安布禄以折本请旨。兵部题镶红旗蒙古佐领关代员缺，将员外郎三布岱拟正，护军校巴锡拟陪。上曰："朕前问原管此佐领人之子曾带来否？都统莽喀等奏曰：'不曾带来'。朕问第一跪者是谁？莽喀等奏曰：'此是原管佐领关代之子'。朕谓莽喀：'尔如何云原管此佐领人之子不曾带来？'莽喀奏曰：'皇上猝问，臣因误对'。今览本内并无此等语。莽喀甚属轻躁，将朕谕旨并伊所奏之言截去，不曾移咨兵部。先曾有谕，毋得截去旨意。此本驳回，添写具奏。莽喀着交与兵部查议。"

又两广总督石琳密奏海贼抢掠商船，遣参将张士奇等率领船兵搜杀。上曰："海禁既开，各处俱来贸易，其搜杀海贼时或误杀良民，借端生事，俱未可定。着该督将总兵官副将内拣选才能前往，若差去官兵妄行借端生事，即指名题参。"

本日起居注官三宝、尹泰。

二十四日丙寅

二十五日丁卯

二十六日戊辰

二十七日己巳　辰时，上御畅春园内澹宁居听政。部院各衙门官员面奏毕，差往山西监修船只輓运米石工部郎中常绶进奏。上问："西安禾苗茂盛否，饥民情状近日何如？"常绶奏曰："西安禾苗甚茂，麦田广收，民间大有起色，不似被灾情形。地方父老云，西、凤二府百姓被灾，饥饿逃亡。圣主屡遣部院大臣详察赈济，并发内帑百万，又补授总督佛伦。故我百姓父子、夫妇得免于饥死分离。今我百姓之生，皆由圣主如天之恩等语，涕泣者甚众。"上问："尔观民生得复旧业否？"奏曰："民生已复旧业矣。百姓云，我等初意以为虽至十年未必能复旧业，皇上屡行赈济招徕，未及一年，不但复旧，且已过于往日。此皆圣主之恩也。”上问：“山西、直隶禾苗何如？”奏曰：“山西、直隶禾苗俱佳，然稍不及陕西。”上问：“今岁雨水甚多，而禾苗何故不至受伤？”奏曰：“臣曾问山西百姓，皆云此地土性易于渗水，又多山田，故雨水虽多，禾苗不至受伤。”上问：“尔观陕西百姓今无足虑否？流民有归本籍者否？”奏曰：“皇上今于西土无复虑矣，回籍之民载道不绝。”上曰：“尔所运米之河足以轮运否？巡抚噶尔图曾奏，山西禾苗已被水淹，其被水淹之状若何？”奏曰：“臣所运米之河足以轮运，但今岁雨水颇多，淮河之水甚大，船只甚为危险。今米石得以运至曹店者，皆皇上洪福，非人力所能致也。山西汾河一带徐沟等六县田土，因河水泛涨，故沿河禾苗稍被水淹。巡抚噶尔图云，今俱遣官前往阅看，未必尽成灾荒。”常绶出。

大学士伊桑阿、阿兰泰、王熙、张玉书，学士王尹方、王掞、李楠、温保、戴通、李应廌、安布禄以折本请旨。兵部题山东登州总兵官曹应鹄员缺，将汉军参领及副将等职名开列。上曰：“山东无总督、提督，全省之兵惟一总兵官统领。登州地方亦甚紧要，石匣副将吕八音为人甚优，材力壮健，朕稔知之，着升授总兵官。”

又理藩院等衙门题将抢掠正白旗游牧阿纳达等驼、马、米、茶等物首犯绰会、阿喇善拟立绞。上曰：“绰会等虽行抢掠，并未伤人，杀一首犯足矣。阿喇善从宽免死。”

又谕伊桑阿等曰：“抚绥百姓，俾沾实惠，无如蠲免钱粮。朕观广西、四川、贵州、云南俱系边省，地瘠民贫，不比内地。此四省三十三年应征地丁银米，相应通行豁免。尔等撰上传于八月内呈览。”

本日起居注官傅继祖、莫里溥。

二十八日庚午　是日，上问皇太后安。

二十九日辛未

八　月

初一日壬申

初二日癸酉

初三日甲戌　辰时，上御畅春园内澹宁居，听部院各衙门官员面奏政事。

是日，上问皇太后安。

本日起居注官席米图、傅伸。

初四日乙亥

初五日丙子

初六日丁丑

初七日戊寅　巳时，上由西直门进西华门回宫。

本日起居注官莫里溥、张榕端。

初八日己卯　辰时，上御乾清门听政。部院各衙门官员面奏毕，上召大学士伊桑阿等、户部尚书马奇等进，谕曰："朕闻襄阳米石运至商州，沿河一带并无村庄，民居相离甚远，水溜险汛，逆流而上，民夫甚为劳苦，亦有死者。前遣学士德珠运米时，朕曾谕，至彼輓运倘有不合处及应奏事宜即行启奏。此所运之米专为陕西百姓预备。今年陕西雨水及时，麦田广收，秋稼亦茂，民生已宁。今遣户部贤能司官一员驰驿往问学士德珠、总督丁思孔、总兵官王化行等，倘谓运米不至累民，易于运到，着伊等即行保奏。"马齐等出。

大学士伊桑阿、阿兰泰、王熙、张玉书，学士王尹方、王掞、李楠、温保、戴通、李应廌、安布禄以折本请旨。吏部题学士常书员缺，将光禄寺卿艾肃等职名开列。上曰："工部郎中常绶人材优长，谙练事务，屡遣办事，极其明白。着升补学士。"又题八月科道官内升外转事。上曰："近日科道官大不及前，多听人言，条奏并不实心奉公。内升外转着停止这一次。"

是日，上问皇太后安。

本日起居注官傅继祖、沈涵。

初九日庚辰 太宗文皇帝忌辰，上不理事。

是日，上问皇太后安。

本日起居注官莫里溥、王思轼。

初十日辛巳 辰时，上御乾清门听政。部院各衙门官员面奏毕，大学士伊桑阿、阿兰泰、王熙、张玉书，学士王尹方、傅继祖、王掞、李楠、温保、戴通、李应廌、安布禄、常绶以折本请旨。兵部题福陵总管穆敦员缺，将福陵噶喇大尹戴吴布图、参领雅住等职名开列。上曰："穆敦三世效力，将伊子弟及族属俱带来引见。"

本日起居注官傅伸、史夔。

十一日壬午 太祖高皇帝忌辰，上不理事。

是日，上问皇太后安。

本日起居注官莫里溥、彭宁求。

十二日癸未 早，上问皇太后安。

上巡视口外，由神武门出安定门，驻跸汤山。是日，昌平州驻防防守御邦褚呢等、参将徐登甲等、同知韦国佐、知州孔毓璋等来朝。

十三日甲申 上驻跸怀柔县城内。是日，怀柔县知县黄景式、守备王成功等来朝。

十四日乙酉 上驻跸密云县南沈庄。是日，古北口总兵官王廷彪以原任石匣副将升授登州总兵官吕八音于本月初九日病故奏闻。上以吕八音勤劳职事、家计甚贫，赐银二百两，令其归榇。

是日，古北口等处抽分制造库郎中齐蓝布等、密云县知县陈士铨、守备李允庆等来朝。

十五日丙戌 上驻跸古北口城内。是日，石匣营游击胡泮等、霸昌副使道金云凤、古北口管理驿站事员外郎郭里、古北口驻防拖沙喇哈番古尔拜等、同知张琳、游击张岳等、守备李芃等来朝。

十六日丁亥 上驻跸鞍匠屯。

十七日戊子 上驻跸红旗营。

十八日己丑 上驻跸青城。

十九日庚寅　上驻跸饶苍地方。

二十日辛卯　上驻跸可汗铁岭。

二十一日壬辰　上御行宫，大学士伊桑阿，学士安布禄、常绶以折本请旨。吏部题学士王尹方员缺，将候补学士田喜霅、少詹事朱阜等职名开列。上曰："着查明调补外衙门翰林官员开列折子具奏。"是日，上驻跸黑湾地方。

二十二日癸巳　上驻跸狠铁岭。

二十三日甲午　上驻跸独村谷。

二十四日乙未　上驻跸独村谷。

二十五日丙申　上驻跸黄陂谷。

二十六日丁酉　上御行宫，大学士伊桑阿，学士安布禄、常绶以折本请旨。吏部题学士王尹方员缺，将候补学士田喜霅等职名开列本章并翰林调补外衙门太常寺少卿励杜讷等职名开列折子具奏。上曰："督捕理事官顾藻提督直隶学政，居官颇善，书法亦佳，着升授学士。"

又户部题覆总漕兴永朝疏称江北庐、凤、淮扬等处漕粮，请红白兼收，议不准行。上曰："米只取圆净，各随其地所出，不论红白，令其兼收，勿劳百姓。"

又覆广东、广西盐院太常寺少卿沙拜奏销广西三十一年盐课银两事，议得广东、福建盐课银两俱已加增，今广西亦令加增。上曰："广西地瘠民贫，盐课银两不必加增。"

是日，上驻跸黄陂谷。

二十七日戊戌　上驻跸细黄陂。

二十八日己亥　上驻跸藩障河。

辰时，上御布城前黄帐内升座，扈从内大臣、侍卫、都统、前锋统领、护军统领、副都统、部院大臣、官员、八旗官兵及蒙古王、贝勒、贝子、公、台吉、塔布囊、军卒分两翼排坐，作乐，大宴。召入科尔沁国和硕土谢图亲王额驸沙津，喀尔喀部落和硕扎沙克图亲王策旺扎布，阿霸垓部落多罗郡王吴尔詹噶喇布，喀尔喀部落多罗郡王善巴，喀尔喀部落多罗郡王敦多布多尔济，喀喇沁部落和硕额驸噶布臧，巴林部落多罗额驸阿喇布坦，敖汉部落多罗额附扎木素，喀喇沁部落护国公善巴喇西，敖汉部落协理旗分事务一品台吉安达阿玉玺等，翁牛特部落多罗达尔汉贝勒额尔德布鄂齐尔，土默特部落多罗达尔汉贝勒额驸额尔德木图，科尔沁国和硕额驸班第，土默特部落固山贝子喇思查布，翁牛特部落协理旗分事务二品台吉鄂齐尔等于黄帐下。上亲赐酒，令阿霸垓部落协理旗分事务二品台吉德穆楚克，敖汉部落四品台吉崔扎木素等，喀尔喀部落二品台吉丹津多尔济等，土默特部落一品塔布囊布颜图额尔德尼等进前，侍卫传饮；又令行围喀喇沁部落未得品级塔布囊色冷等及官兵每班十人进前，侍卫传饮。

是日，赐行围喀喇沁部落塔布囊以下官兵凉帽、袍带、靴、缎、银两、布匹有差。

二十九日庚子 上驻跸端静公主府。

是日，上进喀喇沁端静公主府，喀喇沁部落多罗杜棱郡王扎西、和硕额驸噶尔臧率领所属塔布囊官员跪迎。上御公主府二门升座，王扎西、和硕额驸噶布臧及塔布囊等行三跪九叩头礼。毕，和硕额驸噶尔臧具筵作乐，王扎西率领塔布囊等跪，和硕额驸噶尔臧近前跪进皇上酒。毕，令内大臣、大学士、都统、前锋统领、护军统领及蒙古贝勒、贝子、额驸、台吉等进前跪，上亲赐酒。令侍卫、副都统、学士、部院官员、八旗官员每班十人，跪于甬路，侍卫传饮。

三十日辛丑 上驻跸端静公主府。

九　月

初一日壬寅 上驻跸柳林地方。是日，上进喀喇沁多罗杜棱郡王扎西府，王扎西率领所属塔布囊、官员跪迎。上御厅内升座，王扎西、和硕额驸噶尔臧及塔布囊等行三跪九叩头礼。毕，王扎西具筵，亲率和硕额驸噶尔臧、塔布囊等跪进皇上酒。毕，上令和硕额驸噶尔臧亲近，侍卫关保看赐大臣、官员及蒙古王贝勒、贝子、额驸、台吉等酒。

初二日癸卯 上驻跸骅骝谷、黄陂谷交界地方。

初三日甲辰　上驻跸野猪川。

初四日乙巳　上御行宫，大学士伊桑阿，学士安布禄、常绶以折本请旨。户部题山西巡抚噶尔图疏称，给事中彭鹏所奏平阳府属百姓饥荒情形一疏，着臣查明具奏。查得平阳府所属报灾与不报灾州县，百姓蒙皇上屡行蠲赈，又缓征新旧钱粮，准于三十二年秋成之后征收，所以百姓俱归本籍。今岁既沾甘雨，无忧糊口之处，无庸议。上曰："览该抚所奏，平阳府属报灾与不报灾州县百姓屡行蠲免、赈济，缓征亲旧钱粮，准于三十二年秋成之后征收，所以百姓俱归本籍，今岁屡沾甘雨、无忧糊口等语，此事情彭鹏何所据而条奏，着彭鹏仍明白回奏。"

又兵部题湖广总督丁思孔疏称，彝陵总兵官张忠孝因父母坟茔年久荒芜，恳乞代题给假四十日，以修理祭祀等语，议不准行。上曰："总兵张忠孝父母坟茔年久荒芜，着给假四十日，令其修理、祭祀。"

又兵部题镶黄旗汉军拜他喇布勒哈番陈汉英旷离汛地，相应罚俸一年。上曰："陈汉英因伊子患病，旷离汛地，固宜罚俸，但阅本内其子次日即故，情犹可恕。着从宽免其罚俸。"

是日，上驻跸野猪川。

初五日丙午　上驻跸巳龙桑古苏泰山北。

初六日丁未　上驻跸红川地方。

初七日戊申　上驻跸杨树岭下。

初八日己酉　上驻跸杨树岭下。是日，赐喀喇沁兵牛羊。

初九日庚戌　上驻跸杨树岭下。

初十日辛亥　上御行宫，大学士伊桑阿，学士安布禄、常绶以折本请旨。吏部题盛京兵部理事官巴拜员缺，将太仆寺少卿杨舒拟正，鸿胪寺卿黄懋拟陪。上曰："黄懋人材颇优，着升授理事官。"

又兵部题覆两广总督石琳疏称，风飘舡只至阳江县地方日本国十二人，请发回伊国等语，相应令归本国。上曰："外国之人船只被风飘至广东，情殊可悯。着该督抚量给衣食，护送浙省，令归伊国。"

又刑部等衙门拟奏正白旗原任三等侍卫吴郎格因欲杀伊婶母与弟，相应枷号、鞭责。上曰："吴郎格曾为朕侍卫，因肢体残疾，朕欲令伊得所，故授张家口章京。其后身体全愈，朕念伊人材壮健复补用侍卫。未几，又因疯魔辞职。吴郎格在张家口任章京时，自称凡事得于朕前启奏。欺人行诈之处甚多，为人狂妄。今又欲杀其婶母与弟，凶恶已极。此人不可留于京师。着枷号、鞭责，发往黑龙江当差。”

是日，上驻跸杨树岭下。

未时，上御布城黄幄内升座，令喀尔喀部落折布尊丹巴库图克图土谢图汗等及众扎萨克、王、额驸、贝勒、贝子、公、台吉、首领喇嘛等，列坐于黄幄两傍，令内大臣、侍卫、都统、前锋统领、护军统领、副都统、部院大臣、官员、八旗官兵及喀尔喀部落土谢图汗所属台吉、翟桑、小喇嘛、护卫、行围喀喇沁部落塔布囊、官兵分两翼列坐，大宴。召喀尔喀部落土谢图汗和硕扎萨克亲王策旺扎布、多罗郡王善巴、多罗郡王敦多布多尔济、多罗贝勒席地西里、扎萨克部落一品台吉巴郎齐木出克纳木扎尔班诸尔，科尔沁国和硕土谢图亲王额驸沙津，翁牛特部落多罗贝勒额尔德布鄂齐尔，土默特部落多罗贝勒额驸额尔德木图，科尔沁国和硕额驸班第，喀喇沁部落和硕额驸噶尔臧等进前，上亲赐酒。土谢图汗之次子台吉额尔德尼阿海多尔济等，族中台吉达西敦多布等，土默特部落固山贝子喇思查布，喀喇沁部落护国公山巴喇西，巴林部落多罗额驸阿喇布坦，敖汉部落多罗额驸扎木素、协理旗分事务一品台吉安达阿玉玺等，翁牛特部落协理旗分事务二品台吉鄂齐尔，阿巴哈纳尔部落协理旗分事务二品台吉德木出克等，及行围喀喇沁部落塔布囊、官兵，令侍卫传饮，土谢图汗所属台吉、翟桑、护卫等，令内大臣看饮。

十一日壬子　上驻跸伞盖河。

十二日癸丑　上驻跸玲珑峰。是日，赐喀尔喀部落折布尊丹巴库图克图土谢图汗、诸王、贝勒、台吉、喇嘛等凉帽、袍褂、带靴、撒袋、弓箭、刀、鞍、蟒缎、装缎、缎匹等物有差。又赐土谢图汗多罗贝勒西地西里、诸台吉等之夫人与女蟒缎、装缎、缎匹有差。

十三日甲寅　上驻跸阿拜诺颜塔地方。是日，召喀尔喀部落折布尊丹巴库图克图土谢图汗、贝勒西地西里、达西卓木频托尹等入行宫内赐食。

十四日乙卯　上驻跸石山口。

十五日丙辰　上驻跸石山口。是日，赐喀尔喀部落多罗郡王昆都伦恃硕克图衮布及其子沙克图尔塔圣、孙纳木扎尔索讷木等凉帽、袍褂、带靴等物有差。

十六日丁巳　上御行宫，大学士伊桑阿，学士安布禄、常绶以折本请旨。吏部题镶黄旗监察御史观音布员缺，将员外郎郭里拟正，员外郎屠勒孙拟陪。上曰："监察御史职掌言路兼巡视盐课，职甚紧要，俟进京时拣选有才品者补授。"

又户部题浙江巡抚张鹏翮疏称杭州嘉兴等八府地方于六月内陆续得雨，未成灾荒，至秋收时查明再行题报等语，查得既云夏月未成灾，无庸议。秋收之时，查明具奏。上曰："江浙二省今岁夏月亢旱，虽未成灾，秋收必欠。若漕粮仍行征收輓运，恐民乏食，朕常以此为忧。可将浙江漕粮改令今岁蠲免外，江南漕粮今岁或免三分之一，或免其半。至伊省应免之年，照今岁所免米数补征輓运，则漕粮不至减少，而官民大有裨益。着满汉大学士会同户部堂官、仓场侍郎作速详议具奏。"

是日，上驻跸石山口。

十七日戊午　上驻跸噶拜谷。

十八日己未　上驻跸山羊谷内隘岭口。

十九日庚申　上驻跸巴达喇村。是日，赐翁牛特部落协理旗分事务二品台吉鄂齐尔，翁牛特部落多罗郡王贝勒额尔德布鄂齐尔，土默特部落多罗贝勒额驸额尔德木图，喀喇沁部落护国公山巴喇西及行围喀喇沁部落塔布囊以下至官兵弓箭、袍帽、带靴、缎、布、银两等物有差。

二十日辛酉　上驻跸第一泉。是日，召科尔沁国和硕土谢图亲王额驸沙津，喀尔喀部落扎萨克图和硕亲王策旺扎布，喀喇沁部落和硕额驸噶尔臧，喀喇沁部落护国公山巴喇西，巴林部落多罗额驸阿喇布坦，敖汉部落多罗额驸扎木素，敖汉部落协理旗分事务一品台吉安达阿玉玺等，阿霸垓部落协理旗分事务二品台吉德木出克，翁牛特部落多罗贝勒额尔德布鄂齐尔，土默特部落多罗贝勒额驸额尔德木图，科尔沁国和硕额驸班第，土默特部落固山贝子喇思查布，翁牛特部落协理旗分事务二品台吉鄂齐尔，科尔沁国协理旗分事务二品台吉毕利克图等，科尔沁国固山额驸吴勒木济及行围喀喇沁部落二品塔布囊吉尔体等官兵俱赐食。

二十一日壬戌 上驻跸上都河西。

二十二日癸亥 上驻跸鞍匠屯。

二十三日甲子 上驻跸古北口城内。是日，直隶巡道许兆麟来朝。

二十四日乙丑 上驻跸密云县南沈庄。是日，辰时，令古北口总兵标下官兵、石匣副将标下官兵，披甲张旗于柳林地方，向北排阵。上登山坐阅，令官兵试放枪炮，发喊进退。上以官兵进退精熟，赐总兵官王廷彪蟒缎、游击张岳等二十七员缎匹、军士乙千九百人银两。

二十五日丙寅 上驻跸顺义县大东庄。是日，顺义县防守御卓忭尔图等、知县吴元臣、把总焦承恩等来朝。

二十六日丁卯 巳时，上由东直门进东华门，回宫。

是行也，部院各衙门奏章逐日交送内阁，内阁三日一次传送行宫听理。

是日，上问皇太后安。

扈从起居注官傅继祖、席米图。

二十七日戊辰 高皇后忌辰，上不理事。

是日，上问皇太后安。

本日起居注官三宝、郑崑瑛。

二十八日己巳 辰时，上御乾清门听政。部院各衙门官员面奏毕，大学士伊桑阿、阿兰泰、王熙、张玉书，学士傅继祖、王掞、李楠、温保、戴通、李应廌、安布禄、常绶、顾藻以折本请旨时，上谕曰："顾巴代因在内庭供奉，屡次超擢，以至尚书。今观其人甚属虚诞，不顾体面。先为侍讲学士时曾以浮躁考察降级，此等人不宜留任部院。着革去尚书，以伊世职随旗行走。"

又吏部题御史观音布员缺，将督捕员外郎郭里拟正，户部员外郎屠勒孙拟陪。上曰："将保举郎中员外及郎中等引见，选择补授。"

又礼部题阙里孔庙工成，遣官致祭。上曰："阙里孔庙修建鼎新，此祭关系大典，朕遣皇子前往告祭。着再议具奏。"

本日起居注官莫里溥、徐嘉炎。

二十九日庚午　早，上御保和殿视祭太庙祝版毕，回宫。

辰时，上御乾清门，听部院各衙门官员面奏政事。

本日起居注官曹鉴伦、尹泰。

十　月

初一日辛未　辰时，上御乾清门听政。部院各衙门官员面奏毕，大学士伊桑阿、阿兰泰、王熙、张玉书，学士傅继祖、王掞、李柟、温保、戴通、李应廌、安布禄、常绶、顾藻以折本请旨。吏部题福建布政使董延祚员缺，以湖北按察使王毓贤拟正，四川按察使赵良璧拟陪。上曰："山东布政使杨廷耀居官甚善，人材亦优。尔等知否？"王熙奏曰："杨廷耀任济宁道时居官亦善。"上曰："闻福建火耗颇重，若将杨廷耀调补，必竭力奉公，钱粮事务亦可厘剔，着调补福建布政使。山东按察使喻成龙居官果善，着升授山东布政使。"

又鸿胪寺少卿布达礼员缺，以赞善索柱拟正，萨哈齐拟陪。上曰："此拟正、拟陪之人俱年少，鸿胪寺有赞礼事务，观太常寺寺丞西哈纳人材颇优，曾任鸣赞，着升授鸿胪寺少卿。"

是日，流球国中山王尚贞及进贡正使耳目官马廷器、副使正议大夫王可法、都通事官郑士纶等照定例赐蟒缎、缎匹等物。

本日起居注官傅伸、史夔。

初二日壬申　辰时，上御乾清门听政。部院各衙门官员面奏毕，大学士伊桑阿、阿兰泰、王熙，学士傅继祖、王掞、李柟、温保、戴通、李应廌、安布禄、常绶、顾藻以折本请旨。吏部题监察御史观音布员缺，将员外郎郭里拟正，屠勒孙拟陪。上曰："刑部郎中常在练达事务，为人颇优。常在着调补监察御史。"

又谕伊桑阿等曰："原任尚书科尔坤练达事务，在户部时曾经效力，被参之事并无明据。伊既年老，难以补用，着复其尚书原职。又原任侍讲米汉雯书法颇佳，典试江南被参，其事亦无明据，内庭效力年久，着复还原官。”

上又曰：“给事中彭鹏参令科顺天乡试疏内，有请朕亲审，将主考同考官并举人一一穷究之语，是谓诸大臣皆不可信矣。若倚任之大臣既不可信，虽彭鹏亦可信乎？况治天下不在拘执小节，当敦崇大体，以和平御之。如大小事皆朕一人亲审，则庶务何由毕理？且自古以来亦无此体。若考取之时改易文章，诚为不合；取后刻卷，稍为润色，亦常事耳。即依彭鹏所奏，将徐倬等亲加审问，必将刑具取入宫内。刑具乃不得已而用者，朕亦何忍见之！彭鹏既系言官，当劝朕宽大和平。乃请亲行刑讯，朕实不解。”王熙等奏曰：“皇上圣明宽仁,洞悉下情，如日月之无不照临，如天地之无不覆载。皇上如此仁育，凡大小臣工谁无一点良心，何忍紊大纲、犯大法以取罪戾。圣谕可谓至矣。”

本日起居注官三宝、张榕端。

初三日癸酉　早，上率诸王、贝勒、贝子、公等，内大臣、大学士、都统、尚书、精奇尼哈番、侍卫等庆贺皇太后圣诞，礼毕回宫。

是日，上问皇太后安。

本日起居注官莫里溥、沈涵。

初四日甲戌　辰时，上御乾清门，听部院各衙门官员面奏政事。

本日起居注官尹泰、王思轼。

初五日乙亥　是日，部院各衙门章奏俱交送内阁。

辰时，上御文华殿举行经筵大典。讲官张英、傅腊塔讲《四书》诚者自成也一章，傅继祖、彭孙遹讲《书经》益曰吁戒哉一节。毕，宴于太和门前。

本日起居注官傅伸、陆肯堂。

初六日丙子　辰时，上御乾清门听政。部院各衙门官员面奏毕，大学士伊桑阿、阿兰泰、王熙、张玉书，学士王掞、李楠、温保、戴通、李应廌、常绶、顾藻以折本请旨。兵部题宣府总兵官许盛将伊标下游击吴良骏等请于边地效力，议不准行。上曰：“许盛现任边方，又将游击吴良骏等题请效力边地，殊属不合。许盛甚多事。这疏发回兵部议加申饬。”

又刑部等衙门题赵明殴死小功兄赵滳，议立斩。上曰：“朕观此事，赵明于黑夜持刀将刃向后恐吓赵滴，因而伤乳至毙，部议仍称殴死。人命关系重大，这所议未明，着再议具奏。”

本日起居注官傅继祖、彭宁求。

初七日丁丑　辰时，上御乾清门，听部院各衙门官员面奏政事。

是日，上问皇太后安。

本日起居注官三宝、郑崑瑛。

初八日戊寅　早，上幸南苑。酉时，回宫。

本日起居注官席米图、徐嘉炎。

初九日己卯　辰时，上御乾清门听政。部院各衙门官员面奏毕，大学士伊桑阿、阿兰泰、王熙、张玉书，学士傅继祖、王掞、李楠、温保、戴通、李应廌、常绶、顾藻以折本请旨。吏部题工部尚书沙木哈员缺，将左都御史沙海等职名开列。上曰：“原任尚书、步军总尉萨穆哈练达事务，今虽年迈，尚可效力数年，着补授工部尚书。”

又谕伊桑阿等曰：“朕闻山东省今年秋成之后，九月间曾有蝗起，其遗种必有在地。今年雨水较多，若来春稍旱，则蝗虫复生亦未可定，不可不预为之计。宜及早将田土悉行耕耨，俾蝗虫为覆土所压烂，则势不能复孳。纵使稍有遗种，明年复生，地方官即各行设法驱捕，不致繁多，亦大有裨益。着交与户部，作速移咨直隶、山东、河南、山西、陕西巡抚，通行晓谕所属地方，将田土于今冬来春务急耕耨，以弭蝗患。如有不能遍耕之田，蝗虫复生，亦必速行驱捕，勿致为灾。”

本日起居注官曹鉴伦、尹泰。

初十日庚辰　辰时，上御乾清门听政。部院各衙门官员面奏毕，大学士伊桑阿、阿兰泰、王熙、张玉书，学士傅继祖、王掞、李楠、温保、戴通、李应廌、常绶、顾藻以折本请旨毕，上谕大学士伊桑阿等曰：“陕西西安、凤翔二府地方连被灾伤，朕多方赈救，转粟蠲租，又招集流移，散给牛种，然后四方仳离之民，渐次复还乡井。今岁虽雨水沾足，百谷阜成，而人民甫脱饥寒，未饶生计。若明岁应征钱粮即令输纳，诚恐闾阎储蓄终难充裕。西、凤二府属被灾州县卫所，康熙三十三年粮米照旧征收外，其地丁银两，着通与蠲免。该部即行文该督抚，严饬各属遍行晓谕，务俾均沾实惠，以称朕爱养休息至意。如有不肖有司朦混私征者，该督抚指名劾奏，从重治罪。将此旨即传谕户部。”

本日起居注官席米图、张榕端。

十一日辛巳 辰时，上御乾清门听政。部院各衙门官员面奏毕，大学士伊桑阿、阿兰泰、王熙、张玉书，学士王掞、李楠、温保、戴通、李应廌、常绶、顾藻以折本请旨。理藩院题内大臣公坡尔盆等种地所得谷米，令谨收贮。上曰：“坡尔盆等种地勤劳，多得谷米，着议叙。”

又提督孙思克题请伊标下副将员缺，以江西九江营副将岳昇龙调补。上曰：“朕曾召见岳昇龙，人材果优，曾令记名原有何人保题，可问兵部具奏。朕观宁夏总兵官职任最为紧要，总兵官冯德昌被赵良栋参劾，着解任。以登州总兵官王化行调补宁夏总兵官，着速驰驿赴任。”

本日起居注官傅继祖、沈涵。

十二日壬午 辰时，上御乾清门，听部院各衙门官员面奏政事。

未时，上御保和殿，赐请安进贡科尔沁国和硕卓礼克图亲王巴塔马，喀尔喀部落和硕达尔汉亲王那内，鄂尔都斯部落多罗郡王董鲁布、多罗贝勒达尔扎，苏尼特部落多罗贝勒沙里，科尔沁国协理旗分事务四品台吉伊喇古克三等，鄂尔都斯协理旗分事务二品台吉杨安等，喀尔喀部落一品台吉喇嘛扎布等，扎鲁特部落四品台吉多尔博和等，阿鲁科尔沁国三品台吉达地拔等，土默特部落四品台吉丹巴等，克西克腾协理旗分事务一品台吉噶尔碧等，喀尔喀协理旗分事务三品台吉崔鲁克等，阿霸垓四品台吉陵胡，苏尼特二品台吉阿鲁礼克等，毛明安四品台吉巴塔马等，土默特二品塔布囊额尔格图及五台山大喇嘛丹巴格龙，盛京嘛哈噶喇庙喇嘛甘丹格龙，归化城西勒图库图克图等，喀尔喀部落扎萨克固山贝子程伯尔、协理旗分事务二品台吉喇布坦等、喀尔喀部落协理旗分事务二品台吉乐苏图阿海等食。

本日起居注官三宝、王思轼。

十三日癸未 辰时，上御乾清门，听部院各衙门官员面奏政事。

本日起居注官尹泰、陆肯堂。

十四日甲申 辰时，上御乾清门听政。部院各衙门官员面奏毕，大学士伊桑阿、阿兰泰、王熙，学士傅继祖、王掞、李楠、温保、戴通、李应廌、常绶、顾藻以折本请旨。给事中彭鹏为参顺天乡试主考徐倬等事情疏内，语涉狂妄不敬，九卿议应革职。彭鹏遵旨明白回奏。上曰："科场关系人材，其属紧要。这回奏事情，着九卿、詹事、掌印不掌印科、道会同彭鹏，逐一明白议奏。"

是日，上问皇太后安。

本日起居注官傅伸、彭宁求。

十五日乙酉　是日，部院各衙门奏章俱交送内阁。

本日起居注官莫里溥、陈元龙。

十六日丙戌　辰时，上御乾清门听政。部院各衙门官员面奏毕，大学士伊桑阿、阿兰泰、王熙、张玉书，学士王掞、李楠、温保、戴通、李应廌、常绶、顾藻以折本请旨。湖广总督丁思孔题臣等运至河南荆子关米五万余石内，已从河南輓运二万余石。今水涸难运，余存仓内，俟春暖令河南巡抚輓运。上曰："先年陕西屡被旱灾，百姓苦饥，朕将漕粮及湖广襄阳米石，陆续急速运至陕西，赈济黎民。今又将襄阳米十万石自水路輓运者，恐陕西再遇岁欠，更难措手，故为预备。今岁陕西雨水沾足，五谷丰收，民得安生。览丁思孔所奏，此运米尚需时日，诚恐雇夫劳民。荆子关在湖广、河南交界，此事着该督会同河南巡抚详议具奏。"

本日起居注官席米图、曹鉴伦。

十七日丁亥　辰时，上御乾清门，听部院各衙门官员面奏政事。

本日起居注官傅继祖、郑崑瑛。

十八日戊子　辰时，上御乾清门听政。部院各衙门官员面奏毕，大学士伊桑阿、阿兰泰、王熙、张玉书，学士傅继祖、王掞、李楠、温保、戴通、李应廌、安布禄、常绶、顾藻以折本请旨。礼部题已故辅国公瓦山之女照例请封。上曰："瓦山人材优长，伊父原系贝子，此女着封为县君，其配与额林臣之县君，能和睦姻亲，着加封为郡君。"

又兵部题步军总尉萨穆哈员缺，将正黄旗步军副尉西忒库等九人开列。上曰："朕观副尉西忒库甚能效力，但为人琐屑刻薄。总尉员缺最属紧要，必择精勤平易之人，方为允当。有应补之人，尔等拣选具奏。原任顺承郡王长史安泰人材优长，善于骑射，因伊主勒尔谨有罪拘系，告病辞职。此人若不复用，殊为可惜。尔等一并验看来奏。”

又谕伊桑阿等曰：“多罗温郡王幼时聪颖，朕曾召入在内读书。近来流荡，行事琐屑，无一可观，往往擢用阿谀小人。今日以所信用二等护卫马尔查哈拟正、补一等护卫具奏，此等不可不惩一示警。伊既称马尔查哈可用，今即发往白都纳地方，以对品员缺补用，观其效力如何。尔等传集伊旗都统、大臣，将朕旨宣谕温郡王其长史及王府办事官，着查明具奏。此一等护卫员缺，交与该旗大臣等，将应补之人选择具奏。”

本日起居注官三宝、王思轼。

十九日己丑　辰时，上御乾清门，听部院各衙门官员面奏政事。

是日，上问皇太后安。

本日起居注官徐嘉炎、尹泰。

二十日庚寅　辰时，上御乾清门听政。部院各衙门官员面奏毕，大学士伊桑阿、阿兰泰、王熙，学士傅继祖、王掞、李楠、温保、戴通、李应廌、安布禄、常绶、顾藻以折本请旨。九卿将彭鹏回奏事件会同彭鹏议覆。上曰：“这次乡试，若言有弊，事无显露；若言无弊，怨论纷纷。徐倬原系熊赐履考取进士，学问素优。这次开列试官疏内，并无其名。朕将翰林官通行开列，将伊点出，本日即入贡院，似乎无暇。纵难言全无一二通关节者，若云皆系嘱托作弊，则所取百有余人，嘱托者必须数百人，顷刻间何暇遍通关节作弊也？彭鹏疏内有在朕前讲论文章之语，既系言职，使尽其意可耳，着齐集满汉九卿官员，并彭鹏在朕前讲论文章；又彭鹏疏请照原卷刊刻颁行，朕意亦以为是。凡试官岂有不思名节之理！照原卷刊刻颁行天下，则文章之优劣自不能掩，试官亦知警戒。尔等云何？”王熙奏曰：“照原卷刊刻，颁行天下，试官错取劣卷，国法虽免，天下公论难逃。如是则自惜名节，必知警戒。圣谕诚然。”

巳时，上由西华门出西直门，驻跸畅春园。部院各衙门应面奏事宜仍面奏外，其余奏章每日交送内阁，内阁转送畅春园听理。

本日起居注官傅伸、陈元龙。

二十一日辛卯　上移玉泉山驻跸。

二十二日壬辰　辰时，上观军容。在玉泉山西南平旷之地，头队将八旗大红衣炮等火器、骑、步、鸟枪按旗排列，二队列护军骁骑兵卫，后列护军骁骑兵，两旁列前锋护军骁骑兵。各举大纛旗帜，官兵擐甲胄乘马排列。上躬擐甲胄，由头队右翼至左翼，由二队左翼至右翼遍观毕，上仍擐甲胄御玉泉山巅黄幄。幄中吹海螺三次，八旗官兵皆吹海螺三次，齐放大炮三次，骑、步、鸟枪兵齐放鸟枪三次。其趋进时，官兵齐声发喊，军势甚属威严。炮火、鸟枪之声山响谷震。事毕，各收兵整齐队伍复回原班排列。以牛羊赐八旗官兵。

是日，上驻跸畅春园。

二十三日癸巳　辰时，上御玉泉山巅黄幄，八旗官兵及大纛旗炮枪等火器，俱照前排列。试放炮枪、吹海螺，发喊进退毕，以牛羊赐八旗官兵。

是日，上驻跸畅春园。

扈从起居注官傅继祖、尹泰。

二十四日甲午　未时，上由西直门进神武门回宫。

本日起居注官莫里溥、张榕端。

二十五日乙未　早，上御太和门，升转文武大臣、官员谢恩毕，上回宫。

本日起居注官席米图、沈涵。

二十六日丙申　辰时，上御乾清门听政。部院各衙门官员面奏毕，大学士伊桑阿、阿兰泰、王熙，学士傅继祖、王掞、李楠、温保、戴通、李应廌、安布禄、常绶、顾藻以折本请旨。九卿将彭鹏回奏事情会同彭鹏议覆。上曰："九卿、詹事、科、道官曾将杨文铎试卷呈览，伊等言杨文铎文章虽无好处，亦无不好处。因取人数多，如无佳卷，则此等文亦属可取。朕未读时文，虽不知时文规矩，但观杨文铎文字，首篇尚可，二、三篇殆不及朕意。以九卿之言为是，历科乡试如此等平常文字，想亦有取中者。曾问彭鹏以某科乡试为佳，彭鹏奏称二十九年者佳。尔等将二十九年乡试之文并今科乡试之文查看，如有与杨文铎相类者呈奏，朕将观之。"

又吏部题理藩院尚书班第等将蒙古进贡事并不详查，委托属员，以致轻率错误启奏，殊属不合。将尚书班第、侍郎西喇俱降二级调用；侍郎满丕有加三级，销其二级，免调用。上曰："外藩蒙古事务甚属紧要，理藩院官员全不留心办事，疏忽以致事务日久迟误。班第、西喇从宽免其调用，俱降二级留任。”

又刑部等衙门题苗裕仓见伊父与其叔殴打，恐伤伊父，即取铁杓打伊叔苗宜忠之额，以致殒命。将苗裕仓依凡弟兄之子打死叔父处决律即行立斩。上曰：“苗裕仓见伊叔打其父，因而救父致伤其叔，即行处斩情似可矜。着九卿、詹事、科、道等官议奏。”

是日，上问皇太后安。

本日起居注官三宝、郑崑瑛。

二十七日丁酉 辰时，上御乾清门听政。部院各衙门官员面奏毕，大学士伊桑阿、阿兰泰、王熙、张玉书，学士傅继祖、王掞、李楠、温保、戴通、李应廌、安布禄、常绶、顾藻以折本请旨。兵部题四川松潘总兵官高鼎员缺，将汉军参领管源忠等、副将陈寿等职名开列。上曰：“四川松潘地方甚为紧要，必得才优之人方能称职，四川永宁副将卓策为人厚重，谙练军务，材力亦优，着升授松潘总兵官。”

又刑部题覆陈斐生等八人谋杀客商、劫其财物，与强盗无异，应斩枭示。至该抚既称陈斐生等在江中谋杀人命，沉尸灭迹，与地方官讳报杀人不同，应无容议。上曰：“闻南方盗贼甚多，皆牧民官员规避盗案参罚，或讳强为窃，或讳盗杀为谋杀，缉捕不力，以致盗贼愈炽，民生不安。南方皆是稻田，岐路无多，便于追逐。地方官诚能奋力严缉，则盗贼不能脱逃，捕获必易，从何藏匿？此事着再严议具奏。”

又伊桑阿等将鄂罗斯国进贡奏章翻译呈览。上阅毕，顾大学士等曰：“鄂罗斯贡献想从古未至中国，其国距京师甚远，从此陆路可直达彼。自嘉峪关行十一二日至哈密，自哈密行十二三日至土鲁番。土鲁番有五种部落。过土鲁番即是鄂罗斯之境。闻其国辽阔，有二万余里。汉时张骞曾出使西域，或即是彼处地方。”王熙奏曰：“汉时张骞曾出使西域，其所至地方史书亦未详载。”上曰：“明永乐曾经出塞，彼时以为甚远。按其所至之地，离此亦不过千余里。史书所载霍去病曾出塞五千里，想或有之，今塞外尚有碑记可考。”伊桑阿奏曰：“从古鄂罗斯贡献未有入中国者。”阿兰泰奏曰：“我朝版图宏廓，如台湾等地方皆自昔所未有。此皆圣德足以感召，所以无远不届。”上曰：“外藩朝贡最宜抚绥，虽属盛事，恐传至后世，未必不因此反生事端。总之，中国安宁，则外衅不作。故当以培养元气为根本要务。”伊桑阿等奏曰：“圣谕诚然。”上又曰：“鄂罗斯国人材颇健，亦有勇力，其性偏执，论理亦多胶滞。凡道理本由一贯，事合乎中即为理。彼则不然，每言一理，必指定一物，又不以直发明，比引穿凿，意见悖谬，不合乎中。但其算法果精通耳。”

本日起居注官傅伸、陆肯堂。

二十八日戊戌　辰时，上御乾清门，听部院各衙门官员面奏政事。

是日，上问皇太后安。

本日起居注官尹泰、彭宁求。

二十九日己亥　辰时，上御乾清门听政。部院各衙门官员面奏毕，大学士伊桑阿、阿兰泰、王熙，学士傅继祖、王掞、李楠、温保、戴通、李应鹰、安布禄、常绶、顾藻将今科顺天乡试七卷、二十九年顺天乡试二卷呈览。上问 :“此卷与杨文铎之卷何如? ”王熙奏曰 :“有四卷与杨文铎相等，有三卷不及杨文铎。至于二十九年乡试二卷亦不佳。”上曰 :“向日徐乾学、高士奇、王鸿绪为言官参奏，朕俱未究问，令其休致回籍。今徐倬、彭殿元，人多议论，将伊等亦不必究，着休致回籍。观杨文铎卷内逐篇皆有顾惟字样，原属可疑。彭鹏系言官，从宽免其革职。”

本日起居注官席米图、曹鉴伦。

十一月

初一日庚子　辰时，上御乾清门听政。部院各衙门官员面奏毕，大学士伊桑阿、阿兰泰、王熙、张玉书，学士王掞、李楠、温保、戴通、李应鹰、安布禄、常绶、顾藻以折本请旨毕，上谕伊桑阿等曰 :“朕观满中书鸣赞赞礼郎往往未及数年，即得升转。部院衙门笔帖式办事应差处甚多，乃有二十余年不得升转者。如此壅滞，实属可悯。中书尚有翻译本章事务，至于鸣赞赞礼郎，唱赞之外别无他事。今观鸣赞赞礼郎诸人皆无可取，将伊等升转，交与吏部定议具奏。”

上又谕曰：“朕每日听政，必于辰刻中御门，闻部院奏事。大臣每日于黎明时齐集午门外以候，方始入奏。迨奏毕，复至各衙门理事，无乃过劳。朕观大臣内有年及六旬者，亦有六旬以上者。朕必不先期御门，此后大臣于家中每日各进糜粥，按时来奏，亦不至迟误。大臣节劳养体，亦可多为朕效力数年。尔等可将朕旨传与部院大臣知之。”

未时，上御保和殿，赐赍表鄂罗斯国查漠汗使臣伊里扎礼等食，召伊里扎礼进御座前跪，赐酒。召书写色们等十四人于殿门槛内跪，赐酒。

是日，上问皇太后安。

本日起居注官傅继祖、徐嘉炎。

初二日辛丑　早，上谒陵，由东华门出朝阳门，驻跸通州烟郊。

初三日壬寅　上驻跸三河县段家岭地方。是日，三河县驻防防守御马库等、知县张朝琮、三河营守备周渭等来朝。

初四日癸卯　上驻跸蓟州城内。是日，蓟州知州杨天佑、蓟州营都司逯世兴等来朝。

初五日甲辰　是日，上驻跸龙门外。

初六日乙巳　上诣暂安奉殿，行三跪九叩头礼，三奠酒举哀。继诣孝陵，行三跪九叩头礼，三奠酒举哀毕，至陵，三奠酒举哀。

是日，上驻跸汤泉。鲇鱼关把总张有功来朝。

初七日丙午　是日，上驻跸汤泉。

初八日丁未　上驻跸遵化州城西北。是日，赐八旗官兵羊。遵化游击李国盛等、知州祖允熹来朝。

初九日戊申　上驻跸三屯营城南。是日，赐内大臣、侍卫鹿。三屯营副将孟发祥等来朝。

初十日己酉　是日，上驻跸米峪口。

十一日庚戌　上驻跸米峪口。是日，赐八旗官兵鹿、狍、羊。

十二日辛亥　是日，上驻跸米峪口。

十三日壬子　上驻跸米峪口。是日，上以寒冷赐大臣以至护军酒。

十四日癸丑　申时，云贵总督范承勋陛见请安毕，上令二等侍卫吴世转奏事敦住传谕范承勋曰："尔系盛京旧人，尔父兄累朝效力，尔兄又为国尽节，朕因见尔思及尔兄，心为惨切，几于堕泪。不见尔八九年矣，尔须发遂皓白如此。今因郊外寒冷，将朕貂帽一顶、貂皮短褂一领、白狐腋袍一领赐尔。此时更换，恐受风寒，可明日服之来谢恩。"范承勋奏曰："臣之父兄世受皇恩至深至重，今臣复蒙优擢斯职。皇上念臣父兄，锡以温纶，又赐臣以御用袍帽，臣何以克当？虽捐糜顶踵，不能仰报圣恩于万一也！"

是日，上驻跸三屯营城南。赐八旗官兵鹿。

十五日甲寅　是日，上驻跸三屯营。

十六日乙卯　是日，上驻跸遵化州龙山南。

十七日丙辰　申时，上御行宫，大学士阿兰泰，学士温保、戴通以折本请旨。宗人府题阿思哈尼哈番觉罗勒德浑以老病辞职，此职勒德浑虽欲令伊第七子纳秦承袭，但现行例，凡世袭之职，以长承袭。应与勒德浑之长子通吉承袭。上曰："勒德浑虽系庸劣，伊子俱佳。纳秦尤胜伊诸兄。将此职令纳秦承袭。"

又吏部题总漕兴永朝疏称苏州府知府卢腾龙等未完运官所欠漕粮，系发南追征等项，应将苏州府知府卢腾龙、庐州府知府杜立本所革之职并苏州府同知姚应凤所降一级俱复还。前户部咨内并无发南追征字样，嗣后因钱粮事务题参，应将款项必一一详开。上曰："凡言事当据理直陈，有误即行承认，方是大臣之理。前吏部错将卢腾龙等革职，今又云户部并未开写发南追征等语，推委掩饰，情弊显然。凡议事俱若此，则朕所信任者何益？且此事尔等亦当票出。"阿兰泰奏曰："上谕诚然。"上曰："此事着交与都察院严加察议。"

又刑部等衙门题绞犯洪德擅入畅春园门情真。上曰："洪德不知禁令误进，若正法，殊属可悯，着减等发落。"

又理藩院题差本衙门才能官二员招服喀尔喀部落根敦代青移至黑勒伦地方驻牧。上曰："尚书班第之父甚属微贱，朕将班第优擢为尚书，并不效力，凡事苟且，乃无恩义之人，即着班第前往。"

是日，上驻跸遵化州三屯庄。赐八旗官兵鹿。

十八日丁巳　上驻跸黄崖口。是日，黄崖口营把总王忠显来朝。

十九日戊午 是日，上驻跸邦军。

二十日己未 上驻跸通州。是日，通永道沈志达等、副将何维圣等，管理通惠河事、礼部郎中张格等来朝。赐八旗官兵野鸡、兔。

二十一日庚申 未时，上由朝阳门进东华门回宫。

申时，上御乾清宫，召内阁大学士伊桑阿、阿兰泰，学士傅继祖、温保、戴通、安布禄、常绶，户部尚书马齐，侍郎思格则、法尔哈，谕曰："朕念切民生，或在宫中，或在巡省地方，无不以田亩丰欠并闾阎情形一一咨访。比年以来，将各省地丁额赋节次蠲免。今岁畿辅地方，虽禾稼未获稔收，初意小民尚足糊口。顷展谒陵寝，沿途察访民间生计，见雨水过溢，田亩欠收，米价翔贵。又闻顺天、河间、保定、永平四府，虽有数州县丰稔，其余大概薄收。目前米价既贵，将来春夏之际，时值益昂，小民必艰粒食。此朕目所亲睹。应将此四府康熙三十三年地丁银米通行豁免，所有历年旧欠悉与蠲除。尔内阁写上传奏览。至通仓米粮，每月发出万石，几时价少减粜卖，其粜卖时止许卖与零粜数斗之穷民，不许卖与多收转贩之人，似于民生大有裨益。尔等会同仓场侍郎等议奏。又蒸造烧酒多费米谷，今当米谷减少之时，尔户部速移咨该抚，将此四府属蒸造烧酒严行禁止。"

是行也，部院各衙门奏章逐日交送内阁，内阁三日一次传送行宫听理。

扈从起居注官三宝、尹泰。

二十二日辛酉 上因有事于南郊，斋戒三日，不理政事。

本日起居注官席米图、徐嘉炎。

二十三日壬戌 本日起居注官傅伸、徐元正。

二十四日癸亥 早，上御保和殿视郊天祝版毕，回宫。

本日起居注官莫里溥、史夔。

二十五日甲子 早，上以冬至亲祀天于圜丘，毕，回宫。

本日起居注官傅继祖、张英。

二十六日乙丑 早，以冬至节，上御中和殿升座，内大臣、侍卫及执事等官行庆贺礼毕，御太和门升座，诸王、贝子、公、文武官员等上表行庆贺礼。及鄂罗斯国使臣伊里扎礼等谢恩，令伊里扎礼坐于阶下赐茶，毕，上回宫。

本日起居注官傅继祖、张英。

二十七日丙寅　辰时，上御乾清门听政。部院各衙门官员面奏毕，大学士伊桑阿、阿兰泰、王熙、张玉书，学士王掞、李楠、温保、戴通、李应廌、安布禄、常绶、顾藻以折本请旨。鸿胪寺卿布达礼员缺，将选择翰林院侍读尹泰等十员引见。上曰："观此内郎中阿尔拜人材优长，办事亦善，着补授鸿胪寺卿。"

又宗人府议三等阿达哈哈番觉罗钟特病故，此三等阿达哈哈番应与伊长子巴鼐承袭。上曰："朕知巴鼐为人庸劣，此职着照钟特遗言，令其第四子靳宝承袭。"

又闲散宗室傅达礼因伊兄达瑚子妇之丧未曾穿孝议处。上曰："达瑚曾为朕侍卫，因其懒惰革去侍卫。达瑚并非嫡出，殊乖尊卑之分，讦告傅达礼甚属不合。将达瑚严加议处，傅达礼从宽免罪。"

又吏部题杂职官员及笔帖式等升转主事定例。上曰："郎中、员外郎、主事等官员缺，将初为笔帖式年俸通行较算补用，庶仕途不至壅滞，亦可无营求之事矣。凡事均平则无争。朕意如此，或有不便，亦未可定。尔等会同满九卿议奏。"

又刑部题古北口外流盗张七等十一人斩首枭示。上曰："应将伊等依议处斩，但人命关系甚重，着将首犯张七、盛二即行正法，其余发往黑龙江为奴。"

又谕伊桑阿等曰："朕前谒陵时，兵部侍郎舒恕随从，往往躲避，朕未常见，且人材甚属不及，着解侍郎任。前保举司官时，各部司官甚多，止保举二三人，督捕侍郎博济伊衙门司官甚少，反保举几及十员，中有定见之人，岂如是乎？观博济举止轻率，全无侍郎之体，着降三级调用。正蓝旗辅国公、都统花善年老，着解都统宗人任。镶蓝旗副都统叶楚赫材力不及，着解副都统任。部院各衙门内有年老疾病、不能办事、才力不及者，着该堂官查参具奏。尔等可将此旨交与该部。"

是日，上问皇太后安。

本日起居注官傅继祖、王思轼。

二十八日丁卯　辰时，上御乾清门听政。部院各衙门官员面奏毕，大学士伊桑阿、阿兰泰、王熙、张玉书，学士傅继祖、王掞、李楠、温保、戴通、李应鹰、安布禄、常绶、顾藻以折本请旨。吏部题贵州巡抚闫兴邦以毕节县知县员缺，恳乞皇上简用之处，无庸议。上曰："贵州毕节县与云南、湖广、四川接壤，最为紧要，此缺着该部选择补授。"

上又曰："蠲免顺天等四府一年钱粮，想民间生计得少宽裕。"伊桑阿等奏曰："皇上将四府明岁一年钱粮预行蠲免，又蠲历年旧欠，则地方官员无借端征收情弊，民间大有裨益。"上又曰："朕思图治之道，惟在足民，若将现年额赋虽蠲至五六分，地方官员仍有可征之项，则百姓不得均沾实惠。故将四府钱粮预行尽数蠲免。"王熙奏曰："此真千古至言。皇上轸念四府，系畿辅根本重地，无分丰稔州县，一年钱粮尽行蠲免，百姓自然安生。圣心时切爱民，故凡车驾所至，百姓无不沾恩也！"

本日起居注官席米图、陆肯堂。

二十九日戊辰 辰时，上御乾清门听政。部院各衙门官员面奏毕，大学士伊桑阿、阿兰泰、王熙、张玉书，学士傅继祖、王掞、李楠、温保、戴通、李应鹰、安布禄、常绶、顾藻以折本请旨。吏部题兵部督捕侍郎传济员缺，将内阁学士德珠等职名开列。上曰："副都统赵三为人诚实，办事亦优，着补授督捕侍郎。"

又正蓝旗汉军副都统伊垒奏称年老有病，不能行走，乞解任。上曰："伊垒自授副都统以来，并无效力之处，人甚庸劣。若以原品休致，尚属侥幸。着革去副都统。"

伊桑阿等奏曰："臣等遵旨将满州郎中、员外郎、主事等缺以应升官员内自为笔帖式之年通行较算补授之处，同九卿会议，皆言圣谕甚是。如此补用，则升转得均，且无营求之事。应将此本交与该部，将所用款项逐一明白议奏。"上曰："此本发回，着议奏。嗣后所参才力不及官员，仍补授部院衙门，殊属不合。每有被参复用者，仍复被参。既因才力不及被参，则补授衙门，有何裨益？着照伊等所降之级随旗行走，则旗下官员增多，且伊等曾在部院办事，自能称旗下之任。至因公诖误降级之员复用时，若仍算初任年俸，伊等仍不久即升。应将伊等复用俟三年后无过称职，始准算初任年俸，则官员方知鼓励，有过者得以分别矣。可将此旨明白传与九卿。”

上又谕伊桑阿等曰：“太仆寺卿色冷才力不及，又且怠惰。从前升转甚速，历任年久，并不效力，即应革退。色冷着革去卿职，照伊佐领随旗行走。太仆寺专管牧马，甚属紧要。少卿杨舒着升补太仆卿。”

本日起居注官傅伸、陈元龙。

三十日己巳　辰时，上御乾清门，听部院各衙门官员面奏政事。

本日起居注官张英、三宝。

十二月

初一日庚午　辰时，上御乾清门，听部院各衙门官员面奏政事。

是日，上问皇太后安。

本日起居注官徐嘉炎、尹泰。

初二日辛未　辰时，上御乾清门听政。部院各衙门官员面奏毕，大学士伊桑阿、阿兰泰，学士傅继祖、温保、戴通、常绶、沈图以折本请旨。上谕伊桑阿等曰：“适都察院议处吏部误革知府卢腾龙等职一事，将堂官降三级调用，司官降四级调用，所议甚当。朕观人之识见精神有限，不能过其本来分量，乌得无错？但自知其错，即宜承认。若既知其错而不自承认，希图文饰，则其错弥甚，必至坏事。熊赐履原系自己错误不肯承认之人也。先朕十三四岁，辅政大臣理事时有误行一事，朕至今犹忆之。彼时遇颁恩赦释放罪犯，曾赦一不应赦之罪人。该部奏系不应赦而赦、应否释放相应请旨，大学士李霨奏欲将错就错。朕问：‘尔此言于此事尚可，如遇不应正法之人误行正法，此言亦可乎？人死岂能复生？’李霨甚窘，不能措辞。大学士图海奏：‘此事实臣等之错，有何辩处。天下事惟人命最重。’朕察之又察，然已行之事其中能保无误者乎？”伊桑阿等奏曰：“上谕极是。凡人有错误，即宜承认。皇上所见，诚为超绝也。”

本日起居注官莫里溥、郑崑瑛。

初三日壬申　辰时，上御乾清门听政。吏部进前奏事。上问尚书库勒纳曰：“尔等先将知府卢腾龙等错议革职，及总漕兴永朝将错议革职缘由题明，尔等为何又以无庸议具覆驳回？”库勒纳等奏曰：“未完漕粮处分轻重之例，臣等未经查明，故错议革职，实非有意。及兴永朝具题，又未查到，臣等有何辩处。”上曰：“尔等先经二次失查，今兴永朝具题，尔等已知错误，将革职官员俱议复还，为何又不检举认罪？”库勒纳等奏曰：“臣等至庸劣，见识不到，今无辞可对，惟有静听皇上处分。”因免冠叩头而出。

又部院各衙门官员面奏毕，大学士伊桑阿、阿兰泰、王熙、张玉书，学士王掞、李楠、温保、戴通、李应廌、常绶、顾藻、沈图以折本请旨。上顾伊桑阿等曰：“朕观近日政务简少，每日启奏部院大臣中有年迈者甚属劳苦。今后，年六旬以外大臣，令其量力间两三日来启奏一次，着将此旨传谕。至于折本内遇紧要事，朕有旨传进，尔等方前来请旨。若无朕旨，尔等可将折本汇齐，亦间两三日作一次启奏。”

未时，上御保和殿，赐请安进贡扎鲁特部落多罗贝勒毕禄瓦，毛明安部落多罗贝勒班第，科尔沁国一品台吉厄尔黑图等，敖汉部落一品台吉吴巴什等，苏尼特部落二品台吉奔塔尔，土默特部落四品塔布囊吴尔图纳素图等，及达赖喇嘛使臣阿旺达尔马拉木占巴、的巴使臣三木朱布荣丹囊素，喀尔喀扎萨克护国公汗都、台吉车凌巴尔等，归化城扎萨克为首喇嘛盆舒克格龙、扎萨克喇嘛扎牙班第达库土克图等食。

本日起居注官傅继祖、彭宁求。

初四日癸酉　辰时，上御乾清门听政。翰林院进前奏事。上谕掌院学士傅继祖等曰：“翰林院衙门甚属紧要，汉翰林官每日作文写字、诵习讲究，是其分内之事，各宜勤勉以尽职掌。若有结交不肖、牵引妄行，遇学差缺出，恣为奔竞营求者，不时访参。”

又部院各衙门官员面奏毕，大学士伊桑阿、阿兰泰、王熙、张玉书，学士傅继祖、王掞、李楠、德珠、温保、戴通、李应廌、常绶、顾藻、沈图以折本请旨。兵部题镶蓝旗副都统叶楚赫员缺，将吏部侍郎布颜图等职名开列。上曰：“此开列内护军参领关布人材壮健，历年又久，着升授副都统。”

又都察院题吏部误将知府卢腾龙等革职，又掩饰议覆，殊属不合。将吏部满汉堂司官分别议处。上曰："焦毓栋着降级休致回籍，瓦什坦着降级随旗行走，满堂官既削去所加之级留任，汉堂官亦着降级，从宽留任。"伊桑阿等奏曰："臣等遵旨传谕部院诸臣，诸臣咸叩头奏曰，皇上如此体恤臣下，虽父母之爱其子，亦不能过。自古以来，未有如此体恤者。皇上宵旰勤劳，励精图治，天下已享太平，事务亦极清简，臣等敢有请者：圣体如天行之健，但今事务既简，每日奏章交送内阁，皇上隔三四日御门一次听理、引见，与绿头牌启奏诸事，似于政治亦不致有误。"上曰："朕听政三十余年，已成常规，不日日御门理事，即觉不安。若隔三四日，恐渐致倦怠，不能始终如一矣。此乾清门乃朕宫中，亦有何劳？但念年老大臣黎明从家中入奏，甚为劳苦，故有此谕。朕仍照常每日御门听政。"

本日起居注官席米图、徐元正。

初五日甲戌　部院各衙门无奏章。

本日起居注官傅伸、史夔。

初六日乙亥　辰时，上御乾清门听政。部院各衙门官员面奏毕，大学士伊桑阿、阿兰泰、张玉书，学士傅继祖、王掞、李楠、温保、戴通、李应鹰、常绶、顾藻、沈图以折本请旨。御史任弘嘉条奏府、州、县官员比较钱粮，听审词讼，上灯时出堂者恒多，请乞永禁；又开差官员不照定例，妄行拦搜取税，乞令督抚不时查参。上曰："任弘嘉不计得罪于人，观此疏，其人亦可。州、县官日间不理事，每至昏夜审事，远民诚属劳苦。若有此等，应令督抚查参。其开差官员不照定例，私图利己，勒掯商民，越例取税者，亦令督抚查参，商民始得宽纾。此等事款交该部议奏。"

本日起居注官三宝、张榕端。

初七日丙子　辰时，上御乾清门听政。部院各衙门官员面奏毕，大学士伊桑阿、阿兰泰、王熙、张玉书，学士傅继祖、王掞、李楠、德珠、温保、戴通、李应鹰、常绶、顾藻、沈图以折本请旨。正黄旗汉军都统杨文魁因年老疾病，恳乞解任。上曰："杨文魁任都统以来，并未效力，人材亦不及，着解都统任，仍以世职行走。"

本日起居注官尹泰、沈涵。

初八日丁丑 部院各衙门无奏章。

本日起居注官莫里溥、王思轼。

初九日戊寅 辰时，上御乾清门，听部院各衙门官员面奏政事。

本日起居注官席米图、郑崑瑛。

初十日己卯 辰时，上御乾清门，听部院各衙门官员面奏政事。

是日，赐云贵总督范承勋弓箭、撒袋及内制披领。

本日起居注官傅继祖、彭宁求。

十一日庚辰 辰时，上御乾清门听政。部院各衙门官员面奏毕，大学士伊桑阿、阿兰泰、张玉书，学士傅继祖、王掞、李楠、温保、德珠、戴通、李应廌、常绶、顾藻、沈图以折本请旨。兵部题正红旗副都统赵山员缺，将护军参领牛钮等十人职名开列。上曰："前锋参领瓦尔达材力健壮，为人亦优，着升授副都统。"又镶红旗副都统达宁阿员缺，将护军参领车纳福等十人职名开列。上曰："孙扎齐为人颇优，但年少，是谁族派？"阿兰泰奏曰："阵亡副都统科尔坤之子。"上曰："孙扎齐族派原好，着升授副都统。"

本日起居注官傅伸、陆肯堂。

十二日辛巳 部院各衙门无奏章。

是日，上问皇太后安。

本日起居注官三宝、陈元龙。

十三日壬午 辰时，上御乾清门听政。部院各衙门官员面奏毕，大学士伊桑阿、阿兰泰、张玉书，学士傅继祖、王掞、李楠、德珠、温保、戴通、李应廌、常绶、顾藻、沈图以折本请旨。礼部题病故福建海坛总兵官林贤应否加赠，伏候上裁。上曰："曾在台湾著有劳绩者，即此林贤否？着查明具奏。"

又天津总兵官李朝鼎赴任陛辞，恭请训谕。上曰："尔到任时，使兵民和睦，安辑地方，不生事端，便称尔职。"李朝鼎奏曰："臣谨遵皇上训谕。"

本日起居注官尹泰、徐元正。

十四日癸未 辰时，上御乾清门听政。部院各衙门官员面奏毕，大学士伊桑阿、阿兰泰、张玉书，学士傅继祖、王掞、李楠、德珠、温保、戴通、李应廌、常绶、顾藻、沈图以折本请旨。兵部题正蓝旗副都统扎木扬员缺，将盛京刑部侍郎佛保等职名开列。上曰："副都统职甚紧要，必得人材优长者用之，方为有益。此开列内并无可用之人，苏黑力曾为朕侍卫，人甚庸常，止可于小处用之，不堪大任。安亲王之子、辅国将军塞棱厄曾随其父出兵，人材壮健。奉国将军勒塞里曾向朕启奏，求效力行间，现在出兵，为人颇优。步军总尉雅图为人甚优。奉国将军杨福在善射十五人内，其人亦可。着将伊等问其本旗大臣。"

伊桑阿等奏曰："臣等遵旨问原任总兵官，林贤即向在台湾效力者。"上曰："林贤着加赠。"

又谕伊桑阿等曰："凡在军前受伤残废者，虽给一半身价，若不得钱粮，则穷人难以生理。伊等皆效力行间，身体伤残甚为可悯，虽不能执弓，凡于看守之处，尚为可用。嗣后此等伤残人内，犹可行走者，着于南苑门军仓库等处老军缺补用，令食钱粮。其曾为护军校、骁骑校内犹可行走者，着于各馆头目、副头目缺补用。"

本日起居注官莫里溥、刘灏。

十五日甲申　早，上御太和门升座，升转文武官员谢恩毕，上回宫。

辰时，上由神武门出西直门，驻跸畅春园。

部院各衙门应面奏事宜仍面奏外，其余奏章逐日交送内阁，内阁传送畅春园听理。

本日起居注官张英、席米图。

十六日乙酉

十七日丙戌

十八日丁亥　是日，上移驻南苑。

十九日戊子　辰时，上御南苑新宫听政，部院各衙门官员面奏毕，大学士伊桑阿、阿兰泰，学士德珠、温保、戴通、常绶、沈图以折本请旨。兵部题杭州副都统索洛希员缺，将吏部侍郎布颜图等职名开列。上曰："杭州现任将军郭丕、副都统丹岱俱年迈，此缺须择年壮才优之人补用。着将应升官员及现任副都统一并察明具奏。"

又题将革职提督陈奇等封诰追夺。上曰："陈奇曾效力行间，从宽免其追夺封诰。"

又山西巡抚噶尔图题輓运湖滩河所米石应否暂行停止之处请旨。上曰："今陕西米石充足，此米若仍輓运，必致劳民。朕问总督佛伦，亦云輓运湖滩河朔米石，百姓劳苦，此所运之米，令其停止，将船只送至归化城等处，加意收管。"

上顾伊桑阿等曰："我朝满洲兵丁原属骁勇，故所向无敌。前于厄鲁特部落噶尔丹之事，官兵未能尽数剿灭，以成大功。朕意每怀不惬。屡年以来，将官兵两季操演，朕亲临指授，顷观演兵，队伍整齐，节次分明，进退精熟，肃然无哗，恪遵纪律，将领号令严明。此皆官兵同心戮力，各效勤劳之所致也。朕甚嘉之，欣喜莫大焉。其余官兵，这次虽未操演，从前练习已熟。八旗前锋护军、拨什库、骁骑兵丁一概赏赉银两。无职掌官员及火器营骁骑兵丁，亦赏银两。有职掌官员概赐内库缎匹。其赏赐缎匹，着户部会同内务府议奏。这次操演官员内或有降级、罚俸者，俱应开复。至八旗步军官兵捕缉盗贼、巡视街道诸差颇多，甚属劳苦。步军亦赏银两，管步军官员亦赐缎匹。尔等将此赏赉之处速拟上传奏览。"

本日起居注官傅继祖、傅伸。

二十日己丑　辰时，上御南苑旧宫听政。部院各衙门官员面奏毕，大学士伊桑阿、阿兰泰，学士傅继祖、德珠、温保、戴通、常绶、沈图以折本请旨。刑部等三部会同题覆审拟巡抚江有良、巡盐少卿沙拜等互参事，议得江有良阻挠盐法，应革职。沙拜误参布政使张建绩不送俸饷而征收脚费银，亦应革职。上曰："江有良任安徽巡抚时居官不善，调补广东，居官又甚劣。沙拜为人轻佻，甚属狂妄。俱革职。"

本日起居注官莫里溥、三宝。

二十一日庚寅　辰时，上御南苑旧宫听政。部院各衙门官员面奏毕，大学士伊桑阿、阿兰泰，学士傅继祖、德珠、温保、戴通、常绶、沈图以折本请旨。户部题云贵总督范承勋疏称贵州普安等处亏阙盐课一万九千余两，追征三年并无着落，恳乞豁免；又普安等处改食滇盐，每月议销三万斤内，请减免一万斤；又盐自滇省远运至普安，则盐价既贵，伏乞豁免黔省重税之处，俱无庸议。上曰：“旧欠盐课一万九千余两，着免其赔补。普安等处作何行盐，着四川、云南、贵州督抚会议具奏。”

又兵部题杭州副都统索洛希员缺，以吏部侍郎布颜图等职名开列，原本并现任副都统及应升官员开写折子。上曰：“护军参领胡什布族派原好，人材壮健，亦能管理，着升补副都统。”

又题参领荆达理因失去查拿赌博印牌，应罚俸三个月。上曰：“荆达理为人庸劣，又属阘昧，着降五级、罚俸一年，革去参领。”

本日起居注官席米图、尹泰。

二十二日辛卯　早，上御南苑旧宫，大学士伊桑阿、阿兰泰，学士德珠、温保、戴通、常绶、沈图以折本请旨。兵部题广州副都统佟徽年员缺，将总督仓场侍郎石文桂等职名开列。上曰：“副都统许廷臣材力健壮，为人亦可，着调补广州副都统。”

是日卯时，封印。

本日起居注官傅继祖、傅伸。

二十三日壬辰

二十四日癸巳

二十五日甲午　辰时，上由正阳门进午门回宫。

本日起居注官徐嘉炎、三宝。

二十六日乙未　本日起居注官莫里溥、曹鉴伦。

二十七日丙申　早，上御保和殿视岁终享太庙祝版毕，回宫。

本日起居注官史夔、尹泰。

二十八日丁酉　早，上亲祀太庙，礼毕，回宫。

本日起居注官傅继祖、张英。

二十九日戊戌　午时，因岁暮，上御保和殿，召元旦朝觐外藩，左翼科尔沁国和硕达尔汉亲王额驸班第，乌朱穆秦部落车臣亲王色登顿多布，科尔沁国多罗郡王戴布，阿禄科尔沁国多罗郡王崔，喀尔喀部落多罗卓里克图郡王古鲁西希，厄鲁特部落巴图尔厄尔克济农，土墨特部落多罗贝勒额驸厄尔德木图，乌朱穆秦部落多罗厄尔德尼贝勒奔布，喀尔喀部罗多罗贝勒老卜臧，土墨特部落固山贝子喇思扎布，郭尔罗斯部落护国公安达西礼，扎鲁特部落护国公巴图，翁牛特部落护国公喀拉齐里奇塔特，郭尔罗斯部落辅国公蟒萨，科尔沁国协理旗分事务二品台吉毕礼穌达赖等，敖汉部落四品台吉姑布特等，乌朱穆秦部落未得品级台吉塔望扎穆素等，郭尔罗斯部落四品台吉乌尼德，扎赖特部落四品台吉毕麻喇，土墨特部落协理旗分事务塔布囊鄂齐里等，苏尼特部落协理旗分事务一品台吉图巴西霞布等，翁牛特部落四品台吉张三等，四子部落四品台吉鄂尔穆厄林臣等，毛明安部落四品台吉扎木素，扎鲁特部罗二品台吉博兑；右翼喀尔喀部落和硕亲王折旺扎布，科尔沁国多罗扎萨克图郡王鄂齐尔，敖汉部落多罗郡王扎木素，喀尔喀部落多罗郡王敦多布多尔济、多罗郡王色棱阿海、多罗郡王盆楚克喇布坦，阿霸哈纳尔部落多罗贝勒布昭，鄂尔都斯部落多罗贝勒古禄西希布，喀尔喀部落多罗贝勒萨木多尔济，扎赖特部落固山贝子纳逊，巴林部落固山贝子厄尔德尼，阿霸垓部落固山达尔汉贝子车凌董罗布，喀尔喀部落固山贝子詹巴，吴喇特部落护国公杜棱，喀喇沁部落护国公善巴喇西，喀尔喀部落护国公汉都，敖汉部落多罗额驸扎木素，科尔沁国协理旗分事务一品台吉布达等，敖汉部落二品台吉穌布，克西克腾部落扎萨克一品台吉阿玉西等，喀尔喀部落扎萨克一品台吉车木楚克纳木扎尔等，阿霸垓部落协理旗分事务二品台吉德木楚克等，鄂尔都斯部落协理旗分事务二品台吉彭苏克等，蒿齐特部落协理旗分事务二品台吉策纳克，阿禄科尔沁国一品台吉厄尔赫图，奈满部落一品台吉巴图礼雅，杜尔伯特部落协理旗分事务台吉吴尔图纳苏图等，巴林部落三品台吉噶尔玛，喀喇沁部落三品塔布囊班第，扎鲁特部落二品台吉博兑，阿霸哈纳尔部落协理旗分事务四品台吉图巴塔尔，乌喇特部落协理旗分事务四品台吉阿穆胡朗等，归化城都统喇布查布、四品台吉古禄格，及内大臣、侍卫、大学士、上三旗都统、副都统等赐宴。上进酒毕，奏乐。左右两翼王以下坐于公次，台吉以上，每班三人进前，上亲赐酒。其余台吉、塔布囊等，每班十人进前，令侍卫传饮。内大臣、大学士、都统、副都统等，俱令侍卫传饮。宴罢，众谢恩毕，上回宫。

本日起居注官傅继祖、沈涵。

钦惟皇上临御宇内，治化翔洽，海甸乂安。自书契以来，未通声教之国，莫不重译献赆，稽颡在廷，猗与盛哉！圣德神功，至此极矣。乃上谕以为：远方朝贡，虽属盛轨，恐传至后世或生事端。惟中国安宁，则外衅不作，要以培养元气为根本。大哉王言，思深而虑远。古帝王持盈保泰之至意，蔑有加于此也。爰稽一岁之中，嘉谟善政，莫可殚述，大要不外励精以图政治宽厚，以恤臣民，为久道化成之本焉。去岁秦省二郡告饥，皇上宵旰勤劳，于蠲租肆赦，发帑输粟，招徕劝垦，更置官吏，诸务反复筹画而行之。用是雨泽顺时，来年大稔，流移复业者，相望于道，西土之民，咸庆得所矣。皇上犹念食为民天，神为民主，亲制祭告之文，特命皇子虔祀华山。又悉蠲明岁地丁正供，至德歆于神明，弘恩遍于兆庶。关陇之民，咸获有秋而安乐土，皆我皇上之所赐也。江南各省漕运，前已奉有挨年次第蠲免之旨。今又因江浙亢旱，谓彼处民生家无二日之储，遣官刻期勘视，移免今岁浙省全漕，并免江省三分之一。东南有荒岁而无荒民，皆我皇上之所赐也。滇黔巴蜀粤西，自兵燹之后，屡湛恩膏，太平之日已久。上犹念其地处边远，土瘠民贫，特尽蠲来岁正赋。又因躬谒陵寝，见近畿州县秋霖过溢，年谷薄收，遂有四郡蠲租之诏。复减值粜，发通仓储粟，以平谷价，敕东省早耕，以弭蝗灾。是皆皇上勤恤民隐，发于至诚。或在法宫之中，或经巡省之地，或当守臣入觐皇华复命之时，靡不以闾阎疾苦，咨询周详。务使四海之广，无一物不得其所。故通计一岁中豁免正赋，不下数百万。其他蠲除者，尤未易悉数。史册所载，未有如皇上之恩施普遍，加惠元元者矣。若夫褒崇文教，则阙里庙貌鼎新，特命皇子，肃将禋祀。薄海内外，皆知师道之尊。念武备宜饬，仿古大阅之制，治兵振旅，八旗将士，胥沾恩赉焉。又颂温谕，以大臣为国家股肱，年齿不无衰迈，自今奏事少间，此真天地父母之心也。盖皇上视臣下为一心，视百姓如一体，至仁恻怛之衷，有以深入乎臣民之肺腑。是以兹岁五月，圣躬偶尔违和，大小臣工，早夜焦劳，诚恳致祷。下至士农工贾，皆竭诚致敬，呼吁群神。旬日之间，圣体康宁，普天共庆。迨冬至之月，上亲率群臣，有事于南郊。大礼告成，瑞雪斯应，中外忻忻，谓来岁丰亨之象，于此卜之。孰非皇上之圣德有以协天心，而膺景福者乎！书曰：明作有功，惇大成裕。今皇上以励精图政治，以宽厚恤臣民，明作惇大，交相为用，宜乎九有奠安，八荒宾服，亿万斯年之业，正未可量也哉。臣等修员记注，亲炙光华，谨约略梗概，以敷陈于简末云。

雲在前文史

袁行霈题

[标 点 全 本]

康熙起居注

徐尚定 标点

第 五 册

人民东方出版传媒
東方出版社

康熙帝朝服像

清宫廷画家绘。绢本，设色。纵277厘米，横195厘米。故宫博物院藏。

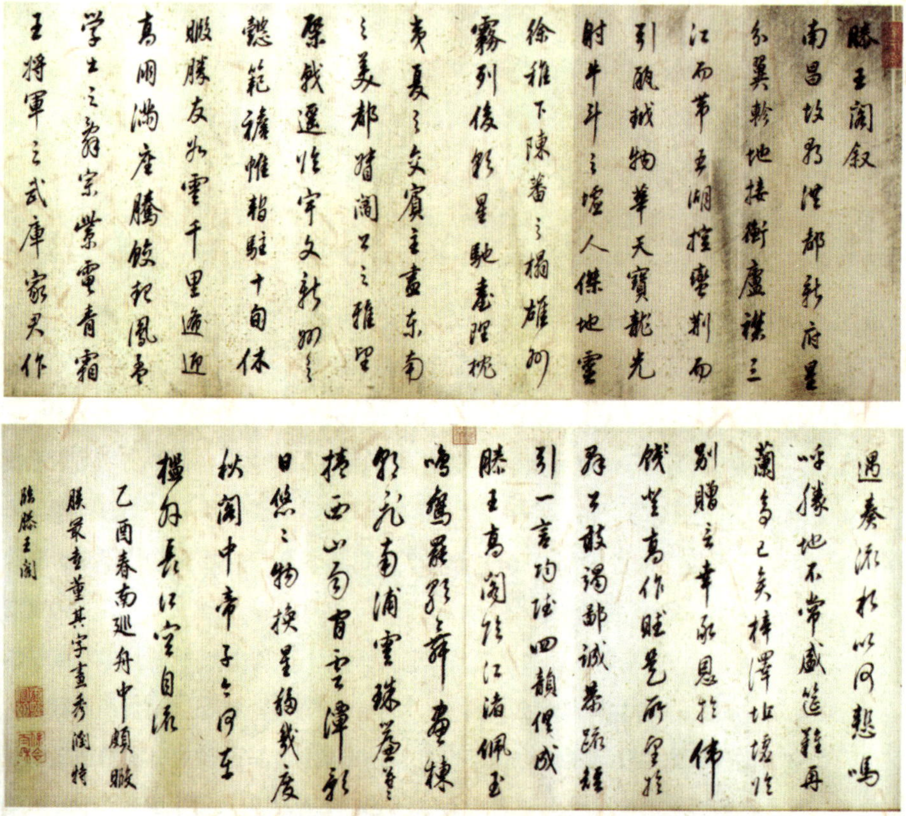

康熙帝行书《临董其昌书滕王阁序》卷（局部）

洒金笺本 纵31.7厘米 横439.1厘米

康熙三十三年甲戌正月初一日己亥早
上以元旦率諸王貝勒貝子公內大臣侍衛大學
士都統尚書精奇尼哈番等往
堂子行禮畢回
宮辰時
上率諸王貝勒貝子公內大臣侍衛大學士等詣
皇太后宮行禮畢回

《康熙起居注》三十三年正月首页

“体元主人”印

第五册目录

康熙三十三年　甲戌

正　月/001　二　月/013　三　月/019　四　月/031
五　月/037　闰五月/046　六　月/056　七　月/064
八　月/073　九　月/078　十　月/086　十一月/097
十二月/101

康熙三十四年　乙亥

正　月/110　二　月/114　三　月/122　四　月/126
五　月/130　六　月/136　七　月/145　八　月/152
九　月/158　十　月/166　十一月/175　十二月/184

康熙三十五年　丙子

正　月/193　二　月/199　三　月/204　四　月/223
五　月/248　六　月/285　七　月/296　八　月/302
九　月/310　十　月/326　十一月/344　十二月/354

康熙三十六年　丁丑

正　月/365　二　月/370　三　月/389　闰三月/409
四　月/450　五　月/469

插 图 目 录

康熙帝朝服像 157
康熙帝行书《临董其昌书滕王阁序》卷（局部）......158
《康熙起居注》三十三年正月首页 159
“体元主人”印 160
康熙帝给噶尔丹敕谕 161
报道昭莫多之战的巴黎报纸 162
《平定噶尔丹纪功碑》拓片 163
拉藏汗奏表 164
康熙帝封阿望丹进为静觉寺国师谕旨 165
《五世达赖像》唐卡 166
《仓央嘉措像》唐卡 167
康熙帝册封五世班禅谕旨 168
《格桑嘉措像》唐卡 169
抚远大将军西征图卷·进入拉萨 170
边防要略 171
雅克萨围攻图 172
尼布楚城 173
《尼布楚条约》俄文、满文本（局部）......174
《清史稿》伊桑阿传 175
《清史稿》费扬古传 176
江宁织造曹寅奏贺平定噶尔丹折 177

苏州织造李煦奏贺平定噶尔丹折 178
江宁织造曹寅奏贺征讨噶尔丹大捷折 179
江宁织造曹寅奏谢钦点巡盐并请陛见折 180
江宁织造曹寅奏报禁革浮费折 181
江宁织造曹寅奏报校刊全唐诗不敢少怠折 182
江宁织造曹寅奏报米价及熊赐履行动并进诗稿折 183
江宁织造曹寅奏报粮价雨水及地方情形折 184
福建水师提督吴英奏请圣安折 185
直隶巡抚赵弘灿奏为皇上巡幸口外恭请万安折 186
浙江巡抚黄秉中奏请圣安折 187
肃州总兵路振声奏请天安并进扁挂面等食品折 188
直隶巡抚赵弘灿奏为圣驾行幸哨鹿恭请圣安折 189
云南巡抚吴存礼奏请万安折 190
浙江巡抚王度昭奏贺万寿折 191
云南巡抚吴存礼奏请万安折 192

康熙三十三年　甲戌

正　月

初一日己亥　早，上以元旦率诸王、贝勒、贝子、公、内大臣、侍卫、大学士、都统、尚书、精奇尼哈番等，往堂子行礼毕，回宫。

辰时，上率诸王、贝勒、贝子、公、内大臣、侍卫、大学士等，诣皇太后宫，行礼毕，回宫。

少倾，御中和殿升座，内大臣、侍卫及内阁翰林院、礼部、都察院、詹事府等衙门官员庆贺元旦，行礼毕，御太和门升座。诸王、贝勒、贝子、公等文武各官及元旦朝觐外藩王、贝勒、贝子、公、台吉、朝鲜等国使臣上庆贺元旦表，行礼毕，回宫。

本日起居注官傅继祖、张英。

初二日庚子　是日，上诣皇太后宫问安。

本日起居注官尹泰、陆肯堂。

初三日辛丑　辰时，上由神武门出西直门，驻跸畅春园。

本日起居注官席米图、彭宁求。

初四日壬寅　是日，上诣皇太后宫问安。

初五日癸卯　是日，上诣皇太后宫问安。

初六日甲辰　是日，上诣皇太后宫问安。

初七日乙巳

初八日丙午

初九日丁未　是日，上诣皇太后宫问安。

初十日戊申　辰时，上由西直门进西华门回宫。

是日，上以有事祈谷坛，斋戒三日。

本日起居注官三宝、陈元龙。

十一日己酉　早，上御保和殿视祭太庙祝版毕，回宫。

本日起居注官莫里溥、徐元正。

十二日庚戌　早，上御保和殿，视祭祈谷坛祝版毕，回宫。

是日，赐云南永顺总兵官偏图鞍马一匹。

本日起居注官傅伸、郑崑瑛。

十三日辛亥　早，上躬诣祈谷坛，致祭礼毕，回宫。

巳时，上由神武门出西直门，驻跸畅春园。

是日，上诣皇太后宫问安。

本日起居注官傅继祖、张英。

十四日壬子　午时，上御畅春园内含淳堂西偏殿，以上元节赐朝正，左翼喀尔喀科尔沁国和硕达尔汉亲王额驸班第，乌朱穆秦部落车臣亲王色登顿多布，科尔沁国多罗郡王戴布，阿禄科尔沁国多罗郡王崔，喀尔喀部落多罗卓礼克图郡王顾禄西希，吴喇忒部落巴图尔厄尔克济农，土默特部落贝勒额驸厄尔德木图，乌朱穆秦部落多罗厄尔得尼贝勒博木布，喀尔喀部落多罗贝勒老卜臧，土默特部落固山贝子喇斯扎布，郭尔罗斯部落护国公安达西里，扎鲁特部落护国公巴图，翁牛忒部落喀拉齐里克奇塔忒，郭尔罗斯部落护国公蟒萨，科尔沁国协理旗分事务二品台吉毕礼滚达赖等，敖汉部落四品台吉顾布特等，乌朱穆秦部落未得品级台吉塔望扎木素寻，郭尔罗斯部落四品台吉乌尼德，扎赖忒部落四品台吉毕麻喇，土默特部落协理旗分事务塔布囊鄂齐尔等，苏尼忒部落协理旗分事务一品台吉图巴西希布等，翁牛忒部落四品台吉张三等；右翼喀尔喀和硕亲王策旺扎布，科尔沁国多罗扎萨克图郡王鄂齐尔，敖汉部落多罗郡王扎木素，喀尔喀部落多罗郡王敦多布多尔济、多罗郡王色棱阿海、多罗郡王盆楚克喇布坦，阿霸哈纳尔部落多罗贝勒布照，鄂尔都斯部落多罗贝勒古禄西希布、多罗贝勒老卜臧，喀尔喀部落多罗贝勒萨木多尔济，扎赖忒部落固山贝子纳逊，巴林部落固山贝子厄尔德尼，阿霸垓部落固山达尔汉贝子车凌董罗布，喀尔喀部落固山贝子詹巴，喀喇沁部落护国公善巴喇西，喀尔喀部落护国公汉都，敖汉部落多罗额驸扎木素，科尔沁国协理旗分事务一品台吉布达等，敖汉部落二品台吉鲧布，克西克腾部落扎萨克一品台吉阿玉西等，喀尔喀部落扎萨克一品台吉车木楚克纳木扎尔等，阿霸垓部落协理旗分事务二品台吉德木楚克等，鄂尔都斯部落协理旗分事务二品台吉彭苏克等，蒿齐特部落协理旗分事务二品台吉策纳克，阿禄科尔沁国一品台吉厄尔赫图，柰满部落固山一品台吉巴图礼雅，杜尔伯特部落协理旗分事务三品台吉吴尔图纳苏图等，巴林部落三品台吉噶尔玛，喀喇沁部落三品台吉塔布囊班第，扎鲁特部落二品台吉博兑，阿霸哈纳尔部落协理旗分事务四品台吉图巴塔尔，毛明安部落四品台吉扎木素，四子部落四品台吉纳尔穆厄林臣，苏尼忒部落四品台吉阿玉西，吴喇忒部落协理旗分事务四品台吉阿穆胡郎，归化城都统喇查布、四品台吉古禄格及内大臣、侍卫、大学士、上三旗都统、副都统等宴。上进酒，诸乐并作。外藩左右两翼亲王等以下，台吉等及扎萨克、部落台吉等以上，俱以次，上亲赐酒，其余台吉、塔布囊等，俱令侍卫赐饮。宴罢，众谢恩毕，上回宫。

本日起居注官傅继祖。

十五日癸丑　未时，上御畅春园内含淳堂西偏殿，大宴朝正外藩左右两翼王、贝勒、贝子、公、台吉等及内大臣、侍卫、大学士，上三旗都统、副都统等。诸乐并作。上进酒毕，赐外藩王、贝勒、贝子、公、台吉等以上酒于坐次，宴罢，众谢恩毕，上回宫。

是日，上诣皇太后宫问安。

本日起居注官傅继祖。

十六日甲寅　是日，上诣皇太后宫问安。

十七日乙卯　卯时，开印。

是日，上诣皇太后宫问安。

十八日丙辰　辰时，上御畅春园内澹宁居听政。部院各衙门官员面奏毕，上命满汉大学士、学士与九卿、詹事、掌印不掌印科、道官员及总河于成龙同入。工部尚书萨木哈奏曰："九卿等官会议，总河于成龙所奏黄、运两河，自直隶通州至江都县，自河南荥泽至海口，数千里工程尽行修筑，又请行捐纳事例，增设河道官员与豁免派用民夫名色等事，俱不准行。于成龙明知难行之事乃行条奏，非大臣实心任事之义，相应革职。"上曰："河工事务关系重大，阅尔等所议，未见详尽。朕当与尔等悉言之。”

因顾于成龙曰：“河工如照尔所请，修筑几载可以完工？”于成龙奏曰：“若钱粮无误，约计二年可以完工。”上曰：“河工既需二年，则尔所请捐纳事例，亦欲行之二年矣。汝谓捐纳无累百姓否？”于成龙奏曰：“捐纳可保无累于民。”上曰：“前所行捐纳事例，或因军需孔亟，或因拯救饥民，银米不能即至其地，万不得已。九卿、詹事、科、道官员再四陈请，为此一时权宜之计。至于照常修理河道，乃一定之事。钱粮并无不足，殊非难于措处。若行捐纳，则正途皆致壅滞。捐纳之人岂尽殷实？大约出于称贷者甚多。此辈居官，不朘削百姓则逋负，何由而偿？且礼义廉耻，人所最重。人臣必当思难进易退之节。今此辈焉知所谓礼义廉耻乎！且居要津者，并不给银，而虚冒捐纳者亦复不少。陕西所捐银两，现今多有亏空。朕从宽政，未行查究。此皆有司不能胜人情面，不得已而受其嘱托之故。若不取偿于百姓，将何以补此缺额耶？如此而云，无累百姓可乎？”上问尚书库勒纳曰：“尔诚实人，前降级时即行捐复，未必差家人持银前往捐纳，亦央托人为之耳？”库勒纳奏曰：“圣见诚然。臣未曾遣人，实在此间顶换。”于成龙免冠叩首，奏曰：“圣谕极是。”尚书王骘奏曰：“圣见甚明。捐纳之人，诚不顾礼义廉耻。”上曰：“尔何得为此言？尔前差往陕西赈济，亦不过为人捐纳耳，曾救得饥民几人？”

上又顾诸臣曰：“请行捐纳，皆各有意中之人，欲其录用升转之故耳。前者议开事例时，降革藩臬亦令开复，朕屡次不准。九卿等再三奏请，而后行之。此特为李国亮一人耳。今若将吏部左侍郎布颜图究问，事皆毕露矣。曾有人奏捐纳之人应停其补用。朕尝与大学士言之，此等人既准其捐纳，若不补用，则其银虚纳，非所以示信。今于成龙欲令家产尽绝者捐纳，如革职赔补钱粮之人，本旗都统等及地方官题保其家产尽绝，已免追赔。今又托言亲友帮助，使之捐纳复职，是彼已欺诳其佐领以上至其都统矣！此等人居官，尚望其能洁己爱民乎？”于成龙叩首奏曰：“臣仰见皇上忧劳百姓，于陕西灾荒屡发帑金百余万，赈济饥民，又且于各省次第蠲免钱粮，动至数百万。臣愚拙无知，今见此河工费用浩繁，冒昧请开捐纳事例。此实臣之罪也。”

上又曰："积谷原为赈救饥民而设。从前各州县均派收贮米谷，地方官因日久恐致浥烂，题请春时平价粜出，秋收后照数买补事宜。九卿覆准。朕意此事将来必至仓无积谷，难以允行，驳议两次。九卿再奏而后行之，今仍未照数补完。限期已满，见于参奏者不绝。直隶去年米谷不登，该抚并未将此项米谷奏请发赈。由此观之，不过虚名耳。米之乌有可知矣！若问其亏空之由，则亦诿之曰有司奉行不善而已。宁有实惠于民哉？朕观捐纳，与此何异尔？九卿、詹事、科、道官员俱系读书人，谁无良心？勿但言圣谕极是。捐纳事实为有益无益，尔等可直言之。"九卿、詹事、科、道等奏曰："皇上至圣至明，事之隐微，靡不洞悉，臣等果有可言，躬承天语，敢不陈奏。"

上又曰："朕平昔爱养百姓，倘一时遇有急需，则明白晓谕百姓。照亩加征钱粮，想亦民所乐从。何可令此辈捐纳之人，乘间侥幸暗行朘削，吾民何辜？"大学士伊桑阿等奏曰："皇上睿鉴彻底，洞照情弊。捐纳之人居官，朘削百姓，以偿债负，此必有之事也。"尚书熊赐履奏曰："从前议捐纳事例，圣意断不允行。臣等九卿、詹事、科、道官员因见陕西频年荒旱，拯救饥民甚急，再四陈请为此一时权宜之计，顷伏听上谕，一切情弊洞若观火矣。"

上顾侍郎李光地、给事中彭鹏问曰："尔意云何？"李光地奏曰："捐纳之不宜行，圣谕业已详尽，臣更无可言。"彭鹏奏曰："捐纳之弊，皇上洞照如天，洵属无益。臣亦无可仰奏。但于成龙急于任事耳。"上曰："凡为臣者须行实事，不当沽取虚名。于成龙奏称派用民夫累民，又言棍蠹包揽。夫国家之事，能不用民力而可以集事乎？即如陕西运米，不用河南民力输挽，陕西之民何由得生？使河南百姓倘遇饥荒，安能不借邻省之民，以救之乎？给事中彭鹏前奏河南运米百姓苦累，朕所以不然之者，为此故也。有棍蠹包揽害事，则当指名参奏，但泛言棍蠹包揽何益？且修筑河工非得本地熟谙之人，安能有裨？即如今户、工二部，无作官招买铺户，断不能供应急需。至于河道增设一官，则民间多一事。现在所设官员，历年以来，并未迟误河工。经理事务，惟在得人，亦不在增设多员也。于成龙所奏此等事，特听信淮扬间小人之言，欲行题补官员，并沽名于百姓而为之耳。”九卿、詹事、科、道等奏曰：“圣谕诚然。”

上又问于成龙曰：“尔向日议河工事，曾于乾清门面奏，减水坝宜塞不宜开。今汝身任总河，减水坝果可塞乎？”于成龙叩首奏曰：“臣愚拙无知，彼时妄言减水坝宜塞。于今观之，实不可塞。”上曰：“尔从前曾言靳辅糜费钱粮，并未尽心修筑河工。尔今观之何如?”于成龙奏曰：“臣今亦照靳辅所修而行。果其所修筑者不善，去年大水，能不致溃坏乎？从前无知，妄行陈奏。臣见去年大水，不胜畏惧，故尔请增修。”上曰：“既如此，则尔所奏之非、靳辅所行之是，何以不另疏明白陈奏？尔排陷他人则易，身任总河则难，此非其明验耶？于成龙前曾言，河道两岸未见靳辅栽有柳树。朕巡历南方，指河干之柳问于成龙，彼亦无辞以对。又言放水以淹民田，百姓苦累。朕问从何处放水，所淹者何处之田。对云：‘臣未曾见，此王新命之言。’朕问之王新命，实无此语。彼时恐彼羞愧，故忍而未发。原任侍郎凯音布管理下河工程时，曾参奏闸官开高邮州南减水闸，放水冲淹民间将收麦田。朕后至其地观之，开闸泄水，断不至淹害麦田。及问凯音布，所开何闸致淹麦田，彼亦无辞以对。此亦不过附会于成龙之说耳。”大学士伊桑阿奏曰：“开闸泄水，不至淹害麦田之故，皇上洞彻至矣。”上又曰：“未见栽柳董讷亦曾言之，此时九卿皆言靳辅当从重治罪。若即诛靳辅，则遂成已往之事，死者其可复生乎？尔九卿大臣，亦宜警惧。”于成龙叩首奏曰：“此实臣之罪也，无辞可以覆奏！”董讷亦叩首。

上又曰：“尔九卿议覆于成龙五疏，因闻朕责备于成龙，故议革职，但泛泛言之耳，并未逐款一一辨诘。观此，则尔等无不畏惧于成龙。今朕不直言，谁复有言之者？如王骘、董讷、李应廌辈，山东人，皆与于成龙家生子相似，敢一言与之相违乎？凡居官者，谁不畏惧于成龙？朕观于成龙任直隶巡抚时居官好，亦曾效力，但为人胆大，凡事必欲取胜。其所奏捐纳事，亦止徇人情面。今司道官欲捐纳开复者，宁有几人？不过为董世琦、胡献征辈耳！其所荐扬者甚多，此亦欲令人感彼私恩，相为党与。夫擢用人才，乃朝廷之大权，非为臣者市恩沽名所可擅行之事也。”于成龙叩首。大学士伊桑阿等奏曰：“沽名市恩之事，为臣子者断不可为。若为此，则灾祸必及其身。”

上又曰：“于成龙条奏中，如修理通州、天津一带河道及培修高家堰堤，亦有当酌议之处。高堰保淮敌黄，甚为紧要。高堰稍有疏虞，则淮安一带州县居民田庐皆受水害。此本带回，着再详议具奏。”

是日，上诣皇太后宫问安。

本日起居注官傅继祖、曹鉴伦。

十九日丁巳　是日，上诣皇太后宫问安。

二十日戊午　是日，上诣皇太后宫问安。

二十一日己未　辰时，上御畅春园内澹宁居听政。部院各衙门官员面奏毕，大学士伊桑阿、阿兰泰、王熙、张玉书，学士王掞、李楠、德珠、温保、戴通、李应薦、常绶、顾藻、沈图以折本请旨。吏部题广东巡抚江有良员缺，将学士德珠等职名开列。上曰：“广东路远，且地方辽廓，应将人材优长而有操守者补授。朕观山东巡抚桑格人材优长，直隶巡抚郭世隆亦属人材优长而甚和平。欲将伊等调补，则山东、直隶地方又为紧要，朕故惜之。尔等问九卿，将人材优长而有操守者具奏。”

又户部议奏，查得盛京户部仓内米石若供给各处，则所余数不多，请将奉天府所属承德等九州县米二万七千二百余石，以一万石备贮，其余米军卒中有实不能糊口者，令该府尹亲阅借贷。上曰：“此米未必足数，不可不察明，着一大臣前往，将此米公同阅视料理。盛京侍郎西安人材甚属庸常，轻佻无能，乃不堪用者。又观侍郎阿喇密为人虽属厚重，办理事务不顾体面，任刑部侍郎时，曾行一无耻之事，朕素知之。”

又钦天监题占验立春。上曰：“此占验立春奏称，有兴作土工之事，劳苦民力。可将此占验本章示总河于成龙。”

又宣府总兵官许盛题张家口左营游击祁仲豸到任以来，宽严得法，爱恤有方，因前任诖误革职，乞从宽留任。上曰：“此祁仲豸系土司，其兄祁伯豸，才力优长，人材壮健，朕深知之。祁仲豸人材亦健壮，以公事诖误获罪，着照该总兵官所请留任。”

上留大学士、学士等，令九卿、詹事、掌印不掌印科、道官员及总河于成龙同入。工部尚书萨穆哈奏曰：“高家堰关系甚为紧要，其三官庙等六口竹络工程并接石工起，至周桥大坝止作何修筑；又通州起至天津，天津起至峄县工程作何修筑之处，俱令该督查明具题。余仍照前议，俱不准行。于成龙前后言皆互异，又将难行之事生事妄奏，情罪可恶。应将于成龙革职，枷号两个月，不准折赎，鞭一百。”上问左都御史董讷曰：“河工事若何？”董讷奏曰：“臣愚昧无知，不晓河工事宜。”上曰：“尔曾任总漕，亦曾署总河事，如何不知？”董讷免冠叩首，奏曰：“臣实愚昧，久应严处，皇上特加宽宥。至于河工事宜，臣实不知。”上问于成龙曰：“九卿所议，尔有何说？”于成龙免冠叩首，奏曰：“臣现今修理河工，亦只照靳辅工程修理，非另有兴造。臣一人之见，岂能及众人？臣亦更有何说，惟求皇上宽宥。”上又问曰：“去年黄河水势若何？”于成龙奏曰：“去年河水满槽。”上曰：“如尔所奏兴工修筑，今年六月内断难完工。”于成龙奏曰：“即今准行，备办物料亦需时日，六月内断不能完工。圣见诚然。”上曰：“既如此，则已过发水之时矣，有何益乎？”上顾诸臣曰：“于成龙顷面奏云，梯关以下海口因水势散漫，沙渐淤长，又言海水泛溢。朕观海水潮汐往来，乃常事也。曾记史册所载，自古海水溢不过数次，唐以后遂无海水泛溢之事。海口乃黄河入海之路，海口水势迅急足以刷沙，河水乃得顺流。此为紧要，所当疏浚者也。”上又问于成龙曰：“河南一带，黄河险工有更易之处否？”于成龙奏曰：“险工并无更易，仍照常下埽，以遏水势。”上曰：“河南黄河堤岸单薄低矮处，宜加工培修，所费钱粮无多。此等处亦应酌议。尔等九卿、詹事、科、道若有所见，悉宜敷陈。”九卿、詹事、科、道等奏曰：“圣见明晰，臣等更无可奏。”上曰：“这本带回，再加详悉议奏。”

是日，上诣皇太后宫问安。

本日起居注官傅继祖、史夔。

二十二日庚申　是日，上诣皇太后宫问安。

二十三日辛酉　辰时，上御畅春园内澹宁居听政。部院各衙门官员面奏毕，大学士伊桑阿、阿兰泰、王熙、张玉书，学士傅继祖、王掞、李楠、德珠、温保、戴通、李应廌、常绶、顾藻、沈图以折本请旨。吏部题顺天、江南、浙江等处提督学政顾藻、许汝霖、郑开极员缺，将侍读张榕端等职名开列。上曰："学政关系人材，甚属紧要。若不拣选甚优之人差往，则断不能廓清陋规，以除积弊。朕观陆陇其学问优长，操守亦且甚善，前曾条奏一事，朕至今犹念之。至于邵嗣尧于烦剧之事未见其长，操守甚善，学问亦优。若以此等有操守之人补授，必能秉公，裨益学政。尔等之意若何？"伊桑阿奏曰："闻伊等操守甚善。"阿兰泰奏曰："此二人操守果善，将此等人补授，实为有益。"王熙奏曰："凡由进士出身者皆能阅文，但以操守品行为要。伊等操守、学问俱优。皇上所见诚然。"张玉书奏曰："伊等操守原善。"上又顾李楠等曰："尔等云何？"李楠、李应廌奏曰："陆陇其、邵嗣尧操守俱甚善，学问亦优。"上曰："此二人朕所知者，再一员缺着九卿会同，将如此等之人选择具奏。"

又盛京户部侍郎阿喇密题请盛京协济料草于来岁带征。上曰："此项料草原为彼处兵民预备，去岁盛京水涝，未尝收获。已征者则已，未征者俱着免其追征。"

伊桑阿等奏曰："补授广东巡抚事臣等遵旨问九卿，九卿云，广东甚远，乃边疆地方，殊属紧要。调补现任巡抚庶为有益。巡抚皆皇上选用，俱克尽职。此内山东巡抚桑格、直隶巡抚郭世隆才品俱优，操守甚善。直隶乃旗民杂处之地，甚为紧要，不可轻易。山东虽亦要地，事务俱有成规，应将桑格调补。其桑格员缺，伏乞皇上另行选择补授。"上曰："此二人朕惜之，不可轻易。山东地方非如桑格者，则凶恶势宦土豪，难以弹压，必至遗累小民。着另行选举。"伊桑阿等奏曰："自佛伦、桑格补授巡抚数年以来，闻豪强敛戢，小民皆得安生。继此补授之人，遵守成规尚为不难，仍请将桑格调补。"上曰："山东地方自补授佛伦、桑格数年以来，凶恶之人不至累民，闾阎安静。然山东地方甚属紧要，桑格不可轻易。着九卿另行选举。"

伊桑阿又奏曰："臣等遵旨将占验立春之事示于成龙，于成龙云，既占得雨水多，必须谨慎河道。至河工累民之语，系从来常言，其夫俱给工价，并不派民间修河，不至累民。"上颔之，曰："假令河道尽毁，通行修理，官员亦安能自操版筑，俱是百姓修理，岂可谓不劳民乎？民为根本，民安则无所不安。"

上顾李楠曰："乔莱在地方何如？"李楠奏曰："其行事未有所闻，犹为安静。"上曰："乔莱先曾倡议阻挠河工，为人甚属不端。若留于地方，断不肯安分，又必阻挠河工，借端生事。"伊桑阿、阿兰泰奏曰："此人曾首议河工，为人果属不端。"王熙奏曰："乔莱曾有率先另议具奏之处，果属生事。"上曰："乔莱着离本籍来京居住。"

是日，上诣皇太后宫问安。

本日起居注官三宝、傅伸。

二十四日壬戌 辰时，上由西直门进神武门回宫。

本日起居注官尹泰、颜光敩。

二十五日癸亥 是日，各部院衙门奏章俱交送内阁。

本日起居注官傅继祖、宋大业。

二十六日甲子 辰时，上御乾清门听政。部院各衙门官员面奏毕，大学士伊桑阿、阿兰泰、王熙、张玉书，学士傅继祖、王掞、李楠、德珠、温保、戴通、李应廌、常绶、顾藻、沈图以折本请旨。吏部题太常侍少卿沙拜员缺，将员外郎阿哈纳拟正，员外郎岳洛拟陪。上曰："此缺甚属紧要，关系赞礼事务。着将曾由太常寺、鸿胪寺赞礼郎升出者选择补授。"

又九卿、詹事、科、道官议覆总河于成龙条奏五款事件。上曰："明末时诸臣各结党援，彼此相倾，全无公道，以致覆败。前诸臣同谋，欲害靳辅，朕南巡时细阅河道，独持主意，始终不移一言。虽欲掘民田系靳辅之过，然于河道颇有效力，修筑河堤至今坚固。靳辅在时，诸臣俱云靳辅修立减水坝冲决民田。今于成龙身任总河，仍不废减水坝，诸臣何不言其非耶？且靳辅修理河堤时共用银三百万两，今于成龙重修靳辅所修之堤，反用银一千万两，是何缘故？人臣事君当以诚实，不可欺饰。今于成龙欲掩盖伊曾倾陷靳辅之处，故朕始将前事痛切言之。此事俱照九卿所议。但于成龙修河之事未完，将于成龙革职，从宽免其议处，留任带罪图功。"

伊桑阿等奏曰："臣等遵旨将广东巡抚问九卿，九卿云，臣等意欲仍拟桑格调补。皇上若不调桑格，则于养志、王梁、阎兴邦等亦佳。况各巡抚俱蒙皇上擢用之员，臣等所知，实不及睿见，总听皇上调用。"上曰："谓高承爵如何？"伊桑阿等奏曰："九卿言高承爵、年遐龄俱好，但历任未久。”上曰：“桑格年迈，不宜于南方暑热。高承爵谙练事务，着调补广东巡抚。”

伊桑阿等又奏曰：“臣等遵旨将学臣问九卿，九卿云，人之办事并学问俱可知，独操守难知。皇上以陆陇其、邵嗣尧操守甚善，欲遣提督学政，极是。但陆陇其已经病故，今令臣等举荐，臣等愚昧，实无真知可荐之人。总求皇上简用，则伊等感激天恩，断无不勉力图报者。”上曰：“向来张玉书、王鸿绪等为翰林时，常有文章呈览，今翰林等并无文字呈览。朕何由知其优劣而用之耶？兵部侍郎李光地虽学问平常，然为人亦非苟且者。着伊提督顺天等处学政，提督江南学政着邵嗣尧去，提督浙江学政，朕于翰林内择用一员。”

本日起居注官三宝、宋大业。

二十七日乙丑 辰时，上御乾清门听政。部院各衙门官员面奏毕，大学士伊桑阿、阿兰泰、王熙、张玉书，学士傅继祖、王掞、李楠、德珠、温保、戴通、李应廌、常绶、顾藻、沈图以折本请旨。为补授提督浙江学政事。上曰：“翰林官在起居注侍直者，朕虽识面，而其品行不得深知。”伊桑阿奏曰：“此内皇上简用一员，则感戴皇上拔擢之恩，必竭力奉行。”上曰：“颜光敩为人何如？此开列内有名否？”傅继祖奏曰：“因品级小，不在开列之内。以臣观之，颜光敩殊属厚重。”上曰：“颜光敩人颇厚重，既系先贤之后，着差伊去。”

又户部题两淮盐商江楚吉等，请将吴承德所认常德四府补行盐课众商愿分作十年带纳等语，议不准行。上曰：“此四府征取补行盐课，恐有阻商累民之处，尔等会同户部确议具奏。”

又兵部题川陕总督佛伦疏请修理黄城儿旧城，令官兵驻防之处，议不准行。上曰：“朕览总督佛伦所进地图，黄城儿地方实属紧要，自甘州至西宁，道路遥远，若自黄城儿去时，其路甚近，三日即可至西宁。令官兵驻防，甚为有益。胡胡那尔居住台吉等，曾以为此地乃伊等地方，请乞给回。朕亲政时谓辅臣云，此系打草滩地方，于我朝最为要地，断不可与，故不准给。今为我朝地方，当时若给回与彼，今若之何？凡西遣官员复命者，朕尝讯问地方形势，亦尝详阅舆图，故于边疆要地，无不记忆。此处驻防兵丁，事属紧要，着该总督、提督等会同详议具奏。”

是日，上诣皇太后宫问安。

本日起居注官徐嘉炎、傅伸。

二十八日丙寅 辰时，上御乾清门，听部院各衙门官员面奏政事。

是日，上诣皇太后宫问安。

本日起居注官莫里溥、曹鉴伦。

二十九日丁卯 辰时，上御乾清门，听部院各衙门官员面奏政事。

本日起居注官史夔、尹泰。

三十日戊辰 辰时，上御乾清门听政。部院各衙门官员面奏毕，大学士伊桑阿、阿兰泰、王熙、张玉书，学士王掞、李楠、德珠、温保、戴通、李应廌、常绶、顾藻、沈图以折本请旨。户部题内阁侍读学士喇西奏称，查定例供给外藩蒙古等羊草每束重七斤，今所供不足斤数，故欠五万余斤等语，应将此所欠羊草数目，令招买人以谷草赔补，嗣后羊草着每束重七斤供给。上曰：“朕闻请安进贡蒙古等因羊草不足斤数，殊为含怨，故特遣喇西监看秣马。顷喇西将羊草不足斤数奏明，甚善。观此议，将所欠羊草数目着招买人赔补，甚属乖谬。向来将羊草抵补谷草，其采买谷草银两，每岁内务府取用。只往南苑割取羊草，载付招买之人，惟计其个数，并不称斤。原系本来亏缺，今着招买人赔补，实为无辜，而管羊草之人竟得幸免。此事内务府总管悉知之。户部堂官将此等缘由未经详议，着申饬。将本发回另议具奏。”

又户部题直隶巡抚郭世隆疏称霸州等十州县甚被水灾，请将收贮米石赈济，议准行。上曰：“赈济固宜，但闻赈济时，百姓断不能均沾实惠，或当发赈之际，穷民毕至，不肖无赖之徒彼此持棍争殴，赈济官员反生畏惧。朕听政三十余年，始闻此事。从前赈济，恒以为均沾实惠，不意如此。朕又闻通州粜卖米石，因较时价从减，粜者甚众，于穷民大有裨益。通州所属地方米价亦贱，天津、霸州等处皆通水路，将天津等处各仓存贮米石查明，若运至天津及霸州总口地方，较时价稍减粜卖，则于被灾十州县百姓定有裨益。尔等与九卿详议具奏。”伊桑阿等奏曰：“皇上念切民生，凡从外省来者即问彼处百姓情形，故得备闻。此事臣等竟不知之。通州所卖米石，臣等亦闻因米价较贱，百里外民往买数斗，负担者载道不绝，皆云皇上即天也。若不发此米减价粜卖，我等将若之何等语，不胜欢悦。通州水路通衢各省，人民会集，民生尚为富庶。今将米石运至天津、霸州二处减价粜卖，则穷民裨益何待言哉。”

本日起居注官傅继祖、张英。

二　月

初一日己巳　辰时，上御乾清门听政。部院各衙门官员面奏毕，大学士伊桑阿、阿兰泰、王熙、张玉书，学士傅继祖、王掞、李楠、德珠、温保、戴通、李应廌、常绶、顾藻、沈图以折本请旨。吏部题安徽巡抚高承爵员缺，将学士德珠等职名开列。上曰：“山东布政使喻成龙居官甚善，但今有山东运米至盛京之事未竣。闻布政使佟国佐居官亦甚善。此外布政使未知孰优，可问之九卿。”

伊桑阿等奏曰：“臣等遵旨同九卿会议减价粜谷事，九卿言，皇上念切民生，将通州米较时价减粜，于近地之民大有裨益。闻百姓载道负米，欢呼不绝。顷又恭聆谕旨周详，言通州等处积谷有数万石，应将赈济所余米减价粜卖。又令截留山东漕米数万石，于霸州等处被灾十州县内存贮一处，减价粜卖。如此，洵于百姓大有裨益。应移文巡抚郭世隆定议具奏。”上曰：“着户部贤能司官一员前往，会同郭世隆将有益于百姓之处速议具奏。”

本日起居注官三宝、沈涵。

初二日庚午　辰时，上御乾清门听政。部院各衙门官员面奏毕，大学士伊桑阿、阿兰泰、王熙、张玉书，学士傅继祖、王掞、李楠、德珠、温保、戴通、李应廌、常绶、顾藻、沈图以折本请旨。兵部题镶红旗蒙古副都统朱彻员缺，以盛京兵部侍郎觉罗舜拜等职名开列。上曰：“将宗室民公、侯、伯以下应升官员，一概察明开列折子具奏。”

又正红旗顺承王下散骑郎鄂齐尔员缺，以佐领佛伦拟正，佐领德倍拟陪。上曰："王年幼，护卫官员宜用年壮堪任之人。此散骑郎拟正之人年甚轻，今日引见补授护卫之人亦属童稚，少年相聚，何以导王为善？倘仍似其父，何以处之？都统希福历时甚久，系所属大臣，可召来破面责备。将补授散骑郎护卫二本俱发回，另行举奏。"

伊桑阿等奏曰："臣等遵旨问九卿，九卿云，布政使俱系皇上选用之人，为人皆优，无甚不堪者。山东布政使喻成龙、安徽布政使佟国佐居官实善。"上曰："佟国佐着升授巡抚。"

本日起居注官傅伸、刘灏。

初三日辛未　部院各衙门奏章俱交送内阁。

辰时，上御文华殿，举行经筵大典。讲官库勒纳、熊赐履讲《四书》"孟子曰：言近而指远者善言也，守约而施博者善道也。君子之言也，不下带而道存焉；君子之守修其身，而天下平"一节；张英、傅腊塔讲《易经》"易之为书也，广大悉备，有天道焉，有人道焉，有地道焉"一节毕，宴于太和门前。

是日，赐朝鲜国王李焞进贡正使议政府左赞成柳命天、副使礼曹参判李麟征等鞍马、缎匹、银两有差。

本日起居注官曹鉴伦、尹泰。

初四日壬申　辰时，上御乾清门听政。部院各衙门官员面奏毕，大学士伊桑阿、阿兰泰、王熙、张玉书，学士傅继祖、王掞、李楠、德珠、温保、戴通、李应廌、常绶、顾藻、沈图以折本请旨。吏部题都察院官员内升外转，以张都甫等职名开列。上曰："将此开列官员问其人才何如并条奏几次察明具奏。凡设立科、道官员，特为条奏政事。今观都御史以至科道条奏者甚少，国家应言之事颇多。又见科道条奏时每存私意，或将与伊不睦之人欲行倾陷，则托门生参论者往往有之。此等事朕岂不知？科道官员各宜端其心术，以有益国家之事条奏。尔等可将此旨传谕。"

伊桑阿等奏曰："前差往郭世隆处户部员外郎雍泰已至。郭世隆钦遵上谕议得，霸州等十州县及天津卫现在贮仓米谷共十万余石，将此米赈济各州县实在饥民。自二月至四月，尽所需不至三万石。乞将余米谷减价粜卖，其价银暂贮道库，俟丰年照数买补还仓。又山东漕米，令沿河景州等十一州、县、卫，每处截留二千石，亦比时价稍减粜卖邻近州县。米价若贵，行文该管地方官员，帮助运至彼处粜卖。其价银汇齐缴部。”上曰：“所议甚善，着速行。”

是日，上诣皇太后宫问安。

本日起居注官莫里溥、彭宁求。

初五日癸酉　早，上御太和门升座，升转文武官员谢恩毕，上回宫。

本日起居注官傅继祖、张英。

初六日甲戌　辰时，上御乾清门听政。部院各衙门官员面奏毕，大学士伊桑阿、阿兰泰、王熙、张玉书，学士傅继祖、王掞、李楠、德珠、温保、戴通、李应廌、常绶、顾藻、沈图以折本请旨。刑部题镶红旗原任三等护卫阿思哈出首刨参事。上曰：“观此事公登色赖世等得人参八百斤，朕差人采参，每年约得三百斤。今二家一年差去几人，何以遂得参八百斤？黑龙江将军萨卜素曾奏称采参每年往者数万人，马匹、牲口、粮食皆被采参人收取。故盛京等处牲口、粮食俱贵等语。由是观之，二家必将部票与家人约带民人同往采取。伊等身系宗室，与小民结党营利，殊为不合。尔等将公登色赖世唤来厉声诘问，伊等每年采参，差多少家人前往。若不实说，朕决不轻贷，便将伊等革职，籍没其家。”

又古北口总兵官王廷彪遗疏。上曰：“王廷彪居官素善，其人可惜。今殁后，妻子回籍着令驰驿。古北口等处步兵甚多，宜照福建兵丁操演，亦得福建人统领方善。楚姚蒙景总兵何应元、定海总兵蓝理、兴化总兵李华三人内，可将一人调补，尔等问九卿孰优。又闻总漕兴永朝所行躁暴，与人不和，每多乖戾。镶黄旗副都统许廷臣员缺，已升总兵官穆维雍。今将穆维雍停补，着兴永朝补授副都统，观其优劣若何。”

又吏部尚书熊赐履、兵部尚书杜臻、兵部侍郎王维珍、工部侍郎徐潮等进前奏曰：“臣等一无所能，不意蒙皇上简充会试考官，臣等敢不矢公矢慎？但臣等离文章日久，求皇上亲命试题。”上曰：“考试事甚为要重，关系国家抡才大典。以尔等贤能，故特简任，须加意敬慎。尔等为考官，好则所得皆佳士，荣莫大焉。至请出试题，已有旨下礼部。”

是日，赐杭州副都统胡希布鞍马一匹。

本日起居注官三宝、陈元龙。

初七日乙亥 辰时，上御乾清门听政。部院各衙门官员面奏毕，大学士伊桑阿、阿兰泰、王熙、张玉书，学士傅继祖、王掞、李楠、德珠、温保、戴通、李应廌、常绶、顾藻、沈图以折本请旨。直隶巡抚郭世隆题冀州知州杨天佑丁忧员缺，请敕部选择补授。上曰："三河县知县张朝琮为人明白诚实，居官亦善。尔等以为何如？"王熙奏曰："居官亦有声名。"伊桑阿奏曰："皇上所知之人即行补授，则人皆激劝。"上曰："张朝琮着升补冀州知州。张朝琮员缺，着该抚选择拟补具奏。"

又刑部等衙门题姚干将伊孙宁图自流徙处私遣来京，应枷号鞭责；拖沙拉哈番邵干隐匿宁图，应革职。仍将宁图发回。上曰："宁图即已来京，不必发回，令伊母子相聚。姚干在行间多有逡巡，在家不能尽心效力，副朕任用，乃无义忘恩之人。伊既如此，将出首之仆三图虎，不必发还伊处。"

本日起居注官傅伸、宋大业。

初八日丙子 辰时，上御乾清门听政。部院各衙门官员面奏毕，大学士伊桑阿、阿兰泰、王熙、张玉书，学士傅继祖、王掞、李楠、德珠、温保、戴通、李应廌、常绶、顾藻、沈图以折本请旨。兵部题镶蓝旗汉军都统诺迈病故员缺，以前锋统领硕鼐等职名开列。上曰："云南提督诺木图着补授都统。云南提督职任甚为紧要，永顺总兵偏图人材壮健，居官亦优，着升授云南提督。"

本日起居注官尹泰、郑崑瑛。

初九日丁丑 早，上御保和殿，视祭社稷坛祝版毕，回宫。

辰时，御乾清门听政。部院各衙门官员面奏毕，大学士伊桑阿、阿兰泰、王熙、张玉书，学士傅继祖、王掞、李楠、德珠、温保、戴通、李应廌、常绶、顾藻、沈图以折本请旨。吏部覆湖广巡抚吴琠题宜城县知县傅梦熊于康熙三十年闰七月十五日在任丁伊父忧，例不扣闰；今连闰月扣算，报于十月十五日服阕，少十五日，照例将傅梦熊革职。上曰："知县傅梦熊伊父亡故，值闰七月十五日，未将十五日扣除。原此情由，颇觉负屈。将此本发还，着再议具奏。"

又兵部覆振武将军孙思克题游击韩澄才能素著，谙练边事，补授中军副将；其韩澄员缺，将守备张荣祖补授游击；张荣祖员缺，将千总孙成海补授守备之处，俱不准行。上曰："朕曾召见韩澄，人材壮健，着俱照孙思克所题补授。"

本日起居注官莫里溥、刘灏。

初十日戊寅 辰时，上御乾清门听政。部院各衙门官员面奏毕，大学士伊桑阿、阿兰泰、王熙、张玉书，学士王掞、李楠、德珠、温保、戴通、李应廌、常绶、顾藻、沈图以折本请旨。吏部题吏科给事中萨穆哈、樊咸修于经筵之日错立班次，殊属不合，应将萨穆哈、樊咸修罚俸六个月。上曰："萨穆哈误往讲官班次站立时，樊咸修曾行拦止，着从宽免其处分。朕观萨穆哈年迈衰颓，着解任。"

又兵部题云南永顺总兵官偏图、楚姚蒙景总兵官何应元员缺，将八旗汉军参领管源忠等职名开列。上曰："贵州威宁总兵官唐希顺系陕西人，材力健壮，为人亦优。贵州、云南孰为紧要？"伊桑阿奏曰："云南、贵州俱为紧要。"上曰："云南地方更为紧要。此二缺并出，将就近云南之官补授，则到任甚速，于地方有益。着将就近云南之省现任总兵官等职名及朕阅过记名副将等职名查明具奏。"

是日，上诣皇太后宫问安。

本日起居注官傅继祖、徐嘉炎。

十一日己卯 章皇后忌辰，上不理事。

本日起居注官傅伸、陆肯堂。

十二日庚辰 辰时，上巡视畿甸，由午门出正阳门，驻跸南苑红门内旧宫。

十三日辛巳 上驻跸凤河营。是日，蔡尉里防御萨哈连等、守备乐仪凤等来朝。

十四日壬午 上驻跸河西务。是日，武关营游击聂逵等来朝。

十五日癸未 上驻跸杨村。是日，杨村营守备何铤等、通判赵良臣来朝。

十六日甲申 是日，上谕大学士伊桑阿、学士常绶曰："朕巡视至此，见运河及浑河决口，民田淹没，甚为可悯。近畿最为要地，着直隶巡抚郭世隆、天津总兵官李镇鼎会同仓场侍郎常书，自通州至西沽两边堤岸、再自西沽下至霸州决口宜修之处，阅视明白，需用钱粮估计具奏。”

上驻跸西沽。是日，巡视长芦盐课，监察御史余泰来、天津关抽分员外郎图勒孙等，天津道朱士杰等、同知史彬，游击邓玉印等来朝。

十七日乙酉　是日，上驻跸天津。

十八日丙戌　上驻跸王庆陀。是日，王庆陀都司王天禄等来朝。

十九日丁亥　酉时，上御行宫，大学士伊桑阿、学士常绶以折本请旨。吏部题湖南巡抚王梁员缺，以学士德珠等职名开列。上曰：“贵州布政使董安国居官善，着升补湖南巡抚。山西平阳府知府石文晟居官善，且系令族，董安国员缺，着石文晟从优升补。”

上又谕伊桑阿等曰：“通州仓米平价发粜，米价顿减，于民大有裨益。又霸州武清一带州县漕运酌量截留，粜与百姓。诚恐不肖地方官员或增价发粜，或粜与贩卖之人，以致百姓不沾实惠。着传谕巡抚郭世隆不时巡察。”

是日，上驻跸行宫。

二十日戊子　上驻跸信安镇。是日，信安镇把总薛万里来朝。

二十一日己丑　上驻跸燕家口。是日，霸州防守御多奇等、游击万世泽等、知州沈朝聘等来朝。

二十二日庚寅　上驻跸行宫。是日，赏赉八旗护军校、护军有执事人及步军等人各银二两。

二十三日辛卯　上驻跸赵北口。是日，雄县防守御山等、知县张重启、把总郑楷圣来朝。

二十四日壬辰　是日，上驻跸行宫。

二十五日癸巳　是日，上驻跸行宫。

二十六日甲午　是日，上驻跸段村庄。是日，安州知州罗守疆等、把总马国保来朝。

二十七日乙未　是日，上驻跸行宫。

二十八日丙申　是日，上驻跸赵北口。

二十九日丁酉　是日，上驻跸燕家口。

三十日戊戌 上驻跸蔡家营。是日,永清县知县徐煌、千总范友成来朝。

三 月

初一日己亥 上驻跸李贤村。是日，旧州营都司姜绾来朝。

初二日庚子 是日，上驻跸南苑南红门内旧宫。

初三日辛丑 申时，上由正阳门进午门回宫。

是行也，部院各衙门章奏逐日交送内阁，内阁三日一次传送行宫听理。

扈从起居注官三宝、尹泰。

初四日壬寅 辰时，上御乾清门听政。部院各衙门官员面奏毕，大学士伊桑阿、阿兰泰、王熙、张玉书，学士王掞、李楠、德珠、温保、戴通、李应鹰、常绶、顾藻、沈图以折本请旨。理藩院题拨什库迈济机除喀尔喀坤度伦博顾克图、多罗郡王滚布应付帐房外，又将供佛帐房扛去支起，打扰应差之人。今将迈济机等枷号三个月、鞭责一百。副都统吉尔塔布、学士达瑚等不加严饬，俱议革职。上曰："吉尔塔布、达瑚从宽免革职，俱着降三级，罚俸一年留任。余依议。"

上又曰："朕前议总河于成龙条奏河工等事，曾言王骘、董讷、李应鹰皆与于成龙家生子相似。九卿、詹事、科、道官员皆闻之。如此严旨，伊等至今不行具疏，引罪辞职。科、道官员亦无参论。此辈者，观其俛首恋位，廉耻丧尽，殆犬彘之不若也。朕待汉官，凡事每从宽容。人臣立身，以廉耻为重。此辈结党相济，必至如陈名夏、刘正宗之事，有何益乎？尔等可传集九卿，令王骘、董讷、李应鹰跪听此旨。"伊桑阿等奏曰："皇上圣恩如天，每以宽容待臣下。为臣子者宜愈加小心敬慎，断不当倚恃皇恩宽大而不自敛戢。"

上又曰："于成龙查看通州南面河堤至天津卫，到朕前，以所量武清县大王家甫等三处河堤冲决丈尺及估计钱粮具折子启奏，朕将此折子留览，寻遣仓场侍郎常书、巡抚郭世隆等，将冲决处丈量，估计所需钱粮。则于成龙所量丈尺及估计钱粮之数浮冒处甚多。观此等小工程如此虚诳，则凡事必欲取胜已显然矣！为人臣者，行事不可执拗，朕若执拗行之，臣下其能堪乎？将此折子与九卿、詹事、科、道官员看之。”

本日起居注官傅继祖、张英。

初五日癸卯 辰时，上御乾清门听政。部院各衙门官员面奏毕，大学士伊桑阿、阿兰泰、王熙、张玉书，学士傅继祖、王掞、李楠、德珠、温保、戴通、常绶、顾藻、沈图以折本请旨。兵部题宁古塔副都统雅泰员缺，将吏部侍郎布颜图等职名开列。上曰：“城守尉耿额为人亦可，前在部时办事颇优。今任城守尉何如？”伊桑阿奏曰：“闻鹰墩地方下霜甚早，田苗颇失。耿额每年积谷，于兵稍有裨益，兵等皆称其善。”上曰：“耿额着升补副都统。”

又镶红旗汉军副都统刘成龙员缺，将盛京兵部侍郎觉罗舜拜等职名开列。上曰：“护军参领班布为人亦可，历年亦久，着升副都统。”

伊桑阿又奏曰：“臣等传王骘、董讷、李应廌于九卿前跪宣上谕。董讷云：‘臣闻旨不胜羞愧，真置身无地。前奉严旨时臣即欲求罢，但惶恐不敢具奏。先年臣为侍郎，于成龙方任知府；臣为左都御史，于成龙方为按察使、巡抚。臣非受伊恩升用之人，并无谄附之处。但臣与于成龙相交往来行走，是臣之罪。’王骘云：‘臣原系于成龙属官，与之相交往来是臣之罪。臣并无谄附行走之处。’李应廌云：‘臣任学政时，于成龙为巡抚。故尔认识后，即宜与之绝，乃仍行拜往是臣之罪。’”上曰：“前董讷于河工事始终附和于成龙，倾陷靳辅。今河工事甚显然，此处谁不知之，尚云无谄附之处，可乎？”伊桑阿又奏曰：“臣等将于成龙所奏折子传与九卿看，九卿云，皇上亲临巡察，于成龙欺妄显然。观此等些小工程尚如此浮冒，其大修工程，更加浮估亦未可定。请将此折子交与臣等，与常书等估计折子查对明白察议。”上曰：“此折子内于成龙所量丈尺、估计钱粮，较常书等丈量估计之数，多寡悬殊，着批九卿、詹事、科、道会同察议具奏。”

本日起居注官傅伸、沈涵。

初六日甲辰 巳时，上由神武门出西直门，驻跸畅春园。

部院各衙门应面奏事宜仍面奏外，其余奏章逐日交送内阁，内阁传送畅春园听理。

本日起居注官莫里漙、王思轼。

初七日乙巳

初八日丙午　辰时，上御畅春园内澹宁居听政。部院各衙门官员面奏毕，江南安徽布政使李炜赴任，恭请训旨。上曰："布政使职任，关系通省钱粮。尔历外任年久，办事自不待言。但须洁己爱民，毋多取火耗，必勉为清廉好官，以副朕简任之意。"李炜奏曰："臣本微贱之人，蒙皇上数年间擢任按察使，又授今职，敢不勉矢清正，以报圣恩？当谨志训词。"

又户部郎中陶岱差往将截留山东漕米二万石从天津运至盛京三岔口，恭请训旨。上曰："此路易走且近，但从海运米，不可欲速。船户习知水性、风势，必须相风势而行，毋坚执己见。亦宜体恤船户，照看米石，将一路水势地形记来。此路既开，日后倘有运米之事，全无劳苦矣。"陶岱奏曰："皇上所见极是。闻商人往返从此路行船，毫无惊恐。当将谕旨一一谨记遵行。"陶岱出。

大学士伊桑阿、阿兰泰、王熙、张玉书，学士王掞、李楠、德珠、温保、戴通、常绶、顾藻、沈图以折本请旨。兵部题镶黄旗佐领阿喇尼年老身病是实，相应解任。上曰："阿喇尼自任用以来，勤谨效力。曾差往巡查边哨，因所统皆非满兵，俱喀尔喀乌合之众，故致失事，前处分殊过。今年老，着复其尚书原品解任。"

是日，上诣皇太后宫问安。

本日起居注官莫里漙、三宝。

初九日丁未　辰时，上御畅春园内澹宁居，传满大学士、学士、九卿、大臣等进，又命皇太子出侍。上曰："昨礼部题奉先殿祭时皇太子行礼仪注，将皇太子拜褥铺殿槛内比朕拜褥稍后。朕向侍郎席尔达问曰：'奉先殿祭祀尔曾经过，朕拜褥槛铺设，后无余地，尔所知也。'席尔达奏云：'槛内本无余地，皇上拜褥挨槛铺设。但臣等本内不得不写铺在稍后，故尔具题。'朕又向尚书沙木哈言殿内甚窄，朕拜褥即紧靠槛，后无余地。皇太子拜褥着铺槛外。沙木哈即云臣等请将此旨记档，欲向朕取凭据。凡为臣者，每事宜揆度合理，议归允当。奉先殿槛内全无向后可铺拜褥之地，皇太子拜褥沙木哈等虚称铺在稍后。朕祭祀时，皇太子未曾同在一处，惟视尔部赞引。若照部议，皇太子于槛内铺褥行礼，岂不贻皇太子于非乎？”沙木哈等免冠叩首。皇太子奏曰：“此处臣竟不知。皇父行礼之处，臣断不可行礼。沙木哈等所议甚为谬妄，伊等更有何辞可对？”上又曰：“沙木哈等身为礼部大臣，即皇太子行礼班次有误，尚宜即行指陈，今朕谕以铺褥槛外，沙木哈反奏称将旨记档，是何意见？且皇太子会讲原无定所，朕始定于文华殿后之主敬殿。又凡庆贺行礼时，皇太子前各官，俱令于照德门行礼。沙木哈等系礼部大臣，于此等处岂可云不知乎？朕先年欲于畅春园中殿理事，念系皇太后宫前，尚于旁边另葺数椽听理。及在南苑，朕每从皇太后行宫旁门下马而进，亦于旁殿理事，此朕尽敬之处。至皇太子出入，虽开午门中门，亦止从旁行走，断不由中道，此皇太子尽敬之处。皇太子出时，尔等众大臣皆在，岂不见之？宫中之礼如此，沙木哈以为与尔显亲王家中一例乎？”沙木哈免冠叩首奏曰：“臣奏请将旨记档，误以为可。”上曰：“尔意在防后，在尔自可。”上又顾诸大臣曰：“奉先殿内甚窄，朕拜褥挨槛铺设，皇太子拜褥又欲铺于槛内，朕谕于槛外铺设，沙木哈遂欲将旨记档，以为凭据，使尔等共闻此旨耳。”伊桑阿等奏曰：“皇太子出并无一次由中道，只走旁边。沙木哈等所议既谬，蒙皇上指示不即凛遵，反请将旨记档，殊属愚暗。伊等更有何辞可对？应交该部严加议处。”上曰：“着交该部。”

本日起居注官傅继祖。

初十日戊申　是日，上诣皇太后宫问安。

十一日己酉

十二日庚戌　辰时，上御畅春园内澹宁居听政。部院各衙门官员面奏毕，大学士伊桑阿、阿兰泰、王熙、张玉书，学士傅继祖、王掞、李楠、德珠、温保、戴通、常绶、顾藻、沈图以折本请旨。吏部题道府缺，以高缉睿等拟补。上曰：“此内陕西肃州道员缺，总督佛伦曾题补知府蒋焜、祖允图，又淮徐道员缺，亦属紧要，当选择补授。朕观霸州知州沈朝聘居官最善，民皆称赞，为人亦甚谨慎。先于噶尔丹有事之时，曾在边外红旗营驿站。来往之人，俱言其谨慎，勤劳公务，因知其善，曾加赏赉。又大成县知县祖延泰居官好，民亦称赞。永清县等处知县，民无有称赞者。”伊桑阿奏曰:“圣鉴诚然。沈朝聘居官实善,行最谨慎,似可用之烦剧地方。”阿兰泰奏曰：“臣去年随驾出外，曾识沈朝聘，民皆称赞，居官实善。”王熙奏曰：“沈朝聘居官有名。”上曰：“祖允图现今居官虽好，亦因上司所制，后日更改或未可定。须始终如一，方为善耳。又夏逢龙有事之时，由捕盗同知选补湖广地方知府。王辅人材颇优，所学亦好。如王辅等一同选择者，尚有几人，曾有将伊等久任之旨？”王熙奏曰：“王辅现任黄州府知府，原系选用。如汉阳府知府戴孟熊等，亦与王辅一同选用之人。曾经有旨将此数人久任。”上曰：“将部院保举与督抚举卓异者，及如王辅等一同选择久任者，皆查写折子来奏。朕详阅补用。”

又山西巡抚噶尔图题平阳府知府员缺紧要，请选择补用。上曰：“平阳府地方实属紧要，宜择材优者任之。黄州府知府王辅在湖广居官何如？”王熙奏曰：“不闻有不好之处，亦未闻有甚好之处。王辅乃选补知府，原系材干之人。”上曰：“王辅任捕盗同知时居官好，为人亦优，着调补平阳知府。”

本日起居注官傅伸、尹泰。

十三日辛亥　是日，上诣皇太后宫问安。

十四日壬子

十五日癸丑　是日，上诣皇太后宫问安。

十六日甲寅　上御畅春园内澹宁居听政。部院各衙门官员面奏毕，大学士伊桑阿、阿兰泰、王熙、张玉书，学士傅继祖、王掞、李楠、德珠、温保、戴通、常绶、顾藻以折本请旨。吏部题都察院左副都御史索洛伊称年老眼花,应照伊原品休致。上曰:“因索洛在部年久,从郎中优升副都御史。升用之后并无奏疏，观其人甚劣，着以郎中品级休致。”

又题户部尚书王骘谄附同官于成龙，殊玷大臣之体，应将王骘革职。上曰：“王骘居外官好，从宽免革职，着照伊原品休致。如李应廌钻营之人，即罢之，有何不可？”

又题江西巡抚马如龙将广信府知府崔明佐员缺，请于应升官内特旨简用一员。议不准行。上曰：“广信地方甚属紧要，着将保举官查奏选用。”

奏毕，上出庶吉士散馆试卷，谓大学士伊桑阿等曰："教习庶吉士专为养育人材，以备国家擢用。这次庶吉士翻书、作文、写字，大不及前，此皆傅继祖不将所事勤勤教习，故诸庶吉士亦皆苟且偷安，以为即考三等亦为主事，可于部中觅利，所以不肯勤学。或有土字尚不能翻、混写别字者。阿金、喀尔喀皆系满人，所翻满文不堪，反在汉人之后。傅继祖专在教习之任，已几三年，所教何事？傅继祖本微贱之人，朕从优超擢，数年间遂至今职，理宜报效，尽心教习。乃全不尽心，但趋走大人之门，思为侍郎、督抚肥家。傅继祖宜置重典，如此庶吉士方好。翰林职任专司作文、写字。去年有旨，朕于翰林官员皆不识认，不知所学之优劣，令翰林官将文章缮写呈览。至今无一字进呈者。以此观之，翰林官但以马吊饮酒为事，安有作文写字之人？果有学问优者，适遇此旨，岂不欲将伊所学优处，冀受知于朕乎？"傅继祖叩首奏曰："臣一微贱之人，蒙皇上优擢今职，不能报答皇上任用之恩，尽心教习庶吉士，是臣死罪，有何辨处。去岁上谕翰林官将文字缮写进呈，已有送进衙门者，臣未及汇呈。"上曰："若果有写来者已将一年，何不呈览，待朕问及方言已有，可乎?既有送来而不呈览，非专俟其来求尔乎？且如《资治通鉴》等书，尔衙门翻了几个字，一切书籍皆从内庭翻译颁发者居多，即撰一祭文、碑文并无妥当，皆朕指示。傅继祖尚言翰林官能作文字，今大学士张玉书及陈廷敬、张英、王鸿绪、叶方蔼、严我斯、韩菼、徐乾学等，皆朕当时所教习庶吉士也！今翰林官作文、写字，有能及此等者乎？翻书人等有能及朕所教之侍郎尹泰者乎？若有之，试令对考。"傅继祖奏曰："实无有如此等人者。《资治通鉴》臣衙门不曾翻写一篇，凡书皆是内廷翻就发出。此等有何辩处。"因叩头涕泣。

上曰："翰林衙门专任作文、翻书之职，如此，则翰林衙门何用？先年喇沙里、傅达礼、牛钮、常书、熊赐履等教习庶吉士甚好，后自库勒纳以来，流为偷惰，至今尤极不堪。熊赐履教人，惟恐其不学，专欲其成；张英人是好人，但最懒且懦。朕于人好则云好，不好则云不好，从无背人之一言。傅继祖诚能勤加教习，或两日一次，或三日一次考试之，无论进士，即七八岁童子，教之学字，三年亦可有成矣。翰林院衙门原极清贵，今部院大臣多从翰林出身。庶吉士不思翰林体面尊贵，但思为科、道部属肥家，全不用心肄业，大玷斯文。伊等如此，尚讲论道学，谓四六文章无关政治，可乎？伊等徒然口说而已，岂有真正道学之人？果有如宋儒言者，朕亦心服。然程朱何尝不作文字？古之诏诰，非四六文章乎？朕于翰林官尚不识一人，傅继祖所奏好者，朕即点充讲官。看来无一可者。此非傅继祖向翰林官许以举荐取贿具奏者乎？”傅继祖不能对一言，叩头涕泣不已。上曰：“尔不能报答朕恩，尽心教习庶吉士，至今自作此可怜之状，涕泣晚矣，何益？”

大学士王熙、张玉书奏曰：“翰林衙门专为文章而设，国家发号施令何在不需文章，岂可云文章无用？平常进士，候选数年方授知县，为知县十年方得升主事。庶吉士习满汉文三年，一等即授翰林，二等即授科道，三等即补主事。皇上如此振兴文教，养育人材，优擢之恩，庶吉士各宜勤勉学业。乃全不用心肄习，但思二等、三等以部院衙门用，不知廉耻，大有玷于斯文。臣等观这次庶吉士试卷，诚不及者多。臣等不能辨别所拟等第，亦未允当。上谕极是。”上曰：“庶吉士试卷朕皆详阅，惟状元戴有祺卷可观，宜置首名。第十七名所作诗文亦可，置之于后似屈，拆阅乃张豫章也。此系第几甲进士，所学原有名否？”大学士王熙等奏曰：“张豫章前科一甲第三名进士，原系名士。”上曰：“尔等所拟次序亦不错，但将张豫章置之前列。其满文粗通者，照例授翰林院编修、检讨。狄亿习满书未久，情愿再学三年，可仍留教习。张禹玉满文甚不堪，全然不谙，又至二更才完卷，着革职。其余数人，满文甚属不及，应照原甲第以知县用。此等不勤学习但思科、道主事者，不可遂其意。此皆由傅继祖、张英教习不严所致。傅继祖、张英着交该部严加议处。此试卷着示九卿，并将朕旨传谕。”大学士伊桑阿奏曰：“圣谕诚然，毫发不爽，如此惩戒，此后庶吉士必皆勤勉，国家亦得学优之人而用之矣。”

本日起居注官莫里漙、三宝。

十七日乙卯　是日，上诣皇太后宫问安。

十八日丙辰　是日，上诣皇太后宫问安。

十九日丁巳　辰时，上御畅春园内澹宁居听政。部院各衙门官员面奏毕，大学士伊桑阿、阿兰泰、王熙、张玉书，学士王掞、李楠、德珠、温保、戴通、常绶、顾藻以折本请旨。户部题山西巡抚噶尔图将平阳府等处未完钱粮请分年征收，议不准行。上曰："山陕地方百姓连被灾荒，甚为可悯。若将所欠钱粮，勒定年月带征，民必愈至穷困。着将此未完银两米豆，概免征收。蠲免钱粮，专以为民，必使民沾实惠，蠲免始为有益。或不肖官员已征在官，仍伪称民欠，蠲而复征，就中作奸，侵克入己亦未可定。此等不加惩戒，民不沾实惠。事发，必依军法处治，决不姑贷。将此等处说出，严写上传。"伊桑阿等奏曰："皇上爱民，蠲免钱粮甚多，于此不严行申饬，恐不肖官员潜行入己亦未可定。上谕极是。"

伊桑阿等又奏曰："臣等将庶吉士试卷遵旨传示九卿，九卿云，选取庶吉士，皇上专为育养人材，备国家之用，自宜严加教习，令之勤学。今观诸卷翻写不堪，相应议罪。"上曰："尔等看来比上科何如？"伊桑阿奏曰："上科前数卷比此次前列之卷果嘉，其余在后诸卷仍属相近。"上曰："稍通满书王传等并习汉书，张曾庆等俱留翰林院编修，黄叔琳所习满书甚劣，狄亿习满书未久，俱着再教习三年。张翔凤所习满书甚劣，着照伊等原甲第以知县用。张禹玉满书全未学习，影响不知，着革职。"

本日起居注官傅伸、尹泰。

二十日戊午 是日，上诣皇太后宫问安。

二十一己未

二十二日庚申 未时，上由西直门进神武门，回宫。

酉时，殿试读卷官、大学士伊桑阿等将策试天下贡士卷选择十卷，进乾清宫面奏，请旨定夺。上曰："今科殿试卷尔等以为何如？"大学士王熙、尚书熊赐履、张英等奏曰："臣等公同详阅，对策中论学校，吏治处，尚能言其大概，至所问备荒、治河，何以使闾阎康阜、河工永固之道，不能实言其故。大约文章与前科相仿，所写之字无甚不堪者。"上于烛下阅第一卷，顾读卷诸臣曰："尔等知其人否？"王熙等奏曰："实不知其人。"上曰："有平日见过字迹者否？"王熙奏曰："臣已年老，家中亦无读书之人，士子不相往来，实无有见过字迹者。"熊赐履、张英奏曰："臣等于字迹实不能辨。"上问曰："今科所中者，有尔等亲戚否？”王熙等奏曰：“并无臣等亲戚。”上阅第二卷，顾诸臣曰：“诸卷朕从容详阅，赐尔等坐。”又命赐茶。上阅至第三卷，曰：“此卷前段雄健，后面似泛。”熊赐履奏曰：“臣等亦嫌其泛，大抵草茅新进，未能通晓政事。”上曰：“阅文似易，作文实难。士子入场一昼夜而成七艺，即誊写几及万字，亦非易事。至于政事甚难，朕临御三十余年，亦尚有未深知者，何况草莽书生？即如赈济一事，向但知其有益，不知赈济得法之难。昨者督抚入见时朕亲加访问，始得知之。被灾地方百姓流移，乍闻赈济，则盈千万人聚而就食，若不得其人，不得其法，反致生事。”尚书翁叔元奏曰：“皇上发仓米平粜一事，大有裨于民生，真救荒良法。”上又曰：“策中论吏治皆言当实心任事，大法小廉。即如言官，建白甚少，间有上疏者，皆怀私弊，或所言似公，实则假公济私耳！至督抚赴任时，在京官员有亲友门生在属下者，必相请托。即欲参劾，势不得不顾情面。如果外而督抚、内而言官皆从公据实参奏，则不肖之吏自无所容。今诸生对策时虽能言之，若身当其任，亦能言不能行耳。”

上阅至第六卷，命学士王掞、李楠、顾藻，尚书熊赐履，记注官陈元龙等，以次进读毕，上覆加详阅，亲启弥封拆，拟第一系胡任舆，拟第二系顾图河，拟第三系顾悦履，问：“有知之者否？”王熙、熊赐履奏曰：“胡任舆乃江南辛酉科解元，素有文名。”李楠奏曰：“顾图河系扬州人，闻其能诗。”又问：“有知顾悦履者否？”读卷诸臣皆奏不知。上顾记注官陈元龙曰：“尔知之否？”陈元龙奏曰：“顾悦履系臣同县人。”上又问曰：“素知名否，系大家否？”陈元龙奏曰：“向来不闻其有名，但知其苦志读书，乃寒素之士，非大家也。”拆至第七卷，上曰：“裴之仙乃系会元，有知之者否？”伊桑阿奏曰：“裴之仙年甚老，须眉俱白。”李楠奏曰：“裴之仙素通医，臣曾延之看病一次，年已七十余矣。”熊赐履奏曰：“裴之仙明于医理，非是行医。年六旬余，但眇一目耳。”上曰：“未经进呈各卷，朕未寓目，无从知其优劣。止就此十卷所拟，名次甚当。向年朕每亲加更定，今俱依尔等所拟。其未进呈诸卷，明日发榜后送进，朕当于暇时详阅。”遂命尚书张英照所拟批一甲三名至二甲七名。

又顾王熙等曰："《明史》纂修若何？"王熙奏曰："现在纂修未完，臣等亦未曾详看。"上曰："尔等当陆续看阅进呈，若俟纂完之后，卷帙浩烦，每日尚须办事，岂能一时详阅？"熊赐履奏曰："政事紧要，《明史》乃传世之书，似可从容。"大学士伊桑阿奏曰："诸臣皆有本衙门办事之责，须得一人专理，方可刻期告竣。"上曰："明代万历以前之事皆有定论，尚可从容。若万历以后，去今尚近，见闻足以传信，即朕亦多有知之者。应先行编纂，恐日久年远，更难考据。"阿兰泰奏曰："万历以后之事紧要，恐日久失实，应速令修纂。"上又曰："即如明兵部尚书陈新甲一事，目前尚能知之否？"王熙奏曰："陈新甲原奉崇祯帝密旨与本朝议和，后因科道交章参奏，崇祯亦讳言有旨，遂即论死，实非其罪。"又问熊赐履曰："南宋和议一事似亦未全非。"熊赐履奏曰："宋南渡后力弱不支，彼时正人君子不揣时势，但言宜战不宜和。然南宋百余年国祚，未必不借和议保全。"上曰："此言尚可，若云和议全非，岂定论耶！"

又顾读卷诸臣曰："今科未经中式之人尚有名士否？"王熙等以刘岩、朱元英、王源、姜宸英对。诸臣出。

本日起居注官傅伸、陈元龙。

二十三日辛酉 早，上御太和门传胪，赐贡士胡任舆、顾图河、顾悦履一甲进士及第，汪倓等四十人二甲进士出身，张其相等一百二十五人三甲同进士出身。礼毕，回宫。

是日巳时，上由神武门出德胜门，驻跸畅春园。

本日起居注官莫里溥、曹鉴伦。

二十四日壬戌 是日，上诣皇太后宫问安。

二十五日癸亥

二十六日甲子 辰时，上御畅春园内澹宁居听政。部院各衙门官员面奏毕，提督顺天学政、兵部右侍郎李光地进前恭请训旨。上曰："学政关系遴选人材，振兴文教，尔但不徇情面，秉公而行斯善矣。"李光地奏曰："学政所系最为重大。臣才学疏浅，惟不能胜任是惧，敢不洁己秉公而行。"

又广东副都统许廷臣进前恭请训旨。上曰："尔到彼处，务须严戢家人，毋令生事。”许廷臣奏曰：“臣世受圣恩，又蒙皇上屡次擢用，洊授今职，虽捐糜项踵，未足报皇上高厚之恩。惟有谨志训谕，恪遵而行。”许廷臣等出。

大学士伊桑阿、阿兰泰，学士德珠、温保、戴通、常绶以折本请旨。吏部题左都御史董讷员缺，将户部左侍郎蒋弘道等职名开列。上曰：“云贵总督范承勋其人有品，居官甚善，着升都察院左都御史。云贵地方紧要，俟新总督到任后方来京。”

又礼部题病故镶蓝旗都统诺迈应给与全葬银两，致祭一次，应否与谥，伏候上裁。上曰：“诺迈自简任以来，效力年久，向在军前显有劳绩。着加太子少保，加祭一次，还与他谥。”

是日，赐广东副都统许廷臣鞍马一匹。

本日起居注官三宝、尹泰。

二十七日乙丑 辰时，上由西直门进西华门回宫。

上因祭享太庙，斋戒三日。

是日，上诣皇太后宫问安。

本日起居注官傅伸、徐嘉炎。

二十八日丙寅 辰时，上御乾清门听政。部院各衙门官员面奏毕，福建巡抚卞永誉陛辞恭请圣诲。上曰：“闻广东、福建督抚居官不好，尔须洗心涤虑，爱恤百姓，禁革火耗。若不悛改，后悔无及。”卞永誉奏曰：“福建地方广阔，臣之才识庸浅，罪过多端，惟有凛遵圣谕，勤慎效力。”上又曰：“大法小廉，巡抚清廉，属员自不敢贪污。且为人以颜面为重，尔身系大吏，须顾颜面，务勤慎小心，以副朕爱民之至意。”卞永誉奏曰：“臣自祖父以及臣，三代世受国恩。今臣又蒙皇上简拔此职，敢不尽心竭力，以图报效。”于是免冠叩头而出。

大学士伊桑阿、阿兰泰、王熙、张玉书，学士王掞、李楠、德珠、温保、戴通、常绶、顾藻以折本请旨。三法司题民人邓加福打死杨敬节等七人、强奸伊妻何氏一案，照打死一家非死罪三人律，将邓加福尸支解、枭首示众，将邓加寿等照帮助律立斩。上曰：“杨敬节率众往邓加福家，肆行残暴，加福含愧，始率邓加寿等追赶、殴打，以致杨敬节殒命。不可与无故打死者比。况邓加福自身与伊子、伊妻三人亦殒命，引杀死非死罪三人律，殊属不合，着批饬旨，再议具奏。”

本日起居注官莫里溥、宋大业。

二十九日丁卯 早，上御保和殿视祭太庙祝版毕，回宫。

辰时，上御乾清门听政。部院各衙门官员面奏毕，都察院左都御史沙海等入奏。上谕曰：“都察院科道等官俱系言职，宜各陈所知。尔传谕众官，凡有所见，应行条奏。”沙海等出。

大学士伊桑阿、阿兰泰、王熙、张玉书，学士王掞、李楠、德珠、温保、戴通、常绶、顾藻以折本请旨。浙江巡抚张鹏翮题请将捐输米谷暂免一年，俟冬季谷多之时照旧捐输收贮。上曰：“捐贮米谷，皆属小民乐输，并非科派。张鹏翮前疏具言百姓乐于捐输，今称照正赋钱粮暂免一年，前后矛盾。将伊原疏查奏。”

上又曰：“适巡抚桑格奏称，山东地方所贮米谷，一石一斗并无亏空，此皆因前任巡抚佛伦所行之善。朕又巡行霸州地方，闻大成县知县祖延泰，散谷赈济穷民，或有富民家藏积粟，假称饥民者查出，即将伊家中所有之谷尽行散给。因此，并无假冒，民得沾实惠。观此，皆系官员奉行之善。前任总督张长庚、屈靖美，巡抚白纯色、韩观琦，居官甚为不善，今此辈不数年间家业凋零，子孙困穷已极。以此观之，徒贻恶名。伊等所贪取者，今安在哉？且凡为清官者，皆足养廉，断不至以无食为虑。”伊桑阿等奏曰：“圣谕诚然。凡在大臣之列者，如谓艰于生计，实为欺罔皇上。”上曰：“居官者，果为好官，其光荣不待言矣。即如江宁将军博济调补西安将军，起程之日，兵民泣送，岂有如此光荣者乎？屈靖美居官不善，故离任之时，地方百姓皆为切齿，沿途追随，掘去马迹，岂有如此耻辱者乎？居官善否，举朝之人、地方百姓自有公论，焉能掩饰哉。”

本日起居注官尹泰、郑崑瑛。

四　月

初一日戊辰　早，上亲祭太庙，毕。

辰时，上御乾清宫，大学士伊桑阿、阿兰泰、王熙、张玉书，学士王掞、李楠、德珠、温保、戴通、常绶、顾藻、沈图以折本请旨。户部议覆直隶巡抚郭世隆题请直隶所属地方米价腾贵，将州县积贮所余米谷减价粜卖，俟丰年籴补。查得三十二年被灾地方皇上量其分数蠲免钱粮。又将顺天四府三十三年丁粮及累年拖欠尽行豁免。又将仓谷赈给所请减价粜卖积谷之处。无庸议。上曰："将仓谷减价粜卖，甚有益于贫民。此事着照该抚所请行。"

上问沈图曰："尔往霸州等处察看散米，地方水势如何？民生如何？"沈图奏曰："武清所属地方今已无水，田地尽行涸出，民已种麦。但霸州文安等处被水灾尤甚，地中积潦，其深如故。问地方百姓，云无出水之地，但俟其徐渗，本年断不能渗干。臣亦以为本年果不能渗干。观百姓气色皆好，无困苦之状。臣因问，尔等田地既被水灾，而无饥色，何也？众民云，蒙皇上洪恩蠲免钱粮，又将仓谷减价粜卖，我等皆得食贱米，市卖鱼虾。若非粜卖仓谷，则我等妻子难以保全。今沾皇上之恩，使我等家业皆获保守矣。"上曰："巡抚郭世隆、知州沈朝聘云此水如何？"沈图奏曰："郭世隆往察粜谷，臣遇于路，未曾言及。沈朝聘云无计出水，若看有出水之处，令其挑浚泄放。"上顾伊桑阿等曰："河间府地方旧有运河，明季时沙土淤塞，遂无此河。故霸州等处，田中所积之水无处流通。今如决此河，便致甚劳百姓。尔等可悉心筹画，俟朕详思之。"

是日，赐福建巡抚卞永誉鞍马一匹。

午时，上由神武门出西直门，驻跸畅春园。部院各衙门应面奏事宜仍面奏外，其余奏章，逐日交送内阁，内阁传送畅春园听理。

是日，上诣皇太后宫问安。

本日起居注官张英、三宝。

初二日己巳

初三日庚午

初四日辛未 辰时，上御畅春园内澹宁居听政。部院各衙门官员面奏毕，大学士伊桑阿、阿兰泰、王熙、张玉书，学士王掞、李楠、德珠、温保、戴通、常绶、顾藻、沈图以折本请旨。吏部题云贵总督范承勋员缺，以吏部侍郎布颜图等职名开列。上曰："云南地方甚属紧要，范承勋为人平易而严肃，在边地效力岁久，年齿已迈，故令内升。此缺若补授汉官，似不相宜，曩闻李之芳为总督时，与满洲兵一同披坚执锐，亲履行间。如此汉官岂不胜任！今如李之芳者，宁必无人，但现今未知耳。此缺须得人材甚优、家道充裕、能效力之旗下官员补授方为合宜。尔等可问九卿，令其举出。"

又伊桑阿奏曰："巡抚张鹏翮题请蠲免输谷事，臣等遵旨查看原系乐输备荒，各省督抚题报皆言听民乐输，并非定额科取。张鹏翮原疏亦称各属乡绅士民情愿每亩捐谷四合，力不能输者听从其便等语，原系听民乐输之事，张鹏翮所请不合。"上曰："劝输积谷，原系听民乐输，以备荒欠。直隶各省督抚先后题报，皆称民间乐输，并非定额科派。张鹏翮前疏亦称各属乡绅士民愿每亩输谷四合，力不能输者听从其便。去岁浙省被灾州县，钱粮照例蠲免，并免全省漕粮，以苏民力。岂又强令其捐输乎？张鹏翮与伊原疏力不能输，听从其便之语自相矛盾，将劝输之谷比于正项钱粮，题请暂免一年，不谙事情，甚为暗昧，宜严加议处。这本尔等着照所谕票拟。"

伊桑阿又奏曰："臣等遵旨查得，进士选用，自二十七年以前，皆已选完。其二十七年进士，已选者二十余名，未选者尚六十余名。"上曰："进士皆读书正途出身之人，此等若令候至九年，殊为可悯。今科会元裴之仙近召入见，其须发尽白，此等年迈之人，何可再候九年？自捐纳例开，正途恒致壅滞，故捐纳之例，朕原不欲行。"

上又顾大学士等曰："人心偏私，则所行背理。原任总漕兴永朝，闻其在淮安以街道窄狭，拆毁民房。顷曾问之，兴永朝奏称，民皆乐从，故而拆毁。此言甚为无理，殊属可笑。民因居住造房，令拆毁之，反以为乐，有是理乎？今正阳门外街之两旁皆占盖房屋，若以为街道窄狭，必令其拆毁，民其愿之乎？又闻年节放花爆之人皆责四十板，将此问之，亦称实有其事。此乃小民嬉戏之常，何至于严责！以此观之，则其人性甚暴戾。尔等知其行事否？”伊桑阿等奏曰：“拆毁房屋，民断然不喜。放花爆乃是小民嬉戏之常，亦何至于重责？以此观之，真一性偏量窄之人也。”

是日，上传大学士伊桑阿、阿兰泰、王熙、张玉书，尚书库勒纳、马齐、索诺和、图纳、萨木哈、班第，左都御史沙海，侍郎常书、朱都纳、安布禄、满丕、西喇，学士德珠、常绶，同进畅春园看花，从澹宁居右行，至渊鉴斋前，沿河堤列坐。赐饭毕，上御船，绕渊鉴斋而下，命诸臣从岸上赏花。诸臣过桥向西北行，一路景物目不给赏。上又登岸，命诸臣随行，随地辄亲赐指示。诸臣得见所未见。游毕，命乘舟回过渊鉴斋登岸，谢恩而出。

是日，驾幸玉泉山，随命诸臣初六日早来齐集。

本日起居注官莫里溥、傅伸。

初五日壬申

初六日癸酉　早，上御玉泉山静明园，诸臣俱集，从园西门入，园依山麓，引泉水灌注其中。池台亭馆，初无人工雕饰，而因高就下，曲折精雅。攀跻眺望，自晨迄午，游历方遍。诸臣出，至园门外谢恩，同跪奏云：“臣等生平经历山水，从未见如此胜景，真与灵台灵沼并美，千古蒙恩赐游，实臣等非常之幸！”上遂登舟回畅春园。复留二舟，一赐康亲王乘坐，一命诸臣并载。仍传谕前往启闸，令至西直门登岸。诸臣咸踊跃，欣庆圣世泰交之盛，自卷阿游歌以后，旷世仅见云。

本日起居注官常书。

初七日甲戌

初八日乙亥

初九日丙子　是日，上诣皇太后宫问安。

初十日丁丑　辰时，上御畅春园内澹宁居，听部院各衙门官员面奏政事。

本日起居注官三宝、尹泰。

十一日戊寅

十二日己卯

十三日庚辰　辰时，上由西直门入神武门回宫。

少顷，上御保和殿选庶吉士。大学士伊桑阿、阿兰泰、王熙、张玉书，学士王掞、李楠、德珠、温保、戴通、常绶、顾藻、沈图，兼管翰林院事侍郎常书，尚书张英将二甲进士汪倓等四十名、三甲进士张其相等一百二十四人，每班十人，于保和殿内引见。上以汪倓等三十九人选为庶吉士，又将修撰胡任舆、编修顾图河、顾悦履引见。

毕，上御乾清宫，大学士伊桑阿、阿兰泰、王熙、张玉书，学士王掞、李楠、德珠、温保、戴通、常绶、沈图以折本请旨。兵部题杭州将军郭丕员缺，将副都统马思喀等职名开列。上曰："护军统领惠兰人材亦可，但少倨傲耳。护军统领苏丹亦肯效力，但为人轻佻。副都统瓦尔达人材优长，然升补未久。都统杨岱人材优长，但已年迈。护军统领扎穆扬人材优长，着升补杭州将军。"

又三法司题正蓝旗原任江南佐领杜尼克孀妇将伊夫前妻之子二住，因为詈骂，会同族人马尔苏、伊亲子长生、家奴阿丁，将二住打死情由，照律将杜尼克妻枷号二十五日、鞭七十，准折赎，发还伊母家。马尔苏拟绞监候，秋后处决。长生立斩，阿丁凌迟。上曰："阿丁系从其主母之言殴打二住，不必照律治罪。阿丁、长生俱改拟斩监候，秋后处决。杜尼克妻着枷号，不准折赎。余依议。"

又工部题各门关厢内、街道旧沟、南苑大红门外街道、通州大路、安定门外关厢、德胜门外关厢街道、西直门外起至畅春园东首小桥街道俱应修治。上曰："通州等处道路众所行走，修治于众有益，准其修治。至于南苑与畅春园道路，现今行走无碍，着暂停修理。"

上又顾伊桑阿等曰："朕虽居深宫，日以民生为事。每巡视郊外，必详察农桑，咨询稼穑，于是深晰农家之事。若于农事，之先早为筹画，未灾预行料理，裨益多矣。朕为去岁雨水霪潦，若立春稍旱，则蝗种必致为灾，故谕直隶、山东、河南等处地方官员传谕民间，早耕田地，将蝗种掩埋，则后患可除。今已立夏，或有余蝗遗种渐渐长成，致害苗稼亦未可知。往往村庄愚民以为蝗不可捕，待其自去，此等愚昧之言，尤宜禁止。捕蝗弭灾，全恃人力，今差户部司官一员往，宣谕直隶、山东巡抚，令各州县官员，凡有蝗出，即亲至其地，率民掩捕，无使为灾。再传谕河南、山西、陕西等地方，咸使知悉，一体遵行。尔等依此传谕户部。”

午时，上由神武门出西直门，驻跸畅春园。

本日起居注官莫里溥、曹鉴伦。

十四日辛巳　是日，上诣皇太后宫问安。

十五日壬午

十六日癸未　是日，上诣皇太后宫问安。

十七日甲申

十八日乙酉　辰时，上御畅春园内澹宁居听政。部院各衙门官员面奏毕，大学士伊桑阿、阿兰泰、王熙、张玉书，学士王掞、李楠、德珠、温保、戴通、常绶、顾藻、沈图以折本请旨。吏部题湖广总督丁思孔员缺，将侍郎布颜图等职名开列。上曰：“原任湖广巡抚吴琠居官素善，为人亦优，因丁艰解任，着查其曾否服阕具奏。”

本日起居注官三宝、尹泰。

十九日丙戌　是日，上诣皇太后宫问安。

二十日丁亥

二十一日戊子

二十二日己丑　是日，上诣皇太后宫问安。

二十三日庚寅　辰时，上御畅春园内澹宁居听政。部院各衙门官员面奏毕，山海关差回户部郎中马尔汉进见。上问：“沿途麦田何如？”马尔汉奏曰：“沿途麦田皆好，惟玉田、丰润稍旱。”上又问：“麦已皆秀否？”马尔汉奏曰：“尚未秀出，但方苞耳。”马尔汉出。

江南差回刑部主事罗察进见。上问：“麦田何如？”罗察奏曰：“江南、山东麦田皆好，惟直隶稍旱。”上又问：“去岁雨多，或田有积水，今已涸出否？”罗察奏曰：“积水处已涸，田皆退出，民尽耕种。”罗察出。

大学士伊桑阿、阿兰泰、王熙、张玉书，学士王掞、李楠、德珠、温保、戴通、常绶、顾藻、沈图以折本请旨。伊桑阿奏曰：“臣等遵旨查，原任巡抚吴琠于今年十一月服阕。”上曰：“吴琠着升补湖广总督，俟服阕赴任。”

又兵部题补正蓝旗护军统领员缺，将副都统孙塔哈等五人职名开列。上曰："色楞格为人朕不深悉，俱称其人材健壮，尔等知之否？"伊桑阿奏曰："臣闻其人甚优。"阿兰泰奏曰："色楞格曾随安亲王出兵长沙，其同往之人皆称人材壮健。"上曰："色楞格着补授护军统领。"

又三法司题乌喇打牲人巴瑚礼妻与家人赖色通奸，伊家人王四持斧砍死赖色，将斧柄殴伊主母。拟王四应绞监候，秋后处决。上曰："王四念伊主平日豢养之恩，将赖色杀死，尚为有义，着从宽免罪。"

又题民人高弘擢将伊兄高弘先打死，拟斩。上曰："此案原口供内有高弘擢之父高昇因伊子高弘先暴恶，先行砍害等语，今悉删去，但希旨苟且定议。人命关系重大，即使旨意未当，亦宜据理执奏。况议此案者止满洲官一员、汉军官一员，似此关系人命事情并不多，令司官详察会议，苟且结案，殊属不合。将刑部严旨申饬。嗣后倘仍前辙，朕不轻恕。"

又理藩院题归顺厄鲁特台吉巴拜等应归正黄旗蒙古下管领。上曰："此归顺蒙古等，系生长边外之人，京师地暖，水土不服，恐其难以生理。科尔沁亦蒙古边地，于伊等相宜，着将伊等发扎西王下管领，加意抚养，行时派司官一员护送。"

本日起居注官常书、莫里溥。

二十四日辛卯　是日，上诣皇太后宫问安。

二十五日壬辰　是日，上诣皇太后宫问安。

二十六日癸巳　辰时，上御畅春园内澹宁居听政。部院各衙门官员面奏毕，大学士伊桑阿、阿兰泰、王熙、张玉书，学士王掞、李楠、德珠、温保、戴通、常绶、顾藻、沈图以折本请旨。吏部题总河于成龙量算运河决口丈尺不符，钱粮浮估，应革职枷号两个月、不准折赎、鞭一百。上曰："于成龙先经从宽免罪，留任效力，着从宽免治罪，仍革职留任，戴罪效力。先时因靳辅年老，遣府丞徐廷玺佐理河务，今于成龙年尚未老，且称徐廷玺于河务素所未谙。徐廷玺在彼无事，着令回京。"

又题安徽按察使王兴禹员缺，将贵州道陆祚蕃拟正，陕西道梁万禩拟陪。上曰："直隶守道刘皑系直隶人，先任河道，甚能效力，人材优长，居官亦善，着升补安徽按察使。霸州知州沈朝聘居官最善，为人亦优，先在红旗营地方料理驿站，于军务亦有勤劳，着优升直隶守道。霸州地方紧要，沈朝聘员缺，着交与巡抚郭世隆选择具奏。”

又九卿题宁二等偷刨人参，于镇国公登色、辅国公赖世票数内夹带进关。将登色、赖世应罚俸二年。上曰：“贫乏宗室冀图获利，无大干碍，今罚俸二年，愈难为生。登色、赖世着从宽免其罚俸。”

伊桑阿等奏曰：“臣等遵旨移咨宁古塔将军佟宝，以副都统巴尔达问之，佟宝回称，巴尔达马步射俱善，居官、办事平常。”上曰：“观佟宝所奏，巴尔达非才优之人，着降一级，解副都统任，回京效用。”

本日起居注官常书、三宝。

二十七日甲午　是日，上诣皇太后宫问安。

二十八日乙未

二十九日丙申

三十日丁酉　是日，上诣皇太后宫问安。

五　月

初一日戊戌　辰时，上御畅春园内澹宁居听政。部院各衙门官员面奏毕，工部尚书萨木哈等将天坛一带挑沙铺路给过工价折子呈览，步军统领凯音布奏曰：“此新修之路，听人照常行走不久又坏，应派绿旗兵看守，令往来之人止走两旁，勿行中路。”上曰：“如此禁约，殊与朕意不合。修葺道路专以便民，若派兵看守，不许行走，则修之何用？”凯音布奏曰：“路中桥之两旁，亦照桥修治，所铺之路，或十余丈，或四五十丈，甚为宽阔。请止禁行中路，令于两旁行走。”礼部侍郎席尔达奏曰：“所修之路甚宽，止空中间，两旁仍可行走。若听行中路，不久又致毁坏。”上曰：“若特派人看守，即多一事。看守之人必至并两旁，一概禁其行走，殊于行人不便，修路何益？着停止派绿旗兵看守，听人照常行走。后若毁坏，令步兵稍稍葺治，有何不可？”萨木哈奏曰：“皇上意欲便民，不禁极是。”萨木哈等出。

大学士伊桑阿、阿兰泰、王熙、张玉书，学士王掞、李楠、德珠、温保、戴通、常绶、顾藻、沈图以折本请旨。刑部题偷采人参进山海关议处等事。上曰："花色先充侍卫，材力不及，朕未治罪，将伊补授城守尉。伊亦曾启奏：'臣至彼，务期革除积弊'。理宜将偷参进关之弊，尽心厘革，以践前言，勉图效力。比年以来，此等事发觉甚多，不止一二。伊可诿之不知乎？情甚可恶。若不惩诫，后人亦不知警。花色着革职，提来究拟具奏。"

又太常寺将换送秃尾牲畜迟延日期官员题参。上曰："牲尾若骨节无亏，其毛些微稍损，亦属何害？所官查库，为人性素奸险，毫不悛改，又极钻营，无处不至，断不可与之共事。举京师之人，莫不厌恶之。朕观其人实属奸恶，留在京师，不肖安静。此等人决不可留。"伊桑阿奏曰："查库所行全不改悔，是不肖安静之人。"阿兰泰奏曰："将他留在此地，又必兴起事端。"王熙奏曰："其人原甚悖逆。"上曰："查库着一并交与该部，严加议处。"

本日起居注官常书、傅伸。

初二日己亥

初三日庚子

初四日辛丑

初五日壬寅　是日，上诣皇太后宫问安。

初六日癸卯　辰时，上御畅春园内澹宁居听政。部院各衙门官员面奏毕，大学士伊桑阿、阿兰泰、王熙、张玉书，学士王掞、李楠、德珠、温保、戴通、常绶、顾藻、沈图以折本请旨。吏部题总督佛伦疏请将知县蒋陈锡等行取，议不准行。上曰："陕西被灾，赈济饥民，地方官诚属勤劳，非他省可比。伊等准如所请行取。"

又题湖广布政使线一信员缺，将王毓贤拟正，赵良璧拟陪。上曰："此二人朕未稔知，着问之九卿。国家事用人为最要，或有明知其人可用而避嫌不举，或有明知其人不善而引为党援。九卿大臣当各将所知居官贤能者敬慎公举，科道官职司耳目，诚能于所知贤者从公推荐，不肖者立行参劾，则贤者劝而不肖者惩，治道岂不美乎。可将此旨传谕九卿、科、道。"

又兵部题镶白旗都统黑硕色员缺，将护军统领噶尔马等职名开列。上曰："噶尔马材力壮健，为人亦优，在伊王前实能直言规谏。着升补都统。黑硕色善于办事，人材最优，任都统未久，人皆悦服。前遣往边外整顿牧厂归来，奏对甚明，经理周匝，忽尔溘逝，深可伤悼。"

本日起居注官常书、席米图。

初七日甲辰　巳时，上由西直门进神武门，回宫。

是日，传谕兼管翰林院事尚书张英曰："翰林院原系文学亲近之臣，向因日讲时时进见，可以察其言语举止。近日进见稀少，讲官侍班，不过顷刻，岂能深悉？尔与管翰林院事侍郎常书商酌，将翰林院、詹事府、国子监官员，每日着轮四员到南书房侍直，朕不时咨询，使作文、写字，可以知其人之高下，以备擢用。"常书、张英遵旨传谕翰林各官，每日四员轮班入南书房侍直。

本日起居注官莫里溥、史夔。

初八日乙巳　辰时，上御乾清门听政。部院各衙门官员面奏毕，大学士伊桑阿、阿兰泰、王熙、张玉书，学士王掞、李楠、德珠、温保、戴通、常绶、顾藻、沈图以折本请旨。吏部题将已革三等阿达哈哈番苏黑官职袭与伊亲叔之子刘格。上曰："苏黑所犯情罪可恶，不当留其职任。但伊父图弼赫曾于行间效力，劳绩茂著，因阵亡所给之官。图弼赫别无子孙，若令他人承袭，则图弼赫效劳之处遂致湮没，情甚可悯。这世袭仍留与苏黑，着罚俸三年，交与佐领重责惩创。"

本日起居注官尹泰、张榕端。

初九日丙午　辰时，上御乾清门听政。部院各衙门官员面奏毕，大学士伊桑阿、阿兰泰、王熙、张玉书，学士王掞、李楠、德珠、温保、戴通、常绶、顾藻、沈图以折本请旨。刑部等衙门题覆为盗铸私钱为首高君宠拟立斩，为从祝九鼎等俱拟立绞。上曰："高君宠等俱从宽免死，照例减等，发与黑龙江新满洲披甲之人为奴。"

本日起居注官常书、张英。

初十日丁未　辰时，上御乾清门听政。部院各衙门官员面奏毕，差回山东查看蝗蝻户部郎中鄂起进见，奏曰："臣至彼处，将皇上轸念生民谕旨，交与巡抚桑格。桑格言，去岁遵皇上训旨，将田尽行耕犁，今年蝗不甚炽，一二州县间有之，即令捕灭，业已殆尽。皇上所训谕旨果属神奇，于民大有裨益。”上曰："山东、直隶地方麦田何如？”鄂起奏曰："山东地方麦子甚好，直隶地方麦子亦好，但近京地方稍有不及。”上曰："雨水普遍否，田禾滋长若何？”鄂起奏曰："山东地方屡次下雨，田禾滋长茂盛。臣行道上，本月初八日霖雨大作，问之农人，佥云雨水透地尺余，雨已沾足。看来直隶地方田禾已好。”上曰："本月初八日京内雨水渗入不多，掘地视之，所渗不过三四寸，雨不甚足。”鄂起出。

大学士伊桑阿、阿兰泰、王熙、张玉书，学士王掞、李楠、德珠、温保、戴通、常绶、顾藻、沈图以折本请旨。上顾伊桑阿等曰："盐运使赵世显人材优长，办事亦好，着升补江苏按察使。”

是日，赏右卫驻防副都统方格等、宁古塔副都统耿额鞍马各一匹。

本日起居注官莫里溥、宋大业。

十一日戊申　是日，部院各衙门无奏章。

本日起居注官三宝、陆肯堂。

十二日己酉　辰时，上御乾清门听政。部院各衙门官员面奏毕，大学士伊桑阿、阿兰泰、王熙、张玉书，学士王掞、李楠、德珠、温保、戴通、常绶、顾藻、沈图以折本请旨。吏部题太仆寺少卿班第员缺，以工部员外郎怀图库拟正，户部员外郎岳洛拟陪。上曰："太仆寺有牧马之任，应将善骑射、能识马之人补用，尔等着选择具奏。”伊桑阿奏曰："这员缺将侍卫补用甚为相宜，伏乞皇上选补。”上曰："尔等且会同选出。”

又将汉军官员试卷从内廷发出。上顾大学士等曰："此考试诸卷，朕再三详阅，无甚出众者，故未批定一二等名次。伊等仅能勉强成文，原非举人进士，粗通大略，办事可以无误。此内或有字好者曾拆开看，或有辞语不切合者亦曾拆看，未曾一概拆号。其前四等卷着交部，将伊等照常录用；其五等内若有稍可者，尔等再选出置在四等，亦准录用。”上又向大学士等曰："朕近日命翰林官员入内轮直，观其所学，比伊等远胜。”王熙奏曰："皇上作养人材，洪恩浩荡，人人欢欣感戴，翰林官员莫不勉力思奋。”

上又曰："少詹朱阜其人若何？”张玉书奏曰："还是读书人。”王熙奏曰："为人尚谨慎。"上又问："其学问何如？"张玉书奏曰："学问犹可。"王熙奏曰："虽未闻其有名，然亦好学。"

本日起居注官傅伸、彭宁求。

十三日庚戌 辰时，上御乾清门听政。部院各衙门官员面奏毕，大学士伊桑阿、阿兰泰、王熙、张玉书，学士王掞、李楠、德珠、温保、戴通、顾藻、沈图以折本请旨。理藩院题黑龙江将军萨布素请缉拿鄂罗斯打貂皮人。上曰："我国边界甚远，向因欲往观其地，曾差都统、大臣、侍卫等官，皆不能遍到。地与东海最近，所差大臣于六月二十四日至彼，言仍有冰霜。其山无草，止生青苔。彼处有一种鹿最多，不食草，唯食青苔。彼处男女，睡则以木撑颔等语。我国边地，我国之人尚不能至，况边界相接鄂罗斯。一二窃来打貂皮者，亦不能无。因此遽为缉拿，彼则惧死，必致相斗。若相斗，我国之人岂肯轻释？可差司官一员到将军萨布素处，令其明白写书与鄂罗斯国，言彼国之人窃来我边地打貂皮，我国差人缉拿。若缉拿之时，惧而与我相敌，我国断不肯安静。"

本日起居注官席米图、陈元龙。

十四日辛亥 辰时，上御乾清门听政。部院各衙门官员面奏毕，大学士伊桑阿、阿兰泰、王熙、张玉书，学士王掞、李楠、德珠、温保、戴通、常绶、顾藻、沈图以折本请旨。吏部题提督顺天等处学政李光地丁艰员缺，将翰林侍读张榕端等职名开列。上曰："张榕端人才优长，学问亦好，但籍系彰德府，与直隶接壤。少詹朱阜人材何如？"大学士王熙奏曰："浙江绍兴府人，为人犹本分。"上曰："朱阜为人老成，学问亦可，提督顺天等处学政。着朱阜去。"

又礼部题原任镶白旗蒙古都统黑硕色病故，给与全葬银两，致祭一次，应否与谥，伏乞上裁。上曰："黑硕色虽无行间功绩，自任用以来，勤慎效力年久。简用都统，能实心尽职。凡有委任，孳孳黾勉，悉称任使。着与谥。"

是日，上诣皇太后宫问安。

本日起居注官尹泰、徐元正。

十五日壬子 早，上御太和门视朝，升转文武官员谢恩毕，回宫。

是日，上诣皇太后宫问安。

本日起居注官莫里溥、王思轼。

十六日癸丑 辰时，上御乾清门听部院各衙门官员面奏政事。吏部尚书库勒纳等题銮仪卫主事扎奇纳员缺，銮仪卫将八品笔帖式普纪拟正、八品笔帖式屯图拟陪题请。上曰："部院各衙门官员皆较俸升补，独銮仪卫主事岂可保题补授乎？嗣后着停其保题。"

又杭州将军扎木扬赴任，请训旨。上曰："尔乃旧家大族之裔，朕将尔由王府长史洊授今职。尔今到任后，训练士卒，辑洽兵民，自巡抚以下府道以上皆当和睦。若文武官员彼此协和，则地方实有裨益。朕巡幸南方，见江南士卒甚善。前江南将军博济调补西安将军时，士卒皆涕泣相送，深得下人之心。尔和睦文武官员，体恤兵民，宜效法前任将军郭丕行事。至于管兵理事，则不必效法郭丕，尔自行其意而已。凡为大臣，遇事当慷慨担当料理，不可苟且自求幸免，推诿于人。"扎木扬奏曰："臣庸懦之人，蒙皇上越次擢用，升授今职，惟有殚力勤勉职事，谨遵皇上训旨而行。"上又曰："南方水土与北方异，尔蒙古人，宜慎饮食。凡为臣者，必养身壮健，毋致有疾，方可永久效力。"扎木扬奏曰："皇上俯念臣身，烦劳圣虑特降温旨，臣何敢不自爱惜。"扎木扬出。

大学士伊桑阿、阿兰泰、王熙、张玉书，学士王掞、李楠、德珠、温保、戴通、常绶、顾藻、沈图以折本请旨。吏部题两淮运使赵世显员缺，将运同杨懋英等拟补。上曰："这所奏折子内知府等官，着问之九卿其升授按察使，赵世显居官何如，着问熊赐履。"

又川陕总督佛伦题请陕西粮道员缺，将知府下永宁祖允图补授，议不准行。上曰："兖州府知府祖允图居官甚善，着依该督所请行。"

又山东巡抚桑格题将莱州府知府吴秉谦调补济南府知府，议不准行。上曰："吴秉谦先为部属时，朕知之为人甚优，着照该抚所请，调补济南府知府。"

又江南江西总督傅腊塔题盐城高邮州等处水中涸出无主田地求免征粮，议不准行。上曰："粮从地出，此地尚为水浸，若行征收钱粮，则于民甚苦。"大学士阿兰泰奏曰："总督傅腊塔将此事亦曾详察，其所报之地方官不行差遣，另选别府官员屡经查勘得实，始行具题。想地中有水是实。”学士李楠奏曰：“江南盐城等处六州县被水淹没，民甚困苦。自皇上亲临其地审视水性，指授修治之方，水尽归壑，万民皆得更生。至今老幼男妇深感洪恩。”上曰：“致治之道，民为最要。无论其为何事，但于民生有益，即宜行之。此水浸之田，皆免其征收钱粮。”

是日，赏杭州将军扎木扬鞍马一匹。

本日起居注官常书、郑昆瑛。

十七日甲寅　辰时，上御乾清门，听部院各衙门官员面奏政事。

本日起居注官三宝、刘灏。

十八日乙卯　辰时，上御乾清门，听部院各衙门官员面奏政事。

本日起居注官张英、傅伸。

十九日丙辰　辰时，上御乾清门，听部院各衙门官员面奏政事。赐驻防右卫护军统领扎木素弓箭、撒袋，鞍马一匹。

是日，上诣皇太后宫问安。

本日起居注官席米图、徐嘉炎。

二十日丁巳　上巡幸畿东。由东华门出崇文门，阅视民田及新堤。至通州，传谕工部尚书萨木哈、仓场侍郎常书曰：“河堤关系运道民生，甚为紧要。春间令天津一带决口速行修筑，且时方东作，雨泽未沾，甚切忧虑。今新堤已成，复得时雨，良慰朕怀。萨木哈、常书，尔等从陆路先至所筑新堤，朕即乘舟往观，兼阅民田，或新堤有应增修处即令缮治。”

上驻跸通州所属崔家楼对岸船上。是日，通州中南仓监督、内阁侍读学士刘光美，通永道沈志达等来朝。

二十一日戊午　上谕沿堤从行卫士无得践损民田，着鱼贯而行，令内大臣、侍卫等官严查。

是日，赐扈从大臣、侍卫、各官鱼，又赐食。毕，上至龙潭口，泊舟乘马，详阅新堤。常书奏曰：“前臣等看得应急修堤工五处、险工五处，应缓工二处，总十二处。此是应缓处也。臣等奏请将险工、缓工俱停修治。皇上以为，苟有益于百姓，无论险工，即应缓之工，亦宜修筑，爰命兴工。皇上念切民依，不惜发帑。仁心仁政，实亘古所未有也。”

上驻跸武清县所属红庙对岸舡上。是日，漷县营守备傅彩若等来朝。

二十二日己未　上至化家口，泊舟乘马，详阅新堤。常书奏曰："新筑堤工凡十二处，紧要者不过四五。皇上若必亲加遍阅，时当溽暑，恐劳圣躬。伏乞皇上阅其要地，其余堤工，命臣等往视。"上曰："朕轸念小民，曾罹水患，特为阅堤观稼而来。虽属烦劳，朕固忘倦。"上遂至黄须口，泊舟乘马，将新筑堤详视。良久，顾谓诸臣曰："此处决口水势湍悍，堤虽坚固，中间犹觉稍低，可令增筑，于前面另筑一小堤，以弱水势，大堤方保无虞耳。"

又至八百户口、王家甫口、筐儿港口、白驹厂口等处，皆泊舟乘马，将新筑堤工一一详阅，命增修者数处。巡抚郭世隆奏曰："皇上轸念灾民，蠲租发仓，赈饥平粜，被灾之民，得以复苏。又劳圣躬亲视新堤，少有可虑，更加增修。遣官谕民，当蝗蝻未炽之前，及时捕灭，一日几获一百二十石，大有裨于民生。此真天地父母之心。小民皆踊跃感激，欢呼载道。且皇上天语谆谆，教民于秋八、九月务须耕地。若不秋耕，遇春旱则蝗生。臣始犹不觉，至今见蝗蝻全在荒田平地，耕过田中并未曾有，方知皇上穷理尽性，博物致知之极也。臣不胜欣颂。"

上驻跸武清县所属杨村。是日，武官营游击聂达、杨村营守备霍霆来朝。

二十三日庚申　上谕："朕欲二十五日回京，于二十六日斋戒，亲祭北郊。今往天津西沽阅堤，若群臣从朕前往，恐回时随行不及。令即住此地，朕乘小舟数只往阅即回。"

上至桃花口，泊舟乘马，登堤详阅。常书等奏曰："前面堤工与此相同。皇上见此即可以知他处。时当盛暑，前路遥远，驾必亲临，圣躬恐致过劳，请即此回。"上曰："朕特为小民而来，必亲历其地，方慰朕怀，不为劳也。"于是，上更至永安口、李家口、信艾口等处，泊舟乘马，将新筑堤一一细阅。其柳滩口新堤，上步行详视毕即回。

未时，至杨村。上谕诸臣曰："顷阅新堤一二处，常书等向朕奏曰：前途新堤与此相同，上阅此堤即知他处。今日路远，若皆亲历恐致太劳，请即此回銮。以此处百姓困于水灾，恻然悯恤。所筑新堤若不遍阅，朕心终未能释然。故必周历览观，方令回棹。今看来新筑堤工，甚属坚固，此地百姓，可免数年水灾矣！”内大臣佟国维、索额图、明珠，大学士伊桑阿、阿兰泰等奏曰：“从此至西沽，水路往还，几二百里，皇上御舟，晨发日中即回，寔为神速，非人力所能，此盖皇上敬天爱民之心肫笃所致也！”上曰：“尔等未知其故。朕当潮退之时，乘之而往，值潮长之候，随之而来，所以不终日而行一百八十里也！”

是日，上驻跸武清县所属蔡村。

二十四日辛酉 是日，上驻跸通州所属漷县马头。

二十五日壬戌 酉时，上由崇文门进东华门回宫。

是日，上诣皇太后宫问安。

窃惟上轸念畿辅运河一带小民困苦水灾，春间命臣工量度决口，修筑堤防。工竣，至是亲加阅视，简省仪从，严禁践损民田。所筑新堤凡十二处，计二千余丈。上每泊舟登岸，或乘马，或步行，周历详阅，纤悉无遗。因念北郊在迩，刻期欲回。独驾小舟，自杨村至天津，乘潮往还，半日间几行二百里。所过地方，见耕夫野老，必询麦谷情形及闾阎疾苦，天语清问，蔼然如家人父子。沿途百姓扶老携幼，千万成群，炷香额手，皆称畿辅四郡曾遇灾荒，民艰粒食，去岁蒙皇上蠲免四郡钱粮，今春发仓赈济，复将通仓米谷减价平粜。又截漕米，发沿河州县平粜。圣恩浩荡，俾小民得免流离，不致转于沟壑。今又预防水患，命筑河堤，不惮溽暑，巡行周遍真不啻天地父母之仁。欢呼动地，每日皆然。及闻回銮，争先挽舟，左右驱之不去。至晚舟行，则官军士民欢迎执炬，与舟中灯火远近辉映，光如列星连岁。鱼鳞等滩，水常浅涸，粮艘商船纵极力挽拽，每日仅过十余船。及至御舟往还，倏然水深尺余，毫无阻滞。真河伯效灵之验也。上阅视河堤之暇，每日端坐舟中，手不释卷，更以翰墨自娱，挥洒宸章，炳耀超绝千古。仰见皇上天纵神圣，稽古好学而又勤政恤民，孜孜无逸。如此实自古帝王所未能及也。臣等备员扈从，亲炙休光，有载笔所不能及者，谨志大概，以垂不朽。

扈从起居注官常书、三宝。

二十六日癸亥 上以有事方泽，斋戒三日，不理政事。

本日起居注官傅伸、沈涵。

二十七日甲子　本日起居注官席米图、王思轼。

二十八日乙丑　早，上于保和殿视祭方泽坛祝版毕，回宫。

是日，上诣皇太后宫问安。

本日起居注官莫里溥、陈元龙。

二十九日丙寅　早，上以夏至亲祀地于方泽毕，回宫。

本日起居注官常书、张英。

闰五月

初一日丁卯　辰时，上御乾清门，听部院各衙门官员面奏政事。

本日起居注官尹泰、徐元正。

初二日戊辰　辰时，上御乾清门听政。部院各衙门官员面奏毕，大学士伊桑阿、阿兰泰、王熙、张玉书，学士王掞、李楠、德珠、温保、戴通、顾藻、沈图、松柱以折本请旨。礼部题学臣许汝霖疏请皇上宝训，颁赐学政衙门勒石，议准行。上曰："古圣先贤所著训辞，于学者砺行之道、读书之法、居官治民之事，无不该备，但恐今人不能效法耳。果能孳孳行之，有无穷之益，何须朕别为诫勉？所请训辞不必另给。"

又大理寺正卿陈汝器奏："臣父陈启泰任道员时，值逆贼反叛，阖家尽节。皇上轸念，已荷殊恩，伏乞与谥。"上曰："陈启泰当福建逆贼反叛之际，忠诚不屈，阖家尽节，殊为可悯。陈丹赤在温州死难，亦甚可悯。不拘定例，着皆与谥，以示旌表。着该部议奏。朕观陈汝器，似为人老成，品行亦好。"伊桑阿、阿兰泰、王熙、张玉书奏曰："并不见陈汝器与人往来，品行实不乖张。"上曰："朕曾问于成龙陈汝器为人何如，于成龙云陈汝器平常。朕问陈汝器有甚不好处？于成龙又云无有。于成龙与陈汝器同在一旗，陈汝器若在于成龙家来往营求，则于成龙岂不奏称其贤乎？此正陈汝器品行好处。况且赋柏梁诗时，陈汝器举笔便作，看来学问亦优。陈启泰阖家从容死节，伊子岂有不肖之理。如此等节义人家之子定有好处。”

上又顾大学士曰：“光禄寺事务甚属紧要，关系钱粮，少卿常在又差往在外。问正卿色特，自言六十二岁。色特为人原劣，因年迈更甚。尔等可告色特，着伊题请休致，简选才能官一员代常在管署。”

上又曰：“朕着翰林官员轮直内廷，赐食、赋诗。看来，年久翰林皆好，新进翰林亦皆好。年浅翰林但知诗体，所赋稍有不及他人者。伊等所赋之诗朕皆已阅过。这初四日，翰林各官及自翰林转出小京堂官员，皆着会集瀛台，试其作文。朕先虑翰林官员壅滞，着几人转部院衙门。伊等学问皆优，如有翰林官缺出，仍着开列升补。将此旨传与该部。”

本日起居注官三宝、宋大业。

初三日己巳　辰时，上御乾清门听政。部院各衙门官员面奏毕，大学士伊桑阿、阿兰泰、王熙、张玉书，学士王掞、李楠、德珠、温保、戴通、顾藻、沈图、松柱以折本请旨。兵部题镶蓝旗副都统马齐员缺，查宗室等官员及公侯伯等职名，写绿头签引见。上一一详问毕，曰：“奉国将军鄂飞人材壮健，为人亦优，着补授副都统。”

上顾大学士等曰：“盛京地方河道颇多，先前漕运船一百只甚为有用，若预备存留，凡事大有裨益。盛京工部无故具奏拆毁，所以今年山东、天津所运米石，竟无转运船只，以致失误。盛京工部官员着该部取口供，严加议处具奏。”

本日起居注官傅伸、郑崑瑛。

初四日庚午　是日，部院各衙门无奏章。先是上命翰、詹、国子监诸臣轮班侍直，自五月初九日起，少詹事朱阜等共八十五人，分班召至乾清宫西暖阁赐坐，亲命题限韵赋诗，复命各写行书一小幅。诸臣侍直皆辰入酉出，每日于南书房赐饭二次。召对时咫尺御座，从容咨询姓名及家世、籍贯、科甲名次，间论经史，考问古今。天颜和霁，蔼然如家人父子。时出御书卷轴并御制诗篇，令诸臣瞻阅。诸臣莫不踊跃赞颂，思沾宸翰之赐，奉为模楷，叩求再四。上或赐御书墨迹，或赐御书石刻。圣度宽弘，礼遇优渥，实词臣不世之遭逢也！至是月初三日一周，上随谕于明日齐集西苑，并内阁学士王掞、李楠、顾藻及由翰林出身补授京堂吴涵、高裔、熊赐瓒、胡会恩、王九龄等五员，亦俱传集候，亲临考试。

辰时，驾幸西苑。大学士伊桑阿、阿兰泰、王熙、张玉书，管翰林院事吏部侍郎常书、礼部尚书张英率同诸臣于苑门外排班跪迎。上御丰泽园，以舟渡诸臣至勤政殿前，赐饭毕，召诸臣集丰泽园。上亲命题“理学真伪论”、“丰泽园赋”。诸臣列坐就试。

午时，上御澄怀堂，召大学士伊桑阿、阿兰泰、王熙、张玉书，管翰林院事侍郎常书、尚书张英至御前，上亲洒宸翰，写大字数幅。诸臣环侍敬观，同跪奏曰：“皇上天纵圣明，书法超绝古今，大字更从来所未有。臣等曾恭请书赐扁额，以为子孙万世之宝，诚恳已久，仰荷俞允，今叨侍御座，敬瞻挥翰，荣幸非常，望恩弥切，伏乞圣慈颁赐。”上颔之，因笑曰：“张英昨已书‘笃素堂’赐之，彼遂不敢再请耳。”诸臣退，随赐大学士及与试诸臣酒、果。晚刻又赐面食、果品。诸臣陆续交卷，上逐一详阅，或宣至御前，天语垂问。

申时，试毕。上遣奏事敦住同掌院学士张英传谕曰：“朕今日出‘理学真伪论’题目，原系成语，不意诸臣中遂有心怀不悦者。从来理学须务实践，不尚虚名。如已故两江总督于成龙，其人素不讲学，并无理学之名，然居官廉介，始终一节。朕意如此等人，方是真理学。若徒事空谈，实行不副，如何令人心服？今日试卷朕皆略阅一过，尚当细加评定，断不瞻徇情面也。”王掞等同奏曰：“臣等叨列儒臣，蒙皇上圣训，谆切炳如日星，全是鼓励臣工至意。人虽至愚，谁敢心怀不悦？但愧学识疏浅，不足阐扬万一耳。”奏毕，众随出至园门外谢恩。

酉时，驾回宫。嗣后翰林诸臣仍照前轮班入直。

本日起居注官常书、张英。

初五日辛未　辰时，上御乾清门听政。部院各衙门官员面奏毕，大学士伊桑阿、阿兰泰、王熙、张玉书，学士王掞、李楠、德珠、温保、戴通、顾藻、沈图、松柱以折本请旨。吏部等衙门题将所牧官查库祭祀所用之牲不亲视喂养，擅自交与家奴刘三，又以私隙借端生事，拟革职，不准折赎，枷号一月、鞭一百。上曰：“查库甚为负义忘恩，行事恶乱，其钻营无所不至，岂但革职，竟不可存留于世。着会集议政王、内大臣、都统、尚书等问之。”

又户部题河南巡抚顾汧所题转运陕西米石内耗损一千三百余石，着速如数填补缴送陕西巡抚。上曰："河南地方百姓，连年往陕西运送米石，甚属劳苦。今陕西田禾大稔，这应补折耗米石，着通行豁免。"

又兵部题镶白旗副都统苏黑员缺，将侍郎思格色等职名开列；又正蓝旗副都统色楞格员缺，将盛京刑部侍郎佛保等职名开列。上曰："长史穆森为人甚优，材力壮健，曾效力行间得官，着补授副都统苏黑员缺。至于开导阿哥，亦甚紧要，着仍兼管长史事。再步军总尉雅图为人殊优，材力壮健，甚肯效力，着补授副都统色楞格员缺。"

本日起居注官张英、莫里溥。

初六日壬申　早，上由神武门出西直门，驻跸畅春园。

部院各衙门应面奏事宜仍面奏外，其余章奏逐日交送内阁，内阁传送畅春园听理。

本日起居注官徐嘉炎、尹泰。

初七日癸酉　辰时，上御畅春园内澹宁居听政。部院各衙门官员面奏毕，大学士伊桑阿、阿兰泰、王熙、张玉书，学士王掞、李楠、德珠、温保、戴通、顾藻、沈图、松柱以折本请旨。兵部题正红旗蒙古固山副都统二队员缺，将前锋参领法哈等职名开列。上曰："此缺紧要，着问本旗王及大臣具奏。"

上命尚书库勒纳、马齐、索诺和、图纳同进，上曰："给事中彭鹏前任三河县知县时，居官颇善，朕故擢授言官。自授职以来，专务虚名，示威于人，肆行苛摘。侍郎李光地，朕以直隶学政关系紧要特加简用，于其母故，令在任守制。彭鹏先参光地不当在任守制，本内言辞明为光地，朕因下饬旨。彭鹏乃含愧，更以大不忠不孝参劾光地，又属已甚。是以众人未有不惮彭鹏者。"伊桑阿、阿兰泰奏曰："彭鹏甚蠢，乃不识义理之人。"王熙、张玉书奏曰："彭鹏为人甚狂妄，不知大体。"库勒纳、马齐、索诺和奏曰："彭鹏狂妄于九卿会议之处，但厉声呼喝示威，人实皆畏之。皇上所见极是。"图纳奏曰："彭鹏甚蠢，凡言事但执拗求胜。"上曰："彭鹏甚是狂妄，若仍令居此职，或恣意陷人，或致伊身亦罹罪戾。彭鹏原系总河于成龙保奏之员，观彼亦善乘马，能胜奔走之任，将伊发往于成龙处，照伊品级于河工效用。着集九卿，将此旨传谕彭鹏。”

上又曰：“朕前初四日召集翰林官于丰泽园，令作文章，出‘理学真伪论’，此亦书籍所有成语。熊赐瓒见此，辄大拂其意，应抬之字，竟不抬写，不应用之语，辄行妄用。”王熙、张玉书奏曰：“理学真伪原宜分辨，皇上以此命题，使人知所遵行，诚盛意也。”王掞等奏曰：“皇上所命之题，皆书中成语，亦所以成就人才，教训臣子。臣等深愧不能仰副皇上至意。”上又曰：“原任刑部尚书魏象枢亦系讲道学之人，先年吴逆叛时，着议政王、大臣议奏发兵，魏象枢云，此乌合之众，何须发兵？昔舜诞敷文，德舞干羽，而有苗格。今不烦用兵，抚之自定。索额图不胜忿怒，言逆贼现今将抵荆襄，不发兵则渡江而来矣。魏象枢仍执前说。后十八年地震时，魏象枢独至朕前奏曰：‘速杀大学士索额图，则于皇上无干矣。’朕曰：‘凡事皆朕听理，于索额图何与？’道学之人果如是挟仇怀恨乎？又李光地、汤斌、熊赐履等皆讲道学之人，然而各不相合。李光地曾授德格勒《易经》，李光地请假回籍时，朕召德格勒进内讲《易》。德格勒向朕言，李光地熟谙兵务，其意欲为将军、提督。皇上若将光地授一武职，必能胜任。反复为光地奏请。尔时朕心骇异，德格勒又奏熊赐瓒所学甚劣，非可用之人。朕欲辨伊等真伪，将德格勒、熊赐瓒等考试。汤斌见德格勒所作之文，不禁大笑，手持文章堕地。向朕奏云：‘德格勒文甚不堪，臣一时不能忍笑，以致失仪。’既而汤斌出，又向众言：‘我自有生以来未曾有似此一番造谎，顷不得已而笑。’果似道学之人，惟当以忠诚为本，岂有在人主之前作一等语，退后又别作一等语者乎？今汤斌虽已故，李光地、德格勒现在也。又熊赐履所著《道统》一书，王鸿绪代赐履向朕奏请刊刻，颁行学宫，甚为有益。高士奇亦为作序，代熊赐履恳乞将此书刊布。朕览此书内，杂统过当处甚多，且小人之赞扬亦多太过，故未命刊刻。凡书果好，虽不刻自能流布，否则虽刻何益？道学之人又如此务虚名，而事干渎乎？将此等处不过谕尔等闻知。朕惟以治天下国家之道存之于心，此等人任其纷纭议论，并不记怀。”伊桑阿等奏曰：“魏象枢、汤斌、李光地、熊赐履等，徒能口谈道学而已，全然不知道学。皇上既洞悉其虚伪，历年来未尝言及，真如天地之包容。彼以道学自居、虚伪之辈，岂不愧耻哉！”

是日，上诣皇太后宫问安。

本日起居注官三宝、尹泰。

初八日甲戌

初九日乙亥 是日，上诣皇太后宫问安。

初十日丙子 辰时，上御畅春园内澹宁居听政。部院各衙门官员面奏毕，大学士伊桑阿、阿兰泰、王熙、张玉书，学士王掞、李楠、德珠、温保、戴通、顾藻、沈图、松柱以折本请旨。吏部题巡抚郭世隆请将大城县知县祖延泰升补霸州知州，议准行。上曰：“着照所题升补。祖延泰居官好，任内所有罚俸俱从宽免，以为后劝。嗣后大城县知县员缺出，亦着该抚选拟具奏。”又题郭世隆请将清苑县知县李成龙升补涿州知州，议准行。上曰：“清苑县知县李成龙居官亦善，着照该抚所题升补。”

又兵部题福建福宁总兵官许靖国员缺，将参领管源忠等、副将陈寿等职名开列。上曰：“副将王友臣朕曾召见，命记其名。观其材力壮健，人亦可用，着升补总兵官。”

又三法司题瓦尔达之妻叩阍，乞留其子查世达养老，议不准行。上曰：“查世达之母既称年老，无人赡养，深为可悯。且伊夫瓦尔达原系阵亡，着将查世达暂取回养母。”又题家人恩格礼殴打伊主满都，议立斩。上曰：“满都贫人，伊仆恩格礼现在披甲，满都一时忿怒，偶欲杀之亦未可定。着再问明满都议奏。”

又工部题总河于成龙请将护中河堤之子堤俟水落时兴工，议准行。上曰：“于成龙先曾启奏，护中河堤之子堤最为紧要，请速捐助兴工。今又称水发难于兴工，请俟水落时修筑。河道关系重大，万一守候水落，致夏秋水涨时，大堤冲决亦未可料。着速行于成龙详察定议具奏。”

伊桑阿奏曰：“臣等遵旨，将补授正红旗副都统事问康亲王，王称长史齐世、前锋黑雅图人材壮健，亦能统领。”上曰：“向闻齐世人材颇优，未曾亲睹。顷于引见，观其人果优，着升补副都统。”

伊桑阿又奏曰：“翰林院所参熊赐瓒事臣等会议得，熊赐履、熊赐瓒兄弟受圣恩至厚，熊赐履蒙皇上念其学问素优，洊升大学士。后获罪解任，皇上犹追念眷顾，今又起用，擢为大臣。历荷浩荡之恩，极其深重，竟不一心效力，勉图报称，专务虚名，纵伊弟熊赐瓒妄行，不严加教训，大为不合，当一并议处。至小臣中，如熊赐瓒受皇上优擢殊恩最为破格，熊赐瓒所学本非甚劣，乃于文章应抬写字样并不抬写，不应用之语辄行妄用，乃有意为此，背负圣恩。此等人不可复留于世，应即正法示众。”王熙、张玉书奏曰：“熊赐履蒙皇上宠眷，授大学士，后获罪解任，皇上又追念起用，熊赐瓒亦蒙皇上优擢。伊兄弟身受浩荡之恩，真与天地同其高厚。熊赐瓒不思黾勉报效，反于文章内应抬写者不抬写，不应用者妄用，大负圣恩。臣等同列汉官，不但羞耻，实无一毫人理。此人不可复留于世，宜即正法示众。至熊赐履不将伊弟严加教训，宜一并议处。”上曰：“熊赐履久侍讲幄，因屡加恩，不次擢用，眷遇极厚。熊赐瓒亦从优擢用，乃并不思图报朕恩，顷考试时，熊赐瓒见‘理学真伪论’题，即大拂其意，于文章内应抬写之字竟不抬写，不应用之语辄行妄用，本当严加治罪。但熊赐瓒甚愚蠢无知，且念其兄熊赐履效力有年，着从宽免处分。”

本日起居注官常书、傅伸。

十一日丁丑

十二日戊寅

十三日己卯

十四日庚辰　辰时，上御畅春园内澹宁居听政。部院各衙门官员面奏毕，大学士伊桑阿、阿兰泰、王熙、张玉书，学士王掞、李楠、德珠、温保、戴通、顾藻、沈图、松柱以折本请旨。户部题已故正蓝旗拨什库哈礼之妻叩阍，称伊子海达礼犯罪，给该王下为奴，伊今年八十六岁，无人赡养，或子或孙恳给一人养老，议不准行。上曰：“哈礼之妻年八十余，无人赡养，情甚可悯。伊子海达礼犯罪，既给该王下为奴，不可发出，着将伊孙六十八给与赡养。”

又兵部题原任陕西宁夏总兵官冯德昌愿在军前效力，议不准行。上曰：“冯德昌人材壮健，伊既愿效力，或于用兵之际，着令效力。”

又三法司题太监钱文才打死民人徐二，拟绞监候，秋后处决；太监李进学应枷号四十日、鞭一百。上曰：“凡太监杀人，断不可宥。伊等倚仗在内行走，肆行作恶，情甚可恶，尤宜加等治罪。钱文才此案尔等记之，至秋审时勿令幸免。李进学着发往黑龙江，与新满洲披甲之人为奴。”

上又顾大学士伊桑阿等曰：“朕观古来太监，善良者少，要在人主防微杜渐，慎之于始。苟其始纵容姑息，侵假事权，迨其势既张，虽欲制之，亦无如何。如汉之十常侍、唐之北司，窃弄威权，甚至人主起居服食，皆为所制。此非一朝一夕之故，由积渐使然也。”伊桑阿等奏曰：“太监善类绝少，历代多受其祸。惟我皇上法度严明，贻谋深远，此辈止令洒扫服役，毫不假以辞色，真得防微杜渐之道，超越前古万倍。”阿兰泰奏曰：“皇上凡事乾纲独断，不稍假借，所以此辈畏法，不敢横行。”上曰：“太监原属阴类，其心性与常人不同，有年已衰老，而言动尚若婴儿。外似谨厚，中实叵测。”王熙奏曰：“太监心性果与众不同，终不可用。”上曰：“太监心性虽殊，若人主英明，此辈何由弄权？朕闻明季诸君，将本章批答委之司礼监，司礼监委之名下。此辈素无学问，不知义理，凡事安能免于舛缪！闻有一主偶行殿上失足，众太监归罪于石，议笞石数十；又偶乘马而堕，亦议责马数十板。暗昧若此，宜为此辈窥伺愚弄也。”王熙、张玉书奏曰：“皇上所言，真洞瞩千古。圣明在上，不但阉寺皆知畏法，凡大小臣工，谁敢专擅行私？”常书奏曰：“皇上圣谕极是，臣等躬逢圣世，得为太平，臣子不胜欣幸。”

是日，上诣皇太后宫问安。

本日起居注官常书、莫里溥。

十五日辛巳

十六日壬午 是日，上诣皇太后宫问安。

十七日癸未

十八日甲申 辰时，上御畅春园内澹宁居听政。吏部题光禄寺正卿色特员缺，以内阁侍读学士何托拟正、翰林院侍读学士席米图拟陪引见。上曰：“何托向来人材不及，席米图为人素勤。”问常书曰：“席米图为人何如？”常书奏曰：“席米图为人可用，办事亦好。前从大将军图海出兵，及图海兵回，曾将席米图保举。”尚书库勒纳奏曰：“何托为人不及，亦且年老。席米图人材素优，有志效力。”

部院各衙门官员面奏毕，大学士伊桑阿、阿兰泰、王熙、张玉书，学士王掞、李楠、德珠、温保、戴通、顾藻、沈图、松柱以折本请旨。兵部题正黄旗满洲副都统鄂克济哈员缺，以蒙古副都统穆尔浑等职名开列。上曰："凯音布转满洲副都统，一等侍卫镶蓝旗宗室阿哈纳为人可用，材力壮健，现在正黄旗分行走。阿哈纳着补授正黄旗汉军副都统。"

又镶蓝旗汉军副都统刘显芳员缺，以吏部侍郎布颜图等职名开列。上顾大学士等曰："福建总兵官韩佐周与伊弟韩佐栋皆处处奔竞，非甚可任之人，尔等看来何如？"大学士阿兰泰奏曰："韩佐周兄弟处处奔竞，所行不端，皇上所见极是。"王熙奏曰："韩佐周前任苏松道时声名不善。"上曰："韩佐周所行虽不善，但曾于行间效力，着调补汉军副都统。"

本日起居注官常书、三宝。

十九日乙酉

二十日丙戌

二十一日丁亥　是日，上诣皇太后宫问安。

二十二日戊子　辰时，上御畅春园内澹宁居听政。部院各衙门官员面奏毕，大学士伊桑阿、阿兰泰、王熙、张玉书，学士王掞、李楠、德珠、温保、戴通、顾藻、沈图、松柱以折本请旨。吏部题光禄寺正卿色特员缺，将内阁侍读学士何托拟正，翰林院侍读学士席米图拟陪。上曰："席米图才优，勤于办事，着升光禄寺正卿。何托人材不及，亦且年老，着以原品解任。"

本日起居注官莫里溥、尹泰。

二十三日己丑

二十四日庚寅　是日，上诣皇太后宫问安。

二十五日辛卯

二十六日壬辰　辰时，上御畅春园内澹宁居听政。部院各衙门官员面奏毕，大学士伊桑阿、阿兰泰、王熙、张玉书，学士王掞、李楠、温保、戴通、顾藻、沈图、松柱以折本请旨。伊桑阿奏曰："臣等遵旨问兴永朝漕船苗桂等行月粮何故不给，对称日久不记。查河南漕船并无给与行月粮之处，惟耗赠米交仓兑给。又雇船应给银六十四两，惟苗桂等雇价每船止给过六十一两。”上曰：“河南等省漕船雇价给银六十四两，苗桂等船止给六十一两，此运官欺压运丁之处也。河南等省耗赠米交仓兑给，独苗桂等船耗赠米不给，甚属无辜可悯。此事不必行漕运总督查审，今务令运丁不致困苦，行月耗赠等米尽皆给与。着户部定议具奏。”

又户部题考试五等汉军候选知州张舜元等皆议革职。上曰：“张舜元等系文官，学问不及，考居五等，非有罪辜，俱议革职太过。张舜元等如已经居官食俸者，宜令随旗上朝，着另议具奏。”

又兵部题左翼步军总尉雅图员缺，将镶黄旗副尉拜哈纳等选择引见。上曰：“镶白旗护军参领丁山原任侍卫，射箭虽好，为人甚懒。护军参领党谒人材壮健，为人亦可。骁骑参领理事官穆成格为人何如？”伊桑阿等奏曰：“穆成格同旗大臣皆称其好。”上曰：“穆成格补授步军总尉。”

又镶白旗拜他喇布勒哈番又一拖沙喇哈番常鼐叩阍，以副都统那秦徇庇亲情，补授参领，选择伊弟兄子侄等职名。审得常鼐并无冤枉，叩阍不合，议罚俸九个月。上曰：“朕恐常鼐负屈，将选择职名人等与常鼐皆召来阅试弓马。常鼐弓马甚劣，且人材不及。如此妄图侥幸健讼之人，宜加惩治。常鼐着严加议处具奏。”

又镶红旗副都统牛钮员缺，以侍郎席尔达等职名开列。上曰：“副都统职任最为紧要，这员缺着将宗室将军、公、侯、伯及精奇尼哈番查来具奏。”

选补奏事毕，兼掌翰林院事侍郎常书、尚书张英进见，奏曰：“昨蒙发御笔书河南扁额，伏睹御书精妙，实为超越千古。谨以龙签所书者赍送河南，外有白签，写‘嵩高峻极’等四扁额，翰林官员恳求留于翰林衙门，奉为师法。又五台山灵峰胜境扁额，交与侍讲学士张廷瓒等书写，张廷瓒等言：‘臣等字迹皆劣，不能希望御笔之万一。此事乃万祀观瞻，必求皇上御书。若以臣等不能书，为罪亦所甘受。’”上曰：“朕作字亦无甚好，诸翰林官所请知道了。”张英奏曰：“内发李光地所著《易经说》二本，已与诸翰林官公看。诸翰林官看过皆言，《易经》一书古人讲说甚多，李光地所著之说，不过依傍先儒，初无异义。熊赐履所批，亦皆先儒成说，但其辞语近于太刻。若必欲争执己见者，臣等所学疏浅，未能深通。皇上圣明，无书不读，自不能出睿鉴之中也。”上颔之，曰：“此二本书，内阁翰林院皆照样缮写存贮，朕所发出之本着仍交进。”

本日起居注官三宝、傅伸。

二十七日癸巳　是日，上诣皇太后宫问安。

二十八日甲午

二十九日乙未

三十日丙申　辰时，上御畅春园内澹宁居听政。部院各衙门官员面奏毕，大学士伊桑阿、阿兰泰、王熙、张玉书，学士王掞、李楠、温保、戴通、顾藻、沈图、松柱以折本请旨。吏部题学士德珠员缺，将光禄寺正卿席米图等职名开列。上曰：“尔衙门侍读学士孰优？”伊桑阿奏曰：“额赫里犹可。”上曰：“陶岱人材优长，而办事亦明白，着升补学士。”

兵部题镶红旗副都统牛钮员缺，遵旨查宗室、公、侯、伯等职名开列。上曰：“此开列内前锋参领达甲人材优长，着升补副都统。”

是日，上诣皇太后宫问安。

本日起居注官常书、尹泰。

六　月

初一日丁酉

初二日戊戌

初三日己亥

初四日庚子　辰时，上御畅春园内澹宁居听政。部院各衙门官员面奏毕，大学士伊桑阿、阿兰泰、王熙、张玉书，学士王掞、李楠、温保、戴通、顾藻、沈图、松柱、陶岱以折本请旨。吏部题内阁学士田喜霅员缺，将少詹事李录予等职名开列。上曰：“朕观顷所试诸翰林、赞善，陆棻文学甚优，科分最深，且有年齿。后进者皆已升迁，彼不得升，深为可悯。陆棻为人何如？”王熙、张玉书奏曰：“陆棻为人老实，文学果优，系康熙六年进士。”

上又顾王掞、李楠问曰:"翰林中如陆菜之学问好者有人乎?"王掞等奏曰:"翰林中学问好者甚多,然超出陆菜者亦少。陆菜科分甚深,人亦不多事。"上曰:"朕意欲且将年老旧臣挨次升去,陆菜为人何如,着问该衙门官员来奏。"

又礼部题陕西延绥总兵官李承恩病故,照例给与全葬之价,并遣官致祭一次。应否与谥,伏候上裁。上曰:"李承恩人材原系庸常,自任总兵官,全无效力之处。恤典不准给。"

又兵部题广东碣石卫总兵官韩佐周员缺,将镶黄旗参领管源忠等职名开列。上曰:"这员缺着于记名副将内,将福建人查出具奏选补。至陕西凉州总兵官员缺,亦应补授。延绥副将董大成人材壮健,射箭好,朕于他处总兵官缺出,从未将伊言及者,专欲储秦地之用。董大成着升补凉州总兵官。"

又刑部等衙门题正蓝旗宗室辅国将军色布理伊家人五儿,将票夹带他人偷采人参,知情是实,议将色布理罚俸二年,其卖参所得银二千三百十两着于色布理名下追取入官。上曰:"色布理家人五儿出边偷卖人参,彼何由得知?以穷宗室将军罚俸二年,又追取入官银两,何以为生?着将色布理罚俸及应追取银两俱从宽免。"

又两江总督傅腊塔题高邮州衿士军民商贾人等将高邮州知州谢廷瑞居官廉正、实心爱民纷纷具呈,谢廷瑞应否留任,皆出圣恩。上曰:"谢廷瑞居官之善久已闻之。"随问王掞、李楠,王掞、李楠奏曰:"谢廷瑞居官实善,民甚爱戴。近因荒粮未清降级,众军民等皆到知州公署高声号哭,不忍舍去,向总督、巡抚具呈。"上曰:"谢廷瑞居官好,着照该总督所题留任。"

又陕西凤翔、汉中二府民刘洪祚等到京奏称,秦省连年旱灾,民罹饥馑,蒙我皇上散给库银百万,蠲免钱粮千万,恩膏所被,又赖总督佛伦等实心奉行,今将佛伦补授礼部尚书,秦省士民工商,皆如失父母,号呼之声四达,伏乞皇上俯徇舆情,将佛伦久留总督之任。上曰:"佛伦效力年久,自简任总督,尽心任事,劳绩显著。念已年迈,特令内升。川陕总督当另选贤能之人补授。"伊桑阿、阿兰泰奏曰:"佛伦以劳绩内升,伏乞置之内阁。内阁职务机密紧要，今尚人少。”王熙、张玉书奏曰：“佛伦效力年久，劳绩显著，年齿亦迈，似宜任内阁大学士之职。伏乞上裁。”上曰：“尚书职任视大学士不甚悬殊，且暂待之。尔等所奏知道了。”

伊桑阿等又奏曰：“江宁将军缪齐纳报称，闰五月二十三日，总督傅腊塔猝患炎症，是夜病故。”上闻之愕然良久，曰：“深为可惜，两江总督居官善者，自先年于成龙以来，惟傅腊塔一人。如此等大臣，今如何能得！”伊桑阿、阿兰泰、王熙、张玉书同奏曰：“先年于成龙好，尚微有暴怒。傅腊塔温厚和平，抚辑兵民，地方无事，民得安生，克副皇上爱恤兵民之至意。如此之人，今实难得。”王掞、李楠奏曰：“总督傅腊塔居官甚好，臣等江南之人无不感戴。傅腊塔殁，江南之人诚失所望。”上曰：“傅腊塔和而不流，不畏权势，常向人言：‘我本一微贱笔帖式，为人带坐垫行走。不意皇上过举，擢任总督，坐八人轿，实非所望，志愿已足，更有何求！’身为大臣，不忘微贱之时，惟仰体朝廷委用之意，爱恤军民，劳瘁身亡，甚为可嘉，甚为可悯。俟巡抚本到，票优旨发出。”

本日起居注官莫里浑、三宝。

初五日辛丑 是日，上诣皇太后宫问安。

初六日壬寅

初七日癸卯

初八日甲辰

初九日乙巳 辰时，上御畅春园内澹宁居听政。部院各衙门官员面奏毕，户部郎中苏赫纳、刑部郎中穆黑伦进前奏曰：“臣等前往审理绣岩防御马尔赛讦讼一案，恭请训旨。”上曰：“尔等以贤能举出，须悉心从公审理，务得真情。此事或有与奉天将军、户部侍郎干涉之处亦未可定，倘徇情面，回时断不将尔等轻恕。”苏赫纳等奏曰：“臣等谨记圣旨，何敢瞻徇情面？”苏赫纳等出。

大学士伊桑阿、阿兰泰、王熙、张玉书，学士王掞、李楠、温保、戴通、顾藻、沈图、松柱、陶岱以折本请旨。兵部题天津总兵官李镇鼎乞假回籍葬母，议不准行。上曰：“李镇鼎所奏情事可悯，且相去道里不远，着准给假速往安葬伊母，事毕即回原任。”

又广东碣石卫总兵官韩佐周员缺，将参领管源忠等职名开列。上曰："副将曾成人材壮健，熟谙兵事，着升补总兵官。"

伊桑阿奏曰："臣等遵旨将赞善陆菜问过，皆言为人老实，学问好。"上曰："尚有较他科分更深者乎？"王熙奏曰："侍读学士李铠科分又深。"上曰："李铠是从外任选入翰林者。"王熙奏曰："李铠曾任知县，居官好。"上曰："李铠乃一粗鲁人，文学寻常。观这次考试，陆菜学问甚优，着升补内阁学士。"

本日起居注官傅伸、尹泰。

初十日丙午

十一日丁未　是日，上诣皇太后宫问安。

十二日戊申

十三日己酉

十四日庚戌

十五日辛亥　辰时，上御畅春园内澹宁居听政。部院各衙门官员面奏毕，大学士伊桑阿、阿兰泰、王熙、张玉书，学士王掞、李楠、温保、戴通、顾藻、沈图、松柱、陶岱以折本请旨。兼管翰林院事吏部侍郎常书、礼部尚书张英同进为日讲，起居注官席米图员缺，将翰林院侍讲学士禅拜、侍读席尔登、詹事府少詹事努赫引见。上曰："伊等为人何如？"常书奏曰："因伊等人皆可用，故选出。"上又顾大学士问曰："伊等谁可？"伊桑阿奏曰："此任宜用能文之人，臣等看来，努赫似可用。"上曰："努赫诚然可用，即将伊补授。"常书、张英出。

吏部题两江总督傅腊塔员缺，将吏部侍郎布颜图等职名开列。上曰："两江总督员缺最属紧要，非他省总督可比，营求欲得此缺之人何限。须问九卿，伊等若有深知之人，令其保举。"

又题内阁侍读学士何托员缺，将刑部郎中布泰拟正，监察御史常在拟陪。上曰："布泰未知其文学优劣，内阁侍读学士之职，系料理本章，着将布泰考试。"

又户部议覆民船户苗贵等叩阍一案。上曰："小民欲得雇价出船挽运漕粮，将伊雇价短少，实属可悯。着交仓场侍郎酌量给与路费，照管回籍，毋令致穷困。”

启奏毕，诸臣皆出，奏事敦住传旨谕诸大臣曰：“朕久不写字，然写字亦非朕专职。因诸大臣反覆恳请，朕始命笔。诸大臣未得，一概颁赐。今所赐止十人。”于是赐大学士伊桑阿曰“光赞大学士”、阿兰泰曰“容德堂大学士”、王熙曰“曲江风度大学士”、张玉书曰“光辅”、吏部尚书库勒纳曰“冰鉴堂”、户部尚书马齐曰“九式经邦”、兵部尚书索诺和曰“崇志”、刑部尚书图纳曰“详慎”、工部尚书萨木哈曰“存诚”、吏部侍郎兼管翰林院事常书曰“掌丝纶”。各赐毕，诸大臣皆叩首。向敦住转奏曰：“皇上天纵圣神，举笔皆龙飞凤舞，不特自古帝王，虽号称善书之辈，实未有及我皇上者，皇上御书超出亘古。臣等不胜颙望，曾经冒昧反覆叩求。蒙皇上仁慈，特洒宸章，颁赐臣工。臣等无任欣喜踊跃，如获异宝，当敬谨尊藏，期勉副皇上教训至意。”

本日起居注官莫里溥、三宝。

十六日壬子 是日，上诣皇太后宫问安。

十七日癸丑

十八日甲寅 是日，上诣皇太后宫问安。

十九日乙卯

二十日丙辰 辰时，上御畅春园内澹宁居听政。部院各衙门官员面奏毕，大学士伊桑阿、阿兰泰、王熙、张玉书，学士王掞、李楠、温保、戴通、顾藻、沈图、松柱、陶岱、陆棻以折本请旨。伊桑阿奏曰：“两江总督奉旨着九卿保举，九卿以开列内虽无左都御史职名，从前亦有补授者。傅腊塔为人素优，故举之。又侍郎布颜图等十二人亦并举出。”上曰：“这所举出他人朕无所议，惟举布颜图，朕意断然不可。布颜图先在理藩院内阁时犹似乎效力，自任吏部，所行甚秽，其独自办部事时，毫无可观。八旗之人，无不纷然议论。因李国亮之事，夜开城门，到李天馥家取印匣、钥匙，谁人不知此事？有何紧要夜开城门？今将九门提督开城门档案查看可验也。朕以江南地方甚属紧要，欲得一端方之人，专赖尔等大臣保举。似此等人亦皆举出，是视朕为全无闻见而欺谩之，朕亦惟有向尔等大臣寻究耳。自古以来，欺谩完结之事甚多，尔大臣等亦欲照此将朕欺谩，朕岂安然听之？布颜图自当满汉科道公纠，乃至今仍得留侍郎之任。朕想诸科道官皆如在睡梦也！是谁将他举出？”伊桑阿奏曰：“皇上所见甚是，不知是谁举出。”阿兰泰奏曰：“布颜图所行诚然不妥。”王熙奏曰：“布颜图在内阁衙门时尚好，自任侍郎，实是不妥，名声甚劣，皇上所谕皆是。”上曰：“保举布颜图之人，着问明九卿来奏。两江地方甚属紧要，小民健讼，兼多豪棍。巡抚桑格、郭世隆居官素善，人材俱堪任用，但伊等素乏担当。向来官于江南者，原任巡抚汤斌，但一意优礼绅衿，以取名誉。绅衿极称赞之，全无爱惜民生、有益地方之处，甚巧伪之人也。原任巡抚洪之杰全无可取，更何足道。原任巡抚郑端，居官但为伊同党报复，全无好处。宋荦居官实善。因两江地方紧要，欲得一胜任之人，朕详思数日，得人实难。看来，原任云贵总督范承勋行事坚定，为人平易，若将伊补授，甚为相宜。”伊桑阿奏曰：“范承勋操守好，人亦和平。皇上所见最是，将伊调补有益。”阿兰泰奏曰：“范承勋为人凝然一无顾忌，将伊补授，便可继傅腊塔所行，可谓得人。”王熙奏曰：“范承勋品德行守素优，将伊补授，不生事于地方，于民甚有裨益。”上曰：“着以范承勋调补江南、江西总督，令驰驿速赴新任。”

伊桑阿又奏曰：“内阁侍读学士员缺，拟正之布泰，臣等奉旨考试，翻译平常。前考试翻译《竹赋》，曾经完篇。拟陪之常在现今出差。”上曰：“尔等以为可用否？”伊桑阿、阿兰泰奏曰：“仅堪翻译本章”。上曰：“该部称布泰人材堪用，且俸深，着补内阁侍读学士。”

本日起居注官努赫、傅伸。

二十一日丁巳

二十二日戊午 早，上由西直门进西华门回宫。

未时，由神武门出西直门，驻跸畅春园。

是日，上诣皇太后宫问安。

本日起居注官曹鉴伦、尹泰。

二十三日己未

二十四日庚申

二十五日辛酉

二十六日壬戌

二十七日癸亥

二十八日甲子　早，上由西直门进西华门回宫。

是日，上诣皇太后宫问安。

本日起居注官傅伸、史夔。

二十九日乙丑　辰时，上御乾清门，听部院各衙门官员面奏政事。

本日起居注官莫里溥、王思轼。

三十日丙寅　辰时，上御乾清门听政。部院各衙门官员面奏毕，上命部院满尚书、侍郎等与启奏折本大学士等同进前。上问曰："推补两江总督之时保举布颜图者为谁？"伊桑阿奏曰："臣等遵旨询问，当九卿会同保举之时，刑部尚书翁叔元先以左都御史傅腊塔贤能保举，又吏部尚书熊赐履以本部侍郎布颜图、常书贤能保举，又兵部尚书杜臻以本部侍郎朱都纳、安布禄、王维珍贤能保举，又工部尚书李振裕以本部侍郎常绶贤能保举。"上顾尚书库勒纳曰："布颜图与尔同旗同部，其人果可保举耶？"库勒纳奏曰："布颜图品行最秽恶，非可保举之人。"上曰："如是尔何不阻之？"库勒纳奏曰："熊赐履以布颜图贤能保举之时，臣徇同处办事情面，故默而无言。此臣至庸劣愚懦之处，臣有何辩。"上曰："库勒纳，尔在翰林院时最为懒惰，因尔谨慎，优升尚书，当矢志忠诚，勉图效力。如布颜图之贪婪秽恶，举国共知，又行保举，是国家更无人耶？"库勒纳奏曰："布颜图与臣同旗，所居又近，为人贪婪，品行最秽，皇上洞见诚然。臣徇同僚之情，未曾拦阻，臣有何辩处？无论置臣何罪，统听上意。"于是免冠叩首谢罪。上顾索诺和曰："布颜图可保举乎？"索诺和奏曰："布颜图品行秽恶，非可保举之人。"上曰："自古汉人结为党类，各援引党内之人，以欺其上，习以为常。我满洲素朴诚忠实，今看来，满洲中已结为三党。三党之中，于成龙之党最为强胜，此中惟尚书索诺和并无党类，亦不往大臣家行走，愿悫安分，能及者少。此外孰无党者？焉能欺朕！"吏部侍郎常书奏曰："此保举内曾保举臣，臣常书蒙皇上之恩极为深厚，惟一心绻恋皇上，欲于近处效力，请不必开列臣名。曾向大臣前告过，臣常书并无党类，皇上所素知。臣常书惟知有皇上，并无二心。"伊桑阿奏曰："从来九卿之事命臣等与议，臣等方敢与议。命臣等传问，臣等只传问具奏，未尝与议。这保举总督之事，臣等传问具奏，原未尝与议。”上曰：“朕因布颜图在理藩院时塞外效力，渐次升至侍郎，竟不思图报朕豢养之恩，所行贪婪秽恶，甚为可恶，布颜图着革去侍郎，仍授为理藩院员外主事之职，服劳以愧之。尔侍郎等不奋勉以副朕任用之恩如布颜图者，朕亦如此治罪，断不瞻顾也！”伊桑阿奏曰：“布颜图不勉力副皇上擢用之恩，品行秽恶，理应惩创。”阿兰泰奏曰：“布颜图品行极其秽恶，将伊治罪，可为不思报效皇恩者之戒，治罪甚当。”各尚书、侍郎等出。

大学士伊桑阿、阿兰泰、王熙、张玉书，学士王掞、李楠、温保、戴通、顾藻、沈图、松柱、陶岱、陆棻以折本请旨。吏部题都察院左都御史范承勋员缺，将吏部侍郎赵士麟等职名开列。上曰：“总宪之职关系言责，甚属紧要。看来汉侍郎内无甚优者。”王熙、张玉书奏曰：“圣谕诚然，或论年久而补授之。”上曰：“善。此内孰为年久？”王熙等奏曰：“蒋弘道、王泽弘皆系顺治年间进士。”上曰：“此二人中孰愈？”王熙等奏曰：“蒋弘道为人老成。”上曰：“伊等俱属平常，论其年久，着蒋弘道升授左都御史。学士王掞人才优长，学问亦好，着王掞升授户部侍郎。”

又兵科给事中赵心忭条奏为补授武弁交与该部画一事权疏通壅滞。上顾大学士等曰：“尔等以为何如？”伊桑阿、阿兰泰奏曰：“武官竟不许保举，则致遗漏人材。若皆令保举，内有情弊亦未可知。嗣后或如赵心忭条奏，将参将以上令其保举，参将以下不许保举，则于事似有裨益。”上曰：“古北口署总兵官印副将孟发祥所保之人无一可者，视此各为属员，欲图升转，徇情显然。朕意以为，保举之时并将所保之人引见。”伊桑阿、阿兰泰、王熙、张玉书同奏曰：“如此甚好！皇上亲临询问，观其骑射，则善恶毫无所掩，而武臣又孰敢行私妄保不堪之人？”上曰：“着交与该部确议明白具奏。”

上又顾大学士等曰：“近来朕问自西宁回来之人，云沿路禾苗正茂。又问自江南回来之人，亦云一路到京地方，禾苗正茂，惟真定地方稍有积水。又问运米自陕西回来侍讲学士希福纳，云田禾亦甚茂，黄河之水今年比往年洪大。前日天津总兵官李镇鼎奏云，通州河道东边所修堤工并不妨害，惟旧堤冲决甚阔，此皆因上流水盛所致也。朕心不宁，深为运河堤岸踌躇。着户部郎中鄂奇、兵部员外靳治豫驰驿速往于成龙处观看堤工，明白询问查阅回奏。”

本日起居注官三宝、陆肯堂。

七 月

初一日丁卯 辰时，上御乾清门，听部院各衙门官员面奏政事。

本日起居注官常书、陈元龙。

初二日戊戌 辰时，上御乾清门听政。部院各衙门官员面奏毕，盛京工部侍郎傅德、理事官帕海赴任，请训旨。上曰：“尔等皆以年久升授，但盛京事务繁剧，尔等须勤敏办事，况前人成法具在。”傅德、帕海奏曰：“蒙皇上如此宠任臣等，惟各竭力效职。”傅德等出。

大学士伊桑阿、阿兰泰、王熙、张玉书，学士李楠、温保、戴通、顾藻、沈图、松柱、陶岱、陆棻以折本请旨。内阁题詹事府赞善尤珍员缺，以年久编修沈三曾等八人职名开列。上曰：“伊等朕皆识之，沈三曾前考试时见其所学好，为人亦优，着将沈三曾升补赞善。”

上顾大学士伊桑阿等曰：“旧臣内或在家、或居官，尔等知有长于文章者乎？”王熙、张玉书奏曰：“现任户部侍郎王士祯、刑部侍郎田雯皆工于作诗。”上曰：“尔等召集翰林官员，将所知长于文章、学问超卓者问明，并汉大学士所知者具奏。”

又刑部等衙门题候补知府卢承都家人邓寿将太医院吏目方珩拖下马，碎衣殴打，情罪可恶，应枷号四十日、鞭一百。卢承都将伊家人不严行管束，销其加级纪录。上曰：“卢承都今在京城尚纵家人殴打职官，此等人若居外官，必然害民。着随旗行走。”

上又问大学士伊桑阿等曰：“尔等观松柱何如？”伊桑阿等奏曰：“松柱为人颇优，办事亦好。”上曰：“松柱在旗下行走颇勤，且甚诚实。今若云松柱办事好，朕亦未以为然。凡人行事诚实、人材优长者，理事日久，自然诸事娴习矣。”

是日，上诣皇太后宫问安。

本日起居注官努赫、彭宁求。

初三日己巳　辰时，上御乾清门，听部院各衙门官员面奏政事。

本日起居注官尹泰、宋大业。

初四日庚午　辰时，上御乾清门听政。部院各衙门官员面奏毕，差往边外审事理藩院郎中海牙尔图等入，将带来本章呈览。上阅毕，问曰："边外庄田如何？"海牙尔图奏曰："田禾甚好，雨水亦足。"上曰："将军之言如何？"海牙尔图奏曰："将军云今年田禾甚好，但边外之人不勤力耘锄，故田中多草，苗不甚高。"上又问曰："较之关内何如？"海牙尔图奏曰："内地田禾甚是茂盛，关外之田稍为不及。"海牙尔图等出。

大学士伊桑阿、阿兰泰、王熙、张玉书，学士李楠、温保、戴通、顾藻、沈图、松柱、陆棻以折本请旨。吏部题赞善沈朝初员缺，拟将编修仇兆鳌升补。上曰："仇兆鳌学问何如？"王熙、张玉书奏曰："仇兆鳌评选时文亦有名，至其诗、古文则属平常。"上曰："此番考试，其所作文字甚平常。这员缺着将科分年久之人开列具奏。"

又礼部题原任两江总督傅腊塔给与全葬银两、致祭一次，应否与谥，伏候上裁。上曰："着赠宫保衔、加祭一次，还与他谥。"

伊桑阿等奏曰："镶白旗副都统博托和员缺，臣等遵旨将宗室及应升参领等官俱查来引见。"上令登阶引见，一一询问，曰："护军参领党爱麻子屡次随朕行走，人材颇优；前锋参领花善前曾为护卫，人材亦颇优长。这员缺着将党爱升补。"

伊桑阿等又奏曰："顷奉谕旨，令臣等各举文学之士，臣等思之。圣学精微，仰副高深者实难其人。就现在之人，论文章诗赋，则徐乾学、王鸿绪、高士奇、韩菼颇为优长。又有戊辰进士唐孙华，现在掣签知县，此人长于诗赋，文字亦佳。高士奇、唐孙华，翰林诸臣俱交口称赞。"上曰："韩菼文章极佳，唐孙华学问甚好，朕亦闻之。"上问李楠曰："尔知此人否？"李楠奏曰："臣曾见其所选之文，又闻其长于诗赋，众皆称之。"上又问陆棻曰："尔亦知此人否？"陆棻奏曰："唐孙华所评选学山园文章臣曾读之，闻此人诗赋甚工，其子史书记诵亦熟。"上曰："唐孙华朕试召入观之，此所举数人尔等再问熊赐履具奏。”

本日起居注官傅伸、郑崑瑛。

初五日辛未　辰时，上御乾清门听政。部院各衙门官员面奏毕，大学士伊桑阿、阿兰泰、王熙、张玉书，学士李楠、温保、戴通、顾藻、沈图、松柱、陶岱、陆菜以折本请旨。詹事府赞善沈朝初员缺，遵旨将年久编修王化鹤等七人选出引见。上曰：“此七人内无学问优者，着另将学问、人品好者问明具奏，选择补用。”

又三法司题张四将伊主侯士杰所付官粮一千一百二十五石尽行花费，又放火烧屋，欲杀伊主，因拟立斩。上曰：“闻侯士杰为人甚暴虐，着将张四改为秋后处决。”

大学士伊桑阿等奏曰：“臣等遵旨问尚书熊赐履，据云徐乾学、王鸿绪、高士奇、韩菼等原系学问有名，先经皇上任用，在内廷行走。伊等学问之优，皇上亦素知之。唐孙华闻其学问好，但从未识面。”上颔之。

本日起居注官张英、莫里溥。

初六日壬申　辰时，上御乾清门听政。部院各衙门官员面奏毕，大学士伊桑阿、阿兰泰、王熙、张玉书，学士李楠、温保、戴通、顾藻、沈图、松柱、陶岱、陆菜以折本请旨。吏部题升授府道员缺。上曰：“原任总督傅腊塔疏称，南昌府地方甚属紧要。着将各部所保举郎中、员外及总督傅腊塔保举之员查奏选补。”

又题覆兵科给事中赵心忭参郎中刘始恢不堪任文选司之处，无庸议。上曰：“选司官员甚属紧要，若以捐纳之人补用，吏部岂遂无人乎？闻选司声名亦劣。刘始恢着令休致。先年文选司郎中宋文运虽办事之才平常，而操守声名甚好，朕不次连擢，洊升刑部侍郎。看来，今文选司无一如宋文运品行者。着将朕旨晓谕吏部。”

又吏、兵二部会同三法司题尚书索诺和审来事件，覆勘得把总陈开鲁挑唆兵丁黄明等三十六人擅动龙亭，抬至石匣，情罪殊为可恶。将陈开鲁议立斩。副将孟发祥署理总兵官事，当兵丁擅动龙亭，不能约束，又将闲散不食粮之人张四诱称授为把总，议革职，拟徒杖。游击张涵以私事苦累兵丁，役令伐木，致林四被虎咬死，议降三级调用。上曰：“陈开鲁唆众擅动龙亭，罪犯虽重，若即正法似过。着改为应斩监候，秋后处决。孟发祥着革职，从宽免徒责。张涵原任涿州守备时，于成龙任直抚，曾经参过。朕以张涵人材壮健留任，观其人甚钻营妄行，不肖安静，着降三级休致。”

伊桑阿等奏曰：“赞善沈朝初员缺，遵旨翰林院选得编修张希良、张豫章、凌绍雯可用。”上曰：“此赞善缺，着张希良升补。府丞吴涵学问甚优，原系一甲二名，若欲仍用之于翰林，宜授何官？”王熙奏曰：“吴涵现任四品，若用之于翰林，或少詹与学士方可。”上又曰：“众翰林所举文学素优之知县唐孙华召入考试，文学实优，但字不甚佳。唐孙华不但自己学问好，且教人亦善。明珠之子揆叙是其所教，亦曾召入，考试作文甚好。现在满洲进士所作文章岂能过之？唐孙华年近六旬，如此学优之人，用之外省殊为可惜。着额外授为礼部主事，令于翰林院行走。”

是日，上诣皇太后宫问安。

本日起居注官三宝、徐嘉炎。

初七日癸酉　辰时，上御乾清门，听部院各衙门官员面奏政事。

本日起居注官努黑、曹鉴伦。

初八日甲戌　巳时，上由神武门出西直门，驻跸畅春园。

部院各衙门应面奏事宜仍面奏外，其余章奏每日交送内阁，内阁传送畅春园听理。

本日起居注官常书、史夔。

初九日乙亥

初十日丙子

十一日丁丑

十二日戊寅

十三日己卯

十四日庚辰　辰时，上御畅春园内澹宁居听政。部院各衙门官员面奏毕，大学士伊桑阿、阿兰泰、王熙、张玉书，学士李楠、温保、戴通、顾藻、沈图、松柱、陶岱、陆棻以折本请旨。吏部题江苏等七府未完芦课银两，将承追江苏巡抚宋荦等议处。上曰：“熊开楚居官称善，着于近京繁剧之地补用。”

又刑部题革职捐纳知县吴士勋欲掣得近地之签，向书办赵祥行贿作弊，议各徒三年。上曰：“吏部名声甚秽，闻各大臣家人与书办招揽事情，着将书办赵祥发往黑龙江。”

又三法司题韩铨等皆系康亲王之奴，将王欺侮，令伊子弟不听王之约束，藐忽妄行，情罪甚为可恶。将韩铨拟立绞，韩锐拟绞监候，秋后处决，韩俊议革去知县、枷号两个月、鞭一百，韩世琦之妻何氏议枷号两个月、鞭一百、追夺诰命、准折赎。上曰：“韩铨乃甚负恩之恶人，理应正法，着监禁，秋后处决。余依议。”

本日起居注官努黑、尹泰。

十五日辛巳

十六日壬午 辰时，上御畅春园内澹宁居，听部院各衙门官员面奏政事。吏部题内升外转，将伊部司官引见。上问 :“此内孰优孰劣？”库勒纳奏曰 :“谈九乾前曾保举，黎日升办事庸常。”

又都察院题内升外转，将伊衙门监察御史引见。上问：“此内谁好？亦有庸劣者乎？”傅腊塔奏曰：“郝惟谦、赵苍璧、高必弘人皆可用，任弘嘉人材庸常。”上又问：“甘国枢何如？”傅腊塔奏曰：“甘国枢人材亦可。”

又吏科掌印给事中温达题内升外转，将六科给事中引见。上问：“伊等皆曾有条陈否，此内亦有未曾条陈者乎？”温达将有条陈并无条陈者一一具奏。上又问：“此内孰优孰劣？”温达奏曰：“刘国黻、裘充珮人材可用，李旭升人属平常。”温达出。

大学士伊桑阿、阿兰泰、王熙、张玉书，学士李楠、温保、戴通、顾藻、沈图、松柱、陶岱、陆棻以折本请旨。兵部尚书索诺和、户部尚书马齐同进，右卫显威将军希福题请将总兵官康调元下绿旗兵并察哈尔兵酌量发出等事。上曰：“绿旗兵若多发往，则其马少，且边外地方米粮何能运到？顷京城亦预备出兵，察哈尔兵倘有紧要差遣，即当与所备之兵一齐遣往。今亦未可发也。朕前巡察边外地方时，曾带古北口绿旗兵往，沿途常赏赉食物赡养。然去时犹可，及观其回时情形甚惫。随朕行走尚有苦累之处，今希福亦能如此赏给乎？其欲多带绿旗兵者，专为有事，亦如在南方行走之例推，令居前当锋镝之意耳。希福每遇一事，必生端起衅，此等处从前亦曾向尔等宣谕。今观所奏请，希福大有惧心，且前在云南出兵时，遇事亦辄生衅。大将军赖塔曾于朕差往侍卫那尔泰之前，将希福痛加羞辱，从此方于追逐马宝时，请往穷追，遂擒马宝。此事额黑纳、顾巴代、佛伦皆知之。朕非欲陷旧臣于恶，但此番发往防备之兵，甚属紧要，机不可失。且今西宁回来之兵及右卫之兵、归化城蒙古兵共有八千。满洲兵八千，便可以比八万。有此兵力，所向无敌，果遇嘎尔丹大事，便沛然可成。将军费扬古勋旧大臣，今驻防归化城，众皆极口称赞，军士亦皆心服。都统郎坦边外行走熟练，于此事无不能办者。若又遣希福往，或致疑阻大事亦未可定，此处关系甚大。希福着停其前往。右卫新驻兵丁甚属紧要，着行文令将军希福料理。至绿旗丁不必多发，着大同总兵官康调元亲选五百名，与将军费扬古一同前往。”伊桑阿奏曰：“绿旗兵于边外行走甚难，粮米实不能运到，又京城备兵、察哈尔之兵不可发往，皇上所谕极是。”阿兰泰奏曰：“绿旗兵只有一马，岂能驮运粮米？皇上所见极是。今费扬古现为大将军，归化城相去甚近，希福理宜与费扬古合兵一同商议而行。”马齐奏曰：“前古北口绿旗兵皇上每日赏给牛羊等物，沿途养赡，各兵尚然劳苦。口外粮米，实难运到，皇上所见最是。”王熙、张玉书奏曰：“皇上明鉴，无不洞照。”上又曰：“绿旗兵南方出征尚可，不宜于北地。内地乡村稠密，可买饭而食。然闻绿旗兵于征行之处尚有攘夺百姓者，此皆无力驮运食物之所致也。不可与满洲兵力比量。朕巡幸南方，观所经历之地，平旷处满洲兵驻扎盈千，便觉营伍甚大，虽有巨寇，可以凿然取胜，纵横而行，所向无敌。惟有山水稻田，路径窄狭，若此等处幸而据守，则取之稍难。今派出三处兵甚多，更有何不足用处？”马齐、索诺和出。

伊桑阿等奏曰：“转补吏部文选司郎中，臣等遵旨问过，库勒纳等云，司铉为人亦可，郎中谈九乾为人与办事皆可，经臣部保举。”上曰：“着将谈九乾转补。”

是日，上谕户部：“盛京等处去岁禾稼不登，粒食艰窘，闻今年收获亦未丰稔，米谷甚贵。倘价值日渐腾踊，则兵民生计恐致匮乏。盛京等处地方关系紧要，朕心时切轸念，宜预加筹画作何恩给，俾各资生业。着遣部院堂上官一员前往，自甲兵以及匠役、当差人等有力不能糊口者，将人户数目察明造册具奏。特谕。”

本日起居注官常书、傅伸。

十七日癸未

十八日甲申 是日，上移驻汤泉。

十九日乙酉

二十日丙戌 午时，上由安定门进神武门，回宫。

是日，上诣皇太后宫问安。

本日起居注官莫里溥、沈涵。

二十一日丁亥 辰时，上御乾清门听政。部院各衙门官员面奏毕，大学士伊桑阿、阿兰泰、王熙、张玉书，学士李楠、温保、戴通、顾藻、沈图、松柱、陶岱、陆棻、徐嘉炎以折本请旨。吏部、都察院等衙门题请内升外转事。上曰：“昔年杜立德、李之芳、姚文然、徐旭龄等为言官时，惟陈紧要之事，所言皆当，实心效力。今居言职者，俱远不及此等矣。”伊桑阿奏曰：“方今言官，实无有及杜立德等者。”王熙奏曰：“圣鉴甚是。方今言官，如何能及杜立德等。”上曰：“朕观御史甘国枢不生事，亦从不闻有议论，其为人优劣者，非其守分安静而能如是乎？且甘国枢言语明白，人材亦优，着将伊内升。其余着停止这次升转。”

伊桑阿等奏曰：“今现有纂修四馆，一系三朝国史，一系典训，一系一统志，一系明史。臣等皆虚叨总裁之任，因各有所办之事，未能成书。臣等愚见，徐乾学、王鸿绪、高士奇、韩菼皆系文学素优，伊等且又空闲，若一人各将一书交与纂修，则书可速成。而伊等亦不得在地方妄生事端矣。”上曰：“诚然，与其将诸人置之闲散，何如取来修书为善！韩菼闻其病目，徐乾学之弟徐秉义学问亦优，着并取来。”阿兰泰奏曰：“闻徐秉义不但文学好，为人亦优，不似伊兄生事。”王熙、张玉书奏曰：“徐秉义实好，韩菼病目，闻今已愈。伊等文学优，俱乞召来。”上曰：“韩菼所作时文实属无敌，不但今人所作时文无能及之，即明朝来有名文章家，亦未有胜于韩菼者。朕于韩菼之文曾经遍阅，立意奇巧，措辞甚为出色。”王熙、张玉书奏曰：“明朝如唐顺之、归有光等，所作文章虽工，未有如韩菼之深通畅快者。或遇一题不能即有一篇恰好文字，看来，韩菼所作时文甚痛快。”伊桑阿奏曰：“臣于书理不甚深悉，听众臣之言，皇上神圣夙成，凡所见文章皆系名人佳作，若平常之文，亦不足称数于皇上之前矣。”上曰：“韩菼原系学士，告假回籍，不便与曾经处分之人一体取来修书，着以学士召入。”

本日起居注官三宝、王思轼。

二十二日戊子　辰时，上御乾清门听政。部院各衙门官员面奏毕，白都纳地方副都统沙那海赴任，陛辞请训旨。上曰：“白都纳地方甚属紧要，将尔补授副都统，彼处事情将军萨卜素悉知，尔凡事与彼商酌而行。俟二三年后，将尔取回。”沙那海奏曰：“蒙皇上任用，臣当竭力效职。”沙那海出。

大学士伊桑阿、阿兰泰、王熙、张玉书，学士李楠、温保、戴通、顾藻、沈图、松柱、陶岱、陆棻、徐嘉炎以折本请旨。吏部题两江总督傅腊塔拟加赠太子太保。上曰：“傅腊塔自任总督，居官甚善，于一切人不徇情面，无所顾忌，克尽厥职，两江军民皆极感戴。前总督于成龙曾荫一子入监读书，傅腊塔应示恩奖，着加赠太子太保，从优给与拜他喇布勒哈番。”

本日起居注官努赫、陆肯堂。

二十三日己丑　辰时，上御乾清门听政。部院各衙门官员面奏毕，大学士伊桑阿、阿兰泰、王熙、张玉书，学士李楠、温保、戴通、顾藻、沈图、松柱、陶岱、陆棻、徐嘉炎以折本请旨。吏部题礼部镶红旗分员外员缺，以候补金德纯拟正，原任吏部员外马震拟陪。上曰：“金德纯系原任巡抚金俊之子，举止轻佻，拟陪马震人材甚劣。部务关系紧要，伊等皆令随旗行走。这员缺另拟具奏。”

又题覆监察御史周士皇条陈，应照所请。凡奉旨交与九卿会议者，如众议佥同，仍照前例。倘九卿内另有所见者，各书其意，另为一条，一并启奏。其会议保推官员时，各携纸笔，将所推出官员实堪荐举之处写出，于部院衙门存案，以备稽查。上曰："部议甚善，可谓周详。即依议行。周士皇为人何如？"王熙奏曰："周士皇先任扶沟县时，名声好，人材亦优。"

上又顾大学士伊桑阿等曰："朕近问户部诸臣，现今库中钱粮充牣，民为邦本，必令家给人足，方称朕意。今天下太平，兵革不用，国家又无土木等无益之费。从前虽因水旱，将民间旧欠钱粮每岁蠲免，朕意仍觉未惬。今欲将天下钱粮通免一年。"伊桑阿等奏曰："皇上听理政事无一时不念切民生，数十年来蠲免钱粮甚多，赈济亦不胜计。今又颁浩荡之恩，欲通免海内钱粮，皇仁如天，实从古帝王未有之盛事。但国家岁入之数三千余万，每年经费约计二千万。今若一年不征，即至两年不解，诚恐公用不继。或酌量蠲二三分，或蠲半年，于民亦得休息。"上曰："尔等既为国用虑，或且蠲免半年，将此所蠲若在上半年，于民尤似有益。"阿兰泰奏曰："皇上所见极是，六月后开征，民间已得收麦。嗣后又届秋成，输将甚易。"王熙、张玉书奏曰："皇上沛此殊恩，不独黎民感悦，臣等亦欣戴无既。但一时并蠲，所免钱粮甚多，或分省挨年轮蠲似为更妥。"上曰："尔等闲暇时会同户部详酌具奏。"伊桑阿奏曰："前九卿奏疏内，漕项拖欠追比条件最多，臣等意乞将此本暂留，俟皇上巡幸江南等处时，随宜蠲免。"上曰："朕曾巡历江南，于彼处土俗民情皆已稔知，今无庸再往。"伊桑阿等奏曰："皇上前幸江南，访问民间疾苦，蠲免所过钱粮，百姓至今望圣驾重临。况所过沿途，直隶、山东及所至江浙地方官员莫不战兢奉法。皇上巡行，实于地方甚有裨益。"上曰："尔等此言是也，山东一带地方吏治较河南等省实胜。"

是日，上诣皇太后宫问安。

本日起居注官常书、彭宁求。

二十四日庚寅　早，上巡视口外，由神武门出东直门，驻跸三家店。是日，顺义县防守尉卓博尔图等、知县马文煜等来朝。

二十五日辛卯　上谕领侍卫内大臣国舅佟国维等曰："田苗滋长，今正在收获之时，着派出侍卫，各严加约束，勿得践踏民田。"

又谕大学士伊桑阿，学士温保、松柱曰："观密云县田禾失收，今年雨水甚大，着速行文仓场侍郎，将通州仓所贮粟米，以一万五千石运至密云县，五千石运至顺义县。趁有水速行，运到令其收贮。”

是日，上驻跸密云县城内，古北口监督、户部员外郎赛音布等，守备李允庆等来朝。

二十六日壬辰　上驻跸陈格庄。是日，石匣营游击胡泮等来朝。

二十七日癸巳　上驻跸古北口内。是日，赐古北口总兵官何应元银二百两、石匣营副将马进良银一百五十两。侍卫马武传谕曰：“尔等皆从远方调补此处未久，家计甚穷，兵丁钱粮又不敢稍有扣克，故赏尔等为日用之资。”又阅兵丁舞双刀、藤牌，各赏银两。

是日，管理古北口驿站员外郭里等、古北口防御古尔拜、古北口总兵官何应元等来朝。

二十八日甲午　上驻跸鞍匠屯。

二十九日乙未　上驻跸多何图地方。

八　月

初一日丙申　上驻跸千佛寺后。

酉时，上御行宫，大学士伊桑阿，学士温保、松柱以折本请旨。吏部题监察御史甘国枢员缺，以郎中卢起龙拟正，郭金城拟陪。上曰：“御史职任言路，殊为紧要，着回京时引见。”

又户部题考核崇文门监督苏黑纳任内钱粮。上曰：“此乃采办物料，银两甚多。温保尔先曾管此税，必能悉知所买系何等物料。”温保奏曰：“凡赏人缎匹及需用纸张、颜料等项，皆系采办，或一年，用内多则买多，用少则买少，不能画一。”上曰：“这册开造未明所用，银两关系钱粮，俟回京着逐一明白造册呈览。”

又刑部题刘光显打死伊婶母穆氏，拟立斩。上曰：“观疏内伊叔刘士伟曾先举手，若坐叔则罪轻，坐侄则罪重。人命关系重大，岂可移叔之罪滥坐于侄？这所议蒙混，于情理未当，着再议具奏。”

又浙闽总督朱弘祚题请巡察泉州等处海口所有战船。上曰："于地方生一事不如损一事，此等巡察之事动即劳民，朱弘祚所请着不准行。"

是日，赐宁古塔副都统沙那海鞍马一匹。

初二日丁酉　上驻跸博河齐口南。

初三日戊戌　上驻跸鹰图口。

初四日己亥　上驻跸朱尔哈台口。

酉时，上御行宫，大学士伊桑阿，学士温保、松柱以折本请旨。兵部题右卫将军希福请给官兵拴马钱粮，议不准行。上曰："尚书马齐差往右卫，酌定兵丁钱粮条例，俟马齐回，将此事交与议奏。"

又山东巡抚桑格题将登州等处米石请从天津运至三岔口。上曰："运米至盛京实属善政，先所运米大有裨益。山东海运今岁若不可，或从天津转运。亦可将此本交与学士陶岱，前往天津，即将彼处存贮米石从天津海口运至三岔口之处议奏。"

初五日庚子　上驻跸迤鼻峰之东。

初六日辛丑　上驻跸行宫。

初七日壬寅　上驻跸迤鼻谷。

酉时，上御行宫，大学士伊桑阿，学上温保、松柱以折本请旨。吏部题将迈图七品官议止，与伊子巴西承袭。上曰："迈图之祖系太祖时效力有功之人，将此职着世袭勿替。"

又礼部题已故都统根特应给与全葬银两、致祭一次，应否与谥，伏候上裁。上曰："凡题请已故大臣恤典者，皆将诰命录出。根特乃系旧臣，效力必多，他人皆全录诰命，独根特不录，礼部殊属蒙混。此疏着驳回。"

初八日癸卯　上驻跸巴颜托赖海地方。

初九日甲辰　上驻跸行宫。

初十日乙巳　上驻跸石山口。

十一日丙午　上驻跸行宫。

十二日丁未　上驻跸杀虎岭地方。

十三日戊申　上驻跸行宫。

十四日己酉 上驻跸行宫。

十五日庚戌 巳时，上御行宫，大学士伊桑阿，学士温保、松柱以折本请旨。吏部题大选官员。上曰："这次选内直隶所属知县有几员缺？"大学士伊桑阿奏曰："有平谷、河间、青县、新安共四县员缺。"上曰："此四县内孰为紧要？"伊桑阿奏曰："新安、河间稍为紧要。"上曰："前曾谕于直隶所属知县内用，熊开楚着即补新安知县。"

又都察院题革职复用郎中额席赫希幸图算前俸，议革职交与刑部，其将额席赫任庶子以前郎中俸并算之吏部尚书库勒纳、熊赐履等议降级调用。上曰："额席赫甚是钻营，断不肯安静之人，设心亦不良。前因罪革职，朕复用为郎中，额席赫并不知勤职赎罪，但望升迁。凡为臣者各宜勤勉乃职，随材器使在朕。即今大学士伊桑阿及现任诸大臣，皆系朕选用，果有善处，何致遗弃？富贵有命，岂可妄意营求乎？"伊桑阿奏曰："凡人但望升迁，其品行便不足。观且额席赫现任内职，并无阻滞，额席赫营升之心实系过急，皇上洞见诚然。"上曰："额席赫为人虽系钻营，办事尚优，从宽免交刑部，着革职留任效力。此事库勒纳显系徇情，堂司官俱依议降四级，从宽留任。"

又礼部题已故都统根特恤典，遵旨添写诰命。上曰："根特病故时，朕曾遣大臣、侍卫往吊，差往大臣等回称，根特亲生子孙共有五六十人，皆环居根特。官至极品，年至七十八岁，家计亦饶，亦可谓有福之人矣！"因顾学士松柱问曰："根特原在旗下何如？"松柱奏曰："根特为人和气，行事亦善，故旗下人皆心服之。解任后，居田园之日为多，尽自快乐。"上曰："观根特诰命，效力处甚多，系旧臣，着加祭一次，与谥。"

大学士伊桑阿奏曰："前者奏报嘎尔丹博硕克图来侵边界，又云望见尘起，是时皇上即传谕，此事非真。今观报文，皆与皇上谕旨相符。"上曰："达赖巴图鲁在宁夏相近贺兰山驻牧，哈密在嘉峪关外（驻牧），嘎尔丹在鏊薄朵驻牧，策旺阿兰卜滩在博罗掩喇驻牧，达赖喇嘛在布达喇驻牧，总有三路。若由哈密一路凡六七日无水，由中路凡十四日无水，此二路虽径，然皆无水，蒙古人断难行走。惟坤图伦一路地形四达，且有水，人行此路者多。从坤图伦向嘉峪关、归化城而来甚近。朕恐嘎尔丹或乘虚犯归化城，故预发兵防备。往者三逆反叛时，朕于内地形势，处处切记，今天下承平，惟有边备常系朕怀，故知之甚悉。”伊桑阿奏曰：“往者三逆同时反叛，皇上于天下形势，凡地方之远近、关塞之险易、兵马之多寡，无不洞悉，一应进取调度，皆出上裁，迄使元恶大憝如冰消瓦解，转瞬殄灭。前厄鲁特侵犯时，皇上筹画预定，自行阵营伍等事，无不周虑。嘎尔丹博硕克图果堕吾计中，因诱之深入。使差往将军等，果能遵奉皇上指示，嘎尔丹即于彼时就擒，尚能至今日乎？”上曰：“行兵之道，乘机最要，古人有言，机会一失，不可更遇，正谓此也。”伊桑阿奏曰：“皇上征灭察哈儿，扫荡海氛，讨服俄罗斯，存抚喀尔喀，皇上专精所图，凡事无不成。以臣愚见，嘎尔丹虽甚奸狡，不久必擒获也。”

是日午时，召折布尊丹巴枯图克图、土谢图汗、多罗贝勒西第希里、和硕扎萨克图亲王策旺札布、多罗郡王敦罗布多尔济、一品台吉卫征诺颜阿玉西及扈从内大臣、侍卫、文武大臣、官员至幔城内赐食。土谢图汗之族中台吉并所属台吉，及贝勒族中台吉所属台吉，俱令至网城前门外赐食。晚又召扈从内大臣、文武大臣至网城内赐食。

是日，上驻跸行宫。

十六日辛亥　上驻跸玲珑峰地方。

十七日壬子　酉时，上御行宫，大学士伊桑阿，学士温保、松柱以折本请旨。兵部题看守紫金城该值误班，拖沙喇哈番元宝、八品官阿密达俱议革职。上曰：“元宝之父先系阵亡，若将世职袭与他人似属可悯，此职仍留与元宝，着罚俸三年。”

又提督孙思克因外藩蒙古进贡，欲将边外蒙古牲口供应，请给勘合。议准行。上曰：“这所请着准行。提督李林隆、总兵官王化行所驻一带地方俱系紧要，亦着给与勘合。”

又礼部题永陵相近山水冲坍之处，议差钦天监官前往相视。上曰：“朕前往谒陵，悉知彼处山水。若河水泛涨，将山旁一二株树木冲倒者亦属常事，且此冲坍处不在风水之内，该部不知混议，这差官着停止。”

是日，上驻跸行宫。

十八日癸丑　上驻跸行宫。

十九日甲寅　上驻跸会岭口。

二十日乙卯　午时，召折布尊丹巴枯图克图、土谢图汗、多罗贝勒西第希里、和硕札萨克图亲王策旺札布、多罗郡王敦罗布多尔济、一品台吉卫征诺颜阿玉西及扈从内大臣、侍卫、文武大臣、官员至幔城内赐食。土谢图汗族中台吉并所属台吉等，贝勒族中台吉并所属台吉等，俱于网城前门外赐食。

是日，上驻跸行宫。

二十一日丙辰　上驻跸行宫。

二十二日丁巳　上驻跸杨川口。是日，赐察哈尔参领品级总领班第等四人缎袄各一件，二品台吉巴琫等三十二人缎各一匹，拖沙喇哈番顾里格等三十四人彭缎各一匹，护军拨什库马兵共七百九十五人各赏银两。

二十三日戊午　上驻跸行宫。

二十四日己未　上驻跸拜巴哈口。是日，赐喀尔喀折布尊丹巴枯图克图黄蟒缎喇嘛衣等物，土谢图汗绒缨凉帽等物，亲王策旺札布等绒缨凉帽等物，达西推音、奔尔托音蟒缎喇嘛衣等物，一品台吉宾图代青多尔济等五人蟒袍等物，台吉王占尔多尔济等十六人镶领蟒袍等物，者折布孙丹巴枯图克图之头领喇嘛达赖枯图克图绰沙克巴等十七人各缎一匹，土谢图汗之妻蟒缎等物，土谢图汗之妹额哲等八人各缎二匹，土谢图汗之子额尔德尼阿海之女一品台吉宾图代青多尔济之妻等二十五人各缎一匹。

二十五日庚申　上驻跸行宫。

二十六日辛酉　上驻跸野猪川。

二十七日壬戌　上驻跸西喇诺海之岭谷。

二十八日癸亥　上驻跸骅骝川西。是日，赐苏尼忒郡王萨木札额驸之妻和硕郡主银五百两及衣服、缎匹。

二十九日甲子　上驻跸行宫。

三十日乙丑　上驻跸骅骝杨川地方。

九　月

初一日丙寅　上驻跸杨岭北。

初二日丁卯　上驻跸行宫。是日，赐翁牛特部落多罗杜棱郡王班第之祖母和硕格格蟒缎二匹、缎五匹，喀喇沁部落额林臣之妻多罗格格、阿霸垓部落多罗额驸札木素之妻多罗格格、柰曼部落多罗达尔汉郡王班第之母、阿霸垓部落多罗郡王大西他尔渣之祖母、翁牛特部落多罗郡王班第之母、阿霸垓部落札木素王之福金、喀喇沁部落多罗杜棱郡王扎西之二妻等各蟒缎二匹、缎四苑，阿霸垓部落二品台吉滚布之妻、一品台吉安达阿玉玺之妻、翁牛特部落二品台吉鄂齐尔之妻、喀喇沁部落二品塔布囊巴图尔之妻、四品塔布囊达木巴之妻、二品塔布囊班第之妻等各蟒缎一匹、缎四匹，喀尔喀格楚尔喀图尔之妻母及子妇各缎二匹。又赐翁牛特部落多罗杜棱郡王博托和之和硕格格银五百两。

初三日戊辰　上驻跸黑湾地方。是日，赐内大臣、侍卫、内阁翰林院等官野猪并鹿。

初四日己巳　上驻跸坡赖村北。

初五日庚午　上驻跸秃白地方。赐内大臣、侍卫等，銮仪卫、护军统领、八旗护军等鹿。

初六日辛未　上驻跸第一泉第地方。是日，上殪虎。

初七日壬申　酉时，上御行宫，大学士伊桑阿，学士温保、松柱等以折本请旨。户部题学士陶岱会同巡抚郭世隆，请将天津等处米五万石俟来春捐运至盛京三岔口，议准行。上曰："若将直隶各府州县之米运至天津，甚属费力，俟来春河南、山东漕米过天津时，截留五万石，从天津海口运往。"

又兵部题官保闯入苍震门，将管钥匙护军参领粘青阿等议处。又风颠侍卫图颜住乘马自西华门入雍和门，将护军统领洪海等议处。上曰："禁地所关重大，看守官兵甚是疏纵。"大学士伊桑奏曰："禁地所关甚要，若不严加议处，必致疏纵愈甚，圣谕诚然。"上曰："这所议尚轻，着再严议具奏。”

是日，上驻跸九汇河之南。赐喀喇沁部落多罗杜棱郡王扎西绒缨帽、蟒衣、妆缎、褂等物，王扎西之子二品塔布囊吉尔的未得品级塔布囊色冷等各缎二匹；一品塔布囊西达等、副都统多尔祝、参领吴萨喇等、佐领秦图等，下及从官等五十二人各缎一匹；骁骑校十名、拨什库及兵六百三十一名每人银二两、布一匹。

初八日癸酉　上驻跸喇嘛洞。

初九日甲戌　上驻跸鞍匹屯。是日，赐大臣、侍卫等食并鹿肉。上殪虎。

初十日乙亥　上驻跸古北口城内。

十一日丙子　上驻跸陈格庄。

十二日丁丑　上驻跸密云县内。

十三日戊寅　上驻跸三家店。

十四日乙卯　午时，上由东直门进神武门回宫。

是行也，部院各衙门奏章每日交送内阁，内阁三日一次传送行宫听理。

扈从起居注官常书、尹泰。

十五日庚辰　早，上御太和门升座，升转文武官员谢恩毕，上回宫。

是日，上诣皇太后宫问安。

本日起居注官张英、傅伸。

十六日辛巳　辰时，上御乾清门听政。部院各衙门官员面奏毕，大学士伊桑阿、阿兰泰、王熙、张玉书，学士李楠、温保、戴通、顾藻、沈图、松柱、陶岱、陆棻、徐嘉炎以折本请旨。吏部题陕西布政使戴通员缺，将织造库郎中能格礼拟正，兵部郎中瓜拉拟陪。上曰：“按察使党爱居官好，着补授。”

又户部题覆盛京户部侍郎阿喇密等疏称，运至三义口之山东捐纳米谷，除粜卖外，所余米石请于锦州等处修造仓廒收贮等语，议不准行。仍令作速运至盛京。上曰：“阿喇密自补授侍郎以来，彼处将军、官员以下，兵民奴仆以上，并无一人称其好者，俱言其不善，视为不足比数之人。况且阿喇密前题将山东所运之米收贮于盛京，继又欲于锦州等处修理仓廒，前后不合。凡事不周详筹画，草率办事。将阿喇密一并交与该部察

议具奏。”

又显威将军希福题请给与右卫驻防官兵马匹、草料，止给来年夏秋二季，其余停止。上曰：“户部尚书马齐曾往右卫，此事尔等与马齐会议，着马齐一同来奏。”

又礼部题工科给事中龚应霖疏称，生员、童生坐号印于浮签上，交卷时令生童亲自揭去，又空卷及未完篇者，宜令收卷官于卷面上印“空卷及未完”字样等语，议俱如所请。又考此府则另用别府，知府提调及生童试卷解部磨勘之处，俱无庸议。上曰：“考试事旧例遵行日久，若更一番，则又生一事矣。这所奏生员考试时将府官互相更换、提调及将试卷解部磨勘，皆属无益，仍照旧例行。”

又兵部题正白旗汉军都统穆黑伦员缺，将护军统领拖伦等职名开列。上曰：“正白旗都统员缺，将福建将军石文炳补授，着来年二月来京。”

上又曰：“本年雨水时，自通州至天津新筑堤岸并无倒塌，东边一带旧堤有数处冲决。如此冲决，于漕运虽无迟滞，但淹没田地，民受其累。若另浚河道放水流出，则民田又致亏损。去岁侍郎常书曾去看过，即遣常书看明作何修筑坚固，令其议奏。朕亦遣侍卫一二人前往。”

上又顾大学士伊桑阿等曰：“徐乾学为人甚属妄行，从伊者亦众。此等处朕具知之，但效力年久，今已身故，尔等可议与品职具奏。”上又曰：“徐乾学所学亦优，但不识所读何书，所行何事。”王熙等奏曰：“皇上洞察甚精，又蒙圣慈，惜其效力有年，因下斯旨，凡属臣工，无不感激。”

未时，上御保和殿，赐进贡科尔沁国旗分三品台吉顾禄、乌朱穆秦旗分四品台吉达木巴等、喀尔喀部落二品台吉诺木齐戴青等、寨桑布的森额等，又厄禄特巴兔鲁厄尔客济农等、喀尔喀根敦戴青等食，召厄鲁特巴兔鲁厄尔客济农、喀尔喀根敦戴青近御座前，亲赐酒。

本日起居注官努赫、曹鉴伦。

十七日壬午 辰时，上御乾清门听政。部院各衙门官员面奏毕，大学士伊桑阿、阿兰泰、王熙、张玉书，学士李柟、温保、戴通、顾藻、沈图、松柱、陶岱、陆棻、徐嘉炎以折本请旨。吏部题云贵总督丁思孔员缺，将吏部侍郎常书等职名开列。上曰："闻巡抚王继文居官甚善，总督范承勋陛见时曾奏称其人亦优，居官甚善，着升补总督。贵州布政使石文晟系令族，家业亦饶，升补王继文员缺。俱令作速到任。"

又兵部题浙江提督马三奇奏请象山副将曾成员缺，将参将张进补授。张进员缺，将游击张天複补授。俱无庸议。上曰："提督马三奇题请参将张进等人，人材壮健，俱照该督所请补授。"

又兵、工二部题总督佛伦奏请陕西三边重修边墙之处，议准行。上曰："明季将山西、河南人民特令于沿边地方戍住，以除淤沙。今五十余年，沙复堆积，自不待言。现今佛伦、孙思克、李林隆等在任，边墙自可无虞。但恐后来岁月渐久，未必仍有裨益。昔年我朝大兵前进，几处边墙皆直入无阻，亦惟在得人心与兵力为可恃耳。此事尚属重大，交与九卿着详议具奏。"

本日起居注官莫里溥、史夔。

十八日癸未　辰时，上御乾清门听政。部院各衙门官员面奏毕，大学士伊桑阿、阿兰泰、王熙、张玉书，学士李楠、温保、戴通、顾藻、沈图、松柱、陶岱、陆棻、徐嘉炎以折本请旨。吏部题盛京户部侍郎阿喇密将从山东运去之米于各城兵丁不行均给，又将秀岩地方应料理人颁给之米不亲行料理颁给，殊属不合，将阿喇密降五级调用。又防御马尔赛并不访实，谎称王文成盗取官粮，即行拘禁，擅离汛地，率众叩阍，殊属不合。将马尔赛革职、枷号三个月、鞭一百，不准折赎。上曰："阿喇密自简任侍郎以来，并不勤劳效力，凡事瞻徇情面，支吾塞责，甚属庸懦，盛京官员兵丁，无一人称道其好者，着革职，同伊家口发往黑龙江披甲效力。马尔赛原系有罪之人，理应勤谨效力以赎前愆，乃反生事，将运至之米阻挠不行粜卖，其情殊为可恶，着监候，秋后处决。"

又户部题冬三月请照例令五城官员煮粥赈饥。上曰："今年四方之民就食京城者必多，着照往年增一倍，展限两个月，令五城御史亲行散给，务使贫民得沾实惠。"

本日起居注官尹泰、陆肯堂。

十九日甲申　辰时，上御乾清门听政。部院各衙门官员面奏毕，大学士伊桑阿、阿兰泰、王熙、张玉书，学士李楠、温保、戴通、顾藻、沈图、松柱、陶岱、陆棻、徐嘉炎以折本请旨。兵部题裕亲王三等护卫、恭亲王王府参领员缺。上曰："王府参领有管兵责，理应将可用之人拣选补授，这拟正和尚朕素知其为人庸劣，马步箭不堪，俱无足观。该王将伊拟授参领，甚属不合。尔等会同都统、副都统试其骑射。此缺着另拟具奏。三等侍卫六哥照常补授。"

又三法司题行劫黄州官船及海商货舡杀人之盗张牙爪等皆拟立斩。上曰："此事照部议完结。此贼以交战拿获，其时把总受伤身故，可悯。虽不必从优叙功，亦当量事给与恩恤。如此则巡缉之人无不效力，盗贼自稀少矣。凡地方防守官兵，拿贼之时受伤身故者，应给与身价银两。着该部定例具奏。"

又刑部等衙门题原任巡抚布哈任内吓取那用等情弊尽行审出，仍照前议立斩。上曰："布哈欺朕之处甚多，在朕前尚行面诳，何足悯惜。着入秋审册内。"

又谕户部："朕惟黎元率育，全恃农桑，每遇岁时丰稔，比屋皆能自赡。倘一经旱潦，粒粮无资，即有俯仰不给之虞。非相时缓急而先图维，则补助之恩难以遍需。顷巡历边外，道经密云等处地方，见田亩欠收，米谷价贵，闾阎匮乏，衣食不充。目前即已艰难，来岁何所倚赖？宜预为筹画，用俾资生。着遣部院堂上官二员，会同直隶巡抚，亲诣年岁不登之各州县，详察明白，应作何区处赈济，确议具奏。其八旗披甲当差及孤寡无依、老年有疾、中伤、退闲人等，有实系贫窭、窘于谋生者，应作何恩恤，尔部议奏，即遵谕行。特谕。"

本日起居注官傅伸、陈元龙。

二十日乙酉 辰时，上御乾清门听政。部院各衙门官员面奏毕，大学士伊桑阿、阿兰泰、王熙、张玉书，学士李楠、温保、戴通、顾藻、沈图、松柱、陶岱、陆棻、徐嘉炎以折本请旨。刑部题秋审江西省案内张奇荫强夺王士魁之妻为妾，将张奇荫审为情真，拟斩。上曰："张奇荫并无干系人命事情，着改监候缓决。"

是日，上诣皇太后宫问安。

本日起居注官努赫、彭宁求。

二十一日丙戌 辰时，上御乾清门听政。部院各衙门官员面奏毕，大学士伊桑阿、阿兰泰、王熙、张玉书，学士李楠、温保、戴通、顾藻、沈图、松柱、陶岱、陆棻、徐嘉炎以折本请旨。吏部题在外司道官员照例内升，福建布政使杨廷耀等十人职名开列。上曰："杨廷耀居官甚善，此十内以杨廷耀为最。"伊桑阿等奏曰："圣鉴诚然，闻杨廷耀于库银纤毫不苟，故无亏缺。"上曰："杨廷耀本宜内升，但如此好官使之久任，为众人表准，于小民有益。杨廷耀且暂留，着于众司道内另开奏阅。"

本日起居注官三宝、徐元正。

二十二日丁亥 辰时，上御文华殿，举行经筵大典。讲官库勒纳、彭孙遹讲《四书》诗云乐只君子，民之父母。民之所好好之，民之所恶恶之，此之谓民之父母一节。傅腊塔、张英讲《书经》敷奏以言，明试以功，车服以庸一节。毕，宴于太和门前。

少顷，上御乾清门，召大学士、学士、九卿、詹事、科、道等官俱近前。上问大学士张玉书、尚书熊赐履等曰："赵良栋所奏之事，尔等以为何如？"张玉书等奏曰："边塞军机，臣等实不能知，总在皇上庙算之中。"上曰："陕西兵丁或不能足数，朕思武官与文官不同，将家下一二壮丁顶名，支给钱粮，岂可谓之尽无？但此等事必欲细加追究，则效力之人或致懈弛。"伊桑阿等奏曰："上所见极是，是武弁者于所素信一二壮丁鼓励豢养，必致虚顶一二人钱粮，且赵良栋遂无此等事乎？"上曰："将赵良栋所奏之本与内大臣、八旗都统等看，同尔等议奏。"

上又曰："任弘嘉条奏疏内所称，禁止官员来往交结之处甚是。私行交结，洵非美事，如此等处岂能尽无？大凡显要之人，人即多与之亲昵。今于成龙开捐纳事例，即一字不识之人俱行捐纳，何曾有一个题参者？且闻汉军中今日为官，明日捐纳。捐纳之中，汉军最多，此非于成龙欲收为朋党者乎？山东居官之人，无不附从之者，伊之朋党朕皆知之，可谓甚险。伊欲陷人即能陷之，伊欲杀人即能致之死地。以朕在上，故事迹未能纵肆耳。如非朕，则将至不堪矣。如于成龙胆大之人亦少。又一件条奏服色之事，前所定之例甚明，但日久而小人僭越妄用者有之。着再行严禁。又所称文武官员互讦与河工堤岸之低者应高、薄者应厚俱是。凡言官条奏之事常有私意，任弘嘉所奏之事似无私意。再阅今年武闱试录，江浙人中式者多，山西、河南两省各中一人。如此恐致遗失人材。”伊桑阿奏曰：“圣谕极是。第三场止看文字，所以南人中式者多。向年将文章取中之人启奏毕，内大臣、都统等，亦曾将伊取考中式、马步箭甚优、人材壮健者启奏。今停止此例，似乎亦致遗漏人才。”上曰：“武进士之文岂能如文进士之文从心思发出，彼不过熟记成语、抄写旧套而已。但论文取中，必致不均，而人才亦多遗漏，必择马步箭俱优、人材出众者为是。”王熙奏曰：“分南北卷，中式庶取中均匀。”上曰：“任弘嘉条奏之事与武会试之事，尔等着会议具奏。”

本日起居注官莫里溥、宋大业。

二十三日戊子　辰时，上御乾清门听政。部院各衙门官员面奏毕，大学士伊桑阿、阿兰泰、王熙、张玉书，学士李楠、温保、戴通、顾藻、沈图、松柱、陶岱、陆棻、徐嘉炎以折本请旨。吏部题都察院监察御史希福纳员缺，将员外郎孔雀拟正，殷图拟陪。上曰：“郎中穆黑林人材优长，着补授监察御史。”

又郎中布泰员缺，将员外郎郭礼拟正，鄂罗洪拟陪。上曰：“刑部员外郎罗刹适曾差往江南缉拿回子，人材优长，伊堂官亦言其好，着补授郎中。”

本日起居注官尹泰、郑崑瑛。

二十四日己丑　本日起居注官傅伸、曹鉴伦。

二十五日庚寅　辰时，上御乾清门听政。部院各衙门官员面奏毕，大学士伊桑阿、阿兰泰、王熙、张玉书，学士李楠、温保、戴通、顾藻、沈图、松柱、陶岱、陆棻、徐嘉炎以折本请旨。上谓伊桑阿等曰：“今日观赵心忭所奏，皆为彭鹏党庇之说，朕听政三十余年，何事不曾经历，欲以朕如他人主一例蒙蔽，可乎？赵心忭与彭鹏相好，朕亦知之。彭鹏乃最狂妄之人，先为李光地上疏，又将李光地称狗彘不如，妄言辱詈。此等人全无定见，亦无官体。若将此等人仍留职任，九卿大臣官员等，虽求一日之安不可得。且闻福建督抚官员皆畏彭鹏，凡遇伊兄弟族人，往见皆开中门迎送。

又吓诈福建学道，云考取进学时若有一人差错徇情，我必参奏。故彭姓之人皆得进学，试看福建进学册自明。朕于此等处知而不究者，皆所以宽彭鹏也。又往时在言职，如杜立德、冯溥、姚文然、李之芳者，其所条奏皆正大关系实事。杜立德在时，朕曾欲免尚之信死，杜立德奏言，尚之信系反叛之贼，今幸为我擒获，不当存留。向朕拂衣作色而言，朕至今犹赞叹之不忘。前不将彭鹏治罪者，不过欲存言官体面，使之条陈事务，故宽之耳。朕从未尝因言事罪斥一人，着将此等处问赵心忭。”

又吏部题在外司道照例内升一员，将福建布政使杨廷耀等十人并各省司道职名开列。上曰：“大名道陈世安居官甚劣，直隶之人无有不知，乃无一人参论之者。江南学臣邵嗣尧先在直隶时曾欲参之，后亦不能。又山东布政使喻成龙居官甚好，办事复优。及江南驿传道于准居官亦善，宜将伊等内升。”大学士伊桑阿等奏曰：“伊等居官诚善，但此等从外内升者，应将光禄太常卿补用。原任布政使李炳及熊一潇等至今未补，尚在候缺。”上曰：“伊等俱不必离任，仍令办事，俟有缺出升补，着将此旨传与吏部。”

是日，上诣皇太后宫问安。

本日起居注官张英、努赫。

二十六日辛卯　早，上由午门出正阳门，幸南苑。酉时回宫。

本日起居注官莫里溥、陆肯堂。

二十七日壬辰　是日高皇后忌辰，上不理事。

本日起居注官史夔、尹泰。

二十八日癸巳　辰时，上御乾清门听政。部院各衙门官员面奏毕，大学士伊桑阿、阿兰泰、王熙、张玉书，学士李楠、温保、戴通、顾藻、沈图、松柱、陶岱、陆棻、徐嘉炎以折本请旨。吏部题镶黄旗御史常在员缺，将员外郎郭里拟正，员外郎巴什拟陪。上曰：“此二人皆平常，着将本旗郎中、员外郎开列引见。引见时着本衙门堂官带入启奏，问其人之可否。”

又户部题古北口总兵官何应元请将兵丁月粮停其改折，每年五六七月阴雨，山水骤发，贩卖不通之时，乞仍给与本色之处，议不准行。上曰：“边兵甚苦，所需之米无多，着照总兵官所请给与。”

又理藩院题归顺根敦代青应授何等品级。上曰："尔等会同领侍卫内大臣、理藩院蒙古旧大臣，将应给何等品级详议具奏。"

又秋审江南情真缓决可矜三案。上曰："此内将情真马尚、陈大容皆议缓决，但应缓决之人太多。伊等所犯之罪，在他省皆议情真矣。"伊桑阿等奏曰："圣鉴诚然，江南大省罪人亦多，所以应缓决者甚众。"上曰："与其杀不辜，宁失不经，人命关系重大，着依议完结。"

本日起居注官常书、陈元龙。

二十九日甲午 辰时，上御乾清门听政。部院各衙门官员面奏毕，差往盛京等处地方查勘饥民户部侍郎思格则及盛京副都统薄鼎进前，将查勘折子呈览。上问："盛京今岁田谷若何，尔等尽行查过否，众人皆如何说？"薄鼎奏曰："今年田谷胜于去年，臣等遵旨查勘饥民九千余口，众人皆言，皇上如此神圣，我等实属再生，不胜欣喜。"思格则、薄鼎出。

大学士伊桑阿、阿兰泰、王熙、张玉书，学士李楠、温保、戴通、顾藻、沈图、松柱、陶岱、陆棻、徐嘉炎以折本请旨。刑部题秋审山西情真各案。上曰："此内学道李观光即议处决属过，着减等发落。"

本日起居注官傅伸、彭宁求。

十　月

初一日乙未 辰时，上御乾清门听政。部院各衙门官员面奏毕，大学士伊桑阿、阿兰泰、王熙、张玉书，学士李楠、温保、戴通、顾藻、沈图、松柱、陶岱、陆棻、徐嘉炎以折本请旨。吏部题川陕总督佛伦员缺，将吏部侍郎安布禄等职名开列。上曰："着以陕西巡抚吴赫升补总督，布政使党爱居官甚善，着升陕西巡抚布政使缺，着拟具奏。"

又题御史常在员缺，将员外郎郭里拟正，巴什拟陪。上曰："内务府员外郎南玺人材优长，各处远差效力甚多，亦系令族，着授为御史。"

又理藩院题前尚书阿喇尼等于库伦白尔齐里地方会同时，将根敦代青暂为扎萨克。俟彼亲身到日，授何品级，另议请旨定夺。今尚书班第等到彼处时，彼即赴请皇上万安。应给何品级，伏乞皇上定夺。上曰："根敦代青朕曾召见，与语良久。其人材超绝，观其言词状貌，大有效力之意，可惜年老。但彼既于边远效力，着授为贝勒。"大学士伊桑阿等奏曰："臣等遵旨将巡抚张鹏翮等问九卿，九卿云，张鹏翮操守亦好，居官平常。总督朱弘祚、巡抚卞永誉居官并未闻其好处，人亦平常。"上曰："张鹏翮操守果清，朕亦悉知。但彼虽自洁，其身地方一应事务并不管理，如此清亦何益？着召彼回京，以侍郎用。此缺着将侍郎开列具奏。"

上又曰："九卿云，朱弘祚等居官好处未曾闻得，其不好之处亦曾闻否？"大学士伊桑阿等奏曰："未闻其好处，则居官自不好矣。"上又曰："闻朱弘祚甚不堪，将伊等俟补授浙抚事定后请旨。"

又刑部题山东秋审事。上曰："今岁秋审重囚系历年所积，比往时更多，其事皆关系人命，恐有忽略差误。朕逐一细为详阅，今始得完。"

上又顾大学士等曰："福建布政使杨廷耀人材优长，居官甚好。初到福建即有美誉。着以此问之九卿。"

本日起居注官努赫、徐元正。

初二日丙申　辰时，上御乾清门听政。部院各衙门官员面奏毕，兵部督捕侍郎赵山、通政司左通政张云翮、给事中博尔济、赵心忭进前奏曰："臣等查河，于明日起身，伏请圣训。"上曰："河务甚难，知之不易。水大是一种情景，水小又是一种情景。尔等初到彼处，不可便谓明晓，尔等但详阅其新造之处坚固与否，旧堤早已完成，无庸阅看。尔等此去人员俱在一处安宿行走，不可四散，毋累地方小民。"赵山等奏曰："臣等何敢妄为，谨志训旨，遵奉而行。"

本日起居注官三宝、史夔。

初三日丁酉　皇太后圣诞，奉懿旨免行礼。

是日，上诣皇太后宫问安。

本日起居官张英、莫里溥。

初四日戊戌　辰时，上御乾清门，听部院各衙门官员面奏政事。

本日起居注官尹泰、郑崑瑛。

初五日己亥　是日，部院各衙门奏章俱交送内阁。

巳时，上御瀛台紫光阁，读卷官大学士伊桑阿、王熙等皆赐坐，亲试中式武举骑射毕，又试步射、开弓、舞刀、掇石。申时，回宫。

本日起居注官傅伸、曹鉴伦。

初六日庚子　是日，部院各衙门奏章俱交送内阁。

巳时，上御瀛台紫光阁，读卷官大学士伊桑阿、王熙等皆赐坐，亲试中式武举步箭、开弓、舞刀、掇石，试毕，上选其骑、步、射技勇之优者曹日玮等十一人，复命其骑射三周、步射二周，定其次第。乃命侍卫张文焕射，射毕，上曰："张文焕乃前科所取鼎甲，其射甚优。"内大臣索额图奏曰："张文焕系皇上选取之员，其射素优。近在侍卫中，得蒙皇上教诲，所以其技更进。"上又命兵部取十二力弓、十力弓、八力弓列御案前。兵部侍郎朱都纳奏曰："今年武举四千余人，无有能开此十二力弓者。"上命侍卫那拉善等开十二力弓，皆能开；命之射，皆中的。又命侍卫开十力、八力弓，无不能开者。上曰："开八力弓乃常事，不足道也！"

申时，上回宫。

酉时，上御乾清宫西暖阁，读卷官大学士伊桑阿等以卷子进呈御览。上命拆弥封，亲定曹日玮等十名次第，其余照读卷官等所拟。上曰："会试武举，但就文章定其去取，则骑射技勇优长之人，多被黜落，于人材甚为可惜。此番会试未曾取中者，若有骑射娴熟、情愿效力，令其于兵部具呈。朕欲再加阅试，择其材力壮健者，留于火器营效用，庶人材不致遗弃。"伊桑阿等奏曰："皇上爱惜人材之盛心无微不周，伊等得早于营伍效力，及其锋而用之，人心益知奋勉矣。"

本日起居注官常书、宋大业。

初七日辛丑　辰时，上御乾清门听政。部院各衙门官员面奏毕，大学士伊桑阿、阿兰泰、王熙、张玉书，学士李楠、温保、戴通、顾藻、沈图、松柱、陶岱、陆棻、徐嘉炎以折本请旨。兵部题福建将军石文炳员缺，将右卫副都统张素义等职名开列。上曰："这员缺紧要，着将各省提督、总兵官、副都统职名开列具奏。"

又题覆给事中赵心忭条奏，此科所中武进士不均，请将取中之卷、不中之卷并考试骑射档册会阅，嗣后各省应分别额数、取中之处无庸议。上曰："此事依议。考试武进士，但看文章，必致将骑射优长、材力壮健之人遗漏。着照前日谕旨议奏。"

上又顾大学士伊桑阿等曰："京师秋审重犯关系人命，甚为紧要。若暂阅未即深晓，尔等宜在衙门详阅两三日。"

是日巳时，于太和门前传胪，赐武举曹日玮、丁爽、石钧一甲进士及第；朱色正等二十人二甲进士出身；程远等七十三人三甲同进士出身。

本日起居注官努赫、陆肯堂。

初八日壬寅　辰时，上御乾清门听政。部院各衙门官员面奏毕，大学士伊桑阿、阿兰泰、王熙、张玉书，学士李楠、温保、戴通、顾藻、沈图、松柱、陶岱、陆棻、徐嘉炎以折本请旨。兵部题巡捕营守备叶芝兰、田廷臣、杨弘基等员缺，无应补之人，将八旗汉军贤能拖沙剌哈番俟选择到日启奏补授。上曰："巡捕营职任关系紧要，这所遗员缺，将八旗取来人员，令步军统领、汉军都统等会同选择引见。朕观上三旗在内当差汉军执事人等皆最勤劳，此中多有骑射甚优、行走熟练者，不但随处差遣不致迟误，即使之对敌，亦不肯稍有退缩。此等人若得升转在外，则新补伊等员缺之人又可学习行走。其执事内有可用者，着步军统领选择具奏。"

大学士伊桑阿等奏曰："臣等遵旨问步军统领凯音布，据称步军校张谟因伊所差步军毛二扒城，恐罪归于己，将马兵拿获之毛二抢回，其罪断不可免。但张谟人材壮健，曾多效力。张谟应否留任，恩自上出。"上曰："张谟人材壮健，革职殊属可惜，从宽免革职，着降五级、罚俸一年留任。"

是日，上诣皇太后宫问安。

本日起居注官三宝、陈元龙。

初九日癸卯　辰时，上由午门出正阳门，驻跸南苑。

本日起居注官莫里溥、彭宁求。

初十日甲辰　上移畅春园驻跸。是日，上诣皇太后宫问安。

十一日乙巳　上移玉泉山驻跸。

十二日丙午　上阅视军容，在玉泉山西南平旷之地，头队将八旗大红衣炮等火器、骑步鸟枪按旗排列；二队皇子及诸王等俱擐甲胄，将护军骁骑兵排列；卫后将护军骁骑兵排列；两旁将前锋护军骁骑兵排列。上躬擐甲胄，由头队右翼至左翼，由二队左翼至右翼遍观毕。上仍擐甲胄，御玉泉山巅黄幄幄中，随吹海螺三次，八旗官兵皆吹海螺，齐放炮三次，骑步鸟枪兵齐放鸟枪三次。其趋进时，官兵齐声发喊，军势甚属威严。炮火、鸟枪声震山谷。事毕，各收兵整齐队伍，复回原班排列。赐八旗官兵食。

是日，上驻跸玉泉山。

扈从起居注官常书、尹泰。

十三日丁未

十四日戊申　巳时，上由西直门进神武门回宫。

本日起居注官傅伸、徐元正。

十五日己酉　辰时，上御乾清门听政。部院各衙门官员面奏毕，大学士伊桑阿、阿兰泰、王熙、张玉书，学士李楠、温保、戴通、顾藻、沈图、松柱、陶岱、陆棻、徐嘉炎以折本请旨。太常寺题冬至暂安奉殿应遣大臣。上曰："此番祭祀遣皇子前往列名具奏。"

又宗人府题病故散秩大臣、辅国将军扎山应否与谥，伏候上裁。上曰："扎山为人甚勤，着与他谥。"

又吏部题贵州按察使丹达礼员缺，以道员陆祚蕃拟正，任风厚拟陪。上曰："陆祚蕃曾任御史，人材甚属庸常，将任风厚补授贵州按察使。"

又户部题甘肃巡抚严泰疏称，司库内并无存贮银两，请将邻省库内银两协济，以资军饷，议不准行。上曰："兵丁钱粮，原系逐年给发，如果有缺少，彼时即应奏请。至二三年后方奏称缺少，甚为昏昧。虽现今将钱粮拨给，于兵丁何益？况二三年间，兵丁死亡者亦多，尚肯补给银两乎？此交与该部严议。"

又三法司将强盗臧三等俱拟立斩。上曰："为首臧三照议着即处斩，其余九人俱从宽免死，发往黑龙江新满洲之人为奴。"

是日，赐右卫驻防护军统领四格弓箭、撒袋、鞍马。

本日起居注官努赫、宋大业。

十六日庚戌　辰时，上御乾清门，听部院各衙门官员面奏政事。

本日起居注官三宝、郑昆瑛。

十七日辛亥　早，吏部尚书库勒纳等向仪度额真纳垒转奏曰："今日雨雪，请皇上不必御门，将本章交送内阁，奉旨照常启奏。”

辰时，上御乾清门听政。部院各衙门官员面奏毕，大学士伊桑阿、阿兰泰、王熙、张玉书，学士李楠、温保、戴通、顾藻、沈图、松柱、陶岱、陆棻、徐嘉炎以折本请旨。吏部题翰林院侍讲、詹事府谕德赞善等八缺，将编修仇兆鳌等职名开列。上曰：“此内有二三人平常者，着问翰林院；其应升之人，亦着并问。”又题正黄旗伯纳秦世职，着伊长子阿林插承袭。上曰：“纳秦诸子皆好，明早着管侍卫大臣将纳秦诸子引见。”

又理藩番院题蒙古王等为叩贺元正来朝。上曰：“今年蒙古王等着停其来朝。”

又刑部等衙门题秋审缓决事。上曰：“花色系护军参领，原任内大臣，阿米达称伊人材壮健，故尔擢用。后观其人无甚好处，授为山海关城守尉。朕曾谕以山海关甚属杂乱，偷带人参之弊最多，尔往须加意小心。花色奏称，臣去将此等情弊，当尽行扫除，设或不能，将臣处死。今偷参之弊愈多，情殊可恶。着枷号三个月、鞭一百，发往黑龙江当差。”

又题缓决事。上曰：“韩铨系巡抚韩世琦之子，父子皆极钻营。此等人不可不惩治，着改为情真。”

本日起居注官常书、曹鉴伦。

十八日壬子 辰时，上御乾清门听政毕，陕西按察使囊吉理陛辞，恭请圣训。上曰:“尔但能洁己效力便佳。”囊吉理奏曰:“臣蒙皇上养育之恩，敢不洁己报效！”上曰 :“凡官员赴任时俱能为此言，及至任后能践其言者甚少。”囊吉理奏曰 :“臣谨志圣训，勉力供职。”

本日起居注官史夔、尹泰。

十九日癸丑 部院各衙门无奏章。

是日，上诣皇太后宫问安。

本日起居注官莫里溥、陆肯堂。

二十日甲寅 辰时，上御乾清门听政。部院各衙门官员面奏毕，九卿进前。工部尚书萨木哈奏曰 :“总河于成龙题高家堰应改修石堤之处，臣等公议准行。”上曰:“修此堤工所需之石从何处取办应用？”萨木哈奏曰:“本内未曾题明。”上曰 :“此堤关系紧要，必须修筑坚固，方可无虞。明季凡一应工程皆极坚固。朕观紫禁城内，地基概用临清砖铺砌十余层，如许物料，如何从临清运至？宋元时河南与京城取用太湖石甚多，今虽一片太湖石，朕心亦以为难。朕又闻洪泽湖昔日俱系民田，因高家堰筑堤，淮水泛溢，遂尔成湖。彼时之民未必不怨，何以史册之中未见记载耶？高家堰堤理应修固，但需用石料浩繁，若运办不得法，恐致累民。”尚书图纳奏曰：“明季工程俱派民夫，本朝凡系修理之处，俱动正项钱粮，给价募雇，并未派民。”上曰：“近畿州县百姓尚得沾实惠，朕恐地远工繁，或仍然派民，减给工价亦未可定。朕前南巡观览，此堤极为紧要，惟恐扰民，故尔踌蹰。向日回空船只，亦有载石带去之例，此项所需物料如何运办不致累民，必详悉筹画方可举行。”九卿出。

大学士伊桑阿、阿兰泰、王熙、张玉书，学士李楠、温保、戴通、顾藻、沈图、松柱、陶岱、陆棻、徐嘉炎以折本请旨。巡抚高承爵奏称伊大里雅国进贡方物。上曰：“此国从未曾进贡，因俄罗斯缘故，曾差闵明我往西洋，近日始归，奏称回来时从此国经过等语。此伊大里雅国非特来进贡者，因送闵明我来之故耳。尔等将闵明我传问启奏。”

本日起居注官傅伸、宋大业。

二十一日乙卯 辰时，上御乾清门听政。部院各衙门官员面奏毕，大学士伊桑阿、阿兰泰、王熙、张玉书，学士李楠、温保、戴通、顾藻、沈图、松柱、陶岱、陆棻、徐嘉炎以折本请旨。兵部题显威将军郎坦将披甲人等在外恃强妄行，不遵法纪，折屋斫木者议罪，移咨前来，为此将官兵议罪。上曰：“朕意此事甚宜从严，且颁给将军等敕书内，首言勿得累民。凡行兵，若无纪律，断不能成事。观前在南方用兵，若不扰民者皆克成功，凡扰民之兵，无一能成功者。《易经》曰师出以律，民岂可扰害乎？”大学士伊桑阿等奏曰：“皇上所谕极是。行兵若无纪律，何以用兵？”上又曰：“此事着发回再议具奏。”

又九卿议覆总河于成龙题请筑石堤事。上曰：“观九卿所议，虽称于近堤开一小河，运送工料，其于何处取石、何处开河并引入何处之水，并未明白议及。朕观旧石堤皆系北境山东之石，非南方之石也。又开河甚易，后来欲闭塞便难。河道关系重大，朕从十五岁即为河道忧虑，于启奏之事逐一详阅。度今欲开小河，必指高家堰相近之处。往年靳辅在时，亦欲于高家堰内另筑一堤，于中门浚小河。运送工料九卿以两堤之间浚河，则旧堤两面受水冲荡，议不准行。朕亦不令开浚。后于成龙以湖水涸出见土，遂欲取近堤之土筑堤。朕意以为，若取近堤之土，则堤址冲刷益深，不准行。后于成龙来，将此问之。于成龙言，皇上所见极是，臣前不知而妄言，湖内之土一毫亦不可取。且先年佛伦等差回议开此河，因将佛伦等议罪，以董讷等为是。今若又开此河，后之视今为何如者？朕为人君，惟求处事合宜，并无瞻徇人面之处。朕仍照前意议此事耳。”大学士伊桑阿等奏曰：“若开小河，必须通连运河，则漕堤危险。现既有湖水，由湖内运送河工物料未尝不可。”上曰：“明早着九卿面奏，尔等亦同进。”

本日起居注官努赫、彭宁求。

二十二日丙辰　辰时，上御乾清门听政。部院各衙门官员面奏毕，大学士等及九卿等近前。伊桑阿奏曰：“臣等遵旨问九卿，九卿云，河务甚精微，臣等不知而妄言。皇上所见诚是。”上顾问九卿曰：“尔等所议高家堰内开一运料小河，何以言之？”尚书熊赐履奏曰：“臣等愚昧无知，未经详议，有何辨处？”马齐、图纳奏曰：“据于成龙奏称，不动钱粮，略加开浚，臣等不知详审，遽行议奏，甚是差谬。皇上圣鉴甚明，指示臣等，臣等始知，不然则高家堰殊可虑矣。”上又问曰：“诸臣之意同否？”吏部侍郎常书奏曰：“众意皆同。于成龙乘筑高堰之机，奏请开浚小河，欲于无意中行其前志耳。其巧术显然。”上曰：“前靳辅任总河时，请于高家堰外另筑重堤，令水从两堤间流等语，以为不可，曾不准行。今于成龙请开小河，即靳辅欲令流水之地，若将此开浚，势必至前界沟引洪泽湖之水。此水浸润冲刷，兼之湖水泛溢，河水盈涨，高家堰断不能保。于成龙尔时又将欲大修堤岸矣。况修堤土石并非高邮等处所出，与其于小河用小船载运，何如即由洪泽湖以商贾大船载运，岂不甚善？此本发回另拟具奏。”九卿出。

大学士伊桑阿、阿兰泰、王熙、张玉书，学士李楠、温保、戴通、顾藻、沈图、松柱、陶岱、陆棻、徐嘉炎以折本请旨。吏部题户部郎中华善员缺，将员外郎孔雀拟正，葛德浑拟陪。上曰：“孔雀、葛德浑人俱庸劣，内务府员外郎殷达理人材优长，善于作字。其父曾为膳房官，人材壮健，且系望族。此缺着殷达理补授。”

伊桑阿等奏曰：“臣等遵旨问广东编修李象元等六人，伊等云，从来广州府盐价每斤制钱五六文，今增至十六文。潮州府盐价每斤制钱十二三文，今增至二十四文。”上曰：“广东盐税定额若何？”伊桑阿等奏曰：“原额十九万有余，自皇上免丁银二万余两，止剩十七万有余。今盐臣沙拜初增三万两后，又增五万两。户部现在驳查未到。”上曰：“若加税额，盐价必增，价增则累民。若户部行查，到时以加额具题不必行。”

本日起居注官三宝、徐元正。

二十三日丁巳 辰时，上御乾清门，听部院各衙门官员面奏政事。

本日起居注官莫里湷、陆肯堂。

二十四日戊午 辰时，上御乾清门听政。部院各衙门官员面奏毕，浙江巡抚王维珍陛辞。上问曰：“尔有何启奏？”王维珍奏曰：“臣本微末之人，荷皇上天恩，渐次举用，擢为侍郎，今又授臣巡抚之职。臣至愚无知，曾未外任，不谙地方事务，恭请皇上训旨。”上曰：“封疆大吏固宜清白乃心，然材干亦不可无。张鹏翮操守固善，但短于材略，地方豪强全不能禁戢，虽清亦何益？尔至地方，务剔弊厘奸，诸事振饬，俾兵民辑睦，文武协和，庶不负朕简用之意。”王维珍奏曰：“臣蒙皇上擢用，毫无报称，今承训诲，敢不黾勉遵行，图报万一。况臣有七十余岁老母，见臣身受皇恩如此之荣，感戴不尽。臣惟有勉竭驽骀，以仰副皇上爱育元元至意。”王维珍出。

大学士伊桑阿、阿兰泰、王熙、张玉书，学士李楠、温保、戴通、顾藻、沈图、松柱、陶岱、陆棻、徐嘉炎以折本请旨。吏部题内阁侍读丁克昌员缺，将候补赵英拟正，主事魏纯仁拟陪。伊桑阿等奏曰：“昨日皇上引见赵英之时，见其进迟退速，举动乖张，瞻视不善，竟似疯症之人。曾令臣等问之，臣等传来询问，伊称前此曾有疯症，今已痊愈。然观其语言舛错，举止昏昧，病尚未痊。皇上所见，实为精审。”上曰：“病若未除，不便补用。其拟陪之人何如？”伊桑阿奏曰：“内阁侍读有翻译本章责任，拟陪之人亦未确当。”上曰：“这员缺着另拟具奏。”

又题琉璃窑差遣官员事。上曰：“此差亦为紧要。工部员外郎海伦该部堂官曾经保举，着差此人去。”

又云南鹤庆总兵官姚仪恭请孔雀翎事。上曰：“孔雀翎原系赐与效力旧臣之物，岂可妄求？”伊桑阿奏曰：“姚仪无知之人，所请殊为不合。”上曰：“这奏章着发还。”

上又顾大学士等曰：“今江南提督员缺，其职任甚为紧要。赣州总兵官张旺原系南昌总兵，因总督傅腊塔奏称其善，调补此镇，乃山西人，人材壮健。着问九卿，若九卿有所知材力壮健，为人颇优者亦令举出，毋仍前妄行充数，杂然多举。”

是日，赐浙江巡抚王维珍鞍马一匹。

是日，上诣皇太后宫问安。

本日起居注官常书、郑崑瑛。

二十五日己未　早，上御太和门升座，升转文武官员谢恩毕，上回宫。

本日起居注官常书、张英。

二十六日庚申　辰时，上御乾清门听政。部院各衙门官员面奏毕，大学士伊桑阿、阿兰泰、王熙、张玉书，学士李楠、温保、戴通、顾藻、沈图、松柱、陶岱、陆棻、徐嘉炎以折本请旨。吏部题郎中穆和伦员缺，以员外郎孔雀拟正，葛德浑拟陪。上曰：“朕观正陪之人俱甚庸劣，孔雀、葛德浑着以原品随旗行走。这员缺另拟具奏。”

又题病故满都虎之三等阿思哈尼哈番应仍令伊长子归尼承袭，其满都虎亲兄之子那尔胡代争告，伊过继之父厄塞亦曾效力，有所得世职在内处，不准行。上曰：“现议承袭者与争告者俱系应袭之人，此世职乃两人效力所得。今令其分袭，将巴牙尔图所得三等阿达哈哈番着归尼承袭，厄塞所得三等阿达哈哈番，着那尔胡代承袭。”

伊桑阿奏曰：“补授江南提督事，臣等遵旨问九卿，九卿云，总兵等官臣等无有深知者，俱系皇上简用之人，亦未闻有不善。问尚书李振裕，李振裕云，总兵官张旺居官好。”上曰：“江南地方甚是辽阔，提督职任亦属紧要，平时皆能胜任，倘有事时关系重大，必得厚重有识量者任之，方有裨益。观总兵官蒋懋勋人材亦优，但年已迈。提督李林盛人材庸常。至于湖广、福建地方俱属紧要，徐治都、张云翼亦不可移驻，福建将军施琅来时曾赞张旺，奏云，平日敬伊如伯叔，及办理公务时毫不退让，惟从公折衷。这员缺将现任总兵官等职名并所兼之衔一并开列折子来奏，朕详酌补用。”

是日，上诣皇太后宫问安。

本日起居注官傅伸、曹鉴伦。

二十七日辛酉　辰时，上御乾清门听政。部院各衙门官员面奏毕，归化城往阅开垦荒地郎中苏赫纳等恭请圣训。上曰：“尔等此行自右卫看起，以至归化城，其从前给与右卫兵丁厂地之外，何处应设屯庄及几处既设屯庄，所得米谷几许，修造房屋木植从何处取用，尔等必亲莅详慎看定具奏。”

是日，赐朝鲜国王李焞进贡礼物，正使锦平尉朴弼成、副使议政府参赞吴道一及书状官等鞍马、缎匹、银两等物。

本日起居注官努赫、史夔。

二十八日壬戌　辰时，上御乾清门，听部院各衙门官员面奏政事。巳时，上御乾清宫西暖阁，大学士伊桑阿、阿兰泰、王熙、张玉书，学士李楠、温保、戴通、顾藻、沈图、松柱、陶岱、陆棻、徐嘉炎以御史处决重囚疏请旨。上细阅招册，逐名详加酌核，复命侍管翰林院事侍郎常书、尚书张英进前共记人数，勾过王进义等四十五人着处决，其李祥等二十四人仍令监禁。上顾大学士伊桑阿等曰：“诸案皆屡经覆奏，即皆诛之亦不为冤滥。今于万无可生之中，曲为之留一线生路，再行禁候，亦宁失不经之意。”伊桑阿等奏曰：“皇上如天好生，曲尽圣怀，不特生者感恩，即死者亦自知求其可生而不得，更无毫发遗憾，天下自无冤民。真古帝王明允钦恤之仁也！”

本日起居注官常书、张英。

二十九日癸亥　是日，各部院衙门无奏章。

本日起居注官三宝、陈元龙。

三十日甲子　辰时，上御乾清门听政。部院各衙门官员面奏毕，陕西西安布政使禅布赴任，恭请训旨。上曰：“布政使关系通省钱粮，惟黾勉效力，务矢公廉。”禅布奏曰：“皇上圣训诚然。臣蒙皇上深恩，方从盐差回，生计足用，敢不秉公勉效。”上曰：“尔在部年久，何事不曾经历，必须勤勉，为众人表率，期留嘉名，毋使恶声上闻于朕。”禅布奏曰：“惟谨志皇上训旨，竭力供职，后日自不能出皇上听闻。”禅布出。

大学士伊桑阿、阿兰泰、王熙、张玉书，学士李楠、温保、戴通、顾藻、沈图、松柱、陶岱、陆棻、徐嘉炎以折本请旨。大学士伊桑阿等奏曰：“臣等遵旨问九卿，九卿云，凡总兵官俱系皇上选用，臣等所见岂能及圣鉴之间精审，伏祈皇上选用。”上曰：“江南提督甚属紧要，着再问九卿来奏，朕当选择补授。”

又兵部题广东顺德总兵官刘朝及福建台湾总兵官穆惟雍员缺，将八旗参领、火器营协领及副将等二十员职名开列。上曰：“此记名副将内人材壮健者甚多，现今赵良栋、张云翼在此，着问之，伊等有素知人材壮健者，令其举出。”

又刑部题太监马进朝带常在进隆宗门，皆拟立斩。其守门护军校叶伦额、护军巴西等，笔帖式查海等，皆拟立绞。因进内右门，将太监曾天福亦拟立绞。护军参领觉罗阿喇纳、前锋侍卫常关保等俱议革职，不准折赎，鞭一百。其管钥匙护军参领硕色亦议革职、不准折赎、鞭一百。上曰：“系太监带进，与他稍异。伊等皆从宽免死，各枷号三个月，鞭一百。阿喇纳、常关保、硕色俱免责，着革职留任。”

本日起居注官莫里溥、彭宁求。

十一月

初一日乙丑　上因贵妃病笃，不理事。

本日起居注官尹泰、徐元正。

初二日丙寅　因冬至致祭南郊，各衙门斋戒，无奏章。

本日起居注官傅伸、宋大业。

初三日丁卯　辰时，贵妃薨。是日，奏事敦住，传旨谕内阁大学士伊桑阿等曰：“朕观明朝实录，贵妃有谥二字者，有谥四字者。今贵妃已薨，与谥应用几字，与谥时当行何礼，尔衙门会同礼部一并议奏。”

本日起居注官努赫、郑崑瑛。

初四日戊辰　内阁会同礼部查得应行典礼，并拟二字谥四条、四字谥四条开写折子，交与奏事敦住转奏。奉旨："依议，着追谥温僖。"

本日起居注官常书、张英。

初五日己巳　是日，辰时，温僖贵妃出殡。

本日起居注官三宝、曹鉴伦。

初六日庚午　本日起居注官莫里溥、史夔。

初七日辛未　本日起居注官尹泰、陆肯堂。

初八日壬申　是日，上诣皇太后宫问安。

本日起居注官常书、张英。

初九日癸酉　辰时，上御乾清宫，召大学士伊桑阿、阿兰泰入，谕曰："据侍郎安布禄奏称，查得贫民十万余口，应赈济米四万余石。朕思直隶米价腾贵，小民艰困，若仅照数给米，仍恐无益。可将此米，一半散给百姓，其一半照目前贵价，折给银两。所剩一半米，着量减价值，令民贱买。如此则百姓得银既多，而粜米又易，庶有裨益。尔等传问九卿。"

本日起居注官傅伸、徐元正。

初十日甲戌　部院各衙门奏章俱交送内阁。

本日起居注官努赫、彭宁求。

十一日乙亥　部院各衙门奏章俱交送内阁。

本日起居注官三宝、宋大业。

十二日丙子　辰时，上御乾清门听政。部院各衙门官员面奏毕，大学士伊桑阿、阿兰泰、王熙、张玉书，学士李楠、温保、戴通、顾藻、沈图、松柱、陶岱、陆棻、徐嘉炎以折本请旨。吏部题为补授户部尚书王骘员缺。大学士伊桑阿奏曰："此缺曾奉上谕，俟陈廷敬服阕启奏，今已服阕。"上曰："陈廷敬着补授户部尚书。"

又提督江南学政邵嗣尧病故员缺，将侍读陈元龙等开列。上曰："江南督学之任关系考取人材，其职甚为紧要。此开列人员虽能为文章诗赋，人皆寻常。张鹏翮居官好，操守廉洁，着令提督学政。江南考事未竣，着张鹏翮作速任。"

又吏部侍郎安布禄查直隶安州等十一州县贫民。上曰："此事九卿云何？"伊桑阿等奏曰："臣等传旨与九卿，九卿云，安州等十一州县百姓因今岁米谷薄收，皇上特遣部臣，会同巡抚查勘，发米四万六千余石赈济。将此米一半散给，一半照时价给银，其余剩一半米石减价发粜，于民有益否下询臣等，仰见我皇上垂念民生，圣虑忧劳已极，罔不周详。如此，不但贫民得以度日，尚有可立生产者，实非臣等意见所及。"上曰："贫民虽散给银米，若来岁钱粮不蠲，亦有何益？着将安州等十一州明年地丁钱粮尽行蠲免。"

又兵部题祁兰泰请袭伊父拜他喇布勒哈番世职，议不准行。上曰："伊父曾经效力，祁兰泰着给与七品官。"

又直抚郭世隆题参大名道陈世安。上曰："先年钱珏曾参巡抚穆尔赛贪婪，后伊为巡抚，又甚于穆尔赛。陈世安先任科员时最能参人，及至自身，所行甚劣，情殊可恶。"伊桑阿等奏曰："皇上所见极是，亲自参人而又作恶，可乎？"上曰："此人势力强横，在直隶地方居官甚劣。巡抚畏惧，不行纠参，今始参奏。着将伊革职，交与该抚严拿究审具奏。"

本日起居注官常书、张英。

十三日丁丑　辰时，上御乾清门，听部院各衙门官员面奏政事。

本日起居注官莫里溥、郑崑瑛。

十四日戊寅　辰时，上御乾清门，听部院各衙门官员面奏政事。

本日起居注官曹鉴伦、尹泰。

十五日己卯　辰时，上御乾清门听政。部院各衙门官员面奏毕，大学士伊桑阿、阿兰泰、王熙、张玉书，学士李楠、温保、戴通、顾藻、沈图、松柱、陶岱、陆棻、徐嘉炎以折本请旨。吏部题都察院监察御史禅布员缺，将员外郎常保拟正，阿尔纠拟陪。上曰："言官紧要，着将旗下其次应升官员职名通行查出，开列具奏。"

本日起居注官莫里溥、史夔。

十六日庚辰　辰时，上御乾清门听政。部院各衙门官员面奏毕，大学士伊桑阿、阿兰泰、王熙、张玉书，学士李楠、温保、戴通、顾藻、沈图、松柱、陶岱、陆棻、徐嘉炎以折本请旨。工部题总河于成龙疏称，原任总河靳辅借用两淮盐课十八万两，修筑毛城铺等处堤闸，议将屯田及岁修节省银两分作十年补还。今屯田已归州县作正项钱粮，无可抵补，其节省项内应补一半，计八万三千五百余两。自三十三年起照节省之数扣出补还盐课。上曰："此项银两，若靳辅在，早已完结。且于成龙先年陷害靳辅时，伊所言必确有定见。今伊身任其事，遂欲捐此项银两，可乎？银数甚多，关系国课。于成龙党与甚众，料理此项银在彼甚易，即着于成龙完结。"

大学士伊桑阿等奏曰："徐秉义系现任，韩菼系候补之员，伊等应给俸禄。又高士奇、王鸿绪皆宽恩取进，在馆修书，似应照伊等原品给俸。徐秉义官品虽小，既在一统志馆，应授为副总裁。"上颔之。

本日起居注官努赫、陆肯堂。

十七日辛巳 辰时，上御乾清门，听部院各衙门官员面奏政事。

本日起居注官三宝、陈元龙。

十八日壬午 辰时，上御乾清门听政。部院各衙门官员面奏毕，大学士伊桑阿、阿兰泰、王熙、张玉书，学士李楠、温保、戴通、顾藻、沈图、松柱、陶岱、陆棻、徐嘉炎以折本请旨。户部题本部陕西司档子房失火，延烧三间，将看司人五儿拟责三十板、徙二年，书办章维德拟责三十板、革役。上曰："这司档案有何关系处否？"大学士伊桑阿等奏曰："所烧档案俱系捐纳文册，例应移文各部院并该省，将此司关系事件，另行造册送来。"上曰："这次失火虽言无弊，该司书办殊属可恶，着将五儿、章维德俱发奉天地方。"

又题乌烟堡边口搜出乌喇正白旗毕力克图佐领下绰绰力为伊主之子、三等侍卫卓忒巴沙青带来貂皮一百二十八张，照例给价入官。上曰："卓忒巴沙青皆系穷人，这所带貂皮着免其入官，还给伊等。"

又三法司议覆甘抚严泰题，民人马四窃乔士礼家财物，会集殷三等至乔士礼家，因不能穿墙偷窃，遂行强劫，抢夺帽缨、羊皮等物，银一百二十两。将马四、殷三等照律拟立斩。上曰："马四依议立斩。殷三当马四约去时，原欲行窃，着免死，照例减等，发与黑龙江新满洲披甲之人为奴，务期严押解到。"

是日，上诣皇太后宫问安。

本日起居注官莫里溥、彭宁求。

十九日癸未　早，上谒陵，由东华门出朝阳门，驻跸通州烟郊。通州仓监督刘光美等、通永道沈志达等、副将郝维圣等来朝。

是日，上诣皇太后行宫问安。

二十日甲申　上驻跸邦均。是日，三河县驻防防守御马库等、知县高荫爵、守备周渭等来朝。

二十一日乙酉　上驻跸黄崖口。是日，黄崖关把总李自明来朝。

二十二日丙戌　上驻跸蓟州孙家庄。是日，赐八旗护军等鹿。

二十三日丁亥　上诣暂安奉殿，行三跪九叩头礼，三奠酒举哀。继诣孝陵，行三跪九叩头礼，三奠酒，举哀毕，至陵，三奠酒，举哀。

是日，上驻跸温泉。赐八旗护军等鹿。鲇鱼关把总张有功来朝。

二十四日戊子　上驻跸温泉。是日，赐内大臣、侍卫、八旗官兵及提督张云翼、总兵李镇鼎食，毕，遣侍郎观音宝传谕提督张云翼曰："尔远来陛见，想汝并未预备皮衣，边境甚寒，观尔所衣单薄，故将朕所服羊皮袄并短貂皮褂赐之。"又谕总兵官李镇鼎曰："尔素贫穷，既随朕行走，因将朕所穿貂皮袄赐之。"

二十五日己丑　上驻跸遵化州。是日，遵化营业游击李芄等、知州祖允熹来朝。

二十六日庚寅　上驻跸三屯营。是日，赐八旗护军等鹿。三屯营副将陈世璘等来朝。

二十七日辛卯　上驻跸米裕口。

二十八日壬辰　上驻跸米裕口。是日，赐执事人等羊皮袄。

二十九日癸巳　上驻跸沙涧地方。是日，上殪虎。太平寨千总邢得功等来朝。

十二月

初一日甲午　上驻跸建昌营北。是日，建昌路都司游洪祚、冷口驻防防御常在等来朝。

初二日乙未 上驻跸迁安县长岭峰。是日，赐八旗护军等鹿。

初三日丙申 上驻跸夹河地方。

初四日丁酉 上驻跸遵化州铁厂地方。

初五日戊戌 上驻跸遵化州。是日，赐八旗护军等鹿。

初六日己亥 上诣暂安奉殿，行三跪九叩头礼，三奠酒，举哀。继诣孝陵，行三跪九叩头礼，三奠酒，举哀。

是日，上驻跸汤泉。

初七日庚子 上驻跸孙家庄。

初八日辛丑 上驻跸黄崖口。是日，黄崖营把总李自明来朝。

初九日壬寅 上驻跸将军营地方。是日，将军关把总李世英来朝。

初十日癸卯 上驻跸三河县兔东马房地方。是日，赐八旗官兵雉、鹿。

十一日甲辰 早，上御行宫，大学士伊桑阿以折本请旨。直隶巡抚郭世隆题请蠲免密云县三十三年分应征豆二千余石。上曰："密云等州县今年谷甚不登，方遣官赈济，乃欲追取逋欠之豆岂可得乎？着免追取。"

又刑部等衙门题秀岩驻防正白旗伊楞额佐领下兵罗什殴死黑色，拟绞监候，秋后处决。章京和硕等俱无庸议。上曰："罗什殴打爱达哈之时，章京和硕亲身在旁，见兵丁争斗，即应饬责禁止。乃全不责禁，以致殴死黑色。今将和硕免议不合，着另议具奏。"

是日，奏事敦住传谕八旗护军校、护军等曰："尔等各处行走，勤劳效力，皆能尽善，不待言矣。朕于满洲、蒙古地方行围，何处不率尔等前往？看来，行走实无有及我满洲者。前日甄别一二章京，曾言其庸劣。这次来者，俱系选出章京，此内或稍次者有之，较从前章京等皆胜一倍，因此不裁赏赐，遍加恩赉。章京、甲兵皆整肃，朕心深为嘉悦。虽未亲临目击战阵，意常泰然。若率此兵，更复何忧？设或不能，亦由我等统领之人不知运用所致，与兵丁无预。更有最紧要者，兵丁须仗马匹，观尔等喂养马匹，甚不知小心。每有膘肥好马，行不及数日即致疲乏，此皆不善拴系及以时饮水之故也。凡行兵及围场效力之处，若马不可用，虽人材壮健，有意前进，徒发愤而已，如何能至？今年调遣右卫兵丁，特将喂养备用之马给乘，往返二十余日，疲乏倒毙者有五百余。此非平日不习拴系、饮水怠惰之所致乎？此等情形，如何可以用兵！蒙古之马何以甚瘠而不致疲乏，尚能赶程，此无他故，但熟知拴系、饮水之法耳。我等之马皆系肥壮，若知拴系、饮水之法，又何说哉？此言各宜谨志之。且尔等兵丁，必喂养一二马，草料已有积聚者，虽或致瘠，回家喂养尚可苏息。若致疲废，无可如何必须买补，一时岂能便得乎？又每人皆穿戴貂帽貂领，至袖口亦饰貂皮，穷人何用？此等并无益于御寒之处，然非银十两、十五两不能得。一貂帽、一缎衣之价，可得狐皮帽与粗羊皮皮袄数件。此等虽系小节，有关生计。以彼价值买此穿戴，其价颇轻。看守巡逻之处虽曰寒冷，但得身暖，一应行走动履处皆便。其浮费余剩，于生计亦有裨益。朕此次出巡，原欲乘便往边外，见尔等衣装单薄，故止。若果有用兵处，其可已？惟行围，故如此尔。”

申时，上由东直门进神武门，回宫。

是行也，部院各衙门奏章逐日交送内阁，内阁三日一次传送行宫听理。

是日，上诣皇太后宫问安。

扈从起居注官努赫、尹泰。

十二日乙巳 各部院无奏章。

是日，上诣皇太后宫问安。

本日起居注官莫里溥、郑崑瑛。

十三日丙午 辰时，上御乾清门听政。部院各衙门官员面奏毕，大学士伊桑阿、阿兰泰、王熙、张玉书，学士李楠、温保、戴通、顾藻、沈图、松柱、陶岱、陆棻、徐嘉炎以折本请旨。太常寺题暂安奉殿裕亲王致祭。上曰：“着皇太子前往行礼。”

本日起居注官张英、傅伸。

十四日丁未 辰时，上御乾清门听政。部院各衙门官员面奏毕，大学士伊桑阿、阿兰泰、王熙、张玉书，学士李楠、温保、戴通、顾藻、沈图、松柱、陶岱、陆棻、徐嘉炎以折本请旨。理藩院题鄂尔多斯部落多罗贝勒达尔查之职不准承袭。上曰：“达尔查凡事诚心效力，于行间奋勇。病笃之时，将伊固山等人齐集。于朕差往御医之前，强起望阙，叩首再三，遍与众人酒食，嘱曰：‘朝廷怜恤我等甚深，我欲于阵前捐躯报恩，不意卧床病死。

汝等毋违我意，善报皇上宏恩。’次日身故，忠义可嘉。伊子旺束克着仍袭多罗贝勒。”

本日起居注官三宝、徐元正。

十五日戊申 早，上御太和门升座，升转文武官员谢恩毕，上回宫。

本日起居注官张英、莫里溥。

十六日己酉 辰时，上御乾清门听政。部院各衙门官员面奏毕，大学士伊桑阿、阿兰泰、王熙、张玉书，学士李楠、温保、戴通、顾藻、沈图、松柱、陶岱、陆棻、徐嘉炎以折本请旨。兵部题覆云南临沅游击王廷铨请假安葬伊祖父母及其父，议不准行。上曰："孝道关系重大，王廷铨准给假回籍安葬。"

又谕吏部尚书库勒纳等曰："观部院衙门官员皆系总计年俸，补授庸常者多。尔等可传谕内阁及部院衙门，将庸劣之员各行参奏。其所参官员着令引见。"

本日起居注官努赫、陆肯堂。

十七日庚戌 辰时，上御乾清门听政。部院各衙门官员面奏毕，大学士伊桑阿、阿兰泰、王熙、张玉书，学士李楠、温保、戴通、顾藻、沈图、松柱、陶岱、陆棻、徐嘉炎以折本请旨。闽浙总督朱弘祚题举卓异官员事。上曰："此疏内有闽省地瘠民佻之语，岂福建全省之人尽皆佻薄乎？朕忆原任四川巡抚张德地署理延绥巡抚印务时，为举博学宏词，疏称延安地窄，尽皆沙碛，并无博学宏词等语。朕思贤材不择地而生，虽深山荒僻之地，岂无人材？原任少詹事邵远平曾言，南方之人皆轻浮不可用，岂南方之人果尽皆轻浮不可用者？以一二人之恶遂欲一概论之，可乎？此等情事，甚不惬于朕心，因此罢斥伊职。朱弘祚以此等谬言陈奏，殊属不合，着该部察议具奏。"

本日起居注官尹泰、陈元龙。

十八日辛亥 辰时，上御乾清门听政。部院各衙门官员面奏毕，大学士伊桑阿、阿兰泰、王熙、张玉书，学士李楠、温保、戴通、顾藻、沈图、松柱、陶岱、陆棻、徐嘉炎以折本请旨。工部题两江总督范承勋等会勘御史沈恺曾条奏宜疏通太湖之处，俟该督等确查具奏时再议。上曰："着依所议。前沈恺曾条奏疏太湖，以除水患，可完国课，故令两省督抚会同亲历查阅，今会勘具覆。看来甚无紧要。沈恺曾将无益之事妄奏不合，着严饬行。”

本日起居注官莫里溥、彭宁求。

十九日壬子　辰时，上御乾清门听政。部院各衙门官员面奏毕，大学士伊桑阿、阿兰泰、王熙、张玉书，学士李楠、温保、戴通、顾藻、沈图、松柱、陶岱、陆棻、徐嘉炎以折本请旨。刑部题因盗伐风水禁地树木，将阿哈尼坎拟立绞。上曰："此伐树木处虽属风水之地，然非内地。愚民无知犯禁，此等情罪前此曾经宽宥。着从宽免死，枷责发落。"

上顾大学士等曰："今武官品级比文官品级甚大，当时定制何以如此？"王熙奏曰："明永乐时，文官既不设立丞相，将五军都督府改为正一品。从此，武官品级遂大。"上曰："知县、守备是同等官，知县止七品，而守备四品。武官品级比文官品级皆大。武官若于行间效力，原有加级之例，果有功绩，品级自宜从优。今武官品级太过，宜作何裁定，尔等查议具奏。"

是日，上诣皇太后宫问安。

本日起居注官傅伸、宋大业。

二十日癸丑　辰时，上御乾清门听政。部院各衙门官员面奏毕，大学士伊桑阿、阿兰泰、王熙、张玉书，学士李楠、温保、戴通、顾藻、沈图、松柱、陶岱、陆棻、徐嘉炎以折本请旨。兵部题正白旗七品官雅图私自来京叩阍，理应革职，不准折赎，鞭一百，但雅图因有疯疾，议免责，仍发黑龙江。上曰："雅图若疯疾是实，理应即时拿住，乃并不拿住，听其闲放，以致叩阍。及将雅图交与议处之时，又未将疯疾说出，驳后，方言雅图有疯疾，于事全不详察，苟且完结，殊属不合。兵部堂司官徇庇雅图之处显然。着交与都察院严议具奏。"

又刑部等衙门题正白旗原任护军参领桑格因开赌场，将桑格照例拟绞，监候秋后处决。其赌博之护军索柱等四十一人俱照例各枷号两个月、鞭一百。上召刑部尚书图纳进前，顾大学士等曰："桑格着从宽免死，枷号三个月、鞭一百，发往黑龙江当差。护军索柱等因该管官逼令赌博，着免其枷号，各鞭一百。封印之日已近，图纳，尔今即往部中亲视，速行发落，俾护军等各回家度岁。”

是日，赈济安州等十一州县侍郎安布禄、常绶，郎中鄂奇、罗刹，巡抚郭世隆，道员沈朝聘回复命。上曰：“所赈之民几何？用米几何？”安布禄等奏曰：“所赈大小口共十一万有余，一半给价，用银二万三千余两；一半给米，用米二万三千余石。将余剩之米交与郭世隆，令派出贤能官员照时价量减发粜。”上又曰：“流民多否？”安布禄、常绶等奏曰：“流民不甚多，或一处村庄有四五人，或一处村庄有一二人。皇上殊恩普被，蠲免二年钱粮，屡次发米赈济，又将仓米减价发粜。又闻至来年五月仍将州县所贮之米散给，流民皆回原籍，曾向臣等具呈。臣等收呈阅过，即交与郭世隆查察。”郭世隆奏曰：“流民之数尚未查明，大约不甚多。皇上至德如天地，深仁如雨露，州县稍被水灾，恻然动念，即蠲数年钱粮。先事预谋，屡遣大臣赈救，贫民均沾实惠，获保本业，欢呼之声载路。今直隶所属百姓，已无可忧虑者矣。”上曰：“赈济之事甚属紧要，故将尔等选择差往，所赈济过十一州县，已具悉矣。”

本日起居注官三宝、郑昆瑛。

二十一日甲寅　辰时，上御乾清门听政。部院各衙门官员面奏毕，大学士伊桑阿、阿兰泰、王熙、张玉书，学士李楠、温保、戴通、顾藻、沈图、松柱、陶岱、陆棻、徐嘉炎以折本请旨。礼部题钦天监监正戈枚等选择日期并不遵照通书，任意妄言，殊属不合，应交该部严加议处。上曰：“戈枚人甚庸劣，着交该部严察议奏。”

又兵部题白都纳地方副都统沙纳海请将西白瓜尔查地方四十佐领官兵并黑龙江一带，八佐领俱移驻白都纳，另补防守尉六员，将西白瓜尔查等管理操练，议准行。上曰：“白都纳地方若迁盛京等处兵往驻，兵丁迁移必至苦累，着停其添兵驻防。此处添补官员有益，作何添补官员之处，着议奏。”

是日，上诣皇太后宫问安。

本日起居注官努赫、史夔。

二十二日乙卯　早，上由午门出正阳门，驻跸南苑。

卯时，封印。

本日起居注官莫里溥、彭宁求。

二十三日丙辰

二十四日丁巳

二十五日戊午

二十六日己未

二十七日庚申 酉时，上由正阳门进午门回宫。

本日起居注官傅伸、陆肯堂。

二十八日辛酉 本日起居注官三宝、陈元龙。

二十九日壬戌 午时，因岁暮上御保和殿，召元旦朝觐外藩蒙古，左翼科尔沁国和硕达尔汉亲王额驸班第，喀尔喀部落和硕达尔汉亲王诺内，科尔沁国多罗郡王戴布，阿霸垓部落多罗郡王吴尔占喀尔卜，喀喇沁部落多罗杜棱郡王扎西，土墨特部落多罗达尔汉贝勒额驸厄尔德木图，扎鲁特部落罗多罗达尔汉贝勒毕立克图，苏牛特部罗多罗贝勒沙里，乌朱穆秦部罗多罗额尔德尼贝勒博木布，杜尔伯特部落固山贝子沙津，科尔沁国和硕额驸班第、护国公多思喀尔、一品台吉额尔德尼等、三品台吉毕礼鲧达赖等、四品台吉乌尔呼曼等，郭尔罗斯部落扎萨克四品台吉吴尔图那思图等、三品台吉额驸吴勒木济等、一品台吉伊礼鲁克三、二品台吉毕立克图等、三品台吉忒古思、四品台吉丹达礼等；右翼科尔沁国土谢图亲王额驸沙津，喀尔喀部落扎萨克克图和硕亲王策旺扎布，喀尔喀部落多罗郡王董洛卜多尔济、多罗郡王那木渣，科尔沁国多罗贝勒阿毕达，毛明安部落多罗贝勒班第，喀尔喀部落多罗贝勒老卜臧、多罗贝勒萨木多尔济，土墨特所管喀尔喀多罗贝勒老卜臧，阿霸垓部落固山达尔汉贝子车凌东洛卜，喀尔喀部落固山贝子博贝，巴林部落和硕额驸吴尔滚，喀喇沁部落和硕额驸噶尔藏，喀尔喀部落公汉都等，巴林部落多罗额驸阿拉卜滩等，阿霸垓部落多罗额驸扎木素，喀尔喀部落扎萨克一品台吉阿玉西、扎萨克一品台吉车木楚克等，及内大臣、侍卫、大学士，上三旗都统、副都统等，赐宴。上进酒毕，奏乐。左右两翼王以下坐于公次，台吉等以上皆进前，上亲赐酒。其余台吉等俱令内大臣传饮。内大臣、大学士、都统、副都统等，俱令侍卫传饮。宴罢，众谢恩毕，上回宫。

本日起居官官努赫、彭宁求。

钦惟皇上御极以来，渐仁摩义，久道化成，峻德大业，弥纶宇宙。凡属含生之伦，靡不乐育太平，涵濡厚泽，巍巍荡荡，民无能名。猗与盛哉！乃我皇上法天之健，应地之贞，圣心广运，惟日孜孜，欲使山陬海隅，无一物不得其所。一岁之中，凡勤政恤民，稽古好学，崇文奋武，辨官育材，见之早夜畴咨者，虽高深难罄敷扬，而大略有可概陈也。岁首听政之初，诫饬诸臣，毋树党援，毋饰虚名，毋怀私忿而曲为挤排，毋市私恩而巧为结纳。严朋比之萌，励公忠之气，慎惜名器，敦尚廉隅。天语煌煌，不独一时奉为典谟，实千古臣道之极，莫外于是。轸念直隶民生，以去岁蠲免四郡钱粮为未足，命出常平仓谷赈济贫民，以其所余减价平粜。先发通仓所积粟，次发霸州等十州县及天津所积粟，更令直隶诸郡邑所积粟概行平粜。又截留山东漕米，以协济景州等沿河州县；更虑安州等十一州县欠收，遣官散米赈济。复半折贵价，仍以所存之米减价贱粜，并预免其来岁钱粮，畿辅烝黎固已普沾实惠矣。犹念运河一带积潦为患，爰命臣工会同量度，自通州至西沽堤岸，又自西沽至霸州决口，特发帑金，咸令修筑。堤工既竣，亲临阅视，简省仪从，溽暑巡行，或驾舟乘潮，或步行登陆，周历详审，不以为劳。从此三辅田畴，永成沃壤。歌诵盈郊，欢声动地。皇仁所被，其有既乎。皇上銮舆所历，必详察农桑，咨询稼穑，村夫野老，皆得言情，耕获菑畬，尽烦睿虑，是以深晰农家之事，早为筹画。三秋刈获之后，预饬深耕，以杜绝蝗种。更命官四出，宣谕直隶、山东、河南、江南各省大僚，督率吏民，殚心驱捕，俾螟螣歼除，黍稌丰茂，皆我皇上忧劳爱养之所溥也。轸念盛京民生，先发山左积储，从海道转输；复截留两省漕米，从天津分运。仓廒积贮，则贷与军卒；协济料草，则尽免追征。盛京重地，胥庆优裕矣。皇上子惠痌瘝之怀，普及四海。如河南转运陕西，耗米则有豁除之令；盐城高邮水涸，田粮则有免征之旨。山陕未完银米，概与蠲除；各省积岁旧逋，悉从宽缓。又且睿虑区画，以国家无土木甲兵之事，度支岁用已足，欲举将来天下钱粮通免一年。大哉王言，天地父母之仁，奚以加兹！四海内外，德洋恩溥，重译输诚。皇上犹加意边防，严修武备。于远近大小将弁，平时召对，豫识材勇，及遇推补，皆由宸断，干城腹心之寄，各得其人矣。至古北口等处之操演，宁夏等处之守御，皆未雨绸缪。申严大同右卫之驻防，筹度黄城儿地方之紧要，莫不了若指掌。惟圣天子，明见万里之外，虽兵革不试，而赫声濯灵，遐迩詟服，非以至仁而成大勇，其孰能之？他如督抚藩臬，必慎重简用；监司守令，必量能授官。部院庶僚，时严甄别；科道条奏，务察偏私。此审官之要政也。黄淮河堤，悉仍旧制，禁饬纷更，此治河之善术也。每遇法司谳决，常咨嗟反复，以求其生，宥过矜疑，多所全活，此钦恤之深仁也。重中涓之处分，除蠹吏之奸慝，法无曲贷，悉准平衡，此肃纪之大义也。一日二日万几，靡有暇逸。皇上于法官晏闲，巡省休豫，博综经史，考论古今，手不释卷。复游心翰墨，挥洒宸章，分颁祠庙，优赐大臣。铁画银钩，炳日星而昭云汉；矞矞皇皇，洵自古帝王所未有。呫哔词臣，莫能窥圣学之渊泓。惟惊心俯首，自惭固陋。乃蒙皇上如天圣度，优礼训诲有加。夏初命更番入直内廷，赐坐赋诗，咫尺天颜，从容顾问，蔼若家人父子。复令齐集西苑，命题试艺，辨理学之真伪，审稼穑之艰难。颁赐酒肴，均沾恩渥，儒臣宠荣，于斯为极。于馆职学业，皇上尤谆谆教诫，申饬督课之懈驰，鼓励教学之勤勉。凡属词曹，孰不感激愧励，以仰副圣天子右文造士之盛心乎？要之，皇上天纵圣神，千圣百王之道法治法，浑然统备于一心。而又宵旰勤劳，持盈保泰，百工所以允厘，万邦所以协和也。夫天体惟高，故能无所不覆；地体惟厚，故能无所不载。皇上本高厚之德，以抚御六合；无疆盛业，并配乾坤，庶汇百昌，陶然并遂，咏歌颂述，乌能罄皇仁之万一哉！臣等备员记注，亲炙光华，敢拜手稽首，飏言于简末云。

康熙三十四年　乙亥

正　月

初一日癸亥　早，上以元旦率诸王、贝勒、贝子、公、内大臣、侍卫、大学士、都统、尚书、精奇尼哈番等，往堂子行礼，毕，回宫。

辰时，上率诸王、贝勒、贝子、公、内大臣、侍卫、大学士、都统、尚书、精奇尼哈番等，诣皇太后宫行礼，毕，回宫。

少顷，御中和殿升座，内大臣、侍卫及内阁翰林院、礼部、都察院、詹事府等衙门官员庆贺元旦。行礼毕，御太和门升座，诸王、贝勒、贝子、公等文武各官及元旦朝觐外藩王、贝勒、贝子、公、台吉，朝鲜等国使臣，上庆贺元旦表，行礼毕，回宫。

本日起居注官张英、莫里溥。

初二日甲子　是日，上诣皇太后宫问安。

本日起居注官傅伸、宋大业。

初三日乙丑　本日起居注官尹泰、郑昆瑛。

初四日丙寅　是日，上诣皇太后宫问安。

本日起居注官张英、三宝。

初五日丁卯　是日，上诣皇太后宫问安。

本日起居注官努赫、史夔。

初六日戊辰　本日起居注官莫里溥、郑昆瑛。

初七日己巳　本日起居注官傅伸、陈元龙。

初八日庚午　上御保和殿视祭祈谷坛祝版，毕，回宫。

本日起居注官尹泰、宋大业。

初九日辛未　早，上躬诣祈谷坛致祭礼，毕，回宫。

巳时，上由神武门出西直门，驻跸畅春园。

本日起居注官张英、三宝。

初十日壬申 是日，上诣皇太后宫问安。

十一日癸酉 是日，上诣皇太后宫问安。

十二日甲戌 是日，上诣皇太后宫问安。

十三日乙亥 是日，上诣皇太后宫问安。

十四日丙子 辰时，上御畅春园内含淳堂。以上元节赐朝正左翼科尔沁国和硕达尔汉亲王额驸班第、多罗郡王戴布，喀喇沁部落多罗杜棱郡王扎西，土默特部落多罗达尔汉贝勒额驸厄尔德木图，科尔沁国和硕额驸班第、护国公都斯喀尔、一品台吉格勒尔图、二品台吉毕礼滚达赖等、三品台吉额驸乌勒木济等、二品台吉查西等、四品台吉丹达礼等，毛明安部落扎萨克、一品台吉诺尔布等；右翼科尔沁国土谢图亲王额驸沙津，喀尔喀部落扎萨和硕亲王策旺扎布，喀尔喀部落多罗郡王东洛卜多尔济，喀尔喀部落多罗郡王那木渣尔，科尔沁国多罗贝勒阿毕达，毛明安部落多罗贝勒班第，喀尔喀部落多罗贝勒老卜臧，土默特同处喀尔喀部落多罗贝勒老卜臧，喀尔喀部落多罗贝勒萨木多尔济，阿霸垓部落固山达尔汉贝子车凌东洛卜，喀尔喀部落贝子博贝，巴林部落和硕额驸吴尔滚，喀喇沁部落和硕额驸噶尔藏，喀尔喀部落公汉都吴巴达旺舒克，巴林部落多罗额驸阿拉布坦等，敖汉部落多罗额驸扎木素，喀尔喀部落一品台吉阿玉西等，扎萨克部落一品台吉车木楚克那木札尔等，及内大臣、侍卫、大学士，上三旗都统、副都统等宴。上进酒，诸乐并作。外藩王、左右两翼亲王以下、台吉以上，俱上亲赐酒。其余台吉等，俱令内大臣赐饮。宴罢，众谢恩毕，上回宫。

是日，上诣皇太后宫问安。

本日起居注官努赫。

十五日丁丑 午时，上御畅春园内含淳堂，大宴朝正外藩左右两翼王、贝勒、贝子、公、台吉等及内大臣、侍卫、大学士、上三旗都统、副都统，上进酒毕，赐外藩王、贝勒、贝子、公、台吉等以上酒于坐次。宴罢，众谢恩毕，上回宫。

本日起居注官莫里溥。

十六日戊寅 是日，上诣皇太后宫问安。

十七日己卯 卯时，开印。

嗣后驻跸畅春园，时部院各衙门章奏逐日送内阁，转送畅春园听理。应面奏事宜仍行面奏。

是日，上诣皇太后宫问安。

十八日庚辰 是日，上诣皇太后宫问安。

十九日辛巳 是日，上诣皇太后宫问安。

二十日壬午 辰时，上御畅春园内澹宁居听政。部院各衙门官员面奏毕，大学士伊桑阿、阿兰泰、王熙、张玉书，学士李楠、温保、戴通、顾藻、沈图、松柱、陶岱、陆棻、徐嘉炎同进。伊桑阿奏曰："武官品级太过，臣等遵旨查议得，参将、游击皆系三品，伊等另有防守职任，仍应照常。都司佥书亦系三品，属太过，应减为四品。卫守备营守备现系四品，亦减为五品。千总、把总品级仍应照常。交与该部查议具奏。"上曰："着交该部定议具奏。"

上顾大学士等曰："总督范承勋言河南巡抚顾汧不谙事务。"阿兰泰奏曰："顾汧原从翰林升补学士，并未历练事务。"上曰："如韩菼等不过能为文章，若谓其长于办事，朕亦不信。"

上又顾大学士等曰："兴永朝奏请丈量湖南田地，有累于民否？"伊桑阿奏曰："地方官曾将并无累民之处屡经保题。"上曰："治国之道，莫要于安民，或有不肖州县官将田地竟未行丈量，而辄称余田加赋者，亦未可定，安有加增田赋而全不累民之理？朕并无闻见，猝然念此，故言及之。尔等会集九卿问楚省之为官者。"

是日，上诣皇太后宫问安。

本日起居注官傅伸、尹泰。

二十一日癸未 是日，上诣皇太后宫问安。

二十二日甲申

二十三日乙酉 辰时，上御畅春园内澹宁居听政。部院各衙门官员面奏时，上谕兵部尚书索诺和，侍郎朱都纳、马尔汉，郎中绥色等曰："朕巡视京畿，见绿旗兵沿途奔走，无顷刻之暇，甚属劳苦，殊为可悯。问之，云跟随大臣官员护送家口等公差，并无劳苦，惟兵部内私用印信文移、护送家口等事甚多。除已往之事不复查究，自此以后，尔部着移文该总兵官，将派出兵丁护送大臣官员事件数目年终详明造册送部，尔部查明奏览。”

谕毕，大学士伊桑阿、阿兰泰、王熙、张玉书，学士李楠、温保、戴通、顾藻、沈图、松柱、陶岱、陆棻、徐嘉炎以折本请旨。户部题巡视两广盐政御史巴哈布疏称，从前两广未完银十五万余两，今但称沙拜完过两广课银二万余两，余银并未声明，着查明到日再议。上曰：“巴哈布为人亦不甚妥，此未完课银，着该督抚会同巡盐御史查明具奏。”

又题宁夏、兰州驻防官兵住房议将民房给与，另偿民房之价。上曰：“若取民房，恐致累民，另造房以居官兵方善。赵良栋在彼，着问赵良栋具奏。”

又理藩题将盗马察罕等拟正法。上曰：“察罕到部自行出首，着从宽免死，发往浙江披甲。”

上顾伊桑阿等曰：“各省来京官员人等，该省大臣多有托其向朕前请安者。大臣欲请安，自来亦可，具本亦可，若转行附托，于理殊属不合。着将此说与该部，永行禁止。”伊桑阿等奏曰：“自京城差出大臣，该省大臣可请上安。若从各省来京者，该省大臣附请上安，非臣子之道。上谕极是。”

上又曰：“去年朕谕捕蝗，闻直隶地方捕之使尽，甚为有益。山东、河南捕之不甚尽，故田禾稍有被损。去年雨水充足，今春蝗起亦未可定。将朕此旨宣与户部，预行晓示各州县。如蝗种复出，竭力捕灭。”

是日，上诣皇太后宫问安。

本日起居注官努赫、三宝。

二十四日丙戌

二十五日丁亥　巳时，上由西直门进神武门，回宫。

本日起居注官莫里溥、彭宁求。

二十六日戊子　辰时，上御乾清门听政。部院各衙门官员面奏毕，大学士伊桑阿、阿兰泰、王熙、张玉书，学士李楠、温保、戴通、顾藻、沈图、松柱、陶岱、陆棻、徐嘉炎以折本请旨。吏部题闽浙总督朱弘祚举荐卓异疏内称福建地瘠民恍，妄意捏造，谬行陈奏，殊属不合。议将朱弘祚降四级调用。上曰：“朱弘祚居官优劣，着问九卿。”

又钦天监监正戈枚等选择祭太庙日期，不遵选择之书，将通书所无之语任意妄言，议将戈枚革职，监副常额等俱降三级调用。上曰："戈枚为人怪僻，着革职。常额等着降三级，从宽留任。顷国子监祭酒鄂拜进前启奏，朕见此人庸劣，着令解任。"

本日起居注官张英、尹泰。

二十七日己丑 辰时，上御乾清门听政。部院各衙门官员面奏毕，大学士伊桑阿、阿兰泰、王熙、张玉书，学士李楠、温保、戴通、顾藻、沈图、松柱、陶岱、陆棻、徐嘉炎以折本请旨。伊桑阿奏曰："臣等遵旨传问九卿，九卿云，总督朱弘祚居官平常，并未闻有善状。"上曰："众人之言皆同否？"伊桑阿奏曰："舆论皆同。"上又曰："或有人惜朱弘祚者乎？"伊桑阿奏曰："并无言可惜者。"上又顾王熙、张玉书曰："尔等以为何如？"王熙奏曰："朱弘祚为人亦有材干，其居官未闻有好处。"上曰："着照部议，降四级调用。"

是日，赐朝鲜国王李焞及进贡正使礼曹判书申琓、副使户曹参判李弘迪及书状官等鞍马、缎匹等物有差。

本日起居注官傅伸、史夔。

二十八日庚寅 各衙门奏章俱交送内阁。

是日，上诣皇太后宫问安。

本日起居官三宝、顾祖荣。

二十九日辛卯 早，上由神武门出安定门，驻跸汤泉。

本日起居注官努赫、张廷瓒。

三十日壬辰

二　月

初一日癸巳

初二日甲午

初三日乙未

初四日丙申

初五日丁酉　未时，上由安定门进神武门回宫。

是日，上诣皇太后宫问安。

本日起居注官莫里溥、王九龄。

初六日戊戌　辰时，上御乾清门听政。部院各衙门官员面奏毕，大学士伊桑阿、阿兰泰、王熙、张玉书，学士李楠、温保、戴通、顾藻、沈图、松柱、陶岱、陆棻、徐嘉炎以折本请旨。吏部题福建总督朱弘祚员缺，将侍郎安布禄等职名开列。上曰："总督职任甚要，着问九卿具奏。"

又礼部题病故刑部侍郎郑重给与全葬银两，致祭一次，应否与谥，伏乞上裁。上曰："恤典所以劝励臣工，郑重自任用以来并无效力之处，不必赐恤。"

又兵部题正红旗病故副都统额尔坠员缺，将工部侍郎常绶、护军参领牛钮等职名开列。上曰："览开列内护军参领牛钮为人亦可，且善于统辖，汝等有知之者否？"松柱奏曰："牛钮人材壮健，统辖之处亦好。"上曰："尔等明日将牛钮引见。"

又正蓝旗副都统孙他哈年老衰迈，不能行走，请解任。上曰："孙他哈为人庸碌甚劣，朕意正欲令其解退，着解副都统任。"

又都察院题御史内升外转。上曰："此内孰优孰劣？"大学士伊桑阿等奏曰："问伊等堂官，云阮尔询、余泰来及汉军御史高必弘曾经前任堂官保举，伊等皆好。任弘嘉庸劣。"上曰："余泰来长芦出差时，倡率鼓舞商人助船运米，甚是效力，着内升。任弘嘉人虽庸劣，尚曾条奏，其条奏虽云不甚紧要，然亦无私意。"伊桑阿、王熙等奏曰："皇上所见极是。任弘嘉不过一书生，所条奏之事虽属不当，私意实无。"上曰："任弘嘉非办事之人，若授外官，焉能胜任？此次外转着停止。"上又曰："近观言官奏事，或受以嘱托，或怀私卖本。言官各摅所见陈奏，乃其职分，行与不行在于人主，何乃为此无颜面之事。如沈恺曾所条奏事务俱系有故，又原任侍郎郑重门生曾任陕西县令，为总督佛伦题参。郑重遂说与彭鹏，将陕西全省官员俱行参奏。岂有因一人之仇遂参全省之理？凡任言官者，但宜将关系国家得失、民生休戚之事从直陈奏，岂可因受人嘱托怀挟私仇、贿卖本章而条奏乎？如遇此等行事之人，必尽行察出正法，断断不恕！虽尔等，朕亦不徇情面！”

又督捕衙门题窝藏逃走太监明玉之张氏照例流徙。上曰：“太监往来伊家乃寻常事，张氏系太监明玉舅母，不知明玉逃走，容留一宿，与窝逃稍异。况年逾七十，着从宽免流徙。”

本日起居注官尹泰、徐元正。

初七日己亥 辰时，上御乾清门听政。部院各衙门官员面奏毕，大学士伊桑阿、阿兰泰、王熙、张玉书，学士李楠、温保、戴通、顾藻、沈图、松柱、陆棻、徐嘉炎以折本请旨。将护军参领牛钮引见。上问牛钮曰：“尔系何族，历俸几年？”牛钮奏曰：“臣系前锋参领翁俄托之子，历任十有六年。”上又问曰：“尔有军功乎？”牛钮奏曰：“臣有二等功牌一个。”上顾大学士曰：“牛钮人材颇优，历俸有年，着升补副都统。”

伊桑阿等奏曰：“浙闽总督员缺，臣等遵旨问九卿，九卿云直隶巡抚郭世隆、山东巡抚桑格居官颇善，为人亦优。”上曰：“郭世隆为人信实，人材亦优，着升补总督。直隶员缺关系紧要，宜择一堪任者补授。前任巡抚于成龙操守清洁，但于地方无所设施；后任之于成龙但善于捕盗耳。惟格尔古德居官甚好，士民多称之。朕视浙江巡抚王维珍，其人或不致为非。大理寺卿李辉祖为人颇优，于人不肯趋奉。”伊桑阿奏曰：“李辉祖为人沉潜。”阿兰泰奏曰：“李辉祖在兵部臣与同司，为人沉重，办事亦优。”

本日起居注官傅伸、顾祖荣。

初八日庚子 辰时，上御乾清门听政。部院各衙门官员面奏毕，大学士伊桑阿、阿兰泰、王熙、张玉书，学士李楠、温保、戴通、顾藻、沈图、松柱、陆棻、徐嘉炎以折本请旨。兵部题正红旗蒙古都统胡巴员缺，将护军统领苏丹等职名开列。上曰：“此缺曾将宗室公章京查过，俱不甚妥。副都统齐世曾为康亲王府长史，为人甚优，尔等知之否？”伊桑阿、阿兰泰奏曰：“闻齐世果优，伊同旗人甚称奖之。”上又问松柱曰：“尔与齐世曾同出兵否，齐世为人何如，其材具何如？”松柱奏曰：“齐世在荆州军中时臣在岳州军中，未遇在一处行走，其人材不知何如。但伊同旗人俱称齐世人材优长。”上曰：“齐世为人忠厚，系董鄂额驸亲孙，宗派亦好。齐世着升补蒙古都统。”

伊桑阿等奏曰：“臣等遵旨问湖广人太常寺少卿江蘩、编修张明先等。江蘩等云，湖南新荒田地理应垦辟输供，况皇上将数年正项钱粮屡次蠲免，又免漕运。庶民感戴皇恩，情愿输纳。若丈量劳民不劳民，臣等皆湖北人，未能深知。张明先等云，自康熙十三年以来，因田地荒废，曾经前任巡抚韩世琦具题，皇上恩将新荒田地钱量蠲免。自二十年以来，庶民复业，将荒芜田地渐渐开垦。前任巡抚兴永朝奏请通行丈量，及巡抚王梁至任举行。但地方辽阔，限期甚迫，若非实心奉行，则民不无受累。”上曰：“湖南丈量田地，百姓受累亦未可定。总督吴琠居官甚善，着咨行吴琠，令其详察具奏。吴琠原任刑部侍郎，并非诸臣保举，乃朕选择任用。声名即好，为人尽优，居官亦甚善。”

本日起居注官张英、三宝。

初九日辛丑 辰时，上御乾清门听政。部院各衙门官员面奏毕，大学士伊桑阿、阿兰泰、王熙、张玉书，学士李楠、温保、戴通、顾藻、沈图、松柱、陆菜、徐嘉炎以折本请旨。刑部等衙门题拟杀主七十儿立决。上曰：“七十儿杀主，情罪虽法不可宥，但伊主既称七十儿原属善仆，杀伊之时，实因酒醉。将七十儿免死枷责，交与伊主。”

是日，上诣皇太后宫问安。

本日起居注官努赫、王九龄。

初十日壬寅 辰时，上御乾清门，听部院各衙门官员面奏政事。

是日，赐川陕总督吴赫鞍马、撒袋、弓箭、披领。

本日起居注官莫里溥、曹鉴伦。

十一日癸卯 章皇后忌辰，上不理事。

本日起居注官尹泰、陆肯堂。

十二日甲辰 辰时，上御乾清门听政。部院各衙门官员面奏毕，大学士伊桑阿、阿兰泰、王熙、张玉书，学士李楠、温保、戴通、顾藻、沈图、松柱、陆菜、徐嘉炎以折本请旨。吏部题因国子监启圣祠西廊房三间失火，将当月镶黄旗助教佛伦议罚俸一年。上曰：“佛伦防视不谨，以致失火，依议罚俸，着解任，随旗行走。”

又户部题崇文门监督费扬古员缺，拟将工部员外郎张景留差出。上曰："崇文门事务繁杂，兼多光棍、豪恶，此缺应差才能之人。现任监督费扬古行事若何？"王熙奏曰："崇文门与他处不同，稍有过端，即为人所议论。费扬古乃能办事之人，未闻其有不善处。"阿兰泰奏曰："此处事繁，若差满洲官员，亦足以弹压奸徒。"上曰："着将以次应差满洲官员十员职名开来选用。"

又将给与原任福建巡海道殉难追赠工部右侍郎陈启泰等碑文呈览。上详阅毕曰："陈启泰殉节，与他人不同，视其阖家人逐一自尽毕，伊即缢而死，甚属惨伤。海贼进城时，见其家棺椁如许，亦为垂泪。伊子陈汝器被海贼拿获，后方得出。应将此等事俱行撰入。观其碑文，辞意尚未详尽，尔等查明，令其另撰。"

是日，上诣皇太后宫问安。

本日起居注官傅伸、陈元龙。

十三日乙巳　辰时，上御乾清门听政。部院各衙门官员面奏毕，大学士伊桑阿、阿兰泰、王熙、张玉书，学士李楠、温保、戴通、顾藻、沈图、松柱、陆棻、徐嘉炎以折本请旨。吏部题直隶巡抚郭世隆员缺，以内阁学士温保等职名开列。上曰："直隶地方甚属紧要，以朕观之，刑部侍郎陈汝器、大理寺卿李辉祖、直隶守道沈朝聘，伊等皆可用。沈朝聘先在边外料理驿站时，过往大臣、侍卫等无不称赞，居官甚善，操守亦清。"伊桑阿、阿兰泰奏曰："沈朝聘家甚贫，乃操守好而有才之人。"上曰："如沈朝聘之好官何处无有，但朕无亲知者，将举谁乎？沈朝聘因在近地霸州，朕故亲知之。伊乃简亲王包衣佐领下人，虽升至大官，不改贫贱之素，甚是谦谨。况年已迈，尚能居官几年？及时用之于地方，亦甚有裨益。将此三人着问九卿具奏。"

本日起居注官三宝、彭宁求。

十四日丙午　辰时，上御乾清门听政。部院各衙门官员面奏毕，大学士伊桑阿、阿兰泰、王熙、张玉书，学士李楠、温保、戴通、顾藻、沈图、松柱、陆棻、徐嘉炎以折本请旨毕，伊桑阿等奏曰："臣等遵旨将刑部侍郎陈汝器、大理寺卿李辉祖、直隶守道沈朝聘问九卿，九卿云陈汝器、李辉祖、沈朝聘为人皆可，居官办事甚善。此内恭候皇上简用一人，俱于地方有益。”上曰：“沈朝聘居官好，且已年迈，着升补直隶巡抚。”

本日起居注官努赫、宋大业。

十五日丁未　早，上御太和门升座，升转文武官员谢恩毕，上回宫。

本日起居注官张英、莫里溥。

十六日戊申　辰时，上御乾清门，听部院各衙门官员面奏政事。

本日起居注官尹泰、徐元正。

十七日己酉　辰时，上御乾清门听政。部院各衙门官员面奏毕，大学士伊桑阿、阿兰泰、王熙、张玉书，学士李楠、温保、戴通、顾藻、沈图、松柱、陶岱、陆棻、徐嘉炎以折本请旨。理藩院题为数次盗马、骆驼杜尔伯特等八人皆按律拟斩，及该管查萨克应罚一九。上曰：“伊等为盗皆从彼台吉所为，着从宽免死。若仍留本处，其恶断不能改，着拿赴京城，发至南方。往拿之时，遣理藩院司官一员，将该盗妻子一并查拿，若一有脱逃，必加重处。可严谕之。俟到日发往何处，着另行请旨。其该管查萨克等既查明缉获，从宽免罪。”

是日，上诣皇太后宫问安。

本日起居注官傅伸、顾祖荣。

十八日庚戌　辰时，上御乾清门听政。部院各衙门官员面奏毕，大学士伊桑阿、阿兰泰、王熙、张玉书，学士李楠、温保、戴通、顾藻、沈图、松柱、陆棻、徐嘉炎以折本请旨。兵部题广东巡抚朱弘祚等奏称，原任碣石总兵官韩佐周与中军游击张汝宣互讦事，应行该督严审，俟到时再议。上曰：“韩佐周曾任苏松道，居官甚劣，因贪酷革职。后随安亲王出兵，以效力行间，人材壮健，复屡擢至总兵官。观其到任，即与人互相告讦，乃生性贪酷，全不顾廉耻之人。”伊桑阿等奏曰：“韩佐周莅任未久，即与人讦讼，实系恶人，皇上所见极是。”上曰：“此事着遣部院堂官一员，会同该督察审具奏。”

本日起居注官三宝、张廷瓒。

十九日辛亥　部院各衙门奏章交送内阁。

本日起居注官努赫、曹鉴伦。

二十日壬子 辰时，上御乾清门听政。部院各衙门官员面奏毕，大学士伊桑阿、阿兰泰、王熙、张玉书，学士李楠、温保、戴通、顾藻、沈图、松柱、陆棻、徐嘉炎以折本请旨。兵部题正蓝旗副都统孙他哈员缺，将仓场总督户部侍郎德珠、右卫护军参领苏赫里等职名开列。上曰："此开列内禅布先署护军统领曾来奏事，观其为人甚属明白，人亦颇优。将此着问该旗王并都统护军统领具奏。"

是日，上诣皇太后宫问安。

本日起居注官莫里溥、史夔。

二十一日癸丑 辰时，上御乾清门听政。部院各衙门官员面奏毕，大学士伊桑阿、阿兰泰、王熙、张玉书，学士李楠、温保、戴通、顾藻、沈图、松柱、陆棻、徐嘉炎以折本请旨。户部题覆广西巡抚王起元疏称各土司地方原无象只，但象只大典所需，关系甚要，仍行该抚转行土司查获时送进。上曰："象非紧要之物，该抚既称无象，这行查着停止。"伊桑阿奏曰："臣等遵旨将护军参领禅布问伊本旗王，适伊王给假不在家。据都统杨代等云，禅布凡行走之处皆能效力，为人颇优，同旗皆称其好。"上曰："禅布着升授副都统。"

本日起居注官傅伸、王九龄。

二十二日甲寅 辰时，上御乾清门，听部院各衙门官员面奏政事。

本日起居注官尹泰、陆肯堂。

二十三日乙卯 部院各衙门无奏章。

是日，上诣皇太后宫问安。

本日起居注官三宝、徐元正。

二十四日丙辰 辰时，上御乾清门听政。部院各衙门官员面奏毕，大学士伊桑阿、阿兰泰、王熙、张玉书，学士李楠、温保、戴通、顾藻、沈图、松柱、陆棻、徐嘉炎以折本请旨。吏部题甘肃巡抚严泰员缺，将内阁学士温保等职名开列。上曰："巡抚可以布政使升授，将布政使内可用者问尚书佛伦具奏。"

又沙河捕盗同知韦国佐失察，衙役取贿，议革职。上曰："该抚云何？"伊桑阿等奏曰："该抚称韦国佐莅任后遇事勤勉。"上曰："韦国佐着再行文问该抚具奏。”

本日起居注官努赫、彭宁求。

二十五日丁巳 部院各衙门奏章交送内阁。

本日起居注官莫里溥、陈元龙。

二十六日戊午 孝昭皇后忌辰，上不理事。

本日起居注官傅伸、宋大业。

二十七日己未 辰时，上御乾清门，听部院各衙门官员面奏政事。

本日起居注官张英、尹泰。

二十八日庚申 辰时，上御乾清门听政。部院各衙门官员面奏毕，大学士伊桑阿、阿兰泰、王熙、张玉书，学士李楠、温保、戴通、顾藻、沈图、松柱、陆棻、徐嘉炎以折本请旨。伊桑阿等奏曰：“臣等遵旨问尚书佛伦，佛伦云，山西布政司舒书居官年久，操守亦优；甘肃布政司郭洪为人亦可，但任事未久；陕西布政司禅布，佛伦来时途中相遇，因未到任，未知其人。”上曰：“舒书年久，着升甘肃巡抚。”

又差往查看河工通政使司右通政张云翮条奏，以后修治函洞似应停止；至照常应修者，宜稍裁减钱粮，亦应节省，并进所绘河图。上曰：“河工事宜如有应行之处，张云翮应与同差往官员公议具奏。乃不同众议，独行条奏，全与河工无关紧要。且所绘之图亦甚舛错，即与明朝一统志所绘之图相似。这所奏无益，着直批出。朕向闻张云翮为人颇优，今观所条奏，其人亦不妥，殊不符所闻。”伊桑阿等奏曰：“圣谕极是。张云翮独自条奏，本欲自逞才能，强图徼幸而已。”王熙、张玉书奏曰：“张云翮条奏之事毫无关系，观其图画，尽似山水戏笔，并无济益。”

本日起居注官三宝、顾祖荣。

二十九日辛酉 辰时，上御乾清门，听部院各衙门官员面奏政事。

是日，上诣皇太后宫问安。

本日起居注官努赫、张廷瓒。

三　月

初一日壬戌　部院各衙门无奏章。

本日起居注官莫里溥、曹鉴伦。

初二日癸亥　辰时，上御乾清门听政。部院各衙门官员面奏毕，大学士伊桑阿、阿兰泰、王熙、张玉书，学士李楠、温保、戴通、顾藻、沈图、松柱、陆棻、徐嘉炎以折本请旨。吏部题本部郎中赖塔员缺，以工部员外郎朱贵拟正，刑部员外郎罗多里拟陪。上曰：“朱贵为人甚属不及。近因论俸补用，年久者甚多，若将不及之员解退，次升之人不致淹滞。此缺将拟陪罗多里补授，朱贵着解部任，随旗行走。”

又兵部题山海关总管车尔布赫请增添官兵，议准添兵二十名。其添官议不准行。上曰：“山海关亦属紧要，应照伊所奏增添官兵，着再议具奏。至于解送罪犯等事，兵丁从山海关直送到京，此间相去甚远，兵丁受累，应着送至玉田地方换兵送来。尔等会同该部，将此处亦酌议具奏。”

又理藩院题口外蒙古萨图等三人谎行叩阍，又属大恶妄行，拟立斩。上曰：“萨图等俱从宽免死，着解至京师，将伊等妻子一并发送杭州，令其披甲行走。”

伊桑阿奏曰：“臣等遵旨移文该抚问同知韦国佐，据该抚云，韦国佐专任捕盗之事，甚为勤劳，爱恤兵丁，居官亦善。”上曰：“韦国佐据该抚称好，着革职，从宽留任。”

学士松柱进前，将原任福建道员殉难陈启泰碑文呈览。上阅毕，曰：“善！”又顾大学士等曰：“翰林等官所撰文章善与不善，俱照常完结，并无鼓励之处。伊等专任撰拟文章，除撰文之外无他事，嗣后碑文、祭文，将其撰文人姓名与所撰文章善与不善，一并记档，有三次善者、三次不善者俱行奏闻。”

是日，上诣皇太后宫问安。

本日起居注官傅伸、王九龄。

初三日甲子　巳时，上由神武门出西直门，驻跸畅春园。

本日起居注官尹泰、陆肯堂。

初四日乙丑

初五日丙寅　是日，上诣皇太后宫问安。

初六日丁卯

初七日戊辰　是日，上诣皇太后宫问安。

初八日己巳

初九日庚午　是日，上诣皇太后宫问安。

初十日辛未　辰时，上御畅春园内澹宁居听政。部院各衙门官员面奏毕，大学士伊桑阿、阿兰泰、王熙、张玉书，学士李楠、温保、戴通、顾藻、沈图、松柱、陶岱、陆棻、徐嘉炎以折本请旨。上曰："观赵良栋疏内所陈，俱诉其效力行间之处，谓彼时出征，将军章泰图、海赖塔、穆占吴、党郎坦等同党谋议，将伊劳绩隐蔽，欲行坑陷。且自言各处效力立功甚多，并未议叙。与伊同时出兵将军俱已物故，此皆无证据之言。又称遣明珠西往时，曾将伊效力之处求为转奏，亦被隐蔽，不将伊言上达等语。明珠回时曾将赵良栋之言悉行陈奏，并未隐蔽，此等处可晓谕赵良栋知之。彼又将佛伦非毁，因加张勇侯爵，亦行忌嫉。此赵良栋乃暴戾偏隘之人也。"伊桑阿等奏曰："赵良栋秉性暴戾，皇上洞鉴甚明。当三逆变乱时，一切征调进取，俱由睿谋预定，经画周详，委任将帅，诸路满洲官兵恭承指示，各奋勇行间，逆寇渐次剿灭，恢复地方。赵良栋随大兵与众一例行走而已，并无独出己见之处。且赵良栋在四川效力，亦曾议叙，因其功罪抵销。若无效力之处，岂不将伊治罪乎？如此之人，不可不加惩治。"上曰："满洲大兵自湖广中路进克岳州，又攻取陕西、平凉，恢复广东、福建等省，此等处与赵良栋岂有丝毫相涉乎！朕惟欲保全功臣，但从宽大，此等小人狭隘，短处俱不介意。此本可发还。赵良栋但将彼效力处陈奏，交与该部议叙。"

本日起居注官努赫、莫里溥。

十一日壬申

十二日癸酉

十三日甲戌　是日，上诣皇太后宫问安。

十四日乙亥　辰时，上御畅春园内澹宁居听政。部院各衙门官员面奏毕，大学士伊桑阿、阿兰泰、王熙、张玉书，学士李楠、温保、戴通、顾藻、沈图、松柱、陶岱、陆棻、徐嘉炎以折本请旨。

吏部题升补道府事。上曰："西宁副使道刘殿衡，尚书佛伦曾奏称其优。刘殿衡系旧人，人材实优，西宁为边塞要地，刘殿衡着以所升参政道衔仍留原任，余依议用。"

又兵部题镶蓝旗汉军副都统韩佐周员缺，将护军参领沙赖等职名开列。上曰："此开列人内朕但识沙赖，亦系贤员，余皆不识，有优者恐致遗漏。着问该旗王及大臣等具奏。"

又题正白旗蒙古都统伯舒敏、副都统瓦尔达等于补授佐领，并不察档案，将毫无影响之事称旨妄行执奏，因此俱议革职。上曰："伯舒敏、瓦尔达等俱从宽免革职，着降五级留任。"

本日起居注官三宝、傅伸。

十五日丙子

十六日丁丑　是日，上诣皇太后宫问安。

十七日戊寅

十八日己卯　是日，上诣皇太后宫问安。

十九日庚辰　午时，上由西直门进神武门回宫。

未时，上御保和殿，赐请安进贡乌朱穆秦部落和硕车臣亲王色登敦多布、未得品级台吉塔旺扎木素，阿禄科尔沁部落多罗郡王崔，敖汉部落协理旗分事务和硕额驸齐伦巴图鲁、四品台吉忒古思等，柰曼部落辅国公格勒尔科尔沁国四品台吉桑吉扎布，土墨特部落一品台吉桑图，阿禄科尔沁部落二品台吉滚布拉西，喀喇沁部落二品塔布囊班第及达赖喇嘛来使占木巴凌堪布卓尔莫隆堪布鄂音布丹巴囊苏登奔尔囊苏、达赖汗来使噶卜楚西拉布毕西勒尔图等食。毕，回宫。

申时，上由午门出正阳门，驻跸南苑。

本日起居注官常书、陈元龙。

二十日辛巳

二十一日壬午　上移驻畅春园。

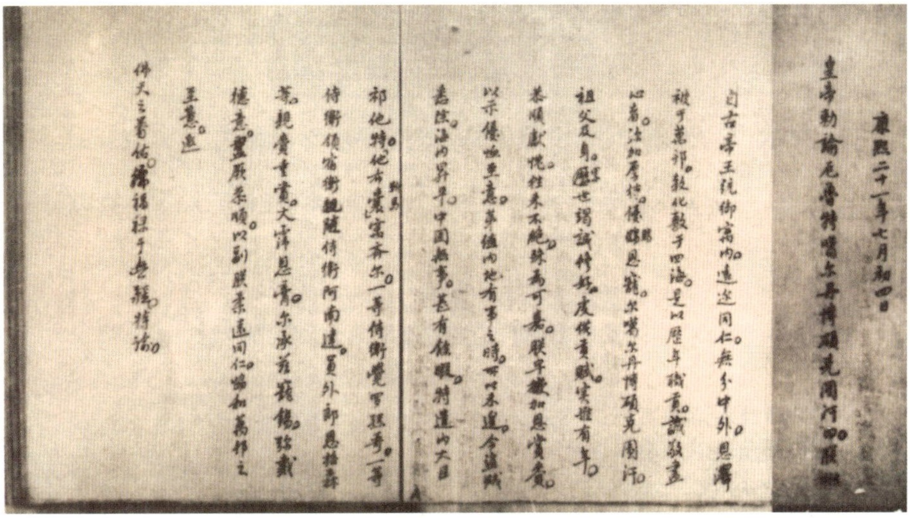
康熙二十一年七月初四日

皇帝勅谕厄鲁特噶尔丹博硕克图汗[illegible]

自古帝王统御寰内，遐迩同仁，无分中外，恩泽

被于万邦，教化敷于四海。是以历年职贡，诚敬尽

心者，法加厚待，优渥恩宠。尔噶尔丹博硕克图汗，

祖父及身，历世[illegible]诚修好，[illegible]使贡赋，实惟有年。

恭顺献忱，始[illegible]不[illegible]，殊为可嘉。朕[illegible]加恩赏赉，

以示优恤至意。[illegible]内地有事之时，[illegible]以不遑。今兹贼

寇殄灭，海内升平，中国无事，甚有余暇，特遣内大臣

祁他特、[illegible]，[illegible]齐尔，一等侍卫觉罗[illegible]，一等

侍卫[illegible]随侍卫阿南达，员外郎恩格森

等，赍贵重赏，大沛恩膏。尔承兹宠锡，弥戴

德意，益展恭顺，以副朕柔远同仁、协和万邦之

至意。

[illegible]佛天之眷佑，[illegible]福禄于无疆。特谕。

康熙帝给噶尔丹敕谕

噶尔丹为准噶尔部首领之初，用武力兼并蒙古各部，同时屡向清廷朝贡，以示友善。康熙帝于二十一年（1682年）曾派内大臣奇塔特赴准噶尔部恩施重赏，庆贺三藩平定，噶尔丹跪受敕书及赏赐诸物。此当时的敕谕。

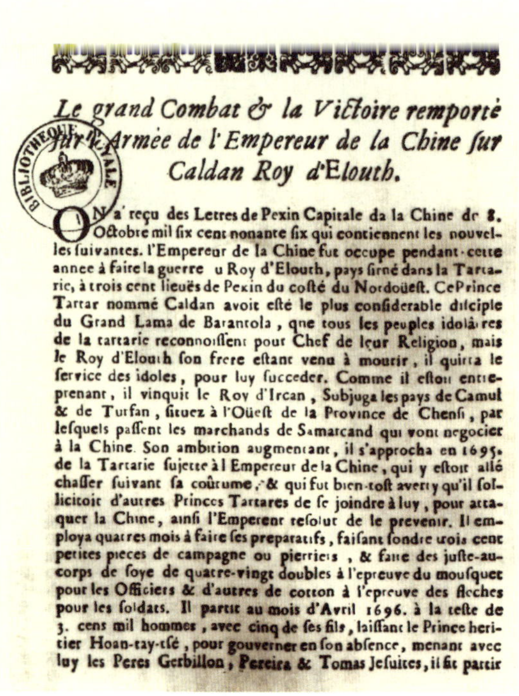

Le grand Combat & la Victoire remporté sur l'Armée de l'Empereur de la Chine sur Caldan Roy d'Elouth.

ON a reçu des Letres de Pexin Capitale da la Chine de 8. Octobre mil six cent nonante six qui contiennent les nouvelles suivantes. l'Empereur de la Chine fut occupe pendant cette annee à faire la guerre u Roy d'Elouth, pays sitné dans la Tartarie, à trois cent lieuës de Pexin du costé du Nordoüest. Ce Prince Tartar nommé Caldan avoit esté le plus considerable disciple du Grand Lama de Barantola, qne tous les peuples idolâtres de la tartarie reconnoissent pour Chef de leur Religion, mais le Roy d'Elouth son frere estant venu à mourir, il quitta le service des idoles, pour luy succeder. Comme il estoit entreprenant, il vinquit le Roy d'Ircan, Subjuga les pays de Camul & de Turfan, situez à l'Oüest de la Province de Chensi, par lesquels passent les marchands de Samarcand qui vont negocier à la Chine. Son ambition augmentant, il s'approcha en 1695. de la Tartarie sujette à l Empereur de la Chine, qui y estoit allé chasser suivant sa coûtume, & qui fut bien-tost averty qu'il sollicitoit d'autres Princes Tartares de se joindre à luy, pour attaquer la Chine, ainsi l'Emperenr resolut de le prevenir. Il employa quatres mois à faire ses preparatifs, faisant fondre trois cent petites pieces de campagne ou pierriers, & faire des juste-au-corps de soye de quatre-vingt doubles à l'epreuve du mousquet pour les Officiers & d'autres de cotton à l'epreuve des fleches pour les soldats. Il partit au mois d'Avril 1696. à la teste de 3. cens mil hommes, avec cinq de ses fils, laissant le Prince heritier Hoan-tay-tsé, pour gouverner en son absence, menant avec luy les Peres Gerbillon, Pereira & Tomas Jesuites, il fit partir

报道昭莫多之战的巴黎报纸

法国巴黎国立图书馆藏。昭莫多之战后，随军出征的耶稣会士张诚等人把清廷在昭莫多战胜噶尔丹的消息写成通讯，寄往欧洲，刊登在这份1697年的巴黎报纸上。

《平定噶尔丹纪功碑》拓片

康熙四十二年（1703年），康熙帝应托音二世、席力图两位喇嘛之请，亲撰碑文，在席力图召立起两座平定噶尔丹纪功碑，碑文分别用满、汉、蒙、藏四种文字刻写，记载了亲征噶尔丹的原因与经过。

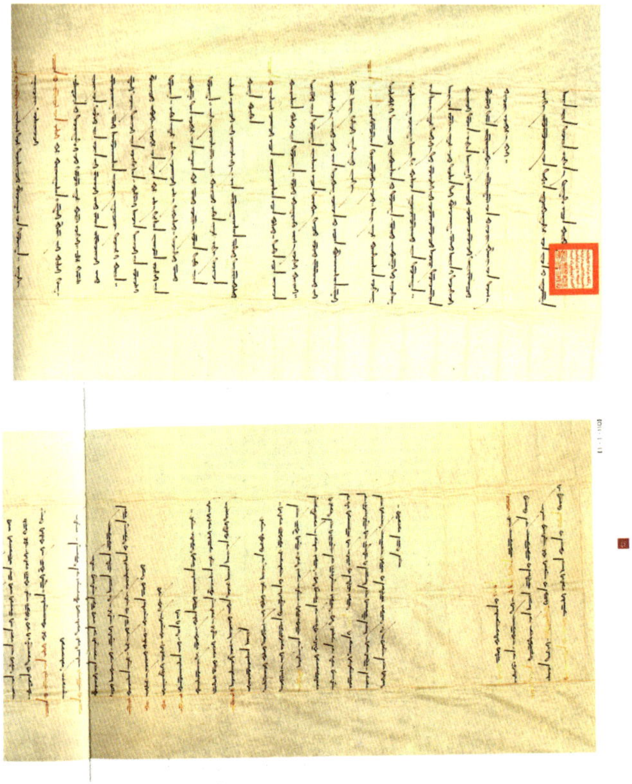

拉藏汗奏表

拉藏汗（？—1717年），康熙时期西藏地方首领。蒙古和硕特部人，固始汗之孙。康熙三十六年（1697年），拉藏汗为立六世达赖喇嘛事，与第巴桑结嘉措发生军事冲突，康熙五十六年（1717年），桑结嘉措属下引策旺阿拉布坦准噶尔兵入藏，拉藏汗兵败被杀。此为他于康熙五十四年（1715年）派专使火洛奇致康熙帝的奏书。

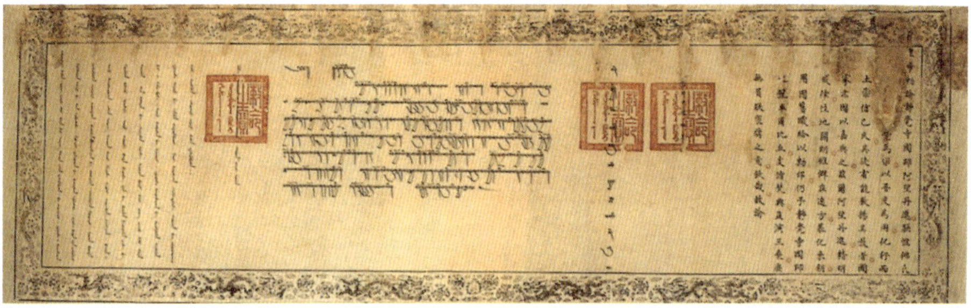

康熙帝封阿望丹进为静觉寺国师谕旨

长189.5厘米，宽56.7厘米.康熙四十年（1701年），康熙帝颁发谕旨，封阿望丹进为静觉寺（在今青海）国师。

《五世达赖像》唐卡

清人制。布面，彩绘。纵76厘米，宽50.5厘米。故宫博物院藏。五世达赖阿旺洛萨嘉措（1617—1682年），明崇祯十五年（1642年）借厄鲁特蒙古和硕特部首领固始汗之力，建立了噶丹颇章政权，成为政教合一的首领。顺治九年（1625年）进京朝觐，次年返藏途中被清廷正式册封。清廷实现了对西藏的统治。

《仓央嘉措像》唐卡

清人制。布面，彩绘。纵76厘米，宽50.5厘米。故宫博物院藏。五世达赖去世后，桑结嘉措秘而不发，在康熙三十六年（1697年）暗地迎仓央嘉措（1683—1706年）到布达拉宫坐床，是为六世达赖。康熙帝授给印信，予以承认。但拉藏汗视之为假达赖，并于夺回西藏统治权后，要求清廷废黜仓央嘉措。仓央嘉措死于被押解赴京的途中。

康熙帝册封五世班禅谕旨

长300厘米，宽79厘米。鉴于拉藏汗诛杀桑结嘉措、六世达赖被废等混乱形势，康熙帝于康熙五十二年（1713年）封五世班禅罗桑益希为“班禅额尔德尼”，并赐金策、金印，确立了班禅活佛转世系统。此举目的是提高班禅的地位，使其与达赖共主藏传佛教，协助拉藏汗，以稳定西藏局势。这是五世班禅转录的康熙帝谕旨。

《格桑嘉措像》唐卡

清人制。布面，彩绘。纵76厘米，宽50.5厘米。故宫博物院藏。康熙五十九年（1720年）清廷为平定叛乱，册封格桑嘉措为“六世达赖喇嘛”，并借护送格桑嘉措入藏，顺利进兵西藏。同年九月，在布达拉宫为格桑嘉措举行坐床典礼。

抚远大将军西征图卷·进入拉萨

清人绘。卷本，设色。全图纵49厘米，横692厘米。中国历史博物馆藏。允禵（1688—1755年），皇十四子，雍正帝同母胞弟，康熙五十七年被授予抚远大将军之职，领兵进藏，征讨厄鲁特蒙古准葛尔部策妄阿拉布坦，取得胜利。在此期间康熙故去，雍正即位，为清代帝位之一大悬案。

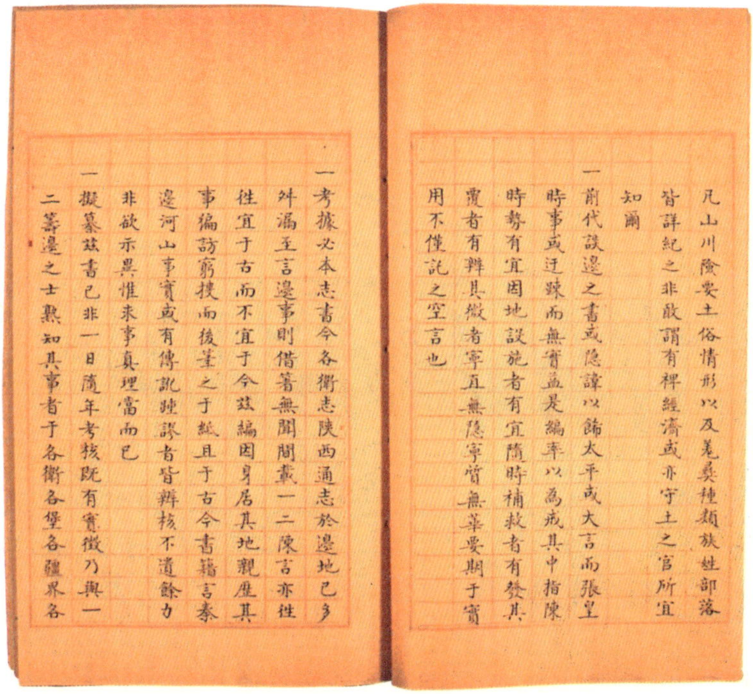
凡山川險要土俗情形以及羌彝種類族姓部落
皆詳紀之非敢謂有裨經濟或亦守土之官所宜
知爾
一前代談邊之書或隱諱以飾太平或大言而張皇
時事或迂疎而無實益是編率以為戒其中指陳
時勢有宜因地設施者有宜隨時補救者有發其
覆者有辨其微者寧直無隱寧質無華要期于實
用不僅託之空言也
一考據必本志書今各衛志陝西通志於邊地已多
外漏至言邊事則借箸無聞間載一二陳言亦往
往宜于古而不宜于今茲編因身居其地親歷其
事徧訪窮搜而後筆之于紙且于古今書籍言秦
邊河山事實或有傳訛舛謬者皆辨核不遺餘力
非欲示異惟求事真理當而已
一擬纂茲書已非一日隨年考核既有實徵乃與一
二籌邊之士熟知其事者于各衛各堡各疆界各

边防要略

不著撰人名氏，不分卷，清康熙朱格钞本。是书记陕西、甘肃边卫、边堡、边疆等防务，“凡山川险要，土俗情形，以及羌彝种类族姓部落，皆详记之。”末册边防七记有康熙二十三年事。

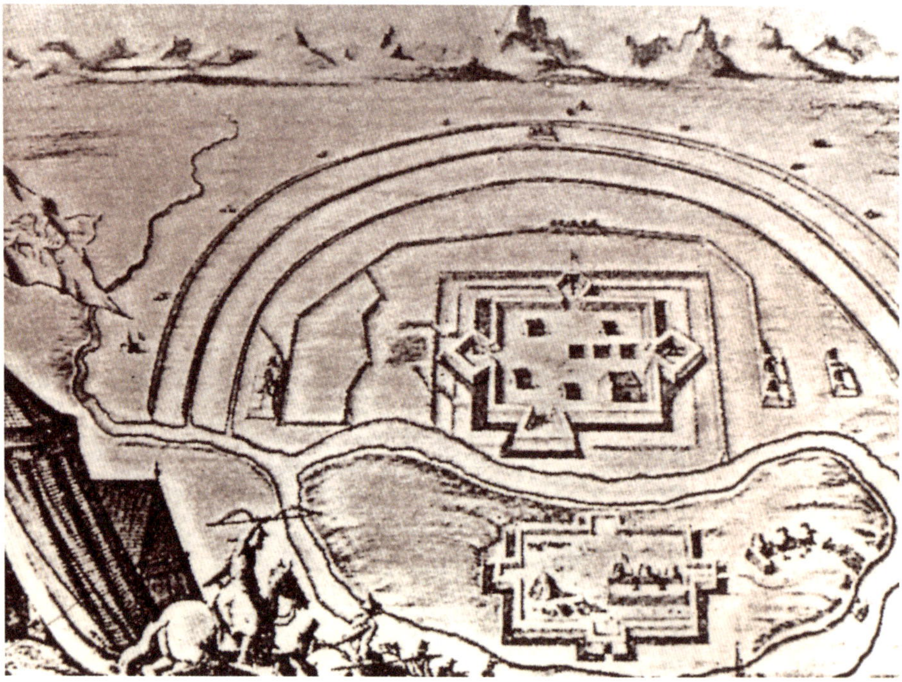

雅克萨围攻图

康熙二十二年（1683年）七月，清廷开始了进征沙俄入侵者的军事行动，很快扫清了外围据点，敦促俄军撤出雅克萨，未果。康熙二十四年四月，康熙帝命彭春统率水路大军，齐头并进，五月克复该城。然而，俄军两月后乘隙再次占领雅克萨。康熙帝派黑龙江将军萨布素挥师进逼雅克萨。经过长期围困，俄军伤亡惨重，被迫请求停战谈判。两次雅克萨大捷，为中俄两方和平解决边界争端创造了必要的气氛。

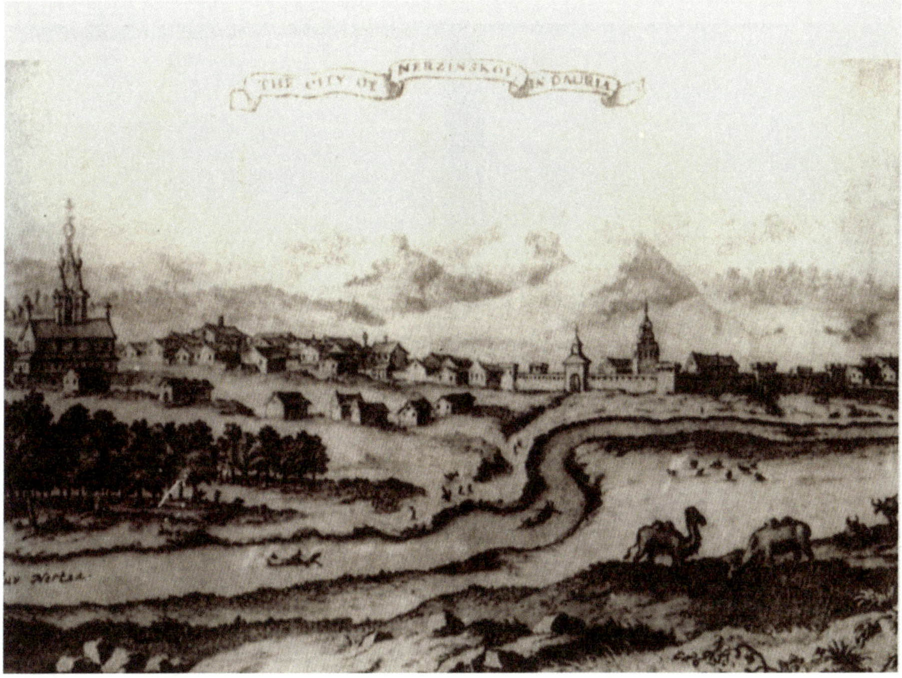

尼布楚城

尼布楚位于石勒喀河北支流尼布楚河口东岸，即今俄罗斯斯涅尔琴斯克。顺治十五年（1658年），沙俄武装强行占为己有，建立堡塞，以此作为入侵中国的据点。康熙二十八年（1689年），中俄两国使团再次进行谈判，签订了《中俄尼布楚条约》。

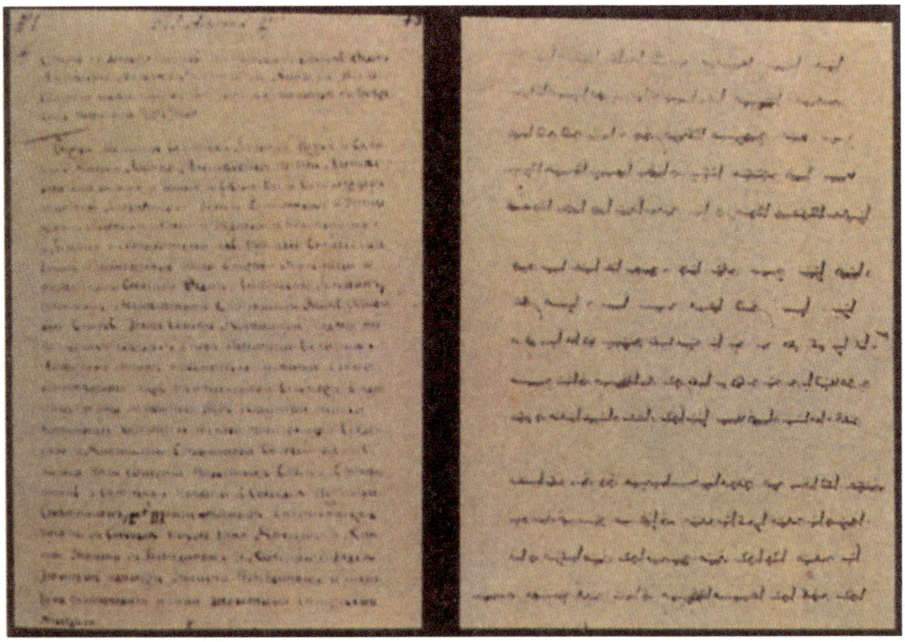

《尼布楚条约》俄文、满文本（局部）

《中俄尼布楚条约》是由清朝代表索额图与沙俄代表戈洛文于康熙二十八年（1689年）七月二十四日在尼布楚城签订，为两国之间的第一个条约。条约明确以格尔必齐河、外兴安岭、额尔古纳河为两国分界线，在法律上肯定了黑龙江和乌苏里江流域的广大地区为中国领土。虽然清廷在领土方面作了让步，但东北边境从此得以安定。

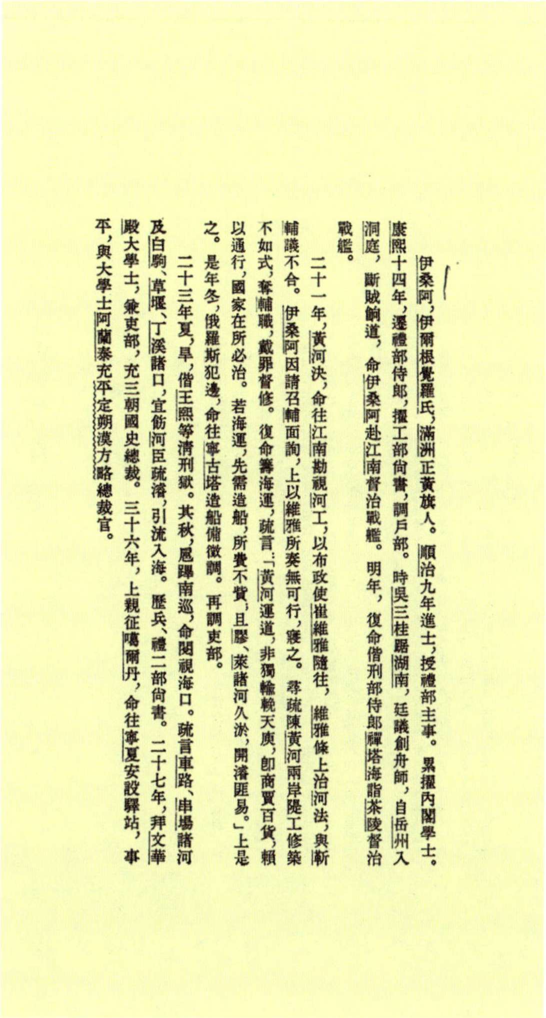

伊桑阿，伊爾根覺羅氏，滿洲正黃旗人。順治九年進士，授禮部主事。累擢內閣學士。康熙十四年，遷禮部侍郎，擢工部尚書，調戶部。時吳三桂踞湖南，廷議創舟師，自岳州入洞庭，斷賊餉道，命伊桑阿赴江南督治戰艦。明年，復命偕刑部侍郎禪塔海詣茶陵督治戰艦。

二十一年，黃河決，命往江南勘視河工，以布政使崔維雅隨往。維雅條上治河法，與靳輔議不合。伊桑阿因請召輔面詢，上以維雅所奏無可行，寢之。尋疏陳黃河兩岸隄工修築不如式，奪輔職，戴罪督修。復命籌海運，疏言：「黃河運道，非獨輸輓天庾，即商賈百貨，賴以通行，國家在所必治。若海運，先需造船，所費不貲；且膠、萊諸河久淤，開濬匪易。」上是之。是年冬，俄羅斯犯邊，命往寧古塔造船備徵調。再調吏部。

二十三年夏，旱，偕王熙等清刑獄。其秋，扈蹕南巡，命閱視海口。疏言車路、串場諸河及白駒、草堰、丁溪諸口，宜飭河臣疏濬，引流入海。歷兵、禮二部尚書。二十七年，拜文華殿大學士，兼吏部，充三朝國史總裁。三十六年，上親征噶爾丹，命往寧夏安設驛站，事平，與大學士阿蘭泰充平定朔漠方略總裁官。

《清史稿》伊桑阿传

清史稿卷二百八十一

列傳六十八

費揚古 滿丕 碩岱 素丹 馬斯喀 佟國綱 鄂圖 格斯泰
阿南達 子阿喇納 吉勒塔布 殷化行
潘育龍 孫紹周 從孫之善 額倫特 康泰 泰弟海

費揚古，棟鄂氏，滿洲正白旗人，內大臣三等伯鄂碩子。狀貌魁異。年十四，襲爵。康熙十三年，從安親王岳樂率兵徇江西討吳三桂。三桂將黃乃忠糾衆萬餘自長沙犯袁州，費揚古與副都統沃赫、總兵趙應奎擊敗之，克萬載。十五年，擊走夏國相於萍鄉，進圍長沙，累戰皆捷。十八年，復敗吳國貴於武岡。師還，擢領侍衛內大臣，列議政大臣。

噶爾丹劫掠喀爾喀，遣使諭罷兵，不從，數擾邊境。二十九年，授裕親王福全爲撫遠大將軍，率師討之，命費揚古往科爾沁徵兵，參贊軍事。秋，擊敗噶爾丹於烏闌布通。三十二年，歸化城增戍兵，以費揚古爲安北將軍駐焉。三十三年，噶爾丹遣使至，請入貢。費揚古發兵迎護，偵其衆男婦千五百有奇，留之歸化城。疏聞，上察噶爾丹意叵測，陽爲修好，潛遣入內地窺探，命侍郎滿丕諭責其使，遣之還。七月，聞噶爾丹將窺圖拉，詔費揚古偕右衛將軍希福率軍往禦。希福請益兵，上責其疑沮，令勿偕往。尋以圖拉無警，慮噶爾丹將趨歸化城，詔費揚古旋師。三十四年，噶爾丹至哈密，費揚古往禦，乃自圖拉河西竄。尋授右衛將軍，仍兼攝歸化城將軍事。疏言：「聞噶爾丹據巴顏烏闌，距歸化城約二千里，宜集兵運糧，於來年二月進勦。」詔授費揚古撫遠大將軍，以都統伊勒愼、護軍統領宗室費揚固、瓦爾達、副都統碩岱，將軍舒恕參贊軍事。尋召入覲，授以方略。

《清史稿》费扬古传

是日，上诣皇太后宫问安。

二十二日癸未

二十三日甲申

二十四日乙酉　是日，上诣皇太后宫问安。

二十五日丙戌　辰时，上御畅春园内澹宁居听政。部院各衙门官员面奏毕，大学士伊桑阿、阿兰泰、王熙、张玉书，学士李楠、温保、戴通、顾藻、沈图、松柱、陆棻、徐嘉炎以折本请旨。伊桑阿等奏曰："臣等遵旨问镶蓝旗王及大臣等、简亲王雅布、都统额黑纳、前锋统领硕鼐等，称宗室原任辅国将军巴尔堪之子、镇国将军巴赛善骑射，人材亦优。固山贝子福存、护国公门度根度、辅国公青他喀等称，右卫驻防宗室护军参领古鲁格、索飞，此二人俱系皇上选用之员，人皆可用。"上曰："巴尔堪曾效力行间，着将巴尔堪之子巴赛补授副都统。"

又护理甘肃巡抚事务布政使郭洪疏称，宁夏乃边疆要地，乞皇上选择能干旗员补授宁夏道。上曰："宁夏道员缺紧要，着将山东济南府知府吴秉谦升补，令驰驿速往赴任。"

又理藩院题口外蒙古格楚尔喀屯叩阍事，议将格楚尔之孙齐旺拉卜坍授为三品台吉，公额拉卜坍授为四品台吉，将格楚尔之子鄂齐尔都拉尔派在镶黄旗，令与格楚尔聚处。上曰："格楚尔喀屯总与喀尔喀不同，伊孙带所属人口欲归旗效力。前来齐旺拉卜坍，着给与三等阿达哈哈番，令为一品台吉。公额拉坍亦着为一品台吉。伊等着世袭管理佐领鄂齐尔都拉尔。准令聚处。"

是日，上诣皇太后宫问安。

本日起居注官三宝、尹泰。

二十六日丁亥

二十七日戊子

二十八日己丑

二十九日庚寅

三十日辛卯

四　月

初一日壬辰　是日，上诣皇太后宫问安。

初二日癸巳　辰时，上御畅春园内澹宁居听政。部院各衙门官员面奏毕，大学士伊桑阿、阿兰泰、王熙、张玉书，学士李楠、温保、戴通、顾藻、沈图、松柱、陶岱、陆棻、徐嘉炎以折本请旨。兵部题浙江湖州府、台州府，直隶通州三处副将员缺，将参将吴道仁等三人补授。上曰："通州地方甚属紧要，旗民杂处，这副将员缺，着将参领毛来凤补授，余依议用。"大学士等出。

山西布政使甘度陛辞请训旨。上曰："甘度，尔原系朕前读本章旧员，办事亦好。布政司管通省钱谷，职任重要。尔到任后，惟在洁己奉公，凡事勤勉，斯善矣。"甘度奏曰："臣谨志皇上圣训，殚力勤勉奉行！"

是日，上诣皇太后宫问安。

本日起居注官努赫、傅伸。

初三日甲午

初四日乙未

初五日丙申　赐浙闽总督郭世隆弓箭、撒袋、朝服。

是日，上诣皇太后宫问安。

初六日丁酉

初七日戊戌

初八日己亥

初九日庚子　辰时，上御畅春园内澹宁居听政。部院各衙门官员面奏时，吏部以候补给事中屠粹忠引见。上曰："此人朕识之，系浙江宁波府人，省亲回家十年有余，想及六十岁矣。"因问屠粹忠，屠粹忠奏曰："臣今年五十八岁，回家一十五年。"近侍大臣官员等，无不极颂皇上记识之精审。

又户部以天津开河工程行文附近各州县，定限速催挑浚，开写折子呈览。上曰："若行文各州县定限鸠工，必至坐派民间，地方甚为苦累。着停止行文，即发与雇价，令天津等处雇民挑浚，如此则公事告成，而穷民亦可度日矣。”

启奏毕，大学士伊桑阿、阿兰泰、王熙、张玉书，学士李楠、温保、戴通、顾藻、沈图、松柱、陶岱、陆棻、徐嘉炎以折本请旨。工部题太湖营修理船价，议行文该督，照例核减，具题到日再议。上曰：“前京口将军虽疏请将战船交与武弁督修，诸武弁甚称苦累。此事总督范承勋前来陛见时曾经奏过。战船关系，甚属紧要，若将修理银两核减太过，用时船不坚固，又行大修，或反至误事亦未可定。宜停止交与武弁督修，着户、工二部会同将各省战船修理之处一并详议定例具奏。”伊桑阿等奏曰：“京口将军疏请将战船交与武弁督修后，曾经改奏，部议不准行。上谕极是。”

又理藩院题覆土伯特国王布忒达阿卜第将伊等一路地方设立哨兵恳祈撤回等事一疏；又题覆达赖喇嘛来使及回时存留伊所带之人议永行禁止一疏。上传侍郎满丕进，因顾大学士等曰：“向来理藩院奏事不能逐件明白，看语阙略者甚多，至今不能改正。整理外藩，不可软弱，亦不可不折服其心。布忒达阿卜第系外藩人，何敢求将我国哨兵撤回，此专为噶尔丹之故耳！正宜直发其心事言。伊若将我国哨兵撤回，幸而噶尔丹复苏，即乘机扰边非欤？我国设立哨兵者，原为噶尔丹之入寇也。噶尔丹入寇时曾经大败，已几被擒尔。济农枯图克图言噶尔丹归顺，为之求请，噶尔丹方始得命。今噶尔丹口中尚图害喀尔喀不已，故不但不撤哨兵，正预备兵马。噶尔丹若来，即行歼灭。若果服罪来归，亦无不恩养者。宜如此明言之。又达赖喇嘛来使所带之人，若行禁止，则外藩蒙古不得私行贸易，其心不服。达赖喇嘛视我朝如一家，不必限定来使所带人数。但来人有达赖喇嘛印结者纳之；如无印结，则非系达赖喇嘛之人，即不纳。如此议定，则不禁而自禁，蒙古亦皆心服矣。尔等会同满丕，拟移咨该王布忒达阿卜第及达赖喇嘛之文呈览。”

本日起居注官三宝、禅拜。

初十日辛丑　是日，上诣皇太后宫问安。

十一日壬寅

十二日癸卯　是日，上诣皇太后宫问安。

十三日甲辰

十四日乙巳 是日，上诣皇太后宫问安。

十五日丙午

十六日丁未

十七日戊申

十八日己酉 辰时，上御畅春园内澹宁居听政。部院各衙门官员面奏毕，大学士伊桑阿、阿兰泰、王熙、张玉书，学士李楠、温保、戴通、顾藻、沈图、松柱、陆棻、徐嘉炎以折本请旨。勇略将军赵良栋议给与三等精奇尼哈番，良栋具疏控辞。上曰："赵良栋想以所给之职为小，故尔控辞。忆大兵恢复云南时，大将军赖塔等领兵从广西进，大败黄草坝、石门坎之贼，直抵云南省城。大将军章台贝子领兵从贵州入，沿途杀败贼众，亦抵云南省城。城中所有之寇奋力而出，于归化寺交战，大败之，遂围云南。赵良栋虽后至，其首先倡议取德胜桥。着交与该部一并再议具奏。"

本日起居注官努赫、尹泰。

十九日庚戌 上由西直门进神武门回宫。

本日起居注官三宝、彭宁求。

二十日辛亥 辰时，上御乾清门听政。部院各衙门官员面奏毕，大学士伊桑阿、阿兰泰、王熙、张玉书，学士李楠、温保、戴通、顾藻、沈图、松柱、陆棻、徐嘉炎以折本请旨。吏部题员外郎张璲等六员补授道府。上曰："刘深等依议用，张璲着休致回籍。这河东道员缺，着选择具奏。"

上又顾大学士等曰："河南巡抚顾汧居官平常，着问九卿。"

本日起居注官张英、禅拜。

二十一日壬子 辰时，上御乾清门听政。部院各衙门官员面奏毕，大学士伊桑阿、阿兰泰、王熙、张玉书，学士李楠、温保、戴通、顾藻、沈图、松柱、陆棻、徐嘉炎以折本请旨。吏部题川陕总督乌赫奏称，革职兰州同知王永璧居官甚善，请留任，议不准行。上曰："王永璧，该督既称善，着照所请留任。"

伊桑阿等奏曰："臣等遵旨将河南巡抚顾汧问九卿，九卿云，顾汧未闻其善处，亦未闻其不善，其居官平常。"上曰："顾汧居官无善状，九卿不过徇情面耳！”

上又顾大学士王熙问曰：“顾汧学问如何，与谁相等？”王熙奏曰：“顾汧所学亦可，不及王鸿绪。顾汧于修会典时曾为副总裁，办事亦好，但未经历外事，其才不能称职。”

伊桑阿等又奏曰：“将吏部员外主事外转以道员用之处问九卿，九卿云，吏部主事员缺，皆由行取。知县补授郎中，员外主事外转，皆以道员用。郎中现升道员尚可，员外主事外转道员实属太过，应将伊等以次等补用。圣鉴甚是。”上曰：“内升外转，关系劝惩大典，其不及外转之员外郎，主事反以道员用，非示惩之道也。其作何以次等补用处，着该部议奏。”

本日起居注官尹泰、徐元正。

二十二日癸丑　辰时，上御乾清门，听部院各衙门官员面奏政事。

本日起居注官努赫、宋大业。

二十三日甲寅　辰时，上御乾清门，听部院各衙门官员面奏政事。

本日起居注官三宝、顾祖荣。

二十四日乙卯　辰时，上御乾清门，听部院各衙门官员面奏政事。

是日，上诣皇太后宫问安。

本日起居注官禅拜、张廷瓒。

二十五日丙辰　早，上御太和门升座，升转文武官员谢恩毕，上回宫。

是日，谕户部：“顷据山西巡抚噶尔图同太原总兵官周复兴奏报，平阳府地震，房舍倒塌，人民损伤。随特遣司官星驰前往察勘情形。比复传问往来经过者及本籍人员，俱称屋宇尽皆倾毁，人口多被伤毙，受灾甚重。朕心深切轸恻，应作何恩恤，着速详议具奏。”

本日起居注官张英、尹泰。

二十六日丁巳　早，上幸南苑。酉时，回宫。

本日起居注官努赫、史夔。

二十七日戊午　部院各衙门无奏章。是日，上谕大学士等曰：“平阳府地震，房屋倒塌，死伤者甚多。如此灾沴，或政事有应行应革者，可传集九卿问之。其平阳府属现任京官之人，欲往视家室者，不行开缺，给假往视。尔等会议具奏，亦传谕蒋弘道知之。”

本日起居注官三宝、王九龄。

二十八日己未 辰时，上御乾清门听政。部院各衙门官员面奏毕，大学士伊桑阿、阿兰泰、王熙、张玉书，学士李楠、温保、戴通、顾藻、沈图、松柱、陆棻、徐嘉炎、勒德以折本请旨。吏部题降级调用河南巡抚顾汧员缺，以学士温保等职名开列。上曰："李辉祖为人颇优，又布政司李炜人亦可用。李辉祖着补授河南巡抚。"

又题兵部郎中京图员缺，以宗人府员外郎硕色拟正，户部员外郎硕詹拟陪。上曰："看伊等人皆平常，遇郎中缺出，此后不必开列。这员缺着另拟具奏。"

又题内阁侍读学士吴达哈患病，乞解任。上问曰："吴达哈患病真否？"伊桑阿等奏曰："患病是实。"上曰："吴达哈为人颇优，患病既真，准解任。"

本日起居注官禅拜、彭宁求。

二十九日庚申 辰时，上御乾清门听政。部院各衙门官员面奏毕，大学士伊桑阿、阿兰泰、王熙、张玉书，学士李楠、温保、戴通、顾藻、沈图、松柱、陆棻、徐嘉炎、勒德以折本请旨。伊桑阿等奏曰："臣等遵旨问九卿，九卿等云，皇上一闻平阳府地震，即遣官往视，又向往来经过之人及本籍人员访问赈济。今又特遣大臣察勘，蠲免钱粮，重加赈贷。圣心爱恤民人已臻至极。皇上宵旰勤政，无一事不修举，无一民不得所，实无应兴应革之处。臣等传旨与平阳府现任京官之人，左都御史蒋弘道等奏曰：'臣等闻原籍地震，人民死伤，屋宇颓倒，正在忧患，皇上发此谕旨，臣等感戴欣喜，皆愿得回籍看视。'"上曰："这前往官员不必定限，着事毕方来。"

本日起居注官尹泰、陈元龙。

三十日辛酉 辰时，上御乾清门，听部院各衙门官员面奏政事。

本日起居注官常书、陆肯堂。

五 月

初一日壬戌 辰时，上御乾清门，听部院各衙门官员面奏政事毕，户部尚书马齐遵旨前往赈济山西平阳府等处，谨请训旨。上曰："尔至彼处，传谕巡府噶尔图：平阳府等处地震，房舍倒坏，人民压毙，尔应亲身于彼处设厂居住，将被灾百姓救护，候朕谕旨，乃遽回省城，殊属不合。噶尔图奏疏外有地震重处，尔可详察阅视，加恩赈给。本年应征钱粮停其征收。尔到彼处时，即晓谕众民：皇上为尔百姓，深切轸念，特遣大臣赈救尔众民，毋妄迁徙离散。且恐因地震，不良之人肆行抢劫，扰害生民，可出示晓谕。其总兵官周复兴属下兵卒恐有借端抢夺、扰害民生者，传谕彼亲身率领官兵，将此一带地方善为防护。其赈济平阳府洪洞县被灾百姓，尔会同巡抚噶尔图，在彼处设厂，亲身阅视，务令均沾实惠。"马齐出。

大学士伊桑阿、阿兰泰、王熙、张玉书，学士李楠、温保、戴通、顾藻、沈图、松柱、陆棻、徐嘉炎、勒德以折本请旨。兵部题城上误直拜他拉布勒哈番偏图议革职。上曰："阅偏图口供，因往家吃饭，回时坠马，臂不能动，无人可差，至都统处另派章京相代，以至误直。此事果实，情有可矜。尔等问来具奏。"

本日起居注官努赫、徐元正。

初二日癸亥　辰时，上御乾清门，听部院各衙门官员面奏政事。

是日，上诣皇太后宫问安。

本日起居注官三宝、宋大业。

初三日甲子　仁孝皇后忌辰，上不理事。

本日起居注官张英、禅拜。

初四日乙丑　辰时，上御乾清门听政。部院各衙门官员面奏毕，大学士伊桑阿、阿兰泰、王熙、张玉书，学士李楠、温保、戴通、顾藻、沈图、松柱、陆棻、徐嘉炎、勒德以折本请旨。吏部题盛京礼部员外郎舒穆图员缺，将工部主事顾泰拟正，礼部主事常子保拟陪。上曰："观拟陪之常子保人材不及，着革职。此缺另行选择具奏。"

又总督范承勋题降调之凤阳府知府沈进居官清廉，乞留任，部议不允。上曰："该督既称知府沈进居官清廉，着照所请留任。"

户部题仓场侍郎德珠等请将通州仓着绿旗官兵看守。又，通州米运至大通桥号房收贮，从大通桥运至内八仓，令绿旗官兵护送，如此可无偷盗之弊，议准行。上曰："仓米关系紧要，与其交与绿旗官兵，不若另派八旗满洲官兵着令看守，方于漕粮实有裨益。其驻防时，查无房产之人，令其看守，则穷兵又得生理。"大学士伊桑阿奏曰："圣谕诚是。另派满洲官兵则各有专守，必勤于巡察，自无偷损之弊矣。"上曰："尔等酌议具奏。"

伊桑阿奏曰："臣等遵旨察问偏图之事，问伊所管都统，云偏图为人尚朴实，其家果贫，坠马无人来说是真。"上曰："偏图坠马是实，着从宽免革职。"

上又顾大学士等曰："朕闻平阳府地震，深为恻悯，即遣官驰驿察勘，随将施恩之处着该部速议。又遣大臣前往赈济，将正项钱粮停其征收。虽已如此，而朕意至今尚且未安。噶尔图系地方大吏，与民休戚相共，身既亲往，深知被灾情形，乃不尽心谋画赈济，若无闻知竟回本省，情殊可恶。尔等可严拟票签，随既来奏。"

本日起居注官常书、顾祖荣。

初五日丙寅 辰时，上御乾清门，听部院各衙门官员面奏政事。

是日，上诣皇太后宫问安。

本日起居注官张廷瓒、尹泰。

初六日丁卯 辰时，上御乾清门，听部院各衙门官员面奏政事。

是日，上诣皇太后宫问安。

本日起居注官努赫、曹鉴伦。

初七日戊辰 上以有事方泽，斋戒三日，不理政事。

本日起居注官三宝、史夔。

初八日己巳 本日起居注官禅拜、王九龄。

初九日庚午 早，上于保和殿，视祭方泽坛祝版毕，回宫。

是日，赐河南巡抚李辉祖鞍马一匹。

本日起居注官常书、陆肯堂。

初十日辛未 本日起居注官尹泰、陈元龙。

十一日壬申 早，上东巡阅视新修堤岸及海运道路、排浚新河并各自田苗。由东华门出崇文门，驻跸通州所属崔家楼对岸船上。是日，通州副将毛来凤等、道沈志达等、监督程大夏等、知州王光谟等来朝。

十二日癸酉 上谕领侍卫内大臣等曰："朕此次巡视，见麦田甚熟，正当收获之时。各种田苗滋长亦皆茂盛，田谷于民生关系最要，尔等须严加约束，毋得践踏。"

是日，赐扈从内大臣、侍卫、各部院衙门官员鱼。

上驻跸通州所属合合站对岸船上。是日，漷县营守备傅灿若等来朝。

十三日甲戌 上阅视新修要儿渡、小王家甫、西王家甫、大王家甫堤岸。

上驻跸武清县所属北蔡村对岸船上。是日，香河县知县秦棠、守备张凤翔等来朝。

十四日乙亥 上阅视新修窦家口堤岸，以应加增筑之处指示巡抚沈朝聘、总兵官李镇鼎。

上驻跸武清县所属天齐庙对岸船上。是日，通判金协广、守备骆骧等来朝。

十五日丙子 上遣领侍卫内大臣索额图、一等侍卫吴达禅、阿南达及关保前往阅视开浚新河。先是，二月上以畿东米价腾贵，皆因粜米供应陵上居住官兵及绿旗官兵所致，特为筹画，自天津海口至蓟州所有旧时河道，于中若加开通，则米可运至。谕："将新河口陆路三十里挑浚至北塘之南河，遣官前往。董役今已造竣，故特遣视。"

上驻跸静海县所属白塘口对岸船上。是日，巡盐御史色德里等、游击邓玉印等来朝。

十六日丁丑 上驻跸大沽地方。是日，过新河口，泊舟阅视新挑河道。索额图等回奏曰："臣等奉旨遍视新河，水道深通，舟行无阻，粮饷挽输甚便，商贾贸易皆得往来利涉，欢声载道。"

是日，守备朱秉正等来朝。

十七日戊寅 上御舟，率诸大臣往海口阅视运道。上问船户水手海道情形，众跪奏曰："小民等随督运官陶岱、鄂奇运米两次，海路往来但视风信，若无顺风，守至累月不能开船。曩者祀神之前犹是逆风，督运官等宣扬皇上差遣之意。致祭毕，甫下台时，忽转顺风，随即开船，三日而行数千里，遂至盛京三岔口。两次皆然。此皆皇上如天洪福之所致也！"上顾诸大臣曰："此事陶岱、李镇鼎等曾经启奏，果尔有之，可于祭台处建立海神庙奉祀。"

是日，上驻跸沧州所属邓善沽对岸船上。

十八日己卯 上驻跸武清县所属小新庄对岸船上。

十九日庚辰 上驻跸静海县所属杨柳青对岸船上。

二十日辛巳 上驻跸静海县所属新庄对岸船上。是日，知县钟尚志、把总徐洪来朝。

二十一日壬午 上驻跸清县所属窑子口对岸船上。是日，千总钟鼎等来朝。

二十二日癸未 上驻跸静海县所属北关口子门河东对岸船上。是日，千总郭英振等来朝。

二十三日甲申 上驻跸武清县所属北仓对岸船上。

二十四日乙酉 上阅视新修筐儿港堤岸。是日，上驻跸武清县所属北蔡村对岸船上。

二十五日丙戌 上阅视新修沙河李家口堤岸。是日，上驻跸香河县所属板罾口对岸船上。

二十六日丁亥 上驻跸通州所属石坝对岸船上。

二十七日戊子 午时，上由崇文门进东华门，回宫。

是行也，臣叨扈从，伏睹我皇上轸念畿辅民生。因近岁偶患积潦，特命相视地形，发帑治堤。去岁五月，曾勤法驾，亲临阅视，百姓欣悦，无不感戴皇仁。伏秋雨涨，复有冲坍数处，仍敕地方官及时修理，务令缮完坚固。至是东巡，复加亲阅。自要儿渡、大小王家甫、西王家甫以及窦家口、筐儿港、沙河李家口等处，一一躬亲按视，复指示巡抚沈朝聘、总兵官李镇鼎等以应增修培补之处。沿途百姓欢呼，焚香感颂，皆称我皇上爱民之仁，思患预防，经画周详，圣恩真有加无已。时值麦秋，沿途农家登麦预饬禁旅，毋践损田禾。所至咨访民瘼，并及收获多少。百姓皆称今岁麦收视往岁加倍，此皆因堤工既成，旱涝无患，是以收获丰穰。先是于二月间曾奉谕旨特发帑金，遣部员挑浚新河。至是工竣，河流通达，上亲赐巡历，从兹陵寝重地，无烦转运之劳，洵为永利矣。又以盛京为根本要区，积贮须当丰裕。先遣部臣会同地方官定议，以商船运天津漕米从海道至三岔口收贮。遣陶岱、鄂奇督运。至是，上复亲至海口，察视运道，咨询情形。其时海神效灵，风信转顺，三日之内舟行数千里，前后皆然。事迹灵异，谨查前史所载，间有海运，皆从江浙沿口出洋，挽东南之粟以给京师。至从天津海口直达盛京，乃从来所未闻。惟我皇上实心爱民，睿虑周悉，创振古未有之良模，为万世无疆之永赖。至诚昭格天心，协应垂之史册，允称盛事云。皇上东巡凡旬有七日，往反皆祥风翼舟，乘流迅驶。去岁御舟，经临凡滩浅处，水忽骤涌。今岁亦水涨二尺余，福祉昌隆，神祇拥护，又其明验也。载笔谨志，曷胜欣幸。

是行也，部院各衙门奏章逐日交送内阁，内阁三日一次传送行宫听理。

扈从起居注官常书。

二十八日己丑　辰时，上御乾清门听政。部院各衙门官员面奏毕，大学士伊桑阿、阿兰泰、张玉书，学士李楠、温保、戴通、顾藻、沈图、松柱、陆棻、徐嘉炎、勒德以折本请旨。吏部题山西巡抚噶尔图因溺职议革职，交与刑部。上曰："此事应如此处分否？"伊桑阿、阿兰泰等奏曰："平阳府百姓被灾，皇上恻然轸恤，特遣大臣屡次加恩。噶尔图身为地方大臣，不于平阳府等候护视，即弃之而回太原，殊属溺职。如此处分极当。"上曰："噶尔图着革职，免交刑部。"

又题工部侍郎徐潮员缺，将副都御史黄斐等职名开列。上曰："观学士李楠为人甚勤，着升补工部侍郎。"伊桑阿奏曰："李楠为人果勤，办事亦善。"上曰："办事若善，今正值太和殿兴工时，用之益善。"

又题江南安徽按察使刘晧员缺，将巡道李成林拟正，副使道朱士杰拟陪。上曰："近日朕巡视天津堤岸，观朱士杰为人甚属不及。问之巡抚沈朝聘，亦言朱士杰甚不及，非可用之人。这员缺着问九卿，有先经保举之人，着查奏，选择补授。"

又题刑部郎中伊都立员缺，将员外郎戴通拟正，内阁侍读钮赫纳拟陪。上曰："刑部事务俱关系人命，甚为紧要。内务府郎中殷达理为人甚优，办事亦好，宜将如此等人补授。着问该部回奏。"

又题理藩院员外郎门都员缺，将陕西西安府理事同知殷特布拟正，主事石殿柱拟陪。上曰："殷特布授同知未久，宜俟三年后再升。"伊桑阿奏曰："殷特布今岁该督曾举卓异。"上曰："若如此，则其人与地方甚属相宜，暂令留任，俟三年后再行升用。石殿柱为人若何，着问来回奏。"

又题盛京刑部侍郎佛保等疏称，伊部所有汉军员外郎孟光宗并无专理之事，请裁去，另补一蒙古员外。议准行。上曰："佛保等如以伊部司官不足，有可增添，理应奏请。今将现在之人请裁去另补，明系为汉军司官求调补善地。盛京刑部着添补蒙古员外一员，其汉军员外仍着存留。这补授蒙古员外之缺，该部着将应升之员不必照旗分选补具奏。"

又户部题喀喇巴尔哈孙地方督种田地郎中岳洛关住已过耕种之时方报，右卫防守尉刘三、白奇等偷惰不合，议得此事应行文右卫将军，将田垅间或布种未生、或未经播种及宰食耕牛、耽误田工等处，一并严取口供，到日再议具奏。上曰："右卫官兵所行违法者不止此一次，着差部院大臣会同内大臣伯费扬古详察审明具奏。其不勤耕种田亩及宰食耕牛等事果实，必宜将数人正法，以惩戒众人。应差大臣着开列职名具奏。"

又兵部题镶白旗护军参领乌黑伸于康熙三十年缘罪降一级，迄今四年，与开复之例相符，乞复还所降之级。上曰："乌黑伸人甚属不及，着解护军参领任。"

是日，上诣皇太后宫问安。

本日起居注官三宝、宋大业。

二十九日庚寅　早，上由神武门出西直门，驻跸畅春园。

本日起居注官顾祖荣、尹泰。

六　月

初一日辛卯

初二日壬辰

初三日癸巳

初四日甲午 辰时，上御畅春园内澹宁居听政。部院各衙门官员面奏毕，大学士伊桑阿、阿兰泰、张玉书，学士温保、戴通、顾藻、松柱、陆棻、徐嘉炎、勒德以折本请旨。伊桑阿等奏曰："臣等遵旨，将补授安徽按察使问九卿，其曾经保举道员，孟世泰、王之麟九卿皆云不知。又问张霖，兵部尚书索诺和、杜臻，刑部尚书翁叔元，工部尚书李振裕等，皆云张霖为人素优，办事好。"上曰："着将张霖升补安徽按察使。"

伊桑阿等又奏曰："刑部郎中员缺，将内务府郎中殷达礼可否补授之处问刑部尚书，图纳云：'殷达礼人材优长，臣等皆知之。但恐皇上不欲将殷达礼遣出，故未保举。若得殷达礼，于事甚有益。'"上曰："殷达礼着补授刑部郎中。"

伊桑阿等又奏曰："臣等遵旨将右卫将军希福、副都御史阿山等议罪事问议政大臣，众大臣云，所议甚当。此外并无另议之处。"上曰："希福为人朕向尔等亦屡有谕旨，观此人甚是糊涂。虽其人材在行间亦优，但不可当将军之任。此事着依议。右卫将军事着伯费扬古兼管。传谕该部速议施行。"

又吏部题山东布政使喻成龙员缺，将按察使赵良璧拟正，佟世雍拟陪。上曰："山东地方甚属紧要，这员缺若有保举官员着问九卿具奏。"

又题河南知府孙居湜将偃师县知县温育榛行贿举首，议叙应加一级。上曰："孙居湜举首行贿，原属平常事，并无殊异之绩。但孙居湜在江南邳州为知州时，居官好，在彼处亦甚劳苦。因河南通省官吏居官全无善状，朕故特擢此人为河南知府。"伊桑阿等奏曰："皇上知孙居湜居官好，擢授知府。后罹诖误，屡议降级离任，皆蒙皇上宽免。"上曰："孙居湜为人素优，居官好，这事所议加级，着准行。亦将朕旨批出。"

又户部题旧欠草料，议令带补。上曰："此事尔等如何定议？"伊桑阿等奏曰："此事曾经商议，若将此买草料银今即交与商人，各商人皆系无家产穷人，领去银两，各处妄费，于事无益。故臣等之意，欲设一专任监督管理似善。"上曰："此监督得一有家计、为人素优者补授方好。郎中苏赫纳为人素优，家计亦裕，着将伊补授监督。"

又广东提督许贞题荐参将李大勋。上曰："参将李大勋若先曾来京陛见过则已，如未曾陛见，该部速行文，令李大勋来京引见。”

又两江总督范承勋题缘事松江府知府龚嵘乞准留任。上顾大学士张玉书，问曰：“龚嵘居官何如？”张玉书奏曰：“龚嵘操守甚善。”上曰：“龚嵘准留任。”

又兵部题广东提督许贞员缺，将汉军副都统张朝午、总兵官高登科等职名开列。上曰：“广东地方辽阔，甚属紧要，且虚冒兵饷甚多，诸事亦甚敝坏。朕在外巡，历观天津总兵官李镇鼎为人甚优，材力壮健，文武兼具，熟练营伍，纪律严明，天津一带兵民皆翕然心服。得此等深知之人而用之于事，良有裨益。李镇鼎朕虽知之，九卿中更另有所知否，可问之九卿具奏。原任总督傅腊塔因居官甚善，故江南小民言及傅腊塔，无不恸哭，至今不能忘。”大学士伊桑阿等奏曰：“傅腊塔居官甚善，闻江南修建祠堂，百姓时时焚香不绝。”上又曰：“朕意亦但欲得好人用之而已！且如今山东巡抚桑格、直隶巡抚沈朝聘，伊等居官实善。沈朝聘来京陛见时奏曰：‘臣已年迈，不识一人，此生得为知府，亦所不望。皇上将臣屡次超擢，授为巡抚。似臣居官之人甚多，如臣受恩者岂能多有！’观沈朝聘虽行止粗鲁，而言行甚属诚实。”

又工部题平阳府修筑城垣。上曰：“这城工着该部差贤能官员详估具奏。”

本日起居注官努赫、禅拜。

初五日乙未

初六日丙申　是日，赐右卫护军统领觉罗舒书弓箭、撒袋、鞍马一匹。

初七日丁酉

初八日戊戌

初九日己亥　早，上由西直门进神武门回宫。

是日，上诣皇太后宫问安。

本日起居注官三宝、张廷瓒。

初十日庚子　辰时，上御乾清门听政。部院各衙门官员面奏毕，山西巡抚温保之任陛辞，面请训旨。上曰：“尔惟正己爱民而已。”温保奏曰：“臣乃一介微贱，屡蒙皇上擢用，并非人所提携，敢不正己而行。”上曰：“尔年少而家计亦足，但所重在于得令名耳！原任江南总督傅腊塔虽已物故，而兵民至今爱戴，其荣孰有过于此者？山西巡抚内惟马齐居官好，尔其勉而行之。”温保奏曰:“臣蒙皇上之恩，家亦稍裕，敢不洁己自励。”上又曰:“为大吏惟不在苛察，凡事岂宜委靡，须有刚断。”温保奏曰：“谨志皇上训旨遵行。”温保出。

大学士阿兰泰、张玉书，学士戴通、顾藻、松柱、陆棻、徐嘉炎、勒德以折本请旨。大学士阿兰泰等奏曰：“臣等以升补山东布政使员缺，遵旨问九卿。尚书翁叔元云江西按察使王道熙、山东按察使张勄任部员时曾经选择，办事好。尚书李振裕、侍郎王泽弘亦云王道熙、张勄好。”上曰：“张勄、王道熙曾任何部，为人何如？”阿兰泰奏曰：“张勄原任工部郎中，为人办事亦优。王道熙曾任吏部郎中，为人亦优，历俸年久。”上曰：“王道熙着升补山东布政使。”

阿兰泰又奏曰：“臣等以补授广东提督遵旨问九卿，九卿云，天津与京城相近，各官贤否闻之甚明。李镇鼎居官实善，圣鉴诚然。其他未有知者。”上曰：“李镇鼎着升广东提督。天津地方甚属紧要，如李镇鼎者实难其人。”

又福建提督张云翼请假六个月回籍葬母。上曰：“福建去陕西甚远，着给假七个月料理，事毕即回本任。”

启奏毕，召大学士阿兰泰至乾清宫，谕曰：“数日间雨水过多，若连绵不止，民田恐致被损。朕听理政事，无日不念切民生。今雨水如此，或人事有所未尽，着传集九卿、詹事、掌印不掌印科、道，将应兴应革事务各抒所见具奏。”

又酉时，召尚书张英至乾清宫。上曰：“数日来雨水过多，虑伤田禾。四月内又有平阳地震之灾，或者阴盛所致。朕思天时与人事恒相感召，未可谓灾沴为天时适然之数，全不关于人事也。传九卿、詹事、科、道集议政事，有宜兴宜革者，令各抒所见奏闻。”张英对曰：“皇上御极以来三十余年，宵旰靡宁，励精图治，凡政务大小，靡不讲求尽善。自督抚以及监司、郡守，皆旧宸衷，详慎简拔，吏治可谓澄清矣。皇上以爱养百姓为心，经画周详，仁至义尽。蠲免赈贷，动至数百万，恩泽自古所未有。但海内幅员至广，一二处灾沴，古盛世亦恒有之。顷者平阳地震，皇上闻之，忧劳悯恻，即刻驰遣官员察视，屡命大臣前往经理赈济。又令发帑，修置城署，抚恤之道备至，无以复加矣。岂犹有毫发之未尽乎？时方盛暑，伏乞少纾圣虑。”上曰：“尧舜之时犹有都俞吁咈，盖已治而益求其治，已安而益求其安。古之圣人兢兢业业，始终如一。朕朝夕以此警惕于衷，三十余年以来，未尝一日少自宽假。亦有请间日理事者，朕不以为然。惟存恒久之心，时时乾惕耳。朕思地方间有荒欠，正可动人警戒之念，古人所谓遇灾而知惧也。朕于宫中费用从来力崇俭约，期以有余，沛恩百姓。若非撙节于平时，安能常行蠲赈之事？”张英对曰：“皇上此心即尧舜咨儆之心。臣侍从以来，见皇上法天行健，真三十余年如一日。宫中诸事节俭，臣目所习睹，知之最亲。惟国计恒裕，故历年蠲赈之数，自有史册以来，从未有若此之多者。海内百姓屡蒙渥泽，皆皇上约己裕民之所致也，臣伏闻圣谕，曷胜感戴。”

本日起居注官常书、张英、顾祖荣、尹泰。

十一日辛丑 早，上御乾清宫，大学士阿兰泰以折本请旨毕，奏曰：“臣等遵旨传谕九卿，九卿等奏云，皇上励精图治三十余年，无一时一事不以国计民生存诸念虑。凡四方水旱灾伤，或经奏报，或有访闻，即遣官星驰赈济，蠲免额赋。即如近年来畿辅地方岁间不登，随上廑圣心，多方抚恤，至各省漕米分年停征，正项钱粮旧欠与现征，历年蠲免，为数甚多，不可胜纪。顷闻盛京米价腾贵，即遣大臣速往，发海运所积之米赈济，以资民食。又山西平阳府地震，皇上甫闻，即遣官驰驿前往察勘。又发帑金，遣大臣赈济，俾沾实惠。遣贤能司官动正项钱粮，修筑城垣、仓库衙舍，使令相望，不绝于道。皇上至仁如天，爱民如子，往往先事预筹，委曲详尽，为古帝王所不能及。兹以雨水稍过，复以应兴应革事务下询臣等，此诚圣不自圣，已治而若未治，已安而若未安之至意。但臣等伏睹皇上用人行政，断自宸衷，无不上洽天心，下孚民志，实无毫发之不尽善。若臣等果有涓埃之见，仰承天语咨询如此殷切，安敢不摅诚敷奏？窃念六月，当大雨时行之候，连日雨水，原未为灾，溽暑之际，伏祈纾释圣怀，臣等不胜至愿！”

是日，上由神武门出西直门，驻跸畅春园。

本日起居注官常书、努赫、曹鉴伦。

十二日壬寅　是日，赐山西巡抚温保、偏沅巡抚董安国鞍马各一匹。

十三日癸卯

十四日甲辰

十五日乙巳　辰时，上御畅春园内澹宁居听政。部院各衙门官员面奏毕，大学士伊桑阿、阿兰泰、张玉书，学士戴通、顾藻、陆菜、徐嘉炎、勒德、额黑立、齐穑以折本请旨。吏部题镶蓝旗三等阿达哈哈番郭逢培病故，因无亲生子孙，将伊职议与伊亲弟之子郭英丕承袭。上曰："郭逢培曾有效力之处否？"阿兰泰奏曰："查得郭逢培有效力牌四个。"上曰："郭逢培既有行间效力功牌，虽无亲生之子，伊职仍准袭一次。"

户部题拖欠应给兵部管所草二十一万有余、豆四千石有余，议将此项估价交与管所该管官员银两，令其自行采买。上曰："上驷院曾奏，兵部交与伊等驿马甚瘦，多致倒毙。今岁因草料价贵，故户部将应给草料迟误，兵部因草料不得，无可奈何，遂互相推诿，以至如此。该管司官理应预先告之堂官，向户部作速追取，或将马放青，使不致瘦毙。驿马关系甚紧急，公用日久，失于喂养，以致马匹瘦毙者甚多。将紧要事情不切切存之于心，朕任诸官员，又何用哉？宜将该管司官拿送刑部。"伊桑阿奏曰："该司虽系车驾司管所，该管专有一监督。"上曰："若如此，将监督拿送刑部。户、兵二部堂官，朕必令赔马，决不宽贷。"

又题覆仓场侍郎德珠等所议扬州二邦运丁吴坤等叩阍事。上曰："据运丁吴坤等叩阍称，漕船所带运凤阳仓米，原交时皆系腐烂，杂和沙土，被总漕王梁逼勒交领。问之众运官，所答皆同。念穷人赔补可悯，故令议奏。此所带运米俱系累年余剩存贮，其因腐烂，令王梁等赔补亦枉。将王梁等交与该部，并赔米之处俱着宽免。此米亦停其拨给，官俸照常给与好米。此米俟别用之。又兴永朝曾奏，江北漕船甚小而载米多，不能装载货物。今又令带运凤阳仓存贮之米，益加苦累。若将漕船添造数只，可于运丁有益。着将此问明兴永朝具奏。"伊桑阿奏曰："京师所用各项杂货，皆从漕船带至。若添船只，不但于运丁有益，京师人等亦甚有益。圣谕极善。”

又兵部题随征守备吴定国因伊父千总吴士珍协防风亭海口，于海贼犯时阵亡。伊身随总兵林诚恢复海澄、厦门及十九寨。虽加伊父恩恤，未经叙功，叩阍恳乞议叙。应行文该督，俟详察到日再议。上曰：“着照部议行察。吴定国叩阍时，朕曾召至船上，试以十个力之弓，毫不费力，式样甚好，人材亦优。着将伊即移送直隶巡抚酌用，以试观之。”

又三法司会题已故候选知县金永明员缺，为金兰芳冒顶。所呈印结、甘结，内有添改字样，不曾看出，应照遗漏查档案之例，将文选司掌印郎中阿哈礼、谈九乾俱罚俸两个月。上曰：“吏部选司声名甚劣，伊等但议罚俸殊轻，相应革职。”伊桑阿奏曰：“因选司事情弊坏，去岁亦曾屡奉谕旨，此事应如此处分方是。但金永明员缺，将冒顶之金兰芳选司已经举送，似稍有可原。”阿兰泰、张玉书奏曰：“选司事情弊坏，名声果劣，皇上所见极是。”上曰：“事已行后被人告讦，不得已方始送部，岂可云举出乎？阿哈礼、谈九乾皆文选司掌印之官，凡事详察是其专职。将冒顶之处不行查出，可云无情弊乎？去岁朕曾经特旨申饬，竟不省改，朕尚可从宽乎？阿哈礼、谈九乾俱着革职。”

又题康亲王府太监张文明被太监张宝等七人谋杀，照例审拟具奏。上曰：“凡于伊主宫院内动凶器者缘有重处之例，或刑部不知，故依律定拟。张宝等俱系该王亲近服役之太监，于王左右持刀杀人，不但情罪可恶，此等党类既生恶念，决不可留。着该部查例具奏。张宝等交与该王，听王自行完结。”

本日起居注官三宝、禅拜。

十六日丙午

十七日丁未

十八日戊申 是日，赐右卫护军统领瓦尔达鞍马、弓箭、撒袋。

十九日己酉

二十日庚戌 辰时，上御畅春园内澹宁居听政。部院各衙门官员面奏毕，大学士伊桑阿、阿兰泰、张玉书，学士戴通、顾藻、陆棻、徐嘉炎、勒德、额黑立、齐穑以折本请旨。兵部题广东提督李镇鼎应兼职衔。上曰：

"李镇鼎着从优加都督佥事，充广东等处提督、总兵官。"

又刑部题将殴死张雅图之格梅儿拟绞抵偿。上曰："格梅儿之母无人养赡，着将格梅儿从宽免死，存留养亲。"

本日起居注官努赫、尹泰。

二十一日辛亥　是日，赐右卫副都统党爱科尔对巴音布、冯国相鞍马各一匹。

是日，上诣皇太后宫问安。

二十二日壬子

二十三日癸丑

二十四日甲寅

二十五日乙卯　辰时，上御畅春园内澹宁居听政。部院各衙门官员面奏毕，大学士伊桑阿、阿兰泰、张玉书，学士戴通、顾藻、陶岱、陆棻、徐嘉炎、张榕端、阿尔拜以折本请旨。伊桑阿等奏曰："江西按察使王道熙员缺，将补授按察使事臣等遵旨问九卿，此内有曾举卓异道员孟世泰、王之麟二人。尚书马齐、左都御史蒋弘道皆云，道员王之麟曾任部员，办事甚优。又蒋弘道云，陪推李成林前任四川知府，居官颇善，不生事。"上曰："蒋弘道原好保举人，按察使职任一省刑名，必得其人，方于事有裨益。河南府知府孙居湜为人若何？"伊桑阿等奏曰："闻其人素优，居官好。"上曰："江南省官员无有及原任总督傅腊塔、于成龙与将军博济者，江南通省兵民至今尚感念傅腊塔之恩。"伊桑阿奏曰："傅腊塔居官实善，甚得人心。"阿兰泰、张玉书奏曰："傅腊塔不但江南之民称赞，满洲官兵至今无不痛惜者。"上曰："傅腊塔之举荐人甚公，后来试验皆能胜任。湖南巡抚董安国先经傅腊塔奏称其善，前日观其进见，人材果优。在外任三十余年，事皆练达。孙居湜亦系傅腊塔曾经举荐。孙居湜在河南居官好，前任河务实著劳绩。孙居湜着升江西按察使。"

伊桑阿奏曰："臣等将赵良栋奏本问之九卿，九卿云，皇上之加恩于赵良栋者已至。伊进云南之功皆已议叙完结，赵良栋全不静听，复将伊同进之都统济哈礼并伊同进剿之官员等奏请议叙，殊玷臣谊。又奏求田宅，亦非人臣之理。应将伊严加议罪。"上曰："御史龚翔麟参劾赵良栋，此二本着收贮，俟赵良栋回奏后再行请旨。”

又学士陆棻以年老奏请解任。上曰：“陆棻办事何如？”伊桑阿奏曰：“陆棻每日止批本，并无办事之处。”张玉书奏曰：“陆棻文学尚可，办事平常。”上曰：“陆棻着准致仕。”

又吏部题覆宁古塔将军萨卜素，将拨什库马礼库披甲关海，请补索伦达古里地方助教。议如所请。上曰：“此关海即前曾任刑部主事充配之关海乎？”伊桑阿奏曰：“系正黄旗人，即前充配之关海。”上问学士阿尔拜曰：“尔系同旗，亦知之否？其人所行何如？”阿尔拜奏曰：“关海学问好，为人多事。”上曰：“助教乃为人表范之职，关海在京时品行不端，人甚钻营，行止类乎光棍，故发往极边之处。此等人若为人师，将引诱此一方人，尽成匪类而已。该管将军等将发往重罪之人妄行请补，甚属不合，着严加议处具奏。这员缺着于在京笔帖式中选择学问好、为人老成谨厚者补授。”

本日起居注官常书、禅拜。

二十六日丙辰

二十七日丁巳

二十八日戊午

二十九日己未

三十日庚申 辰时，上御畅春园内澹宁居听政。部院各衙门官员面奏毕，大学士伊桑阿、阿兰泰、张玉书，学士戴通、顾藻、徐嘉炎、齐穑、张榕端、阿尔拜以折本请旨。吏部题文选司郎中谈九乾员缺，将考功司郎中司铉调补。上曰：“闻选司名声甚劣，此司职事关系紧要，着将各部郎中内进士出身之贤员令各部堂官保举，亲率引见选补。”伊桑阿、阿兰泰奏曰：“看来选司事体敝坏，不及从前，名声果系甚劣。皇上所见极是。”

又御史张泰交疏称，禁止赌博条例太过，应视所赌钱数之多少，以别轻重。上曰：“严禁赌博原欲惩治匪类，以永除恶习，使八旗兵民各得安生。若视钱数之多少以别轻重，即无畏法之人矣。况强盗得财即拟罪，并不计赃特之多少。张泰交不知立法之初意，奏请更改定例，甚属不谙，不准行。”

又总漕王梁疏参赣州卫千总杨奉随运通判范文在于漕船带装商人货物。上曰："王梁将漕船所载货物尽行搜出，弃之沿河两岸，所行甚暴！"伊桑阿、阿兰泰奏曰："运丁生计全在船内，即京城杂用之物亦俱赖漕船带来。圣谕极是。王梁甚属执拗好胜，不与运丁生路，如何能效公事？"上曰："从前总漕未尝禁船带货，而漕粮并未迟误。今岁王梁将漕船所载货物尽行搜出委弃，而漕运迟误，至今尚未到。装带些微货物何妨？不但王梁暴戾，即原任总漕董讷、兴永朝亦俱暴戾。若使此等暴戾之人任总漕，运丁亦何罪乎？"阿兰泰奏曰："臣与董讷同在吏部时，于午门前办事，因书办将事件来迟，董讷即亲身将书办踢打，果然甚属暴戾。皇上所见极是。"上曰："闻兴永朝虽暴戾，遇事尚与人商议。王梁凡事必任意执拗而行，更不与人商酌。似此暴戾之人，宜令解任。着问九卿具奏。"

本日起居注官三宝、尹泰。

七　月

初一日辛酉　是日，上诣皇太后宫问安。

初二日壬戌

初三日癸亥

初四日甲子　辰时，上御畅春园内澹宁居听政。部院各衙门官员面奏毕，大学士伊桑阿、阿兰泰、张玉书，学士戴通、顾藻、徐嘉炎、张榕端、齐穑、阿尔拜以折本请旨。吏部题内阁学士陆棻员缺，将原任内阁学士韩菼及现任少詹事李録予等职名开列。上曰："韩菼候缺已久，学问好，将伊补授学士。"

又兵部题天津、太原二处总兵官员缺，拟将左都督管副将事李士达、毛来凤补授。上曰："天津地方甚属紧要，此处必得贤员补授方可。着将应补之人问九卿具奏。"

又广东提督李镇鼎题广东地方紧要，将天津游击邓愈英、芦沟桥游击刘虎请带赴新任。上曰："芦沟桥游击刘虎人材优长，甚属壮健，将伊留于近京地方，遇紧要处用之。余俱依提督李镇鼎所请带去。”

伊桑阿等奏曰：“臣等遵旨将总漕王梁问九卿，九卿云总漕王梁甚暴戾，未闻其居官有善状。”上曰：“王梁既经九卿议论佥同，性暴是实，亦无可疑。着将王梁解总漕任。顷来陛见之湖南巡抚董安国通晓河务，着将董安国补授漕运总督，令其驰驿赴任。王梁所参押运通判范文在之案，俟董安国到任，着令详察议奏。”

又赵良栋回奏事。上曰：“观赵良栋回奏疏内称在京日久，负债二千两，着户部发银二千两给与赵良栋。其进取四川时，赵良栋首倡宜进四川之议具奏，因而进兵。着将赵良栋所随带官兵，交与兵部议叙。又赵良栋疏称，将伊劳绩经十余年来从未言及。赵良栋于二十七年来京时，朕召入宫中，伊将功绩向朕哭诉。朕遣明珠往西边时，赵良栋曾将伊功绩求为代奏。明珠回即将伊事情俱向朕敷陈。赵良栋至今尚疑明珠隐蔽未向朕言。观此等事，赵良栋历来自陈功绩，今乃称从未言及，何也？或因年迈衰颓，自忘其所言耶？将此处皆明白批出。”

又两江总督范承勋题报江宁将军苗齐纳病故。上曰：“苗齐纳自补授江宁将军，所行甚平常，抱病日久。着批知道了。”

是日，上诣皇太后宫问安。

本日起居注官努赫、禅拜。

初五日乙丑

初六日丙寅

初七日丁卯

初八日戊辰

初九日己巳　辰时，上御畅春园内澹宁居听政。部院各衙门官员面奏毕，大学士伊桑阿、阿兰泰、张玉书，学士韩菼、戴通、顾藻、徐嘉炎、齐穑、额黑立、张榕端、阿尔拜以折本请旨。兵部题授宁夏将军，将镶黄旗副都统马思哈等职名开列。上曰：“右卫护军统领舒书人材壮健，屡次效力行间，虽或遭际不偶，未尝败北，着授为宁夏将军。”

又正红旗汉军副都统科尔对员缺，由内阁选择汉军参领引见。上问曰：“参领孟名世是谁之族？”伊桑阿奏曰：“原任总督盖乔芳之远族，都统王永誉等将伊保举。”上曰：“孟名世着升补副都统。”

又镶红旗汉军副都统拜音布员缺，将选择参领等引见。上曰：“赵铱之父赵国佐差遣效力之处甚多，即将赵铱补授副都统。”

又吏部题顺天府府尹刘元慧员缺，将光禄寺卿李锦等职名开列。上曰：“顺天府府尹职任紧要，此开列人等皆系平常，将次等应升职名开列具奏。”

又吏部文选司郎中谈九乾员缺，将六部引见郎中职名开写折子呈览。上曰：“此内户部堂官保举袁定远，着即将调补。”

又刑部等衙门题将原任广东碣石卫总兵官韩佐周引官吏受赃律议死，伏候上裁。上曰：“韩佐周人材尚属壮健，曾效力行间，着从宽免死。”

又礼部题已故内阁学士达瑚恤典。上曰：“达瑚人甚不及，全无效力之处。恤典着停止。”

又兵部侍郎朱都纳、内阁学士松柱以盛京赈济事启奏。上问松柱曰：“尔等往看盛京田禾何如？”松柱奏曰：“先种田禾皆已秀出，后种者尚未长成。”上曰：“盛京环近各城田苗何如？”松柱奏曰：“看来各城田禾或有好者，或有不好者，不能相等。盛京地方，比来二三年田禾失收，今岁虽是有收，难度来岁。”上曰：“盛产所贮之米共有几何？若将赈给，可支几月？”松柱奏曰：“臣等差往赈济，计五十日，所用不至二万石。现今自天津海口挽运之米，及盛京、锦州等处积贮之米，共十二万石有余。若将赈济，可支六七个月。”伊桑阿等奏曰：“皇上念盛京为根本要地，自天津海口运米数万石。若无此米，彼处百姓必至困极矣。皇上每事皆于未然之先，曲尽筹画，实非臣等意见所及。”上曰：“海运皆有定时，不可妄行。来岁着令再运。”松柱奏曰：“臣等未至之先，盛京人民皆已乏食。臣等既至，即将仓谷散给，又减价发粜。彼处人民踊跃鼓舞，欢声震地。臣等来时，盛京及被赈各城官兵、士民男女，扶老携幼而来者，充塞衢路。伊等叩首谢恩，奏曰：‘盛京地方一连二三年失收，今年麦又未收。我众皆因乏食已至饥困。皇上颁浩荡之恩，散给米谷，又平价发粜，俾我等死而复苏。我等皆虫蚁微命，将何报答？惟有日夜祷祝圣主万寿而已。’”

本日起居注官常书、尹泰。

初十日庚午

十一日辛未

十二日壬申

十三日癸酉　是日，上诣皇太后宫问安。

十四日甲戌

十五日乙亥

十六日丙日　是日，上诣皇太后宫问安。

十七日丁丑　辰时，上御畅春园内澹宁居听政。部院各衙门官员面奏时，兵部尚书索诺和等以黑龙江副都统喀特护等所咨送防御达他克图员缺，将伊兄子披甲喀尔拉图拟正，披甲克齐德拟陪引见。上曰："观乌喇、宁古塔将军等题补员缺多举官员子弟，若全用官员子弟补授，其军中效力年久兵丁何以得升？着传旨该将军等，令此后将效力勤劳之兵丁选用。尔等会同大学士等票旨呈览。"

又吏部尚书库勒纳、侍郎常书安布禄等题中允徐秉义员缺，将翰林院编修袁佑引见。上曰："袁佑何如？"库勒纳奏曰："袁佑系直隶贡生，为人平常。"上又问常书曰："袁佑何如？"常书奏曰："人尚老实。"

又吏部会同内阁大学士等以考选中书折子呈览。上曰："此考试无益，宜停止。"库勒纳奏曰："停止亦善。"上曰："既说停止亦善，尔从前何故如此定议？"库勒纳奏曰："臣等所议诚误。"上曰："既如此，尔等须具本另奏。未可便止，尔部将此等考选之事自宜留心。"库勒纳奏曰："此事原无臣名。"上曰："尔既无名，列名者谁？"库勒纳奏曰："有侍郎等名。"安布禄奏曰："有臣名。"常书奏曰："议增入恩贡、岁贡等项，臣并不与。"伊桑阿奏曰："此事初议时，库勒纳、安布禄及二汉侍郎职名皆有，常书无名是实。"上顾库勒纳问曰："尔如何说无名？"库勒纳奏曰："去岁九月议时臣实系有名，今年四月议时无臣名，臣故奏称无名。"

启奏毕，大学士伊桑阿、阿兰泰、王熙、张玉书，学士韩菼、戴通、顾藻、松柱、陶岱、徐嘉炎、齐穑、张榕端、阿尔拜以折本请旨。吏部题湖南巡抚董安国员缺，将内阁学士戴通等职名开列。上曰："董安国来时曾奏称，湖南布政使杨凤起居官好，为人亦优，着将杨凤起问九卿具奏。”

又题顺天府府尹刘元慧员缺，除光禄寺卿李锦等外，将次等应升之人查奏。上曰：“此系京城大吏，甚为紧要。现今开列皆属平常，着将人材优长者选补。内阁侍读学士中，亦有善者乎？”伊桑阿等奏曰：“臣衙门有汉军侍读学士萧永藻、刘光美等二员，为人皆厚重，甚宜于治民之职。”上曰：“着传旨九卿，令于应升此员缺人内选择贤员具奏，俟朕酌补。”

又兵部题镶白旗副都统党爱员缺，将护军参领阿哈布等职名开列。上曰：“此所开列护军参领人皆平常，此内无可补用之人。且镶白旗章京等，视各旗尽属不及，最为末等。前任副都统因罪解退噶珠尚属可用，人材壮健，着将噶珠升补副都统。”伊桑阿等奏曰：“臣等遵旨。镶白旗汉军副都统冯国相员缺，将参领雷继尊问该旗大臣，该旗大臣云，雷继尊同旗之人皆称赞其善，观其人亦优。”上曰：“雷继尊出自令族，为人亦优，着将伊升补副都统。”

是日，上诣皇太后宫问安。

本日起居注官三宝、禅拜。

十八日戊寅

十九日己卯

二十日庚辰　午时，上由西直门进神武门回宫。

本日起居注官努赫、陆肯堂。

二十一日辛巳　辰时，上御乾清门听政。部院各衙门官员面奏毕，大学士伊桑阿、阿兰泰、王熙、张玉书，学士韩菼、戴通、顾藻、松柱、陶岱、徐嘉炎、齐穑、张榕端、博济、阿尔拜以折本请旨。伊桑阿等奏曰：“臣等遵旨选补湖南巡抚员缺，将布政使杨凤起问九卿，九卿云，杨凤起居官果善，先任河南按察使时，居官优，为人亦好。”上曰：“杨凤起着升补湖南巡抚。”

伊桑阿等又奏曰：“臣等为选补顺天府府尹传旨与九卿，九卿会议，将臣衙门侍读学士刘光美、萧永藻选出。”上曰：“伊等何如？”伊桑阿等奏曰：“人皆重厚，遇事谨慎。”上曰：“萧永藻着升补顺天府府尹。”

又吏部题监察御史杜之昂条陈吏部文选考功二司郎中、员外缺出，皆应选择，议准行。上曰："坐名补授，非善事也，此数年来甫能停止，不可再行。若将选择保举著为定例，必生营求之弊。顷选补文选司郎中员缺，乃偶一行之，即议以此为例，甚属不合。着仍照旧例行。将此处严行批出。"

又题工部制造库郎中恩伊里员缺，将右翼保举郎中苏赫纳等职名开写折子呈览。上曰："观此内惟苏赫纳曾任监督，余皆平等。郎中绥色为人尽可，着将伊补授制造库郎中。"

又兵部题右卫护军统领舒书员缺，将副都统马思哈等职名开列。上曰："正蓝旗副都统、宗室费扬古其人好，着补授右卫护军统领。"

又题病故太原总兵官周复兴照例给与造坟之价，又请将伊家产人口准留江宁，议如所请。上曰："周复兴材力壮健，为人亦优，且有效力之处。伊妻子家口着令驰驿回江宁。"

又两江总督范承勋题江西省漕运脚价银两乞免追取。上曰："此事范承勋来京时曾向朕陈奏，后该部议覆时，朕偶遗忘。朕于凡事或有忽遗，必自举出，断不掩蔽。将此应依该督所请豁免。"

又甘肃巡抚舒恕题将西宁卫范家庄、朱家堡、夜胜堡等处山裂并雹打、水冲等被灾情形具报。上曰："此被灾之处停止遣官，着行文令该督作速亲往，详明查阅速行具奏。"

本日起居注官张英、努赫。

二十二日壬午 辰时，上御乾清门，听部院各衙门官员面奏政事。

本日起居注官尹泰、陈元龙。

二十三日癸未 辰时，上御乾清门，听部院各衙门官员面奏政事。

本日起居注官三宝、彭宁求。

二十四日甲申 部院各衙门无奏章。

是日，上诣皇太后宫问安。

本日起居注官努赫、徐元正。

二十五日乙酉 早，上御太和门升座，升转文武官员谢恩毕，上回宫。

本日起居注官常书、张英。

二十六日丙戌 部院各衙门无奏章。

本日起居注官顾祖荣、尹泰。

二十七日丁亥 辰时，上御乾清门听政。部院各衙门官员面奏时，兵部尚书索诺和等因补授杭州副都统，将行取防守御李裕德、林应富、李廷芳、马元龙、孙世科五人引见。上一一询问，顾尚书索诺和曰：“京口防守御李裕德为人甚属愚劣，尔部当行题参。”又问广东防守御李廷芳曰：“尔从何路来？所见田禾长成若何？”李廷芳奏曰：“臣从广州由江西而来，广东、江西地方田禾长成甚茂。”上问曰：“田禾可以丰收否？”李廷芳奏曰：“田禾十分中可收八分。”

启奏毕，大学士伊桑阿、阿兰泰、王熙、张玉书，学士韩菼、戴通、顾藻、松柱、陶岱、徐嘉炎、齐穑、张榕端、博济以折本请旨。两江总督范承勋题，江西山僻之处，漕船至水次，皆百姓自出脚耗银米贴助官运，请将此给过漕运脚耗银两免其追征。上曰：“江西所属州县多在山僻之地，百姓自出脚价运至水次，着仍听民自行贴运。从前给过者皆免其追征。”

礼部题，福建巡抚卞永誉将向所建原任总督范承谟祠堂请于春秋致祭，又原任道员陈启泰亦请建祠堂致祭，皆准行。上曰：“着照所请，准建祠致祭。范承谟、陈启泰皆为国家效力尽节，伊等祠堂朕亲题扁额赐之。”

是日，赐右卫护军统领、宗室费扬古、广东提督李镇鼎弓箭、撒袋、鞍马。

本日起居注官傅伸、张廷瓒。

二十八日戊子 辰时，上御乾清门听政。部院各衙门官员面奏毕，大学士伊桑阿、阿兰泰、王熙、张玉书，学士韩菼、戴通、顾藻、松柱、徐嘉炎、齐穑、张榕端、博济以折本请旨。吏部题湖南布政使杨凤起员缺，将四川按察使赵良璧拟正，云南按察使佟世雍拟陪。上曰：“布政使职任紧要，着将九卿先经保举人员查奏选择补用。”

又兵部题杭州副都统邬赫员缺，以仓场侍郎石文桂、京口等处防守御李毓德等职名开列。上曰：“汉军防守御等俱属平常，无一可用者。闻广东军政甚敝，殊不足观。当较射之时，该管官员乘轿往教场，每日不过唱戏饮酒而已，军政竟不整理。着以许廷臣调补杭州，其广东副都统员缺，着将参领等职名开列具奏。”

是日，谕户部：“盛京地方比岁荒欠，粒粮艰难，朕心深切轸念。原欲躬亲巡省，询问疾苦情形，遍敷恩泽。今虽停止东行，而所在贫窭兵丁尚冀朕之临幸，是宜仍加赈恤，用俾资生。应作何加恩，尔部议奏。又盛京兵丁钱粮两季支领，兵丁于未支领之际，每致有称贷逋负，嗣后着按月支给。至今岁秋，禾闻亦不甚丰茂，恐生计渐艰，困乏滋甚。自今冬以至来秋应作何赈给，不致失所，共计需粮若干，着盛京将军、副都统会同盛京户部侍郎查明，详加筹画具奏。”

是日，上诣皇太后宫问安。

本日起居注官三宝、曹鉴伦。

二十九日己丑　辰时，上御乾清门，听部院各衙门官员面奏政事。

本日起居注官努赫、史夔。

八　月

初一日庚寅　辰时，上御乾清门听政。部院各衙门官员面奏毕，大学士伊桑阿、阿兰泰、王熙、张玉书，学士韩菼、戴通、顾藻、松柱、陶岱、徐嘉炎、齐穑、张榕端、博济以折本请旨。吏部题内阁侍读学士萧永藻员缺，以汉军监察御史武进贤拟正，赵世芳拟陪。上曰："监察御史范承烈为人甚优，出自令族，着升补内阁侍读学士。"

又兵部题广东副都统许廷臣员缺，将参领管源忠等开列。上曰："此缺甚紧要，着将各部应升官员查出开折子具奏。"

本日起居注官尹泰、陆肯堂。

初二日辛卯　辰时，上御乾清门听政。部院各衙门官员面奏毕，大学士伊桑阿、阿兰泰、王熙、张玉书，学士韩菼、戴通、顾藻、松柱、陶岱、徐嘉炎、齐穑、张榕端、博济以折本请旨。伊桑阿奏曰："前奉旨将丁忧布政使线一信居官何如问九卿，臣等问之，九卿对曰，线一信任布政使未久即丁忧，未闻其善与不善。王封溁、王泽弘云，线一信任湖南按察使时居官好。"上曰："闻线一信居官好。"

又补授太常寺少卿，选择御史常舒、员外萨穆哈等引见。上曰："员外郎萨穆哈为人尽可，着将伊补授少卿。”

又都察院吏科照例题请内升外转。上曰：“科道官员专任言职，条陈者多，斯内外不肖官员知所儆戒。若将条奏多者选擢，则言路可通。任弘嘉曾经该衙门堂官屡次奏其不及，朕观其条陈，皆出己见，着内升。裘充珮条奏诸事尚好，与时事相宜，亦着内升。给事中卞三畏无甚条奏，这次外转俱着停止。”

上又顾大学士等曰：“于成龙凡遇事好胜，因倡议捐纳革职。今在河工，甚属勤劳。居官原好，着复还总督衔。”

申时，上御乾清宫，大学士伊桑阿、阿兰泰，学士戴通、松柱、陶岱、齐穑、博济以折本请旨。户部题为差官管理茶马事。上曰：“李学生虽非极有心计之人，遇事甚能详审，近差往山海关，尚能尽心勤职，着差伊去。”

又兵部题为升补广州副都统事，将应升各部官员查出具奏。上问曰：“通政使司左通政牛钮何如？”伊桑阿奏曰：“其人尽可。”上曰：“牛钮为人果可。伊父呼图曾任将军，着将伊升补副都统。”

又题为升补西安副都统事。上曰：“前锋参领巴林人材壮健，着将伊升补西安副都统。”

又题通州副将毛来凤员缺，将参将谢志拟补；永固城副将李士达员缺，将参将杨国勋拟补。上曰：“永固城副将员缺紧要，着行文提督孙思克、李林隆，将伊等所知善者举奏。此所举人内有朕不曾识认者，将其人一并来京。其通州副将员缺，着将山东即墨营参将白宾升补。”

本日起居注官傅伸、王九龄。

初三日壬辰　上诣皇太后宫问安。

早，上巡幸口外，由神武门出东直门，驻跸三家店。是日，传谕领侍卫内大臣等曰：“今田禾方熟，正收获之时，须严谕官兵，下至厮役，毋得践损田禾。着人加意看管。”

是日，顺义县防守御卓博尔拖等、知县黄景式等、把总李尚文等来朝。

初四日癸巳　上驻跸密云县。是日，传谕大学士等，令查密云县仓米之数，奏称有一万二百石。上谕：“去岁朕巡历边界，见此处高粮结实者少，而粃者多，米价腾贵，高粮一斗几三百钱。故将通州仓米令运一万石至此处，五千石至顺义县赈给，照时价减价发粜，米价稍平，一斗只值百钱，民以不困。北地寒冷，米谷多至失收。今观河水方盛，着将通州仓米一万石至密云县，一万石至顺义县，令贮积仓内。”

是日，古北口等处监督翰林院侍读达尔汉西城、笔帖式牙克西库、守备陈良、把总吴文智来朝。

初五日甲午 上驻跸么亭。是日，石匣营副将马进师良，游击胡磐、守备郝伟、赵丹古、刘光佐，千总贾彪、马进封、许天德、周凤鸣、陈凤歧，把总赵棠、马睿声、张永、吴金、林儒来朝。赏副将马进良缎袍一袭。马进良奏曰：“臣一介武夫，并无劳绩，蒙皇上擢用，屡次升迁，以至此职。今又荷宠恩，实未有之奇遇。微臣惟有誓死效力而已。”

是日，又传谕领侍卫内大臣索额图等曰：“正黄旗原任参领戴哈因在内与人角口，发往黑龙江，并非大恶。闻戴哈之母年迈思念伊子，每日哭泣，戴哈亦可谓孝矣。即传旨兵部，驰驿将戴哈速行取回。”

又谕大学士伊桑阿曰：“工部将道员金云凤以迟误搭桥题参，问金云凤，据云伊并无耽误之处，不知何故题参。将此处着问明工部搭桥章京及金云凤具奏。”

初六日乙未 上出古北口，驻跸三岔口。是日，喀喇沁部落王札西及众台吉等迎接来朝。上所过地方，兵民皆执香叩头。奏称：“此两年我等地方旱潦，田谷失收，无以糊口。皇上赈给米谷，蠲免钱粮，又将仓粟平价发粜，我等虫蚁微生，得以活命。”

初七日丙申 上驻跸喇嘛洞。

初八日丁酉 上驻跸蓝旗庄。

初九日戊戌 上驻跸青城。是日，赐诸大臣、官员、侍卫等食。

申时，上御行宫，大学士伊桑阿，学士戴通、松柱、博济以折本请旨。吏部题山东按察使张勄员缺，将副使道李成林拟正，朱士杰拟陪。上曰：“李成林朕殊不知，朱士杰为人不及，先是，于成龙仕直抚时曾奏称其甚不济，这员缺着将各道员内谁好问九卿，并将各道员职名开写折子具奏。”

又兵部题右翼步军总尉安泰员缺，将正黄旗步军尉西忒库等职名开列。上曰："步军总尉职任甚属紧要，步军统领凯音布曾向朕奏言，五旗内如雅图、安泰之人断不能得。此步军总尉员缺，乞将上三旗人选补。如雅图、安泰者果属难得。"因顾问伊桑阿曰："尔有所知否？"伊桑阿奏曰："臣无所知。"上曰："此职非但捕盗兼须理事，不可但视人材壮健者用之，必其人优于办事，方能胜任。左翼步军尉穆成格看来似不甚满意，然人皆称其好，此是一善者。正黄旗步军尉西忒库，但善捕盗耳，为人不紧要，亦无理事之才。步军总尉品级与参领相同，各参领内亦可补总尉之人乎？"伊桑阿奏曰："臣无有知者。此职甚属紧要，伏乞皇上从容选补。"上曰："此本着俟回京后再启奏。"

又刑部等衙门题，公库发出元宝，以碎银兑换，议将佐领华善拜他喇布勒哈番伊纳海及银匠马之元俱拟斩，秋后处决。上曰："私那库银虽不是，然查库银数又并无短少之处，此所议属过。着止革职，其死罪俱从宽免。"

伊桑阿奏曰："臣遵旨移文问道员金云凤及搭桥章京郎中鄂齐尔等，据金云凤供称：六、七月间工部行文，要备搭桥木料，随檄密云县知县孙国辅遵照备办。至七月十四日部中方行文，言圣驾于二十六日起行。我正欲前往工所阅视，适兵部又行文来，为驿递马匹车辆，我料理驿递，于十八日事毕，十九日前去沿途看视搭桥，至二十五日全完。余剩之木尚有一千余根，并无耽误之处。据鄂齐尔等供称：我等搭桥于十六日至密云，十七、十八、十九守候三日，金云凤不来搭桥，木料毫无备办，将致迟误，因而报部。部中令向邓姓木商借赁来用，我等从邓姓商人借赁搭桥。若不如此，必至迟误矣。"上曰："金云凤若将搭桥之木预备，章京等岂肯不用？现有之木又别处赁用乎？于成龙任巡抚时曾将金云凤奏称平常，尔等看来何如？"伊桑阿奏曰："看来人实平常。"上曰："着将此二人口供重加究诘具奏。"

又奏事敦住传出上谕："先是巴林、翁牛特地方因米谷不登，巴林部落那木他克王阿喇卜台、翁牛特部落鄂齐尔台吉等恳奏，朕曾谕令伊公主与鄂齐尔之母格格会同酌议具奏。今巴林公主与鄂齐尔之母格格等会议奏称，今年米谷失收，口食甚窘，伏恳皇上若何设法拯救。着差学士喇锡及蒙古章京一员前往巴林、翁牛特地方，将今年米谷收成几分，若至明年草青时，现有米谷足以供食数月者若干口，其全无米谷者若干口，详明查奏。”

初十日己亥　上驻跸张三营。是日，赐内大臣、侍卫及部院大臣等鹿。

十一日庚子　上驻跸行宫。是日，关保传谕大学士伊桑阿等曰：“学士职任机要，喇锡轻浮，其人不宜于学士之任，着仍以侍读学士行走。这学士员缺着题补。”

十二日辛丑　上驻跸可汗铁岭。是日，上御行宫，大学士伊桑阿，学士戴通、松柱、博济以折本请旨。都察院题为考授中书事，查得给事中龚应霖原疏，但言举人应考。吏部议以恩拔岁副贡生，拜廪贡，增入考选。因此，议将尚书库勒纳，侍郎赵士麟、安布禄、彭孙遹，郎中邵保，员外郎马进泰、赵君泰皆降二级调用。上曰：“库勒纳等着各降二级留任。”

又兵部题正蓝旗蒙古副都统、宗室费扬古员缺，将仓场侍郎德珠等职名开列。上曰：“护军参领沙克多里年久，人材亦可，着补授副都统。”

又题贵州总兵官卢崇耀员缺，将镶黄旗汉军参领管源忠等职名开列。上曰：“石匣营副将马进良先曾在提督孙思克标下，于行间甚有劳绩，人材壮健。”

又顾伊桑阿等问曰：“古北口总兵官何应元所行不妥，尔等有所闻乎？”伊桑阿奏曰：“臣等闻其名声不好。古北口接近京城，甚为要地，不可不得其人。此人宜易之。”上曰：“此本着俟回京后启奏再行定夺。”

又工部题再往勘侍郎赵山等所阅修过河堤，将大臣职名开列具奏。上曰：“阅视河工，原欲查核有无浮冒情弊及堤工坚固与否，赵山等前往阅河，将总河并未修理之处，彼反称工程坚固。如此，则差阅何益？”伊桑阿奏曰：“总河所奏难修之处，赵山等前往皆称工程坚固，实属差谬。”上曰：“赵山等前往阅河，并不详明查察，及将河道官员甚加苦累。今虽再遣大臣，不谙水性，亦照前人所行而已，于事何益？赵山等着严拟票签，交与该部议罪。此后阅河，着永行停止。”

十三日壬寅　上驻跸黑湾口。是日，赐内大臣、侍卫及部院各衙门大臣等鹿。

十四日癸卯　上驻跸行宫。

十五日甲辰　上驻跸行宫。

十六日乙巳　上驻跸骅骝冈。是日，赐内大臣、侍卫等鹿。

十七日丙午　上驻跸骅骝谷。

十八日丁未　上驻跸行宫。

酉时，大学士伊桑阿，学士戴通、松柱、博济以折本请旨。吏部题总河于成龙员缺，将吏部侍郎安布禄等职名开列。上曰："总漕董安国先曾任河道，事皆熟练，着调补总河。山东巡抚桑格着升补总漕。"

又题直抚沈朝聘以遵化州知州缺甚紧要，请选择补授，议不准行。上曰："该抚既称紧要，这员缺着该抚选补具奏。"

十九日戊申　上驻跸骅骝杨川。是日，赐内大臣、侍卫等鹿。

二十日己酉　上驻跸行宫。是日，赐科尔沁国和硕达尔汉亲王班第短襟蟒袍一袭、银鼠短褂一袭。科尔沁国土谢图王沙津蟒袍一袭、银鼠外褂一袭，辅国公布尼四团蟒袍一袭、蟒外褂一袭，一等台吉额尔黑图袍一袭，二等台吉吴尔徒那苏图袍一袭，四品台吉额尔得卜蟒袍一袭，四品台吉丹达礼蟒袍一袭。

是日，又赐内大臣、侍卫及部院大臣等鹿。

二十一日庚戌　上驻跸行宫。

二十二日辛亥　上移六里驻跸。是日，赐喀喇沁部落多罗杜棱郡王札西凉帽一顶、蟒袍一袭、妆缎外褂一袭、带一围、靴袜一双，未得品级塔布囊色凌格冷等凉帽各一顶、镶领缎袍各一袭、带各一围、靴袜各一双，一品塔布囊西达、三品塔布囊班第等、四品塔布囊顾舟等、副都统敦朱卜等、参领吴萨拉等、一等侍卫札木苏等二十四人各缎一匹，二等侍卫戴布等、三等侍卫博洛侯等、佐领班第等四十二人各彭缎一匹，骁骑校、兵丁等八百七十六人每人银四两。

二十三日壬子　上驻跸行宫。

二十四日癸丑　上驻跸野猪川。是日，赐内大臣、侍卫、各部院大臣及八旗章京、护军、执事人等鹿。

二十五日甲寅　上驻跸行宫。是日，传旨随来科尔沁国兵丁，原赏银一二两者，因今年米谷失收，照常例增加赏给。着该部议奏。

二十六日乙卯 上驻跸行宫。是日，赐喀尔喀折布尊丹巴枯图克图黄色蟒喇嘛衣一袭、大手帕五个、小手帕十个、蟒缎一匹、缎三匹、漆鞍一副、靴袜一双，土谢图汗绒缨凉帽一顶、蟒袍一袭、妆缎褂一袭、带一围、靴袜一双、缎二匹、撒袋、弓、刀、漆鞍各一件，多罗郡王敦多巴多尔济、贝勒西第西里绒缨凉帽各一顶、蟒袍各一袭、妆缎褂各一袭、带各一围、靴袜各一双，达西陈木巴尔黄色蟒喇嘛衣一袭、缎二匹、靴袜一双，土谢图汗之子、台吉车林克巴尔三、巴尔多尔济、格旺多尔济蟒袍各一袭、靴袜各一双、弓各一张、箭各五枝，土谢图汗之孙班朱尔多尔济等及贝勒西第西里之子阿尔卜滩额尔克阿海等、孙策旺多尔济等镶领袍各一袭、弓各一张、箭各五枝，班第萨木布等喇嘛十四人缎各一匹。

二十七日丙辰 上驻跸行宫。赐内大臣、侍卫、八旗章京、护军、执事人等鹿。

二十八日丁巳 上驻跸红川口。

酉时，上御行宫，大学士伊桑阿，学士戴通、松柱、博济以折本请旨。吏部题侍郎赵山等不详察河工，惟徇情面，含糊具奏，议皆革职，交与刑部从重治罪。上曰："此本尔等暂留阁内，俟回时启奏。赵山着来此，令为章京效力行走。"

又户部题云贵总督王继文请将贵州兵饷年前预拨银十万两支应，议不准行。上曰："此事着依该督所请行。"

又兵部题提督徐治都疏称，彝陵总兵官请以福建汀州副将王士诚补授，议不准行。上曰："王士诚人材壮健，着依该提督所请补授。"

二十九日戊午 上驻跸行宫。

三十日己未 上驻跸行宫。

九　月

初一日庚申 上驻跸红川。是日，赐内大臣、侍卫、各部院大臣等及八旗章京、护军、执事人等鹿。

初二日辛酉　上驻跸行宫。

初三日壬戌　上驻跸红川谷之额尔滚口。

初四日癸亥　上驻跸行宫。

初五日甲子　上驻跸行宫。

初六日乙丑　上驻跸行宫。

初七日丙寅　上驻跸行宫。

初八日丁卯　上驻跸行宫。是日，赐内大臣、侍卫、八旗章京、护军、执事人等鹿。

初九日戊辰　上从额尔滚口回銮。驻跸舒呼尔台。是日，赐内大臣、侍卫、八旗章京、护军校、护军等鹿脯。

初十日己巳　上驻跸玲珑盖房处。是日，赐八旗、章京、护军等鹿。

十一日庚午　上驻跸玲珑峰。

十二日辛未　上过阿巴诺颜塔，驻跸英额拜口。

十三日壬申　上驻跸石山口。是日，上殪四虎。

十四日癸酉　上驻跸巴颜拖罗海。是日，赐内大臣、侍卫、八旗章京、护军等鹿。

十五日甲戌　上过噶拜岭，驻跸三道营。是日，上殪二虎。

十六日乙亥　上过博和济岭，驻跸头道营。

十七日丙子　上驻跸关儿营。是日，赐内大臣、八旗章京等鹿。

十八日丁丑　上驻跸鞍匠屯。

酉时，上御行宫。大学士伊桑阿，学士戴通、松柱、博济以折本请旨。太常寺题十月初一日孟冬，时享太庙，遣尚书马齐前往行礼。上曰："着马齐恭代朕，虽未得亲祭，仍照常斋戒。"

又户部题复盛京将军公绰克托等以开原等各城马步兵，除计各处所收米，可以支给月分。其不足月分，约至明年七月。计马甲每月给二仓斛，步甲每月给一仓斛，总需米十三万余石。现今仓中所贮不满二万余石，俟明年海运之米挪给。上命尚书佛伦同进，谕曰："此事盛京将军、副都统等及部臣所议甚属疏忽，亦有马甲而人口少、步甲而人口多者，一例按甲支给可乎？"伊桑阿、佛伦奏曰："上谕极是。兵丁人口多寡不等，如何可按甲支给？且从前无有海道运米至盛京者，此皆我皇上为国计民生深虑，始从天津海口运至米石。其可将此糜费乎？”上曰：“海道运米乃侥幸之事，不可预云明年海运米必然全到盛京，明年田谷亦不可预保必然丰收。若歉岁，惟宜艰窘度日而已，尚可比丰年用度乎？凡事须曲尽筹画，若取悦于人、徇情定议，后日误事，将之何如？松柱尔前往盛京赈济时，如核查给？”松柱奏曰：“臣等查明人口散给，并不计甲数。若言按甲给散，便属差缪。”上曰：“户部议此事亦属疏忽。户部官员于事之归结处，全不悉心筹画，苟且定议。此本发回，令查明人口数目，应给至来年四月。盛京地方甚属紧要，数年来米谷失收，务多蓄积，宜照河滩河朔事例，将蓟州、山海关所贮之米作何挽运，或照陕西事例招商，部给本银令其贩运。此等处尔等议具奏。”

又刑部等衙门题正黄旗精奇尼哈番宝珠，因将伊妻殴打以至缢死，巧称未曾殴打，议将宝珠降三级，准罚俸四年半。上曰：“此事应否依议完结？”伊桑阿奏曰：“审得殴有伤痕，伊妻族之人皆讼称非系车中缢死，其事果真罪不应止此。”上曰：“宝珠通族无一人可者，伊祖来归太祖、太宗皇帝，其功亦大。今若将宝珠革职，更无可承袭之人，必至废绝。宝珠着降五级，罚俸准抵。”

十九日戊寅　上进古北口，驻跸尧亭。

二十日己卯　上驻跸密云县。

二十一日庚辰　上驻跸顺义县所属大东庄。

申时，上御行宫。大学士伊桑阿，学士戴通、松柱、博济以折本请旨。吏部题国子监祭酒孙岳颁与司业花善为考教习互参事，议将花善降二级调用，孙岳颁降一级、罚俸一年。上问博济曰：“尔曾任国子监，必知之，花善为人何如？”博济奏曰：“花善为人尽可。”上曰：“花善为人果好否？”博济奏曰：“花善为人实可。”上曰：“其品行何如？”博济奏曰：“臣在国子监止五个月，观花善办事、为人实可，其品行不知。”上曰：“尔此言果即公论乎？尔称花善好，不可又似尔在督捕衙门时保举干人也。”博济奏曰：“臣所见如此，安敢妄奏？”上曰：“凡事必有是非，将非者拟罪，今吏部两边皆议处不合，着将本发回，再议具奏。”

又户部题复盛京将军、副都统请给开原等处兵米事，因所议不明，俟另查人口数目，到日再议具奏。上曰："此事观盛京将军、副都统及部臣所奏，马甲每月给米二斛，步甲每月给米一斛，兵丁人口亦有少者、亦有多者。况海路所运之米甚费心力始至，非易至者。宜查明实系不能糊口之人，量其口食支给。若如此苟且滥给，所贮米尽，明年海运之米蹈大海而往，不能保其必全至。盛京来年田谷，亦不能必其丰收。设或明年米匮，将何以赈给？此处关系甚大，盛京将军、副都统与户部大臣等，凡事宜曲尽筹画具奏，乃不能辨别事之是非，殊属溺职。该部着严加议罪具奏。此事若再行查日久，兵丁或至窘困亦未可定。着朱都纳、松柱前往，一面皆不能度日人口数目查明，一面散给，一面具题。"

又兵部题杭州正白旗防御达都之妻，因伊子披甲常寿往将军衙门将将军、副都统无理慢骂，照妇人犯罪，罪坐伊夫及子。律议将达都革职，并伊子常寿俱枷号一个月，鞭一百。达都之妻无容议。上曰："达都之妻并子常寿往公署将该管大臣无理慢骂，大干法纪，即应处斩。兵部竟议无罪，甚误。如此，嗣后如何约束兵丁？松柱，尔曾管兵，尔如何说？"松柱奏曰："达都之妻狂悍，宜将伊正法，以警不法之徒。若不将伊正法，嗣后难以约束兵丁，圣谕极是。"上曰："将军等理宜即拿达都之妻并伊子交部，乃与部下所属之人上章对讼，甚属柔懦，此皆该死之。郭丕在杭州时，凡事柔懦，徇情而行，小人逞志，故致此。达都之妻断然不可宽免，宜即于彼处正法示众。此事着问议政大臣具奏。"

二十二日辛巳 巳时，上由朝阳门进神武门，回宫。

是日，上诣皇太后宫问安。

是行也，部院各衙门奏章每日交送内阁，内阁三日一次驿送行宫听理。

扈从起居注官常书、三宝、史夔、尹泰。

二十三日壬午 部院各衙门无奏章。

是日，上诣皇太后宫问安。

本日起居注官努赫、徐元正。

二十四日癸未 辰时，上御乾清门听政。部院各衙门官员面奏毕，兵部侍郎朱都纳、学士松柱进前，因往盛京散给米谷请训旨。上曰："观将军等奏疏，但欲将兵丁给散而已。其陵上执事人等及众百姓并不提及，此等人亦皆如朕之赤子。将此处尔等到时会同彼处将军查明，具题散给。又请给兵丁米各二斛，朕意不准行者，非惜米也，亦为盛京军民岂能保明年盛京地方田谷必然得收、海运之米必全至乎？此散给兵丁之米，各宜撙节，兼渔猎为生。将此处尔等晓谕众人。又运米往盛京之处，朕尝度量，明年海运米可到，或令设法使米广集，方可不为盛京忧虑。”朱都纳等奏曰：“将军所请，原拟散给至明年七月三十日。臣等之意，明年麦收后尚可度日。酌量麦收，宜给至四月。又将军所请十月、十一月、十二月以前散给不等，臣等之意交秋数月可以度日，俟详查后，宜过此数月再行散给。又臣等前次散给，正当甚乏之时，故计口每月给仓斗一斗半。今总发数月，宜计口每月给仓斗一斗。其八城等地方，俟臣等亲到查明。”上曰：“兵丁缺食，甚属可悯。尔等着照先前数目散给，勿行减省。麦收可以接续，着给至四月。尔等亲加详查散给。”朱都纳、松柱出。

大学士伊桑阿、阿兰泰、王熙、张玉书，学士韩菼、戴通、顾藻、徐嘉炎、齐穑、张榕端、博济、傅继祖以折本请旨。伊桑阿等奏曰：“臣等遵旨问议政大臣，议政大臣等云上谕极是。达都之妻甚属狂悍，将该管将军等，于公署无理辱骂，从无此理，大干法纪，杀之不足以蔽辜。”上曰：“达都之妻以妇人而往公署，将将军等辱骂，大干法纪。着将达都之妻交与该将军，即于彼处以正军法示众。常寿系兵丁，而骂该管将军等，达都不能管束其妻子至于往公署辱骂将军等，皆甚可恶。达都着革职，与常寿一并拿至京，着枷号三个月，鞭一百，发往黑龙江当差。兵部等衙门将如此犯法恶人苟且定议，殊属不合。着交与都察院严察议奏。”

户部题霸州等十州县被灾，田地应免钱粮，照例请免。上曰：“香河、宝坻二县田地被灾甚重，今年钱粮除已完外，其未完钱粮通行蠲免。”

又兵部题右翼步军总尉安泰员缺，将步军副尉西忒库等职名开列。上曰：“步军总尉职任紧要，此内无可升补之人。尔等会同将侍卫等内能管束者选出引见。”

是日，上谕户部：“直隶顺天、保定、河间、永平四府所属地方，今岁水潦伤稼，三农歉收。朕巡幸所至，遍加咨访。闻高阜之产尚有秋成，而卑下之田被潦者多。计所收获不能相敌，虽经勘灾颁赈，不致仳离失所，而额办钱粮若仍行征取，则民力匮乏，难以输将。朕心深切不忍，着将四府康熙三十五年地丁银米全与蠲免，用示宽恤。其霸州、雄县、香河、宝坻四处皆有水道可以转输，每处着发米一万石，各差司官一员赍往，照彼地实价减值发粜，以资民食。着行文该抚，通行晓谕，俾均沾实惠，副朕轸念灾黎至意。尔部即遵谕行。”

本日起居注官努赫、宋大业。

二十五日甲申 辰时，上御乾清门听政。部院各衙门官员面奏毕，大学士伊桑阿、阿兰泰、王熙、张玉书，学士韩菼、戴通、顾藻、徐嘉炎、齐穑、张榕端、博济、傅继祖以折本请旨。吏部题安徽巡抚佟国佐员缺，将内阁学士戴通等职名开列。上曰："布政使线一信，居官好，历年亦久，着升补安徽巡抚。"

又题直隶巡抚沈朝聘疏称，怀来县甚属紧要，请将知县鲁一哲调补西宁县，即将西宁县知县刘宾调补怀来县，议不准行。上曰："鲁一哲等照该抚所题调补。"

本日起居注官张英、傅伸。

二十六日乙酉 辰时，上御乾清门听政。部院各衙门官员面奏毕，大学士伊桑阿、阿兰泰、王熙、张玉书，学士韩菼、戴通、顾藻、徐嘉炎、齐穑、张榕端、博济、傅继祖以折本请旨。兵部题西安府右翼副都统阿兰泰员缺，以侍郎阿尔拜等职名开列。上曰："镶红旗现任副都统费扬古为人平常，着调补西安副都统。"

又工部题覆直隶巡抚沈朝聘，将河西务东北地方冲决之处自成河形，因加开浚，大峪庄等地方筑堤，造滚水坝三个，以疏通新河、旧河。上曰："朕巡视河堤至天津地方，问彼处之民，皆云挑浚河道引水从耍儿渡下流，则上流水势可以减半，于民大有裨益。朕思挑浚新河，置滚水坝，又挑浚旧河，则水势自分，实有裨益。但水皆入于新开之河，民田愈加冲没，又恐不利。"伊桑阿等奏曰："河道处处挑浚，则水势分而海路得通，积水涸而民田亦出，于民果有裨益。"上曰："百姓既言有益，着沈朝聘再加详阅具奏，以便修筑。"

又云南巡抚石文晟题云南屯田钱粮皆照河阳县征收之例征收，则给散兵丁钱粮不致烦难。上曰："云南屯田钱粮较民田额重数倍，民人苦累。若照此例行则粮米虽觉少减，而于民大有裨益。嗣后屯田赋额照河阳县民田上则征收。"

本日起居注官三宝、顾祖荣。

二十七日丙戌　高皇后忌辰，上不理事。

本日起居注官禅拜、曹鉴伦。

二十八日丁亥　辰时，上御乾清门听政。部院各衙门官员面奏毕，大学士伊桑阿、阿兰泰、王熙、张玉书，学士韩菼、戴通、顾藻、徐嘉炎、齐穑、张榕端、博济、傅继祖以折本请旨。上曰："顷监察御史刘修贤条奏事宜，观其为人甚是粗鲁，尔等视其所学优劣具奏。"

是日，琉球国王尚贞进贡正使耳目官翁敬德、副使正议大夫蔡应瑞、都通事梁成楫等照例赏赐缎匹等物。

是日，上诣皇太后宫问安。

本日起居注官禅拜、张廷瓒。

二十九日戊子　辰时，上御乾清门听政。部院各衙门官员面奏毕，大学士伊桑阿、阿兰泰、王熙、张玉书，学士韩菼、戴通、顾藻、徐嘉炎、齐穑、张榕端、博济、傅继祖以折本请旨。右翼步军总尉安泰员缺，将二等侍卫纪山等拣选引见。上曰："步军总尉职掌甚要，二等侍卫纪山人才壮健，为人慎重，宗派又好，将伊从优升补，或能勤慎效力，不负职掌。"伊桑阿等奏曰："纪山人材优长，皇上擢用，必能尽力报效。"上曰："纪山着升补右翼步军总尉。"

又浙江温处总兵官蒋懋勋病笃遗本。上曰："蒋懋勋人才壮健，在任年久，行间效力亦多。今虽七旬有余，身冒风浪，巡察海道，毫无畏缩懒惰之处，甚属可悯。尔等其识之。该督抚题报到时，着批与优旨。"

本日起居注官常书、史夔。

三十日己丑　辰时，上御乾清门听政。部院各衙门官员面奏毕，满大学士等各部院尚书以下，正卿、少卿以上皆进前，将曾经拣选保举宗人府郎中戴纳，内阁票签侍读赫寿、何龈、鄂海，吏部郎中噶礼，户部郎中苏赫纳、博霍纳、鄂起、员外郎萨音布，礼部郎中卿爱、张格，兵部督捕员外郎二格，刑部郎中罗刹扎赖、员外郎阿兰泰，工部郎中佛保、满都，工部织造库郎中绥色，理藩院郎中沙木哈、关住、员外郎法山、多尔纪、拉都浑，都察院御史阿尔赛麻色、高必弘、喀拜，太仆寺员外郎西平、扬色，通政司参议特默德，詹事府谕德杨柱、中允托尔惠，现今增添拣选保举吏部郎中罗多里、员外郎顾拉哈，户部郎中七十五、员外郎黑硕色，礼部员外郎晋布，兵部郎中恩丕、奔席、员外郎常明、靳治豫，刑部郎中殷达里，工部郎中都拜、员外郎赫明德、杨柱，乌棱制造库郎中赛音达，理藩院郎中满都，监察御史鲍复、盛勒贝，步军提督衙门员外郎吴禄里、常寿，又甄别才力不及、年老有疾宗人府员外郎厄施图、硕色、刘什、主事石图，吏部郎中巴什、刘廷谏、勒费希、员外郎赵齐、马贞德，户部郎中多萨纳、员外郎腾颓、博四泰、硕占、主事温刹胡巴里，礼部员外郎硕色、主事董权衡，兵部郎中王济保、喀木图、员外郎四德、王起圣、主事恩格、督捕员外郎朱好义、主事额尔金，刑部郎中孙卓罗、都尔白克、员外郎老关、马哈里、勒德里、吴廷寿、主事布尔哈、那木清阿，工部郎中湍席，员外郎刘什六、吴尔德、主事常路，蒙古都察院监察御史商图，理藩院郎中华色、员外郎蒙卧、司务保定等职名开列折子引见。

上曰："此题参革退官员甚多，伊等皆由部院年久升任，原无罪过。老病者着解任，余皆交与各旗，俟旗下缺出补用。前见年久笔帖式等甚为壅滞，朕总计伊等俸次补用于是。部院衙门官员才力不及者甚多，由此观之，此等从前壅塞者亦所当然。此保举官员朕未尝尽识。郎中博和、诺果系办事精密，为人亦厚重优长，郎中罗察亦属好官，差遣之处明白。朕观郎中鄂奇，其办事非系良才，如何入得此等之内？"尚书马奇奏曰："鄂奇差遣之处犹可。"

上曰："朕于鄂奇差遣回时问之，不谙事情，茫然妄对。此等如何保举？郎中奔席果属好官，品行优长，此人朕亦可保，所学汉文亦优。"尚书图纳奏曰："奔席曾带往右卫审事，长于事情是实。"上曰："郎中绥色甚属好官，哈雅尔图亦属好官，为何不在保举之内？"伊桑阿等奏曰："哈雅尔图职名遗失，不曾开列。"尚书图纳奏曰："哈雅尔图曾在刑部，好官是实。”上曰：“哈雅尔图尔果遗失，着添入保举之内。理藩院官员差遣蒙古地方，奔驰极苦，甚属可悯。今部院事情虽少，须用贤员，甚要，如巡抚沈朝聘、线一信才好。沈朝聘从前曾无一人道其善者，朕知而擢用之，凡事皆能，声名甚佳。如各省皆得此等之人委任，则此省便得安宁。”伊桑阿等奏：“沈朝聘为人甚直，办事亦优。”阿兰泰奏曰：“沈朝聘为人直，止知居官，不知逢迎，上司有谁说好？皇上深知而擢用之，伊好处方能显露。如尽得此等人用之，有何可忧之处？”

上又曰：“郎中皆朕亲用之员，朕皆知之，不必再行保举。员外、主事之中有年少堪差遣者，尔等选择增添保举引见。老少掺杂，用之始善。再行文督抚，将道员以下、知县以上果有操守、清廉爱民、办事优长者，各省督抚保举二三员引见。”

上又曰：“观吏部名声甚劣，衙门事情极其败坏，兵部诸事苟且定议，殊属软弱；刑部办事好，工部亦好。吏部声名不善，尔等亦知之。”伊桑阿奏曰：“圣见极是。”

本日起居注官努赫、王九龄。

十　月

初一日庚申　部院各衙门无奏章。

本日起居注官傅伸、彭宁求。

初二日辛卯　辰时，上御乾清门听政。部院各衙门官员面奏毕，大学士伊桑阿、阿兰泰同各部院堂官将部院保举贤能郎中等官共二十九员、员外等官共五十二员，主事等官共十四员职名开列折子，每十员为一班引见。上曰：“内阁侍读钱齐保，朕熟识之。朕曾有差遣之处，及回时启奏明白。”伊桑阿奏曰：“钱齐保四五年前在户部时，皇上曾经差往湖广等处地方。”上问：“员外郎凯齐礼为人若何？”尚书马齐奏曰：“为人亦可。”上问：“员外郎阿兰泰为人若何？”尚书图纳奏曰：“为人亦可。”上问：“员外郎西平若何？”太仆寺卿杨舒奏曰：“臣太仆寺无甚办事之处，西平于臣衙门司官内尚可。”上问：“参议忒莫特若何？”通政司使胡世塔奏曰：“为人亦可。”上又问众大臣：“有知此人者否？”图纳奏曰：“忒莫特在律例馆，为人亦可。”上问：“谕德杨住中、允托尔惠为人若何？诸臣有知之者否？”图纳奏曰：“臣等不曾同在一处办事，不知其人。”伊桑阿奏曰：“此二人原系中书，为人亦可。”上曰：“理藩院员外郎铁图、色楞俱有志效力之人，为人亦可。”马齐奏曰：“伊等俱系贤能司官。”上问：“尔何以知之？”马齐奏曰：“臣署理理藩院时，知伊等才能。”上问：“员外郎吴禄礼、常寿何如？”图纳奏曰：“俱可。”上曰：“果皆善否？”马齐奏曰：“伊等皆系提督拣选司官。”上问：“主事巴布海、达色何如？”侍郎席尔达奏曰：“巴布海为人亦可。达色前系工部笔帖式，近日补授吏部主事。”上又问工部尚书萨木哈曰：“达色何如？”萨木哈奏曰：“为人亦可。”

上顾伊桑阿等曰：“詹事府、太仆寺、銮仪卫俱系无事衙门，谕德杨住中、允托尔惠、员外郎西平、主事查林布不必开入拣选贤能之内。及理藩院员外郎二郎保，在军务内有罪之人。诺木齐泰有何可用？主事查海，差往达赖喇嘛，回京启奏，带来地图时，妄为指奏，舛错数处。以后奏对，渐至狂诈，在朕前将伊尚书班第几至无礼，甚属浮躁。且系满洲人，满语并不熟练，竟似初学。”伊桑阿等奏曰：“初见查海时，俱以为汉人，果系不熟满语，为人实属浮躁。”

上曰：“侍郎西喇，妄将伊等保举，甚属朦混。将伊等亦不准拣选，余者俱入册内。这次参革郎中员缺，将拣选员外郎等官开列具奏。员外郎员缺，将拣选主事开列具奏，朕选择升补。主事员缺，着部院各衙门拣选笔帖式引见。先年因年久笔帖式迟滞，故论俸升用。今观部院司官内年迈者多，俱无益于办事差遣。将年少者并用于事务，良有禆益。”部院诸臣出。

大学士伊桑阿、阿兰泰、王熙、张玉书，学士韩菼、戴通、顾藻、徐嘉炎、齐穑、张榕端、博济、傅继祖以折本请旨。吏部题督捕侍郎赵山等往视修筑运河堤岸，于并未修筑之处妄称修筑坚固，相应革职，交于刑部。上曰：“此事所议当否？着问九卿具奏。”

本日起居注官三宝、陈元龙。

初三日壬辰 皇太后圣诞。上率诸王、贝勒、贝子、公、内大臣、大学士、都统、尚书、精奇尼哈番、侍卫等行礼毕，回宫。

是日，上诣皇太后宫问安。

本日起居注官常书、张英。

初四日癸巳 辰时，上御乾清门听政。部院各衙门官员面奏时，礼部尚书库勒纳将保举贤能员外郎顾拉哈等十二员拟补郎中员缺引见。上曰："此保举官员计其历俸年久，视出缺之前后升补郎中。"

西安副都统巴麟、广东副都统牛钮赴任请训旨。上曰："以尔等才能堪任，故特简用副都统。职任紧要，尔等宜勤勉供职。"巴麟奏曰："臣本孤孺之人，蒙皇上非常覆育之恩，历升此职，惟有竭力报效。"牛钮奏曰："臣之父子俱属微贱。臣夫胡图，虽蒙皇上优升将军，未得久任效力，以副皇上宠任之意。今皇上又加臣以非分之任，臣惟有到任之日尽力图报而已。"巴麟、牛钮出。

大学士伊桑阿、阿兰泰、王熙、张玉书，学士韩菼、戴通、顾藻、徐嘉炎、齐穑、张榕端、博济、傅继祖以折本请旨。伊桑阿等奏曰："臣等遵旨问九卿，九卿曰：赵山议罪甚当，但裁酌处分，恩自上出。"上曰："赵山若交与刑部，必致拿问。从宽免交刑部，着九卿会同从轻议奏。"

又兵部题右卫将军希福员缺，将镶黄旗副都统马思喀等职名开列。上曰："右卫地方甚属紧要，惟费扬古可任。着费扬古补右卫将军，兼管归化城将军事。俟三年后，再行改补。"

又刑部题陈文灿等以未经报灾田地妄乞蠲免钱粮，任意叩阍。将陈文灿等拟杖。上曰："陈文灿情有可悯，从宽免其处分，并伊钱粮尽与蠲免。"

是日，赐西安副都统巴麟、广东副都统牛钮、江宁副都统硕色鞍马各一匹。

本日起居注官禅拜、顾祖荣。

初五日甲午 早，上御太和门升座，升转文武官员谢恩毕，上回宫。

本日起居注官常书、张英。

初六日乙未 辰时，上御乾清门听政。部院各衙门官员面奏毕，大学士伊桑阿、阿兰泰、王熙、张玉书，学士韩菼、戴通、顾藻、徐嘉炎、齐穑、张榕端、博济、傅继祖以折本请旨。户部题奉天府府尹王国安，将奉天所属开原、广宁等九州县除蠲免过钱粮外，其应征钱粮请今年暂缓征收，令分年带征。上曰："盛京地方今年田谷所收甚少，若将应征钱粮分年带征，有累百姓。着将今年钱粮一概蠲免。"

又两江总督范承勋题，革职徐州知州孔毓珣居官好，勤劳素著，应否留任，伏乞上裁。上曰："观该督将知州孔毓珣题请留任，必深知其善。着将孔毓珣照该督所题留任。"

本日起居注官努赫、宋大业。

初七日丙申　辰时，上御乾清门听政。部院各衙门官员面奏毕，大学士伊桑阿、阿兰泰同各部院大臣进前，将各部院所举贤能笔帖式共一百二十三员职名开写折子，以次引见。

上曰："此中有大臣亲戚否？着各部堂官具奏。"图纳奏曰："镶蓝旗笔帖式拜都系前锋统领硕鼐之胞弟。"上问曰："其人何如？"图纳奏曰："系臣衙门笔帖式，为人尽可。"鸿胪寺卿西哈纳奏曰："主薄绥赫图系内大臣郎坦之胞弟。"上问曰："绥赫图因何降级？"尚书库勒纳奏曰："因翻译考劣等降级。"上曰："绥赫图原在何衙门，其人何如？"太仆寺卿杨舒奏曰："绥赫图曾为臣衙门官，其人亦可。"上顾副都统吴达禅曰："绥赫图系尔同旗，尔必知之？"吴达禅奏曰："绥赫图甚为庸劣，全无好处。"上曰："绥赫图非应保举之人，岂非特因内大臣朗坦之弟徇情面乎？"因顾大学士等曰："郎坦之子喀喇，曾任工部司官，其人不敬不孝，极尽世间丑行，早应参革，而尚徇情留之。顷始犯罪被系。又钦天监衙门本无职事，笔帖式亦少，监正常额保举六人，殊属冒滥。常额不过能依历法推算，以此用之耳。其人甚属不济，无所知识，况伊保举他人，伊身亦非可保举之人。小衙门所保举笔帖式，尔等会同将年浅者裁去，更宜考试之。此保举人等，皆尔等切身干系，不可不详察。或办事虽优而好干预他事招摇者亦有之，后日若有此等人，恐因保举过不行参论。"伊桑阿等奏曰："上谕诚然，或其人始虽善而终不善者有之，或为笔帖式时虽优而居官不济者亦有之。其称职与不称职，但视其人之可否耳，安敢违上谕而徇情面乎？"

本日起居注官三宝、张廷瓒。

初八日丁酉 辰时，上御乾清门听政。部院各衙门官员面奏毕，大学士伊桑阿、阿兰泰、王熙、张玉书，学士韩菼、戴通、顾藻、徐嘉炎、齐穑、张榕端、博济、傅继祖以折本请旨。理藩院题蒙古王等朝贺元旦事。上曰："蒙古地方今岁无收，若来朝贺，人马困苦。这一年朝贺着停止。"

是日，上诣皇太后宫问安。

本日起居注官禅拜、曹鉴伦。

初九日戊戌 辰时，上御乾清门听政。部院各衙门官员面奏毕，安徽巡抚线一信陛辞，恭请训旨。上曰："尔系何族？原居何职？"线一信奏曰："臣父线应藻原系阿思哈尼哈番，臣自荫生补浙江运判知府，后由福建、江西道员历升按察布政，今又蒙皇上洪恩，擢升巡抚要职，虽捐糜顶踵不足以报高厚。"上曰："尔为外官年久，尽谙事情，惟真心效力，不可生事。凡督抚莅任，即题参官员，所参且多。尔到任，务询访的确，方可题参。勿效旧习。"线一信奏曰："臣谨志圣训，以所能尽心效力。"线一信出。

大学士伊桑阿、阿兰泰、王熙、张玉书，学士韩菼、戴通、顾藻、徐嘉炎、齐穑、张榕端、博济、傅继祖以折本请旨。礼部题朝鲜国王李焞本章误用字样，应裁三年赏赐，罚银一万两。"上曰："李焞罚银停赏，俱着宽免。"

本日起居注官傅伸、史夔。

初十日己亥 辰时，上御乾清门，听部院各衙门官员面奏政事。

是日，赐安徽巡抚线一信鞍马一匹。

本日起居注官努赫、王九龄。

十一日庚子 辰时，上御乾清门听政。部院各衙门官员面奏毕，大学士伊桑阿、阿兰泰、王熙、张玉书，学士韩菼、戴通、顾藻、徐嘉炎、齐穑、张榕端、博济、傅继祖以折本请旨。翰林院题日讲官尹泰升任员缺，将侍讲学士希福纳等职名开列。上曰："着问翰林院掌院学士。"

又理藩院题遗失黑龙江将军萨布素奏章之章京阿尔法，应交吏部议处。上曰："凡部院衙门之事，皆限定日期交与科员。稽察事完，即销档册。部院所理之事每月终具奏，此事如何遗失，不行启奏。且在何处遗失，尔等严加查明具奏。”

本日起居注官常书、陈元龙。

十二日辛丑 部院各衙门无奏章。

本日起居注官三宝、彭宁求。

十三日壬寅 部院各衙门无奏章。

是日，上诣皇太后宫问安。

本日起居注官禅拜、徐元正。

十四日癸卯 辰时，上御乾清门听政。部院各衙门官员面奏毕，大学士伊桑阿、阿兰泰、王熙、张玉书，学士韩菼、戴通、顾藻、徐嘉炎、齐穑、张榕端、博济、傅继祖以折本请旨。兵部题浙江温州总兵官蒋懋勋、云南鹤丽总兵官姚仪、古北口总兵官何应元等员缺，将镶黄旗参领管源忠等职名开列。上曰："杨彪为人好，人材亦壮健，着补授温州总兵官。陆进忠为人亦好，人材亦壮健，着补授鹤丽总兵官。其古北口总兵官员缺，着将天津总兵官李士达调补。登州总兵官岳昇龙着调补天津总兵官。"

伊桑阿等奏曰："臣等遵旨，将应充讲官之人问掌翰林院事侍郎常书、尚书张英，据称侍讲学士希福纳、庶子常在、侍读席尔登，为人皆可，特行举出。"上曰："席尔登着以原衔充日讲起居注官。"

伊桑阿又奏曰："臣等遵旨问遗失萨布素奏章者，据户部堂官云：此事先经科抄发到臣部，臣部即移送理藩院。户科将档案销去。"上曰："科员专任稽察，此事户部既移送理藩院，户科即应行文礼科详查，乃竟不行文，以致中间失误稽察。着将户科一并察议具奏。"

是日，赐总漕桑格弓箭、撒袋、蟒袍、披领。

本日起居注官傅伸、宋大业。

十五日甲辰 部院各衙门无奏章。

本日起居注官张英、努赫。

十六日乙巳 辰时，上御乾清门听政。部院各衙门官员面奏毕，大学士伊桑阿、阿兰泰、王熙、张玉书，学士韩菼、戴通、顾藻、徐嘉炎、齐穑、张榕端、博济、傅继祖以折本请旨。兵部题宣化府总兵官许盛将预备火药等项之马匹违例浮用，议照迟误军务例革职并革去军功所得拖沙拉哈番。上曰："许盛曾经效力行间，着从宽免革职。"

本日起居注官三宝、顾祖荣。

十七日丙午 辰时，上御乾清门，听部院各衙门官员面奏政事。

是日，赐江宁将军鄂罗顺弓箭、撒袋、蟒缎、披领。又朝鲜国王李焞谢恩恭进礼物正使全城君李混、副使议政府右参赞李彦纲等照例赐鞍马、绸缎、银两等物。

本日起居注官禅拜、张廷瓒。

十八日丁未 辰时，上御乾清门听政。部院各衙门官员面奏毕，大学士伊桑阿、阿兰泰、王熙、张玉书，学士韩菼、戴通、顾藻、徐嘉炎、齐穑、张榕端、博济、傅继祖以折本请旨。吏部题河东运使许桓龄员缺，将知府赵清祯等职名开列。上曰："此内知府颜光猷从翰林转补，其人尚可？"大学士王熙等奏曰："原任翰林时，为人尽可。历外任居官亦好。"上顾侍值尚书张英问曰："在翰林时为人何如？"张英奏曰："系山东人，为人诚实。"上曰："着将伊居官何如问九卿。"

又吏、户二部题原任湖广巡抚董安国将偏沅荒地定限二年开垦，今求展限，议不准行。上曰："该巡抚既称限内不能开垦，着再展限二年。"

又兵部题黑龙江将军萨布素疏请墨尔根城添设防守御四员，议不准行。又称齐齐哈尔城添设防守御一员，议准行。上曰："将此着照该将军所请添设。"

又浙抚王维珍题参黄岩总兵官赵弘灿擅离汛地，往迎伊父赵良栋。上曰："赵弘灿闻伊父赵良栋病，前往迎视，非无故离汛地者。赵弘灿从宽免察议，准往江南省视伊父。"

本日起居注官常书、张英。

十九日戊申 辰时，上御乾清门听政。部院各衙门官员面奏毕，大学士伊桑阿、阿兰泰、王熙、张玉书，学士韩菼、顾藻、徐嘉炎、齐穑、张榕端、博济、傅继祖以折本请旨。伊桑阿等奏曰："臣等遵旨将知府颜光猷问九卿。九卿云，颜光猷居官好，为人忠厚。"上曰："知府颜光猷着升补河东运使。"

上顾大学士伊桑阿等曰："天津道员缺，甚属紧要。观现任道员朱士杰居官虽无不善，但为人懦弱，不宜此处，着以他处道员补用。平阳府知府王辅，为人堪用，原系拣选，补授此。朱士杰员缺着王辅升补，迅速行文，限文到半月即赴新任。”

上又曰：“霸昌道员缺亦属紧要，旗兵杂处，乘马行走之处甚多，事极繁杂，此缺宜补旗员。此革职金云凤员缺尔等会同选补具奏。”

本日起居注官傅伸、史夔。

二十日己酉　辰时，上御乾清门听政。部院各衙门官员面奏毕，大学士伊桑阿、阿兰泰、王熙、张玉书，学士韩菼、顾藻、徐嘉炎、齐穑、张榕端、博济、傅继祖以折本请旨。户部题甘肃巡抚舒书疏称准行茶马事与定例数目相合，相应销算。上曰：“以茶换马之事如何，尔等问过否？”伊桑阿奏曰：“臣等问过，将茶所换之马，系直隶各省营伍驿递用者，所换原无定数。凡各省需用马匹，照所取数目换给，若预行换来，又无喂养钱粮。”上曰：“尔等将此事从前查至五年具奏。”

上又顾伊桑阿等曰：“今观部院官员笔帖式繁多，现今所办事务较前减省数倍，应将官员笔帖式视事务繁简酌留。且朕内中所用人亦甚减少，官员且留。尔等会同各部院将笔帖式等按事务存留多议裁减具奏。又效力行间，被伤残疾人等，有无钱粮闲居者，若年少能书，应以笔帖式用。尔等查来具奏。”

本日起居注官努赫、王九龄。

二十一日庚戌　辰时，上御乾清门，听部院各衙门官员面奏政事。

是日，上诣皇太后宫问安。

本日起居注官三宝、陈元龙。

二十二日辛亥　辰时，上御乾清门听政。部院各衙门官员面奏毕，大学士伊桑阿、阿兰泰、王熙、张玉书，学士韩菼、顾藻、徐嘉炎、齐穑、张榕端、傅继祖以折本请旨。吏部题内阁学士戴通员缺，以光禄卿莫里溥等职名开列。上顾大学士伊桑阿等问曰：“尔衙门侍读学士内有优长者乎？”伊桑阿等奏曰：“为人皆可。”上曰：“亦有超众优长者乎？”伊桑阿等奏曰：“侍读学士布泰为人颇优，办事好。”上曰：“制造库郎中绥色，人材优长，办事好，着将伊升补学士。观翰林院侍读学士三宝人材优长，但未知其办事耳？”伊桑阿等奏曰：“三宝在宗人府原是才能之员，办事素善。”

本日起居注官禅拜、彭宁求。

二十三日壬子 部院各衙门无奏章。

本日起居注官傅伸、徐元正。

二十四日癸丑 辰时，上御乾清门听政。部院各衙门官员面奏毕，大学士伊桑阿、阿兰泰、王熙、张玉书，学士韩菼、顾藻、徐嘉炎、齐穑、张榕端、博济、傅继祖、绥色以折本请旨。山东登州总兵官岳昇龙题请将宁抚营参将周弘盛补授胶州营副将。上曰：“这参将朕曾召见，为人颇优，原任总督佛伦、提督李林盛俱经保题。此本仍着部议，尔等将周弘盛之名记之，俟该部拟补副将具题之时始行补授。”

本日起居注官傅伸、宋大业。

二十五日甲寅 早，上御太和门升座，升转文武官员谢恩。又朝鲜国恭进礼物正使全城君李混、副使议政府右参赞李彦纲等谢恩毕，上回宫。

本日起居注官张英、努赫。

二十六日乙卯 辰时，上御乾清门，听部院各衙门官员面奏政事。吏部题汉军监察御史高必弘员缺，将郎中牛一象拟正，徐宗周拟陪引见。上问：“伊等皆何如？”尚书库勒纳奏曰：“牛一象为人勤，尚可。徐宗周亦勤。”上曰：“观徐宗周为人甚劣，而又年老，着解任。”

启奏毕，大学士伊桑阿、阿兰泰、王熙、张玉书，学士韩菼、顾藻、徐嘉炎、齐穑、张榕端、傅继祖、绥色以折本请旨毕，上顾大学士等曰：“观部院衙门笔帖式内多有人材优长、出自令族者，将此等再行保举引见。又前所保举内主事甚少，此番保举亦将主事增添。”

本日起居注官三宝、顾祖荣。

二十七日丙辰 辰时，上御乾清门，听部院各衙门官员面奏政事。

本日起居注官禅拜、张廷瓒。

二十八日丁巳 辰时，上御乾清门，听部院各衙门官员面奏政事。

本日起居注官努赫、曹鉴伦。

二十九日戊午 辰时，上御乾清门听政。部院各衙门官员面奏毕，大学士伊桑阿、阿兰泰同部院各衙门满堂官前进，奏裁部院各衙门中书笔帖式多余员数共二百五十九名。上曰："此应裁中书笔帖式等出缺不补，以渐减省。此内有年老才力不及者，竟行革退。"

是日，赐直隶巡抚沈朝聘鞍马一匹。

本日起居注官三宝、史夔。

十一月

初一日己未　辰时，上御乾清门听政。大学士等会同部院各衙门堂官将各衙门所保举才能主事、中书、鸣赞、笔帖式等引见。上曰："此保举内有争讼家产，佐领者查出停其保举。有因公事降调者，仍照常保举。又此内伯叔及同胞兄弟有皆保举者，虽不同衙门，一家之内皆行保举，其谁服之？尔等会同详查，着保举一年长者另行引见。"

是日，上诣皇太后宫问安。

本日起居注官禅拜、王九龄。

初二日庚申　辰时，上御乾清门听政。部院各衙门官员面奏时，大学士伊桑阿等会同各部院大臣前进，将保举才能主事、中书、鸣赞等官及笔帖式等职名开列折子，按衙门引见。上阅主事、笔帖式等名，逐一详问。

上曰："将伊等注册，视缺出开写折子进呈。其年老才力不及官员，朕先因悯恤其年久升用，皆令任职。及用后，其称职与不称职，岂有不自知者乎？今将伊等解任，尚有怅怨之处否？"伊桑阿等奏曰："皇上因伊等年久，恩加升用，其自己才力不及甚明，更何可怅怨之处？自应无怨。"

上又曰："今将各部年老不及者解任，保举者升用，各部官员比从前更觉整顿矣。"伊桑阿等奏曰："比前甚加整顿。"

又掌翰林院事侍郎常书、尚书张英奏曰："翰林起居注官职任关系机要。侍读学士禅拜为人甚属庸愚，实不堪留任。应交该部议处。"上颔之。常书等又奏曰："皇上亲阅大小文臣骑射，专以鼓励武略，真属盛事。先曾将八旗文武官员阅视骑射记档，此次亦请载入史册。"上曰："此偶尔一番骑射，不必记册。"常书又奏曰："古来或一代年久，武备即不修举，虽有师旅骑射，皆致旷废。皇上安不忘危，虽文臣亦精锐能武，此皆圣主英武，为国深虑之大政，关系甚属紧要，臣等愚意欲记之。”上曰：“崇文讲武乃属常事，何庸记载？”

启奏毕，大学士伊桑阿、阿兰泰、王熙、张玉书，学士韩菼、顾藻、徐嘉炎、齐穑、张榕端、傅继祖、绥色以折本请旨。吏部题郎中胡思哈、员外郎萨尔拍等六员皆以年老乞解任，将伊等依照原品休致。上曰：“这乞解任诸人内胡思哈着准解任，此内或尚有一二可留者，尔等传集详视之。可留者仍留任。”

又刑部等衙门题将诬告镶红旗都统公苏努等通同受贿作弊之卫图布议革职，枷号一百日，不准折赎，鞭一百。上曰：“镶红旗副都统尼黑、参领胡什图皆非可用之人，所行亦乖张。参领胡什图乃甚狂悍之人，此事朕疑之。着交与尚书马齐、佛伦、原任总河于成龙会审。”

又直隶巡抚沈朝聘题宣化府所属被灾田地请将三十四年所欠钱粮并三十五年钱粮缓至三十六年、三十七年分年带征。上曰：“宣化府所属地瘠，田禾被灾，今年除已经征收外，未完钱粮皆免征收。其三十五年钱粮亦照顺天等四府之例概行豁免。”

本日起居注官努赫、宋大业。

初三日辛酉　辰时，上御乾清门听政。部院各衙门官员面奏毕，大学士伊桑阿、阿兰泰、王熙、张玉书，学士韩菼、顾藻、徐嘉炎、齐穑、张榕端、傅继祖、绥色以折本请旨。户部题东安、宛平等被灾州县钱粮照定例议蠲免。上曰：“东安、宛平等地方田禾被灾者甚多，今年钱粮除已经征收外，其未征收者通行蠲免。”

又吏部题郎中胡思哈等六员以年老有疾，恳乞解任。上曰：“尔等曾召伊等看过否？”伊桑阿等奏曰：“臣等曾召伊等亲看过，或年六十余，皆已衰老。其未至六十者，皆系残疾。问伊等，皆称实系不能行走，如果能行走，蒙皇上简任，何敢辞禄求罢？”上曰：“伊等堂官云何？”伊桑阿等奏曰：“伊等堂官亦言宜罢。”上曰：“既如此，着依议令解任。”

本日起居注官常书、彭宁求。

初四日壬戌　部院各衙门无奏章。

本日起居注官三宝、徐元正。

初五日癸亥　辰时，上御乾清门听政。部院各衙门官员面奏毕，大学士伊桑阿、阿兰泰、王熙、张玉书，学士韩菼、顾藻、松柱、陶岱、徐嘉炎、齐穑、张榕端、傅继祖、绥色以折本请旨。掌翰林院事侍郎常书、尚书张英题参侍读学士禅拜。上曰："禅拜曾任监察御史，为人甚属平常，洵为不及。"伊桑阿等奏曰："观禅拜人才不及，而且退缩。"上曰："禅拜着以原品随旗行走。"

又詹事府衙门谕德费雅汉等五员以年老不能行走，部议原品休致。上问曰："费雅汉、傅尔哈等尔等皆知之乎，为人何如？"学士傅继祖奏曰："臣曾在翰林院，费雅汉、傅尔哈皆知之，人俱平常。"上曰："此内或有人品优长可惜者否，尔等可分别之。"伊桑阿等奏曰："臣将伊等皆看过，无甚可惜，人材、学问优长者绝少。"上曰："如无可惜之人，着依议。"

上又曰："侍讲学士郝善系图纳哈之兄，人亦平常，宜令解任。尔等知其学问如何？"伊桑阿等奏曰："未闻其有学问。"上曰："可将郝善问伊衙门掌院来奏。"

上又曰："今观部院衙门官员比前整顿较胜，尔等观之何如？"伊桑阿等奏曰："各官较前实胜矣。"

本日起居注官努赫、陈元龙。

初六日甲子　辰时，上御乾清门听政。部院各衙门官员面奏时，吏部题通政使司左参议佛保员缺，将监察御史严大逊拟正，郎中伊施泰拟陪引见。上曰："严大逊系蒙古人，不谙事情，着解御史任，以旗员参领行走。"

启奏毕，大学士伊桑阿、阿兰泰、王熙、张玉书，学士韩菼、顾藻、松柱、陶岱、徐嘉炎、齐穑、张榕端、傅继祖、绥色以折本请旨。吏部题盛京礼部鸣赞张巴员缺，将盛京户部笔帖式七十八拟正，吴达禅拟陪。上曰："七十八依拟用。观吴达禅行走倨傲，动止愚蠢，着解任。"伊桑阿等奏曰："至尊之前无有恐惧之状，举止轻妄，甚属无理不敬，理应解任。"

启奏毕，伊桑阿又奏曰："臣等问掌翰林院事侍郎常书、尚书张英，据称郝善人甚不及，皇上所见极是。"上曰："郝善着革职。"

本日起居注官三宝、顾祖荣。

初七日乙丑　辰时，上御乾清门听政。部院各衙门官员面奏毕，大学士伊桑阿、阿兰泰、王熙、张玉书，学士韩菼、顾藻、松柱、陶岱、徐嘉炎、齐穑、张榕端、傅继祖、绥色以折本请旨。原任总河于成龙条奏河工事宜。上曰："朕于河务留心日久，曾屡经阅视河道，并详察河图。今观于成龙疏内如言龙汪闸闸底渐虚，应另建五空桥等处闸座。又高家堰运料甚难，应开坝行运。所言皆当，俱属可行。先年靳辅亦曾请浚小河运料，此处仍依靳辅所奏行方善。这本内事情着批发现任总河，如于运道民生实有裨益，则一面估计兴工，一面具题。倘有不可行之处，亦着逐一确议具奏。"

上又曰："朕顷将河务向于成龙面加诘问，于成龙奏云：'臣身任河工，数年以来，始知曩所见者皆属错误，事事不出皇上睿鉴。此皆臣向时愚昧，不谙事情之故，自行认过。'大约清水势盛，足以荡刷黄河积沙，方始通流，不致壅遏。若滩弱黄强，黄水倒灌，则湖口往往淤滞。先年朕阅河时，亲至高家堰遍察情形，故悉其要领。若未经谙练河务，治河之事实难言也。"伊桑阿等奏曰："皇上念切河工，讲求极其精密，数千里河道形势，皆了若指掌，不止臣等愚昧不能及，即身在河干诸臣，皆迥不能及也。"

是日，赐西安副都统费扬古鞍马一匹。

本日起居注官常书、张廷瓒。

初八日丙寅　辰时，上御乾清门，听部院各衙门官员面奏政事。

本日起居注官张英、席尔登。

初九日丁卯　部院各衙门无奏章。未时，上御景山前殿。赐请安进贡扎鲁特部落多罗达尔汉贝勒毕立克图、四品台吉厄尔得尼等，敖汉部落和硕额驸齐伦巴图鲁、一品台吉吴巴西、四品台吉毕立滚等、未得品级台吉毕图里牙等，科尔沁国一品台吉班第等、四品台吉库楚图，阿禄科尔沁部落三品台吉索特等、四品台吉巴泰等，乌珠穆秦部落四品台吉巴达拉齐，土默特部落四品台吉阿壁达等，翁牛特部落四品台吉托克托虎，毛明安部落四品台吉毕齐海，喀喇沁部落四品塔布囊都拉尔等，及喀尔喀二品台吉岳苏图阿海、四品台吉盆楚克、扎萨克二品台吉戴青那穆齐等、四品台吉滚桑等、未得品级台吉班第达等，喇嘛甘单格楞等食。

是日，上诣皇太后宫问安。

本日起居注官常书、曹鉴伦。

初十日戊辰　辰时，上御乾清门听政。部院各衙门官员面奏毕，大学士伊桑阿、阿兰泰、王熙、张玉书，学士韩菼、顾藻、松柱、陶岱、徐嘉炎、齐穑、张榕端、傅继祖、绥色以折本请旨。川陕总督吴赫因捐纳银两越限，不能完结，将迟延长安县知县谢嵩龄、华阴县知县董盛祚题参。上曰："此捐纳所欠银两，先经屡次展限完结者，特因彼时地方各项钱粮通行蠲免，地方官员虽欲将此拖欠钱粮科派完结，无由向百姓需索。彼时官员不敢病民科派，今地方照常完纳钱粮，若又欲展限，则地方官员将抵补完结。此项拖欠钱粮至于病民科派，亦未可定。此处着问九卿及尚书佛伦。"

是日，上诣皇太后宫问安二次。

本日起居注官努赫、史夔。

十一日己巳　辰时，上御乾清门听政。部院各衙门官员面奏毕，大学士伊桑阿、阿兰泰、王熙、张玉书，学士韩菼、顾藻、松柱、陶岱、徐嘉炎、齐穑、张榕端、傅继祖、绥色以折本请旨。吏部题山东粮道刘安国员缺，以原任天津道朱士杰拟补。上曰："山东粮道关系紧要，朱士杰为人庸常，此员缺应选择补用。平阳府知府职任紧要，非得能员不可，通州知州王光谟，有效力处，为人亦优，着王光谟升授平阳府知府。"

又直隶巡抚沈朝聘请将各项钱粮一面动用，一面报部，俱入年终奏销册内查勘。户部议覆，若照该府所题，各项动用钱粮年终方入册报部销算，则部中发给钱粮时不知该抚所用何项，必至重复拨给。此后系现用钱粮则该抚一面动用，一面报部，若非系即用钱粮尚可，稍需时日者仍咨部，俟拨给动用。上曰："此本非因有故而折令其请旨者，以此事部议甚善，朕详阅全无间隙，凡事皆如此议，何事不结？将此传谕该部。"

伊桑阿等又奏曰："臣等遵旨，将逾限未完捐纳银两问九卿及尚书佛伦，佛伦云，若因正项应征钱粮地方官额外加派补入捐纳钱粮数内，不特百姓不从其加派，自督抚以下官员亦不敢肆意妄行此事。地方官员不至累民。九卿所言亦与佛伦相同。"上曰："若不至累民，再展限六个月完结。"

是日，上诣皇太后宫问安二次。

本日起居注官席尔登、曹鉴伦。

十二日庚午 辰时，上御乾清门，听部院各衙门官员面奏政事。

是日，上诣皇太后宫问安。

本日起居注官三宝、陈元龙。

十三日辛未 上以冬至有事于圜丘，斋戒三日，不理事。

是日，上诣皇太后宫问安。

本日起居注官努赫、彭宁求。

十四日壬申 是日，上诣皇太后宫问安。

本日起居注官席尔登、徐元正。

十五日癸酉 早，上御太和门视祭圜丘坛祝版毕，回宫。

本日起居注官常书、宋大业。

十六日甲戌 本日起居注官张英、三宝。

十七日乙亥 辰时，上御乾清门听政。部院各衙门官员面奏时，吏部题大理寺卿庸爱员缺，将光禄寺卿辛保等职名开列。上曰："辛保顷优升光禄卿，且令在伊衙门效力，嗣后凡有应升之缺，暂停开列。"

本日起居注官努赫、顾祖荣。

十八日丙子 辰时，上御乾清门听政。部院各衙门官员面奏毕，大学士伊桑阿、阿兰泰、王熙、张玉书，学士韩菼、顾藻、松柱、陶岱、徐嘉炎、齐穑、张榕端、傅继祖、绥色以折本请旨。吏部题刑科给事中刘荫枢，将浙江布政使蒋毓英等并未指明实证，但据风闻参奏，因此议罪。上曰："言官专为言事而设，若论事稍有过，差即行议罪，又谁肯言？刘荫枢着从宽免议。"

又题浙闽总督郭世隆疏，参浙江布政使蒋毓英等将伊所属贪劣官员不行据实揭报，议降三级准抵销。上曰："刘荫枢虽未列款题参，蒋毓英居官实属不善，且原任浙江巡抚张鹏翮居官甚清，但不谙诸事，唯布政使蒋毓英、知府李铎用事，任意而行，故张鹏翮之名声亦坏，虽清何益？蒋毓英、李铎着降三级调用，不准抵销。"

又总兵官毛来凤因平阳府知府王辅百姓恳乞留任，代为题请。上曰：

“原因王辅居官好，故升天津副使道。地方官升任而去，百姓未有如此哀恳乞留者，平阳府地震民困，王辅着以副使道衔仍管平阳府知府事。天津地方甚属紧要，同知赵弘燮居官好，伊父赵良栋行间效力甚多，着将赵弘燮升补天津道。”

是日，上诣皇太后宫问安。

本日起居注官张英、华显。

十九日丁丑　是日，上诣皇太后宫问安。

辰时，上由午门出正阳门，驻跸南苑。

本日起居注官席尔登、张廷瓒。

二十日戊寅

二十一日己卯

二十二日庚辰　上御南苑阅武。是日，于南苑西红门平旷之地，将八旗官兵、火炮、鸟枪，按旗分三层排列。前队列火器营步兵，鸟枪手居中，将炮序列于鸟枪两旁，将火器、骑兵、鸟枪手又序列于炮之两旁，中队前锋官兵居中，八旗护军序列于两旁；三队俱列八旗护军，两翼分列奇兵。兵马甚多，不见边际，器仗鲜明，旌旗蔽天，日色晃耀，威势莫当。

辰时，上率同皇太子暨诸皇子，皆擐甲胄，前建黄盖。内大臣、御前侍卫、大学士等及兵部堂官皆擐甲胄扈从，次执豹尾枪侍卫扈从，后拥两大纛，上三旗护卫皆擐甲齐拥。上遍观八旗官兵及火器营军容毕，驻跸于头队骑兵之前，令吹海螺三，次遂鸣鼓。步兵将鹿角火炮抬起，众兵齐进。俟鸣金齐止，发炮、鸟枪一次，如是者九次。至第十次连发炮，火器营、马步兵以次放连环鸟枪，绝无间断，其声震地。放毕，将鹿角分开门路，后两队骑兵整队而出，俄顷之间尽皆齐列。俟吹海螺，发喊齐进，再吹海螺，收兵而退，排于旧列。纡徐结队，步伍暇整，其殿后兵，仍从后驻立。自噶尔丹来降阿木呼、朗寺数人窥见之，惊惧战栗而言曰：“天朝大兵可畏如此，噶尔丹旋即剿灭。我等先来归顺，何其幸也！”是次，上皆亲加指示，驻军进退回环，皆听金鼓之节，肃然无哗，变化万端，无毫发违误，诚为熟练之至。上顾问曾领兵诸大臣曰：“尔等临阵行阵之法，亦如是乎？”诸大臣奏曰：“虽大略相近，未能如此整肃。火器营规制不特视绿旗兵悬绝，乃从古莫及。以此御敌，何敌不摧也！”阅武毕，上回至行宫前，复率同皇太子暨诸皇子擐甲骑射。上两次骑射皆中，毡球跃起。两次步射无不贯的。旁列诸大臣扈从官等，皆额手称赞皇上英武卓越、天纵神奇云。

申时，上回行宫。

先是，黎明时，召领侍卫内大臣国舅佟国维、苏尔达，公福善、马思哈，大学士伊桑阿、阿兰泰至行宫门，奏事敦住传谕曰：“用兵之道，赏罚最要。今日阅武，朕与诸军明示劝惩。特宣此旨。尔等其观之。”上谕：“我国家用兵以来，所向无敌，野战则尽行剿杀，攻城则即能拔取，惟用弓矢刀枪以制胜。后三逆反叛，南方稻田之地，贼虽用火器拒敌，所遇亦无不克者。朕因是深知，特设火器，遍给八旗大炮、鸟枪。于是我国家声灵益覃，敷于海内矣。顷噶尔丹潜行侵盗喀尔喀之界，今将欲一举殄灭之。调集各路兵粮器械，熟计而动。这次出兵，不比他次。尔等自将领以下、厮役以上，务须各加奋勉，不遇贼则已，若遇贼成功而回，必重加恩赉。其有没于行阵者，除照常给身价外，若系护军，给伊一子七品官职；若系马兵，给伊一子八品官职，令食其禄；或无子嗣，即将伊原粮养赡其妻终身。所借公库银两，自有体恤之处。如违军法，勿思如从前之宽贷，必依太祖、太宗、世祖皇帝时例治罪。”诸大臣观毕奏曰：“军士行间效力，原有一定赏格。皇上越格将护军、骁骑皆许授官，泽及妻子，洵自古未有之鸿恩也。众官兵感激发奋，勇气自增百倍，若遇噶尔丹，定生擒之。圣谕可谓至矣。”

奏事敦住回奏出，传谕曰：“今日阅武事毕时，可传集众官兵宣谕此旨。”领侍卫内大臣国舅佟国维等、大学士伊桑阿等宣读上谕毕，至行宫门外，向奏事敦住转奏曰：“臣等至阅武处，将上谕宣示众官兵，皆踊跃欢欣，齐声奏曰：‘我等微贱士卒，蒙圣主恩眷已极，今又特宣温谕，鸿恩及于妻子，我等不胜感戴。幸遇噶尔丹，各各致死效力，必将噶尔丹糜烂以图报效上恩。’”奏事敦住回奏，出传谕曰：“用兵之事，以得人心为最要。众心奋悦，实为大庆。”

是日，上加惠众官兵，于未阅武时赐食，于既阅武后赐酒。

臣等伏惟皇上天锡勇智，庆越前古帝王。往者三逆反叛，察哈尔趁机蠢动，皇上特发神谋妙算，凡各路官兵攻讨进取，皆由宸衷指授方略，数年间次第削平。外及海岛，年久逋寇，亦皆独运庙谟，刻期扫荡，输诚纳土。若俄罗斯素习暴悍，不服声教，窃据绝域，皇上以密计授大臣往讨，恩威并济，俄罗斯遂穷蹙归命，奉贡来朝。幅员之广，诚开辟以来所未有也。噶尔丹小丑，稽诛远伏口外，往岁侵扰蒙古边塞，皇上命将出师，凡行军驻扎及进取、行阵之宜，皆由皇上亲行指示。噶尔丹大败，丧胆抱头鼠窜，连夜奔逃。今犹不悛，复潜侵外藩喀尔喀之界，不过自求速毙而已。兹者驻跸南苑，大阅六师，躬擐甲胄，丕扬神武。是日天气晴和，铠仗鲜丽，创立火器，制造精奇。兼之部伍整肃，纪律严明，又特颁上谕明示赏罚，以励人心，将士无不踊跃感奋，一可当百。皇上节制之锐师，实为天下无敌。区区噶尔丹小丑，其成擒可屈指而待。国家万年太平之福，于是可卜。臣等不胜庆幸。

扈从起居注官常书、三宝、华显。

二十三日辛巳

二十四日壬午

二十五日癸未

二十六日甲申

二十七日乙酉

二十八日丙戌　是日，上移驻畅春园。

二十九日丁亥

三十日戊子　辰时，上御畅春园内澹宁居听政。部院各衙门官员面奏时，吏部尚书库勒纳、侍郎常书等以山西、河南二省保举知州谢廷机、知县周贞等五人引见。上逐一问库勒纳曰："周贞在任曾有几年？"库勒纳奏曰："周贞在任二年。"上顾常书问曰："将俸浅官员保举贤能，可乎？历年未久，何从灼知其善？"常书奏曰："俸浅官员未真知其善，不宜保举。上谕极是。"上曰："未满三年官员，不符保举之例，着将周贞不准保举。"

启奏毕，大学士伊桑阿、阿兰泰、王熙、张玉书、李天馥，学士韩菼、顾藻、松柱、徐嘉炎、齐穑、张榕端、傅继祖、绥色以折本请旨。陕西管理茶马内务府郎中李学生疏，参江南苏松总兵官梁鼐差伊家人杨大名等私买马四十八匹。上曰："武职官员购买营马驿马，较票上数目多买一二，亦属常事。将此等皆行议罪，有妨军务。梁鼐家人杨大名等多买马匹，着从宽免治罪。"

本日起居注官三宝、席尔登。

十二月

初一日己丑

初二日庚寅

初三日辛卯　午时，上由西直门进神武门，回宫。

是日，上诣皇太后宫问安。

本日起居注官常书、史夔。

初四日壬辰　辰时，上御乾清门听政。部院各衙门官员面奏毕，大学士伊桑阿、阿兰泰、王熙、张玉书、李天馥，学士韩菼、顾藻、松柱、陶岱、徐嘉炎、齐穑、张榕端、傅继祖、绥色以折本请旨。吏部题郎中雅胡达、对兰，皆因老病以原品休致。上曰："对兰原系刑部司官，犹可行走。尔等唤来验视具奏。"

又盛京户部侍郎帕海题，自天津转运盛京米八万石，于盖州辽阳仓内视所容收贮，其余米石运至盛京。上曰："帕海所议此事甚是，再将此米运至凤凰城存贮更好。自辽阳或有通凤凰城水路否？"因问学士松柱。松柱奏曰："自辽阳无有通凤凰城水路，自牛庄由海可行，周回环绕，路程甚远。自山东由海运至凤凰城，近而可行。"上曰："自山东转运，朕已知之其可，运至凤凰城之处，尔何以知之？"松柱奏曰："有凤凰城防守御霍代，借商人银二千两，差人往山东籴米，自海运至凤凰城给与兵丁。"上问曰："霍代原属何职？"松柱奏曰："霍代原属随旗行走阿达哈哈番，升为凤凰城防守御。"上颔之。

又兵部题大同总兵官康调元疏，称运送炮火药等项，若用牛车，一日止行四五十里。山西现有捐助骡马，请给一二百匹，轮流驾车等语。议得山西捐助骡马不可拨给，应照宣化府例特备马匹。若不足，于山西城守各营与驿站马匹内，照数拨给预备。上曰：“今正有事之时，各营马匹不可拨给山西。现有捐助骡马，着移文该抚，照康调元所需之数拨给应用。其余剩者着喂肥，以备大兵之需。此事尔学士等以为何如？”学士松柱等奏曰：“皇上如此料理甚是，庶与兵丁、公事，皆有裨益。”

又题陕西凉州等处副将员缺，将参将杨雄等补授。上曰：“陕西永昌营副将员缺甚属紧要，此处得一人材壮健者补授方善。着移文该督吴赫、提督孙思克，会同拣选具奏。余依议补用。”

又题陕西、固原等处参将员缺，将游击池朋进等补授。上曰：“拱极城游击刘虎，人材甚属壮健，俟直隶要地补用，曾经记档。此缺内有直隶员缺，着将伊补授。”

本日起居注官努赫、王九龄。

初五日癸巳　部院各衙门奏章交送内阁。

是日，上诣皇太后宫问安。

本日起居注官华显、陈元龙。

初六日甲午　早，大学士伊桑阿、阿兰泰等及部院诸大臣齐集，向仪度额真翁鄂礼转奏曰：“圣躬灼艾未愈，今正大风，时际严寒，伏乞暂停乾清门临御。部院各衙门所奏平常事，令其交送内阁，内阁转奏听理。其应引见者，俱进乾清宫引见。”奏事敦住传旨曰：“尔诸大臣为朕奏请，知道了。但朕每日听政，从无间断。闲坐宫中无事，反觉怀闷不适。尔诸大臣面奏政事，朕意甚快，体中亦佳。今灼艾视前已愈，国政紧要，朕仍照常御乾清门听理。或遇大风甚寒之日，自另有旨。”

辰时，上御乾清门听政。部院各衙门官员面奏毕，大学士伊桑阿、阿兰泰、王熙、张玉书、李天馥，学士韩菼、顾藻、松柱、陶岱、徐嘉炎、齐穑、张榕端、傅继祖、绥色以折本请旨。伊桑阿等奏曰：“臣等遵旨传郎中雅胡达、对兰阅看，雅胡达年貌已衰，不能行走是实。观对兰，虽较前稍弱，尚可行走。”上曰：“雅胡达着解任，对兰留任。”

又兵部衙门题盛京将军公绰克托，副将都统穆泰、薄鼎，户部侍郎帕海因散给盛京兵丁粮米不计人口，苟且浮算，具题议将绰克托解任，穆泰、薄鼎、帕海等革职。上曰："绰克托、帕海等俱粗率之人，此等事非伊所能详酌。绰克托、穆泰、薄鼎、帕海从宽免解任革职，着各罚俸一年。"

本日起居注官华显、彭宁求。

初七日乙未 辰时，上御乾清门，听部院各衙门官员面奏政事。

本日起居注官席尔登、徐元正。

初八日丙申 辰时，上御乾清门听政。部院各衙门官员面奏时，兵部将太原总兵官周复兴保举参将王永昌、守备赵君武引见。上曰："王永昌当山西平阳府地震时，甚为效力，人材亦壮健，着授为副将，令其运米效力。俟回时以副将员缺升补。"

启奏毕，大学士伊桑阿、阿兰泰、王熙、张玉书、李天馥，学士韩菼、顾藻、松柱、徐嘉炎、齐穑、张榕端、傅继祖、绥色以折本请旨。伊桑阿等奏曰："臣等遵旨问盗犯护军伯什里，据称伯什里之父色楞，曾披甲出兵阵亡。"上曰："伯什里之父色楞阵亡，殊为可悯。着将伯什里免死，枷责发往黑龙江。"

又兵部题镶红旗佐领萨齐库借马于伊家披甲之人，冲为官马，谎领喂养钱粮，议革职交送刑部。上曰："喂马事关紧要，此等不可不加惩治。兵部所议尚轻，将本发回，着会同刑部议奏。"

本日起居注官常书、顾祖荣。

初九日丁酉 辰时，上御乾清门，听部院各衙门官员面奏政事。

本日起居注官张英、三宝。

初十日戊戌 辰时，上御乾清门，听部院各衙门官员面奏政事。

是日，上诣皇太后宫问安。

本日起居注官努赫、王九龄。

十一日己亥 辰时，上御乾清门，听部院各衙门官员面奏政事。

是日未时，上御景山，赐请安进贡阿霸垓部落多罗卓礼克图郡王达嘛林扎布，巴林部落和硕额驸吴尔滚，乌朱穆秦部落和硕车臣亲王色登敦多卜旗分辅国公滚布扎布，敖汉部落多罗郡王扎木素旗分协理旗分事务一品台吉安达阿玉西，科尔沁国和硕达尔汉亲王额驸班第旗分原任台吉巴忒马西之弟二品台吉吴尔图那苏图，阿霸垓部落卓礼克图郡王达嘛林扎布旗分二品台吉宾那木扎尔，科尔沁国多罗郡王戴布旗分三品台吉额林臣，郭尔罗斯部落扎萨克护国公安达西里旗分三品台吉苏诸克图，敖汉部落一品台吉安达阿玉西之子四品台吉毕力滚达赖，科尔沁国和硕达尔汉亲王额驸班第旗分二品台吉吴尔图那苏图之子四品台吉毕禄扎那阿克苏笔、未得品级台吉阿尔他桑，敖汉部落一品台吉安达阿玉西之孙未得品级台吉丹巴，科尔沁国多罗郡王戴布旗分四品台吉爱必达、蟒萨、硕木敦努尔布、班第、阿木胡郎，阿霸垓部落多罗卓礼克图郡王达嘛林扎布旗分四品台吉西拉尔代等宴。

本日起居注官华显、宋大业。

十二日庚子　辰时，上御乾清门，听部院各衙门官员面奏政事。吏部尚书库勒纳等题覆两江总督范承勋，以凤阳府知府沈进、临淮县知县赵士骥、宁国县知县今丁忧回旗，李锦保举开写折子。此内凤阳府知府沈进曾因失察逃人，应降二级调用，奉旨留任。沈进系降级留任之官，议将伊不准保举。上曰："沈进照该督所题准其保举。此人朕识之，似曾在兵部。"库勒纳奏曰："沈进曾任兵部郎中，康熙三十年补凤阳知府，皇上犹识沈进，真圣明也。"

本日起居注官席尔登、张廷瓒。

十三日辛丑　辰时，上御乾清门听政。部院各衙门官员面奏毕，大学士伊桑阿、阿兰泰、王熙、张玉书、李天馥，学士韩菼、顾藻、松柱、陶岱、徐嘉炎、齐穑、张榕端、傅继祖、绥色以折本请旨毕，召大学士、九卿、詹事、掌印不掌印科、道齐集，上曰："朕抚御宇内，无日不念切国计民生。比年各直省时遇旱潦，又平阳府有地震之灾，朕屡发帑金仓粟赈济，蠲免钱粮，百姓虽未至于流离，恐未尽安生业。各省绿旗官兵防御劳苦，深宜体恤，至奏谳罪人虽罹法网，亦可悯恻。朕夙夜孜孜，轸念于中者久矣，今欲特颁诏旨，广沛恩施。思岳渎诸神，皆所以福佑斯民，宜遣官虔行致祭。严饬地方大小官吏，务期洁己奉公，抚绥百姓。绿营官兵粮饷多有虚冒、扣克，应行稽核。各省积年逋欠及带征钱粮，概与豁除。其一切罪犯，除贪官污吏、行间犯罪与十恶等死罪外，咸加赦宥，令其自新。

应否可行，尔等会议具奏。”

大学士等出与九卿会议毕，九卿等随与大学士同进至乾清门，伊桑阿等向奏事敦住转奏曰：“臣等公同会议，仰惟皇上至仁如天，爱民如子，近年以来蠲免各处钱粮及发帑赈济，动以数百万计。转输平粜，事事皆出睿裁，于民生大有裨益。至于刑罚减省详甚，钦恤各省重罪人犯，每岁奉旨免死减等者甚多，远迩百姓仰戴。尧天舜日，为从古所未有。今又特沛德音，湛恩汪涉，不特臣等在廷，欢声雷动，薄海闻知，感颂圣泽，俱无不踊跃欢忭。”敦住入奏。出，传谕：“应行事宜，着各衙门详查开列，明晨具奏。”

本日起居注官常书、张英。

十四日壬寅 辰时，上御乾清门听政。部院各衙门官员面奏毕，大学士伊桑阿、阿兰泰、王熙、张玉书、李天馥，学士韩菼、顾藻、松柱、陶岱、徐嘉炎、齐穑、张榕端、傅继祖、绥色以折本请旨。兵部刑部题镶红旗佐领萨齐库将马谎雇充数，领喂马钱粮入己，拟立斩。上曰：“人命关系甚重，萨齐库入己之钱粮无几，从宽免死，枷号三个月，鞭一百，发黑龙江当差。”

本日起居注官三宝、史夔。

十五日癸卯 早，上御太和门升座，升转文武官员谢恩毕，上回宫。

本日起居注官张英、努赫。

十六日甲辰 辰时，上御乾清门听政。部院各衙门官员面奏毕，大学士伊桑阿、阿兰泰、王熙、张玉书、李天馥，学士韩菼、顾藻、松柱、陶岱、徐嘉炎、齐穑、张榕端、傅继祖、绥色以折本请旨。礼部题庆贺元旦筵宴行礼。上曰：“祭堂子及庆贺皇太后，朕照常行礼。今年雨水太多，地方间又不登者，在外蒙古亦甚艰难，庆贺筵宴俱行停止。”伊桑阿等奏曰：“筵宴停止甚是。元旦庆贺大典所关似宜举行。”上曰：“尔等会议具奏。”

本日起居注官华显、徐元正。

十七日乙巳 部院各衙门奏章交送内阁。是日，颁诏。

本日起居注官努赫、彭宁求。

十八日丙午 部院各衙门奏章交送内阁。

本日起居注官席尔登、宋大业。

十九日丁未　辰时，上御乾清门听政。部院各衙门官员面奏毕，盛京礼部侍郎庸爱陛辞，请训旨。上曰："尔在户部效力年久，历升侍郎，数年来盛京旱潦，田禾歉收，兵民困苦。尔前往加意勤勉。"庸爱奏曰："臣原在内票签，上蒙皇上俯恤，从内阁历荷擢用，升授今职。此皆圣主深恩，臣何能报答，抵任惟有竭力图报。臣原先时常瞻仰天颜，乞于封印无事时每年来请圣安。臣母八十余岁，常抱病，乘便亦可省视。"上曰："每年封印可题请来京。"庸爱下阶后，上命内侍卫马武传谕曰："朕不知尔有母，尔去后，尔母若病笃，家人报知，尔即来京。"庸爱出。

大学士伊桑阿、阿兰泰、王熙、张玉书、李天馥，学士韩菼、顾藻、松柱、陶岱、徐嘉炎、齐穑、张榕端、傅继祖、绥色以折本请旨。户部题打貂鼠章京因貂皮不足等第额数，交与该部议罪。上曰："向年雅克萨等地方貂鼠甚多，故得佳者。此数年来因常捕，故貂少，但得如数而已。以此议处，是无辜获罪。若不得佳者，朕但少御一裘，何关紧要？且貂价甚贵，而又非必用之物，朕亦不甚需之。"伊桑阿等奏曰："上谕诚然。臣等每日启奏，从未见皇上御貂。"上曰："此事交与该部行文乌喇将军议定，来时再行定夺。"

又刑部题盗马贼诺尔布因盗大兵之马，议立决。上曰："若盗行兵之马，即应处决。今兵尚未出，诺尔布从宽免死，着鞭一百，入官。"

本日起居注官华显、曹鉴伦。

二十日戊申　辰时，上御乾清门听政。部院各衙门官员面奏毕，大学士伊桑阿、阿兰泰、王熙、张玉书、李天馥，学士韩菼、顾藻、松柱、陶岱、徐嘉炎、齐穑、张榕端、绥色以折本请旨。户部题先称阵亡给与身价致祭银两，后地方恢复乃出来者，其所给银两行文该旗速追交部。上曰："此等人老者已老，死者已死，银两着免其追征。"

本日起居注官努赫、顾祖荣。

二十一日己酉　辰时，上御乾清门听政。部院各衙门官员面奏毕，大学士伊桑阿、阿兰泰、王熙、张玉书、李天馥，学士韩菼、顾藻、松柱、陶岱、徐嘉炎、齐穑、张榕端、绥色以折本请旨。吏部题奉天府府尹王国安丁忧员缺，将光禄寺卿李锦、太仆寺卿杨尔洲等职名开列。上曰："此数年来盛京一带米谷不登，民生甚困，奉天府府尹员缺甚属紧要，宜选补善者。”上又顾松柱问曰：“王安国为人何如？”松柱奏曰：“王安国为人好，百姓亦称其善。”上曰：“王安国之善，朕亦知之。府丞徐廷玺其人何如？”松柱奏曰：“臣往盛京，徐廷玺但曾一面，不知其人何如。”上曰：“徐廷玺朕知之，其人好。虽如此，这员缺尔等仍会同吏部，将汉军官员内无论品级相当与不相当，视人材好、能胜任者选补。”

是日申时，上御乾清宫，大学士伊桑阿、阿兰泰同吏部侍郎常书，为奉天府府尹王安国员缺选择，得奉天府府丞徐廷玺、顺天府府丞甘国枢、内阁侍读学士刘光美、通政使司右通政金玺、给事中卞三畏、监察御史鲍复盛等，将伊等职名写绿头牌呈览。上曰：“徐廷玺其人尽可，着升补府尹。”

是日，上诣皇太后宫问安。

本日起居注官席尔登、张廷瓒。

二十二日庚戌　辰时，封印。

本日起居注官华显、曹鉴伦。

二十三日辛亥　本日起居注官努赫、史夔。

二十四日壬子　本日起居注官席尔登、彭宁求。

二十五日癸丑　本日起居注官常书、徐元正。

二十六日甲寅　本日起居注官华显、王九龄。

二十七日乙卯　本日起居注官华显、徐元龙。

二十八日丙辰　上诣皇太后宫问安。

本日起居注官努赫、宋大业。

二十九日丁巳　午时，因岁暮，上御保和殿，召元旦朝觐外藩蒙古，左翼科尔沁国多罗贝勒巴克什固尔，土默特部落多罗达尔汉贝勒厄尔德木图旗分所属喀尔喀多罗贝勒老卜臧，科尔沁国和硕达尔汉亲王额驸班第旗分一品台吉吴尔图那苏图、二品台吉毕力克图等、四品台吉噶第沙；右翼阿禄科尔沁部落多罗郡王垂，喀尔喀部落多罗郡王色楞阿海，喀尔喀部落多罗郡王敦多布多尔济，巴林部落和硕额驸吴尔滚，喀喇沁部落和硕额驸噶尔臧，喀喇沁部落护国公三巴喇西，喀尔喀部落辅国公赛荫老卜臧、一品台吉布达、四品台吉特孤斯楚克图等，阿霸垓部落多罗郡王吴尔站噶喇布旗分戈戚喀二品台吉德木楚克及内大臣、侍卫、大学士、上三旗都统、副都统等赐宴。上进酒毕，奏乐，左右两翼王以下、坐于公次台吉以上俱上亲赐酒。其余台吉等俱令内大臣看饮，内大臣、大学士、都统、副都统令侍卫传饮。宴毕，众谢恩。上回宫。

本日起居注官常书、张英。

钦惟皇上御极三十余年，深仁厚泽，涵濡薄海内外；群生在宥，罔不歌功颂德，共享乐利于太平之世。我皇上体天行健，自强不息，每日御门听政，寒暑无间。登进大小臣工，畴咨庶务，立纲陈纪，事事可为万世法程，于民生休戚，尤深致意焉。兹一岁中大端，可得而概陈也。比岁畿辅诸郡间被水潦，皇上屡次发仓赈济，又将各州县所存贮米谷，及截留漕粮，减价平粜，固已虑无不至，犹恐民未乐业，传谕将顺、永、保、河四府来岁额赋尽行蠲贷，并蠲香河等四县今岁未完钱粮。复谕将通仓米移贮密云、顺义各万石，预先储蓄。于蓟州等处通水路者，亦各发万石收贮，令减价发粜。念畿南水利关系重大，于所筑运河决口堤岸，命地方官增卑培薄，务令完固。复令抚臣相视下流地形，疏导堰塞，宣泄积潦，于天津海口，挑浚新河，以通蓟州水路，俾挽输便利。工竣，车驾临阅，百姓欢呼载道。又悯宣化府边地硗瘠，田谷歉收，将兹岁未完及来岁应征钱粮，悉与豁免。畿辅烝黎，无一不咸庆更生矣。以盛京兵民众多，屡困艰食，往岁从天津海口转运，今岁遣大臣前往按口散给。至秋，复传谕该将军等酌意恩恤，令其足支。来岁再遣大臣往赈，仍蠲免现年钱粮。且多方筹度，务广积贮，以预为将来之谋。皇上之加意根本重地者如此。山西平阳地震，皇上甫闻，即遣部员星驰察勘，令本籍官员各归省视，旋命大臣前往经理赈济，兼发帑金，修筑城垣、仓库。夫天灾流行，自古时有，从未有如我皇上之勤恤焦劳、至诚悯恻者也。平日留心民隐，周知穑事。去岁令直省捕蝗，今年春复传谕先期捕灭，俾无遗种。故山东、河南诸省，咸获丰稔。其余江浙闽广，亦皆有秋。间有州县被灾，勘实奏闻，德音随布。若湖南之丈量，则虑其扰民；江右之脚价，则准其开豁；滇省之屯粮，则允其轻减；粤西之象只，则停其查解。以至蒙古巴林、翁牛特部落，亦皆遣官往勘，计口赈给。仁恩丕冒，可谓无远不届。我皇上视民如伤之至意，犹欿然若不自足。当盛夏时，京师雨水偶多，圣心即惄然殷忧，恐政治或有缺遗，孜孜延访。岁终特沛恩纶，专官秩祀岳渎神祇及古帝王圣贤陵寝，以为民祈福。严饬地方官吏，令实心抚字，举各省积年之逋赋尽行蠲免。各处囹圄之缧囚，尽行释放。洪仁浩荡，覃被宇内。凡属含生之伦，谁不熙熙皞皞，乐育于光天化日中者乎？若乃慎简督抚，每当陛见，必勖以率属安民，训辞谆切。于要地监司，必加遴择，郡邑守令因公诖误，有贤能著称者，辙听破格留任，则驭吏之善经也。令各部院保举属员，并令各督抚保举外吏，皆亲加引见，严杜徇情冒滥及钻营径窦，则审官之要术也。谕言官条奏不宜挟私仇徇情面，于风闻小误特免处分，则求言之实政也。念绿旗兵丁奔走劳苦，禁止私役护送。黔省额饷，准于年前预拨。仍清查各省虚冒扣克，则恤兵之至计也。洞悉查河苟且之弊，停止差遣，复详询河臣，以应兴工作及时修举，则防河之深虑也。宽旧帅之褊心，惩悍弁之干纪，折外藩撤防之请，添山海官兵之额，则驾驭之远略也。庙堂之上，无利不兴，无弊不革，声教四讫，自近暨远，虽殊方重译，莫不梯山航海而来朝贡者。噶尔丹穷荒小丑，乃狡焉思逞，时侵略我归附之喀尔喀，扰害边界。皇上视中外为一体，思为整理扫除之计，遴选将帅，经理各路军粮马匹，特命八旗饬办储峙，以待征发。冬间圣驾于景山传集各旗官员阅试骑射，用示鼓励。复御南苑，行大阅之礼。士马鳞集，按队分列。皇上亲行指示阵法，纵横变化，及步伐止齐之方，诸将士皆静听金鼓，一禀指麾，纪律整严，军容赫濯。兼之创立火器，制造精奇。是日演用，如雷如霆，威武莫比。又特颁谕旨，悬延世之赏，明莫逭之罚，诸将士无不踊跃思奋，锐气百倍。以我皇上妙算如神，加以节制训练之师，所向无敌，何况区区小寇？可以计日授首者乎。此又皇上文德武功之并隆，内安外威之兼举，所以巩历服于无疆，贻清晏于有永者也。猗欤盛哉！伏见史册所载，英君谊辟，历代不乏。求如我皇上仁育万民，义正万国，巍巍荡荡，与天合德，实从古帝王所未有。臣等备员珥笔记载，莫能殚尽，不揆谫陋，敬述大略，飏言末简。

康熙三十五年　丙子

正　月

初一日戊午　早，上以元旦率诸王、贝勒、贝子、公、内大臣、侍卫、大学士、都统、尚书、精奇尼哈番等，诣堂子行礼毕，回宫。

辰时，上率诸王、贝勒、贝子、公、内大臣、侍卫、大学士、都统、尚书、精奇尼哈番等，诣皇太后宫行礼毕，回宫。

少顷，御中和殿升座，内大臣、侍卫及内阁、翰林院、礼部、都察院、詹事府等衙门官员庆贺元旦行礼毕，御太和门升座，诸王、贝勒、贝子、公等文武各官及元旦朝觐外藩王、贝勒、贝子、公、台吉，朝鲜等国使臣上庆贺元旦表，行礼毕，回宫。

本日起居注官常书、张英。

初二日己未　本日起居注官华显、张廷瓒。

初三日庚申　掌翰林院学士侍郎常书、尚书张英以五岳、四渎、五镇、四海、长白山及历代帝王陵寝、先师孔子阙里庙祭文二十一道交奏事敦住转奏。上曰："此祭文内未发明本意。朕特为数年间旱涝频仍，田谷不登，故行祭告，为民祈福，非因有庆典下诏也。尔等宜将祈祷之语撰入。着会同大学士议奏。"

是日，上诣皇太后宫问安。

本日起居注官努赫、曹鉴伦。

初四日辛酉　巳时，上由神武门出西直门，驻跸畅春园。

本日起居注官华显、史夔。

初五日壬戌

初六日癸亥　是日，上诣皇太后宫问安。

初七日甲子

初八日乙丑

初九日丙寅 是日，上诣皇太后宫问安。

初十日丁卯 是日，上谕大学士及礼部尚书、侍郎，太常寺卿曰：“朕灸艾已愈，痔疮亦痊，但下体微寒，行动并无妨碍。诸臣每言不便亲祭，兹当致祭祈谷坛，乃为兆民请命。朕念民为邦本，食乃民天，必亲行斋戒致祭，方展虔衷。向例生疮灸艾之人不应斋戒，特为陪祭众官言耳，至主祭之人从无言及者。尔等可与汉大学士、尚书等会议，如必不宜亲祭，可遣皇太子致祭否？若遣皇太子祭，即如朕亲祭矣。尔等查例议奏。”大学士同六部汉尚书、都察院左都御史及太常寺卿议毕，向奏事敦住转奏曰：“臣等钦遵上谕会议，伏见皇上御宇数十年，敬天勤民，凡遇祭祀，至诚无不感格。今下体微寒，犹必欲躬亲斋戒、致祭祈谷坛，念切民依，诚心恳至。但按例，凡体中稍有不洁，不可斋戒、陪祭。夫陪祭尚且不可，况可主祭乎？查会典，永乐时有遣皇太子代祭之例，今祭祈谷坛，或遣皇太子恭代行礼，或遣大臣一员，伏候上裁。”敦住入奏。出，传谕曰：“朕虽不可亲祭，然祈请年谷关系民生。自明日始，仍于宫中洁诚斋戒，祭时遣皇太子代朕行礼。”

本日起居注官常书、张英。

十一日戊辰 早，上由西直门进神武门，回宫。

本日起居注官华显、王九龄。

十二日己巳 本日起居注官华显、陈元龙。

十三日庚午 早，上御保和殿，视祭祈谷坛祝版毕，回宫。

本日起居注官希尔登、彭宁求。

十四日辛未 上御太和门，大宴出兵大将军以下至护军、兵丁、炮手等。

巳时，上升座，两翼内大臣、侍卫、大学士等列坐阶下。金水桥内，大臣、官员、前锋、鸟枪、护军等分左右按旗分坐。桥外，护军参领、护军校、护军等亦分左右按旗分坐。午门外，效用废官、鸟枪兵丁、火器营兵丁、炮手等皆依次坐，坐毕，乐作。

上命大将军费扬古进至座前，手赐卮酒。费扬古跪受，退至阶，叩首，饮。都统、前锋、统领、护军统领等俱上手赐饮。其副都统等亦进前，令亲近侍卫赐饮。前锋参领、护军参领及官员等，自委署护军校以上，皆十人一班，进至阶上跪饮。又命内务府总管、亲近侍卫及部院大臣遍看众兵士饮宴毕，复颁大赉大臣、侍卫等。自八旗参领、前锋、侍卫以上，又部院满洲、汉军大臣等自学士以上，俱赐御用蟒缎、绸、䌷有差。其出兵运粮官员及护军校、骁骑校、前锋、护军等，俱赐缎有差。鸟枪兵丁、火器营兵丁、炮手等，俱赐布。既毕，将军、大臣等率众官兵进前谢恩，同奏曰："自古人君赏赉官兵者有之，如我皇上亲临宴犒，遍加赐赉者，实所未有。臣等受皇上隆恩，何能仰报？惟有遇噶尔丹，誓必磔斩无遗而已！"

是日，筵宴甚盛，自太和门至端门以内，皆满分标旗帜，排列肃整，品物丰腆，咸获醉饱。上方云锦，宠锡均沾，鸿恩异数，度越寻常万倍。至申时，上始回宫。诸将士叩首出，无不踊跃，欣感图报云。

是日，上诣皇太后宫问安。

酉时，上由神武门出西直门，驻跸畅春园。

本日起居注官常书、徐元正。

十五日壬申　是日，上诣皇太后宫问安。

十六日癸酉　是日，上诣皇太后宫问安。

十七日甲戌　早，内阁汉大学士以下、九卿以上及科道等官俱于畅春园东门外齐集，向奏事敦住转奏曰："臣等因皇上欲亲行出师，谨具疏请留。"敦柱奏。出，向满大学士伊桑阿等传旨："各部院照常启奏事务，着即入奏。若汉大臣官员全进，则地方狭隘，难容尔等。将所言及本章入奏。"

辰时，上御澹宁居，听部院各衙门面奏政事毕，满大学士伊桑阿、阿兰泰，学士松柱、陶岱、齐穑、绥色、三宝等入，将汉大臣及科、道官员所奏事情三本进呈。上阅毕，谕曰："汉诸臣所奏，朕意不以为非。为人臣者，不欲以军旅之事亲劳君上，此亦理之当然。但噶尔丹之为人，甚属狡诈，非寻常小寇可比。向年侵犯蒙古边境，出言悖逆。理藩院尚书阿尔尼率四十九旗蒙古及喀尔喀兵前往，竟为噶尔丹兵所却。朕于时悉心谋画，务期剿灭。指示出兵诸王及将军等，于七月初六日率师起行，朕躬亦即于七月十四日夙驾而往。又恐噶尔丹闻朕亲行，遽尔逃遁，令内大臣阿密达领兵诱其近至乌兰布通地方，斯时诸王、大臣咸在行间，贼首噶尔丹竟至脱逃。尔等观此可知矣！其时因朕躬有疾，未至其地。若知如此，朕必勉强力疾而行。失此机会，不止朕心至今深悔，即举国未有不追悔者。朕躬之不可不亲行，职是故也。顷者，噶尔丹窃近蒙古边境，违背誓约，抢掠喀尔喀，复肆行煽惑蒙古，或蒙古中有瞻顾怀二心者，亦未可知。若不早行扑灭，恐其势日益滋蔓。且以今日时势言之，天下无事，四海升平。朕自临御以来，无日不以兵民为念。虽未能有深恩渥泽遍于百姓，然抚绥岁久，意天下臣民必皆以朕为心，内地实可无虑。在京诸事皇太子年长可以办理，朕即此时躬行讨伐，是亦一机会也。今噶尔丹窜伏巴颜乌兰地方，去蒙古边境未甚辽远，以是不惮勤劳，亲临边地。大兵分道齐进，刻期剿除逆贼，以弭后患。噶尔丹既灭，天下更无事矣。纵使噶尔丹闻风远窜，而兵威震叠，宣示塞外，岂不亦有裨益乎？倘及今不图，致嘎尔丹渐逼我四十九旗之地，势必调集天下绿旗士卒沿边设防，其为烦扰不滋甚耶？可明白谕诸汉臣知之。”大学士伊桑阿等出。

宣谕毕，大学士王熙等奏曰：“皇上轸念中外人民，欲剿除狡寇，以永绝边患，诚万世之至计。臣等伏睹睿虑所至，调兵筹饷，鼓励将士，整齐器械，无事不极其周详。区区小寇，可以计日授首，不足烦劳圣躬。即皇上欲策励诸将，亲赐指示，亦止须驻跸近边要地，仍遣一将统领中路大兵，以便至期临阵击剿。今天下臣民仰戴皇上深仁厚泽，沦肌浃髓，闻知皇上勤劳远出，众心亦必咸切不安。故臣等敢冒渎天听。”大学士伊桑阿等复入奏。上曰：“用兵之道，在于相机而行，未可执一。所奏本照常翻译送进。”

是日辰时，开印。

嗣后部院各衙门奏章每日送内阁转送畅春园听理。应面奏事情仍行面奏。

是日，上诣皇太后宫问安。

本日起居注官常书、华显。

十八日乙亥　是日，上诣皇太后宫问安。

十九日丙子　是日，上诣皇太后宫问安。

二十日丁丑

二十一日戊寅　辰时，上御畅春园内澹宁居听政。部院各衙门官员面奏毕，大学士伊桑阿、阿兰泰、王熙、张玉书、李天馥，学士韩菼、顾藻、松柱、陶岱、徐嘉炎、齐穑、张榕端、绥色、三宝以折本请旨。兵部题云贵总督王继文以鹤丽总兵官员缺，请将曲寻总兵官刘廷杰调补，议不准行。上曰："鹤丽地方紧要，着将旧总兵官刘廷杰调补。"

本日起居注官努赫、席尔登。

二十二日己卯　是日，上诣皇太后宫问安。

二十三日庚辰　巳时，上由西直门进神武门，回宫。

本日起居注官席尔登、宋大业。

二十四日辛巳　辰时，上御乾清门听政。部院各衙门面奏毕，大学士伊桑阿、阿兰泰、王熙、张玉书、李天馥，学士韩菼、顾藻、陶岱、徐嘉炎、齐穑、张榕端、绥色、三宝以折本请旨。兵部题直隶石峡营副将马进良拟补古北口等处总兵官，通州副将白斌拟补宣府等处总兵官。上曰："马进良着授为副将，充镇守古北口等处总兵官。白斌着仍以副将充镇守宣府总兵官。俱写敕与他。"

又翰林院题日讲官起居注侍读学士三宝员缺，将翰林院侍读学士希福纳等职名开列。上问曰："特默德曾经保举否？为人何如？"少詹事努赫奏曰："特默德通政司曾经保举，为人与学问亦俱优。"上曰："特默德着充日讲起居注官。"

本日起居注官努赫、顾祖荣。

二十五日壬午　早，上御太和门升座，升转文武官员谢恩毕，回宫。

本日起居注官常书、张英。

二十六日癸未　辰时，上御乾清门听政。部院各衙门官员面奏毕，盛京兵部侍郎傅继祖赴任恭请训旨。上曰："盛京地方此数年来米谷歉收，民生甚窘，朕知之。故将尔补授盛京侍郎，尔须勤力尽职。凡在盛京之人，皆无可用者，尔若能勤勉，朕仍将尔调回，在京用亦可。若不然，亦不过照伊等而已。"傅继祖奏曰："臣远系微末之人，皇上将臣优擢盛京兵部侍郎，臣更何他想，惟有谨志圣训，竭力供职。"上颔之。傅继祖出。

大学士伊桑阿、阿兰泰、王熙、张玉书、李天馥，学士韩菼、顾藻、宋柱、陶岱、徐嘉炎、齐穑、张榕端、绥色、三宝以折本请旨。浙江巡抚王维珍遗疏。上曰："朕览此不觉恻然，乃一最有才能可惜之人。"伊桑阿等奏曰："王维珍居官甚善，中外闻者，咸悼惜之。"上曰："王维珍乃最有品之人，宜为众所悼惜。王维珍与牛钮、高璜俱系进士，较此二人，王维珍为优。着批优旨发出。"上又曰："浙江地方甚紧要，安徽巡抚线一信其人尚可用，着将伊调补浙江巡抚，行文令速赴任。线一信员缺，着将刑部侍郎陈汝器补授。俟陈汝器养马事竣，方令赴任。"

又江西巡抚马如龙以老病乞休，吏部议覆马如龙准其解任。上曰："顷按察使孙居湜揭参马如龙，朕观此事情皆孙居湜之咎。若允马如龙解任，即似因此事而罢。着令留任，彼倘必欲乞休，俟明年解任亦未为迟。"

又兵部题正红旗蒙古都统齐世员缺，将护军统领苏丹等职名开列。上曰："护军统领苏丹等年幼，且令在护军统领职任效力。公彭春材力壮健，欲将伊补授都统，但伊弟齐世现为都统，兄弟皆任都统，恐或不宜。"伊桑阿等奏曰："满洲、蒙古都统各有职任，职任不同，可以补授。"上曰："既如此，着将彭春补授蒙古都统。"

是日，赐朝鲜国王李焞及进贡正使礼曹判书李世、副使户曹参判洪受畴等鞍马、银、缎等物有差。

是日，上诣皇太后宫问安。

本日起居注官席尔登、张廷瓒。

二十七日甲申　辰时，上御乾清门听政。部院各衙门官员面奏毕，谕总统督理中路运务左都御史于成龙等："大兵进剿贼寇，全资军伍效力。内外满洲、汉军、绿旗诸路从征兵丁，俱已各加恩赉。其外省调集步兵，挽运军粮，沿途况瘁，尤可轸念。所有每月应支银米，本营照常支给，俾赡养家口。仍各给与饷银，以为道路之资。所运米石如悉依期挽至，克济军需，不致亏损、迟误，俟大兵凯旋，准补入马兵营伍，用彰奖励。有效力勤敏、才堪拔擢者，尔等可记名汇奏，以俟酌用。兵丁劳苦饥寒，凡督运大臣、官员，宜时加拊循慰勉，庶人争自效踊跃赴功。西路挽运兵丁，亦照此例行。尔等可移文各该巡抚，通行晓谕，示朕优恤军士至意。"

本日起居注官华显、曹鉴伦。

二十八日乙酉　早，上诣皇太后宫问安。

辰时，上往谒陵，由东华门出朝阳门，驻跸三河县所属夏店。

是日，通惠河等处监督张格等，通州知州王光谟、守备刘进玉等来朝。

二十九日丙戌　上驻跸蓟州。是日，三河县防守御马库等、知县高荫爵、守备周渭、笔帖式邓住，蓟州知州张朝琮、蓟州营都司逯世兴、千总杨文成、把总王世登等来朝。

二　月

初一日丁亥　上诣暂安奉殿，行三跪九叩头礼，三奠酒举哀。旋诣孝陵，行三跪九叩头礼，三奠酒举哀毕，诣陵，上三奠酒，举哀。

是日，上驻跸温泉。鲇鱼关把总张有功来朝。

初二日戊子　上回銮。复诣暂安奉殿，行三跪九叩头礼，三奠酒，举哀。

是日，上驻跸蓟州。

初三日己丑　上驻跸三河县。

初四日庚寅　上驻跸通州。是日途间，上遣一等亲近侍卫关保传谕大学士阿兰泰曰："通州至大通桥闸河何故禁止，若听其往来行船，于民岂不有益？着将此处问来。"阿兰泰奏曰："想此河原系漕船行走，故尔有禁。通州陆路夏间雨水时，车马行走甚难，若舟行挽运则用力省，而又可速至京师，即京师物件运至他处，亦甚易。将此河开禁，实于商民大有裨益。皇上每日听理政事，无非为国计民生，孜孜筹画，行路时尚指示及此，明睿洵非古帝王所及也。"关保转奏，复传谕曰："回京时尔等会同户、工二部及仓场侍郎议奏。"

初五日辛卯　未时，上由崇文门进东华门，回宫。

是行也，部院各衙门奏章交送内阁，内阁驿送行宫听理。

是日，上诣皇太后宫问安。

扈从起居注官常书。

初六日壬辰 辰时，上御乾清门听政。部院各衙门官员面奏时，内阁学士陶岱因往盛京赈济，又从盛京运米至乌喇，请训旨。上曰：“此事甚属紧要，尔到盛京时，将米速行督运。传谕彼处将军、副都统、五部侍郎、府尹等加意效力，更无他训语。”陶岱又同直隶巡抚沈朝聘为从天津海口运米至盛京事请训旨，上曰：“从天津海口运米事甚紧要，但以新造船只与商船转运，向恐船少，应遣人往福建将军、督抚处，令将走洋商船广行劝喻，使来贸易。至时用以运米，仍给以雇值，其所装载货物但收正税，概免杂费。往取此船，着各部院衙门派出贤能司官、笔帖式一员，令驰驿前去。”陶岱等出。

大学士伊桑阿、阿兰泰、王熙、张玉书、李天馥，学士韩菼、顾藻、宋柱、徐嘉炎、齐穑、张榕端、绥色、三宝以折本请旨。兵部题病故镶蓝旗蒙古都统巴海员缺，将前锋统领硕鼐、护军统领宗室辉兰、副都统龙西库等职名开列。上曰：“硕鼐人材壮健，甚能效力，着升补都统。此次出兵，仍充前锋统领行走。”

是日，上诣皇太后宫问安。

本日起居注官傅伸、彭宁求。

初七日癸巳 辰时，上御乾清门听政。部院各衙门官员面奏毕，安郡王马尔浑、辅国公来僖、副都统雅图往归化城驻防请训旨。上曰：“尔等往归化城，务张兵势以示军力众盛。各处远行，侦探最为紧要，尔等三人同心协力，不可于事后但云我意原欲如此，曾经言过，彼此互相推诿。王与公，尔等皆年幼，未曾历练，凡事宜与雅图商酌而行。雅图，汝乃历事之人，不可推脱王等。”马尔浑奏曰：“臣等皆年幼，未经世务，皇上遣雅图同臣等去，于事大有裨益。”雅图奏曰：“蒙皇上任用，惟殚竭臣心，视力所能为，何敢于事后互相推诿。”上又曰：“朕所行处与归化城相近，此时正当用兵之际，不必差人问安。”

本日起居注官华显、徐元正。

初八日甲午 辰时，上御乾清门听政。部院各衙门官员面奏毕，大学士伊桑阿、阿兰泰，学士绥色、三宝以折本请旨。理藩院题安北大将军领侍卫内大臣伯费扬古所拿送盗大兵马匹之贼达西，拟立斩。上曰：“达西系无知蒙古，着从宽免死，鞭一百，入官。”

本日起居注官席尔登、宋大业。

初九日乙未　辰时，上御乾清门，听部院各衙门官员面奏政事。

本日起居注官张英、特默德。

初十日丙申　辰时，上御乾清门听政。部院各衙门官员面奏毕，大学士伊桑阿、阿兰泰、王熙、张玉书，学士韩菼、顾藻、徐嘉炎、张榕端、绥色、三宝以折本请旨。兵部题山东沂州等处副将张玉麒等员缺，将参将杨雄等掣签补授。上曰："参将韩天福等曾经陛见，是好男子。此三员缺，着将记名之韩天福等三人补授。俱令驰驿，速赴新任。"

本日起居注官傅伸、曹鉴伦。

十一日丁酉　章皇后忌辰，上不理事。

本日起居注官努赫、张廷瓒。

十二日戊戌　辰时，上御乾清门，听部院各衙门官员面奏政事。

本日起居注官华显、史夔。

十三日己亥　早，上由神武门出西直门，驻跸畅春园。

本日起居注官常书、陈元龙。

十四日庚子

十五日辛丑　是日，上诣皇太后宫问安。

十六日壬寅　是日，上诣皇太后宫问安。

十七日癸卯

十八日甲辰　谕礼、兵二部："朕统御中外，念切抚绥，惟务休养民生，未尝远事征讨。比年以来，海宇升平，闾阎乐业，四方固已无事。独厄鲁特噶尔丹荒裔狡寇，肆逞凶顽，自乌兰布通败遁之后，不自悔过，仍行狂逞，悖天虐众，违蔑誓言，侵掠我臣服之喀尔喀，潜入巴颜乌兰之地，诡谋叵测，逆状已彰。乘其窜伏近边，自应及时扑剿，倘目今不行翦灭，恐致异日沿边防戍，益累兵民，声罪迅讨，事不容已。用是遣发各路大兵，分道并进。朕特躬莅边外，相机行事，以众击寡，以正诛逆，天意人谋，无不允协。此寇一殄，则边尘荡涤，疆围辑宁，内安外攘，实在此举。告祭天地、宗庙、社稷并一切应行事宜，着察例详议具奏。尔二部即遵谕行。特谕。"

本日起居注官努赫、特默德。

十九日乙巳

二十日丙午　辰时，上御畅春园内澹宁居，听部院各衙门官员面奏政事。

是日，上诣皇太后宫问安。

本日起居注官努赫、特默德。

二十一日丁未

二十二日戊申

二十三日己酉　是日，上诣皇太后宫问安。

二十四日庚戌　是日，上诣皇太后宫问安。

二十五日辛亥　辰时，上御畅春园内澹宁居，听部院各衙门官员面奏政事。

是日，上诣皇太后宫问安。

本日起居注官华显、席尔登。

二十六日壬子　未时，上由安定门进神武门，回宫。

本日起居注官傅伸、彭宁求。

二十七日癸丑　未时，上御保和殿大宴请安外藩蒙古左右两翼王、贝勒、贝子、公、台吉等并内大臣、侍卫、大学士、上三旗都统、副都统等，上进酒，外藩蒙古王、贝勒、贝子、公、台吉等皆于坐处赐饮，宴毕，众皆谢恩，上回宫。

本日起居注官张英、特默德。

二十八日甲寅　辰时，上御乾清门听政。部院各衙门官员面奏毕，大学士伊桑阿、阿兰泰、王熙、张玉书、李天馥，学士韩菼、顾藻、徐嘉炎、张榕端、绥色、三宝请旨。此次各部院衙门本章应三日一次汇齐驿送启奏。上曰：“此次各部院衙门本章停其驰奏，凡事俱着皇太子听理。若重大紧要之事，着诸大臣会同议定启奏皇太子。”

是日，上诣皇太后宫问安。

本日起居注官傅伸、徐元正。

二十九日乙卯　本日起居注官常书、曹鉴伦。

三十日丙辰　早，上统大兵发京师，讨噶尔丹。先是，科尔沁土谢图王沙津于木兰行猎之地来请安。上召沙津入行宫密谕曰："尔可遣人说噶尔丹来近地。"沙津遵谕遣俄齐尔约之，噶尔丹果沿克鲁伦而下，掠喀尔喀纳木札尔陀音，遂据巴颜乌兰。

上闻之，思机会不可失，当亟行事。遂经画粮饷，调度各路兵马，不俟草茁，亲统六师，即于是日启行。濒行，分遣内大臣国舅佟国维等告祭于天、地、宗庙、社稷、太岁坛，其文曰："维康熙三十五年，岁次丙子。二月丁亥，朔月二十七日，癸丑。臣敢昭告于皇天上帝曰：臣仰承鸿佑，临御兆民，夙夜恪恭，罔敢逸豫，惟期中外乂安，咸遂生养。比年以来，厄鲁特噶尔丹荒陬狡寇，悖逆天常，肆行凶虐，曾经征剿，穷寇败遁，乃犹怙终不悛，蔑弃誓言。侵掠喀尔喀，潜伏近塞，诡诈跳梁，稔恶已极，久为人心所共愤，自为上苍所不容。臣兹恭行天罚，声罪致讨，遣发大兵，分道并进。臣特躬莅边外，相机行事，用扫除顽梗之患，以永绥荒徼之民。择于二月三十日启行，伏祈帝鉴。谨告。"其祭地坛诸处祝文略同。

至是日寅时，上恭诣皇太后宫问安毕，出午门，排仪仗，率诸王、文武大臣诣堂子行礼。将至，鸣角。入堂子礼毕，出内门，致礼于旗纛。既毕，出德胜门至排军处，三举炮，八旗前锋、护军、火器营兵分两翼以次排列，驾过，官兵各整队伍相随进发。

臣等钦惟皇上如天覆帱，德教所敷，无远弗届，虽遐荒异域，靡不感恩戴德，争先归附。惟厄鲁特噶尔丹悖逆天常，恣行暴虐，心怀诡计，积恶已极。皇上亟欲为喀尔喀除侵扰之害，且为各部落永图乐业，于是大整六师，声罪致讨。又逆计贼兵败遁之路，调发大兵分道前进。各路将领咸密授方略，上复亲统貔貅，远临漠北，相机行事。军容之赫，濯谋略之周详，诚亘古所未有。噶尔丹蠢尔小丑，乌足当雷霆之一击哉！凡在行间，固知大兵一至，克日成功矣。

是日，遣领侍卫内大臣马思喀祭炮位之神，遣左副都御史席枚图祭道路之神。

上驻跸沙河。亲近侍卫关保传谕领侍卫内大臣公国舅佟国维等曰：

“修治道路，殊属不堪。着交与总统运米事务左都御史于成龙，俟车辆一过，随即修理。”

又亲近侍卫吴什传谕领侍卫内大臣等曰：“马匹关系最为紧要，防护宜极周密。倘巡逻不谨，恐马匹被盗，仍入京城转鬻与我将士。着交与众大臣严行传谕，令将所牧马匹各加意防护，尚其慎之。”

又侍卫关保传谕领侍卫内大臣等曰：“军中车辆不循道路序进，辙并执而行，至狭隘之处一有阻滞，则后军到时必致壅塞。可令车辆俱循路，依次而行。”

昌平州驻防防守尉穆锡泰等，霸昌道高必弘等，昌平州参将徐登甲等来朝。

三　月

初一日丁巳　上驻跸南口。亲近侍卫关保传谕领侍卫内大臣等曰：“凡安营之处，次日水皆秽恶。后至之兵，复驻营于此，其水尚堪饮耶？尔等宜严谕切禁，勿致水有污秽。”

又亲近侍卫关保传谕领侍卫内大臣等曰：“岔道之东，山有毒草，恐不知者牧放马匹，致有损毙。可遍行晓谕。”

又亲近侍卫海青传旨：“嗣后内大臣明珠着与议政之列。”

先是，上遣副都统阿的等往喀伦地方视水草回奏，冰雪未化，仍前凝冻，未能掘井。上曰：“用兵之道，以速为贵。大兵行期一定，断不可缓。况正当春季地脉将融之时，虽冰冻可以浚凿。大将军费扬古兵已定于二月十八日启程，京城兵以二月三十日启程。”谕毕，即遣副都统阿玉玺等驰驿往喀伦外掘井。

至是，大将军费扬古奏至，言阿玉玺等于二月二十四日至巴尔几乌兰和朔哨口，自巳至午，掘井数处，去冰尺许，清泉涌出，浚凿甚易。时扈从大臣、官员、兵丁闻之，无不踊跃欣忭，颂扬圣明洞见万里之外。自此深入绝塞，所至得泉，师行克济。惟皇上动合天意，故厚地效灵如此。

又谕大学士伊桑阿、理藩院尚书班第、侍郎西喇曰："今日大将军费扬古所奏验试掘井事，着送学士三宝处，令三宝转奏皇太子。其来奏事之副都统阿玉玺，朕已问明，言冻止尺许，掘之甚易。其水即溢溢而出，将此亦奏闻皇太子。顷朕所经行之路，修治未善，石块亦未尽除，着三宝仍驰驿往古北口，视所修道路，其粮车已行一二日，或有碍行走与否。所修之路善与不善，俱着察明，并询问运粮官员，速来具奏。"

居庸路都司赵辉璧等来朝。

初二日戊午 上驻毕榆林。一等侍卫副都统吴达禅传谕曰："闻车辆及驮载驼马皆阻独石口，凡先行之车辆马匹俱属军需，毋得拦阻。若一拦阻，必愈致壅塞。可速遣人往，令随到随行。"

吏部右侍郎安布禄等疏言："据二等侍卫鄂齐尔都喇尔咨称，二月初四日，曾遣喀尔喀辅国公阿玉西旗下车里木等十七人往探噶尔丹情形踪迹，于本月二十四日车里木等还，言我等于本月十二日至扎尔柴呼户德勒苏台地方，见有百余驼马之迹，随蹑其踪，追至车本洪俄尔地方，见百余人，俱系喀尔喀。及询问之，有一喀尔喀言，我系西布退公之侄辈，名库布尔特，归附圣主而来。故我等带至，乞为转奏。其与库布尔台吉同来之贝代，一并前往。据此，臣等移文侍卫鄂齐尔都喇尔及郎中关住，着察明库布尔台吉等同来人口之数，令与公西布退等同住一处。其所察人数及与公西布退等同住之处除报部外，谨题奏闻。"又疏言："臣等侦探信息，驻于苏尼特杜棱王旗分之诺浑弩伦地方。二月二十七日衣都额真一等侍卫巴当阿、一等侍卫巴尔楚喀、前锋参领特古思戴密纳、二等侍卫赫哲尔根等至，转传上谕，言我等来时，入请训旨。奉旨：'尔等前去诣侍郎安布禄。安布禄人才甚优，又谙地势，应如何行事之处，当推安布禄居首，尔等会同商酌，视所指示而行。若厄鲁特势众，尔等即佯退，诱之前来，一面星速报明。若其势寡弱，尔等酌量相机而行，须善加提防，切识朕命。倘稍有形影，是即厄鲁特之尚在矣。尔等勿以奉命而去，必欲侦取确信，拿获生口。因而妄行深入，致陷危险，尔等效力之处，自别有在也。至尔等寻大军来时，毋得迎面而来，应同安布禄俟朕军已过，方随后至。钦此。'臣等会议，诺浑弩伦地方距喀伦有四五宿之程，若有紧急信息，一时不能即达，因留郎中满都、员外郎石保住在彼。臣自同散秩大臣拜音察克率员外郎阿尔必特佑与衣都额真巴当阿等前往喀伦探信，追寻踪迹，伺察形影。臣等公同商议，酌量而行，于二月三十日已启程。寻阿霸垓吴尔占噶喇布王旗分之厄济根图哨口前进，为此奏闻。”奏至，尚书班第、侍郎西喇等俱交衣都额真苏尔岱转奏。奉旨：“知道了。”

又一等侍卫副都统吴达禅同三等侍卫阿喇锡传谕理藩院曰：“贝代着留住此地，此无他故，诚恐其驰驿而还，将出师事妄行招摇，漏泄音耗，噶尔丹闻之或至遁走，亦未可定。故留住于此，俟出边后酌遣前往。再语笔帖式纳延泰，凡有问大军行间之事者，但云不知，慎毋泄漏。并语笔帖式纳延泰同来之人，此事若有泄漏，即汝之由。务亦缄口，断不可语人。再语一等侍卫鄂齐尔都喇尔，彼处喀尔喀等若问军中信息，亦但以不知答之，勿致泄漏。再向库布尔台吉言，尔之事至京时已经奏闻，因尔屡次夺取厄鲁特马匹，杀戮其人，奉旨极其褒奖。其贝代因有别用，故暂留住。”

是日，遣左副都御史阿山于居庸关祭山川之神。

怀来县知县白有斌、守备邓之魁等来朝。

初三日己未　上驻跸怀来县。

初四日庚申　上驻跸石河。亲近侍卫关保传谕议政大臣领侍卫内大臣公国舅佟国维等曰：“大将军费扬古题报事情，先经会议，到京即行驰奏。今土木地方距京二百余里，俟到京再奏，不免迂回迟缓。应遣兵部大臣一员，住于土木。一则料理驿站，一则费扬古题奏本章，一面开折誊写启奏皇太子，一面将原本驰奏。如此则事务不致迂回。着议政大臣及部院大臣等会议具奏。”

大臣等会议：“上谕极其周详。土木地方派兵部大臣一员，整理杀虎口、独石口两路驿站。大将军费扬古、将军孙思克、侍郎安布禄等所奏军机事务题到，应悉令开拆，一面誊写启奏皇太子，一面即以原本驰奏。所派大臣恭候钦点。”奉旨：“依议。着侍郎马尔汉去，凡事一面启奏，一面送京，务加谨密。马尔汉未到之先，着朱都纳暂住土木料理。俟马尔汉到，交待毕，即速来。马尔汉既来，则兵部止索诺和一人，着学士绥色署理。”

钦惟土木距京城虽二百余里，而往返即五百里许。今特命大臣驻此经理，则取道不致迂回，而军机可无迟滞。自出口以后，沿途置驿，一切信息克期传报。故数千里贼情，瞭若目前。曩三逆叛时，亦以置驿。驰报之速，运筹决胜，削平寇乱，调度之善，从古未有也。

侍郎朱都纳因奉旨暂住土木，请以兵部事务交与大学士伊桑阿管理。奉旨："着交与大学士，尔将所奏事件加意详察。若系军机，着即驰奏；若平常事，送至京城。"

是日，传旨："前曾以调养马匹及饮马之法通行晓谕。今见沿途马匹汗尚未干，辙行饮水，往返应差，驰走者甚多。朕尚爱惜马匹，不轻驱使。此后须有不得已事，方可乘用。其饮马务遵前谕，俟汗干时始令饮水。着再严加转饬。"

又亲近侍卫关保传谕议政大臣等曰："户部侍郎思格则来奏掘井事，甚属昏聩，尔等问明具奏。"议政大臣公同问毕，奏曰："问侍郎思格则掘井事，甚是懵昧，全未分晓。伊系特遣掘井大臣，而所任之事竟不明晰，应交该部议罪。"奉旨："思格则为人昏聩，在部亦多不端，贻辱部院，皆由此人。应照失误军机正法，姑从宽革职，着充卒伍，从军效力。"

学士觉罗三宝至，入奏相视道途事。上问："尔至何处即来？修治道途如何？"三宝奏曰："出古北口，行二十余里即来，所见道途，修治极其平坦。"上问："遇于成龙否？"三宝奏曰："于成龙尚未起身，遇运米郎中噶礼等，据言道途修治甚善，车辆不致耽延。仰赖皇上洪福，诸处皆可行走。由西路之兵于喀伦外掘井，清泉涌出，得水甚易。奏闻皇太子，甚喜，言此真属天助。前者西路之兵，惟以水为虑，今无忧矣。臣奏毕，出遇大学士阿兰泰，尚书马齐、萨木哈等，问知其故，俱踊跃欢忭，言从来蒙古地方至四五月时尚冻，今二月内于喀伦外掘井，水泉涌出，不劳而得。上天眷命国家，佑助圣明，凡事悉如皇上所料，贼寇噶尔丹指日扑灭，无可虑矣。"

土木把总贾廷献来朝。

初五日辛酉　上驻跸真武庙地方。抚远大将军领侍卫内大臣伯费扬古奏至。言："二月二十九日颁到谕旨，圣明洞鉴，筹画周详。臣谨一一遵行，为此奏闻。"大学士伊桑阿交奏事敦住转奏。奉旨："着传视大臣等。"

又谕理藩院尚书班第曰："蒙古等俱贫苦，俟军回时，尔同侍郎西喇议奏。"

喀尔喀贝子盆楚克同伊子台吉沙穆必尔至，奏言："皇上亲统大兵，臣父子愿于军前效犬马微劳。"上曰："善。尔父子可俱从行。"随赐以蟒衣、绵甲、袍服、帐房、骆驼、羊、马等物，又命其在京之子台吉根敦渣卜仍回本部落。盆楚克叩头奏曰："臣等遐荒蒙古，受皇恩殊深。今又荷此殊恩，臣父子惟于行间致命效力而已。"

长安岭守备程世雄来朝。

初六日壬戌 上驻跸雕鹗堡。

初七日癸亥 上驻跸雕鹗堡。

初八日甲子 上驻跸赤城县。赤城县知县张弼、守备张德化等来朝。

初九日乙丑 上驻跸毛儿峪。奏事敦住传谕议政大臣等曰："先令夸色往欧德哈尔哈等处侦探信息，一切事宜已有谕旨。其间情事着夸色言之。至出口后，凡牧马驻扎行走之处，应行预议。将此一并会议具奏。"议政大臣等会议奏曰："查先经会议，皇上驻跸立一营，八旗前锋等二营，护军骁骑十六营，汉军火器营兵，随炮兵丁、炮手、绵甲兵四营，部院大臣、官员、笔帖式等一营，左翼察哈尔兵二营，宣化镇绿旗兵一营。又前曾奉旨，至多云地方，照旧排列环营。又曾会议，御营兵前锋镶黄旗、正黄旗、绿旗兵之马，于路左放牧。正白旗、正红旗、火器营兵之马，于路右放牧。今议放马列营之处，仍照前议。"奉旨："照前议行甚当。"

又一等侍卫副都统吴达禅、亲近侍卫关保传谕议政大臣等曰："观车辆挽行有越前者，有在后者。若出口后如此散行，则在后车辆恐被掠夺。应如何行走，着议政大臣议奏。"议政大臣等会议奏曰："圣谕诚然。出口后车辆应俱结队前进，不得一二单行。若牲畜疲乏不前者，令留置驿站。着驿站官员看视。"奉旨："依议。"

又亲近侍卫关保传谕议政大臣等曰："今遣夸色往欧德地方，约计兵丁所需、应掘井几处，可交与前锋统领。着会议具奏。"议政大臣等会议奏曰："掘井事应如上谕，交与都统兼前锋统领硕鼐。"奉旨："依议。"

又传谕议政大臣等曰："内厩马拨一千匹，兵部马拨五百匹，八旗佐领所养马匹内择其肥者拨一千五百匹，共三千骑。于每佐领所留护军一名内酌量派出，令同内厩人将此马防护，于三月二十日起行，出张家口，约行二十余日可到此。马到时，如正当对敌之际，则给兵骑用，甚有裨益。即旋师时，散给俾彼疲瘦之马，得以空行，不致捐弃，则于兵丁马匹亦大有济。其防护马匹之护军与内厩人，亦应照出征人例给马四匹。着会议具奏。”议政大臣等随议：“上谕所及已极周详。三千马匹于三月二十日起程，出张家口，行二十余日，令至克鲁伦河欧德地方会齐。其乡导之人，应交理藩院派出二人，于张家口守候，令领路前进。”奏入，奉旨：“依议。朕已派副都统管上驷院事宗室阿喀纳、二等侍卫鄂克济哈阿齐图、驾鹰人巴尔援，令赍回皇太子所送马匹，可即以此马令其带来。”

又谕议政大臣等及大学士伊桑阿曰：“闻前任宣化总兵官许盛推托有病，并未操练兵丁，所以宣化镇兵甚不适用。着遣侍卫马武、侍郎阿尔拜前去拣择兵丁，不堪使用者拨回。惟二十四位炮需用护送兵丁，着选足带往前行。”随谕乾清门侍卫马武、户部侍郎阿尔拜曰：“尔等此去，亦传谕总兵官白斌，云闻前任总兵官许盛推托有病，兵丁未经操练，所以宣化镇兵举无足观，亦甚不堪用。兵丁全在精锐，若兵丁不堪，则多带反误朕之行师矣。”

又谕：“兵丁马匹见有疲瘦者，此皆玩忽不谨之故。朕所乘马，俟其汗干，然后饮水，故常肥健。嗣后兵丁若仍前玩忽不谨，以致所给官马四匹疲瘦不堪用者，定行正法。着通行晓示。”

理藩院等衙门奏言：“三月初五日奉旨谕尚书班第云：‘跟随大兵安站甚属紧要，尔可留后安站而来。着再传谕：驿站官兵，凡有患病物故，留于驿站者，令官兵善视之。大兵回，既加赏赉。其某站现有某官，着开明具奏。兵丁马匹、骆驼有羸瘠者，令管站诸人收养。俟旋师时，各归本主，庶不致遗弃。着同大学士伊桑阿会议具奏。钦此。’臣等会议，随师安站，先曾详奉谕旨已经定议。今又以驿站甚属紧要，令尚书班第留后安站，及传谕驿站官兵于诸事甚有裨益，俱应钦遵上谕施行。”奉旨：“依议。”

是日，亲近侍卫关保传谕议政大臣等：“出口以后，侵晨启行，日中驻扎。众皆每日一餐。”

初十日丙寅　上驻跸独石城。奏事敦住传谕领侍卫内大臣等曰："兵刃之佳者，人未必尽得。口外遇有树木，着随从人等取以为梃，无过五尺，亦兵器也。着遍行晓谕。"

是日，管理独石口路驿站员外郎沙浑等，独石路参将罗美才来朝。

十一日丁卯　上驻跸齐伦巴尔哈孙。上谕议政大臣等曰："有河之处，犹可相接驻营。至掘井地方，若不按营伍接连驻扎，则镶黄旗两营之人取水、饮马皆穿大营而行，或致争水斗殴，亦未可知。往前二三日程，俱有河，仍令照常缘河就水，从便驻扎。至掘井之处，以井居中，大营并镶黄旗两营互相犄角，如此则取水、饮马甚易，不致争斗。其井着派官兵看守，无使污坏。后队兵着接递交付。"

又亲近侍卫关保传谕领侍卫内大臣等曰："今日营中见仍有晨炊者，在口内勿论。自今日以后，五鼓起程时，不得举火。晚刻举火炊饭，在所不禁。可将此严加传示。"

又一等侍卫副都统吴达禅传谕领侍卫内大臣等曰："今地方宽广，不致拥挤。三旗辎重，令各按旗分列队并行。既不早餐，则晨兴时可各撤帐房，速行装载。将此通行晓示。"

又亲近侍卫吴什传旨："令领侍卫内大臣同兵部大臣等颁赏各营军士羊只。"众军士跪奏曰："我等未出兵时，屡膺圣上重赏。今出兵未久，并无汗马微劳，又蒙恩赐。倘遇噶尔丹时，惟有效力图报，使尽歼灭而已。"奉旨："已悉。尔等欢欣奋勇，前途遇贼，惟视尔等之效力矣。"

赐贝勒额尔德木图巴克席胡尔亲随台吉毕立克图、吴勒木济、吴尔图纳苏图、毕罗扎纳、札木素、达木楚克，闲散台吉布达喇席希卜及赶车喀喇沁蒙古羊只。

遣户部侍郎阿尔拜致祭独石口山川之神。

十二日戊辰　上驻跸诺海和朔。亲近侍卫关保、奏事敦住传谕领侍卫内大臣等曰："今日朕自五鼓起行，见炊烟甚多。朕每日一餐，凌晨即撤营就道，已有明旨。乃于朕起行之后，军士尚在营中眠食，行李淹迟。着领侍卫内大臣、内务府总管、武备院总管将乡导及骆驼头目等稽迟行李之故，务行察明。"领侍卫内大臣等查问回奏："据乡导、护军参领布达，蓝翎侍卫塔什供格等曾语行李、乡导及骆驼头目额叶图等，将行李作速驮载起行。及问额叶图等，今日御用行李何以迟至天明始行，据供，皇上起行之后，即行驮载，立刻起程，乡导亦向我等催促是实。”领侍卫内大臣公国舅佟国维、苏尔达、索额图、马思喀同跪请罪曰：“近日行李稽迟，并与乡导无涉，系骆驼头目等驮载迟误。臣等四人系特遣监管之人，军中事务皇上每件俱谕臣等，臣等亦每件俱入奏皇上。今日军士举火炊饭并行李稽迟，皆由臣等庸劣，不能管摄之故。皇上将臣等四人严加处分，则众皆知惩矣。”奉旨：“今日骆驼驮载迟误，亦自有说。然朕昨日驻跸屋内并未用帐房、布城、网城，而行李迟误者何故？”佟国维等奏曰：“骆驼头目额叶图等言，御用行李必天明始行。额叶图等臣等不能管摄，皆臣等之罪。应将臣等严加议处。”奉旨：“尔等所奏亦是，与军士无涉。俟至京城记罪议处。此际尔等宜效力赎罪。”

又亲近侍卫关保、奏事敦住传谕领侍卫内大臣等曰：“兵丁有迟至三鼓时始到者，此时灯火自在所不禁。若三鼓后举火张灯，则断不可矣。着通行晓谕。”

赐贝勒额尔德木图巴克席胡尔亲随台吉毕立克图、吴勒木济、吴尔图纳苏图、毕罗扎纳、额驸扎木素、台吉喇席希布卜达各马一匹。

十三日己巳　上驻跸青城。上自出京，常以休息士马为念。行十余日，皆以漏尽辄起程，而行李尚不能早至，军士人等不得及早安营。上因是五鼓即兴，亲视驮载前发，方启行。比驻营时，日甫巳刻，行李已毕至矣。于是士马大得苏息。亲近侍卫关保传谕领侍卫内大臣等曰：“今日行李行走甚善，无可议矣。但侍卫官员人等前令各领行李而行，今并未见有随行者。嗣后着各领行李至驻扎处，各相助安营。朕每日常于野次如此暂坐，若于朕前过者俱勿下马。”

又亲近侍卫海青传谕侍郎朱都纳曰：“此后驿站马匹，勿令恣行驰骋。如有应疾驰事务，即以奏闻。”

申时，上出行宫，令喀尔喀贝子盆楚克等射。射毕，上亲率诸皇子并侍卫等射。上速发五矢，俱中。两翼侍立蒙古诸王、台吉及贝子盆楚克等皆惊异赞美曰：“射之神奇有如此耶。矢不虚发，非唯臣等目所未睹，亦耳所未闻。皇上英武，诚迈世矣。”于是众皆跪请视皇上之弓。上笑以所持弓授亲近侍卫吴仕传示，众皆递相控引，竟不能张，乃复相顾惊叹曰：“如此劲弓，如何引满耶？”既毕，上入行宫。

薄暮，又传谕曰：“天气阴晦，恐即有雨。各将马匹加意苦护。着通行晓谕。”

赐喀尔喀贝子盆楚克、台吉波罗乌纳汉老卜藏、额尔德尼阿海等乳牛各一头。

十四日庚午 上驻跸青城。谕曰：“今日因天阴，暂行驻扎。马匹加意苦护，着于上驷院侍卫马什所指引地方放牧。”

又奏事敦住传旨：“今既驻跸，令众皆饮食。”

又传谕领侍卫内大臣等曰：“今日当至滚诺尔地方驻跸，以天气阴晦，暂驻于此。过滚诺尔至揆宿以前，俱有可燃之薪。目今樵薪缺乏，各宜即省。着通行晓谕。”

领侍卫内大臣等遵旨察阅官兵车辆，共一千一百有余具奏。奉旨：“尔等所携车辆如许，朕深以为喜。是皆朕之军资也。除大臣、官员、富室人等外，察其见在迟误不能行者，各给一牛，俾令挽到。”

抚远大将军领侍卫内大臣伯费扬古等奏至，题为：“奏闻事副都统阿玉玺等于三月初八日已到臣处，看得西路大兵甚众，如作一处行走，则水草虽有，而牲口众多，春草必至踏坏。为此，臣率领自京城发来大兵前行，将右卫大兵留一日程，使接续行走，于十三日可至喀伦。至喀伦时，询明喀尔喀之明白乡导，约计到翁金土喇日期另行具题外，查得兵部移文，内开亲近一等侍卫海青传旨，新经造出四十八位炮内，着将八位每旗派炮手一名，驰驿速送大将军费扬古军前等因。于二十日文到，即将右卫副都统冯国相、八旗章京八员、兵八十名留于归化城西四十里。于山西捐助八百余匹马内，拨给马一百四十匹。俟炮到日，令收取，速赶大军前来，一面行文驿站笔帖式等送往军前炮位。若到其驿，到日即行申报。又曾屡次遣中书笔帖式催促前去，据杀虎口驿站笔帖式硕色虽报称，自京送来炮八位于三月初三日已到杀虎口。及问副都统阿玉玺云，我初六日到归化城，炮犹未到。看此炮位势必迟误，因接续安驿，令将炮位作速送到，以遣笔帖式前去。若大军至喀伦炮犹不至，臣等恐因守候炮位以致师行迟延。今酌量添留官兵，着将炮位作速赶赴大军。谨具奏闻。”大学士伊桑阿交奏事敦住转奏。奉旨：“着示议政大臣等，令收贮。”

十五日辛未 上驻跸滚诺尔。是日，雨雪交作。上既至驻营处，御雨，具伫立旷野。侍臣以行宫既张，天寒雪大，请上入行宫。上曰：“军士未尽安营，朕何忍就帐房以自逸俟。”众军士结营毕，始入行宫。俟营中皆炊饭，然后进御膳。

至晚，遣亲近侍卫海青以骆驼载网城内所设账房及食物、柴炭，赐挽车未至之人，令栖息举火。是夜寒甚，衣尽沾湿，未得食者甚多。忽见皇上亲遣人至，众皆欢呼曰：“我等得更生矣。”于是无一人为寒所苦者。

臣等钦惟用兵之际，雨雪载途，人苦跋涉，樵苏后爨，每致稽迟，此亦军行之常。自古名将与士卒同甘苦已属稀觏，而我皇上以万乘之尊，附循将士，有一人之未食不先食，有一人之未安不即安。又轸念押车人役不获，趱赴大营，至特遣亲近侍卫，将网城内帐房及薪炭、食物载往迎给。不特被恩者温同挟纩，咸庆更生，即六军之众，莫不感奋激扬，果毅百倍。帝王之师所以无敌于天下，惟其得人心之和也。岂非万世用兵者所宜取法欤?

是日，一等侍卫副都统吴达禅传谕曰：“雨雪如此，天气甚寒。马虽遮护，亦寒栗不能食。其瘦者犹可无恙，肥者却易致冻毙。宜将寒慄之马，向顺风驰二三里许，令人围绕之。马既稍温，自然便溺、食草。如此则无妨矣。着通行晓谕。”

十六日壬申 上驻跸滚诺尔。亲近侍卫关保传谕议政大臣等曰：“前遣前锋参领纳林至黑龙江将军萨布素处，今已从彼处回。尔等询问会议具奏。”议政大臣等会同详问奏曰：“据纳林言，臣至彼处，备传圣谕。萨布素奏：‘奉皇上明谕，自当钦奉而行，但臣今老病衰残，尝患不能仰副皇上谕旨，不胜惶恐，业已具疏陈奏。皇上若允臣请，臣当率所属兵丁竭力报效。若仍命总管三处兵丁，则众兵会合虽在一路，但系各处调集之兵，人心不一，亦未可料。使俱在一处行走，一处结营，则不能整齐。即至交战之时，欲参杂排列，一同临阵，似亦甚难。询问喀尔喀之知地形者，云行兵之路地多旷野，虽间遇有山岭，皆可相并而行。故臣意众兵会合之后，日间各取路并行，各设斥候。昏夜驻扎亦各结营垒，战阵则各行排列，分派队伍。遇有指挥，则所指之处，无可借端推诿。而各所训练官兵心皆团结，其壮勇争先、实意效力之人，自不致遗漏，而官兵皆无不鼓舞矣。臣等之兵若于三月内起行，俱遵皇上指示。若三月内不出，则于四月初草生之时，预先启行，于雅尔济秦周围形胜之地屯扎。其乌喇兵令往磨尔昏地方周围相近处屯扎，盛京兵令择相宜处前进屯扎。如此则或中路调用，或遣赴别路，俱不致迟误，于军务甚为有益’等语。伏察见今兵丁并无所用，可令盛京及乌喇兵仍预备于本处，黑龙江兵依将军所奏屯于雅尔济秦周围相近形胜之地。若有应用之处，令随所调遣而来。”奉旨：“盛京及乌喇兵依将军萨布素所奏前进屯扎。萨布素着率所属兵一千五百，赍三月粮，于四月初旬启行前来克鲁伦地方。有生巴尔虎之人若来时相遇，则收集同来。又闻喀尔喀阿里雅扎萨克车陵渣卜等七台吉在俄浓地方，此信不甚明晰，应令行在兵部以印文遣理藩院拨什库自边外递至萨布素处，仍一面移会京师，亦行文彼处，将此会议具奏。”议政大臣等会议奏曰：“将军萨布素所奏事，圣谕已极周详，俱宜谨遵谕旨而行。应用行在兵部印文令理藩院拨什库从边外递至萨布素处，一面移会京师，亦行文与之。”奉旨：“依议。边外移文着遣才能拨什库竭力星驰，务达萨布素处。俟回日重加赏赐。移会京师事着从驿站递送。”

谕皇长子及领侍卫内大臣马思喀曰：“稽留岭上车辆并陷泥淖内者，其车主令各带行李俱留皇长子营内，仍以牛赏之。”

亲近侍卫关保传谕领侍卫内大臣等曰：“凡有车辆之人欲往迎者，即刻遣人迎之。今内大臣等已率众往矣，着通行晓谕。”

谕领侍卫内大臣苏尔达：“此处所生小树，虽经雨亦可作薪，着各樵取供爨。”

十七日癸酉 上驻跸揆宿布喇克。传谕领侍卫内大臣曰：“出古北口之前锋兵现今已到，应令合于前锋兵营，一同先行。其次着两路绿旗兵、察哈尔兵随行，其次着镶黄旗、正黄旗兵在朕军前行。朕军后着正白旗、正红旗随行。其余各旗俱两旗合军，照此随行。着会议具奏。”议政大臣等奏："睿裁至当，俱应遵谕旨行。"奉旨："依议。"

又传谕议政大臣等曰："沙岗难行，马匹劳苦是实。自滚诺尔地方至揆宿布喇克，原丈量六十七里，今遣人丈量止五十九里，相隔甚近。自揆宿布喇克至和尔博四十二里，自和尔博至胡什木克又六十里，道途辽远，特分为两程。自胡什木克至噶尔图四十里，自噶尔图至滚诺尔四十八里，虽有沙砾，途近易到，但此数程尽皆沙砾，仆从人等俱着步行。兵丁等有爱惜马匹愿步行者，亦听既皆步行。仍令照常晨炊，俟日出时起程，可日食两餐。仆从人等若因步行怨望，则朕亦即步行。过此沙岗数处，至平坦之地，斯马匹不必虑矣。"

臣等钦惟大军远征，莫要于粮饷、马匹，理应撙节爱惜，以留余裕。惟我皇上当粮饷丰足时，即令每日一餐。马匹壮健时，即令众皆徒步。人初以为难，及时历八旬，军食不致匮乏，往返五千余里，马力不致疲乏，然后知圣虑深远，众皆莫测。开辟以来，懋建弘勋，未有若此之盛者，岂偶然哉！

苏尼特多罗郡王额驸萨玛渣率领二等台吉渣卜等来朝，愿从军效力。奉旨："自噶尔丹作乱，尔等旗分信使往来，供应驿马、食物，显著劳绩，朕岂忘之？至秋间定行重赏。尔回时可遍谕尔旗诸王下至军民人等。"谕毕，王额驸萨玛渣等免冠顿颡奏曰："臣等系穷荒蒙古，叨蒙皇恩，至有今日。屡遭天灾，困厄之际，幸荷皇上频加赈济，曲次拯救。此恩此德，虽多方尽力，岂能报答？马匹、粮饷又何足云？今圣驾亲临，臣等虽步履匍匐，亦愿跟随效力，仰奉圣旨，更无别言。谨此谢恩。"上曰："王既年迈，又常足痛，可免从征，亦不必谢恩。台吉渣卜垂、渣卜苏代纳木、渣卜毕立克等，俱令随征。"谕毕，王额驸萨玛渣等不胜欢忭，乃陈奏谢恩。

十八日甲戌　上驻跸揆宿布喇克。乾清门侍卫伍格传旨曰："朕令皇长子留后，将车辆尽皆趱出，惟余八辆，无车夫亦无牲口，着传谕此八辆车主即赴皇长子处，以牛赏之。"

亲近侍卫关保传谕议政大臣等曰："朕回军时必由此道，今于成龙所运米粮既留各站，应将随军之一千三百辆车内所载米粮，亦量留库勒诺尔地方，俟回军时食用。如此则目今前进之车辆既轻，而回军时取米亦易。这留米之处将蒙古官军酌量派出，令其看守所留米袋，各写本人姓名及米数，明白交与蒙古官兵。议政大臣等将所留米数、人名，可查明交付。”

是日，传谕令皇长子及领侍卫内大臣马思喀于滚诺尔地方，将前此所察官兵车辆沉重牲口疲乏者，赏挽车牛一百十头。

十九日乙亥 上驻跸揆宿布喇克。抚远大将军领侍卫内大臣伯费扬古等奏至：“为奏闻事，臣等率领大兵于三月十三日至喀伦，十四日将京城兵、右卫兵分派，十五日臣费扬古率京城兵及大同之绿旗兵于东路前进，扬威将军觉罗恕书率右卫兵于西路前进。细问乡导等大概分算程数，计十八程，于四月初三日至翁金。又二十一程，于本月二十四日至土喇。二十三程，于二十七日至巴颜乌兰。又据副都统冯国相报称，皇上发来炮八位，于三月初七日已到拖里胡地方。臣等若等候则致迟误，遂留都统伊勒慎，每旗派护军参领二员、护军一百名留在喀伦护炮，作速赶来。俟至翁金时，臣等另行奏闻。”侍郎朱都纳交奏事敦住转奏。奉旨：“此事着示议政大臣等。”议政大臣等阅毕奏：“大将军费扬古所行甚善，俟至翁金时，再行奏闻，今无庸议。”奉旨：“若至翁金再议，则四月初三日始抵翁金，比至翁金启奏，又须数日。俟其时再议，岂不迟误？着将应否守候车辆前行之处再议具奏。”议政大臣等会议奏曰：“每兵各马四匹，每四人令同住一处，给骡一头，其米粮各物俱在此内，并不致有误。凡此车辆原属多带，若能趱至，则令随行；若不能至，亦即听之，不便等候。众人车辆，仍应照常前行。”奉旨：“不等候车辆甚是。大军照常前进，俟至喀伦，将应留之处再议。”

又传旨：“抚远大将军费扬古奏西路兵于四月初三日至翁金，二十四日至土喇，二十七日至巴颜乌兰，着谕众知之。”

理藩院奏：“奉旨：‘着酌派蒙古官兵看守留贮米粮，钦此。’臣等酌量相近地方，苏尼特多罗郡王额驸萨玛渣、阿霸垓多罗卓礼克图郡王达马林旗分应各派副都统一员、参领一员、骁骑二十名，将所留米粮用心谨慎看守，勿令雨水沾湿。往召官兵，差臣衙门章京笔帖式驰驿前往，此官兵未到时，着库勒诺尔等处驿站官兵暂行看守。”奉旨：“每旗着派骁骑十名，余依议。”

是日，又传谕曰："所带米粮与其载至库勒诺尔地方留贮，不若即留此处。着每旗各派大臣一员、部院大臣一员、章京一员并内府骁骑各三名谨视收贮。俟收贮毕，大臣等即作速前来。着所派章京、骁骑同蒙古兵丁谨慎看守。"兵部随奏请派收贮米粮大臣。奏事敦住传旨："着内大臣明珠，散秩大臣博第、苏永祚，侍郎戴通，副都御史阿山留此收贮。再将新满洲侍卫派出十员，令即刻伐取树枝将所留之米，下藉上覆，周围苫盖，谨慎收贮，交与看守之人。看守之章京、骁骑等各有所带之米，应无容议。其蒙古官兵应酌量给与米粮。朕军中尚有余米，着同大学士会议具奏。"理藩院等衙门随会议："看守留贮米粮官兵俱自带三月行粮前来。皇上又轸念官兵，令议给口粮。官兵共二十四人，每人应各给两月口粮。"奏入，奉旨："蒙古官兵不必带行粮前来，将此米加一倍给与。着尚书班第从于成龙处领取分给。"

又亲近侍卫关保传谕领侍卫内大臣索额图曰："内大臣明珠，散秩大臣博第、苏永祚等，将所留米粮料理收贮毕，着速行前来，留侍郎戴通、副都御史阿山在彼处。此路汉军火器营兵丁有愿留米粮者，着戴通、阿山料理收贮，交付看守之人，亦速行前来。"

是日，督理西路运米事务侍郎王国昌等奏至，言："臣等会同查得车内所载西路大兵五十日口粮八千零八十七石，其后所添炮手及鸟枪拨什库口粮五百零八石，余赶车兵众口粮二千八十八石，及赶车夫役口粮、驾车牲口未得青草以前所喂料豆，骆驼所载米粮及马驼之鞍屉绳板、兵众之器械、帐房、锅釜、锹镢等物一千五百正项车辆及巡抚等所捐车一百五十辆，又效力人等所捐三十五辆内，摊载觉重。与巡抚等会议，雇小车一千九百辆装载，将所雇小车价银口粮，巡抚等帮助其赶车兵众口粮取诸省城，则雁门关等处险阻难行，因此取用河滩河朔仓内米粮。又夫役人等一千四百八十石口粮亦于河滩河朔仓内取用。这所取夫役口粮巡抚嗣后补足。臣等又同总兵官毛来凤、许靖国等会议，将载米车辆分为六处，令其各行督运。又将现到情愿效力之人视其力量编为等第均派，亦令随车帮助。其米车照大将军令，于二月二十六日陆续起程，其修路、搭桥、掘井、扎营、侦探、斥候、放马、于军营近处割草、谨慎火烛等项事件，派出文武官员酌量，各任职守。”又奏言：“臣等查得督理中路运米事务都察院左都御史于成龙等咨册内开情愿效力人等内现到湖滩河朔捐助车辆、马匹，又欲亲身效力之原任少卿沙拜等，自备口粮马匹，情愿效力之原任侍郎赵山等，山西省具呈情愿捐助马骡亲身效力之总兵官毛来凤之子、闲散人毛克杰等，自备口粮马匹情愿效力之太原府通判白重熙等，中路分送八十四人内现到四十人。山西省具呈情愿效力者三十七人所捐牲口共四百六十九匹、车共三十五辆，将现到官员人等均分与六处，令其跟随车辆行走。未到官员人等共三十四员名，骆驼牲口共二百二十三匹。俟其陆续到时，分与六处，另行具报。谨具奏闻。”大学士伊桑阿、侍郎朱都纳交奏事敦住转奏。奉旨：“知道了。现今无庸发，俟便中发回。”

二十日丙子 上驻跸和尔博。谕曰：“今日天气阴晦，马匹俱加意苫护。”

乾清门侍卫马武传谕议政大臣等曰：“前曾着前锋兵、绿旗兵在察罕诺尔地方等候，今大将军伯费扬古兵业已前进。偖大兵到时始行起程，则迟误日期矣。现今古北口绿旗兵在昂几尔图地方，彼等皆有车辆，若不令前进，俟大兵到时始令起程，则大兵又至稽留。将此传谕议政大臣等。”议政大臣等会议：“上谕极是。大兵行程不为甚缓，前锋兵、绿旗兵俱宜在前行走。应即遣人谕令，乘便先行。”奏入，奉旨：“既云应令前行，其作何前行，并应隔几程行走、至何处扎环营、各兵于何处总会，俱未向乡导人讯明、议及，但云应令前行，可乎？着再议具奏。”议政大臣等又议：“前锋兵、绿旗兵不必在察罕诺尔地方等候，着古北口绿旗兵现在昂几尔图地方者，酌量趱赴在前之绿旗兵，其两黄旗兵到察罕诺尔时，令越过在前行走。已经奉旨应从察罕诺尔即扎环营问乡导万舒克云，至克鲁伦河俱可两旗并行。今仍着两旗并行，前锋兵距绿旗兵、察哈尔兵两日程前行，绿旗兵、察哈尔兵距两黄旗兵一日程前行，在御营后之兵亦照此行走。俟出喀伦时，将各兵总会于何处，及前锋如何行走之处，再题请旨。”奉旨：“前锋兵着距绿旗兵、察哈尔兵一日程行走，余依议。”

二十一日丁丑 上驻跸昂几尔图。乾清门侍卫马武、户部侍郎阿尔拜察阅宣化府绿旗兵还奏：“臣等出独石口，于十四日至和尔博地方，行及总兵官白斌之兵，转传上谕。白斌言圣明所闻甚确。臣莅任以来，见兵丁未经操练，故于行列进退，总不娴习，实属不堪。但此兵俱系圣上养育之兵，今圣上亲统大兵进剿噶尔丹，此一千五百名兵经臣遴选，其中虽有一二不堪用者，然断不至贻误等语。臣等观张家口兵七百名甚优，护送炮位兵百名，看守炮位、鸟枪兵三百名，此四百名兵断不可少。惟宣化镇标马兵四百名内有一二不堪者，然亦决不至贻误，因令总兵官白斌仍率所带兵一千五百名前往察罕诺尔地方候旨。”奉旨：“知道了。”

亲近侍卫关保传谕议政大臣等曰：“尚书班第随大兵后安站，今若令其在前，当于事有益。着议奏。”议政大臣等会议：“上谕极是。应召班第来，令在前安站。如此设立驿站，一切皆有裨益。”奉旨：“依议。召班第来，令于前途相距一宿地方安站。”

又谕兵部曰：“前途既设立驿站，凡疲乏马匹、骆驼等，务令皆于驿站留养，尔部给以印文，回时执文领取，极为明晰，不至遗误。仍传示驿站人等，若将所留驼马等物如数全交，本人则自加体恤。如漫不经心，致马匹倒毙，则留于伊处何益？前已有旨，着再加晓谕。”

奏事敦住传谕领侍卫内大臣等曰：“马匹关系最要，疲乏者留驿站喂养，曾有谕旨。今沿途既设立驿站，凡马匹及挽车牲口如有疲乏，可俱留于驿站，取具兵部印文。此时青草正发，旋师时此等马匹必皆肥壮，如此则不致伤损，大有裨益。凡疲马切不可轻弃，将此通行明白晓谕。”

又谕领侍卫内大臣索额图、大学士伊桑阿曰：“今日在途，见古北口绿旗兵车辆所载甚重，又无相助之人。若令伊等前行，则其所驮载行李，每日有我兵重载蹑后，行走甚难。若留伊等在后，则彼皆得亲身帮助而行。着会议具奏。”议政大臣等奏：“上谕极是。今应将古北口绿旗兵留御营兵后，视其力能行，则随所遇旗分在后行走。如力不能行，则于汉军火器营后行走。宣化镇绿旗兵若力能前行，仍照常在前行走。若力不能行，亦留在御营兵后，同古北口绿旗兵一处行走可也。”奉旨：“依议。着马武前往谕止。”

马武又传谕曰：“昨会议，宣化镇兵令其得便先行，已经行文。今古北口兵现在胡什木克地方，着令驻扎等候。自宣化府所带红衣炮二十四位，着交付总兵官马进良，随大兵后行。”

二十二日戊寅　早，上谕曰："今日所驻地方，止二十二里沙碛。亦略减各人车辆，到时将马匹于好草处放牧，饮水休息，牲口再行前进。着传谕知之。"

是日，上驻跸胡什木克。谕议政大臣、副都统、夸兰大等曰："此番前来官兵，皆系情愿效力之人，曾云应用物件预备充足，务期成功。兵丁每名部给肥马四匹，今或将疲瘦牲口两匹牵挽车辆，且于米粮之外装载各物，或有载鸡鹅等物者。朕以成功为念，鸡鹅等物尚不携带。又将瘦马留于驿站喂养，屡经传谕，并严谕驿站人等。今见疲瘦之马并无一匹留于驿站，虽极瘦，仍带之而行。此等马匹若皆留养，目前现有青草，自然得肥，回时可以得力。若带往前去，则徒然倒毙。且或有马匹已毙，将仆从人不留至驿站携带前往者，此不过耗费米粮而已，又何益乎？今着领侍卫内大臣、内务府总管、护军统领、副都统、夸兰大等严行稽察，将兵丁疲乏马匹交于驿站喂养。部给四匹马内若有疲乏二三匹者，虽携去无益，察明即并本身留于驿站，将伊膘壮之马别给于人，其瘦马仍留于本人，令于青草处放牧肥壮，等候旋师。其察核沿途驿站马匹并存留牲口米粮等物，俱系紧要，着派在京大臣一员，自存留米粮马匹之驿站以至喀伦，令其往来稽查。如此则于事大有裨益，自京前来大臣当亦愿效力，着将此晓谕在后。"夸兰大等本日将在京学士以上大臣职名写绿头签启奏。奉旨："着库勒纳自备马匹前来。"

二十三日己卯　上驻跸胡什木克。一等侍卫副都统吴达禅传谕曰："问之乡导，据云察罕诺尔地方形势藏蓄，地宽草美，凡应留牲口能至察罕诺尔者，令至彼处再留。其必不能至者，留于此处。可通行传谕。"

二十四日庚辰　上驻跸噶尔图。

二十五日辛巳　上驻跸噶尔图。亲近侍卫关保传谕领侍卫内大臣等曰："今日寒冷，各将瘦马置帐房内，以所带余米饲之，亦为有益，人尚可无恙也。着谕众知之。"

命大学士伊桑阿致祭风雨及口外山川之神。先是，数日风雪时作。致祭后，风止雪霁，天气日渐融和矣。

二十六日壬午　上驻跸滚诺尔。亲近侍卫关保传谕领侍卫内大臣等曰：

“明日驻宿处，草甚丰美。凡瘦马俱着留牧彼地。”

二十七日癸未 议政大臣等奏曰：“先经会议，至察罕诺尔地方令扎环营。今将至彼地，应行题明。”奉旨：“着暂停环营，嗣后逐日启奏。”

是日，上驻跸郭和苏台察罕诺尔。亲近侍卫海青传谕议政大臣等曰：“明日驻宿处甚近，有三十里沙砾，跟随人役，俱着步行。”

亲近侍卫关保传谕领侍卫内大臣马思喀曰：“后营疲瘦牲口及仆从数目，着各夸兰大等查明，交付理藩院员外郎帖图。夸兰大等亦仍将所留数目明白开写，前赴御营奏闻。”

奏事敦住传谕理藩院曰：“牧放所留马匹甚属紧要，凡水草俱美之地，蒙古知之甚悉。牧放看守俱交于蒙古，所留跟随人役，着近河居住，捕鱼为食。所留喀伦之马已交阿霸垓吴尔占噶喇布王。此处所留马匹，着交于王所属修路都统奇塔忒。所留跟役伊主不必给米，若有不能带去米粮，着留于本处官员。俟在后于成龙等米车运到，酌量跟随人等口粮发给。”

二十八日甲申 上驻跸胡鲁苏台。谕乡导护军统领托伦曰：“今日天阴，或恐有雨，马匹俱勿解鞍。应苫盖者，加意苫盖。”

臣等伏睹我皇上自出塞以来，念天气尚寒，时逢雨雪，兼之地多沙碛，恐马匹、骆驼易致瘦损，每切筹画，屡颁谕旨申饬。遇雨则令苫盖，遇风则令调护，于新设诸站严禁擅乘马匹及恣意驰骋，以至沿途牧放。虽解鞍饮水，纤悉委曲之处，睿虑无不周至。兹又特派蒙古诸王等，令将瘦乏马驼留于驿站者，视水草嘉美处牧养。而外藩诸王等感戴皇上威德，亦皆加意养视，马驼仍获肥息，不致捐弃，官兵凯旋，皆可骑用。皇上于轸恤兵丁，蕃育牲畜，计深虑悉。故往返五千余里，而万骑腾骧，人无缺乏，皆由于先事预筹之所致也。

是日，领侍卫内大臣马思喀等以所察郭和苏台地方驿站存留马匹牲口仆从数目缮写折子具奏，言：“阿霸垓卓礼克图王之都统奇塔忒等云，此所留马匹牲口既交与我等，即派本旗骁骑八十名看守。查现在所留马匹牲口计一千四百有余，在后兵丁如有再留马匹牲口者，则共至两千矣。交于八十名骁骑看守，似属不足。若将三百匹马分为一群，可作七群，每群计骁骑二十名，则用一百四十名。除此八十名骁骑外，应增苏尼特之萨玛渣王、阿霸垓之吴尔占噶喇布王，两阿霸哈纳尔、两蒿齐忒，此六旗每旗派章京一员、骁骑十名，择好水草处，谨慎放牧看守，交于员外郎帖图、都统奇塔忒等。又大兵马匹已留于郭和苏台察罕诺尔之驿站，恐有贼盗妄行，须严加管束，被获时即正法枭示，妻子牲口入官。管辖之人一并重处，着晓谕相近扎萨克等。交于员外郎帖图。”帖图云：“法禁虽明，贼盗被获，我安可擅处，乞将此处请旨遵行。”奉旨：“被获贼盗着拿候。其余知道了。”

二十九日乙酉　上驻跸胡鲁苏台。亲近侍卫关保传谕议政大臣等曰：“两黄旗已行在后，六旗着每三旗结队而行，火器营陆续进发。”

又领侍卫内大臣公富善奏曰：“臣于三月二十日奉旨令留库勒诺尔地方，收贮出古北口王以下官兵所带余米。钦遵于二十四日将满洲四旗米已经收贮，其汉军米拟候到时查收。至二十五日汉军都统李正宗、诺穆图等差闲散章京祖良臣、韩都至，咨称，本营兵十三日次郭家屯，十四日由郭家屯起程，次于镶蓝旗护军营十里地方。十五日雨后大雪，仍留。十六日雨雪交作，泥泞难行，又留一日，派夫修道。十七日，次三道营十五里地方。十八日又大雨，路皆冲坏，甚属难行。十九日派出官员兵丁，我等亲视修道。炮位、火药车辆仅能运过，而山水渐至，所搭浮桥俱被冲坏，后兵皆不得进。现今派夫搭桥修道，已过者日行十数里等候，未过之人等因前来。臣向祖良臣等言，尔前队兵某旗已过，后队兵某旗未过之处，文内并未详明。尔等速回问明，以便具题。兵机关系甚大，尔等可向尔都统言，独石口汉军兵丁于二十四日已过此处，应速行修理道路，约计前旗兵所过路程，趋赴和尔博地方会齐，后即照常接续前进。于二十五日即行遣回。臣已守候二日，欲再后则至迟延。臣一面令人探汉军已至何处，令酌量引兵接续前队行走。今将汉军迟误情由奏闻。”奏至，大学士伊桑阿、侍郎朱都纳交奏事敦住转奏。奉旨：“着示议政大臣等。”

四　月

初一日丙戌　上驻跸胡鲁苏台。奏事敦住传谕大学士伊桑阿曰："自今以后，应驰驿事务，须视马力如何，切勿尽力驰骋。凡驰驿时遇驿站官员，则马匹必致劳苦，遇蒙古则差善耳。着将此晓谕驿站人等。"

乾清门侍卫马武传谕领侍卫内大臣等曰："出古北口之四旗汉军火器营兵尚未到，不可不待。朕于明日宿处，须驻跸一日待之，但今日所宿之地，众兵可以驻扎守候。明日宿处众兵不便驻候。着会议具奏。"议政大臣奏言："胡鲁苏台地方宽广，水草俱佳，在后六旗之兵至此地时，应令驻扎。候御营启行后，六旗兵各以三旗并行。明日皇上至苏勒图地方，驻跸一日，其他处驻宿应待在后汉军之处，俱候旨遵行。俟汉军以及镶蓝旗后队再行奏闻。"奉旨："着马武往看，回时再奏。"

是日，赐三旗内府护军牛九头，及八旗火器营兵、绿旗兵每旗牛三头、羊二十只。

初二日丁亥　上驻跸苏勒图。是日，赐喀尔喀台吉老卜藏额尔德尼阿海羊五只。

初三日戊子　上驻跸苏勒图。是日，乾清门侍卫马武至奏："古北口一路火器营兵已接镶蓝旗后队。"奉旨："着仍照常行走。"

马武又传谕曰："自宣化府取来炮二十四位，需用最要。从古北口来汉军四旗火器营，大臣等着交付照看，一同带来。"

初四日己丑　上驻跸哈必尔汉。员外郎石保住报佐领巴图尔来言："三月二十九日，苏尼特多罗郡王额驸萨玛渣旗分之乡导渣卜等六人步行至，云我等曾随侍卫克石图主事保住前去，侍卫克石图于去年十二月十八日至噶尔丹所住土喇之南阿尔哈苏台地方，主事保住于正月十五日至昂阿喇海地方，彼将我两次使人合并一处。至三月十七日嘎尔丹使伊部下尼尔巴噶卜楚喇麻以奏章交付我等，而不给还所骑马匹、骆驼，竟令步行而回，众皆徒步至欧席希地方。今先遣我等前来。"侍郎西喇交奏事敦住转奏，奉旨："知道了。"

少顷，亲近侍卫关保、奏事敦住发出侍卫克石图等报文，奉旨："示议政大臣等，问有堪议处否。"议政大臣等议："据克石图等报，噶尔丹在土喇地方，自宜进兵。但我使未到，现今且无庸议。"奏入，奉旨："传问议政大臣等，噶尔丹其待我兵否？"议政大臣等奏："前噶尔丹遣回阿尔必特祜等时，一面作往工噶劳图地方游牧之状，却仍驻扎如故。今观其驻于土喇而遣回克石图等，或反不等我兵，而竟欲向前遁走，未可定也。"奉旨："噶尔丹若不等候而即遁去，当春月马瘦，能遂脱身走耶？倘遁走时，可被将军费扬古兵追及否？"议政大臣等奏曰："观噶尔丹遣克石图等步行而回，是正欲其迟到，虽出兵不能追及之意。兹春月马瘦，岂能全军皆去，度必零星牵缀，沿途散失。费扬古曾云，是月初三日至翁金，二十四日至土喇，臣等不知道路，若噶尔丹沿土喇奔窜，则必遇将军费扬古之兵矣。"上曰："朕熟计噶尔丹情形久矣。噶尔丹之心，必以为今当春令，正马匹羸瘦之际，此路既无水草，沙碛瀚海又甚难行，大兵势不能到。至于朕躬亲来，彼万难料及。故抢夺我使者之马驼，令步行而回，不过欲坚彼部下蒙古之心，示之以不惧耳，非欲使我兵迟延，彼得远遁也。朕先传谕大将军费扬古，与约师期。今费扬古已预将至土喇日期奏报。若依期而至，两路夹攻，则噶尔丹在我掌握，安能复脱？若我兵先到，噶尔丹不能当我军锋，必连夜逃遁。费扬古兵纵少迟缓，必至土喇地方。噶尔丹以疲敝乍到之兵，费扬古迎击可尽行歼灭。观彼在我使者前举动，噶尔丹早入我计中矣。可将此晓谕议政大臣。"

钦惟我皇上料敌决胜，洞见万里之外。噶尔丹窜处遐陬，自谓天兵阻绝，且春寒地冻，瀚海沙碛，六飞势难远度，故于我使臣前犹崛强以示不惧。而我皇上三路犄角，布置预周，噶尔丹早如釜鱼栏兽，欲遁无所。一时诸大臣犹疑其为缓兵之计，或将先期远窜，而圣明烛照，几先料贼必不能遁，遁必为西路兵所击。虽彼奸诡百出，而其昏迷狂悖，与嗣后溃败奔迸之状，一一如在目前。圣谕谓噶尔丹早入计中，真不啻预操符券矣。

亲近侍卫关保传谕议政大臣等曰："到喀伦时，应将众人马匹如何酌留，即行议奏。"议政大臣等会议："进剿噶尔丹，应拣选马匹膘壮者前往。俱凛遵圣谕，至喀伦时，应察留疲瘦驼马。自王以下大臣官员及有力者，若并人存留，即将所留驼马各令所留之人看守牧放。护军、骁骑、执事人等不留厮役、止留马匹者，现今蒙古王等奉旨留住喀伦，以此所留马匹总付蒙古王等，拨蒙古兵看守牧放。每翼分派部院官二员，会同蒙古王等总管看守。务于水草佳处牧放，勿致遗弃、偷盗。其防备盗贼，应特交付蒙古王等。”奏入，奉旨：“依议。”

是日，乡导噶喇大、护军统领苏丹、侍郎西喇等同奏：“员外郎霍尚以掘井事毕而回，若皇上回銮仍经此路，则沿途所凿之井仍交与霍尚，令所属旗下蒙古修理看守。”奉旨：“着令看守。此番所凿之井甚佳，得水甚多，其指示地方修理道路，俱无可议，深为可嘉。此奉差内外乡导、章京及官兵着察明，俟回京时，令本管大臣交与该部议叙具奏。其沿途之井，交付掘井章京，令一体用心修理看守，仍选择何井水佳，以备汲用，毋得以上用之井。另行修治。”

初五日庚寅　上驻跸和尔和。

初六日辛卯　上驻跸格德尔库。吏部右侍郎安布禄等奏至，言：“臣等前留员外郎石保住侦探，于三月二十六日启行前来，于四月初五日至科图地方。是夜有喀尔喀人塔尔拜至，云我系喀尔喀多罗郡王葦罗卜多尔即之祖叔台吉滚济渣卜墨尔根阿海之人。我台吉同扎萨克台吉车陵渣卜于塔尔吉而即等处游牧，闻噶尔丹抢掠纳木渣尔托音之信，我台吉同扎萨克台吉车陵渣卜及扎萨克台吉阿里雅等往东游牧，在俄浓之奇姑尔苏地方居住。我台吉共领四十余户，将及二百口，今来归圣上，于四月初一日已至公车木楚克纳木渣尔旗分地方，为此奏闻。”侍郎西喇交奏事敦住转奏，奉旨：“知道了。”

初七日壬辰　上驻跸塔尔奇喇。是日，上谕：“此地水草甚佳，明日仍驻跸。着通行晓谕。”

又正黄旗内府护军夸兰大费扬古等奏：“护军内有马三、四、五匹者，计八十一名。有两匹者，七名。有一匹者亦七名。应取此七匹补给有两马之护军，共计随行护军八十八名，取过马匹护军七名，因马瘦留下护军二名，现存马共三百零四匹、骡十五头、骆驼十二只、牛四十一头。应留马四十五匹，分别具题。”亲近侍卫关保传旨：“这分别甚善。以无马之护军留下，则所留之疲马有益。将伊肥马一匹给与前去之护军，则前去之护军亦有益矣。着议政大臣等议奏。”议政大臣等议：“上谕极是。应照所题传谕后队大兵，各将所留人马数目察明奏闻，存留喀伦可也。”奉旨：“依议。”

先是，遣掘井官员等至塔尔奇喇地方，遍视无水。适有坚冰凝结之处，极力浚凿，忽清泉从石下溢涌，导之，遂成巨流。自是师行往返，人马资用不竭。惟我皇上统兵剿寇，每事皆合天心，故地灵效应，泉流涌溢。众军咸获攸济，非所谓助顺佑信、吉无不利者欤？

初八日癸巳　上驻跸塔尔奇喇。奏事敦住传谕领侍卫内大臣等曰：“牧马之处，务小心火烛。倘不谨慎致烧牧草，后队之兵如何行走？若获失火之人，将伊主一并严加议处。着通行晓示。”

是日，上谕：“前锋兵、镶黄旗兵、正黄旗兵、察哈尔兵、绿旗兵此五营现在一处行走，伊等放牧马匹，俱遵法度。今草甚茂，着将御营相近，迤西牧草留以待用。行走时，在前一程驻扎，勿相去太远。”

赐护送骡驼之蒙古牛十头。

遣大学士伊桑阿致祭风雨之神及界外山川之神。

初九日甲午　上驻跸僧色。理藩院等衙门奏，四月初八日奏事敦住传旨：“谕理藩院，两番所遣蒙古同在内之人，行走劳苦，甚为可悯。着会同大学士伊桑阿，将前同阿尔必特祜遣去蒙古赏赉之例察出，加增议赏具奏。”臣等会议：“察前与阿尔必特祜等同去蒙古，曾赏赉衣服、绸缎、毛青、布匹，今随侍卫克石图、主事保住等前去佐领二员、骁骑校二员、委署骁骑校一员、乡导四人、兵七十一名，因在塞外，免赏衣服、绸缎、布匹，佐领、骁骑校、乡导等人各赏银三十两，兵丁各赏银十五两。再仆从二人同兵丁步行前来，应各赏银五两。现在此地者，由户部取银赏给。未到者，移文该部，俟伊等赴京城之便由部内赏给。”奉旨：“佐领、骁骑校、乡导各赏银五十两，兵丁各赏银三十两，仆从各赏银十五两。余依议。”

是日，上谕：“今日风发，天气寒冷，应将马匹遮护。着通行晓示。”

亲近侍卫关保传谕议政大臣等曰：“自京城取来马三千匹，现在兵丁，每旗给一百五十匹乘用，则赶马之人亦觉有余。着议奏。”议政大臣等议：“先奉旨问时曾奏，兵丁现无用马之处，将此马赶去，待临用时给与，殊为有益。今将此马即给兵丁，俾伊等得留疲乏马匹。如此不但兵丁有益，马亦不致遗弃。凡此马匹俱系朝廷官马，八旗兵每旗应给与一百五十匹，火器营兵二千名应总给与五百匹。”奏入，奉旨：“马匹以明日到。着到时议奏。”

镇守黑龙江等处将军萨布素移文行在兵部言：“遵旨整饬军旅，于四月初六日起程向克鲁伦前进，应于何处会师，乞作速行文。我兵自四月初六日始，计各携三月口粮。兵行以粮为要，三月以外接续米粮，烦部中拨支，勿致断绝。”又与理藩院拨什库阿礼马文内云：“自墨尔根至克鲁伦所入胡伦鄂漠之口，计一千七百七十里，须行四十余日，经过蒙古索伦交界之塔喇齐岭。”大学士伊桑阿、侍郎朱都纳将此二文交奏事敦住转奏。奉旨：“将军萨布素之兵来亦无及，兵马徒然劳顿。着萨布素于喀尔喀河相近好水草处喂养马匹，可将谕旨移文与之。”

亲近侍卫关保传谕曰：“先是诸军未至喀伦，禁止喧哗及营中火烛未甚严切。今已至喀伦，着将此严加禁止。自明日始，着列环营。”

先是会议至多云地方即结环营，上命俟至察罕诺尔。既至，复令少缓。兹已抵边界，遂有是谕。盖天兵所届，未出界外，无烦警备。且使兵力得以休息。至于出界以后，则行必谨行列，止必严壁垒，圣心筹策，动合机宜如此。

关保又传谕兵部：“着移文于成龙，将第一运之米以至何处，从驿站作速报闻。第二运之米至何处，亦着陆续申报。”

初十日乙未　上驻跸科图。内大臣索额图、大学士伊桑阿等奏请皇上回师。上大怒，切责之时，驾次科图。前所遣俄齐尔使于噶尔丹还，言噶尔丹有兵二万，又借俄罗斯火器兵六万。内大臣索额图、大学士伊桑阿等大惊，入奏曰：“噶尔丹之去已远，圣上当徐还。使西路兵前进。”上召内大臣公佟国维等入行幄，谕曰：“朕以噶尔丹侵扰喀尔喀及外藩蒙古，此番秣马厉兵，整军运饷，分路进剿，曲尽筹画，告祭天地、宗庙、社稷，务期剿灭噶尔丹而后出兵。自兵丁以至厮役，无不思灭噶尔丹者。而大臣内竟有怯懦、不实心勇往向前之人，或前经行间获罪而不思效力自赎，或因出身微贱而畏惧大臣依违行事，朕惟一意前进，以剿灭噶尔丹为念。况尔大臣俱系情愿效力、告请从军之人，乃不奋勇前往，逡巡退后，朕必诛之。不知索额图、伊桑阿等视朕为何如人？我太祖高皇帝、太宗文皇帝亲行仗剑，以建丕基，朕不法祖行事，可乎？指顾间噶尔丹可擒可灭。既至此地而效妇人选蠕退缩乎？且大将军费扬古兵与朕军约期夹击，今朕军失约即还，则西路兵将何如？还至京城，何以昭告天地、宗庙、社稷乎？”时怒甚泣下。佟国维等免冠叩首奏曰：“皇上谕旨极是。臣等真怯懦妄奏，死无地矣。”顷之，车克楚至，言噶尔丹未尝遁去，仍在克鲁伦，众始晓悟。

理藩院侍郎西喇等奏：“阿霸哈纳尔贝子额林辰达席预备行粮马匹，随驾出征。”随传谕额林辰达席贝子曰：“尔欲随征之意极是，行兵惟恃马匹，今尔蒙古马匹正在极敝之时，朕军中之马皆肥健，且又择其微瘦者留之，故尔之阿霸哈纳尔、阿霸垓王、贝勒等争告出兵，朕皆不许。将所留马群交付看守，一则马力不堪，二则众皆不去，尔独去何用？此处周围系尔等两旗地方，熟知水草者，无如尔等明白。况此番尔两旗所修道路、搭桥掘井，皆无可议，甚为可嘉。尔亲身同尔两旗王、贝勒等率领官兵，将所留马群公同看守，在好水草处牧放肥健，俟回时充然有余，不致有误，即与尔等出兵效力无异。看守马群不可易视，须留朕回銮时。青草最为紧要，务加意勤勉，朕岂有忘尔等出力之理乎？”

一等侍卫副都统吴达禅、亲近侍卫吴什传谕蒿奇忒多罗额尔德尼郡王达尔马几礼第、多罗郡王雅木披尔曰：“尔等马匹疲瘦，可领尔旗下台吉等留于喀伦同阿霸垓吴尔占噶喇布王等，将所留马匹、骆驼在好水草处牧放。大军回时，若马匹尽皆肥壮，即尔等之功矣。”达尔马几礼第、雅木披尔回奏言：“臣等马匹虽瘦，本愿随驾效力。今奉旨怜悯臣等马皆羸乏，命留视兵丁马匹，于好水草处牧放，臣等当觅水草善地，竭力以监牧也。”

又亲近侍卫吴什传谕：“喀尔喀公车木楚克纳木渣尔旗分之乡导齐旺跪奏言，我虽无马匹，欲将圣上赏赐银两为路费，步行效力等因奏闻。奉旨：‘齐旺着上驷院给马骑乘，仍令理藩院管给饭食，带往行走。'"

是日，上谕议政大臣等曰："自京城每佐领下出兵七名，每人给马四匹，四人共骡一头。今每旗留八十名，则八旗共留六百四十名矣。合绿旗兵、察哈尔兵、自京城赶马来护军二百名，通共计算比原数仍多。计所留八十名兵丁之马骡共三百四十有余，于此马匹内拣膘肥者可得马一百五十匹，再添自京城带来马一百五十匹，则每旗三百匹矣。若给火器营兵每旗一百匹，二总兵官下绿旗兵各五十匹，马自有余。这所留兵八十名，着留十五日口粮，其余米粮给与前去兵丁。其补还此项米粮，俟于成龙运米到日照数补给。此马三千匹内拨给兵丁，所剩着交与上驷院。其赶马来护军二百名，令归各旗营内行走。着会议具奏。"议政大臣等会议："今选兵进剿噶尔丹，视马匹肥壮者每旗拣取一百五十匹，于自京城带来马三千匹，凑合每旗应给三百匹。火器营兵每旗应给一百匹，二总兵官下绿旗兵应各给五十匹，将分给所余之马交付上驷院，其赶马来官兵仍归各旗营内行走。此所留八十人，应留十五日口粮，将所余之米拨给前去兵丁，其补还此项米数，俟于成龙运米到时照数补给。"奏入，奉旨："在前之兵若将赶来马匹复赶送前去，则马匹劳苦。内御马匹有马八百匹在前，将此马内给与前锋兵一百匹，给与两黄旗三百匹。其在前行走之绿旗兵将，兵部马给与五十匹。给此马时，着马思喀、答礼善、安布禄看给。其在后绿旗兵、汉军火器营兵、绿旗兵马匹，着索额图看给。给此马时，内御马群马一千匹不用给与。着将兵部赶来马匹取其膘壮者五百，并自京城赶来旗下马匹照数给与。设或一旗马皆堪用，无可留之兵，口粮、马匹俱不致有误，本旗大臣具保，即不必留。有欲留四五十名者，亦视其本旗具保留之。再所留护军、骁骑，尔等亲身与本旗大臣等验视、分别，火器营兵有欲留几名者，听其留下；官员内有无马者亦听之。此前所留之兵，不可无大臣管领。着左都御史傅腊塔、副都统海兰在此驻扎，总管兵马，遣人查看哨口，侦探消息。仍留礼藩院才能官一员。"

亲近侍卫关保传谕大学士伊桑阿曰："兵部带来马一千匹，尔可亲往阅视。"本日将马察看毕，兵部马一千匹内除给用外，察得马九百余匹。四分膘以上现在可用着三百匹，二三分膘喂养可用者五百余匹，瘦瘠之马一百余匹。奉旨："所称可用马三百匹，着拨给绿旗兵。再将二百匹跟随行走，余马尽留此处，着用心牧放。其牧放之人严加晓谕，此马若再不肥壮，断不轻恕。朕御马群马匹总无疲瘦，尚然肥健。马匹关系紧要，屡经传谕，另加谨慎，毋致疲瘦。今乃怠忽致若干马匹俱不堪用，着将侍郎朱都纳严加察议，其经管赶马来者，再察问其人。"兵部察议，侍郎朱都纳前后所供，矛盾巧饰，郎中索济、员外郎傅常系特遣之官，漫不经心，致马羸瘦。阿思哈尼哈番胡光前、佐领闵世祯，阿达哈哈番蔡宾、伊兰布、罗必达、吴裕尔图、李云生、姜振等系特遣牧放官员，亦皆怠忽，致马匹羸瘦，应俱革职。其进剿随带马二百匹，仍着索济、傅常、蔡宾、伊兰布、罗必达、吴裕尔图前去牧放，如仍使马匹羸瘦，加等治罪。所留马匹留胡光前、闵世祯、李云生、姜振看守放牧。回军时马匹不能肥壮，亦加等治罪。胡光前等曾言马匹疲瘦，郎中伊特库、员外郎赫韶瑟云，尔等但视有圆印者收取，未令拣选肥壮。此处俟兵部大臣等回时严加议处，案内一并察议。奉旨："依议。"

十一日丙申　上驻跸科图。领侍卫内大臣等奏："原会议，营中四门每门设子母炮二位，奉旨不必用子母炮，着安设内造炮。后都统等奏，内造炮留宣化府二十七位，已将十六位交与汉军官兵。今既结环营，此炮应每旗取一位，安设营内。"奉旨："准取来安设，此处见有二位，着再取六位来。来时勿催迫，令其量力而行。"

是日，领侍卫内大臣公福善奏："臣顷奉谕旨：'火器甚属紧要，今俱在后设，又需用之处，必遣人往取。尔既在后营，务加意令其附近行走。如有所取，速送前来，不可有误。'臣谨公同会议：在后火器，应令都统等催趱向前，俱接御营行走。需用时如有所取，臣亲身趱送，似断不至迟误。"奉旨："着议政大臣等议奏。"议政大臣等会议："火器最属要需，应趣令向前，接御营行走。"奉旨："依议。毋劳苦兵丁，可令从容前进。"

十二日丁酉　上驻跸科图。是日，行在兵部行文沿路驿站官员："凡大将军伯费扬古题奏事件所到驿站，即作速递送御营，勿误时刻。此文着递传至驻扎土木之兵部侍郎马尔汉处。凡大将军所奏事件如至马尔汉处，亦着交与驿站速送御营。”

十三日戊戌　上驻跸苏德图。奏事敦住传谕曰：“前遣护军参领车克楚等侦探厄鲁特踪迹，顷来奏云，现今噶尔丹由克鲁伦河顺流而来，所住之处，大兵十日内可到。应行文于成龙，着将三百骆驼、一百五十车所载粮米陆续运至，勿致有误。噶礼头运米粮亦令随后运到。总兵官岳昇龙着选所属兵丁，兼程趋御营前来。”

又谕议政大臣等曰：“据车克楚等来奏云，噶尔丹兵由克鲁伦河顺流已至伊渣尔矣。若闻我兵信息，回渡克鲁伦河，由俄浓巴尔济之后绕道向塞棱格逃窜，亦未可知。陕西一路兵有阿南达在内，彼处周围地方，阿南达悉知。费扬古兵及陕西兵，一闻噶尔丹由克鲁伦河顺流而来，必随后速进。此两路兵俱随后进，则塞棱格地方无堵截之兵矣。陕西兵应预留塞棱格，费扬古兵或仍留土喇，或蹑噶尔丹后，令向前来。着会议具奏。”议政大臣等会议：“皇上手诏谕大将军费扬古极其详备。应行文大将军费扬古，令防贼兵遁走塞棱格，预留陕西兵堵截去路。伊仍令大兵蹑后前来。凡事俱钦遵训旨而行。皇上手诏应誊写移知阿南达等。”奉旨：“依议。”

又亲近侍卫关保传谕曰：“今已出喀伦，尔等皆久历行间大臣，甲胄、器械应如何带往，着会议具奏。”领侍卫内大臣等会议：“自明日始，撒袋内各带战箭二十枝。随驾两班侍卫着专尼大各负小旗，穿绵甲扈从，其跟随行李专尼大，亦着负小旗行走。”奉旨：“是依议。”

又奏事敦住传谕侍郎西喇、侍读学士喇锡曰：“扎萨克、王、台吉等及喀尔喀王、台吉等，着俱驻扎一营。伊等不可无总领，科尔沁达尔汉王班第既系亲王，着为总领，令其通行照管。”

又谕领侍卫内大臣索额图曰：“尔谕在后兵丁知悉，此去二程胡鲁苏台察罕诺尔地方，朕在彼处驻营以待。着后军趱赴前来，毋疲劳马匹。”

十四日己亥　上驻跸胡鲁苏台察罕诺尔。谕议政大臣等曰：“厄鲁特噶尔丹由克鲁伦河顺流，已至伊渣尔厄尔几纳克地方，我西来两路兵及中路兵俱近克鲁伦河矣。噶尔丹势蹙，或向东窜入，亦未可知。着盛京宁古塔兵前往索岳尔济山屯扎，黑龙江兵亦赴彼会齐，此处从直路行文，再移会京师，另转文去。”

又督理中路运米事务左都御史于成龙移文行在兵部："为钦奉上谕，报明，事前直隶头运粮车到和尔博站已经申报。十二日直隶头运第二队夸兰大游击刘泽寰所管粮车二百辆内，一百辆已至和尔博站，余一百辆至库勒诺尔地方。头运第三队夸兰大都司丁延祥所管粮车二百辆内，七十五辆已至和尔博站，余一百二十五辆至库勒诺尔地方。二运头队夸兰大按察使刘皑所管粮车二百辆俱至库勒诺尔地方。"大学士伊桑阿交奏事敦住转奏，奉旨："知道了。此报殊可为大喜也。"

十五日庚子　上驻跸胡鲁苏台察罕诺尔。谕领侍卫内大臣索额图、内大臣公常泰曰："今大兵已出喀伦，应令几旗前行，几旗后行，着会议具奏。"议政大臣等会议："今已出喀伦，应着前锋军在前行走，次八旗、汉军火器营、察哈尔宣化镇古北口绿旗兵行；次御营，并上三旗行走，次五旗行走，总兵官岳昇龙至亦同绿旗兵行。"奉旨："依议。"

十六日辛丑　上驻跸喀喇芒鼐哈必尔汉。驾入行宫时，宣化总兵官白斌等率官兵跪迎。上顾谓白斌等曰："尔等俱经历战阵之人，今于朕前领兵进剿，与他次不同。果著有劳绩，尔等之功断不致泯没。若遇敌时，宜各加勉励。"既入行宫，未几，赐总兵官白斌御用帽及袍褂；副将施世骠，参将张维、焦相圣袍、褂各一袭。赐总兵官白斌、马进良标下兵丁每营牛二十头、羊三十只。又遣御膳房章京莫洛浑等传谕："撤今日御用茶饭食物，均赐众官兵。"于是众皆列坐会食。既毕，总兵官白斌等跪叩奏曰："臣等系边陲武弁，行间效力，乃臣等职分。此次出征，屡蒙重赉。今既赐众官兵牛羊，又赐臣等上用食物，并御用冠服，臣等实不克当，虽古之解衣推食，何能及我皇上殊恩？若遇贼寇，务行剿灭，以报皇上高厚于万一耳！"众官兵俱鼓舞欢跃，奋勇百倍。

行在兵部题为察得遵旨分队事，先经议政大臣等会议奏准："头队中间着排鹿角，列绿旗兵丁；其次左右翼列汉军炮手、枪手；其次左右翼列满洲炮手四百名。护军枪手每佐领一名、护军一名、亲随护军一半、枪手兵一半。其派充巴图鲁及情愿告往效力人等，着为头队。其二队每佐领护军一名、亲随护军一半。皇子及王、贝子、公等俱着为第二队，左右两翼每佐领护军一名，护军枪手一半，枪手兵一半，着在后排列。凡行李在二队后。各按旗分队伍，于百步外安置。再每佐领前锋一名，护军枪手一半，内府护军三百，各部院衙门大臣官员、笔帖式等及内府执事、兵丁，俱在御前以备指使。察哈尔兵八百名、扎西王兵五百名另为一队，以备追勦。扎萨克兵随到，俱归入察哈尔兵内"等因在案。将出兵时，上谕每佐领减去护军一名，今因将某队护军一名减去，谨题请旨。奉旨："前分派每佐领八名兵丁之时，第二队曾派护军一名、亲随护军一半，今既减去护军一名，着将第二队护军一名减去，其余亲随护军一半并朕前所有护军、枪手一半，合为每佐领一名。余无庸调拨。"

是日，赐乡导参领伊勒尔图等羊三只、内府护军格尔特羊一只。

十七日壬寅 上驻跸喀喇芒鼐哈必尔汉。领侍卫内大臣马思喀、都统侯巴浑德、护军统领托伦奏准行在兵部："咨奉旨：'二队亲随护军一半及朕前所有护军枪手一半，合为每佐领一名，钦此。'头队每佐领亲随护军一半，并二队每佐领亲随护军一半，合为每佐领一名。其护军枪手四百名应派为头队。"奉旨："如此甚善，即如所议行。"

是日，上谕："朕前颁手诏与大将军费扬古，不知曾达与否，其兵现抵何处，至今未见题报，今作速移文费扬古，朕亲率大兵于四月二十五日可至克鲁伦地方，其兵已至何处及何时可至土喇、巴颜乌兰地方，着明白开报，由旁路驿站作速具奏。"

又谕领侍卫内大臣等曰："火禁竟不能行，着再加严禁。以后或尔等营内、或哨口、或斥候牧马之处，终夜无使张灯举火，务行禁约，着派官兵巡拿。仆从人等被获，将伊主从重治罪。若不行拿，究被旁人捕告者，将伊等并行治罪。"

谕兵部岳昇龙："着驰驿来，所领兵丁着兼程前进。"

十八日癸卯 上驻跸席喇布里图。是日，亲近侍卫关保传谕领侍卫内大臣索额图："朕今日至此，见汉军犹未起营，被臣赶及，如此必致误事。伊等难以凭信，应派此处大臣管领行走。着会议具奏。"领侍卫内大臣索额图随将内大臣以下、侍郎以上职名写绿头签启奏。奉旨："前行八旗前锋兵、汉军火器营，与四旗察哈尔兵及绿旗兵行走，统领不可无人，着皇长子与尔亲行前往，统领行走。朕十九日在今日所驻之席喇布里图地方停留，汉军火器营、察哈尔兵、绿旗兵令十九日在今日所驻之西巴尔台布喇可地方停留，以候皇长子。皇长子在汉军火器营内驻扎，八旗前锋照常行走。每旗派出前锋二名，并酌派该管官护卫皇子。所派前锋必于十九日前往西巴尔台布喇克地方。其八旗前锋、汉军火器营、察哈尔兵、绿旗兵俱着于拖陵布喇克地方停留，等候御营。”

是日，传谕皇长子看赏八旗、汉军火器营兵，每旗牛三头、羊二十只。又赏随骆驼行李人羊只。

十九日甲辰 上驻跸席喇布里图。是日，罚侍郎阿尔拜俸一年，正黄旗三等侍卫星安、正黄旗内府司库张实君等俸三个月，正白旗二等侍卫委署章京巴都立俸六个月，光禄寺署丞清保、国子监八品笔帖式华色等俸六个月，俱坐不严束跟随人役，致使违禁举火故也。

二十日乙巳 上驻跸西巴尔台。

二十一日丙午 上驻跸西巴尔台。亲近侍卫关保传谕曰："前费扬古奏称，伊等大兵于四月初三日至翁金，二十四日至土喇，二十七日至巴颜乌兰。俟兵至翁金之日再行驰奏。朕依所奏日期，亲统大兵而来，已与噶尔丹相近。而费扬古至翁金日期尚未奏报，则其至土喇日期无由得知。朕两次驰谕，亦未经回奏。着喀伦驿站与土木驿站各移文费扬古，伊等兵现至何处、何时至土喇与巴颜乌兰，另作速报闻。”

是日，抚远大将军领侍卫内大臣伯费扬古奏至："为恭谢天恩事，顷蒙颁发上谕，臣谨启函，仰见圣体万安，臣等及各员军士不胜欢忭。又荷皇上格外殊恩，特加宠问，捧读甫毕，众皆感激谢恩。臣等谨率官员、军士仰请皇上万安。伏蒙皇上洪庇，臣等无恙，官员军士亦各无恙。二十二日雨雪，士马亦无甚劳苦。为此奏闻。”大学士伊桑阿交奏事敦住转奏。奉旨："知道了。”

费扬古等又一疏言："三月十九日蒙颁上谕，于本月二十八日未时已到阿尔哈林图地方。三月十六日臣等大兵所行之路并未遇雨，本月二十二日遇雨，至晚复雪，道路稍泥泞，故迟误一二日。至于载炮之车，日行不过二三十里，不能随大军即到。因是将神威等大炮留于喀伦，着绿旗兵守护。近蒙皇上颁发新造炮八位，并景山之子母炮四位，江南送到子母炮五十五位，已用大同所养骆驼二百只驮载前来。运粮正卿喻成龙、侍读学士范承烈于三月二十四日至臣敖汉察罕和朔行营，言粮车于二十二三日始出喀伦，路上水草缺少，而牲口系从太原径至此处，故皆疲瘦。今将十五日口粮留于喀伦，以备大军凯旋之用；有十五日口粮运至翁金等处，预备其二十日口粮，用小车选驾车牲口内可用者运至土喇地方，支给大军。臣以大军口粮关系甚要，因会议将十五日口粮留贮喀伦，其三十五日口粮着尽行运至土喇地方。若小车及所选驾车牲口不足，着将拨给驮炮所余空行骆驼助运。议定，已交给喻成龙等去讫。臣自归化城启行时，曾遣问宁夏兵几时起行，何日到翁金地方。据孙思克等回称，我等之兵于二月二十二日起程，行三十八日可至翁金。近蒙颁到上谕，随遣人往，令将宁夏兵行至何处作速申报。臣于四月初六日屯扎翁金口之东席喇胡鲁苏台地方，因大军悉按掘井处安营，故分两队而行，于初七日留居一日。俟后队大军至，于初八日并进，驻扎于乌兰厄尔几地方。若宁夏兵于初九日至乌兰厄尔几地方，臣等或一路进兵，会同定议，俟商南多尔即诣御前时，明白具奏。若仍不至，据正月二十八日奔来喀尔喀逃人曾有噶尔丹今在土喇上流之语，臣等亦不便久待，即于初十日启行进趋土喇矣。其宁夏兵到时，着随后进发。又乡导等约略计云，初十日自乌兰厄尔几起程，行二十二宿，于次月初三日可至土喇河喇克山之西克勒和朔地方。谨此奏闻。”大学士伊桑阿交奏事敦住转奏。奉旨：“着议政大臣等并在第三营内王、大臣、副都统等公同会议具奏。”

先是，十五日曾遣拨什库讷尔布、纳木渣尔王之长史库即根等七人往克鲁伦河侦探厄鲁特信息，讷尔布等觇见厄鲁特哨卒约有三十余人而还。比至，亲近侍卫关保、海青、吴什等奏闻。奉旨：“讷尔布往返事可谕议政大臣及两营大臣等知之。”

又亲近侍卫海青传谕曰：“讷尔布两次往厄鲁特处侦探信息，著有劳绩，着给以拖沙拉哈番品级之官，俟至京日另加恩赏，今且暂充拨什库行走。长史库即根着赏银五十两，乡导索诺木等着各赏银三十两。”

又理藩院等衙门奏曰：“喀尔喀扎萨克一等台吉车陵渣卜咨称，噶尔丹波硕克图侵掠纳木渣尔拖音之后，我等即欲那移前来，而贼已在我之前，因而我等潜往俄浓之西，今始得向前挪移，遣人觇贼驻扎之处。如贼尚在，即擒其生口，因于土喇之察罕努姑图地方，拿护伊疆界之人。据被获之人言，贼与其妻子同来等因。四月二十日奏闻奉看守。”奉旨：“将此交与部院大臣官员营内，伊等亦皆兵也。即着伊等看守前往。”

二十二日丁未 上驻跸西巴尔台。王、大臣等遵旨会议，信郡王鄂扎贝子苏尔发，宗室公蒲圻，和硕额驸尚之隆，都统都思噶尔巴浑德、周卜世、阿锡坦、石文瑛、王永誉，护军统领托伦苏丹，散秩大臣布克叨，副都统噶尔必、锡柱、胡世巴、凯音布、莫洛浑、阿喀纳，侍讲学士席尔登，理事官温达等一议曰：“臣等窃思，噶尔丹若果有待我军之意，则我亦可俟西路之兵矣。若不能御我军威，欲行逃窜，则其他地方宽阔，闻信预遁，必相隔辽远。今量西路兵所到奉旨：‘着交该部。钦此。’臣等议，扎萨克台吉车陵渣卜遣人拿获厄鲁特生口，俟至京日将扎萨克台吉并拿获生口之十二人应作何加恩之处，另议具奏。”奉旨：“着同大学士伊桑阿即议，颁发温旨。”

又理藩院奏曰：“四月二十日，亲近侍卫吴什传旨：‘喀尔喀扎萨克台吉车陵渣卜所获二人着拘系随行，其押送之喀尔喀等亦着随行，俟至克鲁伦，各遣回其家。钦此。’厄鲁特二人即拘系随行，不可无看守之人。查随征各扎萨克、王等俱未领兵前来，惟喀喇沁王扎西及公沙木巴喇锡领兵至。今议着此二旗派官二员、兵十名与臣衙门官员、笔帖式、拨什库等一同之期缓行，以待两路夹进似为有益。事关重大，请旨定夺。”领侍卫内大臣苏尔达、马思哈，内大臣明珠，大学士伊桑阿，侍郎安布禄、西喇，侍读学士喇锡等一议曰：“臣等前因大将军费扬古原奏内有二十四日至土喇之语，度等待之期不甚久远，因曾奏请俟费扬古兵至然后进发。今奉谕旨，言‘自阿勒克山之克勒和朔至土喇河上流尚有五六日之程，尔等问明乡导议奏。’臣等询问，乡导万舒克等言，自阿喇克山之克勒和朔前行八宿，第九日始至巴颜乌兰地方。噶尔丹若由巴颜乌兰后逃窜，亦有去路。如此，则等候日期大远。若我军不进，噶尔丹不战而走，则相去辽阔，一时难于追获。今我军似应前进，酌量而行。事关重大，请旨定夺。”宗室公吞珠、领侍卫内大臣公国舅佟国维、副都统阿尔纳、学士宋柱等一议曰："中路大军前进，宜近抵克鲁伦河。前奉上谕，有欲遣使往噶尔丹之语。若费扬古之兵可待，即往来遣使，延缓日期，以待费扬古之兵。若有可行事宜，我军势大，可即行剿灭。噶尔丹极其狡猾，若顺克鲁伦河下流而去，我大军已近，即可进剿。如大军不近抵克鲁伦河，而噶尔丹顺克鲁伦河下流，过一二日，则我大军似难追及矣。事关重大，请旨定夺。"奉旨："遣乾清门侍卫马武往皇长子营内，侍读学士喇锡往五旗营内商之。"是日，亲近侍卫关保传谕曰："抚远大将军费扬古兵行稍迟，朕缓行以待之。可行文于成龙，着乘此时将所运米石作速陆续运至。"

理藩院等衙门遵旨议喀尔喀扎萨克台吉车陵渣卜等事奏："臣等会议，喀尔喀扎萨克一等台吉车陵渣卜等，当噶尔丹侵掠纳木渣尔拖音时，曾避往俄浓地方居住。今输诚效力，遣人往觇噶尔丹住处，获其生口，拿获厄鲁特俄七里及马木忒前来，殊为可嘉。车陵渣卜应传谕旨，云尔效力行走，遣人拿获生口，上甚嘉悦。嗣后尚能如此尽心效力，其进爵颁恩必不少靳。尔拿获生口之事，俟至京再议。到京之日，车陵渣卜等及拿获厄鲁特二人之车陵渣卜属下五人、扎萨克台吉阿里雅属下二人，汪渣尔贝勒属下塔布刚古特之五人，共十二名，将加恩之处另行议奏。车陵渣卜今已移向喀伦至辉都尔哈喇毕劳地方，应令其入喀伦内居住。"奉旨："知道了。"

是日，赐上三旗护军及执事人等每旗羊三十只。又赐喀尔喀端敦王旗下骁骑校顾尔齐克羊二只。

二十三日戊申 上驻跸西巴尔台。侍读学士喇锡至，奏言统领正红旗兵皇四子胤禛，宗室公齐克塔哈，内大臣公常泰，都统齐世，护军统领鄂克济哈，副都统渣喇克图法喀，阿达哈哈番顾巴代，侍读学士觉罗华显；统领镶白旗兵僖郡王岳希贝子吴尔占，都统噶尔马，护军统领桑格苏赫，副都统纳秦；统领镶红旗小营兵宗室公苏努，副都统乌赫；统领正蓝旗兵显亲王丹臻，副都统崇古礼禅布，侍郎常绶，闲散宗室哈尔萨；统领镶蓝旗兵康亲王杰书，贝子鲁宾，内大臣阿密达，都统喀代，副都统鄂飞、龙西库，裕亲王福全，恭亲王常宁，简亲王雅布等议："臣等众意以为，大将军费扬古兵至土喇之期尚早，若中路大兵即行前进，使噶尔丹知皇上已至，旋即逃窜，便得脱矣。今视水草佳处堪容八旗兵者，暂行屯驻。约计将军费扬古兵之至，然后前进。则噶尔丹之后已为所截，因而夹击之，于事有益。纵令噶尔丹依克鲁伦河顺流而去，自有盛京、乌喇、黑龙江等处兵在彼，而我大军复进抵克鲁伦河，以断其归路，亦复有济。事关重大，请旨定夺。”

统领镶红旗兵皇三子胤祉，领侍卫内大臣公福善，副都统孙渣齐，侍郎席尔达，学士三宝等议：“臣等众意以为，大将军费扬古疏内虽称兵行迟延五六日，约计今已至翁金之路矣。噶尔丹现在巴颜乌兰近处，若待费扬古兵至，迟延时日，恐贼万一闻风即行逃窜，亦未可知。今以中路大兵剿灭贼寇未为不足。既已近抵克鲁伦河，似应一面移文，催西路之兵，一面使贼不及为备，前往击之。事关重大，请旨定夺。”

是日，乾清门侍卫马武至，口奏领侍卫内大臣索额图，都统诺穆图，副都统公孙征灏、雷继尊、费扬古、赵铁、喻维邦、张朝午等一议，谓应缓行以待；都统公鄂伦代，都统李正宗、硕鼐，尚书班第，副都统张所知、巴赛等一议，谓应即行进兵。奉旨：“三旗营内王、大臣等不必召集，着现在此营内。”议政大臣等议奏，大臣仍持两议。口奏，奉旨：“至明日驻跸处具奏。”

是日，皇长子胤禔等奏至，言：“臣等十九日自席喇布里图地方起行，驻扎西巴尔台。二十日驻扎察罕布喇克，二十一日至拖陵。宣化镇绿旗兵交与汉军火器营所带神功炮二十四位，于二十二日晚始至。问随炮该班两日之大臣镶蓝旗汉军都统诺穆图、正蓝旗副都统喻维邦、镶蓝旗副都统张朝午、宗室巴赛等运炮何以迟误。据称此三宿相距八九十里，驾车骡匹已疲。我等沿路休息而来，故今日始至。臣议神功炮与别项军器不同，军需中最为紧要，需用时断不可误。至于载炮之车二十四辆，内二辆其轮已坏，将此修理，止可架炮。今将炮载于别车前往，将此修理之车空驾而行。”又奏：“臣等至拖陵地方，问总兵官马进良、白斌，尔等之兵有稽留处否？马进良言，我所领兵千五百名，曾带八十日粮前来。将二十日粮留贮和尔博地方，现今已用五十日。又十日粮装载车内，于后随行，今蒙皇上赐马五十匹，已将马发回，迎取车内所载十日米石，一二日即至。至日，则我兵不至稽留矣。白斌言，我所领兵及护神功炮兵四百名，合计共一千五百名，除留在后护炮之兵外，现领兵九百三十一名，俱带八十日粮前来。将二十日粮留贮郭和苏台地方，现今已用五十日，所余止七日之粮。又护炮兵四百名，到者止十二人。此兵系步兵不能行，及因日食两餐，此兵于郭和苏台地方并无留贮米石，目前已无粮矣。”大学士伊桑阿以此二事交奏事敦住转奏。奉旨：“着遣人召内大臣索额图前来，有炮位事情交与之。其绿旗兵连现有之米通计二十日，需粮几何，着察明数目具奏。”大学士伊桑阿察计绿旗兵现在米数开折具奏。奉旨：“欲临时便于支给，故令察计。将此折子暂行收贮。”

二十四日己酉　上驻跸察罕布喇克。

二十五日庚戌　上驻跸察罕布喇克。奏事敦住传谕大学士伊桑阿：“将绿旗兵一月行粮再行察计具奏。”大学士伊桑阿将绿旗兵现在之米合计一月行粮之数开折具奏。奉旨：“知道了。”

是日，喀喇沁王扎西奏：“臣曾请前往侦探效力，奉旨着臣住二日再行。臣已住二日矣，今欲前进侦探。臣后队兵已至，应交与何人？”奏事敦住转奏。奉旨：“喀瓦尔达等已前往矣。尔复带尔兵前去，恐人太多，致有声闻。尔子噶尔藏额驸在彼，以尔兵前往噶尔藏处。尔自率此处兵于营防驻扎，严禁声息火烛，此亦要务。”扎希王奏曰：“皇上谕臣以率此处兵行走为紧要，臣即率此处兵行。遣臣子色冷前往。”奉旨：“着遣行。”

二十六日辛亥　上驻跸察罕布喇克。议政大臣等奏：“二十五日奉上谕：‘至拖陵地方，再行遣使至噶尔丹，此际费扬古兵亦近前来矣。噶尔丹若亦遣使来，我亦遣使频往，以待费扬古等之兵。彼若乘此际逃窜，即任其逃窜，纵逃亦必自生内变，其能完全耶？着会议具奏。’臣等会议，上谕至拖陵地方再行遣使，甚是。俟至拖陵时，往来遣使以待费扬古兵，若噶尔丹接战，则两路夹击，立行剿灭。若或逃或降，则与彼时酌量而行。”奉旨：“依议。”

上召内大臣索额图等入行宫，谕曰：“噶尔丹自以为无所畏惮，煽惑诸蒙古，窃踞克鲁伦地方，谓朕必不亲征。今我军紧要军器俱已备至，若噶尔丹闻朕已至，必先逃窜。尔等欲战耶？欲使噶尔丹逃窜耶？可各陈所见。”索额图等奏曰：“观噶尔丹来踞克鲁伦之意，特欲煽摇诸蒙古，若遇喀尔喀即行抢掠，实不料皇上亲临。今以近战，我军迎往。噶尔丹闻皇上亲临，不敢抗拒，逃窜而去，彼声名一挫不能再振。如皇上亲抵克鲁伦河，噶尔丹窜去，则我大事已毕。我皇上神威不但远播边塞，且遍播四海以外矣。臣等之意，听彼逃窜，似比战为愈。但所以使噶尔丹逃窜之计，臣等不得而知。”上曰：“噶尔丹原系行劫小寇，素无远识，信人诳言，侵掠喀尔喀，以为我军不能即至，故敢窜伏克鲁伦。今大军已近噶尔丹，西路之兵已将至土喇，我军从欧德哈尔哈邀击，即可破灭之矣。今尔等欲迎往，使之逃窜，朕以为无难。俟其少近，遣使往谕之，云朕欲与亲临约盟，与尔相近，尔可前来与我军会议，朕并不尔剿。噶尔丹闻朕亲来，必连夜奔逃，我军即追杀。如向土喇退去，则必遇费扬古之兵。朕与此贼廑虑已久，此次噶尔丹殄灭必矣。如噶尔丹拒战，必然糜烂。如或奔逃，亦致破坏。但于成龙所运之米，恐不能应期而至耳。伊桑阿、安布禄、西喇、喇锡、巴图、赖尔等可选敕呈览，俟少近遣往，旋即进兵。此策何如？尔等云何？”索额图等奏曰：“皇上洞悉噶尔丹诡计谋极周到，一遵圣谋施行，实为尽善。”

后进兵时，索额图复奏云，皇长子于乌兰布通之役实有余憾，不便使居前行。上以索额图于乌兰布通自丧其胆，恐遣彼为前行，故恇惧而有是奏，不允。

是日，镇守黑龙江等处地方将军萨布素、副都统喀忒虎移文兵部言：“准部咨，奉旨‘盛京及乌喇兵着伊将军萨布素所奏前进屯扎。萨布素率所属兵一千五百名，带三月行粮，于四月初旬起行，向克鲁伦地方前来。有生巴尔虎之人来时，若遇见即收集使之同来。钦此。’合咨等因前来。我等所备之兵原系二千，今盛京及乌喇兵已各于本境近处驻扎，惟我等一处之兵深入克鲁伦地方，遇生巴尔虎人，又收集同往，则千五百名之兵，势力单弱。今仍将原备兵二千，通行率领，于四月初六日启行，欲将此故从蒙古驿站奏闻，而蒙古驿站不得马匹，必致迟误，因此速行文兵部，烦转为奏闻。”大学士伊桑阿交奏事敦住转奏。奉旨：“知道了。”

是日，商南多尔即带将军费扬古、孙思克等三疏至。抚远大将军领侍卫内大臣伯费扬古等书言："准兵部咨开将军孙思克等奏，宁夏兵回时需用口粮留一个月，随后趱送至翁金。孙思克等于翁金量留官兵，将此所送一月米粮及载米牲口一并令其收受、交付完毕，即令送米官兵回该。臣等思进征大兵口粮关系甚要，粮米至翁金时，去土喇不甚相远，应将囊吉理等运至一个月口粮一半留于翁金，一半乘此脚力运至土喇，似为有益。按察使囊吉理、副将杨琳及运米各官，俱系本省大臣选举才能之人，必能将此米运至土喇。随又移文按察使囊吉理、副将杨琳等，为口粮关系甚要。事准兵部咨，振武将军孙思克疏称，进征大兵将四个月口粮令其随身挈带，则满兵跟随人少，绿旗兵并无跟随之人，挈带甚难。臣等会议，应减三千跟随人口粮，令进征之兵带三个月口粮，一个月干粮留回军时所食，一个月口粮随后趱送至翁金。这所运之米关系甚大，务期于文武官员内职分差大者，选举贤能，令其转送。因此选举巩昌按察使囊吉理、汉中城守副将杨琳，又酌量派出洮岷道董绍孔等文武各官。臣等于出师诸事，俱料理完毕，于二月二十二日自宁夏启行，为此谨具奏闻。康熙三十五年二月二十四日题，三月初八日奉旨：'该部知道。钦此。'钦遵密封到部，查得出师诸事料理已毕，将师自宁夏起行报闻，无庸议奏相应知会抚远大将军等因前来。看得进征大兵口粮关系紧要，按察使囊吉理、副将杨琳，尔等俱系皇上选用职大之官，理应仰副皇上任用之意，尽心效力。现今各路大兵进讨噶尔丹，穷搜所在，捣其巢穴，务期剿灭。因此口粮关系更为紧要，今正为臣子者效力之时。先经将军孙思克等所议之处不可拘定，尔等运给一万人所食一个月口粮内，将一半照孙思克等前所奏留于翁金，交与孙思克等。所留看守米粮官兵，令其谨慎看守。一半即趁尔等运至翁金马匹之力，速赶大兵，运至土喇。其运至土喇之米粮留兵一千与西安副都统西尔哈达、祖良璧等随行防护。如将此米运之所指地方，则尔等劳绩不小等。因移扎前去，谨具奏问。"

费扬古等又疏言："先经正卿喻成龙等赶至军前向臣言，米车于二十二、三日出喀伦，自太原一直前来，马匹俱已疲瘦。因此臣等议，将十五日米粮留于喀伦，三十五日米粮运至土喇，已交与喻成龙等。又差人前去询问宁夏兵于何时起程，何日可至翁金。据孙思克等称，于二月二十二日起程，约行三十八日可至翁金。臣于四月初六日屯扎席喇胡鲁苏台。初七日驻军一日，俟后队大兵于初八日齐往乌兰厄尔几驻扎。宁夏兵若至乌兰厄尔几，或一路进兵，或两路进兵之处，会议定后，俟商南多尔即回时明白具奏。若仍不至，臣等不便久候，欲于初十日起程，前往土喇。俟宁夏兵到日，令其循踪进发。臣自乌兰厄尔几地方于初十日起程，约行二十二程，与次月初三日可至土喇河阿喇克山之西克勒和朔地方等，因奏闻在案。初九日，接运米侍郎王国昌等报称，我等钦奉上谕，至山西太原府同巡抚会议，所需牲口甚多，各州县有千里、数百里之不同，俟远处采买齐至太原府时，装载兵役口粮，除未有青草，以前需用牲口料豆及军仗、帐房、锅釜、版片等件，于二月初八日自太原陆续起程，经雁门关等处险峻山路，又行千余里始至湖滩河朔。又摊载大兵正项口粮、赶车兵夫口粮、驼马鞍屉、麻绳等件，车辆甚重。因牲口健壮，尚能随有水处驻扎前进。今水草稀少，兼诸处俱有沙石，牲口渐至羸毙。不意喀伦海柳图等处所到车辆，于二十一、二十二两昼夜骤遇大雨，时起北风，牲口虽经苦护，而严寒倒毙者甚多。前后倒毙牲口，将效力人等所捐闲散牲口四百余匹顶补尚不足，又将我等各官及效力人等所乘牲口捐出。现今驾车牲口疲惫者甚多，恐不能将米运至。但大兵口粮关系甚要，又断不可迟误。因此将所剩稍可用之牲口牵挽小车，装载大兵二十日口粮尽力运送外，又将十日口粮运至郭多里巴尔哈孙地方，以备大兵回时需用。留二十日口粮于喀伦。但小车行迟，赶赴大兵日期又不可能耽误，接续大兵米粮关系甚是紧要，大将军若不协助照管，或至耽误，亦不可知。若预先不行报明，至期虽加我等重罪，亦无益于事。又离皇上行在辽远，此等烦难之处，报知大将军，乞大将军垂怜，使兵粮二事俱得全济，乞转奏等因前来。臣即将大兵深入征剿，口粮关系甚是紧要。所给八十日口粮已用过五十日，若至土喇，已届给粮之期。郭多里距翁金及土喇不甚相远，留于郭多里及翁金米粮转至土喇，亦无难处。今又将空闲骆驼帮助尔等，尔等仍照前奏，将三十五日口粮急速攒赶至大兵尾后随行，不可迟误等因移覆前去。臣等率领大兵于初十日自乌兰厄尔几起程，至察罕和朔时，振武将军孙思克、西安将军博济、副都统阿南达率领西安满兵五百轻骑前来，十一日于察罕和朔赶至臣等军前。孙思克云，我所领绿旗兵七千，于部文一到即便起行，仓促之际，马匹牲口不齐。又因三月二十一、二日途次骤遇疾风大雨，马匹牲口一半迟误，我军现今落后相接而行，与大兵相去将及十程。我欲将我军拣选二千，亲身率领赶及大兵同行。博济称，我所领满兵二千、汉军兵一千，途次因遇风雨，马匹稍有迟误，与大将军所领大兵相去十日之程，难即赶到。我欲将此兵内拣选二千，亲身率领，急速赶及大兵同行。今既议将运往翁金之米一半运至土喇，此运往土喇之米，将马匹缺少兵丁一千拨令防护随行，如此似乎兵粮两皆有益。臣等会议得，今大兵既穷搜噶尔丹所在，捣其巢穴，即期剿灭，应将西安、宁夏满兵二千、绿旗兵二千俱照将军孙思克、博济等所议，其余满兵一千零护送按察使囊吉理等所解米粮。此兵应留西安副都统西尔哈达、祖良璧及驻防协领等管辖，其所留翁金一半米粮，应将将军孙思克标下所留兵丁内派出五百名，令副将张宪载统辖看守。又陕西西安、宁夏等处前来满洲、汉军绿旗兵四千，既与大军相去十日之程，不便两路进兵，此兵应令速由臣等程途赶来，与臣等一同前进。谨具奏闻。”

又振武将军、太子少保兼管陕西、甘肃提督事务、加一级臣孙思克疏称：“进剿噶尔丹一案，臣于康熙三十五年正月二十三日接准部文，钦奉上谕，将陕西大兵调至宁夏地方，令从宁夏出口，与抚远大将军费扬古所进翁金之路会合，分路前进等因咨行到臣。臣即于正月二十六日统领兵马自甘起程，于二月十六日到宁。其原调肃州、凉州、西宁各镇兵马，前后俱皆到齐。因查先经会议，出征官兵裹带五个月吃食，俱给捐助马驼以及采买之马，令兵自行驮带。因为进兵日起迫促，其捐助与采买之马率皆疲瘦，且又不敷，不得不挑选稍堪驮载者给与兵丁，驮带四个月吃食。尚少驮带一个月口粮之牲畜。所以公同会议，着令督抚诸臣随后运送翁金。外其驮米马匹，除本兵所骑之外，每兵只给余马二匹。此两马之上驮载四个月米粮，共该八斗，复有盔甲、器械、锣锅、帐房，甚为沉重。臣将兵丁吃粮收拾完毕，随于二月二十二日与同西安将军臣博济领兵自宁夏起程出边。然查绿旗兵丁马匹，在于内地有走一千七八百里者，又走两千三四百里者。到于宁夏，因进期速迫，未及喂养，其中不无瘦弱。加之给兵驮米，捐买马驮更复疲瘦。查自出边之日行至郭多里，奔走二千三四百里，水草微细，多系瀚海地方。且于三月二十日、二十一日刮风两日，二十二日下雨一昼夜，天气寒冷，马匹冻倒甚多。自此马弱不行，沿途日见丢弃。初是每兵骑驮三马，行至郭多里地方，兵丁有剩两匹者，有剩一匹者，甚且并无一马者。共为通算，每兵尚不足一匹，且仅存皮骨。马驮米粮盔甲，兵皆牵拉步行。经臣查看吃食，今除吃过五十天，下剩不足一月之粮。查询情由，皆以马乏倒毙，无力驮带，竟尔抛弃四十余天之米粮。兹臣于四月十一日已到翁金，业与大将军臣费扬古会合，商酌前进。但查绿旗兵丁之马，大半乏弱，非经喂养不能前进，况且兵丁吃食下剩不足一月，不便尽令深入。虽宁夏尚有运送一月之米，然查所运之米，谅在五月二十头始能得到。若俟彼时运到给兵，而兵食已绝二十余天，势必关系兵丁性命。臣与大将军臣费扬古，将军臣恕书、博济，参赞副都统陈阿南达等公同会议，若不早为发回，兵丁绝粮，所关非小。所以议于臣属绿旗兵马内，挑选稍堪骑乘马五千匹，拣选兵丁两千五百名，一兵两马，摘并两月吃食，复留五百名驻扎翁金，等候后运之粮，到日庶便看守。其余两千，臣同宁夏镇臣王化行、肃州镇臣潘育龙、凉州镇臣董大臣亲身率领，与同大将军费扬古一路而行，以图进剿。其余四千五百兵丁，责令副、参、游、守等官带领回边去讫。此一事也。臣蒙皇上优渥隆恩，先授臣领兵之长，继令臣总统调遣，如此宠遇，感激无极。臣虽衰老，无不勉力思奋，誓图剿灭，以仰报天恩于万一。不期马匹疲毙，力不从心，出于无可如何也。兹臣与各镇臣带兵虽止二千，但各镇臣皆愿与我皇上出力报效，况有大将军臣费扬古，将军臣恕书、博济所领之兵，共有万余，如遇噶尔丹，亦可足灭狡彝矣。事关发回绿旗兵丁，并叙兵马困顿情由，贴黄难尽，伏乞皇上鉴宥，全览施行，为此具本，谨具题闻。”

大学士伊桑阿将三疏俱交奏事敦住转奏。奉旨：“明日着议政大臣等会议具奏。”

是日，赐随骆驼行李人羊只。

二十七日壬子　上驻蹕察罕布喇克。议政大臣等题：“臣等会议得，抚远大将军费扬古等疏称，翁金至土喇不甚相远，进征大兵口粮关系紧要，按察使囊吉理、副将杨琳等俱应尽心效力，将一个月所食口粮内，以一半留于翁金，交与孙思克等所留官兵，令其谨慎看守；一半即趁尔等运米至翁金马匹之力，速赶大兵运至土喇。此米留兵一千令西安副都统西尔哈达、祖良璧等随行防护等因移扎前去。查大将军费扬古等既将运米至翁金之一月口粮内一半留翁金，一半留兵一千令副都统西尔哈达、祖良璧等防护。运至土喇移文囊吉理、杨琳等应无庸另议。又大将军费扬古等题，称臣移覆运米侍郎王国昌等，因口粮关系甚重，今仍照前题将三十五日米粮作速运至，于大兵后随行，不可迟延。臣等率领大兵于初十日自乌兰厄尔几起程，至察罕和朔地方。将军孙思克等带西安满洲兵五百名轻骑前来，与十一日至察罕和朔。孙思克称伊所带绿旗兵七千名，途遇风雨，马匹迟误一半，选兵二千，愿亲率前赴大兵行走。博济称伊所带满洲兵二千、汉军兵一千，途遇风雨，马匹稍误，此内亦选兵二千，愿亲率急赴大兵行走。臣等会议，俱依将军孙思克、博济等所议。其余满洲兵一千，着防护按察使囊吉理所送米石。此兵留西安副都统西尔哈达、祖良璧，并驻防协领等管辖。其翁金所留一半米石，将孙思克标下留兵内派出五百名，着副将张宪载管领看守。满洲汉军、绿旗兵四千，去大兵尚有十日之程，不便作两路进发，应令随臣等进路，作速前来，与臣等一路行走等。因查得大将军费扬古等所题，不由两路进发，拣选兵马作一路行走，甚属严整烨赫，应依所题。又大将军费扬古等题本内，将军孙思克兵丁既经酌量区处，其孙思克所题挑选兵马余兵遣回，及所选进发兵丁凑给两月米粮等处无庸另议。又近奉上谕会议，至拖陵地方，频行遣使，以候费扬古等之兵。若噶尔丹抗拒，则两路夹攻剿灭。若或败走、或投降，至时酌量而行等因在案，相应仍照前议。又商南多尔即来时途间拿获厄鲁特二人，问之，云噶尔丹现在克鲁伦之拖讷山顺克鲁伦河下流行走。据商南多尔即奏称，费扬古等之兵于本月三十日可至土喇之阿喇克山克勒和朔地方。来月初七日可至巴颜乌兰，其约略日期行走之处，候皇上指示遵奉而行。”奉旨：“大兵或应即行前进，或应候大将军兵至同行，曾经前后营王及大臣等会议，今仍着公同议奏。前营于马武去时，已经交付后营，仍命侍读学士喇锡往令。喇锡乘此便探取随后粮米已至何处信息，并着正红、镶白两旗兵丁明日来合朕营。"

是日，上谕："中路大兵现今逼近噶尔丹，西路大将军费扬古兵亦已甚近，大军米粮关系甚要，两路大军回合即所需米粮甚多，速移文于成龙，着多方设法，将所运米务陆续速行运到。"又谕："现今需用米粮，噶礼所运米已至何处，须先交与驿站申报。着伊趱行作速运到，并着后队夸兰大等作速趱运前来。"

二十八日癸丑　上驻跸察罕布喇克。乾清门侍卫马武从前营带折子至。皇长子胤禔，领侍卫内大臣索额图，都统公鄂伦代，李正宗、硕鼐、诺穆图，理藩院尚书班第，副都统公孙征灏、张所知、雷继尊、赵钺、费扬古、喻维邦，吏部侍郎安布禄等议："据拿获厄鲁特二人，云噶尔丹现在克鲁伦之拖讷山，顺克鲁伦河下流而行。商南多尔即奏，费扬古等兵于本月三十日至土喇之阿喇克山克勒和朔地方，来月初七日当至巴颜乌兰。皇上亲统大兵特为剿灭噶尔丹而出，又思遏贼归路，调发西来二路兵俱至，正合圣上之神谟矣。今大将军费扬古与将军孙思克、博济之兵会合而来，兵力甚盛，于本月三十日至土喇之阿喇卡山克勒和朔地方，来月初七日至巴颜乌兰，正宜协力夹击，剿灭噶尔丹。其遣使噶尔丹及计大将军费扬古等兵近逼贼营，夹攻剿灭之处，俱候皇上乾断。"奏入。奉旨："着示议政大臣等。"

是日，侍读学士喇锡回，口奏云："率领后队五旗兵丁皇子、王、大臣及三王公同会议奏，议政大臣等议定外并无别议。"奉旨："着谕议政大臣等。"

又亲近侍卫关保传上谕："所取安置六十驿站人马，除已分置二十五驿外，着再带十五驿人马前行，其余二十驿站人马遣回，分各驿站着帮助行走。"

又亲近侍卫关保传上谕："亲近侍卫僧图从哨口收回遗失马二十余匹。如此遗失马匹，如何行走？若斥候防护加意严谨，何止如此？马匹关系甚要，斥候务应严谨。着通行晓谕。"

是日，大学士伊桑阿、侍郎安布禄、西喇，交习唐古特字司业巴图赖、侍读学士喇锡，将所拟谕噶尔丹敕书交奏事敦住进呈御览。奉旨：

"如此便佳，着照此发往。赍送敕书，遣长史多禅、中书阿必达前去。敕内开写公主、长史及中书，将多禅名字居首。伊等乘往之马，勿取甚肥，着乘次膘之马，其驮载赏赐噶尔丹物，给与骆驼一只。"

二十九日甲寅　上驻跸察罕布喇克。是日，亲近侍卫关保、吴什传上谕："喀喇沁扎西王之参领门笃所管挽车兵丁三百名，伊等器械及所用口粮、行李着一并措备交与门笃，速赶前来。"

又喀尔喀车陈汗之使楚胡喇寨桑拖莫克陶赖、台吉之使诺敏老卜藏、台吉之使鄂勤齐党、台吉之使西达达、盆楚克贝子之子沙木必尔、台吉之使巴苏海等至，奏请上安。侍郎安布禄、西喇，侍读学士喇锡，语奏事敦住转奏。亲近侍卫关保、吴什传谕车陈汗之使楚胡喇寨桑拖莫克曰："先在多伦讷尔地方朝会时，谓尔车陈汗未经出痘，免其来京。若行幸边外，仍来请安。自归朕以来，曾未令尔有所屈抑。外人不知，将以尔为自大而不来朝也。"楚胡喇寨桑拖莫克回奏云："皇上谓我主未经出痘，免其来朝，因经奉旨不得到京。闻皇上出兵信息，特来请安。于本月初五日起程，因驼马疲瘦，沿途遗弃，至库勒墨得地方，先遣臣等来请万安。臣等尚欲回迎。"

关保、吴什传上谕："车陈汗生计素乏，蒙古之人量无美服，特赐朕用貂帽、绵袍、银鼠褂，令其来时服之。并赐楚胡喇寨桑拖莫克等茶饭遣回。"

是日，赐运米喀喇沁蒙古等羊二十只。

三十日乙卯　上驻跸察罕布喇克。喀尔喀扎萨克一等台吉车陵渣卜并其第二兄之子台吉齐克巴挞尔、第三兄之子台吉多尔即渣尔、幼弟之子台吉阿玉西奏："皇上亲征，我等情愿随征前往。"侍郎西喇、侍读学士喇锡语奏事敦住转奏。吴达禅、吴什、阿喇锡达什传谕曰："尔等往来游牧，以避厄鲁特，甚为劳苦，免往出征。尔等各带眷属、牲口，往达里冈阿之东居住。朕回銮时，指示地方安插尔等。彼处曾留朕用之马，并兵丁、马匹牲口，着尔所属人等加意收管，严行禁约，勿使盗窃，犯者必行正法。"车陵渣卜奏："臣谨遵上谕，不随往出征。愿皇上准臣兄子多尔即渣尔、都统嘎尔单二人随往，以充队伍。"奉旨："准其随行。"又谕曰："尚书班第屡次令尔等向内游牧，尔等不向内地游牧。纳木渣尔拖音等终被厄鲁特掳掠。现今纳木渣尔拖音毫无所有，以致釜甑皆无，因日用不给，以卖人度日。若果遵旨向内地游牧，何得至此，尔可悔否？"车陵渣卜奏曰："我等无知，只恋水草，不向内地游牧，以致纳木渣尔拖音被掠。应如何处治，伏祈睿鉴，臣等毫无辩处。"奉旨："尔等既与土谢图汗附近，着随征台吉多尔即渣尔、都统嘎尔单与西地西里贝勒同行。朕若在京，必重赏尔。因出征在外，将朕用袍褂与尔服之。"于是，赐车陵渣卜绵短襟袍及绵短褂。

是日，郭尔罗思扎萨克四等台吉吴尔图纳苏图、俄七里胞兄二等台吉毕立滚俄七里遣附丁托诺至奏："我等闻皇上出征，欲随军效力前来，至土谢图王旗分旧病复发，腿肿难行，乘车而回。连本身所乘之马十三匹、共计马一百匹恭进皇上。此内名马三匹，一名乌兰海青，一名纳墨扈，一名得百尔扈。"侍郎西喇、侍读学士喇锡交奏事敦住转奏。奉旨："着交与亲近侍卫吴什。"

又亲近侍卫关保、吴什传谕："托诺令转谕台吉毕立滚俄七里，既系捐助军前马匹，尔处现有黑龙江将军萨布素领兵前来，何不捐送萨布素处？如此遥远何必送来？既为捐助军前马匹，朕不白受。俟到京之日，按马给赏，着给托诺等三十五人米粮，令其食去。"

五　月

初一日丙辰　自察罕布喇克起行，奏事敦住传谕曰："察罕布喇克地方草已无多，后三旗兵前来不必在此安营。过此八九里有水泉处，令其驻扎。"

是日，上驻跸拖陵布喇克。又亲近侍卫吴什传谕兵部曰："前曾谕令后三旗之兵具于明日至察罕布喇克驻扎一日，后日至拖陵布喇克。今不必令其驻察罕布喇克，令明日至忒克布喇克地方，后日至拖陵布拉克。兵部随移文镶红、正蓝、镶蓝旗大臣等知之。"

是日，领侍卫内大臣等会议：“防护马群，甚属紧要。先到之前锋兵及汉军察哈尔营所设防护人内，应将现在此处五旗，每旗派护军五十人增入周围防护。再每旗各派大臣一员，宿于各旗防护之处。御营内领侍卫内大臣及护军统领等，仍照前轮班行走。今既逼近厄鲁特窜处之地，御营内既添设宿卫，其防护等处，不必着侍卫及内府护军前往。”奏入，奉旨：“甚善，侍卫及护军等皆不令往，亦为未可。伊等各有马匹，无人看守，且牧马处有信息，亦须令其来报应。着三旗内合派侍卫九员、内府护军十五人前往。”

又传谕曰：“马匹最为紧要，嗣后安营不必向南，宜各随其方，惟视有水处周围环绕。令两黄旗居御营后，其余悉照旗分，次察哈尔兵、汉军火器营兵，又其次绿旗兵，于御营外环立大营，勿令践营中之草。其马匹则白昼于各旗营外近处牧放，至夜，若有消息，即收入营内。斯马匹不艰于水草，而兵行甚为有益，着议政大臣等会议具奏。”议政大臣等会议奏曰：“上谕极是。如此则营制坚固，而马匹与水草不致艰难，兵行良有裨益，应即遵旨行。”奉旨：“依议。”

又传谕领侍卫内大臣索额图、尚书班第曰：“步行斯役及羸瘦马匹应留于拖陵地方，着留总兵官白斌标下绿旗兵二百名、马进良标下绿旗兵一百名，令其踞水浚濠，筑垒扎立一营，择晓兵法、能管辖之臣，令其总管。杭爱人材壮健，堪任管辖，着留杭爱于拖陵地方，令其总管。总兵官岳昇龙所领兵二百名，人材壮健，着拨给白斌以补所留二百兵之缺。又八旗满兵内有马匹疲惫、不能前行者，亦应察明留之。又遣使往噶尔丹时，应将所擒厄鲁特四人发回，着一并会议具奏。”

亲近侍卫关保传谕议政大臣等曰：“喀喇沁王扎西、公沙木巴喇锡等亦有步兵，此兵或留或否，着问明扎西王等会议具奏。议政大臣等会议得：问扎西王等，据扎西王云：‘我所属步兵须尽带去，不留于后。’公沙木巴喇锡云：‘我旗下赶车步兵共七百名，今现到者惟一百十八人，其余俱未到。此数内五十人我等料理带去，其余六十八名及未到者尽行留后。’应俱照扎西等所言行。”奉旨：“公沙木巴喇锡所留之兵着交杭爱，其余知道了。”

理藩院奏拖陵地方所留喀喇沁公沙木巴喇锡旗下赶车步兵共计六百五十人，内现到者六十八人，俱无口粮，应将噶礼所运米粮给与之。其后至者，若有余米，令其食用。若亦无口粮，则令左都御史于成龙、原任尚书杭爱量其食用，将后至车内所有米粮给与。奉旨："依议。着再留牛十头、羊一百只，若有米时，则不必用。其已毙者食之，在后米粮陆续可到。若未到不能接续，即将牛羊节省食用，着明白交于杭爱。"

赐御营随炮人牛一头、羊十只。

初二日丁巳 上驻跸拖陵布喇克，议政大臣等奏："臣等会议，今大兵进征，剿灭噶尔丹，其步行厮役、羸瘦马匹，一遵上谕留于拖陵地方。应留总兵官白斌标下兵二百名、马进良标下兵五十名，令其踞水浚濠，筑垒扎营，此所留兵丁应酌派官员，着原任尚书杭爱留于拖陵，令其总管。又八旗满兵内有马匹疲惫、不能前行者，亦令各营大臣、夸兰大等查明奏留。先经会议至拖陵地方时，再行遣使往噶尔丹处。令遣使往噶尔丹应将所擒厄鲁特四人一并放回，或于本月初二日、初三日遣往，候旨定夺。"奉旨："依议。着明日遣去。"

又传谕议政大臣等曰："这次中路、西路兵所乘马，人各四匹，内借官库银买者几匹，出私橐买者几匹，着移文尚书马齐，令文一到，即将马主姓名一一察明存案。"又传谕议政大臣等曰："这次中路、西路兵所买马匹借库银买者，着尽免还库。佐领下兵丁各出私橐买给出征人者，着官给马价，即通行晓谕。"

又传谕曰："征讨莫要于法令，奋勇登先者锡之恩赏，怯懦退后者议罪，俱系定例。岳昇龙、马进良、白斌等人材壮健，饶有韬略，系简选任用之人，其所带来官兵，皆愿效力，具呈来者。今已逼近厄鲁特噶尔丹，若遇敌交战时，副将以下至兵众人等，有退怯违令者，着该总兵官正法奏闻。"

督理运米事务左都御史于成龙移咨行在兵部，内开："兵部咨称，四月二十七日传谕，今中路大兵已逼近噶尔丹，西路大将军费扬古兵亦已甚近。大兵粮饷关系甚要，两路大兵合在一处，则需用粮饷甚多，着速行文于成龙，令其多方设法，将所运之米作速运至。为此移咨前来。我在和尔博等处，督催车运，于沙上铺垫柳枝，令车辆易过。将直隶八运车内所余米粮酌留和尔博等处，因此车辆稍轻，于二十九日尽出沙碛。又将山东第一运车内米粮亦令酌留，已过噶尔图地方。我即于二十九日自滚诺尔启行，尽力催趱前运车辆，将后运车内米粮亦令酌留，令侍郎李钠、左通政喀拜亲身催趱前行，所留余米即便交付三省道府等官，令其接续转运至喀伦内诸驿站。”大学士伊桑阿交奏事敦住转奏，奉旨：“知道了。于成龙报内止称米车已出沙碛，并未开写运至何处及米粮数目，着兵部再移咨去。”

亲近侍卫关保、海青传谕曰：“出征护军校及护军等俱得官马，大臣、侍卫等马匹牲口俱各自备。自出师以来，俱于斥堠、防护等处行走，众皆获有恩赏，惟大臣、侍卫及内府官员等并无可赏之物，将大臣、侍卫及内府官员等起程时预支八月一季之俸俱免扣除。”

传谕领侍卫内大臣等曰：“执仪仗之蓝翎侍卫兴永朝，前因其自大性燥，故尔革职，今见其有胆气，人材壮健，着署副都统，于镶黄旗汉军火器营内行走。”

亲近侍卫关保传谕大学士伊桑阿曰：“噶礼将第一运米作速运至，殊有劳绩。其人亦堪用，着于其应升之缺，遇缺即补。”

是日，赐十四营兵每营牛三头、羊二十只。

初三日戊午　上驻跸拖陵布喇克。议政大臣等奏：“昨，初二日上谕内大臣公常泰：‘绿旗兵着列于鹿角中间，绿旗兵之次，将两翼之八旗汉军炮位、鸟枪排列；汉军火器之次，将八旗满兵马上所载之炮位分翼排列；鹿角后之头队兵令各按旗分排列，鸟枪、护军次列，护军又次列。鸟枪、骁骑手、八旗俱照此排列。二队兵着于头队后排列。傍队兵既无炮位，将汉军子母炮每旗给与两位。此炮位着满洲鸟枪手骁骑兼管看护。阵势着分张排列，尔与议政大臣等会议具奏。’公常泰随照上谕图绘阵势式样进呈。奉旨：‘这式样甚好，着议政大臣等同阅议奏。钦此。’臣等会议得，皇上谕旨指授俱已周到，应即照此遵行，交与兵部，晓谕八旗并行注册。”奉旨：“依议。”

钦惟我皇上行军方略，神授天纵，决机制敌，变化无方，迈越前古。

兹复亲定阵法，绘图示众，森然前茅。中权后劲之规，而又先期晓谕，使六军之士，耳目习于旗鼓，手足安于行列，所谓可静可动，而不可乱者。节制之师，自然所向无敌。皇上神武，折冲直与轩辕之制八阵，旷代同揆者矣。

是日，奏事敦住传谕曰："今第一运米车驮马若至某驿站，即令管站人等问明所至米数，急速报闻。"

又传谕曰："米粮关系紧要，后队米粮恐不能即至。朕尽力节省食用，众人亦应各尽力节省，各营内若某营米粮先尽，俟回京时朕必严察议处。某营米粮因节省有余多食数日者，朕亦必嘉美，格外视之。着晓谕各营。"

亲近侍卫关保传谕领侍卫内大臣等曰："八旗前锋、汉军火器营及绿旗兵，着今日饭毕，即行离此十里有水泉处扎营。明早着在大营行李前启行。"

又传谕议政大臣等曰："喀尔喀贝子盆楚克随行极其效力，前追赶韩都时，盆楚克曾竭力穷追，今又身亲侦探，于喀伦内即欲亲往克鲁伦等处探听消息，再三祈请，朕力阻未遣，遣其穆渣哈尔等前去。伊又语穆渣哈尔等云，尔等此去若不获确寔信息及捉生前来，皇上虽不尔罪，吾定行杀汝。严谕遣往。当车克楚到后，我兵前进拖陵时，朕正欲遣人往欧德哈尔哈迤西探听消息，曾问地形于乡导人等。适盆楚克贝子人来奏，已遣人前往欧德哈尔哈迤西探听，正合朕意。今日又奏所遣人已来，此等殊为可嘉。其所遣人等，朕俱各加恩赉，惟盆楚克之功尚未议及，理应议叙。尔等会同议叙具奏。"议政大臣等会议奏曰："喀尔喀贝子盆楚克既穷追韩都，又再三请往克鲁伦等处探听消息，严嘱所遣人穆渣哈尔等云，若不获确信，及捉生口前来，定行杀汝。圣意所欲遣往之处，已预遣人往，极其效力，应将贝子盆楚克即行议叙。但现今事尚未毕，俟至克鲁伦事毕时，或封为贝勒，或封为王，恩出自上，伏祈睿裁。"奉旨："是此议着译蒙古字，若遇贝子盆楚克，亦谕知之。"

又传谕曰："五处驿站人及马匹着留于原任尚书杭爱处，其前途设站，人员马匹照常带往安设。俟御营至克勒和朔，即遣贤能官一员前往杭

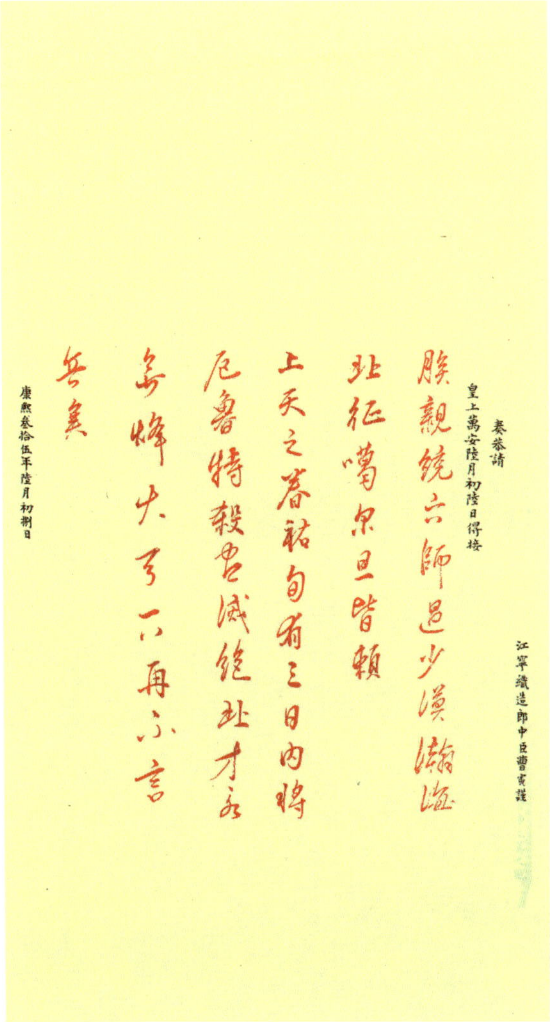
江寧織造郎中臣曹寅謹
奏恭請
皇上萬安陸月初陸日得接
朕親統六師過少漠瀚海
北征噶爾旦皆賴
上天之眷祐旬有三日內將
厄魯特殺盡滅絕北方永
無烽火可以再不言
兵矣
康熙叁拾伍年陸月初捌日

江宁织造曹寅奏贺平定噶尔丹折

康熙三十五年六月初八日

奏

管理蘇州織造員外郎臣李煦謹

奏恭請

皇上聖安竊惟我

朕親統六師過少漠瀚海小丑噶爾旦皆賴上天之眷祐所至前者太子去時曾已有旨了

康熙三十五年七月　日

苏州织造李煦奏贺平定噶尔丹折

康熙三十五年六月初八日

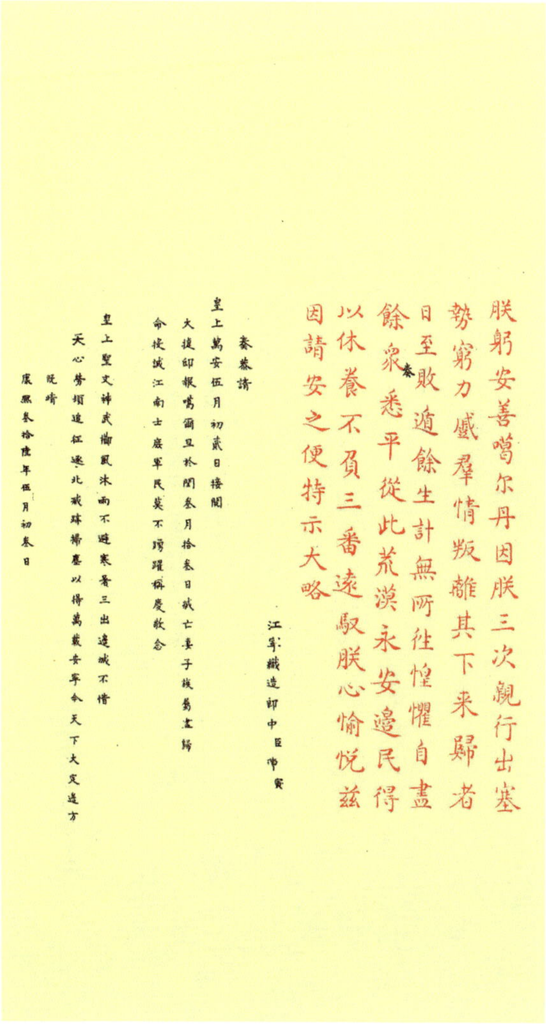
朕躬安善噶尔丹因朕三次親行出塞
勢窮力盡羣情叛離其下來歸者
日至敗遁餘生計無所往惶懼自盡
餘衆悉平從此荒漠永安邊民得
以休養不負三番遠馭朕心愉悦兹
因請安之便特示大略

江寧織造郎中臣曹寅
奏恭請
皇上萬安伍月初貳日接閱
大捷邸報噶爾丹於閏叁月拾叁日戕亡妻子族屬盡歸
命投誠江南士庶軍民莫不踴躍稱慶欽念
皇上聖文神武櫛風沐雨不避寒暑三出邊域不惜
天心勞瘁遠征遐北戡殊掃塞以得萬載安寧今天下大定遠方
睍晴
康熙叁拾陸年伍月初叁日

江宁织造曹寅奏贺征讨噶尔丹大捷折

康熙三十六年五月初三日

江寧織造郎中臣曹寅謹

奏恭請

聖安臣寅蒙

皇上天恩生全造就雖捐糜難酬萬一去年奉

旨着與李煦輪管鹽務今又蒙

朕體安善爾不必來明春朕或南方走〻未

定倘有疑難之事可以密摺請旨凡奏

摺不可令人寫但有風聲關係匪淺小心

康熙肆拾叁年柒月貳拾玖日

江宁织造曹寅奏谢钦点巡盐并请陛见折

康熙四十三年七月二十九日

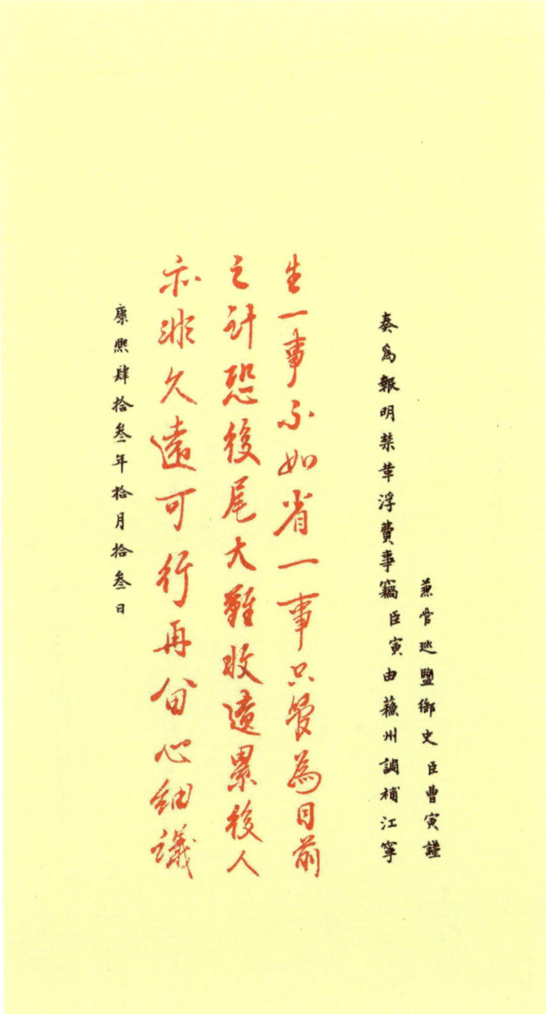

兼管巡鹽御史臣曹寅謹
奏為報明禁革浮費事竊臣寅由蘇州調補江寧

生一事不如省一事只管為目前之計恐後尾大難收遺累後人亦非久遠可行再留心細議

康熙肆拾叁年拾月拾叁日

江宁织造曹寅奏报禁革浮费折

康熙四十三年十月十三日

江寧織造通政使司通政使臣曹寅謹

奏恭請

聖安奉

已遣人四處訪覓添入校對臣因掣鹽往來儀真揚州之間董理刻事

隨校隨寫不敢少怠謹此

奏

聞

知道了　凡例甚好

康熙肆拾肆年柒月初壹日

江宁织造曹寅奏报校刊全唐诗不敢少怠折

康熙四十四年七月初一日

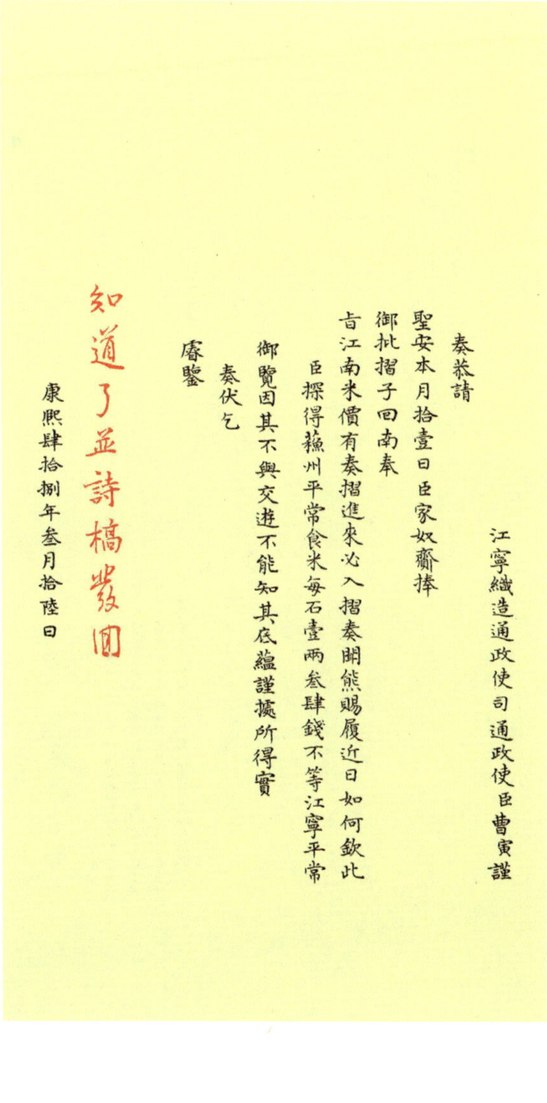

江寧織造通政使司通政使臣曹寅謹
奏恭請
聖安本月拾壹日臣家奴齎捧
御批摺子回南奉
旨江南米價有奏摺進來必入摺奏問熊賜履近日如何欽此
臣探得蘇州平常食米每石壹兩叁肆錢不等江寧平常
御覽因其不與交遊不能知其底蘊謹據所得實
奏伏乞
睿鑒
知道了並詩稿發回
康熙肆拾捌年叁月拾陸日

江宁织造曹寅奏报米价及熊赐履行动并进诗稿折

康熙四十八年三月十六日

江寧織造通政使司通政使臣曹寅謹
奏恭請
聖安本月初肆日臣家奴齎捧
御批摺子回揚蒙
旨知道了摺子回到着速再報欽此臣前
奏奏月內雨水過多低田顆粒難減若天氣大晴高田尚可
豐收今自肆月以來復雨不止高田亦間有被傷大約尚
有伍陸分不等米價仍照常不長江南百姓蒙
皇上弘恩蠲漕蠲賦無不感沐
皇仁日下淮揚臣與運道勸諭衆商各出己貲推崇
聖教買米平糶湖廣早稻指日可得客船陸續搬運接濟兩地
方督撫復設法賑濟窮民亦不致乏食惟淮揚運河水大
減水壩全開下河一帶如水不退恐艱於耘種至於上江
寧國池州甚久病太平安慶等處皆因舊年荒歉之後今歲復值
陰雨連綿百姓病者甚衆臣於凡行鹽之地俱推廣
皇仁俱勸商捐貲施粥施藥日下陳鹽雖覺壅壓百姓不致逃
亡再臣近探得浙江處州府松陽雲和貳縣石倉源桑嶺
根等處地方有無藉開礦流民洗沙失業群聚爲非當經
督撫提鎮遣兵分頭剿捕賊首彭子英已於肆月初柒日
就擒餘黨亦陸續解拏地方寧謐如故臣謹具摺
奏
聞江寧揚州肆月晴雨錄一並恭呈
御覽伏乞
睿鑒

知道了自新督撫到任以來無一歲好收成
今又上江多病正是風疆大臣洗心體朕愛
康熙肆拾捌年伍月初陸日
養元元之至意總好又爲故事了其日月
豈不愧死

江宁织造曹寅奏报粮价雨水及地方情形折

康熙四十八年五月初六日

爱处，将所留五处驿从塔尔浑柴达木一带速行安站。令运米车辆由此站路行走，俟五处驿站安置毕，将欧德哈尔哈一路驿站撤回。”

是日，赐往探信息乡导伊勒尔图羊二只。

初四日己未　上驻跸拖陵布喇克，谕大学士伊桑阿曰：“移文运粮左都御史于成龙，着将后运粮内六七千石，选择牲口作速运至拖陵地方预备，其余米石俱着留贮喀伦近地，以备凯旋之用。如此则粮米得以速至，牲口亦不致困乏矣。着会议具奏。”议政大臣等会议奏曰：“若将后运之粮尽行运送不能即到，且牲口亦致困乏，应皆钦遵谕旨行。”奉旨：“依议。”

是日，遣长史多禅等赍敕往谕噶尔丹。先是议政诸臣议，俟到拖陵日遣使于噶尔丹，奉旨：“准行。”至是，以敕书、赐物及所俘厄鲁特窝齐尔等四人交公主长史多禅、中书阿必达，令一等侍卫喀瓦尔达、一等台吉阿喇卜坦以兵卫之，送至燕图库列图。厄鲁特窝齐尔等四人，俱赏以衣服，晓谕以师来之故。上谕喀瓦尔达、阿喇卜坦曰：“尔等不必到克鲁伦，度其地形，古尔班土尔罕巴尔代哈当有敌人戍守。尔等若往克鲁伦，则略迂绕，彼必截尔等。之后尔等勿得过燕图库列图，即从彼地遣伊等前去。未遣伊等之前，纵我所擒四厄鲁特往致声息，续遣我使臣可也。倘遇厄鲁特，勿与之战，但令敕书使臣到彼则已。”

敕谕噶尔丹曰：“朕统御万邦，惟以人命为重，从来不喜杀伐。尔厄鲁特、喀尔喀，向皆奉我职贡之国，尔等交恶构兵以来，朕并未尝偏徇喀尔喀而于尔有异视也。喀尔喀为尔所败，投朕乞命，如朕不救之，则皆饥毙矣。朕之济人，非特于喀尔喀如此也，凡诸国人有窘迫来归，朕即救之，与此相同。已明谕尔数次矣。尔奏章来，索喀尔喀折卜尊丹巴库图克图、土谢图汗，言之不已。朕始终不以喀尔喀为宜，曾谕尔，此事非悬议所能结，当会盟以讲之。尔又以生计窘乏不能前来，又以誓书所无之言，屡向我使臣喇嘛支吾回奏。阿尔尼巡行边塞，猝遇尔兵，不待朕旨，与尔交战，特遣王与皇子与尔议好。尔属下人又先攘臂，吾人不能默坐，是以与战。其时所发他路之兵，朕急遣人止之，勿与汝战。尔前年就水草野兽之地，游牧至巴颜乌阑，遂掠喀尔喀之纳木扎尔陀音。朕部下喀尔喀不安，特遣问故，又约与议盟。今朕与汝若不觌面明议此事而定之，不但尔国难存，而我界上人民亦不得宁居。因尔来既近，故欲与会盟，朕已秣马缮备。朕躬于三月初旬起行，西路之兵于二月十八日起行，黑龙江兵于四月初六日起行，盛京宁古塔兵于三月起行。今朕躬及各处兵俱已出喀伦，与汝逼近。西路之兵俱已到土喇河，东路之兵俱已溯克鲁伦河而来。朕向崇礼义、顺天理而行，不恃势力戕灭他人。朕果恃势力，则不遣使矣，竟统各路之兵而剿灭汝，无所不可。朕乃不忍生灵横被锋镝，是以抒诚特遣使命。朕与汝等觌面定议，指示地界，尔照旧贡献、贸易，则尔国安生，而我边民以安，乃协朕保列国如赤子之意，岂不休欤？朕断不以计诱人，尔勿疑畏。尔若疑畏，退而避去，则事无了期矣。尔亦一有识之人，何不晓事如此？朕来欲与各处将帅阅兵，已传令伊等勿战，此非朕虚言也。尔如不信，可遣人往视。若再不信，可留朕所遣使臣内一人在于尔地。倘各处兵进而攻汝，汝即差所留人沮而止之。一面遣汝旧使，前曾廷见、朕所识之人为使。尔遣大寮，朕亦回遣大寮。朕为统御万邦之元后，断不诱人而破灭之。尔或不信，妄动而去，则虚朕种种美意而生灵有不利矣。朕兹开诚，特赐汝暖帽、蟒袍、妆缎褂、纯金钩并巾、缨带一条，靴袜及币十端，银二百两。以公主长史多禅、中书阿必达为使，尔其筹之。五日内遣汝使偕我使来复。自古以来，虽敌国无害使臣之理，况朕与汝向无隙乎？若期内不来，则必害我使矣。”

特谕赐留拖陵驿站处内府骁骑等羊只。

初五日庚申　上驻跸阿敦齐陆阿鲁布喇克。奏事敦住传谕大学士伊桑阿曰：“蒙古兵未谙战法，着议政大臣等将领蒙古兵之大臣会议派出具奏。”随以蒙古大臣等职名写绿头签交敦住转奏。奉旨：“着将阿尔尼、拜音察克、西喇、喇锡派出。”

理藩院以外藩随驾出征人名数目题奏，科尔沁和硕土谢图亲王额驸沙津、和硕达尔汗亲王额驸班第，喀喇沁多罗杜棱郡王札西，柰曼多罗达尔汉郡王班第，科尔沁多罗贝勒巴克席胡尔阿必达，乌珠穆秦多罗额尔德尼贝勒博木博，土默特多罗达尔汉贝勒额驸额尔德木图，科尔沁和硕额驸班第，巴林和硕额驸吴尔滚，喀喇沁和硕额驸噶尔藏，巴林多罗额驸阿喇卜谈，敖汉多罗额驸扎木素，科尔沁固山额驸吴勒木济，喀喇沁护国公沙木巴喇锡，柰曼辅国公格勒尔，原封科尔沁王俄七里台吉塔布囊五十九人，都统三人，副都统三人，夸兰大参领十三人，佐领三十二人，骁骑校二十二人，长史、护卫、典仪七十四人，骁骑共七百十五人，步军五百五十人，附丁二百零六人。喀尔喀和硕渣萨克图亲王策旺渣卜、多罗郡王敦多卜多尔即、纳木渣尔，多罗贝勒西地西里、固山贝子盆楚克成白尔，喀尔喀扎萨克公、卫征诺颜、阿玉西、车木楚克纳木渣尔，扎萨克一等台吉班珠尔多尔即、车陵达西、色棱达西台吉六十一人，都统四人，副都统、寨桑七人，参领七人，佐领九人，骁骑校三人，长史、护卫、典仪五十人，附丁一百四十四人，扎萨克、喀尔喀王以下、附丁以上共一千九百九十二人。奉旨："着问其中有欲争先效力者，尔等编为队伍具奏。"理藩院随会集扎萨克、喀尔喀诸王、台吉等遍问之。诸王、台吉等皆愿头队行走，争先前进。

奏入，亲近侍卫关保传谕曰："部院大臣等今亦编次队伍，尔往谕土谢图王、达尔汉王等，欲将尔等编次队伍，今已如何？朕意欲令扎萨克、喀尔喀王等领其护卫随从一二人侍从朕侧。其余兵共为一队，选其能者使领之，俱在一处，侍从朕后，随所指授，即令前进。若不如此，伊等俱系各扎萨克处凑合之人，与在内熟练之兵众共在一处，不谙队伍，不通语言，必至错乱。与在内兵同编队伍，似为不妥。"

谕毕，二王奏云："臣等前因不谙，故欲在头队行走，争先前进。蒙皇上明白传谕，臣等今始得知我等蒙古俱系各扎萨克凑合之人，不谙队伍言语，不便入队行走。上谕极是，臣等一遵上谕指授行走。"土谢图王、达尔汉王又奏云："臣等扎萨克人内年少者多，喀尔喀等又俱系新人，不谙军法，我朝军法素严，理应明白晓谕。"关保随转奏，奉旨："欲晓示军法甚善，喀尔喀贝勒西地西里、贝子盆楚克俱令在朕处，其编次队伍亦宜照此行。公沙木巴、喇锡亦令率所属兵入此队行走。其扎萨克兵着贝勒巴克席胡尔为总统，将十人列为一小旗。现今人多旗少，着添给小旗。每旗选一才能者为长，编为队伍，令其操演。"

理藩院随议得，扎萨克、喀尔喀诸王及贝勒西地西里、贝子盆楚克等令其带领一二随从人侍从御前。其余共为一队，于各处指授，敬听行走。扎萨克兵着贝勒巴克席胡尔为总统，将十人列为一小旗，编为队伍，令其操演。圣谕极是，俱应钦遵施行。扎萨克、喀尔喀王等既留侍御前，将车陈汗亦令同王等一处侍从，将伊等随从人各二名及科尔沁班第额驸与其随从二人及贝勒、贝子、公、扎萨克、台吉等不编入旗外，查扎萨克、喀尔喀台吉以下附丁以上共七百七十三人，将十人列为一旗，共得七十一旗。每旗各推一人为长，十旗为一甲喇，照参领例委署一人，令其管辖。现有赐给达尔汉王十旗、沙木巴喇锡公二十五旗，共计三十五旗，尚少三十六旗，应令武备院取给土谢图王随从十人，列为一旗，推参领孟额为长。达尔汗王旗下台吉吴尔胡满等连本身三十三人列为三旗，推台吉吴尔胡满及丹达里、长史岳喇为长。台吉毕立克图等连本身十五人列为一旗，推台吉毕立克图为长。台吉格图尔克等连本身十二人列为一旗，推台吉格图尔克为长。台吉布达连本身七人合班第额驸三人共十人列为一旗，推台吉布达为长。柰曼王班第旗下台吉喇锡等连本身三十二人列为三旗，推台吉喇锡、佐领西第、护卫毕立克图为长。贝勒博木博旗下台吉济尔哈朗等连本身二十一人列为两旗，推台吉济尔哈朗、都统阿阑朱纳为长。阿霸垓卓礼克图王旗下台吉格根等连本身十一人列为一旗，推台吉格根为长。苏尼特萨玛渣王旗下台吉苏代等连本身四十三人列为四旗，推台吉苏代、奔他尔、岳吉、渣卜为长。喀尔喀王敦多卜多尔即旗下台吉纳木渣尔额尔德尼等连本身二十七人列为二旗，推台吉纳木渣尔额尔德尼达、马林为长。喀尔喀贝勒西地西里旗下台吉丹津多尔即等连本身三十六人列为三旗，推台吉丹津多尔即、齐旺巴尔珠尔、巴渣尔为长。喀尔喀土谢图汗第四子车林巴尔等连本身十六人列为二旗，推台吉车林巴尔占、巴喇为长。喀尔喀扎萨克台吉车陵渣卜旗下台吉多尔即渣卜等连本身八人列为一旗，推台吉多尔即渣卜为长。喀尔喀王纳木渣尔之弟台吉嘎尔单等连本身四十七人列为四旗，推台吉嘎尔单、根敦，副都统察罕、长史库即根为长。喀尔喀贝子成白尔随从人六名，合扎萨克台吉色棱达西随从人二名，共八人，列为一旗，推参领滚登为长。喀尔喀车陈汗之台吉随从人共五十人列为五旗，推寨桑土卜，护卫西喇、厄勒尔德、厄林辰、达布为长。喀尔喀公车木楚克纳木渣尔旗下台吉盆楚克等连本身三十九人列为四旗，喀尔喀贝勒汪渣尔旗下台吉西第等台吉十人列为一旗，喀尔喀扎萨克台吉陵达西旗下台吉根敦等连本身共二十人列为二旗，喀尔喀公卫征诺颜阿玉西随从人十七名合王策旺渣卜随从人三名共二十人列为二旗，喀尔喀贝子盆楚克旗下台吉波罗乌纳汉带青沙木毕尔，罗卜藏厄尔德尼阿海等连本身十八人列为二旗。查贝子盆楚克，公车木楚克纳木渣尔，卫征诺颜阿玉西，贝勒汪渣尔旗下台吉西第、扎萨克台吉车陵达西等，现今俱已前往喀伦地方。相应俟其会合之时，再问其堪为长者，令其为长。其管甲喇之人，恭候皇上亲点。又查兵部所载军令已译蒙古字，遍行晓谕，今应再行晓谕。扎萨克、喀尔喀等已经编成队伍，臣等请与土谢图亲王额驸沙津、达尔汉亲王额驸班第、贝勒巴克席胡尔等一同训练。尚书阿尔尼、散秩大臣拜音察克、侍郎安布禄、西喇、侍读学士喇锡等又向奏事敦住口奏曰：“臣等众意使扎萨克、喀尔喀共用四纛，扎萨克用白色旗纛，喀尔喀用红色旗纛。今见有赐达尔汉王之白纛一杆，沙木巴喇锡公带来白纛一杆，应添取红纛二杆，小旗二十九面，白色小旗七面，请共派管甲喇人七名，将贝勒阿必达等职名写绿头签启奏。”奉旨：“着贝勒阿必达、博木博，原封王之俄七里，公格勒尔沙木巴喇锡、车木楚克纳木渣尔、阿玉西等、管领甲喇伊等，叙功时俱同台吉等叙功否，各旗推台吉等为长，旗内官员及闲散人令其负旗。余依议。”

初六日辛酉　早，上于途次谕科尔沁巴克席胡尔贝勒、喀尔喀车木楚克纳木扎尔公等曰：“顾尔班图尔汉等地方有贼，所设哨探，彼处有阿思哈图山，尔等可在彼埋伏，贼必出阿思哈图山来窥我营。我军前往追擒，尔等即行接应。”

是日，上驻跸佑库车尔。亲近侍卫吴什传谕：“扎西王人材壮健，其属下兵亦堪用，应令兼领察哈尔兵行走，着会议具奏。”议政大臣等会议，扎西王人材果键，其属下人亦好，察哈尔兵应令兼领，听扎西王总管而行散秩大臣吴巴什、参领品级章京多尔济扎布原排营处。奉旨：“着为首领，应令伊等协同管理。”

又查先经会议，将察哈尔兵、扎西王兵、扎萨克兵俱分派队伍，预备追杀等因在案，应仍照前遵奉皇上指示而行。行走时令在侍卫之后。奉旨：“是。”

喀瓦尔达等奉差护送多禅等还复命。先是，遣发公主长史多禅、中书阿必达赍敕往谕噶尔丹之时，使一等侍卫喀瓦尔达、一等台吉阿喇卜滩等率前锋二百名护送多禅等。上谕喀瓦尔达等曰："尔等勿得过燕图库列图，即从彼地使伊等前去。如遇厄鲁特，勿与交战，但敕书、使臣得到则已。"至是，喀瓦尔达等还，奏："臣等五月初五日到克鲁伦河，不见敌人踪迹，想敌人已去，不甚戒备，而厄鲁特自山上探望见之。初六日黎明，有厄鲁特千许人来截取马群。马群中护军伙军人等发矢射之，收马匹至本营。我兵排列正欲交兵，臣等仰遵谕旨，喝止诸人勿动，敕书重大，必达之始善。遂令侍读学士殷扎纳带厄鲁特名俄齐尔者前去，殷扎纳往控丹济喇、马勒言曰：'我等系圣朝使臣，不得无礼。'又厄鲁特俄齐尔自言，既不杀彼，又赏赐遣回，告之以圣上亲来矣。将军费扬古亦下俄尔洪土喇而来。丹济拉大骇失声，遂领敕书收兵急去。臣等亦收兵而还。"

初七日壬戌 厄鲁特噶尔丹所在已得实信，皇上躬率前锋兵而行，次八旗前锋兵而行，次绿旗兵居鹿角之中，次左右翼八旗、汉军炮位、鸟枪兵，次八旗满兵马上驼载炮位，俱按翼排列而行。其鹿角后头队兵列各旗内鸟枪手、护军，次列护军，次列鸟枪手、骁骑，排列而行。二队兵亦照头队排列，傍队兵每旗子母炮，着满洲鸟枪骁骑兼管协力看护。此后三旗大臣、侍卫等领龙纛而行。诸王及皇子等各在纛前进发。内府官兵、执事之人等、部院官员及蒙古兵，俱排队伍按列而行。御用行李及各营行李，按各旗分随兵后行，俱有防护行李官兵。

军威之盛，弥山遍野，不见涯际。前一日微雨，是日天气晴明。蒙古地方宽广，大兵整齐严密，肃然无声。旗纛、甲胄、火器、刀枪，日中光耀夺目，深可震怖。噶尔丹虽素凶悍，瞭望军容，未有不胆裂思遁者矣。

上在途时，一等侍卫喀丢遣人来奏曰："臣等奉旨前往阿思哈图山探视，遇厄鲁特数人，俱牵散马前来，潜窥我军营垒。贼遥见我等，仓惶逃遁。追至阿思哈图山之东，遇巴克席胡尔贝勒等一同追逐。"上笑曰："何必追逐，任伊等往报噶尔丹可也。"

是日，上驻跸西巴尔台。谕护军统领托伦苏丹等曰："明日驻扎地方，朕亲身指示驻扎。各将行李跟随兵后，结队而行，切勿零星散走。"

又谕众等："明日黎明，着各炊饭食毕起程。"

督理中路运米事务左都御史于成龙移文行在兵部，内称："准兵部咨内开、米粮车辆，但报由某处起程，其某运米至某处，及至某处米若干，并未开明。此后如报米车，务须明白申报。查得我先住和尔博地方，催趱米车时，直隶之八运车辆随到即经开明米数申报。今我押催车辆已至第十三站之哈必尔汉地方，前将直隶第一运郎中噶礼所管车内之米一千石、第二运游击刘泽寰所管车内之米四百石、第三运都司丁延祥所管车内之米六百石、第四运按察使刘皑所管骆驼马骡驮载之米七百石、第五运编修宋大业所管车内之米七百石、第六运参领陈镠所管车内之米三百六十石、原任知府于翔汉所管骆驼驮载之米八十石，曾令所至驿站即行申报。驿站官员云，行在兵部移文，但着报郎中噶礼车辆，别运米不必申报，因此未报米车已至何处及米石数目。今除先开六运米车俱已过第十五站格德尔库地方外，现在第七运郎中索尔辟所管车内米六百石、第八运候补知府祝锺俊所管车内米六百五十石，俱于初四日至第十四站之和尔和地方。山东省第一运员外郎硕色所管车内米六百二十石至第十二站之苏勒图地方，后运山东、河南两省之车辆侍郎李钖、左通政喀拜督催陆续而来。又郎中噶礼呈行在兵部为申报事，第四运夸兰大刘皑从和尔博驿将米七百石、面八千斤以骆驼马骡驮载，于四月十六日自和尔博驿起程，五月初五日至第二十三站。西巴尔台地方初六日自西巴尔台起程前去，倘若不雨，则刘皑之米于五月十一日可到第二十七站之拖陵地方。因喀喇沁之兵未经赶上，即着运粮官员厮役牵挽而行，并未将米粮留于驿站。我等已往催促第二、第三运，俟到第二、第三运粮车之日另行申报等因，大学士伊桑阿交奏事敦住转奏，奉旨："知道了。"

是日，密谕大小营中大臣等："今安扎营垒如故，而营内尽撤去帐房，即御用行幄幔城亦俱不设。各处皆伏兵，空壁以待之。"抵暮，上亲巡视营伍。臣等伏睹我皇上神谋睿算，决机制胜，亘古善用兵者，所不能及。

是日，因谍报噶尔丹实信，日间既令军士严阵以进，至晚驻兵复修饬营垒，尽撤帐房，并御用之行幄布城，亦皆不设。相地设伏，空壁以待贼，非特遇勍寇而不惊，大勇超越而睿思默运，方略布置真出天授。是夜，噶尔丹特幸不来，倘冒昧而来，则遇伏游击，决无匹马一人得脱者矣。据投诚厄鲁特人云，噶尔丹先欲拒战，后因探哨人言皇上统领六军实来亲讨，伊复登孟纳尔山瞭望，遂不胜惊骇，作蒙古语曰：此兵真从天而降耶！如此无水沙碛之处，皇上率如许重兵，如何行至？连夜逃遁或幸得生，不然必死于此军矣。即率众抛弃什物，乘夜遁去。于是次日，皇上亲率前锋兵穷追噶尔丹。

本日原欲驻跸颜土库烈图地方，及抵近处见无水，众皆忧之。上遣亲近侍卫吴什带领乡导往寻有水处。方过一山冈，忽见泉源流出，水极甘美，而且充用有余，人人无不喜悦。

初八日癸亥　上亲追噶尔丹向克鲁伦河前进。上曰："克鲁伦河乃噶尔丹至要必争之地，贼若欲战，必于克鲁伦河拒战矣。"乃将兵分布队伍，上于前锋兵之前，率领而行。驾先抵克鲁伦河，见无贼寇，河比界有贼安营之迹，贼去未久。于是俟各队领兵大臣毕至，上谓诸大臣曰："噶尔丹若于克鲁伦河拒战，我兵夺河交战犹稍费力。今观其不于此拒战，而竟逃窜，噶尔丹于行兵之道一无所知，是自开门户以与我也。除此地外，于他处断不能拒我军。审其情形，未必驻扎他处，必连夜逃遁矣。当轻骑急追之。"诸大臣奏曰："此与圣明所预料者，一一相符合也。"

是日，上驻跸额尔德尼拖洛海克鲁伦布隆，谕领侍卫内大臣索额图曰："车陈汗、喀喇沁王扎西奏，厄鲁特噶尔丹不能抵敌皇威，已经逃窜。愿带臣等蒙古兵追剿。伊若抗敌，即行奏闻，以俟大兵。伊若逃窜，即随后进剿，以掠其妻子。此事关系重大，着会议具奏。"议政大臣等会议："王扎西所奏甚是。但今遣去，若兵力微小，恐致危险。圣驾亲临，又不便分兵，以重势遣往。自明日着往塔尔吉而即僧枯尔河地方，蹶寻踪迹，如是则可得的信。王扎西仍令遣伊兵追赶，寻踪侦探的信。"奏入，奉旨："俟明日再行斟酌。"

又谕大学士伊桑阿曰："我兵甚勇，器械整齐，又遵法度，无可议处。止兵丁、仆从人等，一切宜加意谨慎，毋令懈弛，致烦朕虑。将此着遍传八旗，以至仆从人等通行晓谕。"

初九日甲子 遣大学士伊桑阿致祭克鲁伦河之神。

皇上亲率前锋兵穷追噶尔丹，噶尔丹仓皇遁走。是后数日，沿途大获所遗器械、帐房、食用等物。

是日，上驻跸距克鲁伦布隆十八里地方。甫到即传旨："着各营合为一大营，日间将马于营外牧放，夜间于营内牧放。"于是马皆得饱，而昏夜复无遗失之忧，诚善计也。

亲近侍卫关保传谕领侍卫内大臣等及大学士伊桑阿曰："明日路程稍远，将帐房、行李乘早驮载，预备完毕，欲行即行。着仆从人各近伊主行走，若遇战时，令仆从人稍后。如此齐行，凡事俱善。况今日得遗失马百余匹，非皆兵丁之马乎？朕若遇此等人，必即行正法，绝不姑贷。须加意谨慎马匹，着将此遍行严谕八旗。"

又谕领侍卫内大臣索额图曰："今日据投诚厄鲁特人言，闻朕亲率大兵而至，四路进发，噶尔丹即行逃窜。朕若率绿旗步兵前进，则牵缀迟误。朕意拣选绿旗马兵，会同大将军费扬古，向巴颜乌阑追剿噶尔丹。其绿旗步兵留大臣管辖，着随后缓行前来。议政大臣等会议面奏。"

上曰："满洲兵每旗留二十名，派官员、护军校管辖。绿旗步兵着全留。宣化府取来炮二十四位亦着留下。汉军炮十六位能带则尽带往，若不能带，着留炮一二位。所留之兵派贤能大臣一员统辖。克鲁伦之克勒和朔地方去此一百三十里，朕作二日程行到。所留兵丁着作四日程行到，抬鹿角兵有不能到者，着汉军大臣等酌量调拨带往前去。"

大学士伊桑阿为派大臣管领所留之兵，将领侍卫内大臣以下、副都统、副都御史以上职名写绿头签启奏。奉旨："内大臣阿密达着充将军，副都统胡什巴沙济、左副都御史阿山着为参谋，令从此分四日至克勒和朔。若有调遣，着酌量趱行前来。"

又谕领侍卫内大臣索额图曰："今晚将马匹俱入大营内牧放。若有将马匹于营外牧放被拿获者，将厮役及伊主一并正法。着将此通行严谕八旗。"

是日，喀尔喀扎萨克一等台吉齐旺巴尔珠尔旗下僧格佐领下骁骑杭吉代闻知皇上亲征，前来进马六匹，奏事敦住转奏。奉旨："彼系小人，前来进马，甚属可悯，着照良马例加赏。"于是厚赏杭吉代。

赏八旗兵丁每旗牛一头、羊二十只。

初十日乙丑　上亲率前锋兵穷追噶尔丹，获厄鲁特人，言噶尔丹逃往巴颜乌阑，入树林内，寻险固之处栖身。

是日，上驻跸扎克寨。赐绿旗兵牛九头。

十一日丙寅　上躬率前锋兵穷追噶尔丹。噶尔丹既遁，大获其遗弃甲胄，并所奉金佛、经卷等物。因欲轻骑穷追，遂尽留辎重，令每佐领留护军各一名看守。

是日，上驻跸克勒和朔。遣谕大将军伯费扬古曰："前曾两次遣人驰书赐大将军伯费扬古，其至与未至，并未奏明。商南多尔即至，始知西路兵于五月初可至土喇，初七可至巴颜乌阑。于是又遣人赐书，至今仍无音耗。朕亲统大军追剿噶尔丹，问所护噶尔丹之人及阿喇布谈之人，言于巴颜乌阑之西曾闻炮声，不知与何兵交战，而其事又未知若何。因尔奏未至，朕深以为忧。故遣蒙古乡导，持书驰往侦探信息。人到时，尔即缮疏，着一晓事人同来。"

是日，兵部为克勒和朔所留每佐领下护军一名，或派大臣管领，或着将军阿密达兼管等因具题。奉旨："着阿密达率兵前来，于克勒和朔驻扎。此处所留之兵，令其一拜统辖。或召使前进，或遣令先回，俱候旨行。"

兵部议防护行李之正黄旗骁骑校署章京事西代等四人，因失误班次，俱议革职。护军关柱等二十四人、骁骑卞精等八人，俱鞭一百。委署护军校柰满，将防护行李班次未亲交与护军乌进悬拟派出，柰满应鞭五十；与乌进无涉，应无庸议等因具题。奉旨："依议。斥堠防护之兵所关甚要，各营诸王、皇子、大臣俱宜知悉。大臣等既轮班行走，此后若称不知，将诸王、皇子、大臣等一并议处。"

赐差往西路大将军处喀尔喀渣尔班台吉等四人羊只。

十二日丁卯　上躬率前锋兵穷追噶尔丹。噶尔丹将器械、甲胄、帐房及卧病稚幼尽皆遗弃，乘夜遁逃。路获一老妪，询问，言厄鲁特之众仓皇溃散，彼此交怨，沿途互相战斗。奉旨："将此移文知会阿密达。厄鲁特今已溃散，着将营伍、马匹、牲口日夜谨慎防备。"

是日，上驻跸托讷山南绥尔哈图之东。上谕领侍卫内大臣索额图曰："厄鲁特噶尔丹逃窜已远，沿途溃散人亦不众，今已选兵给粮，蹑其后穷追之。官军米粮所关甚重，今兵丁所带八十日口粮日期将满，于成龙所运米尚未到。若大兵前进，所运米太远，回时粮饷，必至窘匮。应使大兵迎粮而还。朕备有牛羊，断然不致缺乏。西路大兵亦由中路而来，料理粮务甚要。着议政大臣等议奏。"

又召议政大臣等谕曰："朕今日踹贼踪迹，及问所获之人，言厄鲁特噶尔丹狼狈惊惶，内自溃乱，亡命奔逃，量已至巴颜乌阑矣。若我大兵追赶，似不能及，应选兵轻骑追逐。除喀瓦尔达所领前锋二百外，其余前锋尽行派出。满洲火器营兵及亲随护军，亦尽派出，着追至巴颜乌阑，过巴颜乌阑以北，不必前往。昨所发大炮八位及满洲、汉军马匹所载之炮，尽行遣发。应派出大臣率领前去，着将大臣等职名即行开列具奏。其参谋大臣无庸多遣，人多则反致烦杂。诸王等所属之人，若自有二十日粮不用官粮者，亦令同往。其同回之兵，但留其至拖陵所需五日之粮，将余量收取。着各旗大臣亲验，给与前进兵力。"议政大臣等会议奏曰："厄鲁特噶尔丹震龙于皇上神威，内自溃乱，亡命逃遁是实。应选兵追击之处，上谕甚为详至，自应祇遵。"奉旨："依议。"

本日将大臣等职名写绿头签启奏。奉旨："着领侍卫内大臣马思喀为将军，给与平北大将军印。都统巴浑德齐世、护军统领鄂克济哈为参谋，都统都思噶尔、石文瑛、王永誉、噶尔马、李正宗，护军统领苏丹、苏赫桑格，副都统达礼善、莫洛浑、齐兰布、孙征灏、渣喇克图、雷继尊、孙渣齐、费扬古、禅布、喻维邦、巴赛等令其随征。闲散宗室哈尔萨、副都统张所知亦着随行。"

是日，赐留克勒和朔兵丁牛十六头。

十三日戊辰　上班师，经画粮饷。是日，上驻跸克勒和硕。内外诸王、贝勒、大臣、文武各官至行宫东门跪奏曰："厄鲁特噶尔丹肆行暴虐，剽掠臣服我之喀尔喀车陈汗，皇上亲统大军出塞征讨，一应调遣粮饷、营垒、斥堠等事，俱重烦圣虑，筹画周至。噶尔丹震悚天威，望风鼠窜。庙谟骏烈，超越往古。今日事成回军，甚属大喜。臣等请行庆贺。"

转奏毕，奏事敦柱传谕曰："朕自出师以来，唯欲前进，并不退却一步。或因驻跸之处稍有未妥，欲退回数步，安设行宫，朕亦不允。今大将军费扬古兵稍迟，想亦将至巴颜乌阑。又给发兵众粮米日期将满，六军以粮饷为命，关系最要。凡此兵众，俱属朕多方保全。至此其中若有一二人艰于粒食，心实不忍。故一面以马思喀为大将军，将众兵粮攒足二十日给发，令其追赶前去，扈从兵止留七日口粮。一面领兵迎接粮米，向拖陵地方回军。西路兵及两路米粮皆未完备，俱不称朕本意，朕犹有憾。"

诸王、大臣各官跪奏曰："大兵粮饷实系紧要，向所期约之地粮饷不至，致有耽误，因此预防回军极是。皇上天纵神武，闻知噶尔丹所在，辄亲在前锋前行，毅然深入敌境。噶尔丹魂飞胆碎，于是尽弃其铠甲、器械、帐房、辎重、老弱，偷生夜遁。军威振于遐荒，大事成于一旦。臣等于此毫无踌躇之意，欲即行庆贺。"敦柱入奏出，传谕曰："朕预料噶尔丹必遁，已密谕费扬古等，令截其归路。今马思喀兵又进征巴颜乌阑，两路夹攻噶尔丹，料应难逃，大事已成，尔等欲称贺良是。但从征诸王以下、文武官员以上以至众军人等，皆欲在朕前效力，奋勇交战，而不得一见敌，以遂其意，于朕心犹有歉然。着少俟马思喀信息，尔等勿固请。"

诸王、大臣各官又跪奏曰："以皇上神武天威，噶尔丹望风狼狈逃窜，皇上又预遣兵截其归路，费扬古、马思喀等虽殄灭噶尔丹，亦由皇上庙谟先定，并非群策所能与。臣等祈皇上俯慰众心，俞允称贺。"敦柱入奏出，传谕曰："马思喀信息不久即到，姑暂候之。"

侍郎安布禄、西喇等，为扎萨克之喀尔喀王等，及喀喇沁札西王之兵、察哈尔兵先行带往等因具奏。奉旨："蒙古兵行伍不整，着前后统护之而往。"

又抚远大将军领侍卫内大臣伯费扬古奏曰："臣等率大兵于四月二十六日至杭爱山之喀喇拖罗海口驻扎，蓝翎侍卫殷渣纳等赍皇上手诏至，又赍来行在兵部咨称议政大臣等奉旨议：'上谕大将军手诏甚是周详。今移文大将军费扬古，着留陕西兵于塞棱格路，以遏噶尔丹之逃窜，仍令其自领大兵随后进发，一切事宜俱应钦奉训旨而行。'奉旨：'依议，钦此。'等因前来，臣等会同议得，蒙颁训旨，甚是周详。臣等率领大兵随后进发外，其将军孙思克所领陕西兵，理应遵奉训旨，留于塞棱格，以遏噶尔丹之逃窜。但陕西兵来时，因途中风雨，马匹牲口迟误，先经明白奏闻，令选满洲兵二千、绿旗兵二千趱随大兵而行等因在案。令留此四千兵于塞棱格，以遏噶尔丹之逃窜，则兵势单弱。臣等仍依前所奏，一路进发，已闻噶尔丹顺克鲁伦河而下至达尔汉奥喇地方，与皇上所统大兵相近。官军无不抵掌欢跃，俱欲速入贼后，仰仗圣主天威，从其后击灭之。但臣等材既庸劣，而大兵行七十余日，牲口疲乏不能亟到。伏乞睿鉴，存西路官军毕生颜面。皇上稍缓师行。”费扬古又密奏曰：“前运粮正卿俞成龙等至臣处，言水草既阙，而牲口又系直从太原来者，今已疲瘦。臣等曾会议，将十五日粮留贮喀伦，其三十五日粮以小车及所选驾车牲口拨给载炮，所余空行之骆驼运送等因，具题在案。查得右卫之兵所赍八十日粮，于五月初四日期满。自京城前来之兵所赍八十日粮于五月十一日期满。前曾移文运粮大臣等，着将所运口粮来此，八十日口粮未完之前，速行运到。而彼处回称以小车四百余辆装载米石于四月初九日已自喀伦起程，竭力趱行。于地土坚硬处一日止可行三十余里，沙碛冈阜处一日止可行二十里。若遇大风冲击，不能逆风而行，随其所至，天晚即宿。所赍八十日粮未完，之前不能运至大军之处，因此不得不预行申报等因。大军口粮所关至要，臣等已将骆驼七十余匹于四月二十五日自揆宿地方遣回，迎取米石。令其分留十五日口粮于喀伦，将三十五日之粮，依原议赶随大兵，作速运至土喇等因。虽经移文，尚不能赶及大军，乃因路途辽阔，马力不及之故，则土喇以北运送粮饷益难赶及大军矣。今噶尔丹既在达尔汉奥喇地方，则臣等所率大兵不及待西路所运之粮，但俟骆驼所载米既至之日。量八十日粮一完，即斟酌接济，率此大兵前往皇上行在。俟至皇上行在后，乞谕运粮大臣，将中路大军之粮分给臣等所率之兵等因密奏。”

又传谕曰：“着侍郎阿尔拜留于此处，俟刘晧等所运米粮一千十九石、面八千斤陆续至日，随平北大将军马思喀兵前往。”

又亲近侍卫关保传谕议政大臣等曰：“朕明日启程，前途水少不能容八旗。应与大将军马思喀作为后劲之势，着满洲兵各以四旗，作一日起行；其次着前锋及八旗、汉军、绿旗兵，作一日起行。此兵共留一大臣为将军。”于是将内大臣、都统、副都统等职名以绿头签交奏事敦住转奏。奉旨：“此番诸大臣内，公常泰所行甚善，着充将军，统领并另有交付之事。”

伏见皇上以噶尔丹溃遁，已遣大将军马思喀统兵穷追。犹虑大军前进无后队接应之兵，故暂留八旗满洲兵，令分两日起程，前锋及八旗、汉军绿旗又将一日起程，隐然首尾联络。而扈从回銮者不过亲随数百人。皇上英武盖世，深入贼界如蹈无人之境。略无瞻顾，而计虑精密，动辄万全，智勇天锡，超轶千古，非寻常计虑所能及也。

又传谕曰：“马匹关系甚要，着各于水草佳处日夜牧放，谨慎看守。”

又奏事敦住传谕曰：“明日于此处将马匹尽量饮水，人各携水而行。着通行晓谕。”

是日辰时，五色云由东南而起，远望如楼台亭阁之状，轮困离奇，非烟非雾散成五彩。总之，皇上爱兵恤民，凡事上合天心，故天示此瑞兆，古所谓庆云盖，即此也。

十四日己巳 上在途次，抚远大将军费扬古疏至。上于马上阅之，喜向众大臣曰：“费扬古之兵于初三日已至土喇。彼曾云，恳祈圣恩稍加宽缓。若不因等待伊等而行，今且早已竣事回师矣。朕统大兵追逐五日，若再向前追逐，噶尔丹当为朕所获。因不得费扬古兵消息，兼之于成龙所运之米又不至，故凑米与马思喀之兵，遣往追逐，朕即率兵迎粮而回。今费扬古于初三日至土喇，则于朕本计相合，噶尔丹谅必不能窜去矣。”领侍卫内大臣国舅佟国维、大学士伊桑阿奏曰：“举凡皇上所筹画之事，无不中者。所期望之事，无不成者。上在途次云费扬古之信，必于今日到，乃于两三处立俟，而费扬古奏章果至。先见之明，何其神也。费扬古之兵诚为大幸。皇上亲追贼寇，贼势已极穷困，费扬古等至，彼竟可立奏成功矣。”

上曰：“费扬古又曾请粮于朕。朕念我兵之饷所系至要，而西路之兵又必至粮饷困乏，因预备骆驼。首领郝尚图骆驼骡匹今将头运噶礼所运之米尽行运至，已给此处兵丁。又着将次到刘晗、宋大业所运之米不可支动，令迎接西路之兵，即行给与。今军饷无复忧矣。但先曾与于成龙言定，八十日之内不用彼米，若满八十日时始用彼所运之米，将彼米运至土喇，以备向北进征之用。今于成龙所运之米不但不能到土喇，即克鲁伦地方尚未到颗粒，岂有迟误如此者乎？”佟国维、伊桑阿等奏曰：“若圣上未及周详筹画，不但费扬古兵，即此处大兵亦必甚至缺乏。于成龙之米果甚迟误。”

是日，上驻跸塔尔浑柴达木。又谕曰：“御营内官军除有粮五日以外者不查外，其有一二三四日粮者几人，及竟无粮者几人，着察明具奏。”

又奏事敦住传谕：“大将军费扬古所题之疏，着抄送大将军马思喀处。言费扬古之兵已至巴颜乌阑，尔其尽力速赴，协剿穷寇。朕亲往拖陵料理尔等两路军饷事务。今又交侍郎阿尔拜米一千余石、面八千斤，令其赴尔等军前矣。可将此移文大将军马思喀知之。”

又谕议政大臣等曰：“一应事务俱已完毕，只有西路大军前来会合。所需米石甚属紧要，应将上驷院马匹多行拨出，所余骡子亦行拨出。朕营内大臣并后营诸王以下官员等有情愿捐助者，令捐助马匹牲口，俱交与运粮官员作速运到。着会议具奏。”议政大臣等会议：“上谕诚是。应将上驷院马匹及所余骡子发出，再晓谕御营官员及后营诸王以下官员等，有情愿捐助马匹牲口者，将数目送到之日，交运粮官速行运送。再移文左都御史于成龙，其所管情愿效力官员内量所有马匹牲口，取交运粮官员作速运到。”奉旨：“依议。今牲口疲乏之时，虽使捐助，其能几何？可以内厩骆驼三十头、马一百匹发给。移文于成龙，路途遥远，留内大臣明珠往克勒和朔地方驻扎，粮米随所到，即着驼马帮运。未至粮米，令频行催促。其刘皑给以才能乡导一名，从朕来路而去。明珠既在克勒和朔地方驻扎，着不时侦探贼寇消息。”

臣等钦惟，军兴必以粮饷为要，粮饷不继，不可以行师。我皇上征讨噶尔丹，于徂征之前，即念运饷为最急。特遣大臣，给之专敕符印，委以转输重任。所用马骡车辆等物及随运官兵，咸预备以付之。令兵丁各带八十日口粮，逾八十日外，即以所运米给与。周详定议，一一交与领运大臣。讫皇上躬率六师往征噶尔丹，噶尔丹闻皇上亲征，震龙威灵，即从克鲁伦河中宵奔窜。皇上深以未得交锋为憾，于是身先士卒，领大兵进剿，必欲追及，尽加歼僇。因留大炮及辎重于后，迅速前进，穷追五日至拖讷山。见噶尔丹尽弃其器物，惟思逃脱性命，连夜奔溃。而于成龙等所运之粮全无到期，兵丁所带八十日口粮为期已满，储峙告尽。皇上虑周前后，念饷务所关至要，欲领大兵前追，则粮已匮乏，况西路之兵亦至中路，两路大军皆取给于成龙等所运之米，伊等不可专恃。计噶尔丹必遇我预遣西路之兵，为所截杀，应选精兵，凑军粮给之，令蹑贼尾，前进夹剿，而亲行趱理粮运。计划已周，遂挑选精兵，将应回兵丁所余些须粮米凑给，遣大将军率之前追。是日回銮，督理粮运，羽檄敕使连驰，至于成龙等处，令将粮米迅速挽到。并拨给内厩驼马接运，趱赴军前。复命大臣留于克勒和朔，糗粮随到随即陆续趱运，以应副大兵。故大兵虽深入，而资粮充裕，不致乏绝。西路之兵果遇噶尔丹，大败之，悉加俘斩，尽获其子女、牲畜，会合中路大兵。噶尔丹只身随数人逃去，投诚者二千余人，嗣是接踵来降者不绝。西路大兵来会之时，军粮匮乏已至饥馁，亦将此运到之粮给与官兵，皆仰沾圣泽，喜庆再生。我皇上深谋周至，若非亲行趱理粮务，则军需实系迟误，两路大兵糗粮必致匮缺，所关岂寻常可比哉？克敌制胜，师行万全，皆由我皇上凡事悉皆预筹洞达，机要妙算，咸如目睹，动合时空之所致也。臣等幸扈圣驾徂征至厄鲁特地方，亲见睿谋如神，欢忭无极，非天纵圣哲，乌能至于此哉。

又兵部奏，防护牧场之正白旗汉军骁骑校署章京事王惠敏，以其不早赴牧场，空误班次，拟革职。据鸟枪拨什库张三等五十人供，章京未往牧场，我辈不得擅带撒袋出营。又据王惠敏供，我至营稍迟，察点时不到是实，兵丁并无迟误，张三等因无庸议。奉旨：“依议。”

臣等钦惟，塔尔浑柴达木地方素乏水泉，兼时方亢旱，暑热已极。是日，结营甫毕，忽密云四布，大雨倾注，人马尽皆苏息，于是众咸欢忭，谓此皆皇上洪福所致，不胜惊异。自出喀伦以后，水泉素艰难，数百人行走，犹难给用。今大军沿途驻处，众皆掘井，甫至一二尺许，即得水泉。皇上躬亲指示数处，每处所掘，辄得井以百千计，于是六军大获攸济。随征蒙古王、台吉等咸惊异，云我辈行此路从未有如此。且蒙古地方比年亢旱，青草甚乏，驼马牛羊素所宜之豫尔呼等草向亦甚阙。今岁草生最早，豫尔呼等州，遍处皆生。素无生草之沙冈瀚海，生亦甚茂，故每日骑用，马匹无稍疲瘦。而贼所出没之土喇克鲁伦巴颜乌阑之地，水草素丰，河内多鱼，号称佳地。今岁青草不茁，河内无鱼，而土喇之大河亦间有水涸流竭之处。又其最奇者，噶尔丹溃逃之后，来降之厄鲁特等具言，我辈至塔尔吉而即出，使一人立高处眺望，其余四十几人藏伏于山僻处。边有七骑遥见我处一人，即前来擒拿。我处所伏之众俱突出，顺克鲁伦河追此七人，捋就擒获。忽旋风大作，隐蔽七人不知所向。我辈无不大惊，将此已报知我头目矣。岂非异事耶？先是，皇上遣喀尔喀纳木渣尔王之长史库即根同拨什库讷尔布等六人，使探噶尔丹踪迹，回时亦具言其如此。彼时众皆未信，至是始知果真。凡此皆皇上所行，上合天心，故垂佑显然，得以扑灭噶尔丹也。

是日，赐八旗兵丁牛八头、羊八十只，汉军兵丁牛二头、羊十只。

十五日庚午　上驻跸顾图尔布喇克。亲近侍卫吴什传谕曰："由塔尔浑柴达木至顾图尔布喇克地方甚远，朕今日自塔尔浑柴达木来驻于顾图尔布喇克地方，甚觉失宜。遣乡导波罗往后军，令其自塔尔浑柴达木来宿于布党图地方，自布党图来宿于顾图尔布喇克地方。将此递行传谕后队之兵。"

又传谕领侍卫内大臣等曰："马已疲瘦，仆从人俱系步行。若行李早行则得早至，着乘早起行。若禁举火，恐行李到迟，不及炊饭，着免禁举火。今日阴晦，德勒素草甚多，令割取，预备带往。其通行晓谕。"

是日，内大臣明珠奏曰："前因刘皑米车迟缓，故以骆驼、马骡运至。今应将在后陆续运来米粮交与于成龙。着将所管效力人等牲口，并伊等预备牲口驼米运至。"奉旨："甚善。"

是日，赐科尔沁贝勒阿必达羊四只。

十六日辛未　上驻跸顾图尔布喇克。亲近侍卫关保传谕大臣、侍卫及仆从人等："朕望尔等骆驼、马匹善为牧养，勿致失弃一匹。此番特为驼马，朕亲行掘井，劳费心神之处，皆尔等所知。着遍行晓谕众执事兵丁、仆从人等知之。"

又抚远大将军领侍卫内大臣伯费扬古等密题："为奏闻事，臣等率领大兵于五月初一日至额布尔何垒阿达克地方安营。二等侍卫台吉布库额林辰等赍送皇上手诏前来，臣等应钦遵上谕，即率兵昼夜进发。但大兵所行程途遥远，马匹稍瘦。噶尔丹将布尔车克地方以前十余程之草尽行烧毁，已遣人前去觅草趱行。臣等仍率大兵作速拟于初三日至土喇地方，蹑噶尔丹之后前进。惟祈皇上稍待，以全臣等官兵一生面目。又蓝翎侍卫殷渣纳等于四月二十八日前去之时，臣等已将陕西兵丁难以分遣，仍作一路进发，及西路所运口粮不能运到大军之所等因缮写二本，着殷渣纳等赍往具题矣。但殷渣纳、额林辰未知谁先至行在，复将前二本缮写，一并奏闻。”费扬古等又题：“为奏闻事，臣等率领大兵行时，每令众扎萨克等在大军两傍稍前，蹰迹行走。于五月初一日正行路间，喀尔喀之苏泰伊尔登公遣伊子车木拍尔来称，有厄鲁特男妇十余人，从南经过，向西而去。即遣委署前锋统领顾代，着带前锋一队追至十里许，获得妇人五口、幼小八口、马十二匹、骆驼二头、有犊乳牛三头、羊十五只。又三人向山逃去，追至五十余里，尽行拿获前来。询就获厄鲁特朱尔布等，称我等系阿拉布坦之弟达木巴兰之人，随噶尔丹顺克鲁伦河至肯特山，因我主看待我等不如往时，所以逃出，捕獭兽为生。闻得噶尔丹前曾向俄罗斯求借援兵，前月俄罗斯遣使二十人来，约定草生时助鸟枪兵一千，车载大炮，送至克鲁伦河东境。所遣之使尚未回去。噶尔丹闻知皇上大兵前来，赴俄罗斯助兵之约，顺克鲁伦河而去。我皆小人，此俱系传闻等语。谨具奏闻。”

是日，平北大将军领侍卫内大臣马思喀奏：“臣等十三日启行少迟，行六十里许，至渣喇地方驻营。随遣人行文前锋统领硕鼐，令蹑噶尔丹遁去踪迹，视所逃方向，如后尾相近，即酌量而行。若有不可行之处，作速遣报，我即率兵随至。彼时又着新满洲侍卫及蒙古王纳木渣尔等于两傍山蹰缉，并无别往踪迹，止循克鲁伦河逃去。观所住之处，釜犹在爨，帐房、铜钹及猎犬遗弃而窜。为此奏闻。”马思喀又奏：“臣等于本月十四日至巴颜乌阑以南十五里地方，遇前锋前往哨口之喀瓦尔达带得投降厄鲁特人奔走前来。问其情由，云噶尔丹于特勒尔即地方遇大将军费扬古兵交战，噶尔丹败遁退回，复列阵拒敌，我军步战而前。

两军封垒之际，见噶尔丹兵散乱有奔窜形状，即逃出投归圣主前来。臣等会议，着前锋即行起程，臣等率兵次于额格木尔地方，次日作速倍道前进。又派选喀尔喀纳木渣尔王盆楚克贝子十人，令骑官马，赍文前赴大将军伯费扬古处，将战后情形现在如何，着开明作速移文前来。为此谨具奏闻，将投降奔第一并解送。”大学士伊桑阿交奏事敦柱转奏，奉旨：“此事着作速移会京城。”

是日，行在兵部移文抚远大将军：“尔于十三日战败厄鲁特噶尔丹之处，据来降厄鲁特人奔第所称，皇上甚喜。自五月初八日皇上亲率大军迅速追赶五日，噶尔丹甚是急迫，遗弃器械、刀枪、鸟枪、甲胄、锅釜、帐房等物及羸病幼小，乘夜遁窜。皇上亲率大兵追至拖诺山，再欲往追，因会尔路兵丁之日甚近，恐两路会齐所用粮米甚多，势难接续，必至缺乏。粮米关系甚要，计此穷寇，以尔处所统兵丁，再将此处兵丁酌量遣发夹攻,即可剿灭。上率大兵已经班师迎米而回。以内大臣马思喀为大将军，给与大兵所凑二十日米粮。又将带来牛羊随后发去，又催促运至尔处。兵丁米粮，留内大臣明珠于克勒和朔地方料理。上又给发马匹、骆驼，充运粮之用。其王以下大臣、官员帮助马匹、骆驼交与明珠，将现到米粮陆续向尔处运发。皇上带回官兵，于拖陵地方酌量稍给米粮，俟到喀伦之时方给散而行。运到喀伦米粮甚多，将军尔遇将军马思喀，将尔从西路来时所有留下人役牲口作何派兵遣往带去，使无可虑之处，与将军马思喀公同议定。一面施行，一面奏闻。尔亲率所余兵丁，由皇上所行之路而来，则米粮不致缺乏。为此移文。”

行在兵部又移文黑龙江将军萨布素：“五月十六日，奉上谕议政大臣等：‘驻扎索岳尔济山地方盛京、乌喇、黑龙江兵共六千名内，留黑龙江兵一千名、盛京兵一千名，着将军萨布素、副都统穆泰带领驻扎索岳尔济山，直至七月。其余兵丁令各回本处。此回去兵丁，酌量其可至彼处之粮给发，其余米粮尽拨给索岳尔济山驻扎兵丁。’”

奏事敦柱传谕皇长子处：“所留大臣俱皆粗鲁，相应留部院衙门大臣协理各营粮务。”

是日，将侍郎安布禄、席尔达、常绶，副都御史阿山，学士宋柱、三宝等职名交奏事敦柱具奏。奉旨："留常泰、常绶、宋柱于皇长子处，着协理粮务。"

平北大将军领侍卫内大臣马思喀等又奏至，言："臣等兵正欲于本月十五日平明起程，据噶尔丹部下丹巴哈什哈遣阿喇善来降称，噶尔丹之兵于十三日申时于特勒尔即地方遇西路大兵交战，大溃逃窜。察罕西达里哈叶哈同丹巴哈什哈带得百余人前来投降，将此情由着详诉于统兵前来将军及商南多尔，即遣我先来。臣等会议，若不使人往迎，则或致疑惧，亦未可知。一面遣商南多尔即附于前锋一百名，出前锋哨口往迎；一面臣等即行起程。行至三十余里，商南多尔即带丹巴哈什哈等前来。询据丹巴哈什哈等称，噶尔丹闻皇上亲率大兵至此，震畏天威，正行逃窜。皇上复蹑踪追北，至拖纳地方，选拣兵丁迅速穷追。噶尔丹甚是迫蹙，止带四五十人逃去。我因前为使臣来见圣主时得蒙恩恤，故我同察罕西达里哈什哈各带子女、人口、马驼等物来归圣主。为此先具奏闻外，将丹巴哈什哈、察罕西达里哈什哈及呼户诺尔之波硕克图济浓所遣罗垒厄木七交侍读学士喇锡，随后即行遣发。其子女百余口，另派遣官兵随后送往。噶尔丹既被大将军费扬古击败逃窜，臣等应往会大将军费扬古军前，议定作何追剿之处，另行奏闻。为此谨题。"

亲近侍卫关保传谕曰："布党图驿站原任员外关布着复原职，柏成栋以道员缺先用，二人皆赍大将军马思喀奏章来之人也。"

十七日壬申　上驻跸西拖陵。平北大将军领侍卫内大臣马思喀等奏："十六日寅时，奉上谕。十五日因投诚厄鲁特陆续来降，以致行路无多，止行八十里，次于工噶劳图之口。据乡导云，交战之特勒尔即地方去此约二百里。臣等过此一夜，明日可会大将军费扬古兵矣。为此奏闻。"

马思喀移文行在兵部："十六日平明启行，至十余里，我等所遣喀尔喀十名，赍大将军伯费扬古所行咨文前来，内开虽遣阿南达前往启奏，阿南达皆乘自备马匹，不能速到，亦未可知。将此大捷喜信愿皇上早闻，故将所移原文急速递送。又大将军伯费扬古兵已经前来，次于塔阑布喇克地方。我等行李亦令停止，次于移文所到之处等候。为此知会。"大学士伊桑阿交奏事敦柱转奏。奉旨："知道了。"

其咨文云："抚远大将军领侍卫内大臣伯费扬古移文平北大将军领侍卫内大臣马思喀，为知会事，于本月十五日台吉纪卜等赍大将军等移文，着将败敌情由及现在作何行事之处开明申文等因前来。本月十三日，我等率领大兵前至昭莫多地方，据遣往侦探信息之布库布达等来称见厄鲁特声息，即使前锋探视的实。若厄鲁特兵少，便行剿灭。若兵多，则引诱前来。及前锋诱至，我等整列大兵，俱令步行御敌。噶尔丹领贼众万许迎拒。官兵奋勇，举鸟枪、发火炮、放箭交战，自未时起至酉时，贼兵散乱，即令官兵乘马，吹海螺，急行杀入，噶尔丹大溃。杀至特勒尔即口三十余里，阵斩厄鲁特二千余人，生获百余人。因天色已晚，复吹海螺收兵。大获其子女、驼马、牛羊、军器等物并大败噶尔丹之处，已经具本，令副都统阿南达奏闻外，我等现今率领大兵向皇上处前进等因。"大学士伊桑阿交奏事敦住转奏。奉旨："着示议政大臣等。阿南达到时，即得明悉。"

十八日癸酉　上驻跸中拖陵。是日，抚远大将军费扬古为剿灭噶尔丹事，遣副都统亲近侍卫阿南达来奏。上出幕城外亲阅所奏疏毕，乃问阿南达交战情形如何。阿南达奏曰："费扬古等前奉密旨，截噶尔丹逃窜之路，前至昭莫多地方。噶尔丹被皇上亲追，胆裂魂亡，日夜奔窜，困乏已极。至特勒尔即地方，署前锋统领事硕代等率前锋军，诱之前来，随令发炮，贼不能当，即行冲入，于是遵皇上训旨，令官军俱步战。自未及酉，贼始溃乱。遂令军士乘骑进击，大败之，追奔四十里。费扬古恐涉夸张，故于疏内多谦抑之词。其实交战处斩贼三千余级，其被创、逃窜、死于山谷中者，尸皆累积，生获数百人，杀噶尔丹之妻阿奴及贼之渠首甚众，获其子女、驼马、牛羊器械等物无算。惟噶尔丹引数骑逃出。其零星逃散之贼，投顺大将军马思喀者千余人。问阵获厄鲁特之人，皆云前经哨卒报称，皇上躬亲征剿，噶尔丹尚未信，云皇上定不亲征，必遣将前来，此何足惧？故不设备。后其所亲信并从我军放还之人至彼，具言皇上身先八旗前锋而行，亲征果真。弥山布野，军威甚猛，实难抵敌。噶尔丹乃惶遽，但云我等今不可迟，遂抱头鼠窜，亡命溃遁。噶尔丹所属人多怨怼者，噶尔丹云，我初不欲来克鲁伦地方，为达赖喇嘛煽惑而来。由今观之，是达赖喇嘛陷我，我又陷尔众人矣。”上问曰：“尔等之兵，前若如约于四月二十四日至土喇，二十七日至巴颜乌兰，则当何似耶？”阿南达奏曰：“诚若是，则贼尽授首，即一人亦不能逃脱矣。”于是众皆欢呼，声震天地。众扎萨克、蒙古王、贝勒、台吉等及喀尔喀汗王、台吉等无不踊跃欢忭。

上顾谓众大臣曰：“此番师出即奏肤功，皆上天眷佑也，应先叩谢上天。”乃于行宫南门外设香案，上亲率诸王、皇子等文武官员及蒙古王、汗、台吉等俱按次排立，行三跪九叩头礼毕，上入行宫。大学士伊桑阿、张玉书恭捧诸王、大臣文武官员庆贺表入奏。既出，皇子等于御幄前，诸王及文武大臣官员、蒙古汗、王、台吉等于幔城外，行三跪九叩头礼。

臣等钦惟自古兵强将众者莫如汉，以高祖创业之主，犹困于白登七日，仅乃得免。明成祖虽屡次亲出塞外，驱攘故元遗种，曾未尝大有俘斩，徒劳兵力。今噶尔丹乃素娴战斗之贼，所统之众，亦素逞志于蒙古之兵。皇上亲统大军，深入三千里水草乏绝之地，如雷霆迅击，于七十三日中灭一大国，百日之内即凯旋至京。自开辟以来，未有如此之显铄者也。初皇上欲躬亲征剿，满汉大臣官员咸谓圣驾不必亲往，请命将出师。皇上乃追述乌兰布通之事，谕以不得不亲征之故。其后大臣等以为二月天气方寒，塞外冰雪未消，请展期于三四月启行。皇上以用兵之道，迅速为贵，不允所请。及就道至喀伦，大臣等以为噶尔丹并无音耗，必已远遁，大军无庸深入，皆僶僶不愿前进。而圣意益坚，严饬群臣，趣令启行。既侦知噶尔丹确信，大臣等请将军士布列于前，皇上居中而行。皇上以天锡神武，亲行于八旗前锋之前，倍道穷追。于是贼势困蹙，狼狈西走，以致败灭。向使如众所请，不行亲征，或稍延启行之期，或逡巡缓进，则噶尔丹预闻消息，必远遁无迹矣。总由皇上圣明天纵，料贼之虚实，瞭如指掌；审事之终始，明如悬镜。凡预所调遣指示，其后无不合若符节。自此边疆益靖，四海永宁，国家享亿万年无疆之祚，皆由一人劳苦之所致耳。皇上神功其与天地同不朽矣。因恭纪大概，昭垂史册云。

是日，上谕领侍卫内大臣索额图、大学士伊桑阿曰：“朕率大兵至克鲁伦河，噶尔丹一闻风声，遗弃子女、帐房、锅釜等物，乘夜逃窜，于五月十三日西路大将军率大兵至特勒尔即地方，遇噶尔丹溃遁，与之交战。厄鲁特贼众大溃，斩杀甚多。其余逃散者，陆续投顺。厄鲁特噶尔丹止带三十余人逃窜而去，应作速移文陕西总督、巡抚、提督、总兵等官，将边外边内之多巴西喇古尔等处，凡有噶尔丹所属之人，俱即行收取。尚书图纳习知地势，着驰驿迅速赴陕西，会同总督、巡抚、提督、总兵官等料理此事。若非噶尔丹之人，勿致误行收取。将此即作速知会。”

又谕领侍卫内大臣索额图、大学士伊桑阿曰：“噶尔丹先于乌兰布通地方败溃之时，首顶多克心佛云，乃鬼魅引我来进皇上喀伦，不然我岂敢擅入？此后不但扎萨克蒙古之在喀伦以内者，即归附皇上之喀尔喀，若骚扰一人，此多克心佛即诛戮我。因如此盟誓，朕停止大兵追剿，使其生还。噶尔丹之离逆仍不悛改，去年至克鲁伦地方，又侵掠已经归顺之喀尔喀纳木渣尔拖音，朕用是震怒。今年调遣各路大兵，朕躬统六师，欲亲行剿灭。至克鲁伦河，厄鲁特噶尔丹一闻声息，遗弃子女、帐房、锅釜等物乘夜而逃。西路大将军伯费扬古率领大兵至特勒尔即地方遇噶尔丹败走，戮力交战，厄鲁特贼寇大溃，斩杀甚多，子女、驼马、牛羊等物尽行俘获。其余逃散者，陆续投归。厄鲁特噶尔丹止带三十余人逃窜。想噶尔丹冀免诛戮，逃往西去亦未可知。应着理藩院遣才能官一员并笔帖式前往知会呼户诺尔地方台吉等，着传谕伊等所属可通西路地方居住人等知悉，各相防备，侦探信息。若遇厄鲁特噶尔丹，即行拿送，或既遇而不拿获，或既经拿获不行遣送，明知故释，此后即永以贼论。再将呼户诺尔地方现在居住噶尔丹所属人等，着尽行拿送。将此情节，令理藩院译蒙古字，迅速驰驿，往送呼户诺尔地方。”

又侍郎安布禄奏：“前会议，议叙喀尔喀贝子盆楚克一事，曾经奉旨至克鲁伦之时具奏。现今贝子盆楚克出征未至，应俟到京之时再行启奏。”奉旨：“在后之喀尔喀、蒙古等兵，俱令各回本处，至秋到京叙功之时一并具奏。”

十九日甲戌　奉旨：“留皇长子料理两路大兵粮饷等事。”

是日，上驻跸察罕布喇克。亲近侍卫吴什传谕侍郎安布禄曰：“未进京以前，凡有扎萨克、台吉及兵丁等未至奏事品秩者有所进献，俱着奏闻，勿以为例。”

又上谕曰：“大军运粮事务关系甚要，因于成龙才能可用，选出专令督理大军运粮事务，凡所题请，无不允行。初在京与于成龙面议时，议定八十日以内，用兵丁自备之粮，不用伊所运之米。八十日期满，即用伊所运之米。着伊运米至土喇地方，为土喇以北进剿之需。后将兵丁自备八十日口粮内又减留二十日口粮之时，伊曾奏云，兵丁自备口粮原议至八十日，期满方用臣所运米。令兵丁各减留二十日口粮，只余六十日口粮，至食完即用臣所运米，车辆必不能至。朕即命骆驼首领郝尚图等将减留二十日口粮，照数分载运至，补给兵丁。今八十日已满，克鲁伦去京一千九百里，原议粮车日行三十里，以今计之已经行过八十日矣。若日行三十里，应过克鲁伦且至土喇。今于成龙等将粮米不但未至土喇，维克鲁伦亦未有颗粒运到。以此观之，一日只行十里或十五里而已。噶尔丹一闻朕亲征信息，从克鲁伦河逆流遁去。朕率大兵穷追五日，再欲前往追剿，因粮运未至，朕不得已率领大兵而回。其西路粮运全然迟误，土喇地方亦未曾运到颗粒。西路大兵遇厄鲁特噶尔丹，大败之，尽获其子女、牛羊等物，犹幸克济。若不将噶尔丹大败，与彼相持，则将奈何？误事非轻。现今西路大兵因粮米匮乏，皆由中路而来。厄鲁特归降之二千余人，其子女人口甚多，已经着于成龙作速运米七千石前来，伊止将米一千余石着刘皑、宋大业运过拖陵地方，余米全然未到。今已行八十余里，粮车尚未见一辆。询及沿途倒毙牲口，皆云系运粮马骡。观所驻扎地方，皆不按驿站择有水草之处，俱于无水之地妄行驻扎。不但兵丁，虽伊等运粮力量，亦已缺乏。因粮米不能多到，朕营官兵止给七日口粮，俟趱行至喀伦地方将米补给。况伊等运粮大臣官员无一人先到，即汉官宋大业亦未令满洲官员同行，使其独运米前来。两路大军粮务关系甚属重大，着作速移文于成龙，文到即将粮饷迅速运来，毋误军需。若仍迟延，将粮米不行速运，则于成龙等于迟误军需之中又加迟误矣。”

二十日乙亥 上驻跸西巴尔台。是日，镇守黑龙江等处将军萨布素、副都统喀忒常移文行在兵部，言：“据兵部移文，内开三月十六日奉旨：着盛京、乌喇兵照将军萨布素所奏，准其前来驻扎。将军萨布素领伊所属一千五百名兵，带三月行粮，于四月初旬起程向克鲁伦而来。来时若遇有生巴尔虎等可即收取。此事着理藩院拨什库由边外递至萨布素处前来。我兵于五月初四日自喀尔喀河和洛思台地方起程，本月初九日，至索岳尔济山后五十里之噶尔达苏台河。因兴安地方之后应行防备，于是相视水草于噶尔达苏台喀尔布尔勒木布尔根等处屯兵。其盛京、乌喇之兵遣人先来，云于十二、十三日可到。若众兵齐集之时，在索岳尔济山之吴尔挥地方，着人等候大军信息，我兵驻扎地方之后，有喀尔喀河西尔哈阿济尔汉等地方接连安哨，防备克鲁伦一带。又我兵所驻噶尔达苏台喀尔布尔勒木布尔根等河，有喀尔喀车卜登贝勒、工额塞木披尔台吉所属七卜七努特氏之渣木都喇尔孟克、舒冷格等巴尔虎四百余户，有丁六百。许请将所收生巴尔虎等系何台吉所管，及巴尔虎等头目姓名数目，烦大部开示。若有厄鲁特信息，行走之时，宜暂停收取巴尔虎。俟事毕回时，将巴尔虎收取带往何处，或不从命、或抗拒、或逃遁作何酌量施行，亦须一并议定移文”等因前来。大学士伊桑阿交奏事敦柱转奏。奉旨：“知道了。这前来章京着乘驿马随行一二日，俟盆楚克贝子所遣之人到时，再行遣回。”

二十一日丙子　上驻跸席喇布里图。是日，留于喀伦牧马之阿霸垓王吴尔占噶喇布，阿霸垓王达马林渣卜，蒿齐忒王达尔马儿礼第，蒿齐忒王雅木披尔，阿霸哈纳尔贝勒卜昭，阿霸哈纳尔贝子额林辰达席，协理吴尔占噶喇布王旗分事务贝子车林敦多布、协理旗分事务台吉德木楚克等来迎圣驾，为庆贺剿灭噶尔丹，在行宫前三跪九叩头礼毕，候于东门。一等侍卫副都统吴达禅，亲近侍卫吴什、阿喇锡传谕曰：“尔等意中曾料朕此去所乘之马可直抵克鲁伦，如此迅奏大功而回否？可从直具奏。朕尊为天子，富有四海。在京时饮食宴乐，无不备具，皆尔等所共知。此番出征，朕日食一餐，羊肉以外，并无猪鹅等物。夙兴夜寐，栉风尘而沐雨雪。每至一处，朕皆步行。及闻噶尔丹确信，朕亲在前锋之先穷追。凡此特为速灭凶寇，使尔等众扎萨克得安生之故耳。今噶尔丹已灭，喜奏肤功，不但尔等此后永无侵扰之虞，得享升平之乐。朕为尔等众扎萨克，亦无复忧矣！”

王吴尔占噶喇布等跪奏云：“圣主垂问，臣等安敢隐昧。我等蒙古地方，三、四月间一应牲口，不得饱青草，皆至疲瘦。皇上念我外藩蒙古，不辞劳苦，七十日之内于无水草之地行三千里，立灭一大国，所乘马匹尚腾骧而至，诚世所罕有之奇事。此乃佛天特相佑助耳。噶尔丹为人甚属凶恶，恃强侵掠我外藩各部落蒙古，任意纵横，未有敢与抗敌者。今我皇上震动天威，如雷如电，轰然剿灭，不但我等蒙古世享太平之福，万邦之人闻皇上圣德神功若此，谁不倾心归服！”吴达禅等转奏，奉旨：“此番出兵，各旗蒙古王、贝勒、台吉等，于引路、探信、牧马、掘井诸事，甚为效力，凡差遣处，随所指使，无不应机各当，诚属可嘉。朕必使各得生计，重行赏赉。至于喀尔喀等，此番亦甚效力，朕先以喀伦之内视为一家，今将土喇、克鲁伦以内皆欲合为一家矣。”吴尔占噶喇布等叩头奏云：“臣等受皇恩深厚，于军国之事自当效力。今皇上又沛纶音，如此轸念，臣等更有何言？但愿仰托皇上洪福，优游乐业，子孙世世效犬马之劳而已。”

臣等伏惟外藩蒙古自古强盛，由汉以来，或与和亲，或用岁币，以通和好，尚不可得。今次出兵，各部落蒙古汗王以下、台吉以上，俱禀皇上指授，亲执鞭镫，如同仆隶，奔走驰驱，争先恐后。以至所属蒙古兵丁亦无不奋勇效力，此皆由皇上深仁厚泽施于平时，沦肌浃髓之所致也。

二十二日丁丑　上驻跸乌喇而即。上谕同知常国佐所运米一百石，着留于席喇布里图驿，俟大兵到时散给兵丁。亲近侍卫关保传谕曰：“给米之事，关系甚要，前途无一大臣，遣人至于成龙处，令乘自用之马速来。”

是日，领侍卫内大臣索额图、大学士伊桑阿、侍读学士喇锡等为遣往呼户诺尔事奏，前此曾派出侍读学士喇锡，应将侍读学士喇锡何日遣往并请训旨。奉旨：“着于此处派出拨什库一名，带厄鲁特罗垒厄木七之同来人一名，星驰前去。二郎保现在西宁，着伊从彼前往晓谕甚速。”

又谕领侍卫内大臣索额图、大学士伊桑阿，令行文大将军费扬古、马思喀等，着遍行传谕：“我兵及扎萨克、蒙古、喀尔喀、沙木巴王等王、贝勒、贝子所属人并投诚厄鲁特等，若达赖喇嘛、班禅库图克图、谛巴所交通噶尔丹之文，或唐古特字，或蒙古字，俱查明收取，交一晓事贤能官作速驰驿，送至御营。事件不可遗漏。”

二十三日戊寅　上驻跸苏德图。是日，奏请拨给现在御营人口七日米粮。奉旨："交与于成龙，着大学士伊桑阿看给。"

是日，敦住传谕曰："自喀拉芒鼐以前之草甚茂，着谕后营大臣等，将疲乏马匹牲口不可遗弃，须从容调养。务令前到步行仆从人等，亦必加意抚恤前来，勿遗一人。"

是日，敦住又传谕："前令步行仆从人随其所至驿站即与饭食，曾经给发米粮。今朕回銮，途遇步行仆从人等问之，云驿站并未给饭。着传谕各驿站，自此以后，若遇步行仆从人，务与饭食，酌量给米遣发。至交与牧放疲乏马匹牲口，必拣水草佳处牧放，使其蕃息，俟回时明白交与本主。留皇长子于大兵后，沿途稽察，如有不与步行仆从人饭食及将交与马匹牲口不在水草佳处牧放以致倒毙者，必行正法，决不宽恕。"

谕议政大臣等曰："给散在后二路大兵米粮关系甚要，着于成龙、李钠、喀拜三人于拖陵驻一人，苏德图驻一人，拖陵、苏德图之间驻一人，应付大兵米粮。除已过拖陵之米不议外，所到拖陵之米着暂留拖陵。往前若有用处，俟明珠移文，即行运往。其已出喀伦未至拖陵之米，免运至拖陵，随所到之地即行留贮，已有明旨谕皇长子及内大臣明珠矣。其未出喀伦之米，亦免前来，随处留贮，俟大兵回时沿途应付。此应付米粮之事亦已明谕皇长子及内大臣明珠。其已出喀伦未至喀伦之米，除应给大兵外，所余米粮运至一紧要处，或赈济穷蒙古，或别有用处，再行定夺。尔等会议具奏。"议政大臣等会议："上谕极其周详，俱应钦奉而行。其左都御史于成龙、侍郎李钠、左通政喀拜，俟奉旨派定各驻一处之后，再移文皇长子并内大臣明珠。"奉旨："依议。着于成龙在拖陵，李钠在拖陵、苏德图之间，喀拜在苏德图。"

二十四日己卯　上驻跸科图。谕领侍卫内大臣索额图等曰："驻扎归化城之安郡王马尔浑等，着往艾巴哈西喇穆伦之喀伦，于大兵回到以前暂行驻扎，有厄鲁特之溃散逃窜来投降者，令其收取。将此会议具奏。"大臣等会议奏言："上谕极是。俟命下之时，移文驻扎归化城之安郡王等速往所指之处。"奉旨："依议。安郡王等彼处无兵，如有用兵处，将附近蒙古兵着酌量调用。如无用处，不必调遣。"

又传谕曰："着谕理藩院，此番出师，喀尔喀之扎萨克等随朕前来，一无俘获，而服役甚劳。着赏车陈汗银一千两、缎十匹。若其在后已去，可即使人送往。其余扎萨克等各赏银三百两。内扎萨克贝子盆楚克，着传旨谕云，尔此番甚著劳绩，俟至京之日议定应封尔为何爵，即遣人赍敕印往封。又协理旗下事务人等着各赏银一百两。将此交明尚书库勒纳。"

一等侍卫副都统吴达禅传谕侍郎安布禄曰："喀尔喀公车木楚克纳木渣尔之旗下乡导齐旺言，我喀尔喀遭乱之时，臣之妻、妹俱被厄鲁特阿喇布谈等掳去。今既大败厄鲁特，夺其子女，设或尚存，伏乞圣恩，使臣配合等因叩阍。"奉旨："乡导齐旺此番颇有劳绩，着理藩院移文大将军伯费扬古，若齐旺之妻尚在，着给使之配合。"

是日，领侍卫内大臣索额图奏："同罗垒厄木七前来者，一系喀尔喀人，一系唐古特人。其喀尔喀人沙木巴应遣往呼户诺尔地方，其唐古特人敦罗卜，俟遣往谛巴之时遣之。"奉旨："是。"

二十五日庚辰　上驻跸塔尔奇喇。是日，赐留管马群阿霸垓王吴尔占噶喇布，阿霸垓王达马林渣卜，蒿齐忒王达尔马几礼地，蒿齐忒王雅木披尔，阿霸哈纳尔贝勒卜昭，阿霸哈纳尔贝子额林辰、达席，王吴尔占噶喇布之协理旗下事务贝子车林敦多卜、协理旗下事务台吉德木楚克等宴。赏王、贝子银各三百两，台吉等银各一百两。

原任喀尔喀旗下贝子伊尔登济浓达礼等，喀尔喀台吉之妻等皆衣蟒服。喀尔喀男妇扶老携幼，以及孺子齐集行宫东门，匍伏稽首跪奏曰："噶尔丹乃我辈大仇，恃其强悍，处刘我辈，已至极矣。今不意噶尔丹亦有丧亡之日也。皇上从天而降，剪灭此凶寇。我喀尔喀之祸尽行拯救，诚为最奇。我辈今始得报之矣。我等请叩谢皇上再造之恩。"一等侍卫副都统吴达禅，亲近侍卫吴什、阿喇锡转奏。奉旨："朕君临天下，统御万邦，本无分与内外，即海隅荒陬，皆吾赤子，一体眷恋。厄鲁特噶尔丹逆天肆虐，恃强凌弱，掳掠喀尔喀等国，故朕不辞劳瘁，亲统大兵征伐剿灭。今厄鲁特之祸靖，则朔方永清矣。汝七旗喀尔喀，自今以后各自乐业，思报国恩，以副朕家视天下之至意。"

原封贝子伊尔登济浓达礼等稽首跪奏曰："臣等先为噶尔丹所败，穷迫已甚，特投圣上而来。圣上将我辈容纳恩养后，噶尔丹又侵据我土地，肆行掳掠，蒙上恩恤，令我辈移居喀伦之内。今又剿灭噶尔丹，以纾我辈之大患。自今以后，我辈子孙世世得安生者，皆我皇上之殊恩。譬人赖天之复，恃日之光以生，而皇上即我辈之天日也。但所祝者，皇帝圣寿增益万岁，与天日同久耳。又我辈众人数百里拮据而来，祈得仰瞻天颜再回。”叩恳奏入。上令凡来者排班，以次入幔城进见。众皆呼万岁，稽首。皇上随宜教训，均赐茶。出时，令掌膳章京莫洛浑等看视赐宴，仍赏赐银两、缎匹、衣服有差。

又阿霸垓王卓礼克图之母妃、阿霸垓王吴尔占噶喇布之母妃各赐衣一袭及银两、缎匹。

自是以后至独石口，皆依此例，每日汗、王、贝勒、台吉等来行宫外行庆贺朝谒礼者甚众，坐立之处，至不能容。蒙古有名之喇麻及王、贝勒之福金等男、妇，挈群而来者如归市。无论贵贱，悉出诚心贡献驼马牛羊者，不计其数。驾行时，男妇老幼群集拜跪路旁，合掌稽首，络绎不绝。居近众扎萨克、蒙古及牧场蒙古，率妻子以壶浆筐实酥酪等物敬献跪迎者，沿途环拥。上或于一处下马，令众皇子、文武大臣、侍卫等坐取蒙古等所献物件，以饮食之。凡执事以及仆从均得沾渥。蒙古来迎男妇以及稚子皆周遭列坐，均蒙圣恩赐食。众庶踊跃欢呼之声震地，歌颂之言遍野，古之箪食壶浆以迎王师，未足语此。所以固结蒙古之心者，岂复有加于是哉。

是日，传谕独石口内五站，每站着各煎香薷汤预备，以酌饮凯旋军士。时方五月下旬，盛暑之际，车驾所至，或隔宵降雨，或日间阴云轻翳，氛埃不起，凉爽袭人，直抵京城，类皆如此。史容所无之盛事，臣等得亲身灼见，不胜欢忭之至。

二十六日辛巳　上驻跸和尔和地方。

二十七日壬午　上驻跸苏勒图。喀尔喀折卜尊丹巴库图克图、土谢图汗、西地西里贝勒同众台吉等为庆贺剿灭噶尔丹至，因请谢恩。上召入行宫内见之。土谢图汗率西地西里等叩头。上曰：“尔年以老，不必叩头。”命扶起，土谢图汗跪而固请曰：“噶尔丹系臣大仇，事皆由臣而起。臣已年老，欲见噶尔丹之歼灭，度必不能，念已绝矣。今得目睹，梦寐中亦不料及此，臣死亦无憾。伏惟皇上不自惜劳苦，轸念众喀尔喀等遭罹患难，将狡恶凶贼噶尔丹立行剿灭。如此洪恩大德，衰朽残躯，敢不叩谢。”奏毕，叩头不已。上命御前大臣扶起，赐坐茵上。土谢图汗复跪奏云：“臣之随往出征人等言，皇上夙兴夜寐，日食一餐，一应大小事务俱出睿裁，焦劳至极。此举特为七旗扎萨克喀尔喀驱除灾害，使得永享安乐。臣今已老，不能效犬马之劳，唯教臣子孙世戴洪恩，以图报效。臣喀尔喀等国虽灭，较之噶尔丹之灭，尚觉荣幸。曩臣等七旗扎萨克喀尔喀虽为噶尔丹所破，臣等尚识时势将妻子及所属人等保护来归皇上。蒙我皇上广如天之仁，即纳臣等，仍复旧封，享受皇恩如此显耀。今噶尔丹悖天纵恶，天威甫临，其国立亡，妻子杀戮，不能保护，一应奴仆、牲口，尽皆被获。虽带数十骑只身鼠窜，终不能脱死，犹无葬身之地矣。臣较之噶尔丹，相去悬绝。”奏毕，伤感泪下。上温旨安慰之。

折卜尊丹巴库图克图俯身合掌奏云：“我系出家人，以杀生为戒，不敢行庆贺礼。但驱除凶暴，以安群生者，乃佛经之所崇重。皇上欲使宇宙群生各得其所，亲历诸般劳苦，立奏绝世肤功，我喇麻不胜惊异。自此以后，惟愿皇上万寿无疆。日于佛前诵经祝祷而已。”

二十八日癸未　上驻跸察罕诺尔。亲近侍卫海青传谕曰：“此运米来之人，着于驿站酌量给米，遣往三岔口。”

是日，抚远大将军领侍卫内大臣伯费扬古、平北大将军领侍卫内大臣马思喀等奏曰：“五月二十一日，副都统阿南达至传谕曰：‘两路粮饷未到军前，朕深切轸念，如之何则可。尔两大将军会议，钦此。’臣等查，西路大兵五月十三日于昭莫多地方，仗圣主神威，大败噶尔丹，后拨给察哈尔参领品级章京塞音察克察哈尔兵一百名，酌量派给官员，遣往翁金。有零星结伙觅食散行之厄鲁特，亦未可知。遇时即行剿杀，并令晓谕翁金看守米粮之西安副都统西尔哈达与运粮侍郎王国昌等。又移文副都统西尔哈达、侍郎王国昌等言，托皇上洪福大败噶尔丹，或有零星逃散、妄行窃盗者，亦未可知。米粮关系甚要，应加意防守，严紧斥候。若遇厄鲁特人，即行剿杀知会。后又拨给察哈尔参领阿木胡郎等察哈尔兵二百余名，酌量派给官员，令往迎米粮。交战地方山林之内，或有零星逃散厄鲁特人，亦未可知，遇时即行剿杀，米粮到时防护。向大兵前来本月二十一日，又遣喀尔喀昆都伦波硕克图、多罗郡王滚布旗下色尔济等十人照上谕腾写赍送齐思奇忒克木齐克等处，寻觅根敦代青去矣。我皇上意图万全，因西路粮米未到，奉谕极其周详，臣等议派出中路前锋百名、护军百名，拣选西路前锋护军、骁骑百名，每旗派章京一名，每翼派夸兰大一名，正欲遣往。臣费扬古所遣往迎米粮骆驼及正卿辛保、侍读学士范承烈、总兵官毛来凤、郎中鄂奇等，自备骆驼二十九只，所载赶送大兵米粮于本月二十二日已到，其留于翁金之米正卿辛保等送往那拉特地方。运送之米既到，此后并无可虑之处，故停止派遣兵丁。为此谨具奏闻。”大学士伊桑阿启奏。奉旨：“此疏毋庸议。着示议政大臣等。”

是日，议政大臣等奏：“五月二十四日，亲近侍卫关保传谕侍郎安布禄、侍读学士喇锡曰：‘阿霸垓两旗、阿霸哈纳尔两旗、蒿齐忒两旗内，此番修路、掘井、牧马之台吉、官兵等职名，着照吴尔占噶喇布王所开翻译奏览。’安布禄、喇锡随查得，吴尔占噶喇布王等移文内开牧马之阿霸垓多罗卓礼克图郡王达马林渣卜旗下二等台吉德礼克等，坐塘之四等台吉老卜臧等，修路、掘井之四等台吉阿南达等，牧马之阿霸垓多罗郡王吴尔占噶喇布旗下二等台吉班第等，坐塘之四等台吉齐赖等，掘井之副都统鄂尔寨图等，阿霸哈纳尔多罗贝勒卜昭旗下二等台吉滚布等，修路、掘井四等台吉罗占等，牧马之阿霸哈纳尔旗下贝子额林辰达西旗下三等台吉博罗尔垂等，坐塘之四等台吉额墨根等，掘井之参领垂木宾等，牧马之蒿齐忒多罗额尔德尼郡王达尔马吉里第旗下二等台吉阿噶尼思达等，坐塘之四等台吉雅图等，牧马之蒿齐忒多罗郡王雅木披尔旗下原任长史色冷等，坐塘之四等台吉齐党等，蒿齐忒多罗额尔德尼郡王达尔马吉里第旗下掘井之副都统达克达尔等，以上六旗台吉共一百四十三名；舅舅子孙三名、都统三名、副都统四名、参领四名、长史三名、一等护卫七名、佐领三十八名、护卫三十五名、典议三名、达尔汉一名、骁骑校二十四名、兵二千五十九名、附丁一百四十九名，通共台吉、官兵二千四百七十六名。奉旨：‘着会议拟赏具奏。钦此。’臣等会议，此次修路、掘井、牧马之蒙古台吉官员、兵丁，俱于所司之事尽心效力，应钦遵上谕加恩赏赐。其阿霸垓两旗、阿霸哈纳尔两旗，蒿齐忒两旗，以上六旗之台吉一百四十三名、舅舅子孙三名，应各赏银五十两；都统三名、副都统四名，各赏银二十五两；参领四名、长史三名，各赏银二十两；一等护卫七名、佐领三十八名，各赏银十五两；护卫三十五名、典仪三名、达尔汉一名、骁骑校二十四名，各赏银十两；兵丁、附丁共二千二百零八人，各赏银五两。共该银一万九千九百六十两，将于成龙带来银内动用。现今六旗扎萨克王、贝勒、贝子、协理旗下事务台吉等俱在此处，应交与伊等，使赏各旗下台吉、官兵等，俾沾皇上实惠。”

奉旨：“此次赏赉，将苏尼特旗分亦入此数内。再召尚书班第，着驰驿前来，到时着照前议监视行赏。其余银两不必随朕带往，着留此处。现有员外郎帖图一人在此，再将部院才能官员派出一二人，同帖图管理所留此处银两、马匹、仆从人等，等候大兵。于成龙所运之粮既无用处，若使载回，反劳牲口、人力，留此备用，似犹有益。着将此即行会议。”

议政大臣遵旨会议：“上谕极其周详，俱应钦遵谕旨行。令应往召尚书班第，将苏尼特两旗之修道、掘井、坐塘台吉、官兵数目查明照赏。阿霸垓等六旗，例亦将于成龙赍来银两支赏之。此赏八旗人员之处，交明尚书班第及扎萨克、王、台吉等，或赍回本处赏给，或俱传集于察罕诺尔地方，班第亲同扎萨克等会同监赏，着班第酌量而行。将于成龙赍来银两现在此处者即行赏给。余银即留贮此处，俟尚书班第至时，赏给阿霸垓等八旗之修道、掘井、牧马及坐塘之台吉、官兵。其余仍交于成龙之原赍官员人等，赍回京城。于成龙所运之米已过察罕诺尔者，拨给后队官兵，余俱令载回察罕诺尔地方。其未至察罕诺尔之米及和尔博以南驿站所留之米，亦交于成龙等俱运至察罕诺尔地方，或酌量收贮。此收贮之米，着于成龙等谨慎苫盖坚固，勿使雨水浸湿，以致霉烂。察罕诺尔地方去苏尼特阿霸垓部落甚近，量派此六旗官兵着轮递看守。此处所留人众、牲口、银米甚多，今止有帖图一人，着再留随征之给事中能泰、李沙会同料理。将此所留人马，俟后队兵至时各交明其本主。尚书班第、于成龙、李钢、喀拜等至时，着同派官兵交明米石，再回京城。其取用所余银米之数，着尚书班第、于成龙等奏明存案。”奏入，奉旨：“依议。”

是日，皇长子胤禔等奏曰：“奉上谕：‘大兵粮饷若尚可支几日，将这一路粮饷尔与明珠商议，沿途节次存住，随大兵所至地方支给，则车辆、牲口俱得歇息，而兵饷亦不至有误。’上谕甚是周详。臣等自克勒和朔运往迎接大兵粮一千零十九石、面七千斤内，除给过往迎西路所运留于特勒尔即地方米粮之官兵米四十石零四斗外，所余米面俱拨给抚远大将军官兵矣。今现到克勒和朔粮二千零二十四石五斗、面四百斤，将此米除给平北大将军官兵一千石外，余米一千石、面四百斤再给抚远大将军官兵。两路大兵有此米已可至拖陵地方。现今拖陵有运到米三千一百零，为此移文于成龙，着沿途运粮夸兰大、官员等，将未到米粮接续于驿站处停止外，又遣郎中噶礼随其所遇着于驿站处停止，为此会同内大臣明珠奏闻等因前来。”大学士伊桑阿奏，奉旨：“知道了。”

二十九日甲申　上驻跸噶尔图。是日，奏事敦住传谕曰：“朕回军以来，于沿路沙冈处，见于成龙等所留挽车牲口尽皆肥壮，至拣选带往前去牲口则疲瘦者多。捐运赎罪人等将官马驮载伊等私物，以致粮饷虽颗粒亦不能依限至克鲁伦，此皆由于成龙等留肥壮马匹在后，捐运赎罪者将肥马擅驮私物，迟误官粮。朕路遇捐纳人等用肥壮马驮载私物者，痛恶之，已将马追取散给兵丁矣。将此移文知会于成龙。”

六　月

初一日乙酉　上驻跸昂几尔图。亲近侍卫关保传谕大学士伊桑阿、侍郎安布禄、侍读学士喇锡曰：“行文呼户诺尔之事，今应会议。若应行文，即于此处行去为善。”

议政大臣等会议行文呼户诺尔宜，从此处即行驰送。若呼户诺尔台吉等将噶尔丹之女并所属人拿送来时，或着二郎保押送，或另遣人解来。请旨定夺。奉旨："由此处着拨什库一名，带罗雷厄木七同来之人沙木巴，迅速驰赴二郎保处。着二郎保带领前往晓谕。若得噶尔丹所属人，着二郎保亲身解来。一面将文移送至京城，即行刊刻印百余张，作速驰送二郎保处。着二郎保沿途传示。"

又大学士伊桑阿奏曰："胡什木克驿站所留马六十匹内，已经倒毙三十五匹，其余二十五匹膘俱平常，仍应交与管驿站原任中书阿临等牧放，俟撤驿时，着带回交与兵部。"奉旨谕伊桑阿："今年水草甚好，人所悉知。所留马匹沿途俱有，非此一驿。乃他处皆好，惟此一驿倒毙甚多，岂非怠忽？将此等人不行题参惩治，徇情护庇，是诚何故？况前所传谕军法最为明白，曾经缮写，每人颁给一张，有屡次不往防护马群处者，尔并未以军法议处。每拟薄罚，尔以为朕遂轻置耶？俟至京城日，将尔所议奏之处必宣示众大臣等。今既严饬，若仍不题参，朕必一并将尔重处。"

又奏事敦住传谕曰："胡什木克驿站之阿临等，将马六十匹致死三十五匹，其余马匹皆未肥硕。顷览所奏，内府所留马匹又多倒毙。马系紧要军需，伊桑阿既料理兵部事务，并不题参惩治，每徇情薄罚。兵部事务亦渐致怠忽不堪。将管驿站之阿临、甘应选、白奇等交领侍卫内大臣即行拿送京城，着赔马匹。"

领侍卫内大臣公国舅佟国维等奏："阿临、甘应选、白奇等将所交马匹不行谨慎看守，以致倒毙甚多，殊为可恶。应即拿送京城，着赔马匹。伊桑阿系料理兵部事务大臣，不即行题参议处，徇情薄罚，擅为护庇，殊属不合。将伊桑阿交该部严查议处。"奉旨："伊桑阿交该部严查议处。"

初二日丙戌　上驻跸揆宿布喇克。是日，吏部侍郎常书奏："为钦奉上谕事，领侍卫内大臣公国舅佟国维奏称，阿临、甘应选、白奇等将所交之马不行谨慎看守，以致死伤甚多。伊桑阿系管兵部事务大臣，并未参罚，徇情庇护，殊属不合。应将伊桑阿交该部严查议处等因，察得马匹乃行兵急需，所关甚重。伊桑阿既系经理兵部事务之人，并未预先晓示，着于水草佳处加意放牧，以致留于阿临之马多至死伤。其后明知马死既多，并不参劾惩罚，犹然徇情护庇，甚为溺职。请将大学士伊桑阿革职。”奉旨：“俟至京之日，另行议奏。”

初三日丁亥　上驻跸滚诺尔。

初四日戊子　上驻跸诺海和朔。是日，奏事敦住传谕曰：“汉官等未随朕前进，着驻此处等候皇长子。”

初五日己丑　皇上进独石口。凡城内居民及二三百里以外之民，扶老携幼，陈列香案，各执香跪迎于道傍，合掌奏云：“皇上为我生民远行征讨，剿灭蒙古贼寇，我等近边居民，自此以后常享安逸耳。不闻厄鲁特扰乱之音信矣。惟愿我皇上万寿无疆。”奏毕，皆欢呼、叩首，沿途来迎者不绝。

是日，上驻跸独石城。谕大学士伊桑阿曰：“朕亲率大兵进剿厄鲁特噶尔丹，充奏肤功而还。进独石口，见今岁麦禾尽皆茂盛，朕心甚悦。现今大兵陆续凯旋，生民赖此田禾为糊口之计，若行践踏、偷放牲口，则民间生计何所依赖？自独石口至怀来交与侍郎多奇，自怀来至京交与侍郎马尔汉，着带领地方官员及伊等所带部员，并随朕部院衙门等官，沿途巡察。如有践踏田禾、偷放马匹牲口者，务期拿获，即行题参。有践踏田禾、偷放马匹，既经拿获，不行题参者，朕若闻之，必依军法从事，决不姑贷。将此事着明白交与侍郎多奇、马尔汉。”

薄暮，驾至，皇太子率大臣等出迎。管理独石口一路驿站事务员外郎沙浑等，及独石口拖沙喇哈番品级额特等，独石路参将罗美才等来朝。

初六日庚寅　上驻跸雕鹗堡。是日，赤城县知县张弼、守备张德化、雕鹗堡把总杨尚武来朝。

初七日辛卯　先是，怀来县田禾少旱，上至此即大雨沾足，民咸相庆幸曰：“皇上剿灭贼寇，既慰天下之望。今日甫至，忽沛时雨，又苏我等田禾。”众皆踊跃欢呼、叩首于道傍。

上驻跸怀来县。是日，怀来县知县白有斌、守备邓之魁等来朝。

初八日壬辰　上驻跸清河。是日，居庸路都司赵辉璧、昌平州防守尉穆锡泰等，霸昌道高必弘，昌平州知州孔毓璋、参将徐登甲等来朝。

初九日癸巳　自独石口至京。先奉旨：“因天时暑热，沿途预备冰水、梅汤、香薷汤，于官兵大有益。”是日，复传谕沿途，仍着预备。至前队大兵进毕时，将此交付皇长子。

辰时，上自清河起行，大设卤簿。皇太子率诸皇子及在京文武大小官员，出郊外五里许迎接，八旗护军、骁骑、步军及近京居住闲散官员，以至士民工商、耆老男妇人等，俱扶老携幼，陈设香案，沿门结彩，各执香跪迎。众皆叩头奏曰：“皇上为万民除害，圣躬劳瘁，远涉穷边，迅奏伟绩，功德隆盛，自古未有，直与天地同其高厚。凡属臣民，感戴洪恩，惟有顶祝万寿无疆而已。臣等一闻捷音，不胜欢忭，渴欲瞻仰天颜，已候望数十日矣。”上命前行者停止警跸，于是耆老扶杖，提携妇孺而前者，充塞街衢。京城内外，拥集数百万人，夹道欢声如雷。

上进德胜门，诣堂子行礼毕，回宫。

是日，上诣皇太后宫问安。

臣等伏惟我皇上圣神文武，威德广被。自往岁三逆扫荡，海岛输诚，东西朔南，声教暨讫，虽殊方异域，莫不梯山航海而奉朝贡。厄鲁特噶尔丹，荒徼顽孽狡乌，思逞窜伏西陲，煽诱外藩蒙古诸部落。曩者乌兰布通之役，业已入我网罗，幸获免脱，犹然怙恶不悛，近且逼处巴颜乌兰，时时侵掠我归附之喀尔喀，悖逆天常，志怀叵测。皇上洞烛情形，绸缪先事。谓年来训练师徒，简阅将帅，武备久已修饬。若不乘此时及行剪除，蠢尔凶顽势必摇荡边疆，驯至绎骚内地，流毒苍生，为害滋大。非赫怒不足以安民，非一劳不能以永逸，乃遂决计亲征，命八旗皆储峙以待调发。维时廷臣震悚，不敢以寇贼之忧仰烦君父，方且交章乞留，而睿谋已定，不挠群议。爰是祭告天地、宗庙、社稷，声罪致讨。祃牙軷路，克日启行。分遣抚远大将军费扬古等领兵由西路前进，以遏其西奔。复令黑龙江乌喇将军领兵分驻近地，以防其东窜。而大军出独石口，由中路进发。三方布置，万里连络。时尚春寒，塞外水草未丰，皇上加意拊循，轸恤周至，栉风沐雨，与士卒同劳苦，甚至日御一餐，步行沙碛。而又时颁赐赉，激励同仇。故凡列戎行及外藩助顺诸王、贝勒等，人人感奋，咸争先效力。而圣谟广运，举几决机制胜之要，调遣策应之方，动必万全，悉臻至当。测料贼情，洞若观火，指画地势，契若合符。至于颁牧放之令，以节马力之疲劳；饬飞挽之程，以筹糗粮之接济。定营伍之制，申斥堠之规，无不上烦宸虑，禀受指麾。乃或水泉素乏之地，忽涌灵源；雨雪沍寒之时，忽逢晴霁。天心孚协，瑞应骈臻，良由我皇上为万姓除残，至诚昭格，故得上天眷佑如此。噶尔丹凭恃险远，井蛙自大，猝闻圣驾亲临，遂尔仓惶溃遁。皇上身率前锋，穷追五日，噶尔丹尽弃辎重，昼夜狂奔。而皇上所遣西路之兵，早已按期截其归途，奋力邀击，擒斩无算。盖自出师以至回銮，不满百日，往返五千余里，而大功告成。自古用兵，未有若此之神速者也。臣等窃惟行军绝漠，古昔所难。我皇上神谋独断，克奏肤功，电扫飚驱，崇朝底绩。惟至仁，故能劳一身以靖苍生；惟至明，故能居九重而见万里；惟神武，故能摧劲寇如拉枯朽。逖稽上古，如轩辕之戮蚩尤，虞舜之格苗顽，功德至隆，然皆用兵寰中，未尝远及域外也。至如殷宗之克鬼方，为役三年；周宣之伐猃狁，不及千里。汉唐及明，虽屡征朔漠，未著奇勋。以观今日，真迈越前古远矣。从此边隅永静，四海无波，亿万斯年，蒙乐利之休，享清宴之福，孰非我皇上神功圣德之所致哉。臣等知识暗昧，不足以窥测方略之高深；载笔疏略，实恐于中挂一漏万。惟是蒙恩扈从，亲见奏凯成功，与六军之士同其欢呼踊跃，执简记述，不胜庆忭云。

是行扈从起居注官常书、努赫、张廷瓒、陈元龙、特墨德。

初十日甲午　是日，亲王以下有顶带官员以上齐集午门前，庆贺荡平厄鲁特噶尔丹，行三跪九叩头礼。

本日起居注官傅伸、顾祖荣。

十一日乙未　辰时，上御乾清门听政。部院各衙门官员面奏毕，大学士伊桑阿、阿兰泰、王熙、张玉书、李天馥，学士韩菼、顾藻、徐嘉炎、张榕端、绥色以折本请旨。吏部题太仆寺卿杨舒员缺，将翰林院侍读学士傅伸拟正，詹事府少詹巢可托拟陪。上曰："杨舒甚是效力，太仆寺事仍着杨舒兼管。"

上又顾大学士等曰："此次用兵，观地方形势，可以守亦可以战，但难得者天时耳。早则天寒，草枯水少，兵未可行；迟则天热，雨水甚多，若连日霪雨，便无炊爨之具，艰难实甚。此番行军，无水之地而得水，无草之地而生草，寒暑皆调，实由皇天眷佑，扫灭贼寇，俾成大功，并非人力所能为也。着传谕九卿、大学士。”出将谕旨传谕九卿。九卿等咸跪奏曰：“皇天为民除害，皇上亦为民除害，是皇上即天也。皇上虽不自居，而神功大业，无一非皇上圣德之所致也。”

是日巳时，上由西华门出西直门，驻跸畅春园。

本日起居注官傅伸、曹鉴伦。

十二日丙申　是日，上诣澹泊为德问安。

十三日丁酉

十四日戊戌　辰时，上御畅春园内澹宁居听政。户部尚书马齐奏事。上曰：“向遣大理寺卿贝和诺封闸蓄水，今岁漕船到天津甚早，于粮运甚有裨益。”马齐奏曰：“皇上圣虑周至。贝和诺此行于事大有裨益。各闸无阻，故今岁漕船抵京较之常年甚早。今贝和诺已至，现在门外。”上曰：“既如此有益，须每年特遣官员前往。”

部院各衙门官员面奏毕，贝和诺以封闸蓄水事缮写折子呈览。上问曰：“差尔前往，于粮艘果有益否？今年山东地方谷谷麦何如？雨水调顺否？”贝和诺奏曰：“臣遵奉皇上训旨，严立法禁，闸不妄开，俟水停蓄方令舟行。漕艘挽运，甚为有益，闸河全无迟滞。领运官丁无不欣喜，皆言从前不能如此通利。荷蒙圣恩，今过闸全无艰苦，并免小船剥运之劳，漕艘大半皆达天津，尾运亦过临清，陆续即至天津矣。山东地方雨水调和，田禾甚茂，麦已收获八九分。”上又曰：“济宁以南各闸惟赖峄山湖之水，并无别水相济，岂可令其启闭不时。”贝和诺出。

大学时伊桑阿、阿兰泰、王熙、李天馥，学士韩菼、顾藻、徐嘉炎、张榕端、绥色、杨舒以折本请旨。吏部题江西抚州府同知等员缺，将内阁办事中书郭一奇等拟补。上曰：“郭一奇等依拟用。其江南邳州知州员缺，着该部选择奏用。”

又兵部题浙江杭州城守副将等员缺，将王英虎等拟补。广西永宁参将等员缺，将傅春秀等拟补。上曰：“此次出征，绿旗官弁内参将施世骠等材力壮健，真实效力。着将中路出兵及西路出兵之绿旗官弁职名查出具奏。西路绿旗官弁亦有仅至半途者。其已至军前者，俱在大将军费扬古所奏折子内。尔等看明开列具奏。”

是日，微雨泥泞，吏部司官启奏前跪。上曰："尔等免跪，着立候。"又侍卫马武传旨："别部司官进前，皆令免跪。"

本日起居注官努赫、傅伸。

十五日己亥

十六日庚子

十七日辛丑　辰时，上御畅春园内澹宁居听政。部院各衙门官员面奏毕，大学士伊桑阿、阿兰泰、王熙、李天馥，学士韩菼、顾藻、徐嘉炎、张榕端、绥色、杨舒以折本请旨。吏部题升补道府。上曰："柏成栋等依拟用。其江宁、安庆二府知府员缺紧要，着吏部选择升补。"

又正蓝旗戴通之妻叩阍，请将伊孙养为伊子常明之二等阿达哈哈番与伊子孟克承袭，议不准行。上曰："此世职原系孟克应袭，因将常明为子，故令承袭。今若不准，则彼世职废绝可悯。着仍令孟克承袭。"

又宣化府总兵官白斌奏请陛见。上曰："前任总兵官许盛，居官甚劣。兵丁、骆驼、马匹空缺甚多。白斌到任未久，竭力整顿，兵丁、马匹皆以充足，器械皆以齐备。出兵虽未遇敌，而实心效力，甚属可嘉。着停其来京陛见。"上又曰："许盛贪虐已甚，先在江西亦极暴恶，殊为可恶，断宜惩治。张家口绿旗兵甚善，器械亦齐备，副将施世騄、参将施世骠等人材甚优，并克效力。"伊桑阿、阿兰泰奏曰："许盛所行暴恶已极，皇上所见诚然。"

本日起居注官努赫、傅伸。

十八日壬寅　是日，上诣澹泊为德问安。

十九日癸卯

二十日甲辰　辰时，上御畅春园内澹宁居听政。部院各衙门官员面奏毕，大学士伊桑阿、阿兰泰、王熙、张玉书、李天馥，学士韩菼、顾藻、徐嘉炎、张榕端、绥色、杨舒以折本请旨。吏部题内阁学士陶岱员缺，将侍读学士哈山等职名开列。上曰："着将翰林院侍读学士等名读奏。翰林院无他事，惟作文章。伊等向未历练部务，即如侍郎常书、尹泰，翻书虽好，部务亦未甚明晓。"学士绥色随将人名读毕，上顾大学士问曰："伊等何如？"伊桑阿、阿兰泰奏曰："从未与伊等共事。"上曰："原任侍郎朱都纳办事素优，管马一案非独伊一人，在京兵部大臣亦皆有罪。着将朱都纳补授学士。”

又题偏沅巡抚杨凤起将原任同知董绍舒请补授宝庆府知府，议不准行。上曰：“该抚将董绍舒，屡次奏请，着照所请补授。”

兵部题前锋统领硕鼐员缺，将正黄旗护军统领鄂克济哈等职名开列。上曰：“硕鼐向闻其有将略，此次出兵朕更稔知之练达兵事，既整以暇，人材果优。此前锋统领员缺不必另补，着仍令硕鼐兼管。”

又题振武将军孙思克奏请来京陛见。上曰：“运送西路之米未到，大兵粮饷恐致匮乏。朕甚忧之，预为筹划，将中路所运之米陆续料理，直接至拖诺山酌量给发，使不缺乏。朕心始慰。着将此语拟优旨批出。”

本日起居注官努赫、傅伸。

二十一日乙巳

二十二日丙午

二十三日丁未

二十四日戊申 辰时，上御畅春园内澹宁居听政。兵部尚书索诺和等为镶红旗满洲副都统孙渣齐升任员缺，将礼部侍郎席尔达等职名开列引见。上曰：“西安副都统巴麟，此番两路出征，效力甚多。此等人置之外省，殊绝可惜。着将巴麟转补在京，副都统伊员缺另补。”

部院各衙门官员面奏毕，议政大臣国舅佟国维等将会议事进奏。上曰：“孙思克所遣回宁夏绿旗兵丁及费扬古所遣留于翁金副都统西尔哈达之兵并无消息，前留莫里溥在宁夏，专为探听此等消息奏报。今兵已回到而尚无奏至，莫里溥真死人也。宁夏绿旗兵丁甚为壮健，先是将伊等所带之米凑合一处，给与挑选前进兵丁两月口粮。倘回时米不接济，此兵亦颇可虑。着将军恕书、侍郎满丕驰驿速往归化城，将伊等遣回兵丁及西尔哈达之兵现到何处、米粮接济与否查明具奏。又侍郎王国昌、卿喻成龙等所运米作何下落、运到何处、曾否给与回来兵丁并未奏报。可差兵部司官，将此往问王国昌等，着差往司官查明回奏。又从那拉特路所去之兵何日经过，曾否给米，亦差司官一员查明回奏。又西路所设驿站近日如何，朕偶闻西路出征台吉毕立克图云，噶尔丹溃散后尚存五六十人，有一二驿站被彼来袭，夺去马匹，人亦受伤。此事并无奏报，将此亦着前往司官查奏。朕到拖陵时令原任尚书杭爱帅绿旗兵丁筑垒、浚濠固守，自此以至克鲁伦，皆未安站，盖为站内力弱，若安站时恐贼来扰害也。朕向曾言西路军务稍有欠缺，今所料理之事诚然不爽。”大学士阿兰泰等奏曰：“皇上于近敌之处不设驿站极是。其西路军务稍有未妥，谕旨早已言及。今运粮安站等项，无不恰合宸算。”

上曰：“侍读学士布泰来奏事时，朕问伊西路粮米及诸军务。伊言，将军着臣如何写即如何写，此外诸事，臣皆不知。向曾闻伊才优，以今观之，甚属平常，朕故不升伊学士。”领侍卫内大臣国舅佟国维奏曰：“既为内阁侍读学士，岂可云事皆不知？”尚书马齐奏曰：“伊虽不知，来奏时亦当询问明白。”领侍卫内大臣索额图奏曰：“出兵定例，一应大小事务，内阁官员皆当记档。伊或别有闻见，亦宜即行奏闻。虽机密谋议，内阁官员皆不回避。布泰系伊专职承，皇上问而猥云不知，伊所任何事？”

上又曰：“归顺之丹巴哈什哈在厄鲁特亦一有名人，其归顺来时四子部落有一台吉来向我大臣言，此丹巴哈什哈先为使臣，往来经过此地，向曾相与。伊若仍在噶尔丹处，我不资助之。今既归顺，即为我朝之人，我当资助之。遂将骆驼五只、马十匹、牛二头、羊五十只、银百两与之。丹巴哈什哈言，何用银如许，止受五十金，余者退还。由此观之，蒙古中人亦有信谊者。或有以得官语丹巴哈什哈者，伊云，我乃亡国之人，因贪恋性命而来。皇上不以我异国为疑，即令入行幄中，怜悯顾恤。此恩惟有致命效力以报耳，何用官为？”大学士伊桑阿等奏曰：“伊乃投诚之贼，冀全性命而来，皇上即容受之，毫无猜疑，推诚抚恤，所以远方之人倾心归化，良有由也。”

上曰：“尔等所议令费扬古统兵一千驻扎喀伦地方，今噶尔丹败亡，事已完结。朕前所以暂留兵者，以厄鲁特或有来归之人，令其收纳。若萨布素之兵已至科图，费扬古可令回来。着将此速移文费扬古。”谕毕，议政大臣等出。

大学士伊桑阿、阿兰泰、王熙、张玉书、李天馥，学士韩菼、顾藻、徐嘉炎、张榕端、绥色、杨舒、朱都纳以折本请旨。内阁会同吏部题补右卫同知，将选择宗人府主事敦多等五人引见。上问曰："伊等何如？"伊桑阿奏曰："伊等皆各部院衙门保举补授主事之人，臣等就中选出五人。"上曰："敦多着补授同知。"

伊桑阿等奏曰："题补平郡王长史事已问之王，王云所属佐领无几，未得恰当之人，伏乞皇上于副都统等内拣选，令兼管长史事，或将旧曾为长史之人起用。"上曰："王古礼其人堪用，着问之王。庄亲王长史西忒库人甚狂妄恶劣，每欺压王。向日庄亲王曾将伊劣款详悉具疏题参，朕意西忒库必因直谏致触王怒，因劝谕中止。此番出征，在皇三子营中骄傲异常。伊在皇三子及福善公前，亦如在王处恃强而行。皇三子与公岂肯容如此人任意妄行！"伊桑阿等奏曰："西忒库之恶已极，臣等早闻之，实不可姑容。"上曰："西忒库在庄亲王前云，王无子嗣，尽此一世我等即与他人为奴仆矣，何畏于王？致王将此事垂涕而道，孰有伤心于此者乎？若此类不可不加惩治。"

又题为兵部郎中倭伦奉旨往修平阳府城署仓库工毕。上曰："倭伦系原任都统朱马喇之子，门第原好，先任江南同知时，总督傅腊塔曾奏其居官之善，今又节省钱粮，着与优旨，俟应升缺出先用。"

又以原任浙江巡抚王维珍赐谥折子呈览。上曰："王维珍或有言其居官好者，亦有言其平常者，何故？"伊桑阿等奏曰："王维珍居官甚善，但莅任未久，故人不尽知。"上曰："王维珍着谥敏悫。"

本日起居注官常书、努赫。

二十五日己酉 是日，上诣澹泊为德问安。

二十六日庚戌

二十七日辛亥 辰时，上御畅春园内澹宁居听政。部院各衙门官员面奏毕，大学士伊桑阿、阿兰泰、王熙、张玉书、李天馥，学士韩菼、顾藻、徐嘉炎、张榕端、三宝、杨舒、朱都纳以折本请旨。吏部题都察院左都御史蒋弘道员缺，将侍郎赵士麟等职名开列。上曰："湖广总督吴琠居官好，着将伊升补左都御史。"

又题吏部侍郎常书员缺，将户部侍郎阿尔拜等职名开列。上曰："阿尔拜曾兼管吏部事，其人亦甚自爱。着补授吏部侍郎。盛京礼部侍郎庸爱尚有老母已八旬余，昆弟四五人皆经阵亡及病故，惟存庸爱一人。朕前不知而用在盛京，着将庸爱取回，补阿尔拜员缺，授为户部侍郎。其庸爱员缺应补之人，着空职名。俟朕思一人补之。”

又镶黄旗御史雅图员缺，将员外郎西喇拟正，硕色拟陪。上曰：“这员缺着将保举升补郎中者开列具奏。”

又兵部题福建水师提督施琅病故员缺，将正蓝旗副都统喻维邦等职名开列。上曰：“江南提督张旺系山西人，居官好，兼善马步射，文学亦优，可补施琅员缺，授为福建水师提督。张旺原系福建提督张云翼父张勇部下之员，不可将伊等同任一省。张云翼着调补张旺员缺，授为江南提督。总兵官岳昇龙此番随朕出征，观其为人，是好健儿。伊向日曾为诸生，所学亦优。”大学士伊桑阿奏曰：“岳昇龙人材果壮，此番随驾，常在仗内行走，故皇上深知之。”上曰：“非特人材，其所学亦优。”

又刑部题史尔存殴死小功服兄史怀禄，议立斩。上曰：“观奏内史尔存与史怀禄同住一院，并无仇隙。因怀禄先以木棍殴打尔存，尔存持锄抵御，适中怀禄之额，越十日方毙。并非无因故杀者。此人命关系重大，此事着另议具奏。”

本日起居注官常书、席尔登。

二十八日壬子

二十九日癸丑

三十日甲寅　辰时，上御畅春园内澹宁居听政。部院各衙门官员面奏毕，大学士阿兰泰、王熙、张玉书、李天馥，学士韩菼、顾藻、徐嘉炎、张榕端、三宝、杨舒、朱都纳以折本请旨。吏部题刑部侍郎尹泰员缺，将内阁学士博济等职名开列。上曰：“学士绥色为人可用，能办事，且谨慎。着升补侍郎。”

又题学士松柱员缺，将内阁侍读学士哈山等职名开列。上曰：“讲读学士内有保举才优者，此员缺着将满洲、蒙古郎中等官内，出征时于劳苦紧要地方差遣，著有勤迹，如本锡等查出，逐一于职名下将曾经何处差遣、几次行走，明白开写折子具奏。”

又以监察御史镶黄旗雅图员缺，遵旨将保举升补郎中之员开列。上曰："着将该旗郎中、员外等官内，出征时曾经劳苦紧要地方差遣，着有勤迹者，查写折子具奏。"

又题礼部镶黄旗主事折库纳员缺，将助教永存拟正，兵科笔帖式随哈拟陪。上曰："着于该旗保举过笔帖式内，将年久者补授。"

又兵部题副都统瓦尔达奉旨差往景州等处查阅马匹。因失于查察，议革职。上曰："瓦尔达从宽免革职，着降五级留任，罚俸一年。"

又题西安副都统巴麟员缺，将护军参领克齐等职名开列。上曰："镶蓝旗参领马云霄曾有应征噶尔丹条奏，着将原本取览。"

又两广总督石琳题请将提督李镇鼎在任守制。上曰："武官例不丁忧。李镇鼎准令在任守制。"

又都察院题两淮盐差将监察御史职名开列。上曰："着将此次出征曾于劳苦紧要地方差遣，着有勤迹之满洲、蒙古郎中等官查奏。"

本日起居注官常书、华显。

七　月

初一日乙卯

初二日丙辰　辰时，上御畅春园内澹宁居听政。部院各衙门官员面奏时，仓场侍郎德珠、石文桂遵旨往看河道绘图呈览。上问曰："五处闸口行船有便于民否？"德珠奏曰："内河任人行走，果于民有益。"石文桂奏曰："初奉旨时，臣等恐于运米有误，由今观之，运丁及商人互为推挽，甚是和同，反为两便。百姓各造小船，将通州货物运至京师甚易。而雨水时，往来之人免泥泞之苦。百姓皆感激皇恩，名其船曰便民。非臣等私虑所能及。"

奏毕，大学士阿兰泰、王熙、张玉书，学士韩菼、顾藻、徐嘉炎、张榕端、三宝、杨舒、朱都纳以折本请旨。礼部题七月十五日祭暂安奉殿遣大臣事。上曰："遣皇长子胤禔行礼。"

户部题覆云贵总督王继文将功臣田土及逆贼家产变卖未完银两等项恳

请豁免条奏前来，议不准行。上曰："此条奏内所有田土民间不能变卖，又不能纳粮，恐致累民。该部另行详查确议，明白具奏。"

上召议政大臣、满汉大学士、尚书、侍郎、学士等至畅春园澹宁居示以北征机宜。诸臣敬阅毕，大学士阿兰泰等奏曰："噶尔丹穷荒巨寇，煽惑群心。皇上为中外生民计，亲统六师，远涉绝漠，栉沐风雨，不辞劳瘁。向来远方蒙古踪迹靡常，剪除不易。皇上睿谟神算，百日之内，遂建大勋凯旋。开辟以来，勘定之略、成功之速，未有如我皇上者也。臣等不胜欣庆。"尚书佛伦等奏曰："我皇上万乘至尊，亲驾六飞，备历险远，跋履沙碛，日御一餐，下与军士，同其劳苦。臣等悚仄不宁，几至堕泪。乃甫及七旬，遂即迅扫妖氛，边隅宁谧，神武骏烈，超越万古。臣等又不胜欣喜踊跃。"内大臣索额图等奏曰："诸臣所奏皆未经亲睹。臣等扈从行间，仰见皇上焦劳军务，事无巨细，悉出圣衷。经画指授精详，运筹周密，且步行减膳，劳苦倍尝，总期灭此狡寇，永奠边疆，以致睿虑殷烦，天颜清减。臣等恭侍左右，至不忍仰瞻。今得肃清绝域，懋建弘勋。真中外生民之福也。"大学士王熙等奏曰："皇上远劳圣驾，亲剪巨憝。军行所至，灵泉喷涌，丰草茂生，风雨调和，神庥昭应。虽圣度谦冲，归功仓昊，不欲自居，然皇上念切生民，躬行天讨，精诚所格，无一不上合天心。所谓先天而天弗违，后天而奉天时，是我皇上即天也。"掌翰林院事常书、张英奏曰："皇上庙谟预定，至后无不稔合。圣虑之万全，功德之崇骏，美不胜书。伏读御制，前后次序脉络，备极精详。一字一句，无非典谟训诰。伏乞皇上将所记载俯赐臣等，俾得敬慎编摩，垂诸简册，洵为亿万年之盛事也。"奏毕，亲近侍卫关保传上谕曰："这所奏知道了。该部现在议奏。"

是日，上诣淡泊为德问安。

本日起居注官常书、努赫。

初三日丁巳

初四日戊午

初五日己未

初六日庚申　辰时，上御畅春园内澹宁居听政。部院各衙门官员面奏时，兵部尚书索诺和、侍郎松柱前进。上问："自军中回到马匹如何料理？”索诺和奏曰：“现今已到者，皆交与各章京牧养，俟后队兵之马全到，再将作何料理之处启奏。”上曰：“马匹所关甚要，交付尔等，尔等即宜亲行巡视。倘或怠玩以致瘦毙，即责成尔等，彼时不可以交付他人推诿也。”

事毕，大学士阿兰泰、王熙、张玉书、李天馥，学士韩菼、顾藻、徐嘉炎、张榕端、三宝、杨舒、朱都纳、哈山以折本请旨。吏部题理藩院尚书班第员缺，以左都御史傅腊塔等职名开列。上曰：“朕此行亲征，闻蒙古人皆称班第之贤，倾心向服。理藩院尚书事仍着班第兼管。”

又题巡抚线一信请将饶南九道刘廷玑补授温处道，其处州府知府员缺，以同知刘光业升补。金华府同知员缺，以现任同知高世璋调补，俱议不准行。上问曰：“道员有守道、有巡道，此二者可互调乎？”王熙奏曰：“道缺但视兼衔皆可调补。”上曰：“刘廷玑准调补温处道，现升温处道柏成栋着补授饶南九道。余如部议。”

又户部题宣化府喂养三旗驼马，将给过草豆奏销。上允其奏。又曰：“顷朕亲统大兵出征，闻宣化府喂养三旗驼马需用草豆紧急，皆于龙门、赤诚、蔚州等县百姓预行派取支应，先用草豆，后给价值。百姓或未得如数亦未可定。此应给价值着该抚派出贤能地方官察明，照数折给，务使小民得沾实惠，以副朕爱民至意。彼处百姓趋赴供应，于急需乏事毫无迟误，大兵经过，修治道途亦甚劳苦，殊属可悯。尔等记之，俟至冬间，将伊等地方明岁钱粮蠲免。”

又礼部题为原任总河靳辅建祠请旨定夺。上曰：“靳辅治河之功亦仅六七分，其居官不可谓廉洁，未及原任总督范承谟。应否建祠，着问九卿。”

是日，上诣澹泊为德问安。

本日起居注官常书、傅伸。

初七日辛酉

初八日壬戌

初九日癸亥　辰时，上御畅春园内澹宁居听政。部院各衙门官员面奏毕，大学士阿兰泰、王熙、张玉书、李天馥，学士韩菼、顾藻、徐嘉炎、张榕端、三宝、杨舒、朱都纳、哈山以折本请旨。吏部题河南巡抚李辉祖员缺，将内阁学士博济等职名开列。上曰："李国亮历练事务，着补授河南巡抚。"

又学士绥色员缺，将侍读学士布泰等职名开列。上曰："此员缺将哈雅尔图升补。翰林院侍读学士席尔登材具优长，少詹事努赫亦可用，觉罗华显曾在正红旗营中，皆称其才优长。"

又宗人府堂缺，汉字主事敦多员缺，以国子监助教齐格拟正，通政使司知事席尔图拟陪。上曰："此员缺着将保举笔帖式内较俸补授。"

阿兰泰等奏曰："遵旨将靳辅应否建祠问九卿。九卿云，靳辅浚治中河地方，百姓欲为建祠。臣等议得，建祠致祭，出自皇上特恩。其居官实不如范承谟，建祠应否，伏乞上裁。"上曰："此事若于成龙具题犹可，董安国曾为靳辅属官，伊等皆系同党，岂可为实据乎？况汉人皆结党报仇，此事但批知道了发出。"上又曰："靳辅之子靳治豫，现今该部堂官保举。此次出兵，观其人轻而且浮，全不厚重。如此人乃处处皆为保举。"阿兰泰奏曰："靳治豫口才尚好。"上曰："口才虽好，其人轻浮，能济何事？"

又都察院左副都御史席米图员缺，将通政使觉罗莫里溥拟升。上曰："这员缺着将各部郎中等官开列具奏。莫里溥人材甚劣，于差遣之事全不能办。着革职取回。"

又监察御史吕琨条陈乡试事，部议不准行。上曰："凡事须预条陈，方为有益。今正当考试时，岂应渎奏？"阿兰泰等奏曰："圣见极是。正当考试时，不应陈奏。且科场之事先经累次条议，已有定例，遵行年久，每考辄自纷更，亦非善政。"上曰："此事不准行。为是或交与九卿，令其议奏。"

本日起居注官常书、席尔登。

初十日甲子　是日，上诣澹泊为德问安。

十一日乙丑

十二日丙寅

十三日丁卯　是日，上诣澹泊为德问安。

十四日戊辰 辰时，上御畅春园内澹宁居听政。部院各衙门官员面奏毕，大学士阿兰泰、王熙、张玉书、李天馥，学士韩菼、顾藻、徐嘉炎、张榕端、三宝、杨舒、朱都纳、哈山、哈雅尔图以折本请旨。兵部题请补授宁古塔将军佟宝员缺。上曰："宁古塔副都统沙纳海，为人可用，到任后声名甚佳，着升补宁古塔将军。"

又题福建陆路提督张云翼员缺，将副都统喻维邦等职名开列。上曰："着将四川提督吴英调补福建陆路提督。此次出兵，观岳昇龙人材甚为矫健，文学亦优。西陲紧要，着将岳昇龙升补四川提督。"

又吏部堂官回奏御史龚翔麟题参事。上曰："压缺之事既于十一日到部，其间尽可具题，乃压迟不题，不可云无故。此处吏部难辞其咎，余款看来或系诬陷。且汉人从来好互相仇陷，朕已屡颁训旨，此种恶习彼断不肯改。"

又顾大学士阿兰泰等曰："学士博济前来接驾时，察其病已难愈，今果不起。其为人何如？"阿兰泰奏曰："博济办事不能胜人，但其性沉实可用。"上曰："尔所见良是。"

本日起居注官华显、特默德。

十五日己巳

十六日庚午 是日，上诣淡泊为德问安。

十七日辛未

十八日壬申

十九日癸酉

二十日甲戌 辰时，上御畅春园内澹宁居听政。部院各衙门官员面奏毕，大学士阿兰泰、王熙、张玉书，学士韩菼、顾藻、徐嘉炎、张榕端、三宝、杨舒、朱都纳、哈山、哈雅尔图以折本请旨。吏部题升任兵部郎中辛保员缺，以太仆寺员外保住拟正，理藩院员外倭代拟陪。上曰："此员缺拟正、拟陪者，其人如何？着问各堂官，并将向所保举员外郎等一并具折开列。"

又贵州巡抚阎兴邦题土司等官有因罪革职者，停其子孙承袭其土司，生员令其科举。部议不准。上曰："此事行之已久，若遽更改，人心何能允洽？”大学士阿兰泰奏曰：“圣见诚然。事已行久，卒然改之亦难。”上曰：“着交九卿会议具奏。”

本日起居注官常书、席尔登。

二十一日乙亥 是日，上诣澹泊为德问安。

二十二日丙子

二十三日丁丑

二十四日戊寅

二十五日己卯 辰时，上御畅春园内澹宁居听政。部院各衙门官员面奏毕，大学士阿兰泰、王熙、张玉书、李天馥，学士韩菼、顾藻、徐嘉炎、张榕端、三宝、杨舒、朱都纳、哈山、哈雅尔图以折本请旨。吏部题内阁学士博济员缺，将侍读学士布泰等职名开列。上顾大学士等问曰：“尔衙门侍读学士等何如？”阿兰泰奏曰：“布泰乃皇上所知，现在出兵恩额礼系部郎能员，其人亦可。倭伦人皆称其才优，臣未尝与之共事。”上曰：“此员缺着将倭伦升补。”

又户部议覆奏销江西省捐助积贮米石。上曰：“江西省所积米谷多，多则难以收贮。着暂停捐助。其别省米石积贮多者，亦着暂止。”

又刑部题军前逃回厮役人等罪应正法。上曰：“人命关系甚大。此等人内有盗伊主马匹、衣服逃回者，着问伊主，明白分别具奏。”

理藩院题台吉图巴查布叩阍事，议不准行。上曰：“图巴查布在乌阑布通地方对敌时曾带伤进贼营，夺马三十余匹。着将此处问扎西王明白具奏。”

是日，赐西安驻防副都统马云霄鞍马一匹。

本日起居注官常书、特默德。

二十六日庚辰

二十七日辛巳

二十八日壬午 是日，上诣澹泊为德问安。

二十九日癸未

八　月

初一日甲申　辰时，上御畅春园内澹宁居听政。部院各衙门官员面奏毕，督运中路大兵粮饷侍郎李锕以运米事具折呈览。上曰："喀伦之米可供两路兵几月？"李锕奏曰："约可五月。"上曰："今西路兵既回，所余米粮甚多。此所余米宜于何处收贮，着议政大臣速议具奏。尔等曾将运到拖陵马匹察明否？"李锕免冠叩首奏曰："臣等在京未启行时，预为酌量。兵丁俱带八十日口粮，计此八十日内必到土喇，故将捐纳马匹但择其肥者收之。至于马系何人所捐并何毛色，并未记明。今竭力查考，总不得其法。臣等所运米原议直至土喇，今仅至拖陵。即作运到此，出皇上格外殊恩，非臣等所敢希望者。臣等在途闻皇上自拖陵统兵，身先士卒，日行八九十里。臣等米车趱运不及，自知应死。今日得仰睹天颜，实出望外。总之，米不运到，臣等之罪，更有何辞？当在京捐马驼时，臣等俱在一处，及至出口，则各自分营。于成龙如何令人捐纳，臣则不知。况捐纳之例，原因一事而起，乃一事而二三其例可乎？臣意后捐于例不及数者，俱宜令彼增补。"李锕出，上顾左右诸臣曰："李锕素倔强，不肯让人。"

大学士伊桑阿、阿兰泰、王熙、张玉书、李天馥，学士韩菼、顾藻、徐嘉炎、张榕端、三宝、杨舒、朱都纳、哈山、哈雅尔图、倭伦以折本请旨。宗人府题革去宗室纪成，应给与伊父拜他喇布勒哈番品级俸禄。上曰："今闲散宗室俱给拖沙喇哈番品级俸禄，而革去宗室之人反给与拜他喇布勒哈番品级俸禄，似属太过。此等俸禄乃世祖皇帝加恩给赐。着宗人府将伊等得品级俸禄者查议另奏。"

户部覆云南巡抚石文晟等题免缺额盐课。上曰："朕轸恤商民，此等钱粮频行蠲免，地方官所知，故一事而作二三项奏请蠲免者甚多。况云南银、铜、锡矿皆地方官擅占，而又将此等钱粮巧为请蠲，若于商民果有裨益，朕亦定行蠲免，着照部议不准行。其以一事而作二三项奏请者，着交户部行查。"

又覆直隶巡抚沈朝聘题免香河宝坻等十一州县人丁钱粮，议不准行。上曰:"此二年水灾，米谷失收，诚恐生民困苦。人丁钱粮，着俱行蠲免。"

兵部覆原任福建厦门总兵官陈龙题请将其世职与其幼子陈汝键承袭，其总兵官员缺授与副将郭扬辉，其游击张正、守备曾维勋功加左都督，林天升、陈世奇等俱著有劳绩，恳祈记录优用，议不准行。上曰："着依陈龙遗疏，将其官职给与幼子承袭。所保举之人着召来见。"

又宣化府总兵官白斌以原载火药炮子车辆损坏，因将米车承载事奏闻。上曰："朕适统大兵出征，见原任宣化府总兵官许盛在任时，事事隳坏，军前所用马驼，全不预为料理，而诳称俱备。白斌此次出征，实心效力。伊所辖官员，皆系许盛旧属，尚护许盛，凡事与白斌相左，以致有误军务。白斌属员内有应题参者，着查明指参。"

又旷误班次章京席岱等五人俱议枷号鞭责。上曰："席岱等着宽免枷责，发黑龙江披甲行走。"

本日起居注官常书、华显。

初二日乙酉

初三日丙戌

初四日丁亥

初五日戊子 是日，上诣澹泊为德问安。

初六日己丑

初七日庚寅 辰时，上御畅春园内澹宁居听政。部院各衙门官员面奏毕，盛京礼部侍郎阿山赴任，恭请训旨。上曰："前此盛京俱用有年者，庶务不举，凡事皆徇情面。在京各官皆朕亲阅简用，所以皆好。尔往不可仍照前人所行，须勤勉料理。"阿山奏曰："谨志圣训，竭臣所能，勤勉效力。"阿山出。

大学士伊桑阿、阿兰泰、王熙、张玉书、李天馥，学士韩菼、顾藻、徐嘉炎、张榕端、三宝、杨舒、朱都纳、哈山、哈雅尔图、倭伦以折本请旨。伊桑阿等奏曰："臣等遵旨问堪补讲官之人，据管翰林院事侍郎常书、尚书张英称，侍讲邵穆布、庶子常在、洗马色尔图人皆可用，特行举出。"上曰："邵穆布着以原衔充日讲起居注官。"

又兵部题贵州巡抚阎兴邦请增武举额数。上曰："遵行年久之事频加更改，于事无益。况云南、贵州、广西、四川俱系边地，土司甚多，只宜顺其土俗，照定例行，不可兴起事端。"阿兰泰、王熙奏曰："遵行年久之事，重加更改，实属无益。"上曰："此事着发回，另议具奏。"

又题陕西凉州镇番营等五处参将员缺，将游击康运昌等五人拟补。上曰："镇番营参将员缺紧要，方凯人材优长，着补授。状元张文焕、侍卫年久才力兼优，此番出兵亦谙军务，可任外事。着补授怀来路参将。"

本日起居注官席尔登、特默德。

初八日辛卯

初九日壬辰

初十日癸巳 辰时，上御畅春园内澹宁居听政。部院各衙门官员面奏时，礼部尚书佛伦等前奏曰："皇上为民祈晴，天心感应，即时晴霁。"上颔之。

奏毕，大学士伊桑阿、阿兰泰、王熙、张玉书、李天馥，学士韩菼、顾藻、徐嘉炎、张榕端、三宝、杨舒、朱都纳、哈山、哈雅尔图、倭伦以折本请旨。吏部题汉司官内升外转。上曰："吏部汉官俱甚庸，无足观者。先年宋文运甚廉洁，此等人今无之矣。"伊桑阿等奏曰："睿见诚然。宋文运操守极善。"上曰："宋文运虽廉，于事不甚通晓。张鹏翮居官实清，今罕有能及之者。"阿兰泰奏曰："宋文运见事迟钝。若一通晓，办事便有执持。"王熙、张玉书奏曰："张鹏翮居官廉洁，而人亦和平。提督江南学政所行甚善，人莫能及，可谓一介不取。"上曰："原任江南总督于成龙及张鹏翮皆可谓真廉。吏部汉官内无一可者，皆依仗满官办事。此次升转着停止。"

又吏科题汉给事中内升外转。上曰："今观科臣亦皆庸，不及从前。卞三畏其才亦不及，着外转，余着询问，将伊等条陈档案查出具奏。"

都察院题汉御史内升外转。上曰："龚翔麟狂妄好事，其人甚是钻营，且言官论事，理宜据实陈奏，今观每事必有情由，假公济私者甚多。"伊桑阿奏曰："凡人升迁，各宜静听，岂可预为期望，妄事营求？"阿兰泰奏曰："观彼所言事，皆非无故。二三事内必有一存私者。

只欲示威使人畏之耳。”王熙等奏曰：“言官理宜条奏要务，今多属琐碎之事。皇上洞鉴诚然。”上曰：“如龚翔麟者，谓能安分静守，朕亦不信，应外转。鲍复盛甚是无能，出征时畏缩，不曾过第七台。此次案内想必不免。”伊桑阿奏曰：“议罪案内原有鲍复盛。”

又吏部等衙门题山东巡抚杨廷耀因失察行贿知县杨杰等，议革职。上曰：“杨廷耀自至山东，居官甚劣。着依部议革职。其布按二司为人皆优，将伊等停其查取职名，尔等即议降级留任具奏。”

兵部题宁古塔副都统沙纳海员缺，将吏部侍郎安布禄等职名开列。上曰：“福州城守尉舒书先在京时称为能员，因与麻勒吉同往广西回时，有一二事隐讳不奏，朕故调往彼处。今闻其居官甚善。”阿兰泰奏曰：“舒书骑射好，人材亦优。”上曰：“着将舒书补授。宁古塔人皆粗鄙，气习不好，须用曾任文职之人，使之整顿风俗。”

是日，上诣澹泊为德问安。

本日起居注官常书、邵穆布。

十一日甲午

十二日乙未

十三日丙申

十四日丁酉　辰时，上御畅春园内澹宁居听政。部院各衙门官员面奏毕，大学士伊桑阿、阿兰泰、王熙、张玉书、李天馥，学士韩菼、顾藻、徐嘉炎、张榕端、三宝、杨舒、朱都纳、哈山、倭伦以折本请旨。会议副都统兼长史穆森迟误皇子需用物件，欲将兵丁米粮给发执役人等，拟鞭一百。额驸尚之隆、都统都思喀尔、理事官温达等不将穆森题参，应各降三级调用。又将出兵王等请行查议。上曰：“穆森从宽免鞭责。尚之隆、都思喀尔、温达俱依部议降三级，从宽免调留任。此次出兵，王、贝子、公等内有效力者，有不效力者。其劳绩茂著，惟贝子苏尔发与公蒲圻耳。因此番功成，大兵庆幸凯旋，概从宽免议。”

吏部题兵部尚书索诺和等将兵丁需用马匹疲瘦，议革职。上曰：“朕以索诺和才优荐擢尚书。自任尚书后并不勤勉效力，此番军务彼全然不知，凡事惟图塞责，竟不实心料理，如此，则任彼尚书亦有何益？况彼身任中枢，于边疆官兵情弊不加详察，一任怠玩，以致兵部事务极其隳坏，其人与革职觉罗莫里溥无异。索诺和依议革去尚书，侍郎松柱着从宽免。其兵部郎中伊忒库、员外赫硕瑟俱专任管马，乃应于二月二十七日所交之马直至三月初一日始交，大误军务，不可不惩治示众。着拿交刑部严审。”

工部覆巡抚沈朝聘题耍儿渡泄水堤岸，着该抚亲行详勘具奏。上曰：“耍儿渡筑堤浚河，巡抚沈朝聘于前年亲勘，去年又行亲勘，已经两次勘明启奏。今工部又议巡抚往勘，其言大谬矣。此事着批严旨发出，另议具奏。侍郎常绶，人本微贱，朕擢用侍郎。莅任以后，办事不加敬慎，自以身列大臣，俨然自恃，不肯勤勉，深为可恶。若再如此，徒自损耳，有何益哉？尔等可召常绶，传与此旨。”

都察院题覆御史龚翔麟题参吏部官员，议将熊赐履、赵士麟、彭孙遹、库勒纳各降三级调用。常书、安布禄各罚俸一年。上曰：“熊赐履等因有缺出，随即催赶，继复压住，不即启奏，而又诿云皇太子旨下迟误，殊为不合。况吏部事务亦已隳坏，熊赐履等各降三级，从宽免调用。常书、安布禄着各罚俸一年。余依议。其奏参此事之龚翔麟，昨已命外转，但其所参内有三事不虚，若仍行外调，似因此事。言官有参劾言事之责，如此则谁复有言者？将伊仍留衙门，另拟一不及者外转。”

詹事府题皇太子讲官少詹事努赫升任翰林院侍讲，魏希征告假员缺，将少詹巢可托、朱阜等职名开列。上曰：“此二缺问该衙门大臣具奏。”

本日起居注官华显、席尔登。

十五日戊戌 是日，上诣澹泊为德问安。

十六日己亥

十七日庚子

十八日辛丑

十九日壬寅

二十日癸卯 辰时，上御畅春园内澹宁居听政。部院各衙门官员面奏毕，大学士伊桑阿、阿兰泰、王熙、张玉书、李天馥，学士韩菼、顾藻、徐嘉炎、张榕端、三宝、杨舒、朱都纳、哈山、倭伦以折本请旨。吏部题兵部尚书索诺和员缺，将左都御史傅腊塔等职名开列。上曰："兵部事务甚属败坏，若将九门提督凯音布补授，自能更改。着将凯音布补授兵部尚书。九门提督步兵事仍暂令带管昼。既理事，停其巡夜。"

又山东巡抚杨廷耀员缺，将学士三宝等职名开列。上曰："张勄人材优长，刘晧此番运米甚是勤敏，李炜居官甚善，着问九卿具奏。"

又通州升任知州王光谟员缺，将清苑县知县吴存礼补授，部议不准。上曰："通州地方紧要，吴存礼着照该抚所题戴罪补授。通州知州工部制造库升任郎中卿爱员缺，将郎中保住等又俸深郎中满丕哈鼐、达鼐、苏赫纳瓦鼐等职名开列。"上曰："拟正保住、拟陪金大善俱平常，达鼐亦甚平常。其余着问该堂官具奏。"

吏、兵二部题怀来知县鲁一哲瘦毙驿马，议革职。上曰："伊等事前虽是怠忽，其后驿马尚好，并不误事。从宽免革职。"顾伊桑阿等曰："此次坐塘人等勤劳有成，运米官员不得与之相比。今时已届寒，着该部行文，撤回此内除倒毙缺欠马匹外，其余效力者着交部议叙。"

刑部等衙门题佐领荆州醉后持刀伤妻议罪。上曰："荆州身任职官，醉后持刀伤妻，甚玷官箴，着革职。"

又鄂尔多斯蒙古蒙库勒库等潜逃，拟正法。上曰："此案正法者太多。"阿兰泰奏曰："此案前次即宜正法，皇上宽仁免死，俱予以生路。今怙恶不悛，既经在逃，而又拒捕，以致伤人，情罪甚属可恶，理应处斩。"上颔之。

给事中刘阴枢条奏，陕西、河南沿河地方滩决，田地钱粮应详查蠲免等事，部议不准。上曰："若云河滩系何处，若云私派系何人，着将此处据实指出条奏。"

都察院题道员内升外转。伊桑阿等奏曰："臣等遵旨问之九卿，云，应将阮尔询内升、任观瀛外转。"上曰："即将此二人升转。"

本日起居注官常书、特默德。

二十一日甲辰

二十二日乙巳

二十三日丙午 辰时，上御畅春园内澹宁居听政。部院各衙门官员面奏毕，大学士伊桑阿、阿兰泰、王熙、张玉书、李天馥，学士韩菼、顾藻、徐嘉炎、张榕端、三宝、杨舒、朱都纳、哈山、倭伦以折本请旨。兵部覆江南提督张云翼题，将台湾三营改作五营、澎湖副将改为总兵，金门海坛各处官兵移驻调拨。部议俱不准行。上曰："张云翼所奏内有可行者、有不可行者，着福建将军、总督、巡抚、提督会同确议具奏。嗣后台湾总兵、澎湖副将员缺，将该省现任总兵、副将内论俸调补，三年满后仍回原任调补完时，另行请旨。"

伊桑阿奏曰："山东巡抚员缺，臣遵旨问九卿。九卿云，张勄、李炜、刘皑其人皆可，候皇上简用。"上曰："督抚员缺，汉军甚多。应将汉官参用。这员缺着将李炜升补。"

是日，上诣澹泊为德问安。

本日起居注官常书、傅伸。

二十四日丁未　申时，上由西直门进神武门，回宫。

本日起居注官邵穆布、彭宁求。

二十五日戊申　早，上御太和门升座，升转文武官员谢恩毕，上回宫。巳时，上由神武门出西直门，驻跸畅春园。

本日起居注官常书、张英。

二十六日己酉

二十七日庚戌

二十八日辛亥　辰时，上御畅春园内澹宁居听政。部院各衙门官员面奏时，户部尚书马齐近前奏曰："从海道运米官拜都已至。"上问拜都曰："尔渡海有可惧处否？拜都奏曰："若遇顺风，并无可惧。若逆风将船打退，则泊船处震荡可畏。臣曾经逆风一两次，回泊海岛，守候顺风。俄顷即至三岔口矣。"上又问曰："今岁盛京田谷若何？"拜都奏曰："其与道路相去远者不得而知，其沿途近处田谷甚好。"侍郎庸爱奏曰："臣在盛京时，分路相视田谷，凤凰城、秀岩今春雨水均调，麦皆有收。臣于七月来时，田谷茂盛，此后雨水调否，不得而知。"上颔之。

兵部侍郎松柱进前将折子呈览。上曰："前令行查马匹若何？"松柱奏曰："已交与八旗都统行查，尚未尽送到。"上召大学士阿兰泰谕曰：

“兵丁所乘马匹，朕早令行查，至今尚未具奏。部中各官诸事不行速结，惟务偷闲，耽延日期。衙门中不肯久住，惟思早散，还家安寝。如此，诸事有不壅积者乎？朕听政三十年，夙兴夜寐，遇事随到随结，或有紧要事件，辄乘夜裁决。此而等所共知也。若果能如朕，诸事何至迟误？”阿兰泰奏曰：“上谕诚然。凡事以速为善。此事先经户、兵二部交与各旗都统，今应仍交伊等，令其速结。”上曰：“尔可亲同户、兵二部大臣，速行查奏，断不可迟。”

谕毕，大学士伊桑阿、阿兰泰、张玉书、李天馥，学士韩菼、张榕端、三宝、杨舒、朱都纳、哈山、哈雅尔图、倭伦以折本请旨。吏部题兵部侍郎马尔汉因将军需马匹皆致疲瘦，议革职。上曰：“马尔汉着从宽免革职。”

又题福州城守尉舒书补授宁古塔副都统员缺，员外郎鄂里宣旨时误传一等侍卫舒书，部议将二级。上曰：“鄂里系专管该司之员，宣旨错误，殊为可恶。部议止降二级不合，着革职，交与该王当下贱差役。”

兵部题六品官布达西等因解充发罪犯脱逃，议革职。上曰：“布达西、刘真御系专管解送之员，不严加防守，以致罪犯脱逃者甚多，着革职，发往黑龙江当差。”

户部覆总漕桑格请蠲随漕钱粮，议不准行。上曰：“运丁每年运粮劳苦，漕粮虽例不准蠲，这漕项历年亏欠及带征未完粮米，着照该督所题通行蠲免。”

翰林院侍读陆肯堂请假。上问曰:“陆肯堂病势若何？”伊桑阿等奏曰:“曾遣学士三宝、哈山往视，病势甚重，今闻二十六日已经身故。”上曰:“可惜年力方强，而学问甚优。”上又顾汉大学士问曰：“其人何如？”张玉书奏曰：“亦一有能之人。”上曰：“既已身故，此本着发还。”

上又曰：“此次出兵，观顾巴代甚属不堪，行止较前改变。高璜学问最优，而人甚好，办事亦可。观向年牛钮、博济所学皆优，今观此番满洲庶吉士文学亦优，此后凡有撰拟文章，亦令分撰。如此则学问渐进矣。”阿兰泰奏曰：“牛钮、博济等因有学问，故皆至大僚。今蒙皇上知遇，宣布恩旨，伊等益当鼓舞劝学矣。”上又曰：“进士喀尔喀写字不堪，所学甚劣。”因顾问侍郎常书曰：“其人何如？”常书奏曰：“喀尔喀年尚轻。”上曰：“喀尔喀其年几何？”常书奏曰：“约二十岁。”学士杨舒奏曰：“喀尔喀系臣之孙，今年二十二岁。”上顾常书曰：“衡论人材，而何徇人情面？”常书奏曰：“臣何敢于皇上前徇人情面，但愚蠢一时，不能奏对耳。”上又曰：“内大臣明珠之子揆叙所学好，写字亦工，着将伊二等侍卫对调，以翰林院侍读侍讲员缺用。”

是日，上诣澹泊为德问安。

本日起居注官常书、邵穆布。

二十九日壬子

三十日癸丑

九　月

初一日甲寅　卯时，上由西直门进神武门，回宫。

本日起居注官常书、张廷瓒。

初二日乙卯　辰时，上御乾清门听政。部院各衙门官员面奏毕，大学士伊桑阿、阿兰泰、张玉书、李天馥，学士韩菼、张榕端、三宝、杨舒、朱都纳、哈山、哈雅尔图、倭伦以折本请旨。李辉祖条奏捐助钱粮应行均派。上曰：“朕尝巡行，洞知外省之事。各处地方官员虽将己资应济公务，事后仍派民间，因此百姓愈苦。朕故于此番举事，欲动正项钱粮。于成龙坚执欲令各省均助，以为既不累民，且于事有益。以今观之，捐助一事，洵非善政。”伊桑阿等奏曰：“皇上所见诚然。捐助一事，初时众论以为有济一时急务。皇上本意每不欲行，各省捐助或系京官亲戚作书请托者有之，地方官甚以为累，诚不可云善政。”张玉书等奏曰：“先于库内动用，后必派取民间还补。但不过先后间耳，何尝得免？皇上真洞见万里。”上曰：“此捐助之数，有一省多者，亦有一省少者。此本发回，着另行均派议奏。”

礼部题已故温州总兵官蒋懋勋应否与谥。上曰：“蒋懋勋材力矫健，素著勤劳。向朕至浙江时，彼已得显秩而不敢忘，平日微贱，愈加谦谨，无少矜狂，深可怜悯。”阿兰泰奏曰：“武夫粗戆，惟恐失之骄矜。蒋懋勋能如此谦谨，真为难得。”上曰：“蒋懋勋着给与谥，并将伊谦谨批出，令众武臣以为法则。”

刑部题张氏打死魏氏，议抵赏。上曰：“凡事当详其理。张氏年已七旬，精力衰惫，能以两掌而即致魏氏于死乎？此必别有杀之者，不过以年迈无抵杀之例，而止拟张氏耳。此等情伪，岂可不行细究？”伊桑阿等奏曰：“此中情伪，圣明指出，便尔显然，真臣等见所未及。”上曰：“事属可疑，该部另行确审具奏。”

是日午时，上由神武门出西直门。驻跸畅春园。

本日起居注官常书、张英。

初三日丙辰　是日，上诣澹泊为德问安。

初四日丁巳

初五日戊午

初六日己未　是日，上诣澹泊为德问安。

初七日庚申

初八日辛酉　辰时，上御畅春园内澹宁居听政。部院各衙门官员面奏毕，大学士伊桑阿、阿兰泰、张玉书、李天馥，学士韩菼、张榕端、三宝、杨舒、朱都纳、哈山、哈雅尔图、倭伦以折本请旨。侍郎多奇议罪。上曰：“始以行兵，凡事宜严，因将多奇交部议罪。至师旋时，行路亦并未有误，多奇着从宽免。”

兵部题喀瓦尔达等拟革职。上曰：“喀瓦尔达等所领兵丁并未受伤，着从宽降五级留任。阿喇布滩等着降俸五级。”

刑部题张氏将伊夫打死。上曰：“张氏打死其夫，罪应处死。但张氏身系妇人，且八十余岁，打死七十岁丈夫，殊属可疑。或其前夫之子助力，亦未可知。着发回确审具奏。”

上顾伊桑阿等曰：“适户部员外郎绰奇往看水势，回奏云，中河北岸之堤未遭水患，其水已减六尺矣。向朕逆料中河北岸之堤最为紧要，定须坚固，因交靳辅、于成龙等加意修治，是以遇如此水得无妨害。若此堤一决，不可言矣。历年之水，无有大于今岁者，此番无害，则永不足虑。黄河之水从云梯关入海，云梯关沙涨壅塞，水每为其所阻，以致退流，河堤不能抵敌，因而冲决。今将淤沙挑浚河道加深，所以水得通泄，其利甚普。”阿兰泰奏曰：“皇上洞悉河务，预行修治，堤岸无损，水退甚速，河工永受其益矣。”

是日，上诣澹泊为德问安。

本日起居注官常书、华显。

初九日壬戌

初十日癸亥　是日，上诣澹泊为德问安。

十一日甲子

十二日乙丑　午时，上由西直门今神武门，回宫。

本日起居注官常书、张廷瓒。

十三日丙寅　辰时，上御乾清门听政。部院各衙门官员面奏毕，天津总兵官潘育龙赴任，恭请训旨。上曰：“岳昇龙在天津居官素善。尔到任凡事皆依岳昇龙而行。”潘育龙奏曰：“臣本寒微，蒙圣恩拔擢，但当谨识皇上训旨，竭力供职。”

陕西肃州总兵官李士达赴任，恭请训旨。上曰：“陕西地方紧要，特将尔简授。尔到任须加意勤勉，务期和辑兵民。”李士达奏曰：“臣本一粗鄙武夫，蒙皇上累加升擢，以至今职，但当竭尽犬马之力，以报高厚洪恩。”潘育龙、李士达出。上顾乾清门侍卫马武曰：“此二人弓马娴熟，人亦皆矫健。”

谕毕，大学士伊桑阿、阿兰泰、王熙、张玉书、李天馥，学士韩菼、顾藻、张榕端、三宝、杨舒、哈山、朱都纳、哈雅尔图、倭伦以折本请旨。刑部尚书图纳题将招抚黄番、黑番安插边内，其噶尔丹所部厄鲁特二百余人俱解送京城。上曰：“西拉顾尔等番人向为噶尔丹纳贡，并输送硫磺、铅等物。顷噶尔丹大败窜遁之后，特遣尚书图纳等宣谕收抚。今观图纳所奏黄番、黑番及噶尔丹部下督催番贡人等共七千四百余名，俱倾心投顺，分别解京，安插皆为得宜。此事图纳料理甚善。”

直隶巡抚沈朝聘题宝坻等各州县俱被灾伤。上曰：“朕轸念直隶所属地方频年被灾，屡经蠲赈，俾小民得以资生。今宝坻等州县又被水灾，虽本年钱粮蠲免，但不再加赈济，恐百姓或至流离。着该抚责成贤能官员，详察穷民，动支常平仓米散给，务令均沾实惠。"

天津总兵官岳昇龙题参将施世骠恳请给假葬亲。上曰："提督施琅，久在海疆，功绩茂著。其子施世骠顷随军进剿，亦著有勤劳。施世骠准给假葬亲，事毕作速回任。"

吏部题正白旗二等阿达哈哈番巴雅思祜犯罪革职，议不准承袭。上曰："巴雅思祜之父鄂尔莫曾经出兵效力阵亡，今既即将伊革职，甚为可悯。这职着与巴雅思祜之长子达尔渣承袭。"

本日起居注官席尔登、王九龄。

十四日丁卯 辰时，上御乾清门听政。部院各衙门官员面奏毕，大学士伊桑阿、阿兰泰、王熙、张玉书、李天馥，学士韩菼、顾藻、张榕端、三宝、杨舒、哈山、朱都纳、哈雅尔图、倭伦以折本请旨。刑部题总兵官许盛，因侵克马料银两，拟立斩。上曰："许盛居官甚劣，若不将伊正法，何以惩众。准此而行，天下士伍想亦共快。"伊桑阿奏曰："上谕诚然。许盛前任江西，居官原劣。"阿兰泰奏曰："将此等惩治，则众兵喜悦，亦皆心服。"王熙奏曰："许盛先在夏逢龙叛案，蒙皇上宽宥，补授宣化总兵，理应竭力报效，乃全不勤勉，贪黩妄行，其死固宜。"张玉书奏曰："皇上所见甚是。"上曰："此事可询九卿。"

上又顾满大学士曰："今日兵部启奏时，朕有旨，将西安副都统马自德调补京口副都统。京口地方紧要，马自德为人素优，材力矫健，调补此地甚有裨益。其员缺着另行启奏。"阿兰泰奏曰："西安地方犹有满兵，若京口则惟汉军耳。皇上调补甚当。"上又曰："京口地方非惟控厄海口，且上通武昌、汉江，遴用不可不得其人。岳昇龙、马自德不但人材好，而学问亦可观。将军孙思克亦曾奏称马自德之善。顷孙思克、博济自军中来观，其体貌伟然，真将军也。"伊桑阿奏曰："于身所行无疚，故能如此。"阿兰泰奏曰："所行既端，则自形于体貌。"上又曰："朕向以博济料理王府事务，因其人甚优，简任都统，由都统补授江宁将军，著有嘉绩。后闻调往西安。时军民无不爱惜，泣送江干。"阿兰泰奏曰："赵良栋亦曾盛称博济。"上曰："赵良栋岂肯轻许人，由其心服，故称之耳。"

本日起居注官顾祖荣、邵穆布。

十五日戊辰 早，上御太和门升座，升转文武官员谢恩毕，上回宫。

是日，上诣皇太后宫问安。

本日起居注官常书、史夔。

十六日己巳 辰时，上御乾清门听政。部院各衙门官员面奏毕，大学士伊桑阿、阿兰泰、王熙、张玉书、李天馥，学士韩菼、顾藻、张榕端、三宝、杨舒、朱都纳、哈山、哈雅尔图、倭伦以折本请旨。工部题覆南新关监督陈秉恒应如该抚所请再留一年。上曰："定例已久，断难更改。部议不合，着票严旨不准行。"

又九里冈等处决口，议令速行修理完固。上曰："此事业经议覆，今将题明之本又行议奏，事属重复。"因顾伊桑阿等曰："近见工部甚不妥当，尔等可谕知之。"

伊桑阿等奏曰："臣等遵旨问九卿。九卿云，许盛既蒙皇上选用，今自罹罪戾，应行正法。"上曰："将军费扬古、恕书奏称许盛材力尚健，着将伊罪案移咨费扬古、恕书，观伊等云何。"

本日起居注官特默德、徐元正。

十七日庚午 辰时，上御乾清门听政。部院各衙门官员面奏毕，大学士伊桑阿、阿兰泰、王熙、张玉书、李天馥，学士韩菼、顾藻、张榕端、三宝、杨舒、哈山、朱都纳、哈雅尔图、倭伦以折本请旨。古北口总兵官马进良题请守备郝伟以都司用，千总许天德以守备用。上曰："这所保题郝伟等，朕所素知，人材俱好，着照马进良所题补用。"

兵部题镶蓝旗护军统领辉兰员缺，将副都统龙西库等职名开列。上曰："龙西库、巴赛鄂飞等俱属平常，侍郎松柱、前锋参领奚思汉其才俱优，奚思汉与何人同族？"阿兰泰奏曰："原在王府包衣佐领，后因效力，于顺治年间开出旗分，伊父原系护军参领。"上曰："松柱在部办事何如？若将伊补授护军统领有可惜否？"伊桑阿、阿兰泰奏曰："松柱在部甚是勤劳，侍郎与护军统领俱有大臣之责，惟在皇上择用而已。"上曰：“护军统领之任甚属紧要，松柱材力矫健，着补授护军统领。”

吏部覆直隶巡抚沈朝聘题请霸州知州祖延泰，以东路捕盗同知用，议准行。上曰：“祖延泰着照部议以同知用。霸州知州员缺紧要，着该抚于事简偏僻地方知县内选举具奏。”

户部题覆李学生奏请将茶所易之马解送来京。上曰：“解送茶易马匹甚有关系。着学士朱都纳带领理藩院司官一员前往，沿途谨护来京。”

伊桑阿等奏曰：“补授西安副都统，臣等遵旨问将军博济。博济云，汉军协领杨博、闫承爵俱可，人材骁健。”上曰：“伊等有出众效力之处否？”伊桑阿奏曰：“博济并未称伊等有出众处。”上曰：“西安满洲协领内人材孰优？”伊桑阿、阿兰泰奏曰：“臣但问汉军协领，至满洲协领等，则未问及。今博济现在。”上令阿兰泰问博济。阿兰泰问明回奏曰：“博济云，满洲协领内瓦尔达、常宝才力皆健，瓦尔达较常宝稍优。”上曰：“瓦尔达较汉军协领杨博、闫承爵何如？”阿兰泰奏曰：“此处臣亦未曾问及。”上又遣阿兰泰问博济。阿兰泰问明回奏曰：“博济云，瓦尔达优长。”上曰：“副都统马自德员缺，着协领瓦尔达升补。”

上顾大学士等曰：“近日欲归顺之厄鲁特格垒沽英寨桑系噶尔丹之信用头目，伊所遣使者奏云，噶尔丹近甚穷困，粮糗帐房俱无，四顾皆无去路，极其窘迫，今惟掘草根而食之。八月初四日已雪深数尺，难度此冬。昔以蒙古地方，处处可通，踪迹难觅。由今观之，路径居址皆有定所，不能任意行止。欲寻噶尔丹巢穴，亦无难处。草木非人所食之物，厄鲁特苟延以至今日，他人何能堪此？”伊桑阿、阿兰泰奏曰：“时正严寒，伊等穷困如是，焉能久存？”王熙奏曰：“既食草木之根，焉能苟延？今不归顺，徒自求死耳。”张玉书、李天馥奏曰：“如此穷困，何以度此严冬？”

伊桑阿奏曰：“皇上启行后，本仍三日一送。”上曰：“要事皇太子定行奏闻，平常事件何致遗漏？本章停送朕处，着皇太子听理。”

工部题原任员外郎常德、灰户陈元等所欠灰价、脚价银两，交该都统并该城官员估计产业入官。上曰：“前户部所欠草豆银两，特派监督分年带征，今已无欠。这所欠银两如此催取，自必难得。亦应特派该部司员带征。着交该部。”

本日起居注官傅伸、彭宁求。

十八日辛酉 辰时，传大学士伊桑阿、阿兰泰、王熙、张玉书、李天馥，学士韩菼、顾藻、徐嘉炎、张榕端、三宝、杨舒、哈山、朱都纳、哈雅尔图、倭伦至乾清门，将于成龙运米之事请旨。上曰：“议政大臣、九卿所议此事，不但不当，且甚违朕意。捐纳之例，原为有济军务。此番出征，若于成龙运米不误，则噶尔丹何能脱逃，大兵亦何以至拖诺即回？今于成龙虽自认运米不到之罪，而于捐纳之人则概请准行，盖欲市恩沽誉于众耳。此番捐纳银两不过三四百万，朕将此银给还众人，则彼必怨于成龙之不能成事，断不议及朕躬。且频年旱涝，百姓甚苦，读书之进士、举人不得升用，而用捐纳之人，必至苛派小民，扰害地方，断不能为清廉好官。如此岂不贻害百姓乎？宁使捐纳之人怨朕，若欲贻害天下之民，朕必不肯为。若捐纳合例，尚可准行。如知县捐纳同知，同知连捐至道，而又捐先用者甚多。此辈既无济于军务，岂可越次补授官职？熊赐履自负读书之人，何亦不议及此？至于缘罪发遣者，皆系大有过犯，万不可宽宥，故发往黑龙江。若伊等此次果系效力，有济军务，朕亦欲宽宥其罪。如宜思孝等车载鸡鹅，徒供饮食，潜住喀伦地方，逗留不进，岂可赦还？宋大业虽系汉人，竟至克鲁伦地方，焉有满洲不能前至之理？则其畏惧退缩不前，显然可见。议政大臣、九卿等俱畏于成龙而不敢言，朕若不言，又谁言之？即传议政大臣、九卿等并于成龙，将此旨晓谕之。”伊桑阿等传会议大臣、九卿并于成龙等至午门传旨。

申刻，伊桑阿等进乾清宫奏曰：“臣等传议政大臣、九卿并熊赐履、于成龙等谕以圣旨。议政大臣、九卿等俱免冠叩首奏曰：‘臣等竟未见及，今闻圣谕，方知前此会议甚谬。臣等惭愧无地，乞将此事发回另议。’熊赐履奏曰：‘臣实无知，与满洲九卿雷同会议。此乃臣之庸劣，识见不到，有何辩处。’于成龙等奏曰：‘臣等运米不到，以致误事，在外即当正法。臣等残喘尚得到京，此皆皇上圣恩，有何辩处。’”奏毕，上曰：“朕先以捐纳之事未善，欲动库内正项钱粮。于成龙坚执云，若开捐纳之例，有济急务，因此行之，今究无益。如果济军务，能到原所指定之地，则捐纳之中虽有不合例者，朕亦准行。即如原任学士布达理系包衣佐领下人，其行事甚恶，朕已三次藉其家产。如此之人，岂可令其捐赎乎？于成龙总欲取悦于众，朕断不如其意。原捐银两俱照数发还。此所捐之马，惟河南马匹堪用。在前山东挽运人等迟延不进，以致管河南米车布颜努等星夜越次先到，即此则其畏惧逡巡可见矣。此捐纳之中，如加级纳监及先用等与例相符者，俱准行。其连捐超升者，概不准行。交与议政大臣、九卿等另议具奏。”

赐甘肃提督振武将军孙思克鞍马及四川提督岳昇龙鞍马、弓箭、撒袋。

是日，上诣皇太后宫问安。

本日起居注官常书、华显、宋大业。

十九日壬申　辰时，上巡行北塞，经理军务，陈设卤簿，由神武门出德胜门，驻跸昌平州。召入领侍卫内大臣苏尔达，公福善、索额图，大学士阿兰泰、尚书马齐。谕曰：“尔等写招抚噶尔丹敕书呈览。”

是日，霸昌道高必弘、昌平州防守御穆锡泰等，昌平州知州孔敏璋等，昌平营参将徐登甲等，巩华城守备张世贤等来朝。

二十日癸酉　上驻跸南口。大学士阿兰泰进呈颁噶尔丹敕书。上改正毕，谕大学士阿兰泰曰：“此敕书着送京师，兼满洲、蒙古文缮写，又将榜纸止写蒙古文，着在内善刻匠役镌出，印刷三百道，并敕书驰驿速送前来，将敕书并蒙古文尽付与前往之人，令将敕书付噶尔丹。其印刷蒙古文，凡所遇者即令给之。”

本日，亲近侍卫关保传谕议政大臣领侍卫内大臣苏尔达等曰：“大同宣化府积贮草豆甚多，新满洲护军三百名骑官马者，拨二百一十名骑达卜孙诺尔马随行，其九十名令以所骑官马九百匹赴大同牧养。大臣、侍卫、官员不骑官马者，其马匹各照定额亦赴大同牧养。三旗各派大臣一员、侍卫三员，以此马送往。其两次前行大兵马匹，亦令赴大同牧养之。如此则于征行无误，且有裨益。尔等驻营后，其会议具奏。”议政大臣等奏言，三百新满洲护军所骑官马九百匹、亲军九十名所骑马三百六十匹，令赴大同牧养。大臣、侍卫、官员不骑官马者，其马匹亦照例牧养于大同。凡此马匹，俱令侍郎多奇谨视之。三旗大臣每旗各派一员，护军、参领各一员、侍卫各三员，令赴大同监视牧养。又前两次大兵马匹亦俱令牧养于大同。其口粮、草料，俱照旧年给发。部院大臣、官员之马不在此例。上可其奏，命布克叨、苏永祚、唐保住前往监视牧养。

本日，亲近侍卫关保传谕领侍卫内大臣等曰："朕行甚缓，并无急迫，宜各将马匹加意秣饲。其通行晓谕大臣、侍卫，所乘马匹酌量足用者乘往，其羸瘦者可留此牧养。"

是日，居庸路都司赵辉璧、延庆卫守备张凤仪等来朝。

二十一日甲戌 上驻跸岔道。是日，延庆州知州武登科等，永宁路守备张登第等来潮。

二十二日乙亥 上驻跸怀来县城西。是日早，上以招抚厄鲁特噶尔丹等敕书并所印刷三百道敕书，遣理藩院主事丹巴赍示大将军伯费扬古，令其颁送。敕曰："皇帝敕谕厄鲁特噶尔丹、丹济喇：朕统御天下，视中外为一体，顺命者必抚恤恩养，梗化者必征剿诛灭。前尔等虽已大败于乌兰布通，朕尚欲容尔等受盟，以定喀尔喀事，曾数遣使敕谕。尔等背誓，抢掠纳木渣尔托音，直入克鲁伦地方。朕亲统大兵，欲与尔等期会定约，遣使前往。尔疑二不信，不见朕之使臣。朕至克鲁伦地方，尔怖朕兵威，逃窜而去。遇朕西路兵，辄来侵犯，尔兵大败，马驼、牛羊、子女、辎重等物尽弃而逃，众寨桑、台吉等接踵来降。丹济喇、格垒沽英、车林奔等寨桑十五人亦愿归顺，遣察罕哈什哈来奏，朕面谕遣去。今朕又统师前来所在，调兵设备，尔等子女、马匹、牲口等物悉已丧失，衣食俱尽，穷蹙已极，无路可逃，时渐严寒，殒在旦夕。朕不忍尔部落子女离散，饥寒毙命，特颁谕旨，招抚尔等。若悔已往之罪，归顺前来，朕概不分别，并加恩养，俾俱得所。尔部落人众，亦得与妻子相见，人各得生。朕断不念尔等旧恶。若仍执迷不顺，尔等当熟思何以可久延残喘，又孰有能收养尔辈者？今既无所归，各宜速降。朕必使尔等安全，咸遂生理，无怀疑惧。特谕。"

臣等窃惟，狡冠陆梁，上烦天讨，六师所临，靡不身膏原野，面缚就擒。即有遁逃窜伏者，固已如网鱼槛兽，命在斯须矣。乃皇上深仁大度，犹不即加诛剿，特颁明诏，曲示招徕。既悯念其饥寒，复开释其疑畏。贷彼已往之愆，予以再生之路。委曲保全之德，真与天地同其高厚矣。嗣后德音屡沛，遂受降不绝。煌煌天语常云，噶尔丹虽不即降，其部落必自溃散，终归于我，竟合若符节也。尧舜之仁，无不智也。

是日，怀来县知县白有斌等，守备王国超等来朝。

二十三日丙子　上驻跸沙城堡。亲近侍卫海青传谕大学士阿兰泰曰：“兵部大臣无随行者，尔可料理兵部事务。凡有乘驿马者，勿得混给。俱候启奏给与。”

本日，抚远大将军领侍卫内大臣伯费扬古奏报，副都统祖良璧击败厄鲁特。上谕领侍卫内大臣苏尔达，公福善、索额图，内大臣明珠，大学士阿兰泰，尚书马齐曰：“先闻祖良璧为厄鲁特所猝犯，被劫军粮，朕甚虑之。今噶尔丹被我兵击败，止存所乘之马、所服之衣遁去，食匮衣单，严寒渐迫，必至殒亡。虽得粮能延几日，岂得存济耶？但丹济喇方云来降，又劫军粮，彼已得食，其降又复稍迟，朕颇踌躇。顷将军费扬古奏祖良璧已击败厄鲁特，朕闻甚喜。今噶尔丹穷蹙已极，虽不即征讨，亦必殒灭。及今之计，惟以招抚为要耳。是以朕遣谕大将军费扬古，俾不时遣人招抚其部落人等。若数遣人招抚，则噶尔丹虽不即降，其部落必自溃散，终归降于我矣。”

又谕户部：“宣化府钱粮前已经蠲免，但比年以来，所属各州县牧养军前需用马匹，又大兵络绎往来，虽各有支给经费，而供亿甚烦，殊劳民力。朕巡幸经临，深切轸念。着将康熙三十六年宣化府属地丁银米全与蠲豁，仍行文该抚通行晓谕，俾民间均沾实惠，以副朕宽恤黎元至意。尔部即遵谕行。特谕。”

是日，乾清门侍卫马武传谕领侍卫内大臣苏尔达，公福善、索额图，内大臣明珠曰：“朕见秣马刍束皆被践踏，宜于夜分谨系其马。至当秣时，以渐添刍，践踏何为耶？着大臣遍谕之。”

又谕领侍卫内大臣等曰：“肥健马匹，宜系至天明；若五六分膘者，系至三鼓，其遍谕之。”

是日，怀来路参将张文焕等来朝。

二十四日丁丑　上驻跸下花园。批本存住传谕大学士阿兰泰、尚书马齐曰：“右卫兵丁马匹前曾命于大同、宣化两地分喂，右卫与大同相近，与其远赴宣化，不如尽赴大同，为便尔等，其速议。”阿兰泰、马齐奏言：“右卫兵丁马匹不必赴宣化府，宜尽赴大同。令侍郎多奇监视牧养。”奉旨：“依议。这牧养马匹若在大同一处，百姓甚苦。着侍郎阿尔拜前往同监视牧养。内大臣等酌量于附近州县分养。务给实价，毋苦百姓。”

是日，议政大臣等奏言，川陕总督吴赫疏称，噶尔丹狡猾最甚，皇上天威所临，败逃无栖，穷迫无食，潜行抢掠。闻得翁金有米，侥幸掠获，以度残生，亦未可知。是以令提督李林隆及各总兵官等严守边境外，臣亲率兵二千出塞，前进白塔。倘有机会，相机而行。又副都统阿兰台疏称，臣请亲往，协助副都统祖良璧等。查得九月二十四日抚远大将军伯费扬古疏称，副都统祖良璧率领八旗满洲、汉军及绿旗兵丁于九月初六日击败厄鲁特。自翁金起程，今总督吴赫即称率兵前进白塔，令暂驻白塔哨探。副都统阿兰台令其停止出兵，在宁夏防守。相应移文总督吴赫、提督李林隆、副都统阿兰台知悉。其披甲人祁泰布尔哈图遇敌不前，探候不明，即败北逃回，有犯军律，应令副都统阿兰台囚禁。上可其奏，命即施行。

是日，赐喀尔喀和硕亲王策旺渣卜、多罗郡王敦多卜多尔即并大臣、侍卫、八旗护军等猪。保安州知州吴永申等、鸡鸣驿把总马得福来朝。

二十五日戊寅 上驻跸宣化府。是日，赐内大臣、侍卫及文武诸大臣食。

又赐宣化府骑兵一百名、张家口步兵一百名白金。传谕曰：“此银尔等可留用于家，至张家口时再给米粮。尔等安营，宜附近朕行宫，周绕屯驻，以便不时赏赐。”

又谕喀尔喀哥处见喀屯曰：“尔长孙甚佳，缺用何物，即来奏请，必当赏给。”

是日，赐阿霸垓多罗郡王吴尔占噶喇布狼裘。又赐进贡喀尔喀台吉班第绰克图阿海等白金、缎布。口北道常名扬、宣化府知府范时崇等，总兵官白斌等来朝。上以御笔赐之，并赐参将张文焕。

二十六日己卯 上驻跸下堡。乾清门侍卫马武传谕议政大臣等曰：“根敦代青前无信息，朕常思之。今彼已招抚噶尔丹属下六十余户，斩杀四十余人。又招抚进贡噶尔丹乌朗海之人一百六十户。遣人来奏，噶尔丹被我兵大败，穷迫以极，祖良璧又击败之。根敦代青又出其不意剿抚其众，噶尔丹灭亡当必甚速，事已底定，朕心嘉悦，尔等大臣当亦欢忭。今令根敦代青相有剿灭噶尔丹之机即行截杀，倘能生擒噶尔丹，不必献俘，即就彼处完结。可明谕其使遣之。”

又传谕领侍卫内大臣苏尔达，公福善、索额图，内大臣明珠等曰：“朕行不早，日出始发，当于未行，先撤帐房，俟朕行时随后同发，则途中甚便，而马匹亦可徐行。今番军行不预撤帐房，朕屡遣人催促，待朕行时，始驮载趣行。日晷既短，在后者不能时到，马甚疲劳。此番行路，不过三四十里，且时非炎暑，仆从可着步行，庶马匹得以休息。可传谕大臣等遍行晓谕。”

又亲近侍卫吴什喇锡、蓝翎侍卫达什传谕尚书马齐等曰：“颁给喀尔喀多罗贝勒根敦代青俸银及袭帽十三件，着交与郎中满都、员外郎喇都浑及张家口管理驿站员外郎黑色收贮，今将根敦代青来使青寨桑同来之博垂存留，俟彼后来贸易十三人到日，将此衣帽赏给之。彼所贡羚羊角等物着满都等收领。其带来各物，令满都等监视与八家买卖人交易。凡伊等之物，俱比时价增卖。卖毕之日，伊等所买之物俱减时价给之。遣还之日，着理藩院拨什库一名，将根敦代青俸银并令带去，务必交到。拨什库回，仍俟根敦代青来人之便与之偕来。”

户部议覆光禄寺卿辛保疏言，遵旨给蒙古米粮量留官兵，着侍郎王国昌、喻成龙料理。辛保、范承烈将现在车辆、牲口驱回交与山西巡抚，其收贮湖滩河朔仓内之米俱已采买，雇车陆续起程。所交牲口并仓米等事，俱已分交各官。臣等无事，愿往大将军处效力赎罪。臣部议得，运入湖滩河朔仓内之米，臣部近日遣官同地方官一同收完照数入仓。辛保等既愿前往大将军处自效，应如所请。奉旨：“运入湖滩河朔仓内之米，将二百石运至归化城仓内，余悉依议。”

是日，赐遣使请安进贡之喀尔喀多罗贝勒根敦代青等缎匹、白金，并其使青寨桑等三人皮蟒袍、貂帽、缎布等物，及归降之厄鲁特等羊裘、狐帽，又赐之食。

是日，张家口总管罗多利等，管理驿站员外郎黑色等，监督赞善索柱等，副将焦相升等，万全县知县耿绪祚等来朝。

二十七日庚辰 上驻跸下堡。上以所御貂裘、白狐裘、靴帽等物赐大学士张玉书。

是日，议政大臣等奏曰："尚书班第疏称，今年九月二十二日，喀尔喀多罗贝勒根敦额尔克代青之青寨桑吴勒木济等至臣处云：'去年噶尔丹至巴颜乌兰地方，我等被其阻截，在塞棱格补隆汉地方居住，将噶尔丹差往乌朗海索贡之二十人截杀后，又杀噶尔丹之在逃阿海纳秦等十人，又将噶尔丹之图布心寨桑之子安答尔夏等之六十户、乌朗海额尔得尼夏等六十户、乌朗海额尔得尼夏答鲁哈色济莫多尔通哥等百户尽行招抚。今年七月，我等探哨之人在杭爱山之阴额西根颓岭处，擒获额鲁奇之十二人。彼云噶尔丹为大兵所败，带领不及三十人，由杭爱向苦克纳塔喇纳额尔得尼召而去。噶尔丹溃散之后，丹济喇、丹津鄂木布等台吉追及噶尔丹之兵，与之复聚，共合一千有余。又有阿喇布坦之兵千许。本身所骑马驼外，并无所余马驼、牛羊、口粮、帐房等物。伊等自相劫夺马驼而食，丹津鄂木布、那马什希诺颜、阿喇布坦与噶尔丹有衅，阿喇布坦过杭爱，从鄂罗海席喇乌素向西而去，丹津鄂木布、那马什希诺颜亦猜防噶尔丹别行。噶尔丹同其党过杭爱，从塔密尔色奇伦由枯伦白尔齐尔向正西而去。我等十二人俱系阿喇布坦之人，因无食物，捕兽至此'等语。因此方闻噶尔丹之败，所获十二人已悉杀之。使我等及楚扬和硕齐等四人，往克母克母齐克等地方乌朗海人处诇探噶尔丹。若何去向确信，使我等赍疏请安，奏闻其故。又教我等云，若尚书率兵在口外驻扎，前去告知。因此来告。我等来时，我贝勒从塞棱格往补隆汉地方游牧而来，是以使青寨桑吴勒木济等驰驿来奏等语。多罗贝勒根敦额尔克代青以前躲避噶尔丹，噶尔丹败后，将其人各处截杀招抚，又奏往补隆汉地方游牧而来之故，甚为可嘉。应将今年五月内皇上亲统大军至克鲁伦地方，噶尔丹不能抵当天威，弃其妻子败遁，遇西路大将军伯费扬古要截大败，尽弃子女、帐房、骆驼、牛羊等物，只身逃去。所杀厄鲁特人甚众，其阿奴已被杀，丹巴哈什哈、察罕西达里哈什哈等寨桑及二千余众来降。丹济喇遣使来告，欲使人说噶尔丹归降，其厄鲁特之男女降者相属不绝，噶尔丹身无衣食，穷困已极。今皇上亲统大兵出塞，大将军伯费扬古率大兵出喀伦前往进剿噶尔丹事宜，该部开明移知多罗贝勒根敦额尔克代青。噶尔丹衣食匮竭，遁走无路，甚为穷蹙。着主事诺尔布，向导索诺木达济与根敦代青之使青寨桑吴勒木济、楚雅哈等，驰驿急往蒿齐忒喀伦而去。喀伦之外，着选马匹骑乘，给与食物，从皇上去路之西，由蒿齐忒喀伦之差答马哈喇愕博往伊克查拉之西，过愕罗垒处；从呼巴海阿尔噶赖之东，自伊渣尔厄尔几纳克直越阿尔哈苏台岭，以至忒勒尔即口。自特勒尔即口以外之路，青寨桑、吴勒木济等认识，应着吴勒木济等指领，速移文与根敦代青，令多罗贝勒根敦代青乘噶尔丹穷困时，整伊所属之兵，剿灭噶尔丹等因具奏。”奉旨：“依议。着移文大将军伯费扬古。”

二十八日辛巳　上出张家口。驻跸察罕拖罗海。亲近侍卫关保传谕领侍卫内大臣等曰：“今已出边，骑来马匹肥健者，系至五鼓后牧放，半膘者稍休息，汗干后即牧放。”

赐进马达赖格龙缎匹。又赐绿旗兵丁每人十日面饼，并喀尔喀贫窭蒙古阿木胡郎白金。

二十九日壬午　早，召议政大臣等入，谕曰：“厄鲁特降人云，噶尔丹往波罗乌纳罕空根渣巴哈等处过冬，令丹济喇来波罗乌纳罕访觅。波罗乌纳罕者，原系扎萨克图汗所居之地，去喀伦有四十余日之程。大将军伯费扬古进兵右卫，兵丁每人骑马一匹，驴骡驮载亦甚疲瘦，朕度之断不能至噶尔丹所居之地，必于翁金等处以马瘦而返。兵力徒劳，无济于事。朕所以令大同牧养马匹者，专为探实噶尔丹所在。若现今可进，着黑龙江之兵六百、前锋二百、新满洲四百，察哈尔扎萨克之兵拣选千名，整顿炮火、鸟枪，给以肥壮马驼，备足粮饷，使之进剿，乘其穷迫，可一鼓而灭之矣。今噶尔丹困败已极，何不深筹剿灭之计，而空劳士马耶？可速行文大将军伯费扬古，令其停止进兵。倘有机会易于擒获，亦勿坐失。噶尔丹已无投足之地，今冬虽不可行，来岁草生之时，使驼马饱腾，必穷追噶尔丹所往，搜擒荡扫。此时惟有遣其来降之人接踵前往，招抚余众，令其散尽，为上计耳。尔等会议，晚刻奏闻。”议政大臣等奏言：“剿灭噶尔丹，招抚其余党，令其离散，斯诚睿算周详，臣等应即钦遵，作速移文大将军伯费扬古，令其遵旨以行，并即回奏。”议入，上命速行。

臣等钦惟我皇上明并日月，用兵之神，比降轩帝。故于筹度剿抚之间，指麾将帅，各当其机。凡寇之宜剿者，令其相时而穷讨；寇之宜抚者，使之革面而归诚。如此则士马不致徒劳，渠魁无漏网之患，而且杀其羽翼，俾腹心自溃。规画之精，洞若观火。于以平数十年难除之寇，建千百世未有之勋，道不越乎是矣。

上阅骆驼、牛群毕，御行宫西偏，命蒙古王、额驸等大臣各官坐，赐以牧场蒙古所献笔悉拉克乳皮、酪酒、奶饼，又赐大臣官员羊，并厮役人等食。

是日，上驻跸喀拉巴尔哈孙。议政大臣等奏言，川陕总督吴赫疏称，遇副都统祖良璧于石嘴子地方。彼云，翁金所余之米无多，因尽行携带起程。去翁金无几，二千余厄鲁特结阵突至，我即亲整官兵，排列子母炮、鸟枪，自卯时鏖战至巳时，仰赖天威，大败贼众。逐北二十余里，杀伤蒙古贼寇百余人。我之所携米粮等物并未被掠。其知县佟世典、守备王维等运至哈尔哈纳阿达白塔米一千石尽行焚烧等语。查得副都统祖良璧率领官兵大败厄鲁特，于九月二十七日到宁夏，相应移文知会大将军伯费扬古，阵亡、被伤满洲、汉军及绿旗官兵令该督详察。册报到日，该部议叙。其贮在哈尔哈纳阿达白塔米粮既称焚烧，应无庸议。奉旨：“依议。”

本日，议政大臣等奏言：“尚书班第疏称，于成龙之捐纳银一十三万余两，现在察罕诺尔地方存贮。护守此银汉官四员、兵丁五十名；喀喇沁沙木巴喇锡公旗分之官一员、兵丁十五名，驻扎于彼。时在严寒，糗粮且尽，恳旨谕该部，将此官兵更换。”奉旨：“着议政大臣等议奏。钦此。”

查得今时渐严寒，官兵难于护守，相应将此银令于成龙所留之骆驼驮运，即着原守官兵沿途护送至独石口，交明于守口章京、驿站员外郎，令其收贮。其护送此银之官兵，令各回本处。奉旨：“依议。”

赐喀尔喀和硕亲王策旺渣卜等并送厄鲁特喇嘛之台吉卓特巴佐领拖带等白金。又赐内大臣、侍卫、护军等并边口绿旗兵丁、牵挽骆驼人役等牛。又赐议政大臣等雉。

三十日癸未　早，谕领侍卫内大臣等曰："尔等不必早集营门，各于帐房听候。尔等若来，则王与部院大臣亦必早至矣。朕行不早，若次日欲早行，则晚刻必无不预示者。俟朕起行后，尔等随后扈从可也。"

上阅马群毕，御行宫东偏，命蒙古王、额驸等大臣各官坐，赐以牧场蒙古所献牛羊等物如前毕，命厄鲁特降人沙克准等射讫。上率诸皇子及善射侍卫等射。

是日，上驻跸海柳图。乾清门侍卫马武传谕达卜孙诺尔马群总管阿必达曰："赐尔短褂，至京时不便常服，故特赐以朕所御海獭皮帽、貂皮长褂，并银百两。"阿必达奏曰："臣本微贱，蒙皇上优擢，方惧不能报答，又荷眷顾，赐与优渥，臣实不能当。如蒙驱策，惟有捐躯仰答而已。"又赐原任监马噶赖章京布哈袍帽。

原任牧马骁骑校西尔泰莽奈妻奏言："臣夫已亡，并无子嗣，顾将臣诰命、臣夫功牌及家人三口缴纳。"上曰："彼欲进其家人者，意欲得钱粮耳，其情可悯，此三人钱粮着该部给之。"

赐厄鲁特降人鄂齐尔等裘帽。上谕尚书班第曰："尔至归化城，遣人至鄂尔多斯。鄂尔多斯之左翼三旗与归化城相近，于此三旗内调兵二百至黄河对岸，以待鄂尔多斯王、贝勒、贝子、公、台吉等来请朕安。已过河者着至归化城，未过河者，同调来之兵在河对岸候朕。"

是日，议政大臣等奏言："理藩院笔帖式海寿疏称：臣将喀尔喀扎萨克台吉阿里雅、阿尔萨朗卫寨桑等户及同与游牧之喀尔喀多罗贝勒汪渣尔属下巴尔虎之二百余户、公西布退哈坦巴图尔旗分多尔即青台吉之二十余户俱移来，与达里刚阿附近居住之喀尔喀扎萨克台吉车凌渣卜等一处安置。其扎萨克台吉阿里雅旗分有无力前来之二十余户在克鲁伦地方留住，俟雪消之后阿里雅遣人搬移。奉旨：'着议政大臣等议奏。钦此。'臣等会议得：喀尔喀扎萨克台吉车凌渣卜既恳请处伊于有树木地方，将扎萨克台吉阿里雅、阿尔萨朗卫寨桑、多尔即青台吉等，与车凌渣卜同处择有水草之地，不时远行探哨，缉听西边信息，谨防驻扎。贝勒汪渣尔属下巴尔虎等既向与阿里雅等一同游牧，令暂与阿里雅同处。俟明年贝勒汪渣尔祖母布迪苏克之使到日，询明再议。其阿里雅旗分无力前来之二十余户，既云俟雪消之后阿里雅遣人搬移，应无庸议。”奉旨：“依议。”

上御行宫南门，观绿旗官兵舞大刀、藤牌毕，赐茶，并赐绿旗兵王元勋、严中在等白金。又遍赐西地西里贝勒旗下噶拉堪图西拉卜并苏尼特之年老穷困者。

十 月

初一日甲申 亲近侍卫关保传谕户部尚书马齐曰：“大将军费扬古所统兵甚劳苦，其资粮必缺。若将朕所用牲口从此送往，道里遥远，必致疲瘠，且到日必迟，可遣人至尚书班第处，将杀虎口、大同等处现银取五千两，差官送至大将军费扬古军前，酌量采买皮袄、牛羊等物，给与从征军士。”

是日，上阅牛羊群毕，诸王、大臣、官员等皆赐食，命喀尔喀多罗郡王色冷阿海，台吉阿里雅、阿尔萨朗卫代青及厄鲁特降人等射毕，上亲率诸王子射，上连中五矢。诸皇子射多中的。于是喀尔喀王等并蒙古诸王、台吉及厄鲁特降人等皆惊以为神。上问王色冷阿海等喀尔喀、厄鲁特互相战斗之由。上顾谓诸王、大臣等曰：“今日喀尔喀、厄鲁特俱在此，朕直论其事。彼俱系与朕纳贡之国，二国交恶，喀尔喀先侵厄鲁特，是曲在喀尔喀，不在厄鲁特，故其国为厄鲁特所破。至厄鲁特借征喀尔喀为辞，潜入我乌兰布通之地，被我军败后，誓不复侵喀尔喀。今背誓而先扰我边界，潜住克鲁伦地方，是曲在厄鲁特矣。朕因亲率六师以行剿灭，天道最明，毫发无爽。朕为天下万国主，岂有偏向之理乎？朕所以灭厄鲁特者，非为喀尔喀也。”喀尔喀王色冷阿海等、厄鲁特降将沙克朱木等皆叩头奏曰：“此等曲直，我等向愚不之知。今蒙皇上声明大义，两国致败之由，方得晓然，实我等之所自取也。”诸大臣奏曰：“圣谕精详，诚为至论。两国之人，俱倾心悦服矣。”

上驻跸鄂罗音布拉克。亲近侍卫吴什传谕领侍卫内大臣苏尔达、班第，公福善、索额图，和硕额驸尚之隆，闲散内大臣阿密达，内大臣明珠，公永盛、吴巴什、巴当阿，大学士阿兰泰，都统周卜世，尚书马齐，护军统领拖伦苏丹、宋柱，护军统领品级桑格等曰："尔等俱系现任大臣及年老大臣，特将牧场马驹各赐一匹。"赐进贡喀尔喀一品台吉阿里雅并其旗下阿尔萨朗卫寨桑、喀尔喀多罗贝勒汪渣尔旗下哈克图寨桑等布帛、牛羊，马群、牛群、羊群人等及进羊人等俱赐白金。又赐马场牧马人苏番缎匹、年老男妇等食及白金。

初二日乙酉　上驻跸胡虎额尔奇。赐内大臣、大学士、都统、尚书、护军统领等乳牛。又喀尔喀俄齐尔都喇尔之母老妪等俱赐食及白金、缎匹，厄鲁特降人纳木纳等亦各赐食及裘帽，哈喇里克之兄嫂、羊群之老妪等并喀尔喀之穷窭者皆赐白金。

初三日丙戌　上驻跸胡虎额尔奇。

巳时，上出行宫，率诸皇子、王、蒙古王等射毕，命内大臣、侍卫、文武大臣、官员以及护军等射。上连射数次，每次皆中四五矢。诸皇子亦射多中的。蒙古王、台吉，来降之厄鲁特并大臣、官员等无不钦仰颂服。是日，议政大臣奏言："大将军伯费扬古疏称，官兵马匹疲瘦，回喀伦地方候旨等语，已如上谕矣。今大将军既回喀伦驻扎，应移文大将军费扬古，着酌量给与右卫兵可至归化城米粮，从归化城再取粮以至右卫，其余粮给与黑龙江官兵。皇上所赐银五千两，着大将军酌量备办皮袄糗粮等物给发官兵，在喀伦附近暂行驻扎。候遣往丹济喇处之使晋巴前来，并收取归顺之厄鲁特具题。"奉旨："止着护军统领在大将军处，余依议。"

赏卜库讷尔布之母、讷尔布之妻白金。

初四日丁亥　上阅羊群毕，坐于行宫后牧场人所设帐房内，赐诸王、大臣、官员等食，饮以乳酪。

是日，上驻跸昭哈。赏副首领阿齐图并其所属人等、总领贾韩之妻并随从人等白金，及来降之厄鲁特吴黑尔等裘帽有差。内大臣、侍卫以及护军等皆赐羊。赐总兵官白斌及所属官兵白金及牛羊。上向昭哈地方来时沿途所见穷窭蒙古并进羊人等皆赏白金。

初五日戊子　上驻跸河约尔诺尔。是日，上谕议政大臣等曰："今招抚伊喇古克三库图克图，使其徒阿旺丹晋前往。阿旺丹晋至大将军伯费扬古处时，着前次于张家口告请前往之八人内调拨三四名，使随阿旺丹晋之后，隔七八日程前行。如前所遣之人已经起行，无可同遣之人，即将阿旺丹晋暂留大将军军前。此后有应遣人之处，另行遣往。尔等今使拨什库一名押送阿旺丹晋至将军费扬古处。”

赐厄鲁特降人二济图等裘帽，进贡之多罗贝勒根敦代青彩缎，并所遣下阿必达及其从人等布帛有差。内大臣、侍卫、大学士以及部院官员并护军人等俱赐羊。上于沿途所见穷困蒙古及进羊人等俱赏赉白金。

初六日己丑 上幸朱赫尔吴苏庙，赏喇麻萨木达格隆白金。

是日，上驻跸巴伦郭尔，召见原任正红旗游牧地方参领阿津于行宫。阿津奏曰：“皇上简用臣为参领，未能报效。今欲往军前，竭力以报皇上眷顾之恩，且复臣子被厄鲁特所害之仇。”上曰：“尔在任之时，颇能竭力宣劳，朕所具悉。欲使尔久任此职，因而目既昏花，年复老迈，故使汝解任。尔欲效力之意，朕已知之矣。”又问曰：“尔此处蒙古生业何如？”阿津奏曰：“向者甚属穷乏。自蒙皇上隆恩，赐给钱粮之后，皆各得生理矣。”上又问曰：“此处田谷何如？”阿津奏曰：“蒙古等不谙耕种，故田谷未能均收。”

是日，自内大臣、侍卫、大学士、都统、尚书、护军统领以下及内府官员执事人并护军等，又绿旗官兵俱赐羊。又员外郎阿玉玺祖母及拖沙喇哈番纳木塞之妻并蒙古察罕代等喀尔喀之穷困蒙古进羊人等，俱赐白金有差。

初七日庚寅 上见沿途随行商贾人等遇河涉渡，因思河水已寒，乃命叠骑侍卫等之马以渡之。

是日，上驻跸胡鲁苏台。议政大臣等奏言：“大将军伯费扬古疏称：臣处有右卫兵二千五百、黑龙江兵五百，共三千名。今噶尔丹既远遁于波罗乌纳罕空根渣巴哈等处，应将右卫兵一千遣回秣马，倘有用时即调前来。其在宣化、大同喂养随征西路兵马驼之内羸瘦者，向交与喀尔喀扎萨克台吉额尔德尼哈坦巴图尔滚占，因报有厄鲁特声息，给右卫兵丁马匹八百、骆驼一百二十，此内余剩羸瘦马七十三匹、骆驼三十九只，交达尔汉亲王诺内等收养，俟明岁肥壮时，该部收取其给与兵丁。马八百匹、驼一百二十只今已收回。由得胜口加意护送至大同，交监视喂马大臣处。又疏称，截留喀伦米千石外，其余米粮已尽赏蒙古。其截留米千石亦尽给官兵，现今喀伦地方并无余米。奉旨：‘着议政大臣会议具奏。钦此。’会议得：右卫兵丁酌量至归化城给与米粮，遣回右卫。其余米粮令给黑龙江兵。上所颁银五千两，令与黑龙江官兵备办皮裘、粮糗，暂驻于喀伦附近之地。奉旨：‘止着护军统领在大将军处，余依议。钦此。’行文在案。应将右卫一千五百兵留彼，其喀伦米粮无余皆无庸议。既云马八百匹、骆驼一百二十只已由得胜口送至大同，相应行文监视喂马侍郎多奇，令收取加意喂养。”奉旨：“依议。”

是日，赏原任游牧地方参领阿津猞猁狲裘。以上所射之兔遍赏牧场蒙古各一。有厄鲁特人扎木苏伯奇等被俘为奴者，上赐其本主银各三十两，使赎还之。赏进牛羊人等并喀尔喀之穷困蒙古等白金有差。

初八日辛卯　上于行宫东平旷之处亲放鸟枪，发辄中的。观者环列，无不仰颂神武。

是日，上驻跸磨海图。赏进献佛像之沙克沙布、吴巴什等及苏尼特四子部落之阿必出虎爱必达夫妇白金有差。

初九日壬辰　上驻跸喀喇吴苏。是日，喀尔喀多罗郡王色冷阿海及其福金与子并同族台吉、寨桑等来朝请安，进驼马牛羊。俱赐食及白金有差。又赐绿旗官兵牛羊及进羊人等白金。又使赍送食物，赐大将军伯费扬古。

初十日癸巳　上驻跸察罕布喇克。是日，上幸代哈庙。以喇麻所献食物赐大臣、侍卫以及护军等，并赐庙中喇麻白金。

本日，赐喀尔喀多罗郡王色冷阿海白金百两、牧场之马百匹、牛百头、羊三百只，及进羊并腰刀之巴狼阿克达礼寨桑等、穷困蒙古等白金有差。

十一日甲午　上驻跸喀喇和朔。是日，亲近侍卫关保传谕大学士阿兰泰、尚书马齐曰：“今岁归化城傍近地田谷既收，价亦甚贱。今前往归化城时，所应支从者之十日粮给与价银，使其自买。其归化城所积之米，原以预备师行。今存留此米，如右卫之兵或有调遣，取用甚便，殊为有益。”

又传谕大学士阿兰泰、尚书马齐曰："黑龙江之兵前来已久，其将军疏称，行粮可至十一月初五日，俟至归化城时，应派察哈尔兵五百、新满洲人一百，给以马匹糗粮前往代之。"

又传谕曰："至归化城时，自张家口以至归化城所设平常驿站外，其中间所设之驿尽行撤回。将兵部马直抵杀虎口安设。"

是日，内大臣、侍卫并大臣、官员、执事人役、护军等俱赐羊。吴尔占台吉之妻女等赐食，复赏白金、缎匹。又厄锡黑台吉之母、嫂赐食，及进羊人等俱赏赉白金。

十二日乙未 上驻跸白塔。是日，喀尔喀和硕亲王策旺渣卜之母等俱赐食，进羊人等各赏赉白金。

十三日丙申 上往归化城。大设卤薄，归化城之副都统阿的等率官兵迎接，老幼男妇俱执香夹道跪迎。归化城之首领喇麻拖音库图克图、锡勒土库图克图等率所属喇麻，设列幡盖，执香鼓乐来迎。上入拖音库图克图之庙、锡勒土库图克图之庙、墨尔根绰尔济喇麻之庙游览焉。

是日，上驻跸归化城。上谕尚书马齐曰："观归化城马驼甚多，价值亦贱，大臣、侍卫以及兵丁人等有愿借银换买马驼者，题明借与。前骑官马新满洲未准借银，今有愿借者亦借给之。"

本日，赏厄鲁特降人布尔扎等裘帽，并进羊与鸡之鄂欣渣木布等白金有差。

十四日丁酉 上驻跸归化城。亲近侍卫吴什传谕察哈尔官兵曰："尔众察哈尔官兵并无俸粮，而勤劳素著。故朕每有诏谕辄云，朕之察哈尔。今遣尔等往听大将军指挥，尔等到彼各宜勉力宣劳。师旋之日，定赐尔辈生业。"

是日，上谕大学士阿兰泰曰："尔往右卫察阵亡兵丁，给与身价，兵丁所借官库银两停其扣留。尔可带学士一员、司官酌量派出，驰驿前往。到日，集众宣旨晓谕之。"

又亲近侍卫关保传谕曰："将军萨布素带领善射兵丁二十名扈从，其余官员、厮役人等将马匹、骆驼，俱令赴右卫喂养。"

又谕议政大臣等曰："伊锡格隆至奏称，达赖喇麻之使闻皇上驾至，前来接驾。朕命止之于归化城十里之外。其会议奏闻。”议政大臣等议，达赖喇麻等使者闻皇上至此，前来接驾，相应令达赖喇麻使者、达赖汗使者陛见。谛巴之使者免其陛见。上可其奏。

又议政大臣等奏曰：“十月十三日奉上谕曰：‘兵丁十日无口粮犹可，倘久住不给口粮，可乎？况刍草稀少，应着余闲人等将羸瘦马匹酌量驱往大同、右卫等处喂养听候。其黑龙江兵丁百名或着前往，或留此兵而令新满洲兵内前往，其会议奏闻。’臣等查得归化城附近草少，将余闲人等并羸瘦马匹遣往大同、右卫等处养马听候，甚为有益。侍卫、护军皆减少带来，不便遣往外，遣往大同右卫等处喂马。令八旗二十四员、护军参领内九员、三旗亲近护军九名、内务府各项执事人内三十六名、其牵挽骆驼兵丁内四十名，马匹羸瘦亦令前往。牵挽骆驼，令土墨特兵丁代之。此遣往喂马共九十四人，所骑来官马内膘肥者拣留，将存此处。官兵马匹羸瘦者补换遣往。令在大同监视养马之三旗内大臣照前详察实数，支给草料。若有逾数冒领者，察出严加治罪。其在此之大臣、侍卫、护军、兵丁、执事人等马匹，令在归化城附近择有草处牧放。其黑龙江将军萨布素所领兵百名，已有旨着往右卫喂马，应无庸议。”奉旨：“此遣往人内膘肥马匹免其调换，尽着遣往。其存此处人等马匹，着内务府总管、上驷院总管、太仆寺会同验视，羸瘦马匹亦令遣往喂养。此遣往马匹照数拨给。萨布素所遣兵丁马匹，即着萨布素申饬伊属员监看。其送此马匹，着派出新满洲护军三十名并伊等所乘马，前赴萨布素兵丁喂马处，着遣往喂马参领九员监视喂养。侍郎亦监察之。其所留萨布素兵丁二十名着归于三旗。护军一百八十名内，附在各人有亲戚旗分入班当差。其牵挽骆驼，着于土墨特兵丁内择其贫苦、善于步行者，令徒步牵挽，给以饮养。余依议。”

是日，赐科尔沁之和硕达尔汉亲王额驸班第、和硕土谢图亲王额驸沙津佛香。被俘为奴之厄鲁特等上皆赐其本主银两，使赎还之。进羊人等俱赏赉白金。

十五日戊戌　上驻跸归化城。

午时，上御行宫门，左翼则科尔沁和硕达尔汉亲王额驸班第、和硕土谢图亲王额驸沙津，喀尔喀和硕亲王策旺渣卜、多罗郡王敦多卜多尔即，内大臣科尔沁之一品台吉厄尔黑图等，及拖音库图克图等来降之厄鲁特布尔扎等；右翼则内大臣等，锡勒土库图克图等，达赖喇麻之使刚占阚布丹巴囊素，达赖汗之使盆楚克，呼户诺尔台吉扎锡等之使拉木占木巴等，其归化城土墨特、黑龙江、察哈尔之官员、兵丁俱列坐左右两翼，奏乐筵宴毕，上回行宫。

大学士阿兰泰向批本存住转奏曰："臣往右卫欲与学士倭伦同行，并请训旨。"奉旨："俱令进内。"阿兰泰等入奏曰："蒙谕遣臣等往右卫查阵亡兵丁，给以身价。兵丁所借官库银两，停其扣取。臣等愚意：若有阵亡官员并祈给以身价，其未从军官兵人等所借银两亦祈停其扣取。请旨定夺。"奉旨："阵亡官兵、厮役人等俱行查出，给以身价银两。其未从军官兵所借银两俱停扣取。"阿兰泰奏曰："闻阵亡人等眷属回京者有之，伊等俱从京师颁与。臣等不给其所给银两。臣等俱亲身一一督发。"上称善。

是日，赐科尔沁和硕达尔汉亲王额驸班第等王、贝勒以及台吉等白金有差。又赐进羊献釜人等白金有差。

十六日己亥 上驻跸归化城。亲近侍卫关保传谕议政大臣等曰："顷见将军费扬古疏称，黑龙江官兵所领五十日粮米至九月初五日已满，因将喀伦所贮米算至十一月初五日给至两月，截留米一千石外，余米俱已赏给蒙古等。其所留米一千石亦尽给官兵。喀伦处今已无米等语。朕先曾谕，将喀伦所贮米酌量兵丁给发，其余散与七旗蒙古兵。今遽与之太早，且属不宜。着移咨费扬古，今察哈尔兵已派五百名，给以两月口粮，令散秩大臣吴巴什统领前往费扬古处。此兵一至，将黑龙江兵内拣选壮健并视其马匹可用者留住百名官员、酌量兵丁留住。其留住一百兵亦如给察哈尔兵口粮，将所送去五千两银内计其可供两月口粮充粮与之。其余兵丁着撤回。"

又谕："遣章京一员同参将张文焕前往祖良璧处，将伊如何战败厄鲁特问明具奏。"

是日，议政大臣等奏曰："员外郎色冷报称，我至安郡王住处，即遣人二路侦探前去，并无踪迹音信。其与我同来苏尼特之多罗郡王萨玛渣之子协理台吉多尔几斯喀布、多罗贝勒博木博之子协理台吉苏代，喀尔喀之辅国公车木楚克、纳木渣尔、卫征诺颜阿玉玺等口称，我等先以为前往土喇地方，所以兵丁仅带八十日口粮，俱无冬衣而来。今军卒粮将告尽，且无冬衣，将伊等或撤回，或不撤回，祈部代为请旨等语。查得厄鲁特噶尔丹已无归所，正系其极窘之时，探噶尔丹音信甚是紧要。大将军费扬古兵丁尚未撤回，其与员外郎色冷同住扎台吉等兵丁暂且不宜撤回，相应移咨色冷，令伊等各旗内派出兵丁前来更换，或令伊遣兵预备衣服、口粮，仍留彼处探信等因具题。”奉旨：“多尔几斯喀布、苏代、车木楚喀、纳木渣尔、卫征诺颜阿玉玺等，令其与色冷一同侦探信息，以待大将军撤兵。其余兵丁俱令撤回。”

是日，赐喀尔喀和硕达尔汉亲王诺内，毛明安之多罗贝勒班第、台吉讷尔布，喀尔喀之一品台吉额林厄、扎萨克台吉哈坦巴图尔滚占、吴尔占、喀木楚克、厄尔白赫、吴尔臧等袭服。赐喀尔喀伊达木墨尔根阿海之妻、渣卜台吉之母下布达西里等、晋巴台吉之母等，喀尔喀下垂冲等缎匹、白金有差。又被俘为奴之厄鲁特等，上皆赐其本主银两，使赎还之。进羊猪人等赏赉白金有差。

十七日庚子　上驻跸归化城。亲近侍卫关保传谕内大臣吴巴什等曰：“遣尔等率领察哈尔兵五百名，前往大将军伯费扬古处，并无急务。尔等可缓行，毋疲敝马匹。尔至将军处，唯听将军指挥。尔等功罪，朕惟将军之言是凭。但尔为人平常，着与内大臣策旺诺尔布、一等侍卫俄齐尔杜拉尔同往，相与商议行此。二人俱系才能，不可以蒙古视之。”吴巴什等奏曰：“仰遵皇上训旨，竭力报效。”又谕吴巴什曰：“尔至彼处传谕将军，朕往归化城来，兵役人等俱与上驷苑马乘骑。今大同马匹已令喂养肥壮，倘有紧要事务，着预先奏闻。”

是日，以达赖喇麻所进氆氇、库库香赐内大臣、大学士、都统、尚书、护军统领等，人各氆氇二匹、库库香二包；喀尔喀厄尔白赫等蟒衣各一领；附居喀喇沁之厄鲁特四品台吉巴拜羊皮、锦衣、妆缎、外褂；喀尔喀之台吉鄂木布等之妻银币；进献衣帽之锡勒土库图克图等喇麻进献鹰、黄牛、羊、釜之齐七克等；喀尔喀兵丁雅麻的等白金有差。

十八日辛丑 上驻跸归化城。是日，议政大臣等奏曰："副都统阿南达疏称：臣所领来巴图尔额尔克济农兵丁或遣回，或留住甘肃等处。若遣回，伊等则无容赘矣。倘仍留驻扎，则喀尔喀巴索忒之扎萨克墨尔根济农一品台吉索穆伊思扎布等七台吉、巴图尔额尔克济农之子于穆楚木等四台吉，共兵二百五十名，所携带两月口粮已完，骑来马驼俱皆疲瘦。今时值严寒，草已枯死，若不喂养其马匹，倘遇前进，则不堪用矣。应将给与伊等口粮并马驼、草料之处，祈该部转为请旨施行等语。奉旨：'着交议政大臣议奏。'臣等遵旨会议得：噶尔丹穷困已极，各处逃窜。相应令阿南达带领巴图尔额尔克济农等兵丁驻扎肃州，不时遣蒙古等侦探信息。倘有信息，可遵前旨即行剿灭。伊等并其军士口粮、马驼、草料即行给发。"奉旨："噶尔丹困迫已极，必奔哈密。可行文孙思克领标下兵，前往肃州至阿南达处防备。将军博济选西安未发之兵壮健者二千，亦往阿南达处，与孙思克会。倘噶尔丹有往哈密之信，即行剿灭。自朕十九起程以后，凡为厄鲁特奏报事件，俱抄录咨送阿南达，使彼知其中曲折可也。余俱依议。"

议政大臣又奏曰："副都统阿南达疏称，探哨于布隆吉尔、都尔白尔几、塔尔纳秦诸路人等，将噶尔丹多尔即探哨之名拜哥者带至臣处。臣泛论之际曾语拜哥云，尔可致言于噶尔丹多尔即，圣主正欲加爱于尔，尔乃遁去，可乎？尔等并无重罪，前曾遵旨与巴图尔额尔克济农同居一处。巴图尔额尔克济农混行游牧，尔等无知，亦混游牧而去。彼时尔身尚幼，不能约束其下。圣主洞鉴，亦悉知之。圣主爱惜尔祖鄂齐尔图车陈汗，谅亦抚育尔身。凡尔所至之处，人皆重汝，此系实然。尔可将我此言告于噶尔丹多尔即等。因语之遣去。噶尔丹多尔即亦曾遣纳木喀巴尔、喀木扎巴等十人来云，皇上怜我祖与我兄，令我与巴图尔额尔克济农接壤居住，并无游牧好地，而获安生。巴图尔额尔克济农混行游牧，我等毫不知悉，亦混游牧而去。前者圣谕到日，我年尚幼，我母系是妇人，未能回奏。每思何以方得具奏。今祈侍卫将我遣往奏事之人带领一同前去等语。臣答曰：'尔等厄鲁特人不可遽信，若果遣使，汝必令尔使于十月二十日至肃州。'如此相约遣去。奉旨：'着议政诸臣议奏。'臣等钦遵会议，得噶尔丹多尔即之使，副都统阿南达既与彼相约于十月二十日至肃州，相应俟噶尔丹多尔即奏事使者至日再议。”奉旨：“依议。”

是日，赐喀尔喀王沙木巴貂裘、帽带、银鼠褂，公吴巴达王楚裘帽，台吉图萨尔齐等锦衣，台吉苏达尼等蟒衣。赐内大臣、尚书等野雉。又被俘为奴之厄鲁特等，上皆赐其本主银两，使赎还之。进羊、猪、狍人等，穷喇麻等，献平定噶尔丹颂之吴喇忒蒙古波罗奇塔特，俱赏赉白金有差。

十九日壬寅 上驻跸归化城。遣乾清门侍卫马武迎接原在大将军处右卫官兵。

是日，上命议政大臣等草招安噶尔丹敕诏，议政大臣钦遵缮写奏览，上亲改正，命写真备用。

是日，上以喀尔喀兵布禄迈所俘厄鲁特寨桑之妻子系厄鲁特贵族之人，因欲使其父子夫妻完聚，乃命赐布禄迈银四十两，赎还之。赐厄鲁特寨桑之妻裘帽、喀尔喀台吉巴里等妻室缎匹，台吉巴都里之妻等、及进羊人等俱赐白金有差。

二十日癸卯 上驻跸归化城。先是，命大学士阿兰泰、学士倭伦往右卫察阵亡官兵。至是将所查阵亡人等照例已给身价，并从军身故、着伤官员、兵役数目及官兵所借官库银具折请旨。上曰：“朕观阵亡人数，于心恻然，不胜痛惜。此事不可责大将军费扬古。彼因奉朕之命，克期而来，以至如此。所以右卫官兵极其劳苦，今将满洲、蒙古、汉军官员兵丁所借官库银两俱着蠲免。汉军扣取银两之例不同。自传谕以后，若汉军人等借银，仍照常扣取。给与阵亡人等身价银两外，病故及着伤官员、兵丁、厮役人等，俱依所察数目照例赐与。此系察明事件，大学士不必前去，着学士倭伦往监视均行赐赏。”倭伦至右卫将旨集众晓谕，此所察赐赉之处遍谕。议政大臣及诸大臣并书明移咨知会大将军费扬古，出兵之右卫兵丁到日，大学士阿兰泰尔亦聚众谕之。大学士阿兰泰、学士倭伦出即集聚议政大臣及诸大臣传上谕，并本章宣读毕。诸臣奏曰：“皇上爱养兵丁至矣尽矣。行阵效力，官兵分所当然。右卫阵亡人等，皇上特遣大臣给与身价银两，今又将所借官库银数十万，均行蠲免，被伤以及出兵病故官员兵丁厮役人等，亦俱现在赏赐银两。即此不但众官员兵丁生者、死者均沾厚赏，而臣等蒙皇上圣谕殊恩，亦俱感奋矣。臣等窃惟是举也，真非常之泽，异旧之恩也。往古东山杕杜之诗，劳军士之还归，叙其情以闵其勤，先儒谓上下之情意交孚，虽家人父子之相语无以过此，然至于恤其死亡而起其伤痍者无述焉。岂若我皇上仁同覆载，轸念行间效命之人，或身殉疆场，或亲罹锋刃，一一察明忧恤，更不惜数十万府库之财，而大赉普于在亡，真所谓说以使民，民忘其死者。使作为雅诗，谱诸乐曲，以歌咏圣朝劳远帅役之仁心实事，万世犹为感动，而况一时三军之士哉！”

一等侍卫副都统阿南达疏称：“十月十四日理藩院咨称阿南达：尔所奏三事俱已奏闻。奉旨：‘知道了。着将噶尔丹穷迫之状移咨阿南达，令其知悉。其预备事务仍行谨慎预备。’臣钦遵于十月初二日自布隆吉尔地方，令噶尔丹多尔即来使持咨前往哈密回子首领达尔汉白客处，其咨云，闻得逃来人言丹津鄂木布与伊叔父互相残杀，叛而他往。阿喇布滩所领不及千人，由扎布堪地方寻往策旺拉布滩处。噶尔丹亲身率领不及千人，在图衣河驻扎，其牛羊、口粮、冬衣、帐房俱无。倘噶尔丹寻往尔处，尔急速遣人往告噶尔丹多尔即，令噶尔丹多尔即助尔等行事。夫噶尔丹多尔即者系本朝之国，尔等不必孤疑等因移咨外，又语其使云噶尔丹多尔即，若哈密有人往告尔处，尔即遣人来报。一面协助哈密共力行事，并派人于塔尔纳秦、都尔白尔几诸路口严设探哨提防，语之遣去。臣阿南达十月十二日至肃州，与提督李林隆计议，派出绿旗兵二千预备，其厄纪纳坤都伦等处仍设哨口，侦探信息。提督李林隆亦令其于边塞地方各行防守等因具题。”奉旨：“知道了。着示议政大臣。阿南达各处设兵预备，朕甚欣悦。”

又谕议政诸大臣曰：“厄鲁特桑扎布等于九月二十四日自库伦伯尔齐尔地方来归顺，问之，据云，丹济喇回去会噶尔丹时，告之曰欲掠喀伦地方。其喀伦诸处俱预设大兵邀截，惧不敢入。因遣察罕哈什汉去，假云投降我方，归来闻知翁金处有米，往彼夺掠。又为守米兵丁所败。噶尔丹深以为怨，云惟恃尔等兵丁掳掠，今竟毫无所获。不得已前去哈密，以马易米为食。倘彼不纳，则决以死战。于是于二十二日自库伦伯尔齐尔地方起程，向哈密去矣。今噶尔丹既向哈密前去，相应乘此机会速行剿灭。大同现有马匹喂养预备，此兵即从内地前进。若马匹有瘦疲不堪者，即视其所至地方，以绿旗兵丁之马易之前行。凡所过地方，逐站酌量派取草料喂养。学士朱都纳处速遣一章京前去，无论何处相遇，即令其将所赶来七千马匹停其前进，着学士朱都纳即于地方支取草料，尽心喂养。此去大兵何处相遇，即于何处骑此七千马匹前去，并速遣章京一员，与鄂欣一同往阿南达处，即令鄂欣驻扎阿南达处。噶尔丹若于我大兵未至之前先至哈密，令阿南达等乘机而行，不可失时。”议政大臣会议得：“噶尔丹穷迫无归，寻往哈密而去，乘机剿灭，极为紧要。皇上筹画周到，相应钦遵圣谕而行。查得大同现有前锋八百名，鸟枪护军一千，每旗子母炮三位。今前往哈密剿灭噶尔丹，相应令此兵丁尽行前去。其领兵前去孰为将军，将军应给何印，并孰为参议大臣，请旨定夺。其学士朱都纳处遣一章京、副都统阿南达处遣侍卫鄂欣章京一员，俱钦遵圣谕而行，并知会陕西将军、总督、巡抚，其逐站放给草料，着户部派一司员前往。”奏入。奉旨：“另有商酌处。折子着暂留。”

是日，赐喀尔喀王沙木巴银一千两，多罗郡王墨尔根济农之福金缎匹，台吉隆华爱必达旗下佐领绰克图及进羊人等俱赏赉白金有差。被俘为奴之厄鲁特等上皆赐其本主银两，使赎还之。又赐大学士张玉书雉。

二十一日甲辰 上驻跸归化城。是日，上谕曰：“作速移文学士朱都纳，令伊将赶来七千马匹于闻命之处即行驻扎，即于所至地方支取草料，尽心喂养。”

赐喀尔喀多罗郡王昆都伦波硕克图滚布、扎萨克台吉丹津额尔德尼万舒克、旗分协理台吉齐八克额林辰、洪鄂尔沙都儿等，喀尔喀和硕亲王策旺渣卜祖母并族中妇女、厄鲁特降人桑扎布等，进羊狍人等裘帽、银币有差。被俘为奴之厄鲁特等，上皆赐其本主银，使赎还之。

又颁敕招安噶尔丹等敕曰：“皇帝谕噶尔丹波硕克图汗丹济喇等曰：朕统御天下，以中外一体为要。往者乌阑布通之役，尔等虽经败北，朕尚欲与尔等会兵，以定喀尔喀之事，使命屡颁。尔等乃违背誓言，抢掠纳木渣尔拖音至克鲁伦地方。朕因亲帅师旅，与尔会同定议，遣使申谕。尔复狐疑，不亲见朕使。及朕躬至克鲁伦，尔即望风奔溃。遇朕西路之兵，尔先犯我颜行，遂至丧兵败衄，尽弃驼马、牛羊、子女、帐房诸什物，窜逸星散。尔众寨桑、台吉等接踵来降，丹济喇并格垒沽英、车凌奔等寨桑十五人亦欲归服，遣察罕哈什汉来陈奏悃诚，朕已面谕遣还。今朕又亲率六师，远莅于此，且各处调兵要遮。尔等子女、马畜诸物俱已散亡，衣养尽绝，势迫无归。况时渐严寒，朕不忍尔部落迫于穷困，相率奔散，饥寒交切，至于死亡。已曾特颁明诏，命尔归诚。今复加敕谕尔等，若悔前愆，俯首向化，朕则一体加恩抚恤，俾各得所。尔部落亦获子女完聚，咸庆生全。尔之愆尤朕断不介怀。况尔部落人内，有为我军所获，其父母妻子尚在尔处，不忍分离，欲归故处者，朕皆加恩，赐之以食，乘之以骑。即令遣回，使其骨肉完聚。其欲内附不愿归者，朕尤皆豢养，且使富厚通显。尔部落满几被伤，为我军擒获。今满几云妻子尚在尔处，因欲告归，朕故给以糗粮、良马，恩赏遣回，付以敕谕。尔等试熟思，可永远为生，并有能承养尔等之人，其将安在，今尔无所归矣。噶尔丹波硕克图汗、丹济喇，尔等可速领余众抒诚归顺。朕必令尔等家富身显，各得生养。惜厄鲁特生灵为汝噶尔丹波硕克图汗倡率妄行，以致斯极。今若信谗而犹不知悟，则后悔莫及矣。其勿疑勿惧。特谕。”

二十二日乙巳　上驻跸归化城。谕大学士阿兰泰曰：“右卫军士俱已给恩赏。大同绿旗之兵亦从征数次，应照例将阵亡、病故并受赏人等，遣学士倭伦监视赏赉。倘有无子嗣者，则有致祭之典。亦着照例致祭。”

亲近侍卫关保传谕曰：“喀尔喀和硕亲王策旺渣卜、公克色克等，其家贫乏。策旺渣卜着照先赐王阿海之例赐之，克色克着赐马五十匹、牛羊百头。又遍赐随行商众牛羊，并归化城兵丁、进羊人等俱赏赉白金。”

二十三日丙午　上驻跸归化城。谕领侍卫内大臣班第、索额图、马思喀，内大臣明珠曰：“归化城应留一大臣，收录厄鲁特之归顺人等，令其夫妇完聚，料理其衣食。着散秩大臣、宗室永纪，乾清门侍卫汉楮汉、员外郎董殿邦、副都统阿的等商酌而行。给以有面裘二百领，无面裘百领，银三百两。若有应赐给，即行支用，仍籍记之。其归化城土墨特蒙古不必收其贡赋，厄鲁特之归顺者其上等以有面皮裘给之，其微贱者以无面皮裘给之。永纪、汉楮汉着随行至湖滩河朔回归化城。安郡王至归化城时着同副都统雅图驻扎归化城。其所属人等出外日久，皆令还京。”

又谕曰："将军萨布素病未愈，着免随朕前去。将伊所带来兵丁带往大同，喂养马匹听候。其大将军费扬古处兵五百名到日，亦令往大同喂养马匹。倘大将军处有紧急事务，即令萨布素领其军士六百，前往大将军处。"

是日，谕领侍卫内大臣等曰："先曾以安郡王等出外日久，察哈尔兵前往更换黑龙江军士。即令一同回来，尔等想遗忘之。今安郡王至归化城，着安郡王同副都统雅图驻扎归化城，其在下人等出役日久，着令回京。将此于移咨大将军费扬古之便，即行移咨。"

是日，一等侍卫副都统吴达禅传谕领侍卫内大臣索额图等曰："公西布退哈坦巴图尔之弟青台吉前来请安，奏云'曩昔会兵，臣未与焉，且无一次来请圣安。臣无品级，名亦不曾登注部籍。去岁车凌渣卜台吉、阿尔萨朗卫寨桑往土喇处侦探噶尔丹信息时，臣部下人亦曾同往，拿获厄鲁特人之名晋巴者。臣身亦曾同侍读喇锡出征'等语。着交内大臣索额图、尚书马齐、副都统吴达禅等会同将封多尔即青台吉品级之处议奏。伊等俱习居林木中，应仍令暂住林木内。伊等所住地方与俄罗斯相近，其俄罗斯人敬顺我朝，相应给以用印部文禁之，不得互相侵掠。其所给俄罗斯用印部文，即交多尔即青台吉，令付与伊附近居住俄罗斯人持去。"索额图等会议："多尔即前来纳贡，恭请圣安，询之，伊云，其所属有撒袋者一百五十人，乌朗海人一百五十，共三百人。其以无品级并名未登部籍处，请应封为扎萨克一品台吉。伊等俱系林木内住惯，亦相应令其于林木内暂住。伊所住地方与俄罗斯相近，俄罗斯系敬顺我朝，进表纳贡之人，相应给以用印部文禁之，不得互相侵掠。亦令移咨俄罗斯处，其所移咨文着该部缮写，即交多尔即青台吉，令付伊附近居住俄罗斯人持往。"奉旨："依议。"

又都御史于成龙等奏言："臣等庸劣，蒙圣主格外垂仁，并无纤毫仰报。又蒙特简付以运米重事，应遵依圣训，将米运到军前。奈臣等庸劣，虽竭力挽运，竟不能接续大军粮饷，此系臣等死罪。而皇上不即重治臣等，又命效力赎罪，臣等虽粉身亦不能图报。今军饷纵不能远运，大将军费扬古现率兵驻扎喀拉木伦地方，臣等努力情愿将湖滩河朔仓内米粮，运三千五百石至喀拉木伦地方。此米到日交与何处，臣等不敢擅专，谨奏请旨。”亲近侍卫吴什批本存住传谕曰：“如许米粮亦无用处，尔等运往一千五百石亦甚有益，将运到之米即交将军费扬古。其运米骆驼若又带回，恐时值严寒必致有损，可亦交将军费扬古，令于好草处牧养。今寒冷之时，运米亦系难事，此系朕所知者。尔等之事即朕之事也。”

是日，封多尔即青台吉为扎萨克一品台吉，赐以蟒袍。又赐多罗郡王昆都伦波硕克图滚布白金千两，锡勒土库图克图等、扎牙班地达库图克图之父诺颜格隆喇麻阿扎尔、副都统阿的之妻、喀尔喀之下马呢达立进山羊诸物人等，并厄鲁特归顺人等蟒衣、裘帽、白金有差。被俘为奴之厄鲁特人等，上皆赐其本主银使赎还之。又遍赐内大臣、侍卫、护军以至绿旗兵丁牛羊。

二十四日丁未 上驻踀衣赫图尔根郭尔之南。赐黑龙江将军萨布素狐裘。

是日，敦住传谕领侍卫内大臣等曰：“右卫之兵明日到此，朕与尔等自起行至今，俱每日两餐，从容饱食而来。明日止早食一餐，各停晚食，移食右卫劳苦军士。朕及皇子所进两餐之膳，俱移赐右卫兵丁。将此传谕大臣、官员以至执事人等，并营中俱遍行晓谕，令各遵行。其赐饮之茶，着茶房预备。”

又谕尚书马齐曰：“右卫兵丁劳苦，曾遣侍卫马武赍赐牛羊。马武返时，朕询之，伊云右卫从军士卒步行者多，粮亦阙乏等语。着每人赐银三两，其兵丁数目即行查明具奏。”

蓝翎侍卫达喜又传谕议政大臣等曰：“厄鲁特之老卜臧班珠儿自称：‘我系阿拉布坦之人，正黄旗察哈尔阿木胡朗佐领下拨什库克什图掠我等来此，给与锡勒土库图克图。我系喇麻，并无与皇上出力之处。我母年已七十，又在都哈尔阿拉布坦处。皇上遣人同我前去招抚都哈尔阿拉布坦归顺，倘不能招抚都哈尔阿拉布坦归顺，将伊所属人等招抚归顺前来’等语。将此着议政大臣等会议具奏。”又谕内大臣明珠曰：“今会议遣老卜臧班珠尔招抚都哈尔阿拉布坦。都哈尔阿拉布坦系各自驻扎，其亲王策旺渣卜、昆都伦波硕克图滚卜、墨尔根济农王顾禄实希之人，亦应派出前往招抚。着一并会议。”议政大臣会议，招抚都哈尔阿拉布坦遣老卜臧班珠尔前去，将伊即交付和硕亲王策旺渣卜之长史马尼图，多罗郡王昆都伦波硕克图滚卜之吴勒木济、多罗郡王墨尔根济农顾禄实希一同遣往预备。又遣理藩院拨什库一名送往大将军伯费扬古处，令于噶尔丹相远、不危险路径，遣之前去。奉旨："依议。"

又遣大学士阿兰泰、乾清门侍卫马武至右卫兵丁凯旋驻扎处谕曰："尔等右卫官兵自在右卫驻防以来，屡屡出师，极其劳苦，朕心甚加怜惜，因将尔等所借官库银两尽行宽免。其阵亡官兵以至厮役人等，俱给身价银两。从军病故并受伤人等，俱有恩赐。"谕毕，官兵俱欢呼、叩首。奏曰："圣上养育我等厮隶，从军效力，分所当然。乃圣主念我等劳苦，加以殊恩，宽免所借官库银两，又给阵亡身价，并军前病故受伤者俱沾恩赐，我等欲更奏一词而不可得，自后惟誓死效力，以报皇上隆恩于万一。"

被俘为奴之厄鲁特人等，上皆赐其本主银使赎还之。

二十五日戊申 上驻跸衣赫图尔根郭尔之南。是日，右卫兵至，上亲往赐食。八旗官兵整队迎接，驾至时，军士趋进欢呼，跪请圣安后，上下马升坐，命官兵进前赐坐，令大臣官员一一赐食并茶，以至于厮役人。毕，上命领侍卫内大臣索额图、一等侍卫副都统吴达禅、上驷院侍卫黄海传谕曰："行间效力，我朝之常。朕欲剿灭厄鲁特噶尔丹，躬统大军，亲行进讨。噶尔丹力不能胜，望风逃窜。遇尔西路之兵，遂截击大败之。尔等俱绝粮步行，已极困乏，乃能奋勇破敌，甚属可嘉，故朕亲临赐食。尔等所借官库银两，尽行宽免。其被伤阵亡人等，先已有旨遍加赏赐，无烦另谕。"上又顾护军统领宗室费扬古等曰："朕原欲于军中宴诸将士。前朕亲追噶尔丹至拖诺山，尚欲前进，因运粮者迟误未至，朕遂迎粮而回。是以今日赐尔等饮食。尔诸军士亦甚劳苦矣。"费扬古等奏曰："此军士俱向蒙皇上抚恤，义当效力。圣主为天下计，筹画至周，然后出师，神威所震，贼即星散狂奔，穷迫以极，仅余残喘。至昭莫多地方，大将军伯费扬古恪遵庙算，大败贼兵。是皆皇上不世之神功，与诸将士何有？屡蒙皇上厚赐，今又亲视赐食，此诚旷古未有之盛典也。臣等嗣后惟有遵谕勤勉，效死而已。"时众军欢声震地，上徒步周阅八旗官兵毕，回行宫。

是日，亲近侍卫关保传谕领侍卫内大臣等曰："现今信宿于此，将王以下并诸人骑来马匹数目，俱着查点。马多者至有数百，少者亦有之。此数查明记档。内厩马数亦着查明。众人马匹内其膘有不可乘十日者，另行查记。其所行路程辽远，此马既不能到彼，现有右卫无马兵丁拨给乘骑，将马主姓名书明栓系。伊等俱有官草料，令其秣养。倘有军务，即令骑去。回军时将此马匹各还原主，若有伤损者，朕给还之。"

赐土墨特绰尔吉等，毛明安台吉布达礼之母并扎木苏等银两。又被俘为奴之厄鲁特人等，上皆赐其本主银使赎还之。

二十六日己酉 上驻辟达尔汉拜尚，遣皇子等至右卫军中，赐官兵食并茶、酒。又遣司膳章京莫洛浑，移上用之膳赐官兵食。又赐右卫护军统领宗室费扬古貂皮短褂，副都统党爱科尔对银鼠短褂。赏赉右卫兵二千五百名银七千五百两，并赐以米粮令食。至杀虎口，上又以马三百四十六匹与右卫兵丁，谕领侍卫内大臣班第，公福善、索额图、马思喀，大学士阿兰泰，尚书马齐曰："此俱系官马，亦有朕所乘内厩之马，因右卫兵无马步行，故行赏给。着均派与无马人等，令其乘骑前往右卫。至右卫时，其兵丁俱有草料，可将此马匹俱令喂养肥壮。若有军务，令其乘行。无军务时，着俟膘壮送回京师。此俱系官马，一匹勿得疲损。"

又谕领侍卫内大臣班第，公福善、索额图、马思喀，大学士阿兰泰，尚书马齐曰："右卫军士所借官库银两虽经宽免，倘管辖之人令其速行买马，势必又借官库以应，如此，则军士仍致困苦。其兵丁买办马匹着暂行停止，令从容缓图。此骑去马匹或送大同，或留右卫喂养，一任伊等。着兵部即速移咨右卫护军统领。"

臣等钦惟我皇上之轸恤右卫兵者至矣。既已免其官逋，给以身价，遍加恩赉。而于其将至，又赐以牛羊。且命上食止进一餐，而自皇子以下，俱减膳以食将士。及其至也，亲临燕劳，下逮厮养。次日复遣皇子至军中饮食之，并撤御膳以赐。又虑其徒行，不能购马，给以天闲之乘不惜。而大同绿旗之从征者，亦得比例蒙恩。孙武所云，视卒如婴儿、如爱子，在为将者犹难之，而九重之上体恤周详如此，皆史策所未有也。

赐山西巡抚温保、布政使甘度、按察使巴锡免。赐进羊、豕、雁、黄羊人等银两有差。

是日，遣和硕扎萨克图亲王之长史马尼图等赍敕招安厄鲁特阿拉布坦台吉丹津汪布。敕曰：“皇帝谕台吉阿拉布坦丹津汪布曰：朕统御天下，抚恤黎元，务使人人得所。先是尔厄鲁特与喀尔喀互相仇怨，朕欲尔等和好，已颁敕谕。喀尔喀、厄鲁特俱违朕谕，自起战争。喀尔喀既败来归，朕为天下元后，不忍坐视其灭亡，于是纳之，注其名籍，酌量加封为王、贝勒、贝子、公、扎萨克，与以厚禄，咸致富贵，俾各得所。噶尔丹波硕克图汗乃不顾朕拯救天下之生灵，借喀尔喀为词，闯入乌阑布通之地，既为我兵所败，虽设誓逃遁，朕犹数遣使颁谕，令其会兵以定喀尔喀之事。噶尔丹波硕克图汗竟违背誓言而掠纳木渣尔拖音，越克鲁伦而前。朕亲统大军，欲与观兵，特遣使宣告不讳。噶尔丹波硕克图汗狐疑不信，夺朕使马，不与一见。及朕亲至克鲁伦，即望风败遁。遇朕西路官兵，彼先逞攻击，遂致大败。子女、牲畜尽被俘获。丹巴哈什哈等先来抒诚，后沙克朱马等接踵归附，俱予以官职，令其贵显，给以衣食，使之富有，固已各得其所。其来降之众，内有子女为我兵所俘者，皆行察出，令其父子、兄弟、夫妇完聚。今朕又亲统六师而出，各路皆已调兵阻截。噶尔丹波硕克图汗倘不来降，必穷其所归。尔阿拉布坦丹津汪布前虽附噶尔丹，然皆非倡乱之人。今归降之人皆云尔等与噶尔丹相去另住，朕嘉尔犹如天道，能自避迹；怜尔之马畜等物被俘，衣食已绝。特遣和硕扎萨克图亲王之长史马尼图、多罗郡王昆都伦波硕克图之吴勒木济、多罗郡王墨尔根济农之阿玉玺，又尔属下之喇麻老卜臧班珠尔，亦愿往招安尔等，令同持谕前往。其扎萨克图汗之子先经离散，朕已收留，觅尔岳母，令与相会，封为亲王，食以厚禄，频加抚恤。顷又赐以牛马羊群，择地令其游牧，使之得安生业，享有富贵。此显然之明验也。敕旨一到，着即率尔部落来降，尔前依附噶尔丹波硕克图汗之咎，朕概不介怀，必待尔以富贵显荣。尔之部落，亦使各得生业，妻子完聚，安逸度日。丹巴哈什哈等朕尚怜恤，使之富贵，况尔等乎？若尔尚有疑惧，今春策旺拉布滩之使来时，称尔与策旺拉布滩甚善，皇上若灭噶尔丹，请勿讨阿拉布坦，令其与我等会合等语。且策旺拉布滩屡遣使纳贡，敬顺有加。故朕甚垂怜惜，尔若同丹津汪布往策旺拉布滩处，朕亦不穷诘。尔优礼朕使，明白回奏。倘于此二者不审一自处，徼幸于厄黑阿喇尔空屋，赖齐斯熙等险峻之处栖记苟免，朕断不姑容，必会同策旺拉布滩、根敦代青贝勒等克期进讨，尔其早画良图。特谕。”

二十七日庚戌　上驻跸丽苏。是日，赏进鹿、黄羊、雁诸物人等及穷蒙古银两有差。

二十八日辛亥　上驻跸湖滩河朔。是日，观黄河毕，回行宫。赏喀喇沁和硕额驸噶尔藏马匹，进羊、雁人等白金。

二十九日壬子　上驻跸湖滩河朔。是日，赐鄂尔多斯多罗郡王董罗卜、多罗贝勒宋喇布、贝子、公、台吉等并来请安之俄尔多斯协理台吉达尔麻等蟒袍。又赐俄尔多斯王、台吉等食，厄鲁特降人塞敦等裘帽，土墨特兵丁并进羊、豕人等白金。

三十日癸丑　上驻跸湖滩河朔。上谕曰：“今岁春间，山陕二省从军绿旗兵丁，明系窘于粮食，稽迟在后，结队而回，不得以逃军之例处之。伊等既迫于无粮，而又远离其将主，各寻本营而回，即治之以罪，似属太过。着免议罪，已锁拿在狱者，俱即释放。着遍行晓谕。”

是日，赐大学士张玉书雉、兔，赏进羊人等白金。

十一月

初一日甲寅　上驻跸湖滩河朔。

初二日乙卯　上驻跸湖滩河朔。赐科尔沁和硕达尔汉亲王额驸班第、和硕土谢图亲王额驸沙津、喀喇沁多罗杜棱郡王扎西及和硕额驸噶尔藏吴尔滚班第等羊。

初三日丙辰　上驻跸湖滩河朔。谕议政大臣等曰：“将军费扬古奏至，止称差护军参领阿尔纳伯尔赫前往侦探来报，伊等于十月十四日至图衣河之和尔博尔津诺尔地方，见有厄鲁特驻扎往来遗迹已经日久，遂向前行有一日程，因马疲乏而返等语。并未因彼驻扎之迹察其人数多寡，马畜、帐房有无详悉具奏。彼即去久，其踪迹尚可细验。凡差人侦探原欲得其情形，今全不详审，惟以遣人往反具报，则亦何用遣探徒劳人马为哉？可移文将军费扬古，嗣后凡有差往侦探之事，须逐一探访，详悉具报。”

是日，赐大学士阿兰泰、张玉书兔。赉献羊鸭人等白金。

初四日丁巳　上驻跸湖滩河朔。谕领侍卫内大臣、尚书班第曰：“鄂尔多斯多罗贝勒宋喇布奏称，从察罕托会过去，地多野兽，乞许其捕猎，并于黄河内具船往来，招募口内人民在彼地方耕种。其所言捕猎及黄河具船往来，可允其请。尔往传谕至。欲募口内人民耕种，尔部议奏。”

又议政大臣等奏曰：“大将军伯费扬古疏称，今春出征，损马实多，且至右卫未久即急调赴瀚海，以致官兵之马愈加疲瘦。副都统拜音布移咨来云，现今催令养马而兵卒之马一时不能立办，请于附近之大同府每人借银二十两，令其买补等语。又疏称，右卫兵卒向于冬春二季每名给三马刍料，今请将现在兵各增一匹，作为四马给与刍料，照大同例令其喂养。奉旨：‘着议政大臣会议，钦此。’臣等议得，适奉右卫兵买马令且缓之旨，又奉上谕：‘右卫兵倘调用时，着将京师每佐领下马各发四匹分给。其上驷院、太仆寺马共一千五百匹，俟回时再给。’且我皇上轸念右卫兵卒，定例冬春二季各给三马刍料。今应将右卫之兵无论有马无马俱给三马刍料，则兵伍得以修理，器械有资生业矣。谨俟命下即行咨大将军及右卫护军统领等，于咨到之日遵行。其大将军费扬古所请每人借银二十两并增马一匹作为四马，照大同例喂养等处，俱无庸议。”奉旨：“依议。”

是日，将已故多罗贝勒萨穆多尔即之职命其长子台吉诺尔布班第承袭，赐班第之祖母、母与妻白金。又赉献羊人等白金及厄鲁特降人布达里等裘帽。

初五日戊午　上驻跸喀林托会。议政大臣等奏曰：“据员外郎二郎保报称，阿遇奇台吉派兵一千着色尔津渣布寨桑带领，策旺拉布滩派兵一千着楚胡郎寨桑带领，额尔克巴图尔台吉自领兵千人，俱在阿尔泰相近图鲁图地会同驻扎，四处设探。共言得与噶尔丹相遇，当必擒之、斩之，如或成擒，即行解送圣主。语毕即尔启行。又达赖喇麻之使尼麻唐库图克图、卓木隆阚布丹巴囊素，达赖汗之使寨桑，喀尔喀折卜尊丹巴库图克图之在西居住之喀遵等共一百七十余人，约在十一月望内可到西宁边口。到日即欲进京奏请圣安。访其消息，因呼户诺尔诸台吉之事而来，其行甚速。若彼至西宁边口地方，官必致拦阻，但尼麻唐库图克图等此来或有机要亦未可知。如彼至边口欲进京时，或特差人驰驿护送，或照伊等常例行走，俟部奏明移文到日以便遵行等语，应差理藩院官善驰马者驰驿速至西宁，将尼麻唐等暂行留住，问明来意。如有奏章，即着齐来。若应令进口，则遣人往招，不则即行遣回。并行文二郎保，令其亦于西宁留住尼麻唐等。其阿遇奇台吉策旺拉布滩等出兵防备信息，令不时探听。”奉旨：“差遣司官必致迟误，着行文二郎保亲问明白具题。余依议。”

是日，赐领侍卫内大臣班第，公福善、索额图、马思喀，内大臣公常泰、明珠，大学士阿兰泰、张玉书，尚书马齐等鱼。

初六日己未　上渡黄河驻跸东斯垓。是日，鄂尔多斯王、贝勒等俱赐食。又赉献羊及鱼人等白金。

初七日庚申　上驻跸东斯垓。赐鄂尔多斯多罗郡王董罗卜之母福金等十二人，并所随妇女及献羊、鱼人等白金有差。其被俘为奴之厄鲁特人等，上皆赐其本主银使赎还之。

初八日辛酉　上驻跸东斯垓。谕领侍卫诸内大臣曰：“大同所养新满洲侍卫及护军、执事人等马匹，着监督养马之内大臣、侍卫等护送前来。其大臣官员之马有愿来者亦着带来，不愿者仍令地方官监养。”

是日，喀尔喀多罗郡王盆楚克、拉布坦等来贡请安，赐请安右卫各官羊、兔，遍赐八旗绿旗官兵羊。又赐来贡鄂尔多斯多罗郡王董罗卜等贝勒、贝子、公、台吉并伊等之母与妻币、帛等物有差。又赉献羊人等白金。

初九日壬戌　上驻跸察罕布喇克。一等侍卫副都统阿南达疏称：“理藩院移文内云，奉旨：‘噶尔丹穷蹙已极，势必逃奔哈密。应移文将军孙思克，令伊率所统兵前往肃州，在阿南达处预防。将军博济于西安兵内拣选未经调用精锐二千，亦往阿南达处会同孙思克。倘有噶尔丹投向哈密之信，即往剪除。凡自朕十九日启行后，为厄鲁特奏报事件，俱录付阿南达，令伊知其始末’等语前来。臣前原拟在布隆吉尔之都尔白尔几等处哨探，如彼人数不多，仓皇经过，即乘机剪截。倘有我力不能剿者，则报提督李林隆，协力共剿。因会同李林隆奏请，将绿旗官兵移住于布隆吉尔之都尔白尔几地方。后因粮尽，不得已于十月初七日撤兵，十二日回至肃州。向已奏闻。今我皇上睿虑周详，颁此谕旨，若臣仍居肃州，遥探消息，倘有由塔尔纳秦等路仓忙经过者，臣去布隆吉尔约五百余里，必不能追及。布隆吉尔诸路甚属紧要，不得以此时严寒、兵卒劳苦为虑。臣今会同提督李林隆，议将所备兵内领马兵八百、步兵二百，仍照前在布隆吉尔等处哨探消息，倘来兵无多，即相机剪除。若彼有往哈密之信，即协同孙思克等遵旨而行。谨于十一月初一日发自肃州，其兵众粮饷已令地方官于将尽之日再为运送。”奉旨：“知道了。”

是日，赐和硕裕亲王福全马、大学士张玉书兔、雉。

初十日癸亥　上驻跸胡思泰。赏赉献羊及鱼人等并蒙古瞽者葛臣白金。

十一日甲子　上驻跸胡思泰。是日，鄂尔多斯多罗郡王董罗卜，多罗贝勒宋喇布、顾禄世希布、万舒克，固山贝子根都实希卜，护国公杜棱，自台吉以下及兵卒俱赐食。

厄鲁特诺尔布寨桑来降，授以散秩大臣并赐御裘、猞猁狲外褂、貂帽，其余厄鲁特降人俱赐裘帽。

十二日乙丑　上驻跸华拖罗海。是日，赐内大臣及护军统领等雉。赏赉献羊人等及老妪齐布哈察阿巴海白金。

十三日丙寅　上驻跸华拖罗海。抚远大将军领侍卫内大臣伯费扬古疏称：“康熙三十五年十一月初四日所颁敕书，于初六日奉到。臣恭接开读。谕曰：‘尔二十九日回奏本章于初二日晚至，请调太原府与山西抚标兵共一千，大同府及杀虎口未出征之马兵共五百。但太原府兵久未从征，况至归化城地又千里乎。其绿旗兵止各乘一骑，值此严寒，即至彼处，亦不堪用。若当要地，必致有误。因将朕所领火器营护军一千、炮手二百四十、前锋二百六十，合计足尔所调一千五百之数，以备尔用。现今马既肥，而衣亦甚暖，此系随朕亲兵，极其训练，早若闻令，晚即可行也。朕暂驻此，急望噶尔丹之信，如有来降之人，即交善驰者速送朕前。倘噶尔丹有投降信息，速将喀伦外居住之喀尔喀撤回。否则，安居以信其降，其误大事不浅矣。现有丹济喇遣人诈降而又来袭粮饷，已为明验，岂可复误乎？当益详慎远虑可也。特谕。’钦惟我皇上圣见高明，训旨真确，臣等谨识遵行。但所虑者，喀尔喀人沿喀伦一带居住，相去颇远，递报恐多迟误。臣等因即行文喀尔喀和硕亲王沙木巴、多罗郡王滚布等诸扎萨克处，云今噶尔丹穷迫已极，尔等各按本旗回越瀚海，于紧要处，选择贤能留彼统辖，探哨有信，一面急报军前，其扎萨克等即亲领兵殿后，以行李居前，作速移入喀伦。倘噶尔丹、丹济喇、阿拉布坦等诈称来降，而将轻骑行劫亦或有之。若哨探懈怠，毋论只牲有无亡失，即或彼至某旗附近处而回，尔等来报稍迟，亦必题参。凡探哨者，务选人材骁勇、马匹强壮、侦报神速为要。如此传谕讫，谨此奏闻。”奉旨：“此疏着示诺木齐岱。其言与朕谕诺木齐岱之旨适相符也。”

臣等窃惟，自古兵不素习，每惮于调遣，而贼寇狡诡，尤当隐情以虞。我皇上深悉士卒严寒远调之难，将训练亲兵给与费扬古。而又恐厄鲁特贪诈叵测，命喀尔喀先期迁避，严防狡寇，保育外藩。圣人举动，必出万全，信矣。

是日，赐来贡吴喇忒部落护国公达尔马席礼并其母及四品台吉塔尔巴等，鄂尔多斯多罗贝勒顾禄世希布等，护国公杜棱并其祖母及三品台吉班第等银币有差。赐厄鲁特降人男妇达尔扎等裘帽。

十四日丁卯　上驻跸华拖罗海。赐来贡鄂尔多斯多罗贝勒万舒克等银币等物，及献羊人等白金有差。

十五日戊辰　上驻跸华拖罗海。是日，赐来贡鄂尔多斯一品台吉策旺衣实希卜等及鄂尔多斯骁骑校巴图等，并铁工衣思丹朱尔白金有差。

十六日己巳　上驻跸折固思台。抚远大将军领侍卫内大臣伯费扬古疏称：“解送厄鲁特吴山岱之拨什库根特于十一月十三日至，口称亲近侍卫关保海青传谕曰：‘观厄鲁特人等携带妻子来降，则噶尔丹穷困已极。但噶尔丹甚是狡猾，虽穷迫来降，若见无备而兵弱，将散处之喀尔喀人等财物侵盗而回，亦未可知。应令侍郎满丕、郎中桑格前往沙木巴王附近哨地，坐探消息，不时差人出喀伦往探，有信，即将喀尔喀人等收入喀伦，在大将军屯驻之内，一面作速驰报。前已敕谕，尔到彼时即口宣大将军伯费扬古可也。钦此。’臣等向曾晓谕喀尔喀亲王沙木巴、诸扎萨克，令彼各处本旗地方回越瀚海，于紧要处，选择贤能留彼统辖，哨探有信，速行驰报。扎萨克等亲身领兵殿后，保护行李移入喀伦，已经奏闻在案。今又钦奉明旨，臣等公同会议着侍郎满丕、郎中桑格前往喀尔喀等游牧外地，于瀚海内界塔喇布喇克地方居住。遵旨哨探信息，已于本月十四日前去矣。”奏入，奉旨：“知道了。”

十七日庚午　上驻跸折固思台。议政大臣等奏曰：“大将军伯费扬古疏称，康熙三十五年十一月十七日亥时，喀尔喀王沙木巴遣长史伊伯根儿来言，噶尔丹遣伊属下格垒沽英杜拉尔寨桑等二十人，乘马二十匹、骆驼二十只以礼来见。因前曾蒙晓谕，故将厄鲁特等留在喀伦外孤布地方，先来具报等语。顷奉谕旨：‘噶尔丹若有使来，系一人，则速送朕前。两人，则将一人送至朕处，将一人遣回。当此严寒，着所遣回人挈众而来。钦此。’臣欲即将噶尔丹来人驰送，但其口称止云以礼相见，并不知其所遣究属何心，故不令其见我营垒。但差人语侍郎满丕等，令彼亲身诣厄鲁特来人处，若有奏章，着即取来。否则询问明白，作速回报。俟到日另行具奏外，倘皇上更有训旨，臣等钦奉施行。奉旨：‘着议政大臣等会议具奏。’臣等议得：大将军伯费扬古疏称，噶尔丹遣属下格垒沽英杜拉尔寨桑等二十人，乘马二十匹、骆驼二十只前来，留在喀伦外孤布地方等语。宜速行文大将军，令格垒沽英杜拉尔寨桑止随仆从一人，着章京一员，作速驰驿带领前来。其我朝所遣晋巴等，厄鲁特若与伊等同至，则俱令前来，其余厄鲁特等令暂住孤布地方。如有奏章，即着赍来。”奏入，奉旨：“依议。格垒沽英杜拉尔寨桑等若未至费扬古处，着遣从别路而来，毋使窥见营垒，亦不令彼见费扬古。”

又大学士阿兰泰、尚书马齐奏言：“学士朱都纳疏称，户部等衙门题，每马一匹给草一束、豆二仓升，今茶易马匹已甚羸瘦，若不倍加喂养，何以得肥？请量增草豆加意喂饲，庶于军务无误。俟马肥之日，再行减去。又奉上谕，马七千匹，今止五千应移文李学圣。有茶易马匹，令其添益二千送来等语。查宣化府等处喂养马匹，依京师例，一马给草七斤者各二束，豆八仓升。喂及两月减二升，仅六升。又一月减二斤，仅四升。应令学士朱都纳等所喂马匹，照此例会同该地方官尽心喂饲。其马匹现今送至五千已经足用，其所请调益二千停止可也。”奉旨：“依议。”

又一等侍卫副都统阿南达疏称："十一月初七日安设塔尔纳秦等路察罕鄂愽图地方探哨人等报称，遥见尘土扬起，臣即领兵往截伊等来路，不期已经过去，随即追去百有余里，至苏尔河始及。伊等即迎前称说，我等系达赖喇麻、呼户诺尔波硕克图济农、盆楚克台吉之使。臣云尔等即系达赖喇麻、呼户诺尔台吉之使，昏夜亦难会言。遂统兵殿后，驱至营中，收其兵器，询问达赖喇麻之使者达尔汉鄂木布、呼户诺尔波硕克图济农之使阿尔达尔寨桑、盆楚克台吉之使寨桑和硕齐等曰：'尔等所行何事？今往何处？且既称使人，而复携带子女，此系何故？'伊称，达赖喇麻、谛巴、呼户诺尔诸台吉使我等往噶尔丹问安，我等已至噶尔丹处，今回原所。现有噶尔丹使人同我等在此等语。查噶尔丹之使喇克巴盆楚克格隆、索诺木、喇锡、拉木占、木巴卫征陀音等男妇幼稚五十余人，噶尔丹族侄孤猛多尔即并男女幼稚三十人。又席赖古尔之卓礼克图等台吉三人，并男女幼稚共十余人。询问噶尔丹之使曰：'遣尔等何事？今往何处？噶尔丹、丹济喇、阿拉布坦、丹津汪布等现在何地？生计如何？尔等何日起程？噶尔丹有迁徙意否？兵有几何？'据称：'我等系差往达赖喇麻、谛巴、呼户诺尔诸台吉之人，事之情由未尝口授，俱详书中。我等于十月初五日自噶尔丹所住枯伦白尔齐尔地方启行，我等行时，噶尔丹、丹济喇向伯格尔察罕鄂尔格地方游牧，兵计一千有余。阿拉布坦在扎巴喀滚真地方，兵及千许。丹津汪布与噶尔丹不睦，已自塔密尔地方离去。自在特勒尔即被圣主大兵战败逃奔之后，我等帐房、冬衣、牛羊一无所有，难以聊生，仅在附近地方游牧而已。冬时草不生长，不能他往，比及来春，部下之人死亡逃散，势所必然，难以成国。闻已遣格垒沽英杜拉尔为使来见圣主矣'等语。我皇上洞悉噶尔丹穷迫之状，睿画周详，令在布隆吉尔等地方拦截，果不出圣谕，遂获达尔汉鄂木布。今若遣兵解送，路近呼户诺尔，恐事出意外。或彼卒然来劫，亦未可知。臣阿南达因统兵殿后，尽送至肃州，交与鸿胪寺典薄绥赫图，令其将达尔汉鄂木布尽力驰送外，其余俱留肃州，仰俟圣谕。其噶尔丹所移达赖喇麻等书札十四件，并交护军班第前锋来崇赍捧。谨奏。"奉旨："此事着示议政大臣。"

是日，赐鄂尔多斯王等兔、献回子之固山贝子察罕巴喇克并献羊及箭人等白金有差。

十八日辛未　上驻跸折固思台。是日，赏赉献羊人等白金。

十九日壬申　上驻跸折固思台。赏赉献羊人等白金。

二十日癸酉　上驻跸折固思台。护国公达尔马席礼等献羊，赐白金。

二十一日甲戌　上驻跸折固思台。亲近侍卫关保传谕大学士阿兰泰曰："各省大臣来京陛见者，不必至塞外请安。着在京等候，将此移文京师。"

是日，赐随围鄂尔多斯多罗郡王董罗卜，多罗贝勒宋喇布、万舒克，固山贝子根都实希卜、护国公杜棱袍褂、带帽，其台吉及官兵人等遍赐白金有差。又赐进贡鄂尔多斯三品台吉乌朱马等白金、布匹，吴喇忒部落台吉绰锡希卜之母等及正黄旗前锋来崇班第与献羊及鱼人等白金。

二十二日乙亥　上驻跸折固思台。是日，赐鄂尔多斯王、贝勒以下及兵卒人等食。又赐来贡之公杜棱旗下夏班第等，同贝勒宋喇布前往人阿鲁等，及献羊人等白金有差。

二十三日丙子　上驻跸胡思泰。是日，赐吴喇忒公楚冲魁之母、公诺莫之妻及献羊人等白金有差。其被俘为奴之厄鲁特人等，上皆赐其本主银使赎还之。

二十四日丁丑　上驻跸胡思泰。是日，上出行宫，阅诸臣射。顾谓诸大臣曰："副都统祖良璧曾随朕猎，常持戟扈跸左右。偶遇一虎，彼即奋勇当前，朕恐其被伤，急令之退。以此知其勇而有胆，擢为副都统。今观其击败袭粮寇贼，果甚骁勇。"索额图奏曰："祖良璧未破敌时，皇上曾有旨称其人材壮健，此番击贼形势实属可嘉。是皆皇上知人善任所至也。"

是日，赐来贡鄂尔多斯四品台吉阿拜等及献羊人等白金。

二十五日戊寅　驾自胡思泰起行，噶尔丹使人格垒沽英至。上即伫坐山冈上，引格垒沽英近坐，不介一人，赐茶，详问噶尔丹情事。谕之曰："朕为天下元后，万国一家。今日科尔沁诸王、贝勒、台吉及喀尔喀、厄鲁特皆在此，朕将公言之。喀尔喀、厄鲁特向皆职贡本朝之国，朕并无所偏徇。喀尔喀土谢图汗执喀尔喀扎萨克图汗而杀之，又杀汝主噶尔丹之弟，喀尔喀之罪也。喀尔喀后为尔国所败，而来归朕。朕怜彼十万余身命失其生路，受而养之。凡有人急迫来归朕者，朕皆收养，无分彼此。不但喀尔喀已也，即尔厄鲁特，今为敌国，有来降之人，朕皆恤之，各使得其生路，量材受之官职。虽俘掳之人，皆赎其妻子，完彼骨肉。朕岂有喀尔喀、厄鲁特之异视乎？前以噶尔丹无故闯入我境，侵内地蒙古，朕遣兵败之于乌阑布通之地。尔主噶尔丹窘极遁逃，立誓不复犯边。朕向以至诚待人，故不遣兵穷追。尔主噶尔丹逆天背誓，离其故巢，至我克鲁伦之地，掠纳木扎尔陀音。朕乃不得已率兵而出，然仍再三遣人，约噶尔丹会盟修好。此朕不嗜杀之心也。尔主不自引罪，朕始整兵进讨。尔主噶尔丹不能抗朕之威，日夜奔逃，遇我西路预堵之兵，仍因汝噶尔丹先我攘臂，我师乃进战，大败之。汝今穷困至此极者，皆汝所自取也。朕曾往犯之否？尔来为使，第公言之，毋隐。”格垒沽英初与诸大臣言，犹支吾巧辨，及闻皇上谕旨，倾心降服，叩首奏曰：“诚天下之圣主也，语皆迥异。我厄鲁特无知，但贪得喀尔喀子女财物。今圣主阐发大义大理，始知天意无私及我厄鲁特之罪矣。现有沙克朱木诺尔布等人，皆近日来降，较在我国时更加荣显，谁不愿归洪仁之内？吾主亦不日与喀尔喀同列矣。”上笑视近臣曰：“此言甚公。虽外国之人，亦知理也。”众蒙古、王、贝勒、台吉跪而奏曰：“皇上谕旨炳如日月，噶尔丹虽昏迷无知，不从仁化，特自取其死而已。”

是日，上驻畔东斯垓。赐格垒沽英裘帽。又赐来贡喀尔喀伊拉古克三库图克图白金。

二十六日己卯 上驻畔东斯垓。上于议政大臣进奏时谕曰：“抚驭方复，宜以仁德感化，不可全恃威服。今朕原无欲讨噶尔丹之意，此皆噶尔丹之所自取。喀尔喀、厄鲁特皆系我朝进贡之国，土谢图汗擒杀喀尔喀之扎萨克图汗，又杀厄鲁特噶尔丹之弟，衅从喀尔喀起，此喀尔喀之曲。迨喀尔喀为厄鲁特所败，奔走无路，前来投朕。朕怜喀尔喀十余万生灵，受而养之后，噶尔丹无故逞兵，直入我喀伦，鸱张妄行，曾遣兵败之于乌兰布通。时噶尔丹窘甚，誓不复犯喀伦地方，朕故不遣兵穷追。顷噶尔丹怙恶不悛，食其誓言，乃离故巢，窃伏克鲁伦地方，窥伺我边徼。朕犹不念其恶，遣人欲与消衅会盟。噶尔丹反侵掠我归附之纳木渣尔拖音，朕不得已统兵出塞，然朕尚不忍即加锋刃，再三遣人开示利害。噶尔丹执迷不悟，朕方整旅进讨。噶尔丹慑我军威，遂星夜奔逃，适遇预设西路邀截之师。亦系噶尔丹先犯，故被我兵奋击，遂至败亡。此噶尔丹先来侵我，曲在噶尔丹也。且噶尔丹如此凶暴，朕惟待以宽仁。噶尔丹如此奸猾，朕惟示以诚信。尝览经史云，仁者无敌。今噶尔丹穷迫已极，遣格垒沽英前来乞怜，朕意仍欲降之。"诸大臣奏曰："噶尔丹逆天违誓，至奸至狡，凶恶贯盈，神人共愤，断难姑留。而我皇上尚不忍诛灭，仍欲听其归顺。此真天地好生之心。且又将彼投降诸将皆列之大臣侍卫，毫无疑猜，任以亲近。其余降人亦皆分隶各旗，编入佐领，俾获生理。即我兵及蒙古所俘获之厄鲁特，亦皆查其子女，发内币赎出，令彼完聚。其陆续来降之厄鲁特，以时方冱寒，皆换给裘帽。如此浩荡之仁，实从古所未有。臣等愚意，噶尔丹虽甚顽悖，必来归圣化矣。"

上曰："古之将帅善用兵者多戮已降，故或其身不得善终，或子孙不昌，此皆好杀之明戒也。又古之人君或穷兵黩武，好大喜功。朕意不然，但愿宇内雍熙，四海升平，家给人足，各得乐其生业而已。"诸大臣奏曰："上谕极为圣明，洞鉴古今得失，虽尧舜之圣，何以加此。臣等真颂扬难尽。"

臣等钦惟我皇上以大公至正之心，行仁者无敌之师，义惟戢暴，意主好生。故噶尔丹负誓侵犯，则即讨之，悔过乞降，则欲全之。推心置腹，恩抚归顺，真威若雷霆，德同天地矣。至于念四海之升平，鉴前人之穷黩以戮降，嗜杀为鲜终，以好大喜功为炯戒，圣谟洋洋，尤可垂训万世也。

上又谕议政诸大臣曰："剿灭噶尔丹，备兵西路甚属紧要。除西安调来满兵二千之马与绿旗兵之马并李学圣送来马五千匹外，后有所易马匹，着贤能司官会同巡抚在甘肃等处饲养，于事大有裨益。着会议具奏。"议政大臣等会议，今噶尔丹穷迫已极，西路备兵甚属紧要。应将西安调来满洲官兵马匹照定数饲养，其绿旗兵之马三千与李学圣后有所易马匹俱着送去，遣一部院才能官驰驿前往，会同巡抚在甘肃等处与地方官员尽心饲养。奏入，奉旨："依议。"

是日，命自托克托和城以至大将军驻扎处所置驿站蒙古官兵俱赉白金。又赐鄂尔多斯四品台吉老卜减及献羊人等白金。

二十七日庚辰 上自东斯垓回銮。是日，将遣噶尔丹使人格垒沽英还，上谕格垒沽英曰："尔还语噶尔丹，凡事务必觌面会语，不然则事无终局。彼如不来，朕必啮雪往讨，断不中止。朕在此地行猎待尔，限尔七十日内还报。如过此期，朕必进兵矣。"正立限遣发之时，包衣大达都虎奏曰："御用米粮将尽矣，当即还师，"上甚怒，谕曰："达都虎之奏摇惑众心，即当斩首。如粮尽则取湖滩河朔之米可也，何虑之有？粮虽尽，朕必啮雪穷追噶尔丹，断不回师。"宣谕之后，又将往幸迈达礼庙，遣乡导修路。于是诸军皆不悦。既遣格垒沽英复使人随之，出二十里外归报曰："去已绝远矣。"上遂传令还师，众皆大悦。

上驻跸黄河西界萨尔虎拖会。赐鄂尔多斯之乡导佐领鄂木布并其兵卒及献羊诸人白金。

二十八日辛巳 上驻跸萨尔虎拖会。是日，赐厄鲁特巴图尔厄尔克济农貂裘、猞猁狲外褂、暖帽，及其妻银鼠褂。又赐献獐羊诸物人等白金有差。

二十九日壬午 上驻跸萨尔虎拖会，以巴图尔厄尔克济农为多罗贝勒，即日以贝勒之俸给之。

是日，赐献猞猁狲、黄羊诸人白金。又被俘为奴之厄鲁特人等，皆赐其本主银使赎还之。

十二月

初一日癸未 上驻跸萨尔虎拖会。是日，遍赐侍卫、护军及绿旗官兵羊。又赐进贡之土墨特丹津等，并献雕翎诸物之多罗贝勒巴图尔厄尔克济农次子那保等，及鄂尔多斯乡导佐领喀禅西里、骁骑校顾鲁格、土墨特吴都马等白金。被俘为奴之厄鲁特人等，上皆赐其本主银使赎还之。

初二日甲申 上驻跸萨尔虎拖会。大将军伯费扬古来自军中，上遣皇长子、皇三子、皇八子迎之。费扬古至，上出幔城，费扬古趋前跪请圣安，上入行宫，召之进与论良久。随又召议政大臣入。

上曰："朕意噶尔丹乃习于战斗之狡贼，欲行殄灭必需时日，不意一战遂至败亡。先是费扬古曾奏，西路兵计四月二十四日至土喇，二十七日至巴颜乌兰，朕即统兵前进。后毫无音信，曾于察罕布喇克地方待之数日。若果西路兵应期而至，则两路夹攻，噶尔丹匹马只轮，其得脱乎？彼时众大臣尚欲留驻拖陵以待，朕计西路兵今当适至土喇，我军不可不前，遂领兵速进。噶尔丹慑我军威溃遁，而西路以疲困之众遇敌战胜，势如破竹，实为可嘉。"费扬古奏曰："臣虽领西路之兵，一应军机，皆谨遵皇上指授手书密旨而行，并无别出意见效力之处。况西路兵已粮匮马乏，不能前进。及闻皇上亲至克鲁伦，众官兵无不奋发，齐声言皇上出自深宫，尚且先至敌境，我等其可缓乎！故不待催迫而冒死进前，不事督责而奋勇克敌。若非圣驾预临，无论殄灭贼寇，即臣之躯命亦不可保。噶尔丹之破败，皆皇上追奔穷蹙之；噶尔丹不能生擒献俘，是臣之罪也。"议政大臣等奏曰："费扬古所言良是。皇上不但逆料费扬古之兵适至，若合符节，且防西路兵粮匮乏，预令运往迎接，真至圣明也。"

上顾费扬古曰："噶尔丹自被我兵败后，有逃奔四散者，亦有投顺来归者。故朕复亲征塞外，欲相机而行。今观陆续投诚及所遣格垒沽英言语，噶尔丹穷蹙是真。朕意悉加屠僇，不如抚而养之为胜。故于尔未至之前，即发招降谕旨。"费扬古奏曰："圣见非常，真天地好生之至仁，非臣等愚昧所及。自皇上出口以来，噶尔丹部落诺尔布寨桑等皆携带妻子，成群结队而来归顺。噶尔丹知不保其众，故遣格垒沽英前来哀恳。臣意宥罪之诏一至，噶尔丹必来投诚矣。"

赐多罗贝勒巴图尔厄尔克济农之妻女、孙女及所随妇女等白金，又赉喇麻高楚尔、蒙古喀渣卜并献羊毯之阿必达旗分博赖等白金。

命侍读学士伊道等送噶尔丹所使格垒沽英至喀伦，令厄鲁特车凌、伊喇古克三所使之人持文还报。其移车凌文曰："理藩院移知厄鲁特车凌，据尔疏称：'谨奏请仁圣太平皇帝陛下圣安。自达赖邰史通使请安以来已经五世。至于羊年，蒙谕巴扎尔渣尔古齐工格额尔克下欲加俯恤，臣因来归。不意中途将军袭我，离我夫妻，掠我财物，身命难保，伏祈皇上鉴察。且将军既夺财物，又欲进兵，我故逃归。前者皇上有俯恤之意，伏祈即降明旨。’具题。奉旨：‘前绿旗兵与扎萨克蒙古兵不知车凌正来规化，故阵擒其众。朕闻之，已饬将军矣。今车凌既求谕旨抚绥，可令速来，朕当加恩忧恤。其俘获之众，即行查还，着理藩院传谕。’”其移伊拉古克三文曰：“理藩院移知伊拉古克三库图克图，据尔疏称：‘臣伊拉古克三库图克图谨奏如天皇帝陛下，臣昔在太宗圣帝时稍效微劳，曾蒙世世培育之旨，因将众弟子留住，纵奉达赖喇麻之命来侍皇上，微躯极蒙忧恤。后皇上念喀尔喀、厄鲁特必致败亡，差臣前往。臣不惜身命，极力报效。不意噶尔丹已请于达赖喇麻，令将臣去，此时臣欲具奏而未遂。去岁皇上遣侍卫臣克什图至，又以臣住辽远不得相见诉明。今喀尔喀、厄鲁特之事臣已曾陈于达赖喇麻波硕克，唯听如天皇帝。无论如何，臣即遵行。’具题。奉旨：‘伊拉古克三库图克图自西来时，朕遇之殊厚，甚加荣礼。想内不自安，故尔前去，今可速来。尔系喇麻，朕不介意。当仍恩待，着理藩院谕去。’”

初三日乙酉 上驻跸湖滩河朔之南。是日，上以所佩撒袋、弓及诸食物赐大将军伯费扬古。遣领侍卫内大臣、尚书班第，颁赐驿站蒙古官兵白金。赐进贡之归化城达赖绰尔吉喇麻并鄂尔多斯乡导佐领巴特马力士窦纳及献羊人等白金。被俘为奴之厄鲁特人等，上皆赐其本主银使赎还之。

初四日丙戌 上驻跸丘伦鄂罗木。是日，赐湖滩河朔守仓章京、骁骑校及兵卒人等白金有差。又赐鄂尔多斯多罗郡王董罗卜白金五百两，及土墨特原任副都统巴雅思虎朗之妻与献牛羊人等白金。

初五日丁亥 上驻跸哈当和朔之西。是日，赏赉献酥酪诸物人等白金。

初六日戊子 上驻跸西尼拜星。是日，赐进贡锡勒土库图克图等及献犬、狍并羊人等白金。被俘为奴之厄鲁特人等，上皆赐其本主银使赎还之。

初七日己丑 上驻跸杀虎口内。是日，上谕户部曰：“朕惟治天下之要，惟以乂安民生为急。顾欲安民生，必除寇虐，欲除寇虐，必事师旅。方今宁宇承平，人咸乐业，独厄鲁特噶尔丹狂逞边塞，荼毒生灵。朕思为边境人民永绝后患，故特遣发貔貅，分道进剿。朕躬不惮勤劳，以今岁春月亲统中路大兵，深入无水草之地，直抵拖讷比。噶尔丹闻朕亲临，尽弃辎重，仓皇宵遁。适与西路大兵相遇，大败溃散，俘获其人口，其寨桑等来归甚众。而噶尔丹收残贼千余人，仍窜伏于枯伦、白尔齐尔等处地方。朕因于冬月复统军出边，相机剿抚。行抵鄂尔多斯，于是厄鲁特人民来归者络绎相属。噶尔丹力穷势蹙，亦遣格垒沽英具奏乞降。随经颁示敕谕，许其归顺。惟是噶尔丹乃狡诈叵测之人，其果否来降，未可深信。应仍厉兵秣马，待来岁出师扑剿，务绝根株。比年以来，军前需用马匹，在大同府属牧养者甚多，措办草料等项虽俱支用正项钱粮，而供亿浩繁，殊劳民力。但必此贼尽灭，然后边外蒙古赖以辑宁，而在内生民亦获休息。师旅之兴，大非得以。该郡官民尚各勉力急公，勿以烦苦为虑。朕兹从边外返跸云中，深轸民力之艰，用沛特恩以示宽恤。康熙三十六年大同府属州县卫所应征地丁银米，着全与蠲免。俟噶尔丹殄灭之后，朕自诞布德音，涣敷休泽，尔部即行文该抚，通行晓谕，俾咸悉朕惠爱黎元至意。特谕。”

臣等钦惟我皇上惠爱黎元，恩施汪涉，蠲租发帑，积岁时闻。近因寇扰边氓，六师亲总，万乘遥临，刍茭糗粮，皆取正供。固已人歌休豫，户乐耕桑，而又大沛恩纶，宣化及大同府三十六年钱粮相继尽行蠲免。如伤念切，流泽愈弘，易于行师而系以容民畜众，此之谓也。

赐进马副都统阿的等及献狍、鹿、黄羊诸物人等白金。

是日，杀虎口监督郎中黑森等、管理杀虎口驿站事务员外郎克西特等，右卫西路同知唐凯，杀虎营副将黄元等，右卫守备唐希武等来朝。

初八日庚寅　上驻跸右卫城。议政大臣等奏言，领侍卫内大臣马思喀、内大臣公常泰、护军统领鄂克济哈等疏称：“臣等自京师启行时，原在出征之列。今臣等所领之兵既留大同，则臣等亦应与兵同留。倘有调用，以便效力。奉旨：‘现今亦无所事，朕与将军费扬古商酌，噶尔丹今冬若来降时，将军费扬古处已有察哈尔兵五百、乌喇兵一百矣。其右卫鸟枪兵二百、副将黄元鸟枪兵一百，令右卫护军统领酌量给与马驮之炮数位。并在大同养马鸟枪前锋兵四百，共七百，着前锋统领硕鼐率领，至右卫预备。若将军费扬古一有调遣，硕鼐即率领前往。计此七百兵与将军费扬古处兵六百，再调扎萨克、蒙古兵千许，已共二千有余，用之不尽。其在大同之鸟枪护军一千、炮手二百四十、前锋四百、乌喇兵五百，现留护军二百，他处俱不得调动，令彼养马。明年若有调遣之处，即用此兵。尔等会议具奏。钦此。’臣等会议得，圣谕周详，当钦奉遵行。其鸟枪前锋兵四百，应令前锋统领硕鼐率领前来驻扎。右卫此前来驻扎兵四百并右卫鸟枪兵二百，酌量派遣官员，令其管辖。其副将黄元鸟枪兵一百，即令伊亲率前往。其在大同养马之兵，并所留新满洲护军二百及硕鼐所率前锋四百，俱应给与十二月、正月、二月行粮。但右卫刍料甚少，应将驻扎右卫侍郎阿尔拜所养马驼，令其驱往大同喂饲。”奉旨：“依议。”

是日，赐护军统领宗室费扬古镶貂朝服。赐喀尔喀公老卜臧之妻并所随妇女及牵骆驼之土墨特兵与献羊人等白金。其被俘为奴之厄鲁特皆赐其本主银使赎还之。

初九日辛卯　上驻跸右卫城。谕大学士阿兰泰、尚书马齐曰：“右卫护军统领宗室费扬固人材勇健，且劳绩素著。方今大将军伯费扬古有事在外，右卫地属紧要，着将宗室费扬固升补右卫将军，其护军统领员缺令该部照例开列具题简用。都统伊勒慎老迈不堪，着解任。此员缺着将汉军都统郭博升补。其郭博员缺，着副都统雷继尊升补；雷继尊员缺，着右卫副都统冯国相调补；冯国相员缺，宗室杨福人勇才优，着令升补。”

又谕曰：“榆林总兵官柯彩居官不职，且失兵心，速行文，着柯彩驰驿前来。”又谕议政大臣等曰：“总兵官柯彩奉职无状，失军士心，朕已敕兵部驰召。张家口副将施世禄人材勇健，且系世胄，着升补榆林总兵官。即此宣旨，令彼前往赴任。其家眷着随后行。”

又谕曰：“山西巡抚员缺，已将倭伦升补。着谕倭伦，前任噶尔图、温保居官不善，今倭伦毋效伊等。可即赴任。”

是日，赉宣化府张家口绿旗兵及献羊人等白金。其被俘为奴之厄鲁特人等皆赐其本主银使赎还之。

初十日壬辰　上驻跸左卫城。山西布政使甘度、按察使巴锡奏曰：

"窃闻皇上至大同时，欲驻跸郊外，不于城内。大同黎庶皆欲仰睹天颜，早于城内葺治屋宇候驾。若皇上郊外驻跸，则黎庶不得瞻仰矣。"亲近侍卫关保传谕曰："昔正德游幸大同，至今传焉。朕不驻跸城内，仍驻郊外于是。"地方官员黎庶再三恳请，奉旨："朕尚思之。"

赐右卫将军宗室费扬固、副都统宗室扬福貂褂。其被俘为奴之厄鲁特人等皆赐其本主银使赎还之。

是日，左卫守备李桂芳等来朝。

十一日癸巳　上驻跸高山城东。传谕曰："边外蒙古驿站甚为劳苦，着于边内设立驿站，以抵宁夏大军所行之路，遣尚书马齐监理之。"

是日，高山守备高自得等来朝。

十二日甲午　上驻跸大同府城内。传谕曰："前以右卫随征官兵无马，将扈从大臣官员马匹给之。至右卫时着送大同喂养。今所喂马匹已肥，着察明给还原主。"

是日，山西巡抚倭伦、布政使甘度、按察使巴锡等，大同总兵官康调元等来朝。

十三日乙未　上驻跸望关屯。

十四日丙申　上驻跸天城。赐进鹿把总刘令璧，及所驻屋宇居民王斌白金。

是日，天城城守守备李所维等来朝。

十五日丁酉　早，上骑马前行，顾谓大学士张玉书等曰："此马本哈萨克国所产，为噶尔丹得之。噶尔丹败后归于我。朕骑试之，汗色如血，古所称大宛汗血马，想此类也。"玉书等奏曰："史称大宛马谓之天马，言其沾赤汗，蹑浮云，以为嘉瑞，登之乐歌。臣等未曾目睹，向以为虚辞，今圣躬所骑，汗色适符。自非德威远被，岂易得此神驹也！"

是日，上驻跸北旧场。在京诸王、贝勒、贝子、公等，皆遣护卫进马，接驾请安。上谕曰："方今马价腾涌，尔等何必远疲马匹来迎？朕所乘马俱爱惜乘之，并未疲瘦。且此行朕得马甚多，进京时尚欲赐给尔等之主。尔等即将迎来马匹谨慎引还。"

是日，赐内大臣、大学士、都统、尚书、护军统领等鹿尾、雉、鱼。

十六日戊戌 上驻跸宣化府城。

十七日己亥 上驻跸旧保安城。亲近侍卫关保传谕大学士阿兰泰曰："张家口副将标下游击王文碓，着以原职管理张家口副将事。即此宣旨。"

是日，厄鲁特降人鄂罗思丹巴等进马，俱赉白金。

十八日庚子 上驻跸怀来县城西。议政大臣等奏言："据建威将军宗室费扬固等咨称，右卫鸟枪兵二百现在预备。前接部文称奉旨：'右卫兵丁马匹着缓采买。若调用时，将京师每佐领所养之马各给四匹。其上驷院、太仆寺马亦着拨给'等语，谨遵在案。今右卫兵之马八百六十三匹，现在大同喂养。此预备鸟枪兵二百，将京师马匹拨给，抑将在大同所喂右卫兵丁之马取来补给。又右卫养马将所给黑豆各三仓升、草各二束内俱止给一半，犹有本色不敷者，以菀豆代之，并草只给七日。如此喂饲，马焉能肥？请将此预备鸟枪兵二百所给马匹额数及喂养刍豆，俱照前锋统领硕鼐所领前锋四百例支给等语。查右卫鸟枪兵二百既交前锋统领硕鼐，现在预备听候。大将军费扬古有调即往，应将在大同所喂右卫兵丁之马每人各给三匹驱往右卫，照依硕鼐所领前锋四百之例支给刍豆，令右卫将军费扬固监视，谨慎喂养。"奉旨："依议。"

十九日辛丑 上驻跸昌平州城。怀来县民献鹿，赐白金。

二十日壬寅 未时，上由德胜门进神武门，回宫。

是日，上诣皇太后宫问安。

臣等钦惟圣谟弘远，筹画周详，洞悉噶尔丹昭木多之败，势已大蹙，若姑纵之，或留为蜂虿之毒。于是亲统六师，复出在外。敕书招抚噶尔丹者，再谆切开示以悔罪之门、求生之路。且驰蒙古文三百道散给诸部人等，其来降者，次第富贵之，列之宿卫以亲之，隶之八旗以安之，被擒愿归者赐衣食鞍马善遣之，俘为奴婢者发币赎还之。威武遐震，仁恩布昭。于是根敦代青遣使奏报招抚噶尔丹人户矣，达赖喇麻达赖汗使者来迎驾矣，多尔即青台吉来请封号矣，策旺拉布滩屡遣使纳贡矣，阿遇奇台吉等各发兵遮截噶尔丹矣，厄鲁特之寨桑等亦来降矣，厄鲁特车凌等亦通使求自新矣。噶尔丹自知角距尽落，皮毛失附，亦遣格垒沽英来降乞怜，冀缓旦夕诛。神已丧而魄已夺，是其亡，不亡于其走死仰药之日，而实亡于我师之再出也。盖是行也，诚、神、几三者具焉。我皇上不欲黩武，不嗜杀人之心，即上天好生之心，诚也。策招抚之为要数，招抚则凶渠即不降，部落必溃散终归于我，神也。乘贼之大创,有奔逃四出者，有投顺来归者，复亲临塞外相机而行，几也。故是行也，不疲一兵，不折一矢，而狡逆成擒之大势，已运诸掌也。

是行扈从起居注官常书、傅伸、特默德。

二十一日癸卯　卯时，封印。

是日，上诣皇太后宫问安。

本日起居注官华显、顾祖荣。

二十二日甲辰　本日起居注官张英、特默德。

二十三日乙巳　是日，上诣皇太后宫问安。

本日起居注官常书、彭宁求。

二十四日丙午　本日起居注官傅伸、王九龄。

二十五日丁未　本日起居注官曹鉴伦、邵穆布。

二十六日戊申　本日起居注官华显、陈元龙。

二十七日己酉　是日，上诣皇太后宫问安。

本日起居注官特默德、徐元正。

二十八日庚戌　本日起居注官邵穆布、宋大业。

二十九日辛亥　是日，满洲大学士、学士等齐集乾清门，以所拟上谕呈览。上召满洲大学士伊桑阿、阿兰泰，学士三宝、罗察席尔登入乾清宫。上曰："尔等所拟谕旨，着速行。黑龙江、吉临、乌喇地方连岁歉收，着行文盛京将军等整备船只，照前噶尔图所运，将盛京仓贮米以彼处人夫挽运五千石，于莫尔浑阿敦地方收贮。"

又曰："今岁自天津入海运至盛京之米已赈济科尔沁贫人矣，来岁仍宜将米自天津运至盛京，免用闽浙船。令在天津船挽米一次。可将此事交侍郎陶岱。"

又曰："去岁曾将通州之米运往霸州等州县，减价粜与被灾百姓，甚有裨益。今岁水灾尤甚，仍宜照去年将米运往州县，减价粜之。可行文直隶巡抚沈朝聘，速查何州县宜运米若干粜卖。即具满文折子来奏，勿俟开印。”

本日又谕户部曰：“朕维治安天下，惟期生民得所，而民生之得所，必以敷恩宽赋为要。朕与一切事物，稍有动用民力之处，即廑怀殷切，刻不能忘。比年以来，因厄鲁特噶尔丹狂逞逆命，遣发大兵，分道进剿，军兴供亿，不得已而烦民力。甘肃所属各州县卫所，及榆林等处沿边各州县卫所，适当师行要道，喂养军前需用马匹，并大兵往来经过各项措办，虽俱支给正项钱粮，而供应繁多，闾阎劳苦，朕心深用轸念。着将康熙三十六年甘肃巡抚所属州县卫所，陕西巡抚所属榆林等沿边州县卫所地兵丁银米尽行蠲免。行文各该抚，遍加晓谕，务俾小民均沾实惠，称朕体恤黎元至意。甘肃所属银米既经全免，需用钱粮着于邻近省分作速拨给。尔部遵谕行。特谕。”

是日。上诣皇太后宫问安。

本日起居注官张英、傅伸。

三十日壬子　午时，因岁除上御保和殿，召元旦朝观外藩蒙古，左翼科尔沁国和硕达尔汉亲王额附班第，阿霸垓部落多罗郡王吴尔占噶喇卜，土墨特部落多罗达尔汉贝勒额附厄尔德木图，科尔沁国和硕额附班第，翁牛忒部落喀喇齐礼克之护国公祈他特，并科尔沁、翁牛忒、郭尔罗斯、敖汉台吉等；右翼科尔沁国和硕土谢图亲王额附沙津、多罗贝勒阿毕达，喀尔喀部落多罗贝勒罗卜臧，阿霸垓部落达尔汉固山贝子车凌东洛卜，巴林部落和硕额驸吴尔滚，喀喇沁部落和硕额驸噶尔臧，敖汉部落多罗额驸扎木素并敖汉部落台吉等，及内大臣、侍卫、大学士、上三旗都统、副都统等赐宴。上进酒毕，奏乐，进左右两翼王等于座前，上亲赐酒。贝勒以下、台吉以上俱令内大臣传饮，内大臣、大学士、都统、副都统俱令侍卫传饮，宴罢，众谢恩毕，上回宫。

本日起居注官常书、顾祖荣。

臣等钦惟皇上仁育群生，义征不谌。噶尔丹侵扰属国，谕告勿悛。爰统六师，式遏寇攘。兵分三道，自将中权。群臣交章，请上毋行，专命阃帅。宸秉独断，决计亲征。盖以贼渠凶猾，非诸将所能胜。惟天威一临，则贼胆惊破也。当夫戎旅未行，而宴飨将领，筹画粮饷，抚循士卒，护惜驼马，无不委屈周详。比师行出塞，身先将士。黎明即起，薄晚未息。步行减餐，均劳共苦。或逢雨雪，必伫立帐外，以俟诸军毕驻，始入行宫。且必诸营尽炊，乃进御膳。至若相地凿井，沿途置驿，视水草以牧马，结队伍以将车。殚心竭力，上契天心，灵泉喷涌，积雪晴霁。迨军出喀伦，渐逼寇地，分旗续进，而独自统前锋。屡颁手诏，谕西路大将军费扬古，授以方略。外藩部长，协心助顺，辄赉赐之。贼党来输忱者，并加抚纳。贼闻六飞远讨，震怖欲遁，与圣明所逆料，若合符节。上乃躬率御营，进至克鲁伦河。贼弃河不守，望风奔溃。上率轻骑，穷追五日，直抵拖讷山南，逼使西窜，遇我西路之兵，遂大败贼于特勒尔即，俘斩无遗。贼渠仅只身幸免，其党丹巴哈什哈及沙克准穆等，先后归诚。是役也，安边靖民至仁也，秉旄仗钺至勇也，知彼知己至明也，栉风沐雨至勤也，推食解衣至惠也。七旬之间，剿灭巨寇，百日以内，奏凯旋师，至神速也。而回銮之次，恤军爱士，招携怀远，犒赏蕃部，安插降人。绸缪善后之策，倍详慎焉。归未数月，度贼窘迫已极，势难久存。不惮冬寒，复亲征塞外，行抵鄂尔多斯。锡赉从征将士，赒恤死事官兵，军中欢呼颂德。又不欲穷极兵威，颁敕噶尔丹及其属阿拉布坦丹津汪布，晓之祸福，开诚布信，许以不死。厄鲁特车凌、伊拉古克三等，皆献表引罪，而噶尔丹亦遣格垒沽英具奏乞怜。上稔贼渠狡诈，班师之顷，申警诸将，待来岁征剿，务绝根株。贼渠众叛亲离，力穷势蹙，藁街悬骨，定于此时矣。上连兴大众，寸丝粒粟，不烦闾阎。又轸念边方，悉蠲宣化、大同、榆林、甘肃租赋，体恤民隐如此。且是岁日筹兵事，而盛京之赈贷、畿辅之蠲除、运道之輓输、黄河之浚筑，以至吏治得失、人才优劣，悉烦睿算，曲当事宜。盖皇上以自强不息之学，弘万物一体之怀，如乾坤之覆载，如日月之照临，如风霆之震厉，如雨露之浸润。大包六合，细周庶务，远虑万世，近惜分阴。故赫声濯灵，奠定绝域，深仁厚泽，渐被蒸生。勋高于三五，惠浃于垓埏。巍巍荡荡，与天为一。臣等谨于记注之顷，拜手飏言，恭识末简，以昭盛事云。

康熙三十六年　丁丑

正　月

初一日癸丑　早，上以元旦，率诸王、贝勒、贝子、公、内大臣、侍卫、大学士、都统、尚书、精奇尼哈番等，诣堂子行礼毕，回宫。

辰时，上率诸王、贝勒、贝子、公、内大臣、侍卫、大学士、都统、尚书、精奇尼哈番等，诣皇太后宫行礼毕，回宫。

少顷，御中和殿升座，内大臣、侍卫及内阁、翰林院、礼部、都察院、詹事府等衙门官员庆贺元旦。行礼毕，御太和门升座，诸王、贝勒、贝子、公等文武官员及元旦朝觐外藩王、贝勒、贝子、公、台吉，朝鲜等国使臣上庆贺元旦表，行礼毕，回宫。

本日起居注官常书、张英。

初二日甲寅　是日，上诣宁寿宫问安。

本日起居注官特默德、曹鉴伦。

初三日乙卯　本日起居注官傅伸、史夔。

初四日丙辰　早，上由午门出正阳门，驻跸南苑旧宫。

是日，赏赐内大臣公福善、索额图、班第，公常泰，大学士伊桑阿、阿兰泰，尚书佛伦、凯音布、图纳、萨木哈，左都御史傅腊塔，护军统领宋柱、孙渣七等马各一匹。

初五日丁巳　是日，赏赐内大臣苏尔达、马思喀、伯费扬古、明珠、阿密达，散秩大臣策旺诺尔布、吴巴什、巴当阿，都统苏努巴浑德、阿锡坦齐世、鄂伦代、石文瑛、周卜世、噶尔马，前锋统领硕鼐，护军统领苏丹托伦、色冷、格鄂克济哈苏赫等马各一匹。

酉时，由正阳门进午门回宫。

扈从起居注官常书。

初六日戊午　上因致祭祈谷坛，斋戒三日。

本日起居注官特默德、彭宁求。

初七日己未　本日起居注官邵穆布、徐元正。

初八日庚申　早，上御太和门视祭祈谷坛祝版毕，回宫。

本日起居注官华显、宋大业。

初九日辛酉　早，上躬诣祈谷坛致祭礼毕，回宫。

巳时，上由神武门出西直门，驻跸畅春园。

本日起居注官常书、张英。

初十日壬戌　是日，上诣澹泊为德问安。

十一日癸亥　是日，上诣澹泊为德问安。

十二日甲子　是日，上诣澹泊为德问安。

十三日乙丑　是日，上诣澹泊为德问安。

十四日丙寅　辰时，上御畅春园内含淳堂，以上元节赐朝正左翼科尔沁国和硕达尔汉亲王额驸班第，阿霸垓部落多罗郡王吴尔占噶喇布，蒿齐忒部落多罗厄尔德尼郡王雅木批尔，土默特部落多罗达尔汉贝勒额驸额尔德木图，阿巴哈纳尔多罗贝勒卜昭，科尔沁国和硕额驸班第，科尔沁国郭齐哈一品台吉厄尔黑图马尼之子一品台吉厄尔德尼郭齐哈、二品台吉毕立克图，翁牛忒部落郭齐哈二品台吉鄂齐尔，敖汉部落郭齐哈二品台吉滚卜、台吉特古思达赖毕都拉雅，阿霸垓部落郭齐哈二品台吉德木楮克，扎鲁特部落贝勒毕鲁瓦旗分一品台吉达尔汉拉布克、贝勒毕礼克图旗分一品台吉达尔汉卜颜，土默特贝子拉思渣布旗分一品台吉桑图，阿霸垓王达木林渣卜旗分协理台吉巴鲁、协理台吉巴拨、四品台吉葛根、葛根之弟台吉老占洪果尔查礼木、葛根之子台吉巴特麻博罗尔济、葛根之兄子台吉萨木谈，阿霸垓王达木林渣卜旗分二品台吉秉；右翼附于土默特部落贝勒额驸额尔德木图旗分之喀尔喀多罗贝勒罗卜藏，阿霸垓王吴尔占噶喇布旗分达尔汉贝子策凌东罗布，阿巴哈纳尔旗分贝子额林辰达席，巴林部落和硕额驸吴尔滚，喀喇沁部落和硕额驸噶尔藏，敖汉部落多罗额驸扎木素等，及内大臣、侍卫、大学士，上三旗都统、副都统等宴，上进酒毕，诸乐并作。外藩左右两翼亲王以下台吉等并扎萨克台吉等每班两人召进，上亲赐酒。其余塔卜囊、台吉等俱令侍卫赐饮。宴罢，众谢恩毕，上回宫。

是日，上诣澹泊为德问安。

本日起居注官常书。

十五日丁卯　未时，上御畅春园内含淳堂，大宴朝正外藩左右两翼王、贝勒、贝子、公、台吉等，及内大臣、侍卫、大学士，上三旗都统、副都统。诸乐并作，上进酒毕，赐外藩王、贝勒、贝子、公、台吉等以上酒于坐次，宴罢，众谢恩毕，上回宫。

是日，上诣澹泊为德问安。

本日起居注官常书。

十六日戊辰　是日，上诣澹泊为德问安。

十七日己巳　是日，上诣澹泊为德问安。

十八日庚午　卯时，开印。

嗣后部院各衙门应面奏事宜仍行面奏外，其余章奏逐日送内阁转送畅春园听理。

是日，上诣澹泊为德问安。

本日起居注官常书、张英。

十九日辛未　是日，上诣澹泊为德问安。

二十日壬申　是日，上诣澹泊为德问安。

二十一日癸酉　是日，上诣澹泊为德问安。

二十二日甲戌　辰时，上谕畅春园内澹宁居听政。部院各衙门官员面奏毕，大学士伊桑阿、阿兰泰、王熙、张玉书、李天馥，学士韩菼、顾藻、徐嘉炎、三宝、杨舒、罗察、席尔登以折本请旨。吏部题司道官员内升。上曰："着问九卿。观九卿大臣凡保举人员，非系师友即属亲戚，汉大臣自谓，获罪于君尚得直名，获罪于民无所控告，惟不可获罪于友。是皆汉人相沿恶习。"伊桑阿等奏曰："睿见诚然。汉人不肯据实直陈者，诚恐构仇也。"上曰："天下官员，朕一人何能周知？惟九卿、大臣是赖。诚善者善而恶者恶，据实敷陈，则善者劝，恶者惩矣，国家事岂有不理者乎？况科道乃耳目之官，如总兵官卓策、柯彩、许盛居官最为贪鄙，朕此番去时，闻其军民皆怨，乃为惩治。前此科道官曾有题参者否？"

阿兰泰奏曰："皇上所信任者大臣，诚能皆不徇私，直行保奏题参，则内外无不治矣。"上曰："尔等以朕旨宣谕九卿、科、道，倘后仍蹈前辙，朕必不贷。"

上又曰："此番巡历山西，观通省无一好官。自入直隶界，则迥然不同，而居官者皆善。巡抚温保迎至边外，观其动作即有不妥，其保举所谓优者，无一人可用。朕向曾谕近侍曰：此人改行矣。后至山西，知其居官甚劣。"伊桑阿奏曰："温保向为学士，日侍皇上左右，料必稍能出众，不意至此。"阿兰泰奏曰："皇上在外亦有谕旨。"上曰："似此，则人皆不可信矣。"

又理藩院侍郎西喇员缺，将内阁学士觉罗三宝等职名开列。上曰："理藩院事务紧要，必得其才优者任之。侍郎、学士中着会同班第选择具奏。班第若有所知，亦令保奏。"

兵部题右卫护军统领费扬古员缺，将镶黄旗副都统崇古礼等职名开列。上曰："此员缺着护军统领苏赫调用。"

工部题范承勋等勘视河道。上曰："河道事务关系重大，不可迟延。俱着依该督等所奏，速行修理。其钱粮令该部速行拨给。云梯关乃海口要地，此处淤沙深浚，则黄河入海不致阻滞。着总河每年遣才能官专管修理，毋致壅塞。闻去年大水，淮、扬、徐州等州县人民被水冲淹，至今尚栖河岸，朕心甚为悯恻。其三十五年各项钱粮着尽行蠲免，其三十四年未完钱粮于三十七年带征。"

上又顾大学士等曰："观《明史》，洪武、永乐所行之事，远迈前王，我朝现行事例因之而行者甚多。且明代无女后预政、以臣凌君等事，但其晚季坏于宦官耳。若此等处宜为增入，着问九卿。且元人讥宋，而明复讥元，朕并不似前人辄讥亡国也，惟从公论耳。"王熙奏曰："圣谕诚从古所未有也。"赐广东巡抚萧永藻鞍马一匹。

是日，上诣澹泊为德问安。

本日起居注官常书、邵穆布。

二十三日乙亥

二十四日丙子　是日，上诣澹泊为德问安。

二十五日丁丑　是日，上诣澹泊为德问安。

二十六日戊寅　巳时，上由西直门进神武门回宫。

本日起居注官特默德、史夔。

二十七日己卯　辰时，上御乾清门听政。部院各衙门官员面奏时，吏部题各省学道员缺以户部郎中赛璋等十二人职名开列引见。上问尚书库勒纳曰："此皆按年久开列者耶？"库勒纳奏曰："然，皆按俸次举出。"上顾尚书熊赐履曰："按俸次序良是。倘或更移拣选，则钻谋之弊即生。此等俱系读书人，考校宜取真才。若因以取利，岂不可耻？"熊赐履奏曰："此等俱从进士出身，宜清以持己，从公考取，庶不负皇上作养人才至意。"吏部出。

广东巡抚萧永藻赴任，恭请训旨。上曰："广东地方紧要，特简畀，尔莅任后，务须清廉持己，克勤公事，恪守法度。为一良吏，可不谓荣乎？"萧永藻奏曰："臣本微贱，蒙皇上屡次擢用，洊历今职，臣莅任当竭力报效。但广东乃边海之地，恳求皇上密示训旨。"上曰："无庸另示密旨。前巡抚高承爵任彼时，有称其善者，亦有称其不善者。善则汝宜效之，否则即宜更改。若以广东视为辽远之地，则不可也。"萧永藻叩首奏曰："臣起孤生，现无子嗣，且鲜兄弟，即亲戚亦无可倚恃者。惟有鞠躬勉励，仰报皇上简用之特恩而已。"萧永藻出。

大学士伊桑阿、阿兰泰、王熙、张玉书、李天馥，学士韩菼、顾藻、徐嘉炎、三宝、杨舒、罗察、席尔登以折本请旨。大同总兵官康调元奏老病，请解任。上曰："康调元历官已久，著有勤劳，着与温旨解任。副将俞益谟材力矫健，着补授此缺，令其速赴新任。"

又天津总兵官潘育龙请随驾出师，上曰："总兵官有防守之责，不必随行。"

吏部覆御史徐勍奏，工部郎中张溶先为知县时，曾因贪婪被参，不宜补授学道，应无庸议。上曰："今日所引见学道内，曹贞吉年老，着解任回籍。所参张溶，停其补授。余俱照部用，不可更换。若一更换，则诸弊即出矣。此参劾学道本，其意特为继此者地耳，岂得谓之无故？"伊桑阿奏曰："继此者不用，皇上另酌量一人用之，则甚公矣。"上曰："此亦不可。无论所用何人，外人必云，此必系某大臣赞助之力。惟视其应升之人用之而已。”

伊桑阿奏曰：“传示圣谕于九卿、科、道，诸臣云，圣谕诚然，真洞悉汉官积弊，臣等复何言？嗣后惟有黾勉，饬己改行，凡事必秉公各陈所见而已。科道各官云，纠参贪酷官员系臣等之职，总兵官许盛等所行恶劣，皇上亲知革职，并无一人参奏，此皆臣等有玷职任，更有何言？又以内升司道等官传问，据佥都御史常翼圣云，祖允图居官甚善，民共称之。即以此问众大臣，俱云荐人之事最难，必亲知灼见者方可举荐。常翼圣曾身历秦省，故得知之，臣等不知也。”上问祖允图曾官何地，伊桑阿奏曰：“祖允图先任山东兖州知府，后因佛伦保奏，升任陕西粮道。”上曰：“祖允图着内升。”

伊桑阿又奏曰：“颁给纂修明史大臣等敕书增入之语问之九卿。九卿云，从来修史，未有不非刺前代之事者。圣谕至公至明，自古未有，允宜增入敕书。”上颔之。

上顾大学士伊桑阿等曰：“巡抚温保居官甚劣。广东巡抚高承爵，有称其居官善者，亦有称其不善者。朕则惟见其不善也。”伊桑阿奏曰：“圣见诚然，居官真为不善。”

本日起居注官常书、顾祖荣。

二十八日庚辰　辰时，上御乾清门，听部院各衙门官员面奏政事。

本日起居注官特默德、张廷瓒。

二十九日辛巳　辰时，上御乾清门，听部院各衙门官员面奏政事。

本日起居注官张英、揆叙。

二　月

初一日壬午　辰时，上御乾清门听政。部院各衙门官员面奏毕，大学士伊桑阿、阿兰泰、王熙、张玉书、李天馥，学士韩菼、顾藻、徐嘉炎、三宝、杨舒、罗察、席尔登以折本进前，上曰：“顷都察院以内升外转等官引见启奏，近观诸言官所条奏之事殊不切当。或有为而条陈，或怀仇而参奏，于国事全无裨益。目前时务，以开言路为最要，果能不徇情面，秉公参奏，内外所行不端等官自惧而知戒，如此则于事大有益矣。科、道等官各有所见，即据实直陈，不得隐讳所奏。果是，朕即施行；如或不是，亦不议罪。将朕此旨谕科、道等官，并示九卿知之。”

钦天监题日食事。上曰：“日食虽人可预算，然自古帝王皆以之戒惧，此特敬天以谨人事耳。若凡庸之主皆委诸气数，去岁水潦地震，今又日食，意必阴盛所致，以为无与于人事可乎?可谕九卿，若有人事未尽应修改者，着确议具奏。”

本日起居注官华显、曹鉴伦。

初二日癸未 辰时，上御乾清门听政。部院各衙门官员面奏毕，大学士伊桑阿、阿兰泰、王熙、张玉书、李天馥，学士韩菼、顾藻、徐嘉炎、三宝、杨舒、罗察、席尔登进前。大学士伊桑阿奏曰：“臣等遵旨将日食事传示九卿，九卿奏云，日食皆系定数，虽上古盛世，亦常有之。惟皇上神圣，思及君臣相诫之事，又恐政有阙失，特颁谕旨。臣等钦惟皇上一切政事毫无阙失，皆臣等才力不及，有忝职任之所致也。嗣后臣等亦各黾勉儆戒。”上颔之。

又将撰给纂修《明史》总裁敕书呈览。上曰：“朕观立言皆当，惟言末季宦寺擅权等语，稍有未合。何以言之？明朝诸君，深处宫闱，未尝于大臣面决政事。自幼长于宦寺之手，故不能面斥之。至其败亡之故，皆因诸臣结为朋党，敝坏国政，且其军政全无整备之所致也。可将此处传谕九卿。”

是日，上诣宁寿宫问安。

本日起居注官陈元龙、邵穆布。

初三日甲申 辰时，上御乾清门听政。部院各衙门官员面奏时，户、兵、刑三部以捐马赎罪事启奏。上召督运粮饷都察院左都御史于成龙等问曰：“尔等何日起程？”于成龙等奏曰：“臣等须俟情愿效力运米官员同行。”上曰：“你此意已属大谬。凡为人臣者，宜以国家事务为重，勤勉效力，岂可援引己党?当此军务紧急，尔自宜率先启行，其余令陆续随往。若必俟众同行，宁不误事？尔自任巡抚以及总河时皆惟为人行事，其后运米亦仍如此。尔前在河工曾将二百余人带往，迄今未用一人，欲任意援引，得乎？尔前此运米已甚失策，凡人有优劣，马有肥瘦。若果人马相称，尔身先士卒，催趱而前，自可早至克鲁伦地方，不致有误。乃汝惟缓行，务期与众同到请功，几误朕之大事！汝又云宁杀于成龙，至捐纳人等不可不用。此语岂非沽名干誉之意乎？汝一生品行皆于此有玷矣。朕曾将尔屡加严防，尔竟不悛，此是何故？今日诸大臣并起居注官俱在此，尔试言之。”于成龙免冠叩首奏曰：“臣向愚昧，无知妄行，今闻皇上圣训，臣实无词可对，自后必不敢为人，自陷死罪。”

上曰：“朕于国家之事，惟虚己以视事宜，断不固执己见。即用兵之道亦如是，一日之中，有千变万化。朕率大兵至克鲁伦时，亦视贼之形势随机而应，并不预立己见。孔子云，毋意、毋必、毋固、毋我。圣人之言，至当不易。今于成龙惟执己见而已。先次运米，因待众误事，今又欲俟众同行，此不过扶助己党，令其感激之意耳。殊不知用人之权，为人臣者不得专擅。朕今用人，若有保举官员，亦必就其中论俸升补，即有素所深知者，亦视其效力之处酌量用之，否则俱为论俸。朕乃天下之主，于用人之际尚不肯任意，而为人臣者乃妄意自擅，可乎？”尚书马齐、凯音布、图纳奏曰：“保举人才最是难事，即自己一身尚难自保，而况他人。”上曰：“前日尚书凯音布题步军副尉员缺，伊欲指名擢用。朕曰，指名用人，实非美事，此例断不可开。其始虽得一二善使者，后必流至不堪，因不准行。大抵欲援助人者，后必自己获罪。前曾有大臣以扶助他人而已受累，今又有效而行之者。”马齐等奏曰：“圣鉴甚明，他人岂能蒙蔽。”诸大臣出。

直隶学院兵部侍郎李光地，江南学院内阁学士张榕端，浙江学院工部侍郎李楠陛辞，恭请训旨。上曰：“学院一差原系翰林官员，今用尔等侍郎、学士，尔等宜各自顾惜。善恶最是难掩，张鹏翮任浙江巡抚、江南学院，操守甚清廉，此外无可观者。”李光地等奏曰：“臣等蒙皇上特用，焉敢不凛遵谕旨，勤勉效力。”李光地等出。

大学士伊桑阿、阿兰泰、王熙、张玉书、李天馥，学士韩菼、顾藻、徐嘉炎、三宝、杨舒、罗察、席尔登、黄茂以折本请旨。都察院题内升外转事。上问曰："此内孰可？"伊桑阿等奏曰："俱系平常，无有能建言者。"上曰："此番内升外转着停止。"

上顾大学士等曰："张鹏翮居官甚清，其人实为可敬。若此不行奖劝，何以鼓众？伊回京时，朕意欲特遣官往迎。此意着谕九卿。"

本日起居注官常书、徐元正。

初四日乙酉 辰时，上御乾清门听政。部院各衙门官员面奏毕，大学士伊桑阿、阿兰泰、王熙、张玉书、李天馥，学士韩菼、顾藻、徐嘉炎、三宝、罗察、席尔登、黄茂进前，将给纂修《明史》大臣敕书呈览。上曰："史书关系紧要。今总裁汉大臣，于他人所修之书删改甚以为碍。熊赐履读书多而学问好，且在馆诸臣半系门生，不难改削，事可速成。"阿兰泰奏曰："皇上圣见极是。诸臣各执己见，不乐人改者甚多。故史事每致稽迟。"上曰："着熊赐履为监修官，令其速为纂成。"

又遵旨将起复原任科臣苏俊等五员职名开列启奏。上曰："苏俊口吃，不必来京，其余俱着起用。"上又顾诸大臣曰："科、道职司耳目，年来并无一人陈奏，故朕将现任言官严饬，又将伊等起复，此后言路必大开矣。"阿兰泰奏曰："皇上求言如此殷切，居言职者宁有不言之理？"上曰："此后条奏内如果可行，即批准行；如不可行，俱批知道了。若概行交部议覆，必多更张成例之弊。况朕令其陈言，原欲闻军国要务。如但浮词细故、塞责陈奏，殊非朕求言本意。"阿兰泰奏曰："皇上圣明。历来旧例屡行更张，亦非盛朝美事。如事事交与部议，以后纷更陈例之事必多。"

上又问："遣官迎接张鹏翮曾问九卿否？"伊桑阿奏曰："已传圣谕。九卿奏云，张鹏翮居官清廉，已蒙温旨，又遣官迎接，从古未有者，圣恩诚极隆矣。"

本日起居注官特默德、宋大业。

初五日丙戌 辰时，上御乾清门听政。部院各衙门官员面奏毕，大学士伊桑阿、阿兰泰、王熙、张玉书、李天馥，学士韩菼、顾藻、徐嘉炎、三宝、杨舒、罗察、席尔登、黄茂以折本请旨。兵部题西路出征阵亡病故官兵议加恩恤。上曰："中路出征病故官兵亦当察明加恤，其随征病故督捕侍郎戴通着亦加恩恤。”

谕毕，又顾大学士等曰：“观御史周士皇条奏，乞朕停止亲征。虽臣子之情宜然，但伊未喻其中之故耳。噶尔丹甚是险恶，即一日亦不可姑留。前在乌兰布通地方罔行狂逆，朕已遣师讨之。噶尔丹犹不悔过，复行潜住我克鲁伦地方。朕统大军剿除殆尽，今穷困已极，故朕乘此机会亲临塞外，酌量调度。前三逆反叛，吴三桂煽惑人心，甚是猖蔓，竟至榆林等处。朕日夜筹度，调遣大兵，尽心计画，方得扑灭。今逆贼荡平已久，人遂视为易事。况穷兵黩武，好大喜功，朕所深戒。前朕作诗亦曾及此。此意着明谕周士皇，伊所条奏虽有不合，亦不介朕意。”

是日，上诣宁寿宫问安。

本日起居注官张英、揆叙。

初六日丁亥 辰时，上巡行边塞，区画军务，由神武门陈设卤薄，出德胜门，驻跸昌平州。

是日，上驷院侍卫马什传谕领侍卫内大臣公福善曰：“时当春令，马不可辄令饮水，稍行拴立，俟喂草后始令饮水。着遍谕大臣、侍卫、护军、执事人等及部院衙门知之。”

赐浙江提督马三奇玲珑撒袋。昌平州防守御穆锡泰等，霸昌道高必弘等、参将徐登甲等来朝。

初七日戊子 上驻跸岔道。兵部侍郎哈雅尔图、理藩院侍郎安布禄同奏曰：“凡有报至，上未寝时，即启奏。若已安寝，次早奏闻。”奉旨：“善。若噶尔丹就擒伏诛报至，无论时刻即奏闻，其余事漏尽时启奏。朕晨兴亦早。”

又亲近侍卫关保传谕大学士伊桑阿、侍郎安布禄等曰：“据员外郎阿尔必特祜疏称，达赖喇麻另有一疏并口奏三语。问之尼麻唐库图克图，据云此另奏之疏并口奏三语，达赖喇麻谛巴曾嘱不许交付他人，并向人告知，见圣主时始奏闻，未经付臣。今朕亲临边境，将尼麻唐库图克图、卓尔木龙阚布等减其从役，令员外郎阿尔必特祜速行驰驿带来。”

又乾清门侍卫马武传谕领侍卫内大臣等曰：“管理行装甚为紧要。若照常派一大臣管理，则彼皆视为故套。嗣后派大臣二员，每旗侍卫十员、护军校三员，令其管理。其大臣职名逐日启奏，朕亲点派。其侍卫无论新旧，轮班派出管领，视行装倾斜者扶掖之，倘过险狭则监助之。朕躬时在行装前后巡查，若有怠玩者，朕察出定行治罪，断不宽宥。其随行装，大臣每日籍记之。”

是日，居庸路都司霍威等、延庆州知州武登科等来朝。

初八日己丑　上驻跸怀来县城西。遣往谛巴之使理藩院主事保住奏称：“臣谨遵上谕，于十一月二十二日到乌思藏，将圣旨一一晓谕谛巴。谛巴奏云：‘臣庸流末品，蒙大乘皇帝垂念，达赖喇麻优封臣为土伯特国王，臣正思何以仰答皇恩，焉敢违大乘皇帝圣旨，并负达赖喇麻而附从逆贼噶尔丹乎？况圣主乃文殊师利佛，此情可谅而知。臣之安乐荣显，皆圣上与达赖喇麻之恩。臣苟背大乘皇帝而附他人，必寿数夭折，即奉大乘皇帝有稍异于达赖喇麻之意，亦且不得善终。总之，谨遵圣旨外，别无可奏。’遂合掌叩首。其上谕四事，谛巴回奏云：‘皇上圣明，凡事先知。遂知达赖喇麻于明岁出定，遣此二喇麻前来认识，臣心甚喜。此温春喇麻向与达赖喇麻同处十年，令伊认识，自能立辨。俟达赖喇麻出定后，令二喇麻看明回奏皇上。其时皇上自知臣之诚而众疑亦释矣。若达赖喇嘛果系亡故，臣焉敢以为尚在，称其出定而遣尼麻唐库图克图妄奏皇上乎？达赖喇麻前身现在是实。又皇上遣内齐拖因库图克图等召班禅库图克图之时，自达赖喇麻以至臣等皆使人恳彼前往，以副圣意。班禅库图克图初本愿往，后因来使口出恫喝过激之言，遂云不往。迨使臣已归，班禅库图克图决言不往之后，噶尔丹之使始至。臣并不借噶尔丹巧辨推诿，即班禅库图克图亦岂肯听噶尔丹之言乎？今大乘皇帝必欲班禅前往，臣虽不能主，焉敢违旨？臣惟尽力启闻达赖喇麻，务期委婉令班禅口允前往之期，交后去之喇麻进巴扎木苏等奏明，其时作何加恩遣使，祈皇上睿鉴。又乌兰布通之役，济隆库图克图不遵大乘皇帝圣旨与达赖喇麻之言，致事未成。且噶尔丹与尚书阿尔尼战后反庆贺噶尔丹，进白首帕以怂勇之故，臣籍没其产，流徙于喀木地方。今欲与使臣同遣，所居辽远，往返须二三月，恐为日迟久。大乘皇帝仁化覃敷，柔远怀迩，好生之心，自土伯特国以至天下无不知者，济隆库图克图臣灼知皇上不加诛罚也。且济隆库图克图乃七世枯必尔汗，臣焉敢擒解？然必委婉引来，与后去之喇麻晋巴扎木苏等同遣，以副圣意。其波硕克图济农与噶尔丹结姻之事，乃喀尔喀、厄鲁特未破之先，阿奴尚在策旺拉布滩之时即已结姻。其余臣虽不敢保，而呼户诺尔之八台吉俱系达赖喇麻之弟子，惟愿为大乘皇帝竭力报效，并无二心异图，臣可保其必不负大乘皇帝与达赖喇麻。大乘皇帝仁爱天下黎民如赤子，此一女子即送往，于国家何益？无非因噶尔丹所行背道灭法，皇上欲绝其后裔耳。然此不过一女子而已，乞免其夫妇离散，仍为完聚。惟此一事臣谛巴稽首顿首所祷求者也。又我土伯特国人不谙礼法，惟其无知，获罪皇上，臣谛巴非知而故犯也。总之，臣无知之罪，乞使臣陈明皇上，伏祈宽宥，仍赐温旨’等语。于十二月初十日交付回奏本章，令臣起程，臣保住于正月二十三日至西宁，于二月十五日起程前来，距庄浪不及四百里，因无驿马，计行三日，恐前途驿站迟误。既至庄浪，将谛巴回奏情由缮写奏章，由驿站驰奏外，其谛巴回奏本章并赍送剿灭噶尔丹贺表，使人囊苏楚耐，则臣保住亲身带领，续后速行。其谛巴惶惧，钦遵圣旨口奏等语，并呼户诺尔台吉等情形，臣到日面奏。又遣往谛巴使臣喇麻晋巴扎木苏等疏称：臣等钦奉上谕，将敕书交付王谛巴讫，主事保住遵圣训宣谕议事毕，亲回启奏外，先是奉旨以臣等二人素识达赖喇麻，着臣等验明回奏。而谛巴又谓汝二喇麻之来甚善，达赖喇麻前身现在是实，尔等可看明回奏皇上。窃思皇上遣委之事尚未明悉，不便既回，是以臣等同议将赐达赖喇麻敕谕并赍物件不曾颁给，俟达赖喇麻出定后看明再行覆旨。故尔留此。奏至，侍郎安布禄，将此二疏交批本存住转奏。”奉旨：“着示议政大臣等。”

是日，兵部等衙门尚书凯音布等疏称：“川陕总督吴赫题，为兵部咨称大军所需驼、马、骡、驴、牛、羊，令于肃州、宁夏等处购买，每处遣贤能司官五员，会同督抚地方官员，动支正项钱粮，照时价购买等因。臣思此购买各项，俱系臣职内应行事宜，皇上念军务紧要，特遣大臣等公同料理，于事大有裨益。又特旨令骆驼、马、骡俱照时价购买，不许短少价值，乃皇上仁爱百姓之至意。臣敢不仰副而行？查甘肃巡抚郭洪现在肃州办事，即与侍郎席敉图等于肃州等处购买。臣往宁夏公同副都统阿兰泰等督买外，臣伏惟驼、马系大兵紧急军需，断不可迟误。查去岁满洲绿旗兵自宁夏出边又陆续运粮，所需骆驼、马、骡甚多，且各省营驿马又皆自陕西买去，又以茶易马数千匹。现给绿旗兵丁折马银两各相补买，陕西虽产马，然所用与买去者甚多，今此购买未可必其足用。若不预筹以缓应急，权宜调用，止恃购买，万一迟误，所系匪轻。臣再三筹虑，不如暂借兵丁马匹先行调用。查西安八旗、汉军、满洲现有四千二百，每兵有马三匹，内选取一匹，可得马四千二百匹。臣标下马兵五千，除黄元驻防兵一千外，尚有四千。此内马选取二千匹，陕西提督标下马兵三千内选取马一千五百匹，兴安总兵官标下马兵一千五百内选取马七百匹，陕西巡抚标下三百五十马兵内选取马一百五十匹。俟命下之日，将此项马匹令各处该管大臣官员亲阅，择其肥壮者派出官兵送至宁夏。沿路每马一匹给草一束、豆三仓升，尽心喂养，勿令疲瘦。此扣取八千五百余马匹不可久缺，臣今现往宁夏，将此交与陕西巡抚，谨遵上谕，动支正项钱粮，照时估价，不许短少。诚如此，调用兵丁既得银两，各自购买，添补营伍，不致空缺，且于军需大有裨益。若购买不足，后始行题请，必致迟误。军需关系紧要，臣谨预行具题请旨。奉旨：'兵部速议具奏，钦此。'臣等会议，均应如督臣所题行。其选取马匹定数，着陕西巡抚动支正项钱粮，照时价发给兵丁补买。其所用银两草料数目仍开明报部，俟命下之日，行文于该督抚并宁夏驻防副都统阿兰泰具题。"奉旨："依议速行。"

是日，怀来县知县白有斌等、守备王国朝等来朝。

初九日庚寅 上驻跸沙城堡。批本存住传谕曰："嗣后骑官马及骑佐领下马匹者，若马匹倒毙、遗失，着各该管官员将遗失马匹之人带来启奏。"

又理藩院主事诺尔布疏称："臣谨遵谕旨于康熙三十五年十一月二十九日到多罗贝勒根敦额尔克代青所居塞棱格之都兰努和地方。多罗贝勒根敦额尔克代青已于十一月初三日病故矣。十二月初二日，遣僧古尔吉、达尔汉巴图尔等六人往颓等地方侦探噶尔丹消息，于本月二十四日僧古尔吉、达尔汉巴图尔等回称：'我等去时，自七劳图逾杭爱山前至枯伦白尔齐尔地方，回时由颓而返，并不曾遇见一人'等语。本月二十六日达什等六人及妇女幼稚共二十三人自阿拉布坦逃来。问达什等尔从何处逃来，噶尔丹、丹济喇、阿拉布坦等现在何处，伊等现有几人？达什等称‘吾等皆系阿拉布坦之人，噶尔丹、丹济喇在伯格尔察罕鄂尔格地方，阿拉布坦在扎巴哈之济丝布隆地方，丹津鄂木布从顾尔班塔密尔处率领三百人叛离噶尔丹，往洪郭罗地方而去。十一月初一日，噶尔丹差车林奔往告阿拉布坦云，予今在伯格尔察罕鄂尔格地方，势不能居。哈密城现有粮米，欲往彼处，尔今何如？阿拉布坦云，予亦将往河布多地方。因留车林奔两日遣还。本月十七日从扎巴哈之济丝布龙向河布多地方游牧而去。我等到吉大浑地方，见后行之人，夺马十四、驼四只，并我等原有马驼，自二十日逃出。闻根敦代青原在塞棱格地方，遂投奔而来。阿拉布坦仅有人七百许，噶尔丹、阿拉布坦之人逃回察罕阿拉布坦处甚众，现今人数未详’等语。谨奏请旨。”奏至，侍郎安布禄交批本存住转奏。奉旨：“知道了。”

是日，赐进鹿民白金，又赐贫人钱。怀来路参将张文焕等来朝。

初十日辛卯 上驻跸上花园东。上谕大学士伊桑阿曰：“今遣能言大臣一员，率领呼户诺尔扎锡巴图尔台吉之使额木布，及波硕克图济农之罗垒厄木七、波硕克图济农之族子额尔得尼台吉所属之纳木喀喇木占木巴等前往呼户诺尔地方，将呼户诺尔台吉等说之使来。着会议具奏。”议政大臣等会议：“噶尔丹大败，孑身逃窜，所属人众，归降殆尽。今困迫已极，将至死亡。呼户诺尔台吉等闻之，俱各震恐。当斯之际，皇上遣贤能大臣，率领扎锡巴图尔台吉之使，说之使归，甚当，宜谨遵上谕行。应遣大臣率领扎锡巴图尔台吉之使鄂木布等三人前往呼户诺尔地方，宣布皇上仁恩，说呼户诺尔台吉等来归。其宣谕扎锡巴图尔台吉波硕克图济农之旨，令遣往大臣自行请旨，所遣大臣伏祈皇上钦点。”奏入，奉旨：“依议。着遣都统都思喀尔、台吉阿拉布潭德木楚克并司业萨尔图去。”

是日，保安州知州吴永申等，鸡鸣驿把总马得富来朝。

十一日壬辰 上驻跸宣化府。议政大臣等奏曰：“据一等侍卫副都统阿南达疏称：‘噶尔丹多尔即亲到臣处称，我寨桑阿瑶往观之时，蒙神圣之主垂念，我祖额齐尔图车陈汗优加殊恩，赐以温旨，我不胜怀忭，即欲前往请安。但噶尔丹乃杀我祖父，不共之仇，幸圣主大克之。今思乘其妻子不保，纷纷离散、穷迫已极之时，我力虽不能报复，赖圣主威灵，愿从大军效力前进，仰答皇上格外殊恩，且以复我私仇。事毕，我即偕侍卫前来叩谢皇恩’等语。噶尔丹多尔即既欲答皇上抚恤之恩，以报伊祖父之仇，愿从大军前往，应于大军进剿时令噶尔丹多尔即酌量率其部曲从军前往。俟事毕，令阿南达带噶尔丹多尔即前来谢恩。且将此移知阿南达。”奏入，奉旨：“依议。”

是日，赐进献貂皮、猞猁狲喀尔喀原任扎萨克多罗贝勒根敦代青之妻福金缎七匹，并所遣之使喇布坦戚巴海布匹。口北道常明杨、宣化府知府范时崇等、总兵官白斌等来朝。

十二日癸巳　上驻跸左卫之南。是日，亲近侍卫关保批本存住传谕副都统御史努赫曰：“尔每日率科道官一员在行装之后行走，沿途如有仆从恶徒抢夺民物、肆行斗殴者，尔等查拿，指名题参。若有此等之人，尔等不行巡拿，以至朕前首告，必不轻恕尔等。每至晚间无事，具甘结交与大学士。”

又谕领侍卫内大臣索额图曰：“朕依路而行，并不围猎。有无故驰马者，着缉拿，遍行晓谕。”

又一等侍卫副都统阿南达疏称：“臣遣一等侍卫鄂欣、台吉代青巴图尔哈马尔、护军校阿奇纳巴图尔额尔克济农之马赖厄尔克哈什哈带领兵丁前往迎取噶尔丹之子塞卜屯巴尔住尔，去讫，臣随率兵至阿齐春济地方。臣前遣往哈密之家人扎木素并噶尔丹多尔即之十人、达尔汉白客额贝都拉之子白奇等三十余人，解送塞卜屯巴尔住尔。于二月初一日遇侍卫鄂欣等，初二日至臣处。据白奇云：‘我父达尔汉白客额贝都拉遣我解送塞卜屯巴尔住尔及噶尔丹所发往桑克拉锡库图克图、满柱库图克图、和硕齐台吉贝博等之书，又至我哈密地方打粮之鄂莫克图哈什哈等二人尽皆擒拿并噶尔丹发往桑克拉锡库图克图等书四封，一齐送至，着我将塞卜屯巴尔住尔送到京城’等语。询问鄂莫克图哈什哈、达锡尔，据鄂莫克图哈什哈云：‘遣我往桑克拉锡库图克图等处送书，我等于去年十二月二十四日起程。我等来时，噶尔丹尚在格格特哈朗古特地方。闻阿拉布坦在扎巴哈之济丝布龙地方，伊拉古克三库图克图在伊克敖拉山后塔尔河努呼地方。我处人因乏食，各自星散捕猎。噶尔丹所有兵数未详，大约不过六七百人而已。但遣我持书送往桑克拉锡库图克图等，其情由俱载于书，我不得而知。’达锡尔云：‘我原系遣往哈密地方取米者，其余与鄂莫克图哈什哈无异辞。’臣于是将丹济渣布并达锡尔等共十四人交地方官，令送该部。其白奇随来之人并其驼马暂留交地方官，养于肃州，以俟白奇之归。又遣臣家人一名前往哈密地方，驻扎探信，倘有信音，着带达尔汉白客额贝都拉之人星夜作速来报外，将塞卜屯巴尔住尔并灰得和硕齐鄂莫克图哈什哈交付护军校阿奇纳巴图尔厄尔克济农之马赖厄尔克哈什哈、达尔汉白客额贝都拉之子白奇等。臣又会同提督李林隆、总兵官李士达酌议，令绿旗官兵护送于二月初三日遣发起程，并将噶尔丹发往桑克拉锡库图克图蒙古书四封先行奏闻。”奏至，侍郎安布禄交批本存住转奏。

上召议政大臣等入行宫，谕曰：“前于阵前既斩噶尔丹之妻阿奴喀屯，今又生擒其子塞卜屯巴尔住尔，诸大臣为朕效力行间，或仅能擒获噶尔丹本身，倘其子远遁，焉得即擒？苟获噶尔丹而不获其子，事犹未结。今虽未获噶尔丹而获其子，则贼之本根已斩。虽噶尔丹各处偷生，年已老迈，所延几何？我实不意获塞卜屯巴尔住尔，是乃天之所赐也。朕心甚喜。”议政大臣奏曰：“哈密乃塞外回回国，观其倾心归服，将噶尔丹之子并其大臣俘获进献，可见皇上恩威所被，无远弗届。凡人生总为妻、子计耳。噶尔丹之妻阵前被戮，止有一子，又被俘获。噶尔丹已无家可归，无国可逃。天下虽大，孑身无复可容，有死而已。”

上曰：“用兵之道在乎知机，噶尔丹穷迫已极，宜乘此际速行剿灭，断不可缓。朕今亲临宁夏，相度机宜，调遣军士，谅噶尔丹闻朕进讨，魂魄俱丧，其部属亦必张皇。而别部蒙古闻朕亲临宁夏，各欲见功，扼噶尔丹而图之。噶尔丹若不自尽，亦必为人擒献。克成大事，正在此举。尔等之意若何？”诸大臣奏曰：“皇上所见甚当。皇上亲临宁夏，声威甚大。臣等咸谓必如圣明之所预料。”

上曰：“朕亲历行间，塞外情形知之甚悉。自古以来，所谓难以用兵者是也。其地不毛，间或无水，至瀚海等砂碛地方，运粮尤苦。而雨水之

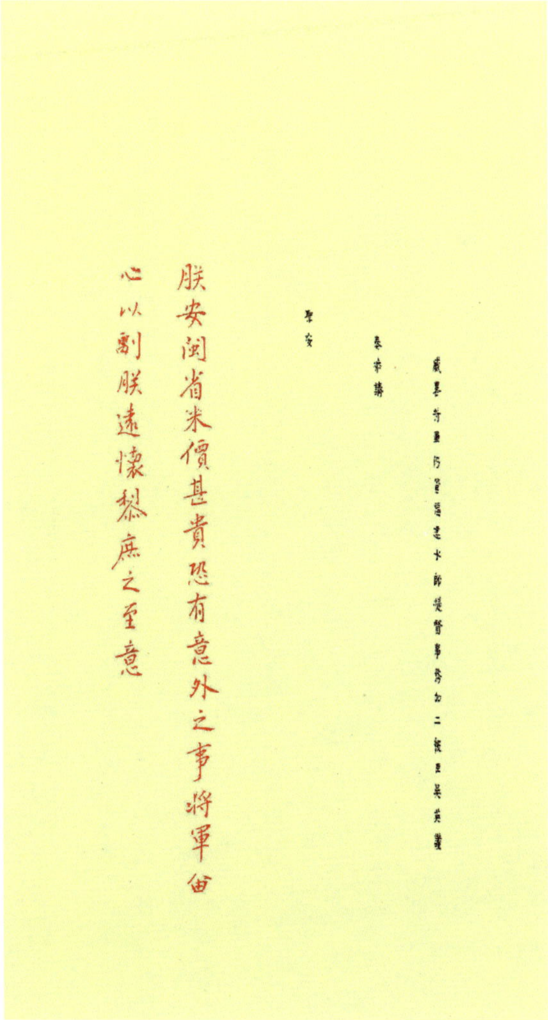
威略將軍仍管福建水師提督事務加二級臣吳英謹
奏請
聖安

朕安閩省米價甚貴恐有意外之事將軍留心以副朕遠懷黎庶之至意

福建水师提督吴英奏请圣安折

无年月日

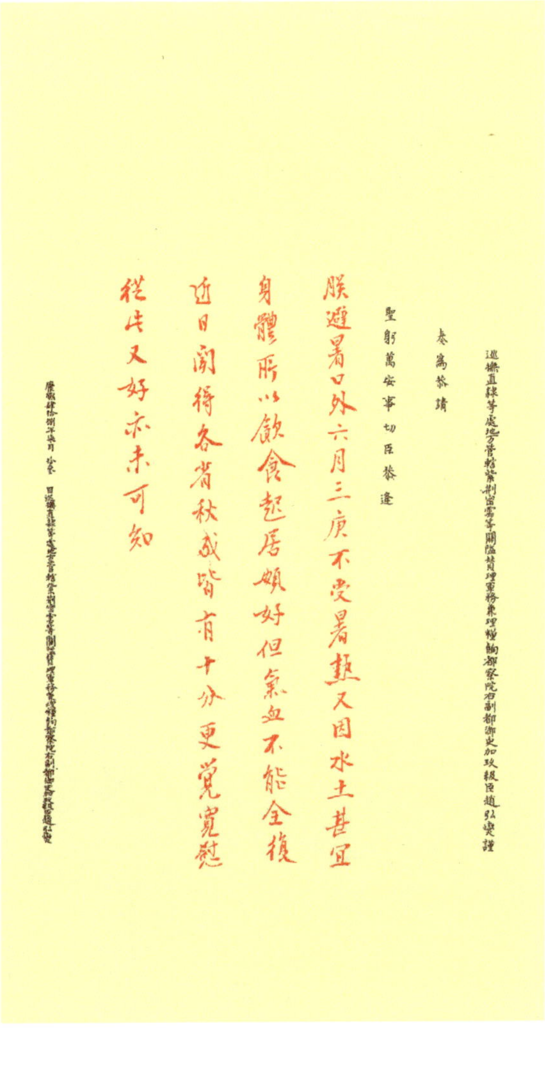

巡撫直隸等處地方管轄紫荊密雲等關隘贊理軍務兼理糧餉都察院右副都御史加玖級臣趙弘燮謹

奏爲恭請

聖躬萬安事切臣恭逢

朕避暑口外六月三庚不受暑熱又因水土甚宜

身體所以飲食起居頗好但氣血不能全復

近日聞得各省秋成皆有十分更覺寬慰

從此又好亦未可知

康熙肆拾捌年柒月拾叁日巡撫直隸等處地方管轄紫荊密雲等關隘贊理軍務兼理糧餉都察院右副都御史加玖級臣趙弘燮

直隶巡抚赵弘灿奏为皇上巡幸口外恭请万安折

康熙四十八年七月十三日

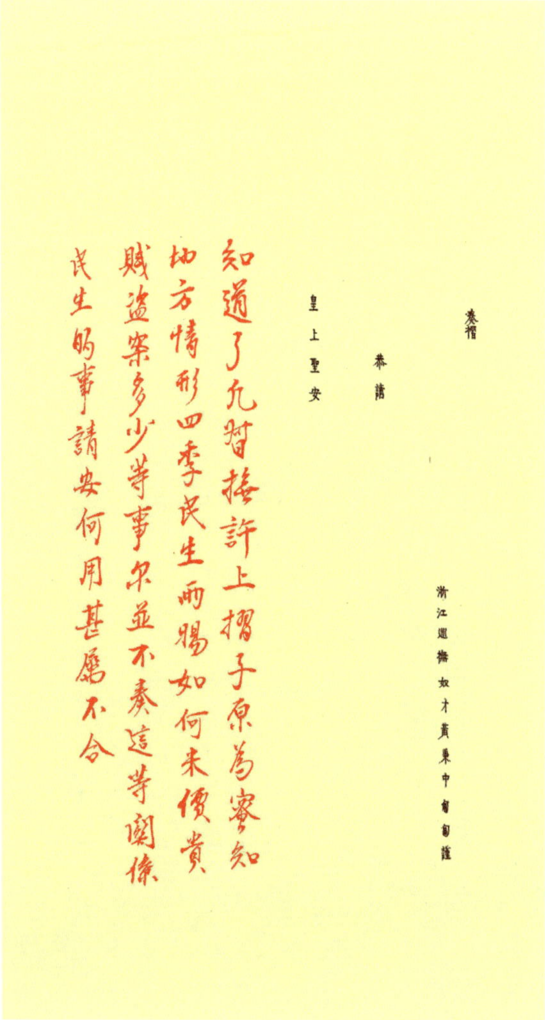

浙江巡撫奴才黃秉中匍匐謹
奏摺
恭請
皇上聖安

知道了凡督撫許上摺子原為密知
地方情形四季民生雨暘如何米價貴
賤盜案多少等事爾並不奏這等關係
民生的事請安何用甚屬不合

浙江巡抚黄秉中奏请圣安折

康熙四十八年

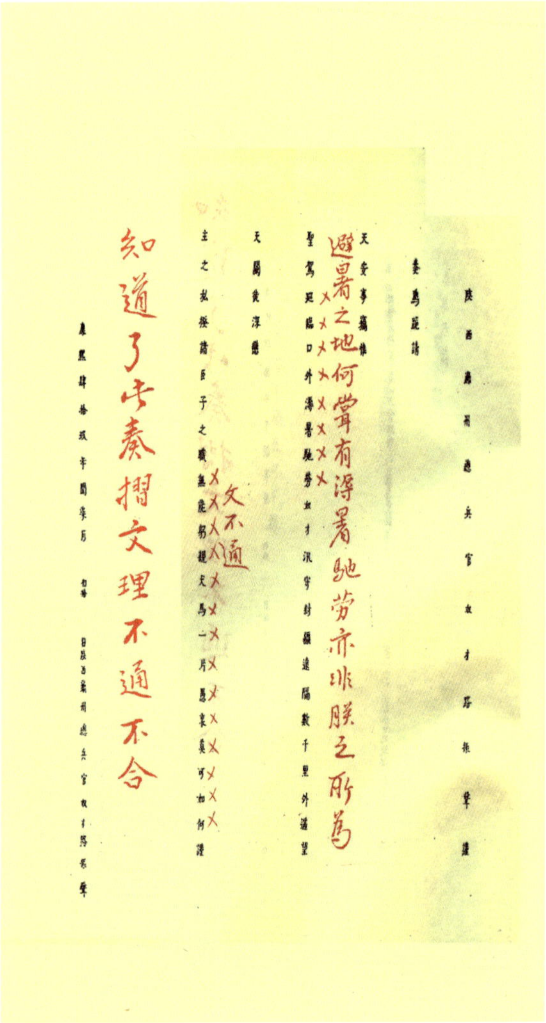

肃州总兵路振声奏请天安并进扁挂面等食品折

康熙四十九年闰七月初十日

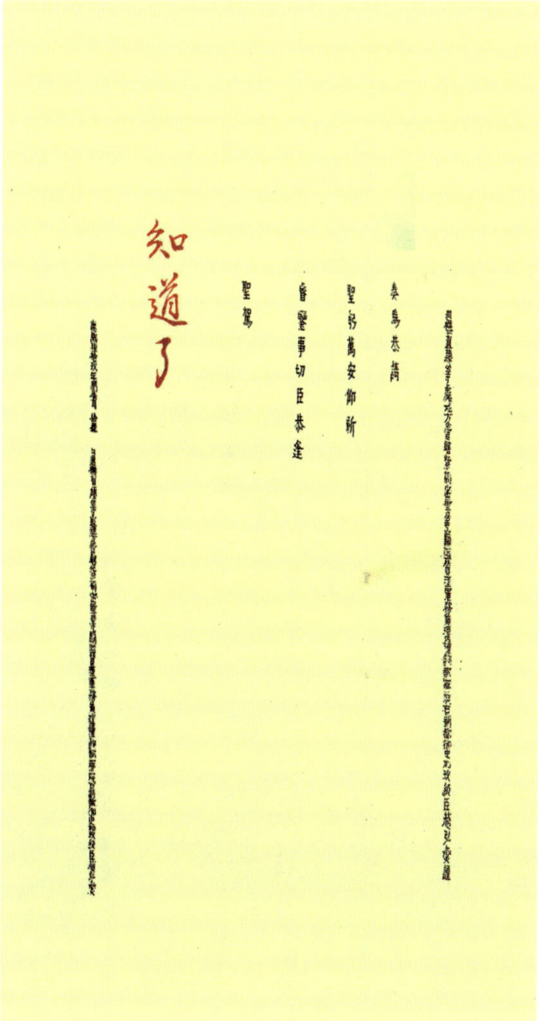
奏爲恭請
聖躬萬安仰祈
睿鑒事切臣恭逢
聖駕
知道了

直隶巡抚赵弘灿奏为圣驾行幸哨鹿恭请圣安折

康熙四十九年闰七月十四日

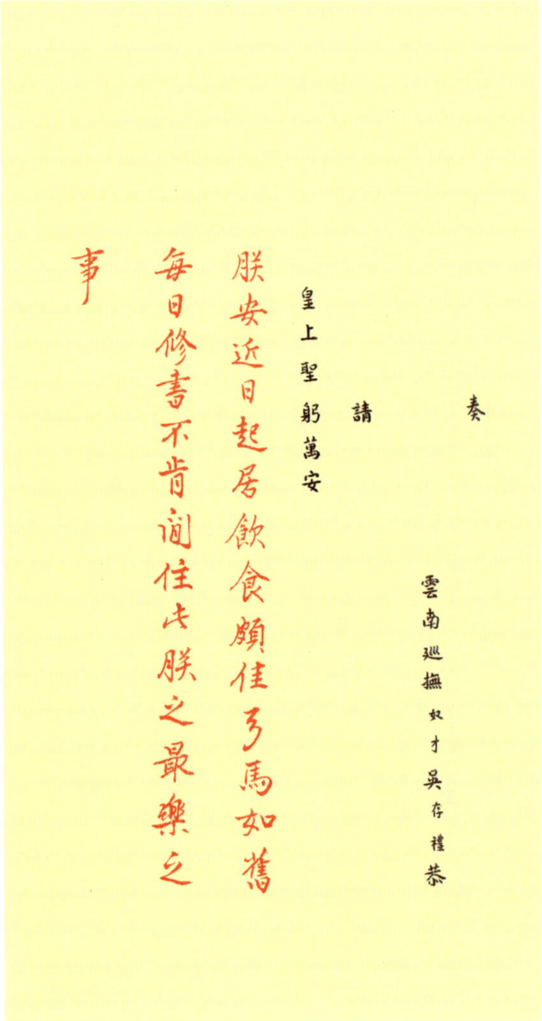

雲南巡撫奴才吳存禮恭
奏
請
皇上聖躬萬安
朕安近日起居飲食頗佳步馬如舊
每日修書不肯閒住此朕之最樂之
事

云南巡抚吴存礼奏请万安折

康熙四十九年

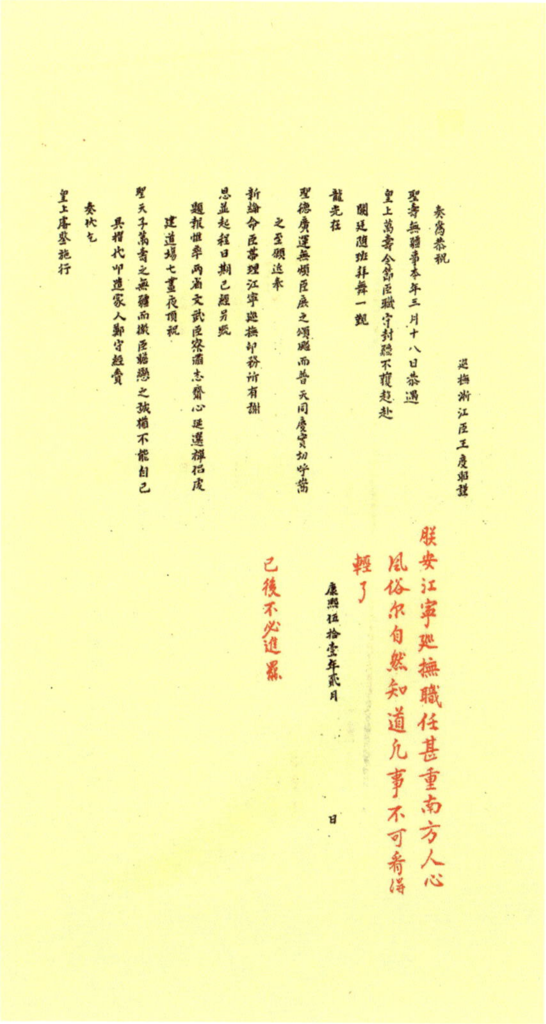

巡撫浙江臣王度昭謹
奏為恭祝
聖壽無疆事本年三月十八日恭遇
皇上萬壽令節臣職守封疆不獲趨赴
闕廷隨班拜舞一覲
龍光在
聖德廣運無頗臣庶之頌颺而普天同慶實切呼嵩
之至願迭奉
新綸命臣暫理江寧巡撫印務所有謝
恩並起程日期已經另疏
題報惟率兩省文武臣僚肅志齋心延選禪衲虔
建道場七晝夜頂祝
聖天子萬壽之無疆而微臣瞻戀之誠猶不能自己
具摺代叩遣家人鄭守毅賫
奏伏乞
皇上睿鑒施行

朕安江寧巡撫職任甚重南方人心
風俗尔自然知道凡事不可看得
輕了

康熙伍拾壹年貳月　日

已後不必進摺

浙江巡抚王度昭奏贺万寿折

康熙五十一年二月

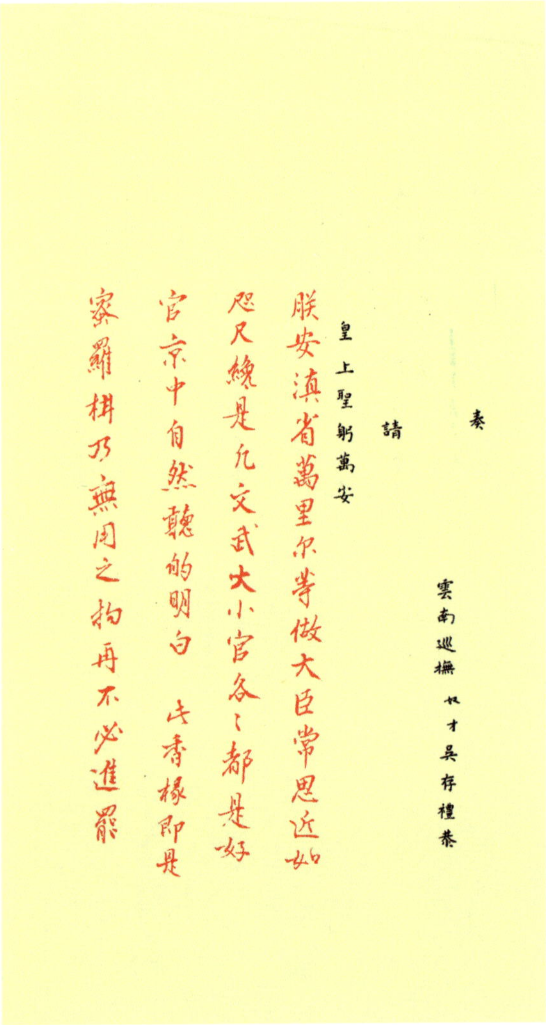

奏
雲南巡撫奴才吳存禮恭
請
皇上聖躬萬安
朕安滇省萬里尔等做大臣常思近如
咫尺纔是凡文武大小官各々都是好
官京中自然聽的明白 此香櫞即是
賓羅柑乃無用之物再不必進罷

云南巡抚吴存礼奏请万安折

康熙五十一年

际，樵爨颇难。区画不周，岂可妄动？朕今亲临宁夏，凡有可用兵之地，必详察行道水草，全备马驼粮糗等物，然后起程。稍有可疑，虽诸大臣劝行，朕亦不允。”诸臣奏曰：“克鲁伦之役，皇上于出师之先，筹画万全，师出之后，事无巨细，皆由乾断。顷刻之间，破灭狡寇。兹谕剿灭贼寇之方，行兵朔漠之策，明如指掌。臣等愚见，噶尔丹肘虽生翼，亦不能脱矣。”臣等钦惟皇上包涵遍覆，靡远勿届，宣示威信，曲中机宜，遐荒慕义向风，人人思尽其力。哈密上感国恩，矢诚效顺，遂擒逆子塞卜屯巴尔住尔以献。夫披其枝者伤其心，噶尔丹初欲跳梁边隅，今乃妻子为僇，游魂虽存，本根先绝。神谋睿画，亘古莫及。而皇上宣谕，群臣以为皆天所赐，夫天心之眷佑，即在人心之感悦。仁义之师，群情归向，所谓顺乎人而应乎天也。

是日，亲近侍卫吴什传谕曰：“一等侍卫米奏称：‘前噶尔丹以我克使带领回子一千五百口前来，及至喀伦地方，侍郎满丕拦止我等，不许前进，着赍敕书回噶尔丹处。我去之后，回子俱往呼户诺尔去矣。我来覆奏时，侍郎满丕又遣我赍敕书回去。我至噶尔丹处，噶尔丹因回子往呼户诺尔一事，遣萨木坦达尔汉鄂木布至扎锡巴图尔台吉处云，尔将此回子收留尔处，勿使往仁圣太平皇帝及图尔古特并策旺阿拉布坦处。此回子现在呼户诺尔，今皇上收抚噶尔丹属众，此回子向原系我带来者，皇上方遣大臣前往呼户诺尔，我愿随往将回子等来’等因。”入奏，奉旨：“着传谕议政诸大臣。”议政大臣等会议：“一等侍卫米所带来回子欲自往取，应准所奏，令前往。”奉旨：“着米与所遣大臣同去。”

是日，宣化府左卫守备萧愈兴来朝。

十三日甲午　上驻跸怀安县。员外二郎保疏称：“本年正月十六日，回子叶大魁、通事马五带领特布新寨桑前来。据寨桑云：‘我系阿齐滚布巴图尔台吉之特布新寨桑，名马木特。我台吉遣我请皇上安并奏明，前两次圣上遣回子等往策旺阿拉布坦处，我经遣人自备马匹、食物导引，使之安然抵策旺阿拉布坦处。其呼户诺尔台吉等想从我言矣，但未知圣上肯加恩否，惟候谕旨遵行’等语。问特布新寨桑马木特云，据呼户诺尔台吉等所发覆部文内开达赖喇麻称，噶尔丹不由此处而来。其不向呼户诺尔来者，因伤车陈汗之故，畏惧不来等语。然则尔台吉亦在其内矣，遣尔来者或有别意否？今噶尔丹若来，能出兵擒拿否？台吉凡有所言之意，尽行告我，以此细问，至于两日。据称，我台吉之意，以为别无事，因难以来觐，倘皇上或不加恩，则我于呼户诺尔之众亦觉无色。故遣我前来请皇上安，并奏此情。皇上若赐温旨，则我台吉一概遵行，比年盟会及今年盟会，我台吉并未尝与议，臣二郎保将皇上统御万方，使中外一体，得遂生业，仁恩广被天下，神威播扬海外之处晓谕毕，问阿齐浓布有归降之意否。马木特云，圣上若俯加荣恩，特颁谕旨，自即归降，仰沐皇恩，故假此事遣我前来，回子叶大魁、通事马五等俱能保之，故于寨桑马木特一并送部，为此奏闻。”奏至，侍郎安布禄交批本存住转奏。奉旨："着议政大臣会议具奏。"

议政大臣会议："问特布新寨桑、通事马五，与二郎保所奏无异。先是，圣上预已洞悉，以为宜及此时遣大臣说呼户诺尔台吉。所遣大臣已经奉旨派出。今阿齐滚布巴图尔台吉遣特布新寨桑马木特前来请皇上安，仰祈皇上加恩，并奏呼户诺尔台吉等听信其言之处，正合上谕。应奖赏阿齐滚布巴图尔台吉，以行劝勉。其褒奖谕旨，应遣往大臣请旨。即令遣往大臣会同阿齐滚布巴图尔台吉共议，相机招抚呼户诺尔众台吉等。其阿齐滚布巴图尔台吉之使特布新寨桑并同来之通事马五，令与遣往大臣一并遣回。赏阿齐滚布巴图尔台吉诸物，着遣往大臣带去。其来使马木特通事马五，酌量赏赐遣回。应作何赏赐，交该部议行。"奏入，奉旨："依议。"

又大学士伊桑阿等奏："奉亲近侍卫关保传谕：'边外地方皆朕去岁所历，朕悉知之。往召蒙古乡导，理宜奏闻，乃不行启奏，擅自驰驿，往召不合。将理藩院并乡导总领等交大学士察议具奏。嗣后一切取驿马者，尽令启奏，不行启奏者勿给。钦此。'臣等议，乡导总领护军统领托伦，令侍卫安布禄预备蒙古乡导，安布禄理应奏闻后，方遣笔帖式拨什库驰驿往召，乃未经奏闻不合。其托伦预备乡导未经奏闻即行交理藩院亦属不合。应将侍郎安布禄、护军统领托伦俱罚俸六个月。其所遣笔帖式拨什库应停止。"奉旨："安布禄、托伦俱着罚俸六个月。余依议。"

又侍郎安布禄奏，一等侍卫副都统阿南达送到投降之厄鲁特台吉察罕多尔即、库蒙多尔即并伊从人一名发往该部，俟伊等父母、妻子到日另行请旨。奉旨："伊等俱系投诚有功之人，着交山西巡抚，送至大同善养之。其父母妻子户口到日，令其完聚，仍暂养于大同。"

是日，赏贫人钱。怀安县知县祖允焕等、守备文廷凤等来朝。

十四日乙未　上驻跸天城。亲近侍卫关保、乾清门侍卫马武传谕曰："所行道路交与地方官修理，恐致太过。着派乡导章京法保布达依前哨鹿时修理，道路可容车一辆足矣。其山西地方道路，着按察使巴锡、道官王辅鸠工监看。着侍郎常寿前往，按程备办草料、柴薪。其尚书库勒纳等随后送来之骆驼、骡匹所需草料、柴薪，亦着一并备办。逾黄河而前，陕西道路甚宽，无甚修理处。然小小修理设或有之，着常寿、法保布达等验视，如有应修，令地方官修理。尚书马齐所派宿程甚近，着法保布达依朕所行按五六十里为一程，若修路太过劳及百姓，俱责在法保布达，而与地方官无涉。将此明白交付。"

是日，赏阿齐滚布巴图尔台吉缎十匹，来使马木特羊皮缎袍并缎，通事马五缎。又赐进羊人等白金。天城卫守备天绥等来朝。

十五日丙申　上驻跸阳和卫城。是日，赏途次所见贫人钱。阳和城守备刘晋朝等来朝。

十六日丁酉　上驻跸聚乐城。亲近侍卫关保传谕领侍卫内大臣公福善、索额图，大学士伊桑阿曰："御史海伦、内阁侍读迈图在仗前跪问公常泰安，常泰岂皇子比耶？俱系人臣，跪而问安，可乎？此等人不可不加惩治。交与领侍卫内大臣、大学士严加议处具奏。"领侍卫内大臣公福善等，大学士伊桑阿会议，御史海伦、内阁侍读迈图，身任官职，而于仗前跪请公常泰安，大玷官箴，相应革职。奉旨："伊等着革职。仍令于收草料处效力。有功则已，否则加重治罪。"

又谕曰："着传旨于贝勒宋喇布，今噶尔丹成擒必矣。其子塞卜屯巴尔住尔已被阿南达擒获，旦晚将至。闻噶尔丹现在萨克萨特户里克之南格格特哈朗古特地方，其众止余四五百人。今呼户诺尔之台吉等俱各投降，已遣人前来请安矣。朕将亲临宁夏，着右翼三旗贝勒、公、台吉等共派兵二千名，以备调遣。尔蒙古等素习驼载牧马之事，令其束装以待，朕躬到宁夏后，候旨指授从入之处。侍卫绰克图前去，着传谕左翼王、贝勒、贝子、台吉等，毋以朕往宁夏间道前来请安。有力能自效者，着往宋喇布贝勒处听候调遣。”

是日，赏献鹿民白金。聚乐把总刘良辅来朝。

十七日戊戌　上驻跸大同。谕大学士伊桑阿等曰：“古者人君巡狩，凡经历地方有前代帝王陵寝、先贤茔墓、名山大川，俱加禋祀，此盛典也。朕此行途中倘有前代帝王陵寝、先贤茔墓、名山大川，俱察明具奏。应祭者祭之。”

又兵部侍郎哈雅尔图、理藩院侍郎安布禄以愿设驿站效力，原任巡抚布雅努等十三人内六人已到，其七人亦次第将至，并前来效力赎罪者五十七人，或从边内带往、或从边外遣发请旨。向批本存住转奏，奉旨：“情愿效力之十三人，着自湖滩河朔以至宁夏，令其自相酌量，均分为十三站。将安站之期移知大将军费扬古。如期后事到，俱于湖滩河朔所设在驿站驰送。倘期前事到，仍令于边内驿站驰送。将此谕议政大臣等。其前来赎罪之五十七人，俱着自边外前往。”

又亲近侍卫关保传谕领侍卫内大臣索额图、大学士伊桑阿曰：“侍郎多奇自去年九月派出喂马，侍郎阿尔拜系后派喂马之人。多奇所喂马匹既多数月，反比阿尔拜所喂马匹羸瘦，着交领侍卫内大臣、大学士严加议处具奏。钦此。”臣等会议得，侍郎多奇于去年九月喂马，侍郎阿尔拜后派喂马。多奇所喂马匹既多数月，反比阿尔拜所喂马匹羸瘦。多奇理应尽心喂养，今怠玩军需，马匹不致肥壮，甚属可恶。应将多奇侍郎佐领革去，拿送刑部。本日奏入，奉旨：“多奇着依议革职，令其于今番军前效力。俟回时拿送刑部。”

是日，山西巡抚倭伦、布政使甘度等、总兵官俞益谟等来朝。

十八日己亥　上驻跸大同。谕侍郎安布禄曰：“朕自边内前临宁夏，着遣尔部司官一员，有请安进贡者告以车驾前发已远，尔等去亦无及，俱令转回。量朕至宁夏之时，令此司官由边外赴宁夏可也。”

又议政大臣奏言：“亲近侍卫关保传谕领侍卫内大臣索额图、大学士伊桑阿等曰：‘大同喂马之新满洲护军二百名，并自京师带来新满洲护军一百名内，查马匹倒毙而人复庸弱者一百名，令留住大同。其余一百名自边内带往前行，一百名自边外遣发。其留住大同一百名护军之马，选肥者各二匹，给与前进之护军二百人各一匹。黑龙江将军萨布素所属之兵今既带往，则大将军伯费扬古兵不可不预为添设，着派右卫兵七百名以待。右卫兵丁俱无马匹，而侍郎多奇所喂之马又甚羸瘦，从前所派兵二百名已备养马六百匹，今再添兵五百名，着将上驷院马一千二百五十匹并右卫兵丁于大同所喂之马二百五十匹共一千五百匹，令其喂养。为后添派之五百人预备之共兵七百名该备马二千一百匹大同喂马，着布喀主之看视喂养，着派司官马少者二员副之。其黑龙江将军萨布素题请带往充役五十名兵，俱照给两月粮之例给与两月钱粮。钦此。’臣等会议，护军等自边内带往及边外遣发与大同留住，并派右卫兵预备。及充役兵丁给与钱粮等项俱钦遵上谕行。其三旗亲军内马匹倒毙而人复庸弱者，亦拨三十名留于大同喂马。取留驻大同护军三十名马之肥者各二匹，给扈从亲军六十名各一匹。”奉旨：“依议。”

是日，上幸箭场率侍卫等射，复令总兵官俞益谟、白斌等骑射。又赐镶黄旗一等侍卫米、白金百两。

十九日庚子　上驻跸怀仁县。是日，赏牵挽行装之厄鲁特蒙古并喇麻二人白金。怀仁县知县卢锡晋、署守备事把总张喻义来朝。

二十日辛丑　上驻跸郑家庄之东。谕山西巡抚倭伦、陕西巡抚党爱、甘肃巡抚郭洪曰：“朕比年出师剿寇，总期乂安边徼，永辑民生。兹厄鲁特噶尔丹业已势蹙力穷，畏死悔罪，遣使具奏乞降。朕特亲统六师，再临边塞，相机剿抚。因欲乘便循览边境形势，并察视军民生业，遂发禁旅，取道边外。朕自大同从内地前付宁夏一路地方，见缘边州县地土瘠薄，军民生计艰难。朕心深切轸念，一切御用所需，皆自内廷措办，不以烦民。扈从人员俱极简少，市易之物悉依时值，诚恐有强取抑价等事，已令都察院及科道官逐日稽察纠劾。其经过城堡、衢市辄多结彩，亦殊觉扰累。嗣后着通行停止。乘舆巡幸本为安民，岂可反劳民力？尔等务饬有司，不得借端妄行科派，仍张示晓谕，俾穷檐编户，咸悉朕曲体民依至意。”

是日，赏贫人钱。

二十一日壬寅 上驻跸榆林村之桑干河岸。是日，出使谛巴布忒达阿布地之主事保住还，上召议政大臣等入行宫。问曰："谛巴所奏之疏，尔等作何会议？"议政大臣奏曰："彼又虽云达赖喇麻将出定，令我所遣喇麻见之而还。今我所遣喇麻未回，彼又云遣使说班禅库图克图并送济隆库图克图来，今亦未至。至于彼恳留噶尔丹女之事，已遣大臣往呼户诺尔台吉处。诸事皆未毕，臣等不能裁决。彼今已遣尼麻唐库图克图面奏皇上，俟尼麻唐库图克图到日，臣等再行议奏。"

上曰："朕意与尔等之意不同。朕阅经史，塞外蒙古多与中国抗衡，自汉唐宋以至于明，累代俱被其害。而克宣威蒙古，并令其归心如我朝者，未之有也。夫兵者，凶器。圣人不得已而用之。譬如人身生疮疡，方用针灸。若肌肤无恙，而妄寻痛楚，可乎？治天下之道亦如是。乱则声讨，治则抚恤，此理之自然也。况从古好勤远略，国家元气无不致损者，所以朕不以生事为贵。达赖喇麻蒙古等尊之如佛，谛巴者即代达赖喇麻理事之人。噶尔丹之叛逆，皆谛巴之故。因朕遣主事保住严颁谕旨，谛巴甚是悚惧，悉遵朕谕，奏语甚恭，自陈乞怜，畏罪矢誓。其达赖喇麻亡故，朕已悉知。今谛巴云，遣尼麻唐库图克图前来代其密为陈情，此亦云敬谨之至矣。想尼麻唐库图克图到来，必奏明达赖喇麻已经物故，恳朕为伊等掩饰耳。达赖喇麻与我朝和好六十余年，并未相恶。谛巴既如此恳疏，事亦犹属可行。即此可以宽宥其罪，允厥所请，谛巴必感恩，而众蒙古俱且欢悦。尔等之意若何？"议政大臣奏曰："蒙古向系强悍之国，噶尔丹尤为蒙古之奸恶者。皇上亲统大军，势若雷电，将噶尔丹顷刻扑灭，故敕谕甫到，谛巴即惊惶丧魄，不知所措。皇上之神功圣武，诚自开辟以来所未有者。以我朝军旅精锐所向无敌，而皇上竟欲息兵，以养元气为念，且以人之身喻治天下之道，至深至微。此诚古贤君所不能行、不能言者。臣等不胜怀忭之至。想尼麻唐库图克图来奏，必无异于睿算也。"

是日，马邑县知县王霖、把总陈志来朝。

二十二日癸卯 上驻跸朔州。谕领侍卫内大臣公福善曰："车驮前行，所设桥梁践踏损坏，今巡抚连夜造成，尔其亲视。行装一一前渡可也。"

是日，赏贫人钱。朔州知州罗南星等，署守备事千总徐益贵来朝。

二十三日甲辰　上驻跸大水口。亲近侍卫关保传谕领侍卫内大臣等曰："今日见骆驼行路疾驰，着至驻扎严行晓谕，有将骆驼仍前疾驰，朕若察知，定行治罪，绝不姑贷。"

是日，赐商南多尔即喇麻蟒衣，赏贫人钱。山西宁武城守备史玉成等来朝。上以史玉成不善骑射，着革职。

二十四日乙巳　上驻跸义井。领侍卫内大臣索额图传谕曰："今日雨雪，无论口内口外骡马有毯者，各行苫盖，不可怠忽，着遍行晓谕。"

是日，上率侍卫等射。又令参将李明禄等射。赏贫人钱。山西利民路参将王应统等来朝。

二十五日丙午　上驻跸三岔堡。亲近侍卫海青传谕大学士伊桑阿曰："朕今亲临宁夏，特欲观民生。而今闻前去买草豆之厮役人等有强买民物者。其在前者如此，则在后者难必其无有。朕已着都察院副都御史及科道等官查参，至今竟无拿参一人。俟后不行严查，若朕查获，决不轻释。"

又乾清门侍卫马武传谕领侍卫内大臣乡导总领曰："明日所驻李家沟地方，止有一井及一小泉，已备水三百缸。此水作何分给，着议奏。钦此。"领侍卫内大臣、乡导总领等会议，明日驻扎地方水少，其运至水三百缸不能给众俱留，备御前马驼之用。其随驾大臣、侍卫、官员、执事、护军人等，俱令从此处早餐一次，饮马随驾前往。除上御行装之外，众人行李俱令未时传餐饮马，傍晚抵营具奏。奉旨："依议。"

是日，上率侍卫射。赏贫人钱。山西偏关营参将王卓等，管粮同知王抑等来朝。

二十六日丁未　上驻跸李家沟。亲近侍卫关保护军统领图世熙传谕曰："明日驻扎处稍远，着清晨即将马匹饮足，各自携水而行。其遍谕车辆人等知之。"

又一等侍卫纳喇善传谕曰："今日雨雪，骆驼并骡马俱不必解鞍，加意苫盖，遍行晓谕。"

先是，因所遣派程乡导报称李家沟无水，上用之水已经预备三百缸。奉旨令行装重大者，于未时前将骆驼、马匹饮水前行，至河曲县界，见沟中有水。询之，水至已二三日矣。上既驻跸，水忽从山沟涌出。俄顷长至二三尺而成河，人马用之不竭。村人纷纷而至，环视惊异云，我处从无此大水，特因圣主临幸，所以山川效灵，百神承顺耳。从此可赖为永利矣。

是日，山西河曲县知县蒋彦泗来朝。

二十七日戊申 上驻跸辇堰村东。是日，上于途次见山岭险峻，从行人众辎重难越，亲督近侍协助，俟其尽过然后启行。沿途有岭之处，俱遣大臣、侍卫监视相助而过。

先是，尚书马齐设驿派程，曾奏辇堰村二井少水。前行乡导及地方官亦报止有二井。从行人众皆以乏水为虑。上甫至行宫南山之下，见有水痕，众往环视，地中各有泉涌，瞬息清流泛溢，众皆惊讶欢呼曰："昨云水不足用，忽山沟涌泉；今因乏水，甘泉又复涌出。如此神异，皆天所以佑圣主也。"

臣等窃惟初大兵之出塞也，于喀伦外掘井，而巴尔几乌澜河朔哨口及塔尔奇喇之地，俱于冰雪之候忽涌甘泉，而师行以济。至是地覆效灵，醴源觱沸，养而不穷，收而勿幕，其为井也大矣。盖皇上顺天而动，至诚感神，故屡致大顺之征如此。

是日，上谕山西巡抚倭伦曰："朕抚御区宇，念切民依，故不惮勤劳，亲历边境，惟孳孳以靖寇安民为急。兹简约扈从人员，从大同一路缘边地方进指宁夏。因遍察闾阎生聚及土壤肥瘠、收获丰歉之状，见边氓生计维艰，朕心深用轸恻。虽一切供御之物纤毫不以累民，而乘舆巡幸经临，宜特敷麻泽，以示恩恤。除大同额赋已有谕旨豁免外，其经过岢岚州河曲县、保德州所属地方并各卫所，三十六年应征地丁银米着通与蠲免。尔即行令该管官员，张示遍谕，务俾穷乡僻壤，均沾实惠，以称朕子育黎元至意。"

臣等伏见我皇上宵旰勤劳，无日不以百姓为念。六师于迈，惟恐驿骚。当驻跸郑家庄东，则谕山西巡抚倭伦、陕西巡抚党爱、甘肃巡抚郭洪，至辇堰村东又谕山西巡抚倭伦，天语昭宣，丝纶丕涣。洞边塞之情形，察闾阎之疾苦。禁旅云驰，吏民安堵，翠华戾止，蠲贷旋施。免大同、宣化额赋，又免岢岚、河曲、保德州县地丁银米。民间不知供亿之烦，而深惬觐光之慕；边陲并忘军兴之扰，而反蒙大赉之恩。所谓一怒皆以安民，观兵无非耀德，义声先路，而仁风翔洽矣。

二十八日己酉　上驻跸保德州。亲近侍卫关保吴什捧出貂袍、貂褂，令巡抚倭伦跪，谕曰："闻尔居官好，家计亦艰，故赐以朕所御貂袍貂褂。朕理政事，日以民生为念。尔宜体朕视民如赤子之意，加意抚恤。此即所以报朕也。遵朕言而行之，亦易负之，亦易汝其识之。"倭伦奏曰："臣系一介微末，蒙皇上优擢，畀此重任。臣有何知，惟谨识圣谕遵行，竭力抚恤，仰体皇上如保赤子之心，断不敢有负眷顾。请即此谢恩具奏。"奉旨："今日且勿谢恩，俟明日到营内谢恩。咸使知之。"

是日，赏贫人钱。保德州知州唐文德等、保德营守备李起伸等来朝。命领侍卫内大臣公福善同乾清门侍卫马武试李起伸骑射毕，以骑射不堪奏。奉旨："守备李起伸，着革职。保德州地方甚属紧要，交该管总兵官选优长之人补授。"

二十九日庚戌　上自保德州渡黄河。见水溜船少，不易到岸，上躬临视绝河系簟，令坐船人皆挽簟而渡，到岸甚速。兼命皇长子及领侍卫大臣等亲督，禁止争船等人，陆续而渡，顷刻渡毕。

驻跸府谷县城南。是日，亲近侍卫关保传谕山西巡抚倭伦曰："朕赐按察使巴锡、道员王辅匾额，前虽曾赐尔扁额。今赐伊等而不赐汝，外观不美，故以朕手书赐汝。"倭伦奏曰："蒙皇上殊恩，屡赐臣以子孙世传之宝。臣感激难言，请叩头谢恩。"奉旨："至驻营处谢恩。"

赏牵挽行装之厄鲁特蒙古等，及武举陈世英、生员陈世泽，保德渡口舟子等白金。遣侍郎席尔达祭黄河之神。陕西神木道张衡、延安府知府张伟等，陕西黄甫营游击郝国瑞等来朝。

三十日辛亥　上驻跸府谷县城南。赏操舟人白金。

三　月

初一日壬子　上驻跸府谷县城南。是日，遍赐船户等白金。

初二日癸丑　上驻跸孤山堡西。是日，赏老贫民白金。西安副都统费扬古、宁夏汉军副都统瓦尔达，陕西巡抚党爱、按察使纳垒、管理粮储盐法道祖允图、神木副将周文英等来朝。

乾清门侍卫马武传谕陕西巡抚党爱曰："神木道张衡年老，着革职。这员缺尔会同大学士并吏部，将附近知府内随即选举具奏。"党爱会同大学士并吏部选举西安府知府李杰奏入。奉旨："西安要地，若以李杰补授，则李杰之缺曾议其人否？"巡抚党爱奏曰："总督吴赫现将李杰带至宁夏，圣驾过后，此地事务稍缓矣。其西安府知府员缺俟到宁夏时与总督会议具奏。"奉旨："这一路驿站现今无人料理，尔作速派出料理人员。"党爱奏曰："总督吴赫处带去官员颇多，应将李杰作速调回，令料理驿站事务。"奉旨："依议。"

初三日甲寅 上驻跸卞家水口。上率侍卫等射，又令副将周文英等射。是日，赏进羊鄂尔多斯蒙古等白金及跛童钱。

初四日乙卯 上驻跸神木县，护军校阿奇纳等将噶尔丹之子塞卜屯巴尔住尔押到。上御行宫，命一等侍卫、学士以上大臣官员侍立，令噶尔丹之子入见。其子塞卜屯巴尔住尔俯伏于地，不敢仰视。上呼左右，令之举首。问曰："尔父噶尔丹困已极矣，降乎否耶？"塞卜屯巴尔住尔惶恐奏曰："臣乃童稚，不能知之。以皇上天威，自必投降也。"及问以他事，战栗不能奏对。

上问押送塞卜屯巴尔住尔之护军校阿齐纳曰："尔处路程几日可至噶尔丹所居之地？"阿齐纳奏曰："自布隆吉尔地方行二十日可到，但水草甚少，大兵难以并进，必分队按次而行。"上曰："尔处所有三千兵能讨噶尔丹否？"阿齐纳奏曰："噶尔丹大败，至于困极。惟有闻风逃窜而已。倘遇我兵，仰仗天威，定然荡灭。"

上曰："孙思克回去时曾有何言？"阿齐纳奏曰："蒙皇上恩宠甚隆，赏赐优渥，孙思克感恩无极，其下官兵归颂皇上亲临赐食，赏赉众兵，俱各鼓舞，人人攘臂奋勇，但欲致死效力。至派绿旗兵一千出征时，数千人争先愿往，各不相让，以致该管武弁难以派定。"议政大臣等奏曰："立功之武臣，勤劳之士卒，皇上加以不次殊恩，则谁不为功名而效命耶？"令塞卜屯巴尔住尔出。

是日，赐王董罗卜之母彩缎及其女奴白金，并押解噶尔丹之子护军校阿齐纳缎五匹、银五十两，巴图尔济农属下马赖额尔客哈什哈黑貂帽、羊裘、蟒袍、缎五匹，银五十两，其仆从人银十两，通事马忠良缎二匹、银三十两，又赐进鱼及乳酪生员王信恭白金。神木知县蔡国相等、守备马益俊等来朝。

初五日丙辰　上渡屈野河，驻跸南岸。一等侍卫副都统吴达禅奏曰："自哈密解送噶尔丹之子塞卜屯巴尔住尔前来之回子并存留于肃州之回子等，皇上已赐伊西噶噶蟒袍、蟒褂、银二百两，其沙达尔应作何赏赐，且议给喇巴礼等十二人银各一百两，雅噶齐等五人银各五十两，其厮役十六人每人二十两具奏。"奉旨："未到之沙达尔赐银一百两；在二等已到者赐银八十两，未到者赐银五十两；在三等已到者赐银五十两，未到者赐银三十两。其厮役人等依议。"

是日，赐给密国进贡回子首领达尔汉伯克伊子伯奇郭帕伯克缎四十匹。又赏贫民及鄂尔多斯贫穷蒙古银钱。

初六日丁巳　上驻跸柏林堡西南。议政大臣等奏曰："据哈密回子首领厄贝都喇达尔汉伯克疏称'先是，噶尔丹之地有图克齐哈什哈挟数人而来，擒之，已交侍卫阿南达之使，副以臣之哈萨克扎萨古尔送行在矣。继闻噶尔丹之子塞卜屯巴尔住尔至巴喇斯枯尔地方捕猎，即遣臣之长子郭帕伯克副以三百人往擒之，其后达西尔鄂莫克图哈什哈二十余人奉噶尔丹之使而来，亦皆擒之。滚占之使达尔汉寨桑等三十人又擒之，其塞卜屯巴尔住尔之乳父夔得和硕齐，并噶尔丹乳母其子丹吉扎布鄂罗代达尔占及其两使，令臣之伯奇解献。今噶尔丹自来既近，可擒则擒之，如不来则以彼所居之地奏闻，视吾力之所能，以效于皇上。但既擒噶尔丹之子塞卜屯巴尔住尔，臣必为四部厄鲁特所不悦。其中左翼更深仇怨。我哈密微弱，且危且惧，恳使我等得安生乐业。我等所尤惧者，策旺阿拉布滩也。更祈皇上谕以哈密诚已归我，慎勿扰之'等语。厄贝都喇达尔汉伯克既诚心向化，将噶尔丹之子塞卜屯巴尔住尔，噶尔丹之使图克齐哈什哈、达西尔鄂莫图哈什哈及滚占之使达尔汗寨桑等擒献前来，又言噶尔丹本身若到伊附近地方，即行擒获，诚愿竭力，报效于皇上，甚属可嘉，相应议叙，俟到京之日察例议奏。现今厄贝都喇达尔汉伯克并其子郭帕伯克，应酌量赏赐。其作何赏赐处，令理藩院议奏。又应如其请，着理藩院移文呼户诺尔台吉及策旺阿拉布滩等厄鲁特，应晓谕者遍谕以哈密回子厄贝都喇达尔汉伯克归于皇上，既已内属，勿得妄行扰害。俟命下之日，令理藩院缮写所行之文奏览。”奉旨：“依议。”

又议政大臣等奏：“康熙三十六年三月初五日，谕议政大臣等曰：‘俟朕至宁夏始调甘肃之兵，稍觉其迟。此时正噶尔丹困迫之际，西安满洲兵二千、甘肃绿旗兵一千，俱早备于甘肃，而马亦肥矣。机会不可失，宜速进萨克萨图胡鲁克之地，捕诛噶尔丹。此满洲绿旗兵俱令携百日粮，其萨克萨图胡鲁克之地去嘉峪关不远，毋庸随运。倘噶尔丹远窜，着此军计米以归，并各赏银十两。此外另有应行应奏之事，着孙思克、博济、阿南达等会议具奏。其哈密擒献之鄂莫克图哈什哈遣往伊等军前。如伊等有应行之事，则鄂莫克图哈什哈不必遣往。噶尔丹处，即令随军进剿可也。若噶尔丹已逃，则遣鄂莫克图哈什哈至噶尔丹处，谕以我来非征讨也，特来招抚，尔等可速来降。至宁夏兵驻扎郭多里巴尔哈孙地方邀截之处，应移文将军孙思克等，令其知悉。着议政大臣会议具奏。’钦此。臣等议得：睿虑周详，圣谕极是。俱应谨遵施行。移文孙思克，令其于文到之日一面申奏，一面起程。”奉旨：“依议。”

是日，榆林总兵官施世骠等来朝。

初七日戊午　上驻跸高家堡南。谕大学士伊桑阿曰：“四川松潘总兵官卓策已经革职，这员缺将神木副将周文英补授。松潘总兵官之本已批送京师，闻得周文英随后驰来，着不必来，速赴新任。神木副将员缺亦甚紧要，这员缺着新授总河标下王英通调补，亦着速行赴任。其总河标下副将员缺着另补授。”

又大学士伊桑阿传谕陕西巡抚党爱、按察使纳垒曰：“尔等系地方大吏，凡事俱应以身倡率，管辖属下。朕亲临巡查，见尔等殊欠努力。虽云驿站备马五百匹，竟不曾到。紧要事务岂可迟误？尔等谓己老病，又不预为乞休。今方有事之际，朕岂容尔等安然休致？着加意自勉，嗣后仍不悛改，决不轻恕。”

又原任将军赵良栋病故奏至。上命召集扈从总兵官白斌等，着亲近侍卫关保传谕曰："赵良栋人材骁勇，行间效力颇多，但性情躁急，与人不合，有时候朕前奏事言调亦戆。朕欲保全功臣，始终容之。其后有疾，朕每赐药食。凡此所奏请事皆准行，此特慰病者，冀其速愈之意耳。今忽闻已故，朕心殊为悯恻。尝闻赵良栋在日尤与总兵官王化行交恶，朕至宁夏，必经纪赵良栋之妻子，俾得安生，断不使其仇害之也。"白斌等俱顿首奏曰："自古功臣能保其身者甚少，即开创之臣，亦多不免。今赵良栋幸际圣明，一生荣宠，病时既屡颁殊恩，殁后复重劳睿虑，念及妻子，真天地父母之心。不特赵良栋衔结九泉之下，凡属臣等无不感激皇上之恩也。"

又亲近侍卫关保传谕曰："蒙古吴奇尔染病，着并伊弟布达交柏林堡守备，小心看视调养。如病已愈，则俟续来散秩大臣诺尔布，交诺尔布带来。如此时已愈，则交京来便人带来。若病故，即交伊弟以蒙古礼葬之。"

又抚远大将军领侍卫内大臣伯费扬古等疏称："参赞侍郎满丕移咨云，康熙三十六年三月初一日，俱在吴纳黑特地方哨探之喀尔喀扎萨克公吴巴达旗分副都统迈达礼、扎萨克台吉丹津厄尔德尼旗分副都统萨木檀等所解厄鲁特达喇西等云：'我等系都噶尔阿拉布坦属下人，今年正月初五日自扎巴喀察罕托会地方逃出，来投圣主。我等现在来降者男三十一口、妇女幼稚七十八口、所带马一百三十七匹、骆驼五十四头、撒袋十七副、鸟枪八杆、刀四口。'因问达喇西等：'尔等来时阿拉布坦所住何地？噶尔丹现在何处？阿拉布坦属下人有几何？自此遣往笔帖式黑色、长史马尼图等曾到阿拉布坦处否？'答云：'我等逃来时闻得阿拉布坦在扎巴喀朱尔枯竹地方，噶尔丹在格格特哈浪古特地方。去岁秋间，噶尔丹属下齐林本木曾至阿拉布坦处而去，我不知其事。阿拉布坦属下约有七八百人，阿拉布坦及属下人等除马驼外，并无牛羊。笔帖式黑色、马尼图等在我等未逃出之先于十二月二十六日曾于我等所住扎巴喀察罕托会地方经过，所离有五六日之程，曾指路与黑色、马尼图等前去。'又问：'阿拉布坦竟在朱尔枯竹地方住乎，或更往他处去乎？丹津鄂木布现在何地？'云：'我等未逃来之先，阿拉布坦属下寨桑等曾言根敦代青在喀喇塔尔地方，谓朱尔枯竹地方不可居住，有向西去七日之程哲尔格西喇呼鲁苏地方而去之议。又有噶尔丹之回子、阿拉布坦之回子自鄂罗斯贸易而来，适遇丹津鄂木布，将阿拉布坦回子放去，将噶尔丹回子俱拦截带往空俄罗地方而去。’又问：‘尔等曾见我遣往噶尔丹之使博施希与厄鲁特格垒沽英杜拉尔等否？’云：‘因路不同，并未遇见。’又问：‘阿拉布坦曾遣人到噶尔丹处否？阿拉布坦属下更有来归者否？’云：‘阿拉布坦并不曾遣人到噶尔丹处。我等因逃来，亦不敢向他人言之也。今先将达喇西多尔即解送，其余随到即交驿站解送’等语。达喇西多尔即送到后，问达喇西多尔即尔等：‘曾闻噶尔丹之子塞卜屯巴尔住尔被朝廷使者擒获否？’答云：‘我等所住地方相去辽远，但闻噶尔丹之子离噶尔丹去捕猎，不曾闻被擒。’又问：‘尔厄鲁特等每人皆有马匹否？肥瘦若何？’云：‘虽人各有马，但因捕猎，马匹甚瘦。若猎无所得，便互相偷盗，杀而食之’等语。其余所云皆与前言无异。因此遵旨将达喇西随即解送行在外，俟伊等妻子、马匹送到之日，将多尔即一并送付归化城副都统阿迪等处，为此谨奏以闻。”奏至，侍郎安布禄交批本存住转奏。奉旨：“着示议政诸大臣。”

又议政大臣等奏曰：“据振武将军孙思克疏称：‘臣奉拨率兵一千，同满洲兵一路进剿，但与敌交锋，营中行装食物不可无人看守。若此一千兵外再带五百名，遇敌交锋，即着此兵守营。臣率精兵一千调度运用之，可以克敌制胜。今现有马匹五千，以一千五百兵每人三匹计之，该马四千五百匹，尚余马五百匹’等语。应照该将军所题，现派一千兵外，复添派兵五百名。此添派五百名兵，亦令照先派兵各给马三匹，携带百日粮，每名赏银十两。此进剿之兵已奉旨着携带百日粮，其随兵转运米石无庸议。”奏入，奉旨：“依议。着速行。”

是日，领侍卫内大臣等以镶黄旗亲军颇练马毙奏闻。奉旨：“嗣后骑官马者若马匹倒毙，问明医治及见证人，报明该管大臣官员执事首领等启奏。”

是日，上率侍卫等射，又令副将刘官统等射。又赐守备于必达箭，令射毕。令该部记其名。

是日，理藩院奏言："议政大臣会议得，应将哈密回子首领厄贝都喇达尔汉伯克及其子郭帕伯克酌量赏赐。其作何赏赐处，令理藩院议奏等因具题。奉旨：'依议。钦此。'酌量赏给厄贝都喇达尔汉伯克蟒衣妆挂各一件、彩缎二十匹，郭帕伯克蟒衣妆挂各一件、彩缎十匹。此赏给之物取自内务府，交付厄贝都喇达尔汉伯克之子伯奇带往。"奏入，奉旨："依议。"

赐进石花鱼民及献鹅新满洲护军吴夏达并喇麻四人白金。

初八日己未　上驻跸建安堡东。是日，亲近侍卫关保传谕领侍卫内大臣等曰："众人车辆勿得拦阻，着遍谕之。"

又亲近侍卫关保传谕大学士伊桑阿曰："扈从人等有抢夺强买民物者，朕已差官查拿。如被查获，从重治罪。后有从京来者，有距大营一二日后来者，抢夺强买民物亦不可定。着通行晓谕沿途经过地方官员，有此等人，即行查拿，指名题参，从重治罪。倘系仆从，伊主一并治罪。"建安堡守备王英来朝。

初九日庚申　上驻跸王关涧西。是日，亲近侍卫关保传谕曰："据罗大虎称，总督吴赫总兵官王化行于本月初六日自宁夏前来迎接。督抚料理粮饷马匹事务，甚属紧要。毋论来到何处，此旨一到，即令回去。总兵官王化行着仍来迎接，将此交付兵部，着作速行文。"

是日，赐厄鲁特蒙古等白金。双山堡守备郭晋朝等来朝。

初十日辛酉　上驻跸榆林卫。是日，谕鸣赞伊进萨克苏曰："将尝乐堡守备张瑀着兵部记其名。"

是日，领侍卫内大臣公福善、乾清门侍卫马武等，监试陕西榆林卫卫守备李春绪、卫千总严楷等骑射，以骑射不堪，而人复庸劣具奏。奉旨："知道了。卫守备李春绪、卫千总严楷着革职。"

是日，赐鄂尔多斯萨木滩格隆喇麻及进雀鹰民白金。榆林道庄搢等、榆林城守都司王凤友等来朝。

十一日壬戌　上驻跸他喇布喇克地方。是日，护军统领苏丹传谕曰："西北隅草茂，着通行晓谕，令将马匹在彼牧放。"

又亲近侍卫关保传谕大学士伊桑阿、侍郎安布禄等曰："今日所设驿站太远，马匹甚劳。此间着添设一驿，自此至明日驻跸之地，其间亦着添设一驿。每驿派马二十匹。若四五十里之近者，则不必添设。”

又议政大臣等奏言，据大将军伯费扬古咨称，达尔汉亲王四子部落、毛明安、吴喇忒三旗，土墨特二旗从征兵丁所带马匹既少且瘦，万一皇上有所调遣，必致有误。应将王、贝勒、贝子、公、扎萨克台吉等留在军前，其官员、兵丁按数更换前来等语。但调遣口外扎萨克等兵丁前经奉有悉委将军之旨，今又将此等更换兵丁事情驰奏请旨，倘有紧急事机，必致迟误。其官兵按数更换，俱应照将军所请。嗣后如此等调遣更换扎萨克兵丁之事，不必具题咨部，俱令将军便宜调遣。俟命下之日移文知会大将军伯费扬古。奏入，奉旨：“依议。”

是日，赐进羊鄂尔多斯台吉噶尔马白金。

十二日癸亥　上驻跸海留图郭尔地方。是日，赐鄂尔多斯贫穷蒙古白金。

十三日甲子　上驻跸库尔祈喇地方。是日，渡无定河。上见随营贸易驴驮肩挑贾贩等人，令近侍与其人共骑而渡，其货物悉从马上运过。又上谕：“随营商众遇河能渡则渡，不能渡者着待朕亲视渡之。”

是日，谕乾清门侍卫马武、大学士伊桑阿等曰：“安边、砖井、安城堡、莫布喇等九处水不足用，应预遣人备添掘井，将此而与大学士同兵部会议，派一乡导前往。”伊桑阿等会议，自安边至花马池俱系榆林总兵官施世骠所管地方，即着总兵施世骠同所派乡导皆往。自花马池以往俱系宁夏所管地方，着交花马池副将照乡导法保等所指驻扎处，每一处添掘井五口。奏入，奉旨：“在此乡导俱系有执事之人，着学士黄茂前往。总兵官施世骠亦着同去。黄茂等必追及法保商酌。朕亦谕法保等，若边外有水即拟定驻宿处，由边外前往。若从边外去，着免其掘井。若边外无水，则从口内前往，仍照法保所指驻宿处增添掘井，即有水，亦不妨多掘几处，如浚掘无水，即作速移文前来，以便进发。”

是日，赐进羊鄂尔多斯沙津白金。

十四日乙丑　上驻跸扎罕布喇克地方。是日，上见一病者卧于道傍，令问其名，云王益进，系陕西人，跟随大军贸易而来，因病不能行。上赐之药饵，又遣亲近侍卫关保乘以官马带至营中，着御医调治。

又护军统领苏丹传谕曰："明日渡哈达鄂罗木，不可乱渡，甚是淤陷，着自渡口挨次而过。若不循渡口，人马可危，着遍行晓谕。"

是日，谕曰："着前锋侍卫奇萨木长史库济根为首，率领护卫晋巴穆扎哈尔、乡导护卫阿纳达罗布臧锡喇布，并令奇萨木拣选在宁夏之新满洲三名，带往伊黑敖喇巴哈敖喇地方踏看。此所去十人各带跟后一名、骑肥马三匹前往，其所骑之马勿得动用官马，着总督吴赫等所乘肥壮者与之。无弓刀、撒袋、鸟枪者，亦令备给之。"

又议政大臣等奏曰："一等侍卫副都统阿难达疏称，圣主抚育，喀尔喀等人人得所，而毕立克图寨桑等背高厚之德逃窜，招之不即来降，抗拒交战。今既战败，必逃呼户诺尔处，甚为可恶。其先拘执十七人，并后擒二十六人，共四十三人，或由驿站解部，或交付何处，谨题请旨等语。查得喀尔喀毕立克图寨桑等逃窜，遇我官军招抚不从，反来抗战。既败，犹向呼户诺尔处窜匿，甚为可恶。应将现获毕尔达等四十人内男子即令正法，子女俱交付阿难达，即着赏给擒获此喀尔喀等效力蒙古绿旗官兵。其毕立克图寨桑等，俟拿获之日再议。"奉旨："依议。"

又领侍卫内大臣等奏曰："镶黄旗乡导护军参领孙果，本该值班率领行李，竟不由所修大路率领前来，以致驮马劳顿，情罪可恶。应将孙果革去护军参领，不准折赎，鞭责一百。镶蓝旗乡导护军参领顾尔哈在后射兔，听孙果将行李不由大路行走，又不即行赶上，转回所修大路，以致驼马劳顿，殊属不合。应将顾尔哈之所加一级并护军参领革去，不准折赎，鞭责五十。正红旗乡导佐领署护军参领事云岱，竟将亲近侍卫关保、吴什所传'行李俱从修治大路领来'之旨遗漏，任其私意误告孙果，殊属不合。应将云岱佐领革去，不准折赎，鞭责五十。亲近侍卫关保、吴什所传旨意并无差讹，应无庸议。"奉旨："孙果前日已经痛责，着免责令革职，交与马武以备打猎行走。顾尔哈、云岱着各罚俸一年。余依议。"

是日，上率侍卫等射，又令副将刘官统等射。乾清门侍卫马武传谕曰："博罗营守备段佳德，着兵部记其名。"赐鄂尔多斯蒙古等白金。

十五日丙寅　上驻踹车尔他喇地方。是日，赐进羊巴克他喇麻台吉木孙伊思扎布、喀尔喀绰尔济鄂钦白金。

十六日丁卯 上驻跸通阿喇克地方。是日，上率侍卫等射。又令总兵官王化行等射。

是日，赐进酸乳及牛乳蒙古厄尔根图等白金。

十七日戊辰 上驻跸安边城东。是日，议政大臣等奏曰："昭武将军马思喀等疏称，康熙三十六年三月十二日，行在兵部咨称，三月初五日谕议政大臣等曰：'将军孙思克、博济率兵进剿，噶尔丹被迫向东逃窜，亦未可知。着派驻扎宁夏之西安满洲兵八百、绿旗兵一千、京师前锋二百，携带百日粮前往郭多里巴尔哈孙地方驻扎，邀截侦探。其继运米粮着自宁夏用船装载，由黄河西行，离黄河他往之日，用骆驼、骡匹随运。其骆驼、骡匹宜自宁夏散驱前往。此米令将军马思喀与于成龙等会议奏闻。尔等其会议具奏。钦此。'会议得，上谕极是，俱应谨遵奉行。将驻扎宁夏之西安满洲兵八百、总兵官王化行之绿旗兵一千、将军马思喀所领京师前锋二百派出，令携带百日粮前往郭多里巴尔哈孙地方，侦探邀截。其继运米粮，自宁夏用船载运，由黄河西行。其兵离黄河他往之日，则令于成龙等以骆驼、骡匹驮载，随车进发。其骆驼、骡匹令于成龙等自宁夏散驱前往。其随运米粮事宜，行文将军马思喀与于成龙等，令速议具奏等因。于本月初十日交批本存住转奏。奉旨：'朕意如此，着行文驻扎宁夏议政大臣等，伊等之意若何？令速议具奏。钦此。'会议得，将军孙思克等率兵进剿，噶尔丹被迫向东逃窜，亦未可知。皇上预遣兵前往郭多里巴尔哈孙地方侦探邀截，睿虑极当。臣等思维并无更可另议者，但应遵旨奉行。其派遣西安兵、王化行兵及京师前锋外，应携马驮子母炮八位，每炮派章京一员、骁骑校一员、兵十名，其驮火药炮子需用骆驼十六只，于协理上驷院事务副都统达礼善送来骆驼内，有膘壮者择取十六只。此兵令携带百日粮于三月十九日起程。闻于成龙今日方至，俟其至后运米宜另行议奏。奉旨：'着会议具奏。钦此。'臣等会议得，该将军奏称，皇上睿虑周至，俱遵谕旨奉行。今应照该将军所奏而行。其派将军大臣伏祈钦点等。"因交存住转奏。奉旨："着暂停运兵，其马匹膘色如何，作何运米之处，并未陈明，着行文详问。"

是日，上谕大学士伊桑阿曰："传谕宁夏官员，令其勿得远迎，劳顿马匹。止着大臣等到黄河对岸迎接。其将士俟朕至宁夏之日，于城附近处步行迎接。"

又宁夏总兵官王化行口奏曰："蒙圣恩拔臣为要地总兵官，并无纤毫仰报高厚。旧岁臣领宁夏兵进剿噶尔丹。回时，臣竭力备买马匹，修整器械，已经完备。窃思皇上若非因噶尔丹之事，岂肯亲临宁夏？臣所属官兵，盔甲器械现今全备，令其披执建纛，扬旗排列陈势。恭请皇上阅视。又过花马池，黄羊与兔甚多，彼处预备马兵五百名，请圣驾行围。"上曰："朕行军二次，深悉军情。今噶尔丹尚未扑灭，正有事之际，马匹甚为紧要。宁夏兵丁来至花马池复回宁夏，须得七八日，马匹必致疲瘦。夫猎兽，细事耳，图噶尔丹为亟。今罢兽猎，蓄养马匹以猎噶尔丹，何如？尔速遣人止其来花马池迎接。其余兵丁，俱不必披执照榆林兵丁排列迎接。俟朕至宁夏闲暇之日，再阅尔军。"

是日，赐进牛乳蒙古鄂齐尔等白金。安边副将马良玺等，及延绥西路同知胡绍来朝。

十八日己巳　上驻跸安边城东。亲近侍卫关保海青传谕护军统领托伦曰："今日天雨且寒，凡喂养骡马、骆驼，营中、城中各随其便。至于牧放骡马、骆驼等，俱令小心苦护。着通行晓谕。"

十九日庚午　上驻跸定边城。是日，将至砖井堡，百姓成群结队，执香跪接。路旁内有一人，百余岁，扶掖跪接。上见而问之，其人名陈世学，年已一百九岁矣。并无男嗣，止有一女，赖其赡养。上怜其年老无依，着给白金十两。

尼麻唐库图克至，其跟随喇嘛等及进牛乳蒙古阿玉玺俱赐白金。

是日，花马池副将高永迁等来朝。

二十日辛未　上驻跸花马池东。召内大臣索额图、明珠，大学士伊桑阿入行宫，谕曰："达赖喇麻物故已久，朕知之甚切。因谛巴不报，附合噶尔丹故，朕曾遣保住严谕谛巴。伊欲令尼麻唐库图克图密奏隐悰，彼时朕曾谕尔等曰：'尼麻唐库图克图若行前来，必恳为伊讳达赖喇麻之死也。'今尼麻唐库图克图至，果奏达赖喇麻物故已十六年，再生之小达赖喇麻已十五岁矣。伏祈主上暂为隐讳，勿令众闻。果符前谕。”索额图等奏曰：“皇上预料事宜如同目睹。此事诚如圣谕，未尝少异。虽古之圣君，又何能及是耶？臣等不胜奇幸之至。臣等窃惟西番倚达赖喇麻为重，谛巴讳其死以煽诱诸部落。皇上照烛其奸，驰一介之使严谕谛巴，果引罪输情。乃谛巴之使未来，而其所欲言者，圣明早已先觉。策万里之情形，若合符节；摘狡谋之隐伏，莫遁秋毫。聪明睿知神武，无事不极其至矣。”

是日，上谕领侍卫内大臣索额图、明珠，大学士伊桑阿曰：“保住尚有未完之事，着令与尼麻唐库图克图同往。朕所带来之喇麻，另有委付之事。”又谕大学士伊桑阿曰：“朕已至宁夏矣，大将军伯费扬古凡有奏报事件，着从鄂尔多斯新设驿站驰送。”

是日，赐扈从文武大臣等香。又赐达赖喇麻之使尼麻唐库图克图、卓尔木龙喀木布并王布忒达阿布地之使罗布臧凯遵曩素，以及仆从漆鞍、羊裘、蟒袍、布帛、白金等物有差。又赏牵挽行李之厄鲁特蒙古等及贫民白金。平庆道黄明等来朝。

二十一日壬申 上驻跸安定堡城西。是日，议政大臣等奏言：“据达赖汗疏称，仰蒙御赐彩缎八匹，不胜怀忭。臣等奉达赖喇麻之命，照前和好，已蒙谕旨洞鉴下颁，无不欣悦。惟另谕谛巴，心甚忧惧，知以噶尔丹波硕克图抗违圣旨之故，所以示惩。嗣后恳祈常颁照前和好之旨，兹以进奏表章之礼，谨备琥珀、素珠、氆氇上献等语。王布忒达阿布地疏称，谨合掌长跪遥奏：总持法界威福大乘至尊皇帝光明无垢莲跏座下，伏以巍巍独运，荡荡难名，诸天之上首出御天、具三世诸佛、四大金刚之法象，现总持十方大乘教主之真身、至圣参达牟尼宝胜皇帝，扫除尘垢，如天好生，慈光普照，景运宏开，行赏布恩，幸逢其会，蒙赐纶音，赐缎六端，副主持喇麻进巴扎木素德默齐索诺木臧布、理藩院扎尔古齐、保住等赍到，面给金光朗照，无任欢悦。臣于此顶礼普慧莲觉达赖喇麻法音，奉持两宗道律，不敢懈惰。但臣虽竭力于至尊大皇帝之事，未副明旨，致颁严谕，除另行奏覆外，谨向尼麻唐库图克图明白回奏，并祈睿鉴，垂慈普恤正觉众生念与达赖喇麻道律合一之善缘，更祈睿照。臣自陈无知无识等情，鉴而宥之。且因臣愚昧，降旨开谕，奏请大君仁爱众生父母如三路之例，屡沛恩纶。更祈鉴照，谨以奏请睿览之礼，附宝珠、氆氇于十一月吉旦，自昭地方上献等语。又疏称，谨奏总持法界威福大乘至尊皇帝光明无垢莲跏座下，普爱众生，包举一切。伏以寇叛，亲率大军往征凶逆，罄其根株，歼灭无遗，理应称贺，谨备织字手帕一条、普胜巴杂尔必达赖那佛一尊、克逆宣威扎尔赞等物上献，譬如花虽易得之物，然而可以供佛统，祈睿鉴等语。臣等会议得：达赖汗所奏，系庆贺剿灭噶尔丹表章。其王布忒达阿布地向尼麻唐库图克图明白回奏一事，尼麻唐库图克图已经密奏，俱应无庸议。现今进来手帕一条、佛一尊、扎尔赞等物，交付大内外，其所贡素珠并氆氇，据来使罗布臧凯遵曩素等云，我等轻骑前来，俱留在西宁。应令主事保住到西宁之日，照数查取，交付地方官，驿送前来。”奉旨：“依议。着遣一笔帖式同保住前去，将此诸物取来。”

又议政大臣等奏言：“查得王布忒达阿布地疏称，‘蒙颁严旨训饬，不胜忧恐。其达赖喇麻避戒入定丑年始出之处，已曾尽告内齐托音库图克图并叶舍格隆等外，今尼麻唐库图克图密奏’等语。现在尼麻唐库图克图来到，已经密奏。曾奉密旨应无庸议外，又据称来召班禅库图克图时臣再三催促，谅班禅库图克图之意，或因其年命有妨，或因汉人与蒙古机缘未到，或因未出痘疹，或因皇上不比他人，色穆巴车穆布库图克图等未能仰副皇上之意，恐自己亦不能仰副，故未去耳。非惧波硕克图阻当不去也。今奉皇上谕旨，俟问明班禅库图克图或现今前去，或于何时前去，拟定具奏等语，应将班禅库图克图应来年月日期，令其缓拟具奏。又称‘将济隆库图克图随后竭力引来送去，恳祈皇上垂鉴。宗喀卜、达赖喇麻之教留其身命，戒体幸勿毁之’等语。查达赖喇麻特遣济隆库图克图合喀尔喀、厄鲁特之好，彼并不和好。喀尔喀、厄鲁特反，引厄鲁特入哨汛之内与我兵交战，情罪甚为可恶。但先奉有不杀济隆库图克图之旨，应令务必将伊送来。又称，应否离异噶尔丹之女，伏仳睿鉴等语。噶尔丹抗拒皇上，被我兵杀败，凶逆之贼，情罪重大。其女断不可留于呼户诺尔处，应必着令送来。若噶尔丹归顺，其女应否免送，恭请上裁。又奏称，愚意以为，一切诸事似乎未犯凶逆，但以无知，即有违皇上之意，亦祈宽之。前经奏明遵旨效力，即令惟钦遵皇上之旨，竭力报效。若俯念达赖喇麻请沛温纶等语。王布忒达阿布地今奉严旨，甚为恐惧。愿凡事皆谨遵上谕而行，若俯念达赖喇麻，请降伊温旨，情词恳切，相应遣使颁旨，俟命下之日，其敕谕由内阁选拟。”奏入。奉旨：“依议。”

庆阳县知县刘桂、安定堡守备高成来朝。

二十二日癸酉 上驻跸兴武营城西。是日，议政大臣等奏言：“振武将军孙思克等疏称‘噶尔丹被大兵击败，其党纷纷逃散，目下实已穷迫，可乘机遣兵剿灭。着臣等速往萨克萨图胡鲁克一带地方追剿。此诚皇上天授神明，预筹所致，非臣等愚昧所能及也。理应随即出边进剿，但满洲兵驮米之马并炮手等骑驮之马一匹未备，事关军机，祈敕兵部，无论各项马匹，照宁夏出征兵丁例，将肥马照数急速送至甘州。俟马到日，臣即一面起程，一面奏闻’等语。查得前于三月初五日已经行文将军孙思克、博济，令满洲绿旗兵携带百日口粮速行进剿。后据甘肃巡抚郭洪奏称，将军博济所带二千兵尚未拨给牲口，且携带百日口粮而令其自备马匹，势必不能具题，已经会议：以西安二千满洲兵人各有马三匹，着二千兵内裁兵五百名，则得马一千五百匹，并孙思克拨给伊兵所余马五百匹，又巡抚郭洪等购买及捐助马千许内择其肥壮者拨出征一千五百兵每名各二匹等因具题。奉旨：‘依议，着速行。钦此。’于三月十三日行文在案，应将将军孙思克所奏满洲兵无驮米之马无庸议，其满洲兵无驮米之马，将军博济应写满文题奏。今博济不奏，而与孙思科克写汉文会题，其炮手等无骑驮之马，孙思克等理应预先奏请。今颁谕‘着伊军作速进剿’，方奏请炮手无骑驮马匹，而又不开明炮手骑驮马匹数目，孙思克、博济俱属不合。此文一到，将炮手骑驮马匹，着将军孙思克、博济等不拘何处马匹随其所得，即为拨给，勿误军机，速行进剿。”奏入，奉旨：“机会不可失。孙思克、博济等军之所驮百日口粮及炮手骑驮马匹，着令调取伊等附近绿骑旗兵丁之马。若不迟误，即令前往，一面奏闻。若不能即得马匹，酌量所驮百日口粮减退兵丁，即取减退兵丁之马驼米前往。总之，自宁夏进剿之兵，朕不使过二千或二千五百之数。伊等若谓减兵太少，难以进剿，着前进近临一处驻扎，止着宁夏兵进剿。”

又议政大臣等奏言："臣等议得，左都御史于成龙等疏称，现在宁夏兵三千名，并自大同到宁夏大臣、官员跟随披甲厮役人等，每月口粮以仓斗二斗计算，一百日共需米仓斗五千石。其总兵官王化行之官兵厮役需米七百余石。除臣等七人外，给运米旗员并理藩院司官、笔帖式、拨什库等口粮一百八十余石。若只前锋二百、宁夏兵八百并王化行之兵共二千兵，则计米二千三百九十七石六斗七升八勺。现今运米，原拟尚书库勒纳等所送骆驼与骡驮载，今尚未到，其与例不符。人员捐纳牲口，现今已到四百匹。学士朱都纳喂养五千匹马内给过兵丁余剩马匹并购买马匹其数目未明。至总督吴赫所备八千五百余马在平凉等处喂养，俟全到之日，选肥壮者驮米，与大兵一同起程。又将米问之总督吴赫，据云，陆续运到，至于所驮之米甚多，若有驮鞍架子驮卸既便，而卸后亦不致雨水浸湿。应交付该督作速预备。其赶来之骆驼、骡马致于疲瘦者有之，应交付该督令预备可驾三牛之车四百辆等语。应照于成龙所题，将米作速运至宁夏。预备鞍架之处，行文吴赫，俱令作速预备驮米。既有骆驼、骡马，应免其预备车辆，并将军马思喀等进兵运米之处具题。奉旨：'俟到宁夏再行议奏。'钦遵在案，应将于成龙所称着骆驼骡马驮米与大兵一同起程之处，亦俟到宁夏之日再议。"奏入，奉旨："三牛所驾之车，着预备三百辆。余依议。"

是日，赐文武大臣色羖儿特肉，又遍赏绿旗官兵兔。

二十三日甲戌　上驻跸清水营城南。是日，莫布喇堡把总赵良德等来朝。

二十四日乙亥　上驻跸横城内。是日，理藩院等衙门奏曰："鄂尔多斯多罗贝勒宋喇卜口奏云：'原令我等在横城贸易，其定边、花马池、平罗城三处不许贸易。今此三处若照横城贸易，则蒙古等各于所居就近处，往来贸易，大有裨益。恳请令于此三处贸易。又去年我蒙古贝勒汪舒克、公杜棱等奏称，边外车林他喇苏海阿鲁等处，着边内汉人，出口与蒙古等同种，则蒙古、汉人俱有裨益。'奉旨：'俟问汉人。'谕之，方令播种之时，相应请旨。"奉旨："着大学士与户、兵二部及理藩院会议具奏。"大学士伊桑阿等会议得：据鄂尔多斯多罗贝勒宋喇卜奏称，于定边、花马池、平罗城此三处，请照横城贸易。又称，于边外车林他喇苏海阿鲁等处，着边内汉人出口与贝勒汪舒克、公杜棱及我蒙古等合同种田，则于蒙古、汉人俱有裨益等语，应照贝勒宋喇卜所请，于定边、花马池、平罗城此三处令照横城贸易。其车林他喇、苏海阿鲁等处边内民人有愿往耕种者，令往同种。此贸易耕种俱交贝勒宋喇卜等并该地方官，各管所属之人，勿令争竞。奉旨："依议。若后有争竞，及蒙古欺压汉人之处，即行停止。"

是日，赐鄂尔多斯贝勒宋喇卜之弟协理旗分事务台吉盆楚克白金。

二十五日丙子 上自横城渡黄河，驻跸河岸。是日，上谕曰："赵良栋乃为国效力有功之人，今既身故，其躁急处何必计较？明日朕过其门，着皇长子、部院大臣往吊致祭一次。陈福亦为国效力之人，今既到此，亦着致祭一次。着议政大臣、满汉大学士、部院大臣会议具奏。"诸大臣会议得："赵良栋乃为国效力有功之人，前总督傅腊塔、都统诺迈病故，曾遣皇长子往吊。赵良栋效力较之伊等俱优，应遣皇长子、大臣往吊致祭一次。陈福亦为国效力之人，亦致祭一次。圣旨下颁，不但彼之妻子并其幽魂感戴，即臣等亦不胜怀忭。"奉旨："依议。同皇长子左翼着额驸尚之隆、内大臣阿密达、右翼着内大臣颇尔彭、大学士伊桑阿，每翼侍卫各十员去。"

臣等钦惟皇上之保全功臣者，尽矣、至矣。如赵良栋者，优容之于生前，屡恤之于身后。掩其瑕而略其眚，经纪其妻子，禁戢其怨家。皇子临丧，宰臣致祭。后蒙赐碑文，皇上录其旧劳，乃至从其偏裨立功，以至入蜀平滇，效命曲折，一一识自圣心，稽诸薄状，纤毫不爽，莫不叹服，感颂日月之照、雨露之施也。陈福久殁王事，亦蒙致祭。而昭莫多之役，宁夏官兵恩赉遍及，不独右卫也。此俱可为万世将将将兵之法。

是日，按品赐喀尔喀王盆楚克喇卜谈之母、妻，贝勒宋喇卜之母、妻并姑、婶、弟、妇、妹等，贝子布贝之二妻及其妹、女，公杜棱之祖母并其二妻及女，又扎萨克台吉苏诺木衣思渣布等妻女及妹，以至跟役妇女人等布帛、白金，并公杜棱、台吉丹津白金。又赏赉贫人白金。

是日，遣大学士伊桑阿致祭黄河之神。横城口堡守备李应魁来朝。

二十六日丁丑 上驻跸宁夏。亲近侍卫关保传谕大学士伊桑阿曰："朕既到此，着查宁夏阵亡官兵，赐恤阵亡官员，有遣官祭奠之例，若有阵亡官员应遣兵祭奠。"

是日，上遣皇长子往祭原任将军赵良栋。赐鄂尔多斯贝勒宋喇卜所属护卫额尔德尼白金一百五十两。又赏撑船人夫，并看守牧场厄鲁特等白金及羊。川陕总督吴赫、宁夏总兵官王化行等率领所属文武官来朝。

二十七日戊寅 上驻跸宁夏。是日，谕川陕总督吴赫曰："朕巡幸沿边地方，询察闾井生聚及土田沃瘠之状，自晋及秦，经行二千余里，直抵宁夏，所以勤求民隐，至殷且切。朔方资大河之灌注，疏渠溉田，宜于稼穑。当兹春气离遂，正三农尽力南亩之时。诚恐有司官员不体朕怀，因车驾经临，调遣师旅，借辞供亿，扰累小民。既东作之有妨，将西成之奚望？今一切军需刍糗，俱令储偫，足以资用。至扈从人员，概从简约。所有马匹，悉牧放水草善地，并不须以供办草豆，动烦民力。尔可传示有司，禁勿借端妄行科派，违者事觉，定行处分。仍遍谕地方百姓，务各安本业，廛无废市，陇无辍耕，庶不负朕亲历边圉、轸恤民依之至意。特谕。"

又上谕领侍卫内大臣公福善、索额图、马思喀，内大臣明珠，大学士伊桑阿等曰："宁夏若有闲散官员、武进士、举人、生员并富民情愿以己资军前效力者，将其名奏闻。"

二十八日己卯 上驻跸宁夏。是日，谕领侍卫内大臣公福善、索额图、马思喀，内大臣明珠，大学士伊桑阿等曰："量宁夏兵到郭多里巴尔哈孙地方之期，行文与大将军伯费扬古，着领兵前来会合。"

又谕领侍卫内大臣公福善、索额图、马思喀，大学士伊桑阿等曰："着查明随往大臣、侍卫、护军、执事人役、部院官员人数，算明通共所需口粮。其马匹疲瘦之大臣、侍卫、执事人役之人马数目，亦着查明。部院司官有马匹瘦者，着安置蒙古驿站。"

是日，差往谛巴处主事保住、萨哈连等人请训旨。谕曰："尔等到彼，向谛巴勿似从前动作，宜照常和平。交毕敕书之后，照先行礼赐币，但谕谛巴：皇上率领大兵已到宁夏，因四件事尔俱遵旨而行，皇上大悦，已停止进兵。其尔令尼麻唐库图克图密奏达赖喇麻出定之事，皇上俱已洞悉，与尼麻唐库图克图亦颁密旨。此事惟有皇上与尼麻唐库图克图、卓尔木龙喀木布并皇上亲近侍卫喇西知之，是外未有知之者。嗣后凡有上谕，尔若遵行，皇上愈加抚育，况与达赖喇麻道法合同已经六十年，岂有不记忆之理乎？着尔必使鼎木库图克图同我等前去，皇上欲令其念经。若服水土，则留之。若不服水土，则照尼麻唐，令其回来，且比尼麻唐倍加眷顾。召鼎木库图克图敕书，尔等写文用部印带去，并将噶尔丹之子及其所属大臣人众皇上俱已收留等语，尔口谕之。尔等前去向达西巴图尔台吉要取熟悉地方乡导，引去至西域。回来时向谛巴取驿马骑来，将此等情由尔等写文用部印带去。其喇麻进穆巴扎穆素等，勿待达赖喇麻出定，尔等即行带来。”

又兵部等衙门奏称：“亲近侍卫关保传谕大学士伊桑阿曰：‘朕既到此，宁夏官兵去年在昭莫多、翁金地方阵亡者，查明具奏，议叙之处，着该部照常议奏外，官员着遣侍卫往吊。兵丁着在此处给发身价。钦此。’钦遵行文与宁夏总兵官王化行，将阵亡官兵数目查送等因，去后，今总兵官王化行造册呈送前来，查得宁夏阵亡官二员、兵六十一名。游击陈卫平系福建人，伊妻子已经扶柩回籍。此处祭奠给发身价之处，应无庸议。千总刘尽孝之妻现在于此，遣侍卫之处应交与领侍卫内大臣，其身价银照例给一百五十两。其马兵六十一名，应照例各给银五十两，共计银三千二百两。此银即于该督处支取给发。”奉旨：“依议。”

又议政大臣等奏曰：“督捕侍郎席米图等疏称‘臣会同地方官自二月二十一日起至三月初四日，所买牲口数目先经奏闻外，又自三月初五日起至十五日买得骆驼六十一只、马三百三十五匹、骡八十匹’等因具题。侍郎哈雅尔图交批本存住转奏。奉旨：‘会议具奏。钦此。’钦遵臣等共同会议，查得近议将巡抚郭洪购买并捐助一千马匹、骆驼内拣膘好者拨给满洲兵，停其续买骆驼、牛羊等因具题。奉旨：‘依议。着速行’。钦此。行文在案，应将先经拨给孙思克等兵丁马匹、骆驼，若膘好者不足，即将此续买骡马、骆驼拨给。若孙思克等之兵已经起程，即交地方官喂养。”奉旨：“依议。”

又议政大臣等奏曰："振武将军孙思克等疏称，据部文内开上谕'前于三月初六日着孙思克等，此文一到，一面具题，即行起程等因，已经移咨。今伊等马膘何如、几时可到嘉峪关、几日可到萨克萨忒胡里克、何日起程之处，此文一到，令其作速具题'等语。臣等官兵之马皆已肥壮，自甘州七日可到嘉峪关，自嘉峪关到萨克萨忒胡里克可须一月。现有裁减五百满洲兵之马一千五百匹，绿旗兵喂养五百匹，共二千匹。其兵丁、炮手、驮米马一千一百十二匹尚未拨给。俟一得马匹即一面起程，一面具题等语。查得先经会议，将炮手骑驮马匹着将军孙思克、博济等不拘何处马匹随其所得拨给，勿误军机进剿等因具题。奉旨：'机会不可失。孙思克、博济等兵之驮百日口粮马匹及炮手骑驮马匹，着支取伊等附近绿旗兵丁之马。若不耽误，即令前往，一面具奏。若不即得，酌量驮百日口粮减其兵丁，取减退兵丁之马驼米前往。自宁夏进剿之兵，朕不使过二千或二千五百名。伊等若云减兵太少，难以进剿，着前临一处驻扎，止着宁夏兵进剿。钦此。'于三月二十二日行文在案，应将孙思克、博济所称兵丁炮手之马尚未拨给之处无庸议，仍照前旨遵行。"奉旨："依议。"

赐遣往谛巴处使臣保住等白金。

是日，遣侍郎席尔达致祭贺兰山之神。

二十九日庚辰　上驻跸宁夏。是日，上出北门，阅宁夏绿旗马步兵操演。总兵官王化行以下以至千总、把总并随行。总兵官白斌等皆赐食。总兵官王化行、白斌上亲赐御酒。其余官员等亦命按品进阶赐酒。众兵就其各排队伍之处赐食。上又遣近侍人等将御用之物均赐众兵，亲视其饮食。兵丁欢声震地。王化行等及众兵丁皆顿首奏曰："臣等边境官兵，受皇上养育之恩，并无效力之处。去年出兵，已蒙重赏。今皇上躬临宁夏，亲赐官兵饮食，亘古未有之盛事也。臣等惟有同心协力，防守边圉，效力军前，以答皇上高厚之恩于万一耳。"宴毕，上回行宫。

是日，上谕议政大臣等曰："遣往噶尔丹处员外郎博世希、笔帖式常寿已回到喀伦，预奏格垒沽英携其妻子来降，噶尔丹亦遣使前来等因。其人尚未到来，伊等到时，问明噶尔丹或降或逃遁何处，方可进兵。令作速行文孙思克、博济，止其进兵。俟事明之后，着照行文前进。"

本日颁敕于王布忒达阿布地，敕曰："谕奉持瓦齐喇达喇达赖喇麻之法、广宣佛教之王布忒达阿布地：朕统御万邦，施仁惩逆，诚心敬顺，必加奖恤。尔布忒达阿布地，尔前与噶尔丹同谋，凡事必党附厄鲁特而抗我，坚庇济隆农库图克图不献。其时，朕谓达赖喇麻犹在，断不至此。故特降尔严旨。今奏：'圣主严旨下颁，不胜忧惧，惟谨遵圣谕，随力报效。倘念达赖喇麻，乞降温纶'谆切奏请。尔既知过认罪，朕岂不念与达赖喇麻道法合一应有年所乎？且朕若不加眷恤，则尔土白特之国岂得安其生耶？其济隆农库图克图者乃达赖喇麻特使，和合喀尔喀、厄鲁特之好者也。彼竟不行和好喀尔喀、厄鲁特，反引厄鲁特入我哨地，与我军交战，情罪甚可恶，务必擒送彼之身命戒体。朕俱准尔所请，宽而宥之。其班禅库图克图应来年月日期，尔从容择定具奏。噶尔丹与朕为敌，朕兵大克之。凶恶逆贼，情罪重大，其女断不可留于呼户诺尔处，尔必解来。若不解送，罪归于尔。噶尔丹果悔罪来归，其时另下谕旨。今尼麻唐库图克图至，将尔奏请之言皆密奏于朕，朕已密颁谕旨。朕原以率土之人尽归善化，共跻安全为念，断不欲苛求隐昧，坏人家国。嗣后尔宜益加恭顺，勿违朕旨。尔之前过，朕俱不介意，照常抚恤。如此则尔之人民大有福利，尔之荣贵可获长享矣。为此特遣正使理藩院主事保住、副使署主事萨哈连因颁敕，特赐缎六端。"

臣等钦惟皇上之敕布忒达阿布地也，当其与噶尔丹同谋，则申严旨；及其悔罪，则降温纶。所谓慑之以威，怀之以德也。济隆反覆，责其擒送。一以正济隆构衅之罪，一以验布忒达阿布地效顺之诚。大旨以优容为驾驭，以仁义为感格，湔除旧慝，责其后效。伏读制词曰："朕原以率土之人共跻安全，断不苛求隐昧，坏人家国。"大哉王言，沛天地覆载之心，行招携怀远之策。二而惩之，服而舍之，开诚布公，推心置腹。凡从前之包蓄异心、徘徊观望者，其孰不感激愧悔、宣力效命乎？卒之，布忒达心悦诚服，而逆贼成孤立之势，皇上神谟睿算，真明见万里之外矣。

闰三月

初一日辛巳　日有食之。

上驻跸宁夏。议政大臣等奏："据一等侍卫副都统阿南达疏称，三月二十五日噶尔丹多尔济遣伊阿尔达尔莽奈至臣所，云达赖喇麻之善巴凌堪布致我一书，约我赴彼会盟。我答以向者未尝赴汝盟会，拒而不往。谨将此书呈览等语。其善巴凌堪布所致噶尔丹多尔济书，系唐古特文，相应一并具奏。其书内云，达赖喇麻、谛巴二人已遣萨尔奔阿克拉木巴传谕呼户诺尔诸头目，今头目等各整器械，俱于正月二十八日于察罕托落海地方盟会。尔应令部下将甲胄、弓刀、炮矢等物修整齐备，于来月初四、五日昼夜前来，务必如约而至，仍有口传密语。查前达赖喇麻遣尼麻唐库图克图等恭请圣安，密陈机事。谛巴复遵谕旨，所奏敬顺，是以皇上特沛温纶，遣使同尼麻唐库图克图等前往。今观善巴凌堪布所致噶尔丹多尔济之书，与达赖喇麻、谛巴所奏本意不相符合，而无故令呼户诺尔台吉等会盟，缮修器械，又邀从未会盟之噶尔丹多尔济赴盟，未审其何意。且策旺喇布滩率兵往征噶尔丹，而谛巴等又遣达尔汗囊苏使之撤兵。观此，则谛巴仍附合噶尔丹，情伪显然矣。况噶尔丹系凶恶狡寇，必当扑灭。其俘献者论功，援彼者即吾仇也。恐谛巴以伊所居辽远，肆行诡谲，谓我不知，应将此情令该部开明追送尼麻唐库图克图等，并移文主事保住等，将此情即询明谛巴具奏。"奉旨："依议。"

是日，赐随征诸大臣香。

初二日壬午　上驻跸宁夏。上由南门登城，往西巡阅，降自北门，御行宫。一等侍卫副都统阿南达等奏："三月初五日，臣遣家人尼楚滚、渣木素往哈密侦探，俟噶尔丹之进巴车尔白前来，即行擒解。十七日，尼楚滚等回称，伊等初九日未至哈密，于昭胡都克地方遇臣前所遣住扎哈密之家人海喇图解送进巴车尔白，因而协同解到。随讯进巴车尔白。据称，噶尔丹以我受仁圣太平皇帝敕书，将欲叛己，因而拘执，正月初一日将我交追寻色布腾巴尔珠尔之十五人，至瀚海地方，给马一匹，弃之而去。我自彼步行投哈密而来。我来时，噶尔丹犹在格格特哈朗古特地方，兵不过五六百，马驼之外并无牛羊。其所遣探视弘郭罗情形之人名哈什，今尚未回。噶尔丹口中但言俟格垒到而已，其随吴尔占渣布之母戚巴汗察来者一汉人饿死，又一人为噶尔丹所擒，想已被杀，后不复得见之也。前者噶尔丹曾与我言，及格垒若得仁圣太平皇帝确谕，仍许和好，查还失散人口，我等可以苟延。倘无招抚及相和好之旨，决不能栖留于此矣。其言如此，势必投弘郭罗或投伊尔根而去。此在两可，大约俟遣往弘郭罗之使哈什到日，定其所向也。为此，除将进巴车尔白同至三人随后解送外，将进巴车尔白交驿站笔帖式解送前去。”奏至，侍郎安布禄交批本存柱转奏。奉旨：“着示议政大臣，将进巴车尔白交吴达禅喇锡询明启奏。”

蒙古文三件交巴图赖翻译。其阿喇布谈移额贝都拉达尔汉伯克文云：“汗所移送事件未经明晰，其与色布腾巴尔珠尔等被擒之人甚众，既不遣发一人前来，并不使知其情由，且闻将我使人令人押护，概不容接见。果尔，于理可乎？其速将所擒人内择能者一人，与尔使一并遣发，再将色布腾巴尔珠尔令我使验视，其余送往图鲁满。更有一言，令人口致也。”哈密回子头目达尔汗伯克呈一等侍卫副都统阿南达文内云：“噶尔丹处无应报闻尔等之事。车尔白寨桑等四人因被噶尔丹籍没，以致徒步而来，达锡尔至此之后，随有巴哈西纳前来，所言与达锡尔相同。”又阿喇布谈所遣之使吴尔图牢章送到文内云：“博硕克图汗所移送事件未经明晰，与色布腾巴尔珠尔就擒之人甚众，既不遣发一人前来，亦不使知其情由，且闻将我使人又令人押护，概不容接见，果尔，于理可乎？其速将所擒人内择能者一人，与尔使一并遣发，再将色布腾巴尔珠尔令我使验视，其余送往图鲁满。更有口讯之言，令使人面致也。其来使传语云：‘侍卫阿南达移文谓达尔汉伯克已归服圣上，此是中国迫尔服从欤？抑尔情愿归降欤？其色布腾巴尔珠尔何不解至我处，乃送往中国乎？’我对之曰：‘噶尔丹所咨事件，我并无欺隐汝等之处，其色布腾巴尔珠尔等理应解送皇上，是以交侍卫阿南达之使，与我子白起一同解去。至汝使人，凡遇蒙古诱之逃窜，所以概不令接见也。今令我遣使，我已遣一人去矣。汝欲有所询问，已于达锡尔同伴中遣一人去矣。’又答来使口询之言曰：‘圣上岂尝有所迫勒，第总督、提督、副将遣人移文称，圣谕云：尔前虽附噶尔丹，今宜向化。侍卫阿南达使至又传圣谕，令击噶尔丹其来者擒之，我是以心悦诚服，归降圣主也。’阿喇布谈以我归附皇上既已，大怒，又以我擒献其种类，故拘我所遣图鲁满诺颜索尔丹之两使，一则我外兄博洛特和卓也，一则我甥锡喇和卓也。其余随往者得还，而被执之人得还与不得还，尚未可知。更有启闻者，此地所擒约七十余人，阿喇布谈怒矣，必遣索之。倘致兴戎，内外未必无虞。此宜预为之筹也。其车尔白寨桑等四人则海喇图解去矣。海喇图殊与我好，又宜俟海喇图及我巴苏至尔帐前投文禀报之后速还。而久驻于此，已将擒解之故对阿喇布谈使者备言之矣。如欲移书阿喇布谈似宜交海喇图转发，谨此布闻。”以上蒙古文三件，系司业巴图赖、侍读学士伊道翻译具奏。奉旨：“着会议具奏。”

又阿南达移送行在理藩院云：“噶尔丹部下台吉滚布查罕来降，诉其来归圣上之时，被台吉盆楚克截留其人畜。臣因移文台吉盆楚克，诘以来归圣上之人，汝何故截留其人畜，可速行照数查还。据台吉盆楚克称‘往投圣上之人，我何敢截留？但滚布查罕等曾经盗我部下牲畜物件，且有借贷旧逋，计数偿取者有之。至于彼不愿投降者，自行逃遁，而谓我截留，此诳辞也。今侍卫既遣人查取，即将我现存人口遣人送去也。其人口共三十八名，送到后，以此情由询之，滚布查罕据称前所有人口计及一百二十，于盆楚克处起行之先，其内十六人逃巴赖而去，中途鄂欣等八人亦逃巴赖而去，及至默尔根带青交界查罕达尔汉所居鄂伦布拉克地方，又逃去四人。今台吉盆楚克处尚有三十八人、马二十四匹，巴赖处有厄鲁特人二十四名、锡赖郭尔人二十一口’等语。臣复遣通事韩福等赍文与盆楚克等云，尔所遣夏吴巴锡送至滚布查罕男妇子女仅三十八口，据滚布查罕言，尔处尚有人三十八口，巴赖处有厄鲁特人二十四口，锡赖郭尔人二十一口，将此人数务速遣人送到。韩福等回称，我等至盆楚克家询之，据云，盆楚克已往呼户诺尔处会盟，因将所赍移文付盆楚克下人达尔渣，令送其父阿齐巴图尔台吉处。巴图尔台吉遣巴哈寨桑来云，我子往赴盟会矣。其滚布查罕之人因盗我儿牲畜，罚取者固有之，逃来者亦有之。俟吾儿到日再为询问。又往询巴赖，据云，归投皇上之人，我何敢留。鄂欣等十一人原系逃来，今现在此。至于锡赖郭尔部落之人，乃因盗达赖喇麻备赏牲口，曾于盟坛质审启闻达赖喇麻罚而取之者。又根敦等十四口，并非近日所取，向系拜的掠而取之者。此亦系达赖喇麻所辖之人，非我所得擅给也。止给鄂欣本身男四口、妇人二口、子二口、女二口，并查罕达尔汉处所有男二口、女子一人，共计十四人及巴赖所送唐古特移文一纸并带前来。臣又询滚布查罕云，巴赖处所有之锡赖郭尔部落人并根敦等十四人，俱系达赖喇麻所辖之人，何称为尔之人？据云，实系我处之人，并非诳言。今巴赖谓是达赖喇麻之人，吾其如何查得？阿齐巴图尔台吉既称伊子盆楚克他出，俟其到日再询可也。至巴赖又称滚布查罕之人因偷盗罚取者，系达赖喇麻所辖，不得擅给。臣以现在进兵，不及往查，应将伊等口供并巴赖所移唐古特文一并咨送该部。其滚布查罕亦遵部文将伊等一百二十五口交尔部拨什库纪阑泰及振武将军标下守备刘震，送往大同，交山西巡抚，于三月二十五日起程”等因。侍郎安布禄交批本存住转奏。奉旨：“知道了。”

唐古特文交巴图赖翻译，其策旺喇布滩移阿南达文云：“来文俱已备悉。倘噶尔丹经此，必不使之得脱。已与阿玉奇之子桑济渣布率兵二万起行矣。所有事情备开文内，遣诺海赍送麾下我所遣图鲁满之使。闻知汗子已往哈密，汗所自领不及千人渐向哈密前进，我遂留军众屯扎，止率兵五千。行至胡塔布地方，有二人自汗处逃来，口称汗以额克阿喇尔地方较之格格特哈朗古特地多鱼，欲投彼处，今已至代锡里地方矣，因此我等逃来等语。又我所遣往探博硕克图汗住居之人，遇有逃来之哈尔盖达颜额尔克，解之前来。其人称，博硕克图汗仍在格格特哈朗古特地方，众皆乏食，星散而去。又有额贝都拉致书于哈尔盖达颜额尔克，令告博硕克图汗去，仁圣太平皇帝使臣来已二三次矣，混台吉使人之来亦二三次，屡索我子，其遣来使我已面觌，我意仍前不易。但我非似汝等游牧之人，度两处作如此举动，更惧其遣使前来。若欲于我取信，即令尔所遣之人住图格里克地方探之，俟彼使还日，即令至沙尔地方，与我一见可也等语。我已留兵一支，令详探博硕克图汗所往，但今我游牧之地逼近白帽部落，所以退回矣”等因。巴图赖翻译具奏。奉旨：“着示议政大臣。”

初三日癸未　上驻跸宁夏。议政大臣等奏：“哈密城头目达尔汉伯克额贝都拉移文一等侍卫副都统阿南达内称，‘阿喇布谈因我归降皇上，以致大怒，又因擒献其种人，故拘我所遣图鲁满诺颜索尔丹之两使，一则我表兄博洛特和卓，一则我甥锡喇和卓，其同往之人虽得释还，而被执者得还与不得还尚未可知。更启者，此处拿获七十余人，阿喇布谈已怒，必遣人索取。倘致兴戎，内外不无可虞，是宜预为之计。又海喇图宜使速还久驻于此，如有文发与阿喇布谈，应交与海喇图转发’等语。除现在哈密之厄鲁特七十余人，阿南达既称着绿旗兵解部，应不议外，查臣等近经会议，策旺喇布滩及呼户诺尔诸台吉所属人等，不知达尔汗白克额贝都拉已归圣上，或行侵扰，亦未可知。应移文策旺喇布滩及呼户诺尔诸台吉，令各将部下人严行约束，勿使侵扰哈密回子可也。并将移文缮写进览。奉旨：‘着随便发往今额贝都拉。’既云策旺喇布滩衔恨于彼，应将饬令策旺喇布滩及呼户诺尔诸台吉不得侵扰之处，开明移文额贝都拉，并谕以策旺喇布滩。若索取尔处所存之人，不得擅发，其文应发阿南达，付伊家人海喇图交额贝都拉。其与策旺喇布滩之文亦应发阿南达处，付海喇图带往。若有自哈密前去便人，即令送至策旺喇布滩处。其海喇图既至哈密，即令住彼侦探信息可也。”奏入，奉旨：“依议。”

是日，谕领侍卫内大臣公福善、索额图、马思喀，大学士伊桑阿曰：“黑龙江兵丁诚心效力，故萨布素自谓伊等马肥。朕今日绕城遍阅，见黑龙江兵丁马匹欠膘。若将此马乘用，则回去之时力不能到。如伊等有行走之处，朕给与马匹，应将伊等马一千七百匹，令于察罕托海地方牧放，遣人送至归化城可也。俟事毕日，伊等各乘其马回本处甚易矣。如此则草料既省，马匹亦为有益。着同萨布素会议具奏。”福善等同萨布素钦遵上谕，查得黑龙江兵丁马匹疲瘦，若将此马来用，则回去之时力不能到。若调用伊等，令骑官马应将伊等马骡、骆驼一千五百六十一匹，在察罕托海地方牧放，以三百匹为一群，共计五群。每群用人十五名足矣，五群共用人七十五名。应派绿旗兵七十五名牧放，令总兵官王化行将伊标下才能参将、游击等官派出二员领之。又令将军萨布素每翼派章京一员，每旗派兵二名，协同监牧。此马既赶送归化城，应移文归化城都统，令派副都统一员、参领二员，并酌派防护驼马官兵赶至归化城附近地方牧放。俟事毕日，伊等骑此马归本处，则甚易矣。如此草料既省，马匹亦为有益。其将军萨布素等留于此处骑用之马五十匹，仍令支领草料喂养。俟命下，将伊等马匹即送至察罕托海地方牧放可也。奉旨："将此马送至察罕托海地方，着与达里善等马匹一处牧放。余依议。"

阅西安官兵射，赏附丁厄鲁特二人白金。

初四日甲申　上驻跸宁夏。抚远大将军领侍卫内大臣伯费扬古等奏："参赞侍郎满丕咨称：三月二十四日自哨口送到厄鲁特降人额林陈哈什哈称：'我乃噶尔丹属下人，系诺尔布寨桑族兄，于二月二十四日自台西勒地，方带领我妻并三男一女及族伯台库伦之女、台吉达木林之妻布尼塔尔又萨木坦格苏尔及其母并沙里蒙克垂卓尔诺尔查木等十三口，马十二匹、骆驼五匹、鸟枪二杆、撒袋三副、腰刀两把逃出，归投圣上。'问额林陈哈什哈尔等逃来时噶尔丹在何处，据称：'我等未逃之前，噶尔丹在萨克萨特户克里地方。丹济喇之婿拉思伦在台西勒地方，与我等附近居住。二月二十二日丹济喇属下人名唐古特者至拉思伦处云，丹济喇今向戚查阑地方游牧而去，因是拉思伦亦游牧前去矣。我等于二十四日晚逃来'等语。今先将额林陈哈什哈驰驿送往，其妻子并台吉达木林之妻子等已遣人迎取，到日即交驿站驰送。问额林陈哈什哈，丹济喇既向戚查阑地方游牧，其外消息，尔有所闻见否？其戚查阑地方去噶尔丹所居之地程途几日？台吉达木林之妻布尼塔尔者不知即系都哈尔阿拉布坦之弟达木林妻室否？据云'我在台西勒地方居住，故不闻噶尔丹消息。我胞姊之子顾木特尔系拉思伦部下亲随议事之人，曾向我言，丹济喇遣唐古特谓拉思伦曰：闻尔属下之人有归服圣主之心，果有降意，不可异同，请共议之。又其属下人皆喧传天兵西至，根敦代青又统兵东来，我辈无所归矣。其戚查阑地方去噶尔丹住处两日程，途布尼塔尔者是都哈尔阿拉布坦胞弟达木林之妻，即我伯父之女、我之妹也。特归服圣主前来。'又问额林陈哈什哈拉思伦，何以答唐古特而遣之？据云'不知拉思伦作何语，言顾木特尔未尝告我，我亦未尝问彼也'等语。今遵旨将额林陈哈什哈送赴行在，俟其子女并达木林台吉之妻布尼塔尔等及伊驼马到日，交归化城副都统阿第等解送谨此奏闻。侍郎安布禄交批本存柱转奏。奉旨："着示议政大臣。其与丹济喇分散情由，着吴达禅喇锡等问明厄鲁特大臣等具奏。"

是日，甘肃巡抚郭洪奏曰："行在兵部移文内开议政大臣会议，噶尔丹穷迫逃窜，余党不及数目，大兵进剿即可扑灭。现在肃州预备者，有西安满兵二千兵，每人各马三匹，此内将家贫者拨留五百名，其五百名，计马一千五百匹，并拨给孙思克兵丁所余之马五百匹。又巡抚郭洪购买及其捐助驼马千匹内视膘大者选出，不足数着该巡抚与将军孙思克将文武官员并未从军之绿旗兵丁内有大膘骡马会同选取，拨给满兵一千五百名，每人各二匹，毋失机会，前行征剿。其所采买牛羊，别无用处，俱令随军带往。其采买及捐纳马匹内膘瘦者，即与拨留之五百满洲兵喂养等因，查得进剿满洲兵一千五百名，若每名各给马二匹，则除拨留满兵五百人之一千五百匹及拨给孙思克兵丁所余之五百匹外，合计将军博济请给炮手之马共缺马一千一百十二匹。将捐纳及购买驼马内已到者择膘大者拨给，其未足之数，前已遣官移文将军孙思克，调伊属下附近不出兵之绿旗营马匹。今据将军孙思克、博济来文内开，若收取附近绿旗兵丁马匹，一时不能即得，而今进兵日期甚速，应将现在膘大牲口或几百匹俱交副都统等拨给兵丁，一面即起行前来。我等酌量马匹减兵起程。今将现到及捐纳采买驼马内选得肥马共四百七十二匹，已交副都统锡尔哈达、马云霄等拨给进剿兵丁。其带往百日口粮，臣俱在肃州已经预备外，今将米袋、马骡驮鞍、骆驼鞍屉等物俱已拨给矣。副都统锡尔哈达、马云霄等以马数不足，减满洲绿旗兵各八十名，给进剿满洲兵每名马各二匹，官兵俱于闰三月初一日自甘州起程。其捐纳及购买马匹内有膘瘦马三百四十五匹，并监督茶马郎中李学圣随后送到所易瘦马一百十六匹，俱交与拨留满洲兵喂养西宁庄浪地方。购买马匹未到者，已交道官金秉伦，令其随到即补给拨留之满洲兵，其采买之牛三百十二头、羊七千只俱已随满洲绿旗兵发往。臣当赴肃州，视官兵起程，将起程日期另行奏闻外，今将官兵自甘州起程日期奏闻。"侍郎哈雅尔图交批本存柱转奏。奉旨："交部。"

是日，遣内大臣公常泰赐提督陈福祭，其子陈师济率族人诣行宫前谢恩。

赐遣往谛巴处主事保住漆鞍一副，署主事萨哈廉皮坐鞍一副。

初五日乙酉 上驻跸宁夏。上率侍卫等射。一等侍卫副都统吴达禅传谕领侍卫内大臣等曰："法尔库在前锋营巡哨时，厄鲁特三十余人围之，射杀一人，又二人被创，走而得脱，贼众皆异之。法尔库人强而且善射，着擢为蓝翎侍卫。"

又召遣往谛巴之使主事保住、萨哈廉谕曰："谛巴于朕所谕诸事既已一一顺从，且又谆谆恳求温旨，朕因遣尔等往沛温纶。今尔等既行，则敕书及口传旨意俱无庸更改。但朕遣往策旺喇布滩之使英古还奏云，呼户诺尔之善巴凌堪布曾移文与噶尔丹多尔济，又谛巴遣达尔汗额木齐至策旺喇布滩处，阻其发兵。又达赖喇麻之死业已宣传，故召还尔等，欲使尔等向尼麻唐处询问此情。又谛巴所进佛像及奏章原封交尼麻唐开阅，乃一泥塑达赖喇麻，头颅已断，尔等将此缘由问之谛巴。尔保住年齿尚幼，可将复生之小达赖喇麻仔细看明而来，如不使见则已。又尼麻唐曾经代谛巴密请，云达赖喇麻已死十六年矣，今复生之达赖喇麻年已十五岁，于本年十月二十五日出禅。此时望圣上隐之，勿使漏泄。朕已悉允。嗣因英古来言，策旺喇布滩之人已悉知之，于是始传谕众人。尔等沿途凡所遇之人，即以此语之，将敕内情由始末亦晓谕之。"

理藩院奏："据抚远大将军领侍卫内大臣伯费扬古咨称，查康熙三十五年十月内，尔部尚书移文内开康熙三十五年十月初一日，亲近一等侍卫关保传谕尚书马齐曰：'大将军费扬古处随征之兵丁劳苦已甚，食用必乏，今欲将朕所用之牲口送往彼处，而路途辽远，恐致牲口羸瘦，且需时日，可遣人至尚书班第处，将杀虎口、大同等处现银支取五千两，遣官一员送至大将军费扬古处，令其酌买皮袍、牛羊等物，散给与彼处兵丁。钦此。'即将银五千两交主事哈代送到后，立交各扎萨克等采买袍帽牛羊等物，已分给黑龙江兵丁。随咨行在，理藩院将所余银二千四百两应缴何处，乞为转奏，速移前来行在。理藩院议奏云，顷奉上谕，已派察哈尔兵五百名，着散秩大臣吴巴锡带领，给与两月行粮往大将军费扬古处。此兵到日，将黑龙江兵内选其人马强壮者拨留一百名，管辖官员亦量兵拨留。其兵亦照察哈尔兵所携两月口粮，将五千两银内酌量支取，给充两月口粮。其余兵丁着遣回。相应移文大将军伯费扬古，若所采买牛羊不足供黑龙江拨留兵丁两月口粮，即将此项银两买给，所余之银仍收贮大将军伯费扬古处以备军饷。奉旨：'依议。'准咨在案。又查前曾将支给遣回官兵之牛羊内拨与存留黑龙江官兵，已足两月之粮，故牛羊不曾补买。今此处所有黑龙江兵及察哈尔兵俱支给归化城粮米，则此项银两已无用处。应将此二千四百饷银交与驿站官员，递送右卫交西路同知唐凯收贮，乞为转奏。俟命下，以便遵行。奉旨：'该部议奏。钦此。'臣等议得：大将军既称伊处兵丁俱将归化城之米支给，无用银之处，应将余银二千四百两交驿站官员，递送右卫交西路同知唐凯收贮。"奏入，奉旨："将此银两仍留大将军费扬古处，有应用之处，即行支用。着视便移文知会。"

初六日丙戌　上驻跸宁夏。协理旗分事务一等台吉多罗额驸阿喇布坦等奏："康熙三十六年二月初十日，奉旨着臣等带扎锡巴图鲁台吉等所遣之使鄂木布等，往呼户诺尔地方宣扬皇上仁恩，率诸台吉前来，臣等曾口奏云，阿齐滚布巴图尔台吉现遣使马木特来请圣安。据称，阿齐滚布巴图尔台吉虽无决计归服，及来朝之言，若皇上降有温纶，则台吉似亦无不奉命。以此观之，阿齐滚布巴图尔台吉已服从矣。应先往阿齐滚布巴图尔台吉处谕之。奉旨：'甚是。钦此'。臣等一面起程，一面即遣国子监助教通奇塔特带领伊使马木特往阿齐滚布巴图尔台吉处，云：'我遣使往策旺喇布滩等处时，尔曾令人陪往，又资助驼马。以此我皇上大加奖许，又令给以恩赐，且谕以我等随后即到。'臣等于三月十六日至甘州，十七日助教通奇塔特来云，已将大臣之言俱晓谕阿齐滚布巴图尔台吉矣。台吉云；'目今达赖喇麻处遣绥本阿拉木占木巴为建塔之事于呼户诺尔之察罕托落海地方会盟，我曾遣长子额尔得尼额尔克前去，中途闻达赖汗之子拉臧卓尼绰尔济等谓，我遣人陪尔使往策旺喇布滩及哈密等处，又资助驼马，又遣马木特私请圣安，欲乘此盟会执我而兴兵，于是退回。我亦前往，去家一宿，得闻此信，归与我诸子商之。我次子盆苏克云：'我往赴盟会，观其动静，既归告云会盟之处。'拉臧问云：'汝贰于我，遣马木特请仁圣太平皇帝之安，非叛呼户诺尔乎？'我子盆苏克答云：遣马木特者，因圣驾近临宁夏，故我乘便先遣人请安则有之，然并无叛达赖喇麻法律之处。今我所遣之马木特，如受其符信而来，我等情甘任罪。倘无符信，则当如何？言讫而回。今拉臧仍欲进兵，故我亦整众备之，互相探哨。尔以此往告尔处等前来大臣可也。于是臣等复遣助教通奇塔特，令身亲至彼，观其互相探哨之处，且谕以我等随后即到之事。臣等于本月二十一日出永固城界，阿齐滚布巴图尔台吉即遣其纳秦和邵齐马木特寨桑等迎，云我台吉遣我等来告钦差大臣，今呼户诺尔台吉等方疑我之时，若大臣不临我地，则众当自止矣。余皆如通奇塔特语。故臣等共议，观阿齐滚布巴图尔台吉有畏惧诸台吉之状，我若前往，恐不利于阿齐滚布巴图尔台吉。况阿齐滚布巴图尔台吉已系服从之人，故臣等依阿齐滚布巴图尔台吉之言不复亲往，遣员外郎二郎保往谕给赏，详观形势，并确验伊等互相构兵等情。于郭满诺门汉庙，二郎保、通奇塔特差回追及臣等，通奇塔特覆云：'我前往阿齐滚布巴图尔台吉处，去时路傍见有庐帐群聚，后去时屯聚之人已撤，并无庐帐矣。因问其故于阿齐滚布巴图尔台吉。据言，本月十九日拉臧遣人来，言向者往请圣安，呼户诺尔台吉等原欲会同遣人，今巴图尔台吉自欲希宠，遣马木特请安。此语乃众人闲谈所及，今何故止诿我一人耶？以此相诘，我亦不答，遣之使回矣。'二郎保覆云：'我于本月二十三日至阿齐滚布处，彼云我当出庭外跪听谕旨，但众皆疑我，我欲于坐处跪听上谕受赏。职即令彼跪于坐处，宣旨赏毕，阿齐滚布巴图尔台吉不胜欢忭云，既蒙御赐，当与众人分而服之。乃散给其子弟。我因问拉臧，既设防兵，曾遣使否？阿齐滚布所答亦如对通奇塔特之语，职复逼问并无屯聚兵丁。'臣等是日至郭满诺门汗之庙，诺门汗出庭迎接，手执香信恭请圣安。臣等随颁御赐香信宣旨毕，诺门汗奏曰：'我乃山野微末沙门，于大乘皇帝之前并无异常效力显著劳绩之处，蒙大乘皇帝矜我衰耄，沛以恩纶，锡以香信。此身虽不能仰报，赖有僧徒千众，日诵经忏，虔祝圣寿，以答天恩而已。今我虽患病饵药，延众诵经，然我本怀原欲陛见大乘皇帝，当殚力调治痊愈之时，务必往朝也。'是日，有纳木喀阿拉木占木巴来云，系诺门汗所遣，口称大乘皇帝遣大臣来者，特欲令呼户诺尔众生得享安居，永受恩泽之美意也。当于渣西巴图尔拉臧及善巴凌堪布以至达赖喇麻所遣之绥本阿拉木占木巴等处一一晓谕。臣即以此传谕众人。皆曰领命，无不愿赴盟者。二十八日，善巴凌堪布、绥本、阿拉木占木巴、罗布臧喇旺遣阿拉木占木巴来云，闻钦差大臣以至西宁，故乃遣献香信问安，且称方春令时，牲畜羸瘦，众台吉等恐于本月初旬不能齐集，以致大臣等久待，请于本月初八日前后到来。臣等已准其初八日前后来会臣等。与呼户诺尔台吉等会盟事毕另行具题外，为此奏闻。”侍郎安布禄交批本存柱转奏。奉旨：“着示议政大臣等。”

是日，亲近侍卫关保传谕侍郎安布禄曰：“汝驰驿速往迎博什希，令驿站笔帖式等不拘何地，遇博什希先将噶尔丹奏章作速送到，听博什希量力随后驰来，其噶尔丹奏章令驿站笔帖式务小心送至，不得失坠。”

是日，上率侍卫等射。又遣大学士伊桑阿赐原任将军赵良栋祭，其子弘理率其族人诣行宫前谢恩。

初七日丁亥　上驻跸宁夏。抚远大将军领侍卫内大臣伯费扬古奏：“据参赞侍郎满丕咨称‘康熙三十六年三月二十九日晚所遣阿喇布谈之使笔帖式黑色、长史马尼图回至哨汛称，我等带领阿喇布谈、丹进鄂木布等所遣之使并其奏章及随使人来者厄鲁特男子计及四十人、回回男子计及五十人，并子女共百余人，至瀚海外特胡里克地方，分行陆续而来矣。我等今欲回迎阿喇布谈等奏章及其使人速带前来也’等语。因遣人偕黑色、马尼图星夜驰往，令将阿喇布谈、丹进鄂木布奏章及其使人带领前来，俟到日即将黑色、马尼图及阿喇布谈、丹进鄂木布之使并其奏章星速发往外，其与厄鲁特使者同来之厄鲁特回回人等酌量留于我附近之地等情。到后，臣等即回咨。参赞侍郎满丕云，令俟笔帖式黑色等到后，先将阿喇布谈等奏章星夜速送前来。除伊等奏章到日交驿站作速先行启奏外，黑色、马尼图及阿喇布谈、丹进鄂木布之使到日亦驰驿速送行在。为此先行奏闻。”侍郎安布禄交批本存柱转奏。奉旨：“着示议政大臣等。”

又协理旗分事务一品台吉多罗额驸阿拉布坦等奏：“本月初二日西宁总兵官韩弼、署理河州副将事守备于奋腾所遣试俸千总通事马义善带有博朔克图济农移文到后，随问马义善。据称‘我河州副将李奋翔同将军孙思克出征之前，曾差我往呼户诺尔之博朔克图济农处探信，并视伊处有噶尔丹之人否。且令我谕博朔克图济农云，尔系噶尔丹之亲，宜说之归我。三月初九日，博朔克图济农自察罕托诺海会盟毕回至原处，我即以此言告之。博朔克图济农日日沉醉，未得回覆。本月十七日，罗垒额木齐到彼博朔克图济农询问明白，乃唤我至伊第四子车臣代青楚胡拉寨桑帐中，言前有我属下人与噶尔丹人杂处者，仁圣太平皇帝一并擒去。今复释还其罗垒额木齐，我意谓已被杀，不期又同大臣等遣回，真仁圣之主也。且问尔之来，此甘州将军及西宁总兵官知否？我云，将军、总兵官俱知之。于是博朔克图济农云，尔可将此印文送至将军处，将军遣的当人来，我即差人前去，似可使降。倘噶尔丹从我言，我遣人带噶尔丹送皇上处陛见’等因。据此臣等会议：皇上仁圣，故博朔克图济农归化，愿招抚伊之姻亲噶尔丹，并移送印文前来，应奏明请旨而行。但机会既至，而将军孙思克等之兵又已起行，若必候旨恐致迟延，随遣员外郎二郎保、笔帖式富常等诣博朔克图济农处。与之定议事毕，即令二郎保前至臣等会盟处，笔帖式富常即与往招噶尔丹之使同至将军孙思克处，令孙思克询问明白，相度机宜行事等因咨明，去后谨将博朔克图济农移文一并驰奏。”侍郎安布禄交批本存柱转奏。奉旨：“着示议政大臣等。”

赏厄鲁特蒙古二人白金。

初八日戊子　上驻跸宁夏。乾清门侍卫喇锡传谕侍郎安布禄曰：“尔部或笔帖式，或扑什库有能驰驿者派二名，由内外二路往迎丹济喇之使罗布臧并我使巴尔通噶锡满齐。二人令昼夜作速带来，其格垒古英都拉见系年迈之人，令随后到来。”

又议政大臣等奏云：“理藩院疏称，本月初五日，鄂尔多斯之固山贝子根都西下布前来请安进贡，曾向乾清门侍卫喇锡蓝翎侍卫达锡等转奏云，王董罗布曾移文，着本旗派兵三百名，因马匹羸瘦未得照三百之数带来，止带有兵一百名。奉旨：‘贝子根都西下布着止其进贡，交与该部，钦此。’问贝子根都西下布云，王董罗布派定本旗兵二百名、贝勒古鲁西希布旗下兵五百名、贝子根都西下布旗下兵三百名，合为千名，听皇上调遣，行间效力。曾经题定移文前去，尔今不遵所题之数率兵前来者，何故？据供，‘王董罗布移文令本旗派兵三百名，我随派兵三百名集聚于鄂尔纪胡地方。及我到彼看时，一百兵之马尚可行走，其二百兵有无马者，亦有马甚瘦不能行走者。我以为此等不能行走之兵虽领前来，亦为无益，所以遣回，率堪用者一百名前来？又问根都西下布云，据尔供言，派出兵丁内因二百兵或无马，或马瘦所以遣回，若兵丁果无马及马瘦，尔为何不改派有马之兵，以足三百之数带领前来。但天气不佳，虽使更易，亦不能如数即得有马之兵，又恐不能赶及，所以不曾更易。此皆皇上之兵，如果更易而恰得其人，我何故惜之耶？然此皆我庸劣所致，我复何所置辩，生杀惟出皇上而已，臣等议得：根都西下布旗分计二十一佐领，仅选三百名有马之兵岂不可得，而根都西下布派兵时既不选有马兵丁，其派出兵内无马及马瘦者，又不更换，即行遣回，窃思军机事务，关系紧要，且将题定分派之兵擅行减却，殊属不合，应将根都西下布之贝子并扎萨克一并革退，令应袭之人承袭。其遣回兵二百名，仍令伊旗内派选有马者作速遣来。谨奏请旨。奉旨：'着议政大臣会议具奏。钦此。'臣等会议：军机事务关系紧要，贝子根都西下布自应遵题定分派之数，选派有马之兵。今不照数派选有马之兵，擅行减却，殊为怠玩，应将贝子根都西下布照该部所议施行，其不足数之兵，仍令补派遣来具奏。"奉旨："根都西下布着暂停议处，至京时再行具奏。其兵丁依议，作速调来。"

是日，上率大臣侍卫等射。赏多罗贝勒巴图尔额尔克济农旗分台吉罗布臧之妻白金。

初九日己丑　上驻跸宁夏。上御行宫，召川陕总督吴赫，镇守西安副都统阿兰泰，宁夏总兵官王化行，原任总兵官王潮海、冯德昌，花马池营副将高永乾，中卫营副将许万，宁夏道官吴秉谦，宁夏总兵官标下游击胡琨、姜奇、陈良弼、张高，广武营游击张法，洪广营游击邓茂公，功加参将马济等赐食毕，复召总督、总兵官及众官近前，饬谕曰："朕往者未临边境，故不深知边地之苦。今巡幸至此，见沿边百姓地瘠人贫，惟兵丁甚为精锐。自黄河下流以至榆林一带，城守兵丁诚较优于他处。然兵固良矣，必得抚绥训练之人方能有济。如不知抚绥而困扰之，则兵虽良，亦属无用。善抚绥者，兵丁钱粮不行克扣，照数支给，则自足各赡其身矣。养军之道，固当如此。如不知抚绥，即取国饷增给兵丁，亦不能身沾实惠。

尔等武职多由行伍出身，兵之艰苦岂不知之？一旦居官，顿忘旧日为兵之苦，扣克军粮，于心何忍？今虽末员，当思日后渐至大任，岂可不存良心，轸恤军士乎？朕又闻营兵缺额虚冒钱粮者，所在皆然，而陕省尤甚。此虽不可全信，大概如斯。且或闻朕巡幸，乃现行召募，足补额数者亦有之。总之，尔督抚提镇等官，俱当实心体恤属员，若尔等不受馈送，属员自不穷苦。属员不致穷苦，必不扰兵而行虚冒扣克之事矣。尔等大小官员，各有俸资养赡，不乏衣食。若扣克冒支，身于宪典，利害之关，匪浅鲜也。如总兵官柯彩，极善练兵，前亦著有劳绩。后因操守不端，致人疾怨，故朕撤彼回京。盖武职中勇敢果毅、服劳效力者固多，操守清廉者甚少。亦有慎于履任之初，而渝于后者。赵良栋性虽与人不合，而操守甚善。恢复城都之时，亦有抄掠之事，然而无大悖理之举。及荡平云南时，秋毫无犯，此亦彼强与人处也。以此观之，武职中如赵良栋者，可称良将矣。尔等居官，皆当效之。但不得效其倨傲耳。又闻原任总兵官师帝宾操守甚洁，彼居官如此，故身没之后，兵丁甚感戴之。凡有劳绩克著并人材强干者，朕皆擢用矣。但擢用之顷，声明无不佳者，及至日久，则操守隳坏者甚多。此皆渐及衰老而贪货利，为身家之计所致耳。失诸此者比比矣。其将朕之训诫遍行晓谕。”

臣等窃惟，捍卫边圉者，存乎兵，爱养士卒者，存乎将。 而鼓舞饬厉，以御将而恤兵者，则圣天子神武不测之妙用，恻怛无己之至仁也。伏睹我皇上驻跸灵武，宣召川陕总督吴赫等，诲谕谆恳，务令加意恤兵，诚以边兵锐猛远过他方，抚绥亦当倍急。必为将者以慈惠待下，以洁清守己，实心以率其属，终身不改厥操，然后能训练强兵，而不负朝廷委寄之重。大哉王言，法纪严而辞气蔼，体恤至而激劝深，鼓众心以成城，自有战而必克矣。

谕大学士伊桑阿曰：“将颁赐进剿五百绿旗兵丁每人银二两，即行支给。又随朕前来兵丁行粮给至何月，着查明具奏，并库勒纳等送到驼骡，着会同兵部看明具奏。”议政大臣等奏云：“本月初七日，谕领侍卫内大臣索额图、内大臣明珠曰：‘大兵起程之前，应遣使招抚噶尔丹及丹济喇。此遣往之使，不必遣发我处之人，将同色布腾巴尔珠尔被获噶尔丹乳母之子丹济渣布及愿往之厄鲁特人派出，着赍敕谕前去，一面遣使，一面出师。其达赖喇麻死已十六年，而谛巴冒称达赖喇麻之言欺诳噶尔丹。噶尔丹遂信谛巴欺诳，以为护持达赖喇麻之法，肆行妄动之处，俱于敕谕内开明，照此刊刻，多行刷印，交丹济渣布等。着谕厄鲁特诸人及应否遣使策旺喇布滩之处，一并会议具奏。钦此。’臣等会议：进兵之前，应遣使招抚噶尔丹丹济喇。此遣往之使不必遣发我处之人，令噶尔丹乳母之子丹济渣布为使，厄鲁特人内有愿往者同丹齐渣布遣往。此敕书内将达赖喇麻死已十六年，谛巴冒称达赖喇麻之言欺诳噶尔丹，噶尔丹遂信谛巴之欺诳，以为护持达赖喇麻之法，肆行妄动之处，及噶尔丹被大兵所败，穷迫流离，子既被俘，妻复遭戮，今着策旺喇布滩亦乘机兴兵征剿等情，俱开明遣发，其遣往策旺喇布滩之使应令该部奏请。”奉旨：“依议。”

议政大臣等又奏：“康熙三十六年闰三月初六日，谕将军马思喀等曰：‘今噶尔丹穷迫已极，兵多则用之不尽，而进发亦觉繁重。今派鸟枪护军六百名、前锋五百名、乌喇兵四百名、绿旗兵五百名，此二千兵足矣。其前锋及乌喇兵业已派出，其应给驼马之数俱已题定。今于枪手、护军炮手、骁骑之四匹马外，再添给马一匹，应将拨留四百兵之马给以足五匹之数。除有骆驼之兵外，无骆驼兵每二人给骆驼一只，所用驼马及带往四个月米粮数目核算明白具奏。钦此。’臣等议得：皇上睿虑所及，谕旨已极周详。俱应遵奉施行。合将前锋八百名内连前锋校共派五百名，拨留二百九十七名，前锋参领及前锋护卫尽行派出。派出之前锋五百名，每人给马五匹，共计马二千五百匹。除有骆驼人一百二十二名外，其三百七十八人每二人给骆驼一只，通计骆驼一百八十九只。鸟枪护军一千名内派六百名，拨留三百九十四名。每旗现有章京二名、委署章京六名，此内每旗拨留委署章京一名。至派出委署章京、护军校四十名，照其现骑之官马每人以四匹计之，共该马一百六十匹。护军六百名每人以五匹计之，共该马三千匹。除有骆驼二十九人外，其五百七十一人每二人以骆驼一匹计之，共该骆驼二百八十五只。所余一人给马一匹，后添派塔库尔什四名不给马匹，每二人给骆驼一只，当用骆驼二只。所带景山之炮三位，不必带往。又每旗各带子母炮三位，令各留一位。此所留之炮，每旗拨留章京一员、骁骑校一员，拨什库及骁骑十名看守。其每旗带往之炮二位，各派章京二员、骁骑校二员，八旗共派拨什库及骁骑一百六十名随行。伊等每人亦以马五匹计之，当用马八百匹。每二人以骆驼一只计之，当用骆驼八十只。驮炮马五十六匹、骆驼三十二只。又将乌喇兵四百名尽行派出，此内有夸兰大八员，每人马各六匹。前锋参领六员、骁骑参领十六员，每人马各五匹，苏喇章京五员、笔帖式一员，每人马各四匹，共计马一千七百八十二匹。官共三十六员，每人骆驼各一只，兵四百名，每二人骆驼一只，共计骆驼二百三十六只。增给将军萨布素骆驼四只、马一百十八匹。又绿旗兵五百名，伊等本身马一匹，再增给马各二匹，共以三匹计之，用马一千五百匹。每二人给骆驼一只，共计骆驼二百五十只。其护军校、前锋、枪手、护军、炮手、骁骑之马及驮炮之马共用马六千五百一十七匹，将拨留前锋、护军、炮手、骁骑之马择肥者抵换带往。其乌喇官兵四百名，所用马一千七百八十二匹，及增给萨布素马一百一十八匹，将学士朱都纳所喂之马拨给。又绿旗兵五百名，所用马一千五百匹，将伊存留绿旗兵之马令选肥者带往。前锋、护军、炮手兵驮炮及塔库尔什等人、乌喇官兵、绿旗兵共用骆驼一千零七十八只，将尚书库勒纳等送到骆驼一千一百三十七只并捐纳骆驼四百只拨给。”奏入。奉旨：“依议。塔库尔什不必带去。”

又一等侍卫副都统吴达禅传谕侍郎安布禄曰：“所遣使者察哈代之妻吴罕并其子阿木租木察陵三口，现在吴喇忒公达尔马席礼旗下之副都统阿里滚家，着敕该部随便行文送至张家口，交与郎中满都。”

又吴达禅传谕议政大臣等曰：“噶尔丹处着丹济渣布、察哈代舒鲁、恩克为使，偕丹济喇之来使宰臧前去。其恩克系滚占之子车凌多尔济之人，着令同往至分路之处，即着往伊主车凌多尔济处去。”

又侍郎安布禄口陈批本存柱转奏云，前谕议政大臣等，遣往策旺喇布滩之使，着派职分大者。为此将部院大臣等职名缮写绿头签具奏。奉旨：“着派工部侍郎常寿、侍读学士伊道，并令因罪革职侍郎多奇以主事衔同伊等前去。伊不于此等处效力，将于何处效力奔走耶？今值草青之时，俱着骑本身马匹前往。”

又陕西总督吴赫向批本存柱口奏曰："近奉谕旨，由边外回銮。切西安府系历代帝王建都之地，名山大川、古圣先贤之旧迹既多，而且道路平坦，便于驱驰。况臣由西安府起程时，沿途父老兵民结队联群来告臣曰：我陕西地方因连年大旱，田谷不登，致百姓尽皆流离。乃蒙我皇上好生如天，比年蠲赋，特遣大臣赈以帑金，转运粮粟，以苏民命，比户给以牛种，俾事稼穑。陕西通省百万黎庆，数年以来田谷丰稔，得以更生者，皆我皇上浩荡之恩所致也。吾侪小民，无可图报，但日祝万寿无疆而已。今皇上料理军务，幸临边地，请由西安等处经过，令我等得瞻天颜，叩谢再造之恩。'因皆顿首陈请，臣已允为转达。伏祈皇上俯慰兆民颙望之诚，由内地回銮。既奏，谕曰："朕临宁原为调遣军众，剿灭噶尔丹之故。今噶尔丹尚未就擒，朕由边外回銮，相机而行，期于此役克成大事。朕回銮必不由内地也。"吴赫又奏曰："陕西幅员辽阔，关隘险要，臣等守斯土者，虽诸事皆遵上谕施行，犹多不能仰副圣意。伏祈皇上亲临指授，于地方实为有益。且陕西流散之民，蒙皇上殊恩，今已尽归原籍，乐享生业。祈皇上务乘此便幸临阅视。"奉旨："陕西离京甚近，至无事之时，朕当特来巡幸也。"吴赫又再三恳请，上终不允。

初十日庚寅　上驻跸宁夏。抚远大将军领侍卫内大臣伯费扬古等奏云："参赞侍郎满丕咨称，闰三月初四日遣往厄鲁特阿拉布谈之笔帖式黑色、长史马尼图回称：'我等于正月初八日至阿拉布谈所居之布颜图郭尔河，见阿拉布谈夫妇，交与敕书，将谕旨晓谕毕，阿拉布谈奏云：我遵奉圣旨向策旺喇布滩处游牧，欲住阿尔泰地方，会同丹进鄂木布等候旨，或有何旨谕我来使，当遵旨行之。今有阿拉布谈之使诺颜格隆臧布、阿拉布谈妻之使阿旺达锡，同伊来之厄鲁特男子三十五口、回回男子三十五口、子女五十五口，丹进鄂木布之使罗布臧达尔汉哈什哈、丹进鄂木布之妻父查罕台吉之使臧布，同来之厄鲁特男子八口、回回男子七口、子女九口，同我等于二月十八日起程前来外，将我等到阿拉布谈处交与敕书及见阿拉布谈夫妇所言情由开列奏闻折子一件，现在请交驿站送往'等语。因问阿拉布谈之使诺颜格隆赞布、阿拉布谈妻之使阿罔达锡、丹进鄂木布之使罗布臧达尔汉哈什哈、丹进鄂木布之妻父查罕台吉之使臧布等：'尔等有所启陈否？’据伊等云，阿拉布谈、丹进鄂木布、查罕台吉等各有奏疏一件，又有阿拉布谈之妻寄于伊父书一件，为此将阿拉布谈等所奏之疏交与笔帖式黑色、长史马尼图，同诺颜格隆赞布、阿罔达锡、罗布臧达尔汉哈什哈、臧布等即日驰驿起程外，黑色、马尼图等所奏折子一件亦一并发往。其与厄鲁特之使，同来之厄鲁特回子等，已派喀尔喀官兵看守等因具咨前来。臣查闰三月初二日已移文参赞侍郎满丕，若笔帖色黑色至尔处，将阿拉布谈等所奏之疏先行星夜速送前来，其疏奏到后即交驿站作速先行具奏题明在案。今臣移文尚未到彼，而侍郎满丕已将笔帖式黑色等所奏之疏送到臣处，为此遣料理驿站理藩院员外郝尚往迎黑色等，谕令若遇黑色即将阿拉布谈、丹进鄂木布等所奏之疏先行作速由驿站迩送至笔帖式黑色等，令其自喀拉木伦驿作速径赴皇上行在。俟阿拉布谈、丹进鄂木布等奏疏到日，即交驿站星速具奏外，今将黑色等所奏之本先行奏览。”奏至，侍郎安布禄交批本存柱转奏。奉旨：“着示议政大臣等。”

其笔帖式黑色、长史马尼图等奏称：“臣等谨遵上谕，于正月十八日至阿喇布谈所居布颜图郭尔河，将臣等至彼情由，知会阿喇布谈。于是阿喇布谈遣额尔得尼楚胡喇垂渣卜迎臣等到彼，延入居室，开读敕旨。阿拉布谈回奏云：‘圣上敕书内着我令丹进鄂木布勿与噶尔丹共处一地，若不怀疑可即前来，必使尔等得所。若稍怀疑，则往附策旺喇布滩可也，勿往额克阿喇尔戚什希洪郭罗地方。伏读敕内有丹进鄂木布及我两人之名，理应我两人同覆旨。但丹进鄂木布曾住洪郭罗地方，后闻已离洪郭罗，今在垂地方居住矣。尔等若去，道路遥远，且有贼盗。丹进鄂木布处我即遣人可也。至我应遵圣谕迁往附近，仰渥皇恩，但我所属乌朗海之众既艰迁移，且噶尔丹现介其间，又难以前去。我惟遵旨移至策旺喇布滩交界居住，会同丹进鄂木布候旨。今我使臧布诺颜格隆同尔等前去，俟圣上有何谕旨，遵旨而行。’其阿拉布谈之妻云，我母、我弟蒙皇上殊恩，俱得其所。闻皇上又比众喀尔喀格外眷顾，我不胜欢忭，感戴之至。丹进鄂木布之使罗布臧达尔汉哈什哈于二月十八日到臣处，口称丹进鄂木布现住于垂地方，闻天使远至，圣谕遥颁，即踊跃欲行。奈途路遥远，春时马瘦，不能前去，谨具回疏，遣我等齐捧与尔偕行等语。臣等因于二月十八日带阿拉布谈之使臧布诺颜格隆、丹进鄂木布之使罗布臧达尔汉哈什哈等起程前来，闰三月初四日至塔喇布喇克地方，臣等将阿喇布谈等所奏之本并阿拉布谈之妻及丹进鄂木布之妻父台吉查罕等之使带领前去，星速奏闻外，所有臣等至阿喇布谈处交付敕谕及见阿喇布谈夫妇所言情由，率具大略谨先奏闻。”

是日，费扬古等又奏：“准参赞侍郎满丕咨称，闰三月初四日，据喀伦送到逃来厄鲁特恩克所云，我系格垒之人，从格垒归降圣上，来时途间被伊拉古克三库图克图所掠，前行二日至纳墨黑图地方，住二十余日，我因盗别人之马，取鸟枪一杆逃来。问恩克云，伊拉古克三库图克图就在纳墨黑图地方居住，还往他处去否？答云，我在彼处住二十余日，出入之间闻伊拉古克三库图克图云，欲住于额济奈顾喇鼐地方，盗取沿黄河居住界上人之牲口等语。今将恩克由驿站急速发去，其马一匹、鸟枪一杆，亦交驿站章京送往等语前来。问恩克云，伊拉古克三库图克图之人共有多少，更有何言否。答云，伊拉古克三库图克图大小共有百人，此外别无人口，只闻有欲盗沿黄河居住人之牲口等语，并无别言。除将恩克交与驿站送往皇上行在，其马与鸟枪到，日由驿站送往归化城，交副都统阿第令付格垒沽英杜拉尔之妻外，谨具奏闻。”

费扬古等又奏云：“参赞侍郎满丕咨据厄鲁特恩克口称，伊拉古克三库图克图欲住于额济奈顾喇鼐地方，盗取沿黄河居住界上人之牲口，随遣人移文喀尔喀扎萨克公吴巴达万舒克、台吉图巴丹进额尔得尼等，令将伊等旗下人速行向内收集，其扎萨克并协理台吉都统、副都统等酌量带兵，各在本旗分地方加意防备，将各旗探哨远行设立。又移文黄河三哨协理台吉，令其速遣喀尔喀副都统阿木胡朗远展探哨，谨慎预防等语。看得伊拉古克三库图克图狼狈已极，欲来喀尔喀界上行窃，亦未可知。为此臣已派察哈尔兵一百五十名，众扎萨克蒙古兵一百五十名，交散秩大臣吴巴锡、郎中诺木齐岱等，令其往驻喀尔喀等所居界上形胜地方。伊拉古克三库图克图若来偷盗，尔等即行剿灭。拟于闰三月初七日起程，俟该部将大兵自宁夏起程日期移文到，臣再将吴巴锡等带往之兵撤回。谨具奏闻。”侍郎安布禄将上二件交批本存柱转奏。奉旨：“着示议政大臣等。”

是日，议政大臣等奏云："康熙三十六年闰三月初十日，亲近侍卫关保传谕将军萨布素曰：'所给尔官兵马匹何日领取，着与议政大臣会议具奏。俟奏闻日，朕遣人选择监发。钦此。'臣等会议得：将军萨布素官兵马驼拟于十二日拨给，至拨给之后倘有数日屯驻，仍行支给马驼草料具奏。"奉旨："依议。选给马驼，着公福善、亲近侍卫关保，侍卫阿尔柱、马锡监发。"

又费扬古移文行在，理藩院内开康熙三十六年三月二十八日参赞侍郎满丕送到来降格垒沽英都拉尔之子女十口、满济之子弟四口，马五匹、骆驼二只、鸟枪二杆、撒袋一副，已交驿站递送归化城副都统阿的处。为此知会。"侍郎安布禄交批本存柱转奏。奉旨："着示议政大臣等。"

是日，格垒沽英奇萨木至。

十一日辛卯 上驻跸宁夏，谕陕西总督提督巡抚总兵官等曰："朕宵旰勤民，虑周遐迩，缘向来巡幸，未经亲莅边境，顷特济河而西，循秦省沿边地方延览风俗，咨询疾苦。见所在兵民，筑土屋以为居，耕砂碛以为业，生聚之计，甚属艰难，朕恻然于衷，轸念弗释。因思兵民倚赖，全在将吏，尔将吏之表率，惟督抚提镇是视。诚使督抚提镇实能正己澄源，则所属守职奉公，禄足自赡，必无朘削兵民之事矣。若积习相仍，滥受员属私馈，因而所属官弁，节次求索取偿于下，文则加征无艺，武则侵克月饷，势不至于厉民剥兵不止，如此而欲冀其疾苦日苏，生聚日盛，乌可得乎？夫秦地俗尚素称简朴，边方士卒，允属精锐，总恃抚驭得人，斯于兵民胥益。朕兹驻跸宁夏，特召该省总督、总兵以下官员，凡在镇诚者俱赐宴内庭，面加谆谕。无非期望文武大吏，董率属员，以仰副朝廷爱兵惜民至意。自今以往，尔等其益体朕怀，交相砥砺。文职皆习知民事，岂身作官吏不恤百姓之依；武职多起自行伍，岂甫为将领遽忘军士之苦？上官克谨廉隅，属员各遵法纪。驯致比屋殷阜，列戍饱腾，则兵民皆得所，而尔等亦与有休宠，以视厉民剥兵、身名俱殒者，孰得孰失，尔等其敬念之。特谕。"

臣等伏见我皇上体恤士卒，爱养黎元。比銮舆西征，进文武大吏赐宴行宫而殷勤训饬之，示以生聚之艰难，居人之疾苦，休养之道尤在大吏之洁己率属，俾亲民之官念小人之依；握兵之将恤三军之苦，兵民皆得其所，主泽益流，官箴加肃，士气更鼓，民情愈和，一举而众善备焉矣。

是日，议政大臣等奏曰："本月初九日，奉上谕：'孙思克、博济之兵前曾派三千人，今思兵多则征行烦苦，应选满洲及绿旗兵二千人，将所留军士之马增给其兵，携四月粮遣赴阿南达处。即着阿南达、李林隆统率进剿。孙思克、博济仍统所留之兵，暂住甘州。其于成龙等运米停候之所，亦当遣兵防护。可令西安副都统阿兰泰率西安兵三百人往彼驻扎。又宁夏存留之京城前锋军，每旗各派二十名及枪手护军炮火兵丁量行拨出，随朕前行，余仍令暂驻宁夏，命大臣一员统辖，并令大将军伯费扬古知会附近之扎萨克、蒙古王、贝勒、贝子、公、台吉等，有愿自备四月糇粮往军前效力者，并令前来。又费扬古军前黑龙江兵一百人，俱令带往。其察哈尔兵计米数足支四月，选派人数携带行粮会合于郭多里巴尔哈孙之地。此兵通行统辖，其费扬古驻扎地方军务，着舒恕代理，侍郎满丕仍留原处。钦此，臣等会议得：调遣兵马诸事，皇上俱一一筹划，圣谕已极周详，俱应钦奉施行。俟命下之日，移文将军舒恕、孙思克，提督李林隆、副都阿南达、侍郎满丕等，令各遵行。其京师兵自宁夏遣往厄克阿喇尔地方侦灭噶尔丹粮饷马匹已行料理之处，亦宜移文费扬古、阿南达。"奉旨："依议。"

议政大臣等又奏曰："本月初九日，奉上谕：自宁夏进发之兵，着将副都统阿兰泰所买之羊多带随行。钦此。查得副都统阿兰泰所买羊一万六千五百内选肥者五千给与从宁夏进发之兵，充为兵饷，应交将军马思喀等分派与八旗及绿旗兵带往。所余羊一万一千五百，仍交地方官看守。"奉旨："采买之羊，原备军需留，余何用？着全给进发之兵，令其足食，自可多行数日耳。"

议政大臣等又奏曰："本月初十日，奉上谕：'转运粮米及随营设站之事，朕与鄂尔多斯贝勒宋喇布言之。彼奏称，青草生时，我兵三千力足以运米设站。今自白塔以外运米设站，俱交鄂尔多斯贝勒宋喇布，令会同于成龙商酌而行。白塔以内安设驿站之事，则交总督吴赫，其西安副都统阿兰泰之兵三百人，亦交与于成龙等。至马思喀所统之兵，若止携一月粮，则所余三月之粮及随营之米，用船装载一次难完。必须再运，大兵岂可坐待乎？应令马思喀等之兵赍两月粮，其余者用船装运，所余着众人携带。倘再有余，着于成龙等量力运至白塔地方。大兵至白塔其间计十二日口粮，将众所驮之米补给贝勒宋喇布，与于成龙等押护递运之米，应抵于何地，应贮于何处，着大将军伯费扬古与参赞及于成龙等会同议定。尔等与于成龙详议具奏。钦此。’臣等会议得：噶尔丹窘迫已极，仰遵圣谕，则进兵运米必无迟误。应令将军马思喀之兵赍两月行粮前进，计二千零十五石二斗。又大兵自白塔前往，所赍行粮计二千零十五石二斗，于成龙等押运一月之粮计一千零七石六斗，共粮五千零三十八石。大将军伯费扬古所带黑龙江兵一百人，其察哈尔兵为数未详，大约并黑龙江兵合计千人，则一月需粮二百二十石。西安副都统阿兰泰之兵三百人，将西安存留军士之马取三百匹，每人增给一匹，使赍两月行粮，计二百六十四石八斗。尚有三月口粮三百九十七石二斗，着于成龙等转运，至运粮之大臣、官员、拨什库、骁骑及驿站之章京、笔帖式等所需五月口粮，共六百八十七石。总之赍粮饶裕，甚为有益，并补损耗之米，再着带一千九百石前行，合计大将军伯费扬古之兵、西安之兵、运粮人役之口粮及余带之粮共三千五百石，除将军马思喀等之兵所带之兵所带行粮外，船运之粮三千零二十二石八斗，着尽行装载前往。至装载不尽余剩之米，着大臣官员赍带前往。又其余者，令于成龙装驮前往，此所运船只，着派地方官七员，于成龙等之章京二员督运。自白塔往彼驮运米石，拨牲口四千五百匹，并驾三牛之车预备三百辆带往，每车二辆合用三人，此所需人役四百五十名之口粮及帐房、锅釜并雇值等项，照去年中路给发人夫之例，着该总督给发。即着派管船运地方官七员，从彼处前往督催车辆。人夫放给口粮，其米石应运至何处，留至何处，已着大将军及参赞等与于成龙会同定议。其给发兵丁所余之骆驼，既令于成龙等更番运至留止之处，应带领鄂尔多斯兵二千二百五十名转运。其安驿之事，着派于成龙等所带理藩院司官一员率鄂尔多斯七百五十名随将军马思喀，依将军所指地方前往安驿。自宁夏至白塔所设十站，着交总督吴赫安置外，自白塔而前至厄克阿喇尔地方共五十站，每站安置一驿，每驿设鄂尔多斯兵十五名，鄂尔多斯之马二十匹。每驿或章京或骁骑校驻扎一员。伊等俱系蒙古，不通满文。每驿或章京或笔帖式安设一员，使管理驿站之事。其运粮之事，着于成龙与贝勒宋喇布商酌而行。”奉旨：“依议。”

一等侍卫副都统吴达禅传谕侍郎安布禄曰：“滚占妻所属之人恩克，着同明日启行之散秩大臣巴当阿等给驿往侍卫阿南达处，着阿南达遣恩克至哈密城首领达尔汉伯克处，令带伊从人一名前往招抚伊主滚占之妻。”又理藩院奉旨移文，传谕滚占之妻诺浑达喇子车凌多尔即云：“尔之恩克自哈密城擒获送来，今复遣回。尔等若欲归，朕当即来。不可与噶尔丹和好，更无以尔夫曾与我军交锋被创为惧。朕非欲得尔之人众也。若欲奔策旺拉布滩，可即前往，朕不以此介意。若欲奔呼户诺尔，则我军现在西路，朕赐尔书持往，令其放行。”

又抚远大将军领侍卫内大臣伯费扬古等奏曰：“前曾遣员外郎郝尚往迎笔帖式黑色，命其一遇黑色，即取阿拉布坦等奏章，先从驿站驰送。其黑色着自喀拉木伦驿站径赴行在。今员外郎郝尚呈称，职于初六日至沙他布驿，遇笔帖式黑色等，将阿拉布坦丹津鄂木布并丹津鄂木布之妻父察罕台吉等奏章交付驿站驰送前往。其笔帖式黑色、长史麻尼图并阿拉布坦、丹津鄂木布察罕台吉及阿拉布坦之妻所遣人等，俱令自喀拉木伦地方径直遣发等因前来。今将厄鲁特之阿拉布坦、丹津鄂木布、察罕台吉之奏章三件自驿站驰送奏览。”侍郎安布禄交批本存柱转奏。奉旨：“知道了。”

是日，上率侍卫等射，赏进献人口之厄鲁特多罗贝勒巴图尔额尔克济农旗下老卜臧丹津之妻白金四百二十两。

十二日壬辰 上驻跸宁夏。大学士伊桑阿遵旨撰拟谕噶尔丹、策旺拉布滩、丹济喇、厄鲁特之台吉、寨桑、哈什哈及其众人之敕旨奏览。上曰：“此四谕辞意皆同，因亲加改削，示议政大臣等。”大臣等奏曰：“此四谕经皇上撰为四体，即刻改成，辞意俱别，各与彼情事相合，洵极神妙，虽典谟所载，何以加兹。且谕噶尔丹所属寨桑等敕内，指明其失，语语皆系实事。天章炳赫，璨若日星，人人览之，无不感动。臣等以为谕旨到日，噶尔丹之众必皆溃散矣。”上曰：“此事甚属紧要，不可稍缓。如写蒙古字人不足，着于侍卫、执事人内查有通蒙古字者，令连夜抄写百张，明日即行遣发。着各处速行传谕。”

议政大臣等奏曰：“本月十一日奉上谕往擒伊拉古克三库图克图之大臣章京、侍卫兵丁给与马匹遣往之处，着会议具奏。该臣等会议得：往擒伊拉古克三库图克图由郭多里巴尔哈孙之路进发大臣三员、侍卫二员、厄鲁特侍卫一员、新满洲四十二名、厄鲁特十八名、西安之兵五十九名。其大臣三员各带从人三名，侍卫二员各带从人二名，厄鲁特侍卫一员原有从人一名，新满洲四十二名各带从人一名，大臣并侍卫六员每人各计马三匹，共该用马十八匹。新满洲四十二名、厄鲁特十八名、从人五十二名，每人各计马二匹，共该用马二百三十二匹，合计用马二百五十匹。将学士朱都纳所喂之马拨给，其西安兵五十九人亦着各带从人一名，每人各计马二匹，共马二百三十六匹。着将西安存留之马拨给，由西路进发之散秩大臣巴当阿等自此处给与驿马前往，至彼处时，亦照此数给马前往。将此移文大将军孙思克、博济等。此前去之大臣、章京、侍卫等俱照定例，将营内之马拨给，其所领满洲兵着计定人一名，绿旗兵但计其本身拨与马匹。此两路进发官兵俱着赍四十日粮。”奉旨：“依议。”

议政大臣等又奏曰：“副都统阿兰泰等所买之羊，今大军进发，俱令随行。其马骡已交地方官，今应止其采买。”奉旨：“一万五千之羊，着随马思喀之兵。其余羊一千五百，着随朕带往，以备赐充糇粮及赏人之用。余依议。”

又议政大臣等议奏曰：“大军需用之粮，自白塔而前驮载输运，着拨牲口四千五百匹前往在案，今此项驮米牲口应将加捐牲口拨与输运，若不足用，将尚书库勒纳等送到牲口三千六百余匹内选肥大者补足此数。”奉旨：“依议。”

是日，赐总督吴赫、总兵官王化行御书诗扁，又赏厄鲁特滚占之妻、诺浑达喇子车凌多尔即缎匹。

十三日癸巳 上驻跸宁夏，谕议政大臣等曰：“着移文大将军伯费扬古，云自宁夏前往大兵拟于闰三月十七日起程，费扬古可率所领兵于四月初十外十五内至郭多里巴尔哈孙。”

又一等侍卫副都统吴达禅传谕曰：“护军统领鄂克济哈既驻宁夏，其现在厄鲁特之男妇幼稚共三十八口，交与鄂克济哈，其食物照常给与。嗣后由此路来奔之厄鲁特，俱令鄂克济哈于宁夏收养。其来降及各处送来之厄鲁特，着令鄂克济哈将其人名男妇幼稚开明报闻。其有新自噶尔丹处来人及紧要之人，将本人及所送到人数开明送至行在。有指名调取者，则照名送来。其鄂克济哈处所养之厄鲁特将来送往何处，着候旨行。”

又议政大臣等奏曰：“本月十二日，亲近侍卫海青传谕大学士伊桑阿曰：‘噶尔丹、丹济喇所遣丹济渣布等着于十四日遣归。伊等所骑之马，着议政大臣议奏。’臣等会议得：噶尔丹、丹济喇所遣丹济渣布、察罕代老卜臧舒鲁各给马二匹、骆驼一匹，丹济渣布之从人一名及察罕代之侄从人一名，此两人各给马二匹，应给伊等口粮、茶叶、白面及帐房二架、锅二口，碗碟及骆驼、鞍屉等项俱从总督吴赫处移取给与。伊等驼马将都御史于成龙等处捐纳肥马、骆驼移取给与，将伊等交与往擒伊拉古克三库图克图之内大臣策旺诺尔布、护军统领土锡希等，着至郭多里巴尔哈孙地方之时遣使前去。”奉旨：“依议。”

议政大臣等又奏曰：“存留宁夏之前锋二百九十七名，枪手、护军三百九十四名，炮手八十名，伊等所有之马每人或二匹或三匹，共马一千八百二十五匹。此内前锋一百六十名，枪手、护军二百名，今随驾前去，每人计马四匹，共需马一千四百四十匹。应将存留人等之马拨给，其留驻宁夏之前锋一百三十七名，枪手、护军一百九十四名，炮手八十名，共四百一十一名，亦各计马四匹，共需马一千六百四十四匹。将彼所余马三百八十五匹留充，所缺一千二百五十九匹，将学士朱都纳于宁夏灵州中卫固原等处喂养之马内除上驷院选去四十二匹，侍卫色克图骑毙三匹，及将军萨布素官兵所领一千九百匹、护军统领土锡希等所领二百五十匹外，以所余二千八百五匹内拨给。其添给前往西安兵五十九名者，乃存留西安兵之马计五十九匹，亦将朱都纳所喂之马拨给。一等侍卫法诺、三等侍卫博多齐，每人该马五匹，护军参领额纳布该马四匹，此十四匹马亦将朱都纳所喂之马拨给。应给法诺及博多齐之骆驼二只，将前议停给塔库尔什等之骆驼二只拨给，其应给额纳布之骆驼一只，将库勒纳等送至骆驼拨给。自京师前来之侍卫、护军、执事人等共骑官马一千五百八十三匹，内有侍卫护军等所骑一百六十九匹已往军前，其马不必更换外，其余一千四百一十四匹，尽行换给。此换给之马，亦将朱都纳所喂之马换给。若朱都纳固原所喂之马，于皇上起行之前往取不及，而马不足用，则将西安存留兵丁之马拨给，俟固原之马到日，着照数给还西安之兵。查得官马内有倒毙、遗失及疲乏存留之马三十六匹，除此马外，其所余马一千三百七十八匹，并进征之新满洲侍卫、护军等所骑马一百六十九匹，此一千五百四十七匹，俱系京师佐领下所养官马，不可滥用。应交与随驾前来之察哈尔官兵，于水草善地牧养，随皇上之后带回京师，交与兵部，各还本佐领下。所余朱都纳喂养之马五十九匹，库勒纳等送至骆驼十头，遵旨交付将军马思喀，解给大将军伯费扬古。其总督吴赫购买之马及平凉靖宁州所有满洲、绿旗兵丁之马共九千五百五十匹，副都统阿兰泰等采买及平凉等处所有捐纳骆驼七十头、马一百八十七匹、骡九十九头，尚书库勒纳等送至骆驼一千一百三十七头，都御史于成龙处捐纳骆驼四百头，除拨给大将军伯费扬古骆驼十头，及现今进发之兵骆驼一千零七十九头外，所余骆驼四百四十八头，库勒纳送至骡三千六百三十一头，于成龙处捐纳之马骡一千四百六十匹、驴六十七头，共计剩骆驼五百一十八头、马骡一万四千九百二十七匹、驴六十七头。”奉旨：“依议。随朕前往之侍卫、护军、执事人等，自京骑官马来者，今俱赍两月粮，着将库勒纳等送至。骡子每人给与一头，前至白塔地方，将膘大者令于成龙领去，其膘瘦者发还库勒纳等。”

是日，上率侍卫等射，赏达克隆库图克图喇麻蟒袍、白金，其随从弟子亦皆赐白金。

十四日甲午　上驻跸宁夏。是日，宁夏绅衿兵民等集行宫外叩首奏曰：“皇上欲安边塞生民，躬亲劳瘁，临莅宁夏，臣等幸得瞻仰天颜，屡沐圣恩。今闻车驾于十五日启行，臣等犬马恋主之心，不胜激切。伏乞圣驾复留数日，以慰群情。”总督吴赫口陈批本存柱转奏。上命郎中佛保传谕曰：“朕欲扫荡寇氛，以安黎庶，特幸宁夏，经理军务，驻跸十有余日。曩者南巡及凡所巡幸之处，未有驻跸至三日者。且边地硗瘠，民生艰苦，朕深悯之。朕扈从人众，恐多留一日，即滋百姓一日之扰。朕已定十五日启行，尔等诚恳之意，朕已知之。又向者曾欲使禁军驻防此地，恐民间居处狭隘，已命将房舍查明，给还本主。尔等即各迁回故居可也。”

众闻俱欢呼奏曰：“皇上亲临宁夏，子爱百姓，扈从官兵，毫无侵扰，且商贾各多获利。又恐臣等居处狭隘，命还房舍，皇上浩荡之恩，如天地之高厚，臣等乞叩谢圣恩。”又奏云：“宁夏实系边塞穷荒，皇上躬亲临幸，诚千载一遇，乞制圣训，颁赐臣等。勒之贞珉，光垂万祀，俾臣等子孙世世瞻仰。”上谕曰：“朕巡幸原欲安民，今制文颁赐，则百姓运碑、雇匠转致烦苦，不必制文赐给，准其谢恩。”众复叩首奏曰：“此处百姓闻车驾亲临，预备碑材。本地现有工匠，不致多费。若得圣训，勒之贞珉，则天下四方之人咸来瞻仰，于地方永有辉光。”陈请再三，上命交与内阁大学士。伊桑阿等议奏曰：“臣等伏惟宁夏阖诚人民叩请皇上亲制圣训，光昭永久，其瞻云望日之意，殊为诚恳。皇上亲制圣训，令其敬勒贞珉，垂示无穷，洵属盛事。”奉旨：“训旨着候颁给。”于是绅衿兵民等于行宫外叩谢圣恩，踊跃欢忭，声震天地。

是日，谕大学士伊桑阿曰：“将所议遣两路进剿噶尔丹并拨马备粮设站事务一并查来送入，朕再加详阅。”于是大学士伊桑阿将调兵拨马备粮设站事务查出呈览。上览毕谕曰：“凡此所议之事，俱极详备。今噶尔丹已无所归，或来降或自尽，不然必为我擒矣。朕将亲诣船站，视大兵进发，暂驻跸彼处，观其动静。倘宜亲临，即当前往也。”大学士伊桑阿奏曰：“此番遣剿噶尔丹事宜，皇上每日书记筹画，于噶尔丹奔走之路预行堵截，极其周至。而我军资粮又甚充足，洵如天罗分布，噶尔丹焉能逃哉？不久必如圣谕也。”

是日，使丹济渣布、察罕代舒鲁等奉敕旨往噶尔丹处敕曰：“皇帝敕谕噶尔丹波硕克图汗：去冬命尔早降，则予以富贵，给以资产，眷而煦育之。即尔所属厄鲁特之众，亦各得见其妻子，遂其生业，故遣使偕格垒沽英往宣敕旨。今使者喇木扎布至览尔所奏，谓未明朕旨，且观尔辞意一无真实，而请给还来奔之厄鲁特。岂惟厄鲁特之众，虽尔子塞卜屯巴尔住尔及尔乳母俱已被获，今皆恩养，与灰得河朔齐同居。尔若来归，即令尔子与尔相聚。今既不降，尔有何功，遂还尔厄鲁特之众？尔欲归降，应及早来，若不归顺，徒迁延时日何益？况达赖喇麻已故，朕已知之，曾严敕谛巴。谛巴又遣厄麻唐库图克图上表来贺捷，且奏达赖喇麻已没十六年，其转生之库必尔汉年已十五，则尔之指称达赖喇麻以为护法，欺诳众人者已显露矣。尔所欲逃匿之地厄鲁特来降者多，朕已悉知。即使遁入洪郭罗险固之地，诸路皆可进剿。尔困迫若此，尚何力据守耶？今已无归所矣。今岁不即汝擒，明年当复发兵追讨，必不中辍。汝其详审之。故使丹济扎布、察罕代舒鲁等赍旨。特谕。”

又敕谕丹济喇敕曰：“皇帝敕谕台吉丹济喇：朕为天下元后，善善恶恶，乃至理也。去岁遣格垒沽英等归敕内开载尔名，复使格垒沽英传谕。今格垒沽英等来，尔之辞意皆已备陈。尔今能致噶尔丹博硕克图汗来降，必当封为贝勒，畀以殊荣。如不能致，尔一身归顺，亦断不失富贵。况尔以下之人先降者，皆释其罪，显荣优养，尔应悉闻。已往之过，概不介意。尔曾密奏，若宥臣罪，臣请投降。故特专赐敕旨，尽宥前罪。敕到其速降，朕为大君，岂改成命？特谕。”

又敕谕厄鲁特之台吉寨桑哈什哈并其人众敕曰：“皇帝敕谕厄鲁特之台吉寨桑哈什哈并部落人众等：朕无分中外，皆欲其各安生理，乐育升平。至于诛戮征伐，原非本怀。尔厄鲁特等附从噶尔丹博硕克图汗，所在侵掠，虽有所得于人，而己之祖父战死，妻孥被掠者，亦云众矣。今所余之人，不被创受伤者甚鲜，死亡之余，其存几何？因从噶尔丹博硕克图汗，以致穷迫困苦已极。屡颁谕旨，命噶尔丹博硕克图汗前来归顺，尔厄鲁特之众朕俱养育，使得其所。而噶尔丹博硕克图汗并不以尔众为念，不思归顺。他日兵临，则尔众难免俘戮，故特传谕尔厄鲁特之众：尔能各携族属妻子来降者，朕俱养育，使得其所。前所降者，已加恩养，尔众亦当闻之矣。特谕。”

又使侍郎常绶、侍读学士伊道、侍卫克什图等赍敕往赐策旺喇布滩，敕曰：“皇帝敕谕策旺喇布滩：尔历来请安纳贡，克恭克顺、朕亦加眷顾，恩施频及。噶尔丹奸诡性成，虽彼至戚，靡不嫉害。既将厄鲁特之四部、喀尔喀之七旗致令破亡分裂，又以追袭折卜尊丹巴、土谢图汗等为名，侵我边境，屡扰不已。朕因于去岁数道遣兵，亲行征剿，直抵克鲁伦土喇地方，大破噶尔丹，阵斩甚众，其妻亦被诛戮。冬间复遣兵西出哈密地方，获其子塞卜屯巴尔住尔等。今穷迫已极，所属大小寨桑、哈什哈等相继来降者不绝。其余所随之人及寨桑等流离逃散，俱欲投顺，密报前来。今噶尔丹仅余孑身，率领数人，随处飘遁，尔当亦闻之矣。尔前奏称噶尔丹若近逼我土，必竭力擒剿。又言随圣上指示效力尽瘁等语。噶尔丹凶恶已极，有如魑魅，断不可留。今数道遣发大兵搜获，夫噶尔丹与尔素有深仇，乘其困迫，应起兵复仇进剿。且达赖喇麻亡故已久，谛巴犹诈饰达赖喇麻尚在之状。朕故严敕谛巴，而谛巴大惧，遣尼麻唐库图克图来言，达赖喇麻亡故已十六年，其转生之库必尔汉已十五岁。据实陈奏，则噶尔丹之所称护法者，其为欺诳众人也明矣。欲尔明悉，故特遣工部侍郎常绶、内阁侍读学士伊道、侍卫克什图等赍敕谕汝。且加恩赐，赏彩缎十端。特谕。”

臣等钦惟四敕俱蒙我皇上亲加改削，词严义正，具委曲开示，洞中窥要。圣天子明见万里，下十行之诏，不战而屈人兵。玩敌肱掌之间，感人沙漠之表。古之聪明睿知，神武不杀者与。

是日，谕将军领侍卫内大臣马思喀曰：“都统侯巴浑德齐什、将军萨布素、都统兼前锋统领硕鼐、护军统领宋柱、总兵王化行，俱着充参赞，与大将军伯费扬古会合时，着将军马思喀亦充参赞。”

又领侍卫内大臣公福善、索额图，亲近侍卫关保传谕总兵官王化行曰：“尔去岁进剿噶尔丹，效力行间，人材矫健，队伍整齐，劳绩懋著。大将军伯费扬古陛见，亦曾以尔勤劳奏闻。绿旗总兵官等无预参赞之例，今特命尔王化行于今次出师预参赞事，赐戴孔雀翎。”

又一等侍卫副都统吴达禅、乾清门侍卫马武喇锡传谕大学士伊桑阿曰：“朕明日往白塔进发，凡传报事宜，若仍由旧驿至宁夏驰送，道僻且远，其视朕所至，即将旧驿随朕驻跸之地调移。前次尚书班第曾如此行，着侍郎安布禄随黄河西岸驻扎，于总督处取船一只，派理藩院才能司官二三员，至侍郎安布禄处预备，将边外之驿随朕驻跸之方，日日调移。若此驿不足，令其添设。此后自内发来之事，着出杀虎口，由边外新设之驿递来。自外发去之事，亦着由新设之驿进杀虎口驰送。将此事宜于大学士前面谕理藩院，违误者死。侍郎安布禄甚属昏聩，着交明哈雅尔图等，毋误驿务。”

又议政大臣等奏曰：“本月十三日，亲近一等侍卫关保传奉上谕：宁夏、兰州设兵驻防，事属无益。此所占营房，原皆民居给价拨用者。今取原价还官，其房仍归原主。着议政大臣等会同总督议奏。钦此。臣等议得：噶尔丹困迫已极，灭在旦夕，宁夏、兰州设兵驻防无益，上谕极当。应将宁夏、兰州驻防之兵停止。查得宁夏驻防兵丁所居房舍修造时，所圈民房共五千九百零六间，新盖房一千二百一十八间，系给价买者，应交地方官员，将房还本主，取其原价所盖之房，亦交与地方官，算取原用工价。其兰州修盖房舍，亦着照此例。”奉旨：“依议。”

议政大臣等又奏曰：“左都御史于成龙等奏称，大兵既于十七日十八日起行，其来石应是二十日次第发运，加捐牲口虽有二千余匹，俱未收完。尚书库勒纳等送至骡三千六百余匹，内拨给骑官马之侍卫、护军、执事人役各一匹，则运米四千五百匹之数不足。将宁夏绿旗之马取用足数后，有捐纳马匹，着该总督收取还给兵丁。臣等议：应将左都御史于成龙等并尚书库勒纳等送至骡子内拨给骑官马之侍卫、护军、执事人役等所余骡子，择其可用者，俱供运米之用。若仍不足四千五百之数，交与该总督，将宁夏绿旗之马拨给足数后，有捐纳马匹到者，着该总督收取。其肥者还给兵丁，仍将收取之数报部。”奉旨：“依议。”

又理藩院等衙门奏日：“查得自湖滩河朔至横城所设鄂尔多斯地方驿站十二处，今皇上移往白塔，应差理藩院司官色冷、奇塔特、萨木布代、丹巴每日调移设驿，但调移相距两站之间，不无辽远者。若所移驿站相距辽远，着前去司官等借近地旗下蒙古马各二十匹，暂行安设。又新设十二站内，亦未必无马匹疲瘦阙少者。现自横城而前边内之大站添马二十匹，中站添马十匹，应将所添之马着前去之司官等就近调取，每站各添二十匹。奉旨：着自此处派有身家者十二员安站，其马匹疲瘦阙少之四站人员尔等议奏。钦此。臣等覆议得：此处派有身家者十二员前往安站，此有身家人员至彼处时将马匹疲瘦阙少之四站人员调回，严加议处具奏。着所派有身家者十二员并马匹肥壮之八站，各取正道展设二十站。”奉旨：“依议。”

又谕上驷院侍卫马什曰：“马匹应作何拴放，着与蒙古台吉等会议具奏。”马什等会议奏曰：“上用额马，系喂料肥马，当拴令至晓。其给众骑用之马，俱经宁夏喂料。当于日暮饮之，拴至五更始放。自京骑来之瘦马，不必节其水草，略令休息即行放牧。”奉旨：“甚善。着开写传示领侍卫内大臣等，其兵丁人等，亦遍行晓示。”

十五日乙未 上自宁夏起行，驻跸尧甫堡之东北。是日，协理旗分事务一品台吉多罗额驸阿拉布潭等奏曰：“臣等会议得：皇上仁圣所感，博硕克图济农投降，欲招抚其姻亲噶尔丹，移送印文前来，理应题明请旨施行。但既遇机会，而将军孙思克等兵已起行，若候请旨，则致迟延，故遣员外郎二郎保、笔帖式传常等，着与博硕克图济农议定。令二郎保驰至臣等会兵处，令笔帖式传常与招抚噶尔丹之使同往将军孙思克处，着孙思克等详细讯问，审势乘时，即行招抚等因咨明外，已将博硕克图济农咨文一并题明。二郎保、传常等于闰三月初九日会于边外，言我等于初七日向博硕克图济农会兵处而行，至哈尔哈图地方遇之，与语济农，使其马尼虎青寨桑、锡保阿尔达尔寨桑等八人前来。臣等问马尼虎青寨桑等济农教尔等有何言？马尼虎等言：济农语我等云，尔至彼处晓谕噶尔丹，言尔既云奉行佛法及喇麻之教，而并未遵行达赖喇麻所教之语，我既在姻亲，年又居长，尔凡事俱宜遵奉大乘皇帝敕旨而行，等因。臣等仍如前奏所遣笔帖式传常等交将军孙思克等，仍着寻臣等前来等因。”奏至，侍郎安布禄转奏。奉旨：“着示议政大臣等。”

是日，赏绿旗兵王永等白金。

十六日丙申 上驻跸流穆河西岸，谕大学士伊桑阿曰：“陕西巡抚党爱、按察使纳垒，俱属衰老，今用兵之时，伊等不能胜任，俱着解任。命党爱速赴朕处，山西按察使巴锡着授陕西巡抚，其纳垒员缺，查随朕前来及运米采买牲口、护送骆驼、骡子，带养新满洲之御史、给事中、郎中职名具奏。”本日开写绿头签启奏。奉旨：“理事官鄂海着授陕西按察使。”

是日，四子伊锡噶噶、雅哈齐叩请，言我等蒙皇上恩赐银两，买办服用之物带回。但我同来之白奇等已归，今我二人独行，途中艰险，所买之物不能携回。乞皇上加恩，使我等保全得归本地。一等侍卫副都统吴达禅转奏。奉旨：“往使策旺喇布滩之侍郎常绥等起程未久，其伊锡噶噶等照自京前来之例给与驿马，仍交前押送笔帖式石图追送与常绥等，令常绥等带至嘉峪关，令地方官助以马匹餱粮。伊等亲自小心看视，带至哈密，将彼留下，伊等前往可也。”

又亲近侍卫关保传谕领侍卫内大臣等曰：“骑官马之人，马匹倒毙遗失者，着该管大臣、官员、头目等照前查明具奏。”

又传谕曰：“昨闻各处多有喧哗之声，此皆八旗兵丁会集于此，虽觉喧哗，朕含容之。此后着严禁。又见辎装行路，皆无次序，任意行走。此后着按队伍而行。”

是日，赏多罗贝勒巴图尔额尔克济农之福金、贝勒之弟台吉博弟之妻及所属台吉等之妻，随从寨桑、护卫等之妻女缎匹、白金。

十七日丁酉 上驻跸哨马营西南隅之峡河西岸。前锋参领署前锋统领事阿鲁传谕曰：“今日风雨，此处驻跸一日，着概行晓示。”

是日，陕西按察使鄂海向批本存住转奏请训旨。谕曰：“朕亦无可训汝，往者如尔等所用外官，每于朕前自任廉洁、图报知遇者甚众，及其莅任，顿改素行，与所奏者异矣。陕西地方甚属紧要，朕于从官二十余员内简授尔为按察使，尔莅任之后居官若善，朕自有定鉴。如其不善，岂止于罢斥耶？着于大学士前传谕。”

是日，遣内大臣明珠、学士黄茂赏运米之鄂尔多斯蒙古等白金。赏喀尔喀索诺木伊思扎布之子妇并妹、巴图尔济农之子妇白金、缎匹，其牵骆驼人各赏羊。

十八日戊戌 上驻跸哨马营西南隅之峡河西岸。是日，一等侍卫副都统吴达禅、乾清门侍卫喇锡、蓝翎侍卫达锡传谕议政大臣等曰：“阿拉布潭之使诺颜格隆臧布、额尔克、鄂木布、阿旺达锡、老卜臧巴尔住尔着送至侍郎满丕处，即于彼处所留伊等人内令伊酌量带一二十人前去。其丹津汪布之使达尔汉哈什哈老卜臧既患病留住途中，着补开普苏克拜之名，及其同来察罕台吉之使阿尔达尔、鄂木布之名俱载敕内，令其带回，着长史马尼图前来，伊等到满丕处前去时，着满丕于相近之扎萨克处量取驼马、糇粮等物给足遣发，其余人众所带货物，俟伊等去后再行请旨。”

是日，大臣、侍卫、执事、人役、护军以及商贾人等俱赐羊，布达佐领下骁骑会充之妻那木什西及其女厄伯客俱赏赉白金，又赏进献蒙古童稚及献马之巴图尔济农等白金。

十九日己亥　上驻跸石嘴子西南隅黄河西岸。是日，亲近侍卫关保传谕领侍卫内大臣等曰："前来看路之亲近侍卫色克图奏称，此路犹有去岁运米人役遗骸。自今日以后，交与管领辎重大臣。若见骸骨，俱着收埋立冢。每日收埋几何，着至驻跸处奏闻。"

是日，赏阿拉布潭、丹津汪布缎匹，老卜臧巴尔住尔白金，又赏进献犬羊之多罗贝勒巴图尔厄尔克济农之妹台吉克即克之妻及台吉巴里达白金。

二十日庚子　上驻跸石嘴子西南隅黄河西岸。议政大臣等奏曰："昭武将军马思喀等奏称，所买羊一万五千赶随我等之兵而行，至收取时，见羊甚瘦。然时方有草，故视其稍可用者，共取八千九百十二只，于十八日起行，至尧甫堡，查得瘦羊疲乏者，有三千零二只。将此疲羊已交李岗堡把总朱乾讫。但此羊系充米数按日食用者，乞着应偿官员，将所欠羊九千零九十照数偿完，送至我等军前等因。查得此时虽令采买，亦不能即得肥者，且宁夏地方，除此一万五千羊外，并无另备之羊。应将将军马思喀等选取羊五千九百十只，着随伊等之兵带往。所余瘦羊九千零九十交该督，于好草处牧放，俟肥日另行请旨。奉旨：'羊为军食要需，马思喀等将此羊八千九百十二只应特委能员，于兵未起程乘早凉时寻好水草驱送前行，乃不特委专官送解，以致疲乏者三千只，这所议不合，应将马思喀等严行申饬。钦此。'臣等会议：查得羊只系军食要需，马思喀等应将此羊八千九百十二只专委能员，于兵未起行，乘早凉时，寻好水草赶送前去。今并不专委能员带往，乃随兵后冲尘行走，致三千余羊俱已疲乏，殊为不合。今虽采买可得，亦不能至军前。且宁夏地方，除此一万五千只羊外，并无另备之羊，应将马思喀等选取之羊五千九百一十只，专委人员，于兵行之前，乘凉爽时，就水草佳处牧养，毋致疲乏赶送前去。所余瘦羊九千零九十只，交该督于好草处牧放。俟肥日另行请旨等因具奏。奉旨：'瘦乏之羊不交与道员等大吏，而交与把总，此五千九百余羊于一二日内当又报瘦乏矣。其送羊只拨兵多少，所委何官，亦应察询。尔等以马思喀同寮，徇彼情面，若朕有何瞻顾耶？着再议具奏。钦此。’臣等再议得：羊只系军中要需，马思喀等应专派官于水草佳处善为牧养、驱送，乃竟致所选取之羊行不数日，三千余只尽皆疲乏，此皆护送不谨之所致也。且将疲乏之羊不交道员大吏，而交付把总，甚为不合。如此驱送，则一二日内其所带五千九百余羊又将报瘦乏矣。应将驱送此羊曾派兵丁几何、交付何官之处，查明具奏。后将将军马思喀等一并议处。其将军马思喀等，选取之羊五千九百一十只，着专派能员兵丁，于兵未起行、乘早凉时，择水草善地牧养，毋致疲乏带往前去。所余瘦羊九千零九十只现无用处，应交该督量派能员人役，乘凉爽时于水草善地牧养，缓行驱送行在。”奉旨：“依议。”

又内大臣明珠等奉旨往颁鄂尔多斯兵丁恩赏事毕奏称：“本月十七日亲近侍卫关保传谕内大臣明珠、大学士伊桑阿曰：‘明珠，尔偕一学士，领此六千两银前去，会同都御史于成龙散给鄂尔多斯。现至兵丁每人各二两，其银务必交兵丁亲身，其未至者，不可给发，将银带回。钦此。’臣等赍赏银六千两，于本月十九日至伊克鄂落木地方，会同都御史于成龙，查得鄂尔多斯贝勒宋喇布旗下已到兵丁九百一十名，赏银一千八百二十两；贝勒万舒克旗下兵七百二十七名，赏银一千四百五十四两；公杜棱旗下兵三百四十五名，赏银六百九十两；王董罗布旗下兵一百二十五名，赏银二百五十两；贝子根敦实夏卜旗下兵一百七十一名，赏银三百四十二两；鄂尔多斯现到兵共二千二百七十八名，每人二两，共给银四千五百五十六两。此银俱交付兵丁本身，其未至者计贝勒顾禄世希卜之兵五百名，共七百二十二名未至，不行赏赐，所余银一千四百四十四两，俱已赍回。”奉旨：“知道了。”

是日，赏巴图尔济农之妹婿台吉丹津白金。

二十一日辛丑　上驻跸石台西北黄河西岸。亲近侍卫关保营造司郎中佛保传谕议政大臣等曰：“马思喀等之羊因瘦而留于宁夏，又因疲而留于尧甫堡者共九千九十只，着都统阿必达、侍郎阿尔拜带领庆礼司员外郎常泰、监察御史麻色，将羊何以瘦、何以疲乏故及已毙者几何，会同总督查明先行报闻。即令伊等同总督所派官员人等赶送白塔地方。”

又振武将军孙思克、西安将军博济移咨行在兵部云，该部来文内开满洲绿旗兵各派一千名，令阿南达、李林隆率领扑剿等语，本月十四日文到后，十五日早即移文甘州副都统西尔哈达、马云霄等，令其遵照部文将存留兵丁之马添给此兵，作速起程。移文去后，此军拟于本月二十二三日至肃州，支米二十四日，即令满洲绿旗兵自肃州起程，除兵进发后另行奏闻外，今将起程日期报部。侍郎哈雅尔图交批本存住转奏。奉旨："知道了。"

二十二日壬寅　上驻跸黄河西岸环洞。亲近侍卫关保传谕领侍卫内大臣公福善曰："众人所带车辆其所载者非现需之物，奚用兼程前进？至白塔驻扎随后徐至亦可，着遍行晓谕。"

又将军领侍卫内大臣马思喀等奏曰："行在兵部移文内开，本月十九日上谕：'羊系军饷要需，马思喀等应将羊八千九百十二只，特派能员于兵未行之前，乘凉时由水草佳处牧放赶解。乃不特派能员赶送，致三千余羊疲乏，且将此疲乏之羊不交与道员等大职官，而交与把总。若如此赶行，则五千九百余羊，一二日间，又将以瘦乏奏闻矣。合将派兵几何、交付某官赶解此羊之处察明。在尔等，与马思喀同寮而徇情耳，若朕则无徇情处。着再议具奏。钦此。'臣等覆议：羊系军中要需，马思喀等应特派官兵由水草佳处尽心牧养赶送，乃以彼选来羊只行不数日，疲乏至三千有余，此皆不尽心解送之所致也。且将疲羊不交与道员大职等官，而交把总，殊属不合。如此解送，势必一二日间其所赶来五千九百余羊，又以疲乏奏闻。俟将解送兵丁数目并交付某官之处察明具题之日，将将军马思喀等一并议处等因，到后，臣等已将赶解羊内留下疲羊之故先经具奏外，窃思圣上轸念兵丁，赏给多羊为饷，臣等官兵不胜欢忭。若将此羊合群赶送，恐触冒风沙，以致疲乏，故计八旗乌喇绿旗兵丁数目分交镶黄旗署章京事绰欣戴、署护军校事伊佛兵十一名，正白旗署章京事张武、署护军校事绥色兵十一名，镶白旗署章京事费雅思哈、署护军校事朱满兵十一名。其正蓝旗夸兰大立布自宁夏起程之日，见所赶羊只多而且瘦，自任亲身督赶，其兵十二名，正黄旗署章京事胡牛、署护军校事保柱兵十二名，正红旗署章京事勒得力、署护军校事康阿拜兵十二名，镶红旗署章京事关保、署护军校事席尔门兵十二名，镶蓝旗署章京事元宝、署护军校事赛璧含兵十二名，前锋营每旗章京一员、护卫一员，各带本队兵而行。故将羊交与前锋校、前锋等，每日轮次解送，并无特派人员。乌喇解羊署参领事佐领吴尔图那思图、署骁骑校事拨什库萨木体雅图满代兵四十名，除疲羊三千零二只外，其毙者五十五只，绿旗解羊把总刘义重兵十六名，即于十七日晚将羊交付派出官兵，讫令乘次日早凉、大兵未动之先，小心赶解前去。又以羊俱疲瘦，恐至宁夏尧甫堡之间不无疲乏，因留交羊同知周志焕随往尧甫堡。十八日起行，行三十余里前，视羊群各旗疲乏者七只八只不等，随将疲羊二百十只交同知周志焕。臣等军至尧甫堡驻营后，给烛之时，其羊始至。查沿途疲乏之羊，连已交同知者，总计之共有三千零二只。欲觅同知周志焕付之，而同知不可得见，故付李岗堡把总朱乾。此不交付宁夏道员大职等官，乃于六十里间致令羊多疲乏，皆臣等之罪也。”奏至，侍郎哈雅尔图交批本存柱转奏。奉旨：“会议具奏。”议政大臣会议：系大兵要需，皇上特发金采买，以备大兵之用，将军并参赞大臣应仰体皇上为兵筹食之心，将羊特派官兵小心赶解。乃自宁夏起行六十里内，令羊疲乏三千余只，兼有毙者，是皆由不谨所致，应将将军并参赞大臣及解送官署章京事绰欣戴等即行议处，但现在戎行，俟回军日议处具奏。奉旨：“依议。马思喀等所送之羊既瘦，朕此处亦有采买之羊，着令换给。若云马驼有疲瘦者，朕亦换给。”

又兵部督捕左侍郎席数图移咨行在兵部云：“我等事毕，本月十八日由凉州欲前诣御营，向宁夏前行二日，至大井地方，闻知皇上于十五日由宁夏出口已经起行，我回京矣等因，付大井驿站笔帖式，且谓此非急务，可视便驿送行在兵部。”侍郎哈雅尔图交批本存住转奏。奉旨：“朕躬在外，席数图理应请旨，或趋赴朕前，或中途住候，遽云回京，殊属不合。”

二十三日癸卯 上驻跸黄河西岸。黄差头湾亲近侍卫关保传谕议政大臣等曰：“大将军伯费扬古欲将于成龙等运至余米给黑龙江兵。若将于成龙所运米给与黑龙江兵，则费扬古、马思喀必致相竞。此兵若系无事，相应撤去。”

又抚远大将军领侍卫内大臣伯费扬古奏：“据行在兵部来文内开，议政大臣等议奏云：本月初九日，上谕议政大臣等曰‘孙思克、博济之兵前曾派三千人，今思兵多则进发繁重，应拨选满洲及绿旗兵二千余人，将所留军士之马增给。进发之兵携四月粮，遣赴阿南达处，即着阿南达、李林隆统率此兵进剿，孙思克、博济仍统所留兵暂驻甘州。其于成龙等运米停住之处，亦当遣兵一支防护，可令西安副都统阿兰泰率西安兵三百人前去驻扎。又宁夏存留京兵每旗前锋二十名、鸟枪护军、炮手等酌量派出，随朕前行。其余令暂驻宁夏，命大臣一员统辖。并令大将军伯费扬古传谕附近扎萨克、蒙古王、贝勒、贝子、公、台吉等，有愿自裹四月糇粮行间效力者，并令前来。又费扬古军前黑龙江兵一百名，俱令带来。其察哈尔兵计米数足支四月，选派人数携带行粮会于郭多里巴尔哈孙之地，即着统领此兵进发。其费扬古地方事务，即着舒书代理。侍郎满丕仍留原处。钦此。’臣等会议：调兵诸事，皇上逐一筹画，谕旨无不周详，皆钦遵而行。应令孙思克、博济选派满洲兵一千、绿旗兵一千，将所留兵丁马匹添给进发之兵，令携四月粮前往阿南达处，即着阿南达、李林隆统率进剿。其所留之兵，着孙思克、博济带领暂驻甘州，除西安副都统阿兰泰等三百兵丁另议，于于成龙运米事件外，其存下京城每旗前锋二十名、鸟枪护军二百名带往，随从皇上，其余暂留宁夏。又移咨大将军伯费扬古，伊处原有于成龙所运到粮米一千五百石，黑龙江兵丁俱令带来。其察哈尔兵计米数足支四月酌量派出，令其携带前至将军处。所有蒙古王、贝勒、贝子、公、台吉等，有愿自裹四月糇粮行间效力者，并令前来。大将军伯费扬古来会郭多里巴尔哈孙地方时，着统领此兵进剿噶尔丹。即令舒书代理费扬古之事，并侍郎满丕仍令原处驻扎。俟命下移咨将军舒书、孙思克、博济，提督李林隆、副都统阿南达、侍郎满丕等一体遵行，并将由宁夏进发京兵现在厄克阿喇尔等处侦剿噶尔丹及料理粮米马匹等处，亦皆移咨费扬古、阿南达等。奏入，奉旨：‘依议。’切思臣系一介庸夫，蒙圣主畀以难胜之大任，臣于去岁统军数万，未能悉遵圣训，以致稽迟于圣驾之后。况天威所加，噶尔丹肝胆碎裂，弃老幼子女、锅釜什物而逃窜，遇之即当剪除，而未能扑灭，以仰副圣主仁爱中外，欲剿灭噶尔丹，使诸蒙古遂生乐业之意，此实皆臣庸劣，不能上慰宸衷。正在昼夜靡宁之际，复蒙圣主垂怜，臣得瓦全，臣不胜欢欣感戴。驻扎喀伦，不意又命臣统领大军进发，臣一见部咨，曷胜惶恐，伏祈睿鉴收回成命，罢臣理大将军任，仍着领大军进发之人料理将军事务。惟委臣以战斗之责，如此则臣胸臆少舒，竭力图报皇上高厚于万一。至于臣领黑龙江、察哈尔兵向郭多里巴尔哈孙地方，会大兵进发之日，另行奏闻外，谨此具疏请旨。”侍郎哈雅尔图交批本存住转奏。奉旨：“会议具奏。”议政大臣会议：“前谕费扬古：‘伊处所有黑龙江兵一百，令俱带来。派选查哈尔兵裹四月粮米来会郭多里巴尔哈孙地方，即着统领进发。钦此。’移文在案，相应仍令大将军伯费扬古遵奉前谕。伊所恳罢理大将军事务之处，无容议。”奏入，奉旨：“依议。”

是日，费扬古又疏言：“行在兵部来文内开，议政大臣议奏曰：移文大将军伯费扬古，伊处原有于成龙运到米粮一千五百石，黑龙江兵俱令带来。察哈尔兵则度现在米粮可供四月，令其裹带前来等语。查黑龙江一百官兵之马，送往大同喂养，已经具题存案。今春伊等马匹取回一半，部文到日虽即遣人取大同所喂一半马匹，然断不能赶及起程日期。此马随后赶兵前往，则黑龙江官兵不能裹带四月口粮，故今酌量伊等现在牲口尽力带米，前去其米俟遇于成龙等之时，取伊等运到米内所有余米给之。谨题请旨。”员外郎西立交批本存住转奏。奉旨：“会议具奏。”

议政大臣会议：“查于成龙等所运米粮皆有额数，并无余备之米。今大将军伯费扬古称黑龙江兵不能裹带四月米粮，应将此兵不必带来，着留将军舒书处。若已起程，亦令回舒书处。”奏入，奉旨：“依议。”

是日，议政大臣等奏曰：“臣等会议：陕西提督李林隆疏称，俟肃州兵一至，臣即同副都统阿南达领兵进发，但前令臣驻扎甘州时，臣曾奏请将标下二千兵调来，防守甘肃地方。今臣遵旨进剿，将先调臣标下兵丁应否令往将军孙思克处，乞谕总督酌量于附近处训练等语。查将军孙思克处兵广足用，若又遣固原之兵往孙思克处，恐兵丁劳顿。应将先调提督李林隆标下二千兵停其往孙思克处，仍令还固原。”奏入，奉旨：“依议。”

二十四日甲辰 上驻跸黄河西岸双阿堡。赐三旗大臣、侍卫、参领、护军校、护军以至工商人等共羊八百五十五只。内大臣、一等侍卫、部院大臣、护军、参领，副将刘虎、刘官统等鹿肉。

二十五日乙巳　上驻跸黄河西岸沙枣树。遣往呼户诺尔台吉等处多罗额驸阿拉布潭、台吉德木楚克使回奏曰："臣等遵依圣训，谕呼户诺尔扎西巴图尔、博硕克图济农等台吉，诸台吉不胜欣喜，服从圣化，欲于四月起程来朝。事有成议具疏。"奏览，奉旨："着示议政大臣等。"

议政大臣等进前向批本桑格口奏曰："呼户诺尔诸台吉皆系厄鲁特首领汗之子孙，皇上念切西陲，遣阿拉布潭等前往申谕，诸台吉闻旨即欲来朝，诚为大庆。臣等即此叩贺。"奏入，奉旨："呼户诺尔台吉等原系我国纳贡之众，伊等来觐亦常事耳，无可贺处。"

诸大臣又奏曰："呼户诺尔诸台吉系厄鲁特之众，俱联姻于噶尔丹，今皇上大克噶尔丹，窘迫已极，预料呼户诺尔台吉等皆恐惧，不可不乘机抚绥，因特命大臣申谕。呼户诺尔诸台吉震慑天威，感佩圣泽，未烦一旅，未发一矢，倾心归化，身请来朝。其于圣算若合符节，诚为非常之庆，理应叩贺。乞皇上俯允所请。"奏入，奉旨："明日至白塔再行叩贺。"

又兵部员外郎纳赫至自甘肃奏曰："本月初三日传谕大学士伊桑阿曰：'甘州、肃州等处兵丁去年与厄鲁特交战时有阵亡及被伤者，着兵部司官一员驰驿前去，会同伊等该管官员查明原案，给赏身价伤银事毕，仍令其回。'大学士伊桑阿奏请遣兵部员外郎纳赫前去。臣于本月十四日至肃州，查将军孙思克去岁报部原案内，肃州总兵官李世达标下与厄鲁特交战阵亡马兵十五名，被头等伤总兵官潘育龙、千总郭永胜，被头等伤马兵十名、二等伤马兵五名、三等伤马兵一名。在甘州将军孙思克所属左营阵亡把总张忠谨、马兵三名，被头等伤把总兰国荫、头等伤马兵五名、二等伤马兵九名、三等伤马兵三名。凉州总兵官董大成标下阵亡马兵二名、被头等伤马兵六名、二等伤马兵一名、三等伤马兵六名。被伤总兵官潘育龙已转天津总兵，应不给赏银外，此三处阵亡把总一员，照例给身价银一百两；阵亡马兵二十名，每名给银三十两；被头等伤官二十三名，每名给银三十两；二等伤兵十五名，每名给银二十五两；三等伤兵十名，每名给银二十两。给赏银两于肃州，会同将军孙思克、甘州中营副将魏勋、凉州总兵董大成同视赏毕，将军孙思克、凉州总兵官董大成、甘州中营副将魏勋率现在官兵并阵亡官兵之父兄子女及被伤兵丁皆跪叩奏曰：吾等系圣主累代豢养之众，行间效力，死敌受伤，理所宜然。今蒙圣主垂念蝼蚁，敕谕遣官，加恩于阵亡及被伤人等。此浩荡殊恩，亘古未有。鼠贼噶尔丹，奸狡无知，窃行抢掠化内之喀尔喀。圣主去岁亲统大军从中路进讨，噶尔丹震慑天威，狐兔游魂。我等幸值而败之，并未尝分外效尺寸之力。今圣上又亲临宁夏，相机调兵，致费筹划，皆是我等庸劣，不能歼灭噶尔丹，以致远劳圣躬再临边塞。虽肝脑涂地，不能仰报万一，乃复荷殊恩，用是欢声震地，叩首谢恩。三处阵亡被伤官兵共赏白金二千三百六十五两，除列名造册报部外，谨此奏闻。”交批本桑格转奏。奉旨：“着交内阁。”

赐大臣、侍卫、护军、参领等鹿肉。

二十六日丙午 上驻跸黄河西岸白塔。议政大臣等奏曰：“协理旗分事一品台吉多罗额驸阿拉布谈等疏云，臣等于本月十一日至呼户诺尔察罕托落海地方，传谕扎西巴图尔台吉等曰：‘太宗文皇帝时，尔等古石汗曾遣使请安，纳贡往来。嗣后世祖章皇帝时，达赖喇麻来观，道法不殊，往来有年矣。’今圣主躬临宁夏，施仁布泽，追念故旧，遣我召呼户诺尔台吉等前去，面加恩赐。又谕扎西巴图尔台吉曰：‘尔乃古石汗之子，今所遗者惟尔一人矣。因特赐尔猞猁狲裘。’赏毕，扎西巴图尔台吉穿皮裘，即于所坐处长跪合掌叩首曰：大乘皇帝因道法传谕，孰敢不遵。我等共议覆奏之言启奏：本月十三日，延臣等至扎西巴图尔台吉等处云，我等应遵大乘皇帝之旨，悉皆前往。但今岁达赖喇麻出定，且我等防守此地，不可不留首领台吉等。故我共议，博硕克图济农、额尔得尼台吉二人前去。臣等复曰：达赖喇麻虽今岁出定，但尔等往朝自是常事，况圣主现临宁夏，乃尔等所难遇之会，似应往朝。扎西巴图尔台吉等曰：大人等所谕甚是。当日凡事报闻达赖喇麻而后遵行。今大乘皇帝悯念我等祖父曾有益于释门道法而赐谕旨，今不必报闻达赖喇麻。我等此地酌量留下台吉外，扎西巴图尔本身、博硕克图济农、额尔得尼台吉、秉图台吉、阿齐滚布之子盆楚克台吉等俱往朝大乘皇帝，恭睹天颜。定于四月二十日至镇海堡而行。又达赖汗之子拉藏云，我等遵大乘皇帝旨，皆欲往朝。虽我等首领台吉共议留下吾等，吾等遣使前往大乘皇帝处请安等语。臣等至彼即遍谕皇上仁德，呼户诺尔诸台吉闻皇上恩威，无不欣归圣化，祈享太平。其来朝台吉等，令都统都思哈尔、员外郎二郎保等于镇海堡候齐领来外，为此谨奏。”奏入，亲近一等侍卫关保传谕曰：“多罗额驸阿拉布潭、台吉德木楚克等奏称，呼户诺尔台吉扎西巴图尔等来朝，若于口外俟其来朝，与大典有亏。若令伊等于四月起程前来，则遇塞内炎热，似应令秋间来朝。着议政大臣会同阿拉布潭、德木楚克会议具奏。”

议政大臣等会议：“扎西巴图尔等系统唐古特厄鲁特二国古石汗之嫡子孙，今感佩圣主仁功厚泽，倾心向化，应不得以前此朝观者为此，且初次来朝，关乎大典。若在口外，似未合宜。若令扎西巴图尔等于四月起程，则又遇塞内炎热，应令于九、十月间至京来朝。俟命下移咨知会都统都思哈尔。”奏入，奉旨：“依议。着都统都思哈尔商难多尔济等候呼户诺尔台吉等同来。其起程至京日期着令预行奏报。”

臣等窃惟呼户诺尔震慑天威，倾心愿朝，携散噶尔丹之亲党，而穷兽益落其角距矣。又不即令其朝于行在，而念其触热之劳，缓至秋间。若不汲汲于其一来为重，且料其缓来亦必无二心。体恤之中，即寓驾驭之道，宜其畏怀交至，而归心益圣也。

又抚远大将军领侍卫内大臣伯费扬古疏称：“据行在兵部来文内开，奉旨移咨大将军伯费扬古，由宁夏进发之兵于闰三月十七日起程，令费扬古领伊所属之兵于四月初十以外、十五以内前至郭多里巴尔哈孙地方。文到之日应即裹粮起程。因官兵买换马驼食物稍有迟误，拟于本月二十四日起程，趱速前行，于四月十五日内必至郭多里巴尔哈孙地方。起程日期，理应奏报。”郎中沙浑交批本桑格转奏。奉旨：“知道了。着示议政大臣等。”

又亲近侍卫关保传谕郎中硕色曰：“着将驾车之牛给管西路运粮事左都御史于成龙等。”

二十七日丁未 上驻跸黄河西岸白塔。乾清门侍卫马武传谕曰：“原任侍郎赵山，着交将军马思喀，令其与原任侍郎思格则同解送牛羊前去，或有差遣，招抚噶尔丹并效力行走之处，遣此二人。”

又亲近侍卫关保传谕大学士伊桑阿曰：“着将光禄寺少卿常在革职，交将军马思喀，令其于军前效力。”

又亲近侍卫关保传谕郎中硕色曰："尔等所送之羊，着拨三千只送与将军马思喀军中。"

赏军前官兵鱼、鹿。

二十八日戊申 上驻跸黄河西岸船站。赏军前官兵鹿。

二十九日己酉 上驻跸黄河西岸船站。上出行至大兵行走道上，亲视八旗前锋、黑龙江兵起程及兵丁行李一一阅过，遇驼马中稍有跛蹇者，皆以内厩驼马易之。事毕，上回行宫。

赏由宁夏运米前来操舟人等牛羊。

四　月

初一日庚戌 上驻跸黄河之西船站地方。是日，上出行宫，亲临大路照前阅看八旗并绿旗兵起行。

是日，议政大臣等奏称："亲近侍卫关保传谕曰：'每只骆驼驮官米仓斗一石，送至两狼山地方。众大臣、侍卫、官员、执事人并养新满洲人等，既不随军前往，查可用之骆驼驮载送去。此去不用另骑马匹，即骑驮载米粮之骆驼前去。将骆驼数目查奏。钦此。'查得大臣、官员等之可用骆驼共三百二十六头。"奏入，亲近侍卫关保传谕曰："甚好。将骆驼明早起行，此去着内大臣明珠，都统噶尔马、王永誉带领前去住扎一宿，次日送到。既到之后，着明珠回来，噶尔马、王永誉在彼看守。明珠来时，将骆驼小心带来。"

又都统噶尔马口奏曰："王永誉及臣二人现今奉旨送米至两狼山，在彼暂守。臣等无他效力之处，愿守此米以终此役。"奉旨："此米毋庸久守，俟于成龙等到日，尔等将送到米粮交完即回。"

初二日辛亥 上驻跸黄河西岸船站地方。是日，亲近侍卫关保传谕议政大臣曰："朕料理军务，大概已完，或有未周之事，尔诸臣会议具奏。"议政大臣等奏称："皇上亲至宁夏，所遣两路兵丁，皆给以肥马、骆驼乘骑，于成龙所运米粮因瀚海地方难行，着骆驼驮载米粮行过瀚海交与运粮官员。

皇上所用羊只，遣差官员送过瀚海随军应用。凡可揆度谋划之处，皇上俱已料理完备。臣等再三思维，并无不备之事可议。”

是日，议政大臣等疏言：“据振武将军孙思克奏称：厄鲁特噶尔丹肆行暴虐，不归王化，圣上震怒，遣大兵击败。噶尔丹今穷困已极，无路可归，西还地方之蒙古首领波硕克图济农遣人到臣，欲往说噶尔丹令其归降。此皆波硕克图济农向凛天威，尽力报效之意。但应遣与否，臣识见浅陋，不敢擅专，合当奏请，伏候上裁。若欲使波硕克图济农差来之人前往招抚，但伊等并无马匹，所骑皆系营马。今遣往招噶尔丹所用马驼、干粮等物，应着地方官买给遣去。又奏称，招抚噶尔丹事关重大，臣何敢轻差小人往议归降之事？今查得河州副将李凤翔差伊通事马一善往呼户诺尔波硕克图济农处探信，因波硕克图济农与噶尔丹有亲，令彼往说噶尔丹归降。臣闻之不胜骇然，且臣并无此言等因。查得波硕克图济农遣人往说噶尔丹归降，虽伊效力之意，然噶尔丹之降与不降，皆出自皇上恩威，不在乎波硕克图济农遣人往说。况已颁招抚噶尔丹谕旨，又大兵两路进剿噶尔丹，不必着波硕克图济农差人前往，着将军孙思克明谕波硕克图济农之人，令其遣回。至副将李凤翔遣人往呼户诺尔，止宜寻问信息。招抚噶尔丹乃国家大事，李凤翔轻自差人与波硕克图济农往说之处，殊属不合。即移咨该将军查明到日再议。”奉旨：“依议。”

是日，扬威将军觉罗恕书疏言：“康熙三十六年闰三月二十七日午时，准参谋侍郎满丕移咨内开：康熙三十六年闰三月二十五日，自喀伦送来厄鲁特降人老卜臧葛素儿伊弟达锡夫妻二人告云：我等乃噶尔丹西边之人，由锡尔哈地方三月初九日骑马五匹出逃，我等即喀尔喀，父名古鲁原，系喀尔喀额尔得尼班第达库图克图之父萨音楚瑚兄之人，自幼入于厄鲁特。我弟兄俱在厄鲁特地方生长。老卜臧葛素兄告云：逃走前夜，众喇麻在噶尔丹处念经时，我亦曾随去，问老卜臧葛素兄达锡云，汝等所走之锡尔哈地方，距萨克萨特户里克几日路程，在何方向，噶尔丹处寨桑等又有何人，共人马匹骆驼多少，食用之物如何。彼云：噶尔丹由萨克萨特户里克西北行十六日，至锡尔哈地方矣。我等自锡尔哈地方走出，噶尔丹自萨克萨特户里克地方移营而行。噶尔丹处诺颓格隆阿拉尔拜带领一百余人，吴思塔台吉带领一百余人在噶尔丹右边，相去半日路程行走。丹济喇、阿巴丹济喇之婿拉思伦博罗齐等带领三百余人，在噶尔丹之前，相去一日路程行走。吴尔占渣布、色冷车凌布穆等带领一百余人在丹济喇等之前，相去一日路程行走。有二三马驮之人甚少，每人不过一匹，亦有无马之人，并无牛羊，惟捕兽而食。不得兽时，宰马驼而食。滚占之妻察罕固英寨桑、塔儿寨桑等闻得在布拉汉地方。又问老卜臧葛素儿达锡云，昔噶尔丹与丹济喇昼夜不离，一处行走，今丹济喇离噶尔丹在前行走者何故，汝等凡事俱从实：噶尔丹欲往何处，居住众人意见如何，汝等之外又有归降之人否？彼云：丹济喇原与噶尔丹昼夜俱在一处，因噶尔丹亲随额木齐被丹济喇打后，故此相离而行。噶尔丹往何处居住不曾言及，我等下人不得而知。其余所属皆以跟随噶尔丹终无归结，俱有欲归降圣主之意。策旺拉布滩处有父母兄弟之人，亦有欲往策旺拉布滩处去者。又问老卜臧葛素儿达锡云：伊拉古克三库图克图在于何处？彼云：去岁冬间闻得伊拉古克三库图克图在顾尔班赛堪地方，今不知在何处。又问老卜臧葛素儿达锡云：都哈儿阿拉布坦、丹津鄂木布在于何处？彼云：阿拉布坦冬间在巴颜图郭尔河，丹津鄂木布曾进弘郭罗地方，后又出弘郭罗等语。今将达锡驰驿速往前去，其老卜臧葛素儿及达锡之妻并伊等所骑马五匹、撒袋一副已交付驿站送往等因。到后问达锡云：噶尔丹之子塞卜屯巴尔住尔被圣主所遣之人擒获，此信噶尔丹闻否？彼云：塞卜屯巴尔住尔被擒之事，噶尔丹未尝闻得。又问达锡云：再有何闻见否？彼云此外更无闻见。将达锡交与驿站，急速遵旨送至行在。其老卜臧葛素儿及达什之妻车林并马五匹、撒袋一副，到日交与归化城都统阿玉玺解送，谨具奏闻。”疏至，侍郎安布禄交与批本存住转奏。奉旨：“知道了。”

是日，议政大臣奏云：“据阿拉布坦使人诺颜格隆臧布等称，我等同来之人所带货物及阿拉布坦进上之物，俱留在喀伦外侍郎满丕之处等语。此所留之人令住何处，所带货物及进贡之物作何安顿，相应请旨等因，于康熙三十六年四月初一日奏。奉旨：‘且着伊等暂至归化城并会议具奏。钦此。’臣等会议得：阿拉布坦使人诺颜格隆臧布等喀伦外所留之人畜货物及进上之物，应俱令携至归化城，着侍郎满丕派出相近扎萨克之人，送至归化城交与都统副都统看管，俟前去使人到日，将伊等作何安顿之处再议。”奉旨：“依议。”

是日，亲近侍卫关保传谕：“宁夏所有渡马大排子船两只及现在带来楼船三只之门窗，着交总督。文到，即差贤能官一员，并酌量多派善掺舟人役星夜前来，于初五日验到。”

是日，赐领侍卫内大臣索额图、内大臣明珠、大学士伊桑阿、左都御史于成龙等鱼。又赐鄂尔多斯蒙古吴巴什等白金。

初三日壬子　上驻跸黄河西岸船站地方。是日，护军统领苏丹等以前于每翼留章京一员，护军百名大同居住，今调马前来，应令伊等同来等因，向批本存住转奏请旨。亲近侍卫关保传谕：“伊等马匹俱已调来，与其来此，不若行文令伊等量力回京可也。”

是日，原任陕西巡抚党爱至请圣安。批本存住传谕曰：“尔系革职巡抚，无请安之例。此处无所效力，尔其赴将军马思喀军前，倘有效力之处，效力可也。”

是日，议政大臣等奏称：“康熙三十六年四月初一日上谕：‘自宁夏以来，行见遗骸，此皆去年运米条例未善，故人被饿，以至于死。若去年中路进兵，每站备粮接济兵驿、贩易之人，则人不至饿死。此举进兵关系甚重，凡事不可不熟筹也。朕已遣往宁夏取米五百石，到则留此。其湖滩河朔处已有米粮，大臣、侍卫、官员、执事、护军自宁夏携有两月米粮，除至此所食不算外，其所带往者，扣算至湖滩河朔而止，余米亦留于此。随来兵丁，酌留一大臣监管。此米即着所留大臣由驿站陆续从容运往，每站酌量留米，俟回来兵役、贩易人等乏粮者，为粥饲之，庶不致于饥饿。上驷院所带旗下马一千四百匹，有余亦留于此处，令择地放青牧肥，给还军无马者乘之。则存剩疲马，亦得到京矣。鄂克济哈仍留于宁夏，凡有驰驿之事，由边外新设驿站驰送，地近而无误。总督吴赫所设驿站宜至船站，仍旧存留船站以外，令立蒙古驿站，着议奏，钦此。’钦遵臣等会议得：此番进兵，关系甚重，凡事皇上睿虑周详，谕旨极当，俱钦遵施行。应将宁夏取到米粮五百石留此，其湖滩河朔已有米粮，大臣、侍卫、官员、执事、护军等自宁夏所带两月米粮除已用者不算外，算至湖滩河朔带二十日口粮前去，所余二十五日米粮亦留于此。跟随皇上前锋一百六十名、鸟枪护军二百名，应留鸟枪护军二百名，每翼留护军参领二员看守，以留驻护军膘大之马换给进发前锋，留其次膘马匹。此米着所留大臣由驿站陆续从容运往，每站酌量留米，俟回来兵役、贩易人等乏粮者，为粥饲之，庶不致于饥饿。上驷院带来旗下马一千四百匹有余，亦留于此，令择地放青牧肥，给还军无马者乘之，则存剩疲马，亦得到京。护军统领鄂克济哈仍留宁夏，凡有驰驿之事，由边外新立驿站驰送，则地近而无误。总督吴赫所设驿站直至船站，照旧存留船站以外，着立蒙古驿站。所立蒙古驿站交付于成龙等，此处所留护军参领四员、护军二百名，将现在所留米粮内支给四月，共算支给四月米粮三百五十石。此处所留大臣，伏祈皇上简出。所留大臣亦支给四月米粮。"奉旨："依议。"

议政大臣等又奏称："康熙三十六年四月初三日，亲近侍卫关保传谕：由宁夏遣拿伊拉古克三库图克图之大臣官员兵丁到日，其西安兵丁仍着往宁夏去。又西路遣拿伊拉古克三库图克图之西安兵丁、绿旗兵丁，着俱往甘州。去京城之大臣、官员、兵丁到日，或留此、或回京，着议具奏。钦此。该臣等会议得：由宁夏遣拿伊拉古克三库图克图之西安兵丁，应令其往宁夏去。又西路遣拿伊拉古克三库图克图之西安兵丁、绿旗兵丁，俱应留于甘州。由郭多里巴尔哈孙遣去护军统领图锡熹、亲近一等侍卫僧图及由甘州遣去护军统领孙渣齐、护军参领车克楚等到此，俱应令驰驿赶来。其京城大臣、官员、兵丁之行装，俱经留在船站，应令其余大臣、官员骑本身马匹，带领行装前来。将伊等所骑官马留于此处。又新满洲护军、厄鲁特等皆骑官马前去，伊等原骑马匹俱交与此处留住大臣，俟伊等到日，将骑去马匹留于此处，着乘原骑马匹前去。此两路大臣、官员、兵丁俱由此处支领至湖滩河朔之米，由湖滩河朔支领至张家口之米，厄鲁特之妻子既在张家口外，不必往京，皆留于张家口外可也。"奉旨："依议。"

是日，大学士伊桑阿、侍郎安布禄将驿站等事向亲近一等侍卫关保口奏，奉旨："尔等议奏。"大学士伊桑阿等议得："皇上由黄河而行，此处驿站应留章京一员、船一只，再差章京一员于穆纳河朔设站，凡西来奏报事情，着此处留驻章京开视，紧要者即从船趱送行在。若平常事件，自旱驿交穆纳河朔驿站章京将此送去。常事及京来事件，穆纳河朔驿站章京收接，俟皇上至穆纳河朔前去启奏。此处留驻章京计皇上至穆纳河朔之时，由驿站前往。”奉旨：“甚好。不必留章京，着交与此处所留大臣。朕二舟留此。”

初四日癸丑　上驻跸黄河西岸欧德地方。是日，传谕领侍卫内大臣曰：“明日移营行二十里，令众行装俱渡河，着遍行晓谕。”

是日，营造司郎中佛保传谕领侍卫内大臣曰：“适见所雇船只因装载过重，船身出水无多。黄河非他河可比，万一错误，人固受害，物亦难存。着严禁晓谕。”

是日，抚远大将军领侍卫内大臣伯费扬古疏言：“康熙三十六年闰三月二十八日行在兵部咨文内开大将军题前事，奉旨：‘着议奏。钦此。’钦遵该臣等会议查得：于成龙运到米粮皆有定数，并无多备之米。今大将军伯费扬古既称黑龙江兵不能携带四月口粮，应将此兵不必带来，着留将军恕书处。倘已起行，亦遣回恕书处去可也等因。于康熙三十六年闰三月二十三日启奏。是日，奉旨：‘依议。’部文到后，臣即谕黑龙江官兵遣往扬威将军恕书处去，据黑龙江博尔德城守尉署前锋首领关保官兵再三告臣云：我等系边地兵丁，世爱皇上养育之恩，坐食俸粮，去年出兵并无效力，又费皇上如许钱粮，使我等马匹俱得肥壮。皇上浩荡洪恩，我等官兵虽肝脑涂地不能仰报。现今我等赶取马匹早晚将到，我等官兵将四月口粮驮于马上，虽步行前去，亦不致迟误，愿舍命致死效力，即杀我等亦不回去。从不给口粮，我等宰食马匹，步行前去。乞大将军垂鉴，带往军前效力，恳切哀求。该臣看得黑龙江官兵喂养之马俱已肥壮，赶取马匹四月初一日将到，此项官兵皆奉旨选留者，人亦强壮。其察哈尔官兵年前十月来此军前过冬，马匹膘色不齐，近准左都御史于成龙咨文内开，大将军伯费扬古所带黑龙江兵一百名，察哈尔兵不知数目，约计千口。每月用米二百二十石等因。故视察哈尔兵丁马匹瘦弱者减抵黑龙江官兵人口，以察哈尔兵丁所领米粮给与黑龙江官兵，共带黑龙江兵丁、察哈尔兵丁一千前去。其减留察哈尔官兵遣往扬威将军觉罗恕书处矣。臣等拟于四月十三日到郭多里巴尔哈孙地方，为此谨具奏闻。”疏至，侍郎安布禄交与批本存住转奏。奉旨：“知道了。着示议政大臣等。”

是日，赐三旗大臣、侍卫、参领、护军校、护军、执事等羊八百五十只，赐领侍卫内大臣索额图、内大臣明珠、阿密达，大学士伊桑阿猪、鸡。又查问大臣、官员等觅赁船只之数。

初五日甲寅　上驻跸黄河西岸达希图垓地方。是日，兵部奏称：“随征部院大臣、官员赁船共十一只，此内船五只，令内阁、翰林院、兵部、理藩院及户部预备银两，章京、笔帖式乘坐随驾前去，余船六只交与领侍卫内大臣拨用。”奉旨：“着内阁、兵部、理藩院跟随前去，翰林院、户部不必跟随。预备银两交与关保，如此则又余船一二只。其所余船只交与领侍卫内大臣。”

是日，赐领侍卫内大臣索额图等羊一百只、牛十头。

初六日乙卯　上驻跸黄河西岸达希图垓地方。是日，议政大臣奏称：“康熙三十六年四月初五日，亲近侍卫关保传谕议政大臣曰：‘今凡事已毕，仅余噶尔丹各处逃遁，大兵进剿，不日即从此路而归，每站既有贮米以给回来缺粮之人，并煮粥给赐贸易人等之事。有厄鲁特来降人众亦从此路而来，呼户诺尔来朝归顺台吉等亦从此路而来。米粮、马匹既留此地，所赶之羊亦从此来，是留此办事者甚属紧要。朕原欲驻此料理，因天下事大，故即回銮。领侍卫内大臣原系保护朕躬之职，然此任又甚紧要，思维数日，故将领侍卫内大臣索额图留此，并令都统阿锡坦、噶尔马、王永誉，护军统领苏赫、副都统苏赫、副都统巴赛亦留于此，将伊等料理事件着所留大臣会同随驾大臣详议具奏。钦此。’钦遵该臣等会议得：噶尔丹困迫已极，各处逃遁，大兵进剿，不日即归。每站贮米俟回来跟役、贸易人等缺少米粮者煮粥给食。呼户诺尔来朝归顺台吉等并厄鲁特来降者俱由此路而来，米粮、马匹既留在此，所赶之羊亦由此来。凡事皆筹划周详，谕旨极当，俱钦遵施行。应于进兵之路，每站留米五石，着驿站脚力运送驿站。脚力不足与运米，大臣于成龙等商议将于成龙等预备牲口运到，交付驿站官员，备粥给回来兵役、贸易人等。又所留一千四百马匹，令此处择地放青牧肥，俟回来兵丁缺少马匹者给与乘骑。自宁夏赶来九千九十只羊留于此处，着总督差来官员人丁令择地放青看守。凡呼户诺尔来朝归顺台吉等，回来兵丁及厄鲁特来降者，酌量给与。仍探听出兵信息，不时报闻等因具题。”奉旨：“依议。”

是日，亲近侍卫关保传谕着给领侍卫内大臣索额图缎五十匹、银五百两，赐贝勒巴图尔济农旗下台吉尼满乡导马哈素等银有差。赐三旗大臣侍卫等鹿，赐大学士伊桑阿、张玉书鹿肉。

初七日丙辰　上由驻跸地方坐船起行，驻跸布克特之东垓拉图地方。

初八日丁巳　上驻跸萨尔奇拉地方。是日，太监梁九公传谕众大臣曰：“凡船行时，大臣等各行督率，俱按次序前进。前船停住时，后船即住，自无争闹喧哗，行次亦不紊乱。嗣后着大臣等各严行管束，俱着晓谕施行。”

初九日戊午　上驻跸崇奇克地方。

初十日己未　上驻跸库克布里图地方。

十一日庚申　上驻跸阿拉克莫里图地方。是日，赐善巴代青人等白金。

十二日辛酉　上驻跸布禄儿托灰地方。是日，又赐善巴代青人等白金。

十三日壬戌　上驻跸鄂尔博尔阿穆地方。是日，亲近侍卫关保传谕大学士伊桑阿曰：“原约水旱两路俱于十五日赶到湖滩河朔地方，因被风迟误，故此缓行。今差一章京乘驿往穆纳去，京城所来之事俱令带来。乡导、章京二人内着带一人来。”

是日，赐额尔得尼班第达库图克图缎五匹、黄蟒喇麻衣一件、银三百两。又赐班第达库图克图弟子尚柱普黄蟒、喇麻衣，苏米塔拉喀屯金黄蟒喇麻衣，共喇麻十八人缎十八匹、银一百八十两；以下喇麻一百六十八人，俱赐银有差。又赐鄂尔多斯顾禄世希布贝勒旗下齐巴哈察等缎九匹、银九十两，吴巴的公之妻、图巴查萨克之妻、萨穆济之妻缎六匹、银六十两，伊等跟随妇人五十九名，俱赐银两、缎匹。又赐公万舒克之弟、台吉敦多卜等二十二人，鄂尔多斯蒙古及鄂尔多斯喀尔喀跟随妇人进献羊只人等银有差。赐三旗大臣、侍卫、护军校、护军、执事人等羊。

十四日癸亥　上驻跸达拉布隆地方。是日，赐献羊之吴喇忒台吉第杨等及穷蒙古人等银有差。

十五日甲子　上驻跸布古图地方。是日，抚远大将军领侍卫内大臣伯费扬古等奏："为飞报噶尔丹已死、丹济喇等投降事，臣等于康熙三十六年四月初九日至塞尔巴尔哈孙地方，有厄鲁特丹济喇等所遣齐奇尔寨桑等九人来称：我等系厄鲁特丹济喇所遣之使，三月十三日噶尔丹死于阿察阿木塔台地方，丹济喇、诺颜格隆、丹济喇之婿拉思伦携带噶尔丹尸骸并带噶尔丹之女朱戚海共三百余户投皇上前来，驻于巴颜恩都尔地方候旨。皇上作何发落，以便遵旨施行。吴尔占渣布寨桑、吴尔占渣布之弟色冷阿布寨桑，塔尔寨桑、阿喇尔拜寨桑、额尔得尼吴渣特喇麻等，带得二百户人投策旺拉布滩而去；额尔得尼寨桑、吴思塔台吉、博罗齐寨桑、和硕齐车凌奔寨桑等，带二百户人投丹津鄂木布而去，丹济喇等所奏之本现在我等处等语。问齐奇尔寨桑等噶尔丹所死之故，并丹济喇为何不即行前来，驻于巴颜恩都尔地方候旨。据云：噶尔丹于三月十三日早得病，至晚即死，不知是甚病症。丹济喇欲即行前来，因马甚瘦，而所带人等大半无马，俱属步行，又无行粮，为此驻于巴颜恩都尔地方候旨。皇上如命其前来，彼即速至。今若将丹济喇所遣之使尽送行在，恐人多，驿马不足，故止将齐奇尔寨桑交与郎中诺木齐岱速送行在。其阿尔达尔格隆等八人臣等带至郭多里巴尔哈孙地方，由所设驿站送往行在。所有丹济喇奏本一件、诺颜格隆奏本一件、丹济喇之婿拉思伦奏本一件，一并先行奏闻。"

费扬古等又疏奏："噶尔丹已死，并丹济喇遣使乞降等因，已另本奏闻外，皇上不分中外，视如赤子，念噶尔丹一日不灭，则扎萨克蒙古一日不获安生。去岁皇上不惮劳苦，率领大兵亲临克鲁伦等处，仰仗天威，噶尔丹大败，狼狈已极，于是厄鲁特人络绎来降，不可胜计。今岁圣驾复临宁夏，调度官兵，所用马匹、粮饷事务尽行备办，始遣发大军。噶尔丹罪恶贯盈，今已伏天诛，将其所属人上天尽付皇上。丹济喇携噶尔丹之尸骸、女子并其属人投献前来，相应即将皇上所遣神谋全备之师直抵丹济喇所驻巴颜恩都尔地方，将丹济喇等押护前来。倘丹济喇等尚心怀反覆，即行剿灭。臣等仍于本月十三日至郭多里巴尔哈孙地方，会同大兵前进。此二本系留于船站之内大臣布克叨赍来具奏。"奉旨："今噶尔丹已死，丹济喇带噶尔丹所属三百余户并噶尔丹之尸骸、女子投降前来，着大将军伯费扬古精选伊带往之兵至丹济喇所居之处押护前来。其余兵丁俱着遣回。

黑龙江之兵路途遥远，亦着遣回。大将军伯费扬古所统之兵既足，将阿南达一路兵丁亦着遣回。议政大臣作速会议具奏。”

诸大臣向前奏曰：“噶尔丹乃狡猾巨寇，皇上驱除暴虐，永奠疆国，圣驾不惮勤劳，连出师三次，卒将贼之根株刈绝，实史册中未有之事。且自宁夏未发之前，曾谕曰：‘噶尔丹无归所矣。或自尽、或来降，不然必为我擒。’噶尔丹今果自尽，臣等诚倾服靡，已恭逢大喜，应行庆贺礼。”上曰：“噶尔丹之死，乃天之所助，宜先叩头谢天。”遂设香案于行宫外，上率皇长子及文武大臣官员等仰天三跪九叩头毕，上入行宫，诸大臣官员行庆贺礼于行宫外。

臣等钦惟成天下之大功者归乎断，奋天下之大勇者速如神。我皇上洞烛噶尔丹之为狡寇，部众渐强，土地浸广，积恶亦已盈，揆之人事当亟除，验之天道当速灭。独排廷议，决策亲征。不辞三驾跋涉之劳，以身兼将将将兵之事。而数十年之巨孽，乃电扫于两载之间，向使从群臣之请而止遣将临边，则贼即败衄，其不将窜逸偷活如乌兰布通之役乎？自古英武之君，秉乾断而成功之速，未有若此者。万世而下，当无不叹以为神也。

又议政大臣等会议得：“噶尔丹系获罪于天之逆寇，圣谋合天念，此贼不灭，生民不安，故不惮劳苦，亲统大军，三出塞外，务将噶尔丹剿灭。亘古以来，虽有征伐蒙古，即俘渠魁、诛酋长，总未有能若此者。圣德神功远超往古矣，臣等不胜踊跃之至。相应着大将军伯费扬古精选伊所带往之兵，穷丹济喇所在之处，押解前来。其余兵丁令其发回。黑龙江兵丁路途遥远，亦着发回。大将军伯费扬古一路精兵进剿，则阿南达一路兵丁亦着遣回。将此相应移文，遍行知会商南多尔即、都思噶尔及众扎萨克，其于成龙所运米粮，仍应否运送之处，着大将军伯费扬古会同于成龙料理。”奉旨：“依议。着作速移文。”

是日，上谕：“着移文大将军伯费扬古，将噶尔丹首级由驿站作速递送，其尸骸着随后送来，再移文索额图将噶尔丹首级由驿站作速送到。”

是日，赐来报噶尔丹已死丹济喇投降之喀尔喀台吉墨尔根之婿巴图缎二匹、镶蟒领彭缎袍一件、银三十两，并其随来之人达锡及引见巴图渡河前来之吴喇忒四品台吉米新尔、往迎内大臣布克叨之四品台吉阿尔马思银有差。赐吴喇忒一品台吉南冲银五十两、进献马匹之吴喇忒四品台吉鄂特巴银三十两，又赐喀尔喀四员台吉、蒙古二妇人银。赐三旗大臣、侍卫、护军校、护军、执事人等羊。

十六日乙丑　上驻跸萨察莫敦地方。是日，吏部尚书库勒纳等奏称："臣等逆到骆驼一千一百三十九匹、骡三千六百三十四匹，此内大兵取用骆驼五百三十匹、骡二百九十五匹，运粮都御史于成龙等取用骆驼四百五十一匹、骡二千三百二十九匹，侍卫、护军、执事人等取用骡四百四十九匹，共选取用过骆驼九百八十一匹、骡共三千零七十三匹。除已选取外，现剩得欠膘骆驼一百五十八匹、肥壮骡四百匹，欠膘骡一百六十一匹，今准行在兵部移文内阁，侍卫、护军、执事人等骑来骡匹俱已交于成龙等，无有发回骡匹等因。前来将此所剩骆骡臣等仍在宁夏同地方官看养，或交地方官喂养之处请旨。"理藩院员外郎博锡希自穆纳河朔赍来具奏。

亲近侍卫关保传谕大学士伊桑阿曰："库勒纳等所喂马骡、骆驼并朱都纳之马一百五十八匹，俱送至内大臣索额图处，着索额图将马骡、骆驼仍交伊等，勿致损少，分群送至京城。"

是日，亲近侍卫关保吴什传谕领侍卫内大臣公福善、内大臣明珠、大学士伊桑阿曰："着苏尼特萨玛渣王之河朔格格并哲卜尊丹巴库图克图往张家口等候，着喀尔喀墨尔根济农王向归化城前来。"

是日，赏吴喇忒台吉之妻等及进献马羊、鸟枪之吴喇忒台吉老章等银有差。

十七日丙寅　上驻跸都回哈拉吴素地方。是日，赏鄂尔多斯蒙古哈拉扣进献混囤之吴喇忒蒙古阿木尔济及穷窭蒙古银有差。

十八日丁卯　上驻跸都勒地方。是日，赐厄鲁特齐奇尔寨桑蟒袍、妆缎褂并带。

十九日戊辰　上驻跸乌兰托落海地方。是日，抚远大将军领侍卫内大臣伯费扬古等疏称："臣等带黑龙江兵、察哈尔兵于四月十三日至郭多里巴尔哈孙地方，自宁夏所来之前锋亦于本日到，大兵仍未到来，俟大兵到日，臣等会同商议施行外，已到郭多里巴尔哈孙之日期，相应题报。为此谨具奏闻。"原任理藩院员外色棱赍到交批本存柱转奏。奉旨："知道了。着示议政大臣等。”

是日，议政大臣奏称：“康熙三十六年四月十八日，一等侍卫副都统吴达禅传谕曰：‘丹济喇遣来启奏之齐奇尔寨桑已到，一二日即行遣回，着谕议政大臣有应问之处询问，应议之处议奏。钦此。’臣等问齐奇尔寨桑，与大将军伯费扬古所奏无异，只称噶尔丹之尸骸已经焚化。臣等会议得：着大将军伯费扬古选练精兵前进，将丹济喇押护前来等因。前奉谕旨，极其周详，无庸再议。但彼时不知噶尔丹尸骸已经焚化，曾着大将军将噶尔丹之首级作速送到，已移文前去。今据齐奇尔寨桑所称噶尔丹之尸骸已经焚化，相应移文大将军将噶尔丹之骨作速由驿站送到，将齐奇尔寨桑驰驿送往大将军处，或先行遣往，丹济喇或随兵带往之处，大将军既已逼近，令其酌量定夺施行。”奉旨：“依议。”

是日，赐喀尔喀多罗郡王盆楚克拉布坦察罕巴尔诺颜旗分贝子布拜银六百两，赐多罗郡王盆楚克拉布坦旗分之一等下吴奴恨吴喇忒四品台吉巴拉希银各三十两，又赏进献皮口袋之蒙古银有差。赏大臣、侍卫、护军校、尉军、执事人等羊。

二十日己巳　上驻跸特木尔吴尔虎地方。是日，赏鄂尔多斯三品台吉布达希布等银二百两，赏进羊及酪之吴喇忒蒙古等银。

二十一日庚午　上驻跸乌兰诺尔地方。是日，理藩院奏称：“今已遣乡导、章京等自湖滩河朔由乌兰木伦至张家口分派站宿前去。查得由此路过杀虎口路驿站，既与所设驿站相隔，应自张家口调取兵丁马匹，于沿途酌量暂设驿站，每站拨马二十匹、章京一员、兵丁二名，遣臣部司官宋叁奇塔特、萨哈连，笔帖式等前往，同管理张家口驿站员外郎黑色会同料理。将遣往之章京、笔帖式，酌量或二站着一员、或三站着一员，令其监理驰驿事务。若现在驿站之章京、兵丁、马匹不足，着遣往之官酌量调取附近察哈尔章京、兵丁、马匹安设，俟皇上回銮之后撤之，使各还本地。”奉旨：“依议。”

是日，赏进献骆驼之吴喇忒四品台吉达颜白金。

二十二日辛未　上驻跸纪特库地方。是日，抚远大将军领侍卫内大臣伯费扬古疏称：“恭谢天恩事，臣前蒙圣上屡沛恩赐，难以枚举。宁夏遣发大兵，于康熙三十六年四月十四日到，蒙皇上赐上驷院马五十匹、骆驼十匹，听臣使用外，又赐马五十九匹、骆驼十四，粳米、腊肉、风干鹅、淹鹿尾、鹿舌、淹鸭蛋、爆瓜、乳酥、酱姜、酱茄干、牛肉。臣牙齿不利，所食白米已尽，正在彷徨难得之际，得皇上所赐米粮食物，臣不胜欢欣之至，跪领赏物毕，谨瞻天仰圣叩头谢恩矣。臣生逢盛世，幸遇圣君，屡受殊恩，惟愿效驽钝，以竭犬马之劳，仰答高厚于万一耳。为此具本谨叩谢以闻。”原任少卿沙拜赍来具奏。奉旨：“知道了。着交该部。”

费扬古又疏称：“于四月十三日，臣等带领黑龙江察哈尔兵已至郭多里巴尔哈孙，俟自宁夏遣发之大兵到日，臣等会同商议施行等因，已经具题在案。自宁夏遣发之大兵俱于本月十四日到郭多里巴尔哈孙，运粮都御史于成龙等仍未到来。臣等相应等候于成龙等，将粮收贮何处之处，会同议定。但丹济喇遣来启奏之齐奇尔寨桑等称，噶尔丹已死，丹济喇等将噶尔丹尸骸及其女子朱戚海并其属人投降前来，驻于巴颜恩都尔地方，欲即行前来，因马甚瘦，属人大半无马，俱步行，又无粮糗，所以等候旨意。圣上如准投降，即便前来。臣等看得，今渠寇噶尔丹已死，丹济喇等无逃窜潜身之地，将噶尔丹尸骸、女子投献皇上前来。其余吴尔占渣布等一二游魂四散而逃，以臣等兵丁所带口粮将丹济喇收取押护，按路程计之，似无不足。相应将于成龙等所运之粮即于郭多里巴尔哈孙地方收贮，以备回旋之兵、投降之厄鲁特等。齐奇尔寨桑等既云丹济喇等无粮糗，臣等率领大兵带粮糗羊只前去，酌量拨给丹济喇等，收集押护前来。万一大兵日久有用粮之处，再移文于成龙，以伊等马匹牲口休息之力，着作速运至臣等所指之地。将此移文都御史于成龙外，臣等于本月十七日率领大兵向丹济喇所驻之巴颜恩都尔地方起程，为此谨具奏闻。”原任少卿沙拜赍来具奏。奉旨：“知道了。交与该部。”

是日，将公鄂尔布之祖母、福金、姑母、妻并同族台吉等之妻、公杜棱族伯莽喀之妻均行赏赐缎匹银两，又赏公杜棱旗分台吉等之妻女等银有差。

二十三日壬申 上驻跸哈喇乌苏。是日，赐吴喇忒部落台吉等妻女、进羊王董罗卜之母、福金及进乳酪蒙古白金有差。

二十四日癸酉　上驻跸鼐珠尔。是日，赐鄂尔多斯贝子根都锡夏布之妻福金缎二匹、银三十两，又喀尔喀扎萨克台吉滚木布妻、吴喇忒部落台吉等妻女、进羊根都锡夏布之妻、福金，及土墨特之台吉诺尔布等俱赐白金，又赐撑船人等羊。

二十五日甲戌　上驻跸黄河西岸喀喇苏巴克。是日，由陆路来之大小官员，以剿灭噶尔丹奏请行庆贺礼，来降之厄鲁特寨桑诺尔布等亦奏请叩贺。副都统吴达禅传谕曰："往者噶尔丹以追逐喀尔喀为名，直入我扎萨克乌兰布通地方，故朕命皇兄裕亲王及皇长子率师往剿之，噶尔丹大败。使济隆库图克图往复陈说，自今以往不敢再犯边陲。噶尔丹头顶多克新佛以誓，此尔众所共闻者也。嗣复无故过土喇，潜处巴颜乌阑地方，掠我臣服之纳木查尔掩音，故朕亲率六师声罪致讨，然犹不忍遂加诛灭，再四遣使谕以和好。而噶尔丹怙恶不悛，朕故整师进剿。噶尔丹不能当我军威，惊溃奔逃。遇我西路大兵，亦因噶尔丹先犯我师，我军乃奋击大败之。此皆噶尔丹违天背盟，以致祸患及身，国随以亡。朕但思扫除残暴，拯救群生，诚悃恳恳，求符天理。故大军所向，无水之方，灵泉觱沸，不毛之地，瑞草蕃滋，山川效灵，百神显佑。闻噶尔丹所至之处，必有烈风暴雨，灾异频逢。惊闻我军之来，寝食俱废，反复思维，无计能逃，穷急仰药而亡。由此观之，天可违乎？其助顺恶逆亦显然矣。夫与朕为敌者，惟噶尔丹而已，与众何涉？不惟噶尔丹在日尔等降者必加恩抚恤，即今噶尔丹已死，凡有降者，朕亦如尔辈恩育，岂忍异视耶？然噶尔丹之灭，朕之大小官员当奏请庆贺。尔辈素皆受恩于噶尔丹之人，不当奏请。"诺尔布寨桑等叩首奏曰："我等皆同禽兽，毫无知识，蒙圣上将大节大义详明晓谕，始觉我等之非。今我等不行庆贺礼，请叩谢皇上圣诲。"

本日，一等侍卫副都统阿南达、陕西提督李林隆疏言："臣等率兵于四月十四日至塔尔河，酉时，哈密之达尔汉白克额贝都喇遣人赍书云：我前有亲随之人都拉儿自丹济喇处逃归，言噶尔丹于三月十三日死于阿察阿木塔台地方。吴尔占渣布、色冷阿布等已奔策旺拉布滩处，车凌布穆、吴思塔、博罗齐等已奔丹津汪布处。丹济喇原欲西行，闻侍卫阿南达在布隆吉尔地方，乃不由布隆吉尔前往，与诺颜格隆查浑喇锡之子拉思伦等率四五百人由博克达厄陇哈必尔汉之南取道噶斯，欲奔达赖喇麻处，曾住于巴尔坤尔地方，本月十七日于我北村抢去人一口、马二十四匹、牛二头等语。问赍书达尔汉白克额贝都喇之回子白棱：噶尔丹得何病而死？据云，逃人都拉尔称，噶尔丹曾云，我向以折滚噶尔为良善之国，不意无信如此！怨恨数日，饮食俱废，于十二日头痛，因召丹济喇前去，十三日午前身死。盖大败于至圣皇帝，家国灭亡，妻子离散，耻辱难堪，正在悔恨之时，至圣皇帝复遣人再三谕以归降，否则即遣大军剿灭，以此穷急困死等语。查先是闰三月二十八日，哈密之达尔汉白克额贝都喇报称，色冷所逃十八人内二人来告，噶尔丹自格格特哈朗古特地方起行到台西里地方，我等于三月二十九日自噶尔丹处逃亡前来等情，已经奏闻。今逃人都拉儿所称虽与色冷家下逃人之语不符，既云丹济喇现在巴尔坤尔地方，臣等率兵急趋巴尔坤尔探视的确，另行具报等语。”原任理藩院员外郎色棱赍来具奏。奉旨：“知道了。交与该部。”

是日，大学士伊桑阿等奏曰：“康熙三十六年四月十六日亲近侍卫关保传谕曰：‘山西巡抚倭伦，曾以晋省数州县去岁俱未大收，米价腾涌具奏，今逆贼噶尔丹殄灭已尽，天下无事，惟爱养兵民最为紧要。今闻山西米价腾涌，民生艰难，朕心甚为悯恻。其随驾大臣、侍卫、官员、执事人等，自船站地方所坐船只水手俱备，至湖滩河朔时，若将此船逆流而上送回宁夏，甚为不便。已曾谕总督吴赫，将此船载湖滩河朔所贮米或三千石或再加若干石，派才能官员顺流运至保德州，较时价稍减粜之于民，甚为有益。尔等将此议定，俟至湖滩河朔时具奏施行。钦此。’臣等会同议得：我皇上以兵计民生为念，或居宫禁，或出巡幸，无不咨询访问。今闻山西米价稍长，遂念船只水手现备，将湖滩河朔之米顺流运至保德州，减价粜之于民，甚为有益。圣谕如斯，虽尧舜之仁，何以加焉？此事显然有益于民，俱应钦遵圣谕施行。查随驾大臣、侍卫、官员、执事人等坐来之船共九十五只，并载马大船二只、楼船三只及一等侍卫伯思格等所坐船一只，共一百零一只。将湖滩河朔之米或三千石或再加一二百石，令其满载，遣部院才能官四员运往保德州，俟至保德之日，该运官会同地方官较时价稍减粜之。船上共水手三百余人，应自湖滩河朔各给十五日资粮。此事既与山西百姓甚有益，应移知山西巡抚，派才能官员前来迎运，会同监卖。其船至保德州时，着巡抚即于本省留用。至应遣官员职名，应开列请旨等因，交与批本存住转奏。奉旨：‘坐来之船既多，保德之路又近，应于所运米石外加增转运，将此与巡抚倭伦会议具奏。钦此。’臣等会同巡抚倭伦议得：查随驾大臣、侍卫、官员、执事人等坐来之船共一百零一只，船数既多，路途又近，应共拨米五千石，视船大小载往。若有余剩，着缓缓运至乏米之处，减价粜之。据巡抚倭伦言，若将运米之事付臣，臣自能运到。应即将此米交与倭伦，令派所属才能官员转运，部院官员不必另遣，仍令将运至米石及所卖银两数目造册报部。船上水手共三百余人，自湖滩河朔各给十五日资粮，其船至保德州，即于本省留用。”奉旨：“依议。运此米石，着内阁学士黄茂前往，带部院司官二员同行，侍郎安布禄着留住此处监发米石毕，赶赴前来。”

是日，赐额尔得尼伊拉古克三库图克图喇麻蟒衣及白金，其所属喇麻六十二名俱赐白金。又赐诺尔布班第之母喇麻蟒衣一领及白金，诺尔布班第之祖母及妻、首领喇麻及所属老卜臧格隆等二十二人俱赐白金有差。

二十六日乙亥　上驻跸喀喇苏巴克行宫。是日，议政大臣等奏曰：“理藩院等衙门疏称：康熙三十六年闰三月初五日，亲近侍卫关保传谕大学士伊桑阿曰：‘自边外湖滩河朔地方至横城安设驿站已毕，大将军一应所报事务俱令自边外驰报，已经屡次移文于大将军。近大将军所奏并移咨三事，何故俱自内驿送来？因何迟疑？自内驿送来情由，着查明具奏。钦此。’臣等会议得：大将军伯费扬古所报事件不自边外新设驿站送来，仍自内驿送来之处，俱遵旨行察于大将军讫，又遣理藩院主事萨哈连直到驿站，分路处行查。适大将军覆咨内称，主事巴雅思虎朗至横城东奇塔忒布喇克地方安站毕，移会咨文于闰三月初二日方到，自文到日，启奏事件，并移咨于行在部院，单子俱写明。令自湖滩河朔边外新设驿站传送，其部中为此事续发咨文，于本月初六日方到，又一次咨文并不曾到等语。据行查主事萨哈连咨称，据岔道托克托城驿站贴写笔帖式常武供称，主事巴雅思虎朗于前三月十九日有报大将军文书一封，于二十八日到职驿，职即送于次驿，因不知文内情由，故其后到大将军所报之事，仍自内驿驰送。至闰三月初三日大将军报文单上有自湖滩河朔新设驿站传送之语，职即自外传送等语，查得迟误巴雅思虎朗报于大将军之文，系哈什喇克驿坐台回子马治德于前三月二十三日接到，文书交付于五十家驿站不知名姓一蒙古传送，于二十七日始到胡苏台驿。其部中所移大将军一文，系前三月二十八日到胡苏台驿坐台原任巡抚金铉弟金铎，因封袋破坏未接发回等语，该臣等查得巴雅思虎朗将安驿完毕移报于大将军，回子马治德本身不交送于次驿金铎，以致迟误五日。其谓付于不知名姓蒙古传送系虚，至部中遵旨与大将军移文金铎，因封袋破坏，不接发回以致遗失。奉旨：'要紧公文凡自驿驰送之事，俱有关于军机要务，刻难迟缓。马治德迟误五日，金铎遗失公文，殊属可恶。将伊等革去坐台，即按军法处斩。金铉不遣妥当人代己，应仍行流徙。其现今差往安驿十二富家，应同原设驿站人等共设十八驿，均平安设可也。至贴写笔帖式常武照单遵行，并无迟误，相应无庸议'等因，于闰三月二十八日交批本桑格转奏。奉旨：'议政大臣会议具奏。钦此。'臣等公同会议得：凡一应自驿驰送之事，俱有关于紧急军机，时刻难以稽迟，坐台回子马治德、原任巡抚金铉弟金铎，将驰送于大将军奉旨紧要公文迟误遗失，殊属可恶，相应将马治德、金铎仍照部议革去坐台，即行处斩；金铉不遣妥当人代己，应仍行流徙。其均平安设驿站之处，亦应照部议等因，交与批本桑格转奏。奉旨：'着伊等暂在驿站效力，此事留至湖滩河朔地方具奏。钦此。'到湖滩河朔地方于四月二十六日交与批本存住具题。"奉旨："从宽免二人之死，拿送京师交与刑部议罪。"

又议政大臣等奏曰："康熙三十六年四月二十五日，批本存住传谕曰：侍郎席敉图启奏采买牲口数目，奉旨着问席敉图：尔原欲自内驿去，因何又自外路来？席敉图奏言：臣采买事竣，于闰三月十八日自凉州起程，已行二日。闻皇上业于十五日回銮，臣愚意以宁夏至行在路且千里，恐赶赴行在不及，故欲自内驿到大同宣化府附近地方迎候圣驾。报部后，敕谕到臣，臣自知罪过，不胜悚惕，因复急自外驿赶赴行在。此俱系臣庸劣，有何分辨处？奉旨：'部院人员类皆如此，凡事先以庸劣自陈。朕亲御军前，伊事竣不赶赴行在，竟自内驿回去，宁有是理乎？着严拿，交与议政大臣议处具奏。钦此。’问席敉图：皇上亲征在外，尔事竣不急赴行在，竟自内驿回京，系何缘故？据供，我知皇上亲征在外，不即赴行在，乃往京师报部。此即应死，更有何辨处？皇上杀则死，赦则生等语。臣等会议得：皇上亲在军前，席敉图事竣，自应急赴行在，乃竟自内驿前往京师，殊属可恶。应将席敉图革职，枷号两月，鞭一百，不准折赎。”奉旨：“依议。”

是日，亲近侍卫关保传谕曰：“把总李应龙船上效力，殊为勤慎，宁夏所属遇守备缺出，即行补用。”

是日，亲近侍卫海青传谕侍郎安布禄曰：“铁匠库浑之妻端多特、库浑弟诺海奇齐克之妻古里格，此二妇闻在毛明安扎萨克诺尔布台吉家中，尔部派笔帖式或拨什库一名带库浑往扎萨克诺尔布台吉家，令其认明带来，若不在台吉诺尔布家，必于毛明安旗下查取送来。”

是日，亲近侍卫吴什向侍郎安布禄云：“正红旗游牧地方阿尔滩布塞庙中居住喇麻四人上言：圣上亲统六师，将噶尔丹剿灭，普天生民，皆获安全，庆莫大焉。我等欲将废庙增修、添塑佛像等因转奏。”奉旨：“庙宇佛像着增修。”

是日，敦住向侍郎安布禄云：“内齐拖音库图克图上言：我一弟子毕力克图格隆游牧正黄旗昭和地方，因皇上剿灭噶尔丹大庆，欲在彼建庙，着喇麻班第十人居住，为皇上诵经等因转奏。”已奉旨：“着建庙，令喇麻居住。”

是日，赐土墨特蒙古等白金。

二十七日丙子　上驻跸鄂尔纪库布喇克。是日，兵部奏言：“臣等会议得：席敉图等奏称，臣等会同甘肃巡抚所属官员与甘州等处采买马骡一千一百五十六匹、骆驼八十五匹、牛三百一十二头、羊七千头，共用银二万一千四十八两。臣捐助骆驼四匹、马骡四十匹，侍讲学士朱臣等每人捐马三十匹，总督巡抚及地方官员共捐马骡五百六匹，拨给进剿及驻扎兵丁马骡一千五百匹、骆驼二十一匹、牛羊俱随营备用。其后至马二百七十二匹、骡八十匹、骆驼六十八匹，交与凉州等处地方官喂养。所买生口细数该抚另行奏销等语。臣等钦惟睿谋精详，以强寇不灭，则生民不宁，故亲率六师，出征绝域，已将噶尔丹剿灭。现在牲畜、马匹并无所用，若将所剩马骡交与地方官喂养，徒费钱粮，相应将喂养马匹令该督抚拨给驿站营伍，其骡与骆驼变价报部。至采买牲口银两细数，俟该抚造册具题日查核。”奉旨：“依议。骡与骆驼亦着拨给营伍。”

是日，抚远大将军领侍卫内大臣伯费扬古疏称：“康熙三十六年四月二十日，大兵正前进时，喀尔喀卫征代青凯穆楚克带领厄鲁特部落车凌台吉之工额厄尔克夏，据云，车凌率领属下人等来归圣主，臣等即遣官兵押护车凌并伊属下人等至固林扎喇地方屯营处。台吉车凌云：去年五月十四日，我见大兵厮役人等掠我属众什物，心甚畏惧，因率十余人由山内奔逃至塔密尔地方，遇噶尔丹，因同伊至萨克萨特户里克驻扎数日，我欲另为游牧，寻离噶尔丹。前至额克阿拉儿地方，我属下百余人陆续带领伊等妻子来会我。想噶尔丹为人凶恶异常，与彼为伍，徒死何益？闻圣主将投诚厄鲁特加恩抚恤，终不如归附圣主之为愈也。因谋于属众率领百余人及伊等妻子百余口，于正月初三日起程前来，徙牧缓行，由韩山翁金来投圣主。前在乌兰布通交兵后，圣主曾赐我父吴尔滚敕书、蟒衣，我父归依圣主，意甚诚切，但无暇逸出，未得来归耳。臣等遵旨将投诚厄鲁特台吉车凌并所属工额厄尔克夏传诣行在外，其车凌之妻并车凌带来投诚男女俱令骑伊生口，交与驿站，送至张家口，为此谨具奏闻。”疏至，侍郎安布禄交与批本存住转奏。奉旨：“知道了。着示议政大臣等。”

是日，赐把总李应龙白金、撑船人等白金及羊。又吴喇忒台吉等妻女、土墨特披甲人多丕、进献羊马等物鄂尔多斯三品台吉班第等皆赐白金。

二十八日丁丑　上驻跸乌阑巴尔哈苏。是日，散秩大臣巴当阿、护军统领图世希等奏曰：“臣等至恩克所逃弘郭罗地方，并无伊拉古克三。随其踪迹追踪三日，于四月初八日至古尔班特克地方，二路兵合。臣等会同前往踪迹六日，至郭必喀屯敖阑地方，观之，已向西逃去矣。询问散秩大臣沙克春等，沙克春等云：已向益齐黑纳弘郭罗阿济尔汉去矣。是以臣等于四月十四日各自原路旋师，谨具奏闻。”疏至，侍郎哈雅尔图交与批本存住转奏。奉旨：“知道了。着示议政大臣并吴达禅喇锡。”

是日，护军统领鄂克济哈奏曰：“察罕多尔即、孤猛多尔即之父滚布查罕子女六十口被布隆吉尔掠去。台吉阿拉布坦四口、寨桑德伦十口、尼尔齐海吴巴什四十二口，共一百二十五口于四月二十三日至宁夏。滚布查罕云：我等离噶尔丹另住已久，不知噶尔丹详悉，特来归附圣主。阿拉布坦、德伦、吴巴什等云：去岁九月初八日于齐金诺儿地方即遣我等回家，不知噶尔丹所向等语。据副都统阿南达移文山西巡抚云：察罕多尔即、孤猛多尔即现在大同抚养，滚布查罕亦应交山西巡抚，令其送往大同等语。将伊等暂留宁夏，或送大同交与山西巡抚，请旨定夺。”疏至，大学士伊桑阿交批本存住转奏。奉旨：“若将伊等从口内送往，时方炎热，恐致疾病。自宁夏送至船站，令其骑内大臣索额图处马匹，从边外送至张家口。”

是日，赐喀尔喀公赛音老卜臧之女白金。

二十九日戊寅　上驻跸席纳拜新。是日，一等侍卫副都统吴达禅传谕大学士伊桑阿曰：“厄鲁特察罕多尔即、孤猛多尔即前经留在大同交山西巡抚倭伦养赡，今行文到日，即令察罕多尔即二人出得胜口前来接朕，该管官员酌量与伊等马匹资粮，遣人送来。”

是日，亲近侍卫吴什传谕大学士伊桑阿曰：“朕今日已发敕谕回京，凡京报及事件俱令从张家口递送。尔等亦与驿站人员明白移文，令其从张家口递送，再遣理藩院司官或笔帖式一员前往大同。凡西边送来事件，俱令从张家口外递送。朕进张家口时，照常从内驿递送。”

是日，赐进厄鲁特男女归化城阿必达旗下佐领鄂齐尔等白金。

三十日己卯　上驻跸糊糊吴苏。是日，赐喀尔喀台吉等妻并进羊诸物佐领扎默杨之母阿木胡郎等白金，又赐新满洲羊。

五　月

初一日庚辰　上驻跸诺木浑河。谕领侍卫内大臣等曰：“今日驻扎之所，与蒙古相近，当晓谕我众，毋得盗取蒙古之马。如盗马被获，即依蒙古盗我军马例正法。尔等传谕该管人员，通行号令。”

又领侍卫内大臣等以管辖资装启奏，上曰："着颇尔盆、席尔达管辖，再传谕诸大臣等，朕观诸军马者，惟恐遗失，俱放于营垒附近之地，不得饱饲茭葛，宜远就水草善处放牧。马虽羸瘦，可无妨也。着遍谕诸军知之。"

是日，赐察哈尔部落阿思哈尼哈番多尔济之母喇麻蟒衣，精奇尼哈番多尔济之母、护军参领顾穆之母、原任参领索诺木之妻缎匹，又赐诺穆汉库图克图、额尔德尼绰尔济、丹津格隆及众喇麻白金，又喀尔喀王色冷阿海之福金、女、媳，王弟之女及族中女概赐银币有差。又进羊及奶皮之护军参领滚布之母及那木宋格蒙古贫丁等各赐白金。

是日，喀尔喀扎萨克多罗郡王色冷阿海、阿霸垓多罗郡王吴尔占噶喇布、阿霸哈纳尔旗下贝子额林臣达西等来朝贺。

初二日辛巳 上驻跸阿鲁西巴尔恭。抚远大将军领侍卫内大臣伯费扬古等奏称："康熙三十六年四月二十四日，臣等自特户里克地方起行，途间接行在兵部移咨内开，康熙三十六年四月十五日奉上谕：'今噶尔丹已亡，丹济喇以噶尔丹骸骨及女并所属三百余户来降，着大将军伯费扬古精选所部兵往寻丹济喇所在，招携俱来，余兵遣回。其黑龙江之兵道途辽远，并宜遣归。大将军率此一路兵前进已足，阿南达一路官军亦令撤回。着议政大臣速议具奏。钦此。'臣等公同会议得：噶尔丹系获罪于天之逆寇，圣主庙谟上符于天，谓此寇不灭则生民不宁，故不惮勤劳，亲统六师，三临绝漠，率歼渠魁。自古以来，征伐蒙古者有之，未有擒馘酋豪，扫除巨寇如今日者也。圣德神功，超越古今，罕有其匹，臣等不胜踊跃欢忭之至。相应着大将军伯费扬古精选所部兵往寻丹济喇所在，招携俱来，余兵遣回。其黑龙江之兵，并阿南达一路兵俱应遣归，应通行移会商南多尔济、都思噶尔及众扎萨克可也。其于成龙等挽运之粟，应否仍行挽运，令费扬古、于成龙等公同酌议。奏入，奉旨：'依议。着速移咨。'等因移咨到臣，仰惟圣谕极当，臣等钦遵，公同精选前锋四百、鸟枪护军五百、每旗炮一位，八旗炮手马兵八十人、察哈尔兵二百人、宁夏绿旗兵二百五十人，共一千四百余人，其驼马于遣回兵丁内酌量抵换。臣等率往丹济喇所住巴颜恩都尔地方收抚伊等。其余前锋一百、鸟枪护军一百、炮八位、八旗炮手骁骑八十人，酌量派出章京交付管辖。每翼派大臣一员，正红旗副都统法喀、镶白旗副都统喀住，令伊等严饬兵丁，当此边塞内外耕耘，方作之时，不可妄行践踏。其察哈尔兵一百六十五人，交付镶红旗夸兰大穆胡里泰。自宁夏出口之黑龙江官员兵丁四百名，驻扎喀伦之博尔德城守御关保等官员兵丁一百名，俱交付将军萨布素。宁夏总兵官标下兵二百五十人，交付游击查秀，俱于四月二十六日遣回。今臣等遵旨精选士卒收抚丹济喇等，余兵已经遣回。应将都御史于成龙等所运米停其尽运至郭多里巴尔哈孙之地，但运三分之一到彼，以备回兵及给厄鲁特之投诚者。其余二分即令留于现到地方。其发回一千一百余官兵人等，持两月粮可以到归化城等处，应撤去一月之粮交与于成龙等，于郭多里巴尔哈孙地方收贮备用。除将此已移咨于成龙外，其黑龙江官兵已撤回一月之粮，俟伊等到归化城时，以仓内米给与前往。为此奏闻。”奏至，侍郎哈雅尔图交批本存住转奏。奉旨：“议政大臣议奏。”

费扬古又奏曰：“康熙三十六年四月二十四日，准行在兵部移咨内开：康熙三十六年四月十五日上谕：‘着移文大将军伯费扬古，斩噶尔丹之首，驰驿作速传致。其骸骨随后送来，并移会索额图，令行文迎催，作速传致噶尔丹之首。钦此。’臣等会议：应移文大将军伯费扬古，令枭噶尔丹首级作速腌送，尸骸随后送来。亦移文索额图，令其催促将噶尔丹首级作速驰驿递送，谨此请旨。奉旨：‘依议。着作速行’等因，到臣查康熙三十六年四月十六日大兵至郭多里巴尔哈孙之时，臣等公同会议，已遣散秩大臣丹巴哈什哈、镶黄旗护军校署参领事顾叶里往厄鲁特之丹济喇、诺颜格隆喇思伦处，与丹济喇等移文云：尔之使者齐奇尔寨桑等来言，噶尔丹到阿廛阿木塔台地方，于三月十三日亡故。丹济喇等携噶尔丹骸骨及女并其属三百户来降圣主，至巴颜恩都尔地方屯驻。丹济喇等即欲前来，但以其属三分之二并无牲口，率皆从步，而又乏赍粮，以打牲延命。自巴颜恩都尔至此，山远无处打牲，以故暂驻巴颜恩都尔地方，休养马匹，候旨定夺，以便遵行等语。我等闻汝携噶尔丹骸骨及女并所属人众来归圣化，不胜欢喜，今我会同为帝臣，共事一国，已成僚友，因使散秩大臣丹巴哈什哈、署参领事顾叶里等通问于汝，并查步行之人需骑几何、粮若干，一并详语使者，以便将我军前备用马匹、牛羊、米粮、食物酌量所需，遣人赍送。又念我曾今为一家，我以一言劝汝，既输诚向化，来投圣主，汝当携噶尔丹骸骨并其女，轻骑先来，其属择可委之人，令其管辖，随后缓来，庶合圣主抚恤之意。我以朋情为汝计，汝宜熟思之等因。撰蒙古字用印，着丹巴哈什哈等带去讫，今复遣人迫取噶尔丹骸骨，则丹济喇等或致疑惧，应待会见丹巴哈什哈之时问明，丹济喇轻骑前来并携噶尔丹骸骨之处另行奏闻。”奏至，侍郎哈雅尔图交批本存住转奏。上谕议政大臣等曰：“大将军伯费扬古军前原有发去戴罪效力之人，今进兵之路，伊拉古克三库图克图之人并散亡厄鲁特等所在，多有差往丹济喇处，自应遣军前效力之人，乃遣散秩大臣丹巴，殊为疏忽，着会议具奏。”

本日，批本存住传谕大学士伊桑阿曰：“前谕将湖滩河朔米五千石尽行装载一百一只舡内，运至保德州。今据侍郎安布禄来奏，伊等尽量，止装米三千三百六十石，令其运往。到老牛湾，将舡撤回。其所余一千六百四十石，作第二次载运。朕思两次载运，不但缓期，并苦舡夫，况现运到三千三百六十石亦可足用，着作速行文，停其二次转运。”

本日，赐游牧处原任精奇尼哈番浑金等之妻缎匹，赐进佛图进羊骁骑校阿金等及蒙古贫丁白金。是日，阿霸哈纳尔多罗贝勒卜照等来朝贺。

初三日壬午 上驻跸阿鲁西巴尔泰。议政大臣等奏曰：“大将军进兵之路，伊拉古克三库图克图之人并散亡厄鲁特等所在多有差往丹齐喇处，应遣军前戴罪效力之人，不遣此属而遣散秩大臣丹巴，诚为疏忽。应饬行大将军，仍令大将军等率所选精兵往巴颜恩都尔地方收抚丹济喇等，其黑龙江等处兵已经撤回，所有料理粮米事宜，应俱照该将军所题。”奉旨：“依议。”

本日，上谕议政大臣曰：“差往丹济喇处应遣军前戴罪效力赵三、思格则等，以此属皆素行不端、钻营之徒。大臣徇情不遣，而遣散秩大臣丹巴等。途中突遇不良，未可定也。今将伊等派一人往丹津汪布处，一人往阿拉布坦处，俱令各乘己马，并付与蒙古章京、笔帖式，晓谕噶尔丹已死，招抚其众。伊等若招得阿拉布坦、丹津汪布，即与俱来。若事不能成，或未至其地中途而返，着大将军即于军前正法示众。”

本日，一等侍卫副都统阿南达、陕西提督李林隆疏称："臣等领兵于四月十八日到巴尔坤尔地方，差去侦卒来报，丹济喇已经他往，不在屯营处。问降人杜拉尔，丹济喇向欲何往？据云，我未逃出时，丹济喇集众计议，或云，我等暂在巴尔坤尔附近地方栖止，不然投仁圣太平皇帝去。丹济喇云，若等但知自为计耳，有益于我者，何不为我言之？我等不可在巴尔坤尔附近久住，吾属众屡有逃亡，倘策旺拉布滩知之，要遮于路，则难出矣。且前已欺奏仁圣太平皇帝徙牧来此，今复可往投哉！今我等马尚壮，人未之知，速从噶斯地方渡瀚海，将汗之骸骨并准察海送到达赖喇麻处，则我之心尽矣，断不可迟也。此语向未敢告等语臣等因，到伊屯营处，见其人马踪迹已多漫灭，盖向博克达厄陇哈必尔汉去矣。臣等仰惟皇上睿谋精详，所在堵御，以致噶尔丹穷蹙身死，丹济喇奔突无路，窘迫已极，故由厄陇哈必尔汉奔噶斯去讫，今若踪迹追蹑，相去日久，难以追及。故臣等急往瀚海之南，要遮噶斯隘口，于十九日自巴尔坤尔起行，为此奏闻。"奏至，侍郎哈雅尔图交批本存住转奏。奉旨："着会议具奏。"

议政大臣等会议得："据副都统阿南达等疏称：臣等到丹济喇屯驻处，见其踪迹已旧，闻渡瀚海欲寻达赖喇麻，向博克达厄陇哈必尔汉去讫，若踪迹而追，相去日久，追逐难及，故臣等疾往瀚海之南要遮噶斯隘口等语，查先经大将军伯费扬古遣散秩大臣丹巴往丹济喇处通问，且以用印蒙古文移之云，汝既来降圣主，我等即系一国之臣。我以一言劝汝，汝若携噶尔丹之骸骨并其女，轻骑先来，其属下委可托之人从容领来，庶合圣主之意，等语。又据齐奇尔寨桑来奏曰：丹济喇言尔去转奏圣主，巴颜恩都尔附近之人皆我仇雠，若久住于此，或被人知，乘危侵害，未可知也。我远瀚海潜踪而行，若离巴颜恩都尔他往，则于巴颜恩都尔瘗书而行。尔奏圣主回来时，若我不在巴颜恩都尔，则寻觅我书，寻书则知我所往。以此与我密约，他人不知也。又问厄鲁特降臣格垒沽英等，据云，噶尔丹在时，常集我等众寨桑计议所之，因无处可逃，遂止。今云丹济喇以寡弱之众由策旺拉布滩附近地方潜行数月往达赖喇麻处去，我等细思，必无此事等语，或者丹济喇欲践与齐奇尔寨桑所约之言，各处潜踪而行。降人杜拉尔不知此故，故谓向达赖喇麻去亦不可定。应将费扬古所奏二疏钞录知会副都统阿南达等可也。”奉旨：“依议。”

本日，上谕议政大臣曰：“总兵官李世达物故，肃州地方甚属紧要，定边副将麦良玺才品优长，着授为肃州总兵官，令作速赴任，停其出征。”

是日，赐进鹿羔喀尔喀披甲人鄂莫克图白金，阿霸垓多罗卓礼克图郡王达马林扎布旗下达尔汗贝子车凌董罗卜等来朝贺。

初四日癸未　上驻跸格尔齐鲁。是日，赐老卜臧格隆等白金，苏尼特多罗都冷郡王达林扎布、蒿齐忒多罗郡王燕木苹儿、苏尼特多罗贝勒沙里等来朝贺。

初五日甲申　上驻跸色特勒黑。议政大臣等奏曰：“领侍卫内大臣索额图等疏称：康熙三十六年四月二十九日，抚远大将军伯费扬古遣拨什库乃麻代，将厄鲁特厄尔肯之子车凌公哥厄尔克下送至臣处。查先经奉旨：‘厄鲁特之众若来投诚，问明情由具奏。其投诚之人即留尔等处’等因。钦遵在案，今来归之厄鲁特车凌应遵旨留在臣处。但车凌系厄鲁特部落名族之子，费扬古咨称，欲送到行在。相应将车凌传诣行在外，其车凌所属同来投诚之七十余户男妇共二百五十许口，据云，随后送来此等人口，到日或留臣处，或送至张家口外，请旨定夺。奏至，侍郎安布禄交批本存住转奏。奉旨：‘着议政大臣会议具奏。钦此。’该臣等会议得：查厄鲁特来归之众俱留养于张家口外，今车凌一人既经送至，其随后送来之二百五十许口，到日即着内大臣索额图遣人送至张家口，交付监养厄鲁特官员可也。奉旨：“依议。”

是日，住代哈地方。首领喇麻丹津格隆所属之易西扎木苏格隆，向为皇上塑佛数尊，未建庙宇，今叩请欲于正红旗太仆寺牧场鄂博图地方立庙，为皇上诵经等因，乾清门侍卫喇西转奏。奉旨：“着建庙。”

是日，上至鄂博图地方。阅太仆寺牧场马匹毕，设宴赐厄鲁特台吉车凌等，闲散大臣讷尔布等，一等侍卫以下、闲散人等以上马，各按品级共赐马一千二百九十匹。其太仆寺牧马监、监副及牧马人等俱赐白金有差。又赐苏尼特多罗郡王塔里扎之二妻及所属都统噶尔马之妻、协理台吉额尔西塔克之妻、贝勒沙里之母缎匹有差，四子部落蒙古额尔坠白金。又赐科尔沁和硕土谢图亲王额驸沙津、阿霸垓多罗郡王吴尔占噶喇布、喀喇沁部落多罗杜棱郡王扎西、喀尔喀多罗郡王敦多卜多尔即、阿霸哈纳尔旗下贝子额林臣达西、阿霸垓多罗郡王达马林札布等牛五十、羊二百。

是日，折卜尊丹巴库图克图、土谢图汗等来朝贺。

初六日乙酉　上驻跸察马喀。亲近侍卫关保传谕侍郎安布禄曰："昨日已令王、贝勒等看阅牧场之马，着赏阿霸垓多罗卓礼克图郡王达马林札布、多罗郡王吴尔占噶喇布，苏尼特多罗都冷郡王达林札布，蒿齐忒多罗郡王牙穆皮尔等每人马五十匹；阿霸哈纳尔多罗贝勒卜照、阿霸垓旗下达尔汉贝子车凌董罗卜、阿霸哈纳尔旗下贝子额林臣达西等每人马三十匹。"

是日，正红旗苏赫纳牛录帕斯哈家人沙克沙盆吴巴西叩首奏曰："我有瘫痪之症，愿为皇上画阿育世佛一千尊，修建庙宇，写阿育世经一百零八卷。我今现系残疾无用之人，伏祈令为喇麻"等语，乾清门侍卫喇西转奏。奉旨："此人系人家下无用之人，而且残疾，着为喇麻，修建庙宇。"

本日，赐折卜尊丹巴库图克图、土谢图汗每人牛一百、羊二百，贝勒西达西立牛五十、羊一百，喀喇沁多罗郡王札西之一等护卫噶尔图、副都统敦住克等牛二十、羊四十，哥处尔喀屯牛一百、羊二百。又内府武备院执事人役自前锋、护军至厄鲁特人等俱赐牛羊。又赐进牛羊太仆寺总管贾韩等及副总管朱兰泰等妻白金。

是日，苏尼特多罗都冷郡王达林札布旗下协理旗分事一品台吉从布西夏布等来朝贺。

初七日丙戌　上驻跸齐七尔哈纳。是日，上行至喀牙拉哈阿鲁地方，阅庆礼司牧场牛羊毕，设宴赐蒙古王、台吉等及诸大臣、官员、护军、执事人等馔。又赐土谢图汗之福金缎匹。及总管贾韩之妻，及奇处尔喀屯之弟诺尔布伊尔登之妹，昆都伦波硕克图王族弟之女及女之乳母并献厄鲁特之护军校公哥及镶黄旗进牛羊四品台吉博喇尔代等白金。

是日，阿霸垓多罗卓礼克图郡王达马林札布旗分舅舅色尔济之子二品台吉米特克等来朝贺。

初八日丁亥　上驻跸魁屯布拉克。是日，上行至薮积布拉克，阅礼部牧场牛羊毕，设宴，赐哥处尔喀屯马一百匹，赐献厄鲁特察哈尔拨什库达尔札等及进羊礼部掌牧场头领南穆辛、赵穆霸等白金。

是日，苏尼特多罗郡王萨玛渣之子功素龙等来朝贺。

初九日戊子 上驻跸布尔哈思。泰夏喇麻营之扎萨克喇麻垂木绰尔拉木札木巴跪奏曰："臣乃喇麻人，蒙皇上之恩，无可报效，如此大庆，愿与臣庙中七十名喇麻再添三十八名班谛，奉诵阿育世满搭尔和陀经，以祝皇上万寿。"奏事敦住转奏，奉旨："着添班谛。"

是日，上至海柳图地方，阅上驷院之牧场马及庆礼司牧场羊毕，设宴。赐哥处尔喀屯马一百、牛一百、羊二百；科尔沁土谢图亲王额驸沙津、喀喇沁王札西、阿霸垓多罗郡王吴尔占噶喇布、阿霸垓王达马林札布、喀尔喀王敦多卜多尔即、阿霸哈纳尔贝子额林臣达西等牛各五十、羊各二百；又赐科尔沁土谢图亲王马一匹，又牡马一、牝马二、马驹二；喀尔喀策旺渣布亲王、阿霸垓王吴尔占噶喇布、卓礼克图王达马林札布、阿霸哈纳尔贝子额林臣达西、吴喇忒达尔马席礼公旗下四品台吉牢章、喀喇沁札西王巴林额驸吴尔滚、土墨特贝勒额尔德木图、科尔沁达尔汉亲王旗下二品台吉毕立克图等马各一匹。又赐苏尼特多罗郡王额驸萨玛渣妻郡主、阿霸垓多罗郡王吴尔占噶喇布母福金、多罗卓礼克图郡王达马林札布母福金、阿霸哈纳尔旗下贝子额林臣达西母福金、哥处尔喀屯哥处尔喀屯之媳度尔马喀屯银币有差。又赐折卜尊丹巴库图克图黄蟒喇麻衣一领、帕十五方、缎十匹、银五百两，土谢图汗貂帽一顶、蟒衣一袭、金带一副、缎十匹、银五百两，达西察木皮尔陀音金黄蟒喇麻衣一件、缎二匹、银五十两。又赐馆中首领阿必达等及牵马蒙古人等、献厄鲁特之察哈尔护军校布达柰、进羊之牧场固山大胡八等白金。

是日，苏尼特多罗郡王额驸萨玛渣等来朝贺。

初十日己丑 上驻跸三岔。是日，上至博罗柴济阅庆礼司牧场羊毕，设宴，赐大臣、官员、执事、护军及买卖人等奶子酒；又赐苏尼特多罗郡王萨马渣额驸、郡主牛二百、羊五百。

又奉差丈路管翰林院事侍郎常书向批本存住口奏云："臣所带蒙古乡导无故自刎。"存住转奏，出，传谕大学士及部院大臣曰："使温保为晋抚，则扰平阳等处之民而至于反；使常书丈路，则逼乡导而至刎颈，此皆尔部院之好处耶？常书果将蒙古乡导爱养带行，彼有不惜其命而刎颈求死者乎？事既如此，奏朕何为，故遣告尔等。”大学士伊桑阿等奏曰：“上谕极当。前杨舒三次出兵丈路，并无事故。常书丈路数日，蒙古乡导刎颈，臣等亦甚惶愧，应将常书交该部议处。”奉旨：“尔等会议具奏。”

赐献厄鲁特之游牧地方佐领布达里等及牵骆驼土墨特披甲人等、进羊之牧场固山大波罗等蒙古贫丁白金。

是日，多罗贝勒博木博等来朝贺。

十一日庚寅　上驻跸宣化府城。是日，抚远大将军领侍卫内大臣伯费扬古等疏称：“康熙三十六年五月初一日，参谋都统兼前锋统领硕鼐解到厄鲁特吴兰夫妻并弟察罕供云：‘我等系伊拉古克三库图克图之人，去年九月伊拉古克三库图克图离噶尔丹处采而食，往伊克查拉等处过冬。今年三月内不记其日，自忝墨黑图牙苏图地方徙牧西行，于四月二十一日至红郭罗阿吉尔韩之地，是夜，我等乘马七匹逃出来归圣主。次日在温塔地方遇丹巴哈什哈等，将我等马七匹骑去，将伊等所骑瘦马二匹、骆驼一匹给我等骑来’等语。问吴兰等：伊拉古克三库图克图欲何往而徙牧？西行共有几人？吴兰等言：伊拉古克三库图克图曾云，我与噶尔丹素善，今遭厄困不可即不相顾，当往觅之。伊拉古克三库图克图之弟孟格雷并其属云，往觅噶尔丹无益，何不往从策旺拉布滩。我等来时，其往从何人尚未定也。伊拉古克三库图克图处尚有控弦者百人，子女可三百口。又问吴兰等：丹济喇今在何处？噶尔丹已死，尔等曾闻之否？吴兰等言：闻格垒沽英杜拉尔人说噶尔丹、丹济喇已往红郭罗地方，未闻噶尔丹已死之说。吴兰等赍到丹巴哈什哈咨呈内称：二十二日晚在温塔地方见三人牵马四匹，自大路入山去，追擒视之，系二男一女。问系何人，云系伊拉古克三库图克图属下逃出之厄鲁特。又问：尔等几时逃出伊拉古克三库图克图？往何处去了？据云：我等于二十一日夜逃出伊拉古克三库图克图，就从此路寻萨克萨特户里克去等语。我等所行甚速，两日之内谅必及之。但我等人少，从他道绕行，因路稍远，将吴兰等所乘七马骑去，另给彼马二匹、骆驼一匹，并二十日资粮等因具咨前来。查吴兰等自伊拉古克三库图克图处逃出至军前凡九程，第十日始到，因此臣等领大兵照常进剿，先选前锋二百、鸟枪护军三百，一面将前锋、参领、护卫各派一半，护军、夸兰大、参领酌量派出，交与参谋大臣昭武将军领侍卫内大臣马思喀，令其同参谋都统侯巴浑、代参谋都统七十、参谋都统兼前锋统领硕鼐、都统石文瑛追逐伊拉古克三库图克图，务期剿灭。其来降之吴兰，着随马思喀兵引路。吴兰之妻达氏弟察罕甚幼，毫无知识，令其骑丹巴哈什哈换给之马驼并撒袋一副，交与驿站章京笔帖式传致张家口，为此奏闻。”奏至，侍郎安布禄交批本存住转奏。奉旨：“着示议政大臣。”

本日，理藩院员外郎常鲁疏称：“臣同喀尔喀伊尔登济浓、多罗郡王盆楚克去收抚齐布齐奴特等，于闰三月初四日至噶尔达台河，收齐布齐奴特之鄂齐尔图等，本月十二日至魁鲁尔河，收齐布齐奴特之蒙克舒冷格、鄂罗木苏之鄂木布等，本月十八日至魁同布喇克，收齐布齐奴特之齐七克图布心等。问鄂齐尔图等：你等原系何部落人？因何至此？共有若干人？鄂齐尔图、蒙克舒冷格等云：我等系喀尔喀多罗贝勒王渣尔之祖母布地苏克之人，现有控弦者一百二人、妇女六十八口、孩童一百三口。鄂木布、齐七克图布心等云：我等亦系多罗贝勒王渣尔旗下台吉额尔克绰克图之人，现有控弦者五十三人、妇人四十一口、孩童三十七口，于康熙三十四年闻噶尔丹至克鲁伦地方，掠夺喀尔喀之纳木渣尔拖音，我等各自逃避来此。臣随将伊等令王盆楚克看视安插于吴尔舜河，为此奏闻。”侍郎安布禄交批本存住转奏。奉旨：“知道了。”

是日，路遇贫蒙古俱赐白金。张家口驻防总管镶黄旗罗多礼等、协理驿站员外郎黑色等、管税课事务监督詹事府赞善索柱等、宣化府知府祖延泰等、署宣化府总兵官事务独石口参将罗美才、张家口副将王文雄等来朝贺，随命领侍卫内大臣公福善、乾清门侍卫马武等同阅武官骑射毕，奏云：“署宣化府总兵官事务独石口参将罗美才步射平常，不能骑射。万泉营守备傅坤、葛峪堡守备张三、张家口千总高龙、张家口把总高希步骑射俱劣，人才亦不堪，本日奉旨俱着革职。”

十二日辛卯　上驻跸新保安城内。亲近侍卫关保传上谕曰：“温保居官不堪，残虐小民，莫可形状。前者伊自奏谓居官颇善，民多颂扬，欲为树碑。今观沿途之民，无不欲食其肉者。且温保曾为学士，于朕爱惜百姓之意无不悉知，岂他人之比耶？甘度居官亦不堪，今蒲州之民皆叛入山中。伊等居官若善，民岂肯背叛乎？倭伦往彼安抚，若不就抚，即将温保、甘度在彼正法，然后以兵从事。伊等奉职无状，残虐小民，朕甚恨之。若不正法，何以惩众？着议政大臣同部院大臣会议具奏。”议政大臣等会议得：“巡抚、布政统辖百姓，有抚恤之专责，宜仰体皇上爱民如赤子之意，奉行不违，方称厥职。温保居官不堪，残虐小民，莫可形状。沿途之民，无不欲食其肉者。甘度为官亦不堪，致蒲州民叛，圣谕诚然，应将伊等即行正法，惩众者也。温保、甘度俱应革职，温保今既严拿解京交与刑部。甘度遣兵部司官一员亦严拿解京交与刑部，俱着拟死具题。”奉旨：“依议。”

是日，赐贫民白金。保安营守备徐昇阶等来朝贺。

十三日壬辰　上驻跸怀来县城外皇寺。是日，皇太子率大学士阿兰泰，尚书马齐、佛伦等恭迎。镇边路都司李允庆等、怀来县知县白有斌等来朝贺。

十四日癸巳　上驻跸昌平州城内。是日，昌平州防守御穆锡泰等、霸昌道高必弘等、永宁路都司陈俸等、居庸路都司郝伟等来朝贺。

十五日甲午　上驻跸清河。是日，一等侍卫副都统阿南达、陕西提督李林隆等咨行在兵部，内开准部咨会议疏称：“噶尔丹系获罪于天之逆寇，圣主庙谟上符于天，谓此寇不灭，则生民不宁。故不惮勤劳，亲统六师，三临沙漠，率歼渠魁。自古以来，征伐蒙古者有之，未有馘擒酋豪、扫除巨寇如今日者也。圣德神功，超越古今，罕有其匹，臣等不胜踊跃欢忭。应着大将军伯费扬古精选所部兵往寻丹济喇所在，招携俱来，余兵遣回。其黑龙江之兵并阿南达一路兵俱应撤回。奉旨：‘依议。着速移咨’等因，移会前来。查先经陈奏，丹济喇携噶尔丹骸骨，从噶斯一路奔达赖喇麻而去，臣等欲往噶斯遮击。四月十九日具题在案。今臣等领兵于五月初五日到布隆吉尔，初六日向噶斯起程。”奏至，郎中沙浑交批本存住转奏，奉旨：“知道了。”

是日，顺义县防守御卓博尔图、通州副将陈经麟、巩华城都司刘奇、捕盗同知韦国佐等来朝贺。

十六日乙未　辰时。上自清河起行，大设卤薄，皇太子率诸皇子及在京文武大小官员出郊外五里许迎接，八旗护军、骁骑、步军及近京居住闲散官员以至士民工商、耆老男妇人等，俱扶老携幼，陈设香案，沿门结采，各执香跪迎。上由德胜门诣堂子行礼毕，进午门回宫。

是日，上诣宁寿宫问安。

臣等伏惟皇上以至圣弘仁，君临万国，将及四十年。夙兴夜寐，励精求治，四海之内无不倾心向化。抚之以仁，正之以义，恩威并施，穷荒绝域，皆贡献来朝。惟厄鲁特噶尔丹逆天弃誓，恣意跳梁，扰我边陲。皇上赫然震怒，声致天讨，于是告祭天地、宗庙、社稷，亲率六军，远征沙漠。于起程之前，训练官兵，料理粮饷，整备驼马、火器等项，无不一一周详。深居九重之内，洞见万里形势。预料贼出没之境，先命西路大军扼其奔逸；又量时遣发盛京等处大兵，躬统禁旅，由中路进发。于出师之前，文武大臣等屡次请止，皇上每沛温纶，谕以利害事宜，军国大务，俱由乾刚独断。自出京，沿途与官兵同其甘苦，以及经获马匹仆役劳苦，诸凡细务，无不上廑宸衷。出哨口，驻跸拖陵，得贼的信，天颜大悦。于是整齐六军，向克鲁伦趱行前进。亲绘图样，示以战阵之规。劝赏官兵，奋其御侮之气。及斥堠探哨，设防牧马，诸事俱睿虑周详。躬行巡视，指授其队伍阵势，甚为整肃。旌旗火器，极其森严。噶尔丹不能仰拒天威，苟延岁月，仓皇宵遁。皇上身先前锋，穷追至托讷地方。噶尔丹胆落魂飞，穷迫已极，沿途弃其子女驼马等物而逃。西路大兵遮截于皇上预料之路，遵皇上密训方略奋击，大败之，噶尔丹仅以身免。二十余年习于战阵之巨寇，一旦迅如雷电，摧破扑灭。斯固由于顺天道以行王政之所致，然成功之速、制胜之奇，即古创业之君，又何能冀于万一也！此初出师，烦劳宸衷，与神谋若合符节者然也。其继也，皇上思一劳永逸，噶尔丹之众虽破，而其党类尚存，散失者难必其不复啸聚。于严寒之时，不惮风雪，仍临边外，于料理军务之便，抚绥扎萨克蒙古，亲用投降来归者，越渡黄河鄂尔多斯六部落地方，操练兵丁，又施恩于诸王、贝勒。于是厄鲁特巴图鲁济农等相继来朝于行宫。及噶尔丹所属首领寨桑诺尔布等，亦皆闻风，日率其子女家口络绎来降，不绝于道。以至噶尔丹遣所最信任之格垒沽英陈奏乞怜。格垒沽英奏其真情云：归必说噶尔丹来降，噶尔丹如或不从，我必率我妻子来降，慨然定期而去。此皆由皇上除暴安民之意甚切，贼之羽翼尽为翦锹，敌国之人亦皆服德以思报效也。今我皇上复图永安长治之策，念噶尔丹之党虽已离散，然噶尔丹尚存于事，犹为未尽，圣意务期剿灭无遗。于是筹定方略，率师复出，因欲酌量机宜，以行调遣，向宁夏前发。沿途甄别文武官员，将才能者优擢，庸劣者黜退。恐仆从人等侵扰百姓，着大臣官员不时巡拿。又亲阅沿边百姓之生业，将钱粮尽行施恩蠲免。及路傍执者迎接之民，俱召向前垂问，使其近仰天颜。每爱惜老耆，赏赐贫窭，以致欢声遍野。先是，皇上与噶尔丹穷迫之际，已遣大臣说呼户诺尔众台吉投诚，遣主事保住赍敕书谕布忒达阿布地王谛巴，彼即奏请服罪。及纳贡噶尔丹之回子部落，又将噶尔丹之子塞卜屯巴尔住尔俘献前来，以前遣归之格垒沽英果如期率其妻子来降。而丹济喇、阿拉布坦、丹津汪布，又密遣人来请降皇上。又自宁夏两路遣发精兵，传谕诸处截其首尾，又以利害晓谕噶尔丹之党。于是噶尔丹进退无路，计竭力穷，仰药自毙。丹济喇等携其尸骸、女子来降。总之皇上至圣神威，好生不杀，虽噶尔丹悖恶已极，犹屡颁敕谕，以行招抚。噶尔丹之党于阵前投降者不加诛戮；及陆续来归者，赐以衣帽，任用为大臣、侍卫；其于战阵之时迷走散失者，发内帑赎回，使其骨肉完聚。皇上所行悉合天意，于是山河献瑞，百灵效顺。水生于无泉之处，草长于不毛之地，风雨时若，庆云耀彩，屡呈佳兆。且早知达赖喇麻已死之情，预得尼麻唐库图克图之来意，料噶尔丹必至穷困。亲幸荒徼，料理军机，赐药治病，以至恩及朽骨。见官兵马匹有不堪行走者，赐以御厩马驼。念输运之艰难，以骆驼驮载，多方运过瀚海，此皆圣上仁至义尽，洞鉴万里之所致也。神功圣谟，实并二帝三王，超越汉唐宋明之君。自此不但蒙古地方无事，而边方之民永获安逸，天下苍生尽享亿万年无疆之福，始副皇上靖外安内之至意矣。臣等幸叨扈圣驾，得睹开辟以来未有之盛事，不胜欢忭，谨述大概以垂史册云尔。

是行扈从起居注官常书、傅伸、华显、特默德、邵穆布。

十七日丙申　辰时，上御乾清门听政。部院各衙门官员面奏毕，大学士阿兰泰、王熙、张玉书、李天馥，学士韩菼、顾藻、徐嘉炎、三宝、杨舒、罗察以折本请旨。吏部题刑部尚书图纳员缺，将都察院左都御史傅腊塔等职名开列启奏。上曰："左都御史傅腊塔着升补刑部尚书。"

兵部题镶黄旗汉军都统鄂伦岱员缺，将前锋统领索柱等职名开列启奏。上曰："此员缺仍着鄂伦岱兼管。"

上又谕内阁及九卿曰："朕前巡行直隶、山东、江南、浙江，见地方人民皆各安生业，大小官员恐朕不时临幸，咸兢兢守法奉职，以为他省类皆如此。顷由大同历山西、陕西边境以至宁夏，观山陕民生甚是艰难，交纳钱粮，其火耗有每两加至二三钱不等者。前曾面问总督吴赫，据言西安等府距省甚近，收耗尚轻，若沿边所在地方，火耗不免加重矣。至于山西，特一小省，闻科派竟至百万，民其何以堪命！科、道官因朕已经访闻，始行参效，并未有言于未发觉之前者，亦属何益？朕思山陕百姓困苦之故，多由于捐纳。如陕西捐纳之数，已至三百万，而部发帑银又一百万。如所捐之三百万皆系实数，何至又动部银？试问今陕西库中见有几何，大约捐纳之人亏欠者甚多，地方官员始而瞻徇情面，虚发实收，及至日久，无所取赏，遂摊派百姓，以求足额。又如陕西饥民给与籽粒、银两，令其耕种，全未给与。及后向民追偿，民愈苦累。且正额之外更立名色加征，以抵销别项亏空。小民荐饥之余何堪此种种征求科敛耶？又官俸及衙役工食令其捐助，此官俸与工食皆年终始完。若预行征取，必尽派于民矣。后虽抵补，岂能实给百姓？若竟将帑银给发，谁敢复有科派病民者耶？捐纳事例及捐助官役俸工银两，朕初意原不欲行议开例，时屡次不允。后始勉从九卿之议。"诸臣奏曰："捐纳及捐助俸工银两，圣意原不允行，臣等屡经蒙面谕，回陕西拯荒事急，俯从众议。自今观之，情弊皆在圣明洞鉴中矣。"

上又曰："凡为上官者果能清廉率，下则属官自相则效，百姓自知爱戴。如吴琠、张鹏翮居官甚善，张鹏翮之操守极清，人人能称道之。从前如沈朝聘在霸州时，州民无不感服。近宣化知府范时崇虽已升任，民犹思念不已。山陕自督抚以至州县，居官鲜有善者。陕西巡抚党爱、按察使纳垒尤庸劣，朕已罢黜之。惟临洮知府祖业弘、西宁道刘殿衡居官尚优，此闻之总督所奏，其他并未闻有良吏为百姓所称颂者。科、道各官往往纠举细务，报复私怨，诚能以某官贪、某官酷指名题参，则人自惧而知警矣。"诸臣皆奏曰："圣谕及此，真生民之福也。"

上又曰："塞外情形不可臆度而知，必身历其境方能确见明白。明时为恢复河套，议论纷纭，致夏言、鲁铳以大臣受戮。自朕观之，此地无甚关系。若控驭蒙古有道，则河套虽为蒙古所据，安能为患？控驭无道，则何地不可为乱？蒙古游牧之地，防之不胜防，专言收复河套，亦何益乎？山、陕皆近边塞，而陕西幅员尤广，最为紧要。朕此行审观形势，体察其人情风俗，以至细微之事，无不周知。朕巡幸所至，一切需用皆自内带往，并不取办百姓。每见差遣官员至各省地方，虽司官、笔帖式亦有食用供应，累及小民。朕往来经行，及在宁夏驻跸二十日，纤毫无所取用，所以两省兵民皆知朕惓惓爱养之心。而官此土者不能奉行朕意，遂致德泽无由下。究如温保，为学士时日，在朕前办事，朕之爱民谆切，宁不素知？一至山西，竟恣意贪婪，掊克百姓，以致百姓离散，逃匿山谷。其属员如蒲州知州谢廷机、山阴知县周贞，皆系甚不堪者。及行保举，居官若此，岂可姑容？昔年陕西饥馑，民食甚艰，总督葛思泰隐而不言。迨至流离日众，始行奏闻，所伤多矣。今山西巡抚倭伦，自言民间利弊，当一一上闻，不敢隐蔽。观其初到地方，亦极尽心料理，未知向后居官果能称职否耳。"诸臣奏曰："臣下不能仰承德意，致廑圣怀，而皇上仁爱百姓之念，虽深山穷谷、愚夫愚妇皆所深知，故感颂皇恩，远近如一。"

上又曰："行师之道调军转饷，必一人兼总其成，事方易济。前西路进兵时，将军博济、孙思克等专管军务，不与輓运，輓运之事专责之地方巡抚等官。迨后粮饷稽迟，兵丁困馁，致有道殣。顷朕自白塔至船站，见有遗骸，令乡导人等沿途掩瘗。朕统大兵，由中路进时，多方筹画，转运米粮。此及旋师，非惟无一人受馁，且资给西路之兵，俱获全还。又令沿途各站多备米粮，虽随营贸易之人，亦无不足于食。宁夏此行，料理粮储悉有次第，然后进兵。所以至回军时，皆足支给，无有稍误。可见兵食两事，断宜一手区画。嗣后倘遇师行，当永以为法。朕又观塞外运粮最难，昔唐宋以及明嘉靖时，皆用兵西陲，不知当日作何輓运之法？朕此番于宁夏不用车辆，所需驼马骡驴，悉自京师发往，恐有不敷，复给官帑采买，先期备办，一切皆由官运，不以烦民。"诸臣奏曰："运粮数千里而不烦民力，洵前古未有也。"

上又曰："宁尔讲奏请朕回銮，以为回銮之后，贼必潜来，回而擒之，此真不谙事理之言。塞外荒漠虽甚寥阔，而蒙古所行之路、所居之地，必依水草资生，是以亦有定所。朕于蒙古等经行路径一一洞悉，所以遣发官兵，数道围困，皆扼贼之要害。噶尔丹迫蹙已极，计无所出，遂饮药以死。宁尔讲全不知兵，故其言如此。且请陕西增兵四十万，尤属可笑。"诸臣奏曰："皇上神谟，密运塞外，狡寇如在掌中，故三次出边，不惮劳苦，扫除凶逆，中外永享升平，岂浅陋之见所能仰窥万一者也。"

本日起居注官顾祖荣、邵穆布。

十八日丁酉 辰时，上御乾清门，听部院各衙门官员面奏政事。

是日，上诣宁寿宫问安。

本日起居注官张英、特默德。

十九日戊戌 辰时，上御乾清门听政。部院各衙门官员面奏毕，大学士阿兰泰、王熙、张玉书、李天馥，学士韩菼、顾藻、徐嘉炎、三宝、杨舒、罗察以折本请旨。户部题捐纳错误人员何钺等事。上曰："此事九卿之议如何？"阿兰泰奏曰："臣等遵旨传谕九卿，九卿奏云：臣等因军兴时需饷甚急，但期有济军务，故议开捐纳。今捐纳事例无益于民，诚如圣谕。顷部议，捐纳人员内有错误者，概不准行，即依此完结亦可。"上曰："捐纳之事，朕原不欲行。曩者三逆叛乱时，九卿集议宜开捐纳事例，故行之。顷九卿执意又议行捐纳，复勉从其请。朕不知九卿必欲行捐纳何意？今正途出身进士升用甚少，捐纳官员甚多，大有害于地方。凡人性情日用俭约，则居官始能廉洁。张鹏翮所食不过腐菜，费用甚简，故居官甚清。若捐纳之人，称贷银两捐输得官，焉能复为廉吏？必将所贷之母与息俱取偿民间，且更图赢余。民何以堪此乎？如原任督抚中韩世琦、张长庚、贾汉复、白秉贞、张德地等皆侵蚀小民，所行贪墨。其家致富，不过三十年间，家业凋零，子孙甚至不堪。若辈贪婪，果何益乎？可见天道报施不远也。此捐纳事着依议。"

又上谕吏部等衙门："朕顷以狡寇噶尔丹未灭，调度军务，亲莅塞外。因念切民依，巡历边境。所至咨访，目击山西、陕西缘边一路，地皆沙碛，难事耕耘，人多穴居，类鲜恒业。其土壤硗瘠，固已生计维艰，而地方辽远，疾苦无门上闻。大小官吏不能子爱小民，更恣横索遂，使里井日渐虚耗。比年用兵以来，一应军需刍糗，俱动支正项钱粮储峙供应，从不取办闾阎。及各府州县官员借端私征，重收火耗，督抚、布政使等官又不仰体朝廷恤民至意，纠察贪污、禁革加派，反多瞻徇曲庇。又或该督抚庸懦懈驰，因而笔帖式及衙门人役无所忌惮，擅作奸弊，以致民生滋戚，朕心深切轸恻。今外寇已经荡平，惟以绥乂地方、拊循百姓为急务。山陕两省关系至要，应作何抚恤休养，着九卿、詹事、科、道会同详议具奏。特谕。"

本日起居注官华显、张廷瓒。

二十日己亥　早，上由神武门出西直门，驻跸畅春园。

本日起居注官曹鉴伦、揆叙。

二十一日庚子

二十二日辛丑

二十三日壬寅　辰时，上御畅春园内澹宁居听政。部院各衙门官员面奏毕，大学士阿兰泰、王熙、张玉书、李天馥，学士三宝、罗察以折本请旨。大学士阿兰泰等奏曰："臣等遵旨以拣选运使问九卿，九卿云：江西临江府知府李涛居官素优，为人亦佳。左都御史吴琠云、湖广黄州府知府贾钰居官亦善。"上曰："九卿所举甚公。若能如此推举，朕可常以得人望九卿矣。运使着将李涛升补。今噶尔丹已平，天下无事，惟以吏治民生为要务。地方官吏之贤否，民生之休戚，朕一人端居深宫，何能遍知？此番巡行山陕所见，或先闻其有声名而居官不善者有之，或并未闻其声名而居官实善者有之，此皆上下相隔，不能通达之故也。虽古圣君以知人为难，朕岂料温保居官如是乎？朕曾巡行浙江、江南、山东等处，地方官以朕不时巡幸，各皆勉力，居官悉善。至山陕官员，则居官甚劣。朕恨贪污之吏更甚于噶尔丹。此后图修吏治民事如图平噶尔丹，则善矣。"

兵部题湖广提督徐治都遗疏，恳以微职授子徐永年，代其报效，其本身员缺恳以威宁总兵唐希顺升补。永州总兵官李日煜等才有可采，乞格外简用，议不准行。上曰："徐治都效力年久，劳绩茂著，居官亦优。所请伊子录用，家口驰驿回京，并所举官员俱着准行。其提督职任甚钜，在朕亲行简用，非彼所可擅举。这员缺所举唐希顺不准行。"

刑部衙门题盗紫禁城内尾上金钉老奇儿等即行正法。上曰："东华门出入人等甚多，难于稽查。二等侍卫委署护军参领常留宝、护军校达兰泰阿雅儿多尔济等俱着革职留任，令其效力。护军等俱从宽免其枷责。"

给事中郑昱条奏平定噶尔丹庆贺大礼颁诏天下款项。上曰："凡颁诏赦，皆人主之事，非人臣所宜言。自古诏赦频颁，不以为善政者，以其便于恶人，而善人反未必蒙益也。郑昱不言其所当言，乃以诏款陈奏不合，本应处分，念系言官，着从宽免。尔等将伊严行申饬。"

上又顾阿兰泰等曰："刑部尚书员缺，着以左都御史吴琠升补。吴琠员缺，着张鹏翮升补。"

礼部题皇上荡平噶尔丹，宜举行告祭天地祖宗、神祇及上徽号之礼。上曰："喀尔喀、厄鲁特原系纳九白进贡之国，因伊等不睦，屡令和好不从，致隙兴兵。噶尔丹者，曾破取西北回子之萨马尔汉、布哈尔、哈萨克、布鲁特雅尔勒、哈什哈尔、赛尔马、土尔番、哈密诸国，招抚一千二百余城，乃习于征战之国，喀尔喀如何敌彼？是以一年之间，七旗数十万之众靡有孑遗。喀尔喀汗、诺颜、台吉等知朕养育蒙古甚善，皆来投顺。尔时若不容留，俾以生路，则伊等必尽没于厄鲁特。此其际噶尔丹之势不言而可知矣，若容留俾以生路，厄鲁特又借此与我朝成仇。凡此等彼时熟筹，方将喀尔喀容留，非率然为之也。噶尔丹以喀尔喀为口实，遂侵我喀伦地方。原任尚书阿喇尼等率蒙古兵迎敌于乌尔胡地方，败北，噶尔丹遂乘势直抵乌兰布通，去京不过七百里。是役也，王及大臣与在朝知兵者鲜不预焉，朕因违和而旋。虽左翼之兵得胜，而右翼竟未能克敌，遂致大臣以及兵丁人等阵亡、被伤者甚多。噶尔丹亦自知不能有济，奔回。其时遭罹诸疫，得还科布托者不过数千人。势虽大亏，朕已知其必整兵前来复仇矣。此六载内，深怀乌阑布通之恨，训练兵士，咨询地利。方在防备之际，噶尔丹果复兴兵前来克鲁伦，掳掠喀尔喀纳木札尔托音等。朕以此贼不可寻常视之，颁谕三品以上武职等官，令各献破贼之策，并令会议。而合朝俱以为难事，其知贼之可灭者，不过四人而已。于是朕以此贼益当图之，昭告天地、太庙、社稷，亲率六师，三临穷域不毛无水之地。卒赖天地、祖宗之灵，以克有成。倘其无成，岂免抚纳喀尔喀致厄鲁特来寇之名乎？岂免以中国之膏脂罄于塞北之名乎？岂免远域征讨穷兵黩武之名乎？今所历地方，承天庇佑，无水者水涌，无草者草生，诸事称意，是皆由国家之福，官兵之力耳。方今西北永宁，不蹈过名，即为幸甚。嗣后正欲愈加砥砺，始终如一，既升平而益求其升平也。此告祭等礼着依议。其上徽号不准行。”

本日起居注官华显、揆叙。

二十四日癸卯 早，上御畅春园内澹宁居，大学士伊桑阿、阿兰泰、王熙、张玉书，学士韩菼、顾藻、徐嘉炎、三宝、杨舒、席尔登、罗察面奏曰：“厄鲁特噶尔丹背天肆行，搔扰归顺我朝之喀尔喀，皇上三次统领大军，亲临塞外。将士则相机调遣，米粮则多方运送，毫不有误。以致一年之间，将厄鲁特之众剿灭，元凶授首，边塞安固，万载乐业，四海永宁。此正所谓丰功大德，与天地同休，日月垂光者也。且从古帝王功德显著者，亦有崇上徽号之例，伏恳皇上崇上徽号，以慰天下生民之望。”再三力恳，上曰：“朕览史书，古来帝王所行事业，以克始终如一者为上，并不以徽号为贵。上古之世无论矣，即明纪帝王亦无受尊号者，后人并不非之。朕自御极以来，不曾念及一己，只为天下生民计，昼夜焦劳，惟恐政事或有一时怠慢，不克有终。况厄鲁特噶尔丹之灭，由于上天之爱佑、祖父之福佑，众将士之勤劳也，与朕何有？皇太后诚宜崇加徽号，朕之徽号不必加，亦不必再奏。”

本日起居注官揆叙、邵穆布。

二十五日甲辰

二十六日乙巳 辰时，上御畅春园内澹宁居听政。部院各衙门官员面奏毕，宗人府右宗人公齐克他哈，学士罗察、喇锡等遣往质讯厄林陈之妻郡主，恭请训旨。上曰：“公齐克他哈年齿尚幼，未谙事务，因事关郡主，遣伊前往学习。以尔等素俱自爱，谙于事理，故令偕公同往理之。前因厄林陈之妻多罗郡主与王渣锡不睦，互相告讦。虽将伊所属人等分散沙木巴锡旗分兼管，然仍在渣锡旗分地方居住。此或系王渣锡唆令致讼，亦未可知。郡主素甚残刻，若杀人果真，郡主自当加罪。倘系指使诬告败露，即将诬告之人从重治罪，并将指使情由严究惩儆。喀喇沁人善于讦讼，若不如此，则争讼无已。尔等将此事从公鞠审，务令各款详晰，毋留余隙。”公齐克他哈等出。

大学士伊桑阿、阿兰泰、王熙、张玉书、李天馥，学士韩菼、顾藻、徐嘉炎、三宝、杨舒以折本请旨。吏部题山西布政使甘度员缺，将刑部郎中满代拟正、刑科给事中阎传拟陪。上曰：“齐什武原系望族，人材亦优，着升补山西布政使。”

又顾伊桑阿等曰：“近见部属官员年老与不及者甚多，皆由论俸升补所致如此者。堂官理应参革，另用优长之人，不可令此辈尸位旷职。此番出兵，大理寺少卿普海甚属懦怯不堪，着革职。”

又仓场侍郎石文桂不举央情嘱托之人，议革职。上曰：“石文桂于事亦优，其人尚可任，着从宽免革职，降五级留任。”

是日，上诣澹泊为德问安。

本日起居注官华显、特默德。

二十七日丙午

二十八日丁未 辰时，上御畅春园内澹宁居听政。部院各衙门官员面奏毕，大学士伊桑阿、阿兰泰、王熙、张玉书、李天馥，学士韩菼、顾藻、徐嘉炎、三宝、席尔登以折本请旨。吏部题翰林院掌院侍郎常书革职，员缺将侍读学士寿鼐等职名开列。上曰：“翰林院掌院学士职任最为紧要，应选择补授，着将历任翰林者开列职名具奏。常书不过长于翻译，其他更无可取。前任吏部侍郎时，行事甚为不端。即詹事府詹事尹泰与常书除翻译外，皆非可用之人。尹泰一酒徒耳，且无孝行。常书素行甚属无耻。”大学士伊桑阿等奏曰：“圣鉴极是。伊等所学实善，但虽能读书，而其行事与书上全不相同。”

兵部题江南京口总兵官林本植、黄岩总兵官赵弘灿等员缺，将参领管元忠等职名开列。上曰：“徐九如着补授黄岩总兵官。京口地方既有将军，其总兵官似属无用，此处着设一副将，其属下兵丁应否交将军管辖，着问九卿。”

本日起居注官揆叙、邵穆布。

二十九日戊申

云在箐文史

袁行霈题

[标 点 全 本]

康熙起居注

徐尚定 标点

第 六 册

人民东方出版传媒
東方出版社

康熙帝写字像

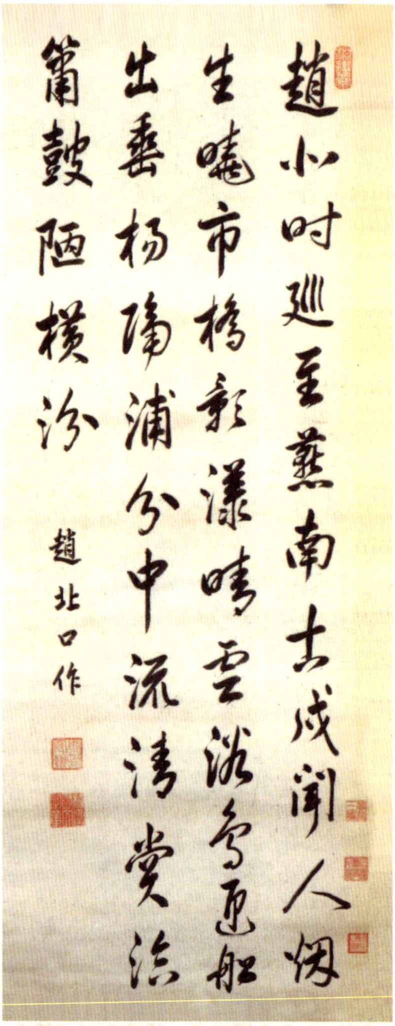

康熙帝行书五言诗

纸本，纵135.4厘米，横51.5厘米。故宫博物馆藏。

康熙三十六年丁丑六月初一日己酉。

初二日庚戌。早，諸王、貝勒、貝子、公、文武滿漢官員以及舉人、生員、黎庶俱赴

暢春園，力請

皇上允受神聖文武大德廣運徽號。

諭曰：朕御極四十年來，雖自始至今，孜孜不倦，而吏治尚未澄清，民生尚未豐裕，將卒尚未休息

《康熙起居注》三十六年六月首页

“保令太和”印

第六册目录

康熙三十六年　丁丑

六　月/001　七　月/007　八　月/016　九　月/022
十　月/028　十一月/035　十二月/048

康熙三十七年　戊寅

正　月/059　二　月/064　三　月/071　四　月/077
五　月/083　六　月/091　七　月/095　八　月/101
九　月/107　十　月/116　十一月/121　十二月/132

康熙三十八年　己卯

正　月/149　二　月/155　三　月/162　四　月/176
五　月/186　六　月/193　七　月/202　闰七月/208
八　月/215　九　月/219　十　月/230　十一月/245
十二月/253

康熙三十九年　庚辰

正　月/271　二　月/276　三　月/284　四　月/296
五　月/304　六　月/313　七　月/320　八　月/329
九　月/334　十　月/345　十一月/360　十二月/367

康熙四十年　　辛巳

正　月/378　二　月/383　三　月/387　四　月/397
五　月/403　六　月/409　七　月/417　八　月/423
九　月/427　十　月/434　十一月/449　十二月/460

插 图 目 录

康熙帝写字像 197
康熙帝行书五言诗 198
《康熙起居注》三十六年六月首页 199
"保令太和"印 200
《治淮图卷》（局部） 201
《黄河筑堤图》（局部） 202
《康熙帝南巡图卷·治河场面》 203
《通惠河漕运图卷》（局部） 204
治河方略 205
《清史稿》靳辅传 206
治河全书 207
《清史稿》张鹏翮传 208
运河全图 209

康熙三十六年　丁丑

六　月

初一日己酉

初二日庚戌　早，诸王、贝勒、贝子、公、文武满汉官员以及举人、生员、黎庶俱赴畅春园，力请皇上允受“神圣文武大德广运”徽号。谕曰：“朕御极四十年来，虽自始至今，孜孜不倦，而吏治尚未澄清，民生尚未丰裕，将卒尚未休息，风俗尚未淳朴。且旱涝灾异亦复相仍，方今外寇既靖，正宜勤事生养，徒加徽号，何益于朕之励精图治乎？朕于荡平噶尔丹之机宜未尝有失，苟天下共能见之，朕愿足矣。其徽号不必加，无复渎奏。”

辰时，上御畅春园内澹宁居听政。各部院大臣官员面奏毕，福建巡抚宫梦仁、浙江督学张希良赴任，恭请训旨。上曰：“宫梦仁，尔为地方官年久，民生自应熟悉。他无所训，惟廉洁制行，爱养百姓，则属下自服，而朕任用之意亦克副矣。张希良，尔将士子从公考试，不昧初心，即与张鹏翮同享令名矣。”宫梦仁、张希良出。

大学士伊桑阿、阿兰泰、王熙、张玉书，学士韩菼、顾藻、徐嘉炎、三宝、席尔登以折本请旨。吏部题翰林院学士员缺，将自翰林院升出礼部侍郎努赫等五员职名开列。上曰：“盛京侍郎阿山为人郑重，办事贞确。傅继祖学问固优，然与阿山相较则，不及远矣。阿山着以礼部侍郎管翰林院掌院学士事。”

又内阁侍读学士布泰升任员缺，以都察院监察御史钟申保拟正，内慎刑司郎中朗奇拟陪。上曰：“国子监司业萨尔图，各处差遣殊有劳绩，着升补侍读学士。户部郎中钱齐宝，人材甚优，此番甚是效力，于散米收米时，自执纸笔书记，毫不假人。朕所悉知，侍卫等亦俱称赞之。今部院司官妄自尊大，惰者颇多，钱齐宝之善系朕深悉，故一闻其名，即如在目前也。”

上又顾大学士伊桑阿等曰：“天津道赵弘燮居官何如？”王熙奏曰：“赵弘燮居官不生事。”上曰：“曾将黄岩总兵官赵弘灿问张鹏翮。张鹏翮奏，伊居官立品俱优。此番至宁夏见赵良栋房多田广，马畜蕃盛，家道甚殷而无有道其贪者，官阶极崇而无有道其短者，彼处人亦甚称服。由此观之，赵良栋诚可谓为国勤劳者矣。但其性刚耳，此外更无瑕疵。其幼子于朕前启奏时，不但言辞详明，人亦强干。”阿兰泰奏曰：“赵良栋领兵时法令虽严，而军士无有怨者。此皆由其纪律严明，不减克钱粮之故，岂常人所能及？然其刚急之性，若非圣主亦不能包容也。”

是日，上诣澹泊为德问安。

本日起居注官华显、特默德。

初三日辛亥

初四日壬子

初五日癸丑

初六日甲寅

初七日乙卯 辰时，上御畅春园内澹宁居听政。部院各衙门官员面奏毕，大学士伊桑阿、阿兰泰、王熙、张玉书、李天馥，学士韩菼、顾藻、徐嘉炎、三宝、席尔登、黄茂以折本请旨。礼部题原任刑部尚书图纳应否与谥。上曰：“图纳在刑部勤劳，属下亦称美之。两次遣往陕西，奖励军士，所行甚善。着与他谥。”

兵部题京口副都统贺梫里病故员缺，将侍郎陶岱等职名开列。上曰：“先锋参领朱瞒用兵行阵极善，着升补副都统。”

川陕总督乌黑题参宁夏道吴秉谦贪劣。上曰：“吴秉谦居官不善，且其为人粗鄙执性，该督所参诚当。着乌黑会同护军统领鄂克济哈审理。”

本日起居注官揆叙、邵穆布。

初八日丙辰

初九日丁巳

初十日戊午　是日，上诣澹泊为德问安。

十一日己未

十二日庚申

十三日辛酉　辰时，上御畅春园内澹宁居听政。部院各衙门官员面奏时，理藩院尚书班第以差遣审理蒙古等事具奏。上曰："外藩蒙古事业经积累，此事且暂停，俟明岁差人会审时完结。观尔部凡一应差遣司官拨什库等，乘驿时甚是扰害蒙古。嗣后凡殷实司官着骑自己马匹，不能者将佐领下所有之马骑往前去。"班第奏曰："皇上所见甚是。如此不但公事有济，而于蒙古亦有裨益。且所设之驿于道路不得不为纡绕，所往司官亦甚劳瘁。"

刑部尚书傅腊塔进前奏事。上曰："尔部事关人命，甚属紧要。自图纳任刑部以来，勤勉供职，事甚修举，属员至今称善。今乃简尔以任此职，绥色亦素名贤能，司官如迈图则办事庸常，所赖者惟汝二人。"傅腊塔奏曰："图纳在刑部时，事果修举。今臣等办事皆照图纳规模，竭力效勉。"

山西布政司齐什武赴任，恭请训旨。上曰："每选授藩臬二司，朕皆训勉，而能遵者甚少，贤否荣辱，惟尔自取。山陕两省，向任满官，原期有益地方。今温保等所行如此，朕甚愧之。且百姓虽愚而实难欺。凡事俱有定例，果能恪守成规，实心爱民，则其人办事之才虽属平常，而民必爱戴。若专尚贪污，则虽遇事明敏而民心不服。尔惟廉介持身、公正处事，居官善则如傅腊塔、倭伦之加荣，不善即与温保一体惩治。尔不可遗辱于保举之大臣也。"齐什武奏曰："上谕极是。温保等居官若此，臣等亦甚羞之。且无论保举臣之大臣，臣敢负皇上隆恩并玷臣之祖父乎？惟谨志训旨，竭力报效而已。"齐什武出。

大学士伊桑阿、阿兰泰、王熙、张玉书、李天馥，学士韩菼、顾藻、徐嘉炎、三宝、席尔登、黄茂以折本请旨。工部题总河董安国所请修理河道银两，部议准行。上曰："修理两河之处，前该督等合同详估，需用银一百八十万两，曾经具题。今另开海口，既估计增银十三万五千余两，而疏内又称照前奏请之数所多者止五万五千余两，俱于各处工程内节省通融支给，不敢另请拨发。是则前此估计浮多已显然矣。工部并不详查，即照所奏，以未给之九十万银两议准拨给，殊属不合，可批严旨。因河工事务关系重大，朕常留心察访。闻董安国于河上工程不亲历巡查，凡事俱委之冯佑。冯佑朕知之甚明，以熟练河务，靳辅奏用。靳辅在时，役使如同奴隶。今以其官体已荣，遂目为正人，信任倚用。若辈惟知营利，断不肯秉公尽厥职。”伊桑阿奏曰：“董安国年老，于事或有倦怠。现今黄河、运河并时修理，银两已给一半矣。总俟往勘之员外郎费扬古到日，自显然可验矣。”阿兰泰奏曰：“皇上所见极当。河工甚属紧要，董安国理应常在堤岸往来巡查。”

上又顾伊桑阿等曰：“今光禄寺诸事废坏，正卿辛保运粮不在衙门，少卿傅尔齐又系新任，总管多笔原任光禄寺。尔等会同多笔将署官笔帖式甄别，有不及者革之。其员缺将所保举人内选取引进。”

本日起居注官华显、特默德。

十四日壬戌

十五日癸亥　是日，上诣澹泊为德问安。

十六日甲子　辰时，上御畅春园内澹宁居听政。部院各衙门官员面奏毕，大学士伊桑阿、阿兰泰、王熙、张玉书、李天馥，学士韩菼、顾藻、徐嘉炎、三宝、席尔登、黄茂以折本请旨。吏部题原任御史宁尔讲与给事中吕錀互相纠参，议将吕錀革职，宁尔讲家属流徙。上曰：“宁尔讲朕复起用，理应勤勉饬己，言国家应言之事。乃初到时即参大僚，肆行恐吓，以令人惧，与不肖光棍何异。着依部议。其吕錀回参宁尔讲者，虽系事后，但所参诸款俱实。吕錀亦在言职，言官互参，从未禁止，着从宽免其革职。”

兵部题贾木禅边口防御额尔赫老病解任员缺，将灵台郎齐苏勒拟正，鸣赞通吉纳拟陪。上曰：“此边口章京员缺，向有旨选补主事等官。今应选取望族有品之主事等官拟授，乃以灵台郎等征员题补，殊属不合。着再议具奏。”

刑部等衙门题窃盗诺木土拟绞。上曰：“诺木土从宽免绞，照例减等发遣黑龙江，与披甲新满洲为奴。着严押解到，到日枷责。余依议。”

又原任侍郎多奇因行军马匹疲瘦，拟立斩。上曰：“将多奇仍锁拿，彼所喂马匹草豆钱粮，照桑格赔偿例赔偿。”

本日起居注官揆叙、邵穆布。

十七日乙丑

十八日丙寅

十九日丁卯　是日，上诣澹泊为德问安。

二十日戊辰

二十一日己巳　辰时，上御畅春园内澹宁居听政。部院各衙门官员面奏，兵部以查佐领下所养马匹具奏。上曰：“汉军兵内劣奴甚多，安肯勤养马匹？朕行军以来，知满兵精锐，临阵俱甚骁勇，较汉军相去远矣。应将汉军鸟枪兵裁革，满洲鸟枪兵增补。其官马俱拨给满洲旗分。尔等同户部会议具奏。”

户部尚书马齐、兵部尚书凯音布议叙出征处设站人员事，开列折子奏览。上阅毕，召满洲大学士等。大学士伊桑阿、阿兰泰进前，上曰：“设站人员功成事竣，理应议叙。但伊等驿中，所用俱系官马，应查其马死之多寡，一并议之。去冬更换伊等设站者，已过一冬，至今尚在驿站，甚属劳苦，伊等亦宜优议。”阿兰泰奏曰：“前此设站者，俱系官马。今伊等俱系自备马驼，且为日又久，上谕极当。”上顾大学士等曰：“随于成龙运粮人员虽已经两次而从无一次能终事者，此内且有钻营之人，若将伊等一并同设站人员议叙，朕断不行。尔等亦记之。”马齐、凯音布出。

大学士王熙、张玉书、李天馥，学士韩菼、顾藻、徐嘉炎、三宝、席尔登、黄茂以折本请旨。礼部题勇略将军赵良栋病故，照例给与建茔银两，致祭一次。上曰：“施琅等有加祭之例，着查此例加祭。”

本日起居注官华显、邵穆布。

二十二日庚午

二十三日辛未

二十四日壬申

二十五日癸酉　是日，上诣澹泊为德问安。

二十六日甲戌　辰时，上御畅春园内澹宁居听政。部院各衙门官员面奏毕，大学士伊桑阿、阿兰泰、王熙、张玉书、李天馥，学士韩菼、顾藻、徐嘉炎、三宝、席尔登、黄茂以折本请旨。四川总兵官马子云题请会同回子国喀扎喀领兵追擒噶尔丹。上曰："马子云欲率回子国袭噶尔丹之后，回子国人生性无义，曾三次擒其主以献噶尔丹。其兵岂可用乎？本朝之兵，所向无敌，若有用兵之时，本朝兵已不可胜用，安用外国之兵？自古以来，用外国之兵鲜有善者。宋用金兵以灭辽，后复用元兵以灭金。金既灭，元遂灭宋。此其明验也。初噶尔丹并吞土尔番、牙尔秦、萨马尔汉、哈萨克等千余部落，本朝并不问之。厄鲁特与喀尔喀战时，本朝若助厄鲁特，今如何能破噶尔丹乎？噶尔丹既克喀尔喀，直侵内地，朕始领兵剿灭。前舟山总兵官蓝理曾请率所属藤牌兵进剿，沙漠地寒冰冻，与南方迥别，藤牌兵虽强，夏尚可用，自八月以至三月，岂但交战，即藤牌亦不能执。此皆人地不相宜，所谓纸上谈兵者也。马子云粗鄙，不识大义，可晓示之。"

本日起居注官华显、特默德。

二十七日乙亥

二十八日丙子

二十九日丁丑

三十日戊寅 辰时，上御畅春园内澹宁居听政。部院各衙门官员面奏毕，大学士伊桑阿、阿兰泰、王熙、张玉书、李天馥，学士韩菼、顾藻、徐嘉炎、三宝、席尔登、黄茂以折本请旨。礼部覆朝鲜国王李焞奏，因年迈请将妾子封为世子，议不准。上曰："该王以伊身残病，再三恳请将妾生子为世子，即照所请准行。"

兵部覆原任总兵官柯彩题请年老归籍，议不准。上曰："柯彩先在陕西，于朱龙反叛之时出首叛札，久于行伍，劳绩显著。今年已老迈，应着原品致仕。"

山西巡抚倭伦代题，请修万寿龙亭石勒圣谕以垂永远。上曰："何事建立龙亭？若果善，民自感颂。况大同田薄民穷，其建立龙亭着停止。至倭伦疏称大同地方喂养马匹万余，全不费民之力，自朕观之，大同养马不过六千，亦未始不用民力。此系军兴，欲不用民力得乎？因民劳苦，故将三十六年钱粮全行蠲免。朕凡事俱务实行，不尚过誉，尔等将此批示之。”

广东提督李镇鼒有遗疏。上曰：“李镇鼒原任天津总兵官，人材矫健，熟于用兵。其居官何如，着问汉大臣并问在外武臣孰贤。”

本日起居注官揆叙、邵穆布。

七　月

初一日己卯　是日，上诣澹泊为德问安。

初二日庚辰

初三日辛巳

初四日壬午　辰时，上御畅春园澹宁居听政。部院各衙门官员面奏毕，黄岩总兵官徐九如陛辞，恭请训旨。上曰：“前任总兵官赵弘灿居官甚善，尔凡事如其所行，可无失错。南北形势、人情不同，操演兵丁，各随地土之宜，不可拘泥以北方操演之法为善。且旗下人为总兵官者甚少，而赴任须尽心效力，不可贻羞于旗人也。”徐九如出。

大学士伊桑阿、阿兰泰、王熙、张玉书、李天馥，学士韩菼、顾藻、徐嘉炎、三宝、席尔登以折本请旨。兼管翰林院学士事礼部尚书张英，以年老请解任。上曰：“张英气色尚佳，犹可行走一二年，着照常供职，原疏发还。”

又少詹高士奇奏请终养。上曰：“高士奇所学颇优，特召来纂修书史，且于内庭效力年久，既请终养其母，着授詹事衔回籍终养。”

伊桑阿等奏曰：“臣等遵旨，将提督李镇鼒居官问九卿，九卿云：李镇鼒原任天津总兵官时，居官甚善。后升广东提督，虽历任未久，居官亦优。又将将军、提督、总兵官等问九卿，九卿所保奏者将军金世荣，提督张旺、岳昇龙、吴英，总兵官监理等居官俱善。”上曰：“总兵官蓝理人材虽属矫健，而其人狂妄，未可为善。提督吴英亦劣，其总兵官叶日芳、王万祥居官颇优，伊等于此遗忘矣。其居官甚劣者，又系何人，并将此问九卿。”

伊桑阿等将尊上皇太后“寿康显宁”徽号字样呈览。奉旨：“这尊上徽号，着满大学士往奏皇太后。”大学士伊桑阿、阿兰泰诣正门，交太监郑开士转奏皇太后。奉皇太后旨：“圣躬劳瘁，三出塞外，剿灭噶尔丹，普天同庆，予心甚悦，不必加尊徽号。”伊桑阿、阿兰泰将皇太后谕旨交存住转奏，奉旨：“着伊等会议具奏。”伊桑阿等会议奏称：皇太后加尊徽号已蒙允奏施行，况凡遇国家喜庆大事，皇太后皆有尊加徽号定例。今皇太后虽命停止，臣等以为仍应加尊。存住转奏。奉旨：“着伊等再奏。”伊桑阿、阿兰泰复诣正门，交太监郑开士转奏皇太后。奉皇太后旨：“圣躬懋建洪勋，予不胜欣悦，际此昌期，予心慰矣。尊加徽号，虽系定例，并非断不可已者，着停止，我心始安。”伊桑阿、阿兰泰奏交存住转奏。奉旨：“尔等会同汉大臣公议，明早具奏。”

本日起居注官华显、特默德。

初五日癸未 是日，大学士伊桑阿、阿兰泰、王熙、张玉书、李天馥诣畅春园为加尊皇太后徽号事，具折子交存住转奏。奉旨：“着奏皇太后。”伊桑阿等诣澹泊为德启奏皇太后。奉皇太后旨：“卿等所奏知道了。皇帝既不受尊号，这加徽号着不必行。”伊桑阿等将皇太后谕旨交存住，又口奏曰：“皇太后不受徽号谕旨已经三颁，相应谨遵懿旨。”奏入，奉旨：“三次力请，皇太后既不允奏，应谨遵懿旨。”

是日，赐浙江黄岩总兵官徐九如鞍马一匹。

本日起居注官揆叙、邵穆布。

初六日甲申 是日，上诣澹泊为德问安。

初七日乙酉

初八日丙戌

初九日丁亥 上御畅春园内澹宁居听政。吏部尚书库勒纳等进奏时，上顾库勒纳曰：“尔等何故不摘取员外费扬古口供？”库勒纳奏曰：“定例逃人刺字应在面上，今费扬古违例刺在发际，虽质问，彼岂肯直认？因此未取口供，即行拟罪。”上曰：“定例在面上刺字，今不刺面而刺于发际，岂无故与？尔等理应讯究口供，严加议罪。今不取口供，止议降级，以为重处，情弊显然。况尔部事务极其败坏，事皆有弊，致怨者甚众。”

库勒纳奏曰："今捐纳者多，选途繁集，人人皆欲争先选用。臣部惟遵定例，不遂其心，故怨者有之。又获罪者俱求从轻苟免，臣等照例治罪，故怨者亦有之。吏部衙门断然不能免人之致怨也。"上曰："尔惟将事情模棱巧饰，岂有不致怨之理？果能持正，凡事俱从公料理，谁不心服，况今不取费扬古口供，明系因循。"库勒纳奏曰："臣等见不及此，未取口供，圣谕诚然。"

又刑部郎中布克施员缺，将工部员外郎明辅拟正，员外郎思格拟陪引见。上曰："将保举贤能员外郎俸次第一者补授。"库勒纳奏曰："所保举贤能员外郎等内有俸次第一之郭理，现拟国子监司业。"上曰："郭理所管驿站甚属不堪，朕欲将伊查究治罪。着将其次保举贤能俸深者补授。"

又国子监司业萨尔图员缺，将古北口管驿站员外郎郭理拟正，吏部员外郎李保拟陪引见。上曰："亦将保举贤能员外郎内俸深者按次补授。"库勒纳等出。

大学士伊桑阿、阿兰泰、王熙、张玉书、李天馥，学士韩菼、顾藻、徐嘉炎、三宝、席尔登、黄茂以折本请旨。吏部题督捕员外郎费扬古将逃人刺字违例刺于发际，议降级。上曰："凡治罪之事必取口供，情真然后拟罪。惟大臣不取供，如此等官员未有不取供者。员外郎费扬古不刺字于逃人面上，在发际内刺字，情弊显然。库勒纳等不取口供，大徇情面，因循议处。库勒纳为人最巧，此伊故习。阿尔拜、陶岱原系微贱之人，朕累举用，以至侍郎。伊等理合从公勤谨办事，岂可随从库勒纳徇情面与？尔等以朕旨传谕阿尔拜、陶岱，将本掷给，覆取供，严加议奏。"

户部题右翼税课派出侍读学士傅伸。上曰："傅伸在内庭翻书，着另派人。"

兵部题湖广等处游击九缺，将掣着签候补游击韩良辅等九人补授。上曰："延绥地方甚属紧要，原任侍卫韩良辅人材矫健，陕西延绥总兵官标下中军游击员缺，着韩良辅调补。湖广总兵官标下右营游击员缺，着文廷调补。余依议。"

兵部刑部衙门题冒借公库银两包衣佐领萨尔金拟立斩，又知情隐庇不行出首骁骑校苏兰泰革职、枷号两个月、鞭一百，失于觉察骁骑参领莫罗洪革职。上曰："萨尔金改为拟斩监候。此冒借银两照例将伊家产交该都统及该管官员照数追赔。莫罗洪着革职，余依议。"

刑部等衙门题樵窃福陵附近地方树木赖子拟立斩。上曰："赖子从宽免死，减等发落。"

本日起居注官阿山、华显。

初十日戊子

十一日己丑

十二日庚寅 是日，上诣澹泊为德问安。

十三日辛卯

十四日壬辰

十五日癸巳

十六日甲午 申时，上由西直门进神武门，回宫。

戌时，殿试读卷官大学士伊桑阿等将策试天下贡士选择十卷进乾清宫回奏，请旨定夺。上于灯下逐一详览，阅第一卷所对河工，顾谓诸臣曰："此科题较难，故于治河未能条畅。"伊桑阿奏曰："此项题目甚难，所以河工一事全不能对。"上曰："河工诚未易言也。譬如用兵，倘不先机制胜，彻底周详，断乎不可。"随顾张鹏翮曰："尔进京时河势如何？"张鹏翮奏曰："臣违皇上日久，瞻仰天颜殷切之至，故未及详视。"上又曰："治河之法若尔对策当何如？"奏曰："臣于河工事务实不知，不敢妄对。皇上轸念国计民生，两次临阅，河上情形总不出洞鉴之中。"上又问："靳辅、于成龙治河何如？"奏曰："于成龙勤慎，治河颇善。靳辅在任时，河无冲决之患。"上曰："于成龙好处皆守靳辅成规之所致也。"

于是赐诸臣坐，将诸卷批阅，逐一评论毕，遂命拆卷。诸臣所拟第一卷李蟠、二卷汪士宏、三卷张虞惇、四卷徐树本、五卷车鼎晋、六卷朱良佐、七卷姜宸英、八卷庄清度、九卷陈苌、十卷朱扆。上顾谓诸臣曰："诸卷文章如何？内有汝等认识者否？"张玉书奏曰："第一卷尚觉条晰。"韩菼奏曰："徐树本系徐元文之子，姜宸英年将七十，文甚佳而字画不楷，故置之第七。臣与姜宸英同事修书，所以识其笔迹，因识其人。”上曰：“殿试固当论字，而究以文章为主。以朕观之，姜宸英之文淳朴，胜于汪士宏；徐树本字虽佳，而文气尚弱。其第一卷所拟甚当，张虞惇改为第二，姜宸英改为第三，汪士宏改为二甲第一，余俱依尔等所议。”谕毕，命张玉书定名次，赐诸臣茶。

是夕，上于阅卷之际，问张鹏翮曰：“前任浙江巡抚王维珍居官何如？”奏曰：“平常。”又问：“比现任线一信何如？”奏曰：“两人俱相同。”又问：“江浙督抚内何人最好？”奏曰：“前任范承谟为浙江巡抚时，于地方甚有裨益。”又问：“范承勋何如？”奏曰：“范承勋世受国恩，自当尽心效力。”问总督郭世隆何如。奏曰：“郭世隆居官谨慎。”又问兴永朝何如。奏曰：“兴永朝未闻其好处。”又问浙江将军副都统何如。奏曰：“查木杨为人平实，兵民俱受其益。丹代居官亦好，且感颂圣恩，臣别彼来时，甚至泣下。”又问前任将军郭丕如何。奏曰：“郭丕前为侍郎时，臣为司官，后又同在浙江，深知其人。彼任部院年久，诸事历练，故在地方兵民相和，但为人有性气，与人有不相合处。”上又历问提镇副将诸臣贤否。奏曰：“武臣中无有出提督金世荣之右者。”上曰：“金世荣居官诚善。”上又问曰：“汝在浙江知众官内有学问优者否？”奏曰：“陆龙其学问颇优，今已亡矣。”又问：“士子内有优者否？”奏曰：“臣任巡抚时，亦常观风，但所学不过时文，并无深有学问者。惟平湖一士子张家汉，知其学优。”又问江南众官内学问好者知有何人。奏曰：“若论学问，江南竟无其人。何也，所谓学问好者，必须忠君爱国，实心办事之人。若但能诗文，而考之素行全然不合，皆不得谓之学问。”上曰：“为此言者，能行之则善矣。”上又顾吴琠、张鹏翮曰：“宁尔讲为人何如？”吴琠奏曰：“宁尔讲与臣同年进士，臣任江南知县时，彼巡两淮监课，从未会面。此番见其奏疏，指东话西，甚是支离。”张鹏翮奏曰：“臣接驾回京，彼已亡过。前于会审，知其为人浮躁。”

上又问：“吕錀所参何如？”吴琠奏曰：“吕錀所参俱实。”张鹏翮奏曰：“吕錀所参事亦有据，但论大体，皇上前日之旨甚当。”上又曰：“作文者无不论理，但徒言其理而不能行，亦奚益哉！近见凡事皆从草率，不肯实心任事，心既不实，事何能成？所以性理一书，惟一诚字。人曷不勉之？”张玉书等奏曰：“圣谕诚然。臣等愈明圣人以诚为本之义矣。”

上又览诸卷谓诸臣曰：“此等文字时常寓目，始易辨别。但朕于听政之暇，尚欲观览经史，何暇及此？然无论在宫在外，披阅未尝有间。”阿兰泰奏曰：“皇上乾健天纵，即出兵塞外，亦手不释卷。”

是日，照例赐朝鲜国王李焞应封士子所遣陪臣议政官崔锡鼐、吏曹判书崔奎瑞等鞍马、银帛等物。

本日起居注官特默德、徐正元。

十七日乙未 早，上御太和门傅胪，赐贡士李蟠、张虞惇、姜宸英一甲进士及第，汪士宏等四十人二甲进士出身，朱启昆等一百七人三甲同进士出身。礼毕，上回宫。

辰时，上御乾清门，大学士伊桑阿、阿兰泰、王熙、张玉书、李天馥，学士韩菼、顾藻、徐嘉炎、三宝、席尔登、罗察、黄茂以折本请旨。翰林院以经筵讲官、刑部尚书图纳等员缺，将侍郎管翰林院事阿山等职名开列。上曰：“这员缺着选择具奏。”

兵部以广东提督李镇鼐员缺，将副都统喻维邦、总兵官杨嘉瑞等职名开列。上曰：“副都统卢崇耀材力堪用，着补授。”

上又顾大学士曰：“山陕二省最为紧要，此后文职官员缺出，俱令奏闻，朕酌量选用。”

又甘肃巡抚郭洪奏恳赴阙请安。上曰：“朕自宁夏起行方一二日，郭洪曾赴宁夏，其时并不至军前朝见，今方具奏欲至京请安，殊属不合。着该部严加议处。”

奉天府府丞任弘嘉条奏盛京生员广额。上曰：“包衣人内俊秀者俱在京城，其在盛京者皆系看守园圃微末之人，令其考试已侥幸矣。任弘嘉条奏欲广廪增附额数，明系沽名，着严饬行。其在盛京包衣、佐领人等应否令其考试，该部定例具奏。”

巳时，上由神武门出西直门，驻跸畅春园。

本日起居注官史夔、邵穆布。

十八日丙申　巳时，上由西直门进神武门，回宫。

本日起居注官阿山、张廷瓚。

十九日丁酉　早，上御中和殿，内大臣、侍卫、内阁、翰林院、詹事府、礼部、都察院大臣、官员等行礼毕。少顷，上御太和殿，皇太子率诸王、文武官员等以太和殿告成，并剿灭厄鲁特噶尔丹上表行庆贺礼，颁诏天下。

本日起居注官阿山、张英。

二十日戊戌　辰时，上御乾清门听政。部院各衙门官员面奏毕，大学士伊桑阿、阿兰泰、张玉书、李天馥，学士韩菼、顾藻、徐嘉炎、三宝、席尔登、罗察、黄茂以折本请旨。礼部题经筵讲官原任刑部尚书图纳等员缺，遵旨遴选侍郎兼管翰林院事阿山等四人。上曰："努赫、三宝、罗察、阿山以原衔充经筵讲官。"

兵部题二等侍卫鄂克济哈将其族弟常关保家人以为己奴，议罚俸一年。上曰："鄂克济哈着从宽免罚俸。"

本日起居注官顾祖荣、揆叙。

二十一日己亥　辰时，上御乾清门，听部院各衙门官员面奏政事。

本日起居注官曹鉴伦、特默德。

二十二日庚子　辰时，上御乾清门听政。部院各衙门官员面奏毕，大学士伊桑阿、阿兰泰、张玉书、李天馥，学士韩菼、顾藻、徐嘉炎、三宝、席尔登、罗察、黄茂以折本请旨。吏部题陕西平凉府知府、山西平阳府同知、蒲州知州并辽阳等七县员缺，已经开出。上曰："着问九卿，于附近省分保举官员，并伊等所知有为官好者荐举。"

未时，上御保和殿，赐请安进贡庆贺来朝喀尔喀扎萨克旗分贝子阿尔达里等、协理二品台吉滚楚克等、辅国公墨尔根济浓索诺木伊思扎布之长子四品台吉纳内等、纳木渣尔王之长史库济根、原任贝勒根敦带青之子孙进僧格等之使，敖汉公主之子和硕额驸齐伦巴图鲁及其子辅国公之婿赛音伍俞图毕立克、无品台吉达赖额驸齐伦巴图鲁之弟原任一品台吉鄂齐尔之子四品台吉忒古斯等并科尔沁护国公努满尔等食。

本日起居注官华显、王九龄。

二十三日辛丑 辰时，上御乾清门听政。部院各衙门官员面奏毕，大学士伊桑阿、阿兰泰、张玉书、李天馥，学士韩菼、顾藻、徐嘉炎、三宝、席尔登、罗察、黄茂入奏云："臣等遵旨，将吏部所题陕西平凉府知府、山西平阳府同知等员缺传问九卿。今据科道官刘荫枢、沈恺曾等，举出湖广襄阳府同知鞠宸咨等五员具折呈览。"上曰："原任总督傅腊塔曾奏，熊开楚居官甚善。顷闻直隶巡抚沈朝聘言其居官平常，徒沽美誉，并无实有裨于民生之处。开封知府管竭忠居官果优，原任尚书王鹭曾奏伊办事优长，着将管竭忠调补平凉府知府。该部作速行文，令其速赴新任。平阳府同知员缺，着原任眉州知州姚哲升补。蒲州知州员缺，着将荆州通判李六成升补，其知县等缺俱照常补授。"

上又顾大学士伊桑阿等曰："革职员外郎鄂里今在军前甚属效力，着补授理藩院员外郎。"

是日，三次出兵八旗军卒等因免其所借官库银两，集于午门外谢恩。

本日起居注官揆叙、陈元龙。

是日，上诣宁寿宫问安。

二十四日壬寅 上御乾清门，听部院各衙门官员面奏政事。

本日起居注官邵穆布、徐元正。

二十五日癸卯 早，上御太和殿，升转文武官员及蠲免三次出征所借官库银两官员，并遇恩诏加官，并加级官员等谢恩毕，上回宫。

本日起居注官阿山、宋大业。

二十六日甲辰 早，上御保和殿遴选庶吉士，大学士伊桑阿、阿兰泰、王熙、张玉书、李天馥，学士韩菼、顾藻、徐嘉炎、三宝、席尔登、罗察、黄茂，兼管翰林院事侍郎阿山、尚书张英，将二甲进士汪士鋐等四十人、三甲进士朱启昆等一百七人，每班十人进保和殿内引见。上将汪士鋐等三十一人选作庶吉士。上回宫。

本日起居注官张英、特默德。

二十七日乙巳 辰时，上御乾清门听政。部院各衙门官员面奏毕，广东提督卢崇耀赴任，恭请训旨。上曰："尔曾两任总兵，地方情事尔应悉知。提督内惟金世荣居官甚优，尔宜效之。"卢崇耀出。

都察院左都御史张鹏翮以内升外转御史周士皇等引见。上问张鹏翮曰："尔衙门称职者谁？"张鹏翮奏曰："臣在衙门未久，御史之贤否，尚未深知。其中如沈恺曾，俸深年久，至于周士皇，向有条奏曾蒙天语褒嘉。李斯义之俸亦深。"上颔之。张鹏翮出。

大学士伊桑阿、阿兰泰、王熙、张玉书、李天馥，学士韩菼、顾藻、徐嘉炎、三宝、席尔登、罗察、黄茂以折本请旨。吏部尚书熊赐履请假迁葬其母。上曰："熊赐履自有弟在家，不必前去。"

本日起居注官华显、顾祖荣。

二十八日丙午　辰时，上御乾清门听政。部院各衙门官员面奏毕，大学士伊桑阿、阿兰泰、王熙、张玉书、李天馥，学士韩菼、顾藻、徐嘉炎、三宝、席尔登、罗察、黄茂以折本请旨。户部覆陕西巡抚巴锡题各卫堡积贮米粮宜分拨沿边各堡收贮，议准行。上曰："这沿边卫堡所贮米粮若交与承收商州等处米粮官员，自备脚价，路远道险，转运艰难，必至科派小民。该抚所题与部议俱属不合，应俟秋收后该抚酌量动正项钱粮于本地采买米石收贮。着再议具奏。"

兵部题镶黄旗副都统崇古理卢崇耀、正白旗副都统硕代等员缺，将护军参领镶黄旗苏尔马、正白旗凡尔达等职名开列具奏。上曰："都统、副都统系官兵要任，若各于本旗内选授，上三旗犹可，若下五旗，则有本王掣肘办事，不得其正者甚多。嗣后都统、副都统员缺应于左右翼内不论旗分补授。今六部尚书侍郎曾有按旗补授者乎？如此调补于事大有裨益。尔等即与议政大臣等会议具奏。"

是日，上诣宁寿宫问安。

本日起居注官揆叙、宋大业。

二十九日丁未　上巡幸边外，由神武门出东直门，驻跸三家店。

是日，署顺义县事怀柔知县马文，煜城守尉镶黄旗卓博尔图、防御纳勒素赫达音布、把总李才等来朝。行礼毕，奉旨："命公福善、亲近侍卫马武监看伊等骑射。"骑射毕，以庸常启奏。奉旨："知道了。"

本日，遣礼部侍郎杨舒丈量路程。

八　月

初一日戊申　上驻跸密云县。是日，古北口监税八品笔帖式吴尔都善、霸昌道高必弘、署密云县事通州州同陈廷柏、密云县把总吴文志等来朝。行礼毕，奉旨："令亲近侍卫副都统吴达禅、亲近侍卫马武监视吴文志等骑射。"毕，以步射善、骑射庸常启奏。奉旨："知道了。"

初二日己酉　上驻跸么亭子。是日，暂住密云县赡养之苏尼忒等七旗贫人以虽有粮糗、并无衣服叩阍，命大学士阿兰泰、亲近侍卫副都统吴达禅议奏。

石硖营署副将事游击胡蟠等率所属兵迎接来朝，行礼毕，交与公福善、亲近侍卫马武监视骑射讫。以游击胡蟠步射、骑射皆可，守备赵武步射仅可、骑射亦健，守备许天德步射、骑射皆可，守备赵殚谷步射、骑射皆善，千总张会极步射亦健、骑射仅可，千总周凤鸣步射亦健、骑射仅可，千总李世英步射仅可、骑射庸常，千总李之禧步射、骑射俱庸常，千总葛朝臣步射仅可、骑射庸常，把总王有功步射、骑射俱可，把总李大成步射、骑射俱健，把总鲁宣步射、骑射俱可，把总郝辅国步射亦健、骑射仅可，把总张勇步射仅可、骑射庸常，把总陈福步射仅可、骑射庸常，把总孙德明步射仅可、骑射庸常启奏。奉旨："知道了。"

初三日庚戌　上驻跸三岔口。是日，大学士阿兰泰、亲近侍卫副都统吴达禅，以议给暂住密云县赡养之苏尼忒七旗贫人春秋二季衣服银两启奏。奉旨："伊等人口无多，可将驿站车辆交送右卫将军，其披甲养给之处着一体照前此遣去贫乏蒙古。"

是日，赐文武大臣、侍卫等桃、苹果、西瓜。

亲近侍卫关保传谕曰："古北口总兵官马进良，前率兵往克鲁伦时倒毙骆驼五百有余，至今尚有一百五十匹未经抵偿。将此骆驼不谨慎牧养，怠玩致毙，理应尽行偿补，但恐仍令补时贫员必致科派累兵。今噶尔丹事已完毕，着免其抵偿。大学士阿兰泰，尔到古北口时可召官兵将此遍行晓谕。"

是日，古北口总兵官马进良率伊所属官军迎接。古北口防御孙保等、都司扬威等、同知陈九鹏、笔帖式舒书等来朝。

大学士阿兰泰遵旨召集官军，遍宣上谕，官兵皆欢呼谢恩。

归化城进贡之内齐掩音库图克图遣扎萨克喇麻库礼成规请安进马一匹，纳之。

初四日辛亥　上驻跸狼山。

初五日壬子　上驻跸行宫。

初六日癸丑　上驻跸刘家营。

初七日甲寅　上驻跸托赖营。是日，大学士阿兰泰、学士罗察以折本请旨。吏部题盛京户部郎中倪雅达员缺，将盛京工部员外郎额尔赫拟正，盛京刑部员外郎拜察礼拟陪。上曰："朕未行时，何以不引见？着俟朕进京时引见。"

兵部议覆山西巡抚倭伦所奏张化金、姚礼白、牛增玉等三人并其妻子家口令解送兵部，到日从驿解赴宁古塔将军处，令充驿夫。上曰："此事不过如此。"大学士阿兰泰奏曰："此辈经年悖乱，理应诛戮。皇上既行招抚，不忍杀之，宽免其死，安置远方，不使居于近地，极是。"上曰："即着如此完结。"

又京口水师副将员缺拟升掣签参将刘序瀚，云南腾越副将员缺拟升掣签副将陈进。上曰："镇江地方甚要，宜择才能者升补。周洪升勇健且有胆气，骑射俱优，向任天津守备时以擒盐盗伤手。其射遂稍不及，故于中路出兵时，特制一枪持之。"大学士阿兰泰奏曰："观其挺身擒盗以致伤手，勇健有胆，是可验矣。镇江向设总兵官，今但设副将，且地方紧要，拣选升补极是。"上曰："着补授周洪升。其雷如既亦勇健，着补授云南腾越副将。"

是日，将开列周洪昇等折子令学士罗察读时，上曰："罗察尔年几何？眼目昏花否？"罗察奏曰："臣今四十七岁，目已昏花矣。"上顾大学士阿兰泰曰："尔今六十[illegible]"阿兰泰奏曰："臣今已六十岁，臣目昏花已数年矣。"上曰："我满洲眼目昏花者甚多，朕近侍关保、佛保俱已眼目昏花，朕目光如常，灯下细字尚能阅之。"阿兰泰奏曰："皇上日理万机，稍有闲暇，手不释卷，而目尚不昏，是可仰见天亶之资迥异也。"

是日，乌朱穆秦、阿禄科尔沁、巴林三旗分以贫不聊生在九汇河畔居住之蒙古额颓等二十人叩阍。奉旨："着交亲近侍卫副都统吴达禅、三等侍卫达什问明启奏。"本日，吴达禅、达什问明贫不聊生之故回奏。奉旨："着每人赏给银两令作路费，至伊等所居之处。俟朕回时，着伊等再来。"

初八日乙卯 上驻跸博和齐岭口。是日，赐文武大臣侍卫等梨、山楂，俱谢恩。

初九日丙辰 上驻跸噶拜口。

初十日丁巳 上驻跸行宫。

十一日戊午 上驻跸大富沟。

十二日己未 上驻跸迤鼻谷。

十三日庚申 上驻跸行宫。

十四日辛酉 上驻跸巴颜托罗海。是日，三等侍卫达什以喀尔沁王扎实进马九匹、额驸噶尔藏进马四匹、翁牛忒和硕格格进马五匹、翁牛忒贝勒额尔德布鄂齐尔进马二匹，又皇太子前王扎实进马二匹、额驸噶尔藏进马五匹启奏。奉旨："着交上驷院。"本日，亲近侍卫吴什骑试毕启奏，上命将王扎实所进马五匹、额驸噶尔藏马二匹、和硕格格马二匹、翁牛忒贝勒额尔德布鄂齐尔马一匹，并王扎实所进皇太子马二匹、和硕格格马二匹收之，再骑试。

十五日壬戌 上驻跸行宫。是日，大学士阿兰泰、学士罗察以折本请旨。宗人府题正黄旗觉罗阿克三阿达哈哈番将其长子冷腾袭职。上曰："觉罗向有恩赐托沙喇哈番及拜他喇布勒哈番者，阿克三所袭世职是何项款，自袭职以来亦曾有效力之处否，着详加查明。倘曾经效力，着照常承袭。若未有效力，应不准袭。今觉罗等子弟皆准以部院用，并许其乡、会试矣。且宗室官职亦有递减承袭、渐至闲散宗室者。"

吏部以学士觉罗三宝员缺，将侍读学士查赉等职名开列。上顾罗察曰："查赉其人如何？"罗察奏曰："其人颇优。"上曰："为司官时何如？识汉字否？”罗察奏曰：“办事优长，且通汉字。”上曰：“着查赉补授。”

又正黄旗给事中员缺，将员外郎李宝拟正，员外郎迈色拟陪。上曰：“朕知李宝甚劣，且足跛，这员缺着保举内俸深员外郎萨尔泰补授。”

礼部题散秩内大臣他达恤典。上曰：“他达虽经年久，劳绩未著。昔遇太皇太后丧时，效力并不似旧臣。此诸大臣之所共知。朕亦曾经有旨，凡赐谥恤典，必须勤劳茂著者，方准给与。他达勤劳未著，何必追谥。着移会在京大学士。”

兵部覆盛京将军绰克都题参乌何礼大舒书，请交盛京户礼工三部侍郎等会议。上曰：“应遣在京大臣，着令绥色前去。”

上又顾阿兰泰曰：“可撰敕与策旺拉布坦，谓噶尔丹多尔济率伊部众诚心归朕时，朕皆安置，使之得所，耕种为生。今忽率其部众弃其田苗逃去，想彼此去必有甚不得已，已为细察其情。至噶尔丹多尔济，朕并不尤之。伊乃鄂齐尔图策陈汉之孙，倘往尔处欲住，尔其即留养。若彼欲返，可即遣之。至彼余众，俟查明收集时另行颁谕。尔可将此与议政大臣会同撰拟呈览。”

是日，三等侍卫达什以翁牛忒多罗都冷郡王班第旗分之协理旗分事二品台吉鄂齐尔进马五匹、敖汉多罗郡王扎木素旗分之二品台吉滚布进马二匹，又皇太子前鄂齐尔进马三匹启奏。奉旨：“着交上驷院。”本日，亲近侍卫吴什等骑试回奏。上命将鄂齐尔所进马一匹、滚布马一匹，并鄂齐尔所进皇太子马一匹收之，俟较量骑试。

十六日癸亥　上驻跸行宫。

十七日甲子　上驻跸石山谷。

十八日乙丑　上驻跸行宫。是日，三等侍卫达什以进贡苏尼忒多罗郡王额驸萨木扎旗分之原任四品台吉巴朗妻进马三匹、乌珠穆秦和硕策陈亲王塞敦敦多布旗分之辅国公固木卜扎布母进马三匹、公固木卜扎布进马二匹，又皇太子前固木卜扎布母进马一匹、固木卜扎布进马一匹启奏。上命将巴朗之妻所进马二匹、公固木卜扎布之母所进马二匹、公固木卜扎布马一匹，并公固木卜扎之母及公固木卜扎布所进皇太子马各一匹较量骑试。

十九日丙寅　上驻跸行宫。

二十日丁卯　上驻跸杀虎岩。

二十一日戊辰　上驻跸行宫。是日，以四公主初婚筵宴，令土谢图汗、车臣汗、额驸敦多布多尔吉领伊等兄弟来宴。当未宴时，令伊等于网城门外为皇太后行三跪九叩头礼。至巳时，上升座，鸣赞官赞礼，令土谢图汗、车臣汗、额驸敦多布多尔吉率伊等兄弟行三跪九叩头礼毕，上令折卜尊丹巴库图克图坐于黄幄内右侧矮床，次令土谢图汗、车臣汗地坐，赐茶毕，进宴，诸乐并作。上进酒时，额驸噶尔藏正跪，郎中苏白侧跪以杯授额驸噶尔藏，噶尔藏捧酒至御座右侧，恭献上进酒毕，额驸噶尔藏接杯回跪原处。郎中苏白跪接杯毕，苏白另持杯侧立授额驸噶尔藏，噶尔藏跪饮讫，行三叩头礼，随召土谢图汗、车臣汗至御座前，亲赐酒三杯。又令贝勒西达西理、公车陵达西、台吉厄尔得尼根敦随扎布巴棱扎萨克等至黄幄内亦亲赐酒三杯。随又令领侍卫内大臣遍视土谢图汗、车臣汗属下台吉并伊等子弟饮。其蒙古王、贝勒、文武大臣、侍卫官员、护军、护军校、执事人等亦均蒙赐饮。宴毕，土谢图汗等三叩头谢恩。上回行宫。

是日，奉旨："今日筵宴甚有次叙，毫无有失。此皆诸臣办事优处，朕甚快之。即如禁止喧哗，亦属甚善。"随令车臣汗、额驸敦多布多尔吉等至网城前为皇太子行二跪六叩头礼。是日，因筵宴于网城门前进马八匹、骆驼一头，上令纳之。

二十二日己巳　上驻跸行宫。是日，大学士阿兰泰、学士罗察以折本请旨。吏部以内阁满文侍读学士寿鼐员缺，将织造库郎中正白旗苏尔迈拟正，颜料库郎中正白旗石留柱拟陪。上曰："苏尔迈何如？"阿兰泰奏曰："不知。"又问学士罗察，奏曰："臣等未与同事，亦不能知。"上又命将开列职名逐一读奏。问罗察："苏黑纳其人何如？"奏曰："苏黑纳其人亦优。"上曰："苏黑纳果属可用，着升补内阁侍读学士。"

兵部题黑龙江左翼副都统拉子员缺，将侍郎陶岱并骁骑参领十员论俸开列。上曰："博尔得城防守御关保年壮，其人亦优，且升补本地人管辖亦易，着升补副都统。前将军萨布素陛见时，亦曾奏拉子优长。"阿兰泰奏曰："拉子为部郎时原系一好官。"

又题广东提督李镇鼐原系都督佥事兼管提督事，今追赠一级加都督同知。上曰："李镇鼐着加赠右都督。"

又生员、百姓叩阍，请将原任顺义县知县黄景式留任，行令巡抚沈朝聘查覆。沈朝聘题覆黄景式果系良吏。上曰："黄景式居官既优，着降级留任。"

二十三日庚午　上驻跸阿拜诺颜塔处。

二十四日辛未　上驻跸玲珑峰。

二十五日壬申　上驻跸狍子谷。

二十六日癸酉　上驻跸行宫。

二十七日甲戌　上驻跸行宫。是日，大学士阿兰泰、学士罗察以折本请旨。吏部题山、陕两省文官缺出，着拣选良吏调补已经在案。今陕西庆阳府宁州知州缺出。上曰："将保举官员内历俸深者补授。"

兵部题哈密城首领达尔汉白克额贝都拉已加右都督，拟给以银印敕书。上曰："这所查之例，俱属不合，可将此处删去，另议具奏。"

工部等衙门覆给事中屠粹忠条奏事。上曰："此疏内尚有可以议行之事。"阿兰泰奏曰："诚然。部议溺女一事虽业经禁止，然相沿已成恶习，须另行严禁。其蓄水与放水入田，并税课官员将不应征税者征税等事，今岁赦诏开列已明，无容再议。"上曰："然。即着依此结案。"

是日，赐大学士阿兰泰，学士罗察，礼部侍郎杨舒，记注官阿山、揆叙等狍。

二十八日乙亥　上驻跸必图舍里。

二十九日丙子　上驻跸行宫。

三十日丁丑　上驻跸厄鲁苏台岭下。是日，赐文武大臣、侍卫并八旗官员、护军校、护军等。

九　月

初一日戊寅　上驻跸红川。

初二日己卯　上驻跸硕岩。是日，上御行宫。大学士阿兰泰、学士罗察以折本请旨。九卿议张鹏翮条奏事件，并遵恩诏令进士、举人定例分缺选用。上曰："此事发回京，着察明有无赐匾之例具奏。"

刑部以太监刘进朝逃出讹诈议罪。上曰："刘进朝乃禁内使役太监，逃出殊为可恶。况于所逃之处，将地方官吓诈，此即系光棍，应处以光棍例。着照此例议奏。嗣后若有太监逃出讹诈者，俱照此例定罪。"

是日，赐大臣、侍卫、八旗官员并护军校、护军狍、鹿。

初三日庚辰　上驻跸骅骝杨川。

初四日辛巳　上驻跸两黄陂界。

初五日壬午　上驻跸行宫。

初六日癸未　上驻跸黑湾。

初七日甲申　上驻跸可汗铁岭。是日，科尔沁旗分达尔汉亲王、额驸班第公格勒尔各进鹰一架，奉旨纳之。

初八日乙酉　上驻跸鄂尔和苏泰。

初九日丙戌　上驻跸青城。

初十日丁亥　上驻跸蓝旗营。

十一日戊子　上驻跸金沟屯。

十二日己丑　上驻跸鞍区屯。

十三日庚寅　上驻跸三岔口。

十四日辛卯　上驻跸么亭子。

十五日壬辰　上驻跸密云县。

十六日癸巳　上驻跸三家店。

十七日甲午　午时，上由东直门进神武门，回宫。

是行也，部院各衙门奏章每日转送内阁，三日一驰送行宫听理。

扈从起居注官阿山、揆叙。

十八日乙未　辰时，上御乾清门听政。部院各衙门官员面奏毕，大学士伊桑阿、阿兰泰、王熙、张玉书、李天馥，学士徐嘉炎、罗察、黄茂、查赉以折本请旨。宗人府衙门题觉罗阿克山虽遗言将其二等阿达哈哈番与第三弟常寿承袭，照例仍议与伊长子棱腾承袭。上曰："觉罗等官职原系恩恤与之，其内若有效力应袭者，准其承袭，若并未效力而亦令承袭，则属太过。且宗室中亦尚有闲散者，今伊等于部院衙门俱照常补用，且又考试举人、进士，并无阻抑不得出仕之处。至宗室人等，与其闲处亦何不可令其考试，明代若何？"王熙等奏曰："明时初以贡士取用，后亦考取举人、进士用之。"上曰："若令闲散宗室得与考试，则从事于学者众，亦得习知礼义。着定例，令其考试。九卿钦遵恩诏，将举人、进士与应升者、捐纳者定例分缺选用。"上曰："捐纳事朕原以为不可行，众议以用兵之际，若不如此一应采买运至军前，恐致迟误，遂尔准行。今若照此，则其中因公而将家产尽费者有之，着交九卿问如何公平，令众心允服方得。"

吏部题工部郎中凯齐力员缺，将员外郎李宝拟正，包格拟陪。上曰："李宝甚庸劣，着革职。将拟陪之包格补授。"

又覆巡抚李国亮题开封府知府员缺，乞拣选补授，议不准行。上曰："该抚既称开封府系紧要之缺，请选择补授，着允其请。"

又覆巡抚倭伦题降级调用阳曲县知县唐廉请留任，议不准行。上曰："该抚既题唐廉为人愿厚，着留任。"

又题中路、西路从军监生等，俟乌兰布通之从军监生用完后续用。上曰："西路之军大败噶尔丹，劳绩茂著。中路军士直抵噶尔丹贼垒，彼因而畏避逃窜。将伊等议作后用，殊属不合。可将西路人等先用，继则用中路军前人等。其乌兰布通军前监生俊秀相应后用。"伊桑阿等奏曰："诚然宜视其效力者先用。"上曰："即着照此行。"

户部覆巡抚宋荦等题，淮安扬州所属盐城等州县水灾，田地钱粮请入版荒册籍，议不准行。上曰："民田被灾，则蠲免钱粮，收获则征取税课，此系定例。今将被灾之处，即作积年水淹废田。其地方豪徒将好田亦称为坐水之田，是皆难料。况旧日坐水之田，水退亦即隐瞒耕种，焉肯即行首出？此奏不合，着将该抚察议。”

礼部遵旨查覆，布政使王毓贤自为其父原任提督王之鼎修建祠堂，祈御赐匾额，议不准行。上曰：“朕曾赐匾与谁？”伊桑阿奏曰：“曾赐原任总督范承谟、原任道员陈启泰。”上曰：“王之鼎在广东地方，劳绩茂著，当书匾赐之。”

兵部议覆，将军孙思克所题通事兵马一善，乃令与守备于奋腾对质成案，到日再议。上曰：“此事似应即行完结。马一善无知，侥幸说之来降，着照提督所奏完结，不必再令对质。”

理藩院题将哈密回子首领达尔汉白克厄贝都拉封为右都督给以印敕。上曰：“哈密城之达尔汉白克厄贝都拉封为扎萨克，授以副都统等职，如此则伊管辖既易，而他人亦不得侵害于彼。尔等可同班第、满丕会议具奏。”

又喀尔喀贝子阿南达之妻苏么达喇虽欲将贝子与其第三子丹金承袭，但其长子滚楮克已经具呈，相应移咨苏么达喇，将伊应袭子孙咨送，到日再议。上曰：“蒙古人欲各为扎萨克，不相统属。朕意伊等若各自管辖愈善。昔太宗皇帝招降蒙古人等，随得随即分旗、分佐领，封为扎萨克，各有管辖人等，至今安辑。相应照阿南达之妻苏么达喇所请，令其第三子承袭。贝子其长子滚楮克倘欲另为扎萨克，可另行封之。”

巡抚沈朝聘题，宣化府地丁钱粮既蒙蠲免，其官地豆谷租税亦请蠲免。上曰：“地丁钱粮既行蠲免，其官地豆谷租税亦着蠲免。”

是日，将赐琉球国中山王尚贞之缎、蟒缎，并谕旨发彼进贡来使。其正使耳目官毛天相、副使正议大夫郑弘梁、都统事程顺等并存留边疆通事等，俱照例赐以布帛等物。

本日起居注官阿山、张英。

十九日丙申　辰时，上御乾清门，听部院各衙门官员面奏政事。

本日起居注官揆叙、宋大业。

二十日丁酉　辰时，上御乾清门听政。部院各衙门官员面奏毕，大学士伊桑阿、阿兰泰、王熙、张玉书、李天馥，学士徐嘉炎、罗察、查赉进前，伊桑阿等奏曰：“臣等遵旨，以捐纳事问九卿。九卿云：每选分十七缺，内用进士五人、举人五人、应升三人、捐纳四人。”上曰：“举人可与进士一例乎？举人尚次进士一等，分缺似应稍减。举人异日得中进士，有何不可？”王熙奏曰：“圣谕诚然，但举人分内有荫生、教习等项，人员众多，是以与进士一例分缺。”上曰：“着即照此缮疏面奏。”

上又顾伊桑阿等曰：“各部院衙门司官内有品行端方、办事勤敏者，尔等会同满汉九卿选择引见。”

是日，上诣宁寿宫问安。

本日起居注官顾祖荣、邵穆布。

二十一日戊戌　辰时，上御乾清门听政。部院各衙门官员面奏毕，大学士伊桑阿、阿兰泰、王熙、张玉书、李天馥，学士徐嘉炎、罗察、噶礼以折本请旨。吏部题学士韩菼员缺，将少詹李录予等职名开列。上曰：“胡会恩人尚堪用，伊系何年中式进士？”张玉书奏曰：“系康熙十五年进士。”上曰：“其余系何科进士？”张玉书奏曰：“李铠顺治十八年进士，李录予康熙九年进士，顾祖荣康熙十二年进士。”上曰：“胡会恩作字颇佳。”张玉书、李天馥奏曰：“然。胡会恩作字果佳。”上曰：“李录予历俸年久，其人亦可，着补授学士。”

本日起居注官阿山、曹鉴伦。

二十二日己亥　辰时，上御乾清门听政毕，大学士伊桑阿、阿兰泰暨部院各衙门官员将所保举宗人府郎中瓦尔达、吏部郎中舒辂、阿蓝泰，户部郎中进布、常寿，礼部郎中马进泰，提督衙门郎中吴鲁礼，刑部郎中殷达礼，工部制造库郎中哈鼐，工部郎中满都，理藩院郎中何龈，日讲官起居注翰林院侍讲邵穆布，刑科掌印给事中赫寿，御史赫明德，兵部员外郎铁图，刑部员外郎纲五达共十六员职名开列绿头签引见。上一一询毕，乃顾大学士及诸大臣曰：“瓦尔达为人如何？”侍郎永爱奏曰：“瓦尔达任大理寺寺正时，臣曾保举，其人可用。”上又问曰：“诸大臣内有知之者否？”尚书马齐奏曰：“瓦尔达先曾为户部员外郎，办事亦优。”上又问曰：“殷达礼何如？”尚书傅腊塔奏曰：“殷达礼其人可用，办事亦优。但先经出差，今又派出修路，在本衙门办事无几。”上曰：“殷达礼朕所素知者，曾为内务府员外郎，办事甚优。侍读学士钱齐保为人优长，往宁夏之时劳绩茂著。”又问：“吴鲁礼何如？”凯音布奏曰：“吴鲁礼系臣保奏升补者，其人可用。”上曰：“提督事务尔凯音布独任时尚善，自分设衙门，保题伊等升补后反不及前。至于吴鲁礼，非能办事者，不准其保举。赫寿年幼，并瓦尔达俱不准保举。”诸大臣出。

大学士伊桑阿、阿兰泰、张玉书、李天馥，学士徐嘉炎、罗察、噶礼以折本请旨。兵部等衙门议题将中路出征乡导、护军、参领、觉罗、努穆等各加一级。上曰：“三次出兵官员俱已加级，伊等亦宜加级。”

又将明代宗室考试查明会典奏览。上曰：“尔等会同宗人府衙门会议具奏。”

本日起居注官揆叙、陈元龙。

二十三日庚子 辰时，上御乾清门听政。部院各衙门官员面奏毕，大学士伊桑阿、阿兰泰、张玉书、李天馥，学士徐嘉炎、罗察、噶礼进前奏曰：“臣等遵旨以宗室考试之事与宗人府会议，咸称圣谕至当。”上曰：“奉恩将军以上现有官职不必赴考，闲散宗室着许其考试。”

本日起居注官邵穆布、宋大业。

二十四日辛丑 部院各衙门无奏章，上不御乾清门。未时，上御保和殿，赐请安进贡喀尔喀和硕达尔汉亲王那内、多罗卓里克图郡王顾禄世希、和硕达尔汗亲王那内旗分固山贝子扎木巴、达尔汗亲王那内旗分之协理旗分事一品台吉额林臣等，毛明安多罗贝勒班第、扎萨克一品台吉那尔布，吴喇忒护国公鄂尔布旗分之协理旗分事四品台吉吴尔图纳苏图、护国公达尔马西里旗分一品台吉南充，科尔沁多罗郡王戴布旗分之协理旗分事四品台吉纳木齐，喀尔喀扎萨克阿克敦达哈苏、和硕亲王沙木巴、扎萨克护国公吴巴达等、扎萨克辅国公万舒克、扎萨克一品台吉萨木济忒等、亲王沙木巴长子台吉拉锡敦罗布等、扎萨克坤都伦博硕克图、多罗郡王顾木布之子台吉达西、协理台吉苏达尼等、台吉凯木楚客等，哈密城守领达尔汉白克之长子郭帕伯克昂什克图笔希等食。

本日起居注官顾祖荣、揆叙。

二十五日壬寅 早，上御太和殿升座，升转文武官员谢恩毕，上回宫。

本日起居注官阿山、王九龄。

二十六日癸卯　巳时，上御文华殿举行经筵大典，讲官傅腊塔、熊赐履讲《四书》知、仁、勇三者天下之达德也，所以行之者一也一节；阿山、张英讲《书经》凡厥庶民极之敷言是训是行，以近天子之光一节。毕，宴于太和门前。

本日起居注官曹鉴伦、邵穆布。

二十七日甲辰　以高皇后忌日不理政事。

本日起居注官揆叙、陈元龙。

二十八日乙巳　辰时，上御乾清门听政。部院各衙门官员面奏毕，大学士伊桑阿、阿兰泰、张玉书、李天馥，学士徐嘉炎、罗察、黄茂、布泰、噶礼、李录予以折本请旨。吏部题巡抚宋荦将被水灾田地即欲造入版荒，请免钱粮，拟革职；并列行总漕事总河董安国拟降级调用。上曰："宋荦着降五级留任，其记录品级准与抵销。董安国亦着照此例处分。"

户部覆黑龙江将军萨布素等题，沿河被水之十八庄请计其人口数目将黑龙江所贮米粮散给，议不准，惟将伊处收获庄内所应报之粮给之。上命户部满洲堂官、理藩院堂官进前，谕曰："朕前至宁夏，黑龙江将军萨布素曾称伊处收贮粮米三万石有余，收贮年久渐至腐烂。与其年久腐烂，何如照该将军所请散给？且出陈可济军粮，易新便于收贮。着照该将军所请行。"

又直隶巡抚沈朝聘题霸州等五十七州县卫田地咸被秋灾。上曰："今岁直隶地方甚有收获，观沈朝聘所奏五十七州县被灾，此盖由彼精力不及，凡所奏事不能详阅，惟视州县所报即行具奏故耳。然近河低洼之处，亦岂得谓全无被灾者？着差部院能员偕沈朝聘前往阅勘。彼当自知，夫用大臣专为国家料理公事，沈朝聘从前甚好，以今观之，已衰惫矣。"伊桑阿、阿兰泰奏曰："圣谕诚然。今岁直隶附近等处收获甚丰。"

本日起居注官阿山、宋大业。

二十九日丙午　辰时，上御乾清门，听部院各衙门官员面奏政事。

本日起居注官顾祖荣、邵穆布。

三十日丁未　早，上御中和殿，视祭太庙祝版毕，回宫。

辰时，上御乾清门听政。部院各衙门官员面奏毕，大学士伊桑阿、阿兰泰、张玉书、李天馥，学士徐嘉炎、罗察、黄茂、布泰、噶礼、李录予以折本请旨。理藩院题将巴土尔额尔可济农所有壮丁编为佐领、另为一扎萨克铸给印信，明年令移至吴喇忒附近之地居住。上曰："若将巴土尔额尔可济农移住近地，则沿边别部蒙古甚多，岂可尽移乎？蒙古事在治之得其道，不在地之远近。着停其迁移，其编佐领为扎萨克给印信俱依议。"

本日起居注官傅伸、曹鉴伦。

十　月

初一日戊申　早，上以孟冬祭太庙毕，回宫。

本日起居注官张英、揆叙。

初二日己酉　辰时，上御乾清门，听部院各衙门官员面奏政事。

本日起居注官邵穆布、王九龄。

初三日庚戌　早，上率诸王、贝勒、贝子、公等及内大臣、大学士、都统、尚书、精奇尼哈番、侍卫等以皇太后圣诞行庆贺礼毕，回宫。

本日起居注官傅伸、陈元龙。

初四日辛亥　辰时，上御乾清门听政。部院各衙门官员面奏毕，大学士伊桑阿、阿兰泰、张玉书、李天馥，学士徐嘉炎、罗察、黄茂、布泰、噶礼、李录予以折本请旨。理藩院题喀尔喀亲王策旺渣布疏奏伊母病故，相应将祭仪诸物准给银两。上曰："此福金系扎萨克图汗之妻，其祭仪着稍加于亲王福金。"

本日起居注官揆叙、宋大业。

初五日壬子　辰时，上御乾清门听政。部院各衙门官员面奏毕，大学士伊桑阿、阿兰泰、张玉书、李天馥，学士徐嘉炎、罗察、黄茂、布泰、噶礼、李录予以折本请旨。吏部题少詹事李录予员缺，拟将侍读学士李铠升补。上曰："李铠粗鄙，所学平庸。徐秉义学问优长，且不似伊弟兄之妄行，着升补少詹事侍讲。学士王顼龄为人固佳，学问亦优。"

巳时，上御瀛台紫光阁，赐读卷官伊桑阿等坐，亲阅中式武举人等骑射及步射、开弓、舞刀、奉石毕，上命侍卫那拉善等开大力弓，俱能开满。上又率侍卫等步射，上发矢皆中。

申时，回宫。

本日起居注官曹鉴伦、揆叙。

初六日癸丑　是日，部院各衙门奏章俱交内阁。

巳时，上御紫光阁赐读卷官大学士伊桑阿、张玉书等坐，考试中式武举人等射箭、开弓、舞刀、举石毕，上选马步射俱佳缴煜章等十一人，令步射四次，定其等第。复令骑射二次。上顾诸大臣曰："今科骑射不及前科。尔等考试大概如何？"刑部尚书吴琠奏曰："臣等先据文字考取，于取中之内以骑射优者置之前列，其次者在后。"上命侍卫那拉善等开大力弓，俱能开满。上又率侍卫等射，上发矢皆中。

申时，上回宫。

酉时，上御乾清宫西暖阁，读卷官大学士伊桑阿等以试卷进呈。上命开密封亲阅，将骑射俱佳缴煜章等十一人定其等第，其余皆照读卷官所叙。上曰："今科落卷武举人内，骑射俱佳而或被遗弃者有之，回籍者则已，若有留此者，着察明，朕将复试之。"

本日起居注官傅伸、王九龄。

初七日甲寅　是日，部院各衙门无章奏。

巳时，于太和殿前传胪，赐武举人缴煜章、蒋焕、胡琨一甲进士，王璋等七人二甲进士，夏林等九十一人三甲进士。

本日起居注官邵穆布、宋大业。

初八日乙卯　辰时，上御乾清门听政。部院各衙门官员面奏毕，大学士伊桑阿、阿兰泰、王熙、张玉书、李天馥，学士徐嘉炎、罗察、黄茂、布泰、噶礼、李录予以折本请旨。户部题崇文门监督拟差于允玉。上曰："此差着于现今保举司官内查有未经出差者引见。"

兵部题山东胶州等处三营副将员缺，以得签参将刘胥涵等三人拟用。上曰："胶州地方甚要，澎湖参将尚宣居官甚善，着伊升补副将。其江西袁州营副将员缺，湖广总督标下中军副将员缺，将得签陈进、胡俊行取引见。嗣后升补副将照常掣签即，将得签者行取前来，随到随即引见，不必候齐。”

本日起居注官揆叙、陈元龙。

初九日丙辰 辰时，上御乾清门听政。部院各衙门官员面奏毕，大学士伊桑阿、阿兰泰、王熙、张玉书、李天馥，学士徐嘉炎、罗察、席尔登、黄茂、布泰、噶礼、李录予以折本请旨毕，上顾大学士等曰：“前回子奸细一事，已正法二人、释放二人，余尚有监候者。今询问彼处来降头目及丹济喇等奏云，并无回子为奸细之事。前此原系敌人而潜住内地，故以奸细执之。今噶尔丹灭亡，部落俱已来归，其监候回子应从宽免死。朕顷已面谕刑部堂上官矣。”伊桑阿等奏曰：“圣谕极是。仰见皇上如天好生之仁也。”

本日起居注官傅伸、徐元正。

初十日丁巳 辰时，上御乾清门听政。部院各衙门官员面奏毕，大学士伊桑阿、阿兰泰、王熙、张玉书、李天馥，学士徐嘉炎、罗察、席尔登、黄茂、布泰、噶礼、李录予以折本请旨。理藩院题蒙古诸王元旦朝觐。上曰：“今年蒙古王、贝勒、贝子、公等大半随征，着免其元旦朝觐。”

本日起居注官顾祖荣、邵穆布。

十一日戊午 辰时，上御乾清门听政。部院各衙门官员面奏毕，大学士伊桑阿、阿兰泰、王熙、张玉书、李天馥，学士徐嘉炎、罗察、席尔登、黄茂、布泰、噶礼、李录予以折本请旨。户部题总兵官王化兴属下官兵将皇上拨给骡马、骆驼倒毙，着总兵官如数速行补偿，其余骆驼、骡马令折价报部。上曰：“这倒毙骆驼、骡马着免赔补，其余存者亦免折价，交该督喂养。”

本日起居注官曹鉴伦、揆叙。

十二日己未 辰时，上御乾清门听政。部院各衙门官员面奏毕，大学士伊桑阿、阿兰泰、王熙、张玉书、李天馥，学士徐嘉炎、罗察、席尔登、黄茂、布泰、噶礼、李录予以折本请旨。吏部题刑部侍郎觉罗三宝员缺，开列年久郎中孟格等职名。上曰：“孟格历俸已四十五年矣，而人且勤，着伊升补。”

本日起居注官邵穆布、王九龄。

十三日庚申 辰时，上御乾清门听政。部院各衙门官员面奏毕，大学士伊桑阿、阿兰泰、王熙、张玉书、李天馥，学士徐嘉炎、罗察、席尔登、黄茂、布泰、李录予以折本请旨。礼部题冬至行庆贺礼。上曰："着免庆贺。"

兵部题从副都统祖良弼、守粮兵布尔哈图奇泰等遇敌侦探不明，逃回妄报，拟即处斩。上曰："将伊等从宽免死，着发乌龙江。"

本日起居注官揆叙、陈元龙。

十四日辛酉 辰时，上御乾清门听政。部院各衙门官员面奏毕，大学士伊桑阿、阿兰泰、王熙、张玉书、李天馥，学士徐嘉炎、罗察、席尔登、黄茂、布泰、噶礼、李录予以折本请旨。巡抚宋荦题海州等处州县被水灾，请蠲地亩漕运等项钱粮。上曰："这海州等处被重灾之州县卫，今岁所应征地丁银米并漕运等项钱粮俱行蠲免。余着议奏。"

上又顾大学士等曰："翰林院、詹事府两衙门有从部院能员升来者，嗣后凡有差遣及审谳之处，着亦将此两衙门内满官差往。观翰林院满洲、汉军进士所学俱优，若有差遣时，除正差官外，于伊等内亦着一人同往试习。"

本日起居注官邵穆布、徐元正。

十五日壬戌 辰时，上御乾清门，听部院各衙门官员面奏政事。

是日，上谕户部堂上官曰："比年出师讨寇，总为中外生民永图休息，故不惮军兴征缮之烦。远历边塞，其一切飞刍輓粟，皆动支正供额赋，不使累及闾阎。独是大兵牧养马匹及三次师行出入，皆经山西地方，缘边各州县卫所固属勉力急公，其余诸郡虽非师旅所经，亦有协办转输行赍居送之事。又该省岁屡不登，谷价翔贵，民间生计，甚属艰难。朕乘舆频临，目所亲睹，轸念殷切，未尝一日释怀。昨岁曾有谕旨，俟噶尔丹殄灭之后，诞布德音，涣敷庥泽。今寇氛尽涤，边境辑宁，是宜格外加恩，用绥黎庶。康熙三十七年山西省地丁银米，着一概蠲免。尔部移文该抚，令遍饬各所属，实心奉行，家喻户晓，务俾深山穷谷，均沾朝廷德惠。倘或借端征派，泽不下究，事觉定行从重治罪部尔。即遵谕行。"

本日起居注官特默德、宋大业。

十六日癸亥 辰时，上御乾清门听政。部院各衙门官员面奏毕，大学士伊桑阿、阿兰泰、王熙、张玉书、李天馥，学士徐嘉炎、罗察、席尔登、黄茂、布泰、噶礼、李录予以折本请旨。吏部题太常寺少卿沙木哈员缺，以中允阴宝珠拟正，阿喇拟陪。上曰："太常寺官导引典礼关系甚要，将应升人内曾任太常寺者尔等公同选择具奏。"

理藩院题，鄂尔多斯王董罗布、贝勒顾禄世希布、贝子根都锡夏布、公杜棱等运米安站失误，议革职。上曰："鄂尔多斯之从军者虽稍有迟误，其后各皆效力无失误处，王董罗布等着从宽免议罪，仍照常叙功。"

上又顾伊桑阿等曰："从军三次大臣官员俱各加一级，护国公、宗室苏努三次从军，在乌兰布通阵时于左翼攻击甚力，人所共知，着升一级，封为贝子，仍摄都统事，尔等可即宣旨。"

本日起居注官顾祖荣、邵穆布。

十七日甲子 是日，部院各衙门无奏章，上不御乾清门。

本日起居注官曹鉴伦、揆叙。

十八日乙丑 辰时，上御乾清门，听部院各衙门官员面奏政事。

本日起居注官特默德、徐元正。

十九日丙寅 辰时，上御乾清门听政。部院各衙门官员面奏毕，大学士伊桑阿、阿兰泰、王熙、张玉书、李天馥，学士徐嘉炎、罗察、席尔登、布泰、黄茂、噶礼、李录予以折本请旨。海差监督马云翔恳免其亏缺钱粮。上曰："马云翔身系监督，违例妄请不合，着交该部察议。"

未时，上御保和殿，赐请安进贡之阿霸垓多罗卓礼克图郡王达麻林渣卜等、喀尔喀扎萨克之伊尔登济农、多罗郡王盆苏克等，鄂尔多斯之多罗贝勒宋喇布等，敖汉之多罗郡王扎木素旗分原任一品台吉安达阿育锡之子多罗额驸扎木素等，科尔沁之和硕达尔汗亲王额驸班第旗分原任台吉马尼之子四品台吉大鄂齐尔，四子部落多罗达尔汗卓礼克图郡王三济渣卜旗分协理旗分事台吉蓬，蒿齐特多罗郡王雅木皮尔旗分协理旗分事台吉萨喇纳，苏尼特之多罗杜冷郡王达礼渣卜旗分协理旗分事台吉祁他特，翁牛特之郡王班第旗分台吉鄂齐尔等，克西克腾之扎萨克台吉齐巴克渣卜旗分协理台吉噶罗等，喀尔沁王喇锡之子他卜囊机礼地，哈密回子郭怕白克等，归化城扎萨克住持喇麻内齐托音库图克图等，喀尔喀扎萨克多罗贝勒诺尔布班第之叔厄尔德尼伊喇古克三喇木渣木巴库图克图，西勒图枯伦之扎萨克住持喇麻厄尔德尼喇本渣木巴，五台山居住扎萨克住持喇麻丹巴等，盛京麻哈噶喇寺居住住持喇麻西喇布鄂索尔等食。

本日起居注官陈元龙、邵穆布。

二十日丁卯 辰时，上御乾清门听政。部院各衙门官员面奏毕，大学士伊桑阿、阿兰泰、王熙、张玉书、李天馥，学士徐嘉炎、罗察、席尔登、布泰、黄茂、噶礼、李录予以折本请旨。吏部题两广运使杨茂祖员缺，将应升知府姜承基等职名论俸开列。上曰："这员缺着保举引见知府内俸深者升补。"

又议准抚远大将军领侍卫内大臣公费扬古题请军前效力笔帖式等以应升之缺先用。上曰："中书笔帖式应升之缺，准其先用。我朝自太祖、太宗以来，其从军内阁官员凡叙功、论罪皆不与者，盖有深意存焉。遣伊等前往，正以事外之人定据实陈奏耳，功罪一概不与，则遇事自必从公。此番西路从征内阁官员虽亦临阵效力，而该部不可有违旧例议叙。"

户部议覆，总河董安国请免山阳、安东等州、县被灾地亩钱粮，不准。上曰："这各州、县、卫被灾，租银着俱照该督所请蠲免。"

又议覆巡抚沈朝聘题请潘桃口监督詹事府右春坊右赞善萨哈齐，士民皆戴其仁慈恳再留一年不准。上曰："潘桃口税课官惟司木税，无与民事。沈朝聘以萨哈齐为士民爱戴，请再留一年，甚属不合。尔等以严饬批出。"

本日起居注官揆叙、宋大业。

二十一日戊辰 早，上谒陵，由东华门出崇文门，驻跸蓟州夏店。

二十二日己巳 上驻跸蓟州。是日，亲近侍卫关保传谕领侍卫内大臣公福善、鄂伦代、索额图曰："呼户诺尔台吉等将到，到日，朕将大阅军士，将此行文在京领兵大臣，自今即严加操演。"

又亲近侍卫关保传谕蓟州知州张朝宗曰："朕沿途看来，自通州至此皆用小钱，而以银易钱，所得钱数亦多。先问尔时，尔称小钱于百姓有益，以朕观之，此但利于酿酒及殷实之家耳，百姓何益之有？使用小钱着严行禁止，将此于大学士前传谕。”

二十三日庚午 上谒暂安奉殿，行三跪九叩头礼，三奠酒，举哀。继谒孝陵，行三跪九叩头礼，三奠酒，举哀毕，至陵，三奠酒，举哀。

是日，上驻跸温泉。那秦大赛必汉传谕曰：“温泉以东之山照常禁止，温泉以西之山及遵化州至马兰峪旷野处，俱不必禁止。着守陵人等演习射猎。”

二十四日辛未 上亲祭暂安奉殿，遣裕亲王祭孝陵，遣皇长子祭陵。

是日，上驻跸遵化州。晚刻，上御行宫。大学士伊桑阿、学士噶礼以折本请旨。吏部题宗人府理事官法良员缺，将刑部员外郎龙官拟正，户部员外郎索尔笔拟陪。上曰：“龙官、索尔笔人材俱劣，且年老，着伊等解任。这员缺另行开列具奏。”

户部覆直隶巡抚沈朝聘题请借与霸州等州县百姓米粮，俟明岁收获之后抵还，议不准行。上曰：“方借给之时，朕即谓借给易而征收难，今果如朕言。该抚既请今岁缓征，俟至来年。着即于来年征收，将此发回在京大学士等酌议具折子来奏。”

兵部覆福建总督郭世隆题请闽省副将以下员缺，即于本省内官员调补，议不准行。上曰：“台湾、澎湖官员三年一更，将别省官员调补或不能即到，以致迟延日月者有之，或并不能到任者亦有之，着照该督所请补授。”

二十五日壬申 上驻跸三屯营。

二十六日癸酉 上登景终山。谕年老有疾及体胖大臣不必登山。是日，殪二虎于九山。晚驻跸米峪口。

二十七日甲戌 上驻跸米峪口。是日，殪一虎于五虎山。

二十八日乙亥 上驻跸闫家屯。

二十九日丙子 上驻跸温泉。

十一月

初一日丁丑　上驻跸孙家庄。是日，上御行宫。大学士伊桑阿、学士噶礼以折本请旨。内阁、户部会题借给霸州等四十五州县百姓之米应行缓征，俟明岁收还。上曰："是议甚当。朕为天下生民之计，常廑中怀，凡水旱灾伤，视其轻重蠲免钱粮，赈给米谷，减价出粜，借贷常平仓米，凡有益于民之事，尽行施行。常平积贮原预备以救济百姓，今岁收获既薄，所借米谷今岁不必收取，俟米年偿还，着照此批出。"

刑部题将逼死父命额者苏拟斩，逼死叔命舒恕及妄称皇孙之尹代拟绞。上曰："额者苏弑父之人不待言矣，舒恕逼杀嫡亲叔父，闻伊等凶恶异常。"随顾记注官阿山曰："尔向在盛京，舒恕果甚凶恶乎？"阿山奏曰："然。此人极蠢愚凶恶。"上曰："伊等着依议完结。其尹代但称皇孙，并无别故，着革职，从宽免死。余依议。"

又直隶巡抚沈朝聘题请将昌平州知州孔毓璋留任。上曰："孔毓璋居官果好，着仍留原任。"

初二日戊寅　上驻跸中营。是日，于夏营南山殪二虎。

初三日己卯　上驻跸岢山集。

初四日庚辰　上驻跸兔东马房。

初五日辛巳　申时，上由东直门进神武门，回宫。

是行也，部院各衙门奏章每日交送内阁，内阁三日一次递送行宫办理。

扈从起居注官阿山、揆叙。

初六日壬午　上因冬至有事于南郊，斋戒三日，不理政事。

本日起居注官王九龄、邵穆布。

初七日癸未　本日起居注官曹鉴伦、揆叙。

初八日甲申　早，上御太和殿视祀天祝版毕，回宫。

本日起居注官陈元龙、特默德。

初九日乙酉 早，上以冬至亲祭天于圜丘毕，回宫。

本日起居注官韩菼、揆叙。

初十日丙戌 辰时，上御乾清门听政。部院各衙门官员面奏毕，大学士伊桑阿、阿兰泰、王熙、张玉书、李天馥，学士徐嘉炎、罗察、席尔登、布泰、黄茂、噶礼、李录予以折本请旨。户部覆临清关监督陈彤扬请增添炉铸事。上曰："朕顷往陵上时，见钱法大坏，用小钱者甚众，所换之数亦多旧钱，及两局之钱竟无，此实非益民之事。今岁田禾大有而米价仍贵，询之土人，皆云钱贱所以米贵。又问彼：小钱从何而来？皆云由山东来者多。由此观之，自古以钱法为难，诚然。先年科尔坤、佛伦管钱法时，题请将钱式改小，朕每谓钱改小易、改大难，钱价若贱，则诸物腾贵。后因众请再三，方始准行。今果如朕言。此事不但尔等曾与伊等同议，即起居注档子想亦记载。今尔等即同九卿，将钱法如何方能尽善确议具奏。陈彤扬请添炉铸之处，着一并请旨。"

上又顾大学士等曰："嗣后凡遇行兵，户部、兵部之噶拉大可将该部司官特行派遣，其以武官委署着永行停止。该部司官虽遇战胜，不必叙功，如此则伊等即为明证，诸事自从公料理。将此交与该部，着为定例，尔等亦记之。"

本日起居注官韩菼、揆叙。

十一日丁亥 辰时，上御乾清门听政。部院各衙门官员面奏毕，大学士伊桑阿、阿兰泰、王熙、张玉书、李天馥，学士徐嘉炎、罗察、席尔登、布泰、黄茂、噶礼、李录予以折本请旨。理藩院议将喇嘛阿喇木渣木巴那木喀巴尔授为达尔汉，给以敕书；其揆特台吉老卜藏等俱赏给衣服缎匹等物。上曰："阿喇木渣木巴那木喀巴尔甚有效力之处，况滚布喇布滩归降时，伊曾为使前来，应从优赏给，尔等议奏。"

又顾大学士等曰："钱法事九卿若何定议？"伊桑阿奏曰："现在会议。"上曰："朕意欲将制钱照旧改重方善。"伊桑阿、阿兰泰奏曰："已用之钱若欲改重则甚难收。九卿云：钱式不宜改小，向时皇上曾屡行颁谕，着令确议，今果符合。惟有将此制钱薄小者及私铸铅钱严禁不用，庶法自能行矣。容臣等公同会议具奏。"上曰："朕意欲仍照旧制鼓铸，今铜价已贱，将价减方可，否则似难行也。且俟伊等作何议奏耳。”

本日起居注官阿山、王项龄。

十二日戊子 辰时，上御乾清门听政。部院各衙门官员奏毕。是日，差往直隶高阳县审事司官刚五达等回奏曰：“审得张三等并非真盗，实为冤诬。”

奏毕，大学士伊桑阿、阿兰泰、王熙、张玉书、李天馥，学士徐嘉炎、罗察、席尔登、布泰、黄茂、噶礼、李录予以折本请旨。刑部题原任甘肃巡抚郭洪不于皇上巡幸宁夏时请安，迟至皇上回銮后方到宁夏，又不速赴行在，俟皇上回宫日方行请安，殊为不合，应将郭洪枷号两个月，鞭一百。上曰：“观郭洪所供，仍属巧饰，着依部议枷号鞭责，完日发往黑龙江。”

上又顾大学士伊桑阿等曰：“凡关人命事情，朕俱再三详阅，务期允当。昨见高阳县盗案情有可疑，特差司官前往覆审。今据奏，张三等果非真盗，府县官役严刑诬坐，希图销案。沈朝聘全不详察，草率审结定罪具题，殊属不合。着三法司会同吏部严加议处具奏。”

未时，上御保和殿，赐请安进贡喀尔喀扎萨克多罗郡王色棱阿海、王盆楚克，喀尔喀扎萨克多罗贝勒诺尔布班第、固山贝子程本尔旗分协理旗分事台吉喇布滩、王盆楚克子额杂喇、王色棱阿海长子台吉鄂博赖等、王侄贝都立等、贝勒巴图尔额尔克济浓次子台吉阿保、贝子程本尔长子台吉车穆臣，居住归化城喀尔喀喇嘛达赖绰尔济，厄鲁特扎萨克多罗贝勒巴图尔额尔克济浓，鄂尔多斯多罗郡王董罗卜、多罗贝勒宋喇卜、固山贝子根都锡夏布、护国公杜棱协理旗分事二品台吉达尔麻等，阿鲁科尔沁多罗郡王垂旗分四品台吉巴泰等，乌珠穆秦多罗额尔德尼贝勒博木布旗分四品台吉萨哈等食。

本日起居注官特默德、张廷枢。

十三日己丑 辰时，上御乾清门听政。部院各衙门官员面奏毕，满汉大学士、九卿进前，尚书马齐奏曰：“私铸钱事，九卿议得，专管官员不行察出，或被上司察出，或被傍人首告，一起降二级，二起降四级调用，三起革职为民，其余官员照此议处。”上曰：“私铸钱事若不将专管官治罪，谁肯缉拿？”伊桑阿奏曰：“在京则户部、都察院五城缉拿，外省则特派官员缉拿。如此则私铸必不能行矣。”上问曰：“众人之意亦有欲将制钱略加扩大者否？”伊桑阿奏曰：“众意虽云略加扩大固善，但觉难行耳。”上又顾佛伦问曰：“向日钱铸宜小，非尔之议乎？尔今云何？”佛伦奏曰：“诚然。果能严禁私铸，小钱自不能行。”上又问熊赐履曰：“尔意云何？”熊赐履奏曰：“将制钱一时扩大亦难。”上又问于成龙曰：“尔意云何？”于成龙奏曰：“小钱是处流用民间，比户皆有，收之亦似不易。”上又曰：“将制钱改小者是乎？”于成龙奏曰：“皇上早已洞鉴，臣等更复何言。”上又问：“汉九卿之议俱画一否？”王熙奏曰：“俱画一，惟制钱扩大虽善，但小钱一时难收。若内外特派官员访拿，其私铸自弭矣。”上曰：“这所议俟朕详览发出。”九卿出。

大学士伊桑阿、阿兰泰、王熙、张玉书、李天馥，学士徐嘉炎、罗察、席尔登、布泰、黄茂、噶礼、李录予以折本请旨。将军孙思克题将现在甘州之西安满洲兵一千暂住兰州。上曰：“今边方无事，这甘州所驻西安满洲兵着回西安。”

本日起居注官邵穆布、宋大业。

十四日庚寅 辰时，上御乾清门听政。部院各衙门官员面奏毕，大学士伊桑阿、阿兰泰、王熙、张玉书、李天馥，学士徐嘉炎、罗察、席尔登、布泰、黄茂、噶礼、李录予以折本请旨。兵部议将一等公领侍卫内大臣福善等加以宫保职衔请旨。上曰：“福善着加宫保衔，其宗室、护国公将军等加增职衔未始不可，这本着发回，另议具奏。”

本日起居注官顾祖荣、揆叙。

十五日辛卯 早，上御太和殿，升转文武官员谢恩毕，上回宫。

本日起居注官阿山、曹鉴伦。

十六日壬辰 上以公主下嫁喀尔喀土谢图汗之孙敦多卜多尔即，行筵宴礼。巳时，御保和殿，赐喀尔喀图谢土汗多罗郡王色棱阿海等、多罗贝勒席达西里等、旗分贝子布达札卜等、护国公车布得、辅国公车凌达西等、土谢图汗之子额尔得尼阿海多尔即、扎萨克台吉巴朗等、土谢图汗之弟秉图代青多尔即、土谢图汗之子车零巴尔等、土谢图汗之弟之子巴儿当等、土谢图汗之孙巴尔准多尔即等、贝勒席达西里之子协理台吉成本尔多尔吉等、内大臣、侍卫等宴。诸乐并作，命喀尔喀土谢图汗多罗郡王色棱阿海等、多罗贝勒席达西里等至御座前，上亲赐酒，又命贝勒席达西里之孙毕尔多尔吉等进前，令侍卫赐酒。宴毕，众皆谢恩。上回宫。

本日起居注官阿山、邵穆布。

十七日癸巳 辰时，上御乾清门，听部院各衙门官员面奏政事。

本日起居注官王顼龄、特默德。

十八日甲午 辰时，上御乾清门听政。户部诸臣入奏。上命现在九卿于大学士启奏折本时同入，部院各衙门政务奏毕，云南巡抚石文晟入，以开化府所属舆图及启奏折子呈览。上细览舆图及折子毕，问曰："安南国奏请给还牛羊、蝴蝶、蒲园等地方，今将差官往勘，此地果系该王之地否？"石文晟将牛羊、蝴蝶、蒲园地界一一指奏毕，复奏云："安南国王原名莫敬俦，后被其婿黎维祺篡夺，现今国王黎维禛即维祺之弟。此三处莫敬俦于明末时已归土司侬万钟等管辖，及本朝开辟云南即得此地。顺治十七年在蒙自县征粮，康熙五年改归开化府，编为东安里，属流官管辖已三十余年。若果系彼国地方，顺治十七年、康熙五年时，彼宁有不即奏请？在彼时不言而至康熙三十年、三十三年始听伊官属妄言，不加详审，屡行渎奏。今年既经具奏，而又帅兵到边，臣同督臣仰体皇上柔远至意，晓谕防守人等，令其不得擅动。今若将此等地方给还，则该国土司不服，必有仇杀之事。且此地方久入版图，而又在内境，断不宜给还。"上曰："朕不知此故，因欲遣官往勘。今尔意如何方善？"石文晟奏曰："此三处地方三十年、三十三年该国奏请时即行滇省确查，叠经前任督臣范承勋查报，并无土司侵占之情。部覆奉旨移谕该国土在案，从无给还之旨。今该国王奏称虽奉明命而寸地未见退还等语，部覆及上谕原无退还字样，该国王何得称曾奉明命之语？据臣愚见，将此情由严驳该国王，令其回奏，不但难免朦谬之愆，而是非亦立见矣。至于差官往勘，必俟该国彝目到来，始可同勘。彼处人至云南，约须六个月。钦差大臣到彼，亦须三个月。此时启行，到滇时正值瘴疠之候，彼亦不肯即来。今若欲往勘，必待秋凉，方无瘴气。钦差大臣岂能久待？须预行文该国，约定何时会齐同到，方不致彼此等候，且免瘴疠之气。”上曰：“尔所奏甚明晰。此折子着发内阁，尔等详加会议，明日具奏。”石文晟出。

大学士伊桑阿等同满汉九卿入。上曰：“前月十四日及本月十五日地震，昨日又震，此奚故耶？”伊桑阿奏曰：“前者地震，蒙谕臣等会议，而现行政事实无一事可议者。此屡次地震，皆系臣等不能尽职，以负皇上委任之故。”上曰：“汉九卿云何？”熊赐履奏曰：“地者臣道，今失安贞之常，此皆系臣等不能尽职之所致也。”王熙奏曰：“皇上夙夜匪懈，敬天勤民，广施德泽，无刻不以百姓为念。地属臣道，地失其常，诚臣等庸劣，不能仰体圣意，克尽厥职之故。”上曰：“朕自御极以来，匪朝伊夕无不以敬天勤民为念，未敢少耽安逸，倘遇灾害，益加兢惕。不遑比年来地震屡见，今两日间连震二次，朕心惶惕靡胜。今塞外寇除，海宇升平，而灾异复行，不可不愈加修省。朕览前史，见汉文、景，宋仁宗时亦曾有此灾，以其能尽人事，得久享雍熙。若隋炀帝及宋徽宗、钦宗，以天变为气数之常而不知儆，乃终至败亡，此即明戒也。今观中外大小臣工，习于晏安，多不克尽厥职以副朕意。其以民事为念者甚少，今宜各抒悃忱，共勤实政，以弥灾变。将一切应兴应革事宜，尔等会同今日未到诸臣，尽心会议具奏。”九卿出。

上顾大学士等曰：“顷巡抚石文晟奏称，牛羊、蝴蝶、浦园等地系在界内，明季时即属内地。自我朝开辟云南，顺治十七年即在蒙自县征取钱粮，并非安南国之地。今安南国王以为己之土地被土司踞占，疏请给还。朕不知其故，以安南小国，既系伊之土地，原欲遣满汉大臣勘明给还。今据石文晟所奏，此又似非安南国之地。朕已命石文晟将其所呈览舆图传视尔等，一同会议。尔等可确问石文晟具奏。”

本日起居注官阿山、陈元龙。

十九日乙未 辰时，上御乾清门听政。部院各衙门官员面奏毕，大学士伊桑阿等同九卿、詹事、科、道以会议地震事覆奏。吏部尚书熊赐履等奏曰：“皇上临御以来，敬天勤民，励精图治，无时不以生民为念，无事不以利济为心。积贮备荒，罔不周悉，间遇灾沴，蠲赈并施，嘉惠元元至矣、极矣。近又亲统六师，扫清朔漠，乂安生民。贼平之后，复轸念民瘼，振肃官方，为久安长治之至计。兹因地震，特颁谕旨，深怀兢惕。臣等仰奉明纶，不胜惶悚。地道失常，实由臣等奉职无状，不能布宣圣德所致。自今内外大小臣工，各当循省过愆，益加惕厉。至于应兴应革事宜，我皇上殚心治理，已皆纤悉靡遗，臣等不胜惶恐。”上曰：“致治之道，无如爱民生、重民命。朕总揽机务于一切，闾阎生计及人命重情，罔不殚精研究。在外亲民之官，务访求民瘼，实心爱养。其关系人命之案，必详审真确，出入允当，俾无冤民。在内大小官员，亦宜勤慎奉职，力改过愆，以副朕修省弥灾之意。尔部即通行申饬。”九卿出。

大学士伊桑阿、阿兰泰、王熙、张玉书、李天馥，学士徐嘉炎、罗察、席尔登、布泰、黄茂、噶礼、寿鼐、李录予以折本请旨。吏部题侍讲学士王九龄升任员缺，论俸以陈论拟补。上曰：“这员缺着陈论升补。陈元龙、张廷瓒去岁中路随征，于喀伦地方退缩停留，未到所往之处。三年内着停其升转。”

兵部题奉天正黄旗防御布萨里病故员缺，以该将军咨送骁骑校席尔布伦拟正，在京骁骑校常禄拟陪。上曰：“席尔布伦人材矫健，着留此补用。这防御员缺，着将拟陪之常禄升补。”

又覆陕西总督吴赫，将宁夏玉泉营守备孙觐祖员缺，以该总兵官标下中营千总许世隆坐名题补，议准行。上曰：“许世隆马步射俱娴熟，着该部查在京守备员缺，有未经补用者，将伊升补。这玉泉营守备员缺，着该总督等另行拣选具奏。”

本日起居注官揆叙、张廷枢。

二十日丙申 本日起居注官徐元正、特默德。

二十一日丁酉 辰时，上御乾清门听政。部院各衙门官员面奏毕，大学士伊桑阿、阿兰泰、王熙、张玉书、李天馥，学士徐嘉炎、罗察、席尔登、布泰、黄茂、寿鼐、噶礼、李录予以折本请旨。礼部题贝子苏努之女拟封固山格格。上曰：“宗室子女若父升则随父封，父降则随父革，似属不合。朕意不以父之升降为女之封革，始为允当。着宗人府会同具奏。”

吏部以贯善、汪灏升任员缺，论俸将编修冯云骕拟补。上曰：“冯云骕其人平庸，翰林院内学问优者尽多，尔等问翰林院掌院学士具奏。”

兵部题将千总徐如升升补守备，随顾大学士等曰："尔等所查如何？"伊桑阿奏曰："查得丰润县有守备缺出。"上曰："古北口石匣地方甚属紧要，将石匣守备内庸劣者革退一员，将许世隆补授。其丰润县员缺照常补用。"

上又顾大学士等曰："浙江巡抚线一信居官甚劣，安徽巡抚陈汝器亦不好。"伊桑阿奏曰："皇上所见极是。线一信不闻其有何好处，陈汝器皇上念其父故尔擢用，亦应感恩效力。"上曰："朕意欲将线一信革职，尔等传问九卿及科、道等官。"

本日起居注官邵穆布、宋大业。

二十二日戊戌 辰时，上御乾清门听政。部院各衙门官员面奏毕，大学士伊桑阿、阿兰泰、王熙、张玉书、李天馥，学士徐嘉炎、罗察、席尔登、布泰、黄茂、噶礼、寿鼐、李录予以折本请旨。伊桑阿等同管翰林院事阿山以赞善员缺，将编修宋大业等五人职名缮写绿头签引见。上曰："此所举者俱佳，宋大业去岁运粮中路有效力之处，着升补赞善。刘暟、宋大业所运之粮于众人未到之时先到，将伊等交与该部议叙具奏。"

宗人府题定例自王以下凡已得品级之子，若其父升不随之俱升，其父将亦不随之降。今奉旨议得，将已定品级之女，应亦照此例。上曰："如此诚善。着照此行。"

礼部覆朝鲜国王奏请于中江地方贸易米粮，议不准行。上曰："朕抚驭天下，内外视同一体，并无区别。朝鲜国王世守东藩，尽职奉贡，克效敬慎。今闻连岁荒歉，百姓艰食，朕心甚为悯恻。彼既请停其本国贸易来粜米谷以救凶荒，现今盛京积贮甚多，将此米粮运至凤凰城粜卖，彼力能运至彼处乎，抑从海运于彼有益乎？将此着交礼部确问具奏。"

伊桑阿奏曰："安南国王黎维禛题请牛羊、蝴蝶、浦园等处地方，臣等会议得，此三处俱在本朝土司地内，与彼国并不相涉，亦从未奉给与彼国之旨。该王不查彼属员妄报，遽遣兵于边疆驻扎，生事妄行，殊属不合。宜移文知会。"上曰："然。此不必差大臣前往，尔等可拟一移知彼国文稿奏览。"

伊桑阿又奏曰："臣等奉旨将浙江巡抚线一信革职问九卿。九卿云：

线一信居官诚劣，皇上洞鉴革职，诚哉圣明。”上曰：“看来人性难定。沈朝聘初抚直隶时居官甚优，今染疾病，懒惰健忘。朕听政年久，凡用人之处，善则任之，若有改行，即为革退，并不因朕曾经褒用遂徇庇之。”阿兰泰奏曰：“人性实无常，可善可恶，自始至终，克永其善，诚难保定。”上曰：“现任督抚中或有所行不端、其人甚劣者，亦未可定。尔等问九卿。若有所知者，亦令举出。”

本日起居注官顾祖荣、揆叙。

二十三日己亥 辰时，上御乾清门听政。部院各衙门官员面奏毕，大学士伊桑阿、阿兰泰、王熙、张玉书、李天馥，学士徐嘉炎、罗察、席尔登、布泰、黄茂、噶礼、寿鼐、李录予以折本请旨。朝鲜国王奏恳于中江地方贸易米粮，遵旨交礼部已经问明。上曰：“着依朝鲜国王所请，令其贸易。”

伊桑阿等又奏曰：“将外任督抚传问九卿。九卿云：督抚内未闻有所行不善、其人甚劣者。若果有所闻，蒙圣问下及，安敢隐而不奏。科道云：如果闻有恶劣者，臣等敢不即行参奏，以致有劳圣问。”上曰：“若然，此内有谁居官最好者？”伊桑阿奏曰：“未问及此，平日舆论，宋荦居官颇优。”上曰：“宋荦居官果优，马如龙居官亦优，但年迈耳。其倭伦办事甚是效力，居官亦善，朕甚望之。”伊桑阿、阿兰泰奏曰：“诚然。今观倭伦甚是效力，但未知异日何如耳。”上曰：“倭伦稍戆。”伊桑阿、阿兰泰奏曰：“圣见诚然。倭伦常有粗鲁之处。”

上曰：“闻张勄居官甚优，中路出兵时，料理运米车骡等项，并不纤毫派取山东百姓，此皆系张勄之力，与巡抚无涉。汪楫居官亦优，着传问九卿。今浙江巡抚缺已出矣，张志栋部议必令离任，然其居官优长。”阿兰泰奏曰：“张志栋其人才气果强，居官亦优。”上曰：“伊曾巡监两淮，欲不做好官得乎？俟部议奏时着批留任。朕巡幸宁夏时，见刘殿衡其人优长，亦肯效力。”阿兰泰奏曰：“刘殿衡甚是称职。”

上曰：“叶日芳已议革职，其人甚优，居官亦甚善，总兵内能如此者亦少。”阿兰泰奏曰：“诚然，彼不过本章错误，部议太过。”上曰：“叶日芳着问九卿。将军金世荣甚优，朕屡闻其声誉。”伊桑阿、阿兰泰奏曰："金世荣曾任江南提督，迄今江南人犹感思无已。"上曰："李林隆亦甚优长，居官不下金世隆。刘虎、李芳述等皆系可用之人，岳昇龙亦非庸流，张鹏翮将至，看其言若何。"伊桑阿、阿兰泰奏曰："岳昇龙非玷职之人。"

又将移复安南国王黎维祯奏请给还牛羊、蝴蝶、浦园三处地方咨文缮折子奏览。上曰："好。着照此发去。"

本日起居注官阿山、宋大业。

二十四日庚子 辰时，上御乾清门听政。部院各衙门官员面奏毕，大学士伊桑阿、阿兰泰、王熙、张玉书、李天馥，学士徐嘉炎、罗察、席尔登、布泰、黄茂、噶礼、寿鼐、李录予以折本请旨。吏部以浙江巡抚线一信员缺，将学士罗察等职名开列。上问大学士伊桑阿等曰："尔等曾问九卿否？"伊桑阿奏曰："臣等已问九卿。九卿云：张勄供应军需实不曾派，民众皆知之。汪楫居官亦好。"上又问曰："二人孰优？"伊桑阿奏曰："二人俱好。"上曰："尔等再问九卿，二人孰优。其布政使中居官善者一并问明覆奏。"伊桑阿又奏曰："南昌总兵叶日芳，臣等已问九卿。九卿云：叶日芳居官甚好。"上曰："居官诚好，着降级留任。"

本日起居注官王九龄、特默德。

二十五日辛丑 辰时，上御乾清门听政。部院各衙门官员面奏毕，大学士伊桑阿、阿兰泰、王熙、张玉书、李天馥，学士徐嘉炎、罗察、席尔登、布泰、黄茂、寿鼐、噶礼、李录予以折本请旨。兵部覆云贵总督王继文题请援勦副将陈文昭在任守制，议不准行。上曰："陈文昭该督既请在任守制，着照所请留任。"

伊桑阿奏曰："臣等遵旨问九卿，布政使张勄、汪楫二人孰优，其余布政使内更有贤员否。九卿云：张勄办理军需并无科派，百姓视汪楫较优。其余布政使内王燕、王道熙居官好。"上曰："浙江地方有满兵驻防，张勄系旗下人，着升补浙江巡抚。"

本日起居注官邵穆布、曹鉴伦。

二十六日壬寅 辰时，上御乾清门听政。部院各衙门官员面奏毕，大学士伊桑阿、阿兰泰、王熙、张玉书、李天馥，学士徐嘉炎、罗察、席尔登、布泰、黄茂、噶礼、李录予以折本请旨。三法司衙门覆广东巡抚萧永藻题，强盗石兰生等拟斩，议准行。上曰："朕观广东地方近日强盗最多，何以致此，着问九卿具奏。又闻广东提督李镇鼐与巡抚不和，总督亦与巡抚不合。伊等远在岭南，凡事谓朕不闻，所以居官并无善状，岂如地方事故久廑朕怀，凡官员出使复命、民生休戚，朕必详加咨访。至于官员贤否，即视民生之休戚，不问可知矣。"

本日起居注官韩菼、华显。

二十七日癸卯　是日，呼户诺尔台吉查西巴图尔等来朝，早候圣驾。

巳时，上御保和殿。理藩院引至殿前，行三跪九叩头礼毕，命呼户诺尔查西巴图尔台吉、土谢图代青那木查尔厄尔得尼台吉、阿七滚布之子盆素克台吉等上殿，喇嘛商南多尔即引查西巴图尔、那木查尔厄尔得尼、盆素克等近御座前叩见。上顾查西巴图尔等曰："台吉尔父名顾西汗者，自太宗皇帝至今，历来进贡请安，输诚已久。今至尔身，往来不绝。朕至宁夏时遣喇嘛商南多尔即并大臣至尔处，令尔等来见，尔等即遵朕旨欲来陛见，殊属可嘉。朕若即于宁夏候尔等来见，恐天气炎热，于尔等未便，故云俟凉爽时令尔等来朝。尔已年高，远涉至此，可相抱而见。"查西巴图尔台吉膝行至前，躬捧御膝，又以双手捧御手加额奏曰："臣系边塞山谷草莽小人，蒙皇上念臣祖父，命臣前来陛见。臣窃欢忭而来，朝见圣驾。臣身并无纤毫为皇上效力之处，皇上如此恩荣眷顾，不胜欣跃。窃惧臣之福薄，安能受皇上如此洪恩异数。此后惟思所以报皇上豢养之德耳。"上曰："朕并非威慑尔等前来，念向日道法合一，所行和好，故令尔等前来。尔即能应命，朕甚喜悦。不但尔等即四十九旗扎萨克、七旗之喀尔喀小台吉等，朕俱以客礼待之。"上曰："朕巡行宁夏，令尔等来朝之意，不过欲令天下生灵各得其所，乃朕本怀。朕何物不备？且朕之尊不在尔等来否，朕所望于尔等者，此后务体朕心，各遂安全，庶克副朕好生之至意耳。"查西巴图尔奏曰："圣谕诚然。非臣等微末小人意见之所能及，真降生圣佛以治斯世，既致众生于升平，复宣佛法之幽秘、经典之深微，无不备悉，臣等微末小人向未知。皇上圣明如此，嗣后臣及子孙惟有图报皇上隆恩于万一耳。"商南多尔即寻引至坐次，叩头谢坐讫，排宴奏乐。上曰："台吉尔已年老，放心饱食。若不食，朕将恼尔。"

查西巴图尔奏曰："臣今日获睹文殊释利皇帝圣明，不胜欢忭，然亦不意皇上如此宠遇。既蒙如此宠遇，敢不饱食？"上曰："即噶尔丹朕亦未尝先加征讨，因彼屡侵边境，边氓不安，朕方致讨。朕性从不以威武临人。"查西巴图尔奏曰："皇上神圣，剿灭噶尔丹，天下生灵皆得安业。臣等久闻皇上神武仁德，忻庆靡既。今臣等蒙皇上洪恩，得以共享升平，因合掌顿首。"

上命查西巴图尔升近御座前，即于跪处亲赐酒。又召那木查尔厄尔得尼、盆素克亲赐酒，俱跪受而起，退至陛侧，叩头饮讫。其盆素克、喇布坦等台吉十七人，俱召升陛，令侍卫赐酒。其在殿外列坐寨桑等，俱召入殿，令侍卫赐酒毕，上回宫。

寻商南多尔济自大内捧赏赐物件出，以上用帽一顶、素珠一串，貂鼠蟒裘一件、补褂一件、黄带一条、白金五百两赐查西巴图尔。传谕曰："尔等自祖父以来，世世进贡请安，其来已久。故此番加意优锡，以宠尔归。所赐者无非进见之仪耳。此银五百两，不过暂为尔在京日用之费。"又以上用帽袍褂带、白金二百两赐那木查尔厄尔得尼、盆素克，其余台吉等俱赐白金五十两。又谕曰："此外仍造衣赐给尔等。"查西巴尔台吉等奏曰："臣等边土蝼蚁，蒙圣上宠命厚赐，不胜欢忭，弗获措辞。如此厚恩隆赐，不但自有生以来所未睹，即梦寐之中亦未之及也。皇上厚恩何以仰报？臣等惟日夜向佛天仰祝皇上万寿无疆耳。"奏讫，因率众叩首谢恩。

本日起居注官阿山、揆叙、陈元龙。

二十八日甲辰 辰时，上御乾清门听政。部院各衙门官员面奏毕，大学士伊桑阿、阿兰泰、王熙、张玉书、李天馥，学士徐嘉炎、罗察、席尔登、布泰、黄茂、噶礼、寿鼐、李录予以折本请旨。吏部题国子监祭酒尹泰咨称，国子监官员员缺，应停其单月双月分补，照吏部各项挨次升迁之例，如单月无人，将双月之人升补，议准行。上曰："尔等意若何？"伊桑阿奏曰："此补授之例奉行年久，似难卒更。"上曰："然。定例不宜更张，若果宜更改，国子监当自行奏请，乃移咨吏部，殊属不合。该部不加详察，即照所咨议更成宪，亦属不合，着严饬行。尹泰为人狂妄，党翼众多，着以原品随旗行走。遇伊品级相当员缺，另行补用。”

刑部等衙门题以诬良为盗地方官议处具奏。上曰：“此本内事情，着沈朝聘明白回奏。”

浙江巡抚线一信题参宣平县灾伤分数违限不报。上曰：“凡各省被灾，封疆大臣先行奏闻，俟部覆之后始查勘被灾分数，如此则直隶、山东近地犹可，如远省则无及矣。嗣后如有此等被灾地方宜报者，即将被灾分数一并查报，该部一并议覆奏闻。”

直隶总兵官潘育龙并各省提督总兵官以军政具本自陈。上曰：“武职官原内能爱养军士者，朕虽知一二，其居官贤否，朕不能尽知，或年老欺隐者亦有。九卿为官方之长，必能周知，着会同举奏。”

伊桑阿等奏曰：“臣等遵旨问九卿广东多盗之故。九卿云：宜饬行该督抚，令转饬所属官员。”上曰：“此议甚当。着依议行。”

本日起居注官揆叙、张廷枢。

二十九日乙巳　辰时，上御乾清门听政。部院各衙门官员面奏毕，户部尚书马齐等以绿头签启奏朝鲜粜米差遣大臣、官员。上曰：“侍郎贝和诺凡有差遣，谨慎供职。前为司官时，曾两次往保定等处粜米，所行颇知自爱，地方军民极口颂扬。及奉差封闸，亦甚得体，船户人等亦甚感念。嗣后凡遣往粜米封闸者，俱不及彼。彼今为大臣，若遣彼往，必图报效。即着贝和诺去。”

大学士伊桑阿、阿兰泰、王熙、张玉书、李天馥，学士徐嘉炎、罗察、席尔登、布泰、黄茂、噶礼、寿鼐、李录予以折本请旨。吏部覆诬良为盗，将直隶巡抚沈朝聘等议处。上曰：“官员处分，俟沈朝聘回奏时结案。其无辜干连之人若仍监候，殊为可悯，着即行释放。”

户部题赣关监督差员外郎博西希。上曰：“博西希原系死犯，今得生全足矣。这差着另拟具奏。”上又顾大学士曰：“博西希狂妄无知，若令彼在部院衙门，有玷尔等，着照伊原品随旗行走。”

兵部覆将军孙思克请更换官兵甲面，议不准行。上曰：“甲胄系军需紧要，着照该将军所请更造。”

本日起居注官特默德、徐元正。

三十日丙午 辰时，上御乾清门听政。部院各衙门官员面奏毕，大学士伊桑阿、阿兰泰、王熙、张玉书、李天馥，学士徐嘉炎、罗察、席尔登、布泰、黄茂、噶礼、李录予以折本请旨。吏部题福陵提督舒恕员缺，将驻防协领吴布图等职名开列。上曰："陵寝地方最为紧要，其副都统齐兰布原任盛京，着补授。"

本日起居注官邵穆布、宋大业。

十二月

初一日丁未 部院各衙门无奏章，上不御乾清门。

本日起居注官华显、王顼龄。

初二日戊申 辰时，上御乾清门听政。部院各衙门官员面奏毕，大学士伊桑阿、阿兰泰、王熙、张玉书、李天馥，学士徐嘉炎、罗察、席尔登、布泰、黄茂、噶礼、李录予以折本请旨。兵部题将翁金战胜祖良弼兵议叙四等军功。上曰："祖良弼之破敌甚属可嘉，丹济喇乘其不备骤袭粮饷，即整兵获胜，着叙二等军功。"

提督李芳淑为自陈事。上曰："李芳淑居官甚善，着批优旨发出。"

本日起居注官阿山、顾祖荣。

初三日乙酉 辰时，上御乾清门听政。部院各衙门官员面奏毕，大学士伊桑阿、阿兰泰、王熙、张玉书、李天馥，学士徐嘉炎、罗察、席尔登、黄茂、布泰、噶礼、李录予以折本请旨。吏部题以内阁学士寿鼐员缺，开列内阁侍读学士萨尔图等职名。上曰："近见学士甚不逮前，即如黄茂，启奏折本请旨不能明晰。罗察有办事之才，然朕难保其人。噶礼还可。光禄寺卿辛保办事甚优，着升补内阁学士。彼在光禄寺料理方有头绪，此任必不可离，仍令兼管。"又曰："督补理事官温达为给事中甚久，办事亦优，着升补内阁学士。"是日，又以内阁侍读学士钱齐保升补内阁学士，其学士席尔登、黄茂俱革职，着随旗封品调用。

又国子监祭酒尹泰员缺，以郎中保住拟正，御史贾色拟陪。上曰："这员缺紧要，尔等会同吏部于翰林院詹事府官员内择其学问优长、素有品行者具奏。"

伊桑阿奏云："臣等遵旨以原任松江府知府龚嵘问九卿。九卿云：督抚系封疆大吏，伊等既以龚嵘为善，其居官必善矣。给事中云：保举以前居官固善，保举以后其贤否，俱无所闻。御史云：闻龚嵘居官好，系松江府人。兵部侍郎张集、少詹事王九龄云：伊等在家时，知其居官之善，此后不能深知。得之传闻者，亦言其佳。"上曰："既云保举以后无闻，得毋稍变乎？"伊桑阿、阿兰泰奏曰："诚如圣谕，不无稍变。"王熙奏曰："龚嵘系原任运使龚其裕之子，前任赵州知州，后以松江府知府员缺紧要，保举升任。其家道饶裕，无贪贿之事。保举以后亦未改辙，但不免任性耳。"上曰："着将龚嵘调取来京，用之近地以试之。"

本日起居注官曹鉴伦、特默德。

初四日庚戌　辰时，上御乾清门听政。部院各衙门官员面奏毕，大学士伊桑阿、阿兰泰、王熙、张玉书、李天馥，学士徐嘉炎、罗察、布泰、噶礼、李录予以折本请旨时，伊桑阿等会同吏部，遵旨将国子监祭酒员缺拣选翰林院侍讲邵穆布、特默德，詹事府洗马色尔图、吏部郎中舒禄等以职名缮写绿头签引见。上问曰："伊等若何？"伊桑阿奏曰："特默德学问优长。"上曰："邵穆布、特默德二人孰优？"伊桑阿奏曰："特默德与臣同旗为人，亦优。"上曰："特默德随朕出兵，其人果优，着彼升补。"

吏部题庶子陈论员缺，按俸将沈朝初拟补。上曰："沈朝初为人若何？尔等问翰林院掌院学士具奏。"

又山东布政使张�员缺，将贵州按察使任风拟正，广东按察使王国泰拟陪。上曰："这员缺将按察使内无论停升与不停升者孰善问九卿具奏。"

户部覆总督董安国题山阳高陲被水灾地亩钱粮乞尽蠲免，议不准行。上曰："山阳高陲被伤水灾，该督董安国既为题请，着将今岁钱粮尽行豁免。"

是日，上诣宁寿宫问安。

本日起居注官王九龄、揆叙。

初五日辛亥　辰时，上御乾清门听政。部院各衙门官员面奏毕，大学士伊桑阿、阿兰泰、王熙、张玉书、李天馥，学士徐嘉炎、罗察、布泰、噶礼、李录予、温达、辛保以折本请旨。大学士伊桑阿等奏曰："山东布政使员缺，遵旨将按察使内孰善问九卿。九卿云：广西按察使鲁超居官善，其候补按察使刘皚去年于中路出兵时运粮，著有劳绩。"上曰："鲁超居官之善，朕亦闻之，刘皚曾于中路大兵运粮，著有劳绩，着升补布政使。"

伊桑阿又奏曰："昨将沈朝初问掌院学士。韩菼据奏曰：沈朝初文才素优，在馆办事亦勤。"上曰："沈朝初着补授庶子。"

本日起居注官王顼龄、邵穆布。

初六日壬子　辰时，上御乾清门听政。部院各衙门官员面奏毕，大学士伊桑阿、阿兰泰、王熙、张玉书、李天馥，学士徐嘉炎、罗察、布泰、噶礼、李录予、温达以折本请旨。兵部题军政考成。上曰："将浮躁官员惟议降一级，朕观浮躁者比老病官员较多，此辈不必留任，着以所降级回籍。其员缺另选贤能官用之。"

理藩院题将劫丹巴哈什哈行装之伊滔等拟即绞。上曰："此辈非归顺之喀尔喀，乃逃窜游行蒙古，不知本朝法度。若即处死，可悯，着从宽免死，并其妻子遣往南方披甲。"

本日起居注官华显、陈元龙。

初七日癸丑　辰时，上御乾清门听政。部院各衙门官员面奏毕，山西按察使囊吉里陛辞，恭请训旨。上曰："尔系满洲人，前用尔作甘肃按察使时，训旨已甚详明，且朕以巴锡居官颇善，自臬司优擢巡抚，此即奉职贤良之明验也。尔到任后，须体朕忧恤民隐之意，黾勉奉行。"囊吉里奏曰："臣至微极陋，不能仰副皇上任使，致取罪戾。蒙皇上洞鉴曲宥，仍加录用，臣图报无地，惟有生之年钦遵圣诲，竭力奉行而已。"

本日起居注官阿山、张廷枢。

初八日甲寅　辰时，上御乾清门听政。部院各衙门官员面奏毕，大学士伊桑阿、阿兰泰、王熙、张玉书、李天馥，学士徐嘉炎、布泰、噶礼、李录予、温达、辛保以折本请旨。议政大臣以出兵罪案议处将军马思喀等。上曰："议处伊等甚当，马思喀人材庸劣，其先料理内务府事尚好，着革去领侍卫内大臣，留内务府总管及佐领之任。巴浑德齐什既请向前效力，着降五级留任。硕鼐降二级留任。至于此案内章京等惟奉行耳，其实皆在主之者，伊等俱着革职留任。余俱依议。"

又顾大学士等曰："朕屡次出兵，看来为将诚难。一应军务，惟在相机而行，固不可急，亦不可缓。如阿尔尼吉尔塔布过于急，而为贼所败；马思喀等又过于缓，而致伊拉古克三逃脱。去年中路出兵时，随以众论侯大将军费扬古，然以此为至论，亦属不可。彼时费扬古于五月十三日若不到昭莫多，则噶尔丹岂不逃脱乎？故为将者必相机调遣，方能济事。其余庸流则多有失策者矣。"

刑部题开设私炉铸钱黑五子等，照例为首拟即斩，为从拟即绞。上曰："为首者依议，其余着发往黑龙江。"

御史荆元实条奏周敦颐、程颢、朱熹之父俱得配享启圣公，而张载之父张悌独不得与配；司马光、欧阳修俱得与祭祀，而范仲淹独不得祭，此等事似属未周。上曰："着问九卿具奏。"

本日起居注官史夔、揆叙。

初九日乙卯　未时，上御保和殿，赐请安进贡科尔沁国和硕土谢图亲王额驸沙津、多罗贝勒阿必达，鄂尔多斯多罗郡王董罗布、多罗贝勒宋喇布等，敖汉部落多罗额驸扎木素、敖汉部落公主之孙多罗郡王扎木素之弟二品台吉丹津等、协理旗分事回子郭帕伯克，喀尔喀部落和硕亲王策旺渣布、多罗郡王额驸敦多布多尔济、多罗郡王色冷阿海、多罗贝勒巴图尔额尔克济农、亲王策旺渣布之兄色布腾、协理台吉乐索图阿海等、多罗贝勒席达西里等，及来朝呼户诺尔之扎西巴图尔台吉、土谢图带青那木渣尔厄尔德尼台吉、阿齐滚布之子普恩苏克台吉等食。

是日，上诣宁寿宫问安。

本日起居注官徐元正、邵穆布。

初十日丙辰　辰时，上御乾清门听政。部院各衙门官员面奏毕，大学士伊桑阿、阿兰泰、王熙、张玉书、李天馥，学士徐嘉炎、布泰、噶礼、李录予、温达、辛保以折本请旨。吏部题科道员缺，将行取主事庄强威等职名开列。上曰："言职甚要，此员缺向以中行评博升用，甚不谙事故，偶有条陈，即问彼条陈内情由，尚有竟不知者。如此等若竟以庸劣黜之，又谓因言而去矣。此员缺将各部院郎中、员外、主事并现任知县内居官好者，着九卿各以所知者保奏。"

兵部议叙设站人员。上曰："设站人员惟议加级，甚为可悯。此内且有自去年设站至今尚未更替者。伊等设站日久，将马更替喂养于杀虎口，而搬运所食粮米，凡于驰报毫无迟误，其劳苦更甚于西路兵丁及于成龙运粮人等。其革职人员应复原职，令随旗上朝。将此本发回，另行议叙。"

大学士伊桑阿等奏曰："臣等遵旨将御史荆元实条陈问九卿。九卿云：此非要事，应不准行。"上曰："周、程、张、朱四人宣明孔子之道，大有益于圣学。《朱子集注》至今遵行，不能易其只字。然诸人亦不过身自勉励，裨益圣道，与其父何与？且孔子至圣而子不能传道，至孙子思道始传焉。子思之子不能传道，至孟子道始传焉。由此观之，虽圣人亦断不能教子如其意也。张载之父又何与焉？此皆无益之事，部与九卿议不准行，甚是。"

本日起居注官华显、宋大业。

十一日丁巳 辰时，上御乾清门听政。部院各衙门官员面奏毕，大学士伊桑阿、阿兰泰、王熙、张玉书、李天馥，学士顾藻、徐嘉炎、布泰、李录予、辛保、温达以折本请旨。兵部题广东高雷廉总兵官何为鼒员缺，将参领兼佐领关元忠等职名开列。上曰："易州副将韩天伏居官好，治军亦严，向曾令注册。"伊桑阿奏曰："然。韩天伏之名曾注册中。"上曰："巡抚张勄曾为山东布政使。"遂遣乾清门侍卫马武以居官若何问之张勄。马武问张勄回奏曰："张勄云：韩天伏居官甚好，因其治军得宜，民皆称颂。"上曰："伊既居官好，着升补总兵。"

本日起居注官阿山、韩菼。

十二日戊午 辰时，上御乾清门听政。部院各衙门官员面奏毕，大学士伊桑阿、阿兰泰、王熙、张玉书、李天馥，学士顾藻、徐嘉炎、布泰、李录予、辛保、温达以折本请旨。吏部题升补科、道。上曰："科道官系耳目要职，九卿所保举部院官员俱好，知县内惟吴琠保举者甚公，其余不可谓尽当。诸人当酌量补授。其有不可者，再为黜退。”

本日起居注官顾祖荣、揆叙。

十三日己未　辰时，上御乾清门听政。部院各衙门官员面奏毕，大学士伊桑阿、阿兰泰、张玉书、李天馥，学士徐嘉炎、顾藻、布泰、李录予、辛保、温达进前，以给方略总裁大臣敕书呈览。上曰：“此敕内‘成功以断，惟力沮群议，乃克有勋，制胜在谋，须动出万全，斯无失策’等语，虽系实事，然因朕洞悉其情，故弗从众意，而独断之，以幸有成耳。若竟以此为是，可乎？后若仿此，必致穷兵黩武矣。”伊桑阿奏曰：“圣谕极是。能如皇上圣明洞鉴，方可有济。若意见稍有偏误，诚不可谓万全。”上曰：“此数语着删改进呈。”

本日起居注官邵穆布、王九龄。

十四日庚申　辰时，上御乾清门听政。部院各衙门官员面奏毕，大学士伊桑阿、阿兰泰、王熙、张玉书、李天馥，学士顾藻、徐嘉炎、李录予、布泰、噶礼、辛保、温达以折本请旨。御史王泽长条奏各省布按等官应行朝觐。上曰：“前因藩臬司道等官来京朝觐，于部院、各衙门馈送，科派地方，以致病民。朕知其弊，遂将此例停止，已经年久。今御史王泽长意欲复行此例，是出何心？言官俱系朕之耳目，有纠参之责，如布按等官有不称职，即应指参。必着来京，有何裨益？尔等将此意批出，不准行。”

本日起居注官华显、徐元正。

十五日辛酉　卯时，上由午门出正阳门，驻跸南苑。

本日起居注官阿山、曹鉴伦。

十六日壬戌

十七日癸亥

十八日甲子　辰时，上御南苑旧宫，大学士伊桑阿、阿兰泰，学士布泰、辛保、温达以折本请旨。吏部覆山西巡抚倭伦题请停止大计，准行。上曰：“倭伦顷密奏折子科派之事为造运米车辆，巡抚温保已行明文，为军务紧急，现行科派后即抵偿。彼时太原有部员在，故即抵偿。其余地方虽未抵偿，于公事应用外所余银两俱已贮库，闻自湖广捐送十八万银两尚在贮库。至中路运米车辆，朕遣部院司官动用库银修造。其直隶、河南、山东未令造车，地方官员捐助伊等俸禄及衙役工食，采买骡马，所以并未派民。向于大同见温保奏此科派事，朕谓，钱粮若难卒办，何不预为奏闻？尔若作速请饷，即动附近钱粮解往有何不及？温保竟不能对。然惟恃彼处钱粮不曾预动内帑，故致科派，但此科派皆为公事，并未侵渔，尚有可原。但彼时州县官又未免借此多派耳。大计之事，最为紧要，着仍行大计。于此举行时，将伊等以庸劣革退。”伊桑阿奏曰：“圣谕极是。黜退不肖地方官，民心方安。”上曰：“大计着批仍行。”

兵部议叙湖滩河朔等三路设站人员。上曰：“西路坐台罪员俱准复职随旗上朝，而现任情愿效力人员及止议加级甚轻，着再议具奏。”

又自陈总兵官董大成议革职。上曰：“董大成行间效力，著有劳绩，着从宽免其革职留任。”

又将总兵官马子云等议革职。上曰：“马子云、杨嘉瑞效力行间，劳绩茂著。且伊等俱已年老，着从宽免革职，以原品致仕。”

刑部议处盗取杨福马匹之贼鄂欣等。上曰：“此辈若宽之，则仍在地方为恶，杀之又关人命。鄂欣等着从宽免其正法，发往杭州当差。”

理藩院议叙蒙古王及台吉等。上曰：“蒙古王、台吉等在军前甚为效力，设站运米、捐助牛羊，着一并议叙具奏。”

伊桑阿奏曰：“提督林本植自陈事，臣等遵旨问九卿。九卿云：彼至江西未久，向在江南居官好。”上曰：“林本植虽到，新任未久，于前任居官既好，着留任。”

本日起居注官阿山、邵穆布。

十九日乙丑

二十日丙寅　辰时，上御南苑旧宫，大学士伊桑阿、阿兰泰，学士布泰、辛保、温达以折本请旨。吏部等衙门题直隶巡抚沈朝聘等诬良为盗，议革职。上曰：“沈朝聘居官好，惟衰老耳，凡事俱据属官详报完结，未必亲阅。”阿兰泰奏曰：“沈朝聘实为衰老，闻彼于事多忘。”上曰：“沈朝聘果善忘，然而居官尚好，着降级留任，俟其自乞解任，余俱依部议。”

兵部题再行议叙湖滩河朔等三路设站人员。上曰："此内自备马匹情愿前往者，议叙尚轻。噶尔图等俱系废官，伊等尚令复职，而现任官员情愿效力设站，自去冬至今，尚未更换，劳苦殊甚。部议仅为加级，未当。"因笑曰："朕于凡事惟从公耳。彼西路武官将伊等勤劳诉于大将军咨部，于成龙又为同伊等运米之人言，至此辈并无有为之言者，朕若不言谁复为此辈言也？诚以效力而论，则此辈亦甚效力矣。朕欲准其以应升之缺先用。"伊桑阿等奏曰："圣谕甚公。伊等劳苦应以其应升之缺先用。"上曰："即着如此，今军务已竣，着将诸人撤回。"

又将山西巡抚倭伦以有盗案潞泽营参将林大中保举卓异，议罚俸。上曰："林大中其人颇优，朕尝召见，命记之。尔等令部行查，彼人材骁勇，着准卓异。倭伦亦从宽免其罚俸。"

大学士阿兰泰遵旨以宗室人数查奏。上曰："宗室俱系太祖高皇帝一身所出，惟在镶蓝旗者乃太祖高皇帝弟裔，且系全旗，并未分裂，习尚甚好，竟无匪类。观其服用既朴且整，步射、骑射俱善，试及第者比他旗亦多，于前锋校员缺引见，前锋等俱谙满语。问之，谓伊王之门禁汉语也。且今衣帽款式俱流于汉习，无足观矣，惟内制照常。看来镶蓝旗亦毫无变易旧制。"顾谓大学士等曰："苏努兄弟等俱善射，普奇公射法甚精。"伊桑阿奏曰："圣见诚然。于中路出兵时，曾见普奇人材强健，射法精良。"

本日起居注官阿山、揆叙。

二十一日丁卯 卯时，封印。

二十二日戊辰 是日，上移跸畅春园。

二十三日己巳

二十四日庚午 是日，于玉泉山西南旷处，列八旗红衣大炮等火器及马步鸟枪军士，其护军骁骑按旗分为三队，且设两翼，后殿而阵焉。上躬环甲胄，遍阅毕，登玉泉山御黄幄，三鸣海螺、击鼓，步军举鹿角、火炮，诸军并进，金鸣众止，炮火齐发，如是者九，进止。第十次炮声连发，而火器营、马步军亦遍放连环枪，毫无间断，声震山谷。毕，各收军士，复归本阵，队伍精严，旗帜显赫。其来朝之呼户诺尔台吉扎西巴图尔等众，俱相顾战栗，惊叹曰："天朝兵威精严圣锐如是，可畏也。我辈生长沙漠穷荒，不惟目未经见，即耳亦未曾闻。兵威如此，所向又何敌弗克乎？"

扈从起居注官阿山、华显。

二十五日辛未　未时，上由西直门进神武门，回宫。

本日起居注官邵穆布、王顼龄。

二十六日壬申　是日，以岁除祫祭太庙，上斋戒三日。

本日起居注官华显、陈元龙。

二十七日癸酉　本日起居注官揆叙、张廷枢。

二十八日甲戌　上御中和殿，视祭太庙祝版毕，回宫。

是日，上诣宁寿宫问安。

本日起居注官史夔、邵穆布。

二十九日乙亥　早，上躬诣太庙致祭毕，回宫。

本日起居注官阿山、韩菼。

三十日丙子　午时，上以岁除御保和殿，赐元旦朝贺外藩蒙古诸王，左翼鄂尔多斯多罗郡王董罗布，喀尔喀多罗郡王额驸敦多卜多尔济，阿霸垓多罗郡王吴尔占噶喇布，喀尔喀多罗贝勒席达西里，土默特多罗贝勒额驸额尔德木图，乌珠穆秦多罗额尔德尼贝勒奔布，喀尔喀多罗贝勒罗卜臧，鄂尔多斯固山贝子根都西夏布，科尔沁和硕额驸班第，喀喇沁和硕额驸噶尔藏，鄂尔多斯护国公杜棱，喀喇沁护国公善巴喇西，巴林多罗额驸阿喇布谭，敖汉多罗额驸扎木素、二品台吉护国公之婿滚布，喀尔喀台吉多尔济额尔德尼，厄鲁特台吉云楚木，喀尔喀扎萨克一品台吉墨尔根济农索诺木伊思扎布等，及阿霸垓、鄂尔多斯、土墨特、阿霸哈纳尔、科尔沁台吉等，并协理旗分事二品回子郭帕伯克；右翼喀尔喀和硕扎萨克图亲王策旺渣布、多罗郡王色冷阿海，呼户诺尔台吉扎西巴图尔，鄂尔多斯多罗贝勒宋喇布，厄鲁特多罗贝勒巴图尔额尔克济农，呼户诺尔台吉土谢图带青纳木扎尔额尔德尼盆苏克等，瞿昙弘化诸寺国师等，博硕克图济农之使额尔德尼班第达，达赖带青之使达尔汉鄂木布等，盆苏克台吉部落墨尔根寨桑岳尔博尔图等，寨桑吴尔齐图、毕立克图等，护卫并内大臣、侍卫、大学士、上三旗都统、副都统宴。上进酒，诸乐并作，左右翼王董罗布、策旺渣布以下，呼户诺尔台吉扎西巴图尔、土谢图带青纳木扎尔额尔德尼盆苏克及喀尔喀台吉索诺木伊思扎布等以上俱令近御座，上亲赐酒，其余台吉、寨桑等俱令内大臣视饮。其内大臣、大学士、都统、副都统、学士俱令侍卫等于坐处传饮。赐厄鲁特贝勒巴图尔额尔克济农元狐大套。宴毕，众谢恩。上回宫。

亲近侍卫关保出，于大学士伊桑阿、阿兰泰前传谕都统凯音布曰："今日之宴，大礼所在，虽朕亦谨慎终席。尔受杯酒之际，于朕前攘臂怒目一等侍卫衣都额真石图者，何也？石图非行酒之人，且卓布退之孙，尔原系笔帖式出身，岂得无故辄怒作威而睥睨伊哉？尔犹以为兵部司官笔帖式乎？尔为镶白旗都统，孰请尔来此大礼之地？尔辄作怒，莫云尔怒，朕亦岂轻易怒耶？"

本日起居注官阿山、阿金。

钦惟我皇上御极之三十有六载，九宇荡平，四海宁谧。东渐西被，疆域有磐石之安；衣食农桑，民物有生成之乐。唐虞盛治，蔑以加矣。蠢兹噶尔丹，僻处西陲，肆其狂悖。皇上悯边土疮痍，勿遑宁处，爰是先之以德化，继之以征诛。亲举六师，远届绝塞，天戈所指，群丑荡灭。粤自誓师，迄于饮至，期侔七旬，功倍三捷。圣谟深远，夐乎尚哉。尝考古哲王戡乱之师，历代多有。如黄帝伐涿鹿、舜伐三苗、文王伐崇、宣王伐猃狁，此皆拯溺取残，持危定乱，所以记之诗书，垂为盛典。然犹在邦域之内，地不逾千里，民犹在荒服，非有旷途绝险之隔也。我皇上圣德遐敷，神猷远布。六合之内，皆我赤子，必欲跻之春台，登之衽席而后即安。所以师出万里之远，谋定指掌之中，料敌制胜，如灼照数计，不差累黍。凶顽既歼，西土安堵，群黎戴德，欢动如雷。此皆皇上以至仁爱民，以大义除暴。露零霜坠之乡，日照月临之地，靡不涵濡圣化，沐浴皇泽。其视两阶之格、六月之师，又不啻有远近大小之分也。至于委任元戎，则推心置腹。而止齐步伐，具知方有勇之才，命将之道当也。挽输刍粟，则度地因时，而士饱马腾，无露宿野行之苦，转饷之计周也。及乎凯旋振旅，谦德弥冲，推鸿功而不有，委尊号而弗居。已当时雍光被之时，益懋缉熙敬止之学，非所谓至人无我、大德不矜者乎？若夫察吏治，则澄别流品，贤治不得溷其途，是则辟门咨岳之盛心也。乂民生，则蠲赈时行，一夫无不得其所，是则民胞物与之弘量也。臣等备员记载之末，日观皇上懿德嘉言，灿然如日星之著；神谟武略，渊然合天地之机。载笔难穷，含豪莫罄，即一岁所书，而千古之帝德王功靡不具备，岂不盛欤夫！记动记言，臣子之事也。躬盛明之世，而亲承乎钦明，光被之休，又微生之幸也。谨拜手稽首而志其后。

康熙三十七年　戊寅

正　月

初一日丁丑　早，上以元旦率诸王、贝勒、贝子、公、内大臣、侍卫、大学士、都统、尚书、精奇尼哈番等，诣堂子行礼毕，回宫。

辰时，上率诸王、贝勒、贝子、公、内大臣、侍卫、大学士、都统、尚书、精奇尼哈番等诣宁寿宫行礼毕，回宫。

少顷，御中和殿升座，内大臣、侍卫及内阁、翰林院、礼部、都察院、詹事府等衙门官员庆贺元旦。行礼毕，御太和殿升座，诸王、贝勒、贝子、公等文武各官及元旦朝觐外藩王、贝勒、贝子、公、台吉，朝鲜等国使臣上庆贺元旦表，行礼毕，回宫。

本日起居注官阿山、韩菼。

初二日戊寅　上因祭祈谷坛，斋戒三日。

本日起居注官徐秉义、阿金。

初三日己卯　本日起居注官阿山、王九龄。

初四日庚辰　上御太和殿，视祭祈谷坛祝版毕，回宫。

是日，诣宁寿宫请安。

本日起居注官邵穆布、徐元正。

初五日辛巳　早，上亲祭祈谷坛毕，回宫。

本日起居注官阿山、韩菼。

初六日壬午　早，上以孟春亲诣太庙祭毕，回宫。

巳时，上由神武门出西直门，驻跸畅春园。

本日起居注官阿山、韩菼。

初七日癸未

初八日甲申　是日，上诣澹泊为德问安。

初九日乙酉　是日，上诣澹泊为德问安。

初十日丙戌　上诣澹泊为德问安。

十一日丁亥　上诣澹泊为德问安。

十二日戊子　是日，上诣澹泊为德问安。

十三日己丑　是日，上诣澹泊为德问安。

十四日庚寅　辰时，上御畅春园内含淳堂，以上元节赐朝正蒙古王等宴，左翼喀尔喀折卜尊丹巴库图克图、土谢图汗，鄂尔多斯多罗郡王董罗卜，喀尔喀多罗郡王额驸董多卜多尔即，阿霸垓多罗郡王吴尔占噶喇布，喀尔喀达席垂木频托音扎雅班第达库图克图、喀尔喀多罗贝勒席迪西里、土墨特多罗贝勒额驸额尔德木图，乌珠穆秦多罗额尔德尼贝勒泊木布，喀尔喀多罗贝勒老卜臧，鄂尔多斯古塞贝子根都什夏卜，科尔沁和硕额驸班第，喀喇沁和硕额驸噶尔臧，鄂尔多斯护国公杜棱，喀喇沁护国公沙木巴喇什，巴林多罗额驸阿喇布谈，敖汉多罗额驸渣木苏、二等台吉护国公之婿滚木布，喀尔喀台吉多尔即额尔德尼，厄鲁特台吉豫木楚木，喀尔喀扎萨克一品台吉墨尔根济浓索诺木伊思扎布等，阿霸垓、鄂尔多斯、土墨特、阿霸哈纳尔、科尔沁台吉等，并协理旗分二等回子郭朴柏克；右翼喀尔喀和硕扎萨克图亲王策旺扎布，瑚瑚脑尔和硕亲王扎西巴图尔，喀尔喀多罗郡王色棱阿海，鄂尔多斯多罗贝勒宋喇布、厄鲁特多罗贝勒巴图尔额尔克济浓，瑚瑚脑尔多罗贝勒土谢土代青纳木渣儿额尔德尼、固山贝子盆苏克等，并瞿昙、弘化等寺国师等，泊索克图济浓之使额尔德尼班第达，达赖代青之使达尔汉鄂木布等，厄鲁特台吉策旺喇布滩之使喇嘛阿拉木扎木巴盆苏克、丹津多尔即寨桑等、毕立克图夏等，并内大臣、侍卫、大学士、上三旗都统、副都统宴。上进酒毕，诸乐并作。土谢土汗以下、台吉索诺木伊思扎布以上俱命进前亲赐酒，其余俱令侍卫传赐。

上召策旺喇布滩之使阿拉木扎木巴、盆苏克丹津多尔济寨桑进前问曰："尔台吉好否？"回奏曰："台吉好。"又问曰："尔二人系尔台吉信任之人否？"回奏曰："我二人系台吉议事之人。"上曰："尔等台吉疏参谛巴其意为何？"回奏云："自午年以来，圣主曾谕云：凡有衷情，不必疑忌，悉皆奏闻。今者谛巴其行不端，有乖道法，此人不可久留，是以参奏。”

上曰：“道法者，休息兵戎，令宇内升平，始云道法。若以护法为辞，必生衅端。譬如尔等虽招抚回子，曾灭其教，亦令其皈依佛法、跪拜喇麻否？即今朕处回子甚多，若尽令伊等皈依佛法，灭其教门，可乎？天下太平之时，惟令各行其道，若强之使合，断不可为。四十九旗扎萨克蒙古等，迄今六十余年，朕视如一家，以客礼遇之，并不轻贱。今者彼亲身俱在，伊等俱系达赖喇麻施主。先喀尔喀、厄鲁特构兵时，朕曾移谕达赖喇麻，令从彼处遣人往解，朕亦于此处命大臣等前去谕之，令其道法相和。不意达赖喇麻之使，竟偏向厄鲁特。彼时朕即知也，达赖喇麻当已物故矣。若彼尚存，断不为此。十六年以来，谛巴之唆衅噶尔丹，人人尽知之。又假托达赖喇麻之言，令将折卜尊丹巴库图克图、土谢图汗擒拿解赴噶尔丹等语，今者折卜尊丹巴库图克图、土谢图汗亲身皆在此处。前者土谢图汗于鄂罗海脑尔地方为噶尔丹所败，比时曾遣一寨桑来奏云：臣等系历来进贡请安之国，若蒙主上怜恤收育，我等即投顺前去等语。今不但折卜尊丹巴库图克图、土谢图汗等，即七旗之喀尔喀、数万蒙古归顺前来，朕皆收养，离散者使之完聚，待毙者使得生全，且令其各得恒业。虽至今日，而折卜尊丹巴库图克图、土谢图汗朕皆待以优礼，未尝有替。其土谢图汗并不令其叩首。众蒙古以谛巴为达赖喇麻传戒之人，皆缄口不敢议。朕曾以四事往责谛巴，彼皆心服，具疏认罪，朕因宥之。嗣后谛巴若改前行，敬奉班禅、达赖喇麻则已，若怙终不悛，不但尔等请征谛巴，即其所属之瑚瑚脑尔台吉等，朕亦不宽贷也。朕为天下主，惟期边方宁谧，乐业安生，岂有使尔二国生衅之理？曾将策旺喇布滩问之厄鲁特降臣，据云：策旺喇布滩为人最优，不喜兵戎，并非生事之人。嗣后，我等惟期永久太平。现今厄鲁特降众尽皆被伤，且每人有被数创者，此岂非嗜利攻掠之所致乎？彼时瑚瑚脑尔及厄鲁特闻朕出师宁夏之信，尽皆震动，游牧移营而去。然牲畜迁徙有不致遗失者乎？瑚瑚脑尔台吉等并无过端，朕岂肯加兵？今日瑚瑚脑尔台吉等以噶尔丹之事已毕，亲身前来请安庆贺，尔等台吉上疏特参谛巴，果敢可嘉。虽然朕统御天下，惟愿宇内群生咸获安堵，亦非谓尔台吉好启兵戎。总之凡事惟期安静而已。”宴毕，众皆谢恩，上回宫。

本日起居注官阿山、阿金。

十五日辛卯 未时，上御畅春园内含淳堂，大宴朝正外藩折卜尊丹巴库图克图、土谢图汗并左右两翼王、贝勒、贝子、公、台吉、喇麻及为使人等暨内大臣、侍卫、大学士，上三旗都统、副都统等，诸乐并作，上进酒，凡台吉以上俱赐酒毕，众皆谢恩。上回宫。

是日，上诣澹泊为德问安。

本日起居注官阿山、邵穆布。

十六日壬辰 是日，上诣澹泊为德问安。

十七日癸巳 是日，上诣澹泊为德问安。

十八日甲午 上诣澹泊为德问安。

十九日乙未 卯时，开印。

嗣后驻跸畅春园，时部院各衙门章奏逐日送内阁，转送畅春园听理，其应面奏事宜，仍行面奏。

是日，上诣澹泊为德问安。

二十日丙申 是日，上诣澹泊为德问安。

二十一日丁酉 是日，上诣澹泊为德问安。

二十二日戊戌 是日，上诣澹泊为德问安。

二十三日己亥

二十四日庚子 未时，上由西直门进神武门，回宫。

是日，赐湖广总督李辉祖朝衣一袭、撒袋一副、河南巡抚李国亮鞍马一匹。

本日起居注官陈元龙、阿金。

二十五日辛丑 早，上御太和殿，升转文武官员谢恩毕，上回宫。

是日，上诣宁寿宫问安。

本日起居注官阿山、韩菼。

二十六日壬寅 辰时，上御乾清门听政。部院各衙门官员面奏毕，湖广总督李辉祖、河南巡抚李国亮、云南巡抚石文晟、浙江巡抚张勄、广东总兵官刘虎、山东布政司刘皑陛辞，请训旨。上曰：“凡居官以实心爱民为部员日久，曾为甘肃按察使，升补斯任甚为得宜。”上曰：“囊吉里着升补布政使，所遗员缺即将巴哈布升补。”

理藩院、兵部等衙门题，偷盗黄寺所住台吉厄尔德尼阿海财物为首贼张国勇依律拟绞，其余张三等罪应流，监守官拜他喇布勒哈番周佳相拟罚俸。上曰：“为首者着处斩，余皆发往黑龙江。其周佳相亲身擒贼，应从宽免其罚俸。”上又顾伊桑阿等曰：“总兵官阿兰泰系以副都统原品升补其跟随披甲，着令带往速行，乘驿前去。”

是日，上诣澹泊为德问安。

本日起居注官阿山、揆叙。

三十日乙亥 是日，上诣澹泊为德问安。

三 月

初一日丙子 卯时，上由西直门进神武门，回宫。

辰时，御文华殿举行经筵大典，令讲官吏部尚书库勒纳、熊赐履讲《四书》“中也者，天下之大本；和也者，天下之达道”一节，讲官刑部尚书傅腊塔、礼部尚书张英讲《易经》“唯深也，故能通天下之志；唯几也，故能成天下之务”一节，讲毕，赐宴太和门前。

本日起居注官王项龄、阿金。

初二日丁丑 辰时，上御乾清门听政。部院各衙门官员面奏毕，直隶巡抚于成龙、原任总河王新命奉使往浑河、清河，恭请训旨。上曰：“清河发源太行山脉，会漳河、子河、滹沱河、易水诸流，其势虽盛，但坚筑堤岸以遏之，即岁潦亦可无虞。又漳河支流经大城县入子雅地方，其势湍悍，数年以来，文安、大城诸处屡遭水患，皆此河之故也。尔等宜详悉踏勘。至浑河发自马邑，其源甚微，每遇大水之年，则横流泛滥，致湮民田。详审其故，盖由浑河淤沙既多。春时水乏，保安以下居民又引河水灌田有年，水全涸，沙砾壅垫，河身积高。淫雨水发则避高就卑，水势弥漫，逐致田土冲没。尔等惟挑浚淤沙河之两岸，掘五六尺深阔，令水得畅流，当不致于涨溢矣。尔等须详视具奏。其筑堤浚河工竣，设立河夫，委官监视，及时预为挑浚，遇旱岁，力去淤沙，庶无水患。”于成龙等奏曰：“皇上洞鉴河务，天语指示，臣等方得明悉。俟踏看后仰遵上谕，尽心修治。”于成龙等出。

大学士伊桑阿、阿兰泰、王熙、李天馥等奏曰：“昨日奉旨皇长子、皇三子封为郡王，皇四子、皇五子、皇七子、皇八子封为贝勒，伏祈皇上将皇子照例尽皆封王。”上曰：“太祖、太宗之时封子并非一例概封，视其贤者封之，时惟多隆峨王、额尔克王、墨尔根王等封王，其余俱封为贝勒、贝子、公，或有不封者。今朕亦视其贤否加封耳，岂以己子有私乎？且如恭王为朕弟故封王，然其人岂称所封乎？”伊桑阿等奏曰：“前创业之初，正振作有为之时，是以如此封爵。今诸皇子夙奉皇上圣训，俱各贤明，伏祈皇上再思加封。”上曰：“朕于阿哥等留心视之已久，四阿哥为人轻率，七阿哥赋性鲁钝，朕意已决，尔等勿得再请。异日视伊等奋勉，再为加封，未始不可。”

巳时，上自神武门出西直门，幸畅春园。

是日，上诣澹泊为德问安。

本日起居注官华显、徐元正。

初三日戊寅 是日，上诣澹泊为德问安。

初四日己卯

初五日庚辰 辰时，上御畅春园内澹宁居听政。部院各衙门官员面奏毕，山东巡抚李钠赴任恭请训旨。上问曰：“尔病体今何如？”李钠奏曰：“臣前此甚病，今渐愈，手腕可以举动。皇上畀臣以山东巡抚重任，地方之事，即臣之事。臣愿急赴任所，赈济饥民。”上曰：“尔到任当以廉洁居身，爱民为务，副朕简用之意。”李钠出。

大学士伊桑阿、阿兰泰、王熙、李天馥，学士顾藻、徐嘉炎、罗察、布泰、噶礼、李录予、辛保、温达以折本请旨。吏部题直隶巡抚于成龙兼衔事。上曰：“于成龙原兼兵部尚书，着仍兼尚书衔。”

又兵部题山东兖州营参将董义员缺，掣签将韩显宗拟补。上曰：“朕昨巡幸，见武官马步射尽有不堪者，这补参将人员着调来引见。”

又直隶巡抚沈朝聘题将饥馑具呈生员马如骐等十五人已经赈济。上曰："保定府百姓具居呈饥荒，沈朝聘惟散给呈内有名之马如骐等十五人，甚属不明。着部议具奏。"

上又顾大学士等曰："山东巡抚李钠流涎不觉，病未平复。此症不宜劳顿，若勉强赴任，病复发必致误事。今山东正值饥馑，岂可缓待？"伊桑阿等奏曰："臣等曾问李钠，具言病颇愈，可以赴任。"上曰："如此病躯，难以乘马疾驰，安能与往赈官员同行，着暂停赴任，俾再调理数日。"

是日，上诣澹泊为德问安。

本日起居注官阿山、揆叙。

初六日辛巳

初七日壬午　是日，上诣澹泊为德问安。

初八日癸未　辰时，上御畅春园内澹宁居听政。部院各衙门官员面奏毕，大学士伊桑阿、阿兰泰、王熙、李天馥，学士顾藻、徐嘉炎、罗察、布泰、噶礼、李录予、辛保、温达以折本请旨。吏部题湖广布政司王燕员缺，遵旨将陕西西宁道刘殿衡拟补。上曰："西宁地方甚属紧要，这本发回该部，另拟具奏。"

兵部题孝陵总管萨尔图年老乞退。上曰："萨尔图守陵有年，极为敬谨，如此久效力者甚少，着加一级留任。"

本日起居注官阿山、阿金。

初九日甲申　是日，上诣澹泊为德问安。

初十日乙酉

十一日丙戌　是日，上诣澹泊为德问安。

十二日丁亥

十三日戊子　辰时，上御畅春园内澹宁居听政。部院各衙门官员面奏毕，大学士伊桑阿、阿兰泰、王熙、李天馥，学士顾藻、徐嘉炎、罗察、布泰、噶礼、李录予、辛保、温达以折本请旨。礼部题朝鲜捕鱼十八人被风飘至琉球国，令送入京，遇便遣回本国。上曰："着礼部行文地方官，令派能吏护送前来，俟到日奏闻。"

工部题被水冲决武清县洭儿港堤岸，应令赔修。上曰："洭儿港之堤系直隶地方，巡抚于成龙方视河道，着交于成龙。"

又顾大学士伊桑阿等曰："朕曾询引见武官等，据言湖广、江西、江南、浙江、广东、广西、福建、陕西、山西米价腾贵，何故乃至如此，是必糜费于无益之事故也。着问九卿。且湖广、江西地方粮米素丰，江南、浙江咸赖此二省之米，今此二省米价跃贵，诚属可虞。酒乃无益之物，视若得寻常，其实耗米甚多。朕巡幸直隶等处，见虽有禁造烧酒之名，而地方官不切加意，故尔未曾少止。作何严禁，有裨民食。着部确议。"

本日起居注官阿山、华显。

十四日己丑

十五日庚寅 是日，上诣澹泊为德问安。

十六日辛卯 辰时，上御畅春园内澹宁居，直隶巡抚于成龙以浑河图形呈览。上曰："尔于三处河道皆曾看否？"于成龙奏曰："潘各庄旧河形，东南虽有旧迹，而潘各庄左近与迤西一带或成沙岗，或俱已耕种，兼比中间旧河迹多数十里。臣同西洋安多等自霸州入定河一道，自卢沟桥起至霸州药王庙止，尚可由水路丈量。自霸州堤乘马至苑家口，乘船至信安。由信安至丁字沽看至里郎城，履旧河形，一路丈量到永清。固安至张协有旧堤一道，虽损坏，约有七十里尚可帮修，且路近二十里，水溜亦在此，此处可以挑掘。沿途百姓闻皇上大发帑金浚河，比户感激，欢声载道。皆称圣主拯民水患，不惟田亩可以耕种，生计得遂，而现在饥民亦可以雇工糊口。臣等亲见被灾贫民捞取水藻度命，其苦更甚于下河。"

上曰："朕经行水灾地方，见百姓以水藻为食，朕亦曾尝之，如此艰苦，朕所目击。是以命尔于雨水之前，急行浚河筑堤，田亩得耕，不必计惜钱粮也。"于成龙奏曰："臣等请训旨之时，皇上已洞悉浑河水势，谕臣等曰：'浑河于三四月间保安等处尽将水引入田中，因而浑河之水平缓而淤沙成滩，有时干涸。其涸后一过水发，水性趋下不能过滩，则冲刷两岸，遂迁流靡已，是以民田遭其淹没。今筑堤，将淤沙深掘四五尺，则虽发大水，亦不至向高阜处迁改矣。又土人传有猪龙之说，皆属妄诞。尔等往视明白回奏。俟堤河工毕，设立浚河夫役及巡查之员，令专管理，自可无虞。'臣等遵旨沿河踏勘，其水性、沙滩俱如上谕，虽久任河务人员，亦不能计至此也，以臣等庸劣，别无奏言，惟遵圣训而行。"

上问："郎城河口与霸州相距几里？"奏曰："有六十余里。"上又曰："用何项人夫？"奏曰："若用旗下人夫，则除近地三旗外，其他五旗相去辽远，且人夫亦少，工难速竣。若交分修各官，令自觅夫役，不惟人夫可以多得，而罹灾之民亦可籍此度日矣。"上曰："朕欲用旗下人夫者，恐妨民农务耳。"于成龙奏曰："若雇民夫则穷民可以度日，况被灾处亦无可种之田。若不被灾之地，此时亦不致有妨耕种。"上问："堤自张家庄筑起否？"奏曰："堤自卢沟桥筑起，现今鹅坊等处皆为水淹。"上问："六月内可告成否？"奏曰："若令众官各分一里，则官多夫足，六月内似可完工。"上问："所需钱粮几何？"奏曰："丈量之时因风大，丈尺俱不甚准。挑土筑堤约需钱粮三十余万，其拦河坝与各岸决口应用物料及河夫工食所需钱粮不在此数。俟工分定以确数具奏。其夫役工食钱粮臣未敢定，伏祈睿裁。"上曰："着会同工部速行定议具奏。"

于成龙奏曰："前蒙皇恩轸念饥民，恐米价腾贵，截留漕粮八万石运至霸州等八州县，遇米价贵时奏明平粜。今正青黄不接之时，臣请将此米即行平粜，以济贫民。若至麦秋，则无用矣。臣已属天津道范时崇并钦差官不必另雇船，即着漕船送至新安，如此则米不致有耗，且新安去通州甚近，于运丁亦易为力。但臣蒙皇上殊恩，今年已衰迈，图报无几，遇应奏之事若畏惧不言，则有负皇上知遇之恩矣。臣同西洋安多等勘旧河形迹时，至永清县交界地方，百姓尽皆拦路哭诉：'原任知县盛时方廉洁爱民，我等曾屡次保留，冒渎天威。今闻知县已犯斩罪，我等士民坐卧不安，非敢保其功名，但祈转奏释其死罪，使得还家，则我等士民仰戴皇恩无既矣。原拟叩阍，但家贫苦无路费，伏乞转奏。'无不泣恳，此皆系西洋安多等所共见者。又保定府原任知府王兴元一案，实系前任之事，且在赦前及王兴元到任即行报明，巡抚亦在赦前。因沈朝聘疏称事属赦后，又未分明前任、后任，所以坐罪。"上曰："王兴元居官何如？"于成龙奏曰："臣等往湖广审事时，王兴元系黄州府知府，时已丁忧。人皆言其居官甚好。又霸州游击万世泽，因马步射俱劣，皇上曾问公福善万世泽居官何如，有知者否。其时臣侍御旁，因皇上未问臣，是以未敢擅对。既公福善询问并无知者时，臣谓公福善曰：我为巡抚时，世泽适为霸州游击，恤兵爱民，捕盗勤慎。前年运米之役，世泽实随行，曾以饮米灌救垂死从役，又患病十余人调养俱活，交还原主。公福善因已奉旨，亦未敢奏闻。是行臣经霸州，官军哭诉祈请转奏，臣窃思圣德，侔天重犯，尚为减等，未尝有一人抱屈，谨此奏闻。”上颔之。

本日起居注官阿山、揆叙。

十七日壬辰　是日，上诣澹泊为德问安。

十八日癸巳　上诣澹泊为德问安。

十九日甲午

二十日乙未　是日，上诣澹泊为德问安。

二十一日丙申

二十二日丁酉　是日，上诣澹泊为德问安。

二十三日戊戌　是日，上诣澹泊为德问安。

二十四日己亥　辰时，上御畅春园内澹宁居听政。部院各衙门官员面奏毕，福建将军金世荣赴任恭请训旨。上曰：“福建地方今甚宁谧，无可教训。”金世荣奏曰：“福建一省尚为紧要，驻防管兵官员应简选补授，伏乞俞旨。”上哂曰：“补授外省旗员，该都统职任各自为计，其才具殊尤者，岂肯拨往乎？以理言之，外省驻防人少紧要良然。”

大学士伊桑阿、阿兰泰、王熙、张玉书、李天馥，学士顾藻、徐嘉炎、罗察、布泰、噶礼、李录予、辛保、温达以折本请旨。户部覆给事中姜楠条奏长安华阴等处缺欠捐纳银米，应令查核。上曰：“此事已经年久，着部院满汉堂官各一员前往查核。”

又覆广东海税监督吴礼善奏任内缺额，请减税课，议不准行。上曰：“广东海税惟恃货船来往，其每岁缺额者，皆因每一船至即屑屑搜索，故船来鲜，商贾亦为苦累。着该部另议具奏。”

刑部题将殴辱庶吉士仓儿拟流徙。上曰：“大臣家仆，殴辱职官，夺取轿褥，即系光棍。如此者断不可不惩治一人。该部草率拟议，殊属不合。尔等照朕旨批出。”

本日起居注官阿山、阿金。

二十五日庚子 是日，上诣澹泊为德问安。

二十六日辛丑 上诣澹泊为德问安。

二十七日壬寅 上由西直门进神武门，回宫。是日，上因祭太庙斋戒三日。

本日起居注官华显、顾祖荣。

二十八日癸卯 辰时，上御乾清门听政。部院各衙门官员面奏毕，四川川北总兵官吴弘赴任，恭请训旨。上曰："尔系武职，到任时所部当教之娴习马步射，兵卒宜加爱恤，饷勿克扣，兵民务使相安。"吴弘奏曰："臣出自微贱，蒙圣恩擢臣以不次之任，臣初任外省，事未经历，到任后惟恪遵皇上训旨，勉力奉行。"

本日起居注官阿山、徐秉义。

二十九日甲辰 早，上御中和殿，视孟夏祭太庙祝版毕，回宫。寻，御乾清门，听部院各衙门官员面奏政事。

本日起居注官张廷瓒、阿金。

四　月

初一日乙巳 早，上亲诣太庙祭毕，回宫。

辰时，上由神武门出西直门，驻跸畅春园。

是日，赐四川川北总兵吴洪鞍马一匹。

是日，上诣澹泊为德问安。

本日起居注官阿山、王九龄。

初二日丙午 是日，上诣澹泊为德问安。

初三日丁未

初四日戊申 是日，上诣澹泊为德问安。

初五日己酉 辰时，上御畅春园内澹宁居听政。部院各衙门官员面奏毕，山西按察使巴哈布赴任，恭请训旨。上曰："按察使别无他事，专掌刑名，一应罪案，俱有定例。尔到任听狱，须从公审断，且尔之升迁不由资俸，尔念此亦当勉力。”巴哈布奏曰：“臣蒙皇上殊恩，到任自当竭力图效。”巴哈布出。

大学士伊桑阿、阿兰泰、王熙、张玉书、李天馥，学士顾藻、徐嘉炎、罗察、布泰、噶礼、李录予、辛保、温达以折本请旨。刑部等衙门题，浙江仁和县盗犯陈茂生等，以强盗劫夺沿城地方例，拟立斩。上曰：“盗犯陈茂生等潜居城内，劫夺人家，遂以沿城劫夺律尽行拟斩，似属太过。为首者正法，其余从宽发往黑龙江与新满洲兵为奴。”随顾伊桑阿等曰：“人命所关重大，朕数年以来为盗者止诛首恶，为从者从宽免死，全活甚众。朕曾问及黑龙江将军萨布素，此等罪犯充发黑龙江聚集，或致生事？据称，新满洲兵众多，将此凶徒分给为奴，势孤力散，恶不能逞。且新满洲得之，资益良多。”伊桑阿等奏曰：“皇上以人命为重，免死者既多，又恐恶徒聚集生事，宸衷切注。顾问萨布素，虑事诚为周密矣。”

是日，上诣澹泊为德问安。

本日起居注官华显、揆叙。

初六日庚戌　是日，上诣澹泊为德问安。

初七日辛亥

初八日壬子　是日，赐西安副都统年昌安鞍马一匹。

本日起居注官阿山、韩菼。

初九日癸丑　是日，上诣澹泊为德问安。

初十日甲寅　辰时，上御畅春园内澹宁居听政。部院各衙门官员面奏毕，西安副都统年昌安赴任，恭请训旨。上曰：“博济乃一好将军，尔听其指授，协谋从事足矣。”年昌安奏曰：“上谕诚是，臣谨遵行。”年昌安出。

大学士伊桑阿、阿兰泰、王熙、张玉书、李天馥，学士顾藻、徐嘉炎、罗察、布泰、噶礼、李录予、辛保、温达以折本请旨。兵部覆，遵旨自宁夏运米至郭多里等处人等再行议叙。上曰：“这议叙尚未周至，着交与九卿再行议奏。”

又右卫及西安出征官兵阵亡者，议应赐恤。上曰：“西安阵亡拨什库及披甲人等，其子孙着给应得品级，仍留原处。倘令迁至京师，则贫者有移居之累。右卫人等亦免来京，以所得之官留原处供职。”

理藩院覆王色邓敦多布奏，恳将克勒河朔等地给伊部落就食之人耕种，议准行。上曰：“理藩院事务每致稽滞，这耕种关系八佐领下人命，若不速遣，必至经霜失时。理藩院司官人多委靡不前，着即日行。”

本日起居注官阿山、阿金。

十一日乙卯

十二日丙辰

十三日丁巳　是日，上诣澹泊为德问安。

十四日戊午　辰时，上御畅春园内澹宁居听政。部院各衙门官员面奏毕，大学士伊桑阿、阿兰泰、王熙、张玉书、李天馥，学士顾藻、徐嘉炎、罗察、布泰、噶礼、李录予、辛保、温达以折本请旨。户部以广东海税复行议减具奏。上曰：“海税事朕知已久，闻收税人员将船内所载诸物屑屑搜检，概行征税，以致商船稀少。海船亦有自外国来者，如此琐屑，外国观之，亦觉非体。尔等传前任收税人员，问明缺额之故具奏。”

又顾伊桑阿等曰：“盛京将军绰克度人材庸常，观其保题引见人员，俱极不称。所属兵皆不遵约束，其奉公差遣闻，有半途私归者。尔等偕议政大臣、宗人府、九卿会议，并询曾官盛京额伦特等。”

本日起居注官阿山、华显。

十五日己未

十六日庚申　是日，上诣澹泊为德问安。

十七日辛酉

十八日壬戌　是日，上诣澹泊为德问安。

十九日癸亥　辰时，上御畅春园内澹宁居听政。部院各衙门官员面奏毕，刑部尚书傅腊塔、都察院左都御史张鹏翮奉旨往西安府长安、华阴、永寿三县查核所捐军务米数奏曰：“臣等今往陕西查看三县捐助之事，又奉旨并查种籽粒事务。查得三十二年原任巡抚布喀等以民乏籽粒不能耕种，请将捐助银发五十万两给民购买，俟秋成时收取，奏请准行。此事年久，当时官员升迁者有之，罢黜者有之。现任官员不知者多，诚属难查，敢请圣训。”上曰：“此事日久，株连者亦多，布喀等虽请给民籽粒，实未给民，所以至今征催不获，反致百姓告理。或因原捐有弊，托言田种，希图消灭此项银两，亦未可知。尔等切须详查。”又顾张鹏翮曰：“汝晓满语否？顷傅腊塔所奏尔意同乎？”张鹏翮奏曰：“臣略晓满语，意亦相同。臣等查档案，此事曾会九卿取布喀、戴通口供。布喀供称：‘与民籽粒有益，我曾疏请，因获罪来京，布政使戴通给与不给，我则不知。’原任布政使戴通供称：‘我将银五十万两如布喀所奏交府州县官散给与民，又经屡催，令将所给百姓花名造册详报。府州县官未及送至，我即丁忧。百姓实得与否，我亦不知。’臣思三十几州县相去辽远，百姓有真朴者，亦有奸狡者，臣等虽遍行查访，难以即得虚实，且耽延月日。臣意俟其告发，同总督吴赫会查，伏乞圣训。”上曰：“这银五十万在官在民，务必查明。”

江西总兵石如璜赴任，恭请训旨。上曰：“近数年来，旗下人员授为总兵官者甚少，汝往悉心训练军务。”石如璜免冠顿首奏曰：“臣祖父世承圣恩，臣惟竭力图效。”石如璜出。

大学士伊桑阿、阿兰泰、王熙、张玉书、李天馥，学士顾藻、徐嘉炎、布泰、噶礼、李录予、辛保、温达以折本请旨。吏部题学士罗察升任员缺，将侍读学士萨尔图等职名开列。上曰：“侍读学士中孰优？”伊桑阿、阿兰泰奏曰：“苏赫纳、恩丕任事皆办。”上曰：“萨尔图何如？”伊桑阿奏曰：“萨尔图任事亦可。”上曰：“萨尔图为人狂妄，同事之人甚不足之。恩丕原系兵部司官之优者，朕素知之，着恩丕补授。”

又覆西宁总兵阿兰泰请准给笔帖式，议准行。上曰：“将通满汉字笔帖式及满洲蒙古字笔帖式各简一员与之。”

伊桑阿等奏曰：“臣等遵旨问前任广东收海税人员，据云，以前税银原足。数年来，内地货物贩卖外国者甚多，因此价不及前，所以外国货物至中国者亦不得价。况福建、浙江、江南又开海禁，设关榷税，因洋货分散，致钱粮缺额。”上曰：“此税银减半，始得其平。交该部议奏。”

又宗人府、议政大臣、九卿及曾官盛京大臣回奏称盛京将军公绰克度其人庸劣，不称斯职。上曰：“绰克度着革去将军撤回，仍留公爵。”

本日起居注官华显、阿金。

二十日甲子

二十一日乙丑

二十二日丙寅

二十三日丁卯

二十四日戊辰 巳时，上由正阳门进午门，回宫。

本日起居注官曹鉴伦、揆叙。

二十五日己巳 上御太和殿，升转文武官员谢恩毕，上回宫。

本日起居注官韩菼、华显。

二十六日庚午 辰时，上御乾清门听政。部院各衙门官员面奏毕，大学士伊桑阿、王熙、张玉书、李天馥，学士顾藻、徐嘉炎、布泰、噶礼、李录予、辛保、温达、恩丕以折本请旨。吏部以山西太原府潞安府知府、蓟州知州、陕西宁羌州知州员缺奏闻。上曰："涿州知州李成龙堪为太原府知府。此知府、知州员缺，将部院应升之人、捐纳之人、各省保举之人，九卿简选指名具奏。"

户部覆巡抚喀拜题支给官军草价银两难以再减，议准行。上曰："凡兵马钱粮，俱于上年预备为拨给。此康熙三十二年草价，乃延至数年始议给发。彼时以何项钱粮买办，或草未给价，私派民间。且今发此项银两，果实给与兵民否？着查明具奏。"

兵部题将军绰克度员缺，将副都统鄂齐礼等职名开列。上曰："盛京将军职任紧要，数年来彼处事务废弛。此缺应补公费扬古。但费扬古患病，着将贝子苏努补授，令其整理。"

又覆古北口总兵马进良题武职官员缉盗限期请再定例，议不准行。上曰："马进良此疏诚是。部议偏执，盗案未及审明即经参劾，及审鞫并非真盗，而前所参之案该部又不准销。可将此本发还，着另议具奏。"

又覆黑龙江将军萨布素所参旷误防哨之佐领阿木瑚朗、巴林，拟革职、鞭一百，不准折赎。上曰："萨布素任黑龙江将军年久，谙练地方事务，亦得官军之心。西白达瑚里编入佐领已数年矣，理合遵行禁令。阿木瑚朗等既违约束，不可不严加惩治。阿木瑚朗、巴林俱革职，交萨布素，听其惩治。嗣后若有此等不遵法纪者，令萨布素酌量治罪奏闻。”

伊桑阿奏曰：“臣等遵旨将提督李林隆询问九卿。九卿云皇上所见至明，李林隆固材力壮健，然未得军民之心。”上曰：“李林隆堪为都统、副都统，不宜外任管辖军民。今镶红旗汉军都统员缺，即以李林隆补授。”

本日起居注官王项龄、揆叙。

二十七日辛未 辰时，上御乾清门听政。部院各衙门官员面奏毕，大学士伊桑阿、阿兰泰、王熙、张玉书、李天馥，学士顾藻、徐嘉炎、布泰、噶礼、李录予、辛保、温达、恩丕以折本请旨。盛京将军公绰克度员缺，将贝子苏努补授拟签呈览。上曰：“若将苏努长留盛京，则伊护卫官员将皆随往，家口必致边移。着苏努前赴，加意整理数年，令回京师。”伊桑阿奏曰：“盛京事务今已废弛，将苏努简授将军，俟诸务综理二三年后，复请撤回。”上曰：“苏努令暂理将军事务，俾精勤振刷。此行不必携带家属，其随去护卫亦应减少。俟满二年，该部另请补授。”

伊桑阿奏曰：“查得施琅祭文由兵部具题，移咨礼部，礼部咨取施琅诰命敕书，兵部行查福建总督咨送礼部，将赠谥之处移会翰林院，及撰拟祭文送臣衙门，因有不合，发回更改，近日始完奏览，犹未得细查。”上曰：“仍着查明具奏。施琅系边疆大臣，勋绩茂著。其祭文如此耽延，若置不问，此后愈为懈怠。”

本日起居注官阿山、陈元龙。

二十八日壬申 辰时，上御乾清门，听部院各衙门官员面奏政事。

是日，上诣宁寿宫问安。

本日起居注官张廷枢、阿金。

二十九日癸酉 早，上由东华门出崇文门，巡幸漕河要儿渡等堤岸。

是日，御舟驻跸通州崔家楼。

五　月

初一日甲戌　早，上渔于鹅头庙。赐内大臣、侍卫、部院各衙门官员、广东高雷廉总兵韩天伏、内执事人员鱼，并赐护军、上驷院、武备院、网户及瞻看百姓人等，又赐扈从、文武大臣、侍卫食。命韩天伏坐于一等侍卫之列，赐以御膳。

未时，启行至河合站登舟，驻跸于武清县红庙梗子。

是日，圣驾未咨行时，登堤岸阅视。众民跪奏曰："耍儿渡地方自蒙皇上修筑，迄今绝无水患。此地堤岸正当水势冲射，得于此外另筑一堤，百姓大蒙休泽矣。"上曰："此地之外若另作一堤，尔等田亩岂不多致占废？"众民奏曰："原非一家田亩，即稍入堤内，于小民亦无大损。倘河水一决，其患更甚。"上曰："转盼间雨潦将届，今岁不及修筑，暂立木桩坚护堤岸，另开小河，以杀水势。诚如是，今岁田亩可以无虞，俟明春雨水前乃筑重堤，俾尔等田庐俱得安固。"众皆踊跃奏云："愚民惟知筑堤之益，不知时候业已无及。兹仰闻圣谕，愚昧始开，不胜感激。"

初二日乙亥　御舟驻武清县黄家庄。是日，武关营游击陈得功、千总王忠孝、把总刘国泰等，杨村营守备刘近御、把总兴之福、高略等来朝。

初三日丙子　御舟驻天津之土城。

初四日丁丑　御舟驻沧州之格沽。是日，命天津总兵潘育龙及新授高雷廉总兵韩天伏步射，俱赐以鱼。格沽营守备高岗双、将营千总王天福等来朝。

初五日戊寅　早，上自沧州大沽营坐步辇启行，幸海口，入览新建海神庙。

未时，驾旋御舟，驻沧州邓山沽。

初六日己卯　御舟驻武清县杨家庄。

初七日庚辰　御舟过天津驻武清县杨村。

初八日辛巳　御舟驻武清县打鱼庄。是日，武关营游击陈得功、千总王忠孝、把总刘国泰等，杨村营守备刘近御、把总兴之福、高略等来朝。

初九日壬午 上自河合站渔于鹅头庙。未时，启行，御舟驻通州之崔家楼。

初十日癸未 酉时，上由崇文门进东华门，命亲近侍卫马武传谕大学士阿兰泰等曰："尔等勿散，今日奏章着即送进，朕览毕随来请旨。"上回宫。

是行也，部院各衙门奏章每日交送内阁，三日一次驿送行宫办理。

扈从起居注官阿山、揆叙、阿金。

是日，上览毕奏章发出。大学士阿兰泰、学士布泰、噶礼、辛保、温达、恩丕入乾清宫以折本请旨。宗人府拟叙西路出兵效力之宗室觉罗等记册。上曰："西路出兵官员，兵部议以所得功牌尚未至，授官者因恩诏业已与官，应无庸议，前曾具奏矣。令宗人府将效力行间宗室觉罗官员不加详查，即概拟注册，是互异矣。着再查明。"

又将门度、根度公爵议革。上曰："门度、根度乃商山贝勒之子。此两公爵俱革，而商山别无公爵之子孙，则其爵遂绝矣。着交宗人府再议具奏。"

吏部题苏州府等三府知府员缺，掣签将卓异淮安府同知王隆熙等补授。上曰："苏州府最为繁剧，原任江宁知府施世纶居官甚优，不畏强御，今其服将阕，着补授苏州府知府。"

又覆四川巡抚于养志题，将东川等处土司改设流官，移咨云南、贵州、四川督抚，公同确议具奏，到日再议。上曰："东川地方以土司改设流官事最紧要。着移文三省总督、巡抚，选择能员会同详勘具奏。事若迁延，或生他故，着该部速行移会。"

户部覆山东巡抚王国昌题，泰安州等二十七州县新旧钱粮至秋成再行征收，议准行。

上曰："朕此行阅视天津河堤，见山东百姓携带妻子络绎而来，小民遭此荒歉，顷既遣官赈济，若仍与秋间征其逋欠，百姓岂能上纳此项钱粮？着丁未秋征收。"阿兰泰奏曰："皇上恩纶如此，流移之民闻之，相率回原籍矣。"

又覆山西巡抚倭伦题将静乐等县所欠三十六年钱粮于今秋征收，议准行。上曰："静乐等处因今岁歉收，已经蠲免，若仍征旧欠钱粮，既不可得，徒累小民，着于来秋带征。该抚奏称今岁征收，误矣。该部不行详度，即奏准行，殊属不合，着批明发出。又闻汾州府百姓亦甚荒歉，着问九卿。"

又户部等衙门覆仓场总督德珠题，将运至朝鲜并河工等处减价粜卖之米另行买补，移咨督抚，俟其将某省应运送几何报到之日，再交户部议奏。上曰："仓中所贮米粮，支给官员俸米及兵丁口粮，尚足数年之用。今以济民平粜之米，又令有漕省分买补带运，百姓与运丁均致苦累，着停其买补。"

又顾阿兰泰等曰："先是要儿渡当水冲射遇雨水之时，湍悍不能宣泄，以致堤岸冲决，民田淹没。朕谕令直隶巡抚或筑滚水霸，或直开小河，分其水势。沈朝聘奏称，若筑滚水霸，遇大水之年仍至漫越，且必岁加修筑，请直开一河，以分水势。朕随准行，令其开浚。今往阅堤岸，要儿渡水已全涸绝无河形，其地百姓云：'皇上开此一河，要儿渡俱成田亩，水之为灾，从此永不闻矣。'至于武清县河堤，朕步行登览，百姓跪奏言：'皇上修治要儿渡，其地永无水患，此处堤岸当水冲射，亦于堤外另筑重堤，众小民最有裨益。'朕云：'堤外更筑一堤，尔等田亩岂不多致占废？'众奏云：'此处地亩非一人之田，虽少入堤内，不致为累。倘河水泛溢，堤岸一决，其害视此更甚。'朕云：'不久即雨水之时，今岁已不及筑堤，暂树桩木，坚护堤岸，另开小河，以杀水势。尔等田亩今岁亦可无虞，明年雨水之前修筑重堤，令尔等田舍得以安固。'众皆忻跃奏言：'愚民但知筑堤有益，不知时已不及。得闻圣谕，愚昧始闻。'阿兰泰奏曰："皇上熟谙天时，洞悉水势，彼愚民惟知筑堤有益，岂知非可筑之时。"

刑部题充发宁古塔之赵廉逃回，恨傅保欲执己，辄杀之，坐抵拟秋后处决。上曰："赵廉系行凶充发之人，私自逃归，又怀仇杀傅保，赵廉实为光棍。议秋后处决，殊属不合，着另行具奏。"

是日，上诣宁寿宫问安。

本日起居注官阿山、华显。

十一日甲申　上以夏至有事于方泽，斋戒三日，不理政务。

本日起居注官韩菼、阿金。

十二日乙酉 本日起居注官阿山、顾祖荣。

十三日丙戌 早，上御中和殿视祭地祝版毕，回宫。

本日起居注官华显、王九龄。

十四日丁亥 早，上亲诣方泽祭毕，回宫。

本日起居注官阿山、韩菼。

十五日戊子 早，上御太和殿，升转文武官员谢恩毕，上回宫。

本日起居注官阿山、韩菼。

十六日己丑 辰时，上御乾清门听政。部院各衙门官员面奏毕，管翰林院事侍郎阿山、韩菼以原任提督徐治都祭文呈览。上曰："祭文内有'大师一到，四境悉平'之语，徐治都于大兵未至之前已破夏逢龙，武昌之役战功为最，祭文可专叙其功。"

大学士阿兰泰、王熙、张玉书、李天馥，学士顾藻、徐嘉炎、布泰、噶礼、李录予、辛保、温达、恩丕以折本请旨。户部覆山西巡抚倭伦题静乐等五县未完三十六年钱粮限三十七年十月完结，议准行。上曰："山西省康熙三十七年钱粮业已有旨尽行蠲免，今静乐等县未完三十六年钱粮倘于三十七年征收，小民拮据输纳，仍致苦累。该部竟不详察即照该抚所题议奏，殊属不合，着饬行所欠钱粮着于三十八年带征。"

本日起居注官曹鉴伦、揆叙。

十七日庚寅 辰时，上御乾清门听政。各部院衙门官员面奏毕，盛京将军苏努赴任，恭请训旨。上曰："盛京事务废弛已极，公绰克度观射时，不辨士卒骑射优劣，惟务闲谈。尔至任勿复蹈此辙。朕优遇汝，加封贝子，尔其勉诸。"苏努奏曰："臣过荷圣主殊恩，虽没齿效力，不能报答万一。臣之愚鲁，乃皇上洞悉。臣在此办事，惟赖皇上指示。今谨志圣训，竭力勉效。目今定例，山海关以外员缺将其子弟坐名题补，是官俱有管辖办理之任，臣欲于此等员缺将伊子弟内材力矫健、其人可用、长于辖众办事者，照常坐名具题，其材力虽健而无辖众办事之能，将其次人员可用者坐名拟补。此缺另行拣补，若无可补之人，疏请自京补授。"上曰："善。即如此行。"苏努又奏曰："京师上设官库，官兵窘迫，贷以银两，甚为有益。臣至盛京，若亦有益，具疏题请。”上曰：“尔至彼视，果有益，即行启奏。盛京地方习俗颓坏已极。闻兵丁派出差役，不去者有之，去而私回者有之。尔至其地，倘有若辈，若不择其尤者诛戮一二人，罔知惩创。”苏努出。

大学士阿兰泰、王熙、张玉书、李天馥，学士顾藻、徐嘉炎、布泰、噶礼、李录予、辛保、温达、恩丕以折本请旨。兵部题陕西提督李林隆员缺，将副都统喻维邦等职名开列具奏。上曰：“陕西提督甚属紧要，应于各总兵官内择其最优长者补授，着问九卿居官有声、众所悉知者，令举出。朕出师至宁夏，见陕西空粮甚多，兵卒苦累。广西提督李林盛人材优长，居官甚善，然广西不过一小省耳。”阿兰泰奏曰：“皇上所见甚悉。陕西地方若不择一最优者补授，整饬行间，贻累匪轻。”上颔之。

山西总兵毛来凤以病求罢。上曰：“毛来凤手足实不能举动，着休致。顷所授广东高雷廉总兵官韩天伏，此番随朕在外，观其人材优长，居心无垢，着调补山西平阳总兵。此员缺着另补授。”阿兰泰奏曰：“山西地方无总督、提督，惟有总兵。皇上将深知之人补授，甚善。”

本日起居注官阿山、徐秉义。

十八日辛卯　辰时，上御乾清门听政。部院各衙门官员面奏毕，大学士阿兰泰、王熙、张玉书、李天馥，学士顾藻、徐嘉炎、布泰、噶礼、李录予、辛保、温达、恩丕以折本请旨。理藩院题苏尼特扎萨克多罗郡王额驸沙木扎病故，此王爵或照定例与伊子多尔吉承袭，或照和硕格格所请，以沙木扎遗言与第三子垂基恭苏隆承袭，伏候上裁。上曰：“着照格格所请，将扎萨克多罗郡王与第三子垂基恭苏隆承袭。”

阿兰泰奏曰：“臣等遵旨将补陕西提督事问九卿。据九卿云：李林盛盛及江西总兵叶日芳才力矫健，居官俱优。”上曰：“李林盛调补陕西提督。”

本日起居注官陈元龙、阿金。

十九日壬辰　辰时，上御乾清门听政。部院各衙门官员面奏毕，大学士阿兰泰、王熙、张玉书、李天馥，学士顾藻、徐嘉炎、布泰、噶礼、李录予、辛保、温达、恩丕以折本请旨。吏部将陕西潼商道任观瀛员缺奏闻。上曰："道官内朕俱未深悉，知府内有居官善者，令九卿荐举。着问九卿。"

兵部覆总兵马进良题石塘路都司张硕德员缺，请将守备赵丹古升补；赵丹古员缺，请将千总马瑞生升补。议不准行。上曰："赵丹古人材矫健，射艺亦优，着照所请补授。其所题补守备马瑞生，其射犹可，但其人昏鄙，不称守备之职。这员缺着另拟。"

是日，上诣宁寿宫问安。

本日起居注官华显、宋大业。

二十日癸巳 辰时，上谕乾清门听政。部院各衙门官员面奏毕，大学士阿兰泰、王熙、张玉书、李天馥，学士顾藻、徐嘉炎、布泰、噶礼、李录予、辛保、温达、恩丕以折本请旨。宗人府拟将门度承袭公爵。上问："门度之祖系何公爵？"阿兰泰奏曰："门度之祖原系辅国公。"上曰："门度之祖既系辅国公，门度袭镇国公则属太过，令袭辅国公。"

阿兰泰奏曰："潼商既道员缺，将知府内居官孰优问九卿。据九卿举荐，陕西平凉府知府管竭忠、湖广郧阳府知府卫台瑞、江西九江府知府朱俨、江南苏州府知府施世纶等四人俱优。"上曰："朱俨、卫台瑞系何处人，曾为部员否？"王熙奏曰："朱俨，顺天府人，朱之弼之子。卫台瑞山西曲沃县人，卫周祚之子，俱由郎中升授。"上曰："潼商道员缺，着卫台瑞升补。"

本日起居注官邵穆布、徐元正。

二十一日甲午 辰时，上御乾清门，听部院各衙门官员面奏政事。

本日起居注官揆叙、张廷枢。

二十二日乙未 辰时，上御乾清门听政。部院各衙门官员面奏毕，大学士阿兰泰、王熙、张玉书、李天馥，学士顾藻、徐嘉炎、布泰、噶礼、李录予、辛保、温达、恩丕以折本请旨。吏部题班布尔善之阿达哈哈番无应袭之人，相应注销。上曰："此世职系多贝阵亡所授，若竟注销，情有可悯。倘以幼稚子孙承袭，未堪效用，着仍留与班布尔善。"

本日起居注官曹鉴伦、阿金。

二十三日丙申 辰时，上御乾清门，听部院各衙门官员面奏政事毕。

未时，上御保和殿，赐苏尼特扎萨克多罗郡王垂基恭苏隆并阿霸垓之协理旗分事务一品台吉德穆楚克等，喀尔喀之一品台吉垂扎布等食。

本日起居注官阿山、顾祖荣。

二十四日丁酉 辰时，上御乾清门听政。部院各衙门官员面奏政事。

本日起居注官华显、王九龄。

二十五日戊戌 早，上由神武门出西直门，驻跸畅春园。

本日起居注官徐秉义、邵穆布。

二十六日己亥

二十七日庚子

二十八日辛丑 辰时，上御畅春园内澹宁居听政。部院各衙门官员面奏毕，大学士阿兰泰、王熙、张玉书、李天馥，学士顾藻、徐嘉炎、布泰、噶礼、李录予、辛保、温达、恩丕以折本请旨。户部覆黑龙江将军萨布素题将仓内米出陈易新，并请积贮八千石永为定额，议不准行。上曰："仓中止留八千石尚少，须存一万石，以备各项应用。余照萨布素所请贱价粜卖。"

兵部覆黑龙江将军萨布素恳请还其所降之级，议不准行。上曰："目今六月其限将满，萨布素所降之级准其复还。"

又题广西提督李林盛员缺，叙俸将汉军副都统喻维邦、总兵高必盛等职名开列。上曰："福建水师营提督张旺前以海上事不甚悉，吴英系福建人，熟知海上情形，请解己任以吴英补授。曾经陈奏，这员缺着将张旺调补。"

又题李林盛仍令兼都督同知衔。上曰："李林盛供职年老，居官有声，着优加右都督。"

又覆云贵总督王继文请叙剿鲁魁山贼查业等之土司县丞杨世恩等，议不准行。上曰："吴三桂属下逃窜之人潜匿鲁魁山者甚多，常突出截劫，扰害居民及行路人。范承勋、石文晟俱曾具奏。今既擒斩贼首，查业等应加议叙，以鼓励效力人员。着另议具奏。"阿兰泰奏曰："圣谕甚善。诚叙其功，彼处官兵亦各鼓舞效力。"

刑部等衙门题原任侍郎多奇喂养军需马匹怠玩不谨，致马匹倒毙残病，并将小马更换，拟立斩。上曰："多奇人甚庸劣，于公事并不效力，但其所学亦可，于众考试时伊写作颇佳。因优升学士后，在大同喂养马匹并不勤慎，以致马匹疲瘦，慢视军需，且与彼同事者曾奏其人甚庸劣不堪。"阿兰泰奏曰："圣谕诚是。多奇所学颇优，人亦老实。"上曰："多奇乃老实人，着免死，发往黑龙江。"

又周尚库、王二特主势争夺煤窑，打死人命，并挖人眼，俱拟立斩。伊主内府护军参领色尔金，拟革职，枷号两月，不准折赎，鞭责一百。上曰："大臣子弟私纵家人扰害百姓，断不姑恕。朕前已有谕旨，今色尔金家人挖人眼而又致之死，色尔金不即行送部究治，反护庇家人。以此观之，色尔金即为恶首，该部不查遵朕谕议罪，殊属不合。尔等询问刑部具奏。"上又曰："朕尚不敢挖人之眼，色尔金乃纵家人杀人、挖人之眼，凶恶已极。"阿兰泰奏曰："皇上至圣，于死犯内尚且详审，倘有一线可生，即从宽减。皇上如此仁政，岂有挖人眼之理。"上曰："色尔金极其凶恶，伊伯父索额图因此责让教诲，色尔金反怒争辩。彼时索额图云：汝不知警惧改悔，尚如此争抗，日后有事，悔无及矣。今索额图一族尽来奏朕欲杀色尔金，朕亦断不宽宥，必杀之，以儆恶类。且目今棍徒或有与人角口、与人争夺之事，俱投显宦为奴，以图横行者甚多，或自宫投入王府勋戚者亦有之。此等人不来投入内府者，知虽来亦不得逞其恶。故尔今色尔金事发乃至如此。观宣化府总兵道府等官，先是并不举报，其势焰亦不小矣。"

又渣礼刺死本管之人，以斗殴打死人命律拟秋后处决。上曰："渣礼刺死本管之人，如此者若不惩治，管辖人员何以约束？"阿兰泰奏曰："上谕甚善。本管之人为下属所杀，若拟秋后，无以儆恶。"上曰："该部引斗殴杀人律拟罪，殊属不合。着再议具奏。"

刑部覆云贵总督王继文题光棍田成式等私开已闭之矿，拟罪，应俟巡抚公同覆审，到日再议。上曰："开矿之地系四川、云南、贵州三省交界，该督抚不速行议奏，互相推诿以致迟延，殊属不合。着云南、贵州、四川督抚速行定议具奏。"

内务府等衙门题郎中额席赫等所审庄头衡有觉打死人命，用犯禁物。衡有邻截人手足，俱拟立斩。上曰："衡有觉等凶恶已极，额席赫等往审此事情真锁拿，宣化府保安等处百姓俱皆欢跃，又将伊等所行恶迹具词数百纸控告，额席赫等以所审事外他事不便究理，未收其状，回时亦曾奏明。今着派一能员前往，将首犯衡有觉即于彼处正法示众，其从犯俟秋后处决。"

本日起居注官阿山、揆叙。

二十九日壬寅　是日，上诣澹泊为德问安。

三十日癸卯

六　月

初一日甲辰

初二日乙巳　是日，上诣澹泊为德问安。

初三日丙午　辰时，上御畅春园内澹宁居听政。部院各衙门官员面奏毕，大学士阿兰泰、王熙、张玉书、李天馥，学士顾藻、徐嘉炎、布泰、噶礼、李录予、辛保、温达、恩丕以折本请旨。川陕总督乌赫题请松潘镇总兵周文英在任守制。上曰："朕巡幸宁夏时，周文英曾为神木副将，观其材力壮健，居官亦善，着照所请在任守制。"

本日起居注官阿山、阿金。

初四日丁未

初五日戊申

初六日己酉

初七日庚戌　辰时，上御畅春园内澹宁居听政。部院各衙门官员面奏毕，大学士阿兰泰、王熙、张玉书、李天馥，学士顾藻、徐嘉炎、布泰、噶礼、李录予、辛保、温达、恩丕以折本请旨。吏部题广东布政司张建绩员缺，以西宁道刘殿衡拟补。上曰："西宁地方甚关紧要，总兵又系新任。刘殿衡着暂留西宁。按察使中鲁超居官亦善，着问九卿。"

兵部题福建水师营提督张旺员缺，将副都统喻维邦、总兵官高必盛等职名开列。上曰："总兵王万祥居官优长，总督桑格、将军金世荣俱曾保奏，吴英着调水师营提督，吴英员缺将王万祥升补。”

本日起居注官华显、揆叙。

初八日辛亥

初九日壬子 是日，上诣澹泊为德问安。

初十日癸丑

十一日甲寅 辰时，上御畅春园内澹宁居听政。部院各衙门官员面奏毕，大学士阿兰泰、王熙、李天馥，学士顾藻、徐嘉炎、布泰、噶礼、李录予、辛保、温达、恩丕以折本请旨。户部覆山西巡抚倭伦题，湖滩河朔运米船只应行变价，议不准行。上曰：“此事倭伦曾经面奏，该部不知故议不准。着照倭伦所请行。”

兵部覆提督岳昇龙恳请圣训亲身巡察晓谕，议不准行。上曰：“提督若亲身巡察，随从人众，必累地方，给以敕谕，令之巡察，俱属无益，应遵定例。”阿兰泰奏曰：“诚是。若提督亲往，须带军士，实不免于累民。”上曰：“俱依部议，无庸训谕。”

又将昭莫多翁金地方击贼振武将军孙思克等八十九员议各加二级。上曰：“西路满洲官员既已给拖沙喇哈番，伊等守备以上亦俱给托沙喇哈番，令承袭一次。尚恤士卒，着照所请行。”

阿兰泰奏曰：“臣等遵旨将鲁超问九卿，皆保称居官甚善。张英、吴琠、王士禛、王封溁又言，河南按察使孟世泰居官亦善。”上曰：“孟世泰系何处人？”阿兰泰奏曰：“镶红旗人。”上曰：“众既保举，鲁超着补授。”

本日起居注官阿山、阿金。

十二日乙卯 上诣澹泊为德问安。

十三日丙辰

十四日丁巳

十五日戊午 辰时，上御畅春园内澹宁居听政。部院各衙门官员面奏毕，大学士阿兰泰、王熙、张玉书、李天馥，学士顾藻、徐嘉炎、布泰、噶礼、李录予、辛保、温达、恩丕以折本请旨。兵部题台湾总兵王万祥升任员缺，以海坛总兵杨元弼照例调补。上曰：“杨元弼人材庸常，着该督于浙江、福建二省总兵中择其优者调补。一面速令赴任，一面奏闻。”

又古北口总兵官马进良将昌平营参将许登甲员缺，以守备署游击李默题补，议不准行。上曰：“李默朕所素知，其材力诚为矫健。着照该总兵所请补授昌平营参将。”

又总兵白斌添给士卒钱粮因马倒毙扣追，请豁免，议不准行。上曰：“白斌标下兵丁曾随朕出征，此项应追钱粮概行豁免。”

本日起居注官华显、揆叙。

十六日己未 是日，上诣澹泊为德问安。

十七日庚申

十八日辛酉 上诣澹泊为德问安。

十九日壬戌

二十日癸亥 辰时，上御畅春园内澹宁居听政。部院各衙门官员面奏毕，大学士阿兰泰、王熙、张玉书、李天馥，学士顾藻、徐嘉炎、布泰、噶礼、李录予、辛保、温达、恩丕以折本请旨。吏部覆给事中吕［镛］纠参山东按察使苏昌臣纵仆害民，请敕总督桑格严审，具题之日再议。上曰：“苏昌臣着吏刑二部选才能司官前往讯问。”

兵部题广东将军拜音达礼员缺，将副都统喻维邦等职名开列。上曰：“广东地方甚为紧要，前此废弛已甚，自补授牛钮以来，稍觉整理。浙江副都统邵凤翔，其人颇优才，材力壮健，但年齿向迈耳。”阿兰泰奏曰：“邵凤翔系刑部才能司官，今年近七十。”上曰：“现任提督马三奇、卢崇耀、偏图外，尚有旗下人否？”阿兰泰奏曰：“近调补陕西提督李林盛亦系旗下人。”上曰：“陕西地方紧要，李林盛顷方调补，不可即更，着将满洲汉军现任都统、副都统等开列具奏。”

理藩院题济陇库图克图附合噶尔丹，应即正法。皇上曾谕谛巴济陇库图克图：“朕将全其身命。”应将济陇库图克图并伊弟子安置庙内，着官兵看守。上曰：“若着官兵看守，兵丁反致劳苦。将其师徒安置小庙，令附近汛守官弁、步军监视。其食用之物该部议请，着议政大臣议奏。”

是日，上诣澹泊为德问安。

本日起居注官阿山、阿金。

二十一日甲子

二十二日乙丑

二十三日丙寅 是日，上诣澹泊为德问安。

二十四日丁卯 辰时，上御畅春园内澹宁居听政。部院各衙门官员面奏毕，兵部题参公郑克塽请假不具呈本旗都统，辄行越奏，议罚俸一年。上曰："尔部所议甚是，但郑克塽为取伊祖父骸骨，情有可悯，从宽免其罚俸。着照所请给假。"

大学士阿兰泰、王熙、李天馥，学士顾藻、徐嘉炎、布泰、噶礼、李录予、辛保、温达、恩丕以折本请旨。吏部等衙门将原任山西巡抚温保议即正法。上曰："朕巡幸陕西，知温保科派，已有谕旨。因闻朕旨，方行纠参。其所造军需车辆等物，朕原欲动正项钱粮，九卿议用捐纳银两，温保若待捐纳银两方行造办，必致有误军需。此项科派亦出于不得已。但科派不明，至于军需并未有误，着问九卿、掌印不掌印科道等官。"

兵部将广东将军拜音达礼员缺，遵旨以现任满洲汉军都统副都统等开列。上曰："副都统郜凤翔，着来京陛见。"

又福建漳州总兵张仕选员缺，将参领武进贤等职名开列。上曰："着问九卿有所知之人，令保举。"

又原任步军校雅母泰等，因有功牌议给半俸。上曰："该部但以残废之人给半俸，其阵伤告退者并未议及，若辈于行间被创，不克供职，故尔告退，深为可悯，亦宜加恩，该部另议具奏。"

本日起居注官华显、揆叙。

二十五日戊辰

二十六日己巳

二十七日庚午 是日，上诣澹泊为德问安。

二十八日辛未

二十九日壬申 上诣澹泊为德问安。

七　月

初一日癸酉

初二日甲戌

初三日乙亥

初四日丙子

初五日丁丑

初六日戊寅　辰时，上御畅春园内澹宁居听政。部院各衙门官员面奏毕，管翰林院事侍郎阿山、韩菼、以赵良栋碑文呈览。上详阅良久曰："此碑文与赵良栋素行尚有未尽。"阿山、韩菼奏曰："上优恤功臣，惟虑遗其劳绩，驳至再三。臣等钦遵皇上指示，行查兵部，凡有微勋，无不撰入。查前所赐大臣碑文册籍，如此撰拟者甚少。"上曰："赵良栋历事戎行，备著劳绩，且操守廉洁。尔等撰文虽已述其勤劳，其抚恤军士，致兵民感戴与持身清正，究未尽悉。可将此等情节增入，以风天下武弁。"

大学士阿兰泰、王熙、李天馥，学士顾藻、徐嘉炎、噶礼、李录予、辛保、温达、恩丕以折本请旨。吏部题直隶保定府理事满洲同知员缺，叙俸将读祝官阿达善拟正，助教硕色拟陪。上曰："所拟之人，朕俱未悉。与同知对品官员选择引见。"

兵部覆总兵张仕选题将其家属令往广东食粮，又题将属下参将林翰等选用，议不准行。上曰："张仕选原系广东人，着依所请，令其妻子至广东居住。其所请选用参将林翰等不准行。"

刑部覆广东广西总督石琳题原任虎头门副将金瑞玉更换小斛扣克军粮，拟徒罪，议请敕令该督覆审定罪，到日再议。上曰："此事审鞫模糊，该部所议驳回甚是。总督系地方重臣，统辖文武官员，此等事情不能审问明白，朦混具奏，殊属不合，嗣后更加如此模糊审事奏闻，将总督一并严察议处。着批出。"

光禄寺衙门以所查地亩田园并果子数目具题。上曰："每树一棵取果百枚，则属太过，着从减议奏。”

监察御史荆元实条奏州县员缺，将掣签人等引见。其中若有年老庸劣昏聩者，原品休致。其二十岁以上轻浮狂妄者，着在部办事，三年以原官补用。上曰：“此言甚是，着该部议奏。”

又条奏亏空钱粮，应令巡抚以下官员按职分赔。上曰：“朕听政有年，深知各省亏空之故。浙江、江南钱粮亏空，较他省更甚。此等亏空非由一任两任官员所致，倘急于行查地方官，情迫致派取民间，历年亏空百姓，一时何由措办？此事断不可准行。着问九卿具奏。”

阿兰泰奏曰：“原任巡抚温保、布政使甘度等拟正法一案，臣等遵旨问九卿。九卿云办造军需车辆，皇上原令动支正项钱粮，我等以为解送正饷必致迟误，议将捐纳银两办造，但因捐纳银两未得骤至，温保等不得已派取民间，此恩惟出自皇上。”上曰：“温保、甘度俱着革职，从宽免死。”

本日起居注官华显、揆叙。

初七日己卯

初八日庚辰

初九日辛巳

初十日壬午

十一日癸未

十二日甲申 辰时，上御畅春园内澹宁居听政。部院各衙门官员面奏毕，大学士阿兰泰、王熙、李天馥、吴琠，学士顾藻、徐嘉炎、布泰、噶礼、李录予、辛保、温达、恩丕以折本请旨。户部覆总漕格题将建平县粳米改运籼米，议不准行。上曰：“粳米改运籼米，于百姓甚为有益。着问户部堂官及仓场侍郎具奏。”

兵部覆奉天副都统穆泰以年老患病，乞解任，议准行。上曰：“穆泰若果身病，应早请解任。闻朕欲幸盛京奏请解任，殊属不合。该部察议具奏。”

又题钦遵恩诏西路进剿绿旗官员议加级，兵丁议赏赐。上曰：“绿旗官员有无加级，关系升迁甚要，伊等于昭莫多地方效力甚优，给与世职，仍复加级。”

江宁巡抚宋荦题山阳、高邮等州县被水田亩，请照例豁免本年钱粮。上曰：“山阳等七州县三十七年钱粮着概蠲免。”

又题苏州织造衙门司库李永寿家人孙云因伊亲孙贵缢死之故，率众至孙贵家主、原任国子监监丞陆经远家殴打陆经远。孙云系旗下人，不便审究，特此请旨。上曰：“孙云殴打职官，甚属可恶。李永寿纵仆殴官，着交该巡抚一并严拿究审。”

阿兰泰奏曰：“臣等遵旨将监察御史荆元实条奏亏空库银，令地方官按职分赔问九卿。九卿云：臣等闻荆元实条奏亏空钱粮，令地方官分赔，以为如此则自后钱粮不致亏空矣。今皇上念及，令地方官分赔，必致派累小民，天语甚善，此事断不宜行。”上曰：“既如此，着批知道了。”

本日起居注官华显。

十三日乙酉

十四日丙戌 是日，赐广西提督张旺鞍马一匹。

本日起居注官阿山、韩菼。

十五日丁亥

十六日戊子

十七日己丑

十八日庚寅 辰时，上御畅春园内澹宁居听政。部院各衙门官员面奏毕，大学士伊桑阿、阿兰泰、王熙、李天馥、吴琠，学士顾藻、徐嘉炎、布泰、噶礼、李录予、辛保、温达、恩丕以折本请旨。吏部覆监察御史荆元实条奏掣签州县官员引见补授，议将年老庸劣者以原品休致，其汉军汉人二十岁以上轻浮者，着偕六部笔帖式等习事三年，以原官用。上曰：“此奏止云州县官，其同知、通判并未言及。同知、通判以渐升边知府，亦着引见。”

理藩院题鄂尔多斯已故多罗贝勒万舒克之母奏万舒克子嗣已绝，请将多罗贝勒与万舒克三弟台吉达席喇卜滩承袭。议得此贝勒系万舒克之父固山贝子达尔扎军功加封，并未世袭罔替之爵，应令承袭贝子。上曰：“贝勒达尔扎存日甚是效力，此番军前贝勒万舒克亦甚效力，达席喇卜滩着承袭多罗贝勒。”

本日起居注官华显、揆叙。

十九日辛卯

二十日壬辰

二十一日癸巳

二十二日甲午

二十三日乙未 辰时，上御畅春园内澹宁居听政。部院各衙门官员面奏毕，赣州总兵叶日芳恭请圣安。上问地方情形及百姓休戚甚悉，叶日芳出，上顾左右曰：“叶日芳居官甚优，天下总兵无与并者。”

广西提督张旺赴任，恭请训旨。上曰：“尔于江南、江西居官均善，朕亦无庸训尔。李林盛在广西甚优，凡事尔应效之。”张旺出。

大学士伊桑阿、阿兰泰、王熙、李天馥、吴琠，学士顾藻、徐嘉炎、布泰、噶礼、李录予、辛保、温达、恩丕以折本请旨。兵部覆于成龙题赞皇县请添兵驻防，议不准行。上曰：“赞皇地方添设官兵，凶徒不得潜住，着照所请行。”

又将西安正黄旗防御萨尔图员缺，以该督咨送蓝翎萨尔泰拟正，将军博济保荐骁骑校默拟陪。上曰：“此拟正者，朕知其人虽善射，人乃庸常，可将拟陪之默勒升补。”

刑部等衙门题原任监察御史沙木布家人荣保等指称伊哈纳为贼打死，依律以首从分拟绞与流。上曰：“观此命案，沙木布之子似属知情。”伊桑阿奏曰：“打死人命系二十五日，沙木布之子系二十七日到来。”阿兰泰奏曰：“沙木布之子二十七日到来，已呈明礼部。”上曰：“朕意伊呈明礼部，似属有故。看来沙木布之子近于钻营，着另议具奏。”

工部覆总漕桑格等题，高邮车儿浦等处相应开浚添造闸口，将丈尺需用钱粮算明具奏，议准行。上曰：“下河入海之处，朕虽未及亲览，常闻人云监城一带地极洼下，海水反高，即建闸亦无甚益。倘河高海抵，水性趋下，虽不疏浚，势必决开一道，以归于海。明季于海口设闸，遇河水高则启闸，以注诸海，河水平则闭闸以御海水。前虽特令于成龙、凯音布修治，毫无裨益。今桑格为人居官虽优，然于此事非身亲阅历、加意推详者，不可悬拟，必深悉水性、洞彻地形之人方可定议。即直隶浑河，由朕亲幸详阅，令于成龙开浚事已告竣，然此河甚短，非下河辽远可比，所以不可轻议。尔等问九卿，并淮扬人在朝者确议具奏。”

本日起居注官阿山、华显。

二十四日丙申　未时，上由西直门进神武门，回宫。

本日起居注官华显、曹鉴伦。

二十五日丁酉　早，上御太和殿，升转文武官员谢恩毕，上回宫。

本日起居注官阿山、韩菼。

二十六日戊戌　辰时，上御乾清门听政。部院各衙门官员面奏毕，大学士伊桑阿、阿兰泰、王熙、李天馥、吴琠，学士顾藻、徐嘉炎、布泰、噶礼、李录予、辛保、温达、恩丕以折本请旨。兵部请补广州将军拜音达礼员缺。上曰：“朕观京口副都统邵凤翔衰迈已极，马自德材力优长，若将伊升补，而京口地方甚属紧要，况将军董元卿目今患病，马自德不可遽离，此地提督卢崇耀材力矫健，着补广东将军。所遗员缺着王化行补授。近见堪任提督之人尚属易得，称将军职者最难其人。都统雷继尊甚属优长，宜镇西边要地。”

未时，上御保和殿，赐哈密国协理扎萨克事之白起伯克及其弟沙津和卓等食毕，上回宫。

本日起居注官揆叙、宋大业。

二十七日己亥　辰时，上御乾清门听政。部院各衙门官员面奏毕，大学士伊桑阿、阿兰泰、王熙、李天馥、吴琠，巡抚于成龙，学士顾藻、徐嘉炎、布泰、噶礼、李录予、辛保、温达、恩丕进前，伊桑阿奏曰：“浚河一事问之九卿及在朝淮扬人等。九卿云淮扬人俱言开浚下河与民有益，然此事关系甚重，相应令总漕桑格会同总督巡抚确议具奏。”上顾于成龙曰：“尔意若何？”于成龙奏曰：“此姚二沼船厂、芦坝等河若行浚掘，于民有益。”上曰：“尔与凯音布曾浚此河，何竟无益？”于成龙奏曰：“此河臣并未开浚，孙在丰曾开下河，并非此姚二沼之河。前此盐城地方竟被水淹，仅留城址。自开河以来，盐城百姓俱得建造房屋，耕种为生，甚属有益。因数年来连值大水，致百姓田庐被淹。”

上曰："朕幸五台山回，欲观浑河、清河，因由霸州而来，朕意浑河、清河俱汇流霸州城南，原欲浛河修筑堤岸，不意至霸州询地方百姓，据云：浑河原经固安县后，因迁徙汇清河流至霸州，二河水势浩大，以致泛溢为灾。朕遂更初见，一从民言，于固安县开河，事乃有成。朕并不固执己意，尔等为总督、巡抚者，能如朕之不固执乎？然此河道甚短，易于修治。南省地形洼下，水势浩瀚，难于修筑，不比此河。今若挑浚姚二沼等河，尔果能保与民有益否？"于成龙奏曰："水性年年变异，无有一定。臣何敢永保其无虞。"上曰："河工甚要，必熟谙地形属性之人，方能确知与民有益与否，并应开浚与否。果若浚河与民有益，即多费钱粮，朕亦不惜。倘于民无益，便属虚费。"于成龙奏曰："桑格为人遇事斟酌，何敢无济于民、靡费钱粮？今九卿所议，令桑格与总督、巡抚会同具奏。"上曰："着依九卿。"

又顾伊桑阿、阿兰泰等云："广东提督卢崇耀员缺，将宁夏总兵殷化行补授。殷化行员缺，将赣州总兵叶日芳调补。叶日芳员缺，将浙江黄岩总兵赵弘灿调补。宣化府知府祖延泰病故员缺，将候补知府申奇贵补授，原任总河王新命将霸州知州，萧士璠题补同知。霸州地方亦甚紧要，将香河县知县孙伟祖升补。"

本日起居注官华显、张廷枢。

二十八日庚子　辰时，上御乾清门听政。部院各衙门官员面奏毕，大学士伊桑阿、阿兰泰、王熙、李天馥、吴琠，学士顾藻、徐嘉炎、布泰、噶礼、李录予、辛保、温达、恩丕以折本请旨。吏部题在外司道高起龙等十人因内升，以职名开列。上曰："诸人贤否，朕未深悉，着停止内升。"

又题给事中马士芳等十一人因内升外转，以职名开列。上取奏疏详阅，问吴琠曰："樊咸修何如？"吴琠奏曰："樊咸修为人谨慎平和，为知县时居官甚优。"上曰："樊咸修颇优，前为县令，果称良吏。姜棣历俸尚浅，观其进奏，举止亦优。"随问吴琠此人如何。吴琠奏曰："姜棣任给事中未久，前为湖广麻城县知县，居官实良。"上又问马士芳何如。吴琠奏曰："为人谨慎。"上曰："着樊咸修内升，刘荫枢为人多事，着外转。”

又题监察御史武进贤等十九人因内升外传，以职名开列。上曰：“鲍复盛为人最优。”随顾吴琠问曰：“鲍复盛何如？”吴琠奏曰：“鲍复盛遇事明晰，为人谨慎。”上曰：“鲍复盛着内升。李斯义、陈齐永、马希爵、刘珩何如？”吴琠奏曰：“陈齐永、马希爵、刘珩任事勤慎，李斯义为人平常。”上又问张世爵何如。吴琠奏曰：“张世爵任事明慎。”上曰：“其外转者，着问都察院。”

刑部等衙门题抢夺宁乡县临县村庄安守仁等十三人，为首者拟立斩，其余伏候上裁。上曰：“这案内人犯众多，且俱经投降，从宽赦宥，可乎？”伊桑阿奏曰：“案内人实众多，但弘恩出自宸断。”上曰：“赞皇县山贼系于成龙招抚，尔等会同九卿、于成龙确议，即日具奏。”大学士等出，会同九卿、于成龙等确议，入奏云：“安守仁等俱系投降之人，其为从人等相应宽免，为首作何发落，仰听圣裁。”上曰：“安守仁等系即出迎降之人，其赞皇县山内招降贼首已经宽免，安守仁等十三人着发往奉天安插，其余俱着宽免。”

又将御史内谁为庸常应外转问都察院。据云徐国显年衰，人亦庸碌。上曰：“着外转。”

本日起居注官阿山、徐元正。

二十九日辛丑　早，上以致祭三陵，东巡陈设卤簿，亲随皇太后步辇，自神武门出东直门，驻跸三家店。是日，顺义县防守御卓博尔图等及署顺义县把总事巩华城、千总张贵，漕河营把总王庭延来朝。顺义县知县黄经世有疾，上怜之，特命医调治，并赐应症药酒。

八　月

初一日壬寅　上驻跸密云县城外。批本存住传谕大学士伊桑阿曰：“是行路程颇远，本章若三日一次递送，则驿站劳顿。仍照出师例，平常事令皇太子听理，紧要事务着五日一次送。”

又谕曰："朕此行路遥，其往会审蒙古事务大臣事毕恐来谒行在，着大学士传谕至京，免其前来，但将往审事件及到京日期详写折子，与本同发奏知可也。"

是日，奉使策旺拉卜滩之内阁侍读学士喇西至，将策旺拉卜滩钦遵圣谕来献噶尔丹骸骨事奏闻。亲近侍卫关保出，率内大臣、侍卫及文武诸臣观视。领侍卫内大臣一等公费扬古等进奏曰："狡贼噶尔丹侵犯诸部蒙古，抢掠喀尔喀，肆行作乱。皇上睿虑周详，亲统六师，三临边境，相机行事，殄灭噶尔丹，永除边患。今策旺拉卜滩又将噶尔丹骸骨献至，是皆皇上独秉乾断，克奏肤功，实亘古所未有。臣等虽为敷奏，究于圣德神功未能赞扬万一。"

是日，霸昌道郎廷栋，税差监督、户部员外郎达尚等，密云县知县郑富民、守备刘升云等来朝。

初二日癸卯　上驻跸腰亭。是日，赐贫民钱，石匣营副将江奇等、石匣城游击胡泮等来朝。

初三日甲辰　上出古北口，驻跸三岔口。

初四日乙巳　上驻跸喇麻洞。

初五日丙午　上驻跸蓝旗营。

初六日丁未　上驻跸青城。是日，喀喇沁部落多罗都冷郡王扎西等来朝请安。

初七日戊申　上驻跸唐山营。

初八日己酉　上驻跸可汗铁岭。是日，赐进牛羊翁牛忒多罗都棱郡王班第、额尔德尼台吉等白金。

初九日庚戌　上驻跸骅骝地方。

初十日辛亥　上驻跸席尔哈河南岸。

十一日壬子　上驻跸永宁碎石之间。

十二日癸丑　上驻跸喀喇沁之和硕端静公主第。沿途蒙古男妇老幼俱跪拜迎接。是日，和硕公主、和硕额驸噶尔臧及多罗都冷郡王扎西等备宴，恭迎圣驾。扈从诸王、内大臣、侍卫、文武官员及蒙古王、贝勒、台吉、塔布囊以至军士、执事人等俱赐食。

十三日甲寅 上驻跸行宫，和硕公主、和硕额驸噶尔臧及多罗都棱郡王扎西等备宴。

巳时，上御行宫前黄幄内，将宴赐诸王及蒙古王、台吉、内大臣、侍卫、文武诸臣。上升坐，王扎西、额驸噶尔臧等行三跪九叩头礼。上进酒，诸乐并作，诸王、大臣、侍卫，蒙古王以下至台吉、塔布囊等俱于坐次赐酒，军士、执事人等俱赐食毕，上回行宫。

亲近侍卫关保传谕：赐公主缎五十端、白金五百两，额驸噶尔臧白金五百两，其余十户每户白金十两。又赐都冷郡王扎西绒缨凉帽、蟒袍、妆缎褂、环带、鹿皮靴，及其子二等塔布囊纪里代公沙木巴喇西绒缨凉帽、蟒袍、妆缎、褂缎环带、皮靴，及所属随猎之塔布囊、副都统、参领、佐领、护卫长史、骁骑校、乡导、拨什库、军士人等俱赐蟒镶领缎袍及白金、缎布等物有差。又赐进牛羊人等白金。

是日，喀尔喀折卜尊丹巴库图克图等来朝请安。

十四日乙卯 上驻跸白尔车尔地方。是日，赐十三日与宴之福金以下至塔布囊之妻等御用蟒缎及缎布、白金等物有差。又赐额驸噶尔藏保母夫妇金帛。

十五日丙辰 上驻跸罗汉河南岸。蒙古男妇沿途跪迎者络绎不绝。是日，敖汉多罗郡王扎木素等来朝请安。遣内大臣明珠致祭于敖汉长公主之墓。赐进羊人等白金。

十六日丁巳 上驻跸和硕萨尔巴尔口。是日，赐诸王、内大臣、侍卫、文武诸臣及蒙古王等鱼。又赐力士依思喇布白金。

十七日戊午 上驻跸忽阑喀喇谆托惠地方。是日，赐八旗前锋、护军、执事人等鱼。

十八日己未 上驻跸杭爱鄂罗木地方，敖汉多罗郡王扎木素等备宴迎驾。诸执事及护军甲士等俱赐食。

是日，上面赐诸王、内大臣、侍卫、文武诸臣、蒙古王等及前锋、护军、军士、执事人员鱼。又赐色布登敦多布白金百两。

十九日庚申 敖汉多罗郡王扎木素等备宴。

辰时，上御行宫，宴诸王及蒙古王、台吉、内大臣、侍卫、文武诸臣。上升座，敖汉多罗郡王扎木素等行三跪九叩头礼，上进酒，诸乐并作。诸王、大臣、侍卫及蒙古王、台吉等俱于坐次赐酒。

蒙古官兵及闲散人等俱赐食毕，上启行驻跸哈喇托海地方。晚刻，上面赐内大臣、都统、大学士、前锋统领、护军统领、护军参领、护军校及护军等鱼，又赐进牛羊人白金。

二十日辛酉 上驻跸乌兰冈安地方。敖汉和硕额驸戚伦巴图尔等备宴恭迎圣驾。其执事人等俱赐食。上面赐诸王及蒙古王、内大臣、侍卫、副都统、学士以上诸臣鱼。亲近侍卫关保传谕赐敖汉扎木素额驸白金四百两。

是日，赐随猎之协理旗分之台吉和硕额驸齐伦巴图尔、台吉顾穆布绒缨凉帽、蟒袍、妆缎褂、环带，敖汉多罗郡王扎木素协理旗分事二品台吉厄尔德尼齐伦巴图尔之子固山额驸塞那育图必立克、王扎木素胞弟二品台吉丹金绒缨凉帽、环带、蟒缎，其下所属台吉、都统、副都统、参领、佐领、护卫、骁骑校、乡导及军士俱赐镶领缎袍、银帛有差。又赐喀尔喀四品台吉顾鲁及进马牛羊人白金。

是日，科尔沁和硕达尔汉亲王额驸班第等来朝请安。

二十一日壬戌 敖汉和硕额驸戚伦巴图尔等备宴。

辰时，上御行宫，宴诸王及蒙古王、台吉、内大臣、侍卫、文武诸臣。上升座，和硕额驸戚伦巴图尔等行三跪九叩头礼，上进酒，诸乐并作。诸王、大臣、侍卫及蒙古王、台吉等俱于坐次赐酒，护军、执事人以至蒙古官兵俱赐食。

宴毕，上起行过敖汉蒙古等所居地方，王以下福金及台吉等妻、蒙古男妇老幼俱于路侧跪迎。上行视蒙古等居处，遍加恩赐蟒缎、金帛。

是日，上驻跸朱尔哈代乌达地方。晚刻，上面赐诸王、蒙古王、内大臣、侍卫、文武诸臣及军士、执事人等鱼。

二十二日癸亥 上驻跸驿站五十家地方。是日，上面赐诸王、内大臣、侍卫、文武诸臣鱼。

二十三日甲子 上驻跸行宫。是日，召领侍卫内大臣索额图入行宫，谕曰："科尔沁诸王历代既为国戚，且端贞长公主、雍穆长公主俱系朕亲姑，其和硕达尔汗巴图鲁亲王曾于开创时效力，伊等祭文，朕已自京师带来。闻得公主、王所葬之地近在道左，朕应否亲行往奠；皇太后父母所葬之地在发库山相去二百里，应否于道路附近处择一洁净地皇太后遥为祭奠，尔与领侍卫内大臣公费扬古、内大臣明珠、大学士伊桑阿俱系老臣，其会议密奏。”

是日，赐柰曼多罗郡王班第蟒缎，贝子吴勒穆济、辅国公格勒尔缎匹，其所属随猎之台吉、都统、副都统、参领、佐领、拜他喇布勒哈番、长史、护卫、乡导、章京、骁骑校以至军卒人等俱赐彭缎、白金、布匹等物有差。又赐诸王、大臣、侍卫、护军、执事人等鱼。亲近侍卫吴什传谕曰："阿禄科尔沁部落垂王之协理旗分事二品台吉鄂齐尔图先所进银鬃马，朕骑乘已久，诚良马也。着赐白金百两。"又赐力士阿齐图并进牛羊人等白金。

二十四日乙丑　上驻跸堆惠巴伦谷。是日，赐柰曼王及官兵人等食。

申时，上幸行宫南门外，率皇子等射。命善射侍卫等射毕，又阅蒙古诸王、台吉、官兵射。上发矢皆中，皇子等亦多中，环观者及诸蒙古等无不惊讶。射毕，上回行宫。

是日，领侍卫内大臣公费扬古等奏曰："钦遵圣谕会议得，端贞长公主、雍穆长公主、和硕达尔汉巴图鲁亲王应遣官致祭，皇上亲诣奠酒。皇太后父母之墓皇太后遥望祭奠，其余公主等墓、科尔沁王等墓，遣官致祭。"上曰："尔等所议诚然。着依议。闻得科尔沁王等骸骨葬埋坟墓者有之，今科尔沁诸王、台吉等俱在准巴素海地方，着遣理藩院章京前去问明伊等具奏。有坟墓者遣官致祭，无墓者遣官遥祭。"

是日，赐乌朱穆泰四品台吉阿喇布滩之妻白金。

二十五日丙寅　上驻跸西喇木鲁河地方。是日，赐翁牛忒旗分台吉苏尔马佐领班第等及进羊之扎鲁忒多罗达尔汉贝勒毕力克图等白金。

二十六日丁卯　上驻跸准巴素海地方。原封科尔沁王额驸鄂齐尔等备宴恭迎圣驾。上赐护军及执事人等食。是日，赐阿禄科尔沁部落多罗郡王垂蟒缎，扎鲁忒部落多罗达尔汉贝勒毕力克图、多罗贝勒毕鲁瓦、护国公巴图等缎，其随猎所属之台吉、都统、副都统、参领、佐领、长史、护卫、骁骑校、乡导、军士彭缎、布匹、白金有差。又赐进牛羊人白金。

二十七日戊辰　原封科尔沁王额驸鄂齐尔等备宴。

辰时，上御行宫前黄幄，赐诸王、内大臣、侍卫、文武官员及蒙古诸王、台吉等宴。上升坐，额驸鄂齐尔等行三跪九叩头礼。上进酒，诸乐并作。诸王、大臣、侍卫及蒙古王下至台吉等俱于坐次赐酒。

宴毕，命阿禄科尔沁部落多罗郡王垂、扎鲁忒部落多罗贝勒毕力克图毕鲁瓦及众官军士俱前跪，谕领侍卫内大臣公福善、费扬古，内大臣索额图、明珠，阿霸垓部落吴尔占噶喇卜王旗分一品台吉德木楚克等曰："尔等遍行传谕阿鲁科尔沁及二扎鲁特王、贝勒、台吉并随驾官军等，朕数出征伐，躬临朔漠，观蒙古等惟水草是赖。今见沿途水草甚佳，固不待言，但不得其用耳。何则？因盗贼甚多，恐牲畜被盗，不获就牧水草，而圈拦之，以致瘠毙，是以生业未遂。不惟属下贫不聊生，即王、贝勒、台吉等亦俱穷苦，衣食维艰。朕君临万国，目击其状，岂不为之抚育乎？尔等勿谓主上谕旨抚育必行赏赐我等，设使朕今日赐之，尔等即于明日尽之，无益也。朕必曲加措置，务使尔等得遂生业。尔等若念抚育之恩，即仰体朕意，严缉匪类，消弭贼盗，以安良善则已。如仍怠惰，不加禁饬，为盗不悛，必加诛戮，断不宽宥。朕既能抚育，岂不能禁止盗贼乎？岂但尔等，虽巨寇噶尔丹，朕三行征讨而剿灭之，俘其妻子、降其臣属。噶尔丹虽死，即其朽骨朕亦不贷，务必致之。尔等当已闻之矣。若不速行缉弭贼，朕肯轻置乎？尔蒙古等敬礼喇麻，不惜诸物，概为施与，其显然获福者谁耶？肆为盗贼，其能致富厚者谁耶？"福善等令理藩院员外郎阿尔毕特祜以蒙古语谕毕，多罗郡王垂、多罗贝勒毕力克图毕鲁瓦等奏曰："皇上东巡之便，洞见臣等失业贫困之由，谕旨诚然。良由臣辈懦弱，不能弭盗，以致贫苦。蒙皇上垂悯恩谕，多方设处抚育，臣等待毙之众，咸荷圣恩复苏矣。"回奏毕，奉旨："知道了。"

是日，上驻跸巴伦席喇鄂累地方。是日，赐阿禄科尔沁部落多罗郡王垂属下佐领马进白金三十两。

二十八日己巳　上驻跸巴伦席喇鄂累地方。科尔沁国和硕达尔汉亲王额驸班第等备宴。

巳时，上御行宫东黄幄内，宴诸王及蒙古王、台吉、内大臣、侍卫、文武诸臣。上升坐，科尔沁国和硕达尔汉亲王额驸班第等行三跪九叩头礼，上进酒，诸乐并作。诸王、大臣、侍卫及蒙古王、台吉等俱于坐次赐酒。护军、执事人、蒙古官军皆赐食。

宴毕，赐和硕达尔汉亲王额驸班第、端敏公主及贝勒福金、台吉、台吉等妻袍褂、金帛有差。赐额驸鄂齐礼上御线缨凉帽、补褂、袍带。额驸鄂齐礼叩首奏曰："臣以罪革职，无有品级，皇上特加渥恩，赐补褂、袍带、帽，又以臣年长赐坐于达尔汉亲王之次。皇上天恩，何能酬报？不惟臣今日于众前极其荣耀，即臣对妻子亦光宠矣。制驭所属，亦殊易易也。虽欲敷陈亦不能措辞，惟愿世世竭犬马之力以自效耳。"上遍视蒙古所居，大加恩赏。上回行宫。

是日，赐进马匹牛羊人白金。

二十九日庚午　上驻跸阿布达尔太地方。科尔沁国一品台吉毕力克图等备宴，恭迎圣驾。

三十日辛未　上驻跸行宫。科尔沁国一品台吉毕力克图等备宴。

巳时，上御行宫东黄幄内，赐诸王及蒙古王、台吉等并内大臣、侍卫、文武诸臣宴。上升坐，一品台吉毕力克图等进，行三跪九叩头礼。上进酒，诸乐并作。诸王及秩尊台吉等俱令至御座前，上亲赐酒。其余台吉、诸臣、侍卫等俱于坐次赐酒，护军、执事人等俱赐食。宴毕，上遍视蒙古所居，大加恩赏。上回行宫。

是日，赐科尔沁国卓礼克图亲王巴特马白金三百两、辅国公布尼白金二百两、协理台吉厄尔赫图等白金各一百两、科尔沁国一品台吉班第白金一百两。

九　月

初一日壬申　上驻跸克尔素之南。

申时，上临科尔沁和硕达尔汉巴图亲王满诸西里之墓，奠酒举哀。其孙和硕达尔汉亲王额驸班第等免冠顿首，奏言："臣等累世蒙皇上抚育深恩，自臣祖父以至臣身，未能酬答万一。今皇上东巡又临臣祖墓奠酒举哀，实亘古未闻之事，格外特加之典，不独臣不克当此，即臣祖之灵于九泉之下亦感戴靡宁也。臣等复何奏言，惟矢报洪恩，世世子孙勉效犬马之力耳。”

初二日癸酉 上驻跸恩都尔拜地方。科尔沁多罗郡王代布等备宴。

申时，上御行宫宴诸王及蒙古王、台吉、内大臣、侍卫、文武诸臣。上升坐，多罗郡王代布等行三跪九叩头礼。上进酒，诸乐并作。诸王及蒙古王、台吉、内大臣、侍卫等俱于坐次赐酒，护军、执事人等俱赐食。

是日，上亲赐诸王及蒙古王、内大臣、侍卫、文武官员鱼并赐进牛羊人白金。

初三日甲戌 早，皇太后躬亲望祭父科尔沁多罗贝勒母郡君之墓。

是日，上历科尔沁多罗郡王代布等住所，阅诸蒙古居址，大加恩赉。上驻跸科尔沁和硕额驸班第之第，公主及和硕额驸班第等备宴，恭迎圣驾。

酉时，上御行宫，宴诸王及蒙古王、台吉、内大臣、侍卫、文武诸臣。上升坐，和硕额驸班第等行三跪九叩头礼。上进酒，诸王及内大臣、侍卫，蒙古王、台吉等各于坐次赐酒。

初四日乙亥 上驻跸行宫。

辰时，上御行宫，大学士伊桑阿，学士噶礼、辛保、温达以折本请旨。吏部覆将朱成格、乌禄礼俱拟授山东按察司副使道，三年满后，该抚保奏时，照其郎中应升确补用。上曰：“于成龙疏内曾请授为参政道否？”噶礼奏曰：“是。部议授以副使道。”伊桑阿奏曰：“前者沿河一带曾授为分司，遣往督理。”上曰：“先是黄河等处既有差官之例，俱照前例行。”

户部题崇文门监督差兵部主事梁弓。上命奏九卿保举官员职名。奏至理藩院郎中黑谷。上曰：“其人甚优，众皆称之，这差着遣黑谷。”

兵部覆大同总兵俞益谟题请嗣后二年半举劾一次，议不准行。上曰：“俞益谟所奏亦是。若二年举劾一次，恐军政相值，这本着该部另议具奏。”

午时，上御行宫前黄幄，宴诸王及蒙古王、台吉、内大臣、侍卫、文武诸臣。上升坐，和硕额驸班第等行三跪九叩头礼，上进酒，诸乐并作。

诸王、大臣、侍卫及蒙古王、台吉等俱于坐次赐酒。宴毕，上回行宫。

是日，赐多罗郡王代布永图御用绒缨凉帽、袍褂及白金各三百两，四品台吉伊喇固克三袍褂、白金一百两，蒙古王妃、台吉等妻俱赐袍褂、银帛有差。又赐内大臣、侍卫、文武诸臣及八旗护军鱼，随营担负贸易小民均赐食，贸易小民数千人欢呼谢恩。

是日，又赐进马驼人等蟒缎及缎布、银、茶壶、茶铛等物及进牛羊人等白金。

初五日丙子　上驻跸行宫。

未时，上临科尔沁端贞长公主之墓奠酒举哀，回时上阅视蒙古等居址，大加恩赉既毕，上回行宫。

是日，赐蒙古王、贝勒、台吉、军士、散闲人等食。又赐蒙古王下至台吉人等鹅鸭等物及进马羊人等蟒缎、布帛、白金。

初六日丁丑　上驻跸能纳黑西百地方。是日，赐大公主白金千两。赐守视雍穆长公主墓八十户人及端贞长公主墓老妪苏白银帛、彭缎、布匹等物有差。又赐蒙古王、贝勒、台吉等箭各五枝，及进马羊人等白金。郎中佛保又传谕，赐大公主缎五十端、白金五百两，额驸、班第白金五百两。

初七日戊寅　上驻跸驰尔惠地方。科尔沁台吉毕力滚达赖等备宴。

未时，上御行宫，宴诸王及蒙古王、台吉、内大臣、侍卫、文武诸臣。上升坐，台吉毕力滚、达赖等行三跪九叩头礼。上进酒，诸乐并作。诸王、大臣、侍卫，蒙古王以至台吉等俱于坐次赐酒，护军、执事人等俱赐食。

是日，赐诸王、蒙古王、内大臣、侍卫、都统、护军统领、护军参领、护军校、护军等獐。又赐进马多罗郡王代布等白金百两。

初八日己卯　辰时，上御行宫，大学士伊桑阿，学士噶礼、辛保、温达以折本请旨。户部覆直隶巡抚于成龙奏称，玉泉山耕种稻田之庄头赵三元等，曾将涿州、房山县所属二十顷零十亩地给与耕种。此地并非闲田，原系县学田亩，请仍给还县学，应无庸议。上曰："这田系户部司官与地方官会同踏堪拨给者，乃将县学田亩误为闲田拨给，殊属不合。着移文该抚查出，仍还县学。其先误拨官员着令查议。"

刑部等衙门覆川省秋审情真事。上曰："邵逢春贼银不多，着从宽缓决，余依议。"

兵部题附入镶黄旗之喀尔喀二品台吉根敦等愿将本身并其子侄辈洒扫阙廷，看守禁门，恳以佐领骁骑校、护军校缺录用，议不准行。上曰："根敦等并无俸禄钱粮，实不能聊生，其部落人众有授为佐领、骁骑校官职者，余俱令披甲，悉得俸禄钱粮，生计有资。根敦等亦应授以职任，得遂生业，着再议具奏。"

又顾大学士等曰："湖广贼寇事今日奏至，荆州将军莽吉禄前请出征，朕曾改票，尔等皆知乎？今果奏称贼首就擒，余众悉降。此特地方小寇，遽以满兵致讨，则有累黎元。是以朕改票批发，且长沙副将陈昂其人最优，乃系朕简用者。"伊桑阿奏曰："改批票签臣等见过，以今所奏观之，不用满师即行扑灭，皇上兵动民劳之谕，圣鉴甚当。其各处副将以上官员俱系皇上简用之人，所以一遇有警，即能奏力，此诚皇上预为筹度之所致也。"

上曰："地方武弁谨慎防守，稍有事端即时效力，贼寇何由猖獗以致扰民？朕每补授武弁至详且慎。昔太宗皇帝时，于蒙古盗案极其严禁，即盗一羊一牛必置典刑，因是塞外牲畜放牧旷野，无事看守，闻或有以己之牲畜所在反问诸他人者。比年来蒙古牲畜羸瘦，众失生业，盖由贼禁懈驰，盗案浸多，马匹不得野牧，皆圈栏拘系，不得安舒寝吪，任意饲草故也。朕于是行马匹反觉膘壮，毫不少减。由此观之，知牲畜不专在水草，明矣。而塞外盗案从轻，可乎？"伊桑阿奏曰："皇上所见诚然，非如此明谕，臣等实不得知。"

上又曰："朕启行后，自九月初一日至初四日雨泽沾足，是雨有益麦菜，朕甚欣悦。"伊桑阿奏曰："这雨诚有益麦菜。"

是日，上驻跸乌储滚之南。郭尔罗斯护国公安达西里等备宴。

未时，上御行宫，宴诸王即蒙古王、内大臣、侍卫、文武诸臣。上升坐，公安达西里等行三跪九叩头礼。上进酒，诸王及蒙古王大臣侍卫俱于坐次赐酒。

是日，赐护军统领、护军参领、八旗护军等獐。又赐郭尔罗斯四品台吉毕力滚达赖等白金各百两。

初九日庚辰 上驻跸博多隆地方。

申时，上御行宫，赐诸王及蒙古王、台吉、内大臣、侍卫、文武官员执事人、护军、甲士及蒙古官库、闲散人等食。

是日，赐和硕土谢图亲王额驸沙津、达尔汉亲王额驸班第卓力克图、亲王巴忒麻、扎萨克图多罗郡王鄂齐尔、多罗郡王毕力克图、多罗郡王代布、多罗秉图郡王达答布额驸鄂齐尔、公布尼绒缨凉帽、蟒缎、袍褂、环带、鹿皮靴、镀金鞦辔、漆鞍并御用弓矢、撒袋、玲珑腰刀、缎匹。其贝勒、贝子、公、额驸、台吉、都统、副都统、参领、佐领、骁骑校及军士人等俱大赉有差。

初十日辛巳 上驻跸伊屯口内。是日，黑龙江将军萨卜素等、宁古塔将军沙那海等、伊屯关口防御莫其塔来朝。

十一日壬午 上驻跸行宫。

巳时，上出行宫南门外，率皇子等射，并命善射侍卫射，继览观黑龙江将军萨卜素、宁古塔将军沙那哈以及军士人等射。上射皆中的，皇子等亦多中的，将军及军士人等俱赐食毕，上回行宫。

是日，赐蒙古王及军士人等鹿。又赐将军萨布素弓矢及进马人等蟒缎、妆缎、布帛、白金、银茶壶、茶铛等物，进羊人等白金。

十二日癸未 上驻跸布尔哈河地方。是日，赐内大臣侍卫及蒙古王等鹿。

十三日甲申 上驻跸义儿门河地方。是日，赐喀尔喀折卜尊丹巴库土克图、拖音库土克图、八旗护军及牧马人、牵骆驼人等鹿。又赐专司御鞍之新满洲胡克著及进马人等白金。

十四日乙酉 上驻跸吴云海阑地方。是日，赐进马之达胡里拨什库、得古尼等五人白金。

十五日丙戌 辰时，上御行宫，大学士伊桑阿，学士噶礼、辛保、温达以折本请旨。刑部覆黑龙江将军萨卜素题，将首谋偷采东珠和伦驿人杨休拟绞，驿站人王凤林等九人及家奴邓予等三人照为从例拟枷号一个月、鞭一百，仍留原驿。其邓予等着离原主给与贫军为奴。部议杨休照将军议拟绞监侯，其从若不令离原处，则榆林采东珠事必致益甚。应令离原驿，安插于盛京之西山海关外驿站。邓予等三人应发往宁古塔给与贫军为奴。上曰："黑龙江人众惟愿就内地，岂恋彼土？若照部议发落，偷采之人无所畏惮，以为犯法则得返内地。否则，且图私利而盗风靡炽矣。着问黑龙江将军、山虞总管具奏。"

是日，上驻跸木舒地方。上谕大学士等曰："凡朕所经历之地，遇有名山大川，必行致祭。今于十七至松花江，朕将致祭，尔等会议具奏。"

是日，钦此会议："皇上十七日至松花江，十八日早供献酒帛，焚香读祝致祭，遣官行礼，另行具奏。"奉旨："依议。"

十六日丁亥　上驻跸奇塔木河。

十七日戊子　上驻跸法塔哈鄂佛罗地方。赐内大臣、侍卫、文武诸臣及乌喇军卒人等鱼。是日，法塔哈鄂佛罗防御荆山来朝。

十八日己丑　上驻跸行宫。是日，早，命大学士伊桑阿致祭松花江，赐内大臣、侍卫、文武诸臣、笔帖式以上及护军、执事人鱼。

十九日庚寅　上驻跸行宫。

辰时，御行宫，大学士伊桑阿，学士噶礼、辛保、温达以折本请旨。吏部以浙江船政同知员缺，将典籍王义训等七人拣选具奏。上曰："其人何如？"大学士伊桑阿奏曰："王义训，巡抚王国昌之子；张廷麟原任布政司，张永茂胞弟之子；曹忠微族，现今俱司改本。"上曰："三人内孰为堪用？"伊桑阿奏曰："曹忠今正壮年，其人堪用。"上曰："将曹忠补授。"

兵部覆山西巡抚倭伦题，杀虎口副将营兵丁康熙三十五年军前倒毙马匹，请免赔偿，议不准行。上曰："这钱粮着免扣取。"

又覆云贵总督王继文题云南沅江副将员缺，将卓异参将关宾坐名升补。关宾员缺，将游击王文誉坐名补授，议不准行。上曰："关宾人材矫健，且系赵良栋荐举之人，如此辈者俱已升迁，此略加超擢，有何不可？"伊桑阿奏曰："果系贤能，则虽平人尚可授以大任，略加超擢，仰又何碍？"上曰："关宾等据照该督所题升补。"

刑部题，张上采、王四助、周尚库等争夺煤窑，杀死人口，以光棍为从例拟监候秋后绞。地方官口北道周世贤，原署巡抚事，守道于准、总兵官白斌推委，不即周尚库等执拿，殊玷官职，拟革职。上曰："这事总兵官白斌等咨部询问时，该部应即行咨覆，令其严拿。乃徇情推诿，不加裁覆，着将该部一并另行严加议处具奏。"

伊桑阿奏曰："偷采东珠一案，问黑龙江将军及山虞总管等，据称若将黑龙江之人于此处安置，则彼处之人皆欲来此，而故犯者必多。"上曰："杨休照所拟监候秋后绞。其为从者，若于盛京驿站安置，或给宁古塔贫军为奴，则充发黑龙江人犯欲来此而故犯者必多。着仍照该将军所题行。"

是日，赐诸大臣及侍卫等鱼。

二十日辛卯　上驻跸行宫。是日，上渔于松花江，天清风和，一网获鱼一万四千有零，一日共获鱼至数十万。将至行宫前，积之如山。蒙古王、台吉及扈从官员无不称奇。未几，上出面赐诸王、大臣等鱼。八旗官员、护军、执事人及捕鱼人皆获沾恩，诸大臣踊跃齐奏曰："皇上圣德神威，山川之神无不效顺，猎则日获兽数百，渔则得鱼数十万，诚自古及今所未有者。今臣等幸扈从圣驾来此，得见所未见，食所未食，喜不自胜。"

是日，赐乌喇佐领佟自乐白金五十两。

二十一日壬辰　上驻跸穆赫林阿莫地方。是日，赐内大臣、侍卫、文武诸臣以下，部院司官、笔帖式以上、护军、执事人、牧马人、及蒙古王以下台吉等鱼。

二十二日癸巳　上驻跸札星阿地方。是日，上以乌喇人等此番修路、造桥、图猎甚善，极其劳苦，赐黑龙江将军萨布素、宁古塔将军沙纳海绒缨凉帽、蟒袍、环带、皮靴、玲珑腰刀、弓矢、撒袋、雕鞍并上用缎匹；其副都统喀忒祜、关保、胡什巴、耿格，副都统品级马布代绒缨凉帽、环带、皮靴、镀金鞦、辔、鞍并上用缎匹蟒缎；又赐协领、佐领、防御主事、骁骑校、笔帖式以至拨什库、披甲人等上用缎匹、蟒缎、妆缎、彭缎、撒袋、腰刀及靴等物，白金三万四千九百余两。

二十三日甲午　上驻跸塔库翁我罗地方。是日，赐牧马人鱼及进鹰蒙古白金。

二十四日乙未 上驻跸虞村。是日，赐黑龙江将军萨布素妻袭衣一袭。山虞总管穆克敦等来朝。

二十五日丙申 上驻跸行宫。

未时，上出行宫，率皇子等射，令善射侍卫射毕，视山虞总管协领以至渔猎人等射。上以渔猎人等甚为效力，赐山虞总管穆克敦绒缨凉帽、环带、皮靴，镀金鞦、辔、鞍及上用缎匹、蟒缎，并赐协领罗禅上用缎匹、皮靴、腰刀，又赐笔帖式以至拨什库、渔猎人等白金一万一千六百余万两有差。并皆赐食。

二十六日丁酉 上驻跸吉临乌喇地方。是日，赐山虞总管穆克敦上用缎八匹、白金二百两，协领罗禅白金百两。

二十七日戊戌 上驻跸行宫。是日，赐领侍卫内大臣公费扬古、索额图，内大臣明珠，大学士伊桑阿东珠各五颗，其内大臣、尚书、散秩大臣等俱赐东珠二、三、四颗有差。又赐原任总管满达喇汉上用缎匹、原任协领昂纽妆缎及年老人进猞猁狲人等白金。

二十八日己亥 上驻跸行宫。

辰时，上幸教场，赐诸王、大臣、侍卫及蒙古诸王、台吉，黑龙江将军萨卜素、宁古塔将军沙纳海及大小官员宴。上升坐，召大学士伊桑阿、尚书席尔达、一等侍卫兼副都统吴达禅，学士噶礼、温达，管翰林院事侍郎阿山等人谕曰："朕君临天下，简用贤能，察其勤劳者予之爵赏，专以奖励为要。黑龙江将军萨卜素，朕知之已十七年矣。初未设防之时，授以爱浑将军，为国效力，抚恤训导，官军和辑，平定鄂罗斯，拓土开疆，爱浑官军无不感戴。虽频年出师，不但众无怨言，更且称颂。历观诸将军内，此为第一，朕今日故于众前特加旌奖。若不如是，后谁劝焉？用是朕将亲御蟒袍、褂帽赐之，授以一等阿达哈哈番，令其世袭。副都统喀特胡，初授爱浑时，能协助萨卜素，于兹有年。及有事于鄂罗斯，又复效力。朕是以于众前赐之袍褂，以加奖励，授以世袭拜塔喇布勒哈番。吉临乌喇为诸色人等杂处之地，凶类所聚，其先告讦事务甚多。自沙纳海为将军，详加劝导，深得官军之心，此地之人咸皆誉之。朕是以于众前旌奖，赐以朕亲御之蟒袍、褂帽，尔等可于众前谕之。"

伊桑阿等出传谕将军萨卜素等，萨卜素免冠叩首奏曰："臣本微末，深荷圣恩，渐授今职，仰副皇上恤兵至意，抚恤军士，鼓励训导，黾勉供职，此皆臣分所当尽，且素叨天恩，固已深厚，今复蒙赐御服、袍帽，授世袭阿达哈哈番，臣今生何能酬报，惟愿世世竭犬马之力，体皇上恤军至意，答圣恩于万一耳。"喀特胡叩首奏曰："臣原属鄙陋，竭蹶效力，臣分当然。所有微勋，已经部叙，荷恩授为拖沙喇哈番。今皇上又赐袍帽、加授世袭拜塔喇布勒哈番，泽深感切，非奏词可尽，惟是殊恩罔极，仰答靡穷，但愿臣之子孙尽瘁效力而已。"沙纳海叩首奏曰："臣系一介微躯，恭逢知遇隆恩，累擢以至将军，窃思军士乃皇上抚育之众，爱养劝导，臣职当尽，并无效力出众之处。蒙皇上渥恩，赐御用袍帽，众前宣谕，臣不胜荣幸，欲称述圣恩，词不能尽，嗣后益图勉效，以副皇上抚恤军士之至意。"

伊桑阿等覆奏毕，将军以下各官行三跪九叩头礼。上进酒，诸乐并作。召将军萨布素、沙纳海，副都统喀特胡至御座前，上亲赐酒。其协领等于门内、佐领等于门外、防御于阶上、骁骑校等于阶下赐酒。又撤御前果饼赐与诸臣，下至军士人等俱赐食。宴毕，众皆谢恩。上回行宫。

是日，因进马赐将军萨布素、沙纳海，副都统喀特胡、总管喀拜等上用妆缎、蟒缎、漆鞍、银茶壶、茶铛、军士及妇女等俱加恩赉。

二十九日庚子　上驻跸行宫。是日早，上幸教场，率皇子等射，令善射侍卫等射。上发矢皆中。又视宁古塔官军服介胄射毕，上回行宫。

是日，谕大学士伊桑阿曰："朕既亲临此地，着将此地之应正法罪犯今年着停正法，其缓决者仍监候。缓决情有可矜者即行完结。又现拿问监审罪犯亦即行完结。尔与将军沙纳海会同查明具奏。至盛京时亦照此谕行。后若有犯者，不准宽免。"

是日，赐举网捕鱼协领赛必图以至拨什库、披甲人等金帛有差。又赐制膘佐领特古思等白金。

三十日辛丑　上驻跸黑图必尔哈地方。是日，赐进马黑龙江齐齐哈尔里村副都统品级章京马布代白金一百七十两。又赐宴前讴祝老人杭古等白金。

十　月

初一日壬寅　上驻跸枯勒纳河地方。

初二日癸卯　上驻跸奇尔赛河地方。是日，上行围杀虎。

初三日甲辰　早，上以皇太后圣寿率诸王、内大臣、侍卫、文武官员，诣皇太后行宫前行庆贺礼毕，亲近一等侍卫关保传谕曰："今日皇上圣寿，此驻跸处山即敕封为寿山。"

是日，上行围，殪二虎，皇十三子殪一虎。上驻跸布尔哈地方。

初四日乙巳　上驻跸海澜河地方。

初五日丙午　上驻跸牛马顺河地方。是日，赐吉临乌喇佐领并防御等十人白金，修补桥路官员等俱令加级，军士赐白金。

初六日丁未　上驻跸辉发地方。是日，上殪二人熊，赐乌喇虞人来辉发河预备捕鱼者白金各八两，管盛京将军事固山贝子苏努，副都统博定、杨福等率其所属官军来朝。

初七日戊申　上驻跸费雅达拉库河地方。是日，上殪虎。

初八日己酉　上驻跸傅尔哈河地方。

初九日庚戌　上驻跸卞鄂漠地方。是日，赐盛京八旗兵士鹿。

初十日辛亥　上驻跸郭尔敏朱敦地方。是日，上殪虎。盈格关口守御纳尔特等来朝。

十一日壬子　上驻跸马泰寨地方。是日，兴京城守尉尹泰、防御觉罗伊沙哈等来朝。

十二日癸丑　上阅兴京城，驻跸永陵西。赐兴京城地藏寺僧官张忠保、显佑宫道士韩昌达白金各百两。

十三日甲寅　上率诸王、内大臣、侍卫、文武诸臣、蒙古王、台吉等诣永陵致祭毕，命内大臣公福善至礼敦巴图鲁王之墓，都统齐什至恪恭贝勒之墓奠酒。赐守视陵寝官兵银帛有差，又赐原守视陵寝镶黄旗已故披甲人夸之妻及道士李国礼白金。

是日，上驻跸萨儿浒地方。

十四日乙卯　上驻跸琉璃河地方。是日，抚顺防御周国泰来朝。

十五日丙辰　上驻跸福陵东。是日，赐诸臣侍卫等鱼。

十六日丁巳　早，上率诸王、内大臣、侍卫、文武官员并蒙古王、台吉等谒福陵，行三跪九叩首礼，三奠酒，举哀毕，又率诸王、内大臣、侍卫、文武官员并蒙古王、台吉等谒昭陵，行三跪九叩首礼，三奠酒举哀。

是日，上驻跸盛京城内。上将至，盛京文武官员俱出郊跪接，合城内外绅衿、兵民、商贾、耆老、妇女、童稚各于门前排设香案、夹道叩首迎接。

十七日戊午　早，上率诸王、内大臣、侍卫、文武官员诣福陵隆恩殿，读祝文致祭。

是日，礼部题康熙二十一年皇帝诣二陵告祭时，曾遣大臣读祝致祭颖亲王、克勤郡王，其杨古里、蜚英东、额宜都、图尔格等亦曾遣官读祝致祭。今皇帝以四时大祭之礼，致祭三陵。祭陵毕，应遣官奠酒。所遣官员交与内大臣派出具奏。上谕曰："开国佐运勋臣，朕亲临奠酒。附近若有王墓并查奏闻，朕虽不亲临，令皇子等奠酒。其五大臣之墓在于何所，亦查明具奏。着领侍卫内大臣公福善、索额图，内大臣明珠、大学士伊桑阿亦同会议。"福善、索额图、明珠、伊桑阿，侍郎努黑、杨舒等会议奏称："上谕圣躬亲奠功臣之墓，命皇子等分奠诸王之墓，诚亘古希闻之盛事。且此诸臣皇上知之较臣等更晰，其皇子分奠，臣等何敢议及。伏惟圣裁，以便钦遵。"

奉旨："考杨古里、蜚英东、额宜都三人效力甚可嘉尚，此三人墓朕祭昭陵之日亲临奠酒。其余诸臣效力亦属可嘉，从前曾经祭奠者照前举行，继以祭类颖亲王等将内大臣、都统、侍郎等职名具奏。"

奉旨："颖亲王墓遣拜音察克致祭，克勤郡王墓遣僖郡王奠酒、侍郎努赫致祭，杨古里墓遣内大臣郑亨致祭，蜚英东墓遣都统石文瑛致祭，额宜都墓遣吴巴什致祭，达尔汉巴图鲁亲王之墓遣学士温达奠酒，侍卫达尔汉墓遣都统都司喀尔奠酒，呵呵里墓遣内大臣博第奠酒，松郭罗巴吐鲁俺费扬古墓遣管翰林院事侍卫阿山奠酒，图尔格墓遣布克韬致祭。"

杨古里、蜚英东、额宜都之孙，领侍卫内大臣公福善，掌銮仪卫事散秩大臣公阿灵阿等，率其子姓跪奏曰："闻圣谕欲亲临臣等祖墓奠酒，臣等不胜惶惧。窃思自古以来，未有君临臣墓亲行奠酒之典，前皇上二次谒陵俱遣官致祭臣等祖墓，其浩荡洪恩，臣等已不克当。今闻圣谕，又欲亲临奠酒，不但臣等不克当，即臣等祖灵亦何能自安也。伏祈皇上停止亲临。"因叩头陈奏。奉旨："尔等仅知为尔之祖，至列圣开国定鼎、辅佐勋劳，尔等未必详悉。朕比年来观阅实录，始知尔等之祖，于列圣开创时功绩懋著，深属可嘉。朕既亲来谒陵，不临尔祖墓奠酒，何忍旋京？尔等毋容烦奏，朕必躬行。"

是日，赐诸王、蒙古王、台吉、内大臣、侍卫、文武诸臣食。驻跸行宫。

十八日己未 早，上率诸王、内大臣、侍卫、文武官员、蒙古王、台吉等诣昭陵，于隆恩殿致祭毕，上随临勋臣出品一等公谥武勋王杨古里、直义公蜚英东、弘毅公额宜都之墓奠酒。三臣之孙福善、阿灵阿等率其子姓跪奏曰："臣等世受殊恩，实同高厚，圣主前二次谒陵，遣官致祭臣等祖墓。今谒祭陵寝，圣驾复亲奠酒，仍命大臣致祭。如此洪恩渥泽，非仅臣等悚惧，臣等祖灵亦必局促靡宁也。此皆皇上特恩旷典，臣等忻感无任，欲为陈奏，不知所云，惟叩首谢恩。"

是日，遣管翰林院事侍郎阿山至原列五臣之松郭罗巴吐鲁唵费扬古墓奠酒，其孙精奇尼哈番散骑郎吴尔熙跪奏曰："自臣祖以来世受皇恩高厚，实同覆载。圣驾前次谒陵，遣官致奠，今复蒙圣主加恩，以臣祖为佐运勋臣，特命大臣奠酒，如此浩大弘恩，非独臣无以克当，臣之祖先魂魄亦必不安于地下矣。臣惟有恭谢圣恩。"奏毕，叩首谢恩。

是日，上驻跸行宫。

十九日庚申 上驻跸行宫。

巳时，上御大清门，宴诸王、蒙古王、台吉等，内大臣、侍卫、文武诸臣及守视二陵官军、盛京大小官员、绅耆、军士、执事人役，并赐朝鲜国王李焞所遣赍谢赈济表文及进贡陪臣徐文重、闵镇周等宴。上升坐，盛京官员、守陵各官及朝鲜国使臣等行三跪九叩头礼。上进酒，诸乐并作。召管盛京将军事固山贝子苏努、副都统博定、宗室杨福及总管齐蓝布温达进御座前，上亲赐酒，侍郎以下官员俱于阶下赐酒，并召朝鲜国使陪臣徐文重、闵镇周进御座前赐酒，其耆老、兵丁、执事人员俱于坐次赐酒毕，众皆谢恩。

上入太祖、太宗所御宫殿瞻视毕，出大清门，率诸皇子射。又命善射侍卫等射，阅盛京官军射毕，回行宫。

是日，大赉官兵、耆老，恩赐朝鲜国使。

二十日辛酉　上驻跸行宫。

巳时，上幸盛京城外，率诸皇子射，命善射侍卫射，阅盛京文职大臣、官员等射毕，回行宫。赐管盛京将军事固山贝子苏努御用貂裘、狐裘、天马披褂、貂帽并箭十四枝，白金千两，又赐副都统博定、杨福御用箭各十枝、染貂帽、皮袍褂、白金各五百两，其协领、城守尉、佐领、防御俱赐御用箭皮、袍褂、白金等物有差。

是日，遣内大臣博第致奠于原列五臣之额驸和合礼墓，其孙齐什等叩首奏曰："自臣祖以来世蒙国恩，实同覆载，臣等未能图报万一。复蒙皇上以臣祖为创业勋臣，特命大臣致奠，于七十余年之遗骨如此渥恩，不但臣等为子孙者感荷弗胜，即荒冢枯骸亦若复生矣。"奏毕，叩首谢恩。

二十一日壬午　上驻跸老边。是日，上回銮。盛京文武大小官员、绅衿出郊跪送，其兵民、商贾、耆老、妇女、童稚俱焚香跪送。

二十二日癸亥　上驻跸五道河地方。

申时，上出行宫南门外，阅盛京文职大小官员骑射毕，回行宫。赐盛京佐领万都力白金五十两、银鼠褂、羊裘并其子喀积羊裘褂。

是日，义州城守尉巴尔米忒等、锦州城守尉齐巴哈等、广宁防守御雅侗阿等，驻防巨流佐领穆廷颜、李自贵等来朝。土墨特多罗贝勒额尔德木图等来朝请安。遣都统杜思哈尔至察哈尔温庄长公主墓致祭。

二十三日甲子　上驻跸白旗堡。

申时，上出行宫南门外，率诸皇子射，命善射侍卫等射，阅锦州等处官兵射，上所射皆中的。毕，回行宫。

是日，驻防白旗堡佐领程世显等来朝。

二十四日乙丑　上驻跸二道井地方。

申时，上出行宫南门外，率诸皇子射，命善射侍卫等射，阅义州锦州等官兵射，上所射皆中的。毕，回行宫。

二十五日丙寅 上驻跸羊肠河地方。土墨特多罗贝勒额尔德木图等备宴。

申时，上御行宫，宴诸王、内大臣、侍卫、文武诸臣及盛京大小官员、义州等处官兵、蒙古王、台吉等。上升坐，多罗贝勒额尔德木图等行三跪九叩首礼。上进酒，诸王以下至大臣、侍卫官兵俱于坐次赐酒。

是日，赐多罗贝勒额尔德木图白金八百两。驻防小河山佐领萧起龙金榜魁等来朝。

二十六日丁卯 上驻跸兴隆店地方。谕户部曰："盛京系圣祖创兴之地，朕谒祭陵寝，咨询民生。今岁田禾未获全登，［承］、德等州县钱粮照常征收，恐致困极。朕既亲知，宜加恩恤，用昭优渥。［承］、德等州县今岁应征米豆概行蠲免，以副朕爱民至意。尔部即移文该府尹，遍示闾阎，使家喻户晓，务俾民沾实惠。尔部即遵谕行。"

是日，广宁防御宾达、八品笔帖式哲麟、广宁县知县王国柱等来朝。

二十七日戊辰 上驻跸鹅头堡地方。沿途百姓俱焚香叩首，欢声载道。奏曰："迩年来因盛京歉收，皇上轸恤小民，蠲免正赋，复行海运赈济群黎，恩泽屡施，俾我小民得安生业，家给人足，正戴圣恩于无极。而皇上又蠲现年钱粮，窃思今岁未全获，而去年颇丰，户有余粮，家犹富裕。我等惟昼夜祈祷，愿皇上万寿，与天地同悠久耳。"

是日，赐土墨特多罗贝勒额尔德木图以下至官库人等衣服、缎匹、白金等物有差。

朝鲜男妇十八人海洋遇风飘至琉球国，今驰驿送至。上怜之，俱赐食，复念时值严寒，遍赐裘帽、白金。又谕令加意护送回至原国。朝鲜国人踊跃叩首奏云："我等系小邦蚁民，船忽遇风，飘至琉球，今送入中华，蒙皇上恩恤，大加赏赉，复命驿送还国。我等小邦穷民，何福得路遇圣主，召近行宫赐食、赐衣帽、白金，我等得获安全，身归故土，与父母妻子完聚者，皆圣主再造之恩也。"奏毕，谢恩。

二十八日己巳 上驻跸小凌河西岸。是日，沿途百姓男妇老幼俱以蠲免钱粮焚香谢恩。锦州佐领西扎布等，小凌河佐领吴应元、李维等，锦州府知府陶锟、绵县知县李拱乾等来朝。

二十九日庚午 上驻跸高桥驿西，沿途百姓俱以蠲免钱粮焚香合掌谢恩。是日，遍赐八旗前锋、护军、执事人员、兵丁及义州等处军卒牛、豕、羊只。

十一月

初一日辛未 上驻跸宁远州城外。是日，百姓因蠲免钱粮，男妇老幼报负婴孩、执香谢恩。宁远州知州李文熙等来朝。

初二日壬申 上驻跸中后所之东。喀喇沁护国公沙木巴拉什等备宴，恭迎圣驾。

申时，上御行宫，宴诸王、内大臣、侍卫、文武诸臣及蒙古王等。上升坐，护国公沙木巴拉什等行三跪九叩头礼。上进酒，诸王、大臣、侍卫俱于坐次赐酒。

是日，中后所税差笔帖式阎世福，骁骑校毕自诚、杨登科等来朝。

初三日癸酉 上驻跸王保河地方。赐内大臣、大学士、都统、尚书、护军统领等马各一匹，锦州、义州、广宁等处官兵银帛有差。

是日，镇守天津等处总兵官潘育龙等来朝。

初四日甲戌 上入山海关，驻跸城西。是日，沿途百姓俱跪接，阖城内外俱各陈设香案，恭迎圣驾。赐喀喇沁护国公沙木巴拉什等及伊等妻并官兵衣服、银帛有差。又赐义州城守御巴拉米忒上用貂褂、貂帽、银鼠裘；其兄辛柱年老解任，上并赐以御用貂褂、貂帽、猞猁狲裘。

山海关税差内阁侍读吴子祯、通判尚琨，总管山海关事务车尔百赫、都司洪见都等来朝。

初五日乙亥 上驻跸抚宁县东。是日，沿途百姓跪迎圣驾。抚宁县知县董隆祚、把总黄福寿等来朝。

初六日丙子 上驻跸永平府西。是日，沿途百姓跪迎圣驾。蟠桃口监督、郎中叶舒，永平府知府梁世勋、防守尉岸额尔德、副将黄登等来朝。

初七日丁丑　上驻跸沙河驿。是日，赐内大臣、侍卫、文武官员、护军人等獐、雉、兔等物。

初八日戊寅　上谒孝陵。是日，驻跸丰润县属任子口。

初九日己卯　上驻跸闫家屯。是日，上行经三屯营，副将尚宣率所属军士排列队伍恭迎。

初十日庚辰　上驻跸新城碾峪关，把总张德恭来朝。

十一日辛巳　早，上率诸王、内大臣、侍卫、文武官员及蒙古王等诣暂安奉殿，行三跪九叩首礼，三奠酒，举哀。继谒孝陵，行三跪九叩首礼，三奠酒，举哀毕，诣陵寝，三奠酒，举哀。

是日，上驻跸邦均庄，赐内大臣、侍卫、八旗护军鹿，蓟州知州张朝琮来朝。

十二日壬午　上驻跸通州城北，通州副将陈景麟率所属军士排列队伍恭迎。是日，赐内大臣、大学士、都统、尚书、护军统领等雉。通州西仓监督谕德杨柱、中仓监督郎中姚蓝坐、粮厅郎中江藻、提督通会河道员外杨为梓、署通永道事同知郎秉和、通州知州吴存礼等来朝。

十三日癸未　午时，上随皇太后辇由东便门进东华门，俟皇太后回宫，上始回宫。

是行也，部院各衙门奏章每日交送内阁，由内阁三日一次递送行宫办理。

扈从起居注官阿山、华显、揆叙。

十四日甲申　巳时，上御批本房，大学士伊桑阿等以秋决折本请旨。上曰："本内事情尔等皆已见过，有可议处，各当尽言。"于是上展阅招册，逐名裁定。狗色坐出兵规避。上曰："凡用兵赏罚，须极严明。若此等不正法，何以用众？朕三次出师，愈知军纪不可不肃。狗色罪当死。"朱尚文以小嫌杀其母舅之子。上曰："此罪无可恕，但尚文已六十七岁，念其年老，且免勾。"仓二坐窃盗。上曰："此是飞贼，不可姑容。"刘大坐以石击死马二抵死。上曰："此案云何？"王熙奏曰："此人习于杀人，所杀马二，验十二伤，脑亦迸出，虽无器械，情属难宽。"上颔之。刘娃色、黑色、七儿坐偷窃库银。上曰："此有首从否？"伊桑阿奏曰："刘娃色是正黄旗库上笔帖式花色家人，事发曾令其主具呈告退，近复叩阍，俟问明另奏。刘娃色即系为首。"上曰："为首者正法，余且免勾。"长僧坐杀其亲兄，家人阿定助长僧加功。上曰："此案全是其母屠尼喀之妻所使，已经鞭责，今尚在否？"大学士等奏曰："尚在。"上曰："其母一日不死，其子且姑留，俾其每年惧其子之死也。"刘大坐杀拐妇人之二哥而取其拐卖财物。上曰："此尚有可宽否？"伊桑阿奏曰："此案有首从。"徐嘉炎奏曰："此案在逃崔四为首，可俟崔四获时结案。"上亦谕免勾。余情真者，上据详审再三，于无可生之中有一可缓须臾之死者，俱不忍即勾。至万无可议，始不得已而刑之。凡勾者三十五人，得免勾者十三人。

上曰："朕初亲政时，见满洲无有斗殴、持刀杀人之事，以后渐有犯者。及今而此风日甚，可见满洲习俗寖薄矣。即今各案中亦有犯此者，必复从前淳厚之俗为善也。先时满洲往往轻毙其家人，朕以此风不可长，立为差等之罚。自后少息。"

上又曰："闻故明崇祯时决囚，遣一内臣往探有称冤者否，还奏云：有一人称冤，及遣追此人回。时行刑在西市街，皇城内不许骑马，内臣步行及到，而称冤者已死，追回者乃其余未刑者也。此等事朕所不取。夫奏谳之成，当预为详审，临时可以不冤。若不慎之于先而洞察于死生呼吸之间，待其人之自吐，岂有及乎？如今日各案，朕先已熟览，知其曲折，犹欲与尔等斟酌而行。"大学士等奏曰："皇上好生之仁，如神之哲，于刑狱极其详慎，即几年前之案，无不洞悉，不待按册而知，自然听断平允，无一不当。"

本日起居注官阿山、韩菼。

十五日乙酉 早，上御太和殿，升转文武官员谢恩毕，回宫。

辰时，上御乾清门听政。部院各衙门官员面奏。兵部尚书席尔达等入奏时，上曰："硕鼐衰迈，着解前锋统领之任，仍以都统供职。此前锋统领员缺，以护军统领苏丹补授。其苏丹员缺，以候补护军统领瓦尔达补授。左翼前锋统领索柱巴图鲁病久，着解任，都统图席希令兼管。前锋统领事副都统法保不能管辖，着解副都统之任，以护军参领供职。正白旗前锋参领德克靖额倨傲矫饰，着解前锋参领之任，令管护军参领事。正红旗前锋参领黑牙图人材庸劣，着革职。前锋参领内仍有应革职者，着列名奏览。”

继召九卿及于成龙、王新命等入，上曰：“总漕桑格等欲修下河，尔等即议准行。果如议修治，可必其水涸田出，于民有益否？先曾命凯音布、孙在礼、王新命等专司开浚，奏称大有裨益，旋复溃决，未克有济。今尔等遽议准行，何以不详诘从前开浚诸人？且并无确见实据，惟照督抚奏请，草率具题，此可云尽心政务者乎？”萨木哈等奏曰：“臣等无真知确见，惟照桑格所奏即议准行，诚缪，其应问凯音布等，亦未虑及。圣见诚然，毫无成算。遽议修浚，将来仍归无益。”

上顾于成龙、王新命曰：“尔等俱任河务，曾奏称大有裨益，今复溃坏，何也？”于成龙奏曰：“臣于二月任事，十一月离任，臣任内并未发帑浚理。”上又问曰：“尔为总河时岂未修治乎？”于成龙奏曰：“臣修上河，未修下河。”王新命奏曰：“臣任内发帑开浚工竣之后，曾奏水涸田出，今复溃坏，水淹田亩，是于百姓未能永利。皇上谕旨甚当。”上又顾九卿曰：“河工事属紧要，朕若不加详审，即依尔等议，不久又至溃坏矣。每一浚河，即于民力有伤，所值村落庐舍亦皆废弃，倘难久远，徒糜国帑。”九卿出。

大学士伊桑阿、阿兰泰、王熙、李天馥、吴琠，学士顾藻、徐嘉炎、布泰、噶礼、李录予、辛保、温达、恩丕以折本请旨。九卿覆总漕桑格等奏请修理下河之芒稻河、白土河等处发帑金及开捐纳事，例议准行。上曰：“开浚下河民生攸系，朕为闾阎疾苦，深切轸念，曾命凯音布、孙在礼、王新命等专司开浚。伊等曾奏称工程告竣，民生大蒙利益，载在册籍，存部可考，人亦俱在，可以质询也。由今观之，止是虚縻国帑耳。水势并未消减，田亩并未涸出，所谓有益民生者，果何在耶？今桑格又奏当行开浚，而九卿并不详诘从前开浚诸人，亦不稽考册籍，遽议准行。如果此次开浚巨浸全消，疆理尽复，民业得济，朕于钱粮绝无吝惜，惟动发帑金，令其兴工而已。至于捐纳事例，断不宜允行。即令山陕所捐银米，其事尚未明晰也。若下河果如其所请疏凿开浚，而桑格等能必水即消田即出，有裨于民，以身家保奏则即令开浚之。御史吴甫生亦以此事条奏，所言甚是，可将其疏并发九卿详询。前此督浚者复稽考诸册籍，然后确议以闻。"

吏部题江南江西总督范承勋丁忧员缺，将吏部左侍郎阿尔拜等职名开列。上曰："此缺甚属紧要，朕曾思之数日，难得与此地相宜之人，必如吴琠者始称斯职。吴琠居外官时，速行谨慎，操守亦好，尔等于督抚内有所知者否？"王熙奏曰："总督、巡抚俱系皇上简用，但以之任江南江西总督必能称职者，臣等实不得深知。"伊桑阿等奏曰："此地诚属紧要，皇上有所知之人，祈即简用。"上曰："闻陕西巡抚巴锡居官甚优，尔等亦闻之否？"阿兰泰奏曰："臣等亦曾闻居官颇优。"上曰："此本着暂留，朕再思之。"

兵部覆巡抚倭伦题，大同绿旗官军所骑之马及驾炮车之马倒毙者，祈免赔补，议不准行。上曰："若依部议令其赔补，必致有累官军。此例倒毙之马着免其赔补。"

都察院覆，恶棍周尚库等竟持器械肆意横行，争夺煤窑。知县周德荣已报，署巡抚事于准、总兵白斌、道官周士贤等并不发官兵擒拿，反阻游击丁延相往擒之兵，有玷职守。又白斌、于准曾将光棍周尚库等应否发兵擒拿之处咨部，而马尔汉等推诿不即议决咨回，殊属不合，应将总兵官白斌、署巡抚事原任守道于准、口北道周士贤照前议革职，侍郎马尔汉、张集、觉罗三宝、严曾矩所加之级不准抵销，各降三级调用；郎中沙浑、员外郎达西、主事荆振日所加之级亦不准抵销，各降四级调用；上曰："白斌着革职，马尔汉、张集、三宝、严曾距各降三级，从宽留任；沙浑、达西、荆振日各降四级，从宽留任；于准、周士贤着革职，从宽留任。余依议。"

随顾大学士等曰："尔等移文奉差茶马官，所易之马预备三千匹，可遣理藩院，户兵二部贤能司官一员前往，于来年四月间青草甫长之时取道塞外解送京师。"

本日起居注官傅伸、徐秉义。

十六日丙戌 辰时，上御乾清门听政。部院各衙门官员面奏毕，大学士伊桑阿、阿兰泰、王熙、李天馥、吴琠，学士顾藻、徐嘉炎、布泰、噶礼、李录予、辛保、温达、恩丕以折本请旨。兵部题京口副都统邵凤翔员缺，将督捕侍郎喻成龙等职名开列。上曰："参领蔡毓懋材力壮健，人亦颇优，着补授京口副都统。闻其患病，尔等其召视之。若病愈，令其赴任；若未愈，另行补授。"

随召理藩院官员进前，顾大学士等曰："朕君临天下，无分内外，一体同视。夙夜励勤政事，凡有益于民者，务求必济。至于绝域荒陬之蒙古等，无不抚育，使各乐其业，咸遂其生。近者巡幸所经敖汉、柰曼、阿鲁科尔沁、扎鲁特等处，见其水草殊佳，最为孳生蕃息之地，马畜不当有伤毙之灾。而蒙古等益贫落，不能为生，渐至窘迫，皆由其马牛羊惟恐被盗，不敢夜牧，以圈拦之，互相揉践，不能孳育，残损倒毙，职此之故。朕察知其情，曾着原任郎中李学圣往翁牛特，员外郎喇都浑往测旺扎卜，主事奢冷往敦多布多尔吉诸处，以教育之。此三处盗贼屏息，渐得生理，大有起色。此三处蒙古因呼李学圣等为父，惟恐其撤回。以此观之，其他处蒙古亦应照遣李学圣之例，但得才能之人教养一二年，则蒙古可得遂其生矣。如其不然，虽赏赐频仍，奈不善营生，晨与暮竭，暮与晨竭，尚有毫发之益乎？况蒙古王等各私其部落，诸凡问罪，尽不得其当。是必遣内地官员，一切事务始得就理耳。尔等将朕此谕晓示八旗宗室觉罗。满洲、蒙古、汉军之内或现任官、或革职之人、或平人，有情愿自备盘费，往教养蒙古者，令其呈部，即行具题。其用度不敷，止愿以身往效力者，亦具题，朕酌量助之。着伊等往彼养育蒙古，教之营生，消弭贼盗。若遇彼处盗案，即与该旗之王等会同审理。使伊等止居一二年即便撤回，此限内任其来往无禁也。诚能副朕谕旨效力者，不止迁官、加级，尚赐之以不次之恩，授世袭之爵，其愿往效力者，尔等皆引见其人。朕酌量均派以遣发之。"

本日起居注官王九龄、揆叙。

十七日丁亥 上以冬至有事于圜丘，斋戒三日，不理政事。

本日起居注官张廷瓒、阿金。

十八日戊子　本日起居注官傅伸、史夔。

十九日己丑　上御太和殿，视祭圜丘祝版毕，回宫。

本日起居注官曹鉴伦、阿金。

二十日庚寅　上以冬至，亲诣圜丘祭毕，回宫。

本日起居注官阿山、韩菼。

二十一日辛卯　辰时，上御乾清门听政。部院各衙门官员面奏毕，大学士伊桑阿等、理藩院侍郎满丕等奏："原任学士黄茂等愿往教养蒙古，列名引见。"上曰："御史辛宝人材优，黑雅图、黑硕色、瓦尔达、白有宾、常禄等俱可用，着伊等前往。"又将止愿以身往效力人员简阅派出。顾大学士等曰："尔等将此派出之人可酌量于敖汉、扎萨克等每处或三人、或四人均派具奏。"

大学士伊桑阿、阿兰泰、王熙、李天馥、吴琠、学士顾藻、徐嘉炎、布泰、噶礼、李录予、温达、辛保、恩丕以折本请旨。吏部题补授江南江西总督。上曰："尚书张鹏翮为浙江巡抚时，居官清廉，大得民心，宜改授此职。但其办事能无歉否？"伊桑阿等奏曰："皇上所见至明，张鹏翮居官甚善，顾未知其才能何如耳。"上曰："人苟能廉洁，其他又何足虑？况张鹏翮在浙江时亦得满洲兵心，江南亦有满兵驻防，张鹏翮可改授总督。"

又覆笔帖式伊隆阿等迟误驿站，主事萨哈产不行报部，择有草之处擅移驿站，各降一级，罚俸一年。上曰："伊隆阿等耽延未久，着从宽免。此本内将野烧误书火焚，尔等改正。"

大学士伊桑阿等奏曰："奉旨召蔡毓懋验视，其病已痊。"上曰："蔡毓懋既已病愈，着授京口副都统。"

本日起居注官陈元龙、揆叙。

二十二日壬辰　辰时，上御乾清门听政。部院各衙门官员面奏毕，大学士伊桑阿、阿兰泰、王熙、李天馥、吴琠，学士顾藻、徐嘉炎、布泰、噶礼、李录予、辛保、温达、恩丕以折本请旨。议政大臣覆左都御史哈雅尔图处分蒙古贝勒额尔特布鄂齐尔，所拟罪轻，议革职，交刑部。上曰："朕将此事交哈雅尔图时曾面谕，令必正法。凡蒙古等应养者固当抚恤，应罪者亦必加诛。哈雅尔图将贝勒额尔特布鄂尔仅拟罚俸一年，殊属不合。且所审之事亦未明晰，命都统觉罗书恕，领侍卫内大臣阿席坦，将哈雅尔图署为章京，偕往覆审具奏。”

礼部题致祭盛京陵寝，将盛京大臣职名开列。上曰：“盛京侍郎苏赫纳矫饰容貌，倨傲自大，将所修道途善否持论颠倒，着撤回，于学士任，试令办事。苏赫纳员缺将盛京理事官白尔克补授。”

兵部覆湖广总督李辉祖将副将陈盛员缺，以游击金国正题补。上曰：“其所题之人何如？”伊桑阿奏曰：“其人吴琠知之。”上问吴琠曰：“其人何如？”吴琠奏曰：“材力壮健，曾效力行间三十五年，进剿噶尔丹时，以家资赴军前效力，臣已曾奏过。”上曰：“尔言其善，定系好官，着照所题补授。”随顾伊桑阿等笑曰：“此老非可易及。”伊桑阿等曰：“圣鉴最当。吴琠办事优长，存心亦善。”

本日起居注官张廷枢、阿金。

二十三日癸巳 辰时，上御乾清门听政。部院各衙门官员面奏毕，大学士伊桑阿、阿兰泰、王熙、李天馥、吴琠，学士顾藻、徐嘉炎、布泰、噶礼、李录予、辛保、温达、恩丕以折本请旨。宗人府以绰克度不行训练盛京军旅，议革其辅国公，不准承袭，并收其所属佐领。上曰：“绰克度来京，竟不见朕而去，任盛京将军不训练行伍，以致军旅废坏已极，情殊可恶。着革其公爵，幽禁之。但照议竟革公爵不准承袭，则英王一支绝矣。此公爵仍着应袭之人承袭。余依议。”

本日起居注官傅伸、徐元正。

二十四日甲午 辰时，上御乾清门听政。部院各衙门官员面奏毕，大学士伊桑阿、阿兰泰、王熙、李天馥、吴琠，学士顾藻、徐嘉炎、布泰、噶礼、李录予、辛保、温达、恩丕以折本请旨。兵部覆广州副都统魏黑纳员缺，将京口协领王世臣等引见。上曰：“着召彼处协领引见，此缺亦非紧要。”

随顾大学士等曰：“朕昨巡幸见副都统高登科甚劣，不知其为总兵时何以居官，着革职。今日部院各衙门题参官员并未题参者，着合一本奏览。其理藩院所参劣员主事南地，前为理藩院郎中时，以才力不及降补户部员外郎，又以才力不及裁退，今又以庸劣题参。如此者纵令随旗行走，亦复何益乎？着革职。”

大学士伊桑阿、阿兰泰奏曰：“臣等年迈善忘，凡请旨，上谕事件每有遗漏，审思良久方能书写。伏祈皇上别简大学士，共理政务。”上曰：“大学士最为重任，必平坦雍和，办事敬慎者方称。至于记事，学士可分任之。”伊桑阿等奏曰：“臣等精力已衰，若仅臣等在此政地，难免恋位之责。”上曰：“尔二人无可议也。倘有议尔者，彼自应获罪矣。”

本日起居注官阿山、宋大业。

二十五日乙未　辰时，上御乾清门听政。部院各衙门官员面奏毕，大学士伊桑阿、阿兰泰、王熙、李天馥、吴琠，学士顾藻、徐嘉炎、布泰、噶礼、李录予、辛保、温达、恩丕以折本请旨。上顾伊桑阿等曰：“户部议将华阴等县捐助银米限年内完结，是属虚语。今封印日近，虽移文已无及矣。尔等问户部堂官具奏。又巡抚宫梦仁、陈汝器居官俱劣，尔等并问九卿。”

本日起居注官顾祖荣、揆叙。

二十六日丙申　辰时，上御乾清门听政。部院各衙门官员面奏毕，九卿以河工事入奏。上曰：“朕有绘画河图，近曾召巡抚于成龙、原任总河王新命等议浚河事，二臣亦俱未能明白指陈。且户部现有库银，何必议开捐纳事例。九卿、科道官员内倘有扬州淮安人，令其奏陈。”

随召给事中张睿问曰：“尔系淮安人，河工之事尔知之否？”张睿奏曰：“臣离家已十年有余，河道之事，臣不能详知之。”上顾九卿曰：“尔等明日召扬州、淮安人官在京师者，问明具奏。”九卿出。

大学士伊桑阿、阿兰泰、王熙、李天馥、吴琠，学士顾藻、徐嘉炎、布泰、噶礼、李录予、辛保、温达、恩丕以折本请旨。吏部题东岳庙失火，将监察御史江球等罚俸一年，兵马司官员等议革职。上曰：“火起自庙中，官员等未尝居庙内，将伊等竟行革职，似属冤枉。这事着再议具奏。”

又部院各衙门题参官员事。上曰：“监察御史嘉色曾管理七阿哥家事，亦已年迈，着以原品解任。靳治豫着解郎中任，仍以佐领随旗行走。

余俱着革职。”

理藩院题张嘉库图克图、纳木札尔格隆等违旨叩见谛巴，拟绞。上曰：“张嘉库图克图着从宽免绞，革其库图克图之号。纳木札尔格隆亦从宽免绞，充发盛京。”

伊桑阿等奏曰：“臣等遵旨将华阴等县捐纳钱粮祈展限期事问户部堂官，据称此事展限已七年，如可完结，早已完结矣。今虽展限，亦属何益？”上曰：“户部之言亦是。”

伊桑阿等又奏称巡抚陈汝器、宫梦仁问九卿，俱称未闻其居官之善。上顾吴琠曰：“居官优劣，尔曾闻否？”吴琠奏曰：“臣未之闻。”上曰：“宋荦、马如龙居官甚优，陈汝器等能及之否？”吴琠奏曰：“不及。”上曰：“宫梦仁、陈汝器俱着解任。”

本日起居注官韩菼、阿金。

二十七日丁酉 辰时，上御乾清门听政。部院各衙门官员面奏毕，前往湖广茶陵州审事郎中刚五达等恭请训旨。上命刚五达近前曰：“尔系九卿保举之员，是行也，此案必从公审断，务询真情，勿颠倒是非，勿扰害地方、妄行邪僻，惟思上进增荣，加意谨慎。若果勉效，将来大任亦可致之。”刚五达奏曰：“谨志圣训，竭力勉效。臣此往若违训谕，妄行邪僻，何颜仰瞻皇上？”刚五达出。

九卿入，工部尚书萨木哈奏曰：“臣等遵旨将淮扬河道情形问侍读学士李铠等十六人，据云俱离家年久，河道情形实不知。”上曰：“河工事务民生、漕运攸关，岂可不再三详审？总河董安国顷又以水长奏闻，若果修治得宜，今当冬令，何致水长？”萨木哈等奏曰：“圣谕诚然。今并非雨水之候，水自何来？”九卿出。

大学士伊桑阿、阿兰泰、王熙、李天馥、吴琠，学士顾藻、徐嘉炎、布泰、噶礼、李录予、温达、钱齐保、恩丕以折本请旨。吏部题盛京礼部理事官白尔克升任员缺，以御史舒书拟正，郎中保住拟陪。上曰：“哈鼐其人颇优，着升补理事官。”

九卿议覆总漕桑格题，请下河之芒稻河等处应行修筑。上曰：“今日佥都御史王绅已疏参总河董安国。时值隆冬，正宜水退，而董安国乃奏水长，且观其所奏诸事，皆未谙河工事宜，不称厥职。”伊桑阿等奏曰：“董安国其人不妥，伊所办理之事。皆不合宜。”

上问曰：“于成龙之母病势若何，尔等曾闻否？”伊桑阿奏曰：“于成龙因母病痊愈，具疏谢恩，是本今日呈进。”上曰：“于成龙原任总河，今河工上工程皆彼未完之事，其下效力之人亦众。且直隶地方今无甚巨务，永定河工业已告竣，疏浚漳河人皆可为。董安国着解任，此缺着将于成龙补授，速召来京陛见，详议河务，令其驰驿赴任。董安国未完各项钱粮及修筑工程皆逐一交明于成龙。可传谕九卿知之。至于修治下河务，必将上流，会赴下流宣泄，遍加详悉勘明，始可酌定。如果应行修治，来年仲春举行亦未迟误。照修永定河多派京师官员分委，同时兴工，庶可速竣。倘仅付之河上之员，必致迁延月日，事究无济。”伊桑阿等奏曰：“下河事务所关重大，而又精细，须皇上亲临阅视，始得其宜。圣谕须审上流，诚为至论。倘下河勘定兴工止付之河上官员，延挨时日，必不能有成，多遣京官，各分地界，同时兴工，睿鉴诚善。”

上顾钱齐保问曰：“尔任内茶易之马共得几何？膘色何如？今交何处喂养？”钱齐保奏曰：“臣任内茶易之马共五千余匹，俱羸瘦，已交临洮等五处喂养。”上曰：“适谕茶易之马自边外驱送三千至京，此地需马不甚紧要，送二千足矣。闻得南省驻防军士马匹甚艰，其余三千余驱送荆州、江宁、杭州三处各一千，给散军士驱送。此马皆由内地，若值稼穑时，必践踏民田，着及时遣部院贤能官员赴彼领取起行，沿途喂养，尽心护送，各至所指之处，交该将军。其派出官员并令引见。”

本日起居注官傅伸、王九龄。

二十八日戊戌　辰时，上御乾清门听政。部院各衙门官员面奏毕，大学士伊桑阿、阿兰泰、王熙、李天馥、吴琠，学士顾藻、徐嘉炎、布泰、噶礼、李录予、温达、钱齐保、恩丕以折本请旨。兵部覆云贵总督王继文题，右营援剿副将员缺，将游击刘世周升补；员缺将守备赵连璧升补；员缺将千总李进采升补，议不准行。上曰：“王继文保题游击刘世周，朕已见过，不必来京。赵连璧、李进采着至京引见。前将军孙思克曾保题五人，朕召至京，观其马步射俱优，见者无不称羡。”

本日起居注官揆叙、张廷枢。

二十九日己亥 辰时，上御乾清门听政。部院各衙门官员面奏毕，大学士伊桑阿、阿兰泰、王熙、李天馥、吴琠，学士顾藻、徐嘉炎、布泰、噶礼、李录予、温达、钱齐保、恩丕以折本请旨。吏部覆盛京户部理事官叶臣年老，奏请致仕，议准行。上曰："叶臣着令致仕。盛京礼部理事官哈鼐办事颇优，着改授。户部太常寺少卿铁图住补哈鼐员缺。此人板滞规矩，有所未娴，宜于外职。"

又题福建巡抚宫梦仁、安徽巡抚陈汝器员缺，将学士布泰等职名开列。上曰："江苏布政司张志栋为人强毅，且有身家，着升补福建巡抚。"

又问李钢近来病如何。大学士伊桑阿等奏曰："李钢今病痊愈，能行动矣。但其口尚觉微偏。"上曰："李钢既病愈，着补授安徽巡抚。"

本日起居注官阿山、史夔。

三十日庚子 辰时，上御乾清门听政。部院各衙门官员面奏毕，大学士伊桑阿、阿兰泰、王熙、李天馥、吴琠，学士顾藻、徐嘉炎、布泰、噶礼、李录予、温达、钱齐保、恩丕以折本请旨。吏部题直隶巡抚于成龙升任员缺，将学士布泰等职名开列。上曰："于成龙曾奏李光地居官甚好，这巡抚员缺着李光地调补。"

本日起居注官曹鉴伦、阿金。

十二月

初一日辛丑 辰时，上御乾清门听政。部院各衙门官员面奏毕，总河于成龙以带往河工官员等事入奏。上并召大学士伊桑阿、阿兰泰、王熙、李天馥、吴琠，学士顾藻、徐嘉炎、布泰、噶礼、李录予、温达、钱齐保、恩丕近前。上曰："闻淮扬河水泛涨，清江百姓所居之地，皆已有水。夫洪泽湖虽然是水，实乃黄河堤岸洪水强盛。力可敌黄，则黄水不得灌入运河。今淮水势弱，不能制黄，全注运河，黄水又复灌入。且两河相距甚近，清江浦地处其中，其一带地方泛溢如此，故当然耳。夫此淮水三分入运，七分归黄，运道始安。”伊桑阿等奏曰：“河道情形，若不知其原委，则不得明悉。皇上洞鉴情形，深悉原委，所以河水泛溢之故知之最详。”于成龙奏曰：“大墩一堤向修筑时少长数丈，则可御洪水。今清江浦水泛，实因洪泽湖水全注运河，黄水又复倒灌之所致。皇上洞见诚然。”上曰：“朕昔年巡视河工，曾至此堤，步行十五里，详加阅看。今寰宇升平，海内宁谧，惟此河工一事，乃关运道民生。朕数十年来夙夜萦怀，留心研究，故河道情形，熟悉已久。总之上流既理，则下流自治矣。”王熙奏曰：“煌煌天语，诚本原之论。”

上曰：“桑格所奏开浚下河一事，朕不即允行，正是有益于彼。桑格固居心平和，为人诚实，然遇事不免迟钝，易被人欺。如此纷繁事务，何以责其成功？于成龙屡委以事，尚克勉效。”伊桑阿奏曰：“皇上用人随才器使。”阿兰泰奏曰：“人之才具不同，有于缓事相宜者，有于急事相宜者。皇上知人，圣明已极。”

上曰：“河工事情，间有紧急。与于成龙敕书内须入‘各部不得掣肘’之语，使得相机料理，庶不误事。河务浩繁，于成龙年已渐老，且一身难以兼顾。奉天府尹徐廷玺曾任河工，尚谙其事，着即召之令驰驿前来，继于成龙而往，协理河务。其府尹速拟补具奏。”于成龙免冠叩头奏曰：“皇上浩荡殊恩，令各部院不得掣肘，则河工紧急事务便于料理。若复靡费钱粮，贻误工程，臣其心受罪。”

上曰：“修筑堤工关系钱粮，董安国所修工程未告竣者甚多，若不预为明晰，必致新旧河臣各以为己任内所修，则钱粮难免溷淆。将来虽欲查核，亦无实据。朕意特遣大臣率贤能司官迅往，会同总漕桑格，其已完未完工程并所用钱粮数目逐一丈量、察核、造册、奏闻，则董安国、于成龙等不致彼此推委。”

上又顾于成龙曰：“朕前巡视河工时，见五空桥建造闸口，其大有裨益乎？”于成龙奏曰：“五空桥改建闸口，倘运河天妃等闸偶遇修理，则粮船即由五空桥之月河，环绕而行矣。”

本日起居注官傅伸、王项龄。

初二日壬寅　辰时，上御乾清门听政。部院各衙门官员面奏毕，大学士伊桑阿、阿兰泰、王熙、李天馥、吴琠，学士顾藻、徐嘉炎、布泰、噶礼、李录予、温达、钱齐保、恩丕以折本请旨。户部覆监察御史廖腾煃请设连三号单，每月查验库银，议不准行。上曰："设此号单果有裨益乎？"吴琠奏曰："殊不在此。"上曰："此条奏事宜交九卿议奏。"

监察御史徐勍条奏，京城捕盗甚属懈弛，请令严加缉捕。上曰："提督凯音布，前者居官甚善，比来甚懈驰矣。"伊桑阿奏曰："皇上所见极是。近时未闻有称凯音布之善者。"上曰："此疏内事情着凯音布回奏。"

本日起居注官揆叙、陈元龙。

初三日癸卯　辰时，上御乾清门听政。部院各衙门官员面奏政事。

本日起居注官阿山、张廷枢。

初四日甲辰　辰时，上御乾清门听政。部院各衙门官员面奏毕，大学士伊桑阿、阿兰泰、王熙、李天馥、吴琠，学士顾藻、徐嘉炎、布泰、噶礼、李录予、温达、钱齐保、恩丕以折本请旨。吏部题太常寺少卿铁图升任员缺，将中允殷保柱拟正，阿喇拟陪。上曰："太常寺少卿职在赞礼，必须警敏熟练，始当其任。尔等会同席尔达拣选引见。此所拟正、陪殷保柱、阿喇俱已年迈，着以原品解任，随旗供职。至詹事府官员署闲无事，知汉书者犹有翻译之职，其满字者并无所司，经年不识其面，只安坐家中虚縻禄食耳。应酌量裁汰，尔等议奏。"

又顾谓大学士等曰："督抚乃封疆大臣，特来入见，应将有司贤否、小民疾苦详明陈奏，以裨治理。夫民之苦乐皆系于官之贤否，官贤则民安，否则民之困苦无所底止矣。是以考察官吏，以奖励廉洁为要。今王继文入观并不陈奏及此，惟请添设兵一百五十名，又请坐名补授守备一员，此何大事耶？尔等将此疏译出细看，如广西提督李林盛居官甚优，人亦坚恪，前者陛见所奏，绝无隐讳，问及广西武弁贤否，皆从公敷陈，未敢妄对，其言朕皆书而志之矣。"

本日起居注官揆叙、徐元正。

初五日乙巳　早，上御太和殿，升转文武官员谢恩毕，回宫。

本日起居注官阿山、韩菼。

初六日丙午　辰时，上御乾清门听政。部院各衙门官员面奏毕，奉天府尹王国安因赴任请训旨，因奏曰："盛京比岁洊饥，百姓艰苦，蒙皇上圣明，遣大臣自海运粮，不但救百姓一时之饥，至今比屋尽得生计，此诚亘古所未有也。臣愚请到任后，将皇上非常之举勒之碑铭，以垂万世。"上曰："此亦何足为非常之举耶？若建碑必致劳民，勿建可也。"王国安又奏曰："臣到任后，请将地方情形、百姓生计不时以折子奏闻，请皇上指训。"上曰："盛京无甚紧要之事，不必缮写折子奏闻。近朕东巡，见徐廷玺居官甚善，但效其行事足矣。别无谕尔之语也。"王国安出。

大学士伊桑阿、阿兰泰、王熙、李天馥、吴琠，尚书席尔达、学士顾藻、徐嘉炎、布泰、噶礼、李录予、温达、钱齐保、恩丕入奏：太常寺少卿员缺，以所选光禄寺少卿傅尔齐、内府员外郎常绶引见。上问曰："其人何如？"席尔达奏曰："此二人俱堪用。"上曰："傅尔齐补授太常寺少卿。"席尔达出。

伊桑阿等以折本请旨。吏部题工部侍郎李光地已授直隶巡抚，此侍郎员缺，将副都御史吴涵等职名开列。上曰："学士顾藻年久，着升授工部侍郎。朕观由翰林升任官员，行止犹知顾体，与众迥异，即今满洲进士所学俱优。"

又江苏布政使张志栋升任员缺，论俸将按察使李成林拟正，佟国襄拟陪。上曰："以布政使录用之刘殿衡，其人最优，居官有声，着优升江苏布政使。"

顾问大学士吴琠曰："岳州府知府张信居官何如？"吴琠奏曰："臣升任之后始授张信为岳州府知府，其居官贤否，未之闻也。"上曰："顷者广西提督李林盛入觐，朕问尔所过之地，闻有良吏否，李林盛奏曰：闻岳州府知府张信居官甚善，众皆称之。此语得之道路，当必真实。刘殿衡员缺，着即以此人升补。两人俱驰驿迅赴新任。"

理藩院题台吉根敦叩阍，祈恳令己率领子弟洒扫阙庭、守视禁门，遵旨覆议，授以参领等官。上曰："根敦等依议录用，仍带台吉之衔。如此则伊等台吉之称不废，而生计亦有资矣。"

伊桑阿等奏曰："臣等奉旨查詹事府官少詹二员：一满文、一汉文，系堂官，应留。庶子二员：一满文、一汉文，洗马一员、汉文，俱系掌印之官，亦应留。詹事府满文官员既无所事，俟伊等缺出，俱宜以通汉文者补授。谕德二员：满文一、汉文一，内满文一缺应裁。中允四员：满文二、汉文二，内满文二缺应裁。赞善四员：满文二、汉文二，内满文二缺应裁。主簿一员、正字二员、录事二员，主簿系掌印之官，仍应留任。正字、录事俱应裁。"上曰："少詹亦着裁一员，巢可托勤于职事，汉文颇优，着留任。席尔图着裁汰。至所留官员，尔等传集验看，有老迈庸劣者，皆着罢斥。"

本日起居注官徐秉义、揆叙。

初七日丁未 辰时，上御乾清门听政。部院各衙门官员面奏毕，大学士伊桑阿、阿兰泰、王熙、李天馥、吴琠，学士徐嘉炎、布泰、噶礼、李录予、温达、钱齐保、恩丕以折本请旨。吏部覆直隶巡抚于成龙奏请保定府添设通判，请于岁贡马泰、中书绰奇、笔帖式常保、雄延四人中简授一员，议准行。上曰："绰奇何如？"伊桑阿、阿兰泰奏曰："绰奇其人可用，长于办事。"上御："着绰奇补授。"谓大学士等曰："于成龙将行，欲尽携监修永定河官员而去。朕谓之曰：'尔尽携去，此地河道将如之何？如皆换新人，必致诸事参差，不能适其宜矣。'复谓分司乌鲁礼曰：'汝乃留监新河之人，有干济于河工者，宜争论而留之，否则恐汝后来艰难也。'乌鲁礼奏称：'臣意亦欲留之。'先是于成龙欲将监修永定河分司乌鲁礼、朱成格俱携去，朕谓之曰：'尔尽欲携去，此河今虽告成，必越一、二年而后定。其监修谙练者须留一人，而携一人去。是以乌鲁礼得留于此。'"伊桑阿奏曰："于成龙但顾现修河工，故欲尽携而去。果皆携去，此处之河若之何？留一人在此极是。"

上又曰："运河一带，惟黄水清水交汇之处甚属紧要，此处得宜，未有不善者也。前日于成龙亦谓大墩地方断不可废，此处修筑坚固，始无可虑。此言极是。夫河务深微紧要，不访土著之人不可，而全听其言亦不可。且向日天妃闸以板阻水，如撤板行船，须五六百人牵挽方得过闸。今已平缓，船不须牵挽坦然而行。以此观之，乃时候之不同也。"伊桑阿、阿兰泰等奏曰："皇上所见极是。访问地方之人者，欲知其情形也。伊等所见亦各陈一己之见耳，未必全能彻悉。或于彼地少有所利，即言有益矣。"王熙奏曰："伊等亦各陈一己之见，非全晰而言之者也。"

本日起居注官阿山、徐秉义。

初八日戊申 辰时，上御乾清门听政。部院各衙门官员面奏毕，郎中阿兰泰、检讨阿金为往审云贵擅自开矿光棍田士诚等事恭请训旨。上曰："阿兰泰，尔系九卿保奏之人。至阿金尔乃进士而年少，须思立品以图上进，尽心勉效。此处原系水西地方，最为富饶，吴三桂在时曾于此地设立四府，今止威宁、大定府，设总兵官二员。其黔西、平远二处俱设副将。近日阿五在水西地方称长武断，尔等前往，宜将土司苗蛮及百姓生业、地方形势详加审视，毋得轻忽。"阿兰泰等奏曰："圣谕极是。臣等当谨志之，尽心效力。"上曰："尔等尽心勉效，何忧不上进也！"阿兰泰等出。

伊桑阿等奏曰："臣等奉旨传詹事府官员验视，现留任官员内并无年老庸劣、应解任者。"上曰："尔等亦将所裁官员验过否？"伊桑阿等奏曰："此所裁者俱系满文之缺，臣等未经验视。"上曰："伊等非竟革斥，对品之缺，仍行补用。尔等明日引见。"

伊桑阿奏曰："臣等将王继文所奏折子六件翻译阅视，俱无关紧要。"上曰："王继文回任，着会同巡抚议奏，奏折发还。"

本日起居注官顾祖荣、揆叙。

初九日己酉 辰时，上御乾清门听政。部院各衙门官员面奏毕，安徽巡抚李钠因赴任请训旨。上曰："尔至任所，惟以镇静地方，爱惜百姓为要。前任巡抚居官不善，辄行私派，尔勿效之。"李钠出。

大学士伊桑阿等奉旨将詹事府留任及裁汰官员引见。上曰："此拟裁官员着裁去，对品缺出录用。"

本日起居注官王九龄、揆叙。

初十日庚戌 辰时，上御乾清门听政。宗人府王等奏毕将出，上命王等暂候。户部官员奏事毕，既出，召王等入，上曰："近日朕传集诸王及闲散宗室于景山校射者，将以劝惩贤否也。及试以射，其人最优而善射者颇多，朕心甚悦。其有品秩之宗室，俱为王府护卫官职执事。王府既娴礼法，且有迁转之阶。惟闲散宗室虽有干济者，亦无路上进。况兆姓中凡有材优者，尚选择录用。而朕宗室中之材干者，反致淹没，不获登用，良可惜也。尔衙门将宗室中材力矫健而长于骑射者详查奏闻，朕将授为阙廷侍卫职官，视其效力。若材力果优，勤于供职者，即授以参领、副都统。职任倘不矢勉力，安于庸劣者，方罢斥之，彼亦无所憾矣。或有材具颇优，愿效驰驱而家贫无力者，亦并查奏，朕将筹其生计。"

部院各衙门官员面奏毕，大学士伊桑阿、阿兰泰、王熙、李天馥、吴琠，学士徐嘉炎、布泰、噶礼、李录予、温达、钱齐保、恩丕以折本请旨。光禄寺正卿辛保条奏本衙门少卿汉缺，请皇上将内府官员内简授。其四署署正祈拣选增补四员，于事有益。上曰："郎中董殿邦，其人有品，长于办事，着补授光禄寺少卿。其傅尔齐员缺，尔等会同拣选引见。其署正等缺，亦会同光禄寺拣选引见。"

刑部等衙门覆虢天锡刺杀张乃文，拟秋后处决事。上曰："虢天锡在张乃文家三世，跟随则似其家奴。应发回刑部再行确拟具奏。览此案因往拘张乃文之妻，以致迟延，但此妇人有何罪戾，亦牵连拘审也？尔等将朕谕旨传谕刑部堂官，嗣后案内如妇人身罹罪网，仍令拘审。若非正犯，不必拘审。可遣司官、笔帖式问取口供。"

是日，赐京口副都统蔡毓懋鞍马。

本日起居注官华显、张廷枢。

十一日辛亥 辰时，上御乾清门听政。部院各衙门官员面奏毕，大学士伊桑阿、阿兰泰、王熙、李天馥、吴琠，学士徐嘉炎、布泰、噶礼、李录予、温达、钱齐保、恩丕以折本请旨。上曰："运送右卫等处米石，今事已毕露，岂得少为蒙蔽。此皆系地方官求托将军，借端于给发军粮，暗为销结。顷者，给事中陈诜条奏疏内光棍匪类私行包揽，将银米俱已销费，又有取杂职印，结支米而销费之语。"伊桑阿等奏曰："皇上洞晰诸务而清理之，何能蒙蔽乎？"

上又曰："兵部将副将刘师周前曾引见，其本内犹开未到，此皆堂官诿托司官，而司官又不亲操笔作看语，悉委笔帖式为之，复不亲阅，怠忽之所致也。今见部院司官、笔帖式率皆委靡，不能作看语者甚多，朕必不时考试看语。如朕亲试不能写作者，司官定行问罪，其堂官。将无才之员不加教诲，不行参革，岂得免容隐之愆乎？凡补授官员时，问其人每以勤慎奏对，夫既不能办事，虽勤亦奚以为？尔等传谕个部院衙门，俱用心学习可也。”伊桑阿等奏曰：“皇上睿见极是。部院各衙门官员笔帖式甚是委靡，多不留心办事作看语是实。”

太常寺为岁暮祫祭太庙事。上曰：“此内开列都统惠兰，惠兰、舒书、公费扬古俱有足疾。祭享之事，关乎大礼，跪起以手按地，未免失仪。嗣后凡遇祭祀，不必开列。着太常寺另派人员。”

光禄寺为裁减蒙古宾客供给事。上曰：“满丕意见庸劣，所议殊属不合。凡扎萨克皆有额设都统、副都统等官，其诸王则有长史、护卫、典仪及各项杂职，非谓按其品秩赐以食物为枉费也。伊等供给，岂可概议裁汰？所宜核查者实授职官之外，又妄开寨桑二十人三十人，或头目十人，十五人，及部下数百人，无端指名，诳取供给，议裁盖谓此耳。观其所议，必伊等通同蒙古捏造虚名、瓜分肥己，是以不愿朕之研究耳。此数年来，见理藩院官员尽皆充润，此等情事朕洞知之。伊等不即改前非，安分供职，意欲竟议裁减，俟蒙古控告叩阍之时，仍复准行，毋乃谓此不宜裁者而上强裁之，今复为何准行乎？至喀尔喀，前者未附我朝，故私设有寨桑、头目之名。今俱来降，已设扎萨克，授以护卫职官，又安得有寨桑之称乎？若按其现授秩御赐之食物，彼亦知中国官爵之尊，愿效力而服官矣。满丕为人朕素知之，其材力虽有可取，品行则甚不堪也。尔等召而责之，发还此疏，令其再议。”

又四十九旗哨兵安置各旗汛地，沙木巴王等请将伊等移居瀚海之外。上曰：“喀尔喀游牧之地，自色冷格以内为佳。察罕脑儿者，止一线之地，并未言及自何地以内游牧。朕意欲东自户轮贝尔、鄂嫩班济，［北］至色冷格河，［北］自色冷格以至西南伊克傲喇、翁金、库伦白尔齐尔、固尔班塔米儿、齐老图额得里，自齐老图额得里后至色冷格，应指定疆界。其萨克萨特、虎里克、额黑阿喇儿等处太远，自额勒色地方至伊黑鄂蓝俱少水，此系马思喀等统兵前进之路，公费扬古、侯巴浑德等所征行之地，伊等俱知之。虽今无兵戎之事，而安设斥堠于喀尔喀所居之地，宜措置妥贴。且察罕脑儿非止一处，抑知何处为察罕脑儿？着议政大臣指明议奏。”

又谓大学士等曰：“朕观旗下办事殊有不合，近日镶白旗蒙古旗下补授佐领，引见端卓克、巴三、张赛等，副都统恩格参极其推挽，云系与率众来归管佐领之人同族，朕察其有故，问与尔为何人，云亦与伊同族。朕曰：‘既系尔同族。例应回避，尔何为之推挽乎？着会同裕亲王查奏。’奏称昔温布塔布囊身故，乏嗣无族，据例上三旗乏嗣者，其家产奏请定夺。下五旗者，各令其主区处。尔时查得已无族属，惟有别支。恩格参在显亲王属下为同族，因将其骸骨交恩格参。其佐领已经数人更替管理矣。骸骨交恩格参之后，伊等告称仝［全］族恳以佐领交与管理，因诘以觅人守墓之时，并无族属，故交别支之人，其时尔等何在？遂不准行。伊等曾复叩阍，发部议，以事属全虚，枷号三月、鞭责一百等语。今如此诳奏，殊为可恶。朕已将恩格参交兵部看守，严加议处矣。如是者不加惩治，则类此之事必多。朕稍不留意，已为恩格参所欺矣。”伊桑阿等奏曰：“皇上洞见情形，即令稽查，故虚诳立见也。”

本日起居注官阿山、王项龄。

十二日壬子 辰时，上御乾清门听政。部院各衙门官员面奏毕，大学士伊桑阿、阿兰泰、王熙、李天馥、吴琠，学士徐嘉炎、布泰、噶礼、李录予、温达、钱齐保、恩丕以光禄寺少卿傅尔齐员缺，将礼部员外郎郭丽、户部员外郎木丹、营造司员外郎迈图等选择引见。上曰：“迈图其人优长，着授光禄寺少卿。”

继以折本请旨。吏部覆学士顾藻升任员缺，将詹事府詹事顾祖荣等职名开列。上曰：“尔等之意何如？”王熙奏曰：“翰林院官员皆皇上深知之人，此但将伊等论俸开列耳。”上曰：“大理寺少卿胡会恩其人堪用，书法亦佳，着授为学士。”

户部题右卫运米不到之人，交与刑部议处。上曰：“凡捐纳之事情弊甚多，此米皆自通州运往者，与京城甚近，尚有如此弊端，其前捐纳之事可知矣。着交与九卿大臣议奏。”

本日起居注官揆叙、张廷枢。

十三日癸丑 辰时，上御乾清门听政。部院各衙门官员面奏毕，大学士伊桑阿、阿兰泰、王熙、李天馥、吴琠，学士徐嘉炎、布泰、噶礼、李录予、温达、钱齐保、恩丕以折本请旨。吏部覆都察院左佥都御史王绅奏称，广西南宁等处四府道官以下、教授以上官员，今经十三年并不曾将一人题请升任、一人题参。部议咨行督抚将不肖之人不行题参，又年满之人不行具题之故查明，到日再议。上曰："此事着王起元明白具奏。"又顾谓大学士伊桑阿等曰："王起元为人平常，在京之时只朴实而已，惟以广西地方，故得留彼数年，若在他省要地，何以能至今日？"

本日起居注官华显、曹鉴伦。

十四日甲寅 辰时，上御乾清门听政。部院各衙门官员面奏毕，户部尚书马齐等往查河工，奏请训旨。上曰："河防之事甚属紧要，关系民生之休戚，田庐之存没。当不时巡视，稍有可虑，即行修补，乃不致大坏、淹没田庐也。董安国亲勘之日甚少，以致河道溃坏。尔等前往核视河工，已修者几处、未修者几处，但从公勘明，则于成龙、董安国交代易矣。"马齐奏曰："皇上所见极是。河道不可不时时亲往巡查，要害不可不专差人员昼夜照管。臣等谨记上谕，前往从公核视。"

既出，大学士伊桑阿、阿兰泰、王熙、李天馥、吴琠，学士徐嘉炎、布泰、噶礼、李录予、温达、钱齐保、恩丕以折本请旨。户部题候补笔帖式花色以护军校哲库、披甲人鄂罗禧等诳借库银叩阍，拟将哲库革职，鄂罗禧等鞭一百，花色依冲渎仪仗律拟革职、枷号三月、鞭责一百。上曰："诳借官库银两，亦有捏名重借者。若将花色治罪，谁复肯出首乎？着从宽免罪，庶诳借及捏名重借者知所畏惧。"

是日，赐广西提督张旺鞍马、弓矢、撒袋。

本日起居注官阿山、徐元正。

十五日乙卯 辰时，上御乾清门听政。部院各衙门官员面奏毕，大学士伊桑阿、阿兰泰、王熙、李天馥、吴琠，学士徐嘉炎、布泰、噶礼、李录予、温达、钱齐保、恩丕、胡会恩以折本请旨。兵部题镇海将军董元卿以年老身病，疏请解任。上曰："董元卿既称身病不能供职，着照所请解任。副都统马自德其人最优，材力矫健，着升补京口将军。"伊桑阿奏曰："请即于此本批行。"上曰："着另票旨发出。"

本日起居注官揆叙、宋大业。

十六日丙辰 辰时，上御乾清门听政。部院各衙门官员面奏毕，大学士伊桑阿、阿兰泰、王熙、李天馥、吴琠，学士徐嘉炎、布泰、噶礼、李录予、温达、钱齐保、恩丕、胡会恩以折本请旨。吏部覆监察御史朱廷铉条奏，请将服满候补人员内，有特简补授及卓异人员，不论班次即行录用，议不准行。上曰："览朱廷铉所奏，未可谓非为人而言。但所言之事有当于理。夫治国家者，以才为要。朕亲简之官，如丁忧后，与降级一概丁忧者校年补授，何时得录用乎？昨副都御史吴涵条奏翰林官员升转壅滞，亦未可谓无私。而翰林升转之途其实壅滞。凡条奏合宜，即为准行。其间有私与否，朕不问也。即朕或优擢一大臣、一庶僚，其人即喜曰：'恩自上出也。'其革职问罪者即怨曰：'得罪于人遂致于此'。常人之情，大抵皆然。为人君者，但视事理允宜，以为措施耳。人之喜怨，何足介意？"

本日起居注官华显、顾祖荣。

十七日丁巳 辰时，上御乾清门听政。部院各衙门官员面奏毕，原任学士黄懋等前往教养蒙古陛辞请训旨。上曰："教养蒙古亦非难事，其性懒惰，田土播种后，即各处游牧，逮谷虽熟，不事刈积，时至霜陨穗落，亦不来收敛，反谓岁歉。又习俗不善，盗贼众多，因将马畜皆置之近侧。夜则圈之宿处，苟且饲秣。不得就草，互相踶踼，又不得安舒寝吡，以致马畜瘦毙，生计窘乏。且蒙古王、贝勒、贝子、公等俱各承袭父爵，年在童稚，率皆不知世务，不能教养安辑。兼之族类性贪，见部落有良马牛畜及刀带诸物，亦必索取。至于困苦难存，四散糊口，不能收集，亦不能禁留也。是以人皆穷乏，无以聊生。且其食用有限，但须肉一脔、茶一瓯，足为一日计矣。尔等至彼，查明实无生计者，集其人，零星赈给之，勿谓在朕前自任教养而来，何敢减省，或致过费。蒙古等日用现成，有何厌足？此等情节尔等宜悉。此去以劝善惩恶为要，应会同蒙古王、扎萨克等，严禁盗贼，如拿获系两旗下者，尔等即会同取供，情真立刻正法示惩。务加意鞫讯，勿得因欲严之故，枉杀无辜。蒙古甚畏杀人，多被殷实之家赎免，是以盗贼皆知不死，不肯敛迹。尔等第谓之曰：‘杀一恶人，众皆得安。若姑容凶类，大为众害矣。如杀人有殃，我辈当之。’至蒙古地方多旱，其故《本草》亦曾载之云：麻黄草生之地则旱。此草蒙古名之为哲尔古纳，蒙古地方多生之。朕意蒙古乏雨之地，教其引河水灌田。夫以水灌田，虽旱，而苗不槁。筑埂开畦，虽得灌溉，无济于事。不若将河水处处阻蓄，激而泄之，遍灌田亩为佳。朕巡幸所至，见张家口、保安、古北口及宁夏等处，凿为沟洫，引水入田，水旱无虑。朕亦于宁夏等处，取能引水者数人，遣至尔所。适北巡，见敖汉、柰曼等处田地甚佳，百谷可种。如种谷多获，则兴安等处，不能耕之人就近贸易贩粜，均有裨益。不须入边买内地粮米，而米价不致腾贵也。且蒙古地方既已耕种，不可牧马，非数十年草不复茂。尔等约量耕种，其草佳者，应多留之。蒙古牲口惟赖牧地而已。且敖汉、柰曼等处地方多鱼，伊等捕鱼为食。及货卖之，仅足度日。此故宜知之。凡有利益，不时指示，尔等俱告。请效力人员内，有部院衙门现任官员，亦有降级革职人员，亦有旗员，俱当尽心勉励，以副尔等详行之意。务俾蒙古诸地盗贼止息，得随生养。诚能如此，事竣而回，不惟功赏有加，与朕相见亦甚光荣。前遣拉都浑至策旺扎布所、舍冷至敦多卜多尔济所、李学圣至翁牛忒所为之经理，彼处之人俱戴之如父母，请长留之。李学圣乃朕内府中一人耳，尚令蒙古等戴之如父母，以为受恩深厚，祈永留教诲。尔等前往，果实心效力，有何不能者乎？尔等至其地，王、贝勒等以为钦差教养之人，必加敬礼。尔等须和好，凡事相商相敬，有训诲之处，须服其心，驯致协睦。蒙古性情怠玩，愚蠢者固多，却亦朴直。但［懂］理教导得宜，此辈亦易从也。”黄懋等出。

大学士伊桑阿、阿兰泰、王熙、李天馥、吴琠，学士徐嘉炎、布泰、噶礼、李录予、温达、钱齐保、恩丕、胡会恩以折本请旨。吏部覆巡抚于成龙题，将转授临城县知县范时慕仍留原任玉田县，议不准行。上曰：“前因赞皇地方贼情，故调范时慕。今赞皇之贼尽皆出降，既已无事，仍留任玉田县。”

本日起居注官阿山、徐秉义。

十八日戊午 辰时，上御乾清门听政。部院各衙门官员面奏毕，大学士伊桑阿、阿兰泰、王熙、李天馥、吴琠，学士徐嘉炎、布泰、噶礼、李录予、温达、钱齐保、恩丕、胡会恩以折本请旨。吏部以云贵总督王继文员缺，将侍郎阿尔拜等职名开列。上曰："朕念切民生，凡各省事务，不时咨访。其近省官员，朕悉知之。云南等处辽远，官员善否不得悉闻。顷王继文来觐，始知其人不妥。且去岁云南巡抚石文晟来觐时，观其举止，亦甚轻浮。自以为必得总督，旁若无人。云南等处提督、总兵等意亦谓路远，朕不得悉闻，捏名食粮者甚多。此等事情宜加整饰。观陕西巡抚巴锡居官清廉，材力强健，补授云贵总督，庶于地方甚有裨益。"伊桑阿等奏曰："圣见诚然。巴锡居官素优，材力亦可。"上曰："巴锡升授云贵总督，侍郎贝和诺其人优长，补授陕西巡抚，俱着驰驿速行赴任。"

礼部题八旗自三十以内守寡至五十岁者，准其各自建立节妇牌坊。上曰："兴起教化，鼓舞品行，必以孝道为先。岂仅节妇应加旌表，其孝子尤宜褒奖。八旗岂无孝子，其居官殷实者行孝，乃分内事耳。至于贫人克尽孝道，诚为非易。如有身处贫寒，能尽孝于父母者，察明奏闻。尔其批出。"

理藩院题渣鲁忒多罗贝勒毕鲁瓦奏称，本旗辅国公根部都什希布病故，请将此公爵令亲子四品台吉拖馁承袭，议准行。上曰："根都什希布非应得公爵之人，向以从优特授，然彼竟未尝效力，本身食俸，邀荣一生足矣。其得授公之故，尔其查之。此番巡幸塞外，见科尔沁贝子吴勒木济、公格勒尔俱甚庸碌，其所以得贝子、得公之故，一并察议具奏。"

本日起居注官揆叙、宋大业。

十九日己未 辰时，上御乾清门听政。部院各衙门官员面奏毕，大学士伊桑阿、阿兰泰、王熙、李天馥、吴琠，学士徐嘉炎、布泰、噶礼、李录予、温达、钱齐保、恩丕、胡会恩以折本请旨。副都御史吴涵条奏翰林官员壅滞。上曰："览所奏极是。翰林官员系诸进士内选拔者，教习三年又行考试，择其善者始留衙门。不但伊等应升缺少，以致壅滞，即满洲汉军翰林官亦皆壅滞，其应升缺出俱与笔帖式较俸升补，是以伊等升转甚迟。近见满洲汉军翰林院所学皆好，亦不减汉人。此奏不必令部议，即批此本说得是，知道了。该部知道。”伊桑阿奏曰：“何用部议，皇上洞知其故，酌量用之，自无壅滞矣。”王熙奏曰：“皇上所见极是。旗下人所学岂特不减汉人，且有胜者。”

伊桑阿又奏曰：“查得袭封根都什希布之公，系布尔尼叛时来降，故封。”上曰：“彼时根都什希布从众来降，并非首倡，又未尝军前效力，与太祖、太宗时效力酬庸者不同。特以布尔尼叛时伊属不叛来奔，故优赐之公爵。贝子吴勒木济、公格勒尔亦未尝效力，且甚庸劣，不能御下，其属饥馑流离，亦不能收养。根都什希布之身食俸邀荣亦足矣，其子着停其袭封。吴勒木济、格勒尔俱着裁退。”

是日，赐浙江平阳总兵官王英虎鞍马一匹。

本日起居注官阿山、史夔。

二十日庚申 辰时，上御乾清门听政。部院各衙门官员面奏毕，巡抚贝和诺赴任恭请训旨。上曰：“尔系望族，人殊可用，因简授巡抚。赴任后须居身廉洁，抚恤黎元，毋贻辱于尔亲。陕西捐纳一事不甚清楚，尔其详察之。”贝和诺出。

大学士伊桑阿、阿兰泰、王熙、李天馥、吴琠，学士徐嘉炎、布泰、噶礼、李录予、温达、钱齐保、恩丕、胡会恩以折本请旨。吏部题山西右卫收放钱谷同知唐凯员缺，将八品笔帖式牙图拟正，助教马奇拟陪。上曰：“此右卫收放钱谷同知缺甚属紧要，着于保举人员内选出引见。”

未时，上御保和殿，赐年例来朝喀尔喀折布尊丹巴库图克图，达锡楚木皮尔掩音，达赖库图克图，亲王策旺扎布，王敦多布额驸，王盆楚克喇布滩，王盆楚克，贝勒诺尔布，班第巴图尔济农西第西里，贝子傅贝，公车陵达西、吴巴达、车布腾、于木楚木、索诺木、伊思查卜，扎萨克台吉凯木楚克、拜木珠尔多尔即等，苏尼忒之多罗贝勒沙里，克西克腾之扎萨克一品台吉齐巴克渣卜旗分之一品台吉漠沦，蒿齐忒之多罗郡王雅木皮尔旗分之一品台吉王渣尔，柰曼、科尔沁、苏尼特、乌朱穆泰、阿霸哈纳尔等旗分之协理旗分事二品台吉班第，鄂尔多斯之多罗贝勒顾禄实夏卜旗分二品台吉桑阿尔几思夏卜，翁牛忒之多罗杜棱郡王班第旗分四品台吉丹津等食。

酉时，上御乾清宫。大学士伊桑阿、阿兰泰、学士布泰、噶礼、温达、钱齐保、恩丕以右卫收放钱谷同知员缺，将中书迈密达等四人选择引见。上曰："其人何如？"伊桑阿奏曰："俱属可用。迈密达年久，善于办事。"上曰："这员缺将迈密达补授。"

本日起居注官曹鉴伦、揆叙。

二十一日辛酉　早，上由午门出正阳门，驻跸南苑。

卯时，封印。

本日起居注官阿山、王项龄。

二十二日壬戌

二十三日癸亥

二十四日甲子

二十五日乙丑

二十六日丙寅　午时，上由正阳门进午门，回宫。

本日起居注官阿山、宋大业。

二十七日丁卯　本日起居注官阿山、韩菼。

二十八日戊辰　早，上御保和殿，视岁除致祭太庙祝版毕，回宫。

本日起居注官华显、顾祖荣。

二十九日己巳　本日起居注官阿山、徐秉义。

三十日庚午　午时，以岁除，上御保和殿，赐庆贺元旦外藩蒙古，左翼乌朱穆泰和硕亲王色登敦多卜，巴林多罗郡王那木达格，鄂尔多斯多罗郡王董罗卜，蒿齐忒多罗额尔德尼郡王达尔麻吉礼迪，阿霸垓郡王吴尔占噶喇卜，毛明安多罗贝勒班第，苏尼特多罗贝勒沙礼，巴林固山贝子吴尔占，鄂尔多斯固山贝子根敦西夏卜，阿巴哈纳尔固山贝子厄林陈达什，喀喇沁和硕额驸噶尔藏，吴喇忒辅国公鄂尔本，厄鲁忒辅国公云春，喀尔喀一品台吉多尔吉额尔德尼阿海，毛明安扎萨克一品台吉诺尔布，郭尔罗斯扎萨克四品台吉吴尔图纳素图、鄂齐尔，阿霸垓扎鲁忒协理旗分一品台吉巴禄等，蒿齐忒、土墨特、克什克腾一品台吉汪渣尔等，科尔沁、苏尼特、柰曼、鄂尔多斯、乌珠穆泰、阿巴哈纳尔协理旗分二品台吉阿喇玺鄂齐尔等，苏尼忒、阿霸垓、喀尔喀、鄂尔多斯、扎鲁特、吴喇忒二品台吉阿喇纳等，科尔沁、阿霸垓三品台吉满金等，巴林、敖汉、翁牛忒、四子部落、阿鲁科尔沁、鄂尔多斯、扎赖特、吴喇忒、归化城、喀喇沁协理旗分四品台吉阿迪斯等；右翼和硕扎萨克图亲王策旺渣卜、和硕信顺亲王善巴、和硕达尔汗亲王诺内、多罗郡王额驸敦多卜多、多罗郡王盆苏克喇布坦、多罗郡王盆苏克，喀尔喀多罗贝勒席迪西礼、多罗贝勒诺尔布班第，厄鲁忒多罗贝勒巴图尔额尔克济农和罗礼，喀尔喀固山贝子丹津、辅国公苏泰、辅国公万舒克、辅国公车凌达什、辅国公车卜登、辅国公索诺木伊斯扎卜，喀尔喀扎萨克一品台吉班珠尔多尔吉等，哈密回子扎萨克一品达尔汉伯克厄贝都喇，厄鲁忒台吉阿保，喀尔喀二品台吉宁喀渣尔等，回子达尔汉伯克之子伊巴礼木伯克，喀尔喀台吉哈麻尔代青等，及内大臣侍卫大学士、上三旗都统、副都统等宴。上进酒，作乐，进左右翼王以下、公等以上于御座前，上亲赐酒，其余台吉等俱令内大臣传饮。内大臣、大学士、都统、副都统等俱令侍卫等传饮宴毕，众谢恩。上回宫。

本日起居注官阿山、华显。

臣等钦惟皇上亲总六师，殄灭巨寇，干戈载戢，边徼永宁。自古未通之国，莫不怀德畏威，称臣入贡。元旦朝会，番畿君长，皆稽首阙廷，齐祝万寿。扎西巴图尔等又从幸五台，参列羽卫，陛辞之日，感激悲咽，依依不能去，愿子孙世世，永宁西陲。策旺喇布滩疏参谛巴，上谕以休息兵戎，务生衅隙。谛巴夙附噶贼，及其悔过，即与湔除。且不欲他国构难，天地覆载之量，凡属番部，孰不倾心？又巡幸盛京、乌喇，所过诸藩，悉蒙大赉。念蒙古地方盗贼充斥，马畜损伤，田禾歉收，风俗偷惰，特遣官分部教养，令其劝善惩恶，重农田，开水利，指示兴革之方甚详。且备视遐荒绝域，直如一家矣。京畿霸州、大城诸处，素有河患，皇上大发帑金修治，既创开永定河，又疏浚清河。于是从前巨浸，皆成沃壤。至于淮黄泛溢，运堤决溃，每劳宵旰，悉意访咨，不惜金钱，务求实益，河工缓急，洞若观火。上之劳心河务如此。迩年蠲免各省租税，动数百万，兹于江南、山东、山西州县曾被灾沴者，或与蠲赋，或令缓征。又奉天所属，已蠲正赋，且行海运赈济。今虽成熟，应征米豆亦概豁免。上之宽恤民力如此。督抚提镇之入觐者，必孜孜询地方利弊、属员贤否。其言之善者，辄书而志之。封疆大臣有不职者，立赐罢斥。除授之时，其难其慎，下至郡邑长吏，将领微员，亦多选择，必求得人。上之摩励官方、整饰戎政又如此。至于典学勤政，息兵安民，奖劝劳臣，敬慎刑狱，无事不协于前谟，无言不可为世法。盖以皇上之心，皆万物一体之心，皇上之政，皆万世太平之政。润以风雨，鼓以雷霆，置万里于阶前，运九经于掌上。虽当已治已安之日，不改忧勤惕励之思。修德益虔，保泰益至。是以烽堠外靖，府事内修，吏治澄清，民生乐利。舟车所至，莫不尊亲。无疆惟休，于是乎在。臣等谨于记注之次，拜手稽首，飏言简末云。

康熙三十八年　己卯

正　月

初一日辛未　早，上以元旦率诸王、贝勒、贝子、公、内大臣、侍卫、大学士、都统、尚书、精奇尼哈番等，诣堂子行礼毕，回宫。

辰时，上率诸王、贝勒、贝子、公、内大臣、侍卫、大学士、都统、尚书、精奇尼哈番等诣皇太后行礼毕，回宫。

少卿，御中和殿升座，内大臣、侍卫及内阁、翰林院、礼部、都察院、詹事府等衙门官员庆贺元旦行礼毕，御太和殿升座，诸王、贝勒、贝子、公、文武各官及元旦朝觐外藩王、贝勒、贝子、公、台吉，朝鲜等国使臣上庆贺元旦表行礼毕，回宫。

是日起居注官阿山、史夔。

初二日壬申　是日起居注官华显、曹鉴伦。

初三日癸酉　巳时，上由神武门出西直门，驻跸畅春园。

是日起居注官阿山、王项龄。

初四日甲戌　上诣澹泊为德问安。

初五日乙亥　上诣澹泊为德问安。

初六日丙子　上诣澹泊为德问安。

初七日丁丑

初八日戊寅　早，上诣澹泊为德问安。

上由西直门进神武门，回宫。

上因祭祈谷坛斋戒三日。

是日起居注官华显、张廷枢。

初九日己卯　是日起居注官傅伸、陈元龙。

初十日庚辰　早，上御太和殿，视祭祈谷坛祝版毕，回宫。

是日起居注官阿山、徐元正。

十一日辛巳 上亲祭祈谷坛毕，回宫。巳时，上由神武门出西直门，驻跸畅春园。

是日起居注官阿山、韩菼。

十二日壬午 上诣澹泊为德问安。

十三日癸未 上诣澹泊为德问安。

十四日甲申 午时，上御畅春园内含淳堂，以上节赐朝正蒙古王等宴，左翼喀尔喀折卜尊丹巴库图克图，乌珠穆泰和硕亲王塞腾敦多卜，巴林多罗郡王纳木达克，鄂尔多斯多罗郡王董罗卜，蒿齐忒多罗额尔德尼郡王达尔麻吉里地，阿霸垓多罗郡王吴尔占噶喇卜，喀尔喀达席垂木频托音，毛明安多罗贝勒班第，苏尼特多罗贝勒沙里，巴林固山贝子吴尔占，鄂尔多斯固山贝子根都什夏卜，阿霸哈纳尔固山贝子额林臣达西，喀喇沁和硕额驸噶尔藏，吴喇忒辅国公鄂尔布，厄鲁特辅国公豫木楚木，喀尔喀一品台吉多尔即额尔德尼阿海、毛明安扎萨克一品台吉诺尔布，郭尔罗斯扎萨克四品台吉吴尔图纳斯图，鄂齐尔、阿霸垓、扎鲁特之协理旗分事一品台吉巴鲁等，蒿齐忒、土墨特、克什克腾一品台吉旺渣尔等，科尔沁、苏尼忒、柰曼、鄂尔多斯、乌珠穆泰、阿霸哈纳尔之协理旗分事二品台吉阿拉锡鄂齐尔等，苏尼忒、阿霸垓、喀尔喀、鄂尔多斯、扎鲁特、吴喇忒二品台吉阿尔纳等，科尔沁、阿霸垓三品台吉吉满津等，巴林、敖汉、翁牛忒、四子部落、阿鲁科尔沁、鄂尔多斯、扎赖忒、吴喇忒、归化城、喀喇沁之协理旗分事四品台吉阿地思等；右翼喀尔喀和硕扎萨克亲王策旺扎布、和硕信顺亲王沙木巴、和硕达尔汗亲王诺纳、多罗郡王额驸董多布多尔即、多罗郡王盆苏克喇布谈、多罗郡王盆苏克，喀尔喀多罗贝勒席迪西里、多罗贝勒诺尔布班第，厄鲁特多罗贝勒巴图尔额尔克济农和罗里，喀尔喀旗分贝子丹津，辅国公苏泰伊尔登、万舒克、车陵达西、车布腾、索诺木、伊思扎布，喀尔喀扎萨克一品台吉班珠尔多尔即等，哈密回子扎萨克一品达尔汉白克额贝都拉，厄鲁特台吉阿保，喀尔喀二品台吉宁喀扎尔等，回子达尔汉白克之子伊巴里木白克，喀尔喀台吉哈米尔代青等，并内大臣、侍卫、大学士、上三旗都统、副都统等宴。上进酒毕，诸乐并作，两翼喀尔喀王以下、一品台吉以上俱召近御座，上亲赐酒，其余台吉等亦召近御座，命侍卫转赐，内大臣、大学士、都统、副都统等亦命侍卫转赐。宴毕，谢恩。上回宫。

上诣澹泊为德问安。

是日起居注官阿山、华显。

十五日乙酉　午时，上御畅春园内含淳堂，大宴朝正外藩左右两翼王、贝勒、贝子、公、台吉等及内大臣、侍卫、大学士、上三旗都统、副都统等，诸乐并作，上进酒，王、贝勒、贝子、公、台吉等以上俱坐处赐酒毕，上回宫。

上诣澹泊为德问安。

是日起居注官阿山、揆叙。

十六日丙戌　上诣澹泊为德问安。

十七日丁亥　辰时，开印。

嗣后驻跸畅春园。时部院各衙门章奏每日送内阁转送畅春园听理，应面奏事宜仍行面奏。

十八日戊子

十九日己丑

二十日庚戌　午时，上由西直门进神武门，回宫。

是日起居注官阿山、徐秉义。

二十一日辛卯　辰时，上御乾清门听政。部院各衙门官员面奏毕，大学士伊桑阿、阿兰泰、王熙、李天馥、吴琠，学士徐嘉炎、布泰、噶礼、李录予、温达、恩丕、钱齐保、胡会恩以折本请旨。兵部题镇江将军马自德遗疏。上曰："马自德人材甚优，品行亦端，御下有方，彼处官兵无不爱戴。向于西路出师，曾奋力行间，且善于战阵。朕两次南巡，知镇江兵甚整肃，他处无有能及之者。朕昨见其遗疏，不觉恻然于中。孙思克曾奏言：何故将马自德调离西边？朕以马自德生长西土，人材壮健，故尔调补镇江将军。今忽溘逝，朕深惜之。原任将军董元卿曾至京否？"伊桑阿奏曰："未闻其至京。"上曰："董元卿于水陆戎事皆极熟练，地方官吏兵民无不称颂。雷继尊人才最优，办事明晰，朕欲委任西边。镇江地方乃紧要之区，东控大海、西接湖广，此缺不宜久悬。尔等今日即将都统并应升官员职名呈览，朕明晨即谕尔等也。"

又顾大学士等曰："朕抚驭寰区，乂安中外，励精图治，宵旰勤劳。念及民生，欲令举世皆在化育，庶物各遂生成。今边陲永靖，四方无事，独淮黄两河，冲决为患，下河百姓田庐恒遭冲突。朕体恤民艰，曾屡遣大臣，往令督理，不惜数百余万帑金，欲急救罹灾黎庶。不意历年已久，竟无成功。今河水仍复泛溢，城郭冲毁，田庐淹没，以致小民大失生业，而董其役者，又无上策，不能有益于民，时廑朕怀。在庭诸臣咸请朕亲临指示，为一劳永逸之图。方今春时雨水甚少，正可讲求疏浚。朕因命择吉南巡，亲加详勘。至于吴地，乃东南要隅，襟带江湖，亦为亲临，省耕励俗。凡来往所需诸物，俱由京师办备，即沿途日用所需，亦令各该衙门照本地方时价采买，并无纤毫扰索。仍恐沿途官吏藉端科派，致累小民，亦未可知。倘有悖旨私行派取者，察出实情，即以军法从事。其扈从大小官员、随行仆役内，若有横行生事者，一并从重治罪。凡所经地方，百姓毋得回避，各安生业，照常贸易、耕耘。严饬军民，不得有怀私怨，受人指唆，途中叩阍，概不准理，仍照冲突仪仗例严加治罪。该部即行传示扈从大小官员及行文该督抚，令出示于各府州县城市乡村张挂，遍谕百姓，可将此等语书上传谕之。"

是日起居注官阿山、徐秉义。

二十二日壬辰 辰时，上御乾清门听政。部院各衙门官员面奏毕，大学士伊桑阿、阿兰泰、王熙、李天馥、吴琠，学士徐嘉炎、布泰、噶礼、李录予、温达、恩丕、钱齐保、胡会恩，光禄寺正卿辛保等以光禄寺少卿迈图员缺，将户部员外郎穆丹、内慎刑司员外郎常明，票签侍读阿锡鼐、太常寺寺丞荆山、户部主事明潮等选择引见。上曰："穆丹其人如何？"伊桑阿等奏曰："闻得穆丹颇优，臣等未与共事，不知其详。"上曰："常明，朕素知之，其人明白。"伊桑阿等奏曰："常明曾任兵部笔帖式，颇优，办事明晰。"上曰："荆山其人诚实，长于读赞，但其所任之事紧要，不宜骤令迁易。常明着补授光禄寺少卿。"伊桑阿奏曰："光禄寺少卿俱系主事升补，所以仅升太常寺少卿，不升郎中御史。今伊等俱系以员外选用者，相应较其员外俸照常升迁。”上颔之。辛保出。

伊桑阿等以折本请旨。理藩院议将回忒台吉老卜臧封为一品台吉，铸印给之，其属下人众编分二佐领。上曰：“佐领照议分编，至于厄鲁特并无台吉，而理藩院以回忒老卜臧为台吉，昏昧极矣。着批出。”

是日，上诣宁寿宫问安。

是日起居注官华显、史夔。

二十三日癸巳　辰时，上御乾清门，听部院各衙门面奏政事。

是日起居注官曹鉴伦、揆叙。

二十四日甲午　辰时，上御乾清门听政。部院各衙门官员面奏毕，大学士伊桑阿、阿兰泰、王熙、李天馥、吴琠，学士徐嘉炎、布泰、噶礼、李录予、温达、恩丕、钱齐保、胡会恩以折本请旨。吏部以御史朱廷铉条奏府道以下、州县以上丁忧起复官员内有特用卓异者，请不入各项候补分缺。上曰：“这条奏甚是。选法原分单月、双月，今按月缺出照常补外，非其应选月分若遇有缺，将伊等原任何地并履历开明折子夹本内引见，视其人地相宜补用。”

是日起居注官阿山、王顼龄。

二十五日乙未　早，上御太和殿，升转文武官员谢恩毕，上回宫。

是日，起居注官华显、张廷枢。

二十六日丙申　早，上由午门出正阳门，幸南苑，回宫。

是日起居注官揆叙、徐元正。

二十七日丁酉　辰时，上御乾清门听政。兵部尚书席尔达等将制签副将、参将、游击董良楝等引见。上曰：“董良楝庸劣，岂能胜副将之任？着革职。其余明晨俱令齐候景山，朕出观其骑射。令掣签官员即行引见，此法甚善，其庸劣者当即罢斥。倘不引见，凡制签者即准赴任，该管官又必瞻徇情面，苟且姑容，岂肯即行参革。”席尔达等出。

大学士伊桑阿、阿兰泰、王熙、李天馥，学士徐嘉炎、布泰、噶礼、李录予、温达、恩丕、钱齐保、胡会恩以折本请旨。吏部题喇尔泰公爵照例准其子噶尔萨承袭。上曰：“喇尔泰之子甚幼，其兄阿尔泰今现堪效用，此公爵着阿尔泰承袭。”

是日起居注官韩菼、华显。

二十八日戊戌 辰时，上御乾清门听政。三法司官员奏毕，将出，上问御史白硕色曰："尔年几何？尚能作文否？"白硕色奏曰："臣今五十岁，在部年久，不能作文。"上曰："尔竟全不能作乎？"白硕色奏曰："仿佛大概尚可为之，工则不能。"奏毕，出。

大学士伊桑阿、阿兰泰、王熙、李天馥、吴琠，学士徐嘉炎、布泰、噶礼、李录予、温达、恩丕、钱齐保、胡会恩以折本请旨。刑部题副都统恩额参将本族获罪革职不准叙用之人敦朱克等，保举补授佐领引见，拟鞭责一百，不准折赎。上曰："恩额参革其职足矣，念系大臣，从宽免责。但恩额参人实不堪，前补授佐领将敦朱克等引见时，竟忘敬畏，声高语乱。朕云：此乃公事，汝何遑遑若是？恩额参奏敦朱克系臣族，朕因诘之云：既系汝族，即应回避，尔何又与其事？遂命察之。敦朱克等果系争谋佐领，控告情虚，前曾枷责者，朕见其遑迫之状，为之察究，隐情毕露，否则被欺矣。恩额参骑射虽极精炼，人甚庸常。"

又副都统关保题参协领杜尔代私动驿递车马。上曰："伊等自相起衅，杜尔代人材矫健，骑射甚善，闻此二人随公费扬古同驻喀伦时，甚不相睦，若将杜尔代即革职交部议罪，恐致枉屈。着黑龙江将军萨布素审明具奏。"随问学士布泰曰："尔曾同在一处，杜尔代何如？"布泰奏曰："其人颇优。"上曰："此二人孰优？"布泰奏曰："二人相同。"上又问曰："关保射箭平常，汝知之乎？"布泰奏曰："臣不知。"

给事中陈黄永条奏，各省举人皆已广额，惟监生中式未曾加增，今既令闲散宗室科举，亦相应广额。上曰："宗室子弟今岁考者不过二十人，难议广额。这奏疏着发回。"

随顾大学士等问曰："御史白硕色其人何如？"伊桑阿、阿兰泰奏曰："臣未与同事，无从知之。"上顾吴琠曰："尔曾任都察院，其或知之？"吴琠奏曰："臣在衙门未久，亦不知其人。"上曰："朕观白硕色乃诚实安静之人，中进士已久，不似他人趋承宦门，希图侥幸。"伊桑阿、阿兰泰奏曰："圣鉴极是。白硕色不往来宦门，乃安分之人。"上曰："观白硕色守分，不事奔走，诚端人也。着问部院衙门。"

是日，上诣宁寿宫问安。

是日起居注官阿山、顾祖荣。

二十九日己亥　辰时，上御乾清门听政。部院各衙门官员面奏毕，大学士伊桑阿、阿兰泰、王熙、李天馥、吴琠，学士徐嘉炎、布泰、噶礼、李录予、温达、恩丕、钱齐保、胡会恩、苏赫纳以折本请旨。户部覆盛京侍郎帕海等题，盛京不甚有秋，地亩所应捐纳之豆，恳于三十八年秋季带征，议准行。上曰："今虽若果收成，着征一半，倘不甚丰熟，令其奏闻。"

伊桑阿等奏曰："臣等遵旨于部册查侍郎白尔克效力事迹。康熙十七年十二月初五日，广西梧州府所属藤县地方有伪将军吴世宗来攻犯，我兵不能却敌，回渡。白尔克率兵殿后，将士得全师济河。"上曰："白尔克等既殿后击退贼众，若不准叙功，情属可悯。此六员效力功牌俱察来奏闻。"伊桑阿等又奏曰："御史白硕色，臣等已问各部院大臣。库纳勒、席尔达、傅腊塔、寿鼐云：白硕色为人诚实，翻译亦佳，除公事外，诸处皆不行走。"上曰："朕亦闻白硕色极安静守分，如此人当示奖励，以辱趋逢宦门诸人。"

是日，上诣澹泊为德问安。

是日起居注官王九龄、揆叙。

三十日庚子　辰时，上御乾清门，听部院各衙门官员面奏政事。

是日起居注官华显、张廷瓒。

二　月

初一日辛丑　辰时，上御乾清门听政。部院各衙门官员面奏。都察院题监察御史内升外转武进贤等二十七人引见。上命十人一班，以次升阶，各奏姓名，详问其曾否条陈。顾问左都御史王士禛等曰："伊等孰优？"王士禛奏曰："李斯义、陈齐永颇优。"上曰："以朕观之，各省行取官员内，每有在地方居官著声，而为人亦优者。"王士禛奏曰："诚然。在外从知县行取授为御史者，皆系督抚保举卓异之人。”奏毕，出。

大学士伊桑阿、阿兰泰、王熙、李天馥、吴琠，学士布泰、噶礼、李录予、温达、恩丕、钱齐保、苏赫纳、胡会恩以折本请旨。户部题转运右卫米石亏欠者，议限五月内运完。上曰：“此事明系欺妄。今经发露，右卫将军费扬古亦觉无颜。海伦为人极能钻营，若辈不可不加惩创。此米于限内全完则已，若仍不完，当即正法。至于充配遣发黑龙江等处，何足示儆耶？”伊桑阿、阿兰泰奏曰：“皇上宽恩，准其展限收纳，海伦当速行完结。如复不完，是自取死耳，尚冀生乎？”

上又曰：“适观都察院引见御史内有为人甚优、在地方居官有声者，故朕召至阶上审视，问其曾否条陈。夫言路开，则与国事甚有济焉。苟所言大谬，自有处分定例。至于稍有偏私，但不准行已耳。言路广，则匪人亦知顾忌。”伊桑阿、阿兰泰奏曰：“圣见诚然，言路广，则为非者惧矣。”

兵部以京口将军马自德员缺，将提督李林盛等职名开列。上曰：“浙江提督马三奇其人最优，船政水师俱能明习，着补授镇江将军。”

是日起居注官阿山、陈元龙。

初二日壬寅 辰时，上御乾清门听政。部院各衙门官员面奏毕，提督直隶学政杨大鹤升辞，恭请训旨。上曰：“李光地考试直隶，声名甚善，尔当放而行之。且尔系读书人，更宜自惜名节。”杨大鹤奏曰：“臣蒙皇上养育之恩已二十年矣，毫无报效，惟有谨遵圣旨，奉行而已。”都统噶尔玛前往收集巴尔虎蒙古陛辞，恭请训旨。上曰：“尔等此行事最紧要，务须加意谨慎从事。”盛京理事官席尔图陛辞，恭请训旨。上曰：“尔系较俸升补者，到任后宜加勤勉。”右卫副都统禅布陛辞，恭请训旨。上曰：“尔之上有将军，凡事遵将军而行可矣。朕别无所训尔也。”禅布出。

大学士伊桑阿、阿兰泰、王熙、李天馥、吴琠，学士布泰、噶礼、李录予、温达、恩丕、钱齐保、苏赫纳、胡会恩以折本请旨。上曰：“詹事府詹事尹泰不到衙门，故其衙门官员懈弛任意，不知礼节。适观席尔图进请训旨，不惟不谙礼节，人亦愚昧。且尹泰亦不能辨别人之贤否，着以原品解任，仍事纂修书籍。詹事府着另补专官。席尔图其人未必谙事，着敕

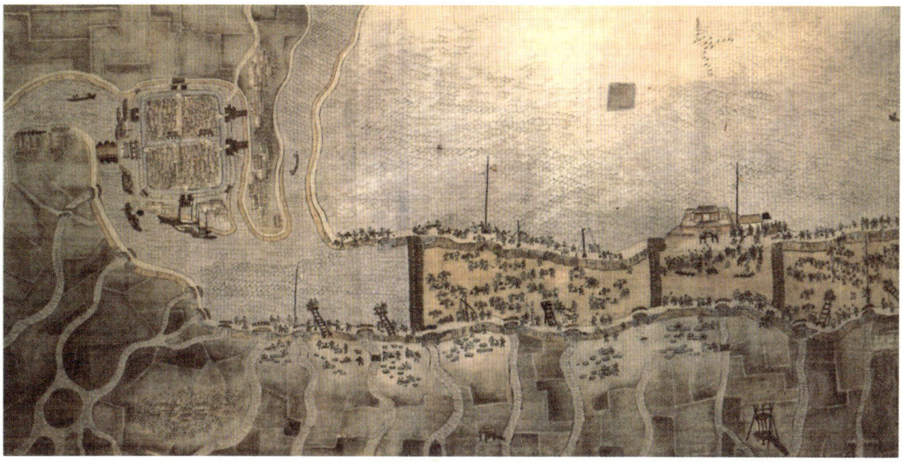

《治淮图卷》（局部）

清赵澄绘。设色。全图纵48.3厘米，横543.5厘米。中国历史博物馆藏。

《黄河筑堤图》（局部）

清人绘。中国历史博物馆藏。

《康熙帝南巡图卷·治河场面》

清宫廷画家绘。绢本，设色。全图纵67.8厘米，横1562厘米。法国巴黎吉美博物馆藏。

《通惠河漕运图卷》（局部）

清沈喻绘，设色。纵42.2厘米，横346.7厘米。中国历史博物馆藏。

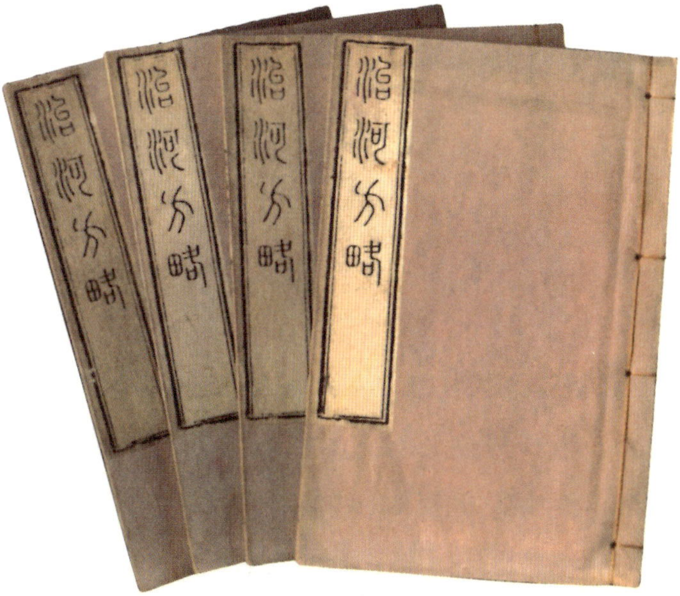

治河方略

清靳辅撰。故宫博物院藏。

靳輔，字紫垣，漢軍鑲黃旗人。順治九年，以官學生考授國史館編修，改內閣中書，遷兵部員外郎。康熙初，自郎中四遷內閣學士。十年，授安徽巡撫。疏請行溝田法，以十畝爲一畛，二十畛爲一溝。溝土累爲道，道高溝低，澇則洩水，旱以灌田。會三藩亂起，不果行。部議裁驛站經費，輔疏請禁差員橫索、騷擾驛遞，歲終節存驛站、槓脚等項二十四萬有奇。上奬輔實心任事，加兵部尚書銜。

十六年，授河道總督。時河道久不治，歸仁隄、王家營、邢家口、古溝、翟家壩等處先後潰溢，高家堰決三十餘處，淮水全入運河，黃水逆上至清水潭，浸淫四出。碭山以東兩岸決口數十處，下河七州縣淹爲大澤，清口涸爲陸地。輔到官，周度形勢，博採輿論，爲八疏同日上之。首議疏下流，自清江浦至雲梯關，於河身兩旁離水三丈，各挑引河一道，俟黃、淮下注，新舊河合爲一，卽以所挑土築兩岸大隄，南始白洋河，北始清河縣，並東至雲梯關。雲梯關至海口百里，近海二十里，潮大土濕，不能施工，餘八十里亦宜量加疏濬，築隄以束之，限二百日畢工，日用夫十二萬三千有奇。次議治上流淤墊，洪澤湖下流自高家堰西至清口，爲全淮會黃之所。當於小河兩旁離水二十丈，各挑引河一道，分頭衝洗。次議培修七里墩、武家墩、高家墩、高良澗至周橋閘殘缺隄岸，下築坦坡，使水至平漫而上，順縮而下，不至怒激崩衝。隄一尺，坦坡五尺，夯杵堅實，種草其上。次議塞黃、淮各處決口，例用埽，費鉅且不耐久，求築土禦水之法，宜密下排樁，多加板纜，用蒲包裹土，麻繩縛而塡之，費省而工固。次議閉通濟閘壩，濬清口至清水潭運河二百三十里，以所挑之土傾東西兩隄之外，西隄築爲坦坡，東隄加培堅厚。次議規畫經費，都計需銀二百十四萬八千有奇。宜令直隸、

《清史稿》靳辅传

治河全书

清张鹏翮撰，天津图书馆所藏，天津古籍出版社2007年4月出版。

張鵬翮，字運青，四川遂寧人。康熙九年進士，選庶吉士。改刑部主事，累遷禮部郎中。十九年，授江南蘇州知府，丁母憂。除山東兗州知府，舉卓異，擢河東鹽運使，內遷通政司參議，轉兵部督捕副理事官。從內大臣索額圖等勘定俄羅斯界，還擢大理寺少卿。二十八年，授浙江巡撫。疏言紳民願畝捐穀四合，力不能者聽。上曰：「昨歲浙江被災，循例蠲賦，並豁免錢糧，豈可强令捐輸？鵬翮原題力不能者聽，自相矛盾。」下部議，奪官，上寬之。尋授兵部侍郎，督江南學政。三十六年，遷左都御史。三十七年，遷刑部尚書，授江南江西總督。三十八年，上南巡，命鵬翮扈從入京，賜朝服、鞍馬、弓矢。

初，陝西巡撫布喀劾四川陝西總督吳赫等侵蝕貧民籽粒銀兩，命鵬翮與傅臘塔往按。還奏未稱旨，命鵬翮與傅臘塔復往陝西詳審。三十九年春，還奏布喀、吳赫及知州蔺佳選、知縣張鳴遠等侵蝕挪用，各擬罪如律。上諭大學士曰：「鵬翮往陝西，朕留心訪察，一介不取，天下廉吏無出其右。」

尋授河道總督，入辭，上諭令毀攔黃壩通下流，濬芒稻河、人字河引湖入江。鵬翮到官，請撤協理徐廷璽及河工隨帶人員，並乞敕工部毋以不應查駁之事阻撓，並從之。尋疏言：「臣過雲梯關，見攔黃壩巍然如山，下流不暢，無怪上流之潰決。應拆攔黃壩，挑濬河身，與上流一律寬深。」又言清口淤墊，應於張福口開引河，引清水入運敵黃，建閘以時啓閉。又言人字河至芒稻山分二派，又名芒稻河，應濬使暢流，並濬鳳凰橋引河及灣頭二河，皆匯芒稻河入江。俱下部議行。尋以攔黃壩既撤，河身開濬深通，暢流入海，疏請賜名大通口。上嘉鵬翮章奏詞簡意明，治事精詳，遣員外郎拖抗拖和、中書張古禮馳驛令鵬翮舉所規畫入奏。鵬翮疏陳開濬引河、運口，培修河岸隄壩諸事，並下部速議行。尋又疏陳河工諸弊，並請河員承挑引河，偶致淤墊，免其賠修，夫役勞苦，工成日請給印票免雜徭。上嘉其陳奏切要周備。尋又請於歸仁隄五堡建礮心石閘，並於三義壩舊中河築隄，改入新中河，合爲一河，便糧艘通行。上謂所議甚當，並如所請。

上倚鵬翮治河，謂鵬翮得治河秘要，諭大學士曰：「鵬翮自到河工，日乘馬巡視隄岸，不

《清史稿》张鹏翮传

盛京将军与各部堂官，谕以席尔图乃较俸升补之理事官，到任后，办事好则已，否则即令题参。”

都察院以内升外转御史赵世芳等论俸开列职名、履历并各条陈、章奏、满汉清册具奏。上曰：“此内尔等有知者否？”吴琠奏曰：“臣在都察院仅九月，其新进者不能尽知。惟李斯义谨慎。”上曰：“王敏政何如？”阿兰泰奏曰：“王敏政向在吏部，为人朴实，办事仅可无误。”上曰：“李斯义着内升，王敏政着外转。”

是日起居注官华显、宋大业。

初三日癸卯　上南巡阅视河工，省问民风，访察吏治。凌晨由东华门出崇文门，至大通桥登舟，过通州，驻跸近岭地方。通州副将陈经麟、大西仓监督杨住、通惠河分司钱永登来朝。

初四日甲辰　上驻跸新河长乐营地方。是日，赐直隶巡道赵弘燮御书“清惠不群”四大字。传谕曰：“尔父赵良栋，矢志报国，克殚勤劳，历事戎行，茂著勋绩，朕迄今犹追念之。以尔兄弟系功臣之子，未必玷辱先人，故皆擢用，授以文武要职。今复以此四字赐汝，此后益当砥砺廉洁，广宣惠爱，以副朕视民如之子至意。”赵弘燮奏曰：“臣父一介微贱，蒙皇上知遇之恩，屡擢用为大臣，荣耀一生。身没之后，皇恩愈加浩荡，遣皇子临丧，大臣致祭，勒文贞石，备纪微劳，使垂诸万世。又悯念先臣劳绩，异数频加，宠及奕世。不惟臣等肝脑涂地，不能仰答高厚于万一，即臣父九泉之下，亦感恩无尽矣。今复邀御书之赐，臣诚不克当，然何敢有忝天章，不竭臣犬马微劳，以仰副视民如伤之至意。”转奏毕，谢恩出。

初五日乙巳　上驻跸河西务三里屯地方。

申时，上于行宫前亲率诸皇子射，连发俱中。诸皇子亦多中的，官兵百姓无不惊叹神异。复命侍卫之善射者及天津总兵官潘育龙、涿州营参将周世朝、右营游击王启龙、霸州营游击刁一德、香河营守备张翔等射毕。以潘育龙娴射，赐箭五枝；遍询周世朝等出身、履历、籍贯。

是日，原任山东巡抚李炜、武贯营游击陈德功、香河县知县于采等来朝。

初六日丙午　上驻跸汉沟地方。是日，杨村营守备刘进御来朝。

初七日丁未 上起行至天津卫王家村，命总兵官潘育龙所属官兵分排队伍，详阅进退，以其步伐整肃，赏兵卒银五百两。上过天津桥，驻跸杨树青地方。

扈从内大臣、大学士、侍卫、学士等会覆商南多尔即等奏请禁止谛巴遣人贸易，议准行，转奏。上召诸大臣入谕曰："扎海、保住等前者来奏，朕曾问及班禅库图克图之事。扎海、保住言谛巴与达赉汗曾会同商议，以为今年乃班禅库图克图本命之岁，不便前去，俟来岁三月必令前往等因保奏。阿南达等以为，来岁三月方令前来之语，俱系推委之言，欲遣户木特、二郎保同彼使前去催令速来，并驳其奏章。朕问扎海等：'谛巴之言即可信乎？'扎海等云：'谛巴之辞虽决绝，然彼实系狡猾反侧之人。'朕思阿南达欲遣户木特、二郎保与彼来使同往催促，将奏章一并驳回，失之轻率，即使二郎保等前去，遽能令班禅库图克图速来乎？纵令彼去能说之前来，亦必延至来年，又何益耶？倘谛巴已以匿其奏章、禁其贸易藉为口实，则伊等将何如耶？谛巴部落之人皆赖贸易为生，而我以堂堂大国为天下主，何必以班禅库图克图之故，泥于小见，禁其贸易、绝外彝之生计乎？今谛巴既称来岁使班禅库图克图前来，且待至三月。如仍不遣来，则曲在彼矣。我朝惟图理直，凡事预为斟酌，然后行之，亦不为迟。且前者策旺阿拉布坦屡进言挑衅，请以所部兵往征谛巴，朕每谕以务期普天率土同享升平，不欲无故兴师之意。而阿喇布坦仍不肯休，屡行奏请。朕欲使谛巴稍加敛饬，乃降敕谕。而彼国之人知此情皆哂笑曰：昔年顾西汗以十万余众前来征我，尚费尽兵力，仅得有成。彼策旺阿喇布坦部众几何，纵使兵力精强，其能远涉沙漠千里之地，以至我国耶？即使得至，亦困穷疲罢矣。我国之人虽然懦弱，而数万人之中，岂无一效命者，击其劳敝何难之有？朕召尔等入，特欲谕此情事。又将遣扎海等作速回京，传谕尚书班第，令其移文阿南达等，倘谛巴有奏章前来，即行转奏，毋得拦阻，已前往矣。况谛巴之人皆以贸易为生，今若败彼小人之生业，禁其商贩，殊非大国之体。今商南多尔即等并不计此，即请禁止谛巴遣来打箭路宋盘地方贸易之人，殊为未当。彼虽小国，可欺凌乎？尔等准其议，亦失之矣。"诸大臣奏曰："皇上所见极周详。臣等不知此情，故照阿南达所题议奏。谛巴既无不令班禅库图克图前来之言，而遽阻其贸易之人，诚为不合。臣等识见并未及此。”

又传谕侍卫内大臣、大学士、内务府大臣等曰：“朕念切民依，往阅河工，惟恐扈从烦多，沿途纷扰。故凡随驾官兵执事人员，量供使用，减少携带，酌其人数分给官船，乃或有另雇船只及部落堂属官员、笔帖式等各另雇船，遂至烦杂。尔等酌议裁减，将无用者发回，可归并者合坐，务使简便不烦。”本日领侍卫内大臣、大学士、内务府大臣等共减应发回侍卫官员、内府执事人员船二百五十号具奏。奉旨：“知道了。”

是日，长芦巡盐监督察御史张泰交等、运司靳襄、监督天津关税课主事梁弓等、游击陈光祚等来朝。

初八日戊申 上启行，会风乍起，恐扈从舟楫被风冲击或致损坏，遣亲近侍卫海青遍行巡察，见船皆依次行，不相争竞，无一损坏者，海青回奏。上喜，传旨：“知道了。”

是日，上驻跸周家嘴。上于行宫前率诸皇子射，上连发皆中，众咸惊异，复命习射侍卫及绿旗守备以上官员俱射。以总兵官潘育龙训练有方，特赐所御貂褂以示荣宠。

是日，静海县知县沈涧、都司俞成等来朝。

初九日己酉 上驻跸青县流佛寺地方。青县知县周迪大、成县把总周祯等来朝。

初十日庚戌 上过沧州，驻跸砖河地方。是日，赐管理纤夫礼部员外郎舒古鼐、慎刑司员外郎阿尔赛御书各一幅。

是日，沧州知州迟维玫来朝。

十一日辛亥 上驻跸东光县夏口地方。赐管理纤夫郎中穆楚库、员外郎常代御书各一幅。是日，东光县知县白为玑、千总李应魁等来朝。

十二日壬子 上驻跸桑图地方。赐天津总兵潘育龙御书《杜若赋》一幅、《渊鉴斋法帖》一部，直隶巡抚李光地《耕织图》一册、《渊鉴斋法帖》一部，守道高必弘、巡道赵弘燮、天津道范时崇、通永道祝兆熊等俱赐《耕织图》一册。是日，衍圣公孔毓圻、山东巡抚王国昌、布政司刘暟、按察司李基和、总兵官杨钧、临清州副将史世标、济宁州副将王国显等来朝。

十三日癸丑　上驻跸洛坡屯地方。谕大学士伊桑阿等曰："沿途有年老告病及丁忧休职官员前来请安者，勿得拦阻，着奏闻。尔等传谕鸿胪寺。"

是日，赐管理纤夫员外郎满蒲、阿米达御书各一幅，山东粮道朱廷祯、德州知州杨燮城、守尉达尔花、拖沙喇哈番品级章京瓦济等来朝。

十四日甲寅　上驻跸郑家口地方。赐内大臣、大学士、侍卫等酒果，部院各衙门官员、执事人员及护军等橙糕，山东总兵官杨钧酒。是日，故城县知县陈维镛、把总钱经来朝。

十五日乙卯　上驻跸石人湾地方。是日，上于行宫前率诸皇子及善射者射，命总兵官杨钧、副将施世骠以下把总等皆射，上连发皆中，总兵官杨钧不胜钦异，乞赐上所射箭五枝，留为世传之宝。于是赐杨钧及施世标箭各五枝。

十六日丙辰　上驻跸杨家圈地方。

晚刻，上御行宫，大学士伊桑阿、阿兰泰，学士布泰、噶礼、苏赫纳、胡会恩、顾祖荣以折本请旨。礼部题公拉尔泰应否与谥，请旨定夺。上曰："拉尔泰年幼且无劳绩，着照常例给与恩恤。"

户部覆刑科给事中陈诜条奏，运米捐纳有棍徒包揽、代纳、诓骗及冒名领粮者，应令申告从重治罪，议不准行。上曰："此特推委他人以图展限之意，其被骗之人并未禁其申告，这所奏部议不准，甚是。着依议行。"

理藩院题，隐匿盗马贼犯之贝勒厄尔德卜鄂七里拟正法，审事违旨之左都御史哈雅尔图拟革职。上曰："将厄尔德布鄂七里似此从重议罪，彼知惧矣，必当改过自新。且其子弟内并无有才堪承袭之人，厄尔德布鄂七里死罪与革贝勒俱从宽免，着罚俸五年。多尔即根都扎布死罪与革台吉亦从宽免，着籍没其家产。达右蟒吉尔、诺们俱从宽免死，着革职，鞭一百，籍没其家产。奇他特从宽免革公爵，着罚俸五年。哈雅尔图降五级调用，余依议。"

十七日丁巳　上驻跸临清第二闸。济宁道赵景从、监督临清关税务员外郎徐浩、清河县知县雷奇、千总牛从龙来朝。

十八日戊午 上驻跸两响闸地方。原任刑部侍郎任克溥来朝，赐御书“冰壶朗映”四大字，临米芾《天马赋》一卷。又赐尚芝龙、张鼐臣、张鼎鼐、张常住御书各一幅。

十九日己未 上驻跸东昌府李垓坞地方。东昌府知府朱国祥、都司董再格，聊城县知县荆时中、把总周询来朝。

二十日庚申 上驻跸阳谷县管家堡地方。上于行宫前率诸皇子射，连发皆中，复命习射侍卫及总兵官杨钧等射。射毕，回宫。

本日奏事存住传谕大学士伊桑阿等曰：“前日原任侍郎任克溥来朝，问之已八十二岁矣，朕深悯焉。往者曾坐追其诰封，今既老迈，且服职甚久，可悯，着将其原得诰命查出给还。”

是日，东平州知州谢可英等、嘉祥县知县曹景休濂等、管河千总左光祖等来朝。

二十一日辛酉 上驻跸张疤喇口地方。是日，上御行宫，户部尚书马齐、督捕侍郎喻成龙、工部侍郎常寿等自淮安回，以所察河工事具奏。上曰：“河道之坏，皆由河身淤垫所致。若不深浚河身，徒培高提防，则河身愈高，必致倒灌清口，而于河道终无所济。因比年水潦，每将洪泽湖水引注高宝，遂为高宝民生之害矣。河身若不深浚，但挑下河，只可泄上流涨溢之浮水，其底下积水断不能出。此事朕当亲往观之。”

又亲近侍卫海青、奏事存住传谕领侍卫内大臣、大学士及内务府大臣等曰：“朕此行特为阅河而来，皇太后因巡幸之便，欲观览南方，今奉侍而来，已有日矣。自此前去，俱是顺流，并无留滞。或明日晚，或后日早，朕当分行，只乘所御一舟，减少扈从，极为轻便，昼夜前进，往阅黄河以南高家堰、归仁堤等处堤防。回至清口，候皇太后船至，朕亲奉渡河，仍前去相视下河以北堤防。如此则日期与程途既不相误，而时巡之事，亦可竣矣。此行留皇长子、皇五子，其余诸皇子俱着随行。只令领侍卫内大臣福善、大学士伊桑阿、阿兰泰扈从前去，其善射侍卫、管船侍卫、宗室侍卫内共派四十五人前去。其余大臣、侍卫、护军、绿旗官兵，俱着存留于后布城、网城，不用携行管理纤夫。着乾清门侍卫马武、布政使刘皑及料理御舟夫役官员前去，其随行侍卫等有前站小船及朴拉子船，或有轻便之船，令其坐去，携仆一人。其船只数目，着查明具奏。”

是日，山东东兖道宋起等、梁山守备张天隆等来朝。

二十二日壬戌 上驻跸安居地方。是日兖州府知府朱天爵等、管河同知罗经等、汶上县知县樊绍祚等、济宁州副将王允昌等来朝。

二十三日癸亥 上减扈从前往阅河，驻跸南阳。是日，鱼台县知县马得祯来朝。

二十四日甲子 上驻跸赤山。赐山东巡抚王国昌、布政使刘皑、按察使李基和《渊鉴斋法帖》各一部。是日，江南粮道鲍复昌、游击李胜、下河通判胡琪等来朝。

二十五日乙丑 上驻跸黄林庄。是日，江南总督张鹏翮、巡抚宋荦，安徽巡抚李煛、布政使张四教，江南提督张云翼、总兵官梁鼐，狼山总兵官刘含高，两淮巡盐监察御史卓琳、护理江苏布政使印务参政道刘殿邦、按察使赵世显、提督江南学政张榕端、凤庐道佟毓秀、两淮运司刘德芳、淮扬道薛晋等，并原任巡抚高承爵等来朝。

二十六日丙寅 上驻跸石坝。是日，原任洗马丘象随、候补道员刘谦吉、原任郎中刘始恢、原任中允吴晟、原任编修宁世簪等来朝。

二十七日丁卯 上驻跸流潦涧。是日，宿迁县知县胡三俊、守备刘交道等来朝。

二十八日戊辰 上阅黄河以南高家堰、归仁堤等堤防毕，回至清口，迎会皇太后，舟驻跸清河县闸口。是日，清河县知县王得佐来朝。

二十九日己巳 上驻跸清河县。

三 月

初一日庚午 上奉皇太后舟渡河，驻跸清河口，率领侍卫内大臣公福善、大学士伊桑阿、阿兰泰往视高家堰等堤。

是日，召大学士伊桑阿、阿兰泰、张玉书，尚书马齐、席尔达，江南江西总督张鹏翮、漕运总督桑格、河道总督于成龙，侍郎常寿、喻成龙、李楠，协理河务府尹徐廷玺等入行宫，谕曰："朕留心河务，体访已久。此来沿途坐船外，审视黄河之水，见河身渐高，登堤准田与河，河高于田。行视清口、高家堰，则洪泽湖水低，黄河水高。以故河水逆流入湖，湖水无从得出，泛溢于兴化、盐城等七州县，此灾所由生也。治河之上策，惟以深浚河身为要务，诸臣并无言及此者。诚能浚深河底，则洪泽湖水直达黄河，七州县无泛滥之患，民间田庐自然涸出矣。不治其源，徒治下流，终无裨益，职是故也。今朕亲临阅视下河通海之口，及射阳湖一带填淤之处，于成龙所带效力人员甚多，尔可作速分委，并力开浚。蓄积之水倘能稍泄，亦有益也。至于黄淮二河交会之口，过于径直，所以黄河之水常逆流而入。今将黄河南岸近淮之堤，更迤东长二三里，筑令坚固，淮水近河之堤，亦迤东湾曲拓筑，使之斜行会流，则黄河之水不至倒灌矣。再河流不迅急，无以刷去河底之沙。朕详加咨访，欲溜迅急，河直则溜自急，溜急则沙自刷，而河自深矣。且于清口之西，几曲湾处，试行浚直，如直浚有益，溜果急，河果深，则渐将上流曲处，岁加直浚。如是，则黄河之险渐除矣。河底渐深则洪泽湖之水渐出，而七州县之水患可渐息也。清口应修处，于成龙等绘图呈览，修清口及直浚河曲处工程，交与董安国、冯佑，令赔修，以赎其治河无成之罪，不然伊等更于何处效力耶？董安国所修拦黄坝可毁之，留其所浚引河。又黄河南岸太黄堤工完时，将时家马头可堵塞之。是时再观河之形势，可也。朕细思，初建归仁堤之意，欲障遏黄河南岸之水，不令入洪泽湖，使回流入河耳。俟河底深时，仍宜培筑归仁堤。朕意若斯，然亦不以朕意为尽然也。尔诸臣可会同详议。"诸臣奏曰："皇上计议河工，深得要领。自古未有灼见本源、讨论详悉如此者也。河工事宜备于此矣。臣等闻之不胜惊喜，从兹永奏安澜矣。"

又谕大学士伊桑阿等曰："朕君临天下，期于黎民乐业，各获其所。凡兴利除害之事，靡不举行。蠲免赈济之恩，靡不下逮。比年以来，因淮扬所属地方叠罹水患，业已岁蠲额赋，周恤频施。又动支数百万帑金，责令在河之臣，于应挑应筑之处酌量修理，务使汜溢之水汇入海，被淹之庐舍田亩尽皆涸出，用底干宁。乃钱粮竟尔虚费，卒不能使积淹有归，田庐未涸，民生未遂，朕闻之恻然轸怀。值兹四方无事之时，欲将一切修举事宜，详阅指示。用是躬亲临幸，沿途审视黄河水势，咨访地方父老，比至归仁堤、高家堰，量度地形高下，应挑应筑，已经一一明示河臣。惟是被淹地方，米价翔涌，生计维艰，朕目击民依，深用廑念，着将漕粮截留十万石，于高邮、宝应、兴化、泰州、盐城、山阳、江都受灾七州县各留一万，悉较时价减直发粜。余米三万石，着于邳州留八千石，宿迁、桃源、清河、安东四县各留五千五百石，亦较时价减粜。此各州县发粜之米，着就近交与漕运总督、河道总督，邳州著遣司官一员前往监视。再截留米十万石，于扬州、淮安各收贮五万石，这应留漕粮不论何处米石，着就近截留，尔等拟上传呈览。”

是日，监督上海关内阁侍读学士满都来朝。

初二日辛未　上驻跸清河口。是日，上御小舟往阅烂泥浅等处。

初三日壬申　上驻跸淮安府城内。龙江关监督员外郎孙世奇，淮安府知府李经政、参将康承祖等，原任道员刘谦吉等来朝。

初四日癸酉　上驻跸淮安府城内。是日，宴随驾大臣、侍卫等。晚登舟，赐总漕桑格“激引清风”四大字、墨刻《金刚经》、《龙虎台赋》手卷、《秋清赋》、《耕织图》。

初五日甲戌　上驻跸界首。浙江粮道李法祖、扬州府知府傅泽洪等，浙江运粮千总傅有奇等来朝。

初六日乙亥　上驻跸高邮州。两浙巡监御史舒书布、扬州关抽分郎中何硕色、扬州居住阿达哈哈番张禹谟、高邮州知州谢廷瑞等。守备马班如等，原任翰林院编修吴世焘来朝。

初七日丙子　上驻跸扬州府城内。京口海防将军马三奇、京口协领祖良相、扬州营游击李国祥、两淮运判黄家征等，原任光禄寺正卿刘楷、原任翰林院编修顾图河、原任道员给事中李宗孔、原任御史徐树谷、原任道员江皋、原任湖广彝陵总兵官严弘、扬州府居住阿达哈哈番杨铸等来朝。

初八日丁丑　上驻跸扬州府城内。是日，原任工部侍郎李楠、原任布政汪楫来朝。赐李楠御书“多识畜德”四大字、对联一副、唐诗一幅，赐汪楫“游咏清风”四大字、并字一幅，原任给事中李宗孔亦赐“游咏清风”四大字、并字一幅，又赐扬州府天宁寺僧广元御书“禅心澄水月”五大字、“佛门堂”三大字、“皓月禅心”四大字、“寄怀闲竹”四大字，兴教寺僧广彻“西来法”三大字、北山寺僧广证“法律禅”三大字。

初九日戊寅　上驻跸江天寺。是日，赐粮道刘德芳御书“龙飞”二大字、“扬仁风”三大字并字一幅、手卷一，凤庐道佟毓秀御书字一幅，扬州府知府傅泽洪御书字一幅，扬州盐商张文秀御书“松风”二大字、手卷一，天宁寺僧广元御书“鹰堂”二大字，北来寺僧“上崇”二大字、“慈云”二大字。

初十日己卯　上驻跸江天寺。

十一日庚辰　上驻跸兴丰。是日，亲近侍卫伍什传谕内大臣等曰：“适见此处之麦甚为茂盛，朕心深喜。此来原为民生，凡驻跸处勿践踏田麦，至于随驾兵丁已足守卫，此处之兵尽着发回，其将军、副都统及各官员等既系该管地方，着乘舟随行。可遍谕该地方官员、厮役，如有践踏麦禾者被获，决不轻贷，定令偿还。”

是日，赐江天寺曾超乐御书《心经》并字四幅，僧明真御书“云峰”二大字、“松风石”三大字并字一幅，避风馆僧源恒御书“甘露门”三大字、《金刚经》一部，僧明融御书“超峰”二大字、经一部，僧妙觉御书“禅栖”二大字、经一部，僧僧澜御书“善觉”二大字、经一部，又僧慧光九人俱经一部。

是日，京口副将李得胜等、镇江府知府谈允诚等、候补道员王家栋、原任道员张仕可、原任郎中张恕可等来朝。

十二日辛巳　上驻跸常州府。上于行宫前率诸皇子射，发矢皆中。又阅善射侍卫等及镇江副都统章京等射毕，回行宫。

本日，传谕大学士伊桑阿等曰：“朕以勤求民隐，阅视河工，特举銮舆，巡省南服。一切供御之费，皆自内廷储偫，不烦有司。而经过山东、江南地方，各官备办夫船等项效力，殊属勤劳。此等官员有因公诖误罚俸、住俸、降俸、降级、革职留任者，着察明悉从宽免。”

又谕曰：“东南为财赋重地，朕时切轸念，频岁以来，虽在边塞用兵之际，未尝不夙夜殷殷，惓怀宽恤。兹以中外升平，特事巡省，并阅河工。比至江南，亲察民间饶瘠之状，见淮南北地方，叠罹水患，深用恻然。已经屡蠲赈屡，仍命截留漕粮，减价平粜。其余各州县虽市肆安辑，耕凿恬然，而额赋浩繁，民生拮据，历年逋负，积算日增。合江苏巡抚、安徽巡抚所属旧欠带征钱粮，计及百万。念小民方供新税，复急旧逋，物力维艰，势难兼办。里井既多，催科之扰，官吏复滋，参罚之烦，应沛特恩，概行蠲豁。除康熙三十三年恩诏内已经赦免外，其三十四、五、六年奏销未完民欠一应地丁钱粮、米麦杂税，尔部行文该督抚察明，俱着免征，务饬有司，悉心奉行，俾穷檐蔀屋，均沾实惠。如有已征在官，诡称民欠，希图侵蚀肥己者，一经发觉，定从重治罪。朕身处宫禁，与巡历方隅，无非孳孳民事，但使闾阎丰足，则国家裨益良多。以此不惜蠲除，频敷德泽，凡厥官吏军民，宜咸知朕意。”

又谕曰：“朕爱养民生，慎重刑狱，凡有奏谳，时示矜全。兹銮舆南巡，见沿途老稚男妇环跪欢迎，心甚嘉悦，念此编氓，皆吾赤子，原期生聚教训，共底善良。其或陷于刑章，致困囹圄，改过无路，恻然伤之。所经过山东、江南两省，现在监禁人犯，除十恶真正死罪及诏款不赦等罪，并官吏犯脏不宥外，其余自康熙三十八年三月十五日以前，死罪及军流徒罪以下已结未结，俱着宽释。此朝廷巡幸所至，欲使并生之至意，可通行晓谕，令咸悉朕怀。尔等将此谕吏户刑三部，缮写上传呈现。”

浒墅关抽分员外郎索尔敏、常州府知府于琨等，常州营游击周斗光等，原任国子监祭酒曹禾等来朝。

十三日壬午　上驻跸无锡县。是日，赐管夫广储司郎中皂保、掌仪司员外郎陶朱、户部员外郎敦多御书字各一幅。浙闽总督郭世隆、巡抚张勄、提督学政翰林院侍读张希良、杭州关抽分郎中晋达善、沿海钞关员外郎张圣诏、福建提督王万祥、温州总兵官李华等，原任侍郎彭孙遹等来朝。

十四日癸未　上驻跸苏州府城内。浙江布政使赵良璧、按察使于准等、苏州营游击赵弘印、原任翰林院修撰戴有祺等来朝。

十五日甲申　上驻跸苏州府城内。是日，浙闽总督郭世隆、巡抚张勄等向奏事存住转奏曰：“皇上轸念万民，亲阅河工，咨询风俗，临幸苏州，浙江军民人等俱皆引领仰望皇上临幸浙江。臣等来时，众皆齐集奏云：我等军民，蒙皇上天高地厚之恩，世享安乐，毫不能仰答皇恩于万一。今皇上阅视河道，又欲咨访民生，临幸苏州，诚千载荣遇，冀乘此便，于万寿节前临幸浙江，得以少尽犬马微忱。再三恳求，臣等代为启奏。仰祈皇上矜念黎庶之诚，早临浙江。”奏毕，苏州府属官兵士民闻之，络绎成群，扶老携幼，齐集行宫门跪奏曰：“我等闻圣驾亲视河工，昼夜企望，今始临苏州，恭遇万寿节，我等若不能少尽微忱，何颜安居此土？恳祈皇上念黎庶微忱，俟万寿节后起程。”向奏事存住再三顿首恳求。奏入，上曰：“既临此土，官民复再三诚请，再留三日，于十九日起程。”

是日，上御行宫，大学士伊桑阿、阿兰泰，学士布泰、噶礼、苏赫纳、胡会恩、顾祖荣、以折本请旨。户部题尚书傅腊塔等所审籽粒银两一案。上曰：“凡审事者必当审结复命，岂可疏略？彼既畏人怀怨，草率来覆，惟有仍令彼等往审而已。可将此处问张鹏翮。”

兵部题原任将军董元卿请随伊子留住京口就医，议不准行。上曰：“朕见董元卿身病家贫，若将伊父子分居两地，生计良艰，着依所请，留住京口医治。”

刑部等衙门题太原府城守尉托莫和拟绞。上曰：“托莫和依拟应绞，着监侯。其李八情罪可恶，所拟尚轻，着从重议处具奏。”

理藩院题都统阿尔纳因不行养育台吉和惠等，遂致流亡，将阿尔纳等议革职。上曰：“阿尔纳、阿必达、阿迪、阿玉锡绰尔即、雅克多尔即据着革职留任，仍养赡和惠等。俟生计既遂之时，着该部请旨。”

又题广东巡抚萧永藻奏闻，傅郎西涯国使因免伊船税恭请天恩。上曰：“此系彼等私来贸易，朕怜其远彝贾人，命关津勿税。此谢恩奏章并非特来纳贡者，应还其疏，不必批发。”

又顾大学士等曰：“朕巡阅河道，见所筑堤防颇为可观，承修各官亦颇效力。又将高邮州之河与湖水比量，湖水高四尺余。夫河水既低四尺有余，纵水长一丈，亦不至泛越，且湖水亦断不至高长丈许。朕意欲暂留毛程铺、高家堰等处减水坝，将高邮州以北减水闸坝，尽行堵塞，高其东岸堤防，修筑坚固，使在西之水，不得泛越。则下河之水归海，而河道、湖身皆出，其时作何导浚，再为定夺。至于邵伯以南，河湖合流，奔江归海，想不至于冲决。其他处河道，朕亦可保无虞。独黄河工程相其形势，尚难决定，当缓图之。朕于舟中曾绘径直挑浚黄河一图，与于成龙呈览之图参看，若合一契，凡在朕船者皆异之。朕此行见山东百姓仍似往年，江南之民不及前矣。”伊桑阿等奏曰：“诚然江南之民实不及前，至于皇上所谕河道情形甚为明悉，臣等方能稍悟河工之事，毕尽于此，诚自古所未有也。”上曰：“此等情节朕敕谕于成龙，尔等可问总督张鹏翮、巡抚宋荦等。”

本日扈从公以至执事人役赐银各十两、缎一匹、彭缎一匹。谕曰：“此非部银，出自内帑。若照昔年赏赐，所有银两为数无多，逮至前途再为加恩。”

是日，上御笔临董其昌书“家鸡野鹜春蚓秋蛇”八大字，命中使赍示掌院学士韩菼。菼奏云：“皇上御书笔法，不啻龙飞凤舞，晋唐名迹所不及，何况其昌？请即以赐臣，奉为永宝。”中使入奏。顷之，中使捧出御书“东南云峰”四大字，传谕曰：“以此赐汝。顷所书八大字，汝既求赐，亦即与汝。”菼奏曰：“臣屡蒙拔擢厚恩，扈从到此，并无寸长可效万一，顷见御书，冒昧求赐，乃蒙皇上特书‘东南云峰’四大字，笔法超绝，字义尤非臣所敢当，感愧无地，请勒石虎丘，以彰荣遇。”上许之。

十六日乙酉 上驻跸苏州府。是日，兵部尚书席尔达奏称：自浙江以北尚有六站，每站请拨浙省满兵六十名、协领一员、章京二员、拨什库二名设塘，令之随行等因。奏事存住奏闻。奉旨：“朕此行阅视河道，访问民依，见夹岸麦田蕃茂可嘉，前者京口、江宁接驾兵丁亦曾扈送，朕恐践损麦田，尽行遣还。今往浙塘，路狭隘，不必设兵扈从，可同大学士等传谕该督抚。又朕见百姓欲睹朕颜，拥挤求前，逾畴越陇，彼虽心切瞻仰，不惜田禾，然朕心实深惜之。朕此来特为民耳，见其践踏民田，心亦何忍。即使朕登岸而行，偶伤禾稼，在百姓必不怀怨，将谓皇上非常出临幸，虽稍致践损庸何伤。但百姓因瞻仰群聚，奔走争先，朕每望见，从舟中传呼宣谕，彼人众心殷不暇遵。此后百姓聚观，不必禁止，但令勿损麦田。可鱼贯而立，遵路而行。”

又总督张鹏翮等以苏州府官员士庶庆万寿节进献各色果品表奏一通。奏事存住转奏，奉旨：“朕往岁遇万寿节，犹受庆贺礼。自太皇太后崩后，并不曾受一次。次日但斋戒独处，观书写字而已，余无所事。且朕于平居亦不喜宴乐。在京时诸王大臣、官员等每遇万寿，辄表请照前行，朕皆不允。今至此处受庆贺礼，则非朕初意矣，断乎不可。尔众官员士庶遇朕万寿节感激奏请，亦所当然。只此即是朕享受之矣。尔等众意朕已知之，不必再三陈请。着大学士张玉书传谕众等知悉。”

是日，赐巡抚宋荦御书“仁惠诚民”四大字、“怀抱清朗”四大字、临米字一幅、《天马赋》一卷、诗扇一柄、《渊鉴斋法帖》一部、《耕织图》一部，上所御狐腋裘、貂鼠褂、靴、帽，且谕以：“尔居官好，故有此赐。”又赐江南浙江将军、督抚、布按等羊、酒、鹿肉、糟鹿尾、鹿舌、鸡、野鸡各有差。又赐提督张云翼御书“思无邪”三大字及字一幅、手卷一幅、诗扇一柄、《渊鉴斋法帖》一部、《耕织图》一部，上所御狐白裘、貂鼠褂、靴帽。

十七日丙戌　上驻跸苏州府。

十八日丁亥　上驻跸苏州府。谕大学士伊桑阿等曰：“朕眷念东南民生风俗，特行巡省，兼以黄淮为患，亲阅河工。比循历堤堰，详加相度，以疏导修筑之法，指授河臣刻期兴作。随南涉江表，遍察民依。顷至苏州府驻跸，有浙江文武官吏及在籍官员迎谒于行在，言浙民望幸之心至殷且切，合词谆恳，不啻再三。朕勉徇舆情，扬旌前发，以三月十九日启行。自出京师以来，一切供御之需皆已储备，其沿途日用，令该衙门照各地方时价采办，一无所累于民。如有官吏借名科派、致扰闾阎者，察实俱以军法从事。地方大小文武官员与扈从官员，藉称亲旧，私相馈遗，与受之人及扈从大小官员随从人等，有横行生事者，一并以军法从事。凡经过地方，百姓各安生业，皆如常时，务令廛无废市，陇不辍耕，毋得遑遽引避。方春正届农时，所过田亩，勿令践踏。其军民人等，怀挟私怨，受人指使，擅于驻跸处所辄行告讦者，一概严禁不准，仍照冲突仪仗例严加治罪。尔部即传谕扈从大小官员人等，并行文该督抚于各州县，城市乡村遍张告示，备行晓谕，务令亿兆通知，以副朕体恤惠爱至意。尔等缮写谕吏户礼三部上传呈览。”

是日，赐扈从内大臣、侍卫护军等银各十两、缎各二匹。赐总督张鹏翮御书一幅。

十九日戊子 先是，左都御史吴涵风闻旗下厮役及船户有殴纤夫至死者，驰诣行宫奏闻。上即传谕各船官员严察，举出罪犯。如主不举出，听家人及邻船首告。如互相容隐，察出连坐。随命御史郎中驰往验视，乃其人实病死，无伤痕。上犹未信，复命涵同有司验视，如御史等言。涵还，免冠谢罪。上传谕曰："吴涵不据事实，遽行渎奏，宜若可罪。然系言官，若以其言涉虚而即罪之，则后果有殴人至死者，无复有敢言矣。朕不汝罪也。"涵叩头谢恩而退。

赐苏州织造李煦御书"修竹清风"四大字、又字二幅，原任尚书翁叔元墨刻《金刚经》、《孝经》、《草诀百韵歌》、《耕织图》并御书诗扇字三幅，原任尚书王日藻墨刻《金刚经》、《孝经》、《草诀百韵歌》、《耕织图》并御书"连云"二大字、字三幅，原任御史徐树谷墨刻《金刚经》、《孝经》、《草诀百韵歌》、《耕织图》并御书"天光云影"四大字、字二幅，原任巡抚顾汧墨刻《金刚经》、《孝经》、《草诀百韵歌》、《耕织图》并御书诗扇字，原任国子监典薄徐升《耕织图》、御书"云光台"三大字、又字一幅，原任给事中慕琛墨刻《金刚经》、《孝经》、《草诀百韵歌》、《耕织图》并御书字二幅，原任庶吉沈宗敬《孝经》、墨刻《千字文》、御书"清风兰雪"四大字、又字一幅。

又奏事存住传谕曰："扈从汉翰林官中多苏松人，不必随至浙江。朕若不南来，尔等归亦不易，可到家与父母妻子相见，或展省坟墓也。"掌院学士韩菼等奏曰："皇上念切民生，巡幸南服，臣等叨蒙扈从，得至故乡，宠荣已极，自宜随驾前往，不敢宁居。乃更蒙皇仁俯恤，俾到家省亲展墓，存殁沾恩。"遂叩头谢恩。

是日，上起程，驻跸吴江县属平望地方。吴江县知县朱国梓、平望千总骆得盛等，原任学道庄朝生来朝。

二十日己丑 上驻跸皂林。是日，赐苏州府云泉寺僧持藻御书"般若台”三大字。嘉兴府知府黄家遴等、都司林义等，原任总兵官王玉殿、原任学道曾王孙等来朝。

二十一日庚寅　上驻跸谢村地方。

二十二日辛卯　上驻跸杭州府城内。谕大学士伊桑阿等曰：“朕因淮河地方数被水患，躬临巡省，目击田庐淹没之苦，深加轸恤。既截留漕粮，以济民生，仍蠲除积欠，以纾民困。其昨岁淮扬两属被灾钱粮，曾经该督抚具题部议，照例减免三分。今念百姓糊口维艰，安能办赋，应破常格，用沛特恩，淮安府属海州、山阳、安东、盐城，扬州府属高邮、泰州、江都、兴化、宝应、九州县，并淮安、大河二卫康熙三十七年未完地丁漕项等银一十九万两有奇、米麦十一万石有奇，着全与蠲免。尔部行文该督抚，即饬各州县张示晓谕，务体朕悯恻灾黎之至怀，俾穷乡僻壤均沾实惠。如有不肖官吏私侵蚀者，察出定治重罪。尔等缮写上传呈现。”

是日，杭州副都统胡什布丹代等、知府石文彬等、守备谢振邦等来朝。

二十三日壬辰　上驻跸杭州府。是日，谕曰：“天气渐热，一二日内一切应赏应宴等事俱着完毕，以便起程。”

二十四日癸巳　上驻跸杭州府。

二十五日甲午　上驻跸杭州府。遣直郡王至教场宴杭州府驻防官兵。

是日，赐扈从额驸、台吉等及内大臣、侍卫、护军等银缎有差。

晚刻，总督郭世隆、副都统胡什布等，率领浙江满汉文武大小官员跪行宫前，奏曰：“皇上巡阅河工，浙江百姓恳请临幸至此，真千载奇逢，官民兵丁方幸如赤子之见父母。忽闻皇上明后日起程，我等皇皇莫知，所以祈皇上俯念合省官民犬马恋主之微忱，再留数日。”恳祈再三，存住转奏。奉旨：“朕巡行之事已毕，因天气渐热，原拟明日起程。尔等既如是敦请，再留一日。”

二十六日乙未　上驻跸杭州府。谕大学士伊桑阿等曰：“朕以省方问俗，巡历至浙省，见沿路农桑，蚕遍陇亩，而地有肥硗，时有丰歉。历年正供钱粮，因输纳维艰，致多逋负。虽已准分年带征，而新旧之赋取给于一时，恐力作之民，终难兼办，应通行蠲豁，以弘休泽。除康熙三十三年以前恩诏赦免外，其三十四、五、六年奏销未完民欠地丁钱粮米麦豆杂税，一概免征。尔部行文该督抚，责令有司悉心奉行，务俾均沾实惠。如有官吏以完作欠，诡辞侵蚀者，察出定从重治罪。夫朝廷频赐田租，所以优恤民力，诚使闾阎之间，人敦本业，各有余储，则藏富在民。朕深嘉赖，可传示官吏军民人等，令咸知悉。”

又谕曰：“朕巡视东南，行次浙省，因官吏军民依恋诚恳，特留跸数日，以慰喁喁奏请之情。独念获罪人犯，身淹刑狱，一干法网，无由自新。兹乘舆经临，恻然矜悯，用沛好生之德，聿示格外之仁。该省各属地方，有罪犯现在监禁者，除十恶等真正死罪及诏款不赦等罪，与官吏犯赃不宥外，其余自康熙三十八年三月二十六日以前，死罪以下已结未结，悉着宽释。夫省刑宥罪者，朝廷之殊恩。守身奉法者，小民之常分。必使黎庶向风，咸知寡过，斯称朕孳孳教育群生至意。可行文该督抚，遍传所属，张示晓谕。”

又谕曰：“朕顷自江南巡历浙省，沿途供御，悉经储备，不以纤毫取办闾阎，而地方官员料理夫船等项，一无缺误，殊为勤劳。此等官员有因公诖误罚俸、住俸、降俸、降级、革职留任者，着察明，悉从宽免。尔等将谕吏户刑三部上传缮写呈览。”

是日，赐扈从三旗大臣以下以至执事人员、太监等金帛有差。又赐杭州副都统等蟒袍、缎匹，协领、参领、佐领、防御、骁骑校、笔帖式缎匹有差，及骁骑、步军银两。又赐浙闽总督郭世隆御书“岳牧之任”四大字、又手卷一幅、《渊鉴斋法帖》、《耕织图》并上服貂褂、羊裘、帽、靴，巡抚张勄御书“宣布德泽”四大字、又手卷一幅、《渊鉴斋法帖》、《耕织图》、上服貂褂、羊裘、帽、靴；提督赵弘灿御书“乐善不倦”四大字、《耕织图》、《渊鉴斋法帖》。总督郭世隆等奏曰：“臣等皆一介微末，皇上屡次擢用总督、巡抚、提督，蒙皇上之恩甚厚，臣等毫不能报效。今又蒙皇上御书、御用衣服不次之赐，臣等诚难克当，惟图鞠躬尽瘁，仰答高厚于万一耳。”奏毕，谢恩。

晚刻，总督郭世隆、副都统胡什布等又率官民兵丁跪行宫前，向奏事存住再三叩头，恳请皇上起程，臣等焉敢屡次冒渎恳留？但皇上俯念百姓，咨询风俗，不辞劳苦。圣躬远临，途中详阅河工，咨访民生，体察吏治，未得休息。虽驻跸杭州仅一二日，总注念军民有劳，圣衷未一日安适。今当赏赉诸事完毕之时，复求皇上再留一日，静养圣躬。奉旨："尔等如此敦请，朕亦无可如何，明日再留一日。"

二十七日丙申　上驻跸杭州府。是日，上膳后欲阅杭州驻防官兵射，驾幸教场。上亲率诸皇子射，连发俱中。又命善射侍卫射，官兵士民无不叹异。次命官兵分班校马步射既毕，皆命坐，遣侍卫等赐茶。上复率诸皇子及善射侍卫骑射，上初骑射中的，的跃。又骑射，纵辔近的，马忽左逸，上即调执弓矢左射中的，的跃。见者皆欢呼，环跪云："如此神武，我辈官民有生所未睹，真天纵圣神也。"

未时，上御行宫。大学士伊桑阿、阿兰泰，学士布泰、噶礼、苏赫纳、胡会恩、顾祖荣以折本请旨。吏部题，沿途管夫官员内有住俸、罚俸、革职留任者，行文该督抚，俟查送到日再议。上曰："此议甚为失当。现今管夫尚书席尔达、乾清门侍卫马武等俱在，若交伊等详查，即得实数。若行查督抚，或致捏造姓名送来，即今于成龙属下有数百人，倘全送至，亦皆宽宥乎？此议不可谓无意。着问尚书席尔达议奏。按察使赵世显此番甚为效力，居官亦好，浙江官员亦俱效力。"

理藩院题诺木齐泰如何安站请旨。上曰："诺木齐泰应随善巴王前去，此系内地，何须住于彼处？其着诺木齐泰往善巴王处去。"

既毕，大学士伊桑阿等奏曰："臣等遵旨将籽粒一案询问张鹏翮。张鹏翮奏称：臣等至陕西，即出告示，令有告状者来告，已月余，尚无一出告者。后布喀至，言有告状者，指以示臣。臣等随取视其状，而其事虽籽粒，实多私情，且被告亦不在彼处，档案又在京师。故臣等只取供而回。臣系一介微贱，蒙皇上洪恩，不次擢用，屡迁臣至总督之任，臣岂肯畏惧因循，阙略所事耶？"上曰："此事张鹏翮实稍罢软，俟回京后再行请旨。"

又曰："朕此番咨访，知张鹏翮居官甚善，兵民无不称颂。至于大学士吴琠、巡抚宋荦，居官皆善。凡为官者皆如此辈，民何由得苦？朕亦不须虑矣。云南总督巴锡居官亦好。"大学士伊桑阿等奏曰："皇上所见甚是。巴锡为按察使居官即好。”上又曰：“巴锡不但居官甚好，骑射亦精，自简任云南总督，朕心甚安矣。又太原巡抚倭伦、布政使齐世武，曾彼此互参。朕简倭伦为巡抚时，以为必不负朕枉法而行。曾于朕前保奏，今见其居官亦好，但不题参前任巡抚温保等，是其稍软处。然彼系钱粮所关之事，欲缓缓查明再行具奏，亦所当然。他人不知此，皆以为软而罪之耳。”

又曰：“朕今观杭州，满洲、汉军官兵皆能射，俱满话。此皆将军扎木扬训练所致。今扎木扬已故，殊为可惜。”大学士伊桑阿等奏曰：“今日见兵丁骑射及满话皆精，且整肃无哗，此皆将军扎木扬善教所致。皇上今日骑射，马忽斜驰，臣等以为不及发矢矣，圣上辄转弓矢，以左手射之，且中的，众无不叹异。”上曰：“朕以马逸，无奈何而射，何足称奇？凡书射之事，不可间断，稍闲则荒疏矣。故朕虽在舟中，亦日率十三皇子书写，此管纤官员所共知者。朕皇子内，三皇子字学已造佳境矣，其数学亦精。朕观十三皇子学问殊有望，异日必当大成。夫文章自有本源，初有五经，次《左》、《国》、汉魏诸文，又次乃有晋及六朝文。唐人尚比兴，宋儒著性理，于是文章之道愈深一层矣。习《左》、《国》诸文者，著寻常文字甚易，习于寻常词赋之流者，未有能《左》、《国》之文者也。宋儒朱熹学问殊富，今朕所学皆本朱熹。如此辈学士等，但知翻译之事尔，至此诸书则不能矣。满洲内揆叙所学甚优。”揆叙奏曰：“此皆皇上教育所致，臣实何能。”大学士伊桑阿等奏曰：“然。揆叙扈从至盛京乌喇时，各处祭文皆其所撰，平仄皆调。”上曰：“揆叙所学诚善，如前所取进士学问不见所长，后取进士阿金等所学甚优。此后进士，虽有优者，亦不能过阿金等。”

是日，亲近侍卫伍什、学士布泰捧出御书“名垂青史”四大字赐浙江湖州府知府陈一夔。传谕曰：“尔父陈丹赤，向为国尽忠殉难，朕至今悯之。此赐特表尔父之忠耳。”陈一夔奏曰：“臣父陈丹赤捐躯死难，亦臣子分所当然。皇上怜念，曾交部议叙，三次给与官职，赐祭赐奖，复加赐谥，建造祠堂，此诚亘古未有者也。今皇上南巡至此，又恻然念及，赐御书宝字传家，如此浩荡洪恩，不但臣粉身碎骨仰报万一，即臣父于九泉之下仰荷无穷矣。惟有叩头谢恩而已。”奏毕，谢恩。

又传谕学士胡会恩、右庶子陈元龙等曰：“尔等扈从南来，得归故乡，遭逢非易，可各回家，或展墓、或省亲。”胡会恩、陈元龙奏曰：“臣等仰荷圣恩，扈从还乡，真非常之荣幸。臣会恩家在德清县，距杭州六十里，臣离家年久，正欲回家，一展坟墓。臣元龙家在海宁县，距杭州一百里，有父陈之闇，今年八十岁，前在吴江岸侧恭迎圣驾，曾蒙天语垂问，臣正思归省，稍尽人子之心。但臣等因扈从在公，未敢辄以私请。乃蒙皇上锡类弘仁，特许暂归，举家存没，无不衔结殊恩。臣等到家一二日，当即趋赴行在。”奏入，谕曰：“尔等到家不妨多留数日，可至镇江随驾回京。”胡会恩、陈元龙随谢恩出。

又赐杭州副都统等袍褂、弓矢、撒袋各一，福建将军金世荣御书“器志方雅”四大字、袍褂、靴帽，提督王万祥御书“智义合宜”四大字、袍褂，总兵官李华御书“惠迪吉”三大字、袍褂，蓝理御书“所向无前”四大字、袍褂，内阁学士胡会恩御书“秘阁清班”四大字，庶子陈元龙御书“凤池良彦”四大字、又字一幅。又赐南海普陀山僧明志御书“潮音洞”三大字、“梵音洞”三大字、“普济群灵”四大字、“皓月禅心”四大字、又字一幅，僧性统御书“天花法雨”四大字、“修持净业”四大字、又字一幅，天竺寺僧挺萃御书“法云慈悲”四大字，赐僧辂惠御书“飞来峰”三大字、“梵音洞”三大字、“云栖”二大字，命镌悬二处。

是日，浙江乡绅、生员、耆老聚集行宫前，长跪再三，恳请奏曰：“臣等俱闲居远省，即梦寐中亦不意仰瞻圣颜。际皇上俯念民生，巡访风俗，临幸此地，观睹天颜，趋跄于行宫之前，诚千载奇遇也。臣等踊跃欢忭曷尽，皇上虽驻跸四五日，臣等莫罄之思，犹以为瞬息之顷也。皇上俯念臣等犬马微忱，再留一日。”奉旨：“尔等如此恳请，朕亦难以起程，着明日再留一日。方今天下承平无事，俟再过数年，尔处生业富庶，朕躬再来，尔等不必更请。”

二十八日丁酉 上驻跸杭州府城内。是日，赐内阁学士顾祖荣御书“邃清之秩”四大字、副都御史吴涵御书“风霜之任”四大字、布政使赵良璧“承流宣化”四大字、按察使于准“廉察之寄”四大字，又赐净持寺僧方孝御书“西峰”二大字并对联。

是日，浙江督抚、副都统、文武官员暨乡绅耆老、诸生兵民，俱集行宫门前，再三顿首，恳请圣躬更为休息一日。上不允行。

二十九日戊戌 早，赐织造官敖福合御书“鸾鹤情”三大字、“兰亭”二大字、对联一副、字一幅，驿盐道卞三畏御书“廉镇”二大字，原任詹事府詹事高士奇御书“忠孝节义”四大字、对联一副、字一幅，原任少詹事邵远平御书“蓬观”二大字，原任谕德沈涵御书“华省”二大字，原任中允蔡升元御书“清华”二大字，原任御史龚翔麟御书“兰台”二大字，原任总督甘文焜赐其子同知甘国奎御书“劲节”二大字，又赐玉泉禅寺僧等裕《金刚经》，遍赐杭州府八旗七旬以上老妪银两。

是日，上自杭州回銮，驻跸唐西地方。

三十日己亥 上驻跸三塔寺地方。

四　月

初一日庚子 上御舟至平望。苏州冒陕西籍斥革举人吴廷祯伏道旁，献《圣德诗》十二章，上览之，称善。命登御舟赋七言绝句一首，限江字韵，上复称善，给箭一枝，命诣朝至行宫。

是日，上驻跸苏州府。

初二日辛丑 上驻跸苏州府。上御行宫，召大学士伊桑阿、阿兰泰入，谕曰：“朕子育黎元，勤求治理，日孜孜以施德泽厚民生为急务。而江浙二省，尤东南要地，朕时切轸念。比岁以来，蠲豁田赋，赈济凶荒，有请必行，无灾不恤。虽漕项钱粮向未蠲免者，亦曾经特旨蠲免。爱养之道，备极周详，庶几民生，日益康阜。用是乘舆时迈，于视河事竣，巡历江浙，咨访民间情形。见淮扬一路既困潦灾，而他所过州县，察其耕获之盈虚，市廛之嬴绌，视十年以前，实为不及。此皆由地方有司奉行不善，不能使实惠及民，所以小民虽怀爱戴之诚，而朝廷恩泽，卒未下究。朕目击廑怀，亟思拯恤，截留漕粮，宽免积欠，已另有谕旨。惟各盐差，关差，向因军需繁费，于正额外，令在差官员以所私得赢余，交纳充用。今思各官孰肯自损私橐，势必仍行苛取，商瘠民困，均坐此弊。着将加增银两，一概停罢，以纾商民之累。其两淮盐课康熙十六年曾加赠四十万两，今恐商人办课维艰，渐致匮乏，着减去二十万两。此外有应行应革事宜，朕还都以后仍加商确，次第举行。该督抚藩臬，皆地方大吏，亦着悉心体访。凡有可为民兴利除害者，作速勘实陈奏。严革杂派，禁止刁讼，然后胥吏不能作奸，良民得以安业。倘官吏有悖旨妄行者，许商民首告。该督抚察出，即行参奏。朕视民如伤，惟恐一夫不获其所。兹值海宇升平，兵革不事，正当与民休息之时，故特涣沛德音，减征宽税，以为闾阎有余之力。万一嗣后别有急需，或不得已而稍议加增，想在小民亦能共谅朕怀，输将之恐后也。至于江南浙江人文称盛，入学名数前已酌定增额，今着于府学、大学、中学、小学各增五名，举行一次，以示奖励人才至意。尔等即书上传呈览。”

谕毕，大学士伊桑阿、阿兰泰，学士布泰、噶礼、苏赫纳、胡会恩、顾祖荣以折本请旨。吏部题原任知县熊开楚拖欠钱粮，知州张玉承追不力，议处。上曰：“熊开楚居官甚善，今已身故，其所欠钱粮从宽免追。”

兵部题宁夏总兵官阿兰泰员缺，将镶黄旗参领武进贤等职名开列。上曰：“陕西督标副将张岳人材强健，家计殷实，若立心为好官，即能行之。其漕标副将杨麟，原任巡捕营时，步军统领凯音布曾保奏其人，今兹见其约束纤夫，人材强健，且能管辖。宁夏系贫苦之地，必以殷实者补授方宜。此缺着将张岳补授。”

浙江巡抚张勄题请止鼓铸。上曰：“今兹巡幸，鼓铸一事民皆怨。咨此，皆前任巡抚线一信奏请所开。线一信之官声亦败于此。今张勄欲清厘得法而又不能，不得已方行具题。应照所请停其鼓铸，余剩铜斤诸物，以船载送京师。”

上又曰：“广西巡抚王启元前为内阁学士时，朕曾深期望之，及擢巡抚，居官甚劣。今该部院议降四级调用，所有员缺着将贵州按察使彭鹏补授。彭鹏甚强项，不屈于人，将伊补授，当不辱命。”

是日，上念原任大学士宋德宜，御书“笃念前劳”四大字赐其子给事中宋骏业、赞善宋大业，又赐宋骏业“蹇谔老成”四大字、宋大业“文学侍从”四大字。宋骏业等奏曰：“圣上将臣父擢自微贱，历授为大学士，未能仰副皇上简任，竭力报效，遂致身亡。皇上又拨擢臣兄弟二人，一为言官，一居禁近。臣等毫未能继父志，仰答皇上洪恩，不胜惶悚。复蒙皇上殊恩，亲书匾额追表臣父，又破格赐臣等御书宸翰，臣等感戴皇恩。又念及臣父，不胜悲伤，中心黯然，无言可奏。”泣涕语。奏事存柱转奏谢恩。

又赐翰林院侍读学士王九龄御书“视草”二大字、侍读学士张廷瓒御书“玉堂”二大字、国子监祭酒孙岳颁御书“尊经服教”四大字、原任侍郎彭孙遹御书“松桂堂”三大字、百岁老人顾履吉御书“凌雪乔松”四大字、九十二岁老人褚篆御书“海鹤风姿”四大字。张廷瓒等奏曰：“皇上南巡江浙，臣等幸得扈从，即为至容。今又蒙圣恩高厚，赐御书匾额，臣等仰瞻宸翰，卓越今古，实为传及于孙之至宝。感戴洪恩，实无报效之处。惟谢恩而已。”于是转奏谢恩。

是日，吴廷祯至行宫前，奏事存柱转奏。上传问祭酒孙岳颁：“尔知吴廷祯乎？”奏云：“廷祯学问优长，诗字俱佳。”又传问大学士张玉书，对亦如之。随传谕大学士伊桑阿等曰：“吴廷祯冒籍事小，念其学问好，准复还举人。”

初三日壬寅 上驻跸苏州。

初四日癸卯

初五日甲辰 上驻跸苏州。是日，赐原任尚书翁叔元御书“揽秀堂”三大字、原任詹事高士奇御书“再过鹅峰”四大字。赐给事中宋骏业《御制悯农诗》一章并御书，骏业请勒石学宫，上许之。又赐原任御史盛符升御书“年登大耋”四大字、原任赞善黄与坚御书“如松堂”三大字、原任检讨尤侗御书“鹤栖堂”三大字、原任巡抚顾汧御书“阅清晖”三大字、两浙运使道李涛御书“惠爱”二大字，织造府官李煦御题诗一首、对联一副，江晖之子江弘文墨刻《千字文》、《诗经》各一本。又赐华山和尚敏膺御书“高云”二大字、“翠岩寺”三大字、又字一幅，祥符寺僧纪荫御书“神骏寺”三大字。

初六日乙巳 上自苏州府起行。乾清门侍卫马武、亲近侍卫海青传谕大学士伊桑阿等曰：“杭州副都统丹代，协同将军扎穆扬操练军士甚善，勤于办事，如此效力之人，不加升转，人心何望？着补授杭州将军，今虽年老，莅任二三年后辞职，亦于伊有荣。”

又赐杭州司库戚色御书一幅、华山和尚敏膺御书“香域”二大字。

是日，上驻跸望亭。

初七日丙午 上驻跸定堰地方。是日，赐原任左春坊秦松龄御书“松风水月”四大字、“山色溪光”四大字，放生池和尚御书“慈云寺”三大字、小金山和尚“兰若”二大字。

初八日丁未 上驻跸丹阳地方。是日，赐和尚纪荫御书“清净寺”三大字、字二幅、对联一副。

初九日戊申 上减从幸江宁府，体察民情，访求吏治。平明起行，驻跸句容城内。知县白良琯来朝。

初十日己酉 上驻跸江宁府。镇守江宁府将军鄂罗顺，副都统硕色、禅布，协领鄂克孙等，佐领党色等，拖沙拉哈番常生等，骁骑校都锡等，知府王光谟等，江宁县知县陈九睦等，副将刘国崇等来朝。

十一日庚戌 上驻跸江宁府。宴随驾大臣侍卫官员于行宫。是日，奏事存住传谕大学士伊桑阿等曰：“故明洪武乃创业之君，故朕前两次南巡，俱举祀典，亲往奠醊。今朕临幸，当亲往祭，着撰祭文奏阅。尔大学士等会议具奏。”大学士伊桑阿、阿兰泰等会议奏曰：“曩昔皇上两次南巡，业蒙圣上亲往奠醊，遣大臣致祭。今应仍遣大臣致祭，似可不必亲往。”奏事存住转奏，上召伊桑阿、阿兰泰等入，谕曰：“洪武乃英武伟烈之主，非寻常帝王可比。朕当亲往致祭，着撰文奏览。”有顷，大学士伊桑阿等仍请皇上不必亲往，应遣大臣致祭。奉旨：“遣兵部尚书席尔达致祭行礼。祭毕，朕亲往奠。”

管翰林院事侍郎阿山、韩菼等遵旨拟祭文进呈御览。上亲撰祭文一通发出，其辞曰：“帝天锡勇智，奋起布衣，统一寰区，周详制作，鸿谟伟烈，前代莫伦。朕曩岁时巡，躬修酹荐，景其遗辙，不囿成规。兹因阅视河防，省方南迈，园陵如故，睇松柏以兴，思功德犹存，稽典章而可范。溯怀弥切，奠酹重申，灵其鉴兹，尚期歆享。”

十二日辛亥 上驻跸江宁府。遣直郡王、诚郡王诣教场，宴江宁府驻防官兵。又赐内大臣侍卫等缎各一匹、银各十两，护军等银各十两。

十三日壬子 上驻跸江宁府。遣兵部尚书席尔达于明太祖陵读祭文致祭。

巳时，上率内大臣、侍卫、部院大臣、官员等往诣明太祖陵，于大门前下马，步至陵前跪，奠三爵，行三叩头礼。上登孝陵殿，向北伫立，阅视陵寝久之。

申时，上幸教场，率诸皇子及善射者骑射，矢皆中的。又命江宁府驻防官兵骑射。阅毕，回行宫。

是日晚，上御行宫，大学士伊桑阿、阿兰泰，学士布泰、噶礼、苏赫纳、胡会恩、顾祖荣以折本请旨。吏部题原任兖州府知府陈于豫叩阍，为解送犯人迟延革职，议不准行。上曰：“陈于豫准复还原职。”

又题钱塘百姓乞完课草地永禁旗人刈取，议不准行。上曰：“这本着驳回该部，令敕该抚此山场有无地主及曾否纳课查明具奏。”

刑部题史科书吏陈国政盗出红本十一件被获，其挟诈银两之李三拟立斩。上曰：“李三着改为应斩，苏四应绞，俱监候秋后处决。其直日官役虽将本章察出追获，难逭怠玩之咎，亦着议处具奏。”

工部题修造右卫营房余剩杀虎口外大青山内所有商人木料，乞准载入口内贩卖，议不准行。上曰：“中外之民，皆如一体，杀虎口外大青山之木准其伐取贩卖，既有益于民，着照该抚所请行。”

总督郭世隆奏请两淮加征钱粮四十八万，已经蒙恩蠲免二十万两。两浙所加六万二千七百万余两，亦乞酌量蠲减。上曰：“着免一半。”

浙抚张勄题众愿捐修营房令兵居住，乞复还所占原房叩阍，议不准行。上曰：“着该提督与巡抚会议具奏。”

上谓大学士等曰：“朕今日诣明太祖陵致奠，见其圮毁已甚，皆由无专司之人所致。朕意欲访察故明苗裔，授之微员，责以祀事，委以守视，则陵寝可不致于毁圮。古者夏殷之后，周封之于杞宋。即今本朝四十八旗蒙古亦皆元之子孙，朕仍沛恩施，依然抚育。其明之后世，酌授一官，俾司陵寝，奚为不可？此事关系紧要，俟回都日，尔等与九卿诸臣会议具奏。”

是日，赐安徽巡抚李钖，布政使张四教、刘殿衡，按察使赵世显、董昭祚，粮道鲍复昌、刘殿邦，驿盐道王然、凤庐道佟毓秀、淮扬道薛晋、江宁府知府王光谟等《渊鉴斋法帖》各一部、《耕织图》各一部。

十四日癸丑 上驻跸江宁府。乾清门侍卫马武、亲近侍卫海青以貂褂、羊羔裘、凉帽赐将军鄂罗顺，且谕曰：“朕所带来袍褂俱尽，此系皇太子处取来者。”将军鄂罗顺奏曰：“臣原系一介微贱，护卫末员，蒙皇上知遇，屡擢用为将军。臣既未能仰副圣上简用洪恩，少图报效，而皇上南巡至江宁，臣又未能上体宸衷，臣方不胜惶悚，不意更加异数，赐臣衣帽，诚如死尔复生，无任忻戴。虽粉身碎骨，不能仰答圣恩高厚于万一。臣中心皇皇不知所云，惟有捐躯图报而已。”于是泣请谢恩，奉旨：“准谢恩。”

赐江南江西总督张鹏翮御用貂褂、羊羔裘、凉帽，又赐浙江布政使赵良璧、按察使于准、驿传道卞三畏、盐运使李涛《渊鉴斋法帖》、《耕织图》，又赐副都统等缎各三匹、协领等缎各二匹、佐领等缎各一匹、防御等官缎各一匹、骁骑校笔帖式银各三两、左翼兵二千名银各三两、右翼兵二千名银各一两，左右翼步兵银各一两。

是日，江宁将军鄂罗顺、总督张鹏翮等，闻皇上十五日起行，率文武官员至行宫门前跪奏曰：“江南地方系大省会，官员众多。皇上欲观军民生计，临幸至此，臣等不胜欣喜，实望皇上多驻跸数日，得抒臣等依恋之忱。忽闻皇上明日驾行，中心黯然。若皇上俯念众情，望圣驾再驻跸数日。圣驾未必常幸此地，今一起行，臣等何日再观天颜？”涕泣恳请七八次。奉旨：“天气已热，难以久留。既将军鄂罗顺等如此恳请，明日再驻一日。”

十五日甲寅 上驻跸江宁府。上御行宫，大学士伊桑阿、阿兰泰，学士布泰、噶礼、胡会恩、顾祖荣以折本请旨。兵部题为人参事议乌喇将军沙纳海革职。上曰：“沙纳海心术非有甚坏，但处事才短，且复矫饰。其弟兄内长于办事者亦无一人，但其材力尚健，堪任武职。着革职留任。”

又副都统硕色年老乞休，准休致。上曰：“副都统硕色其人甚劣，朕亦久知，着革职。”

又看守朝鲜馆驿旷误直日之阿达哈哈番通周、拖沙拉哈番马尔泰议革职，兵丁鞭一百、枷号两月。上曰：“此何谓耶？此乃外藩之人，彼不小心看守，旷误直日，以致失事。国体攸关，其骁骑十七名着发黑龙江，阿达哈哈番通周、拖沙拉哈番马尔泰俱革职，一并发黑龙江。”

又顾大学士伊桑阿等曰：“明洪武乃创业开基、有猷为为之君。前日朕诣陵奠醊，见其园寝已皆颓圮，敕该督抚同织造府官量加修理。”伊桑阿等出。随发出御书“治隆唐宋”四大字、黄绫一幅，命直郡王、诚郡王及大学士伊桑阿、阿兰泰、张玉书赍送洪武陵，陈设香案行礼。将御书交与织造府官曹寅收贮，俟修理完毕悬挂。

本日，将军鄂罗顺、张鹏翮等率兵民跪于行宫前，屡次叩首请皇上明日再驻一日。上谓天气已熟，不允其请。

赐安徽巡抚李钠御书“敷政于外”四大字。

先是，江宁通省布按道员等官乞请各赐御书以为传家之宝。奉旨：“此内有朕不识面者，其居官之贤否，奉职之勤怠，朕不甚深知。着总督张鹏翮会同巡抚宋荦，选其优者具奏。”张鹏翮等以布政使张四教等八人居官善、任事勤具奏。是日，赐安徽布政使张四教御书“忠信之长”四大字、江苏布政使刘殿衡御书“藩维之寄”四大字、江苏按察使赵世显御书“清明仁恕”四大字、苏松粮道刘殿邦御书“一州之表”四大字、驿盐道王然御书“清简为最”四大字、安徽粮道鲍复昌御书“治民如家”四大字、凤庐道佟毓秀御书“惠爱在人”四大字、常镇道施朝辅御书“百里宣风”四大字。又以织造府官曹寅之母年老赐“萱瑞堂”三大字，曹寅御书“云窗清霭”四大字、又字一幅、对联一副、《渊鉴斋法帖》一部，苏州府织造官李煦《渊鉴斋法帖》，报恩寺僧法镇《金刚经》一部。

十六日乙卯 早，谕大学士伊桑阿等曰：“朕巡幸南服，深知民间生计艰难，故将通省积欠钱粮，尽行蠲免。所过州县，有被灾者，俱经拯济，务俾得所。兹闻凤阳府属去岁潦灾甚重，是用破格加恩，以示优恤。

康熙三十七年该府属寿州、泗州、亳州、凤阳、临淮、怀远、五河、虹县、蒙城、盱眙、灵璧十一州县，并泗州一卫未完地丁漕项等银米，着一概免征。尔部行文该督抚，即饬该地方有司张示晓谕，令穷乡僻壤咸悉朝廷曲轸灾黎至意。如有不肖官吏悖旨私征，使百姓不沾实惠者，察出定治重罪。尔等可书上传呈览。”

又亲近侍卫海青发出黄丝绦撒袋及上用弓矢，赐将军鄂罗顺。鄂罗顺奏曰：“臣今生虽梦寐中亦未念及受皇上如此洪恩。前圣上赐臣蟒袍、缎匹、貂皮袍褂、凉帽，今又赐弓矢、撒袋，圣恩高厚，臣何以克当？虽粉身图报，亦不能仰答万一。请将皇上所赐之物臣奉为传家之宝。”恳请转奏谢恩。

又赐朝天宫道士颜弘业“忻然有德”四大字、字一幅。

是日，上回銮，出江宁府旱西门御舟，驻跸燕子矶。

十七日丙辰　上舟行扬子江，驻跸龙潭。

十八日丁巳　上驻跸金山。

十九日戊午　上驻跸金山。

二十日己未　上驻跸金山。是日，赐大学士张玉书御书“恭俭为德、澄怀日新”八大字、“浮翠楼”三大字、字一幅、对联二幅、《渊鉴斋法帖》、《耕织图》。

是日，又赐总河于成龙御书“澄清方岳”四大字、字二幅、对联一副，又赐镇江僧广如御书“八公洞”三大字、《金刚经》一卷，超着御书“鹤林寺”三大字、《金刚经》一卷，超学御书“竹林寺”三大字，瓜洲僧通和御书“息浪庵”三大字、《金刚经》一卷。江天寺僧深起御书“水天清映”四大字，印铨御书“清规”二大字，僧湛悟《金刚经》一卷。

二十一日庚申　上驻跸扬州府。

二十二日辛酉　上驻跸扬州府。奏事存柱传谕大学士伊桑阿、阿兰泰曰：“原任给事中李宗孔未解任时，条奏甚多，以所奏者不合外转。朕今至扬州，见其已逾八旬，甚为老迈，其后辈皆已升迁，独不遇，殊为可悯。迩者任克溥乞还其诰封，朕念其老迈，已着给还。此亦与彼无异，若加以内升给事中应升京堂职衔与之，亦有光荣。尔等酌议具奏。”

晚刻，上御行宫，大学士伊桑阿、阿兰泰，学士布泰、噶礼、苏赫纳、胡会恩、顾祖荣以折本请旨。户部题巡抚倭伦条奏未完钱粮分年带征，议不准行。上曰："巡抚倭伦前曾陈奏，今若不分年带征，难以得完。着依倭伦所请。"

兵部题将军孙思克请将副将韩成扔留永固城，议不准行。上曰："此地甚为紧要，加韩成升任职衔管理，亦未为不可。着照将军孙思克所请行。"

又领侍卫内大臣公福善等奏称："遵旨监视江南总督标下官兵射箭不堪，应交与该部。"上曰："总督张鹏翮理当请罪，其副将甚为庸劣，着照所议行。漕标副将杨麟随行甚是效力，其人亦优。"

又直隶巡抚李光地请将固安、大城二县所余漕粮，减价粜与百姓。上曰："今当米粟艰乏之时，以所存米石减价粜与百姓，极是，着照该督抚所请行。"

大学士伊桑阿等奏曰："皇上巡幸南方，见原任给事中李宗孔，怜其老迈，着酌议以给事中应升京堂职衔，诚皇上洪恩。查得给事中内升当授太常寺少卿、太仆寺少卿、督捕理事官、顺天府丞，其李宗孔应加何职衔，伏候上裁。"上曰："此等官应升何职？"伊桑阿等曰："臣等不能详记。"上顾学士等曰："汝等知否？"起居注侍郎阿山奏曰："应升大理寺少卿及通政使、左右通政使。"上又问曰："此二官应升何职？"阿山奏曰："应升佥都御史。"上又问曰："佥都御史应升何职？"阿山奏曰："应升太常寺正卿。"上曰："李宗孔为给事中时条奏者多，准行者亦多，居言职甚久，今已年迈，着以其应升职衔加一等，授为大理寺少卿。"

又顾谓伊桑阿曰："尔面色觉瘦。"伊桑阿奏曰："臣昨日中暑，身体稍病。"上又顾阿兰泰曰："尔为何亦瘦？"阿兰泰奏曰："臣苦于潮湿，所以稍瘦。"上曰："尔二人一不奈暑，一不奈湿。"又顾问侍郎阿山曰："尔年几何？"阿山奏曰："臣年五十六。"上问曰："尔目力若何？"阿山奏曰："眼已昏花。"上曰："尔饮食若何？"阿山奏曰："臣饮食尚壮。"上顾学士布泰曰："尔年纪何？"布泰奏曰："臣四十九岁。”上问曰：“目力若何？”布泰奏曰：“眼未昏花。”上又问学士苏赫纳曰：“尔年几何？”苏赫纳奏曰：“臣五十二岁。”上问曰：“目力若何？”苏赫纳奏曰：“臣原系近视。”上曰：“近视者灯下转明。”苏赫纳奏曰：“诚然。灯下字稍大者犹能识。”

是日，赐内大臣侍卫以至护军等银各十两。赐李宗孔御书“香山洛社”四大字并袍褂。李宗孔奏曰：“臣系解任闲散废人，前服官时，并未能仰副皇上简用，以图报效。今皇上为亿兆生民巡幸河道，臣又老迈不堪，毫无效力之处。皇上来时赐臣御书宝翰二幅，臣忻感无极，何能仰答皇恩。方于惶愧之际，不意复蒙格外殊恩，于应升之缺加一等授为大理寺少卿职衔，又赐御书宝翰并御衣。臣不胜欣喜，亦无词可奏。臣今已老，不能报效，惟训子孙捐躯，仰报天高地厚之恩。臣愿再生，效犬马之劳，以答皇恩。”因转奏谢恩。

是日，赐原任大学士张玉书银鼠褂、绵袍、靴、帽，原任侍郎李楠御制诗一幅及袍褂，总兵梁鼐袍褂、两淮盐院卓琳御书“紫垣”二大字，原任主事郭世璟御书“泉石怡情”四大字，御史程文彝御书“肃纪守法”四大字，原任道程兆麟御书“歌咏昔贤”四大字，又赐芜湖关监督、翰林院侍读学士郎启御书“竹风兰露”四大字。郎启奏曰：“臣系一介微贱，世受圣上浩荡洪恩，未能少图报效，今复破格得受御书匾额，臣直以为梦境，不任欣喜，无词可奏。但特此传家宝翰，臣及臣之子孙瞻仰，以图捐躯报效而已。”恳请奏事存柱转奏谢恩。

是日，上追念已故尚书徐乾学、詹事沈荃，御书“爱清景”三大字，赐徐乾学子、原任御史徐树谷；书“落纸云烟”四大字，赐沈荃子、原任庶吉士沈宗敬。又赐盐商项起鹤母“寿萱”二大字、盐商汪森裕“礼年高”三大字，举人吴廷祯字一幅，天宁寺僧广元御书诗一章、清凉寺僧纪荫御书一幅、焦山僧“法云惠日”四大字、天心寺僧元启“香阜寺”三大字、《金刚经》一卷，万佛庵僧普怡“云门雪窦”四大字、《金刚经》一卷。

二十三日壬戌　上驻跸邵伯地方。

二十四日癸亥　上驻跸泛水地方。是日，赐相士罗光荣御书“通幽索隐”四大字、江天寺僧“龙光寺”三大字、南京兴善寺僧明融《金刚经》一卷。

二十五日甲子 上驻跸淮安城外。是日，赐内阁学士布泰御书“木天”二大字。布泰奏曰：“臣本一介微贱之人，屡蒙皇上擢用，授为学士。臣未能仰答高厚于万一，今复望外得赐御书，臣无任欣戴，不知所云，惟有竭力报效，以答我皇上养育擢用之恩于万一耳。”恳请转奏谢恩。

又赐苏州府云泉寺僧特藻御书“慧业寺”三大字、“精舍”二大字、《金刚经》二卷。

二十六日乙丑 上驻跸娘娘庙地方。

二十七日丙寅 上渡黄河，御小舟往阅新埽。驻跸崔镇地方。

二十八日丁卯 上驻跸治河嘴地方。是日，赐于成龙御书“乐休祉”三大字、对联一副，徐廷玺御书“慈惠之师”四大字，又赐云台寺僧隆祯御书“遥镇洪流”四大字。

二十九日戊辰 上驻跸夹沟地方。

五　月

初一日己巳 上驻跸韩庄闸。是日，赐原任詹事高士奇御墨五匣。

初二日庚午 上驻跸大王庙。

初三日辛未 上驻跸仲家闸。是日，赐五经博士仲秉贞御书“圣门之哲”四大字，命悬于子路庙。

初四日壬申 上驻跸白嘴地方。是日，上率诸皇子及善射者射，矢皆中的。又阅河标将弁射。上顾兵部尚书席尔达曰：“观沿河官兵甚为庸劣，朕前曾有旨，亦面谕于成龙。可将此情节移文于成龙，宜革退者，着令革退。”

又顾总督张鹏翮曰：“于成龙欲开捐纳，奏章尔曾见否？何款应准行？”张鹏翮奏曰：“给事中、御史俱系建言之官，藩臬俱系地方大吏，不便捐纳，此外尚可准行。”上曰：“汝曾条奏，开列捐纳，则举人进士俱致壅滞，不得升转。今又云应准行，何也？”张鹏翮奏曰：“修治河工事甚紧要，权宜一时，亦未不可。”上曰：“若果开捐纳，汝可保五六月雨水之前必告竣否？”张鹏翮奏曰：“此事臣不敢保。”上曰：“尔身任总督、尚书，诸事俱当直言，瞻徇情面，议出两可，非大臣之体。汝汉人习尚以此为常，满洲率皆不然。朕素出言无私，是即谓是，非即谓非，无瞻徇之语。”随顾起居注侍郎阿山等曰：“尔等皆素知之，朕顷与于成龙面论河工，彼并不言河务，惟事捐纳荐官，奏称参领、佐领等官捐纳，即以部院郎中、员外用。果如是，殷富者俱捐纳为部院员矣，旗分事务其孰理之？于成龙人虽明晓，亦能办事，然屡奏此二事，殊为未当。张鹏翮畏惧于成龙，瞻徇情面，奏称可行，乖谬甚矣。为人臣者，操守纵极廉洁，若心怀顾畏，遇事因循，虽廉洁亦何益也？”张鹏翮免冠、顿首，谢罪。

初五日癸酉　上驻跸安山。

初六日甲戌　上驻跸李海务。是日，赐原任詹事高士奇御书条幅、对联及《渊鉴斋法帖》、《百家姓》、《千字文》、《草诀百韵歌》、《金刚经》等墨刻并《耕织图》。又赐大名府九十七岁老人聂志笙御书“春秋高”三大字。

初七日乙亥　上驻跸戴家湾。

申时，上御行宫。大学士伊桑阿、阿兰泰，学士布泰、噶礼、苏赫纳、胡会恩、顾祖荣以折本请旨。户部题杭关督税拟差员外郎常寿。上曰：“朕兹来巡见，关政已极颓敝，此皆贫穷官员家仆不足，借亲友人役挈之而往，以致无端妄行，扰累商贾。且此关差笔帖式亦属无用，惟遣部院才能司官方善。”遂命差司官中曾保举者。

兵部题驻防协领杜尔代以私动驿站拟罪。上曰：“将军萨布素人虽明晓，亦能办事，然历任外职，器局卑琐。朕巡幸至乌喇，每见其逢迎近侍左右。朕听政多年，何事未历？佥壬端良，夫岂不办？彼近臣何能为也。朕凡听政，常和颜待下，以尽人言。有过应责始责，应叱始叱。事图归结，不致滋蔓。若辈反如此生事，是何说欤？若将此案严令审究，俱属真实，将军亦与有辱焉。且貂皮一事亦有情弊。”大学士伊桑阿奏曰：“诚然。皇上圣明，虑人震慑不能措辞，凡事每霁颜听理。此控告之事皆真，且本人俱在，请遣往审究。”上思之良久曰：“若令审究，事必滋蔓。彼如此牵告，将军已受辱矣。诸事俱着完结。但关保告称杜尔代私动驿站，着将军查审具奏。”

太常寺题夏至致祭方泽坛，请视牲。上曰：“朕向皆亲祭，若二十日以前到京，仍行亲祭。二十日以后到京，着所遣之官恭代。尔等以依议批出，可傅谕太常寺。”

山东巡抚王国昌以泰安州等处百姓叩戴皇恩，祈立碑亭奏闻。上曰：“此等事朕向谕概行停止。此本着发还。”

又谕曰：“朕果趱行，已早至都矣。因俟随从船只，今方到此。”伊桑阿等奏曰：“诚然。皇上因俟后船，是以如此早泊。”

是日，赐直郡王御书“绮窗”二大字，诚郡王“拥书千卷”四大字、“芸窗”二大字、“云舫”二大字，七贝勒御书“进学斋”三大字。赐衍圣公孔毓圻御书“诗书礼乐”四大字、五经博士孔毓埏御书“远秀”二大字、山东巡抚王国昌御书“圭璋特达”四大字、布政使刘暟御书“维德之隅”四大字、按察使李基和御书“独持风裁”四大字、登莱道郎廷极御书“振鹭初飞”四大字，赐原任侍郎任克溥御制诗一篇。任克溥奏曰：“臣系罪人，即梦寐之中亦不意得沾圣恩。皇上南巡时，臣来迎观，蒙圣主怜臣衰老垂死，赐手书‘传世宝’三大字，随又谕赐还臣所追诰命。臣如死者复生，不胜感戴欢忭。今又蒙赐臣以御制诗章，诚出于望外也。”

初八日丙子 上驻跸梁家浅。

初九日丁丑 上驻跸郑家口。

初十日戊寅 上驻跸白草洼。是日，裕亲王自京师来请安，上赐御制诗一章。

十一日己卯 上以内河风顺月明，夜不停泊。

十二日庚辰 上亦以风顺，夜不停泊。

十三日辛巳 上驻跸张家庄。是日，赐天津总兵官潘育龙御书“尽锐争先”四大字。

十四日壬午 上驻跸河西务。是日，赐内阁学士噶礼御书“清班”二大字，管夫郎中马尔汉、常有，员外郎恩爱御书各一幅。

十五日癸未　上驻跸崔家楼。

十六日甲申　上驻跸通州城外。是日，诸王、大臣自京师来请安。赐天津、通州、沧州扈从官员兵丁如杭州官兵例，又赐兵部尚书席尔达御书"居贞素"三大字及字一幅。

十七日乙酉　早，上由崇文门进东华门，回宫。

是行也，部院各衙门奏章每日送内阁，自内阁三日一次邮送行宫听理。

扈从起居注官阿山、韩菼、顾祖荣、张廷瓒、王九龄、陈元龙、揆叙、宋大业。

十八日丙戌　辰时，上御乾清门听政。部院各衙门官员面奏毕，命大学士伊桑阿、阿兰泰、王熙、李天馥、吴琠，学士布泰、噶礼、李录予、温达、恩丕、苏赫纳、钱齐保、胡会恩、顾祖荣及九卿、詹事、科、道官员进前。上曰："江南浙江等处殊不及昔年，甚觉萧索。山东、直隶百姓仍如往日。虽值荒岁，亦未至困迫如此。由此观之，若官员滥派，则百姓困苦；官不私派，则百姓安舒，民生得遂乐利，实有关乎吏治。"大学士伊桑阿等奏曰："附近数省，皇上时出巡幸，地方官员皆顾声名，不敢恣肆。故百姓生业较之江浙为优。"

上曰："朕兹巡幸，见南省地方官员内，真实爱民、诚心为良吏者甚寡。虽经屡岁蠲赋，而百姓不苏者，皆因未致实惠于百姓之故。地方大吏苟实心为民，岂难拯救？但专务虚名者，往往有之。曩汤斌任苏州巡抚时，居官较之他人虽觉少优，然不过乡绅等称善耳，百姓未见感戴称颂。惟日以美言为口实，时以便民为晓示，而未常行一实政。张鹏翮任学院时，不详阅文字，但欲速毕，以致积学遗落，其言乃曰：'吾至公也。'邵嗣尧学业疏浅，不能分别文字，积学遗落甚多。似此徒有虚名者，无济实事。朕过吴江县时，闻其地百姓称郭琇居官甚好。如系现任大臣官员，或畏惧而不敢言其恶，反称其善者有之。至郭琇乃业已因事革职，仍念其居官之善而称道之，则其为良吏信矣。至于河工，以朕观之，亦非难事。任事者时时防护堤岸，竭诚效力，加意奉公，有何不能告厥成功乎？总之，河底俾刷之极深，径奔于海，诸水仍出清口归海，则高邮等处不告水灾，而下河亦可无虞矣。又见沿途钞关，已极颓敝，皆因于关差监督未经简选，但较俸差往。其中贫穷卑猥者，或亲戚家仆、或雇人役，挈之而往。似此，匪类恣意妄行，自有害于商贾。若遣守关津，且有害于百姓。嗣后关差，俱令本衙门堂官保举，始行差遣。彼感堂官保荐，或当稍顾颜面矣。尔等会议具奏。”九卿出。

大学士、学士以折本请旨。上曰：“布泰，尔隶何人佐领？”布泰奏曰：“臣隶公颇尔彭佐领。”上曰：“布泰乃诚实之人。”伊桑阿奏曰：“布泰乃公颇尔彭同姓。”上曰：“布泰为人诚实，且勤于办事。”

吏部题，因送罪人越限革职之兖州府知府陈于豫叩阍，乞复原职，议不准行。上曰：“陈于豫居官甚好，朕在途中问督捕侍郎喻成龙，亦云居官甚好。故令陈于豫随来，俟询问再定。”

吏部题子贡诸贤后裔端木谦、闵黄等叩阍，乞赐世袭博士，议不准行。上曰：“伊等皆前贤之裔，察明条例准行，有何不可？着问九卿具奏。”

兵部题江南副都统硕色员缺，以侍郎陶岱等职名开列具题。上曰：“江南之兵殊属不堪，其将军鄂罗舜传闻甚好，朕至彼观之，并无实绩，要皆于乡绅百姓希图邀誉。凡有关军民之事，则瞻徇地方，因充兵丁者多系家仆，即行处分兵丁，以沽虚名。此副都统员缺，着议政大臣等会推具奏。”

浙江副都统丹代升任员缺，以侍郎陶岱等职名开列具题。上曰：“此亦着议政大臣等会推具奏。”

又以不训练官兵，议前任总督范承勋降三级调用，及现任总督张鹏翮降一级、罚俸一年。上曰：“此案部议不合。张鹏翮方到任，并未熟悉兵伍，有何罪愆？惟当议处范承勋耳。范承勋任江南总督时，所行亦未见有甚善处，百姓亦不甚感戴。此本着发回该部。”

是日起居注官阿山、曹鉴伦。

十九日丁亥 辰时，上御乾清门听政。部院各衙门官员面奏毕，尚书傅腊塔、两江总督张鹏翮进前，奏布喀所告籽粒事。上顾张鹏翮问曰：“尔二人之心相同乎？”张鹏翮奏曰：“臣二人之心皆同。”傅腊塔奏曰："布喀所告籽粒事询地方百姓，皆云：'布政使戴通等将籽粒给我等是实，并无侵蚀，但除其运粮脚价，余银给与我等'等语。臣等亦曾出示，若将籽粒未经散给，地方官有侵蚀者皆来出首，亦并无出首之人。籽粒银两，百姓自称已经给散在民，且侵蚀又无证据。此事无庸议。总督吴赫既开除运米脚价，余者给散百姓，宜明白具奏。屡经部驳，仍行推委具题，故议革职。在事司道亦俱议革职。前任总督佛伦未行查出，议降四级调用。查先命布喀运宁夏米，嗣又命运陇州等州县米，布喀动支甘州钱粮为运米脚价，并未动用宁夏钱粮。因此，议将布喀赔偿脚价银一万四千两，免追其所运米。虽原指陇州等州县因米不足，以陇州附近州县米，如数挽运，并未溢额，其赔偿米粮亦免追。"上曰："尔等所议得其中乎？"傅腊塔奏曰："臣等意为得中。"上颔之。

是日起居注官华显、王顼龄。

二十日戊子　辰时，上御乾清门听政。部院各衙门官员面奏毕，大学士伊桑阿、阿兰泰、王熙、李天馥、吴琠，学士布泰、噶礼、李录予、温达、恩丕、钱齐保、苏赫纳、胡会恩、顾祖荣以折本请旨。九卿覆总河于成龙题，为修河开捐纳事，议准行。上曰："于成龙其人颇优，尚能勉效，凡委之以事，亦克有济，但偏于为人。朕亦曾面谕，今欲开捐纳事例，亦仍有所为乎？如内庭供奉之张英、励杜讷、高士奇等，朕未常稍有偏注于彼，皆按俸资升迁。张英为人诚实，不事交往。尔等亦皆素知。朕欲授为大学士，犹恐众议以朕为有偏心用之。其张鹏翮、傅腊塔等议布喀、吴琠之案，瞻畏两造，并不决定，岂非皆有所为乎？此本朕详阅发出。"

吏部题工部尚书熊一潇员缺，将都察院左都御史王士祯等职名开列。上曰："董讷、王鸿绪俱有才能，居官亦善，皆可用。但董讷性急，这员缺着将王鸿绪补授。"

是日起居注官张廷枢、阿金。

二十一日己丑　上以致祭方泽坛，斋戒三日，不理事。

是日，上诣宁寿宫问安。

是日起居注官傅伸、徐元正。

二十二日庚寅　是日起居注官徐秉义、华显。

二十三日辛卯　上御中和殿，视祭方泽坛祝版毕，回宫。

是日起居注官史夔、阿金。

二十四日壬辰　早，上以夏至，亲诣方泽坛祭毕，回宫。

是日起居注官阿山、韩菼。

二十五日癸巳　早，上御太和殿升座，升转文武官员谢恩毕，回宫。

辰时，上御乾清门听政。部院各衙门官员面奏毕，大学士阿兰泰、王熙、李天馥、吴琠，学士布泰、噶礼、李录予、温达、恩丕、钱齐保、苏赫纳、胡会恩、顾祖荣以折本请旨。九卿覆于成龙题请为修河开捐纳事例，议准行。上曰："此疏内称三品以上者许赎死罪，夫三品以上坐死罪者未必多，此皆朕所听理，岂不知之？于成龙奏以为多，殊与朕意不合。其府道官员以上，革职者亦未必多，此等人数，尔等交与该部察明具题，再为定夺。"

大学士伊桑阿以年老染疾，恳请解任。上顾阿兰泰奏曰："朕任伊桑阿办事年久，为人厚重老成。尔二人自任大学士以来，不生事端，凡事惟推诚从公料理，毫无行迹，不独朕知之，天下无有不知者。数年以来，阁中并无事端，寂然相安者，俱由无偏无私之所致也。尔等非尸位素餐者可比，虽以年老求罢，朕乃轸惜，不忍遽令解任。将此谕旨增入前签批发。"

尚书傅腊塔、两江总督张鹏翮题以散给籽粒银两之案审拟总督吴赫等事。上曰："着交九卿议奏。"

阿兰泰奏曰："臣等遵旨将给端木谦、闵黄等博士之处问九卿。九卿云：恩自上出，伏乞圣裁。"上曰："孔门弟子之中独子贡、闵子骞耶？"阿兰泰奏曰："若加恩给与博士，则十哲后裔俱应遍查。"上曰："着交九卿议奏。"

是日起居注官阿山、韩菼、华显、王顼龄。

二十六日甲午　辰时，上御乾清门，听部院各衙门官员面奏政事。

是日起居注官傅伸、张廷枢。

二十七日乙未　辰时，上御乾清门听政。部院各衙门官员面奏毕，大学士阿兰泰、王熙、李天馥，学士布泰、噶礼、李录予、温达、恩丕、钱齐保、苏赫纳、胡会恩、顾祖荣以折本请旨。上顾大学士阿兰泰等曰："新安县知县熊开楚居官甚好，朕兹巡行，见百姓俱各称颂。闻其身亡，骸骨不能归葬，尔等传谕该抚，俾其柩归故里。"

是日起居注官徐元正、阿金。

二十八日丙申　早，上由午门出正阳门，幸南苑，回宫。

是日，上诣宁寿宫问安。

是日起居注官阿山、徐秉义。

二十九日丁酉　辰时，上御乾清门，听部院各衙门官员面奏政事。

未时，上御保和殿，赐请安进贡喀尔喀多罗郡王和硕额驸敦多卜多尔即，翁牛特多罗达尔汉代青、贝勒厄尔德卜鄂齐尔，喀喇沁和硕额驸噶尔藏，敖汉和硕额驸齐伦巴图尔，厄鲁特多罗贝勒巴图尔厄尔克济浓之子台吉阿保，喀尔喀台吉济克巴策旺多尔即，翁牛特喀喇沁之护国公奇塔特、沙木巴喇锡等，喀喇沁之护国公沙木巴喇锡之子三品台吉塔布囊阿萨拉等，苏尼特、翁牛特等旗分四品台吉托博克等，呼胡脑儿和硕亲王扎西巴图尔、多罗贝勒厄尔德尼那木渣尔、阿齐滚布巴图尔台吉、固山贝子盆苏克，厄鲁特策旺喇布滩等来使下图尔胡鄂木布等食毕，回宫。

是日起居注官韩菼、揆叙。

六　月

初一日戊戌　辰时，上御乾清门听政。户部尚书马齐奏事。上曰："传谕九卿毋退，俟各部院奏事毕，同大学士入。"

部院奏事毕，大学士阿兰泰、王熙等同九卿进前，上曰："朕至江南浙江，见江浙民生大不如前。此巡幸时，附近畿辅地方如山东、直隶诸处，向来不及江浙，且数年内连遭水旱，而百姓尚未致流离。江浙田亩虽稍被水旱，然亦不至大害，仍可收获。而百姓竟至流离失所，揆其故，皆由山东、直隶地方附近京师，惟恐朕有所闻，地方官尚凛然畏法，布朕泽于百姓。是以皆沾实惠，得以保聚。江浙官吏不能布朕德意下逮，以致百姓失所。”大学士阿兰泰、王熙奏曰：“山东、直隶地方虽有水旱之灾，皇上蠲赋，选择干员，多方赈救，輓运粮减粜。种种恩惠，民皆实沾，是以不致流离。”

上又曰：“当今凡事皆可缓图，惟吏治民生，最难刻缓。谚云：湖广熟，天下足。江浙百姓全赖湖广米粟。今询江浙地方米贵之由，百姓皆谓数年来湖广之米不到，以致米价腾贵。楚省官吏数年以来，并未奏报水旱、年谷不登。细访米谷不到之故，闻湖南百姓甚苦，其由皆兴永朝、王梁、杨凤起三人相继扰害所致。现任总督李辉祖为人诚实，办事颇优，但与此三人，俱系于成龙荐举之人。欲其不徇情面，将从前废驰整理，断断不能。以朕观之，仓卒紧急之事，汉人不及汉军。夫居官贤否，原不分满洲、汉军、汉人。傅腊塔任两江总督，居官甚善，无有及之者。虽江南缙绅，或有言其不善，而小民无不感戴。郭琇任吴江县时甚善，百姓至今异常感颂。其人亦有胆量，无朋比，若授湖广总督，地方或可大治。尔等云何？”大学士、九卿等奏曰：“皇上睿鉴甚明，郭琇居官好，有胆量，且系处分解任之人。今皇上特恩补授总督，必感戴圣恩，竭力振理。”上曰：“郭琇着补授湖广总督，行文驰驿，速赴新任。李辉祖调回，补授刑部侍郎。九卿出。

大学士阿兰泰、王熙、李天馥、吴琠，学士布泰、噶礼、李录予、温达、钱齐保、恩丕、苏赫纳、胡会恩、顾祖荣以折本请旨。吏部题钦奉上谕问原任兖州府知府陈于豫起解犯人越限，非其任内之事，议覆陈于豫原职。上曰：“陈于豫依议用，着往河工效力。”

是日起居注官华显、王九龄。

初二日己亥　早，上由神武门出西直门，驻跸畅春园。

是日起居注官傅伸、史夔。

初三日庚子

初四日辛丑

初五日壬寅

初六日癸卯　辰时，上御畅春园内澹宁居听政。理藩院侍郎满丕回奏：“将厄鲁特朱木苏等带至张家口，分为佐领。”上曰：“伊等情愿否？”侍郎满丕奏曰："甚愿。"上曰："厄鲁特生理如何？"满丕奏曰："厄鲁特甚善生理，已大富足。喀尔喀等亦皆富足。蒙圣上遣官教育，遂尔一物不曾被窃。跟随臣等蒙古等，皆以为奇异，云：我等此处曾往来数次，屡被偷窃。以今观之，大非昔比，马畜即深夜无人看守，亦不致有失。"

奏毕，教育蒙古等监察御史赫雅图等钦遵圣训，着扎鲁特毕鲁瓦旗分蒙古在好水草处牧放马匹，凡物务期节省、勤耕田地等事严行晓谕，并伊等流散台吉男妇子女之数及其旗分生畜数目开二折子进呈御览。上曰："蒙古生理，全恃生畜。敖汉、柰曼、科尔沁等处，水草甚佳，但恐偷窃，日未落时即将生畜圈贮。蒙古起又甚迟，饭时前始行牧放，如此，则马匹、牛羊何由得肥？今朕遣人教育，闻昼夜俱牧放野地，生畜全肥。或有遗失，二三日后寻觅之，仍在本处食草。今皆富足。"尚书班第奏曰："今皇上遣人教之种地，禁止偷窃，法令甚严，不肖者俱不敢犯，蒙古较之从前大富。此皆圣上弘仁之所致也。"上顾起居注官曰："蒙古无墙垣，构木为槛，以围生畜，不但不得食草，且场地窄狭，起卧不舒，欲不瘦得乎？"阿山奏曰："生畜即蒙古之产业，野无盗贼，夜得牧放，生畜自能肥硕，蒙古得生理矣。"上曰："不唯教育之蒙古得以富足，其余诸蒙古，较前亦皆饶裕矣。向者虽屡赈财谷，未见有济。"阿山奏曰："赈散财物，尚易用竭，惟生畜肥硕孳蕃，即蒙古之恒业也。"

部院各衙门官员面奏毕，大学士阿兰泰、王熙、李天馥、吴琠，学士布泰、噶礼、李录予、温达、钱齐保、恩丕、苏赫纳、胡会恩、顾祖荣以折本请旨。九卿议覆尚书马齐所题察阅董安国所修河工，其不坚固者，令彼赔修，若不速竣，即行题参。上曰："顷朕往视所修河工，甚难明晰。物料多在水中，惟承修各官自知之，总河及监修道员亦未必尽悉。但使水不漫溢，堤不冲决，便可验其坚固矣。其虚冒丈尺、减短钉桩，为弊多端，亦未可责总河以不周知也。此案着照议完结。"

又覆佥都御使王绅题参董安国不称职，议得董安国已经别案革职，应无容议。上曰："董安国现在修河，俟工竣之日再议。此本着留中。"

户部覆浙江巡抚张勄题，请春季应征粮米暂行宽缓，将贮仓米石发给兵丁，俟秋收时征补，议不准行。上曰："此不过稍延数月耳。若春季催征，不但若累百姓，即散给兵丁，亦难一时俱足。着照张勄所请行。”

兵部题关口守御舜多力擅行抗违，不遵丈量田亩，议革职，交与盛京刑部。上曰：“此端不可长，着会同盛京将军严加审拟。”

刑部题原任新安县知县熊开楚亏空银米，议追变家产。上曰：“熊开楚居官颇优，此应追钱粮亦着照前宽免。”

工部覆巡抚李光地所题，起拨船户田地或被灾荒，请照民地一体蠲免，另将钱粮拨给，议不准行。上曰：“此等人若遇岁歉，拨船赖何修补？百姓偶值歉收，既免正供，伊等亦应给以钱粮。”

总河于成龙题，董安国应赔银两，若俟追足之日修河恐致有误，请拨附近地方银三十万两。上曰：“河道最为紧要。若交与部议，又从部内解送银两，必致迟误。着即拨两淮盐课银三十万两，速行发往。”

是日起居注官阿山、阿金。

初七日甲辰 是日，上诣澹泊为德问安。

初八日乙巳

初九日丙午

初十日丁未 早，上由西直门进神武门，回宫。

辰时，上御乾清门听政。部院各衙门官员面奏毕，大学士王熙、李天馥、吴琠，学士布泰、噶礼、李录予、温达、钱齐保、恩丕、苏赫纳、胡会恩、顾祖荣以折本请旨。刑部题窃盗九儿已三次被获，拟斩。上曰：“观此事九儿虽系窃盗，较之强盗更甚。这事俟满大学士病痊办事时，尔等会同凯音布议奏。”

巳时，上由神武门出西直门，驻跸畅春园。

是日起居注官曹鉴伦、揆叙。

十一日戊申 是日，上诣澹泊为德问安。

十二日己酉

十三日庚戌

十四日辛亥

十五日壬子 辰时，上御畅春园内澹宁居听政。部院各衙门官员面奏毕，教育蒙古原任巡抚郭洪回京奏事。上曰：“尔来何事？”郭洪奏曰：

“臣来奏闻蒙古生理情形。”上曰：“今年蒙古生计易率岁否？”郭洪奏曰：“去岁米谷未得丰收，目下微艰，至秋成时可无虞矣。再查万寿、冬至、夏至诸庆贺日期，各省大臣官员俱齐集公衙门，瞻望叩拜，惟蒙古等不然。臣等意欲凡值庆贺吉旦，亦令齐集公所，一体行礼，则蒙古亦得知礼仪矣。”上曰：“蒙古皆随地游牧，星散而居，若令彼齐集，反致苦累。其来京朝贺者既遵奉内地礼仪，在塞外者，仍听其自便。这所奏无益。”郭洪出。

大学士伊桑阿、王熙、李天馥、吴琠，学士布泰、噶礼、李录予、温达、钱齐保、恩丕、苏赫纳、胡会恩、顾祖荣以折本请旨。九卿覆因籽粒一案未经察明，将原任总督今升尚书佛伦仍降四级调用，总督吴赫等革职。其籽粒银应免追征百姓，今在事官员赔偿。上曰：“朕于此案再三详阅，所议甚不明晰。以布喀控告而处分吴赫，若吴赫控告，又将处分布喀乎？况此案每奉批驳，但拟加重处分，有是理耶？籽粒银既议免追百姓，令官赔偿并未指明某官，若再往查，愈增烦扰。”大学士伊桑阿奏曰：“此案初未曾着实穷究，问取口供，是以甚不明晰。”上曰：“此案果令两造抵面，穷讯口供，然后拟罪，吴赫等罪岂止此耶？此情由尔等问明傅腊塔、张鹏翮具奏。”

兵部覆黑龙江将军萨布素奏销墨尔根等处十九驿三十七年倒毙马牛补买银两数目，议准行。上曰：“墨尔根等处驿站马匹车辆，彼处大臣官员辄多任意私用，曾经屡次发觉，应敕该将军，其以私事擅用车马，着严行禁止。及应减核处，着详议具奏。”

又总河于成龙题淮安卫守备马怀仁不谙运粮事务，请调补迁缺，部议准行。上曰：“马怀仁曾随中路出兵，人材矫健，但稍狂耳，着遇直隶缺补用。”

又副都统瓦尔达因将代管佐领蒙混奏为世传佐领，降五级。又因往视景州等处喂养马匹查勘不明，降五级。今满三年，照例请开复，部议准行。上曰：“瓦尔达因公事所降五级，着准开复。查马不明事关军机，非比常愆，所降五级，不准开复。”

刑部覆巡抚王国昌题候补守备冯定邦不候部选，躁率叩阍，照冲突仪仗例革职，徒三年，杖一百折赎。上曰："冯定邦依议准杖，从宽免徒。嗣后凡议处叩阍人犯，俱照此拟杖免徒。"

是日起居注官阿山、华显。

十六日癸丑　是日，上诣澹泊为德问安。

十七日甲寅

十八日乙卯

十九日丙辰　是日，上诣澹泊为德问安。

二十日丁巳　上由西直门进神武门，回宫。

辰时，上御乾清门听政。部院各衙门官员面奏毕，大学士王熙、李天馥、吴琠，学士布泰、噶礼、李录予、温达、钱齐保、恩丕、苏赫纳、胡会恩、顾祖荣以折本请旨。兵部题原任总兵官康调元不给兵丁盐菜银两，议革其职衔。上曰："康调元从事戎行，颇有劳绩，从宽免革职衔。"

巳时，上由神武门出西直门，驻跸畅春园。

是日起居注官阿山、傅伸。

二十一日戊午

二十二日己未

二十三日庚申

二十四日辛酉　辰时，上御畅春园内澹宁居听政。部院各衙门官员面奏毕，江西巡抚马如龙陛见。上问曰："尔来经过沿途禾苗何如？"马如龙奏曰："臣所遇沿途禾苗俱甚好。"上问曰："去岁江西地方秋成何如？"马如龙奏曰："去岁收有八分，今岁田禾度可得十分矣。"上问曰："去岁湖广秋成何如？"马如龙奏曰："闻湖广去岁亦大有。"上问曰："去岁江西、湖广等处谷既丰登，何不贩往江浙？"马如龙奏曰："前岁江西、湖广曾有数州县少收，其丰收地方之米，俱往此数州县粜卖，故尔贩往江浙者甚少。臣乃壬子举人，由知州数年之间蒙皇上优升巡抚，格外殊恩，未得仰报涓埃。今春上巡省江南，臣意欲来观，因隔省，未敢擅离职守。方切瞻仰，蒙召陛见，得睹天颜，即死无憾。臣今七十有二，衰迈已甚，高厚之恩实难酬报，但愿子孙世效犬马，以报皇上眷顾之万一。"

奏毕，山东总兵官刘官统赴任请训旨，奏曰："臣一介微贱，蒙皇上屡擢升为山东总兵官。山东地方甚属紧要，此总兵官又辖全省兵马。臣甚庸劣，伏求圣训，臣到任钦遵奉行。"上曰："尔乃直朴之人，虽无异能，而人材矫健。到任后但以实心任事，黾勉奉公，其指称军名，冒食空粮，应极力核减。朕兹巡行，见山东武弁，有骑射甚不堪者，尔宜亲验骑射，其甚劣者即行参革。"刘官统奏曰："臣谨识圣训，遵奉而行。臣无出巡之例，沿途武职臣于赴任之便，即阅其骑射。其他处官员，臣到任后更番调至，试其骑射，优者荐闻，劣者参革。"奏毕出。

大学士伊桑阿、王熙、李天馥、吴琠，学士布泰、噶礼、李录予、温达、钱齐保、恩丕、苏赫纳、胡会恩、顾祖荣以折本请旨。吏部议覆监察御史郭金城条奏裁汰冗员，不准行。上曰："阅郭金城条奏，部院衙门亦有应裁冗员，着九卿议奏。"

又四川眉州知州金一凤赴任违限六月，议革职。上曰："选授云南、贵州、广西、四川官员有品行者即行赴任，其不肖之徒故违限期，俟处分解任，另思改图。其续选之员不能一时即到，每致员缺久悬。俟后将此辈计月多寡，或革职、或降级，仍留原任。则不肖之徒受处分，不得改图，赴任自速，而员缺亦不致久悬矣。尔等酌议，拟票呈览。"

兵部题正红旗都统彭春员缺，将护军统领鄂克济哈、副都统凯音布等职名开列具奏。上曰："公蒲圻其人品优长，材力矫健，右翼公内，此人为最，着补授都统。其宗室简授都统、副都统者，以朕观之，俱称厥职。"伊桑阿奏曰："皇上拣择宗室补授都统、副都统，俱各黾勉奉职，于事大有裨益。"

又刑部题斗殴杀人绞犯蒋腾光援赦免罪。上曰："此案称食碱而死，夫食卤水而死者有之，岂有食碱而死者乎？此案照议完结，将碱字改正。理藩院办事甚为疏略，现今启奏折子将额贝都喇之名书将军孙思克之上，朕故谓理藩院大臣等曰：额贝都喇乃塞外之人耳，列于本朝将军之上不合，着将孙思克职名改列于上。曾降有申饬之旨。"

理藩院题盗马图萨拟正法。上曰："往者塞外地方盗贼甚多，近朕遣人教养蒙古，申严法禁，闻盗贼屏踪，四十八旗各获生理。今方禁缉盗贼，风俗稍醇，蒙古生理始觉安舒。而图萨首先犯禁盗马，断不可恕。去岁因盗马，朕欲将贝勒正法，或以为已甚，今法令既行，于蒙古大有裨益矣。且此法非朕创立也，太宗皇帝时，因蒙古等无房舍墙垣，盗贼法令若轻，牲畜难养，故尔定法。岂有心毙人以法乎？亦不得已而为之，欲警戒蒙古之不肖者，使牲口不致遗失耳。今将图萨拟正法甚当，后有犯者，断不可宽免。”

又吴秉谦叩阍事。上曰：“朕详阅此案，有数处可疑者。吴秉谦其人有何足取，但此案不可不明耳。”伊桑阿等奏曰：“臣等遵旨将籽粒事问傅腊塔。傅腊塔等云：四县众里长等供称，籽粒银两发给是实。适遇运粮之时，将此发给籽粒银两给车辆脚价，余者分散等语，布喀所告侵蚀四十万两之处，并无证据，且籽粒银两于二年分十七万银两已经征完，故遵旨，议仍于百姓征收。至于督抚以下各官，奉部屡次驳查，理应据实咨明。乃不据实咨明，故拟革职降调。臣等从前未曾定案者，因对质口供之人俱在京师，故未定案。今皇上洞鉴，责臣等并未穷诘，臣等有何辨说？此皆臣等庸劣之处等语。又巡抚贝和诺奏陕西等处捐纳米石，除给兵丁、赈百姓外，余贮一百七十万石有零，今查止存十七万石。”上曰：“籽粒事及吴秉谦事并捐纳事，着问伊等在京可结即议结，如难以完结，往赴陕西详议。”

上又顾大学士等曰:“观马如龙仍强健，能办事，尔等传谕，着速回任。”是日起居注官阿山、揆叙。

二十五日壬戌　是日，上诣澹泊为德问安。

二十六日癸亥

二十七日甲子

二十八日乙丑

二十九日丙寅

三十日丁卯　辰时，上御畅春园内澹宁居听政。部院各衙门官员面奏毕，大学士伊桑阿、王熙、李天馥、吴琠，学士布泰、噶礼、李录予、温达、钱齐保、恩丕、苏赫纳、胡会恩、顾祖荣以折本请旨。吏部题奉天举人吕师时往绍兴府余姚县葬母，其容留各官拟降级罚俸。吕师时告假真假，移文奉天府行查，另行议处。上曰："吕师时葬母即回，亦有何罪？不必再查。嗣后数此者，即如此完结。"

兵部覆户科给事中姜楠条奏，直隶各省提督、总兵官等亏空营兵、侵蚀钱粮及家仆顶冒等弊，部议省会兵粮，布政司、粮道公同看发；府州县兵粮，知府、知州、知县等正印官公同看发；令各省将军、总督、巡抚、提督、总兵官务择善骑射者充伍，不时操演。上曰："今天下承平无事，故武弁亏空，兵额冒饷者甚多。张勇、赵良栋等虽减兵数，而其中材力矫健、奋勇效用者，使食双粮，故兵士极其精锐。此惟张勇、赵良栋始能行之，然亦不可为法。"大学士伊桑阿奏曰："武官令壮健家丁充兵食粮，原以养赡家口，其流弊竟至亏空正额矣。"上曰："若此不行严禁，因循流渐，何所底止？着敕兵部严行禁止。其各省副将以下、把总以上，多有年老才力不及者，若待三年，军政始行分晰贤否，岂不误事？令提督、总兵官会同督抚验试参革，若徇情容隐，或朕召来引见、或遣大臣考验、或由兵部查出，并督抚一并治罪。尔等如谕批发。着兵部另议具奏。"

刑部等衙门题员外郎车克楚混之弟龙授家人吉尔图打死黑色，按律拟斩监候。员外郎车克楚混不曾殴打黑色，应无容议。上曰："观此案员外郎车克楚浑似有情弊。"大学士伊桑阿奏曰："打死黑色之吉尔图乃车克楚浑弟之家人。"上曰："吉尔图之打死黑色，车克楚浑不得推为不知，着解任，随旗行走，仍敕该旗大臣、亦不准往河工去。"

刑部覆江宁副都统禅布题，因毁开户本主之衣，且以拳抵面拟斩犯大小子，援上南巡赦旨，议免死。上曰："大小子将伊开户本主毁裂其衣、拳抵其面，情原可恶，着止免死，仍发往黑龙江。"

大学士伊桑阿等奏曰："臣等遵旨将籽粒等事在京可否完结已问傅腊塔，据云：巡抚贝和诺既称贮仓米麦缺额在京难以完结，此去请将布喀、吴秉谦事件一并带往清理，陛辞时另行请旨等语。"奏毕，遂将傅腊塔等所奏折子呈览。上览奏颔之。

是日起居注官阿山、华显。

七　月

初一日戊辰　是日，上诣澹泊为德问安。

初二日己巳　早，上由西直门进神武门，回宫。

辰时，上御乾清门听政。部院各衙门官员面奏毕，大学士阿兰泰、王熙、李天馥、吴琠，学士布泰、噶礼、李录予、温达、钱齐保、恩丕、苏赫纳、胡会恩、顾祖荣以折本请旨。吏部题阿达哈哈番归秦无有应袭之弟，议不准承袭。上曰："鲁白赫呈词亦属有理。此官原系鲁白赫亲伯伊逊之官，因无子嗣，递相承袭至于归秦。今归秦虽无应袭之弟，而伊逊之胞弟杨善吉逊等之子孙尚在，查其应袭者令袭之。"

兵部题广州将军卢崇耀疏请伊标下添设中军副将，议不准行。上曰："他省皆有中军副将，而广州独不设中军副将，何也？着查明具奏。"

贵州巡抚王燕题平越府知府章时化病目，恳解任。上曰："平越知府缺甚紧要，着将卓异保举之人拟补具奏。云南、贵州、广西无甚良吏，此等地方既辽远，而猓猡、苗子、猺獞复相杂处。如此要地，俱宜拣选良吏抚御之。今观贵州巡抚王燕居官颇优，而朕于广西近复简用彭鹏。"阿兰泰奏曰："王燕居官素优，而彭鹏为皇上特擢，当必勤勉供职。"

巳时，上由神武门出西直门，驻跸畅春园。

是日起居注官阿山、徐秉义。

初三日庚午

初四日辛未

初五日壬申

初六日癸酉　辰时，上御畅春园内澹宁居听政。部院各衙门官员面奏毕，尚书马齐前奉旨往山西，至是入奏。上曰："太原、直隶禾稼如何？"马齐奏曰："山西地寒，虽禾稼向来晚熟，然属有秋，沿途所见诸果实甚多，价直甚贱。直隶地方雨水甚调，禾稼亦甚好。"马齐出。

尚书傅腊塔、总督张鹏翮等差往陕西复审籽粒并吴秉谦事，欲将在事尚书佛伦等带往缮写姓名进呈。上曰："佛伦系尚书，不必带去。"傅腊塔奏曰："布喀状内干连佛伦，吴赫倘有讯问，必须对质，宜将佛伦带去。"上曰："佛伦年老，且系尚书，不必带往。鄂克济哈亦系大臣，可着家人前去。郭洪差往抚养蒙古亦不必去，其余人等俱准带往。"顾检讨满保曰："前原遣尔习学办事，今此事竟无头绪，甚为繁杂，尔其勿往。"上又谓张鹏翮曰："此行凡事务从公审理，勿更听人言。"张鹏翮奏曰："臣本一介寒儒，蒙皇恩屡擢至总督、尚书，臣惟奉旨从公审理，岂敢听信人言。"傅腊塔免冠顿首奏曰："臣今五十九岁，居官四十一年，并非藉人保举援引进身，得至今职，皆出自圣恩，皇上即天也。臣惟知畏皇上，岂听他人？若事不从公，人言是用，纵皇上俯赐宽免，天岂见容乎？"傅腊塔等出。

大学士伊桑阿、阿兰泰、王熙、李天馥、吴琠，学士布泰、噶礼、李录予、温达、钱齐保、恩丕、苏赫纳、胡会恩、顾祖荣以折本请旨。九卿覆御史郭金城条奏部院各衙门冗员宜裁，议不准行。上曰："内务府冗员，朕方将酌量裁减。观部院各衙门亦有冗员，此事发回九卿酌裁议奏。"

吏部覆于成龙题高邮州州判等员缺，将李隆祖等补授，议不准行。上曰："李隆祖所筑堤岸甚固，惟准用此一人，余俱依部议。前遣绘河图董殿邦已至，观所绘河图，将朕亲阅指授下桩之处已经动工。闻彼处甫动工，便有裨益，是以督修之人知可奏绩，愈加踊跃从事。至于朕所命芒稻河、人字河，至今尚未动工，殊不知此二河断不可稍缓。今金湾堤之减水坝俱已闭塞，此二河若经修治水，即大发，亦可由此河达江，不至散漫横流。若稍迟延，大水发时无所泄泻，民庐田产，必俱至淹没，将此缘由开写明白，作速行文于于成龙。"

刑部题牧马人温三打死王廷仪，议绞。上曰："温三以食面无醋蒜，殴铺家至死，殊属可恶，断不可恕。令刑部堂官秋审时勿得宽宥。其助殴二人亦属可恶，着发配黑龙江。近观诸事虽较前少减，然命案甚多，此皆秋审时多至免死，彼预料其必免，而不畏法之所致耳。嗣后杀人者死，有何冤抑而矜全之，尔等于众前将朕旨传谕刑部，咸使闻之，知法不可逃也。”

又题和尔敦掐妻致死，议绞。上曰：“和尔敦之父叶棱格亦以不孝声告，叶棱格将和尔敦自幼抚养，娶妻纳监，既已成立，而所行不孝，岂可姑容？着交与其父，听其处死。”

理藩院题游牧地方新编厄鲁特沙克朱木佐领下喇麻格素尔纳木占逃亡，议处沙克朱木、班谛等事。上曰：“沙克朱木系新附之人，着从宽免罪，罚俸一个月，余依议。”

又题巴拜等窃盗牛马，议正法。上曰：“盗禁不可不严，朕将盗扎萨克蒙古马者已正法十余人，今闻蒙古夜牧不收，亦无人为盗，生业安辑，但此巴拜等系喀尔喀蒙古，且将伊伙已俱发还本地矣。着将伊免死，发遣江南披甲。”

顺天府府尹常翼圣题贡院房屋被雨水倾圮，请行葺修。上曰：“场期甚迫，若伊等推诿，必至迟误。着工部会同府尹十日内估计明白具奏。”

伊桑阿等奏曰：“臣等查得京口、福建将军等标下俱有中军副将，惟广州原未设中军副将，该将军已经题请三次，部议俱未准行。”上曰：“既他处俱有，广州亦照京口、福建添设。”

是日，上诣澹泊为德问安。

是日起居注官阿山、华显。

初七日甲戌

初八日乙亥

初九日丙子

初十日丁丑

十一日戊寅 是日，上诣澹泊为德问安。

十二日己卯 辰时，上御畅春园内澹宁居听政。部院各衙门官员面奏毕，遣视黄河运河员外郎费扬古至入奏，上问水势并工程成否甚悉。遣往直隶文安等州县捕蝗员外郎邓德至入奏。上问曰：“今蝗虫想已尽矣。”邓德奏曰：“奉旨同李光地将各处蝗蝻俱行捕尽。”上又问：“今蝗虫虽尽，其遗种明年得无更生乎？”邓德奏曰：“前皇上曾有训旨，凡蝗虫所遇栖止地亩，至秋俱令耕耨。即李光地亦谨志之。臣亦曾向李光地言之。”

遣往湖南审理贼案郎中刚五达至入奏。上问曰：“今岁湖南田禾并沿途经过地方田禾如何？”刚五达奏曰：“湖南、湖北田禾颇好，河南甚好，直隶亦好。”上又问曰：“尔等在长沙日久，彼处民生何如？”刚五达奏曰：“民生贫苦。”上问其故，刚五达奏曰：“遭吴三桂之乱，既为残破之余，而地方官复行科派，民不聊生。”又问湖北民生，刚五达奏曰：“差强于湖南。”上又问：“金玺甚贫，今为巡抚，较昔如何？”刚五达奏曰：“招臣等射箭两次，俱便饭，衣旧衣，其贫如常。”又问前任巡抚杨凤起、王梁、兴永朝等居官何如。刚五达奏曰：“居官皆无善状。”又问总督李辉祖居官何如。刚五达奏曰：“居官平常。”又问巡抚年遐龄居官何如。刚五达奏曰：“年遐龄自守之人，百姓亦不称颂。”又问巡抚李国亮如何。奏曰：“居官平常。”上又问：“尔等于沿途闻有居官好、为民感戴者否？”奏曰：“汉阳府知府黄国材居官既好，操守亦清，民皆称颂。巡抚金玺曾对臣等言，司道内布政使王道熙居官有声。”上又问：“尔等经过直隶地方，曾见蝗虫否？”奏曰：“不甚多，仅见一二。”刚五达等出。

大学士伊桑阿、阿兰泰、王熙、李天馥、吴琠，学士布泰、噶礼、李录予、温达、钱齐保、恩丕、苏赫纳、胡会恩、顾祖荣以折本请旨。吏部题川陕总督吴赫离任员缺，将侍郎阿尔拜等职名开列。上曰：“若论吴赫之罪，自应罢黜。但驭兵颇善，亦能骑射。西安地方甚属紧要，必得称职之人补授，方于事有济。尚书席尔达人材矫健，自能整饬军旅。侍郎曾白赫其人颇优，才力亦矫健，但授侍郎未久，于事尚未谙练，着席尔达署川陕总督事。”

刑部题行劫郭万善家强盗王国珍等，拟立决枭示。上曰：“杀人强盗自首，曾有正法者否？着察明具奏。”

是日起居注官傅伸、揆叙。

十三日庚辰

十四日辛巳

十五日壬午　是日，上诣澹泊为德问安。

十六日癸未

十七日甲申 辰时，上御畅春园内澹宁居听政。部院各衙门官员面奏毕，大学士伊桑阿、阿兰泰、王熙、李天馥、吴琠，学士布泰、噶礼、李录予、温达、钱齐保、恩丕、苏赫纳、胡会恩、顾祖荣以折本请旨。九卿题奉旨酌减各部院衙门冗员。上曰："国子监、钦天监官员无多，若更裁减，则太少矣。此两衙门官员不必裁汰，余依议。"

吏部题巡抚倭伦、布政使齐世武互相讦参，议降级调用。上曰："倭伦居官无善状，人亦轻浮。"伊桑阿奏曰："倭伦为人粗率。"上曰："倭伦在学士时尚可，及为巡抚，多作威势。到山西，将代为温保科派官员不参，且为优容，大失民望。观大臣中哈雅尔图临事谨慎，故朕用之，不忍弃置耳。太原地方甚属紧要，须择人任之。"顾阿兰泰曰："倭伦升授巡抚时，尔曾谓倭伦必不玷厥职，今竟玷厥职矣。"阿兰泰奏曰："倭伦向任同知及葺修平阳城，所行俱善，惟升巡抚后，行止大变。"上顾汉大学士等曰："倭伦居官如何？"吴琠奏曰："未闻其不善。"上曰："齐世武如何？"王熙、吴琠等奏曰："居官好，民甚感戴。"上曰："按察司巴哈布官声亦以善闻。"伊桑阿奏曰："臣等亦闻按察司声誉。"上曰："齐世武在京办事时，朕亦素知亦非肆应之才，且以布政使而揭巡抚，苟仍留之，效尤者必多矣。倭伦、齐世武俱依议调用。"

兵部题议叙昭磨多地方战胜副都统阿玉玺等。上曰："闻阿玉玺西路出征，深为效力。"因顾学士布泰问曰："尔等共事如何？"布泰奏曰："方与贼合战时，阿玉玺率兵绕出贼后击败之，甚著劳绩。"上曰："着给阿玉玺拖沙喇哈番。"

御史顾素条奏西边要害地请设满洲官员、满洲兵，宜习水战，嘉峪关外塔伦河等处宜开垦种田。上曰："西边要地设满洲武官尚可，而满洲兵原未习水战，然所向皆克，何用习为？其嘉峪关外塔伦河瓜洲、沙洲等处，地土诚美，然皆无人之境，阅《汉书》，赵充国等屯田，亦未及此地。治国之道惟在培养元气，不在设防塞外。果中国气盛，即不设防塞外，亦无虞也。苟内治不修，徒事塞外何益哉？着将顾素条奏三款发还。"

江苏巡抚宋荦奏报淮安、扬州所属州县被水情形。上曰："朕屡谕于成龙，令作速挑浚芒稻河、人字河，以各处闸坝俱已闭塞，此二河若不挑浚，大水一至，不得疏通，必至散漫。至今此二河尚未挑浚，准如朕谕，竟至水淹。着速行文巡抚宋荦，令亲赴扬州、淮安，收养被水百姓。江西巡抚马如龙曾言江西地方连年大熟，今年亦有收获。着行文马如龙，令协助米十万石，运至扬州、淮安，交与宋荦，或煮粥，或作何赈济，令宋荦相度而行。"

两淮巡盐御史卓琳恳免连年被灾白驹等十四场三十七、八两年煮盐丁银。上曰："着照所请蠲免。"

直隶巡抚李光地题参永定河分司吴禄礼、笔帖式济兰，不竭力防河，应交部议处。上曰："现今侍郎罗察往视河道，言仍如前，并无泛流。李光地素行褊浅，特因分司吴禄礼曾发彼短，挟仇题参耳。"伊桑阿奏曰："李光地学问虽优，而人不甚称。"上曰："学问亦平常。此事着同罗察往视事宜一并批出。"

是日起居注官华显、揆叙。

十八日乙酉

十九日丙戌　是日，上诣澹泊为德问安。

二十日丁亥　辰时，上御畅春园内澹宁居听政。部院各衙门官员面奏毕，工部侍郎罗察、学士布泰以往审四川巡抚丁养志、提督岳昇龙互相参劾事，恭请训旨。上曰："尔等往审之事甚为紧要，宜从公审理，勿得偏私。此事发端甚小，而参劾浸大，若竟据所参究治，事必滋蔓矣。倘所参是实，不必拘拿，止着离任议罪。"罗察、布泰等出。

大学士伊桑阿、阿兰泰、王熙、李天馥、吴琠，学士噶礼、李录予、温达、钱齐保、恩丕、苏赫纳、胡会恩、顾祖荣以折本请旨。盛京刑部题骁骑校孟古诬告其孀嫂齐三妻与披甲阿里麻通奸，拟枷号两个月、鞭一百。上曰："孟古诬告其嫂，情罪可恶，依议仍将孟古发黑龙江。"

是日起居注官阿山、华显。

二十一日戊子

二十二日己丑

二十三日庚寅

二十四日辛卯

二十五日壬辰

二十六日癸巳

二十七日甲午

二十八日乙未

二十九日丙申

闰七月

初一日丁酉 赐山西巡抚噶礼鞍马一匹。

本日起居注官阿山、韩菼。

初二日戊戌

初三日己亥

初四日庚子

初五日辛丑

初六日壬寅 辰时，上御畅春园内澹宁居听政。部院各衙门官员面奏毕，山西巡抚噶礼赴任恭请训旨。上曰："凡巡抚赴任，朕俱有训旨，然遵谕而行者甚少。山西地方被温保科派，迄今百姓受困。倭伦做官虽无甚劣处，而于温保时科派不肖之员不行题参，仍留在任，所以大失民心。尔到任，务要勤劳爱民。朕于学士内见尔颇优，是以简任巡抚。尔居官若好，朕即超擢，否则即行罢斥。贤与不肖，惟尔自取。朕断无所瞻徇也。"噶礼奏曰："臣谨识圣谕遵行。"

奏毕，大学士伊桑阿、阿兰泰、王熙、李天馥、吴琠，学士李录予、温达、钱齐保、苏赫纳、胡会恩、顾祖荣、特默德，步军统领凯音布等进奏曰："臣等遵旨将窃盗九儿一案会议得，凡窃盗屡犯、怙恶不悛者，若不夹讯、不得其情。步军统领衙门应准给夹棍。"上曰："自古人命最重，朕于人命重案，务极详慎。但因窃盗每从宽宥，所以京城为盗者甚多，而民生不安。若不将此等匪类正法，良善之人不能安居，而匪类亦无以惩戒。着给步军统领衙门夹棍。”凯音布出。大学士等以折本请旨。

九卿会题总河于成龙疏请加捐以应升之缺即用，议不准行。其申奏同知罗景等呈称，若免捐纳人等亲往工所，捐纳之人必多，以越职言事，拟将罗景等各降二级调用。上曰：“捐纳事例甚玷官方，若国家有紧急公务或用兵之际，必不得已方行捐纳。今已逾夏秋洪水之时，并无急务，所在工役着动用户部钱粮。现今山西大同等处捐纳之事尚未清结，岂可复开事例？彼进士等何为不行捐纳耶？可知有品者断不为此耳。前盛京运米时，大小官员俱各捐纳，但因加级，虽无钱之人，亦借贷急公。今主事捐纳而为员外，员外捐纳而为郎中，其应升员缺又用捐纳人等，则有钱之人升用，而部院衙门之年久干员，俱不得升矣。今因先用运米坐台人等，所以部院各衙门司官甚不及前，且官职之黜陟劝惩，俱系人主之事，岂可移之臣下？此事断不可行。着将朕旨传谕九卿。修理河工系国家大事，同知微员，岂得与议？罗景等交与该部严察议处。”

吏部题驻防宁古塔之拜他拉布勒哈番正白旗达杨阿老病解任，其兄固赛之子吴什八虽称此职原系伊父承袭具呈控告，仍遵例与达扬阿之子岳代承袭。上曰：“固赛之世职，原应与其子承袭，舍其子而与其弟达扬阿，已非矣。今又议与达扬阿之子承袭，尤属不合。此职与固赛之子承袭。着严饬行。”

黑龙江副都统关保因纠参协领都尔代骚扰驿站，被都尔代控其挟仇陷害，又亏空仓米、科派官兵等情，关保复行奏辨。上曰：“关保应俟将军审结，似此屡行奏辨，则事无完结之日。况黑龙江地方健讼已甚，关保身为大臣，而琐屑奏辨，甚为无耻。着严饬行。”

湖广巡抚年遐龄疏参大冶县知县宫吕居官贪婪，德安府知府王又汧年老衰迈。上曰：“观年遐龄数年以来，并未题参贪婪不肖官员，闻郭琇简任总督，方行题参，盖恐郭琇到任纠劾，而预行题参，情迹显然，着严饬行。”

大学士伊桑阿纠参内阁侍读苏海行止混乱，题请革职。上曰：“朕久知苏海系钻营之人，行止混乱，着革职。理藩院笔帖式达兰泰行止亦混乱，尔衙门学士恩丕为人乖张，交往纷纭，奔走贵显之门，并不勤劳公事。侍郎满丕亦品行不端，此辈何不罢斥，仍使服官也？”伊桑阿等奏曰：“恩丕应即行革职。”上曰：“尔等题参。”

是日，上诣澹泊为德问安。

本日起居注官阿山、华显。

初七日癸卯

初八日甲辰

初九日乙巳

初十日丙午

十一日丁未

十二日戊申

辰时，上御畅春园内澹宁居听政。部院各衙门官员奏事毕，大学士伊桑阿、阿兰泰、王熙、李天馥、吴琠，学士李录予、温达、钱齐保、苏赫纳、胡会恩、顾祖荣以折本请旨。九卿会题总河于成龙疏称将捐纳银两交库等因，议覆准行。上曰：“前开捐纳皆亲身修工，若不亲身修工，但将银交库，库内岂乏银两？况各处捐纳事例，至今尚未完结，今又止交银两，后必难于清楚。应不准交库，余依议。”

吏部题学士恩丕员缺，将内阁侍读学士沙尔图等职名开列具奏。上曰：“尔等衙门有贤能者否？”伊桑阿回奏曰：“侍读学士舒辂为人诚实，满图为人堪用。”上曰；“御史白硕色，朕久知其不奔走显贵，办事何如？”伊桑阿等奏曰：“臣等未与共事，不知其实。”上顾学士钱齐保曰：“尔等同旗，尔必知其为人。”钱齐保奏曰：“臣亦未与一处办事，亦不知。”上曰：“白硕色系进士出身，而又不奔走显要，着补授学士，以表示众人。”

兵部题总督巴锡疏称，嗣后凡有副将、游击缺出，照陕西例于现任官员内拣选保题，以便超擢，议不准行。上曰：“云南地方甚为紧要，副将、游击员缺照所请行。巴锡曾为陕西巡抚，陕西等处若有贤能官员准其保题。”

又总兵官马进良题标下守备朱逢升等年老衰迈员缺，请将候补守备严一林等补授，议准行。上曰："马进良疏内虽称守备朱逢升等年老，然俱由进士出身，着留任。所题请严一林等，俟有缺之日补用。"

直隶巡抚李光地纠参永定河分司吴禄礼将修堤未完钱粮假捏估计。上曰："吴禄礼为人迂阔无能，朕欲将伊补授内务府员缺，各处躲避。而为步军统领衙门主事后，又求于成龙保题河道同知。河工弊端尽由于朱成格。这事差尚书沙木哈去审，并汉大臣一员同往。于成龙以同知邓之宗保题道员甚为不当，朕知此人系内务府商人之子，在内务府为一包衣大尚不可。朕将李光地补授巡抚时，亦已曾问于成龙。于成龙微笑奏曰：'但观其日后何如耳，岂能预知也。'此必有所见而云然。"伊桑阿奏曰："李光地居官无甚不好，任学差时甚善，但此人软弱，于直隶地方不相宜。"上颔之。

是日，上诣澹泊为德问安。

是日记注官华显、揆叙。

十三日己酉

十四日庚戌　巳时，上由西直门进神武门，回宫。

是日记注官揆叙、宋大业。

十五日辛亥　本日部院各衙门无奏章。上未御乾清门。

本日起居注官华显、徐元正。

十六日壬子　辰时，上御乾清门听政。部院各衙门官员面奏毕，太原布政使满都赴任，请训旨。上曰："尔到任须敬以供职，或贤或否，在尔所行。"又杭州副都统鄂齐尔、江宁副都统阿尔纳等赴任，恭请训旨。上曰："满洲兵丁驻防各省，以备不虞也。若平时怠惰，不加训练，突有不虞，兵岂堪用，朕此番巡幸南省，见浙江兵丁训练颇佳，骑射亦优。江南之兵甚庸劣不堪，且不肖厮役甚多。今以尔等皆优授以副都统之职，尔等到任，亲身率领兵丁，不时训练，逐日习射。如有不肖厮役及懦弱兵丁，即行革退，其善射者录用。如此，则兵丁练习，而亦各相鼓励。每见各省驻扎将军、副都统等，以为身系大臣，妄自尊大，习于安逸，不肯亲身训练军士者甚多。尔等到任，须亲率士卒，善为训练。"阿尔纳等出。

大学士伊桑阿、阿兰泰、王熙、李天馥、吴琠，学士李录予、温达、钱齐保、苏赫纳、胡会恩、顾祖荣、特默德、白硕色以折本请旨。吏部题内升外转将郎中黄宫柱等职名开列。上曰："姜棣往者居官颇优，及任给事中时，条陈二事亦当。张泰交奉差长芦盐课，声誉甚佳，且又纠参冒籍人等。此二人着内升。今岁着停止外转。吏部官员俸浅俱停其升转。"

又国子监祭酒特默德升任员缺，将九卿保举邵穆布等职名开列具奏。上曰："邵穆布系九卿与尔等保举，人亦颇优，着补授祭酒。"

又李光地等以不捕蝗虫，议降二级调用。上曰："着从宽免调，俱降级留任。"

兵部覆总兵官潘育龙题请旧州营都司周方调补王庆坨都司，议准行。上曰："这所保题之人曾随朕南巡，人甚平常。此疏发回，着另行保题。"

刑部等衙门将谋死同领钱粮拨什库席哈泰之六十三拟立斩，加功之费扬鼓拟绞。上曰："谋死席哈泰之六十三罪固当诛，然支领兵丁丁粮及诸凡事务，俱惟拨什库是赖。该管佐领不拣授拨什库，而妄用偷盗之人为拨什库，殊属可恶，将该管佐领交该都统惩之。"

光禄寺卿辛保题前此所请备用银两今不足用，复奏请益。上曰："这所请银两数目太多，每年着令两季奏请。此疏发回，另议具奏。辛保从前尚好，今大不似前，奔竞多端。其料理皇子府内事务，亦为不妥。斯人办事虽优，而厚重则无，尔等其志之。"

是日，赐江宁副都统鄂齐尔、杭州副都统阿尔纳鞍马各一匹。

本日起居注官华显、王九龄。

十七日癸丑　早，上巡幸边外，由神武门出东直门，驻跸三家店。是日，顺义县防守御卓博尔图等、知县杨方义等、怀柔县守备许天德等来朝。

十八日甲寅　上驻跸密云县。是日，召日讲官起居注翰林院侍读揆叙、太仆寺少卿格尔芬、翰林院检讨法海、营造司员外郎拉都立等入行宫，上命赋诗，又赐御制诗。揆叙等奏曰："臣等蒙皇上作养之恩，少年即登显荣，并无与皇上效力之处。承命赋诗，臣等学素平常，才识短浅，词语粗鄙，不能仰副圣意。正在惶悚之际，蒙皇上宽宥，复沛殊恩，颁赐御书。臣等实获传世之宝，不胜欣跃，无以措词回奏，惟有叩首谢恩。”奏讫，谢恩出。

镇守古北口等处总兵官马进良、副将江起等来朝，向乾清门侍卫马武口奏曰：“皇上巡幸边外，经过臣等所辖地方，乞至臣等衙门内驻跸一宿，以快兵民瞻仰天颜之意。”奏入，奉旨：“朕巡幸边外，沿途访询，尔等居官甚善，兵民咸戴。朕后日出口，亦不驻跸衙门。经过时预备笔砚，朕亲书字赐与尔等，以示荣宠。”

是日，霸昌道郎廷栋、古北口关差员外郎吴大容等，密云县知县郑富民等、守备严一林等来朝。

十九日乙卯 上驻跸腰亭。是日，奏事存住传谕大学士伊桑阿、阿兰泰等曰：“朕巡幸至此，见各种田禾甚好，可谓丰年。但见各处皆有蝗蝻，恐地方官民、旗下庄屯因田禾已收，以致怠忽，今年若不将蝻子捕绝，贻害来年，悔之无及。着传谕各处地方，务必灭尽。来年益加防备，但于未能翼飞之时，预先灭净。”

是日，召日讲官起居注翰林院侍读揆叙、翰林院检讨法海，营造司员外郎拉都里等入行宫，命书大字。上亲书“玉堂挥翰”四字赐揆叙，“横经”二字赐法海，“摛藻”二字赐拉都里以为程式。揆叙等奏曰：“臣等昨蒙赐御制诗，今又蒙赐御书大字为式，臣等屡受殊恩，实为荣耀。不但臣等衔感，勉习不怠，即天下读书人闻之，莫不各自鼓励矣。臣等叩谢隆恩。”奏讫，谢恩出。

是日，石匣营游击胡蟠等来朝。

二十日丙辰 上出古北口，御总兵衙门，赐总兵马进良御书“骁勇飞将”四大字，又赐以诗、并对联及貂裘。又赐副将蒋起御书“没石饮羽”四大字。

是日，上驻跸三叉口。管理古北口驿站事务员外郎郭礼等、管理驿站同知赵洪魁等，古北口防御官鄂子等、古北口千总孙得名等来朝。

二十一日丁巳 上驻跸喇嘛洞。

二十二日戊午 上驻跸伊苏河岸之杨树沟。

二十三日己未 上过希拉诺海岭时谕曰：“岭名希拉诺海者甚多，此岭更名为阿铺达里可也。”

是日，上驻跸邵府营。翁牛忒多罗都棱郡王班第等请安来朝。

二十四日庚申 上驻跸薄罗营。是日，喀喇沁和硕额驸尔臧公沙木巴拉锡等请安来朝。

二十五日辛酉 上驻跸可汗铁岭。是日，命蓝翎侍卫黄海传谕领侍卫内大臣、护军统领等曰：“今日所行路程稍远，可将马匹栓四五更时再加秣饲。明日驻跸处甚近，马匹可得饱食。”

二十六日壬戌 上驻跸黑湾地方。赐大学士伊桑阿、阿兰泰狍，亲近侍卫五什传谕曰：“狍肉软腴，年老之人宜食之。”喀喇沁多罗都棱郡王查锡卧病，遣夏毛钦请安来朝。

二十七日癸亥 上驻跸独村。

申时，上御行宫，大学士伊桑阿、阿兰泰，学士钱齐保、苏赫纳以折本请旨。吏部题内阁学士温达升任员缺，将内阁侍读学士沙尔图等职名开列具奏。上曰：“侍读学士满都其人何如？”伊桑阿奏曰：“其人颇优。”上曰：“傅伸其人何如？”伊桑阿、阿兰泰奏曰：“其人亦优。”上又曰：“此人学问优长，曾在内庭修书。”阿兰泰奏曰：“臣亦闻其学问优长。”上顾起居注官曰：“尔衙门可只有傅伸一人？”阿山奏曰：“侍读学士内，只有傅伸一人。”上曰：“其人何如？”阿山奏曰：“其人颇优。”上又问曰：“傅伸与特默德，二人学问孰优？”阿山奏曰：“二人俱不相上下。”上曰：“满都其人颇优，且效力之处甚多，着补授学士。”

又覆浙江巡抚张勄题石门等处四县知县员缺，将龙泉县知县张廷彩等调补，议不准行。上曰：“该部照张可前条陈例议不准行，今该抚既以人地相宜，特行题请，这次着该抚所题调补。”

刑部等衙门题原任知州赵国宣拟绞，原任巡抚杨凤起拟枷责，原任总督调补侍郎李辉祖拟革职。上曰：“此事甚大。杨凤起一案如此完结可乎？此非仅取馈送微物，乃大加科派，俟至京日请旨。”

二十八日甲子 上驻跸行宫。

二十九日乙丑 早，亲近侍卫海青传谕领侍卫内大臣曰：“此番随来之人，若有病者即行奏闻。现携良药甚多，有病者即给服之，虽厮役及贸易汉人，俱令奏闻，着通行晓谕。”

是日，上驻跸骝杨川、黄陂杨川之界。

八　月

初一日丙寅　上驻跸土城地方。是日，和硕端敏公主、科尔沁和硕达尔汗亲王额驸班第、多罗郡王代布达大布等来朝请安。

初二日丁卯　上驻跸行宫。是日，和硕端静公主、和硕纯僖公主、喀尔喀和硕亲王策旺查卜、敖汉多罗郡王查木苏等来朝请安。

初三日戊辰　早，赐内大臣、大学士、侍卫、部院各衙门大小官员鹿。

是日，上驻跸红川口。赐厄鲁特铁工吴色银十两、进献马羊阿霸垓多罗郡王吴尔占噶喇布头等护卫阿于什妻银三十两。

是日，淑慧长公主、和硕荣宪公主、巴林和硕额驸乌尔浑等，苏尼忒多罗郡王车衣济功苏垄等来朝请安。

初四日己巳　上驻跸红川口。

早，命亲近侍卫吴什传谕大学士伊桑阿、阿兰泰曰：“闻巴林人等因饥荒失散，着大学士等晚刻面议。”

晚，上御行宫，大学士伊桑阿、阿兰泰，学士钱齐保、苏赫纳以折本请旨。户部题浙闽总督郭世隆题，请将地方所不产等物折银交部采买，议不准行。上曰：“近见地方官员借此科派百姓，该督抚何不拣选才能官员，估值价银，至京采买交部？”大学士伊桑阿奏曰：“发银地方官员，令其至京采买交部，亦无有异。”上曰：“该督抚若估价交与才能官员，至京采买，自胜于各州县科派矣。即各省地方，亦俱应画一，俟至京之日再画一议定。”

兵部题黑龙江副都统关保、协领都尔代等疲劳驿站，议革职、鞭一百、枷号两月。上曰：“关保从宽免革职枷责，着降五级来京，以应用之缺补用。余所议罪犯，着于彼处完结。此有罪人员内，系从京遣发者，着留彼处。若系本处者，令其来京披甲。”

上又顾大学士等曰：“朕曾以蒙古等生计为念，因特遣官教养，已各安生理，无有不乐业者。近闻巴林人等因饥荒离散，朕心甚为悯恻。彼处系公主所居，但微员前去，恐亦无济。朕意遣护军统领鄂可济哈前往，方能有成。令学士苏赫纳至彼，会同扎萨克等，将巴林所存米一千石散给被荒之人，勿致偏给。公主人员，但视无食者即行分给。其离散之人，令其招徕。若饥荒人众，米粮不敷，一时不能采买，着将坡濑村米粮作何运輓，速行会议具奏，令伊等尽力抚养之。行文至京，仍照抚养敖汉等处奉差，官员有情愿前去抚养者，令其奏闻。其前往事务，着所差大臣次日议定请旨。”

初五日庚午　上驻跸行宫。

初六日辛未　上驻跸杨领口。是日，赐内大臣、大学士、侍卫及前锋、护军、执事人员等鹿。乌朱穆秦多罗贝勒博木博等来朝请安。

初七日壬申　上驻跸行宫。是日，赐内大臣、侍卫、大学士、部院各衙门大臣及前锋、护军狍、鹿。阿霸垓多罗郡王吴尔占噶喇布达麻林查布等来朝请安。

初八日癸酉　上驻跸会领口九汇河岸。是日，赐科尔沁和硕达尔汗亲王额驸班第大批箭五枝，内大臣、侍卫、大学士、部院各衙门大臣俱各赐鹿。

初九日甲戌　上驻跸行宫。是日，蒿齐忒多罗郡王雅木批尔、扎鲁特多罗贝勒必鲁洼、阿巴哈纳尔多罗贝勒布昭、固山贝子厄林陈达什等来朝请安。

初十日乙亥　上驻跸行宫。

十一日丙子　上驻跸行宫。喀尔喀车陈汗、多罗郡王额尔德尼纳木查尔等来朝请安，赐食。

申时，上出行宫前，率皇子等射毕，又视宗室及善射侍卫等射。上每矢俱中的，皇子等中者亦多。

十二日丁丑　上驻跸会岭北谷。

十三日戊寅　上驻跸砮湖埭河岸。是日，内大臣、大学士、部院各衙门大臣、执事人员及车陈汗、蒙古王、台吉等俱各赐鹿。

十四日己卯 上移行宫八里驻跸。是日，自内大臣、大学士、部院各衙门大臣、侍卫及执事人员俱各赐鹿。阿禄科尔沁多罗郡王垂来朝请安。

十五日庚辰 上驻跸行宫。

十六日辛巳 上驻跸玲珑谷。

十七日壬午 上驻跸音图沟附近地方。赐内大臣、侍卫等束干鹿肉，折布尊丹巴库图克图遣使进巴查木萨等请安。

十八日癸未 上驻跸庸噶拜谷。

申时，上御行宫，大学士伊桑阿、阿兰泰，学士钱齐保以折本请旨。吏部题给事中汪煜条奏被灾淮安、扬州等处府州县员缺，照山陕例拣选补用。部覆将知府、同知准行，其州、县官员议不准行。上曰："淮安、扬州等处被灾地方甚为紧要，岂但知府、同知应拣选补用，即州县官，亦应照山陕例，遇有缺出即行奏闻。其往河工人员甚多，此内亦有无事者，俱于彼处粜米。以致被灾地方，愈加狼狈，此无事人员应着发回。"大学士伊桑阿等奏曰："诚如圣谕。所往河工人员无事者甚多，此等内富者犹可，贫乏之人竟有卖骡马作盘费者，应将此等查有未授事者，令其发回。"

户部题甘肃巡抚喀拜奏销采买狐肷等皮，部议驳回。上曰："这所估价甚觉太过，尔等亦用皮服，岂不知价？着照部议驳回，令其减价。若仍前不减，并该属官员一并严加议处具奏。至京之日将浙闽总督郭世隆所请采买一案，一并画一议定，拣选地方贤能官员领价至京，采买交部。"

兵部题云贵总督巴锡疏称城守营参将等员缺，将游击吴昆等保题，议不准行。上曰："着来京陛见。"

又遣发罪犯不亲解到地方倩人代送，议将骁骑校摩里尔图车黑德衣革职、枷号三月、鞭一百。上曰："所遣发地方不亲身解到，倩人代送，甚为可恶，岂可即如此完结？着解京严审议罪毕，即着披甲。"

刑部题署两江总督事侍郎陶岱疏称，因贪婪侵渔一案，将拟绞监候面审对质原任按察司孙居湜与逃获罗永王容对审，孙居湜并无受贼之处，部议驳回。上曰："此事情由如何？"伊桑阿奏曰："前孙居湜供称，众皆供我受脏，我有何辨处等语，今又审得伊并无受脏之处，故部议驳回，况系赦前之事。”上曰：“孙居湜前在邳州时居官颇优，且仍照部议批出。”

是日，赐阿霸垓多罗郡王吴尔占噶喇布、蒿齐忒多罗郡王雅木批尔等王母、妃等蟒缎各一匹、缎各七匹。喀尔喀多罗贝勒王渣尔、阿巴哈纳尔，固山贝子厄林陈达什太妃、王母蟒缎各一匹、缎各四匹。又台吉夫人俱各缎一匹、彭缎一匹。科尔沁达尔汗土谢图亲王额驸沙津来朝请安。

十九日甲申 上驻跸石山口。

申时，上出行宫前，率皇子等射，并视宗室及善射侍卫等射毕，又视巴尔虎之补授佐领骁骑校、护军校人员射。上每发俱中的，皇子等亦屡中。赐喀尔沁和硕额驸噶尔藏蟒袍一袭、凉帽、带靴、袜、弓矢，公善巴拉什蟒袍一袭、凉帽、带靴、袜，其台吉副都统护卫官员及兵卒俱各赐银缎有差。察哈尔首领阿必大、参领贾汉等率官兵来朝。

二十日乙酉 上驻跸潺流河地方。

二十一日丙戌 上驻跸榆山口。是日，折布尊丹巴库图克图、喀尔喀土谢图汗妃、多罗贝勒西达什里及苏尼忒多罗郡王萨木查妃郡主等来朝请安。

二十二日丁亥 上驻跸古尔板库特尔。是日，赐喀尔喀车陈汗、多罗郡王盆楚克蟒衣各一袭、凉帽、带靴、袜、刀、弓矢、撒袋，蟒缎各一匹，缎各七匹、银各二百两。阿霸垓多罗郡王达麻林查布之母蟒缎一匹、缎七匹、台吉车衣查木苏厄尔得尼根敦衣各一袭、凉帽、带靴、袜、弓矢、蟒缎各一匹、缎各四匹、银各五十两。

二十三日戊子 上驻跸鄂尔济图席拉地方。是日，进献马匹喀尔喀车陈汗、多罗郡王纳木查尔、台吉额尔德尼等各赐鞍、刀、蟒缎、缎布。

二十四日己丑 上行至拜商地方。苏尼忒多罗郡王萨木查妃郡主设宴接驾。

申时，上将至行宫，裕亲王及妃设宴接驾。

是日，上驻跸青城，内大臣、大学士、部院各衙门大小官员、侍卫、执事人员等俱各赐黄羊。

二十五日庚寅　上驻跸都勒诺尔之南、诺海和硕之西地方。是日，上行视左翼马厂。

是日，赐喀尔喀土谢图汗之妻蟒缎一匹、缎二匹，其媳及女与孙女并多罗贝勒西达什里之妻、台吉等之妻女俱赐缎有差。又赐进羊毛明安旗分副都统巴荡等白金。

二十六日辛卯　早，赐内大臣诺尔布车凌等之妻、牧场首领、副首领、参领、佐领、台吉官员等之妻，护军校、骁骑校、护军兵丁之妻，牧场人役之妻白金、布缎有差。

是日，上行视太仆寺衙门马厂，驻跸塔布恩拖罗海河岸。

申时，上出行宫，召护军校前锋、护军至前，问有军前效力及有功得伤者，俱各赐马匹。

二十七日壬辰　早，上出行宫，亲视随驾前锋、护军内年久者，各赐马匹。是日，驻跸乌阑诺尔地方。

申时，上出行宫，随驾前锋、护军、执事人等内年久者亦各亲视，赐马匹。

二十八日癸巳　上行视羊场，驻跸查木克图诺尔地方。是日，右卫将军宗室费扬固及喀尔喀多罗郡王墨尔根济浓古鲁什希、苏尼忒多罗贝勒沙里、四子部落多罗贝勒诺尔布等来朝请安。

二十九日甲午　上行视牛场，驻跸拖里呼诺尔地方。

申时，上出行宫，亲视前锋、护军、执事人等内次于年久者，各赐马匹。新满洲及养新满洲之人俱各赐黄羊。

三十日乙未　上行视牧场御用马匹，驻跸昂古里海毕尔汗地方。内大臣、大学士、部院各衙门大小官员、侍卫、执事人等俱各赐羊。是日，喀尔喀多罗郡王色冷阿海等来朝。

九　月

初一日丙申　早，上御行宫，亲赐执事人役马匹，又幸牧场，以牧场马匹亲赐内大臣、大学士、侍卫、内务府官员、新满洲并副将江琦、游击胡泮等。是日，驻跸行宫。

初二日丁酉　上驻跸喀木库地方。赐进驼马喀尔喀默尔根济农、多罗郡王顾禄西希卜白金一千两、貂皮二百张、银鼠四百张、鞍马一匹，又以独石口副将江琦善射，赐矢五枝。遍赐牧场首领、副首领，以及牧场人役妻室等白金有差。

初三日戊戌　早，赐内大臣、侍卫以至护军等黄羊。是日，上驻跸阿鲁西巴尔泰地方。

申时，上于行宫前，率皇十三子、皇十四子射，又命宗室及善射侍卫等射，遍阅察哈尔总领、参领以及护军校、骁骑校、牧场首领官员等射。上发矢皆中，二皇子亦发皆中的。环视者及众蒙古等莫不称异。

是日，遍赐察哈尔官兵银帛有差。亲近侍卫海青传谕内大臣丹济喇曰："尔虽系败北后来降人，朕擢以极品，以荣显之。今赐尔马百匹、牛百头、驼十五只。朕此恩锡，非惟令尔不负朕也，欲使汝西陲各得闻之耳。"丹济喇奏曰："臣系当诛之人，蒙皇上高厚之德，不惟得全首领，且备极显荣。今复沛此恩施，臣自应捐躯报称，以竭犬马之劳，即西陲人等孰不倾心？臣复何言，惟叩谢隆恩而已。"随稽颡不已。

初四日己亥　早，赐内大臣丹济喇、诺尔卜、车凌等妻袭，厄鲁特妇女绵衣。

是日，上驻跸红崖地方。赐修路工部侍郎常寿黄羊，进马游牧地方佐领喇什白金。是日，张家口驻防总管官罗多礼、防御达赖等，总兵官尚宣、副将张文焕等，管理驿站事务员外郎黑色等、税课主事增寿等、口北道周士贤、宣化府知府申奇贵等来朝。

初五日庚子　上驻跸宣化府。申时，上于行宫前旷地率皇十四子射，上发矢皆中，皇子亦皆中的。又阅宗室及善射侍卫等、总兵官尚宣、副将张文焕等射。上问尚宣曰："尔标下绿旗官员内孰为勇健？"尚宣奏曰："臣标下右营千总陈堂、张家口把总田养鹄材力矫健，且能管辖。"上曰："将伊等姓名交兵部志之。"

是日，以尚宣、张文焕善射，各赐矢五枝。又赐尚宣黄羊二、兔二十，张文焕黄羊一、兔十五。宣化府游击陈天定等来朝。

初六日辛丑　上驻跸保安州。是日，宣化府同知赵国器、保安州知州杨汝楫等，怀来路守备徐昇阶等来朝。

初七日壬寅　上驻跸怀来县。功加守备高选等三十五人因年久不获录用叩阍。上命领侍卫内大臣公福善、乾清门侍卫马武监试，福善等选择骑射娴熟高选等二十人具奏。奉旨："将所选二十人交兵部，着遇缺即用，余遣还原籍效力。"

晚刻，乾清门侍卫马武传谕领侍卫内大臣公福善、总兵官尚宣曰："保安等处四把总员缺，俟到京后照例行文兵部方行补授，殊觉太迟，着将记名高选等二十人内，令马武与福善、尚宣会同拣选，以守备职衔补授把总。此等地方缘当边境，密迩京师，朕不时巡省，若其才力果足以辖众，即不次以参将、游击擢用。"

是日，怀来县知县钱安世、怀来路守备程纶等来朝。

初八日癸卯　上驻跸岔道。是日，延庆州知州于翔汉、居庸关都司陈国英等来朝。

初九日甲辰　早，总兵官尚宣、副将张文焕向乾清门侍卫马武奏曰："今皇上恩威所被，边境清宁，军民乐业，家给人足，虽窃盗亦无，臣等所隶地方无事，祈随圣驾至京师。"入奏，奉旨："地方紧要，尔等不必送。"

是日，上进南口，驻跸杖头村。昌平州知州孔毓璋等、防御奈曼代等、昌平营参将李默等、巩化城都司刘奇等来朝。

初十日乙巳　辰时，上奉皇太后至畅春园。皇太后驻跸澹泊为德毕，上方回宫。

是行也，部院各衙门奏章每日送内阁，由内阁每三日邮送行宫听理。

扈从起居注官阿山、揆叙。

十一日丙申　申时，上由西直门进神武门，回宫。

是日起居注官华显、王项龄。

十二日丁未　辰时，上御乾清门听政。部院各衙门官员面奏毕，大学士伊桑阿、阿兰泰、王熙、李天馥、吴琠，学士李录予、钱齐保、胡会恩、顾祖荣、特默德、白硕色以折本请旨。吏部题拟分司吴禄礼罪。上曰："吴禄礼固当治罪，李光地自简任巡抚以来，甚为效力，着从宽将二级留任。"

户部题牧场地方议交直隶巡抚李光地行查。上曰："方今水涸，着八旗都统等会同李光地踏勘议奏。"

兵部题署参领闫朱虎伤发身故，应赐恤。上曰："闫朱虎受伤已三十余年，该部即以伤发物故具奏不合，着批饬行仓场。"

总督德珠等题参通惠河监督晋布及运丁等。上曰："晋布为人庸劣，人人皆言其非。伊亲往查船，致运丁于死，及运丁等噪集，彼即畏避仓中。抵暮，家仆以马至，乘之潜窜。晋布为九卿保举之人，观其作为如是，有负保举多矣。着该部严加议罪。"

是日起居注官阿山、宋大业。

十三日戊申 辰时，上御乾清门听政。部院各衙门官员面奏毕，大学士伊桑阿、王熙、吴琠，学士李录予、钱齐保、胡会恩、特默德、白硕色、九卿詹事科道等，遵旨会议，原任总督李辉祖、原任巡抚杨凤起、原任知州赵国瑄等事入奏。上曰："湖南地方情形，朕向日不尽深知。近因南巡，始得洞悉。百姓雕敝已极，逃窜者多，皆由地方督抚不职所致。督抚若好，则司道自不能多事。司道安静，则州县何能为恶？湖南自兴永朝、王梁任督抚时，已为地方之害。后至杨凤起，更甚不堪。各省官吏每问九卿，皆云较前稍胜，究之，日衰一日，何能稍改？若杨凤起居官如此，不加重处，何以示惩？着将杨凤起同赵国瑄严加刑讯，明白议奏。"

又以浙闽总督郭世隆采买改折事会议不准行覆奏。上曰："本地采买诚然累民，若折色解京官买，虽价直不无稍贵，而其事尚小。总之不可有累百姓。累百姓之事，不特于此，凡一切纤毫扰害，皆断断不可行。向日口外蒙古穷困载道，人不聊生，皆由差遣繁多之故。朕近年来任人经理，多方抚育培植之，今已家给人足，乐业安生。可见治民之道，全在休养也。着交九卿再议具奏。"

谕毕，上出所绘河图谕大学士伊桑阿等及九卿诸臣曰："今天下无事，四海太平，所最重者，惟治河一事。若河道不治，则淮扬一带百姓将致沦溺，其何以忍？朕前亲临审视，知近日水之不治，皆由洪泽一湖。洪泽之水甚大，既不能泄，而又加以黄运两河合并，势愈浩瀚，自必泛溢。昔时原有归仁堤遥为捍御，此法最善，今已淹没不可考。靳辅则筑减水坝，名为减水，而四处奔泻漂决甚多。彼但顾上河，而不顾下河，其何以治？以朕之意，唯有导河道稍北，使彼不得浸入清水，而洪泽湖则疏泄之，使之下流。全用清水以刷沙淤，如此，则水自无不治。今岁雨水不甚，尚且如此，他时雨水若大，更当如何？朕前曾手谕于成龙，而彼但讲筑堤，开例全不审究。前董安国所开引河，因其放水太早，以致难流。今或导黄河稍北，或将董安国所开引河加浚，尔等将此图与九卿一并定议具奏。”

是日起居注官揆叙、徐元正。

十四日己酉　辰时，上御乾清门听政。部院各衙门官员面奏毕，大学士伊桑阿、王熙、吴琠，学士李录予、钱齐保、胡会恩、特默德、白硕色，九卿、詹、事、科、道入奏曰：“上谕河工事务已极周详，相应遵旨移文总河于成龙，令速行修浚。”上顾侍郎李楠问曰：“尔系彼处人，必知其详。如此修浚，可乎？”李楠奏曰：“如此修浚诚好。”上曰：“靳辅、董安国、于成龙等但知筑堤御水，至于改河身使北俾清水通流，并未言及。若不令清水通流，虽修筑堤岸，黄水终至倒灌，焉能御之。”伊桑阿等奏曰：“此皆人智虑所未及，今蒙圣谕乃始晓然。”九卿出。

上顾大学士等曰：“比年来内升官员少，京堂悬缺者多，翰林官甚众，升迁壅滞。尔等将现出京堂之缺及翰林官职名，一并开列呈览。”

伊桑阿等以折本请旨。吏部题苏松、常镇道等员缺，将掣签朱士杰等职名开列。上曰：“朱士杰原系天津道，居官无状，才品亦庸。苏松道员缺甚属紧要，右江道王缥其人颇优，着调补苏松道。朱士杰调补右江道。”

又将降调扬州府知府傅泽洪员缺、革职兴化县知县许钟英员缺奏闻。上曰：“知府内朕无知者，现任居官优者，着九卿保奏。翰林官内伊等所知者，亦着保奏。”

是日起居注官华显、冯云骕。

十五日庚戌　早，上御太和殿，升转文武官员谢恩毕，上回宫。

是日，上诣宁寿宫问安。

是日起居注官阿山、韩菼。

十六日辛亥　辰时，上御乾清门听政。左都御史、署兵部事马尔汉等入奏。上召大学士伊桑阿、王熙、吴琠，学士李录予、钱齐保、胡会恩、特默德、白硕色谕曰：“镶白旗满洲都统兼管步军统领凯音布以年老不能兼理启奏，着解都统任，仍以原衔管步军统领事。”又谕曰：“镶白旗护军统领苏赫懒惰，不堪供职，着革其官，交裕亲王，或以长史土克善员缺补用，或于他处用之，听王差遣。又正蓝旗护军参领介石原系举人，具呈授为武职，军［前］为深为效力，曾得世职，亦身被伤痍，于西路出征又复被伤。今不能以武职效力，此处无人代彼。陈明着对品调补文职，仍令出差。尔等会同吏部议奏毕，以折本请旨。”

吏部题内阁侍读学士满都员缺，将郎中鄂奇拟正，御史勒贝拟陪。上曰：“内务府郎中法亮，为人谨慎，不事奔競，汉文亦好，着补授侍读学士。”

兵部题将山西太原总兵官韩天伏，因游击王润罢退时，巡抚噶礼并未到任，伊称会议具奏，虽经检举，仍应罚俸六个月。上曰：“韩天伏自行检举，着从宽免其罚俸。”

是日起居注官徐秉义、揆叙。

十七日壬子　辰时，上御乾清门听政。部院各衙门官员面奏毕，大学士伊桑阿、王熙、吴琠，学士李录予、钱齐保、胡会恩、特默德、白硕色以折本请旨。吏部题侍郎辛保员缺，将学士布泰等职名开列。上曰：“现任学士皆系新升，于诸凡未经效力，亦未试之以事。原任总督吴赫其人颇优，着补授侍郎。”

又光禄寺卿辛保员缺，将候补努赫拟正，侍读学士傅伸拟陪。上曰：“观努赫为人谨慎，于光禄寺相宜，着补授。”

于成龙题请治河紧要，祈将附近山东、江苏地方库银五十万拨给，及时修治。上曰：“此银着即发给。若交部议，又复迟缓。以此观之，捐纳何益？且国有仓卒军机，不得已而令其捐纳耳，岂当行于升平之时耶？”

是日，赐琉球国王尚贞锦缎等物，并敕书交付进贡来使遣还，其正使耳目官毛龙图、副使正议大夫梁邦基、都通事阮维新等，及留边通事等，俱照例赐布帛等物。

是日起居注官华显、王九龄。

十八日癸丑　辰时，上御乾清门，听部院各衙门官员面奏政事。

是日起居注官阿山、曹鉴伦。

十九日甲寅　辰时，上御乾清门听政。吏部尚书库勒纳等入奏。上顾熊赐履谓曰："署江南总督事侍郎陶岱居官何如？"熊赐履奏曰："臣乡未有人来，未闻陶岱政声。"上曰："尔曾同部，陶岱办事何如？"熊赐履奏曰："臣同陶岱虽久在吏部，陶岱多奉差遣，其办事臣亦未知。"

理藩院尚书班第奏事时，上谓侍郎满丕曰："尔顷还自蒙古地方，今岁蒙古生业如何？"满丕奏曰："是行见蒙古各复生业，未有至饥困者，是皆皇上遣官养育之所致也。蒙古地方惟惧盗耳，盗息，则蒙古自永获生业矣。"上曰："欲复蒙古生业，盗禁务须加严，不严断不能弭盗。朕于此番巡省归化城，副都统阿迪来朝，曾以彼处贼盗何如问之。阿迪云：归化城地方贼盗虽未尽息，然比前甚少。朕曾谕尔务严盗禁，嗣后倘有盗案，朕必将尔并议处，断不姑贷。向因蒙古地方盗案，朕尚欲诛贝勒厄尔德布，尔首岂反尊于贝勒之首乎？"满丕等出。

大学士伊桑阿、王熙、吴琠，学士李录予、钱齐保、胡会恩、特默德、白硕色以折本请旨。上问伊桑阿曰："阿兰泰颔下痈肿若何？"伊桑阿奏曰："臣昨往视，自用观音针，稍安，坚处亦软。"上又问："李天馥病势若何？"伊桑阿奏曰："病势稍重，肚腹泄泻。昨臣等与王熙亦为嗟叹，其为人无私无竞。"王熙奏曰："诚然。此人无私无竞，四十余年，品行始终如一。"上颔之曰："南人一病不支者，俱系动服人参之故。凡肚腹作泻，皆饮食不调所致，更服补剂，误人多矣。看来人因水土，信然。北人嗜面，至南方，过食面食，皆患疟疾、伤寒等症。南人好补，来北方停食未消，复加补剂，自应作泻。又常食肉之人作泻不妨，但忌肉一二日，即愈矣。若茹素之人，一作泄泻，便难医治。凉水亦有益于脾胃，常饮凉水之人，虽病易治。且自土喇地方以北之蒙古，一生少病，即死亡亦其命数耳，鲜有以疾死者。即妇人亦无有因生育而死者。顷副都统吴达禅收服厄鲁特还，亦以此惊讶启奏。若此者，岂非水土之故乎？”

吏部题严楮哈之二等阿达哈哈番议准其长子助教伊特海承袭。上曰：“此系希福之官，着查希福之子，并应袭之人引见。”

是日，上诣宁寿宫问安。

是日起居注官王顼龄、揆叙。

二十日乙卯 辰时，上御乾清门听政。部院各衙门官员面奏毕，大学士伊桑阿、王熙、吴琠，学士李录予、钱齐保、胡会恩、特默德、白硕色以折本请旨。理藩院题盗牛之罗布臧依律拟立绞。上曰：“罗布臧系贫穷蒙古，因酒后盗牛，其情可矜，着从宽免死，同妻子一并发往杭州披甲当差。”

浙江定海总兵官蓝理题提督赵弘灿已经丁忧，将署印日期奏报。上曰：“赵弘灿人材优长，在浙居官甚善，素得兵民之心。张鹏翮亦曾奏荐，且其弟赵弘燮居官亦甚优。赵弘灿着在任守制。”

是日起居注官华显、宋大业。

二十一日丙辰 巳时，上御文华殿，行经筵大典，命讲官库勒纳、熊赐履进讲是故君子有大道，必忠信以得之，骄泰以失之一节。讲官张英、阿山进讲《易经》仰则观象于天，俯则观法于地一节。毕，赐宴太和门前。

是日起居注官揆叙、徐元正。

二十二日丁巳 早，上由午门出正阳门，幸南苑，回宫。

是日起居注官阿山、冯云骕。

二十三日戊午 辰时，上御乾清门听政。部院各衙门官员面奏毕，大学士伊桑阿、王熙、吴琠，学士李录予、钱齐保、胡会恩、特默德、白硕色以折本请旨。九卿遵旨会审杨凤起、赵国瑄，拟罪具奏。上曰：“此本着暂留内阁，事之情实行文总督郭琇，令其详查。若辈居官若何，亦令一并题奏。”

户部题粜卖收贮保定安州米石。上曰：“此米或有缺额，着行文直隶巡抚李光地查明数目具奏。”

兵部题，因不带撒袋，将看守南薰殿章京巴尔汉降二级、罚俸一年，护军校努伦革职，护军高保住等枷号、鞭责议奏。上曰："护军校以下俱系小人，可悯，着从宽免其处分，余依议。"

理藩院题，将蒿齐忒多罗郡王雅木皮尔旗分之渣木素等议，即令伊等暂留种地之处为人佣工，俟其树立产业牲畜后，着王雅木皮尔遣人收去。上曰："他旗蒙古朕遣官养育，俱各得所，惟苏尼忒、四子部落、吴喇忒、毛明安等旗分有贫人为盗。尔等会同尚书班第详明确议作何抚养具奏。"

是日，奏事存柱、常寿传谕大学士伊桑阿、王熙、吴琠曰："大学士阿兰泰虽非阀阅旧家，事朕效力年久，品行清纯，办事敬谨。朕闻其病甚，即遣皇长子往视，朕亦欲亲往与之面诀，不意皇长子回称其业已昏迷，回而停辇。朕时在瀛台，闻其将危，即时回宫，寻得凶问，深用震悼。随遣皇长子等临其丧，赐鞍马四匹、白金千两。大臣病故，虽无辍朝之例，朕心不忍，特停办事一日。"伊桑阿等奏曰："阿兰泰办事诚优，廉洁敬慎，勤勉效力，此亦臣子职分应尔。昨日病故，蒙皇上特恩，令皇子等临丧，又恩恤异数，所颁谕旨荣宠极矣。又命辍朝一日，诚为未有之旷典。幸遇圣主，乃邀此浩荡弘仁，不特阿兰泰荷蒙圣恩，即凡为臣子者，皆感戴无极矣。"

是日起居注官徐秉义、揆叙。

二十四日己未　上以大学士阿兰泰病卒不视事一日。

上诣宁寿宫问安。

是日起居注官阿山、曹鉴伦。

二十五日庚申　辰时，上御乾清门听政。部院各衙门官员面奏毕，大学士伊桑阿、王熙、吴琠，学士李录予、钱齐保、胡会恩、特默德、白硕色以折本请旨。吏部以陕西平凉府知府管竭忠升任员缺奏闻。上曰："平凉府地方甚要，若调补别省现任知府，其到任必迟。这员缺着应升人员内拣选具奏。"

九卿题秋审江西省缓决、情真二案。上曰："此缓决案内屠彬仪诈取银两，已经完结。屠彬仪着改为可矜。其情真案内亦有因事故殴死者，此等俱宜改为缓决，此本着发回更定。"

御史张世爵条奏，各省州县贮仓米石应照时价粜卖银两贮库。上曰："改米征银必至累民，且现有条奏捐纳人等交库银两亏空者，今张世爵反谓宜征银两，其人之无才可知。然御史本有言职，敷陈所见亦其当然，着批知道了。"

是日，上诣宁寿宫问安。

是日起居注官王顼龄、揆叙。

二十六日辛酉 辰时，上御乾清门听政。部院各衙门官员面奏毕，大学士伊桑阿、王熙、吴琠，学士李录予、钱齐保、胡会恩、特默德、白硕色以折本请旨。户部覆浙江巡抚张勄奏请将卫所官田应照民间上等田征银，议不准行。上曰："卫所官田即照民田征粮，有何不可？"伊桑阿等奏曰："卫所之田各省皆有，循行甚久，若照民田，更改诚繁。"上曰："如此着依部议。"

兵部覆准张家口员外郎黑色祈增驿站马价。上曰："此驿站特为蒙古而设，闻蒙古反为骚扰。尔等同理藩院会议口奏。"

是日起居注官阿山、宋大业。

二十七日壬戌 以高皇后忌辰不理政事。

是日起居注官揆叙、徐元正。

二十八日癸亥 辰时，上御乾清门听政。部院各衙门官员面奏毕，大学士伊桑阿、王熙、吴琠，学士李录予、钱齐保、胡会恩、特默德、白硕色以折本请旨。九卿覆江南省秋审情真重犯。上曰："朕一一详阅，此重犯内殷瑞华欲纵火焚烧殷君征所居之村，被殷能予、殷君召闻知，遂助殷君征殴打，殷瑞华父子重伤致死。周忱将族妇李氏逐出，李氏不从，遂诬以奸情，有周相华者助周忱缚李氏投水致死。冯喜欲掩伊盗杉木之故，诱人投水致死。沈蓝之父沈留与沈满斗殴，因沈满扼沈留阴囊，沈蓝遂助父搠死沈满。此五人者俱稍有可原，着改为缓决。"

兵部覆云贵总督巴锡题威宁中军守备陈俊年老解任员缺，恳将千总孙继祚升补，议不准行。上曰："孙继祚着照该督题请升补守备。"

大学士伊桑阿等奏曰："皇上巡省南方，曾奉上谕，着查出故明后裔一人，授以微职，看守洪武陵寝，到京时尔等会同九卿议奏。今臣等议得，皇上临视河道，回至江南，亲临明太祖陵寝，三行拜奠，御书匾额。见其殿垣倾圮，遂命修治。又令查后裔一人授以官职，此皆皇上圣德至仁，超越千古。但明亡已久，其子孙俱淹没无闻，今若查访或有妄行冒称者，亦未可知。即为详查，亦难得实据。臣等愚见，即委该地方佐贰官一员，专司其事，以时致祭。视其倾圮即为修理。”上曰：“尔等所议亦是。若果行查，诚为难辨。即依所议。”

是日，上诣宁寿宫问安。

是日起居注官揆叙、冯云骕。

二十九日甲子　上谕中和殿，视孟冬致祭太庙祝版毕，回宫。

辰时，上御乾清门听政。部院各衙门官员面奏毕，大学士伊桑阿、王熙、吴琠，学士李录予、钱齐保、胡会恩、特默德、白硕色以折本请旨。九卿覆河南省秋审情真重犯。上曰：“此内王二丑酒后与韩子蹇争闯，有杨志高者向前解劝，被打致死。其崔魁之殴死邓明，亦以醉后斗殴所致。此二人俱着缓决。”

总河于成龙题请将原任侍郎多奇等十人令修黄河赎罪。上曰：“观于成龙所请赎罪者无多，遣往修治黄河无济。今永定河现在修治，即着伊等修河赎罪何为不可，着交部议具奏。”

大学士伊桑阿奏曰：“昨奉上谕刑部题奏人命事甚多，朕曾屡谕将案件均分具奏，着查来呈览。”遂以所查折子进呈上览毕，谓曰：“此甚明白，人命事重，朕必一一详览，故屡谕均分案件具奏，以便详览。部员笔帖式新进者居多，并不知例。堂官又不详查，惟据其说，堂即为启奏。是以常致一日甚多，数日竟无。可将此谕示刑部堂官，嗣后着将案件均分具奏。”

伊桑阿等又奏曰：“臣等遵旨会同尚书班第议得，张家口驿站马匹特为蒙古而设，俟一二年后裁革。”上曰：“此驿马之设，特恐有累蒙古，裁革可乎？着照常留之。”

是日起居注官阿山、徐秉义。

十　月

初一日乙丑　早，上以孟冬礼诣太庙致祭毕，回宫。

是日起居注官阿山、韩菼。

初二日丙寅　辰时，上御乾清门听政。部院各衙门官员面奏毕，大学士伊桑阿、王熙、吴琠，学士李录予、钱齐保、胡会恩、特默德、白硕色以折本请旨。九卿覆山西省情真重犯。上曰："案内毛仪凤殴其子时，亲家程恺护庇其婿，欲携至他处。毛仪凤将程恺项上所围手巾纽拽仆地，以膝压其胸致死。郭建都因李椿林负债不还，夺椿林所荷之锄殴之，以致椿林伤重身死。蓝成贯因索钱不与，殴打孙成伤重身死。伊等情由俱略有可原，着从缓决。"

是日起居注官曹鉴伦、揆叙。

初三日丁卯　早，上率诸王、贝勒、贝子、公、内大臣、大学士、都统、尚书、精奇尼哈番、侍卫等庆贺皇太后圣诞礼毕，回宫。

是日，上诣宁寿宫问安。晚刻，上复诣宁寿宫问安。

是日起居注官阿山、宋大业。

初四日戊辰　辰时，上御乾清门听政。部院各衙门官员面奏毕，九卿入奏云："福建总督郭世隆，请将各省采买颜料，折银解部采买。臣等议得，采买物件，俱开载《赋役全书》，遵行有年，况银朱等物更非本地所产。"上曰："此等物件若令各省采买，必致累民。但银朱漆等物俱系各省所产，仍令输送。其余京师可以采买者，着于此处采买，则地方无转输之劳矣。况今现在草料等物，俱派有专管之人，并无情弊，事属甚便。此事亦特派人员，令其督理，未为不可。尔等再议。"九卿出。

大学士伊桑阿、王熙、吴琠，学士李录予、钱齐保、胡会恩、特默德、白硕色以折本请旨。兵部题澄江总兵王弘仁员缺，将广东协领王臣等职名开列。上曰："朕南巡时，见总漕标下副将杨林人材优长，前在巡捕营时甚好，着补总兵。"

刑部题偷采人参之李永寿等拟绞。上曰："李永寿着从宽免死，枷号三个月、鞭一百。伊等在彼偷采人参年久，不可令居盛京，发往杭州，给穷军为奴。"

又顾大学士等曰："遣往翁牛忒之监察御史辛保在彼甚是效力，今翁牛忒地方较前大为生聚，命该部议叙。令他处奉差者知之，亦黾勉效力也。"

是日起居注官阿山、徐元正。

初五日己巳　辰时，上御乾清门听政。部院各衙门官员面奏毕，大学士伊桑阿、王熙、吴琠，学士李录予、钱齐保、胡会恩、特默德、白硕色以折本请旨。九卿覆山东省情真重犯。上曰："案内窦宗贵闻其妻孟氏欲与他人通奸，因以铡刀砍杀孟氏，着缓决。"

吏部遵旨以扬州府兴化县知县员缺奏闻。上曰："这员缺着于现今候缺人员内简选引见。"

复顾大学士伊桑阿等曰："凡上司居官有声者，其所举之人必佳；若上司不善，则所保举者亦属不妥。然亦有居官先优而后劣者，亦有居小吏善，而升迁后改变者。始终如一、行止不改者甚少。"

礼部题将军扎穆扬应否赐恤。上曰："扎穆扬除授将军，在任虽不甚久，而著有勤劳，且居官亦优，军民感戴。着赐恤典。"

是日起居注官揆叙、冯云骕。

初六日庚午　部院各衙门奏章俱交送内阁。

上诣宁寿宫问安。

是日起居注官徐秉义、揆叙。

初七日辛未　部院各衙门无奏章，上不御乾清门。

是日起居注官曹鉴伦、揆叙。

初八日壬申　辰时，上御乾清门听政。部院各衙门官员面奏毕，大学士伊桑阿、王熙、吴琠，学士李录予、钱齐保、胡会恩、特默德、白硕色以折本请旨。刑部将多奇等赎罪修永定河丈尺定议具奏。上曰："此议但言几丈几尺，并未叙明高宽之处。着留此本，俟朕回时再行定夺。"

又议题窃盗安四等即行正法。上曰："为首之安四殊为可恶，着即行正法。余俱发往黑龙江。”

又九卿覆直隶审拟情真重犯人等。上曰：“案内焦西林虽恶状甚多，然未杀人。张景孝从其族叔张三信，将欲私通其婶之王文可并其妻邢氏痛打，伤重致死。窦子云误听其父被打，遂持棒打死解劝之邢志。刘孟义私通米包妻张氏，欲娶为妻，遂将米包诱去杀死，张氏系不知谋。王二将偷伊所守之高粱贼人吊打致死。李旺因赵祥秽语调戏其妻，旺骂赵祥，反被赵祥持砖来打，不堪其痛，乃以小刀搠死。郭友凤乘醉殴颜吉甫致死。杨有福与其伙计夏成山因取卖瓜钱厮打，又以夏莽小四助其叔成山，故有福殴之致死。高六因其叔高光先被刘国春持棍来打，因夺其棍打死刘国春。此等稍有情由，着俱从缓决。张四、明顺理、李胖子、王二等虽曾偷马，并未伤人，着从宽免死，发往黑龙江。”

理藩院覆前往教养敖汉等旗蒙古之黄茂等会题事件。上曰：“此议是，然而牛羊事尚有可议。蒙古所赖者牲畜，有牲畜则恒产可立。今为蒙古贫穷，故于各扎萨克俱遣官教养，因而盗贼屏息，各遂生养。兴安地方以内蒙古牲畜亦属蕃息，喀尔喀等于此数年，牲畜亦甚蕃息致富。现今察罕脑儿，奎苏地方所贮米甚多，年久必致朽烂。今喀尔喀等既须买米，应将此两处米发出，与喀尔喀等兑换牛羊。着喀尔喀内饶裕者，亦酌量令其略为帮助，将此所得牛羊散给诸处蒙古甚贫者，每人牛一头、羊二只，令其耕种度日，则贫穷蒙古等庶几得立恒产矣。尔等会同理藩院确议具奏。”

是日起居注官阿山、王顼龄。

初九日癸酉　辰时，上御乾清门听政。部院各衙门官员面奏毕，大学士伊桑阿、理藩院尚书班第等入奏发察罕脑儿、奎苏等处收贮米粮，与喀尔喀等兑换牛羊散给贫穷蒙古等事。上曰：“此事不可但遣官员，朕欲特派大臣、侍卫等去。此时甚寒，遣之无益，尔等先将察罕苏巴尔汉达赖布喇克等处收贮米粮查明，于来年三月具奏。彼时朕遣大臣、侍卫等前去换取蒙古等牲畜。将所换牲畜，着伊等赏给贫穷蒙古等。”班第等出。

大学士伊桑阿、王熙、吴琠，学士李录予、钱齐保、胡会恩、特默德、白硕色以折本请旨。吏部覆巡抚贝和诺题长安等县俱系附郭要地，请将淳化县知县佟世禄等调补，议不准行。上曰："佟世禄等着照贝和诺题，准其调补。"

户部覆黑龙江副都统喀忒虎题请米粮。上曰："黑龙江地方数年乏食，朕去年至乌喇时亦曾议及此事。今喀忒虎既行题请，着将乌喇收贮米粮，运至默尔根齐齐哈儿地方预备。若彼处有可引水种田之处，着此处能耕种之人前去，教其引水耕种。交该部议奏。"

兵部题补授游击守备。上曰："由进士选入侍卫内人优者甚多，朕欲选补附近地方。状元既升参将不引见外，余进士选入侍卫者，着交领侍卫内大臣引见。"

江宁巡抚宋荦题请蠲免高邮等处钱粮。上曰："此必前次蠲免钱粮时遗漏未题，着依该抚所题，令其蠲免。朕见他处被水灾者尚好，水应退时水无不退。唯有下河附近之地，连年水淹不退者，俱由清口之清水不得出，黄河之浊水逆流入洪泽湖之故。朕悯念民田连年遭水，昼夜勤思，必得使清口之水得出，黄河从别道流去，则生民始获利益。似此一年不修，则一年不行赈给不可。前陕西连年艰食，朕使旱路运米，小民尚得全活。此等赈给有何难处？但年年赈给，亦非久远之计。若不大修一次，断断不可。又彼处居民甚怨于成龙。所怨非他，但带去修河闲杂人甚多，因而米价腾贵。"大学士伊桑阿等奏曰："皇上所见极是。于成龙处所有闲杂人甚多，因而米贵民怨是实。"

兵部等衙门题候补千总史士忠请以游击任用，已妄行叩阍，议将史士忠革职、杖一百，发边卫充军。上曰："史士忠既经革职，着从宽免责，不必充军。"

顾大学士等曰："王新命于河工甚是效力，朕欲令其管理永定河事。"伊桑阿等奏曰："皇上所见极是。王新命于河工实能节省钱粮，若将永定河事付之于事，必有裨益。"

申时，上御乾清宫。大学士伊桑阿等又以折本请旨。吏部覆巡抚金玺题请衡永郴道董廷恩、长沙府知府王奕曾留任事，不准行。上谓吴琠曰："尔在湖广时曾与伊等共事否？伊等何如？"吴琠奏曰："王奕曾有才能，董廷恩为人平常，不生事。"上曰："着速行文至总督郭琇处，令其将伊等居官何如、地方百姓果否真心具呈留他之处查明具奏。”

户部覆署理两江总督事陶岱题淮扬仓所贮米粮请以贱价粜卖，不准行。上曰：“截留此米特备将来需用，今以贱价粜卖或今年，或明年，若有用时，有米可继否，着速移文陶岱，令其查明具奏。”

九卿覆京城秋审情真重犯人等。上曰：“此内其尚朱方、贵住儿、陈孝、李隆骚、达色萨木哈等俱因被其妻詈骂，故一时怒发，乘醉持刃搠死。阿玉西乘醉骂其同室居住之长保来迟，被长保以其裤带套伊项上极力扯拽，因一时着急，遂持刃搠死。陈国泰与刘三谋欲偷海子草去卖，遇巡兵朱佑等拘执，计思脱身，不得已将扁担打死，此案为首之陈国泰已经正法。张二依姑度日，其姑曾养赡其表姊夫之女，其表姊夫之兄张二麻子看女至其家，张二留饮，称其女在城内姑家。张二麻子以为卖其女，遂肆行打骂，张二还手，持棍打重张二麻子身死。九儿、牛二、五儿等俱行偷窃，赵仁、牙住阿福、蔡文学、花色、招儿、陈启先等谋杀庄头秀杨惠、秀杨义事，系秀杨惠等调戏伊等妻，意欲强奸，伊等妻不从，因将伊等日加凌辱，然为首之赵仁已经正法。刘二与黄二等同劫白天禄家，其刘二并未承认，且同伙贼俱已正法。庄二拐出九岁女子大儿欲卖，因无买主携至空处意欲毙之，遂击之，绝而复苏。杜良臣乘驴触撞桑格，桑格遂拽之坠驴，殴之。杜良臣还手相殴，桑格身死。官保于昏夜误执伊妻同寝三姐之辫发，疑其奸夫，以刀砍死。刘三脑自湖广送京师，因染病于路乘轿，病已痊愈，犹戴孔雀翎，假称侍卫，勒索轿夫。黑色七儿所盗官库银俱已追得，李三、苏四盗取科内红本意欲讹诈，科内书办银两马哈喇因其主黑格时常打他，遂诬告其主盗马。长生信任母言，殴打二桂至死，皆由其母杜尼喀妻恶悍所致。李廷柱、杨五、回子赵老二等殴死桑格，此案内李廷柱已经正法。二福鸡奸五岁小儿长命之处，稍有可疑，又况长命未死。阴忠怨其主将伊夫妻每日打骂，遂以信药饮其妻，又以小刀自刺其胸。任大因苏三以砖抛其院内，又作咳声，遂疑其妻李氏与苏三有奸，诘之，被李氏骂，故刺杀之。王四、周尚古等因争煤窑，打死人命，剜取眼睛，抢夺银钱、马匹等物，特随其兄王二前往，况其兄王二、周尚古俱已正法。二汉伊主华色欲将伊姊二姐逼打作妾，二姐觅死，因令其弟动手，遂以刀刺其颈杀之。姚三因贫乏诓卖小儿满福，乘醉与看守鹿角之人嚷骂，妄称旨意。和尔浑听信马进忠之言，同陈昌期至债负之家追取银两，而马进忠已经正法。此情真案内伊等稍有情由，着俱从缓决。杨二伊女姑子性云，被姑子性存诱使其弟奸淫，故将性存刺杀之，着从宽免死减等。"又题秋审可矜案内殴妻致死之满图事属可疑。上曰："与其妻不睦，久欲杀之，并杀其家人。张财诬称通奸，不可以为可疑而宥之，着从缓决。"

是日，上诣宁寿宫问安。

是日起居注官阿山、揆叙、宋大业。

初十日甲戌　早，上巡视永定河堤，由神武门出阜成门，至高陵地方。上谓侍郎常寿、原任河道总督王新命等曰："此河当水大至之时，甚是湍急。此堤断不能阻遏，必须修调水坝，分其水势，始为有益。"王新命等奏曰："皇上洞悉其故，训旨极其明切。如此修理，实属有益。"上又顾谓王新命曰："此修河事务，悉以付尔。尔其详悉相度记之。"

上阅卢沟桥以南河工，登朱家冈堤谕曰："观永定河形，必须束水使流，乃克有济，不当使之太阔。此河性本无定，溜急而易淤沙。既淤，则河身垫高，必致浅阻，因此泛溢横决。沿河州县居民常罹其灾，职是故耳。今欲治之，务使河身深而且狭，逼之通流，藉其奔注迅下之势，则河底自然刷深，顺道安流，不至泛滥。或有言河当使之阔者，谬矣。"

又谕曰："永定河水向无定流，人皆以为难于底绩，此未灼知河之本性故也。曩征噶尔丹，人亦以为难，朕独断于中，熟筹远虑，备御周匝，不留余隙，穷其所往，卒使噶尔丹至于灭亡。此河虽属难治，朕刻意欲其成功。今于河干遍观两岸，将紧要应修之处逐一详审，务期次第坚修，毫无遗憾。尔等恪遵朕谕而行，不必顾虑。此地离京不远。朕一发而至，似此加意修筑，何患无成？朕为元后，临御天下，自古未入版图者，尚皆令其向化，况此一河，而不能使其顺流，以拯斯民之水患，可乎？"

上又阅朱家冈河堤，谕曰："向筑此堤，因近堤取土成沟，水流沟内，以致冲激堤根。着即行筑塞，再从堤边斜筑小挑水土坝，使水不得漫溢，纵大水冲去，亦不足惜也。"

是日，上驻跸赵家营，署卢沟桥捕盗同知事完县知县高茂选等，良乡驻防协领席尔门、拖沙喇哈番品级章京长寿等，拱极城游击陆承养等来朝。上命内大臣公鄂伦岱伯阿什滩、乾清门侍卫马武视其射及骑射。射毕，鄂伦岱等奏称：游击陆承养、章京马色步射颇优，骑射平常。把总范兴步射、骑射皆可，游击高茂宣等七人步射、骑射俱属平常。章京常寿、把总朱定国步射平常，骑射不堪。奉旨："令其预备，朕明晨亲视伊等射艺。"

十一日乙亥 早，上自赵家营启行，行二里余，上率随驾官员及初十日来朝官员射，部院各衙门官员射时，上谓直隶理事通判朝琦曰："尔平居时亦常射否？"朝琦奏曰："臣于暇时常射。"上曰："朝琦射式既佳，而亦熟练。千总李国宝、把总吴定国、孟三耀俱骑射不堪，着革职。"

上随阅前岸北蔡村汕塌一处、夏庄村汕塌一处、南蔡村汕塌一处，谕曰："于此三处，从上流用埽为挑水坝，不必过长，长则大溜为其所逼。对岸淤处略加挑浚，水即泻入直流矣。着俟明春兴工。"

上又阅北蔡村汕塌一处，谕曰："此汕处去堤甚近，若再微有侵损，堤复圮矣。即于今年凿冰下埽作挑水坝。"

上又谕曰："官不清则为民害，水不清亦无利于民，天下之浊者皆如此也。不清之官朕有法以正之，不清之水朕有策以治之。"

上又阅小新安庄颓圮之处，谕曰："此处最高，水不能漫过，不足虑也。"着于上流亦筑挑水坝，其埽不必长。

上又谕曰："嗣后朕来阅河，毋得侵损田禾，役夫修道，但期于可行而已。"上又谕分司敦拜等曰："此河可虑之处，来春当即兴工，着动支钱粮预备停妥。"

是日，上驻跸支子营，候通判缺署固安县知县事祖应世，驻防协领刘格色、拖沙喇哈番品级章京折库纳等来朝。

十二日丙子 早，上启行，巡视河堤。霸州等处居民接驾，咸于道傍跪奏曰："前清、浑二河同流之时，连年水溢，我等沿河居民房屋俱坏，田产尽没。仰蒙皇上轸念详虑，不费民力，特发帑金挑浚清河，使入于海，于是连年水淹成泊之地，俱为良田。今年田谷丰登，嗣后我等世世安生，人人乐业，良由圣主视民如伤之一念所致。似此高厚恩泽，实不能仰酬万一，但愿皇帝万寿无疆。”祝毕，向前谢恩。上顾诸民等曰：“朕不辞寒冷，来巡河堤，特欲拯救尔等。”

既而阅视南格驿、曹家务三处旧河及郭家务村前旧河口，谕曰：“此旧河口，着修一长钉头坝堵塞之。若留此口，水得灌入，则河即为其所夺矣。旧河近堤汕塌半边者，着加帮增筑。”

上至郭家务村南大堤，以豹尾枪立表于冰上，上亲用仪器于冰上测验，谕曰：“测验此处，河内淤垫较堤外反高，是以冰冻直至堤边。以此观之，下流出水之口，其淤高必更甚于此，河道之壅滞如此，安能畅流？此处所关甚要，不可不深为之虑也。待朕从此历阅至下河口，应行改挑之处，另颁谕旨。”

上又谕曰：“此等淤垫堤工，卑矮可虞，若不预行修筑，明岁春水发时，难以堵御。必自今冬下埽保固，将此等被淤卑矮堤工，俱行加帮增高。帮筑之时，不可取近堤之土，若取土成沟，水流沟内，有伤堤根。着取近河土用之，即运土稍远，钱粮所费较多，亦无不可。”

上又谕曰：“此河水漫溢近堤之处，俱着年内下埽。至河干之冰令其开凿，每十丈筑一小挑水坝，束其水势，使之刷深。倘明春桃汛水涨，排桩等物听其漂流，第传谕守御诸人，若得捞取则捞取之。至河心之冰，亦照去年凿孔摇桩，使之刷深。”

上又至冰窖村，谕曰：“自郭家务以下，河身被淤，水道多塞。北处甚属紧要，朕加察阅，已定于郭家务另开新河。观其地形，若挑新河，水必易入。至出水之口，亦宜另改，使直至柳岔口，则河水可以顺达矣。开此河时，当改南岸之堤为北岸之堤，另筑南堤。此堤不可使远于河，令河狭而深，逼之下刷。其新筑堤工俱钉杉木排桩，内置苇埽，修筑坚固。此项工料，朕另传旨备办。”

上又谕曰：“来岁新挑河道，马家铺水窖村俱与堤相近，于马家铺地方挑河，则从两庙之间开去。于冰窖村挑河，则从村东堤舍之间开去。将大堤略加改直，其沈家庄紧靠堤边，挑河则从村西开去。着传谕原任总河王新命等，尔等亦谨记之。”

是日，上驻跸冰窖。谕侍郎常寿、直隶巡抚李光地、原任河道总督王新命等曰："观此河被沙淤而高，民田反致低汙，若挑浚浅处，其费力必多，着因其低汙另浚河身，以彼南岸为北岸，取浚河身之土另修南岸。其修理着立桩埽，使其坚固。尔等详议具奏。"

是日，永清县知县祖良屏等、霸州驻防协领尔济图等、拖沙喇哈番品级章京阿达哈等来朝。

十三日丁丑 上回銮，于途次谕曰："北岸未完之遥堤，着暂停工。如开浚新河已定，则北岸大堤即为遥堤。此道遥堤遂属无用。如仍挑旧河，再令完工。"又谕曰："尔等明年视河水涸时，即来京奏报。"又谕曰："自郭家务起，应挑河之处，着原任总河王新命等详阅丈量，俟伊等丈量估计来京启奏之时，再行区处。河口所关甚要，不可轻率。"

上又谕曰："新挑河道起筑堤工，其土坚好，每垫土三尺即一筑之。着谕原任总河王新命等。"

上又阅张家庄堤颓水溢之处及泥岸北格驿计家庄、张家庄、大新立庄、秦家屯、石佛寺、雅地里、新立庄等处被水汕塌堤工，谕曰："拦截淤滩下挑水埽时，必斟酌恰当，稍有参差，则水不入，而功徒费矣。"

是日，上驻跸葛家屯。旧州营都司周方等来朝。

十四日戊寅 上阅庄户村、求贤庄等处堤工。谕曰："此河倘有滩涨旁流汕刷之处，俱遵训旨，下挑水埽，着谕分司等详阅加修。至南岸夏庄等处水溢之地，俱与旧河相近，关系甚属紧要，令预备物料，于桃汛未发之前，敬慎坚修。"

上又阅麻格庄汕塌之处，谕曰："此堤头坍塌不已，今当即下埽保护。"

上又阅赵村新开河，谕曰："此处埽工当自埽头下挑水，埽若不如此，则埽头必被冲汕，然亦不必多下。"

上又谕曰："所筑拦河坝甚坚，河水断不能入旧河矣。但囤装碇石稍低，视用剩碇石委弃者甚多，着再增加使高。"

是日，上自近黄村南苑门入驻跸，谕领侍卫内大臣阿什滩曰："南苑内东边沟外，所生草莽甚多，若欲牧马者，任其牧马。时属严寒，跟随人等欲刍采者，亦任其刍采。”

十五日己卯 上移驻旧宫。

十六日庚辰 酉时，上由正阳门进午门回宫，诣宁寿宫问安。

是行也，部院各衙门奏章每日交送内阁，内阁三日一次驿送行宫办理。

扈从起居注官揆叙。

十七日辛巳 辰时，上御乾清门听政。部院各衙门官员面奏毕，大学士伊桑阿、王熙、吴琠，学士李录予、钱齐保、胡会恩、特默德、白硕色，同工部大臣及直隶巡抚李光地、原任总河王新命等将永定河折子呈览。上曰：“尔等意欲如何修治方善？”李光地奏曰：“臣等看来，皇上指授修理之外，并无善策。”王新命奏曰：“或于南面遥堤之内可修否，若向外面修理，恐有与村庄相近之处。”上曰：“若遥堤之内修治，俱是沙地，倘更壅淤，则低洼村庄，尽在沙中矣。朕着笔帖式齐素勒，凡遇村庄宜少远修理，着谕旨于尔等。”随令引进笔帖式齐素勒。上曰：“尔将修理之处，曾为伊等传谕否？”齐素勒奏曰：“臣照旨意俱皆传谕。”李光地等奏曰：“齐素勒曾将此处传谕臣等，无过于浚治永定河南面低洼之处。”上曰：“今永定河郭家坞已下壅淤，已高出七八尺，若掘毕方浚河身，不但多需工力，必致岁岁壅淤。南堤之南地最洼下，若随其洼下浚治，于掘出之土，即行钉椿筑堤坚固，则修理最易，抑且北堤三层于河，似属有益。”大学士伊桑阿等奏曰：“如此甚善，不致连年溃决。”

上曰：“今修理时可将河口修窄，渐次宽去，于两边筑堤使高大，则水势激昂，湍流迅急，沙不能停住矣。着将此处交与王新命、李光地部属官员等修理。若遇村庄相近可危之处，委曲远移或砌之以石，宜详视如何妥当，方与村居无碍，始行修理。现所设河工分司等，仍着于原河照管修理。若将新修之处交与伊等，而旧河尚有溃决应修之处，两处难于照管。新修之河工完时，朕亲临视，开放河水。又永定河河工笔帖式齐素勒前任钦天监挈壶正，于成龙坐名补授河工笔帖式，为人颇优，甚是明白，练悉河工事务，沿途问及河工之事，尽皆知之。此亦勤勉强记之故也。着即授为主事，协助分司料理河工事务。又河工事务曩时闻得各处俱已溃决，朕往巡视，本欲将修理人员痛加惩治，及抵彼处，见河身两边堤岸俱各修理坚固，但为沙壅淤，故河身高起。乃谓李光地曰：尔等可将此折子交付内阁工部大臣。”李光地等出。

大学士伊桑阿等以折本请旨。户部题盐引未经销完之官员等请交吏部议处。上曰：“此等事系户部分别分数交与吏部，吏部亦照户部所定分数议罪，并无别样则例。似此二部两次具题，何如会同作一次具题完结？”

礼部请旨，赐大学士阿兰泰祭谥。上曰：“前此大学士等曾加祭否？”伊桑阿奏曰：“查大学士图海曾加祭二次，杜立德曾加祭一次。”上良久曰：“着加祭一次。”

总督仓场侍郎德柱等奏闻回空船起程日期。上曰：“回空船甚稽迟，朕屡命侍卫催促速行起发回程，直至十月初七日始奏回程。为何如此稽留？着将此稽迟之故明白严拟票签批出。若仍如此稽迟，决不宽恕。”

是日起居注官阿山、徐秉义。

十八日壬午　辰时，上御乾清门，听部院各衙门官员面奏政事。

是日起居注官曹鉴伦、揆叙。

十九日癸未　辰时，上御乾清门听政。部院各衙门官员面奏毕，九卿入奏，于成龙将董安国所浚引水河道及调水坝欲发正项钱粮修理，议准行。上曰：“董安国所浚引水河道及调水坝，着发正项钱粮。修理河工功成时，令其销算钱粮；不能成功，不准销算。给事中张睿条奏，中河之水由仲庄闸口流出，建瓴之势逼溜使南，是以直射湖口，故不但清河之水难出，而黄河之水，反易流入，这条奏甚是。此处已曾移文河道总督于成龙，疏内并未叙及此事。朕观于成龙但以修堤为要务，若朕意，则以决出清河之水为是。尔等再议，着移文于成龙，令其亲身至仲庄闸详视，再议具奏。古圣主若一人苦，则曰我苦之也，今淮扬数万之众俱罹水灾，于朕心忍乎？况民无田产，则虽年年赈给，亦属无益。民有田产，则虽征取钱粮，亦属情愿，并无怨苦者。又河道总督凡事稽迟，今已交冬，若移文于成龙，令其议奏则及春矣。嗟此黎庶何以为生，凡修河恤民拯救之处，尔等既为国家大臣，亦应留心料理。”尚书马齐奏曰：“圣谕极是。臣等凡奏河工事务，必将河图审视方奏至。民生事务圣主尚且日夜筹度，为臣子者敢不留心料理？”

奏毕，大学士伊桑阿、王熙、吴琠，学士李录予、钱齐保、胡会恩、特默德、白硕色以折本请旨。九卿覆郭世隆欲将土产辨价送部。上曰：“此议甚善。若应于各省采买者，着折子启奏。”

署川陕总督事、兵部尚书席尔达题宁夏道员缺甚要，请将已补济宁道管竭忠调补。上曰：“此缺甚要，照席尔达所请管竭忠调补。管竭忠缺着将朕所识知府等职名开列折子呈览。”

是日起居注官揆叙、宋大业。

二十日甲申 辰时，上御乾清门听政。部院各衙门官员面奏毕，九卿入奏前将河工事务移文于成龙，令其亲身详视河道，理应如何修理之处，再议具奏。上曰：“现今修河之计，唯将清水所出之口修理要紧。若不将清水所出之口修好，但将堤岸修理，则徒费钱粮，决无益矣。欲将清水决出，必令清河之水高于黄水始可。今黄河之水反高出洪泽湖一尺，若无水时犹可，水至时则泛滥愈甚。前靳辅于高邮开减水堤，于运河开滚水坝后，水势虽分，而河身渐高，下河反受其患。前董安国所浚引水河，因不俟大水至时而决放，其水势甚微，所以不流。今若将清水所出之口稍移向东，使清水流通，则黄河之水必得畅达，不至倒灌，而清水自无阻滞矣。如此修理而河不治，朕不信也。”九卿出。

大学士伊桑阿、王熙、吴琠，学士李录予、钱齐保、胡会恩、特默德、白硕色以折本请旨。工部题请发库银二十万两令预备畅春园内所需杉槁、席片等物。上曰：“光禄寺所需钱粮于每月销算具题，此项钱粮着亦照光禄寺例令其每月销算具题。”顾大学士等曰：“朕昨日亲览各省应买物件，内无用者甚多。此内又有北源茶一项，朕不饮清茶已久，送此何用？似此等无用之物，朕俱以红笔勾去。又各部院衙门所用纸张亦属过多，今内务府纸张堆积，用之不尽。尔等晓谕部院各衙门及内务府，令取纸张等物，足用而止，勿使过费。若有刷印书籍等事，着移文督抚，等令其别解。此裁减数目令各部院奏闻。”

刑科覆应斩、应绞情真重犯惠保等八十三人。上曰：“此内有去年未勾从缓决者，今年俱改拟情真，今着仍从缓决。”

是日，上诣宁寿宫问安。

是日起居注官徐元正、揆叙。

二十一日乙酉　辰时，上御乾清门听政。部院各衙门官员面奏毕，大学士伊桑阿、王熙、吴琠，学士李录予、钱齐保、胡会恩、特默德、白硕色以折本请旨。户部覆归化城将军费扬古题将巴尔哈孙等处谷石收贮何处，部议收贮归化城仓。上曰："此米甚多，若止收贮归化城，则道里远近不一，难以转输。彼处亦有皇庄，着于皇庄近者，令其收贮皇庄，于归化城近者，令其收贮归化城。着移文该将军，令其详查分派具奏。"

是日起居注官阿山、王顼龄。

二十二日丙戌　巳时，上御乾清宫，大学士伊桑阿、王熙、吴琠，学士李录予、钱齐保、胡会恩、特默德、白硕色、满都以朝审情真各案及刑科三覆奏本请旨。上顾大学士及学士等曰："人命至重，今当勾决，命在须臾，尤不可不详慎。尔等于此情真各案既已阅讫，各有小折子，凡有所见皆当尽言。"

先是，上以比年斗殴杀人者多，已谕九卿，以杀人者死、伤人者刑，古不易之法，勿得曲宥。于是，前以故杀缓决者，皆以当死谳上。至是，上亲展招册，详察各犯情词，一一下询，与诸臣公之，诸臣皆曰可杀而后定。凡持刀杀人者死，以斧及铁尺之类致殒者死，杀二命者死，积为盗魁者死，因奸致杀者死，杀妻之母者死，凡勾者五十人。其免勾者，惠保忿周三搂己，周被砍死。上曰："周三加人以非礼，有致死之道。宋学智以醉殴死王进福。李庚以醉辱詈陈乾，为乾殴死。张圣世纵妻与陈六通，屡索其财，六被逐，戳其妻至死。"上曰："此皆非故杀也。"保儿怒妻之骂其父母，杀之。孟启正之妻以不善事其夫，更出恶言，启正砍之至死。上曰："招册中杀妻者四人，如明辉好酒，以妻劝阻斧断其指，又乱殴之。了头窃其主之物，其妻以发其恶，被戳死。此岂可原也？保儿、启正情稍不同。"尚七同霍九等殴死桑格。上曰："霍九已发河工赎罪，尚七于律乃从也。"刘二坐窃盗三次。上曰："虽屡犯，然实是小偷。"于是八人者皆得缓死。

上曰："此等所犯皆当死，然朕犹于其当死之中曲求其可生之路，深不忍轻毙一人。念淮扬百姓频被水灾，阽于死亡，何罪何辜，罹此惨酷。朕惄然伤之，河患不除，夙兴夜寐，不能暂释于怀也。”上又曰：“百姓既被水灾，存者必至流离转徙，田多不耕，赋安从出？来年税粮当于今年预为蠲免，俾此灾黎于水退时，思归故乡，粗安生业。”大学士伊桑阿等奏曰：“皇上好生之心，与天地同德。即今兹断狱之时，念淮扬百万生灵之苦，而豫筹蠲恤，务救其灾，以宁其居。仰见仁心恻怛，爱民之深，忧民之切，无所不尽也。”

是日起居注官阿山、韩菼。

二十三日丁亥 辰时，上御乾清门听政。部院各衙门官员面奏毕，九卿入奏将各省采买物件具折呈览。上曰：“看得此内造弓牛角每年进二万双，兵部于去年、今年止各造一千张，况禁内造弓，并不用此。以此看来，年年所剩想充满房屋矣。取诸江浙，亦可足用。广东道路辽远，何用取为？似此无用之物，若不敛于民，则于民亦属有益。倘有似征噶尔丹大事取之民力，民亦甘心。又细茶是何茶，着查明缮写呈览。又曾令部院各衙门将所用纸张裁减具奏，为何至今不奏？着急速裁减具奏。”九卿出。

大学士伊桑阿、王熙、吴琠，学士李录予、钱齐保、胡会恩、顾祖荣、特默德、白硕色以折本请旨。户部题令各省解送捐纳监生册籍于户部档案查封。上曰：“着遣中书笔帖式等前去查取，倘于途中更换，必置之死。”

是日起居注官徐秉义、揆叙。

二十四日戊子 辰时，上御乾清门听政。部院各衙门官员面奏毕，大学士伊桑阿、王熙、吴琠，学士李录予、钱齐保、胡会恩、顾祖荣、特默德、白硕色以折本请旨。礼部题副都统喇色之母应照例赐恤。上曰：“喇色为副都统以来，并无效力之处，其在黑龙江时，唯以承顺人意为事，着革了职，其母亦停其赐恤。”

是日，上诣宁寿宫问安。

是日起居注官曹鉴伦、揆叙。

二十五日己丑 上御太和殿，升转官员谢恩毕，回宫。

是日起居注官阿山、韩菼。

二十六日庚寅 辰时，上御乾清门听政。部院各衙门官员面奏毕，大学士伊桑阿、王熙、吴琠，学士李录予、钱齐保、胡会恩、特默德、白硕色等以折本入奏。上顾大学士伊桑阿等曰："监候缓决者甚多，若监候年久，则死者多矣。伊等俱系免死者，若监候至明年秋审时，则人多事繁。若遇恩诏赦出，则伊等俱系杀人者，获幸免矣。俱着枷号三个月、鞭一百，作数次发往黑龙江。尔等会同九卿议奏。"

是日起居注官揆叙、宋大业。

二十七日辛卯 辰时，上御乾清门听政。部院各衙门官员面奏毕，大学士伊桑阿、王熙、吴琠，学士李录予、胡会恩、特默德、白硕色及刑部大臣等遵旨会同九卿议将缓决人等事件具折呈览，曰："重犯人等蒙此洪恩，尽以为死中复生，不胜欢跃。"上曰："如此裁决，九卿云何？"伊桑阿等奏曰："九卿言皇上洪恩如此，图圄皆空，诚亘古所未有闻见者。其各省秋审缓决之人，亦祈照此例。"上曰："如此则未免人多事繁矣。"刑部大臣等出。

大学士伊桑阿等又将湖广总督郭琇所查杨凤起、赵国瑄等事俱折呈览。上曰："郭琇止将杨凤起、赵国瑄等事查出，并未叙及往审之刚五达等公与不公之处。着移文郭琇，将刚五达所审公与不公及伊等途中曾否乱行，令其再行查明具奏。"

是日起居注官徐元正、揆叙。

二十八日壬辰 上以冬至致祭圜丘坛，斋戒三日，不理政事。

是日起居注官阿山、冯云骕。

二十九日癸巳 是日起居注官阿山、徐秉义。

三十日甲午 早，上御太和殿，视致祭圜丘坛祝版毕，回宫。

是日，上诣宁寿宫问安。

是日起居注官曹鉴伦、揆叙。

十一月

初一日乙未　早，上以冬至礼，亲诣圜丘致祭毕，回宫。

是日起居注官阿山、韩菼。

初二日丙辰　辰时，上御乾清门听政。督捕侍郎朱都纳等入奏。上顾朱都纳曰："尔衙门案件可觉简少？"朱都纳奏曰："事件精简。"上曰："逃人案仍多否？"朱都纳奏曰："逃人亦少，每年十分之中得获者六七。"上曰："先年因事繁冗，故特设督捕衙门，今既无事，此衙门可以归并否？"朱都纳奏曰："归并甚善。"上谕朱都纳在乾清门候。部院各衙门官面奏毕，内阁学士特默德、胡会恩取奏章进前，上谓朱都纳、特默德、胡会恩曰："督捕衙门无事，宜裁，作何归并，尔等传谕大学士，会同速议具奏。"

又顾朱都纳曰："顷者户科给事中穆琏奏事，人材庸劣，奏对不当，亦谕大学士等，令其解任。"

是日起居注官阿山、张廷瓒。

初三日丁酉　辰时，上御乾清门听政。部院各衙门官员面奏毕，大学士伊桑阿、王熙、吴琠，学士李录予、钱齐保、胡会恩、特默德、白硕色、满都，督捕侍郎朱都纳等进前，议裁督捕衙门归并刑部奏览。上曰："前因事繁，故另设署专理。今既事简，归并允当。着九卿议奏。"朱都纳等出。

上顾大学士等曰："闻顺天乡试众心不服，人多訾议。夫中式者喜，不中式者怨，虽人之常情，然此科所中，童稚甚多，物论腾沸，大殊往昔。考试系国之大典，所当严饬以示警戒。"伊桑阿奏曰："皇上所闻诚然，人之怨言，臣等亦闻。臣子中式考试之时，臣随驾在外，归家询问伊，所熟读文字三百余篇，场中幸遇熟者，录之。此等童稚，皇上面试自明。"王熙奏曰："臣孙初观场，并未望其中式。现今在中式之内，臣族孙亦中式，现在查核之列。"上曰："题名录朕曾阅过，系谁之子亦不悉知。此事人多畏顾，不敢建言。鹿佑题参可嘉，尔等切记之。有若此参奏之人，试官亦知警戒。此案情弊知之甚易，将三场文字合而观之，即显然立见矣。着九卿严查。”

上又曰：“顺天学院杨大鹤居官何如？”吴琠奏曰：“未闻其不善处。”上曰：“居官不善，怨者甚多，品行甚为不堪。前李光地任学院时殊善。”王熙奏曰：“李光地、张鹏翮所行甚善，人实难及。目今学政若较之往昔，似觉差胜。”上曰：“并未见有善处。”王熙奏曰：“考试之事，难逃圣鉴。”

上又顾大学士等曰：“前者欲宽民力，每年将各省钱粮蠲免一省。比年以来，湖南地方未全丰获，黎民艰苦，甚属可悯。将三十九年自漕粮外凡地丁钱粮及杂项税银尽行蠲免。尔等同户部议奏。”

是日起居注官傅仲、宋大业。

初四日戊戌　上御乾清门听政。部院各衙门官员面奏毕，九卿奏曰：“设督捕衙门特为逃人之案。今逃人案甚少，裁归刑部为宜。”上颔之。九卿出。

大学士伊桑阿、王熙、吴琠，学士李录予、钱齐保、胡会恩、特默德、白硕色、满都以折本请旨。吏部题大学士李天馥员缺，将各部汉堂职名开列具题。上曰：“阿兰泰员缺今犹未补授，尔等将满汉大臣并各省督抚职名缮写绿头签，明早呈览。朕一一详阅，即行升补。如此则缺不致久悬矣。”

又顾大学士等曰：“兵、刑二部事件亦属繁冗，即将原任督捕侍郎朱都纳暂除兵部侍郎，喻成龙暂除刑部侍郎。”

是日起居注官揆叙、徐元正。

初五日己亥　辰时，上御乾清门听政。部院各衙门官员面奏毕，大学士伊桑阿、王熙、吴琠，学士李录予、钱齐保、胡会恩、特默德、白硕色、满都遵旨大学士员缺，将各部尚书、侍郎、各省督抚职名缮写绿头签具奏。上阅绿头签良久曰：“尚书马齐、佛伦、熊赐履、张英升补内阁大学士，马齐仍兼管户部、理藩院事。礼部尚书员缺，着将席尔达调补，仍署总督事。兵部尚书员缺，着将马尔汉调补。都察院左都御史员缺，着将哈雅尔图补授，仍兼内务府总管事。吏部尚书员缺，着将陈廷敬调补。户部尚书员缺，着将李振裕调补。刑部尚书员缺，着将王世禛调补。礼部尚书员缺，着将杜臻调补。兵部尚书员缺，着将范承勋调补。”

是日，上诣宁寿宫问安。

是日起居注官傅伸、曹鉴伦。

初六日庚子　辰时，上御乾清门听政。部院各衙门官员面奏毕，大学士伊桑阿、马齐、佛伦、王熙、吴琠，熊赐履、张英，学士李录予、钱齐保、胡会恩、特默德、白硕色、满都以折本请旨。户部覆直隶巡抚李光地回奏，拨给金国桢牧地事。上曰：“览此奏似亦有理。朕巡幸永定河，百姓曾经控告，庄头、百姓互相争竞，亦未可定。此地甚近，着马齐前往，详看定议具奏。”

兵部题副都统庚格以前往寻缉兵二百名接驾，议降一级、罚俸一年。城守尉哈尔虎以寻缉未获一犯，议革职。上曰：“审理此案，并无故纵等情，俱从宽免。”

刑部覆直隶巡抚李光地明白回奏秋审重犯内脱逃仍注档案事。上曰：“览李光地回奏，系该部舛误。”大学士伊桑阿奏曰：“诚然。部中舛误。”上曰：“凡有遗失舛误之处，即宜承认，似如此推诿，殊属不合。着都察院察议具奏。”

是日起居注官阿山、徐秉义。

初七日辛丑　辰时，上御乾清门听政。部院各衙门面奏。

是日起居注官揆叙、宋大业。

初八日壬寅　辰时，上御乾清门听政。部院各衙门官员面奏毕，大学士伊桑阿、马齐、佛伦、王熙、吴琠、熊赐履、张英，学士李录予、钱齐保、顾祖荣、胡会恩、特默德、白硕色、满都以折本请旨。山西太原府总兵官韩天伏题请本标下游击员缺，将守备齐贤补授；守备员缺，将千总张玉祯补授。上曰：“该部将此坐名二员速行行文调来引见。”

上顾大学士等曰：“御史等官，三法司启奏会议事，仍随班奏对。给事中等官，无常启奏之事，至有经年不见者，嗣后，着满汉给事中各四员，在起居注官所立阶下侍班。”

上曰：“各部院设蒙古司官，并无所办之事，亦不常见其人。现任各部院蒙古司官，俱着解任，候补理藩院员缺。又见部院入奏司官日日惟此数员，皆因年老、才力不及、有病者退避不前，故惟此数员常来入奏。嗣后入奏满汉堂司官员每日缮写职名，交与衣都额真具奏。”

是日起居注官傅伸、张廷枢。

初九日癸卯　辰时，上御乾清门听政。部院各衙门官员面奏毕，大学士伊桑阿、马齐、佛伦、王熙、吴琠、熊赐履、张英，学士李录予、钱齐保、胡会恩、特默德、白硕色、满都同九卿官员遵旨会议于成龙题请三事。上阅奏章曰：“今海宇升平，天下无事，惟南方河工最为要务。览于成龙所奏，黄河之水较洪泽湖水高一尺，欲将高家堰堤增修一尺二寸等语。今当水涸之时，约略水高一尺，为之增修。倘明年春水泛涨，则增修者又属无用矣。”马齐奏曰：“诚然。春间黄河水长，洪泽湖水不长。”上曰：“洪泽湖口作何修治，不使黄水倒灌，然后运河无阻，洪泽湖水宣泄不致越堤矣。朕思堵塞现今清口，改移于东开口，以泄洪泽湖之水，而黄水不得倒灌，则河道修治矣。尔等同九卿详议，询问江南官员。事关重大，不可草率议覆，得最当之处始善。其由芒稻河、人字河挑浚达江，分泄湖水，亦甚有益。朕南巡至分水龙王庙，见其水势分流，极其有理。如何将洪泽湖水亦照此分流，使不致泛溢，尔等或明日，或后日公阅河图，同众从容详议具奏。”

是日，上诣宁寿宫问安。

是日起居注官阿山、徐元正。

初十日甲辰　上御乾清门，听部院各衙门官员面奏政事。

是日起居注官王顼龄、揆叙。

十一日乙巳　辰时，上御乾清门听政。部院各衙门官员面奏毕，九卿遵旨会议河工入奏。上命大学士伊桑阿、马齐、佛伦、王熙、吴琠、熊赐履、张英，学士李录予、钱齐保、胡会恩、特默德、白硕色、满都等同进前，谕曰：“河工关系重大，不惟不能另寻别道，创新修造，亦属艰难。高家堰堤防极力坚筑，黄水亦仍倒灌，清水不能宣泄。清江浦西界，黄水高于淮水一尺，淮水高于运河之水七尺，运河之水高于平地七尺。合而观之，淮水高于运河西堤外平地，共一丈四尺。今惟以清口自河之下流，沿武家墩，由清江浦之北，另行改移。中间河身，量留八九十丈空地，两傍坚筑石堤，俾清水畅达。此所当急议者。夫建瓴迅下，则清水易出，黄水不致倒灌。其石堤之间所留空地已为河身，不烦挑浚。即水涨之时，其高不过等于运河，安能泛越高家堰哉？果如是，则高家堰亦可置之不问矣。”伊桑阿奏曰：“圣谕诚然。黄水高，故清水不能敌。若不改于下流，高家堰堤即加修筑，实无俾益。改移清口，极为允当。但河工事宜甚大，伏乞皇上再行亲阅定夺。”马齐奏曰：“清口地方若黄水高则清水难出，黄水倒灌虽修高家堰，遇水泛之时，又致冲决。由清江浦改移于黄水下流，甚为有益。皇上洞鉴诚当。”王熙奏曰：“改移就下，淮水建瓴迅达，水出诚易。又两岸以石为堤，一劳永逸。”

上曰：“凡事机不可失。前者噶尔丹盘踞克鲁伦时，因机不可失，即加征讨，遂尔奏功。然治河之事，少异于此。如是改浚，恐别有所碍，不能永远。故少为踌躇耳。诚于运道克济，淮扬百姓得安生理，即发帑速修，断不吝惜金钱也。”又顾侍郎李楠曰：“尔系扬州人，知彼处形势，如此修理，可乎？”李楠奏曰：“改移清口甚善。不但有益运道，淮扬数百万生灵可免泛溢之患，诚天地好生之心。”

上又召阶下侍班给事中张睿进前，以改移清口之议复行申谕，问曰：“尔系本地人，奏尔所知。”张睿奏曰：“圣谕允当，清口如此改移，诚为有益。以河工重大，臣虽稍有管见，未敢陈奏。”

上又顾大学士等曰：“朕南巡时以改移清口之议，曾面谕于成龙，于成龙奏称，淮河之水自武家墩改赴清江浦甚当。应敕于成龙同府尹徐廷玺及河道各官周详看，验清口当移于何处及所用石料作何运致，着确议岁内速行具奏。”

是日起居注官傅伸、陈元龙。

十二日丙午　辰时，上御乾清门听政，部院各衙门官员面奏毕，大学士伊桑阿、马齐、佛伦、王熙、吴琠、熊赐履、张英，学士李录予、钱齐保、胡会恩、特默德、白硕色、满都以折本请旨。户部覆湖广总督郭琇请将黄梅等县所给荆州等处兵米恳改折色，议不准行。上曰：“通省文武事务，俱系总督管理，既称自黄梅等县运至荆州等处脚价之费倍于米价，折银给与兵民两便，着照所请行。”

是日起居注官阿山、徐秉义。

十三日丁未 辰时，上御乾清门听政，部院各衙门官员面奏毕，大学士伊桑阿、马齐、佛伦、王熙、吴琠、熊赐履、张英，学士李录予、钱齐保、胡会恩、特默德、白硕色、满都以折本请旨。兵部题为错行保举将公峨岺岱等议降级。上曰：“峨仑岱、田象坤俱降一级，从宽留任。”

理藩院题苏尼特蒙古因追禽巴尔虎被伤，议赏恤。上曰：“此案着照部议赏恤银两，着内阁侍读学士伊道赍往，同先往侍郎安布禄亲给阵亡妻子、被伤本人。”

九卿覆顺天主考李蟠、姜宸英议处。上曰：“闻此科考试甚为淆乱，不谙文理者亦得中式。果如是，则不公已极矣。此事有关国体，从来典试条例甚严，入闱士子夹衣尚不准服，今不但竟服绵衣，且闻倩代之人亦复混入。京师何地，如此可乎？又闻学院杨大鹤考取生童入试者，竟带家仆。考规混杂，亦属不堪。这案若照议完结，仍不知警。此中式举人等，着该部行文齐集内廷覆试。若有托故不到者，即行革黜。如情弊显露，李蟠等置之重典不足惜也。处分试官之疏，俟覆试毕再奏。”

又顾大学士等曰：“河图绘于纸上，平漫难辨高下。朕因欲改清口，刻木制成一图观看易明。”于是命侍卫捧出木图，遂命大学士伊桑阿、马齐进前，上一一指授详谕。伊桑阿、马齐等阅视，深为惊异。上曰：“遣侍郎常绶前往河工，会同于成龙，清口应否改移，详加看阅。如可移，其所用钱粮，令约略估计。若于成龙等谓清口不便改移，仍欲修高家堰，所用钱粮亦，令约略估计。岁内着速回具奏。河图尔等捧出，令九卿同阅。”伊桑阿、马齐遵旨以图示九卿，九卿皆曰：“皇上制此图，洞若观火，瞭如指掌，诚为神异。”

是日，上诣宁寿宫问安。

是日起居注官傅伸、张廷枢。

十四日戊申 辰时，上亲谒陵寝，由神武门出东直门，驻跸顺义县新庄。是日，通州坐粮厅郎中江藻、员外郎邵扣，通仓监督员外郎马尔汉、祖良卿等，副将陈经麟等，驻防顺义防御戴音布等来朝。

十五日己酉 上出行宫，阅通州副将陈经麟等，顺义县防御戴音布等骑射毕，上曰："通州运粮千总李国华骑射不堪，人材庸劣，着革退。"

是日，上驻跸平谷县城内，赐内大臣、侍卫、大学士、部院堂官以至执事人员及护军等鹿。驻防三河县防守御马库、三河营守备周渭等来朝。

十六日庚戌 早，上出行宫，率侍卫等射。上连发中的。亲阅三河县城守尉马库、守备周渭等骑射，上曰："三河县武弁骑射皆善。"

是日，上驻跸克善集地方。苏州营都司张谷贞来朝。

十七日辛亥 上驻跸中营地方。是日，上出行宫，率侍卫等射，上连发中的。亲阅苏州营都司张谷贞等射，赐内大臣、护军统领、前锋统领等雉。黄崖关把总傅明祥来朝。

十八日壬子 上驻跸马伸桥。是日，赐内大臣、侍卫、大学士、部院堂官以至执事人员、护军等兔，赐总兵官潘育龙、马进良等马。

是日，苏州知州张朝琮来朝。

十九日癸丑 上自马伸桥启行，至暂安奉殿，行三跪九叩礼，三奠酒举哀。又诣孝陵，行三跪九叩礼，三奠酒，举哀。又诣陵寝，三奠酒，举哀。

是日，上驻跸汤泉遵化营，游击郝伟等来朝。

二十日甲寅 上驻跸下营。是日，赐随驾护军、执事人员暖帽。

二十一日乙卯 上驻跸罗文峪。是日，赐随驾大臣葡萄、护军参领等雉，护军、执事人员鹿。驻防罗文峪防御布冷等、遵化州知州李铎来朝。

二十二日丙辰 上出罗文峪口，驻跸白旗营。

二十三日丁巳 上驻跸龙井关。上行猎九二峪杀虎。是日，守御龙井关把总霍玉来朝。

二十四日戊午 上驻跸三屯营城内。是日，上行猎杀虎。赐护军、执事人员鹿。三屯营副将刘汉裔、喜峰路游击李正等来朝。

二十五日己未 上驻跸大寨地方。是日，大平寨千总蔡霍来朝。

二十六日庚申 上驻跸韩家庄地方。是日，上出行宫，率侍卫等射，上连发中的。命内大臣、文职部院堂官射，亲阅副将刘汉裔等骑射。上曰："把总于勇蛟骑射不堪，着革退。"

二十七日辛酉 上驻跸人字口。

二十八日壬戌 上驻跸吕阁庄。是日，赐总兵官潘育龙、马进良，副将刘汉裔等鹿。

二十九日癸亥 上驻跸荡峪。是日，上御行宫，大学士马齐，学士钱齐保、满都以折本请旨。吏部题真定府属井陉县欠粮，丁忧知府马世恩，未经查出，议革职。上曰："此案发觉在马世恩丁忧之后，敕巡抚李光地，此议当否，着查核具奏。"

又复总河于成龙题州同等缺，请将苏礼等补授，议以疏内江玉成、赵弘图非系河工人员，不准行。上曰："于成龙疏称伊等熟练河道，俱照所请补授。"

兵部覆四川松潘总兵官周文英题，松潘地方紧要，参将、游击缺出，照陕西例选补，议不准行。上曰："此案照议。但松潘地方甚属紧要，嗣后参将、游击等缺出，该总督拣选具奏。"

又覆总漕桑格题参副将郑章虽善于步射、能整齐营伍，但不能骑射，议令致仕。上曰："桑格既称郑章善于步射，能整齐营伍，着留任。至于朕调来引见所用武职，俱属材力矫健，其稍庸劣者，并未录用。"

刑部题盛京拨什库常寿因庄头呈送壮丁五十三懒惰行责致死，拟绞。上曰："从前牧马者打死牧马副首领，曾照打死管辖人例完结。今拨什库常寿系管辖之人，因庄头呈送壮丁懒惰行责致死，即行拟绞，所议太过。此案驳回查明。牧马人打死牧马副首领案比照议罪。"

都察院题武进康等脱逃，既经题参处分衙役，亦既报部。刑部反行题参该抚，应将堂司各官议处。上曰："堂官着照所议，其司员议此案大谬，若此者留部何用？旗员照所降级随旗行走，汉官照所降级休致。"

是日，遵化营游击郝伟等、丰润营守备许皋等来朝。上命领侍卫内大臣公福善、乾清门侍卫马武等验视骑射。福善、马武奏称："把总沈一臣骑射不堪，上命革退。"

三十日甲子 上驻跸龙虎峪地方。玉田县城守尉康泰等，玉田营都司张绍英等来朝。

十二月

初一日乙丑 上驻跸郭格庄。是日，赉军卒羊豕。蓟州知州张朝宗、把总蒋晋朝来朝。

初二日丙寅 上至中途，见三河县防御常寿、守备周渭等迎接。顾鸿胪寺卿锡哈纳问曰："宝坻县官员曾至否？"锡哈纳奏曰："前曾以文武官员迎送一事请旨。"奉旨："文臣令三十里内迎接，武官令五十里内迎接。"宝坻县距此尚六十里。奉旨："着宣至。"

是日，上驻跸皇庄。少顷，上出行宫，率侍卫等射，上射皆中的。又阅玉田县防守御康泰等射及骑射。赐三屯营副将刘汉翼白金二百两、马五匹，都司张谷贞白金百两。

初三日丁卯 上驻跸通州城内。是日，领侍卫内大臣公福善、乾清门侍卫马武遵旨阅宝坻县防守御吴尔台，防御萨尔泰、巴锡，守备牛禄等射毕，以防御巴锡病足不能行，议革职具奏。奉旨："巴锡着革职。"

少顷，上率侍卫等至西门外旷地射，并阅宝坻县防守御吴尔台、守备牛禄等射及骑射。顺义县防守御卓博尔图、捕盗同知即秉知漷县营守备冯进玉等来朝。

初四日戊辰 未时，上由崇文门进东华门，诣宁寿宫问安毕，回宫。

是行也，部院各衙门奏章每日交送内阁。内阁三日一次驿送行宫办理。

扈从起居注官阿山、揆叙。

初五日己巳 辰时，上御乾清门听政。部院各衙门官员面奏毕，上召都察院左都御史王泽弘，副都御史梅鋗、王绅佥，都御史王九龄，御史马希爵、龚翔麟、吕瑔、卜峻超，并召当直给事中张睿、党声振、宋骏业、王雍至前。上曰："汝等皆系言官，各省之事虽未能尽知，亦自必有所见闻。汝等皆各陈己见。如四川巡抚于养志居官如何？"王泽弘奏曰："未闻有何善处，亦未闻有不善处。"梅鋗奏曰："于养志为御史时亦尚好。”上又曰：“河南巡抚李国亮如何？汝等有河南人否？”王绅奏曰：“臣乃河南人。河南最害民者是加派一事，李国亮任巡抚以来，加派亦觉稍减。”上又曰：“火耗如何？”王绅奏曰：“火耗较前亦轻。地方官若无火耗，难以养廉。此难逃皇上圣见。”上又问曰：“直隶巡抚李光地如何？”王泽弘奏曰：“操守亦清。”张睿奏曰：“李光地任学院时甚清。”卜峻超奏曰：“李光地清廉。”上曰：“李光地居官实优。”上又问曰：“浙江巡抚张勄如何？”王泽弘奏曰：“人甚有才。”龚翔麟奏曰：“居官平常。”上又问曰：“安徽巡抚李钠如何？”王泽弘奏曰：“李钠居官亦不闻其有不善处，但今身病。”张睿奏曰：“李钠原病。”上又曰：“江苏巡抚宋荦如何？”王九龄奏曰：“宋荦居官甚安静。”宋骏业奏曰：“但不甚理事。”张睿奏曰：“近在淮扬赈济，亦尚可。”上又问曰：“湖南巡抚金玺、湖北巡抚年遐龄如何？”王泽弘奏曰：“金玺为人本忠厚，但到任未久，且地方相去甚远，亦不甚深知。年遐龄居官亦未闻甚好处。”上又问曰：“山东巡抚王国昌如何？汝等有山东人可知之否？”吕琨奏曰：“王国昌在地方亦安静。”上又问曰：“火耗轻重如何？”吕琨奏曰：“火耗亦未有增。”奏毕，王泽弘等出。

大学士伊桑阿、马齐、佛伦、王熙、吴琠、熊赐履、张英，学士李录予、钱齐保、胡会恩、顾祖荣、特默德、白硕色、满都以折本请旨。刑部题监督晋布立文书付旗丁，拟降级。上曰：“凡听讼者审其是非，罪归一边，其一边应拟无罪。今该部将两造俱行定罪，殊属不合。晋布系保举部郎，其所为苟且如此，不可不加惩治。这案着交总督桑格询明定罪具奏。”

又以恶棍首告管诚之田守礼，伊并无冤枉之处乃称冤枉，冲突仪仗拟流徙。上曰：“田守礼系瞽目之人，冲突仪仗之罪，着从宽免，即行释放。前者挖田守礼目睛之李双灿等，情罪可恶，先是所定罪案勿准折赎。至于被告之管诚，果系光棍，亦未可知。其情节亦问明具奏。”

又巡抚李光地题知州知县等官请准调补，并请准升补。上曰：“李光地居官最优，操守清廉。前任学院时声名甚佳，阅其奏疏，大有整顿直隶事务之心。如此可委任之人所奏之事，何俟踌躇，俱着照该抚所请调补、升补。”

又奏以湖南盗贼拟知州赵国宣罪案及总督郭琇察参往审郎中刚五达等所行事迹。上曰：“刚五达陛辞请训旨时，朕曾谕之云：尔系部院以贤能保举者，他日乃上进之人。此行须从公审理，断不可颠倒是非。倘行止妄乱，决不轻恕。夫身系问官，肆行邪妄，而偕往之笔帖式又买犯人妇女，殊属可恶。不加重治，惜之何为？将刚五达等锁拿，交九卿夹询。朕每巡行，恐随从人员扰害地方，间一二日即严饬约束，时遣人巡察。其刚五达等之随行家仆，亦皆恣横扰害地方，无所忌惮。且其所审事件不于本处拟罪，带至途中始行定案，于汉口淹留四十余日。即以料理所审事案言之，以部中办事限期二十日内，何难完结？如此迟延时日，特挟诈妄行耳。”伊桑阿奏曰：“曩者审事，取供定罪即于彼处宣示，令罪人知闻。”佛伦奏曰：“问官如此妄行，乃自寻罪戾。”

上又曰：“往四川审事罗察、布泰声名亦劣，人甚不服。敕川陕总督将伊等审事公否、所拟与所释者人心服否及伊等有无妄行，察明具奏。又往西安审事傅腊塔、张鹏翮等闻亦不妥，人皆不服。张鹏翮操守尚善，但诸事皆随往司官。常佑专擅，此人之罪可诛，俟拟定到日再为裁夺。”随顾大学士等曰：“嗣后凡奉差审事司官、笔帖式等，其奉差事完，该督抚即令起程，勿使久住。倘于途中逗留，扰害地方，该督抚即行参奏。若无逗留扰害情弊，亦并令报部。”

是日，上诣宁寿宫问安。

是日，起居注官傅伸、徐元正。

初六日庚午　辰时，上御乾清门听政。部院各衙门官员面奏毕，大学士伊桑阿、马齐、佛伦、王熙、吴琠、熊赐履、张英，学士钱齐保、胡会恩、顾祖荣、特默德、白硕色、满都以折本请旨。御史穆和伦条奏，通脊房应出廊修理，禁城所积土砾应移垫御河桥洼地。上曰：“工役若少给，其价殊为可悯。照时价散给，所费几何？”

理藩院主事色楞条奏，蒙古旗分共计百余，合并数旗，量编名号，选家计殷厚且有才能之员，特给印信，驻扎其地。彼土有应奏事件，令之奏。闻察哈尔八旗每旗各给印信，杀虎口等地方所设驿站俱应裁撤，议不准行。上曰："差遣章京，反致多事。杀虎口等处驿站马匹，亦不便裁革。俱照部议。惟给扎萨克印信，着准行。"

又奏田守礼叩阍事。上曰："管诚乃被告之人，并未议及。着交该部另审，此本发还。"

上又顾大学士等曰："广西等远省所悬文武员缺，俱着察奏。"

是日起居注官宋大业、满保。

初七日辛未　辰时，上御乾清门听政。部院各衙门官员面奏毕，理藩院员外郎喇都浑差往养育策旺扎布旗分蒙古事毕，回京入奏。上曰："闻尔奉差之地，其蒙古无不感尔。即其生业，亦已丰裕。今岁收获何如？"喇都浑奏曰："今岁收获甚丰，蒙古从来无此稔年，皆欢欣云，蒙皇上洪福，嗣后我等生业必渐充饶矣。"喇都浑出。

大学士伊桑阿、马齐、佛伦、王熙、吴琠、熊赐履、张英，学士钱齐保、胡会恩、顾祖荣、特默德、白硕色、满都以折本请旨。吏部覆巡抚喀拜题参派买皮张道员张信所买之皮不足额数，应将喀拜罚俸六个月、张信罚俸一年。上曰："每年所买皮张用之不竭，大有余剩，多买亦奚用耶？此外凡采买物件，俱属过丰。此物件内，即就一物而言，朕内用沉香每年二百斤尚用不完，今办解者，已过数倍。一切采买不但扰吏，而且累民。将此等物件俱令察明量用采买，其余无用之物，停其买办。如此情节，着详估确议具奏。"

又谕曰："今观凡奉差遣官员恣意肆行者有之，伊等理宜恪慎洁己。办理公务，事竣即遄旋复命，庶不负委任之意。嗣后，如巡盐、榷税、审事、察荒及一应差遣并部委各项官员，倘有沿途骚扰需索、绕道妄行，或公务已毕，仍逗留地方，借端生事、恣意乱行，或将所带笔帖式、拨什库人等私自遣往他处，督抚系简任封疆大臣，着即指名参奏，以凭究治。如督抚瞻徇容隐，不行纠参，事情发觉，将督抚一并议处。着书上传呈览。"

又谕曰："凡内升官员俱系选授，给事中、御史内复行斟酌升用之员，将伊等或补授无事衙门，及闲散候缺，何如以所升补之职仍兼旧任，倘不遇缺即令在任候补。尔等将此例察明具奏。又刑部事务最为紧要，今观绥色凡事畏缩，不即直定其罪，每将两造俱行拟罪。吴赫之案尚未完结，不能骤至，且工部事务亦不甚繁，将吴赫调补工部，常绶调补刑部。"

复顾大学士等曰："理藩院员外郎喇都浑差往策旺扎布旗分教养蒙古，其行甚佳，极其效力，着交该部议叙。"

兵部覆广东提督殷化行题请所属副将等弁已经引见，逾六年者令前往引见，议令副将仍遣赴京照常引见外，参将以下官员已经引见者，逾三年后，复行引见。上曰："凡调来京引见所授之武官，若年久不复令来京引见，常致遗忘，况其间病老衰迈者有之。嗣后已经引见补授之官复升调别地，其三年内者不必引见，逾三年者仍令引见。"

是日，上诣宁寿宫问安。

是日起居注官阿山、冯云骕。

初八日壬申　辰时，上御乾清门，听部院各衙门官员面奏政事。

是日起居注官曹鉴伦、揆叙。

初九日癸酉　辰时，上御乾清门听政。部院各衙门官员面奏毕，大学士马齐、佛伦、王熙、吴琠、熊赐履、张英，学士钱齐保、胡会恩、顾祖荣、特默德、白硕色、满都入，以缮写严饬奉差官员谕旨进呈。上曰："前者于成龙任直隶巡抚时，朕闻赞皇县盗警，遣侍卫三人，探抵贼穴，复命其奉差侍卫，分路前进，侦探消息。于成龙不知朕有密训，曾报伊等不由正路，绕道而行，莫知所往。夫朕所差人员尚不徇情，诸地方官果皆如此不徇情面揭报，奉差之官又何得妄行也？"

是日起居注官王顼龄、傅伸。

初十日甲戌　辰时，上御乾清门听政。部院各衙门官员面奏毕，大学士佛伦、王熙、吴琠、熊赐履、张英，学士钱齐保、胡会恩、顾祖荣、特默德、白硕色、满都以折本请旨。吏部题江南、浙江二省学院学士张榕端等员缺，以侍读余志贞等职名开列。上曰："翰林官员内学问优劣，朕固知之。其存心何如，未易知也。张鹏翮、李光地操守甚廉，不惟其所取者感之，即其不取者亦毫无怨言。如此秉公甚不易得。即如杨大鹤，学问颇优，乍观却似朴实者，孰知自到任以来，恶声载道，人皆怨尤。以此揆之，人心诚难测也。今翰林内尔等有知者否？"熊赐履奏曰："翰林之优劣，总不出皇上洞鉴。臣等并无有深知者。"王熙奏曰："张鹏翮、李光地操守清廉，诚非易及也。”上曰：“张鹏翮居官虽清，性情偏执。李光地操守廉洁，性复温和，不但百姓感戴，即旗人兵丁，无不称颂。办事敏捷，且善乘马，仿佛满洲。”

上又顾佛伦曰：“考试官员所关最重，俟伊桑阿、马齐来时，尔等会同询问，汉大学士、翰林内伊等门生甚多，知之必详。着保举具奏。”

兵部题湖广提督林本植拟罚俸六个月。上曰：“林本植着从宽免其罚俸。督抚、提督俱系封疆大臣，于此等细事即行拟罪，是为太过。着另行定例具奏。”

工部覆总河于成龙题请修筑高家堰等坏堤，议不准行。上曰：“淮安、扬州等处堤岸，本朝创建者不多，其石块旧基，原系明季所修，我朝但修补，令其高大宽厚。今因该督奏疏内有明季修筑等语即驳回，是反误其修筑之功矣。有何关系？该部据其一言即行驳回，殊觉未当。此疏发还，着另议具奏。”

理藩院题五品官索诺穆等叩阍恳给房产，议不准行。上曰：“索诺穆等四人，系噶尔丹未灭以前归顺者，情属可悯，着交该部量其品级给以房产。”

署江南、江西总督事陶岱请将原任扬州府知府傅泽洪补授常州府知府。上曰：“傅泽洪居官甚属庸常，朕南巡时访察，并未闻扬州百姓、商贾称颂其善。顷所补扬州府知府刘涵，系翰林选授之官，断不至妄行。即新补常州府知府秦邦英，较之傅泽洪，亦殊为优。傅泽洪朕曾问之张鹏翮、宋荦，据称居官庸常。今该督将居官庸常之人妄称为优，荐授知府，殊属不合，着不准行。”随问大学士等曰：“知府施世纶较傅泽洪为何如？”王熙奏曰：“施世纶才品俱优，傅泽洪实不及也。”上又曰：“朕曾以原任杭州府知府李铎居官何如问之张鹏翮，据称：‘臣在浙江，则不致李铎为害。臣若离浙江，则李铎亦不可信矣。’其言如此，故朕就近补授为遵化州知州，于此可知地方官之贤否，皆出自督抚。”大学士等奏曰：“圣谕诚然。”

是日起居注官张廷瓒、满保。

十一日乙亥 上御乾清门听政。吏部入奏。上曰：“今观部院衙门官员劣者甚多，比年来未经京察，是以皆得容留。其行止淆乱、才力不及、怠惰偷安及不能缮稿者，留彼奚为？着遍谕部院衙门，令各察明，五日内即行参革。”

部院各衙门官员面奏毕，大学士伊桑阿、马齐、佛伦、王熙、吴琠、熊赐履、张英，学士钱齐保、胡会恩、顾祖荣、特默德、白硕色、满都、范承烈以折本请旨。吏部题礼部侍郎李录予所兼翰林院官衔。上曰：“吏、礼二部汉侍郎兼翰林院官衔者此系成例，何必重叠启奏？此疏批出，照议行。嗣后凡遇此等补授之缺，于拟补疏中即书所兼官衔。如拟补督抚提镇，以何项人升补，亦将其应兼官衔奏明。”

又覆山西巡抚噶礼题请阳曲、临汾知县员缺，以文水县知县罗纶等调补，议不准行。上曰：“临汾知县秦棠原任香河县，居官有声，仍留临汾，其罗纶照该抚所请调补阳曲县。”

是日，上诣宁寿宫问安。

是日起居注官阿山、陈元龙。

十二日丙子　是日，部院各衙门奏章送内阁。

是日起居注官揆叙、张廷枢。

十三日丁丑　辰时，上御乾清门听政。部院各衙门官员面奏毕，九卿遵旨将清口改移伍家墩事并副都御史梅铜条奏会试事会议奏讫，出。

大学士伊桑阿、马齐、佛伦、王熙、吴琠、熊赐履、张英，学士钱齐保、胡会恩、顾祖荣、特默德、白硕色、满都、范承烈以折本请旨。上顾伊桑阿等问曰：“九卿将河工作何会议？”伊桑阿奏曰：“据云，现今侍郎常绶往看河道，俟彼回时再议具奏。”上曰：“若不改移清口，黄河水长一尺，洪泽湖水亦长一尺，势必将高家堰之堤亦加增一尺，如此加增，何所底止？朕向巡省南方，见水距石堤，尚离二丈，此番巡省，则水逾石堤矣。万一高家堰一决，则淮安一带必尽为水乡。今常绶既往踏看，俟其回时再定夺。”

伊桑阿又奏云：“补授学院臣等遵旨问汉大学士等，据云翰林俱识文章，但其心术不得深知，难以保奏。仍恳皇上钦点洞悉之人。”上曰：“识文章何难，若果能有守，一毫不染，则贤于有能者远矣。汉大学士等向曾教习翰林，知之必深，令保举具奏。”

户部将造册迟延逾限四月大同知府叶九思拟革职。上曰：“叶九思系朕所知之人，居官颇优，今年已六旬余矣。如此细事，即革其职，殊为可惜，着从宽免究。”

兵部题大选游击事。上曰：“游击守备员缺，朕意欲将汉军内骑射熟练、材力矫健者选择补授。此本着暂留内阁。”、

三法司覆浙江巡抚张勄题私铸制钱张天雨等，拟正法。上曰：“张勄在山东居官尚好，迩来声名不佳。前朕南巡，见浙江钱法浸坏，张勄亦曾陈奏。今题参私铸人犯，或欲掩其前愆，亦未可知。尔等确查具奏。”

又复窃盗洪范等四人拒捕，拟秋后处斩。上曰：“洪范等虽系窃盗拒捕，情属可恶，着另议具奏。”

原任学士黄茂、御史辛保以教养赈济蒙古并收获米石数目奏闻。上曰：“着悉如其请。伊等效力，甚为可嘉，明年秋收后，另行遣人更替。”

太常寺题，以孟春月致祭祈谷坛请旨事。上曰：“二十七下辛之日，则属太迟，上辛初七日虽值忌辰，向来曾否致祭，尔等察例具奏。”

是日起居注官宋大业、满保。

十四日戊寅　辰时，上御乾清门听政。部院各衙门官员面奏毕，大学士伊桑阿、马齐、佛伦、王熙、吴琠、熊赐履、张英，学士钱齐保、胡会恩、顾祖荣、特默德、白硕色、满都、范承烈以折本请旨。兵部覆总兵官俞益谟题老营堡等地方所开参将、游击、守备员缺，请将利民中路等地方参将陆建衡等补授，议不准行。上曰：“大同乃紧要之区，渠等员缺，将总兵官俞益谟所题十八人，召至京师引见。”

又三法司题守备陆云龙误以赌博为贼，将拒捕之范开弘刺死，议革职。上曰：“观此案陆云龙宜若无罪，先因捕盗退缩之故，曾将参将叶芝兰治罪，今陆云龙获贼相应宽免。此疏着发还，令该部及步军统领会议。倘有他故，另行陈奏。”

副都御史梅鋗条奏，会试南卷、北卷、中卷内请停分左右二项，仍照三十年以前定例，但分南、北、中卷。上曰：“着交九卿、詹事科道官会

议具奏。”

直隶巡抚李光地题漳河一带河道民生休戚所关，请将理事通判朝琦补授司道等官，督理河务，仍兼理事通判。上曰：“朝琦人材学问俱优，骑射亦好，着照该抚题补授分司，仍兼理通判事。”

伊桑阿奏曰：“臣等遵旨以补授江浙学院事谕汉大学士，据云：翰林皆皇上洞悉之官，但恳皇上钦点一人。”上曰：“汝等云何？”王熙奏曰：“补授学院最难，即皇上所简，岂无一二人负任使者，臣等焉能无误？盖学臣所重者，公与明耳。明则诸臣皆读书，翰林出身岂有不明者？但公最难。不公有二，一则行贿，一则徇情。行贿或尚可勉持，徇情则三年内能保无一二乎？翰林诸臣皆在皇上洞鉴中，总求皇上亲点。”上颔之曰：“着将翰林官通行开列具奏。”

伊桑阿又奏曰：“查致祭祈谷坛，并无遇忌辰而更日祭祀之例。”上曰：“俟下辛二十七日致祭未免太迟，即于上辛初七日遣官致祭。”

又奏曰：“臣等亦曾查祭奉先殿例。明季致祭奉先殿，无请太庙神主之例。我朝大内建奉先殿，奉太祖、太宗、世祖神主者，盖欲于朔望荐新及随时祫祭故也。四祖神主旧奉于太庙后殿，每岁时祭俱遣官致祭于后殿。除夕则于太庙祫祭。今元旦，若更请至奉先殿致祭，似为重复。嗣后元旦、皇太后及皇上万寿日，奉先殿祫祭之时免请。太庙后殿四祖神主即于太庙后殿以致祭。奉先殿之例遣官致祭，如是，则四祖神主不致往返请移，且副皇上诚敬之至意。”上可其奏。

复顾大学士等问曰：“白硕色其人何如？”伊桑阿奏曰：“白硕色其人老成，亦谙事务。”上曰：“白硕色不事奔竞，犹属直率，部院中如是安分者，亦鲜矣。”

是日起居注官揆叙、徐元正。

十五日己卯 早，上御太和殿，升转文武官员谢恩毕，上回宫。

是日，上诣宁寿宫问安。

是日起居注官阿山、冯云骕。

十六日庚辰 辰时，上御乾清门听政。部院各衙门官员面奏毕，侍郎罗察等审巡抚于养志、提督岳昇龙互参事竣，还自四川入奏。上曰：“尔等所审之事，试陈大略。”罗察奏曰：“打箭炉等地方被营官据占，于养志知情不举，拟革职。岳昇龙折取营马，亦拟革职。其干连人员，俱按事轻重，已经定罪。”上曰：“闻尔等未曾议处于养志，得毋于途中改拟乎？”罗察等奏曰：“于养志将打箭炉等地方隐瞒不报是实，即尔定罪，臣等何敢更改，原议于途中另为拟罪。”上问曰：“于养志、岳昇龙居官何如？”奏曰：“访闻于养志为官平常，岳昇龙向日居官极善，属员馈送礼物毫不收取，但其近日料理营中马匹之事，甚是失宜。”上曰：“今岁成都田禾如？”奏曰：“成都地方尽是水田，每年收获无误。至于沿路陕西、山西，亦俱丰稔。”上曰：“松藩总兵官周文英为官如何？”奏曰：“闻周文英居官最好。”上曰：“此实系可用之人。”上又问曰：“尔等至打箭炉，彼处民生地势若何？”奏曰：“民业饶、地势固，惟秋冬可行，春夏则难行矣。”罗察等出。

大学士伊桑阿、马齐、佛伦、王熙、吴琠、熊赐履、张英，学士钱齐保、胡会恩、顾祖荣、特默德、白硕色、满都、范承烈以折本请旨。吏部遵旨以补授学院事开列翰林官员。上曰：“翰林官员内朕未深知，今内升御史张泰交，操守清廉，由进士出身，必识文章。顷又巡盐长芦，家尚饶裕，授以江南学院，谅能仰副朕意，可及张鹏翮、李光地也。其浙江学院，朕于开列人内遴一人授之。”

兵部题给事中王雍条奏，各省驿站草料相应画一，议不准行。上曰：“条奏乃言官之责，或行或否，在朕酌定。今各省驿站，大小远近不同，皆系酌量安设者，焉能画一？这疏无所裨益，着发还。尔等今即将各省驿地需用钱粮驿丁数目及所通何路察明造册具奏。朕酌量定夺。”

理藩院题请公席布退应加恩叙。上曰：“公席布退途中堵截逃亡巴尔虎，尽行剿灭，殊属可嘉，着加封贝子。古云：蒙古兽聚鸟散。明季亦以蒙古地方辽阔，扑灭为难。由今观之，剿之甚易，若相地邀截，无有不遇者，虽欲逃遁，将何往乎？”伊桑阿等奏曰：“宸衷焦劳，抚养蒙古，亘古未有之事。前者皇上亲统六师，由中路进讨。又遣兵于西路邀截，以灭噶尔丹，诚非常见之所能及也。”上曰：“汉赵充国论治边最详，无复出其右者。朕每检阅，深为嘉叹。”伊桑阿奏曰：“皇上三次亲征蒙古地方，知之甚悉，故凡所筹画，动合机宜。”

是日起居注官徐秉义、满保。

十七日辛巳 辰时，上御乾清门听政。部院各衙门官员面奏时，上见遣往河工工部侍郎常绶、员外郎费扬古侍立阶下，上召至前，常绶等将所议修河奏疏呈览。上问曰：“尔等带去改移清口河图，伊等云何？”常绶奏曰：“于成龙等见皇上所制图式，深加惊异。云：皇上留心河务，深劳睿虑，周详绘图，指训臣等，无任欢忭，遂尔谢恩。伊等复云：遵旨改移清口，则清水自是易出。但水泛时，两边堤岸似稍可虞。倘致冲决，保护为难。将高家堰减水坝堵塞帮加修筑，似有裨益。即改移清口，未必一时告竣，而高家堰亦不得不加修理。”

上又问曰：“彼处人民之意云何？”常绶奏曰：“有谓黄河北移，相距稍远为善者。于成龙等则谓不便北移，移则中河必致废坏。伊等乃自为耳。”上又问：“自何处北移？”常绶奏曰：“欲自清河县东界改移。”上曰：“若附近清河县即是中河已尽之处，中河何得废坏？”

上又问：“现今工程如何？”常绶奏曰：“现今各工停止，于成龙云：钱粮俱已分给修筑各官备办，物料至今一物未至，银已全无。观于成龙之状，亦甚忧虑。”上曰：“工程速竣，运道、民生方有裨益。于成龙素偏于任人，一经荐举者，后虽改行，彼终坚执称善，概以人心与己心相同耳。随往之徒，素有名望者无几，希图侥幸者颇多。动支钱粮百有余万，物料仍致迁延，则又迟误一年矣。”

大学士伊桑阿、马齐、佛伦、王熙、吴琠、熊赐履、张英，学士布泰、钱齐保、胡会恩、顾祖荣、特默德、白硕色、满都以折本请旨。吏部题补授学院事。上曰：“近往江南主考者为谁？”熊赐履奏曰：“正主考张廷枢、副主考姜橚。”上问：“姜橚何如？系何处人？”熊赐履奏曰：“姜橚原好，系山西人。”上问：“张廷枢何如？”熊赐履奏曰：“未闻其好处，亦未闻其不善处。然其人尚优。”上曰：“浙江学院着差姜橚。”

礼部覆御史郑维孜条奏科考生员俱令本处旧生员具结，方准赴考，议准行。上曰：“恐冒籍贯，令具保结固善。但出结者势必借端勒索，多一事则多一累。如准所请，不久又有以出结人借端勒索，请严加处分而条奏者矣。尔等云何？”伊桑阿奏曰：“旧生员勒措不为具结，必致行贿。”熊赐履奏曰：“冒籍原有处分定例。”上曰：“着交九卿议奏。”

上又顾大学士等曰：“于成龙等之意，以为改移清口，清水固易宣泄，遇水泛时，新修堤岸难保无虞。高家堰之减水坝尽行堵塞而加筑之，事又裨益，不知上流泗州等处可受患否？务期运道民生俱有裨益，方为善耳。”马齐奏曰：“若下流闭塞，上流必至冲决，今岁泗州地方已报水灾。”上曰：“始汇清口之策甚善。洪泽湖原系陆地，于此处筑堤蓄水，与山东峄山湖、南旺湖相同，潦岁纳之以蓄水，旱岁出之以助运。彼时河身洼下，此洪泽湖水一则敌黄，一则济运，岁久沙壅黄河底垫，不但黄水反高于清水，其清水势不能出，而黄水复致倒灌。于是洪泽湖底亦渐淤垫，高地丈余，水面上浮矣。今清口以致如是者，职斯故也，岂可不详加究论。尔等会同九卿、詹事、掌印不掌印科道官员详加确议。会议之时，以河工事关重大，心怀顾畏，恐有不敢言者，务令各陈己见，直言勿隐，是则行之，否亦不加责，可明悉朕意。”伊桑阿奏曰：“圣谕诚然。臣等会议时，俱令各抒所见，以尽言之。”

是日起居注官曹鉴伦、傅伸。

十八日壬申 辰时，上御乾清门听政。部院各衙门官员面奏毕，大学士伊桑阿、马齐、佛伦、王熙、吴琠、熊赐履、张英同九卿议奏河工事务。上问曰：“尔等作何会议？”伊桑阿奏曰：“将清口改移五家墩甚善，但新筑堤岸，水泛时似难保无虞。今给事中陈诜以深浚河身为善，缮写折子呈览。”上曰：“河身宜加深浚，人所共知，但难得其法耳。朕亦留心于此。今永定河虽小，仿佛黄水。欲以水力刷浚之法试之，使河底得深。十月间往视之时，遂谕李光地，令将河身束之使狭，坚筑两边堤岸，试为行之。若永定河果有效验，即将此法用之黄河，否则另当设法。朕意如此，今安得轻举乎？九卿内如有淮安、扬州人，令各抒所见奏闻。”侍郎李楠奏曰：“皇上欲救淮扬等处水患，日夜焦劳，思改移清口，诚为善策。但今不加修高家堰堤，止移清口，恐一时断难奏绩。水涨时，若高家堰之堤一决，则淮扬一带难保其无虞也。以臣愚见，先将高家堰之堤速加增修，试观清水由清口出否。”上问曰：“高家堰若行修筑，水涨时，泗州一带，得无虞乎？”李楠奏曰：“高家堰一行加修，水涨时泗州一带必稍有水患，但淮安等处地方所关最要，泗州地方似乎稍轻。”

上曰：“洪泽湖之水长势，不得不将高家堰增筑，泗州等处必被水灾。先是总河于成龙修葺高家堰之堤，预备物料，惑于属下群小，将银一百八十万两尽行分布，木料等物迄今究未运至。伊但私其所爱之人，欲令捐纳补官，即朕此番临视河道，凡有与彼商酌事件，伊即欲令其私爱之人修筑，他竟不计。伊属下有何人才，谅难成事。今不得已复以五十万与之，遣董讷等前往，将高家堰坚行修筑。伊等身系大臣，尚知自惜，待加筑高家堰后，试观清水由清口出否，至于邵伯冲决之口，若不遣大臣一员预行修筑，则明春更可虑矣。”

是日起居注官王顼龄、满保。

十九日癸未　辰时，上御乾清门听政。部院各衙门官员面奏毕，大学士伊桑阿、马齐、佛伦、王熙、吴琠、熊赐履、张英，学士布泰、钱齐保、胡会恩、顾祖荣、特默德、白硕色、满都、范承烈以折本请旨。吏部奏江南学臣张榕端差满。上顾大学士等问曰：“张榕端居官何如？”大学士熊赐履奏曰：“张榕端居官平常，未闻有善处。”上曰：“尚在平常之下。张希良在浙江何如？”熊赐履奏曰：“张希良居官差胜。”上曰：“尚不如张榕端。”王熙奏曰：“张希良性情懦弱，不能拒绝情面。”上曰：“彼学问颇优，但气量狭小耳。目今河工分理需人，张榕端、张希良回京，其职亦非繁剧，俱着往河工效力。其从前各省学差，亦令协理河务查列职名具奏。”

兵部覆广东提督殷化行保题标下都司郑继宽补授游击，议不准行。上曰：“此缺着照该提督所题补授。顷阅天津总兵潘育龙条奏，各省武举留于督抚提督标下效用，如果优者，请得补授千总、把总。朕以此议甚属可行。千总、把总官秩虽微，镇守城堡，倘地果有事，协同文职料理，职掌亦复不轻。朕每巡行，见武弁庸劣者，即行降革。若后来补授者仍不堪用，则防守城堡之责、必致旷误。其武举闲居无事，许于本省督抚提镇标下效力，若材果可用、骑射娴熟者，遇千、把总缺出，具题补授，于地方有益。潘育龙疏现折于此，尔等可一并批明，送入工部。”

复总河于成龙题，河工效力钱粮未经销算人员，俟其销算日遣还，议不准行。上曰：“于成龙带去人员遣回者不少，其有钱粮未经销算者，准其暂留。”

是日，上诣宁寿宫问安。

是日起居注官阿山、张廷瓒。

二十日甲申　辰时，上御乾清门听政。部院各衙门官员面奏毕，大学士伊桑阿、马齐、佛伦、王熙、吴琠、熊赐履、张英，学士布泰、钱齐保、胡会恩、顾祖荣、特默德、白硕色、满都、范承烈以折本请旨。九卿覆副都御史梅鋗题，会试仍遵三十年以前例卷但分南、北、中，南、北、中之内停其分左右，议准行。嗣后云南、贵州、四川、广西四省不分中卷，另编字号，每科云南、四川各中式二名，广西、贵州各中式一名。上曰：“此例可永行否？”王熙奏曰：“从前卷分南、北、中，今不分中卷，云南等四省另编字号，甚是公平，可以永遵。”

礼部题磨勘浙江等四省乡试卷，将浙江主考史夔、满保交吏部议处。上曰：“今科各省典试官员内，其品行甚优及不肖如直隶主试者，尔等问九卿，令其指奏。”

九卿覆御史郑维孜条陈，中式举人宜令同学生员出结，保无冒籍顶名等情，议不准行。上顾大学士等问曰：“此事尔等云何？”王熙奏曰：“禁止冒籍，原有定例。但京师四方群聚，若宛平、大兴二县，必用本籍人考试，即额数亦不能全。臣系宛平人，知之甚详。其捐纳监生冒写籍贯，原不曾禁。”上曰：“禁止冒籍，既有定例，郑维孜条奏着发回。冒籍之人，伊有知者，亦令指名参奏。”

兵部覆署江南总督陶岱题参将高文熠等员缺请将游击狄世俊等补授，议不准行。上曰：“现今武职出缺甚多，不速补授，必致悬缺。既该督题请狄世俊等，着照所题补授。”

刑部题坐粮厅邵扣将给负米人夫及白米经记等银两希图入己，邵扣拟枷号三月、鞭一百，汉坐粮厅江藻虽无入己情故，但同任监督，亦应革职。上曰：“今岁南巡，江藻随朕料理船务，其才颇优，向任何部？”王熙奏曰："江藻原任工部郎中，其才颇优。"上曰："江藻着降二级留任，余依议。"

又盛京陵寝红垣外妇人缢死，总管齐蓝保等拟革职。上曰："红垣内系总管等巡守之地，红垣以外与总管等无涉，所议属重。此本发还，着另议具奏。"

伊桑阿等遵旨以原任学政诸臣职名开列折子呈览。上曰："此内除升授现任大臣外，其家寒者不必差往。若遣殷实人员，侵欺者少，于事有益。尔等查奏。"

又顾大学士等曰："委署川陕总督事务尚书席尔达居官何如？尔等亦有所闻否？"伊桑阿等奏曰："闻席尔达居官好。"上曰："席尔达办事练达，约束属员，不徇情面，御下有方，署江南总督事务。陶岱声名亦善，侍郎常绶办事亦颇优，但居心无定耳。"

是日起居注官陈元龙、揆叙。

二十一日乙酉　辰时，上出，由午门出正阳门，驻跸南苑。

酉时，上御旧宫，大学士伊桑阿、马齐、佛伦，学士布泰、钱齐保、特默德、白硕色、满都、范承烈以折本请旨。吏部题内阁侍读学士范承烈员缺，以监察御史武进贤拟正，赵世芳拟陪。上问曰："二人何如？"马齐奏曰："臣任左都御史时，知赵世芳办事练达，人材颇优。"上又问曰："武进贤何如？"马齐奏曰："人材亦优。"上曰："赵世芳系原任都统赵国佐何人？"佛伦奏曰："系赵国佐近族孙。"上曰："赵世芳才果优，着升补侍读学士。"

又题鸿胪寺少卿图尔亲员缺，以为赞善法生拟正，钦天监监副艾山拟陪。上曰："此员缺关系导引礼仪，着将自鸣赞、赞礼开任谙习人员补授。尔等拣选开列绿头签，俟朕回宫具奏。此拟补之疏可批：已有旨了。"

上又曰："鸿胪寺正卿席哈纳虽未历练事务，为人沉谨，屡次扈从，不失常度，但其心过拘耳。然敏达之人若不守分，犹不及此也。"马齐奏曰："席哈纳任工部笔帖式时，与臣同司，为人谨慎颇优。"

又题游牧地方员外郎品级阿玉玺员缺，以游牧六品官绰哈尔拟正，骁骑校阿木尔扎巴拟陪。上曰：“正陪俱系骁骑校等，微员论俸拟补，与此职不称。尔等于应补员内拣选具奏。”

九卿题刚五达等拟监候，秋后处决。上曰：“此案内有‘俟知州赵国宣家人至’之语，部中但欲结案，故速奏闻。前刚五达等奉差时，朕曾谓尔等官职俱不止此，此案务从公审理，以勉图上进，毋得肆行。若果无失，将来汝等自可大用，谆谆严谕。刚五达亦曾奏云：臣若到彼肆行，有何面目仰对皇上，可谕九卿，将此情节诘问刚五达，如此面从背违，朕将来何以用人？若辈当即正法，以示惩戒，何待秋后也？”

河南巡抚李国亮题鹿邑县女子陈三姐孝养其母，不肯出嫁，缢死，请旌表。上曰：“此事不至旌表。男子有室，女子有家，人伦之常。以不嫁缢死为善行而旌表之，不可为法。该抚不思事有当然，遽请旌表，不合，将此情节批发。”

伊桑阿等奏曰：“磨勘陕西等四省试卷事，臣等遵旨问九卿。九卿云：山东、河南、江南、陕西、山西、四川、贵州、湖广等八省考试俱好，山东为最，余省平常，但浙省稍有议论。”上曰：“江南主试乃张廷枢、姜棣也，山东、河南主试为谁？”伊桑阿奏曰：“山东正主考张廷瓒。”久之，上顾学士等曰：“河南主试有知之者否？”起居注官阿山奏曰：“河南正主考陈论、副主考喀尔喀。”

是日起居注官阿山、傅伸。

二十二日丙戌　辰时，封印。

二十三日丁亥

二十四日戊子

二十五日己丑

二十六日庚寅　午时，上自朝阳门进午门，回宫。

是日起居注官宋大业、满保。

二十七日辛卯　早，大学士伊桑阿、马齐、佛伦，学士布泰、钱齐保、特默德、白硕色、满都遵旨拣选鸿胪寺少卿，将御史常寿等共八人职名缮写绿头签，至乾清门交奏事存柱转奏。奉旨：“这员缺着以常寿升补。”

是日起居注官徐元正、满都。

二十八日壬辰 早，上御中和殿，视祭太庙祝版毕，回宫。

是日起居注官揆叙、冯云骕。

二十九日癸巳 早，上以岁除，亲诣太庙致祭毕，回宫。

是日，上诣宁寿宫问安。

是日起居注官阿山、韩菼。

三十日甲午 午时，上以除夕御保和殿，赐庆贺元旦外藩蒙古，左翼科尔沁和硕卓立克图亲王，巴忒麻和硕达尔汗亲王额驸班第，科尔沁多罗郡王戴布，翁牛忒多罗杜棱郡王班第，阿禄科尔沁多罗郡王垂，喀尔喀多罗郡王古鲁什希，蒿齐忒多罗郡王雅木披尔，阿霸垓多罗卓立克图郡王达麻林扎卜，扎鲁特贝勒毕鲁瓦，乌珠穆泰多罗额尔德尼贝勒博穆博，喀尔喀多罗贝勒罗卜臧，巴林固山贝子厄尔德尼，鄂尔多斯固山贝子杜冷，科尔沁和硕额驸班第，扎鲁特护国公巴图，翁牛特之喀喇齐礼克护国公祁塔忒，郭尔罗斯护国公蟒色，科尔沁一品台吉巴图等，毛明安之扎萨克一品台吉诺尔布等，科尔沁二品台吉顾鲁等、三品台吉特古思等、四品台吉鄂齐尔等；右翼喀尔喀和硕亲王策旺扎卜，科尔沁扎萨克图郡王鄂齐尔，敖汉多罗郡王班第，喀喇沁多罗郡王额驸敦多卜多尔即，阿霸垓多罗郡王吴尔占噶喇卜，鄂尔多斯多罗贝勒古鲁什希卜，阿霸哈纳尔多罗贝勒布昭，喀尔喀多罗贝勒席迪西里诺尔布班第，扎赖特固山贝子囊素，喀尔喀固山贝子扎木巴，喀喇沁和硕额驸噶尔臧护国公沙木巴喇西，喀尔喀护国公万舒克，厄鲁特公云春，敖汉和硕额驸齐偏、多罗额驸扎木素，敖汉之扎木素王旗分一品台吉吴巴锡，敖汉二品台吉丹津辅国公之婿萨音鄂岳图，毕立克图四品台吉毕立滚等，喀尔喀之协理台吉车木奔尔多尔即等，及内大臣、侍卫、大学士、上三旗都统、副都统等宴。上进酒，诸乐并作，左右翼王以下、公以上俱召进御座前，上亲赐酒，其余台吉等俱令内大臣赐饮。内大臣、大学士、都统、副都统等俱令侍卫等赐饮。宴毕，众谢恩，上回宫。

是日起居注官阿山、华显。

臣等钦惟皇上德育万类，道贯三灵，文德诞敷，武功赫濯。昨者六师三驾，殄灭巨憝，西荒永清，关门不闭。薄海内外，无不游翔元化，鼓舞太和。惟黄河为患，溃决时告，濒水郡县，昏垫其咨。皇上曲轸灾黎，深筹漕輓，俯从廷请，时迈其邦。遂将溯河逾淮，以临吴会。顾翠华远幸，违隔寝门。我皇上依恋晨昏，孝思不匮，乃以问俗省耕之日，仍隆怡颜侍膳之仪，亲奉慈闱，巡游南服。当夫行次淮甸，改驾轻舟，测量河身，审度水势。布决排之算，视浚筑之宜，后先有程，高下有制，目营手画，竭精殚神。为民以忘劳，合舆言而独断。于是渡杨子，道中吴，莅临安，指建业。所至蠲除逋赋，弛减榷征，钦恤祥刑，黜陟吏治。以至民生登耗，土俗淳漓，师律否臧，人材消长，幽隐毕烛，恩泽遍施。圣神之德广矣，大矣。旋以淮扬被水之民，茕茕无告，截留漕米，减价平粜，转粟江西，用资赈济。及回銮以后，深宫宵旰，尝在河工。高堰之安危，清口之通塞，指掌决策，刻木成图。诸臣久任河漕者，咸不能出圣算之范围也。又京畿清浑二河，向属同流，致为民害。自发帑金挑浚，水淹之地遂成良田。更以浑河沙壅，田反低洼，移南岸为北堤，另疏河道。至尊石画，万世永赖矣。至于外藩属国，臣服中朝，毕贡方物。车驾巡幸，加恩大赉，曲意绥怀，群情无不感悦。敖汉等部遣官教养，申严法禁，盗贼潜踪。蒙古诸部风俗渐厚，畜牧滋蕃。其巴林饥荒，命转运米粟散给。苏尼忒诸旗，又特议加恩。抚绥存恤之方，至详且备。至嘉峪关外土地肥美，有司请设兵屯田，则谕以培养元气为内治之道。谛巴部落所司欲驳回奏章，上命仍许贸易，不欲绝其生计。大哉王言，绝徼毡裘之长，仰承大化，共乐生成，永永无极。惟皇上以至仁抚临方夏，故民生河道，指画焦劳。惟皇上以至仁绥靖要荒，故西被东渐，声名洋溢。廑己饥己溺之念，矢并生并育之诚，尝恐一夫或底于阽危，一方或遗于化育。皇皇咨儆，汲汲恩勤，尽人力以挽天灾，勤内治而慎远略。所行者，二帝三王之仁政；所存者，天覆地载之仁心。从此川后效灵，洪流底绩，纳赆者万里，来朝者重译。亿万年无疆历服，皆在圣主忧勤惕励中矣。臣等谨稽首顿首而为之记。

康熙三十九年　庚辰

正　月

初一日乙未　早，上以元旦率诸王、贝勒、贝子、公、内大臣、侍卫、大学士、都统、尚书、精奇尼哈番等，往堂子行礼毕，回宫。

辰时，上率诸王、贝勒、贝子、公、内大臣、侍卫及大学士等诣皇太后宫行礼，其余文武诸臣俱于午门外行礼，上回宫。

少顷，御中和殿升座，内大臣、侍卫及内阁、翰林院、礼部、都察院、詹事府等衙门官员庆贺元旦行礼毕，御太和殿升座，诸王、贝勒、贝子、公等文武各官及元旦朝觐外藩王、贝勒、贝子、公、台吉，朝鲜等国使臣上表庆贺元旦，行礼毕，回宫。

是日起居注官阿山、韩菼。

初二日丙申　上诣宁寿宫问安。

是日起居注官张廷瓒、满保。

初三日丁酉　巳时，上由神武门出西直门，驻跸畅春园。

是日起居注官傅伸、陈元龙。

初四日戊戌　上诣澹泊为德问安。

初五日己亥　上诣澹泊为德问安。

初六日庚子　上诣澹泊为德问安。

初七日辛丑

初八日壬寅

初九日癸卯　上诣澹泊为德问安。

初十日甲辰

十一日乙巳

十二日丙午　上诣澹泊为德问安。

十三日丁未

十四日戊申 午时，上御畅春园内含淳堂，以上元节赐朝正外藩蒙古，左翼科尔沁和硕卓礼克图亲王巴特麻、达尔汉亲王额驸班第、多罗郡王戴布，翁牛忒多罗郡王班第，阿禄科尔沁多罗郡王垂，喀尔喀多罗郡王顾禄世希，阿霸垓多罗郡王达麻林扎布，鄂尔多斯多罗郡王宋喇卜，蒿齐忒多罗郡王雅木批尔，扎鲁特多罗贝勒毕禄瓦，乌珠穆泰多罗贝勒博木布，附在土墨特之喀尔喀多罗贝勒罗卜臧，鄂尔多斯固山贝子杜棱，科尔沁和硕额驸班第，翁牛忒公奇塔忒，扎鲁特公巴图，郭尔罗斯公莽沙，科尔沁和硕达尔汉亲王额驸班第旗分一品台吉毕立克图等、二品台吉顾禄等、三品台吉乌勒木济等、四品台吉阿喇纳等，毛明安扎萨克台吉诺尔布，科尔沁戴布王旗分二品台吉佟噶兰等、协理四品台吉伊拉古克三等，土墨特多罗贝勒额尔德木图旗分二品塔布囊马尼等，苏尼忒多罗郡王达礼渣卜旗分协理一品台吉土巴席希布等，鄂尔多斯多罗郡王宋喇卜之弟二品台吉扎木扬王子、台吉干朱尔；右翼折卜尊丹巴库图克图，喀尔喀和硕扎萨克图亲王策旺渣卜，科尔沁扎萨克图郡王鄂齐尔，敖汉多罗郡王扎木素，喀尔喀多罗郡王额附敦多布多尔济柰曼多罗达尔汉郡王班第，鄂尔多斯多罗郡王董罗卜，阿霸垓多罗郡王吴尔占噶喇布，喀喇沁多罗杜棱郡王扎西，乌珠穆秦多罗贝勒卜照，喀尔喀多罗贝勒席迪西里等，扎赖忒固山贝子纳逊，喀尔喀固山贝子扎木巴，喀喇沁和硕额驸噶尔藏，喀喇沁护国公沙木巴喇，西喀尔喀辅国公万舒克，厄鲁特辅国公云春，敖汉多罗额驸扎木素并拖因库图克图、额尔德尼伊拉古克三库图克图、阿旺董罗卜库图克图，阿霸垓多罗郡王吴尔占噶喇布旗分一品台吉德木楚克，喀尔喀扎萨克台吉班朱尔多尔吉等，灰特扎萨克台吉罗卜藏，敖汉多罗郡王扎木素旗分四品台吉绰克图，科尔沁和硕土谢图亲王额驸沙津旗分协理一品台吉季礼第，土默特固山贝子班第旗分一品台吉滚济思渣卜，喀尔喀和硕达尔汉亲王诺内旗分一品台吉额林臣等，科尔沁多罗扎萨克图郡王鄂齐尔旗分二品台吉克喇克图，柰曼多罗郡王班第旗分二品台吉喇席、喀喇沁多罗郡王渣西旗分二品塔布囊色冷等，策旺渣卜亲王之兄一品台吉策布登，厄鲁特二品台吉阿保及内大臣、侍卫、大学士等宴。上进酒，诸乐并作，外藩左右两翼亲王以下、公以上，上俱亲赐酒。其余俱令侍卫赐饮。宴罢，众谢恩毕，上回宫。

是日，上诣澹泊为德问安。

是日起居注官阿山、华显。

十五日己酉　午时，上御畅春园内含淳堂，大宴朝正外藩左右两翼王、贝勒、贝子、公、台吉等及内大臣、侍卫、大学士，诸乐并作，上进酒毕。外藩王、贝勒、贝子、公、台吉等俱于坐次赐饮。宴罢，众谢恩毕，上回宫。

是日，上诣澹泊为德问安。

是日起居注官阿山、满保。

十六日庚戌　上诣澹泊为德问安。

十七日辛亥　卯时，开印。

嗣后上驻跸畅春园，时部院各衙门章奏每日送内阁，转送畅春园听理。应面奏事宜仍行面奏。

是日，上诣澹泊为德问安。

十八日壬子

十九日癸丑　上诣澹泊为德问安。

二十日甲寅

二十一日乙卯　上诣澹泊为德问安。

二十二日丙辰

二十三日丁巳　上由西直门进神武门回宫。是日，上以巴林公主病故，传谕曰："公主系朕姑，太皇太后在时，公主特蒙眷爱，因以托朕，朕亦面允公主，待姑年迈时，迎至京师，亲视终年，凡一切应用之物，朕皆承理。及病笃时，公主见朕亲往视疾，含笑而逝。病笃之人，朕见者亦多矣，如此含笑而逝者，从未一睹。公主获享高年，生逢泰运，而临终时又含笑长逝，故朕亦不过为哀恻。且公主居蒙古地方五十余载，毫不生事，而子孙亦甚盛多，以此观之，可云福履俱全矣。朕叹慰不已。"

是日起居注官宋大业、满保。

二十四日戊午　辰时，上御乾清门，听部院各衙门官员面奏政事。

是日起居注官徐秉义、阿金。

二十五日己未 早，上御太和殿，升转文武官员谢恩毕，回宫。

是日起居注官阿山、韩菼。

二十六日庚申 辰时，上率诸皇子、诸王、贝勒、贝子、公、内大臣、侍卫及大学士诸臣等，送巴林公主殡至裕亲王园，于公主柩傍恸哭。诸王大臣再三劝解乃已，回宫。

是日，不御门，部院各衙门奏章俱送内阁。

上诣宁寿宫问安。

是日起居注官阿山。

二十七日辛酉 辰时，上御乾清门听政。部院各衙门官员面奏毕，差往陕西审事刑部尚书傅腊塔、两江总督张鹏翮入奏。上曰："尔等所审之事，想已备载章疏，今将大略奏闻。"傅腊塔奏曰："长安、永寿、华阴等三县亏欠米麦俱已收完，交巡抚讫。其子粒银两共计五十万，查此内给发民间三十九万余两，现于三年内已得二十六万余两，余俟二年内百姓陆续完结。六州县官侵蚀银二万余两，坐支车辆脚价及挪用银共九万余两，将坐支车辆脚价及挪用官员俱革职，交地方官追取。吴赫拟革职，佛伦拟降四级调用，侵蚀州县官俱拟秋后处斩，其侵蚀银两俱着落家产抵偿。又审吴秉谦侵蚀银六万两一案，五万九千两系因公挪用，一千两系彼入己。吴赫挟仇将因公挪用银两捏奏吴秉谦侵蚀，拟枷号两月，不准折赎，鞭一百。其承审护军统领鄂克济哈拟降三级，吴秉谦入己银一千两是实，仍拟绞。"

上顾张鹏翮曰："署总督事席尔达居官如何？"张鹏翮奏曰："居官好。"上曰："较巴锡何如？"张鹏翮奏曰："二人俱好。"上又问："巡抚贝和诺如何？"张鹏翮奏曰："居官亦好。"上又问："较巴锡何如？"张鹏翮奏曰："巴锡为人郑重，贝和诺临事精详。"上问："陕西、山西、直隶禾稼如何？"傅腊塔、张鹏翮奏曰："陕西今岁大有秋，山西、直隶二处俱丰稔。"上曰："朕亦闻陕西大获，土民以为大获之年亦尝有之，菜蔬之丰实所鲜觏。"傅腊塔等奏曰："菜蔬之茂，诚异寻常。"傅腊塔等出。

上复召张鹏翮谓曰：“尔等入秦，朕曾确访尔操守果廉，一介不取。”张鹏翮奏曰：“臣屡蒙皇上优渥，即粉身亦不能仰报，仅能自守，乃臣子之常，今蒙圣谕，臣不胜惶愧。”上曰：“廉洁守身，诚非易事。”张鹏翮出。

大学士伊桑阿、马齐、佛伦、王熙，学士钱齐保、特默德、白硕色、苏赫纳入奏事。上顾伊桑阿等曰：“张鹏翮前往陕西，朕留心察访，果一介不取。天下廉吏无出张鹏翮右者。”伊桑阿奏曰：“张鹏翮历任督抚、学院，俱为廉洁。”

是日起居注官曹鉴伦、华显。

二十八日壬戌 辰时，上御乾清门听政。部院各衙门官员面奏毕，差往盛京审理人参事案学士满都等参请训旨。

上曰：“尔今前往，宜加详审。凡事皆有为首之人，闻偷采人参者每年潜往，人不啻千万。若辈皆穷困无聊，衣食不赡之徒，一切马匹、粮米、帐房何能置办，但得除其为首之人，则偷采者自少，尔勿犹豫。”满都奏曰：“臣谨遵圣谕，严加审讯。”上曰：“尔等即将穷犯夹讯，亦何济于事？但详察源流，能获其养赡此辈，给发盘费、马匹，而收揽人参之为首者，则案即结矣。”

兵部题武远堡关口守御布尔赛员缺，将刑部主事托克托和拟正、扎克达拟陪引见。上曰：“关口紧要，着将部院保举官员内拣选引见。须得有品者方可。”

都察院题御史张世爵等内升外转引见。上命御史等俱升阶，逐一询其条奏几次。毕，顾问左都御史哈雅尔图曰：“此内孰优？”哈雅尔图奏曰：“张世爵人优，谙练事务。卢起龙、马希爵人亦优，谙事。”上问曰：“此内孰劣？”哈雅尔图奏曰：“其余御史俱勤于职事，无甚劣者。”哈雅尔图等出。

大学士伊桑阿、马齐、佛伦、王熙，学士布泰、钱齐保、特默德、白硕色、苏赫纳以折本请旨进前。

上曰：“昨览复试之卷，今科乡试诚不允当，派出监考阅卷诸臣，亦甚懦弱。诸臣不拟题启奏，反强请朕命题。又谓所学疏浅，其试卷亦屡请朕定其可否，朕不允行，仍命诸臣较阅。诸臣尚怀顾忌，不分满洲、汉军，南北总合一处，定其次序。朕以为不宜如此，应仍按项定期差等，况诸臣俱系八股出身之人，而寥寥数卷，反不能较阅耶？朕于诸事惟期合宜耳，虽宗室大臣之子，岂肯徇情乎，诸臣何事畏忌？即今乡会科场俱遣官考试，朕何尝主试？若然，记注官将令如何记注？试卷朕亦大略阅过，尔等持去，传谕九卿、科道，齐集于诸王会议房详阅，晚刻即行入奏。”

伊桑阿等以理藩院题诺尔台吉以力士进，应行赏赐。上曰：“前者此等以力士进而赏赉者甚多，尔等会同查例定议具奏。”

察哈尔协领李荣保题请察哈尔蒙古俸饷俱于大同宣化支领等事。上曰：“所请他事皆善，着准行。惟此俸饷若于大同宣化支领，则支领时必致争竞而生烦扰，着仍于京师支给。若然，即于此地办置货物带回，亦于蒙古有益。”

是日，上诣宁寿宫问安。

是日起居注官阿山、王顼龄。

二十九日癸亥　上以指授修筑永定河及巡视学士范承烈等所修化家口等处，早由东华门出崇文门，自通州登舟，御舟泊郝家府。是日，通永道祝兆熊、通州副将陈经麟等，驻防顺义县防守御卓博尔图等，通州中仓监督员外郎马尔汉、主事裴率度，西仓监督员外郎祖良卿、宋师曾，管理通惠河事务主事王作舟，通州知州武登科等来朝。

三十日甲子　上御舟泊通州属新河口。

二　月

初一日乙丑　早，奏事主事存住捧出三十八年中式举人复行廷试文卷，传谕大学士马齐等曰：“此科中式举人因有情弊，为人指参，朕亦闻外议纷纭，故行复试，以验其实。特命重臣、侍卫、诸皇子严加监试。朕初谓必有不能终卷者，及阅各卷，俱能成文，竟出意料之外。且命题时诸臣皆辞不能，故题目亦朕亲定。但朕弃时文已久，若以试朕，亦未能卒办。今此辈俱能成文，尚属可矜。朕披阅经书未尝释卷，故能观其大略，否则鉴定亦不易矣。至于落第者在外怨訾，势所必有，焉能杜绝？是以诸生试卷朕并未启封，着学士布泰赍回，将朕此意传谕九卿。即于九卿前启封，将列定名次缮写，明日驰至呈览。”又批本中书班第复传谕曰：“朕弃时文已久，览今文体较前稍变，诸生试卷朕一一观其大略，诸臣所拟四等俱是，三等以上者皆可观，有在三等朕拨置二等者，亦有在四等朕拨置三等者，四等果属不堪，着令黜革。三等以上者文俱佳，毋误其会试，准照常赴考。”

是日，上阅化家口拦河坝，谕内阁学士范承烈曰：“化家口拦河坝之南筑一月牙坝，坝基须用排桩芦埽，庶于旧堤有益。至于旧河下流之口，亦须堵塞，若不堵塞，则水涨之时必致倒灌，有损河道。范承烈至此未久，应修之处着费扬古指授。”

是日，御舟泊武清县属十百户地方。香河县知县于采来朝。

初二日丙寅　御舟泊武清县属蔡村。是日，奏事主事存住传谕尚书萨木哈曰：“观耍儿渡之东被水冲刷，深为可虞。若不预筑挑水坝，必致溃决，着备桩埽等物，朕嗣即亲临指示修筑。”

初三日丁卯　上阅汇尔港冲决之处，顾尚书萨木哈曰：“今从冲决处挑浚新河，直抵南河，着修筑重堤。河身须深一丈，宽或十丈、或二十丈，酌量开浚，旧河故道不必堵塞，水涨时听其两支分流。其迤东转湾处筑一挑水坝，高五尺以御激冲，甚有裨益。复令续修一顺水坝，若待赔修，必致迟延。着动正项钱粮，派出贤能司官笔帖式监修催趱，限于四月内告成。”

是日，御舟泊武清县属汤家湾地方，武清营游击姚际泰、杨村营守备葛松等来朝。

初四日戊辰　御舟泊武清县属西沽地方。是日，天津总兵官潘育龙等，长芦盐差御史陈齐永、长芦运使靳襄等，大沽营游击曾雄振、天津游击陈光祚、都司翟起凤等来朝。

初五日己巳　御舟泊武清县属清光村。是日，王庆坨都司王梦桢来朝。

初六日庚午　御舟泊武清县属王庆坨地界。是日，原任总河王新命、直隶巡抚李光地、守道高必弘、巡道刘德芳、漳河分司朝奇、保定府知府龚嵘、顺德府知府宜思恭、同知陈一朝、游击马见伯来朝。上赐王新命、李光地食。

初七日辛未 御舟驻王庆陀地界，率乾清门侍卫及亲近侍卫等乘舟至静海县东，阅子牙河堤，问总理河道分司朝奇曰："此河从何处开浚？"朝奇奏曰："从闫、留二庄之间开浚四十里，两岸筑堤导水，入三角淀。"上曰："此河一开，水势尽向东流，不由故道，恐有妨于运河，尔以为何如？"朝奇奏云："皇上睿鉴诚是。现今从决口所出之水直冲运河堤岸，今若开，河水势向东，难保其仍由故道。"

初八日壬申 上阅子牙河毕，回舟，复驻王庆坨地界。是日，亲近侍卫吴什传谕大学士马齐曰："席尔达疏称将军孙思克患病，遣医梁健生及兵部司官一员驰驿，速往调治。关保亦着前去审视，孙思克病势何如，即速奏闻。后从彼令往哈密去。至于笔帖式舒理浑与刚五达争买罪犯赵国瑄妾，甚属可恶，竟与其余笔帖式一律定罪。此等人岂可存留，罪应首诛者着问九卿，岂徇情乎？若云疏漏，未必然也。"

又亲近侍卫海青传谕巡抚李光地曰："新开子牙河与运河逼近，今若从东堤闫、留二庄之间另开一河，分流导入，三角淀则逼运河愈近。倘水势泛溢，致损运河堤岸，深为可虞。朕看得王家口出水之处并无壅塞，于现开河处或应建闸或应筑坝之处，尔等绘图进览。"

初九日癸酉 御舟泊霸州属堂二铺地界。是日，上行渔猎，所获鸪鸠、野鸭等物，遍赐诸大臣、侍卫以至护军校等。新安把总薛万里来朝。

初十日甲戌 早，上谕巡抚李光地、分司朝奇等曰："闫、留二庄之间可建一石闸，水大时酌量开闸减泄，水小时闭闸，仍由王家口旧河令直流出。若然，则水势不致尽行旁泻，漕运、民田皆有裨益矣。"谕毕，往阅永定河修筑之处，复问巡抚李光地、分司朝奇曰："闻此河水尽向东流，必有妨于运道。尔等以为何如？"李光地等奏曰："睿鉴诚然，建闸甚是。此闸即令巡道刘德芳监筑，多用石板，务期坚固。"上逐一指示河工毕，谕曰："修筑方略，皆朕亲行指授。若事有参差，俱在朕躬，尔其尽心修理，勿怀疑惧。以朕观之，永定河下流自三圣口开至柳岔，无有善于此者。”李光地奏曰：“臣等所阅无逾圣鉴。”

是日，上减扈从大臣侍卫，乘小舟往阅郎城、柳岔等处，行至水浅处，舟淤不能达，上即改御小艇，尽留诸大臣侍卫，止率数人前往，水愈浅，艇亦难行。是时也，上轸念民罹水患，视之如伤，宵旰思维，必欲成此有益于民之事。故圣躬不惮勤劳，并舍小艇，步涉于泥水之中，指授永定河道应从何处流并作何修筑方略，逐一明训河工诸臣。

是日，御舟泊霸州属苑家口地界。霸州防守御贰济图等、文安营游击苟文昌，管河同知萧世璠、许天馥，霸州知州孙伟祖等来朝。

十一日乙亥　早，上御行宫。大学士马齐、学士布泰以折本请旨。吏部题闽省学道汪薇考核中平，拟用佥事道。上曰：“闻得汪薇居官甚是平常，着前往河工效力。”

又考试举人主考李蟠罪案。上曰：“且俟解元事结，彼案内若复有情弊，以便重处李蟠。”

户部题赏赐乌喇虞人等。上曰：“此案官员业经加级，无庸再赏。虞人着照例赏赐。”

刑部等衙门题废官华色殴打佐领兼散骑郎双全，拟发黑龙江。上曰：“华色屡次逞凶殴人，诚为棍徒。此案着该部另议具奏。”

理藩院题佐领扎木素拟革职。上曰：“此案依议完结，扎木素着撤回京师披甲。”

山西巡抚噶礼题静乐、清源二县所欠三十六年钱粮，请于三十九年带征。上曰：“别县逋欠，噶礼已经完结，此二县钱粮为数不多，准于三十九年带征。”

又安徽巡抚李钠遵旨回奏。上曰：“李钠染病，果真似此，岂堪理事，着察议具奏。”

上顾大学士马齐曰：“朕往阅永定河，见河上群僚深属不堪，彼等并无知晓，每引朕至浅处，舟淤难行，问之土民，亦不明奏。后发严旨以惧之，始引而前行。及至观之，工程甚易，并无难处。因朕指示周详，河工诸臣方悟而大悦。总之经任河务者，勤而且廉，即克底绩。此河告竣，则黄河亦可仿此修之。”马齐奏曰：“圣谕诚然。河工官员必须勤廉，倘有贪婪，则惟思利己，河工必致废弛。”

奏毕，上顾起居注官揆叙问曰：“尔气色何以不见好？”揆叙奏曰：“臣近日偶染微疴，饮食不甚消化。”上曰：“尔年幼，不可漫服补药。服补药之人，断无受益者。椒类性热，诸物须戒之。”揆叙奏曰：“谨志圣谕。”

是日，上谕曰：“朕御小舟入郎城等淀淤浅之处，遍视之，则河之当移于柳岔也，益无疑矣。郎城之河全彼沙淤而垫高，至来年可耕为田。而欲于此处出水直强之耳。水口所关重大，若非亲临目击，可轻断乎？治河大臣畏缩不前，反再三陈奏，以为不可行者，今复何辞？”

上又谕曰：“郎城之遥甚属有用。清水、浑水俱以此当之，新河开毕着即完工。”上又谕曰：“南北两岸遥堤完工之后，交地方官各自分守，稍有损坏处，用民夫补修，着传谕直隶巡抚李光地。”上又谕曰：“朕将于四月来临，既来之后，又必复来，当朕未来时，亦不时遣人察视。尔等其敬慎之，毋忽。”

上又阅郭家务以下被淤卑矮堤工。谕曰：“水长则新开之河可虞。尔等会同王新命，动用捐助银两作何酌量再行加帮增高，着公阅议奏。”

是日，御舟泊任丘县属药王行宫，相对水次。

十二日丙子 御舟泊新安县属郭里口地界。是日，赐内大臣、大学士、都统、副都统以及护军校、护军、执事人役等鸪鸠、野鸭。又赐宗室侍卫等雁。雄县防守御三等、雄县知县张墉、新安县知县孔尚铣、雄县把总李超来朝。

十三日丁丑 御舟泊新安县属段村地界。

是日，赐内大臣、侍卫及大学士野鸭。

十四日戊寅 御舟泊任丘县属赵北口地界。

是日，赐内大臣、侍卫及大学士雁、野鸭。

十五日己卯 御舟泊霸州属苑家口地界。

十六日庚辰 上自苑家口登岸陆行。驻跸永清县属蔡家营地界。

是日，赐内大臣、侍卫、大学士野鸭。霸昌道郎廷栋、固安县防守御刘格则等，东安县防守御赛柱等、旧州营都司周芳等、永清县知县柯永智等来朝。

十七日辛巳　上至南苑入南红门，驻跸旧宫。

十八日壬午　辰时，驾移驻畅春园。

是行也，部院各衙门奏章每日交送内阁，自内阁三日一次驿送行宫办理。

扈从起居注官阿山、揆叙、阿金、满保。

十九日癸未

二十日甲申

二十一日乙酉　辰时，上御畅春园内澹宁居听政。部院各衙门官员面奏毕，湖广总督郭琇入奏曰："十七日蒙谕给还臣父诰命，十八日臣即谢恩。皇上命臣选奏丈量地亩官员，臣谨遵上谕，武昌道庄楷衡、永郴道董廷恩、长沙府知府王益曾三人居官优，俱有才，同祈委任丈量。"上曰："丈量一处即奏闻一处耶？抑尽行丈量后始奏闻耶？果能清丈度，必有益于民。"郭琇奏曰："欲俟总结后再行具题。但湖南民稀地广，所以民或不能完课，遂致逃亡者有之，清丈实大有益于民，钱粮则较前差减矣。"上曰："约减几何？"郭琇奏曰："大约减十分之二。"上曰："果于民有益，所减虽倍于此，亦有何害？若不清丈，以荒田着落他人征收钱粮，有累群黎，断不可也。此事綦重，派出丈量官员口奏无据，尔其具疏，晚刻呈览。"

又问曰："湖南米价若何？"郭琇奏曰："每石价值银六钱有奇。"上曰："彼处采买二十万石得乎？"奏曰："一时采买二十万石，价必腾贵，亦觉繁难。"上曰："朕欲采买此米者，皆为淮扬黎庶也。至八月时，彼处丰歉及米价何如，尔具折奏闻。"郭琇出。

大学士伊桑阿、马齐、王熙、张英，学士布泰、钱齐保、胡会恩、顾祖荣、特默德、白硕色以折本请旨。九卿覆尚书范承勋等题请挑浚高家堰之东河，以挽运筑堤石料石灰等物，议准行。上曰："若挑此河，引入黄河，则烂泥浅近曾挑矣，水竟不得出。今彼等挑浚此河，欲令何自而出，或令从运河出乎？疏内并未题明，尔等以此处可问工部堂官。"

吏部题前往大同督收捐纳米石御史海伦。内阁侍读迈图，议革职。上曰："海伦等前往大同收米，所行深为不端，相应正法，仅拟革职可乎？俱着枷号三月，不准折赎，鞭一百，编入内府佐领当差。"

兵部题副将金国镇准丁忧。上曰："着问郭琇，居官果系甚优，即令在任守制。倘平常，准其丁忧。"

又守紫禁城章京花色等空班，拟革职。上曰："彼二人一以母病笃为辞，一以子病笃为辞，着查其母与子现今果否存亡具奏。"

巡抚宋荦以赈济淮扬饥民米石奏闻。上曰："朕发内帑修理各处堤岸，总为下河民生起见。河工一日不竣，下河之民一日不得乐业，朕甚恻然。着将今岁漕运截留二十万石，交付宋荦备贮。尔等写上传呈览。"

是日起居注官阿山、华显。

二十二日丙戌

二十三日丁亥　是日，上诣澹泊为德问安。

二十四日戊子

二十五日己丑

二十六日庚寅　是日，上诣澹泊为德问安。

二十七日辛卯　辰时，上御畅春园内澹宁居听政。部院各衙门官员面奏毕，步军统领凯音布奏事毕，复奏曰："臣去岁患足疾，曾请旨赴汤泉养，疾已经大痊。今年复发，兹值圣驾在宫，乘闲无事，仍欲请假二十日前赴汤泉。"上颔之。凯音布复奏曰："臣去后步军统领之事，请委左翼步军总尉穆成格管理。"上曰："穆成格为部郎时原属平常。"凯音布奏曰："穆成格外貌虽鄙，内有知识，办事亦优，人极敬谨。"上曰："尔能自知足矣，安足以知人？穆成格朕知其人平常，即右翼步军总尉纪山，因其年久勤劳，故授以步军总尉耳。彼等岂能无所畏忌、稍不徇情毅然任事乎？前吴禄礼亦系尔保举之人，迄今何如？自尔用吴禄礼及尔子之后，尔之声名甚属不堪。此辈罢黜之后，尔行始修。凡善于趋承之人及己子，尔遂谬视为优，每怀徇庇。朕则不然，虽诸皇子内朕亦甄别贤否，不似尔等之私昵也。"凯音布奏曰："用吴禄礼及臣子之处诚为谬甚，圣谕允然。臣更有何辞。"上曰："温泉距京甚近，紧要事尔仍办理，两翼总尉着照常巡察。"凯音布出。

大学士伊桑阿、马齐、王熙、张英，学士布泰、钱齐保、胡会恩、顾祖荣、特默德、白硕色以折本请旨。九卿拟刚五达等罪案。

上曰："刚五达等着拟绞监候秋后。赵国瑄之事行察该督甚得其宜，至舒理浑之父那泰，身为大臣，不能训子。于善与同事司员争买犯官之妇，罪名丑恶，彼应恳请正法。而反以族伯阵亡揑辞具呈，腼颜极矣，着革去副都统品级。若辈所具之呈概不准行。"

户部覆郭琇题所拟给民间明季王田收租，应照民间上等田例，其余银六千余于京师等十三州县民田内均派，议不准行。上曰："若依郭琇所请而行，则均派之民恐致贻累。尔衙门遣一人速追及总督郭琇，问其果否累民，再行完结。"

右卫将军宗室费扬古题请山代地方田地，身率各官自行备力耕种。上曰："山代地方田既甚饶，且逼近二河之间，只引河灌溉，无不丰获，所以西边回子引水入田而耕种之。除虫食之外，总无虞于旱潦，必获丰登。朕谕费扬古，可于此处开种，费扬古颇有难色。朕因云：尔若以为难，朕则命诸皇子及诸王耕种矣。从此始行耕种。今令费扬古广为开种，待收获时奏闻。"

分司敦拜题河工笔帖式员缺，停止部选，即将本处效力人员补授。上曰："朕巡视河工时，敦拜曾以此具奏。朕已命其具折奏闻。效力人员谙晰河务，久于其职事方有益，着照所请行。"

郭琇因丈量楚田保题官员。上曰："保题三人俱照所请委用。"

将军孙思克以病乞休。上曰："观孙思克所奏之言，深为可悯，仍着留任调养。甘州地属严疆，特遣一人暂署其事。都统内雷继尊、诺穆图人才俱优，但诺穆图年迈，着雷继尊驰驿速往署理。孙思克病痊可即回京。倘不愈，再行定夺。"

大学士伊桑阿等奏曰："臣等遵旨以范承勋等题挽运筑堤物料之小河水从何处而出问工部堂官。据奏，但照所请，议准行。此河之水从何而出，臣等亦不知。"上曰："速行文，令范承勋等会同于成龙议明，作速具奏。"

又曰："今海内承平无事，惟淮扬数百万生民屡被水灾，朕不忍恝置，故宵旰焦思，咨商臣庶，惟以河工底绩，拯救生黎为急务。倘河工诸臣不仰体朕意，竟以修河为利，惟望堤岸冲决可以凑销钱粮，可以行私肥己，则河工无告竣之日矣。河工事务工部亦有情弊，尔等以朕为不知耶？此言使众悉闻之，倘被朕察出，即与刚五达一例治罪而已，虽大臣朕不徇庇也！尔等严写上传呈览。”

伊桑阿又奏曰：“臣等遵旨以空班华色之母及关保子之果否存亡问兵部。关保之子已故，华色之母尚存。”上曰：“关保之子既亡，着从宽免革职。华色依议革职。”

是日起居注官华显、满保。

二十八日壬辰

二十九日癸巳

三　月

初一日甲午　早，上自西直门进神武门，回宫。

午时，上御文华殿举行经筵大典，讲官库勒纳、熊赐履讲《四书》子以四教文行忠行一节，阿山、张英讲《书经》禹敷土随山刊木，奠高山大川一节。讲毕，赐宴于太和门前。

是日起居注官陈元龙、阿金。

初二日乙未　辰时，上御乾清门听政。部院各衙门官员面奏毕，原任总河王新命以修理永定河绘图呈览。上批阅指问良久，顾王新命曰：“此图曲折阔狭与河形不符，如一百八十丈为一里，则以尺为丈，或以寸为丈，更或以分厘为丈，尺量其远近，按尺寸绘之，方与河形相符，一览了然。今尔此图皆意度为之，未见明确。着另绘呈览。”王新命奏曰：“臣等绘图委系粗疏，皇上训谕极是。”

又奏请捐纳事例。上曰：“捐纳一事，甚属无益。西安、大同等处至今尚未完结。修筑河工可动正项钱粮，不必又开事例。”

又差往蒿齐忒等各旗审理盗案并教养蒙古左通政张格等恭请训旨。上曰："蒙古性情怠惰愚蠢，贪得无厌，不可以内地之法治之，顺其性以渐导，方能有益。初到时亦不可即行给助，始若过优，恐后不继。宜视其困乏，渐行补助。且蒙古唯信喇嘛，一切不顾，此风亟宜挽易。倘有喇嘛等犯法者，尔等即按律治罪，令知惩戒。"张格等出。

大学士伊桑阿、马齐、王熙、吴琠、熊赐履、张英，学士布泰、钱齐保、胡会恩、顾祖荣、特默德、白硕色以折本请旨。吏部题顺天府尹常翼圣员缺，论俸以太仆寺卿钱晋锡拟正、光禄寺卿江蘩拟陪。上曰："府尹员缺，关系紧要，应升官员及翰林品级相对内，尔等有素知者，选择具奏。"

又覆安徽巡抚李钠回奏，因御史廖腾煃参已身病不能办事，具疏议交江南将军提督查明具奏。上曰："各省将军、提督向不与民事，敕书开载甚明，从无行查督抚之例。今议令将军等查明，殊属不合，汝等严敕该部。其李钠事着两江总督张鹏翮查明具奏。"

礼部覆御史郑惟孜条奏，奉差审事官员应给印信，议准行。上曰："差往审事官员若另给印信，甚滋烦扰，着不必行。嗣后审事官员定招审结，即于疏内写明具题日期，钤本用督抚印。事关督抚，则钤藩臬印；事关督抚藩臬，则钤提镇印。如此则途次更改之弊可除，即有巧诈之徒预将空纸用印，欲行无耻之事，而印上墨迹显然易辨，亦难作弊也。"

刑部题殴死额尔墨觉罗富泰拟秋后绞。其弟六什因助殴，拟鞭责，准折赎。上曰："富泰族属不守法禁者多，富泰至秋审时断不可宽，尔等记之。其弟六什助殴逞凶特甚，情殊可恶。着枷号三个月、鞭一百，发往黑龙江当差。"

九卿议覆陕西所属亏空子粒案。上曰："此事历年已久，今既经审明处分，当即完结此案，俱照所议。佛伦年老，从宽免降调，以原官致仕。其本内行查提解质审各案不必行，提质审可议结具奏。"

又覆吴秉谦叩阍一案。上曰："此案着照所议完结，其总督吴黑着革职，从宽免其枷责。护军统领鄂克济哈以材力颇优擢用大臣，观其人素性无常，着照议销去加一级，仍降二级调用。"

上又曰："朕闻浙江巡抚张勄、河南巡抚李国亮居官庸常，尔等以为何如？”吴琠奏曰：“张勄向在湖广居官甚好，其在浙江巡抚臣知之未详。李国亮居官尚安静。”上又顾熊赐履曰：“尔以为何如？”熊赐履奏曰：“臣亦闻彼等居官安静。”上曰：“据张鹏翮、郭琇云，李国亮居官平常，尔等问九卿。李光地居官最优，督抚中少有其人。”王熙奏曰：“李光地不惟操守清廉，办事亦属勤敏，并无汉人习气，且实心任事，不沽虚名。”

上又顾大学士等曰：“修筑永定河夫役零集人多则需米谷，价必致腾贵，遣户部贤能司官二员，截山东、河南漕米二万石，留于信安、柳岔二处，会同地方官照前稍减时价平粜，至附近信安修河诸处屯庄米石，若令粜卖，有益于民，可令内务府总管查明具奏。”

午时，上自西华门出西直门，驻跸畅春园。

是日，上诣澹泊为德问安。

是日起居注官傅伸、张廷枢。

初三日丙申

初四日丁酉

初五日戊戌 是日，上诣澹泊为德问安。

初六日己亥 辰时，上御畅春园内澹宁居听政。刑部尚书傅腊塔等入奏时，上顾侍郎常寿曰：“汝自任刑部以来甚为效力，属员所谳罪犯靡不心服，较汝在工部时声望更佳。尔唯当坚持此心，勤勉不二方善。”常寿奏曰：“臣蒙主恩委用，无以克报，惟有竭己尽力而已。”

继而工部诸臣入奏，上顾尚书萨木哈等曰：“今天下无事，独河务最要。淮扬一带百姓久罹水患，亟宜拯救，此系汝等专责，宜各尽力。今观河上诸臣，一有冲决但思获利，迟至数年，徒费钱粮，河工毫无裨益。此弊之根，皆在尔部。即今河工凡有所奏，惟恐尔部议不准行，随即遣人营求作弊，尔部无不受其托者。若此弊端尔等不行改除，河工何由奏绩？”萨木哈等奏曰：“臣等自当遵旨，竭力严禁。”上曰：“岂止严禁他人，即尔等亦宜改悔。尔等自任工部，家已致富，亦云足矣。若仍不改，如刚五达事发，即尔等身皆罹罪矣。朕此言皆有确闻，并未无因而发。”萨木哈奏曰：“皇上睿鉴诚然。臣自当竭力改悔。”

部院各衙门官员面奏毕，大学士伊桑阿、马齐、王熙、吴琠、熊赐履、张英，学士布泰、钱齐保、胡会恩、顾祖荣、特默德、白硕色遵旨，顺天府尹员缺，以钱晋锡等二十人选择引见。上问曰："钱晋锡等何如？"伊桑阿奏曰："汉人内汉大臣无深知者，汉军内刘光美年久，向年曾与萧永藻一同保举赵世芳，人亦优长。"上曰："甘国枢何如？"马齐奏曰："臣任左都御史时，甘国枢为御史，人优，满语亦佳。"上曰："甘国枢补授顺天府尹。"

既而以折本请旨。宗人府题裕亲王求还所罚俸禄，议不准行。上曰："凡部院大臣官员降级者三年满，仍还原级。亲王议处无级可降，因罚其俸。今部议不准行，稍觉有屈。所罚之俸，着仍给。"

户部覆直隶巡抚李光地条奏，挪用钱粮官员宜从重治罪，议不准行。上曰："前李光地曾奏直隶诸处亏空钱粮甚多，朕云：尔不必虑此，可细查之，亏空未必甚多。及彼查奏亏空果系无多，但挪移钱粮便致拖欠。着照李光地所奏行。"

工部题挑浚烂泥浅等浅处。上曰："前者于成龙虽屡陈河务，及问自河上来者，皆云：邵伯决口尚未堵塞，朕所指芒稻河、人字河等处亦总未修。此数年间于成龙所请帑金二百余万，皆付之图利之辈，至今全无着落。于成龙想因此忧虑，致病而亡。"马齐奏曰："皇上洞鉴甚是，任图利之徒，何以成功？于成龙请用银两尚不止此，曾领臣部银三百万两，今亦全无着落。"上曰："于成龙人尚可用，亦有劳绩，但比年以来，欲开事例及徇情为人，大有错谬。"王熙奏曰："圣鉴甚明。但于成龙居官尚好，任事亦甚勤劳，惟于捐纳一事不无有玷。"上曰："朕去岁南巡时，遣侍卫海青召于成龙至江天寺。朕坐檐前椅上，谆谆训彼，惟当留心河工，不可以捐纳一事为要务。讵意彼竟不言及如何治河、如何救民，惟以捐纳一事执奏，朕以此知于成龙之不能有成于河工也。顷王新命又请开捐纳事例，现交九卿会议。其奏内有原任蒲州知州谢廷玑者，亦欲捐纳。谢廷玑居官甚属不堪，如此者俱令捐纳，何以鼓舞良吏？朕于此深以为不然。靳辅任总河时，河务常治，虽下河之人不无微怨，然不可谓于运河无益。靳辅物故，任于成龙总河以来，河务遂致废坏。"马齐奏曰："圣鉴诚然。靳辅河工诚为效力，任总河十载，所用帑金不过四百万两。”

上曰：“朕三幸江南，初次河道尚未废坏，去年至彼，见水势较前更险，闻今岁愈加涌涨，直至高邮矣。先是桑格疏奏清口之水已向外流，朕曾批谕以黄水不久倒灌矣。今询来人，果如朕言。去冬朕巡永定河，命修挑水坝，彼等遵旨修理，水得通流。于成龙不遵指示，河工迄今尚未告成。尔等将朕所谕修筑之处工程完否查明具奏。”

广东巡抚萧永藻题请将清苑县知县张象乾等四员调补南海县等处。上曰：“此次着照巡抚所题调补，后不为例。”

侍郎罗察等审四川抚提一案。上曰：“于养志系封疆大臣，边境为人侵住及营官不迎钦差大臣等事，彼俱隐而不奏，殊甚不合。此事已行查席尔达，俟到时可提于养志严问。至议岳昇龙罪及他事皆合，着照议行。”

又顾大学士等曰：“营官既杀内地之人，此案断难即结。向以济隆库图克图欺诳本朝，传谕谛巴械至京师，究治其罪。此事较济隆库图克图更为可恶，将彼拿解来京甚易，俟席尔达查明到日，倘事果真，定行严拿，从重治罪。”

伊桑阿又奏曰：“倘事果真，定行严拿，从重治罪。”伊桑阿又奏曰：“臣等遵旨将河南巡抚李国亮、浙江巡抚张勄居官贤否问九卿。据云：未闻其善处，亦未闻其有不善处。”上颔之。

又拟河工上谕呈览。上曰：“朕始欲示谕于成龙，今于成龙已故，可暂贮尔衙门，俟补授总河时应另谕之。”

是日起居注官阿山、揆叙。

初七日庚子

初八日辛丑 是日，上诣澹泊为德问安。

初九日壬寅 辰时，上御畅春园内澹宁居听政。部院各衙门官员面奏毕，大学士伊桑阿、马齐、王熙、吴琠、熊赐履、张英，九卿、詹事掌印及不掌印科、道官员进前，将会议河工折子呈览。上览议曰：“尔等会议，以埽堵塞黄水入清口之处，如此则漕艘从何处行？”伊桑阿奏曰：“漕艘到时拆埽为口以行，船过仍堵之。”上曰：“水力蓄聚，一去其埽，冲刷必甚，冲刷数次，水必愈深，埽难坚立矣。尔等此议未必可行也。”伊桑阿奏曰：“臣等未尝以此为必可行，但无计可施，以为如此，侥幸清水可出。”上曰：“如此清巨闸须堵塞方好。”又召侍郎常寿、员外郎黑硕色、费扬古近前，问黑硕色曰：“尔等前议高家堰可修，及观王鸿绪所奏又云不可修。尔今云何？”黑硕色奏曰：“臣等会同于成龙、徐廷玺齐集府厅官员定议，乘冬月水退坚筑高家堰具奏。彼时若即兴工，必有成矣。今时水势浩大，定不可修。”上曰：“去年朕亲立河堤，谕尔于挑浚引河处定桩，汝能有成否？”黑硕色奏曰：“皇上所示，臣已转谕董安国之子。至臣来后，不知其作何遵行。”上曰：“朕所遣诸大臣皆以高家堰为不可修，尔尚执以为可。惟以府厅微员为辞，是诚何意？朕亲指示着尔定桩，尔又转委他人，尔所司何事？”

复顾大学士等曰：“黑硕色朕巡视河道曾命随行，虽言辞清爽，口齿巧利，然于正务毫无所济，惟两可其说，卸过于人，片语不肯自任，断非成器之人。且有自恃利口，上司大臣之权任其擅弄，不可复令此人往河上去。”

又曰：“前靳辅任总河十有余年，河务整理，但自修归仁堤之后，清水势弱，黄河之身渐高，清水不得流出，浑水益倒灌清河。河工废坏，亦由于此。朕此次南巡，曾谕于成龙，邵伯更楼等堤，寸尺皆当坚固，彼不坚修，以致更楼堤岸冲决。今漕臣桑格奏称，漕艘被水损坏二十余只，究如朕谕。常寿、费扬古速行驰驿前去，会同河上诸臣，将黄水入清口之处，可否用埽堵塞，及清江闸口应否闭绝、引河作何挑浚、更楼决口作何修治，详议速奏，毋得稽迟。”九卿出。

上顾大学士等曰：“黑硕色惟恃利口，大失朕望。今于众前申谕，令之自愧耳。再观给事中索住勒都洪，人殊庸劣。言职甚要，部院不乏能员，着将伊等革职。”

既而学士布泰、钱齐保、胡会恩、顾祖荣、特默德、白硕色以折本请旨。吏部以大学士佛伦员缺请更补授。上曰：“有尔二人则亦足矣，又补授何为？此本暂留尔衙门。”

又以户部主事孔尚任等一十八员补授员外郎。上曰：“孔尚任材庸而品滥，着革职，另行选择补授。”

礼部将冒籍举人议罪。上曰："礼部所议甚徇情，面试官罪亦轻，诚如此考试，情弊何以克除。此辈不但冒籍，且在本处又干法纪，着九卿议奏。"

刑部题强盗张三等议立决。上曰："此内有一另户满洲住何处？原系何人？并未题明，着详察，此后俱着开明。既系满洲，擅离汛地为盗，殊属可恶，断无姑恕。"

又以甘肃将军孙思克遗疏具奏。上曰："孙思克自简边疆要任，劳绩茂著，特授将军。顷随大兵进剿噶尔丹，克殚乃心，大功以奏，朕方倚用，因其遘疾，特为遣医调治，忽闻奄逝，朕甚惜之。作何优恤，着议具奏。"

又以总河于成龙遗疏具奏。上曰："于成龙人甚勤慎，凡有简任，实心办事，不惮勤劳，效力年久，茂绩昭著。前因患病，遣医调治，忽闻溘逝，甚恻朕衷。作何优恤，着为议奏。"

都统托伦请罢护军统领及乡导首领职任。上曰："托伦着罢其护军统领及乡导首领之职，仍留都统任。"

是日起居注官华显、满保。

初十日癸卯

十一日甲辰 是日，上诣澹泊为德问安。

十二日乙巳

十三日丙午 是日，上诣澹泊为德问安。

十四日丁未 辰时，上御畅春园内澹宁居听政。承理宗人府事简亲王雅布入奏。上曰："宗室觉罗等之女有愿与朕养者，朕可养而嫁之，并有女年已长、其父母不能遣嫁者，朕亦代为嫁之。着查明奏闻。"

部院各衙门官员面奏毕，总河张鹏翮奏请训旨，并题撤回河工效力人员，保请原任总督王新命同往。上曰："靳辅治河时，河道甚好。自任王新命后，仅守靳辅成绩，并无别行效力之处。于成龙初任总河，已将靳辅所修之处改治一二次。及至董安国，则事尽废坏不堪矣。王新命于河务不甚谙练，且现今修理清河，四五月间可成，待工完日再行定夺。彼处效力官员着撤回。"

张鹏翮又奏曰："高家堰宜培修，拦黄坝宜折毁，至疏通海口宜用

《河防一览》所载水老鹳等器。”上曰：“高家堰现差大臣督修，尔毋与焉。海口至清口相隔辽远，今黄水非不下流，折毁拦黄坝亦非要务。今所急者，清黄相会之处最为紧要。黄水高，故清水不得通泄，以致泛溢。曩者高家堰去水尚远，今与培筑堤岸相平，但令清水何以得出？河身何以得深？此系尔当图画效力者。更楼口亦属紧要，所宜速为修竣。水老鹳等物靳辅当时亦曾用之，毫无裨益。此数事尔到任详察，宜作何举行，再为奏闻。朕以尔清廉，因特简用，所发钱粮仍于河工支用，分厘不致空费。堤岸自能坚固，事无不济矣。汝善行努力，现今钱粮分给各工，人员物料尚未运到，帑金耗费全无着落，尔到任后严查具奏。”张鹏翮出。

大学士伊桑阿、马齐、王熙、吴琠、熊赐履、张英，学士布泰、钱齐保、胡会恩、顾祖荣、特默德、白硕色以折本请旨。吏部题两江总督张鹏翮员缺。上曰：“仍着陶岱署理，此本暂留尔衙门。”

户部等衙门题知州李六成承催原任知州谢廷玑亏空钱粮迟延之故，议降俸二级，仍令戴罪承催。上曰：“谢廷玑亏空挪移并应追赃银皆未完足，即赴永定河捐还原职。其应追各项银两，着交刑部速行追完。”

又题郎中禅布将钱安世捐级实收不详对部册即准行，拟枷号四十日、鞭责一百。上曰：“禅布情殊可恶，如此者首应加惩治。着枷责，发往黑龙江当差。”

兵部题补授卫所千总事。上曰：“此等微员内老迈才力不及者甚多，此本着发回查明，分班引见，再行补授。”

又题补授甘肃提督孙思克员缺。上曰：“已遣雷继尊署理，此本着暂留尔衙门。”

刑部题强盗吴子畏等拟立决。上曰：“人命关系重大，此事着交九卿、詹事、科、道会议具奏。”

理藩院题公西布退加封贝子。上曰：“西布退截杀逃亡之巴尔虎等，殊属可嘉，着加封贝子。”

直隶巡抚李光地题蓟州知州员缺，请于平谷县知县张延龄、三河县知县陈廷柏内检补一员。上曰：“蓟州知州着照该抚所请，将三河县知县陈廷柏补授，其三河县知县员缺，着该抚选择奏闻。”

漕督桑格以漕艘漂没奏报。上曰："邵伯更楼决口去岁曾报闻，后屡奏称攒工修筑，迄今尚未报完，以致漕艘十有余只漂没击碎。其阻滞江干及瓜扬一带地方，不能前进者甚多。迟误漕运关系重大，河工官员所司何事怠缓迟延，殊为可恶，着严加议处具奏。仍着该督设法倍料兼工堵筑，刻期报完，勿致再误。邵伯更楼系船只往来要地，已经冲决十有余月。船只阻滞不能前进，桑格并不题报，至于成龙故后始行具题不合，着一并察议具奏。"

是日，上诣澹泊为德问安。

是日起居注官傅伸、阿金。

十五日戊申

十六日己酉

十七日庚戌

十八日辛亥

十九日壬子

二十日癸丑

二十一日甲寅

二十二日乙卯　上诣澹泊为德问安。

酉时，上自西直门进神武门，回宫。

戌时，读卷官大学士伊桑阿等以殿试天下贡士试卷选十册至乾清门进呈御览。奏事主事存住传旨云："试卷官俱系尔大臣等所阅，有何错谬？近日朕目微觉受热，灯下不能看字，且尔等三日所阅之卷，朕一时亦不能尽阅，即依尔等所定之名次可也。"吴琠、熊赐履等奏曰："据臣等愚见，于试卷内拟出十卷进呈御览，必经睿阅，人始心服。倘皇上目觉受热，灯下难于看细字，臣等专为读卷派出，可跪读以达圣听。此系大典，仰求御定。"

存住进，少倾出传谕云："如军机河工等事，自当明言朕意。如殿试系三年一次举行，定例文之可否，尔等有何不识？且前明人主有一字不识者，总以阁臣所拟为凭定，况今进览之卷止得十名，其余不进览者甚多，朕不曾遍阅，焉能服人之心乎？"大学士吴琠、熊赐履等跪奏曰："圣学渊深，不惟超绝前明人主，亦非自古帝王所能及。臣等荒陋，拟序未必得当，倘皇上亲赐览定，则士子感戴，万国悦服矣。”存住进，少倾出，传谕云：“今年会试大臣子弟中式者甚多，即朕之所知者亦有之，阅后难于更定，汝等必欲读与朕听，可进读。”

于是，读卷官大学士伊桑阿等至乾清宫西暖阁跪。上命坐，顾问吴琠、熊赐履曰：“今年会元如何？”熊赐履奏云：“文颇清雅。”上问：“较上科会元如何？”熊赐履奏云：“汪士鋐所学颇优。”上又问：“再上科会元何人？”熊赐履奏云：“裴之仙。”上曰：“裴之仙原系医流，无足取。”熊赐履读第一名卷，至对治河段中有泄其势等语，上云：“现今冲开十八处口子，八州县百姓全被水淹溺，彼尚云泄其势，不知更欲泄于何处去？”又读第二名卷至对治河处，上云：“其中叙水口俱颠倒。”又读第三名卷毕，上将一甲三卷令取至前细阅，问熊赐履云：“第三名之字何如？”熊赐履奏曰：“笔意略好，但未成耳。”上又将二甲七卷取至，御前细阅，问徐秉义曰：“管昂发尔知否？”徐秉义奏曰：“臣不知。”宋大业奏曰：“管昂发臣知之，学问亦好。”上又问：“杨守知系何人？”熊赐履奏曰：“系编修杨中讷之子。”上又问：“杨守知年纪若何？所学若何？”熊赐履奏曰：“年三十余，所学亦好。”上问徐秉义：“董麒汝知之否？”徐秉义奏曰：“不知。”宋大业奏曰：“董麒臣素知之，学问好，系董其昌系人。”上又问熊赐履：“年羹尧系何人之子？”熊赐履奏曰：“系湖广巡抚年遐龄之子。”上问熊赐履曰：“彼对策内多悖谬处，汝试读之。”熊赐履读至对吏治策中有“总督巡抚当洁己以率属吏”等语。上曰：“伊父年遐龄闻此能无惭愧？”又读至治河策中有“治河非古也”等语，上曰：“治河非古之语，甚属悖谬，岂可置之二甲？”熊赐履读毕，上又谕将大臣子弟另叙在三甲，读卷官捧卷而出。

是日起居注官宋大业、满保、

二十三日丙辰　早，上御太和殿传胪赐贡士汪绎、季愈、王露一甲进士及第，张成遇等六十人二甲进士出身，史贻直等二百四十人三甲同进士出身毕，回宫。

辰时，上御西暖阁，大学士伊桑阿、马齐、王熙、吴琠、熊赐履、张英，学士布泰、钱齐保、胡会恩、顾祖荣、华显以折本请旨。吏部题四川巡抚于养志员缺，将原任巡抚高承爵等职名开列。上曰："仍令齐世武署理。"

又御史海伦员缺，将员外郎吴达禅拟正，刘柱拟陪。上曰："拟正者其人何如？"伊桑阿等奏曰："拟正之员外郎吴达禅，臣等未与同事，未详其人。"上曰："此拟正吴达禅并应升人员皆着引见。"

兵部题巡捕营游击佟国臣员缺，将巡捕营应升官盛天祉职名开列。上曰："京师游击参将等缺亦保题否？"伊桑阿等奏曰："此俱系九门提督保题。"上曰："凯音布恃气好胜，步军尉员缺，原系年久效力护军校及骁骑校等升补之缺，今凯音布俱任意保题，以致此辈壅塞。朕顷亦曾谕护军统领，嗣后会同保题。"

刑部题翰林院侍读学士魏齐等，控告通政司左参议伊尔格图私以黄丹参入红土等物内，修饰旧瓦，事属情真，拟革职，枷号三个月，不准折赎，鞭一百。上曰："以此事即杀伊尔格图，彼亦必不心服。工部尚书萨木哈此等已相仇雠。着交大学士及都察院衙门会同另议具奏。"

工部覆尚书范承勋题请开浚迟运修堤所用石料灰草等项河道。上曰："着照范承勋所请行。"上曰："昨徐廷玺条奏河务，差来笔帖式一员。朕曾问之，皆云：不知如徐廷玺果有善策。朕去岁南巡时，彼如何不奏？于成龙已故，彼不过希望总河耳，并非为河工起见。"

西安巡抚贝和诺题请神木道李杰调补汉兴道。上曰："神木地方地瘠民贫，风俗刁顽，虽皆沙碛，甚属紧要。朕曾亲历霸昌道，驻昌平州以理霸州事尚以为远，如此要地，岂可令彼遥为兼制，独设以县令乎？况李杰向任西安知府，居官不善，题请欲裁此缺，特因此缺不美，欲调李杰于美地耳。着将巡抚贝和诺及李杰一并交该部严处具奏。"

未时，上自神武门出西直门，驻跸畅春园。

是日起居注官徐元正、阿金。

二十四日丁巳

二十五日戊午　是日，上诣澹泊为德问安。

二十六日己未

二十七日庚申　辰时，上御畅春园内澹宁居听政。部院各衙门官员面奏毕，广东琼州府总兵官唐光尧陛辞，恭请训旨。上曰："琼州虽系边疆，今皆平定，汝回任实心办事，时练军伍，不可克扣钱粮、亏空军旅。军民须一体视之，不可偏向。此即汝之尽职也。"唐光尧免冠叩首奏曰："臣在远省，蒙恩许觐天颜，今又奉圣训谆谆，臣惟有谨遵天语，时练军伍，竭诚效力而已。"奏毕出。

大学士伊桑阿、马齐、王熙、吴琠、熊赐履、张英，学士布泰、钱齐保、胡会恩、顾祖荣、华显以折本请旨。吏部题请考满学道陆鸣珂等八人内照例内升一员。上曰："此内无甚好者，居官俱属平平，必得如张鹏翮、李光地者方可内升。此等俱着照常叙用，不必内升。"

户部以西安巡抚贝和诺奏销宁夏送马价值，议着核减。上曰："朕到宁夏时，马价实系腾贵，此马俱彼时采买，着照贝和诺所奏销算。"

礼部题冒籍举人王兆凤等议罪一案。上曰："此事依议。内有行查者到时，仍令九卿完结。李蟠考试不公，倘如此归结，何以惩创后人？李蟠着安置奉天。"

大学士伊桑阿等以庶吉士散馆日期请旨。上曰："着于四月初一日考。"

又顾大学士等曰："阿山每事敬谨，为人亦甚真诚。在职勤劳，凡事必早完结，并未稍缓。自委任翰林院以后，声名甚好，内外无不称善。前翰林院学士无逾此者。"大学士伊桑阿、马齐等同奏曰："阿山自任翰林院后，声名允善。皇上所见甚明。"阿山跪奏曰："臣微末之人，仰蒙拔擢，委以要任，臣夙夜兢兢，惟以不能称职为忧。今蒙非常温旨，何以克当。"上又顾大学士等曰："此人居心诚实，为人甚善，但过于慈爱，于属僚不肯破情纠参。"

是日起居注官阿山、满保。

二十八日辛酉

二十九日壬戌　是日，赐广东琼州府总兵官唐光尧鞍马一匹。

是日，上诣澹泊为德问安。

是日起居注官阿山、韩菼。

三十日癸亥

四　月

初一日甲子

初二日乙丑　是日，上诣澹泊为德问安。

初三日丙寅　辰时，上御畅春园内澹宁居听政。部院各衙门官员面奏毕，大学士伊桑阿、马齐、王熙、吴琠、熊赐履、张英，学士布泰、钱齐保、胡会恩、顾祖荣、华显以折本请旨。吏部覆陕西巡抚贝和诺徇情题请将神木道李杰调补汉兴道，议降三级调用；李杰规避若缺，议革职。上曰："贝和诺着降级，从宽留任。李杰明系规避若缺，着革职。"

兵部题奉天将军贝子苏努在任二年将满，原缺应行补授。上曰："贝子苏努在彼处居官甚善，着再留一年。"

刑部等衙门题武生李应奎以永定河笔帖式南达礼扣克工价叩阍，因冲突仪仗，拟军罪。上曰："李应奎所告俱实，着从宽免治罪。"

浙闽总督郭世隆题请速给修理海船物料价值，以便即行鸠工。上曰："朕去岁巡幸南方，郭世隆曾奏：若不修理海船，巡察之事必致有误。着依该督所题修理。"

总漕桑格奏请将赈恤淮扬截留之漕米收贮江宁。上曰："桑格奏称此米收贮淮安地多卑湿，必致浥烂，不若存贮江宁，收放亦不致有误。着依所请收贮。"

广西提督张旺题革职，副将杨撰居官素优，士民公呈恳请留任。上曰："朕忆杨撰前经引见记名者，尔等可查档案。若果记名，着批革职，留任效力。"

上顾大学士等曰："庶吉士试卷尔等曾遍阅否？"伊桑阿等奏曰："臣等俱已细阅，谨赍试卷，恭请皇上御览。"上曰："尔等看去何如？"伊桑阿奏曰："臣看此番试卷俱各完篇，但满话稍觉阙略。"上曰："彼等欲得满话固难，然有甚不堪者亦须罢退，以为不勤学之戒。"王熙奏曰："此内数卷尚有可观，其余亦皆能完篇。"上又顾大学士等曰："前番考留翰林者几人？"伊桑阿奏曰："前番庶吉士三十三人留衙门者二十一人，此番考者共三十一人。"上曰："此番仍将二十人留衙门。"

是日起居注官阿山、揆叙。

初四日丁卯

初五日戊辰　是日，上诣澹泊为德问安。

初六日己巳

初七日庚午

初八日辛未　辰时，上御畅春园内澹宁居听政。部院各衙门官员面奏毕，大学士伊桑阿、马齐、王熙、吴琠、张英，学士布泰、钱齐保、胡会恩、顾祖荣、华显以折本请旨。兵部题奉天将军贝子苏努二年将满，奉旨留任一年。上曰："票签一事，最为紧要。一字之褒，其人即荣；一字之贬，其人即辱，关系甚重。学士等并不究心即行拟票，如降级留任或治罪留任者，方为留任。将军苏努止宜票仍留原任，今票留任不合。嗣后如此类俱当留心。"伊桑阿、马齐奏曰："此皆系臣等疏略。"上曰："前者大学士李霨在时，票签最为谨慎妥当。"

刑部题强盗王二等拟立决。上曰："人命关系重大，且被盗之家所失财物无多，此案止将为首者依议立决，余着从宽免死，发往黑龙江。"

总兵官马进良题石匣营副将姜琦今调补山西永昌副将，军民爱戴，乞留原任。上曰："姜琦才优人健，不下赵良栋。朕曾在彼前面谕兵部，遇有总兵官缺出，即将此人升补。今着照马进良所请，仍留原任。"

又顾大学士伊桑阿等曰："各部院衙门司官皆论俸升补，或因坐台运米议叙升补，以致庸劣者多。着谕部院各衙门将该衙门庸劣司官察参引见，其司官、笔帖式内有才优者亦着保举引见。"马齐奏曰："今司官皆论俸升补，所以庸劣者多，不及从前司官远矣。部院衙门办事及各处差遣不过数人而已。"上曰："升补仍着较俸，有庸劣者题参可也。"

是日，上诣澹泊为德问安。

是日起居注官阿山、阿金。

初九日壬申

初十日癸酉　辰时，上御畅春园内澹宁居听政。部院各衙门堂官将保举并参劾人员以次引见。上逐一详问，当者可其奏，不当者不准保举。上阅至翰林院保举官侍读揆叙、检讨阿金、主事多善、梁永禧等曰："阿金不及检讨满保。"阿山奏曰："阿金系前科进士，以其年久，所以保举。"上曰："遣阿金福建考试，其回时朕询问之，所对不实。阿金系满洲人，朕特差遣，凡关系考试事宜俱不据实陈奏，惟云所取者尽属贫寒。所取多人何得尽值贫寒，且考试但阅文章，卷皆弥封，何能预知其贫寒也？朕由是轻视之，着停其保举，以满保代之。"

大学士伊桑阿、马齐、王熙、吴琠、熊赐履、张英，学士布泰、钱齐保、范承烈、胡会恩、顾祖荣以折本请旨。刑部等衙门覆总漕桑格，遵旨将仓场侍郎德珠所参通惠河分司晋布及运丁等审拟衙役吴文炳责革，晋布等无庸议。上曰："桑格审此事稍有徇庇，晋布原系九卿所保才能司官，在通州时所行甚不堪，通州之人以为笑谈。观此大有负保举，着革职。"

上又曰："刚五达亦系九卿保举司官，朕巡视永定河时，刚五达在前引导，言语支离，为人叵测，诸凡无实，深有愧于保举。"

理藩院题遣往管辖众塔布囊部落郎中奔什因附和仇家，诬奏王扎西一案，将奔什议革职，秋后绞。上曰："班第欲速结此案，稍觉迫促，至同去之司官亦不曾取供，此本发还。着详议具奏。"

又以庶吉士考试名次折子请旨。上曰："汉书第一名常哥诗字俱佳，惟第二名诗内错一字，尔等酌改置其名次，其余俱平常。汉书着留五人在衙门。翻译之题甚难，非彼等习见之文，故满话稍有未当，然能得其大意，俱各完篇，尚有可取。满书着留二十人在衙门，其余满汉六人，着仍以庶吉士学习三年，此后所学优者留衙门，所学庸常可照此例再教习三年。"上又曰："考庶吉士时，若将平常者置之二等、三等，则人人但望二等可以科道，三等可授部属，数年之间及转道府，谁肯勤学？况翰林原系清华，今人员甚多，故升转壅滞耳。且以外吏补科道，不如于翰林内择其优者补授。"伊桑阿、马齐奏曰："庶吉士冀得二等者甚多。皇上洞见如此，举行其法甚善。此后谁不勤学？"

是日起居注官傅伸、满保。

十一日甲戌　是日，上诣澹泊为德问安。

十二日乙亥

十三日丙子　辰时，上御畅春园内澹宁居听政。部院各衙门官员面奏毕，遣往看河刑部侍郎常寿、工部员外郎费扬古至，将河工情形缮写折子启奏。上问曰："尔等所看如何？"常寿等奏曰："董安国所挑引河已经淤塞，臣等遵皇上指授，交与范承勋、董讷等，令其宽三十丈，挑浚极深，拓筑挑水坝。今水循北岸导入引河，甚有裨益。"上问曰："清口如何？"常寿等奏曰："据徐廷玺等云：遵皇上指授，暂塞清口，将引河挑浚宽深，使湖水灌入运河，漕船过毕则闭之，回空之时则启之。过毕后仍行闭之，俟湖水盈溢时开泄，以敌黄河之水，甚有裨益。"上问曰："芒稻河、人字河如何？"常寿奏曰："芒稻河、人字河现在通流。"常寿等出。

大学士伊桑阿、马齐、王熙、吴琠、熊赐履、张英，学士布泰、钱齐保、胡会恩、顾祖荣、华显以折本请旨。宗人府考试宗室对清格等议叙等次具题。上曰："对清格、伊克达哈、明全、吕顺、殷图马步射俱善，着给应得品级。"

吏部题举人以知县用者免其考试，依名次用。上曰："此事着九卿、詹事、科、道会议具奏。"

兵部题补授游击守备等三十七人。上曰："此本发还该部，着将本人引见。"

理藩院题未曾收到巴尔虎人众行文于王盆苏克等，令其收送游牧察哈尔地方。上曰："此议未详，发还该院，着再详议具奏。"

是日起居注官傅伸、满保。

十四日丁丑　是日，上诣澹泊为德问安。

十五日戊寅　辰时，上御畅春园内澹宁居听政。部院各衙门官员面奏毕，大学士伊桑阿、马齐、王熙、吴琠、熊赐履、张英，学士布泰、钱齐保、范承烈、胡会恩、顾祖荣以汉科道员缺，拣选翰林内编修检讨官开列职名折子呈览。上问曰："共有几缺？"伊桑阿等奏曰："给事中缺二，御史缺四。"上曰："此内查嗣、韩查升俱善书，不可使离翰林院。凌绍文、姚士藟、汪倓、陈梦球亦着仍留衙门。冯云骕、汤右曾、刘灏、宋朝楠、彭始抟、张瑗，着改补科道。”

随以折本请旨。兵部题原任京口将军董元卿，请留其妻子仍住京口，议不准行。上曰：“董元卿妻子既在京口，即令在彼居住。”

刑部题私铸王其俊等拟正法。上曰：“此内王浩之母以年老恳请，可将王浩暂停发配，俟其母亡后再行发遣，如此则情法俱得矣。”

是日起居注官揆叙、阿金。

十六日己卯 早，上诣澹泊为德问安毕，以巡视永定河堤工，由畅春园驻跸宛平县属鹅房村。

是日，领侍卫内大臣公福善等，因管辖行装将诸大臣职名开列交奏事主事存住、常寿转奏。奉旨：“着派阿什坦、阿灵阿、爪尔察再谕诸大臣，行李若仍似冬月按旗分队伍一处攒行，断乎不可。方今天气炎暖，行装着从容缓进，以次随行方好，慎勿催促，不然则马匹必致有损矣。行装可早行，朕进膳后启行，有由小路行走者，听其自便，毋得严禁，但晓谕勿得蹂躏禾苗。有在后饮水饮马者，亦从其便。此时马匹饮水并无禁忌，毋似冬月禁止。朕巡行多历寒暑，此等事知之甚悉，果宜禁止，朕必有旨晓谕。其仪仗侍卫并执事人等，有因马匹不足骑骡者听，厮役人等骑驴者亦听，毋恐朕见而不乘骑。地近京师，天气炎暖，既不行猎，乘骑何妨？朕不过偶来阅堤耳，如此不时巡视，监修之人亦自谨慎，且悉知河堤。其护卫人等虽少懈怠，朕亦不究。朕躬一身何处不可一宿也？其晓谕之。”

十七日庚辰 是日，上遍视永定河堤，驻跸永清县北阁驿。

申时，召大学士马齐入行宫，谕曰：“朕前者到此，曾指示挑浚河湾，令其下桩。今日观河水已涸，乘此水涸之时，易于成功，其径直挑浚处，挑令宽阔，即以所挑之土培筑堤岸，甚为有益。现无雨水，二十日可以告竣。目前东作方兴之时，夫役难于骤雇，八旗并包衣属下每佐领派步军各二名、骁骑各二名、护军共一千，令其挑浚。着直郡王总领之，并带世子雅尔讲阿、僖郡王岳喜、贝勒延寿、公齐克他哈、蒲圻偕往，公等内有年青情愿效力者，亦着带往。都统、副都统酌量派往。此派遣之事，着直郡王会同大臣公费扬古派遣管辖兵丁，酌派章京。工部司官亦派二员，令记工程档案。其章京兵丁须派四十以内者，有年老残疾者毋得派遣。诸凡人员及废官有情愿浚河效力者，亦令前往。有情愿捐修者，亦令捐修。尔明日同直郡王赴京师，会同大学士伊桑阿、部院堂官、八旗都统等会议。数日内即带领夫役前往挑浚，其夫役所食二十日口粮及需用锹镢筐笼等物，俱着各佐领备给。”

又谕原任总河王新命、学士白硕色曰：“自江南、浙江、湖广、江西四省协运永定河需用桩木，着谕工部侍郎特默德遣司官一员催运前来，粮船毋得拦阻，令桩木先行，沿河文武官员昼夜督催，速行挽至。”

十八日辛巳　早，上遍视永定河堤，谕曰：“观新筑大堤里边太陡，应使稍斜，着传谕王新命等。”

上至郭家务旧堤新开河口之处，上用仪器测验，谕曰：“此处地面较旧河水面高六尺六寸，新开河底较旧河水面深六尺八寸，水之入新河也易矣。”上又谕曰：“三圣口至柳岔口地甚卑下，现今俱已干燥，此天假之机会，不可失也。宜乘此干燥，作速完工。今若不修，以致稽误，日后不得以难修为辞。着传谕。”

原任总河王新命等至柳岔口，谕曰：“旧堤于新挑河之大臣大有关系，甚为紧要，稍有所失，则误大事矣。此不得诿之分司，着与来修河之督抚、大臣、公同看守。”

是日，自霸州柳岔口登舟，驻跸新挑河口地方。

十九日壬午　早，上启行，自王家口登小舟往视子牙河。顾巡抚李光地、分司朝琦曰：“此一带堤岸修筑最好，朕甚嘉悦。其流水闸暂停修筑，于闸之左右浚口泄水，视今岁何如，明年再行定夺。”李光地、朝琦奏曰：“圣见诚然。”

是日，上回舟，驻跸大城县王家口地方。

二十日癸未　是日，上驻跸武清县席厂地方，长芦巡盐御史陈齐永等、天津总兵官潘育龙等来朝。

二十一日甲申　上驻跸武清县杨村，赐直隶巡抚李光地“夙志澄清”四大字，谕曰：“尔居官素优，故赐尔‘夙志澄清’四字。”李光地奏曰：“臣蒙皇上天高地厚之恩，毫未报效，操守乃臣子职分当然，敢当御书垂奖至意，且臣系微末庸劣之人，得皇上御书，臣祖父、子孙皆被宠无穷，惟有奉为传家至宝而已。"

上问曰："今西安府知府缺出，未得其人。直隶所属同知知州内有居官素优者，尔其保奏。"李光地奏曰："保定府管河同知萧士璠忠厚谨慎，河间府管河同知许天馥有才，定州知州韩逢庥有守，深州知州李天培安静。"上曰："此四人交内阁记之。"

上又问曰："杨村管河通判金协广居官如何？"李光地奏曰："安静。"上曰："金协广于处分晋布案内已经降调，今着从宽降级留任。"李光地又奏曰："通州知州武登科丁忧，通州冲繁要地，非才能练达之人不能胜任，固安县知县祖应世特旨升授山西忻州知州，忻州虽属要地，但有才者俱可胜任，未若通州必须练达事务之人。以祖应世调补通州，允为人地相宜，若允臣请，臣当具本启奏。"上曰："不必另具章奏，即以朕旨谕吏部，将祖应世调补通州知州。"

是日，杨村守备葛松等来朝。

二十二日乙酉 上登陆往视陵寝龙口地方，驻跸宝坻县城内。乾清门侍卫马武传谕内大臣等曰："方今青苗在野，遍谕扈从、大臣、侍卫、护军、执事并行装人等，在途约束人众，遵路而行，毋得蹂躏田禾。朕仍还此路，倘田禾被践，朕必责问大臣及管辖人员。"

是日，大学士马齐奉旨赴京，为挑浚永定河会同京师诸臣议派官兵事宜来奏。

驻防宝坻县防守御吴尔泰、知县吴振武、守备牛禄等来朝。

二十三日丙戌 上驻跸蓟州马神桥。谕内大臣等曰："是行特为修理龙口流水之处，非为谒陵而来，然已至此，当谒陵寝。此去但着年老大臣及仪仗侍卫从往，执事人员内亦但令数人随行，其不随行之大臣、侍卫、章京、护军等俱着公福善率领于龙口处听朕指示修理。其行装令暂留此地，俟朕旨再往清池。随谒陵寝大臣、侍卫等，着照常更衣，进留龙口大臣、侍卫、章京、护军等不必更衣，各携饮食前往。"

二十四日丁亥 早，上至龙口下马，亲临河岸，将应修理之处一一指示大臣动工后，往谒陵。工方半，上谒陵还，下马立于修工处，亲阅大臣等运石平土，侍卫、护军、各官、执事人等各持锹镢，挑浚搬运土石，同力并作，顷刻告成。上赐夫役人等饮食。上启行，驻跸蓟州清池地方。

是日，谕公福善、亲近侍卫海青、纳拉善曰：“嗣后龙口地方禁止车马行人，俱令从石门来往。若皇太后、妃嫔谒陵，必修御路、筑桥梁。谒陵毕回銮后，即禁止御路，拆毁桥梁，着为例。”

二十五日戊子　上驻跸宝坻县城内。

晚刻，上御行宫，大学士马齐、学士布泰以折本请旨。吏部以西安府知府员缺奏闻。上曰：“前直隶官四员，着尔衙门记名，其为首同知萧士璠居官素优，着升补西安府知府。”

兵部题金志学、刘子贽冒籍更名中举，将伊等父守备茅运昌议降二级调用，刘翔援赦免议。上曰：“茅运昌着照所降之级休致，刘翔着以原品休致。”

理藩院题郎中双察因将茶马护送京师，以致马匹倒毙，议枷号一百日、鞭一百，不准折赎。上曰：“双察所行殊属可恶，宜从重议处，但马匹既经赔偿，着从宽免其枷号鞭责，发往黑龙江。”

随顾大学士马齐问曰：“双察向在何部，曾保举否？”马齐奏曰：“双察向为吏部笔帖式，臣署理藩院事时，伊即为理藩院司官，并未保举，人殊浮躁。”上曰：“今擢用保举能员，除退庸劣，想有益于事矣。”马齐奏曰：“上三旗司官时引见内务府，司官庸劣者，皇上即行革退，下五旗司官尚多庸劣之员，皇上擢用贤能，黜退庸劣，于事大为有益。”上曰：“司官等有仅识数字，遇事茫然者，留之何益？不但此也，侍郎内庸劣者亦有之，如礼部侍郎努赫，甚属庸劣，惟以苟简从事，且谒陵时在前导引，大典攸关，努赫不思从容供职，惟欲速竣，急遽前行仓场。侍郎德珠亦甚庸劣，不谙事务，伊所职掌，问辄不知。去年回空粮船停留被冻，今岁粮船并不催趱前来，至今山东粮船尚未全到。朕观凡事克尽人力，讫于无济，方可委之于天。若并未尽力，但借口定数，事何由成也。”

又喀尔喀昆都伦博硕克图王滚布、王善巴奏称，郎中诺木齐代藐视伊等，凡事不使预闻，又奏请将翁和特之答罕等、乌良海之阿杜都思等为伊属下，议不准行。上曰："此事甚谬，俟回京时，马齐尔同内大臣公费扬古严加议奏，所乘驿马、所领粮糗、屡年食物一并详查议奏。"

二十六日己丑 早，上启行，自武清县杨村登舟，至渔家湾洭儿港等处舍舟，临视新挑之河毕，复登舟，驻跸武清县中邓家庄。

二十七日庚寅 早，上启行，临视弘庙新挑之河，驻跸香河县王家楼。

是日，赐大学士马齐御书"休容"二大字。马齐奏曰："臣因启奏挑浚永定河事宜登御舟，仰窥宸翰精妙，挥洒神速，略不经思，臣欣慕之极，并忘天时炎热，冒昧乞请御书。仰蒙圣恩，即时颁赐，臣不胜欢忭，请旨谢恩。"上允之。

二十八日辛卯 早，上启行，至通州崔家楼，舍舟捕鱼于阿陀庙，赐内大臣、侍卫、渔人及大学士马齐鱼。赐诸大臣、侍卫食毕，自崔家楼登舟，驻跸通州里二寺。

二十九日壬辰 是日，太监李玉传谕鸿胪寺正卿席哈纳曰："朕观尔扈从有劳，心怀悯恻，先欲赐尔字匾，因舟行甚疾，不曾赐给，以尔任鸿胪，故赐尔'侍仪'二字。"席哈纳奏曰："臣系微末之人，蒙皇上屡擢至此，以臣庸劣，惟恐不称厥职。不期皇上赐给御书匾额，臣虽捐躯图报，亦何能仰答圣恩耶。"奏毕谢恩。

申时，上由崇文门进东华门，诣宁寿宫问安毕，回宫。

是行也，部院各衙门奏章每日交送内阁，由内阁三日一次驿送行宫听理。

扈从起居注官揆叙、阿金、满保。

五　月

初一日癸巳 辰时，上御乾清门听政。部院各衙门官员面奏毕，大学士伊桑阿、马齐、王熙、吴琠、熊赐履、张英，学士布泰、钱齐保、胡会恩、顾祖荣、华显以折本请旨。九卿议覆司道内升。上曰："此开列司道内朕无深知者，仍令九卿从公举荐。"

吏部遵旨议得，神木地方紧要，道员不裁外，其浮冗道缺，照该督抚所题裁汰。上曰："议裁道缺五员内，宣府地方逼近边塞，事属紧要，口北道缺不必裁，余依议。"

兵部题充发黑龙江犯人之子五品官赵友胜等俱议革职。上曰："充发黑龙江者，俱系重犯。三世以后始许通籍。今本身之子岂可即行叙用？此本发还。此外或有遗漏者，亦未可知，着并吉临乌喇宁古塔地方，一例察明再议具奏。"

黑龙江副都统喀图祜以年老乞休。上曰："喀图祜自任副都统以来，甚为竭心效力，人材亦属矫健，着以原官解任。尔等批温旨发出。"

上顾伊桑阿等曰："新科进士简选庶吉士之事，至今尚未奏闻。吏部、翰林院互相推委，以致迟延。进士人众久留京邸，未免有累。尔等传谕吏部及翰林院。"

上又顾马齐曰："曩者黑龙江等处特遣专官督令耕种，所以米谷丰裕，人无不给。后因该将军题请自行督率，伊本处之人委令耕种，收获遂不及前，人多难食，此等情节，着户部议奏。"

是日起居注官曹鉴伦、傅伸。

初二日甲午　上以夏至有事方泽，斋戒三日，不理政事。

是日，上诣宁寿宫问安。

是日起居注官王顼龄、满保。

初三日乙未　是日起居注官张廷瓒、揆叙。

初四日丙申　早，上御中和殿视祭方泽祝版毕，回宫。

是日起居注官史夔、阿金。

初五日丁酉　早，上亲诣方泽祭毕，回宫。

是日，齐集各衙门汉军官员未经朝考者，及内外候补并监生俊秀以至三十三年朝考递白卷人员于乾清门前，上钦命"清慎勤"论题及"既而晴亦佳"诗题，令于二题内随其所长各陈一艺。

是日起居注官阿山、韩菼。

初六日戊戌　早，上御保和殿简选庶吉士，大学士伊桑阿、马齐、王熙、吴琠、熊赐履、张英，学士布泰、胡会恩、顾祖荣、华显等率修撰汪绎、编修季愈、王露及进士张成遇等三百有二人，依次分班进见。上选张成遇等四十三人为庶吉士，上回宫。

午时，上由神武门出西直门驻跸畅春园。

是日起居注官阿山、韩菼。

初七日己亥

初八日庚子

初九日辛丑

初十日壬寅　辰时，上御畅春园内澹宁居听政。部院各衙门官员面奏毕，九卿、詹事、科、道议覆总河张鹏翮题请毁去拦黄坝，挑之深广一如黄河，不使水自傍流，以刷除淤垫；张福口地方挑一引河建闸，随时启闭，并挑浚芒稻河、人字河，建芒稻闸及挑凤凰桥等处引河三事，议准行。入奏，上令侍郎常寿进前问曰："挑引河之处在何地方？清水可得出否？"常寿奏曰："此挑处地名张福口，与清河县相对，在烂泥浅之西，原系引河，后被沙淤，今不难于深挑，清水亦可以出，但恐仍被沙淤。"上曰："水之流行，惟视地势高下。此挑处若在烂泥浅之东，地势卑下，清水尚可以出。今在烂泥浅之西，地势既高，清水断不能出。"因问侍郎李楠、给事中张睿曰："尔等俱彼处之人，尔意云何？"李楠奏曰："皇上所见甚是。"张睿奏曰："烂泥浅之西地势既高，清水何以能出？"上曰："挑引河于张福口，其清水之不能出，朕久知之。但今该督既经题请，着暂动捐助银两试行挑浚。"上曰："朕曾指谕挑浚芒稻、人字二河，今果能挑浚，则湖水直入，于江为益不浅。张鹏翮所奏三事，俱着依议。"九卿出。

大学士伊桑阿、马齐、王熙、吴琠、熊赐履、张英，学士布泰、胡会恩、顾祖荣、满都、范承烈以折本请旨。宗人府题贝子苏尔发夜误值宿，议革去都统，罚俸三年。上曰："苏尔发甚是庸劣，着从贝子降为公，余依议。"

吏部题仓场侍郎德珠员缺，将学士布泰等职名开列。上顾问满大学士曰："署总督事侍郎陶岱居官何如？"伊桑阿奏曰："据汉官之言，居官颇优。"上又问汉大学士等曰："陶岱居官何如？"熊赐履奏曰："近来家中无人至京，未闻其果否优劣。”上顾伊桑阿、马齐曰：“陶岱为人难信，但居官江南，谙于职事，着改补仓场总督，两江总督可特行补授。”

又题河南布政司佟世雍员缺，将按察司李成林拟正、佟国勷拟陪。上曰：“按察使二人俱着作速驰驿来京引见。”

户部以运船过淮逾限，议将总督张鹏翮、巡抚宋荦罚俸三个月。上曰：“张鹏翮自补授总督以来，即随朕驾，并未莅任，罚俸三月，虽属细事，岂可滥及？且该部时有类此出入处，着察奏。”

署川陕总督事席尔达题请参领高其位调补副将。上曰：“高其位人材矫健，着照席尔达所题补授副将。”

上又谓大学士等曰：“顷者九卿议覆张鹏翮挑浚引河事入奏，此引河倘在烂泥浅之东，尚有裨益。兹在西，则地势既高，清水断不能出，但今既有学院等捐助银两，姑令挑浚，试看何如。”伊桑阿、马齐奏曰：“河工之事，皇上洞悉无遗，惟仰遵圣训而行，底绩何难。”

上又顾大学士等曰：“汉军试卷朕俱详阅，一等者尚属可观，其余尽非读书人所作，大有背谬。伊等闲居，不务读书，终日何为？平时读书，他日居官亦有裨益，今将一等、二等、三等俱照例用，四等者着仍学习，五等者着随旗行走。”

是日，上诣澹泊为德问安。

是日起居注官揆叙、满保。

十一日癸卯

十二日甲辰

十三日乙巳 是日，上诣澹泊为德问安。

十四日丙午

十五日丁未

十六日戊申　辰时，上御畅春园内澹宁居听政。部院各衙门官员面奏毕，大学士伊桑阿、马齐、王熙、吴琠、熊赐履、张英，学士布泰、胡会恩、顾祖荣、满都、范承烈以折本请旨。吏部题陕西西安巡抚贝和诺员缺，将原任巡抚高承爵等职名开列。上曰：“朕所知数人俱已举用，尔等可有知者否？”伊桑阿奏曰：“臣等无知者。”上曰：“喀拜居官优，其母服已满百日矣。着仍留甘肃。华显调补陕西可乎？”伊桑阿、马齐奏曰：“喀拜守制已经百日，如此调用甚善。”上曰：“喀拜着在任守制，华显调补陕西巡抚。”

户部以粮艘过淮逾限，将总督张鹏翮、巡抚宋荦仍议罚俸三月。上曰：“此事尔等曾查明否？”伊桑阿奏曰：“臣等查明张鹏翮二月到任，违限系四月内事，已及在任两月，仍将彼亦议罚俸。”上曰：“既系任内，着依部议。”

礼部以原任总河于成龙赐谥及加祭题请。上曰：“于成龙效力已多，着赐谥。”

兵部覆将军沙纳海题，乌喇佐领诺尔布解送犯人不知去向，议行查。上曰：“解送犯人佐领一员、兵二名，彼时既不知去向，应即遣官兵详加察访。虽人亡迹泯，其原坐小舟断无飘失之理。当日既不速行察访，迟延甚久始行咨部，部驳复令察访，又不详加严核，惟诿以无据可查，希图苟且完局，甚属不合。着将军沙纳海亲行察出实情，其迟缓推诿之由并令回奏。”

又覆巡抚马如龙题免裁汰抚标兵丁，议无庸议。上曰：“兵部大臣所议无庸议，果指何事以为无庸议乎？问明具奏。”

理藩院题济隆库图克图欲将所属庙宇及其徒人进献。上曰：“此事甚有关系，其所进庙宇及徒人地居远近察明具奏。”

湖广总督郭琇条陈考试弊端八款等事。上曰：“疏内事件，前任督抚并未言及，今至郭琇始诚心涤弊，列款奏明，殊属可嘉。着照该督所题行。”

御史郑惟孜奏请严禁冒籍考试举人。上曰：“九卿、詹事、科、道一并会议具奏。”

巡抚宋荦题所欠漕米钱粮请分年带征。上曰：“着交户部察其所欠漕米钱粮具奏。”

是日起居注官傅伸、阿金。

十七日己酉　是日，上诣澹泊为德问安。

十八日庚戌

十九日辛亥

二十日壬子

二十一日癸丑　辰时，上御畅春园内澹宁居听政。部院各衙门官员面奏毕，户部大臣及八旗都统、官库官员等为借给文武官员银两事，遵旨会议，以一厘行利入奏。上问曰："借给此银官员可有益否？"大学士马齐奏曰："目前固有益，但后至收时必难，恐与汉军官库银两相似。"上问曰："汉军官库银两现今如何？"马齐奏曰："大臣原议满洲旗下银两着于年终收完缴部，汉军旗下银两原议十年终缴足，今已至十年，不惟未经全完，即一半亦尚未缴部。"上顾都统等问曰："若给此银可有益于旗下官员否？补还时恐又与汉军库银相似。"都统杨代奏曰："蒙皇上殊恩，如此借给，已受益无穷。至于给发此银时，臣等必计其产业方敢保行，断不至有误。"公蒲圻奏曰："此事总系臣等详查。"上曰："此事着依议。"都统等出。

大学士伊桑阿、马齐、王熙、吴琠、熊赐履、张英，学士布泰、胡会恩、顾祖荣、满都遵旨以汉日讲官员缺，简选侍讲学士陈论等六人引见。上顾大学士等曰："此等何如？"王熙奏曰："此等俱属优长，故特简选。王思轼原系旧讲官。"上曰："王思轼着补授讲官。"

继以折本请旨。吏部题内阁学士钱齐保员缺，将詹事府正詹事巢可托等职名开列。上顾伊桑阿、马齐曰："尔等云何？"伊桑阿奏曰："内阁及翰林院讲读学士俱已开列，此等皆系皇上选用者，此内惟望睿鉴裁夺。"上曰："朕所知数人并不询之，尔等即行简用。今此开列内朕无深知者。国子监祭酒邵穆布系尔等会同保举者，其人何如？"马齐奏曰："其人果优。"上曰："邵穆布系尔等与九卿保举之人，着补授内阁学士。"上又顾大学士等曰："新授内阁学士法良抽分崇文门，所行何如？"伊桑阿奏曰："声名尚好。"马齐奏曰："法良为人亦甚谨厚。"上曰："法良为人诚实谨厚，故朕擢用为内阁学士。再白硕色状貌不扬，举动未娴，且目更近视，外观似无所长。然其人最为勤慎，自遣往永定河监工后，昼夜督修，一心竭力，无稍懈怠。"

又覆署总督事陶岱题参安庆府知府张慎浮躁，议降三级调用。上曰：

"张慎前为河道同知，朕知其人，彼既系旗下，着降三级，随旗行走。"

又题原任贵州府知府李缵宗以革职负屈叩阍，议不准行。上曰："观李缵宗之事实有屈情，其人亦优，但彼或有避恶缺就好缺之意亦未可知。着仍以贵州知府补用。"

吏部题闵子骞、子贡后裔真伪难辨，议将众呈行该抚详察具奏。上曰："闵子骞、子贡原籍山东，建祀于山东者其来久矣。今以他省之人远来承嗣，则亦将二祀移建他省乎？此事准行，后日更有效此具呈者，如何禁止？部议引察该抚殊属不合，着再议具奏。"

兵部以孝陵右翼噶喇大敖汉员缺，将三等阿达哈哈番觉罗西腾拟正、拜他喇布勒哈番加一拖沙喇哈番韩楚汉拟陪。上曰："孝陵噶喇大甚属紧要，着兵部会同右翼都统于侍卫内选择具奏。"

又题护军参领孙第敖代将家人石图充为护军，议援赦免议。上曰："孙第敖代自补用护军参领，并未效力，人亦庸碌，着革去参领，以二等侍卫供职。"

又题拜他喇布勒哈番高文焕等值宿城市不带甲胄器械，议各罚俸一年，兵达什等各鞭一百。上曰："值宿城市，恐夜有盗贼，故将刀枪弓箭带去者诚是。今天下承平，甲胄奚为？如果有事，赤身亦可御暴。况时值潮湿，带甲往来，必致残旧，更行办置，官军不无有累。嗣后城市值宿，勿令带甲。"

刑部题强盗黄天爵等九十一人拟即正法。上曰："九十一人尽行正法，殊属太多，为首数人立决，其余从宽免死，发往黑龙江，充水手差役。"

又拟强盗林翠生一案，行文该督，着复行详审具奏。上顾大学士等曰："此事依议。今观广东盗贼频仍，该督抚不严缉速剪，任其恣横，伊等专任何事？且所审盗案甚属蒙混不明，嗣后任盗贼之恣横，或不详审具题，着该部严加议处具奏。尔等将此旨批发。"

又拟强盗李进美、李消书立行正法。上曰："乡民擒拿时，伊等辄敢抗拒，以致伤人，岂可宽宥？着依部议。"

工部题刑部侍郎常寿等题参不行培筑土堤、不曾堵塞减水坝官员，应行处分。将竟未修筑者议革职，未修完者议降一级调用，其在事人员应行文总河查明，到日再议。上曰："行查河工官员，该部宜行文八旗，于各参领佐领下逐一详察，自无遗漏。此内所余数人若有不明之处，再行察总河完结甚易。今该部以在京人员反行察总河，总河必行查各旗，如此何以办事？部议殊属不合，将此本发回。"

太常寺奏销修理坛庙钱粮。上曰："观所修坛庙工程甚为草率，着交工部及内务府大臣逐一详加察勘。太常寺衙门自席尔达离任后，一切祭祀全无恪敬。祭祀大典所关，岂可稍忽，故朕重处钱齐保。"伊桑阿、马齐奏曰："祭祀之事愈敬愈嘉，非系寻常可比。"

复奏曰："臣等遵旨以江西巡抚马如龙奏请江西抚标兵丁不可裁汰无庸议之处问兵部。据云：臣等不行陈明，甚为悖谬，乞将原本发回改奏。"上曰："本内情节不分明晰，岂可模糊，概以无容议覆之。朕日理万几，无不详察，纤悉之误，岂可恝置。原本发回，着改奏。"

又奏曰："臣等遵旨，以济隆库图克图进献其弟子及其所属人等事问理藩院。据奏曰：臣等已问来人，彼言达赖喇嘛之处彼亦不曾亲到，转问约有九十日程途，与云南不相涉，去四川亦有九十日程途。"上曰："打箭炉原系载在版图之地，乘此机不取，后难复取。今西土正当肝胆披靡之际，取之甚易，止烦一谕旨即可得也，何烦军旅为？朕确有定见，断不肯生事边疆。"

又曰："古敦煌郡沙州、瓜州等处原系内地，今尽成荒野，蒙古亦无居者，内地之人可以只身往来，洵美土也。朕观往古因边疆之事致扰民生者甚多，宁缉边疆原以为民，岂可反以累之？朕廑念此情，故进讨噶尔丹时，先即传谕此旨。此等大事若无成见，岂可轻举？古云蒙古兽聚鸟散，以今观之，殊属不然，大约行依水草，其驻扎之处可以意揆而知，非难事也。"伊桑阿奏曰："皇上进讨噶尔丹之事，至今愈思愈觉神奇，洵非意见所能及也。"

又奏曰："臣等遵旨查苏州巡抚宋荦题请缺欠漕米钱粮分年带征事，共银三十二万余两，米麦十三万余石。"上曰："所欠钱粮宋荦既请带征，着依所奏带征。其米麦着蠲免。"

是日，上诣澹泊为德问安。

是日起居注官揆叙、满宝。

二十二日甲寅

二十三日乙卯

二十四日丙辰 是日，上诣澹泊为德问安。

二十五日丁巳 是日，赐西安巡抚华显鞍马一匹。

是日起居注官法良、韩菼。

二十六日戊午 上诣澹泊为德问安。

二十七日己未 辰时，上御畅春园内澹宁居听政。部院各衙门官员面奏毕，江南江西总督阿山，陕西巡抚华显赴任，恭请训旨。上曰："尔等莅任，当实心砥砺名节。"阿山奏曰："谨志圣训，奋励图效。"华显奏曰："凡面受圣训而后不能践言者甚多，臣到任后臧否难逃圣鉴。"上曰："尔等少待，朕另有密旨。"

大学士伊桑阿、马齐、王熙、吴琠、熊赐履、张英，学士布泰、胡会恩、顾祖荣、满都、范承烈、邵穆布以折本请旨。户部覆笔帖式雅尔善条奏恩诏世职随身笔帖式与亲随兵丁相应裁去，颁给置妇俸银俸米亦应确查，俱议准行。上曰："果如部议，将恩诏世职之官即行裁革，则罢任降秩之员必多，深为可悯。至于大臣亲随兵丁竟议裁除，亦属不合。着照旧给与钱粮。这本发回该部，另议具奏。"

兵部题革职陕西大同都司佥书赵文锦以该抚不叙明伊军前效力之由，竟以迟误解送盐菜参革冤抑叩阍事，议不准行。上曰："赵文锦之事果属冤抑，另议具奏。"

刑部以署理正卿事钱齐保祭祀不敬，议罪具奏。上曰："钱齐保从宽免枷责，着照例准折赎。"

是日起居注官法良、傅伸。

二十八日庚申

二十九日辛酉 是日，上诣澹泊为德问安。

六　月

初一日壬戌

初二日癸亥　是日，赐两江总督阿山鞍马一匹并弓箭、撒袋、朝服。

是日，上诣澹泊为德问安。

是日起居注官法良、韩菼。

初三日甲子

初四日乙丑　辰时，上御畅春园内澹宁居听政。部院各衙门官员面奏毕，大学士伊桑阿、马齐、王熙、吴琠、熊赐履、张英，学士布泰、胡会恩、顾祖荣、满都、邵穆布、巢可托以折本请旨。吏部题国子监祭酒邵穆布员缺，以御史色德里坐名补授。上曰："国子监祭酒事务甚简，仍着邵穆布兼管。"

户部覆江南海差监督舒怙德题请挑浚青龙江及归并狼福二营之税，议不准行。上曰："青龙江着照舒怙德所奏闻开浚。其请归并狼福两营之税，着行文该督确查。如果有益，准其归并，否则不允所请。"

礼部覆御史郑惟孜条奏冒籍举人，令其自首，议准行。贡监回籍考试，议不准行。上曰："此二事俱着依部议。主试惟在得人耳，若谓贡、监在京必生情弊，岂令回籍即不生弊乎？部议不准所奏，深为得宜。"

署两江总督事陶岱以广德州知州陈襄义题请留任。上曰："陈襄义居官约想称职，原任江南总督傅腊塔亦曾保奏，凡傅腊塔保奏之人，今验其居官俱优。陈襄义着降一级留任。"

给事中张睿条奏邵伯决口粮艘难行，或截留漕粮于山东，或另雇迟运之处，宜早为计。上曰："此事着交与总漕桑格，作何迟运，并应截留于何处收贮，详议具奏。彼有何繁务，此事即其专责也。不详加计议可乎？"

直隶巡抚李光地题文安县知县毕鼐，请补东路捕盗同知。上曰："李光地既行保奏，断不失人，着照所题补授。"

总河张鹏翮以毁去拦黄坝、浚通海口奏闻。上曰："张鹏翮赴任时，朕即指谕以必毁拦黄坝，挑浚芒稻、人字二河。大概河工事务，非身履其地，详察形势，断难知悉。是以张鹏翮奏请欲按书内之言试行修筑，朕因谕，其身至彼地，亲履详阅，则应修之处便可知矣。今毁去拦黄坝而清水便于出，浚通海口而河势亦觉稍减，观此则河工大可望也。"伊桑阿、马齐奏曰："河工事务皇上指示周详极矣。张鹏翮诚能遵行，自当底绩。"上曰："于成龙赴任时，朕亦曾谕其毁去拦黄坝，诚于彼时毁之，早有效矣。"上复笑顾伊桑阿、马齐曰："观张鹏翮奏章，词简而意甚明，办事诚为精详。朕与彼闲论时，彼云：居浙八年，每岁钱粮并无稍欠。今蒙皇上擢用之恩无可仰报，惟勉令江南钱粮每岁必期完结。朕尚止之云：尔此言且不必出诸口，万有不应，后则难矣。迄今思之，彼必有成见。凡地方督抚居官果能清廉，钱粮完结亦属易事。曩者马齐在山西时，钱粮每岁必完，而民生亦甚丰裕。"马齐奏曰："臣在山西时，征收钱粮甚易，毫无稍欠。"上曰："噶礼今在山西所行即效马齐，观其于钱粮之事甚为尽心。"问吴琠曰："噶礼居官何如？"吴琠奏曰："闻其凡事必详审而后行，果能实心效力。"

上又顾大学士等曰："顷有御史三人条奏六事，俱非要务。伊等特以秋季内升日近，希图侥幸之意。尔等可批'知道了'发出。"

是日起居注官阿金、满保。

初五日丙寅

初六日丁卯　是日，上诣澹泊为德问安。

初七日戊辰

初八日己巳

初九日庚午　辰时，上御畅春园内澹宁居听政。部院各衙门官员面奏毕，大学士伊桑阿、马齐、王熙、吴琠、熊赐履、张英，学士布泰、胡会恩、顾祖荣、满都、邵穆布、巢可托以折本请旨。吏部题太常寺正卿钱齐保员缺，以布政司鄂海拟正、满都拟陪。上问曰："鸿胪寺正卿升补太常寺正卿，不几越次乎？"伊桑阿奏曰："然。稍觉越次。"上曰："虽屡越次超升，鸿胪寺正卿席哈纳人极谨慎诚实，着升太常寺正卿。鸿胪寺事亦甚简，着席哈纳仍兼管。”

又左都御史王泽弘条奏司道府厅等官缺出，应将进士出身人员分班选用等事，议不准行。上曰：“观王泽弘条奏疏内单月选补员外主事等官，惟奏闻而不引见，此等官员亦应引见等语，尚为得宜。今一切官员尽皆引见，此项亦应准行。尔等以此处批发，余依议。”

又题盛京刑部员外郎吴色柱员缺，以刑部主事朱兰泰拟正、户部主事萨哈他拟陪。上曰：“笔帖式保举人员升主事而已，倘由此屡行升补，似属太过。吏部于此等事难保其必无情弊，近有内务府员外郎海寿告称：吏部补官失次。兵部郎中缺先出，盛京郎中缺后出，论俸臣在前，应以臣补此处郎中。今反以俸浅之人补此处郎中，以臣补盛京郎中等语，已交都察院察议，未知孰是。”伊桑阿奏曰：“闻都察院议吏部虽有冯文升补之例，而盛京郎中缺果系在后，因此海寿应补在京郎中，吏部大臣拟罚俸。”上曰：“以此观之，吏部选司尚有情弊，此事海寿告发方得知悉。”

刑部等衙门题，拖沙喇哈番安什保等不擒拿偷采人参之人，拟革职。上曰：“安什保系安柱户之子，人材矫健，马步射俱佳。朕巡幸乌喇时，似彼效力者甚少。着从宽免治罪。”

古北口总兵官马进良请以昌平营参将李默升补石匣副将。上曰：“石匣副将甚属紧要，原系朕亲行简授之缺，总兵官岂可擅行保题？李默人虽矫健，朕所知之人更有优于彼者，尔等将此旨批出，原本发还。”

是日，上诣澹泊为德问安。

是日起居注官揆叙、满保。

初十日辛未

十一日壬申

十二日癸酉　是日，上诣澹泊为德问安。

十三日甲戌

十四日乙亥

十五日丙子　辰时，上御畅春园内澹宁居听政。吏部侍郎特默德入奏。上曰：“前者补官一事，尔被司官欺矣。”特默德奏曰：“皇上圣明。皆因前有补授之例，故议行之。”上曰：“曾有二缺先出，曷不同奏？”特默德奏曰：“二缺系二十六日出，欲于二十七日奏。因有察写履历等事，不及启奏。”上曰：“盛京二缺四月文即到部，何故不奏，以致迟延？”特默得奏曰：“果属迟延，两月之间，有何不暇之处？臣于二十二日到任，二十七日即行具奏。”上曰：“尔部司官所行甚滥，声名不堪。嗣后须善为详察，毋效库勒纳、阿尔拜。遇有情弊，可即指名题参。”特默德奏曰：“臣一年之内特蒙擢升三次，今又委任吏部，臣惟思竭尽心力仰报圣恩。若行弊端，何面复睹天颜。愿谨志圣训。”

继而部院各衙门官员面奏毕，大学士伊桑阿、马齐、王熙、吴琠、熊赐履、张英，学士布泰、胡会恩、顾祖荣、满都、邵穆布、巢可托以折本请旨。兵部覆云贵总督巴锡题请游击高澄补授参将，议不准行。上曰：“此本且留于尔衙门，高澄着来京引见。”

刑部覆广东提督殷化行题，海中截船抢夺强盗内陈昌等已经归顺，请安插别省边界，议不准行。上曰：“此本着留于尔衙门，俟该督审题之日一并议奏。”

刑部等衙门题，偷采人参孟四显等拟罪具奏。上曰：“部院以此事照盛京刑部审结奏闻之疏具题，倘即将在京官员依议治罪，则令伊等负屈。吴甫生、杜兆麟、达色图、巴海各降一级，从宽留任。王士禛、绥色、徐潮、哈雅尔图、额伦德、寿鼐、王九龄、希福纳、莫音代、顾镡各罚俸六个月。晋中玉着枷号三个月、鞭责一百，提至京师编入内务府佐领下当差。余依议。”

工部覆总河张鹏翮题，修理河堤运用物料借用京口荣明杪船百只，并请发帑金万两采买应需物料，议准行。上曰：“今清口已经淤塞，来岁粮艘难必无误。由海运直抵天津道远甚危，若以粮载杪船自江入海，行至黄河入海之口运入中河，则海运之路不远。按此行之可乎？”伊桑阿等奏曰：“曩者粮艘曾从海运入山东交州内河，今不知若何矣。明季清口运艘一过即行堵塞，官商俱于天妃闸更舟，似此行之不知可否。”上曰：“清口一塞则南北阻绝矣。可遣人赴河督张鹏翮处问明年运艘果否有误，自江而下运入黄河口果否可行外，此有无成见之处，着详议具

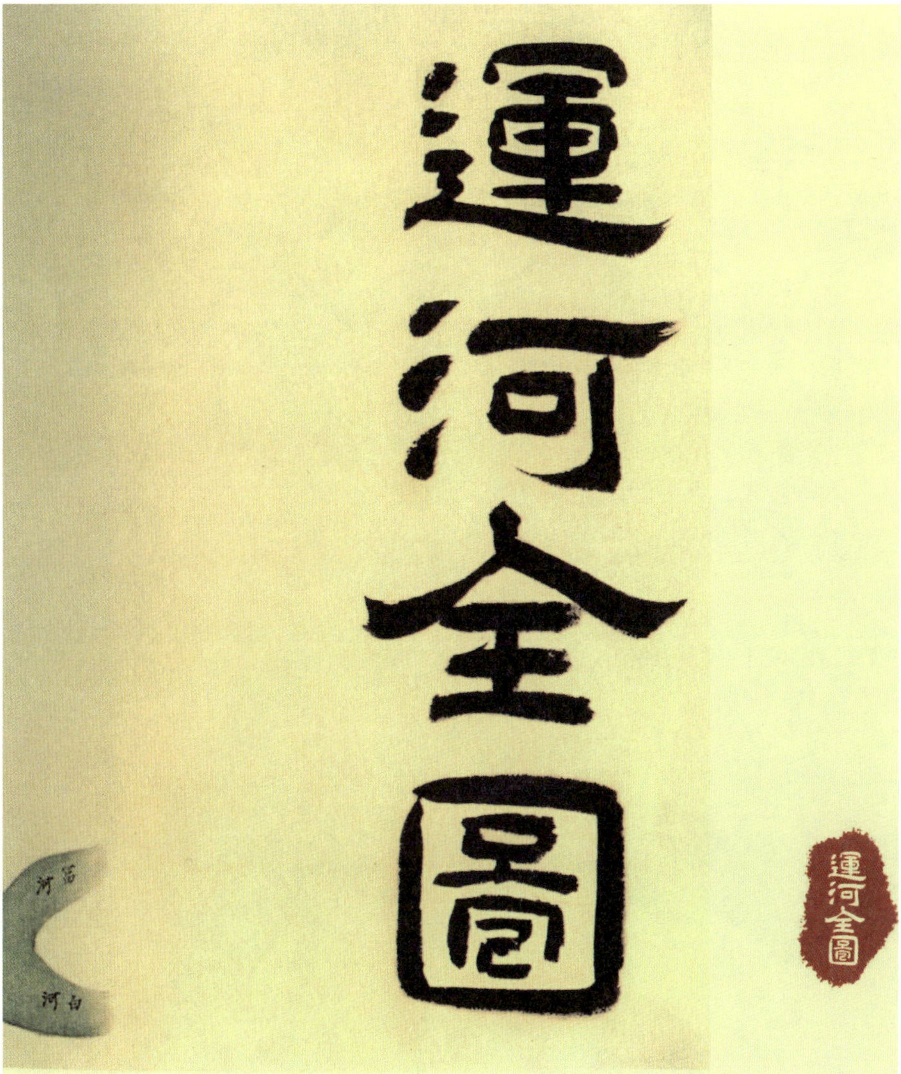

运河全图

明、清两代定都北京，东南财富能否源源不断地输往北京，京杭大运河的漕运能否畅通，关系两代王朝的生死存亡。由于徐州以下的黄河河道就是运河河道，黄河的安危关系到漕运的畅通，治河就是治运，为两朝的国策。明代治河的方略是“筑堤束水，以水攻沙”，深浚河道，以保畅通；重点保持徐州

至清江浦（今淮安市）一段河道的稳定，以避免黄河北决冲毁山东运河，南冲危及明皇陵（今安徽凤阳）和祖陵（在古泗州）。明中叶后国运衰微，河务久废，加上明末李自成曾毁河御敌，河道遭到严重毁坏。当时的情况是，由于徐州以下的河道长期固定，日久淤高，地处黄、淮、运交会处的清口排水不畅，

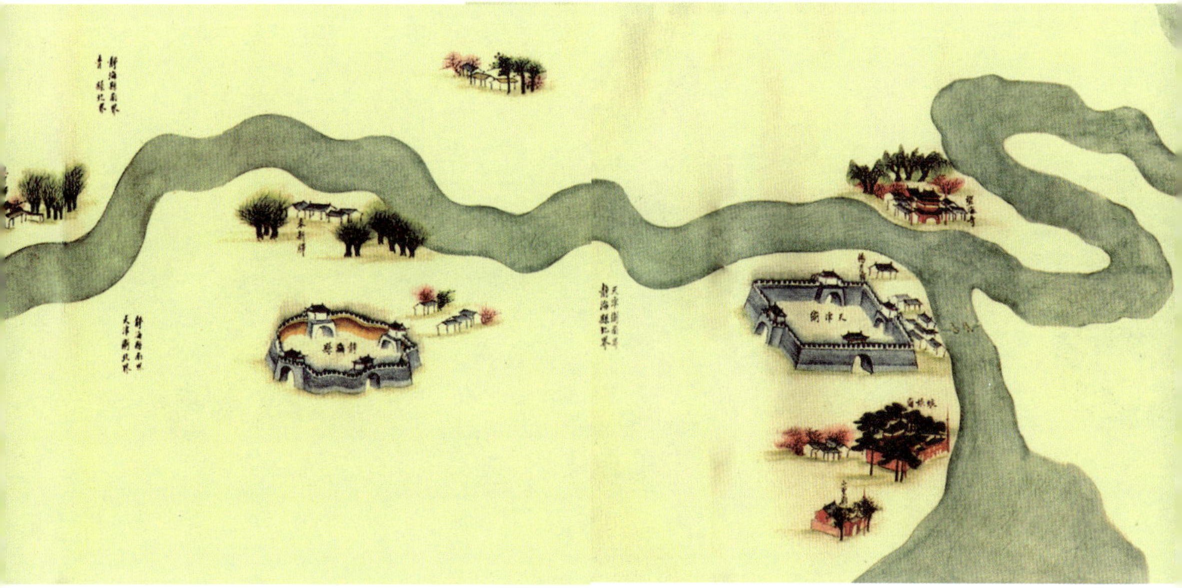

形成黄强淮弱，黄水倒灌洪泽湖，冲破高家堰，给洪泽湖以东一带造成严重水患。治河大臣靳辅有这样一段一段描述：“自顺治十六年归仁堤（在江苏宿迁东南白洋河）冲溃之后，睢、湖诸水患由决口侵淮，不复入黄涮沙，以致黄水反从小河口、白洋河二处逆灌，停沙积渐，淤成陆地。至康熙六、七年间，各

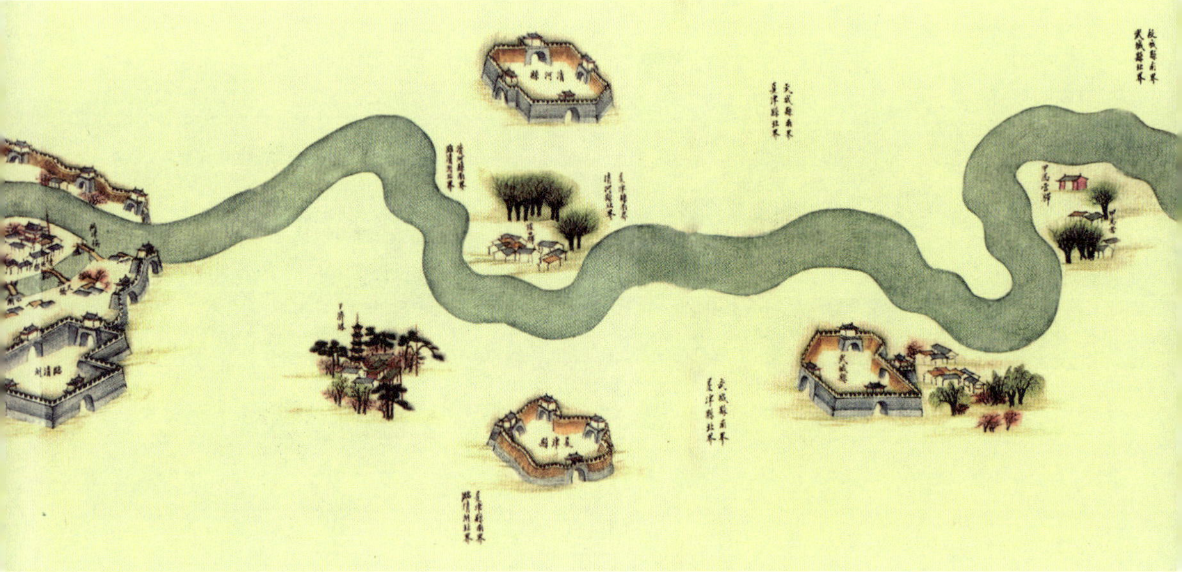

处大水，黄淮并涨。”“淮河之水由高、宝诸湖直射运河，冲决清水潭，下淹高、江等七州县之田者多，而赴清口会黄入海者少。海口淤，而去梯关亦淤，而清江浦、清口亦淤矣。”这里提到的淮安清口，是黄、淮、运三河的交汇地带。当时南北运河口均与淮河相会，然后经这里与黄河相会。明代治河大臣潘

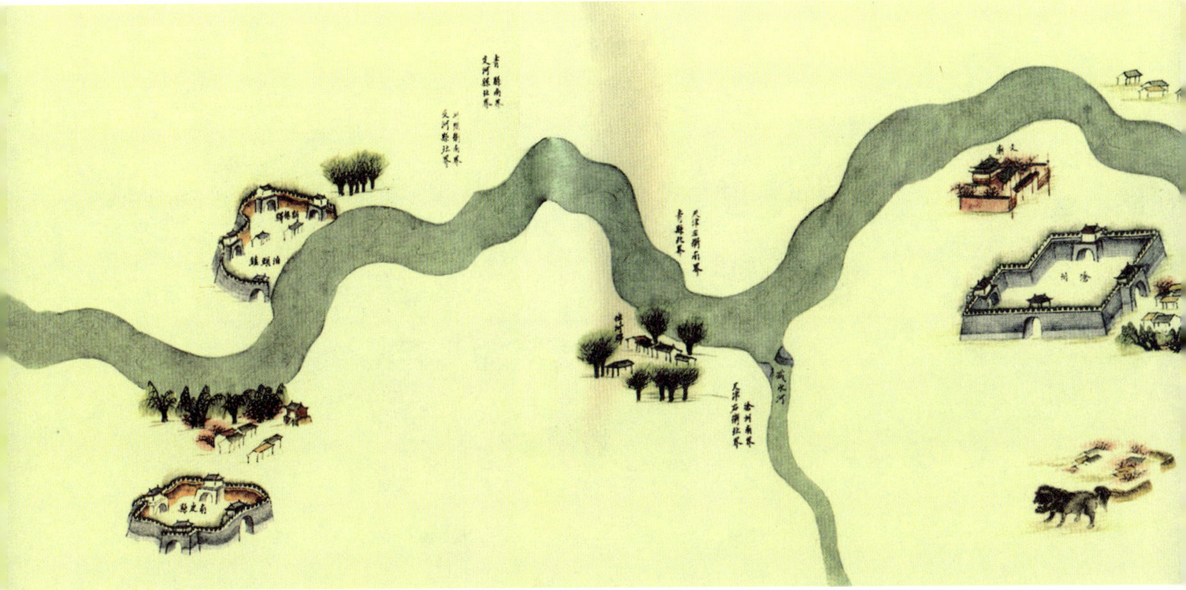

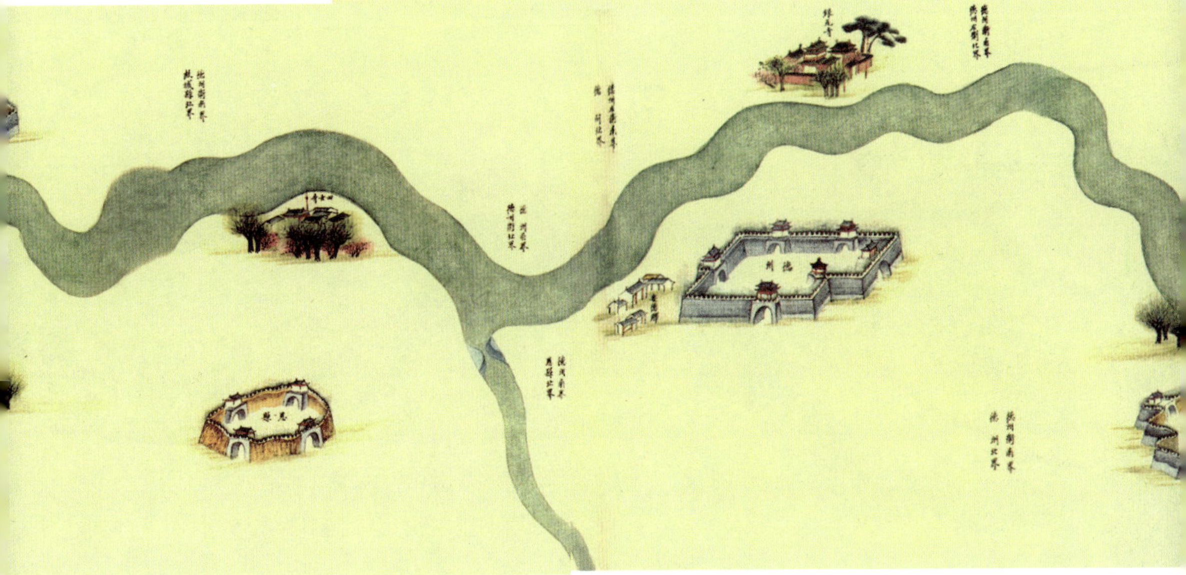

季驯称清口为“粮运咽喉所系”，可见其地位之重要，也因此成为康熙一朝治河的重点。康熙十六年，总河的行署从济宁移至清江浦（今淮安市），与同在淮安府的漕运总督府咫尺相闻。

据康熙帝回忆，“朕听政后，以三藩及河务、漕运为三大事，书宫中柱

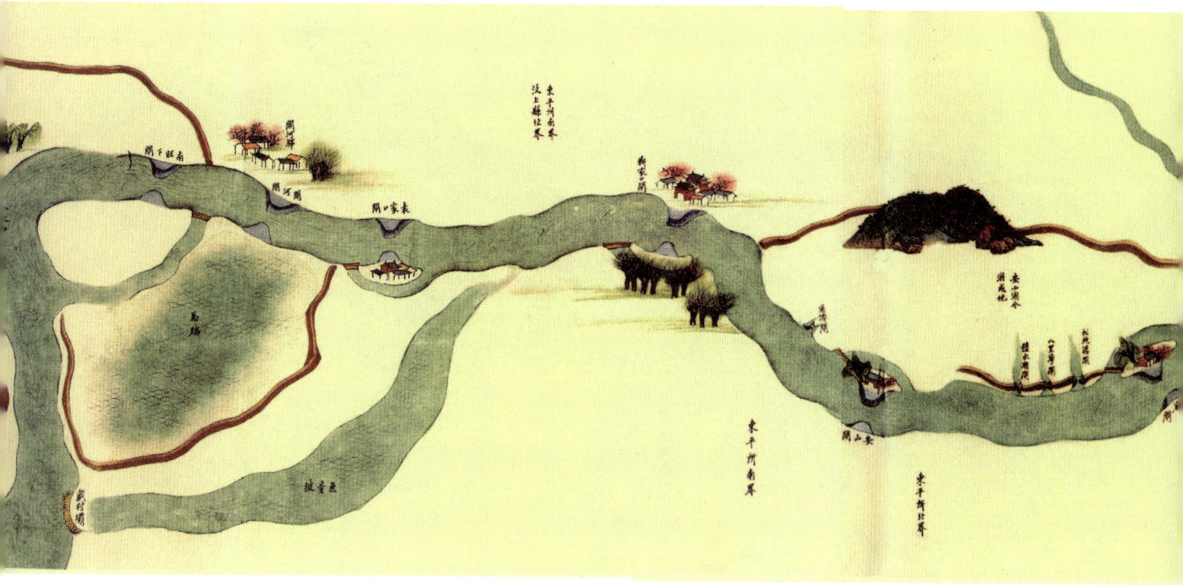

上。”（《清史稿》卷二百七十九）翻开起居注和实录，史臣用浓墨重彩记录了康熙一朝的河务活动。清口岸边有座惠济祠，承载着黄淮两岸黎民的祈福。康熙四十四年春天第五次南巡，时值河工初成，康熙帝再次来到惠济祠，望着奔腾而下的清水冲涮由北向南的黄水，对随行的大臣无限欣慰地说道：

“朕每至河上，必到惠济祠以观水势。康熙三十八年以前黄水泛滥，凡尔等所立之地皆黄水也。彼时自舟中望之，水与岸平，岸之四周皆可遥见。其后水渐归槽，岸高于水。今则岸之去水又高丈余。清水畅流逼黄，竟抵北岸，黄流仅成一线。观此形势，朕之河工大成矣。朕心甚为快然。”（《清圣祖实

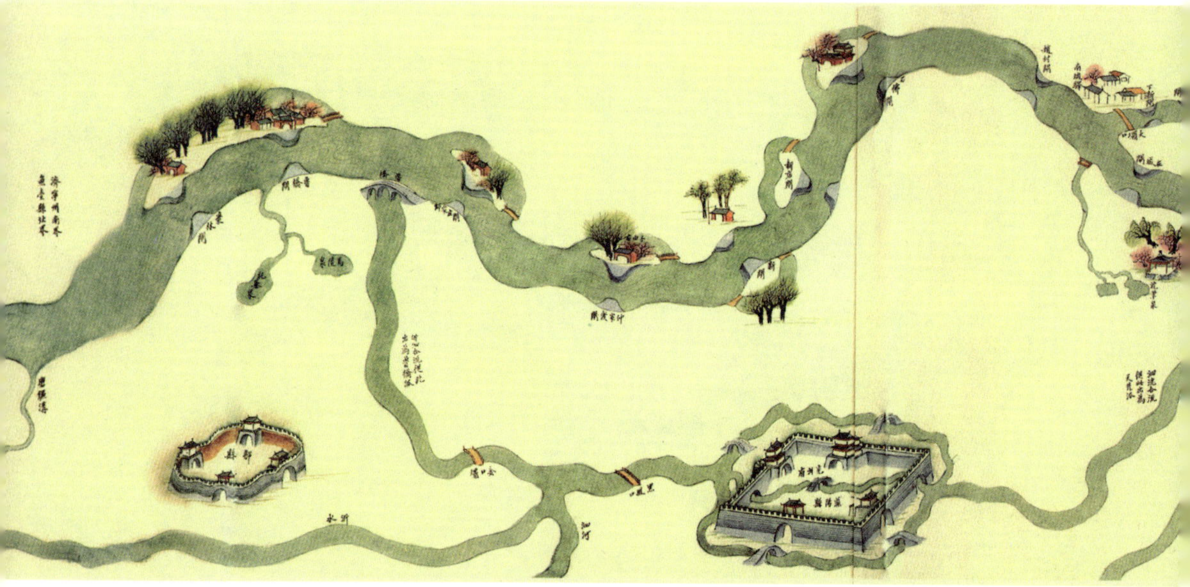

录》卷二百二十）康熙六十年春天，时值暮年的皇帝语重心长地说，“黄河关系最大，自元至明，岁有冲决，未有安澜二十余年如今日者。然图治于已治，保安于已安，河工虽已告成，尤当时加巡视，不可疏忽。”（同上，卷二百九十二）

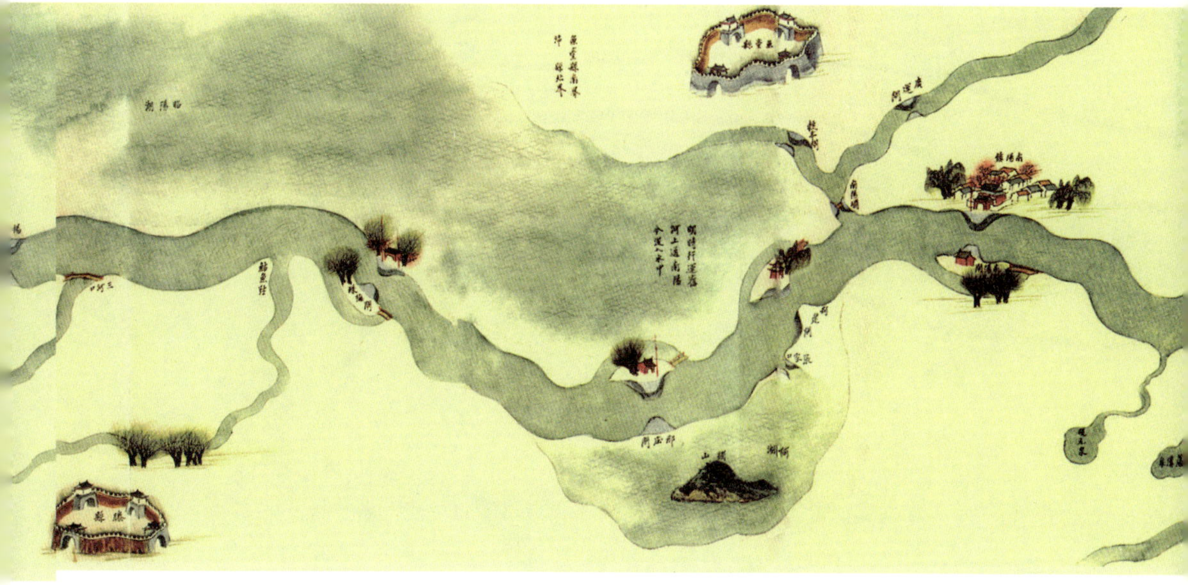

康熙一朝治河，主要依赖两大“股肱”，先有靳辅，后有张鹏翮。

靳辅，字紫恒，汉军镶黄旗人。顺治九年，以官学生考授国史馆编修，改内阁中书，迁员外郎。康熙年间，历任内阁学士、安徽巡抚。康熙十六年（1677年）二月，受命为河道总督。靳辅在总河任上十年，他与幕僚陈潢做了

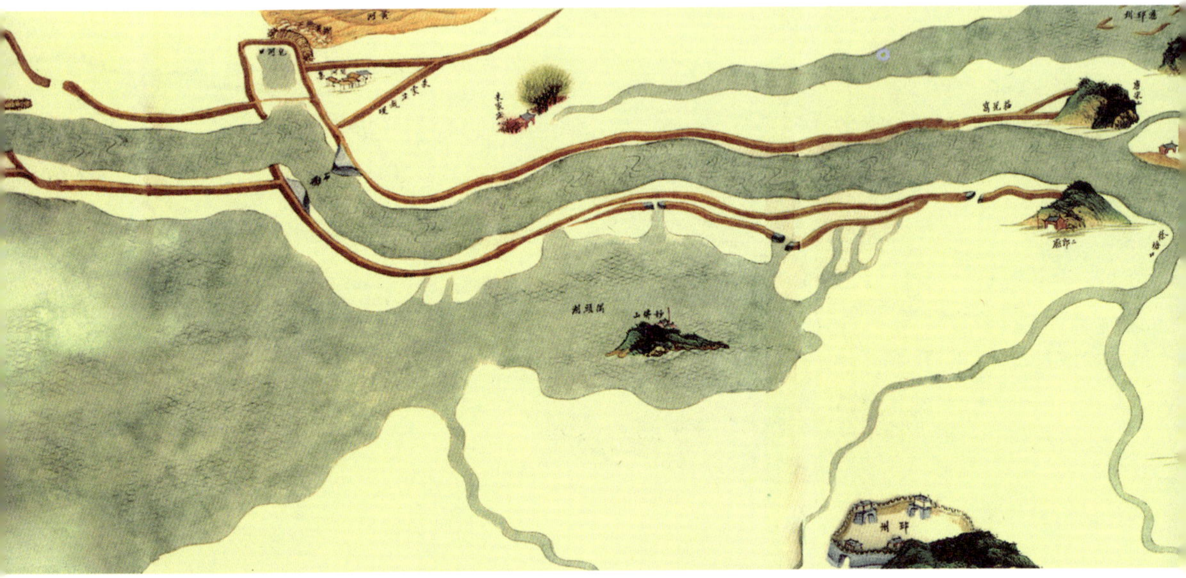

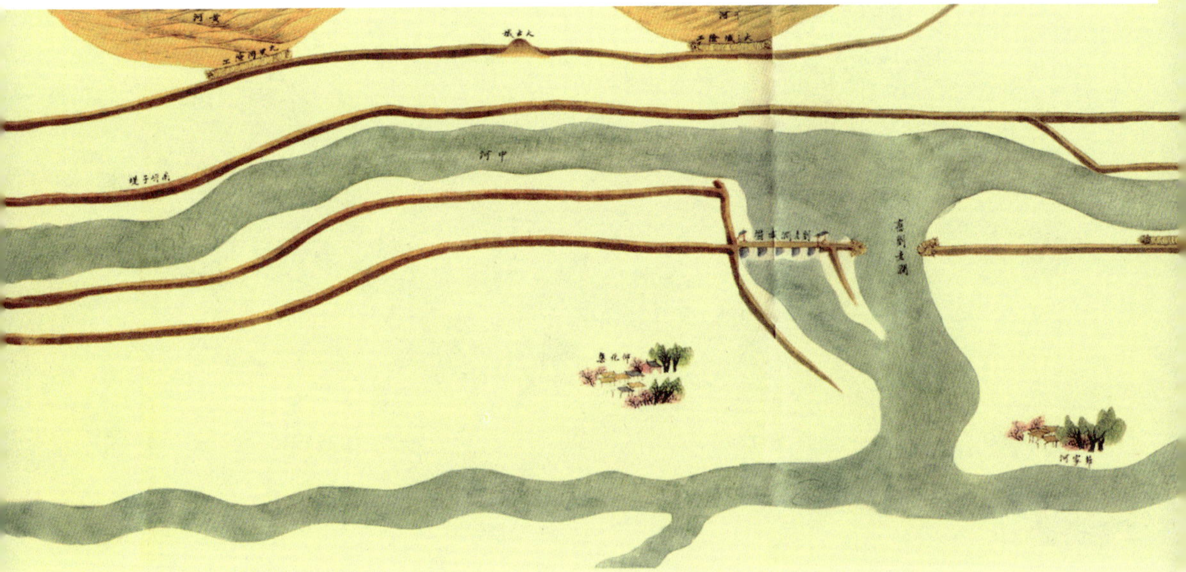

三件大事。一是疏浚了清口至黄河口的三百余里淤道，堵塞数十余处决口，修筑了清口至云梯关以下的两岸缕堤。二是大修高家堰，并在上游修筑分洪口，河水盛涨时，分洪经沿途落淤后，形成清水汇入洪泽湖，并开挑引河，助淮涮黄。三是另开自骆马湖至清河仲家口的中河以济漕运，避开黄河一百八十里之

险。康熙二十七年遭谗毁去官，康熙三十一年官复原职，不久卒于任所。十五年后康熙帝最后一次南巡，对这位造福后世的河臣进行了历史性的评价。他说：“靳辅自受事以后，斟酌事宜，相度形势，兴建堤坝，广疏引河，排众议而不挠，竭精勤以自效，于是淮、黄故道次第修复，而漕运大通。其一切经理

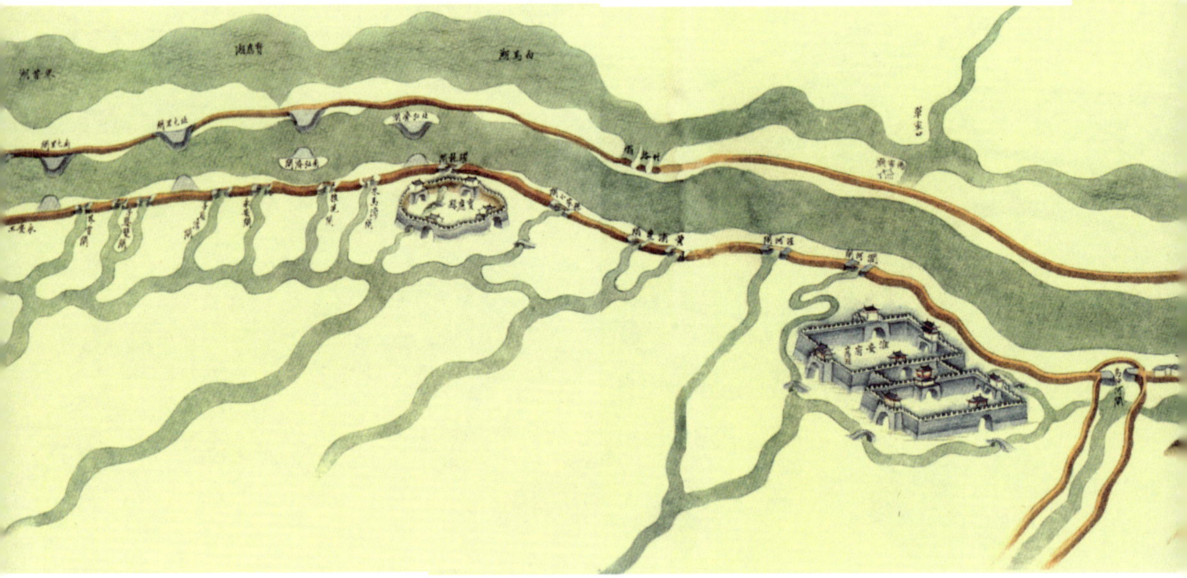

之法具在，虽嗣后河臣互相损益，而规模措置不能易也。至于创开中河，以避黄河一百八十里波涛之险，因而漕挽安流，商务利济，其有功于运道民生，至远且大。朕每莅河干，偏加咨访，沿淮一代军民感颂靳辅治绩者，众口如一，久而不衰。”（清史列传卷八靳辅传）

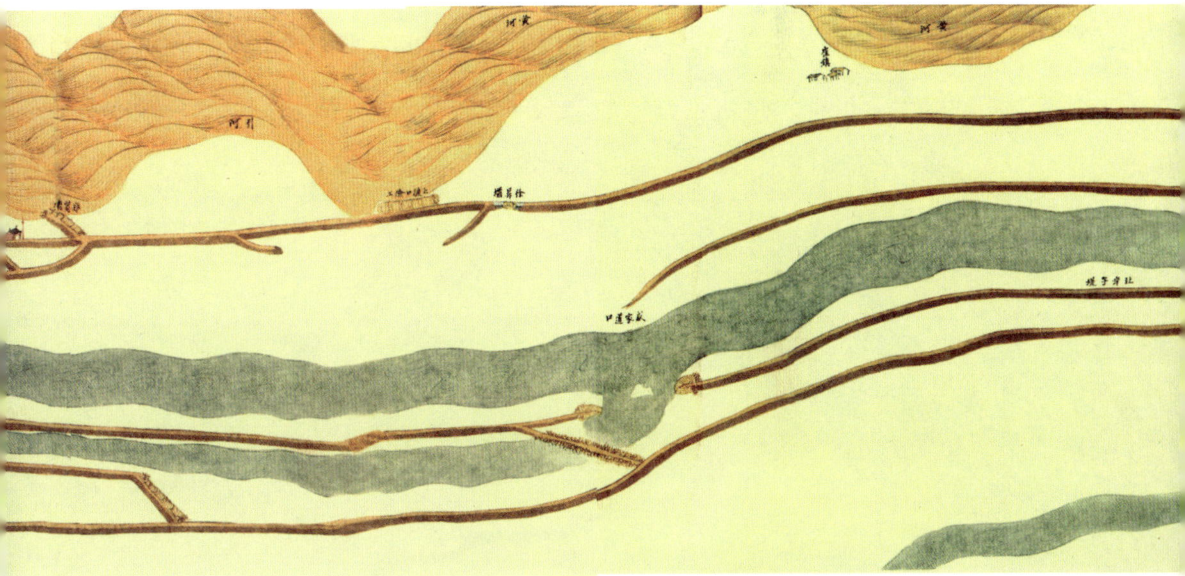

张鹏翮，字运青，四川遂宁人。康熙九年进士，历任刑部主事、礼部郎中、兵部侍郎、左都御史、刑部尚书、江南苏州知府、山东兖州知府、浙江巡抚、江南江西总督等。康熙三十九年，在靳辅任后几年间河道大坏之际，临危受命，总河任凡八年另五个月。康熙帝认为：“清口最为要紧，如不将清口

挑浚，高堰堤工并运口堤工，纵加高厚，均属无益。”（《清经世文编》卷一百）张鹏翮谨遵谕旨，继承靳辅的治河方针，做了四件大事。一是综合疏通、治理靳辅所开的旧中河和继任所开的新中河，保证中运河的畅通。二是改造中河运口，使南来的漕船可由清口直接进入中运河，减少黄河倒灌之虑。

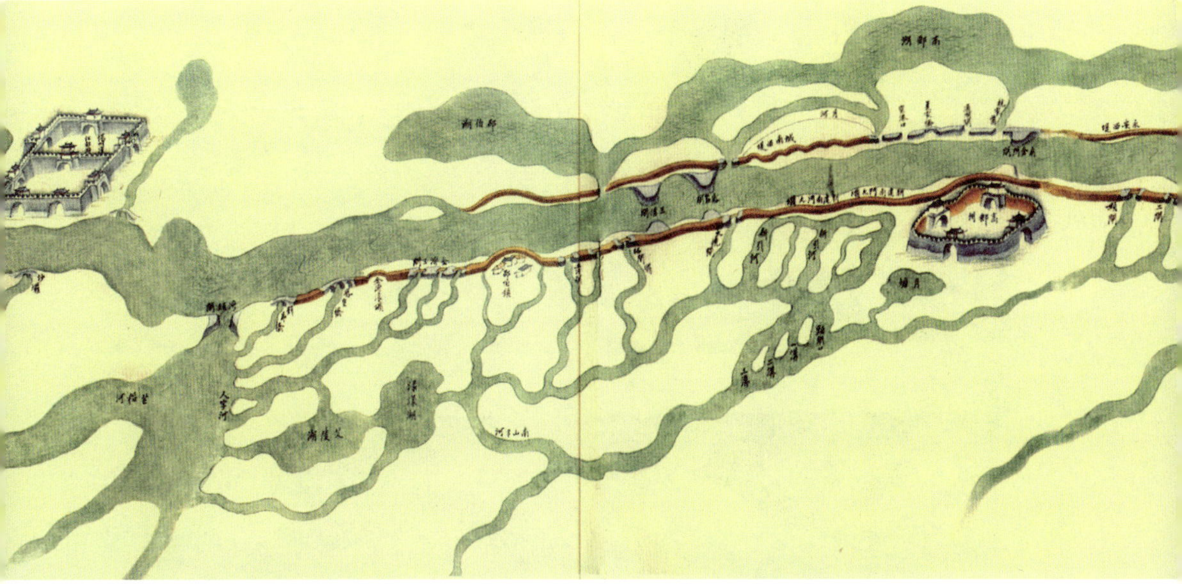

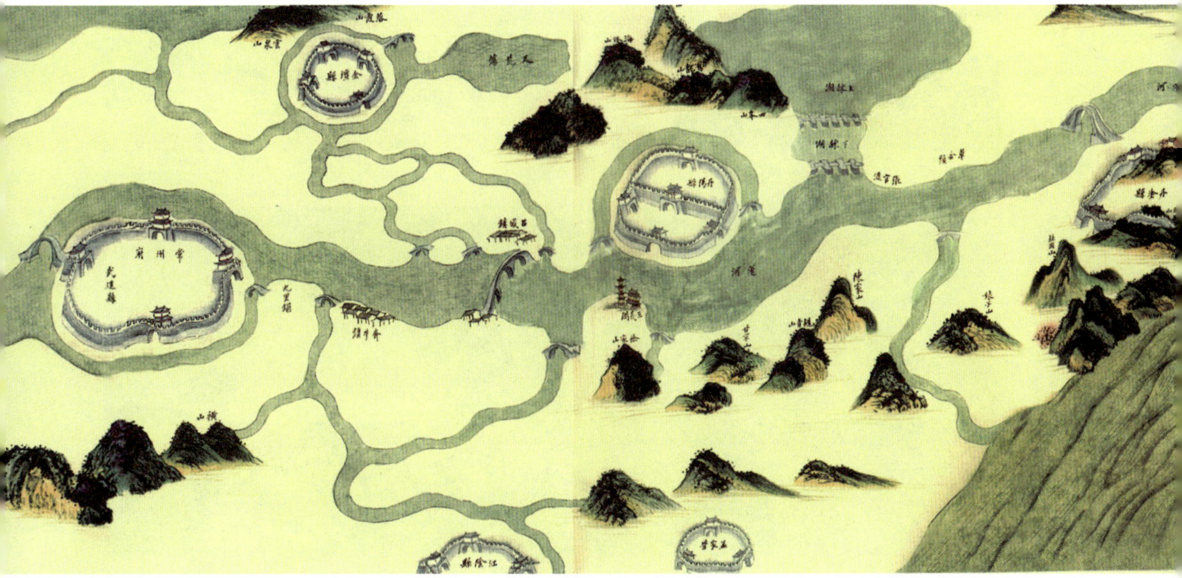

三是通过重开靳辅继任堵塞的张福口等七条引河和高家堰六坝，抬高洪泽湖水位，蓄清涮黄。四是拆除靳辅后任所修的云梯关拦河坝，使大河仍从云梯关入海，海门大通，康熙赐名大通口。康熙帝四十二年南巡时，见清水畅流，黄河深通，谓“异哉，此二十年所仅见者也。”（参阅邹逸麟：张鹏翮《治

河全书》前言。《治河全书》，天津古籍出版社，2007年4月版。）清史本传载："上倚张鹏翮治河，谓鹏翮得治河秘要，谕大学士曰：'鹏翮自到河工，日乘马巡视隄岸，不惮劳苦。居官如鹏翮，更有何议？'"（《清史稿》卷二百七十九）

奏。朕去岁南巡，见杪船或有未经修理弃置江滨者，镇江、崇明、太湖等有杪船之处，遣户、工二部司官驰勘现有杪船并修治未完杪船之数察明具奏。其未经修治者着作速修理，并移文浙江、江西、湖广三省总督、巡抚、提督、总兵官，令省属所有船数察明报闻。有未修完者速行修理，来岁需用亦未可知。此事着依部议速行。其杪船今遣人往察，俟到时将借用杪船之处再议具奏。"

是日，上诣澹泊为德问安。

是日起居注官傅伸、阿金。

十六日丁丑

十七日戊寅

十八日己卯　是日，上诣澹泊为德问安。

十九日庚辰

二十日辛巳　辰时，上御畅春园内澹宁居听政。部院各衙门官员面奏。太常寺卿席哈纳入奏。上曰："太常寺祭祀事甚属紧要，大典所关。席尔达去后疏忽极矣。今尔特蒙擢用，祭祀事尔其敬之。"席哈纳奏曰："皇上擢用之恩，何以克报，惟谨志圣训，竭力奉行而已。"

工部郎中蓟赛等差往镇江等处察勘载船，恭请训旨。上曰："朕南巡时见坏船俱置江岸，尔等今去察明坏船数目，一面具题，一面交总督作速修理。尔等系保举之员，故特委以要务。倘所察之数不从直具奏，并所修不坚，朕必归过尔等矣。"蓟赛等出。

大学士伊桑阿、马齐、王熙、吴琠、熊赐履、张英，学士布泰、胡会恩、顾祖荣、满都、邵穆布、巢可托以折本请旨。吏部题运司石佳彝员缺，以四川龙安府知府卫秦翰等职名开列。上曰："永平府知府梁世勋居官优长，李光地前曾保奏。直隶知府内居官优长者，尔等可问九卿。"

吏部等衙门题，鞫问逃人徇情曲庇，以盛京侍郎额黑礼等拟革职，郎中赵麟拟绞。上曰："赵麟行诣甚滥，彼处诸弊尽在此人，殊为可恶，着革职，编入内务府佐领当差。额黑礼等革职，着在盛京披甲效力，余依议。"

兵部覆福建水师提督吴英题，嶼门兵请如台湾例乌船请改为赶缯船等事，议不准行。上曰："此事着问该督及陆路提督具奏。前曾以乌船改用赶缯船，其后有人条奏以赶缯船小，风浪难行，因复改造乌船。尔等察明具奏。"

三法司衙门以姜二打死妻命，拟秋后处决，并以其父母恳请留养之处具奏。上曰："总之姜二不至抵赏，照例拟罪，令养其亲。"

总督郭琇题学道贿卖生童情弊相应杜绝。上曰："所条奏一切弊端俱当，但作何杜绝之法，尚未能尽，着交九卿详议。"

是日起居注官揆叙、满保。

二十一日壬午 是日，上诣澹泊为德问安。

二十二日癸未

二十三日甲申

二十四日乙酉 是日，上诣澹泊为德问安。

二十五日丙戌

二十六日丁亥 辰时，上御畅春园内澹宁居听政。部院各衙门官员面奏毕，九卿、詹事、科、道议覆总督郭琇条奏学政事入奏。上命大学士伊桑阿、马齐、王熙、吴琠、熊赐履、张英，学士布泰、胡会恩、顾祖荣、满都、邵穆布、巢可托并前锋、统领吴达禅等进前，谕曰："尔诸臣悉听朕谕，不但考取秀才甚滥，今科会场亦甚不堪，所取三百名内，大臣子侄居多，孤寒未得入彀。如此何以能服人心？曩者考取韩菼等科尚有可观，此后则风日下矣。汉人朕虽不尽悉，旗下人等朕岂有不知者？闻大臣之家延一经师费至一二千金，预先议定，或数月，或一二年内保其必中举人、进士。夫举人、进士岂可保为必得之物？使可保其必得，尚云无弊，可乎？况经师俱系汉官举荐之人，此辈岂不奔走其门。大臣虽不行弊，其经师与家仆未有不行弊者。此等情节，朕隐忍至今。今观科、道官员不惧获罪于朕，惟惧得罪于巨室，何也？获罪于朕，尚可沽名。获罪于巨室，则必受其阻抑以至困厄不堪。是以无敢进言。此事朕若不言，更无有人言者。朕因此面谕尔诸臣，后日倘议某时科场甚滥，朕不受矣。至于考取举人、进士，特为得人耳。今皆行贿，夤缘出身之本源不清，而欲冀他日之为忠臣良吏，得乎？今朕意欲凡系大臣子弟，另编字号，令其自相角胜。

譬如两势相并，孰取孰不取，不得已，势必至于择其文之优劣。大臣子弟慎择其文，孤寒取足其数，如此则于考试一事大有裨益。尔等议奏。”上复顾大学士伊桑阿等曰：“今科乡场曾令宗室考试，宗室朕素加恩，何患无官，倘夤缘中式，亦奚足为荣？嗣后宗室停其考试。”九卿出。

伊桑阿等以折本请旨。吏部题副都御史王绅员缺，将宗人府丞励杜讷等职名开列。上曰：“此缺察由进士出身者对品调用。”

又覆给士中陈黄永条奏大计三款，议不准行。上曰：“大计官员察其钱粮有无亏空，造册报部，着照陈黄永所奏行。其余前已谕部，著有定例，着依部议。”

户部覆沈恺曾条奏，停止南安赣州所添盐引钱粮，议不准行。上曰：“着移文该督抚，令会同议奏。”

又覆署两江总督事陶岱请免泗州、盱眙两州县地丁钱粮，议不准行。上曰：“泗州、盱眙正当洪泽湖南面之水，湖水不能流泻，故二处被灾是实。察其相应捐免钱粮数目具奏。”

刑部覆浙江巡抚张勄题，朱廷标私铸即行正法之处，因无凭据，俟该抚审明议定之日再议。上曰：“此非浙江巡抚张勄所奏之事乎？”学士布泰奏曰：“是”。上曰：“此事已经部驳，巡抚仍照前朦胧议奏不合。着交该督严加察明议奏。”

工部覆直隶巡抚里李光地，以洭儿港堤岸冲决题参武清县知县章曾印，议令赔修。上曰：“此项钱粮尽令知县赔偿可乎？彼所修之处若有冲决，其赔固宜，今非其所修之处，而令赔修之，彼亦何辜？此事着另议具奏。”

署总督事席尔达题请复还游击张党只原职。上曰：“文官之罪，莫重于行贪；武弁之罪，莫大于兵变。获此大罪，虽于行间，致死效力，能赎其罪，欲还其职，尚未知可否。张党只获罪，闲居三年，并无效力，请复原职可乎？着批谕席尔达，其原本一并发还。”

直隶巡抚李光地题请同知韩镐调补捕盗同知，知县胥连相补授河工同知。上曰：“李光地居官优长，此二人据照所题调补。”

伊桑阿等奏曰：“臣等遵旨以补授两淮运使之事问九卿云：梁世勋居

官优长。”上曰：“梁世勋系何处人？”王熙奏曰：“西安府人，荫生出身。”上曰：“其父原任何官？”王熙奏曰：“其父原任副将。”上曰：“着移文直隶巡抚李光地，问知府梁世勋人品何如？其居官果优否？直隶知府内有居官优长者，俱令开出，速行移文尔衙门。”

是日起居注官阿金、满保。

二十七日戊子

二十八日己丑　是日，上诣澹泊为德问安。

二十九日庚寅

三十日辛卯

七　月

初一日壬辰

初二日癸巳　是日，上诣澹泊为德问安。

初三日甲午

初四日乙未　辰时，上御畅春园内澹宁居听政。吏部引见补授道府各官。上一一遍视，详问讫。以广东潮州府蒲宁县知县徐宪孺年老庸劣，令休致。

刑部奏事毕，将出，上召侍郎常寿并员外郎费扬古谕曰：“张鹏翮深悉河务，条奏详明，但任事伊始，即如此严切，后将难继。其所奏下桩处朕南巡时，亦曾面谕于成龙。今张鹏翮所奏如此，方见朕言之当。治河石料抛置水次，以致冲没者颇多。于成龙监修河务，尝身立泥水中，竭力督催，故人皆奋勉。但彼偶离其地，属员即安逸是图，无所顾恤矣。且闻或于河岸陡峻处略加削直，即冒称堤工者有之。张鹏翮现奏事宜固为详明，但彼所辖地方辽阔，不得不分委属员，后来功效难以预必。尔等视河屡矣，今观此奏，以为何如？”常寿奏曰：“张鹏翮此奏深谙河务，但所辖甚广，不得不分委属员。河工人员亦多，未必人尽奉行，后效如何，诚难逆料。臣往视河工时，曾见石料皆抛置河岸，多被冲没。圣见诚然。”

部院各衙门官员面奏毕，大学士伊桑阿、马齐、王熙、熊赐履、张英，学士胡会恩、顾祖荣、满都、邵穆布以折本请旨。吏部题御史程文彝条奏丁忧官员务于服内葬亲，议准行。其给假官员不限日期，议不准行。上曰："此事尔等云何？"王熙奏曰："葬亲迟延之故，或因家贫，力不能举，或因年岁方向不合，或因葬地一时不能即得，若以服内不葬者即为不孝，则不孝之人甚多矣。此奏似属多事。"上曰："必于服内限其葬亲，或势有不能亦未可知。即如此省之人有寓居他省者，遇有亲丧，势必于寓居之处治丧毕，方可扶归本省，岂可于服内勒令归籍？父母之丧若行逼勒，亦属不合。"随顾熊赐履曰："汝系湖广人，现居江南，丁母忧时，治丧如何？"熊赐履奏曰："服阕，方扶归原籍安葬，圣鉴诚然。"上曰："三年服内葬亲不必准行。着再议具奏。"

又题补授两淮运司。上曰："梁世勋着升补两淮监运使司监运使。"

户部题署总督事侍郎陶岱请免泗州、盱眙地丁钱粮，议不准行。上曰："泗州等处屡被水灾，着免三十九年地丁各项钱粮。"

兵部议覆署总督事侍郎陶岱奏销支给宣楼船水手银两。上曰："朕曩者南巡，见宣楼等官船坏损不修者甚多，每年所支水手工食及修造银两不少，地方官不照数给发以致坏损，不但迟误行人，即水手亦甚苦累。嗣后着该督查明，务如数散给，俾得均沾实惠。"

刑部题，御史龚翔麟条奏，应斩重犯宜再覆奏一次，议准行。上曰："若准此奏徒多事而无益。尔等云何？"王熙奏曰："秋审者覆奏，立斩者一奏即决，此系旧例，看此条奏亦只虚名无益实事。"上曰："可将原本发还。"

理藩院题商南多尔即等所奏策旺拉卜滩遣人往呼户诺尔台吉处等事毋庸议。上曰："此事目前观之虽属甚小，将来大有关系，该部拟以毋庸议，倘呼户诺尔台吉等遣人以奏闻事，问商南多尔即，则商南多尔即将何以答之？策旺拉卜滩人甚狡猾，其口称往征谛巴，或因力不及而虚张声势，或实欲往征，以此问曾往彼处侍郎常寿等再行具奏。"

九卿覆张鹏翮条奏河工事宜，议准行。上曰："观此奏甚详明，深谙河务，但兴工后成效何如，未可逆料耳。其言黄河曲处浚之使直，则水流自急，可以冲沙，而使河深，其说良是。朕亦曾以此面谕于成龙，观于成龙之意甚忽视之。朕不过暂往巡视，于成龙乃久居河上之人，毋论朕不能尽知也，即所深知者亦不可强令所司曲从朕意。脱有不虞，关系不小。今张鹏翮此奏，与朕向时所见甚合。朕凡事知者则言之，不知者即以为不知。即今邳州、吕梁诸处情形如何并未亲见，若强以为知，必致辞穷。伊桑阿、马齐尔等曾经亲视河工，故能知之。若所未见者概以为知，可乎？河务甚大，即九卿诸臣不能深知，故不敢定议。张鹏翮遇事精勤，此等人久任河务，必能有益。如以他事易之，则罔济矣。其言河之曲者浚之使直，非谓取直于堤外。乃两堤之间自四、五里至十里广狭不一，于此内曲者直之耳。诚能如此，则水无停滞，其流必急，河底自深，或可有益也。”伊桑阿奏曰：“浚直数处大湾，水势迅急，淤沙自必冲刷。皇上凡事洞鉴独先。”马齐奏曰：“曲者使直甚善，河务非亲见者难以议论。圣谕诚然。”上曰：“此事着照所议速行。”

上又顾大学士等曰：“观翰林官及庶吉士内有极贫者，衣服乘骑皆不能得，殊觉难堪，将此等查出，作何施恩，有益供职，其丁忧、告假、回籍之翰林官、庶吉士有生计艰难无力至京者，着该督抚酌量资助，令其来京。尔等会同翰林院议奏。”

上又曰：“翰林官员专司文翰，更无他事，各省学道员缺，应与郎中，并差任满之日仍各回衙门，或掣签、或作何差遣，尔等亦会同翰林院议奏。若此等差去者能秉公固善，即或略有防检，亦于事有益。”伊桑阿、马齐奏曰：“翰林职任清华，简用甚善。”王熙奏曰：“平日学道皆属督抚管辖，事有掣肘，差遣翰林若所行不善，不惟无颜见皇上，亦何面目以对亲友乎？”

上又顾大学士伊桑阿等曰：“顷郑惟孜奏监生及处馆之人应令回籍一事，九卿徇情覆奏，此人甚有胆气，居言路者固当如此。”

是日起居注官法良、傅伸。

初五日丙申　是日，上诣澹泊为德问安。

初六日丁酉

初七日戊戌

初八日己亥　是日，上诣澹泊为德问安。

初九日庚子　辰时，上御畅春园内澹宁居听政。部院各衙门官员面奏毕，仓场侍郎陶岱恭请训旨。上曰："仓场之弊向甚不堪，自朕差御史赖度等巡察以后方觉整饬。今令尔为仓场侍郎，尔其殚心效力。"又问曰："尔途间行几日？"陶岱奏曰："臣行二十八日。"上又问曰："沿途禾稼如何？"陶岱奏曰："今岁田禾甚茂。"

户部员外郎邓德以新安诸处买米事宜具折奏览。上问曰："今岁彼处禾稼如何？"邓德奏曰："今岁禾稼甚好。"上问曰："米价如何？"邓德奏曰："现今米价较前甚贱。"邓德等出。

大学士伊桑阿、马齐、王熙、熊赐履、张英，学士满都、邵穆布、巢可托以折本请旨。户部题云贵总督巴锡奏销征剿鲁魁山盗贼支给乡兵土司兵粮米，议不准行。上曰："支给征剿魁山盗贼兵粮，着照该督所题奏销。"

兵部题随印笔帖式班第等苛派骁骑校昂机大直宿议处。上曰："派遣章京乃都统与副都统之事，笔帖式何得自行擅派？查笔帖式班第如曾禀明该都统等差遣，将该都统等一并议罪。如未禀明，擅自派遣，将班第鞭责、枷号充发。"

又广东提督殷化行题参都司冯腾龙私求保举，议革职。上曰："冯腾龙着革职，拿解来京，交该部审理。"

湖广总督郭琇题请所积谷石将一半照数舂米，将一半贮仓备赈。上曰："郭琇居官甚善，此本着该部详议具奏。"

署川陕总督事席尔达疏请宜君营参将员缺，以游击韩良辅升补；韩良辅员缺，以游击张玉补授；张玉员缺，以佐领王敏端补授。上曰："总兵施世骠居官素无善状，韩良辅原系侍卫，多逆其意，故欲去其中军，别用私人。此事着兵部议奏。四川重庆总兵郑侨柱居官亦不善，前来京陛见时，朕谕彼年老，回时即当请退。至今恋职，未行奏请，着休致。"

伊桑阿等遵旨以理藩院覆商南多尔即等所奏呼户诺尔所报事宜毋庸议之处，问侍郎常寿、侍读学士伊道、郎中常明等回奏。上曰："此事稍觉迟延，方奏到时即为行文甚好。呼户诺尔台吉等亦属失算，何以先将己意漏泄，但将来使照常款待礼遣，断不致构衅。今以朕计之，亦尚无妨。朕巡幸蒙古之地颇多，凡事朕皆熟悉。策旺拉卜滩人虽狡猾，但由博罗塔拉至土白忒，必经哈拉乌苏等艰险之处，路径甚恶，断不能往伐。何也？策旺拉卜滩素行奸恶，故其附近哈萨克、布立敦诸国皆相仇雠。欲悉军大举，则路既难行，且无留护其妻孥者，若兵单力弱，断难成事。惟有奋激而行，妻孥与俱，幸而有济则已，无济则有归附土白忒之谋而已。然策旺拉卜滩奏书之意，特张虚声，欲观呼户诺尔之动静耳，亦未必果欲争战也。观古赵充国所议五事良是，应宜留意。”

是日起居注官揆叙、阿金。

初十日辛丑

十一日壬寅 是日，上诣澹泊为德问安。

十二日癸卯

十三日甲辰

十四日乙巳 辰时，上御畅春园内澹宁居听政。吏部为补授河南布政司佟世雍员缺，遵旨将福建按察司李成林、江西按察司佟国勷引见。上问李成林曰：“汝来时经诸省秋田何如？”李成林奏曰：“臣自福建起程，路经浙江、江南、山东、直隶，秋田俱好。”上又问曰：“此数省内何省更好？”李成林奏曰：“福建、浙江二省觉更好。”上问佟国勷曰：“汝所经数省禾稼何如？何省更好？”佟国勷奏曰：“臣自江西路经江南、山东、直隶，田苗俱好，江西、江南尤较胜。”上复详问李成林、佟国勷年齿并出身履历，以李成林补授河南布政司。

部院各衙门官员面奏毕，大学士伊桑阿、马齐、王熙、熊赐履、张英，学士满都、邵穆布、巢可托、舒辂，翰林院学士法良、韩菼遵旨议得，此后各省学道缺出，翰林官内自侍读讲以下开列职名，仰候钦点，及翰林官内穷者月给银三两。上曰：“翰林官等所学优长，朕俱知之，但其为人，尚未深悉，难以简择。此后学道缺出，除告假在籍日期不论外，较俸派出。翰林穷者给银之处，着依议。”法良、韩菼出。以折本请旨。

吏部题顺天府尹甘国枢员缺，将太仆寺卿钱晋锡、光禄寺卿江苏等职名开列。上曰："府尹职甚紧要，汉军好行请托。此职或汉人、或满洲尚觉有益，尔等问九卿，于应升官员内选择人品优长者具奏。"

户部覆浙江巡抚张勄题请革职原任丰城县柿源巡检李森缺欠米石，追赔七年，家产尽绝是实，请免，议准行。上曰："此事所关虽小，地方官亏空钱粮，追赔数年，因其家产尽绝，遂行议免，则钱粮之缺欠必至甚多。此后地方官亏空钱粮不能赔还，着落该督抚代赔。"

江西巡抚马如龙请封张巡为鄱阳湖神。上曰："祀事俱有常典，岂可任意加赠，若准所奏，则各处俱行奏请，必至纷扰。着将原本处发回。"

兵部题大名府副将朱廷柱升任员缺，将应升镶黄旗参领马世斌等职名开列。上曰："参将内朕选择记名者着引见。"

是日，上诣澹泊为德问安。

是日起居注官傅伸、满保。

十五日丙午

十六日丁未

十七日戊申

十八日己酉　是日，上诣澹泊为德问安。

十九日庚戌　辰时，上御畅春园内澹宁居听政。部院各衙门官员面奏毕，大学士伊桑阿、马齐、王熙、吴琠、熊赐履、张英，学士顾祖荣、满都、邵穆布、巢可托、舒辂以折本请旨。吏部题学士胡会恩员缺，将詹事徐秉义等职名开列。上曰："此开列之内无久试深知者，或有仅识其面而不知其名者，尔等其酌议具奏。徐秉义所学甚优，惟目力不及耳。孙岳颁所学既优，复善书，且二人年齿俱长，并无升迁之路，俱着添授礼部侍郎。国子监事务亦简，着孙岳颁仍兼管。"随顾熊赐履问曰："徐秉义所学与韩菼何如？"赐履奏曰："二人所学相等，韩菼制艺稍优。"上又问曰："徐秉义所学与其兄徐乾学何如？"赐履奏曰："各有所长。"

兵部覆给事中法忒哈题参提督殷化行，将伊标下都司狂妄言辞不行改正，即为具题，议降级。上曰："殷化行因不改正所属都司狂妄言辞具题之故即行议处。定例内从未有改换正文启奏者，昔吴逆作乱时，即据其檄文原本具奏，何曾改正？此事不但纠参者背谬，即部议亦属不合。此本着发回。”

署川陕总督事尚书席尔达题请庄浪参将员缺，以佐领韩永杰升补。上曰：“韩永杰乃朕所选用者，人优材壮，即照该督所题升补。”

总兵官俞益谟奏请给假葬亲。上曰：“俞益谟止请假三月，着照所请行。若令部议，恐迟时日，可即于此本批发。”

工部等衙门覆直隶巡抚李光地题所查永定河堤岸事宜，并参不守堤岸以致冲决原任知县高其佺等，议降级罚俸。上曰：“此事着依议。其修筑永定河、子牙河、高家堰堤岸诸处，朕所差总督、巡抚、学道等员内有捐助银两者，有亲身效力者，着工部将所捐银两数目及修完工程查明具奏。”

大学士伊桑阿等奏曰：“臣等遵旨以补授府尹事问九卿。九卿云：府尹并无烦务，钱谷、刑名有巡抚及守巡二道办理，民事有五城官员及九门提督不时稽察，府尹之事甚简，五日方一到署，恳皇上于应升之内补授一员。”上曰：“着以拟正钱晋锡升补。”

伊桑阿又奏曰：“遵旨以原任湖广布政司徐惺一案同九卿会议，亏钱粮共一百六十余万两，内八十万两俱系他人所亏，与彼无干。徐惺所亏八十一万余两，今已身故，家产尽绝是实。恩出皇上。”上曰：“此系行兵时亏空者，今已年久身故，家产尽绝，着从宽免。”

是日起居注官法良、揆叙。

二十日辛亥

二十一日壬子

二十二日癸丑　午时，上由西直门进神武门回宫。

是日起居注官宋大业、阿金。

二十三日甲寅　辰时，上御畅春园内澹宁居听政。部院各衙门官员面奏毕，大学士伊桑阿、马齐、王熙、吴琠、熊赐履、张英，学士顾祖荣、满都、邵穆布、巢可托、舒辂以折本请旨。补授内阁学士员缺，遵旨以少詹事升佥都御史王九龄，少詹事曹鉴伦、王顼龄职名开列具题。上曰：“尔等所拟如何？”伊桑阿等奏曰：“詹事府正詹事徐秉义、国子监祭酒孙岳颁奉特旨升授礼部侍郎，甚善。今查应升学士官员，讲读学士始升少詹，少詹始升詹事、佥都御史，故将王九龄、曹鉴伦、王顼龄开列具奏。”上曰：“着王九龄升补，徐秉义着以礼部侍郎兼管詹事府事，孙岳颁着以礼部侍郎仍兼管国子监事。”

刑部题殴死伯父之张廷武、殴死叔父之钟申俱拟正法。上曰：“朕详阅此案，俱系其父殴死，而其子承认。人命关系重大，着九卿详议具奏。”

都察院吏科题科、道官员内升外转，以监察御史张世爵、给事中张睿等职名开列。上曰：“应内升者尔等问明回奏，外转着停止这一次。”

户科给事中萨穆哈条奏，分给八旗兵房，宜速完工分给。上曰：“此奏甚是。现今各处修理俱已减少，工部并无事务，彼以为工程甚多者，特欲推诿迟延耳。着该部将所修之处一一开列具奏。”

提督李林盛题请将参将罗得胜停其所升副将，仍留原任。上曰：“李林盛居官甚善。彼称参将罗得胜之优必无虚语。”伊桑阿等奏曰：“定例内升任官员必令来京引见。罗德胜年迈，惮于来京，想具呈李林盛请求解任，故李林盛题留原任。”上曰：“即照该提督所奏留任。”

上又曰：“顷者问护送孙思克丧之章京云，孙思克之丧，自甘州至潼关，沿途所经之处，军民无不号泣相送。孙思克在西陲时，朕甚赖之，因思西陲要地，朕令都统雷继尊前往者此故也。雷继尊朕所素知，骑射俱精，人材优长。虽不似孙思克，想亦庶几乎。将军博济、莽吉图俱善，前博济自江宁赴西安时，军民哭送直至浦口，彼果不善，何能如此？诚可谓将军矣。提督李林盛，军民亦俱称善。”

是日起居注官法良、韩菼。

二十四日乙卯　辰时，上御乾清门听政。部院各衙门官员面奏毕，盛京刑部侍郎布泰、理事官刘柱赴任恭请训旨。上曰：“盛京政务渐至不堪，刑部关系人命，尔等往，甚当效力。”布泰等奏曰：“臣等敢不尽力供职，嗣后臣部司官缺出，求皇上于此处保举人员内补授。仰赖圣恩，事庶整饬。”

直隶巡抚李光地差同知亨特赍四穗、五穗佳禾呈览。上曰：“直隶今岁田禾如何？”亨特奏曰：“七、八旬老叟皆云，有生以来，从未遇此丰年。”亨特出。

大学士伊桑阿、马齐、王熙、吴琠、熊赐履、张英，学士顾祖荣、满都、邵穆布、巢可托、舒辂以折本请旨。上顾吴琠问曰："今岁尔处秋田如何？"吴琠奏曰："臣乡多寒，秋田今尚未刈，但闻今岁禾稼甚茂。"上又顾张英问曰："江南秋田如何？"张英奏曰："今岁禾稼甚丰。"上曰："闻直隶各省时雨沾足，田禾丰稔。顷有人自宁夏来，亦云沿途禾稼茂盛。尔等可写上传，遍谕各省督抚，令其遍谕小民，如此丰年，即当预筹荒歉。年丰谷贱时，小民不知撙节，妄费米谷，不时积储，一遇饥馑，必致流离矣。"

又曰："观九卿所议考试一事，科、道亦不心服。况今年会试所中，大臣子弟居多，孤寒士子未能入彀。如此欲令人心服得乎？张鹏翮、李光地任学院时，居官皆善，彭鹏居官好，而又曾条奏科场事宜。郭琇居官好，且现今条奏学差各款，着将郭琇、郑惟孜、满普、慕琛等所条奏及九卿会议事件尽行录出，差保举笔帖式送示四人。此等所议如此，果否得当，如何方能除去弊端，永远可守，务令各抒己意，详议具奏。四臣居官优善，持行清廉，若徇大臣及科、道情面，不尽心审度，据事直言，则彼等一生读书立行，亦属虚具。尔衙门录此旨，令前往之人带去。李光地处往返限六日，张鹏翮处往返限二十日，郭琇、彭鹏处尔等可计程限日。"上又曰："朕所常轸念者，天下穷民、穷兵、及穷士子之学优者耳，更无他意。"

伊桑阿等遵旨将内升科、道官员问该处堂官具折呈览。上曰："张睿系淮安人，条奏河工甚是可嘉，着内升御史。张世爵既经堂官保举，亦着内升。"

又将保奏鄂罗斯差人前来本章呈览。上曰："鄂罗斯地方遥远，僻处西北海隅，然甚诚敬。噶尔丹窘迫求救，彼曾拒而不答。曩者遣人分画边界，即献尼不除地以东为界。尼不除等处原系布拉忒、吴郎海诸部落之地，彼皆林居，以捕貂为业，人称之为木中人。后鄂罗斯强盛，遂并吞之，已五六十年矣。即此允当轸念也。"马齐奏曰："前年臣与吴达禅同往观兵时，令遣还喀尔喀于原地，得见皇上睿算果神奇也。"

御史吕琨条奏，秋审罪案宜分两议具奏。上曰："此事断不可行。若分两议，谁肯附于议斩者。恶人不除，则法既不行，而善类何以得安？朕听政四十年，若云并无罔杀一人，朕亦不能自信。但事由督抚处即定拟具题，该部不能得其间隙，复照议题奏，所以罪必致于有失出入，其失亦系原案之失耳。朕凡遇难决之事，必与诸大臣商酌行之，未有明知而故误者。即如昨日刑部题殴死伯父、殴死叔父之人拟即正法，朕着问九卿者，非谓此等人不当处斩也，但其中或有他人殴死而归罪于彼亦未可知，故令详议耳。彼等果系情真，岂可宽宥？此本着发还吕琨。给事中、御史专任言职，各以闻见入奏甚是。朕此发还，非阻言路之意，因于事不合，故发还耳。可将朕旨明谕吕琨。”

是日起居注官陈论、阿金。

二十五日丙辰　早，上御太和殿，升转文武官员谢恩毕，上回宫。

是日起居注官曹鉴伦、阿金。

二十六日丁巳　寅时，上以巡行塞外，由神武门出东华门，驻跸三家店。前锋统领吴达禅传谕领侍卫内大臣等曰：“附近三家店道傍沟壑之水毋得取饮。误饮即成霍乱，着遍谕文武官员及军士人等知之。”

是日，驻防顺义县防守御卓博尔图、防御常存等，笔帖式孟武、顺义县知县杨棠、漕河营把总王廷彦来朝。

二十七日戊午　上驻跸行宫。

二十八日己未　上驻跸密云县。是日，古北口总兵官马进良、霸昌道郎廷栋、古北口税课刑部员外郎黑赫、税课翰林院笔帖式塞德、密云县知县郑富民、密云县守备闫一林、把总吴文志来朝。

二十九日庚申　上驻跸姚亭子。是日，署石匣营副将事游击胡泮、守备林秀等，千总马臣等、把总路金龙等来朝。

八　月

初一日辛酉　上驻跸三岔口。是日，古北口管理驿站员外郎郭礼、驿站笔帖式佛保柱、古北口防御顾尔拜等，管理驿站同知赵弘揆、古北路都司扬威、古北口笔帖式常江等、古北路千总孙德明、把总张若臣等来朝。

初二日壬戌 上驻跸行宫。

初三日癸亥 上驻跸喇麻洞。

酉时，上御行宫，大学士马齐，学士满都、邵穆布以折本请旨。宗人府题喇麻诬告闲散宗室绰克度拟立决。上曰："喇麻素行悖谬，前曾诬平郡王，今又捏造虚情，诬告绰克度，情罪殊属可恶。着拿交绰克度，听其处置。"

吏部题将编修裴之仙等议各降四级调用。上问曰："裴之仙何如？"马齐奏曰："闻汉人大臣云，其人一无所长。顷御试文章亦劣。"上曰："裴之仙品行甚污，职居翰林，却又行医，为人治病。"马齐奏曰："裴之仙行医，臣等亦尝闻之。"上曰："人品固不堪，且茫不知医理。"随问起居注官傅伸、揆叙曰："裴之仙何如？"傅伸奏曰："人品甚污。"揆叙奏曰："人甚庸劣。"上曰："裴之仙着照所降之级休致，查赉常哥、阿金泰从不曾读书，着各降四级，随旗行走。"

刑部题四川重犯档案赍送违限，请将该督抚交吏部议处。上曰："署巡抚事齐世武告病离任，贝和诺调补未久，故重犯档案限内未到，且四川重犯无多，想当即至。若到则已，否则再行题奏。"

九卿题原任知州赵国宣贪款并无可查实据，将赵国宣改议枷号一百五日、鞭责一百。上曰："刚五达系九卿保举能员，理宜黾勉从公鞫问。今奉差鞫审不公，滥受贿赂，到处停留，买取犯妇。总督郭琇奏称，赵国宣钱谷并征，抚字无术，自有处分条律。其私征银两，若彼时科派，民皆完纳，侵渔入己，何由鼓噪，意必不纳。私派银两，致围知州公衙。彼时上司官知其私派。民未完纳，未曾入己，只因所行实为悖谬，故以浮躁题参，并非失于觉察。今提问里甲小民，皆云不知私派，至于行察各项过付及被害之人，或欲涤除情弊，但茶陵州里甲小民自被陈旦舒等作乱之后，俱已困疲。今更将受害及过付人供出，使牵连于钦案之内，则受累者必致众多。且彼年里长尽远贾于外，难于稽察。赵国宣私派事，但问其曾否入己，其罪自定等语，九卿并不曾讯问赵国宣侵蚀入己，送何上司，及何费用之处。郭琇又奏称刚五达等所买人口甚多，今既云多，非土民则或系来自他省路行人，自卖其身，不曾到地方官处用印，难于追究。况刚五达现在京师，讯问自得明晓等语，并不曾取供于刚五达等。朕居宫中时不奏此事，至出巡后苟且蒙混，拟赵国宣以枷号、鞭责之罪，将宋超等所买十三口人苟取名色，发还本地议奏，其欲于秋审时出脱刚五达之意甚明。朕不惟如赵国宣此等大案必加详察，即纤微之事，亦不肯忽过。”马齐奏曰：“皇上于一切事物无不详察，即汇题小事，亦不忽过。”

上又曰：“朕所信任者诸大臣，诸大臣之所信任者司官而已。九卿内有都察院科、道官员，俱职居言论纠参之任，满汉诸大臣皆是读书人，遇有奉差处，肆行贪恶，如刚五达者，应重处示戒，而反为刚五达将事情隐徇蒙混具奏。九卿虽百计谋度，欲出脱刚五达等之命，秋审时朕断不宽宥刚五达等也。此本着发还九卿。”

仓场侍郎石文桂请裁红拨船六百只，粮船各带小船随运。上曰：“此事着暂留。目今总漕桑格来京，俟其到时着总漕、仓场侍郎、户部会同议奏。”

尚书范承勋以原任尚书王日藻病故奏闻。上曰：“王日藻年迈，诣河工效力病故，深为可悯。现今工部议叙河上人员，此事着将一并议奏。”

是日，上行围，殪一熊。

初四日甲子　上驻跸镶白旗营北界。

初五日乙丑　早，依都额真诺穆和贺传谕曰：“随驾官兵及跟役人等内有病疟疾者，令即至行宫门前给赐治虐之药，着遍加晓谕。”

是日，上驻跸坝他客营。

初六日丙寅　上驻跸那穆升查塞地方。

是日，赐僖郡王岳禧、喀喇沁王查什、公福善、台吉鄂齐尔弓各一张。

初七日丁卯　上驻跸莺图谷。亲随二等侍卫吴什传谕太仆寺卿喇锡等曰：“八旗察哈尔所交尔衙门牧场牡马，拨八百匹，给赐翁牛忒多罗都棱郡王班第旗分。伊等马匹短少，分给牧场，令其生息。此马着太仆寺卿喇锡前往分给台吉鄂齐尔可也。”

是日，郎中佛保，奏事主事存住、常寿传谕大学士马齐曰：“正红旗护军参领伊德浑曾停其俸禄，此人并非军前获罪，因口供致罪。伊德浑效力于军前及随驾之处甚多，所停俸禄着自八月开复。”

初八日戊辰 上驻跸巴颜托罗海地方。是日，住居口外内大臣丹济喇等来请圣安。前锋统领吴达禅、乾清门二等侍卫祁勒德喇锡传谕丹济喇曰：“尔未来归时，曾欲加诛。及归诚入觐，宠眷频加。因尔未出痘症，是以不留朕侧，令居塞外。今日见尔，朕心甚悦。”丹济喇奏曰：“臣获重罪，久宜受诛。皇上宥臣之命，又蒙圣恩浩荡，臣以不能图报，深自愧赧，更有何言，惟遇事以死效力而已。”

初九日己巳 上驻跸行宫。

酉时，上御行宫，大学士马齐，学士满都、邵穆布以折本请旨。吏部题三等阿达哈哈番巴尔纳获罪斥革，并无嫡派兄弟子侄，照例停其世袭。上曰：“巴尔纳之父曾在沅江府逾城建绩，得授此职，令其自承袭。”

又题一等阿达哈哈番花善病故，照例减其恩诏，给授拖沙喇哈番。所有二等阿达哈哈番，议准其次子关保承袭，并以其族叔鲁伯赫所呈内护军参领穆赛等职名开列。上曰：“回京之日照都统鲁伯赫所具呈内其同祖子孙着引见。”

又题原任孝丰县知县彭铭所属地方杀伤人命，失察不报，拟降一级留任。上曰：“巡抚疏称该县已报，尚以失察未报治罪，则终不报者，更治何罪等语，部议定例内该管地方有杀伤人命事知而不报者革职，其终不报者即系隐匿，例应革职。该巡抚既指参失察不报之官而又不详察定例，遂行具题，殊属不合等语。今部议将知县彭铭议降一级留任者，系引何例，且并未晰明巡抚所奏之处，着问明在京诸臣具奏。”

户部题漕督桑格疏称漕艘沉溺米粮，请照江黄河例豁免，议不准行。上曰：“今岁水势浩大，运河难以行船，因绕湖而行，遂致船被风坏，米粮沉溺。着照江黄河船坏米沉之例，免其赔偿。尔等拟签呈览。”

兵部题孙思克因召磨多之捷所给拖沙喇哈番，请添写敕内。上曰：“孙思克奋勇军前，劳绩茂著，居官甚优，洵今之名将也。身已奄逝，朕心恻念，着查复其原革之官，传谕汉大臣缮写票签一并呈进。”

工部题两窑监督哲库纳等员缺，拟派员外郎伊森等。上曰：“两窑事务紧要，不拘何部院，将保举司员外派遣。”

是日，赐护军校及护军等羊只有差。

初十日庚午 上驻跸行宫。

十一日辛未 上驻跸石山地方。是日，赐诸大臣、侍卫、章京等鹿。

十二日壬申 上驻跸行宫。前锋统领吴达禅传谕领侍卫内大臣等曰：“近营浊恶之水，不可辄饮，饮之则人受病。泉水甚近，着汲用好水。可遍谕于众。”

十三日癸酉 上驻跸行宫。教养敖汉蒙古黄茂等来请圣安，并将耕获谷石数目写折奏闻。奏事主事存住、常寿传谕曰：“所奏依议。此所获之米，不可不交付继至之人看守，否则尽为蒙古所盗矣。着谕大学士马齐，至京即派人前往更代，所需人员亦不必多，每旗只派一二章京足矣。俟更代人到后，尔等逐一交明，方可回京。”并谕黄茂等：“此番年谷丰稔，皆系尔等之福。尔等回京，亦有荣也。”既而教养各部落蒙古官员相继请安，上逐一详问蒙古生计及耕获谷石数目并雨水曾否均调等事。

十四日甲戌 上驻跸庸噶拜谷。是日，赐王、诸大臣及侍卫等鹿。

十五日乙亥 上驻跸潺流河岸。赐诸王、台吉、大臣、侍卫等食。是日，亲近二等侍卫吴什传谕领侍卫内大臣等曰：“落叶之松往往有毒，索伦国人常以此木接近箭镞，故令折损用以射兽，中则其毒如鸩，慎勿折用，恐受其毒。着遍谕扈从人役等知悉。”

十六日丙子 上驻跸驽湖埭泉。是日，赐诸王、大臣、侍卫、官员及军校等鹿。

十七日丁丑 上驻跸行宫

十八日戊寅 上驻跸驽湖埭谷。

十九日己卯 上过会岭驻跸岭南。是日，赐王、贝勒、大臣、侍卫、章京、军校等鹿。又赐信郡王岳禧马一匹。

二十日庚辰

二十一日辛巳 上驻跸行宫。是日，赐诸大臣、侍卫、章京及军校等鹿。

二十二日壬午 上驻跸噶尔七落。

二十三日癸未 上驻跸黄陂岭下。是日，赐诸大臣、侍卫、章京及军校鹿。

二十四日甲申 上驻跸行宫。

二十五日乙酉 上驻跸红川地方。是日，赐诸大臣、侍卫、官员、军校等鹿。

二十六日丙戌 上驻跸野猪川。是日，赐诸大臣、侍卫、官员、军校鹿。

二十七日丁亥 上驻跸黑湾口。是日，赐诸大臣、侍卫、官员、军校等鹿。

二十八日戊子 上驻跸行宫。

二十九日己丑 上驻跸骅骝杨川。是日，上行围，殪一熊。

九 月

初一日庚寅 上驻跸骅骝岭口。赐大臣、侍卫、官员、兵丁等鹿。

初二日辛卯 上驻跸可汗铁岭口。上行围，殪一豹。赐王、大臣、侍卫、官员、兵丁等鹿。

初三日壬辰 上驻跸管家营。

初四日癸巳 上驻跸青城。

酉时，上御行宫，大学士马齐，学士满都、邵穆布以折本请旨。户部覆巡抚宋荦题请海州等九州县钱粮已经蠲免，其官俸、役食恳将存留等项银两拨补，部议移咨查取罚俸、住俸等项银两，俟开明日再议。上曰："罚俸、住俸案卷俱在部内，及议欲行查该抚，何也？倘行查后其间又有罚俸、住俸事件，将再用行查耶？此本着发回该部。"

兵部覆署总督事席尔达题请兴安镇守备张文极员缺，将京师选授骁骑校萧国英补授，议准行。上曰："兴安镇地方不甚紧要，俟边塞要缺出，以萧国英题授。"

刑部题刘住开棺偷取衣服等物，拟秋后处决。上曰："此等充发人犯在充发地方复行犯法者，前曾交与该将军完结，今将刘住交与该将军完结。"

工部覆总河张鹏翮题，将原任尚书王日藻等挑浚之河交与原任道员姚淳焘等，议仍移咨该督会同监修河道大臣议奏。上曰："总河之任须有专属，差往监修高家堰范承勋等九员着撤回，伊等监修之处交与总河张鹏翮，余依议。"

又给事中萨木哈条奏，兵丁住房宜速行造完，部议准行。上曰："数年来工部虽奏称修造之处甚多，凡一应修造之处俱致迟误，至于八旗兵丁住房迟误数年并未造完，伊等又不自陈认罪，殊属不合，着严加饬行。"

都察院以秋审事请旨。上曰："若停秋审，此内矜疑人犯又致多监一年，将可矜疑者照常审理，即行减等完结，止将情真人犯停审，亦无不可。秋审时尚早，俟回宫定夺。"

步军统领凯音布等题为估计修理城上火药房等处。上曰："凯音布奏称自后一应踏坏等处俱交工部修理等语，凡修造之处，俱系启奏，方交工部修理。此后应修之处，即交工部修理，或启奏方交工部修理，并未奏明。着将原本发回。"

署甘肃提督事雷继尊题请标下中军副将方凯今掣签补授山东沂州副将，恳留原任。上曰："方凯着以沂州副将品级留管甘肃提督标下副将事。"

初五日甲午　上驻跸九汇河。

初六日乙未　上驻跸喇嘛洞。

初七日丙申　上驻跸三岔口。赐大臣、侍卫、执事人员、兵丁等鹿肉。

初八日丁酉　上驻跸姚亭子。

初九日戊戌　上驻跸怀柔县城西。

初十日己亥　上驻跸行宫。

十一日庚子　上驻跸汤泉。

十二日辛丑　午时，上由安定门进神武门回宫。

是行也，部院各衙门奏章每日转送内阁，由内阁三日一次驿送行宫听理。

扈从起居注官傅伸、揆叙、满保。

十三日壬寅　辰时，上御乾清门听政。部院各衙门官员面奏毕，原任总河王新命、工部侍郎白硕色自永定河来奏事。上问曰："河工事若何？"王新命奏曰："昨十一日已将决口堵塞，至三更时复决。前者初十日河水还长二尺，今河水一股从水窖村北流向西去，一股从三圣口南流向西去，一股循旧堤竟出柳汊。近日三圣口、水窖地方百姓正欲议立马头，现有商船来往。”又奏堤工，上曰：“朕不问尔所修之堤，只问尔所钉之桩。”王新命奏曰:“桩已钉过三千丈。”上又曰:“据尔看以为如何？”王新命奏曰：“据臣看尚以为好，有从南河工来者说，此工程好，即南河亦无此工程。”上又曰：“百姓云何？”白硕色奏曰：“河水为患，赖皇上轸念民生，筑堤挑河，永久奠安，百姓咸云于我等大有利益。”上又问曰:“此工可成否？”白硕色奏曰:“仰赖皇上洪福，堤工自必可成。”上又问:“桩木有余剩否？”王新命奏曰：“有”。白硕色奏曰：“所剩尚多。”上曰：“既有余剩，于河口可密钉之。”上又问：“上流所决诸口俱堵完否？”王新命奏曰：“闻已有堵完者，亦有筑月堤者。”王新命等出。

大学士伊桑阿、马齐、王熙、吴琠、熊赐履、张英，学士满都、邵穆布、巢可托、舒辂、王九龄以折本请旨时，上顾王熙等问曰：“张鹏翮、郭琇、李光地所议考试事孰当？”王熙、熊赐履奏曰：“臣等看得，李光地所奏差为得体。”上又顾吴琠问曰：“尔以为何如？”吴琠奏曰：“此三人所奏内俱有可行者，有不可行者。”熊赐履又奏曰：“此三人所奏颇觉详细。”上曰：“朕看李光地、郭琇所奏尚好，张鹏翮赴任时曾奏，四川省分宜入北卷，今又奏称云南、贵州、广西亦宜入北卷，诚如此，则此三省中式数内必多四川人矣。此外并未议及。由此观之，只为伊四川人计，所言颇觉有失。尔等汉大臣议及考试事，皆畏缩不言，凡事从公议论，又何畏哉？郭琇奏称佐领以下子弟不准入大臣子弟内，夫佐领皆系大臣子弟，世袭佐领者甚多，伊未知此故耳。”

吏部以保奏年老知县谢廷爵之河南巡抚李国亮，拟革职。上曰：“李国亮居官不好，着以原品解任。”又曰：“李国亮、张�居官皆不好。”

是日，上诣宁寿宫问安。

是日起居注官法良、张廷枢。

十四日癸卯 是日起居注官陈元龙、阿金。

十五日甲辰 辰时，上御乾清门听政。部院各衙门官员面奏毕，河南怀庆总兵官姜琦赴任恭请训旨。上曰：“今天下太平无事，汝但当辑和兵

民，勤勉职任，清查冒粮，除其弊端。”姜琦奏曰：“蒙皇恩擢授总兵官，捐躯难报，谨遵圣训。臣到任后当竭力供职，和辑兵民，整齐行伍。但河南系内地，原无指名题补之例，臣欲选贤能指名题补。”奏毕，出。

大学士伊桑阿、马齐、王熙、吴琠、熊赐履、张英，学士满都、范承烈、邵穆布、巢可托、舒辂、王九龄、曹鉴伦以折本请旨。吏部题为行取知县补授科道部属事。上曰：“张鹏翮、李光地保奏之员，以科、道用。其余俱以部属用，可即票出。”

刑部题云南等三省秋审情真事。上曰：“可缓、可矜、可疑之案，照常票出。情真之案，可票停刑，其余省分续奏者，亦照此写票签呈览。”

是日起居注官傅伸、史夔。

十六日乙巳 辰时，上御乾清门听政。部院各衙门官员面奏毕，大学士伊桑阿、马齐、王熙、吴琠、熊赐履、张英，学士满都、范承烈、邵穆布、巢可托、舒辂、王九龄、曹鉴伦以折本请旨。上曰：“给事中穆和伦条奏服用奢侈本章，尔等拟票申饬，朕意言官专任耳目之职，若因言而罪之，谁复敢言？但此本内言自顺治年间以来至康熙十年尚为俭朴，自后渐至奢僭等语，殊属错谬。朕知之甚悉，自辅臣摄政十年以前时，凡器用、服食等物甚为奢侈。自朕听政以来，一应服用，俱从节俭。诸王、大臣亦皆效法，不用金银器皿、金镫等物，此时服用，较从前十分之内，已减九分矣。”马齐奏曰：“十年前，葬祭时多焚化皮衣，今其风已息。”上曰：“诸王、大臣服用虽甚节俭，笔帖式、护军、庶人等，服用未始不少有奢侈。朕今岁岁赏赉，更给官马，而生计尚未充裕，谓非奢侈之故乎？朕阅载籍，历代以来，皆由朴而渐至于奢，未有由奢而渐至于朴者。然不可以不禁也。当此之时，惟以大开言路为要务，况设立科、道专为求言，所言当则行之，不当但将原本发还，如此则内外臣僚亦俱知儆戒矣。朕听政四十余年，有为人而言者，卖本者，报私仇而颠倒是非者，此等条奏朕无不知。至于葬祭时恐其僭用，朕屡经传谕族长，着不时查察。今日久渐弛，容或有之，亦当禁止。这本着不必批申饬之语。”

是日起居注官揆叙、王思轼。

十七日丙午 辰时，上御乾清门听政。部院各衙门官员面奏毕，大学士伊桑阿、马齐、王熙、吴琠、熊赐履、张英，学士满都、范承烈、邵穆布、巢可托、舒辂、王九龄、曹鉴伦以折本请旨。刑部覆广东巡抚萧永藻题强盗杨三等不分首从，尽行处斩，议准行。上曰："此案同谋者六十余人，尽诛之则人命甚多，可将为首者即行正法，为从陈相等俱着从宽免死、减等，遣发黑龙江，给披甲新满洲为奴。"

工部题为销算杂项修理钱粮。上曰："一月内杂项修理即用银至三、四万两，殊觉浮多。明季宫中一日用万金有余，今朕交内务府总管，凡一应所用之银，一月止五六百两，并合一应赏赐诸物，亦不过千金。从前光禄寺一年所用银两亦甚浮多，朕节减大半。工部情弊极众，今年如此致费修理，而明岁亦复照此修之，故部员唯以修理之处塌坏为利。此本着严加饬行，自后凡有修理之处，将司官、笔帖式俱奏请派出。修理之处，若三年内有塌坏者，着赔修。如此则工程坚固，而钱粮亦不妄费矣。"

给事中穆和伦条奏捐纳人员事。上曰："前值军兴之际议开捐纳之例，朕意甚不愿之，曾明谕诸臣，后九卿议行。既已行捐纳，今即不用伊等，则所无信矣。此事原系九卿所议，着仍问九卿具奏。"

上又顾大学士伊桑阿、马齐等曰："观此番保举官员，大臣子侄甚多。身为大臣，当令子弟为侍卫、执事，随从主上，勤劳效力。今皆令入部院衙门，大臣交相顾庇，一应升补差遣利益之处，全不论俸之浅深，人之优劣，擅徇情面选择保奏，其间揽事恣行者亦有之。此等情弊，朕皆洞悉。此辈在部院衙门，大臣等彼此相托，不无掣肘。现今写本、办事、坐台、驰驿等劳苦之处，大臣子侄谁曾派遣？况汉官之例，三品以上堂官子侄不授科道之职，若大臣子侄人材果优，何处不可效力，必在部院衙门方为美耶？此等大事，科道谁敢言之？凡事但无偏私，自得其正。今若徇情而行，于事有何裨益？朕但为穷司官、笔帖式不得升转，且于衙门无益，故言之。尔等大臣虽中心不愿，朕不徇情也。今八旗满洲、汉军大臣，除同族不论外，其子孙、弟兄、伯叔、兄弟之子在部院衙门为司官、笔帖式者，着查明写折子呈览。朕阅其可留者留之，可去者去之。上三旗以侍卫执事选用，下五旗者交该王以护卫、执事选用，余着随旗行走。俟伊等父兄不在现任时，再行补用。部院衙门未为不可，尔等可问九卿会同议奏。”又曰：“朕适以考试进士事谕九卿，无非悯念积学穷儒，欲加培养之意。事果当理，诸臣虽不愿，朕不徇情也。”

是日起居注官宋大业、满保。

十八日丁未　辰时，上御乾清门听政。部院各衙门官员面奏毕，大学士伊桑阿、马齐、王熙、吴琠、熊赐履、张英，学士满都、范承烈、邵穆布、巢可托、舒辂、王九龄、曹鉴伦以折本请旨。户部覆浙江巡抚张勄题，西安等三县一所被灾小民请将邻县所贮米谷散给，其钱粮照例蠲免，议准行。上曰：“西安等三县原贮米谷几何，现存几何？所贮之谷如有亏欠，须查其致欠缘由。今欲散给，须用几何，尚少几何？彼云支散邻县积谷，系支何县，其所支之县贮谷几何？户部移文该抚查明，到日具奏可也。”

工部具题销算杂项修理钱粮。上曰：“此所用钱粮数目，尔等取内务府档案查封，如其数相符，照所题销算。”

伊桑阿等奏曰：“臣等遵旨以穆和伦条奏捐纳事问九卿，据云，捐纳一事，圣意原不允行，彼时因军务及百姓饥馑，臣等计穷，再三会议，开此事例。但今行之已久，若竟将此辈不用，似属难行。”上顾熊赐履问曰：“汝意云何？”熊赐履奏曰：“此事圣意原不欲行，因兵机紧要，百姓饥困，九卿再三会议行之，今开此列已日久矣。”上又问吴琠曰：“汝以为何如？”吴琠奏曰：“此事行之诚久，但此后绝之可耳。”上曰：“此事关系重大，着仍交九卿议奏。”

伊桑阿等又奏曰：“大臣子弟解退部院衙门，酌量或任侍卫，或随旗行走之处，问九卿。九卿云：圣谕极是，但未知查何品以上大臣，相应请旨。”上曰：“部院司官、笔帖式俱系办事之职，近见大臣子弟任此职，故堂官互相徇庇，凡一切苦差皆不派遣，惟安逸获利之处，即行委任。凡升迁关差有益之处，全不论俸之浅深、人之优劣，专徇情面选择保奏，其间揽事恣行者亦有之。此等情弊，朕皆洞悉。此等在部院衙门，彼此相托，不无掣肘，着将八旗满洲、汉军自通政大理正卿、副都御史以上公、侯、伯、内大臣、都统、前锋统领、护军统领、付都统、总督、巡抚、将军、付都统、提督、总兵官子孙、弟兄，叔伯、弟兄之子在部院之司官、笔帖式并进士、举人概行查明具折奏闻。此内有曾经军前效力及任苦差派遣之处，皆于名下开注明白。朕阅其当留者留之，当去者去之。上三旗内优者以侍卫、执事选用，劣者着随旗行走；下五旗内优者交该王以护卫、执事选用，劣者着随旗行走。”

是日起居注官法良、徐元正。

十九日戊申 辰时，上御乾清门听政。部院各衙门官员面奏。工部尚书萨木哈入奏时，上问曰：“尔在部几年矣？”萨木哈奏曰：“臣在部四十五年。”上曰：“尔部之事弊端甚多，修筑河工堤岸钱粮及给发诸工银两，尔部官员、笔帖式侵蚀一半入己，谓朕不知耶？尔在部年久，诸弊端得诿为不知乎？尔当深自为计。”萨木哈奏曰：“圣鉴尽然。”上又曰：“监修诸皇子府不派大吏而派主事，何故？”萨木哈奏曰：“臣派出主事，诚为错谬。”萨木哈出。

大学士马齐、王熙、吴琠、熊赐履、张英，学士满都、范承烈、邵穆布、巢可托、舒辂、王九龄、曹鉴伦以折本请旨。兴安总兵官刘应龙请假葬母。上曰：“刘应龙着给假三月葬母。”

巡抚李光地题审水手翁国靖叩阍，拟发边卫充军。上曰：“奏章自始至末朕皆细阅，内有考试事人怨等语，并无别项可恶情由，彼既运米二次，着从宽免其充发，杖责完结。”

是日起居注官王项龄、傅伸。

二十日己酉 辰时，上御乾清门听政。部院各衙门官员面奏毕，大学士伊桑阿、马齐、王熙、吴琠、熊赐履、张英，学士满都、范承烈、邵穆布、巢可托、舒辂、王九龄、曹鉴伦以折本请旨。吏部题右通政周清源员缺，拟将大理寺丞顾镡补授。上曰：“顾镡人甚庸劣，着以原品解任。此缺着另拟具奏。近来数年内升科道官皆优，从前数年内升者颇多庸劣。”

刑部等衙门题，龙岩县知县赵光荣诬良为盗，后覆审出真情，应免议。又诬良为盗，虽审出真情，已经致死人命，仍应革职两议。上问汉大学士等曰：“此事所议孰当？”熊赐履奏曰：“吏部所议革职似是。”上曰：“将覆审得情之官，仍因初审错误议处，则人皆惧罪，不肯露其实情。朕意欲定一例，凡部驳应审事件，不交原问官审理，则人断不致负屈。倘仍令原问官询理，彼必固执前议，致令衔冤者多矣。着九卿、詹事、科、道一并详议具奏。”

是日，上诣宁寿宫问安。

是日起居注官张廷瓒、揆叙。

二十一日庚戌　辰时，上御乾清门听政。部院各衙门官员面奏毕，三法司启奏时，上顾刑部侍郎绥色等曰："人命关系至为重大，今年既停审情真罪案，尔等不必忙迫，一应矜疑等案，必再三详审，尽得实情方可。"

御史刘珩条奏，直隶永平真定等府田地应令巡抚李光地视其近河之处引水入田耕种。上曰："水田之利，朕所洞悉，已经交巡抚李光地矣。现今河间府等处田地引水耕种，此事不可太骤，亦须度其所宜，兴作一处，渐加广辟，方于民有益，而成功亦易。"

大学士伊桑阿、马齐、吴琠、熊赐履、张英，学士满都、范承烈、邵穆布、巢可托、舒辂、王九龄、曹鉴伦以折本请旨。上顾大学士伊桑阿、马齐等曰："顷御史刘珩条奏，直隶田地应引水耕种，此事朕所明悉，已经交李光地。现今引水耕种，水利一兴，田苗不忧，旱潦岁必有秋，其利无穷，但不可太骤耳。今若竟定一例，诸处克期齐举，该部复行催查，则事必至于难行矣。亦惟兴作之后，百姓知其有益，自然鼓劝，各相效法，于是因地制宜，设法行之，事必有成。现今此处亦不必开池，惟如宁夏水田开浚沟渠，潦则撤田中之水自渠出之，旱则放渠之水引入田中，灾荒总可无虞矣。策旺喇布滩处尽是水田，所以全无水旱之。惟或一年谷米变蚊而飞，或谷熟时穗内全然成血，此则彼处之灾也。此事太仆卿拉西、侍郎常寿知之，朕亦见之。书籍又曰，盛京有一种蚂札，名曰沔虫，更甚于此处蝗虫。此处蝗虫食苗后尚飞去，盛京田内一有沔虫，必将田禾之穗连根及叶罄食无遗方止，此皆朕所亲见，非得之传闻也。"

总督阿山题参署江西按察事副使道刘应枢。上曰："刘应枢系自给事中调补道员之人，理应从公审事。初署按察使事，所行即如此，其余尚有可观者乎？着革职严拿究审。"

伊桑阿等奏曰："遵旨将议处龙岩县知县赵光荣事交九卿，九卿会议得，皇上所见极当。凡部内驳回覆审事件，若仍交原审官审问，彼必固执原议，断不肯审露真情。嗣后此等事应另行委官审理，将原审不明之官另行定例处分。”上曰：“部内驳回覆审事件另行委官详审，易得真情，否则原问之官情知已误，惧获罪谴，即有真情亦不审出，如此则事必致有冤抑矣。嗣后着另行委官审问，其原问官，俟其误审事发，再行定罪可也。”

又顾伊桑阿、马齐等曰：“朕听政有年，人命之事无不加详者，然亦不能保无冤抑，但有错处，朕未尝不行指出也。该县取原供时，虽不得其真情，亦必饰词以详上司。上司复加详审，然后到部，此间即少有冤抑，亦何由得以周知？所以外省之事，朕皆委任督抚，督抚委任司道，今以不可委任之人居司道之职，督抚题参诚为得当，且有失何妨？但有失，复隐讳不自任，则恶矣。朕前曾谕尚书萨木哈：尔在部历年甚久，河工废弛，弊端丛生，尔何得诿为不知？因严加申饬，昨即以年老乞休。事未坏时，尔不乞休，今见事坏，即欲乞休，朕肯允尔乎？曩时光禄寺一年用银三十万两有余，今节减止用七八万两，无有纤毫弊端。大凡除却无益之举，恬然不生一事，即为美耳。”

是日起居注官张廷枢、满保。

二十二日辛亥 辰时，上御文华殿行经筵大典，命讲官熊赐履、常寿讲《四书》仲尼祖述尧舜宪章，文武上律天时、下袭水土一节，讲官张英、法良讲《易经》圣人久于其道而天下化成一节毕，赐宴太和门前。

午时，上由神武门出西直门，驻跸畅春园。

是日起居注官陈元龙、阿金。

二十三日壬子

二十四日癸丑

二十五日甲寅 辰时，上御畅春园内澹宁居听政。吏部侍郎特默德将郎中、员外郎等员缺应补人员引见奏曰：“兵部郎中花色、户部郎中萨尔纳员缺，系同日并出，照例掣签。户部拟西平、兵部拟鄂穆索前来引见。鄂穆索称伊当补户部，臣以命下之日即为出缺之日，此系题定之例。说堂分司此系向来旧例，且以说堂日即为出缺日，着尔掣缺，尔并无屈抑，向彼言之，彼必不从，控诉大学士等，且愤然口称必欲叩阍。臣恐烦圣听，将此二缺扣回。今户部员缺或补西平、或补鄂穆索，取自上裁。”

上曰："以命下之日为定甚当，以部文籍口者系赖词。户部着补西平，兵部堂官将调来副将、参将等引见。"上呼副将刘凯名，顾兵部堂官曰："向见刘凯材健人优，射箭亦好，中路出兵时，同前锋先行，不落喀瓦尔达等满洲之后。"尚书马尔汉奏曰："圣见诚然。臣亦见其人材优长，射箭果好。"

部院各衙门官员面奏毕，大学士伊桑阿、马齐、吴琠、熊赐履、张英，学士满都、范承烈、邵穆布、巢可托、舒辂、王九龄、曹鉴伦以折本请旨。刑部题范崧因偷盗口外随驾人员之马匹，拟立斩。上曰："用兵之际，严盗马之禁，故行即斩。今海宇升平，兵革不试，仍照前例即斩，殊属可悯。范崧着从宽免死，照例减等发往黑龙江，给披甲新满洲为奴。"

又以拉都浑家人雅图杀死王存拟绞。上曰："凡定罪案，必有实据方可定罪，今王存之伤于未验之前已焚，骸骨边口甚近，请官验看亦何不可？此事不议及拉都浑，明系徇情，人命关系重大，此本着发还再议具奏。"

又陕西省缓决事。上曰："秦人强悍，好互相杀害，习风甚恶。朕已详阅本内各犯，其杀人之马代、学成等五案，已折本角记之，皆系持刀，故杀者情实可恶。其供内或称一时忿极而杀，或称被殴不胜其愤而杀，夫因怒岂可轻于杀人，殴则相殴可耳，乃更持刀杀之可乎？若将此等事拟入缓决，将来必至于免死，恶人何所惩创？着将此等改为情真，今年停其处决。"

工部题总督阿山奏请修理沙船、虎船，议准行。上曰："此事着依部议。顷遣视海运道路谓尚可挽运，张鹏翮奏称，明岁运粮船只照常可行，并无阻滞，如此则海运亦不必行。前者张鹏翮奏请船只挽运工程物料，可将此船作速修理，送张鹏翮处用之。"

总督桑格恳请漕船过淮违限官员免议。上曰："运河阻滞，以致漕船不能如限过淮，违限各官着从宽免议。桑格职任总督漕，理应即时奏闻，乃至于成龙没后始行启奏，显系徇庇，着严饬行。"

总督张鹏翮题重浚新河。上曰："张鹏翮奏称，新挑之处以水平量之低五尺可以出水，果伊所量不错，自于事有益。朕思之亦以其言为是。闻得今年黄河之水小于往年，上流宁夏地方引黄河入田之渠已涸，边外湖滩、河朔地方，黄河水狭如带，今冬修之事必有成。”因顾马齐问曰：“尔尝阅河，此挑浚之处，尔知之乎？”马齐奏曰：“此必他处，非臣所经阅者。”上又曰：“张鹏翮又奏称，自五家墩挑河分水出白马湖，白马湖在于何处？”马齐奏曰：“白马湖与高邮湖、邵伯湖相接。”上曰：“朕前欲自五家墩傍清江浦筑石堤二条以出水，在廷诸臣及河工诸臣皆云地势洼下，淮扬可虞，朕遂中止。今如所挑者仍在彼处，与其稍筑土堤，何如石堤之坚固耶？且挑河出水，将毁堤浚为河乎？将筑滚水坝以泄其水乎？此等之处，着问明遣来奏事之赵世显及阅河常绶明日启奏。”

是日，上诣澹泊为德问安。

是日起居注官法良、傅伸。

二十六日乙卯

二十七日丙辰

二十八日丁巳　申时，上由西直门进神武门回宫。

是日起居注官陈元龙、满保。

二十九日戊午　辰时，上御乾清门听政。部院各衙门官员面奏毕，大学士伊桑阿、马齐、吴琠、熊赐履、张英，学士满都、范承烈、邵穆布、巢可托、舒辂、王九龄、曹鉴伦以折本请旨。户部题御史阿尔法题请增添盐斤银两，分年征收，议不准行。上曰：“此增斤银两，均分十年征取，务期完结，如仍亏欠，从重处分。”

兵部题陵寝噶喇大车尔图员缺，将三等阿达哈哈番觉罗席腾拟正、一等阿达哈哈番觉罗陆海拟陪。上曰：“陵寝噶喇大员缺紧要，着将右翼侍卫内选择人才优长者引见。”

山西巡抚噶礼题知州于廷弼恳留原任。上曰：“该抚既称于廷弼居官廉能，着照所升知府品级留知州任，弗以为例。好官难得，一官好则万民皆被其泽，自古亦无多矣。”又顾吴琠问曰：“噶礼居官何如？”吴琠奏曰：“噶礼居官安静。”王熙奏曰：“居官好，目下甚有廉名，但不知后来何如耳。”上曰：“噶礼居官果好。”

是日起居注官法良、史夔。

三十日己未　早，上以孟冬御中和殿视祭太庙祝版毕，回宫。

是日，上诣宁寿宫问安。

是日起居注官王思轼、阿金。

十　月

初一日庚申　早，上以孟冬，躬诣太庙致祭毕，回宫。

是日，上诣宁寿宫问安。

是日起居注官法良、韩菼。

初二日辛酉　上以次日皇太后圣诞，恭进玉壶、金卮等物。

是日，上诣宁寿宫问安。

是日起居注官揆叙、徐元正。

初三日壬戌　早，上以皇太后圣诞，率诸王以下内大臣、侍卫及大学士等行庆贺礼，其余文武诸臣俱于午门前行礼，王以下学士、阿思哈尼哈番以上恭进鞍马、缎匹等物。

是日起居注官史夔、满保。

初四日癸亥　辰时，上御乾清门听政。部院各衙门官员面奏毕，大学士伊桑阿、马齐、王熙、吴琠、熊赐履、张英，学士满都、范承烈、邵穆布、巢可托、舒辂、王九龄、曹鉴伦以折本请旨。礼部议覆给事中穆和伦请禁止服色。上曰："顺治年间之事，朕方七八岁，朕不悉知，及辅臣时，凡事知之甚悉。彼时诸王皆用金器，大臣等皆用银器，今观尔诸臣扈从在外，俱用木碗、铜盘。昔葬亡者并瘗衣裘，今闻俱已不用。曩者银鼠褂一件价值四五百金，诸臣尽皆服之，今一件价止二十金，羊皮反贵，果禁缎匹，布又腾贵矣。谓今奢侈可乎？但部院、笔帖式服用稍觉僭越，至于无品级笔帖式，不过与骁骑护军相等，其嫁娶祭葬，亦稍有僭越者。"大学士伊桑阿奏曰："今嫁娶之事，筵宴俱已不用。"上曰："僭越者亦或有之，着再行查议禁止。"

兵部覆直隶巡抚李光地题，茶马应轮流给发山西、陕西、直隶三省，议不准行。上曰："李光地此疏甚当，西马内厩亦常畜养，此地甚不相宜。今将此马俱充数给发驰地，无济驿事，且苦驿卒。此本发还，着另议具奏。"

刑部题姜大受杀死黄凤辉，拟立斩。上曰："姜大受初心原属儿戏，并非有意杀人，或即行正法，或秋后处决，着交九卿议奏。"

工部将一应工程夫役雇价等项定议具奏。上曰："此疏最是，着依议以前所修工程有三年内倾圮者，亦照此例赔修。"

河督张鹏翮题请河工恳祈宽限。上曰："张鹏翮并非误事之人，何以知之？朕南巡时曾将叩阍数事付彼审理，其所取口供明白且速，今闻彼乘马日夜巡察沿河堤岸在前，诸人焉能及此。张鹏翮虽一文钱俱用在河工，不肯入己，着照张鹏翮所奏行。"

是日起居注官陈论、阿金。

初五日甲子 辰时，上御乾清门听政。部院各衙门官员面奏毕，大学士伊桑阿、马齐、王熙、吴琠、熊赐履、张英，学士满都、范承烈、邵穆布、巢可托、舒辂、王九龄、曹鉴伦以折本请旨。户部覆巡盐御史卓琳请停盐价之禁，议宜复行确查。上曰："凡出差官员未满任时并无陈奏，及差竣时多徇商人情面具题，此事若准行，必至于偏，不得其当，着交九卿议奏。"

巳时，上御瀛台紫光阁，命读卷官马齐等坐，上亲阅中式武举等骑射毕，复令步射、开弓、舞刀、掇石，试毕，上命侍卫等开劲弓，俱满彀。上亲率侍卫射，上发矢皆中的。

申时，上回宫。

是日起居注官法良、揆叙、查昇。

初六日乙丑 辰时，上御乾清门听政。部院各衙门官员面奏毕，大学士伊桑阿、马齐、王熙、吴琠、熊赐履、张英，学士满都、范承烈、邵穆布、巢可托、舒辂、王九龄、曹鉴伦以折本请旨。九卿覆给事中穆和伦条奏捐纳事，议不准行。上曰："此事至于今日甚难，其咎在开端条奏之人与议覆准行之大臣耳。初朕甚言其不便，其时熊赐履为吏部尚书，亦知朕不欲行。今即准行，若不令铨补，前言殊失信矣。仍着照九卿所议行，倘彼居官不善，该督抚不时参革，则捐纳之员自少矣。”

吏部题福建按察使李成林员缺，将道员郎廷极拟正、甘国基拟陪。上曰：“顷曾召见二人，观其人俱谙练，这员缺着拟正之郎廷极升补，嗣有按察使缺出，着拟陪之甘国基升补。”

礼部覆浙闽总督郭世隆报奏，英圭黎人巡哨船只被风漂至，议移文该督遣还其国。上曰：“着交该督酌量资助修船，及时速遣还国。”

总河张鹏翮奏请挑浚中河。上曰：“去岁朕巡历河道，遍阅黄河堤岸，曾屡谕于成龙，中河不可不加修浚。于成龙但图易于奏销钱粮，执言不宜挑浚。今张鹏翮审视河势，欲将黄河北堤即作南堤，复添筑北堤，挑浚中河，甚是。着照所请动支钱粮，速行筑浚。”

又奏请补修高家堰堤岸。上曰：“闻今岁水势甚小，着照所请动支钱粮，及时速行修筑。若张鹏翮者朕不之信，将谁信耶？伊若果为利计，历任知府、运司、巡抚，皆可得利。既不取于彼，岂肯于河工钱粮侵蚀肥己乎？其操守廉洁，诚不可及，惟有时偏执己见耳。然朕亦即行诫饬，并不宽假也。”

又奏请将徐廷玺任内动用钱粮分项奏销。上曰：“徐廷玺任内动支钱粮甚多蒙混奏销，难以分晰，其请分项奏销甚是，着照所请行。”

伊桑阿等奏曰：“臣等遵旨以定盐价问九卿，九卿云：盐如米，然并无定价，时低时昂，诚难豫定。”上曰：“盐价亦在该督抚会同巡盐御史随时酌行耳，诚难豫定，将此本发还该部。”

又奏曰：“臣等遵旨将移湖口关于九江问九卿，九卿云：该监督会同江西巡抚虽议不准行，然不便依伊等所奏，应移文两江总督阿山亲往阅视，将应否移关之处令其定议具奏。”上曰：“阿山诚可信任之督臣，令其查勘良是。”

巳时，上御瀛台紫光阁，上率诸皇子及宗室侍卫等射，上发矢皆中的。射毕，命读卷官马齐等坐，试中式武举等步射、开弓、舞刀、掇石毕，上亲简善射马会伯等三十余人，复令步射。选其尤者八人，按次排列，复试步射、骑射。上命侍卫纳喇善等开劲弓步射，俱满彀而发。上复率诸皇子、宗室、侍卫等射，上发矢皆中。

申时，上回宫。

酉时，上御乾清宫西暖阁，读卷官马齐等以试卷呈览。上曰："朕亲试武举已经十二三次矣，从无及此科者，不但步、骑射俱善，人材亦优。此内朕又特简八人，步射、骑射尤善，颇无优劣，惟视其文为次第耳。"随命诸臣拆试卷，亲阅善射马会伯等八人卷，定其甲第。上曰："朕初拣选马、步射者三十余人，今将此八人置之前列，其余三十余人次之。会元人材亦优，又次之。余俱依诸臣所定次序。二甲、三甲俱均作四十四名次第之。"

是日起居注官宋大业、满保。

初七日丙寅　辰时，上御乾清门听政。部院各衙门官员面奏毕，大学士伊桑阿、马齐、王熙、吴琠、熊赐履、张英，学士满都、范承烈、邵穆布、巢可托、舒辂、王九龄、曹鉴伦以折本请旨。吏部题少詹事曹鉴伦升任员缺，将翰林院侍读学士史夔升补。上曰："此系论俸者否？"伊桑阿奏曰："是。"上曰："史夔人材亦优，亦颇能书，朕将伊差往浙江主考，所行不端，甚为不堪，有玷厥职。少詹事班次，九卿以此人升补可乎，着问九卿。九卿但以朕可者可之，否者否之，无一人肯直言者。九卿皆系读书之人，岂不知忠为事君之大义？顷者朕以九卿不足信，将行取知县及科场事宜遣问张鹏翮、郭琇、李光地、彭鹏，九卿独不抱愧乎？朕一人岂能周知天下之事？朕言岂尽皆当？朕所误听者亦或有之。即此四人居官之善，朕何以知之，盖以彭鹏曾任三河知县，朕谒陵往返，稔闻其贤。张鹏翮曾任兖州知府，居官甚善。郭琇曾任吴江知县，朕南巡时百姓俱称其贤。李光地为学院时，官声最优。凡居官贤否，惟舆论不爽，果其贤也，问之于民，民自极口颂之。如其不贤，问之于民，民必含糊应之。官之贤否于此立辨矣。若张鹏翮等偶有他过，朕尚可曲宥。如九卿不肯直言，朕必重惩一二人，彼时毋谓朕不宽也。朝廷设九卿所司何事？其以朕旨晓谕之。"

大学士伊桑阿等会同都察院堂官，将会计司员外郎鄂莫索叩阍，言吏部将户、兵二部郎中缺不传示，遽行掣签，将已拟升兵部议得此缺并非一日开出而作一日开出之缺掣签，殊属不合。将尚书陈廷敬等拟各罚俸六个月，其鄂莫索原应补授兵部，浑行争论殊属不合，拟罚俸一年。上曰：“此事无弊，即照此批发。他事不无压缺赶缺情弊，嗣后凡升任、解任、告假等缺，即移咨吏部考功司，于两日内移送文选司，文选司于两日内具题。其病故员缺于一月内具题。病故者可悯，若故于七月，仍准食八月俸，朕之侍卫皆如此。”

是日，上诣宁寿宫问安。

是日起居注官张廷枢、阿金。

初八日丁卯 辰时，上御乾清门听政。部院各衙门官员面奏毕，大学士伊桑阿、马齐、王熙、吴琠、熊赐履、张英，学士满都、范承烈、邵穆布、巢可托、舒辂、王九龄、曹鉴伦以折本请旨。御史刘珩条奏兴直隶水利。上曰：“此事甚宜行，但濒河之田，旗民杂处，稍觉难行。”马齐奏曰：“一二人创行获利，众皆效之矣。”上曰：“一时难于通行，着移文该抚，应行时酌量渐次行之。”

伊桑阿等奏曰：“臣等遵旨将侍读学士史夔为人何如问九卿，九卿云：史夔主试浙江毫无善处，捐纳案内亦有其名，此人不可升补少詹事。”上曰：“此人家计尚饶，遣往河工效力，如有好处，张鹏翮自然启奏。读书人学问虽优，亦须品行端方，若品行不端，虽文章美丽，学问优长，将焉用之？且居官贤否，朕处深宫，何由得知？缘朕不时巡行，斯知小民生计及官吏贤否耳。凡朕经历之地，官吏贤否，必询之百姓。官果贤民必同声颂之；如其不贤，虽多方下询，终于沉吟不言而已。以此可以验官之贤否矣。”王熙奏曰：“圣见诚然。孔子曰：斯民也，三代之所以直道而行也，民岂可欺乎？”上曰：“今云张鹏翮居官好，岂朕目击其临事耶？亦不过得之风闻耳。以此朕意欲开风闻言事之例，如开此例，科道官以风闻题参，即行查该督抚，居官若贤则留之，不贤则去之。如此则不肖者亦自敛迹，官吏循良，与民大有裨益。嗣后在外督抚以下、教官典史以上居官贪酷无状者，许科道官以风闻题参，此外凡事不许以风闻陈奏，仍行禁止。若概许风闻言事，科道官或至朋比仇害，渎奏者必多矣。将此问九卿。”

是日起居注官法良、陈元龙。

初九日戊辰 是日，部院各衙门无奏章，上不御门。

是日起居注官王思轼、阿金。

初十日己巳 辰时，上御乾清门听政。部院各衙门官员面奏毕，河南巡抚徐潮赴任恭请训旨。上曰："向来河南巡抚无甚不好者，但平常耳，必如张鹏翮、李光地、郭琇、彭鹏方好。闻河南火耗甚重，尔去当严行禁止。又闻彼处亏空甚多，尔去当加筹画如何令无亏空。河南连岁有秋，未知积储如何，尔亦当细心查核。有启奏事，先具折子来。"徐潮奏曰："折子交与何人？"上曰："交与内阁。"徐潮奏曰："河南火耗果重，皇上圣明，无微不烛，臣不敢一字欺皇上。自闻巡抚命下，人皆劝臣杜门谢客。臣思皇上命臣巡抚河南，所以为河南之民也，若闭门谢客，则民情吏弊何由得悉？故凡略知河南之事者，臣皆一一访问，言河南有几州县火耗最重，容臣亲至其地，逐一采访奏闻。臣又闻河南火耗之外，尚有私派，更为民困。"上曰："然河南果有私派？"徐潮奏曰："臣到任细加采访，应革除者求皇上指示。"上曰："采访亦难其人。"徐潮奏曰："臣亦不敢全托人，但兼听并观，参互斟酌，以别真伪耳。从来州县亏空钱粮，革职即无着落。臣到河南，惟有洁己率属，宽养其力，使彼逐渐自补，再不悔改，定行题参。"上曰："今天下虽甚太平，然武备不可有懈。尔有抚标兵卒，尔从翰林出身，武事恐未必留心，宜严饬将弁，不时操练。尔抚标操练精强，则两总兵官有不凛然操练者乎？总之，尔去一如张鹏翮、李光地、郭琇所行，则不但为当今名臣，即后世亦可取重矣。"徐潮奏曰："皇上教养三十年，荐拔侍郎，丝毫不能报答。今又蒙皇上委以巡抚重任，日夜悚惕，自信此心断不敢有负。但恐才力短浅，不能仰副。至于臣在地方居官贤否，难逃皇上洞鉴。"上曰："汝在地方居官果好，朕岂有不知者？"徐潮奏曰："臣此去未知何日得仰天颜，求皇上赐数大字悬之中堂，朝夕瞻仰，如对天威咫尺。"上颔之。徐潮出。

大学士伊桑阿、马齐、王熙、吴琠、熊赐履、张英，学士满都、范承烈、邵穆布、巢可托、舒辂、王九龄、曹鉴伦以折本请旨。伊桑阿等奏曰："臣等遵旨以风闻入奏一事问九卿。九卿云，如果有大贪大恶、关系国计民生要务，许风闻具奏。倘挟私仇互相朋比，并受人嘱托具奏者，断不能逃圣鉴。”上曰：“各省督抚以下、典史教官以上，将军提镇以下、千把总以上官吏贤否，若有关系民生者，许以风闻入奏。倘怀私怨互相朋比，受人嘱托渎奏者，国法自在。着谕满汉掌印与不掌印科道官员。”寻命乾清门侍卫马武传谕徐潮曰：“尔十二日早来领御书匾额。”

是日，上诣宁寿宫问安。

是日起居注官揆叙、徐元正。

十一日庚午 辰时，上御乾清门听政。部院各衙门官员面奏毕，大学士伊桑阿、马齐、王熙、吴琠、熊赐履、张英，学士满都、范承烈、邵穆布、巢可托、舒辂、王九龄、曹鉴伦以折本请旨。兵部覆守备沈英以因公出境失报盗案革职叩阍讼冤，议不准行。上曰：“沈英叩阍时，朕曾试其马步射，俱可观，人亦明白，故准其叩阍奏章。且失报盗案文官不过降级留任，并无革职之例，今武官议革职，殊属太过。此议革职援引何例，着查明具奏。”

午时，上御保和殿，赐请安进贡科尔沁和硕达尔汗亲王额驸班第、和硕卓礼克图亲王巴忒麻、多罗郡王毕力克图、多罗郡王戴布，阿霸垓多罗郡王达马林扎布，柰曼多罗达尔汗郡王班第，敖汉多罗郡王扎木素，科尔沁多罗贝勒巴克西古尔等、和硕额驸班第，巴林和硕额驸吴尔滚，扎鲁忒护国公巴图等，敖汉和硕额驸齐伦巴图尔、多罗额驸扎穆素、和硕达尔汗亲王额驸班第之叔原任一品台吉玛尼之子一品台吉厄尔等尼等，翁牛忒多罗杜棱郡王班第之叔协理旗分事二平台吉鄂齐尔等，科尔沁三品台吉特古思等，乌珠穆秦和硕车陈亲王塞登敦多布旗分协理旗分事四品台吉马式等，阿霸垓多罗郡王吴尔占噶喇布、固山达尔汗贝子车凌董罗卜一品台吉特木楚克、二品台吉鄂立克津等，三品台吉噶尔藏、四品台吉永朱克等，喀尔喀扎萨克图汗和硕亲王策旺扎布、多罗贝勒诺尔布班第，固山贝子阿尔达尔、辅国公克塞克，扎萨克图汗和硕亲王策旺扎布旗分一品台吉车卜登等，喀尔喀鄂齐赖土谢图汗、和硕亲王额驸敦多卜多尔济之使参领绰思奇卜等，车陈汗之使寨桑贝马席希等，呼户诺尔厄鲁特和硕亲王扎西巴图尔之使一等护卫陶尔库鄂木布等，多罗贝勒纳木扎尔厄尔得尼之使额尔克鄂木布等，固山贝子盆苏克之使户外护卫毕秘、管辖哈密一品达尔汗伯克额贝都喇之使副都统昂舒克等食毕，上回宫。

是日，赐河南巡抚徐潮鞍马一匹。

是日起居注官满保、查昇。

十二日辛未　辰时，上御乾清门听政。部院各衙门官员面奏毕，大学士伊桑阿、马齐、王熙、吴琠、熊赐履、张英，学士满都、范承烈、邵穆布、巢可托、舒辂、王九龄、曹鉴伦以折本请旨。吏部题通州知州武登科以交代迟延，议罚俸。上曰："此事着依议。武登科居官甚善，张鹏翮曾奏称其贤，朕经历通州，亦闻其贤，居官果善。嗣后倘有别案诖误，尔等留心奏之。"

理藩院题蒙古王等元旦来庆贺。上曰："今岁元旦应来庆贺之王、贝勒、贝子、公、台吉内有今冬曾来者，着免来。其不曾来之王、贝勒、贝子、公、台吉等令来。"

奉天府府尹王国安题承德县知县员缺，请行拣选补授。上曰："承德县甚属紧要，此员缺将汉军候补知县及丁忧起复者查出开列具奏。"

给事中穆琛条奏河工事宜，题参河员冯大奇等不坚固修筑。上曰："朕以张鹏翮居官善，故授河道总督，人皆意朕欲以是官难之，朕惟量材授职耳，初无难彼之意。张鹏翮自受任以来，诸工皆亲临阅视，将冲决诸处以此奏闻。若于成龙并未如此奏闻。"伊桑阿奏曰："于成龙果未陈奏。"上曰："若将穆琛所奏即交部议，该部必以初决二十余丈迁延迟缓，致决至二三百丈，将以此议处张鹏翮矣。着移文张鹏翮，明白具奏。"

是日，赐河南巡抚徐潮御书"抚四封"三大字。

是日起居注官法良、徐秉义。

十三日壬申　辰时，上御乾清门听政。部院各衙门官员面奏毕，给事中法忒哈等以教养蒙古恭请训旨。上曰："于尔等无他训词，前旨甚明，尔等其细阅之。辛保等教养甚善，比年来盗贼潜迹，岁收丰稔。尔等至彼，勿易成规，但效彼所行而已。"法忒哈等奏曰："圣谕极当。臣等谨志奉行。"又奏曰："辛保去时曾带监生俊秀闲散人等，臣等亦欲带往。”上曰：“携带此辈若有裨益，亦听尔等带往。”

是日，上诣宁寿宫问安。

是日起居注官揆叙、张廷瓒。

十四日癸酉 早，上诣宁寿宫问安。以巡视永定河堤岸，由午门出正阳门，驻跸宛平县鹅房村。

是日，分司敦拜捕盗同知迟维玫、捕盗把总王国栋来朝。

十五日甲戌 早，上率诸皇子及善射侍卫等射，上发矢皆中的，阅把总王国栋马步射。

是日，上自鹅房村遍视永定河堤，驾至麻格庄河湾，谕分司政敦拜曰：“观此处宜从上流下挑水埽，用以荡刷淤垫。”上阅赔修河堤，谕敦拜曰：“此坍塌之堤宜速完工，如有淤处，着向内修筑月堤。”上阅新庄、求贤庄、石佛寺等处河湾，谕敦拜曰：“此处地方当下挑水埽。”又阅雅地里河湾，谕敦拜曰：“观北岸地势崇高，水虽外出，河水一消，自返流入河，断乎无害。南岸地卑，不可不加意坚筑。”

是日，上驻跸固安县属葛家屯。直隶巡抚李光地、分司朝琦、固安县知县杨谧、驻防固安县防守御刘格色、防御折库纳巴代、旧州营把总李文朝。

十六日乙亥 早，召大学士马齐入行宫谕曰：“分司敦拜护守河堤甚善，在部院年久，年亦老成，着额外补授侍读学士，仍管理分司事。”

又召巡抚李光地、分司朝琦入行宫问曰：“朕意欲自张各庄起至葛家坞修理石堤，防浑河迁徙，以安民生。土堤仅保目前，终难保其冲决。如此修理有益无益，经久与否，尔等据实陈奏。”李光地奏曰：“皇上爱民如子，欲筑石堤，为百姓万年之计，此圣人忧民之至意也，但所费甚多，且关系亦小，不过为霸州等几州县田地而已。臣查此数州县钱粮，每年不过万计，臣意莫若蠲免其钱粮，使万民均沾实惠。”上问朝琦：“你意若何？”朝琦奏曰：“去岁臣遵旨估计永定河石堤南岸需银一百三十万，南岸既成，北岸自不可缺，亦须修筑，是两岸工共需银二百六十万。工竣之后，不无岁修钱粮，如此则需银三百余万矣。且不比黄淮为天下咽喉运道。臣看此河自始开以来不曾深浚，初开时郎城以下并不曾挑浚，水无去路，所以至今淤塞。今岁虽已动工，而修筑未完，山水陡发，以致新河不得兴工而旧河又淤高，是以旁溢泛涨。如清凉寺之决口，屡塞屡决，臣请明年乘水未发时，克期竣工，用桩埽保守。一年如不冲决，则石工似可不必。如水深通畅流而桩埽堤工仍不可保，再修石工亦未为晚。”上曰：“然。即如此，用桩埽修筑，石工非一年可成。虽糜费钱粮，朕亦不惜。如光禄寺向来每岁用银三十万两，朕今节省五万两，积数年节省亦足矣。”李光地等奏曰：“皇上节省御用，保护民间田庐，此诚尧舜爱民之至意也。”

上启行，率诸皇子及善射侍卫射，上发矢皆中的。阅防守御刘格色、防御折库纳巴代、把总李文射。

是日，上自葛家屯遍视永定河堤，阅至北阁驿河湾，谕分司敦拜曰：“此处宜设筑挑水埽。”随至清凉寺阅冲决堤口，召原任总河王新命、工部侍郎白硕色、巡抚李光地、分司朝琦等，上问王新命曰：“此决口尔可保其成工乎？”王新命奏曰：“此工臣可保其克成。”上曰：“尔既可保其成工，何不早加修完？即此决口可塞，尔能保他处不冲决乎？汝口奏不足凭，可具折子来。”又谕曰：“尔等可议开浚新河放水，其清凉寺决口不必塞。”随又行幸双营儿，视堤工毕，回銮，驻跸葛家坞。吴达禅五哥马武、伍什于李光地、王新命、白硕色前传谕黑硕色曰：“自葛家坞至清凉寺决口，以朕阅视，尚皆加意修筑。此外所筑堤下桩俱浅，又截去长者，其苇束极松，复乱抛置之。此堤仍着原修之人修筑，即交与黑硕色亲身看守，昼夜巡察。倘桩木冲坏，或别有他故，即速行奏闻，不然即枭示尔于堤上。尔系钻刺奔兢之人，惟知谄媚于成龙。朕巡视南河时，指令下桩修筑之处，竟不行修筑，避往他处，其时即应诛之。今更以此堤委尔。”

是日，永清县知县柯永智、旧州营都司周芳、永清县千总孙虎来朝。

十七日丙子　早，侍读学士分司敦拜、分司齐苏勒奏曰：“皇上自去岁指授一切重大工程，俱有功效，堤岸克保无虞，但南岸尤为紧要，其危险处臣等愚昧，仰乞皇上指示。”上曰：“南岸须钉排桩，使水不得外溢，则尔等防守甚易矣。”上又曰：“自郭甲务以上南岸旧堤甚薄，原任河南巡抚李国亮情愿效力，着交与彼，殚其所能，务将排桩作速于堤外深钉。此堤卑狭处，亦交与彼加宽增高，酌量补筑。堤内田中浮土可刮取用之，堤边柳树不可轻伐，所塞之口先令动工。其他势高阜处，水既不能漫溢，可酌量节减，不必修筑。所用排桩苇草，向原任总河工王新命等取用。”

上启行时，率诸皇子及善射侍卫等射，上发矢皆中的。阅都司周芳、千总孙虎射毕，自葛家坞遍阅永定河南岸。驻跸宛平县属榆垡。

是日，遣皇四子拔视桩木，俱短小不如式。亲近侍卫海青传谕原任总督王新命、侍郎白硕色曰：“张鹏翮委以河务，即将河工事宜详悉条奏。自委尔等河工以来，并未陈奏一事，即桩木丈尺亦未如式深下。尔等果优心修筑？自正月至今亲身监修，即每日里许，亦修筑竣工矣。密迩京师，相去仅一日之程，其能欺朕耶？若再三年无成，朕岂肯轻恕，必将诛之。”

又亲近侍卫海青传谕巡抚李光地曰：“永定河工程及物料尔不时稽查，其桩木合式者收贮用于葛家坞之西，其短小不如式者交李国亮用于葛家坞之东。芦苇务收贮于干燥之地，毋致朽烂，有看守不谨者，即令赔偿。其河工未完之处，仍交王新命等修筑，令保三年。尔所查工程物料需用钱粮奏效时，毋致浮冒。河工效力人员内诸色混杂，亦有棍徒。此等人在此，何能济事，尔亦务确查题参。如有应奏事件，缮写折子，交分司朝琦面奏。”

十八日丁丑 是日，上驻跸南苑。

十九日戊寅 是日，赐内大臣、侍卫及大学士马齐獐肉。

申时，上由正阳门进午门回宫。

是行也，部院各衙门奏章每日交送内阁，由内阁三日一次驿送行宫听理。

扈从起居注官法良。

二十日己卯 辰时，上御乾清门听政。部院各衙门官员面奏毕，大学士伊桑阿、马齐、王熙、吴琠、熊赐履、张英，学士范承烈、邵穆布、巢可托、舒辂、王九龄、曹鉴伦、席哈达以折本请旨。上曰：“今年内升科、道官仍管原任事，外转又停。科、道暂时无缺候补之人，不得即补。

今岁行取以科、道用之七人，着额外补授。试御史，俾得随九卿议事，则伊等苟有一得，可以陈奏。尔等将此传谕吏部。”

云贵总督巴锡题参标下游击朱富擅遣家人私开银矿。上曰：“这所参甚是。虽自己保举之员，后有不善，自己亦当参奏，旁人亦当参奏。若以己所保用徇庇不参，可乎？即如朕亲简人员，亦惟知其骑射之优耳。其居官贤否，朕焉得预知？巴锡将伊保举之人复行题参，其秉公不徇情面可嘉，着拟优旨批发。”

是日，上诣宁寿宫问安。

是日起居注官法良、徐元正。

二十一日庚辰　辰时，上御乾清门，听部院各衙门官员面奏政事。

是日起居注官揆叙、宋大业。

二十二日辛巳　辰时，上御乾清门听政。部院各衙门官员面奏毕，大学士伊桑阿、马齐、王熙、吴琠、熊赐履、张英，学士范承烈、邵穆布、巢可托、舒辂、王九龄、曹鉴伦、席哈达以折本请旨。吏部题陕西鄜州知州员缺，将卓异罗平州知州张含章等职名开列。上曰：“直隶南皮县知县黄光会居官好，朕意将伊补授。”

刑部题郎中卞塔哈家人周礼子换钱殴杀人命，拟绞。上曰：“此事部议略有徇庇。观其所供，卞塔哈亲看殴打是实。既系职官，故纵家人殴杀人命，甚玷官箴。塔哈着革职。”

工部题邵伯更楼堤决致坏漕艘，将原任通判金依孔等议革职，原任道员薛晋等议降四级调用，府尹徐廷玺议降三级留任。上曰：“徐廷玺于何职降三级？仍以何官用？”伊桑阿奏曰：“徐廷玺以府尹议降三级，仍以府尹用。”上曰：“徐廷玺着降三级调用。”

上又曰：“张勄曾问九卿否？”伊桑阿奏曰：“曾问九卿云，并未闻张勄居官之善，应以原品致仕。”上曰：“浙江多棍徒，张志栋居官好，性刚严，张勄员缺着张志栋调补，其福建巡抚员缺另行题补。”

是日，上诣宁寿宫问安。

是日起居注官张廷枢、阿金。

二十三日壬午　辰时，上御乾清门听政。部院各衙门官员面奏毕，大学士伊桑阿、马齐、王熙、吴琠、熊赐履、张英，学士范承烈、邵穆布、巢可托、舒辂、王九龄、曹鉴伦、席哈达以折本请旨。工部题盛京陵寝等处工程俱照京师例保三年。三年内倾圮者，将原督修官、笔帖式革职留任，勒限赔修，限内修完，准开复。上曰："盛京等处如此零杂修造，糜费甚多，着遣部院贤能司员前去，会同彼处将军及该管堂官定例具奏。"

是日起居注官满保、查昇。

二十四日癸未　辰时，上御乾清门听政。部院各衙门官员面奏毕，兵部尚书范承勋等至，自河工入奏。上问曰："回空船已至清口否？"范承勋奏曰："粮船已陆续过清口矣。十五日于德州见总督桑格，据云尾船止有二百余艘，三日内可赶过矣。今岁粮船较之往年俱早。"上问曰："桃庄引河挑水坝工程俱完否？河流何如？"范承勋奏曰："引河工已竣，今秋水小，故未放水。其挑水坝七月中已曾告竣，九月初又经冲决，今已修毕，河流已渐循北岸而流。"上问曰："此后淮水能出否？"范承勋奏曰："淮水长至五六尺，可出引河之口。"又问曰："淮水淤积过高，可无虞否？"范承勋奏曰："现今高家堰加帮之堤高出水面一丈二三尺不等，淮水总长尚足捍御。"又问曰："水高石堤几何矣？"范承勋奏曰："水尚不能漫过新筑石堤。"王鸿绪奏曰："高家堰旧石堤水虽漫过，其上尚有加筑土堤。"上问兵部侍郎布雅努曰："尔意云何？"布雅努奏曰："臣等今所筑之堤阔八丈、高二丈有余，沿湖皆用苇束加桩，似可无虞。"上问侍郎王掞等曰："尔等云何？"王掞奏曰："将来石工告竣可以御水，即现筑之堤，亦属高阔。总之筑坝帮堤为今冬急务。"田雯奏曰："新堤高阔，可危者唐埂等六坝耳，然河臣今已加意料理。"上曰："洪泽湖波浪石堤且被冲损，万一黄淮交涨，为之奈何？喻成龙尔意云何？"喻成龙奏曰："圣虑极当，幸已发帑金，将堤工加帮高阔。今张鹏翮估计建立滚水坝宣泄水势，且翟家坝一带可令漫水，以杀其泛涨之势。"范承勋奏曰："洪泽湖诚属危险，所以经一次风浪，堤岸又是一样光景。"上曰："汝等所奏虽如此，恐未可易视也。"范承勋等出。

大学士伊桑阿、马齐、王熙、吴琠、熊赐履、张英，学士范承烈、邵穆布、巢可托、舒辂、王九龄、曹鉴伦、席哈达以折本请旨。刑部等衙门题强盗范五等俱拟即正法，范四等俟拿货之日另结。上曰："此案贼首范四在逃，若将为从之范五等监禁以待，则系囚之人多矣，嗣后将为首之贼即交与同伙之从贼缉拿，三年内拿获，将伊等罪减等发落。此例一定，则贼首岂能逃乎？"伊桑阿等奏曰："圣谕极当。以贼缉贼，断不能逃避，此最善之策也。"上曰："将此交与刑部，如何为例，着该部条奏。"

又题讨债殴杀人命之常代拟缓决。上曰："常代之伯叔俱已阵亡，着从宽免其缓决，发往黑龙江。"

是日起居注官法良、王思轼。

二十五日甲申　早，上御太和殿，升转文武官员谢恩毕，上回宫。

是日起居注官法良、韩菼。

二十六日乙酉　是日，部院各衙门无奏章，上不御门。

是日起居注官王顼龄、阿金。

二十七日丙戌　辰时，上御乾清门听政。部院各衙门官员面奏毕，大学士伊桑阿、马齐、王熙、吴琠、熊赐履、张英，学士范承烈、邵穆布、巢可托、舒辂、王九龄、曹鉴伦、席哈达以折本请旨。礼部覆给事中穆和伦条奏服色宜定禁例，议准行。上曰："本朝惟甲胄等项初无禁例，愈精愈善，兵卒及护军甲胄其色即不华美，然无有不坚固者，此亦整肃军容之故耳。其余衣服、鞍辔等项，以前俱有禁例。今观鞍辔等饰甚为僭越，下至家奴鞦镫俱用镀金。朕御用鞍辔未尝以金饰之，似此之类尤当严禁。着九卿会议具奏。"

总河张鹏翮面奏保题笔帖式马泰为通判缘由。上曰："张鹏翮所奏甚直，伊云原未深知马泰，但委任一二事，从无贻误，因此保题通判等语。马泰乃一虚伪倾险之人，于成龙在日曾以紧要一事委彼驰赴京师，第十七日始至，其意即以为速。淮安至京其间何用十余日？其虚伪即此可知。朕令张鹏翮回奏，并无他意，不过欲明悉此事耳。此奏疏以知道了批发完结可也。"

直隶巡抚李光地题遵旨查阅永定河桩木芦苇情由，又以原任湖南布政使黄性震、原任辰沅道陈廷统、保定府管河同知胥联相、新乐县知县陈伟皆谨慎谙练之员，将伊等交与王新命，令其收支钱粮，稽查物料，用以督修河工之职，于河务诚为有益。上曰："李光地所奏查阅之处并所保举四人看守俱如所请行。"

伊桑阿奏曰："臣等遵旨将原任郎中赵申乔问刑部堂官，据云：赵申乔回籍已久，未与共事。问汉大学士，俱云系一极质直之人。"王熙奏曰："赵申乔初任商丘县知县，以居官优行取科、道考居二等，其人最谨慎。"上问吴琠曰："尔知其人否？"吴琠奏曰："臣未与彼同事，不知其人。"上问熊赐履曰："尔知其人否？"熊赐履奏曰："向在朝内秋审时，赵申乔为刑部主事，其存心虽不深知，观其举止，系一正直之人。"上曰："着召令来京。"

是日，上诣宁寿宫问安。

是日起居注官陈论、满保。

二十八日丁亥　辰时，上御乾清门听部院各衙门官员面奏政事。

是日起居注官法良、陈元龙。

二十九日戊子　辰时，上御乾清门听政。部院各衙门官员面奏毕，大学士伊桑阿、马齐、王熙、吴琠、熊赐履、张英，学士范承烈、邵穆布、巢可托、舒辂、王九龄、曹鉴伦、席哈达以折本请旨。兵部题参领克什图私令家人于禁地放枪，将克什图拟罚俸一年、家人进财鞭八十。上曰："克什图甚为狂妄多事，在伊管辖地方私纵家人放枪，殊属不合，着革去参领，在伊拖沙喇哈番供职。"

上顾伊桑阿等曰："学士巢可托其人如何？"伊桑阿奏曰："巢可托学问优，惟目力略不及。"上曰："目力不及何妨？不能远视者近视必审，但当论其人耳。"马齐奏曰："巢可托人尚可用。"上又曰："学士内席哈纳扈从最多，朕深知之其人最为勤敏谨慎。"伊桑阿奏曰："圣见极当，席哈纳人堪大用。"

是日起居注官揆叙、张廷枢。

十一月

初一日己丑 部院各衙门无奏章，上不御门。

是日，上诣宁寿宫问安。

是日起居注官王思轼、阿金。

初二日庚寅 辰时，上御乾清门听政。部院各衙门官员面奏毕，大学士伊桑阿、马齐、王熙、吴琠、熊赐履、张英，学士范承烈、邵穆布、巢可托、舒辂、王九龄、曹鉴伦、席哈达以折本请旨。吏部题松郭罗巴吐鲁二世孙拉都病退，其原袭一拜他喇布勒哈番及恩荫二拖沙喇哈番并为三等阿达哈哈番，照雅尔善条奏例，将加荫二拖沙喇哈番裁去，其原袭拜他喇布勒哈番应议革。上曰："松郭罗巴吐鲁乃开国名臣，革其恩诏官职，朕心不忍，着拉都之子永袭。"

理藩院题鄂尔折图哈滩巴图尔自呼户诺尔移置宁夏，议给人口糗粮、牛马刍豆。上曰："着照所议行。数年以来，宇内升平，唯西陲陕西、甘肃常有差遣之事。出边人员地方官皆协助供应，所以陕西、甘肃官吏驿站甚为艰苦，着差部院堂官一员，将沿途驿站查视，若有敝坏者，会同地方官增添拨给。其供应出边人员等物，议定额数来奏。"

是日起居注官法良、宋大业。

初三日辛卯 辰时，上御乾清门听政。部院各衙门官员面奏毕，遣往盛京等处定议修造诸项则例工部郎中鄂尔吉纳恭请训旨。上曰："盛京地方修造等项糜费甚多，此事虽系彼处工部责任，尔到彼须会同彼处将军及各部侍郎定议具奏。"鄂尔吉纳出。

大学士伊桑阿、马齐，学士范承烈、邵穆布、舒辂以折本请旨。遣往河工员外郎黑硕色题参原任总河王新命、侍郎白硕色河工草率及条奏应修等处。上曰："黑硕色人甚轻浮，永定河应修事宜朕总责成伊等共理，今黑硕色因事难成，又见朕有严旨，遂妄行参奏。至伊条奏处有云，现今地面虽冻而地中尚未冻应及时修筑等语，尤为悖谬。今时令渐寒，若待行文河上，纠聚夫役，则时已严寒，地皆坚冻，何以兴工？尔等票拟速行兴工亦属不当，尔等可传王新命等至内阁，以此二事令对质。”

是日起居注官徐元正、满保。

初四日壬辰　辰时，上御乾清门听政。部院各衙门官员面奏毕，大学士伊桑阿、马齐、王熙、吴琠、熊赐履、张英，学士范承烈、邵穆布、巢可托、舒辂、王九龄、曹鉴伦、席哈达以折本请旨时，上曰：“顷言官李旭升疏奏，今岁行取知县内将人额外用为试御史，而前所行取知县尚有未用者；今岁中式武进士奉旨即用，而先年中式武进士亦尚有未用者，此等皆应补用等语，此虽系为人而言，但其言诚是。今见提督、总兵官内从武进士出身者甚多，此辈尚知廉耻而慎于居官。”伊桑阿等奏曰：“圣谕诚然。此辈出身正路，尚能自爱，不行鄙事。”

上又曰：“给事中慕琛题参布政司张霖，霖之居官贤否，朕虽不深知，但彼系天津人，朕尝巡幸经历天津，从未闻彼处人称其贤者。张霖才虽练达，而人甚多事。”

伊桑阿等启奏，直隶巡抚李光地疏请管河同知员缺，将东光县知县白为玑、任丘县知县许遇方内拣授一人，又请将槁城县知县杨朝麟调补文安县。上曰：“同知员缺，着将白为玑升补。文安县知县员缺，着照该抚所请以杨朝麟调补。”

伊桑阿等奏曰：“臣等遵旨传集王新命、白硕色等对质。伊等云，今天气正寒，将挑浚之土置岸即冻，若行堆积又不可用，岁内断难兴工，明春雨水前必当趱修告竣。黑硕色时向臣等建论是真，如彼言果当，臣等即照伊行之，否则亦相商酌行之。其云给夫役小钱及用烂麻亦真，但臣等皆已验过更换。”上曰：“朕曾命黑硕色确查具奏，故黑硕色将伊等题参，但伊奏称现今应即兴工挑浚，此言甚谬。黑硕色向在南河，意以此河可照黄河一例兴工，殊不知南方地暖，尚可修筑，此河如何可比？今已渐寒，欲兴工得乎？然王新命、黑硕色等皆同事之人，此河明岁告成则已，否则朕自有法处之。”

是日起居注官揆叙、查昇。

初五日癸巳　部院各衙门无奏章，上不御门。

是日，上诣宁寿宫问安。

是日起居注官徐秉义、阿金。

初六日甲午　辰时，上御乾清门听政。部院各衙门官员面奏毕，大学士伊桑阿、马齐、王熙、吴琠、熊赐履、张英，学士范承烈、邵穆布、巢可托、舒辂、王九龄、曹鉴伦、席哈达以折本请旨。工部题坛庙各处零星修理，请发帑金十五万两备用。上曰："可给发银六万两，嗣后照此奏请每月需用钱粮，不得令至十万，止给六万两。"复顾大学士等曰："工部两汉侍郎俱系南人，且观吴涵于事亦不明晰，着调刑部。喻成龙调工部。"

四川提督唐希顺题参将袁成辅员缺，请将游击马二知升补；马二知员缺将守备李继芳升补。上曰："俱着照所请补授。"

是日起居注官法良、王顼龄。

初七日乙未　辰时，上御乾清门听政。部院各衙门官员面奏毕，盛京侍郎鄂伦特赴任恭请训旨。上曰："盛京诸务原无弊端，尔曾任彼理事官，谅皆悉知。尔到任时须如前黾勉效力。"

福建巡抚梅鋗赴任恭请训旨。上曰："尔系读书人，到任时务期洁已爱民，在地方须安静，惟效张鹏翮、李光地、郭琇、彭鹏行之，斯不愧为读书人矣。尔其勉之。"梅鋗等出。

大学士伊桑阿、马齐、王熙、吴琠、熊赐履、张英，学士范承烈、邵穆布、巢可托、舒辂、王九龄、曹鉴伦、席哈达以折本请旨。刑部题二等阿达哈哈番乃宝家仆常毛打死兵段云辅，常毛拟秋后绞。上曰："部有定例，旗人私纵家仆殴死兵民，其本主一并治罪。朕初示谕之意，惟恐旗人害民耳。今部议此事，不将伊本主一并治罪，殊属不合。且定例内有旗人殴死良民至几次者，佐领、都统一并治罪，何况本主？此等若不加惩，谁复知儆？即朕躬亦以法纪不可干犯，故决意严禁亲近侍卫及执事人员。国法岂可轻犯乎？尔等将此处俱明白批发。"

工部题算修理通州城钱粮。上曰："通州城允宜修理，此工程着交仓场侍郎。"

是日起居注官陈论、满保。

初八日丙申 早，上由午门出正阳门，幸南苑而回。

是日起居注官揆叙、张廷瓒。

初九日丁酉 辰时，上御乾清门听政。部院各衙门官员面奏毕，大学士伊桑阿、马齐、王熙、吴琠、熊赐履、张英，学士范承烈、邵穆布、巢可托、舒辂、王九龄、曹鉴伦、席哈达以折本请旨。吏部题副都御史梅鋗改任员缺，将宗人府府丞励杜讷等职名开列。上曰："励杜讷人优，但其年已老，此员缺尔等选择具奏。"

又给事中张睿题参原任湖广荆州府知府许廷试亏欠银两三十万，不能赔偿，已经保奏家产尽绝，今又捐还原职。上曰："似此者必尚有之，着俱行查。"

都察院等衙门议覆礼部尚书王泽弘等，因将刘忠才等未获授为马馆头目责革两馆雇工人役等，且将饮马去之章京以空班题参，殊属不合，拟各降二级调用。上曰："此事礼部堂官甚觉无耻。"伊桑阿、马齐奏曰："诚然。"上曰："王泽弘着原品休致，三宝着革职，李录予着降二级留任。"

兵部题会同八旗都统以宁古塔乌喇等处武官员缺，拟逾品擢用；其奉天、江宁等处武弁员缺，拟照常论品补授二例具奏。上曰："此本前后两议可发还，着划一具奏。"

刑部等衙门题私铸张光明等拟即正法。上曰："今私铸者甚少，张光明等着俱免死，发往黑龙江河工。"

理藩院员外郎黑硕色题参王新命等不用己言，至今永定河堤岸尚未告竣。上曰："此本着暂留，俟河工完时再行请旨。"

理藩院题将军萨布素奏报达赖诺尔台吉等掳掠鄂罗斯贸易人马匹，议俟明春草生时差遣大臣官员会同鄂罗斯尼布除城守尉伊虆定立边界。上曰："明岁草生时，可差一侍郎查立边界。"

御史朱廷宏条奏孔圣之名宜行避讳。上曰："汝等意如何？"王熙奏曰："此本似宜发还。"吴琠、熊赐履、张英等俱奏曰："难行。"上踌躇久之曰："若皆如此避讳，则其字相值甚多。此本着发还。"

是日起居注官陈元龙、阿金。

初十日戊戌　上以冬至有事于圜丘，斋戒三日。

是日，上诣宁寿宫问安。

是日起居注官张廷枢、满保。

十一日己亥　是日起居注官王思轼、阿金。

十二日庚子　早，上御太和殿视祭圜丘祝版毕，回宫。

是日，上诣宁寿宫问安。

是日起居注官宋大业、阿金。

十三日辛丑　早，上由午门出正阳门，诣圜丘致祭毕，回宫。

是日，上诣宁寿宫问安。

是日起居注官法良、韩菼。

十四日壬寅　辰时，上以谒陵由东门出崇文门，驻跸夏店。是日，遍赐八旗护军校、前锋护军獐。谕曰："若京中颁赏，汝等必全留于家，因在外赐给，特令尔等饱食。身既出外，应随赐随食，何自苦为？汝等可食此而行，不必带回家中。嗣后尚有颁赐，俟再赐时带至家可也。"

是日，三河县驻防防守御帅颜等、通州副将金洪振等、三河县知县郑富民来朝。

十五日癸卯　上驻跸邦均。是日，苏州都司吴开奇等、知州陈廷柏来朝。上命领侍卫内大臣公福善、乾清门侍郎马武视防守御帅颜等、副将金洪振等、都司吴开奇等马步射。

十六日甲辰　上驻跸马伸乔。是日，赐领侍卫内大臣公福善、公费扬古、索额图、和硕额驸尚之隆、大学士马齐汤羊。遍赐执事人员兔。

十七日乙巳　早，上率扈从诸王、贝勒等及内大臣、侍卫、文武官员诣暂安奉殿，行三跪九叩头礼、三奠酒举哀毕，谒孝陵，行三跪九叩头礼、三奠酒举哀毕，诣陵寝三奠酒举哀。

是日，上驻跸温泉，赐守暂安奉殿掌关防官桑格、太监崔邦基貂帽，守孝陵总管萨尔图貂鼠褂，一等侍卫鄂罗貂鼠大套，守陵寝总管车尔图灰鼠褂，其总管以下官员皆赐哈密瓜、鹿尾。又赐掌膳及茶果三首领老媪银鼠褂各一、白金各二十两。

是日，遵化千总孙自立等来朝。上命领侍卫内大臣、公福善、乾清门侍卫马武视千总孙自立等马、步射。

十八日丙午　上驻跸遵化州东十里，赐温泉养病二等侍卫诺垒鹿、雉。是日，遵化州知州李铎、罗文峪驻防防御卜涵等、把总刘永奇等来朝。上命领侍卫内大臣公福善、乾清门侍卫马武视卜涵、刘永奇等马步射。

十九日丁未　上驻跸三屯营城内，赐八旗前锋参领、护军参领、护军校、前锋护军及执事人员鹿、狍、獐，又遍赐贫民钱及景钟山寺僧银。是日，三屯营副将刘汉业等来朝。

二十日戊申　辰时，上御行宫，大学士马齐、学士邵穆布、席哈纳以折本请旨。御史彭始抟条奏武乡试事。上曰："此奏全无裨益，应试中否，皆有定数，人总无可如何。若但视马步射即照阅射诸臣所定等次以为去取，则阅文诸臣掣肘难定。若将视马步箭官与阅策论官一处同为考试，则与旧例又不相合，且朕顷所选八人亦皆照阅卷官所拟次序。此本着发还。"

又彭始抟条奏考试官员应令诸大臣保举。上曰："荐人一事亦属甚难，常有错误。即今刚五达、晋布系九卿举其可为大臣之人，伊等所行乃毫不谨慎自爱，亦曾罪及九卿乎？若果罪之，嗣后谁敢保举？"马齐奏曰："圣见诚然。保举人者亦不过视其办事而荐之耳，其心术何能深知。"上曰："大臣保举人材，必须秉公，无愧于荐人之名。被举者亦知敬慎，不致有负于保己之人，方为两得。今九卿所保之人如此肆行作弊，考试官虽令保举何益？此本亦着发还。"随顾谓大学士马齐曰："彭始抟启奏此事时语言不清，人甚平庸，前者翰林院保举误矣。此人无甚过失，但其才甚庸，尔等识之，回京时着仍在翰林院行走。"

是日，上驻跸米峪口，命领侍卫内大臣公福善、乾清门侍卫马武视三屯营副将刘汉业等马步射。

二十一日己酉　上驻跸罗家屯。是日，上殪一虎。赐领侍卫内大臣公福善、公费扬古、公鄂伦岱、索额图、瓜尔察、和硕额驸尚之隆、大学士马齐雉。又赐内大臣、侍卫、前锋统领、护军统领、副都统、八旗前锋参领、护军参领兔、雉。又遍赐内务府官员、执事人等及八旗护军校、前锋护军鹿。

是日，建昌路都司杨英等来朝。上命侍卫内大臣公福善、乾清门侍卫马武视都司杨英等马步射。

二十二日庚戌　上驻跸建昌营城内。是日，赐请安外藩喀喇沁一品塔布囊王达、协理旗分事四品塔布囊卓里克图等食，司鹰犬侍卫及执事人等雉。又赐随行镇守古北口等处总兵官马进良、镇守天津等处总兵官潘育龙、石匣副将孟大志、三屯营副将刘汉业、古北镇游击杜明义、蓟州营都司吴凯奇及守备千总、把总等官雉。建昌营监生贾文卓进古画及生鹿、诸果品，上皆不纳。贾文卓及进梨小民俱赐银两。

是日，冷口防御章同保来朝。上遣领侍卫内大臣公福善、乾清门侍卫马武视章同保等马步射。

二十三日辛亥　早，上亲阅防御章同保等马步射。

是日，上沿边巡历，出冷口，驻跸萧家营。赐领侍卫内大臣索额图石羊皮紧身衣一领、和硕裕亲王福全马四匹，又赐进鱼小民及边口原披甲八旬余岁双颜并沿边居民猎户等白金。

二十四日壬子　上驻跸桃俊山。是日，赐进黄羊等物喀喇沁蒙古巴朗等白金。

二十五日癸丑　上驻跸波罗滩。是日，上逾岭，虑官兵辎重车辆马匹及随行贸易小民疲顿，特沛恩谕遣大臣、侍卫协助逾岭。赐进白雉等物喀喇沁蒙古萨里等白金。

二十六日甲寅　上驻跸察罕苏鲁克地方。是日，赐领侍卫内大臣公福善、公费扬古、公鄂伦岱、索额图、瓜尔察、和硕额驸尚之隆、大学士马齐豕并鹅，八旗护军校、前锋护军豕。又赐请安纳贡喀喇沁护国公沙木巴喇西并其妻及一品塔布囊王达等之妻与其子等白金有差。又赐进生鹿等物喀喇沁蒙古塞根等白金。

二十七日乙卯　上驻跸诺绰浑图地方。是日，遣侍卫专达张五理等杀一虎，赐杀虎骁骑齐苗堪狐帽、羊裘及短褂、进黄羊等物喀喇沁蒙古察罕岱等白金。

二十八日丙辰　上驻跸哈铛河朔地方。是日。上遣领侍卫内大臣公费扬古杀一虎，即赐之，又撤御膳以赐。又赐进黄羊、鹿尾等物喀喇沁蒙古察岱等白金。

二十九日丁巳　上驻跸乌朗蒿齐忒。

酉时，上御行宫，大学士马齐，学士邵穆布、席哈纳以折本请旨。礼部覆两广总督石琳题请降级调用广州府同知刘有成留任，议不准行。上曰："着照该督所题，刘有成降级留任。"

兵部覆署川陕总督事尚书席尔达题请新调山东之陕西博乐营副将刘体义仍留原任，议不准行。上曰："着照该督所题，刘体义照应升品级留任。"

又覆四川提督唐希顺题请本标下三营照各省提督例添为五营，并标下游击守备等官照四川松潘等处题补，议不准行。上曰："四川地属紧要。唐希顺标兵着添给，其所请题补标下官员照所请行。"

又题拖沙喇哈番品级官韩楚汉斋戒日打死家仆李大，议革职；其步军杨喜坐视不救，拟鞭责七十。上曰："李大意欲杀主，韩楚汉因打之至死，韩楚汉等俱从宽免死。"

是日，赐喀喇沁佐领班第貂肷褂、羊裘，进黄羊等物喀喇沁蒙古孟枯孙等白金。

三十日戊午　上驻跸雅图河洛地方。是日，赐进奶酥等物喀喇沁蒙古西拉巴查木素等白金。

十二月

初一日己未　上驻跸暖泉。是日，赐喀喇沁多罗都棱郡王扎西海青、护国公沙木巴喇西、一品塔布囊王达、二品塔布囊吉里地、四品塔布囊卓里克图等鹰，其塔布囊等以下官兵八百七十人俱赐白金有差。

初二日庚申　上驻跸冰窖地方。是日，上殪四豹。赐侍卫等汤羊及八旗护军校、前锋护军及军士等兔。

初三日辛酉　上进喜峰口，驻跸城东南地。是日，赐和硕裕亲王福金、镇国公蒲圻、护国公齐克塔哈、和硕额驸尚之隆，领侍卫内大臣公福善，公费扬古、公鄂伦岱、索额图、瓜尔察，大学士马齐等鳟鳇鱼。

是日，喜峰口管理驿站员外郎马鼐等，防御萨克察等，游击李正春等来朝。上命领侍卫内大臣公福善、乾清门侍卫马武等视其马步射。

初四日壬戌 早，上亲阅萨克察等、李正春等马步射，以防御南泰步射庸劣、吴什衰老革职。

是日，上驻跸三屯营城内。赐三屯营副将刘汉业马一匹、鹿尾、汤羊、鹿、雉。

初五日癸亥 上驻跸遵化州城内。

是日，赐陵寝总管萨尔图车尔图以下官员、一等侍卫鄂罗等及执事人等雉、兔。

初六日甲子 上驻跸汤泉。

是日，自陵寝总管以下官员、执事人等俱赐食。又赐总管以下官员鳟鳇鱼、鹿、鹿尾，司茶饭果品首领老妪内三人银鼠褂各一领、白金各三十两，三人灰鼠皮袄各一件、白金各二十两。赐古北口总兵官马进良、天津总兵官潘育龙银鼠短褂、羊裘，三屯营副将刘汉业羊裘。

初七日乙丑 早，行祭奠礼，上率扈从诸王、贝勒、内大臣、侍卫、文武官员诣孝陵，行三奠礼举哀毕，复诣暂安奉殿行三奠礼举哀，遣皇子至陵寝前奠酒。

是日，上驻跸马申桥。

初八日丙寅 上驻跸邦均。

酉时，上御行宫。大学士马齐、学士邵穆布、席哈纳以折本请旨。吏部题詹事府正詹徐秉义升任员缺，将少詹陈论等职名开列。上曰："徐秉义着仍兼管詹事府事。"

兵部题曩者署广西巡抚事马尔吉曾谎称强盗黄明身死，今马尔吉已故，应无庸议。上曰："黄明系大盗，朕特谕严缉，署巡抚事马尔吉曾保题其已死。今马尔吉虽已身故，事关重大，理应追究其罪，将此旨批出。"

刑部题周二喜醉后杀兄，拟即正法。其母罗氏呈留二喜养亲。上曰："此事着交九卿议奏。"

初九日丁卯　上驻跸夏店。是日，赐内大臣、大学士、前锋统领、护军统领鹿、鹿尾、鱼、汤、羊、雉，副都统、一等侍卫、前锋参领、护军参领鹿、鹿尾、汤羊、雉，二等侍卫、三等侍卫、蓝翎侍卫汤羊、雉，八旗护军校、前锋护军、一应执事人等雉。又赐古北口总兵官马进良鱼、羊，天津总兵官潘育龙鹿、狍、汤羊、鹿尾、雉。

初十日戊辰　申时，上由崇文门进东华门，诣宁寿宫问安毕，回宫。

是行也，部院各衙门奏章每日交送内阁，由内阁三日一次驿送行宫听理。

扈从起居注官法良、揆叙。

十一日己巳　辰时，上御乾清门听政。部院各衙门官员面奏毕，大学士伊桑阿、马齐、王熙、吴琠、熊赐履、张英，学士范承烈、邵穆布、巢可托、舒辂、王九龄、曹鉴伦、席哈纳以折本请旨。吏部题云南布政司张霖革职员缺，将按察司佟国勷拟正、郎廷极拟陪。上曰："此二员着召来引见。"

又议覆给事中李旭升条奏行取知县壅滞事。上曰："若如此行，必致纷更定例。此等行取官员俱系贤能膺选，着于五部内额外添设主事用之。如果优，渐次录用。似此则定例不致纷更，人才亦不壅滞。"随问曰："行取知县共有几员？"伊桑阿奏曰："共四十三员。"上曰："伊等着于五部内额外添授主事。"

兵部覆署川陕总督事席尔达题，定边营副将员缺，请将灵州营参将罗大虎补授，议不准行。上曰："着照该督所题补授。"

是日，上诣宁寿宫问安。

是日起居注官法良、张廷瓒。

十二日庚午　辰时，上御乾清门听政。部院各衙门官员面奏毕，大学士伊桑阿、马齐、王熙、吴琠、熊赐履、张英，学士范承烈、邵穆布、巢可托、舒辂、王九龄、曹鉴伦、席哈纳以折本请旨。吏部条奏十事内大计革职、降级再行捐复者不准算原俸；因公革职、降级捐复者仍准算原俸。上曰："近因俱算原俸，有自笔帖式两三月即升至郎中者，一经问罪，降级即已矣，奚庸又算前俸？"

又条奏凡捐纳官员截留后以具呈之日算起。上曰："如此又致纷扰，仍照旧行。疏内又称掣签人未到者，部院大臣代掣，断然不可，必当亲掣为是，否则人心不服。此谕着传示九卿。"

兵部覆总督石琳题，广西副将、参将员缺，请准题补广东武弁，议不准行。上曰："广西省官员无几，地属紧要，即照该督所奏着速行题补。"

刑部题陶柱私行铸钱，拟即正法。上曰："此事甚属可恶。陶柱着免正法，将其子女一并发入内务府佐领当差。嗣后发内务府佐领当差者，俱着各旗轮流以供重役。"

又题总督希尔达覆审明巡抚于养志、提督岳昇龙互相揭参事，将于养志拟斩、岳昇龙拟革职。上曰："所遣两侍郎并未审明，席尔达方行审结，其前赴审大臣何故不问其罪？三部诸臣殉徇情面矣。朕岂徇情，若不如此，嗣后审事诸臣俱任意横行。尔等将三部大臣均行申饬。"

工部条奏修盖教场营房。上曰："从前何不条奏？此皆朕催迫使然。今其疏称督其修理，若不告竣则行题参等语，在前何故报称工已底绩，着问之。"

是日起居注官陈元龙、阿金。

十三日辛未　辰时，上御乾清门听政。部院各衙门官员面奏毕，大学士伊桑阿、马齐、王熙、吴琠、熊赐履、张英，学士范承烈、邵穆布、巢可托、舒辂、王九龄、曹鉴伦、席哈纳以折本请旨。吏部题定补官则例具奏。上曰："将捐纳官员截留代掣，反生弊端，着照现行则例行。其复还原职者，内中果有冤抑，复还原职，着仍算原俸，此外皆不准算原俸。余依议。"

又题补授道府等事。上曰："江宁府知府员缺紧要，扬州府知府朕前简用翰林刘涵，今闻其声名甚优，此员缺朕亦欲于翰林内选用一人。"因顾王熙问曰："翰林刘琰何如？闻其人颇优，尔等云何？"王熙奏曰："皇上睿鉴诚是，刘琰人果优。"上曰："既如此，将刘琰补授江宁府知府，余依议。"

兵部覆总督郭琇题请将游击张文鼎补授副将，议不准行。上曰："张文鼎着照该督所题补授。"

是日起居注官韩菼、傅伸。

十四日壬申 辰时，上御乾清门听政。刑部尚书奏毕将出，上曰："大学士请旨时，尔刑部诸臣亦同前进。"

既而部院各衙门官员面奏毕，大学士伊桑阿、马齐、王熙、吴琠、熊赐履、张英，学士范承烈、邵穆布、巢可托、舒辂、王九龄、曹鉴伦、席哈纳同刑部诸臣以折本请旨。刑部等衙门题闫三杀一家无罪三人，照律凌迟；又御史郑惟孜以斗殴误杀，两议具奏。上问傅腊塔曰："尔等两议，其意云何？"傅腊塔奏曰："杀一家无罪三人，律应凌迟，是以臣等执法定罪。郑惟孜以此事为斗殴误杀，独持两议。"上问熊赐履曰："尔意云何？"熊赐履奏曰："斗殴误杀及谋杀似应分别。"上曰："有何分别处？杀一家无罪三人即应依律以凌迟处死，倘云斗殴，遇赦常获宽宥，立法何用？此事断不可行。若不依律而行，嗣后刑曹何以办事？且人命事情间有宜用仁慈处，可矜可疑者尚可宽宥，此杀一家三命，事已昭然，其罪从轻可乎？郑惟孜持两议者，其谬极矣。着删去后议，其所条奏事亦着发还。"刑部诸臣出。

伊桑阿等奏曰："臣等遵旨将广东巡抚萧永藻保题何汉英等三人请补琼州道员已问九卿。九卿于此三人皆云不知，科道官云：未闻若辈善处。何汉英居官无状，则尝闻之。琼州乃系要地，请皇上仍将素识之人简任。"上曰："观萧永藻为人不妥。"伊桑阿奏曰："萧永藻为人诚为懦弱。"上曰："广西地隘，萧永藻调补广西巡抚，彭鹏调补广东巡抚，着速赴广东任。彭鹏办事虽无过人处，然操守甚坚。"伊桑阿、马齐奏曰："彭鹏操守果善，并不畏人。"上曰："秦棠为香河县令甚优，今为山西县令，若即授以琼州道，似属太骤。"伊桑阿、马齐奏曰："秦棠自知县补授道员，虽若太骤，然蒙皇上擢用，彼必益勉为好官。"上曰："琼州边地，必得人材壮健者始当。天津道范时崇其人亦优。尔等将秦棠问九卿，着吏部将应升人员内亦拣选具奏。尔等作速行文李光地，将直隶官员内居官优者亦行保奏。"

是日起居注官王思轼、满保。

十五日癸酉 早，上御太和殿，升转文武官员谢恩毕，上回宫。

是日，上诣宁寿宫问安。

是日起居注官法良、徐元正。

十六日甲戌 辰时，上御乾清门听政。部院各衙门官员面奏毕，大学士伊桑阿、马齐、王熙、吴琠、熊赐履、张英，学士范承烈、邵穆布、巢可托、舒辂、王九龄、曹鉴伦、席哈纳以折本请旨。兵部覆总督郭琇题，镇筸营游击守备员缺，请准题补湖广武弁，议不准行。上曰："镇筸营系湖广要地，从京补授官员未免迟延。今观郭琇所题补官员皆优，着照所请行，俟无事之日，逐一召来引见。"

大学士伊桑阿等奏曰："昨将知县秦棠问九卿。九卿云：秦棠曾任香河县知县，居官廉洁，及革职后曾居通州，极其贫苦。香河百姓或以米粟或以鸡畜不时供之，观此其居官之优可知。"上曰："看来良吏裨益苍生无穷，纵蠲免钱粮，必须简用良吏。而长于文章者，皆不如居官之清。原任总督葛思泰虽办事敏练，然贪污矣。"

是日起居注官宋大业、阿金。

十七日乙亥 辰时，上御乾清门听政。部院各衙门官员面奏毕，大学士伊桑阿、马齐、王熙、吴琠、熊赐履、张英，学士范承烈、邵穆布、巢可托、舒辂、王九龄、曹鉴伦、以折本请旨。湖广总督郭琇举卓异武昌府知府尤汶、汉阳府知府黄国材、荆州府知府魏勷。上顾大学士等问曰："若辈何如？"王熙奏曰："魏勷系原任大学士魏裔介之子，系荫生自部内郎中升授，人颇优，不知其居官何如。"又顾吴琠曰："尔知否？"吴琠奏曰："臣升任来京，彼方外任，未识其居官贤否。至黄国材，臣任都察院时，彼为都事，其人办事颇优，操守亦佳。"上曰："广东雷琼道朕欲于此三人内擢用一人。"吴琠奏曰："黄国材在汉阳府居官甚善。"上曰："既如此，雷琼道员缺将黄国材补授。"

是日起居注官法良、查昇。

十八日丙子 辰时，上御乾清门听政。部院各衙门官员面奏毕，礼部左侍郎凯音布、内阁学士邵穆布遵旨往审总督石琳所报广东黎人王镇邦侵犯宝亭、薄沙等营，不掳乡村，不伤人命，观之不无开衅之由，并参文武官员一案，恭请训旨。上曰："尔等至彼鞫审时，如官员有苛酷处，即行拿问。其内有升调者，亦行调审。倘总督有应取供之处，亦行勘问。现今彭鹏调补广东巡抚，尔等会同总督石琳、巡抚彭鹏赴琼州府鞫审。”凯音布、邵穆布奏曰：“总督、提督等已经差人往招黎首王镇邦，若出降则已，如不出降，臣等请但审现在人犯。”上曰：“于尔等未到之先想已出降矣。如果不出降，尔等即审现在人犯，趁暑前速还。”邵穆布奏曰：“臣等到彼，必着人以皇上特遣臣等从公审理伊等情由晓谕之，如此想彼必出降矣。”上又曰：“朕以尔等人优，特简差遣，毋效刚五达、罗察、布泰，尔等可在朕前言明往审。”凯音布奏曰：“臣系微末之人，顷蒙恩纶，谓臣敬谨，升授左侍郎。臣但自愧庸愚，惟恐贻误，何敢无耻妄为。”邵穆布奏曰：“臣本微末，蒙皇上选擢，叠升学士。臣但惭庸劣，不谙练事务，或至有误，焉敢辱命，无耻妄行。”上又曰：“问事颠倒是非甚易。”邵穆布奏曰：“臣等何敢怀私偏执己见，如果妄行，不惟难逃睿鉴，臣等亦何颜复睹天颜？”凯音布等出。

大学士伊桑阿、马齐、王熙、吴琠、熊赐履、张英，学士范承烈、邵穆布、巢可托、舒辂、王九龄、曹鉴伦、席哈纳以折本请旨。刑部题侍郎罗察、布泰等不审明岳昇龙、于养志一案，拟各降三级留任。上曰：“罗察等系特遣审事之人，并不详审，如仍留任，嗣后何以差遣诸臣？罗察、布泰断不可宽免，着照所降之级随旗行走，余依议。”

又顾大学士等曰：“朕顷巡视永定河，见内阁侍读学士敦拜人优年迈，为司官年久，罗察工部侍郎员缺，即以敦拜升补。布泰员缺，着照常拟升。”

伊桑阿等以封河神字样开写折子呈览。上曰：“今清口之水虽出，明岁春间桃汛一至，夏秋水泛时可保其必无虞乎？今即敕封河神尚早，俟明岁视河上光景方行敕封。可遣一人驰示张鹏翮，即派尔衙门一中书乘驿前往。现今所定二项字样彼意云何。且伊更有别项字样否，着问之。”

上又曰：“顷张鹏翮遣河上原任按察使赵世显奏称，现今清口之水通流，其余工程俱已将完，河工可以告竣，明岁粮船不致稽迟等语，朕将河工事逐一详问赵世显且谕之云：河工所关最重，既已有成，诚为善矣。但今水涸，故如此耳。明春汛一至，夏秋水溢，则属可虞。倘二河之水并涨，堤岸危矣，朕常患之。其水势作何导泄亦宜预为筹划，其黄河南岸一带堤工应极加坚固。”伊桑阿马齐奏曰：“皇上睿见甚是。”

是日起居注官傅伸、杨名时。

十九日丁丑 辰时，上御乾清门听政。部院各衙门官员面奏毕，大学士伊桑阿、马齐、王熙、吴琠、熊赐履、张英，学士范承烈、邵穆布、巢可托、舒辂、王九龄、曹鉴伦、席哈纳以折本请旨。兵部覆广东提督殷化行以狂妄题参虎门都司冯腾龙，议革职。上曰：“冯腾龙人材矫健，系赵良栋举荐之人。殷化行与赵良栋不睦，是以参奏冯腾龙。着与侍郎满丕同往军前效力，遇应补之缺补用。”

工部覆直隶巡抚李光地题参原任河督王新命等诸事俱不效力，惟徇情面无益河工，议将河工钱粮交李光地，将王新命等撤回。上曰：“李光地疏称王新命、黑硕色宜撤回京最为允当，今河上事务李光地已直任其事，王新命在彼奚为？将此辈撤回京中拘禁之，俟河工告竣之日，一并议奏。”

理藩院覆原系塔布囊巴渣尔叩阍，言己曾随驾出兵，恳复塔布囊，议不准行。上曰：“巴渣尔果曾军前效力，人材亦矫健，着还其塔布囊职。”

河督张鹏翮题安东县等处甚为可虑，应修浚引河。上曰：“张鹏翮所奏甚是。此皆系朕所指授之处，倘交部议，必致迟延，即照所请行。”

又条奏范公堤宜复加修筑，请动用捐纳银两。上曰：“此疏深为得当，诚如此修筑，钱粮节省，底绩亦易。于成龙因修下河亦曾屡疏具题，未得其宜，朕俱不允。此并非可徇情面之事，朕于奏章必是非昭然，毫无可疑者方允举行。虽日后有失，朕直受之断，不委之他人。此等事务谅记注官必记录之。”揆叙奏曰：“诚然。圣谕臣等俱行载录。皇上先因河工事务责谕于成龙，迄今观之靡不符合。”上又曰：“于成龙在日最有声势，交与亦广，即尔诸臣谁与抗衡？凡于成龙所奏事务，于理不符者朕皆穷诘不行。今张鹏翮系汉官，谁为之言？但所奏事务俱合于理，朕皆照所请施行。朕并非偏向张鹏翮，誉之也。其初张鹏翮奏称清水滚水坝应改流白马湖，于事毫无裨益，朕不允行。今所奏事件诚为有益，因皆允之。今观河工之弗成者，一应弊端皆系工部。初浚河工钱粮皆取之该部，是以每事行贿，贪取肥己，以致工程总无成效。张鹏翮亦曾面奏云：武弁藉空粮，文吏赖火耗。河上官员别无所获，惟侵渔河工钱粮，所以河务无成。今张鹏翮所用钱粮俱非部支，并无掣肘。且到任以来，虽一文亦不肥己，正项钱粮俱实用于河工事，因有效也。”

是日，上诣宁寿宫问安。

是日起居注官陈论、揆叙。

二十日戊寅　是日起居注官张廷瓒、阿金。

二十一日己卯　巳时，上由午门出正阳门，驻跸南苑。

辰时，封印。

是日起居注官法良、陈元龙。

二十二日庚辰

二十三日辛巳

二十四日壬午

二十五日癸未

二十六日甲申　未时，上由正阳门进午门回宫。

是日起居注官徐元正、满保。

二十七日乙酉　是日起居注官法良、张廷枢。

二十八日丙戌　早，上御中和殿视祭太庙祝版毕，回宫

是日，上诣宁寿宫问安。

是日起居注官揆叙、王思轼。

二十九日丁亥　早，上以岁除，亲诣太庙祫祭毕，回宫。

是日，上诣宁寿宫问安。

是日起居注官法良、韩菼。

三十日戊子　巳时，上以除夕御保和殿，赐外藩庆贺元旦蒙古，左翼乌珠穆秦和硕车陈亲王塞登敦多布，苏尼忒多罗郡王垂济、公苏隆，蒿齐忒多罗额尔德尼郡王达尔麻吉里迪，鄂尔都斯多罗郡王董罗卜，喀尔喀多罗郡王盆苏克，扎鲁忒、苏尼忒、毛明安、土墨特、乌珠穆秦等旗多罗达尔汉贝勒毕力克图等，鄂尔都斯、喀尔喀等旗固山贝子杜棱等，科尔沁和硕额驸班第，毛明安扎萨克一品台吉诺尔布，翁牛忒、阿霸垓、土墨特，

乌珠穆秦、蒿齐忒等旗协理二品台吉鄂齐尔等，科尔沁、扎鲁忒、鄂尔都斯等旗三品台吉乌勒穆济等，科尔沁达尔汉亲王额驸班第旗分公主之孙四品台吉小鄂齐尔等，郭尔罗斯、乌珠穆秦、苏尼忒、翁牛忒、四子部落等旗协理四品台吉索诺木等，喀喇沁、土墨特等旗二品塔布囊色棱等；右翼喀尔喀亲王策王扎布、扎萨克亲王沙木巴带青、郡王西的席里，喀喇沁郡王扎西，鄂尔都斯郡王宋喇布，厄鲁特、杜尔伯特、巴林、阿巴哈纳尔等旗贝子沙津等，喀喇沁和硕额驸噶尔藏，科尔沁、吴喇忒、喀尔喀、厄鲁特等旗公土奴满等，敖汉和硕额驸齐伦巴图鲁、多罗额驸扎木苏等、公主之孙台吉吴巴什等，阿巴哈纳尔、阿霸垓、鄂尔都斯、喀尔喀、扎赖忒、巴林、土墨特、科尔沁、喀喇沁、柰曼、克什克腾、厄鲁特、阿禄科尔沁、吴喇忒、呼户诺尔等旗协理台吉得木楚克等，喀喇沁王扎西之子塔布囊色棱等，及内大臣、侍卫、大学士等宴。上进酒，诸乐并作，左右翼王以下、公以上俱命至御座前，上亲赐酒。其余台吉等令内大臣视饮，内大臣、大学士等俱令侍卫等视饮。宴毕，众谢恩。上回宫。

是日起居注官法良、揆叙。

臣等谨按，古之言：至治者莫唐虞。若其时，光天之下至于海隅，苍生罔不率俾而圣神，文武广运之主犹不自皇宁，惟兢兢于一日二日万几，以倡百工而凝庶绩，以迓天庥于无穷。我皇上躬至圣之德，绍执中之传，赫声濯灵，无远弗届，南征北讨，莫不来庭。奚啻有虞之三苗、禹甸之五服，而不皇暇逸之心，惟时惟几之敕，先圣后圣，其揆一也。《书》曰：王省惟岁。伏睹今一岁之中，至德鸿猷，笔不胜书。大者莫先于用人。我皇上宵旰心劳，澄清吏治，深惟大臣法、小臣廉，而所拔用之大吏人，率出于常格之外，廷臣思虑之所不及，而适快乎人心、公论之所同然，足以兴起天下之贤才，而愧沮夫愚不肖。其在郡县之长，每铨除必召见，审其堪与否。其入而为台谏者，既赐箴以教诫之。当内外升转，必公听并观详其进言之多少当否而差次之。翰詹诸臣，则宠锡便蕃，视他署有加，亦多优以格外之擢。而凡正途之稍滞者，必先登以展其用。盖念在斯民，而无时不以培养人才为急也。传言用人即及理财。我皇上蠲租发粟，岁无虑驰金钱数百万，有大工大役，复屡出大农之财。而躬菲饮食，减服御、节浮滥、审勾稽，务以俭德为天下先。盖斟酌于众寡疾舒之经，以为盈缩生息之计，惟在于以天下之财为天下之用，而一不私诸己也。太平既久，礼教聿兴，为之定章程、明制度，使上下有等，贵贱有章。尤亟亟于清科目、崇学校，别缙绅子弟不得与孤寒竞，以开功名之门。近且允颁御制以立学宫，盖张设礼义廉耻之大坊，以为人心风俗永永移易之地，又非徒为一时之人才计也。武功既极，武备愈修，每讨军实阅骑射，自大帅以及偏裨，必陛见慰劳，以宠其行。而间斥其不胜任者，大指在于恤士卒、禁冒饷，宁百年养兵不用，不可一日不养以至于不可用。以故近者边疆小警，旋即扫除底定。同仇偕作之心，投石超距之气，固无时不鼓也。刑狱所关巨矣。我皇上好生之德，洽于民心，每岁决囚，必于万无可生之中求其可生之路。今岁复命停刑，哀矜庶狱，有罪无罪，而圣人欲其并生之心则一也。河工比岁不治，皇上亲阅河防，深悉地形水势之源委曲折，慎简河臣而授以措置之方。凡习于河渠者，即熟思远虑无以及圣明指挥之万一。即今规模次第，可望绩成。圣心犹戚然如伤，惟恐两淮百万生灵之命或阽于流亡饥溺，而不暂释于怀也。畿辅小黄，横决不常，屡勤法驾经营，相度发帑修浚，深不欲神州千里有一为吾民庐舍田畴患苦。必尽力于沟洫者又如此。此皆政事卓绝之大者。乃若郊坛对越之严，东朝尊养之盛，止仁止孝止慈，尤为致治之大本大原。而至于动容周旋之中礼，言语文告之合宜，与夫燕闲翰墨之穷神而绝迹，亦皆无所不用其极也。夫国家之治，迄今可谓极盛矣。于时为泰，我皇上振明作之气，而益大有为。如日之方中，如光华之复旦，有新而又新之象焉。盖圣心一天也，天之命不已，亦纯而不已；圣心一诚也，诚之道不息，亦久而不息。法乾之健，流谦之光，其斯为保泰之道与，抑又闻之尧舜性之也。然曰敬修其可愿，又曰慎厥身、修思永。虽言学始自商书，而言敬言慎言修则仍言学而已。诗曰学有缉熙于光明，维我皇上圣性得之，而加之逊志。稽古曰：求多闻，久不懈益勤。故合内外而时措之者，缉熙光明，炳耀无极。又因以知圣学之高深，方日增而月盛也。臣等幸备官如左右史，既执简以记，阅岁成书而莫罄盛德之形容。谨拜手稽首，飏言于简末。

康熙四十年　辛巳

正　月

初一日己丑　早，上以元旦，率诸王、贝勒、贝子、公、内大臣、侍卫、大学士、都统、尚书、精奇尼哈番等，诣堂子行礼毕，回宫。

辰时，上率诸王、贝勒、贝子、公、内大臣、侍卫、大学士等诣皇太后宫行礼，文武诸臣俱于午门外行礼毕，上回宫。

随御中和殿，内大臣、侍卫及内阁翰林院、礼部、都察院、詹事府等衙门官员行庆贺元旦礼毕，复御太和殿，诸王、贝勒、贝子、公、文武诸臣及朝贺元旦外藩蒙古王、贝勒、贝子、公、台吉等，朝鲜等国使臣进表行庆贺元旦礼毕，回宫。

是日起居注官法良、韩菼。

初二日庚寅　上诣宁寿宫问安。

是日起居注官陈论、阿金。

初三日辛卯　巳时，上由神武门出西直门，驻跸畅春园。

是日起居注官傅伸、张廷瓒。

初四日壬辰

初五日癸巳

初六日甲午

初七日乙未　上诣澹泊为德问安。

初八日丙申

初九日丁酉

初十日戊戌　巳时，上由西直门进神武门回宫。

自是日始，上以祭祈谷坛斋戒三日。

是日起居注官徐元正、满保。

十一日己亥　是日起居注官法良、陈元龙。

十二日庚子　早，上御太和殿视祭祈谷坛祝版毕，回宫。

是日起居注官张廷枢、阿金。

十三日辛丑　早，上由午门出正阳门，诣祈谷坛祭毕，回宫。

巳时，上由神武门出西直门，驻跸畅春园。

是日，上诣澹泊为德问安。

是日起居注官法良、韩菼。

十四日壬寅　午时，上御畅春园内含淳堂，以上元节，赐朝正外藩蒙古，左翼乌珠穆秦和硕车臣亲王塞登敦多卜，苏尼忒多罗郡王垂儿、公苏隆，蒿齐忒多罗额尔德尼郡王达尔麻吉里迪，鄂尔多斯多罗郡王董罗卜，喀尔喀多罗郡王盆苏克，扎鲁特多罗达尔汉贝勒毕力克图等，鄂尔多斯固山贝子杜棱等，科尔沁和硕额驸班第，毛明安扎萨克一品台吉诺尔布，翁牛忒杜棱郡王班第旗分协理二品台吉鄂齐尔等，科尔沁达尔汗亲王额驸班第旗分三品台吉乌勒木济等，科尔沁达尔汉亲王额驸班第旗分公主之孙四品台吉小鄂齐尔等，科尔沁秉图王达达布旗分协理四品台吉索诺木等，喀喇沁杜棱郡王扎西之子二品塔布囊色冷等，归化城土墨特都统阿尔纳，厄鲁特喇麻阿穆里班喇木扎木巴，呼户诺尔寨桑下；右翼喀尔喀亲王策旺渣卜、扎萨克亲王沙木巴带青，喀喇沁郡王扎西，鄂尔多斯郡王宋喇卜，喀尔喀郡王席迪西里，厄鲁特贝勒巴图尔额尔克济浓，杜尔伯忒贝子沙津等，喀喇沁和硕额驸噶尔藏，科尔沁公土努满等，敖汉和硕额驸齐伦巴图鲁、多罗额驸扎木苏等、公主之孙台吉吴巴锡等，阿霸垓协理台吉德木楚克等，喀喇沁王扎西之子塔布囊色冷等，及内大臣、侍卫、大学士等宴。上进酒，诸乐并作。外藩蒙古左右两翼亲王以下、公以上，上俱亲赐酒；其余俱令侍卫赐饮。宴罢，众谢恩毕，上回宫。

是日，上诣澹泊为德问安。

是日起居注官法良、满保。

十五日癸卯　巳时，上御畅春园内含淳堂，大宴朝正外藩蒙古左右两翼王、贝勒、贝子、公、台吉等及内大臣、侍卫、大学士，诸乐并作，上进酒毕，外藩蒙古王、贝勒、贝子、公、台吉等以上俱于坐次赐饮，宴罢，众谢恩毕，上回宫。

是日起居注官法良、阿金。

十六日甲辰 上诣澹泊为德问安。

十七日乙巳 辰时，开印。

嗣后上驻跸畅春园，部院各衙门奏章逐日交送内阁，由内阁转送畅春园办理，应面奏事仍行面奏。

十八日丙午

十九日丁未

二十日戊申

二十一日己酉

二十二日庚戌 是日，上诣澹泊为德问安。

二十三日辛亥

二十四日壬子 酉时，上由西直门进神武门回宫。

是日起居注官宋大业、满保。

二十五日癸丑 上御太和殿，升转文武官员谢恩毕，上回宫，

是日，上诣宁寿宫问安。

是日起居注官法良、查昇。

二十六日甲寅 辰时，上御乾清门听政。部院各衙门官员面奏毕，大学士伊桑阿、马齐、王熙、吴琠、熊赐履、张英，学士范承烈、邵穆布、巢可托、舒辂、王九龄、曹鉴伦、席哈纳以折本请旨。吏部题请将工部右侍郎白硕色调补左侍郎罗察员缺。上曰："永定河事务甚繁，白硕色着解工部侍郎任，令专理河工事务。学士舒辂甚敬慎，着授工部侍郎。礼部侍郎努赫素无品行，伊镶黄一旗内无有不知者，且不计耻辱，而总无刚烈之性，着革职。学士席哈纳亦甚敬慎，着授礼部侍郎，所领太常鸿胪难于兼理，止令监理太常寺事，其鸿胪寺着另拟具奏。"

兵部覆署川陕总督事席尔达题参四川建昌总兵官施应元大不称职，议革职。上曰："施应元人材矫健，但不知其居官优劣何如？着行文席尔达查明，若应拿问，即行拿问。"

又题副都统兴永朝乞解任。上曰："兴永朝前任督抚并未将裨益兵民

之事尽心料理，乃称硁硁自守等语不合，着解退副都统。”

又云贵总督巴锡题请降级调用之贵州镇远副将陈王路降级留任。上曰：“着照该督所请留任。”

工部覆总河张鹏翮奏请宣泄运河水势，议准行。上曰：“前者朕曾以此事谕于成龙，于成龙并未遵旨挑浚。今观张鹏翮所奏甚是，悉与朕前旨相符，即照所请行。”

伊桑阿等奏曰：“臣等遵旨以湖口关事宜问九卿。九卿云：上谕湖口关不可分立两处，不宜并设两官，极是。”上曰：“顷御史程文彝亦条奏此事，着并议具奏。”

是日起居注官法良、杨名时。

二十七日乙卯　辰时，上御乾清门听政。部院各衙门官员面奏毕，大学士伊桑阿、马齐、王熙、吴琠、熊赐履、张英，学士范承烈、邵穆布、巢可托、舒辂、王九龄、曹鉴伦以折本请旨。吏部题内阁学士巢可托、舒辂、席哈纳员缺，将太仆寺卿喇锡等职名开列。上曰：“学士之任甚为紧要，副都御史辛保、大理寺卿希福纳俱系壮年，其衙门事亦不烦，着此二人转补学士。”因顾问大学士伊桑阿、马齐曰：“尚有一学士之缺，尔等可有素知之人否？”伊桑阿奏曰：“内阁侍读学士有石留住、色德里、索尔碧、满丕等。”上曰：“伊等何如？”伊桑阿奏曰：“石留住为人微谨厚，色德里曾在票签办事。”上曰：“更有谁等？”伊桑阿、马齐奏曰：“翰林院讲读学士有傅伸、揆叙、钟申保等。”上曰：“钟申保不可用，其人躁妄。翰林衙门无事，幸得免耳。太仆寺卿喇锡此二人俱属轻浮，此辈何堪任使？尔等查郎中御史内历俸三十余年者，开折具奏。”

上又问曰：“顷召来原任刑部员外赵申乔，其人何如？”王熙奏曰：“彼任河南知县时居官甚好，及为部郎办事优劣不曾知悉。观其品行谨厚安静，尚是读书人。”上曰：“张鹏翮任浙江巡抚七载，历年钱粮俱照数清完，并无亏欠。今浙省钱粮一事甚无头绪，故朕决意先易其巡抚。今欲并易藩司，赵申乔既敬慎，委以钱粮事务，彼断无苟且，定然效力，着补授浙江布政使。”又曰：“各省钱粮前曾以次蠲免过二年，朕今欲蠲免江南明岁钱粮。江南系大省，钱粮繁多，尔等会同户部定议，将各项应蠲钱粮逐一查明具奏。今年十月间即颁行上谕，则江南全省之民庶可普沾实惠也。”伊桑阿、马齐奏曰：“江南一省钱粮浩繁，皇上大沛洪恩，蠲免明岁钱粮，则一省之民无不欢洽矣。”

是日起居注官陈论、满保。

二十八日丙辰 辰时，上御乾清门，听部院各衙门官员面奏政事。

是日，上诣宁寿宫问安。

是日起居注官张廷瓒、阿金。

二十九日丁巳 辰时，上御乾清门听政。部院各衙门官员面奏毕，浙江布政司赵申乔陛辞赴任，恭请训旨。上曰：“浙省财赋之区，自张鹏翮去任之后，钱粮之事渐多蒙混。尔当秉公察核，能使库帑不致亏空，小民不致滋累，方不负委任之意。”赵申乔奏曰：“臣一介鄙儒，以员外告病家居，忽荷圣恩起用，超擢用藩司，虽捐顶踵，不足图报。臣到任后，自当洁己奉公，稽核库币，禁绝火耗。若有瞻顾苟且，愿服重典。”上曰：“布政使为一省表率，若布政使清廉，则属吏自皆守法矣。”赵申乔又奏曰：“臣为外吏，无由时觐天颜，恳乞恩赐御笔一二字，俾得时时瞻仰。”上曰：“初委尔以外任，如居官果好，自当赐尔也。”赵申乔随谢恩出。

大学士伊桑阿、马齐、王熙、吴琠、熊赐履、张英，学士苏赫纳、范承烈、王九龄、曹鉴伦、辛保、希福纳以折本请旨时，上顾伊桑阿等曰：“赵申乔心甚梗直，断不屈附于人，朕故授以浙江布政使，且今日请训旨之辞甚为恳切，彼奏称：倘若妄行，请于常罪之外更置重典，料彼必为良吏。总之俟彼到任后方知耳。”伊桑阿等奏曰：“诚然。皇上殊恩拔擢，彼自当竭力也。”

是日起居注官揆叙、陈元龙。

三十日戊午 辰时，上御乾清门听政。部院各衙门官员面奏毕，大学士伊桑阿、马齐、王熙、吴琠、熊赐履、张英，学士范承烈、法良、王九龄、曹鉴伦、辛保、希福纳、傅伸以折本请旨。都察院题御史内升外转。上曰：“外转之人彼堂官皆惧而不言。御史刘珩素行不端，近日条奏之事皆有情弊，妄行入奏应外转，尔等问都察院堂官。御史内优者颇多，其应内升外转者，尔等会同查奏。”

直隶巡抚李光地以折子参奏王新命等修河钱粮并无着落。上曰：“王新命等修河事务甚为紊乱，特差堂官会同李光地详查。”

又以折子请动正项钱粮修筑河工。上曰：“着依李光地所奏动正项钱粮，及雨水未至时速行修筑。”

是曰，上诣宁寿宫问安。

是日起居注官徐元正、满保。

二 月

初一日巳未 上以巡幸霸州等处，辰时由午门出正阳门，驻跸南苑南红门内。

初二日庚申 早，赐大臣、侍卫獐。

是日，驻跸大兴县属李贤村彩舆里。驻防防守御常寿等、旧州营都司周方等来朝。

初三日辛酉 上由李贤村往阅永定河，至清凉寺决口，顾直隶巡抚李光地曰：“此河今岁务必完工，尔等勉力为之。”又顾学士法良、巡抚李光地等曰：“尔等确查王新命等所用钱粮，毋得徇情。”

是日，驻跸永清县属蔡家营。直隶守道高必弘等、固安县驻防防守御刘格色等来朝。

申时，上出行宫，率王、贝勒、诸皇子、善者侍卫射，上发皆中的。随阅部院衙门堂官及地方官马步射。上顾大学士马齐曰：“把总张武系管兵之官，不娴马步射，着革职。”

初四日任戌 上自霸州属苑家口登舟，泊保定县属芦屯。

是日，署霸州知州事东安县知县王友直等、霸州驻防防守御贰极图等来朝。

初五日癸亥 御舟泊任丘县属赵北口地界。

是日，雄县知县张墉等、驻防防守御三等来朝。

初六日甲子　御舟泊新安县属郭里口。

初七日乙丑　御舟停郭里口。是日，赐大臣侍卫鸪鸡、野鸭及鱼等物。

初八日丙寅　御舟停郭里口。

初九日丁卯　早，赐内大臣、大学士活天鹅，大臣、侍卫、护军等鸪鸡。是日，御舟泊新安县属段村。晚，赐内大臣、大学士鱼。

初十日戊辰　御舟停段村。是日，赐内大臣、大学士、宗室、侍卫雁、野鸭、鱼，部院堂官、官员、笔帖式及执事人等鸪鸡。

十一日乙巳　早，赐内大臣、大学士、侍卫、护军校、护军等鱼。是日，御舟泊任丘县属圈头村。

十二日庚午　御舟停圈头村。是日早，赐御舟水手鸪鸡。

十三日辛未　御舟泊停赵北口。

十四日壬申　早，赐大臣、宗室、侍卫鹅、鱼、鸪鸡，侍卫鱼、鸪鸡。是日，御舟泊霸州属苏家桥。

十五日癸酉　早，赐大臣、侍卫、官员、笔帖式等鸪鸡。

是日，御舟泊霸州属唐二堡。

申时，大学士马齐传谕直隶巡抚李光地曰："朕比年巡幸畿辅地方，访知民间疾苦，屡行蠲赈，施惠群黎。今观霸州、大成、文安三州县地方洼下，大被水灾，虽过丰年，民犹艰食。此三州县累年积欠并今岁应征地丁正项钱粮，尔即将应蠲米谷钱粮确行查明蠲免，将所蠲数目仍行奏闻，务使穷民均沾实惠。倘有土豪、光棍包揽欺骗，借以肥己，及不肖牧民有司纵放书办、外郎作弊，以富作贫，捏报灾荒，以致恩不下逮，尔据实参奏，务苏民困，以副朕轸恤爱养之意。特谕。"

十六日甲戌　上阅子牙河，御舟泊鳏夫楼。

十七日乙亥　御舟泊武清县属王庆陀。

十八日丙子　早，赐水手白金。上乘舟阅柳岔口，登新筑堤，谕曰："永定河每年当水涸之时，河道既枯，必至淤平，此甚难治。朕思得一善策，倘得引入清水以冲刷浊水之河底，则水自深矣。朕回銮时另颁谕旨。"

是日，御舟泊武清县属罗米店。

十九日丁丑　早，上率王、贝勒、诸皇子及善射侍卫射，上发矢皆中。

又阅天津总兵潘育龙等射。

是日，御舟泊武清县属河西坞。

二十日戊寅 御舟泊通州属漷县码头。武关营游击丁爽等来朝。

二十一日己卯 御舟泊通州。通永道李锡等、副将金弘振等来朝。

二十二日庚辰 未时，上由崇文门进东华门回宫。

是行也，部院各衙门奏章每日交送内阁，由内阁三日一次递送行宫办理。

扈从起居注官法良、揆叙。

二十三日辛巳 辰时，上御乾清门听政。部院各衙门官员面奏毕，盛京刑部侍郎巢可托赴任恭请训旨。上曰："盛京官方日坏，弊端亦多，故遣尔往整理，到任后勉力为之，尔之优劣，朕自知悉。居官果优，富贵即在其中矣。"巢可托奏曰："臣世受皇上深恩，唯忧不能仰报万一，何敢希冀富贵。"巢可托出。

大学士伊桑阿、马齐、王熙、吴琠、熊赐履、张英，学士范承烈、王九龄、曹鉴伦、辛保、希福纳、傅伸以折本请旨。九卿覆总河张鹏翮题河工官员照台湾例，保守三年不决，即以应升之缺升用，议准行。上曰："河工岂可与台湾并论？台湾系海外之地，彼处官员俱属拣用，赴任时不带家属，独身前往，三年后调升别地，此内有意存焉。今张鹏翮奏称河工官员保守三年不决即升等语，果依此行，三年后惟河工官员升迁，其他尽壅塞矣，且部中定例亦从此而坏。张鹏翮居官清白，如此行之尚可。张鹏翮之外岂可乎？九卿不知此意，但视张鹏翮如何陈奏，即照所奏议行，其不可行之处，九卿皆不知也。着以此问九卿。"

巳时，上由神武门出西直门，驻跸畅春园。

是日起居注官宋大业、阿金。

二十四日壬午 上诣澹泊为德问安。

二十五日癸未

二十六日甲申 上诣澹泊为德问安。

二十七日乙酉

二十八日丙戌 辰时，上御畅春园内澹宁居听政。部院各衙门官员面奏毕，大学士伊桑阿、马齐、王熙、吴琠、熊赐履、张英，学士范承烈、法良、王九龄、曹鉴伦、辛保、希福纳、傅伸以折本请旨。三法司衙门题广东省强盗曾自成等拟立决。上曰："广东地方去京辽远，故盗案不绝，加之地方官又不行详究，每案苟且完结者甚多。前曾有类此一案，俱行正法则太多，故朕唯将为首数人正法，其余尽发遣黑龙江。此一案内亦多，着将为首数人即行正法，其余俱免死，发往黑龙江。"

山东巡抚王国昌因给事中马士芳参己大计一案回奏。上曰："给事中马士芳等题参王国昌一事，今王国昌已回奏矣，并无实据，着马士芳等再行明白回奏。"

江西巡抚马如龙请解任。上顾大学士等问曰："马如龙今年几旬矣？"伊桑阿奏曰："马如龙今年七旬有四。"王熙奏曰："马如龙年虽老，尚能办事，但巡抚事务繁要，似觉稍难。"上曰："马如龙虽年老，居官尚好，着行文总督阿山，问彼病势如何及能否办事具奏。"

上又曰："无事之时督抚之任仍宜汉人，若汉军费用太多，于民无益。唯有紧急事务办理敏捷，则汉军所优也。然如张鹏翮、李光地之居官更有何议？张鹏翮自到河上，在署之时甚少，每日乘马巡视堤岸，不惮劳苦。彭鹏人材亦甚矫健，朕深知之。任三河知县时，但闻有贼，即带刀乘马独往擒拿，毫无畏怯。"伊桑阿奏曰："彼时修理道路，臣曾见之。其马上办事与满洲无异。"

四川提督唐希顺题参参将李麟遇敌退避不前。上曰："李麟人材矫健，马步射俱优，系朕简用之人。打箭炉未复之前，李麟曾呈总督席尔达云，应分兵三路进取打箭炉。席尔达据彼之言奏称欲领西安兵进剿。朕以他路之兵俱已调遣，西安之兵不必动谕止之。此等情节载在打箭炉捷书内甚明。今唐希顺题参李麟遇敌对垒时以无甲自诿不前等语，即今与公费扬古同往西路出兵者，其内并未闻有无甲不战之人，岂有已经遇敌以无甲自诿而不战之理！现今参李麟之处，与彼先行具题之处皆相背谬，尔等取阅捷书原文，其情自见。至于原任提督李镇鼎与唐希顺素不相能，李麟若非李镇鼎所提拔之人，则必与彼有关亲谊，以是挟仇题参亦未可定，不然必有他故。李麟不必拿问，着交与署总督事尚书席尔达察议具奏。"

又曰："前者总督郭琇所参总兵官张大受马步射优，人材亦健，但居官甚酷，为人残恶，待友无信，与彼同事者无不怨之。若将在外总兵官皆照此参劾，则恶虐武弁自然消迹，于兵实有大益。但参何应元一案朕至今犹疑之，大约好人所在皆有，但称彼一处人好即偏矣。"

伊桑阿奏曰："九卿遵旨改设湖口关一事会议得，湖口关设立已经二十余年，似难猝改，将关仍设立湖口，但将商船所泊之处交该督抚略加修理。"上曰："即依九卿所议详加修理。"

又奏曰："臣等遵旨将叙用河工官员问九卿。九卿云圣谕甚是。河工官员岂得引台湾之例，臣等实为错误，祈发还原本改正。"上曰："这本着发还，令其改正。"

是日起居注官揆叙、满保。

二十九日丁亥　申时，上由西直门进神武门回宫。

是日起居注官查昇、傅森。

三　月

初一日戊子　辰时，上御文华殿，举行经筵大典，讲官常寿、熊赐履讲《四书》：故至诚无息，不息则久，久则征一节，法良、张英讲《易经》：拟之而后言，议之而后动，拟议以成其变化一节。讲毕，赐宴于太和门前。

午时，上由神武门出西直门，驻跸畅春园。

是日，上诣澹泊为德问安。

是日起居注官阿金、杨名时。

初二日己丑

初三日庚寅

初四日辛卯　上诣澹泊为德问安。

初五日壬辰　辰时，上御畅春园内澹宁居听政。刑部官员入奏。上顾侍郎常寿问曰："陵寝工程完否？"常寿奏曰："今尚有水，难以动工。"上曰：

"陵寝地方朕每岁巡行，此时岂尚有水，尔闻之谁？"常寿奏曰："臣问侍郎舒辂，彼言如是。"上呼乾清门侍卫马武曰："尔往问舒辂。"马武出问舒辂覆奏曰:"舒辂云:但言较此地稍寒,并无今尚有水之语。"上顾常寿曰："为人臣者凡事应以实奏，今竟不计心之愧与身之辱，惟欺妄是行，是属何意？尔祖父本系微贱，朕特用尔，位至大臣，亦不过望尔实心效力，并非欲尔任行欺妄。此皆由惮于身劳，借此推委耳。"

部院各衙门官员面奏毕，大学士伊桑阿、马齐、王熙、吴琠、熊赐履、张英，学士范承烈、王九龄、曹鉴伦、辛保、希福纳、傅伸入以折本请旨。上曰："朕顷以陵寝工程完否常寿，彼奏称水尚未消，难以动工。岂有斯时尚有水之理，此皆由惮于亲往，漫行欺妄。人生于世，所赖以事君，立身者惟诚耳，不诚即学问优长，亦奚益乎？彼于朕前如此欺妄，嗣后何以自立？甚矣，其无耻之深可憎也。"

伊桑阿等奏九卿覆总河张鹏翮题河工官员请照台湾例叙用，议不准行。上曰："凡事得中为善，不可太过，亦不可不及。竟议不准行，亦未尽当。河工官员俱照台湾例叙用，虽属不可，然亦须按其工程之极险、次险与平易者分别作何加级，则诸员方肯效力。至于险要之处督工人员才或庸劣，而平易处督工者才反优长，则亦不妨调用。尔等可择一善驰中书遣至张鹏翮处，着分别其工程之极险、次险与平易者，开明折子具奏，俟到日再行定议。"

直隶巡抚李光地以不赔修武清县决堤官员议处具奏。上曰："武清县等处冲决堤口，朕临阅数次，见彼处工皆完竣，着交李光地查明具奏。"

陕西巡抚华显题捐纳米谷于甘州等处交纳。上曰："所奏甚当。宁夏等处连年丰稔，米谷赢余，价值亦贱，彼欲交纳于甘州等处，其意甚是。着依巡抚所请议奏。"

是日起居注官法良、傅森。

初六日癸巳　上诣澹泊为德问安。

初七日甲午

初八日乙未

初九日丙申

初十日丁酉　辰时，上御畅春园内澹宁居听政。部院各衙门官员面奏毕，大学士伊桑阿、马齐、王熙、吴琠、熊赐履、张英，学士范承烈、法良、王九龄、曹鉴伦、辛保、希福纳、傅伸入以折本请旨。礼部覆总河张鹏翮题请，凡治河上谕发翰林官纂修，拣选各省进士、举人往河工学习河务，议准行。上曰："朕以河工关系紧要，时廑忱怀，凡往代有关河务之书，无不披阅。大约理可以空言而概论之。河性无定，岂可固执一法以治之？惟委任得人，相其宜而变通以行之，方有益耳，空言奚补哉？今不计所言所行者后果有效与否，即编辑成书，令后人遵守，不但后人难以仿行，揆之已心，亦难自信。且今之河工能保其永无虞乎？此尚不能预信，著书何为？不但此也，河工今虽有绪，尚未底绩，果如扑灭三藩、荡平噶尔丹之灼有成功，允宜勒之于书，垂示后世。今河工尚未告竣，乌可遽纂成书以为法乎？"伊桑阿奏曰："皇上为民以河工为要务，所以河之情形及修浚之法无不洞悉。凡所指训无不得当者，应勒成一书，以垂后世。"上曰："张鹏翮专任河务，纂书之事不必交翰林院，即着张鹏翮编辑。其拣选各省举人、进士令往河工，事属繁琐，不准行。"

又覆李光地题请御制圣训颁示各省学宫，议准行。上曰："着照李光地所题，尔等善为撰文颁示。"

又题加恩精奇尼哈番井臧。上曰："朕览实录，井臧之祖系太祖皇帝时自察哈尔部落来归者，今部奏称其自喀尔喀来归，殊为错缪。井臧系公主之子，其子纵不准袭精奇尼哈番，亦应袭以拖沙喇哈番。这奏着发回该部，一并察明具奏。"

兵部题昭陵总管温达员缺，以步军总尉三泰等职名开列。上曰："总管职甚紧要，尔等会同八旗都统，将侍卫并护军参领内择其年长而厚重敬慎者引见，若系宗室觉罗更佳。"

又题琼州府总兵官唐光尧员缺，以镶黄旗参领武进贤、香山副将朱明等职名开列。上曰："琼州地方甚属紧要，今福建海坛总兵王起龙年虽老，而居官甚善，着调补琼州总兵官。"

工部题监督铺户、窑户等支领银两，令其均赔。上曰："工部每年支领如许钱粮，因无着落，竟欲摊派监督铺户者专为赔补，时以家产尽绝为词，希图幸免之意甚明。果谓司官侵蚀，则堂官所职何事？今惟有不分满汉，凡与此事之堂、司官均行着落，于三年内作速赔补为当。倘欲分年折销，断不可也。”伊桑阿奏曰：“皇上深知工部之弊，拣用喻成龙、舒辂，始查出此等弊端。”上曰：“此事交九卿议奏。”

给事中马士芳因以大计题参山东巡抚王国昌，遵旨明白回奏。上曰：“今着王国昌据实回奏，看其如何辨论。朕听政四十余年，凡条奏之事，稍有私意，断不能欺朕。马士芳等特不喜汉军居督抚之任，故将数处汉军巡抚俱行参奏，此岂可云无故乎？近以朕所知汉官数员尽置外任，今郭琇病甚，欲思一人以代之，尚患不得，果如张鹏翮、李光地、郭琇者，能有几人？若云汉人内人人皆优，此亦不可。原任福建巡抚宫梦仁居官无状，顷朕问李光地邻省山东、河南、山西巡抚居官何如，尔等有文移来往之事，必知之。据李光地之言，山西巡抚噶礼、河南巡抚徐潮居官甚优，王国昌虽无过人之才，心性和平，地方尚受其益。李光地所奏如此。果在地方安静，即百姓之福矣。”

广东巡抚彭鹏荐举广西河池州知州黄志璋等居官甚善。上曰：“彼所举荐必系良吏，着照所题令来京陛见。”

是日，上诣澹泊为德问安。

是日起居注官揆叙、满保。

十一日戊戌

十二日己亥

十三日庚子

十四日辛丑

十五日壬寅 辰时，上御畅春园内澹宁居听政。部院各衙门官员面奏毕，大学士伊桑阿、马齐、王熙、吴琠、熊赐履、张英，学士范承烈、王九龄、曹鉴伦、辛保、希福纳、傅伸入以折本请旨。吏部题大理寺卿常翼圣失仪，议罚俸三月。上曰：“常翼圣在部不过备员，有何善处，且已年迈，着以原品休致。”

礼部遵旨查精奇尼哈番井臧始末具奏。上曰：“着给与半葬银两，其袭职事交该部请旨。”

刑部题侍卫艾柱打死家人，依例罚俸一年。上曰："以艾柱问领侍卫内大臣其人何如，若果庸劣，着革去侍卫。"

总河张鹏翮题销所用钱粮。上曰："所奏疏内因银数一处一两不符、一处四两不符，议驳回。数两不符，甚是微细。钱粮亦少，必待往来申奏然后改正，殊觉多事。嗣后该部移文改正可也，何必烦奏。"覆顾大学士马齐曰："尔户部此后若错误系十两以内者，亦着行文改正，不必启奏。"

湖广巡抚年遐龄回奏，布政司任风厚到任后并未卧病一日，请以本人赴京引见。上曰："布政司任风厚今已将到矣，俟其到日再议。"

是日，上诣澹泊为德问安。

是日起居注官法良、阿金。

十六日癸卯

十七日甲辰

十八日乙巳

十九日丙午

二十日丁未

二十一日戊申　辰时，上御畅春园内澹宁居听政。部院各衙门官员面奏毕，广西巡抚萧永藻赴任恭请训旨。上曰："彭鹏在广西居官甚好，尔到任可效彼所行，别无训尔处。"萧永藻奏曰："臣系微贱之人，蒙皇上荐擢巡抚。臣在广东时，并未能仰报宸恩于万一，又蒙调补广西巡抚，臣到任后惟有竭力勤勉，以报皇上隆恩。"上曰："尔等面言虽如此，所行总与所言不合。前任尔广东巡抚时，尔亦曾如此面奏，后果能践尔言否？"萧永藻奏曰："臣任广东巡抚四年，立志不敢贪取一钱，但才本庸劣，不能仰体皇上指示而行者是实。"因免冠叩首。上又曰："比年广东一省盗案甚多，每一案内必牵连数百人，俱罹法网。顷黎人之地又闻有事，如此可云效力乎？尔居官果善，岂致有此等之事？即如张鹏翮、李光地居官俱好，是以人皆称颂。尔居官若优，朕岂有不闻者。今全无善状，朕亦难为谬许。总之公论断不能逃也。且尔所荐人员，亦无当者。"萧永藻奏曰："臣因其办事优长，是以荐举，敢存私念？"上曰："嗣后办事优长之语总不必言，但当择清廉者举之。居官既廉，办事自善。即钱粮稍有未完，百姓自为彼勉力。今以彭鹏补授广东巡抚，整治一二年，地方事务必有头绪。”萧永藻奏曰：“圣鉴诚然。居官者惟洁己爱民，地方自受其益。臣到任后惟有谨志圣训，勉为效力。”萧永藻出。

郎中马尔汉、主事苏库前往教育喀尔喀扎萨克、多罗贝勒、罗卜臧、蒙古等，恭请训旨。上曰：“喀尔喀蒙古其性无常，且不知足。尔等至彼，切不可希图取悦彼等，速冀朕知而多与之物，如此者并非尔等不肯尽力，但尔等岂能有如许之物满其愿欲？日后不继，反致招怨。故姑应节其施与，酌量行之。至于教彼耕种，亦甚紧要。前此任事之人，朕悉指训。汝等问之于彼，加意勉行可也。”马尔汉等出。

大学士伊桑阿、马齐遵旨以昭陵总管员缺，会同八旗都统选择镶黄旗护军参领觉罗噶尔图等引见。上曰：“觉罗托罗科尚有口才，家亦贫穷，难于行走，着补授昭陵总管。”

既而大学士伊桑阿、马齐、王熙、吴琠、熊赐履、张英，学士范承烈、法良、王九龄、曹鉴伦、辛保、希福纳、傅伸入以折本请旨。吏部题广西布政使教化新员缺，以广东按察使张仲信拟正、安徽按察使董昭祚拟陪。上曰：“广西地近苗蛮，甚属紧要。朕所知数人，俱已用完。今无深知者，此员缺尔等传谕九卿，于现任道员内择其清廉者开列职名具奏。近日部院大臣子弟徇情互举者甚多，此次若不从公举荐，徇庇行私，朕断不优容也。”

又顾大学士等曰：“近见督抚内张鹏翮、李光地、郭琇、彭鹏、噶礼、华显等居官最优，总督阿山到任虽不甚久，居官亦甚善。”伊桑阿奏曰：“圣鉴甚是，伊等居官俱优。”

上又曰：“徐潮自到河南，声名即尔茂著。”伊桑阿奏曰：“徐潮为侍郎时，办事亦优。”

又以顺天府府尹钱晋锡题宛平县知县管承业员缺，请简选补授，议准行。上曰：“宛平县事务紧要，着行文直隶巡抚李光地，令于所属知县内选择具奏。顷彭鹏荐举知县三人，朕谕令来京，而尚未到。彭鹏所荐定皆良吏，观张鹏翮、李光地等皆不轻于荐人。伊等惟恐所荐之人后有不法，反贻己辱，故甚郑重之。若于成龙则乐于荐人，故常失之。”

又以陕西庆阳、凤翔两府知府员缺，以江西广信府知府张国桢等职名开列具奏。上顾伊桑阿等问曰：“此外尔等有知者否？”伊桑阿等奏曰：“如有知者，臣等何敢隐不以奏。”上曰：“傅泽渊着补授凤翔府知府，李昉着补授庆阳府知府。”

兵部覆提督唐希顺题请四川补授副将等官，速令赴任，议准行。上曰：“四川地方紧要，武弁不宜久虚其任。今将未经补授副将、参将、游击、守备、千总等官，着行文署总督事席尔达，令于陕西、四川二省内或现任官或应升官，不准越次拣选，一面调补令赴任，一面具题，事毕时来京补行引见。”

总河张鹏翮以河工情形奏闻。上召来奏郎中王进楫问曰：“今清水流至何处矣？”王进楫奏曰：“清水流至奶奶庙。”又问：“毛城堡之水可入洪泽湖否？”王进楫奏曰：“不入洪泽湖，皆流入黄河。”上又逐一详问河工情形，谓大学士等曰：“今天下无事，惟治河最要。此时虽稍有头绪，未可遽称底绩。今唐梗六坝俱已堵塞，夏秋时黄河水溢，加之毛城堡之水复入，洪泽湖波浪汹涌，则高家堰甚可危虑。目下清水流出，虽于运艘有益，倘高家堰一有冲决，淮扬一带地方俱不可问，其为患甚大。且所修如许工程，亦皆付之无用矣。昔于成龙任总河时，不塞唐梗六坝，非无所见，盖虑此而不行也。今断不可不慎为防护。凡此皆朕亲临所见，并非纸上空言。”马齐奏曰：“皇上洞悉河工源委，故凡所指示，无不合符。今高家堰惟遵圣训，小心堤防，必不致于冲决。”上复顾郎中王进楫曰：“尔往谕张鹏翮，高家堰堤须加意防守，不可即谓工竣，必历夏秋至冬，清水照常通流，高家堰无事，斯可云河工有济。”复顾大学士等曰：“张鹏翮修筑石堤甚速，且彼处运石非易，成工之速如此，可谓实心效力者矣。”

是日起居注官揆叙、傅森。

二十二日己酉 上谕曰：“莽牛河之水着引入永定河，可交分司等照此修治，将此修治之处传谕巡抚李光地前来视之。”

是日，上诣澹泊为德问安。

是日起居注官撰叙。

二十三日庚戌

二十四日辛亥

二十五日壬子

二十六日癸丑　辰时，上御畅春园内澹宁居听政。部院各衙门官员面奏毕，大学士伊桑阿、马齐、王熙、吴琠、熊赐履、张英，学士范承烈、法良、王九龄、曹鉴伦、辛保、希福纳、傅伸入以折本请旨。吏部以大理寺卿员缺，开列大常寺卿江繁等。上曰："大理寺卿即升巡抚，职任紧要，开列内人俱平常，将其次应升人员并翰林职名查奏。近来数次内升官员有最优者，江南、浙江学院声闻并美其职名，亦着开列。"

又覆广西巡抚彭鹏题请柳州知府傅以履调太平知府，议不准行。上曰："彭鹏既为地方奏请，可照所请行。"

刑部等衙门题王新命等不修筑河工，王新命拟枷号两月、鞭一百，白硕色拟革职。上曰："议者轻矣。王新命所行甚属无耻，永定河密迩京师，即在数百里内，彼犹如此妄行，则其任督抚时不堪可知。此事并非科、道纠参及诸臣查奏，俱朕所目睹，亲行查出者。倘严讯白硕色、黑硕色，真情自露，但朕不肯穷究，故若是耳。王新命系革职之人，朕复举用，所行尚犹如此，为臣之名与职与体，三者俱有玷矣。彼即应自裁，岂可轻拟其罪乎？白硕色虽无济于事，尚有建言之处。王新命、黑硕色、达兰泰若不置之重典，嗣后谁劝谁惩？议事诸臣甚属徇庇，此本着发回。"

又将高丽通事戴保等议罪。上曰："此议谬矣。京师所遣官员受制于外省之官，系何年定例、何时谕旨？既无此例，外省佐领丹达私将通事常寿尸骸擅行焚化可乎？私行焚尸定有别故，但将丹达与家人夹讯，真情自出。部议反将丹达置之不论，甚是背谬，人人俱不心服。此本着发回。"

右卫将军费扬古题请应积贮米谷并请进献石青。上曰："积贮米谷甚是，着照所请行。其石青不必进献。"

山西巡抚噶礼题请太原府知府秦棠调补平阳府知府。上曰："秦棠居官甚优，其革职后，临汾县百姓数千前来叩阍，恳留秦棠。朕虽谕以今将秦棠已升补太原知府，而百姓尚叩请不已，可将秦棠调补平阳府知府。"

管理茶马郎中党色请以茶所易马匹分给各营及各驿，扣除原价，庶不致远送伤毙，且省豢养之费。上曰："此事不可行，有益于此必损于彼，断非两得之法，着该部照常议奏。"

总河张鹏翮又题河工官员确有成绩勤于公事者，三年后照台湾例叙用。上曰："张鹏翮所言此事稍觉谬矣。彼奏称九卿大臣但知台湾风波之险，而不知河上人员身居河岸劳苦多年等语，此事九卿初议准行，张鹏翮岂不闻之，朕知其不合，故不准行，并非九卿议不准行者。九卿诸臣但视其强者，即附会焉。朕不据理断之，可乎？初定台湾之例，并非因冒风波之险而始议叙，别有深意存焉。张鹏翮诚不知此，河上人员果照此例，则另行更定者甚多，且彼奏疏内并未明白指出，观其意甚是激切。总之办公事不可私为人，于成龙惟专于为人，故终不能成事。"伊桑阿、马齐奏曰："河工官员内张鹏翮果知有勤劳茂著者，特行荐举，皇上无不擢用。今不分优劣，一概议叙，稍似难行。"上曰："张鹏翮此事稍觉轻率，故言致有失。尔等将九卿原议尽行录出，遣一中书持示张鹏翮，着另行具奏。"

伊桑阿等遵旨为广西布政司员缺，以九卿所荐道员高必弘、施世纶、管竭忠、王缥、李涛、王谦等六人职名开列折子呈览。上曰："施世纶居官尚优，但立意太偏。朕曾以此人问张鹏翮，张鹏翮亦言其性偏执。为知府时，官与士讼，士必胜；士与民讼，民必胜。是非不甚分别，惟视其弱者护庇焉。至于高必弘、管竭忠俱朕所素知者，办事优，居官亦巧，然不可谓操守清廉之至。朕谕九卿保举者，亦令荐其如张鹏翮、李光地、郭琇、彭鹏者耳，若果用此辈，朕宁不早用之耶？"因顾大学士等问曰："李涛居官何如？"王熙奏曰："李涛系由翰林简授江西临江府知府，居官尚优。"上曰："李涛着补授广西布政使。"

上又曰："人于千百言内定有当者，亦有失之者，谁能竟无纤毫之过？顷张鹏翮议覆考试及所奏此事皆微有失，至于洪泽湖，朕心今甚虑之。前者坚筑高家堰、唐梗六堤，洪泽湖之水较黄河略高，清水虽得通泄，今岁挑花水发，闻洪泽湖水已高三尺，至夏秋时水更高至一丈，则高家堰堤深可危虑。朕为此前者已有谕旨，倘高家堰有事，所关甚大矣。"

是日起居注官阿金、满保。

二十七日甲寅 上诣澹泊为德问安。

二十八日乙卯 午时，上由西直门进神武门回宫。

自是日始，因祭太庙，斋戒三日。

是日起居注官陈论、满保。

二十九日丙辰 辰时，上御畅春园内澹宁居听政。部院各衙门官员面奏毕，大学士伊桑阿、马齐、王熙、吴琠、熊赐履、张英，学士范承烈、法良、王九龄、曹鉴伦、辛保、希福纳、傅伸入以折本请旨。宣化府总兵官尚宣请于军前效力。上曰："今并无用兵之处，此本着发回。"

湖广巡抚年遐龄明白回奏事。上曰："任风厚年未衰老，尚可办事，如尔诸臣俱系老年，差遣之役，固不可也。至于坐而办事，必须老成历练者方能得当。州县官则不可，若道员以上，犹以年长者为佳。不惟此也，凡一省易大吏，一方百姓不能无累，外官惟以清廉为要。郭琇居官清廉而办事和平，如任风厚果系不堪，郭琇岂肯徇庇？彭鹏居官虽清，办事尚急躁，安能及李光地、郭琇、张鹏翮之处事和平乎？任风厚仍着赴任，至于言官若行处分，嗣后谁复敢言？原参官员着免议，年遐龄奏疏着批知道了。"

是日起居注官韩菼、阿金。

三十日丁巳 早，上御中和殿视祭太庙祝版毕，回宫。

辰时，上御乾清门听政。部院各衙门官员面奏毕，大学士伊桑阿、马齐、王熙、吴琠、熊赐履、张英，学士范承烈、王九龄、曹鉴伦、辛保、希福纳、傅伸入以折本请旨。湖广镇筸总兵官雷如条奏，苗蛮犯界，不待申报督提即行进剿，本营兵请增至二千五百，镇筸请照他省例设立理事同知。上曰："所条奏各项应否准行之处，着该总督逐一明白议奏。"

是日起居注官法良、陈元龙。

四　月

初一日戊午　早，上以孟夏亲诣太庙祭毕，回宫。

巳时，上由神武门出西直门，驻跸畅春园。

是日，上诣澹泊为德问安。

是日起居注官法良、韩菼。

初二日己未

初三日庚申　上诣澹泊为德问安。

初四日辛酉

初五日壬戌

初六日癸亥

初七日甲子　辰时，上御畅春园内澹宁居听政。部院各衙门官员面奏毕，原任内阁学士钱齐保等以教养土默特部落蒙古恭请训旨。上曰："此部落与他部落不同，掣肘之处甚多，所以成事较他处稍难。尔等在部年久，至彼自知其蒙古作何教养、作何给与，必预为请旨，俟朕指示而行，切勿私给物件。尔等倘不加审察，恐蒙古等反嫁祸于尔等矣。尔等至彼，详察其情，身受裨益，方信朕所见甚明、所谕至当也。其贼盗之事，亦系紧要。尔等其慎之。"钱齐保等出。

大学士伊桑阿、马齐、王熙、吴琠、熊赐履、张英，学士范承烈、法良、曹鉴伦、王九龄、辛保、希福纳、傅伸以折本请旨。上曰："顷者郑惟孜又以考试举人冒籍事条奏，甚是激切，不知考试之事欲其全然无弊，惟在所遣试臣秉公而已。些微细故，无甚关系。今郑惟孜屡次激切条奏，其或有他故欤？尔等问明具奏。"

户部覆归化城将军宗室费扬古题，右卫兵丁请如行军例，给三十日草料喂肥马匹备用，议准行。上曰："向者朕率师至宁夏，时值二月，随行侍卫、执事人等及军卒马匹并未支给草料，惟恃牧放往还，而马匹仍然肥壮。今正值青草茂盛之时，将军费扬古请给喂马草料，乃是糜费于无用之地，殊属不合。今西边绝无边警，相应将发往宁夏之右卫兵丁撤回，其往兰州之西安兵丁，令于兰州所属有粮及青草茂盛之处居住，牧放马匹。着议政大臣会议具奏。”

又覆广西巡抚彭鹏题该地方采买熟铁、生铜解送京师，三十九年曾经奉旨熟铁停其解送，今生铜亦请停其解送，议不准行。上曰：“广西路遥地险，若令解送，必致累民。尔等可问宝泉局及工部，此项铜取来于何处使用具奏。”

兵部覆荆州将军蟒吉禄题荆州地方或总督或巡抚请令一员驻扎，议行督抚查覆。上曰：“荆州地方紧要，令地方大臣一员驻扎甚是。但督抚驻扎武昌已久，迁移稍难，今将司道官员内令一员驻扎荆州，分贮库银似为得当，何必行查督抚？着另议具奏。”

山东巡抚王国昌因给事中马士芳等所参大计一案回奏。上曰：“再令马士芳等明白回奏。”

湖广提督林本植因给事中马士芳等所参徇庇属官，不行参奏，有旷职守回奏。上曰：“二人各执己见为是，难于拟定一边。总督郭琇居官清正，着问明具奏。”又曰：“林本植于世祖皇帝时曾为侍卫，原系善射。今虽六旬有余，其射如常，毫无衰减，但觉年迈，凡事仅图自守，而效力之心稍懈耳。”

复顾伊桑阿等曰：“顷闻雷继尊病故，朕深为怜惜。雷继尊不特人材壮健，诸事俱优，闻其溘逝，诸皇子及侍卫中外人等无不悼惜。彼虽在任不久，居官不下于孙思克。今甘肃地方紧要，固原提督李林盛虽经年迈，居官甚优，其人材亦与孙思克相等，着调补雷继尊之缺。李林盛员缺，着将潘育龙升补。潘育龙在天津训练军卒甚好。潘育龙员缺着将总兵蓝理调补。蓝理乃闽人，曾奏请调入内地，御前效力。蓝理员缺可另拟人补授。”

是日，上诣澹泊为德问安。

是日起居注官满保、傅森。

初八日乙丑

初九日丙寅

初十日丁卯　奏报开放莽牛河水及奏闻永定河底冲刷已深。奉旨：“知道了。如莽牛河水势大长，即撅开所塞之处，仍照常听其流入六里河。如永定河水势大长，即备埽以防其回注。”

是日起居注官揆叙。

十一日戊辰　辰时，上御畅春园内澹宁居听政。吏部侍郎特默德等入奏。上曰：“畅春园请旨之日，汉大学士等既来，嗣后部院奏事汉堂官亦令同来。”既而部院各衙门官员面奏毕，大学士伊桑阿、马齐、王熙、吴琠、熊赐履、张英，学士范承烈、法良、王九龄、曹鉴伦、辛保、希福纳、傅伸以折本请旨。吏部题原任淮扬道薛晋以家人勒索民银，遵旨离任，质审因无关涉，议复原职。上曰：“薛晋任淮扬道时，居官何如？着行文问总漕桑格、总河张鹏翮具奏。”

兵部以三十九年分总计拿获持刀杀伤人命之人赏赐清册具奏。上曰：“此事着依议完结。今观以小刀刺人者甚多，护军与兵卒以小刀刺人，若仍令为护军与兵卒，则恶徒何以惩创？嗣后倘有此事，革去护军、兵卒，永不准食钱粮，则人命之事必然少也。尔等会同该部及八旗都统、护军统领等议奏。”

湖广总督郭琇题请以笔帖式图纳补授汉口同知。上曰：“郭琇必有深知图纳之处，着依所请补授。”

又题遵旨湖南仓谷五十万石内已舂米二十万石，若收贮仓中，必致朽烂，请作何料理。上曰：“总漕桑格亦奏请将截留米粮给散军丁，此米着即行给散荆州兵丁。”

又顾大学士等曰：“去年郭琇来时，朕曾谕以丈量田地一事，速行察明具奏。今已经年，尚未具题，着移文问明郭琇具奏。”

又总漕桑格题请将截留湖广米谷给散军丁。上曰：“此事着照该督所请行。”

直隶巡抚李光地题宛平县知县管承业员缺，请将固安县知县杨谧补授。杨谧员缺，将霸州州判赵齐家补授。上曰：“杨谧、赵齐家俱照该抚所提补授。”

给事中张睿条奏，甘肃巡抚喀拜题开捐纳事例，请照湖滩河朔例行。上曰：“此疏无益。今边信渐息，马匹俱已放牧，况宁夏所贮米谷亦多，近来西安米谷皆移运沿边一带收纳。如果有需用之处，断不至于贻误。至于军行塞外，兵卒人等携带两月之粮尽已足用。若两月终而事不能成，即无了局矣。朕曾亲率六师远行塞外，是以知之甚悉。且观今之督抚，惟图利己，希开事例，借此派取者有之。夫捐纳亦何善事？今西安事例久未清结，此其明验也。此疏及巡抚喀拜奏疏，尔等交九卿一并议奏。”

未时，上御万树红霞，赐请安来贡之敖汉多罗郡王扎木苏，附居土默特额尔德穆贝勒旗分之喀尔喀贝勒罗卜臧，巴林和硕额驸吴尔滚，乌朱穆秦公顾穆布扎卜，敖汉多罗额附扎木苏、一品台吉额尔德穆图、二品台吉顾穆布等、四品台吉特古思等，巴林一品台吉那木渣尔、二品台吉伊拉古克齐、三品台吉齐达克齐，科尔沁戴布王旗分一品台吉额尔德穆图、三品台吉喇什、四品台吉何济吉等，鄂尔多斯王董罗卜旗分台吉扬阿等，苏尼忒旗分台吉苏达米，喀尔喀多罗郡王那木渣尔及其子台吉汪渣尔，厄鲁特贝勒巴图尔厄尔克济农之子阿保，扎萨克图汗和硕亲王策旺扎卜旗分协理台吉纳木齐带青等食。

是日，上诣澹泊为德问安。

是日起居注官法良、揆叙。

十二日己巳

十三日庚午

十四日辛未

十五日壬申 上诣澹泊为德问安。

十六日癸酉

十七日甲戌

十八日乙亥

十九日丙子 辰时，上御畅春园内澹宁居听政。部院各衙门官员面奏毕，大学士伊桑阿、马齐、王熙、吴琠、熊赐履、张英，学士范承烈、法良、王九龄、曹鉴伦、辛保、希福纳、傅伸以折本请旨。九卿覆甘肃巡抚喀拜题请开捐纳事例及给事中张睿条奏捐纳款项，请照湖滩河朔例二本，议行督抚查复。上曰：“捐纳甚非美事。此本着暂停留，俟行查到日再议具奏。”

又覆总河张鹏翮题，河工官员请照台湾例用，议不准行。上曰："张鹏翮疏称九卿所议非是，不知九卿但择其胜者一边而附会之，并无异议。故九卿前者尚有据奏议行之处。张鹏翮又云：渡海之险与河工之险无异。不知台湾官员三年一换者，非为渡海之险而然也，其中有深意存焉，岂可以此照台湾之例议之？张鹏翮不知此意而固执者，诚为谬矣。况黄河原无定形，今年水流于此，明岁复改于彼，故目前之险工忽改而为平易，此岂可以一概议之耶？尔等前者写此旨谕张鹏翮时未尽其详，故张鹏翮所奏如是。今尔等复写此旨详示，张鹏翮仍照前次遣往之人驰去。"

吏部覆湖广总督郭琇题，荆州府库请拨钱粮十万常行收贮以应紧急公务，并请将湖北按察使令驻扎荆州府，议准行。上曰："荆州府有理事同知否？"伊桑阿奏曰："荆州府现有巡道一员。"上曰："钱粮着委道员收贮。"

又覆广西巡抚彭鹏题请禁革私派，议准行。上曰："彭鹏为百姓条陈地方情弊，着依所请行。"

又覆署川陕总督事席尔达题请暂开事例抵还紧急公务所那用布政司库银，议准行。上曰："需用钱粮几万？"伊桑阿奏曰："需用十八万。"上曰："着该部即拨给银两，何必更开事例？"

又以两广巡盐御史沈恺曾钱粮缺额，将保举留任之总督石琳、巡抚萧永藻议罚俸。上曰："疏内以沈恺曾已因他事革职，此处无庸议者，特庇护沈恺曾耳。前议沈恺曾革职尚属严切，今此议宽纵极矣。曩者沙拜已有成例，既令沙拜赔补钱粮，复治其罪，况沈恺曾额外留任一年，复又亏欠如许钱粮，何故不令赔补？至于督抚系保举沈恺曾者，而所议亦轻，着令一同赔补。疏内又称交与后任官督催，其后任官又何罪乎？彼既不能完结，而后任官岂是代彼完结之人？此本着另议具奏。"

刑部尚书王士祯请假迁葬父母。上曰："山东人性多偏执好胜，而每挟仇。昔李之芳、孙光祀、王清其仇，迄今未解。惟王士祯则无是也，善裁诗，居家除读书外，别无他事，若令彼回去可惜，着给假五月，勿开其缺。"

直隶巡抚李光地题请将革职同知胥连相补授东路同知。上曰："捕盗同知，着照巡抚李光地所题补授。"

四川提督唐希顺题参参将李麟退缩畏怯，有误军机。上曰："此事已先题参在案。"伊桑阿奏曰："此事已行察总督席尔达矣。"上曰："既已行察，俟其到日再行进奏。"

古北口总兵官马进良题已升福建中军副将、原任三屯营副将刘汉业请留原任。上曰："副将刘汉业居官优长，人亦壮健，着留三屯营任。"

是日，上诣澹泊为德问安。

是日起居注官张廷枢、阿金。

二十日丁丑　早，上往视永定河，由畅春园启行，驻跸鹅房村。是日，拱极城游击吴启祥等、卢沟桥捕盗同知韩浩等来朝。

二十一日戊寅　上见竹络坝河道冲刷已深，谕曰："此莽牛河出水之口，亦宜下埽防之。"上又谕曰："隆冬水结之时，莽牛河口着照常开泄。清水流于冰下，则水为冰所逼，必至向下冲刷，河底自然愈深。"

上又阅新修石堤，谕曰："朕修此石堤特欲其坚而更坚之意，如此则河水断不复归旧河，此地黎民亦可以安枕矣。"

上又阅竹络坝迤东河道大湾谕曰："此地正当顶冲，甚为危险，现今此处续修石堤尚未兴工，着速取南方运来杉木，即下排桩及埽坚固修筑。"

又启奏："皇上神谟，迥迈千古，一切指示，无不克当。是以河工告成。"奉旨："观新挑河道，水流既直，而出柳岔口亦顺，河岸较前甚高，而河亦深，此皆被莽牛河水冲刷之故。阅其地势，南岸最为要紧，故将应行坚修诸处朕详行指示。尔等勿谓其已成而遂忽之，宜益加紧焉。"

是日，上驻跸知止营。是日，住防固安县防御刘格则、防守御哲库纳等，固安县知县杨谧、榆垡把总李文来朝。

二十二日己卯　上自柳岔乘舟往阅子牙河。是日，御舟泊郑庄地界。

二十三日庚辰　御舟泊子牙堤对岸。

二十四日辛巳　御舟回自子牙河，泊出湖漭。

二十五日壬午　御舟泊新桩地界。是日，长芦巡盐御史刘灏等、天津道范时崇、护天津总兵官印和家坞副将高文懿等来朝。

二十六日癸未　御舟泊河西务。是日，五关路参将丁爽等来朝。

二十七日甲申 御舟泊张家湾。是日，通州副将金弘镇等、通会河监督工部郎中安达礼、通永道李禧、通州西仓监督户部主事陈睿思等、通州知州祖应世等来朝。

二十八日乙酉 驾回，诣澹泊为德问安，驻跸畅春园。

是行也，部院各衙门奏章每日交送内阁，由内阁三日一次递送行宫办理。

扈从起居注官法良、揆叙。

二十九日丙戌

五 月

初一日丁亥

初二日戊子 辰时，上御畅春园内澹宁居听政。部院各衙门官员面奏毕，大学士伊桑阿、马齐、王熙、吴琠、熊赐履、张英，学士范承烈、法良、王九龄、曹鉴伦、辛保、傅伸以折本请旨。吏部以给事中张睿员缺，拟原任给事中王原祁补授。上曰："给事中职任虽要，翰林官亦荣，王原祁着改授翰林。"问熊赐履曰："给事中慕琛为人何如？"熊赐履奏曰："臣与慕琛素无交，与其心术不得而知，观其章奏亦属庸常。"上又顾吴琠曰："尔以为何如？"吴琠奏曰："慕琛亦属敢言。"上曰："人果敢言甚善，但患不能耳。然有为公事而言者，亦有存私意而言者，不可以不辨。"

又曰："今人得中进士后，便弃书不读。汉人中岂尽学优者，以朕观之，不如满洲汉军之进士者甚多。且知县内有由进士出身并书中字义亦有遗忘者。"王熙奏曰："今翰林官蒙皇上不时亲试，又令轮班分直南书房，所以人皆勤学，无不读书之人。其余部院衙门诸臣诚不可以比似。圣谕诚是。"

吏、刑等衙门以原任通事戴保威逼通事常寿致死情由，拟绞监候，秋后处决。宁古塔章京丹达系同去佐领，知常寿身死不明而不报，拟枷两月、鞭一百，披甲当苦差行走。骁骑校佛尔佛、笔帖式默尔歌楚不报常寿身死不明，依丹达之言焚尸带回，拟革职，不准折赎，各鞭一百。上曰："戴保逼勒人致死，情事甚真，依部议。丹达从宽免枷号，骁骑校、笔帖式全不从实招出，口供徇情，殊属可恶。此二人着革职，提解来京，当下贱差役。"

礼部议覆御史郑惟孜请察冒籍等事条奏一疏，其均取副榜名数及点用外监试分考各官俱准行，余不准行。上问王熙等曰："郑惟孜条奏此事，其意何居？"王熙奏曰："郑惟孜系直隶人，惟恐直隶中额为外省人占去，故此发忿具奏。"上曰："考试之事，惟在得人。今郑惟孜之意只欲纷更成例，将九卿议定之事务期相反，屡行渎奏，殊属可厌。将此事交九卿议奏。"

兵部议覆四川提督唐希顺以所属南、北二营游击员缺，请将守备王满江等补授，议不准行。上曰："着俱照该提督所题补授。总之后必传来引见，如属庸劣，再行革退，亦不为迟。"

是日起居注官韩菼、满保。

初三日己丑 上诣澹泊为德问安。

初四日庚寅

初五日辛卯

初六日壬辰

初七日癸巳 辰时，上御畅春园内澹宁居听政。部院各衙门官员面奏毕，大学士伊桑阿、马齐、王熙、吴琠、熊赐履、张英，学士范承烈、法良、王九龄、曹鉴伦、辛保、傅伸以折本请旨。吏部题通政司参议员缺，以候补五品官徐廷玺拟补。上曰："徐廷玺两次遣往总河处协理，毫无效力。朕阅视河工，亲为指示，又不能遵行。朕意自任用此人后，徒误事而已，更有何益？况张鹏翮全无协赞之人，其河务亦能就理。若将徐廷玺仍补文职，渐次升转，必复至大吏，着以原品随旗行走。此人之才尚健，长于管辖，以对品员缺补用。"

两江总督阿山以革职淮阳道薛晋奏请还职事，遵旨咨询桑格、张鹏翮。上曰："总漕桑格先曾保举薛晋，彼岂能自悖其言？总河张鹏翮之言尚是，俟其应交银两完日再行具奏。"

兵部题管黑龙江水手执事人官高玉员缺，以原任道官周昌拟正，原任知府齐体物拟陪。赵友明员缺，以原任知府缪冒荣拟正，原任知府庄存仁拟陪。上曰："黑龙江系罪人发配之所，此辈因罪革职又行补授乌喇地方，终身不还，似获罪后复行遣发，如此行之，冤抑殊甚。这本着发还该部，查八旗现任官内有情愿效力者具奏。定限五年内如无过犯而有效力之处，议叙优升，于事大有裨益，着一并议奏。"

是日起居注官宋大业、傅森。

初八日甲午 上诣澹泊为德问安。

初九日乙未

初十日丙申

十一日丁酉 上诣澹泊为德问安。

十二日戊戌

十三日己亥 辰时，上御畅春园内澹宁居听政。部院各衙门官员面奏毕，大学士伊桑阿、马齐、王熙、吴琠、熊赐履、张英，学士范承烈、法良、王九龄、曹鉴伦、辛保、傅伸以折本请旨。吏部以侍讲员缺，拟中允许嗣隆升补。上曰："朕观许嗣隆甚是衰弱。"顾大学士熊赐履问曰："许嗣隆学问何如？"熊赐履奏曰："闻其学问尚优。"上曰："尔等传许嗣隆验看来奏"。

兵部议覆宣化府总兵官尚宣奏请以游击丁沂补授怀来路参将，其游击员缺以守备苏才伟补授，其守备员缺以千总陈堂补授，俱不准行。上曰："丁沂曾为侍卫，人才堪用。此等着俱照该总兵所题补授。"

直隶巡抚李光地题补授宛平知县杨弼，遵旨仍留固安原任，请以阜城县知县张为政调补。先因杨弼员缺调补霸州州判赵齐家仍留原任。上曰："张为政着照该抚所题补授。赵齐家亦照所请留任。"

山西巡抚噶礼题阳曲县知县罗伦员缺，请以知县黄应中调补；临汾县知县秦棠员缺，请以知县赵凤诏调补。上曰："黄应中、赵凤诏俱照该抚所题补授。"

提督李林盛奏请参将彭良相等八员带往新任。上曰："彭良相等俱照该提督所题，准其带往。"

是日起居注官揆叙、查昇。

十四日庚子 因夏至有事于方泽，部院各衙门官员斋戒，不启奏政事。是日起居注官法良、韩菼。

十五日辛丑

十六日壬寅 上诣澹泊为德问安。

十七日癸卯

十八日甲辰

十九日乙巳 上诣澹泊为德问安。

二十日丙午

二十一日丁未 辰时，上御畅春园内澹宁居听政。部院各衙门官员面奏毕，大学士伊桑阿、马齐、王熙、吴琠、熊赐履、张英，学士范承烈、王九龄、曹鉴伦、辛保、傅伸以折本请旨。御史张瑗奏请毁明太监魏忠贤墓碑。上曰："闻此碑字迹俱已毁去，据奏碑字尚存，或划削未尽之故。张瑗现在巡城，即交与该城官员仆毁划平。"

安徽巡抚高承爵奏报泗州等处淹没水灾。上曰："朕先已言之，今果乃尔。六坝堵塞，其水必然注彼，治东则西复被灾。两方之民，俱同一体。朕阅视河工时，见高家堰之水较堤旁平地高有三尺，淮安之水较地高有九尺，视此形势，实中夜不得安宁。今高家堰之水较地已高五尺，总而计之水高于地已至一丈六七尺，岂不可危？今之所恃者堤耳，堤虽极其坚固，然保无意外之虞？设有地动、雷震之事以致溃决，将若之何？"王熙奏曰："高家堰之水似宜稍为宣泄。"上曰："若宣泄此水，则清口之水如何能出？今高家堰之堤倘能一二年无水潦，得以坚固，清口之水将浮涌之沙刷净，日久河底得深，方可无碍。"顾伊桑阿等曰："高承爵奏报泗州、盱眙被水淹没之地，着令河道总督张鹏翩会同两江总督阿山亲往详看具奏。前者堵塞高家堰六坝之时，朕虑堵塞之后，泗州、盱眙等处必致被淹，曾谕九卿。今以坝塞之故，洪泽湖水泛滥，以致泗州、盱眙等处城郭、田亩被淹，高家堰堤愈觉危险，以此廑怀，未常稍释。至于天灾则未可定，万一有大风、地动、雷震等事，岂能预料？若高家堰至于危险，扬州、淮安等处州县必至淹没。朕为此日夜时切危惧。高家堰堤作何保守坚固，或更是有善策，着张鹏翮陈奏。尔衙门差中书一员赍谕前去。"

伊桑阿奏曰："臣等遵旨验看，许嗣隆年老，痰疾忽发，不能举动。"上曰："此员缺着另拟具奏。"

是日起居注官法良、杨名时。

二十二日戊申

二十三日己酉

二十四日庚戌　上诣澹泊为德问安。

申时，上由西直门进神武门回宫。

是日起居注官陈论、傅森。

二十五日辛亥　早，上御太和殿，升转文武官员谢恩毕，回宫。顷之，上御乾清门听政。部院各衙门官员面奏毕，大学士伊桑阿、马齐、王熙、吴琠、熊赐履、张英，学士范承烈、王九龄、曹鉴伦、辛保、傅伸以折本请旨。刑部以用熏药之李三拟立斩。上曰："用熏药之处并未详细问明，此本发回。着将用熏药之处明白审问，写入本内具奏。"

御史杜之昂请将邵雍后裔授为博士、捐纳道员应分别录用、前任知县亏空接任知县即应举出报部三事条奏。御史魏寿期以汉中府田粮及盐课增添应征应免及司坊官员应照宛平、大兴两县授官例回避、本籍州县官禁止擅用非刑三事条奏。上曰："所奏六本俱极冗长，奏章字俱有定额，此本字多逾格。凡言事但期明决，如将无用文章滥入何益？李光地、张鹏翮凡有奏事俱极简当，具节略大旨，甚善。明之末年，凡事俱用四六对偶之文，敷衍甚长。人主倦于批阅，委之太监，以致极坏事。今即欲将邵雍后裔授为博士，但须明白，不数言便了。若必将邵雍住处举出，即十疏岂能尽之？魏寿期所奏汉中府地方十三年以前民生极为富庶，自吴三桂反叛以来，居民渐渐逃散，甚是稀疏。此言尤为悖缪。彼处人民稀少，俱是明朝末年为流贼张献忠屠戮殆尽，自顺治十七年至康熙十三年用兵始定。历年无几，则人民岂遽能生聚？所奏俱着发还，伊等照定额字数陈奏。汉中府田粮之事，魏寿期前任知县时为何不报明？督抚凡事俱有定例，若各将县内之事俱行陈奏，每年行取知县甚多，县内之事，不胜其纷更矣。"马齐奏曰："每年行取知县有十六七员，俱似此陈奏，洵为纷更。"上曰："此事问之于彼，可止则止之。至于奏称州县官初任后只许到省一次，谒见督抚。若不时往来行走，必至送进见礼，以及勒取之弊等语，大约亦不在此，专在长吏。如内而大学士、九卿，外而督抚，在下之人岂俱不行走乎？不取之人，原是不取，要取之人，仍是要取。若大臣无欲则属员必廉，岂关行走之故？”

直隶巡抚李光地以永定河捐银官员钱粮完欠及修筑工程完否具题。上曰：“王继文系年老休致之员，原无过愆。吴赫、钱珏、李炜、黄性震等俱捐助银两，又亲身在工效力，着从优议叙具奏。其交完银两人员，着议叙具奏。余着议奏。”

又李光地请将永定河各工俱照运河例，令承修人员保守三年，各府州县正印官亦令兼司防守七事条奏。上曰：“河工捐修银两全完及承修工程全完人员俱停其限年保守，余着议奏。”河南巡抚徐潮遵旨查原任道员周铨元居官优长具奏。上曰：“该抚既称其善，着留原任”。

巳时，上由神武门出西直门，驻跸畅春园。

是日起居注官法良、韩菼。

二十六日壬子

二十七日癸丑

二十八日甲寅 辰时，上御畅春园内澹宁居听政。部院各衙门官员面奏毕，大学士尹桑阿、马齐、王熙、吴琠、熊赐履、张英，学士范承烈、法良、王九龄、曹鉴伦、辛保、傅伸以折本请旨。吏部以湖北按察使员缺，将浙江道员卞三畏拟正，广东道员李华之拟陪。上曰：“着将正陪之人调来引见，再将彼等居官贤否问九卿”。

工部以偏沅巡抚金玺应解四十年分桅杉等木动支正项钱粮采买，委官解送，疏请奏销。部议解送到日详察议奏。上曰：“湖广桅杉等木解送京师，俱由长江逆流而上，用人力牵挽，甚属劳苦。该部理应将贤能司官派出，到时即行验收。朕比年巡幸，见解来之木抛置河干，朽烂废弃者有之。此等俱系监收司官故为勒索，日久迟延所致。今永定河工程各省解来桩木，巡抚李光地随到随收，既不烦扰，于事大有裨益。尔等拟票该部，自兹以后，桅杉等木解到，遣司官即行验收。若仍效积年旧弊，推委勒索，以致迟延，朕亲行察出，或被科道纠参，定行严加议处，断不宽恕。”

广东提督殷化行以降级留任，具疏谢恩。上曰：“尔等将此本批，令殷化行此后务改前愆，毋得侵克兵饷，务期弭靖盗贼，以副朕从宽留任之意”。

是日起居注官徐元正、满保。

二十九日乙卯

三十日丙辰　早，上诣澹泊为德问安。

行幸塞外，自畅春园启行，驻跸昌平州属丈头村。是日，霸昌道郎廷栋、昌平州防守尉穆世台等，参将李默、拱化城都司刘奇等，沙河同知韦国佐、昌平州知州吕民服等来朝。

六　月

初一日丁巳　上驻跸延庆州所属岔道地方。赐献鹿民韩国晋等白金。是日，总兵官尚宣等，道臣陈士贤、宣化府知府申奇贵、沙城同知卞永嘉等，都司陈国印等，守备章奉义等，千总杨承业等，把总蔡盛等来朝。

初二日戊午　上驻跸沙城。是日，怀来县知县陈润、守备程纶等来朝。

初三日己未　上驻跸怀来县。是日，乾清门侍卫马武传谕大学士马齐曰：“近阅驿递马匹甚觉劳疲，嗣后移谕坐台笔贴式，凡御遣内监及奉差人员，悉令书其姓名，并其随从骑马几何、驮马几何，京都差送物件或笔帖式与乌林人员俱书其名，并记其随从骑驮之数，即于第十二日三次本到之期，报与大学士马齐知道。此内倘有不当乘驿、冒乘驿马者，着指名题参。”

亲近侍卫海青传谕领侍卫内大臣等曰：“出关外大营会合驻跸时，诸臣、侍卫、官员、执事人等，毋得擅近营前，俱着于东、西二门迤后驻扎，今天时炎热，令距大营宽敞处驻扎”。

是日，怀来路守备徐升阶等、把总张国印等来朝。

初四日庚申　上驻跸宣化县属下花园。是日，鸡鸣驿把总刘应文等来朝。

初五日辛酉　上驻跸宣化府西门外。是日，总兵官尚宣率所属马步兵迎驾于二十里外。上入行宫，奏事主事存住、蓝翎常寿传谕大学士马齐曰：“宣府等处驿站笔帖式设站年久，殊为可悯，着尽撤回，有事令驿站人驰奏”。

是日，宣化县知县周德荣等、游击陈天定等、守备苏才伟等、千总王允模等、把总胡来柱等来朝。

申时，上率皇太子、诸皇子及善射侍卫射于行宫东门外，上发矢皆中。总兵官以至把总俱令射毕，赐宣化府总兵官尚宣御书“抚训安重”四大字及绫幅。总兵官尚宣奏曰：“臣系微末军卒，蒙皇上殊恩，洊擢总兵官。今又蒙锡奎章，臣不胜欣忭，敷奏无词，惟愿谢恩而已”。奏入，奉旨令谢恩。

初六日壬戌 上驻跸万泉县属下浦。是日，下浦副将张文焕率所属马步兵列于两旁，恭迎圣驾。上入行宫，乾清门侍卫马武传谕大学士马齐曰：“代州民卫吉等叩阍，言雁平道李毓柱居官优长，吁请留任。着遣笔帖式一员驰驿，将卫吉带至山西巡抚噶礼处，问李毓柱居官优劣前来具奏”。

是日，张家口总管罗多礼、副将张文焕等，防御达赖等、参将焦翔升等、游击牛化麟等、守备熊略等、千总刘承业等、把总张朝望等来朝。

申时，上出行宫，率皇太子、诸皇子及善射侍卫射于行宫东门外，上发矢皆中。总管副将以至防御把总等俱令习射。

初七日癸亥 上驻跸十八里台。是日，喀尔喀扎萨克图汉和硕亲王策旺渣布、和硕达尔汗亲王诺讷、诺讷之母及妻福金、多罗郡王默尔根济农顾鲁什希之妻福金、多罗郡王昆都勒博硕克图滚卜，四子部落达尔汉卓礼克图郡王山吉扎卜并王之母福金、多罗贝勒喇毋扎卜、护国公滚卜喇布滩、亲王诺讷之子、一品台吉根敦等、昆都仑博硕克图滚卜之子协理台吉额林臣等，亲王策旺渣布之兄一品台吉策布腾等、郡王山吉扎卜协理旗分事三品台吉彭等、副都统吸虎儿等，阿霸垓多罗郡王吴尔占噶喇布协理旗分事二品台吉德木楚克等、多罗贝勒喇麻扎卜之都统达希，附居镶黄旗察哈尔之喀尔喀格春哈屯等俱请安进贡来朝。

初八日甲子 上驻跸行宫。是日，兵部以侍卫、执事人等所乘马匹请旨。亲近侍卫海青等传谕领侍卫内大臣索额图曰：“侍卫、蓝翎各给马五匹乘骑，每伙伴拨给骆驼；护军执事人等亦拨给马匹乘骑，俱依议。料理牧场马匹，着大臣督理。其京都侍卫、护军、执事人等乘来马匹内有疲瘦者，令将牧场肥马换给。拨与时遣大臣监视拨给，后各令其主善为牧之。朕今移营行幸，现有太仆寺驱来牝马、驽马，将此散给护军、执事人等，令其暂用驮载。至乌阑布通时，仍令缴太仆寺。如此则伊等马匹安闲前驰，甚有裨益。所给护军、执事人等马匹倘有倒毙者，俱令奏闻。今朕此行专恃马驼，此内或有追逐黄羊、走兔，将驮载驰行并使骆驼疾趋者，朕若见之，断不姑恕。宜俟朕传令骑射时，方许驰驱。朕每移营不过三四十里路，并无多，其中颇有晏卧不肯早行，以致疾驱马驼劳疲过甚者。传谕督护大臣等，将贪卧厮役严令早行，则于马驼有益。况近日五鼓而行，惟朕为然，其余诸臣、侍卫、扈从者甚鲜，且侍卫班中竟有空缺者，着遍行严饬之。”

奏事主事存住又传谕领侍卫内大臣、护军统领、兵部及内务府大臣等曰：“闻乘官马者有私将良马留存，以驽瘦之马换给，并有马匹倒毙不行具奏者。佐领下马匹关系最重，设立匪轻，皆系公众掤买。该部不行察明，朦混完结可乎？嗣后给官马时将伊所属人等所领，系何旗何人之马，并马之颜色或牝或骗查明注档，各存一册。倘有倒毙者，即于马首用图记，令其呈明倒毙之由，领侍卫大臣、护军统领及兵部记其总数，回京时俱送该部逐一详明查对。如此则稽查甚易。其档案朕将亲阅亦未可定。彼时倘无档案，该管首领必从重治罪。”

前锋统领吴达禅、乾清门侍卫喇西齐礼德达喜传谕贫台吉曰：“近数年来时令不佳，马匹生畜死于瘟疫，以致盗贼浸多，兴安境内尔等数旗穷困已极。自噶尔丹之事以来，尔诸部落朕皆视为一家，即同满洲，并不以外藩稍加疑虑，见尔台吉内尚有无马徒步者，身系台吉，何至如此，朕甚为尔等不忍。朕有羊群二十万、马群十五万、牛群十七万，即将牛马酌量拨赐尔等穷台吉，所费几何？但尔蒙古度日甚无成算，纵给生畜，徒致糜费贱鬻，于尔等生计仍属无益。倘将尔等之王、扎萨克、台吉内富厚者取其生畜散给尔等穷台吉，伊等又未免困苦，尔等亦属无益。今将台吉内有马一骑者给牝马九，有马二骑者给牝马八，有马三骑者给牝马七，有马四骑者给牝马六，有马五骑者给牝马五，无马台吉给牝马十，贫穷台吉给足牝马十匹，其乳既可取食，所生马驹又可各立生业。八年之后将所给原数仍交牧场，其余马匹尔等当视为朕赐，宜善畜养，令其蕃息。八年内既食其乳，复可乘骑，兼取其驹以立生业，于尔等甚为有益。且尔等世受朕重恩，何以报朕，当矢此心而已。朕令尔等立业，如此倘或仍难度日，虽彼苍亦不能救尔，是尔等之数使然也。将此晓谕之”。

未时，上御行宫，大学士马齐、学士辛保以折本请旨。兵部覆原任浙江定海总兵今调补天津总兵官蓝理题，绍兴府副将何国矩厚重有守，实堪重任，乞赐简用，议不准行。上曰：“新任总兵施世骠到任，可令何国矩前来引见。”

是日，赐默尔根济农顾鲁什希王女及媳缎匹。正白旗大喇嘛根敦噶布楚等、原系阿霸垓多罗卓里克图郡王崇之妻福金，阿霸哈纳尔旗分贝子额林陈达西、旗分四品台吉塔尔坝等率其妻请安进贡来朝。

初九日乙丑　上驻跸行宫，赐苏尼特多罗杜棱郡王达林扎布之母福金及其庶母，喀尔喀达尔汉亲王诺纳之母福金、王妻福金，四子部落王山吉扎布之母福金，原系阿霸哈纳尔多罗卓里克图郡王崇之妻福金，喀尔喀扎萨克图汗和硕亲王策旺扎布、旗分公克塞克之母及归化城原系土默特台吉诺尔布之妻等缎匹等物。

是日，赐阿霸哈纳尔旗分贝子厄林陈达西、旗分四品台吉塔尔坝等白金，苏尼特多罗郡王达林扎布之母福金、庶毋福金，原系协理旗分事台吉伊思达克等之妻，多罗贝勒沙里、协理旗分事一品台吉图巴什希布等、都统扎尔布、副都统阿穆呼朗等，附居正白旗察哈尔之厄鲁特阿思哈尼哈番台吉巴拜、喀尔喀多罗贝勒诺尔布班第之叔厄尔德尼伊喇古克三库存图克图，苏尼特多罗郡王岳机、公苏隆、和硕格格之义子台吉丹金彭楚克等请安进贡来朝。

初十日丙寅　上驻跸行宫。

巳时，上亲赐扈从诸臣、侍卫、护军等及翁牛特蒙古等食毕，前锋统领吴达禅传谕兵部曰：“明日行程甚近，诸臣、侍卫官员、随役人等俱令步行，除率领布城緼城执事、护军等外，其余闲散执事护军等俱令步行。”

是日，赐苏尼特多罗杜棱郡王达林扎布之母福金、多罗郡王岳机、公苏隆，喀尔喀多罗郡王昆都仑博硕克图顾穆布、和硕达尔汉亲王诺讷之母及妻福金、昆都仑博硕克图硕穆布之孙台吉绰克图阿海纪纳米第、多罗郡王默尔根济农顾鲁什希之妻福金、其子阿喇布滩、多罗贝勒喇麻扎布、辅国公克塞克、护国公滚布喇卜滩，四子部落多罗达尔汉郡王山吉扎布、归化城喇麻班第、首领席勒图库图克图等及苏尼特多罗杜棱郡王达林扎布之协理旗分一品台吉巴什希布等币帛等物。又赐扎鲁特旗分多罗贝勒毕力克图等牛羊、谷米等物。

是日，原系二品台吉多尔几斯希布之子无品台吉策布腾等、附住正红旗察哈尔旗分毛明安四品台吉麻卖、附住镶黄旗察哈尔喀尔喀台吉阿米喇等请安进贡来朝。

十一日丁卯　上驻跸喀喇巴尔哈孙地方。赐拿获盗马贼齐他克之护军阿哈达等白金。是日，苏尼特多罗杜棱郡王岳机、公苏隆之母和硕格格、正妻福金、侧室福金、义子丹金彭楚克等之妻请安进贡来朝。

十二日戊辰　上驻跸行宫。赐领侍卫内大臣、大学士马齐等山獐、果品等物。赐王岳机、公苏隆福金等及王之兄原系无品台吉多尔几扎布等之妻缎匹。

是日，原系喀尔喀多罗郡王色楞阿海之妻福金、多罗贝勒喇麻扎布之妻福金、色楞阿海之女永洛扎布等，喇麻扎布之兄二品台吉鄂钦之妻喇穆扎布、协理旗分事台吉秉噶喇之妻等，喇穆扎布之叔原系台吉鄂穆布之女阿必达等，乌喇忒之护国公达尔麻西里协理旗分事台吉罗占等，阿鲁科尔沁多罗郡王垂、协理旗分事二品台吉鄂齐尔图等请安进贡来朝。

十三日己巳　上驻骅行宫。

巳时，上于行宫前，亲赐翁牛特贝勒厄尔德布鄂齐尔旗下马九百六十三匹、牛一百一十头，翁牛特哈喇齐里克公齐塔特旗下马四百八十二匹、牛五十五头，柰曼达尔汉郡王班第旗下马二百四十一匹、牛三十八头，扎鲁特多罗贝勒毕力克图旗下马六百五十五匹、牛九十五头。又赐扎鲁特贝勒毕力克图、公毕图，柰曼班第王旗分一品台吉毕得略、柰曼班第王旗分、扎鲁特毕力克图贝勒旗分、翁牛特哈喇齐里克、公齐塔特十佐领下人等白金。又赐领侍卫内大臣、大学士、都统、护军统领、前锋统领、副都统、前锋参领、侍卫羊一百五十头。

未时，上御行宫，大学士马齐、学士法良、辛保以折本请旨。吏部题户部员外郎萨尔帕行文内未注日期，不看明呈堂，稽迟公务，议降一级、罚俸一年，笔帖式瓦色议罚俸一年。上曰："萨尔帕等稽迟公务如此数月，殊属可恶。这所议太轻，将萨尔帕、瓦色拿交刑部，严加议罪具奏。近观人情皆欲身官部院，一入部内懈于办事，以致迟误如此。"大学士马齐奏曰："身官部院理应勤办公务。"上曰："今之笔帖式欺慢司官，司官欺慢堂官，竟有司官令堂官不能措一词者，今萨尔帕曾经保举否，考语如何，一并察议具奏。"

工部题乌喇采取东珠之兵，共获东珠四百五十八颗。此辈并非专差采取之人，其得东珠者议赏，不得者免议。上曰："黑龙江兵卒原非专任采取，其应赏之兵每名着给青布二匹，折银四两；不应赏者每名各给银一两。"

是日，鄂尔多斯多罗郡王宋喇布、一品台吉盆苏克等、旗分贝子杜棱、二等护卫纪尔哈朗、原系台吉席穆刀之妻等、原系台吉纳林搭之女，阿霸垓多罗卓礼克图郡王秉旗分之舅、原系台吉布搭什希布之子、原系二品台吉格根之妻请安进贡来朝。

十四日庚午　上驻跸行宫。是日，赐扎鲁特多罗达尔汉贝勒毕力克图旗分之一品台吉达尔汗、达尔玛等，因其父阵亡，俱各给牛。又赐原系喀尔喀贝勒喇麻扎布旗分王塞椤阿海等、台吉鄂穆布之女阿必达等帛。又赐阿鲁科尔沁三品台吉巴朗等一百五十八台吉，扎鲁特多罗贝勒毕禄瓦、协理旗分事三品台吉厄布根等一百五十八台吉白金。又赐护军等牛四十头、羊八百八十头。

十五日辛未　上驻跸行宫。赐诸臣、侍卫、执事人等西瓜果品等物。是日，乌喇忒之辅国公鄂尔本及其祖母、三品台吉图孤尔及其妻等、四品台吉毕力滚达赖等请安进贡来朝。上皆赐银币等物。

十六日壬申　上驻跸行宫。

十七日癸酉　上驻跸鄂几尔库布喇克之地。

未时，上御行宫，大学士马齐、学士辛保以折本请旨。山东总兵官刘官统题参副将叶纪有玷官箴。上曰："叶纪在军前甚为效力，遍身皆有伤痕，人材矫健。去岁方授副将，计无多时，即行题参，观此必与刘官统有仇，或别有不合处，亦未可定。前席尔达所审唐希顺疏参李麟之事，尔亦知之。"大学士马齐奏曰："皇上洞鉴诚然。今武弁验试马步箭时，皇上皆亲试其骑射，有军前曾经效力者，始行擢用，所以人材尽皆矫健。刘官统与叶纪想有私仇，或别有不合处，亦未可知。"上曰："此事着差郎中穆丹与该抚一同审明具奏。"

是日，苏尼特多罗郡王垂几、公苏隆、旗分二品台吉扎布等、都统兼四品台吉纳穆扎布等、参领布达贝勒苏戴之母福金，喀尔喀扎萨克多罗郡王纳穆渣使者、护卫纳木格尔王纳穆渣之子协理台吉汪渣尔，王纳穆渣之弟协理台吉岳渣穆苏厄尔德尼等，阿霸哈纳尔多罗贝勒布照协理旗分事台吉阿必达、旗分贝子厄林陈达西之母福金等请安进贡来朝。上赐阿霸哈纳尔厄林陈达什贝子之母福金白金。

十八日甲戌　上驻跸乌蓝托罗海地方。赐厄鲁特丹济喇之妻及散秩大臣偌尔布纪穆霸车尔贝妻等白金有差。又赐厄鲁特妇女藤吉尔白金。是日，阿霸哈纳尔旗分贝子厄林陈达西旗分四品台吉塔尔坝，喀尔喀扎萨克图汉和硕亲王策旺扎布旗分四品台吉噶尔麻斯希布及其妻、台吉殷基纳及其妻，喀尔喀多罗贝勒罗卜藏，阿霸垓多罗郡王吴尔占噶喇布、王之母福金及王旗分之贝子车棱董罗卜，扎鲁特多罗贝勒毕鲁瓦等请安进贡来朝。上赐阿霸哈纳尔旗分贝子厄林陈达西、旗分四品台吉塔尔坝布帛等物。

十九日乙亥　上驻跸和来登驽斯泰地方。乾清门侍卫喇锡奇里德传谕扎鲁特贝勒毕鲁瓦贫台吉等曰："五月内移文已到，尔等何故六月中始至？朕久候尔等不来，故朕赏赐别旗已毕。自牧场来此路已寥远，仅朕所带生畜各赏七匹。"谕毕，毕鲁瓦率穷台吉等谢恩。是日，又赐毕鲁瓦穷台吉白金。

是日，阿鲁科尔沁多罗郡王垂及其子二品台吉穆宁等、蒿齐忒多罗郡王雅木披尔及其祖母福金、母福金请安进贡来朝。上赐蒿齐忒王雅木披尔祖母、母，苏尼特王垂机、公苏隆、旗分四品台吉巴郎之妻币帛。

二十日丙子　上驻跸绥狐河地界。是日，御制咏金莲花柳梢青词一阕，命侍讲学士揆叙、检讨阿金、法海至行宫，各赋诗一章。

二十一日丁丑　上驻跸行宫。奏事主事存住、蓝翎常寿传谕大学士马齐曰："观今日本章迟至，或为山水所阻，或另有别故，即命一善驰人往察其迟至之由，并谕驿站司官、笔帖式等。本章所关，虽系重大，倘山水骤发难渡，将其迟误之由报明，令勿轻渡，恕致有失。果因山水骤发不可渡而误，非其罪也。"

是日，赐班第噶尔麻达尔扎及附住察哈尔之散秩大臣车林之妻、阿思哈尼哈番巴拜之妻等银币有差。

二十二日戊寅　上驻跸上都塔尔呼河地界。是日，大学士马齐向奏事存住转奏曰："查得独石口驿站笔帖式张保住并未迟误，独石口以南系何驿站迟误，再行查明具奏。"存住传谕曰："此笔帖式并未迟误，其独石以南迟误者令其查明。朕仅欲闻其故尔，虽有迟误，不治其罪。"

二十三日己卯　上驻跸行宫。

早，上御行宫，大学士马齐，学士法良、辛保以折本请旨。刑部覆福建巡抚梅销题，原任凤山县知县朱绣已经革职拟徒，今亏空米石已照数赔补，请免其罪。上曰："仓谷已经补完，复革其职，嗣后无人赔补矣。所定此例，稍觉太过，着问九卿具奏。"

陕西总督席尔达题茶马赢瘦降级调用高陵县知县王继溥、澄城知县刘元标居官颇优，请留原任。上曰："席尔达既称王继溥、刘元标居官优长，俱着留任。"

直隶巡抚李光地题沿河口守备徐起芳员缺，请将奉旨遣来中式武进士龚成遂补授。上曰："若交部议必致日久，即照巡抚所题补授。"

甘肃巡抚喀拜题其属下守备今升补广西思恩府副将中军守备吴兆龙，请留原任。上曰："着照巡抚所题留任。"

是日，赐阿霸垓吴尔占噶喇布王之母及西洋人翟兴祯白金、厄鲁特二品护卫乌能巴图尔妻等白金有差。

二十四日庚辰　上驻跸额尔屯塞泰地方。是日，赐诸臣、侍卫、内务府官员、执事、护军等黄羊。

二十五日辛巳　上驻跸行宫。是日，赐执事人、护军等羊四百四十只。

二十六日壬午　上驻跸哈达河朔之地。是日，赐苏尼特王垂儿、公苏隆、旗分四品台吉顾鲁之母币帛，赐进佩刀之附住察哈尔之厄鲁特噶尔丹多尔济之妻等白金。

二十七日癸未　上驻跸行宫。

早，上御行宫，大学士马奇、学士辛保以折本请旨。吏部题兵部尚书马尔汉等不择肥马拨给驿站，止给羸瘦者，尚书马尔汉，侍郎朱都纳、布颜努，在馆郎中殷逊俱议革职。上曰："兵部堂官不尽心办事，互相推诿，殊属无耻。马尔汉、布颜努俱着革职，留任效力。朱都纳所行不谨，不堪任用，着革职。余依议。"

二十八日甲申　上驻跸上都图尔根伊渣尔交界地方。是日，赐附住察哈尔正蓝旗正白旗原系厄鲁特三品官顾穆布等之妻等白金，又赐居住托伦诺尔庙地方拖沙喇哈番达礼渣之妻及披甲人等之妻白金有差。是日，又赐科尔沁二品台吉毕力克图家人吴尔库满及乞丐老媪白金。喀尔沁之护国公沙木巴喇西、一品塔布囊格勒尔，克西克腾一品台吉齐巴克扎布等，阿鲁科尔沁多罗郡王垂、旗分协理分事二品台吉额参，翁牛特多罗杜楞郡王班第、旗分协理旗分二品台吉鄂奇尔等请安进贡来朝。

二十九日乙酉　上驻跸花托落海地方。是日，附住土默特多罗贝勒额驸额尔德木图、旗分二品台吉滚其亨，一品台吉齐巴克之祖母、母请安进贡来朝。

七　月

初一日丙戌　上驻跸沙尔丹山。是日，翁牛特多罗杜棱郡王班第、都统图巴扎卜、长史诺尔布，正蓝旗察哈尔之吴拔第佐领下二等阿达哈哈番巴忒麻，敖汉多罗郡王渣木苏旗分一品台吉随查穆素、二品台吉楚木本尔、四品台吉罗卜臧顾木布等请安进贡来朝。

初二日丁亥　以领侍卫内大臣公费扬古身病奏闻，上率皇太子、诸皇子、大臣、侍卫等往视疾，问得病缘由。以费扬古帐房狭小，命赐御用帐房。是日，上以公费扬古病停銮一日，随命大臣看守，不时遣亲近侍卫往问疾，复赐蟒缎、缎匹、白金等物。寻知费扬古病笃，遣内大臣、侍卫护送还家，广储司郎中塔金泰至边口，治其棺椁。

初三日戊子　上驻跸乌兰布通南界前曾立营处。

初四日己丑　上驻跸行宫。

未时，上御行宫，大学士马齐，学士法良、辛保以折本请旨。工部覆总河张鹏翮题，泗州、盱眙地方每被水灾，自古有之，虽六坝尽开，泗州之地亦难免患，倘下水得流出，清口之淮水自得通泄出。清口之淮水通泄，则泗州之水不致阻塞。臣因抱病，欲延医调治，是以回署，今已少痊，移文总督阿山，令至泗州会同阅视，另行具奏，议准行。上曰："这堤岸修筑防护，着照议行。前总河于成龙具疏欲将高堰六坝堵塞，蓄湖水以敌黄水，疏通清口。九卿覆奏时，朕以为高堰六坝若行堵塞，湖水泛涨，泗州等州县必被水淹没，曾谕九卿。迨遣范承勋等堵塞六坝，此非张鹏翮到任之后始行堵塞。顷因巡抚高承爵题报泗州、盱眙水灾，朕敕张鹏翮会同江南总督阿山踏勘情形，将泗州、盱眙泛溢之水设法修治，作何赈济蠲租，令其奏闻。又以洪泽湖水泛涨，高家堰堤工似至危险，朕于此事时切踌躇。若高家堰至于危险，扬州、淮安等处州县皆被淹没，朕为此日夜殊切忧惧。高家堰堤作何保守坚固，更有何修治善策，着张鹏翮陈奏。曾遣人敕谕张鹏翮称病，未往泗州、盱眙，今具疏称：泗州、盱眙水灾自古已然，即六坝全开，泗州亦被水灾。臣往泗州查勘水势情形，询据土人云：明季时有水灾，则泗州水灾不系六坝之闭。按《泗州志》载宋臣欧阳修《先春亭记》云：民所素病而治其尤暴者，莫大于淮。则知淮之为暴于泗自古而已然矣。今清口水流甚畅，洪泽湖水渐消，泗州水势亦渐消，且六坝既闭之后，水不东注，高邮、宝应、兴化、泰州、山阳、盐城、江都等州县田地涸出，民得耕种，皆河伯效灵之所致等语。朕着张鹏翮会同阿山将泗州、盱眙泛涨之水作何设法筑堤帮修，或赈或蠲，俱有益于灾黎，并非欲开高家堰六坝救泗州、盱眙之民，而令淮阳百姓罹于水灾也。朕念黄河、运河关系国计民生，三次看阅河工，屡行简任河臣修筑堤岸，每岁不惜数百万帑金解发。

夏月雨水时，昼夜忧虑，不时遣人看视。凡被水灾黎，截留漕米，尽出仓粮赈济者，总为拯救灾民，并非止救泗州、盱眙百姓之灾，而淮安、扬州等处百姓听其罹灾之意也。据张鹏翮谓，泗州、盱眙水灾自古已然，而淮扬水灾亦素有也。张鹏翮奏称六坝既闭，淮安、扬州百姓俱免水灾，是但知淮扬地方，岂独不知有泗州、盱眙？天下之大亦并不知，其为愚昧已至于极。朕念四海一家，凡有来朝见者必细询雨泽田禾，现有居住贺兰山后公允木春来见，问陕省河西田禾、雨泽、黄河水势。据允木春奏称：今岁自正月至六月滴雨未降，黄河水消二丈有余。西地赖黄河水引入田亩耕种，今年因河水小，不但田禾，即茎草亦未生发。朕以陕省河西百姓作何拯救，虽督抚未经具题，已昼夜筹度。张鹏翮与众河官乃谓清口水出皆赖河伯效灵、伊等效力所致，此实因黄河水小，清口之水幸而得出，并非伊等效力之所致也。统一天下之主，坐视灾黎，不为拯救，张鹏翮既系读书之人，此果载之何记何书耶？至张鹏翮题请议叙河员疏内，明知朕有谕旨，故称九卿未晰。今览此奏又含怒具题，意谓必有人阻挠，果如此悬疑，昏愦之极，未有如张鹏翮者。这事情又似盐犯大贼孔文泰之案，希图好胜，冒昧不顾将取罪戾。着将朕谕旨及张鹏翮所奏一并刊刻于淮安、扬州、泗州、盱眙等处，遍行张挂，令众民观看。天下之人自有公论。”

是日，折布尊丹巴库图克图遣纪木巴扎木萨尔请安进贡来朝。

初五日庚寅　上阅乌兰布通战场毕，驻跸萨里克河界。

初六日辛卯　上驻跸准高地方。赐克西克腾佐领贰燧等白金。是日，敖汉多罗郡王达什达尔查遣一等护卫纳黑请安进贡来朝。

初七日壬辰　上驻跸萨喇穆鲁木桥之南。是日，亲近侍卫吴什、乾清门侍卫拉锡齐里德传谕曰：“着谕克西克腾台吉等兴安内居住扎萨克、台吉数人无牲畜步行者，朕俱赏赐马匹。其兴安外居住扎萨克、台吉之穷者，原欲捱年赏赐，今因路经尔等旗分，着交理藩院派选能员查克西克腾台吉等无马匹者。伊属下或有马，岂可尚称无马，着谕克西克腾台吉等，倘有以有马而诈称无马者，即行正法。”

是日，赐克西克腾扎萨克一品台吉齐巴克扎卜、旗分原品台吉多尔博库等二十九人之妻银缎等物，其余穷蒙古之妻俱遍赐白金。

初八日癸巳　上驻跸葛老河地界。是日，克西克腾一品台吉齐巴克扎卜备宴献上及皇太子、诸皇子，并宴诸臣、侍卫，蒙古王、贝勒、贝子、公、台吉等。

是日，赐克西克腾之扎萨克一品台吉齐巴克扎卜、旗分台吉巴牙尔等之妻六十一人银缎等物，又赐副都统色楞之母等一百九十五人及献鹰鹞等物人白金。

初九日甲午　上驻跸默尔哲口。赐克西克腾之扎萨克一品台吉齐巴克扎卜、旗分台吉郎苏等妻七十七人银缎，又赐进汤羊人等白金。

是日，巴林多罗郡王纳木塔克巴林之贝子吴尔占、厄尔德尼和硕额驸吴尔滚、多罗额驸纳木宗、一品台吉纳木渣、三品台吉齐达克齐等，阿霸垓多罗郡王扎木素、台吉特古色、原系科尔沁王鄂齐尔之子台吉格图尔格、台吉随塔尔，柰曼王班第旗分二品台吉格勒尔等请安进贡来朝。

初十日乙未　上驻跸噶尔达思泰之温泉。是日，赐老福金及台吉等四人之妻白金。又赐克西克腾之台吉鄂尔奔等之妻六十三人银缎等物。

十一日丙申　上驻跸行宫。是日，赐进鹰鹞等物人白金。

十二日丁酉　上驻跸古尔班图儿哈地方。赐克西克腾一品台吉十七人之妻及乌木布五女银缎。

是日，乌朱穆秦和硕车臣亲王色登敦多卜、辅国公顾木布扎卜、协理旗分事一品台吉罗卜臧等、协理四品台吉德木楚克等、大喇麻阿王丹津喀木扎木巴等请安进贡来朝。

未时，乌朱穆秦亲王色登敦多卜备宴献上及皇太子、诸皇子，并宴诸大臣、侍卫，蒙古王、贝勒、贝子、公、台吉等。

十三日戊戌　上驻跸行宫。是日，赐乌朱穆秦亲王色登敦多卜等妻补服缎及闪缎缎匹、白金等物有差，并赐台吉等银缎及献汤羊等物人白金。

十四日己亥　上驻跸恩都里河朔地方。赐乌朱穆秦王色登敦多卜公顾木布扎卜白金有差、乌朱穆秦台吉等妻白金及牧场人并献黄羊人等白金。

十五日庚子　上驻跸巴林公主瓦屋。遣皇太子、诸皇子诣淑惠公主墓奠酒。荣宪公主备食献上及皇太子、诸皇子，并食诸大臣、侍卫等。是日，赐献汤羊人等白金。

十六日辛丑　上驻跸行宫。是日，荣宪公主备宴献上及皇太子、诸皇子，并宴诸大臣、侍卫、蒙古王、贝勒、贝子、公、台吉等。

未时，上御行宫。大学士马齐、学士辛保以折本请旨。户部覆甘肃巡抚喀拜请赈济兰州等十四州县卫被灾穷黎，议准行。上曰："顷居贺兰山，公允木春奏称西地亢旱，寸草不生。"大学士马齐奏曰："适闻圣谕，始得知悉。"上曰："此被灾兰州等州县地方，着总督席尔达亲往，会同巡抚，将被灾百姓钱粮暂行停征。其作何赈救，令其得所之处，确议具奏。"

兵部题四川提督唐希顺妄行参劾参将李麟，议降二级调用。上曰："此事着侍郎满丕会同巡抚贝和诺，将唐希顺参李麟原案一并察明议奏。"

刑部题乌喇采东珠旗人六十七给民赵进等米布等物，私令往木钦河采取人参，拟绞。上曰："六十七前曾行恶数次，以大光棍治罪充发，今又私取人参，殊属可恶，着将六十七交该将军照充配人于充配之处犯罪例，即于彼处正法。此六十七为光棍时与人斗殴，虽有胆力，遇敌时则甚馁怯。"大学士马齐奏曰："曾闻六十七随征察哈尔对敌时云：我忘带腰刀，可回取之。及战毕始至。"上曰："尔亦闻此事乎？六十七回取双刀，并未与敌。观此，须有血性之人，斯可赴敌。此人廉耻丧尽，无耻之人遇敌时全无用也。"

工部以郎中保格等查盛京工部修理永陵大殿需用物料甚属浮多折子具奏。上曰："此事着都察院会同工部严察议奏。"

十七日壬寅　上驻跸行宫。赐巴林多罗郡王纳木达克之协理旗分事台吉阿的思等之妻银缎布匹等物有差。

十八日癸卯　上驻跸阔尔郭尔岱喀喇乌苏地方。赐巴林贝子吴尔占旗分台吉阿麻什奇等之妻银缎布匹、献羊等物人白金。

是日，喀尔喀车臣汉、车臣汉之弟台吉三吉渣卜、车臣汉之族台吉吴巴什拨科尔太、原系贝子成本尔之子台吉渣木三、成本尔之弟台吉阿喇布滩、原系扎萨克一品台吉色楞达什之子顾鲁扎卜、协理旗分事萨木达等请安进贡来朝。

十九日甲辰　上驻跸布岩乌兰地方。赐献汤羊人白金。

二十日乙巳 上驻跸绰诺木河地界。赐献汤羊人白金。

二十一日丙午 上驻跸鄂伦呼都克哈达河朔地方。是日，赐内大臣、大学士鹿，又赐献羊人白金。

二十二日丁未 上驻跸哈齐尔河地界。是日，阿鲁科尔沁多罗郡王垂备宴献上及皇太子、诸皇子，并宴诸大臣、侍卫、蒙古王、贝勒、贝子、公、台吉等。

是日，赐阿鲁科尔沁二品台吉达木巴等之妻银缎，又赐献汤羊人白金。

二十三日戊申 上驻跸纪百图地方。是日，上谕巴林公主曰："观阿鲁科尔沁已故额驸巴忒麻之妻县主甚贫，原欲赐之以马群牛羊，现今不曾带至。公主所有马并驹五十四、牛并犊五十头、羊及羔百只，公主遣人缓驱送至县主处。

二十四日己酉 上驻跸葛尔七老地方。是日，乌朱穆秦贝勒博木布、扎鲁特贝勒毕鲁瓦毕力克图等备宴献上及皇太子、诸皇子，并宴诸大臣、侍卫，蒙古王、贝勒、贝子、公、台吉等。是日，赐赴围阿鲁科尔沁多罗郡王垂旗分台吉、都统、副都统、参领、护卫以下及兵卒人等银缎有差。又赐阿鲁科尔沁台吉等之妻、乌朱穆秦贝勒博木布旗分台吉等之妻白金。

二十五日庚戌 上驻跸逵屯色钦地方。赐乌珠穆秦贝勒博木布之母福金、博木布之妻二福金、协理台吉纪而哈郎等之妻银缎有差，及献羊人白金。

是日，喀尔喀扎萨克多罗郡王纳木渣尔盆楚克、旗分贝子丹津、辅国公策布腾等请安进贡来朝。

二十六日辛亥 上驻跸巴颜哈达河朔地方。是日，科尔沁卓里克图亲王巴忒麻、原系王多罗额驸鄂齐尔公布尼等备宴献上及皇太子、诸皇子，并宴诸大臣、侍卫，蒙古王、贝勒、贝子、公、台吉等。

二十七日壬子 上驻跸厄布尔昆都仑地方。赐扎鲁特多罗贝勒毕鲁瓦旗分原系四品台吉额尔德尼之妻白金。是日，科尔沁和硕端敏公主备宴献上及皇太子、诸皇子，并宴诸大臣、侍卫，蒙古王、贝勒、贝子、公、台吉等，赐随行诸臣、内务府官员及执事人、护军等，蒙古王、贝勒、贝子、公、台吉等鹿、黄羊。

二十八日癸丑 上驻跸行宫。是日，上率皇太子、诸皇子及诸臣往视公主，科尔沁多罗郡王毕力克图、和硕达尔汉亲王额驸班第、旗分多罗贝勒巴克什古尔备宴献上及皇太子、诸皇子，并宴诸大臣、侍卫、蒙古王、贝勒、贝子、公、台吉、塔布囊等。

二十九日甲寅　上驻跸托赖噶察地方。是日，科尔沁秉图郡王达达布、多罗郡王带布公安达席里、扎萨克一品台吉吴尔图那苏图备宴献上及皇太子、诸皇子，并宴诸大臣、侍卫，蒙古王、贝勒、贝子、公、台吉、塔布囊等。

三十日乙卯　上驻跸郭尔河地界。是日，科尔沁和硕图谢图亲王额驸沙津、旗分之协理旗分事一品台吉布达等、一品台吉阿里尔虎等、四品台吉毕麻里等、二等阿思尼哈番达尔汗噶巴喇等请安进贡来朝。科尔沁王以下及军卒人等上皆亲赐食。

申时，上御行宫，大学士马齐，学士法良、辛保以折本请旨。吏部题二等阿达哈番鼐保家人打死绿旗兵，议革世职。上曰："鼐保之官系其父鼐格之官，仍着留与鼐保，停俸令其效力，俟有效力处奏明时，再令食俸。"

兵部题覆宁古塔将军杨福等题请裁汰白都纳地方所添设协领六员，议准行。上曰："伊等俱由京师简授者，今裁缺令其候补，不得食俸，而且有迁移家口之累。着仍留协领之任，遇缺补用。若佐领缺出，将伊等以协领管佐领事。"

复顾大学士马齐曰："本章及诸事俱属迟误，问之皆云驿马羸瘦，此皆系兵部诸臣不以肥壮马匹拨给驿站，唯将羸瘦有伤之马充数，诸事皆至迟误。可令马尔汉、朱都纳、布颜努等亲身速来料理驿站，增添马匹，毋令有迟驿务。且马尔汗身为兵部尚书，系其专任之事，司官告彼时以有事推诿，背谬极矣。朕为天下主，听政四十余年，曾有时云尔诸臣少待，朕有别务，如此推诿乎？"

八　月

初一日丙辰　上驻跸准朱鲁麻哈达河朔地方。是日，赐大臣、侍卫、官员及执事人等鹿。

初二日丁巳 上驻跸阿尔达尔河地界。是日，科尔沁扎萨克图多罗郡王鄂齐尔、杜尔伯特贝子沙津、扎赖特贝子纳逊、科尔沁公杜努满尔等备宴献上及皇太子，并宴诸皇子及诸大臣、侍卫、蒙古王、贝勒、贝子、公、台吉等毕，上率诸臣诣郡王鄂齐尔、贝子沙津、贝子纳逊、公杜努满尔等营，视马牛羊牧场。

初三日戊午 上驻跸圭勒尔河地界。是日，索伦总管觉罗阿图、副总管倪尔褚、代佐领何奇代等请安进贡来朝。索伦官兵备宴献上扈从诸臣、侍卫、护军等，上皆赐食，赐索伦官员之妻帛及虞人等妻布匹。

初四日己未 上驻跸海略思泰地方。是日，赐诸大臣、侍卫、官员及执事人、护军等鹿。

初五日庚申 上驻跸木石匣地方。是日，赐诸大臣、侍卫、官员及执事人、护军等鹿。

初六日辛酉 上驻跸纳默尔痕哈尔巴哈图交界。

初七日壬戌 上驻跸行宫。是日，赐诸大臣、侍卫、官员及执事人、护军等堪达汗。

初八日癸亥 上驻跸温泉。是日，赐诸大臣、侍卫、蒙古王、台吉等堪达汗。

初九日甲子 上驻跸喀尔喀河地界。

初十日乙丑 上驻跸行宫。是日，喀尔喀车臣汉、扎萨克多罗郡王盆楚克纳木渣尔、扎萨克旗分贝子布达扎卜等，原系旗分贝子成本尔之母福金、妻福金，护国公策布登、辅国公车陵达什、一品台吉罗卜臧等，同备宴献上及皇太子，并宴诸皇子及诸大臣、侍卫，蒙古王、贝勒、贝子、公、台吉等毕，赐蒙古王、贝勒、贝子、公、台吉等鱼，又赐索伦乡导默楞格等七人及自黑龙江将军地方定设围场之乡导、佐领多尔退等三十二人白金。

十一日丙寅 上驻跸行宫。是日，赐随围科尔沁王、贝勒、贝子、公、台吉等以下官兵及附丁等衣服、鞍辔、撒袋、弓矢、刀、银帛等物有差，及索伦总管、副总管以下至拨什库虞人等银帛等物。又大赉喀尔喀汗王、台吉等及伊兄弟、妻子、男女并所属护卫官员等有差。

十二日丁卯　上自喀尔喀河回銮，逾温泉十五里驻跸。是日，赐诸臣、侍卫、护军等鹿。

十三日戊辰　上驻跸纳默尔痕地方。

申时，上御行宫，大学士马齐、学士辛保以折本请旨。吏部以广东布政使员缺，应升者止有安徽按察使董昭祚一人，或将俸满罚俸者拟陪，或将俸未满不罚俸者拟陪请旨。上曰："俸满罚俸及俸未满不罚俸者之职名俱行开列，问九卿具奏。"

又以贵州都匀府知府员缺，将奉旨特用江西广信府知府张国祯等职名开列。上曰："贵州都匀府知府员缺，将李缵宗补授。"

都察院等衙门题盛京工部侍郎白尔克等修理永陵大殿估计浮冒妄行具奏，议革职。上曰："白尔克从宽免革职，着降五级、罚俸一年。邵穆代、海逊俱革职，从宽留任，着效力赎罪。"

十四日己巳　上驻跸木石匣地方。是日，赐索伦官兵食毕，上率皇太子、诸皇子及善射侍卫射于行宫中门外，发皆中的，命索伦官及军卒人等射。赐扈从诸大臣、侍卫、官员及执事人、护军等鹿。

十五日庚午　上驻跸海略思泰地方。是日，赐诸臣、侍卫及护军等食。

十六日辛未　上驻跸圭勒尔河地界。是日，赐献空青石扎赖特旗分四品台吉毕麻喇蟒缎及缎匹。

十七日壬申　上驻跸冠肯口。申时，上御行宫，大学士马齐，学士法良、辛保以折本请旨。吏部等衙门题岐人扰害黎人一案，议将平时不行察出之总督石琳、巡抚萧永藻各降二级调用，提督殷化行降一级留任、总兵官唐光尧降四级调用。上曰："唐光尧着革职，石琳、萧永藻着各降二级，从宽留任。殷化行着降一级留任。"

吏部题口北道周士贤、宣化府知府申奇贵迟误随营御车，议革职。随车县丞孙伟议革职，仍交刑部议罪。上曰："此事初交付时，原属不明。周士贤、申奇贵居官俱优。"大学士马齐奏曰："此次路经宣化府，伊等亦甚效力。"上曰："周士贤、申奇贵从宽免革职，着各降四级留任，余依议。"

是日，赐科尔沁扎萨克图王之福金、贝子纳逊之祖母福金、台吉等之妻银币有差。

十八日癸酉　上驻跸乌喀纳河地界。

十九日甲戌　上驻跸扎堪朱鲁闵地方。

二十日乙亥　上驻跸郭尔河地界。是日，赐科尔沁达尔汗亲王额驸班第、旗分之协理旗分事台吉毕力滚达赖妻银币等物。

二十一日丙子　上驻跸阿齐兰口。是日，赐诸臣、侍卫及执事人、护军等食。

二十二日丁丑　上驻跸阿鲁昆都伦之鄂伦哈达河朔地方。是日，科尔沁和硕达尔汗亲王额驸班第、科尔沁多罗郡王戴布、科尔沁多罗秉图郡王达达布、郭尔罗斯护国公安达西里、郭尔罗斯扎萨克四品台吉吴尔图纳苏图等备宴献上及皇太子，并宴诸皇子及诸臣、侍卫，蒙古王、贝勒、贝子、公、台吉等。

二十三日戊寅　上驻跸阿鲁昆都伦之乌澜哈达地方。

申时，上御行宫，大学士马齐、学士辛保以折本请旨。总河张鹏翮以陶庄地方开浚引河，已引水流行奏闻。上曰："张鹏翮奏称桃庄开浚引河，黄河之水已流向北岸，夫黄河之水既流向北岸，则距清口远矣。乘此机会，从范承勋所修挑水坝起加长增宽，修筑堤工，令过清口，使黄河清口之水能令向下流，方得汇流，则黄河之水似可永无倒灌之患。朕前曾面谕于成龙，今现在河上官员内想亦有知之者。令张鹏翮将此故问官员内之知者，详行确议。若筑堤可估计需用钱粮，将其动工之处速行绘图具奏。此事关系紧要，毋得怠玩。"

张鹏翮又以原任都察院左都御史董讷于桃庄工所病故奏闻。上曰："董讷在河工效力身故，可照其原品应得恤典查明具奏。"

贵州威宁总兵官郭朝政遗疏具奏。上曰："郭朝政家口回籍时，着给驿站、车辆、马匹。"

是日，赐科尔沁和硕卓里克图亲王巴忒麻之母福金、多罗郡王毕力克图之妻福金及公台吉等妻银币有差。

二十四日己卯　上驻跸达喇尔河地界。是日，赐科尔沁纯僖公主、端敏公主、多罗格格白金。又赐科尔沁郡王达达布属下台吉等妻及献羊人白金。

二十五日庚辰　上驻跸和谷尔河地界。是日，赐诸大臣、侍卫官员野豕，又赐阿鲁科尔沁多罗郡王垂之母福金、妻福金、台吉等妻，扎鲁特达尔汗贝勒毕力克图之妻福金、台吉等妻银币有差。

二十六日辛巳　上驻跸乌囊吉喀巴齐鲁地方。奏事主事存住传谕大学士马齐曰："察哈尔官兵协济驿站为日已久，殊属劳瘁，令各从本驿回家。伊等驿站所用骆驼、马匹有倒毙者，察哈尔总管等查明具奏。若骆驼、马匹并无倒毙而妄称倒毙，断不可也。"

是日，赐护军等羊，赐科尔沁达尔汗亲王旗分二品台吉阿奇图班第银帛及西勒图库仑之扎萨克大喇麻白金、蟒缎。

二十七日壬午　上驻跸特门呼朱地方。赐阿鲁科尔沁多罗郡王垂旗分原系四品台吉麻鲁等十三台吉之妻银帛。

二十八日癸未　上驻跸行宫。

二十九日甲申　上驻跸绰诺河之马泥图地方。是日，赐从猎喀喇沁多罗杜棱郡王扎西之子塞楞等塔布囊十人以下至官兵等蟒缎、银帛有差。

九　月

初一日乙酉　上驻跸布颜乌兰之地。

初二日丙戌　上驻跸郭尔郭尔岱喀喇乌苏之地。赐察哈尔官兵及牧放牛羊首领以下并牧场蒙古等银币有差。

初三日丁亥　上驻跸公主第。是日，上诣淑慧长公主墓奠酒，复遣直郡王致祭，赐守护公主第官员、兵役人等银币有差。

初四日戊子　上驻跸行宫。是日，上率皇太子、诸皇子及善射侍卫射于行宫前，上发矢皆中。赐巴林和硕荣宪公主银币、额驸吴尔滚白金，巴林王福金、多罗额驸、多罗格格以下及诸台吉并台吉之妻衣服、银币等物有差。又公主侍婢各赐币。

初五日己丑 上驻跸西喇穆鲁之地。翁牛特多罗达尔汗代青贝勒额尔得卜鄂齐尔治宴献上及皇太子、诸皇子，并宴大臣、侍卫，蒙古王、贝勒、贝子、公、台吉等。

是日，赐翁牛特额尔得卜鄂齐尔贝勒之妻福金、诸台吉之妻蟒缎、银币有差及巴林从猎之官兵白金。

初六日庚寅 早，上御行宫，大学士马齐、学士法良以折本请旨。吏部题广东布政使鲁超员缺，将安徽按察使董昭祚等七员开列具奏。上曰："按察使内居官优者着问九卿具奏。"

兵部覆固原提督潘育龙题请徐荣等一百六十八人带往新任，部议将原带来八十六人准其带往，其余不准行。上曰："潘育龙属下人俱属骄健，徐荣等一百六十八人着照所题带往任所，遇兵缺补之。"

礼部题原任理藩院尚书阿里尼病故，以恤典及与谥请旨。上曰："阿里尼曩于军前败绩，曾置之重罪，朕惟念旧，是以复给原品。今恤典及谥俱不必与，即于此本批出。"

是日，上驻跸喀喇乌苏。

初七日辛卯 上驻跸伊纳汉之地。

初八日壬辰 上驻跸照三山。

初九日癸巳 上驻跸英额河地方。

申时，上御行宫，大学士马齐、学士法良以折本请旨。吏部题张家口监督户部员外郎保住，以不曾采买皮张等物，议降一级留任，罚俸一年。上曰："先因喀尔喀不来贸易，故皮张等物难得。今张家口商贾与鄂罗斯互相贸易皮张等物，有何难得？若仍执往年例议之可乎？顷张家口外有一蒙古妇人告称，伊家仆霸占伊三万金之生理，尔诸臣想皆闻之。如彼穷蒙古且云有三万金生理，今可云张家口全无贸易乎？保住或应令赔补，或应革职，着另议具奏。"

兵部题拖沙喇哈番刘廷宣等遵例考授守御所千总。上曰："刘廷宣等俱依议用，着来京陛见。"

理藩院题强盗额图等抢夺商人姚自强银、骡，议立斩。姚自强弟姚自珍、二汉等私进恩克特院内拿骡，二汉枪刺强盗牙图致死，议绞。姚自珍等六人议枷号两月，各鞭一百。佐领库参德给贼噶第米马，议革职，罚其牲畜三九。窝藏逃妇海参代罚其牲畜一九，窝贼之布汉罚牲畜三九。上曰："额图、西拉、奢楞俱着即行处斩枭示。二汉进恩克特院内认取姚自强之骡，其时恩克特等射伤二汉，二汉不得已，以枪刺死牙图。二汉殊为勇健，二汉从宽免死，减等发落。姚自珍等六人及边兵毛三、刘其凤，意谓不及此时认取此骡，待其藏匿，将无凭据，遂入取此骡，俱从宽免其治罪。库参德身系章京，与贼噶第相交，以米马等物给之，殊为可恶。窝藏逃妇之海参代，窝贼额图之布汉，俱拿赴京师为奴，至京之时应给何人，该部奏闻。顷者诸扎萨克之地，朕遣满洲教养，绳之以法，所以此来视之，盗贼绝迹。如此等肆行之人不诛一二，贼将仍前浸多矣。"

初十日甲午　上驻跸齐老营。是日，翁牛特多罗杜楞郡王班第、公齐塔特、协理一品台吉鄂齐尔等设宴献上及皇太子、诸皇子，并宴大臣、侍卫，蒙古王、贝勒、贝子、公、台吉等。

十一日乙未　上驻跸库勒图营。赐翁牛特多罗郡王班第之母福金，公、台吉等妻蟒缎、银币等物有差。又赐多罗杜楞郡王毕力滚达赖之母及守视和硕格格墓希福等并献羊人白金。

十二日丙申　上驻跸克勒河地方。

十三日丁酉　上驻跸拜布哈口。

十四日戊戌　上驻跸喀齐布鲁之地。

十五日己亥　上过唐山营五里许驻跸。

十六日庚子　上驻跸青城。

申时，上御行宫，大学士马齐、学士法良以折本请旨。吏部遵旨以广东布政使员缺，将九卿保举贤员江苏按察使佟毓秀等职名开列，及励杜讷请以浙江布政使赵申乔调补广东布政使。上曰："佟毓秀颇优，其人可用，着补授广东布政使。再观励杜讷请将赵申乔调补广东布政使，此必有故焉，盖非为赵申乔特为浙江人也。江南、浙江财赋甚繁，赵申乔到任不久，一应钱粮尚未清理，恐日久弊端败漏，故为此言耳。"大学士马齐奏曰："皇上所见诚然。此事臣等亦觉可疑。"上曰："尔等果然亦见及此。"

礼部等衙门覆云南巡抚石文晟题请开化府之人甚少，将邻府童生考试入学者，即令于入学之处移住纳粮停其禁止之令，议不准行。上曰："他省之人于云南考试固不可，若本省之人寄籍各府考试未为不可。着交与九卿议奏。"

刑部等衙门题秋审贵州省重犯。上曰："田成式虽私开银矿，并无别样恶迹，着改为缓决。"

总河张鹏翮等题请将泗州、盱眙等处被水灾之田地钱粮永行豁免。上曰："张鹏翮奏称泗州等三州县一卫夏季水淹田地三千二百六十二顷有余，此项照例应免银四千六百六两有余。再泗州等州、县、卫历年积水之田二千三百十顷有余，每年应收银一万四千二百四十八两有余，应收米九百石有余，麦一千四十六石有余。此项历年积水之田每岁钱粮虽据所报被灾之处暂行蠲免，而蠲免之外因其余钱粮仍不能完纳，故又致特恩通行蠲免。查档案所属州、县、卫康熙三十五年起至三十九年计，所蠲钱粮不啻二十万两。此项历年积水之田徒有空数，与其每年报灾，宁将此不得之钱粮暂行豁免，倘嗣后水涸田出，令地方官查报，照数征收等语。此积水之田之钱粮蠲免应至何年，应蠲钱粮若干，何年水涸始行征取钱粮，将此诸项遣人往张鹏翮处，令张鹏翮确议，以折子来奏。"

上又顾大学士马齐问曰："法良为人何如？"马齐奏曰："为人恪谨。"上问曰："比伊弟郎奇如何？"马齐奏曰："郎奇比伊兄稍觉敏捷。"上曰："比学士辛保如何？"马齐奏曰："伊等俱优。"上曰："此二人谁优？"马齐奏曰："臣不曾遇彼等独自执笔办事，是以不得而知。"上曰："穆丹比伊等何如？"马齐奏曰："穆丹自幼执笔办事之人，故长于办事。"上曰："伊等品行何如？"马齐奏曰："伊等品行俱优。"上曰："穆丹现出差崇文门，崇文门干求之事最繁，光棍亦多，即此可以观穆丹之品行也。原任学士钱齐保比伊等如何？"马齐奏曰："钱齐保办事颇优，但略轻浮耳。"上曰："钱齐保办事素优，为司官时甚好，自补授学士即不妥矣。朕观人之性全无一定，或优于微职，至大任则改常者有之。此次随驾兵部司官宝善为人如何？"马齐奏曰："其人亦优。"上曰："伊本衙门曾保举否？"马齐奏曰："顷兵部曾保举。"上曰："今部院堂官及司官等但求闲偷安而已，并不勤于事务，即朕侍卫亦觉比从前渐怠矣。人虽优于办事，若不勤慎，亦何益哉！”

十七日辛丑　上驻跸红旗营。

十八日壬寅　上驻跸喇麻洞。

十九日癸卯　上驻跸三岔口。

二十日甲辰　上驻跸密云县，赐献鹰庄头刘克信白金。是日，古北口总兵官马进良、督理驿站员外郎郭里、监督员外郎图巴海、防御鄂紫、都司杨畏等，同知赵弘揆等来朝。

二十一日乙巳　申时，上由东直门进神武门，诣宁寿宫问安毕，回宫。

是行也，各部院衙门奏章每日交送内阁，由内阁四日一次递送行宫办理。

扈从起居注官法良、揆叙、阿金。

二十二日丙午　辰时，上御乾清门听政。部院各衙门官员面奏毕，大学士伊桑阿、马齐、吴琠、熊赐履、张英，学士范承烈、法良、王九龄、曹鉴伦、傅伸以折本请旨。吏部题西喇代之阿达哈哈番给与伊过继子跛足之巴尔达承袭；常寿之拖沙喇哈番，不准给与其叔折臂之满代承袭，给与满代之子阿山泰承袭。上曰：“满代折臂，议与其子承袭。巴尔达跛足，议与伊本身承袭。事同而两议，何也？”伊桑阿等奏曰：“巴尔达即系学士傅伸之子，过继与其兄西喇代，傅伸之父亦曾自立世职。”上曰：“若准其承袭，应俱令承袭。若不准其承袭，应俱议给与其子。该部所议得无瞻徇情面乎？尔等问明该部具奏。”

又覆河东巡盐御史吴达禅题参盐引未完之知州张灿，议革职。上曰：“知州张灿居官何如，着问巡抚噶礼具奏。”

又曰：“顷王材任参巡抚高承爵甚是，想高承爵其人居官宁有善处耶？”

直隶巡抚李光地奏报广平县水灾。上曰：“朕欲询问此事，故令巡抚李光地来京。”

复顾大学士等曰：“今岁京城附郭禾稼何如？”伊桑阿奏曰：“禾稼甚茂。”马齐奏曰：“口外禾稼亦茂。”上曰：“盛京丰收，米价甚贱。宁夏等处亦好，惟有归化城地方稍旱。”又问汉大学士等曰：“尔等家乡今岁何如？”吴琠等奏曰：“今岁皆丰收。”

是日，上诣宁寿宫问安。

是日起居注官王思轼、傅森。

二十三日丁未 辰时，上御乾清门听政。部院各衙门官员面奏毕，大学士伊桑阿、马齐、吴琠、熊赐履、张英，学士范承烈、法良、王九龄、曹鉴伦、傅伸以折本请旨。工部题议叙永定河效力人员原任侍郎王继文等十六人。上曰："此内部议尚有不合处。王继文等俱系年老告退之员，并非以罪罢官者，这议叙稍轻，着另议具奏。"

伊桑阿等遵旨将过继之子身体残疾准袭职与否之例查明，写折具奏。上问曰："尔等所查何如？"伊桑阿奏曰："旧例过继之子有残疾者，仍准承袭。"上曰："此例准承袭者曾有几人，亦有不准承袭者否，承袭之后作何给俸，该部查明具奏。"

是日，上诣宁寿宫问安。

是日起居注官宋大业、满保。

二十四日戊申 辰时，上御乾清门听政。部院各衙门官员面奏毕，大学士伊桑阿、马齐、吴琠、熊赐履、张英，学士范承烈、王九龄、曹鉴伦、傅伸以折本请旨。吏部遵旨将残疾如巴尔达之人准袭职及袭职后食俸之例查明具奏。上曰："今现任官残疾者尚行查革，又可与彼承袭乎？是官着与巴尔达之子承袭。此所查人内若有残疾者，俱令其子承袭。嗣后有如此类，俱议给与其子承袭具奏。"

是日起居注官揆叙、查昇。

二十五日己酉 辰时，上御乾清门听政。部院各衙门官员面奏政事。

是日起居注官阿金、杨名时。

二十六日庚戌 巳时，上御文华殿行经筵大典，讲官傅继祖、陈廷敬讲《四书》子曰人能弘道，非道弘人一节，法良、韩菼讲《易经》和顺于道德而理于义，穷理尽性以至于命二句毕，赐宴太和门。

是日起居注官陈论、傅森。

二十七日辛亥 高皇后忌辰，上不御门，部院各衙门奏章交送内阁。

是日，上以孟冬有事太庙，斋戒三日。

是日，上诣宁寿宫问安。

是日起居注官张廷瓒、满保。

二十八日壬子 辰时，上御乾清门听政。部院各衙门官员面奏毕，大学士伊桑阿、马齐、吴琠、熊赐履、张英，学士范承烈、王九龄、曹鉴伦、傅伸以折本请旨。户部覆署总督事席尔达等题，将临洮卫所贮米谷减价粜于巩昌府诸州县饥民，议准行。上曰："此事着依议。今岁河西钱粮尽令蠲免，尔等缮写上谕呈览。闻甘州等处亦甚丰稔，惟河西亢旱，邻境皆丰，故灾荒尚不觉也。"

又覆西安巡抚华显、河东巡盐御史吴达禅题，民尤之魁等、商棍王仁法等，以盐务互相告讦，议移文总督席尔达、山西巡抚噶礼查明审结，到日再议。上曰："席尔达现赴河西赈济，着派满汉堂官各一员前往质审。"

礼部题降五级留任都统雷继尊病故，照例给与恤典及应否与谥请旨。上曰："雷继尊秉性忠直，人材亦属矫健，殊属可惜。着复还所降之级，给与恤典，还与他谥。"

直隶盛京秋审重罪人犯。上曰："此内强盗罗同受虽系同谋，未分财物。陈四听信陈国昌之言杀死吴氏，陈国昌已问情真。潘存诚虽雕假印，并未杀人，俱着缓决，余依议。"

吏科以内升外转将给事中马士芳等职名开列具奏。上顾汉大学士等曰："此内尔等有知者否？"吴琠奏曰："李旭升、马士芳俱属可用。"上问曰："慕琛其人何如？"熊赐履奏曰："慕琛不深知其人。"上又问曰："慕琛较其父何如？"熊赐履奏曰："慕琛较其父稍优。"上曰："慕琛为人不端，声名亦甚不佳。今春观慕琛条奏，皆不甚当。朕凡用人，皆咨询诸大臣而后用，于诸大臣不信又将谁信耶？朕听政四十余年，观尔诸臣保奏皆各为其党，其所荐果优，朕亦不计其为党与否。今之彭鹏等居官优长，其所荐之人俱优；向者于成龙锐意荐人，时有所失，故朕于于成龙稍不信焉。李旭升汝等既以为可用，着内升；慕琛着外转。"

都察院以内升外转将御史武进贤等职名开列具奏。上曰："此内汉大学士有知者乎？"吴琠奏曰："陈齐永倖深，龚翔麟、朱廷铉俱属可用。"上又问曰："郑惟孜为人何如？"吴琠奏曰："郑惟孜臣未闻其优劣。"上曰："郑惟孜惟因考试条奏居多，其它别无所奏。观其必欲于此事求胜，其意将以射大利也，公论亦俱不服。陈齐永着内升，郑惟孜着外转。”熊赐履奏曰：“别事不行条奏，惟奏考试事务，不得谓之无弊。”上顾汉大学士等曰：“尔等皆致位宰辅，朕凡咨访人材，当以实对。尔等惟科、道是惧，奏对不实。今朕已将郑惟孜外转，方陈奏数语，尔等皆有可否人材之责，若如此恐惧结怨，不行陈奏，何以责人耶？”

是日起居注官揆叙、陈元龙。

二十九日癸丑 早，上御中和殿，视祭太庙祝版毕，回宫。

辰时，上御乾清门听政。部院各衙门官员面奏毕，大学士伊桑阿、马齐、吴琠、熊赐履、张英，学士范承烈、王九龄、曹鉴伦、傅伸，吏部侍郎特默德、傅继祖遵旨将内阁学士员缺以詹事府詹事来道等职名开列引见。上曰：“此内尔等有知者乎？” 伊桑阿奏曰：“来道其人颇优，臣衙门侍读学士色德礼其人亦优。”上曰：“来道原在何衙门，办事何如？”傅继祖奏曰：“臣在翰林院时，来道曾为侍讲，其人颇优。”上曰：“来道着补授学士。”又以翰林院掌院学士员缺请旨。上深思良久曰：“仍着法良兼管。”特默德等出。

大学士伊桑阿等以折本请旨。大学士王熙以原官致仕，具本谢恩。上曰：“王熙系世祖皇帝时旧臣，简任大学士已经二十年，效力年久，着加宫保。”伊桑阿奏曰：“阿兰泰亦劳绩茂著，伏乞圣慈，亦加赠宫保。”上曰：“阿兰泰亦着赠宫保。”

是日起居注官徐元正、阿金。

十　月

初一日甲寅 上亲诣太庙祭毕，回宫。

是日起居注官法良、韩菼。

初二日乙卯 辰时，上御乾清门听政。部院各衙门官员面奏毕，大学士伊桑阿、马齐、吴琠、熊赐履、张英，学士范承烈、王九龄、曹鉴伦、傅伸以折本请旨。吏部题司官内升外转，以郎中柴廷望等职名开列。上曰：

"科、道官条陈诸事及知县行取者补授科道、官引见时，朕俱得知悉。吏部司官朕并不识认，亦不知其办事何如，凭何升转？"伊桑阿等奏曰："臣等亦不识认。"上曰："此例可停否？"伊桑阿等奏曰："可停。"上曰："这次着停其内升外转，嗣后可否永停此事，尔等会同九卿议奏。"

工部遵旨题修永定河堤原任总督王继文等再行议叙。上曰："王继文着给以兵部尚书衔，余依议。修理永定河并未支用库银，工所官员人等有协助银两修工者，有只身在工所效力者，其所未完捐助银两并非侵欺钱粮，并非赎罪。身已物故，若仍交该都统追其家产，照数赔补，殊觉可悯。"伊桑阿等奏曰："圣谕极当，闻者无不欢欣矣。"吴琠奏曰："皇上所见甚当，深得下情。"上曰："此事人一闻之，无不了然，亦其当然耳。着将所欠银两从宽免其追赔。"

是日，以琉球国中山王尚贞进贡，赐蟒缎、币、帛等物，及其来使正议大夫郑职良等缎匹有差。

是日起居注官法良、王思轼。

初三日丙辰　早，皇太后圣诞，上率诸王以下及内大臣、侍卫、大学士等行礼。其余文武诸臣俱于午门前行礼。礼毕，上回宫。

是日起居注官法良、韩菼。

初四日丁巳　辰时，上御乾清门听政。部院各衙门官员面奏毕，总河张鹏翮遣原任按察使赵世显陈奏河务并以河图呈览。上览图问曰："挑水坝今何如？"奏曰："黄河时被沙淤，若挑水坝不修，水势必至倒灌。蒙上谕，张鹏翮将挑水坝加长修筑，令急溜依北岸而流，永无倒灌之患矣。"上又问曰："此堤加长修筑，果有裨益乎？"奏曰："挑水坝若不加修此堤，四处皆冲决矣。今遵旨将此堤坚行修筑，黄水虽长，至堤下亦无出路，水势自减，不致冲决。倘水退时，堤上沙渐壅高，亦甚有益。"上又问曰："清水几分入黄，几分入运？"奏曰："昔日七分入黄，三分入运。今大墩之堤加长修筑，清水八分入黄，二分入运矣。"上曰："尔回时可谕张鹏翮，加修大墩之堤甚善。"奏曰："臣来时张鹏翮曾奏称，皇上指授之处，现今各工所日夜趱修，至正月庶可全完。此外应修之处及永远坚固之策，见识浅陋，未知作何料理。十二月张鹏翮具本奏请圣驾亲临工所，面谕修治之策，以便遵奉坚行修筑。俟过夏秋二汛，方敢具河工告成之疏。”上曰：“尔将此本及河图俱交大学士并明告其故。”赵世显出。

大学士伊桑阿、马齐、吴琠、熊赐履、张英，学士范承烈、王九龄、曹鉴伦、傅伸、来道以折本请旨。兵部题福建陆路提督王万祥员缺，以副都统张朝午等职名开列。上曰：“总兵官等俱系朕简用，其中虽有一二年老者，人材俱属壮健。宣化府总兵官尚宣人材矫健，居官甚优，但彼年迈，令往南方，恐不能久任。尔等问九卿，总兵官内有居官优长者，令各举所知。”

又覆贵州巡抚王燕题熟苗、生苗若有伤害人者，照百姓例治罪。熟苗依议，生苗仍照苗子例治罪。上曰：“部议未悉此事情由，着交九卿确议具奏。”

刑部等衙门覆署四川、陕西总督事，席尔达题原任按察使祖文明受人礼物、藐视法纪，照受贿赂例议绞。部议仍交四川巡抚贝和诺审结。上曰：“前次已经审明，该部复议交四川巡抚审结，意欲开释，伊等徇情具奏。此事着仍照原审之案完结。”

湖广总督郭琇条奏，州县钱粮前例五月完纳一半、八月完纳一半，百姓受累。上曰：“郭琇所奏近是。倘仍照从前条奏，稍觉难行。着交九卿议奏。”

伊桑阿等遵旨将蠲免河西被灾之地钱粮上谕缮写呈览。上曰：“此但言及蠲免河西钱粮，被灾之地虽属不多，其邻近州县收获者钱粮如一概蠲免，黎民更有裨益，甘肃所属州县钱粮尽行蠲免，尔等另写上谕呈览。”

是日起居注官满保、查昇。

初五日戊午　早，上御太和殿，升转文武官员谢恩毕，上回宫。

是日起居注官韩菼、揆叙。

初六日己未　辰时，上御乾清门听政。部院各衙门官员面奏毕，大学士伊桑阿、马齐、吴琠、熊赐履、张英，学士范承烈、王九龄、曹鉴伦、辛保、傅伸、来道以折本请旨。吏部以大学士王熙员缺照例请旨。上曰：“张玉书服满否？”伊桑阿奏曰：“服已满矣。”上曰：“张玉书着来京供职。”

吏部题光禄寺卿裘充珮员缺，以通政司左通政周清原拟正，右通政阮尔询拟陪。上曰："光禄寺钱粮所关，甚属紧要，应简任优长者，尔等各举所知。"吴琠奏曰："此开列官员俱系皇上简用之人，俱属可用。"上曰："张睿朕不知其人，而观其条奏甚属敬慎，着将张睿补授光禄寺卿。"

又遵旨将吉州知州张灿问巡抚噶礼事具奏。上曰："张灿居官既优，着留任。"

兵部覆广东广西总督石琳题原任副将官斌叩阍事，其时领兵官员俱在湖广，请交总督郭琇，令渠等与官斌对质，议准行。上曰："官斌人材矫健，马步射俱佳，居官甚廉，武弁内无有及之者，天下武官咸知其名，朕尚欲用彼于紧要地方。"伊桑阿奏曰："官斌居官甚优，人材矫健，臣等亦曾闻之。其湖广省之事，亦非彼所管辖地方之事，令彼赴打箭炉效力可否？"上曰："打箭炉之地兵丁难以戍防，最难运米，明季时曾弃此地，俟渠等复奏请时，仍照前令彼贸易，何用遣兵戍防？官斌着照部议，令赴郭琇处速议具奏。"

工部题修永定河所余桩木芦草，令于工所应用；其朽腐芦苇，令官员捐助补足。王新命等所领芦苇，令交该都统追赔。上曰："比年来修理永定河，将京都一带芦苇采用殆尽，以致穷民垫席皆无，其赔补芦苇着尽行宽免。"

九卿遵旨议提督王万祥员缺，保举总兵官叶日芳、吕孝德。上曰："九卿何故不保举马进良？"伊桑阿奏曰："亦曾保举，马进良以彼现被人告，因去其名。"上曰："马进良人材矫健，居官亦优，塞外之人无不称颂。但伊年迈，北人不宜南方卑湿之地，不久病生，若升补马进良，殊为可惜。九卿说梁鼐如何？"伊桑阿奏曰："亦说梁鼐好。"上曰："彼系梁化凤之子，人材甚属矫健。"伊桑阿奏曰："武弁九卿不深知之。"上曰："虽不深知，若彼本地人自必知之。现任总兵官俱系朕亲阅骑射简用者，其人不必再论，但不知其居官优劣耳。这提督员缺，着将梁鼐补授。"

是日起居注官陈论、阿金。

初七日庚申 辰时，上御乾清门听政。部院各衙门官员面奏毕，大学士伊桑阿、马齐、吴琠、熊赐履、张英，学士范承烈、王九龄、曹鉴伦、辛保、傅伸、来道以折本请旨。吏部题詹事府詹事来道员缺，以少詹常寿等职名开列。上问大学士曰："此内尔等有知者否？"伊桑阿等奏曰："盛京理事官哈鼐，人属可用。"上曰："哈鼐现在卧病，尔等更有知者否？"伊桑阿等奏曰："少詹常寿人亦可用。"上曰："常寿朕不深知，此开列人员明日俱着引见。"

伊桑阿等遵旨将所察江南钱粮数目写折具奏。上曰："此项钱粮作何蠲免方善？"伊桑阿等奏曰："江南钱粮甚多，似宜蠲一半为是。"上曰："蠲免钱粮，特欲令民沾被实惠。江苏、安徽钱粮倘止蠲一半，仍有向民催科者。地方官员借此苛征亦未可知，如此仍致累民。"伊桑阿等奏曰："圣见甚是。尽行蠲免，于事方为无弊。"上曰："尽行蠲免，官员何由苛取？或于明年尽蠲江苏钱粮，后年再蠲安徽，尔等可问九卿具奏。"

是日，上诣宁寿宫问安。

是日起居注官张廷瓒、傅森。

初八日辛酉 辰时，上御乾清门听政。部院各衙门官员面奏，九卿、詹事、科、道覆河督张鹏翮遵旨请将范承勋所修挑水坝加长修筑，议准行。上问尚书范承勋曰："尔意云何？"范承勋奏曰："今岁黄河水小，将挑水坝当尽力修筑，增高加广，更为有益。"上又问左都御史李楠曰："尔意云何？"李楠奏曰："皇上圣明，焦心劳思，命开桃庄引河，并筑挑水坝以逼黄水北流，淮扬之人无不感戴。臣惟请皇上宸衷独断，俾河臣恪遵指授，相机修筑，河工无不成之理。"上曰："河工事务难以预料，今岁黄水甚小，所以清水流出甚易，明年黄水仍能保其如是乎？大约河工将成，须过明年夏秋二汛，便可无虞矣。"九卿出。

大学士伊桑阿、马齐、吴琠、熊赐履、张英，学士范承烈、曹鉴伦、王九龄、辛保、傅伸、来道遵旨将詹事府詹事来道员缺，以少詹常寿等引见。上问常寿等出身及历任之处，顾大学士等曰："内阁侍读学士皆应升学士之人，索尔弼、石留住人皆庸劣，着革职。詹事府无甚事务，来道任皇太子讲官已久，仍着兼管。"

伊桑阿等奏曰："臣等遵旨将江苏、安徽明年钱粮若行蠲免一半，不肖官员借端作弊，亦未可知。或明年先免江苏钱粮，隔年再免安徽钱粮，小民似有裨益之处问九卿，九卿闻之，无不踊跃，云皇上圣见甚为洞悉。

不便蠲免一半，或明年先蠲江苏，后年再蠲安徽，地方官难以借端作弊，小民得均沾实惠。”上曰：“明年着先蠲江苏钱粮，尔等可即拟上谕呈览。”又曰：“江南今岁丰收，河南、山西、山东初虽稍旱，其后仍大收。其各省朕虽不时蠲免钱粮，屡加恩恤，而小民生计终属艰窘。今见直隶旗民杂处，先虽稍有灾荒，百姓尚不至甚困。其北四府毫不私派，今年直隶又十分收成，民间生计甚是丰足。总之地方大吏若好，其省雨水亦得调匀，田禾亦必得丰收。”伊桑阿、马齐奏曰：“今年天下年丰，直隶更熟，诚古所云大有之年也。”

是日起居注官陈元龙、满保。

初九日壬戌　辰时，上御乾清门听政。部院各衙门官员面奏毕，大学士伊桑阿、马齐、吴琠、熊赐履、张英，学士范承烈、王九龄、曹鉴伦、辛保、傅伸、来道以折本请旨。吏部以巡抚李光地等回奏原任知县胥连相事情不实，以降三级调用。上曰：“李光地回奏词甚从容，吏部所议未当。向年原任昌平州知州孔毓璋案中，其上司官员仅降级留任。此事与孔毓璋事相同，其上司官员何故竟议降级调用？其孔毓璋事着察明。李光地朕初尚不以为意，自授巡抚以来，居官甚佳，但所参多系汉军，不知人才实不分汉军、汉人。若以汉军尽劣，则现有一钱不取如沈朝聘者。近见汉官惟护汉官，汉军惟庇汉军，皆非公道，因是深为不取。今春题参山东巡抚王国昌，人甚不服，近所参安徽巡抚高承爵则当，高承爵任广东巡抚时不堪。今浙江布政使赵申乔居官甚清，赴任时所有家口仅十三人，幕客亦无。每日办事，皆系亲笔，钱粮无不自己监收，火耗分厘不取。”伊桑阿奏曰：“赵申乔居官果好，臣等亦曾闻之。彼赴任所带妇女仅有一人。”上曰：“顷问解缎来官敖福合亦深赞彼，敖福合系粗鄙人，赵申乔居官实优，彼故心服，极口称之。”伊桑阿奏曰：“赵申乔陛辞时，曾在御前矢誓，今不为好官得乎？”上曰：“如此矢誓而去者甚多，克践其言者颇少。赵申乔陛辞时奏云，臣一介微末，蒙皇上特恩，由员外郎超擢布政使，此恩何以克报，到任若不做好官，请无以常例治罪，竟置重典等语。今观其居官果优，诚践其言矣。”

又以陕西延安府知府鄜州知州缺出奏闻。上曰：“近见九卿保举人材甚公，此缺着问九卿，令举其所知，不必分别汉军、汉人，但择其居官优长者，从公具奏。”

伊桑阿等遵旨以蠲免江苏钱粮上谕呈览。上曰：“此内着增入‘倘有不肖官员借端营私者，即行正法’之语具奏。”

是日起居注官揆叙、徐元正。

初十日癸亥　辰时，上御乾清门听政。部院各衙门官员面奏毕，大学士伊桑阿、马齐、吴琠、熊赐履、张英，学士范承烈、法良、王九龄、曹鉴伦、傅伸、来道以折本请旨。刑部等衙门题湖广秋审情真案内李仲生、赵起凤以强奸坐斩。上曰：“此为首之李仲生着正法，赵起凤着缓决。”

理藩院等衙门题打死纪兰太之披甲伍善，照打死人例，拟秋后绞。上曰：“纪兰太被伍善殴打日久身故，明年秋审时，伍善终致释放。这本发回再议，令罚其生畜给与死者之妻子。”

伊桑阿等以九卿保举延安府知府、鄜州知州员缺，开原任杭州府知府魏麟徵、西安府同知张圣弼、长洲县知县高怡等具折呈览。上曰：“魏麟徵原任居官何如？”伊桑阿奏曰：“九卿云，魏麟徵居官优，但为人稍僻。”上曰：“鄜州知州着高怡补授，魏麟徵明日着来引见。”

是日起居注官张廷枢、阿金。

十一日甲子　辰时，上御乾清门听政。吏部遵旨将魏麟徵引见。上曰：“好即着补授延安府知府。”

部院各衙门官员面奏毕，往育蒿齐忒多罗厄尔德尼郡王达尔麻吉里迪旗分蒙古鸿胪寺少卿常舒入奏。上曰：“近蒙古生计想甚丰足，盗贼咸无矣。尔等未至彼以前，盗贼原少，尔至彼亦曾审理事否？”常舒奏曰：“蒙古等生计今甚丰足，因无盗贼偷窃，牲畜牧放三二日后始一收回，仅审贼案两起，得其真情，即将为首者正法。”上曰：“杀之为是。贼盗若不行正法，无以为惩戒。”又问曰：“尔年纪几何，在部几年，曾出何差，在镶红旗何人佐领下？”常舒奏曰：“臣今年五十七岁，在部三十八年，曾出福建盐差，在托保佐领下。”上曰：“尔系彼一族否？”常舒奏曰：“不系同族。”常舒出。

大学士伊桑阿、马齐、吴琠、熊赐履、张英，学士范承烈、王九龄、曹鉴伦、辛保、傅伸以折本请旨。上顾大学士等曰：“顷常舒入奏，其人甚优，在部亦年久，观彼非同欺诈之人。”伊桑阿奏曰：“常舒系一温厚人。”上曰：

“副都御史缺出，着常舒补授。”

伊桑阿等遵旨因李光地一案以原任霸州知州孔毓璋情由查明具折呈览。上曰：“部议李光地之罪尚误，胥连相或原品留同知任，或革职后特授同知，该部曾问明否？尔等问吏部具奏。”

又顾大学士等曰：“前因袭职事，朕曾经谕该部，但残疾之人即将其职另袭他人，则残疾者无由自养，其先立功之人亦属可悯。嗣后应袭之人若有残疾，仍令袭职，但不与食俸，止给钱粮。俟其子孙应袭之年，再令承袭。若无子孙，俟其本身故后，再令他人承袭。如此公差无误，其先立功之人亦得沾恩。尔等传谕吏部。”

是日起居注官王思轼、傅森。

十二日乙丑 部院各衙门无奏章，上不御门。

是日起居注官宋大业、满保。

十三日丙寅 辰时，上御乾清门听政。部院各衙门官员面奏毕，大学士伊桑阿、马齐、吴琠、熊赐履、张英，学士范承烈、王九龄、曹鉴伦、辛保、傅伸、来道以折本请旨。内大臣索额图以年老乞休致。上曰：“索额图效力有年，用兵之际劳绩茂著，应加宫保衔，尔等察奏。”

刑部等衙门题陕西省秋审情真案内，原任知县关琇、王宗旦以克扣籽粒银坐斩。上曰：“此二人着改缓决。”又曰：“此案内称刘起系总兵官董学志家人，昔日总兵以及今各处总兵之名，朕无不记忆，并无有名董学志者。今以刘起为董学志家人，大约误矣。尔等察奏。”

伊桑阿等奏曰：“臣等遵旨以直隶巡抚李光地所题之胥连相，彼时即授以实授同知或系暂留任者问之吏部，据云，李光地题胥连相本内即系实授同知。”上曰：“李光地虽将胥连相题补同知，彼时应否与以实授同知，吏部亦应请旨。嗣后凡革职官员奉旨复职及督抚保题留任、或革职留任、或以原品留任，俱令请旨。这李光地降级调用及本内议罪人员俱着宽免。”

是日，上诣宁寿宫问安。

是日起居注官满保、查昇。

十四日丁卯 辰时，上御乾清门听政。部院各衙门官员面奏毕，大学士伊桑阿、马齐、吴琠、熊赐履、张英，学士范承烈、王九龄、曹鉴伦、辛保、傅伸、来道以折本请旨。户部等衙门覆湖广总督郭琇题，黄梅县知县李锦钱粮有无亏空，察明审结，再行定罪，议准行。其文武官不能约束百姓，致令关闭城门，不许锁拿李锦，应移文郭琇，令一并察劾之日再议。上曰："此事着问九卿内湖广人具奏。今天下一统，朕居深宫，何能尽晰，凡事注意九卿，而九卿亦应据实陈奏。"复顾汉大学士等问曰："此事尔等云何？"熊赐履奏曰："李锦居官亦无甚劣处，但此事钱粮所关，必行文察明，方得晰其始末。"张英奏曰："若因当年钱粮不完即行题参，稍觉太刻。"上曰："总之此事必致审究。朕今特欲晰其大概耳。"

伊桑阿等奏曰："臣等遵旨察得总兵官董学志一事，巡抚原疏内称总兵官董学志，兵部册内总兵官之中并无名董学志者，惟有一董学礼，且闻宁夏地方尚有彼之湖地。"上曰："董学礼系旗下，现今其子孙尚有居官者，并非宁夏人，着再察明具奏。"

是日起居注官揆叙、杨名时。

十五日戊辰 辰时，上御乾清门听政。部院各衙门官员面奏毕，大学士伊桑阿、马齐、吴琠、熊赐履、张英，学士范承烈、王九龄、曹鉴伦、辛保、傅伸、来道以折本请旨。吏部题湖南按察使常明扬员缺，无有与例相符应升之员，请旨或将缺出之后俸满无过犯之参政副使道，或将缺未出之前俸虽满有降级罚俸之副使道等拟陪正。上曰："着问九卿，道员内有居官优长者举奏。"

御史靳让条奏，凡为州县者须令百姓家给人足，野无荒亩，民无讼事。上曰："此事但作文章则可，见诸实事则难。"因顾汉大学士等曰："尔等以为何如？"熊赐履奏曰："观其疏尽系浮饰之辞，诚难见诸实事。"上曰："朕御极四十年，惟冀天下黎庶尽获安生，边疆无事。果如靳让所言，必令海宇生民家给人足，不致一人饥馁，此非朕之所可必者。今之李光地、张鹏翮、赵申乔等皆以居官优长见用之人，诚如其言，此辈皆不足为良吏矣。若必使野无饥民、国无讼事、田无荒芜、民无流离，何能尽然？靳让亦不过徒为空言耳，岂能见之实事乎？曩者钱珏、卫既齐亦曾为此大言，及后用至大吏，皆不能践其语，兼之品且不端，观此大言又何益哉！靳让亦曾为县令，其在任时所行能如此乎？今于直隶近处授彼州县之职，三年内彼能如是行否？彼疏中有田野荒芜、饥民离散等语，尔等一一询彼，何处之田荒芜，何处之民饥馁？令其据实陈奏。朕亦曾询之，彼竟不能奏明。尔等逐款详问，令其自书可也。”

署川陕总督事席尔达题，甘肃巡抚喀拜所报被灾地方已遵旨赈济，并参不报灾之陇西等州县卫所官员及布政司囊吉里等；其挽运米石请开事例，该地方钱粮并请于次年带征。上曰：“地方被灾，应即题报，以便预筹救赈之策。甘肃被灾以致百姓流散，喀拜竟不题报，朕巡幸边外，贺兰山居住之公允木春朝朕，逐一详询，允木春陈奏，朕方得悉知。彼时朕于张鹏翮陈奏泗州、盱眙被灾之事，亦曾先有谕旨。倘朕不询允木春，遣人采访，彼亦隐瞒不行奏报矣。昔明末年间，诸凡讳而不奏因致事端百出，而今欲于朕行之可乎？今于朕前尚隐而不报，何况总督。着谕甘肃巡抚所属康熙四十一年地丁钱粮尽行豁免，其余九卿、詹事、科、道官员会同速议。喀拜着严察议处具奏。”

侍郎满丕、巡抚贝和诺会同奏闻提督唐希顺卧病四月有余，达木巴塞尔吉报称藏人已甚畏惧。上曰：“今边庭无事，藏人已畏极胆裂矣。朕初亦曾计及彼断不敢妄动，今果请罪疏至。”伊桑阿奏曰：“皇上所料诸事无不符合，藏人诚胆裂矣。”上曰：“朕亦曾览彼舆图，藏中有瘴气，比年来布匹、茶叶不到彼处，藏人甚觉艰窘。昔厄鲁特之呼户诺尔台吉等数十万之众，今所余不过二三余万，实非屯兵之地。若拨各省军驻防，军卒亦甚劳瘁，殊属可悯，且谁肯以强壮之兵分遣？若尽以老弱残兵驻防，于事亦无裨益，何况山险路隘，粮难运至。今藏人既已甘罪边陲，断无他事，不必遣兵设防，着照茶马差每年遣官偕达赖、喇嘛之人会同监督贸易，此事俟达木巴塞尔吉到日再议。唐西顺人才矫健，于昭莫多之地劳绩懋著，但其品行微觉鄙细。岳昇龙曾为四川提督，其居官优劣，尔等问之九卿。”

刑部等衙门题浙江省秋审重犯。上曰：“宣氏虽嫌其夫徐日暄家贫，诳控强夺为妻，逼卖入旗，溺死亲子等语，然并不曾致其夫死命。唐和尚虽伙同德义等劫夺胡云家，分其财物，然为首之德义已行正法。赵大虽伙同王宇泰等劫夺周茂源家，分其财物，然为首之王宇泰已行正法。王老六虽伙同郑子宗等强劫陈之芳家，其为首之郑子宗已行正法。喻显生虽持枪刺韩俊、吴世仪，然韩俊、吴世仪过十一日方身死。莱溥福与王小肯等劫夺城外吴仲显家分财，然王小肯为首业已充发。苏六、张四虽同杀王二，然张四已问情真。相应俱改为缓决，余依议。

是日起居注官法良、陈论。

十六日己巳 辰时，上御乾清门听政。部院各衙门官员面奏毕，大学士伊桑阿、马奇、吴琠、熊赐履、张英，学士范承烈、王九龄、曹鉴伦、辛保、傅伸、来道以折本请旨。刑部等衙门题强盗王四海等拟立正法。上曰："此辈既已伤人，复夺守堆人之弓箭，殊属可恶，着依议。把总、千总等官系其专职，以致军卒器械被夺，伊等所司何事？着严察议奏。"

伊桑阿等以湖南按察使常明扬员缺，将九卿遵旨保举之道员王繻、施世纶、董廷恩等缮折具奏。上曰："王繻其人最优，管辖亦严，与施世纶二人无异，但施世纶其性稍偏复。"顾汉大学士等曰："施世纶朕深知之，其操守果廉，但遇事偏执。百姓与生员讼，彼必庇护百姓；生员与缙绅讼，彼必庇护生员。夫辨事惟要执中，岂得偏私。如施世纶者？钱谷之事似可委之。"吴琠等奏曰："圣鉴甚是。"上复顾大学士等曰："江苏按察使员缺尚未补授，湖南地方事简，王繻为苏松粮道时，管辖往来运艘极其严肃，着补授江苏按察使。董廷恩人亦优长，着补授湖南按察使。"

又以御史靳让认罪折子具奏。上问曰："靳让写字何如？尔等问彼，彼又云何？"伊桑阿奏曰："观其所写之字尚熟，问彼条奏事件，彼已辞穷。"马奇奏曰："靳让职任言官，但欲其文章可观，是以言过其实。"上笑曰："彼亦曾身居县令，其所属之地果能令家给人足，庶民各获其所，绝无旱潦之灾乎？诚能如斯，朕命一臣偕彼往视则知之矣。夫居官者，惟操守清廉、不刻薄小民即为良吏，噶礼、华显、张鹏翮、郭琇、李光地、彭鹏、赵申乔等朕以其为优而用之，倘如其言，渠等皆非良吏，尔等试问之。"

伊桑阿等遵旨以岳昇龙问九卿缮折具奏。上曰："九卿诸臣皆言彼优否？"伊桑阿等奏曰："皆其言优。侍郎喻成龙、御史李先复等俱言岳昇龙为总兵时，兵民相安，人才亦属矫健。"

是日起居注官宋大业、傅森。

十七日庚午　部院各衙门无奏章，上不御门。

是日起居注官徐元正、满保。

十八日辛未　辰时，上御乾清门听政。部院各衙门官员面奏毕，大学士伊桑阿、马齐、吴琠、熊赐履，学士范承烈、曹鉴伦、辛保、傅伸、来道等入奏曰："臣等遵旨问御史靳让，据云彼为汾西县知县时，其年饥馑，曾荷蒙圣恩赈济。今臣离任日久，地方情形、百姓生计知不甚详等语，观其举动，畏惧之至。"上曰："外官优劣易见，若身在言职，亦惟徒恃空言，不得试其实事。靳让着调通州知州，试观其何如。通州地方驿马事物甚繁，且多光棍，彼果能如其所言，朕即超用之。"马齐奏曰："皇上用人似此试之而后用者甚多。"上曰："靳让着调补通州知州，通州知州祖应世着李光地酌量调用别地。"

是日，上诣宁寿宫问安。

是日起居注官揆叙、陈元龙。

十九日壬申　辰时，上御乾清门听政。刑部尚书傅腊塔等入奏。上顾傅腊塔问曰："尔等所审杨回子眼睛何如？"傅腊塔奏曰："较前稍愈。"上曰："杨回子股被划伤，今作何光景？"傅腊塔奏曰："亦稍愈矣。"上曰："尔等审事悖谬如是乎？剔目、划股之人岂有复坐斩罪之理？"傅腊塔奏曰："臣等视总督参疏，一时意想不及，遂如此审结。"上曰："杨回子斗殴，五日后总督始行题参，尔身居刑部尚书而谓意虑不及可乎？人命所关最大，似此人命攸关之事，不加详审，尔等所司何事？"傅腊塔免冠顿首认罪。上曰："常寿据尔云何？"常寿奏曰："臣复何言。"上顾李楠曰："尔等三法司衙门将如此人命关系之事仅委之刑部可乎？"李楠奏曰："圣上所见甚是。臣等覆审。"傅腊塔等出。

大学士伊桑阿、马齐、吴琠、熊赐履，学士范承烈、曹鉴伦、辛保、傅伸、来道以折本请旨。吏部以凉庄道武廷适缺出具奏。上曰："着九卿保举。"

又覆御史卜峻超条陈朝班官员请委御史查核，议不准行。上曰："此疏内有以科官侍班之故不察等语，岂知侍班者侍班，而上朝者自可上朝，此处着另议具奏。"

户部覆浙闽总督郭世隆题铸钱违限，请将己一并议罪，议交附近江宁巡抚宋荦审明具题之日再议具奏。上曰：“朕巡幸南省，于苏州即闻铸钱之事与民无益，至杭州问总督郭世隆何事与民无益，郭世隆亦奏称铸钱与民甚无裨益。着交郭世隆审结。”

刑部等衙门题江西省秋审重犯。上曰：“此案内刘月三虽以枪刺死邹应宜，然系争斗所致，着改监候缓决。余照所审完结。”

两江总督阿山请免临淮县坐水田租。上曰：“临淮水灾亦由洪泽湖之水泛涨否？”伊桑阿奏曰：“此系淮河之水，想亦系洪泽湖附近之地。”上曰：“着问明具奏。”

甘肃巡抚喀拜以安定会宁离散百姓已行招复报闻。上曰：“观喀拜所奏，百姓何能骤至？特亦诳辞耳。着交九卿议奏。”

是日起居注官张廷枢、阿金。

二十日癸酉　巳时，上由神武门出西直门，驻跸畅春园。

是日起居注官王思轼、满保。

二十一日甲戌

二十二日乙亥

二十三日丙子

二十四日丁丑　上诣澹泊为德问安。

二十五日戊寅　辰时，上御畅春园内澹宁居听政。部院各衙门官员面奏毕，江宁副都统克奇赴任恭请训旨。上曰：“朕巡幸南省，见江宁军马操练甚是不济，军卒内疲弱者亦多，尔赴任惟勤于训练兵丁，照此处操演之法操演之可也。”

贵州威宁总兵孟大志赴任恭请训旨。上曰：“你识字否？”奏云：“识得。”上曰：“威宁系吴三桂变后新复之地，苗民集处，设立总兵最为紧要，须要兵民相安。前几个总兵声名俱不好，你到那里好生做，如石匣副将一般做去就是了。路虽离京远，声名之贤否，顷刻就知，不以远近异也。”上又问：“广西藤县上阵有你么？”奏云：“有。”孟大志出。

大学士伊桑阿、马奇、吴琠、熊赐履、学士范承烈、曹鉴伦、辛保、傅伸、来道以折本请旨。九卿以巡抚喀拜不报灾荒，拟降三级调用，捐纳事例议准行。上曰："捐纳事例断不可行，如果行捐纳，亦止捐米石则可，若捐银补布政司之库，仍属无益。若令户部酌量将附近盐稞银两拨解，即可速至。倘爱惜钱粮，令捐补数只应准其在京捐纳，何故又令捐于陕西？其陕西捐纳事例迄今未清楚，以此而革职，坐斩者甚多，事端百出。至今若仍于不清楚之中又复开一事例，使二事相混，愈至难明矣。此特欲借此以盖前项未完之空耳。今户部库中所贮钱粮四千万两有余，挽运此米用价不过用至四五十万，为拯济灾黎而用四五十万亦不为多费。朕每岁节省之银亦足充此用矣。此项即算朕支用，其捐纳事例断不可行。尔等以朕旨谕九卿，令再议具奏。"

吏部题内阁学士邵穆布员缺，将光禄寺正卿郎奇等职名开列。上曰："此应升人员并年久郎中等官，俱着引见。"

户部覆巡抚喀拜题挽运草料至甘肃等处，议移文总督，令议具奏。上曰："着交九卿再议具奏。"

兵部题苏松总兵官梁鼐员缺，以广东香山副将朱明等职名开列。上曰："此开列副将内朕不认识者有之，朕俱以朱笔圈出，尔等视朕圈出者调来引见。"

刑部等衙门题河南省秋审重罪人犯。上曰："翟三虽系持刀杀人，缘斗殴而起，着改缓决。河南省可缓者惟此一人。"

补授凉庄道以九卿所荐鞠宸咨等具折呈览。上曰："着鞠宸咨补授，尔等并移文张鹏翮、李光地、郭琇、彭鹏、桑格、华显、噶礼、徐潮，渠等所知道员以下、知县以上有居官清廉、爱惜小民者，缮折具奏。若本省无熟知之人，即他省亦准其举奏。若无知者，亦将不知之故具奏。"

是日起居注官法良、宋大业。

二十六日己卯

二十七日庚辰　辰时，上御畅春园内澹宁居听政。部院各衙门官员面奏毕，大学士伊桑阿、马齐、吴琠、熊赐履，学士范承烈、王九龄、曹鉴伦、辛保、傅伸、来道以折本请旨。学士邵穆布员缺，遵旨将应升光禄寺正卿郎奇等并俸深郎中等官引见。上逐一详询年齿及出身毕，顾伊桑阿等曰："少詹常寿，其人甚优，着补授学士。御史赖都亦深属可用，着额外授一学士，其郎中内雅图才力不及，着解任。”

吏部题广西按察使卢崇义员缺，以道黄明拟正，王之麟拟陪。上曰：“此开列人员及应升者，着问九卿。正卿祖允图常独行保举，彼所荐之人居官果皆优否，亦着问九卿。”

刑部等衙门题江南省秋审重罪人犯。上曰：“强盗卢士美劫夺周尚义家虽真，然未得财。王仲义虽踢死苏奇，彼以己无罪拿解原籍，怀怨所致。戴有胜虽以锥刺女之姑马氏致伤，第二日身死，然戴氏被马氏殴打，抱怨缢死，俱着缓决。曹亮王醉后杀妻、马来持厨刀杀戴二、陈兰生以斗殴撞死朱高，俱改监候缓决。余依议。”

伊桑阿等奏曰：“臣等遵旨将总督席尔达、巡抚喀拜所奏运西安所贮米谷至兰州等处，甘州等五处亦将西安等处米谷运送，须开捐纳事例此二项不可行之处问九卿，九卿云：皇上所见甚为高远，迥出寻常。”上曰：“此二事俱系一体，着九卿另行会议，并将朕先口谕之旨亦一并写入。”

是日，上诣澹泊为德问安。

是日起居注官查昇、傅森。

二十八日辛巳

二十九日壬午 辰时，上御畅春园内澹宁居听政。部院各衙门官员面奏毕，大学士伊桑阿、马齐、吴琠、熊赐履，学士范承烈、曹鉴伦、辛保、傅伸、来道、常寿、赖都以折本请旨。刑部题江虎等挖李仲印眼，以光棍例拟立正法。上曰：“江虎等以光棍例治罪极当，但被挖眼之人日久方死，其为首者依议，为从之人俱监候秋后。”

刑部等衙门题山东省秋审重罪人犯。上曰：“今日特以秋审事令尔等请旨。朕详阅此内可缓决者惟此数人。王钦杀李三，以其强奸人妇；何三打死刘永印，皆因斗殴。俱改缓决。其中轮奸薛淳之妻案内为首之冯二已行正法，为从之韩十着改缓决。”

又山西省秋审重罪人犯。上曰：“王壬辰刺死李黑子，任元打死郭义，着改缓决。刺死范瑞娃案内为首之李厚，着依议。丁徐郎系为从者，着改缓决。其偷盗蒙古马匹牛龙，亦着改缓决。”

又曰：“今之蒙古等度日甚乐，马、驼、牛羊任意牧放，绝无盗贼，此朕巡幸目击之事。其鄂尔都斯地界亦无盗贼，设或偶有一二，亦不过沿边居住之汉人耳。尔等传谕理藩院，令移文各部落蒙古，倘有偷马汉人，即拿解理藩院严治其罪。亦着晓谕沿边官吏兵民，倘有偷盗蒙古马匹者，必一并治罪。如此而尚敢犯法者必少矣。”伊桑阿奏曰：“严谕地方甚是。”

既而以广西按察司员缺，将九卿所荐道范时崇等四人具折呈览。上曰：“广西按察司着以郑昱补授。斯人原系何官？”伊桑阿奏曰：“郑昱系由给事中转道者，其人颇优；范时崇系原任总督范承谟之子，忠臣之后，其人且优。九卿所以力荐。”上曰：“天津乃要紧之地，范时崇在彼居官颇优，着暂留于彼。在天津居官之优者，无过范时崇、赵弘燮、施世纶，然范时崇尚觉罢软，赵弘燮尤佳，不但为道，在皆可胜任。尔等问彼服满与否具奏。”

伊桑阿等又奏曰：“臣等遵旨将祖允图所荐之人何如问九卿。据云祖允图外任年久，是以所知人多，其所举者果善，臣等依之。若有不当，臣等亦即不以为然矣。”上颔之。

是日起居注官法良、满保。

三十日癸未

十一月

初一日甲申　辰时，上御畅春园内澹宁居听政。部院各衙门官员面奏毕，大学士伊桑阿、马齐、吴琠、熊赐履，学士范承烈、曹鉴伦、辛保、傅伸、来道、常寿、赖都以折本请旨。刑部题原任陕西同州知州藺佳选家产尽绝，其亏空钱粮免其追比，将藺佳选及其妻孥发辛者库当差。上曰：“藺佳选系拟死情真之犯，都统及该部乃议人辛者库当差不合，着交与都察院察议具奏。”

湖广总督郭琇、巡抚年遐龄因御史左必蕃劾其误参黄梅县知县李锦钱粮未完，遵旨回奏。上曰：“郭琇、年遐龄所奏甚为明白，但因此事即治言官之罪，人将惧而不言，着批知道了该部知道。”

刑部等衙门题直隶秋审情真重犯。上曰：“张二同常寿、卞一揆将家中杨厨子扑死诬扳杨文四一案虽系情真，然为首赵二已故。再陈应连因彭启廉外出强奸其妻，亦系情真，然李氏自陈应连跑后饮药，至十一日而亡。又民人张二、乞丐王秃子等掘人坟墓亦情真，但因穷迫所致。将伊等俱改为缓决。余依议。”

是日，上诣澹泊为德问安。

是日起居注官揆叙、杨名时。

初二日乙酉

初三日丙戌

初四日丁亥

初五日戊子 是日，上驻跸南苑。

酉时，上御新宫，大学士伊桑阿、马齐，学士范承烈、辛保、傅伸、来道、常寿、赖都以折本请旨。吏部题太常寺卿席哈纳员缺，以山西布政使满都拟正，太仆寺卿拉锡拟陪。上曰：“冬至祭祀，仍着席哈纳管理。这员缺着将由太常寺鸣赞官升转、熟练礼仪者选择引见。”

又题国子监祭酒邵穆布员缺，开列降调巡抚倭伦等职名。上曰：“礼曹事务甚简，着邵穆布仍旧兼管。”

又遵旨贵州铜仁府知府柯登枚员缺，开列江西广信府知府张国桢等职名。上曰：“着将卓异知州等开折具奏。”

又遵旨苏松粮道员缺，开列四川永宁道佥事马云瑞等职名。上曰：“着将佥事道职名尽行开列具奏。”

户部等衙门题巡抚喀拜不亲查被灾地方，议降三级调用。上曰：“喀拜原系御史，因中路出兵运米，于成龙保奏，故用之。原非可信任之人，且居官亦不善。喀拜着革职。”

户部题公郑克爽家仆曾宁等十一户，俟该督郭世隆与巡抚查明到日再议。上曰：“此十一户明系郑克爽家仆，该抚不行详查，止据保状具题，殊属不合，若不断归本主，甚为屈抑。仍着该抚查明具奏。”

都察院题都统公鄂伦代将拟斩原任知州蔺佳选家产尽绝，免其追赔，擅议将佳选本身及妻子发辛者库当差，因将鄂伦代拟罪。上曰："该都统启奏蔺佳选家产尽绝，朕谕如此者甚多，将家属交与辛者库，并未云蔺佳选行事不端。公鄂伦代称朕曾谕彼行事不端，其中定然有故，着交与都察院再行详察议奏。"

理藩院等衙门题，追拿逃人苏尼忒佐领渣尔呼齐等，定例逃人家产马匹，应给与捕获者。上曰："捕兵渣尔呼齐等但将满得力辈家产议给，未足以示奖励，着再各赏银二十两。"

广东总督石琳题潮州总兵官薛受益亲母病故，例应丁忧。上曰："薛受益着在任守制。"

直隶巡抚李光地遵旨保举霸州知州等五人，具折启奏。上曰："各省督抚具折到时，随到随即呈览。此折令收存，俟到齐日一并具奏。"

伊桑阿等以和硕简亲王谥号折子陈奏。上阅毕谕曰："敬字曾赐谥在先之王，何得重见？"伊桑阿奏曰："汉字不同。"上曰："恪、惠、敏等字前谥俱有，着另择字样呈览。如此等类理宜详查。"上顾学士等曰："学士随从大学士办事之人，似此不加详察，审其字义，尔等所司何事？大学士皆已年老，旦暮且欲引退，岂宜推委老成？尔等惧事缄然犹可，至详查字义及细阅本内词语，是汝等耑责。前日本内将原任尚书'魏象枢'讹写'相枢'，朕以朱笔改正。忆曩时讹写字迹，皆逐一批出，今皆绝无，此系何故？嗣后着仍前批出。学士系朕朝夕接见近臣，理宜逐事精详，加以敬慎为是。倘仍故辙，纵经九卿保举，朕岂姑恕？顷见朝为学士，翼日即盼侍郎、尚书、巡抚、总督，若不实心报效，匪惟侍郎未必，朕岂容若辈尸与位？大学士等汝宜训示之。"伊桑阿奏曰："圣谕诚然。臣等窃尝言之，即如部院各司官较前甚觉不及。"上曰："部院司官尽有四子书未曾诵解即云通晓汉文者，若一行考试，必将瞪目而视，焉能执笔耶？虽云办事亦不在通晓汉文与否，今日两满大学士及前大学士阿兰泰皆非称精专文艺者，然办事勤慎可嘉。忆朕莅政初年，与海喇孙、布达礼二人查世祖章皇帝旧事历三昼夜，见布达礼办事才长，后试用之，竟非可信任之人，甚为不妥。观此则仅长于办事者，亦属无益，终不如敬慎为优。"又曰："辅臣佐政时，刑部错误一命案，大学士李霨奏曰：'该部错误，即依其错误完结已耳。’朕谕：‘应杀者误以不杀尚可，不应杀者误以应杀，亦照该部完结可乎？’人命所关最重，朕独决意不可，将此案驳回，着另审结。”

是日起居注官法良、阿金。

初六日己丑

初七日庚寅 辰时，上御南苑旧宫，大学士伊桑阿、马齐，学士范承烈、辛保、傅伸、来道、常寿、赖都以折本请旨。刑部等衙门题，迟误漕船百姓杨士奇，议立决。上曰："刑部诸臣竟不详审事宜，这案内经纪勒索漕艘银钱，该部全不议及，彼经纪勒索宁有定例乎，抑有朕谕旨乎，汝等可查明，这本着发回。"

直隶巡抚李光地题免广平县被水灾田租。上曰："李光地所请蠲免亩钱粮共有几何？"马齐奏曰："被灾田共有二千余顷。"上曰："这被灾钱粮着照李光地所题蠲免。"

又题漳河应动工修理。上曰："此事亦照李光地所请行。"

刑部等衙门题秋审京城情真重犯。上曰："此事朕已逐一详阅，皆系真犯难宽宥者。内有高文璧虽勒死其妻，因彼病后懵愦所致。于德隆虽刺杀刘顺，但为刘顺跌扑所致，且彼时亦未即死。屠三、赵四同强盗李四等伙劫，但未入室，亦未分赃。阿锦醉骂小主，关保捏告其主，原任知州赵国瑄私派百姓，王新命、黑硕色迟误河务，孙畏祖侵欺漕银等，俱着改为缓决。"

是日起居注官法良、满保。

初八日辛卯

初九日壬辰 上大阅，先于南苑西红门内排列处赐官兵食毕，将八旗红衣大炮等火器，马、步、鸟枪军士及护军、骁骑按旗排为三阵，且设两翼后殿而阵焉。上躬擐甲胄，遍阅排列护军、骁骑、火器营军容毕，御黄幄，三鸣海螺，击鼓，步军举鹿角火炮，诸军并进。金鸣，众止。炮火齐发，如是者九。进止第十次，炮声连发，而火器营、马步军亦遍放鸟枪，前后联络无间，声震天地。既毕，各收军士复归本阵。队伍整严，旗帜夺目。其来朝之喀尔喀扎萨克图汗和硕亲王策旺扎布等众皆相顾惊慑，奏曰："天朝兵威整肃，精锐如是，诚可畏也。以此御敌，何敌弗克乎？"上命侍卫海青问天津总兵官蓝理曰："朕此军容何如？"蓝理奏曰："皇上兵威精锐无比，且步伐止齐，整肃娴熟，真神兵也。以此遏敌，敌众自然魂惊胆落矣，谁敢与敌！似此兵威，臣未经睹。"上复遣海青问曰："尔向在外省，如朕此等操练亦见之乎？"蓝理奏曰："外省并无似皇上如此操练者，惟提督施烺操练亦好，然不及皇上万一也。"海青转奏毕，上回宫。

扈从起居注官法良、傅森。

初十日癸巳

十一日甲午　未时，上由正阳门进午门，回宫。酉时，大学士伊桑阿、马齐、吴琠、熊赐履，学士范承烈、曹鉴伦、辛保、傅伸、来道、常寿、赖都捧折本至乾清门。奏事主事存住捧秋审重案，自大内出，传谕曰："今岁秋审事件情真者多，此二十四件事内应缓决者二十七人，朕俱加签，尔等详阅，再行请旨。又此档册内讹字甚多，不成语言者亦有之。尔等竟未看出，朕皆以朱笔改正，着一并详阅来奏。"伊桑阿、马齐等遵旨详阅毕，并以折本进乾清宫。上曰："今日别件不必请旨，岁内秋审重案朕皆一一详阅，较之往岁似多。此内二十四件二十七人，朕欲缓决，尔等云何？"伊桑阿奏曰："臣等遵旨详阅秋审档案，皇上将此二十四件事内二十七人改为缓决诚是。"上曰："此档案着再呈进，朕尚欲详阅。"又曰："这次秋审档案讹字甚多，语言舛错者亦有。此皆人命案件，关系最重，即一字一句岂可错误。九卿等自七月至今阅视已数月矣，并未看出一件错讹，何也？此属伊等专责，似此怠忽，不加详慎可乎？又刑部刊此档案先不详慎不合，着交都察院严察议奏。近看部院事件总皆怠忽，错讹亦多，惟委朕一人耳。其设心以启奏，后纵有差讹，上自批出。朕知此故，凡事倍加详阅，即一字之讹，亦为改出。顷汇题一案，朕曾将讹字朱笔批出，今已到科，想大学士、学士等亦未必知之。嗣后汝等宜逐一敬慎毋忽。"伊桑阿等奏曰："臣等今后自当尽心敬慎。"上曰："此皆朕躬事，岂可委人？今之学士俱向任笔帖式者，目睹朕听政已来何曾委人。"伊桑阿奏曰："皇上日理万机，即本内一字之讹，尽行改出，毫不遗漏，臣等洵不能学皇上万一也。”

上又问曰:“司道内升朕曾着尔等问九卿,九卿云何?”伊桑阿奏曰:“臣等遵旨已问九卿，九卿会推，布政使刘皑、王道熙皆可。”上曰：“刘皑为人虽可，然少诚实，未可信任。伊久在河工，河上情形知之宜悉。，朕巡幸江南亲阅河工时，问以治河之策，伊并未陈奏一事。其设心以为我现为藩司,倘陈奏河上事宜,恐即遣往河工。因此朕甚不怿,似若辈何可会推?此事尔等可传谕汉大学士，明早请旨时一并启奏。”

是日起居注官揆叙、陈论。

十二日乙未 辰时，上御乾清门听政。部院各衙门官员面奏毕，陕西巡抚齐世武陛辞，恭请训旨。上曰：“尔向在四川，四川水土若何？”齐世武奏曰：“初到一两月间，水土微有不服，既久渐觉相安。”上曰：“尔任布政时居官甚善，今到任后惟依此而行可也，别无他训。”齐世武出。

大学士伊桑阿、马齐、吴琠、熊赐履，学士范承烈、王九龄、曹鉴伦、辛保、傅伸、来道、常寿、赖都以折本请旨。九卿遵旨司道内升事公同保举布政使刘皑、王道熙缮写折子呈览。上顾伊桑阿等问曰：“汝曾将刘皑问九卿否？”伊桑阿等奏曰:“已传圣旨问诸九卿，九卿等皆云圣见诚然。”上又问汉大学士等曰：“刘皑为人何如？”吴琠奏曰：“为人亦可。侍郎吴涵保举。”上曰:“其人办事虽可，但不诚实，未可信任。九卿将若辈保举，人岂心服？汝等将此再问九卿。王道熙着内升。”

又苏松粮道员缺，九卿会推马逸姿。上曰：“马逸姿着补授粮道。”

又以直隶巡抚李光地保举郎中陈汝弼等、山西巡抚噶礼保举道员王用霖等、河南巡抚徐潮保举知府崔徵璧等折子呈览。上曰：“此保举人内其居官何如，九卿有所知者乎，汝等可问九卿。噶礼所保知府罗伦系旗人，朕稔知之，最善钻营，巡抚因何将伊保举，着并问九卿。朕今询问九卿，不可不据实陈奏。”

都察院遵旨因误将原任知州蔺佳选议入辛者库移文刑部，将副都统孙正浩、尚书傅腊塔等议处，其都统鄂伦代俟到日再议具奏。上曰：“俟都统公鄂伦代回时，尔等问明具奏。”

伊桑阿等奏曰：“臣等遵旨将杨士奇案内经纪等索取旗丁银两情节问

刑部堂官，据云此项银两历来如此索取。”上曰 :“此系仓场总督耑责，何故并不议及？原本发还，着再议具奏。”

是日，上诣宁寿宫问安。

是日起居注官陈元龙、傅森。

十三日丙申　辰时，上御乾清门听政。部院各衙门官员面奏毕，大学士伊桑阿、马齐、吴琠、熊赐履，学士范承烈、曹鉴伦、辛保、傅伸、来道、常寿、赖都以折本请旨。吏部题太常寺卿席哈纳员缺，遵旨将由鸣赞官升鸿胪寺卿沙拜等五人选择引见。上曰 :“太常寺衙门甚要，繁屑之务最多，须得素行自爱之人方能胜任。正卿沙拜虽才能，但其人不妥。少卿傅尔齐行事鄙琐。观员外郎明书人品优长，行谊自爱，着补授。”伊桑阿奏曰:“臣等遵旨将直隶巡抚李光地、河南巡抚徐潮、山西巡抚噶礼保奏人员等问九卿，九卿云李光地、徐潮所保举之员俱优，噶礼保举内有优有劣，罗伦诚是钻营，并未闻其居官之善。”上曰 :“彼等所奏名折着暂存收，俟各省到齐日再行定夺。”

又查简亲王追谥字样开折呈览。上曰 :“简亲王着追谥修。”

又仪真县知县员缺，九卿保举教谕许承澎具折呈览。上曰：“仪真知县着许承澎补授。”又曰：“现今江南长洲县知县员缺，尔等问九卿。今日引见内除初授人员外，将由进士出身曾任县职居官优长者保举具奏。”

是日起居注官徐元正、满保。

十四日丁酉　辰时，上御乾清门听政。部院各衙门官员面奏毕，大学士伊桑阿、马齐、吴琠、熊赐履，学士范承烈、曹鉴伦、辛保、傅伸、来道、常寿、赖都以折本请旨。吏部题甘肃巡抚喀拜员缺，将内阁学士张榕端等职名开列。上曰:“齐世武着调甘肃巡抚。华显员缺着将应升人员开列呈览。”

又贵州学道陈正员缺，将翰林院侍读胡作梅拟正，吏部郎中柴廷望拟陪。上曰:“柴廷望着补授学道，文选司事繁且要，柴廷望员缺着陈弼补授。”

都察院因迟误漕运不行详审缘由，朦混具奏，将仓场总督陶岱等议各降一级、罚俸一年。上曰：“陶岱向署江南总督时，声名不堪，既授仓场侍郎，当痛改前愆，乃仍前不悛，非可倚任之人。着将陶岱降五级、随旗行走，余依议。”

总河张鹏翮题六漫闸之西停修石坝，请筑土坝。上曰："六漫闸甚紧要，今岁水小，张鹏翮故欲节省耳。后值雨多之年，黄河、洪泽湖之水并涨，则土坝岂能堵御？倘被冲决，则此三万金徒致糜费矣。当思一劳永逸方善，着遣一善驰驿中书速往，与张鹏翮商酌，回日再奏。"

伊桑阿奏曰："长洲知县员缺，将应调之人问九卿。九卿云：此选皆初仕之人，未曾莅任，臣等未识，今三省巡抚保举知县内可调补长洲县否？"上曰："九卿之言甚是，着将徐潮所保举知县陈治策者调补长洲知县。"

良久，上又曰："今朕亲总万几，部院堂司官员犹可塞责，督抚最为紧要。如督抚居官果廉，属员谁敢贪污？布政使亦紧要。浙江布政赵申乔居官甚善，昨杭州织造鄂佛和来，朕问之，鄂佛和奏曰：似此清官甚少，家属仅十三人，办理诸务必手自裁决，属员交际，虽勺水不饮。如赵申乔臣，可以首领保之。再陕西布政鄂海居官若何？"伊桑阿奏曰："其人亦可。"上又曰："满都为人若何？"伊桑阿奏曰："曾经九卿保举。"上曰："满都历任何官升授布政？"伊桑阿奏曰："由工部升任。"上曰："翌日巡抚开列，将布政司等职名俱令开列。"

是日，上诣宁寿宫问安。

是日起居注官张廷枢、阿金。

十五日戊戌 早，上御太和殿，升转文武官员谢恩毕，上回宫。

是日，上诣宁寿宫问安。

是日起居注官韩菼、揆叙。

十六日己亥 辰时，上御乾清门听政。部院各衙门官员面奏毕，大学士伊桑阿、马齐、吴琠、熊赐履，学士范承烈、曹鉴伦、辛保、傅伸、来道、常寿、赖都以折本请旨。吏部题安徽巡抚高承爵被参回奏事，应行文漕运总督桑格等查明，到日再议。上曰："高承爵居官庸劣，着解任察议。"

伊桑阿等遵旨调补甘肃巡抚齐世武员缺，将侍郎特默德等、布政使鄂海等职名缮写绿头签呈览。上曰："这员缺着将布政使鄂海补授。"

是日，上诣宁寿宫问安。

是日起居注官宋大业、傅森。

十七日庚子 辰时，上御乾清门听政。部院各衙门官员面奏毕，大学士伊桑阿、马齐、吴琠、熊赐履，学士范承烈、曹鉴伦、辛保、傅仲、来道、常寿、赖都以折本请旨。都察院题以京城重犯招册字迹错讹，将刑部尚书傅腊塔等降一级、罚俸一年，司官五格等降三级调用。上曰："尚书傅腊塔等着依议，司官五格等专司档册之人，将册内错讹字样并不谛视，着降三级，随旗行走。人命所关最重，九卿诸臣理应详慎。今观册内讹舛甚多，九卿并未详阅档册可知。既未曾洞悉事情，何以定罪？尔等票出传示九卿，嗣后宜加敬慎。"

是日，上诣宁寿宫问安。

是日起居注官满保、查昇。

十八日辛丑　巳时，上御批本房，召大学士伊桑阿等人，定刑部各犯勾决事。上展册御案谕阁臣等曰："此册朕在宫中阅之已数过，情罪无不周知。今与卿等共议之。"即以科臣覆奏勾决本授大学熊赐履，问曰："汝执笔可带眼镜乎？人命至重，须谛视勿误也。"赐履对曰："臣目力尚能细视。"上因按册一一言各犯姓名，或官、或民、或兵，某处人、某旗佐领下，缘某事，与阁臣等商酌。玉音高朗，诸臣无不耸听。有五儿、住儿、田四、舒恕、李四、韩朝喜、孙孟言、老儿、蒙古那音泰、张大、他琥、礼三儿、季儿、李天寿俱持小刀戳死人。上曰："杀人者死，持刀者不可宽也。"刘二、常明夺刀杀人，阁臣奏曰："此乃夺被杀者之刀而杀之者。"上曰："此亦自渠说耳，谁见之者？可予勾。"原任笔帖式达兰泰以误河工论斩。上曰："此人不特误工，行止不端，可耻，不可留。"刘二宇、李三、张成、赵玉杀人。上曰："此拒捕者应死。"宋登云、包泰各以其妻骂公姑而杀之。上曰："此亦自渠行凶后口供，杀妻是真，应死。"王三、王二同为小偷，拴系失主手足，依窃盗拒捕律俱坐斩。上曰："失主不死，王三为首应死，王二姑缓。"孙龙、吴善以杀二命，甄良祚以杀四命，常明，李六麻子，广东尹世福、曹五官、保住、张二、何西武各以奸情杀人，刘起凤以殴死外舅，刘柱以杀嫂，白十儿以杀主人子，王二以仓役索钱杀人，臧承荣以威逼以及其余凡情罪重大者，上俱以其万无可宽勾之。张麻子、孙二各以掘塚坐绞。上曰："此固难逭，但不关人命，姑缓。"护军阿林因其父杀人而助伤其妻。上曰："此为父起衅，且其妻不死，姑缓。"

寿凌子以旧主四哥为家人六十所杀不救，坐加功律。上曰："四哥死时本犯与六十同在一处，情固可疑，但其同谋始终不曾承认，无实据，姑缓。"其余情罪稍有可缓者，上俱详酌，不忍勾也。凡勾者四十七人，仍监候者十六人。上仍命大学士熊赐履，以所勾者朗念一遍，又命学士添满字记明，惟恐有误。盖圣意好生，矜恤周详慎重如此。覆看毕，阁臣等捧本而退。

是日，起居注官法良、韩菼。

十九日壬寅 辰时，上御乾清门听政。部院各衙门官员面奏毕，大学士伊桑阿、马齐、吴琠、熊赐履，学士范承烈、曹鉴伦、辛保、傅伸、来道、常寿、赖都以折本请旨。吏部议处遗失绿头签驿站笔帖式王之宾。上曰："坐台之员而遗失绿头签，诚为不谨。王之宾着革职。"

户部题颁发盛京等处官兵俸饷。上曰："顷盛京解送蜂蜜等物车辆回程，即将盛京俸饷运载，允为两便，着户部诸臣议奏。"

兵部以原任黑龙江将军萨布素私取官草豆喂养自己马匹，拟枷号三月、鞭一百。上曰："萨布素从前已曾宽宥，着免其枷责。"

刑部题民人崔岳私戴孔雀翎帽擅入西华门拟绞。上曰："崔岳风病是真，彼首告各件绝无影响，可将崔岳拟绞，着监候，余依议结。"

理藩院题恩恤致祭柰曼班第王之母福金。上曰："王班第之母着给恤典致祭。"

是日，上诣宁寿宫问安。

是日起居注官陈论、阿金。

二十日癸卯 是日，上以冬至，有事圜丘。巳时，遣奏事主事存住传谕大学士伊桑阿等曰："郊祀大典所关最重，昨因朕躬偶尔违和，诚恐未便，故朕洁斋，命皇太子行礼，今已愈矣。且从来并未遣代，朕意仍亲诣行礼。"伊桑阿、马齐奏曰："皇上机务勤劳，祀典虔恪，向皆亲祭，并未遣代。今圣躬稍有违和，始命皇太子行礼，兹喜安愈，尚宜静调数日，仍请皇太子行礼。"存住入奏毕，复传谕曰："朕亲慎郊祀，每岁洁斋亲祭，此海内共知也。顷以朕躬违和，不诣行礼，辗转不安，故特召谕尔等。今既已遣皇太子矣，仍着皇太子行礼。"自是日，上洁斋三日。

是日，上诣宁寿宫问安。

是日起居注官陈元龙、满保。

二十一日甲辰　上诣宁寿宫问安。

是日起居注官徐元正、傅森。

二十二日乙巳　早，上御太和殿视祭圜丘祝版毕，回宫。

是日，上诣宁寿宫问安。

是日起居注官张廷枢、满保。

二十三日丙午　是日起居注官王思轼、阿金。

二十四日丁未　早，上诣宁寿宫问安毕，以致祭陵寝，由东华门出崇文门，驻跸夏店。

是日，通州副将金弘振、守备袁瑜等，驻防顺义县防御常存等来朝。

二十五日戊申　上驻跸邦均。亲近蓝翎常寿传谕领侍卫内大臣等曰："是行扈从大臣与执事人员及兵卒人等所乘马匹，俱照上驷院拴紧，否则必致病伤。令将所乘马待五更尽止饲以草，通宵莫饮，次日饮之。着行遍谕。"

是日，赐侍卫、执事、护军参领、护军校、护军等鹿、雉、兔。驻防三河县防守御苏瓦颜、防御常寿等，蓟州都司田穗、知州陈廷柏、三河县知县郑富民等来朝。

二十六日己酉　上驻跸马伸桥。

二十七日庚戌　早，上率皇太子、诸皇子及扈从诸王、内大臣、侍卫、文武各官诣暂安奉殿行三跪九叩头礼，三奠酒，举哀毕，又诣孝陵，行三跪九叩头礼，三奠酒，举哀毕，诣陵，三奠酒，举哀。

是日，上驻跸温泉。

二十八日辛亥　上驻跸行宫。是日，赐遵化居住以病致仕正白旗三等侍卫讷勒人参。遵化营游击郝伟等来朝。

二十九日壬子　上驻跸遵化州城北罗文峪。防御布汉等、遵化营千总孙自立等来朝。

十二月

初一日癸丑　上驻跸三屯营。是日，赐侍卫、执事人、护军校、护军等鹿、雉、兔。三屯营副将刘汉业、守备赵国良等来朝。

初二日甲寅　上驻跸滦阳之地。喜峰口驿站员外郎达什、防御三克萨等、游击吴开圻等来朝。

是日，喀喇沁和硕额驸噶尔臧亦请安进贡来朝。

初三日乙卯　驾出喜峰口，驻跸矇字岭下。是日，赐侍卫、护军校、护军等鹿。

初四日丙辰　上驻跸龙须门之地。

初五日丁己　早，上于中途谕领侍卫内大臣公福善等曰："今日风大寒甚，随从仆役有衣单寒者，尔等在后照管而来。"

是日，上驻跸唐坝尔之地。喀喇沁一品塔布囊革勒尔、二品塔布囊巴喇麻、三品塔布囊西达、四品塔布囊达木巴等率行围兵丁请安进贡来朝。

初六日戊午　早，喀喇沁辅国公沙木巴喇西协理台吉诺木齐卓礼克图率行围兵丁请安进贡来朝。

是日，上驻跸雅头沟之地。喀喇沁多罗郡王渣西率行围兵丁请安进贡来朝。

初七日己未　早，科尔沁达尔汉和硕亲王额驸班第请安来朝。

是日，上行围，殪一虎。上驻跸七沟里。

初八日庚申　早，上御行宫，大学士马齐，学士来道、常寿以折本请旨。吏部题袭职案内有革职名保住者无嫡亲兄弟，其拜他拉布勒哈番照例议革。上曰："依议。此内保住世职因其父钮莫淳出征效力阵亡而给与者，这世职仍与保住之子渣尔赛承袭。"

刑部题准军罪王正学等赎罪。上曰："依议。此内郑国效、齐仲眉系免死减等充发之人，不准赎罪。"

工部总覆河张鹏翮题六漫闸之堤仍遵旨修筑石堤。上曰："遣人问张鹏翮，今彼疏称六漫闸西岸仍应修石工以垂永远，以资捍御等语，可即着修石工。”

又覆直隶巡抚李光地题，郭家坞等工所已被沙壅，应仍向王新命等追赔银两。上曰：“此沙壅之处应追银一万一千九百余两，从宽免其追取。余依议。”是日，上驻跸三沟里。

初九日辛酉　上驻跸头沟里。是日，端静和硕公主请安来朝。

初十日壬戌　上驻跸双黄寺。

十一日癸亥　上驻跸喀喇城。是日，上行围，殪一虎，即以所殪之虎赐孝陵侍卫鄂罗，令为茵。大学士张玉书来京诣行在请安，命入行宫，与语良久方出。随赐张玉书雉。

十二日甲子　上驻跸陈家沟。

酉时，上御行宫，大学士马齐，学士来道、常寿以折本请旨。吏部遵旨湖南布政使王道熙员缺，将九卿保举之广东按察使张仲信等七人职名开列。上曰：“湖南地方苗蛮杂处，须才力兼优之人方能称职。施世纶居官优长，朕素知之。九卿亦曾保举，着即行补授。”

又以科、道缺员请旨行取在外知县。上曰：“尚有额外补授主事人员，可将伊等职名开列具奏。”

刑部覆提督唐希顺题参参将李麟事，俟侍郎满丕到日再议。上曰：“何俟满丕，席尔达现在，着问席尔达，移会满丕可也。”

广东巡抚彭鹏回奏。上曰：“朕于科、道官员许其风闻入告者，专为广开言路，使自督抚以下官员有一切事务任意妄为及所行贪劣致扰害黎庶者，知所顾忌而警惧耳。若科、道官参纠不实，例有处分。又或言不合理，与生事妄奏者外转有之，革职亦有之。至于被参之人具疏回奏，止应辨晰是非，不应支离牵引。因彼一身被参而即举原参者之父兄子弟亲戚皆受指摘以逞报复，嗣后谁敢更参一人？顷左必蕃参郭琇，郭琇回奏即将左必蕃转行穷诘；王材任参高成爵，高成爵即将王材任之父与其亲党妄意牵连。且如钱珏，曾以贪婪参原任巡抚穆尔赛，及钱珏为山东巡抚，居官较穆尔赛并无胜处。若此类者甚多，彭鹏身为言官，亦曾参人。兹为王度昭所劾，彼应止以切己之事剖晰辨明。乃今讦奏王度昭，谓其曲庇亲戚，而其间所有夙怨，又未指明实据。彭鹏虽操守清廉，居官亦善，这回奏反复渎陈，辞气不胜忿激，粗戾已极。凡在君上之前不应陈奏之语，辄形与章疏，殊属不合，着严饬行。”

十三日乙丑　上驻跸两间房。是日，上殪二豹。

十四日丙寅　上驻跸腰亭子。古北口总兵官马进良等、古北口督理驿站员外朗郭丽等、防御顾尔拜等、古北路都司杨威等来朝。

十五日丁卯　早，上率诸皇子及善射侍卫射于行宫前，阅古北口总兵官马进良、彝陵总兵官王世臣绿旗营官兵射。赐马进良孔雀翎。

是日，上驻跸密云县，霸昌道郎廷栋、古北口监督员外郎图巴海，密云知县周钺、守备严一林等来朝。

十六日戊辰　上驻跸三家店。

酉时，上御行宫，大学士马齐，学士来道、常寿以折本请旨。刑部等衙门题强盗黄双儿等拟立正法。上曰：“黄双儿着立决。陆三、马二、朱三儿俱从宽免死，照例减等，发往黑龙江。余依议。”

又题范僧保殴打广储司郎中他津泰，以光棍例坐立决。上曰：“刑部所引之例虽是，但前者公托色家人殴打汉官，系明知故殴者。今范僧保殴打官长，实系不知，着改监候，秋后处决。”

刑部议覆将保原任陕西蒲城知县关琇叩阍之百姓刘芳溥等拟罪具奏。上曰：“刘芳溥等着从宽免罪，关琇居官贤否，着移咨该抚。若居官果优，照百姓所请完纳银两，免其治罪。居官不善，着仍照前监候。”

理藩院覆黑龙江将军沙纳海以达虎尔佐领布黑德员缺，原任佐领卞尔布哈之子拜北等争讼事请旨一案，议驳回该将军定议，到日再议。上曰：“在外将军不能裁决者，该部应即为议决。此事前次移文将军，其复咨甚明，该部又议驳回，殊属不合。不但此也，尚书哈雅尔图才力不及，人极平常，为人虽好，办事毫无裨益。”大学士马齐奏曰：“圣谕甚是。理藩院之事极繁，必得一敏捷不徇情之人始称其职。此事哈雅尔图应即定议具奏，仍议驳回，诚属不合。”上曰：“这事着该部再议具奏。”

马齐复奏曰：“遵旨以唐希顺、李麟等事问尚书席尔达，据云李麟被参系昭木多等年远旧事挟仇纠参者，是以无庸议。”上曰：“李麟人才矫健，系赵良栋信用之人，亦曾随朕出师。着移文满丕，会同提督岳昇龙、巡抚贝和诺再行定议具奏。”

是日，赐内大臣、大学士等部院各官鹿尾，护军参领、侍卫、护军校、护军等鹿。顺义县知县杨棠、漕河营把总王庭彦等来朝。

十七日己巳　午时，上由东直门进神武门，诣宁寿宫问安毕，回宫。

是行也，部院各衙门奏章每日交送内阁，自内阁三日一次递送行宫办理。

扈从起居注官法良、揆叙、傅森。

十八日庚午　辰时，上御乾清门听政。部院各衙门官员面奏毕，西安布政使能泰赴任，恭请训旨。上曰：“居官优劣，难逃众论。且尔亦曾为外官，凡事惟加敬慎，不徇情面，即是好官，别无训尔之处。”能泰奏曰：“圣谕诚是。臣惟谨志于心，竭力勉图报效。”能泰出。

大学士伊桑阿、马齐、张玉书、吴琠、熊赐履，学士范承烈、王九龄、曹鉴伦、傅伸、来道、常寿、赖都以折本请旨。吏部题贵州按察使何显祖员缺，以福建台湾道王之麟拟正，江西饶九南道滕天绶拟陪。上曰：“天津道范时崇为人颇优，着升贵州按察使。”

刑部等衙门题原任侍卫常寿以刀刺死其妻，拟绞监候。上曰：“刑部所议以常寿系醉后刺死伊妻，不欲生事，即行议结，虽亦未为不是，但近日风气殊属不堪，专事饮酒，不习正务者甚多。应将常寿结伴何人饮酒、何地或赌博与否此等情节逐一详审治罪，嗣后伊辈惧罪，庶知敛迹而不生事矣。这本着发回另议具奏。”

又题私铸为首之徐朝蕃拟立斩，为从之徐尚礼等拟立绞。上曰：“此等私铸为首之人以前有立决者，亦有缓决者，秋后决者有之，减等完结者亦有之。大学士等能记忆否？”伊桑阿奏曰：“臣等记不甚明。”上曰：“此所铸之钱为数不多，尔等确察，明日来奏。”

又覆两广总督石琳题，先经原任侍郎凯音布审结持箭示众生事、侵犯宝停等营坐斩之岐人王国祯等一党王大赉，亦拟立行正法，未得财之马七等议充发三千里。上曰：“为首者已行处决，此俱系为从之人，应斩与否，着问九卿。”

都察院题奉旨拟斩之蔺佳选其妻及其子俱入辛者库当差，公鄂伦岱等行咨刑部，奉旨蔺佳选行甚不端，着交内务府大臣入辛者库当差，将鄂伦岱等议革职交刑部。上曰："朕所论甚明，彼云误听可乎？大学士等将鄂伦岱传来询问，明日具奏。"

总河张鹏翮奏请明年圣驾亲临阅视堤岸。上曰："高家堰等处堤工虽竣，然未遇大水，俟来年经过水汛之后，方可验其成功。若烂泥浅一带水出不畅，则高家堰究属可忧，向意欲从武家墩出水，此事尚须酌之。前日问张玉书，奏称淮水尚大，旧堤俱为湖水所浸。据此则泗州、盱眙安得不被水灾？河身之浅深，以洪泽湖水之高下为验，湖水低得一尺，河身方深得一尺。今洪泽湖之水比甲子年高有数尺，可见河身未曾刷深。高家堰之堤恐过此以往尚未可知也。折子着留内阁。"

是日，上诣宁寿宫问安。

是日起居注官法良、杨名时。

十九日辛未　辰时，上御乾清门听政。部院各衙门官员面奏毕，安徽巡抚喻成龙恭请训旨，奏曰："臣并无格外效力之处，皇上殊恩，授臣巡抚之职，谨请圣谕。"上曰："张勄为山东布政使时居官颇优，及为浙江巡抚居官便劣。高承爵为知府、按察使时亦善，及为巡抚则劣。尔勿效法伊等所为，苟居官无状，又何颜见朕耶？且尔官山东时，亦颇任性，今后当知变易自改也。"喻成龙免冠顿首奏曰："谨志圣训。"喻成龙出。

大学士伊桑阿、马齐、张玉书、吴琠、熊赐履，学士范承烈、曹鉴伦、王九龄、傅伸、来道、常寿、赖都以折本请旨。兵部题覆提督李芳述疏称，总督巴锡所参游击高鉴并未移会商酌，相应行文该抚，察明到日再议。上曰："闻李芳述在西宁甚有声名，人才矫健，抚驭严肃，西宁军士亦称誉之。此事甚觉屈抑，观其所奏，似曲在总督，可遣在京堂司官往审之。"伊桑阿奏曰："据臣愚见，事非重大，似可不烦差审。"上曰："若然，则巴锡所参之游击令谁审鞫耶？"伊桑阿奏曰："旧例交与巡抚鞫问。"上曰："巡抚与总督同事，恐未必从公审理，着遣部院堂官一员往审。"

正蓝旗满州都统觉罗舒恕请解任。上曰："舒恕自以人才矫健，顷朕于皇太子、诸皇子及各官前将南宁败绩事问之舒恕，当将军蟒吉图等兵步行而出，舒恕唯有奔突而已，并无格外效力处。舒恕着以原品解任，其余言辞不必批。”

总河张鹏翮题请通判边声威留原任。上曰：“边声威着照张鹏翮所题留任。”

伊桑阿奏曰：“补授经验讲官，臣等已试其诵读，罗察、舒辂、常寿、赖都俱可，罗察原系经筵讲官。”上曰：“罗察、舒辂着补授经筵讲官。今日讲书不能如前，尔等其善训之。”

又奏曰：“领侍卫内大臣鄂伦岱等，臣等已曾问之，据云：误传圣谕，臣等尚复何辞。皇上念臣祖父授臣以都统之职，臣有何能，即对人亦觉赧颜。”上曰：“鄂伦岱等俱着降五级，各罚俸一年。”

又奏曰：“歧人王大赉拟立决事，曾问九卿，众云，为首者已诛，此人皇上赦之亦可。”上曰：“王大赉着减等完结。”

是日，起居注官陈论、阿金。

二十日壬申　辰时，上御乾清门听政。兵部诸臣入奏。上曰：“各省千总与在京把总效力相同，近见各省千总年满来京候补，有至十年不得补者，京营把总等一至年满即以守备用，甚属不均，谓此无弊可乎？尔等察旧例，画一议奏。”

部院各衙门官员面奏毕，大学士伊桑阿、马齐、张玉书、吴琠、熊赐履，学士范承烈、王九龄、曹鉴伦、傅伸、来道、常寿、赖都以折本请旨。上曰：“杨大鹤、张希良学问虽优，然为学院声名甚劣，杨大鹤亦着往张鹏翮处河工效力。”复问张玉书曰：“杨大鹤声名较江南学院张泰交、浙江学院姜橚何如？”张玉书奏曰：“张泰交、姜橚声名较杨大鹤迥异。”上曰：“若此者不即加惩儆，何以为后来者之戒耶？”

吏部以江南扬州府知府刘涵员缺奏闻。上曰：“扬州甚属紧要，御史左必蕃人颇优长，以之补授，当有裨于地方。但科、道官外转尚以道员补用，今以彼为优而以知府用之，似稍屈抑。”良久，顾伊桑阿等曰：“左必蕃着补授扬州知府，尔等传彼，论以科、道官外转，俱以道用。今以知府用，非有他意，以尔居官好，为人优故耳，尔无疑虑，皇上无不洞晰也。”

又题江西粮道郑昱员缺，以外转御史郑维孜补授。上曰："向见郑维孜条奏之事，朕尚嘉之，迨后加详察，每事皆有情弊，诚为品行不端。"伊桑阿奏曰："江西粮道紧要，郑维孜品行不端，诚不称职。"上曰："这员缺着另拟具奏。"又曰："按察使郑昱居官甚优，此人想原系给事中。"张玉书奏曰："郑昱原任给事中。"上曰："何故将彼外转，尔等将其条奏之事及言彼才力不及之人察明具奏。"

酉时，上复御乾清宫西暖阁，大学士伊桑阿、马齐，学士傅伸、来道、赖都以折本请旨。吏部题补授科、道以额外主事李永绍等职名开列具奏。上问曰："各部堂官皆言好否？科、道共出几缺？"伊桑阿、马齐奏曰："伊堂官皆称善，今科、道现有七缺。"上曰："此科、道员缺，可将此内进士出身者论俸补授。如进士不足，方以举人出身者补授。"

又题公费扬古世职，照例准其长子、三等侍卫鄂鼐承袭。上曰："公费扬古之长子其人颇优，但费扬古在时爱其次子陈泰，这世职着与其次子陈泰承袭。"

广东提督殷化行题苗人害民，将进剿副将林芳杀害，请会同总督讨之。上曰："殷化行原疏曾言苗人常扰害百姓，请亲率军进剿。今奏称所率进剿之副将为苗人所杀，官兵又被伤残，其兵力单微，因回省城与总督会剿等语，观此殷化行明系怯敌奔回。副将亦系管兵大员，既为所杀，若不行征剿，则苗人习以为常。此系军机事务，奚计封印，尔等将殷化行奏疏及总督石琳之本明日与九卿共阅确议，即于明日具奏。"

陕西民尤之魁等叩阍，言粮道黄明居官最优。上曰："黄明居官百姓皆称其善，朕曾问总督席尔达，彼亦言其居官优长，黄明原系保举补授之员，岂肯以数百金之故玷其荐举之名而为此乎？侍郎绥色往审之事毫不明晰，开印后将民尤之魁等叩阍及绥色所审之事一并交九卿再议具奏。"

又以遣祭朝鲜国王李焞之妃闵氏，将由进士出身翰林院侍讲满保等开列呈览。上曰："正使着满保去，副使该部另拟具奏。"复问大学士伊桑阿等曰："满保何如人？"伊桑阿奏曰："满保颇优，人极谨厚。"

是日，赐朝鲜国王李焞所遣奏讣进表来使陪臣礼曹参判宋廷奎等缎、彭缎、白金等物。

是日起居注官陈元龙、满保。

二十一日癸酉　卯时，封印。

是日，上诣宁寿宫问安。

是日起居注官徐元正、阿金。

二十二日甲戌　辰时，上由午门出正阳门，驻跸南苑。

是日起居注官张廷枢、傅森。

二十三日乙亥

二十四日丙子

二十五日丁丑　申时，上由正阳门进午门回宫。

是日起居注官揆叙、王思轼。

二十六日戊寅　上以岁暮社祭太庙，斋戒三日。

是日，上诣宁寿宫问安。

是日起居注官宋大业、傅森。

二十七日己卯　是日起居注官阿金、查昇。

二十八日庚辰　早，上御中和殿视祭太庙祝版毕，回宫。

是日起居注官揆叙、杨名时。

二十九日辛巳　早，上亲诣太庙祭毕，回宫。少顷，奏事主事存住传谕内阁礼部太常寺："朕自御极以来，一切祀典必敬谨斋戒，躬亲展祭，以书昭事之诚，四十余年于兹矣。每当临祭之时，朕无一事不敬，此礼部太常寺、起居注官所共知。从来祭祀，登降、起立莫不如常。这次行礼将毕，微觉头眩，朕之身体稍逊于前，于此可见。祀典关系重大，朕恐精力偶有不周，致敬心少间，可以此意谕诸大臣等着议奏。"

是日起居注官法良、韩菼。

三十日壬午　午时，因岁暮，上御保和殿，召元旦朝觐外藩蒙古，左翼科尔沁和硕卓礼克图亲王巴特麻、和硕达尔汉亲王额驸班第，敖汉多罗郡王扎木素，阿禄科尔沁多罗郡王垂，鄂尔多斯多罗郡王董萝卜，蒿齐忒多罗郡王雅木披尔，喀尔喀扎萨克多罗郡王那木渣尔，扎鲁特多罗贝勒毕鲁瓦、扎鲁特护国公巴图，喀尔喀辅国公万舒克，科尔沁和硕额驸班第，乌朱穆秦和硕车陈亲王塞登敦多卜旗分一品台吉塔旺扎木素等，科尔沁和硕额驸、达尔汉亲王班第旗分二品台吉毕力克图等，敖汉多罗郡王扎木素旗分四品台吉吴巴什等；右翼喀尔喀鄂齐尔土谢图汗、多罗郡王额驸敦多卜多尔济、喀尔喀亲王策旺扎卜，阿霸垓多罗郡王吴尔占葛喇布、喀尔喀多罗郡王颜鲁什希、喀尔喀扎萨克额尔德尼济农、多罗郡王盆楚克喇卜滩，附居土默特多罗达尔汉贝勒额驸厄尔格图旗分喀尔喀多罗达尔汉贝勒老卜藏等，巴林固山贝子额尔德尼等，喀喇沁和硕额驸噶尔臧、喀喇沁护国公沙木巴喇西等，科尔沁土谢图亲王沙津旗分一品台吉布达等，科尔沁达尔汉亲王额驸班第旗分三品台吉喇巴克吉礼迪等，敖汉多罗郡王扎木素旗分四品台吉赛荫鄂岳图毕力克等，及内大臣、侍卫、大学士等赐宴。上进酒，诸乐作，左右两翼王以下、公以上上俱亲赐酒，其余台吉等俱令内大臣视饮，内大臣、大学士等令侍卫传饮，宴毕，表谢恩，上回宫。

是日，赐安徽巡抚喻成龙鞍马一匹。

是日起居注官法良、揆叙、陈元龙。

臣等钦惟皇上御极已四十载，文德武功，巍焕振古，东西朔南，万民安乐，执玉帛者讫于遐荒，列亭障者极于绝漠。万世太平之业，莫盛于斯，而圣心惟时惟几不少暇逸，凡一言一动，罔不可为律而为度。臣等载笔一周，德不胜书。大者振饬吏治，鼓舞人才，求之常如不及，而既得惟恐失之，则立贤无方之妙用也。休养元元，培植国脉，小有亢旱，即蠲租输粟，而大穰处所仍予全蠲，俾享有丰年之乐，则视民如伤之盛心也。兴文教，遴学臣，《大雅》之所以弘誉髦也。简将帅，修武事，《周南》之所以储干城也。哀矜庶狱，宥罪时闻，好生之德所以洽民深也。指画河防，惟恐左方右方之伤，或一有为鱼为鳖之患，荒度之勤，所以告功速也。求言时切，刍荛必询，而每有大事必下之廷议，以决诸卿士之从，则又尧之畴咨，舜之执两用中，所为不自用而取诸人也。跋履山川，拊循蕃卫，则又黄帝之至空峒、登鸡头、逐荤粥、合符釜山而不遑宁居也。盖圣心如日月之迭经于天，而云行雨施之遍覆乎物，所谓动而可世为天下道者也。《记》曰：王言如丝，其出如纶；王言如纶，其出如綍。《书》曰：嘉言孔章。又曰：大哉王言，一哉王心。伏听天语，临决万几，无不出于至诚，而归于至当。传诸四方，垂诸久远，可为风动之具。或片言独断，恒不可易，圣谟之所为略而雅也。或诲示谆谆，启发群蒙，《大诰》之所为烦而悉也。昔宋臣曾巩慨然有慕于唐虞之际，执简操笔者，今幸当尧舜之朝，但据事直书，而盛美自见。不能赞一辞，无庸饰一语，所谓言而可世为天下则者也。臣等职司言动，朝夕起居，每有记注，共惊圣神广运，实纵自天。而亦因以窥寻圣学之高深，非居敬以宰于中，致知以穷其理，不及此。故于今岁终成书以进金匮，而不揣愚管，为之扬扢云。

雲在簃文史

袁行霈題

[标 点 全 本]

康熙起居注

徐尚定 标点

第 七 册

人民东方出版传媒
東方出版社

康熙帝朝服像

清宫廷画家绘。绢本，设色。纵274厘米，横143厘米。故宫博物院藏。

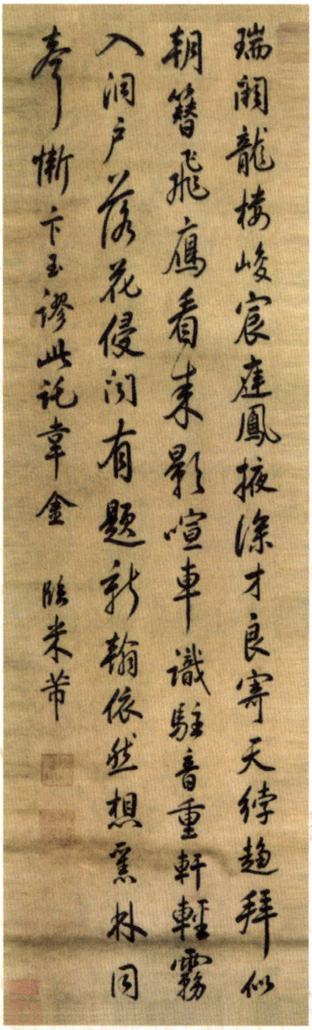

康熙帝《行书诗》轴

绫本。纵168.5厘米，横40厘米。原藏小莽苍苍斋。

康熙四十一年壬午正月初一日、癸未早，
上以元旦率諸王、貝勒、貝子、公等内大臣侍衛大
學士、都統、尚書、精奇尼哈番
詣
堂子行禮畢，
回宫。辰時，
上率諸王、貝勒、貝子、公内大臣侍衛大學士等

《康熙起居注》四十一年正月首页

“万几余暇”印

第七册目录

康熙四十一年　壬午

正　月/001　二　月/009　三　月/018　四　月/024
五　月/029　六　月/035　闰六月/041　七　月/047
八　月/053　九　月/056　十　月/068　十一月/077
十二月/084

康熙四十二年　癸未

正　月/095　二　月/101　三　月/108　四　月/112
五　月/120　六　月/127　七　月/130　八　月/135
九　月/138　十　月/145　十一月/158　十二月/169

康熙四十五年　丙戌

正　月/181　二　月/189　三　月/195　四　月/207
五　月/217　六　月/228　七　月/236　八　月/248
九　月/252　十　月/258　十一月/276　十二月/286

康熙四十七年　戊子

正　月/300

康熙五十年　辛卯

正　月/306　二　月/311　三　月/320　四　月/328
五　月/335　六　月/348　七　月/355　八　月/361
九　月/367　十　月/375　十一月/389　十二月/395

康熙五十一年　壬辰

正　月/406　二　月/412　三　月/420　四　月/429
五　月/437　六　月/445　七　月/451　八　月/457
九　月/461　十　月/465　十一月/478　十二月/490

插　图　目　录

康熙帝朝服像……229
康熙帝《行书诗》轴……230
《康熙起居注》四十一年正月首页……231
“万几余暇”印……232
明史稿本……233
《清史稿》张廷玉传……234
钦定古今图书集成……235
钦定篆文六经四书……236
周易本义……237
康熙字典……238
蒙古源流……239
菜根谭……240
顾炎武像……241
黄宗羲像……242
王夫之像……243
钱谦益像……244
毛奇龄朱彝尊合像……245
纳兰性德像……246
蒲松龄像……247
汪楫画像……248
肃州总兵路振声奏请圣安并进肃州扁挂面折……249

闽浙总督范时崇奏请圣安折 250
原任古北口提督马进良奏请圣安并报捐助骆驼三十头折 251
肃州总兵路振声奏贺万寿折 252
直隶总督赵弘燮奏呈满城县三秀灵芝一株折 253
直隶总督赵弘燮奏呈满城县三秀灵芝一株折 254
广州将军管源忠奏请圣安并进蝶兰折 255
西宁总兵王以谦奏请圣安折 256

康熙四十一年　壬午

正　月

初一日癸未　早，上以元旦率诸王、贝勒、贝子、公等，内大臣、侍卫、大学士、都统、尚书、精奇尼哈番，诣堂子行礼毕，回宫。

辰时，上率诸王、贝勒、贝子、公、内大臣、侍卫、大学士等，诣皇太后宫行礼，其余文武各官，俱于午门外行礼毕，上回宫。

少顷，上御中和殿内，大臣、侍卫及内阁、翰林院、礼部、都察院、詹事府等衙门行朝贺礼毕，上随御太和殿，诸王、贝勒、贝子、公、文武各官及朝正外藩蒙古王、贝勒、贝子、公、台吉，朝鲜等国所遣官员进表、行礼毕，上回宫。

是日起居注官法良、韩菼。

初二日甲申　上诣宁寿宫问安。

是日起居注官王思轼、傅森。

初三日乙酉　巳时，上由神武门出西直门，驻跸畅春园。

是日起居注官法良、张廷枢。

初四日丙戌

初五日丁亥

初六日戊子　申时，上由西直门进神武门回宫。

自是日始，上以祭祈谷坛，斋戒三日。

是日起居注官宋大业、阿金。

初七日己丑　　是日起居注官傅森、查昇。

初八日庚寅　早，上于太和殿视祭祈谷坛祝版毕，回宫。

是日起居注官法良、杨名时。

初九日辛卯　巳时，上由神武门出西直门，驻跸畅春园。

是日，上诣澹泊为德行宫问安。

是日起居注官陈论、傅森。

初十日壬辰

十一日癸巳

十二日甲午

十三日乙未

十四日丙申　午时，上御畅春园内含淳堂，以上元节赐朝正蒙古王左翼科尔沁和硕卓里克图亲王巴特麻、和硕达尔汉亲王额驸班第，敖汉多罗郡王扎木苏，阿鲁科尔沁多罗郡王垂，鄂尔多斯多罗郡王董罗卜，蒿齐忒多罗郡王雅穆披尔，喀尔喀扎萨克多罗郡王纳木渣尔，扎鲁特多罗贝勒毕鲁瓦、扎鲁特护国公巴图，喀尔喀辅国公万舒克，科尔沁和硕额驸班第，乌朱穆秦和硕车臣亲王色腾敦多卜旗分一品台吉塔旺扎木苏等，科尔沁和硕额驸达尔汉亲王班第旗分二品台吉毕力克图等，敖汉多罗郡王扎木苏旗分四品台吉吴巴锡等；右翼折布尊丹巴库图克图，喀尔喀鄂齐尔土谢图汉、多罗郡王额驸敦多卜多尔济，喀尔喀亲王策旺扎卜，阿霸垓多罗郡王吴尔占噶喇卜，喀尔喀多罗郡王盆楚克喇布谈，土默特多罗达尔汉贝勒额驸额尔格图旗分附居之喀尔喀多罗达尔汉贝勒罗布臧等，巴林旗分贝子额尔德尼等，喀喇沁和硕额驸噶尔臧、喀喇沁护国公沙木巴拉西等，科尔沁国土谢图亲王沙津旗分一品台吉布达等、科尔沁达尔汉亲王额驸班第旗分三品台吉拉巴克纪里地等，敖汉多罗郡王扎木苏旗分四品台吉三音鄂约图毕力克等，及内大臣、侍卫、大学士等宴。上进酒，诸乐并作。外藩左右两翼亲王以下、公以上，上皆亲赐酒。其余俱令侍卫赐饮。宴毕，众谢恩，上回宫。

是日，上诣澹泊为德行宫问安。

是日起居注官法良、揆叙。

十五日丁酉　巳时，上御畅春园内含淳堂，赐朝正蒙古左右两翼王、贝勒、贝子、公、台吉等及内大臣、侍卫、大学士等宴。诸乐并作，上进酒，外藩蒙古王、贝勒、贝子、公、台吉以上，俱于坐次赐饮。宴毕，众谢恩，上回宫。

是日起居注官法良、傅森。

十六日戊戌　上诣澹泊为德行宫问安。

十七日己亥　辰时，开印。

嗣后凡遇皇上移驻畅春园，部院各衙门奏章每日交送内阁，由内阁转送畅春园办理，应面奏事仍行面奏。

十八日庚子

十九日辛丑

二十日壬寅　上诣澹泊为德行宫问安。

二十一日癸卯　辰时，上御畅春园内澹宁居听政。部院各衙门官员面奏毕，给事中萨尔泰条奏，京师官马二万七千余匹，每年刍牧银四十余万两。今当节省钱粮之时，请令出差回任官员捐赀牧养。上曰："出差官员焉能承办？且差缺共几何？"对曰："二十五缺，共笔帖式有五十人。或令其牧养，四五年一更换。"上曰："以五十人捐资如许，其何以堪？汝已出差否？"对曰："臣未出差。"上曰："使汝出差，其能之乎？"萨尔泰奏曰："谅关差大小牧养，当亦能耳。"萨尔泰又奏八旗各库请添设官员给印，责令专管。上曰："汝欲节省钱粮，若如此添官，岂不更费二十余万乎？"萨尔泰奏曰："臣思事有裨益，所以条奏。"萨尔泰出，上顾左右曰："此人全不晓事。"

大学士伊桑阿、马齐、张玉书、吴琠，学士范承烈、王九龄、曹鉴伦、希福纳、傅伸、来道、常寿以折本请旨。礼部太常寺会同内阁议奏，嗣后凡遇大祭祀，圣躬恐致久立微眩，请遣大臣恭代。上曰："届期仍着两请，朕若不能躬诣，皇太子礼文娴熟，当遣代行。"

吏部以贵州布政使孟世泰员缺，将应升四川按察使李兴祖拟正，拟陪乏员请旨。上曰"照前仍问九卿写折具奏。"

又参堂主事苏纳海迟误袭职事。上曰："此是其专责，必有情弊，可会同刑部讯实具奏。"

大学士熊赐履请假展墓。上曰："可待明年。"

伊桑阿奏："吴琠亦欲引年乞休，但未敢遽请。"上曰："吴琠为人诚实，方倚办事，岂可令去？"马齐奏曰："圣谕诚然。吴琠办事甚优。”伊桑阿奏曰：“且待其必不能行动，方听其请可也。”

都统邵鼐以年老乞休。上曰：“邵鼐人才平常，但出兵效力年久，着留任，不必批与优旨。”

又都统托伦以年老乞休。上曰：“托伦才庸，毫无报称，日以饮酒为事，着革职。”

上又谓大学士等曰：“朕观诸臣任科、道时多有敢言著直声者，往往立名，以得升迁。及为大官，多不肯言，问一小吏，辄云不知。前后殊不相符。”因顾起居注官法良等曰：“朕言可详记之。”法良奏曰：“圣谕自当谨志。”

大学士伊桑阿、马齐等以内阁撰拟上谕刑部直省四十年以前缓决各犯概予减等折子呈览。上曰：“各犯招册俱在部，可即详阅，移文咨行督抚。”

又以按察使郑昱昔年外转情由折子呈览。上曰：“郑昱条陈恩诏二款，本属无过，将彼外转稍为屈抑。今居官甚优，往来之人无不称善，可并问九卿。”因问郑昱何年进士，系何省何府人。嘉叹久之。

是日起居注官法良、韩菼。

二十二日甲辰

二十三日乙巳

二十四日丙午　辰时，上御畅春园内澹宁居听政。部院各衙门官员面奏毕，教习唐古特文副喇麻达木巴色尔济、郎中舒图、员外郎铁图等因往打箭炉监督贸易，恭请训旨。上曰：“尔等至彼，须将奉差情由移文谛巴，其文辞须明示彼速遣大喇麻来监督贸易，倘若迟滞，将我等撤回，永远不得贸易矣。侍郎满丕督师彼处，与尔等事各不相同。尔到日即办尔事，其番人最贪，稍有便宜便喜。诸凡事例，俱尔三人主之。其税银不取之于彼，但就我国商人征之，不可专以税额为事。若一意取盈，商贾不至，与禁止何异？此项钱粮无多，尔等勿以此注念，须图好名。稍有优处，人即称颂。事有成绩，即系尔功。至彼处当谙熟地方情形，有应奏请事件即行具奏。朕听政年久，知之甚晰。伊处地潮湿，饮食切须戒慎。”

又谕达木巴色尔济：“尔可移文谛巴，其辞须云尔等务遵旨行事，不得有违。所行若善，不但尔等有益，即我喇嘛亦受福庇。倘若有违，不但无益，尔等即我喇嘛亦无好处。尔之所恃惟茶，无茶尔等何以度日？一应俱宜遵旨而行。”谕毕，达木巴色尔济奏曰：“路远，恳给驿马。”上曰：“善，尔等可驰驿去。”又奏曰：“臣徒丹达礼格隆请携同往，遇有差遣，令其效力。”上可其请。又奏曰：“臣职系副教习喇嘛，彼土人不知，若有扎萨克字样，彼方知尊崇。伏祈皇上敕赐扎萨克之名。”上顾郎中舒图、员外郎铁图曰：“喇嘛着赐以扎萨克名。”达木巴色尔济又奏曰：“倘谛巴不将厄尔德尼济农解至，则臣不令其人贸易。济隆库图克图与瑚呼诺尔等系我朝之人，令其照常贸易。”上曰：“俱着照常贸易，尔等不宜遽止之，至期可另行请旨。”达木巴色尔济等出。

大学士伊桑阿、马齐、张玉书、吴琠，学士范承烈、王九龄、曹鉴伦、希福纳、傅伸、来道、来都遵旨，偕步军统领凯音布进前，以兵部定议补授巡捕营千总例请旨。上顾凯音布曰：“营千总补授各门千总，朕因尔请，故有是谕。尔传谕兵部云系朕旨，千总细事何当朕旨？然各省千总年满入京候补，尔属千总较彼升迁倍速，此系何故？”凯音布奏曰：“臣甚庸劣，传谕兵部时遗漏请旨之语，臣有何辨处？”凯音布出，上顾大学士等曰：“凯音布憨蠢无知，虽反复谕之以理，彼亦不悟。这本发回，着改正具奏。”

伊桑阿等以折本请旨。九卿覆总督华显疏参粮道黄明、御史吴达禅因行盐事互相讦，奏议处。上曰：“这事往审大臣甚不明悉。总督华显所参三事，伊等惟审明一事，其二事大商正身反置不问，只将肩贩小商审明完结。九卿希图苟且结案，将黄明议留任，事之始末尚未尽知。观华显所奏三事便可知矣。黄明居官果优，旧年朕巡幸米峪口，彼地百姓亦曾叩阍。朕令侍卫询之，百姓哭诉曰本处道黄明无辜治罪。观此，若非百姓倾心诚服，断不能如是，益信黄明居官之优矣！尔等问明绥色、徐秉义，另议具奏。”

吏部题延安府民崔云瑞叩阍，请将知府吴存礼留任。上曰：“吴存礼着革职留任。”

理藩院题瑚呼诺尔贝勒那纳木渣尔厄尔德尼请更地游牧，议不准行。

上曰："贝勒所请亦是，彼处诚难居住，该部应议。贺兰山等处水草茂盛，准其游牧，竟不准行，亦属不合。但其疏请在西喇塔拉地方游牧等语，西喇塔拉系朕内地人民杂处，岂可令伊等居住？虽四十九旗蒙古，从未令在内地游牧者。伊等地方我朝人在彼立庄者有之，内地岂宜令其居住？该部若如此议，伊等如议游牧则已，否则彼亦难于再请。着发回该部另议具奏。"

给事中萨尔泰条奏，官马应令收税官员分养，官库应添设专员给以印信拟票请旨。上曰："萨尔泰未谙事故，给养官马之意，一则为军需计，再则以军卒人等当差得马乘骑。喂久马肥，钱粮亦获余剩。如令出差人员喂养，则在京诸王、大臣、官员现有数千，皆可论俸视殷实者令其喂养。似此便可养马二三万匹。彼收税官员亦独何辜？这所奏断不可行。官库添设专员及给印信尤为不可，满洲、蒙古、汉军共二十四旗，每旗若添章京、笔贴式，事更烦扰。其欲分养官马之意，特欲节省钱粮。今复新设官员，则又费至一二十万。这本着发回，明谕其故。"

伊桑阿等遵旨，将贵州布政使拟陪之人问九卿，九卿荐候补布政使张建绩等职名开列。上曰："郑昱诸臣云何？"伊桑阿奏曰："九卿皆言郑昱颇优。"上曰："郑昱居官虽优，而张建绩系候补之员，着令引见。"

是日起居注官徐元正、傅森。

二十五日丁未 早，上由西直门进神武门回宫。少顷，御太和殿，升转文武官员谢恩毕，回宫。

辰时，上御乾清宫，大学士伊桑阿、马齐，学士范承烈、希福纳、傅伸、来道、常寿、来都以折本请旨。吏部以江西巡抚马如龙员缺，将学士范承烈等职名开列。上曰："这员缺着问九卿，布政司内有居官优者，令其荐举。"

又以直隶学院谕德杨大鹤员缺，将侍读宋大业等职名开列。上顾起居注官法良问曰："伊等如何？"法良奏曰："此内胡作梅其人颇优。"上曰："胡作梅系何处人？"法良奏曰："胡作梅系湖广人。"上曰："其优处何如？"法良奏曰："此人谨厚，学问亦可。"上曰："新补讲官杨名时何如？"法良奏曰："人颇优，办事亦可。"上曰："此二人孰优？”法良奏曰：“此二人相等。”上曰：“刘琰、杨名时二人为会试房考甚有声名，刘琰已补江宁府知府，这差着杨名时去。”

巳时，上由神武门出西直门，驻跸畅春园。

是日，赐贵州提督李芳述御书“晓畅军情”四大字，并貂帽、袍褂、孔雀翎；福建提督梁鼐“阵识风云”四大字，并貂帽、貂褂、天马皮袍；湖广彝陵总兵官王世臣“锐气凌云”四大字，并貂帽、貂褂、银鼠袍、鞍马一匹；山东登州总兵官刘官统“没石饮羽”四大字，并貂帽、貂褂、银鼠袍、鞍马一匹；贵州安笼总兵官林孺、福建汀州总兵官阮钦为鞍马一匹。

是日起居注官法良、张廷枢。

二十六日戊申

二十七日己酉 辰时，上御畅春园内澹宁居听政。部院各衙门官员面奏毕，大学士伊桑阿、马齐、张玉书、吴琠、熊赐履，学士范承烈、王九龄、曹鉴伦、希福纳、傅伸、来道、来都以折本请旨。吏部题候补员外郎朱兰泰控诉冤抑，不候部臣定议，即向侍郎特默德狂词妄对，拟降二级调用。上曰：“自奉盛京部院各衙门官员庸劣旨后，该部应将此项人员或行解任，或行补用，奏请遵行。乃竟不奏请，有照常补用者，亦有停其补用者。朱兰泰系京城选用之员，何故置彼庸劣之内草率朦混？该部将朱兰泰拟降二级调用，侍郎特默德竟不议及，明系徇情曲庇。况朱兰泰既属狂妄，其罪不止于此。特默德品行不端，是以人人皆得而攻之。着交都察院严察具奏。”

又江西巡抚马如龙员缺，将内阁学士范承烈等职名开列具奏。上曰：“尔等曾问九卿否？”伊桑阿奏曰：“臣等已问九卿，九卿举荐布政使赵申乔。”上问曰：“再曾举荐何人？”伊桑阿奏曰：“再并无举荐。”上曰：“赵申乔居官甚优，杭州有满兵驻防，满洲虽三尺之童，无不知其优者，且操守廉洁。”马齐奏曰：“不惟财帛不取，虽饮食等类亦不轻受，似此之官，诚不多见。”上曰：“州县解至钱粮，赵申乔亲视秤兑，若有余资，竟还解饷之人。老于成龙、张鹏翮及赵申乔俱系清吏，不但今时无有，自古亦少有之官。若云似此做官甚易，我亦能之，必系诡谲之人，断不能践其所言。赵申乔自授浙江布政司以来，地方甚有裨益，朕甚爱之。”伊桑阿奏曰：“将彼补授江西巡抚，其布政使员缺另择良员。”上曰：“如此良吏岂易得乎？浙江巡抚张志栋居官亦优，江西地方偏小，欲将张志栋调补江西，赵申乔升授浙江，何如？”伊桑阿奏曰：“如此诚善。”上曰：“张志栋着调江西巡抚，赵申乔着补授浙江巡抚。”

兵部以步军越班误立官员之前，将步军副尉法兰泰拟罚俸一年，步军校伊思哈卜拟降一级、罚俸一年。上曰：“部院常有如此巧于议结者，步军副尉、步军校拿获逃盗加级者甚多，该部议处降级有以所加之级抵销者，有将加级竟不叙出而议降级，三年满后若无过犯，奏请还其原级者。今布军副尉、步军校若无加级，该部所议遂当。若有加级，何故不议抵销？着问明兵部具奏。”

两广总督石琳题广西浔州副将李顺员缺，请以广东南雄副将范时捷调补。上曰：“范时捷是旗下精奇尼哈番，抑是阿达哈哈番？”范承烈奏曰：“精奇尼哈番。”上问曰：“范时捷人材壮健，骑射俱优，若交部议，又至迟延。着照该督所请补授。”

是日，赐福建陆路提督梁鼐弓箭、撒袋。

上诣澹泊为德行宫问安。

是日起居注官法良、王思轼。

二十八日庚戌　早，上诣澹泊为德行宫问安。

辰时，上自畅春园巡幸易州涞水等处。过芦沟桥，采育里防守御常寿等、昌平州参将李默等于道傍跪接。乾清门侍卫马武传谕鸿胪寺乡沙拜等曰：“昌平州官员何又俱行调来？旧年已射之员着不必射，未射之人令照常射。”

是日，驻跸良乡县窦阁庄。赐护军校、护军等猪。直隶巡抚李光地、守道高必弘等，河工分司朝奇、理事同知亨特，良乡县知县杨嗣奇等、良乡县防守御巴锡等、拱极城游击吴启相等来朝。

二十九日辛亥　上自窦阁庄起行，中途暂停车驾，率皇太子、诸皇子及善射侍卫射。上发矢皆中的。又令巴锡等及吴启相等骑射。问游击戴良才曰：“尔系何处人？”戴良才奏曰：“臣系山东兖州府曲阜县人。”又问曰：“尔前居官何地？”戴良才奏曰：“前岁臣始授是职。”又问巡抚李光地曰："戴良才居官何如？"李光地奏曰："居官优，人亦勤厚。"

是日，上驻跸房山县下村。涿州参将周士朝等来朝。奏事主事存住传谕鸿胪寺卿沙拜曰："明日带往前行，嗣后无论已射未射官员仍试射。"

三十日壬子 上驻跸涞水县石亭村。

二 月

初一日癸丑 上起行，将近易州，率皇太子、诸皇子及善射侍卫射。上发矢，皆中的。又令参将周士超等骑射。

是日，上驻跸易州城内。

酉时，上御行宫，大学士马齐，学士傅伸、来都以折本请旨。刑部议覆山东巡抚王国昌审拟，候选州同王观成服毒身死，并非知县俞弘声用计致死，止将差役拟罪。科臣陈诜疏参，当封印之时，并非紧要情事，差役拘人，显有威逼致死情弊。部议仍发该抚另委属员审明定拟具奏。上问曰："这事如此可乎，尔等意见云何？"马齐奏曰："似亦可尔。"上曰："安见其可？"马齐奏曰："据陈诜参奏，当封印之时，并非紧要事情，知县差衙役拘拿王观成在饭铺看守，以致伏毒身死，显有威逼情弊。该抚全不明白审出，只将看守衙役拟罪。为此，部议仍发该抚另委属员审明具奏。"上曰："此事虽驳回令委官另审，巡抚不过仍照前审拟而来，此事安得明白？着差部院堂官一员带陈诜去审，渠意亦得允服。"

江南、江西总督阿山审覆监察御史傅作楫疏参布政使卢崇兴私派累民等事，察审全虚。上曰："定例参人全虚者降二级调用，一二事实者免议。着交该部议。"

是日，易州知州董学礼等、紫荆关参将张谷贞等来朝。传旨谕鸿胪寺卿沙拜等曰："问直隶巡抚李光地，董学礼居官何如？政事何如？"是日，沙拜等复奏："臣等将知州董学礼问李光地，据称董学礼居官未久，其操守未知何如，办事亦优。"奉旨："知道了。"

初二日甲寅 上起行，甫出易州西门，原任礼部侍郎降级田种玉跪送圣驾。上顾大学士马齐曰："原任侍郎田种玉昨接驾时，朕见其年已七十余岁，因其曾为大臣，着将原降之级复还。可传旨与吏部知道。"

是日，上驻跸易州所属之唐胡村。驻扎保定府城守尉他拜等、游击郭镇邦等、笔帖式禅图等来朝。

初三日乙卯 上出唐胡邨，驻立道左，率皇太子、诸皇子及善射侍卫射。上发矢，皆中的。又令直隶副使道赵弘燮、分司朝奇、同知亨特等射。上问巡抚李光地曰："理事同知亨特其人何如？"李光地奏曰："亨特为人忠厚勤谨，办事亦属优长。"

又令保定府游击郭镇邦、城守尉他拜等骑射。传谕镇国公、宗室蒲圻等曰："保定府防御布拉克骑射不堪，人甚庸劣，着革职。"又传谕卿沙拜等曰："保定营守备孙汝麟骑射俱优，着交兵部记名。"

是日，上驻跸满城县城内。知县李玉堂、原任道张瑞等，又先奉旨调来河间府副将高文熠、真定府副将姚尚伦等来朝。

初四日丙辰 上于高昌店村北停围，率皇太子、诸皇子及善射侍卫射。上发矢，皆中的。又令真定府副将姚尚伦、河间府副将高文熠射。

是日，上驻跸完县所属之高昌店。完县知县冯文相等、守备张德等来朝。传旨谕鸿胪寺卿沙拜等曰："完县知县冯文相等、守备张德等俱着问巡抚李光地。"是日，沙拜等复奏："臣等将冯文相等、张德等问李光地，据称冯文相办事优长。唐县知县柯菁为人谨厚，亦能办理县事。定州营守备张德骑射俱优，人材矫健。把总马国宝骑射坚劲，人材亦优。"奉旨："知道了。"

初五日丁巳 上驻跸曲阳县所属珍李村。是日，井陉道张毓碧等、真定府守备王永祯等来朝。传谕卿沙拜等曰："着将伊等问巡抚李光地。"是日，沙拜等复奏："臣等将张毓碧等问李光地，据称张毓碧勤于办事，人亦谨厚，历俸十有五年。知府黄志璋为人直，操守好，历俸二十年。同知蒋日广办事好，人亦可用，历俸四年。知县王谟办事优，人亦可用，历俸五年。守备王永祯居官好，骑射亦优，历俸一年。把总高贵骑射坚劲，人材亦好，历俸七个月。把总孙荣贞骑射坚劲，人材亦优，历俸四个月。把总孟得胜骑射、人材俱好。"奉旨："知道了。"

初六日戊午　上驻跸阜平县属王块镇村。知县史匡经来朝。

初七日己未　上驻跸阜平县属之李原堡村。是日，龙泉关游击杜呈泗等来朝。

初八日庚申　上出龙泉关，驻跸山西五台县属之射虎川台麓寺。奏事主事存住等传旨谕大学士马齐曰："朕前巡视西边时，闻叶九思居官优，简用大同知府。后因公事，部议革职具奏。朕令革职留任。如此多年，其居官仍优，看其人亦已年高，着复还原职。"

是日，山西巡抚噶礼、提督学政翰林院侍读汪灏、大同总兵官俞益谟、太原城守尉扯勒浑、布政使满都、按察使觉罗巴哈布、粮驿道高启桂等、参将刘信等来朝。

申时，上出行宫，率皇太子、诸皇子及内大臣、侍卫射。又令随行护军校、护军及来朝山西巡抚噶礼并文武各官射。

是日，山西百姓数千人跪伏于行宫前，请曰："圣主好生同于天地，罔间昼夜，为普天率土人民时切焦劳。此数年来，以山西省饥荒之故，将钱粮蠲免，又动支积贮仓粟，广行赈济，我等百姓始得更生。如此无量高厚之恩，我等全省人民毫末无以报效。我等欲竭蝼蚁微忱，每人出钱数文，为圣主于菩萨顶建万寿亭，诵万寿经，叩恳皇帝降旨允行。"首戴各种果品进献。巡抚噶礼询其情由转奏。上令伊都额真胡必图将所献果品各取少许，传谕曰："尔等所奏，知道了。菩萨顶建万寿亭着停止。尔等必欲诵经，准行。"

初九日辛酉　上阅视罗侯寺等庙。驻跸菩萨顶。

酉时，上御行宫，大学士马齐，学士傅伸、来都以折本请旨。吏部议覆四川巡抚贝和诺题，东川知府王永玺员缺，请选择补授。部议照山西、陕西知府等官缺出开列具题之例。上曰："顷总督、巡抚六人保举官员折子着取来，于此内选择补授。"

又浙江布政使赵申乔员缺，论俸将四川按察使李兴祖拟正，山东按察使王然拟陪。上曰："着将九卿保举郎廷极补授。"

户部题此番丈量地亩，较前数目增多，请敕该抚将旧时丈量州县各官查取职名参奏。上曰："前查牧场时止镶黄旗大臣官员查察明悉，其余七旗大臣官员俱坐于村庄，传乡人询问完结。若果复行查察前此州县官员，旗下大臣官员俱要连及。着免查察。”

是日，五台县知县方正堪来朝。

初十日壬戌 上驻跸菩萨顶。是日，上阅视中台、西台等庙毕，赏引路兵卒银两。

十一日癸亥 上驻跸菩萨顶，往阅清凉石、南台等庙。

十二日甲子 上驻跸菩萨顶。

辰时，上御行宫，大学士马齐，学士傅伸、来都以折本请旨。九卿议南河捐纳叠加道员人等，先以初捐之职试用，俟保举后再以叠捐之职补授。上曰：“前河道总督丁成龙请开捐纳事例，朕经有旨，以捐纳事甚紊乱，断不可行。九卿皆以河工关系紧要，若令捐纳，于事大有裨益，再三陈请，朕始允行。今九卿议叠捐至道人员，先以小职试用三年俸满。若在内，该部堂官保举；在外该总督、巡抚保举，方以叠加道员补用。若论捐纳事例，但令不行则可，既已允行，宣示于众，今复如此定议，是欺之也。果照此例，生计殷实之人复行营求贿嘱，又与另行一番捐纳同矣。生计贫穷之人，终身不得补用。如此可乎？尔等将此传问九卿。”

都察院议覆员外郎朱兰泰讼冤事，尚书席尔达拟降一级调用，侍郎特默德拟革职。上曰：“特默德所行全无体貌，伊起家最为微贱，其学问尚可，见事亦明，看其任学士时颇为称职，及授以侍郎，便尔乖张。”大学士马齐奏曰：“皇上睿照甚明，朱兰泰此事皇上设不加详察，其降级殊属冤抑。”上曰：“特默德行止实乱，以前所行诸事，中外诸人罔不怨恨。都察院察议此事甚明，特默德着革职，席尔达着降一级留任。”

是日，上阅视妙德庵，又阅视碧山寺。

驾出山西，蔚州广灵等县民数千人跪献万民衣，奏曰：“我等数州县百姓此数年来因饥馑之故，圣主恻然轸念，蠲免钱粮，又发积贮米谷赈济，我等得免饿死。仁慈圣主，浩荡洪恩。正切感念之时，伏闻皇帝圣躬不惮劳苦，巡视西陲，我等众民踊跃，欢忭会集，公制万民衣，仰报圣主仁恩于万一，跪恳奏请。”亲近一等侍卫海青询明情由启奏。上曰：“朕于各地方，此等物件概不收受，南方百姓与尔此地百姓感恩之意，朕悉知之矣！”

是日，扈从大臣、侍卫、部院衙门大臣、官员以至兵丁、执事人等，俱赐素珠、木碗、香、“清凉摄授”印绢。赐山西巡抚噶礼御书“能体纯素”四大字、诗二幅，总兵官俞益谟“坤岳虎符”四大字、诗一幅。布政司、按察司、学院、道府、知府、知州等俱各赐字一幅。又恩赐巡抚噶礼食，赐伊母银鼠褂、貂鼠袍，噶礼冠服各一袭。

十三日乙丑 上回銮，于中途阅视广宗寺等庙宇。驻跸射虎川台麓寺。奏事主事存住传谕领侍卫内大臣阿灵阿等曰："近此水泉俱恶，着少食。明后日过去，水泉俱佳。着通行晓谕。"

是日，赐厄鲁特察罕拉木扎木巴纳木噶巴尔及菩萨顶周回住居穷喇嘛白金。

十四日丙寅 上起行，阅视涌泉寺等庙宇。至长城岭下，山西巡抚噶礼率所属文武官员跪送。上赐噶礼貂帽、貂褂，总兵官俞益谟钉孔雀翎貂帽、貂褂，临汾县知县赵凤诏白金。

是日，上驻跸圣水寺。

十五日丁卯 上起行，从万寿寺阅视，至阜平县所属王块镇村东河涯驻跸。趣召山西平阳知府秦棠，以御书“清素”二大字赐之。又随行留住王块镇大臣、侍卫及兵丁、执事人等，俱赐木碗、素珠等物。内大臣、侍卫、大学士俱赐雉。又兵卒杀狍、香獐来献，俱赏给银两。

十六日戊辰 上驻跸行唐县城内。奏事主事存住传旨谕领侍卫内大臣、护军统领夸阑大等曰：“前来时乃旗民杂处之地，人俱习熟买卖。自此以往，俱系民地，跟随人等，凡买一切物件，俱要从公市易，恐将民间物件妄行抢夺。倘有抢夺妄行，事发之日，朕断不宽宥。将此交与管辖各官，书写告示，严加申饬，遍行晓谕。学士来都率一二章京尾其后，严行查察。如遇抢夺人等，即行参奏。如隐匿不行参奏，将伊等一并从重治罪。”

是日，行唐县知县祖允焕来朝，献马二匹、海青、一大萝卜、鱼等物。奏事主事存住传谕："尔系地方官，尔献之马不收。所进海青、萝卜等物着收了。"

又行唐县百姓闻知圣驾远临，不胜欢忭，跪献萝卜、葡萄、枣、小猪、鹅、鸭、鸡等物。奏事主事存住等转奏奉旨："朕需用诸物备自京师，于地方一无所取。因尔等诚心，进献葡萄、萝卜各取少许。"谕毕，取萝卜一枚、葡萄数枚。

是日，赐随行护军校、护军猪。又巡抚、总兵官以下至知州、都司俱赐雉、兔。

十七日己巳　上起行，向真定府。沿途，真定府百姓数千人执香跪迎。是日，上驻跸真定府城内之隆兴寺。奏事存住等传旨谕大学士马齐、侍郎法良曰："此城十余里外有原任大学士梁清标墓。朕凡巡行经过地方，已故大臣俱遣大臣奠酒。尔等可将酒去奠。"

是日，赐随行侍卫猪。真定知县于振宗等、守备侯来义等来朝。

十八日庚午　早，大学士马齐、侍郎法良于行宫前转奏："昨日臣等遵旨往原任大学士梁清标墓奠酒，今伊孙梁桓等奏请谢恩。"奉旨："知道了，准其谢恩。"

是日，上起行向无极县，无极县民数千人执香跪迎。是日，上驻跸无极县城内。

酉时，上御行宫，大学士马齐、学士傅伸以折本请旨。吏部以吏部侍郎特默德员缺，将侍郎庸爱等职名开列具奏。上问曰："户部侍郎温达何如？"马齐奏曰："好。"上又问曰："温达品行何如？"马齐奏曰："品行亦好。"上曰："较之特默德何如？"马齐奏曰："较之特默德为优。"上曰："温达其人可，历年亦久，着补授。"

又原任道武廷适陕西民郭永奇等叩阍，请留任，部议不准。上曰："武廷适着革职留任。"

又东川府知府员缺，请选择补授。上曰："彭鹏举荐之白静修着调补东川府知府。"

兵部题以苗子擅杀土司，将都司胡安国拟革职提问。上曰："依议。部议将擅杀民人土司之人送来，其事便完。若不送来，巡抚、提督俱奏之时再议，如此其事必至日久耽延。今着将擅杀民人土司之人送来时即行完结，若不送来，该巡抚、提督即行发兵剿除。"

刑部题李开之打死大功服兄，拟斩立决。伊母卞氏恳存留养亲，一并请旨。上曰："据尔衙门两拟票签，一票立决，一票养亲，若遽从宽免，稍觉未合。着改秋后，俟科审时再为定夺。"

九卿议民人告盐商一事，将侍郎绥色等议罪。上曰："此事议得不公，山西、陕西两省物议沸腾，人情甚不允服。着行文陕西总督华显、巡抚鄂海，山西巡抚噶礼，将绥色、徐秉义所审之事公与不公、有无情弊会同明白详察具奏。倘若隐匿，不从实察出，伊等一并从重治罪。如此，日后审事大臣、官员亦知惩创。将此旨写拟来看，交与巡抚李光地转行。"

又顾大学士马齐问曰："传问九卿之事尚未到乎？"马齐奏曰："未到。"上曰："由今观之，九卿大臣所议之事，若那一边强盛，即顺着那一边议。如捐纳一事，即已允行，复要试而后用，此便失信于人。若辈或即准用，或将原银发还，如此方为允协。"又顾起居注官法良、揆叙曰："孔子云：'民无信不立'。朕为天下统一之主，若失信可乎？"法良、揆叙奏曰："皇上谕极是。"

是日，无极县知县张安世来朝。

十九日辛未　上起行向祁州，将近，停围，率皇太子、诸皇子及善射侍卫射。又令直隶武官骑射毕。中途数千人，男女老幼执香跪迎圣驾，瞻仰天颜。上遣侍卫传温旨慰谕，万姓踊跃欢腾，莫不交相谓曰："我圣主念民生疾苦，不惮勤劳，远巡边塞，我等始得瞻望天颜。自古以来，此等奇遇真属罕有。"

是日，上驻跸祁州城内。赐大臣、侍卫鸡、鸭等物，护军校、护军俱赏兔。署祁州知州事、博野县知县杜开铨，千总李才等来朝。

二十日壬申　上起行，于博野县城北道旁停围，亲率皇太子扶犁耕田，行走良久。上又率皇太子、诸皇子射。

是日，上驻跸蠡县所属之新兴村。

酉时，上御行宫，大学士马齐、学士傅伸以折本请旨。吏部以西宁道绥德州知州员缺遵例具奏。上曰："张信着革职留任，临潼县知县赵于京着补授绥德州知州。"

又奉旨补授东川知府白静修为巡抚萧永藻题参员缺，复行请补。上曰："白静修原系彭鹏保举之人，故着转补东川府知府。昨送到本内，白静修为巡抚萧永藻纠参，白静修以彭鹏保举之故蔑视萧永藻。其意以彭鹏将我保举，萧永藻其如我何，有何足惧？现在管辖之官如此置念可乎？朕昨已批发拿问。此东川知府缺，着将候缺萧兴功补授。”

又汇题告病解任官员职名。上曰：“依议。汉官患病既痊，仍以原任部院衙门补用。今满洲官员或以部院之缺不佳，欲另换好衙门补用，以此解退者有之。或视其堂官，将以庸劣参处具呈解退者亦有之。如此等人岂可听其任意私行？前此具呈解退之人及现今具呈解退之人，俱着照汉官例。是何部院官员，仍以原部院衙门缺候补。”

户部题巡视茶马员外郎车尔贝以茶筋所易之马，请差司官领解。上曰：“荆州满兵出征打箭炉甚为劳苦，此马着差部院贤能司官解送荆州，赏给兵丁。”

兵部题简亲王护卫应否去留请旨。上曰：“这因多解退护卫官员内，若有世职及管佐领者，着随旗行走。如无世职者，俱额外留任。亲军校及亲军亦着额外存留，俱随王行走。”

刑部题御史卓琳身居言职，藏匿情罪重大人犯，诡词陈奏，拟绞监候，秋后处决。上曰：“卓琳已经承认，岂能欺朕？伊既有钱粮责任，着从宽于任事处效力。成则已，否则从重治罪。大学士将伊呈词收受亦不合，此等呈词何故收受？”

又箭匠倭新拟枷号二十五日、鞭八十。上曰：“倭新原为侍卫，倭新之父任部员时曾监督税课，家计颇饶。倭新狂劣，胡乱妄行，尽将家计花费，目今甚是贫穷不堪。以其乱行，将侍卫革退，今仍不悛行恶。倭新着枷号三个月、鞭一百，交与伊族之人，以铁索系禁是处，不许行走。”

又孙小龙用枪柄戳死大功服兄，拟即正法。上曰：“孙小龙坐以故杀未为允协，着令九卿议奏。”

是日，河间府守备李文盛等、千总桑格等、把总杨德等来朝。

二十一日癸酉　上自新兴起行，沿途百姓数千人聚集瞻仰天颜，手各执香跪迎。是日，上于安州所属冯村登舟，至新安县所属段村泊舟。

二十二日甲戌　御舟泊于任丘县属圈头村。是日，扈从大臣、侍卫、部院衙门大臣、官员、护军校、护军、执事人等，又直隶巡抚李光地以下文武官员，俱赐雁、野鸭等物。

二十三日乙亥 御舟泊于新安县属郭里口。是日，扈从大臣、侍卫、部院衙门大臣、官员、护军校、护军、执事人等，又直隶巡抚李光地以下文武官员，俱赐雁、野鸭等物。

二十四日丙子 御舟泊任丘县药王行宫对岸。是日，赏水手银两。

二十五日丁丑 上往阅子牙河。是日，御舟泊大城县属苏家桥。霸州防守尉二吉图等、游击陈天定等来朝。

二十六日戊寅 御舟仍泊苏家桥。是日，扈从大臣、侍卫、部院大臣、官员、护军校、护军、执事人等，又巡抚李光地以下文武官，俱赐野鸭、鱼、雁等物。上又御书唐太宗所作《劝农诏》一幅赐巡抚李光地。

二十七日己卯 早，上自舟登陆，往阅郭家坞村新修堤岸。驻跸永清县属北阁驿。

酉时，上御行宫，大学士马齐，学士傅伸、来都以折本请旨。吏部题福建按察使郎廷极员缺，将副使王之麟拟正，滕天绶拟陪。上曰："闽地甚属紧要。着将贵州按察司范时崇调补。这员缺交与九卿保举。"

又拖沙喇哈番黄子赖妻控告所遗之职恳给养子常永承袭，部议不准。上曰："着照伊母所请承袭。"

翰林院题经筵讲官、吏部侍郎特默德员缺，以尚书凯音布等职名开列。上曰："回京之日，试其声音，选择具奏。"

兵部题盛京驿站官王人举等请借帑银，议准行。上曰："前此因其所借银两亏欠未完，俱经治罪。今若复行借给，彼旧逋虽清，后借之银复致亏欠。该部不晓此故，被王人举等所欺。着查户、刑二部旧案具奏。"

刑部题侍郎绶色等所审商人柴绍周、民人侯安边俱拟绞。上曰："这案内将猗氏县知县陶自悦拟革职，陶自悦朕所深知，学问甚优，居官廉洁。"顾起居注官揆叙问曰："陶自悦学问优长，尔知之否？"揆叙奏曰："圣鉴甚是。陶自悦学问果优，所做文章在外极多。"上曰："此系江南名士，其居官山西全省推为第一，何以如此审问？这所审公否着问九卿具奏。"

川陕总督华显题甘肃所属四府州县官请选择补授。上曰：“总督华显所奏甚当，着交该部确议具奏。”

是日，通州副将金弘振、采育防守尉常寿等、旧州营都司吴道辅等来朝。上谕鸿胪寺卿沙拜曰：“此内有三十九年、四十年朕亲阅过骑射之人否？”沙拜奏曰：“守备袁瑜、笔帖式寿保等七人骑射俱未经圣览。”奉旨：“此七人着随行。”

二十八日庚辰 上至南苑南红门，率皇太子、诸皇子及善射侍卫射。又命迎驾崇明总兵宁卫国及袁瑜等射。谕乾清门侍卫马武曰：“固安城守尉之笔帖式寿保射艺精强，人亦颇优，其家业着迁至京城，遇紧要部院衙门试用。”

是日，上驻跸南苑西红门。简亲王雅布迎驾至，赐马一匹。直隶道赵弘燮、高必弘、刘德芳、郎廷栋、保定府知府祖允熹俱赐御书一幅。

二十九日辛巳 上自南苑诣澹泊为德问安。驻跸畅春园。

是行也，部院各衙门奏章每日交送内阁，由内阁三日一次递送行宫办理。

扈从起居注官法良、揆叙、阿金、傅森。

三　月

初一日壬午 早，上由西直门进神武门回宫。

辰时，上御乾清门听政。部院各衙门官员面奏毕，大学士伊桑阿、马齐、张玉书、吴琠、熊赐履，学士王九龄、希福纳、傅伸、来道以折本请旨。吏部等衙门覆给事中马士芳等参捐纳候补道缺杨国玺，于九卿会议之处高声争辩，呼总河张鹏翮之名，讦发其恶。议将杨国玺于补用之日降三级，今彼现有加三级准其抵销。上曰：“杨国玺果于众前愤怒狂言，其罪不止于此。彼若理正，议降三级则属不合。这本着发回另议。”

户部等衙门题提塘雇工人朱文璧私雕假印，拟秋后正法。郎中库库讷降一级调用。笔帖式王锦革职。上曰：“近见雕假印、销毁档案者甚多，此不可不加惩治。朕记在前雕假印者有即行正法之例，尔等查明旧案具奏。”

兵部请旨原任副将官斌遵旨还其旧职，今或仍以都司佥书令管理副将事，或革职，令管理副将事。上曰：“官斌着仍以都司佥书管理副将事。今通州副将员缺，可即将官斌补授。”

申时，上由神武门出西直门，驻跸畅春园。

是日起居注官揆叙、宋大业。

初二日癸未　上诣澹泊为德行宫问安。

初三日甲申

初四日乙酉

初五日丙戌　上诣澹泊为德行宫问安。

初六日丁亥　早，上由西直门进神武门，回宫。

辰时，上御文华殿行经筵大典。侍郎罗察、大学士熊赐履讲《四书》：樊迟问仁，子曰爱人。问知，子曰知人一节；侍郎舒辂、尚书韩菼讲《易经》：君子居则观其象而玩其辞，动则观其变而玩其占，是以自天佑之吉无不利一节，毕，宴诸臣于太和门前。

巳时，上御乾清宫，大学士伊桑阿、马齐、张玉书、吴琠、熊赐履，学士王九龄、希福纳、傅伸、来道以折本请旨。吏部以学士苏赫纳员缺，将光禄寺卿郎奇等职名开列。上曰：“这员缺查倭深郎中及保举官具奏。”

又以学士范承烈员缺，将侍读学士刘光美等职名开列。上曰：“着刘光美补授。”

又题补授贵州按察使员缺，九卿遵旨保举原任按察使李基和、赵世显。上曰：“赵世显现在河工，李基和人颇优。”随顾汉大学士等问曰：“李基和非进士乎？”张玉书奏曰：“是。”上曰：“李基和着补授贵州按察使。”

理藩院以会审四十九旗及喀伦内居住喀尔喀等地方事件，将领侍卫内大臣齐克塔哈等职名开列请旨。上曰：“四十八旗蒙古俱属训慎，惟喀尔喀之扎萨克稍有不协。尔等另行明白具奏。”

都察院题原任吏部郎中赦图浑不遵定例，顺从侍郎特默德，将员外郎朱兰泰为劣员，赦图浑已升分司，追拟革职。上曰：“赦图浑着降五级留任。”

直隶巡抚李光地请以文安县知县杨朝麟补授漳河同知。上曰：“李光地所题诚是，杨朝麟居官果优，其日后之变易与否虽未可知，然现任县令内如此者亦少。着照所请补授。文安地方紧要，着仍兼理知县事。”

陕西西宁总兵官张岳遗疏。上曰：“张岳劳绩甚多，人亦颇优，且不惮势要，骑射亦嘉。着批以优旨，其子应作何叙用着议奏。”

复顾大学士伊桑阿等曰：“今岁似有旱意，去冬少雪，至今春雨未降，不可不豫为之备。各省仓廪所贮米谷虽查报全足，未知虚实。着行文山东、河南、陕西、山西、江北等处该督抚，查今年何处得雨，何处无雨，并察核各仓所贮米谷。必积贮丰盈，始可无虞也。”复顾张玉书等曰：“去岁盛京乌喇稔收，谷一升仅值钱数文。闻彼处人民又以谷贱为嫌。直隶亦有收成，而米价不甚减。况今年少雨，不可不预为之备。”伊桑阿等奏曰：“积贮关系紧要，诚如圣谕。”

伊桑阿等又奏曰：“臣等将绥色所审商人柴绍周事果否曲直传问九卿，据云，黄明之事先已行文，令总督华显、巡抚噶礼查察，请仍命巡抚噶礼鞫问。”上曰：“可。”

伊桑阿等又奏曰：“拟补经筵讲官人员遵旨已试其讲读，有学士来道、侍郎来都俱可。”上曰：“来道满语带汉音，此一缺着来都补授。”

午时，上由神武门出西直门，驻跸畅春园。

是日起居注官揆叙、傅森、查昇。

初七日戊子

初八日己丑

初九日庚寅 上诣澹泊为德行宫问安。

初十日辛卯 辰时，上御畅春园内澹宁居听政。部院各衙门官员面奏毕，大学士伊桑阿、马齐、张玉书、吴琠、熊赐履，学士王九龄、曹鉴伦、希福纳、傅伸、来道、刘光美偕吏部诸臣，遵旨以内院学士苏赫纳员缺，将御史鄂罗等引见。上曰 :“着以纪尔塔浑补授。”吏部诸臣出。

伊桑阿等以折本请旨。宗人府请派大臣考试成丁宗室。上曰：“人数无多，朕将亲阅。”

兵部题恭亲王包衣参领桑格病故员缺，拟令一等护卫巴拉兼管。上曰："巴拉系朕包下分赐与王之人，虽尚能射，其人轻浮，岂可令兼参领？着问王具奏。"

直隶巡抚李光地题真定府副将姚尚伦员缺，请以紫荆关参将张谷贞补授。上曰："张谷贞人材矫健，着照巡抚所请补授。"

伊桑阿等奏曰："臣等遵旨将刻假印之人查察档案，皇上所记甚明。前此二事俱立正法。"上曰："着问九卿具奏。"

是日起居注官揆叙、陈论。

十一日壬辰

十二日癸巳　上诣澹泊为德行宫问安。

十三日甲午

十四日乙未

十五日丙申　上诣澹泊为德行宫问安。

十六日丁酉

十七日戊戌

十八日己亥　上诣澹泊为德行宫问安。

十九日庚子

二十日辛丑　辰时，上御畅春园内澹宁居听政。部院各衙门官员面奏毕，大学士伊桑阿、马齐、张玉书、吴琠、熊赐履，学士王九龄、曹鉴伦、傅伸、来道、希福纳、纪尔塔浑、刘光美以折本请旨。吏部以理藩院侍郎满丕员缺，将内阁学士希福纳等职名开列。上曰："办理蒙古事务，应以蒙古补授。音扎纳其人何如？"伊桑阿等奏曰："其人颇优。"又问曰："司官内尔等有知者否？"伊桑阿等奏曰："蒙古司官臣等皆不深知。"上曰："今之蒙古司官朕无深知之人，观蒙古侍郎内亦竟无办事明白可用者。尔等于蒙古旗分、副都统、参领内拣选具奏。"

又覆总督华显题巩昌等四府所属州县官员缺，请选择补授，议准行。上曰："本宜以现今保举州县官补授。但地方甚苦，而且紧要，须令殷实者授之方始有益。所荐官员俱系贫士，此等地方岂可任用？每见满洲督抚所居之地，俱欲任用汉军；汉督抚所属之地，具欲任用汉人。"伊桑阿等奏曰："皇上所见最是，渠等俱各图自己办事容易。"上曰："候补人员内想有情愿效用者，尔等传示，不拘汉人、汉军。除现在应掣签得选人员外，其候补不得即用者，有家计殷实、情愿赴此寒苦紧要地方效力之人，着具呈吏部。具题之日，或令考试、或令引见补用，再行定议。"

又覆直隶巡抚李光地题，漳河同知请以知县高茂宣补授，议不准行。上曰："高茂宣着补授同知。"

复顾大学士等曰："旧岁丰收，今岁虽稍旱，亦似无害。然为人君者不随时为计可乎？前者朕因旱潦灾荒，曾令条奏事宜，系各人具疏陈奏，所以辞多粉饰，于国家紧要之事莫有言及。今着九卿、詹事、掌印不掌印科、道，将有益时政事宜会议具奏。其人既众，则事之是非亦易见矣。"

都察院以御史内升外转，将御史艾芳曾等职名开列。上曰："御史官员俱系朕简用之人，这次外转着停止，其内升着拟出具奏。"

是日起居注官张廷瓒、傅森。

二十一日壬寅 上诣澹泊为德行宫问安。

二十二日癸卯

二十三日甲辰

二十四日乙巳

二十五日丙午 上诣澹泊为德行宫问安。

二十六日丁未

二十七日戊申

二十八日己酉 巳时，上由西直门进神武门，回宫。

上以孟夏祭祀太庙，以是日始，斋戒三日。

是日起居注官陈元龙、傅森。

二十九日庚戌 辰时，上御乾清门听政。部院各衙门官员面奏毕，盛京理事官巴渣尔赴任恭请训旨。上曰："盛京刑部事务敝坏已极，尔须勉力整理。"

甘肃按察使鄂奇赴任恭请训旨。上曰："尔到任须勉力勤劳，不可徒事营求。为官果优，朕自知之。"鄂奇奏曰："谨志圣训，竭力供职。"鄂奇等出。

大学士伊桑阿、马齐、张玉书、吴琠、熊赐履，学士王九龄、曹鉴伦、傅伸、来道、希福纳、刘光美、纪尔塔浑以折本请旨。吏部题盛京礼部理事官铁图员缺，以保举御史鄂罗拟补。上曰："鄂罗年少，可察俸深郎中具奏。"

又通政司右参议程文彝员缺，拟以王启元补授。上曰："王启元曾为学士，其人亦优。自任巡抚后，居官无状，且亦年迈，着以参议品级休致。"

又以按察使赵世显或令留河工候补，或令来京候补请旨。上曰："行文张鹏翮问赵世显为人何如具奏。"

都察院遵旨保举御史朱廷鋐等内升。上曰："龚翔麟为人何堪荐举，彼堂官乃屡行保奏耶？"顾汉大学士等问曰："龚翔麟何如？"熊赐履奏曰："近日未闻龚翔麟不善之处。"上曰："观吕琨从前条奏之事亦属未当。"伊桑阿、马齐奏曰："皇上所见甚是。"上曰："观李先复屡次条陈俱公直无私，着内升。其外转停止这一次。"

伊桑阿等奏曰："臣等遵旨补授理藩院侍郎，将蒙古旗分、副都统、参领等传来看视，并无认识者。此内请旨简用一人。"上曰："侍读学士伊道似属可用。"伊桑阿奏曰："皇上所见诚是，伊道历俸已深。"上曰："伊道虽不可信任，但办事明晰，差遣处亦多，着补授。其太仆寺卿拉锡人本庸劣，且狂妄而好大言，甚无品行，非部院衙门宜用之人。"

伊桑阿等又奏曰："臣等遵旨，以讨猺人事问九卿，据云：渠等若服罪归降，将杀人贼首拿解前来，即准其归顺，否则三路师旅齐进灭之。"上曰："广东猺人盘踞深山，恃其险峻，素未归化。今忽突出，抢夺村民，杀害地方官兵，所行狂悖，因遣京师大臣调集三省师旅。今俱已宜抵其穴。观郎中尤冷格所进图样，云猺人为数不多，栖身之地亦不宽广。但山险路狭，日间纵不敢出战，夜间系彼熟径，来犯我军亦未可知等语。今若遣人招抚，渠虽来降，然究系从未归化之人。一行班师，断不能守分，久遵法令，必致愚昧妄行。猺人所居之地接壤广西、广东、湖广三省，钱粮易于运至。今三省师旅俱近临彼处驻扎，若易于剿抚，着宋柱等公议即行。倘有难处，则于猺人居处四周出入紧要路径立营围之。拘守日久，止稍费钱粮，不劳兵力，彼自穷迫矣。着作速移交宋柱等，令遵谕而行。伊等若有他见亦作速具奏。”

上又曰：“连年稔收，今春无雨，虽知百姓未至艰食，然朕心甚属未安。今已获雨，朕始释然！”伊桑阿等又奏曰：“臣等遵旨问九卿，据云，目今所行政事，并无应行更改者。三月间雨水稀少，亦系常事，不为过迟，想早晚亦必有雨矣。皇上方有是谕，雨即随至，真可云天心相应也！”

上复顾大学士吴琠问曰：“沁州知州张兆麟居官何如？”吴琠奏曰：“居官尚优。”上又问曰：“平阳府知府秦棠居官何如？”吴琠奏曰：“臣家离平阳府五百里，所闻未详，但人常言彼优。”上曰：“秦棠居官甚优，山西第一清吏。其猗氏县知县陶自悦居官优，学问亦长。”

是日起居注官揆叙、徐元正。

三十日辛亥 早，上于中和殿视祭太庙祝版毕，回宫。

辰时，上御乾清门，听部院各衙门官员面奏政事。

是日起居注官张廷枢、傅森。

四月

初一日壬子 巳时，上由神武门出西直门，驻跸畅春园。

是日，上诣澹泊为德行宫问安。

是日起居注官王思轼、阿金。

初二日癸丑

初三日甲寅

初四日乙卯 上诣澹泊为德行宫问安。

初五日丙辰

初六日丁巳 辰时，上御畅春园内澹宁居听政。部院各衙门官员面奏毕，学士常寿查盛京等地方壮丁回，入奏。上问：“盛京等处曾得雨否？”常寿奏曰：“各处皆雨。”上曰：“山海关以内雨否？”常寿奏曰：“亦皆雨矣。禾苗亦皆茂盛。”常寿出。

大学士伊桑阿、马齐、张玉书、吴琠、熊赐履，学士王九龄、曹鉴伦、希福纳、傅伸、来道、纪尔塔浑、刘光美以折本请旨。吏部以兵部侍郎张集员缺，将学士王九龄等职名开列。上曰："胡会恩着调左侍郎。这开列内并无曾经独任一事练达之人，大理寺少卿屠粹忠系世祖皇帝时进士，俸深年老，着授兵部右侍郎。"

又覆布政司任风厚年老乞休，议准行。上曰："着问九卿，将渠所荐之人开列具奏。"

刑部等衙门覆山东巡抚王国昌题，百姓潘必巩听母徐氏之言，杀死亲兄潘必邓，应否减等，议不准行。上曰："潘必邓不养其母，又数行毁骂，致母徐氏发怒，以刀授潘必巩，令杀其兄。是潘必巩以母言而杀兄，情有可原，可着从宽免死，减等发落。"

是日，赐广东总兵官金弘镇鞍马一匹。

是日起居注官法良、宋大业。

初七日戊午 上诣澹泊为德行宫问安。

初八日己未

初九日庚申

初十日辛酉 上诣澹泊为德行宫问安。

十一日壬戌 辰时，上御畅春园内澹宁居听政。各衙门官员面奏毕，大学士伊桑阿、马齐、张玉书、吴琠、熊赐履，学士王九龄、曹鉴伦、傅伸、来道、常寿、刘光美以折本请旨。吏部题补授内阁侍读学士伊道员缺。上曰："着于蒙古郎中内选择引见。"

又覆巡抚鄂海以清涧县知县温为调补临潼县知县。上曰："温为着照该抚所请调补。"

又汇题内医生方兴有疾，议革退。上曰："方兴行止甚属无耻，着革职。这本发回该部，将方兴一段删去具奏。"

刑部以步军校六什、来格等分取卓林家人盗出银两议罪。上曰："六什、来格俱从宽免死，减等发黑龙江。"

又将打死陈大胜之陈朝引留养亲例具奏。上曰："有罪之人存留养亲，必其亲原无罪犯，情有可矜，方奏请留养。陈第盛与其子陈朝同殴陈大胜致死，陈第盛亦系有罪之人。将陈朝引养亲例，殊属不合。着另议具奏。”

又田四私铸钱，拟正法。上曰：“小钱俱系外省私铸，粮艘载入京师兑换银两。着交总督桑格严察。”

伊桑阿等遵旨将任风厚问九卿具奏。上曰：“任风厚着以原品休致，这员缺将按察司李基和补授。”

是日，上诣澹泊为德行宫问安。

是日起居注官阿金、查昇。

十二日癸亥

十三日甲子

十四日乙丑　上诣澹泊为德行宫问安。

十五日丙寅　辰时，上御畅春园内澹宁居听政。部院各衙门官员面奏毕，大学士伊桑阿、马齐、张玉书、吴琠、熊赐履，学士王九龄、曹鉴伦、希福纳、傅伸、来道、纪尔塔浑、刘光美以折本请旨。吏部以大理寺少卿屠粹忠员缺，以顺天府丞崔澄补授。上曰：“此缺着另拟。崔澄曾为大臣，今已年迈，着以原品休致。顷通政司参议员缺，以原任巡抚倭伦拟补。倭伦任巡抚时，听其奏，务期不忝厥职，又居官甚属不堪。着照所降品级随旗行走。拟陪刘住着补授。”

礼部覆浙江巡抚张志栋题，明季绍兴府知府汤绍恩建闸修堤，迄今民庐田赋甚有裨益，请给封典祭祀，议准行。上曰：“着行文问巡抚赵申乔。”

御史朱廷鋐条奏，举人请分班补用。上曰：“举人有会试一途，无甚壅滞。观朱廷鋐所奏，特欲不用捐纳人员，果欲如是，开事例时彼何不奏，至今始言？朕初亦欲用正途人员，曾屡有谕旨。九卿屡请，始开是例。今之大学士熊赐履彼时为吏部尚书，曾未言及。今已令其捐纳，若不用则为失信。着问九卿，伊等倘有疏通正途良策，着详议具奏。”

伊桑阿等以内阁侍读学士伊道员缺，将兵部郎中阿玉玺等职名绿头签呈览。上曰：“喇都浑办事虽不甚优，尚能自勉。二郎保亦可。这员缺将喇都浑补授。阿尔毕忒虎其人甚无品行，尔等为何开列？前巴图赖亦甚无品行，此二人相同。原任侍郎尹泰虽较彼少优，然事母及叔俱属不孝，又不睦于其族，且系一酒徒，正白旗人所共闻。在人属下，令其翻译书籍则可，不堪大用。一言及彼，朕亦耻之。”

伊桑阿等又奏曰：“臣等遵旨将宁远县盗案问九卿，据云，臣等班列之内绝无与彼处相近居住之人，此事不甚详知。观疏内盗犯俱应正法，或有宽恩，总出自上。”上曰：“这案人命关系甚多，如此等事，先曾有令他省巡抚鞫审之例。与其京师差遣大臣，其宁远县与河南相去不远，着巡抚徐潮驰驿，作速赴彼详审具奏。”

是日起居注官揆叙、陈伦。

十六日丁卯

十七日戊辰 上诣澹泊为德行宫问安。

十八日己巳

十九日庚午

二十日辛未 上诣澹泊为德行宫问安。

二十一日壬申

二十二日癸酉 辰时，上御畅春园内澹宁居听政。部院各衙门官员面奏毕，大学士伊桑阿、马齐、张玉书、吴琠、熊赐履，学士王九龄、曹鉴伦、希福纳、傅伸、来道、常寿、铁图、刘光美、纪尔塔浑以折本请旨。兵部题官库银两于定额外多行借给之都统曹秉桓拟罚俸一年。上曰：“此中可有他故否？”马齐奏曰：“汉军官库银两原不报部，其后议定，亦照满洲官库之例限定额数借给银两，逐年报部。今曹秉桓于定额外多行借给，故拟其罪。”上曰：“此事着交与户部查，果有他故，则前任都统亦应议处。若无他故，再照议完结。”

刑部题续获盗犯刘二等拟斩监候。上曰：“此案盗犯先经拿获者，俱已减等发落。刘二等亦着减等发落。”

御史张瑗条奏本朝会典应刊刻颁行。上曰：“着九卿议奏。若无更改款项，准刊刻颁行。”

伊桑阿奏曰：“臣等遵旨以原任道佟耀年应否补用问九卿，据云捐纳事例原非出于圣意，臣等共议请旨允行，佟耀年仍应补用。”上曰：“着照九卿议补用。”

又奏：“臣等遵旨以御史朱廷铉条奏举人铨选一事问九卿，据云此疏无益，定例似此纷更，颇觉烦扰。”上曰：“此本着发还。”

随以总河张鹏翮遵旨查奏赵世显人品如何折子呈览。上曰：“若谓赵世显操守可比赵申乔，朕未能信。至论人优政勤能及于成龙、赵世显者亦少，果洵堪任事之人。着仍留河工。”

又湖广总督郭琇、山西巡抚噶礼、浙江巡抚赵申乔以本省得雨折子呈览。上曰：“前日京师得雨最为及时，且更沾足，允为好雨。顷江南人来问之，据云江南、山东雨皆调和，大麦已获半矣。”伊桑阿奏曰：“南方雨水调和，谷麦定嘉。”

是日起居注官张廷瓒、满保。

二十三日甲戌 上诣澹泊为德行宫问安。

二十四日乙亥

二十五日丙子 辰时，上御畅春园内澹宁居听政。部院各衙门官员面奏毕，内大臣公坡尔盆、领侍卫内大臣伯心裕、尚书哈雅尔图等以会鞫喀尔喀成四十九旗事恭请训旨。上曰：“会鞫之事俱系成案，于尔等别无训词。”坡尔盆等奏曰：“臣等至彼，蒙古王所给物件意欲不受。”上曰：“蒙古等较前殊觉丰裕，尔等酌量受之。牛羊皆糇粮也，受之何害？但不可以进献为辞索取马匹。若索取之，蒙古等即生妄议。至于盗贼之事，今亦无矣。总之，尔等留心访察可耳。”坡尔盆等出。

大学士伊桑阿、马齐、张玉书、吴琠、熊赐履，学士王九龄、曹鉴伦、希福纳、傅伸、来道、刘光美、纪尔塔浑、铁图以折本请旨。吏部以礼部侍郎李录予员缺，将额外侍郎、国子监祭酒孙岳颁等职名开列。上曰：“这开列之人俱属庸常，这员缺等会同汉大学士选择具奏。”

又奏覆川陕总督华显题，平凉等四府州县官缺出，请拣选补用。议将选用人员俟三年后政事著有成绩，该督抚具题之日以应升之缺即用。上曰：“三年满即升，所议稍过。伊等俱系候补、不得即用之人，亦系伊等情愿效力，所以用之。若三年满照边缺即升，殊属太过。倘系现任州县调补，如此议之尚属近理。该部此议分明为伊等蒙混矣。伊等居官果优，督抚自行保奏，何地不可任用？这本发回，着该部另议具奏。”

兵部覆总兵官刘官统题，嗣后武弁虽经加衔升调，不改原职之员，请以升任职衔仍留原任，议不准行。上曰："此事断不可行，初定之例甚善。副将等官俱系朕选用之人，朕皆洞知。副将加衔升转之时，或令赴新任，或以所升原品留任。尔等请旨之日，朕即批出，何俟提镇奏请？若照刘官统所题，又另立一例矣。这事着照部议，不准行。"

九卿将绶色等拟革职。上沉思良久，顾大学士等曰："这所审事件尔等云何？"伊桑阿等奏曰："观此事似有罅隙。"上曰："山、陕二省之人咸云此事审理甚属不公。大凡作弊生事，俱系随去笔帖式，其笔帖式系首恶，绶色次之，侍郎徐秉义尚系牵连。尔等传徐秉义来，以朕旨谕之：'尔系闲住废员，朕召用渐次擢至侍郎，即此宜秉公尽职。况彼学问甚优，素行谨饬。此事何故至于斯极？'尔等以此询之。此事朕所闻甚悉，断难欺隐。事已至此，欺隐何为？此事始末，即令彼执笔写明陈奏。"

又议御史张瑗条奏会典应行刊布。上顾大学士等问曰："是书应刻否？"伊桑阿等奏曰："明永乐、成化、万历时曾更改二三次，此书应刻。"上称善允行。

是日起居注官陈元龙、傅森。

二十六日丁丑

二十七日戊寅

二十八日己卯

二十九日庚辰

三十日辛巳

五　月

初一日壬午

初二日癸未

初三日甲申

初四日乙酉

初五日丙戌　上诣澹泊为德行宫问安。

初六日丁亥 辰时，上御畅春园内澹宁居听政。部院各衙门官员面奏毕，大学士伊桑阿、马齐、张玉书、吴琠、熊赐履，学士王九龄、曹鉴伦、傅伸、来道、常寿、铁图、刘光美、纪尔塔浑以折本请旨。吏部题通政司左参议员缺，以李先复调补；李先复员缺，因无应升之人，暂停补授。上问曰："应升此缺系何等官？"伊桑阿奏曰："科、道内升之人应升此缺。"上曰："尔等查现出几缺奏闻，科、道内升官仍令兼管科、道以来，并无一人条奏。言官职属紧要，此后科、道官内升，可即出缺，勿令兼管。"

户部题仓场总督石文桂奏请，以变色米石酌定分数，折给仓户脚价，若监督等仍前迟延不照数给发，请定处分之例，议准行。上曰："此内或有情弊亦未可知，着发户部详察。"

又题尚南多尔济食用银两仍令捐助。上曰："尚南多尔济日用之物常令捐助，地方苦累。这次着动支正项钱粮，不必捐助。尔等仍移文尚南多尔济，日用饮食务从节省，用过钱粮数目着开明具奏。"

礼部题五经博士程衍祀请给程子祭田，议不准行。上曰："程子宋朝大儒，祀事不可有缺，但给与祭田，或有不肖子孙变卖，则祀典仍缺。尔等行文该巡抚藩司，令其善为酌处。务令程氏子孙祀典永远无缺，祭田不必给。"

兵部覆总督华显以守备陈有功题补游击，议不准行。上曰："着照华显所题补授。"

又西宁总兵官刘体义题请将游击兴凤鸣等随带于新任，议不准行。上曰："刘体义年高，居官甚善，照所请行。"

刑部等衙门题李常寿盗取盛京库银，拟秋后斩；郎中顾泰等拟降一级调用；管库马法、蟒喀纳等因拿获盗犯，拟免罪。上曰："守库之人能拿获盗犯，防守严密，宜加恩赏。乃云拿获盗犯应无容议，不合，着另拟具奏。"

又题佛保杀死牛钮，拟秋后绞。上曰："此系另户，着问该都统何故不行奏闻。这案着照新例议处，否则法不严矣。"

顺天府尹钱晋锡条奏，发配人犯准回原籍，携妻同往。上曰："流犯俱系死罪特宥之人，准令回籍，其言似觉可听，行之实难。且流犯孑身独去者多，若照此行，恐反滋累。尔等将此处问刑部具奏。”

伊桑阿奏曰：“臣等遵旨以补授礼部汉侍郎问汉大学士等，据云孙岳颁现兼礼部侍郎衔，且名在开列之首，应请补授。”上曰：“礼部现今正有磨勘考核之事，甚属紧要。孙岳颁书法、学问虽优，但其人平常，且国子监贡、监生亦不甚称誉。工部侍郎许汝霖原系翰林，品行甚为笃实，其任学差时声名亦好，着补授。”上又曰：“汉大学士等于私居时，常论人贤否，笔之与书。及至大廷广众，询以现任官员，惟曰善、或曰可、或曰不知，只此三言尽之，断不肯以实对。”

又以侍郎绥色所审事问徐秉义折子呈览。上问曰：“徐秉义云何？”伊桑阿奏曰：“徐秉义供内伊本不谙律例，审事未经历练。因绥色办事优长，熟于律例，故悉照绥色所议，并未另出意见。”上曰：“朕以徐秉义学问优长，居心笃实，故遣往审事。如果有不合，虽人主之前亦可争论。绥色何等之人，竟唯诺是从！况乡、会考试，判语亦及律例。徐秉义系进士出身，云不知律例可乎？审事错误不应宽宥，着照九卿议行。”

是日，上诣澹泊为德行宫问安。

是日起居注官满保、查昇。

初七日戊子　上诣澹泊为德行宫问安。

初八日己丑

初九日庚寅　上诣澹泊为德行宫问安。

初十日辛卯

十一日壬辰　辰时，上御畅春园内澹宁居听政。部院各衙门官员面奏毕，大学士伊桑阿、马齐、张玉书、吴琠、熊赐履，学士王九龄、曹鉴伦、傅伸、来道、常寿、铁图、刘光美、纪尔塔浑以折本请旨。九卿以刑部侍郎绥色等勘问黄明一案不公，拟革职，复行请旨。上曰：“噶礼查山西盐商柴绍周事现在具疏，着一并交与九卿、詹事、科、道会同严行议罪具奏。”

吏部题都统保举官员三年后，准较前俸升转。上曰：“此事部议虽是，然此内原任部员者有之。若原是旗下官员，着照部议；若原任部员，非因过犯革职，即应并较前俸。”

户部题给散江南盱眙等三县饥民米谷数目不符，议交该抚查明，到日再议。上曰："前议加筑高家堰、堵塞唐埂六坝时，朕曾言，如此修筑，下流虽有裨益，其上流地方州县必致冲决。今信然矣。以此散粮之事观之，盱眙等三县大受灾荒。昔议修筑高家堰时，若于此处亦加筑一堤，束其水势，则亦不致泛溢，岂不甚善。彼时该督虑不及此，致令此等地方水势泛溢，今欲修堤难矣。"马齐奏曰："前议堵塞六坝时，皇上洞鉴及此，曾有是谕，今诚如圣见。"张玉书奏曰："此水可令分流否？"上曰："若令分流，水势必弱，恐难出清口。若交张鹏翮查勘，彼必以为诘己。然淮扬系吾民，盱眙、五河亦系吾民，讵宜歧视？这事着交张鹏翮查勘。"

是日起居注官法良、徐元正。

十二日癸巳 上诣澹泊为德行宫问安。

十三日甲午

十四日乙未

十五日丙申 早，上由西直门进神武门，回宫。

少顷，上御太和殿，升、转文武官员谢恩毕，回宫。

辰时，上御乾清门听政。部院各衙门官员面奏毕，大学士伊桑阿、马齐、张玉书、吴琠、熊赐履，学士王九龄、曹鉴伦、傅伸、来道、常寿、铁图、刘光美、纪尔塔浑以折本请旨。吏部题以工部侍郎许汝霖员缺，将副都御史甘国枢等职名开列。上曰："此内孰优，尔等议奏。"

复顾大学士等曰："顷御史刘子章条奏二事，一言各省应设恤刑官。夫地方督抚俱系朕信任之臣，倘不堪任用，岂但刑罚一事，诸事皆不可委任。倘督抚不可委任，恤刑小吏岂便能雪其冤抑乎？各省若增恤刑，地方供应反致扰累小民。近如绥色，身系大臣，观其审事不公，可知地方添官，于事全无裨益。这本着发回。一言外省赴任各官，不许多带家口。这所奏甚是。汉人所带有限，此特言汉军耳。或有带几百人者，亦有令旗下闲散人随去者，此事允宜查察。满洲官员赴外任，携带家口无多。今如席尔达、阿山赴任，携带家口不过三四十人。尔等详阅此本翻译具奏。"

巳时，上由神武门出西直门，驻跸畅春园。

是日，上诣澹泊为德行宫问安。

是日起居注官法良、韩菼、揆叙、王思轼。

十六日丁酉

十七日戊戌

十八日己亥 上诣澹泊为德行宫问安。

十九日庚子

二十日辛丑

二十一日壬寅 上诣澹泊为德行宫问安。

二十二日癸卯

二十三日甲辰

二十四日乙巳 午时，上由西直门进神武门回宫。

是日，上以夏至有事方泽，斋戒三日。

是日起居注官满保、宋大业。

二十五日丙午 奉旨传集汉大学士以下九卿、翰、詹、科、道以上共一百四十余员至保和殿，分赐侍郎以下诸臣御书各一幅，侍卫海青、常寿等传旨大学士、尚书及南书房三人候另赐。又颁示御书谕旨一幅，云："寻章摘句，华丽词藻，非帝王之所本。朕四十余年，惟日兢兢，未尝晷刻稍释，万几自儆，有始无终之诮，念兹在兹也。政事之暇，颇好书射。数年以来，所积临摹字幅，赐卿等观看。"又以一样书各二幅，分赐大学士张玉书、吴琠、熊赐履。又捧出御书十二幅，分赐大学士张玉书、吴琠、熊赐履，尚书李振裕、韩菼、范承勋、王士祯、王鸿绪，左都御史李楠及南书房尚书陈廷敬、副都御史励杜纳、编修查昇。诸臣欢欣鼓舞，恭请谢恩。上因斋戒，令于二十七日早谢恩。

是日起居注官揆叙、查昇。

二十六日丁未 早，上于中和殿视祭方泽祝版毕回宫。

是日起居注官陈论、满保。

二十七日戊申 辰时，上由神武门出西直门，驻跸畅春园。

是日，上诣澹泊为德行宫问安。

是日起居注官揆叙、张廷瓒。

二十八日己酉

二十九日庚戌 辰时，上御畅春园内澹宁居听政。部院各衙门官员面奏毕，大学士伊桑阿、马齐、张玉书、吴琠、熊赐履，学士王九龄、曹鉴伦、来道、常寿、刘光美、铁图、纪尔塔浑以折本请旨。吏部以科、道员缺，请将知县行取。上曰："科、道缺出甚多，前行取知县内现有在部额外主事六员着先补用，再行文各省，将知县行取。"

礼部题各省学宫请刻皇上御书《训士子文》。上曰："各省州县甚多，有有石之处，亦有竟无石之处。今概令立碑刻文，必致私派扰民。朕意但令国学勒石，将拓本颁于各省学宫，令其悬挂，似无烦扰。尔等将朕此旨批发。"

又覆福建巡抚梅铜题，台湾入籍中式举人宜兴赞等九人已经年久，请免回原籍，议准行。上曰："此事目前观之似乎有益，然非久远之计。台湾居于海外，地甚膏腴，种谷无事耕耘，与草并茂，从无不收之年。果允所请，穷民皆以易于谋生，渐次迁入。聚徒繁多，实非有益之事。且地方官尚不令久任，三年一易。内地之人岂可常令外徙？"马齐、张玉书奏曰："圣虑甚是深远，诚为久安长治之计。"

兵部题步军统领凯音布员缺，以镶白旗骁骑参领硕色等职名开列。上顾大学士等曰："步军统领职甚紧要，如凯音布者实难其人。尔等有知者否？"伊桑阿奏曰："臣等正思，堪任此职之人诚为难得。"上曰："左翼步军总尉穆成格原系部员，其人懦甚，不能管辖。尔等会同兵部堂官及左翼都统，将堪任此职之人议奏。"

又广东汉军副都统石如璜员缺，将侍郎范承烈等职名开列。上曰："福建总督、提督俱同心办事，所以地方宁谧。这副都统员缺甚为紧要，尔等会推步军统领时，将此缺一并议奏。"

又覆总兵官俞益谟题，右卫守备员缺，请将记名官员选择补授，议准行。上曰："这员缺将朕亲阅拣选记名人员内居首者开列呈览。"

刑部题申得禇私行铸钱，拟立决。上曰："所铸之钱不多，此类有减等发落之例，亦着减等发落。"

刑部等衙门题绥色等审事不公，吴达禅失察，衙役受贿，俱拟革职。上顾大学士等问曰："尔等之意云何？"伊桑阿奏曰："此事原从盐商互争贸易启衅，但恩自上出。"上曰："绥色在刑部声名亦不好，着革职。

徐秉义因其学优，故自翰林擢侍郎，着革去侍郎，仍留翰林原职。吴达禅着降三级调用。”

总河张鹏翮题桃源同知傅弘业员缺，请将原任同知苏稷补授。上曰：“着照张鹏翮保题补用。”

大学士伊桑阿奏曰：“工部侍郎许汝霖员缺，已开列副都御史甘国枢、学士刘光美等五人。工部有修路巡查之事，汉军相宜。甘国枢、刘光美俱系年久。”上曰：“甘国枢年久，着补授工部侍郎。”

伊桑阿又奏曰：“臣等遵旨以陈念一殴兄误杀拟立决事问九卿，九卿云，陈念一因误殴小功服兄致死，应监候，秋后处决。”上曰：“陈念一应斩，着监候，秋后处决。”

又以李光地报修理永定河石堤折子呈览。上曰：“朕令永定河修理石堤，特欲于此处试一行之。如果有成效，再于南河兴工。若此些小之地无成，大工如何行得？前此常寿等估计需用钱粮九十万两，嗣后朕估计将灰石等物交庄头等运送，仅费二十万两即已底绩。朕意欲于黄河自徐州至清口两边俱筑石堤。今户部库内现存银五千万两，这所费不过一千万。倘此一费幸获成功，便可永久无患。但运石稍难耳。”上顾马齐曰：“汝意云何？”马齐奏曰：“徐州地界需用之石，惟可采诸吕梁山，他无可采之处。石堤果成，诚为永久之利。但恐一时难成。”上曰：“吕梁山之石业已采完，今两旁不过令筑狭小石堤，徐徐为之，一时何能告竣？”伊桑阿、张玉书等奏曰：“此诚一劳永逸之计，然亦候圣驾亲临指示方善。”

是日，上诣澹泊为德行宫问安。

是日起居注官陈元龙、[illegible]。

六　月

初一日辛亥　上诣澹泊为德行宫问安。

初二日壬子

初三日癸丑　辰时，上御畅春园内澹宁居听政。部院各衙门官员面奏毕，大学士伊桑阿、马齐、张玉书、吴琠、熊赐履，学士王九龄、曹鉴伦、来道、常寿、铁图、纪尔塔浑以折本请旨。吏部覆贵州巡抚王燕题，原任知县余光全纵任家仆、衙吏私派以致残害人命案内，革职布政使孟世泰等并无徇情受贿等弊，应无庸议。上曰："此案原参时该部将孟世泰等议革职审理，今该抚疏称孟世泰等不知实情，并无受贿等弊，尔部又将孟世泰等以为无庸议处。若孟世泰等果无情弊，则先参题革职俱系错误，岂可仅以无庸议完结？理应将原参巡抚反坐其罪。此本发回，着再详察确议具奏。"

户部覆山西巡抚噶礼题，三十九年带征静乐岚县积欠三十六年银两，请自四十一年起分三年征收，议不准行。上曰："着照该抚所题行。"

兵部覆副将张陈武遣家人叩阍控告官兵，民人被苗人掳去，俱经赎回等事行查总督郭琇，疏称毫无此事，俱系任意捏造，将张陈武议降二级、加级纪录不准抵销，调用。上曰："张陈武乃一鲁莽武弁，彼亲见苗子将我官兵擒去，愤急遣家人叩阍。官兵被掳之事未必尽属虚诳。"伊桑阿奏曰："谅必有之，焉得曰无有。"上曰："此事竟可照部议乎？"伊桑阿奏曰："张陈武有加级记录，准其抵销亦可。"上曰："张陈武加级纪录着抵销，从宽免降调。"又曰："湖广地方极其辽阔，郭琇亦不能胜任。湖广兵丁甚是骄傲，难为管辖。稍有拂意之事即思蠢动，玩纵已极。惟此湖广一省稍为可虑。尔等亦当留意。"

刑部等衙门题强盗吴龙等二十九人拟立决。上曰："此案应斩罪犯甚多，从前如此类者，将为首行凶、情罪可恶之人正法，其余从宽。曲宥者亦复有之。这案着问九卿。"

又刘二胖子偷挖人参，拟秋后绞。上曰："刘二胖子着从宽免死，马三等俱着减等发落。"

大学士伊桑阿等以步军统领凯音布员缺，遵旨会同兵部各都统，将都统牙图等简选缮写绿头签呈览。上问曰："牙图在都统任何如？"马齐奏曰："未闻其优劣。"上问曰："佟宝人材尚可，但好多事耳，且御下不宽。凡在大位者，不宽何以御众？佟宝朕历试重任，最好生事，而且尚气，重大之职决不堪任用。"顾伊桑阿问曰："系尔同旗，尔必知之。"伊桑阿奏曰："此人诚如圣谕，所行亦属不端。"上曰："托和齐虽系琐屑之人，任事最勤，凡捕缉贼盗之事尚可任用，着补授步军统领。若将凯音布之子尹德布升补步军总尉，协理办事，于事必有裨益。现任总尉穆成格人材庸劣，曾任部员，不胜此任。”伊桑阿奏曰：“穆成格办事尚优，原任部员，乞解此任仍以部缺补用。此缺乞以凯音布子尹德布补用。”上曰：“穆成格着调补部员，凯音布子尹德布升补步军总尉。伊父所行彼稔知之，于事必有裨益。”

又广州副都统石如璜员缺，遵旨简选参领何天培等职名缮写绿头签呈览。上曰：“何天培着升广州副都统。”

是日，上诣澹泊为德行宫问安。

是日起居注官法良、徐元正。

初四日甲寅

初五日乙卯　是日，上诣澹泊为德行宫问安。

初六日丙辰

初七日丁巳　是日，上诣澹泊为德行宫问安。

初八日戊午　辰时，上由西直门进神武门，回宫。

酉时，上御乾清宫，大学士伊桑阿、马齐、张玉书、吴琠、熊赐履，学士王九龄、曹鉴伦、来道、常寿、刘光美、铁图、纪尔塔浑以折本请旨。吏部题陕西同州知州金人望员缺，将保举官员职名开列折子具奏。上曰：“同州知州员缺，着将山西巡抚噶礼保奏俞卿补授。”又曰：“朕观保奏折子内开列霸州知州李铎病故，霸州附近京师，地方紧要，此地惟太原府知府罗伦尚宜。罗伦原以知县超升知府，今着罗伦仍带知府衔管知州事。罗伦员缺着赵凤诏补授。”

又吏部侍郎徐秉义员缺，将礼部侍郎王封溁等职名开列具题。上顾大学士等曰：“尔等有素知者否？”伊桑阿等奏曰：“此乃翰林官应升之缺，现任礼部侍郎王封溁、许汝霖并翰林等职名开列。”上曰：“现今礼部稽核考试，事属紧要。许汝霖不宜迁转。刑部侍郎吴涵尚可。”伊桑阿奏曰：“吴涵颇优，于刑部事甚为详慎。”上曰：“刑部事亦甚紧要。”沉吟良久，乃曰：“吴涵调补吏部侍郎。”

又刑部侍郎绥色员缺，将学士傅伸等职名开列。上曰：“工部侍郎舒辂居心诚实，办事优裕，着调补刑部侍郎。”

又都察院副都御史甘国枢员缺，将宗人府府丞王顼龄等职名开列。上曰：“开列人员俱属平常。江南、浙江学院声名甚好，副都御史员缺，着将江南学院张泰交补授。”

兵部覆宁古塔将军宗室杨福题参北都纳地方驻防协领叶尔德等庸劣，议革职。上曰：“此内安世保乃安朱虎之子，人材壮健，革退可惜。安世保着从宽免革，余依议。”

又覆总督华显题游击任世爵员缺，将守备冶大正拟补，议不准行。上曰：“此边地紧要，着照华显题补授。”

刑部题得济打死马六，拟绞，秋后处决。上曰：“昔年满洲打死人命月月有之，自严行定例以来，此数月间止有两案。观此于事甚有补益。今此案满洲打死汉人，故未议处佐领、族长人员。今佐领、族长亦应议处。欲法行禁止，不得不严也。”

又曰：“总督华显折子奏称陕西数县既被旱灾，又时疫复作，故一面奏闻，一面赈饥，先具折来，奏本随后即至等语。本到之时，着速行具奏。华显又奏，昔年捐纳未完米粮，停其在各处捐纳，俱令在甘肃捐纳。此非开新例，乃补未完之旧谷，此意诚是。西地此数年来连旱未收，不可不预为之计。”又曰：“西陲塞外蒙古此数年亦被旱灾，人畜伤残者不堪寓目。我四十八旗蒙古甚好，此数年间竟成殷实，马畜孳育甚繁。今岁雨水调和，草复茂盛，伊等生计亦甚快乐。”

是日，上诣宁寿宫问安。

是日起居注官王思轼、满保。

初九日己未　早，上诣宁寿宫问安毕，由神武门出东直门，巡幸北塞，驻跸顺义县三家店。是日，赐前锋统领诺尔布鄂善、副都统爱音图御书诗扇。

酉时，上出行宫，率皇太子、诸皇子并善射侍卫等射。

初十日庚申　上驻跸密云县城外。是日，赐请安来朝石匣营副将王以谦御书诗扇。

十一日辛酉　上驻跸密云县腰亭子。

十二日壬戌　上驻跸古北口总兵官衙门。是日，赐总兵官马进良、副将王以谦御书诗字。

十三日癸亥　上驻跸行宫。

巳时，出行宫外，率皇太子、诸皇子并善射侍卫等射。上发矢皆中的。命总兵官以下、千把总以上武弁射。

十四日甲子　上驻跸行宫。是日，赐大学士马齐御书诗扇。

十五日乙丑　上驻跸行宫。是日，赐大学士马齐御书对联，又赐古北口管驿同知赵弘揆御书诗字。

十六日丙寅　上出古北口，驻跸三岔口。是日，赐霸昌道郎廷栋，游击郭世耀、杜明义、李正春，都司杨威、赵殚谷御书诗字。

十七日丁卯　上驻跸偏岭。

十八日戊辰　上驻跸行宫。是日，赐扈从内大臣、侍卫、部院衙门大臣等鹿肉。

酉时，上御行宫，总河张鹏翮题淮徐道员缺，请补原任员外郎张弼引见前来，命大学士马齐引入行宫。上指河图详问毕，谕马齐曰："张弼着补淮徐道，将此旨谕伊知之。"马齐出，宣旨毕，张弼谢恩，向奏事主事存住、奏事来保奏曰："臣本微末小人，蒙圣主眷顾，优擢道员，臣何敢当！臣平昔仰慕圣上御书久矣，因职卑未敢渎请。今幸得瞻仰天颜，敢恳皇上垂恩，赐臣御书宸翰，以为传家之宝。"奏入，传谕曰："朕此番巡幸，别无他事，每日惟有看书写字而已。扈从人员亦久经赏赐，尔在河工，著有劳绩，自应赐尔，姑少待之。"少顷，太监李玉捧御书诗字二幅付张弼，传谕曰："此一幅乃赐尔者，又一幅尔带去赐张鹏翮。速赴尔任。"

十九日己巳　上驻跸行宫。

二十日庚午　驻跸喇嘛洞。

二十一日辛未　上驻跸行宫。是日，赐扈从内大臣、侍郎、部院衙门大臣、官员、内务府总管、司官等鹿肉。

二十二日壬申　上驻跸行宫。是日，随官车密云县知县周钺献诗十首呈御览，奏事主事存住、奏事来保转奏。太监李玉传谕曰："尔赋诗呈览，乃欲求诗字之意。"遂赐御书诗字一幅。周钺谢恩毕，复奏曰："臣乃极微末之员，臣妄作诗进呈，蒙恩赐御书诗字，诚臣传家至宝。闻圣主在密云曾有题咏，敢恳赐臣勒之碑石，俾皇上天纵聪明永垂万世。”太监李玉入奏，捧出御制密云作诗章，谕曰：“此字乃皇上即刻写就，墨尚未干。命尔先看书法何如，俟墨干后用宝赐尔，复命尔再作一诗。”谕毕，给与纸笔。诗成，李玉捧入。

二十三日癸酉　上驻跸行宫。是日，赐请安来朝在苏尼特地方种地监察御史绰奇御书诗字。

酉时，上御行宫，大学士马齐，学士铁图、纪尔塔浑以折本请旨。吏部题刑部侍郎吴涵员缺，将应升职名开列。上曰：“应补之员着问在京阁臣。”

又补授河东运使事。上曰：“将八省督抚等保举知府折子具奏。”

又覆奏广西巡抚萧永藻题，南宁等四府官员缺出，请简择补授，议照山、陕例准行。上曰：“着照临洮、巩昌等处例，自道员下有情愿效力前往之员具折，俟进京后引见。”

山西巡抚噶礼题阳曲县知县员缺，请将赵城县知县刘显文调补。上曰：“刘显文着照该抚所题调补。”

总河张鹏翮题请为欲挑浚运物料小河事。上曰：“这河着照该督所题挑浚，应否永存之处，着该督确议具奏。”

二十四日甲戌　上驻跸行宫。

二十五日乙亥　上驻跸七间房。是日，谕领侍卫内大臣等曰：“时候炎蒸，驻跸日久，不可聚集一处立营。二三人相聚一处驻扎，人烟不密，亦免气味。”

二十六日丙子　上驻跸行宫。是日，赐和硕额驸尚之隆，领侍卫内大臣都统鄂伦代，领侍卫内大臣管銮仪卫事公阿灵阿，宗人府左宗人公都统蒲圻，一等侍卫副都统苏满，协理銮仪卫事，副都统隆科多，亲近一等侍卫海青，乾清门一等侍卫马武、五哥，执事人关保等御书诗扇。又赐大学士马齐御书太极图说。

二十七日丁丑　上驻跸行宫。

二十八日戊寅　上驻跸行宫。申时，驾出行宫外河滨观渔。

二十九日己卯 上驻跸行宫。是日，奏事主事存住、奏事来保传谕领侍卫内大臣曰：“昨去钓鱼，沿河驻扎者甚多。此处虽未曾雨，他处若雨，山水骤下，躲避不及，伊等未曾经历此。喀喇城沿河之地不但洼下，更有蚊蠓。不知者以为清凉无尘，恐有驻扎于彼者。着通行晓谕，各宜觅高处驻扎。嗣后，凡驻扎之处，尔等巡查。”

三十日庚辰 上驻跸喀喇城。是日，喀喇沁端静公主以上驾临备馔进献。扈从大臣、侍卫、部院衙门大臣等，上俱赐食。

闰六月

初一日辛巳 上驻跸行宫。

初二日壬午 上驻跸行宫。

初三日癸未 上驻跸行宫。

巳时，上御行宫，大学士马齐，学士铁图、纪尔塔浑以折本请旨。九卿覆御史刘子章条奏外官携带家口限以定额，议准行。上曰：“旗员与汉官不同，且有边塞之地差遣须人。旗员家丁若照此定数，似乎太少。”马齐奏曰：“诚如圣见。汉军官员多有差遣之处，与汉官不同，尝有因家丁多而济事者。昔佟国耀任提督时，地方有事，甚藉家丁人众之力。”上曰：“这所定额数太少，若携带七八百名以至千名，则又太多。此事着发回九卿，另行确议具奏。”

宗人府以佛圣保捏告觉罗存住佐领非系世袭拟罪具奏。上曰：“巴哈纳耆旧世臣，位极尊荣，祀神赐食，常坐班首。”因顾马齐曰：“尔亦知否？”马齐奏曰：“诚然。闻昔辅大臣亦皆起敬，与之坐。”上曰：“此明系巴哈纳世袭佐领，佛圣保捏词诬告，殊属可恶。着枷号三月、鞭一百，发黑龙江披甲效力。”

吏部覆总河张鹏翮题请原任知县王来硕补授天津海防同知，议不准行。上曰：“王来硕着照该督题请补授。”

又覆御史黄秉忠条奏，凡折子绿头签启奏等事及谕旨，俱应交内阁记载，议不准行。上曰："此事朕亦稍疑。嗣后凡口谕并具折启奏等事，月终着该部院衙门汇题。"

户部覆山西巡抚噶礼题，右卫官兵浮给草束、银两应交该都统追还，议驳回。上曰："这浮给官兵草束，折色银两复行追赔，殊为可悯。若向误给官员，势必派累小民。此项银两着免追赔，准其销算。"

刑部题邬三等偷刨人参，拟秋后绞。上曰："此等人犯从前曾经宽免，邬三、田进善着宽免死，照例减等发落。"

天津总兵官蓝理题，通州副将官斌病故员缺，请将参将丁爽补授。上曰："丁爽人材壮健，骑射俱优，但为人粗拙，系一莽夫。这员缺着蓝理会同巡抚李光地确议具奏。"因顾马齐曰："官斌人材矫健，甚为可惜，陕西兵丁素称服。原任提督王万祥、总兵王世臣、原任副将官斌，人材矫健，武弁中无有过此三人者。"

初四日甲申 上驻跸行宫。

初五日乙酉 上驻跸行宫。是日，赐领侍卫内大臣公阿灵阿，领侍卫内大臣公福善，宗人府左宗人公都统蒲圻，散秩大臣萨三，前锋统领都统诺尔布，协理銮仪卫事銮仪使副都统隆科多，护军统领法喀，一等侍卫副都统苏满，前锋统领鄂善，副都统舍浑等御书诗字。

初六丙戌 上驻跸行宫。

初七日丁亥 上驻跸行宫。是日赐扈从护军校、护军、执事人员羊。

初八日戊子 上驻跸行宫。是日，赐扈从原任侍郎阿尔稗御书诗字。

初九日己丑 上驻跸行宫。

初十日庚寅 上驻跸行宫。

十一日辛卯 上驻跸行宫。

巳时，上御行宫，大学士马齐，学士铁图、纪尔塔浑以折本请旨。宗人府以副都统觉罗佟吉等查牧场马匹不实议罪。上曰："席喇奇他特等拟斩似为太过，从宽着解京枷号三月、鞭一百、披甲当差。佟吉品行不端，其弟亦然。"马齐奏曰："伊弟原系侍卫，行果不端。今已病故。"上曰："佟吉之父原任大学士勒德浑素行谨厚，乃一好人，今声名俱被伊子玷辱。"马齐奏曰："佟吉兄弟俱无品行，此案佟吉将现有马匹诡称全无欺奏。”上曰：“公福善往查牧场时，其牧马人等原欲将藏匿马匹自行出首，佟吉等逐回不允。佟吉依议治罪。”又顾马齐曰：“为人谨慎守分犹恐人伺隙相攻，况已多事妄行，岂能守其成业？”马齐奏曰：“皇上圣明，凡事洞彻。果能守分之人，偶有过犯，皇上亦必曲宥。”上又曰：“凡人彼此挟仇阴行诬陷，甚属可畏。急躁之徒不过陷人于一时，能陷则陷之，不能则已。阴险之人虽一时不能陷害，后必曲为设计害之，其行事尤为狠毒。似此等人，不但己身不能上进，即子孙亦不昌盛。朕听政四十余年，凡若此者断不能欺朕。”马齐奏曰：“皇上圣见甚明。昔拣别貂皮一事，萨布素曾诬臣等私换貂皮，蒙圣主睿鉴，令内务府大臣会同拣别，臣心始明。抵换貂皮，不独为人臣者不为，即微贱小人亦不敢为。臣与萨布素从未识面，并无嫌怨，犹捏此无影虚辞。彼挟仇陷害，洵为可畏。然皇上圣明洞微，纵挟私仇，亦断不能陷害。”上曰：“萨布素诡计之人，不过欲将彼貂皮尽收之意。”马齐奏曰：“部中原有定例，伊貂布不得不分别等次。”上曰：“或云部中定例不一，不知应遵何例，此皆不识事者。国家诸务恃有成例，苟无成例，何所遵行？昔日部中常有欲为人宽免，故为从重议奏。朕以所议太过驳回，彼即从中宽释。朕知此情弊，概不允行。此风今已顿息。凡人每议往事，则易以身历之，始觉其难。今之书生，有讥宋高宗不复父兄之仇。朕意大不然之。其时高宗亦在朱仙镇为金人所获，后乃放回。是时金兵甚强，宋甚弱，原非敌手。高宗能守斯亦已矣，而犹然非之，岂不屈哉？”

吏部题厢白旗阿达哈哈番华善患病，请将伊弟武广承袭。上曰：“华善素行并无不端，且此世职系彼亲身效力所得，着住俸调理，病痊仍食俸当差，不痊方令应袭之人承袭。”

兵部覆总督华显题重庆守备颉耀员缺，请将宁夏千总倪大材升补，议准行。上曰：“部议将宁夏千总倪大材拟补重庆守备，俟打箭炉事毕再行引见等语，今宁夏、重庆均属无事，该部并未明悉，辄行议奏，不合。这本着发回另议具奏。”

刑部题叶逢奇私铸，拟立决。上曰：“此等向有宽免之例，叶逢奇着从宽免死，照例减等发落。”

又洪元益将天津贡生武择元捆缚拷诈银两，拟立斩。上曰："洪元益人材壮健，所行悖乱是实，但部议照光棍例太过，着改应斩监候，秋后处决。"

四川巡抚贝和诺题降调成都县知县田轩来应否留任请旨。上曰："田轩来着以所降品级留任。贝和诺自调川抚以来，声名茂著，地方官民俱称其善。"

十二日壬辰 上驻跸行宫。是日，赐领侍卫内大臣都统公鄂伦代，领侍卫内大臣公齐尧塔喀，一等侍卫副都统爱音图，一等侍卫阿扎蓝，一等侍卫衣都额真德义，一等侍卫衣都额真都泰，一等侍卫额腾吉伊棱格，二等侍卫衣都额真博鼐，一等侍卫衣都额真兮代，二等侍卫噶尔图，乾清门侍卫山寿汉楚汉御书诗字。

十三日癸巳 上驻跸行宫。是日，赐请安来朝古北口总兵官马进良、石匣营副将王以谦、种地阿鲁科尔沁监察御史舒书布御书诗字。

十四日甲午 上驻跸热河下营地方。

十五日乙未 上驻跸行宫。

午时，上御行宫，大学士马齐，学士铁图、纪尔塔浑以折本请旨。吏部题厢红旗萨兰泰拜他喇布勒哈番令伊子关保承袭。上曰："萨兰泰世职着伊弟吴什巴承袭。"

兵部题理藩院侍郎满都争告佐领，拟降二级调用。上曰："满都现管佐领，又争佐领，不合。着将满都降二级，从宽免调用，革其佐领。"

十六日丙申 上驻跸行宫。是日，赐监运官车密云县知县周钺御书，其诗即密云县御制也。又赐请安来朝教育喀尔喀多罗贝勒罗卜藏、旗分蒙古郎中马尔汉御书诗字。

十七日丁酉 上驻跸行宫。

巳时，上出行宫，率皇太子、诸皇子及善射侍卫射。又令大臣丹济拉、巴尔虎、护军校、护军等射。赐丹济拉箭五矢。

十八日戊戌 上驻跸行宫，都统宋柱、副都统达尔占、侍郎傅继祖以剿抚广东黎人事毕来请安面奏。上命入行宫，问彼处情形。奏毕出，赐御书诗各一。

巳时，上御行宫，大学士马齐，学士铁图、纪尔塔浑以折本请旨。吏部题广东按察司员缺，将候补按察司赵世显等职名开列。上曰："赵世显宜任于紧要之地，补授广东按察司似为可惜。朱士杰曾任天津道，人材平常，道员仅堪胜任。其应补按察司人员，着九卿具奏。"

又覆监察御史王度昭参尚书李振裕收受礼物，拟革职。上曰："吏部议此事大谬。李振裕果如王度昭所参贪鄙，勒取属员礼物，其罪不止革职。若非勒取，仅收一围屏，岂可以大臣轻拟革职？凡堂官受属官围屏亦系常事，今求孙岳颁之字者甚多，亦概行议处可乎？即巡抚彭鹏、李光地、赵申乔虽属清吏，岂皆不受一物耶？孟子谓，伊尹一介不以与人，一介不以取诸人，此诚少有。"马齐奏曰："圣见诚然。今居官若此者果少。"上曰："顷宋柱等自广东来面奏，总督石琳、巡抚彭鹏、张志栋各有馈送，伊等俱收，因此亦将伊等议处可乎？席尔达自陕西来时曾奏，藩库余剩银两每年分给万金。今伊任吏部尚书，以大臣受一围屏即拟革职，似伊每年分受万金应得何罪？"又顾马齐曰："李振裕如何？"马齐奏曰："李振裕办事亦可，为人明白。"上曰："曾闻其品行不端否？"马齐奏曰："臣并未闻。"上曰："王度昭乃山东人，喜于挟仇。司官内必有山东人，怀私恨以参振裕亦未可定。此事着九卿、詹事、科、道会同，令王度昭面质详问口供定议具奏。"

兵部覆总督华显题，游击、守备员缺，请将守备舒明等补授，议不准行。上曰："总督华显题请补授游击、守备，舒明等五人如有到京者，距此不远，二三日可至，着兵部堂官一员带来引见。其各省督抚驻防将军、提督、总兵官若有保奏之人，到京着连本一齐带来。"

申时，上临附近河干观渔。赐扈从内大臣、侍卫、部院大臣等鱼。

十九日己亥　上驻跸行宫。

二十日庚子　上驻跸行宫。

二十一日辛丑　上驻跸行宫。

巳时，上御行宫，大学士马齐，学士铁图、纪尔塔浑以折本请旨。刑部题周子贵私刨人参，拟即正法。上曰："周子贵着从宽免死，照例减等发落。"

京口将军马三奇题京口副将员缺，请将厢黄旗参领崔世英补授。上曰："崔世英着照该将军所题，补授京口水师营副将。"

山西巡抚噶礼题临汾县知县员缺，请将平顺县知县徐国琇调补。上曰："徐国琇着照该抚所题调补。"

上顾马齐曰："李振裕之事九卿云何？"马齐奏曰："旨意发去，尚未题覆。"上曰："尔意九卿云何？"马齐奏曰："皇上洞达下情，九卿见旨定然惊服。"上曰："李振裕果有大过，自应题参。若但受一围屏即将大臣革职，嗣后挟私生事、互相揭参者必多。前有参李楠发书于赵凤诏一事，亦不甚当。汉官书札往来乃其常事，或因亲戚、朋友恳求万不得已者有之。此风决不能止。况李楠书辞浮泛，无关紧要。即如郭琇、李光地、彭鹏，虽系清吏，若搜索伊家书信，安得保其全无？但能确然有守、不徇请托足矣！"

二十二日壬寅 上驻跸行宫。是日，散秩大臣鄂罗自陵寝请安至，赐御书"奉职忠勤"四大字，并对联、诗字各一；一等侍卫加太常寺卿桑格"侍帷幄"三大字，并对联、诗字各一；二等阿达哈哈番喀都礼对联、诗字各一。

二十三日癸卯 上驻跸行宫。是日，上幸河干观渔。赐扈从内大臣、侍卫、部院大臣官员及内务府官员鱼。

二十四日甲辰 上驻跸行宫。

二十五日乙巳 上驻跸行宫。

二十六日丙午 上驻跸行宫。

巳时，上出行宫，率皇太子、诸皇子并善射侍卫等射。又令兵部尚书马尔汉带来引见总督华显等题补游击、守备之守备唐之魁、千总姚起龙等十人射。赐陵寝散秩大臣鄂罗、一等侍卫加太常寺卿桑格、二等阿达哈哈番喀都礼御书诗扇各一，原任领侍卫内大臣公国舅佟国维御书诗字一幅。

二十七日丁未 上驻跸行宫。

巳时，上御行宫，大学士马齐，学士铁图、纪尔塔浑以折本请旨。吏部题广东按察使员缺，将道员许嗣兴等职名开列。上曰："许嗣兴着升补广东按察使。"因顾马齐曰："朕令九卿荐举，意在欲得良吏任用。凡保举官员，九卿宜虚公举荐。今观此保奏内，廖腾煃保举龚嵘，定例凡系同乡之人不许保举，身系何省之人，其现任本省之官亦不许保举。廖腾煃与龚嵘本同乡曲，伊一人如何独举龚嵘？将此传谕九卿。嗣后，凡举荐官员，宜虚诚秉公，毋得徇私相互请托、保荐同乡之人与现任本省官员。”

礼部覆浙江巡抚赵申乔题请［广］浙江举人及副榜额数如江南例，议不准行。上曰：“浙省举人与副榜额数着照江南中式例。”

刑部题朱廷标私铸，拟立决。上曰：“朱廷标着从宽免死，仍留养亲。”

工部题叙修筑南河捐银效力人员。上曰：“该部题请议叙修筑南河官员，昔日议叙修筑大城县堤工人员，皆在工竣之后。今承认修筑南河人员工役果以告竣否，着查明具奏。”

又以遣往塞外封蒙古福金等官员折子呈览。上曰：“封蒙古福金，若止两路差去，道途纡远，势必迟至严冬。着分为四路，差侍卫四员，各遣一司官副之。”

二十八日戊申　上驻跸行宫。

二十九日己酉　上驻跸行宫。是日，赐扈从侍读学士拉都浑卿沙拜、少卿格尔芬郭里、监察御史黑硕色御书诗字各一。

七　月

初一日庚戌　上驻跸行宫。是日，上闻和硕温宪公主病逝，驾欲亲临。皇太子及诸皇子、大臣劝止。上随命内监李玉传谕领侍卫内大臣等曰：“皇太子及诸皇子倘欲往公主处，尔等亦应劝止。非请旨毋令擅往。”

是日，日晡尚未进膳，诸大臣齐集行宫前奏曰：“皇上往视公主甚劳，今日闻讣过哀，此时尚不进膳，诚恐圣躬太为劳瘁。”奏入，奉谕：“公主系已嫁之女，朕尚可宽释。但皇太后自幼抚养，忽值此变，皇太后伤悼弗胜，膳尚未进，朕亦何心进食？”诸大臣又奏曰：“公主变出非常，皇上哀伤固当。臣等再三叩恳者，皇上以理节哀，安慰皇太后慈衷，即劝进膳是望。”奏入，上即诣皇太后行宫，安慰皇太后，视食毕然后进膳。

赐原任领侍卫内大臣公国舅佟国维御马二匹。谕曰："此马舅舅途中骑乘，至京可交上驷院。"复谕领侍卫内大臣等曰："左右两翼各派大臣一员、侍卫十员送公主柩回京。"

初二日辛亥 上驻跸行宫。是日，命皇太子、诸皇子及文武诸臣送和硕温宪公主柩起行。

初三日壬子 上驻跸善巴城。

初四日癸丑 上驻跸行宫。

初五日甲寅 上驻跸行宫。

初六日乙卯 上驻跸行宫。

初七日丙辰 上驻跸行宫。

巳时，上御行宫，大学士马齐，学士铁图、纪尔塔浑以折本请旨。九卿以御史王度昭参尚书李振裕疏内既有收受围屏一节是实，俱应免议。上曰："观九卿所议，李振裕、王度昭之事俱属肤词，伊等必有仇隙。着再问九卿。"

又以都御史李楠致书与知府赵凤诏，拟革职。上问马齐曰："此事尔意云何？"马齐奏曰："李楠虽曾寄书，其书中并未实指其事。"上曰："汉大臣如此书信往来者甚多，如张鹏翮、李光地、郭琇、彭鹏居官虽好，亦难保其必无。"因顾起居注官法良曰："即如尔在崇文门收税时岂无此等请托之事？"法良奏曰："圣鉴诚是。"上曰："李楠从宽免革职，着降五级留任。"复顾马齐曰："如此等事断不能无，但不允行可耳。或有将所寄书札收藏，俟事发之日以为凭据。今之科道纠参一官，举国皆闻，始行出疏。或有欲参此人，先将疏稿与看，然后题参者有之；或先告以题参之意，而其人不惧、听其题参，而后参者有之。若果贪污，理宜参处。倘怀私怨，以些微细故即行题参，事必滋扰矣。"

户部覆山东巡抚王国昌条奏五事内，所给官兵米石，将春夏二季应征之米动布政司库银采买，俟秋收之日征收补还，议准行；余俱不准。上曰："观王国昌所奏，其第一款，欲于青黄不接之际，将仓中所贮米谷粜十之三；第二款，欲将春夏二季所给官兵之米动库银采买。仓中之米与其粜卖，宁不可给发官兵？此事部议亦误，着另议。鲁王房基荒地与民耕种，照例征粮，部议不允。钱粮为数无几，着准行。原本发回另议。”

兵部以广东高雷廉总兵官员缺，将应升官员职名开列。上曰：“广东地方紧要，猺人甫靖，宜用汉军年少之人。云南沅江副将李毓枚年方少壮，人亦壮健，着补授。”

湖广总督郭琇以老病乞休。上曰：“湖广人甚强悍，闻郭琇全不能管辖。”马齐奏曰：“臣赴湖广审张汧一案，见湖广人果甚强悍。”上曰：“郭琇陛见来京，回任已二年矣，丈量地亩之事迄今尚未完结，事竣之日再令具奏。”

初八日丁巳 上驻跸行宫。

初九日戊午 上驻跸行宫。

初十日己未 上驻跸行宫。

十一日庚申 上驻跸行宫。

十二日辛酉 上驻跸行宫。

酉时，上御行宫，大学士马齐，学士铁图、纪尔塔浑以折本请旨。兵部题佐领康弘毅克扣佐领下钱粮、隐匿绝嗣产业，拟革职。上曰：“观此事诚系仇告，着问该都统，康弘毅人若壮健，着革职留任。”

刑部题御史鹿宾条奏制钱式样请照旧式铸造，议不准行。上曰：“此事依议。前科尔坤、佛伦奏请改铸小钱时，朕执持数月方行。彼时人心即已不服，今仍照旧式铸造，似亦可行。”马齐奏曰：“照旧式铸造固善，但小钱一时难收。”上曰：“顺治年间曾杂用明朝废钱，即近时亦将顺治钱与旧铸大钱并用。今暂将大钱与小钱掺和使用，渐渐将小钱收去亦无不可。俟朕到京时，交与九卿会议具奏。”

又强盗王四等拟即正法。上曰：“依议。把总邹应鸿追逐贼众，互相格斗擒获可嘉，着即授为千总。”

又坐塘笔帖式穆朱虎家人李二戳死书办王显，将揭报之武清县知县章曾印议叙具奏。上曰：“依议。此亦知县应报之事。武清县事务繁剧，章曾印着以应升品级仍留知县任。”

直隶巡抚李光地等遵旨定议通州副将员缺，仍拟参将丁爽升补。上曰：“丁爽着照该抚等所题升补。”

十三日壬戌 上驻跸行宫。

十四日癸亥 上驻跸行宫。

十五日甲子 上驻跸行宫。

十六日乙丑 上驻跸喀喇城。

酉时，上御行宫，大学士马齐，学士铁图、纪尔塔浑以折本请旨。吏部题偏沅巡抚金玺以宁远县知县员缺，请将桂东县知县张为经调补；张为经员缺，请将湘乡县县丞何量升补，议不准行。上曰："张为经等着照该抚所题补授。"

又覆礼科给事中宗柱等题，直隶学院杨大鹤考试解册迟延，议降二级调用。上曰："杨大鹤考试直隶，名声不堪，着革职，仍发往河工效力。"

又湖广荆州将军莽吉禄报江陵县知县董钜擅打佐领穆虎达事，议驳回。上曰："此事着将军会同该总督、巡抚详审具奏。"

又直隶学院杨名时题参保定府知府祖允熹迟误考试，议降一级。上曰："祖允熹其人尚优，问伊必有声说。该部亦知此故，故止议降一级。此事着发回该部，取祖允熹口供另议具奏。"

兵部题镶蓝旗阿思哈尼哈番格土肯潜逃，副都统安泰等失察议罪。上曰："其弟逃，其兄辈自应察访，但俱议革职，似属太过。副都统安泰所行悖乱，阖旗之人皆议之。官员在逃，严缉系其专责，乃竟未查出，殊属不合。着革职。顾尔哈、格蚌额、甘子俱从宽免革职，着住俸效力。"

又题征剿猺人副将林方陷殁，将广东提督殷化行等议罪。上曰："此事据宋柱来奏，殷化行、刘虎两路进兵，其刘虎一路副将战殁，殷化行一路官兵并无损失。殷化行、刘虎俱曾劳著行间，着部院堂官一员前往审明具奏。其二人俱不必拿问，若果应拿问，再行奏闻。"

刑部题强盗吴回子等劫掠员外郎常明等家，俱拟斩立决。上曰："劫掠常明等家强盗吴回子等伙贼甚多，该部并未审明此事，发回着详细究审。范克起等在逃，严缉务获，虽逾限亦不究论，回京之日再行具奏。"

总河张鹏翮奏请徐州至清口停筑石堤。上曰："朕前赴宁夏时，于黄河舟行二十余日。观其水势，毫无定所，恣意流行。今旧河故道俱被漫溢，若一迁流，难复故处。今筑堤防之，逼其水性仍归故道。因致冲决，修理石堤似属无益。照张鹏翮所请停筑。至永定河所修石堤坚而且速，霸州文安之民积年受冲决之累，举欣欣相告曰：‘皇上此工何以神速乃尔，于我百姓甚有裨益。’”马齐奏曰：“永定河石堤诸凡工料悉备，遣内务府官督理，所以底绩甚速，而工复坚固。南河石堤欲似此修理，恐不能也。”上曰：“览张鹏翮所奏，黄河之水长至一月未退，朕因高家堰堤日夜焦思，洪泽湖之水较运河高八尺，运河水较淮安高一丈二尺。今开唐埂六坝，目前虽有裨益，倘高家堰一决，扬州、淮安、宿迁等处百姓俱不可问矣！”马齐奏曰：“皇上圣虑及此，曾经屡次申谕。”上曰：“朕曾面谕张鹏翮，高家堰堤朕心深切忧虑。惟入秋水退，奏报堤岸无恙，是所望耳。”马齐奏曰：“皇上念切漕运民生，虽巡幸在外亦未常释诸怀也。”

十七日丙寅 上驻跸行宫。是日，上批两江总督阿山请免审张四教亏空案折子，云：“朕前者三次南巡，经过地方，蠲租免税，出粟赈乏。一应食物、器用之类，俱自京师备往，毫不取之民间。驻跸处所，恐地方官藉端派累小民，及与扈从官员私行应酬交接，即以军法从事。预行申谕甚悉。张四教之事阿山屡请免其鞫审，今观彼奏，称此项银两俱系皇上南巡支用等语，朕用于何地、曾制何物？阿山之心偏向张四教，以为与皇上名声有关，奏请免其鞫审，特自为公直清廉，欲为好人而徇情面耳？彼自云公直清廉，谁更不公不廉耶？况张四教将库银动用万千，逢迎与人，其款数名单俱在。若不审究，将张四教治罪乎？不治罪乎？凡此与朕声名何关？此奏殊属不合。着该部将阿山一并严察议奏。”

又御批阿山请安折子，云：“自古君臣以至公无私为本，朕前南巡三次，预先申谕，凡有私派及有与扈从诸臣交结者，即行正法。此旨甚明。朕不取用南省丝毫物件，不住官民庐舍，饮食之类俱系光禄寺置买。今若以为主上南巡支用，朕用于何地及制何物，必有所指。尔意偏向张四教，谓关朕声名，牵连人众，欲寝其事，是与朕从前传谕昭如日月之旨不相侔矣！不但此也，尔云张四教鄙吝，不惯逢迎，彼将公家库银动用万千交结赠人，此为逢迎人乎？为非逢迎人乎？尔又谓此项银系曹寅拿去，曹寅系织造官，地方事毫不相关。朕在江南所住屋宇修整甚丽，朕曾谕云，朕以观民省俗南巡来此，不过驻跸二三日，尔等修饰太过矣。三处织造官奏曰，臣等俱系主子家奴，此屋系臣等三人合力修饰等语。以彼并未言及地方官捐助修理，是以朕亦无别言。若知系地方官修饰，朕断不驻跸彼屋矣。地方官如此，嗣后朕断不驻跸城内。曹寅欺君之罪可恶已极，断不宽恕！尔之奏疏朕已批发矣。”

十八日丁卯　上驻跸行宫。是日，科尔沁和硕达尔汉亲王额驸班第旗分一品台吉班第请安至，赐御用獭皮帽、鼠褂、缎袍。

十九日戊辰　上驻跸行宫。

二十日己巳　上驻跸蓝旗营西。

二十一日庚午　上驻跸青城南。

二十二日辛未　上驻跸行宫。

二十三日壬申　上驻跸巴答里营南。

二十四日癸酉　上驻跸渣木僧界北。是日，赐喀喇沁公山巴喇西旗分达赖等二十四人白金。

二十五日甲戌　上驻跸行宫。

酉时，上御行宫，大学士马齐，学士铁图、纪尔塔浑以折本请旨。户部题御史赵德吉条奏，郑克爽家人曾宁等免其解送京城，仍交与福建督抚查议，议不准行。上曰：“百姓与旗人讦讼，汉官必偏徇具奏。此事着御史赵德吉偕部院才能满洲司官一员，作速赴彼审明，往返限七十日回奏。”

二十六日乙亥　上驻跸布克岭下。是日，赐扈从大臣、侍卫及部院大臣、官员、内务府人员等鹿。

二十七日丙子　上驻跸巴颜托罗海东界。

二十八日丁丑　上驻跸喀拜尼马图交界。

二十九日戊寅　上驻跸行宫。

巳时，上御行宫，大学士马齐，学士铁图、纪尔塔浑以折本请旨。户部覆郎中常明遗漏被参盐引未完官员，议交该部。上曰：“此事非系紧要，常明等既经自首，着从宽免交该部。”

礼部覆府尹钱晋锡题，顺天乡试请广解额，议量增二十名。上曰：“依议。疏内议满洲、蒙古增额七名，汉军三名，但汉人较旗人为多，止议增十名。旗人较少，亦增十名可乎？满洲、蒙古着增三名，汉军着增一名，况今满洲进士所学平常，其余朕不深知。如法海系国舅之子，学问殊属不济，如此者皆得中式，朕自不能无疑。伊现侍十三阿哥，朕不时训伊，云汝读书之外，更有何事？当勤加学习。伊并不肯勤学。”因顾起居注官法良问曰：“满洲进士所学皆平常否？”法良奏曰：“伊等所学皆平常，往时虽学习文章，后皆弃之。书籍亦不甚阅。”上曰：“此辈所作文章亦未确当，进士、举人升转与别途一般，并无少异。伊等营求进身，亦徒劳耳。”马齐奏曰：“圣谕诚然。进士、举人不过汉人为贵，在满洲升转皆同，并无分别。”

三十日己卯 上驻跸石山地方。

八 月

初一日庚辰 上驻跸库尔奇勒口。是日，赐来降厄鲁特台吉丹津阿拉布坦请安来使洪鄂尔额尔奇木寨桑等十二人蟒衣各一袭，白金各五十两，令赍往给赏丹津阿拉布坦御用冠服并鸟枪一杆。

初二日辛巳 上驻跸库尔奇勒河涯。

初三日壬午 上驻跸行宫。

初四日癸未 上驻跸西拉扎卜。

初五日甲申 上驻跸行宫。

初六日乙酉 上驻跸拜察顶多拖喀喇莫多。

初七日丙戌 上驻跸迤鼻岭下营河。

初八日丁亥 上驻跸温泉。是日，赐扈从三旗大臣、侍卫、八旗护军鹿。

初九日戊子 上驻跸努湖埭口。是日，翁牛特部落多罗杜棱郡王班第以驾临所属之境进献筵席。上赐扈从大臣、侍卫及部院大臣等食。上谕王班第曰 :“观尔营谷之名，所谓营者，蒙古石碛之谓，其名有何好处？将此名改为巴颜乌尔寨图。”

初十日己丑 上驻跸杨川口。

十一日庚寅 上驻跸代音口。

十二日辛卯 上驻跸行宫。

十三日壬辰 上驻跸璧图舍利口。是日，赐扈从大臣、侍卫、部院大臣、官员，内务府官员、执事人、护军，八旗护军校、护军鹿。

酉时，上御行宫，大学士马齐，学士铁图、纪尔塔浑以折本请旨。吏部以安徽布政使常名扬缺出拟补。上曰："河工效力候补按察使赵世显，其人可用，着授为安徽布政使。"

户部覆西安巡抚鄂海题，捐纳人员所欠米石请移甘肃补捐。议交总督华显定议具奏。上曰："此事总督亦难定议。傅作楫必有所见，着明白具奏。"

兵部覆准监察御史魏寿期条奏，京西关厢盗贼窃发，请更定步军校等治罪之例。上曰："步军校等拿获逃人，视其所获之数加级。盗贼窃发仅限降一级、罚俸一年，殊不相当。将此本发还，另议具奏。"

刑部覆因知县余光全私纵家人赵起元、里长李誉美私派，将赵起元等拟立行正法。上曰："此事殊有关系，着问九卿。"

又议覆万胜等散给假印札付，拟立行正法。上曰："此案处决之人过多，着交与九卿议减具奏。"

两广总督石琳以衰老疏请解任。上问曰："石琳病果真否？"马齐奏曰："顷侍郎傅继祖自广东回，据云石琳虽年迈，其举动尚健。"上又问曰："石琳年几何？"马齐奏曰："石琳年六十四岁。"上曰："此本且留尔衙门，俟回京时遣人往视石琳病状。"

十四日癸巳 上驻跸狍子谷。

十五日甲午 上驻跸红崖。酉时，上御行宫，传扈从大臣、侍卫、部院大臣俱进网城赐食。

十六日乙未 上驻跸红川口。

十七日丙申 上驻跸村落口。是日，来降厄鲁特台吉丹津拉布坦所遣使垂扎卜哈什哈等四人俱赐冠服。

十八日丁酉 上驻跸骅骝杨川。

十九日戊戌 上驻跸可汗铁岭口。是日，赐厄鲁特台吉丹津阿位布坦来使垂扎卜楮呼鲁哈什哈等三人白金各五十两。又赐扈从大臣、侍卫、部院大臣、官员、护军校、护军、执事人等鹿、野猪及行围之喀喇沁、翁牛特二部落自骁骑校至骁骑银两。

二十日己亥 上驻跸关家营村。

二十一日庚子 上驻跸青城。

二十二日辛丑 上驻跸殷特黑岭下。

酉时，上御行宫，大学士马齐，学士铁图、纪尔塔浑以折本请旨。刑部议三次逃人建昌打死和尚大杭，拟斩监候。上曰："此等发遣人犯，非系三次逃人，即系三次窃盗或系强盗。减等至凶极恶之人望其改恶，免死发遣，又复行凶，有何足惜。书经云，罪疑惟轻，功疑惟重。若此等情罪，殊属可恶，全无所疑。前有旨将此等人令该将军即行正法，此案着交该将军即行处决。"

又私刨人参丁才贵拟绞监候。上曰："此等人犯向有宽免之例，丁才贵着从宽免死，照例减等完结。"

又护军姚保住打死太监赵进朝，拟绞监候。上曰："护军姚保住打死太监赵进朝，部议以该管人员打死人时不曾亲身在旁，托名他事为之脱卸。朕立此法之意，专欲令此辈人人咸知畏惧。平日将赌钱饮酒、妄为杀人之事令其训诫警省，庶使人命减少，全非为杀人时必亲身在旁始与问罪而设。今该部以该管人员杀人时不曾在旁，将他事托名开豁，此后虽有定例，与无例同，部议辄以无容议了之。嗣后谁肯于平日勤加训饬？此议殊为不合。况遇佐领缺出，辄互相争曰：'此系我祖父所属世管佐领。'及为佐领，又将所属之人平时全无训察，遇事发时，又推托与己身无与。该部将此事开豁免议，不但不副朕意，且甚可怒，着另行严察具奏，其与议堂司官职名着察明来奏。朕严于立法，以治满洲杀人之罪，庶命案较往年十分仅有二分，理应仍加严饬。朕写一票签，着照此批发。"

又汇题案内笔帖式袁图、李杰将家人打死，拟各降一级、罚俸一年。上曰："凡笔帖式理应极其敬慎，勤于办事，日后未可限量。若做笔帖式时即行杀人之事，嗣后何可历历升迁？此等人堂官尚行保举，亦非人类也。杀人之人何可留部供职？袁图、李杰俱着革职，永不叙用。"

二十三日壬寅 上驻跸喇嘛洞村。是日，赐扈从内大臣、大学士、侍卫鹿肉。又赐策旺拉布坦、来降厄鲁特占巴拉冠服。

二十四日癸卯 上驻跸三岔口村。

二十五日甲辰 上进古北口，驻跸总兵官衙门。

二十六日乙巳 上驻跸腰亭子村。

二十七日丙午 上驻跸密云县之东门外。

二十八日丁未 上驻跸顺义县所属三家店。

二十九日戊申 上由东直门进神武门，回宫。

是行也，部院各衙门奏章每日交送内阁，由内阁三日一次递送行宫办理。

扈从起居注官法良、揆叙。

九　月

初一日己酉 辰时，上御乾清门听政。部院各衙门官员面奏毕，大学士伊桑阿、马齐、张玉书、吴琠、熊赐履，学士王九龄、曹鉴伦、傅伸、来道、铁图、刘光美、纪尔塔浑、色德里以折本请旨。吏部议江南、江西总督阿山等罪。上曰："此案牵连之人甚多，尚有应问之处，着阿山逐一明白回奏。"

刑部题张昭等私刨人参，拟绞。上曰："张昭、刘成功俱着从宽免死，照例减等发落。"

又题参将李之瑞、泽州知州伦可大纵放私盐贼首李魁俊，议革职。上曰："纵放贼首情属可恶，着将伊等革职拿问。"

两广总督石琳以病乞休。上曰："石琳甚是小心谨慎，此时或已痊愈。着于保举官内捡选一员前往看视。"

是日起居注官法良、陈论。

初二日庚戌 辰时，上御乾清门听政。部院各衙门官员面奏毕，大学士伊桑阿、马齐、张玉书、吴琠、熊赐履，学士王九龄、曹鉴伦、傅伸、来道、铁图、刘光美、纪尔塔浑、色德里遵旨以差验两广总督石琳病势，将保举御史鄂洛等缮绿头签呈览。上曰：“着阿世鼐去。”

又遵旨清查原任布政使张四教亏空库银移会总督阿山咨文奏览。上曰：“此事不可不明。朕前次南巡，经过地方，蠲钱粮、免税课、发仓廪，凡一切用度、食物俱自京备往，并无动用地方钱粮。及至苏州等处，织造官员奏称，修理房屋俱系伊等备办，并未动用正项钱粮，朕方驻跸城内。动用库银等情俱属欺隐，并未启奏。又沿途赏赉大臣、侍卫、官员、护军及舡户人等，俱动支正项钱粮，并未支取民间分毫。即赏赐缎匹，亦系每年织造数内，未曾多用。朕不时巡行直隶地方，试问曾有动用库银之处否？补还此项银两，虽令伊等偿还，亦未必尽出己橐，仍自科派民间。修理工程虽有数处，亦不用如许银两。今地方官员指名科派者甚多，凡有钦差过往，地方官员务必凑办馈送。即钦差不受，地方官员亦皆入己。此种情弊，当逐一详察。若不从重治罪，何以警众？尔等所作咨文甚善，即依议咨行阿山，着令查明回奏。”

是日起居注官揆叙、张廷瓒。

初三日辛亥　辰时，上御乾清门听政。部院各衙门官员面奏毕，大学士伊桑阿、马齐、张玉书、吴琠、熊赐履，学士王九龄、曹鉴伦、傅伸、来道、铁图、刘光美、纪尔塔浑、色德里奏曰：“臣等遵旨问尚书李振裕、御史王度昭，李振裕供称，有仇是实，如无仇，为何参我？但不知何事结仇，无可凭据，难以指实。九卿云，揆此，有仇是实，如因受屏而参，九卿内收屏者宁止一人，缘何止参李振裕？此事伏祈皇上依臣等议完结。”上曰：“此事着依九卿议。山东人专好结仇，昔日魏裔介、李之芳之事亦皆如此。”张玉书、熊赐履奏曰：“皇上所见甚明。”上曰：“朕此番巡行口外，见山东登州、莱州、青州之人在口外居住者多至数万，贼盗肆行，皆是此辈。盖因彼地绅衿吞占田土，以致不能度日，方来口外，就旷土耕种。如州县官善于抚恤，不使擅离本土，亦供赋之良民也。”

上又顾大学士等曰：“观御史赫明德奏事明白，人亦才能。”伊桑阿、马齐奏曰：“人果才能，凡事亦颇明白。”上曰：“虽凡事明白，若轻浮亦属无用。赫明德为人诚实，堪以学士、侍读学士用。”伊桑阿奏曰："凡事纵极明白，总不如诚实之为善。"

是日起居注官法良、陈元龙。

初四日壬子 辰时，上御乾清门听政。部院各衙门官员面奏毕，大学士马齐、张玉书、吴琠、熊赐履，学士王九龄、曹鉴伦、傅伸、来道、铁图、刘光美、纪尔塔浑、色德里以折本请旨。礼部覆外帘御史节什等题，监生庄令舆、俞长策试卷作五经文字与例不合，但事关崇文雅化，理合奏闻，部议无庸议。上顾大学士等曰："作五经文字为何禁止？"张玉书奏曰："作五经文字者甚少，惟恐知彼之姓名，所以禁止。"上曰："所作五经文字若竟与题无涉，理应不取。若俱合题旨，实为难得。况一日写有二万余字。庄令舆、俞长策着俱授为举人，准其会试。嗣后作五经文字应否禁止，着问九卿。"

刑部以监禁重罪人犯招册照例奏览。上曰："今年内外秋审案内，情由可矜可疑者，照例具题完结。情真缓决人犯，俱着明年秋审具题。"

又赵一贵等私刨人参，拟绞。上曰："赵一贵、王二俱从宽免死，照例减等发落。"

又覆湖广总督林本直题参，九溪副将张陈武妄称应将己名荐举卓异，又谎称送过上司礼物要求荐举。上曰："问闽人，俱称张陈武人材矫健。观其讦告林本直呈词，亦非全无胆量之人。既被林本直题参，不可仍留彼处。现今山东文登营副将员缺，着将张陈武调补。"

又顾大学士等曰："现任提督如李林盛、潘育龙、张旺、李芳述等，俱系军旅娴熟，今年俱五六十岁。再十数年，此辈皆老，知军务者渐少矣。以北人补授南方提镇，不谙南方练兵之术。若用南方人，又不曾身经征战。此后如李林盛辈实为难得。再殷化行人材矫健，朕前此第三次出征，在宁夏住几二十日。其时，殷化行任宁夏总兵，竟未能得兵民之心。然武官与文官不同，由行伍出身者多不读书，俱系贫人。如令伊等分毫勿取，不但有误他务，即整理军器等物亦觉甚难，此断不能行者。但能尽瘁行间、竭力报效，便自称佳。"

是日，上诣宁寿宫问安。

是日起居注官揆叔、徐元正。

初五日癸丑　早，上御太和殿，文武升转官员谢恩毕，回宫。

是日起居注官法良、张廷枢。

初六日甲寅　辰时，上御文华殿举行经筵大典。侍郎傅继祖、尚书韩菼讲《四书》子路问政，子曰先之劳之一节；侍郎法良、尚书王士禛讲《易经》观乎人文，以化成天下一句毕，赐宴太和门前。

是日起居注官揆叙、宋大业。

初七日乙卯　辰时，上御乾清门听政。部院各衙门官员面奏毕，大学士伊桑阿、马齐、张玉书、吴琠、熊赐履，学士王九龄、曹鉴伦、傅伸、来道、铁图、刘光美、纪尔塔浑、色德里以折本请旨。吏部题左谕德杨大鹤员缺，拟右谕德王化鹤转补。其右谕德员缺，拟中允潘应宾升补。上曰："潘应宾其人平常，以应升此缺之人问翰林院具奏。"

又题御史吴达禅等四缺，以员外郎刘住等拟正陪。上曰："着查郎中及未出税差给事中等具奏。此内汉军一缺，将开列之人问伊堂官具奏。"

又候选州同王景龄等叩阍，愿效力广西，议不准行。上曰："此本着发回，俟广西缺出题补之日再行具奏。"

刑部题王廷政叩阍，以管成系流徙之人，逃回霸占西山等窑，王廷政应照冲突仪仗例流徙，其管成拿获之日另行议结。上曰："管成乃一极恶之人，曾剜人眼目，事发流徙，复行逃回，骚扰西山人民。况流徙之人既经逃回，必在此地。刑部将管成脱卸，反将原告议罪，殊属不合。着该部堂官将审理此事司员引见。这本着发回另议具奏。"

又广西巡抚萧永藻题布政司李涛请终养。上曰："广西非美地，李涛规避亦未可知。准其终养，俟伊亲终服满之日，仍于广西补用。"

山东考试官王思轼等以官字号额取举人六名，因文字不佳止中三名，其三名仍归民字号补中，与例不合，具题奏闻。上曰："此事若敕部议，则又加处分。这所奏区画甚当，着批知道了。"

湖广总督郭琇疏请休致。上曰："郭琇原系有罪革职之人，特旨起用，授为湖广总督。初陛见时朕询问地方情形，郭琇辄奏称楚地易治。于湖南丈量田亩，复言刻期可以告竣，不致扰民。朕之擢用郭琇，原欲其经理地方，绥辑兵民，非为能出大言卑以重任。今丈量一事时日甚久，始行题覆。红苗屡肆抢掠，杀伤兵民，匿不奏闻，亦漫无筹画。又所属知府揭报黄梅知县李锦亏空钱粮，郭琇等并不详察，即轻率题参，委官署印，以致百姓妄行聚众，擅闭城门。初参时既不能详察，百姓闭门时又不能禁戢。此皆大负职掌之处。凡所行俱与所言不符。此等事情，着郭琇一一明白回奏。”

大学士伊桑阿等奏曰：“臣等遵旨，将考试举人应否准作五经题问九卿，据云，作五经者文章果优，亦应取中。”上曰：“嗣后作五经文者不必禁止，作何定例，着九卿、詹事、科、道详议具奏。”

是日起居注官法良、查昇。

初八日丙辰 辰时，上御乾清门听政。部院各衙门官员面奏毕，大学士伊桑阿、马齐、张玉书、吴琠、熊赐履，学士王九龄、曹鉴伦、傅伸、来道、铁图、刘光美、纪尔塔浑、色德里以折本请旨。户部题广西布政司教化新亏空库银，应取原任巡抚王起元口供。上曰 :“此议甚属诞谬。凯音布自授户部尚书以来，每事推诿其议事司员，着该部堂上官率来面奏。凡此等事情，宜加惩警。这本着发回另议具奏。”

刑部等衙门覆总督郭琇、知县李锦事。上曰 :“此事情部议将李锦仍留黄梅县任，黜革生员吴士光等仍复衣顶。凡官员去留之权岂可令百姓干预？聚众肆行之风亦渐不可长。尔等可问九卿，该督抚庸懦无能，平时不能约束军民，及至事出，专务遮饰具题。尔部并不详察，止据所奏苟且议结，殊属不合，着严饬行。李锦居官虽优，不可仍留黄梅知县，着令来京，以直隶附近地方员缺用。曹世璞着仍为黄梅知县。出首人程骐原供与生员吴士光等同在一处，今将伊等之罪脱卸，复其衣顶，亦属不合。着将吴士光、徐有章、胡必达解部，发遣奉天。郭琇着降一级留任。再郭琇丈量田亩迟延日期，朕已令尔等即传严旨咨行，咨内将此谕一并增入咨行。”

大学士伊桑阿复奏曰：“臣等遵旨，谕德员缺，以应升之人问翰林院学士，据法良、韩菼云，吴晟、查昇、杨名时俱优。”上曰：“查昇内廷供奉，可补授谕德。杨名时考试甚公，人皆称誉。此番顺天乡试亦公，外边并无谤议。朕用徐秉义、徐元梦主试，外人意料断不能及。”

是日起居注官揆叙、法良。

初九日丁巳　部院各衙门奏章交内阁。

是日起居注官法良、徐秉义。

初十日戊午　辰时，上御乾清门听政。部院各衙门官员面奏毕，大学士伊桑阿、马齐、张玉书、吴琠、熊赐履，学士王九龄、曹鉴伦、傅伸、来道、铁图、刘光美、纪尔塔浑、色德里以折本请旨。礼部覆浙江巡抚赵申乔题，琉球国进贡来使柯纳什库等一百三十人遭风，舡坏溺水，止柯纳什库及舡户铎马二人抱舡板乘流救出。应移咨该督抚，照例准其在驿暂住，遇便舡发回。其余溺水之人详查有无报部。上曰："琉球国失水捞救二人，着地方官加意赡养，俟便舡资给发回。此等舡只损坏，人被溺死，皆因修舡不坚所致。嗣后琉球国贡使回国时，该督抚须验视舡只，务令坚固，以副朕矜恤远人至意。"

又覆磨勘顺天试卷，除有子弟在顺天考试大臣、官员不开外，各部院咨送九卿、翰、詹、科、道官员职名开列。上曰："大臣内学问优长者俱因子弟回避，着九卿、詹事、科、道官员会同磨勘。"

都察院题御史内升外转，以艾芳曾等职名开列。上顾汉大学士等曰："此开列内尔等有知者否？"张玉书、熊赐履奏曰："臣等无知者。"上又问曰："伊等平日条奏何如？"熊赐履奏曰："伊等条陈内固无甚优，亦无甚劣，俱属平常。"上曰："艾芳曾颇优，着内升。王度昭着外转。"

吏科题给事中内升外转，以马士芳等职开列。上曰："陈诜可用，尔等汉大臣云何？"熊赐履奏曰："彼曾会试分房，人品颇优。"上曰："陈诜谨慎，着内升。其余初进言官，未经试验，停其外转。"

是日起居注官揆叙、陈元龙。

十一日己未　僖嫔薨。上二日不理事。

是日起居注官法良、张廷瓒。

十二日庚申　是日起居注官揆叙、徐元正。

十三日辛酉　部院各衙门奏章俱交内阁。

是日起居注官法良、张廷枢。

十四日壬戌　辰时，上御乾清门听政。部院各衙门官员面奏毕，大学士伊桑阿、马齐、张玉书、吴琠、熊赐履，学士王九龄、曹鉴伦、傅伸、来道、铁图、刘光美、纪尔塔浑、色德里以折本请旨。刑部题飞贼吴回子等拟立斩。上曰："佐领下人平日为非作恶，佐领岂可竟推不知？况一佐领下能有几人，访察何难？部议佐领等罪太轻，着问九卿。再此案斩罪人多，并问九卿具奏。"

是日起居注官揆叙、宋大业。

十五日癸亥　辰时，上御乾清门听政。部院各衙门官员面奏毕，大学士伊桑阿、马齐、张玉书、吴琠、熊赐履，学士王九龄、曹鉴伦、傅伸、来道、铁图、刘光美、纪尔塔浑、色德里以折本请旨。吏部覆巡抚李光地参通州知州祖应世亏空钱粮，议革职。上曰："朕巡视永定河曾闻此人，工程已完，这所参似乎舛错。尔等问明具奏。"

刑部议题王大等私刨人参，拟秋后绞。上曰："着减等发落。"

直隶巡抚李光地题降级调用武清县知县章曾印居官优，请留原任。上曰："章曾印居官既优，着照该抚所题留任。"

伊桑阿等奏曰："臣等遵旨以湖广等处兵民恶习问九卿，据云，李锦之事皇上区处得宜，官员去留皆出自宸断，权柄岂可下移。现今无有可议，将来遇此等事再当确议。嗣后凡督抚提镇官员赴任时，乞皇上严加训谕。"上曰："地方文武官员岂容百姓、兵丁任意保留？且保留官长亦非美事。"熊赐履奏曰："保留诚非美事。保留官员之人即惯行讦告之人，此风诚不可长。"

伊桑阿奏曰："臣等以巡视河工事问九卿，据云，河工事体重大，关系万民生业，必经圣驾亲临指示，民生大有裨益。"上曰："朕启行自有谕旨。"

是日起居注官法良、查昇。

十六日甲子　辰时，上御乾清门听政。部院各衙门官员面奏毕，大学士伊桑阿、马齐、张玉书、吴琠、熊赐履，学士王九龄、曹鉴伦、傅伸、来道、铁图、刘光美、纪尔塔浑、色德里以折本请旨。总河张鹏翮题邵家庄请开引河，修筑草坝，再掘去徐家庄南所有沙嘴，分其水势。上曰："此本若敕部议，必致迟延。即依所题开掘。观永定河修筑之法甚善。黄河亦以治永定河之法治之方为有益。永定河河身直，河底深，所以淤沙尽刷。”马齐奏曰：“河形曲折若多，其沙难刷。从来三湾可抵一闸。徐州对直之河有一大湾，得用何法以直开之始为尽善？”上曰：“此工多费亦不过十万两，试照永定河修治。”

上谕吏、户、兵、工四部曰：“朕念黄淮两河为运道民生所系，屡次南巡，亲临阅视。以疏浚修筑之法，指授河臣闭六坝以束淮敌黄，通海口以引黄归海。比岁以来，工程次第告竣，修防亦渐有成效。昨年冬月，河臣张鹏翮曾以河工善后之策及应修之处请朕亲阅指示。兹当农事之隙，减约从员，轻装南下。自徐州一路循视堤堰，沿途皆设营幄，不御屋庐，日用所需，悉已储偫。经过地方，一切供帐，宜通行禁止。倘或官吏藉名科派，累及小民，或指称预办，擅动库帑，察出定严加治罪。地方大小文武官员与扈从官员托言亲旧，私相馈遗，及随从人等有妄行生事者，俱以军法从事。闾阎百姓，各事生业，不须引避。有挟怀私怨，于驻跸处所告讦者，一概不准，仍照律治罪。该部即传谕扈从人员并各该督抚，于所属府州县遍张告示，务令通知，以副朕体恤民生至意。”

是日起居注官揆叙、徐秉义。

十七日乙丑 辰时，上御乾清门听政。部院各衙门官员面奏毕，大学士马齐、张玉书、吴琠、熊赐履，学士王九龄、曹鉴伦、傅伸、来道、铁图、刘光美、纪尔塔浑、色德里以折本请旨。兵部题广州将军卢崇耀员缺，以福州副都统祖建极等职名开列。上曰：“卢崇耀不过一朴实人，办事无甚优长。广州仍紧要之地，此处得一好将军于地方有益。原任孝陵副将、今江西总兵官管源忠人材颇优，约束甚严，从皆称誉，其卢崇耀员缺着补授。”

是日，上诣宁寿宫问安。

是日起居注官法良、陈论。

十八日丙寅 辰时，上御乾清门听政。部院各衙门官员面奏毕，大学士马齐、张玉书、吴琠、熊赐履，学士王九龄、曹鉴伦、傅伸、来道、铁图、刘光美、纪尔塔浑、色德里等遵旨以刑部题飞贼吴回子事问九卿覆奏。上顾大学士马齐等曰：“尔等之意如何？”马齐奏曰：“臣等之意以贼之为首者立斩，为从者监候。”上曰：“尔等会同九卿议奏。”

是日起居注官揆叙、徐元正。

十九日丁卯 辰时，上御乾清门听政。部院各衙门官员面奏毕，大学士伊桑阿、马齐、张玉书、吴琠、熊赐履，学士王九龄、曹鉴伦、傅伸、来道、铁图、刘光美、纪尔塔浑、色德里以折本请旨。总河张鹏翮题报秋水情势。上曰："览张鹏翮所奏，挑水坝筑成，逼黄河大溜，直趋陶庄引河，循北岸而行。黄水从大通口畅出，海口极其深通，淮水从清口畅流敌黄，绝无黄水倒灌之患。高家堰堤工完固，加谨防守，经伏秋大涨，俱获平稳。运河水经由泾河、涧河、人字、芒稻等河分泄，各处工程，亦皆保固等语，观此河工大有望矣。"上又曰："今所开掘引河甚善。朕前巡视南河，曾令原任员外黑硕色将引河之桩加意深筑，其疏浚芒稻、人字二河亦好。有此二河，运河甚为有益。朕观明朝治河，俱自徐州以上，在河南修筑。我朝自康熙元年以来，修河俱在徐州以下修筑。然治下流亦应预防上流，若上流倾倒，下流必至壅滞。嗣后自徐州以上地方，河臣亦当留意。再黄河之水迁徙无定，朕前在宁夏时，见黄河大溜每年更移。今年所流之处，来年断然不流，其性如此。况九河故道，原在河间府地方，后渐往南迁移。历代以来，如果每年防御，相机修理，河道何至如此大坏？皆因时当有事，或十年，或五年，不修筑，不开浚，所以渐难治矣。明朝三百年间，常讲求河工治法，彼时措置，亦得其宜。其山东微山湖，将水蓄聚，山中涝则蓄之，旱则泄之，此皆人意想不能及之事，诚有益于运河者也。"

伊桑阿奏曰："臣等遵旨以飞贼吴回子事与九卿议，皆云此辈俱应斩。"上曰："此内行劫之处，有去者，亦有未曾去者。尔等查明具奏。"

是日起居注官法良、张廷枢。

二十日戊辰 辰时，上御乾清门听政。部院各衙门官员面奏毕，大学士伊桑阿、马齐、张玉书、吴琠、熊赐履，学士王九龄、曹鉴伦、傅伸、来道、铁图、刘光美、纪尔塔浑、色德里以折本请旨。吏部题广西左江道李世仁请终养，议准行。上曰："依议。李世仁亲终服满之日，仍以广西原缺补用。"

伊桑阿等奏曰："臣等奉旨以祖应世之事问九卿，据云移咨巡抚李光地行查。"上曰："祖应世钱粮已完，今又称未完。此内或有他故亦未可定。着行文李光地详察。”

是日起居注官揆叙、徐秉义。

二十一日己巳　辰时，上御乾清门听政。部院各衙门官员面奏毕，大学士马齐、张玉书、吴琠、熊赐履，学士王九龄、曹鉴伦、傅伸、来道、铁图、刘光美、纪尔塔浑、色德里以折本请旨。礼部题磨勘山西、山东、河南三省试卷，以九卿职名开列。上问曰：“旧例如何？”张玉书奏曰：“先系礼部磨勘，后于九卿大臣内拟出数员磨勘。迩来顺天试卷，奉旨九卿同看。”上曰：“此三省试卷亦着九卿同看。”

大学士伊桑阿等遵旨查飞贼吴回子一案回奏。上曰：“朕昨幸景山，曾传伊等佐领族长细问，此内有一人，人材好，西路出征极为效力，其家虽曾窝盗，并无亲身上盗杀人。尔等问九卿，此内或有在军前效力及父祖阵亡者，减等发落。如无，即照例完结。”

顺天府府尹钱晋赐条奏，大兴、宛平知县亦应简选。上曰：“现今大兴县员缺，着以黄梅知县李锦调补。余着该部议奏。”

是日，上诣宁寿宫问安。

是日起居注官陈论、满保。

二十二日庚午　辰时，上御乾清门，听部院各衙门官员面奏政事。

是日起居注官法良、徐元正。

二十三日辛未　辰时，上御乾清门听政。部院各衙门官员面奏毕，大学士伊桑阿、马齐、张玉书、吴琠、熊赐履，学士王九龄、曹鉴伦、傅伸、来道、铁图、刘光美、纪尔塔浑、色德里以折本请旨。兵部覆直隶抚臣李光地疏请亲试所属各镇标下武官，议不准行，仍照例作速会同注考。上曰：“数年来直隶军政之事渐好，观此诸事，在人自励。李光地任巡抚年久，其各镇所属武官，着该抚亲身考试。”

伊桑阿等遵旨将刑部所奏飞贼一案问九卿覆奏。上曰：“吴回子、李大汉、谢二、牛大、李四、秃子、花子、宋二、李二、朱三俱即处斩。其阿索住、王天贵俱立斩枭示。贾五、范可奇、飞腿王二、秦大汉、钱六、宋五、马大汉、长毛王二、王三、高逢云、白二、王八、韩二、费成俱着立斩。噶而妈、硕色、罗海、常保住、莫而浑、五奇、李住、郎图、吴凤、来空、鄂代、席安、胡柰、郭三、王六儿、桂良、席六、生儿、刘九、杨大、袁六、阿一、李成美、和尚长精、谢二俱着改应斩罪、监候秋后处决。丘茂、白宁远从宽免死，照例减等发往黑龙江当差。京儿、刘二、刘六、牙柱、马而布、王七、谢三、林自立、刘四、徐四、回子卞四、费九着从宽免死，照例减等发黑龙江，赏给披甲新满洲为奴，务期严押解到。王六依议应绞监候，秋后处决。乞而达、苏满图、克善俱着罚俸一年。”

是日，起居注官揆叙、王思轼。

二十四日壬申　辰时，上御乾清门听政。部院各衙门官员面奏毕，大学士马齐、张玉书、吴琠、熊赐履，学士王九龄、曹鉴伦、傅伸、来道、铁图、刘光美、纪尔塔浑、色德里以折本请旨。礼科给事中章振萼条奏，州县余剩钱粮应查入正额。上顾汉大学士曰：“尔等云何？”大学士等沉吟未对。上曰：“尔等为大学士，事之可否，即当直陈。言官条奏之事，尔等亦当直辨其是非。言官岂皆尽善，其言宁必尽合乎理？即古来贤人亦自有数。”张玉书奏曰：“臣等恐利弊不能尽知，所以未敢遽奏。”吴琠奏曰：“查核隐匿钱粮乃督抚之职分，现有治罪定例。若一概清查，恐滋繁扰。”上曰：“这所奏无益。”

又奏增《周礼集注》，请御制序文表章，科场亦以《周礼》出题。上顾大学士曰：“尔等云何？”熊赐履奏曰：“《周礼》一书即周朝会典，其礼节之精微，备载《礼记》，以《周礼》出题，似属无益。”上曰：“如以《周礼》出题，反觉其易。”

马齐奏曰：“臣等遵旨将户科给事中王杰条奏请去钱粮丝忽零数问彼，据云，伊曾历任知县，但知革去零数有益，不知去零为整，钱粮反致增多。又户部诸人云，如去零作整，大约每年可增银三千余两、米二千余石。”上曰：“钱粮丝毫俱有关系，酌减则可，若少加增，不独累民，亦且无益。此三本俱属无用，着发还。尔等传谕章振萼、王杰，科、道官员专任言责，所议合理，朕即采取施行。不合理，朕亦曲为优容，不行治罪。此三本无益，故尔发回。嗣后如当言之事，仍着条奏，朕当采纳。”

是日，上诣宁寿宫问安。

是日起居注官张廷瓒、满保。

二十五日癸酉 早，上诣宁寿宫问安。

上巡视南河，由午门出正阳门，驻跸海子南红门。

申时，上出行宫，率皇太子、诸皇子及善射侍卫等射。上发矢俱中的。又命福建总兵官张玉麒射。

二十六日甲戌 上起行至大兴县杨家庄，下马，亲自扶犁锄地久之。

是日，驻跸永清县城南。赐陕西白路口参将缴煜章披箭五枝。是日，固安县防守御六格则等、旧州营都司吴道辅等、永清县知县王言等、榆垡把总李文等来朝。

二十七日乙亥 上驻跸文安县所属狼虎庙村。是日，雄县防守御山等、文安营游击苟文昌等、霸州防御马溥里等、知府署霸州知州事罗伦等来朝。

二十八日丙子 上驻跸河间县所属北卫村。是日，上于北卫村西率诸皇子及善射侍卫射。又令直隶副将以下、把总以上官员射。赐扈从护军校、护军等兔。是日，河间府知府许天馥、河间县知县任奕鍫等来朝。

二十九日丁丑 上驻跸献县所属张白村。是日，河间府武进士三等、侍卫陈栋之父陈养心请安，赐白金。又赐扈从护军校、护军等兔。是日，原任御史戈英请安，进字四种，上采一种。命奏事主事存住、奏事来保传谕大学士马齐曰："原任御史戈英缘事革职，朕意此人或已物故。今来接驾，见年已老迈，原系进士出身，深为可悯，着复还原职。"

酉时，上御行宫，大学士马齐、张玉书，学士刘光美、色德里以折本请旨。兵部以八旗所牧马匹羸瘦，将副都统沙克独尔等拟降级调用、罚俸。上曰："沙克独尔等俱从宽免调用，照所降级留任，各罚俸一年。"

又覆甘肃巡抚齐世武题，请以武进士曹栻补授守备。是缺已推补盛尔扬，议不准行。上曰："曹栻照该抚所题补授，盛尔扬着留彼处，俟缺出补用。"

福建漳州府海澄公黄应缵疏请职守。上曰："黄应缵请假数年，尚未来京，请任职守，塞责具奏。凡武职官员俱以骑射为主，着兵部将黄应缵调来试以骑射具奏。"

都御史李楠条奏河工。上曰："朕今南巡，俟到河工日，尔等将此本问张鹏翮。"

是日，献县知县杨希鲁来朝。

十　月

初一日戊寅　上驻跸阜城县属检桥村南。

酉时，上出行宫，率诸皇子及善射侍卫射。又命保定营参将师懿射。赐扈从护军校、护军等兔。仓州城守尉常明、防御吴达礼等，阜城县知县王家骕，交河县知县张荣等来朝。

初二日己卯　上由景州城内便过开福寺，丈量寺塔。赐寺僧白金。是日，驻跸景州城南。赐扈从护军校、护军等兔。山东巡抚王国昌、总兵官刘官统、布政使刘暟、按察使王然、粮道朱廷祯、学道徐炯、盐运使祖维焕、都司谷鹏等来朝。

初三日庚辰　上驻跸行宫。是日，河督张鹏翮、河北总兵官王应统请安来朝。命张鹏翮入行宫，问河工事毕出，赐食。

初四日辛巳　上驻跸德州城内。是日，衍圣公孔毓圻，五经博士孔毓埏、颜宗敷、曾尚溶、孟贞仁、东野枝盛、仲秉贞，德州城守尉达尔化、防御吴进泰等、参将刘彰、游击魏廷钦等来朝。

初五日壬午　上以东宫违和，驻跸行宫。

巳时，命侍读学士陈元龙、侍讲学士揆叙、侍读宋大业、谕德查昇、编修汪士鋐、陈壮履，庶吉士励廷仪入行宫。赐食毕，内监引至御前。上问陈元龙曰："尔年几何？"奏曰："臣年五十一。"上曰："尔须已白，齿曾落否？"奏曰："已落二齿。"又问曰："尔目昏用眼镜否？"奏曰："灯下书字亦觉目昏，若书细楷，虽日间亦用眼镜。"上召近御案前，令书绫一幅。又令宋大业、查昇各书绫一幅。既而上以余三人姓名问揆叙，揆叙奏："其一编修汪士鋐；其一陈壮履，系尚书陈廷敬之子；其一庶吉士励廷仪，系副都御史励杜讷之子。"又命汪士鋐、陈壮履、励廷仪每人书绫一幅。上阅毕，云："励廷仪书法甚熟，因在朕前过于矜持，是以不及平昔。"上又曰："学书须临古人法帖，其用笔时轻重疏密，或疾或迟，斟酌俱各有体。宫中古法帖甚多，朕皆临阅。有李北海书华山寺碑，文字极大，虽难于临摹，朕身卧其上，必临摹而后已。今翰林内书法优者皆有一种翰林习气，惟孙岳颁书法最佳。”查昇奏曰：“孙岳颁草书、楷书俱佳。”上曰：“孙岳颁楷书亦未免有翰林气，其草书实是过人。”陈元龙等奏曰：“臣等蒙圣恩训示，虽曾究心书法，但古人法帖其运笔、结构皆未能辨晰。皇上御书超绝千古，纵钟繇、王羲之复生，皆不能及。臣等蒙皇上赏赉御书，虽朝夕瞻仰，心摹手习，一笔亦不能学。总由圣躬乾健，腕力万钧，洵圣寿无疆之征也。臣等鲁钝，愿学未能，况御札精微奥妙，又非臣等愚昧所能仰窥。今驻跸闲暇，蒙恩召进，臣敢冒昧丐求皇上亲挥御笔，许臣等侍侧，恭瞻皇上用笔之妙、书法之神。庶几窥窃万一，以仰副皇上教育鸿恩。臣等曷胜激切之至。”皇上遂亲书“云飞北阙轻阴散，雨歇南山积翠来”十四大字，真如龙飞凤舞，岳峙渊停。诸臣拱立，钦仰欢忭，赞飏难罄焉。

上又曰：“米芾石刻可不必学。所有法帖朕曾临遍，大抵名人墨迹，屡经匠工镂刊，其原本精神渐皆失真。沈荃昔云伊曾亲受董其昌指训。朕幼年学书，有一笔不似处，沈荃必直言之。朕素性好此，久历岁年，毫无间断。”又问：“尔等平日所知有善书者否？”宋大业奏曰：“纵有善书者，小字或有可观。能书大字者实少。况圣学高深，何足以当御览。”随令内监领至行宫左厢，观四贝勒与十三阿哥写字。皇子谦让良久，诸臣再三恳求，乃各书一联。诸臣环立谛视，运笔遒劲，书法精严，无不惊叹欢跃。足见圣教精详，诸皇子聪睿勤学，自古帝王所不能及也！

是日，赐扈从护军校、护军等鱼。

初六日癸未　上驻跸行宫。

未时，上出行宫，至射箭教场，令善射侍卫、护军校与德州城守尉及营兵，山东总兵官以下、把总以上皆射。编修陈壮履亦令射。赐总兵官刘官统孔雀翎。

初七日甲申　上驻跸行宫。是日，赐德州城守尉达尔化御用银鼠褂、貂帽，赐原任侍郎田雯御书一幅。

初八日乙酉　上驻跸行宫。

初九日丙戌 上驻跸行宫。赐大学士张玉书御书《千字文》，山东巡抚王国昌御书“治理宽平”四大字、诗字二幅，济宁道蒋陈锡诗字一幅，原任侍郎田雯“寒绿堂”三大字。是日，原任侍读萧惟豫、原任编修田需、原任郎中谢重辉、原任主事罗遴、原任助教赵善庆、原任粮道罗暹、原任知府李元缙俱请安来朝。赐萧惟豫、田需诗字各一幅，福建宁州总兵官张玉麒“机宜果断”四大字。

初十日丁亥 上驻跸行宫。

十一日戊子 上驻跸行宫。是日，山东原任吏部文选司郎中董思凝系已故都御史董讷之子请安来朝，向奏事主事存住、奏事来保求转奏曰：“臣父在日，蒙皇恩拔用，居官三十余年，受恩高厚，子孙世世粉身碎骨，亦难仰报万一。今皇上驻跸德州，真属千载奇逢，臣敢冒昧丐求圣慈怜恤，赐御书一二字，光施臣父茔前。”存住等入奏，出传谕曰：“尔父原任大臣，效力年久，后曾复职，况早任翰林。尔为父求扁，甚是。着在此等候。”

十二日己丑 上驻跸行宫。是日，亲近侍卫海青捧御书“眷念旧劳”四大字，赐原任郎中董思凝。

十三日庚寅 上驻跸行宫。

辰时，上御行宫，大学士马齐、张玉书，学士色德里、刘光美以折本请旨。吏部覆直隶巡抚李光地参保定府知府祖允禧，拟革职，交刑部议罪。上曰：“祖允禧着革职，不必交刑部。”

又覆御史张瑗条奏铨选事宜应遵旧例，议准行。上曰：“遵照旧例行之甚善，后又何故更改？今张瑗条奏，又议照所奏改复，定例岂可如此纷更？着发回该部查明具奏。”

户部题将两淮巡盐给事中满普议罚俸。上曰：“满普已将钱粮解部完结，所奏甚明。观此，该部误议矣。凯音布徇庇司官，将满普议罚俸，移查于黑硕色者，明系推诿羁延时日。着将此事查明具奏。凯音布自任户部以来，凡事不实心从公办理，护庇族中。伊所欲行之事，虽不可行亦即完结。于彼意中不合之事，必欲求疵驳查。观此，则凯音布不宜任户部尚书之职。尔等可将朕谕缮写满文发回。”

又题制钱议照旧式改铸。上曰："昔日科尔坤、佛伦管钱局时，欲改铸小式，再三题请，朕始允行。今照旧改大，观之亦美。此事关系甚钜，回京后自有面谕九卿之旨。"

顾张玉书曰："昔日尔与马齐、图讷往阅河道，众皆以减水坝可塞。倘彼时朕听众议，堵塞减水坝，则淮安、扬州等处俱不可问矣。凡事知之不明，诚难定夺。知之既明，又何惑？"

理藩院以蒙古王、台吉等朝贺正朔事请旨。上曰："今岁京师痘疹甚多，王、台吉中未出痘疹者，着免来朝贺。"

巳时，奏事主事存住、奏事来保将应赏赐人员职名折子交与大学士马齐，传谕曰："折内有名人员朕欲沿途赏赉，其扈从大臣，俟到江南行赏。因皇太子染病，巡幸中辍。今在此驻跸旬余。其扈从兵丁喂养马匹，自备盘费诚难，若于地方征取草料，又累百姓。此折内有名侍卫、护军、执事人员及内监等，每名赏银拾两。其驼垛行李人役、兵丁，每名赏银五两。至于前途赶马上驷院人等，在不赏例。此项赏赉银两，着令在此取给。"

未时，上出行宫，行幸教场，率善射侍卫射。上每矢皆中的。射毕，回行宫，遣亲近侍卫海青，乾清门侍卫五哥、楮宗传谕德州城守尉达尔化曰："骁骑五十八强弓善射，此城内兵丁俱不能及。朕曾屡阅江南等处，兵丁射艺亦不及彼。如此者特加奖用，嗣后人皆鼓励矣。五十八着于额外授以骁骑校，俟彼旗分缺出，即行顶补。"

十四日辛卯　上驻跸行宫。赐大学士张玉书"澄心如止水，力学比登峰"御书联对，直隶巡抚李光地"教忠堂"三大字，编修陈壮履、庶吉士励廷仪、河北总兵官王应统，山东布政使刘皑、按察使王然，德州城守尉达尔化、学道徐炯、盐运使祖维焕，济宁道蒋陈锡、粮道朱廷祯、游击蒋焕、都司谷鹏、理事同知亨忒，知州王朝佐、韩维翰，知县王世馨、孙秉义诗字各一幅。

十五日壬辰　上驻跸行宫。

十六日癸巳　上驻跸行宫。

辰时，上御行宫，大学士马齐、张玉书、学士色德里、刘光美以折本请旨。刑部覆川陕总督华显题参西宁道张信贪庸亏空，议行查。上曰：

"张信居官尚好，非齐世武题参，系囊吉礼揭参。此事移文齐世武着详查审明具奏。"

是日，上赐山东济府通判刘余霦，知县郎廷槐、房之麟、佟逢年、陈祥祚、滕永禛诗字各一幅。

十七日甲午 上驻跸行宫。是日，召侍读学士陈元龙、侍讲学士揆叙、谕德查昇、庶吉士励廷仪入行宫，赐食毕，又赐揆叙"云里帝城双凤阙，雨中春树万人家"十四大字，陈元龙、查昇、励廷仪御书各一幅。赐福建建宁府总兵官张玉麒孔雀翎。又出绫一幅，命江南苏州府贡生何焯书诗二首，以直隶巡抚李光地所荐也。上览毕，命亲近侍卫海青捧上诗字，令何焯观之，并传谕李光地曰："何焯字差，可所赋诗诚佳。尔举荐之人，朕欲带至京师，教习诸皇子。尔意云何？"李光地奏曰："何焯学问亦可。皇上带伊至京写字查书，似堪供役，若教习皇子，关系重要，臣不敢保。"海青入奏出，传谕曰："教习皇子，但是伊身不离左右。皇子有问，即指示之，庶几学有裨益不问则亦已矣，有何关系？尔到保定，从容送彼至京。"谕何焯曰："顷令尔所观诗字，俟用宝赐尔。"何焯奏曰："臣乃草茅微贱，一介愚民，何敢当圣主宝翰。"海青入奏出，传谕曰："因尔系读书人，故特赏赐。昔尔辈吴廷桢亦曾赐之。"

十八日乙未 上驻跸行宫。是日，亲近侍卫海青捧出御笔楷书《千字文》一册、草书《千字文》一册、诗三幅，赐直隶巡抚李光地。自守道高必弘以下文武官二十八员、山东布政使刘皑以下文武官九员各御书一幅。此二省自巡抚至知县，每有年老目昏及为亲老丐求眼镜者，海青随捧眼镜一匣，通行赏赐。

十九日丙申 上驻跸行宫。

辰时，上御行宫，大学士马齐、张玉书，学士色德里、刘光美以折本请旨。吏部题补授直隶深州知州员缺。上曰："张朝琮原任蓟州知州时居官甚优，若将彼调补蓟州，陈廷柏调补深州，于地方大有裨益。着问巡抚李光地。"马齐等问巡抚李光地，复奏曰："如此调补甚善，于地方诚有裨益。"上曰："深州知州员缺，着蓟州陈廷柏调补；蓟州知州员缺，着张朝琮补授。"

户部尚书凯音布等误议两淮巡盐给事中满普罚俸事，具折请罪。上曰："凯音布等着交都察院察议具奏，所奏原折一并发出。"

兵部题直隶河间府及大名府副将员缺，以李光地所荐参将师懿德、阎定国，都司胡琨开列。上曰："师懿德升补河间府，副将阎定国升补大名府，副将师懿德员缺着胡琨升补。"

是日，召侍读学士陈元龙等入行宫，令观御书。赐陈元龙、揆叙、查昇联对，陈壮履、励廷仪各诗二幅，宋大业、汪士鋐各诗一幅，复赐食。陈元龙等奏曰："臣等素沐皇上教育之恩，至深且厚，正感愧末由报称。今又蒙皇上亲洒宸翰，许臣等进立仰瞻，赐书赐食，复许御前谢恩，此非微臣所敢当也，惟图何以仰答皇上隆眷耳。"

是日，新升山东按察使赵弘燮谢恩至，赐御书一幅。

二十日丁酉　上驻跸行宫。亲近侍卫海青、乾清门侍卫马武、侍讲学士揆叙传谕直隶、山东巡抚、总兵官等曰："凡御前奉差之人及诸王、皇子、公主经过之处，地方官理宜迎接请安。至于部院衙门差去审事司官及笔帖式等回京之日，岂尽人人面奏？地方官于彼过时跪请朕安，最为可笑，此乃不知礼之人创为此例。众人请安，则一人不敢独异。且远省陛见之官经过近省，近省之员反去迎接请安，更属非礼。督抚欲请朕安者，具折奏闻有何不可？再在外或有假充御前之人妄行生事者，许地方官即时拿解。昔年两江总督于成龙曾经奏闻治罪。此后如有部院衙门差去审事司官及笔帖式，或织造往来，或文武官进京陛见者，迎接请安之礼着永行禁止。朕初意欲至江南传谕此旨。今从此回銮，即着直隶、山东巡抚通行各省遵谕而行。"巡抚李光地、王国昌奏云："圣谕诚然，臣等敢不仰遵。向来陋习，相沿已久，众人皆然，则一人不敢独异，诚如圣上洞见。嗣后通行晓谕，永遵禁止可也。"

是日，上赐山东巡抚王国昌、总兵官刘官统御书"清慎勤"三大字各一大幅、诗字各一，布政使刘暟、按察使赵弘燮、原济宁道转天津道蒋陈锡"清慎勤"三大字各一，大学士张玉书等所荐浙江举人查慎行、直隶巡抚李光地所荐江南贡生何焯御书各一幅。

二十一日戊戌　上因皇太子病体大愈回銮，驻跸直隶景州梁家集村。

命皇太子仍住德州，加意调摄。新升江西南昌府总兵官高文彝谢恩来朝。

二十二日己亥 上驻跸献县怀镇村。

二十三日庚子 上驻跸河间县白华村。

二十四日辛丑 上驻跸霸州苑家口。是日，赐不能回籍陕西临洮府回子马牙麟并献鱼民白金。

二十五日壬寅 上驻跸大兴县礼贤村。是日，侍读宋大业为母求眼镜，上赐之。

二十六日癸卯 申时，上由正阳门进午门，诣宁寿宫问安，回宫。

是行也，各部院衙门奏章每日交送内阁，由内阁三日一次递送行宫办理。

扈从起居注官法良、陈元龙、揆叙、宋大业、查昇。

二十七日甲辰 是日，各部院衙门奏章交送内阁。

是日起居注官法良、陈论。

二十八日乙巳 辰时，上御乾清门听政。部院各衙门官员面奏毕，大学士伊桑阿、马齐、席哈纳、张玉书、吴琠、熊赐履，学士王九龄、曹鉴伦、来道、纪尔塔浑、刘光美、色德里以折本请旨。九卿覆将制钱改铸大式。上曰："钱法事关系甚巨，必详审定夺、永行无弊始善。尔等以为何如？"张玉书奏曰："小式钱改为大钱，甚是。制钱关系国宝，原不重生息。"工部尚书王鸿绪奏曰："小式钱改为大钱，甚是得宜。昔铜价腾贵，今则贱矣。"上顾礼部尚书韩菼曰："尔意云何？"韩菼奏曰："小式钱改铸果属得宜，但百姓现用钱甚多，一旦禁止，恐不便于民间。请展其年限，将小式钱渐渐消去始可。"上曰："私铸之弊朕知之最切，北方尚少，南来者多，俱从粮艘藏匿至天津等处运至京师。"吴琠奏曰："南方官炉即有私铸。"上曰："此事果真，欲禁止私铸何难？但必洞彻钱法利弊始可行之。天下事惟知之明而后行之果。昔征噶尔丹时，朕知之详确，故决意竟行，不从众议，遂奏成功。今钱法事朕知之未详，故问尔等。果有确见，明晰奏陈。尔等可会同九卿再加详议，务使永远遵行无弊可也。"

都察院题为误行议处巡盐给事中满普解课违限事，将户部堂司官各降二级调用，吏部堂官各罚俸一年。上曰："凯音布、李振裕、庸爱、王绅、范永烈，司官常明、王克任、傅书、杨懋德俱着降二级，从宽免调用，仍各罚俸一年。敦拜、王掞俱各罚俸一年。”

两广总督石琳因病乞休。上曰：“石琳才品优长，简任总督，倚赖方殷。今观所奏，自以老迈，恳切乞休，着原品解任。两广总督员缺将郭世隆调补，速行赴任。浙闽总督员缺，将金世荣补授，仍管将军事。”

提督殷化行为条奏海寇事。上曰：“朕曾详问福宁州总兵官张玉麒、厦门总兵官蓝瑗，据伊等云，海船往来，或有大船商贾欺逼小船，恃强凌弱、肆行抢夺者，此俱系内地泛海之人，并无海寇。尔等可召两总兵官问明具奏。”

是日，上诣宁寿宫问安。

是日起居注官法良、徐元正。

二十九日丙辰 辰时，上御乾清门听政。部院各衙门官员面奏毕，大学士伊桑阿、马齐、席哈纳、张玉书、吴琠、熊赐履，学士王九龄、曹鉴伦、来道、铁图、纪尔塔浑、刘光美、色德里、满丕等遵旨，将九卿会议制钱改铸大式。上顾大学士等曰："此事九卿云何？”伊桑阿奏曰："据九卿云，约限六年，小钱自可消去。”上顾马齐曰:"尔意云何？”马齐奏曰："部例各省小钱俱自该藩司给时价收集解部,但直隶附近处尚易,各省路遥,收解时更需脚价。今九卿所议，将式钱铸一钱四分重，约限六年照常搀用，其小钱不必收集，令自销毁。”上曰:"今收小钱约限六年诚是。若不收之，令自销毁，犹宜趱限，何必迟至六年？或限二三年，尽销可也。至于每年所铸几何，所用几何，亦应查明。着会同九卿另行确议具奏。”

又遵旨查甘肃等四处豁免钱粮及被灾钱粮数目具奏。上曰：“甘肃钱粮尽行豁免，为数几何？”马齐奏曰：“被灾钱粮约千余两，通共二十六万有奇。”上曰：“止如此，着尽行豁免。”

是日起居注官张廷枢、傅森。

三十日丁未 辰时，上御乾清门听政。部院各衙门官员面奏毕，大学士马齐、席哈纳、张玉书、吴琠、熊赐履，学士王九龄、来道、铁图、纪尔塔浑、刘光美、色德里、满丕以折本请旨。兵部覆总督郭世隆题，台湾副将员缺，请以兴化副将张应金补授。上曰："着依郭世隆题请补授。台湾系在海中，彼处官员若未满三年即召来京引见，往还海内，风涛甚是可畏。嗣后三年内有来京引见等事，该部预行请旨可也。”

九卿以直隶情真内可矜罪犯具题。上曰：“观此可矜案内，于仲之情更觉可矜，着从宽免充配，杖三十完结可也。”

大学士马齐等奏曰：“臣等遵旨，将提督殷化行条奏四件问总兵官张玉麒等，据称此事现有成例，唯在再加严禁，部议诚是。”上曰：“此事着依部议完结。海中那得如许盗贼，此皆系赴外国贸易者，本钱荡尽难返故乡，因留海中，劫掠度日。以彼与苗人相较，则不可也。昔尚书库勒纳往审苗人一案，将我朝副将一员正法。嗣后苗人因兹愈肆矣。直省昔日常有贼盗，自李光地任巡抚以来，贼盗顿息。广东昔亦多盗，自彭鹏任巡抚以后，盗案差减。由此观之，猖狂之徒何地无之，惟在简任督抚得人耳。”又曰：“国家承平之日，武备不可一日少驰。昔直隶兵甚是庸弱，其后武弁缺出，朕亲简阅材力矫健者补用，由是彼等各尽厥职教练。今观直隶兵已大振刷矣。湖广兵亦可，但该弁不敢严束。若约束稍严，即哗然思动。似此不加重治，何以示惩？陕西、福建之兵俱强，惟江南、浙江、江西、广西之兵懦弱无用。西地人材矫健者，咸欲投军。南方则不然。本身衰老，子弟代充，所以懦弱者多。四川之兵俱是西人，其兵亦强。此番打箭炉交战，并无满军，仅彼万人，直捣其巢，杀戮殆尽，殊属可嘉。询其俘获喇嘛三人，据云彼处仅存子女，而丁壮者皆蔑有。尔等志之矣，俟论功之时从优议叙。”马齐奏曰：“圣谕诚然。四川之兵征剿打箭炉勇猛之至。是以谛巴惶惧，屡行吁请。”上曰：“今天下武弁俱系朕亲阅骑射，简用补授，是以人材矫健。倘若遇征伐，毅然前进，决无退缩。但系武士，欲其人人皆能洁己似亦难矣。”

马齐等奏曰：“臣等遵旨，将制钱事问九卿，据九卿云，圣见诚然。目今且限三年，俟三年限满，再将小式钱禁止。其宝泉、宝源二局改铸大式，若铜筋不足，另行请旨。”上曰：“此事紧要，一时难得良策。今九卿既限三年将小式钱消去，着依议。”

是日起居注官王思轼、满保。

十一月

初一日戊申　上以冬至有事于圜丘。自是日始斋戒三日。

是日起居注官徐秉义、傅森。

初二日己酉　是日，起居注官陈元龙、满保。

初三日庚戌　早，上于太和殿视祭圜丘祝版毕回宫。

是日起居注官徐元正、傅森。

初四日辛亥　上诣宁寿宫问安。

是日起居注官张廷枢、满保。

初五日壬子　辰时，上御乾清门听政。部院各衙门官员面奏毕，大学士伊桑阿、西哈纳、张玉书、吴琠、熊赐履，学士王九龄、曹鉴伦、来道、铁图、刘光美、纪尔塔浑、色德里、满丕等同吏部堂官以补陕西平凉府知府何锡爵员缺，将候补知府沈宁等四人引见。上一一详问，因顾大学士等曰："此内尔等有知者否？"张玉书奏曰："沈宁原任知县，升部员，人材尚可。"吴琠奏曰："此内杨茂英原任沁州知州，人材亦可，最爱百姓。"上曰："着杨茂英补授平凉府知府。"

是日起居注官揆叙、王思轼。

初六日癸丑　辰时，上御乾清门听政。各衙门官员面奏毕，大学士伊桑阿、西哈纳、张玉书、吴琠、熊赐履，学士王九龄、曹鉴伦、来道、铁图、刘光美、纪尔塔浑、色德里、满丕等以折本请旨。吏部题补授郎中员外郎等缺。上曰："此内员外郎滕得既称有病，着病痊之日引见。"

刑部等衙门题会审可矜人犯。上曰："折尔德案内牵连人犯，俱着查明减等完结。"

是日起居注官法良、宋大业。

初七日甲寅　辰时，上御乾清门，听部院各衙门官员面奏政事。

是日起居注官满保、查昇。

初八日乙卯　辰时，上御乾清门听政。部院各衙门官员面奏毕，大学士伊桑阿、马齐、西哈纳、张玉书、吴琠、熊赐履，学士王九龄、曹鉴伦、来道、铁图、刘光美、纪尔塔浑、色德里、满丕等以折本请旨。兵部题议叙打箭炉效力武弁。上曰：“此案所议甚当。内唐希顺率兵力战，殊属可嘉。况其人素著勤劳，着照常议叙。伊虽患病不起，尔等票本仍批病痊起用，俾生存之日亦觉光荣。”

上出御书，蠲免甘肃钱粮。上传示张玉书等，又顾伊桑阿等曰：“甘肃钱粮朕频行蠲免，除蠲免而外，更无急务。比年以来，附近省分俱屡行宽免，其云南、贵州、四川、广西等处，未得尝邀蠲恤。朕查户部库银有四千五百万两。每年并无糜用，国帑大有赢余。朕欲将此四省四十三年钱粮悉行蠲免，须于明春即发谕旨，通行晓示，庶经费易为措置。”马齐等奏曰：“每年动用钱粮俱属正务，故无妄费。皇上比年来屡行蠲赋，或有连免六七年者，百姓诚沾实惠。”上曰：“蠲赋诚为爱民要务，征取钱粮，原为国用不足计，国用苟足，多取奚为？今库帑既有赢余，朕意欲免云南等处租赋。倘更宽裕，广东钱粮亦行蠲免。四省蠲免谕旨，明春即行晓示为善。其协济银两，该部中预为计算，事方有济。”

是日起居注官徐秉义、傅森。

初九日丙辰 辰时，上御乾清门听政。部院各衙门官员面奏毕，盛京兵部侍郎傅伸因赴任恭请训旨，奏曰：“臣年少时惟在内阁翰林院办事，部院事务素未谙练，恭请圣训。”上曰：“盛京风气日下，习成疏懒，朕故将部院保举司员调用彼处。尔到时惟持己以正，勤于政理，余别无训尔处。”傅伸奏曰：“臣谨志圣训。”傅伸出。

大学士伊桑阿、马齐、西哈纳、张玉书、吴琠、熊赐履，学士王九龄、曹鉴伦、来道、铁图、刘光美、纪尔塔浑、色德里、满丕等以折本请旨。吏部题补授内阁侍读学士及部院郎中等官。上曰：“侍读学士升任即为大臣，塔进泰为人虽勤，不识大体。教养蒙古科臣穆赫伦为人诚实，历俸年久，尔等知否？”马齐奏曰：“穆赫伦颇优。”上曰：“穆赫伦着升补内阁侍读学士。”

礼部覆浙江巡抚赵申乔题请孔子圣诞各省学宫俱应行祭祀，议不准行。上曰：“学宫祭典，各省与阙里不同，即古先圣贤亦无有身后生日祭祀之礼。这题请殊属不合。赵申乔当其居乡时素行谨饬，闭户读书，朕用是擢为布政。其任布政时，操守清严，一尘不染，各属解司钱粮少有赢余，俱行发还。朕嘉其清节，授以巡抚重任。抚浙以来，操守尚不改易，但凡有控告之事无不准行，即听断时，意见多偏。百姓讦告官长，必以百姓为是；小官出首大吏，定以大吏为非。如此行事，江浙健讼刁风如何得息？况彼系常州府人，浙抚告示行至本籍，以致本籍之人俱来赴诉，殊非政体！且所行之事甚属苛细，杭城铺面招牌有讹写别字者，拘至衙门责惩四十。若照此例，不知直省主考出题差讹当以何罪罪之？"伊桑阿奏曰："诚如圣谕。"上曰："尔等可拟票申饬之。赵申乔若不改过，岂堪久膺其任？若以朕近听信人言而有此旨，则前此超擢时，朕岂亦听人言而始柄用乎？江南、江西总督阿山亦喜收受民词，小民乐于争讼。凡准理词状，此系巡抚责任，总督不宜滥预。封疆大吏必居官安静，地方始受其福。广东巡抚彭鹏在任殊不多事，与赵申乔所行大不侔矣。"

刑部覆总督阿山参盐商汪铨。上顾大学士等曰："汪铨恶迹果真否？"张玉书奏曰："汪铨臣等不深知。闻商人等无不深怨。"上曰："九卿内有江南人，着问明具奏。"

是日起居注官揆叙、陈论。

初十日丁巳 辰时，上御乾清门听政。部院各衙门官员面奏毕，九卿磨勘浙江、湖广、江西、陕西四省乡试卷。上曰："各省所出之题何如？"礼部尚书韩菼奏曰："四书题俱妥当，非士子揣摩熟习之题，故文无蹈袭之弊。"九卿出。

大学士伊桑阿、马齐、西哈纳、张玉书、吴琠、熊赐履，学士王九龄、曹鉴伦、来道、铁图、刘光美、纪尔塔浑、色德里、满丕等以折本请旨。吏部题补授翰林院侍讲胡作梅员缺。上顾起居注官法良曰："杨名时为人何如？"法良奏曰："杨名时为人老成谨慎。"上曰："遇事明敏否？"法良奏曰："办事甚明。"上顾大学士等曰："杨名时为顺天学院，考校最公，非但士子录取者感激，即见遗者亦皆心服，可谓不愧翰林矣，杨名时着升补翰林院侍讲。但人居官最难始终如一，杨名时当益加勉励，勿改其初，乃无负耳。"张玉书等奏曰："圣上洞鉴，破格鼓励，彼当益感恩加勉也。”上又曰：“山西学院汪灏亦考校公明，声名甚著。翰林奉差者皆当如此两人耳。朕观近日吏治大胜往年，以前居官不善者，亦渐改过自新，即少年筮仕之人，亦皆知名节可爱，此致治之本也。惟是人最难知，亦最难信，有始甚庸常后知愧励者，亦有始甚廉洁后遂变节者。如山西王辅，其始居官有声，后无足观。又如罗纶，人本平常，因在山西居官甚善，巡抚荐之，今为直隶霸州知州，李光地又极言其善。然如此之人，其材虽可用，究藉上官督率。若移在他处，恐未必然。又如湖广总督郭琇，百姓皆怨恨之，凡一切地方之事漫无料理，足见用人之不易也。”

又曰：“云南、贵州、四川、广西蠲免钱粮，俟开印即行传谕。其浙江俟秋收之后再行请旨。”

伊桑阿等奏曰：“两江总督阿山审拟光棍汪铨，遵旨传问江南在京各官，据伊等云，其恶劣款迹虽不能深知详悉，然其人肆恶已极，众所共知。”上曰：“着照该督所拟定罪。”

张玉书等奏曰：“臣等遵旨会同翰林院掌院详阅顺天武乡试策题及四川文乡试策题，文甚浅薄，且语多冗杂不醇。”上曰：“胡任舆学问何如？”熊赐履奏曰：“胡任舆系江南解元，其殿试卷字尚可观，遂拟第一。今不知其肯读书与否。”上曰：“可将此二处策题交与九卿磨勘。”又顾掌院法良曰：“尔同韩菼将胡任舆传来，朕出题亲试之。”

又顾大学士等曰：“观各部事件，伊等办理或有错误，恐致议处，终行隐蔽者有之。朕终岁听理万几，亦惟记其紧要者，焉能每事一一记之？部院册籍繁多，其差错遗漏，岂能必其无有？况部中自行检举者，朕每从宽宥。倘畏罪自讳，将错处隐而不举，其事终归于错。尔等明谕部院满汉堂官。”

是日起居注官法良、陈元龙。

十一日戊午 辰时，上御乾清门听政。部院各衙门官员面奏毕，大学士伊桑阿、马齐、西哈纳、张玉书、吴琠、熊赐履，学士王九龄、曹鉴伦、来道、铁图、刘光美、纪尔塔浑、色德里、满丕等以折本请旨。浙江巡抚赵申乔题原任巡抚张勄请发往浙江省质审。上曰：“张勄居官何如曾问九卿，九卿但云平常，并未奏其劣迹。朕深知其居官甚劣，故革其职。后伊既赴河工赎罪，事已完结，又何故复令赴浙？谅此事并无他故，徒欲羞辱之耳。张勄免其发往，着该部取口供移知。”

既而，出胡任舆试卷，顾语汉大学士等曰：“看胡任舆昨所作文字，虽不甚优，亦无劣处，尚在可取之列。尔等出阅具奏。伊等所出策题，昨日九卿看得云何？”张玉书奏曰：“据九卿云，顺天武乡试策题浅薄。”上曰：“着察议，必罚俸降级，伊等始知警励勤学。”又曰：“或现任，或布衣内学问优长之人，尔等有知者否？”熊赐履奏曰：“臣无知者。”上问吴琠曰：“尔有知者否？”吴琠奏曰：“臣久于外任，学问优长者不甚知。苟有所知，敢不奏闻。”上曰：“如韩菼、徐秉义之学问者，今谅亦有之。但韩菼所作文章诚为绝伦，人莫能及。”熊赐履奏曰：“一二端见长者尚有，若记闻博而诸作俱精，诚少其人。”上问曰：“张鹏翮学问何如？”熊赐履奏曰：“张鹏翮为庶吉士时，臣曾教习，满文好，文章极清。”上曰：“张鹏翮奏章语约而明，诚优。闻原任翰林杨瑄，其学问亦属优长。”张玉书奏曰：“杨瑄学问诚如圣谕。”

是日起居注官徐元正、满保。

十二日己未　部院各衙门无奏章，上不御门。

是日，上诣宁寿宫问安。

是日起居注官张廷枢、傅森。

十三日庚申　辰时，上御乾清门，听部院各衙门官员面奏政事。

是日起居注官王思轼、傅森。

十四日辛酉　辰时，上御乾清门，听部院各衙门官员面奏政事。

是日起居注官揆叙、宋大业。

十五日壬戌　部院各衙门无奏章，上不御门。

是日起居注官满保、查昇。

十六日癸亥　辰时，上御乾清门，听部院各衙门官员面奏政事。

是日，上诣宁寿宫问安。

是日起居注官徐秉义、满保。

十七日甲子　早，上由午门出正阳门，驻跸南苑。

是日起居注官陈论、阿金。

十八日乙丑

十九日丙寅 是日，上自南苑驻跸畅春园。

是日起居注官法良、韩菼。

二十日丁卯 上诣澹泊为德行宫问安。

二十一日戊辰

二十二日己巳

二十三日庚午 上诣澹泊为德行宫问安。

二十四日辛未

二十五日壬申 辰时，上御畅春园内澹宁居听政。部院各衙门官员面奏毕，大学士伊桑阿、马齐、西哈纳、张玉书、吴琠、熊赐履，学士王九龄、曹鉴伦、来道、铁图、刘光美、纪尔塔浑、色德里、满丕以折本请旨。吏部汇题武清县知县章曾印等降级、笔帖式牙尔善开复。上曰："牙尔善着随旗效力，余依议。"

户部覆茶马监督哈什泰题准折茶价。上曰："此事必计永远可行，始有裨益。着问九卿并以前差过茶马官员及曾在彼地居官之人，伊等必有所见。"

礼部题请给信郡王恤典。上曰："不必赐恤。这本发回。"

又请给原任盛京侍郎额伦德恤典。上曰："本亦发回，不必赐恤。"

兵部将御史龚翔麟疏参喂马监督萨哈布等议罪。上曰："此案部议甚谬。驿递应差马匹，惟看事之迟误与否，马稍欠膘亦有何妨？观这所参，似有情弊。该部不审事之原委，即议革职，太无担当。"又顾汉大学士等曰："差拨马匹，宜量事宜，若事紧路遥，必需肥马。地近之处，即给欠膘之马亦可。若近地乘以肥马，必至喘困。尔等汉人不知其故。总之不致误事则已。这本发回另议具奏。"

工部覆浙江巡抚赵申乔题重修禹陵，议令捐助。上曰："巡抚所题允当，凡古帝王陵寝，常交于地方官员不时修葺，今必颓坏已极。巡抚始行题请，赵申乔为人谨厚，此事若专责于彼，必被人欺。彼处积年节省钱粮甚多，即令织造官会同该地方官酌量支用修理，如此则事易清结。"

巡视南城御史噶什图为盗劫陈大家题参疏防吏目王世嗣。上曰："此事部中久经审结，何至今始行参奏？此内必有情弊。尔等传原参官问明具奏。”

广东将军卢崇耀以补授都统具疏谢恩。上曰：“卢崇耀补授都统已久，何故始行具奏？不肯作速来京，明系恋缺，故意迟延，殊属不合。着作速来京。”

山西巡抚噶礼题请学院汪灏再留任三年。上曰：“似此清官岂能易得，着照该抚所请留任。”

巡抚鄂海题咸宁临潼县员缺，请将城固知县甘文煊、山阳知县金以俊调补。上曰：“这本内金以俊系织造金鄂佛霍之弟否？鄂佛霍诸弟朕尽洞知，俱甚轻肆，无一可用。尔等问明具奏。”

巡抚萧永藻题报原任布政使教化新死于狱。上顾大学士张玉书等曰：“亏空米谷若照此追赔，嗣后居官甚难。各省仓廒所贮米谷苟核其实，监收官员尽被牵累。必有收贮之地，始可日久。若并无仓廒，惟堆积于空野，必致朽烂。此皆备灾之谷，丰年久贮，反致损额。若照亏空银两例追赔，决不可行。”又顾马齐曰：“南方之地无一干土，人死不得安葬。米谷积于空野，朽烂必矣，岂可视银两例追赔？其量斛米谷亦有弊端，可使有余，可使不足。”马齐奏曰：“量斛之弊，皇上极其洞悉。向来定例，银两亏空照常追赔。若米谷不照此例，后以言官条奏，始定此例。且前任亏空之官，必俟接任官交代，始行离任。其接任官亦必自量可以赔补，始肯受其交代。皇上圣见极明极当。”上曰：“尔等酌议，嗣后亏空银两照旧追赔，若系米谷另行定例，于事方有裨益。尔等同九卿会议具奏。”

又题巩昌府知府黄志璋升洮岷道员缺，将服满知府等引见。上一一详询履历年齿，以马世恩补授。

是日起居注官陈元龙、傅森。

二十六日癸酉 上诣澹泊为德行宫问安。

二十七日甲戌

二十八日乙亥

二十九日丙子 上诣澹泊为德行宫问安。

十二月

初一日丁丑

初二日戊寅

初三日己卯 上诣澹泊为德行宫问安。

初四日庚辰 辰时，上御畅春园内澹宁居听政。部院各衙门官员面奏毕，大学士马齐、西哈纳、张玉书、吴琠、熊赐履，学士王九龄、曹鉴伦、来道、常寿、铁图、刘光美、纪尔塔浑、色德里、满丕以折本请旨。两江总督阿山将藩库银两一案遵旨察明具奏。上曰："前九卿中谁云阿山居官好，江南少不得他。尔等问明九卿具奏。"

又各省提镇因军政具疏自陈。上曰："提督如浙江赵弘灿、甘肃李林盛、固原潘育龙居官俱优。朕闻福建提督吴英、江南提督张云翼居官平常。总兵官如古北口马进良、宣府尚宣居官亦优。山东总兵齐官统精于骑射，不但汉人内无其匹竟，可比满洲善射者。又闻其事亲最孝，且系武进士出身，文理亦通。尔等将提镇官员贤否问明九卿具奏。"

又河督张鹏翮题请挑浚运河。上曰："界首以下运河，若极其浅淤，有碍漕运，即照所题挑浚。如漕船尚可行动，则挑浚着停止，将此项银两留于紧要工程动用。"

是日起居注官张廷枢、阿金。

初五日辛巳

初六日壬午

初七日癸未

初八日甲申 辰时，上御畅春园内澹宁居听政。部院各衙门官员面奏毕，大学士马齐、西哈纳、张玉书、吴琠、熊赐履，学士王九龄、曹鉴伦、来道、常寿、铁图、刘光美、纪尔塔浑、色德里、满丕以折本请旨。刑部题将强盗阿领等拟立决。上曰："此事该抚所奏未详。观今所定之案，前后矛盾。失主前供恶苗二三百人，今仅供二十六人，此明系逼勒。失主孔之玉不令供出实数，欲苟且完结朦混具奏，殊属不合，着该抚再审具奏。”

广东巡抚彭鹏题报考试武举事。上曰：“彭鹏居官虽优，但其章奏殊属繁琐不堪。凡题奏本章俱有成式，渠奏称一日六时考试武举，冬月最短，并无六时，岂粤地晷刻较京师独长，否则，昏夜何能较武举骑射？灯下仅可观看文字，岂能较阅骑射？此等不应奏之语具奏，殊属不合。尔等可严行批旨申饬。”

马齐等奏曰：“臣等遵旨问九卿总督阿山断不可离江南之语谁先言之，据汉九卿云，阿山诚宜革职，但其居官尚好，因议留任。断不可离江南之语，臣等焉敢言之？”上曰：“阿山好收受民词，督抚乃封疆大臣，岂宜理此琐屑事务？倘督抚好理词讼，事必烦扰，而小民定致受累。浙江巡抚赵申乔居官虽属清廉，亦好收民词。若管学院事侍郎张泰交居官甚廉，人皆称颂。外吏若能廉洁自爱，在地方安静，不生事端，便为好官。阿山之事，该部自当议奏，待疏入时酌之。”

马齐等奏曰：“臣等遵旨，将提镇等官问九卿，据云提镇系皇上简用之人，居官皆优。张云翼初到任时，兵民稍有不和，后即辑睦。吴英居官平常。”上曰：“提督内潘育龙、赵弘灿、李芳述、李林盛等，自简任以来，绥辑兵民，勤慎安静，地方甚有裨益，深为可嘉。总兵刘官统、马进良、尚宣、蓝理、王世臣、周文英、刘体义、张玉麟、施世骠、俞益谟实心任事，和辑兵民，居官甚优。刘官统骑射超众。俱批优旨发出，其余俱着留任。”

是日起居注官揆叙、王思轼。

初九日乙酉

初十日丙戌　上自畅春园移驻南苑。

是日起居注官法良、韩菼。

十一日丁亥

十二日戊子

十三日己丑

十四日庚寅　申时，上由正阳门进午门回宫。

是日，上诣宁寿宫问安。

是日起居注官满保、宋大业。

十五日辛卯　早，上御太和殿，升转文武官员谢恩毕，上回宫。

是日起居注官法良、陈元龙。

十六日壬辰　辰时，上御乾清门听政。部院各衙门官员面奏毕，大学士马齐、西哈纳、张玉书、吴琠、熊赐履，学士王九龄、曹鉴伦、来道、常寿、铁图、刘光美、纪尔塔浑、色德里、满丕以折本请旨。太常寺题祭祈谷坛。上曰："遣皇太子行礼。"

吏部题钦天监监副司尔瑁员缺，拟主簿汤臣尹升补。上曰："钦天监事关紧要，着明日引见。"

又两江总督阿山为布政使张四教具疏，议革职。上曰："此项亏空银两，布政使张四教业已补完，今复追赔，银数额外重复，着从宽免追赔。阿山着革职留任。"

户部题盛京所报牛庄等处被灾官田，议驳回，再行查明具奏。上曰："该部以盛京先报雨水调和，今复奏称被灾，因议驳回。岂知雨晴原无一定，初时雨水调和，后雨水不调被灾，亦系常事。着准其奏。"

又覆给事中徐宾题各州县常平仓所贮米谷应行易银，议不准行。上曰："此疏着暂留内阁，照此抄发各省督抚，令其议奏。疏到时再行奏览。"

马齐等以补授江南、浙江学院事具奏。上顾大学士等问曰："尔等荐举何人？"张玉书奏曰："伊等俱系皇上所知之人，伏祈简授。"上曰："今岁乡试主考官孰优，尔等有知者否？"张玉书奏曰："今年乡试主考俱优。"上曰："检讨文志鲸考试举人时名誉甚著，及朕召入内廷考试，其学问平常。然文章好丑，想彼自能辨之，"张玉书奏曰："圣鉴诚然。文志鲸想尚能看阅文章。"上曰："江南、浙江与他省不同，必得品行俱优者始能称职。张鹏翮、张泰交、姜橚、杨名时、汪灏品行俱优，朕皆举用，渠等亦能副朕选用之意，皆为好官。"熊赐履奏曰："皇上简任，伊等自当仰体圣意而行。"上曰："孰非朕简用之人？其始优后劣，朕亦无如之何。即如张榕端、张希良，朕初亦以为可用，始行简任。钜意其到任后所行便自不堪。用人诚为难事。江宁知府刘琰、扬州知府左必蕃、通州知州靳让，闻其居官虽优，办事殊属不及。诚实好人，其吏役知其事不谙练，欺罔必多。武清县知县章曾印报称挑浚永定河，武清县属民田几千顷被灾。岂知尽武清县之田亦无几千顷，此岂非吏役欺之乎？此事着九卿保举具奏。”

复顾马齐曰：“萨木哈、马尔汉俱已年迈，效力年久，若无朝服，元旦朝班之上殊不雅观，着给还原职。”

先是，都察院等衙门具疏请上尊号。是日，上批发谕旨曰：“朕即位四十余年，未尝少刻不以民生休戚为念、远迩安静为本。虽或庆云景星、嘉禾瑞草、天书麟凤之奇，总无关于黔黎，亦无关于朕心，反为史书之讥。朕以实心为民，天视天听，固有其道，难免后人公论。若耀功德，取一时之虚名，朕之不悦甚矣。毋烦数陈。”

是日起居注官阿金、陈壮履。

十七日癸巳 辰时，上御乾清门听政。部院各衙门官员面奏毕，大学士马齐、西哈纳、张玉书、吴琠、熊赐履，学士王九龄、曹鉴伦、来道、铁图、刘光美、纪尔塔浑、色德里、满丕以折本请旨。兵部题补授荆州副都统阿济礼员缺。上曰："西安副都统年常阿与将军博济同事，凡管辖诸事，彼皆悉知。这员缺着年常阿调补。"

补授江南、浙江学院，马齐等遵旨将九卿所荐陈论等四人职名开列。上曰：“张廷枢其人谨厚。”马齐奏曰：“圣谕诚然。”上曰：“九卿之意遂如斯乎？”马齐奏曰：“九卿所荐即此四人。陈元龙、查昇在南书房供职，系皇上洞悉之人，九卿因未举荐。张豫章曾语臣等云，情愿在詹事府修书。臣思不特皇上选择之人应作好官，虽系庸常人，一蒙皇上任用，亦当为好官也。”上曰：“人难保其始终不易，始善而终劣者有之，始劣而终善者亦有之，虽朕亦难永保。巡抚齐世武系旗下人，朕深知之。少时每与人斗殴，观其所为，断非成器之人。其后渐升布政司，居官甚优，因此简任巡抚。今巡抚内，齐世武尚在贤能之列。彼曾奏云，臣从前亦率意而行，讵意渐有声名，臣亦因之自爱。况臣乃一至微极贱之人，蒙恩擢用至此，别无效力，惟每事不敢欺罔。民生富则以富闻，民生穷则以穷告。迄今观之，其所行亦与言合。不但朕擢用之人应为好官，即因保举获用者，亦当念及保举之人。”张玉书奏曰：“圣鉴诚是。人生上不负君，下不负知己，始可为人。”上曰：“居官优者，彼自惜其声名。”随顾马齐问曰："张廷枢系陕西人，朕知之。文志鲸系湖广人否？"马齐奏曰："是湖广人。"上曰："江南、浙江其地虽殊，竟同一省，亲戚朋友求浼之事，断难使之无有。江南学院着张廷枢去，浙江学院着文志鲸去。"

是日起居注官徐秉义、傅森。

十八日甲午 辰时，上御乾清门听政。部院各衙门官员面奏毕，大学士马齐、西哈纳、张玉书、吴琠、熊赐履，学士王九龄、曹鉴伦、来道、常寿、铁图、刘光美、纪尔塔浑、色德里、满丕以折本请旨。户部覆总督桑格题沿途买卖漕粮请另定例治罪，议准行。上曰："观此事势必难行。京师人民凑集畿辅近地，所获米谷无多，咸赖粮艘余米为生。今倘行禁止，斯地之人藉何为食，着问九卿。"马齐奏曰："圣虑深远，果行禁止，都人必至艰食。"

兵部覆都统满丕题请议叙进剿打箭炉人员，议不准行。上曰："此议不准行甚是。但此番出兵，效力殊甚，其中阿思哈尼哈番王爵乃王进宝之孙，原系有职官员，着交领侍卫内大臣，补选侍卫之日引见。余交直隶巡抚，古北口、天津总兵官等，令其酌用。此外，不堪用者遣回。"

又以盛京将军苏努员缺乏，题请补授。上曰："盛京地属紧要，且师旅繁多，无一好将军不可。苏努甚公正严肃，不徇情面，人皆钦服，管辖兵丁甚善，简任将军以来，军旅之事大为整顿。似此者诚为难得，再复留任一年。观现任将军右卫之费扬固、西安之博济、乌喇之杨福、荆州之蟒吉鲁、江宁之鄂落顺，允称良将。"

是日，八旗王、贝勒、贝子、公、大学士、文武诸臣齐集乾清门。马齐向奏事治仪正存住，奏事蓝翎、来保转奏曰："皇上神圣天纵，文武性成，功迈上古，臣等遇悃，咸谓宜受尊称。况八旗王、贝勒、贝子、公及文武诸臣不期而集，共出一意，所以臣等复请受尊号。"存住入奏出，传谕曰："前疏朕批旨甚明，毋庸烦奏。"左都御史温达向存住、来保奏曰："皇上宵衣旰食，定北平南。如进征噶尔丹，虽臣等亦无如圣躬烦劳。皇帝深入不毛，指授军机，减御膳以足军需；不惮劳苦，令天下长享太平，四海永清。从古未归化之国，无不载入版图。臣等欣逢盛世，愿上尊号之请，非独在朝诸臣意见皆同，即士庶人等亦皆呈请。故虽已奉明旨，臣等诚恳弥切。”存住入奏，复出传旨曰：“着谕满汉诸臣，朕前旨已经批悉，此事反贻讥后世，再无容渎奏。”马齐复向存住等奏曰：“皇上缵承三圣，抚御寰区，念切生民，勤劳四十余载，无一时稍休。虽事极纤微，未常怠忽。德威声教，遍及遐荒。中外一家，立万世无疆之业。推崇尊号，虽加至屡千百言，圣德神功，亦难殚述。臣等是以激切上请，仰祈允纳臣言，用慰臣民之望。”存住入奏，又出传谕曰：“朕前谕甚是详明，这本着发回，毋容再奏。”

是日起居注官揆叙、陈论。

十九日乙未　辰时，上御乾清门听政。部院各衙门官员面奏毕，大学士马齐、西哈纳、张玉书、吴琠、熊赐履，学士王九龄、曹鉴伦、来道、常寿、刘光美、纪尔塔浑、色德里、满丕以折本请旨。湖广总兵雷如回奏事。上顾吴琠问曰：“尔在湖广任总督时，苗子等亦曾有此事否？”吴琠奏曰：“臣在湖广时，未曾有此等事。”上问曰：“苗人较八排人孰多？”吴琠奏曰：“苗人接壤两三省，较八排人为多。”上曰：“这本着暂留，待侍郎傅继祖审事回日再奏。”

又曰：“湖南地方紧要，金玺为人谨厚，不能办事。浙江巡抚赵申乔调补湖南。浙江巡抚员缺，着将张泰交补授。金玺着升刑部侍郎。尔等于封印前将此事作速移文。”

又补授川北瓕州总兵官。上曰：“瓕地方紧要，韶南总兵官范时捷系范承谟之子，年虽少，其叔辈俱有声望，必能教训。着以范时捷调补瓕州总兵官。西安督标副将黄登材力矫健，为人亦优，着升补川北总兵官。黄登员缺，着以总督在先保题波罗营副将程正李调补。此皆量材补调，必有益于地方。”

又拟殷化行等罪。上曰：“殷化行军前劳绩甚著，若革职，殊不可矜。着以军功所得官职原品休致。刘虎从宽免死，革职。广东地方要紧，着以浙江提督赵弘灿调补。彝陵总兵官王世臣材力壮健，人品优长。赵弘灿员缺，着以王世臣升补。”

又山东等九省学差，以九卿保举少詹陈论等五人、部员翁嵩年等七人具折呈览。上曰：“此保举内陈论系老翰林，人亦端重，但系少詹，品级稍大，不相称。郎中朕无深知者。”复顾汉大学士等问曰：“陈迁鹤此人有足取否？”熊赐履奏曰：“陈迁鹤所学尚有可取。”上曰：“陈迁鹤等俱属平常，朕观此番保举，殊为不公。翰林等非部郎之比，今特行选择而用后，即居官平妥亦是可耻，必有出众之能方为称职。尔等传谕九卿，学院之职甚为要紧，一省之文，行教化所关。故朕留意详审，再四询及九卿。九卿所举果能无私，不惟学差得人，天下之居官者，亦皆知劝，愿为好官。倘仅就开列内苟且任用，听其所为，朕岂不能？而必详询九卿者，以欲得人故耳。九卿不行公举可乎？”又曰：“江宁府知府刘琰原系翰林，办事虽平常，操守好。通州知州靳让，操守亦好。此二人堪任学院。尔等以此问九卿，明白回奏。

马齐等奏曰：“臣等遵旨，以总漕桑格题漕船途中私卖米石请特禁止事问九卿，据云，皇上所见甚是，禁止私卖米石并无裨益，徒滋烦扰。”上曰：“漕船有特设把总、千总等官，粮道尾其后，两岸复有地方官昼夜催趱。果欲严其法禁，当先严饬此辈。且漕船抵通，额米交足外，余米并不禁其粜卖。今果照其所奏禁止，事必滋扰。尔等将此等情节，作速行文问桑格。”

是日，上诣宁寿宫问安。

是日起居注官陈元龙、满保。

二十日丙申 辰时，上御乾清门听政。部院各衙门官员面奏毕，大学士马齐、西哈纳、张玉书、吴琠、熊赐履，学士王九龄、曹鉴伦、来道、铁图、刘光美、纪尔塔浑、色德里、满丕以折本请旨。刑部题御史赵德吉疏称，曾宁等诳称非公郑克塽家人，拟绞。上曰：“尽台湾之人俱系公郑克塽之人，人所共知。曾宁等明系郑克塽之人。赵德吉念系言官，从宽免死，着革职。”

御史李发甲条奏云南省进士请均其数。上曰：“这条奏之意，以云南等省分人少，请酌量人数取中进士。江南、浙江之人入场者最多，果照所请，视省分人数取进士，江南、浙江亦奏请一视同仁，则更以何言应之？千人入试固是此额，万人入试亦是此额，岂可因人定数？云南等省不必照人数定额。”

又补授学院以九卿所荐顾悦履等九人缮写折子奏览。上曰："折内所开姚士藟系一诚实人，非能任事者。付以如此重任，彼不能胜，必藉人料理。一委藉他人，弊端百出。如王奕清则属年轻，其余皆可。"马齐奏曰："王奕清系侍郎王掞之子，王掞亦曾语臣等勿荐其子。"上曰："举荐之事，允宜从公。"

是日起居注官法良、查昇。

二十一日丁酉　巳时封印。是日起居注官宋大业、傅森。

二十二日戊戌　是日起居注官王思轼、满保。

二十三日己亥　是日起居注官揆叙、陈壮履。

二十四日庚子　是日起居注官陈论、满保。

二十五日辛丑　是日起居注官揆叙、王思轼。

二十六日壬寅　上以除夕祫祭太庙。自是日始斋戒三日。

巳时，召翰林院掌院学士揆叙至乾清门，奏事治仪正存住、蓝翎、来保传谕曰："戴有祺、吴晟、吴文炎、赵尔孙、王化鹤、傅森俱不堪任翰林。此内戴有祺虽觉稍优，然彼身系状元，毫不能著作。其傅森着以部院主事司库用，戴有祺、吴晟、吴文炎、赵尔孙、王化鹤俱着以知县用。"揆叙向存住转奏曰："皇上怜恤翰林，赐给养马钱，命入南书房侍直，宠荣已极。渠辈宜体洪恩，勤心书史。讵伊等不注意向学，博弈饮酒。今皇上考试，将傅森等庸劣之流命以主政等官用之，嗣后不独此辈应知所惩，其余诸翰林亦当鼓励，仰体洪恩，改行自勉。至于臣年轻未经谙练，蒙恩擢用掌院学士，臣惟仰戴皇仁，鼓励翰苑诸臣，令其勤学更新。倘有仍前自弃，不知警者，臣必指名题参。"

是日，厄鲁特丹津阿拉布坦来朝。未时，上御保和殿，理藩院官引至殿前，指令三跪九叩头毕，召入殿内。上命亲近侍卫吴什、乾清门侍卫喇锡引至宝座前。上谓丹津阿拉布坦曰："昔厄鲁特归降，未有率众似尔之多者。汝既择主来归，朕以蒙古礼相见。朕所用避风石素珠，最利风疾，今以赐尔，嗣后徐加恩赏。"丹津阿拉布坦俯伏向前，恭捧御膝叩见，奏曰："臣系厄鲁特内微末台吉，类同禽兽，粗鄙莫加，毫无知识。昔依噶尔丹，与天朝相持，构兵边塞。自圣主灭噶尔丹以来，凛惧天威，暂归故所，欲与策旺拉布坦互相依倚。逮后敬念我皇上乃天纵活佛，大乘至尊。神圣皇帝俯怜率土群生，除噶尔丹以外，悉赐宽宥。台吉、寨桑凡归化者，频加恩恤，显其爵禄，毫无猜疑，用置左右重任。皇帝仁化，深入微臣肌里，不能安住故土，伏罪求归，具疏请降，蒙恩宥臣万死莫逭之罪。讵意臣行乖张，余辜未尽，子女、牲畜尽被策旺拉布坦追兵俘虏，反劳圣主廑念，屡差大臣，赐皮袄三千、牲畜数万。又赐打牲火药、铅弹等物。臣曷胜踊跃，欢忭之至，庆幸之私，设可显举诚，积之可比丘山。皇上隆恩，臣何能补报？惟有捐躯效死而已。”上颔之，移赐御膳。又曰：“今尔厄鲁特国虽破灭，从公论之，向来喀尔喀侵汝，汝征喀尔喀，朕常以喀尔喀为非，以汝为是。但噶尔丹因喀尔喀之衅，来侵我境，是以国破。朕之灭噶尔丹者，以其侵犯我境，非为征喀尔喀之故。”丹津阿拉布坦跪受恩赐，叩头奏曰：“圣谕诚然。臣等厄鲁特生于绝域，如禽兽无知。昔犯天朝，今每一思及，心胆俱裂。”上曰：“尔厄鲁特为人甚是多疑，朕亲率师至克鲁伦，屡次遣使谕噶尔丹归降，并不依从，故交战失利。彼时设若从谕，朕亦已矣。朕为统一天下之主，既有谕旨，岂复食言？况厄鲁特大臣初来归时，朕俱以大臣之职用之。尔等厄鲁特尚不之信，有言此必是计，后定加诛戮。今厄鲁特大臣等现在，渠等存心想亦如此。今已养至十年，计耶。非耶？至于喀尔喀，人材庸劣，不及尔厄鲁特。自厄鲁特大臣归降以来，虽未遇从征效力，其扈行巡哨，亦甚得其力。今观尔人材壮健，他日得力可知。”丹津阿拉布坦奏曰：“得觐圣颜，兼闻天语，臣今世未有若此之欣幸者。人于图画、泥塑、佛像尚尔虔心拜祷，臣前世有何善行，今日得遇活佛圣明。非但一身捐躯效力，即百死不足以图报。”上曰：“今初来进见，念尔远涉劳乏，更兼足痛，可善调摄。暇尔更与尔言。”上赐宴毕回宫。

是日起居注官揆叙、陈元龙、满保。

二十七日癸卯 是日起居注官揆叙、王思轼。

二十八日甲辰 早，上于中和殿视祭太庙祝版毕，回宫。

是日，上诣宁寿宫问安。

是日起居注官宋大业、满保。

二十九日乙巳　赐部院各衙门员外郎、主事御书各一幅。

是日起居注官揆叙、查昇。

三十日丙午　上以除夕，御保和殿赐元旦朝觐外藩蒙古王，左翼乌朱穆秦和硕车陈亲王塞登敦多卜，科尔沁多罗郡王毕力克图、多罗郡王戴布，阿霸垓多罗卓理克图郡王秉，蒿齐忒多罗额尔德尼郡王达尔麻吉里迪，阿霸垓多罗郡王吴尔占噶喇布，科尔沁多罗贝勒巴克什古尔，扎鲁特多罗贝勒毕鲁瓦、多罗达尔汉贝勒毕力克图，毛明安多罗贝勒班第，苏尼特多罗贝勒沙里，科尔沁和硕额驸班第，敖汉多罗额驸扎木素，科尔沁等扎萨克一品台吉额尔德尼等、二品台吉毕力克图等、协理旗分事二品台吉毕力滚达赖等、三品台吉额卜根等、四品台吉小鄂齐尔等、协理台吉古鲁扎卜等，呼户诺尔亲王扎西巴图尔使人默德齐寨桑，策旺拉布坦使人色忒穆额尔克白克等；右翼喀尔喀扎萨克图汗和硕亲王策旺扎卜，喀尔喀和硕达尔汉亲王诺讷，喀喇沁多罗杜棱郡王扎西，鄂尔多斯多罗郡王宋喇卜，厄鲁特多罗郡王拉布坦，科尔沁多罗贝勒阿必达，喀尔喀多罗贝勒诺尔布班第，厄鲁特多罗贝勒巴图尔额尔克济农，鄂尔多斯固山贝子根都什夏卜、固山贝子杜棱，厄鲁特固山贝子盆苏克，喀喇沁护国公善巴喇什，吴喇忒辅国公鄂尔奔，敖汉等扎萨克一品台吉祁旺拉卜坦等、二品台吉丹津等、协理旗分事二品台吉加一级德默楚克等、三品台吉蟒塞等、四品台吉罗占等，厄鲁特台吉毛海等，回子郭帕白克等，及内大臣、侍卫、大学士等宴。上进酒，诸乐并作。左右两翼王以下，贝子、公等以上，上俱召至座前亲赐酒。其余台吉等，俱令内大臣视饮。内大臣、大学士等，令侍卫转赐饮。宴毕，众谢恩，上回宫。

是日起居注官揆叙、满保、陈壮履。

臣等钦惟皇上帱覆群生，纲维六合，乘乾御宇四十一年于兹矣。比者民安物阜，天下和乐，仁渐义摩，休风遐畅。外至重海绝漠之方，莫不纳赆归诚，向化恐后。神人奚应，亟夏欢呼。于是诸王大臣，群僚万姓，伏阙上书，请加尊号，庶几巍巍荡荡，与天无极。乃皇上德愈盛而不居，功弥高而弗有。谕以基命宥密，朝乾夕惕之意。谓治道务实，不尚其名，谦尊而光超迈隆古，而寰宇之仰望更殷，人民之欣戴尤切。即臣等于期岁之间，窃窥圣心圣政之万一，亦有欢忭而不能自已者矣。最其大者，今天下已治已安，而皇衷犹饥犹溺，斟盈酌虚。蠲租赈粟，不因穰土而屯其膏，不因缓报而阻其请，是何其爱民之深乎。淮黄建工既授成算，而水势之高下，堤防之疏密，时廑宵旰之中，卒登衽席之上，是何其忧民之切乎。际明良之时，睹泰交之盛。金薤琳琅，捧宸章而犹湿。丁宁告诫，接天语之常温。是何其待下之厚乎。文教诞敷，菁莪日茂，既慎简夫司衡，复旁罗其髦俊，是何其储材之亟乎。乃若臣僚有过，时被优容，所以推宽大之恩也。吏治渐安，无烦吹索，所以养和平之福也。广钦恤之心，而恒多减贷，于以示天下之仁。严铨衡之法，而不事纷更，于以示天下之信。以至财用者民生之大计，讲求泉府而权轻重之宜。武备者国家之大事，储养干城以重腹心之寄。若夫畿甸时巡，专勤民事，或进父老而问俗，或率储贰以抚犁。稼穑艰难，尤见皇心之无逸。与夫要荒效顺，即属吾人，或闻其荒旱而为之筹，或许之贸易以资其利。疆围无外，益叹帝度之如天。凡兹休美，古帝王于旷代累年之间，得其一言一事，已足以炳史乘，飏歌颂矣。乃我皇上旬不绝书，月无虚载。臣等因以窃窥天行之乾健，圣学之缉熙。惟其有得于危微精一之传，故能悉协乎视听言动之则。虽偶然之举，而道法必合于二典三谟。虽一时之言，而计虑必周于万年亿载。是以内外宁谧，府事修和。天地献苞符之珍，民生跻仁寿之域。休嘉之骈集，未有无其本而致焉者也！臣等蠡测管窥，岂能穷尽。惟当据事直书，聆言备载，庶几昭兹来许，垂示无疆，则亦臣等之职也。谨拜手稽首，以记其后。

康熙四十二年　癸未

正　月

初一日丁未　寅时，上以元旦率诸王、贝勒、贝子、公、内大臣、侍卫、大学士、都统、尚书、精奇尼哈番等，诣堂子，行礼毕，回宫。

辰时，上率诸王、贝勒、贝子、公、内大臣、侍卫、大学士等，诣宁寿宫行礼。文武诸大臣官员，俱于午门外随班行礼。毕，上回宫。

顷之，上御中和殿内，内大臣、侍卫及内阁翰林院、礼部、都察院、詹事府等衙门大臣官员行庆贺礼毕，上御太和殿。诸王、贝勒、贝子、公等文武各官及朝正外藩蒙古王、贝勒、贝子、公、台吉等，朝鲜等国所遣官员进表、行庆贺礼毕，上回宫。

是日起居注官揆叙、徐秉义。

初二日戊申　早，上诣宁寿宫问安。

是日起居注官陈论、满保。

初三日乙酉　早，上召翰林院掌院学士揆叙、侍郎吴涵及翰林陈论等六十人至南书房，赐砥石山石砚人各一方。揆叙、吴涵奏曰："臣等荷皇上殊恩，擢为翰林院掌院学士，方夙夜兢兢，未能仰报。今皇上特召臣等及众翰林官，各赐宝砚。向蒙圣恩，遍赐臣等御书。又命翰林官轮班入直南书房。自古帝王宠遇词臣，未有若斯者。又以伊等寒素，月赐养马钱，加恩至此，诚非恒情所敢望其万一者。翰林诸臣自当人思感奋，砥行勤学。至臣二人，仰沐圣恩非朝伊夕，感激情深，颂扬莫罄。此后惟当尽心鼓励，令众翰林读书立品。倘有似前不悛者，臣等必励行察出，指名题参。"恭请谢恩。众翰林官亦同奏曰："臣等蒙皇上洪恩，各赐宝砚，作养词臣，礼遇优渥，感恩深切，莫殚名言。惟日祝圣寿亿万年而已！"恭请谢恩。奉旨："本日斋戒，着于初五日在衙门谢恩。"

是日，起居注官揆叙、陈元龙。

初四日庚戌 申时，上由神武门出西直门，驻跸畅春园。

是日起居注官王思轼、满保。

初五日辛亥 是日，上诣澹泊为德行宫问安。

初六日壬子 早，诸王、贝勒、贝子、公等文武诸臣至畅春园东门，向奏事治仪正存住等转奏曰："今年三月十八日，皇上万寿圣节。正值五旬大庆，兹圣驾巡阅南河，臣等请于驾发之前，豫行庆贺礼。恭进鞍马、缎匹等物。"奉旨："朕之诞辰尔等如此进献，在外督抚亦必效之，朕断断不受。着传谕诸王等：朕素嗜文学，凡翰林诸臣有以诗文来献者，朕尝留览。尔诸王内有以诗文来献者，朕当亲览焉。"既而，大学士等及各部院堂官恭进"庆祝万寿无疆"御屏，向奏事治仪正存住等转奏，奉旨："尔等所进之屏朕亦不留，尔等不必再奏。"

申时，大学士马齐等率各部院堂官，复以"庆祝万寿无疆"围屏之文章缮写册页进呈，转奏曰："臣等欣逢万寿，恭制此屏，已非一日。皆表扬我皇上功德实事，并无过誉之词。皇上不受，则此屏置于何所？伏乞恩赐留览。"奉旨："屏内所书之词俱已载在册页，朕留册页，即与收屏无异。此屏朕断不受。"

是日起居注官揆叙、满保。

初七日癸丑 是日，上诣澹泊为德行宫问安。

初八日甲寅 早，大学士及各部院堂官等至畅春园东门，复以万寿屏向奏事治仪正存住等再四请留转奏。奉旨："所进之屏，朕断不受。前已有旨，尔等勿得再行渎奏。"

是日起居注官揆叙、满保。

初九日乙卯

初十日丙辰 早，和硕康亲王春泰等，及内大臣、大学士以下文武大小官员，齐集畅春园东门，请上尊号，具折子交奏事治仪正存住等转奏："臣等钦惟皇上圣德神功，光被四表，深仁厚泽，诚和万民。考之史册所载，历代贤君哲后之懿轨，未有比隆于今日者。臣等欣逢圣主，公请尊号，垂示来兹。屡次奏陈，未蒙俞允，群情彷徨，踢促无措。伏念臣等屡以尊号上请者，惟欲敷扬四十余年之实心实政，总非敢以繁词颂美君父。我皇上经文纬武，安内攘外。敦睦天潢，优赉禁旅。蠲租减税，宥过省刑。简任大僚，拔擢循吏。训饬士习，遴选师儒。惠下恤民之政，不能缕举。自宗亲以及外朝，自文武臣僚以及士农商贾，无一人不沾被雨露，感戴高深。故今日之合词敦恳，不独在廷诸王、群臣与辇下军民之情为然，实中外臣庶之公愿，亦天下万世之公言也。从来有非常之大德，宜膺非常之显名。向年臣等曾以虞书之称帝尧者拟进尊号曰：'圣神文武大德广运皇帝'，今再四寻绎，惟此二辞形容与天合撰之德，庶几允协。伏祈皇上曲从众请，特赐举行。廷臣幸甚，天下臣民幸甚。"奉旨："前者疏内朕已批明，此断不可行之事，尔等再勿渎奏。"

是日，上诣澹泊为德行宫问安。

是日起居注官揆叙、满保。

十一日丁巳

十二日戊午

十三日己未 是日，上诣澹泊为德行宫问安。

十四日庚申 午时，上御畅春园内含淳堂，以上元节，赐朝正蒙古，左翼乌朱穆秦和硕车臣亲王色腾敦多卜，科尔沁多罗郡王毕力克图、多罗郡王代布，阿霸垓多罗卓里克图郡王秉，蒿齐忒多罗郡王吴尔占噶喇卜，科尔沁多罗贝勒巴克锡古尔，扎鲁特多罗贝勒毕鲁瓦、多罗达尔汉贝勒毕力克图，毛明安多罗贝勒班第，苏尼忒多罗贝勒沙里，科尔沁国和硕额驸班第，乌朱穆秦之辅国公顾穆布扎卜，吴喇忒之辅国公鄂尔本，敖汉多罗额驸扎木苏等，毛明安扎萨克一品台吉讷尔布等，苏尼忒多罗郡王垂济、公苏隆旗分二品台吉阿尔纳等，扎鲁特多罗贝勒毕鲁瓦旗分三品台吉额布痕等，科尔沁多罗冰图郡王达达布旗分四品台吉索诺穆，喀尔喀和硕亲王沙木巴旗分台吉顾鲁扎卜等,呼户诺尔和硕亲王扎锡巴图尔使人默德齐等；右翼喀尔喀扎萨克图汗和硕亲王策旺扎卜，喀尔喀和硕达尔汉亲王诺讷，喀喇沁多罗郡王扎锡，鄂尔多斯多罗郡王宋喇卜，厄鲁特多罗郡王喇卜滩，科尔沁多罗贝勒阿必达，喀尔喀多罗贝勒巴图鲁厄尔克济农和落里、鄂尔多斯固山贝子根都西希卜、固山贝子杜棱，厄鲁特固山贝子盆苏克，喀喇沁和硕额驸噶尔臧、护国公沙木巴喇锡，喀尔喀一品台吉齐旺喇布滩等，鄂尔多斯固山贝子杜棱旗分二品台吉丹津等，柰曼多罗达尔汉郡王班第旗分三品台吉蟒色等，吴喇忒之护国公达尔麻西里旗分四品台吉老彰等、回子郭帕白克等，随厄鲁特多罗郡王喇卜滩来之喇嘛寨桑达尔汉，及内大臣、侍卫、大学士等宴。上进酒，诸乐并作。外藩蒙古两翼亲王以下、公以上，上皆亲赐酒。其余命侍卫赐饮。宴毕，众谢恩，上回宫。

是日起居注官揆叙、满保。

十五日辛酉　巳时，上御畅春园内含淳堂，赐朝正外藩蒙古左右两翼王、贝勒、贝子、公、台吉及内大臣、侍卫、大学士等宴。诸乐并作，上进酒，外藩蒙古王、贝勒、贝子、公、台吉以上俱于坐次赐饮。宴毕，众谢恩，上回宫。

是日起居注官揆叙、满保。

十六日壬戌　上以巡阅南河，省风问俗，察访吏治。启行之先，诣澹泊为德行宫问安。

巳时，由畅春园启行，驻跸良乡县所属窦店。直隶巡抚李光地、守道高必弘等，保定知府罗纶等、分司朝琦等，通州副将丁爽等，保定府参将胡琨，良乡县防守御巴锡等来朝。上御书《督抚箴》一篇，赐巡抚李光地。

是日，内大臣、侍卫、随行者皆赐食。

十七日癸亥　上驻跸新城县南。涿州知州佟国翼等、定兴县知县曹彦栻等、东安县防守御赛珠等、固安县防御哲库纳等、旧州营都司吴道辅来朝。上命领侍卫内大臣公阿灵阿等阅试守备钱万镒等步箭骑射，以前未与试也。

是日，大学士马齐、张玉书，巡抚李光地皆赐食。

十八日甲子　上驻跸河间府属临河地界。保定府城守尉塔拜、防御虎图等，雄县防守御噶尔泰、防御沙里等，霸州防守御额尔济图、防御阿达哈等，雄县知县张墉，保定府游击郭正邦等，霸州游击陈天定等来朝。上命领侍卫内大臣公阿灵阿等阅试防御虎图等步箭骑射，亦以前未与试也。

是日，赐诸大臣、侍卫、护军及扈从诸汉大臣、翰林等官野鸭，赐分司齐苏勒御书诗一幅。

十九日乙丑　上驻跸任丘县属波罗店。是日，河间府知府许天馥等、沧州城守尉常明等，河间营守备张正国等来朝。

二十日丙寅　上驻跸阜城县属高家楼。是日，总漕桑格、献县知县杨希鲁、交河县知县张荣、阜城县知县王家骕、武邑县知县吴世焜来朝。

二十一日丁卯　上驻跸德州城外教场。酉时，上御行宫，大学士马齐、张玉书，学士刘光美、色德里以折本请旨。吏部一本詹事府詹事来道员缺，将少詹萨音布等职名开列。上曰："来道任詹事年久，仍令其兼理。"

又一本以陕西陇西县员缺奏闻。上曰："俟回京时查服满知县引见。"

兵部一本云南提标中军参将员缺，将掣签江南柳河营游击施为艮拟补。上曰："施为艮着回原任，此员缺着将刘显贵补授。"

甘肃巡抚齐世武一本题参道员张信、经历、王见普等恃强买马，吓诈银两。上曰："张信等着留任，所参事款，令该督察奏。"

又一本将清水知县夏时鹏贪婪劣迹列款题参。上曰："夏时鹏着留任，所参事款令该督察明具奏。"又曰："齐世武自授甘肃巡抚，所属各官俱被参劾，署事竟至乏员。其中有初任者，有自他省调补者。果有不法自当参处，若小过，则惩责可耳。"

古北口总兵官马进良一本请以游击李默等补用参将等官。上曰："李默等着照该总兵所题补授。"

又曰："湖广总督郭琇奏林本植标下兵丁于城内公行焚劫，朕向曾言及湖广兵丁骄纵，若不用一才能御众者统辖之，安能除其恶习？林本植年迈，着解任。将大同总兵俞益谟补授，令驰驿速行赴任。兵弁中彼有深信者，并令酌量带去。但旧镇汛地，不可旷弛，其带去兵弁职名一面奏闻，一面速行起程。"

又曰："顷总督巴锡因贵州威宁总兵官孟大志贪婪不堪，兵丁不服，皆欲星散，以此奏闻。如果有劣迹者，自应参奏。孟大志前为石匣营副将时尚觉可用，升任后即改前行。凡京师附近居官者悉知畏朕，不敢为非。升任远地，旋即改操。"大学士马齐奏曰："皇上所见诚然。向观孟大志尚似一诚实人，不意升后遂至如此。"上曰："即如刘虎前曾为石匣营副将，后擢升总兵，遂至不堪。人之始终诚难预保也。"

是日，总河张鹏翮，山东巡抚王国昌、布政使刘皑、按察使赵弘燮、济东道祖维焕等，总兵官刘官统，临清营副将林兆麟等，德州城守尉达尔化等，太子少师衍圣公孔毓圻，五经博士孔毓埏等来朝。赐德州驻防官兵白金。

二十二日戊辰　上驻跸禹城县属黎济寨。平原县知县王世謦来朝。

二十三日己巳　上驻跸齐河县属丘家岸。齐河县知县郑天枢来朝。

二十四日庚午　早，上启行，幸济南府。沿途百姓男妇老幼捧香案、献果饼，跪迎道左，不啻亿万。咸谓幸逢盛世，得觐天颜，呜呼之声，如雷动天。上至济南府，幸巡抚署中，观珍珠泉。御书《三渡齐河即事诗》一章，令悬之大门，晓示臣民。凡绅衿士庶仰瞻宸翰者，无不欢欣鼓舞，共相惊叹，佥谓圣主忧勤惕厉，念切民依。形诸章什，无非以爱民为本，而复亲洒天章，昭示齐鲁。银钩铁画，凤翥龙翔，如日月之经天，江河之行地。臣等亲睹睿藻，实千古之荣幸也。上又书《督抚箴》一篇及御诗，赐巡抚王国昌。复出，观趵突泉。

驻跸长清县属黄山店。御书“源清流洁”四大字，令悬趵突泉。又书“润物”二大字，令悬珍珠泉。又书“学宗洙泗”四大字，令悬学道所修书院。

是日，历城县知县管承宠、长清县知县崔锡荣，济南府参将刘洪、游击白大成等来朝。

二十五日辛未　上驻跸长清县属界首铺。

二十六日壬申　早，奏事治仪正存住等传谕大学士马齐曰：“昨夜大风，南村失火，朕遣大臣、侍卫扑灭之。小民遭此，深为可悯。着交巡抚、布政司察明被火房数，朕将加赉焉。作何行赏之法，着一并议奏。”大学士马齐遵旨将被火房数交巡抚王国昌等察明，并议每房一间偿银三两。遂向存住等转奏。奉旨：“若专委地方官行赏，小民未必尽沾实惠。着交亲近侍卫海青等监视给散。”又传谕领侍卫内大臣、大学士等曰：“若昨夜风沙甚巨，扈从人等皆未暇饮食，朕亦尚未进膳。昨夜不在村庄驻跸，深为得计。嗣后凡驻跸处小心火烛。今日驻跸之地不远，可以从容启行，以便众人整理行装。”上启行时，被火村庄百姓感上灭火、赐金之恩，皆跪迎道左叩首。上谕巡抚王国昌曰："伊等庐舍延烧，岂能遂得饮食？尔可作速散给口粮。"

上登泰山，驻跸泰安州城内。谕户部："朕甲子、己巳两次南巡，路经东省，见民生丰裕，士庶乐利。近来淮黄告成，朕不辞远涉，减从轻装，待旦而兴，夜分乃寐。再经齐鲁，存问民生休戚，似不及甲子、己巳之年。朕深恻怛，如痌瘝之在抱也。若闾阎蓄积有余，即遇有水旱亦不致困苦。今特加恩蠲恤，用弘爱养。朕所经过地方，德州、平原、禹城、齐河、历城、长清、恩县、夏津、武城、馆陶、临清、清平、博平、堂邑、聊城、东阿、阳谷、寿张、滕、峄二十州县，康熙四十一年未完地丁钱粮，着通行蠲免。济南府属之海丰、利津、沾化，兖州府属之宁阳、滋阳、泗水、金乡、单、曹、郓城、曲阜、费，十二州县去岁农收欠薄，四十一年未完钱粮，亦行免征。其去岁曾被水灾之东平、新泰、蒙阴、沂州、沂水、莱芜六州县，康熙四十二年地丁钱粮已经全免外，四十一年未完钱粮亦着全免。其泰安、郯城、鱼台、汶上、嘉祥、巨野、济宁七州县，虽未成灾，四十一年未完钱粮俱着蠲免，四十二年地丁钱粮着分三年带征。尔部即移文该抚，董率各州县有司详慎奉行，务令人沾实惠，户有余藏，以称朕重期黎元殷阜之至意。有不肖官吏侵蚀私征者，察出定从重治罪。尔部即遵谕行。特谕。"

是日，河南巡抚徐潮、泰安州知州祁国祚、参将徐登甲等来朝。

二十七日癸酉　上驻跸新泰县属浮丘地界。是日，遣领侍卫内大臣和硕额驸尚之隆于泰安州内天齐庙峻极殿祭东岳泰山之神。

二十八日甲戌　上驻跸沂水县属垛庄驿。新泰县知县吴阶玉来朝。

二十九日乙亥　上驻跸沂州属李家庄。

二　月

初一日丙子　上驻跸宿迁县属峒峿。上谕山东巡抚王国昌曰："朕自泰安州见新泰、蒙阴、沂州、郯城等处城郭乡村，黎民被灾甚苦。虽将正赋蠲免，而现在乏食，尚属无益。徒有赈济之名，而仓粟谅已尽竭。又观黎民颜面衣服，深为可虑。朕心不胜悯恻，更为尽心筹画。救急固难，如以养蒙古之例施于山左，庶几青黄不接之际，犹可度日。着在京满汉大学士、九卿会议。无论官民，有情愿效力者，作速遣往山东，不拘银米，同地方官分界赈济。以及降级、革职人等，有情愿赎罪者，亦准其赎罪。俟秋成后，视其果有裨益，酌量议叙。已有谕旨，该抚同尔属员善为抚绥，勿致流离，务期副朕视民如子之至意。即将告示刊刻，遍行晓谕。特谕。"

是日，江宁将军鄂罗舜等、两江总督阿山、江苏巡抚宋荦、安徽巡抚喻成龙、江苏布政使刘殿衡、安徽布政使赵世显、两淮巡盐御史罗瞻、淮安关监督郎中察林布、安徽按察使董昭祚、粮道鲍复昌、狼山总兵刘含高等来朝。

初二日丁丑　上谕总河张鹏翮曰："朕经过泰安州新泰县、蒙阴县，沂州郯城县等处，见民有饥色，应即行赈救。经过地方虽经赈济，蠲免钱粮，但州县仓谷年久朽烂，无裨于散赈。今着将总漕桑格漕米内二万石交与张鹏翮，拣选贤能官员运至济宁州、兖州府等处州县，减价平粜。有应赈之处，即行赈济。亦交米二万石与桑格，于泰安州一路散给。又将收税有力之官七员，并发在京旗民犯罪、降级、赎罪人一百名，伊等俱照养蒙古例，以所用之多寡分别议叙。"

上由宿迁县属五花桥渡中河，遍阅堤工。至宿迁县渡黄河。驻跸桃源县属上古城。

是日，赐兵卒以及跟役人等食及白金。宿迁县知县胡三俊来朝。

初三日戊寅　上遍阅徐家湾等堤、祥符等闸。复绕行，细阅新修河口，登舟遍阅堤工，自烟墩登岸。上顾总河张鹏翮曰："观黄河矶嘴坝太短，不能逼溜。今欲照永定河，修长挑水坝何如？"张鹏翮奏曰："永定河与黄河形势不同，黄河万里而来，势大水深，矶嘴加长，一遇水发，易致冲坏。河官虑赔修之苦，不敢接长。"上曰："试将一两处作长，挑水坝即有冲坏，免其赔补。"复遍视烟墩等处，顾张鹏翮曰："烟墩甚险，虽有越堤，必须保守缕堤。此处应建挑水坝。"

是日，驻跸桃源县属钗子营。淮徐道张弼等、苇荡营守备赵大伟等来朝。

初四日己卯 上自桃源登舟，遍视河堤。顾总河张鹏翮曰："桃源烟墩至龙窝一带堤工卑矮，应行加高。"

是日，御舟入清口，泊娘娘庙。先是黄强淮弱，湖水泛溢，黄水入淮，高宝七州县频罹水患。我皇上早作夜思，勤求民瘼，亲临玉趾，相度机宜。特命张鹏翮往董其役凡夫疏浚修筑之事。因势利导之方，皆由庙谟指授，纤悉靡遗。修归仁堤以遏湖水之上流，而黄水之刷深有力，筑挑水坝，以逼黄水行北岸，而清水之出口愈宽。闭六坝而使洪泽全湖之水尽归清口，则黄水无倒灌之虞。开三闸而使芒，稻诸河之水入于大江，则下河无巨浸之患。是以天心助顺，河伯效灵，不数年而两河底绩，淮扬数百万生民岁乐丰盈，家登康阜。车驾所至，欢呼载道，扶老携幼，瞻仰天颜。以为吾侪小人安居乐业，长享升平，皆皇上粒我烝民之赐也。

初五日庚辰 上谕总河张鹏翮曰："归仁堤引河系分泄洪泽湖水势，若黄水加长，则恐清口水弱。着将祥符闸下板，堵闭草坝，将五堡闸应酌量开放，以助清水之势。"又谕张鹏翮曰："清水自仲庄闸出口，入于黄河，逼遛使南，其陶家庄以下杨家庄地方，应行挑浚引河，令中河之水，从此而出，则于运口有益。着即相度形势，估计具奏。至仲庄石闸，着暂停修筑。"又谕张鹏翮曰："禹王台之沭水由沭阳入海，其沭河淤垫之处应勘明疏浚。"

是日，御舟抵淮安府，登岸以阅视民生。入城，阖城百姓俱设香案，跪迎道左。上出淮安府，登舟过宝应县。淮扬道王谦等、浒墅关监督员外郎来保等、宝应县知县张增来朝。

初六日辛巳 御舟过高邮州，泊舟邵伯。高邮州知州谢廷瑞等、千总陈家瑜来朝。

初七日壬午 上过邵伯更楼，谕总河张鹏翮曰："此地旧日被灾形状与今山东饥民无异，岂朕今日睹此地安居景象，而忘山东饥民乎？朕念运粮赈济关系紧要，乘今日顺风，尔作速回清江［浦］，料理转运截留漕粮，差官前往散赈。距扬州十五里沙坝桥河道情形，朕自细阅。回銮时，面谕尔知之。"

是日，上至扬州登岸，以阅民生。过城内，阖城士庶扶老携幼，设香案，星罗雾集，争睹天颜。上出扬州城，泊宝塔湾。扬州府知府左必蕃来朝。

初八日癸未 御舟泊瓜州属屯船坞。

初九日甲申 上渡江，登金山江天寺。御书“动静万古”四大字，令悬之。是日，上舟过镇江府，京口将军马三奇等、镇江府协领窦猷勋等、水师营副将崔士英等，丹阳县知县张经来朝。

初十日乙酉 上舟过常州府，知府秦邦英、游击施肇瓒等来朝。

十一日丙戌 上驻跸苏州府城内，阖城绅衿士民瞻仰天颜，趋跄恐后，无不以手加额，恭祝圣天子与天地同寿，亿万年为生民主，欢声震地。

是日，大臣、侍卫、护军、执事人等皆大赉白金有差。江西巡抚张志栋、总兵施世骠，浙江布政使郎廷极、按察使于嗣昌，监督北新关郎中色清格等，盐运使高熊征，苏州府知府石文焯、游击郭虎威等、守备沈必昌等、千总钱法等来朝。上谕鸿胪寺卿沙拜等曰：“本地官员准其来朝，浙江官员俟朕到彼处再令来朝。巡抚张志栋等越境来迎，殊属不合，令速回该管地方。”

十二日丁亥 上驻跸行宫。是日，命乾清门侍卫善寿、都察院左都御史温达、翰林院掌院学士揆叙至原任大学士宋德宜之墓奠酒。又命大学士马齐、张玉书传谕偏沅巡抚赵申乔曰：“湖南地方介在边远之境，闻向来官吏积习相仍，无艺私征，种种不一。计每岁科派，有较正供额赋，增重数倍者。有司征收钱粮，加取火耗，又视别省为独重。百姓穷蹙不支，多致流离转徙。非将宿弊逐一剔除，无以砥砺官方，大苏民困。除从前已往诸事姑免察究外，尔到地方，严饬大小属员，痛改前非，洗心奉职，力减加耗，尽革私征。务使流离者复返乡闾，守业者获安陇亩。庶副朕轸念远省生民至意。如仍有藐法不遵，重为民害者，即据实纠参，从重治罪，决不轻宥。特谕。”

赐巡抚宋荦御书《督抚箴》一幅。

十三日戊子 上自苏州府登舟启行，过嘉兴府。吴江县知县张元振来朝。

十四日己丑 御舟泊杭州府属红岭。

十五日庚寅 早，杭州将军丹岱、福建将军兼浙闽总督金世荣，浙江巡抚张泰交、布政使郎廷极、按察使丁嗣昌、副将曹见龙、知府石文彬等来朝。上驻跸杭州府城内。杭州士庶俱设香案，立万岁牌，结彩悬字，虔祝圣寿，称颂功德，拥挤数十里，举相庆曰："何幸今日复睹天颜。"

是日，上临幸教场，率皇太子、诸皇子及善射侍卫射。上发矢皆中。又阅扈从护军校、护军及杭州驻防官兵等射。

十六日辛卯　上驻跸行宫。

十七日壬辰　上驻跸行宫。是日，赐复原任学士卢琦、原任御史吴震方原品。赐日讲官查昇、原任日讲官蔡升元白金，令其葬亲。赐查昇缎匹、人参。又遍赐杭州驻防兵丁白金。

十八日癸巳　遣领侍卫内大臣公阿灵阿，侍郎傅继祖、来道阅视钱塘江堤。上自杭州登舟回銮，泊仁和县属塘栖。

十九日甲午　御舟过嘉兴府。

二十日乙未　上驻跸苏州府城内。

申时，上御行宫，大学士马齐、张玉书，学士刘光美、色德里以折本请旨。兵部一本覆川陕总督华显题，庄浪营参将员缺，请以游击杨琨补授，议不准行。上曰："杨琨着依该督所题补授。"

又一本延安营参将员缺，请以游击王毓瑞补授，议不准行。上曰："王毓瑞着照该督所题补授。"

又顾马齐曰："学士色德里为人颇优，长于办事，其请旨亦熟练。此系原任少詹色图之子，尔知之否？其父朕常驱使，今观其子似更过之。"马齐奏曰："皇上所见诚然，色德里原任票签中书，极其熟练。"上曰："不特此也，其捧本及安置本匣俱极娴雅，且极其恭谨。其人并无可议，但不识其将来何如。"

又曰："赵申乔果分文不取，但此行朕至杭州咨访，百姓云赵申乔虽真不要钱，然好收词讼，民未有不受其累者。大凡居官固贵清廉，尤必清廉而和平始为尽善。如果好受词讼，凡有兴讼者，纵使即为审理，其一家产业已荡然无有矣。如此则民何以堪。闻阿山亦喜受民词。总之，以不生事为贵耳。"

是日，上命令领侍卫内大臣公阿灵阿等阅视游击郭虎威等、守备沈必昌等、千总钱法等步骑射，以前未与试也。千总钱法步射不堪，且不能骑射。转奏奉旨：“钱法着革职。”

二十一日丙申 上驻跸行宫。是日，赐总督、巡抚、将军、副都统、提督、总兵官等食物。又赐内大臣、侍卫、护军、执事人等缎匹。

二十二日丁酉 上驻跸行宫。

酉时，上御行宫，大学士马齐、张玉书，学士刘光美、色德里以折本请旨。直隶巡抚李光地一本题请将亏空钱粮官员定例治罪。上曰：“此事着暂收贮，俟各省到齐之日再奏。”

顾大学士张玉书问曰：“尔观近日南方风景，较之昔日何如？”张玉书奏曰：“以今视昔，似觉稍寒。”上曰：“诚然。江北之竹尽皆黄色，即此可知苏杭潮湿较前亦大减。三十八年南巡时，潮湿即少差，今更减矣，民间生植亦较前丰裕。大约任地方督抚者安静而不生事，即于民生有益。倘徒恃才干，不体下情，以此争先出众，民必受其殃矣。所以，朕于此番扈从人等恐其生事，时廑于怀，诸事惟务谨慎，不时严禁。倘朕欲将州县官员日加驱使，未为不可。所以不忍为者，亦因体恤微员之故耳。今总督、巡抚能如此体恤者甚少。”马齐奏曰：“我皇上不特爱养百姓，体恤群臣无所不用其极，即获罪重犯，亦必再三详审，思与以生路。皇仁诚无所不被矣！”

上曰：“赵申乔居官诚清，分文不取。但喜收民词，所以小民反致受累。较之张鹏翮、李光地、徐潮，赵申乔，甚为褊浅矣。孔子曰：‘必也使无讼乎！’封疆大吏不能使民无讼，反于地方生事可乎？顷巡抚齐世武又题参提督李林盛。夫李林盛系有功旧臣，伊所参事亦毫无关涉，朕是以从宽批发。”马齐奏曰：“齐世武叨沐皇恩，身为巡抚，应令地方安静，矢志图报。而动辄参劾，徒生事端，甚为不合。”上顾大学士马齐、张玉书，学士刘光美、色德里，起居注官揆叙、满保曰：“尔等共听之，凡人讦告之言未可尽信。昔年遣都统朱玛、章京阿哈硕色等往擒于七之时，忽有一人以于七隐藏在彼村中首告，大军即围其村。村民不纳，因而相拒。知县窘甚，裸体入村，谓众民曰：‘以尔等隐匿于七，是以大军围此。尔等可速将于七送出。’村人曰：‘村中并未隐匿于七。若不信，试入搜之。’于是大军搜之，果无于七。首告之人即指村中一生员曰：‘此即藏匿于七之人也。’朱玛喇遂执而杀之。首告之人乃笑而言曰：‘此人并未藏匿于七，实与我有仇，是以诬告之耳。今既杀之，我愿毕矣。纵杀我，我亦无怨。’朱玛喇愤极，又执首告之人而杀之。”马齐奏曰：“此人诡计报仇，并己亦陷于死地，可谓忘身矣。”揆叙奏曰：“欲杀仇人，愍不畏死，何其凶悖也。”上曰：“知县于此身亦受伤，无辜百姓亦有被杀者。阿哈硕色曾向朕泣奏。夫害人者，纵一时缴幸获免，后焉得昌。”

是日，赐复原任谕德秦松龄，原任检讨冯勖、徐釚、潘来原品。赐护军统领、护军参领、侍卫、护军等绫缎。

二十三日戊戌 上自苏州登舟启行，泊浒墅关。

二十四日己亥 御舟泊常州府东关外。

二十五日庚子 御舟泊京口。协领窦献勋、游击孙镇野、防御任俊等来朝。

二十六日辛丑 早，赐镇江府驿站兵白金。是日，上自京口，由陆路临幸江宁府。将军鄂罗舜等率驻防满洲官兵、提督张云翼等率绿旗官兵迎接。江宁府阖城生员、百姓皆焚香献果，跪迎道左，咸欣然相谓：“我皇上为国计民生，不辞劳瘁，远来临幸。且每次巡幸，必大沛洪恩。即古之盛世，亦未有若是遭际之隆也。”

上驻跸江宁府城内。

二十七日壬寅 上驻跸行宫。遣大学士马齐祭明太祖陵。是日，传谕：“明日亲诣明太祖陵致奠。”大学士马齐等奏曰：“皇上前此南巡亲诣行礼，此番不必举行。”奏入，上命皇太子明日往奠。大赉扈从侍卫、护军及驻防兵丁白金有差。

二十八日癸卯 早，命皇太子诣明太祖陵奠酒。上自江宁府回銮，至镇江府属避风馆登舟，泊金山寺。

二十九日甲辰 御舟渡江，泊宝塔湾。

三十日乙巳 御舟过高邮州。

三 月

初一日丙午 御舟过宝应县。

初二日丁未 上自娘娘庙登岸，往阅高家堰堤工。驻跸关王庙。高堰通判朱廷植来朝。

是日，亲近侍卫吴什传谕大学士马齐曰：“原任检讨张鸿烈年老，着复原品。”

初三日戊申 上遍阅高家堰、翟家坝等处堤工回，仍驻跸关王庙。山盱通判边都声威、盱眙县知县周振举来朝。

初四日己酉 上由关王庙启行至娘娘庙，乘舟登黄河南岸，历观龙窝、烟墩等堤。复渡黄河，阅九里冈等堤。是夕，过宿迁县。

初五日庚戌 早，上自支家口登舟，过邳州界。

初六日辛亥 御舟过沛县界。是日，徐州副将郑章来朝。

初七日壬子 御舟泊济宁州。

初八日癸丑 御舟过东平州界。

初九日甲寅 御舟过东昌府。

初十日乙卯 御舟过武城县。是日，临清关监督员外郎库勒讷来朝。

十一日丙辰 御舟过景州界。

十二日丁巳 御舟过沧州。

十三日戊午 御舟过天津卫。

十四日己未 早，天津总兵官蓝理等、长芦巡盐御史陈嘉绩、天津道蒋陈锡、驻防东安县防守御赛柱等、驻防固安县防御哲库纳等、驻防采育里防御常寿等来朝。

是日，上自杨村登岸。驻跸南苑红门内。

十五日庚申 午时，上至畅春园，诣澹泊为德行宫问安。驻跸畅春园。

是行也，部院各衙门奏章每日交送内阁，由内阁三日一次递送行宫办理。

扈从起居注官揆叙、陈元龙、徐元正、宋大业、满保、查昇、陈壮履。

十六日辛酉　上御畅春园内澹宁居，召大学士、学士、部院各衙门堂官，谕曰："朕此番南巡，遍阅河工，大约已成功矣。曩者总河于成龙，未曾遵朕指授修筑，故未能底绩。今张鹏翮一一遵谕而行，是以成功。今年雨水不发可无虞，若秋雨霖霪，则难预料矣。向者黄河水高六尺，淮河水低六尺，不能敌黄，所以常患淤垫。今将六闸堵闭，洪泽湖水高，可以敌黄，则运河不淤，所以河工告成。又沿途咨访地方官，直隶巡抚李光地、河南巡抚徐潮居官皆优。山东巡抚王国昌、江苏巡抚宋荦俱安静，为人谨悫。福建巡抚梅铜、江西巡抚张志栋虽在隔省，闻其居官皆优。广东巡抚彭鹏诚为有守，浙江巡抚张泰交虽属新任，亦佳，民皆欢悦。赵申乔虽不要钱，好受词讼，有以明时万历、崇祯年间事告者，亦皆受而鞫之。前来面奏时朕问及，伊并不承认。时安徽巡抚喻成龙在旁，因向彼云：'君父之前应据实陈奏，何必掩饰？我二人接壤，向有民告崇祯年间一事，汝不曾移文于我耶？'赵申乔难于推委，始行承认。当其任布政时，朕尚信其不要钱。及任巡抚，好受词讼，则朕难信矣。且善遗忘，前后入奏五次，其所陈奏三事，三次入奏时俱屡屡渎陈。朕随面谕所奏已行之矣，彼始省悟叩谢。朕登吴山时，张志栋来朝，亦同随驾。朕问赵申乔何如，张志栋奏曰：'皇上圣明，观其形状可知，且甚粗鄙，不知礼体。'"又曰："甘肃巡抚齐世武赋性褊急，好行参劾。凡为大吏者，当宽和平正，表率属员，宥其小过，以渐训励，使各勉为循良。岂可恣意以参劾为事乎？"

又曰："朕御极以来，无时不以民生为念。虽纤微之事，亦不肯稍有怠忽，勤劳已四十余年矣。今四海奠安，民生富庶，而河工适又告成。朕欲颁诏天下，大沛恩施，故星夜回銮。凡拨船管夫、官员，往返甚属劳瘁。其中有罚俸降级者，俱着开复，仍各加一级。河工人员，动支正项钱粮者，固宜赔补。其情愿效力、捐己资修筑者，三年内因有冲决复令赔补，殊觉无辜，此等着宽免。地方官员因小事擅用重刑者，着禁止。朕所书诏内项款，尔等会同九卿详阅。倘有应增入者增入呈览。"

大学士、九卿诸臣出，公同详议，向治仪正存住等转奏曰："圣谕允为周详，并无可增之款。"上召大学士马齐、张玉书、吴琠入，谕曰：

“守陵寝官兵着加恩。历代帝王陵寝损坏者，着加修葺。王以下、有顶带以上官员，俱着加恩。兵卒人等着概行加恩。百岁以上者着查，给牌坊银两。天下读书者甚多，着量增考取额数。”

是日，上诣澹泊为德行宫问安。

是日起居注官揆叙、陈论。

十七日壬戌　上诣澹泊为德行宫问安。

十八日癸亥　颁恩诏于天下。

是日，上诣澹泊为德行宫行礼。

十九日甲子

二十日乙丑

二十一日丙寅　辰时，上御畅春园内澹宁居听政。部院各衙门官员面奏毕，大学士马齐、张玉书、吴琠，学士王九龄、曹鉴伦、常寿、刘光美、色德里、满丕、穆和伦以折本请旨。荆州将军莽机禄一本引年乞休。上曰：“莽机禄其年诚老，着以原品政仕。杭州将军丹岱年亦老矣。此番南巡，见丹岱惟图偷安退避。因将军懦弱，所以四年之间杭州军旅不振，远逊从前。将士全赖将军之训练，职任綦重。丹岱着休致。”

是日，上诣澹泊为德行宫问安。

是日起居注官陈元龙、满保。

二十二日丁卯

二十三日戊辰　辰时，上御畅春园内澹宁居听政。部院各衙门面奏毕，大学士马齐、张玉书、吴琠、熊赐履，学士王九龄、曹鉴伦、常寿、刘光美、色德里、满丕、穆和伦以折本请旨。吏部一本题阿达哈哈番格图肯世职议与伊第五兄御史顾素承袭。上曰：“查伊长兄之子，议与承袭。”

又一本题山东学道徐炯等四员，该督抚既称剔除十弊，克称厥职，照例议推一员内升京堂，余照应升道缺补用，请旨。上曰：“其中无甚优者，学院张泰交、姜楠俱甚优。”顾大学士等问曰：“此二人孰更优？”张玉书奏曰：“二人俱好，张泰交更优。”上曰：“此四员内无优者，着停止内升。”

是日起居注官揆叙、陈壮履。

二十四日己巳 上诣澹泊为德行宫问安。

二十五日庚午

二十六日辛未 辰时，上由西直门进神武门，回宫。

巳时，上御文华殿，行经筵大典。命尚书席尔达、韩菼讲《四书》“知者乐，仁者寿”二句，侍郎傅继祖、詹事徐秉义讲《易经》“其德刚健而文明，应乎天而时行，是以元亨”一节。讲毕，赐宴于太和门前。

午时，上出东华门，视裕亲王疾。

未时，上由神武门出西直门，驻跸畅春园。

是日起居注官揆叙、陈论。

二十七日壬申 上诣澹泊为德行宫问安。

二十八日癸酉

二十九日甲戌 辰时，上御畅春园内澹宁居听政。部院各衙门官员面奏毕，大学士马齐、张玉书、吴琠，学士王九龄、曹鉴伦、常寿、刘光美、色德里、满丕、穆和伦以折本请旨。大学士熊赐履一本引年乞休。上曰：“熊赐履尚堪供职，观其容颜不甚衰迈。朕曾谕其再供职数年，今复奏请，尔等其问之。”

吏部一本题遵恩诏议将拨船管夫刑部侍郎舒辂等各加一级。上曰：“此内有未身历其事者亦未可知。尔等可交乾清门侍卫马武、侍郎舒辂会同查奏。”

户部一本覆准总漕桑格题请禁止沿途盗卖漕粮。上曰：“其中尚有未尽漕船在通州以南，有沿途盗卖者，地方官及督运官应着该督查报，此一节可载入禁条内。”

理藩院一本题吏部侍郎常书等教养蒙古，议各加二级。上曰：“朕所以擢用教养蒙古之员，以其著有劳绩，故厚加以恩。今将超擢之人复行议叙，殊为太过。此内已擢用者不必议叙。其余着照常议叙。”

都察院一本题遵例内升外转，以御史吕琨等职名开列。上曰：“傅作楫其人颇优，奏事亦甚明晰，着内升。其中无可外转者，着停止此一次。”

翰林院一本题日讲起居注官法良等员缺，以侍读学士卫齐等职名开列。上曰：“尔等将开列之人问翰林院掌院学士具奏。”

云贵总督巴锡一本题参威宁总兵官孟大志扰害官兵。上曰："此事可差大臣察审。"顾大学士马齐等曰："顷光禄寺衙门获罪殊深，光禄寺事情紧要，观学士穆和伦为人谨慎，于教养蒙古之事笃志勤劳，着暂摄理光禄寺事，仍于内阁学士行走。"

是日起居注官宋大业、满保。

三十日乙亥　上诣澹泊为德行宫问安。

四　月

初一日丙子

初二日丁丑

初三日戊寅　上诣澹泊为德行宫问安。

初四日己卯

初五日庚辰　上诣澹泊为德行宫问安。

初六日辛巳　巳时，上由西直门进神武门，回宫。

午时，上出东华门，视裕亲王疾。

酉时，读卷官大学士马齐、张玉书，尚书陈廷敬、王鸿绪，侍郎王掞、吴涵、许汝霖、胡会恩，学士王九龄、曹鉴伦、色德里、穆和伦，翰林院掌院学士揆叙，副都御史张睿，以殿试一百六十九卷公阅，择十卷捧入乾清宫，恭呈御览。上曰："尔等所阅之卷可俱捧入。"顾马齐问曰："汉大臣阅卷时，曾因名次前后相争论否？"马齐奏曰："并无争论，此皆相商选择者。"上顾张玉书等曰："较定前后名次，必须凭文论定。若稍存私意，则人心即不能悦服。况尔诸臣皆从考试出身，回思当日考试之时，本心更不可失。"张玉书等奏曰："皇上训谕诚为尽善，臣等当谨志之。"学士色德里以首卷呈上，上详阅毕，曰："观近来文章不似往年，颂圣处多，条对处并不深切。"许汝霖奏曰："皇上功德兼隆，作文者虽竭力阐发，亦不能殚述。"上阅第二卷、第三卷毕，问曰："此二卷孰优？"王鸿绪奏曰："此二卷各有所长。"上问曰："尔等所见皆同否？”吴涵奏曰：“皆同。”上曰：“闻今科会元学问甚优。”王掞奏曰：“今科会元王式丹学问果优，名亦素著。”上详阅第四卷，复阅第五卷，内有遗落一字，命揆叙近前指令读之。上曰：“此卷虽落一字，立意措词甚善。”因拣出另置一处。上曰：“朕详阅诸卷，为时甚久。年老诸臣可坐。”又详阅第六卷，称其字与文章皆可。续详阅第七卷，曰：“后半幅力虽少怯，前二段甚佳。”亦拣出另置一处。续阅遍第八、第九、第十卷毕，曰：“此三卷内第十卷尚佳。”因以第五卷令王鸿绪读，第七卷令吴涵读，与诸臣共听之。众皆称善。于是，上亲拆弥封，以第五之王式丹为一甲一名，第七之赵晋为一甲二名，第三之钱名世仍为一甲三名。授张玉书，令按次书毕。其余俱照诸臣阅定等次。上问曰：“王式丹素有声名，想人心皆服。其乡试时中第几名？”许汝霖奏曰：“王式丹去岁乡试，中第六名。向有声名，人所共知。”上问曰：“赵晋学问何如？”王鸿绪奏曰：“赵晋学问亦优。”上问曰：“二甲第六陈邦彦系何人之子？”许汝霖奏曰：“陈邦彦系侍读学士陈元龙之侄。其父早故，其祖今年八十四岁矣。”上曰：“陈邦彦书法颇佳。”又问曰：“应试举子中尚有学问优者否？”许汝霖奏曰：“江南刘岩、汪份，浙江盛弘邃学问俱优。”上复取违式、沈琪等三人之卷，阅毕，曰：“此三卷一卷空白，一卷字错落甚多，一卷文章不堪，俱着革去进士。”又曰：“尔等所定次序各卷可仍捧出，俟填榜毕，再送入朕细览。”马齐奏曰：“二甲应放若干人，伏祈圣裁。”上曰：“二甲可放五十人。”又问曰：“今年会试举人共有若干？”许汝霖奏曰：“共二千三百余人。”上顾马齐曰：“今年会试，广东通省未中一人，应将此一省或覆试，或将遗卷复行选阅为是。朕意此后会试仍分南北卷考取，但至填榜时，有通省未中一人者，即去其榜末之人，将此一省落卷中取一人填入。庶各省皆不致偏枯，如此庶为均平。尔等问之九卿。”

复顾张玉书问曰：“顷续纂《渊鉴类函》一书，曾命尔等校阅，尔等曾校阅否？”张玉书奏曰：“此书卷帙浩繁，一时难以尽看。故尚未校完。”上曰：“此书事类详备，尚为有用之书，须专责数人修辑，复以众力助之，方能有成。一二人何能尽阅？”又顾马齐曰：“曾问大学士熊赐履乞休之故否？”马齐奏曰：“曾问熊赐履，据云耳重眼暗，身力较前实为衰弱。”上颔之。读卷官大学士马齐等捧卷出。

是日起居注官宋大业、满保。

初七日壬午 早，上御太和殿，赐贡士王式丹、赵晋、钱名世第一甲进士及第，汪灏等五十人第二甲进士出身，倪廷标等一百十三人第三甲进士出身。传胪毕，回宫。

巳时，上由神武门出西直门，驻跸畅春园。

是日起居注官陈论、满保。

初八日癸未 上诣澹泊为德行宫问安。

初九日甲申 辰时，上御畅春园内澹宁居听政。部院各衙门官员面奏毕，大学士马齐、席哈纳、张玉书、吴琠，学士王九龄、曹鉴伦、常寿、刘光美、色德里、满丕、穆和伦以折本请旨。吏部一本拨船管夫官员加级一事，遵旨令乾清门侍卫马武、侍郎舒辂会查，以粮道鲍复昌等十八人裁减议叙。上曰："此议裁减者甚当，但坐粮厅江藻随舟往返，甚为劳瘁，应入于此议中。"马齐奏曰："圣谕诚然。顷仓场侍郎辛保亦曾以江藻事语臣等。"上曰："议叙内江藻亦着添入。"

翰林院一本题经筵讲官法良员缺，以户部尚书凯音布等职名开列。上曰：“揆叙现任掌院学士，令充经筵讲官。”

理藩院一本遵旨以吏部侍郎常寿无庸议叙，御史绰奇等议各加一级，遇应升之缺即用。上曰：“此本内人太多，若照所议行，必致不分优劣，概行升用。才职务使相当，于事始有裨益。其才果优，朕自擢用之。此所议遇缺即补者，着改各加三级。”

兵部一本题荆州将军莽机禄、杭州将军丹岱员缺，以副都统桑阿里等职名开列。上曰：“将军之职甚重，必择年壮人优者用之始有裨益。尔等会同各部尚书、侍郎，于都统、前锋统领、护军统领内拣选具奏。”马齐奏曰：“外省将军之职较都统更为重要，此缺请皇上简用素知之人。”上曰：“尔等拣选来请旨，再行商酌。”

又一本直隶河间府副将师懿德员缺，以参领马世斌等职名开列。上曰：“河间府副将之缺紧要，尔等移文问巡抚、总兵具奏。”

马齐等又以日讲起居注官法良等员缺，遵旨问翰林院掌院学士揆叙等，将揆叙等所荐侍讲学士阿尔法等五人职名具折呈览。上曰："伊等何如？"马齐奏曰："据揆叙言，其中洗马塞尔图、谕德觉和托学问尚优，塞尔图向曾于讲官员缺选择引见。"上曰："阿尔法原任御史，其人颇优，着将阿尔法、海宝、塞尔图充日讲起居注官。"

马齐等奏曰："熊赐履乞休，臣等已问之矣。"上曰："仍以尔初六晚所奏之语否？"马齐等奏曰："然。"上曰："着将彼所奏之疏奏览。"

是日起居注官满保、陈壮履。

初十日乙酉

十一日丙戌　上诣澹泊为德行宫问安。

十二日丁亥　辰时，上御畅春园内澹宁居听政。部院各衙门官员面奏毕，翰林院掌院学士揆叙、侍郎吴涵因散馆以庶吉士汪绎等四十三人引见。上以次问毕，顾揆叙等曰："尔等会同大学士共试之。"揆叙等出。

大学士马齐、席哈纳、张玉书、吴琠，学士王九龄、曹鉴伦、常寿、刘光美、色德里、满丕、穆和伦以折本请旨。吏部一本遵旨以御史阿尔法员缺，将郎中穆成格等职名开列。上曰："伊等姓名年貌朕未确识，着引见。"

兵部等衙门一本题侍郎傅继祖等审鞫生员李凤等叩阍一案，因红苗抢掠隐匿不报，拟总督郭琇等革职、降级。上顾马齐等问曰："此事尔等云何？"马齐奏曰："隐匿是实。"上曰："郭琇、林本植着革职，金玺着降四级调用。总兵雷如人材壮健，朕素知之，傅继祖、赵申乔等亦曾奏入，着革职留任效力。"

马齐等遵旨复以大学士熊赐履引年乞休之本请旨。上曰："熊赐履才学敏赡，讲幄久劳，简任纶扉，勤慎益著，老成在列，倚毗方殷。览奏引年求罢，情辞恳切，准以原官解任，仍食俸留住京师，用备顾问，以示朕优眷旧臣之意！"

既而，大学士等遵旨会同部院各衙门尚书、侍郎等拣选拟补荆州、杭州将军员缺，以都统特克信等职名缮写绿头签呈览。上曰："蟒侃、诺罗布人材壮健，蟒侃着授荆州将军，诺罗布着授杭州将军。"

是日起居注官陈元龙、阿尔法。

十三日戊子

十四日己丑 酉时，上由西直门进神武门回宫。

是日起居注官王思轼、海宝。

十五日庚寅 早，上御太和殿，升转文武官员谢恩毕，回宫。

辰时，上御乾清宫，大学马齐、席哈纳、张玉书、吴琠，学士王九龄、曹鉴伦、常寿、刘光美、色德里、满丕、穆和伦以折本请旨毕，马齐等以庶吉士散馆考试诸卷呈览。上曰："法良前任内务府官员，为人朴实安静，朕因擢用。及后观之，虽非匪人而庸劣无才，其所教庶吉士甚属不堪。尔等于十七日将伊等试卷携至畅春园。"

巳时，上御保和殿选庶吉士。大学士马齐、席哈纳、张玉书、吴琠，学士王九龄、曹鉴伦、常寿、刘光美、色德里、满丕，翰林院掌院学士揆叙、侍郎吴涵，以今岁取中修撰王式丹，编修赵晋、钱名世，二甲进士汪灏等五十人，三甲进士倪廷标等一百十三人，每班十人，于保和殿内引见。上先命修撰王式丹，编修赵晋、钱名世进见毕，复命二甲、三甲进士引见。将汪灏等五十二人选为庶吉士。

午时，上出东华门，视裕亲王疾。

未时，上由神武门出西直门，驻跸畅春园。

是日起居注官揆叙、徐元正、满保。

十六日辛卯 是日，上诣澹泊为德行宫问安。

十七日壬辰 辰时，上御畅春园内澹宁居听政。部院各衙门官员面奏毕，大学士马齐、席哈纳、张玉书、吴琠，学士王九龄、曹鉴伦、常寿、刘光美、色德里、满丕、穆和伦以折本请旨。吏部一本以江南海州知州员缺奏闻。上曰："查服满知州及保举知县一并具折呈览。"

马齐等遵旨以庶吉士散馆试卷呈览。上曰："一等内张廷玉等十人仅可，着留衙门。顾图河、汪绎、季愈此三鼎甲亦着留衙门。向曾以二等、三等于给事中、御史并部院官补用，今观此辈皆属庸常，着以照常应用之缺补用。梁佩兰学问庸劣，字亦不堪，可置之末名。"又曰："闱中考试时，题目出过者不复重出，有妨碍者，又皆不出。所余题目无多，豫拟甚易。因此侥幸遇题中式者亦有之。倘以今科中式进士面试之，必有一半不堪者。”马齐奏曰：“圣鉴甚明。”

是日起居注官陈壮履、海宝。

十八日癸巳 上诣澹泊为德行宫问安。

十九日甲午

二十日乙未

二十一日丙申

二十二日丁酉 上诣澹泊为德行宫问安。

二十三日戊戌 辰时，上御畅春园内澹宁居听政。部院各衙门官员面奏毕，命翰林院掌院学士揆叙、吴涵于大学士请旨时偕入。大学士马齐、席哈纳、张玉书、吴琠、陈廷敬，学士王九龄、曹鉴伦、常寿、刘光美、满丕、穆和伦以折本请旨。宗人府一本题钦奉恩诏，觉罗官员请颁给封诰。上曰：“着查宗室等曾给封诰否。”

吏部一本题湖广总督郭琇员缺，以侍郎傅继祖等职名开列。上曰：“巡抚石文晟、喻成龙俱优，此二人孰宜补授总督，着问九卿。”

又曰：“今吏部尚书缺尚未补人，巡抚李光地、徐潮居官俱优，原在内任，历年亦久，早应擢用。朕因地方起见，而深惜之，所以暂留外任。伊等居官诚优，且得大臣之体。彭鹏、赵申乔行事偏执，惟务沽名，所以事皆背谬。李光地自任直隶巡抚以来，每年雨水调顺，谷亦丰登。官吏兵民无不心服。吏部尚书员缺，以李光地、徐潮问九卿。总督华显，巡抚鄂海、噶礼、贝和诺、王国昌居官皆平稳安静。”

又一本题贵州学道柴廷望员缺，较俸拟出户部郎中庄廷伟、侍讲陈迁鹤请旨简用。上问学士揆叙曰：“陈迁鹤何如？”揆叙奏曰：“其人平常。”上曰：“陈迁鹤仅可备员翰林，人甚平常。此学道员缺，将应开列翰林官另行具折启奏。”

又以江南海州知州员缺，遵旨将服满知州及保举知县开列。上曰：“此员缺着将马云会补授。”

兵部一本覆土司田舜年请以伊职令其嫡子田昺如承袭，其次子田旻如请调入京师，以备使令，至给伊敕命，请免缴部。与例不符，议不准行。上曰：“逆贼吴三桂作乱时，田舜年一心效力，颇有劳绩。着依所请，令伊长子田昺如袭职，原领敕命亦着免缴部。其次子田旻如着来京效力。”

又一本右翼前锋统领宗室诺罗布员缺，将护军统领瓦尔达等职名开列。上曰：“前锋统领职任紧要，领侍卫内大臣伯巴图其人郑重，着兼理之。”

又一本直隶真定府副将张谷员缺，将参领马世斌等职名开列。上曰：“真定府副将员缺紧要，马世斌等俱未历任地方官。直隶巡抚、该总兵官有素知之人，着题奏。此事可遣一中书前往，并令看雨水及麦收若何来奏。”

又一本覆江西巡抚张志栋、浙江巡抚张泰交请免裁标下兵丁二疏，议不准行。上曰：“伊等标下兵丁向年裁者亦多，今若复行裁革，则兵丁太少。此二疏着发回，议准行具奏。”

翰林院一本题庶吉士分别读满汉书。上曰：“赵晋汉文颇优，仍令读汉书，不必读满书。前科未曾散馆之庶吉士沈宗敬、励廷仪亦着授为编修，励廷仪俟服满再令行走。原任编修杨瑄学问甚优，着复原职。”

总漕桑格一本题标下中军副将等缺，请以参将李胜等补授。上曰：“李胜等朕知其人材强健，着照该督所题补授。”

既而，上出熊赐履呈览明朝神宗、熹宗以下史书四本，顾大学士等曰：“朕自冲龄即每事好问，彼时之太监，朕皆及见之，所以彼时之事朕知之甚悉。太监魏忠贤恶迹史书仅书其大略，并未详载。其最恶者，凡有拂意之人，即日夜不令休息，逼之步走而死。又并人之二大指以绳拴而悬之于上，两足不令着地，而施之以酷刑。明末之君多有不识字者，遇讲书则垂幔听之，诸事皆任太监办理，所以生杀之权尽归此辈。”张玉书奏曰：“此明之所以至于败亡也。”上又曰：“此书所载杨涟、左光斗死于北镇抚司狱中，闻此二人在午门前受御杖死，太监等以布裹尸出之。至于随崇祯殉难者，乃太监王承恩。因此作文致祭，并立碑碣。此书载太监王之心从死，明系错讹。至于本朝兴兵声讨之故，书中并未记载。此处关系最要，可问熊赐履、王鸿绪等。”马齐奏曰：“我朝并无侵犯于明，因明有侵犯于我，故我朝始兴师。”上问曰：“尔何以知之？”马齐奏曰：“明初犯我城池，彼地即系臣祖原籍。修实录时臣为侍读学士，所以知之。”上颔之，以《明史》授大学士等。

是日起居注官陈论、塞尔图。

二十四日己亥　是日，乾清门侍卫马武捧出朱书上谕，谕八旗都统、前锋统领、护军统领、副都统、参领、佐领等曰："朕为官兵生计，不时廑念，已屡施大泽。今复特沛鸿恩，不惜数百万帑金遍行赏赐。嗣后军卒人等，应人人务立生计，清偿宿逋，丰裕度日。倘有不肖之辈不思撙节俭约，惟知纵酒酣饮，鲜衣肥马，过于费用，则不数日间，仍如未沛恩泽时耳。尔等俱有督率之责，不当徒以督率为名，亦当诱之向善，使人人以孝弟为本，各知自守，爱惜产业。则不特风俗可至淳朴，而朕爱民之心亦不致徒劳矣。可将此旨刊刻，遍示军卒人等。嗣后受朕重恩，倘仍行赌博，行止不端，朕断不轻贷，必将为首者立正典刑。朕念切兵民生计，是以亲书谕旨。钦哉！"

是日起居注官揆叙、陈论。

二十五日庚子　上诣澹泊为德行宫问安。

二十六日辛丑　早，上由西直门进神武门，回宫。

辰时，上御乾清门听政。部院各衙门官员面奏毕，大学士马齐、席哈纳、张玉书、吴琠，学士王九龄、曹鉴伦、常寿、刘光美、色德里、满丕、穆和伦入奏曰："臣等遵旨查宗室封诰，从前并未给过。"上曰："宗室官员亦当给与封诰。尔等会同宗人府议奏。"

马齐等又奏曰："臣等遵旨，吏部尚书陈廷敬员缺，以李光地、徐潮问九卿，据言此二人居官俱优。"上曰："李光地着升吏部尚书，仍令管理直隶巡抚事。"

马齐等又奏曰："臣等遵旨，湖广总督郭琇员缺，以石文晟、喻成龙问九卿，据云居官俱优。安徽所属诸大臣、官员言，安徽之巡抚未有如喻成龙者。恳皇上施恩，再令留任数年。"上曰："喻成龙着补授湖广总督。"

马齐等又奏曰："臣等遵旨以会试时广东通省举子未中一人，或应覆试，或将落卷复行校阅问之九卿，九卿云，举子于放榜后归原籍者甚多，不便覆试，应将伊等落卷校阅，内有佳卷，令酌量取中。"上曰："仍令原主试官员校阅具奏。"

张玉书等又奏曰："臣等遵旨将明史问熊赐履等。据云奉旨复行详察，崇祯时死难太监果系王承恩，非王之心，应遵照谕旨改正。至于左光斗、杨涟，察考诸书，俱系死于北镇抚司狱中，故照彼书之。我太祖高皇帝兴师之由，详载太祖本纪，是以明史内不曾载入。”上曰：“太祖兴师之故虽不详载明史，记其大略未始不可。”张玉书等奏曰：“总载数语甚当。”

未时，上出东华门，视裕亲王疾。

申时，上由神武门出西直门，驻跸畅春园。

是日起居注官阿尔法、陈元龙。

二十七日壬寅

二十八日癸卯 上诣澹泊为德行宫问安。

二十九日甲辰

五 月

初一日乙巳 上诣澹泊为德行宫问安。

初二日丙午

初三日丁未

初四日戊申 辰时，上御畅春园内澹宁居听政。部院各衙门官员面奏毕，大学士马齐、席哈纳、张玉书、吴琠、陈廷敬，学士王九龄、曹鉴伦、常寿、刘光美、满丕、穆和伦以折本请旨。宗人府一本题闲散宗室年至二十岁者，请照例派遣大臣考试。上曰：“考试闲散宗室不必派遣大臣，朕将亲试之。”

吏部一本题都察院副都御史励杜讷员缺，将宗人府府丞王顼龄等职名开列。上曰：“陈论年久进士，为人慎重老成，着补授副都御史。”

户部一本覆山西巡抚噶礼题，河东巡盐御史马尔泰等请于盐引上用省扒，议准行。上问学士常寿曰：“尔曾任河东盐差，必知其详。盐引用省扒与民有益否？”常寿奏曰：“盐引上用图记可行通省者谓之省扒，用之似与民有益。”上曰：“此事果于民有益与否，尔等问九卿具奏。”

兵部一本覆山东巡抚王国昌题，济宁卫世袭拜他喇布勒哈番王俊美年少，娴熟马步射，请照例令候补用，议准行。上曰："各省如王俊美者尚多，此皆因彼祖父有功，故给以世职。着召来引见，如有马步射俱优、人材堪用者，令及其年少补用。"

工部一本覆总河张鹏翮题，原任巡抚王起元等承修河工已经告竣，相应遣还，议准行。上曰："王起元等工程既经告竣，着令回京。张鹏翮疏内称高承爵工尚未完。朕今岁南巡，遍阅河工，见高承爵所修工程水深成潭，难于修筑。高家堰所关甚要，倘工程有误，纵重治高承爵罪，于事何益？着移文总河张鹏翮，此处可修，则另派贤能官员修筑。若不可修，令筑越堤所用钱粮仍取之高承爵。"

马齐等以追谥原任大学士王熙折子呈览。上曰："可谥以文靖。"张玉书等奏曰："原任大学士熊赐履等覆阅广东遗卷，选择四卷。臣等遵旨详阅，文俱不佳。"上取卷详阅毕，曰："此数卷文章果属不堪，所以不能中式。今已考毕，难于复取。可谕彼等，令专志读书。此后，倘复一卷不中作何取中，朕从前已有谕旨。着九卿、詹事、科道会议具奏。"

是日起居注官徐元正、满保。

初五日己酉 上诣澹泊为德行宫问安。

初六日庚戌 巳时，上由西直门进神武门，回宫。

自是日为始，以夏至有事于方泽，上斋戒三日。

是日起居注官王思轼、海宝。

初七日辛亥

初八日壬子 上于中和殿视祭方泽祝版毕，回宫。

辰时，上出东华门，视裕亲王疾。

是日起居注官陈元龙、海宝。

初九日癸丑 巳时，上由神武门出西直门，驻跸畅春园。

是日，上诣澹泊为德行宫问安。

是日起居注官徐元正、满保。

初十日甲寅

十一日乙卯 八旗都统等率领八旗兵丁齐集畅春园，向启事治仪正存住等转奏曰："皇上特颁恩诏，赏赐八旗兵丁库帑银数百万两，俾之人人乐业，清偿宿逋，家给人足，生生世世尽沐洪恩。此亘古未有之旷典也。近复蒙圣训再三劝谕，令其撙节爱养，毋得浪费，勉为孝弟，改过自新。臣等有督率之责，自当谨遵训旨，加意引导，务期安分守己，痛改宿习，以副我皇上爱养兵民之至意。”恭请谢恩。军校云集，欢声如雷。

是日，上诣澹泊为德行宫问安。

是日起居注官吴涵、阿尔法。

十二日丙辰

十三日丁巳 上诣澹泊为德行宫问安。

十四日戊午

十五日己未 早，上由西直门进神武门，回宫。

顷之，上御太和殿，王以下、有顶带官员以上，以恩诏各赐缎匹，谢恩毕，上回宫。

辰时，上御乾清门，大学士马齐、席哈纳、张玉书、吴琠、陈廷敬，学士王九龄、曹鉴伦、常寿、刘光美、满丕、穆和伦以折本请旨。吏部一本题安徽巡抚喻成龙员缺，将内阁学士张榕端等职名开列。上曰：“尔等可于布政司内问九卿。”又曰：“九卿前曾屡次举荐施世纶，此番当必仍荐此人。闻赵申乔赴任时愤恨而去，曾言我必题参施世纶及金玺。如施世纶者，岂可易言题参。”

户部一本覆两广巡盐御史黑色条陈，南赣二府所增盐额请停盐引，议不准行。上曰：“此事着问九卿。”

兵部一本以补用千总等官之例定议具奏。上曰：“总督、巡抚、提督、总兵官于补用千总等员秉公者少，除功加及稍有优长者俱已保举补用外，其余年满千总，马步射未必皆能。马步射尚且不能，岂可令之管辖兵丁？着移文各省，谕令此项人员限于冬季前俱到京。俟到京时，命大臣监试，优者录用，不堪者革退。限内不到者即令除名。此事可交兵部。”

刑部一本覆江苏巡抚宋荦题杨茂殴死陆子文一案，照雇工人殴死家长律拟斩。部议查例，凡用银买为养子，若恩养年久，娶与妻室，应照子孙例改拟凌迟。上顾大学士等问曰：“尔等所见若何？”张玉书奏曰：“该部援例固为合理，而该抚所拟亦为得之，恭请圣裁。”上又问吴琠、陈廷敬，吴琠等奏曰："杨茂在陆子文家恩养四世，部议理似较长。"上良久曰："此系人命事故，遍问尔等，今既无可商之处，着仍照部议。"

总河张鹏翮一本题，承修武家墩候补知县张时可等携所领库银逃去，此工令原任知县王启烈续修，原任布政使王毓贤督催。上曰："顷南巡至南河，屡谕张鹏翮：观尔所委修筑堤岸人员，皆系无身家者，倘以钱粮交付，此辈必致逃亡。前言未久，今果验矣。尔等将朕屡次严谕之处写明送张鹏翮。其张时可等令严行查拿具奏。修筑处着照所奏行。"

江苏巡抚宋荦一本题徐州等处未完钱粮，请分年带征。上曰："徐州等处，堤岸交错，水无出路，每年被水，谷米不收。可将此地应征钱粮数目察明具奏。"

湖广提督俞益谟一本题原任大同总兵标下游击吴均等请补天柱参将等缺。上曰："俞益谟题请带去官员俱优，吴均等俱照该提督所请补授。当俞益谟调补湖广时，彼处官兵闻之，无不欣悦。嗣后倘有要紧缺出，皆令将其素知之人题补。"

原任侍郎任克溥以复还原职及屡蒙皇恩具疏谢恩。上曰："任克溥居官本优，着问九卿。"

马齐等奏曰："山西巡抚噶礼题，河东巡盐御史马尔泰等请于盐引用省扒部议准行一事，臣等遵旨问九卿，据云用省扒有益。"上曰："着依部议。"

既而，马齐等以宗室官员给与封诰之处，遵旨会同宗人府议定缮折呈览。上阅毕曰："依议。"

是日，赐内阁部院各衙门诸大臣御书扇各一柄。

申时，上出东华门，视裕亲王疾。

酉时，上由神武门出西直门，驻跸畅春园。

是日起居注官王思轼、塞尔图。

十六日庚申 上诣澹泊为德行宫问安。

十七日辛酉

十八日壬戌 辰时，上御畅春园内澹宁居听政。部院各衙门官员面奏毕，大学士马齐、席哈纳、张玉书、吴琠、陈廷敬，学士王九龄、曹鉴伦、常寿、刘光美、满丕、穆和伦以折本请旨。吏部一本司道内升，将山东布政使刘皑等职名开列。上曰："着问九卿。"

礼部一本覆顺天府府丞程文彝题，请修理府学之尊经阁等处，议不准行。上曰："伊等官俸无多，国子监文庙现交广善库官员修理。顺天府尊经阁等处，应着交与广善库修理。"

兵部一本以卫所千总补用之例定议具奏。上曰："各省千总已经调取，俟到日再议例具奏。"

刑部一本覆江宁巡抚宋荦题，强盗俞大等照干系城池地方行劫立斩枭示律，改拟俞大等虽城内行劫，未得财，未伤人，应发黑龙江。上曰："部议差讹。着九卿、詹事、科、道会议具奏。"

总河张鹏翮进呈，遵旨纂修河工书成，请编入方略，具折陈奏。上曰："尔等看毕具奏。"

马齐等奏曰："臣等遵旨察徐州等处未完钱粮数目，共二万四百二十三两零。"上曰："邳州钱粮亦难征收。"马齐奏曰："邳州地势甚卑，钱粮果难征收。"上曰："邳州钱粮着一并查奏。"

马齐等又奏曰："补授安徽巡抚事，臣等遵旨问九卿。据云，布政使施世纶、赵世显、刘皑俱优。"上曰："九卿以施世纶为何如？"马齐奏曰："九卿言施世纶前曾保举，有操守，其他处皆皇上所洞悉。"上曰："赵世显为人颇优。学士刘光美为人敬慎，办事亦长。"马齐奏曰："刘光美诚属敬慎。"陈廷敬奏曰："臣在都察院时素知刘光美为人敬慎，曾经保奏。"上曰："刘光美着补授安徽巡抚。"

马齐等又奏曰："户部覆两广巡盐御史黑色题，南赣二府所增盐斤免其分派盐引议不准行一事，臣等遵旨问九卿。据云此皆照地丁分派者，不应准免。"上曰："此疏内事俱照该御史所题行。"

马齐等又奏曰："臣等遵旨以原任侍郎任克溥居官何如问九卿，据云任克溥原系言官，曾条陈数次，居官亦优。"上曰："任克溥今已年老，向日居官本优，因公诖误革职，应否给以尚书空衔，着问九卿。"

是日，上诣澹泊为德行宫问安。

是日起居注官阿尔法、陈壮履。

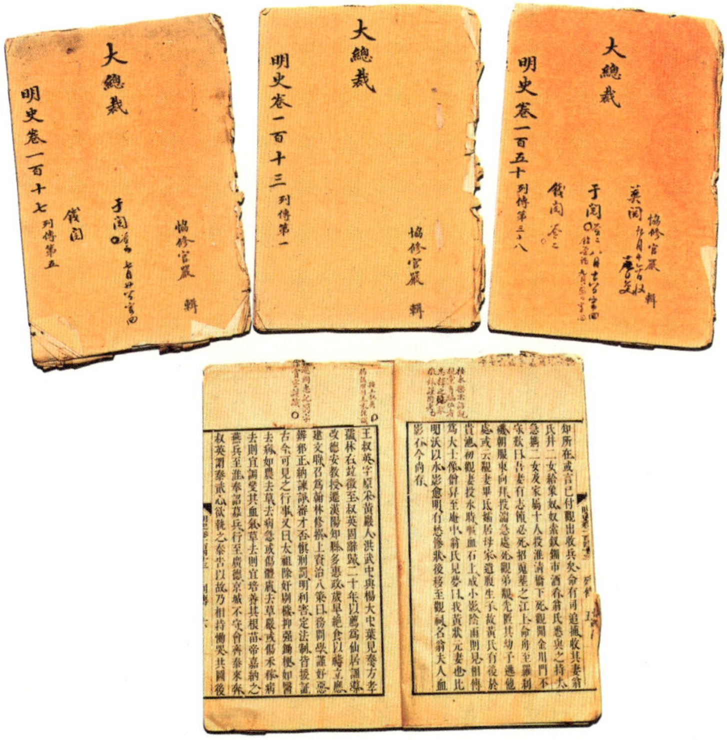

明史稿本

康熙、雍正朝。汉文，纸质，殿刻底本，31cm×20cm×0.2cm。《明史》是清代官修的记述明代历史的纪传体史书。顺治二年（1645年）开馆纂修，乾隆四年（1739年）定稿。主要工作基本是在康熙时期完成的。康熙十八年（1679年），命徐元文为监修，叶方蔼、张玉书为总裁，征博学鸿辞50余人参与编修。康熙三十年史稿初就。至乾隆四年，张廷玉等最终定稿。

張廷玉，字衡臣，安徽桐城人，大學士英次子。康熙三十九年進士，改庶吉士。散館授檢討，直南書房，以憂歸。服除，遷洗馬，歷庶子、侍講學士、內閣學士。五十九年，授刑部侍郎。山東鹽販王美公等糾衆倡邪教，巡撫李樹德令捕治，得百五十餘人。上命廷玉與都統託賴、學士登德會勘，戮七人、戍三十五人而獄完。旋調吏部。

世宗卽位，命與翰林院學士阿克敦、勵廷儀應奉几筵祭告文字，賜縢生視一品，擢禮部尚書。雍正元年，復命直南書房。偕左都御史朱軾充順天鄉試考官，上嘉其公慎，加太子太保。尋兼翰林院掌院學士，調戶部。疏言：「浙江衢州，江西廣信、贛州，毘連閩、粵，無藉之徒流徙失業，入山種麻，結棚以居，號曰『棚民』。歲月既久，生息日繁。其强悍者，輒出剽掠。請敕督撫慎選廉能州縣，嚴加約束。其有讀書向學，膂力技勇，察明考驗錄用，庶生聚敎訓，初無歧視。」下督撫議行。命署大學士事。四年，授文淵閣大學士，仍兼戶部尚書、翰林院掌院學士。五年，進文華殿大學士。六年，進保和殿大學士，兼吏部尚書。七年，加少保。

八年，上以西北用兵，命設軍機房隆宗門內，以怡親王允祥、廷玉及大學士蔣廷錫領其事。嗣改稱辦理軍機處。廷玉定規制：諸臣陳奏，常事用疏，自通政司上，下內閣擬旨；要

《清史稿》张廷玉传

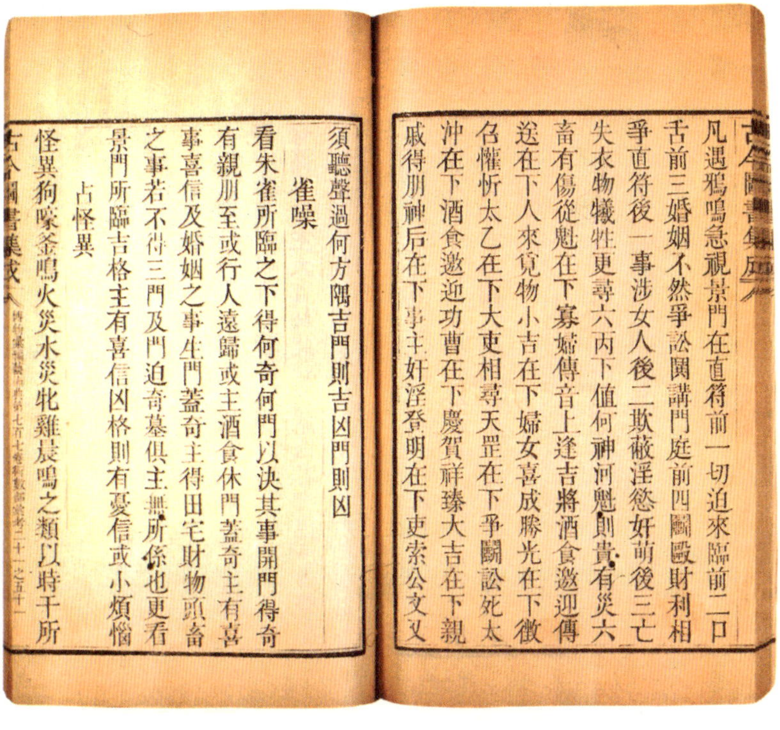

古今圖書集成

凡遇鴉鳴急視其門在直符前一切迫來臨前二曰
舌前三婚姻不然爭訟鬭講門庭前四鬬毆財利相
爭直符後一事涉女人後二欺蔽淫慾奸萌後三亡
失衣物犧牲更尋六丙下值何神河魁則貴有災六
畜有傷從魁在下寡婦傳音上逢吉將酒食邀迎傳
送在下人來覓物小吉在下婦女喜成勝光在下徵
名懽忻太乙在下大吏相尋天罡在下爭鬭訟死太
沖在下酒食邀迎功曹在下慶賀祥臻大吉在下親
戚得朋神后在下事主奸淫登明在下吏索公文又

須聽聲過何方隅吉門則吉凶門則凶

雀噪

看朱雀所臨之下得何奇何門以決其事開門得奇
有親朋至或行人遠歸或主酒食休門蓋奇主有喜
事喜信及婚姻之事生門蓋奇主得田宅財物頭畜
之事若不得三門及門迫奇墓俱主無所係也更看
其門所臨吉格主有喜信凶格則有憂信或小煩惱

古怪異

怪異狗嗥釜鳴火災水災牝雞晨鳴之類以時干所

古今圖書集成 博物彙編藝術典第七百七卷術數部彙考二十一之五十一

钦定古今图书集成

康熙朝陈梦雷、蒋廷锡纂辑。全书一万卷，目录四十卷。雍正四年内府铜活字印本。

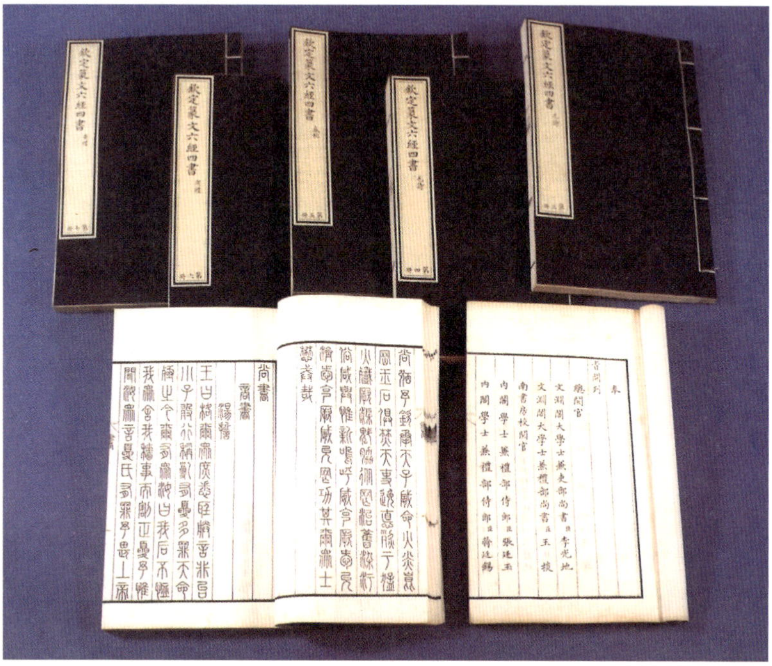

钦定篆文六经四书

清李光地等辑，康熙年内府刻本，小篆刻印，六十三卷。半页八行，行十二字，白口左右双边，单鱼尾，版框22.5cmX15cm。其中六经为：周易十二卷，尚书四卷，毛诗四卷，周礼六卷，仪礼十七卷，春秋一卷。四书为：大学一卷，中庸一卷，论语十卷，孟子七卷。

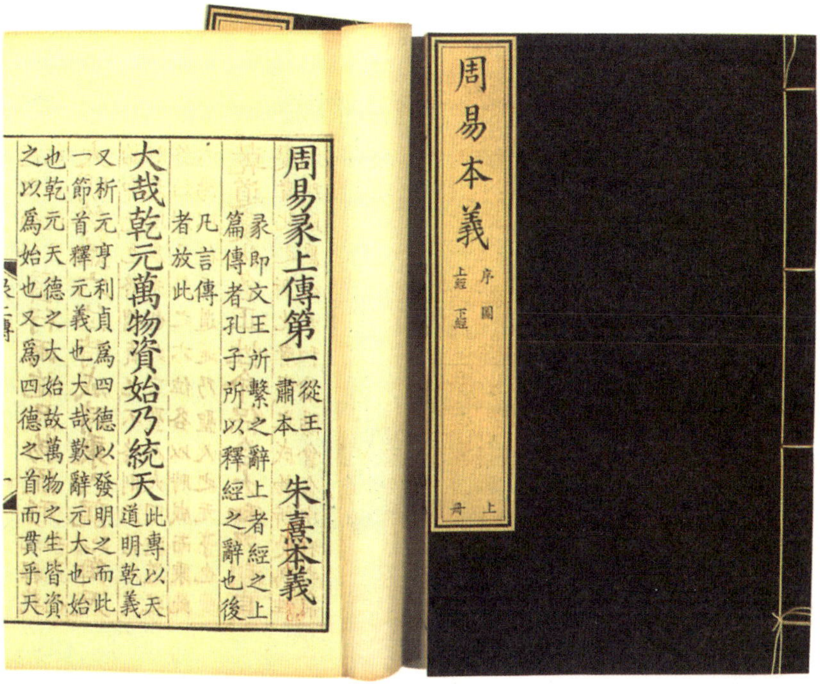

周易本义

宋朱熹撰，清康熙内府大字本。此书有本义十二卷，易图一卷，五赞一卷，筮仪一卷。每半页六行，行十五字，小字十七字，上下单边，版框24cmX16cm。卷前有咸淳元年吴革《周易本义》序，朱熹集录易图，卷末有朱熹系述周易五赞筮仪一篇。

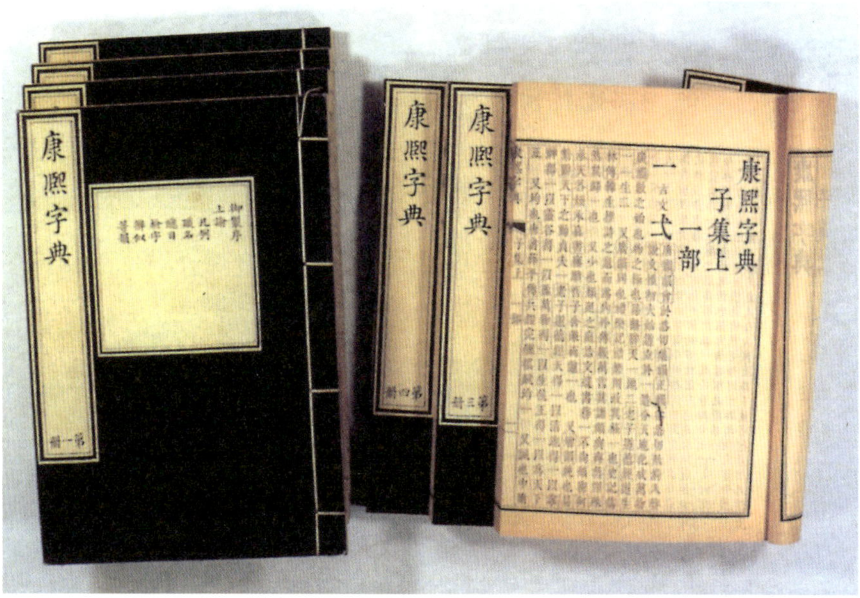

康熙字典

清张玉书、陈廷敬等编。康熙五十五年（1716年）内府刻本。故宫博物院藏。

蒙古源流

清康熙初年内府蒙文钞本。明清之际蒙古萨囊彻辰（1604——？）撰。书中于明代蒙古地区政治、经济、宗教、领地划分、各部战争和诸汗世次、名号、生卒年、职官及人地诸名，均有详细记载。原存故宫懋勤殿。

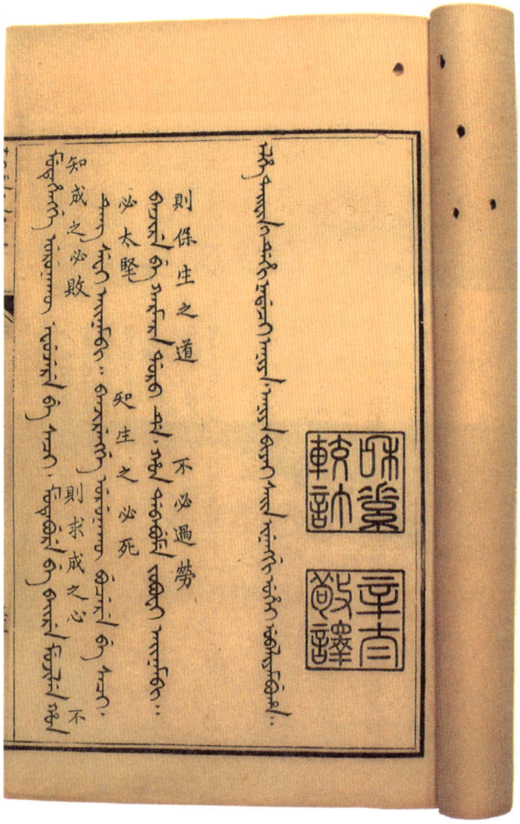

菜根谭

明洪应明辑。清和素译为满文，康熙四十七年（1708年）刊本，满汉合璧，上下卷一册。书中记载当时修身、处事、待人、接物、应事的格言，集中儒、道、释三家思想，言简意赅，富有哲理。当时流传极广。

十九日癸亥

二十日甲子　上诣澹泊为德行宫问安。

二十一日乙丑

二十二日丙寅　辰时，上御畅春园内澹宁居听政。部院各衙门官员面奏毕，荆州将军伯蟒侃赴任恭请训旨。上曰："地方紧要，尔宜早去。前任将军在地方民皆安辑。将军之职以训练军卒、选阅武弁为要，尔到任后，可将兵卒勤加训练，武弁严行选阅。有年老庸劣者，谕令具呈告退。尔其勉之。"蟒侃奏曰："臣当谨志圣谕行之。彼处地方形势臣茫然不知，到任后有应往巡阅之处，愿不拘远近亲行巡阅。"上曰："尔到任后，详审地方情形，有应往巡阅处，可请旨。"蟒侃出。

大学士马齐、席哈纳、张玉书、吴琠、陈廷敬，学士王九龄、曹鉴伦、常寿、满丕、穆和伦以折本请旨。吏部一本题光禄寺卿郎奇员缺，将内阁侍读学士音查纳拟正、翰林院侍读学士魏齐拟赔。上曰："光禄寺事务宜用谨慎人，可令学士穆和伦兼理。"

给事中许志进条奏，大计册籍应交九卿察勘。上曰："各省督抚俱系朕简任之人，今将督抚题参及举荐者欲行纷更，令九卿、詹事、科、道等官察勘，则九卿、詹事、科、道内岂能尽保其正直胜于督抚乎？徒启营求之路，愈滋紊乱之端。所奏必有情弊，不准行。"

马齐等奏曰："臣等遵旨将司道官员内升问九卿，九卿举出布政使刘暟、施世纶、赵世显，按察使郑昱。"上曰："刘暟着内升。"

马齐等又奏曰："臣等遵旨，将原任侍郎任克溥应否给与尚书空衔之事问九卿，九卿尽皆欢悦，以为皇上爱恤旧臣，特沛恩荣，给以尚书之衔。臣等闻之，不胜欢忭。皇仁诚无以加矣。"上曰："任克溥着给以尚书之衔。"

又曰："佥都御史王材任人甚庸劣，着革职。"

马齐等奏曰："邳州钱粮额数，臣等遵旨查明，共数七千四百五十四两零。"上曰："徐州睢宁县三十七年、三十八年、三十九年未完地丁钱粮俱着蠲免，邳州四十年未完钱粮亦着免征。"

是日，上诣澹泊为德行宫问安。

是日起居注官徐元正、满保。

二十三日丁卯 辰时，上由西直门进神武门回宫。

巳时，上出东华门，视裕亲王疾。

未时，上由神武门出西直门，驻跸畅春园。

是日起居注官陈元龙、海宝。

二十四日戊辰 辰时，上御畅春园内澹宁居听政。部院各衙门官员面奏毕，大学士马齐、席哈纳、张玉书、吴琠、陈廷敬，学士王九龄、曹鉴伦、常寿、满丕、穆和伦以折本请旨。吏部一本覆山西巡抚噶礼题紧要地方知县请调补，议不准行。上曰："此事着照该抚所请调补。"

是日，上诣澹泊为德行宫问安。

是日起居注官阿尔法、王思轼。

二十五日己巳 寅时，上巡幸塞外，由畅春园启行，驻跸汤山温泉。是日，赐领侍卫内大臣和硕额驸尚之隆，散秩大臣宗室德宁，都统宗室特克新，宗室阿音图、吴达禅，前锋统领鄂善，护军统领宗室伽蓝、保法、喀达家，副都统赦浑、隆可多、赵赉福、福宁阿御书扇各一柄。

二十六日庚午 上驻跸行宫。

二十七日辛未 上驻跸密云县。

二十八日壬申 上驻跸行宫。是日，传谕侍讲满保、检讨海宝曰："尔等带来书籍，朕欲观览。"因取入，上阅毕，传谕曰："尔等前次未赐扇，今特亲书御制诗扇赐尔等各一柄。嗣后随驾，可带性理、朱子语录、通鉴等大书。学诗当取法李白、杜甫，初唐、盛唐之诗。"随出，皇上亲览《唐音类聚》、《选诗补注》二书，令观之。满保、海宝奏曰："圣学高深，囊括今古。臣等学识弇鄙，无能窥见万一。兹蒙圣训，教以读书、作诗之法，敢不竭其驽钝，以图报称。恩赐书扇，当奉为世宝。恭请谢恩。"奏毕，谢恩出。

二十九日癸酉 上驻跸行宫。亲近二等侍卫吴什传谕大学士席哈纳，学士常寿、穆和伦曰："朕所携《资政要览》、《内则衍义》二书，尔等可观之。"

是日，赐散秩大臣公传尔丹等，一等侍卫查木苏，二等侍卫宗室魁保等，副都统石柱、鸿胪寺卿沙拜、太仆寺少卿郭礼、工部郎中马色御书扇各一柄。

三十日甲戌　上驻跸腰亭。

六　月

初一日乙亥　上驻跸古北口总兵衙门。

初二日丙子　上驻跸行宫。亲近侍卫海青等传谕大学士席哈纳曰："马进良以副将管总兵事在此效力已经七、八年，居官声名亦优，着加都督同知衔，管理总兵事。"

是日，赐总兵马进良、石匣营副将王以谦御书扇各一柄。

初三日丁丑　上驻跸行宫。赐散秩大臣、宗室鄂齐理御书扇。

初四日戊寅　上出古北口，驻跸两间房。是日，乾清门侍卫马武传谕领侍卫内大臣、和硕额驸尚之隆曰："时值雨水连绵，扈从人等俱令于高阜安扎，不可居于卑下之地。"

初五日己卯　上驻跸行宫。

初六日庚辰　上驻跸行宫。

初七日辛巳　上驻跸行宫。

初八日壬午　上驻跸行宫。大学士席哈纳，学士常寿、穆和伦恭阅《资政要览》、《内则衍义》二书，具折恭请谢恩，并以原书交亲近侍卫吴什复口奏："请赐臣等各一部。"奉旨："令谢恩，其书俟到京后奏请。"

巳时，上御行宫，大学士席哈纳，学士常寿、穆和伦以折本请旨。礼部一本覆御史王玮疏请颁诏应另定限期，部议较前限减半。上曰："颁诏原有定限，倘到地方有生事勒索诸弊者，督抚题参，议罪亦有定例。今复定限遍行，直隶各省则又多一事。此疏不必行。"

湖广提督俞益谟一本题长沙副将朱阜员缺，请以老营参将高一靖补授。高一靖员缺，请以沅州守备贺尔炽补授。上曰："高一靖人材雄健朕所素知，着俱该提督所请补授。"

初九日癸未　上驻跸鞍子岭。

初十日甲申 上驻跸行宫。

十一日乙酉 上驻跸行宫。是日，阿霸垓多罗郡王吴尔占噶喇卜、王之弟协理旗分事一品台吉特穆楚克来朝。

十二日丙戌 上驻跸行宫。是日，翁牛特多罗杜棱郡王班第、二品台吉鄂齐尔来朝。

十三日丁亥 上驻跸行宫。

十四日戊子 上驻跸行宫。

十五日乙丑 上驻跸行宫。

十六日庚寅 上驻跸化鱼沟。是日，喀喇沁护国公沙木巴喇锡旗分一品塔布囊格勒尔来朝。

十七日辛卯 上驻跸行宫。是日，敖汉多罗额驸查木苏来朝。

十八日壬辰 上驻跸行宫。是日，原任荆州将军请老解任莽机禄赴行宫，向奏事治仪正存住等转奏请安。上念其居官有声，特赐垂问，并询及诸子，复传问：“湖广、河南、直隶田禾及麦秋若何？”莽机禄奏曰：“湖广、河南虽雨水稍多，田禾尚茂。直隶较之更胜。麦秋约有七八分。”顷之，复召见行宫。出，赐御衣一袭、东珠凉帽一顶并食。

十九日癸巳 上驻跸行宫。

申时，上御行宫，大学士席哈纳、学士常寿以折本请旨。吏部一本题湖北按察使李华之员缺，将候补按察使何显祖拟正、直隶口北道周士贤拟陪。上曰：“着吏部侍郎一员，将拟正者带来引见。”

奉天府府尹王国安一本题奉天府通判常学良员缺，请以精通满汉文、熟练旗下事务之人补授。上曰：“着交吏部选择具奏。”

大同总兵官张文焕一本题偏关营参将员缺，请将记名官员或于近地现任官员内选补。上曰：“着将记名官员及应升之人开列具奏。”

湖广提督俞益谟一本题郧竹等地方武弁请令督抚、提镇不拘省分各举所知之人，请皇上考试补授。上曰：“着照俞益谟所请行，彼有素知者，亦令举奏。”

四川提督岳昇龙一本题顺庆营游击杜如昆请补授华林营参将。上曰：“杜如昆朕素知之，着照所题补授。”

是日，御书“引年老将”匾额及对联、笺扇，赐原任荆州将军莽机禄，并令带孔雀翎、凡在朝班入散秩大臣之列。又赐理藩院员外郎常寿御书扇。喀喇沁和硕额驸噶尔臧来朝。

二十日甲午　上驻跸行宫。是日，亲近侍卫海青捧出御书“阐道醇儒”匾额，传谕景州知州周钺，令悬董仲舒庙。并赐周钺御书扇。

二十一日乙未　上驻跸行宫。是日，喀喇沁护国公沙木巴喇锡，科尔沁和硕达尔汉亲王额驸班第旗分协理旗分事二品台吉毕力滚达赖来朝。

二十二日丙申　上驻跸行宫。是日，土默特多罗达尔汉贝勒马尼、一品塔布囊鄂齐尔来朝。

二十三日丁酉　上驻跸行宫。

二十四日戊戌　上驻跸行宫。

二十五日己亥　上驻跸喀喇城。是日，喀喇沁多罗杜棱郡王扎西等来朝。

二十六日庚子　上驻跸行宫。

二十七日辛丑　上驻跸行宫。是日，奏事治仪正存住等传谕侍讲满保、检讨海宝曰：“常命尔等至行宫作诗，观尔等所作尚妥，且汝二人亦老成。今以御制诗写单条赐尔等各一幅。”满保、海宝奏曰：“臣等随驾至此，毫无效力之处。蒙皇上殊恩，赐以御书诗扇，方以学问浅薄深抱愧惧。兹复过蒙圣训奖励恩赐御书非分之荣，益增惶悚。”恭请谢恩。奏毕谢恩。

戌时，以和硕裕亲王病笃奏闻。上即时命直郡王皇十子星夜先赴京师，随传谕：“朕率皇太子启行。”诸大臣再三恳留，不允。

二十八日壬寅　辰时，诸大臣以裕亲王薨逝奏闻，复再三恳留，不允。上即率皇太子自喀喇城启行。驻跸两间房。

二十九日癸卯　子时，上自两间房启行，至沈庄，传谕曰：“密云县河水甚大，难于过渡。诸大臣、侍卫、执事人等俱令先渡，俟渡毕，朕即启行。止留豹尾侍卫及入值侍卫并守宿护军随朕渡河。”

戌时，上至密云县，入行宫，坐。待诸大臣、侍卫渡河。

三十日甲辰　子时，上自密云县启行。驻跸三家店。

七　月

初一日乙巳　子时，上自三家店启行，进东直门，临和硕裕亲王之丧。上除缨哭至柩前，奠毕，仍恸不已。皇太子率诸皇子、诸王、大臣叩头泣劝者再四，上始停哀。劝皇太后先出王第，继命皇太子率扈从诸臣、侍卫，至和硕恭亲王柩前奠酒。

上进东华门，诣宁寿宫问安毕，不入乾清门，自苍震门入景仁宫。诸王、大臣齐集宫门，奏曰："皇上闻王之丧，不避炎暑，不惮泥泞，星夜回銮，亲临丧次，过于哀痛，圣体已极劳瘁。今复避正殿而居便殿，恐时令炎暑，有至皇躬过劳。伏恳驾回中宫，少息圣体，复幸塞外避暑。"再四诚请治仪正存住等转奏，奉旨："诸王、大臣之言诚是，然不必劝朕。但恐皇太后过哀，朕心不安耳。俟王殡后，朕再起程。况朕来时过于迅速，扈从人等、马匹俱已劳乏，少息数日，令其更换马匹。至于居便殿者，非自朕始。乃太祖、太宗之旧典也。尔等不必恳奏。"

初二日丙午　上居景仁宫，不理政事。诣宁寿宫问安。是晚，上谕次日复欲临裕亲王丧。诸王、大臣齐集后左门叩头，再四恳劝治仪正存住等传奏。奉旨："太宗时颖亲王之丧，太宗临丧数次，载在《实录》，此皆尔等所知。颖亲王系太宗之侄，况裕亲王乃朕之亲兄乎？此朕效法祖宗，并非太过。朕昨因暑天劳顿，所以今日未去，明日必当再临。尔等不必恳奏。"诸王、大臣复行劝止，上不允。

初三日丁未　上居景仁宫，不理政事。辰时，上临和硕裕亲王丧。

初四日戊申　上居景仁宫，不理政事。未时，召大学士马齐、席哈纳、张玉书、吴琠，学士王九龄、曹鉴伦、常寿、满丕、穆和伦至乾清门。治仪正存住等传谕曰："今岁山东雨水连绵，黎民被灾。若不豫为赈济，一行逃散，难复安集。今当照前者养山东饥民例，多遣人员，令其抚养。此事尔等可会同九卿议奏。"

初五日己酉　裕亲王举殡。寅时，上出东华门，临王第恸哭。俟王柩发，上劝慰皇太后，随奉自东华门回宫。

是日，上诣宁寿宫问安。

部院各衙门奏章交送内阁。

初六日庚戌　早，上诣宁寿宫问安。

幸塞外，由神武门出东直门。驻跸三家店。

初七日辛亥　上驻跸密云县。

初八日壬子　上驻跸古北口。是日，亲近侍卫海青传谕大学士席哈纳曰："管驿站员外郎郭礼历年居此，并无过犯，着以应升之缺遇缺即行补用。所遗员缺，选择出差有身家者补授。"

初九日癸丑　上出古北口。驻跸喀喇城。

初十日甲寅　上驻跸行宫。

十一日乙卯　上驻跸行宫。

十二日丙辰　上驻跸行宫。

十三日丁巳　上驻跸行宫。

申时，上御行宫。大学士席哈纳，学士常寿、穆和伦以折本入奏。吏部侍郎傅继祖遵旨以湖北按察使拟正之何显祖引见。上详问何显祖之年齿、族属及出身、历任毕，侍郎傅继祖引何显祖出。上顾席哈纳曰："观何显祖人尚可用，着补授湖北按察使。"

席哈纳等请旨户部一本覆总漕桑格题，运船在洪泽湖遭风溺水，漕粮请免赔。补议不准行。上曰："此事朕知之甚悉。洪泽湖之水较之大江黄河更甚。江河之中船若有失尚可傍岸，在洪泽湖中一遭风浪，触及石堤，不但船只损坏，虽堤岸有人亦不能救。今桑格疏称被风溺水，漕米着免赔补，后洪泽湖中船只若遇风有失者，亦着照大江黄河例议行宽免。"

礼部一本题致祭和硕裕亲王事。上曰："可察昔日祭郑王、僖王例具奏。"

又一本覆湖北巡抚年遐龄题，尽节粮道叶映榴应予祭典及请褒赐匾额。议应二季祭祀，其匾额应给与否伏候上裁。上曰："叶映榴二季致祭，照部议行。仍应赐与匾额，可交翰林院，俟回京之日奏请。"

兵部一本覆湖广提督俞益谟题严禁鼓噪兵丁，议准行。上曰："俞益谟止请严禁湖广一省鼓噪之兵丁，兵部堂官并不详审事宜，议通谕各省，甚为背谬。着发回另议具奏。”

又一本覆两广总督郭世隆题增造海船，议准行；请裁顺德总兵员缺，议驳回。上曰：“兵部并未详悉此事，半议准行，半议驳回，殊属谬甚。此本发回另议具奏。”

刑部一本题窃盗张五等议改照强盗例，即正法。上曰：“此案内王发财等前已援赦宽免，今张五等与王发财等之事无异，而部议以张五等不可照王发财等之例宽免，与前事不符，着另议具奏。”

黑龙江将军沙纳海以病乞休。上曰：“沙纳海年老，人亦平常，不过娴于马步射，人材壮健，故擢用之。今既请休，着令解任。”

云贵总督巴锡一本题标下中军副将马见伯员缺，请以副将黄秉钺调补。上曰：“黄秉钺朕素知之，着照所请调补。”

山东巡抚王国昌一本题山东因有赈济之事，请将刘暟暂留布政使任，赵弘燮暂留按察使任。上曰：“今山东地方正有赈济之事，刘暟、赵弘燮俱着照王国昌所请，暂留原任。”

十四日戊午 上驻跸行宫。

十五日己未 上驻跸行宫。

十六日庚申 上驻跸行宫。

十七日辛酉 上驻跸行宫。

十八日壬戌 上驻跸行宫。

十九日癸亥 上驻跸行宫。

二十日甲子 上驻跸汤泉。是日，赐诸大臣、侍卫、护军等猪、鹅。

二十一日乙丑 上驻跸行宫。

二十二日丙寅 喀喇沁多罗杜棱郡王扎西来朝。赐侍卫、护军等猪、羊。是日，上自汤泉回銮，驻跸头沟。

二十三日丁卯 上驻跸热河上营。是日，乌朱穆秦辅国公顾穆布扎卜来朝。

二十四日戊辰 上驻跸行宫。是日，遍赐诸大臣、侍卫、部院官员、护军校、护军、执事人等鱼。喀喇沁公沙木巴喇锡旗分一品塔布囊格勒尔来朝。

二十五日己巳 上驻跸行宫。是日，奏事治仪正存住等出，传集扈从大学士、学士及部院官员谕曰："山东地方被灾甚重，不可不速行赈救。自发上谕至今，往赈者仅得四人。今春派遣富家百余人往赈，所余富家无多。倘再待之，则赈饥之事必至贻误。是以朕熟思，亲作上谕一道，想八月内可以得人。尔诸臣共观之，倘有未尽处，酌议具奏。"皇上御书上谕之言曰："上谕大学士、九卿、詹事、掌印不掌印科、道等官曰：今六月内因有二王之事，朕心不胜悲恸，至今犹未释然。又兼灾祲频告，愈加忧郁，身体不安。顷往坐汤泉，始得稍解，仍未痊愈。至饥民救养之计，未尝时刻不廑于怀。近有李煦人来询，知郯城至泰安田谷，稍有可望，由泰安至德州，被灾甚重。今岁口外田谷大收，口内各处田禾，俱属平常，合共计算，所粜之谷必不能多。今应将漕粮多行截留，与山东沿河州县村镇有名码头，俱各存贮。其捐纳事例虽广行，无济于事，且日后必多紊乱。东省人民现今乏食，总使行此数事，民有大半至于逃亡。朕意八旗满洲、蒙古、汉军佐领一千有余，每三佐领下共出一人，可得三百人。每三佐领，借与银三千两，余外，助车辆、骆驼头口分派各州县，仍照前去人员养至来年七月。今八月内可以到彼。况前往抚养地方民人甚有裨益。今虽叠被灾伤，民人仍贴然未动，此即有益之效也。这事情尔等可确议。至东省今岁钱粮漕米俱应速行停征。这事情着奏议。为此手书，特谕。"大学士、学士及部院诸臣公阅毕，向存住等奏曰："皇上为被灾黎庶熟审虑，沛此恩纶，极其详尽。此等事断非臣等所能虑及。此外更无可以再议。今遵上谕而行，不特得人甚易，且与饥民大有裨益。"奏入，谕曰："尔等既以朕所处为当，着于三佐领公派时，将家计殷实部院官员及在旗下曾为大僚及因公革职、降级者派出，其旗下闲散官员及王、贝勒、八分公属下之官员、护卫亦酌行派出。其派时须令三佐领公同保举，一面派出，一面具奏。朕所书上谕此刻即行封固，作速送至京师。"既而存住等复出，传谕曰："包衣佐领亦照此三佐领内派遣一人。"

是日，阿禄科尔沁原系额驸巴忒玛之妻县君巴林多罗额驸纳木松，喀喇沁公沙穆巴喇锡来朝。

二十六日庚午 上驻跸行宫。

辰时，上御行宫，大学士席哈纳，学士常寿、穆和伦以折本请旨。吏部一本覆直隶巡抚李光地题，雄县知县张墉举报坐台笔帖式胡圣保家人打死驿站马夫，请将张墉议叙之处，无庸议。上曰："向有议叙之例，着将张墉议叙具奏。"

礼部一本遵旨致祭裕亲王察郑王之例，加祭一次，祭物加倍，赐葬银两写折具奏。上曰："裕亲王之祭着从优议奏。"

兵部一本覆湖广提督俞益谟题武弁家丁顶补军卒，请免保结，至其额数，亦请增加，议不准行。上曰："此事着九卿、詹事、科、道会议具奏。"

山东巡抚王国昌一本报赈济饥民米谷数目。上曰："朕先谕桑格截漕粮二万石，令扈从部院官员一同运至散赈粜卖。又命张鹏翮将漕粮二万石交伊属员运至散赈粜卖。此事扈从大学士、诸臣皆所共闻者。其交桑格之米石已照朕谕散赈粜卖，具疏奏结。今观王国昌所奏，将程兆麟等所运至之米及常平仓收贮米石俱行粜卖散赈，与朕原谕不符。此皆因赈济以沽名，以致粮米不继，殊属不合。且王国昌又奏称捐四十二年、四十三年官员俸资、衙役工食，赔补此项米谷果，如是，何时方能完结？此项米谷，应令速行赔补贮仓。着九卿、詹事、科、道一并会议具奏。"

湖广提督俞益谟一本题荆州参将张国保等员缺，请以连阳营游击段少臣等补授。上曰："段少臣等朕素知之，着依所请补授。"

又一本题请亲赴镇筸地方看视苗民情状。上曰："此事尚早，朕前曾谕赵申乔，且待其题奏。"

二十七日辛未　上驻跸蓝旗营。

二十八日壬申　上驻跸行宫。是日，科尔沁二品台吉桑吉扎卜来朝。

二十九日癸酉　上驻跸青城。

申时，上御行宫，大学士席哈纳，学士常寿、穆和伦以折本请旨。大学士、九卿、詹事、科、道以皇上赈济山东饥民御书上谕尽应钦遵奉行议奏。上曰："赈济山东饥民所关甚要，应分地派遣大臣，作三路，每路遣大臣一员，往还巡察前后二次散赈人员，于事有裨益。自泰安至郯城为中路，着穆和伦去；自济南至登州为东路，着辛保去；自德州至济宁为西路，着卞永誉去。截留漕米之事亦属紧要，桑格无事，着亲身作速前去监视截留。其往赈人员所带银两虽系公物，若能勤勉效力，有益于民，事竣后回京之日，一并议叙。余依议速行。”又曰：“运米至沿河州县甚易，至于郯城、泰安等处，稍觉难运。登、莱等处则更难矣。朕意欲行海运，现今亦有人条奏，着察在前海运大臣、司员职名具奏。”又曰：“邳州、徐州、睢宁三处被灾不下山东，着交总河张鹏翮，令派属员速行赈济。”

刑部一本遵旨将窃盗张五等减等议罪。上曰：“前者该部错议此事，为首者既已宽免，岂有此辈反不可宽宥之理？今改议者甚当，着依议完结。”

是日，苏尼忒多罗郡王垂几、公苏隆来朝。

八　月

初一日甲戌　上驻跸行宫。奏事治仪正存住等传谕大学士席哈纳曰：“山东一省官员平日不知重积蓄，备荒灾，所以一遇凶年，束手无策，致劳京师遣官赈济。今应将山东合省官员停其升转，俟民生复苏之日再行开复。此内除丁忧离任外，有以老病乞休者，俱令来京引见，再行定夺。着传谕吏部议奏。”

是日，巴林多罗郡王纳木答克之弟二等下伊拉古克齐等，敖汉多罗额驸查木苏等，喀尔喀扎萨克图汗和硕亲王策旺扎卜旗分辅国公克色克，巴林和硕荣宪公主，巴林多罗郡王纳木答克之叔原系一品台吉阿喇布坦之子三品台吉七达克齐等，苏尼忒多罗郡王垂几、公苏隆旗分多罗贝勒苏代，正蓝旗察哈尔总管鄂尔垂等来朝。

初二日乙亥　上驻跸行宫。

初三日丙子　上驻跸坡濑村。

初四日丁丑　上驻跸行宫。

初五日戊寅　上驻跸行宫。

初六日己卯　上驻跸可汗铁岭下。

初七日庚辰　上驻跸黑湾口。喀尔喀扎萨克默尔根济农、多罗郡王顾禄什希等来朝。

初八日辛巳　上驻跸黑湾谷。赐喀喇沁多罗杜棱郡王扎西、和硕额驸噶尔藏、护国公沙木巴喇西、一品塔布囊格勒尔等绒缨凉帽、绵蟒袍等物有差。又赐二品塔布囊班第等帛及随围兵卒白金。

初九日壬午　上驻跸拜布哈口。赐诸大臣、侍卫及翰林等官鹿。

是日，翁牛特多罗杜棱郡王班第等来朝。

初十日癸未　上驻跸红川谷。

十一日甲申　上驻跸行宫。赐诸大臣、侍卫、护军参领、部院大臣、官员、内务府官员、护军等鹿。

是日，科尔沁和硕卓里克图亲王巴特玛、多罗秉图郡王达达布、多罗郡王代布、护国公布尼、一品台吉额尔黑图等，喀喇齐立克护国公车旺多尔济等，住居归化城之喀尔喀杂牙班第达库图克图，多伦诺尔庙副喇嘛巴尔藏噶卜楚，喀喇沁护国公善巴喇锡，阿霸哈纳尔旗分贝子额林臣达西，土默特多罗达尔汉贝勒马尼，翁牛特多罗达尔汉代青、贝勒额尔德卜鄂齐尔，苏尼忒多罗郡王垂儿、公苏隆之兄原系二品台吉多尔儿西希卜之妻，阿霸垓多罗卓里克图郡王秉，阿霸哈纳尔多罗贝勒布诏等来朝。

十二日乙酉　上驻跸额勒苏岭下。赐大臣、侍卫、护军参领、部院大臣、官员、内务府官员、护军等鹿。是日，柰曼多罗达尔汉郡王班第、喀尔喀多罗贝勒罗布臧、土默特附居之喀尔喀多罗贝勒罗卜臧，原系柰曼公二品台吉格勒尔来朝。

十三日丙戌　上驻跸玲珑谷。是日，和托灰特多罗贝勒宋金僧格，科尔沁和硕达尔汉亲王额驸班第旗分三品台吉吴勒穆济等，扎鲁特贝勒毕力克图来朝。

十四日丁亥　上驻跸行宫。是日，厄鲁特台吉大颜等、喀尔喀土谢图汗额尔德尼阿海多尔济等来朝。

十五日戊子　上驻跸狍子谷。赐诸大臣、侍卫、喀喇沁王扎西额驸噶尔臧食。

是日，喀尔喀土谢图汗多尔济之母福金、土谢图汗及贝勒席地西里等来朝。

十六日己丑　上驻跸九汇河。

申时，上御行宫，大学士席哈纳、学士常寿以折本请旨。九卿覆湖广提督俞益谟题武弁家丁顶补军卒，请免保结，至其额数亦请增加。议行查各省兵丁数目。上曰："湖广一省兵丁非他省可比，在湖广者或可照俞益谟所题行，他省岂可与之一例？此本发回另议具奏。"

刑部以直隶各省罪犯秋审册呈览。上曰："今岁三月已颁恩诏。罪犯无多，今年秋审着停止。"

是日，赐大臣、侍卫、护军参领、部院大臣、官员、内务府官员、护军等鹿。

十七日庚寅　上驻跸行宫。是日，科尔沁达尔汉亲王额驸班第旗分一品台吉阿齐图等、科尔沁多罗郡王垂旗分四品台吉阿喇布坦来朝。

十八日辛卯　上驻跸会岭口。是日，赐喀尔喀默尔根济农、多罗郡王顾禄什希及扈从大臣、侍卫、护军参领、部院大臣、官员、内务府官员、护军等鹿。

十九日壬辰　上驻跸玲珑山下。是日，科尔沁王鄂齐尔之妻郡君及其子未受品秩台吉班第，克什克腾扎萨克一品台吉七八克扎卜来朝。

二十日癸巳　上驻跸永安县岭南。敖汉多罗额驸扎木苏之母及其弟一品台吉垂扎木苏等，蒿齐忒王达尔麻吉里地雅木披尔来朝。

二十一日甲午　上驻跸土城。治仪正存住等传谕依都额真胡必图苏满曰："前数日天暖，尚可御单薄之衣。今日颇觉寒冷，倘仍前单薄，恐致受寒。俱令厚其衣服。遍谕诸大臣、侍卫及众人等。"

二十二日乙未　上驻跸行宫。是日，乌朱穆秦和硕车臣亲王色登敦多卜来朝。

二十三日丙申　上驻跸行宫。是日，赐敖汉、喀喇沁行围军卒白金。乌朱穆秦多罗厄尔德尼贝勒博穆布来朝。

二十四日丁酉　上驻跸行宫。是日，赐蒙古行围军卒白金。

二十五日戊戌　上驻跸山羊谷、噶海交界地方。

二十六日己亥　上驻跸永安岭上。

二十七日庚子　上驻跸行宫。亲近一等侍卫海青传谕曰："喀喇沁兵三百名、敖汉兵一百名令其先回，着每人赏银二两。"

二十八日辛丑　上驻跸九汇河源。

申时，上御行宫，大学士席哈纳、学士常寿以折本请旨。刑部一本因隐匿正法吴子孝家人，议将李良柱等之妻离婚入官。上曰："此事既经年久，李良柱等之妻着从宽免其离婚入官。"大学士席哈纳奏曰："伊等之妻俱应入官者，皇上特赐宽免，诚为至仁矣。"

偏沅巡抚赵申乔一本以遣道员张仕可招安苗子奏闻。上曰："俟回京再行请旨。"

顾席哈纳曰："今春尔病愈时甚觉瘦弱，尚恐复元未易。今随朕在外，观尔气色较前甚佳。"席哈纳奏曰："臣自随驾出外后，叨蒙圣恩，臣身较前甚健，气色觉亦复旧。"上曰："口外凉爽，水土亦佳，残疾之人必得复旧。"

是日，赐诸大臣、侍卫、护军参领、部院大臣、官员及执事人、护军等鹿。又赐领侍卫内大臣阿灵阿、鄂飞，内大臣丹济喇、散秩大臣诺尔布、大学士席哈纳鹿尾。

二十九日壬寅　上驻跸行宫。

三十日癸卯　上驻会岭口。

九　月

初一日甲辰　上驻跸九隘口。是日，赐诸大臣、侍卫、护军参领、部院大臣、官员、内务府官员、执事人等及护军鹿。

初二日乙巳　上驻跸石幕地方。

初三日丙午　上驻跸杨川。

初四日丁未　上驻跸行宫。

初五日戊申　上驻跸行宫。是日，赐诸大臣、侍卫、护军参领、护军等鹿。

初六日己酉　上驻跸红川口。

初七日庚戌　上驻跸野猪川。是日，敖汉额驸扎木苏、阿鲁科尔沁多罗郡王垂之母福金来朝。

初八日辛亥 上驻跸骅骝杨川。是日，赐和驼灰忒贝勒宋金生格旗分之佐领善齐卜等镶领缎袍等物有差。翁牛特一品台吉鄂齐尔、喀喇沁多罗杜棱郡王扎西福金来朝。

初九日壬子 上驻跸黑湾地方。是日，赐头等下蒙克等彭缎等物。

初十日癸丑 上驻跸坡濑村。是日，赐随围之喀喇沁王扎西、公沙穆巴喇锡等蟒衣等物有差。

十一日甲寅 上驻跸青城。

十二日乙卯 上驻跸蓝旗营。

十三日丙辰 上驻跸行宫。

十四日丁巳 上驻跸喀喇城。是日，赐内大臣、大学士、侍卫、护军、执事人等干鹿肉。

十五日戊午 上驻跸行宫。是日，奏事治仪正存住等捧出御书朱笔上谕，付大学士席哈纳等。上谕曰："山东地方称有海贼坐乌船二只行劫等语，山东地方之贼或能造乌船与不能造乌船，事未可定，朕不能知。虽下谕旨令造船只，亦必从福建、浙江、江南地方成造而来。若不知山东不能造船之处，如何办事？历年来福建商船于六月内到天津地方贸易，候十月北风始回。朕因欲明晰海道，令人坐商船前往，将地方山路详细绘图带来，朕知之甚明。今欲知海贼之源，但令往福建、浙江及江南崇明等处察访，得之甚明。若在山东察访，未必能得。今冬令将届值北风时，海贼不能久留于直隶、山东，必已向浙江、福建路去。俟明岁船只可行之时，下谕旨于有水师海船之省，令入各海岛搜剿。此旨识之，俟回京日启奏。"

十六日己未 上驻跸鞍子岭。

酉时，上御行宫，大学士席哈纳、学士常寿、赵世芳以折本请旨。户部一本覆乌喇虞人首领穆克登请发米谷借给虞人，议准行。上曰："户部将借给虞人米谷一事议准行甚是，但疏内米谷总数并未奏明。倘乌喇、宁古塔等处再行奏请，则仓内米谷必致不继。此本发回，着将贮仓米谷及现今需用数目查明具奏。"

刑部等衙门一本题总督华显查明，甘肃巡抚齐世武所参原任道员张信恃强勒索等事俱属虚诬，张信应复原官。上曰："所用钱粮既明白，张信着复原职。"

又一本题步军校钟有瑞因误拿良民赵三为贼，拟革职。上曰："此案拟罪太重，且所引例不符。步军校误拿一人即议重处，嗣后谁敢缉捕盗贼？此本发回另议具奏。"

山东巡抚王国昌一本因御史顾素参其匿灾不报并扶同布政使刘暟欲开事例补其亏空具疏回奏。上曰："此事着同前日所谕九卿之旨一并议奏。"又顾马齐、席哈纳曰："山东今岁非全省颗粒无收，观科、道官条陈急切，不过欲发帑金，否则复开事例。朕若堕其术中，彼即捏报某县给银若干，某县给米若干，多张虚名，网取实利，以填补亏空。朕熟筹，令于三佐领下举派一人，约共三百余人遣往赈济。耳目既众，必难欺罔。如此伊等业已计穷。今又命三路大臣随地访察，将见真情毕露，断不能隐。至王国昌，徒是一老实人。朕曾询问李光地、张鹏翮，伊等亦言王国昌老实，在地方并无苛索，亦无劣迹。但刘暟在京时，即落拓无依。初靳辅在河工时，曾任用之，后以中路出兵运米，连升布政，乃一能巧匪人。将王国昌任意驱使，是其易事耳。科、道官员果为国为民条奏，朕无不听从。若怀私而行，朕岂肯堕其术中？今据云山东互相食人，则必有被食之人；互相劫夺，则必有被夺之人，放火必有被火村舍，无此凭据即属虚谬。此事始末朕必究明方已，断不轻结也！"

十七日庚申　上驻跸两间房。

十八日辛酉　上驻跸腰亭。

十九日壬戌　上驻跸密云县。

二十日癸亥　上驻跸汤泉。

二十一日甲子　未时，上至畅春园，诣澹泊为德行宫问安毕，驻跸畅春园。

是行也，部院各衙门奏章每日交送内阁，由内阁三日一次递送行宫办理。

扈从起居注官揆叙、满保、查昇、陈壮履、海宝。

二十二日乙丑　上诣澹泊为德行宫问安。

二十三日丙寅

二十四日丁卯 辰时，上御畅春园内澹宁居听政。部院各衙门官员面奏毕，大学士马齐、席哈纳、张玉书、吴琠、陈廷敬，学士张榕端、王九龄、曹鉴伦、常寿、色德里、满丕、赵世芳以折本请旨。九卿遵旨以山东巡抚王国昌等及御史李发甲议革职。上曰："王国昌等之事正在棘手，今命何人前往代彼办事？王国昌、刘皑俱暂留任，俟彼事明之日，再行具奏。布政司钱粮交新任布政赵弘燮察明报部，此系赵弘燮专责，彼不详慎，可乎？御史李发甲条奏，其设心以为山东事务。如此紧急，遣人赈济，则愿去者少，不得已，非动库银，必开事例。此为民乎，抑为刘皑乎？如此行私，相应革职。但身居言责，可将李发甲从宽免革职，降三级留任，至外转时，着外转。"

吏部一本议将甘肃巡抚齐世武援赦免罪。上曰："齐世武居官尚优，但性多偏执，着降五级留任。"

户部一本覆仓场侍郎辛保等题，升任坐粮厅江藻请暂留办事，议不准行。上曰："江藻任坐粮厅事务熟练，着暂留任，俟钱粮销算完日，再赴新任。"

又一本查乌喇虞人所借米数及贮仓米谷具奏。上曰："借与乌喇虞人米数甚多，宁古塔将军所属吉临乌喇兵丁倘米谷不收，则难于处置矣。今所议借与匮乏人等之米，着止给一半，交该将军察明议奏。"

兵部一本覆宁夏总兵官刘官统题，请议叙征噶尔丹时效力之王国保，议准行。上曰："伊等若有在京者，着引见。"

刑部等衙门一本覆贵州巡抚王燕题，弑翁之陈氏拟凌迟一案，一议照该抚所题，一议驳回再审。上曰："人命关系重大，着九卿、詹事、科、道会同议奏。"

又一本题强盗黄天赐等拟即正法。上曰："强盗应即正法，人命太多，尔等酌议具奏。"

川陕总督华显一本题临潼、渭南二县知县员缺，请以王继普等补授。上曰："王继普等俱照该督所题补授。"

湖广提督俞益谟、偏沅巡抚赵申乔具题红苗二事。上曰："今红苗事当筹一劳永逸之计，湖南、贵州、广西三省民苗杂处，苗人侵扰百姓、抢夺人畜，生事者固有之。然亦有内地之人侵扰内地百姓，而反诿之于苗人者，所以良民不获安枕。朕曾询之赵申乔，赵申乔亦以为应讨。又有言山险路狭，难于进剿者。然三省会兵征剿，亦何难哉？今值冬日，可以进兵。应照招抚广东八排猺人，遣在京大臣酌量率领荆州兵，其广西、贵州、湖南三省之兵亦酌量派往。齐临苗人地界，夹攻围困，令其就抚，编为州县，则百姓永免前此之患矣。尔等会同九卿、詹事、科、道议奏。”

马齐等遵旨以山东海盗事具奏。上曰：“据总兵官王文雄疏称，海贼坐乌船二只行劫等语，山东地方断不能造乌船，此必从福建、浙江、崇明等处坐来者。此贼或抚或剿，应加筹画。若不将贼数多寡及啸聚何地、出没何路详悉周知，难以料理。今应遣大臣前往招抚，但不可交与地方官。必自京师遣发大臣，方于事有济。其遣去大臣到彼，将贼设法招抚一二起，细询伙盗确数，如何啸聚，何处屯住，何路出入，一一明晰，则余贼或抚或剿无难矣。尔等会同九卿、詹事、科、道议奏。”

又曰：“顷此数事俱交九卿议奏。事关紧要，尔等可一一明谕九卿，令其详议具奏。”

是日起居注官陈元龙、满保。

二十五日戊辰 辰时，上御畅春园内澹宁居听政。吏部以掣签知县等官引见。至知县许琳，上问曰：“尔何处人？”许琳奏曰：“甲午生。”上知其不能对，问吴涵曰：“此系庶吉士否？”奏曰：“是。”上又问曰：“其人何如？”奏曰：“为人老实。”上曰：“尔何以知其老实？”奏曰：“今岁散馆时臣职兼翰林掌院，故知之。”上曰：“知县系亲民之官，今许琳应对尚不能，岂可居官莅民？吴涵任情保护，不思引见重务乃用舍大权。今以许琳问之，即谓其人老实。朕岂因吴涵保护而即用之？况人品难定，往往有口谈道学，究其行谊悖谬者多。即尔交际往来，自己尚不能保，何况许琳即可保其决然老实？”吴涵奏曰：“皇上训饬诚是，臣实不敢。”上又问：“郭于蕃亦系庶吉士否？”侍班掌院学士揆叙奏曰：“是。”又问：“散馆考居何等？”揆叙奏曰：“二等第一。”

又以赞善潘应宾升任员缺，拟有检讨范光宗升授。上问吴涵曰：“其人何如？”吴涵奏曰：“为人安静。”上曰：“翰林衙门无事，有何不安静之处？”因又问：“其人学问何如？”吴涵奏曰：“文章好。”上顾揆叙问曰：“尔以为何如？”揆叙奏曰：“其人平常，闻御试取在二等。”

又以国子监司业鲁瑗员缺，拟有编修黄叔琳升补。上问曰：“何处人？”吴涵奏曰：“直隶进士。”上又问曰：“学问何如？”吴涵奏曰：“文章好。”上曰：“尔何以知之？”吴涵奏曰：“校对武英殿书籍，黄叔琳敏速精详。”上顾揆叙问曰：“尔以为何如？”揆叙奏曰：“学问果好，御试亦取在二等。”吏部侍郎傅继祖亦奏曰：“黄叔琳散馆时臣在翰林衙门，文章果好。”

是日，上诣澹淡为德行宫问安。

是日起居注官揆叙、王思轼。

二十六日己巳 辰时，上御畅春园内澹宁居听政。部院各衙门官员面奏毕，大学士偕九卿诸臣奏曰：“湖广提督俞益谟、偏沅巡抚赵申乔所奏红苗一事，臣等遵旨议得，仍照前招抚广东八排猺人之例，派遣在京大臣，率前锋四十人前去。调遣荆州及广西、贵州、湖南三省兵，酌量招抚剿灭。”上曰：“此事尔等云何？”大学士马齐奏曰：“苗人必如此示以利害，始为得之。顷招抚广东八排猺人，设立州县，于地方深有裨益。此其验也。”上又问兵部尚书范承勋曰：“尔原任总督，彼处之事知之必悉。尔意云何？”范承勋奏曰：“苗人视我兵少，即来侵犯，多则畏惧。今大军一至，彼必归命矣。”上曰：“满洲兵所向无敌，顷广东仅发前锋四十名，八排猺人望风投降。今苗人一闻特遣禁旅，自必畏而就抚。若辈不如此示以利害，则地方百姓何能安居？尔等可将应遣大臣列名具奏，朕将择而遣之。”九卿诸臣出。

大学士马齐、席哈纳、张玉书、吴琠、陈廷敬，学士张榕端、王九龄、曹鉴伦、常寿、色德里、满丕、赵世芳以折本请旨。吏部题太常寺卿明舒员缺，以山西布政使满都拟正、太仆寺卿喇锡拟陪。上曰：“明舒人才优长，学问亦好，大可期望。如此之人，诚为难得！”马齐奏曰：“明舒在户部员外郎时，曾以假盐一事交与办理，颇有品行。”上曰：“此员缺尔等会同尚书席尔达，将由太常寺赞礼官升任应行调补人员拣选引见。”

又一本以贵州巡抚王燕员缺，将四川布政使高起龙等职名开列。上曰："高起龙其年虽老，然尚强健，居官亦优，着升补贵州巡抚。今日引见浙江按察司之于准，其人亦优。四川布政司高起龙员缺，即着于准补授。浙江按察使另拟具奏。"

大学士马齐等遵旨票拟甘肃巡抚齐世武降五级留任，复行折出请旨。上曰："此疏末云请禁止建立督抚德政碑，此原系禁止之事，何用复行禁止？大抵居官果优者，总欲禁之亦不能止庶民之立碑也。若居官劣迹昭著，纵勒令建碑，其后必至毁坏。闻昔日屈尽美作宦广西，回京时，本地百姓持锹镢锄其马迹。庶民之心岂能强勒。此一段着删去。"

上顾大学士等曰："各省绿旗兵丁朕皆亲阅，惟陕西兵最优。他处兵丁止堪守卫城池，若战阵，则无济于用。湖广之兵当徐治都在时尚可用，今则不堪。满洲兵丁驻防荆州深为得计。"上又曰："八旗都统年幼者甚多，曩者招抚广东八排猺人之松柱稍觉柔软。尚书席尔达原任川陕总督，曾管辖兵丁。今之督抚多有曾为其属员者。赵申乔居官虽清，然每事偏执。红苗之事，朕意欲遣席尔达去。"席哈纳奏曰："席尔达颇谙兵机。"上曰："赵申乔赴任湖南时曾奏称，有一丁忧经历能剿除苗人臣欲带往。朕不允行。夫经历一微员，岂能堪此大任？且道员王谦，向者张鹏翮用之，深受其愚。而赵申乔复欲效尤，则其局量可知矣。"

是日起居注官徐元正、塞尔图。

二十七日庚午

二十八日辛未　奏事治仪正存住、蓝翎、来保传谕领侍卫内大臣等曰："值此冬令闲暇，朕欲临幸西安，阅彼兵卒，往返约计七旬，将于十月初九日起程。扈从侍卫、护军、执事人等，俱照去年临幸德州从减派出，轻骑而行。"

是日，赐西安副都统法喀鞍马一匹。

是日起居注官揆叙、海宝。

二十九日壬申　上诣澹淡为德行宫问安。

十　月

初一日癸酉　未时，上自西直门进神武门回宫。

上诣宁寿宫问安。

是日起居注官阿尔法、陈元龙。

初二日甲戌　辰时，上御乾清门听政。部院各衙门官员面奏毕，大学士马齐等会同礼部尚书席尔达以太常寺卿明舒员缺，选择由赞礼郎升任兵部郎中阿育玺等引见。上曰："此员缺着以郎中伍什补授。"席尔达出。

大学士马齐、席哈纳、张玉书、吴琠、陈廷敬，学士王九龄、曹鉴伦、常寿、色德里、满丕、赵世芳以折本请旨。翰林院一本经筵讲官熊赐履等员缺，以吏部尚书兼直隶巡抚事李光地等职名开列。上曰："尔等传集伊等，令其诵读选择具奏。"

又一本日讲官陈论员缺，以侍读学士佘志贞等职名开列。上曰："着交翰林院选择具奏。"

吏部一本广西宣化县知县白峋员缺，将候补知县吴成等开列。上曰："此员缺着以吴成补授。有不喜广西、甘肃之缺而具呈规避者，令志其名，于补官之时仍于广西、甘肃地方补用。"

户部一本覆右卫将军费扬古等题，山岱等处所收米谷请疏贮脱脱城仓内，议准行。上曰："数年来在山岱等处自备脚力耕种地亩官员，殊属可嘉。着移文将军费扬古，将伊等职名及地之亩数与所获谷石之数查明，送部之日，该部议叙具奏。"

兵部一本覆山东登州总兵王文雄题，请添设水师营游击等官增造船只，议准行。上曰："林洪、林汇俱补山东水师营游击。应用海洋船二十只，或沙船，或赶罾船，并船上所需什物等项，着江南总督、巡抚、提督，公同在江南捐造完备坚固，俟来春着山东水师营官兵前往，取赴东省留用。"

又曰："海中盗贼非真正海寇，皆贸易之人资本消乏，肆行抢夺者。今之贸易之人，弱则被掳，强则避之。着令学士常寿前去招抚。至于运米之事最属紧要。今值严冬，转运亦难，可遣一中书赴钱齐保处探之。若已经起发则已，否则今岁停止转运，以待明春。山东所遣三大臣处，亦遣笔帖式三人往询赈济之事曾举行否，乘便即令看视民间情形。限于第六日到京。"

又曰："朕自幼听理政事，极其敬谨，惕厉于心。今已年艾，诸事更加戒惧，不敢稍有懈惰。"马齐等奏曰："皇上日理万机，毫无疏略，惟以敬谨存心，诚神圣也。"

是日起居注官徐元正、海宝。

初三日乙亥　上以皇太后圣诞，率诸王以下及内大臣、侍卫、大学士等赴宁寿宫行庆贺礼。文武诸臣俱于午门前随行。庆贺礼毕，上回宫。

是日起居注官揆叙、陈元龙。

初四日丙子　辰时，上御乾清门听部院各衙门官员面奏政事。大学士马齐、席哈纳、张玉书、吴琠、陈廷敬，学士王九龄、曹鉴伦、常寿、色德里、满丕、赵世芳等进前奏曰："经筵讲官员缺，臣等遵旨选得工部尚书王鸿绪、少詹陈元龙等五人。日讲官员缺已问翰林院掌院学士揆叙、侍郎吴涵，选得编修杨瑄等三人。伏祈简用。"上曰："王鸿绪、陈元龙着充经筵讲官。杨瑄年久，着充日讲官。"

是日，策试天下中式武举于太和殿前。

是日起居注官阿尔法、王思轼。

初五日丁丑　辰时，上御乾清门听政。部院各衙门官员面奏毕，大学士马齐、席哈纳、张玉书、吴琠、陈廷敬，学士王九龄、曹鉴伦、常寿、色德里、满丕、赵世芳以折本请旨。吏部二本题科、道官员内升外转。上曰："此事尔等议奏。"

复顾汉大学士等问曰："御史李发甲系何处人？"张玉书等奏曰："云南人。"上曰："其人何如？"马齐等奏曰："平常。"上曰："观李发甲人甚庸劣。"又曰："云南等处四省钱粮，今岁三月恩诏已曾蠲免，今山左被灾，又宜蠲赦。朕且欲免浙省明岁钱粮。尔等交户部，将应蠲款项查明具奏。"

巳时，上阅殿试武举马步射。由西华门出瀛台紫光阁，率皇太子、诸皇子射。上发矢皆中。既而兵部尚书马尔汉等将武举曹维城等一百二人，分十班进前。上赐读卷官大学士马齐等十四人，及南书房翰林查昇等七人坐。武举曹维城等每人令骑射三次，又令在前三班之人开劲弓、舞刀、掇石毕，上复率皇太子、诸皇子及善射宗室、侍卫射。又率善射劲弓侍卫射毕，复率皇太子、诸皇子及善射宗室侍卫射。又率善射劲弓侍卫射毕，上进西华门回宫。

上诣宁寿宫问安。

是日起居注官满保、陈壮履。

初六日戊寅 辰时，上御乾清门听政。部院各衙门官员面奏毕，礼部尚书席尔达，副都统图斯海、徐九如赴湖广招抚苗人，恭请训旨。上曰："尔等须同心协力办事，和则事无不成，不和则事无一成。且行兵立营须用怯，遇敌对垒须用勇，况用兵以机先为要。倘临事之时，彼此交煽，疑虑不定，必致误事。尔等当以果毅行之。如苗人归降，止诛倡乱肆毒、害我民人者，否则剿戮其抗拒之辈。毋得玉石不分，戮及无辜。我满兵凡遇对敌，恃勇以力胜者多。尔等此行，须用计招抚，委婉从事，勿得惟恃勇力。至于立营，必择高阜处设立。朕前在宁夏用兵，审时度势，多方调度，是以钱粮不致耗费，兵民亦无苦累。凡此皆在主将之巧于设施耳！荆州副都统朱满、湖广提督俞益谟人俱矫健，且久于用兵，与伊等商酌而行。贵州提督李芳述、广西提督张旺人材亦皆矫健，效力处亦多。我朝大兵进攻云南，土司田顺年协济钱粮，殊有裨益。尔等此去，可奖励用之。一至荆州，即用偏沅巡抚之印，如遇提督即用提督之印。席尔达，尔所奏之折不必用印，若另有谕旨训谕尔等，朕自亲书遣发。即苗人归附之后，探其巢穴，仍谨慎提防，不可以彼归顺，遂轻忽之。招抚广东八排猺人，遣发之时，朕曾计限日月。后果如朕谕，而事即结矣。今尔等所去之地与广东不同，朕不预为定限也。"谕毕，席尔达等出。

大学士马齐、席哈纳、张玉书、吴琠、陈廷敬，学士王九龄、曹鉴伦、常寿、色德里、满丕、赵世芳以折本请旨。吏部一本都察院副都御史陈论员缺，开列宗人府府丞江蘩等职名。上曰："姜橚曾任学院，声名优著，人亦诚实，着升补副都御史。傅作楫为御史时条奏甚多，其所参陕西捐纳一事，殊属可嘉。佥都御史姜橚员缺，着傅作楫补授。"

又一本浙江按察使于嗣昌员缺，以直隶口北道周士贤拟正、陕西督粮道黄明拟陪。上曰："可问九卿，举伊等所素知者。"

又一本行取官员事。上问曰："此内有学问优长者否？"陈廷敬奏曰："内有吴暻学问颇优。"上曰："从前行取官员，学问浅薄居科、道之职条陈事宜者甚少。可召伊等至乾清门前，尔等监试之。"马齐奏曰："中行评博亦考试否？"上曰："俱一体考试。"

马齐奏曰："臣等遵旨会议科、道官内升外转，其内升者俱系京堂，伏祈上裁。外转官员，臣等愚意仍照原拟科员，此次停止外转。道员着将李发甲外转。"上曰："马士芳、吕琨着内升，李发甲着外转。科员外转着停止此一次。"

又曰："御史黄秉忠前曾条陈，饥民不许旗人价买，若有买者，俱准赎还。此事朕初尚以为然。由今观之，山东百姓因伊条奏准其取赎，及到原籍，遇此饥荒，皆无栖身之所，致死者甚多。"马齐奏曰："皇上睿鉴诚然。我皇上至圣至仁，即行兵俘获之众，亦皆体恤，准其赎取。夫典卖入旗者，果有赎取之人，亦无不准其赎取。若以卖与旗下为不可，则民间岂无互相典卖者？况一户四五口，一人卖身入旗，不但可养一身，所余身价，其余数口皆可救济。更有一人卖身入旗，得以安身，其父子兄弟互相追寻，相依度日者亦有之。即此观之，实有裨益，岂可谓之无益乎？黄秉忠初以为有益，而条奏并不虑及于后之难行也。"上曰："凡有言责者，果实心奉公条奏，事必相宜。若信人言而罔行渎奏者，事必不妥。"

巳时，上阅武举马步射。由西华门出瀛台紫光阁，率皇太子、诸皇子及善射侍卫射。上发矢皆中。赐读卷官及南书房翰林坐。命武举射，开弓、舞刀、掇石毕，以刘弘善等二十五人步马射俱优。又阅其步射数次，复令骑射，定其等次毕，上进西华门回宫。

酉时，上御乾清宫，读卷官大学士马齐等以殿试武举诸卷呈览。上细阅毕，令其启封，曰："曹维城步骑射记名第二，且对策甚佳，其卷居首，着为第一甲第一名。其记名第一之刘弘善为第一甲第二名，侯滢仍为第一甲第三名。其余记名者照卷编为前后，余俱如尔等所拟。"

上又曰："朕观今科武殿试骑射俱优，较之前科更胜。凡武官由行伍出身者，俱系拣选，尚堪擢用。至于效劳与武举及年满千把总，其中佳者甚少。由武进士出身者尽有人材，如俞益谟、刘官励，前科武进士也。朕意欲将武会试广额，以示鼓励。前科武进士即时擢用，所以今年来考者人数极多，且皆用心学习弓马。文官不许在本籍为临民之官，武官须习知本地形势方有裨益。国家所最重者边疆，简用武臣，大有关系。兵可百年不用，不可一日无兵。今承平日久，当年老于行间之战将，亦渐次凋零。昔之海上投诚者习于水战，今亦不可多得矣。初议取台湾，都统喇哈达以为断不能取，而施琅独任之，以有成功。此后台湾倘有疏虞，必不能取矣。海上行舟与江湖不同，江湖之中，虽能习于水战，若用之海上，必不相宜。沿边一带岩疆尚可求得其人，此后沿海水师最宜加意。总兵尚宣、马进良皆久在边疆、谙练地方者，若调任他处似为可惜。尔等查例，着加提督衔，仍留原任。”

是日，以琉球国中山王尚贞遣使纳贡，赐蟒缎等物，来使耳目官毛兴隆等俱赐大缎等物。

是日起居注官史夔、塞尔图。

初七日己卯 辰时，上御乾清门，听部院各衙门官员面奏政事。大学士马齐、席哈纳、张玉书、吴琠、陈廷敬，学士王九龄、曹鉴伦、常寿、色德里、满丕、赵世芳以折本请旨毕，上顾马齐等曰：“今河道甚好，河督张鹏翮及河工官员俱甚效力。其中虽有与张鹏翮不睦者，其所用钱粮极其清楚，亦难加议论。黄河工程朕知之甚悉，曩时河身最高，岸上所有屋庐，船上皆得见之。今已掘深，岸间屋庐皆不得见。先是永定河用埽，甚有裨益，是以朕谕张鹏翮，黄河亦宜用埽。张鹏翮回奏，永定河势小，可以用埽；黄河势大，难以用埽。朕谕彼姑试用之，且所费钱粮无几。张鹏翮因而用埽，河堤今果坚固。洪泽湖水势甚险，而堤岸且高，船只漂没，人命难于救援。朕曾谕张弼、李梅，沿岸将长木桩近岸斜钉在水内。船只漂没，人尚可攀援获命。张弼、李梅曾以朕谕为是。尔等可传谕吏工二部，黄淮两河关系运道民生，最为重要。朕念治河，国家大事，夙夜廑怀，未尝少释。披图咨众，虽已悉其源流，顾水势变迁不常，必真知洞悉，方可实见施行。是以不惮勤劳，屡亲巡阅，察其险易之形势，审其疏道之机宜。缓急次第，具有成画。至于简命河臣，倚任甚切，凡所属官吏，皆听选用。大修工程费以数百万计，岁修帑金，亦以数十万计。乃康熙三十七年，黄淮并涨，总河董安国，不坚筑堤堰，疏通海口，因而河身垫高，溢出河岸，以致倒灌洪泽湖口。湖水从六坝旁泄，由运河入下河，淹没民田。于是罢董安国，以于成龙代之。朕随授以治河方略，详加指示。三十八年亲阅河，驻跸清口河干，又面谕于成龙，清口宜筑挑水坝，挑黄水使趋北岸，方可免倒灌清水之患。随指定其地，再三申命。于成龙不遵朕旨，至无成功。及用张鹏翮为河道总督，面谕云：顷已发帑数百万，令大臣官员往高堰筑堤，闭六坝，使逼洪泽湖水畅出清口。而清口筑挑水坝，尤为紧要。此坝不筑，则黄水顶冲，断不能使向北岸，湖水必不得畅流。张鹏翮遵奉朕言，坝工筑成，黄溜遂直趋陶庄，清水因以直出。叠经伏秋大涨，并无倒灌之事。其浚张福口等引河，筑归仁堤，疏人字、芒稻、泾涧等河，开大通口，皆遵谕诣，一一告竣。今年春，朕阅河至桃源，见龙窝等处顶冲危险，命增筑挑水坝。［比］坝工刻日讫事，河势遂平。中河仲庄闸口，以与清口相对，特命改由杨家庄。漕挽安流，商民利济。曩时，黄水泛涨或与岸平，或漫溢四出。今黄河深通，河岸距水面丈余。纵遇大涨，亦可无虞矣。张鹏翮所修工程，虽悉经朕裁断，而在河数载，殚心宣力，不辞艰瘁。又清洁自持，一应钱粮，俱实用于河工，无纤毫浮耗。朕心深为嘉悦。所属大小河员，并皆勉力赴工，共襄河务，亦属可嘉。自总河以下各官，尔二部即详加议叙具奏。特谕。”

巳时，于太和殿前传胪，赐武举曹维城、刘弘善、侯滢一甲进士及第，王琏等三十人进士出身，孙江等六十六人同进士出身。

是日，上诣宁寿宫问安。

是日起居注官徐元正、海宝。

初八日庚辰　部院各衙门奏章交送内阁。

是日起居注官阿尔法、王思轼。

初九日辛巳　辰时，上御乾清门听政。部院各衙门官员面奏毕，大学士马齐、席哈纳、张玉书、吴琠、陈廷敬，学士王九龄、曹鉴伦、常寿、色德里、满丕、赵世芳以折本请旨。吏部一本条陈举人、贡生壅滞，应请疏通等四事。上曰："朕观此所奏四事俱应准行，尔等尚有可商酌者否？"马齐等奏曰："圣鉴诚然。此所奏四事，俱应准行。"上曰："捐纳人员今已渐少，此事着照所奏行。"

刑部一本李住叩阍告伊主牙云一案，本宜从重治罪，但李住之母因牙云打后自缢身死，李住照冲突仪仗例拟枷号三个月、鞭一百。上曰："此事着照所议行。部院笔帖式俱系渐次升迁之员，行止稍有不端，即不可姑容。李住之主牙云身为笔帖式，竟殴人致死，其他处又何足观？着革退笔帖式，令在旗下行走。"

直隶巡抚李光地一本请裁定永定河分司一员。上曰："李光地既称永定河设两分司无益，着照所请裁分司一员。"

马齐等遵旨浙江按察使于嗣昌员缺，将九卿所举道员鲍复昌等职名开列具折呈览。上览毕，曰："鲍复昌为人平常。朱士杰曾任天津道，朕知其人亦平常。闻陕西驿传道金世扬居官颇优，知府叶九思及新升守道宜思恭俱优，天津道蒋陈锡居官亦优。雁平道李毓柱虽未能信其操守，然亦长于办事。"又问曰："道员卫台瑞系谁之子？"张玉书等奏曰："原任大学士卫周祚之子。"上又问曰："见在候补学道内，有居官优者否？"张玉书等奏曰："原任江西学道乔士容居官尚优。"上曰："浙江粮道李法祖人尚可用，况列名亦在第二，着补授浙江按察使。"

马齐等又奏曰："臣等遵旨将山东、浙江二省应蠲明年钱粮已交户部察明，但二省钱粮并行蠲免，给发兵丁外所余无几。况年岁丰欠未可逆料，明岁先蠲一省，次年再蠲一省似为从容。"上意犹欲二省并蠲，沉思良久，曰："今岁山东被灾，先蠲其明岁钱粮，积年旧欠并各项带征尽行蠲免。今岁云南、贵州等处四省钱粮已尽蠲除，而山东明年钱粮今又蠲免，其浙省应于后年再蠲。尔等于上谕内书明此意。"

是日，上诣宁寿宫问安。

是日起居注官满保、杨瑄。

初十日壬午 辰时，上御乾清门，听部院各衙门官员面奏政事。大学士马齐、席哈纳、张玉书、吴琠、陈廷敬，学士王九龄、曹鉴伦、常寿、色德里、满丕、赵世芳以折本请旨毕。上曰："直隶各省州县虽设有常平仓收贮米谷，遇有饥荒之年不敷赈济，亦未可定。应于各村庄，亦设立社仓收取米石。此所设社仓，若交与有司官，则民仍受累。直隶地方有满洲屯庄，可会合数村立一社仓。其管理社仓事宜，有满洲屯庄公设社仓者，令于庄头内酌量选择可以付托之人，交与收贮。若系民人村庄公设社仓者，令于民人内酌量选择可以付托之人，交与收贮，庶可备荒，于民生大有裨益。朕将此事传谕李光地。若设立社仓果有益于民生，着各省亦照例，于各村庄设立社仓，收贮谷石。尔等可会同九卿酌议。”

是日起居注官史夔、海宝。

十一日癸未 上以考察吏治、咨访民生、简阅军旅、整饬营垒巡幸西省，启行之先，诣宁寿宫问安。卯时，由神武门出阜成门，驻跸良乡县属十三里村前。

申时，上御行宫办理政事。

是日，乾清门侍卫马武传谕大学士马齐曰：“现今扈从之给事中满普、御史顾素令其后行，查有肆行抢掠者，即行锁拿，并将其主亦行参究。至于地方官员，若私行禁阻民间市卖，亦指名题参。”

是日，直隶巡抚李光地、守道宜思恭等，永定河分司色图浑等，天津总兵蓝理等，保定府城守尉塔拜等，拱极城游击吴起祥等来朝。

十二日甲申 上驻跸涿州属泽畔村北。乾清门侍卫马武传谕大学士马齐曰：“朕所经之地，若有应祭岳渎、历代帝王陵寝，皆预奏闻。”

是日，涿州守备张君烈等来朝。

十三日乙酉 上驻跸安肃县属田村堡前。是日，紫荆关参将赵世泰等、安肃县知县薛祖顺来朝。

十四日丙戌 上驻跸行宫。

巳时，上出行宫，率皇太子、诸皇子及善射侍卫射。上发矢皆中。又命扈从护军校、护军及来朝觐见之江西南赣总兵杨钧、紫荆关参将赵世泰等射。

十五日丁亥 上驻跸保定府属小汲店东。是日，山西巡抚噶礼，督理山西学政、翰林院侍读汪灏，山西布政使满都，雁平道李毓柱，大同总兵张文焕，平阳总兵马见伯，太原城守尉车勒浑等，翰林院侍读、云南学院事竣回京王之枢，安州知州孔毓璋等来朝。

十六日戊子 上驻跸庆都县属十五里铺南。是日，河南巡抚徐潮、总兵王应统，庆都县知县张京瓒等来朝。

十七日己丑 上驻跸真定府属新乐县城南。

申时，上出行宫，率皇太子、诸皇子及善射侍卫射。上发矢皆中。以镶红旗前锋校满丕善射，赐孔雀翎，同三等侍卫品级。续令保定府官兵射，毕。上以正红旗双全佐领下拨什库三泰人材壮健，额外授为保定府骁骑校。以城守尉塔拜训练有方褒奖之。又令大同总兵张文焕、太原总兵马伯等射。

是日，赐保定府满洲兵及绿旗兵白金。

真定府知府郭治等、定州守备张德等来朝。

十八日庚寅 上驻跸真定府城内。

戌时，上御行宫，大学士马齐，学士色德里、满丕以折本请旨。吏部一本题公郑克塽等九十六人送驾未到，拟罚俸三个月。上曰："朕启行时见送驾官员甚少，此案所议尚轻，着再严加议奏。"

户部一本覆两江总督阿山题，赈济邳州等十一州县及徐州卫被灾黎庶，议准行。上曰："此疏内称邳州、徐州、睢宁三州县被灾之民交张鹏翮赈济等语，现今张鹏翮处并无可散之粮，如何赈济？不必交张鹏翮，仍令阿山等，于现今赈济者一同赈济。"

又一本题山东巡抚王国昌、总河张鹏翮等擅动常平仓米谷赈济，拟各降一级；其所动米粮仍令赔补。上曰："朕曾谕总漕桑格、总河张鹏翮，将漕米各转运二万石，一面赈济饥民，俟愿往赈济效力人员到日，交与伊等赈济。谕旨甚明，张鹏翮等，亦曾具折奏明，何至急动常平仓米谷赈济？着将朕原谕并张鹏翮所奏折子逐一查明具奏。"

又一本覆河南巡抚徐潮题，被灾州县钱粮恳令缓征，议不准行。上曰："现今所亏钱粮数目着问徐潮具奏。"

兵部一本覆都御史温达等所审贵州威宁总兵孟大志革职拟徒。上曰："孟大志着革去总兵，所有拖沙喇哈番系昭木多地方出兵军功所赐之职，仍着留之。其罪款亦从宽免。"

理藩院一本覆扎萨克大喇嘛绰木柱儿喇木扎木巴奏，将伊所原居洮州卫卓奈克依特之庙，伏恳开广修造，议准行。上曰："取边氓之地以广修庙宇关系民生，嗣后凡开广庙宇，与民间田庐有关者，永行禁止。"

盛京刑部侍郎巢可托一本请减八司为四司，司官亦裁汰。上曰："分司设官历年已久，况盛京官员俱轮班出师打围，何故复行裁减？巢可托此疏，大约在京将升人员，不愿作宦盛京，求其条奏耳。尔等将此可移文示之。原本发还。"

山西巡抚噶礼一本题临晋县知县员缺，请以汾西县知县徐欣调补。上曰："此本着携之而行，交噶礼，令将徐欣引见。"

是日，直隶学院侍讲杨名时、真定府副将郝伟等来朝。

十九日辛卯 上驻跸获鹿县城东。是日，赐保定府城守尉塔拜兔。赐南赣总兵杨钧之母"闺范遐龄"四大字，杨钧"名将旧风"四大字，复赐银鼠褂、孔雀翎。获鹿县知县周卜世来朝。

二十日壬辰 上驻跸井陉县东。关知县黄孝政来朝。

二十一日癸巳 上自井陉县至固关。山西绅衿士庶扶老携幼，沿途数十里跪迎圣驾，欢欣鼓舞，相告语曰："山西每遇荒欠，即蒙圣天子蠲租赈济。今日之各遂其生，皆圣主之隆施也。我等何幸，得覲天颜。况值此严寒，皇上不惮劳瘁，为吾侪小民生计巡幸至此，虽生我之父母，亦不能若是！"无不欢呼爱戴，共祝万寿无疆。

是日，上驻跸平定州属柏井驿。先是上以柏井驿水少，命随行诸臣、侍卫、官兵、执事人等分为三队，陆续进发。及驾至柏井驿，井水早已盈满，且处处水泉溢涌。治仪正存住等传谕向导官副都统赵来曰："始以柏井驿水少，因分队进发。今至此观之，井水盈满，且水泉各处涌发。如此则何必分队？着移文后队诸臣，不必以无水为忧，加意率之而来。"

晚刻，上以出固关入山西境咏诗二首，命内侍李玉捧出，示翰林院学士揆叙，揆叙读毕奏曰："臣谨观御制诗章，不但声律精工，实古今不易之格言也。且诗中将地方形势、民间习俗无不包举，即一歌咏之间，未尝忘国计民生、励精求治之意。皇上远行跋涉，亲冒风沙，毫无倦意，少有余暇，即咏诗挥翰。于此仰见乾健齐天，圣寿无疆之征也。臣自奉命朝鲜，久未睹御制诗章，今得拜瞻，不觉洞心爽目。"

是日，固关守备兴王化来朝。

二十二日甲午　上驻跸平定州西关。

酉时，上御行宫，大学士马齐，学士色德里、满丕以折本请旨。吏部一本题湖广辰州府知府、山西潞安府知府员缺，或开列候补知府，或开列同知。上曰："潞安府知府员缺，将现任山西知州内居官优者问噶礼具奏。此缺得人，则辰州府得人自易矣。"

户部一本覆山东巡抚王国昌奏报，被灾武定州等五州县应蠲钱粮数目，以其浮冒，议驳回。上曰："山东各州县所有积年亏欠及四十三年钱粮俱已谕蠲免。今武定州等五州县钱粮，该部议驳查不合，着问明具奏。"

又顾大学士马齐曰："朕闻山东巡抚、布政，将赈济饥民人员赍去银两，俱收布政司库内，迄今尚未赈济。如此则赈济之事，得毋迟误？况此项银两俱系京师发去者，并非伊等库银，且赈济人员系三佐领合同荐举，殷实才能之人。王国昌等，仅可查其养民之优劣，其钱粮浪费与否，系赈济官员干系，与伊等何涉，而为之收贮乎？此时尚不赈救，俟饥民离散，始行赈救乎？是何意见朕所不解。此又系刘皑之诡计也。不特此也，遣去官员三百有余，不作速分地派遣，久留济南，必致米价腾贵，人皆受困。"马齐奏曰："臣闻赈济官员领去银两收贮司库，意谓伊等恐有失误，难于收藏，因寄司库。其至今尚不赈散，是诚何心？"上又问学士色德里、满丕曰："此举尔等心服否？"色德里、满丕奏曰："钱粮系京师领去者，与伊等何涉？代为收贮，臣等皆不心服。"上又顾起居注官、翰林院学士揆叙，司经局洗马塞尔图，问曰："尔等云何？"揆叙、塞尔图奏曰："此项系交付三佐领公同荐人员之物，虽强布政司收贮，伊等亦不宜承受。迄今不令散赈，诚属背谬。"上顾大学士马齐等曰："尔等可将朕旨写明，速交该部移问王国昌等。"

上又问马齐曰："此处民生较当日何如？"马齐奏曰："臣前奉命来晋，见庶民皆艰于度日。此番较前大有起色。"上问曰："比尔任巡抚时何如？"马齐奏曰："臣任巡抚时年岁丰稔，民皆盈余。以今较之，似觉相等。"上颔之。

是日，赐山西巡抚噶礼御书诗一幅。平定州知州刘孚嘉来朝。

二十三日乙未 上驻跸寿阳县城内。治仪正存住等传谕大学士马齐曰："今已岁暮，部院各衙门毋以朕行程日远，有误奏章，着照常奏事。"

是日，寿阳县知县刘应熙、游击窦志伟等来朝。

二十四日丙申 上驻跸榆次县属石店村。是日，太原县知县胡凤翥来朝。

二十五日丁酉 上驻跸太原府城内。是日，太原文武各官、军旅及绅衿士庶填塞城内城外，跪迎载道，争睹天颜。

二十六日戊戌 上驻跸行宫。是日，上谕山西巡抚噶礼曰："朕君临天下四十余载，无一刻不以苍生为念。近因西省望幸甚切，故于冬时农隙，减从轻骑，由晋以及秦。入境以来，观风问俗，见官方微有廉风，民生略有起色。闾阎之间，俗朴尚俭，朕心少慰。朕自弱龄读书，往往以不知穷檐僻壤之疾苦为叹息，所以留心于官方。凡有来往者，必先咨询民情丰欠。偶有失时，定加蠲赈。且思晋省不通水运，岁或不登，即难筹画。虽有州县存贮之谷米，未必实在，反益不肖有司之亏空也。今岁山西收成颇佳，尔等仰体朕爱民如子之至意，晓谕民间：若丰岁用奢，则荒年必致匮乏。教之以礼义，导之以守法，重农务本，藏富于民，则朕无西顾之忧矣！凡朕所经之处，必大沛恩泽。因今岁东省灾甚，已蠲四十三年地丁钱粮，又免云贵、广西、四川地丁钱粮，所以不能施惠。但将四十二年以前，山西所属州县未完银两米草，尽行蠲免，以示朕加惠黎元之念。尔等即遵谕行。特谕。"

又乾清门侍卫马武传谕行在兵部曰："陕西西安府前来接驾官员、军民人等，不必渡河，俱在潼关等候，恐往返渡河不便也。着移谕川陕总督觉罗华显。"既而治仪正存住等又传谕大学士马齐曰："山西革职官员六旬以上者着察明具奏。"

未时，上出行宫，率皇太子、诸皇子及善射侍卫射。上发矢皆中。既而命总兵以下、千把总以上及太原驻防官兵射。以千总侯成印等、把总萧逄等善射，命志其名。

先是，奉旨二十七日启行，巡抚噶礼再三恳留一二日，未允。是日，士民人等齐集行宫前，填塞衢巷，叩头恳奏曰：“凡圣驾临幸诸处，多驻跸一日，收获十年；驻跸二日，收获二十年。我等亦何敢恳留圣驾？但祈稍副小民瞻仰天颜之意，再留一日。”再三恳求不已。上始允所请。

二十七日己亥　上驻跸行宫。是日，因查六旬以上革职官员，赐复原任布政使刘柸原品。赐巡抚噶礼御书“云中朴素”四大字、诗及对联。赐大同总兵张文焕“建牙统众”四大字及诗，平阳总兵马见伯“三军挟纩”四大字及诗，学院汪灏“典纶敦教”四大字，布政使满都、四川布政使于准、山西按察使巴哈布俱“清慎勤”三大字及诗。又原任布政使刘柸诗。又文臣自教官以上、武弁自守备以上四十九人俱赐御书。又赐原任大学士卫周祚“表率班联”四大字，原任江南总督于成龙“高行清粹”四大字及诗，原任刑部尚书魏象枢“风度宏远”四大字。又查太原满洲内年及八旬者，俱赐白金。

二十八日庚子　上驻跸徐沟县南。

申时，上御行宫，大学士马齐，学士色德里、满丕以折本请旨。吏部一本题荆州将军莽机禄所有拜他喇布勒哈番又一拖沙喇哈番恳请着伊次子承袭，议不准行。仍照例，令其长子承袭。上曰：“莽机禄世职着照伊所请，令伊次子色尔敏承袭。”

户部一本题山东巡抚王国昌钦奉恩诏，查送七旬以上人数，议驳回。上曰：“王国昌疏称七旬以上者共一十七万五千余人。王国昌于诸事概不稽查明白，且蒙混具题者甚多，着交该部另行移文清察具题后，将巡抚、布政使一并严察议奏。”

上又曰：“刑部启奏本章缮写潦草，而且用印银朱过多，竟致污手。朕为此曾屡行申饬，仍复如是，堂官等岂不抱愧？朕非欲堂官等于缮写用印令其亲行监视，但此系奏章，伊等独不可预行戒饬，令其小心谨慎乎？此事亦应票出，着将缮写用印官察参。如此等事不严加处分，人不知警。”

是日，赐山西巡抚噶礼貂帽、貂袍褂，布政使满都、按察使巴哈布貂褂，平阳总兵马见伯、大同总兵张文焕俱貂褂、缎袍，学院汪灏人参，徐沟县九旬生员马典貂帽。徐沟县知县陈瓒来朝。

二十九日辛丑 上驻跸祁县属郑家庄南。是日，上于行宫前阅太原城守官兵骑射，其善于骑射并前此善射记名者，俱分别等次，赐以白金有差。其步射俱劣兵丁，俱革退，遣还京师。城守尉车勒浑以训练不勤，严加申饬。阅射时，有一兵丁乘马惊逸，渐近御仗。散秩内大臣公傅尔丹疾趋向前，擒之使下，并勒止其马。上回行宫，内侍李玉传集内大臣等，谕傅尔丹曰："今日有马冲突，诸年少大臣俱效年老大臣，旁观不动，惟尔直勒止之，可谓继武前人矣。因此特赐尔貂鼠短褂。嗣后益加勉力，毋以身为大臣而不奋力向前也！"

是日，赐九旬生员马典"眉秀"两大字。祁县知县朱城来朝。

十一月

初一日壬寅 上驻跸介休县属湛泉铺南。是日，汾州府知府沈宁等、平遥县知县王绶等、汾州营守备钱士谷等来朝。上命领侍卫内大臣公阿灵阿等监试钱士谷等马步射。

初二日癸卯 上驻跸灵石县城内。是日，赐介休县年老致仕郎中梁钦构御书"引年"二大字。灵石县知县梁国光等来朝。

初三日甲辰 上驻跸霍州城内。霍州知州李绍祖来朝。

初四日乙巳 上驻跸洪洞县城南。是日，遣领侍卫内大臣和硕额驸尚之隆致祭女娲氏陵。陕西将军博济，副都统佛保、马云霄，总督华显、巡抚鄂海、布政使鄂罗、按察使何煺，洪洞县知县杜连登来朝。

初五日丙午 上驻跸襄陵县属令伯村南。是日，总河张鹏翮等、固原提督潘育龙等，河东道叶九思、知府秦棠等、参将游观光等来朝。

初六日丁未 上驻跸曲沃县属郭马村南。

酉时，上御行宫，大学士马齐，学士色德里、满丕以折本请旨。吏部一本凡系绿头签折子启奏奉旨事，照例月终汇题呈览。上曰："此汇题一事系御史黄秉忠条奏，徒多一事耳，有何益哉？嗣后部院各衙门汇题事俱着停止。"

又一本云南按察使员缺，以陕西粮道黄明拟正，云南粮道卢腾龙拟陪。上曰："云南按察使员缺，着河南按察使甘国基调补。山西道高启桂其人老成，甘国基员缺，着高启桂升补。"

刑部一本段五儿因戏谑以鞭戳伤刘凯多之腮致死，坐绞。上曰："段五儿因戏谑致刘凯多受伤而死，着从宽免死，减等发落。"

马齐等奏曰："臣等遵旨，将户部题山东巡抚王国昌奏报被灾武定州等五州县应免钱粮额数浮冒议驳事已经行查，系部中错误是实。"上曰："此本发回，着另议具奏。"

是日，绛州知州胡一俊、绛县知县卢绛等来朝。

上命领侍卫内大臣公阿灵阿等监试游观光等马步射。

初七日戊申　上驻跸闻喜县城南。是日，遣领侍卫内大臣和硕额驸尚之降致奠原任大学士卫周祚墓。闻喜县知县佟国琪等来朝。

初八日己酉　上驻跸安邑县属运城内。是日，大赉扈从侍卫、护军参领、护军校、护军、执事人等白金。河东巡盐御史马尔泰等、安邑县知县曾旭等来朝。

初九日庚戌　上驻跸临晋县属禹乡村。是日，赐道员李毓柱"冰霜志"三大字，高启桂"彰有德"三大字。甘肃巡抚齐世武、延绥总兵江琦、兴安总兵何天培，凉州总兵魏勋、布政使能泰、按察使鄂奇，四川巡抚贝和诺、提督岳昇龙，原任布政使升任贵州巡抚高起龙，解州知州王柱国等来朝。

初十日辛亥　谕山西巡抚噶礼曰："朕所见各官，未有若秦棠之倨慢者。彼系旗员，乌可自比汉人？朕临其境，彼当趋跄效力，乃竟一意退避。及有询问，俱不从实奏对，殊属可恶！若革职，尚为侥幸。彼原系县丞，着于平阳府属无论何县降补县丞，视其效力何如，酌量再用。"

是日，上驻跸蒲州城内。

未时，上御行宫，大学士马齐，学士色德里、满丕入奏。上曰："侍郎邵穆布朕于途次希得见之，如此懒惰，可乎？此后着与学士等同入奏事。"

马齐等以折本请旨。吏部一本题甘山道员缺。上曰："甘山道员缺紧要，俟到西安问督抚，择其优者补授。"

兵部一本补授开封营都司。上曰："由武进士补授侍卫者，查其应升品级具奏。"

马齐等奏曰："潞安府知府员缺，曾问巡抚噶礼，以霍州知州李绍祖荐举，奉旨着引见。今噶礼云李绍祖因病未曾带来。"上曰："李绍祖人甚庸劣，不堪任使。潞安府及辰州府员缺，着照部定例拟补具题，不必再问噶礼。"

马齐等又奏曰："巡抚噶礼请将汾西县知县徐炘调补临晋县，今带来引见。"上曰："朕曾见徐炘，不必引见。此系对品，着照该抚所请，将徐炘调补。"

上又曰："平阳府知府秦棠居官既无贤声，且在朕前妄自矜负，毫无敬慎之状，因此降为县丞。朕曾问之，彼奏以一日可办七八百件事。朕临政四十余年，惟于吴三桂变乱之时，一日常办事至五百余件，然非亲自操笔批发，尚至午夜始得休息。彼欺他人则可，岂得欺朕耶？"马齐奏曰："此人理应重行处治，今降为县丞，尚为幸耳。"上又曰："这员缺择有才干旗人补授方妥。朕曾见兵部郎中马朝瓒其人尚优，着补平阳府知府。"

上又曰："山西各官，惟顷以道员新升河南按察使高启桂及道员李毓柱尚在效力，曩者于成龙曾任用。李毓柱为人详明，遇事练达。观诸凡保举，初举一二人尚优，后即不妥，无非各引朋类。以此欺朕得乎？"马齐奏曰："皇上观人，言动即洞悉其贤否，谁能欺罔。"上又曰："山西风俗过于悭吝，虽极殷实，亦不顾贫窭之亲友，即客至，亦不留一饭。果其饮酒赌博、罔行浪费固为恶习，如用之得当，亲友互相资助，可为费乎？节俭虽为美事，太过则亦未可为善也。"

马齐奏曰："臣等遵旨问河南巡抚徐潮伊所奏缓征被灾州县钱粮数目，徐潮云共四十余万两。"上曰："这缓征被灾钱粮着照该抚所请行。"

马齐等又奏曰："臣等遵旨查赈济山东饥民原旨，并张鹏翮所奏折子启奏，奉旨着臣等问张鹏翮，彼云皇上曾面问彼，彼已辞穷矣。"上曰："朕于众人之前问张鹏翮，尔尝以经义奏对，经义以本心为要，尔河工人员，动用常平仓谷赈济，掠取名誉。今令抵偿，则云应令山东官员抵偿。

揆之本心，其能忍乎？张鹏翮汗颜无辞，唯恳祈少存颜面，免在众前窘辱。朕云朕从不假人颜色，尔居官清廉，河工效力告有成绩，是皆尔之善处，朕甚嘉之。至尔之所保举者，十之七八皆徇情面。如索额图家人尔皆保举，可得云无此事乎？时张鹏翮不能对，惟有垂涕而已。此动用仓谷，着张鹏翮等、王国昌等均摊赔偿。今岁山东无收，令于四十三年、四十四年内赔完。”上又曰：“凡人以蔬食称廉者，朕断不即信，必亲造其家，洞知其生计，始可信耳。”

是日，遍赐随来贸易人白金。湖北巡抚年遐龄，蒲州营游击高堃、知州李六成等来朝。

十一日壬子　上至黄河岸，率皇太子、诸皇子射。上发矢皆中。继令山西官员及扈从文臣射讫，由阔河渡河。先令贸易人渡毕，上始渡河。驻跸潼关城内。未渡之先，众皆以河宽风大，随驾大臣、侍卫、官兵、执事人役一二日内未必全渡。及上至河岸，天气晴明，风色顿息，水波不兴。且传谕：渡河时勿得拦阻，各随其便。不终朝而毕渡，众皆神异之。上渡河入潼关城，陕西绅衿士庶设香案，献果食。男妇执香跪迎者，自河岸至城内，填塞衢巷，遍满山麓。皆恭祝皇帝万万岁。欢忭之声轰震山岳。

是日，遣礼部侍郎邵穆布致祭西岳华山。遍赐随来贸易人白金。西安副都统法喀、祖良璧，协领关保等，粮盐道黄明等，汉中副将韩忠等来朝。

十二日癸丑　上驻跸华州属分界铺南。是日，赐固原兵丁二百五十名及途中来接百岁民白金。华州知州张白生、澄城县知县刘元标等来朝。

十三日甲寅　上驻跸渭南县城西。

未时，上出行宫，率皇太子、诸皇子及善射侍郎等射。上发矢皆中。继令固原提标官兵射毕。上召大学士马齐、兵部侍郎布雅努近前，谕曰：“朕巡历诸省，观绿旗兵丁无如提督潘育龙之兵者，射既均娴，人复矫健，皆统率者之训练有方也。提督以下官员俱着加一级，其二百五十名兵，先虽受赏，今仍着加赏。尔等将此可晓谕潘育龙等。”马齐等召潘育龙等至圣驾前，令跪宣谕毕，潘育龙等跪奏曰：“此皆蒙皇上不时严饬鼓励所致，臣等实毫无报效处。今复蒙大加恩赉，臣等诚羞愧无地矣。惟有肝脑涂地，以图仰报尔！”随率众官兵谢恩。众官兵无不欢跃，愿效死力。

是日，渭南县知县黄培来朝。

十四日乙卯 上驻跸临潼县南温泉。是日，遣领侍卫内大臣和硕额驸尚之隆致祭汉文陵。绥德州知州赵于京等来朝。

十五日丙辰 上自临潼县启行，临幸西安府。驻防西安八旗官兵及耆老幼稚，俱着鲜服，自关厢以至灞桥。陕西经常旗官兵俱擐甲列营，自灞桥绵延二十里。陕西文臣，俱朝服列班跪迎。合城内外绅衿士庶云集，俱欢呼相告曰："自古帝王出警入跸，禁止行人。不但不能亲睹天威，即仪仗之旁亦不敢近。我皇上令吾侪小人皆得瞻仰，不惟不令禁止，且恐小民不识天颜，舍骑而乘步辇，存问父老，抚恤子民，诚古今所未有也。曩者秦中连年荒旱饥馑，非蒙皇上睿算，从各路运米，祭山祈雨，则秦之黎庶早皆流亡无遗矣，岂能至今日。我辈数百万生灵，今日得瞻天日者，皆圣主再造之恩也。方今严寒，皇上不辞劳瘁，轸念民生，越山历险，远临至此，即古之圣帝贤王，宁有如是者乎！"相与爱戴欢呼。近者扶老携幼，远者负资裹粮，无不匍匐而来，瞻天恐后。

上驻跸西安府城内。谕乾清门侍卫马武、内阁学士色德里曰："历代帝王陵寝有附近西安者，及本朝勋旧坟墓有在百里之内者，查明并议祭奠具奏。"

呼户诺尔亲王扎西巴图尔，鄂尔多斯王董罗布宋喇布、贝勒纳木扎尔额尔德尼，厄鲁特贝勒巴图尔厄尔克济农，鄂尔多斯贝勒杜棱根都西希卜、公云春，呼户诺尔台吉盆苏克等，厄鲁特台吉达颜等，喀尔喀台吉哈麻尔带青等，喇麻额木齐等，董鄂尔库图克图之使达尔汉格隆寨桑巴哈等，额尔德尼济农之使寨桑额尔克等来朝。

十六日丁巳 上驻跸行宫。乾清门侍卫马武、学士色德里遵旨查帝王陵寝、勋旧坟墓，并议周文、武、成康，汉高祖、宣帝，唐高祖、太宗、宣宗陵寝，遣官致祭；提督张勇、总兵梁化凤坟墓遣官致奠。奏入，奉旨依议。

巳时，上幸城内教场，率皇太子、诸皇子及善射侍卫等射。上发矢皆中。扈从护军校、护军等俱射。继阅西安驻防官兵射，皆精练。上甚嘉悦，因命记其善射之尤者。

薄暮，上回行宫，谕大学士马齐等及西安将军博济，川陕总督华显、巡抚鄂海等曰："朕为西土兵民生计，不辞地方遥远，冒涉严寒，躬行巡狩。见西安右翼旧兵效力行间，著有劳绩，防戍频仍，不计其数。人尽带伤，其父与伯叔兄弟亲戚多有阵亡者，朕心深切轸念。且皆循循奉法，骑射熟娴，军容整肃。朕深知而甚嘉之。较之各省之兵，允为超出。应大沛恩泽，以示朕不忘劳勤人员之意。尔等即会同作速议奏。"大赉西安右翼旧兵及官员白金。

翰林院掌院学士揆叙拟撰周文王以下帝王祭文，交奏事治仪正存住等转奏呈览。谕曰："着照所拟致祭，文王、武王祭文内可书朕名。"大学士马齐、翰林院掌院学士揆叙转奏曰："于文王、武王书御名致祭，于礼似过，请不必书。"奏入，谕曰："文王、武王，皆古之圣君，非他帝王可比。且向以孔子圣人已书朕名祭之矣，此亦须书朕名致祭。"

是日，赐满洲八旬以上五十一人及总督标下绿旗兵面有临阵被伤之李英杰等白金。

十七日戊午 上驻跸行宫。谕川陕总督华显、陕西巡抚鄂海、甘肃巡抚齐世武曰:"朕抚有区夏,思臻上理,期于举世乂安,宵旰勤劳,未尝少释。而秦省为天下要地，时廑朕怀。曩者连岁荒旱，所司未经奏报，朕访问得实，即多方筹画，运米拯救。一由襄阳运至商州，一命河臣由黄河运至潼关，一由湖滩河朔运至渭河，一由甘肃运至西安，分行赈济。蠲正赋，免已责，安集流离，秦民始得少苏。自康熙三十二年遣皇长子致祭华山以来，雨旸时若，年谷丰登，闾阎微有起色。但秦省关系最重，且不通水运，抚绥尤宜加意。故不惮隆冬，跋履风霜，远临兹土。见百姓欢迎载道，且知今岁有秋。地方文武官吏，更能恪勤奉职，满汉军士，亦皆训练有方，朕心甚慰。凡巡幸所至，必大沛恩膏。今将陕西巡抚及甘肃巡抚所属地方康熙四十二年以前各项积欠银米草豆钱粮，尽行蠲免。俟四十三年直隶各省咸获丰稔，当将秦省四十四年正供亦行免征。该督抚即通行晓谕，俾穷乡僻壤小民，均沾实惠。倘有不肖有司希图侵食，以致泽不下究，该督抚严加访察，据实指参，以副朕爱养黎元之至意。尔等即遵谕行。特谕。”

巳时，上幸城内教场，率皇太子、诸皇子及善射侍卫等射。上发矢皆中。继阅前此未射西安驻防官兵射，亦皆精练。上嘉悦，因亦记其善射之尤者。薄暮，上回行宫。

是日，遣礼部侍卫郘穆布祭文、武、成康陵，内阁学士满丕祭汉高祖，唐高祖、宣宗陵，领侍卫内大臣和硕额驸尚之隆祭汉宣帝陵，副都统赵赖祭唐太宗陵。遣散秩内大臣公马尔赛、乾清门侍卫赫伦致奠于原任提督张勇之墓。散秩内大臣伯唐、保住，乾清门侍卫胡什礼致奠于原任总兵梁化凤之墓。

赐西安民九旬、八旬耆老白金。

十八日己未 上驻跸行宫。

辰时，上幸西安府西门外大教场，阅西安驻防八旗满洲汉军及绿旗官兵军容时，火器前锋马步兵丁俱环甲，各按队伍列阵毕。上率皇太子、诸皇子及内大臣、侍卫等，俱擐甲乘骑周匝遍阅之。呼户诺尔亲王扎西巴图尔等、鄂尔多斯王董罗布等、厄鲁特贝勒巴图尔额尔克济农等、喀尔喀台吉哈麻尔带青等随圣驾后窥。见官兵整肃，队伍森严，甲胄鲜明，无不互相叹异，曰：“我等但知禁兵精炼，天下无敌，未知外省之兵，亦皆如此，何虑亿万年不享承平之庆乎！”

上阅兵毕，回黄幄前，率皇太子、诸皇子及善射侍卫等擐甲射，上发矢皆中。诸藩蒙古及地方官吏、兵丁无不欢呼称颂。上以将军博济训练官兵有方，即解櫜鞬并弓矢赐之。又赐总督华显、巡抚鄂海櫜鞬、弓矢。皇上升教场箭亭，赐宴陕西官兵，蒙古诸王、贝勒、公、台吉等亦与宴。众官兵恭进皇上酒毕，蒙古王等及将军、巡抚以下至官兵遍皆赐食。上亲赐将军博济、巡抚鄂海及副都统、提督、总兵等酒。又召诸协领至阶上，令侍卫等饮之。上召原任将军冯尼勒之子厄伦特近前曰：“尔父效力行间，尔亦由兵丁效力以至协领，因此赐饮，表异于众。”随亲赐酒。又以镶蓝旗协领辛泰由步军效力，以至协领，并副将康泰、韩忠俱人材矫健，皆亲赐酒。文臣自道员以上、武臣自参将以上，皆召至阶上，令侍卫等饮之。其余各官以至兵丁，俱令内大臣、侍卫等监视劝饮。毕同，众谢恩，上回行宫。

是日，以呼户诺尔台吉盆苏克系达赖汗之弟，而且年老，升为贝勒。赐诸蒙古王、贝勒、公、台吉等缎匹、白金，及原任千总临阵手被创伤之张思孔白金。

十九日庚申 上驻跸行宫。

卯时，于行宫前赐呼户诺尔亲王扎西巴图尔等、鄂尔多斯王董罗布等、厄鲁特贝勒巴图尔厄尔克济农等、喀尔喀台吉哈麻尔带青等及地方大臣官员宴。

巳时，上幸城内教场，率皇太子、诸皇子及善射侍卫等射。上发矢皆中。既而阅前此未射之西安驻防总兵丁射毕，又阅绿旗官兵射。以提标中营参将王朝辅额外升为副将，仍管参将事。以督标左营领旗罗忠等额外擢为把总。

上谕巡抚鄂海、齐世武，提督潘育龙等曰："镶蓝旗拖沙喇哈番倪叶先人优善射，况西安、甘肃等处参用旗人，尔等处如有相宜缺出，即将倪叶先题补。"

上又曰："前见提督潘育龙标下二百五十名兵丁，朕意谓特选前来，故能如此善射。其余未必若是。今至西安，每日校射，满洲兵善射不必言，绿旗兵亦皆善射，无一不当朕意者。如此之兵，诚非易得，朕甚嘉悦。"

将军博济等、巡抚鄂海等、提督潘育龙等，率众官兵再三免冠顿首，跪奏曰："闻圣驾明日启行，皇上初次临幸西安，且连日未曾休息，恳祈皇上再留一二日，以副臣等及官兵仰望之私，得尽睹天颜，实为幸甚！"上曰："今岁暮期促，朕欲启行，既尔等如此诚恳启奏，朕明日当再留一日。"

是日，遍赐西安大臣官员衣裘、缎匹、白金等物有差。又遍赐呼户诺尔亲王扎西巴图尔等衣裘、缎匹、白金等物有差。

二十日辛酉 上驻跸行宫。

未时，上御箭亭，率皇太子、诸皇子及善射侍卫等射，上发矢皆中。继令记名善射官兵射毕，上回行宫。治仪正存住等传谕大学士马齐曰："途次以提督潘育龙之兵精练，自提督以下、把总以上官员俱各加一级，今督抚之兵亦与提督之兵无异。华显、鄂海及绿旗把总以上官员，亦俱各加一级。其满洲兵丁整肃，俱系将军、副都统及诸弁不时训练所致。将军以下、骁骑校以上俱各加一级。”

又谕曰：“巡抚齐世武因其刚愎降五级留任。今闻其居官甚善，毫不苟取，其所降之级着给还。”又查秦省六十以上革职、降级官员，赐原任工部侍郎王承祖等三人复其原品。

秦省众官兵及乡绅士庶闻上启行，齐集行宫前，填塞衢巷，跪恳奏曰：“吾侪附近者虽获仰睹天颜，僻远者尚未能尽行瞻仰，恳请皇上再留一日。”地方诸大臣复入内再四恳奏曰：“皇上每日挥洒翰墨，校阅骑射，勤劳已极，恳请再留一日。且观众军民恳求之诚，皇上即欲启行，众军民必跪拥道路，恳留圣驾。”上曰：“汝等如此殷殷恳求，朕当再留一日。”召将军、副都统等近前，谓曰：“朕巡历江南浙江、盛京乌喇等处，未有能及尔西安兵丁者，天下皆朕之臣庶，朕岂有私？尔处官兵俱娴礼节，重和睦，尚廉耻，且骑射精练，人材骄健，较朕前此所闻更觉胜之，且习尚可嘉。慎勿令其变易。”博济等奏曰：“皇上遍阅诸省马步射，优者劝赏，劣者惩斥，因此众皆勉励，奋志学习，此皆圣化所致。今圣驾远临，纶绋洊加，恩赏备至。臣等与众官兵虽粉骨碎身，焉能仰酬万一。”

是日，赐将军博济御书“列雅著赞”四大字及诗、对联，总督华显“宣猷远通”四大字及诗、对联，巡抚鄂海“为政宽恕”四大字及诗、对联，甘肃巡抚齐世武“凛矢清风”四大字及诗、对联，四川巡抚贝和诺“举动安重”四大字及诗、对联，提督潘育龙“输忠阃外”四大字、诗及对联，四川提督岳昇龙“威信著闻”四大字及诗、对联，总兵江琦“边陲良将”四大字、对联，何天培“材官力臣”四大字、对联，魏勋“陇西飞将”四大字、对联，湖北巡抚年遐龄“明法直绳”四大字及诗、对联，贵州巡抚高起龙“文武为宪”四大字及诗、对联。又赐将军博济、总督华显，巡抚鄂海、齐世武，四川巡抚贝和诺，提督潘育龙、岳昇龙，总兵江琦、魏勋、何天培，布政使能泰，副将程正理、王朝辅、康泰、韩忠、洪范，镶红旗协领厄伦特，镶蓝旗协领辛泰貂帽、裘褂等物。赐西安添设左翼驻防兵白金。又赐盩厔县处士李颙御书“操志清洁”四大字及诗。命谕德、查昇传谕巡抚鄂海曰："朕向闻此人肯读书，明理学，屡征不出，故有此赐。"鄂海奏曰："皇上表扬寒微，西秦士子无不感颂也。"

二十一日壬戌　上驻跸行宫。

未时，上御箭亭，率皇太子、诸皇子及善射侍卫等射，上发矢皆中。继令西安满洲善射记名者射，一一问其祖父伯叔昆弟有阵亡者。以小拨什库常禄等四人授为额外骁骑校。赐布政使鄂罗、能泰，按察使何䂊、鄂琦，道员黄明俱"清慎勤"三大字，能泰、鄂琦又诗各一幅。赐呼户诺尔亲王扎西巴图尔等貂帽、貂裘、素珠等物。

二十二日癸亥　早，授西安正黄旗席特库佐领下骁骑索伦等十九人为额外骁骑校，以其祖父阵亡也。赐将军博济、总督华显，巡抚鄂海、齐世武、贝和诺，提督潘育龙、岳昇龙，布政使鄂罗、能泰马。赐总督华显御书"凝清堂"三大字。

是日，上自西安回銮，驻跸临潼温泉。

二十三日甲子　上驻跸渭南县城内。赐西安将军以下、协领以上，文臣总督以下、知县以上，武臣提督以下、参将以上及副将康泰父母眼镜。赐巡抚以下、知县以上及武大臣人参。赐原任侍郎王承祖御书"林泉养素"四大字。又赐原任江西巡抚马如龙"绩著西江"四大字，令悬墓前。

二十四日乙丑　上驻跸华阴县属台头村南。

申时，上御行宫，大学士马齐、礼部侍郎邵穆布，学士色德里、满丕以折本请旨。一本题前往山东赈济饥民人员应否议叙，请旨。上曰："俟后一次往赈者，事竣回时一并议奏。"

刑部一本题牛有功打死杨三，拟绞。上曰："此系牛有功巡逻坐更，见杨三盗马，擒获殴之致死。杨三乃盗马贼犯，且牛有功理应擒拿。着将牛有功从宽免死，照例减等发落。"

又一本覆浙闽总督金世荣题，拒捕犯人朱绍熙等为首者拟正法，其余援赦免死，议驳回。上曰："此事年久，且干连甚众。如此屡驳，何日完结？着照该督所请完结议奏。"

理藩院一本议奏蒿齐忒王噶尔麻吉礼迪所进之台吉何惠等，今已有产业，请免其兼并于土默特养赡。上曰："何惠等系无产业进朕者，非与他贫蒙古可比。今既有产业，将此二佐领不必令兼并养赡，着附于归化城土默特二旗，各分一佐领披甲。”

山东巡抚王国昌一本为遵旨回奏事。上曰：“闻山东饥民来京师者甚多，民或有诣州县官求赈济者，不惟不听，且教之往京师控告。此皆系王国昌、刘皑将往赈人员赍去银两收贮库内，以致百姓糊口他方。若辈所行，真为悖谬。着行文该部，速将民数查明具题，以便遣官送还原籍。这回奏情节，该部察明议奏。”

布政使于准等请建万寿亭。上曰：“所奏无益，着不必行。”

马齐奏曰：“臣等遵旨，将户部题甘肃兵丁停其补给钱粮于粮料草束原折之价请增给之议不准行一事问总督华显、巡抚齐世武，伊等云，补给钱粮不无情弊，兵丁虽沾实惠，自四十三年以后，粮料每石加原折价二钱，草每束加原折价五厘，俱现今给散兵丁。将补给之例永行禁止，则自三十五年以至四十二年可节省补给银几二百万两，而与兵丁且大有裨益。其西宁草束每束原给银二分五厘，应无容议。”上曰：“朕亦曾问齐世武，彼云补给钱粮，兵丁既不沾实惠，且有情弊。今若照部议所省几何，若照华显等题所费几何，着行文详问该部。”

上又曰：“侍郎邵穆布以折本请旨，不将事之原委具奏，惟以一二语约略言之，于事不细观强记，而欲苟且完事，可乎？兵丁三十余年不获升迁者甚多，部院笔帖式并不曾在朕前挥汗勤职，不三十年间即为大臣。既为大臣，惟思早散偷安。劳心强记、勉力奉公者能有几人？倘朕于诸事不详加睹记，则折本时何以与诸臣商酌？尔等若不强记诸事，亦何能向朕请旨乎？”

二十五日丙寅　上驻跸潼关城内。

二十六日丁卯　上驻跸河南府属阌乡县十五里铺。河南绅衿士庶星罗云集，瞻仰天颜，欢呼跪迎者，与秦晋无异。

是日，赐陕西葭州知州尚崇年、绥德州知州赵于京、盩厔县知县张芳、安塞县知县谢旻、同州州同李朝宁御书诗。河南布政使李成林等、调补云南按察使甘国基来朝。

二十七日戊辰　上驻跸灵宝县属摩云寺南。是日，河南布政使李成林衰老，令解任。所遗员缺，以按察使甘国基升补。灵宝县知县许珽来朝。

二十八日己巳　上驻跸陕州属张茅镇村北。

酉时，上御行宫，大学士马齐、礼部侍郎邵穆布，学士色德里、满丕以折本请旨。户部一本题乌喇将军杨福请给乌喇虞人粮，议不准行。上曰："前此该部以仓贮米石尽给虞人启奏，朕恐尽给，倘后遇吉临乌喇兵丁年欠，难以料理。因谕令给一半。今照该将军所请发米尚有余，部议不给，是何意见？如果不给，无粮者岂能度日？"马齐奏曰："向请以仓贮米石给虞人时，上虑吉临乌喇兵丁预防年欠，止给一半。后吉临乌喇果遇年欠请粮，于事甚有裨益。皇上凡事预为筹画，无不尽善。"上曰："着速行该将军，如果现今所给之米，可能度日则已，如或难支，俟查明具题之日议奏。"

马齐等以开封营都司员缺，遵旨将由武进士补侍卫者查其应升品级具奏。上曰："查由武进士补授侍卫人员开列具奏。"

是日，平原营游击孔琦、平陆县知县董之燧来朝。

二十九日庚午　上驻跸渑池县城南。是日，渑池县知县葛永成等来朝。

三十日辛未　上驻跸新安县城内。是日，内大臣公鄂伦代传谕领侍卫内大臣等曰："文庙中毋令随从人寓宿。"新安县知县张绮等来朝。

十二月

初一日壬申　上驻跸河南府城内。是日，巡理河南通省河道、佥事道王进楫等，署洛阳县知县事卢氏县知县贾镕等、汝州千总毕显、原任内阁学士张榕端等来朝。上命领侍卫内大臣公阿灵阿等监试毕显马步射。

初二日癸酉　上由孟津渡河，驻跸孟县属下孟镇。怀庆府知府崔征璧、孟津县知县徐元灿等来朝。

初三日甲戌　上驻跸河内县属董张镇。是日，河内县知县沈光荣等来朝。

初四日乙亥　上驻跸修武县城内。乾清门侍卫马武传谕兵部曰："怀庆总兵王应统标下兵丁射技不堪，营伍不整，即王应统本身射亦荒疏。令其介胄送驾，铠甲全无。将王应统并伊标下千总陈起蛟，把总聂廉、王宝，俱系九条索带往京师，俟开印鞫审，严加议处。”

是日，修武县知县黄亮可等、千总郭义等来朝。上命领侍卫内大臣公阿灵阿等监试千总郭义等马步射。以郭义马步射俱劣具奏，奉旨：“郭义应革退，但伊既有劳绩，且带伤痕，着留任。”

初五日丙子　上驻跸新乡县属三里铺。是日，赐南阳总兵方凯孔雀翎。署新乡县知县事获嘉县知县高必遴来朝。

初六日丁丑　上驻跸卫辉府城内。谕河南巡抚徐潮曰：“朕念西土兵民生计，乘冬令农隙之时特事西巡，返辔京师，道由豫省。自入潼关，见闵乡以及河府民生甚艰，而怀庆少裕。至卫辉府则又艰苦，赖薄有秋成，尚能糊口。倘遇欠岁，必致流亡。此皆大小官吏互相容隐，虽有衰老病废，懒惰退诿之员，仍使在任，以故贻误地方。河南百姓质朴愚鲁，输赋从未稽迟。而今岁所欠乃至四十万两，显系有司闻朕蠲除秦晋积欠钱粮，希冀恩免，而于中渔利。现今民欠甚多，俱免催征，着将河南通省官俸、役食，补足所欠之数。如有不完，停其升转。俟完日开复。特谕。”

是日，赐巡抚徐潮御制诗章、总兵方凯“严霜时雨”四大字及诗，布政使甘国基“古之方伯”四大字及诗，督理学政张瑗、南汝道万际璋、通判叶于乔，知县阎毅、沈光荣、郭际盛、高必遴、许彦桓等俱诗。卫辉府知府苏佳嗣等、汲县知县左有言等、卫辉营参将沈奇等、游击林鼎等，守备张永纶、刘勋，把总常克明等来朝。上命侍卫内大臣公阿灵阿等监试沈奇等马步射，以林鼎、张永纶、刘勋、常克明骑射俱劣具奏，奉旨：“着革退。”

初七日戊寅　上驻跸浚县属大人店南。

戌时，上御行宫，大学士马齐、礼部侍郎邵穆布，学士色德里、满丕以折本请旨。户部一本题山东布政使刘皑等亏空钱粮，请交总漕桑格鞫审。上曰：“刘皑出身微贱，自擢用以来，并无善状，是乃无品而有才者。此事着遣部院堂官鞫审。”

礼部一本以山西平定州知州刘孚嘉请追谥伊父广西富川县知县刘钦邻一事请旨。上曰：“刘钦邻殉节之臣，着追谥。”

兵部一本题补盛京将军贝子苏努员缺。上曰：“苏努在盛京，官兵俱服。如苏努者诚不易得，着再留一年。”

又一本覆福建水师提督吴英奏称，海坛烽火门二游击员缺，无应拣选调补之员，将记名官开列折子，请皇上简授。上曰：“此二缺应补授之人着问李光地、蓝理具奏。”

刑部一本苏奇塔杀族兄拟斩监候。上曰：“新满洲等犯法，俱以支属相远为辞。苏奇塔无赖，因伊兄每行惩戒，怀恨肆杀，情属可恶。此本着发还，详察支属，拟即正法具奏。”

马齐等遵旨以川陕总督华显奏请停止甘肃兵丁补给钱粮，其米石料草比原折价值增给一事议驳缘由行查户部具折并原本请旨。上曰：“总督所题虽是，部议亦属有理。如照总督所题添给，则一年所余几何？如照部议，一年所余几何？着再详察具奏。”

马奇等又以开封营都司员缺，遵旨查由武进士补授侍卫人员具折呈奏。上曰：“这员缺着杨奉补授。”

是日，大名道卞三公、知府谢淳，淇县知县王珩等来朝。

初八日己卯　上驻跸彰德府城东。彰德府知府王玑等、汤阴县知县吴玥等来朝。

初九日庚辰　上驻跸磁州属杜村铺。是日，赐子贡裔博士端木谦御书“贤哲遗休”四大字，悬子贡墓前。磁州知州蒋擢、都司杨威武等来朝。上命领侍卫内大臣公阿灵阿等监试杨威武等马步射。

初十日辛巳　上驻跸永年县属临洺关北。是日，赐南阳总兵方凯貂帽、貂褂、缎袍。广平府知府王恺人等来朝。

十一日壬午　上驻跸邢台县属蓝阳冈。

申时，上御行宫，大学士马齐、礼部侍郎邵穆布，学士色德里、满丕以折本请旨。兵部覆浙闽总督金世荣题渔船限定尺丈及水师营派官看守。上曰：“此二事如照该督所请，与伊有益。今阅部议，与总督题请稍异。这本着发还，俱照该督所请议奏。”

直隶巡抚李光地题龙泉关游击员缺，以奏旨候补直隶游击吴如译等三人开列。上曰：“直隶龙泉关游击员缺，着曹进礼升补。”

马齐等又以福建海坛烽火门游击员缺，遵旨问巡抚李光地、总兵蓝理，举荐游击陈进忠等具折呈奏。上曰："海坛镇标左营游击员缺，着将陈尽忠调补。烽火门游击员缺，着将陈天定调补。"

上又曰："礼部尚书韩菼以病乞休，韩菼以工于时文，故屡经擢用至礼部尚书。前管翰林院事时，于庶吉士并不勤加教习，每日率领饮酒，以致庶吉士亦皆疏于学习。至于九卿会议之处，不为国事直言，惟事瞻徇，所行甚为非体，殊不逮其所学。今自知其非，称病求罢，殊属不合，着仍留任，严饬行。"因顾邵穆布曰："汝在礼部，可将朕旨亦晓谕韩菼，彼如仍前纵酒不悛，汝即谓彼上有严敕，断不可如是。"

是日，顺德府知府杨宽、沙河县知县赵明镜等、千总刘元清来朝。上命领侍卫内大臣公阿灵阿等监试刘元清马步射。

十二日癸未 上驻跸柏乡县城东。是日，赐自真定府来接副将标下二百兵白金。内丘县知县吴钟等来朝。

十三日甲申 上驻跸栾城县城内。是日，赵州知州孙川等、栾城县知县刘节等来朝。

十四日乙酉 上驻跸真定府属阜城驿。

酉时，上御行宫，大学士马齐、礼部侍郎邵穆布，学士色德里、满丕以折本请旨。吏部以陕西陇州知州缺出奏闻。上曰："陕西陇州知州员缺，着屠沂补授。"

又贵州平远州知州员缺，本省官员内，无稔知地方风俗、对品贤能之员，今将何等人开列请旨。上曰："贵州平远州知州员缺，着冷宗昱补授。"

户部覆盛京户部侍郎希福纳题留员外郎常格督仓三年，议准行。上问马齐曰："尔意云何？"马齐奏曰："现今京仓俱拣选官员监督，三年米不朽烂则议叙，米若朽烂则议处。希福纳照此例具题，于事似有裨益。"上曰："着照希福纳所请行。"

又覆盛京户部侍郎希福纳题，盛京庄屯所报粮米全征，则糊口、牛料、籽粒等项必致艰难，请每庄屯酌量给与二十石、十五石，议准行。上曰："盛京等处今岁无甚丰稔，各庄屯应报粮米俱着免征，暂于庄屯头目留用。俟来岁丰稔时，连今岁未征粮米，一并带征。"

马齐等遵旨行查户部，将甘肃兵丁钱粮若照该督所题所余几何、若照部议所余几何具折并原本请旨。上曰："此事初阅总督所请似为有益，今部奏甚晰，督抚等岂可轻视部臣？将此部查具奏处，着移文问该督抚等。"

上又曰："前此张鹏翮疏请河工事务，部每驳回，祈上概准臣奏。朕问张鹏翮，尔如是言，倘部又云总督所请糊涂不明，如即议准行，我等敢任其过，将如之何？凡人岂可自是己见耶？即朕谕旨，宁尽当乎？有谓部院，则例甚繁者，然例繁尚致舛错，不遵例，如何可行？前日金世荣疏奏朱绍熹一案，该部执例驳回。朕有别见，故准行，岂得非之？"马奇奏曰："执例者部院之分，随时置宜，则出上裁。"上曰："直隶学院杨名时考取生员，以能背诵《五经》者，即取之。照例考取文字，人心自服。如考取背诵《五经》，事甚不经。且背诵《五经》事，朕曾亲历甚悉，揆叙亦知之。《五经》与文章不同，各为一章，意不相贯，背诵时以上为下，以下为上，每致颠倒，断不能背诵。杨名时秉性好异，考取时，但系富室，文字虽好，断断不取。倘贫寒内有粗知文意者，即取之。应论文字优劣，岂得论其贫富耶！"

是日，巡道梁世勋、知府郭治等来朝。

十五日丙戌　上驻跸定州属清风店。定州知州韩逢庥等、新乐县知县张曾裕等来朝。

十六日丁亥　上驻跸清苑县属徐河桥。保定府知府罗纶、安州知州孔毓璋、庆都县知县张京瓒等来朝。

十七日戊子　上驻跸新城县属高碑店。安肃县知县薛祖顺等来朝。

十八日己丑　上驻跸良乡县城内。

酉时，上御行宫，大学士马齐，礼部侍郎邵穆布，学士色德里、满丕以折本请旨。吏部题镶黄旗喇哈达请以其拜他喇布勒哈番及拖沙喇哈番与伊第六子承袭，议不准行。仍照例令伊长子承袭。上曰："喇哈达世职着其所请，令伊第六子白雅柱承袭。"

兵部覆浙闽总督金世荣题参游击陈谟，议革职。上曰："游击陈谟所辖汛地，贼人屡行劫掠，彼意不行严察缉拿，殊属不合，着革职。该总督严拿鞫审定罪具奏。"

陕西巡抚鄂海题参学道刘凡疏慢懒惰，有玷职任。上曰："刘凡着以原品解任。”

上顾席哈纳曰：“朕此番巡幸陕西，见有满洲官地方诸事妥贴，甚好。汉官每相瞻望不顾，事务每至迟误。”席哈纳奏曰：“地方官用旗下人诚为有益。”

上曰：“徐潮居官虽有廉声，并不能禁伊属官受贿，徒廉，于事何济？”席哈纳奏曰：“巡抚一己不取能有几何？属官甚多，一概不取，方有裨益。”

上曰：“闻得学院杨名时以能背诵《五经》者，取为生员。朕自幼将《四书》从头至尾背诵十八遍，今虽未忘，倘背诵云一字不遗，朕亦不能自信。况《五经》一日背诵不完，若人人令其背诵，需日亦多。似此取士断不可行。若藉此可以取士，则何所不可藉以取士耶？杨名时之行深为怪诞。”

上又曰：“朕每信任李光地，至栾城县见新任知县，其人甚劣，旧任知县张仲经李光地举荐，已经调繁。张仲经躲避城内，朕临幸至此，竟不来接。如此之人竟行举荐，李光地尚可信乎？且荐人一事朕难深信。晋布向往来索额图家，诸处任用并非报效之人，而九卿且皆保举。”

上又曰：“顷监察御史刘若鼐列款题参山西巡抚噶礼贪诈受贿，此内知府赵凤诏亦被干连。此特李楠欲复前仇，指使题参耳。如果参噶礼保举不公，朕即准行。若云贪酷，则噶礼居官尚优，朕不即信。又两江总督阿山因大计题参巡抚张志栋，张志栋为布政司时居官尚优，今则刚愎，暴戾不堪矣。”

是日，霸昌道郎廷栋，署涿州知州事霸州知州杨馝，良乡县知县刘岱年来朝。

十九日庚寅 午时，上由阜成门进神武门，诣皇太后宫问安毕，回宫。

皇上巡幸山西、陕西、河南三省，经过地方，俱于道路结彩，设立牌楼，无不悬挂称颂功德、恭祝圣寿之文，家家供献万岁牌位，人人执香，张旗献果，作乐欢送。皇上临幸之处，蠲免钱粮，恩恤耆老。年老废官，俱赐还原职。赉赏官兵，擢用劳绩矫健者。于文武官员，则斥劣举贤。又遣科、道官，缉拿肆行暴虐之人。而上用诸物，俱备自大内，毫不取给地方。是以官兵士庶，愈感皇恩浩荡。无不踊跃欢呼，比德父母，形诸咏歌讴吟之声，遍于道路。

是行也，部院各衙门奏章每日交送内阁，由内阁三日一次驿送行宫办理。

扈从起居济官揆叙、陈元龙、查昇、色尔图、陈壮履。

酉时，上御乾清门听政。部院各衙门官员面奏毕，大学士马齐、席哈纳、张玉书、吴琠、陈廷敬，学士王九龄、曹鉴伦、色德里、满丕、穆和伦、阿兰泰、赵士芳以折本请旨。户部题直隶巡抚李光地奏称，今年米价比往年较昂，请将各州县所贮余剩米谷，酌量减价粜卖，议准行。上曰："直隶属各州县所贮粮米共有多少，现今请粜粮米共有多少，着行文问巡抚李光地。"

刑部一本以衙役曹国祥戳死卖盐人，拟绞。上曰："曹国祥着从宽免死，减等发落。"

工部一本奏销修造太和殿钱粮。上曰："修造太和殿甚是坚固，而钱粮亦甚节省，监工官员着议叙。又阅此奏章，太和殿于三十六年已经修完，今始奏销，太迟，着察议具奏。"

理藩院一本因违例买卖蒙古幼男女，议将人银各撤还原主，将买主陈弘勋等、卖主恩克锡等及不行查出扎萨克该管人等援赦免议。上曰："所买蒙古幼男女俱已经年久，免其撤回。嗣后有如是违例买取者，仍着照例撤回治罪。"

上又曰："前南巡多由舟行，官民群集两涯迎驾。顷西巡皆由陆路，凡临幸郡邑，官民无不扶老携幼，欢腾道左。朕每清问及之。又令在乘舆左右，备咨地方利弊。彼皆抒诚披沥，畅所欲言。因知各省舆情爱戴，在在皆然。但巡幸未至之先，闻在上督抚皆有廉声，在下所属亦多清誉。及亲至其地，而所见有不尽然者。朕巡幸已经七省，风俗民情，靡弗周知。如畿辅秦晋，民俗丰裕，江浙，则较三十八年更胜。山东近因水旱，大异畴昔。河南百姓，生计甚艰。此二省之民，深廑朕怀。况朕屡经蠲免钱粮，何以仍然如此？想由明末伤残，本朝修养六十余年，元气尚未尽复。或有司不善拊循之过欤？若地方官果以仁心行仁政，民未有不被其泽者。又闻各省火耗，俱是加一。巡抚钱粮最少者，惟有甘肃，通计正额共二十八万有奇。加耗亦止二万八千。州县官钱粮既少，加耗无几，不敷用者，宜或有之。其余赋额皆多，如一州县正额有二三万，加耗即至二三千，宜敷用矣。而州县官仍有以艰难告者，其故安在？朕随地咨访督抚，虽有不受馈遗者，然馈藩臬者若干，馈道府者若干，可尽云廉吏乎？”顾吴琠问曰：“他人俱未外任，尔曾任督抚，自必知之。”吴琠奏曰：“皇上洞鉴诚然。”

上又曰：“河南州县官年老者多，甚有跪迎而不能起立者。巡抚徐潮素未察知，迎驾时仅称布政使年老而已。又闻属吏竟有不遵巡抚差遣者，遇有差遣，即规避托故。徐潮见朕洞悉其事，因以彼平时待属员过宽引咎。”

上又曰：“有田业者皆系缙绅富豪，其余小民，不过赁田耕种。年丰谷贱，业主收租，仍贷佃户取息。遇有凶欠，即不轻贷，留以长价，粮蠲而租不免。所以蠲免屡颁，无恒产之民，未必均沾实惠。朕正筹之，更有二事须筹画者，一盐法，一钱法。秦晋钱净价均本朝初年制钱，间亦搀用红铜，甚少。惟豫省则私铸，混杂实甚。银一金可换钱一千九百零，何价值不均若是？盐则随地私贩，督抚不行严禁。倘法宜变通，亦当具折奏请，何为纵而不禁？”

上又曰：“近来督抚，汉人则专庇汉官，旗人则专庇旗员，此种情弊，总皆偏执己私。为督抚大僚，不分满汉，秉公办事，方得大吏之体。”

是日起居注官揆叙、王思轼。

二十日辛卯 辰时，上御乾清门听政。部院各衙门官员面奏毕，大学士马齐、席哈纳、张玉书、吴琠、陈廷敬，学士王九龄、曹鉴伦、色德里、满丕、穆和伦、阿兰泰、赵士芳以折本请旨。户部议覆直隶巡抚李光地请定亏空上司处分则例。上曰：“此事着问九卿具奏。”

上又曰：“朕这次巡幸西省，阅视汾、渭俱属大河，直与黄河相通。河南等处米石，似可由黄河运送。但闻三门砥柱，水势甚溜，船不能上。朕欲亲往阅视，因陕州知州奏无路径，断难行走，遂未果行。命三贝勒同近御侍卫往看。据回奏云，伊等差人乘骑，涉河一道，阅有神、人、鬼三门，俱系凿石开通。水从三门流，水势甚宽，水流甚溜。古人于崖上凿有拉船孔眼，但未经以船试验，不知可否行走。前总河靳辅亦曾奏，黄河通于汴河，但淤垫年久，若行疏导，即可运粮等语。朕至河南，阅河南府，居各省之中，水路四达，最为紧要之地。应于此处储积米谷。每年米谷岂能必皆丰收？倘陕西等省，间或收成欠薄，即可将此积贮米谷，修造船只，由黄挽运。若到三门砥柱，船不能上，亦可于三门砥柱，造船驳运，以至山陕。诚使河路疏通，则商贾人民，大有裨益。所宜于无事之时，预为筹画者也。豫省每年解京漕粮，二十万石有奇，若将豫省三年漕粮，截留备用，则陕西等省，虽值欠收之年，将此米谷运至彼处赈济，殊属有益。俟明岁遣大臣往看。"

上又曰："今番西巡，见直隶、河南、陕西、山西四省接壤，山西泽州人如授怀庆府地方官，此二处虽云隔省，相去实不过百里，得无徇庇伊兄弟亲友乎？又直隶人在河南接壤处、河南人在直隶接壤居官者甚多。嗣后补授外官时，掣签所得地方，如隔伊原籍五百里外，听伊赴任。如五百里内，虽隔省亦着回避。"

是日起居注官揆叙、杨瑄。

二十一日壬辰　辰时，上御乾清门听政。部院各衙门官员面奏毕，大学士马齐、席哈纳、张玉书、吴琠、陈廷敬，学士王九龄、曹鉴伦、色德里、满丕、穆和伦、阿兰泰、赵士芳以折本请旨。吏部一本詹事府少詹陈元龙员缺，以侍读学士史夔拟补。上曰："蔡升元在讲官有年，学问颇优，着升补少詹事。"

又一本题补陕西学道。上曰："朕西巡至山西咨访，闻山西学院汪灏考试从公，居官甚清，不但晋人称之，即他省人亦皆称其公廉。各省督理学政者俱不及也！着从优升为内阁学士兼礼部侍郎，并兼理陕西学政。如往还考试路途遥远，听请展限数月。"

山西巡抚噶礼题，布政使满都以病祈休。上曰："满都衰病是实，着以原品致休。"

工部一本覆黑龙江将军薄鼎题，黑龙江、齐齐哈尔二处船只今值大修之年，相应修理，议准行。上曰："黑龙江、齐齐哈尔二处船只修造需用物料，料估浮冒，着遣在京部院殷实能员，亲身携带料估修造物料前往，会同该将军公同修造。工竣之日，将所用钱粮注册具奏。"

上又曰："永定河分司齐素勒今召来京，这员缺着真定府知府郭治升补。其子牙河分司朝琦亦召来京，这员缺乏着侍郎许汝霖调补。令伊以己力照依。刘德芳、梁世勋防守河堤三年，于二三日内即便赴任。”

是日起居注官阿尔法、陈元龙。

二十二日癸巳　辰时，封印。

是日起居注官史夔、满保。

二十三日甲午　是日起居注官王思轼、海宝。

二十四日乙未　是日起居注官宋大业、满保。

二十五日丙申　是日起居注官满保、陈壮履。

二十六日丁酉　是日起居注官海宝、杨瑄。

二十七日戊戌　早，上以岁除祫祭于中和殿，视祭太庙祝版毕，回宫。

是日起居注官陈元龙、阿尔法。

二十八日己亥　是日起居注官史夔、满保。

二十九日庚子　午时，上以岁除御保和殿。赐元旦朝贺外藩蒙古王，左翼科尔沁和硕卓里克图亲王巴忒玛、和硕达尔汉亲王额驸班第、多罗秉图郡王达大布，敖汉多罗郡王扎木素，柰曼多罗郡王班第，翁牛特多罗杜棱郡王仓晋，蒿齐忒多罗郡王雅木披尔，科尔沁多罗贝勒阿必达，喀尔喀多罗贝勒罗卜臧等，扎赖特固山贝子特古斯，科尔沁和硕额驸班第，科尔沁辅国公布尼等，科尔沁和硕达尔汉亲王额驸班第旗分一品台吉巴图等、二品台吉毕力克图等、三品台吉乌勒穆济、四品台吉吴尔呼满等；右翼喀尔喀扎萨克图汗和硕亲王策旺扎卜，喀尔喀车陈汗鄂默克，喀尔喀扎萨克和硕信顺亲王沙木巴，喀尔喀依尔登济农、多罗郡王盆苏克，阿霸垓多罗郡王乌尔占噶喇卜，喀尔喀多罗郡王额驸敦多卜多尔济，喀尔喀多罗郡王依尔登济农纳木扎尔，呼户诺尔多罗郡王达赖代青策旺拉卜滩，阿霸哈纳尔多罗贝勒布照，厄鲁特多罗贝勒色卜特扎尔等，喀尔喀固山贝子布达扎卜等，吴喇忒护国公杜棱等，厄鲁特和硕额驸阿保，喀尔喀一品台吉齐旺拉卜滩等，阿霸垓多罗卓里克图郡王秉旗分协理二品台吉巴禄等，鄂尔多斯多罗贝勒达西拉卜滩旗分协理三品台吉色克准，科尔沁和硕图谢图亲王阿尔善旗分协理四品台吉巴渣尔等，并内大臣、侍卫、大学士等宴。上进酒，诸乐并作。左翼和硕达尔汉亲王额驸班第、多罗郡王达大布、多罗郡王秉、多罗贝勒罗卜臧、辅国公布尼、二品台吉毕力克图；右翼车陈汗鄂默克、扎萨克信顺亲王沙木巴依尔登济农、多罗郡王盆苏克、多罗郡王乌尔占噶喇卜依尔登济农、多罗郡王纳木扎尔、多罗郡王达赖代青策旺拉卜滩、多罗贝勒色卜特扎尔等，俱令近御座，上亲赐酒，其余俱令内大臣视饮。其内大臣、大学士等，俱令侍卫等传饮。复赐喀尔喀车陈汗鄂默克、厄鲁特多罗郡王达赖代青策旺拉卜滩、多罗贝勒色卜特扎尔等镶貂朝衣各一领，元狐大套各一领。宴毕，众谢恩，上回宫。

是日起居注官揆叙、王思轼、海宝。

臣等钦惟我皇上仁普万方，知周庶政，秉上天行健之德，符往圣执竞之心。海宇升平，民生乐利，致和恒之上理，登雍皞之休风。乃犹日昃不遑，时巡屡举，务在勤求民隐，制治经邦，上继唐虞三代之隆，下垂苇禄万年之久。圣德广运至矣，极矣，不可复加矣。岁次癸未，为我皇上御极之四十二年，恭逢五旬圣诞，中外臣民，瞻天日而祝山岳者，环集阙下。上鸿名，颂大德，至再至三，皇上谦让弗许。惟念黄淮两河，次第底绩，善后之防，尚烦睿虑，遂巡淮扬，遍历堤岸，指授河臣，平成克奏，复徇群臣百姓之请，随幸江浙。行庆施惠，神人胥悦。至关陇重地，控扼西陲，时届冬月，自晋而秦而豫，至于畿辅，銮舆巡历，德威并加。盖惟虑民生欲恶，体恤宜周，政事宽严，推行尽善。际此太平景运，务期各遂生成。故虽祝愿敷天，而益勤咨访，寒暑被体，而不惮驰驱。若夫玉趾降临，天颜温霁，编氓瞻仰而恐后，兆姓攀附而欲留，舆情爱戴，圣德光辉。至于耳目所经，兴革随举，军政修理，吏治澄清。租赋特蠲，赏赉频给。高年优赐，清德加褒。复章服于削籍之员，锡祭奠于故臣之陇。工于技勇者，虽一卒蒙恩；献在诗书者，即下士被宠。发神射于角武之场，悬天章于右文之会。惠心既孚，皇建有极。若其大政之经理也，苗顽未格，庙谟胜而抚剿咸宜。海寇甫闻，岛泊明而澄清可待。行赡养之法，则荒可无饥。沛廪藏之施，则困可立起。乃至德之发现也，备孝友之懿行，弹伦制于皇躬。奉侍慈闱，问视无间，于远迩系情同气，恩礼备极其哀荣。盖无一时一念之不系乎斯民，无一言一行之不关乎大计。故道揆乎天理人情之至，而政成于体国经野之中。昔帝尧为君五十载，游于唐衢，观于华岳，史有蒸民尔极之歌，人献富寿多男之祝。圣神文武，鸿号无穷。今我皇上春秋正届是期，功业日高，恩施更普。从此享亿万载无疆之福，历千百世有道之长，不又远驾陶唐氏而上之乎！臣等窃从记注之余，踊跃欢欣，稽首顿首，谨识诸简末云。

康熙四十五年　丙戌

正　月

初一日庚申　寅时，上以元旦礼，率诸王、贝勒、贝子、公、内大臣、侍卫、大学士、都统、尚书、精奇尼哈番等，诣堂子行礼毕，回宫。

辰时，上率诸王、贝勒、贝子、公、内大臣、侍卫、大学士等诣宁寿宫行礼，文武诸大臣官员俱于午门外随班行礼毕，上回宫。

顷之，上御中和殿，内大臣、侍卫，内阁、翰林院、礼部、都察院、詹事府等衙门大臣官员行庆贺礼。上御太和殿，诸王、贝勒、贝子、公、文武官员及朝正外藩蒙古王、贝勒、贝子、公、台吉，朝鲜等国陪臣，进表行庆贺礼毕，上回宫。

是日起居注官揆叙、史夔。

初二日辛酉　巳时，上由神武门出西直门，至畅春园驻跸。

是日起居注官海宝、张廷玉。

初三日壬戌

初四日癸亥

初五日甲子　未时，上由西直门进神武门，回宫。自是日始，以孟春祀太庙，上斋戒三日。

是日起居注官满保、钱名世。

初六日乙丑　是日起居注官满保、张廷玉。

初七日丙寅　是日起居注官满保、张廷玉。

初八日丁卯　是日起居注官塞尔图、张廷玉。

初九日戊辰　自是日始，以祀祈谷坛，上斋戒三日。

是日起居注官满保、张廷玉。

初十日己巳　九卿会议：据两江总督阿山等会题疏内称，皇上轸念国计民生，悉心筹划，特颁训旨，于高堰三坝下挑河，两岸筑堤束水，入高邮、邵伯湖。其高邮州减水坝下，亦挑河束水，由串场入白驹等河入海。泗州一带被灾地方，亦筑堤束水，不使泛溢。则所全于淮安、扬州、凤阳三郡民生多矣。大哉王言！各属人民莫不欢忻感颂，洵为万世之利。臣等会看得高堰三坝，其中堤相近，现有唐漕等河，应于三坝下各开引河一道，两旁筑堤，引水至唐漕河，入宝应湖。又查高邮运河减水坝之水，自车逻等坝由马饮塘入运盐河，出头闸，由兴化之车路、白涂、海沟过串场河，下丁溪、草堰、白驹闸入海。除海沟河现今深阔，直达白驹闸，不必开浚外，应将车路河、白涂河淤浅之处开浚深通，俾之入海。但高邮减水坝三座，口门计宽一百八十丈。丁溪、草堰、白驹等闸，口门仅宽十一丈九尺。恐一时异涨，宣泄不及，应自马饮塘头闸口分水，使此入广洋湖，至朦胧、射阳湖下海。其串场河内应挑之处，请行文两淮巡盐御史，令商人照例捐挑。再于泗州之西，溜淮套开河，使淮水分流。两旁筑堤至黄家堰，与张福口水合，使出清口。此工开成，则淮河之水势既分，不但泗州、盱眙积水消减，而洪泽湖之水不至泛溢，亦可有利于高堰。而漕粮商民船只皆直度此河，可免洪泽湖风波之险矣。又查得运河水涨之时，清江、淮安堤工犹有可虞，应于文华寺地方开引河至运河，水长之际，使之分流，自杨家庙由白马湖、杨家沟入清荡湖，至淮安城南。所有涧河原系引运之河，今当挑深。其涧河下所有清沟河，于三十五年被黄水淤垫，涧河之水流去者少，淮安城内外积水尚出不尽，应挑通此处，使由虾沟口入海。大略计之，除盐商捐挑八万五千余两外，尚需银一百八十八万九千九百余两等语。请如该督等所题兴工，但该督等将需用钱粮约略估算具题。请俟另行核减具题之日，着工部核议覆奏。钦惟河工重大，需饷浩繁，上、下两河之工相距数百里。所称创兴溜淮套一工，其中情形尤甚细密，不但臣等愚昧不知，即该督等亦见识浅鲜，不能酌议恰当。若非皇上亲临阅示，实难一举而万世底于平成。臣等公同叩请，应如该督等所题，祈皇上亲临河上，指授方略等因具本转奏。奉旨：“朕屡经躬阅河道，凡河工利病，地方远近，应分应合，应挑应筑之处，知之甚明。虽有未及经历之地，而向来舆图地名熟悉于衷，亦可即行定夺。迩者数次南巡，见与陆路不同，濒河官民不无劳扰，因此朕不必亲往阅视。阿山、桑格、张鹏翮等所看已属周晰。但此工程不应交与总河修筑，应多派大臣官员分工速修。着再加详议。”

是日起居注官阿尔法、钱名世。

十一日庚午　早，上御太和殿，视祈谷坛祝版毕，回宫。

九卿诸臣遵旨覆议河工，当遣堂官督工，司官分理，至乾清门转奏。奉旨：“此事重大，需帑颇多。所议殊草率未尽，着再议具奏。”

是日起居注官满保、钱名世。

十二日辛未　早，上由午门出正阳门，诣祈谷坛，祭毕，回宫。

巳时，上由神武门出西直门，至畅春园驻跸。

是日，上诣澹泊为德行宫问安。

是日起居注官揆叙、杨瑄。

十三日壬申

十四日癸酉　早，九卿诸臣会议：高堰三坝下挑河筑堤，俱应如该督等所题开工。俟开列部院大臣皇上简选派出后，遣往督工。其分工各官，听督工大臣简选，引见带去。又据御史吕履恒条奏疏内称，河务重大，需饷浩繁，应开捐纳条例。请如该御史所题，有情愿身往河工效力者，递呈认工。如身不能往者，捐银河帑，令户部就近先拨给库银兴工，以捐助银两补其原项。应行条例，俟命下之日另议具奏。钦惟加筑高堰之堤，尽闭减水六坝，使淮水俱从清口流出；建挑水坝，逼黄流直向此堤流出；陶庄开引河，导黄河北流，使清水出清口；又塞仲庄闸，改建杨家闸，束仲庄闸急流之水，不使黄水倒灌清口。皆圣主神谟所致。因皇上亲临指授，故黎民得享乐生之福。且皇上南巡一切所用，俱自内府备办，不动民间一丝一粒。御舟所至，纤夫俱系现雇，又加厚赏，亦不劳一民。凡临幸之处，蠲征宥罪，加惠官民，颁赐老少，东南黎庶，日望皇上亲临。臣等公同叩请，应如该督等所题，祈圣躬亲幸河上，指授方略。等因覆议。具折赍赴畅春园，交奏事沙孜、来保转奏。奉旨：“九卿之议谬矣。此河应开之处，朕前已详阅舆图，所见甚明。果见之未明，尚有所疑，理当往阅。既无所疑，往阅何为？况该督等所勘俱善，即朕亲往，亦不能有异于三督臣之所勘也。至于下河，昔朕原欲往阅，该督等奏称，水陆路俱不可行，是以未获前往。即欲往阅，亦须冬月乃可，今岂可往阅耶？至捐纳之事，大非善举，断不可行。现在库帑颇丰，苟或不丰，何以蠲免各省钱粮乎？但该督等所奏，料估钱粮数目太多，着再核减具奏。尔等会议，俱言当照总督等所勘兴工，并未开明如何动工，需用人夫。所议俱草率，着再议。”

九卿诸臣复转奏曰：“上谕极是。此工甚紧要，非臣等所能灼知，虽再议亦无端绪，务求皇上亲行，始于事有济也。”奉旨：“朕果当行即行矣，岂以尔等所言当往即往，不当往即不往耶？尔等不必再四奏请。”九卿诸臣复转奏曰：“前者皇上屡次亲临河上，指示河工，俱已尽善，亿兆人民俱已大有利益，并非臣等赞助而成，俱皇上亲临指示之所致。况皇上屡次南巡，非图安乐自适，每见圣躬竟夜冒雨阅视堤岸，天下无不知之。此亦为生民计，故劳苦如是。臣等亦惟当以颐养圣躬，安闲睿念为请，乃反以远劳圣驾，必求亲巡者，亦因所关甚巨，难于停止。圣驾早临一日，则万民早被一日皇恩，迟到一日，则万民迟被一日皇恩。河务重大，需饷浩繁，皇上如不亲往，诚非臣等所能身任。请将此本交与内阁。”奉旨：“朕不往巡，亦因灼知地理之故。且近来策旺阿喇卜滩处颇有所闻，朕今年亦不宜南行。为开此河，朕亦日夜寻思，仅得此一策。如能开浚溜淮套河，其利不比寻常，盖有无穷之益。其他河道，一处只需二三万两，惟开溜淮套河需饷浩繁，此亦不过约略计之耳，未尝扣算丈尺。如再加细算，较此尚可减省，断无有更多于此者。帑金甚丰，用一二百万两有何关系？尔等会议未成之事，何必交与内阁？尔等可议结具奏。特此详谕尔等。”

午时，上御畅春园内万树红霞，赐朝正外藩蒙古诸王宴，左翼科尔沁和硕卓力克图亲王巴特马、和硕达尔汉亲王额驸班第，翁牛特多罗杜棱郡王额驸臧津，科尔沁多罗宾图郡王达达布，奈曼多罗达尔汉郡王班第，阿霸垓多罗郡王吴尔占噶喇卜，蒿齐特多罗郡王雅木批尔，科尔沁多罗贝勒巴克什古尔等，阿霸垓固山达尔汉贝子车陵董鲁卜等，扎鲁特镇国公巴图等，科尔沁辅国公布尼等，科尔沁二品台吉毕立滚达赖等、和硕额驸多尔济塞棱、三品台吉吴勒木济、四品台吉阿穆尔陵乌等；右翼喀尔喀和硕亲王额驸策旺扎卜，科尔沁多罗扎萨克图郡王鄂齐尔，敖汉多罗郡王扎木素，巴林多罗郡王额驸吴尔浑，鄂尔多斯多罗郡王董鲁卜、多罗郡王宋喇卜，喀喇沁多罗杜棱郡王额驸噶尔臧，科尔沁多罗贝勒阿必达等，巴林固山贝子额尔德尼等，吴喇忒镇国公杜棱，巴林辅国公格勒尔图等，敖汉多罗额驸扎木素，厄鲁特台吉达颜，哈密扎萨克一品达尔汉白克额贝都喇，喀尔喀扎萨克一品台吉马塔额尔克卓立克图等，阿霸垓二品台吉德木楚克等及内大臣、侍卫、大学士等宴。上举爵，诸乐并作。外藩蒙古左右两翼诸王以下、台吉以上，俱令侍卫饮之于坐次。宴毕，众谢恩，上回宫。

是日，上诣澹泊为德行宫问安。

是日起居注官揆叙、塞尔图。

十五日甲戌　午时，上御畅春园内万树红霞，赐朝正外藩蒙古左右两翼诸王、贝勒、贝子、公、台吉及内大臣、侍卫、大学士等宴。诸乐并作，上举爵，外藩蒙古左右两翼诸王以下、台吉以上，俱令侍卫饮之于坐次。宴毕，众谢恩，上回宫。

是日起居注官阿尔法、满保。

十六日乙亥　上诣澹泊为德行宫问安。

十七日丙子　卯时，开印。

自是以后，上驻跸畅春园，各部院奏章逐日交内阁，转送畅春园听理。应面奏事，仍行面奏。

十八日丁丑　是日，赐福建将军祖良璧鞍马、弓矢、撒袋、朝服，盛京副都统法喀、荆州副都统关保鞍马各一匹。

十九日戊寅　是日，上诣澹泊为德行宫问安。

二十日己卯　辰时，上御畅春园内澹宁居，召大学士及九卿诸臣偕入。上谓大学士等曰："九卿诸臣再四请朕亲临河上，谬矣。伊等毫不谙练河务。朕昔欲往阅下河，因张鹏翮奏以为断不可往，是以中止。今即去，仍然不能亲莅其地，则亦何事复往？果欲阅此河，惟冬月冰冻时尚可。大约开此河虽于运道无益，而于淮安、扬州、凤阳及河南怀庆所属生民为利匪浅。但此项钱粮断不可交地方官。当照山东赈饥之例，将八旗官及部院官内有家道殷实、行止端正者，令该旗大臣及部院堂官多行保举派出。再将江宁、镇江、杭州驻防旗员，亦着该将军、副都统保举派出，或副都统或协领带赴工上。其京城派出官员，领户部钱粮带往；各省派出官员，各就近地领钱粮带去。可派大臣督理其工。至于捐纳之事，断不可行，朕为此已屡有谕旨。阿山、张鹏翮奏请行捐纳者，特为彼亏空银两，欲取足于此之意。今伊等劝开捐纳，亦为阿山辈耳。即今库帑丰盈，已免今年湖广二百万钱粮，此项河工所费断不更多于此，有何难行之处？着令所派官员，每人各给三千两，务令照三千两工价分地开工。如此始得河务速成，大有利于民生矣。着九卿覆议具奏。朕去年幸高家堰，见其堤若不预行修治，必有可虞，已有旨谕张鹏翮，而张鹏翮坚称断断不妨。今年若不备行修治，高家堰倘有冲决，即开此河何用？此两事中高家堰尤为紧要。尔等可写此谕旨付挑河大臣，转交与张鹏翮。再将御史宋朝楠条奏河工之事一并议奏。”

是日起居注官阿尔法、宋大业。

二十一日庚辰

二十二日辛巳

二十三日壬午 辰时，上御畅春园内澹宁居听政。部院各衙门官员面奏时，九卿为挑河事覆议进奏。上曰：“览尔等所议，尚有未详。至将情愿往河工效力者，令照山东养民例尤为不可。山东养民者，名为捐助，及其结局皆无实际，所欠银两皆朕免之。此不但无济于事，而其捏造诡名，诈称养数千万人者，亦可于此知之。所去人员亦甚放纵。今挑河之事，俱有丈尺，稍有不实，不但误事，而前去人员若仍行放纵，尤于事无益。尔等于严行禁止之处，并未议及。至于派出人员内有将节省银两还库者，固当议叙，若将捐助者发往河上，则无济矣。或令交银户部，尚可行耳。着再议具奏。”九卿出。

大学士马齐、席哈纳、张玉书、陈廷敬、李光地，学士阿世坦、拉都浑、黑寿、蔡升元、舒兰、二格、王之枢以折本请旨。吏部为提督顺天学政翰林院侍讲杨名时差满，将剔除弊端，照例具奏，议应回翰林院办事。上曰：“杨名时管理学政，所行平常，着往河工效力。”

户部以吏部尚书、管理直隶巡抚事、今升大学士李光地，前题借守道库银，采买米粮，平价粜卖银两数目奏闻，议驳回核减原买浮多价值，并催足其未完银两交还道库一事。及查原任天津道今调任之蒋陈锡，支取银两，并未采买米粮，俱照数全还折子一并请旨。上曰："此本发部，将蒋陈锡完银之处改正具奏。"

都察院为写太庙祝版字体不堪，议将太常寺正卿伍什、寺丞吉尔赛俱降一级，罚俸一年，笔帖式索柱革职。上曰："伍什为人愚昧，着黜退。余依议。"

是日，上诣澹泊为德行宫问安。

是日起居注官揆叙、陈壮履。

二十四日癸未

二十五日甲申

二十六日乙酉　早，九卿议奏："高堰三坝下挑河筑堤，开通车路，白涂河自马饮塘之头闸起，挑河至朦胧、射阳湖及串场河，内除令盐商捐挑外，其文华寺地方挑河建闸筑堤及涧河、清沟、虾沟挑河等工，请先兴工，大约估银五十八万九百两零。其保举八旗部院官共一百四十员，俱令引见。江宁、杭州、镇江驻防官共四十九员，各拨副都统一员、协领二员带往协同监工。其督工者，开列部院堂官，伏候钦点，速往兴工。京城官员领户部库银。江宁等处官员领盐商捐助银八万余两外，不足银两各于本省藩库支领。每人派定三千两，计工均估，务照式样节省修筑。如有自行捐修者议叙。官员内有情愿捐助者，银交户部。若招摇生事，怠缓迟误，督工大臣、该督、抚参奏，严加议处。有徇情隐庇，事发将原保大臣、督工大臣、总督、巡抚一并严加议处。其雇倩人夫，采买物料，派地方官一同料理。工完之日，交总河防守。至溜淮套开河，需银一百三十九万余两，约略估计甚属浮多，应交该督等再加核减，具题之日，另行请旨。其挑河筑堤建闸动用钱粮等事，皇上已经指示周详，应将御史吕履请开捐纳、宋朝楠请暂停溜淮套工之疏，俱无庸议。"奉旨："依议。着孙渣齐、徐潮、铁图、黑申、达尔华、蔡毓茂前往督工。"

是日，上诣澹泊为德行宫问安。

是日起居注官揆叙、塞尔图。

二十七日丙戌

二十八日丁亥

二十九日戊子

三十日己丑 辰时，上御畅春园内澹宁居听政。部院各衙门官员面奏毕，大学士马齐、席哈纳、张玉书、陈廷敬、李光地，学士阿世坦、拉都浑、黑寿、蔡升元、二格、王之枢以折本请旨。宗人府为赵格诬告其主宗室马喀纳杀妻及子，已问流徙。今赵格之弟达哈台又代其兄赵格首告马喀纳，以曾为小校出兵、真正满洲之女子二十许口暗拆售卖诸款。审讯皆虚，将达哈台拟鞭一百，发往黑龙江新满洲为奴。上曰："马喀纳素行不善，此事着交都察院，提原告再加详审具奏。并着大学士席哈纳、学士二格会讯。"

吏部以河南道御史王企清条奏，特用官员甫才到任，即列名升用，无益于地方民生。请嗣后到任一年无过失者，再行列名。议准行。其特旨调用官员，照常列名。及六品以下候补京城单缺官员，以对缺改补诸例，请令画一等款。俱无庸议。上曰："凡官一升则已，又于升任处列名，可乎？即至一年亦不当开列也。至特旨调补官员，亦停止列名。本发回，着另议具奏。"

户部为工科给事中戴璠条奏，耗赠银米，前俱奉裁，今以运丁困苦，复行颁给。请嗣后运米到通挂欠，即将此项钱粮扣除。如仍不足，并将行粮扣除解通抵数等款。议不准行。上曰："给以耗赠银米者，特恐漕运缺欠也。所运既缺，理当以此项银米扣抵。着问户部具奏。"

又甘肃巡抚齐世武题，为以茶易马三千二百三十八匹，请行分拨。议将一千六百十九匹解京，其余拨发河南各营。上曰："此项解京马匹，着差兵部、理藩院司官各一员，照数赶送前来，勿致缺少。俟至张家口请旨；余依议。"

刑部为正白旗巴尔赛佐领下塞克图家人六十四逃往盛京，戳死同逃之二小子，拟绞监候。其窝逃之镶白旗劳格佐领下纳林家人锁住，拟鞭一百。上曰："今见逃往盛京之人甚多，此皆窝家之罪轻故也。嗣后旗下家人窝逃被获，并将窝家给与逃人本主。此本发回，着再定例具奏。"

又汇题案内制造假银卢大、任二，依为首律，系旗下人，应于制造假银之处，枷号七十日，鞭一百。黄三照为从律，系民，拟徒二年半。上曰："今见造假银者甚多，不可不严。此议太轻，着九卿会议具奏。"

云贵总督贝和诺题请，留镇远协副将李定邦在任守制。上曰："李定邦准如该督所题，在任守制。"

又云南总兵官张开元奏请陛见。上曰："彼地提督、总兵官目下现来京城，着量伊等回去到汛之日，令张开元于八月起行前来。"

是日，上诣澹泊为德行宫问安。

是日起居注官塞尔图、沈辰垣。

二　月

初一日庚寅

初二日辛卯　钦赐朝鲜国王李焞鞍马、银币等物，交其贡使赍去。复赐正使东平尉郑载仑、副使礼曹判书黄钦等鞍马、银币诸物有差。

是日起居注官揆叙、吴涵。

初三日壬辰　辰时，上御畅春园内澹宁居听政。部院各衙门官员面奏事毕，大学士马齐、席哈纳、张玉书、陈廷敬、李光地，学士阿世坦、拉都浑、黑寿、蔡升元、二格、王之枢以折本请旨。刑部覆郎中吴进泰等奉差所审湖广鼓噪兵丁王贵等，拟立决。上曰："此风不可长也。昔湖广兵丁原皆良善，后因武臣不能约束，流弊至此，岂可不严？且地方官亦不将此案审明，延捱推诿，朦胧具奏。着将首犯王贵等立斩。从犯王汉杰等俱依拟应斩监候，秋后处决。董廷恩、施世纶、董昭祚俱革职。提督俞益谟居官好，且在事发之后到任，着降二级，从宽留任。余依议。"

马齐等奏曰："臣等遵旨，以赠耗银米，原恐漕粮亏折，故给之。漕粮既缺，理应扣此项银米抵偿。问之户部诸臣，据云：皇上所见极是，臣等所议皆非。请发还本，再议具奏。"上曰："本发还，着另议。"

是日，上诣澹泊为德行宫问安。

是日起居注官满保、凌绍雯。

初四日癸巳　早，上巡阅子牙河，自畅春园起行，至良乡县城外驻跸。申时，上出行宫前，率皇太子、诸皇子及善射并善中人员射，随阅地方官员射。

是日，良乡县驻防协领巴锡等、拱极城游击吴启祥、良乡县知县冯文祥来朝。

初五日甲午　上驻跸良乡县所属胡良河。是日，涿州知州赵光荣、参将袁立相等来朝。

初六日乙未　上驻跸雄县所属孟良营地方。申时，上出行宫前，率皇太子、诸皇子及善射并善中人员射。

初七日丙申　上自孟良营登舟，至雄县西关对岸停泊。是日，云南提督偏图因陛见来请安。雄县驻防协领噶尔泰等、知县沈泽英、新城县知县曹鼐、把总王映辰来朝。

初八日丁酉　御舟泊雄县南关对岸。

初九日戊戌　御舟泊任丘县所属赵北口。

初十日己亥　御舟泊新安县所属郭李口地方。是日，以水凫、野鹜赐内大臣、侍卫、大学士、都统、前锋统领、护军统领、副都统、护军参领、护军校、执事人员、护军等。又以野鹜赐云南提督偏图、凉州总兵官袁铃、宣化府总兵官康泰、天津总兵官蓝理、河间府副将路振声、仓场侍郎石文桂、直隶巡抚赵弘燮。

十一日庚子　上仍驻跸郭李口。

十二日辛丑　上仍驻跸郭李口。

辰时，上御行宫，大学士马齐、学士阿世坦以折本请旨。宗人府题叩阍人常禄捏告伊主和硕康亲王春泰，拟立绞。上曰："常禄从宽免死，着发往黑龙江当差。"

户部为两广总督郭世隆题运使陆曾亏空银两，有商欠可抵，并非谎供。参后，已完银三万五千七百二十一两零，其未完四十九万九百两零，应将欠饷商人现在盐斤五十四万四千三百一十九包，分为四年勒限带销，请交与各府、州、县官员督销，以清缺额。议准行。上曰："陆曾所欠银两，止议分四年带征，并未议陆曾作何处置。此事所议竟无头绪，着移文询问该部。”

兵部为镶黄旗蒙古都统班第、副都统阿尔纳口奏，伊等系亲弟兄，同任一旗。奉旨：赴部声明。查武官无回避之例，应照吏部定例，着阿尔纳离副都统任候缺。上曰：“阿尔纳已经调补，此本发还。”

又为步军校穆克登布看守南苑旧宫，擅自旷班，议降一级，罚俸一年。上曰：“穆克登布乃专守之人，而擅自旷班，着革职。”

是日，以羊豕赐大臣、侍卫、护军参领、护军校、执事人员、护军。又以水凫赐内大臣、侍卫、大学士、都统、前锋统领、护军统领、副都统、护军参领、护军校、执事人员、护军等及提督偏图，仓场侍郎石文桂，巡抚赵弘燮，总兵官袁钤、康泰、蓝理，副将路振声。

十三日壬寅　御舟泊新安县所属段村地方。

是日，以水凫赐内大臣、侍卫、大学士、都统、前锋统领、护军统领、副都统、护军参领、护军校、执事人员、护军等及提督偏图，仓场侍郎石文桂，巡抚赵弘燮，总兵官袁钤、康泰、蓝理，副将路振声。

十四日癸卯　御舟泊新安县所属泉头地方。

是日，以水凫赐内大臣、侍卫、大学士、都统、前锋统领、护军统领、副都统、护军参领、护军校、执事人员、护军等及提督偏图，仓场侍郎石文桂，巡抚赵弘燮，总兵官袁钤、康泰、蓝理，副将路振声。

十五日甲辰　御舟仍泊泉头地方。

是日，遣往西宁代内阁侍读学士殷扎纳侦探之副都统桑阿礼、图斯海因请训旨，向沙孜、来保转奏。奉旨：“着俟进京再奏。”以鱼及野鹜、水凫赐桑阿礼、图斯海，赐船户水手银两。

十六日乙巳　御舟泊赵北口地方。

是日，以水凫赐内大臣、侍卫、大学士、都统、前锋统领、护军统领、副都统、护军参领、护军校、执事人员、护军等及提督偏图，仓场侍郎石文桂，巡抚赵弘燮，总兵官袁钤、康泰、蓝理，副将路振声。

十七日丙午　御舟泊张新口。

是日，以水凫赐内大臣、侍卫、大学士、都统、前锋统领、护军统领、护军参领、护军校、执事人员、护军等及提督偏图，仓场侍郎石文桂，巡抚赵弘燮，总兵官袁铃、康泰、蓝理，副将路振声。又以水皀赐船户水手。

是日，保定县知县张仕浑来朝。

十八日丁未 御舟泊霸州所属崔家庄。上自崔家庄率乾清门侍卫及亲随侍卫，乘舟往阅静海县东子牙河堤。

以水皀赐部院大臣官员。是日，霸州驻防协领二济图、知州刘天观、游击林达来朝。

十九日戊申 是日，上阅子牙河，还泊舟东安县所属楚河港村。

二十日己酉 御舟泊武清县所属白庙对岸。

是日，天津总兵官蓝理率标下官兵披执迎驾。赐看守孝陵内大臣鄂洛白金五百两。

是日，长芦巡盐御史迈色，天津关监督理藩院郎中布尔赛，天津道李发甲、王庆坨，都司祁瑛等来朝。

二十一日庚戌 御舟泊武清县所属上发村。

二十二日辛亥 是日，乾清门侍卫马武、亲随侍卫伍什传谕大学士马齐曰："侍郎阿世泰原系派修马家口堤工，昨竟不在工所。彼既往迎驾，理应即回工所。彼既不到工所，又不候朕于减水坝。昔谓阿世泰贤能，故授为侍郎，今既不称职，着革去侍郎，仍在河上效力。"

上自上发村登岸，至武清县所属东北村驻跸。

申时，上出行宫前，率皇太子、诸皇子及善射侍卫、善中人员射，随令提督偏图射。

是日，武清县知县罗芳来朝。

二十三日壬子 上驻跸南苑南红门内。是日，以孔雀翎赐提督偏图，总兵官袁铃、康泰。

二十四日癸丑 辰时，上御行宫，大学士马齐、学士阿世坦以折本请旨。户部为两广总督郭世隆所题运使陆曾亏空银两，分为四年带追，议准行。原案并遵旨问部，回奏折子。上曰："陆曾所欠钱粮，但议分限四年完结。如四年内不完，将陆曾作何议处及钱粮着落陆曾名下完结之处，俱未议及，着都察院一并察议具奏。"

又为福建巡抚李斯义题被旱灾伤台湾等三县，康熙四十四年粮米请蠲免。议照例查被灾分数蠲免。上曰："驻扎台湾之兵，应即拨本属地方粮米，或应拨解别处粮米。协助台湾府属兵粮与否？着察奏。"

刑部为原任遵化营千总革职朱之桂，因上往温泉，引路时不能骑射，且推诿不识路径，狂妄奏对，拟立斩。其三屯营游击赵坤系专管官，不行揭报；三屯营副将段腾龙系督辖官，不行查出。俱徇庇，议各降二级调用。上曰："朱之桂从宽免死，减等发落。段腾龙、赵坤从宽免治罪。余依议。"

又为六十四逃往盛京，将同逃之二小子戳死，拟绞监候，秋后处决。嗣后如盛京所属居住旗下家人窝逃被获，将窝逃之人仍鞭一百，即给与逃人之主为奴，始知惧罪，不敢容留。相应将逃人六十四等、窝主索柱鞭一百，给与六十四之主为奴。上曰："此议以窝逃之家给逃人家主为奴，定例极是。但诬指窝逃之人，治罪之例尚未议及。着将诬民窝逃应得何罪，察例具奏。"

四川巡抚能泰题康熙四十四年，秋审免死减等流罪人犯刘璲，原籍陕西，而应流之处在福建。若将伊妻解至四川，由四川起解，则多苦累。请将刘璲解至汉中，同伊妻一并流徙福建。又别省人民在此省犯罪，拟为流罪及免死减等流罪人犯之妻，若在本籍，或于犯罪之处不能完银者，祈照顺天府例，即转檄本处地方官，令将烧埋银两追完，同妻一并流徙。上曰："着察钱晋锡条奏原本，一并具奏。"

二十五日甲寅　是日，赐扈从诸大臣、侍卫及提督偏图，总兵官袁铃、康泰马各一匹。

申时，上至畅春园，诣澹泊为德行宫问安，驻跸畅春园。

是行也，部院奏章每日交内阁，由内阁三日一次驿送行在听理。遣问皇太后安六次。

扈从起居注官揆叙、阿尔法。

二十六日乙卯

二十七日丙辰　是日，上诣澹泊为德行宫问安。

二十八日丁巳　辰时，上御畅春园内澹宁居听政。部院各衙门官员面奏事毕。大学士马齐、席哈纳、张玉书、陈廷敬、李光地，学士阿世坦、喇都浑、黑寿、蔡升元、二格、王之枢、杨瑄以折本请旨。上曰："今岁山东、河南、山西等省雨水调匀，已经奏报。惟近京一带，去岁三冬少雪，今春复无雨泽。顷二十七日，地又微震。一切政事或有当更改之处，尔等与九卿会同商议具奏。尔等诸臣行事若有缺失，亦当各自反己，力加省改。"

大学士马齐等，以户部所议工科给事中戴璠条奏运丁欠粮应扣耗赠银两，议准行覆请。上曰："此所扣银两买米乎，抑贮银乎？着问户部堂官。"

又兵部为两江总督阿山题标下中军副将仇机员缺，请以江宁府城守副将王一桂调补。议准行。上曰："两江督标中军副将员缺，甚属紧要，着将记名副将补授。"

又为福建巡抚李斯义疏称原任海坛总兵官傅春秀婪赃勒索，逼死守备张承缵，先经总督金世荣题参，解任审拟。今傅春秀倚恃原系总兵官职衔，狡口展辩，请将傅春秀革职审拟。议将傅春秀革职，令该抚审拟具奏。上曰："此事着差部院贤能司官前往察审具奏。"

刑部为华色叩阍状内，虽称臣事与黑硕塞之事相同，而黑硕塞留任不革职，部中并未议及臣之官职奏闻。查赔偿内库所少缎匹，华色虽情愿全赔，完银四千两，但公主所未领者少六百四十余匹，尚未着落华色等赔偿，华色官职不便遽议，应俟华色等赔完之日，再议具奏请旨。上曰："此案原审含糊不明，着刑部堂官明白回奏。"

又为借贷官银改换文书，擅用假印，笔帖式康鼐拟斩。保借刑部贴写笔帖式金依文知情同事，拟枷号两个月，鞭一百。上曰："康鼐依拟应斩，着监候，秋后处决。金依文着枷号两个月，鞭一百，发黑龙江当差。"

又为六十四刺杀二小子一事，议定则例，并察诬告窝逃定罪旧例，开折具奏。上曰："着将所察则例开入本内。"

又为江宁知府陈鹏年不将圣训供设吉地，大不敬，拟立斩。上曰："陈鹏年着革职，从宽免死。"又曰："陈鹏年着来京，在修书处效力。"

知贡举礼部侍郎王顼龄等，以会试取中举人试卷呈览。上曰："本发还，着伊等取定，作速出榜。此数日正当紧要之时，往来行文，恐开弊窦，当小心谨严。可以此传谕伊等。”

两广总督郭世隆题参私贩拒捕殴官致死潮州镇标右营守备史鉴等，革职严提究审。上曰：“据奏，史鉴、赖全、周运、王斌，私贩拒捕殴官致死情罪可恶，俱着革职。该督严提究拟具奏。”

归化城都统扎喇克图年老乞休。上曰：“着行文右卫将军，验扎喇克图步履如何？”

是日起居注官揆叙、史夔。

二十九日戊午　上由西直门进神武门，回宫。

是日起居注官宋大业、海宝。

三　月

初一日己未　辰时，上御乾清门听政。部院各衙门官员面奏毕，大学士马齐、席哈纳、张玉书、陈廷敬、李光地，学士阿世坦、喇都浑、黑寿、蔡升元、二格、王之枢、杨瑄入奏曰：“臣等遵旨将拨给台湾驻扎兵丁粮米，已经查出台湾一年收米十三万石零，支给兵丁外，一年尚存米七万余石，不必他处协济。”上曰：“海中台湾等处地方洼下，一遇亢旱即至歉收，着将台湾等三县粮米全行蠲免。”

又曰：“朕莅政四十余年，留心诸务，无所不悉。见洼下之地旱则不收，水亦鲜获，不若蒙古田土，高而且腴，雨雪常调，无荒歉之年，更兼土洁泉甘，诚佳壤也。”

是日起居注官宋大业、海宝。

初二日庚申　辰时，上御文华殿举行经筵。礼部尚书席尔达、刑部尚书王掞讲《四书》：“子贡曰，夫子之文章可得而闻也，夫子之言性与天道不可得而闻也”一章；户部侍郎穆丹、内阁学士蔡升元讲《易经》：“易与天地准，故能弥纶天地之道”一节。毕，回宫。

午时，上由神武门出西直门，至畅春园驻跸。

是日，上诣澹泊为德行宫问安。

是日起居注官塞尔图、陈壮履。

初三日辛酉

初四日壬戌 辰时，上御畅春园内澹宁居听政。部院各衙门官员面奏毕，大学士、九卿入奏："臣等仰惟我皇上敬天勤民，励精图治，宵衣旰食，加惠黎元，历年蠲除租赋至千百万两，每岁宽宥重刑至数十百人。大纲小纪，无法不修，畿甸遐荒，无微不烛。中外臣民仰照临而被恩泽者，真不啻尧舜勋华之世矣。兹因近畿一带冬月少雪，入春无雨，又地偶微动，特命臣等会同商酌政事应行更改者议奏。臣等再三商榷，一切政务皆经圣心裁酌，次第举行，至详至当，实无应行更改之事。且目前节候方届春深，伏念圣怀如此殷切，必当上召天和，大获甘澍。独是臣等才识疏庸，奉职无状，愆过甚多，捧读圣谕，不胜愧悚。自今惟有交相敬戒，时加警省，思咎戾于既往，图补塞于将来，庶几精白此心，以祈副皇上谆谆训迪之至意而已。臣等谨此陈奏，伏祈睿鉴。"等因，具折呈览。上阅之，置于座侧。九卿出。

大学士马齐、席哈纳、张玉书、陈廷敬、李光地，学士阿世坦、喇都浑、黑寿、蔡升元、二格、王之枢、杨瑄以折本请旨。刑部议高天培首告原任兵部尚书萨木哈家人塞克图等，俱系吴三桂下应入官之人，乃隐匿在外等款叩阍一案。上曰："此议未详，本发还，着再议具奏。"

理藩院为会盟事，以内地五十扎萨克并八旗察哈尔等为一路，喀尔喀左翼车臣汗等十七旗为一路。上曰："今年着举行内地会盟，其喀尔喀会盟可停止之。"

御史陈勋条奏，请裁僻驿，移马安塘，卫、所宜改州、县事。上曰："条奏内所言，裁并僻地驿站尚有可行，至改卫、所为州、县，断断不可者也。前于成龙任直隶巡抚时，欲改卫、所为州、县，朕不准行。后郭世龙又以是奏，复经九卿议覆，姑准行。朕观近京数处卫、所改为州、县，至今民以为苦，并无裨益。近者尚且如此，况远者乎！"因问李光地曰："尔曾任巡抚，岂不知之？"李光地奏曰："皇上睿鉴甚明，视卫、所改州、县之民，较前并无益处。"上曰："卫、所改州、县，不可准行。余如所议。"

大学士马齐等奏曰："臣等奉旨以户部议，照科臣戴璠条奏，运丁欠粮扣除加耗银两一事，或以所扣银两买米，或将银两收贮，问之户部。据云，上谕极是，臣等误矣。本乞发还改正。"上曰："伊等所议谬矣。本着发还，另议具奏。"

又曰："视户部、刑部所理事件，差谬缺略者甚多，用伊等为大臣者何故？并非使之显荣已也，特欲其有裨政务耳。伊等如不尽心办事，又何惜伊等哉！尔等其以此晓谕之。"

大学士马齐等会同户部议覆，据直隶巡抚赵弘燮、天津总兵官蓝理奏称，若将直隶所属荒田及下洼地开垦为水田，诚万世无穷之利。以江南等省军罪、徒罪犯人安插天津，照丁给田，令其开垦等因，相应交与该巡抚等，将直隶应垦作为水田之地一概查明。如无主之田，即照丁酌量分给，令其开垦。如有主之田，照蓝理去岁买田之例买给，令其开垦。江南等省并无军罪、徒罪人犯，应不分旗民，南北之人，如有情愿开垦其田者，亦令照丁给与。如有用官员捐助牛种耕种者，三年后始升科。如自备牛种耕种者，六年后始升科。将此田即给与开田之人为业，令该抚等每年将所垦田数查明奏闻。上曰："尔等之议如何？"马齐等奏曰："若但发江南流徙者于此处耕种水田，似觉人少，不如发各处流徙者，俱至此处，始能有济。"上问李光地曰："直隶地方尚有闲田乎？"李光地奏曰："永清等处尚有闲田，他处未经亲睹。"上曰："永清等处有闲田几何？"李光地奏曰："未经丈量，闲田尚多。"上曰："此事着暂存贮，可令蓝理于天津再多开水田，俟冬后再以此事奏闻。"又曰："此处水田不比江南，与宁夏、泽州等处水田约略相似，大都俱恃开沟以引河水。今直隶河道处处俱通，若开通三河县之河，亦可直抵蓟州。昔开护城河甚有利益，今朕又欲挑浚清河。此河一开，于右翼人众亦大有利益也。"

是日起居注官沈辰垣、满保。

初五日癸亥　是日，上诣澹泊为德行宫问安。

初六日甲子　是日，谕大学士等与九卿曰："朕总理几务甚久，兹年岁日益，夙夜乾惕，与月俱增。自去冬无雪，及今春深，尚未得雨，地气熯燥不和，又云色多细缕状。朕知之既晰，岂可不降谕旨？此非仅无雨，且恐别有变异。与其有变而后讲求，不如君臣于未事之先，将政事得失，任为己责，竭诚摅忠，详加计议之为当也。但数语颂扬，虚辞省改，未可即以塞责。夫民为邦本，食为民命。朕自东作以至收获，厪念靡宁。迨秋成以后，或丰或歉之既定，然后此心稍释，别为计虑。尔等俱系大臣，或司言职，事有缺失，各宜直陈。所议未详尽，着再行确议。”

是日起居注官揆叙、吴涵。

初七日乙丑

初八日丙寅 辰时，上御畅春园内澹宁居听政。部院各衙门官员面奏毕，御史索住以奉差赴闽审总兵官傅春秀事，入请训旨。上曰：“尔往可从公审断，或有一处情伪显露，即行拿问。奏本用巡抚印。路途遥远，可乘驿前去。”索住出。

大学士等九卿入奏：“臣等遵旨，为今春无雨，地又微震事。仰惟我皇上躬揽万几，朝乾夕惕，精勤靡懈，四十余年。用人行政，知之明而处之当。深仁渥泽，近者悦而远者来。固已治臻极盛，户乐盈宁矣。兹因今岁入春以来，稍愆雨泽，上廑宸衷，深加警虑。此皆由臣工奉职之无状，致阳春气候之失调。所以臣等集议，惟有引咎省愆，务图仰迓天和，用冀甘澍。至于时政所关，思维再三，无可指陈，是以据实具奏。乃复蒙圣谕宣示，勉以竭诚摅忠，毋徒虚词塞责。殷殷以民瘼为念，至详且切。臣等跪聆之下，愧悚无地。连日会集阙廷，公同筹画，思殚刍荛，稍裨万一。乃详求利弊，究无确见可以上塞明诏。若草率指陈一、二，即以为修省之所当然，揆之臣心，既所不敢，施诸行事，难必其允宜。惟有自今以后，涤虑洗心，交相砥砺。为大臣者，果见部院事例或有未安，毋得因循惮改，务竭其公忠体国之诚。居言路者，果见吏治民生或有未善，毋得缄默苟容，务尽其嘉谟献纳之实。倘有营私玷职，或尸位素餐者，自难逃圣明洞鉴，即立赐处分，以为旷官之戒。谨此覆奏。”上曰：“所奏朕已悉之矣。”九卿出。

大学士马齐、席哈纳、张玉书、陈廷敬、李光地，学士阿世坦、喇都浑、黑寿、蔡升元、二格、王之枢、杨瑄以折本请旨。上顾席哈纳曰：“会试将御史塞克图点监试内外帘两处，此朕之误也。尔拆封见其错误，即当具折来奏。尔等果能举奏朕错误处，朕惟自喜悦，岂有责备之理？事多致错，亦理之常。如谓己必不错，则过反大矣。此后，若有错批之事，当启奏闻，以便改正。”席哈纳奏曰 ：“臣一时不曾看出，此后当谨识之。”

上曰：“汉朝灾异见，即诛一宰相，此甚谬矣！夫宰相者，佐君理事之人，倘有失误，君臣共之，可竟诿之宰相乎？或有为君者，凡事俱付托宰相，此乃其君之过，不得独咎宰相也。康熙十八年地震，魏象枢云有密本，因独留向朕密言，此非常之变，重处索额图、明珠可以弭此灾矣。朕谓此皆朕身之过，与若辈何预？朕断不以己之过移之他人也。魏象枢惶遽不能对。巴图鲁公敖（鳌）拜、遏必隆为圈地事，杀尚书苏纳海、总督朱昌祚、巡抚王登联，冤苦已甚，死实非辜。辅政大臣殊属粗率，此等事皆朕所不忍行者。朱昌祚不但不当杀，并不当治罪也。”马齐等奏曰：“若辈冤情，今得圣上谕旨昭雪，不但生存者感戴皇恩，即已殁者亦含笑于地下矣！人臣假公济私，不知天道亦可畏也。”

上曰：“朕览世祖皇帝实录，陈名夏、刘正宗、魏裔介等展转参劾，此皆明季之流习。互相攻讦，此等恶风不可长也！”马齐等奏曰：“今无此风矣。”

上又曰：“吴三桂叛，索额图奏曰，始言迁徙吴三桂之人可斩也。朕云，欲迁徙吴三桂者朕之意也，与他人何涉？索额图甚惧而退。”

九卿议贵州巡抚于准所称，黔省府、州、县官缺出，请将记名人员开列，特简补授，勒限令其乘驿赴任。无庸议。

又御史王奂曾所称，云、贵、广西三省，请令近省应授知县人员具呈吏部，开列引见，候上亲简。令查三省官之多寡，酌定人数，发往该省，交与巡抚，于部选官到任之前，随所出缺，即令伊等署事。亦无庸议。应将云、贵、广西、四川四省员缺，若本省无应委署人员，则委邻省附近官，暂令署事，俟部选官到日，仍回原任。上曰：“如照此议，则官员到任仍至迟延。令邻省官署事，则邻省官少，又至悬缺。当照年满千总分发各省候缺，着将此四省现出知府以下员缺，俱行察明，单月掣签补用。至候缺官员，论省之大小，缺之多少，一省或十五人，或二三十人，均匀配算，亦归单月，一年一次掣签分遣。俟有缺出，着该督、抚逐名挨次补授，一面报部。如未有缺出，暂给俸候缺。如此，则员缺不至久悬，而于事有济。本发还，再详议明白具奏。”

是日，上诣澹泊为德行宫问安。

是日起居注官阿尔法、凌绍雯。

初九日丁卯 午时，上由西直门进神武门，回宫。

是日，赐凉州总兵官袁钤、宣化府总兵官康泰鞍马各一匹。

是日起居注官海宝、张廷玉。

初十日戊辰 辰时，上御乾清门听政。部院各衙门官员面奏毕，大学士马齐、席哈纳、张玉书、陈廷敬、李光地，学士阿世坦、喇都浑、黑寿、蔡升元、二格、王之枢、杨瑄，以折本请旨。翰林院为户部侍郎穆丹、工部侍郎穆和伦经筵讲官员缺，开列工部尚书温达等职名具奏。上曰：“着将开列人员，各试其讲诵音节具奏。”

浙闽总督金世荣题为绍兴副将员缺，坐推提标中军参将陈升事。上曰：“陈升着照该督等所题补授。”

马齐等奏曰：“臣等遵旨，以归化城都统扎喇克图老病乞休事，行文问将军费扬古。据覆，其病是实。”上曰：“扎喇克图准休致。”

是日，上因无雨，斋戒三日。

是日起居注官揆叙、张廷玉。

十一日己巳 辰时，上御乾清门听政。部院各衙门官员面奏毕，大学士马齐等奉旨选择经筵讲官尚书温达，侍郎满丕，学士阿世坦，二格，侍读学士花色，侍讲学士塞尔图等，各试讲诵音节。开列职名呈览。上曰：“温达、满丕颇娴清话，着以此二人补充经筵讲官。”

是日起居注官海宝、钱名世。

十二日庚午 辰时，上御乾清门听政。部院各衙门官员面奏毕，大学士等与户部诸臣会议云南金银等矿事。据该督、抚所奏，开得金银铜锡抽分既少，而矿厂数目又不相符，应行文该督、抚，委贤能司道官亲至各矿厂，严察有无隐瞒，矿厂一年实得银数几何，明白具奏，开折呈览。上谓大学士等曰：“云南巡抚佟毓秀任布政司时尚好，今授巡抚以来，居官不善，着调回京听用。”

上问户部侍郎巴锡曰："尔向不尝荐佟毓秀为贤耶！"巴锡奏曰："臣昔在云南与佟毓秀同事七阅月，见其办事甚勤，是以臣奏称其效力。"上曰："朕凡有所问，必当诸臣之前。尔在众人前称奏佟毓秀之贤，今但言曾奏其效力，待君之体可如是乎？岂效力不谓之贤，将不效力者谓之为贤乎？"

是日起居注官宋大业、塞尔图。

十三日辛未 辰时，上御乾清门听政。部院各衙门官员面奏毕，大学士马齐、席哈纳、张玉书、陈廷敬、李光地，学士阿世坦、喇都浑、黑寿、蔡升元、二格、王之枢、杨瑄以折本请旨。上顾大学士等曰："适差出封闸章京吴成格入请训旨，朕明白开示之，云临清、济宁之闸甚属紧要，朕旨之外，尔一概不得听信人言。吴成格全无所知，妄据传闻之言，矫强分说。朕巡此河路已经数次，所见甚明。吴成格未尝一至此路，毫不知彼处情势，而随意妄奏，殊属无知！若差彼往，必至误事，朕是以交该部作速换人另差。"

随以兵部议，贵州提督李芳述，请照滇省所行越一、二级补授官员之例，如副将缺出，将现任参将及品大游击简选保题补授；如游击缺出，将现任署守备内简选保题补授。议不准行。上曰："李芳述乃今天下提镇中之冠，人材雄健，用兵精熟，今年近八旬，效力有年，应加宫保，授以将军之号，使彼及身荣显。尔等可议奏。李芳述虽兼都督衔，其有无世袭官，可一并查奏。"

都察院为花色因赔内库缺少缎匹叩阍一事，议与花色同库郎中保住等均赔其银。赔完之日，花色之官应否开复，令吏部议奏请旨。上曰："此议仍徇情面。既供称自内务府总管处送来，亦当逮问内务府总管。至原审此案司官王弘烈，行止不端，承揽本部事务，着革职拿问。此事交都察院再议具奏。"

申时，上由神武门出西直门，至畅春园驻跸。

是日，上诣澹泊为德行宫问安。

是日起居注官满保、励廷仪。

十四日壬申

十五日癸酉

十六日甲戌

十七日乙亥 辰时，上御畅春园内澹宁居听政。部院各衙门官员面奏时，礼部诸臣入。上谓尚书席尔达等曰：“今年因旱祈雨，尚未沾足，可自十八日起斋戒三日，再行祈请。”

工部诸臣入，上问侍郎穆和伦曰：“尔执谬之病今已知改乎？”穆和伦奏曰：“臣已改矣。”上曰：“昔山东饥馑，尔请移其民于他处，此事可行乎？又欲尽除喇嘛，此乃激之使乱，事亦可行乎？尔条奏之事，非朕捏造。如以奏请不行，而即怀怨恨，为君者不亦难乎！”穆和伦免冠叩首谢。

广善库郎中德成格奉差封闸，入请训旨。上曰：“漕粮关系重大，今年水浅，自临清至天妃闸七八百里，一时尽封，则不利于商人矣。因吴成格所奏乖谬，故遣尔往。尔当从上流封闸蓄水，俟水满后，再开一闸，以过粮船，其他船只不许混放，即朕之船亦勿轻放过。天津道蒋陈锡熟谙运务，凡事俱与彼商酌而行。运船纲首凶恶，诈害商民，朕亲有所见。着传谕总漕禁止，查拿重处。”

事毕，上回畅春园行宫。大学士马齐等，白沙孜、来保传奏曰：“春间雨水少，皇上两次祈请，已两次得雨，请过明日再行斋戒。”奉旨：“朕诞日不杀生，不设宴，已二十年。既已有旨，不必再渎。”

是日起居注官阿尔法、凌绍雯。

十八日丙子 是日，上诣澹泊为德行宫问安。

十九日丁丑

二十日戊寅

二十一日己卯 是日，上诣澹泊为德行宫问安。

二十二日庚辰 午时，上由西直门进神武门，回宫。

酉时，上御乾清宫西暖阁，读卷官大学士马齐、席哈纳、张玉书、李光地，礼部侍郎王顼龄，兵部侍郎梅鋗、曹鉴伦，学士黑寿、蔡升元、王之枢、杨瑄，詹事二格、宋大业，检阅天下贡士殿试二百八十三卷，以十卷呈览。上阅第一卷曰：“字果佳，但词稍泛。”上亲拆弥封视之，其名施云锦，江南人。上问曰：“尔等识其人乎？”张玉书等奏曰：“施云锦乃名士，学问亦优。”

上又阅第二卷，至‘廉而自恃其廉，不可也；廉而忌人之廉，亦不可也’诸语。嘉之。曰：“文甚佳，但字稍逊于施云锦。”亲拆视之，其名吕葆中，浙江人。上问曰：“尔等识其人乎？”张玉书等奏曰：“吕留良之子。”上曰：“家业何如？”张玉书等奏曰：“不知。”

上阅第三卷曰：“尔等识其笔迹乎？”蔡升元奏曰：“笔迹似贾国维。”上亲拆视之，果贾国维。

上问诸臣曰：“今科会试主考官声名如何？”张玉书、李光地皆奏曰：“声名好。”

上又谓马齐等曰：“朕试八旗举人骑射，仅八十余人，即取中进士十余人，似乎太过。汉人举人万余，仅取中一二百名进士。凡事当以均平为善。条陈者但言增额，不言减额。尔等其定议来奏。”

又曰：“朕往江南阅河，择彼处生监善书者，令随至京城赴乡试。而主考汪霦有心，将此辈试卷另放一处，既不阅文，而屡请展期，此即存私也。凡试官当论文之优劣，遑计其他耶？至俞长策学问优长，家贫而年又老，会试不中，是以朕赐为进士。”

上又阅至俞兆晟试卷，问曰：“尔等识其人乎？”蔡升元奏曰：“俞兆晟曾至臣家，未之见也。”上曰：“此文颇佳。”蔡升元奏曰：“闻彼读书甚勤。”上曰：“但视今日之文与字耳，何论彼在家之读书与否乎？”

又曰：“数科以来，状元俱不甚佳。韩菼学问虽优，而不自检饬，颇好饮酒。为礼部尚书时，司官及笔帖式俱藐视之。王式丹亦不检饬，而且懒惰，所学尚优。榜眼赵晋甚佳。”

随赐年老诸臣坐。十卷皆阅毕，上顾张玉书等问曰：“此卷尔等置第一者何也？”张玉书奏曰：“文气畅而字亦佳，故臣等置之第一。”上又曰：“第四卷颇佳，何以置之第六？”张玉书奏曰：“文内错一字，是以置之第六。”上曰：“殿试先论其字，次论其文。尔等检阅甚细，无不允当。施云锦一甲一名，吕葆中一甲二名，贾国维一甲三名。以第六卷置第四，以第四置第六。余皆如尔等所定。”

又曰：“殿试之时，有四川举人陶仁明，昼不作文，终夜至明，仅能完篇。”

又阅不合式十一卷及劣等陶仁明、马芝秀两卷。曰："陶仁明着革去，马芝秀仍留举人，其十一人着再三年赴试。"上曰："马芝秀等文甚不堪，取伊等朱墨卷校对，并传试官来问。"又曰："更有如此者乎？"李光地奏曰："有。"上曰："着再察出十余卷黜之，尔等阅完传进。"又曰："今科不及前科。"诸臣奏曰："今科诚不及前科。"诸臣出，察出张勿我、郭璜二卷，又同陶仁明等卷一齐传进。奉旨："皆黜之。"

是日起居注官凌绍雯、海宝。

二十三日辛巳 早，上御太和殿，赐贡士施云锦、吕葆中、贾国维进士及第，俞兆晟等五十人进士出身，李元起等二百三十六人同进士出身。胪唱毕，回宫。

巳时，上由神武门出西直门，至畅春园驻跸。

是日起居注官揆叙、史夔。

二十四日壬午 是日，上诣澹泊为德行宫问安。

二十五日癸未

二十六日甲申

二十七日乙酉

二十八日丙戌 是日，上诣澹泊为德行宫问安。

二十九日丁亥 辰时，上御畅春园内澹宁居听政。部院各衙门官员面奏毕，盛京户部侍郎董俄罗、工部侍郎席勒图以赴任，入请训旨。上曰："前因盛京事务每至迟误，是以朕自京选择大臣补授。今闻官员办事不勤，尔等可往严察，使朝参、习射诸凡公事及围猎不得有误。倘或不严，朕有所闻，恐尔等亦不能免罪。"

陕西按察使满普以赴任，入请训旨。上曰："彼处督、抚事有成规，尔去但洁己奉公可也。"

给事中张大有入奏曰："大学士等传旨，谕臣云，前尔条奏科场事，许尔场后倘有情弊指出参奏，今何故不奏？现今试卷俱在礼部，不得目见，故未知其有情弊与否。闻今科考试亦小心谨慎，无庸臣条陈。臣前所奏，愚昧无知，亦有何辩？"并以明白回奏一疏及前条奏一疏呈上。上曰："尔非愚昧无知也。尔果真心为科场事，理当预先早奏。直至临场具疏，不过意图纷更耳。此尚可谓之愚昧无知乎？且使尔试言之，尔所条奏有一事当理否？果有一事当理，则尔所条奏即是矣。尔自言不得阅卷，是以未有所见。以朕揆之，尔即阅卷，未必能分别也。”张大有不能对，叩头而出。

大学士、都察院及工部尚书温达会议：会试主考官李录予、彭会淇，同考官李绅文、谢藩、阎中宽等，以陶仁明等四人试卷不堪，取中进士，不可谓之无弊。拟李录予等离任，李绅文等革职，会同刑部严审具折请旨。上问曰：“陶仁明试卷竟抹一行，当贴出否？”张玉书奏曰：“前因王自修条奏，若因涂抹多而贴出，则文章佳者负屈，是以此类停止贴出。王自修向来品行亦不甚佳。”上曰：“此等条奏必有情弊。每见科、道官定至临考条奏科场事务，此皆有情弊，欲图纷更耳。今科行贿者想亦无有，但中所不当中，故人心不服。”陈廷敬奏曰：“阅会元文章首篇一千二百余字，文亦不佳。向来作文不得过六百五十字，所作违例，岂可取中乎？虽无受贿之事，但不善衡文，是以致此。”张玉书奏曰：“皇上所见甚明，伊等实无行贿之事。初入闱时，即将关节字样粘揭，通行禁止。以此应试诸人，俱大有冀望。及榜发，取中不当，以致人心皆不服。蒙皇上屡次严旨，伊等亦竭力敬慎，但不善衡文，是以所取不当。”上曰：“尔等察议甚明，如所议行。”

大学士马齐、席哈纳、张玉书、陈廷敬，学士阿世坦、喇都浑、黑寿、蔡升元、二格、王之枢、杨瑄以折本请旨。吏部为云南巡抚佟毓秀员缺，以候补巡抚高承爵等职名开列具题。上曰：“此缺甚属紧要，着将各省布政司内人品优长、居官亦善者，问九卿具奏。”

户部为汇题所拨各省绿旗官兵协解钱粮数目及起解日期事。上曰：“观各省钱粮委县丞、典史诸微员押解者多，此等微员押解交纳艰苦。钱粮又多，关系重大，不知知县等官可委之押解否？尔等会同户部察议。再察差委此等官员押解原由旧例具奏。”

兵部覆山西太原总兵官马建伯以平阳营参将尤观光等员缺，推出游击吕义等具奏，议不准行。上曰：“本发还兵部。推补人内有遣来引见者，着引见。如未经遣来，其补授之人，着该部具奏请旨。”

刑部为吴麟以其父死难，已准彼为荫生，彼又军前效力，请叙用。查得俱系虚假，吴麟拟充军。上曰："吴麟叩阍，言彼曾在军前效力。着将吴麟发回本省，令该抚查明果否效力具奏。若诳诉是真，再从重议罪。原本发还。"

又为朱拉哈随铜商刘世泰往广东，打死百总陈其略，拟绞。其主镶蓝旗硕色佐领下闲散人冯京供称，我友铜商刘世泰借朱拉哈随行，打死人命，我实不知。应无容议。上曰："旗人遣其家奴潜往外省，家主例当治罪。朱拉哈家主冯京知情，遣朱拉哈潜往外省。该部所议，代彼出脱。本发还，并冯京拟罪具奏。"

又为开人参店人林三等，吓诈偷卖私参人，得参及财。拟枷号三个月，鞭一百，流徙。上曰："林三等乃有名光棍，所议尚轻。本发还，再议具奏。"

又为固安县驻扎披甲桂申保刺死亲家哈什，及奉天驻扎披甲朱勒得打死服外族叔齐罗，俱拟绞监候，秋后处决。上曰："桂申保、朱勒德着交该旗大臣、该将军照新例发落。"又曰："初立此法时，闻之虽觉可惨，然自创此法至今，京城旗人无杀人之事。其在外省者，不得不因彼事发而为之惩创。况桂申保等俱系杀人，理应抵偿者乎！"

又为原任知府王辅借出银两，行查地方官无中无证，二千余两仍追王辅，限一年偿完。上曰："王辅所欠银两，拟限一年偿完，或自命下日为始，计限一年；或自发交该旗日为始，计限一年。此处并未申明。至此案早已交部，何以今始议奏？本发还，将何日命下？何日交部？何故迟延？俱开明本内具奏。"又曰："刑部怠玩，每每重轻颠倒。着严饬行。"

都察院为刑部尚书安布禄等，推送户部封临清等处闸口司官，将前任尚书傅喇塔所保庸劣郎中吴成格推送，不合。户部尚书凯音布等并不察其所送之官贤否，即行引见，亦属不合。应将刑部尚书安布禄、侍郎鲁瑚、常受，户部尚书凯音布、侍郎穆旦、范承烈、巴锡，俱各罚俸一年。傅喇塔以别案黜退，绥色已经革职，应无庸议。上曰："吴成格原保堂官傅喇塔、绥色，虽皆已罢任革职俱未经议处，伊等本身如现有官职，应议降级，或议罚俸。如无官职，应议罚赎。本发还，另议具奏。"

偏沅巡抚赵申乔为布政司董昭祚、按察使郎廷栋承审湖广常德府兵丁鼓噪事不实，俱已革职。但伊等皆勤慎，居官清正，祈请留任，俾励后效。上曰："董昭祚、郎廷栋俱革职，从宽留任。"又曰："郎廷极曾经赵申乔荐举，其任浙江布政司时，办事勤劳，声名亦佳。自任江西巡抚以来，并不闻其贤声，居官亦平常。安徽巡抚刘光美敬慎不生事，在地方声名亦好。"

上又曰："近览科臣郑际泰条奏不谙世务，其疏言八旗兵丁盼望赏赉，宜加恩赐。前朕大赉兵丁，乃赦诏覃恩也。今无故而屡加赏赉，则兵丁必骄矣。况行赏一次，非数百万不可，亦当少为库帑计也。因兵丁冀望而即行赏，若屡有冀望，即屡加赏赉乎？"蔡升元奏曰："赏，诚不可妄施。"上又曰："郑际泰条奏内，又言当设饭厂，赈济贫民。彼但知赈济，而不知其中有不便者。设立饭厂赈济，在冬月则可，若春间农务方兴，贫民俱至饭厂就食，则无租田耕种之人矣，岂不误农事乎？李光地曾为之，大受其累。况聚集贫民在一处赈济，此数千贫民既聚集一处，万一劫夺骤起，何以止之？闻曩时山、陕亦曾行之，几至变生。朕是以遣官数百员，往山东分行赈济，方能有裨。赈济之事，可轻言乎？"

是日起居注官塞尔图、励廷仪。

四　月

初一日戊子　是日，翰林院掌院学士揆叙为庶吉士散馆事，以黄折开列庶吉士姓名交奏事沙孜、来保传奏。奉旨："交大学士等拟题具奏。"随拟题呈览，及试毕，将满文二十二卷、汉文十六卷交沙孜、来保传奏。奉旨："发内阁定拟具奏。"

是日起居注官揆叙、史夔。

初二日己丑　是日，大学士马齐等以满文二十二卷拟一等十名，二等十二名；以汉文十六卷拟一等十三名，二等三名，交奏事沙孜、来保呈览。

是日，上诣澹泊为德行宫问安。

是日起居注官阿尔法、凌绍雯。

初三日庚寅

初四日辛卯 辰时，上御畅春园内澹宁居听政。部院各衙门官员面奏毕，大学士马齐、席哈纳、张玉书、陈廷敬、李光地，学士阿世坦、喇都浑、黑寿、蔡升元、二格、王之枢、杨瑄以折本请旨。两江总督阿山等题为河上捐工、加捐及节省银，共二百万两零。后因缺欠者多，虽分行各旗原藉追取，而完纳者甚少。请照西安顶补例顶捐，暂移捐米例于河上，准一石为若干两，酌定交纳，则可计日而完矣。上曰："捐纳之事断不可行。前者捐纳之事至今尚未清楚，又可使顶捐耶？况前此捐纳者俱已有名，何必又多一事？今库银充裕，果有兴作要务，即当动支数百万两应用，何必又令顶捐？着九卿议奏。"

大学士马齐等奏曰："臣等奉旨，为补授云南巡抚事，以各布政使问九卿。据云，布政使俱系皇上简用大僚，请皇上于其中择一人补授。"上曰："布政使中如高启桂为人厚重，前任河南按察司时，居官颇好。向为河南巡抚、今升尚书徐潮亦称赞之。此本尔等可于晚奏时送进。"

又遵旨，拟提督李芳述加宫保、将军名衔开折呈览。上阅之，称善。

谕毕，因发出庶吉士试卷，执汉书吴廷桢等五人试卷，谓大学士马齐等曰："吴廷桢所学固优，书法亦佳，尔等拟置第四，朕拔之为首。刘岩、王式丹、宋至、杨万程俱照尔等所拟次序，此五人俱授职。满书杨尤奇等十人，翻译虽有错误，然题目颇难，伊等犹为可谅，此十人亦授职。其满书十二卷，汉书八卷，俱不好，此二十人着再教习三年。至汉书内耿古德等三卷甚不堪，文章与字俱未曾学。向因彼系进士，故拔为庶常，非别有所为也，特欲其学习耳。伊等既不学习，又何足惜？着除退。此三人如伊等果能力学，愿就考试，自秀才起，重赴乡、会试可也。"

是日起居注官满保、张廷玉。

初五日壬辰

初六日癸巳

初七日甲午

初八日乙未

初九日丙申　辰时，上御畅春园内澹宁居听政。部院各衙门官员面奏时，吏部尚书敦拜等，以补授知州薛景瑄等三十人引见。上曰："薛景瑄等依拟用。曾仪升衰迈，傅尔梅、张钟人才不及，俱着革退。"谓敦拜等曰："尔部声名甚丑。凡授职俱不依序，随意补授。此皆尔司官行事不端之故也，尔等何以不加详察？"敦拜等奏曰："臣等当加详察，如有司官不依序随意行事者，即指名题参。"上曰："尔等当加意谨严。"敦拜等出。

大学士马齐、席哈纳、张玉书、陈廷敬、李光地，学士阿世坦、喇都浑、黑寿、蔡升元、二格、王之枢、杨瑄以折本请旨。宗人府题，为宗室年至二十岁者，请点大臣考试。上曰："朕将亲试之。"

九卿议覆两江总督阿山等所请，照西安顶补捐纳例，准令顶捐。议准行。其所请暂移西安捐米例，酌定一石若干两，一并交纳。议不准行。上曰："此项捐纳银两若交河上，则事愈繁矣。朕意以为将此银交户部为妥。着问九卿之意以为如何？"

吏部覆护理贵州巡抚印务张建绩，以大定州知州雷有成员缺，请仍照旧例，特选补授。因无可开列之员，议归月选补用。上曰："俟九卿议定云南等四省分遣候缺官员之日，再行奏请。"

又为长芦盐课御史迈色所题盐商张霖引窝距天津遥远，而家产数目又复繁多，势难限内变价完结，请宽限。拟驳回。上曰："此案勒限追完，前旨甚明。而迈色又请展限，殊属不合！着作速依限追抵，如迟延不完，即将迈色革职拿问，并原保官一同拟罪补偿。"

兵部覆贵州提督李芳述题请，照滇省越一、二级补官之例，如副将缺出，将现任参将及品大游击内简选，保题补授；如游击缺出，将现任署守备内简选，保题补授。应照该提督所请行。但黔中省分甚小，而且官员无几，嗣后黔中副将、参将、游击、都司、守备缺出，将云、贵二省武职官员内，令该总督、提督等简选具题补授。上曰："贵州官少是实，兼用云南官员可乎？着交兵部议奏。"

又为把总陈元文等擒获海寇数目，据两广总督行查达部，未及议叙之例。无庸议。上曰："这案拿获贼数，虽未及议叙之例，但念系入海擒贼，着与军功纪录一次。"

又谓大学士等曰："太仆寺正卿职守关系紧要，应令大僚兼之。学士黑寿其人可用，必能此职，着兼太仆寺正卿。"又曰："今钱价甚贱。钱价贱，固不便于商，亦不便于民。当作何法使钱价能贵？尔等其试言之。"李光地奏曰："严禁小钱，则钱价自高矣。"上曰："不但在禁小钱也。今所铸大钱，全买往山西，又有私铸小钱者，钱价所以贱也。朕意欲禁大钱之买往山西者，再发银收买小钱，或藏贮，或重铸大钱，严拿私铸小钱之人，则钱价必贵矣。尔等可会同户部详议具奏。"

是日起居注官查升、海宝。

初十日丁酉

十一日戊戌

十二日己亥　辰时，上御畅春园内澹宁居听政。部院各衙门官员面奏时，大学士等会同户部议，今钱价甚贱，不便于民。奉有谕旨，请暂动支户部库银十万两，由户部差官会同五城察院收买旧制钱。俟钱价既长，奏闻具折呈览。上问曰："欲平钱价，此外更有良法否？"大学士马齐等奏曰："外间一闻收买之说，钱价即少昂。以此揆之，此策甚善。"上曰："朕细思之，此外更无良法。今钱价贱者，皆私钱多之故也。果欲力禁私钱，何难之有？明朝尚能行纸钞，岂有不能禁私钱之理？但与其杀人禁止，无宁和平处置。在京收买，准如尔等所议。至天津、临清地方，亦当遣贤能官各一员，即支该地方饷银各一万两收买。专差侍郎穆丹督买，视钱价贵后，不时奏闻。又闻山、陕两省买去大制钱甚多，着行文山、陕、直隶督、抚，严查紧要关口，严令擒拿。如被拿获，将贩运之人从重治罪，其钱入官。"户部大臣出。

大学士马齐、席哈纳、张玉书、陈廷敬、李光地，学士阿世坦、喇都浑、黑寿、蔡升元、二格、王之枢、杨瑄以折本请旨。九卿为云南、贵州、广西、四川四省官员空缺甚多，请嗣后知府以下知县以上员缺，凡候选人员内有愿往效力者，递呈之后，令彼掣签。云南、广西各二十二员，贵州十五员，四川四十员，预先遣往，缺出则该督、抚照名次补授。如无情愿效力者，则令双、单月投供验到者，掣签遣往，俱于每年五月初十日内掣签。上曰："此议不无情弊。"又召吏部诸臣入曰："原因四省员缺，人之规避者多，故严立条例。仍有规避之人，尔等乃议定月分掣签，则岂复有具呈验到者乎？人既预知五月掣签，必生巧计规避，俟过五月，四省员缺人俱选完之后，然后投供验到，便可避此四省员缺。如是则人之规避愈甚矣！"上顾侍郎傅继祖曰："尚书敦拜不谙事，侍郎杜敏又系新任，此皆汝之欺罔耳，非他人之故也。然朕又安可欺乎？尔凡事但计目前，不知日后。尔等有难措之处，果如尔等所议，必致科、道官交章参劾尔等矣。此事不可限定月分，每年自正月起，俟投供验到官员齐集后，即来请旨。视朕命下，使彼掣签，如此则不能规避矣。"傅继祖奏曰："此非臣等意虑之所能及也。"敦拜奏曰："圣旨极是。此皆臣等昏庸，何有辩处？"吏部诸臣出。上谓大学士等曰："凡事若不远虑，则不可行之永久。此本发还，着另议具奏。"

吏部为翰林院掌院学士吴涵员缺，开列詹事府正詹宋大业等职名具奏。上曰："此缺若不用大臣兼摄，难以约束。将尚书等职名呈奏，此内简一人兼摄。"

刑部议江南江西总督护理江宁巡抚印务事阿山，审生员吴璠等，以原任沭阳县知县升任丁忧傅梦熊扣克钱粮诸款叩阍一案俱虚，拟照徒流具奏。查吴璠之妻荣氏刎颈，控告众生童俱不肯考，情愿受参等情，并未详审，应驳回。上曰："此事不可交阿山覆审，着交总漕桑格研审具奏。"

又为十日汇奏流徒以下人犯事。上曰："此内护军巴锡打死图尔泰家人佟住，议枷号二十日，鞭一百。杨三等聚众持铁砍击致伤朱克禄等，议枷号三个月，鞭一百。太监张顺刺伤魏朝金，议枷号一个月，鞭八十。情由俱不明，轻重亦不合。且拿住刺人者，一议赏，一不议赏。至内府都图浑托和，笔帖式汤盘有二姐往伊家催债病死，压至数日不报，议鞭八十。二姐身死不明。着逐一问明刑部大臣具奏。"马齐等奏曰："臣等遵旨，以两江总督阿山所请河工顶捐事问九卿。据云，捐纳人员应令赴户部交库为善。"上曰："本发还，着九卿再议具奏。"

是日起居注官塞尔图、钱名世。

十三日庚子

十四日辛丑

十五日壬寅

十六日癸卯　上御畅春园内澹宁居听政。部院各衙门官员面奏毕，大学士马齐、席哈纳、张玉书、陈廷敬、李光地，学士阿世坦、喇都浑、黑寿、蔡升元、二格、王之枢、杨瑄以折本请旨。礼部议会试进士额数，照康熙二十六年题定则例：八旗满洲、蒙古取中进士四名；汉军取中进士二名；四川仍遵旨准入南卷考试。上曰："四川进士额数着入南卷，满洲、蒙古、汉军进士额数，着同满洲大臣会议具奏。"

兵部为署理甘肃提督事吴洪题制造兵丁不足绵甲，除督、抚、总兵捐助外，请令各官捐俸七分制造，议准行。上曰："西省武官俱仗俸禄度日，此绵甲若令捐助制造，必至朋扣兵饷。着陕西督、抚，甘肃巡抚捐助，照数作速制造，解送该提督，分给完日奏闻。"

刑部为原任陕西宁州知州革职闵英瑞亏空银两，该旗保题家产尽绝，拟将闵英瑞及妻宋氏发入新折库。若闵英瑞另有家产隐匿情弊，事发将保题都统、副都统等交该部议处，其亏空银两均摊赔补。彼时年终保题实在，上司照数追完。上曰："此事如所议行。此等保题家产尽绝者，嗣后虽迟至数年，如有隐匿家产情弊事发，务将出结佐领、骁骑校、拨什库拿问，断不可宽恕。"

又为闲散满洲黑色打死黑龙江骁骑校赖必尼家人陈尔屏，拟绞具奏。上曰："本存内阁。黑色或系旧满洲，或系新满洲，或系别处调来满洲，着行文该将军，察明到日再请定夺。"

翰林院掌院学士员缺，遵旨以绿头签开写吏部尚书宋荦等职名，并原案请旨：上曰："着徐潮兼管翰林院掌院学士事。"

马齐等又奏曰："臣等遵旨，以汇题案内护军巴锡打死图尔泰家人佟住各件，问之刑部堂官。据云：此皆臣等庸劣，意虑不到之故。蒙皇上指示，臣等始得知之。本乞发还改正。"上曰："可将此本发还，令伊等改正。"

是日起居注官揆叙、宋大业。

十七日甲辰

十八日乙巳

十九日丙午

二十日丁未　辰时，上御畅春园内澹宁居听政。部院各衙门官员面奏毕，大学士马齐、席哈纳、张玉书、陈廷敬、李光地，学士阿世坦、喇都浑、黑寿、蔡升元、二格、王之枢、杨瑄以折本请旨。户部题陕西巡抚鄂海题参捐纳册籍迟延事，将西安府通判张晟罚俸三个月。上曰："可如所议。此事迟延甚久，今勒限两个月，务令限内完结。如逾限不结，即将该督、抚议处具奏。"

兵部为云贵总督贝和诺题请沅江副将林国贤在任守制。议不准行。上曰："林国贤着在任守制。"

又为山东登州总兵官王文雄，请将即墨营守备许天荣坐推伊标右营游击事。议不准行。上曰："许天荣照该总兵官等所题补授。"

又为广东将军管源忠题参，镶黄旗参领王之蛟，赋性倔强，行事懈怠，操练不赴，营务废弛。上曰："王之蛟或系部选，或系彼地推补之员，着察明具奏。"

马齐等奏曰："臣等遵旨会同礼部议取中进士额数，仍照康熙二十六年定例：八旗满洲、蒙古取中四名，汉军取中二名，四川遵旨编入南卷考试。"上曰："本发部，改正具奏。"

是日起居注官阿尔法、钱名世。

二十一日戊申

二十二日己酉　上诣澹泊为德行宫问安。

二十三日庚戌

二十四日辛亥　辰时，上御畅春园内澹宁居听政。部院各衙门官员面奏毕，云南巡抚郭瑮以赴任陛辞，面请训旨。上曰："云南乃极边地方，谓尔贤能，特加简用，尔往当小心办事。云南粮食丰足，地方太平，尔但当加意爱恤兵民，不得生事。为巡抚者，必如齐世武乃善。既为督、抚，必不至衣食缺乏，但前任督、抚一味欺蔽，尔当加意奉行。"郭瑮奏曰："臣原系一介微贱，历蒙皇上擢用，授此要任。臣并无他见，惟谨志训旨，力图报效。臣今往极边地方，凡事俱赖皇上指示。倘有当奏闻之事，臣请先具折，差家人来奏，后遵皇上指示，再具本入奏。”上曰：“差尔家人恐程途遥远，不如交彼处提塘，与题奏事件一同来奏。”郭瑮奏曰：“圣谕极是。嗣后平常事务交发提塘，倘机密之事，恐交提塘或致迟误，臣仍差家人赍奏。”上曰：“然。”郭瑮出。

大学士马齐、席哈纳、张玉书、陈廷敬、李光地，学士阿世坦、黑寿、蔡升元、二格、王之枢、杨瑄以折本请旨。九卿为云南等四省发往官员事覆议具奏。上曰：“愿往官员甚多，其中州、县有大者，亦有小者。而州、县之缺，亦分美恶。吏部于此事故为迟延，并不肯一次议结，必有情弊。将此本发还，另议来奏。”

吏部为偏沅巡抚赵申乔题常德知府王许等因兵丁鼓噪，未能审出真情，已经革职，请准留任，议不准行。上曰：“王许、刘兆麟居官俱佳，着俱革职留任，戴罪效力。”

户部议给事中陈允恭，题参广东盐运使陆曾，侵那帑银，私买盐斤，与民争利，伏乞拟罪等语。应将陆曾革职，其亏空银两令其限内交完。如不完，从重治罪。又疏称粤盐于正额之外添陆曾此项，勒限严销，必致累民等语。相应行令督、抚、巡盐御史，将陆曾之盐分四年带销，有无累民之处，详确定议，具题到日再议。又疏称各运使每年解送河工银两，皆属节省羡余。今陆曾册报尽作正项经征，并比年带征，有无加派累民，致亏正额之处，亦祈再行详议等语。亦令该督、抚、巡盐御史一并逐一确查明白，具题到日再议。上曰：“陈允恭所参极是，如所议行。至郭世隆前曾奏请，将所欠银两责令众商勒限带销，着郭世隆明白回奏。”

又议覆甘肃巡抚齐世武题，解任藩司朝奇、带管布政司事按察司鄂琦收放银两数目及用过款项，应核减。上曰：“此事依议。内供应伊什格隆各案，时日已久，至今未结，或该督、抚迟延，或在部迟延，着都察院察明具奏。”

刑部等衙门议覆偏沅巡抚赵申乔题，刘招凤、刘子善系胞弟兄。刘招凤自幼过继伊亲叔刘官生为后，刘子善应分祖留之地向系刘官生垦种，因与刘官生角口，刘招凤见之，夺棍击刘子善致死。其亲母张氏七十有余，止生此二子，今将刘招凤抵偿，实无人奉养，且至绝嗣。应否存留养亲，伏候上裁。拟无庸议。上曰："此案着九卿、詹事、科、道会议具奏。"

又为西安驻防正黄旗兵丁长生，原系辞病退甲，乃一微贱小人，妄行叩阍惑众，应拟斩监候，秋后处决。西安将军博济等，将无疯病之长生以疯病覆部。原任协领今升荆州副都统关保，平日约束不严。俱应革职。上曰："此本着存尔衙门，行文该将军、副都统等，取供到日再奏。"

两广总督郭世隆等题，为新升江西饶州营参将原任广东大鹏营游击林世春，材干优长，谙练水师营务，且大鹏营地方系沿海要处，祈将林世春留原任，以参将管游击事。上曰："林世春朕识其人，着照该督等所题，以参将管大鹏营游击事。饶州营参将员缺，着另拟具奏。"

马齐等奏曰："臣等遵旨，以广州参领王之蛟问兵部。据云，自京选授。"上曰："此所参王之蛟着革职，该督察审具奏。"

问大学士马齐等曰："土司田舜年之事，尔等曾详议否？"大学士马齐等奏曰："臣等欲于明日定议，后日入奏。看得田舜年下人俱具呈首告，果如所云，则田舜年行事甚无礼法。"上曰："昔吴三桂之乱，田舜年略无举动，此一端甚可嘉。至田舜年与地方官不协亦真。此事但当两得其平，断不可生事。况参田舜年为红苗一党，红苗地方与田舜年所居略不相涉，此处未免虚诬。"又问李光地曰："田舜年有一子用为直隶地方官，其人何如？"李光地奏曰："田舜年之子为通州州判，人尚聪敏。"上谓大学士等曰："尔可召田舜年之子试一问之。"

是日起居注官史夔、满保。

二十五日壬子

二十六日癸丑　巳时，上御畅春园内澹宁居，简选庶吉士。大学士马齐、席哈纳、张玉书、陈廷敬、李光地，学士阿世坦、黑寿、蔡升元、二格、王之枢、杨瑄，翰林院掌院学士揆叙，引本年考授修撰施云锦，编修吕葆中、贾国维，二甲进士俞兆晟等五十人，三甲进士李元起等二百三十六人，每十人为一班引见。上先阅修撰施云锦，编修吕葆中、贾国维，次选俞兆晟等五十人为庶吉士。

是日，上诣澹泊为德行宫问安。

是日起居注官揆叙、塞尔图。

二十七日甲寅

二十八日乙卯 辰时，上御畅春园内澹宁居听政。部院各衙门官员面奏毕，大学［士］马齐、席哈纳、张玉书、陈廷敬、李光地，学士阿世坦、黑寿、蔡升元、二格、王之枢、杨瑄以折本请旨。九卿为两江总督阿山等请河工顶捐。议准行。案内折出捐工人员，但有缺欠加捐等银者，助工完后，仍照例守护三年。上曰："加捐银两助工完后，仍令守护三年，其事又必迟延。着问九卿。"

吏部为奉天、顺天府丞等四缺，无应补应升之人，议暂停铨补。上曰："顺天府府丞员缺，关系紧要，不可虚悬。尔等可与吏部会议具奏。"

刑部为高天培开列色克图等系吴三桂下人等款叩阍一案，审皆诬告，拟枷号三个月，鞭一百。其塞克图等审系无干，应无庸议。上曰："此事交都察院察审具奏。"

是日起居注官沈辰垣、海宝。

二十九日丙辰 辰时，上御畅春园内澹宁居听政。部院各衙门官员面奏毕，大学士马齐、席哈纳、张玉书、陈廷敬、李光地，学士阿世坦、黑寿、蔡升元、二格、王之枢、杨瑄以折本请旨。湖广总督石文晟题参容美土司田炳如，乃贪庸恶劣、被参革职拿问之人。据桑植宣慰司土司向长庚咨称，田炳如主仆二人逃至职所求救等因。前任总督、署事总督及臣檄向长庚拘拿，作速解审。乃土官抗拒，不将田炳如起解，反捏称田炳如卧病，不能前往，乞赐安插。且原任土司罢职，田舜年既举劾伊子田炳如贪庸恶劣，理应将伊子正妻所生长孙申详袭职。今该土司去年报称，康熙四十年奉檄，将职子年岁开造清册呈送，已将职孙田宜男名字造册呈送讫。其时田宜男年方十二岁，不久病故。因田宜男名字乃先祖所命，不忍改易，故将职子嫡妻所生次子承袭，仍名田宜男，今实七岁。如开送真正年岁，恐部驳查等语。据此，田舜年欺隐，不令伊子正妻所生之子承袭，难免诳报之罪。上曰："该督前劾田舜年，何不同此折一并具奏，乃作两番具奏乎？且折内又推卸两巡抚，请交提督审问，此必有故。大约为水西、乌蒙土司地方产银，地方官每多生事。昔顺治年间，取云南大兵进路险要地方，李定国把守坚固。吴三桂从水西进兵，遂取云南，因此吴三桂知水西产银。康熙初年遂奏请征水西，平定之后，分为四府，我军于是役大有损伤。今此事虽小，但断不可生事。尔等可将石文晟先奏两折、各土司呈词三折及石文晟目下所奏一本，俱抄出，发与湖南巡抚赵申乔、湖广提督俞益谟，视伊等之意云何？令不必会商，各出己见，作速具奏。此文限七日到。赵申乔、俞益谟二人犹知事。且俞益谟前于红苗之事甚有胆略，我军中尚书席尔达及前锋护军皆称之。刘殿衡不过一庸人而已。”

是日，赐云南巡抚郭瑮鞍马一匹。

是日起居注官凌绍雯、满保。

三十日丁巳

五　月

初一日戊午　是日，上诣澹泊为德行宫问安。

初二日己未

初三日庚申　是日，上诣澹泊为德行宫问安。

初四日辛酉　辰时，上御畅春园内澹宁居听政。部院各衙门官员面奏时，吏部为山西学道李绅文员缺，论俸开列翰林院侍讲邹士璁、兵部郎中顾用霖引见。上问起居注。侍讲学士塞尔图曰：“邹士璁内廷考试所出何题？取在第几名？”塞尔图奏曰：“咏冬雪诗。名在第二。”上又问曰：“所学何如？”塞尔图奏曰：“邹士璁系三甲进士。”上又问曰：“掌院学士揆叙云何？”塞尔图奏曰：“言彼所学平常。”

既而，大学士马齐、席哈纳、张玉书、陈廷敬、李光地，学士恩丕、阿世坦、黑寿、蔡升元、二格、王之枢、杨瑄以折本请旨。吏部议赛必汉三等阿达哈哈番之职，照例销去三次恩诏所加之官，准作拖沙喇哈番，使其子哈尔吉图承袭。又赛必汉兄子塞尔佑呈告，此职乃其祖喀凯军功所得，原系伊父承袭，今应准令彼承袭之处，无庸议。上曰：“赛必汉向为侍卫，为人不堪，行甚无状，右翼诸大臣皆知之。此职不必令伊子承袭，着另议具奏。”

又为知贡举礼部侍郎王顼龄等题参，赵大金顶张仁姓名充誊录生，因誊写朱卷越幅，惧罪越墙逃走，被巡逻人役拿获。除将赵大金照例治罪外，誊录所官光禄寺署正李耀雯难辞疏忽之咎，拟罚俸六个月。保定县知县张仕浑难免失察之咎，拟罚俸一年。上曰："今科考试不公。李耀雯、张仕浑俱着革职。"

户部为两广总督郭世隆疏称，前任巡盐御史阿世鼐，原参运同李续祖亏空银十九万五百两零，俱盐商历年积欠，并非侵那，而亦无与原任粮驿道、今革职张天觉通同挂欠、诡名占业夺利情弊。既经参后，照数全完，应否复任，伏候部议。又巡盐御史拜都疏称，存库银六十三万一千两零，内运使杨茂祖任内亏空银一万四千五百两零，李续祖任内亏空十九万五百两零，陆曾任内亏空四十一万三百两零，各于案内追完外，实存库一万五千七百两零。查总督郭世隆虽称运同李续祖亏空银两参后全完，而该御史拜都又称实存库银止一万五千七百两零，互相矛盾。应行文该督及该御史，将张天觉一案一并再行查明，具奏之时再议。至旧任巡盐御史塞克图，不俟新任御史拜都印结，即起程回京。拜都因塞克图不送考核册籍，未经出结，后又追送。互相延捱，应罚俸一年。上曰："据两广盐课银缺至五六十万两，此皆历年积欠。地方官欠粮千石，皆从重议处，况欠银五六十万两乎？须将此数年巡盐御史及运使俱锁解彼地，清出欠饷原由，始能完饷。否则，断不能完也。着问九卿来奏。九卿议时，不得姑徇。"

刑部为亲随侍卫伊洛尔图打死伊弟家人庄户李应贵，议罚俸一年，取人一口给还原主。其打李应贵之民许贵等，各拟杖八十。上曰："李应贵乃大恶光棍，横行地方。其主伊洛尔图闻而詈之，彼将抗拒，伊洛尔图责打至死。虽殴杀奴仆例当治罪，但此打死原由小有不同，所拟伊洛尔图罚俸、赔人，俱从宽免。许贵等亦从宽免罪。使恶棍闻而知儆。"

又为破脸用药迷拐太监窦明，拟立绞。太监窦明无庸议。上曰："太监有所往，必告之首领而出，依限而还，时刻不爽，立法甚严。如窦明不逃，何以出去？窦明显系逃走。所问口供既交该部，竟不议出逃走情由，着遍问该部堂、司官。又见刑部汇题诸案尚有未当者，尔等当详核。"

工部为总河张鹏翮奏销拦河堤工用过钱粮，但不用苇荡营芦苇，而用采买，议驳回。上曰："这疏内情节着张鹏翮明白回奏。"又曰："前者总河靳辅等俱将河上所有芦苇，令苇荡营兵割取，运往备用。今张鹏翮用人不当，不能运致芦苇。朕尝出巡，见诸督、抚一味偏徇张鹏翮。如有紧急工程，即鼓舞旗员，两三日内运致物料完工，许以事成定行保奏。后仍保举汉官，是以人皆意沮。夫人肯出死力，而荐扬不及，谁复肯为效力？如此，则何事不误？朕去岁往视南河，当众人前言高家堰工不坚，谓宜增筑。张鹏翮对以河工已完，断然无害。朕言尔虽言已完，朕不能信。张鹏翮终不从朕言，以致堤决。犹幸唐埂六坝上流冲决，设在下流冲决，如何能堵御乎？康熙七年、九年、二十二年，七里沟、清水潭、龙窝等处冲决之时，其水甚大。去年之水不至如此之大，然而冲决者，此特张鹏翮自以为河工已完，玩忽之所致也。"马齐奏曰："河工但在用得其人而已。"上曰："然。此事所关最为紧要。"

马齐等奏曰："臣等遵旨酌议，补授顺天府丞员缺之人，欲将光禄寺少卿王度昭升补，但越过一级。"上曰："顺天府、奉天府府丞员缺，俱系紧要，不可空悬。着将品级相当官员调补具奏。"马齐等又奏曰："补大定州知州之事，原令俟云南四省授官事毕奏请。今为是缺请旨："上曰："本发还，令作速拟补。至云南四省缺出甚多，作速举出发往预备之人来奏。如或迟缓，着科、道官题参。"

马齐等又奏曰："臣等奉旨，将南河河工加捐银两，既捐完工，仍令守护三年，则事又至迟延。问之九卿。据九卿云，皇上所见甚是。请发还此本，令彼改正，另行具奏。"上曰："本发还，令彼改正。其改正处，尔等可尽记之。"

是日起居注官塞尔图、查升。

初五日壬戌

初六日癸亥

初七日甲子

初八日乙丑　辰时，上御畅春园内澹宁居听政。部院各衙门官员面奏毕，大学士马齐、席哈纳、张玉书、陈廷敬、李光地，学士恩丕、阿世坦、黑寿、蔡升元、二格、王之枢、杨瑄以折本请旨。吏部为广西巡抚萧永藻员缺，开列原任安徽巡抚今候补高承爵等职名具奏。上曰："着以梁世勋为广西巡抚。梁世勋山东布政使员缺，以高启桂补授。高启桂河南按察使员缺，以蒋陈锡补授。"

又为江苏按察使高必弘员缺，查参政道内无俸满二年之人，应将副使道内俸满合例之陕西分巡榆林东路道申奇贵拟正，其拟陪俱无合例之人。或将参政道内历俸未满无罚俸者拟陪，或将副使道内历俸已满有罚俸者拟陪，请旨。上曰："着以张伯行升补江苏按察使司按察使。"

马齐等奏曰："臣等遵旨以两广亏空盐课银两问之九卿。据云，请以历年亏空数目原由行文该抚，查明具奏再议。"上曰："巡盐御史俱图肥己，不留心正项钱粮催征核查，致此数年两广盐课亏欠甚多。着交新任巡抚范时崇、广东提督赵弘灿、巡盐御史华善，据实查明某官任内拖欠数目若干。覆奏之时，即发本官至广东，并严拿拖欠运使等官追完。其议塞克图之事，如所议行。"

马齐等又奏曰："臣等遵旨以用药迷拐太监窦明事问刑部堂、司官。据云，计太监窦明被获之日，尚未满二十日，是以不议作逃走。"上曰："窦明出逃已二十日，何以议为不逃？本发还，着另议具奏。"

是日，上诣澹泊为德行宫问安。

是日起居注官阿尔法、陈壮履。

初九日丙寅 是日，上以朱书谕大学士马齐等曰："前直隶巡抚赵弘燮为河间数州、县历年拖欠钱粮，请分年带征。若许题请，另具本呈奏，等因。开折请旨。朕已批发，准其具题。昨日欲下旨查直隶各省历年拖欠钱粮总数，偶尔遗忘，着交户部查明速奏。内有民困无征者，酌量豁免。"

是日，赐杭州副都统道服色、荆州副都统恩塞等鞍马。

是日起居注官凌绍雯、海宝。

初十日丁卯

十一日戊辰

十二日己巳 是日，上诣澹泊为德行宫问安。

十三日庚午

十四日辛未

十五日壬申 辰时，上御畅春园内澹宁居听政。部院各衙门官员面奏毕，大学士马齐、席哈纳、张玉书、陈廷敬、李光地，学士恩丕、阿世坦、黑寿、二格、王之枢、宋大业以折本请旨。宗人府为钦奉上谕，将贫苦难存闲散宗室四德等，交伊等伯叔诸兄，拨给田舍奴仆。至闲散宗室吴尔泰等，其伯叔诸兄家产无多，不能周助，其拨给之田，应交户部拨给。其置房屋奴仆需银二千六百五十两，暂支户部银两给与。其所支银，将本府借出库银陆续收取，一年内交完户部。上曰："本内所议四德等，各于伯叔诸兄取田舍奴仆给与。其伯叔诸兄家业如何，朕未之知也。着交宗人府查明，开折呈览后再定夺。"

九卿为两江总督阿山等疏称，自溜淮套至张福口开河筑堤等工，需用银两，较前估奏数目，重为核减银十五万六千二百两零。但臣等赋质愚陋，不能周知，请皇上亲临指示，俾河务永清等语。应将开河之事，照该督等估算兴工。但此系新创工程，请皇上亲临阅视，指示浚筑之方，以成万全久安之绩。上曰："此开河需用钱粮，虽经该督等核减，尚觉浮多，着问九卿。"

吏部为浙闽总督金世荣员缺，开列侍郎王九龄等职名具奏。上曰："尔大学士等可酌议，于下次来奏。"

又为密云等县雇车装载武备院账房等物，随营运送事。查该抚称，康熙四十年以前并不雇车，而部册开自三十七年起用车，前后矛盾。议将原任密云县知县周钺等各罚俸一年。上曰："但因舛错而议处知县，其钱粮开销与否，并未议及。着问该部堂官。"

刑部为海寇蔡三十二等行劫商船，拟立决。上曰："此案着遣部院衙门堂官一员前去，审明定罪具奏。"

户部尚书凯音布年老请休。上曰："本发还，凯音布谙练户部事务，着勉力再任一二年。"

湖广总督石文晟因病奏请解任。上曰："本着存内阁，俟往询赵申乔、俞益谟事到之日再奏。"

原任管理湖广容美等处军民宣慰使田舜年疏称："臣暮年始生子炳如，爱惜太过，但知其好，不知其恶，是以臣题请承袭土司。而炳如袭职之后，恶迹尽露，受害之人舍命告理。臣乃摘炳如土司之印拘禁之，以惩其党羽，一面申详督、抚，一面题参革职。后奉旨：准田宜男承袭。有臣仇家桑植宣慰司宣慰向长庚，诱炳如逃往伊处。又扬言送往容美为土司，恐吓臣属下人。其子翼南又复年幼，不能镇定人心，猜疑属下。土司军民俱恐炳如报仇，纷纷告请，将臣第三子田曜如为土司。臣赴省见总督伸说情由，总督即以臣为与向长庚互讦，违误钦案，交司道官将臣看守。祈皇上俯怜，准以土司之职使臣第三子田曜如承袭。审究向长庚违旨匿犯之情，以肃法纪。"上曰："前以总督石文晟举奏土司田舜年、田炳如情事，已俱抄发往问巡抚赵申乔、提督俞益谟。此事亦抄出，作速发往问赵申乔、俞益谟。"

户部遵旨将所查直隶各省民间积欠钱粮及米麦谷豆数目，缮写折子呈览。上曰："着撰蠲免直隶、山东积欠钱粮谕旨呈览。别省钱粮俟至十月启奏。"

上又曰："金世荣年老不甚理事，惟求安逸，是以朕另拣将军代之。特欲彼在京效力，故授为兵部尚书。此缺甚属紧要，既近台湾，又接大海，非文武全材之人，断不能胜其任。朕视内外诸臣，无一人堪任此职。朕方思其人，尔等俱大臣，亦当熟思之。山东、河南、直隶三处巡抚居官甚好，欲于伊等内擢用一人，但伊等俱到任未久，且此三处亦甚紧要。视六部诸臣皆不甚佳，惟徐潮尚可。宋荦亦优，然宋荦又属年老。凡居官之人，必以练达事务，尽心勤劳为要。今自尚书、侍郎以下，笔帖式以上，办事并不尽心，但以利为计。凡人自笔帖式时，即当思异日可到尚书、侍郎地位。今并无此志向，但惟利是图，则亦不足重也已。朕于诸大臣中简席哈纳授为大学士，特以彼老成，谨慎小心，是以简任之也。"因顾大学士张玉书等曰："以尔等观之何如？"张玉书奏曰："席哈纳内外如一，皇上用之诚当。"上曰："朕用席哈纳者，并非以其有材能而用之也。"席哈纳奏曰："臣一介微贱，蒙皇上简任机务。臣甚庸劣，诚不能胜任，夙夜祗惧，不敢少自惰逸。"

上又曰：“满洲、汉军、汉人大臣内齐世武居官实好，前尝躁急，今则甚温和矣。理事极清，而且有决断，兵民俱服。朕遍加探访，无有议其后者。”马齐奏曰：“齐世武居官实优，皇上所见极是。”

上又曰：“阿山甚巧，既不得谓之善，亦不得谓之非。以此观之，非巧而何？噶礼亦与阿山相同。鄂海颇小心敬慎。”

又曰：“刑部堂、司官理事殊不详细。有一马场牧长，明系打死人命，投之井中，刑部每日夹讯，审至两月，竟不能结。此等显明易结小事，尚且如此，果系大事，何能审断？凡为大臣者，方其为学士时，似乎皆优，果能效力，一升侍郎，即改其所为矣。真不解也。”

上又曰：“钱虽收买，而钱价仍贱，必系银少之故也。朕留心核减诸物，节省日用，不令浮费。今天下太平，并无兵革，又无兴作，即如河工大务，亦但用二三百万两。如人谓朕奢费，则户部库内何现有银四千百万两有奇乎？”马齐奏曰：“皇上节俭，用所当用，略无浮费。今又因直隶河间府，山东数州、县屡荒，小民不能完粮，已谕户部查奏蠲免矣。”

上曰：“湖广总督石文晟自陈有病，必有所因。”

又曰：“两广总督郭世隆办理事件不甚吻合。”

是日起居注官海宝、励廷仪。

十六日癸酉

十七日甲戌　辰时，上御畅春园内澹宁居听政。部院各衙门官员面奏毕，大学士马齐、席哈纳、张玉书、陈廷敬、李光地，学士恩丕、阿世坦、黑寿、蔡升元、二格、王之枢、杨瑄、宋大业以折本请旨。上曰：“前者曾派学士二格看守牛郎山渡船，目下令其教习庶吉士。事属紧要，可令彼亲往牛郎山，择其子弟中一人，以看守渡船事交付明白而回。”

礼部为原任河南巡抚李国亮，照例请旨赐谥事。上曰：“李国亮任河南巡抚时居官平常，不必予谥。”

兵部为贵州黔西副将、江西袁州副将、江南江宁城守副将、贵州提标中军副将四缺，以前次掣得副将奉旨留于此处另用之参将尤观光请补一缺。上曰：“着将记名保举小品副将及应升之参将查奏，或将应升小品副将、参将查奏，可将此副将四缺一次尽补之。”

刑部为强盗王小五等拟立斩。逸贼张大黑，俟拿获之日另结。上曰："此案盗首张德赫及砍伤失主之两盗尚未拿获，着行文该地方官严拿。俟拿获之日，一并定拟具奏。"

马齐等奏曰："臣等遵旨，以溜淮套工程问九卿。据云，圣谕诚是。今春前往开河诸臣，带去钱粮，因能节用，是以省出十八万两有奇。目下工程应交该督等再加核减具奏。"上曰："此所估钱粮尚觉浮多，着行文该督等再加核减。溜淮套地方伊等未必遍阅，今若往阅，须度其可能彻底尽到否？或有阻隔之处，着该督亲加详阅，公同保奏。"

马齐等又以遵旨查所用驿车及问兵部诸臣回奏折子呈览。上曰："此事并未议结，着再查明，即行议结。"

又为遵旨撰拟蠲免直隶、山东历年积欠钱粮上传呈览。上曰："所拟谕旨甚善，即照此行。其中直隶历年积欠尚少，山东历年积欠甚多，可于民有益否？"马齐奏曰："山东百姓，此数年来蒙皇恩得以更生者不可胜计，真亘古未有之恩也。"李光地奏曰："皇上比年以来，蠲免山东钱粮共千万两有余，今诚皆得其所矣。"

马齐等又以遵旨考试刑部郎中塞克森所作勘语呈览。上曰："尔等以为何如？"马齐等奏曰："塞克森为刑部郎中，尚能作勘语，其人平常。"上曰："此皆论俸而升者，其人甚劣，着罢职。"

马齐等奏曰："浙闽总督员缺，应补之人，奉旨着臣等酌议。臣等遍思之，竟不可得。如武臣内有皇上灼知者，请择一人补授。"上曰："闽省近海，联接台湾，此缺甚要，必得文武全材之人乃可。尔等可交九卿、詹事、科、道会推。"

又问大学士李光地曰："原任浙闽总督金世荣居官何如？"李光地奏曰："金世荣为人忠厚朴直，其居官虽不可谓之善，亦不闻其有不善处。"上曰："金世荣为人忠厚，居官虽无恶处，然无才，不能治事。去年福建小有旱灾，金世荣并未举奏。其奏改海中商舶式样，虽奉准行，后竟不能改，商人空费赀用，至今仍未尝改换旧式。且金世荣任福建总督，而广东之贼沿海直至山东，金世荣恬然不知，此亦忠厚太过矣。"又问曰："郭世隆居官何如？"李光地奏曰："郭世隆居官安静，不生事。"

上曰："郭世隆比金世荣何如？"李光地奏曰："金世荣为更改海舶式样，商人颇怨之。"上曰："提督梁鼐何如？"李光地奏曰："梁鼐居官甚优。"上曰："梁鼐居官甚优，人材亦健。"又问："提督吴英何如？"李光地奏曰："吴英操演水师颇佳。"上曰："吴英人材矫健，操练水师甚好。至提督张云翼居官优，练兵亦好，乡绅虽不悦，而彼处兵民无不称颂。此数提督皆非易得者也。但张云翼系西人，于南方水土不相宜，常多疾病。"

顾大学士马齐等曰："顺治十六年，海贼犯江宁，宜永贵守瓜州，后镇江已陷，而宜永贵坚守瓜州，终至保全。此事甚显著，而实录内并未载此一段。大都地方官平时无不自矜，及至有事，茫然无知，苟且塞责者多。前福建提督赛白礼在旗下尚为可用之人，后耿精忠叛，彼畏惧托病不出。封疆大臣可作如是举动乎？"

上谕："谕户部，朕宵旰图维，勤求民隐，每欲敷蠲贷之恩，以为闾阎留有余之力。直隶、山东地方四十二年偶遇灾沴，因特免山东四十三四两年额赋，并四十一年以前积欠钱粮。直隶则顺天、河间两府四十四年额赋亦俱豁免。今虽屡年收获，民气渐舒，而所有宿逋，尚应输纳。朕念黎元方有起色，办赋犹艰，一时新旧并征，势难兼应，宜更加宽恤，以弘休养。直隶自康熙四十一年至四十三年，各府属未完民欠银八万二千七百两有奇，粮五千九百石有奇；山东省康熙四十二年，各府属未完民欠银一百六十九万一千七百两有奇。粮五千九百石有奇，或现在征取，或分年带征，俱通行蠲免，俾小民悉除逋负之累。倘应征旧欠，有见完纳在官者，即准抵本年正赋。谕旨到日，该抚速行所属有司，遍示晓谕。倘有不肖官吏朦溷征收，不与开除明白者，该抚即时参劾，严加治罪。尔部即遵谕行。特谕。"

是日，上诣澹泊为德行宫问安。

是日起居注官满保、张廷玉。

十八日乙亥

十九日丙子　辰时，上由西直门进神武门，回宫。

顷之，御乾清门听政。部院各衙门官员面奏时，户部尚书凯音布等入，以八旗成丁册子具奏。上曰："八旗成丁者及各省满洲、在京蒙古、西白其数几何？"尚书凯音布，侍郎穆丹、巴锡俱以不知对。上曰："此事正系尔部之事，理宜详核来奏。且以去年册籍今年始奏，不得谓尔等敬慎矣。成丁册籍俱自八旗咨送，尔部可传谕八旗，查明咨送尔部，尔等详阅来奏。"

刑部侍郎常寿因鞫审广东行劫泛海商舶蔡三十二事，以带往司官索尔敏等引见。上曰："带索尔敏去。"又谓常寿曰："尔部声名甚劣，并不留心办事，常易审之事亦致迟延，倘遇大案，将如之何？凡理事一秉至公，则事始得其正，不至迟延矣。昔尚书图海、对喀纳理事，惟公断无私，不但胜者心服，而负者亦心服，此皆无私之所致也。"常寿奏曰："臣本庸劣，当谨识训谕，遵而行之。"上曰："事当公断为是。"

既而，大学士马齐、席哈纳、张玉书、陈廷敬、李光地，学士恩丕、阿世坦、黑寿、蔡升元、二格、王之枢、杨瑄、宋大业以折本请旨。上曰："吏部、刑部声名甚劣，屡加训饬，竟不悛改，岂谓朕不知乎？堂、司官俱存私意，以至如此，此习断宜改之。"

马齐等以宗人府题，贫穷不能度日闲散宗室四德等，交其伯叔诸兄给与房屋田地奴仆原案，及奉旨行查四德等伯叔诸兄产业折子呈览。上曰："可如所议。为闲散宗室吴尔泰等置房买人需银二千六百五十两，着动支户部库帑，委贤能司官买给。"

马齐等又为补授浙闽总督事，以九卿所保都御史希福纳，侍郎邵穆布，提督张云翼、梁鼐、赵弘灿、俞益谟，巡抚齐世武、赵世显、汪灏、赵弘燮等职名，开折呈览。上曰："此巡抚四人俱可用，亦长于办事。提督梁鼐有武略，学问亦优，战阵熟练。赵弘燮、俞益谟、张云翼人材俱优。梁鼐现任福建提督，着授梁鼐为浙闽总督。"

午时，上由神武门出西直门，至畅春园驻跸。

是日起居注官海宝、钱名世。

二十日丁丑　辰时，上御畅春园内澹宁居听政。部院各衙门官员面奏毕，大学士马齐、席哈纳、张玉书、陈廷敬、李光地，学士恩丕、阿世坦、黑寿、蔡升元、二格、王之枢、杨瑄、宋大业以折本请旨。四川巡抚能泰题捐造泸河铁索桥告成事。上曰："此桥若成，于地方大有裨益，商旅往来亦甚便。督抚中能实心任事，着有成劳如此类者，皆宜以优旨答之。能泰为四川巡抚未久，朕虽未灼知，向为甘肃布政时名声甚好，朕深知之。"

是日起居注官揆叙、史夔。

二十一日戊寅　早，上诣澹泊为德行宫问安。

以巡视北边，自畅春园起行，驻跸三家店。是日，顺义县驻防协领常存、拖沙喇哈番品级章京颜图、顺义县知县杨棠、把总刘芳晖等来朝。

二十二日己卯　上驻跸行宫。

二十三日庚辰　上驻跸密云县。是日，古北口等处地方抽分大理寺寺正李兆龙、翰林院八品笔帖式五十一、密云县把总赵芪谷来朝。

二十四日辛巳　上驻跸行宫。

二十五日壬午　上驻跸行宫。

申时，上出行宫，率皇太子、诸皇子及善射人员射。

是日，以普儿茶赐内大臣、大学士、护军统领、一等侍卫。

二十六日癸未　上驻跸腰亭子。

申时，上出行宫，率皇太子、诸皇子及善射人员射。

是日，石匣营副将师懿德、游击赵武、守备张淑等、千总张六德等、把总陆金龙等来朝。

二十七日甲申　上驻跸行宫。

巳时，上出行宫，率皇太子、诸皇子及善射人员射。

是日，古北口管驿员外罗殷泰、拖沙喇哈番品级章京沙津、同知赵弘揆、都司许天德、把总李雄等来朝。

二十九日丙戌　上驻跸行宫。

申时，上出行宫，率皇太子、诸皇子及善射人员射。

六　月

初一日丁亥　上驻跸鞍子岭。是日，赐领侍卫内大臣等鹿肉。

初二日戊子　上驻跸王家营。

申时，上出行宫，率皇太子、诸皇子及善中人员等射。

初三日己丑　上驻跸化鱼沟。

申时，上出行宫，率皇太子、诸皇子及内大臣、大学士、护军统领并善中人员等射。

初四日庚寅　上驻跸行宫。

酉时，上出行宫，率皇太子、诸皇子及部院衙门官员并善中人员等射。

是日，赐内大臣、大学士、护军统领、前锋统领、副都统、侍卫、亲随护军等鱼。又赐内大臣、大学士画各一幅。

初五日辛卯　上驻跸行宫。

辰时，上御行宫，大学士马齐，学士恩丕、黑寿以折本请旨。吏部一本，为詹事府詹事宋大业员缺，开列少詹史夔等具奏。上曰："詹事府詹事事着杨瑄兼理。"

礼部一本，为下嫁原任都统诺迈之子李迪妻，系和硕简亲王雅布庶妃所生之女，议封和硕格格。上曰："庶妃所生之女封为和硕格格太过矣。嗣后应从减议。此事着交宗人府议奏。"

刑部一本，为山西巡抚噶礼题称，原任阳曲县知县刘显文，为伊妻关氏缢死，贿嘱骁骑校五哥，令不验尸，将刘显文及五哥并拟绞监候，秋后处决。又按察使巴哈布审讯时，使知府赵凤诏令照磨龚调鼎等，痛责原告胡二等语。至巴哈布离任后，又审得巴哈布教衙役傅申等，诬供赵凤诏等情，统候部议。应取确供拟罪，并查不验伤官员，题参到日再议。上曰："巴哈布声名甚劣，朕因此曾将巴哈布解按察司任。"马齐奏曰："巴哈布之事，部议已拟驳回。"上曰："此事前后所审俱蒙混不明，着交与噶礼，限两月明白察审具奏。"

又题审得正黄旗包衣都图所管马甲兴旺供称：我们本旗丑子所管七十六,租我哥哥大硕子房居住。七十六向我妹子钮钮调戏,被我哥哥看见,不给房居住，将伊逐出。后我妹子肚腹渐大，我嫂子看见，吓问，说我与七十六有奸。二月十四日二更时分，我看见七十六又在我们墙上探看，我带领我舅舅皮匠弟扁嘴子到七十六家，拿七十六到我们家内打了，至十八日身死是实。应将兴旺拟绞监候,秋后处决。皮匠扁嘴子应各枷号三个月，鞭一百。钮钮应枷号一个月，鞭一百。不行严禁管束之副包衣大孟成罚俸半年。参领吴拜罚俸六个月。都图系革去包衣大之后兴旺打死七十六，应无庸议。上曰：“兴旺从宽免死，着照例减等完结。余依议。”

既而，上谓马齐曰：“工部侍郎穆和伦，观其为人一无所知，而又执拗，出言必带怒容。曩者，穆和伦曾条奏山东地方多鸟枪火器，当行禁止，并解入官。复欲迁饥民于他省。朕谓山东百姓朕皆抚养有素，倘或有变，朕执一鞭而往，即可绥定，鸟枪等器何必收取？如将饥民迁于他省，则山东无人，地方必至空虚。穆和伦又奏言，蒙古地方喇嘛当一概驱逐。朕谓此种喇嘛惟尔穆和伦或能驱逐，他人断断不能。凡事之不可行者，不但尔穆和伦也，朕虽为人君，亦不便强行。穆和伦虽语塞，然其情状尚以不纳所言为憾。凡事之可行与否，穆和伦并无分晓。及令修路时，谓所修者好既不肯受，谓所修者不好亦不肯受，竟似病狂之人。尔等观之以为何如？”马齐奏曰：“臣任内阁侍读学士时，穆和伦曾任中书，效力之处尚有可取，但其人甚暗昧，既不晓事而又执拗。人即救（纠）正其失，而彼亦不知改。臣等时奉皇上训谕，必谨识之，岂可不知认过而反执拗乎？”

上曰：“昔给事中莫洛、雅齐纳并无要紧事体，每托辞有密奏事，欲独行进奏。朕以向来起居注官从不回避密奏之事，因令近前侍立，以听所言，自此伊等遂不奏一事。此特欲外人不闻所言何事，则此一日之升降官员，皆伊等举奏之力耳。此两人品行甚不堪问。”

既而，上顾问恩丕曰：“尔父殁时，尔年几何？”恩丕奏曰：“臣年十一。”上谓马齐曰：“本朝旧臣朕大略皆知之。恩丕之父大学士车克，每言则必笑，即对司官时，亦皆笑谈办事。”

初六日壬辰 上驻跸行宫。

申时，上出行宫，率皇太子、诸皇子及镶黄旗侍卫并善中人员等射。

初七日癸巳 上驻跸行宫。

申时，上出行宫，率皇太子、诸皇子及正黄旗侍卫并善中人员等射。

初八日甲午 上驻跸行宫。

申时，上出行宫，率皇太子、诸皇子及正白旗侍卫并善中人员等射。

初九日乙未 上驻跸行宫。

是日，赐内大臣、大学士、侍卫等鱼。

初十日丙申 上驻跸行宫。

巳时，上御行宫，大学士马齐，学士恩丕、黑寿以折本请旨。吏部为广东学道翁嵩年、四川学道刘谦、云南学道孙缵功，据该督、抚开列伊等实迹，革除十弊，称职等因。应将此三员内，用一员升京堂。上曰："伊等内有居官好，为众所共知者，着问九卿。"

户部一本，为奏销直隶该属康熙三十五年官兵支给钱粮。上曰："此三十五年巡抚沈朝聘时事，何以迟至此时始为奏销？着户部举其原由回奏。"

刑部一本，为西安驻防正黄旗披甲长生摇惑人心叩阍情罪，拟斩监候，秋后处决。将军博济、副都统佛保、原任驻防协领今升荆州副都统关保等，均议革职，并博济回奏折子呈览。上曰："长生依拟，应斩，着监候秋后处决。博济降五级留任。关保任驻防协领时，为长生专辖官，竟不严加约束，殊属不合，着革职留任。佛保人材庸劣，着革职。其世袭职衔，查原立功人子孙承袭。"

又为正黄旗原任侍卫胜德，遣子凌柱等，向伊伯父索额图之子阿尔吉善索银不与，因而殴打阿尔吉善情罪，拟凌柱枷号二十五日，鞭责七十。胜德鞭责八十。上曰："阿尔吉善、格尔芬俱现在此，着问明具奏。"

又为来君美殴打孙仲侯致死，本当拟绞，但在保辜限外十日内死，应候上裁。上曰："人命关系重大，着九卿、詹事、科、道会议具奏。"

又为杨畹打死罗扬彩，刘宗孟打李重旺致死，情罪俱当拟绞，但伊等亲老并无可以继养之人，请旨留使养亲两案。上曰："将杨畹、刘宗孟拟绞监候，秋后处决。票签展开，俟秋审时，可免其罪。尔等识之，临时举奏。"

又为长芦巡盐御史迈色因盐商查日昌等借欠库银二十一万两，欲令准折家产偿还，而无有知其家产者，请提查日昌等至天津审讯，令彼偿还。议准行。上曰："巡盐御史一年一换，是以凡事惟思卸脱，每至迟延。着直隶巡抚赵弘燮亲往天津，会同御史迈色，将查日昌等家产严查明白，速议具奏。"

工部为总河张鹏翮题高家堰石堤，通判边声威等筑完被冲等因，议完工之处，前者未经申报，而分筑段落及完工不完工官员未经明晰，至今仍有未完工者，应令将迟缓官员题参。上曰："朕四十四年巡阅河工，亲立于高家堰之堤上，于众官民前面谕张鹏翮云，高家堰石工关系紧要，当勒限作速完工。张鹏翮奏云，今限日催工，不久即成。乃至今仍有未完工者，又完工不完工官员未经明晰，所奏朦溷，不合！着张鹏翮明白回奏。"

内阁等衙门以遵旨查功臣事迹、子孙折子及请作传毕，再分次第折子呈奏。上顾马齐问曰："所云作传毕，再分次第何也？"马齐奏曰："此内有因来降授职并未建绩者，其应否作传，俟请旨后，以应作传者，以次撰毕，则易于分等第，故有是奏。"上又顾翰林院掌院学士揆叙问曰："汉、唐、宋功臣尽作传否？亦有不作传者否？"揆叙奏曰："古功臣传内兼载其子孙事迹。至行事相同者，常数人合传，虽不特为之立传，然亦有见之他传者。"上曰："今欲撰毕功臣传，始分次第，大谬矣！况视其功迹分别次第，或有本人功绩少而子孙功绩多者，反置子孙于前列乎？视其功绩分别次第，断断不可；但当因其事迹先后，以定其次第可耳。今应分别太祖、太宗、世祖三朝功臣，以何人居首，着请旨定夺。至逮事三朝功臣，各在于本人折内尽行开载。其子孙内有立功者，令各附载于其祖父下。俟作传毕，可录出分给其子孙各一张，令藏之于家。功臣事迹已俱载在实录，又著之传中，永垂奕世，断不至泯没矣。"

马齐等奏曰："湖广总督石文晟引疾乞休。奉旨：俟田舜年之事巡抚赵申乔、提督俞益谟议覆时再请旨。今赵申乔、俞益谟俱已覆奏。"上曰："俟往鞫田舜年一案都御史梅铜、学士二格回时，令验石文晟病状到日，再请旨。"

申时，上出行宫，率皇太子、诸皇子及镶黄旗护军参领、护军校、护军等并善中人员射。

是日，阿霸垓多罗郡王乌尔占勒喇布来请安。

十一日丁酉 上驻跸行宫。

酉时，上出行宫，率皇太子、诸皇子及正黄旗护军参领、护军校、护军并善中人员射。

是日，赐内大臣、大学士、护军统领、侍卫、护军执事人员等鱼。

十二日戊戌 上驻跸行宫。

十三日己亥 上驻跸喀喇城。是日，赐前来奏事八旗都统御膳雏雉并鱼。

十四日庚子 上驻跸行宫。

十五日辛丑 上驻跸行宫。

申时，上出行宫，率皇太子、诸皇子及正白旗护军参领、护军校、护军等并善中人员射。

是日，科尔沁多罗冰图郡王达达布、科尔沁扎塞克一品台吉葛勒尔来请安。协理科尔沁和硕达尔汉亲王额驸班第旗分事务毕礼滚达赖来进贡。

十六日壬寅 上驻跸行宫。

申时，上出行宫，率皇太子、诸皇子及正红旗护军参领、护军校、护军等并善中人员射。

是日，科尔沁和硕端静公主来进贡。

十七日癸卯 上驻跸行宫。

申时，上出行宫，率皇太子、诸皇子及镶白旗护军参领、护军校、护军并善中人员射。

十八日甲辰 上驻跸行宫。

是日，赐内大臣、大学士、护军统领、前锋统领、副都统、侍卫、护军执事人员等鱼。

是日，土默特多罗达尔汉贝勒马呢来请安。

十九日乙巳 上驻跸行宫。

辰时，上御行宫，大学士马齐，学士恩丕、黑寿以折本请旨。吏部题广东学道翁嵩年等三员，请以一员升京堂事。遵旨，以伊等居官贤否问之九卿，今具回奏折子呈奏。上曰："四川学道刘谦，九卿既以为贤，着内升。"

兵部一本，为石匣守备张淑在迎驾之处诉冤，议革职，交刑部。上曰："张淑着革职，从宽免交刑部。"

又刑部一本，为黑龙江闲散满洲黑色脚踢骁骑校赖皮尼家陈尔平致死情由，拟绞监候，秋后处决。及奉旨，查黑色或系旧满洲，或新满洲。查系旧满洲，谨具折子呈奏。上曰："此事依议。黑色至秋审时，当得宽宥。既宽之后，应充发于江南、浙江等处。尔等可识之，临时启奏。"

又为强盗张翼有等劫王子化家，不分首从，俱拟立斩。上曰："此内举手之陈邵文、汤乘龙、钟宝宝着俱立斩。其不举手之张翼有、钟三、董大、董小大俱从宽免死，照例减等，发往黑龙江将军安置。严押解往，务期必到。"

都察院为审高天培出首原任兵部尚书萨木哈家人塞克图等，俱系吴三桂下应入官之人，隐匿不举是实。审张五私通海贼等事是虚。因拟罪具奏。上曰："前刑部审此案尽虚，人心俱不服。都察院所审明白恰当，可如所议。"

上又曰："吏、兵、刑三部各以本部所结小事汇奏，惟户部、工部、理藩院咨取钱粮之事，俱不奏闻，所以二三十万银两，不过以一咨文取之，而事已毕。此内未必无浮冒之弊，即今户、工、理藩院将京城内所用款项，开折具奏，故每年节省数百万两。光禄寺节省数十万两。嗣后着户、工两部将不启奏、用咨文动支大小款项钱粮，于月终明白汇奏。如此，则凡事知所儆畏，而钱粮大可节省矣。"马齐奏曰："钱粮不冒支，自然可以节省。似此汇奏，则人皆谨慎，自无欺诳矣。"上曰："如钱粮一概俱欲节省，如何可行？但须量其事，当用则用，当省则省，乃为善也。"

是日，喀喇沁护国公沙木巴喇西来进贡。

二十日丙午 上驻跸行宫，赐内大臣、大学士、侍卫等鱼。

是日，喀喇沁多罗都棱郡王额驸噶尔臧来进贡。

二十一日丁未 上驻跸行宫。

二十二日戊申 上驻跸行宫。

辰时，上御行宫，召自福建审事回奏御史索柱入，问沿途田禾美恶及黄河情形。索柱奏言田禾俱茂，河上甚安妥。索柱出。

大学士马齐，学士恩丕、黑寿以折本请旨。吏部为原任广西巡抚萧永藻题，南宁府龙安县知县王克明俸满三年，请即升。查南宁等四府道员以下、知县以上缺出，听该督、抚题补。现任官已经议奏在案，王克明系候缺未补，愿往效力之人。其请即升之处，无庸议，当照常论俸补用。上曰："着九卿、詹事、科、道会议具奏。"又曰："伊等之补用及发往云南等四省听补官员之例，应即行议定。吏部堂官或明知之而故不肯详其议耶，抑被书办欺诳，以至所议阙略耶？可转谕吏部堂官，令知之。"

兵部为福陵总管齐兰布员缺，开列总尉孙柱等具奏。上曰："孙柱人材矫健，着授为总管。"

又刑部一本，据江苏巡抚于准疏称，宋九锡等乘夜将山阳县城内居住生员孙鼎房墙用钻挖入。孙鼎家人周三知觉，挺身而出。九锡等以刀加周三之颈，明火劫去银两衣服。宋九锡等同谋行窃，因而用强，依抢劫城郭禁地律例，拟立斩，枭首示众，部议准行。上曰："本内称用钻挖墙，钻岂挖墙之物乎？原审不明。事关人命，着九卿、詹事、科、道会议具奏。"又湖广总督石文晟题报容美土司田舜年病故。又题参田舜年降逆寇吴三桂时，以其印缴吴三桂。及投诚后，于康熙二十年铸印颁给。今验其印，乃康熙元年所铸。则田舜年私印非仅一颗。上曰："此两事俱发梅铜等一并察审具奏。"又曰："三逆变乱之时，田舜年似未尝以其印给与吴三桂。此印曾给吴三桂与否，及何以换印颁给田舜年，兵部必有册籍可查，着兵部察明具奏。"

马齐等奏曰："臣等遵旨问格尔棻及阿尔吉善。据云，胜德欺凌伊等，不时需索银物。与之则已；不与即加棰楚。"上曰："胜德品行不堪，极其不孝，与其父新玉如仇，故不入其室。新玉打死家奴不可胜计。有是父即有此子，亦理之常也。朕为天下主，未尝妄杀一人。"马齐奏曰："皇上好生之心，不但不妄杀一人，即强盗犹必再四察审，苟有一线可宽，则必宥之。新玉父子行事，诚为凶恶。"上曰："胜德、凌柱着俱枷号三个月，鞭一百。余依议。"

是日，科尔沁和硕达尔汉亲王额驸班代、班代旗下四品台吉三济扎布，土默特贝子班第旗下原任台吉苏克图尔来请安、进贡，额驸策凌之弟公格喇布谈来请安。

二十三日己酉 上驻跸行宫。

二十四日庚戌 上驻跸行宫。是日，翁牛特多罗都棱郡王额驸苍津来进贡。

二十五日辛亥 上驻跸行宫。

二十六日壬子 上驻跸行宫。

二十七日癸丑 上驻跸行宫。

是日，赐内大臣、大学士、前锋统领、护军统领、副都统、侍卫等鱼。又赐文武大小官员等瓜。

二十八日甲寅 上驻跸行宫。

辰时，上御行宫，大学士马齐，学士恩丕、黑寿以折本请旨。户部陈奏直隶各属奏销康熙三十五年支给官兵钱粮迟延原由。上曰："此事太迟，着交都察院察议具奏。"

又为山东巡抚赵世显请，东昌等营、驻防登州满洲兵丁，康熙四十五年应给米二万七千石零，将赈给聊城县等处所余漕粮内拨给。部议仍令动支德州、济南等仓所贮之米分给。上曰："部议甚是，即如所议行。德州、济南等仓果有米藏贮，岂请以赈济所余漕粮拨给乎？诸仓贮米有无，着赵世显明白回奏。"

刑部为强盗林有梅等行劫江宁城内居民管明家，拟立斩，枭首示众。上曰："京城内盗发，则并九门提督议处。江宁府城内有总督、满洲官兵驻扎，城内失事，未知有议处例否？着发该部查奏。"

工部为四川巡抚能泰题泸河安乐地方，助建铁索桥已成，请移化林营沈村防守千总一员、兵一百名镇守。议准该抚所请。建桥既已捐助成功，应加能泰二级。其捐银官员，俟查送到日议叙。上曰："能泰昔以建桥奏请，朕始谓其完工之难。能泰又奏，以为可以建造。朕令其完工之日再奏，今果已报完建造，甚好！大有利于兵民及行路之人。着加能泰五级。余依议。"上又顾马齐等曰："尔等知此铁索桥从来之源否？往达赖喇嘛地方，西路铁索桥甚多，是以安乐地方亦如彼建桥，然与云南铁索桥不同。云南地方傍两石岩钉铁索建桥，极其坚固。安乐地方以石为柱，贯铁索为桥，久后恐未必坚固。”

都察院为长芦巡盐御史迈色有罪，拟革职拿问。其员缺另推。上曰：“迈色之案尚未结，姑勿拿问。俟赵弘燮审奏之时，再奏推此缺。”

又古北口提督马进良题昌平营参将等缺，以游击张世显等补授。上曰：“着行文马进良，召张世显等到此引见。”

又曰：“着行文兵部，将外省所遣引见之满洲、绿旗官员至此地引见。侍郎满丕在此，可差司官率领前来。守备员缺，以年满记名千总补授。伊等皆朕所识之人，以其名开折带来。”

上又曰：“人有自山东来者，问之，奏称：今年山东麦禾俱大佳，直隶地方麦禾亦好，但不若山东耳。”马齐奏曰：“看各省所报，今年禾麦大概俱佳。”

酉时，上出行宫，率皇太子、诸皇子及镶红旗护军参领、护军校、护军等并善中人员射。

赐内大臣、大学士、护军统领、前锋统领、副都统等瓜。

是日，翁牛特多罗达尔汉代清贝勒额尔特布鄂齐尔，额驸苍津之叔二品台吉鄂齐尔，伊子四品台吉丹津、额尔德呢、罗卜臧，额驸苍津之兄二品台吉纳逊，额驸苍津之弟未得品台吉罗卜臧滚木布来请安。

二十九日乙卯　上驻跸行宫。

是日，赐内大臣、大学士、护军统领、前锋统领、副都统、侍卫、护军等瓜。

七　月

初一日丙辰　上驻跸行宫。

酉时，上出行宫，率皇太子、诸皇子及正蓝旗护军参领、护军校、护军等并善中人员射。

是日，赐内大臣、大学士、侍卫瓜。

初二日丁巳　上驻跸行宫。

辰时，上御行宫，大学士马齐，学士恩丕、黑寿以折本请旨。兵部为湖广总督石文晟题兴国营参将员缺，请以游击王朝相补授。查系越级升补，不准行。中军守备员缺，请以年满千总杨开春补授，议准行。上曰：“王朝相等着引见。”

又为原任云贵总督今升户部侍郎巴锡等题进征红苗阵亡被伤官兵，请赐恩恤。应俟该督分别议奏之后再议。上曰：“进征红苗阵亡被伤官兵，席尔达所奏极明，何俟督、抚具题，迟延日月？彼时督、抚俱已更换，若俟伊等分别议奏其事，必至迟久，官兵不得沾实惠矣。着严责兵部堂官！此本发还，着另议具奏。”

刑部为暂管奉天将军事贝子苏努等，审得锦州拨什库石图，首告锦州城守尉陶赖多取税银不交部等款是实，拟将陶赖革职。石图自身既来告状，又代他人叩阍，拟枷号两个月，鞭一百。议如该将军等所奏行。上曰：“所拟陶赖等罪允当，可如所议行。贝子苏努曾奏石图好讼，系一枭棍。着将石图枷号鞭责后，发白得纳当差。并行文该将军，令其凡事不可差遣。”

又曰：“昨有雅图出首副都统罗察侵蚀佐领官田租息等款。雅图乃罗察族祖，亦一枭棍。佐领内设法办理之事极多，此等小事俱欲诛求，则谁能免于过误？”马齐奏曰：“好讦人者，即不良之人也。”上曰：“雅图必欲陷害罗察，故捏称索额图之死，常为嗟叹等语，加诸罗察。昔吴三桂之乱，索额图时参谋议，从未发一善策。中路大兵至科图地方，索额图先众畏怯，首议旋师。索额图有何劳迹而罗察嗟叹之。罗察固与索额图无恶，即与之好，亦何所急而向雅图等辈议论乎？此必无之事也。”马齐奏曰：“灭三逆及噶尔丹皆皇上指授之神谟，天下人无不知之。皇上亲政四十余年，凡事情理无不洞澈。此等诬陷之事，一览自有明鉴也。”上曰：“索额图常奏言，当斩议迁三逆之人，朕不准行。朕自亲政以来，断不许互相陷害，是以无大臣互相诬讦之事。惟此一端，朕心颇以为善。前此陷害者，诚不堪问。”

马齐奏曰：“上驷院之费扬古等四侍卫及苏纳海、苏克萨哈等相继陷害，臣犹及见之。苏克萨哈有何罪而戮及孩提？亦太狠毒矣！皇上亦尝屡言及此，为之嗟叹。皇上不诛鳌拜巴图鲁，但令监禁，如此宽大，可谓仁之至也。臣等遭逢盛世，得享太平，亦皇上再三申谕，不许互讦之恩也。”上曰：“此等诬陷人及攻拔城垒而屠戮人者，子孙断乎不昌，贪官亦如是。昔者广西巡抚屈尽美罢归，百姓铲去马迹。又韩世琦、白如梅、贾汉复、张长庚等皆以贪劣之故，伊等子孙极其贫困，不能自存。或有学道考试不公，所生之子，书读过即忘，或有哑者。近闻李录予试事毕，即双目不见。大有关系，殊为可畏！”

上又曰：“观武会试亦未尝公。前次考试时，朕有所识之人，亦与试事，朕恐使人知之，则朕所识之人务必取中。凡人功名关系，但欲其公取耳，故不以之告人。朕尚以孤寒抱屈为念，试官何不一计及于此乎？”马齐奏曰：“此皆有私心，故考试不公耳。”

上问起居注官揆叙曰：“汪霦何如？”揆叙奏曰：“所学虽甚优，然其人巧谲。”上曰：“朕未点汪霦为正主考之前，曾问熊赐履，彼时即不为熊赐履所齿。”又问曰：“吾观吴涵为人心术尚好，然乎，否耶？”揆叙奏曰：“诚然。”上曰：“吴涵心术好，且极谨慎，不使诸事加乎其身。观何焯不但躁妄，乃一强狠之人。太（大）约观汉人虽似易，而知之却甚难，凡其所言，必计及日后，易于变更。朕则不然，既出之言，断乎不改。”马齐奏曰：“皇上之言，皆可为天下法则。”揆叙奏曰：“臣等虽日与汉官同处，总不能深知之。皇上则一见其人，其善恶无不立辨。”

申时，上出行宫，率皇太子、诸皇子及镶蓝旗护军参领、护军校、护军等并善中人员射。

是日，赐内大臣、侍卫瓜。克西克腾查克萨一品台吉齐巴克查卜旗分协理旗务四品台吉班第请安、来贡。

初三日戊午　上驻跸行宫。是日，以八公主下嫁翁牛特多罗杜棱郡王臧津，上御行宫二门，赐额驸臧津之叔协理旗务二品台吉鄂齐礼，三品台吉伊特格尔，四品台吉丹津、额尔德尼、罗卜臧、济喇墨、班第萨哈、达尔济色棱噶卜楚、额尔坠、盆苏克、西喇卜敦住、班第、讷门、乌尔图纳苏图、鄂奔、崔达尔绰木、盆扎木苏、色布滕、西禄克、额邻臣、阿马苏第、达木巴、萨马达、博恩巴木巴萨哈、西胡尔特、纳木扎布老三、老占扎西固禄格毕礼克格勒尔噶尔桑未得品台吉固木布、鄂齐尔图沙津达赖等及内大臣、侍卫宴。命额驸臧津之叔协理旗务二品台吉鄂齐尔、三品台吉伊特格尔至御座前，上亲赐酒。又命四品台吉丹津等进前，令侍卫赐酒。其不与宴之大小官员及翰林官，俱移宴赐之。又遣侍卫出视随营商贩，均赐食。宴毕，众皆谢恩。上回行宫。

初四日己未　上驻跸行宫。

酉时，上出行宫，率皇太子、诸皇子及乾清门侍卫、善中人员等射。既而，兵部侍郎满丕引提督马进良题推昌平营参将等缺游击张世贤、都司张守奎、守备赵国良入射。上一一问其履历，谓满丕曰："使伊等补授所推员缺，不越级否？"满丕奏曰："诚为越级。"上曰："既系越级，复无军功，昌平营参将员缺，着另拟补。"

赐内大臣、侍卫瓜。

初五日庚申　上驻跸热河。

初六日辛酉　上驻跸行宫。

辰时，上御行宫，大学士马齐，学士恩丕、黑寿以折本请旨。宗人府为闲散觉罗殷泰打死仆妇噶尔马什，议枷号四十日，鞭一百，罚一人入官。上曰："殷泰每醉必捶挞奴仆，极其惨酷，着枷号三个月，鞭一百。彼好杀人、打人，俟枷满之日，令宗人府诸王公同痛责，问其痛楚否。"

又刑部为牧长存柱往永清县喂马，将牧人纪宁察用小刀戳死，议交该旗都统，照新例立斩。将纪宁察尸骸投于井中之道儿等，俱枷号两个月，鞭一百。七品牧长二格等俱应革职。无品牧长北京应革退牧长。上曰："牧长、牧人有横行扰害小民、庄头者，事发必诛，并将该管官员严加治罪，断不姑恕，几经严谕矣。今人命事发，并不将该管官员议罪，且事内人犯所议皆轻。着察原旨，严加议罪具奏。"

又两广总督郭世隆题参，惠州营副将李春茂怠玩，有误营务。上曰："李春茂为人昏昧庸劣，所参甚当。着革职，交该督拿问。"

户部侍郎穆丹为差官收买铜钱。天津、临清钱价已长，但五城地方，人皆换搀小钱者多，换好净钱者少。其好净钱仍一两换一千七百，价并不贵。开折奏闻。上曰：“查拿小钱，乃五城提督、府尹专司之事。查拿疏忽，是以仍用小钱。若不将伊等治罪，则用小钱者不止。着将五城官员、九门提督、府尹交都察院严加议处具奏。如用小钱者不行则已，若仍不止，将伊等二、三月一次，严加议处，自有头绪矣，岂有法不行者乎！”

马齐奏曰：“古北口提督马进良所题昌平营参将员缺，坐推游击张世贤等，已经皇上阅射，命另行拟补。请旨应将何人补授？”上曰：“昌平营参将员缺，着将进士侍卫马惠伯补授。”

酉时，上出行宫，率皇太子、诸皇子及銮仪卫官并善中人员射。整仪尉拴住、前锋金保住善射，各赐白金百两以奖之。

又赐内大臣、大学士、侍卫鱼。

初七日壬戌 上驻跸行宫。

是日，赐二等侍卫以下，护军校、护军以上鱼。又赐内大臣、大学士、侍卫瓜。乌朱穆秦多罗和硕额尔德呢博木布之母福金、贝勒博木布、和硕额驸多尔济塞棱来请安。

初八日癸亥 上驻跸行宫。是日，赐内大臣、大学士、侍卫瓜。

初九日甲子 上驻跸行宫。

辰时，上御行宫，刑部侍郎常绶、郎中索尔敏为往审蔡三十二等行劫广东泛海商船事，恭请训旨。上曰：“惟当公审。”又谓常绶曰：“视尔刑部之事，罅隙甚多，部务不理，则于尚书、侍郎有何佳处？此后各当敬慎，若更有罅隙，朕知之，则不利于尔等矣。”常绶奏曰：“此皆臣等庸劣之处，有何辨处？”上曰：“既自知庸劣，安可复居大臣之位？谓尔贤能，故简任大臣，竟不黾勉，以副擢用之意。但有谓庸劣，亦何补于事乎？自谓庸劣者，特为免罪计耳。凡事但不黾勉则已，果能黾勉，岂有难能之事？”常绶奏曰：“臣当谨记圣训，竭力自效。”常绶等出。

大学士马齐，学士恩丕、黑寿以折本请旨。宗人府为简亲王雅布侧妃所生女下嫁李迪，请照多罗贝勒之女品级，封为多罗格格。嗣后凡王、贝勒侧妃所生之女，俱减二等授封。上曰：“所议甚是。至格格衣饰、车轿、仪仗等物尚未定议。本发还，着会同礼部定议，合疏具奏。”

户部为奏销直隶所属地方康熙三十六年支给官兵钱粮事。上曰：“如所议行。此三十六年事也，何以迟之至今始奏？迟缓原由，着交都察院察议具奏。”

礼部为多罗信王洞额薨，请加恤典事。上曰：“洞额授都统袭封王爵以来，并无劳迹，原系军政问罪之人，不准恩恤。其王爵亦当论嫡长所生，应以前信郡王鄂占之子袭封。”

又兵部为川陕总督博济以兴安镇城内失火，兵丁乘势劫夺回民，劾参原任兴安总兵今升正蓝旗汉军副都统何天培约束不严，有玷职守。上曰：“何天培居官声名不佳，朕欲使之离兴安，故授为副都统，非升用之也。今既劾其有玷职掌，着革职。”

直隶巡抚赵弘燮为通州知州员缺，请将革职勒限追赔停升之东安县知县王友直，令戴罪补授通州知州。上曰：“赵弘燮昔在朕前尝奏称，向有此等戴罪升补之例。通州地方紧要，王友直人材可用，准如该抚所题，令王友直戴罪补授通州知州。”

是日，赐内大臣、大学士、侍卫瓜。

初十日乙丑 上驻跸行宫。

申时，上御行宫，兵部侍郎满丕，以召来引见之云南副将许凤及引见游击杨长等十人试射。上一一问其履历，谓满丕曰：“游击马玉掣得直隶抚标中军游击员缺，着将巡抚所推旧州营吴道辅补授，以马玉补吴道辅缺。余俱照所题用。”

既而，上率诸皇子及镶黄旗侍卫并善中人员射。

十一日丙寅 上驻跸行宫。早，红批谕兵部侍郎曰：“观许凤人材甚矫健，着暂留京，用之于近海要地，仍令食副将俸。”

申时，上出行宫，率镶黄旗侍卫及善中人员射。

是日，赐内大臣、侍卫、护军校、护军、执事人员羊。奈曼多罗达尔汉郡王班第、敖哈多罗额驸扎木素来请安。

十二日丁卯 上驻跸行宫。

十三日戊辰 上驻跸行宫。是日，赐内大臣、大学士、侍卫瓜。阿霸哈纳尔多罗贝勒布昭来请安。

十四日己巳 上驻跸行宫。

申时，上御行宫，大学士马齐，学士恩丕、黑寿以折本请旨。兵部查密云等县装载武备院账房等物，随营解送雇车一项。该抚称，康熙四十年以前，并无雇车之事，而部册开三十七年以来，曾经用车，前后舛错。拟将原任密云知县升景州知州周钺等各罚俸一年。上曰："所拟之罪既轻，而事复不行议结，甚是朦溷。着再明白议奏。"

刑部为胡喇代等叩阍，首告伊主礼部尚书席尔达事。审得以桃木书皇上及皇太子年庚八字，埋于地下，并无实据。至任川陕总督时受财及征红苗时受总督、提督、总兵官馈遗等事，应行文该督、抚查明，取供到日，再加详审。上曰："揆此事皆虚。"马齐奏曰："席尔达身为大臣，岂肯用桃木书皇上及皇太子年庚八字埋于地下？此必无之事也。"上曰："倘反坐胡喇代等，则罪至性命。应作何处治，尔等议奏。"

又为强盗林友美打劫江宁城内居民管明家拟罪一案，及查定例，该督罚俸六个月，由吏部汇题。至驻防满洲官员无议处之例。奉旨查奏具折呈览。上曰："失事地方果系将军该管之处，则将军亦应一并议罪。"

巡视南城浙江道御史袁桥，列款参劾山西巡抚噶礼贪恶。上曰："将此所参事情，着噶礼明白回奏。"

十五日庚午 是日，上驻跸喀喇城。

翁牛特多罗杜棱郡王额驸臧津之母福金及台吉鄂齐尔来请安。

十六日辛未 上驻跸行宫。

十七日壬申 上驻跸行宫。

酉时，上出行宫，率皇太子、诸皇子及正黄旗侍卫并善中人员射。顾见光禄寺卿卫齐侍立，曰："尔疾甫愈，不宜久立于此，恐至颠仆。此后凡集会侍立之处，俱不必来，尔可即出。"卫齐跪奏曰："臣患危症，蒙皇上轸念，遣御医眕（诊）视，得以重生。自此以后有生之年，皆皇上所赐也。"免冠叩首出。

上顾皇太子曰："卫齐得口鼻歪斜之疾，朕谕彼归家。彼言死则死于外耳，岂有随驾而来，半途而归之理？且公主下嫁，例设筵宴，乃臣专掌之事，臣若归去，无代臣理事之人，坚辞不归。"

是日，归化城都统吴赫来贡。

十八日癸酉　上驻跸行宫。是日，赐内大臣、侍卫瓜。

十九日甲戌　上驻跸行宫。

辰时，上御行宫，大学士马齐，学士恩丕、黑寿以折本请旨。刑部为喇嘛太监巴国用家雇工妇人张大姐，因巴国用之嫂周氏打骂怀恨，将菜刀杀死周氏四岁之子济儿，拟凌迟处死。上曰："张大姐固当死，但因杀四岁孩童，凌迟则太过矣。张大姐着改为立斩。"

又为河南鹿邑县私铸，拟刘纯、陈赞、杨洪印立斩，黄友立绞。上顾马齐曰："尔等之意云何。"马齐等奏曰："今用小钱者，皆买大钱铸小钱之故也，若不杀此辈，则私钱断不能禁。"上曰："事关人命，着将刘纯、陈赞、杨洪印改拟斩，黄友改拟绞，俱监候，秋后处决。"

都察院查，户部奏销直隶所属地方康熙三十五年支给官兵钱粮一案，迟至两个月、三个月、五个月不等。尚书凯音布等、郎中勒奇纳等应各罚俸一年。郎中根特等应各降一级，罚俸一年。上曰："伊等议处固当，但部件之逾限与否，科、道官察销月终奏闻。此事逾限迟至数年，科、道官何以不行察出而纵之使过乎？着都察院察议具奏。"

马齐等以遵旨议奏首告尚书席尔达之胡喇代等，交与内务府总管，令于当安置之处安置，具折子并原案奏请。上曰："此本发还，可即结案。尔等所议未当。若将胡喇代等交内务府总管安置，则另立户矣，如此，则开家奴告主之端。着将胡喇代等发往乌喇。"

马齐等奏曰："工部分晰应照前减价、应照原价诸物，开造黄册具奏。奉旨交臣等阅奏。据改减价为原价者八百六十五件，内松木等四百二十四件，似应略减。其余俱相符，无庸议。"上曰："减价太过，则商人不能堪。着问随驾工部侍郎穆和伦。"

二十日乙亥　上驻跸行宫。是日，科尔沁多罗扎萨克图郡王鄂齐尔差参领吴特汉来请安。

二十一日丙子　上驻跸行宫。

二十二日丁丑　上驻跸行宫。是日，赐内大臣、大学士、侍卫鱼。科尔沁多罗郡王戴布等来请安、进贡。

二十三日戊寅　上驻跸行宫。

二十四日己卯 上驻跸行宫。

辰时，上御行宫，大学士马齐，学士恩丕、黑寿以折本请旨。九卿议广西南宁府隆安县知县王克明，虽系候缺未用愿往效力之人，不得与现任官调补者比，但在烟瘴地方历任三年，亦应照调补官之例，即行升用。至遣往备用人员，或授广西南宁等四府、云南沅江等四府，任满三年；或授鹤庆等七府、州，任满五年。亦应照调补官之例，即行升用。上曰："尚书敦拜甚昏昧，此事又为人所诳矣。此等具呈愿往效力者，其中亦有十年、十五年不得补用之人。若将伊等俱三年任满即升，则太侥幸。着九卿再议具奏。"

吏部为浙江布政使员缺，应升合例者，惟江西按察使黄明，应将黄明正推。以俸未满而无罚俸之按察使内，名在前者陪推。上曰："若举陪推之人，又多一事。着即将黄明升授浙江布政使司布政使。"

又顺天府府尹施世纶，为大兴县知县李锦已经调用，大兴、宛平二县，系京师首县，祈勅部简选能员补授。相应行直隶巡抚，令伊将所属知县内，简选具奏。上曰："李锦居官何如？着问施世纶具奏。"

户部议御史邵观条奏，五年一次编审人丁，有司官应挨查从公编审。其公用之项，不许派民，应令捐俸。拟准其所奏。又称，旧例增二千丁以上者，纪录一次，此例应停。此处应无庸议。上曰："着九卿、詹事、科、道会议具奏。编审人丁之年已近，邵观条奏必有原故，着以此谕知九卿。"

刑部议，私铸人犯韩元文、曹有禄、曹孔兴拟立斩。上曰："韩元文等俱改为拟斩监候，秋后处决。嗣后有此项私铸情罪，议立决之事具奏者，尔等识之，临时举奏。"

云贵总督贝和诺题，云南按察使刘荫枢已授广东布政使，现有云南布政使缺出，请以刘荫枢补此缺。上曰："刘荫枢着照该督所题，授为云南布政使。"

马齐奏曰："臣等奉旨，以工部减价物件请照原价之事问侍郎穆和伦。据言皇上屡念商人之苦，每有谕旨，是以请照原价。今若以减价为原价，则商人不能行走矣。"上曰："商人之苦是实，着照部议。"上问马齐曰："穆和伦曾对尔等发怒否？"马齐奏曰："穆和伦于问彼之言外，尚多闲言，臣等不听。谓之曰，尔但答所问足矣，穆和伦始不敢放言。”上曰：“穆和伦人不甚恶，但性拗执。朕听政四十余年，何人不知？何事不历？似此执拗之人，即如是而止犹可，倘有大事，必至贻误，而身亦罹祸矣。昔经略莫洛于事敏达，而骑射亦精，人材壮健，但偏执己见。莫洛欲率伊所招绿旗兵进剿王辅臣，谏云，绿旗兵乃召募之人，不可信用。莫洛言，我所信用之人，人有负我者乎？我必成功。如不成功，誓不与汝相见。朕所遣纳尔泰亦在彼，力劝阻之。莫洛谓纳尔泰为童稚何知？不听。与莫洛同行之郎中萨哈连，其人颇佳，而貌亦伟。萨哈连驰报至京，朕谓之曰，汝往谕经略，断不可亲率兵前进，进必有变。莫洛执意欲行，至宁羌州地方，王辅臣标下官兵鼓噪，其身被害。于成龙亦妄带人至河上，自谓所带人员断不负彼，而信用之。事皆误于此。朕往阅南河，在御坝上亲指示黑硕子，令在此地下桩筑堤，乃过三季不筑，而河工皆不可问矣！为此治黑硕子之罪。后张鹏翮到任，并无别项效力，但遵朕所指，急速筑堤，而河工告成。既筑此堤，有利于民，故众民咸喜，名之曰：御坝。故不听人言，而妄信人，未有不误厥事者也。”

二十五日庚辰　上驻跸蓝旗鹰庄。是日，喀尔喀扎萨克多罗郡王纳木扎尔来请安。

二十六日辛巳　上驻跸行宫。是日，赐内大臣、大学士、副都统、侍卫、护军校、护军鱼。

二十七日壬午　上驻跸行宫。

酉时，上出行宫，率皇太子、诸皇子及正黄旗侍卫并善中人员射。继令天津总兵官师懿德、宣府总兵官康泰、张家口副将司九经、三屯营副将段腾龙、河间府副将路振声射。

是日，赐善中三等侍卫哈达纳，护军校金保住，护军四十、第桑阿及索伦人等衣服俱一袭。

巴林和硕荣宪公主来请安。

二十八日癸未　上驻跸青城。是日，四公主、差一等护卫额林臣来请安。乌朱穆秦和硕车陈亲王塞登敦多卜旗下辅国公滚布扎卜来请安、进贡。

二十九日甲申　上驻跸行宫。

辰时，上御行宫，大学士马齐，学士恩丕、黑寿以折本请旨。吏部为顺天府府尹施世纶题大兴县知县李锦员缺，议令直隶巡抚选择具奏。又奉旨将李锦问施世纶。据云，李锦居官平常，操守不及。上曰："俱如所议。李锦昔任黄梅县知县，居官不善。今任大兴县知县，居官亦不善。着该部议处具奏。"

又汇题事内，告病山西泽州知州陶自悦，议令休致。上曰："陶自悦居官好，而所学甚优，乃有名之士。"又问起居注翰林院掌院揆叙曰："陶自悦所学优乎？"揆叙奏曰："所学甚优。"上曰："可如所议。陶自悦着来京。"

兵部为两广总督郭世隆题原任游击蔡宽，既经遣往广东候参将缺，请补海门营游击缺，授为参将，仍管游击事。吴川营游击程龙，奉旨对缺略升补用，其缺另行升补。请将程龙品级略升，仍留吴川营游击任等因。议得海门营游击已补谢承佑，吴川营游击已补陈虎，应无庸议。上曰："蔡宽照该督所题，授为参将，管海门营游击事。程龙品级略升，仍留吴川营游击之任。其原缺所补谢承佑、陈虎着留广东，俟游击缺出补用。"

又镇远将军管贵州提督事李芳述，为中军副将员缺，请以游击李熊补授。议此副将员缺，已奉特旨补授杨弘基，应无庸议。上曰："李芳述年既老而又为将军，当留其颜面，可如所请，授李熊为中军副将。杨弘基着留贵州，俟副将缺出补用。"

刑部为江西巡抚郎廷极，审得南昌县知县王廷对，扣取地丁银二万一千余两是实。拟斩，追银。前任布政使卢崇兴、李兴祚，现任知府刘涵等，俱系诬扳，应无庸议，相应驳回。上曰："郎廷极自藩司授巡抚以来，居官不善，观审此案既徇情，又胡涂不明，着发郎廷极再审明具奏。如仍徇情不加详审，将郎廷极革职议处。"

又汇题案内，有理藩院员外保住，打死其家人金世英。议罚俸一年。上曰："部院衙门官员皆读书之人，当留心行善。自为笔帖式之日，即当思光荣祖父，垂名后世，自有出身之日，大学士、尚书亦不难到。果所行正道，何患不为大学士、尚书乎？如所行贪酷，不但部院不可容，亦断不能上进。保住一员外，即打死人，其素行可知矣。倘云误杀，则朕为人君，何以未尝误杀一人？部院大臣理当教训司官、笔帖式，行善为是。此等人岂可复留衙门？可依部议，而令保住随旗上朝。”

又汇题事内，有正白旗胡兰家福兴之女三孩子，卖与同旗雅奇家缢死，后福兴等往殴打雅奇家之苏一凤。议将福兴等鞭八十。福兴之妻之表弟太监张玉审系无干，无庸议。上曰：“殴打苏一凤之事，议与太监张玉无干。朕平时不许太监生事，法禁甚严。此事既与张玉无涉，何故同往乎？此皆该管首领约束不严，使张玉得乘暇前往。着将张玉及该管首领一并严加议处具奏。”

又福建提督吴英以年老请休。上曰：“吴英效力行间，历年已久，沿海营务极其谙练。自简任提督以来，整饬营伍，安辑兵民，正资料理。着照常办事，不必以衰老求罢。”

是日，赐内大臣、大学士、侍卫鱼。

三十日乙酉　上驻跸行宫。

酉时，上出行宫，率皇太子、诸皇子及正白旗侍卫并善中人员射毕。

上召新授福建提督蓝理、天津总兵官师懿德使前，谕蓝理曰：“福建近海，关系紧要。昔谙练海战者犹有其人，今则甚少矣。且天下承平日久，人皆贪于逸乐，若不预先训练，万一有事，欲令其舍命冒险难矣！尔当小心约束操练，务期兵民辑睦。”蓝理奏曰：“臣原系福建兵丁，蒙皇上洊擢总兵官，今已特授臣本乡提督，显荣已极。臣又得与老母同居，正愧不能仰答高厚之恩。今又准臣所请，赐臣母“昼锦萱荣”四大字匾额，臣虽粉骨碎身，何能仰报？臣与臣母得在一处，不胜踊跃欢忭。皇上恩宠甚深，今将辞去，恋主之情甚切，臣愿一年一次来京瞻仰天颜，仰请训谕。”上曰：“尔毋轻弃汛守地方即来朝见，但候朕旨可也。”上又谕师懿德曰：“天津地方近在京师，不必多训。昔者赵良栋为天津总兵时，居官甚善，尔但奉以为法足矣。尔年既壮，人材亦佳，但毋得气胜，当以骄傲为戒。若骄傲，则大事误矣！”师懿德奏曰：“臣世受皇恩深厚，请谨记圣训遵行。”

八　月

初一日丙戌　上驻跸张三营。

初二日丁亥　上驻跸行宫。是日，赐内大臣、大学士、护军统领、护军参领、护军校、护军等鱼。

初三日戊子　上驻跸五十间房。

酉时，上出行宫，率皇太子、诸皇子及正白旗侍卫并善中人员射。

初四日己丑　上驻跸拜布哈谷。

初五日庚寅　上驻跸黄陂红川两界。

初六日辛卯　上驻跸黄陂谷。

初七日壬辰　上驻跸柯衣通果尔。

申时，上御行宫，大学士马齐，学士恩丕、黑寿以折本请旨。九卿为川陕总督博济题，陕西原报余米内未完三十一万石零，请顶捐。议准行。上曰："陕西捐纳之事，年已甚久，今又将未完三十一万余石奏请顶捐，殆前次捐纳之事有未清款项，欲藉此以补完，或地方官欲借此图利，亦未可定。若在京城使之顶捐，则事易完，亦无枝蔓。着九卿、詹事、科、道会同另议具奏。"

吏部议原袭二等阿思哈尼哈番今革职伊萨哈之职，照例不准承袭。上曰："伊萨哈本身所得一拖沙喇哈番及三次恩诏所加官职，着俱除去。其祖伊尔格德原授二等阿达哈哈番，可仍留与伊萨哈，令其效力行走。"

户部议御史王令树条奏，运丁买补河干所欠米数，应交看门章京稽查，仓场侍郎亲身查验米袋，始令其车入仓等款。上曰："着九卿、詹事、科、道会议具奏。但收米在迩，有此条奏，必有情弊，可以此意转谕九卿。"

又议两广巡盐御史柏度题，原任粮道张天爵擅动库银，所买四千河盐，限四年带售之处，行该抚等会同确议，具奏到日再议。及两广总督郭世隆回奏，盐运使陆曾任内亏空钱粮，请着众商限年完纳事。上曰："存此二事，俟巡抚范时崇、提督赵弘灿、御史华善察奏之时，一并议奏。”

酉时，上出行宫，率皇太子、诸皇子及善中人员射，继令总兵官康泰等射。

初八日癸巳　上临幸巴颜额尔追地方，翁牛特诸台吉及众蒙古男妇弥望遍野，列跪道左。俱奏言：“臣等翁牛特地方向来谋生甚难，蒙皇上差遣官员，教以谋生之道，禁止盗贼，加以养育，又赐之牛羊，使之孳息，臣等翁牛特蒙古，俱已各得其所矣！今又下嫁公主于吾王，圣驾亲临，翁牛特蒙古光荣多矣！”合词迎驾，欢呼动地。

上至巴颜额尔追，驻跸于八公主府。是日，赐诸大臣、侍卫宴。

初九日甲午　上驻跸行宫。

是日，翁牛特多罗郡王额驸臧津献鞍马九匹、骆驼九头、空马九匹、牛五十头、羊二百只。向侍卫喇什奏曰：“蒙父皇宠临臣宅，乞将臣所献马、驼、牛、羊颁赐扈从人员。”奉旨：给直郡王、七贝勒、皇十三子、平郡王、海山贝勒、皇子保寿、直郡王子、五贝勒子等马各一匹。余不受。翁牛特旗下都统土卜扎卜等来贡。

初十日乙未　是日，正红旗游牧地方驻扎。巴尔虎格隆扎木三、哈（喀）喇沁扎萨克他布囊格勒尔来贡。上驻跸希卜楚口。

十一日丙申　上驻跸努呼代口。

十二日丁酉　上驻跸哈必尔岭口。

十三日戊戌　上驻跸行宫。是日，科尔沁和硕卓力克图亲王巴特玛、科尔沁多罗宾图郡王达达布、土默特多罗达尔汉贝勒马尼、乌朱穆秦辅国公滚布扎卜来贡。

十四日己亥　上驻跸柳林口。

十五日庚子　上驻跸行宫。是日，土默特多罗贝勒马尼旗下附居喀尔喀多罗贝勒老臧、喀尔喀一品台吉顾勒尔德来贡。

十六日辛丑　上驻跸富沟口。是日，赐大臣、官员、侍卫、职事人员鹿狍。

十七日壬寅　上驻跸行宫。

十八日癸卯　上驻跸扎克丹俄佛罗。是日，赐大臣、官员、侍卫、职事人员鹿狍。

十九日甲辰 上驻跸伊孙萨尔巴里地方。是日，敖汉多罗郡王札木素来请安。

二十日乙巳 上驻跸昂邦久和洛。是日，乌朱穆秦和硕车陈亲王塞登敦多卜旗下三品台吉毕什勒尔图来贡。

二十一日丙午 上驻跸行宫。

辰时，上御行宫，大学士马齐，学士升兵部侍郎恩丕，学士黑寿、舒兰以折本请旨。吏部题广东布政使刘荫枢已调云南布政使，应俟升任云南布政使高必弘到部之时，另行补用。至刘荫枢员缺，无合例正推、陪推之人，请将俸未满人员内名次在前者，作正推、陪推。上曰："着以高必弘补授广东布政使。"

又议捐纳笔帖式以知县用。上曰："都统笔帖式皆由嘱托都统得以进身，不得与部院办事笔帖式同例以知县用。着另议具奏。"

又为原任大兴县降调知县李锦议革职。上曰："李锦向为黄梅知县，罢任时求百姓保举。今为大兴知县，罢任又求百姓保举。其人不端，着革职，安插奉天。"

又为原任广东运使杨茂祖等三员，亏空银两，督催未完。议原任同知佟铭等，各罚俸一年。上曰："其事如所议行。杨茂祖、陈长庆、郑默亏空银两，务令催完。"

兵部为直隶巡抚赵弘燮条奏，匪类中有老瓜贼名色，谋财杀人，甚于强盗，请交守汛兵丁、地方官员严行缉拿，议准行。上曰："此事拟有两票。其一云，此事于地方有无扰害，着九卿、詹事、科、道会议具奏。不知谁出主见，拟此票签？岂有所见而云然乎？着问明具奏。"

又古北口提督马进良，为喀喇城地方驻防官兵请建房分给。议交提督马进良设法建造。上曰："此项官兵住房，若交马进良设法建造分给，必至扣除兵饷。喀喇城等处守防千总，俱自内府大臣拨给田地房屋。彼处现有多余田地，尔等可会同内务府总管议奏。"

刑部议覆顺天府府尹施世纶条奏，请禁五城副指挥吏目私准词状用刑。严禁光棍巧捏名色，冒为买卖牙行开店，擲逼买卖人等到伊店内卸货。又恶棍代人捐纳，请定严例治罪。又不肖之徒，将唱秧歌妇人惰民婆接去饮酒，赌钱生事，请将此等妇人尽行逐回本籍，俱议准行。上曰："此事俱如所议行。嗣后有违此禁者，着施世纶不时察参。"

又为云贵总督贝和诺奏，土司杨国兴贪婪，理应拟绞。查中枢正考开载土司官贪婪革职等语，但令杨国兴仍居本地，不免互相仇恶，请免死发辽阳安插。议仍拟绞。上曰："杨国兴照该督所奏，从宽免死。杨起烈、杨起谟及其妻一并发辽阳安插。"

又为江苏巡抚于准题，原任镇江知府谭允诚赔完扣克银两，请免死减等发落。议俟那移银两完日再议。上曰："谈允诚那移银两未完，该抚何以为之奏请减等？着将此项未完银两，务期作速催完。此事部议甚是，着谕该部大臣。"

又江苏巡抚于准请将充军流徙人等，照解逃人例递解。议不准行。上曰："江南遥远，解免死减等充军流徙罪犯，签役解送，恐衙役不敷，亦未可定。着另议具奏。"

湖广提督俞益谟题，现患发背，不能偕钦差大臣会审土司田舜年事。上曰："俞益谟谙练戎行，人材甚伟，俟病痊时，仍会同梅销等审田舜年一案。"

上问舒兰曰："尔前往达赖喇嘛地方，回京时过宁夏，观总兵官刘官统居官何如？"舒兰奏曰："臣前次往看黄河源时，见刘官统居官平常，今较前觉优。"上曰："向有差往者问之，俱未称刘官统有超拔处，今虽振刷，亦视前少优而已。"又问："甘州提督吴洪、西宁总兵官殷特、大同总兵官张文焕如何？"舒兰奏曰："伊等居官俱优。"上曰："殷特居官优，而人材亦甚伟。吴洪、张文焕居官俱优，尔言是也，但未尝经历行阵耳。"

二十二日丁未 上驻跸巴儿齐尔地方。

二十三日戊申 上驻跸庸安拜口。是日，张延库图克图、喀尔喀咱雅班达达库图克图、喀尔喀额尔德尼、伊拉古克三喇木扎卜库图克图、土默特固山贝子班第、乌朱穆秦和硕车陈亲王塞登敦多卜使长史鄂尔津来贡。

二十四日己酉 上驻跸土城。是日，阿霸垓多罗郡王吴尔占噶喇卜之弟协理旗务台吉德木楚克、喀尔喀扎萨克辅国公根敦尔来请安、进贡。

二十五日庚戌　上驻跸乌阑哈尔哈地方。

二十六日辛亥　上驻跸土城。

二十七日壬子　上驻跸庸安拜口。

二十八日癸丑　上驻跸玲珑谷。

二十九日甲寅　是日，赐喀喇沁王额驸噶尔臧旗下一等护卫孟克貂帽、貂褂。上驻跸舒呼里口。

三十日乙卯　上驻跸额鲁斯特岭。是日，赐大臣、官员、侍卫、执事人员鹿狍。和硕达尔汉亲王额驸班第旗下协理旗务二品台吉毕立滚达赖、多罗达尔汉郡王班第旗下四等台吉阿喇善来请安、进贡。

九　月

初一日丙辰　上驻跸行宫。

巳时，上御行宫，大学士马齐，学士升兵部侍郎恩丕，学士黑寿、舒兰以折本请旨。兵部为巡捕营参将盛天祉系奉旨补授巡捕营之人，今盛天祉俸满，巡捕营衹有参将并无副将员缺，或以应升之缺补用，或仍留巡捕营任，具奏请旨。上曰："盛天祉惟能勤而已，至于办事非调度有方者，着仍留巡捕营。"

刑部为两江总督阿山等题，江西浮梁县知县张进亏空钱粮，拟斩，监禁。但其祖张令宪昔任广东香山县知县，于顺治九年遇逆贼梁子直犯城，父子骂贼不从，尽难而死。张令宪并无他子孙，若将张进正法，则至绝嗣，请缓决，待生子后再正法，议不准行。上曰："此事着照该督等所题行。"

又为赌博，查尔泰拟绞监候。正白旗参领冯忠等，既与步兵一同缉拿，则该旗大小官员无庸议。上曰："所拟之罪是也。但本内称参领冯忠等一同拿获，此乃步兵拿获后，冯忠等方往拿获乎，抑冯忠等齐往拿获乎？并未声明，着即行察奏。"

翰林院为兵部侍郎满丕员缺，请补经筵讲官事，开列户部尚书凯音布

顾炎武像

顾炎武（1613—1682年），初名绛，字宁人，后更名炎武，号亭林，江苏昆山人。清入关后，参加抗清斗争，失败后流亡各地。平生学问渊博，于天文、地理、五经、诸史、典章、制度、文物、河川、山岳、风俗、吏治、财赋等莫不精究。重视实地调查研究，讲求学有本原，经世致用。著有《日知录》、《天下郡国利病书》、《亭林诗文集》、《五经异同》、《金石文字记》、《音学五书》、《求古录》、《京东考古录》等。

黄宗羲像

黄宗羲（1610—1695年），字太冲，号南雷，又号黎洲，浙江余姚人。清军进攻江南，黄宗羲起兵抵抗，后追随南明鲁王。事败后倾力著述。黄宗羲对现实社会强烈关注，在史学、天文历算诸领域著卓越实践和成就，著有《明夷待访录》、《明儒学案》、《易学象数论》、《孟子师说》、《律吕新义》、《历代甲子考》、《割圜八线解》、《回回法假如》等。

王夫之像

王夫之（1619—1692年），字而农，号薑斋，湖南衡阳人。晚年居衡阳石船山，人称船山先生。明朝灭亡后曾参加衡州抗清斗争，并加入桂王永历政权。后隐居湘西专事著述。王夫之学识渊博，深研天文、地理、历法、数学等科，尤精于经学、史学和文学。著有《读通鉴论》、《周易外传》、《张子正蒙注》、《思问录内外篇》、《黄书》、《宋论》、《大行录》和《永历实录》等。

钱谦益像

钱谦益（1582—1664年），字受之，号牧斋，江苏常熟人，明万历进士。南明弘光朝授礼部尚书。顺治三年（1646年）降清，以礼部侍郎管秘书院事，充明史馆副总裁。博学多才，在诗歌、版本学、经学和史学上颇有造诣。著有《初学集》、《有学集》，另辑有《列朝诗集》。

毛奇龄朱彝尊合像

毛奇龄与朱彝尊同于康熙十八年（1679年）参加博学鸿辞考试，入明史馆参修《明史》。毛奇龄（1623—1713或1716年），又名甡，字大可，一字齐于，号秋晴，学者又称西河先生，浙江萧山人，学问渊博，精于考据。朱彝尊（1629—1709年），字锡鬯，号竹垞，浙江秀水（今嘉兴）人，以诗词古文名噪一时。

纳兰性德像

纳兰性德（1655—1685年），纳喇氏，原名成德，字容若，号楞枷山人，满洲正黄旗人，大学士明珠长子。康熙年间进士，累晋至一等侍卫，深得康熙帝的赏识。被誉为“清初第一词人”，风词自然流畅，缠绵清新。他还精于书法，擅长书画鉴赏。有《侧帽词》、《饮水词》行世。

蒲松龄像

蒲松龄（1640—1715年），字留仙，一字剑臣，别号柳泉居士，世称聊斋先生，山东淄州（今属淄博）人。顺治年间秀才。长于文学创作，诗文丰富，除著有《聊斋志异》、《聊斋文集》外，还有《农桑经》、《药崇书》等书行世。

汪楫画像

汪楫（1636—1699年），字舟次，号悔斋，江苏江都（今扬州市）人，原籍安徽休宁。康熙十八年（1679年）参加博学鸿辞科，修纂《明史》，官至福建布政使。工诗善书，有《悔斋集》等著作行世。康熙二十一年春，清廷派汪楫为正使、林麟焻为副使册封琉球。此次册封受到琉球国王尚贞和当地人民的欢迎。汪楫撰有两部著作：一是《中山沿革志》，记述琉球的历史沿革；一是《使琉球录》，详载琉球的礼仪与山川景物。

等职名具奏。上曰："俟进京后，尔等试其音节具奏。"

广州副都统汪世臣题中军副将吴升请留任守制。上曰："吴升着照该副都统等所题，令在任守制。"

兵部为直隶巡抚赵弘燮题，为匪类中有老瓜贼名色，请严行缉拿，议准行。原案及大学士席哈纳等以老瓜贼理当定例严拿，但不论知情与不知情，将邻佑里长一概俱行拿问，则干连之人多，是以大学士陈廷敬票拟之时，与臣等同商，臣等公议加票。大学士李光地言，审强盗窝主定例不究邻佑，此亦似不究邻佑里长为是。遵旨询问回奏，折子一并呈奏。上曰："老瓜贼向来所无，近日始有之，不可不严拿。着照部议行。"

是日，科尔沁王鄂齐尔之子一品台吉龚格来贡。

初二日丁巳　上驻跸红川。是日，乌朱穆秦扎萨克多罗额尔德尼贝勒博木布来贡。

初三日戊午　上驻跸野猪川口。

初四日己未　上驻跸野猪川谷。是日，苏尼特多罗郡王垂济滚苏隆旗下四品台吉巴雅思呼郎等来贡。

初五日庚申　上驻跸骅骝杨林。是日，赐大臣、官员、侍卫、执事人员鹿狍。

初六日辛酉　上驻跸细黄陂。

初七日壬戌　上驻跸行宫。

初八日癸亥　上驻跸骅骝谷底。是日，翁牛特二品台吉鄂齐尔等来贡。

初九日甲子　上驻跸黑湾地方。是日，赐大臣、官员、侍卫、执事人员鹿狍。赐二品台吉吴尔图纳苏图马一匹、凉帽一顶。赐侍卫孟克貂帽、貂褂，毛海弓一张。又赐鸟枪手蒙古白金，其内舍棱噶尔玛、塞棱他布囊等各赐貂褂一件。

初十日乙丑　上驻跸可汗铁领南口。是日，赐喀喇沁巴尔呼、察哈尔蒙古白金。

十一日丙寅　上驻跸张三营。

十二日丁卯　上驻跸青城。上御行宫，大学士马齐，学士升兵部侍郎恩丕，学士黑寿、舒兰以折本请旨。九卿议御史王令树条奏仓粮事。上曰："仓粮及小钱之事，俱有定例。若据条陈而递改定例，倘新例一偏，则不肖之人易于生事作弊。嗣后此二事应永行禁止条陈。着询问九卿。"

吏部为御史蔡珍题参山西提督学政邹士璁保奏巡抚噶礼，议将邹士璁降二级调用。上曰："噶礼回奏之事尚未完结，即将邹士璁议处，则问官必至偏断。吏部即行议奏，必有情弊。俟九卿议噶礼事完结时再奏。"

又为山西巡抚噶礼，因御史袁桥疏参，已经回奏。议差大臣往审。上曰："此事或有私情题参，或据实题参。着九卿、詹事、科、道会同秉公议奏。小事稍有偏徇，焉得无之？若此等事，或有偏徇，朕定加重处，断不姑宥。昔索额图尚不能如彼行事，今若有此等行事者，朕亦以索额图之例处之而已。"

又为知县黄志元等，将盐商张霖家产估算不详，承追不力，议各降三级戴罪督追。上曰："此事关系钱粮甚多，不得但将微员塞责，照例问罪。赵弘爕现查此案，凡系张霖案件，俱交赵弘爕一总察议具奏。"

兵部为荆州右翼副都统关保员缺，开列礼部侍郎邵穆布等职名具奏。上曰："着调额伦忒为荆州右翼副都统。"

又为山东巡抚赵世显奏，山东千总、把总缺出后始题请补授，必致迟延。请将候补陕西人预发山东，缺出即补。议将现在京城陕西兵六十一人内，发三十人前去，候把总缺、千总缺。仍将前此奉旨，分发年满千总，掣签暂补。上曰："依议行。如山东把总内有应补千总、人材矫健者，着赵世显具题并用。"

又为四川提督岳昇龙奏，打箭炉军功把总请另分一款叙用，议不准行。上曰："此本发还。着察旧例，另议具奏。"

刑部为正白旗胡兰家人傅兴，将伊女三孩子卖与同旗雅奇家。缢死后，傅兴及傅兴之妻表弟太监张玉，往雅奇家根究情由。雅奇家人苏仪凤出骂，傅兴殴之。拟将傅兴鞭八十。其同往之太监张玉出外生事，拟枷号三个月，鞭一百。该管太监牛管绪等拟罚赎。上曰："此案未取总管太监及包衣大口供。本发还，着取伊等口供，另议具奏。"

又偏沅巡抚赵申乔题，袁琨被打情急，夺棍相拒，误击杀小功叔，拟斩监候，秋后处决。查律内并无此例，应无庸议，仍依律拟立斩。上曰：

"袁琨照该抚所题，拟斩监候，秋后处决。"

正白旗都统崇古礼等奏，为护军保住，因西白西达角口至保住门前撒泼。保住喝令家人殴打，至五鼓时，西达身死。议照新例，将保住正法。上曰："此事与近日照新例发落一案少异。着交与该部议奏。"

直隶巡抚赵弘燮题三河县知县阎毅丁忧员缺，请将知州孔毓璋调补，仍论其知州之俸升转。上曰："三河地方紧要。知县阎毅系近京之人，着在任守制。"

户部为据咨拨饷具折呈奏。上曰："此内给进士建坊银俱各六十两，查京城坊银止给三十两。此项银两应在京给发，着户部议奏。"

又曰："据户部奏销各项钱粮驳查之案，俱议察明送部，恐关系钱粮之事，不行奏请而即咨部，或有浮冒诳报之弊。前者议奏之事，亦有如此议者否？"马齐奏曰："臣任户部时，此等驳查之事，俱议察明具奏。"上曰："理当如此。尔等可与户部会同察奏。"又曰："凡库项俱有交盘，是以易于稽查，而数目亦清。户部库银甚多，不便盘查，其出入数目必然不清。若将每年新收之银另贮一处，用银之时，按旧存者取用，则易查而数目亦清矣。至户部司官、笔帖式补授管库之时，奔走请托者甚多。以此揆之，必有情弊。管库之官当每年更换，着交户部议奏。"

是日，赐内大臣、大学士、侍卫、执事人员及蒙古等鹿脯。苏尼特多罗郡王垂济滚苏隆来请安、进贡。

十三日戊辰　上驻跸蓝旗鹰庄。

十四日己巳　上驻跸喀喇城。

十五日庚午　上驻跸行宫。

十六日辛未　上驻跸化鱼沟。

十七日壬申　上驻跸鞍子岭。

十八日癸酉　上驻跸两间房。

十九日甲戌　上驻跸腰亭子。

二十日乙亥　上驻跸密云县。

申时，上御行宫，大学士马齐、学士升兵部侍郎恩丕、学士黑寿以折本请旨。吏部为革职副都统佛保所袭二等阿思哈尼哈番，议令初受世职之谭拜之孙马赖承袭。上曰："马赖甚庸劣。谭拜以功所授之三等阿思哈尼哈番，着令多奇禅承袭。其内又一拖沙拉哈番，乃佛保西路军功所得之职，着仍留与佛保。"

户部为湖北康熙四十六年应给官兵俸粮，请拨给邻省银三十万两。议拨给安徽银十万两。上曰："着以安徽所属地方地丁银拨给十五万两。"

刑部为义儿夜入爱子家中，爱子拿住打死。一议照斗殴律例，拟绞监候，秋后处决。一议照黑夜无故入人家，其家主拿住擅杀律例，拟将爱子枷号四十日，鞭一百。上曰："是何大事？所取口供及定例俱甚明白，依前一议亦候秋后处决，即使依后议，亦不可谓之轻。且其余所拟，又照前议。如此小事，亦两议，殊为不合。本发还，着画一定议具奏。"

又为张二拐卖人口，拟立绞。在逃石胡子俟拿获之日再议。上曰："此事发还该部。在逃石胡子限两个月严缉，或获与否，着令奏闻。"

又为取到茶马奏闻折子。上曰："八旗各佐领所喂官马内有病废者，着以此换给。"

二十一日丙子　上驻跸行宫。

二十二日丁丑　上驻跸行宫。

二十三日戊寅　上驻跸三家店。

二十四日己卯　未时，上至畅春园，诣澹泊为德行宫问安。

驻跸畅春园。是行也，各部院奏章每日送内阁，由内阁三日一次驿递行在听理。

先是，驾在途次，屡遣问皇太后安，地方土产必亲视封固驰进。凡遣问皇太后安共三十九次，进鹿狍时新食物无算。

扈从起居注官揆叙、阿尔法、塞尔图、查升、陈壮履、钱名世、励廷仪、张廷玉。

二十五日庚辰　上诣澹泊为德行宫问安。

二十六日辛巳

二十七日壬午

二十八日癸未　辰时，上御畅春园内澹宁居听政。部院各衙门官员面奏毕，大学士马齐、席哈纳、张玉书、陈廷敬、李光地，学士黑寿、蔡升元、王之枢、杨瑄、宋大业以折本请旨。宗人府及礼部议定诸王、贝勒侧妃所生格格，降封二等并服饰、车轿等物具奏。上曰："着与大学士会议具奏。"

九卿议奏，御史袁桥参劾晋抚噶礼事。上曰："袁桥所参噶礼各款俱虚，满汉俱不服，况首告之人皆系从前罪犯，不知九卿以为当差官往审者何意？若往审不明，必朕亲提面审矣。"又曰："噶礼事之有无犹未可定，至谓赵凤诏代噶礼敛贿，乃必无之事。着另议。"

刑部复议戳死牧人纪宁察之牧长存住，仍交该旗大臣照新例立斩。投弃纪宁察尸骸下井之牧人道儿等，俱枷号三个月，鞭一百。七品牧长二格等，俱革职，枷号两个月，鞭一百。无品牧长北京革去牧长，枷号三个月，鞭一百。协理上驷院事务散秩大臣镇国将军宗室德宁、内大臣辅国公宗室真泰、一等侍卫喀第佑，平时约束牧长不严，德宁、真泰俱罚俸二年半；喀第佑降一级，为二等侍卫，仍罚俸一年。上曰："存住着立斩。道儿、富赖、李住儿、波第、二格、桑格、北京俟枷号鞭责完日，俱着发乌喇当差。德宁、真泰着各罚俸两年六个月。余依议。"

湖南巡抚赵申桥为粮道成光缘事降调，请留任。上曰："成光加级、纪录俱削去，仍降三级，从宽准留任。"

陕西巡抚鄂海奏报兴安州水灾事。上曰："朕留心地方疾苦，故凡有水旱灾荒，督、抚无不奏报。今年陕西丰熟，但兴安州被水冲没，田禾无收，着将本年钱粮暂且停征。"

陕西督学赵晋条奏学政事。上问张玉书、陈廷敬、李光地曰："此奏何如？"张玉书等奏曰："皆彼当行之事。"上曰："汪灏自任山陕学院以至任河南巡抚，声名俱佳。其任学院时，未尝有一条奏。以此观之，居官优劣，并不在条奏之有无也。此本发还。"

都御史梅鋗奏称，原任容美土司田炳如酷虐事迹，俱有证据，应革职。桑植宣慰司向长庚，久匿田炳如，应降四级留任。已故容美土司田舜年出征苗子，捏病规避各款，俱有证据，应追革田舜年职。至田舜年私造宫殿，淫乱各款，俱无证据，应　无庸议。田炳如土司员缺，应将田炳如子侄中择一人承袭，候旨定　夺。湖广总督石文晟等奏称，容美土司田炳如贪酷庸劣，桑植宣慰司向长寅抗拒不将田炳如发出，请俱交部议罪。已故容美土司田舜年恶款，见证有据，请追革田舜年职。田舜年所属之人诉称，田舜年父子俱不善，我等情愿纳粮当差等语。应否将其土地人民入我版图，伏候睿裁。学士二格奏称，案内有名容美土司二十余人，俱未赴审，故未经质审之处甚多。田舜年治病杨医生及殓尸知县洪国柱俱未到，田舜年身死尚未明，倘草率结案，则土司之心不服。分三议具奏。上曰："此事交九卿、詹事、科、道会议具奏。"

顾大学士等曰："朕观会试正主考系北人，则必取北人为首；系南人，则必取南人为首，可谓之无私乎？"大学士等奏曰："果皆有私，惟皇上至公无私。"上曰："朕亦有私，但不敢行私耳。"又曰："用人甚难，偶得一二人，又自谓洁清，形之于色。己虽不取，不能禁家人之不取，亦何足数乎？"

大学士马齐奏曰："臣等遵旨选择经筵讲官，试其音节，简得侍郎殷特布、恩丕，学士黑寿，侍读学士华色，侍讲学士塞尔图。"上曰："着以塞尔图为经筵讲官。"

马齐等奏曰："臣等遵旨，以御史王令树条奏仓粮事问九卿。据云，皇上谕旨诚是。仓粮小钱，条奏当永行禁止。"上问李光地曰："尔曾任巡抚，知仓粮之利弊何如？"李光地奏曰："大都经一番更改，则小民受一番荼毒，似不如守旧为便。"上曰："本发还。着抄此案原旨入册志之。"

是日，上诣澹泊为德行宫问安。

是日起居注官揆叙、凌绍雯。

二十九日甲申　酉时，上由西直门进神武门，回宫。

是日起居注官沈辰垣、满保。

十　月

初一日乙酉　辰时，上御乾清门听政。部院各衙门官员面奏时，刑部侍郎鲁瑚入奏曰："为审讯九门提督拿获贩买新制大钱人犯一案，奉旨着臣面奏。"上并召九门提督陶和气入，问鲁瑚曰："尔有何辞？"鲁瑚奏曰："提督拿解贩买新制钱人犯董清供称，买此钱使用，并非贩卖。查定例，新制钱贩卖者治罪，使用者无罪。若将此等人问罪，恐后来难以奉行，故不治其罪，不入汇题案件启奏。"陶和气奏曰："因有卖烧酒人董清，买新制大钱贮大篓中，车载出城，经臣衙役拿获，即行拘讯。据言，伊等往来贩卖烧酒，宿京城亢三店中，常买大钱往保安州兑卖。因即差人至彼宿店验视，果有大钱藏贮。是以备述情由，具文并人解往刑部。乃刑部诸臣审为无罪，尽行释放。臣闻之，咨问刑部云，向来定例，新制钱不许出外城门贩卖。京城一带皆本提督该管巡查地方，今在应查之地，拿获贩卖新制钱之人，贵部以为无罪而释之，嗣后如再有此等人，仍令本提督严拿否？并请指示，何处为应行缉拿之地？行文十日，竟不回复，因是臣往九卿会议班上，语九卿云：此事原系诸大臣会议交与本提督者，今刑部如此，则本提督将何所适从？九卿诸大臣亦皆责备刑部，现有九卿可证。"上曰："刑部果何意耶？真为悖谬。"鲁瑚奏曰："臣自为笔帖式以至司官，并无一人维持，蒙皇上特恩洊擢卿贰，臣何敢仰负君上。"免冠叩头而出。

大学士马齐、席哈纳、张玉书、陈廷敬、李光地，学士黑寿、蔡升元、王之枢、杨瑄、宋大业以折本请旨。上谓大学士等曰："着将刑部所审贩卖新制钱事，交都察院察议。"

马齐等以兵部为正黄旗汉军都统傅宁阿等，劾公爵郑克塽不赴射所，私往密云县，议革郑克塽公爵事奏请。上曰："郑克塽因诉真情，前往叩阍，可从宽免革公爵。"

又以刑部为秋审广东情真事件奏请。上顾大学士等问曰："此中犹有可商者否？"张玉书等奏曰："此俱系真正杀人者。"上曰："伊等果皆真正杀人重犯，不可矜宥，如所议行。"

又以缓决人犯内朱拉哈前往广东打死百总事奏请。上曰："朱拉哈既非广东本籍人，又无公务出差，以旗下人而离京往广东，因私事打死百总，情罪可恶，拟以缓决，殊为不合。着改为情真。"又谓大学士等曰：

“执法之人不可少偏，若将当诛之人宽宥，则恶人何以惩戒？”

吏部尚书敦拜以衰老乞休。上曰：“敦拜向为司官，朕洊擢为尚书，并无效力勤劳之处，极其昏昧，凡事毫不留心详察，声名亦不佳。且廷议乃关系国家大事，昔曾有事集议，敦拜毫无知识，信口妄言，其时即当黜退。今彼既以年老乞休，着解吏部尚书任。彼并非有劳旧臣，不必加以优旨。为人臣者，虽当暮年，愈宜加意洁身，勤劳王事。如谓年老，略不留心诸务，黾勉自效，岂任彼为大臣，徒使其荣显己耶。如此者，罢之又何足惜！”

又谓大学士等曰：“尚书温达自任工部以来，声名甚佳，凡事敬而且宽，着授为吏部尚书。工部事务亦甚紧要，视六部侍郎声名皆不佳，大概部臣之优劣，外省督、抚无有不知，居官美恶，岂可欺人耶？户部满汉大臣名皆不佳，钱粮事务情弊亦多。今刑部十日汇题一次，犹不甚有弊窦。”

马齐等奏曰：“臣等遵旨，以巡抚噶礼事问九卿。据云，臣等前议非是，乞将本发还，臣等另议具奏。”上曰：“本着发还，但将御史袁桥处递呈首告罪犯逐一审讯，即可辨明此事矣。”

是日起居注官史夔、满保。

初二日丙戌　辰时，上御乾清门听政。部院各衙门官员面奏时，户部尚书凯音布入奏。上曰：“尔部之名不佳，凡事当改者改之。”凯音布奏曰：“谨识皇上训旨遵行。”

巳时，上由神武门出西直门，至畅春园驻跸。

是日起居注官陈壮履、海宝。

初三日丁亥　早，上以皇太后诞辰，诣澹泊为德行宫行礼。

初四日戊子

初五日己丑　上以阅殿试武举等骑射，御畅春园内西厂，兵部尚书马尔汉等，以武举徐启新等九十七人，分为十班引入。上命读卷官大学士马齐等坐，使武举徐启新等骑射。阅毕，上率皇太子、诸皇子及善射善挽强弓侍卫、进士出身侍卫射。申时，回宫。

是日起居注官阿尔法、励廷仪。

初六日庚寅　巳时，上御畅春园内西厂，赐内大臣、大学士等坐，使武举徐启新等九十七人步射、开弓、舞刀、举石。内李若靖革去举人，阎国辅、张士魁下科再试，取杨谦等十七人另注名。

上随率皇太子、诸皇子及善挽强弓及善射侍卫、进士出身侍卫射。又使杨谦等十七人骑射毕，上又率善射侍卫射武举所射八十步之鹄，上坐执鸣镝，连发十矢，皆中。班联中各官及武举人无不惊叹。射毕，上回宫。

酉时，上御畅春园内澹宁居，读卷官捧试卷入，上阅第一甲之卷曰："此皆旧套语也。然而武举人但能粗成文理即是矣。"学士王之枢奏曰："臣等考试，不仅阅其文章，而以武艺为要，分其次第。"上拆弥封，命置杨谦一甲一名、张国兴一甲二名、王维一一甲三名。徐启新等十四人为二甲进士。其余七十七人，为三甲［同］进士。上曰："视今科进士不如前科进士多矣！"

上问大学士等曰："梅铜、二格等于土司田舜年事分为三议具奏，九卿已作何议？"马齐奏曰："臣等尚未闻之。"上又问吏部侍郎张廷枢曰："尔九卿将此事已作何议？"张廷枢奏曰："数日来正会议噶礼之事，田舜年事尚未议及。"副都御史江蘩奏曰："臣等数日在内阅卷，不曾出外。"上顾大学士等曰："尔等之意以何人所奏为是？尔等其各陈所见。"马齐奏曰："梅铜则谓田炳如酷虐各款俱有证据，应革职。向长庚久匿田炳如，应降四级留任。田舜年诈病规避各款，俱有证据，应追革其职。擅造宫殿各款，并无证据，无庸议。田曜如抗不赴审，应交该督拘到之日另结。总督石文晟等，则谓田炳如、向长庚应交部议处。田舜年应革职，追夺敕印。田曜如应革职拿问。二格则谓案内有名容美土司俱不赴审，未经质审者甚多，诊视医生及殡殓知县俱未到，田舜年之死尚未明白，如草率结案，则土司之心不服。切思督、抚乃地方大臣，伊等所奏，必于地方事务确有所见，故有此奏。"席哈纳奏曰："臣历事少，所见不明。据臣愚见，以为似当审明田舜年致死情由。"张玉书奏曰："督、抚等则言改土司为流官，此欲革土司之意。梅铜又言，土官请以田舜年之孙承袭，此欲仍存土司之意。改土为流，似为快举。"陈廷敬奏曰："田舜年身死原由理当研究。"李光地奏曰："改土为流，虽系快举，还宜斟酌。又闻田舜年极其凶恶，伊等意中殆以为田舜年既死，欲速结其事耳。”马齐又奏曰：“二格言，俟容美土司到齐之日详审虽是，但往提容美土司，来则固好，如其不来，何以处之？”上曰：“田舜年若在，此事易明，今既身故，似难质证。然朕早知田舜年必死，曾有谕旨。今若不审明，何以服土司之心？不得谓土司如红苗之易征也。川、陕、云、贵、湖广、粤东、粤西、福建俱有各种土司。土司甚多，如交地方官征讨，伊等未必有成。”李光地奏曰：“伐无罪之人，圣心亦有所不忍。”上曰：“不但不忍，即征之亦不易。”

上顾大学士等曰：“闻武进士出身侍卫，用之外省甚有利于地方。”李光地奏曰：“武进士为驾前近侍，俱熟谙法度，是以彼之约束与众不同。”上问李光地曰：“参将袁立相声名果佳乎？”李光地曰：“居官果佳。”上又问曰：“胡坤如何？”李光地奏曰：“胡坤勤敏，亦耐劳苦。”上曰：“不耐劳苦，到处皆无用。凡人必劳苦，乃能有成。不但武臣为然，即文臣若不劳苦，如何学问成就？今尔等二、三老臣，年虽高，而勤劳殊甚，视部院官员祇图安逸，凡事俱不经心。据兵部以会试人等尚有未到者，祈展期数日，以俟续到之人。此彼所亲奏之事也。昨朕问续到者几人？大臣俱不知，是以朕令问司官、笔帖式。问之，亦皆不知。朕之使问司官、笔帖式者，此言甚重，不知伊等作何想耶！”马齐奏曰：“伊等所奏之事，日久尚可以为忘之，近来数日所奏事，可谓不知乎？”上曰：“彼固如此矣。即九卿内但一二人立议，余皆随班画题，无晓事立议之人。”

上又曰：“今天下太平日久，曾经战阵大臣已少，知海战之法者益希，日后台湾可虞。台湾一失，难以复得。”李光地等奏曰：“皇上威德，台湾永无可虑。”

上曰：“朕甲子年南巡，由江宁登舟，趣金山寺，至黄天荡，风大作，时众皆惧而下篷，朕独令满挂船篷，截风而行，伫立船头射江豚，略不经意。后又往巡，乘船溯江，即觉畏惧。去岁之行，见人乘舟渡江，为之心悸，殆不欲视。朕以一身而更数端，俱年为之也。大约年少则志气强，年老则志气衰。朕尚如此，何况他人。至问先登勇士，俱言其时俱年少，故能登城，今则怯矣。且将军、提督、总兵官等，前俱年少，故冒锋镝，越险阻，处处效力。今家既富，而官至大位，且年高者多，果一有事，使之率兵而行，效命先登，能如前者几希矣。”

上又顾大学士等曰：“今年但福建地方前曾小旱，后亦得雨，田禾有收。其余各省俱大收，谷价极贱。”张玉书奏曰：“仗皇上洪福，今岁可谓大有年矣！”

是日，上诣澹泊为德行宫问安。

是日起居注官塞尔图、张廷玉。

初七日辛卯

初八日壬辰

初九日癸巳　辰时，上御畅春园内澹宁居听政。吏部尚书温达入奏事。上谓温达曰：“因吏部事务甚属紧要，故特简任尔。凡铨选俱有定例，尔但当遵定例行之。至临掣签时，递呈驳查，或作单月，或作双月，俱多情弊。如果有不平处，宜先期递呈。至临期始来递呈，可谓无情弊乎？尔于此亦宜留心。”温达奏曰：“臣乃微贱庸材，蒙皇上洊擢至此，敢不仰副皇上训旨，黾勉自效。嗣后惟当遵定例行之。臣受任之日，即召集各司官严加申饬，如仍不改前辙，必行参劾，断不容恕。果系应用之人，亦当预先议定用之。如临掣签方来递呈，安可竟用？凡事有例，则遵例行；无例，则奏明请皇上指示。如臣不胜任，亦请皇上罢斥，断不敢踵袭旧日陋习。”上曰：“亦不徒在空言，但在行事耳。大约仰遵朕旨者，无有不得；不遵朕旨者，无不有失也。”

部院各衙门官员面奏毕，大学士马齐、席哈纳、张玉书、陈廷敬、李光地，学士黑寿、蔡升元、杨瑄、王之枢、宋大业以折本请旨。吏部为补授御史正黄旗迈色，御史正蓝旗塞克图、镶蓝旗拜都员缺具题。上曰：“着将各旗郎中引见。”

户部为山东巡抚赵世显题称，东省现行之钱请且勿禁止，仍令随便行使，俟新铸制钱积聚既多，再行严禁，议不准行。上曰：“赵世显所题钱法犹有一件。此本着发还，并前件交九卿议奏。”

兵部为四川提督岳昇龙题，打箭垆出征把总功加都司、佥书人员，候守备缺离任补用，则效用无期。请照年满千总例，御试马步射叙用，或交部另编款项叙用，议不准行。上曰："本发还，着将立功把总通行取到，来京引见议奏。"

刑部为福建秋审缓决案内，侵那钱粮革职福清县知县王淳等事。上曰："王种、吴碧、王茂卿、王淳、李兰第俱着缓决。王淳侵那钱粮甚多，倘迟延不完，则来年秋审改为情真。"

又为保住喝令家人打死西白西达，拟绞监候，秋后处决。上曰："保住至秋审时，勿令宽宥。"

理藩院为新年元旦朝贺，请准科尔沁和硕土谢图亲王阿喇善等前来。其右翼喀尔喀扎克萨默尔根济农、多罗郡王多尔济喇卜坦等十旗现在备兵，不必前来外，左翼喀尔喀车陈汗吴默叩等准其前来。上曰："今年朝贺元旦，值年诸王、贝勒、贝子、公、台吉准其前来。右翼诸王、贝勒、贝子、公、台吉既在备兵，不必来朝。余如所议。"

吏科以科员内升外转，论俸将工料给事中戴璠等职名开列具奏。上曰："戴璠着内升。其外转停止一次。"

镶黄旗都统宗室特克新告病请休。上曰："特克新着带原品休致。"

巡抚赵申乔奏辨伊子凤诏为御史蔡珍疏内干连。上曰："此事自有议之者，何必奏辨？将此本发还。"

是日起居注官满保、钱名世。

初十日甲午

十一日乙未　是日，上诣澹泊为德行宫问安。

十二日丙申

十三日丁酉　辰时，上御畅春园内澹宁居听政。部院各衙门官员面奏毕，大学士马齐、张玉书、陈廷敬、李光地，学士阿世坦、黑寿、蔡升元、王之枢、杨瑄、宋大业以折本请旨。九卿议覆御史袁桥劾奏山西巡抚噶礼事。上曰："噶礼有不是处，则处噶礼；袁桥有故而参劾，则处袁桥。乃不分别是非，谓两造皆无庸议，则谬矣。着以此谕九卿。本发还，另议具奏。"

又议覆都察院左都御史梅销等三议土司田舜年事。上曰："此事九卿但议使两造平息。总督石文晟原参田舜年建造宫殿，行凶作恶，是以羁留于武昌府。今田舜年既死，石文晟又奏，欲息其事。且土司等果不法抗拒，则当发兵征剿；土司等若无罪，则当反坐原参之人。朕意以二格所奏为是，大惬人意。此事不便令地方督、抚、提督会审，当于京中特差大臣往审，着以此谕九卿。本发还，另议具奏。”

吏部为两广盐课未完，开建县知县丁延昌等分别议处具奏。上曰：“两广盐课银两未完者多，不得照常例议处。本发还，另议具奏。”又顾马齐等曰：“两广盐课每年缺欠甚多，此皆各处浮费太繁之所致也。如将浮费款项，但交巡盐御史核查，断不能清，若使巡抚兼理一年，则未完之事俱可清矣。尔等可会同九卿、詹事、科、道议奏。”

又为左都御史希福纳员缺，开列侍郎杜敏等职名具奏。上曰：“黑龙江副都统耿格尝任部院衙门，自授为黑龙江副都统甚善，着补授都察院左都御史。”

又为翰林院侍读孙致弥员缺，以侍讲年羹尧转补。其侍讲员缺，以左春坊左中允兼翰林编修吴炳升补。国子监司业胡润员缺，以翰林院检讨宋如辰补授。左赞善年羹尧员缺，以右赞善戴绂转补。其右赞善员缺，以翰林院检讨张德桂升补。上曰：“着问掌院学士揆叙。”

刑部为孟阿康往寻其牛，遇孙茂芝肩驮搭连独身而来，持菜刀砍之，割其喉，取搭连内银两而去。依劫抢律例，拟斩监候，秋后处决。上曰：“所引之例固是，但孟阿康杀人得财，深为可恶，应照杀人得财律议之。本发还，另议具奏。”

又为秋审浙江情真、缓决、可矜三事。上曰：“此皆允当，如所议行。”

又为浙江黄岩总兵官仇玑，题参前任总兵官今任京口副都统许国桂卖兵缺、扣兵饷等款。上曰：“此事情由着浙闽总督，浙江巡抚、提督，江南提督公同察审具奏。”

又曰：“吏科给事中袍色其人甚劣，前日奏事略不谙礼法，任内府时，亦懒惰，着革职。”

是日起居注官顾悦履、海宝。

十四日戊戌　未时，上由西直门入神武门，回宫。

是日，上诣宁寿宫问安。

是日起居注官史夔、阿尔法。

十五日己亥 早，上御太和殿升座，升转文武大小官员谢恩毕，回宫。

是日起居注官揆叙、史夔。

十六日庚子 辰时，上御乾清门听政。部院各衙门官员面奏毕，大学士马齐、席哈纳、张玉书、陈廷敬、李光地，学士黑寿、蔡升元、杨瑄、王之枢、宋大业以折本请旨。都察院为提督衙门拿解刑部之董清，以卖烧酒之银买新制大钱，至保安州兑卖图利是实。董清枷号两个月，责四十板。其照董清改供回堂释放之郎中倪隆阿等，俱各降一级，罚俸一年。不行详查之尚书王掞，侍郎鲁瑚、卞永誉俱各罚俸一年。上曰："朕谓鲁瑚老成质直，授为侍郎。驾出避暑之后，时值刑部无堂上官，鲁瑚任意妄行。"因问席哈纳曰："尔所闻何如？"席哈纳奏曰："皇上所见与臣所闻俱相同。"上曰："贤则用之，不贤则黜之，亦何足惜。着将王掞、卞永誉各罚俸一年，鲁瑚降五级调用。"

翰林院为编修顾图河身故，其日讲起居注员缺，开列侍读学士王原祁等职名具奏。上曰："蒋廷锡着以原衔充日讲起居注官。"

马齐等奏曰："臣等遵旨，以补授国子监司业及詹事府赞善员缺人员，问翰林院掌院学士揆叙。据云，宋如辰、张德桂所学及其人俱平常。编修顾悦履、钱名世等二人所学俱优，人亦可用。"上曰："着以顾悦履升授国子监司业，戴绂转左赞善，钱名世升授右赞善。"

是日起居注官阿尔法、陈壮履。

十七日辛丑 辰时，上御乾清门听政。部院各衙门官员面奏毕，大学士马齐、席哈纳、张玉书、陈廷敬、李光地，学士黑寿、蔡升元、王之枢、杨瑄、宋大业以折本请旨。刑部为秋审陕西缓决罪犯内，王生彩因李希泉窃其所种之葱，擒获割耳。放去后，李希泉复来争斗，王生彩拉其外肾，因而致死。上曰："此议与事允当。但王生彩勘语止言拉其外肾致死，拟以缓决，而李希泉前次盗葱之处，尚未提出勘语，谬矣。人命关系重大，一字一句不可不慎。本发还，着改正具奏。"

又为情真、可矜罪犯事。上谓大学士等曰："朕已详阅，略无罅隙，尔等视之以为何如？"马齐等奏曰："臣等视之，俱各允当。"上曰：

"可如所议完结。此皆关系人命之事，嗣后尔等俱当细心详勘。"又曰："缓决罪犯亦有三、四年者，如此等人后皆免死，除一、二年者不议外，其三、四年者俱察出免死，减等发落，如此则事亦可省矣。"马齐等奏曰："此皆皇上格外洪恩也。"

随以总河张鹏翮奏报秋汛情形事奏请。上曰："其事并无可议。据此疏，二十日方到，其间以奏章飞驿传递，则两日可到矣。河务关系紧急，朕屡次亲幸，洞悉河上大略。如奏报水汛情形早到，其中有所指示，可以预防。嗣后此项奏报河上急务，限二、三日飞驿传递。"又曰："昔报军中机务，一日飞驰七百余里。今从河上奏报之事，二、三日内到，亦非难事。"马齐奏曰："吴三桂叛时，皇上处处设法安置驿站，是以紧急事情，略无迟误。"李光地奏曰："考之于古驰驿最速者，一日不过五百里，未有如我朝如此之迅速者。"

上又顾大学士等曰："今年五月内，着查各省拖欠钱粮，已将直隶、山东钱粮蠲免，其余各省俟冬间豁免，尔等可查此具奏。今年各省俱大有收。今年既免钱粮，则来年可以暂止。"

是日，上诣宁寿宫问安。

是日起居注官塞尔图、沈辰垣。

十八日壬寅　上御乾清门听政。部院各衙门官员面奏毕，大学士等及九卿、詹事、科、道为两广盐课事，谨遵谕旨，议交巡抚兼理一年。其浮费等项，俟一一查明，奏到之日再议，具折呈览。上详阅奏折，如所议行。九卿、詹事、科、道出。

大学士马齐、席哈纳、张玉书、陈廷敬、李光地，学士拉都浑、黑寿、蔡升元、杨瑄、王之枢、宋大业以折本请旨。礼部为镶黄旗汉军江西巡抚郎廷极之子郎文烋所娶辅国公塞钦之妹，照例请封为辅国公之女格格，其婿郎文烋封为辅国公婿，衔在四品。上曰："此事如所议行。王以下辅国公以上之女出嫁，既俱封格格，而出嫁外省官员，往赴任所，朕意中以为未合。既授封为格格，不可令赴任所。着传谕宗人府、礼部定议永远可行之例具奏。"

马齐等奏曰："臣等遵旨，以补授侍讲事问翰林院掌院学士揆叙。据云，以编检推侍讲少逾品级。近日升补司业顾悦履、赞善、钱名世学问俱优。”上曰：“顾悦履补授侍讲。”

马齐等奏曰：“臣等遵旨，查老臣回籍驰驿遣官护送旧例，前任大学士杜立德、黄机回籍时，俱驰驿遣官护送。”上曰：“今大学士熊赐履还乡，亦照此例，遣官给驿护送。”

上出一折授大学士等曰：“设立税课盐差者，原所以足国用，利民生也。今广东盐差之事紊乱已极，出差御史并不思完纳正额课饷，但以私囊为急，横行侵克，至于正饷缺额，而商人亦困矣。如历年出差御史，果每年捐己所得一二万两，补偿其事，亦不至此极也。朕细筹之。朕有一折，开盐政数款。是折，尔等可阅之，并将九卿所议发与巡抚范时崇。”

是日起居注官凌绍雯、满保。

十九日癸卯　辰时，上御乾清门，听理部院各衙门官员面奏政事。

是日起居注官揆叙、蒋廷锡。

二十日甲辰　辰时，上御乾清门，听理部院各衙门官员面奏政事。

是日起居注官阿尔法、顾悦履。

二十一日乙巳　辰时，上御乾清门听政。部院各衙门官员面奏时，户部尚书凯音布等，据咨拨饷月终汇题事。上曰：“所用钱粮太多，理当节省，否则必至钱粮不敷，彼时又欲开捐纳乎？每年蠲免钱粮、河工费用若能节省，大有裨益。虽些须节省，何济于事？昔年光禄寺一年用银百万两，今止用十万两。工部一年用二百万两，今止用二三十万两。必如此，然后可谓之节省也。”凯音布奏曰：“皇上训谕极是，谨识遵行。”

大学士马齐、席哈纳、张玉书、陈廷敬、李光地，学士拉都浑、黑寿、蔡升元、王之枢、杨瑄、宋大业以折本请旨。礼部为议赏捞取水底犀角等物朝鲜人金俊事。上曰：“此犀角等物解京，恐累驿递，无益。苏木折价，亦着停止。听该国王酌量措置。该国王字样着察奏。”

上谓马齐等曰：“科、道各官若无情弊及有所倚仗之人，则不条陈，不参劾，但遇考试，则交章具奏。户部一概钱粮事务，无一人参劾。至吏部，选官多有弊端。是月应选之官，若有控告者，则压其缺，作为下月而选他人。如此不公，人皆不服。”

又曰："安达礼乃部中保举之官，故授为甘肃布政使。顷入请训旨，见其年老衰惫已极。甘肃地方甚属紧要，着谕吏部，令安达礼休致，另简人引见。"

又谕马齐等曰："前遣护军都统西住等往擒假达赖喇嘛及第巴妻子时，皇太子、诸皇子及诸大臣俱言，一假达赖喇嘛擒之何为？朕意以众蒙古俱倾服达赖喇嘛，此虽假达赖喇嘛，而有达赖喇嘛之名，众蒙古皆服之。本朝若不遣人往擒，如策旺喇卜滩迎去，则西域、蒙古皆向策旺喇卜滩矣，故差西住等前去。而西住等到其地未久，果策旺喇卜滩亦遣人往迎。以此观之，本朝若不先遣人往，则假达赖喇嘛等已归策旺喇卜滩去。如归策旺喇卜滩，则事有难焉者矣！至西域回子及蒙古，今衰弱已极，欲取之亦甚易。但得其地不足以耕种，得其人不足以驱使。且现今若辈尽降封为王、侯，恪守法度，是以不取。此项情事，马齐俱知之，而汉大学士、九卿诸臣想俱未洞悉。尔等可将假达赖喇嘛、第巴等情事明谕九卿。"

是日起居注官钱名世、海宝。

二十二日丙午　辰时，上御乾清门听政。部院各衙门官员面奏毕，通政使张格为出差达赖喇嘛地方学士拉都浑等所乘马驼糗粮等物，至西宁拨发前行，入请训旨。上曰："彼地之事俱有定例，不必多训。尔但明白拨给马驼，拉都浑等还日，察明马驼可也。"张格出。

大学士马齐、席哈纳、张玉书、陈廷敬、李光地，学士黑寿、拉都浑、蔡升元、王之枢、杨瑄、宋大业以折本请旨。宗人府为多罗信郡王董额已薨，应袭封王爵。上曰："德照着袭封多罗信郡王。"

刑部为秋审山东情真罪犯韩良田，杀其无服族婶赵氏事。上曰："此事拟为情真，固无余议。但赵氏逼其女与韩良田行奸，又逼使与他人行奸，其女不从。赵氏辱骂良田，良田怒杀赵氏。赵氏首恶，乃当杀之人。似略有一线可原，尔等之意以为如何？"马齐奏曰："韩良田乃故杀赵氏者。"李光地曰："赵氏固是首恶，但韩良田亦奸赵氏之女。"上颔之，曰："着照议完结。"

又为缓决、情罪可矜人犯事。上曰："此皆允当，亦照议完结。"

江苏巡抚于准题历年拖欠钱粮，请分十年带征事。上曰："今年五月内有谕旨，命查各省拖欠，已免直隶、山东钱粮，他省俟冬间豁免，各省督、抚未有不闻者。于准知而具题，彼特先期迎奏，谓后来蠲免钱粮，皆彼题请所致，欲以此要誉于百姓耳，蓄心不良。果如彼所请，独不免江苏拖欠钱粮，责彼带征，彼能十年内全完乎？”马齐奏曰：“果准彼所题，反无利于百姓矣。皇上每年蠲免，今又将蠲免矣，彼何为有此奏耶？”上曰：“尔等可将本发还，切责之。”

马齐等遵旨查各省钱粮，康熙四十四年钱粮尚未奏销，四十三年以前共欠钱粮二百一十二万余两，具折呈览。上曰：“尔等今即撰上传，将此拖欠钱粮尽行豁免。”马齐奏曰：“请俟至十二月再免，此际犹有完纳钱粮者。”上曰：“若令完旧欠钱粮，则现在钱粮反致迟误。今即免之，则有利于百姓也。”

马齐等奏曰：“臣等将往擒伪达赖喇嘛及第巴妻子，并西域回子、蒙古今衰弱已极，取之亦甚易，但得其地不足以耕种，得其人不足以驱使，且若辈尽降，已封为王、侯等事，传旨晓谕九卿各官。据称，诸凡大事，皇上独断于心，以一、二言决之者甚多。今西域回子、蒙古衰弱已极，取之甚易，但得其地不足以耕种，得其人不足以驱使，且现今尽降，封为王侯，恪守法度，此皆圣主明断，故能致此也。至往擒假达赖喇嘛、第巴妻子一事，皇上预先筹画，差护军统领西住到其地未久，随有策旺喇卜滩所差往迎假达赖喇嘛、第巴妻子之人亦到。倘皇上不预遣西住，而假达赖喇嘛、第巴妻子归于策旺喇卜滩，则大有关系。皇上筹画此事，迥出非常，非臣等意料之所及。蒙皇上明谕，臣等始得悉知之。但臣等居处京师，尚不及知，况外省大小官员军民人等，何由得知？应俟学士拉都浑往擒假达赖喇嘛事竣，回京之日，将皇上远见命擒假达赖喇嘛预筹独断诸事，臣等具本称贺，命下布告天下。”上曰：“朕不但悉知达赖喇嘛、回子、边外蒙古始末，其祖宗名字俱知之。视昔之达赖喇嘛，不知其他，但其身存日，六十年来，塞外不生一事，俱各安静，即此可知其素行不凡，不可轻视也。后达赖喇嘛身故，第巴虽隐讳不言，观其奏中所言，非昔日达赖喇嘛词气，朕是以知其已没。遣使细访，果如朕之所料，两年内尽知其诈。达赖喇嘛身故，至于第巴遂教噶尔丹各处生事矣。”

上又曰："故大学士吴琠乃极小心之人，有言必陈。昔欲取打箭垆，吴琠以为尾大难掉。又为征红苗之事，以为臣所不敢言。后皆成功，吴琠极其心服。"

是日起居注官塞尔图、励廷仪。

二十三日丁未　辰时，上御乾清门听政。部院各衙门官员面奏毕，大学士席哈纳、吏部侍郎张廷枢、兵部侍郎萧永藻等，为往审土司田舜年事，人请训旨。上命席哈纳等近至御榻前曰："田舜年一事，关系土司，并于地方总督、提督亦有关系，若不明其本末，辨其是非，则众心不服。尔等到彼，可与前次都御史梅鋗、学士二格同审。凡事必共商酌而行，并取该督口供。如总督理亏，则罪坐总督；如土司理亏，则罪坐土司。事惟公平，则人心自服。尔等至彼处，务须出示晓谕众土司，彼果有冤枉，许其出诉，尔等收呈明审，究其根底；如无冤枉，钦差大臣至彼，提人不解，反固守关隘，不纳公差，此特欲反耳。果尔，则发荆州大兵立剿之。岂可持两端苟且结案乎？该督昔劾田舜年之事，极其狠毒，今又欲草草完事，何以服人心？九卿并不据大体立议，首鼠两端，愈非理矣！尔等前去，若不能辨明此事，则于尔等声名亦大有关系。"席哈纳奏曰："皇上特欲明悉此事，故遣臣等。臣等但当公平，以称皇上明旨。"张廷枢奏曰："事须公平，人心始服，臣等当竭力审明此事。"张廷枢、萧永藻等出。

大学士马齐、席哈纳、张玉书、陈廷敬、李光地，学士拉都浑、黑寿、蔡升元、杨瑄、王之枢、宋大业以折本请旨。上谓大学士等曰："田舜年此事，朕必欲辨明，众意云何？"马齐奏曰："皇上必欲辨明此事，众人俱以为是。今诸臣前往，则此案自得明白矣。"张玉书等奏曰："辨明其事，甚为允当。今特遣大臣往审，众皆心服。"

随以刑部所议戳死杨四之王孔林拟绞事奏请。上曰："彼前有刺人之事，今又戳死人命，情罪可恶。昔日与此事相类，有正法惩创者否？尔等察明具奏。"

又为秋审山西情真罪犯内，薛积忠、姚永代交争，持枪相戳，姚永代中枪身死事。上曰："薛积忠、姚永代交争，执枪相戳，中枪而死，情有可原。”马齐等奏曰：“伊等彼此互相争殴。”上曰：“薛积忠着改为缓决。余如所拟。”又曰：“今年山西情真罪犯极少，大概今年各省情真罪犯较之往年俱少。”上又问李光地曰：“去年直隶重犯有几？”李光地奏曰：“去年直隶重犯原不多，今年较之更少。”又为秋审山西缓决、情罪可矜两事。上曰：“此两事允当，如所拟行。”

马齐等遵旨遍查批发朝鲜国王旨意内，历来批本上该国王字样呈览。上阅之曰：“已悉之矣。”谓大学士等曰：“观朝鲜国王凡事极其敬慎，其国人亦皆感戴。闻其国中有八道，北道以我瓦尔喀地方土门江为界，东道接倭子国，西道接我凤凰城，南道海中犹有数小岛。此等地方，太宗文皇帝定朝鲜之役，我兵无处不到。以已破之国，我朝重为营建，使之安堵如故，是以感戴至此。于太宗文皇帝驻军之地，竖立石碑，备书更生之德。彼更有可取者，明之末年，彼始终未尝叛之。”问大学士等曰：“昔年我朝汉翰林何人曾到朝鲜？”张玉书奏曰：“孙致弥曾至其地。”上曰：“孙致弥未入翰林之前常至其地。再有何人到彼者乎？”马齐奏曰：“陈梦球亦尝到彼。”上曰：“然。陈梦球曾至其地。学士揆叙亦曾至其地，言其国皆水田，语音与福建多同，犹为重礼义之邦也。”又曰：“翻译之事大有关系。昔纂修实录，视所译朝鲜表文，满文、汉文之意皆不相符，是以前大学士图海、杜立德惶急呈朕亲览。朕两年苦心，始得全美。作史之事殊为重大，一字不可轻为增减。明史一事，朕所以不敢自任者亦此故也。近日，休致大学士熊赐履以朱子书呈览，其中数语稍有可疑，问之熊赐履，以为非朱子之言，殆朱子门人所记。此不过托诸空言，犹可矢口而谈。如供招之事，将何以解之信乎？垂后之事，不可忽也。”

是日起居注官满保、张廷玉。

二十四日戊申 是日，因部院各衙门无奏章，皇上不御乾清门。

是日起居注官阿尔法、蒋廷锡。

二十五日己酉 辰时，上御乾清门听政。部院各衙门官员面奏毕，大学士马齐、张玉书、陈廷敬、李光地，学士拉都浑、黑寿、蔡升元、杨瑄、王之枢、宋大业以折本请旨。刑部为秋审直隶缓决、情罪可矜及情真案内，不得财强盗宋名竹，擅贩私盐盐商张霖，蠹商虐民、认纳帑银未经缴完查日昌等，拟罪具奏事。上曰："直隶秋审三案，所议草率，犹未详尽，着示九卿，尔等亦加详阅研议具奏。至今年秋审之事，各省事少犹可，直隶之事最多，而九卿苟且议结，着问九卿。"

又为镇海将军马三奇标兵镶蓝旗满自新，被闲散人黄文焕刺死，拟鞭一百。上曰："此事所审不明，情有可疑，着总督阿山详审定罪具奏。"

马齐等遵旨，撰拟蠲免各省旧欠钱粮上传呈览。上曰："旧欠钱粮如此尽蠲，殆于百姓大有益乎？"张玉书奏曰："如此全免，皇上洪恩，实于民大有裨益。"上谕户部："朕子育黎元，日求所以休养利济之道，念惟赐租减赋，实有裨益于民生。直隶各省钱粮，次第全蠲一年者，业经数举，独是历岁逋负，积累加增，旧税新征，势难兼办。纵使少宽民力，分年带输，而督令续完，仍多拮据。朕眷怀及此，深切轸恤，是用蠲逋已责，大沛恩膏，俾闾阎获免追呼，官吏亦不罹参罚。直隶、山东积欠钱粮，今年俱已蠲免，其山西、陕西、甘肃、江苏、安徽、浙江、江西、湖北、湖南、福建、广东各省，自康熙四十三年以前，未完地丁银二百一十二万二千七百两有奇，粮十万五千七百石有奇，着按数通行豁免。或旧欠已完在官，而见年钱粮未完足者，亦准扣抵。谕旨到日，各该抚立行所属，张示遍谕。有不肖有司，以完作欠，朦溷销算及开除不清者，该督、抚即时题参，严加治罪。尔部即遵谕行。特谕。"

是日，上诣宁寿宫问安。

是日起居注官揆叙、史夔。

二十六日庚戌 辰时，上御乾清门听政。部院各衙门官员面奏毕，大学士等入奏曰："臣等遵旨，以直隶秋审事案，所议草率未尽，问之九卿。据云，此皆臣等庸劣之处，亦何容辨？"上颔之。

是日起居注官阿尔法、陈壮履。

二十七日辛亥 辰时，上御乾清门听政。部院各衙门官员面奏毕，大学士马齐、张玉书、陈廷敬、李光地，学士拉都浑、黑寿、蔡升元、杨瑄、王之枢、宋大业以折本请旨。上曰："山东巡抚赵世显奏请鼓铸大钱，李光地尔曾任巡抚，以此事为何如？"李光地奏曰："鼓铸大钱，未必将私铸小钱一时即能禁止。"上曰："长山县周村一带，俱开炉私铸，赵世显不禁不捕，反请鼓铸大钱，谬矣！若不禁捕私铸，而铸大钱，则大钱重，小钱轻，奸民必图利，毁大钱铸小钱者愈多，是大不利于地方矣。今山东奸民铸小钱者甚多，或地方官图利与之同事，亦未可定。但未被获，何可悬拟？况外省督、抚孰贤孰否，朕俱知之，清浊断不能掩，但不坏事，不扰地方，即足矣。朕今差侍郎恩丕等驰驿，带德州兵四十名往长山周村等处，捕铸私钱者，擒获之后，则并私铸之炉携至赵世显处示之，问尔地方现铸私钱不禁不捕，又欲请铸大钱何也？其时赵世显将何辞以对？”

大学士马齐等奏曰：“臣等遵旨，查与王孔林相同，前既刺人，后又刺人致死罪犯，有即正法者否具奏。查有镶蓝旗噶鲁佐领下闲散人大小子，前既刺人，后又殴杀人，大小子照例拟绞监候，秋后处决。后秋审时，改为情真正法。开折并王孔林原案奏请。”上曰：“王孔林前既刺人，今又将人刺死，情罪甚为可恶，秋审时断不可宥。”

是日起居注官沈辰垣、海宝。

二十八日壬子 辰时，上御乾清门听政。部院各衙门官员面奏毕，大学士马齐、张玉书、陈廷敬，李光地，学士拉都浑、黑寿、蔡升元、王之枢、杨瑄、宋大业以折本请旨。九卿为山东巡抚赵世显等请于临清、济南两处开炉铸钱。济南府宝源局事令知府管理，临清宝济局事令监督管理，议准行。又称收买小钱，三年后，则小钱自除，另行严禁，不许行使。查旧制钱既展限五年行使，不便遽议，应俟新铸大制钱大行后，该抚具奏之日再议。至该抚前奏东省现用之钱，请暂勿禁止，仍令随便使用，应仍照户部前议。但用旧制钱，仍严禁私钱。上曰：“此事姑存之，俟奉差缉拿山东私铸大臣还时再奏。”

又为秋审直隶缓决各罪犯事及情真案内张霖、查日昌、金大中事。又大学士等遵旨核议情真案内，不得财强盗宋名竹拟缓决及可矜案内推姚禄落井之王子明亦拟缓决具奏。上曰：“张霖、查日昌、金大中今年暂停决。张霖所欠之钱粮甚多，限一年追完，果能全完，则犹有可原，如不全完，则正法，遇赦勿宥。着另票。”上又曰：“宋名竹事尔等曾核议否？”马齐等曰：“臣等已核议矣，当拟为缓决。”上曰：“此类昔曾有拟缓决者，宋名竹亦拟为缓决。”上问李光地曰：“尔曾任巡抚，此皆尔所审之事，犹有当核议者否？”李光地奏曰：“情真案内更无可核议，但改可矜为缓决之王子明，因姚禄欲奸王子明，子明推姚禄落井，似应拟为可矜。”上曰：“王子明前曾受奸，不得谓之可矜，当拟为缓决。”李光地曰：“诚然。”

张玉书奏曰：“情真案内陶赞亭虽刻假印，刷执照给船户得钱，然未尝伤人，似犹可核议。”上曰：“陶赞亭奸恶，不可宥。”上又手执缓决罪犯本，喜曰：“缓决者多矣！”乃以诸本授大学士等。

上又曰：“刑部之事重大。常寿自任刑部侍郎，错审之事多。工部侍郎巢可托能文，居心敬慎，办事亦精细，尔等有知之者否？”张玉书奏曰：“臣尝与巢可托同纂修律例馆，见其熟谙律例。”上曰：“着调常寿为工部侍郎，巢可托为刑部侍郎。”上又曰：“刑部尚书安布禄患病以后，今已昏愦。”马齐奏曰：“安布禄病后耳重，言语听之不真。”

是日起居注官塞尔图、凌绍雯。

二十九日癸丑　辰时，上御乾清门听政。部院各衙门官员面奏毕，大学士马齐、张玉书、陈廷敬、李光地，学士拉都浑、黑寿、蔡升元、王之枢、杨瑄、宋大业以折本请旨。吏部为詹事府右中允高其倬员缺，以翰林院检讨宋如辰补授。上曰：“着问翰林院掌院学士。”

广西巡抚梁世勋题升任南宁府同知陈尧策、泗城府土司、同知高泓员缺，今无合例选举调补之人，祈皇上选择补授。太平府知府李文献员缺，请以部发广西今到知府蒋申锡等挨次补授。上曰：“太平府知府员缺，以蒋申锡补授。南宁府同知员缺，以洪希稷补授。犹有同知一缺，着该部拟补具奏。”

午时，上诣宁寿宫问安。

由神武门出西直门，至畅春园驻跸。

是日起居注官揆叙、顾悦履。

三十日甲寅

十一月

初一日乙卯 辰时，上御畅春园内澹宁居听政。部院各衙门官员面奏毕，大学士马齐、张玉书、陈廷敬、李光地，学士拉都浑、黑寿、蔡升元、杨瑄、王之枢、宋大业以折本请旨。九卿朝审情真、缓决、情罪可矜三案。上曰："三次窃贼情甚可恶，不当缓决，应改为情真，使彼知儆。"马齐等奏曰："伊等被获止此三次，想未经被获者尚有数次。"上曰："《书》云：罪疑惟轻，亦因有可疑乃轻耳。如无可疑，则据理断之为贵。"因取所审三案谓大学士等曰："此内所折多，朕一一为尔等指明，可详识之。"曰："情真内，张五、董绍、孔丁大、王章、郭三、李七矬、李五、丁二、杨八郎俱改为监候，秋后处决。徐路、王三同、王应统俱改为可矜，照例减等发落。又缓决内，王关保素行凶恶，本系光棍，改为情真；常保住改为可矜，照例减等发落；黄毛、二小、俞二、程二秃子、颜三儿、住儿、刘保儿、刘二、进宝、八儿、丫头、陈三黑子数人皆行窃三次，俱改为情真。"又曰："此改为情真三次窃盗内，果有为首窝留贼伙如此极横者否？着问提督及五城官员。如有此等人，勾决时勿宥。"又谓大学士等曰："尔等意中犹有当酌议者否？"马齐等奏曰："皇上之所谳决俱已详尽，此外更无可商。"上曰："余皆允当，如所议完结。"又曰："今年各省情真之案较往岁俱少，直隶、山西、浙江三省俱无多。大约情真之事不可有意使少，亦以杀人案件本来不多者为贵耳。"

又曰："尔等呈览方略，朕已阅。一套内有一处所纂未明。大兵分两路进剿噶尔丹时，朕统中路军，已如期至科图，而西路兵竟无消息。遣人往探，报言不能如期而到。维时索额图、伊桑阿等请朕回銮。此奏殊有关系，方略中竟不将原奏之词开载。"马齐奏曰："臣闻彼时皇上为此有切责索额图等之语。"上曰："方略中但将严责之旨约略编纂，竟未指名开载。尔等可查出奏请回兵原案呈览。"

马齐等奏曰："今年情真罪犯何日勾决，伏乞指示。"上曰："此案今日发出，尚宜覆奏三次。俟再奏一次，朕更加详阅，如有当酌议处，可召尔等，彼时再定勾决之期。"

太常寺为冬至大祀圜丘事。上曰："命皇太子恭代行礼。"

马齐等奏曰："臣等遵旨，以补授中允事问翰林院掌院学士揆叙。据云，编修励廷仪、蒋廷锡，检讨张廷玉所学俱优。"上曰："着励廷仪补授中允。"

是日起居注官满保、钱名世。

初二日丙辰

初三日丁巳

初四日戊午

初五日己未

初六日庚申

初七日辛酉

初八日壬戌　辰时，上御畅春园内澹宁居听政。部院各衙门官员面奏毕，大学士马齐、张玉书、陈廷敬、李光地，学士黑寿、蔡升元、王之枢、杨瑄、宋大业以折本请旨。吏部为总漕桑格题为昆山县知县程大复接催旧欠，三十八年漕项钱粮未完四分以上，已经革职，请留任，议不准行。上曰："程大复着照该督所题，革职留任。"

礼部会同宗人府议，王以下、公以上应封之女已嫁后，其额驸不得补授外省官。如现在外任者，撤回京城，照现任品级补用。如奉特旨补授封疆大臣者，其格格应否带往，令伊等自行请旨：上曰："娶受封格格往外省者，可查其有无具奏。"

刑部为广东广西总督郭世隆审得镶黄旗参领今革职王之蛟以槟榔、芦子给吴存考，卖价之外，多取银十两，拟鞭九十，议准行。上曰："着拿王之蛟到京，枷号三个月，鞭责一百，发黑龙江当差。"

刑科为三覆奏事。上曰："今年处决之人甚多，此内情罪无甚可恶之俞二、程二秃子、颜三儿、姜思诚、住儿、张四、韩二、波罗立、刘保儿、王之麟、吴谦、进宝、八儿、陈三黑子俱改为监候缓决。"

云贵总督贝和诺题云南巡抚郭瓓请在任守制事。上曰："郭瓓着在任守制。"

总河张鹏翮题为开挑鲍家营引河。上曰："鲍家营引河应行开浚，着该部速议具奏。朕四十二年阅河时，见鲍家营地方，开浚引河可以泄汛涨之水，面谕张鹏翮，宜即开此河。张鹏翮奏称，黄河现已刷深，此河可以不开。今因去岁水涨漫溢，乃复陈请开浚，而本内称，前因部咨驳查，题覆暂停。支饰具奏，殊属不合！着严饬行。"

刑部尚书安布禄以年老乞休。上曰："安布禄果年老矣，耳亦不聪，着以原品休致，不必予以优旨。"

又曰："刑部废弛已极，有包衣佐领下一人名花色，因彼极恶，发黑龙江后逃往苏州为僧，浒墅关监督李延禧见之，拿解刑部。刑部竟不治罪，送内务府，仍发黑龙江。岂有拿人解部，竟不问罪完结之理？与此相同之事亦多。"

又谓马齐等曰："顷吏部为河间府知府员缺，以户部郎中陈陆虬引见。河间府知府员缺紧要，古北口同知赵弘揆人材可用，此缺以赵弘揆补授。陈陆虬另行拟补。"

又曰："方略内有圈点遗漏者，朕皆以朱笔增补。台吉德木椿亦尝出征，乃有劳绩之人，朕已差往他处，将伊增入。至皇太子率诸大臣迎驾之日错误，亦即查改。"

又曰："噶尔丹遇我军于克鲁伦之地，未尝交战，乃往西路。遇西师进击，尽被杀戮。西路兵获其牛羊二十余万，始得生，此乃天意也。"马齐等奏曰："皇上统军抵克鲁伦，驱噶尔丹奔往西路，遇西师尽杀之。如噶尔丹在克鲁伦交战，则噶尔丹之兵无一人脱矣。"

上曰："吴三桂兵围永兴城，破在旦夕，吴三桂一死，其兵皆退，此亦天意也。长沙之战，吴三桂登城，语其下曰：清朝军中向者旧臣皆勇猛，今甚衰弱矣，焉能及前人哉？言未毕，我前锋统领邵代率诸前锋军掩薄城下，吴三桂见之曰：满兵仍前骁勇耶！福建海寇自明季以来，皆被其患，今已尽降矣。其中有一人已授为总兵，朕问彼，满兵如何？彼奏云，臣乃当诛之人，蒙皇上宽仁不杀，何敢诳言？初与满兵交战七十余次，虽皆为满兵所败，然臣犹不心服，意谓满兵但恃势力，并无计策。后详察之，既有谋略，亦且勇猛，于是臣始心服矣。以此观之，满军诚强而无敌也。”

又曰：“往代之君不接见诸臣，故诸臣亦不得见其君，君臣之意何以通达？”马齐等奏曰：“明之列辟不接见诸臣，即见，亦俱不能言。”上曰：“为人君者若不面见诸臣，则政何以理耶？”

是日起居注官海宝、张廷玉。

初九日癸亥

初十日甲子

十一日乙丑

十二日丙寅　酉时，上由西直门进神武门，回宫。

是日起居注官阿尔法、蒋廷锡。

十三日丁卯　辰时，上御乾清宫西暖阁，大学士马齐、张玉书、陈廷敬、李光地，学士黑寿、蔡升元、王之枢、杨瑄、宋大业，以掌山东道事御史常寿等所奏刑科三覆奏，情真罪犯七十人应勾决者，请旨定夺。上将刑部重囚招册逐一详阅，反复审定，然后勾决。其叩阍之徐路、长生、王三同、波罗立，遵旨察审之张五，刺死妻命之八儿、额尔吉图、六斤儿，指使首告之孟二、姜思诚，偷马之张四、韩二，戳死人命之干生、陈保、吴二，诱拐人口之刘观德，赌博之王之麟，三次窃盗之刘二等，皆情真罪当，万无可宽，而皇上审定再四，于无可生之中求其一线生路，皆从宽免勾。续阅至强奸幼女之孙隆文，上曰：“强奸而未致死，不必勾。”及偷盗仓粮之万泰、徐自富，上曰：“律内偷盗官物至三百两者方决，亦不必勾。”又阅至打死人命之简思义，上问大学士马齐等曰：“尔等云何？”马齐等奏曰：“简思义始因拾砖打中吴吉祥耳根，后又用拳毒打，以致立毙。”上曰：“吴吉祥既因中伤仆地，简思义不应又加两拳。以理论之，自不可恕，但恐决者太多，亦不必勾。”又阅至强奸之米八、张五，上曰：“此事大有可疑，盛五得张五银二十两，明是卖奸，亦不必勾。”又阅至奴仆骂主之五勒及其妻四儿，上曰：“此等事旗下最多，断不可恕。五勒之主三保为治仪正，乃一诚实人，五勒与其妻四儿同谋，欲加其主以强奸之名，因啮其舌，希图出户，不意误啮其主妾之唇，设心可恶！主仆之分，岂可轻恕？将五勒即决，四儿免勾。”又阅至诓骗人参银两之林三、叶三、叶二、丁大、王章、郭三、李七雉、李五、丁二、杨八郎，上曰：“林三假冒九门提督家人，吓诈银两，若提督不能拿获，必受其累。着将林三、叶三勾决。余不必勾。”又阅至打死人命之王四，上曰：“此所谓冤魂告状也。王四将李姓人打死，剥其衣服，投之井中，三日后，地邻始见其尸，报知坊官。坊官差人于井中捞出，置之井旁，令人识认，并无尸亲来认。每夜拨二人看守，因天寒，借王四家向火。时至二更，忽起怪风，守尸者畏惧，藏于黑暗之中，见一黑影扑王四家厢房窗扇，次夜亦然。守尸者求坊官另拨他人看守。坊官细询其故，始以实告。坊官因至王四家，见厢房锁闭，益觉可疑，令人打开，见地上血迹宛然，行凶器仗及死者衣服俱在，王四即行招承。此乃真人命，着予勾。”又阅至假印文书之康鼐，上曰：“康鼐将假印文书行至内务府，可谓泼天之胆。况身为笔帖式，知法犯法，情无可原，着予勾。”又阅至偷刨人参之周四，上曰：“周四脱逃三四次，奉天章京等人员受其累者甚多，亦予勾。余如三次窃盗之黄毛、二小，强奸尼僧致死之祖兴，挟仇谋害之曾义，掐死人命之萧元，奴仆殴家主之张弘才、三儿，监候质审之王二，真正人命之杨世臣、进喜、荆额利、赵保，惨杀二命之张祚圣、王玉，打死人命之四儿、王二、七儿、孔二，逼死本官之王永泰，俱罪大恶极，无可矜疑，亦必详阅，始予勾决。其部议缓决而奉旨改为情真者，则有戳死妻命之花色，叩阍之保住，戳死人命之穆和林、石昆玉，仍予缓决。又有前次未勾，而今年仍予缓决者，则有侵蚀库帑之董绍孔，私雕假印之李尚礼，打死人命之陶景荣，拿送刑部之吴谦、徐金鼎，又有打死人命之张五，俱免勾。又强盗杀人之硕色、王六，因正法者太多，亦免勾决。”此皆皇上法外施仁，如天好生之心也。上顾大学士马齐等曰：“应决重犯之内王关保、长生、陶景荣、徐金鼎俱系恶棍，应决者。朕虽好生，未曾予勾，而此辈断不可宥，尔等志之，并交该部。”

又曰：“四辅臣时，每年勾决动至百余人。康熙初年，旗下犯法者多，朕以为必当重处，庶人知畏儆。行之三年，即减十之六七。今每遇勾决，若有一线可原者，未有不从宽宥，直至万无可疑，始予勾决。至于光棍及主仆之分，断不可宽。”

又曰：“山东巡抚但务虚名。朕闻山东私铸甚多，小民贸易，终日勤动，得钱二百文，不能抵一百文之用，朕是以差大臣缉拿。现今俱已拿获，巡抚犹有可展辩者否？”

是日，上诣宁寿宫问安。

是日起居注官揆叙、蒋廷锡。

十四日戊辰 辰时，上御乾清门听政。部院各衙门官员面奏毕，大学士马齐、张玉书、陈廷敬、李光地，学士黑寿、蔡升元、王之枢、杨瑄、宋大业以折本请旨。吏部议江西巡抚郎廷极所题南昌县知县今革职王廷对亏空银米事，理应质审，请将前任巡抚今补大理寺卿张志栋等发至江西，以便质审。议发张志栋，不出缺，遣往江西就审。上曰：“如所议行。张志栋、刘涵、徐廷璧俱解任出缺。”

礼部为四川巡抚能泰于泸河造铁索桥完工，请皇上赐名并书碑文。上曰：“着候颁御书。”

刑部为正红旗额尔德尼佐领下拨什库格勒尔图之妻姚自亮，向来不端，今又逃出如许日，在外猖狂，又屡叩阍首告其夫，拟绞监候，秋后处决。上曰：“姚自亮素行何如，着问京官四川人具奏。”

又为两广总督郭世隆回奏，运使陆曾亏空银两，分年带征事。上曰：“着将此回奏情事与范时崇等所题一并议奏。”

提督兼管古北口总兵事马进良奏请，发往喀喇城镇守兵丁给饷事。上曰：“此镇守之兵酌给钱粮事，着如该提督所请行。”

又曰：“昔之两淮御史但自计其所得规礼，不严催正项钱粮，以致积欠甚多。曹寅、李煦管盐务以来，问彼每年得银二十四万两。若将彼每年所得银内掣取十万两，以补旧欠，数年之间可完其额，而于诸商亦大有利赖矣。尔等与户部会议来奏。”

马齐等奏曰：“前九卿议奏山东巡抚赵世显等题请济南、临清两处开垆鼓铸事，奉旨：俟差往山东缉拿私铸大臣回日再奏。今奉差诸臣已还，谨以原案奏请。”上曰：“数年以来，私钱甚多，制钱价贱，屡谕九卿确议，该管官员严行缉拿。乃山东奸民私铸者愈多，众皆知之，无一人举奏参劾。赵世显身为地方大臣，既不严拿，反请暂停钱禁，以便小民。又奏请济南、临清地方开垆鼓铸。九卿议照巡抚所题，以铸钱之事交知府监督管理。朕访察山东，奸民私铸巢穴确有所见，差大臣缉拿，俱已擒获，不知九卿附和赵世显者何意？着明白回奏。”

马齐等又奏曰：“户部前议粮道张天觉擅动库银，所买盐斤，限四年带销一事。又总督郭世隆所题，运使陆曾缺欠钱粮，限四年完一事。奉旨：收贮，俟巡抚范时崇等察奏之日，一并议奏。今范时崇等奏至，谨以原案奏请。”上曰：“将范时崇等所奏与两案一并议奏。”

又奏曰：“臣等遵旨，以受封格格随赴外省者，或有或无，交礼部行查。据云，无有。谨以原案奏请。”上曰：“所奏已悉，着如议行。”

是日起居注官阿尔法、励廷仪。

十五日己巳　上以祀圜丘，自是日起，斋戒三日，不听政。

是日，谕大学士马齐、张玉书、陈廷敬、李光地曰：“前者给赐八旗兵丁每人银一百两、七十两不等，此银官库每月扣除。现在已扣除者几何？余剩数目几何？尔等可与户部会同察明来奏，免其扣除。”

顷之，又谕大学士等曰：“因山东私铸小钱，故朕特差侍郎恩丕等缉拿之。今既不用私钱，又不收取，则用私钱者无日可止矣！朕意欲令来年征收山东钱粮，其银一两折钱二千，俟钱尽时，照二千钱之数折收诸样铜器。如铜器完，欲交钱粮者，亦准其交纳，则不出一年，私钱自尽矣。彼地官员不能缉拿私钱，俱系有罪之人，即将所收钱及铜交付伊等，运至京城，以赎前罪。运到之后，即着增垆作速鼓铸制钱。尔等可与九卿、詹事、科、道会同详核议奏。”

是日起居注官史夔、满保。

十六日庚午　是日，上诣宁寿宫问安。

是日起居注官陈壮履、海宝。

十七日辛未　早，上御太和殿，视祀圜丘祝版毕，回宫。

是日起居注官凌绍雯、满保。

十八日壬申　是日起居注官阿尔法、沈辰垣。

十九日癸酉　辰时，上御乾清门听政。部院各衙门官员面奏毕，九卿入奏曰："近者，山东巡抚赵世显等请于济南临清开炉鼓铸一事，臣等俱以准行具奏。今山东私铸奸民，皇上特差侍郎恩丕等拿获，以其人交赵世显，以取到私铸与臣等观之，臣等始知山东私钱若是之多，应将赵世显所称开炉鼓铸之请，无庸议。至臣等愚昧无知，前既不能察参，议又不加详细，臣等亦何可辩？请罪之。"后又以与大学士等将山东来年钱粮折取小钱、铜器事。奉旨：会议折子呈览。上曰："尔等之意皆同否？"诸臣奏曰："臣等之意尽同。"上曰："着遣一贤能司官，即赍此折往问赵世显，果有益于地方否？"九卿出。

大学士马齐、张玉书、陈廷敬、李光地，学士阿世坦、黑寿、蔡升元、苏图、王之枢、杨瑄、宋大业以折本请旨。吏部为刑部尚书安布禄员缺，开列都察院都御史耿格等职名具奏。上曰："刑部案件关系重大，诸侍郎俱不胜其任。江南江西总督阿山历任已久，而革职留任，可仍带革职补授刑部尚书。"

又直隶巡抚赵弘燮为清苑县知县员缺，请以固安县知县张安世调补。其固安县知县员缺，请以安平县知县王奕宣调补。议清苑县知县员缺，与简选之例相符，准照该抚所奏行。固安县知县员缺，并非简选调补之缺，无庸议。上曰："固安县知县缺，着照该抚所题，以王奕宣调补。"

户部为陕西巡抚鄂海题汉中府南郑等五县，水冲河决，沙淹民官田九十七顷余，其势不便征粮，请永行豁免，议不准行。上曰："今年汉江水甚大，南郑等县城郭田庐被水冲决，米价腾贵，民食艰难，着免今年应征钱粮。明年以后地丁钱粮，亦暂停征。俟可征之时，该督、抚题明开征。现在被灾小民，着该督抚作速赈济。"

马齐等以户、工二部为督工开通清河至通州官员，开列吏部尚书温达等职名呈览。上曰："兵部尚书金世荣，户部侍郎巴锡、范承烈派往管工。"上又谓大学士等曰："侍郎巴锡毫不谙事，着罢侍郎任，随旗行走，仍令往监河工。"

马齐等奏曰："臣等遵旨，以格勒尔图之妻姚自亮素行何如问四川人大理寺少卿李光复等。据云，姚自亮不可留于斯世。"上曰："尔等与三法司详议具奏。"

是日，上谕谕户部曰："朕念八旗禁旅为国家根本所系，时廑加恩爱养用，俾生计充盈。或动支公帑数百万代清积逋，或于各旗设立官库，资济匮绌，所以为众甲兵筹画者甚切。康熙四十二年，又曾颁发帑金，贷给八旗兵丁，共六百五十五万两有奇。至四十四年冬，除陆续扣完外，尚未完银三百九十五万六千六百两有奇。若仍行按月扣取，恐各兵营办器用，赡养室家，必有物力不支之虑。朕每怀及此，深切轸恻。兹特大沛恩施，式弘抚育，将未经扣取银两，通行豁免。尔部即传谕八旗都统等，出示遍谕，俾咸知朕优恤禁旅至意。特谕。"

是日起居注官陈壮履、海宝。

二十日甲戌　早，上御乾清宫，大学士马齐、学士阿世坦以折本请旨。刑部为七品官张鼎生家人王二等殴打四公主家人，议王二等枷号两个月，鞭一百。张鼎生平时约束家人不严，罚俸一年。上曰："王二、王三、万起着枷号三个月，鞭一百。张鼎生着革职交与内务府总管当差。"

马齐等奏曰："臣等遵旨，以姚自亮事问三法司诸臣。据云，姚自亮不端，现在拟绞监候，秋后处决。请将彼永远监禁，虽遇恩诏，亦不准赦。"上曰："如所议行，将伊独自另在一处监禁。"

是日，上诣宁寿宫问安。

辰时，上以巡幸北边，由午门出正阳门，至南苑旧宫驻跸。

是日，以上驷院马一匹及獐一只，赐和硕显亲王颜璜。

二十一日乙亥　上驻跸行宫。是日，赐新授宁夏总兵官张开元貂褂一件。

二十二日丙子　早，上自南苑发驾，八旗兵丁闻蠲免扣除库饷，欢声动地，拥塞道旁，跪迎叩谢。上驻跸通州城东。

是日，以獐、兔赐和硕显亲王颜璜，和硕简亲王雅尔江阿，多罗贝勒延寿，镇国公德普景顺、苏尔金星海，辅国公阿布兰。

二十三日丁丑　上驻跸夏店。是日，以上驷院马赐和硕简亲王雅尔江阿、多罗贝勒延寿。

二十四日戊寅　上驻跸白涧。

申时，上出行宫，率皇太子及善射人员射，续使诸王、贝勒、贝子、公射。又使三屯营副将段腾龙等及古北口提督管总兵官事马进良标下推升游击等缺都司马麟等射。上又率善射人员射。射毕，上入行宫。

顷之，奏事沙孜、来保出，以马进良所题古北口右营游击等缺，请将后塘路都司马麟等补授。新补广西永宁守备年满千总马守贵留于古北口，俟缺出补用折子授大学士马齐。传谕曰："马麟等朕已亲阅其射，俱有可取，着照该提督所题补授。马守贵亦照该提督所题留古北口，缺出补用。"

是日，以上驷院马一匹赐段腾龙，以细羊皮裘一件，赐一等侍卫绥富而达等。又以雉、兔遍赐护军校、护军等。

二十五日己卯 上驻跸桃花寺。是日，以上驷院马一匹赐和硕显亲王颜璜。又以雉、兔遍赐执事人员。

二十六日庚辰 上由桃花寺诣暂安奉殿，行谒告三跪九叩头礼，续奠三爵，举哀。又诣孝陵，行谒告三跪九叩头礼，续奠三爵，举哀。又诣陵，奠三爵，举哀。诸王、大臣、侍卫各官俱随行礼，助哀毕，上至遵化汤泉驻跸。

是日，暂安奉殿、孝陵、陵上官兵俱赐以鹿、兔、雉。

二十七日辛巳 上驻跸遵化州东。

大学士马齐传旨，谕礼部侍郎邵穆布曰："今授尔为两江总督，明日即面请训旨，星速赴任。"邵穆布进幔城跪奏："臣本一介微贱，蒙皇上洊擢侍郎，方以不能效力，仰报为惧。今又闻授为总督，臣心中益不自安。总督职任重大，地方事务臣未尝经历，实不能胜任。"白于奏事沙孜、来保，为之传奏。谕曰："朕知尔，故授斯任，尔其勿辞。"

是日，赐镇国公德普景顺、苏尔金星海，辅国公阿布兰、门度上驷院马各一匹。

二十八日壬午 早，上御行宫，两江总督邵穆布入奏曰："臣禀性庸愚，未历外任，两江总督责任重大，臣诚不能胜之。因叩首吁请。"上曰："朕知之，尔平日甚敬慎。敬慎则何事不可为？凡事俱有例，但合理即行，不可迟缓。若事久则弊生，惟勤敏则事不壅积。尔年已高，南方湿热，当节饮食。似尔等者，多生一日，皆有裨于朕也。"邵穆布奏曰："臣蒙皇上擢自微贱，位至大臣，已沐天地高厚之恩。又以臣年老，谕以当节饮食。臣何等人，实不克当，但谨志训旨，效死以图报皇恩于万一耳。”上曰：“尔当敬慎。地方重大，作速赴任，务于年前到彼。”

是日，上驻跸景忠山。

二十九日癸未 上驻跸蓝阳城之南。

申时，上御行宫，大学士马齐，学士黑寿、舒图以折本请旨。九卿遵旨议奏山东来年钱粮，令折收小钱、铜器。又问山东巡抚赵世显回奏，征收小钱、铜器，既有利于民，且可令私钱禁止，具折呈览。上曰：“兹事如所议行。直隶所属州、县亦照山东折收小钱、铜器，未知可行否？令在京大学士问九卿来奏。”

是日，以鹿、狍、獐、雉、兔、鱼赐领侍卫内大臣下及侍卫，以鹿赐护军、执事人等。

三十日甲申 上出喜峰口，驻跸孟子岭。

十二月

初一日乙酉 上驻跸龙须门。

初二日丙戌 上驻跸丫头沟。是日，赐诸王、贝勒、贝子、公及与宴内大臣野彘各一只，赐领侍卫内大臣公阿灵阿、宗室鄂飞上驷院马各一匹。

初三日丁亥 上驻跸八沟里。

驻扎西宁喇嘛商南多尔济奏报，拉臧遣人起解假达赖喇嘛。先是，达赖喇嘛身故，第巴匿其事，包藏祸心，构斗喀尔喀、厄鲁特，互相仇杀，扰害生灵。又立伪达赖喇嘛以惑众人，且毒拉臧而逐之，是以拉臧蓄恨兴兵，执第巴而杀之，陈奏伪达赖喇嘛情由。爰命护军统领席住、学士舒兰为使，往封拉臧为护法恭顺汗。又恐伪达赖喇嘛留其地，坏法生事，令尽拘伪达赖喇嘛等众赴京。拉臧以为执伪达赖喇嘛，则众喇嘛必至离散，不从。上谓诸臣曰：“拉臧今虽不从，后必自执之来献。至是果如圣旨所云。”众皆惊异曰：“皇上神算，事事吻合，威德加于四海矣。”

是日，赐大臣、侍卫、护军校、护军鹿、狍、獐、羊、雉，并查随营商贩，每人各给粗羊裘一。又赐噶尔臧额驸所荐蒙古枪手都憨等二十人虎皮褂各一。

初四日戊子　上驻跸三道河。是日，上手殪一虎。赐护军校、护军每人粗羊裘各一。

初五日己丑　上驻跸中六沟。是日，上手殪一虎。赐喀喇城城守千总杨弘德细羊裘，标下兵丁粗羊裘各一。

初六日庚寅　上驻跸二沟里。是日，上手殪一虎。赐镇国公齐克塔喀上驷院马一匹。

酉时，上御行宫，大学士马齐、礼部侍郎兼内阁学士黑寿、学士舒图以折本请旨。太常寺为十二月二十五日祭暂安奉殿，拟遣和硕庄亲王博古铎行礼。上曰："着遣胤祯行礼。"

兵部等衙门为叶尔布不通满语，不谙骑射补授骁骑校事，拟暂管奉天将军事固山贝子苏努罚俸二年半。副都统卫塞、法喀各降一级，罚俸一年。义州城守尉白尔黑图、佐领查尔泰降二级调用。上曰："苏努、卫塞、法喀从宽各免罚俸一年。城守尉白尔黑图、佐领查尔泰皆有专责者，前因补授佐领，徇情保举庸劣之商衣图，是以驳回，乃今仍不知改，偷安自若，将极庸劣之叶尔布保举，殊为可恶！着将白尔黑图、查尔泰俱革职，拿解京城，严审具奏。"

刑部为垛子王五三次逃人，已经流徙，又自其地逃回犯罪，缉拿藏匿行贿，拟立绞。郎中宫保、员外郝善承审此案，通同受贿是实。除宫保夹后身故不议外，郝善拟革职，枷号五十五日，鞭一百。何多礼乃取供招之笔帖式，辄受罪犯小妾人口，拟绞监候，秋后处决。佐领郑克誉、王伦，笔帖式佛保，窝藏垛子王五在家，俱拟革职，枷号两个月，鞭一百。追取宫保等银、人、物入官。上曰："垛子王五乃不良匪类，当立决。何多礼亦当立决。郑克誉、王伦、佛保俱系职官，而容留流徙地方逃来重犯，其情由并未审出。本发还，另议具奏。"

又为直隶巡抚赵弘燮审奏，吴贵拦截江以文打死，劫去布匹等物，依抄抢律例，拟斩监候，秋后处决，议准行。上曰："吴贵引抄抢伤人律坐罪，允当，如所议行。吴贵至秋审时不得赦免，尔等志之。"

都察院为刑部笔帖式塞尔德误写重犯档册，拟革职。郎中禅代、主事塞黑未经对出，拟各降一级，罚俸一年。侍郎魏齐、巢可托未经查出，拟各罚俸一年。上曰：“造此重犯册档者乃前任堂官之事，谓现任堂官未经看出则可，何以不将前任堂官并议乎？着再行察奏。”

直隶巡抚赵弘燮为前任长芦巡盐御史常绶所题张霖田地数目，问之各犯，并无六万余亩，请发常绶至保定府质审。上曰：“常绶乃诳奏也，着革职，拿赴该抚质审。”

四川提督学政宋衡题四川诗学未兴，除将前此赐臣御制诗集刊刻颁行外，仍请御书。上曰：“此奏无益，着批该部知道。”

又曰：“宋衡又请封孔子四代。自古以来，未尝有封孔子四代者，今当何以封之，将封之为王乎？”马齐奏曰：“宋衡此奏特欲邀名耳。”上曰：“此反失名矣，何能得名？前封孔子为文宣王，俱未允当。至明季封为至圣先师，乃永不可易之正论。既不可减，亦不可增，此称惟孔子足以当之，他人何可加此称耶？”

初七日辛卯 上驻跸汤泉。是日，赐诸王、大臣、侍卫御膳。

初八日壬辰 上驻跸黄土坎。是日，上手殪一虎。

初九日癸巳 上驻跸热河。是日，上手殪一豹。赐热河驻防千总张弘功细羊裘一。

初十日甲午 上驻跸喀喇城。是日、上手殪一虎。

十一日乙未 上驻跸行宫。是日，赐公善巴喇什下兵丁御膳。

十二日丙申 上驻跸七间房。

申时，上御行宫，大学士马齐、礼部侍郎兼学士黑寿、学士舒图以折本请旨。宗人府为二等阿达哈哈番兼三等侍卫觉罗稽斯哈庸劣，已经罢职，其官职不准承袭。上曰：“稽斯哈之拜他喇布勒哈番乃赠恤巴图鲁、公、郡王之职，着将恩诏所加三次拖沙喇哈番裁去，其所剩拜他喇布勒哈番给稽斯哈之弟稽礼承袭。”

九卿为御史袁桥参劾晋抚噶礼事，并无实据；噶礼回奏，俱有证见。应无庸议。上曰：“此事所议仍未明白，俟进京后问九卿具奏。”

吏部为河东巡盐御史阿哈善题知县徐国琇火焚盐引，应征钱粮俱已照数完足，请准徐国琇开复。上曰：“目下有广东诳报盐课事发，此火焚盐引，应征银两有无在库，着该抚察明具奏。”

刑部为山东巡抚赵世显承审淄阳县民刘本源首告刘佐宸叩阍一案，分别定罪具奏。查刘佐宸等十三人，并未尝创兴邪教鼓惑众人，不过起会建道场，烧香除病，故首犯刘佐宸、从犯刘汝浩等不议外，刘佐宸之子刘汝汉等俱拟徒三年。除刘本源诬告轻罪不议外，照冲突仪仗妄奏律，连妻发边卫充军。刘佐宸起会科敛银两，将家产抵追。上曰：“刘本源明系诬告，该抚不即审结，迟延拖累，致无干之人身死，殊为不合！着将刘本源加罪议奏。刘汝汉等俱从宽，免拟罪追银。”

又为窃盗拒捕张贵拟斩监候，秋后处决。上曰：“此事如所议行。张贵至秋审时不得赦免，尔等志之。”

又汇题案内，为押解流徙宁古塔人犯脱逃事，拟佐领努夏等各降二级调用，拨什库阿尔拜等枷号六十五日，鞭九十。上曰：“努夏、苏尔登、阿尔拜等俱系承解罪犯之官兵，乃懈怠偷闲，致罪犯脱逃，情罪可恶。所议尚轻，着再严议具奏。”

湖广偏沅巡抚赵申乔题绥宁县知县吴祥生因前任长宁县任内，不报人命事革职，请将吴祥生革职留任。上曰：“吴祥生着照该抚所题，革职留任。”

长芦巡盐御史纳木布题商人查日昌、金大中应赔本利节省银共十一万七千五百两零，已将伊等家产变价，照数全完。上曰：“向以查日昌、金大中等为不良匪类，拟坐重罪。但伊等借银时，呈请分为八年将本利节省银一并缴完。今将伊等治罪时，并未到八年，即以家产抵追。是本利节省银两一并全追八年，既于理不合，而反至有误缴还本银矣。部议此事，当在查日昌等未问罪之前，追取本利节省银两。自问罪之日起，但追本银为是。着户部堂官议奏，亦发谕。”大学士等马齐奏曰：“此皆皇上洪恩也。”上曰：“虽朕之恩，亦据理断之而已。若无理，岂可断乎？查日昌等之罪固当，并无余议，但利银与节省银并追，则非理矣。此事即当议免追利银与节省银为是，何以如此具奏耶？”马齐奏曰：“恩出皇上，部中何敢议免？且臣等亦不甚解此事，得皇上据大理开示，诚为至当。”黑寿奏曰：“皇上圣谕，诸人闻之无不心服。”起居注官翰林院学士揆叙等奏曰："皇上恩旨，迥出非常，臣等闻之，惟有颂扬不置而已。"

上又顾学士黑寿曰："尔侍从二年，朕听政大略俱已见之。朕凡事当罪者即罪之，当免者即免之，略无所疑也。"黑寿奏曰："皇上圣明，凡事一览随即洞照，亦何所疑。"马齐奏曰："臣在皇上前效力有年，亦少能知之。诸凡大事唯皇上能断，诸臣无能断者。近日大学士席哈纳往湖广审土司田舜年事，恐容美土司等抗不赴审，殊觉疑难，得上谕指示，席哈纳大喜而去，今果奏报容美土司等俱出赴审。凡事一经上虑，无不符合者。"上曰："席哈纳临行时恐诸土司不出赴审为难，朕谕之云：尔亦何难之有，尔往出示晓谕，诸土司自然即出矣。果出则已，苟或不出，尔即调荆州及提标兵进剿。地方大臣闻诸土司闭关不出，故具奏销弭其事，九卿亦如地方官立议。朕谓诸臣此事断不可销弭，务必辨晰，应坐某人，则治某人之罪。诸土司果不出，即征之而已，何疑之有？"

十三日丁酉　上驻跸鞍匠屯。是日，上手殪二豹，以赐和硕显亲王颜璜、多罗贝纳延寿。

十四日戊戌　上驻跸三岔口。上手殪一虎、一豹。

十五日己亥　上驻跸腰亭子。酉时，上御行宫，大学士马齐，礼部侍郎兼学士黑寿，学士舒图以折本请旨。宗人府为闲散宗室儒富砍杀其家人筐儿，拟枷号三个月，鞭一百，械系拘禁家中。上曰："即此一事，朕犹翼儒富之成人也。法虽当罪，若以理论之，筐儿者乃儒富家奴，而告陷儒富之父。儒富忿恨，故砍杀之，可谓有丈夫气。着从宽免治罪。"

吏部为河南巡抚汪灏题河南康熙四十二年饷银亏欠，故扣除通省各官俸禄，停其升转；请将四十二年以前补授各官内，无亏欠者，但扣其俸，不停升转；有亏欠者，将应扣之俸，作速捐出完纳，即准开复升转。四十二年以后补授各官，但扣其俸，不停升转。至教官府、州、县佐贰杂职，亦但扣俸，不停升转。此处应无庸议。上曰："汪灏所奏良是，着另分晰议明具奏。"

户部为广东巡抚范时崇题称，前任巡盐御史鄂洛等任内，课银有捏报商欠之处，请发伊等至广东质审。议发鄂洛等至广东质审，及张天觉盐斤分年带销有无累民，应俟该督、抚及巡盐御史明白详定，具题之日再议。

上曰："如所议行。御史年年更换，张夫觉盐斤分年带销有无累民，着该督、抚察明核定具奏。"

刑部为喜儿打死巴哈连，拟绞监候。上曰："此案如所议行。此乃七月内事，何至今始题？着察迟延原由具奏。"

又汇题案内押解流徙黑龙江新设庄头为奴罪犯脱逃，议将骁骑校他巴凯降二级调用，骁骑何密拉等枷号六十五日，鞭九十。上曰："他巴凯等俱专差押解罪犯之官兵，乃毫不敬慎防守，致罪犯丘虎山脱逃，情罪可恶。此议尚轻，着另行严议具奏。"

两江总督阿山等题，徐州知州佟国弼等承追挂欠河银不完，降级调用，请留任。上曰："佟国弼等着照该督等所题，降级留任。"直隶巡抚赵弘燮题称，分司许汝霖防守河上堤岸已满三年。上曰："许汝霖分司防守河堤既满三年，着仍以侍郎用。"

上顾马齐曰："川陕总督博济奏报，商州有贼一伙作乱，陕西已发兵往擒，南阳总兵官亦率兵前往。此不过小贼耳，兵到即皆就擒矣。但当此之时，岂有人愿为贼者乎？皆督、抚平时不加实惠，是以民不聊生，以至于此。即此，可以知督、抚之所为矣。又兴安今年被水冲决，朕亦甚虑之。"

是日，赐看守孝陵散秩大臣鄂洛上驷院马一匹及野彘、兔、雉、鹿尾，赐提督马进良上驷院马一匹。

十六日庚子　上驻跸密云县。

酉时，上御行宫，大学士马齐、礼部侍郎兼学士黑寿、学士舒图以折本请旨。吏部为病故金震之三等阿思哈尼哈番、两次恩诏所加两拖沙喇哈番之职俱削去，所剩一等阿达哈哈番，准与金震嫡长子金济睿承袭。上曰："前汉军来降授职，若降后及袭职以来无军功，则票拟不准承袭。今此案内，三等阿思哈尼哈番金震之职，乃其祖金圣尧来降所授之职，又何以不票拟不准承袭？着察承袭。此职之人内有无军功具奏。"

刑部复议垛子王五拟立斩。郎中宫保已经夹后身死不议外。员外郝善革职，枷号五十五日，鞭一百。笔帖式何多礼拟立绞。佐领郑克誉、王伦，笔帖式佛保，俱革职，枷号三个月，鞭一百。上曰："垛子王五着即处斩。何多礼着即处绞。宫保系保举之官，而受贿舞文，虽经夹毙，犹不足以蔽其辜，着将彼已分居未分居之子及妻一并俱发该主，入新折库。郑克誉、王伦、佛保着枷号三个月，鞭一百，发白都纳披甲。余如所议。”

又谕曰：“凡居官者自筮仕之日，即当立志自爱，以冀日后可当大任。今则不然，但一进部院衙门，即希图货贿，渎乱妄行。今有垛子王五一案，司官宫保、笔帖式何多礼受贿之事，败露如此，不诛则人不知儆。嗣后但事一发即诛，断不宽恕！着将朕此旨传谕各部大臣。”

又为李贵新因五十九出逃复回，欲送彼到县，五十九不服逞强。李贵新取棍击之，五十九当夜身死。将李贵新照律拟绞监候，秋后处决。上曰：“李贵新打死五十九，原因五十九行事悖乱。着从宽免死，照例减等发落。”

是日，赐前锋参领达尔楚貂帽一顶、貂褂一件，喀尔吉善貂帽一顶。

十七日辛丑　上驻跸三家店。是日，赐诸王、贝勒、贝子、公、大臣、侍卫以下至护军执事人员鹿、狍、獐、雉、鱼。

十八日壬寅　午时，上由东直门进神武门，诣宁寿宫问安，回宫。

是行也，各部院奏章每日送内阁，由内阁三日一次驿递行在听理。遣请皇太后安共八次。

扈从起居注官揆叙、塞尔图。

十九日癸卯　辰时，上御乾清门听政。部院各衙门官员面奏时，吏部尚书温达等为太仆寺正卿员缺，以盛京工部理事官苏尔德拟正，翰林院侍读学士华色拟陪。国子监祭酒员缺，以兵部郎中大绶拟正，掌仪司郎中鄂伦代拟陪。陕西布政使员缺，以孝陵郎中甘住拟正，理藩院郎中图纳海拟陪引见。上曰：“尔等可与大学士等，会同将太仆寺正卿员缺于讲读学士内选择兼摄。国子监祭酒员缺，于应升人员内选择。陕西布政使员缺，于通晓汉文讲读学士郎中等官内选择。所有选择人员，即于今晚引见。”

大学士马齐、张玉书、陈廷敬、李光地，礼部侍郎兼学士黑寿，学士蔡升元、王之枢、杨瑄、宋大业以折本请旨。九卿会议原任两江总督今升刑部尚书阿山等疏称，溜淮套至张福口开河各工，除前核减外，更加核减银一万三千六百八十四两零。及溜淮套开河一工，乃引淮河之水以出清口，关系重大，恳皇上亲临指授等语。其开河各工，应如该督等所估兴工，但此项开河筑堤，不比寻常开创之工，必皇上早临指授，则淮、黄永安之功成矣。上曰："溜淮套河不论朕之躬临与否，总宜急开。此河一百八十里，若通筑石工，始能坚久，但工程甚大。出归仁堤之水，逼近河身流去者约二十里，此处尚须详酌。"大学士马齐奏曰："开此河诚大有利于地方生民，关系紧要，必求皇上亲临指授，始能成功，否则断不能善成。"上曰："此事俟晚奏时再请。"

刑部查喜儿打死巴哈连事迟延原由，缮折具奏。上曰："此事乃刑部延捱迟奏，不合，着交都察院严察议奏！"

申时，上御乾清宫，吏部尚书温达等同大学士马齐，遵旨以太仆寺正卿员缺，选择翰林院侍读学士华色等四人引见。上曰："殷达礼原系内务府郎中，其人懒惰。法海人极无能。华色俸深，又系陪推，姑授太仆寺正卿以试之，着仍兼翰林院侍读学士行走。"

又为国子监祭酒员缺，选择翰林院侍读觉罗满保等四人引见。上顾起居注官翰林院掌院学士揆叙问曰："满保为人何如？"揆叙奏曰："其人可用。"上曰："满保进士出身，着升国子监祭酒。"

又为陕西布政使员缺，选择内阁侍读学士苏克济等八人引见。上顾大学士马齐问曰："苏克济为人何如？"马齐奏曰："苏克济为人谨厚。"上又问曰："塞尔图为人何如？"马齐奏曰："塞尔图随驾巡幸时，见彼登记丝纶甚为切当。"上曰："此二人俱佳。"迟回者久之，曰："着以苏克济补授陕西布政使。"

大学士马齐、张玉书、陈廷敬、李光地，礼部侍郎兼学士黑寿，学士蔡升元、王之枢、杨瑄、宋大业以折本请旨。九卿会议原任两江总督今授刑部尚书阿山等题称，溜淮套开河之事，请皇上亲临指示。上曰："朕年岁渐加，颇惮行路，至渡江河每觉心动，况南方水土与北方不同，不便亲行。尔等可与九卿会同另议具奏。"

是日，上诣宁寿宫问安。

是日起居注官揆叙、励廷仪。

二十日丁未［甲辰］ 辰时，上御乾清门听政。部院各衙门官员面奏毕，大学士马齐、张玉书、陈廷敬、李光地，礼部侍郎兼学士黑寿，学士蔡升元、王之枢、杨瑄、宋大业以折本请旨。宗人府为闲散宗室毕尔特纳家人双儿出首其主，毕尔特纳械系之。次日解脱铁链，各处行走等款。审系俱实，已题请奉旨加锁。现禁臣衙门内，不议外。双儿拿到后，质审得毕尔特纳之兄闲散宗室毕禄邬黑及革职包衣参领诺木齐、拖沙喇哈番巴兰泰，同解毕尔特纳铁链，使双儿躲避庄上是实。议将毕禄邬黑枷号三个月，鞭一百，锁系灌铅，交伊亲伯公纳木孙等拘禁家中。诺木齐、巴兰泰枷号三个月，鞭一百，发黑龙江披甲效力。毕禄之子费鲁谎供，不鲁解脱毕尔特纳铁链，应鞭八十。毕尔特纳妻兄候缺笔帖式胡世屯，既经毕尔特纳到其家两次，隐匿不举，应革去笔帖式，鞭一百。铁匠头八十六等打开铁锁，除去铁链，俱鞭一百。双儿乃原告，而听信留毕尔特纳生路之言，避往庄上，应枷号三个月，鞭一百。上曰："胡世屯发往黑龙江当差。余如所议。"

九卿为议处疏参山西巡抚噶礼之御史袁桥事。上曰："噶礼举出蔡璜，既已身死，无可质审，难以定罪。本发还，着行文噶礼，如另有知情之人可为证据者，令彼举出。"

谓马齐等曰："兴安、商州无籍之民逃入山中，西安总督博济发兵往征，河南巡抚汪灏亦檄南阳总兵官率兵往征。此两州民田俱被水没，朕已有旨，永免钱粮。如即奏免钱粮或行赈济，何至如此？"

吏部为礼部尚书员缺，开列都察院都御史耿格等职名具奏。上曰："着以凯音布转礼部尚书。"

刑部会同吏部等衙门，为侍郎常绶等审奏海寇蔡三十二事。一议蔡三十二拦截泛海商船，劫夺银米是实，俱拟立斩。总督郭世隆不将蔡三十二实情审出，拟降三级调用。原任巡抚今升总督石文晟、提督赵弘灿未经详察列名具题，俱罚俸一年。承审按察使今升布政使许嗣兴等，分别降级调用。又一议总督郭世隆乃封疆大臣，不预先严禁强暴之人，及至蔡三十二事发，又不据实具题，朦胧掩饰，草率具奏，殊为溺职，应革职。余如前议。上曰："蔡三十二、曾赞伯、黄士文、赖亚客、陈阿七俱立斩。许嗣兴降一级调用。郭世隆革职。余依议。"

又汇题案内，山东民迟新等行过瓮山，吃烟遗火，延烧山草，议迟新等罪。上曰："案内字有差误，朕俱改正矣。"

又为山东民周二滦河禁地捕鱼议罪。上曰："周二枷免变价。"

马齐等遵旨，察三等阿思哈尼哈番金圣尧身故后，袭职之人有无功绩，并将原案奏请。上曰："可如所议行。"

马齐等奏曰："前以直隶巡抚赵弘燮、天津总兵官蓝理请将直隶该属洼下之田俱开为水田事，臣等遵旨会议，开折具奏。奉旨：此事暂且存贮，俟冬间再奏。今当如何处置，并原案奏请。"上曰："可再存一年。"

马齐等又遵旨，查方略内，皇上亲征噶尔丹至于科图，有奉旨一事呈览。上曰："科图地方朕有谕旨，竟不纂入，此乃伊桑阿删之耳。今明珠、阿灵阿、鄂伦代俱在，可传问伊等具奏。"

酉时，上御乾清宫，大学士马齐、张玉书、陈廷敬、李光地，礼部侍郎兼学士黑寿，学士舒图、蔡升元、杨瑄、王之枢、宋大业以折本请旨。户部为赈济山东饥民事，其捐银之领侍卫内大臣公福善等无加级之例，应加纪录。侯巴浑德等应加一级。叙议具奏。上曰："赈济山东饥民，原支户部库银发往，乃经如许年分，始得交完，着停其加级、纪录，以所交银两俱发还本人。"

兵部为题直隶枣强县杨谷庄居民刘涵家被盗等事，拟将升任云南鹤丽总兵官督辖副将郝伟，照例于新任内，每案罚俸一年。上曰："郝伟从宽，每案免其罚俸。"

刑部议奏，正红旗萨克苏佐领下原任助教喀济礼孀妻，以其夫前妻所生之子穆罕不孝，欺侮继母，欲并害其继母初生幼子穆善，占据家业，叩阍一事。上曰："穆罕欲害孀妇幼子，该部不审出真情，两边劝息，议分家产，明系徇庇。本发还，另议具奏。伊等若不能审，朕当另委大臣审之。"

太常寺为祀祈谷坛，请遣大臣行礼。上曰："着巴浑德恭代行礼。"

浙闽总督梁鼐为本标中军副将李涵员缺，请以奉旨掣签发往福建候用沿海要缺前任广东海门营参将管游击事汤明补授。上曰："汤明照该督所请，补授督标中军副将。"

是日起居注官钱名世、海宝。

二十一日乙巳　辰时，封印。

是日起居注官阿尔法、张廷玉。

二十二日丙午 是日起居注官海宝、张廷玉。

二十三日丁未 早，大学士马齐、张玉书、陈廷敬、李光地，礼部侍郎兼学士黑寿，学士蔡升元、舒图、王之枢、杨瑄、宋大业至乾清门，以九卿奏请溜淮套河工，恭请圣驾亲临折子，票拟上亲往字样进呈。上遣批本主事苏成格、屯图出传谕曰："昨已有谕旨云，朕不去，尔等又何为票拟准往字样？溜淮套开河既有利于小民，即当亟开为是。河上事朕知之甚悉，朕亲往亦可，不往亦可。九卿诸臣劝朕之意虽极恳切，但朕此行心实厌之。尔等可持此折去，另票进呈。"大学士马齐等奏曰："皇上若不亲往指示，地方官不能任其事，必至再三奏请，反误河工，而事亦无成。且开河共一百八十里，需饷浩繁，皇上若不亲临指示，断乎难行。"既而复传谕曰："现在户部钱粮积蓄。既有钱粮，开河何难？不必朕往。照差孙渣齐、徐潮等开浚之例，遣大臣开浚，则四五阅月即可以告成矣。"马齐等又奏曰："凡事无不经皇上亲行指示而成功者。向年，皇上欲开清口之河，臣等尚奏以为不可开，上命开之，果尔有益。开此河一事，皇上若不亲临指示，虽遣臣等及九卿诸臣尽往，亦仅束手视之而已。此举非圣躬亲往断断不可，是以不揣圣躬劳苦，再三渎奏。"又传谕云："曹寅、李煦等请朕南巡，朕已有旨责之。朕断然不往，尔等不得再三奏请。"

九卿、詹事、科、道又赴乾清门白奏事，沙孜、来保传奏曰："臣等非不知皇上实以渡江河为厌，但河工必得圣躬亲临指示，始能有成，不往则不能有成，关系紧要，必不得已，是以臣等宁受烦劳圣躬之罪，不受迟误河工之罪。一凭皇上重处，臣等亦惟有恳请圣躬亲临指示而已。"又传谕曰："尔等既再三恳请，勉从所奏。至溜淮套，相度往返约四十日，朕指示开河，随即回銮，断不渡江。倘彼处又有来请渡江者，九卿诸臣当保之。朕凡有行，皆奏闻皇太后。着九卿明日来，朕另有旨。"

是日，赐大学士、学士、九卿、詹事、科、道、起居注官等雉。

是日起居注官阿尔法、张廷玉。

二十四日戊申 是日起居注官史夔、满保。

二十五日己酉 是日起居注官塞尔图、蒋廷锡。

二十六日庚戌　以除夕礼祫祭太庙，自是日始，上斋戒三日。

是日，上诣宁寿宫问安。

是日起居注官史夔、海宝。

二十七日辛亥　早，奏事沙孜、来保传谕大学士、九卿、詹事、科、道官曰："朕凡有行，必奏闻皇太后。此数日来，未得奏闻皇太后，是以未有旨传谕尔等。今日始得奏皇太后，奉懿旨云：迩来余体颇安，开河之事关系万民生命，皇帝当亲往指示为是。皇太后懿旨既如是，而朕躬亦安，但以行动为烦，须至工成后，或明冬或后春往阅可也。"大学士、九卿、詹事、科、道奏曰："皇上所以开此河者，特为地方生民计也。工程浩大，非诸臣之所能办，如皇上不亲临指授方略，断不能成功，是以臣等明知圣躬劳苦，而欲开此河，务必请皇上亲临指示也。"

又传谕曰："尔等既谓河工事大，再三恳请，朕当亲往指示，断不渡江。如河务既毕，南方之民千万成群叩请渡江不已，尔等当保之。"大学士、九卿、詹事、科、道又奏曰："臣等愚意，以为此河工程关系紧要，皇上亲临指授河务，始克有成，否则，断不能成功，是以再三奏请。至南方百姓蒙圣主屡沛弘恩，中心爱戴，莫不希望临幸。圣心至仁，待民如子，其时亿兆之人攀辕劝驾，臣等何能保之？"又传谕曰："尔等既再三恳请，又奉皇太后旨，亦云当为生民一行。着将本交内阁票拟进呈。"是晚，以本进呈，批旨云："溜淮套工程大有裨于运道民生，是以前有即议兴工，不必朕躬往阅之旨。今内阁诸臣及九卿皆以为朕不亲临指示，断不能善成，亦且不敢动工，再三恳请。朕奏闻皇太后，奉皇太后旨：事关重大，诸臣合词奏请，余体颇安，皇帝亲往指授，实有裨于地方生民。是以朕钦遵慈旨，亲行阅视，着该衙门择日具奏。"

是日起居注官揆叙、顾悦履。

二十八日壬子　早，上临中和殿，阅除夕祫祭太庙祝版毕，回宫。

上召大学士马齐至乾清门，奏事沙孜、来保传谕曰："川陕总督博济有密折奏言，商州之贼已遣兵擒获等语。此亦何密之有？是不过小寇，发兵前去，即可尽擒，朕早已有旨矣。着以此折示大学士等。"马齐等阅毕，奏曰："此不过小寇，发兵往擒即可尽获。皇上前旨早已洞鉴，今果如皇上所料。此贼既擒，自当痛惩之。”

是日起居注官凌绍雯、满保。

二十九日癸丑 是日起居注官塞尔图、沈辰垣。

三十日甲寅 午时，上御保和殿，以除夕礼宴朝正蒙古诸王：左翼则乌朱穆秦和硕车陈亲王色登敦多卜，翁牛特多罗杜棱郡王额驸苍津，科尔沁多罗郡王戴布、多罗郡王毕立克图，蒿齐特多罗额尔德尼郡王达尔玛吉里第，科尔沁多罗贝勒巴克什古里等，鄂尔多斯固山贝子根敦什希卜等，科尔沁镇国公图努曼，苏尼特辅国公阿必达、二品台吉吴尔图纳苏图、三品台吉塞克准等、四品台吉阿喇善等；右翼则科尔沁和硕土谢图亲王阿喇善，喀喇沁多罗杜棱郡王额驸噶尔臧，鄂尔多斯多罗郡王宋喇卜，阿霸垓多罗卓里克图郡王秉、敖哈多罗杜棱郡王窝尔齐图，毛明安多罗贝勒班第等，巴林固山贝子俄齐尔臧、和硕额驸策凌，乌朱穆秦辅国公滚布扎卜，喀尔喀一品台吉龚格拉卜滩等，阿霸垓二品台吉特木楚克等、四品台吉汪扎尔等及内大臣侍卫、大学士等宴。上举爵，乐作。左右两翼诸王以下，台吉以上，俱令侍卫饮于坐次。宴毕，众皆谢恩，上回宫。

是日起居注官阿尔法、海宝。

钦惟我皇上御极之四十有五载，当河工底绩之后，值九州丰稔之时。含哺鼓腹之歌，盈于衢巷；吉云甘露之瑞，遍于寰区。荡荡乎，无名之圣德；巍巍乎，极盛之治功也。然而圣主之心惟日不足，乾健之德与时偕行。一岁之中，庶政厘举，简编所纪，美不胜书。如台湾僻处海外，幸沾化日之光，皇上念彼穷黎，蠲兹岁赋，则如天之德，无远弗届矣。本支近接天潢，得遘炽昌之盛，皇上轸其闲散，给以田庐，则睦族之恩，无微不周矣。春膏偶一逾时，则深宫之修省倍至，惟圣上为能敬天时也。水田一经开垦，则畿辅之沃野俱饶，惟至人为能尽地利也。以黄淮为运道所关，不惜数百万之金钱，预防蓄泄，则国计民生，千万世平成之绩也。以八旗京师根本，特将数百万之逋欠，尽予蠲除，则爪牙心腹，亿万年巩固之基也。平民间之钱价，而钱法以清奸民、绝私铸之弊。准四省之效力，而选途以廓赴任、无后时之愆。以铨衡为重地，必怠者废而能者擢，加以煌煌圣谕，而居官者无旷职之虞。以盐课当亟清，惟不亏额亦不病商，皆入睿鉴所周，而所司鲜掊克之弊。奸人冒达赖喇嘛之名，借端煽惑，我皇上烛照如神，敕谕番邦，即时擒送，弭以威德，不继以兵戈，非庙谟胜算动出万全者乎。土司在西南邦域之中，互相构衅，我皇上洞悉其情，遣官察审，务使公平，伸其冤诬，亦抑其强梗，非服教畏神无远弗届者乎。至于蠲各省之积逋，动至数百余万，则上古缓征之朝，所未有也。决一年之罪犯，减至二三十人，则成周刑措之风，于今复见也。臣等从载笔之余，日瞻睿范，于记言之次，亲领圣谟。由一日以及经年，自大纲以及细务，靡不酌其至当，禀乎大中。实羲轩尧舜之重逢，抑千圣百王所未逮。聊从岁周，志其大略，于以昭示来兹，垂休奕祀，岂不盛哉！谨拜手稽首而谨志之简末。

康熙四十七年　戊子

正　月

初一日己酉　寅时，上以元旦令节，率诸王、贝勒、贝子、公、内大臣、侍卫、大学士、都统、尚书、精奇尼哈番等诣堂子行礼毕，回宫。

辰时，上率诸王、贝勒、贝子、公、内大臣、侍卫、大学士等诣宁寿宫行礼，文武官员俱于午门外随班行礼毕，上回宫。

顷之，上御中和殿，内大臣、侍卫，内阁翰林院、礼部、都察院、詹事府等衙门官员行庆贺礼。上御太和殿，诸王、贝勒、贝子、公、文武官员及朝正外藩蒙古诸王、贝勒、贝子、公、台吉，朝鲜等国陪臣进表，行庆贺礼毕，上回宫。

是日起居注官揆叙、史夔。

初二日庚戌　巳时，上由神武门出西直门，至畅春园驻跸。

是日起居注官阿尔法、蒋廷锡。

初三日辛亥

初四日壬子

初五日癸丑

初六日甲寅　是日，领侍卫内大臣、大学士、各部院大臣赴畅春园，白奏事治仪正傻子、主事双全转奏曰："皇上莅政四五十载，凡遇祀典皆亲临致祭，未尝有误。皇上诚敬之心非惟宇内共知，天地无不感格，请于此次祭祈谷坛暂停躬亲斋，祭遣官行礼。"谕曰："朕躬甚康强，且祀祈谷坛所以祷求五谷也，朕不可以不亲祭。"诸臣奏曰："圣躬方祭圜丘尚未匝月，圜丘与祈谷坛无异，则亲祀圜丘与亲祀祈谷坛无异。皇上亲临斋祭甚属劳顿，臣等心实有所未安，请此一次暂停躬亲斋祭。"谕曰："昔日朕至冬时则头微晕，自前岁以来，头晕止矣。朕从来不作诳言，今朕躬大佳，可以早起，可以晏息，又且善饭，不但左右知之，即外廷亦知之。果身体不支或有困倦，朕自传谕诸卿，暂停躬亲斋祭，何故勉强临祭乎？今叨天庇，朕躬安好，可不亲祭耶？朕当亲祭，谕诸臣毋再渎奏。”

是日起居注官海宝、蒋廷锡。

初七日乙卯

初八日丙辰

初九日壬巳

初十日戊午　辰时，上由西直门进神武门，回宫。自是日起，以祀祈谷坛上斋戒三日。

是日起居注官阿尔法、蒋廷锡。

十一日己未　是日起居注官塞尔图、蒋廷锡。

十二日庚申　早，上临太和殿，视祭祈谷坛祝版毕，回宫。

是日起居注官海宝、蒋廷锡。

十三日辛酉　早，上亲诣祈谷坛祭毕，回宫。午时，上由神武门出西直门，至畅春园驻跸。

是日起居注官塞尔图、徐元正。

十四日壬戌　午时，上御畅春园内万树红霞，以上元节赐朝正外藩、蒙古诸王，左翼科尔沁和硕卓礼克图亲王，巴忒马科尔沁和硕达尔汗亲王额驸班第，科尔沁多罗扎萨克图郡王俄齐而，翁牛特多罗郡王额驸苍津，蒿齐忒多罗郡王雅木批尔，扎鲁特多罗贝勒毕鲁瓦，乌朱穆泰多罗额尔德尼贝勒博木布，土默特贝子班第，扎鲁特护国公巴图，喀喇沁辅国公沙木巴喇什，科尔沁和硕额驸多尔济塞棱、一品台吉毕立克图等；右翼巴林多罗郡王吴尔浑，阿霸垓多罗郡王吴尔占噶喇卜，喀尔喀多罗郡王额驸端多卜多尔济，喀尔喀多罗郡王纳木扎尔，珊瑚脑儿多罗贝勒盆素克汪扎尔，喀尔喀贝子布达扎布，郭尔罗斯辅国公莽色，毛明安和硕额驸策陵，敖汉多罗额驸扎木素，喀喇沁多罗额驸门笃，阿鲁科尔沁二品台吉俄齐尔图等，及内大臣、侍卫、大学士等宴。诸乐并作，上进酒毕，外藩蒙古左右两翼诸王以下、台吉以上，俱于坐次令侍卫于坐次分觞授饮。宴毕，众谢恩，上回宫。

是日，上诣澹泊为德行宫问安。

是日起居注官阿尔法、海宝。

十五日癸亥 午时，上御畅春园内万树红霞。赐朝正外藩蒙古左右两翼诸王、贝勒、贝子、公、台吉及内大臣、侍卫、大学士等宴。诸乐并作，上进酒毕，外藩蒙古左右两翼诸王以下、台吉以上，俱于坐次，令诸侍卫分觞授饮。宴毕，谢恩，上回宫。

是日，上诣澹泊为德行宫问安。

是日起居注官塞尔图、海宝。

十六日甲子

十七日乙丑 卯时，开印。

自是以后，上驻跸畅春园，部院各衙门奏章逐日交内阁转送畅春园听理，应面奏事仍行面奏。

是日，上诣澹泊为德行宫问安。

十八日丙寅

十九日丁卯

二十日戊辰

二十一日己巳 是日，上诣澹泊为德行宫问安。

二十二日庚午 辰时，上御畅春园澹宁居听政。部院各衙门官员面奏毕，都察院佥都御史劳之辨入奏，以江浙米价腾贵，良由内地之米为奸商贩往外洋所致，请暂严禁，一概不许商船往来，具疏条陈。上颔之，劳之辨出。

大学士马齐、温达、张玉书、陈廷敬、李光地，礼部侍郎仍兼管学士事黑寿，学士蔡升元、二格、舒图、王之枢、杨瑄、宋大业以折本请旨。上顾大学士等曰："今日劳之辨条奏，请禁内地之米贩往外洋。闻内地之米运往外洋者极多，劳之辨条陈甚善，但未有禁之之法。其出海商船何必禁止，洋船之行俱有一定路境，不能妄行，当严守上海乍浦及南通州等处海口，如查获私贩之米，姑免治罪，米俱入官，则贩米出洋者自少矣。"

上又曰："朕因巡行各省，知地方风俗甚晰，北方收麦较秋成收谷为愈，凡人日食一餐即不再食亦可。南方则不然，去年麦曾丰收，人虽窘迫无比，断断不肯食麦。但觉白米为粮，收麦用以酿酒，昼必三餐，夜复饮酒一次，虽使南方人自言之，彼亦皆以为非。知其非而断不能止，此皆各处土风不易改者也。且南方潮湿，不便窖藏米谷，是以家鲜积储，凡百食物俱出购买。又见直隶地方屡岁丰熟，然米价未尝大减。皆因田不加增，人益蕃庶，四方工商僧道游食之人云集，而米为之分散故也。昔天下荒芜之田、闲旷之土甚多，今惟四川一省则略有之，他省皆耕为田，土无闲旷，可见人口孳息甚繁矣。但编审之年，人皆匿报，不使增丁，若增丁则增粮，民不能堪，此亦不必细校也。”

马齐等覆请九卿遵旨议将江西、湖广漕粮截留三十万石，拨给江宁、苏州、松江各十万石，平价粜卖一疏。上曰："此所议截留米数略少，着于常州府再截留米五万石。此外更有当截留者否，尔等可与九卿会议来奏。”

又覆请刑部所题“臣等伏见皇上自御极以来，旰食宵衣，无时不以民生廑念，而慎重刑狱，尤无刻不以民命为心，故外而各督抚之奏狱，内而三法司之会审必详加核拟。或命九卿、科、道参定折衷，而又时颁特旨，停秋决之期，俾各省重囚延岁月之命。及每岁朝审勾决之日，圣心尤加悯恻，反复裁酌，多所宽免。凡人命强盗覆奏，止诛首恶，为从者多免死减等发落，共计一万七千一百余人。仰见皇上仁民爱物之心，包含遍覆之德，如乾坤之长养万物，如父母之保护赤子，哀矜恻怛委曲生全。伏乞宣付史馆，使海隅日出，咸戴帝德。其因文簿委积查验未周者，容臣等陆续咨送更请，于每岁冬季将一年减等人犯查明，细数造册，移报史馆，俾亿万世奉为楷模”一疏。上曰：“凡事真实始善。免死者虽多，而所诛亦不可云少。且减等犯人数目俱在部册，又另记载，则多一事矣。本着发还。”

又以浙江巡抚王然所题大岚山哨聚流人一伙，行劫嵊县芦田村，杀柯绍昌一人，又行劫慈溪县、上虞县。官兵前后斩杀贼人四名，擒获贼人李元龙等十五名等，因奏闻折子呈览。上曰：“卿等之意云何？”马齐等奏曰：“前者江南题报，擒获抢劫陆三就家之盗，皇上即为浙江预筹，俱已有旨谕知矣，亦将此责地方大寮扫除察缉而已。”上曰：“此折当存之，朕曾闻有如许无籍为盗，而问之江浙现任官员以及乡绅，俱云不知，及交织造官采访，亦云不知者，何也？”李光地等奏曰：“贼人出没之境，人所莫测，故皆不之知，果其知之，贼自当敛迹矣。然而地方武臣固所当知也。”上曰：“身为地方官，而不知贼情，其所司何事耶？是以朕因江浙多盗，于去年七月间，有谕旨往询督抚也。”上复问：“大岚山者何？”张玉书等奏曰：“大岚山者即四明山中之一山也。”上曰：“四明山不通舟楫，粮运难到，盗贼不能久栖。前者朕巡行陕右，见有山险而深者，问提督潘育龙等曰，‘似此之山，倘有盗贼窃伏，何以攻之？’潘育龙等奏曰，‘似此山中盗贼断不能窃伏，官兵无水，盗贼亦无水。自古以来战必于战地而后战，不攻其所不可攻也。’潘育龙等乃历经戎马之人，所奏如此，其言甚是，昔击腾机思在昭莫多之地，后击噶尔丹亦在昭莫多之地。以此观之，仍战于战地也。至大同浑源州，左卫俱素称难攻之城。太宗文皇帝时，三攻大同而不拔，后姜勷反攻大同而不拔。逮围之粮绝，始克其城。以是观之，自古及今，难攻之城仍难攻也。”

是日，赐荆州副都统牛钮鞍马一匹。

是日起居注官塞尔图、陈壮履。

二十三日辛未

二十四日壬申

二十五日癸酉

二十六日甲戌　是日，上诣澹泊为德行宫问安。

二十七日乙亥　辰时，上御畅春园澹宁居听政。部院各衙门官员面奏毕，大学士马齐、温达、张玉书、陈廷敬、李光地，礼部侍郎仍兼管学士事黑寿，学士蔡升元、二格、舒图、王之枢、杨瑄、宋大业以折本请旨。覆请大学士等遵旨会同九卿，为截留漕米事所题行，令总漕将本年江西起运漕米内，截留三十万石，湖南起运漕米内截留四万五千石，湖北起运漕米内截留五万五千石，分拨江宁、苏州、松江三府各十万石，常州府五万石，镇江府、扬州府各二万五千石。将此项截留之米比时价稍减，交贤能官员平价发卖，务令民沾实惠一疏。上曰：“着依议行，此项截留漕米于各府平价粜卖，将各部院所保司官，各派一员速往料理。”

又覆请刑部汇题案内，为厢蓝旗萨穆哈佐领下护军噶布喇用刀自刺缘由，鞭一百，永不给钱粮，拟罪一事。上曰："兹见护军骁骑酒醉持刀逃亡者，常常有之。朕欲兵丁饶裕，故增月粮，护军所支饷一年较官俸更多，又给官马乘坐，给马草料、银两，出猎行军，给官马盘费，不时赏赉。且设立官库，以资其吉凶之事，免借征息之私债。而噶布喇犹谓难以自存，醉酒自刺者，必平时纵酒为非、赌博之所致也。此等之人总无颜面，何足惜耶！着将噶布喇交该管统领同刑部，夹讯与何人饮酒，何以花费情节。嗣后有自刺逃亡者，系护军，则交该管统领。系小校、骁骑，则交该都统、副都统会同刑部。若饮酒，则与何人饮酒，逃窜则因何故逃窜，花费则向何处花费，严行夹讯，根究原由，惩创其罪，则此等妄行之人，知所敬惧矣。尔等可以以此传谕八旗满洲、蒙古都统、统领、副都统、满洲部院大臣知之。"

又以都统李正宗及其族人，奉旨问天保伯爵应何人承袭，伊祖李永芳诸孙、副都统李绳宗等五人内，伏候睿鉴裁夺折子呈览，并将部议不准承袭天保伯爵原疏覆请。上曰："着削去恩诏所加拖沙喇哈番之职，所余二等伯着李绳宗承袭。"

是日，上诣澹泊为德行宫问安。

是日起居注官徐元正、海宝。

二十八日丙子

二十九日丁丑

康熙五十年　辛卯

正　月

初一日庚寅　寅时，上以元旦率诸王、贝勒、贝子、公、内大臣、侍卫、大学士、都统、尚书、精奇尼哈番等诣堂子行礼毕，回宫。

辰时，上率诸王、贝勒、贝子、公、内大臣、侍卫、大学士等诣宁寿宫行礼，文武诸大臣官员俱于午门外随班。行礼毕，上回宫。

顷之，上御中和殿，内大臣、侍卫，内阁翰林院、礼部、都察院、詹事府等衙门大臣、官员行庆贺礼。上御太和殿，诸王、贝勒、贝子、公、文武官员及朝正外藩蒙古王、贝勒、贝子、公、台吉，朝鲜等国陪臣进表，行庆贺礼毕，上回宫。

是日起居注官揆叙、陈元龙。

初二日辛卯　辰时，上由神武门出西直门，诣畅春园驻跸。

是日起居注官党阿赖、李凤翥。

初三日壬辰

初四日癸巳

初五日甲午

初六日乙未

初七日丙申

初八日丁酉　是日，上诣澹泊为德行宫问安。

初九日戊戌　辰时，上由西直门进神武门回宫。自是日起，上以祀祈谷坛，斋戒三日。

是日起居注官党阿赖、蔡珽。

初十日己亥　是日起居注官常鼐、吴廷桢。

十一日庚子　早，上临太和殿，视祀祈谷坛祝版毕，回宫。

是日起居注官常鼐、俞长策。

十二日辛丑 早，上由午门出正阳门，诣祈谷坛，祭毕，回宫。

巳时，上由神武门出西直门，诣畅春园驻跸。

是日起居注官揆叙、陈元龙。

十三日壬寅

十四日癸卯 午时，上御畅春园内万树红霞，以上元节赐朝正外藩、蒙古诸王，左翼阿霸垓多罗郡王吴尔占噶拉普，鄂尔多斯多罗郡王董罗普，敖汉多罗郡王鄂尔齐图，科尔沁多罗贝勒阿毕达，毛明安多罗贝勒班第，喀尔喀多罗贝勒罗卜臧，鄂尔多斯多罗贝勒甘柱尔，喀尔多罗贝勒宗对，杜尔伯特固山贝子沙津，阿霸哈纳固山贝子厄林臣达席，科尔沁护国公土奴满尔，乌朱穆秦辅国公古木布扎普，扎鲁特辅国公苏礼，郭尔罗斯扎萨克一品台吉毕礼滚鄂齐尔等，乌朱穆秦二品台吉车布登等，鄂尔多斯三品台吉塞克中等，巴林四品台吉特古尔德尔等；右翼喀尔喀图谢土汗多尔济厄尔德尼阿海、多罗郡王纳木扎尔，郝齐忒多罗厄尔德尼郡王阿噶尼斯达，喀尔喀多罗贝勒丹津多尔济、多罗贝勒汪扎尔，厄鲁特多罗贝勒额驸阿保虎祐诺尔、多罗贝勒厄尔德尼厄尔克托克托奈、多罗贝勒代青博硕克图阿喇普坦谔木布，喀尔喀固山贝子布达扎普、辅国公策木楚克纳木扎尔，厄鲁特辅国公罗卜臧达尔扎，巴林多罗额驸纳木宗，科尔沁固山额驸班第，喀尔喀扎萨克一品台吉达尔佳等、二品台吉纳木扎尔等、四品台吉麻哈济西等，及内大臣、侍卫、大学士等宴。诸乐并作，上进酒毕，令左翼阿霸垓多罗郡王吴尔占噶喇普等，右翼喀尔喀谢土汗多尔齐厄尔德尼阿海等至御座前，上亲赐饮。其余贝勒、贝子、公、额驸、台吉等，俱命侍卫于坐次分觞授饮。宴毕，众谢恩，上回宫。

是日，上诣澹泊为德行宫问安。

是日起居注官党阿赖、常鼐。

十五日甲辰 辰时，上御畅春园内万树红霞。赐朝正外藩蒙古左右两翼诸王、贝勒、贝子、公、台吉及内大臣、侍卫、大学士等宴。诸乐并作，上进酒毕，外藩蒙古左右两翼诸王以下、台吉以上，俱令侍卫于坐次分觞授饮。宴毕，众谢恩，上回宫。

是日起居注官党阿赖、常鼐。

十六日乙巳 是日，上诣澹泊为德行宫问安。

十七日丙午

十八日丁未 是日卯时，开印。

自是以后，上驻跸畅春园，部院各衙门奏章逐日交内阁转送畅春园听理，其应面奏事仍行面奏。

十九日戊申

二十日己酉

二十一日庚戌 辰时，上御畅春园内澹宁居听政。部院各衙门官员面奏毕，九卿入奏，议覆固山贝子都统苏努等所题热河地方紧要，除现发驻防二千骁骑之外，每旗派护军各一百名发往驻防等语。热河地方系皇上避暑之处，关系甚重，俱照苏努等所题准行。今既每旗派护军各一百名驻防，相应将骁骑二千内裁去八百名一疏。上曰："这驻防一事应当周详定议。尔等议谓护驾为要，此兵能有几何？护驾自有兵在也。护军无出屯外省之例，且护军已经节次沙汰，可弗派遣。边外山川朕无不知，数年霜降节迟，是以年年丰收，现在米谷亦多积贮。先是七月降霜，屡年无获，朕闻张三营等处之人皆食柞栗，故命随驾兵卒、厮役，捡带古北口之米前去赈济。此往戍之兵所关紧要，不可不豫筹也。如密云县内府鹰户原有三十名，今滋生至二三百人。此辈种田为生，竟成农夫矣。如所遣之兵不使谷食充足，令其种田为生，亦俱成农夫耳。屯兵带家眷一并搬移，甚是不易。一经安插，再难复动。必须先令人耕田，俟有数年之积再行安插，不但于戍守官兵有益，而亦有裨于事。此兵应于喀奇里等处地方各旗杂处，不时操练，庶获成就。以之缉贼捕逃亦易。今年立春早，不及耕种，着行文，将此项丈量田地仍着原人耕种，至来年另拨人耕种可也。尔等再行定议具奏。"九卿出。

大学士温达、张玉书、李光地、萧永藻，学士噶敏图、王思轼、满保、潘宗洛、瓦尔达、李仲极、觉和托以折本请旨。覆请礼部所题查得朝鲜国王李焞报称，除将越界杀死中国人、劫夺财物之李万枝等详加审询外，其脱逃李万建等严察缉拿等语，该王李焞将此事尚未审明，不便遽议，相应移咨审明具题，到日再议一疏。上曰 ："此事该地方官并未举报，这所杀者必系偷刨人参逃走之人耳，不可与越界杀掠者比。着问明具奏。"

又曰："朝鲜国有四道，平安道，渭原郡之地，或近船厂所属地方，或近奉天所属地方，通事言语不真，着写汉字问现到朝鲜国人，并问奉天船厂将军等具奏。"

又覆请礼部所题朝鲜国王李焞请复行禁止捕鱼洋船一事，相应移文奉天将军府尹，严禁沿海居民，不许洋内捕鱼，如违议处一疏。上曰："沿海之人倚捕鱼为生者多，不可禁止。倘到彼国，如可追捕，即擒之解来；如不可追捕，放炮击逐之可也。其岛梦金鼎足、岛沙也叱九味之地，或近金州，或近何处，亦书汉字问现到朝鲜国人，并问奉天船厂将军等具奏。"

又覆请理藩院所题病故虎佑诺尔额尔德尼纳木扎尔多罗贝勒之爵，或照例袭封与伊长子罗布臧巴珠尔，或降封之处，伏乞上裁一疏。上曰："额尔德尼纳木扎尔二子之中孰可，着问理藩院堂官，并问二郎保。"

又覆请理藩院覆虎佑诺尔故王达赖代青之妻奏称："吾夫没后，将吾子额尔克巴尔图尔封为王爵。"今已病故，将其幼子盆苏克汪扎尔封为贝勒，伏乞皇上加恩，照前授为王爵等语，但恩出自皇上，伏乞上裁一疏。上曰："此事交该院，俟盆苏克汪扎尔到来之日另有谕旨。"

又覆请湖广巡抚赵申乔所题湖广按察司郎廷栋员缺，请以衡永柳道王朝恩补授一疏。上曰："王朝恩着照该抚所请补授按察司。"

是日，上诣澹泊为德行宫问安。

是日起居注官凌绍雯、党阿赖。

二十二日辛亥

二十三日壬子　辰时，上御畅春园内澹宁居听政。部院各衙门官员面奏毕，大学士温达、张玉书、李光地、萧永藻，学士噶敏图、王思轼、满保、潘宗洛、瓦尔达、李仲极、觉和托以折本请旨。覆请翰林院所题补授经筵讲官赫寿恩丕员缺，以吏部侍郎哈山等职名开列一疏。上谕："试其讲读声音来奏。"

温达等奏曰："臣等遵旨以朝鲜国之平安岛渭原郡地方或与船厂所属相近，或与奉天所属相近，及岛梦金鼎足、岛沙也叱九味地方，或与金州相近，或与何处相近之处，及朝鲜国人杀死中国之人可是偷刨人参逃走之人否，一并问朝鲜国陪臣东平尉郑载仑等。据云：小邦平安道渭原郡地方，闻得与上国奉天府所属相近，其近何州县知之不明。距船厂遥远。岛梦金鼎足、岛沙也叱九味俱是小邦黄海道所属地方，闻得捕鱼人传，说与上国奉天所属金州、复州、海州、盖州等处相近，路程之远近知之不明。小邦杀人之李万枝亦不知被杀人是何姓名，自何处来等语缮折呈览，并以朝鲜国王李焞申报彼国人杀死中国人、劫夺财物原疏及议覆李焞请禁捕鱼洋船原疏覆请。”上曰：“这二事所议未见周详，本发还。此本内令议禁止盛京所属地方之人往海中捕鱼，如有别处人捕鱼至朝鲜地方者，令其即行拿获解来。据朝鲜国王李焞称，彼国人杀我中国人等语，如果采官参之人被彼处人杀死，该将军早已奏闻矣。观其竟不呈报，必是往彼处偷采人参之人，此亦伊命当然。”

又曰：“鸭绿江、土门江一带地方俱系中国地，但路途遥远，其边界未曾差人清查。今令朝鲜国出数人，会同盛京官员详看。查清边界，可立柳条边与否，问明使臣具奏。”

温达等又奏曰：“臣等遵旨以额尔德尼二子问理藩院尚书公阿灵阿及二郎保，据云：额尔德尼之二子俱可，次子罗卜臧察汗比长子罗卜臧巴尔珠尔更觉伶俐，并以原疏覆请。”上曰：“着罗卜臧察汗袭封多罗贝勒。”

是日，上诣澹泊为德行宫问安。

是日起居注官揆叙、陈元龙。

二十四日癸丑 早，大学士温达等奏：“臣等遵旨为查明边界可立柳条边与否一事问朝鲜国使臣郑载仑等，据伊呈称，小邦东南一带俱系大海，西边上国边界之间有鸭绿江相隔，北边边界之间有土门江相隔，与他处分地立界者不同，今不便复行分别立界。上国地方可分别立界与否，非小国陪臣敢置议等语具折。”授奏事傻子、双全转奏，奉旨：“知道了。”

巳时，上诣澹泊为德行宫问安毕，自畅春园起行，往视通州河堤。至鹅坊驻跸。

申时，上出行宫，率皇太子、善射侍卫、天津总兵官杜呈泗等射。上每发悉中。

是日，良乡县防守御虎锡巴等，拱极城游击吴启相、捕盗同知殷邦翰等来朝。

二十五日甲寅　上驻跸瑚琳店。是日，固安县防守御伍勒等、知县郑善述等来朝。

二十六日乙卯　上驻跸王奚营。是日，霸州防守御阿达哈等、知州王之琦、游击钱俊，永清县知县路永龄等来朝。

二十七日丙辰　上至苑家口登舟，泊舟小保定。是日，赐湖广总督鄂海、总漕黑寿马各一匹。保定县知县许圣谋等来朝。

二十八日丁巳　御舟泊赵北口。是日，雄县防守御噶尔泰等、知县沈泽英等来朝。

二十九日戊午　御舟泊郭里口。是日，赐大臣、侍卫、执事人员羊、豕。

三十日己未　御舟，仍泊郭里口。是日，赐大臣、侍卫水凫。

二　月

初一日庚申　御舟，泊段村。

初二日辛酉　御舟，泊泉头。

初三日壬戌　御舟，泊泉头。是日，赐大臣、侍卫、执事人员水凫。

初四日癸亥　御舟，泊赵北口。

初五日甲子　御舟，泊苑家口。

初六日乙丑　上驻跸西镇。

申时，上出行宫前，率皇太子、皇子、善射侍卫，西安、江宁、荆州协领鄂鼐等射。上每发悉中。

是日，东安县防守御赛柱等、知县周士玙等来朝。

初七日丙寅　上驻跸张家营。

申时，上出行宫前，率皇太子、皇子、善射侍卫、大臣等射。上每发悉中。

是日，武清县游击韩建极等来朝。

初八日丁卯 上自火烧屯乘舟往阅匡儿港减水坝，顾监修通州两堤岸主事牛钮曰："引河前崖着建一小挑水坝，减水坝之前建一挑水坝，或长三丈，或长四丈，其高如旧挑水坝。"指示牛钮毕，回火烧屯驻跸。

是日，赐总漕黑寿貂帽一、貂褂一。武清县知县王原博等来朝。

初九日戊辰 早，上朱书谕旨，谕主事牛钮曰："三里河之二挑水坝殊太偏，在上流朕已钉桩，此处应添一挑水坝。"牛钮因奏："若何高、长，请皇上指示。"谕曰："长或三丈，或四丈，高与堤相等。"

辰时，上自火烧屯乘舟阅河，至河西务上岸，顾牛钮曰："挖河不碍村落方善，若从此挖去，此所见之村即有碍矣。"因由岸上步行二里许，四顾良久，谓牛钮曰："此沙地，着挖河，宽十丈，长四百七十余丈，平坦处深四五尺，高阜处或七八尺不等。其河湾处着建二小挑水坝。挖河之土，即置两边。对新河上口、旧河下流，着建两挑水坝，一长二十丈，一长十丈，其高与岸相等。"于是取仪器插地上，令将豹尾枪纵横竖立。上亲从仪器看定方向，遣雍亲王、恒亲王、尚书黑硕色、侍郎揆叙分头钉桩，以记丈量之处。又于尽头处立黄伞以为标准。上席地而坐，命皇太子测报仪器度数。因取纸裱方形仪盘置于膝上，以尺度量，用针画记，朱笔点之。算毕，令从尽头处丈量至所插仪器处。其丈尺与所算之数吻合，随侍臣工无不称奇。上曰："用此可以测量天地，推算日月交食。算此微事，夫有何难。"因令大学士温达，尚书富宁安、贝和诺、齐世武、赫硕色，起居注官揆叙、党阿赖、常鼐，直隶巡抚赵弘燮、天津总兵官杜呈泗、真定副将胡琨近前，上顾赵弘燮曰："尔为巡抚，丈量田地不可不知。朕将大概比示与尔。"于是，量绳二丈，以五尺各为一面，按定四角，指示曰："辟如此一区，四面各称，丈量之亩数与绳数俱符。但地有犬牙相入，势不能如此丈量者，则丈量之人，必任意折丈欺诳，即如将量宽之分，从而长之绳数，虽有亩数则无矣。"因将按定四角之绳引长，至相并，以示之。诸臣相谓曰："果有绳数而无亩数矣！"上又曰："有破此弊之法。从中横量一绳，而亩数即出，彼技无所施矣。丈量田地关系甚大，天下隐匿田地亦不少，但不可搜剔耳。”于是诸臣益诵上之圣明。上复令将豹尾枪乱插于座前，命皇太子、皇子等从所插仪器看定方向，以报度数，仍照膝上所置纸裱方形仪盘内度画。俄顷，测算毕，照测算之数量绳。其一边绳头付大学士温达，于所插仪器下按之。其一边绳头付丈量之人，引至所立豹尾枪之下，丝毫不爽。嗣复连算数处，使丈量之一皆如前。大学士温达奏曰：“皇上诚天纵之圣，臣等视此，不但不解，亦有生以来所未见也。”上曰：“此理甚微，皆出自《易经》。至于西洋算法亦善，原系中国算法，披谓之为阿尔朱巴尔。阿尔朱巴尔者，传自东方之谓也。凡有推算七九之奇数不能尽悉，十二、二十四之偶数方能尽之，此皆体象十二时、二十四气也。昔有一善算者名梅文鼎，年逾七十，朕召问算法。彼所识甚多，彼所问朕者亦皆切要。然定位彼却不知。朕执笔画圈纸上以示之，彼顿省悟，呆视泣下。”副将胡琨奏曰：“彼时臣曾侍侧，彼言，吾研穷至老，了不知此。若不遇圣主指示，吾将没世不知矣。因悲喜交集，不禁泣下。”上复取矢画地，作数圈，示诸臣曰：“此即定位之理，虽千万品类不能出此。即今凡物若干、几人，应得若干之数，用此顷刻可得。不特此也，声音之高下亦可测之。”

是日，上自午时至申时，将挖河之处度算丈量，指示主事牛钮毕，回至羊坊驻跸。

酉时，上御行宫，大学士温达，学士噶敏图、瓦尔达、觉和托、博音代以折本请旨。覆请吏部覆暂行管理奉天将军事务松住所题，臣将军衙门二司事务皆系武官办理，请将现在将军衙门办理广善库事部郎笔帖式等，于二司紧要事务协同管理，再于防守御内拣选一员，授为管档主事，议准行一疏。上曰：“奉天将军衙门管档主事员缺，着将部院现任主事选择引见。余依议。”

又覆请户部覆两广巡盐郎中倭赫所题，若以拖欠盐课着落该御史赔补，恐州县官及本地商人互相推诿，以致有误钱粮亦未可定，请将带征新旧盐课未完之员，于奏销时视其分数议处等语，嗣后州县官限内不能催完者，严加议处，不完钱粮商人，从重治罪。该御史催征不能全完者，其拖欠银，两仍照原题着落该御史赔补一疏。上曰："两广盐课事务自原任巡抚范时崇兼理，诸弊清除，所定之例甚善，现今遵行。今若照倭赫所题准行，又至更张矣。这该部所议，系照范时崇定例，抑照倭赫所题着问明具奏。"

又覆请户部所题喇普他逊等为田地叩阍一疏，查得此田并非喇普他逊等之田，妄行叩阍，殊属不合。喇普他逊已经病故，无庸议。应将杜棱等枷号三个月、鞭一百。六品官佟孝将部所交之田给民耕种，分得谷石，应令变价交部一疏。上曰："这田地交佟孝无益，或立为官庄，或拨给发与往驻防兵丁之处，令户部与内务府总管会议缮折具奏。"

又覆请户部覆湖广客美土司田旻如请将伊所买民田，准其勿得赎回一案。升任巡抚赵申乔称，民田卖与土司，必致互相争竞。请勒限令民赎回具题准行在案，应将土司田旻如所请，无庸议一疏。上曰："本着收贮，赵申乔即到，这田应令准赎与否，尔等问明具奏。朕亦有问赵申乔之处。"

又覆请礼部题朝鲜国王李焞申报彼国人杀死中国人一案，应将该犯人及该地方官与边界武官一并严拿候质等语，查得朝鲜国王李焞以为彼国人杀死中国人，该将军地方官并未申报，揆此，必系偷刨人参之人，或系无赖之徒妄行讹诈亦未可定，应毋庸议。移咨该主，令其酌量议结一疏。上曰："这案着部院贤能司官一员、盛京司官一员、朝鲜国官一员在凤凰城会审，或系在我界内杀死，或系在朝鲜国界内杀死之处，察明议奏。"

又覆请兵部覆原任提督殷化行遗疏，奏请将伊拖沙喇哈番与长孙殷王宾承袭，不准行一疏。上曰："这世职着照所请，给伊长孙殷王宾承袭。"

又覆请刑部等衙门覆湖广巡抚陈诜所题黄佳禄与罗尔凤互相戏谑，打中罗尔凤乳上身死，请将黄佳禄照李世臣与杨兰公比较拳势，误伤杨兰公致死例减等等语，查得李世臣系特旨减等，该抚引此，请将黄佳禄减等不合，应将佳禄仍照律拟绞监候，秋后处决，其误引条例巡抚陈诜等，应交吏部议处一疏。上曰："应会议完结事件令一本议奏，屡有谕旨甚明。今此案将误引条例，巡抚等又交吏部，不合，本发还，令会议具奏。"

又覆请总河赵世显题留外河同知刘世奇在任守制一疏。上曰："刘世奇着照所请在任守制。"

又覆请山西巡抚苏克济题，太原府理事通判阿尔布员缺，请以伊衙门笔帖式扎克山补授一疏。上曰："扎克山着照该抚所题补授理事通判。"

又覆请山西太原总兵马见伯题，太原营守备赵承业员缺，请以侍卫王联科补授一疏。上曰："王联科着照该镇所题补授。"

又曰："总督噶礼请将大同府知府朱作鼎补授江南驿盐道，此缺紧要，朱作鼎人去得，居官亦善，着将伊补授驿盐道。"

谕毕，令起居注官揆叙、常鼐进行宫。上曰："河务甚难，不知之人则不知耳。朕昨阅减水坝，其又添筑一减水坝，殊属无用。原建此减水坝时，伊等欲筑一丈以泄水，朕欲筑六尺，后议定八尺。究竟六尺已足，伊等不知。今日朕乘舟阅视至河西务，忽见近河岸一村，因想挖河恐碍此村。即上岸筹算，疑难良久，方远去阅视丈量，算定指授。"大学士温达奏曰："视皇上今日所指之处，乃顺流直往，诚为至善。"上曰："今不必言，俟河成时方知。朕昔日为挖子牙河，往视之时，一大成县民、一武清县民，跪于两岸，互相争诉。朕慰之曰：'尔等勿得争竞，朕自有处置之法。'因一一指授监修官员而回。后河工告成，于两处百姓俱有裨益。"又曰："前张鹏翮任总河时来陛见，朕训之曰：卿于河工不可任意从事，但守成规，遵奉朕训而行。今将仲庄闸改置杨家闸处，于漕运大有裨益。及指修御坝之时，朕身持木锤，令海青肩担木桩，一路钉去所指建坝之处。张鹏翮遵朕指授，自此坝告成，清黄二水始会流入海。"大学士温达奏曰："不但河工事务，即一应事体遵皇上指授行去，无有不尽善者。"上曰："黄河水性善于更移，朕幸宁夏时，由黄河行二十一日，至湖滩，因边外无修治之人，故黄河处处更移，视水性每向南流。北岸尚可，南岸每多冲决。古时黄水，由天津碣石而流，此言载在《书经·禹贡》篇。后又移流在德州，自后渐移于南方矣。"又曰："治河固宜随水性，亦在随宜调度。今使黄水逐诸水归入大海者，岂皆尽随水性哉！"

上随问学士噶敏图、瓦尔达、觉和托、博音代等所曾经过之地，又问起居注官常鼐曰："尔曾到何处？"常鼐奏曰："臣曾到上海。"上曰："乍浦、上海相隔不远，其至乍浦船只亦到上海否？"常鼐奏曰："乍浦至上海甚近，上海系一海套，外国洋船不到此处。其在洋贸易者，俱系上海苏州人，装载本地纱绸布匹，至洋内常岐岛卖与倭国。回时装红铜、海菜至内地贩卖。”上颔之。又问曰：“松江、上海相隔几里？”常鼐奏曰：“百里有余。”上曰：“是相隔甚近。”

是日，赐大臣、侍卫、执事人员鱼。

初十日己巳 上驻跸绍奇庄。申时，上出行宫前，率皇太子、皇子、善射侍卫、天津总兵官杜呈泗等射。上每发悉中。

十一日庚午 上驻跸南红门。

十二日辛未 上驻跸旧宫。

十三日壬申 上至畅春园，诣澹泊为德行宫问安。驻跸畅春园。

是行也，部院各衙门奏章日送内阁，内阁三日一次驿递行宫办理。上遣请皇太后安五次。

扈从起居注官揆叙、党阿赖、常鼐。

十四日癸酉

十五日甲戌

十六日乙亥

十七日丙子

十八日丁丑 是日，上诣澹泊为德行宫问安。

十九日戊寅 辰时，上御畅春园内澹宁居听政。部院各衙门官员面奏毕，大学士温达、张玉书、李光地、萧永藻，学士噶敏图、满保、潘宗洛、瓦尔达、李仲极、觉和托以折本请旨。覆请兵部覆暂行管理奉天将军事务都统松住所题，锦州铁山近山东所属隍城岛，自隍城岛早晨起程，日中可到山东。有防海水师官兵请行，该抚令水师官兵巡哨，至锦州铁山。又请拣选盛京满洲兵一千，教习鸟枪，为火器营，俱议准行一疏。上曰：“以满洲兵一千改为火器营之处，着准行。朕前欲令山东水师官兵查巡铁山，惟恐行走艰难。后阅总兵官李熊条奏称，伊巡哨之处，俱至锦州所属地方。今将此本发还，俟议奏李熊条奏事件时，将此事另议具奏。”

又覆请兵部覆松住所题，盖州地近海滨驻防官兵甚少，请于东京辽阳驻扎官兵内派防御二员、骁骑校二员，共二百名移住盖州防守，议准行一疏。上曰："东京辽阳官兵在本地居住年久，各立产业。今若移住盖州，官兵必至受累。海寇虽有窃发，亦皆步行。调遣邻近官兵便可即到，不致有误。着不必移住。"

又覆请兵部覆原任京口副都统崔士英遗本奏称，请将伊子崔鸿章等留京口披甲，议不准行；其给崔士英祭价之处交与礼部议覆一疏。上曰："崔士英之子准留京口披甲效力，余依议。"

又覆请刑部等衙门所题宁古塔将军觉罗蒙俄洛咨称，山西太原府民刘贵成与伊同乡民李林梅斗殴，李林梅持斧砍其腿，刘贵成情急，掷磁盆伤中李林梅右眼角等处，三日殒命等语，相应照律将刘贵成拟绞监候、秋后处决一疏。上曰："刘贵成因李林梅持斧砍伤其腿，情急遂掷磁盆伤中李林梅，越三日殒命。刘贵成从宽免死，照例减等发落。"

又覆请刑部等衙门汇题案内，步军统领拿送偷盗布衫等物，太监游德系在内务府报名太监，免其刺字，照例责二十板，递解发回本籍一疏。上曰："事着依议。游德并非内里太监，着仍取回，照例刺字，发回原籍。"

又覆请刑部等衙门所题，查得侍郎艾芳曾审奏充发打牲人齐元礼叩阍一案，齐元礼之父文达礼并无不端之处，包衣佐领佛伦萨尔扎等填写不端，一同齐元礼参奏充发；齐元礼应交谷八十余石，作称尚欠九石有余等处，俱系情真，相应将佛伦萨尔扎降三级调用一疏。上曰："佛伦萨尔扎系管理佐领事务专员，并不尽心效力，将事糊涂办理，殊属溺职，俱着革职，取至京，交与苦差行走。"

又覆请詹事府所题，皇太子讲官胡作梅员缺，以詹事府庶子胡润等职名开列一疏。上曰："着问翰林院具奏。"

又覆请浙闽总督范时崇、浙江巡抚黄秉中、福建将军祖良璧奏拿获海贼郑尽心三折。上曰："此系拿获盗首大事，故交诸卿视之，不必拟票，着交该部。伊等必缮本具题。"

又以户部所奏，臣等议两广巡盐郎中倭赫所题事时，查范时崇条奏事件内，并未开载作何处分催征钱粮不完该管地方官员及不完钱粮商人。故照倭赫所题，议将不完钱粮州县官员议处，不完钱粮商人从重治罪。督催不完钱粮，着落在该部御史赔补一折呈览，并以原疏覆请。上曰："着依议。"

又谕大学士温达等曰："据王懿条奏云，海贼窃发，皆因商人出洋，百姓沿海居住，请禁商人，迁移百姓，则海贼自无矣等语。王懿但知禁止商人，迁移百姓，则可无海贼，而不知福建人稠地少。朕办理几务五十余年，熟知各处山川利病。福建人稠地少，百姓俱往来贸易，倚恃海利为生。若禁止商人，迁移沿海一带居民，民何以为生？"温达等奏曰："福建人稠地少，圣上早洞鉴矣。"

是日起居注官陈璋、海宝。

二十日己卯

二十一日庚辰 辰时，上由西直门进神武门回宫。

是日起居注官党阿赖、李凤翥。

二十二日辛巳 辰时，上举行经筵大典，御文华殿升座，谓诸臣曰："从来经筵之设，皆帝王留心学问、勤求治理之意，但当期有实益，不可止饰虚文。朕观前代讲筵，人主惟端拱而听，默无一言。如此，则虽人主不谙文义，臣下亦无由而知之。若明万历、天启之朝，何尝不举行经筵，特徒存其名耳，何裨实用？朕御极五十年，听政之暇，时勤披览。凡四书、五经、通鉴、性理等书，俱经研究。每儒臣逐日进讲，朕辄先为讲解一遍。遇有一句可疑、一字未协之处，亦即与诸臣反覆讨论，期于义理贯通而后已。经筵自是，大典举行有时，然皆不可以具文视也。"遂将《四书》"忠恕违道不远"一节、《易经》"九五飞龙在天，利见大人何谓也"一节，上亲自讲解，随命礼部侍郎傅伸、礼部尚书王掞讲《四书》，礼部侍郎二格、翰林院掌院学士陈元龙讲《易经》毕，回宫。

未时，上自西华门出西直门，诣畅春园驻跸。

是日起居注官党阿赖、李凤翥。

二十三日壬午

二十四日癸未

二十五日甲申

二十六日乙酉

二十七日丙戌 辰时，上御畅春园内澹宁居听政。户部尚书穆和伦等入，为伊部堂主事卢一魁员缺，以伊部笔帖式董奇佩坐名补授缮写绿头签启奏。上曰："卢一魁何如？"尚书张鹏翮奏曰："从前不知何如，后访察之，办事每每错误。"上曰："卢一魁八旗人皆知之，系一非常钻营之人。"又问曰："尔等保董奇佩乎？"张鹏翮奏曰："臣等因其人去得，故公同拣选具奏。户部系办理钱粮衙门，若以皇上恩典为重，银钱为轻，即可为好官矣。但一涉银钱，心思被其摇惑，则改行亦未可定。至此，为父者亦不能保其子。"上曰："始终勤慎者诚属难得，虽自身亦不能保。即今朕亦不能保此身终始不懈，故曰为君难，为臣不易。凡事必要先行，其言而后从之。若只顾先言，后来行不顾言，如何使得？"尚书穆和伦奏曰："皇上训谕诚然。"上又曰："户部弊端甚多，笔帖式、书办不端之极。朕以国体攸关，此等小事故不稽察，尔等当留意。"张鹏翮奏曰："今书办缺主，在外揽事，其顶伊缺者，俱受伊指使。臣等留意，当渐次清除。"上曰："董奇佩照尔等所题补授，若不好，即当参革，勿以自己所保之人徇庇之。"

部院各衙门官员面奏毕，大学士温达、张玉书、李光地、萧永藻，学士噶敏图、王思轼、满保、潘宗洛、瓦尔达、李仲极、觉和托以折本请旨。覆请吏部覆偏沅巡抚赵申乔条奏，因公诖误解任等官应追银两已交原籍该旗查追，请将原参承追逾限官员各案注销，议准行一疏。上曰："凡解任官员有应追银两，地方承追官应严行催追，依限完结。今因发回本旗、本籍追赔，遂欲将原参承追官即准销案，此特为原追各官希图卸过之意。如此则必致互相推诿，愈难完矣。此例遵行已久，不可更改，仍照定例行。"

又覆请兵部覆浙江巡抚王度昭所题，宁波城守营游击王连调补伊标左营游击员缺，议不准行一疏。上曰："王连着照该抚所请补授。"

又覆请刑部等衙门覆福建巡抚黄秉中所题，柯乞与伊大功兄柯进为地亩缘由斗殴，柯进持刀戳柯乞，柯乞夺刀戳柯进肚腹，是夜身死，相应照律将柯乞立斩，准如所拟一疏。上曰："大功兄世次已远，而且柯乞系夺柯进刀戳死柯进，着改为秋后。凡人命事件应当细加详研，求其生路。"

是日，上诣澹泊为德行宫问安。

是日起居注官常鼐、蒋廷锡。

二十八日丁亥

二十九日戊子

三十日己丑 早，上诣澹泊为德行宫问安。

申时，上由西直门进神武门回宫。

是日起居注官海宝、吴廷祯。

三　月

初一日庚寅 辰时，上御乾清门听政。部院各衙门官员面奏毕，大学士温达、张玉书、李光地、萧永藻，学士噶敏图、王思轼、满保、彭始抟、李仲极、觉和托、博音代、胡作梅以折本请旨。覆请吏部所题大选郎中等官员一疏。上曰："张鹏翮奏朕，有一司官系书办之子，朕忘其名，此内必有其人，故折此本。尔等问张鹏翮具奏。"

又覆请偏沅巡抚赵申乔所题，原任常德府通判补授靖州知州高铎，因通判任内盗案，部议降一级调用，但高铎为人勤谨，请将高铎或留新任，或留原任，无庸议一疏。上曰："高铎着带所降之级留任靖州知州。"

又覆请兵部所题，宣化总兵官康泰等不将口外营盘口窃踞逃盗李得功查拿，殊属不合，应将康泰等俱革职一疏。上曰："绿旗官兵巡查，但到边口即止，并不巡查口外。今将伊等以不查拿口外盗贼俱议革职，殊觉太过。应照失于觉察匪类出入关口之例议处。本发还，着再议具奏。"

又覆请江宁将军鄂克逊所题，正红旗萨尔泰佐领下骁骑赫音布今承袭伊父拖沙喇哈番，家贫不能搬移家眷上京，请留江宁，议不准行一疏。上曰："这本收贮，着将赫音布调来引见。若人材壮健，留在江宁；若不及，着调来京。"

又覆请都察院所题道员内升外转一疏。上曰："着问都察院堂官具奏。"

又覆请浙闽总督范时崇所题，黄岩镇标中军游击陈威远员缺，请以该镇左营游击陈允升调补；陈允升员缺，请以台州协右营都司闫福玉调补一疏。上曰："陈允升等俱着照该督所请补授。"

上又顾大学士温达等曰："视尔衙门翻译本章，有失汉文本意者。本章关系甚要，失其本意，即于其事不同矣。现在尔衙门侍读学士俱系论俸而升，故不能翻译。今赫素、徐元梦翻译甚佳，将此二人授为尔衙门侍读学士改本，想于尔等有益。"温达奏曰："皇上将此二人补臣衙门侍读学士改本，实于臣等大有裨益。"

是日起居注官海宝、吴廷祯。

初二日辛卯 辰时，上御乾清门听政。部院各衙门官员面奏毕，大学士温达、张玉书、李光地、萧永藻，学士噶敏图、王思轼、满保、彭始抟、李仲极、觉和托、博音代、胡作梅以折本请旨。覆请吏部覆偏沅巡抚赵申乔题参辰州府知府迟煓衙门豢养戏子，不时演唱，有误公事，殊属不谨等语，相应将迟煓照例革职一疏。上曰："此乃小事，赵申乔何必题参？参人原有一定之例，例所当参则参，不可参者，岂可参乎？赵申乔此参殊不合例，况且生在太平之际，听戏何伤，何必苛求？"张玉书奏曰："赵申乔参疏内称与例相符等语。"上曰："办事当于大者体察，琐屑小事不可苛求。宽则得众，信则民任焉。治天下之道以宽为本，若吹毛求疵，天下人安得全无过失者？尝见不饮酒之人，必欲人不饮酒，不用烟之人，必欲人不用烟，此皆断不可者。朕即不饮酒用烟，人饮酒用烟，朕非不知。若令拿获，即刻可得。设如赵申乔心性行之，必致尽杀天下饮酒用烟之人矣，此岂可乎？恐天下大小臣工，一日不能自安矣。"张玉书奏曰："圣上所见极是。"上曰："浙江风俗奢侈，赵申乔任浙江巡抚时欲力挽其风俗，竟不能挽，徒为民怨。后巡抚湖南，大小官员无不被参，岂一省之内无一好官？总之，为大臣者不可轻易参人，当明末时互相挟仇，弹劾之风竞起，以致是非颠倒，偾事不可不戒。"温达等奏曰："圣谕诚万世之至论。"上曰："官之清廉，只可论其大者，不可据其受礼不受礼言之。即今张鹏翮居官甚清，在山东兖州为官时，亦曾受人规例，安置田庄。张伯行居官亦清，但其刻书甚多，刻一部书无千金不得。此皆何处来者？此等处亦不必究。两淮盐差送人礼物，朕非不知，何必追求？总之，愚民断不可欺。居官好者，到任不过数月，人即知其好；居官不好者，到任不过数月，人即知其不好。故曰天视自我，民视天听。自我、民听，盖民意即天意也。”温达奏曰：“皇上真圣明之言，亘古未有者！”上又谓大学士温达等曰：“汉人有一陋习，虽有师生之名，仍好互相结仇。若平日稍有不合，必寻求一过失陷之。如其不能，或作一篇文章，极论其非，以抒其愤而后快。即今亦有排陷尔等欲为大学士者。”张玉书奏曰：“臣等俱赖皇上保全之。”

温达等奏曰：“臣等遵旨以道员内升外转人员问都察院左都御史穆旦等，据将俞化鹏、张莲、杨笃生三人举荐”，并以原疏覆请。上曰：“着将开列第一人吕履恒内升。这次外转者着停止。”

温达等又奏曰：“臣等遵旨以书办之子员外郎姓名问张鹏翮，据云名朱懋烈，现题补郎中”并以原疏覆请。上曰：“吴琳芳等依拟用，书办之子朱懋烈着以员外郎原品解任。”

巳时，上由神武门出西直门，诣畅春园驻跸。

是日，诸王、贝勒、贝子、公、大臣、官员奏为圣德茂膺，景运敷天，庆际昌辰，恳请诞受鸿称，用光盛典，允协舆情事一疏。上以朱笔批出谕旨曰：“朕自幼读书，略观经史，持身务以诚敬为本，治天下务以宽仁为尚。虽德之凉薄，性之不敏，而此心此念兢守五十年，夙夜无间。即纤悉细务，不敢稍有怠忽。尝观古昔哲王，君临天下之久，能持终者盖鲜。在前少年时，血气方壮，常毅然有矫偏治弊之意。兹春秋渐高，血气渐耗，胸中锐气甚减，而朝乾夕惕实与日加增。今正当恪慎保终、孜孜为万姓图治安之时也。朕之御极年久，皆祖宗厚德景福，积累留贻之所致。此请上尊号称贺特虚文耳，于朕躬毫无裨益。史书所载‘庆云灵芝、天书万寿’节，朝贺加上尊号等类，徒为前儒所讥，并无善处，有何所补而欲行之？这所奏，知道了。”

是日起居注官揆叙、俞长策。

初三日壬辰

初四日癸巳

初五日甲午 诸王、贝勒、贝子、公等为请上尊号，又缮本交与奏事傻子、双全转奏，复行恳请。奉旨：“朕前已有谕旨，不必再谕。此本无益，着发还。”

是日起居注官王原祁、党阿赖。

初六日乙未

初七日丙申　辰时，上御畅春园内澹宁居听政。部院各衙门官员面奏毕，大学士温达、张玉书、李光地、萧永藻，学士噶敏图、王思轼、满保、彭始抟、李仲极、觉和托、博音代、胡作梅以折本请旨。覆请吏部所题内阁学士达色员缺，以光禄寺卿马良等职名开列一疏。上曰："巴颜柱着升补内阁学士。前令赫素、徐元梦改本，额外授为侍读学士，俟侍读学士俸满三年升迁之处再行开列。"

又覆请吏部所题奉天府府丞孟世泰员缺，以通政司左参议郝惟谔拟补一疏。上曰："奉天地方紧要，以能办事之人补之方为有益。郝惟谔年老，此缺着另拟具奏。"

又覆有礼部所题请旨赐恤领侍卫内大臣兼太子少师、公颇尔盆一疏。上曰："功臣子孙朕皆知之，颇尔盆系无始终之人，因袭公爵，故用之。视伊诰命，顺治二年因不顺睿王，授为三等公。睿王之事系顺治七年始行发觉，如何载入顺治二年？给官之处，岂部中差误乎，或诰命讹写乎，或伊私行更改乎？着查奏。"

又覆请刑部等衙门覆安徽巡抚叶九思所题，白亮公与伊缌麻兄白景荣为戽水灌田互相角口，白景荣执锹击打白亮公头颅，白亮公情急，夺锹还击白景荣肩胁，踢中肾囊，伤重殒命，应将白亮公拟斩监候，秋后处决，准如所拟一疏。上曰："拟此本汉字，白景荣被殴伤重即死等语，视满文但书伤重殒命，并无即字。人命关系之案，着查满汉文不符之处具奏。"

又覆请刑部等衙门覆两江总督噶礼所题，请将已获出首海贼郑尽心等广东有名线贼余国梁暂免拟罪，押解原籍，令其招出伙贼八十三等，缉拿郑尽心等语，查得郑尽心等已经浙闽总督范时崇等拿获具题，应将余国梁停其押解原籍。行文两广总督、巡抚等，将八十三等严查，务期拿获解部一疏。又覆请刑部等衙门覆噶礼所题被获盗贼王表与郑尽心相好等语，相应俟郑尽心解部之日质审一疏。又覆请刑部等衙门覆噶礼所题，被获劫夺王宝等船之盗犯郑龙等虽供称伊等非郑尽心一伙，亦难凭信等语，相应将郑龙等俟解到之日质审一疏。上曰："此三本俱收贮，令刑部派出司官二员，一带余国梁至广东，令其指拿逸贼八十三等；一令其至福建，将郑尽心解来，若于途中遇见，即令解来。”

又覆刑部等衙门覆查得侍郎殷特布审奏甘肃巡抚鄂奇题参革职肃州通判毛凤仪亏空仓谷一案，皆因毛凤仪收贮仓谷不谨，以致霉烂亏空是实，相应将霉烂一千余石仓谷着落在毛凤仪名下，勒限一年，令其赔补。解任布政司觉罗伍什受亲友嘱托，捐纳监生，二千石谷价不给毛凤仪，不合，相应降三级调用。但伍什系二等阿达哈哈番，无级可降，应罚俸四年六个月抵降三级。其所欠二千余石谷价，令其照数赔补一疏。上曰：“着依议，伍什自擢用以来，并无效力之处，着革去世职，令应袭之人承袭。若无应袭之人，着革去。”

又覆请山东登州府总兵官李雄所题，水师前营游击林拱、后营游击陈雄等，纵容海贼郑尽心等由山东所属外洋过去，不能查拿，相应题参，臣身亦不能免罪，统听部议一疏。上曰：“山东登州海内之山，其脉由长白山而来。山东贸易之船，由山内而行。海贼之船，由山外大洋往来，未入内洋是实。大洋之中，官兵巡防追缉不能遍及，这水师两营官俱从宽免处分，该镇亦免察议。”

是日，上诣澹泊为德行宫问安。

是日起居注官党阿赖、李凤翥。

初八日丁酉

初九日戊戌

初十日己亥

十一日庚子

十二日辛丑

十三日壬寅

十四日癸卯

十五日甲辰　是日，上诣澹泊为德行宫问安。

十六日乙巳

十七日丙午　上由西直门进神武门回宫。

是日起居注官史夔、党阿赖。

十八日丁未　早，上以万寿节，率皇太子、诸王、贝勒、贝子、公等诣宁寿宫行礼。未入，八分公等文武官员俱于午门外随班行礼毕，上回宫。

顷之，上御中和殿升座，内大臣、侍卫，内阁翰林院、礼部、都察院、詹事府等衙门大臣、官员行礼。上御太和殿，诸王以下、公等以上文武官员行礼毕，上回宫。

巳时，上由神武门出西直门，诣畅春园驻跸。

是日，上诣宁寿宫问安。

是日起居注官揆叙、陈元龙。

十九日戊申

二十日己酉

二十一日庚戌

二十二日辛亥　是日，上诣澹泊为德行宫问安。

二十三日壬子

二十四日癸丑

二十五日甲寅

二十六日乙卯　辰时，上御畅春园内澹宁居听政。部院各衙门官员面奏毕，偏沅巡抚潘宗洛以赴任入请训旨。上曰："凡为督抚者，操守甚要，尔宜洁己，为下属表率。今天下太平无事，以不生事为贵。兴一利即生一弊。古人云，多事不如少事，职此意也。驭下以宽，宽则得众。为大吏者，若偏执己见，吹毛求疵，则下属何以克当？武弁不过倚数分粮过日，若受伊等礼物，必致刻剥兵民。无藉之人始肯当兵，今之绿旗兵亦不足观矣！"潘宗洛奏曰："兵丁亦宜详察。"上曰："绿旗兵不堪，非特湖南，天下皆然。"又曰："红苗处在荒隅，不得与内地百姓同视，宜善为抚绥。朕观尔等汉官，一遇难事即便告退。设督抚者，原欲令其宁谧地方，抚养百姓，并非令其富，令其安逸也。为封疆大臣，凡事宜一己担当，黾勉效力。一遇难事即图脱卸，可乎？"潘宗洛奏曰："臣赋性愚鲁，如有疑难不能决断者，臣缮折密奏，请旨裁夺。"上颔之，曰："凡事言之易，行之难，谋为全在行事，朱子亦有此言。"

陕西布政使魏图布以赴任入请训旨。上曰："尔但洁己，清楚钱粮。此外并无别谕。"魏图布出。

大学士温达、张玉书、李光地、萧永藻，学士噶敏图、王思轼、满保、彭始抟、李仲极、觉和托、博音代、胡作梅、巴颜住以折本请旨。覆请吏部所题为补授内阁学士瓦尔达员缺，以光禄寺卿马良等职名开列一疏。上曰："这员缺以侍读学士内年久、在前开列萨尔泰补授。"

又覆请吏部覆广西巡抚梁世勋所题养利州知州李敬熙员缺，请以降俸带罪督催全州知州吴铨调补，不准行一疏。上曰："吴铨着照该抚所请调补。"

又覆请吏部汇题案内为主事鲁一夔缘病解任一事。上曰："鲁一夔行止不端，着革职。余依议。"

又覆请礼部覆山东巡抚蒋陈锡所题请加增山东乡试中额，不准行一疏。上曰："各省读书士子日盛，于前乡试中额应酌量加增，这本内事情着再议具奏。"

又覆请兵部所题云南开化总兵官黄秉钺员缺，以镶黄旗汉军参领杨长泰等职名开列一疏。上曰："先曾有旨，调记名副将十员引见，可将伊等查开折子具奏。"

又覆请兵部所题，宣化总兵官康泰将营盘口窃踞逃盗李得功等不行查拿，相应罚俸六个月；永宁路都司马灿等各罚俸一年；喀齐礼地方驻扎捕盗、六品官巴都奈等各降一级、罚俸一年一疏。上曰："康泰等在口内驻扎，巴都奈等在口外驻扎，这盗贼逃入盘踞之处，系巴都奈等专辖巡查之所。今将康泰等与巴都奈等一同议处可乎？本发还，着再议具奏。"

又覆请兵部覆盛京兵部理事官阿锡鼐所题，宁古塔、黑龙江应点阅盔甲，议准行一疏。上曰："宁古塔等处兵丁盔甲器械，每年该将军等阅视报部，遵行年久。这所奏无益，本发还。"

又覆请兵部覆两江总督噶礼所题，每年派遣官兵驻扎马积山等处巡逻海贼，其浙江大衢山等处亦如江南，每年派遣官兵驻扎巡逻。今江浙官兵每月约定期日在尽山、花鸟山会巡，出印信甘结呈报。如获贼船，议叙赏赐；失事照例议处，议准行一疏。上曰："这所议巡防事宜极其详尽，但此番捕获洋盗，皆系住居内地之人，并非盘踞岛屿。其尽山、花鸟山等处原无海港可以泊船，今欲遣官兵镇防巡哨，一年一更，大洋之中徒劳兵力，且恐致有损伤。该地方文武官员惟严查内地奸民不致出洋盗劫，民生自然安辑。着再加确议具奏。”

又覆请兵部覆监察御史杨萬生条奏，京城内五方杂处，匪类难于稽查，请于每十家编为一甲，每家承值一日，轮流稽查，则匪类无容身之处等语。京城内现有五城司坊巡捕三营官员专司捕务，若编立保甲，恐有不肖之徒借端讹诈亦未可定，应无庸议一疏。上曰：“京城设立保甲，互相诘察，则匪类无藏匿之所，似属有益。尔等问九卿具奏。”

又覆请兵部覆两江总督噶礼所参原品休致中军副将李林请在边疆效力，不准行一疏。上曰：“这本着暂收贮。”

又覆请兵部覆原任贵州安龙总兵官林孺遗本，请将伊子林天育交与苦差效力之处，无庸议；林孺系致仕病故之员，例不予谥；其祭葬银两应给与否，交礼部议覆一疏。上曰：“依议。林天育着取来京，交与领侍卫内大臣等引见。”

又覆请刑部等衙门覆宁古塔将军觉罗孟俄洛所题，倪喀他在打围处失马，寻觅己马，得孟阿图所失之马，即乘之寻觅。孟阿图看见，以为偷盗伊马，持劈柴打倒，以脚乱踢，伤重，次日殒命。应照律将孟阿图拟绞监候、秋后处决，准如所拟一疏。上曰：“孟阿图着交与该将军，照新例正法。”

又覆请刑部等衙门所题，向在仓关米人勒掯索钱为首之小黑儿拟绞，为从之张有德等拟发遣；监督关保等俱拟革职，各枷号两个月、鞭一百；押旗领米之阿达哈哈番四奇等俱拟革职一疏。上曰：“小黑儿、车章等奸恶之徒，霸占仓廒，诈索银钱，将好米坏米一同搀和，多支少给，任意施为。又更甚者，春季应给之米，勒掯至八月。八月应给之米，勒掯过年，至二三月方行放完。其分在仓该都统、副都统以下及派在仓支米官员俱不敢拿，仓场职掌仓廒亦不敢参拿。每季放米之时，又特派出都察院大臣、御史巡查不端作弊之人。伊等俱有查参之职，又不敢参拿。朕闻此故，特差侍卫拿获交与刑部。朕不将大臣官员查讯议处者，此乃朕之宽大处。自拿获伊等之后，仓内恶乱之人全无。今年春季所给之米，俱是好米，于兵丁大有裨益。今该部将小黑儿等照平常偷米贼议处，又将太监五人开脱三人，朕知之甚悉。如果在仓人如此作为朕尚不查问，小黑儿等系于仓无涉在外之人，如此任意霸占仓廒，索诈银钱，明系大光棍。乃止照平常偷米贼具议，刑部堂官必另有主见。可将这缘由问刑部堂官，并谕九卿。”

又覆请湖广总督鄂海所题辰州副将范维典员缺，请拣选补授一疏。上曰：“着查记名应升副将人员开折具奏。”

又覆请江南提督师懿德所题，请将为盗案降一级调用江阴营守备侯永吉带所降三级留任一疏。上曰：“侯永吉着照该提督所请，带所降之级留任。”

又覆请山西太原总兵官马见伯所题，请以补授潞泽营参将袁天纵员缺之陕西西宁镇标游击柯鼎调补太原营参将，以补授太原营参将王之俊员缺之福建枫岭营游击陈有才调补潞泽营参将一疏。上曰：“柯鼎着照该镇所请调补。太原营参将陈有才，俟到日引见。”

温达等奏曰：“臣等遵旨，将打死缌服兄白景荣之白亮公拟斩本内汉文称白景荣被殴伤重即死，满文虽称伤重身死，并无‘即’字之处问刑部尚书齐世武等，据云，满文内遗落‘即’字，将此不能看出，臣等有何辨处”，并以原疏覆请。上曰：“白亮公依拟应斩，着监候，秋后处决。人命关系紧要，不可一字轻忽。这本内满文将白景荣伤重即死遗漏‘即’字不合，着饬行。”

是日，赐偏沅巡抚潘宗洛鞍马一匹。

是日起居注官常鼐、钱名世。

二十七日丙辰　是日，上诣澹泊为德行宫问安。

二十八日丁巳

二十九日戊午

四　月

初一日己未

初二日庚申　辰时，上御畅春园内澹宁居听政。部院各衙门官员面奏毕，大学士温达、张玉书、李光地、萧永藻，学士王思轼、满保、彭始抟、李仲极、觉和托、博音代、胡作梅、巴颜柱、萨尔泰以折本请旨。覆请吏部所题工部尚书徐元正员缺，以都察院左都御史赵申乔等职名开列一疏。上曰：“陈诜居官好，而且年久，着升为工部尚书。”

又覆请吏部所题中允宋衡员缺，以服满原任中允汪士鋐补授一疏。上曰：“汪士鋐为人甚不及。本发还，此缺着另拟具奏。”

又覆请兵部所题云南开化总兵官黄秉钺员缺，以镶黄旗汉军参领杨长泰等职名开列一疏。上曰：“江南、浙江、广东三省沿海一带总兵官内，除福建人，其余着查开折具奏。”

又覆请户部尚书张鹏翮题请回籍省亲一疏。上曰：“张鹏翮简任司农，清勤恪慎，积弊剔除，实心尽职，大有裨益。部务关系紧要，料理需人，虽伊父年逾八十，闻精力尚健，不必急请归省。将此旨拟票签进呈。”

又覆请奉旨收贮兵部覆四川巡抚年羹尧审题，管冕山营游击事参将周玉麟被蛮人杀死一案，议以周玉麟为地方起见，误中蛮计身亡，应加赠一级，授为副将，荫子弟一人，以守备推用。其身价银两，行文该抚，令其照例给与。被杀兵丁刘汉杰等、得伤兵丁萧伏等，分别恩赏赐恤。该管总兵官郝弘勋降五级调用，带罪图功。提督岳昇龙削其所加一级，抵其降一级。应援逗遛不进之游击冒浑等，分别拟革职、降级调用一疏，及提督岳昇龙题报剿抚蛮人一疏。上曰：“此二疏着送进。”

又覆请奉旨收贮兵部覆原任副将李麟请边疆效力不准行一疏。上曰：“着再迟数日奏请。”

又以兵部遵旨，辰州副将范维典员缺，开列记名应升副将官员职名折子呈览，并以原疏覆请。上曰：“辰州副将员缺，着以薛士杰补授。”

又以礼部等衙门所奏，臣等遵旨，将已故公颇尔盆家所有诰命与原给诰命档册查对无异折子呈览，并以原疏覆请。上曰：“本着发还。”

又以左都御史赵申乔所奏民与土司名既各殊，理当各分疆界，若令土司得买民田，日久地方必致生事折子呈览，并以原疏覆请。上曰：“赵申乔之言甚是。此本与折子一并交与该部再议具奏。”

又以九卿所奏京城五方杂处，若编立保甲，恐奉行不善，滋事扰民。应再行严饬五城司坊巡捕三营官员实心稽查匪类折子呈览，并以原疏覆请。上曰："如所议行。"

温达等又奏曰："臣等遵旨，为议处小黑儿等一事问刑部尚书齐世武等，并示九卿。据齐世武等云，小黑儿等向关米人勒索银钱，人俱不能拿获，皇上遣人拿获，臣等应照光棍例议即行处斩。但拟以绞，甚属不是。乞将本发还再议，并以原疏覆请。"上曰："本发还，着再议具奏。"

是日，上诣澹泊为德行宫问安。

是日起居注官李凤翥、海宝。

初三日辛酉

初四日壬戌　是日，上诣澹泊为德行宫问安。

申时，上由西直门进神武门回宫。

是日起居注官蔡珽、海宝。

初五日癸亥　早，上御太和殿升座，升转文武官员谢恩毕，回宫。

顷之，上御乾清门听政。部院各衙门官员面奏毕，大学士温达、张玉书、萧永藻，学士王思轼、满保、彭始抟、李仲极、觉和托、博音代、胡作梅、巴颜柱、萨尔泰以折本请旨。覆请吏部所题为补授科、道，以吏部郎中张翔凤等职名开列一疏。上曰："这科、道员缺开列人员内，有曾任知县、居官好者否，着问九卿保举。"

又覆请云南巡抚吴存礼所题请留巡抚衙门笔帖式达硕色，不准行一疏。上曰："达硕色着照该抚所请，仍准留用。"

又覆请兵部所题，宣化府总兵官康泰将在营盘口外盘踞逃盗李德功等不行查拿缘由，应照例罚俸六个月；永宁路都司马灿等各罚俸一年；在喀齐礼驻扎捕盗、六品官巴都奈巴郎系驻扎口特行捕盗之员，不便照此例议处，俱各降二级、罚俸一年一疏。上曰："康泰着罚俸六个月，巴都奈巴郎俱着革职。余依议。"

又覆请兵部覆四川巡抚年羹尧审题参将管冕山营游击周玉麟等被蛮人杀死一疏。上曰："这案着与岳昇龙所题剿抚蛮苗一案一并再议具奏。"

又覆请刑部等衙门覆御史星鼐等审奏广东海贼朱必士等劫夺商人陈开顺糖船，又行拒捕，杀死守备缘由，拟立斩；千总秦佑不救援潘成等，反杀死商人，谎报杀贼缘由，亦拟立斩；兵马五等签妻流三千里一疏。上曰："此案内应斩人犯太多，尔等会同三法司再行详议。除不应免之人犯外，余俱着发遣黑龙江、吉林、乌拉，伊等皆系习水之人，令其在彼撑船。秦佑着改为秋后斩。"

又覆请浙江巡抚王度昭所题，审询被获劫夺商船海贼乐上宾、王君豫等，海贼郑尽心等，盘踞之处众犯皆称不知，或解部审拟，或令臣审拟具题，相应请旨定夺一疏。上曰："这所获洋盗该抚即审拟具奏。"

又覆请复行折出提督岳昇龙题报剿抚蛮贼一疏。上曰："岳昇龙留意边防，剿抚并用，统领官兵，深入蛮地，斩获甚多。河内河外诸蛮悔罪归诚，悉皆就抚，具见实心任事，调度有方，该部知道。"

上顾谓大学士等曰："李光地病已平复否？"张玉书奏曰："足肿微消，手尚掀肿。"上曰："此疾大抵皆湿热所成，温补之药所致。朕前岁大病之后，乃知温补之药大非平人所宜，且温补亦非一法。如补肝者，即不利于脾。治心者，即不宜于肾。医必深明乎此，然后可服其药，不然徒增益其疾耳。每见村野农人终身未尝服药，然皆老而强健。富贵人动辄服温补之药，究竟为药所误，而且不自知。"大学士等奏曰："上谕诚然。"上复谓张玉书曰："今朱子书现在李光地处校勘，彼既有疾，汝可阅之。其大概条目皆熊赐履所定，悉稳当，谅无可再更改者。此是极正大紧要之书，须随得随刻，亟令告成为宜。"

巳时，上由神武门出西直门，诣畅春园驻跸。

是日起居注官揆叙、蔡珽。

初六日甲子

初七日乙丑

初八日丙寅

初九日丁卯

初十日戊辰

十一日己巳

十二日庚午 辰时，上御畅春园内澹宁居听政。部院各衙门官员面奏毕，大学士温达、张玉书、萧永藻，学士王思轼、满保、彭始抟、李仲极、觉和托、博音代、胡作梅、巴颜柱、萨尔泰以折本请旨。覆请吏部所题湖广巡抚陈诜员缺，以服满巡抚刘殿衡等职名开列一疏。上曰："布政、按察中内居官好者问九卿，其服阕巡抚刘殿衡为人何如，亦一并问来具奏。"

又覆请吏部所题内阁学士噶敏图员缺，以内阁侍读学士宗圣保等职名开列一疏。上曰："着以内阁侍读学士内俸深、在前开列宗圣保补授。"

又覆请兵部议覆江南、江西总督噶礼所题，尽山、花鸟等处，请以江南、浙江官兵更番派出巡逻之处，应毋庸议；仍严饬看守海口文武官员不时巡查一疏。上曰："千总郭王森条奏防海一疏，范时崇已缮折具奏，亦为防江南、浙江海洋事宜所奏之事。这本发还，俟范时崇具题之事到日一并议奏。"

又覆请刑部等衙门覆盛京刑部所题，以劫夺正黄旗常明佐领下沙哈赖家强盗张二、冯大拟立斩，准如所拟一疏。上曰："此事如所议行。"又曰："盛京人犯刑部常拟遣发黑龙江，将此问明具奏。"

又覆请刑部等衙门覆江南巡抚郎廷极所题，吴其谟闻伊弟吴其章与吴兆曾斗殴，出拾砖掷打吴兆曾，误中大功兄吴其希鬓角，越七日殒命。相应照律将吴其谟立斩，准如所拟一疏。上曰："吴其谟掷砖误伤吴其希，越七日殒命。吴其谟改为应斩监候，秋后处决。"

又覆请直隶巡抚赵弘燮题为宣化总兵官康泰丁忧一疏。上曰："康泰人材骁健，着在任守制。"

又以九卿遵旨，为补授科、道员缺开列所荐吏部郎中张为经等职名折子呈览，并以原疏覆请。上曰："九卿荐举十人内，视其俸深者补授。"

又以奉旨收贮往理轮运截漕至漳、泉二府侍郎塔进泰为载米战船所奏折子覆请。上曰："问塔进泰具奏。"

又谓大学士张玉书曰："九卿内可有习律吕之学者否？尔等问奏。"

是日，上诣澹泊为德行宫问安。

是日起居注官党阿赖、蒋廷锡。

十三日辛未

十四日壬申

十五日癸酉

十六日甲戌 辰时，上御畅春园内澹宁居听政。部院各衙门官员面奏毕，大学士温达、张玉书、萧永藻，学士王思轼、满保、彭始抟、李仲极、觉和托、博音代、胡作梅、巴颜柱、萨尔泰、宗圣保以折本请旨。覆请领侍卫内大臣侯巴浑德等所题，审得喀喇沁他布囊达木巴等控告额驸噶尔臧，于公主丧事之时霸占索诺穆等之妻等款俱系情真，噶尔臧王爵已经革去无庸议外，应将和硕额驸职衔革去，即行立斩。在喀喇沁地方拿获逃盗赵四等俱拟立斩。助噶尔臧为恶之鄂托齐等，指妻通奸噶尔臧，用刀戳死之武勒穆济拟绞监候，秋后处决一疏。上曰："噶尔臧着从宽免死，监禁在京。赵四、马礼三、李二、丁破鼻子俱着立决。鄂托齐、达木巴、武勒穆济俱照拟应绞监候，秋后处决。"

又覆请刑部等衙门汇题案内，行在兵部移送疯狂自行刎死牧群人李保住一案，李保住一得疯狂，牧群侍卫图尔侵将李保住捆绑，交与牧群人卢七及李保住家人五儿看守。卢七去吃饭之后，李保住告便，五儿将绳解开。因而，李保住即拔五儿所带小刀自行刎死。为此，已将卢七、五儿各鞭八十折角一事。上曰："此事应如所议。牧群人或有自刎而死，及疯狂者自外务必奏闻。李保住果系疯狂，应奏闻发遣回家牧群。侍卫是何等人？不行奏闻，伊即擅自拿捆，交与牧群人及家人看守，可乎？着交与领侍卫内大臣，将此情节问明，严查议奏。"

又覆请山东登州总兵官李雄所题臣标水师前营游击林拱员缺，请以水师中军守备滕国祥补授；滕国祥员缺，请以候补守备陈孟补授一疏。上曰："滕国祥、陈孟俱照该镇所请补授。"

又覆请奉旨收贮兵部覆原任副将李麟请边疆效力，不准行一疏。上曰："这本着暂收贮，俟要地缺出，朕酌量用之。"

温达等奏曰："臣等遵旨问塔进泰为福建战船所奏缘由，据云米多船少，故此奏闻，并无别故，以原折覆请。"上颔之，折子着发还。

温达等又奏曰："臣等遵旨盛京等处居住人得何罪始发黑龙江，得何罪始发江宁、杭州之处问刑部尚书齐世武等，据云，偷刨人参案内为从者，若系盛京等处旗下另户人，发黑龙江当差；若系家人，给与黑龙江穷披甲人为奴。将拐诱人口案内来历不明之人、盛京等处居住旗下人，不行详明，用白头文书买去者，若系另户人，发江宁、杭州披甲；若系家人，发江宁、杭州，给与穷披甲人为奴。”上颔之。

大学士张玉书奏曰：“臣等遵旨问九卿律吕之学，皆不过涉览律吕新书，未能细心研究。草莽之中或有通习此学者亦未可定。”上曰：“朱子全书凡天文、地理、乐律、历数，俱非泛然空论，皆能确见所以然之故。朕尝细加寻绎，欲求毫厘之差亦不可得。即如经一围三畸零之数，讲论已自通彻，尚有留俟后人参考之语。朱子学问言言实际，朕甚服之。黄钟之管，朕曾试过；葭管飞灰未经候验，但地形南北高下不同，一时难于定准。”张玉书奏曰：“古时测候多在河南地方。”上曰：“今如畅春园距京城观星台，地形便微有不同。至于各省，或同此一时，未必同此一刻矣。”

是日起居注官常鼐、吴廷桢。

十七日乙亥

十八日丙子

十九日丁丑

二十日戊寅　辰时，上御畅春园内澹宁居听政。部院各衙门官员面奏毕，湖北巡抚刘殿衡为赴任请训旨入奏。上曰：“尔曾任湖北巡抚，彼处民情及地方情形尔俱知之，无烦多谕。到任勿得生事，凡事秉公办理，无怀私意则已。”刘殿衡奏曰：“臣谨志圣谕遵行。”刘殿衡出。

大学士温达、张玉书、萧永藻，学士王思轼、满保、彭始抟、李仲极、觉和托、博音代、胡作梅、巴颜柱、萨尔泰、宗圣保以折本请旨。覆请吏部覆四川巡抚年羹尧回奏疏称，“臣但遵部议，令臣查审蛮苗，不解。亦令巡抚前往谕旨提臣，将顽蛮罗都等三人解送到臣，故臣即以首恶已经拿获，遂起程回署。今被督臣指参，又行渎陈罪更难逭”等语，但年羹尧系封疆大臣，不行前往，即行回署，殊属不合，相应照规避例革职一疏。上曰：“年羹尧着革职，从宽留任，带罪图功。”

又覆请刑部等衙门所题，小黑等向在仓关米人索勒银钱，为首光棍，相应立斩；张有德系为从者，相应拟绞监候，秋后处决；监督关保等相应革职、枷号两个月，各鞭一百；押旗领米阿达哈哈番四哥等俱相应革职一疏。上曰：“小黑儿、车章俱着立决，李火、小子、二小子、赫二哥、邓三儿、邓四儿、车进，着改为应斩监候，秋后处决。余依议。”

又覆请安徽巡抚叶九思所题，原任寿春营副将尚隽因贪劣题参解任审询，今尚隽恃身有职衔，吐供游移，难以定拟，请将尚隽革职审拟一疏。上曰：“这所参事情着遣部院堂官一员前往察审具奏。”

是日起居注官凌绍文、海宝。

二十一日己卯　是日，上诣澹泊为德行宫问安。

二十二日庚辰　辰时，上诣澹泊为德行宫问安毕，自畅春园启行，巡幸塞北，至南石漕驻跸。

二十三日辛巳　上驻跸行宫。

二十四日壬午　上驻跸密云县。是日，怀柔县知县林元桂等、守备赵成贵等，密云县知县朱永宁、守备孙梦莺等，收木税光禄寺署正文溥等来朝。

二十五日癸未　上驻跸腰亭子。是日，石匣营副将杨铸、游击赵武、守备孙德明等来朝。

二十六日甲申　上驻跸行宫。是日，赐内大臣、都统、前锋统领、护军统领、前锋参领、护军参领、侍卫、前锋、护军及盛京、吉林、乌拉、黑龙江、西安、江宁、杭州、荆州官兵羊、鹅。

二十七日乙酉　上驻跸行宫。

二十八日丙戌　上驻跸两间房。是日，赐内大臣、大学士、都统、前锋统领、护军统领、护军参领、头等侍卫、二等侍卫鹿肉。巴林荣宪公主遣使来请安。

二十九日丁亥　上驻跸鞍子岭。是日，赐大学士温达、张玉书雉、鸡子。

三十日戊子　上驻跸喀喇城。

五　月

初一日己丑　上驻跸热河。

初二日庚寅　上驻跸行宫。是日，翁牛特多罗杜棱郡王额驸仓津、护国公索诺穆、二品台吉谔齐礼那逊罗普臧滚木布来请安。

初三日辛卯　上驻跸行宫。辰时，皇太后驾至热河，上率皇太子、诸皇子、大臣、侍卫、官员出迎。是日，协理翁牛特旗务二品台吉谔齐礼，喀喇沁扎萨克、一品他布囊葛勒尔来请安进贡。

初四日壬辰　上驻跸行宫。

初五日癸巳　上驻跸行宫。

辰时，上御行宫，大学士温达、张玉书，户部侍郎兼管学士事噶敏图，学士满保以折本请旨。覆请吏部覆甘肃巡抚岳拜所题狄道县知县汪钧控告原任巡抚、今升兵部侍郎鄂奇，临洮道卫瑛、临洮知府庄祖诒等受伊节礼等款甚多，请将卫瑛、庄祖诒解任确审等语，相应将鄂奇等暂令解任，发往陕西质审一疏。上曰："鄂奇原系一无定之人，因总督殷泰、齐世武荐举，故累加擢用，自任巡抚以来，所奏之事俱不可信。鄂奇着革职锁拿，遣司官一员解送陕西，该督严行质审定拟具奏。恐殷泰为己所荐之人瞻徇庇护亦未可定，将朕旨开写明白发去，令其从公审理。若审得情虚，伊官职仍在。"

又覆请礼部所题朝鲜国王审送伊国人越界杀死中国人情节，发与凤凰城审此事官员一并审明具题，到日再议一疏。上曰："这事情着遣该部司官一员，带领现来奏事朝鲜国官前往凤凰城，会同前遣审事司官，将地方边界查明具奏。"

又曰："天上度数俱与地之宽大吻合，以周时之尺算之，天上一度，即有地下二百五十里。以今时之尺算之，天上一度，即有地下二百里。自古以来，绘舆图者俱不准照天上之度数推算地里之远近，故差误者多。朕前特差能算善画之人，将东北一带山河地里俱准照天上度数推算，详加绘图视之。混同江自长白山后流出，由船厂布塔哈乌拉向东北流，会于黑龙江入海。此皆系我们地方。鸭绿江自长白山东南流出，向西南而往，由凤凰城、朝鲜国义州两间流入于海。鸭绿江之西北系我们地方，江之东南系朝鲜地方。以江为界，土门江自长白山东边流出，向东南流入于海。土门江西南系朝鲜地方，江之东北系我们地方，亦以江为界，此处俱已明白。但鸭绿江、土门江二江之间地方缘由知之不明。前为在凤凰城会审朝鲜人杀人一事遣部院司官二员前往之时，亦派出布塔哈乌拉总管穆克登前去。伊等请训旨时，朕曾密谕云，尔等去查看地方，同朝鲜官沿江而上。若我之此处可行，朝鲜彼处不可行，即同朝鲜官俱在我此处行；如我此处不可行，有阻隔不通处，即行明白晓谕，尔等俱在朝鲜彼处行。乘此便至极尽处详加细看，务将两边边界查明来奏。今揆伊等想必由彼起程前往矣。此番地方原尾庶得明白。”

又覆请兵部覆直隶巡抚赵弘燮所题，请在喀喇城热河添设二站，不准行一疏。上曰：“喀喇城热河设立驿站大有裨益，不必安插民人。红旗营等处滋生人丁甚多，且一样给与钱粮，即应在此人丁内拣选，安设驿站。此本发还，着再议具奏。”

又覆请兵部覆川陕总督殷泰所题四川提标中营参将达先员缺，请以松潘镇标左营游击杨君强补授，议准行。杨君强员缺，请以提标左营守备纪成斌补授；纪成斌员缺，请以蓝翎侍卫李莘补授，议不准行一疏。上曰：“杨君强依拟用。纪成斌、李莘俱着照该督所请补授。”

又覆请兵部覆四川提督岳昇龙所题永宁副将马尔植员缺，请以浙江太平营参将达先、山西新平路参将王之俊二员内拣选一员补授，不准行一疏。上曰：“永宁副将员缺，着将王之俊补授。”

又覆请兵部所题广东琼州总兵官孙成龙员缺，以镶黄旗汉军参领杨长泰等职名开列一疏。上曰：“广东肇庆副将何国云人材骁健，先曾记名，前总督赵弘灿亦曾荐举，着何国云补授琼州总兵官。”

又覆请刑部等衙门覆江西巡抚郎廷极所题周登尚借伊大功兄周上珍之粮，偿还时角口，周上珍批其面，因而周登尚取木板摔去，打中周上珍眼，又拳打胸膛，越八日殒命，应将周登尚照律立斩，如所拟一疏。上曰：“周登尚被伊兄周上珍打急，取板摔打，适中周上珍，伤重，越八日身死，周登尚改为应斩着监候，秋后处决。”

又覆请刑部等衙门所题，以打死窃盗捕役左相拟绞监候，秋后处决一疏。上曰：“左相系捕盗衙役，将两次为窃盗之杨大缉获拷打，因而致死。左相从宽免死，照例减等完结。”

毕，上问大学士温达曰：“鄂奇人何如？”温达奏曰：“从前臣未与彼遇在一处，此番观之，为人谨厚，办事妥当。”上曰：“鄂奇原长于钻营，甚有手段，究竟交付审理为是。”温达奏曰：“侍郎鄂奇今已革职，发往陕西审理。此处无有办理兵部事务之人，祈皇上或尚书耿额，或侍郎满都指出一员。”上曰：“着满都来。”

是日，奏事傻子、双全传谕大学士温达等曰：“朕写字寄往京师，令自本月初六日起，三日不宰牲，虔诚祈雨。此处俱系一体，既自初六日至初八日不宰牲，相应严禁扈从人员及村落居民。并交与各庙诵经，合意虔诚祈祷。即三日茹素，何碍打鹿放鹰？俱行禁止，亦着传谕膳房头目。”

初六日甲午　上驻跸行宫。

初七日乙未　上驻跸行宫。奏事傻子、双全捧皇上御笔朱书谕旨交与大学士温达等，传谕曰：“将此旨兼写汉文呈览，再发往京师。”有顷，温达等兼写汉文授傻子、双全转奏呈览。谕曰：“善，着发往京师。”谕旨曰：“朕自京师抱恙而出，今行步未健，尚需人扶掖。又兼天时亢旱，蚤夜焦劳，以致不安寝食。自古君臣之义甚重，必上下一德相成，然后能感上天之心，召致和气，不在徒饰虚文、务虚名以从事也。我君臣应协同心力，夙夜靡宁，以为万民筹画生计。大抵诸臣内实心以国家为念者固自不少，而秉性奸恶者，亦不可谓无人。惟尔诸臣宜仰体朕怀，日存忧惕以为群黎，竭诚祈祷，庶几甘霖可冀，幸旱获也！现在此处大学士等将朕手书谕旨发往京城，会集满汉大学士、九卿、詹事、掌印不掌印科、道官详晰传谕。伊等有应陈奏之事，各自亲书奏折，即当九卿前交明具奏。”

是日，喀喇沁多罗杜棱郡王塞棱来请安进贡。

初八日丙申　上驻跸行宫。是日，奏事傻子、双全传谕大学士温达等曰：“着谕礼部自本月十一日至十三日祈雨三日，礼部大臣不虔诚亦未可定。尚书贝和诺系懒惰懈弛之人，令户部尚书穆和伦代伊祈祷。”

初九日丁酉　上驻跸行宫。是日，奏事傻子、双全捧皇上御笔朱书谕旨交与大学士温达等，传谕曰：“将此旨兼写汉文，发往京师。”谕旨曰：“朕观比来渐觉亢旱，虽朕躬尚未大安，犹可勉强起行。今值亢旱之际，处此清凉之地，于心不安。朕欲急速回京，着在京诸臣速议具奏。”因而扈从诸臣缮折交奏事傻子、双全转奏，曰：“臣等闻命，不胜惶悚，切念水旱靡常，事所时有。自四月微旱以来，皇上即早下谕旨，清察刑狱，减免罪人。嗣后又屡下明纶训饬，大小臣僚竭诚斋戒，祈祷雨泽。出京以后，犹复传谕再三。皇上焦劳万民，无一时一事不以群生为念在京在外无异视也。今圣躬方觉少安，寝食尚须调摄。冒此酷暑，远行数百里，所关甚重。臣等激切恳求请留圣驾。且皇上此一念，敬天勤民之诚，自当上格穹苍，感召雨泽。伏祈皇上少宽天怀，珍护御体。臣等悚息企仰之至。谨奏！”谕曰：“俟京师诸臣奏到，一并送进。”

是日，赐领侍卫内大臣、大学士、都统、前锋统领、护军统领、副都统炙鱼。

是日，科尔沁和硕端敏公主遣使来请安。

初十日戊戌　上驻跸行宫。是日，大学士温达等以在京都统、贝子苏努等为微旱皇上急欲回京公奏折子授奏事傻子、双全转奏奏，折云：“皇上御笔朱书谕旨一到，领侍卫内大臣及八旗都统、前锋统领、护军统领、步军统领、副都统、大学士、满汉九卿、詹事、掌印不掌印科、道科官、臣等跪伏，宣读上谕云：‘朕观比来渐觉亢旱，虽朕躬尚未大安，犹可勉强起行。今值亢旱之际，处此清凉之地，于心不安。朕欲急速回京，着在京诸臣速议具奏。’臣等闻圣体安康，不胜欢忭。皇上以雨泽少有愆期，为生民切念，不忍居在清凉之地，急欲回京。皇上如此焦劳、诚敬，自然上格天心，甘霖大沛沾足矣。臣等效犬马之愚，恳祈皇上少宽圣怀，颐养圣躬，以副内外臣民之望。况且天下一家，圣心包括海内，在内在外，视同一体。值此溽暑之际，圣躬劳于道路，所关甚重。臣等公议断乎不可。恳求皇上俯允臣等公请，则臣等私衷俱惬矣！在京武臣亦虔诚祈雨，务得雨泽沾足方止”等语。因将扈从诸臣在先奏折一并送进留中。

是日，喀尔喀和硕恪靖公主、和硕额驸敦多普多尔济，翁牛特多罗贝勒厄尔德普谔齐尔来请安进贡。

十一日己亥　上驻跸行宫。是日，自戌时大雨至丑时。

十二日庚子　上驻跸行宫。是日早，大学士温达等会同内大臣等缮折授奏事傻子、双全转奏曰：“今岁春三月雨泽调和，至四月以来雨泽少觉愆期。皇上即为万民生计，日夜焦劳。昨夜甘霖沾足，祈皇上宽慰圣怀，珍护圣躬。”奉旨：“知道了。”

是日，自酉时大雨至丑时。

十三日辛丑　上驻跸行宫。

申时，上御行宫，大学士温达、张玉书，户部侍郎兼管学士事噶敏图，学士满保以折本请旨。覆请拟票进呈复行折出礼部所题，朝鲜国人杀死中国人一疏。上曰：“因拟票未详，复行折出。此事着遣该部司官一员驰驿前往凤凰城，会同前遣审事司官等察议具奏。若已起程，即在凤凰城等候，会同详议具奏。令朝鲜国来奏此事官起程先往凤凰城等候。”

又覆请礼部所题请旨赐恤副都御史杜喀禅一疏。上曰：“不必与恤。”又曰：“昨日礼部为赐恤徐秉义一本，朕批着给葬。徐秉义学问、文章俱佳，任侍郎时并未有效力处。”

又覆请江宁巡抚张伯行所题，江苏等府州县无着落十万八千有奇银两实系散赈平粜、挑河等事借用，尚未补还。此项仍照户部尚书张鹏翮等议，扣除康熙四十八年俸工等项银两捐助还补一疏。上曰：“此项无着落钱粮，皆因南巡地方官修造行宫、预备纤夫及旁支杂应等项销费，伊等畏惧，不敢陈明。前任官员那用、亏空之项，将接任官员俸薪、衙役工食扣补，于心不忍。朕意将此项无归着钱粮欲蠲免。着问九卿具奏。”

毕，张玉书奏曰：“臣在京患病，是以再三恳请随皇上至边外凉爽之处调养，冀幸痊愈。不意到此病势渐增，请发去岁治臣病之医生李德聪，令其诊视。”上曰：“即李德聪去。”

是日，扈从诸大臣及在京诸臣劝止皇上欲回京所奏二折批“雨泽甚属沾足，这所奏知道了”之旨发出。

是日，阿霸垓多罗郡王乌尔占噶喇普、协理乌尔占噶喇普旗务达尔汉固山贝子车领董罗普来请安进贡。

十四日壬寅　上驻跸行宫。

十五日癸卯　上驻跸行宫。是日，科尔沁和硕纯僖公主、额驸班第遣使来请安。

十六日甲辰　上驻跸行宫。

十七日乙巳　上驻跸行宫。

申时，奏事傻子、双全传谕带管内务府总管事务、一等侍卫关保曰："大学士张玉书患病，今送回京中。着交与内务府总管拨官一员，沿途预备肩舁人夫，勿得有误。"上又遣南书房翰林侍张玉书疾。

是日，厄鲁特多罗贝勒和硕额驸阿保遣使来请安。

十八日丙午　上驻跸行宫。是日早，大学士温达以是夜子时张玉书病故白奏事傻子、双全转奏。顷之，内侍李玉出传谕大学士温达曰："今大学士张玉书病故，尔会同部院官员、内务府总管照汉礼衣殓，发往京师。张玉书家道平常，赐银一千两，着大学士亲身交明伊家人，令带回家，办理后事。"

是日，大学士温达等缮折授奏事傻子、双全转奏："为恭谢天恩事，大学士张玉书在京患病，再三恳请随皇上至边外凉爽之地调养病症，冀幸痊愈。不意至此，病势日增。皇上轸念旧臣，赐御医调治。又遣翰林官侍疾。及身没之后，皇上又念其家道平常，赐帑银一千两交与伊子，令其携回办理后事。又特令内务府总管，令其监制秘器、帐幔，凡应用等物给肩舁人夫，遣内务府官沿途护送回京。张玉书生前得承隆恩于无穷，没后又施如此浩荡之洪恩，诚可谓宠荣至极。不特张玉书在九泉之下感激，即臣等亦皆得沐恩光矣。臣等不胜感激之至，为此恭谢天恩，谨奏。"奉旨："着拟票进呈。"

是日，科尔沁和硕卓礼克图亲王巴忒马、乌朱穆秦辅国公滚木布扎普遣使来请安进贡。

十九日丁未　上驻跸行宫。是日，奏事傻子、双全捧皇上御制挽张玉书诗及序交与温达。序曰："朕自少年读书，往往见大臣不能保其首尾，故立志待大臣如手足。不论满汉蒙古，非大奸大恶、法之不容者无可奈何之外，五十年来，如大学士蒋合德、卫周祚、李霨、杜立德、冯溥、黄机、吴正治、王熙、李之芳、宋德宜、梁清标、李天馥、张英、熊赐履、吴琠、陈廷敬，皆以年老告辞，得以林下怡养，保全名节。朕亦未尝少忘，常使人存问始终。如此，凡在朝诸臣，无不以家人父子矢忠尽力也。与朕同事者，无不同朕须发皆白也。宿学老臣辞世者辞世，告退者告退，朕每每伤心痛哭。今又有大学士张玉书之事，朕悲悼不已，故援笔作挽诗一首，令卿等知之。”诗曰：“文章末齿秉丝纶，旧德凝承近紫宸。瀚海天山同正略，江干河道与尝新。表贤未及身先没，颐养空谈梦后湮。挥泪长歔叹佐斗，从来伤痛肃雍臣。”

是日，大学士温达缮折授奏事傻子、双全转奏曰：“皇上发出御制序及诗，传集扈从大臣、官员、翰林俯伏宣读，切惟皇上正追悼宿昔老臣未已，今又值张玉书病故，以致愈增悲感，故作诗发出。臣等公阅，感激之下，无不伤心挥泪者。在生之日，则始终宠荣豢养，以保全之；身没之后，又破格施恩。此真古昔以来未有者也。如果有知，凡此臣庶在九泉之下亦感激靡宁。臣等稽首顿首，伏祈皇上不必悲感，休养圣躬。并请将皇上御制序文及诗发往京师，宣示满汉大臣、九卿、詹事、科、道。”奉旨允行。

二十日戊申　上驻跸行宫。

二十一日己酉　上驻跸行宫。

辰时，上御行宫，大学士温达、户部侍郎兼管学士事噶敏图、学士满保以折本请旨。覆请吏部所题内阁学士觉和托员缺，以内阁侍读学士巴格等职名开列一疏。上曰：“着查此开列内俸深、列名在前者补授。”

又覆请吏部覆直隶巡抚赵弘燮题，参宣化府知府陈一朝等不行申报营盘口外盘踞逃贼李德功等难免怠玩之咎等语，相应照例将陈一朝等革职一疏。上曰：“陈一朝等俱从宽免革职，各降二级留任。”

又覆请户部所题，审得原任四品官顾禄控告伊弟塞棱之妻孀妇及养子金保住等靡费家产叩阍一案，皆系情虚，相应议处，但顾禄已经病故，应无庸议一疏。上曰：“顾禄系公主所生之子，乃一无状之人。今衰老不堪，比年兴讼，竟无止期，殊觉多一事，俱照部议存案完结。”

又覆请兵部覆直隶巡抚赵弘燮所题，请在喀喇城、热河设立驿站一事。查得喀喇城、热河地方关系甚要，设立驿站大有裨益，应照该抚所题设立驿站；此二站所用小校夫役，在红旗营等四站滋生人丁内拣选安插，令古北口同知管理一疏。上曰：“热河、喀喇城此二处相隔甚近，其在喀喇城设立之站，应移设在王家营。边外四站俱议令管站员外郎罗音泰管理，今将所添二站乃议令同知管理，这所添驿夫系载入满洲壮丁册内之人，令同知管理，甚属悖谬。本发还，着另议具奏。”

又覆请刑部等衙门所题以福建海贼郑尽心等、浙江海贼蔡元良等、山东海贼张景龙等俱拟即行正法三疏。上曰：“这案应正法者五十余人，正法之人太多。若在本省完结则亦已矣。朕欲详明此事，将如许人调至京师正法，朕心殊为不忍。况且从前广东海贼三十余人只以一二人正法，其余皆发乌拉为水手。郑尽心初拿至京审讯之时，朕曾差傻子去看。郑尽心云：‘我乃一穷民，窘于衣食，故致劫夺。今我被获，即为盗矣，应当处死。但广东尚有海寇盘踞之处，我皆知之。将我释放，遣往广东招安海寇赎罪，尚可报效。’郑尽心并非大伙贼盗拒伤官兵，不过窘于衣食，劫夺食物耳。闻得郑尽心等人材俱健，其出首郑尽心之高云攀能远视五十里，又有一贼能于海中沐浴而出。伊等俱谙练水性，将伊等从宽免死，或编入旗内，或发在盛京乌拉用水手等处用之亦无不可。这案先止三法司审议，今着问九卿、詹事、科、道具奏。”

又覆请刑部等衙门所题以开窑子李四拟立斩一疏。上曰：“李四七十有四，从宽免立斩，改为监候秋后处决。”

上又谓大学士温达曰：“本内可言李四七十有四否？”温达奏曰：“臣等止阅看，语未及。”阅至案呈。上曰：“案呈内言李四七十有四。”因而取本，将李四七十有四之处上亲诵使听之。又曰：“朕总理几务年久，阅本甚速。凡一应奏折，及两面写满大绿头牌，即刻便能阅完。前尚书穆和伦数次奏事，意朕未加详阅，复行奏请。朕将事内缘由指明，穆和伦甚觉无意味，默然起而趋出。朕阅事敏捷，而且毫不遗漏。”温达奏曰：“凡所奏绿头牌，皇上一览而毕。臣等先亦不能无疑，后听皇上谕旨，皆事中紧要处。所以臣等谓古人一目十行，今皇上一目不下二三十行矣！”上曰：“朕阅事不止于速，凡一经目者，断不遗忘。办事如许年，亦惟此耳。凡一应奏章朕必详阅，即汇题案件亦无不详阅者。有差讹字句，朕必以朱笔改正发出。”

又覆请刑部等衙门所题，审得鸿胪寺鸣赞席柱叩阍控告伊兄塞德礼将幼弟勒德礼暂借伊所典田地及所给张三夫妇二口作为强典，幼弟勒德礼田地夺取人口诬告一案，塞德礼诬告情真，相应将塞德礼枷号二十五日、鞭七十一疏。上曰："如所议行。席柱人素狂妄，着革职。"

又覆请刑部所题，浙江粮道程銮将漕粮内粜米石私行折银，付运粮千总李斌沿途买运；李斌等并不采买，亏空漕粮五万余石。应将程銮革职、李斌等革职，令其赔补亏空米石一疏。上曰："此事情遣部院堂官一员，会同总漕，将始末缘由详加查明确审具奏。"

又覆请刑部所题街道厅高遐昌不查街道，令买卖人起造房屋，以致街道窄狭，相应革职签妻，发往奉天安置一疏。上曰："高遐昌乃参人者，自差伊管理街道事务，并不清廉自守，实心效力，反受人贿赂，令造房三百余间，以致占据街道。部议并未及此，所拟属轻。本发还，着再议具奏。"

又覆请两江总督噶礼所题伊标游兵营守备余钧员缺，请以山西太原营千总李宗愿补授一疏。上曰："李宗愿着照该督所请补授游兵营守备。"

又覆请大同总兵官张文焕所题天城城守守备杨自奇员缺，请以臣标中营守备郭寿域调补；郭寿域员缺，请以蓝翎侍卫刘章补授一疏。上曰："郭寿域着照该镇所请补授天城城守守备。郭寿域员缺，着将刘章补授。"

又以九卿所奏臣等遵旨，以江苏等府州县无着十万八千有奇银两行文该督抚免其赔补折呈览，并以原疏覆请。上曰："此项无着钱粮，皆系南巡时地方官公同动用，伊等不敢声明。但前任官员那用亏空之项，着落后任官员赔补，必致科派，扰害百姓。此等去处朕知之甚悉，心殊不忍。此项无着十万八千有奇银两免其赔补，以示朕轸念官民至意。"

又覆请复行折出，扈从大学士、部院诸臣为恩赏赐恤原任大学士张玉书谢恩拟票进呈一疏。上曰："张玉书在此处病故，未必别有奏章。其应得恤典发往京师，令汉大学士察例。即在尔等所奏谢恩本上票拟温强具奏。"

毕，令大学士温达、侍郎噶敏图、起居注官侍郎揆叙、学士满保、起居注官庶子、党阿赖近前，上曰："闻福建百姓聚集数千，在泉州所属二县地方抢夺食物，奔入山中。提督蓝理三路率兵进剿，一路兵少，为折挫。如果有斩剿处，蓝理早已题报。这事督抚、提督等俱未奏闻，将军祖良璧虽大略奏闻，亦不明白。朕乃另得之传闻者，其贼盗各处所贴揭帖，朕亦得之。揭帖内称，皇上以我等阖省老幼，如同赤子恩养，屡次蠲免钱粮。又截漕由海运而至，欲令赈济乏食之民得沾隆恩。阖省老幼子女，无不感激欢跃。但地方官负皇上之恩，不曾施及百姓。故我等穷民窘于衣食，不得已而为此。若各处富户不将屯积米石粜卖，我等必抢夺等语，各处散贴。朕在大学士李光地请安奏折上以此批问发去。据李光地奏称，有贼盗之处与臣等所居之处甚近，彼处民皆各坚守各人城堡等语。况去年朕一闻福建饥荒，即命截漕三十万石赈济。差去大人、地方官以三十万石太多，十五万石即足，因而止存留十五万石。拨米运米船多空发回。想此十五万石米俱散给兵丁，未必散给百姓，所以无甚裨益。果如朕以截留三十万石米运去，民食充足，于地方亦大有裨益。伊等原非贼盗，因年岁歉收乏食，不得已行之耳。其即出官兵征剿，未免又生一事。朕意遣部院大臣、侍卫招安即可平服。如此，则人民不伤，亦不致有害地方。着问九卿、詹事、科、道具奏。"又曰："蓝理人材骁健，而居官甚劣。克扣兵丁钱粮，故地方官兵俱含怨，即伊同乡人，无有不言其贪者。前原任总督梁鼐来京师，朕言蓝理人材骁健，梁鼐对云，太平之际人材骁健何用？如果遇乱，谁不感激皇恩，勉力报效？地方大吏必实心为国，效力爱民，方于事有益。蓝理人材虽骁健，然负皇上擢用之恩。克扣兵丁钱粮，有害于地方，其骁健何用？以致扼腕陈奏，在朕前几失礼体。由此观之，梁鼐、蓝理俱系同省大僚，蓝理居官贪劣之极，故伊始如此启奏。蓝理为游击时因克扣兵丁钱粮，曾拿问革职。因伊在朕前数次跪请进剿台湾海贼赎罪，始发往效力赎罪。后累擢用，授为福建提督。伊当思朕洪恩，改悔恶迹。乃仍然不改，行事贪婪，以致人人含怨。"温达奏曰："谚云秉性难移，此之谓也。"

二十二日庚戌　上驻跸行宫。奏事傻子、双全捧出皇上御笔朱书谕旨，交与大学士温达。谕曰："比来复又亢旱，将此旨抄发在京大臣，使自二十四日起禁止宰牲，照前虔诚祈雨。"

是日，科尔沁和硕额驸多尔济、三品台吉葛图尔伯遣使来请安。

二十三日辛亥　上驻跸行宫。大学士温达缮说帖授奏事傻子、双全，奏曰："本月二十四日祈雨不宰牲，此处三日内宰牲与否，为此请旨。"奉旨："着一体行。"

是日，协理阿霸垓多罗郡王乌尔占噶拉普旗务二品台吉德穆楚克来请安。

二十四日壬子 上驻跸行宫。是日，自辰时大雨，至酉时止。

二十五日癸丑 上驻跸行宫。是日，自酉时大雨，至亥时止。喀喇沁护国公善巴拉锡来请安。

二十六日甲寅 上驻跸行宫。是日，扈从大臣官员缮折，授奏事傻子、双全转奏："为圣主急切诚悃之心，上感穹苍，甘霖沾足，谨陈舆情欢惬事。窃惟比年以来，京师辅近、直隶各省，雨赐时若，皆大丰登。去岁秋收，更胜于前，民有积贮，虽遇水旱，犹不致于乏食。而圣主视民如赤子之仁，已丰裕矣益求其丰裕，无一时不以民生为念。皇上圣神前知，在京之时屡谕诸臣，去岁雪多，今年春雨调和，入夏雨必稀少。自四月微旱以来，即敕部祈雨，于本月十一、十二两日大雨沾足。近因数日无雨，皇上为生民切念，又令自二十四日至二十六日祈雨，行在一同禁止，三日不宰牲。圣躬斋戒，大内竭诚祈雨，诚悃之心，昭格上帝。正值五谷秀穗结实之时，祈雨第一日即感召天和，阴云四布，自辰至酉，大霈甘霖，遍野沾足。二十五日又自酉至亥大雨。以此观之，可知今岁为大有年矣。庶可宽慰圣怀，休养御体，真臣等亿兆无穷之福，臣等不胜欢跃之至！谨奏。"奉旨："雨甚沾足，此所奏甚善，但不知京师之雨若何？此折暂且收贮，俟报到时得京师雨信若何再批。"

是日，都统、贝子、苏努等京师得雨奏折到，大学士温达将扈从大臣官员奏折一并授于奏事傻子、双全进呈，上以"知道了"批出。

二十七日乙卯 上驻跸行宫。

二十八日丙辰 上驻跸行宫。

申时，上御行宫，大学士温达、户部侍郎兼管学士事噶敏图、学士满保以折本请旨。覆请吏部所题为大学士张玉书员缺请旨开列一疏。上曰："张玉书病故未久，此本暂收贮，俟回銮后再奏。票拟旨意甚为紧要，大学士李光地现在患病，原任大学士陈廷敬系以年老告休，此际令伊暂到署办理事务，恐其具本辞谢亦未可定。"

又覆请兵部覆直隶巡抚赵弘燮所题热河、喀喇城设立驿站一事。热河、喀喇城相隔甚近，将在喀喇城所安驿站安于王家营，此二站所用车辆，除捐出之外，马匹、草料等物行文于该抚料理。此添设驿站，亦系在口外之站，应交于管站员外郎管理一疏。上曰："部议热河王家营安站事情交与直隶巡抚料理，将车辆捐助、车辆作何捐助之处又并未议明，何必交于巡抚？即动用正项钱粮亦可，拨用馆所马匹亦可。若不敷，将上驷院马匹添给亦可。不然，将此二处各派富饶之人一员，将马匹、车辆并壮丁所住房屋、马圈等统行修完给与，亦不过止用银二三千两，所费不多。此事着交与此处大臣会同议奏。"

又覆请湖广总督鄂海所题，遵旨将民人班汉杰首告大盗陈四等已经拿获，请将伊等解部质审一疏。上曰："这事大有故焉。今年二月，朕往阅河西务河时，班汉杰首告陈四等大盗在湖广地方，朕意此时如何得有大盗，乱行妄告，遂令逐去。巡抚赵弘燮领去问讯，奏闻陈四等贼盗众多。朕发旨交湖广总督察拿陈四等。由湖南至湖广，由湖广至贵州边界，贵州巡抚刘荫枢以为流移之人。乃人多而且马匹成百，岂得谓之流移穷民？逐回湖广，陈四等又往河南去，始被拿获。去年行走各处，凡经过地方，官不敢缉拿，反给盘费，送出境外。以此观之，则非流移穷民矣。本内虽称一百三十余人，伊等党类甚多，这事着该部严查议奏。"

又覆请四川巡抚年羹尧所题东川府知府许兆罴员缺，请以眉州知州徐德俶补授一疏。上曰："徐德俶着照该抚所请补授东川府知府。"

又以九卿所奏，海贼郑尽心等结伙劫夺，于法断不可宽；但圣上已沛恩纶，为伊等皆迫于衣食所致。臣等欲将现议正法郑尽心等俱皆免死，减等发黑龙江、宁古塔等处为水手折子呈览，并以原疏覆请。上曰："郑尽心结伙在海内抢夺，应即行处死。但人太多，朕心殊为不忍。郑尽心等俱从宽免死，照例减等发黑龙江为水手当差。"又曰："郑尽心由监中取出之时，将伊等从宽免死之处告之伊等，并问伊等内可有能远视之人，闻有落于海中澡浴而出者。又闻郑尽心与我兵相拒，执藤牌迎遮六矢，至第七矢穿透藤牌被伤，着将此等处一并问明。拣选能远视、善水、善舞藤牌，挑刀者，勿得过五人。遣一司官送到热河。"

是日，喀喇沁多罗杜棱郡王色棱来请安进贡。

二十九日丁巳　上驻跸行宫。

是日，乌朱穆秦和硕车臣亲王塞登敦多普来请安进贡。

三十日戊午　上驻跸行宫。

六　月

初一日己未　上驻跸行宫。

初二日庚申　上驻跸行宫。

初三日辛酉　上驻跸行宫。是日，巴林荣宪公主遣使来请安进贡。

初四日壬戌　上驻跸行宫。

初五日癸亥　上驻跸行宫。是日，奏事傻子、双全传旨谕大学士温达、兵部侍郎满都等曰："今驿站必自京城，由顺义县到密云，其间有孙河、牛栏山、九道河，水发必至阻误，路亦泥泞。若出安定门、德胜门，于南石槽左右设兵部驿站，以至密云，似不为雨水所误。着确议具奏。"

初六日甲子　上御行宫，大学士温达、户部侍郎兼管学士事噶敏图，学士满保、巴格以折本请旨。覆请吏部所题翰林院待诏王弘佐员缺，以服满待诏曹日瑛补授一疏。上曰："曹曰瑛人不足取，曾在养心殿缮书。朕所灼见，其字并无体式，与书办字相类。这缺着另议具奏。"

又覆请吏部所题直隶巡抚赵弘燮咨称保定府理事通判李桑阿继母病故，应照满洲官例在任守制与否，伏候部夺等语。应将李桑阿照满洲官例，令其在任守制三个月一疏。上曰："李桑阿系外省官员，着离任守制。"

又覆请户部覆左都御史赵申乔所题，河南荥泽旧县因黄河冲溃已改于十余里内，请敕该抚确查该县滨河冲溃坍塌地亩数目及凡黄水冲溃筑堤挖河所占地亩数目蠲免钱粮之处，行文河南巡抚，令其查明保题。又所奏磁州设都司守备各一员，彰德府只设千总一员，其府城但只付一千总防辖，恐其不能查缉匪类。请以磁州驻扎都司守备二员内调一员驻扎彰德府，即以原拨彰德府千总改并磁州之处行文该抚，会同河北总兵官确议具题。到日再议一疏。上曰："赵申乔奏称荥泽县被水冲溃地亩钱粮应行蠲免，凡系黄河水冲地亩，俱着查明报部。河流原无一定，如河水迁流南岸，则北岸地亩涸出；河水迁流北岸，则南岸地亩涸出。地方官惟知请蠲地亩钱粮者甚多，其冲后涸出地亩应征钱粮之处，并无一人奏请。今永定河水引入柳岔口，故狼城等处地亩涸出数千顷，俱成膏腴。亦有旗人耕种者，亦有百姓耕种者。昔年居住茅屋数椽之人，今皆盖造高楼瓦室居住。地方官将这涸出地亩并未查明具奏。朕知之虽悉，不肯深究。朕十五六岁时令种树于南苑内河两岸，今已合抱有余。因河迁移，两岸树间通为平地，不知者以为平地上何故种树两行。况赵申乔曾任湖南巡抚，其长沙地方被江水冲决，涸出地亩亦可曾查出奏闻乎？若准其奏，则各省督抚、地方官必致专以冲坏地亩蠲免钱粮为事，国家正赋势必亏损。朕原欲在九卿前面询赵申乔，这所奏必系与鹿佑有隙，借此以辱鹿佑耳。这事情该部并不确议，即照赵申乔所请议行，特为赵申乔周旋颜面，殊属不合。其请调武官之处似应查明，着再行确议具奏。”又曰：“赵申乔此奏，特欲使人皆惧彼耳。亦有惧彼者，亦有不惧彼者。且如辅臣时，生杀在其手，然彼时不理他们的人原多。若诚心为主之人，又何他惧？凡人于理当求合乎中而行，求中而行即是合理。朱子曰：‘所谓中者，在在皆有，如房室则有房室之中，院子则有院子之中，床则有床之中。’得中正和平者实难。”起居注侍郎揆叙奏曰：“在在有中极是，尧舜传心但云‘允执其中’。皇上历年料理政事，皆得中道，故海内治平，万邦和洽也。”

又覆请礼部所题请旨赐恤原任广东琼州总兵官孙成龙一疏。上曰：“不必与恤。”

又覆请礼部所题请旨赐恤原任贵州安笼镇总兵官林孺一疏。上曰：“不必与恤。”

又覆请刑部等衙门覆直隶巡抚赵弘燮所题，万琮、张浩同往刘家庄看戏，张浩点演丑戏，众以谓刘弘善所点。刘弘善不愤，遂开言詈骂。众人随即劝止。次日，万琮在唱戏之处遇见刘弘善要打，刘弘善躲避回家。万琮随后跟入院中。刘弘善之母李氏即出相劝，万琮即拿住殴打。因而刘弘善执棍击打万琮，中伤脑额，次日殒命。相应将刘弘善照律拟绞监候，秋后处决。张浩起衅之人，相应杖八十。因系生员，准其折赎。准如所拟一疏。上曰："刘弘善依拟应绞着监候，秋后处决。此案起衅生员张浩议折赎不合，事关人命，张浩着革去生员。"

又覆请刑部等衙门覆福建巡抚黄秉中所题，审得李敬戳死小功兄李宣一案，李宣兄子李乾因向李敬堂兄李法索讨欠钱角口，李宣护伊兄子，执扁担击打李法。李敬护伊兄，拿李宣所执扁担，互相攘夺，戳中李宣肚腹，次日殒命。相应将李敬照律立斩，准如所拟一疏。上曰："李敬因护兄夺李宣所执扁担，戳伤李宣肚腹，次日殒命。李敬从宽免即处斩，着改为监候，秋后处决。"

又覆请刑部等衙门覆山西巡抚苏克济所题，杨景畅向伊大功兄杨景星角口，杨景星拾砖打伤杨景畅左脸。杨景畅之父杨作柱闻角口之声，意欲令伊等解散，拿链刀出去恐吓。见伊子受伤，遂用链刀砍伤杨景星脑门偏左。杨景星夺链刀不放，杨景畅急于救父，遂执枪扎伤杨景星左肋，次日殒命。相应将杨景畅照律立斩，杨作柱免议，准如所拟一疏。上曰："杨景畅因救父扎伤杨景星，次日殒命。杨景畅从宽免即处斩，改为监候，秋后处决。余依议。"

又覆请刑部等衙门覆直隶巡抚赵弘燮覆审强盗金文政等具题一案，议仍驳回一疏。上曰："此事该抚审奏甚明，事亦年久。今部又议驳回，令该抚再审。事果不明，或遣大臣往审，或另委官审理才是。今议仍交该抚覆审，是何意耶？即为此案，巡抚亦不至革职之罪。或是三法司堂司官公同一意而议者，抑或出于一人意见者，着齐世武从公具奏。"

又覆请刑部等衙门覆浙江巡抚王度昭所题，方舍奶与伊小功兄方一禄等争地原由，方一禄拿棍击打方常，误中方舍奶左肩。方舍奶用棍还击方一禄右肋，伤重至十日殒命。方舍奶应照律立斩，准如所拟一疏。上曰："方舍奶还击方一禄，至十日殒命，方舍奶从宽免即处斩，着改为监候，秋后处决。"

又覆请刑部覆左都御史赵申乔条奏旗民互讼之事应交与地方官审理，议准行一疏。上曰："旗民互相争讼事情照定例遵行已经年久，从前直隶巡抚亦曾用满洲人，满洲巡抚则庇护旗人，汉巡抚则庇护百姓。今照赵申乔所奏，凡关系旗民事情俱交与地方官员审结，不但于事无益，日后又必至于纷更。该部照赵申乔所奏议准行，殊属不合。着仍照旧例行。”

又覆请工部覆浙江巡抚王度昭所题，平湖、海盐、海宁三县坍塌海塘，请追承修杭州、嘉兴、湖州三府闸河官员浮估银两修筑，议准行。其工仍交与从前修筑杭州等三府闸河浮估银两乌程县知县李应蛟等修筑。如三月内修完，半年内还完浮估钱粮，具题免罪，准其开复，不准行一疏。上曰：“这修筑海塘，该抚仍欲原修闸河等官修筑，所奏甚是。如此则正项钱粮不致耗费，而事亦有专责。部议不便交与原修官员，着另委官员修筑，殊属不合。着再议具奏。”

毕，一等侍卫宜都额真巴海、三等侍卫赖希、侍郎张世爵等为差往福建招安泉州山寇奏请圣训。上曰：“汝等到地方，可将朕谕旨尽行书出，大张告示，明白晓谕。此辈原都是耕种为生百姓，今上山，无人耕种，田必俱至荒芜。如此则米价益贵，无有生路矣。今若来降，仍可耕田过活。将伊等不行治罪之处，亦开明使之通晓。”又曰：“须惩为首者一二人。”

是日，协理翁牛特旗务二品台吉鄂齐尔遣使来请安。

初七日乙丑　上驻跸行宫。是日，赐内大臣、大学士、侍卫羊。乌朱穆秦和硕车臣亲王塞登敦多普来请安。

初八日丙寅　上驻跸行宫。

初九日丁卯　上驻跸行宫。是日，苏尼特多罗杜棱郡王达礼扎普、辅国公罗垒来请安进贡。

初十日戊辰　上驻跸行宫。是日，赐内大臣、大学士、都统、前锋统领、护军统领、副都统、前锋参领、护军参领、侍卫、执事人员、前锋护军及七省官兵鱼。

十一日己巳　上驻跸行宫。是日，阿霸哈纳固山贝子厄林臣达锡来请安进贡。

十二日庚午　上驻跸行宫。是日，赐内大臣、大学士、亲近侍卫、七省官兵鱼。

十三日辛未　上驻跸行宫。

十四日壬申　上驻跸行宫。是日，赐大臣、侍卫、七省官兵瓜。

十五日癸酉　上驻跸行宫。是日，赐大臣、侍卫、七省官兵瓜。

十六日甲戌 上驻跸行宫。是日，赐大臣、侍卫、七省官兵瓜。喀尔喀扎萨克、护国公车普登来请安进贡。

十七日乙亥 辰时，上御行宫。大学士温达，学士满保、巴格以折本请旨。覆请礼部所题请旨赐恤原任大学士张玉书一疏。上曰："从前大臣例有加祭是某几人，曾加祭几次，着查明具奏。"

又覆请礼部所题请旨赐恤原任刑部侍郎魏齐一疏。上曰："不必与恤，多此本何为？着发还。"

又覆请兵部所题今年五月出游击五缺、守备二缺，游击缺应升游击许天德等五员掣得，守备缺应升守备王彪等二员掣得。应将伊等职名开列具题一疏。上曰："许天德等依拟用。浙江太湖营游击着另拟具奏。"

又覆请兵部所题，降调原任工部郎中杨国琳等捐银喂马，伊等原官原级相应给还一疏。上曰："依议。内原任守备马明礼为人甚属不端，所捐之银着给回，不必给与原官。"

又覆请刑部等衙门覆四川巡抚年羹尧所题，顽蛮罗都之子聂姑济偷盗本地民方衡术之马，被方衡术用枪戳死，罗都会集番人将方衡术之子女捆绑拿去，又声言抢夺村庄，因而冕山营游击周玉麟率兵轻进，罗都等藏在山崖间射箭、滚石，兵丁陷没。游击周玉麟中伤身死。罗都等应照律拟立斩。未护匪类俱系外番，相应免议。准如所拟一疏。上曰："蛮人杀死内地官兵，情罪甚属可恶。这案遣部院堂官一员，会同该督抚详明确审具奏。"

又覆请刑部汇题案内自发遣处逃回两次被获之太监牛达相应照律仍发原配处折角一事，及将入畅春园荣宪公主宅内偷盗褥子等物贼刘善发黑龙江与穷披甲人为奴，逃犯袁大等获日另结折角一事。上曰："太监牛达系两三次获罪发遣之人，今又逃回，情罪甚属可恶。若仍发原处，必又逃回生事行凶亦未可定。着拿付内务府总管，交与甕山铡草。再荣宪公主所居之处在畅春园，大禁之内，关系甚大。贼盗刘善等入公主住所行窃，该部堂官即应亲诣其处严行议处。并不亲诣验看，即照平常窃盗例草率朦混汇题具奏，甚属疏忽。着堂官亲诣其处验看，再行严加议处具奏。"

又曰："先曾令各部会同汇题案件每十日、半月之内务须汇题一次，几番谕旨甚明。从前此等汇题案件殊多壅积，朕催促题奏，俱已完结。今看汇题之事又多有逾限具题者，着再行严饬。”

又覆请川陕总督殷泰等所题，生员王文试等以造册迟误缘由降二级调用；陕西学道朱轼居官清廉，秉公考取生员，具呈恳请臣等题留，相应据呈奏闻一疏。上曰：“朱轼居官何如，着问九卿回奏。若果好，再准其留任。”

又覆请太原总兵官马见伯所题，伊标下右营游击唐道残病，不能步射及骑射，具呈告休，员缺请以侍卫记名人员内拣选补授一疏。上曰：“山西太原镇标右营游击缺，着将掣得浙江太湖营游击倭赫补授。”

又以刑部尚书齐世武所奏“直隶巡抚赵弘燮覆审具题大盗金文政等一案，臣等会同三法司公同一意议奏，仍驳该抚覆审。此年久事，相应议结，仍议驳回，不合，乞将本发还折子呈览”并以原疏覆请。上曰：“本发还，着再议具奏。”

是日，赐大臣、侍卫、七省官兵瓜。喀尔喀和硕恪靖公主、敖汉多罗郡王垂木盆尔、多罗郡王鄂尔齐图遣使来请安。科尔沁多罗郡王喇普坦、和硕达尔汉亲王罗普臧滚木布、四品台吉鄂齐尔来请安。

十八日丙子　上驻跸行宫。是日，赐大臣、侍卫、七省官兵瓜。

十九日丁丑　上驻跸行宫。是日，赐内大臣、大学士、亲近侍卫、翰林官、七省官兵瓜。乌朱穆秦车臣亲王塞登敦多普来请安进贡。

二十日戊寅　上驻跸行宫。是日，赐内大臣、大学士、亲近侍卫、翰林官、七省官兵瓜。喀喇沁扎萨克一品塔卜囊葛勒尔来请安进贡。

二十一日己卯　上驻跸行宫。奏事傻子、双全传旨谕大学士温达曰：“据总督范时崇、巡抚黄秉中、将军祖良壁等奏折内称山寇尽皆平服。着速行文差往招抚官员，令其回京。”

是日，赐内大臣、大学士、都统、前锋统领、护军统领、副都统、亲近侍卫、前锋参领、护军参领、前锋护军、七省官兵羊。

二十二日庚辰　上驻跸行宫。

二十三日辛巳　上驻跸行宫。是日，喀喇沁护国公山巴拉锡遣使来请安。

二十四日壬午　上驻跸行宫。是日，翁牛特多罗都棱郡王额驸仓津、科尔沁和硕卓立克图亲王巴特马来请安进贡。

二十五日癸未　辰时，上御行宫，大学士温达，侍郎兼管学士事噶敏图，学士满保、巴格以折本请旨。覆请户部所题请将杀虎口缺额监督色尔登交吏部议处，其所缺钱粮交该旗勒限一年追赔。如限内不能赔完，令照例题参一疏。上曰："事着依议。现今关税银两以缺额报部者甚多，其中俱有缘故。着将色尔登等交各该都统拿下枷号，墩门所欠钱粮着严行追取，俟赔完时具奏释放。如果家产尽绝不能赔补者，各该都统自然保题。"

又覆请刑部等衙门所题以行劫商船海贼王邦安等照律立斩一疏。上曰："着问郑尽心等，这王邦安等伊等可认得否，可是同伙否。据福建督抚、将军奏称，在泉州抢夺奔逃上山贼盗俱已招降，其贼二千有余。贼首四人已获其三，尚有贼首陈五显脱逃未获等语。疏内虽称二千余人，朕闻得贼有五六千人。蓝理率兵进剿，颇多损伤。各处兵会剿方得平定。陈五显虽系陆路之贼，或郑尽心认得亦未可定。着一并问明回奏。"

又覆请太常寺所题七月十五日祭暂安奉殿一疏。上曰："遣胤禛行礼。"

又覆请两江总督噶礼所题镇江营参将薛世杰员缺，请以伊标左营游击朱士植补授一疏。上曰："朱士植曾为侍卫，其人可用，着照该督所请补授镇江营参将。"

又以九卿所奏陕西学道朱轼居官好折子呈览，并以原疏覆请。上曰："朱轼着带所降之级留任。"

又以礼部所奏，臣等遵旨查得原任大学士图海加祭二次，原任大学士李霨、杜立德、熊赐履各加祭一次折子呈览，并以原疏覆请。上曰："张玉书着加祭一次，追赠宫保。"

是日，科尔沁和硕纯僖公主额驸班第遣使来请安进贡。

二十六日甲申　上驻跸行宫。是日，赐大臣、侍卫、七省官兵瓜。

二十七日乙酉　上驻跸行宫。是日，赐大臣、侍卫、七省官兵瓜。

二十八日丙戌　上驻跸行宫。是日，赐大臣、侍卫、七省官兵瓜。扎鲁特护国公苏礼、归化城土默特都统丹津来请安进贡。

二十九日丁亥　上驻跸行宫。是日，赐大臣、侍卫、七省官兵瓜。

七　月

初一日戊子　上驻跸行宫。是日，赐大臣、侍卫、七省官兵瓜。

初二日己丑　上驻跸行宫。是日，赐大臣、侍卫、翰林、七省官兵瓜。

初三日庚寅　上驻跸行宫。是日，赐大臣、侍卫、七省官兵瓜。

初四日辛卯　上驻跸行宫。是日，赐大臣、侍卫、七省官兵瓜。

初五日壬辰　上驻跸行宫。是日，赐大臣、侍卫、七省官兵瓜。科尔沁多罗贝勒巴克什古儿来请安。

初六日癸巳　上驻跸行宫。是日，赐大臣、侍卫、执事人员、七省官兵瓜。

初七日甲午　上驻跸行宫。是日，赐大臣、侍卫、翰林、七省官兵瓜。

初八日乙未　辰时，上御行宫，大学士温达，户部侍郎兼管学士事噶敏图，学士满保、巴格以折本请旨。覆请刑部等衙门覆安徽巡抚叶九思所题鲍催元与伊小功兄鲍卯斗殴，持小刀恐吓，鲍卯以头相触，适伤偏左，越十日殒命，相应将鲍催元照律立斩，准如所拟一疏。上曰："鲍催元手持小刀，意图吓退，鲍卯以头相触，适伤偏左，越十日殒命。鲍催元从宽免即处斩，着监候，秋后处决。"

又覆请刑部等衙门所题，盛京镶红旗达记佐领下西白、布尔古礼同伊服尽族兄之子马岱往城内医马，醉后回程天晚，恐吓马岱耍子。马岱怒骂，布尔古礼恃酒力将马岱拳打脚踢，伤重身死。相应将布尔古礼照律拟绞监候，秋后处决一疏。上曰："西白等甚属凶恶，动辄杀人。况布尔古礼打死者系另户人，应将伊交与该将军，照新例完结。本发还，着再议具奏。"

又覆请理藩院等衙门所题，土默特都统丹津旗下小校沙木巴找寻所失马匹，到同旗沙克都尔家中。沙克都尔以酒劝饮，醉后彼此角口。沙克都尔将沙木巴踢打，以致殒命。沙木巴家噶尔麻来寻伊主，又被杀死，将尸投之于河内。应将沙克都尔照律立斩，为从加功之塞棱等拟绞监候、秋后处决。以归化城都统倭赫等将此事不署名之土默特都统丹津等即行将军缘由，俱拟各降一级、罚俸一年。以都统丹津等推委事体缘由，俱拟罚俸一年。以将军费扬祜不行详查，咨文上但有都统倭赫之名即行移咨缘由，拟罚俸一年一疏。上曰："此系年久之案。沙克都尔着改为应斩监候，秋后处决。余依议。"

又覆请山西巡抚苏克济所题，大同总兵官张文焕养父身故，例应丁忧，请留张文焕在任守制一疏。上曰："张文焕着在任守制。"

又覆请提督管古北口总兵官事马进良所题，古北路都司许天德员缺，请以密云守备孙梦麟补授；孙梦麟员缺，请以居庸关千总蔡崇印、举人胡维格拣选一员补授一疏。及潘家口守备高继云员缺，请以河屯营热河千总魏经国补授一疏。上曰："魏经国等今日兵部带来引见，俟引见时补授。"

又以礼部所奏为原任大学士张玉书加赠宫保折子呈览，并以原疏覆请。上曰："张玉书着加赠太子太保，仍着与谥，加祭一次。"

毕，上出东门，率善射侍卫射鼓的。上每发悉中。兵部侍郎满都近前奏曰："提督马进良坐名题补古北路都司等缺孙梦麟等尚未到，坐名题补潘家口守备魏经国等现今已到。"并将升补副将张得功等三十八员引见。上一一阅其步射，问其履历及效力之处，谓满都曰："题补游击之守备王秉玺、题补守备之千总何国祥步射不堪，而又不合例，尔部议不准行为是，着依议。守备吕格，俟病痊之日引见。守备石国玺、卫守备王琫人材不及，步射不堪，着革退。卫千总张信道、刘昌祚、赵国材、牛从权亦俱不及，着革退。张得功等俱照所题补授。孙梦麟等俟到日再行引见。"毕，上又率善射鼓的人员射，上每发悉中。

初九日丙申　上驻跸行宫。是日，赐大臣、侍卫、七省官兵瓜。喀喇沁葛勒尔旗下四品他布囊丹巴岳木扎普来请安进贡。

初十日丁酉　上驻跸行宫。是日，赐大臣、侍卫、七省官兵瓜。

十一日戊戌　上驻跸行宫。是日，赐大臣、侍卫、翰林、七省官兵瓜。

十二日己亥　上驻跸行宫。是日，赐大臣、侍卫、翰林、执事人员、七省官兵瓜。鄂尔多斯固山贝子拉锡扎木素来请安进贡。

十三日庚子　上驻跸行宫。是日，赐大臣、侍卫、七省官兵瓜。

十四日辛丑 上驻跸行宫。是日，赐大臣、侍卫、七省官兵瓜。

十五日壬寅 上驻跸行宫。是日，赐内大臣、侍卫、都统、护军统领、副都统、前锋参领、护军参领、部院大臣、翰林、执事人员、前锋、护军、七省官兵瓜果。鄂尔多斯固山贝子塞棱拉锡旗下四品台吉鄂勤来请安进贡。

十六日癸卯 上驻跸行宫。是日，赐大臣、侍卫、七省官兵瓜。蒿齐忒多罗额尔德尼郡王阿噶尼思达来请安进贡。

十七日甲辰 上驻跸行宫。是日，赐大臣、侍卫、七省官兵瓜。

十八日乙巳 上驻跸行宫。是日，赐大臣、侍卫、执事人员、七省官兵瓜。

十九日丙午 上驻跸行宫。是日，赐大臣、侍卫、七省官兵瓜。

二十日丁未 上驻跸行宫。

二十一日戊申 上驻跸行宫。

二十二日己酉 上驻跸行宫。是日，行在兵部侍郎满都将刑部所奏，审得湖广总督鄂海遵旨拿获解到山东民班汉杰等叩阍控告聚众抢掳地方谋叛山西民陈四等男妇大小共二百三十八名一案，班汉杰等供出证见档案俱在楚、豫二省，不便悬拟，将班汉杰等所告陈四等七人并班汉杰、王殿极发往湖广总督，会同河南巡抚查明严审定拟具题。本年四月内，皇上念臣部狱囚甚多，特旨速行审结。又将狱内偷刨人参为首之犯俱已减等宽免。今陈四等妇人子女监禁在牢，俟湖广总督审结陈四等，恐迟延日久，传染狱内秽气，以致病死。请将伊等发回原籍，取保安插，俟陈四等审结折子授奏事傻子、双全转奏。奉旨："此案部议甚谬。据被获陈四供称，康熙四十四、四十五两年，因本省歉收不能度日，于四十六年自山西率我一姓子女及亲戚共一百三十余口，逃荒至陕西庆阳，住过二年，四十八年至河南，由河南流移至湖广、贵州等语，此明系欺诳。自朕躬巡幸陕西等省以来，年年丰稔，未尝一年歉收。督抚等每年奏报大熟之疏现在。陈四等何得饥馑？如此百十余口流移他处，果系饥民，当担负妻子，沿途就食。至有良田之处，即应栖止于彼耕种，养赡妻子。为何又乘骡马、手执刀枪等器械绕行各省。而且如许成百人口越省行走，该督抚并不奏闻，地方官反给衣服、盘费、米粮供赡。视此，则素日未能摇动民心，因将此辈诱养，乘间作乱耳。如许人流移数年，人一日食米几何，马一日食草料几何，皆从何处得来？以此谓流移之民可乎？大学士李光地任直隶巡抚时，宁晋县民逃荒嗔怒，地方官不行呈报，疏参议处后方止息。昔伪朱三太子人皆知之，有显秩数人邀至家中，供伊酒食，结交来往，令其教书。朕知之甚悉。此案部议将陈四等妻子俱各发回原籍安插等语，伊等离家如许年，发回原籍恃何业为生，将何处田亩给伊耕种？此处并不详问究审引。今岁四月间，释放监犯之例谬行具议，特欲偾事，纵令为乱耳。齐世武等不思朕恩，遇事推诿，希图安逸，草率具议，甚无颜面，龌龊不堪。坏刑部事者，即齐世武、卞永誉也！部院大臣皆系朕所擢用，宜念君恩，职掌之事，勉力报效。今以朕年齿渐高，不复有为，遂不思念朕恩。如此偾事，朕忿不自胜，将尽诛之，至其时悔无及矣。”

是日，喀尔喀扎萨克多罗贝勒丹津多尔济，辅国公车木楚克纳木扎尔车凌克尔，扎萨克一品台吉汪布萨木济忒遣使来请安进贡。

二十三日庚戌 辰时，上御行宫，大学士温达，户部侍郎兼管学士事噶敏图，学士满保、巴格以折本请旨。覆请兵部所题请差监试乡试举子马步射大臣一疏。上曰：“着苏努、巴浑德、郎图、阿尔纳监试。”

又覆请刑部等衙门所题，以广东清水墘外洋劫夺商船之陈阿掌等拟即处斩一疏。上曰：“陈阿掌等俱从宽免死，照例减等发黑龙江、宁古塔等处为水手当差。”

又覆请刑部等衙门覆，直隶巡抚赵弘燮所题，范从贵因亲兄子范建仲将伊佃户所欠租钱取用缘由，至范建仲门首叫骂。范建仲醉后持木殴打范从贵太阳等处，越九日抽风身死。相应将范建仲照律立斩，准如所拟一疏。上曰：“范从贵登范建仲门首叫骂，范建仲醉后持木殴打，因伤抽风，越九日身死。范建仲着改为应斩监候，秋后处决。”

又覆请刑部等衙门覆陕西巡抚永泰所题，雷士显为田地缘由，令其子雷滚扶伊至其亲兄子雷文锡家理论。雷文锡以言激怒，雷士显用杖击打雷文锡。雷文锡跑躲跌倒，雷士显亦跌在雷文锡身上。雷文锡紧抱不放，雷滚救父，用拳打雷文锡左眼，又以脚踏左耳边，次日身死。相应照律立斩，准如所拟。又以雷滚救父情切，犯杀兄之罪，非出有意，请减罪之处，应无庸议一疏。上曰："雷士显赶打雷文锡扑空闪跌，被雷文锡紧抱不放。雷滚救父情切，殴击雷文锡，次日身死。雷滚着改为应斩监候，秋后处决。"

又覆请刑部汇题案内，覆署理浙闽总督事务福州将军祖良璧题参革职钱塘县知县王毓美，于程纲控告伊家悬皇上御书扁额，程氏子侄俱到，程永兴不到一案，索诈银六十七两之处是实。王毓美系旗下人，相应解部，枷号两个月、鞭一百。但该督既称已将王毓美亏空之案题参等语，相应于彼案从重完结折角一事。上曰："朕屡次南巡，见沿途各处有刊立御制诗文者，亦有刻书售卖者。此非朕躬所作，皆系伪书。此所刻伪书朕曾阅过，内有朕南巡献麒麟之说，毫无影响。此本内称御书扁额等语，彼系何人，缘何赐给，是否朕书给与，着详查具奏。"

又覆请总漕赫寿题报漕艘过淮一疏。上曰："漕粮关系甚属重大，各该地方官理应速行兑运，儹抵淮安。今岁粮船过淮甚属迟滞，年内未必尽能抵通，必至阻冻。此迟滞情由，着各该督抚速行明白回奏，俟到日严察议奏。"

上曰："昨日刑部所议陈四一案甚属背谬，引今年四月释放监犯之例，将陈四等妻子俱各发回原籍安插，以广君恩。具题者特虚为称颂，欺诳朕躬，啖之以言耳。有可欺之君，亦有不可欺之君。伊等将朕任意欺诳，可乎？凡欺诳之言，可受者则受之，如不可受者，朕必加裁处，置之重典。若谓陈四等乏食各处流移，至有米粮之处，当住彼度日，为何当住不住？结伴成群，经历数省。凡所过，地方官又给衣服、盘费，各遣出境，督抚等并未奏闻。况前免监犯者，以系夏月溽暑，将应免人犯释放，并未释放应死之人。假若人为叛逆，亦以夏月停刑，将免之乎？叛则妻子一并同诛，岂有以夏月得免之理？前伪朱三太子一案连坐三千余人，典刑者亦百余人。法者国法也，岂以犯人多，宥之乎？既称陈四等乏食流移，今安插米粮丰裕之处，伊等意谓何如？口外乌拉米粮极多，即可将伊等安置矣。如此大案，岂可不留意详审，草率谬议。前者获朱三太子鞫审之时与谁交往，谁家藏匿，俱经供出，朕知之甚悉。随原任左都御史穆旦往杭州审事司官岳拜、常保来奏事时陈奏始末，极为明晰，朕甚嘉赏焉。岳拜授为甘肃巡抚以来，声名甚嘉，人亦坚实可任。常保亦一好司官。"大学士温达奏曰："臣任吏部尚书时，岳拜任文选司郎中，事得其理，坚执不让堂官，人果坚实。"上又曰："赵世显首先追拿伪朱三太子，朕至今嘉美。原任总督邵穆布亦发兵，踪迹至山东，毕竟还是我旗下人！"温达奏曰："果然还是旗下人，若在他人，断不如此追拿。"

上曰："赵世显、张鹏翮俱是有福之人，自伊等任总河以来，河工底绩，竟无可虑之处。今在水路行走者，未闻有涉险之叹。于成龙任总河时，朕南巡，自清口，令海青肩担桩木，朕亲执榔头，步行十余里钉桩，标记其应修筑之处。朕回銮后，于成龙竟不修筑，故至河道大坏。为此朕将于成龙带去，司官赫硕色拟成死罪。后授张鹏翮为总河，于三月十八日，朕曾训谕张鹏翮曰：尔但遵朕训谕修筑，倘有差误，朕不卸责于汝。张鹏翮后俱照朕指授修筑，故今河工底绩。近来赵世显又加增筑堤，愈觉坚固矣。张鹏翮虽系汉人，为人尚坚实。"侍郎噶敏图奏曰："臣同张鹏翮往江南审事，张鹏翮领臣，指示皇上敕建御坝等堤。今水路行走之人，竟不知有河闸之险矣！"上又曰："张鹏翮补授尚书，到京之时，朕问河道若何，张鹏翮以'惟遵圣训修筑，今河流安澜，无有可虑'奏朕。皆因修筑坚固，所以去岁、前岁雨潦虽盛，竟不冲决。"温达奏曰："凡事遵行圣训，务必有成。若不遵行圣训，无有不差误者矣。"

上又曰："昨视总督殷泰奏折，途间有人拆开更改，此折朕未曾批，在伊请安折上批出'尔奏折有人拆开更改'之谕。伊所奏折为审鄂奇一案请朕训谕。朕总理机务五十年来，凡差大臣官员审事，但训以从公听断，并未有一次训谕尔等如此审理，如彼审理。朕若一有指授，奉差者必偏向一边矣。温达、噶敏图，尔等俱曾奉差审过，朕之训谕想尔等尚记在怀。"温达等奏曰："差臣等审事时，皇上但训臣等从公审理，并未谕将事作何处置。"上曰："奏折比之于本，较为利害。若在途间被人更改，关系甚要。朕见及此，凡督抚奏折，无有要事，朕俱不批。朕意嗣后督抚奏折，俱令钤伊等关防，庶可无虑，得除更改之弊。偶谕及尔等，朕另有谕旨。"

毕，上出东门，率善射侍卫、善射鼓的人员射。上每发悉中。

二十四日辛亥　上驻跸行宫。

二十五日壬子 上驻跸行宫。

辰时，上出东门，率善射侍卫、善射鼓的人员射。上每发悉中。理藩院引黑龙江将军宗室杨福等坐名题补佐领索伦查礼尔图等近前，上阅其射，俱令照将军杨福等坐名题补补授。

二十六日癸丑 上驻跸行宫。是日，翁牛特多罗都棱郡王额驸仓津，协理仓津旗务、二品台吉鄂齐尔，协理科尔沁达尔汉亲王罗普臧滚木布旗务二品台吉毕礼滚达赖，四品台吉拉锡来请安。

二十七日甲寅 上驻跸行宫。是日，协理科尔沁达尔汉亲王罗普臧滚木布旗务、二品台吉拉锡奚普，协理阿霸垓多罗郡王吴尔占噶拉普旗务二品台吉德木楚克来请安。

二十八日乙卯 上驻跸行宫。是日，科尔沁多罗秉图郡王伊锡班第遣使来请安。

二十九日丙辰 上驻跸喀喇城。是日，喀尔喀和硕恪靖公主、多罗郡王和硕额驸敦多普多尔济和忒晖特，扎萨克一品台吉纳木林臧布来请安进贡。

三十日丁巳 上驻跸小营。是日，阿霸垓多罗卓礼克图郡王秉、鄂尔多斯多罗贝勒甘主尔，喀尔喀扎萨克固山贝子阿拉普坦、辅国公万舒克，扎萨克一品台吉席第来请安进贡。

八 月

初一日戊午 上驻跸青城。是日，喀尔喀扎萨克多罗贝勒喇木扎普，一品台吉垂扎普功格等来请安进贡。

初二日己未 上驻跸行宫。是日，赐内大臣、大学士、都统、前锋统领、护军统领、副都统、侍卫、执事人员、护军索伦巴尔呼及七省官兵鱼。鄂尔多斯多罗贝勒塔锡喇普坦、喀尔喀扎萨克多罗贝勒宗对来请安进贡。

初三日庚申 上驻跸张三营。是日，上出行宫前，率皇太子、皇子、善射侍卫射。上每发悉中。科尔沁纯僖公主、和硕额驸班第，柰曼多罗达尔汉郡王垂中遣使来请安进贡。

初四日辛酉 上驻跸行宫。

酉时，上御行宫，大学士温达，学士满保、巴格以折本请旨。覆请吏部所题安徽巡抚叶九思员缺，以内阁学士王思轼等职名开列一疏。上曰："梁世勋调补安徽巡抚。广西巡抚员缺，着将陈元龙补授。陈元龙任翰林虽久，并未办理事务。自授侍郎以来，常保荐人，行事不端。任伊以边疆之地，试其办事何如。"

又覆请吏部覆浙江巡抚王度昭所题，杭州府知府张恕可呈称职亲兄大学士张玉书在热河病故，恳请代题给假数月，同兄子抚柩回籍等语，相应代题，议无例，不准行一疏。上曰："张恕可准给假三个月，抚侍兄柩回籍。"

又覆请兵部覆浙闽总督范时崇所题，年满原任千总郭王森为防海事宜条奏，严察本地人民出入海洋以杜盗源等事二款，臣另缮疏请旨，相应准如该督所奏。又以郭王森条奏温州镇标有船二十七只，分于各汛地防巡一款。若分防之处多，则兵力单微，以温州三营内熟谙水性兵丁各选一千名，拣选副将、守备、千总、把总等官，设立水师营，在三屯岛等三处盖造房屋，永远驻扎，则上下可以巡察之处，应无庸议。又以郭王森条奏，修补战船当增添银两。这所增银两，以天下文武官员俸银内，每两捐出一分修补等事七款，皆无庸议，相应准如该督所奏。又以郭王森深知海洋情形，若有水师营守备缺出，即以伊补用，应照该督所题，守备缺出，以郭王森补用一疏。上曰："如所议行。郭王森着仍留浙江所属水师营补授额外守备，俟缺出再行实授。"

又覆请兵部覆四川提督岳昇龙所题，请免随伊抚剿蛮人游击徐迈等罪，并请议叙执事文武官员及赏阵亡土司官兵，俱不准行一疏。上曰："殷泰现赴四川审事，此事着交与殷泰察明确议具奏。"

又覆请刑部覆，查得正白旗蒙古都统朱麻喇等题参原任精奇尼哈番纳木渣尔之妻寡妇及纳木渣尔之弟云敦互相推诿，不递呈袭职迟延一案，精奇尼哈番纳木渣尔之妻寡妇控告小叔云敦打他、扯破孝衣等款皆虚，与伊小叔不睦，将袭职一事不递呈子迟延是真，应将寡妇照律笞五十，但系命妇，应照律纳赎。云敦虽供不曾殴打伊嫂，不令伊嫂专主，将伊兄衣服拿出卖用，殊属不合，应将云敦照律笞四十。但系蓝甲护军校，亦应照律纳赎。其纳木渣尔之精奇尼哈番交与该旗袭于应承袭之人一疏。上曰："凡审议事件，理应分别事之是非情理详议。这事将两造俱拟罪议奏，明系欺诳朕躬。本发还，着再议具奏。本内称云敦系蓝甲护军校，蓝甲护军校系何官，系何处来者，系谁补授者，朕并不知其名。本内亦未申明。着察奏。"

又覆请广西巡抚梁世勋所题请复热审减等例一疏。上曰："朕听政多年，惟孜孜期乂安万姓，故凡发政施令，务以真诚为尚。倘矜悯犯法之人，博取虚名，夏则遇热而审，冬则遇寒而审，不时遣官恤刑。督抚审拟案件，复屡遣堂司官纷行驳改，则贻累于兵民。官驿靡费于迎送馈遗，互结多端，不知作何底止？督抚之专责，首在敦厚风俗，导民于善。不时训饬有司，简清词讼，速结案件。不因细事多系妻子无辜，以致荡析家资，逃匿他省，即为良吏。虽不热审，亦无所关。使不清本源，不爱黎庶，徒以热审为言，则各省定限并非热时，讯理俱先时审结。是有热审之名，而无其实，益滋烦扰矣。梁世勋不谙事体轻重，草率冒昧，妄行具题，殊属不合，理应从重治罪。但系无知陈奏，着从宽免治罪。"又曰："太平之时不宜屡赦罪犯。执法之人若将不应宥之人宥之，则奸徒逞欲怙恶不悛矣。"

又覆请福建陆路提督蓝理所奏福建所属永春、德化二县交界地方，盗首陈五显等逼勒闾阎愚民二千余人入伙，抢夺百姓，拒敌官兵。故出参将尚之瑨统领各官往拿，两次遇敌，杀贼八十余名，中伤脱逃者不记其数。盗首张振、王富、苏标，前后俱各投到。只陈五显脱逃。将杀散匪类情形前会疏题报，其附近贼巢村民不废耕织，照常安业。务将陈五显拿获正法，臣心方安。于请安之便复行奏闻一折。上曰："督抚、提镇等平时不能抚恤百姓，训练兵丁，及事出，又不能相机即行剿抚，纵容盗贼滋蔓，骚扰地方，肆行抢夺。又将此事迟延日久，不行奏闻，反称百姓不废耕织，照常安业。凡强盗窃盗合伙至三四十人，百姓尚且畏惧逃避。况数千人为盗抢夺，岂得谓百姓不废耕织、安居乐业？此系伊等掩饰己过，希图卸罪，巧行诳奏甚明。着该部严查议奏。"

毕，上谓大学士温达曰："布忒哈乌拉总管穆克登等，将朝鲜国人杀死中国人一案审明，业已交与该王。事已完结，将前往审事司官掣回。此旨意交与总管穆克登跟来人送去。”又曰：“闻得朝鲜国人杀死中国人一案内，有亲弟兄三人者，定例弟兄俱议正法，留一人养亲，尔等志之。俟该王具题日，批留一人养亲，亦交与该部。”又曰：“穆克登等前往察凤凰城，至长白山边界，一路察看，绘图带来。因路远水大，马力不足，故不能至所指之地。于来年水退之时，另差一官同穆克登自义州伐小舟溯流而上，至不可行之处，令其由陆路向土门江察去。差去者不过为察吾中国边界，并于伊国无涉。但吾内地辽远，地方险恶，万一中途有阻，令朝鲜人略为接应。将此情由令该部晓谕来朝正朝鲜国官员，书文给与带去与伊王。”

是日，上出行宫前，率皇太子、皇子善射侍卫射。上每发悉中。继又阅七省兵丁射。苏尼特多罗郡王垂济共苏隆，阿鲁科尔沁扎萨克多罗贝勒汪扎尔来请安进贡。

初五日壬戌 上驻跸黑湾谷。

初六日癸亥 上驻跸可汗铁岭口。是日，赐内大臣、侍卫、扎萨克、台吉等鹿。又赐策旺阿喇布坦之使鹿、羊、鱼。乌朱穆秦扎萨克多罗贝勒贲博来请安进贡。

初七日甲子 上驻跸行宫。早，奏事员外郎傻子、奏事双全出，传谕领侍卫内大臣曰：“每年来哨鹿，想扈从人员俱必带得厚实衣服来，嗣后穿厚实些方好。此时之寒凉，非人不能奈受。若谓此些须之寒何害，穿衣单薄受寒，则必受害矣。春秋二季之寒，不得以冬季之寒可比，果善于奈寒，严冬之时不冻脸鼻，能挽弓拈箭骑射者，方可谓之好汉。此时即勉强过，岂得谓之好汉？着遍行晓谕。”

是日，喀尔喀扎萨克多罗郡王盆楚克阿拉普坦来请安进贡。

初八日乙丑 上驻跸黄陂原。

初九日丙寅 上驻跸骅骝杨川。是日，喀尔喀扎萨克护国公燕主普多尔济来请安进贡。

初十日丁卯 上驻跸哈达鄂佛罗。是日，喀尔喀扎萨克多罗郡王盆苏克遣使来请安进贡。

十一日戊辰 上驻跸西喇挠海谷。是日，厄鲁特多罗郡王车凌汪布来请安进贡。

十二日己巳　上驻跸行宫。是日，喀尔喀扎萨克图汗和硕亲王、多罗额驸策汪扎普，科尔沁多罗扎萨克图郡王鄂齐尔来请安进贡。

十三日庚午　上驻跸野猪川土城子。

十四日辛未　上御行宫。

酉时，大学士温达，学士满保、巴格以折本请旨。覆请刑部等衙门所题偷马贼盗葛穆勒、卓代黑子随围偷马数次，非平常贼可比，相应将葛穆勒、卓代黑子拟立斩。胖色只与葛穆勒等同偷马一次，相应脸上刺字，发黑龙江给与穷披甲人为奴一疏。上曰："葛穆勒着即处斩。卓代黑子改为应斩，着监候，秋后处决。余依议。"

又覆请理藩院覆侍郎哈山审奏科尔沁三品台吉特古思将伊所罚牲畜不交与协理事务台吉，欲交与公主，审讯五十五之妻吴克特告彼之事，目无钦差理事大臣，发怒不给口供等情，相应革去特古思三品台吉、罚牲畜，五九入官赞襄。科尔沁和硕端敏公主旗下事务侍郎拉都浑等，将在公主府门前嚷叫放肆阿杂拉喇麻阿木尔赞既交与员外郎詹住逐去，相应无庸议一疏。上曰："这案但议处特古思、拉都浑，协理旗务台吉、副都统等将阿杂拉喇麻作何处置之处，本内并未申明。此议违例，本发还，着再议具奏。"

又覆请两江总督噶礼所覆，请以盗案降之级调用扬州府知府赵弘煜留任一疏。上曰："赵弘煜着带所降之级留任。"

又覆请总兵官张文焕所题请给假三个月葬亲一疏。上曰："张文焕准给假三个月葬亲。"

又覆请天津关监督双顶陈奏缺额缘由一疏。上曰："这本票拟该部知道，若如此，该部未必议奏，着票拟该部议奏。"

又覆请已故大学士张玉书之子张逸少谢恩，并奏闻伊父灵柩起程回籍日期一疏。上曰："向有遣官护送大臣灵柩回籍之例，张玉书灵柩回原籍，着遣官一员护送。"

未时，上出行宫前，率皇太子、皇子、善射侍卫、善射鼓的人员射。上每发悉中。

是日，赐内大臣、大学士、都统、前锋统领、护军统领、副都统、护军参领、护军、七省官兵、蒙古王、蒙古兵羊。阿霸哈纳多罗贝勒索诺木阿拉普坦遣使来请安。

十五日壬申　上驻跸行宫。是日，于行宫前，赐扈从大臣、侍卫、七省官兵、策旺喇普坦来使、蒙古王、蒙古兵宴。

十六日癸酉　上驻跸行宫。是日，喀尔喀车臣汉滚臣、扎萨克额尔德尼济农、多罗郡王纳穆扎尔，扎萨克多罗贝勒布达扎普，护国公车领布穆，辅国公根敦，扎萨克一品台吉鄂尔德尼等来请安进贡。

十七日甲戌　上驻跸红川。

十八日乙亥　上驻跸行宫。

十九日丙子　上驻跸额尔滚皋地方。是日，吴喇忒护国公达尔麻习礼、辅国公垂扎木苏来请安进贡。

二十日丁丑　上驻跸红川谷西界地方。

二十一日戊寅　上驻跸行宫。

二十二日己卯　上驻跸富沟。是日，于行宫前，赐扈从大臣、侍卫护军、执事人员、护军、七省官兵、策旺喇普坦来使、蒙古王、蒙古兵宴。赐内大臣、大学士、都统、前锋统领、护军统领、副都统、护军参领、侍卫、部院大臣、官员、执事人员、护军、七省官兵鹿。

二十三日庚辰　上驻跸鄂尔楚克哈达地方。是日，上往穆敦地方哨鹿。一日哨十鹿殪之故，改名穆敦之地为富岗。

二十四日辛巳　上驻跸德尔吉惠汉。是日，赐内大臣、大学士、都统、前锋统领、护军统领、副都统、护军参领、侍卫、部院大臣、官员、执事人员、护军、七省官兵鹿。科尔沁多罗贝勒阿毕达来请安。

二十五日壬午　上驻跸克尔木泰。

二十六日癸未　上驻跸永安摆口。是日，四子部落多罗达尔汉卓立克图郡王阿拉普坦多尔济遣使来请安进贡。乌朱穆秦和硕车臣亲王塞登敦多普来请安进贡。

二十七日甲申　上驻跸石山土城子。

二十八日乙酉　上驻跸红门口。

二十九日丙戌　上驻跸巴颜驼罗海。是日，赐内大臣、大学士、都统、前锋统领、护军统领、副都统、护军参领、侍卫、部院大臣、官员、执事人员、护军、七省官兵鹿。

九　月

初一日丁亥　上驻跸柳林。

初二日戊子　上驻跸纳木僧边地方。是日，于行宫前，赐大臣、侍卫、执事人员、护军、七省官兵及蒙古王以下、兵以上宴。喀尔喀扎萨克多罗郡王多尔济喇普坦遣使来请安进贡。

初三日己丑　上驻跸青城。是日，于行宫前，赐蒙古王以下、兵以上宴。宴毕，又赐王等蟒袍补服、绒缨凉帽、靴带、弓、撒袋及台吉寸蟒袍、绒缨凉帽、靴带，官兵缎布、银。

初四日庚寅　上驻跸中关。

初五日辛卯　上驻跸热河。是日，赐大臣、护军参领、侍卫、翰林、执事人员、护军、七省官兵饽饽棹。

初六日壬辰　辰时，上御行宫，大学士温达，学士满保、巴格以折本请旨。覆请吏部所题太医院院使孙之鼎、院判刘声芳以充发喀喇沁，太医院吏目汪元庆、李应奇隐匿不奏，仍留吏目，殊属不合，相应俱革职一疏。上曰："孙之鼎着革职，刘声芳从宽免革职，着削去加级纪录留任。"

又覆请户部奏闻，给发秋季官兵米石数目一疏。上曰："这给发秋季米石，着依议。今岁丰收，兵丁内有愿得银者，仍照往岁给与银两。"

又覆请户部所题，原任北新关监督喀清阿呈称职与原任宁波监督德成互相讦参一案，郎中佛保审讯拟罪，实为冤抑等语，相应行文该抚查明定议具题，到日再议一疏。上曰："这案着遣部院堂官一员会同该抚审明具奏。"

又覆请礼部覆，朝鲜国王李焞奏请将在凤凰城审讯伊国犯人仍交与钦差大人审拟具奏，今即差官将犯人复送至凤凰城等候，但此事已经审明请旨，交与该王，令其定罪，应无庸议一疏。上曰："这事情着依议。据前往审事官称，此案内犯人有亲弟兄三四人者等语，本朝定例，弟兄俱拟正法，存留一人养亲。此案内犯人若有亲兄弟三四人者，亦照此例，议留一人养亲具奏。将此交与该部，并移会朝鲜国王。”

又覆请礼部所题请旨赐恤原任陕西布政司额伦布一疏。上曰：“不必与恤。”

又覆请礼部所题请旨赐恤原任宣化总兵官尚宣一疏。上曰：“不必与恤。”

又覆请兵部覆福建陆路提督蓝理所题，盗首陈五显等逼勒闾阎愚民二千余人入伙，抢夺百姓，与官军拒敌。故差参将尚之瑨统领各官往拿，两次遇敌，杀贼八十余名，中伤脱逃者不计其数。盗首张振、王富、苏标前后俱各投到，止有陈五显脱逃，务必将陈五显拿获题报正法。其附近贼巢村民不废耕织，照常安业等语。但蓝理系封疆大臣，纵容盗贼滋蔓、抢夺扰民，不能招抚，又迟延日久不行奏闻，反称百姓不废耕织，照常安业，明系巧行粉饰诳奏。为此应将提督蓝理革职，交刑部议处。总督范时崇、巡抚黄秉中，总兵官许凤、陈有功，应照溺职例俱革职一疏。上曰：“朕前次巡幸江南省，蓝理陛辞回任之时，曾奏称福建水师提督有吴英，陆路提督有臣，料理地方可保宁谧。倘有盗贼之事，臣无面目再觐天颜，求主上宽怀等语。今盗贼窃发，不能即行剿抚，纵容盗贼滋蔓，迄今尚未尽行拿获。况蓝理居官亦属不端，殊为溺职。而且来往行走之人，无有不言其恶者。自福建至京师，其居官不好之处无人不知，但其人尚骁健，着革职，从宽免交刑部。范时崇、黄秉中俱从宽免革职，着各降五级戴罪效力。许凤、陈有功俱从宽免革职，着各降五级戴罪图功。盗贼务期尽心拿获。如不能尽行拿获，着再加议罪。”

又覆请兵部覆湖广总督鄂海所题，兴国营参将王朝相腿痛不能步射、骑射，具呈恳请解任员缺，请皇上以记名人员内拣选一员补授等语，参将王朝相应照例以原品休致，员缺以记名应升参将、官员及进士、侍卫职名开折具奏一疏；及两江总督噶礼所题伊标下左营游击朱士植员缺，请皇上以记名人员及侍卫内拣选一员补授一疏。上曰：“由侍卫补授外省武官之人甚多，俱系朕选补之人。不将伊等查补，将今现在侍卫开列补授，则从前补授之人，反落在后矣。从前由侍卫补授武职之人，俱着查明开折进呈。”

又覆请刑部等衙门汇题案内，正黄旗渣克旦佐领下张扬因伊族弟索柱家人黄欲明将索柱牛车等物偷盗逃出，费尽原由查问，用鞭责打黄欲明腰眼等处身死是实，相应将张扬照律枷号四十日、鞭一百一事。上曰："打死一族家人当照平人拟罪，这案所引之例是否，着查奏。"

又覆请刑部等衙门汇题案内，山海关正蓝旗禅塔海佐领下白尔和兔因伊妻及子俱不在家，向媳妇要茶，不去取拿，遂取劈柴殴打，伤重越日身死。白尔和兔用绳套在媳妇颈上，吊在房后檐，谎报缢死情真，相应将白尔和兔枷号五十日、鞭一百一事。上曰："这事有缘故，所议属轻，着再议具奏。"

又覆请都察院所题更换巡视两浙盐课监察御史颛图一疏。上曰："户部所议，将颛图于来年八月更换一疏于八月十五日具奏，都察院为更换颛图一疏于八月十七日具奏，应候户部前奏之旨再行具奏，乃并不候旨具奏，不合，着该部察议具奏。"

又覆请理藩院所题，将科尔沁三品台吉特古思革去台吉，罚牲畜，五九、侍郎拉都浑、协理旗务台吉毕礼滚达赖等俱无庸议，俟将阿杂拉喇嘛查出送到之日逐出境外一疏。上曰："这案俟再次覆请，覆请之时，令理藩院堂官及拉都浑同入。"

又覆请湖广总督鄂海所题武冈营游击陈谟员缺，请以抚标游击包成调补一疏。上曰："包成着照该督所题调补武冈营游击。"

又覆请直隶巡抚赵弘燮所题，霸昌道缺关系甚属紧要，请将掣得霸昌道员缺白璧琛遣至任所，于接驾之处引见；云南曲靖府同知今升真定府知府，尚琏到任日期甚远，请另拣选补授一疏。上曰："霸昌道及真定府知府员缺俱属紧要，着九卿会同将现任官员内拣选具奏。"

又覆请四川提督岳昇龙所题以目疾乞休一疏。上曰："朕折此事，原欲增添佳旨。后闻得略有缘故，尔等所拟令其致仕签子着展开。"

又覆请提督陕西学政潘从律所题，皇上简臣提督陕西学政，臣即急至任所，将华州、商州生童俱已陆续考试，于七月二十三日陕西总督殷泰咨称，奉旨朱轼着带所降之级留任等语，但今年乡场后，即朱轼任满之期，臣应在陕守候与否，谨题请旨一疏。上曰："朱轼系将任满之人，总督题留不合。潘从律着留陕西守候。"

上又曰："朕于七月二十二日为湖广解到盗犯陈四一案曾有严旨，刑部不但不覆奏将这案作何处置之处，并未缮折奏闻。将这迟延缘由问明具奏。"

大学士温达等出，复召入，上谓曰："蓝理已革职，此缺紧要，其提督事务应简一人带理，着查福州副都统职名具奏。"大学士温达等出。

广西巡抚陈元龙入请训旨。上曰："尔有何事奏闻？"陈元龙奏曰："臣一介微贱，至愚极陋，蒙皇上之恩擢为翰林，教训豢养垂三十年，历升至翰林院掌院学士、吏部侍郎，毫未仰报，日夜恐惧。今又蒙圣恩，授为广西巡抚。巡抚有封疆重任，而广西一省又在极边，苗蛮杂处，臣惟有尽心竭力，以图报效。但臣智识浅陋，一切事务，俱未谙练，乞皇上圣训。"上曰："广西地方近已宁静，尔至彼处，当使文武和睦，兵民相安。巡抚亦有管兵之责，宜不时操练，有事则可用，无事则可弹压地方。古人有云，兵可百年不用，不可一日不备。尔为翰林年久，外边事体宜略历练一番。至于做官，声名自有公论在焉。"陈元龙奏曰："臣谨志圣训遵行，但路途遥远，如有应兴应革事宜，臣愚昧不能定夺，先缮折请旨，然后遵行。"上曰："尔缮折具奏。"

有顷，大学士温达等查福州副都统王应虎职名交与奏事员外郎傻子、奏事双全转奏，奉旨："着速查杭州副都统具奏。"继而大学士温达等查杭州副都统代塞、道服色、高登符、李如松四员职名授傻子、双全转奏，奉旨："着高登符驰驿速去到任。"

初七日癸巳　上驻跸行宫。

初八日甲午　上驻跸行宫。是日，赐大臣、护军参领、侍卫、执事人员、护军、七省官兵鹿肉。

初九日乙未　上驻跸行宫。是日，赐差往策旺喇普坦散秩大臣罗普藏锡喇普、一等侍卫祁礼德、员外郎苏进泰银五百两。

初十日丙申　上驻跸行宫。

十一日丁酉　上驻跸行宫。

十二日戊戌　上驻跸行宫。

十三日己亥　上驻跸行宫。是日，召入内大臣、大学士、一等侍卫、策旺喇普坦使臣赐宴。

十四日庚子　上驻跸行宫。是日，赐差往策旺喇普坦散秩大臣罗普藏锡喇普、一等侍卫祁礼德、员外郎苏进泰貂帽、貂短褂、羊皮袄，策旺喇普坦使臣垂木拍尔貂帽、貂短褂、羊皮袄、缎布。

十五日辛丑　上驻跸喀喇城。是日，赐大臣、护军参领、侍卫、执事人员、护军、七省官兵鱼。

十六日壬寅　上驻跸王家营。是日，赐大学士温达马一匹。

十七日癸卯　上驻跸鞍子岭。

十八日甲辰　上驻跸两间房。

十九日乙巳　上驻跸腰亭子。

二十日丙午　上驻跸密云县。

酉时，上御行宫，大学士温达，学士满保、巴格以折本请旨。覆请宗人府所题原任护军统领觉罗噶尔图二等阿达哈哈番削去恩诏所给三次拖沙喇哈番，其所剩拜他喇布勒哈番系恩赐武功郡王之官，相应不准承袭一疏。上曰："噶尔图之曾祖武功郡王效力之处甚多，此官系恩赐武功郡王之官，伊于明季时曾击败杜松、刘珽之兵。杀刘珽者，即武功郡王也。伊与朕甚近。现今葬在永陵内。三次恩诏所得世职不准承袭，其所剩拜他喇布勒哈番着议应袭之人承袭具奏。"

又覆请吏部所题顶补陈元龙教习庶吉士员缺一疏。上曰："内阁学士开列者有谁？"大学士温达奏曰："王思轼、彭始抟、邹士璁俱在开列内。"上问侍郎揆叙曰："彭始抟曾为翰林，学问何如？"揆叙奏曰："学问平常。"又曰："王思轼学问何如？"揆叙奏曰："学问不佳。"上曰："然。学问不及。"又问曰："彭始抟是一笃实人乎？"揆叙奏曰："为人忠厚。"上曰："着彭始抟教习庶吉士。"

又覆请户部覆直隶巡抚赵弘燮所题，直隶所属五十年地丁钱粮奉旨蠲免，密云县额征二千二十石有奇黑豆应请免征，不准行一疏。上曰："密云县额征黑豆若果应蠲免，春季即当奏请。迟延至今方行具题，不合。该部议覆此事亦属迟延，着都察院一并察议具奏。"

又覆请礼部所题请旨赐恤原任大理寺正卿陈士芳一疏。上曰："不必与恤。”

又覆请刑部等衙门所题，审得盛京居住镶白旗老格佐领下隆生叩阍陈告着落在正法伊伯父姚二道名下为私采人参一案追取银二万五千一百两有奇，此内姚二道应赔银只二千两，将家产变卖，已还过银四千五十两，其余银两俱系笔帖式传思库等及脱逃彭寿、章京傅色纳瓜分入己，乞着落在伊等名下追赔一案，俱无证据，相应照例将隆生枷号三个月、鞭一百，发与奉天将军追取未完银两一疏。上曰：“隆生着严拿解送奉天将军，会同本处刑部，将事情真假审明具奏。”

又覆请刑部等衙门所题以差往丈量路程、绘画舆图护军参领德克精格等家人关保等骚扰驿递缘由，应将关保等枷号一个月、鞭八十；德克精格等照例革职，绘画舆图西洋人费殷应当议处。今现差往鄂尔多斯等处绘画舆图，俟到来日另结一疏。上曰：“黑木叶丈量路程、绘画舆图颇有劳绩，黑木叶从宽免革职，着罚俸三年。西洋人费殷亦从宽免治罪。余依议。”

又覆请刑部等衙门所题云南、贵州、广西、四川四省秋审情真罪犯一疏。上问大学士温达曰：“四省罪犯共几名？”温达奏曰：“共九名。”上曰：“朕每年于秋审事件折出，向尔等商议，故又折出此本，视其情罪，果皆允当，人亦不多，着照议完结。”又曰：“尔等之意可有尚须酌议之处否？”温达奏曰：“臣甚愚无知，但今年系大喜之年，恩典出自皇上。”上曰：“去岁曾停决。”温达奏曰：“去岁曾停决，但今岁系大喜之年，恩典出自皇上。”上曰：“既如此着停决，其情真缓决、可矜可疑者，俱着照例具奏。情真者，朕以停决批之。”

又覆请刑部等衙门覆偏沅巡抚潘宗洛所题，陈琅因与陈又涛争田角口，用刀戳陈又涛心窝等处，过保辜日期十日内身死。查得浙省来君美殴伤孙仲侯因过保辜日期十日内身死，将来君美减等发落。陈琅实与此例相符，相应奏请，议不准行，仍照律拟绞监候，秋后处决一疏。上曰：“陈琅用刀戳陈又涛，过保辜日期殒命，陈琅从宽免死，照例减等发落。”

又覆请理藩院所题议处科尔沁三品台吉特古思一疏。上曰：“这事情着依议。侍郎拉都浑遣往科尔沁办理事务，不能和辑彼处之人，而又生事。拉都浑着降五级调用。”

又覆请理藩院所题为朝正外藩蒙古王等一疏。上曰："今岁来朝正诸王、贝勒、贝子、公、台吉、塔布囊等来哨鹿处请过安者，免其来朝，其不曾来者，着照常来朝。"

又覆请湖广总督鄂海所题，黄州协副将林汇身受潮湿，手足麻木疼痛，乞解任一疏。上曰："林汇着以原品休致。黄州地当三省冲衢，此处副将员缺甚属紧要，着将现任副将由侍卫补授应升副将官员并记名人员开列具奏。"

又覆请福建巡抚黄秉中所题，台湾府属台湾、诸罗、凤山三县于五十年应征米十三万八千石祈请蠲免一疏。上曰："该部议奏台湾府属三县本色米石若果应蠲免，春季即当奏请，迟至秋季方行具奏。及至部议行文，早已征收全完矣，不但小民不沾实惠，而且无益。该抚迟延至今方行具题，不合，着都察院察议具奏。"又曰："若蠲免，当在来年蠲免。将此传谕户部堂官。"

二十一日丁未　上驻跸南石漕。是日，赐广西巡抚陈云龙鞍马一匹。

二十二日戊申　未时，上至畅春园驻跸。

是行也，部院各衙门奏章日送内阁，内阁三日一次递送行宫听理。

上迎请皇太后至热河，每日问安一次。哨鹿去后，遣请皇太后安十一次。

扈从起居注官揆叙、党阿赖。

二十三日己酉

二十四日庚戌

二十五日辛亥　是日，上诣澹泊为德行宫问安。

二十六日壬子　辰时，上御畅春园澹宁居听政。部院各衙门官员面奏毕，大学士温达、陈廷敬、萧永藻，学士王思轼、满保、彭始抟、博音岱、巴颜住、萨尔泰、宗圣保、邹士璁、巴格以折本请旨。覆请吏部所题大学士张玉书员缺请旨开列一疏。上曰："这本着暂收贮，十五日后再行覆请。"

又覆请户部等衙门所题，审得原任山西太原总兵官毛来凤叩阍控告正蓝旗汉军参领李淑德一案，告称李淑德将着落在伊父原任都统李正宗名下变价赔补、监守自盗公库银两、家产私卖等款皆属情虚，其妾缢死之处不报部、将充发人林本裕容留在家是实，相应将李淑德革职一疏。上曰："毛来凤好兴词讼，此番又在行在叩阍，为人狂妄。传集正蓝旗满洲、蒙古、汉军都统、副都统及都统杨代雅图、步军统领陶和气、正蓝旗人补授别旗之大人，将伊问讯具奏。"

又覆请刑部等衙门所题，审得山东曹县民班汉杰叩阍控告山西太原府民陈四等鸠党掳掠地方、杀人一案，陈四等绕行陕西、湖广、贵州等省，鸠党抢夺是实，相应将首犯陈四等拟立斩，从犯陈六等佥妻，俱发黑龙江与穷披甲人为奴一疏。上曰："陈四等百十余人，身带撒袋、腰刀，手执器械，越行数省，各处抢夺，明系大盗。该省督抚、提镇、地方官不行严查，尽为拿获，又不奏闻，反给与银两、衣服、食物，纵容滋蔓。将此情由尔等问明齐世武、陈诜、赵申乔、郭世隆、贝和诺等，入奏时令伊等同入启奏。"又曰："江南、浙江、湖广强盗、窃盗甚多，江南人甚软弱，若有一二贼，则畏惧不敢出首，反藏匿在家，结交豢养，给酒食、衣服一应所用物件。养至盗伙滋蔓，积聚成群，伊身即为渠首矣。如此等者，督抚、提镇、地方官当各实心严查缉拿。此皆由素日懈弛，不以为念、严加查拿，渐至滋蔓耳！提督师懿德现在此，尔等将此情由问明九卿、詹事、科、道及提督师懿德具奏。"

又覆请刑部等衙门覆直隶巡抚赵弘燮所题，将劫夺王一曾家大盗俞三等拟斩，前来俞三等相应照得财不分首从，俱应即斩律即行正法一疏。上曰："俞三、邵麻子、刘有功、祁三俱着立斩；刘杰、丁四、徐二、王彩、孟秃子俱从宽免死，照例减等发与黑龙江将军酌量安插，务期严押解到。"

又覆请刑部等衙门所题，缓决案内用小刀戳死获尔查之浑他喇，醉后因获尔查扑打，用小刀迎戳致死，相应缓决折角一事。上曰："浑他喇改为情真。"

又覆请湖广镇筸总兵官张谷贞所题搜剿毛都塘寨苗一疏。上曰："张容贞为此事遣一千总来，尔等问明遣来千总及郭世隆、赵申乔入奏之时，令伊等一同进来启奏。"

是日起居注官揆叙、王原祁。

二十七日癸丑

二十八日甲寅　是日，上诣澹泊为德行宫问安。

二十九日乙卯　酉时，上由西直门进神武门回宫。

是日起居注官励廷仪、常鼐。

十　月

初一日丙辰　辰时，上御乾清门听政。部院各衙门官员面奏毕，大学士温达、陈廷敬、萧永藻，学士王思轼、满保、彭始抟、巴颜住、萨尔泰、宗圣保、邹士璁、巴格以折本请旨。尚书贝和诺、齐世武、郭世隆、陈诜，左都御史赵申乔遵旨进前列跪。上问贝和诺曰："尔等皆地方大臣，为何纵容盗贼，不行查拿？"贝和诺奏曰："臣等庸懦，将盗贼不行详查缉拿，即臣等之罪，有何辩处。"郭世隆奏曰："据地方官报，陈四等并未在地方生事，臣不详查放过，皆臣庸懦之处，有何辩处。"上曰："赵申乔，尔有何说？"赵申乔奏曰："四十八年十二月，地方官以陈四等申占报到臣，臣即行查有无器械，并严查匪类。去后，因值封印，未及申报。至四十九年开印，臣即往岳州候审。陈四等过去时，臣已经解任。然不能严查于前，即臣庸懦之处，有何辩处。"上曰："陈诜，尔有何说？"陈诜奏曰："班汉杰控告到臣，臣即交按察司确审。按察司行查，该地方官据荆州府报，陈四等并未生事，申详到臣。荆州府、武昌府相隔七百里，查报之间陈四等早已过去。臣不能详查，皆臣庸懦之处，有何辩处。"奏讫，皆免冠叩首谢罪。上问齐世武曰："为何将此事不加详审？"齐世武奏曰："臣一时识见不到，听信伊等谎言，作为饥民，背谬具题。皆臣之庸懦之，有何辩处。"亦免冠叩首谢罪。上曰："一时识见不到，是何言也？若系饥民，必担负子女，徒步转徙。陈四等百有余人，身带器械、骡马驼驮，由潼关、临洮至贵州，又回转河南，行至湖广，岂得谓之饥民乎！饥民岂有不在收成处所栖止之理？将此等处并不查问者，尔等得无偏意在贼乎？"因而齐世武等又再三叩首。上曰："百有余人尔等不在意中，即千余人亦不过如此矣！

此等事不留意严查，将来为害不小。督抚有察吏安民之责，即使操守清廉，纵盗害民于地方，何益？今江浙盗贼繁多，至苏州府城内被贼抢夺，巡抚毫不介意。抚标有数营，平素以俸禄钱粮恩养者何意也？地方官但思为己，以致陈四等绕行数省，竟无一人问及，惟各诱令出境而已。且如朱三太子被执之时，伊亦曾供出多人。"又曰："前四川百姓畏避酷吏，有二三千人至贵州。贵州巡抚刘荫枢安慰发回，曾具折奏闻，此乃理也。为大臣者有致君泽民之责，应为国防虑后来，实心效力，徒事空言，为一己之计可乎？赵申乔亦曾奏朕，为人臣者当为朝廷做一番事。"大学士温达奏曰："圣谕诚然。为人臣者当实心效力，不可徒为空言。"上曰："凡事先行，后方可言耳。"贝和诺、齐世武、陈诜出。

郭世隆、赵申乔留后。郭世隆奏曰："镇筸总兵官张谷贞所题苗子一事，奉旨令臣等回奏，彼处苗子俱系熟苗，其间或有不肖者走出抢夺牲畜人口。此等苗子，或是张谷贞，或是伊标下官兵即可擒拿，照律治罪，并非大盗。臣等愚见，似可不烦征讨。"赵申乔奏曰："毛都塘凉水井苗子顽劣者，皆由总兵官雷如所致。张谷贞实心效力，苗子一事若交与伊办理，绰然有余，可无烦圣虑。"上曰："曾问彼千总否？伊意若何？"郭世隆奏曰："伊亦如此云云。"上颔之。郭世隆等出。

大学士温达等覆请户部覆福建巡抚黄秉中所题，请免台湾府属康熙五十年应征稻谷，不准行一疏。上曰："台湾所属应征五十年稻谷早已征完，虽行蠲免，于小民无益。着将五十一年应征稻谷蠲免。"

又覆请两广总督赵弘灿所题，原任粮储驿传道张天觉应赔缺少盐斤银两逾限尚未赔补，仍照前议拟斩。其未赔盐斤银两，着落在原商周殷耀等名下变卖家产赔补之处，行文该督查明，周殷耀等家产可能赔完库银与否，具题到日再议一疏。上曰："着展限二年，令其赔完。"

又覆请刑部等衙门所题以陈四等结伙越省抢夺缘由拟斩、流徙一事。上曰："地方官将陈四等并不详查放过，任意申报上司，如此，则用府州县何为？陈四等经过地方官员俱应革职本送进，朕将改签。"

又覆请刑部等衙门所题镶蓝旗常禄佐领下骁骑校沙布禄家麻色因斗殴，用小刀戳死同旗法富里佐领下三奇，相应照新例立斩一疏。上曰："这案虽以麻色拟罪，将麻色之主开脱，并未议及。本发还，着将麻色之主一并议奏。”

又覆请刑部等衙门所题陕西缓决案内折角事。上曰：“折角者俱着减等发落。”

又覆请都察院所题康熙五十年八月给发五城取用车夫口粮、匠役工价数目造册呈览一疏。上曰：“此系小事，嗣后不必用本具题，着每月缮折具奏。”

又覆请都察院吏科所题科、道内升外转二疏。上曰：“俱问赵申乔覆奏。”

又覆请湖广镇筸总兵官张谷贞所奏，请搜剿毛都塘山寨苗子一疏。上曰：“着交该部。”

大学士温达等奏曰：“臣等遵旨以毛来凤问正蓝旗大人，据云毛来凤为人甚属狂妄，行事不端，并以原疏覆请。”上曰：“毛来凤系包衣佐领下人，着票拟革职，交与该主签子进呈。”

又以大学士等遵旨会同九卿、提督师懿德议奏防缉江浙贼盗折子呈览。上阅毕，颔之。

又以蠲免钱粮折子呈览。上曰：“着免湖南、湖北、陕西、甘肃、河南五省钱粮。”

是日起居注官励廷仪、常鼐。

初二日丁巳 辰时，上御乾清门听政。部院各衙门官员面奏毕，大学士温达、陈廷敬、萧永藻，学士王思轼、满保、彭始抟、巴颜住、萨尔泰、宗圣保、邹士璁、巴格、凌绍雯以折本请旨。覆请复行折出户部等衙门覆原任总兵官毛来凤叩阍控告李淑德一疏。上曰：“李淑德系功臣子孙，亦竟非不及之人，着革去参领，从宽留佐领世职。余依议。毛来凤甚属狂妄，行事不端，着革职，交与该主公吞住，勿令放出行走。”又曰：“班汉杰一案，朕以贝和诺批降一级调用。贝和诺员缺，着以带管盛京将军事务都统松柱补授。俟代伊员缺，到时再令前来。”

大学士温达等奏曰：“臣等遵旨，以科、道内升外转人员问都察院左都御史赵申乔，据云科员敇林勤慎甚佳等语”并以原疏覆请。上曰：“敇林、杨笃生着内升，外转停止这一次。”

巳时，上由神武门出西直门，诣畅春园驻跸。

是日，上诣澹泊为德行宫行礼。

初四日己未

初五日庚申

初六日辛酉

初七日壬戌 辰时，上御畅春园内澹宁居听政。部院各衙门官员面奏毕，大学士温达、陈廷敬、萧永藻，学士王思轼、满保、彭始抟、巴颜住、萨尔泰、宗圣保、邹士璁、巴格、凌绍雯以折本请旨。覆请宗人府所题为考试年岁已满宗室颜德等一疏。上曰："应考人员着宗人府引见，本收贮。"

又覆请吏部所题内阁学士博音岱员缺，以光禄寺卿马良等职名开列一疏。上谓大学士温达曰："谁善？"温达奏曰："在前开列者马良，其次则太仆寺卿阿尔法、侍读学士查璧纳。"上曰："伊等如何？"温达奏曰："并未同事试验过。"上曰："马良好，为人勤厚笃实，着以马良升补内阁学士，仍令兼管光禄寺事。"

又覆请兵部所题西安左翼汉军副都统王以谦员缺，以总督仓场户部侍郎、镶黄旗施世纶等职名开列一疏。上曰："着以左翼汉军副都统、参领及公侯伯、精奇尼哈番、阿思哈尼哈番引见。"

又覆请刑部等衙门所题太监刘进朝开店容留大盗方贵等，将方贵等偷盗衣服等物明知折算店钱，相应充发黑龙江一疏。上曰："太监宜安静在内，向外开店，容留贼盗，将劫夺财物明知折算，殊属可恶，应当正法。本发还，着将刘进朝拟决具奏。"

又覆请刑部等衙门所题湖广缓决案内折角事。上取本挨次查出折出，逐一指摘情罪。谕："以罗贵儿、罗子云改为情真，勾子、赵白玉、雷美贞改为可矜，照例减等发落。"

又覆请都察院所题，臣等遵旨查得直隶巡抚赵弘燮若以康熙五十年应征密云县黑豆当蠲，春季即当奏请，并不详查，迟延日期，不合。应将巡抚赵弘燮降一级，罚俸一年。户部议奏此事亦属迟延，应将尚书穆和伦等各罚俸六个月，郎中傅舒等各罚俸一年一疏。上曰："此事有因，前李光地为巡抚时，此等事亦曾八月启奏，想亦未经征收。今若将部臣、巡抚俱各议处，不行清查，恐致失当。本收贮，着查奏。”

又覆请河南巡抚鹿佑题报南阳总兵官丁爽病故一疏，并丁爽遗本一疏。上曰：“丁爽原任侍卫，以朕观之，人材骁健，步射骑俱精，为人厚重，居官亦善，甚为可惜。将伊问汉九卿，如果皆称善，以温旨批之。”

是日，上诣澹泊为德行宫问安。

是日起居注官常鼐、钱名世。

初八日癸亥

初九日甲子　辰时，上御畅春园内澹宁居听政。部院各衙门官员面奏毕，大学士温达、陈廷敬、萧永藻，学士王思轼、满保、彭始抟、巴颜住、萨尔泰、宗圣保、邹士璁、巴格、凌绍雯、马良以折本请旨。覆请吏部覆内监试监察御史阿尔赛等题参正主考都察院左都御史赵申乔等顺天府乡试榜文揭晓过期，相应照例各罚俸三个月一疏。上曰：“朕记得揭晓日期，昔年题请展限准行，着查奏。今秀才、举人额数增广，而又有各省者进场考试，考试人多。分房各官不遍阅试卷，但拣选伊等意中人、有关节线索人等试卷，荐呈主考、副主考阅取，故真才者不得中式。今岁乡试举子皆云同考各官将上等卷压下，不荐呈主考官看阅，伊等怨声沸腾。朕之记性虽不至上等，尚在中等，一日阅诗文百篇，不能首尾全记。诸乡未尝不阅本章，或遇一事，朕问时，间有不能启奏之时。主考官数日间阅卷数千分，定等第等，不过信手分置，未必确当。此特因揭晓日促之故耳。若将揭晓日期多展几日，主考官得遍阅诸卷，方不致遗失真才。着问九卿具奏。”

又覆请兵部所题总兵官崔相国调补台湾，三年任满，此缺相应调补，以漳州总兵官姚堂等职名开列一疏。上曰：“台湾总兵官员缺甚属紧要，这开列内应调补人员着问九卿及闽省官员，亦遣人问大学士李光地，并谕闽省诸臣，伊等本省武官内有好者即便称好，勿得冤抑好官。果据实陈奏，闽省官员畏尔等能直言，俱交相勉励为好官矣。闽省路远，朕又不能得到，故善恶未及闻之。原任提督蓝理至恶迹盈满，始闻革斥。若恶迹未满之前革斥，岂不大有益于地方乎？定海总兵吴郡人材骁健，居官亦善，又实心效力，乃武官内第一人也。今江南人俱称誉之，不可调补台湾，朕留之欲以要地提督补用。除此人外，着以开列人员内荐奏。”

又覆请浙江巡抚王度昭所题，龙游县知县孟继祖因未完康熙四十九年地丁钱粮题参解任，今该县已经全完，请停部铨，仍留原任一疏。上曰：“孟继祖拖欠钱粮既已全完，着照该抚所请留任。”

大学士温达等奏曰：“臣等遵旨，以病故总兵官丁爽问汉大臣，据云为人厚重，居官亦甚善，并以原疏覆请。”上曰：“丁爽才技优长，自简任总兵官以来，整饬营伍，和辑兵民，实心尽职，誉望日著。忽闻患病溘逝，朕心深为轸念，应得恤典。着查例具奏。”

是日起居注官党阿赖、李凤翥。

初十日乙丑

十一日丙寅 是日，上诣澹泊为德行宫问安。

十二日丁卯

十三日戊辰

十四日己巳

十五日庚午

十六日辛未 辰时，上御畅春园内澹宁居听政。部院各衙门官员面奏毕，大学士温达、陈廷敬、萧永藻，学士王思轼、满保、彭始抟、巴颜住、萨尔泰、宗圣保、邹士璁、巴格、凌绍雯、马良以折本请旨。覆请吏部所题：大学士张玉书员缺请旨开列一疏。上曰：“着开列具奏。”

又覆请芜湖监督宁古礼所题，运丁包揽商人货物载在粮艘，竟直过关，以致缺额，请许臣至伊等卸私货白河口等处，查收税银等语，查得白河口等处系龙江等关抽税之所，应将宁古礼所请无庸议一疏。上曰：“芜湖关原系一大差，今年年缺额，若只如此缺去，则国课渐致缺乏。来年开春粮舡来时，应否令监督宁古礼到淮安，与总漕公同查验之处，问九卿具奏。”

又覆请兵部所题河南南阳总兵官丁爽员缺，以镶黄旗参领洪奕沔等职名开列一疏。上曰：“杨铸着补授南阳总兵官。杨铸员缺，着司九经补授。”

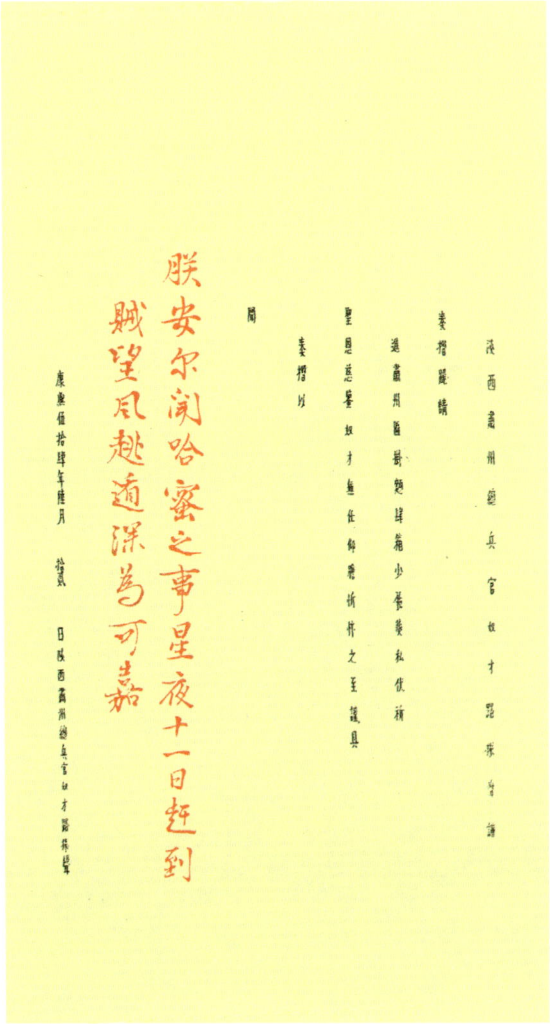

肃州总兵路振声奏请圣安并进肃州扁挂面折

康熙五十四年六月十二日

奏
福建浙江總督臣范時崇謹伏敬
請
皇上聖安臣於上年荷蒙
聖恩允臣隨
駕得避清涼之境竟忘炎暑之蒸我
皇上循念天時正熱
特沛恩綸人化在監暫行取保商賈經營令其
夜行今歲之熱比之上年不知何如恭諗
聖體康强純固臣在南方甚覺滯熱遙想
天顏時深懸念伏祈
皇上於萬幾之暇少省著作之勞此則臣犬馬
戀
主之微忱也為此具摺差家人陸儀賫
進敬請
聖安臣謹
奏
朕安今年比去歲好遠了也不曾坐湯
飲食起居亦甚安靜況近京各處收
成頗佳朕心寬慰
康熙五十四年六月 十六 日

闽浙总督范时崇奏请圣安折

康熙五十四年六月十六日

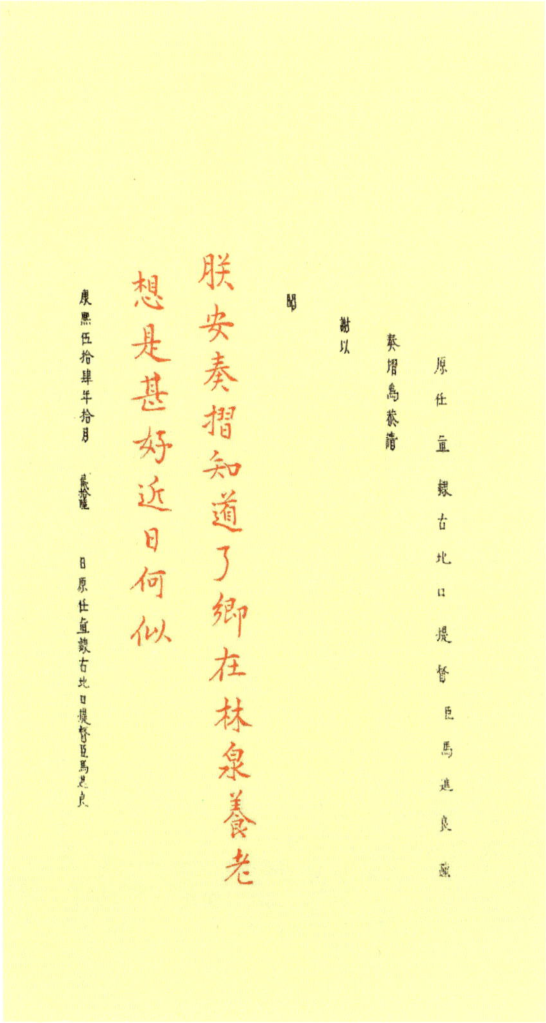

原任直隸古北口提督臣馬進良謹
奏摺爲恭請
謝以
聞
朕安奏摺知道了卿在林泉養老
想是甚好近日何似
康熙伍拾肆年拾月貳拾陸日原任直隸古北口提督臣馬進良

原任古北口提督马进良奏请圣安并报捐助骆驼三十头折

康熙五十四年十月二十六日

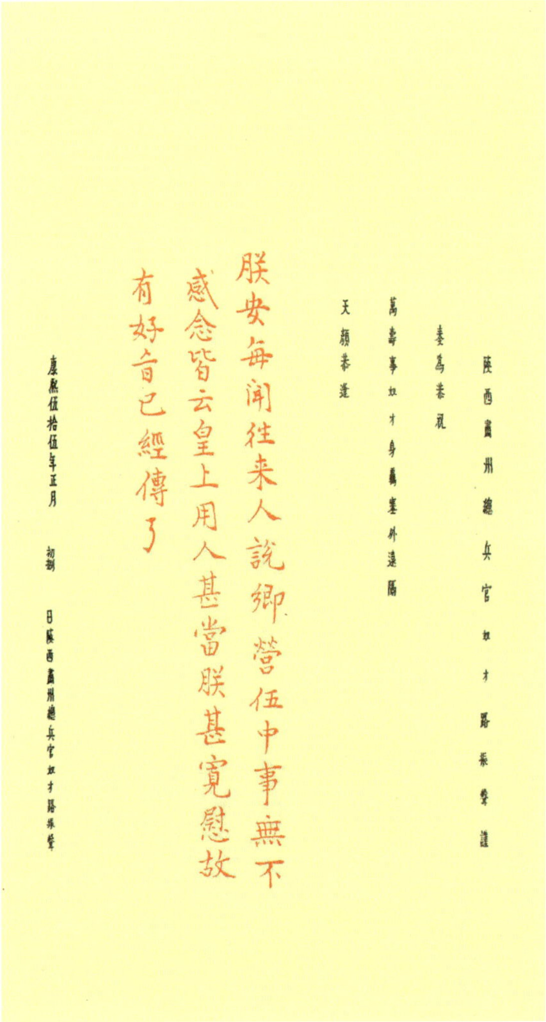
陕西肅州總兵官奴才路振聲謹
奏為恭祝
萬壽事奴才身羈塞外遠隔
天顏恭進
朕安每聞往来人説卿營伍中事無不
感念皆云皇上用人甚當朕甚寬慰故
有好旨已經傳了
康熙伍拾伍年正月初捌日陝西肅州總兵官奴才路振聲

肃州总兵路振声奏贺万寿折

康熙五十五年正月初八日

總督管理直隸巡撫事務兵部右侍郎兼都察院右副都御史加拾級臣趙弘燮謹

奏爲恭呈

御覽事竊聞唐虞之世芝草獻瑞茲據滿城縣監生晏棟稟稱

有方順橋伊隣百姓丁起隆家院内生出靈芝壹株叁秀

乃

聖朝祥瑞呈送到臣臣查芝爲神草不一其類難以辨别我

皇上仁民愛物

聖逾堯舜太和翔洽徧於寰區則芝草之祥理所宜有但臣實

未見過不能察識惟我

直隶总督赵弘燮奏呈满城县三秀灵芝一株折

康熙五十六年五月十六日

皇上爲生知
聖主無所不明今既據監生夏棟呈送前來見者咸以爲瑞臣
不敢壅於
上聞謹繕摺恭呈
御覽仰祈
睿鑒

九〇二

朕自幼齡讀書頗見帝王所好者景星慶雲天書
芝草之類朕皆不以爲瑞所爲瑞者年穀豐登民
有吃的就是大瑞真僞不必再言

康熙伍拾陸年伍月　拾陸　日總督管理直隸巡撫事務兵部右侍郎兼都察院右副都御史加拾級臣趙弘燮

直隶总督赵弘燮奏呈满城县三秀灵芝一株折

康熙五十六年五月十六日

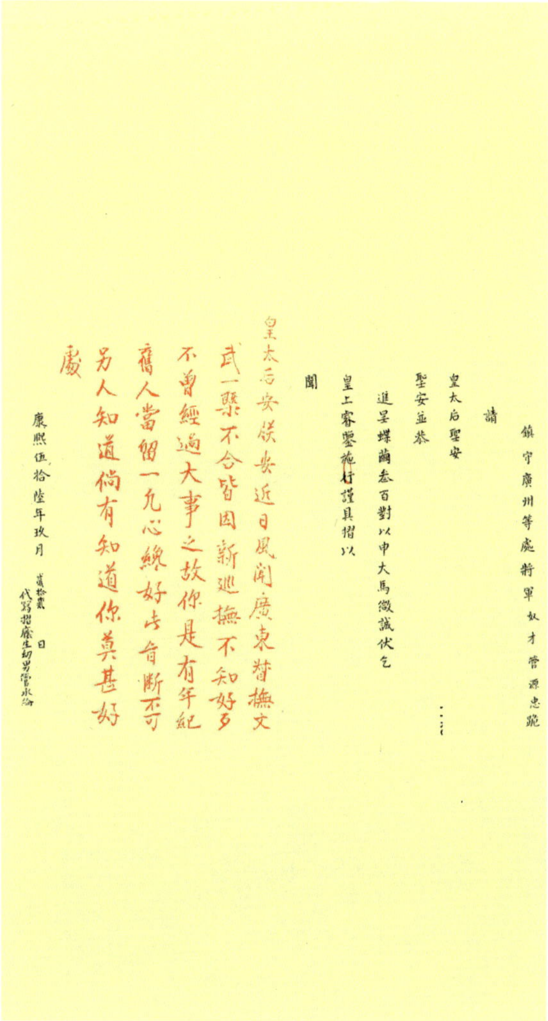
鎮守廣州等處將軍奴才管源忠跪

請

皇太后聖安

聖安並恭

進呈蝶蘭叁百對以申犬馬微誠伏乞

皇上睿鑒施行謹具摺以

聞

皇太后安朕安近日風聞廣東督撫文

武一槩不合皆因新巡撫不知好歹

不曾經過大事之故你是有年紀

舊人當留一九心總好占奋斷不可

另人知道倘有知道你莫甚好

處

康熙伍拾陸年玖月 貳拾貳 日

代寫摺廣生幼男管永綸

广州将军管源忠奏请圣安并进蝶兰折

康熙五十六年九月二十二日

奴才王以謙跪

請

聖主

睿安

朕安今西邊用兵之際爾十分留心凡

事有可言者必竟講求明白商量總

是

康熙伍拾柒年捌月拾陸日

西宁总兵王以谦奏请圣安折

康熙五十七年八月十六日

又覆请刑部等衙门所题江西省缓决一疏。上曰："何大粹、张扁脑子、杨连友俱着监候缓决。阮基六、陈韬、饶搏发俱改为可矜，照例减等发落。"

又覆请刑部等衙门题，覆直隶巡抚赵弘燮所题，行劫焦津家强盗马宗齐等，照律即斩。马宗齐等劫物后，临去时余火弃在草薪上延烧楼房之处，应无庸议，准予所拟一疏。上曰："马宗齐等结伙抢夺而又放火烧毁楼房，应当斩首枭示，照平常贼议不合。本发还，着再议具奏。"

又覆请刑部等衙门汇题案内，审得步军统领拿送镶黄旗哈代佐领下索柱家人纪二杀死与妻通奸姓刘之人一案，纪二系在通奸处杀死姓刘之人，相应照律无庸议，纪二之妻二姐应鞭九十、入官一事。上曰："昔日出兵后，兵丁妇女之内或有一二不肖行无耻之事，被执者俱拟死罪，监候伊夫回来之日，听从其夫杀卖为奴。纪二系人家奴，议将其妻入官为奴，不知与谁为奴耶？该部如此议奏，或系差讹，抑例当如此？着问明具奏。"

又覆请钦天监治理历法闵明我年老告休一疏。上曰："闵明我年老，准其告退，着季理安治理历法。"

又覆请浙江巡抚王度昭回奏，粮艘迟误，因去岁杭州、嘉兴、湖州回空舡只阻冻临清等处，到迟复因截留赈济福建地方江省舡只泊于河岸，浙省舡只不得违例越过，以致迟误一疏。上曰："这本收贮，俟各首督抚具题到日，一并覆奏。"

又以九卿所奏，臣等遵旨议得，嗣后会场定于三月十五日以内揭晓，乡场大省定于九月十五日以内揭晓，中省定于九月初十日以内揭晓，小省定于九月初五日以内揭晓。直隶、江南、浙江乡试举子较别省多至数倍，应照会场例添同考官二员折子呈监，并以原疏覆请。上曰："此折交与礼部缮本具奏，议处赵申乔之本发还，令其免议具奏。"

又以户部遵旨查得，康熙三十三年、三十五年、四十五年蠲免顺天等府地丁银两，先任巡抚郭世隆、沈朝聘、李光地俱于本年十一月请蠲密云县额征黑豆，今五十年密云县额征黑豆，直隶巡抚赵弘燮于五十年八月请免征收折子呈览，并以原疏覆请。上曰："着改签送进。"

大学士温达等奏曰："臣等遵旨，为调补台湾总兵官崔相国员缺问大学士李光地及九卿福建官员，皆云这开列内各总兵官无有伊等所知者。”并以原疏覆请。上曰：“姚堂调补台湾总兵官。”

上谓大学士等曰：“贼与强盗总是不良之徒，姑息他不得。乃地方官不肯拿，督抚、提镇交移往来，不过沿袭故套。州县有司视盗贼为自己百姓，概行宽恕。更有乡绅大户，始而畏贼，相为容隐，久之便作窝家。盗贼横行，皆由于此。直隶向来盗案甚多，岁至三百件。近日地方官协力蹦缉，渐渐稀少。今岁只有三十件。山东一省只有十余件。可见北方盗贼流往南方，因而江南、浙江、湖广、江西所在多有。若地方官能实心办事，何难消弭？如往年朱三一案，始不过一二人，州县不能缉获，致成大伙。今年福建山寇至于拒伤官兵，此皆地方官畏葸之故，须严行申饬。”

又曰：“天文历法朕素留心，西洋历大端不误，但分刻度数之间久，而不能无差。今年夏至钦天监奏闻午正三刻，朕细测日影，是午初三刻九分。此时稍有舛错，恐数十年后所差愈多。犹之钱粮微尘杪忽，虽属无几，而总计之，便积少成多。此事实有征验，非比书生作文可以虚词塞责。今且看将来冬至如何。”

是日，上诣澹泊为德行宫问安。

是日起居注官沈涵、海宝。

十七日壬申

十八日癸酉

十九日甲戌

二十日乙亥　辰时，上御畅春园内澹宁居听政。部院各衙门官员面奏毕，大学士温达、陈廷敬、萧永藻，学士王思轼、满保、彭始抟、巴颜住、萨尔泰、宗圣保、邹士璁、巴格、凌绍雯、马良以折本请旨。覆请吏部所题福建运使陈邦器员缺，以应升广西太平府知府蒋申锡等职名开列一疏。上曰：“先补授两淮盐运使时有九卿保举官员，着查出一并送进。”

又覆请兵部覆川陕总督殷泰所题，请以夔州副将李元洙在任守制，不准行一疏。上曰：“李元洙准留在任守制。”

又覆请刑部等衙门所题江南省缓决一疏。上曰：“汪氏、戴三、倪端甫、杨凤、王楚珍俱着监候缓决。吴进着改为可矜，照例减等发落。此内又有一人亦系中伤十八日身死者，朕未曾折，因彼乃系鸟枪之伤。夫以鸟枪杀人，特缘一时未中要害，故至十八日而后死耳。因此朕不曾折。”大学士温达等奏曰：“皇上圣明，诚纤毫毕鉴。”

又覆请刑部等衙门覆江宁巡抚张伯行所题，以劫夺方详生、陆晋臣二家之大盗洪方贤照律拟立斩，准如所题二疏。上曰：“劫夺方详生、陆晋臣二家者俱系洪方贤一人，应一本议奏。该部以二本具题，谬矣！本发还，着一本议奏。”

又覆请刑部等衙门所题，镶红旗汉军纪自成佐领下马兵李起龙与伊本佐领下马兵王四顺斗殴，拔出小刀戳王四顺左肋，越日殒命，相应将李起龙照律拟绞，监候秋后处决一疏。上曰：“李起龙系另户人，而杀死另户人，应照新例议。本发还，着再议具奏。”

又以改票进呈复行折出，都察院所题议处直隶巡抚赵弘燮等一疏。上曰：“伊等无罪，本发还，着完结。”

大学士温达等奏曰：“臣等遵旨以芜湖监督宁古礼所题为关税银两一事问九卿，据云，行文与总漕、两江总督、芜湖关监督宁古礼等，嗣后作何查验，漕艘不致迟误，漕艘亦不致遗漏关税之处公同定议具奏。”等语，并以原疏覆请。上曰：“着照九卿所议，行文总漕等，令其定议具奏。”

温达等又奏曰：“臣等遵旨，以汇题案内议将纪二之妻入官之处问刑部堂官，据云，律称凡妻妾与人通奸，而本夫于奸所亲获，若止杀死奸夫者，奸妇以和奸律断罪，入官为奴等语。因纪二在奸处杀死姓刘之人，故将纪二之妻二姐拟鞭责九十，交送户部入官等语，并以原疏覆请。”上曰：“本发还，着改正具奏。”

上顾大学士温达曰：“满保所捧者系何事？”温达奏曰：“为免朝鲜国贡物上谕，因而取折呈览。”上取折子阅毕，曰：“满文谕旨甚佳，汉文觉不妥，尔等即同揆叙润色缮写呈览。”大学士温达等出，与侍郎揆叙润色汉文，缮写授奏事员外郎傻子、奏事双全呈览，奉旨：“善。”

是日，上诣澹泊为德行宫问安。

是日起居注官揆叙、蔡珽。

二十一日丙子

二十二日丁丑

二十三日戊寅

二十四日己卯

二十五日庚辰　是日，奏事员外郎傻子、奏事双全传谕曰："着谕八旗都统、副都统、护军统领、前锋统领，查八旗护军校、护军，分为三等具奏。出兵多次、有功牌者为一等，随围多次者为二等，十年以上者为三等，虽年浅、若行役多次者亦入在等，等内虽年久未经随围一次者勿得查入。此内有得罪及被鞭责大臣之子、部院衙门人员之子，俱勿得查入。其中有考中秀才、举人、进士者，行至日后，必至一地位，亦勿得查入。侍卫内亦有贫穷者，包衣、护军校、护军俱照护军校、护军查。其职任鹰犬、鸦虎人内，亦照此查。此内有翎者，令在侍卫处查；无翎者，令各该管大人头目保查。如有查错、徇私举送者，朕一查出，自大人以下、头目以上一不姑贷。侍卫内有停其俸银、俸米者，历几年矣，着查奏，有应给还者给还之。如不应给还者，竟将侍卫革去，停其俸银、俸米何为？着谕八旗大臣、部院衙门大臣，将各真知确见、大臣以下、闲散人以上极孝极义者署名保奏。虽本旗无有，别旗若有真知确见之人，情愿署名保奏者，令其保奏。今查不可问本人之间父母，谁不爱谁之子？即极口问之，但只以孝告之，断不以不孝告之。其真知确见者，必不错矣。即如大学士温达、尚书穆和伦、都统孙扎气之孝，令朕保，朕即情愿保之。孝者百行之首，不孝之人即无义。今时之人，不孝者多，割己肉啖亲、祈祷鬼神，自古以来皆不以为孝，此历来之理也。"

是日起居注官揆叙、王原祁。

二十六日辛巳　辰时，上御畅春园内澹宁居听政。部院各衙门官员面奏毕，大学士温达、陈廷敬、萧永藻，学士王思轼、满保、彭始抟、巴颜住、萨尔泰、宗圣保、邹士璁、巴格、凌绍雯、马良以折本请旨。覆请户部所题，审得正白旗喀瓦尔达佐领下蓝翎占布拉叩阍，控告显亲王三等护卫七哥租伊田不给租一案情虚，七哥应无庸议；占布拉相应照律罚俸九个月一疏。上曰："事着依议，占布拉系蓝翎，妄行争告，殊属可恶。着革去蓝翎。”

又覆请户部覆福建巡抚黄秉中所题请开捐纳事例不准行一疏。上曰：“着问九卿具奏。”

又覆请兵部覆湖广总督鄂海所题，彝陵镇标中军游击杜明礼员缺，请以该镇右营游击赵士仪调补，不准行一疏。上曰：“赵士仪着照该督所请调补彝陵镇标中军游击。”

又覆请兵部所题护军统领马尔赛员缺，以正黄旗副都统噶尔璧等职名开列一疏。上曰：“正黄旗护军统领员缺紧要，有扈从防守之责，着将右翼内大臣官大者查奏。”

又覆请复行折出刑部等衙门所题议处陈四等一疏。上曰：“为首陈四着即处斩，马林、苏满才、黄友俱从宽免死，并四姓人分别发往白都诺、宁古塔、墨尔根、黑龙江，给穷披甲人为奴。行文各该将军善为防守，勿致脱逃。如有一二脱逃者，即行奏闻。”

又覆请刑部覆浙闽总督范时崇所题，郑连控告原任延绥总兵官民柯彩身死不明，系伊家人王增宝等谋杀一案，请遣部员审询，准如所请，遣部员会同该督抚审理一疏。上曰：“这案应遣清正大臣审理，着尚书张鹏翮前去审明具奏。”

又覆请刑部覆江西巡抚郎廷极所题，马旺明与伊胞兄马旺斗为争种伊祖所遗祭田，互相角口。因而马旺明持锄殴打，马旺斗仆跌于地。马旺斗之子马李生急奔扶救，马旺明又执锄殴打。马李生夺锄击伤伊叔马旺明顶心，遂致殒命。应将马李生照律立决。准如所拟一疏。上曰：“马李生因助伊父打死伊叔，着九卿、詹事、科、道会议具奏。”

又覆请刑部等衙门所题审得镶蓝旗七十佐领下小校满常等控告本佐领七十，在乌栏布通之役，将伊白头文书所买冬儿谎报阵亡，领身价银七十两，又将冬儿披步甲食钱粮米十余年之处，俱系情真，相应将七十照律拟斩监候，秋后处决一疏。上曰：“事着依议，七十秋审时勿得宽宥，尔等志之，亦传知刑部。七十甚属凶恶不端，不但朕知之甚悉，右翼四旗人无有不知者。今现在牢监禁原任布政司朝奇，亦恶劣不端，在直隶时人有‘二巡抚’之说。朕曾问李光地朝奇为人何如，李光地惧怕，但以善称之，背后惟有点头而已。七十、朝奇此二人皆妖怪也，不可留于世者。伊等头颅可断，其凶恶断不肯改。将伊等监于犯人一处，恐其又生他事，亦未可定。交与刑部，着将七十、朝奇各自严禁，不时严查。”

又覆请刑部等衙门所题山东省缓决一疏。上曰：“刘三、王二、朱明贤俱着监候缓决，朱大九、张明善、田好道俱改为可矜，照例减等发落。”

又覆请刑部等衙门所题山西省缓决一疏。上曰：“张吉、李如祥、赵世抡俱着监候缓决，黄甫胜、姚勋着改为情真，曹寿民、张成虎俱改为可矜，照例发落。”又曰：“姚勋奸孀妇而又打死姚俊寿，系犯双罪之人，应拟为情真。该部将姚勋犯双罪之处并不申明，但申明其打死姚俊寿缘由，将姚勋议为缓决，殊为悖谬。着饬谕刑部大臣。”

又覆请刑部等衙门覆偏沅巡抚潘宗洛所题，张子忠与陈子文原无仇恨，因斗殴，陈子文先以拳打张子忠，张子忠以链刀遮挡，中陈子文膝胫殒命。请准为可矜，减等发落，不准行一疏。上曰：“张子忠依拟应绞，着监候秋后处决。凡系人命案，俱有一定律例。潘宗洛违例题请将殴人致死之犯张子忠即照可矜减等发落，不合。着都察院察议具奏。”

又覆请太常寺所题，为冬至节祭暂安奉殿一疏。上曰：“着胤禟行礼。显亲王颜璜毫无知识，嗣后凡祭祀及要紧处不必派出。”

又覆请副都统达尔楚所奏乞解任一疏。上曰：“本发还，达尔楚行围哨探之关卡，人材骁健，但不能办事。着解副都统任，仍给与原俸，令其照常行走。”

上谓大学士温达等曰：“山西秋审人犯昔年情真者有百人，缓决可矜者亦有百人。今年秋审人犯较之往年则大减矣！自康熙十三年以后，奏章一日至百三件，今亦减至甚少矣！”大学士温达奏曰：“刑名事件及奏章较之往年果然减少。”

是日，上谕谕礼部曰：“朕统御寰区，抚绥万区，中外一体，保育惟殷。惟期遐迩咸宁，共享升平之福。至于藩邦，有能仰体此心、修明厥职者，朕尤加意优待之。兹朝鲜国王李焞，自袭爵以来，慎守封圻，恪循仪度，岁时贡献方物，克殚悃忱。四十余年，未尝少懈。其国中之事稍有关系者，必奏明仰请定夺，罔敢隐讳。每于钦差人员，竭尽小心，倍加敬礼。且抚恤国人，善于爱养，所属靡不悦服。朕用是深为嘉美，既尝曲示恩谊。而值彼地饥馑，又自海洋运米赈济，故举国人众，至今犹深感戴。朝鲜贡献，朕屡加裁减，以至甚轻。但国小地隘，其年例贡物内，有白金一千两、红豹一百四十二张，犹恐艰于备办。嗣后着将二项永停贡献。又闻朝鲜国使沿途馆舍，尽皆倾圮，难以止宿。历年进贡奏事人员，甚为劳瘁。着令各该地方官作速修葺坚固，用副朕加惠远人之至意。尔部即遵行。特谕。"

是日，上诣澹泊为德行宫问安。

是日起居注官常寿、蒋廷锡。

二十七日壬午　巳时，上出畅春园大西门内箭厂，召诸王、贝勒、贝子、公、文武大臣进前。上曰："朕原为袭颇尔盆公一事召集诸王、大臣宣示谕旨，朕今另有一事谕尔诸王、大臣。今国家大臣各结朋党，或有为朕而为之者，或有为皇太子而为之者。诸大臣皆朕擢用之人，受恩五十年矣。欲为皇太子而为之者，意将何为也？尔等宁有知之者乎？"众皆寂然无语。上曰："知此者则鄂善知之。"遂召出都统鄂善，继而又召出尚书耿额、齐世武问之。鄂善叩首奏曰："臣自幼丧父，蒙皇上豢养，用至大臣，上恩甚厚。若果如此，岂敢隐讳。"耿额奏曰："臣不知之。若果知此，敢不陈奏。"齐世武奏曰："臣于各处并不行走，此事诚不知也。"上曰："朕闻之久矣，访询不得其实，故书旨追赶都图，谕云，今有人首告，供出尔党，尔据实奏闻，不然将尔族诛。所以都图俱开写陈奏矣！"遂将都图所奏折子取出，又将包衣达张伯良缚出，令其在副都统内认看。召出副都统乌礼。问张伯良曰："实有此人乎？"张伯良奏曰："是实。"上问诸臣曰："苏满查边去耶？"诸臣奏曰："是。"又问曰："杨代为何不来？"诸臣奏曰："有病。"上问张伯良曰："有杨代乎？"张伯良奏曰："有，一年老都统。"上问都统雅图曰："尔知鄂善否？"雅图奏曰："鄂善在背后尝言感激皇恩，欲行效力。其黯昧所作之事何由得知。"又问曰："有汝否？"雅图奏曰："无。"又问曰："信然乎？"雅图奏曰："信然。"上顾鄂善等曰："朕不得实据，岂肯屈无辜之人？伊等结党，特谓朕年齿渐高，无能为耳。今在朕前，尔等能行此乎？即能，亦有何颜面仰视天日？诸臣内不入尔党者甚多，尔等视之，宁不愧乎？”乌礼奏曰：“臣近蒙皇恩，授为副都统，而又系皇上宗室，岂有如是行也？臣在鄂善后街居住，鄂善请臣到家，曾用酒饭是实，岂敢欺谩皇上？并无与伊等结党之处。”齐世武奏曰：“臣与人不合，素无朋友以。皇上洞悉，臣不知都图为何仇恨报臣。此等之事，臣并不知。惟有鄂善请臣用饭一次，臣亦请鄂善用饭一次。臣果结朋党，下至幼子俱当诛灭。”上曰：“尔前云各处俱不行走，今何又供出彼此相请之事？”齐世武奏曰：“鄂善之母系佟家氏，以舅呼臣。伊随围去时，向臣寻驼马，臣不曾与。臣在可得钜万之处，未取毫厘。蒙皇上赐臣茶马银两，臣始得大屋居住。”上召副都统音达曰：“齐世武乃死獃不堪之人。”音达奏曰：“然，诚不堪也。”上曰：“此最无用之人，犬豕之不如。伊等将似此龌龊之人入在党内，有何益处？”又指耿额曰：“耿额乃索额图家奴，在乌拉时谄媚索额图，馈送礼物。索额图一案内即应诛者，朕宥之。今负恩结党，皆是人也。伊等内，尔即军师耳。”耿额叩首奏曰：“臣蒙皇上隆恩甚重，苟有此事，即当凌迟。”上曰：“索额图之党竟不断绝，俱欲为索额图报复者，不知其何为也。伊等祖父岂系索额图之奴仆乎，此事正黄旗大臣俱皆知之。”因而召出巴浑德，问曰：“尔意云何？”巴浑德奏曰：“辄敢如此行乎，果负皇上豢养之恩。交结朋党，则当族诛矣。”上又指鄂善，顾诸王曰：“此乃一不肖之子！曩者彼以伊为郭尔罗氏，与宜妃家同姓，欲入朕旗。朕未俞允，隐之至今，亦未曾言出。伊并不思朕之恩德，反结朋党妄行。尔等之人背尔等，欲投朕者。朕以为不义，故不受。若朕之人负朕，欲向尔等者，尔等受之，竟成死人矣。且分封诸阿哥之时，若动朕之旗内佐领，恐至损坏旗分，故攒凑与之。曾有一可观之佐领乎？拨给者俱是单弱不堪者耳，朕何曾较论及此。朕之子以贵言之，则太祖、太宗之孙，岂不为贵也？朕但思依义理行之耳。”又曰：“凡为人有所爱之子，有所不爱之子。奴仆亦有亲近用之者，亦有不亲近用之者。岂可不安分而妄行乎？况且以酒食会友，有何妨碍？此不足言。伊等所行者有异乎此。夫效力者，在行间用命方可谓之效力。如都统能操练旗兵，护军统领能训练护军，前锋统领能训练前锋，文臣能洁己办事，此可谓之效力。伊等欲为皇太子而为之者，何也？皇太子，朕之子，朕父子之间并无他故，皆伊等在其间为之耳。此辈小人方琐琐其间，若不惩治，将为国之乱阶矣！伊等不可安置他处，着监禁在宗人府。都图不久即到，俟其到时即行质审。”于是遂将鄂善、耿额、齐世武、乌礼锁拿。公讷尔逊奏曰：“惩戒凶恶固有国法，臣等惟恐忧劳圣躬耳。”

是日起居注官揆叙、常寿、党阿赖、常鼐、海宝、阿尔赛。

二十八日癸未

二十九日甲申

三十日乙酉　是日，赐八旗步军银两。

是日起居注官揆叙、王原祁。

十一月

初一日丙戌

初二日丁亥　辰时，上御畅春园内澹宁居听政。部院各衙门官员面奏毕，浙江黄岩总兵官李近以赴任入请训旨。上曰：“黄岩地近海滨，尔去加意巡防海贼。一有贼盗，即报提督。海贼俱系内地之人，尔留心严察，勿得懈驰。”李近出。

大学士温达、陈廷敬、萧永藻，学士王思轼、满保、彭始抟、巴颜住、萨尔泰、宗圣保、邹士璁、巴格、凌绍雯、马良以折本请旨。覆请户部所题，为更换崇文门监督一疏。上曰：“尚之杰任监督四年，伊家人与商人俱相熟识。尚之杰亦年老矣，伊一人何能遍察？着一材干监督更换方善。”温达奏曰：“自差尚之杰以来，革除诸弊，商人大有裨益。若更换他人，则光棍必致妄行，反于国帑、商人俱无裨益。”上问萧永藻曰：“尔意若何？”萧永藻奏曰：“商人俱称誉尚之杰，实于商人有益。”上曰：“人称誉果然，尚之杰着再留一年。”

又覆请礼部覆江南正主考左必蕃所题，以举人吴泌等不能文义，议论沸腾，吴泌等或提至京复试，或交该督抚严审有无传递关节等弊等语，相应行文该督抚，将举人吴泌等速行解京，俟到之日，请旨考试；如果文义不通，即将情弊严审，究出定拟一疏。上曰："江南今科取中举人甚属不公，本内有名者不过此一二人而已。不读书者俱皆中式。张鹏翮现在江南审事，这事情着张鹏翮会同两江总督，江宁、安徽巡抚在扬州地方彻底详察、严加审明具奏。左必蕃、赵晋俱着解任，发往质审。"

又覆请兵部所题原任总兵官丁爽在任未满三年，照例不准加赠其祭葬价银，移咨礼部议覆一疏。上曰："朕于丁爽遗本所下谕旨甚明，部议以未满三年，谬矣。本发还，着再议具奏。"

又覆请刑部等衙门覆直隶巡抚赵弘燮所题，以大盗王三瘤子等照律拟立斩枭示，准如所拟一疏。上曰："在省城所决大盗，有将其首级在行劫之处枭示之例。今将盗犯取在京正法，又将首级送至行劫之处枭示，例岂如此乎？着交与刑部察，并问旧大臣及年久司官。"

又覆请直隶缓决案内折角事。上取本，将折解处挨次察出，谕明情罪，逐一指示，曰："赵氏改为情真，陈五、杨王二、刘魁选、崔三、张二、刘三、孙着声、李明旺、孙七、谷周民、贾柱杜、崔保、解秀、马俊贞俱改为可矜，照例减等完结。"

又覆请刑部等衙门所题查得原任庆阳府宁州知州姚弘烈之妻孙氏叩阍，控告庆阳府知府陈弘道指称生日索取银两等款一案。原任巡抚鄂奇以宁州知州姚弘烈亏空库银题参，将姚弘烈离任，交与总督审讯。而且被告知府陈弘道及干证俱在陕西，相应将孙氏叩阍状词抄写，发与川陕总督确审定拟具题一疏。上曰："这事情着遣部院堂官一员，会同总督殷泰审明具奏。"

温达等奏曰："臣等遵旨，以黄秉中奏请捐纳一事问九卿，据云，云闽省无陆路，由水路运去，属为艰难。若捐纳人携银至彼处买米，则米价必至腾贵。俟补授巡抚，将此事详议具题，到日再议，并以原疏覆请。"上曰："本着收贮尔衙门。"

是日，上诣澹泊为德行宫问安。

是日起居注官常鼐、张廷玉。

初三日戊子

初四日己丑

初五日庚寅　是日，上诣澹泊为德行宫问安。

初六日辛卯

初七日壬辰　是日，赐西安副都统杨长泰鞍马一匹。

初八日癸巳　早，大学士、学士、院部各衙门大臣诣畅春园，白奏事员外郎傻子、奏事双全："祭天坛，皇上每次俱行亲祭。皇上敬天诚悃之心，上天早已洞鉴。今圣体稍有违和，请停止亲祭，遣官代祭。"再三奏请。奉旨："诸卿既再三奏请，朕躬停其亲祭，遣官代祭。朕仍照常斋戒。"

是日起居注官常寿、李凤翥。

初九日甲午　辰时，上御畅春园内澹宁居听政。部院各衙门官员面奏毕，大学士温达、陈廷敬、萧永藻，学士王思轼、彭始抟、萨尔泰、宗圣保、邹士璁、巴格、凌绍雯、马良、二郎保、傅尔、虎讷以折本请旨。覆请户部覆四川巡抚年羹尧所题，除视人口征收丁银茂州、汶川等十一州县之外，请停止编审，视粮征收丁银，各州县之人丁，以免造册之烦，不准行一疏。上曰："年羹尧为此事欲条奏，故具折奏闻，视之似属可取。这本着收贮，俟伊条奏本到日再奏。"

又覆请刑部等衙门覆江南巡抚郎廷极所题，邹贞一与鄢寻七斗殴，鄢寻七持枪追刺邹贞一，邹贞一因而持枪还刺，中鄢寻七咽喉，越十一日身死。应将邹贞一照律拟绞，监候秋后处决。但邹贞一父母年老，再无赡养之人，请留邹贞一养亲，议请上裁一疏。上曰："邹贞一从宽免死，照例减等完结，着留养亲。"

又覆请刑部等衙门所题，正蓝旗汉军吴应元佐领下骁骑唐朝延与同旗纳延图佐领下骁骑卓多保互相戏谑，致成斗殴。唐朝延击打卓多保眼胞、肾囊等处，伤重身死。相应将唐朝延照律拟绞，监候秋后处决，准如所拟一疏。上曰："唐朝延系另户旗下人，而打死另户人，应照新例议结。本发还，着再议具奏。"

又覆请朝审缓决人犯一疏。上曰："吴勒木济着缓决，监候。吴格从宽免死，发黑龙江当差。小赵儿、俞四、范义、董五俱改为可矜，照例减等完结。”

又覆请朝审情真一疏。上曰：“这情真谭章三、吴国桢、常二、四儿、蔡准俱改为可矜，照例减等完结。”

又覆请北新关监督诗色所题请展限一疏。上曰：“着展限十个月。”

温达等奏曰：“臣等遵旨，以大盗王三瘤等拟即正法枭示之处问刑部尚书齐世武等，据云强盗王三瘤子等直隶巡抚审结，现监在通州牢中。臣等疏内书写斩首，将首级送至行劫之处枭示，书写‘送至’之字实属背谬，皆系臣等愚昧不及之处，并以原疏覆请。”上曰：“王三瘤子、王久重俱着立斩枭示。”

是日早，于补授侍讲学士本内所夹开写翰林官员名次折子闻得，杨绪名声甚不佳，着问九卿、詹事、科、道具奏之。旨批出。

是日，上诣澹泊为德行宫问安。

是日起居注官常寿、吴廷桢。

初十日乙未　早，奏事员外郎傻子传谕内阁曰：“前以祭天坛，朕欲亲祭行礼，已有谕旨。后因朕腹内微痛，又小便勤数。行礼之时，疑其有误。诸大臣又再三奏请停其亲祭，故下旨遣官代朕恭祭，朕照常斋戒。这两日朕躬大安如常，并无所疑。朕之本意，祭天坛必亲行礼，方尽吾诚敬之心。今朕躬仍亲行礼，恐诸臣不知朕意，又为奏请。朕今六旬之人，行礼之时少有迟缓，两边着人扶掖可也。将此旨速行传谕。”

巳时，上由西直门进神武门回宫。自是日起，上以祀天坛斋戒三日。

是日起居注官俞长策、阿尔赛。

十一日丙申　是日起居注官党阿赖、俞长策。

十二日丁酉　早，上于太和殿视祀天坛祝版毕，回宫。

是日起居注官党阿赖、俞长策。

十三日戊戌　早，上由午门出正阳门，诣天坛亲祭，毕，回宫。

是日起居注官揆叙、蔡珽。

十四日己亥　辰时，上御乾清门听政。部院各衙门官员面奏毕，大学士温达、陈廷敬、萧永藻，学士王思轼、彭始抟、萨尔泰、宗圣保、邹士璁、巴格、凌绍雯、马良、二郎保、傅尔、虎讷以折本请旨。覆请兵部覆云南、贵州总督郭瑮所题，贵州铜仁副将叶芝兰员缺，请以记名官员内拣选一员补授。准如所题，以记名应升副将及由侍卫补授应升副将官员开列一疏。上曰：“不必以拣选记名官员补授。这员缺着归月选。”

温达等奏曰：“臣等遵旨以翰林杨绪声名不好之处问九卿，据云，杨绪为人甚不端。”上曰：“杨绪着革职，着驿解还乡，交与该抚地方官在伊家严禁，勿得放出行走，恐其又生他事。翰林内仍还有否，问九卿具奏。”大学士温达等出问九卿，入白奏事员外郎傻子、奏事双全：“将翰林等已问九卿，据云，今将杨绪惩治革职，翰林内即有一二，嗣后俱必改过”等语转奏。奉旨：“尔等云无，朕即指出数人：钱名世、王式丹、贾国维、贾兆凤，此四人为人何如，问九卿具奏。”

是日，赐前锋参领、护军参领、侍卫、护军校、护军等银两有差。

是日起居注官蔡珽、海宝。

十五日庚子　早，上御太和殿升座，升转文武官员谢恩毕，回宫。

顷之，大学士温达等遵旨以翰林钱名世等问九卿，据云钱名世、王式丹懒惰任性，贾国维、贾兆凤不安静，行事不端。折子授奏事员外郎傻子、奏事双全转奏，奉旨：“俟回銮后再奏。”

是日，上诣宁寿宫问安。

是日起居注官揆叙、王原祁。

十六日辛丑　早，上御乾清宫，大学士温达、萧永藻，学士王思轼、彭始抟、萨尔泰、宗圣保、邹士璁、巴格、凌绍雯、马良、二郎保、傅尔、虎讷以折本请旨。覆请兵部覆山海关总管达廉所题，请添设捕役二十名巡拿越边之人，议不准行一疏。上曰：“匪类不端之人由山海关出入偷行者甚多，不可无察捕之人。着照达廉所请，添设捕役二十名。”

又覆请兵部覆浙闽总督范时崇条奏，捕鱼船只不许越省行走，令沿海一带水师营管辖，取州县官保结送沿海一带提镇副将营中，令其约束。若出外洋远去，酌量拨出营船随去。若鱼船人有为非者，将专辖、兼辖官员照营兵为盗例议罪等款，俱议准行一疏。上曰：“这事着交与九卿、詹事、科、道官员周详具议，勿得急速，俟回銮后再奏。”

辰时，上启行，由午门出正阳门，谒暂安奉殿、孝陵，至南苑旧宫驻跸。

是日，采育防守御常寿等来朝。

十七日壬寅 上驻跸穷寺。是日，赐河南南阳总兵官杨柱鞍马一匹。通永道张连登、通州副将马会伯、顺义县防守御常存等来朝。

十八日癸卯 上驻跸夏店。是日，土默特固山贝子哈木噶巴雅思瑚瑯图来请安进贡。宝坻县防守御乌尔泰等、守备赵子成等、三河县知县李常华等来朝。

十九日甲辰 上驻跸白涧。是日，科尔沁三品台吉喇礼达来请安进贡。蓟州知州张圣诰等、都司杨之凤等来朝。

礼部遵旨以赐琉球国中山王世孙尚益蟒缎、彩缎等物，交与赍贡使臣。又，赐正使耳目官孟命时、副使正义大夫阮维新彩缎等物有差。

二十日乙巳 上驻跸黄土坡。是日，玉田县防守御郭里等、都司杨麟等来朝。

二十一日丙午 上驻跸姚家庄。是日，赐护军校、前锋、护军、执事人员及守陵官兵鹿、狍、雉、兔、汤羊。

二十二日丁未 上驻跸温泉。是日，上谒暂安奉殿，行三跪九叩首礼毕，三奠爵举哀。又谒孝陵，行三跪九叩首礼毕，三奠爵举哀。赐守陵原任散秩大臣鄂洛、原任郎中桑阿古赛、原任员外郎尼雅哈齐、原任包衣达托赖奴亨、太监、执事人员银两、马匹有差。遵化营游击赵国良等来朝。

二十三日戊申 上驻跸遵化州。是日，遵化州知州刘之琨等来朝。

二十四日己酉 上驻跸三屯营。是日，三屯营副将杨弘德等来朝。

二十五日庚戌 上驻跸兰阳。是日，土默特多罗达尔汉贝勒马呢、柰曼多罗达尔汉郡王垂忠来请安进贡。喜峰口关口守御萨克查等、喜峰路游击陈国英等来朝。

二十六日辛亥 上驻跸孟子岭。是日，赐喜峰口守御萨克查马一匹。

二十七日壬子 上驻跸龙须门。是日，赐副都统噶尔璧马一匹。科尔沁四品台吉讷木他克来请安进贡。

二十八日癸丑 上驻跸大吉口。是日，科尔沁多罗郡王阿喇普坦、喀喇沁多罗杜棱郡王塞棱、护国公沙木巴喇西、一品他布囊舍棱来请安进贡。

二十九日甲寅　上驻跸五十家。是日，喀喇沁一品他布囊格勒尔、多罗额驸门都来请安进贡。

十二月

初一日乙卯　上驻跸鄂伦蒿齐忒。

初二日丙辰　上驻跸西喇乌素。是日，科尔沁四品台吉则旺来请安进贡。

初三日丁巳　上驻跸特普克。

初四日戊午　上驻跸行宫。

申时，上御行宫。大学士温达，学士众圣保、马良、二郎保以折本请旨。覆请吏部所题山东运使黄朝凤员缺，以应升知府蒋申锡等职名开列一疏。上曰："补授两淮运使时九卿保题人员尚在，将伊等查奏。"

又覆请兵部所题湖广镇箪总兵官张谷贞员缺，以镶黄旗参领洪奕沔等职名开列一疏。上曰："镇箪总兵官员缺甚要，应拣选补授。天津总兵官杜呈泗、宣化总兵官康泰、太原总兵官马见伯、怀庆总兵官冯君锡、延绥总兵官李耀，伊等镇守之地亦属紧要，不可将伊等举出。此外，或各省总兵官内，或副将内，着九卿、詹事、科、道各举所知具奏。"

又覆请刑部等衙门覆将军宗室杨福所题，索伦、喇尔费燕去打鱼，巴渣儿以为去偷伊马，互相角口。西德劝散，喇尔费燕怀忿，回家取木棍去打巴渣儿，巴渣儿不在家中，又寻到西德家门首，唤叫西德出来。黑夜认为巴渣儿，打中头颅殒命。相应将喇尔费燕拟绞，准如所拟一疏。上曰："索伦等会集事及凡补授官员事，俱系理藩院具奏。定例，索伦杀人则抵斩。此案刑部不与理藩院会同议奏，殊为不合。本发还，着会同理藩院照例议奏。"

又覆请刑部等衙门所题，正黄旗汉军俞良辅佐领下尚德明之妻孀妇李氏家马甲、林三，向佐领下另户步兵周玉新索讨欠钱角口，互相斗殴。林三拔出小刀戳周玉新奶膀等处，是夜殒命。相应将林三照律拟斩监候，秋后处决一疏。上曰："林三系旗下人奴仆，而且用小刀戳死另户人，应照新例完结。本发还，着再议具奏。”

又覆请刑部等衙门所题审得正黄旗汉军耿衍祚佐领下闲散人崔延昌叩阍，告本佐领耿衍祚一案，耿衍祚强典本佐领下兵丁地亩赌钱还债是实，相应将耿衍祚革职，枷号三个月、鞭一百一疏。上曰：“耿衍祚赌钱一事，该部审讯既称情真，而又不将同赌之人审出，耿衍祚身系职官，赌钱必与有职之人同赌。此等人会集赌钱，以致将家事花费倾尽。今既发觉，将同赌之人不行究出，可乎？本发还，着将同赌之人严审究出。”

又覆请刑部等衙门所题以互相斗殴打死刘奉儿之喀喇城千总葛永茂所辖兵丁葛鉴拟绞，监候秋后处决一疏。上曰：“葛鉴依照拟应绞，监候秋后处决。该管千总葛永茂平素不严加约束，纵使殴杀人命，着革职。”

又覆请太常寺题为十二月二十五日文皇后忌辰，应遣官祭暂安奉殿一疏。上曰：“遣胤祴行礼。”

又覆请云贵总督郭瑮所题黔西营游击程巨胜员缺，请以贵杨营守备金怀玮补授。游击金怀玮员缺，请以记名人员补授一疏。上曰：“金怀玮着照该督所题，补授黔西营游击。这守备员缺，若以记名人员补授，则升迁太速。这缺着以应升之人补授。”

上顾学士二郎保曰：“延绥总兵官李耀何如？”二郎保奏曰：“李耀居官好，人亦骁健。”又问曰：“宁夏总兵官范时节居官何如？”二郎保奏曰：“范时节人明白，长于办事，兵民称善。”又问曰：“四川提督马际伯居官何如？”二郎保奏曰：“居官好，人材骁健，长于办事。”又问曰：“居官与谁相等？”二郎保奏曰：“马际伯踪迹总督殷泰。”又问曰：“凉州总兵官袁铃何如？”二郎保奏曰：“袁铃昔日居官甚不善，殷泰任提督时常为训饬，今改迹为善。”又问曰：“西宁总兵官王以谦何如？”二郎保奏曰：“王以谦臣来后升任总兵，闻得步射善。”上曰：“王以谦步射岂但善而已哉，实为绝技。”又问曰：“原任巡抚鄂奇居官何如？”二郎保奏曰：“鄂奇任按察使时声名甚佳，任巡抚时声名不及任按察使时。”又问曰：“甘肃巡抚岳拜居官何如？”二郎保奏曰：“岳拜任西安布政司时，往伊衙门支领钱粮兵丁，给与茶饭，又将钱粮照数满给，众皆称善。”又问曰：“总督殷泰何如？”二郎保奏曰：“居官仍与前同。”上曰：“闻得武官含怨。”二郎保奏曰：“殷泰性暴，故武官含怨。”又问曰：“瑚虎诺尔地方周围尔曾到否？”二郎保奏曰：“瑚虎诺尔地方大概俱曾到过。”又问曰：“瑚虎诺尔之人可有互相不睦者？”二郎保奏曰：“左翼人俱相和睦，右翼塞普腾扎尔与大清和硕齐查汗旦津王扎锡巴图鲁互相不睦。”又问曰：“伊等亦操练兵马否？”二郎保奏曰：“未见其操练。”又问曰：“扎锡巴图鲁年齿几何？”二郎保奏曰：“今七十五岁，年老衰败，耳重易忘，沈湎于酒。”

初五日己未　上驻跸应图地方。

初六日庚申　上驻跸鄂伦特地方。是日，赐科尔沁多罗郡王阿喇普坦、喀尔沁护国公沙木巴喇西马各一匹。

初七日辛酉　上驻跸八沟。

初八日壬戌　上驻跸行宫。是日，赐喀尔沁一等护卫孟克马一匹。科尔沁达尔汉亲王罗卜藏古木希旗下额驸多尔济、喀尔沁一品他布囊格勒尔来请安进贡。

初九日癸亥　上驻跸二沟。是日，赐护军参领、护军校、护军、执事人员鹿、雉、兔、汤羊。又赐额驸尚之龙，喀尔沁一品他布囊塞伯、二品他布囊塞棱、噶尔马塞棱、四品他布囊舍棱、一等护卫孟克皮袄各一件。

初十日甲子　上驻跸张家庄。是日，赐喀尔沁多罗郡王塞棱、护国公沙木巴喇西、一品他布囊格勒尔属下官兵银两。

十一日乙丑　上驻跸热河。

十二日丙寅　上驻跸行宫。

十三日丁卯　上驻跸喀喇城。

申时，上御行宫，大学士温达，学士众圣保、马良、二郎保以折本请旨。覆请户部覆总漕赫寿条奏，漕粮加耗等项米石，令粮道亲视载入船中，可绝亏空，折给情弊等款，俱议准行一疏。上曰：“这事着九卿、詹事、科、道会议具奏。”

又覆请户部覆左都御史赵申乔条奏，山西、河南、陕西、甘肃、湖北、湖南康熙五十一年应征地丁银两、历年积欠钱粮俱已蠲免，请将隔年些须尾欠入在下年征收。又蠲免钱粮之年，凡地方存留钱粮，俱系部拨，行文藩司发给。若令该抚取，司道各官监视发给印结，州县各官实收印结，造一册送部，则藩司官吏不得侵欺入己，准行一疏。上曰："为隔年未完钱粮缘由，王度昭亦行条奏。这事收贮，俟部覆王度昭所奏事之时送进，朕对阅之。"

又覆请户部所题查对三库出入钱粮数目档册，除工部郎中巴什纳所取暂用纺丝五千余匹尚未交回，行文该旗，着落在巴什纳等名下，勒限三个月速追交库外，余册数目俱各相符，相应缮写清册呈览一疏。上曰："知道了。册留览，巴什纳等取去纺丝五千六百余匹暂用，至今二年，尚未交还一匹。巴什纳、胡颁色克、白保住、吴礼布、雅图着解任，交该旗勒限严追完缴。如限内不完，着该旗参奏。"

又覆请礼部覆左都御史赵申乔为乡会场条奏，满字号、合字号及官字号试卷，定例不分经，即分于各同考官选阅，所以同考官有一人兼看数经试卷者。试卷有违经意与否，恐其不能尽知亦未可定。臣意以为原阅何经，同考官即将其本经试卷交彼看阅，汇呈主考，拣选优者，照额取中。若论经分取，则学问优者反致遗失等款，议准行一疏。上曰："今观乡会场期将近，每每欲更张定例条奏者甚多，此不可为无故。逼迫场期，若更例，则赴试之人不但不知，而执事之人亦难遵行。此等处临时断不可行。况且逼近场期，朕若敕谕改例，亦似属有意。议此事应于来年会场后议之。本收贮，俟来年会场后再奏。"

又覆请礼部覆左都御史赵申乔条奏，寺庙常窝藏来历不明之人，行不法之事，请于直隶各省除原人寺庙之外，不许创建。将现在寺庙居住僧道查明来历，令按季呈报甘结，不使容留外来可疑之人。如事发，将该管官员照例处分，议准行一疏。上曰："依议。近见直隶各省创建寺庙者甚多，今人民生齿甚繁，建立寺庙则占据百姓田庐，既成之后，愚民又为僧道日用凑集银钱，购买贫人田地给与，以致民田渐少。且敬神佛在心意而已，并不在修建寺庙。如果破民间之产业，尽民间之钱财修建寺庙，即神佛未必喜悦。昔梁武帝事佛极敬，故达摩曰：'竭民之脂膏以事佛，何福之有？'况且流离懒惰之民，任意充为僧道，窝藏逃亡罪犯，行事不法者甚多，实扰乱地方，无益于民生者也。此原行禁止，因日久懈弛。着各省督抚及地方官，除原有寺庙外，其创建、增造，永行禁止。”

又覆请礼部覆福建巡抚黄秉中所题，生员陈树仪等以举人王汤三等系钻营中式具呈，恳请复试，祈遣文臣再行复试等语，应遣部院堂官一员，将王汤三等复试。正主考翰林院检讨介孝瑹，副主考工部主事刘俨一并发往，以备质审一疏。上曰：“张鹏翮现往福建审事，此案着交与张鹏翮审明具奏。介孝瑹、刘俨亦着发往质审。”

又覆请刑部覆监察御史陈汝咸条奏，打死人命，致死伤痕请照《洗冤录》，宜为画一。除凡刀枪及有铜铁等物请准算凶器外，木棍等物准不为凶器，议准行一疏。上曰：“朕总理几务年久，今观凡人命事件及凡审议事件，俱当于理。今陈汝咸视宋朝《洗冤录》条奏，伤痕宜画一。除枪刀弓箭铜铁等器械外，木棍等物俱应不准为凶器。人命事若以拳打脚踢、铜铁等器械木棍打死者，较量器械之轻重议处，则事紊乱矣。针乃一极小之物，若有用此刺人心窠脑后等处致死者，谓针非可杀人之物、宽其罪可乎？况且孟子有云：‘可使制梃以挞［秦］楚之坚甲利兵矣，’以此观之，木棍亦极凶之物，岂可定为轻器？如果将拿轻器杀人之人宥之，人皆拿轻器杀人，则凶恶之人兴起，无辜被杀者不可胜计矣。奏请留杀人罪犯养亲事件，朕必详研。若日久死者方准行，日未久死者一不准行，则真孝子爱身，断不肯杀人。且汉人以年老乞丐称为己亲，谎呈留养者多，不可不详究。着将此问九卿。”

又覆请奉天府府尹廖腾煃所题，承德县知县李尚隆员缺，请以开元县知县李渥调补一疏。上曰：“照该府尹所请，将李渥调补承德县知县。”

十四日戊辰　上驻跸鞍子岭。是日，赐提督、管古北口总兵官事马进良马一匹。

十五日己巳　上驻跸两间房。

十六日庚午　上驻跸腰亭子。是日，提督、管古北口总兵官事马进良，参将马龙、游击马璘等，管站员外郎罗音泰、管站同知郑富民、关口守御善岱等、石匣营副将司九经等来朝。

十七日辛未　上驻跸密云县。

十八日壬申　上驻跸大东流。是日，赐大臣、侍卫、护军参领、护军校、护军、执事人员鹿、狍、雉、兔、鱼。昌平州防守御汪爱等，参将黄明等，顺义县知县杨棠等来朝。

十九日癸酉 未时，上由德胜门进神武门，诣宁寿宫问安，回宫。

申时，上由东华门出朝阳门，至良妃灵前奠酒举哀毕，回宫。

是行也，部院各衙门奏章日送内阁，内阁三日一次递送行宫听理。上遣请皇太后安九次。

扈从起居注官揆叙、常寿。

二十日甲戌 辰时，上御乾清门听政。部院各衙门官员面奏毕，差往广东审事内阁学士萨尔泰、通政司通政使汤右曾入请训旨。上曰："无有多谕尔等者。尔等前去，但从公审理，莫怀私意。"萨尔泰等奏曰："臣等皆微贱之人，蒙皇上擢用至此任，岂敢怀私。谨志皇上谕旨奉行。"萨尔泰等出。

大学士温达、陈廷敬、萧永藻，学士王思轼、彭始抟、众圣保、邹士璁、巴格、凌绍雯、马良、二郎保、傅尔、虎讷以折本请旨。覆请吏部所题江苏按察使焦映汉员缺，以广西左江道李世仁拟正，陕西肃州道茹仪凤拟陪一疏。上曰："江苏按察使员缺紧要，着问九卿各举所知之人，明日具奏。"

又覆请吏部覆浙江巡抚王度昭题参粮道陈延才力不及，相应照例降二级调用一疏。上曰："这事依议，粮道员缺紧要，着问九卿各举所知之人，明日具奏。"

又覆请吏部所题户部侍郎叶九思、刑部侍郎李旭升员缺，以副都御史祖允图等职名开列二疏。上曰："这二事着收贮。李仲极今以议革职，事完之日一并补授。"

又覆请吏部等衙门覆御史陈汝咸条奏，内地之民有情愿入台籍居住者，台湾府县出具印文，移付内地府县。该县申报海道，稽察台属三邑，惟台湾一县附郭，其凤山、诸罗二县分土分民，昔将三县俱令同驻府治者，系一时酌量权变之术。今二县人民繁滋，事务渐多，请将此二县印官各归本治之处，行文该督抚，于地方有益与否，令其详议具题，到日再议。其拨驻台湾闽省各营官兵，每年一小换，三年一大换。换班之时，若有私行顶名不换者，令督抚提镇等不时查参。如不行究参，一并严行议处，议准行一疏。上曰："这事情着九卿、詹事、科、道会同确议具奏。"

又覆请吏部所题为追夺以贪酷革职原任江南苏松粮道贾朴等封诰一疏。上曰："贾朴封诰着从宽免追夺，余依议。"

又覆请吏部覆浙江巡抚王度昭所题，钱塘县知县邹紫客员缺，请以拣选补授，议以仍归月选一疏。上曰："钱塘县知县员缺紧要，着王度昭于本省官员内拣选具奏。"

又覆请户部覆查得凤阳关监督刘柱所题，若在光州地方安置，巡揽招商人至凤阳，可于额外多得课银一万两等语，光州系河南地方，凤阳系安徽地方，越省安置巡揽，恐其有累商人、小民亦未可定，应将刘柱所请无庸议一疏。上曰："这事着九卿、詹事、科、道会议具奏。"

又覆请兵部所题，将在该班处饮醉拖沙喇哈番噶尔藏空班、拖沙喇哈番顾鲁等，俱各议罚俸一年一疏。上曰："近见凡事怠玩该班不去者甚多，看守之处关系重大，噶尔藏等该班饮醉空班，殊属不合。噶尔藏、顾鲁、德禄俱着革职。"

又覆请刑部等衙门所题打死西德之喇尔费燕照新例即行正法，巴渣儿照律鞭八十。平素不严加约束之协领等，移咨于该将军查明。送到之日，另结一疏。上曰："此事所议又属谬矣。若披甲索伦将军协领，管辖打牲索伦总管、副总管，管辖喇尔费燕，乃系打貂鼠之索伦，于将军协领并不相干。部议以喇尔费燕照新例完结，以平素不严加约束之协领着该将军查送，全然错矣。议处打牲索伦之例在理藩院。这本发还，着再议具奏。"

又覆请刑部覆山东巡抚蒋陈锡所题，连进成欲鸡奸刘小宁，因刘小宁詈骂不从，遂将刘小宁按倒在地，拿木签从大便处扎入，伤重身死。相应将连进成照律拟斩监候，秋后处决。准如所拟一疏。上曰："连进成着照所拟应斩监候，秋后处决。"又曰："连进成于秋审时勿得宽宥，尔等志之具奏，亦传谕该部。"

又覆请刑部所题朱时持小刀恐吓宜甦寿欲行鸡奸，宜甦寿夺刀戳朱时肚腹等处，是夜殒命。相应将宜甦寿照律拟绞，监候秋后处决一疏。上曰："宜甦寿着从宽免死，照例减等发落。"

又覆请刑部覆江宁巡抚张伯行所题，朱开、张寿在唱戏处互相争地，缘由角口，朱开打伤张寿发际等处，越二十五日身死。相应将朱开照律拟绞监候，秋后处决，准如所拟一疏。上曰："朱开击张寿，越二十五日身死。朱开着从宽免死，照例减等发落。"

又覆请刑部等衙门所题，将包揽湖滩河朔捐纳米石事于额数外多取银两，书办沈天生签妻流三千里。户部侍郎李仲极纵放家人索取银两，又为伊子捐纳一事吩咐书办出银，殊有溺大臣之职。相应将李仲极革职。许银侍郎噶敏图家人之处，虽无实据，但噶敏图不能查出沈天生等包揽捐纳之事，相应降一级调用。尚书穆和伦、侍郎他进泰纵放家人索取银两，相应各降三级调用。员外郎伊尔赛等俱应革职一疏。上曰："这事情审理俱未明晰，着无干此案之九卿、詹事、科、道，会同再加详审具奏。"

又覆请直隶巡抚赵弘燮所题永定河南岸同知郭治员缺，请以吴桥县知县杜于蕃补授。北岸同知刘天观员缺，请以昌平州知州戴铎、满城县知县张焕、新安县知县陈受涟等拣选一员补授一疏。上曰："杜于蕃补授南岸同知，戴铎补授北岸同知。"

又覆请九卿为翰林钱名世等所奏一折。上曰："翰林官理当安静守分，钱名世、王式丹、贾国维、贾兆凤行止不端，声名不好，俱着革职。"

又覆请总河赵世显所奏，臣遵旨详视天妃坝以上、卞家汪以下情形，仿御坝规模，筑长十丈、宽十丈一堤。又遵旨乘时挑桃庄引河深一丈四尺，水长再行开口一折。上曰："朕留意河工日久，知之甚悉。自甲子年南巡，朕亲至河工阅视、指授总河修筑以来，于河务有益。自天妃坝以上、卞家汪以下，其间筑堤，内则可以蓄清河之水，外则可以抵黄河之北流，甚有裨益。赵世显所奏称桃庄引河水长之时再行开口等语，若开此口，则清水不能抵黄水矣。此口断不可开。这事着九卿、詹事、科、道会同详议具奏。"

又以九卿所奏臣等恭读为御史陈汝咸条奏人命一事所下圣谕，诚大中至正、千古不易之定理也等语，折子呈览，并以原疏覆请。上曰："这所奏无益，部议准行亦属不合，着饬行。"

酉时，上御乾清宫，大学士温达、陈廷敬、萧永藻，学士王思轼、彭始抟、众圣保、邹士璁、巴格、凌绍雯、马良、二郎保、傅尔、虎讷以折本请旨。覆请户部覆浙江巡抚王度昭所题，四十九年未完钱粮奉旨已经停征，五十一年钱粮于二月间始行开征，不能接济春季兵饷，将民欠钱粮于年内征完存留本省备用，议准行一疏。又覆请奉旨收贮左都御史赵申乔为未完钱粮条奏一疏。上曰："看此二事原系两事，着问九卿具奏。"

温达等奏曰："臣等遵旨，以补授江苏按察使员缺人员问九卿，九卿荐出直隶守道祁国祚、天津道刘棨、四川建昌道卢询，并以原疏覆请。"上曰："卢询着升补江苏按察使。"

温达等又奏曰："臣等遵旨，以补授浙江粮道员缺人员问九卿，九卿荐出湖州府知府陈一夔、平阳府知府孔兴琏、广西桂林府知府张棠，并以原疏覆请。"上曰："陈一夔着升补浙江粮道。"

是日起居注官揆叙、王原祁、沈涵、海保。

二十一日乙亥 是日，巳时，封印。

是日起居注官史夔、阿尔赛。

二十二日丙子 是日，上诣宁寿宫问安。

是日起居注官陈璋、海保。

二十三日丁丑 是日起居注官李凤翥、阿尔赛。

二十四日戊寅 是日起居注官吴廷桢、海保。

二十五日己卯 是日起居注官俞长策、阿尔赛。

二十六日庚辰 自是日起，上以岁暮祀太庙礼，斋戒三日。

是日，赐大学士等鹿、汤羊、鹿尾、鱼、雉，部院大臣雉、鸭。

是日，上诣宁寿宫问安。

是日起居注官吴廷桢、海保。

二十七日辛巳 是日起居注官史夔、阿尔赛。

二十八日壬午 早，上御中和殿视祭太庙，祝版毕，回宫。

是日起居注官沈涵、海保。

二十九日癸未 是日起居注官陈璋、阿尔赛。

三十日甲申 午时，上御保和殿，以岁暮宴朝正外藩诸王，左翼科尔沁和硕卓礼克图亲王巴特马、科尔沁和硕达尔汉亲王罗普藏滚布、鄂尔多斯多罗郡王董罗普、蒿齐忒多罗郡王押穆皮尔、科尔沁多罗贝勒阿毕达、扎鲁特多罗贝勒毕鲁瓦、苏尼特多罗贝勒习礼、扎鲁特镇国公杜棱、郭尔罗斯辅国公莽塞、协理鄂尔多斯旗下事务一品台吉盆苏克等、科尔沁二品台吉萨胡喇克等、吴喇忒三品台吉阿里马等、翁牛特四品台吉额尔坠等，右翼喀尔喀和硕亲王达锡敦多普，巴林多罗郡王额驸吴尔滚，敖汉多罗郡王垂穆盆尔，阿霸垓多罗郡王吴尔占噶喇普，喀尔喀厄尔德尼济农、多罗郡王纳木扎尔，附在土默特旗下喀尔喀多罗贝勒罗普藏，喀尔喀扎萨克多罗贝勒布达查普、多罗贝勒垂查木三，喀尔喀固山贝子巴忒马汤占尔扎木巴，喀喇沁镇国公沙木巴拉锡，喀尔喀辅国公根敦索诺穆衣斯扎普，喀尔喀扎萨克一品台吉汪布等，土默特二品台吉多尔济查普等，喀尔喀三品台吉巴海等，巴林四品台吉巴里马忒等，及内大臣、侍卫、大学士等，诸乐并作。上进酒毕，令左翼科尔沁和硕卓礼克图亲王巴特马、右翼喀尔喀和硕亲王达锡敦多普等至御座前，上亲授饮。其余未经皇上亲身授饮之贝勒、贝子、公、额驸、台吉等，俱令侍卫分觞授饮于坐次。宴毕，众谢恩，上回宫。

是日起居注官揆叙、史夔。

臣等钦惟皇上御极之五十年，阴阳和，风雨时，上下泰交，人民乐业。好生之德，洽于民心；膏泽之敷，浃乎殊域。窃因载笔之间，推所以致此之由，盖有“为天地立心，为生民立命，为往圣继绝学，为万世开太平”之本在焉，不可不察也。敦敏徇齐，声律身度，得自天授矣。乃犹圣不自圣，安益求安。御经筵而剖晰忠恕之义，则乾道变化，各正性命，天道无不备矣。一理浑然，泛应曲当，则圣学无不统矣。推己及物，不欲勿施，则下学上达之理，无不毕该矣。明于飞龙在天利见大人之义，则凡吉凶消长、进退存亡之道，无不与羲文周孔口接而心贯矣。留心朱子全书，则凡格物致知，居敬持志，内圣之德，外王之业，无不考诸三王而不谬，建诸天地而不悖矣。此圣学之本也。由是出其穷理之学，以推测象数之微，而天文地理、乐律历数，皆能确见其所以然也。象数之微既得，则仪器之立，而地之丈尺与御算之数自无不合，而河工疏浚了然在目也。由是而推诚以待臣，则内自大臣，外而督抚庶司，无不沐殊恩、邀异数也。由是而推待臣之心以待士，则寿考作人，加增中额，而又恐卤莽从事，并展开榜之期，务令真才辈出，不致屈抑也。由是而推待士之心以待民，则薄海内外，戍卒民夫，常变经权，斟酌尽善也。苏松逋欠，务免无着之银，不令赔偿也。间有因饥为盗，不即歼灭，而务抚字，并包兼容，各安其处。抑或无知犯法，惟尚德而缓刑，轻重缓急，允当其罪。虑壅滞之贻累也，而十日半月，汇题之必勤。惧游手之虚耗也，而庙宇寺院，兴造之必斥。远而高丽之贡献，下而陪臣之馆舍，莫不恤其所无，而予以所有，此诚以纯王之心行纯王之政。兢兢业业，不敢一刻即宁。此遵号所由不受，人以为圣人之谦，而不知圣人之心无自足之时。朱子所谓人见为已圣已仁，而圣人初不自识者是也。臣等载笔一周，于盛德大业不能胪陈万一，惟以管蠡之见，仰推覆载之功。用敢著之简末，以当飏言云。

康熙五十一年　壬辰

正　月

初一日乙酉　寅时，上以元旦令节率诸王、贝勒、贝子、公、内大臣、侍卫、大学士、都统、尚书、精奇尼哈番等，诣堂子行礼毕，回宫。

辰时，上率诸王、贝勒、贝子、公、内大臣、侍卫、大学士等，诣宁寿宫行礼，文武官员俱于午门外随班行礼毕，上回宫。

顷之，上御中和殿内，大臣、侍卫，内阁翰林院、礼部、都察院、詹事府等衙门大臣官员行贺礼毕。上御太和殿，诸王、贝勒、贝子、公、文武官员及朝正外藩蒙古诸王、贝勒、贝子、公、台吉，朝鲜等国陪臣进表，行庆贺礼毕，上回宫。

是日起居注官揆叙、史夔。

初二日丙戌　巳时，上由神武门出西直门，诣畅春园驻跸。

是日起居注官陈璋、海宝。

初三日丁亥

初四日戊子　是日，上诣澹泊为德行宫问安。

初五日己丑

初六日庚寅　是日，上诣澹泊为德行宫问安。

初七日辛卯

初八日壬辰

初九日癸巳

初十日甲午　是日，上诣澹泊为德行宫问安。

十一日乙未

十二日丙申

十三日丁酉

十四日戊戌　午时，上御畅春园内万树红霞，以上元节赐朝正外藩蒙古诸王，左翼科尔沁和硕卓礼克图亲王巴特马、科尔沁和硕达尔汉亲王罗普藏滚布、鄂尔多斯多罗郡王董罗普、蒿齐忒多罗郡王押穆皮尔、科尔沁多罗贝勒阿毕达、扎鲁特多罗贝勒毕鲁瓦、苏尼特多罗贝勒习礼、扎鲁特镇国公杜棱，郭尔罗斯辅国公莽塞、协理鄂尔多斯旗下事务一品台吉盆苏克等，科尔沁二品台吉萨胡喇克等，吴喇忒三品台吉阿里马等，翁牛特四品台吉额尔坠等；右翼喀尔喀和硕亲王达锡敦多普，巴林多罗郡王额驸吴尔滚，敖汉多罗郡王垂穆盆尔，阿霸垓多罗郡王吴尔占噶喇普，喀尔喀厄尔德尼济农、多罗郡王纳木扎尔，附在土默特旗下喀尔喀多罗贝勒罗普藏，喀尔喀扎萨克多罗贝勒布达查普，多罗贝勒垂查木三，喀尔喀固山贝子巴忒马汤占尔扎木巴，喀喇沁镇国公沙木巴拉锡，喀尔喀扎萨克辅国公根敦索诺穆衣斯扎普，喀尔喀扎萨克一品台吉汪布等，土默特二品台吉多尔济查普等，喀尔喀三品台吉巴海等，巴林四品台吉巴里马忒等，及内大臣、侍卫、大学士等宴，诸乐并作，上进酒毕，令左翼科尔沁和硕卓礼克图亲王巴特马等、右翼喀尔喀和硕亲王达锡敦多普等至御座前，上亲赐饮。未经皇上亲身授饮之贝勒、贝子、公、额驸、台吉等，俱令侍卫于坐次分觞授饮。宴毕，众谢恩，上回宫。

是日，上诣澹泊为德行宫问安。

是日起居注官海宝、阿尔赛。

十五日己亥　午时，上御畅春园内万树红霞，赐朝正外藩蒙古左右两翼诸王、贝勒、贝子、公、台吉及内大臣、侍卫、大学士等宴，诸乐并作。上进酒毕，外藩蒙古左右两翼诸王以下、台吉以上，俱令侍卫于坐次分觞授饮。宴毕，众谢恩，上回宫。

是日起居注官海宝、阿尔赛。

十六日庚子　是日，上诣澹泊为德行宫问安。

十七日辛丑　是日，辰时，开印。

自是以后，上驻跸畅春园，部院各衙门奏章每日交内阁，内阁转送畅春园听理，应面奏事件仍行面奏。

十八日壬寅

十九日癸卯

二十日甲辰

二十一日乙巳

二十二日丙午 辰时，上御畅春园内澹宁居听政。部院各衙门官员面奏毕，大学士温达、陈廷敬、李光地、萧永藻，学士王思轼、彭始抟、众圣保、邹士璁、巴格、凌绍雯、马良、二郎保、傅尔、胡讷以折本请旨。覆请户部覆左都御史赵申乔所题，隔年尾欠请入在次年照常征收，应无庸议一疏。又覆请浙江巡抚王度昭题，请民欠银十五万两于年内征完，议准行一疏。上曰："赵申乔、王度昭虽各疏具奏，实属一事。该部另议，殊为舛错。本发还，两案并为一本具奏。"

又覆请户部题为更换宝泉局监督一疏。上曰："宝泉局事务甚为紧要，着交与该部拣选具奏。"

又覆请刑部等衙门所题著《南山集》、《孑遗录》内有大逆等语之戴名世，应即行凌迟。著《滇游纪闻》内有大逆等语之方孝标今已身死，应剉其尸骸。戴名世、方孝标之祖父子孙兄弟，及伯叔兄弟之子，年十六岁以上者，俱查出解部，即行立斩；其母女妻妾姐妹，子之妻妾，十五岁以下子孙，伯叔父兄弟之子，亦俱查出，给功臣家为奴。方孝标归顺吴逆，身受伪官。迨其投诚，又蒙洪恩免罪，仍不改悖逆之心，书大逆之言。令该抚将方孝标同族人，不论服之已尽未尽，逐一严查。有官职官衔者，皆革退除。已嫁出之女、外子女，一并即解到部，发与乌喇、宁古塔、白都诺等处安插。将在戴名世悖逆书内作序之汪灏、方苞俱行立斩。方正玉、尤云鄂闻拿自首，应将伊等妻子一并发宁古塔安插。翰林刘岩虽不曾与戴名世悖逆书内作序，然不将悖逆之书出首，应将刘岩革职、佥妻，流三千里一疏。上曰："此事着问九卿具奏。案内方姓人俱系恶乱之辈，方拱辰从顺永历，为其宰相。及吴三桂叛时，又从顺吴三桂，为其宰相。方孝标亦曾顺吴三桂为大吏。伊等不可留本处，尔等查奏。"

又覆请浙江海关监督戴保所题，海关抽税嗣后量头档案造送，迟延者请照限内不完地丁钱粮例议处。至于贸易商船一到，将货物卸在某店，即令开店之人出具保状，申报该县注册。若将货物卖尽或装载，货物往何方去卖之处，亦令开店之人呈明具保。若无保状，令防守关口官员查出申报。由广东、福建、浙江、江南等四处海关出海贸易之商船，该关注明在册，移会各关，令其存案。商船一到，验对原案，查明保状放去，则洋内虽有贼船一二只，断不敢将所得之物肆行贸易矣，请展限八个月，以便查明船只档案一疏。上曰："戴保请展限之处不必准行，余着议奏。"又曰："前者巡抚王度昭曾奏朕云：北新关监督侉色因钱粮缺额，向臣商议。臣告以欲不缺额，莫如恤商，恤商则货物自至，钱粮得足。侉色照此行之，所展之限未满二十日间，钱粮即足矣。譬如古北口抽税，张家口不抽税，则商人皆避古北口，而行张家口矣。总之，抽税官员无有善于恤商耳。"

又覆请广西巡抚陈元龙、提督张旺所题，各营武弁及兵丁、地方乡绅、生员、百姓到臣等衙门，以内升布政使黄国材居官素善、恳请题留等语具呈，相应据实陈奏二疏。上曰："提督、巡抚既皆称黄国材居官素善，黄国材着带所升之衔留原任。"

又覆请翰林院编修丁忧回籍张逸少所奏恭谢天恩一疏。上曰："原任大学士张玉书久任机务，小心恪慎，懋著勤劳，朕追念难忘。原任大学士王熙因久任机务，效力勤劳，将伊孙王景曾擢为大吏。张玉书惟有一子张逸少，着从优升为翰林院侍读学士，以示朕笃眷旧臣至意。俟伊父服满，再令来京。"

上问大学士、学士等曰："王度昭居官何如？"学士凌绍雯奏曰："居官善。"上曰："居官果善。"又问："原任福建巡抚黄秉中居官何如？"大学士李光地奏曰："近年来福建有盗贼之事，彼虽欲为非，亦势有不暇矣。"上又问曰："黄秉中比王度昭何如？"大学士萧永藻奏曰："黄秉中不及王度昭。"上曰："果然不及王度昭。"

是日，赐大学士、部院各衙门大臣食。

上诣澹泊为德行宫问安。

是日起居注揆叙、王原祁。

二十三日丁未　酉时，上由西直门进神武门回宫。

是日起居注官史夔、阿尔赛。

二十四日戊申　自是日起，上以祭祈谷坛斋戒三日。

是日起居注官沈涵、海宝。

二十五日己酉　是日起居注官俞长策、阿尔赛。

二十六日庚戌　早，上临太和殿视祭祈谷坛祝版毕，回宫。

是日起居注官吴廷桢、海宝。

二十七日辛亥　早，上由午门出正阳门，诣祈谷坛亲祭毕回宫。

午时，上由神武门出西直门，诣畅春园驻跸。

是日起居注官揆叙、陈璋。

二十八日壬子　辰时，上御畅春园内澹宁居听政。部院各衙门官员面奏毕，大学士温达、陈廷敬、李光地、萧永藻，学士王思轼、彭始抟、众圣保、邹士璁、巴格、凌绍雯、马良、二郎保、傅尔、胡讷以折本请旨。覆请兵部覆浙闽总督范时崇所题，福建、台湾水师营副将张得功员缺，请以福州城守营副将张国调补，议准行。张国员缺，请以伊标左营参将陈栋补授。陈栋员缺，请于记名人员内补授。议与例不符，不准行一疏。上曰："陈栋照该督所请补授。督标左营参将员缺，着归月选。直隶各省参将以下、守备以上官员内，汉仗好马步箭好者，着各省督抚、提镇等会同拣选保奏引见。"上又曰："今天下承平日久，人多重文轻武，此乃一恶习。天下虽太平，武备断不可废。故朕补授武官，必视曾经效力、弓马娴熟者补授，以此人皆互相劝勉，学习弓马，不惮劳苦，黾勉效力。如满洲身历行间，随围行猎，素习劳苦，故能徒步服劳。若汉人即不能矣。虽由风土之不同，亦在人平日劳逸何如耳。朕幸宁夏时三十日即至，幸西安时二十七日即至。视扈从满洲官兵，毫无难色，汉人即不能支矣。幸江南时亦如是。可见人于平日不可安逸，太平之时，武备岂可废耶？"大学士温达奏曰："圣见诚然。"

又覆请翰林院所题经筵讲官满保员缺，以礼部尚书松柱等职名开列一疏。上曰："着试伊等诵读。"

又以遵旨所查，伪大学士方拱辰首倡辅助逆贼吴三桂作叛缘由，将方振辰及拱辰之子等俱在云南城凌迟处死，方拱辰之弟方拱阳等在伊原籍徽州府查拿处斩，方拱阳等之妻及子孙俱赐与功臣家为奴，方拱辰之近族子弟并妻俱遣发宁古塔，缮折呈览，并以原疏覆请。上曰："这本收贮，俟回銮后再奏。”

是日奏事员外郎傻子、奏事双全捧出御笔朱书谕旨，宣读与大臣听之。谕旨曰：“谕领侍卫大臣、大学士、都统、尚书、副都统、侍郎、副都御史、学士等官，自古帝王统驭天下，首在君臣一心，无有异意，故凡事无不就理。倘上下睽隔不信，各怀其心，则凡事无不滋弊。此理所必然也。朕今春秋已高，听政年久，众亦谓皇上事事经历，无不周知。但不闻不见之事甚多。虽有言责之官，若以不可发抄之言为言，必关身命，不惧者有几？此自古所少者也。是以陶和气等辈小人，常昂然张胆，构集党羽，今已显露矣。乱臣贼子历代有之，但为君者见之于志行辞气之先，则不露声色，自然灭除。若渐使滋蔓，必有不能保全者矣。朕今日夜为万国宵旰勤劳，亦分内常事。此外有所不得闻者，令各省将军、总督、巡抚、提督、总兵官俱因请安折子附陈密折，故本省之事不能欺隐，即邻封之事朕无或不知者。其奏事不正、辞意相悖者，朕亦洞见。此于各省地方大有裨益之明效也。尔等皆朕所信任，位至大臣，当与诸省大臣一体，于请安折子各将应奏之事一并陈奏。所言是，朕则择而用之；非，则朕心既明，而尔等之善恶及其真诚与偏私首鼠之状，亦昭然矣。朕于诸事谨密，举朝无不知之。凡有所奏，朕无有泄露者。但不肖大胆、愍不畏死之徒从中拆视，或原奏之人朋友众多、口不密而泄露者有之，况一概奏折不迟时刻，皆不留稿，朕亲自手批发还。凡奏事者皆有朕手书，其迹不可改，证据在彼处，不在朕所也。此惟朕能之，人所不能行者也。嗣后有诚心之心，或旗下事务，或部院大小诸事有应奏闻者、应条陈者，各罄所见，开列陈奏，朕将择而用之。或妄言，或非理，朕亦手书训谕也。如是大贪、大奸、行凶者不知谁之所奏，自然知惧，稍稍退缩，庶有裨益。或有宵小诳主、窃卖恩威者，亦自此顾畏收敛，改弦易辙矣。为此手敕。特谕。”

是日，上谙澹泊为德行宫问安。

是日起居注官俞长策、海宝。

二十九日癸丑　是日辰时，上以巡幸霸州等处，自畅春园启行，至南苑旧宫驻跸。

二　月

初一日甲寅　上驻跸旧宫。是日，巳时，上出行宫，率皇太子、诸皇子射。上每发悉中。顷之，奏事员外郎傻子、奏事双全转传上谕曰："着谕镇守黑龙江等处将军宗室杨福：尔前任船厂将军时，居官甚善，因尔年幼，又系外旗人，昧于事情，被宵小愚弄，以致降级留任。定例凡大小官员议处降级者，满三年无过犯，始题请复还原级。想尔畏惧，故不敢奏。将尔调任黑龙江以来，居官仍善，如果不善，肯顾尔颜面不行革退乎？将军名位关系甚大，朝参处若无顶带，不但观瞻不雅，亦无颜面，属员将藐视尔矣。故将尔所降官职复还。如此在地方为官，庶有荣耀，属员亦知畏惧矣。"赐盛京将军唐保住、宁古塔将军觉罗蒙鄂落、黑龙江将军宗室杨福每人银一千两。又赐盛京副都统巴勒、白都纳副都统常关保、黑龙江副都统陈泰每人银二百两。

初二日乙卯　上驻跸行宫。是日，赐盛京将军唐保住、宁古塔将军觉罗蒙鄂落、黑龙江将军宗室杨福、西安将军席柱、杭州将军宗室诺尔布内厩马各一匹。

初三日丙辰　上驻跸行宫。

初四日丁巳　上驻跸行宫。

辰时，上御行宫，召入满汉大学士、九卿诸臣，谓曰："朕自冲龄，笃好读书，诸书无不览诵。每见历代文士著述，即一字一句于义理稍有未安者，辄为后人指摘。惟宋儒朱子注释群经、阐发道理，凡所著作及编纂之书，皆明白精确，归于大中至正。经今五百余年，学者无敢疵议。朕以为孔孟之后有禅斯文者，朱子之功最为弘钜。应作何崇礼表章，着内阁九卿、詹事、科、道会同详议具奏。"

上又谓九卿诸臣曰："总督噶礼、巡抚张伯行互参一案，尔等之意若何？"刑部尚书吴一蜚、工部尚书陈诜、左都御史赵申乔奏曰："此事总由尚气所至，二人皆非。"上又问大学士李光地曰："尔意若何？"李光地奏曰："督抚宜互相和睦，尚气揭参，俱失为臣之道。"上曰："噶礼有办事之才，用心缉拿贼盗，然其操守则不可保。张伯行为人老成，诚不要钱，然贼盗劫夺伊衙门附近人家，尚不能查拿。总督噶礼曾参原任知府陈鹏年，陈鹏年居官虽善，乃一胆大强悍之人。噶礼、张伯行互相不睦者，皆陈鹏年怂恿所致。张伯行参疏内云噶礼得银五十万两，虽无五十万两，亦必有十万。噶礼所参张伯行之事，亦必有两三款是实。至拿海贼一事，命江、浙、福建三省督抚俱各前往，乃皆畏惧，推诿不行前去。惟噶礼独往，至尽山、花鸟，缉拿贼盗。因此，他省督抚甚怨噶礼。噶礼与原任安徽巡抚叶九思相善，叶九思之子叶于乔曾为江南同知。朕巡幸河南时，叶于乔为通判，朕曾召试，令彼书字，朕观其人，非正人也。闻噶礼任用叶于乔，以此观之，噶礼岂不因叶九思为旗下人故徇庇之乎？此案审察实难尔。九卿诸臣有谁愿往审理者，即请朕训谕，亦但命以从公审理。朕肯以谁为是，以谁为非？若命满大臣去审，则以为徇庇满洲；若命汉大臣去审，则以为徇庇汉人。故朕亦不命尔等去审。至张伯行题参疏内连及张鹏翮者，特欲审理此事时不令张鹏翮得预之耳。”大学士温达奏曰：“张伯行奏称请将噶礼革职拿问等语，应否革职拿问，部中自有定例。张伯行身为巡抚，奏请将总督即行革职拿问，亦非伊当奏之言。”上曰：“噶礼、张伯行俱着解任，这所参事情着张鹏翮会同总漕赫寿确审具奏。”

上问曰：“河南巡抚鹿佑居官何如？”大学士李光地、左都御史赵申乔奏曰：“鹿佑居官善，在地方不生事。”上又问曰：“江西巡抚郎廷极居官何如？”赵申乔奏曰：“郎廷极居官亦善。”上曰：“江南有满洲兵驻防，带理总督事务，非旗下人不可，着郎廷极带理总督事务。其带理江苏巡抚事务之人，俟朕详思之。”九卿出。

大学士温达、陈廷敬、李光地、萧永藻，学士王思轼、彭始抟、众圣保、邹士璁、巴格、凌绍雯、马良、二郎保、傅尔、胡讷以折本请旨。覆请九卿覆浙闽总督范时崇条奏，沿海捕鱼船只只许用双桅，不准越省行走，各省沿海捕鱼船只交与该州县查明，交送沿海一带提镇副协等营钤束等款，议准行一疏。上曰：“视范时崇条奏之事，与地方百姓无益。福建大洋内无贼盗，内地沿海一带贼盗俱系小贼，文武各官果实心尽力抚绥缉获，自然无事。今若照范时崇所题，将船桅改造作为平底，不肖官役则借此扰害商民矣。况商船系十人、二十人同出价银修造者，若将船只改造，则穷商何以克当？而且奏疏内称请将捕鱼船户并入营分辖等语，若将伊等并入营分辖，则兴武弁兵丁克削之弊矣。且盗贼不但沿海一带独有，小贼窃发何地无之？务将贼盗尽除亦断不能。凡事只应视有益于民者行之，不当迫之以法。如果有利于商，虽数千里皆将往焉；苟无利，虽给以千金，彼亦不往。此事准行，则商人反受其害矣。这条奏俱不可行。本发还，着九卿再议具奏。”

又覆请吏部所题，为差提督山东等九省学政官，以谕德、蔡珽等职名开列一疏。上召九卿入，谓九卿、大学士、学士曰：“提督学政有教育士子、选取人才之责，关系甚要。从前所差提督学政官员，声名不善者多，善者少。或有因取二三学问优者因而得名，或有取二三寒士因而得名，俱不可谓之善。今大臣、官员子弟内不无学问优者，但提督学政之人，伊身乡会试时，皆以贿进。故得提督学政之日，取士亦必受贿。科、道官员知其情弊，徇情不行指参。惟有私怨者方行题参。无有为国参奏者。此任甚要，开列人员内有尔等所知者，可各举出。”左都御史赵申乔奏曰：“见利无有不取者，臣等实难保奏，请皇上简用。”上曰：“此本着送进。”

上又问曰：“总督殷泰居官何如？”李光地、赵申乔奏曰：“殷泰居官善，操守亦好，人皆称之。”上曰：“殷泰居官善，不但操守好，而人才亦甚骁健。但知为公效力，毫不以部院中人为意，真乃诚心为国效力之人。”

上又问曰：“浙江提督吴郡何如？”李光地奏曰：“吴郡居官善，兵民皆称之。”上曰：“吴郡居官果善，福建武官内无有及之者。”

又问曰：“福建提督杨琳若何？”李光地奏曰：“杨琳到任未久，未闻其优劣。”又问曰：“有知杨琳者否？”尚书殷特布奏曰：“杨琳与臣同在一门，人去得办事敏捷。”上曰：“杨琳人明白，所奏密折皆伊亲写，学问优，字亦端楷。云南提督张谷贞、江南提督师懿德、延绥总兵官李耀、宁夏总兵官范时捷居官皆善。”上又曰：“蓝理居官甚劣。”李光地奏曰：“蓝理较俞益谟更甚。”上曰：“蓝理虽克削下属，其额兵缺伍不补者仅二千名，比俞益谟尚少，其空缺皆虚以人名填之。”李光地奏曰：“空至二千，亦可谓多矣。”上又曰：“直隶守道祁国祚前此居官善，今改易其操，为人亦属奔竞钻营。李光地为巡抚时，亦始终未曾奏伊为善，今巡抚赵弘燮至今仍隐忍不参。”李光地奏曰：“今时之人但知为官，而不知为人。”上又曰：“原任巡抚汪灏任督学时声名甚佳，后任巡抚时即改易其操，声名扫地矣。”九卿出。

上问曰：“赵申乔学问何如？”李光地奏曰：“赵申乔与臣同年，从前不相识，升为左都御史进京后始识其面。伊之著作臣未及见，闻得习五经。”上曰：“今之习五经者，不过但记出题者而已。果将五经令其逐篇讲解，未必皆能。”

又覆请吏部覆偏沅巡抚潘宗洛题宝庆府知府刘民瞻员缺，请将辰州府同知宋吉金以原品调补，仍照原品升转，议不准行一疏。上曰：“宝庆府地方紧要，宋吉金着照该抚所请补授。”

又覆请刑部等衙门所题以海贼八十三等即行处斩枭示一疏。上曰：“八十三等在洋结伙劫夺，俱当即行处斩。但从前将其同伙贼盗俱已从宽免死，伊等亦俱着从宽免死，照例减等发乌龙江、宁古塔等处为水手当差。”

又覆请理藩院所题和硕图谢图亲王阿拉善病故，王爵或袭与伊妾所生长子额尔德布图，或袭与王妃所生第三子鄂尔齐图，伏乞上裁一疏。上曰：“着鄂尔齐图袭封和硕图谢图亲王。”

初五日戊午　上驻跸南红门。

初六日己未　上驻跸行宫。

初七日庚申　上驻跸行宫。

初八日辛酉　上驻跸新宫。

申时，上御行宫，大学士温达，学士众圣保、马良、傅尔、胡讷以折本请旨。覆请吏部覆河南巡抚鹿佑所题，布政使王家栋头晕耳重眼花，不能办事，请将王家栋令其原品休致，议准行一疏。上曰：“王家栋着以原品休致，这员缺着将李芯补授。”

又覆请兵部所题宁古塔将军觉罗蒙俄洛咨称，据乌拉等处管站六品官马济兰呈称，职今满六年，令回京候缺，殊为冤抑。现今张家口等处管站官员有留在任升用之例，乞咨部等语。前来例在大部伏候部议，应将马济兰照在京主事较俸升补，嗣后请将宁古塔、乌拉等处管站文官亦交与吏部补授疏。上曰："管站官员俱系乌拉将军在本处骁骑校等官内拣选补授。今若将马济兰同主事较俸升转，则管站等官渐次为部郎矣。且兵部称嗣后此等管站官员缺出，俱应交与吏部题补等语，此等官员原系何部补授，着查明具奏。"

又覆请刑部等衙门所题将偷刨人参之王三拟绞，监候秋后处决；为从之刘二、张二系盛京等处包衣佐领下另户人，相应交与内务府入辛者库当差一疏。上曰："盛京等处包衣佐领下另户人即辛者库人，该部议仍入辛者库，谬矣。着查明具奏。"又曰："从前入辛者库之人俱安插在何处，着交与内务府总管查明速奏。"

又覆请湖广总督鄂海所题宝庆副将施定国员缺，以洞庭协副将林云汉、长沙协副将邵登云、直隶大名协副将韩良辅、甘肃永固协副将张自兴四员内拣选一员调补一疏。上曰："这员缺，着将长沙副将邵登云调补。"

初九日壬戌 上驻跸稻田。是日，赐直隶巡抚赵弘燮《渊鉴类函》、《佩文韵府》各一部。良乡县防守御胡什巴等、知县彭其位等，拱极城游击吴启相等来朝。

初十日癸亥 上驻跸北赛。是日，固安县防守御武勒等，涿州知州赵光荣等、守备王守功等来朝。

十一日甲子 上驻跸南坊上。是日，赐良乡县防守御胡什巴马、防御麻色等缎匹及兵丁每人银各三两。

十二日乙丑 上驻跸魏家营。是日，霸州防守御阿达哈等、知州王之绮等，永清县知县路永龄等来朝。

十三日丙寅 是日，上自苑家口乘舟，泊于张青口。

十四日丁卯 御舟泊雄县河口。

十五日戊辰 御舟泊赵北口。是日，赐大臣、侍卫、护军参领、护军校、护军、执事人员猪、羊。雄县防守御噶尔泰等、知县陈受涟等，任丘县知县蔡方升等，保定县知县许圣谟等来朝。

十六日己巳 御舟仍泊赵北口。

十七日庚午 御舟泊郭里口。

十八日辛未　御舟仍泊郭里口。是日，赐大臣、侍卫、护军参领、护军校、护军、执事人员水凫。

十九日壬申　御舟泊段村。是日，赐直隶巡抚赵弘燮御书匾额、单条对联，天津总兵官杜呈泗匾额、对联。又赐大臣、侍卫、护军参领、护军校、护军、执事人员水凫。

二十日癸酉　御舟泊圈头。是日，赐山东总兵官李雄御书匾额、单条对联，天津道刘启御书匾额，通永道张连登单条，直隶巡道李成龙单条。

二十一日甲戌　御舟泊赵北口。

二十二日乙亥　御舟泊苑家口。是日，赐大臣、侍卫、护军参领、护军校、护军、执事人员水凫。

二十三日丙子　上自苑家口登岸，驻跸南八里庄。是日酉时，大学士温达，学士众圣保、马良、傅尔、胡讷、阿尔法以折本请旨。覆请宗人府所题审得革退宗室玉明等控告辅国公普照欺压伊等视为奴仆一案，皆属情虚，相应将玉明等不准折赎、鞭一百一疏。上曰："玉明、图尔泰、陶泰俱着从宽免责。"

又覆请吏部所题，与例相符，应行取知县于振宗等五十二员，令其速行到部，俟到齐之日开列引见，以各部主事补用一疏。上曰："将此行取知县于振宗等五十二员问九卿，各举所知居官好、操守清廉者，此内若有钻营、请托行取者，停其行取。"

又覆请兵部覆贵州提督王文雄所题，军政卓异武职虽有优升之例，而无引见之条，必俟俸满始得升转。自五十一年军政起，凡卓异武职，请照文职例引见。果荐举得人，照文职例，不俟俸满即行升转，议不准行一疏。上曰："卓异武职着令引见，照卓异文职之例。"

又覆请兵部覆原任两江总督噶礼、浙闽总督范时崇以海贼郑尽心等乘船在洋劫夺，题参沿海一带武弁失于巡查，相应将苏松水师总兵官穆廷栻等俱各降二级留任，戴罪图功；副将张进等俱各降二级调用；千总姚英等、把总李富等俱革职一疏。上曰："穆廷栻等俱各降二级留任，戴罪图功；副将张进及参将、游击、守备、千总、把总等员，俱从宽免其调用、革职，各降二级留任，戴罪图功。"

又覆请兵部覆原任浙江提督王世臣所题，把总杨彩文乘战船巡哨至外洋，遇贼船对敌，被火烧毁，兵丁二人中炮身死，余者无恙。带理黄岩总兵官印务、中军游击陈允升闻报，即当身率兵丁出海搜杀。臣行查去后始行申报，亦不能免咎等语，应将陈允升等俱照例革职，其烧毁船只及火炮、器械等物，交与该镇照数赔补、修理，其沉溺官兵数目查明造册，送部详查一疏。上曰："此案部议甚属糊涂不明。据游击陈允升报称，巡哨把总杨彩文乘战船率兵与贼拒敌，船被火烧沉没，中炮身死兵丁二名外，余皆无恙等语。大洋内船至沉没，如何能逃出无恙，逃出者抑乘马而出欤？抑步行而出欤？此特上岸弃船与贼耳！如此办事，将来巧诈者多，船只必渐致虚掷矣。该部不将此等情节查明，但据奏草率糊涂议奏！此案着遣部院贤能司官一员详明确查具奏。"

又覆请直隶巡抚赵弘燮所题霸昌道员缺，特旨请以淮安府知府姚陶补授。今半年有余，尚未到任。此缺甚要，请另拣选补授一疏。上曰："祁国祚着调补霸昌道。"

是日，赐山东总兵官李雄、直隶巡抚赵弘燮、天津总兵官杜呈泗内厩马各一匹。东安县防守御赛住等、知县周士玙等来朝。

二十四日丁丑　上驻跸北寺垡。是日，采育防守御常寿等来朝。

二十五日戊寅　上驻跸李家渠。

二十六日己卯　上驻跸新宫。

二十七日庚辰　未时，上至畅春园驻跸。

是行也，部院各衙门奏章日送内阁，内阁三日一次递送行宫听理。

扈从起居注官揆叙、海宝、阿尔赛。

二十八日辛巳　是日，赐朝鲜国王李焞所差为冬至正朝万寿节及年贡恭进礼物正使砺山君李枋、副使议政府左参赞金演等缎绸银两等物有差。

是日起居注官史夔、常寿。

二十九日壬午　辰时，上御畅春园内澹宁居听政。部院各衙门官员面奏毕，甘肃布政使觉罗折尔金入请训旨。上曰："尔到任须要洁己为公，爱养小民，利益地方。尔居官善否，三月内朕皆知之。"尔金出。

大学士温达、李光地、萧永藻，学士王思轼、彭始抟、众圣保、邹士璁、巴格、凌绍雯、马良、二郎保、傅尔、胡讷、阿尔法以折本请旨。覆请吏部所题原任工部员外郎、升任给事中缘事离任胡班等，准奉宸院移取结彩纺丝，署名行户部取用后，事完推诿，迟延始行交送不合，俟补用之日各降一级调用，仍各罚俸一年一疏。上曰："胡班、克色、巴什纳、白保住、胡礼、布雅图俱从宽免降调，仍留原任。嗣后如有用彩绸纺丝之处，着内务府出给印文，派官到部取用。事完之日，仍令原取之官赴部交明。如有破损短少，着原取之官赔补。"

又覆请户部覆四川巡抚年羹尧条奏，请省会开炉鼓铸等款，议不准行一疏。上曰："这事情着该督抚会同，速将应行或不可行之处逐一详议，到日再议具奏。"

又覆请户部所题江西巡抚郎廷极、偏沅巡抚潘宗洛、河南巡抚鹿佑编审五十年人丁数目造册具题前来，相应行文该抚等，令其将新添丁银数目造入该年奏销册内，报部核查三疏。上曰："暂置案间。"

又覆请兵部所题，江西南赣总兵官杨钧员缺，以服满总兵官韩祖蕲等职名开列一疏。上曰："此本内开列参领着带来引见。"

又覆请河南巡抚鹿佑所题，请以因贼盗许二小等越狱脱逃一案，部议降二级调用上蔡县知县张毓珍留原任一疏。上曰："张毓珍着照该抚所请留任。"

毕，召九卿、詹事、科、道近前。上曰："我朝七十年来承平日久，生齿日繁，人多地少。从前四川、河南等省尚有荒地，今皆开垦，无尺寸旷土。口外地肥，山东等省百姓往彼处耕种者甚多，朕去年差官去查，共有六万余人，纳钱粮者止二万余人。查出者虽有六万，其未经查出者更不知几万矣。欲将伊等搬入口内，念伊等穷民，以何为生？故仍令在口外居住。朕昔巡幸访问百姓，据称一家有四五丁纳粮一丁者；有七八丁纳银二丁者等语。各省巡抚编审时，只奏报纳银丁数，而不奏报不纳银丁数，故实在丁数，不得而知。今国用充足，凡给俸饷等项，绰绰有余。将各省今番编审丁银数目永远著为定额，嗣后不准增减，仍令将纳银不纳银民之数目查明具奏。查此，特欲知各省人民之实数，并非视丁加赋之意。此事自古以来无有知之者，即有知者，亦不敢行。朕特为生民有益计耳。实于千万年后之百姓大有裨益。想闻此，无有不欢欣者矣。俟典试诸臣出场，尔等会同查明，定议具奏。”

是日起居注官常寿、陈璋。

三十日癸未

三　月

初一日甲申　是日，上诣澹泊为德行宫问安。

申时，上由西直门进神武门回宫。

是日起居注官常寿、文志鲸。

初二日乙酉　辰时，上御乾清门听政。部院各衙门官员面奏毕，大学士温达、陈廷敬、李光地、萧永藻，学士王思轼、彭始抟、众圣保、邹士璁、巴格、凌绍雯、马良、二郎保、傅尔、胡讷、阿尔法以折本请旨。覆请刑部等衙门覆浙江巡抚王度昭所题，王末男与伊族弟王秋老角口，将王秋老拉至王宣臣家，黑夜拿锹击打。适王秋老之母方氏进前解劝，打中额门，越八日殒命。王末男相应照律拟立斩。准如所拟一疏。上曰：“王末男非有意打死婶母，乃因误中，越八日殒命。人命关系重大，着九卿、詹事、科、道会议具奏。”

又覆请刑部所题尚振纪、米国宝并无冤枉，妄入南苑叩阍不合，应照律将伊等佥妻发边卫为军一疏。上曰：“将伊等控告缘由查明议奏。”

是日起居注官揆叙、史夔。

初三日丙戌　辰时，上御乾清门听政。部院各衙门官员面奏毕，大学士温达、李光地、萧永藻，学士王思轼、彭始抟、众圣保、邹士璁、巴格、凌绍雯、马良、二郎保、傅尔、胡讷、阿尔法以折本请旨。覆请吏部所题江宁巡抚张伯行员缺，以内阁学士王思轼等职列开列一疏。上曰：“江宁巡抚印务已着人带理，张伯行等事正在审理，暂且等候，本收贮。”

又覆请吏部所题为补授科、道，以吏部郎中卢炳等职名开列一疏。上曰：“这本内开列人员俱系现在部院办事之人，其优劣本部院满汉堂官知之必确。同正副主考、同考官及差遣官员朕但挨次点出，并未识其人。若不详问，恐误用匪人。朕不问其优者，唯就此开列内在部院办事及此等差遣处有声名恶劣者，令伊等举出。今若徇情不据实举出，朕一指出，满汉诸臣有何颜面？将此传谕九卿，问明具奏。”

又覆请兵部覆大同总兵官张文焕所题，北楼、平刑等营参将、把总请移驻繁峙县台怀镇等处，不准行一疏。上曰：“这事情着该抚会同总兵官确议具奏。”

又覆请都察院所题为道员内升外转一疏。上曰：“着查去年秋季曾有荐出人员缮折具奏。如无，尔等询明具奏。”

又覆请通政司所题奉天府府尹戴梦麟遗本，因伊品级未及，照例驳回一疏。上曰：“戴梦麟遗本，通政司虽照例驳回，戴梦麟原系卿员升任之人，可将伊所奏遗本，准其收奏。嗣后凡各衙门卿员所奏遗本俱准收奏。”

巳时，上由神武门出西直门，诣畅春园驻跸。

是日起居注官王原祁、海宝。

初四日丁亥

初五日戊子

初六日己丑

初七日庚寅

初八日辛卯　辰时，上御畅春园内澹宁居听政。部院各衙门官员面奏毕，兵部侍郎觉和托等为往审福建巡抚觉罗满保题参原任提督蓝理一事入请训旨。上曰：“蓝理居官不善，人人共知。但彼昔在军前大有效力处，尔等将此事只从公审究，朕自有主裁。”觉和托等出。

大学士温达、李光地、萧永藻，学士王思轼、彭始抟、众圣保、邹士璁、巴格、凌绍雯、马良、二郎保、傅尔、胡讷、阿尔法以折本请旨。覆请吏部遵旨查得新满洲扎努喀等四十六人因带人来附，俱给与拜他喇布勒哈番、拖沙喇哈番，今现有世职扎努喀等之子弟姓名俱不开列，外将袭次已尽官档注销瓦留等十一人姓名，及缘事革职诺海等三人姓名一并开列奏闻一疏。上曰：“这事查得不明，昔年将新满洲等编佐领四十、瓦留等皆系滋生分编之佐领。今所编四十佐领内，有原立官之人，本身得罪革职，至子孙并无过犯、袭次已尽；或至子孙缘罪革职者，仍当给与六品官，交与领侍卫内大臣彻底查明具题之日，再交与尔等。”

又覆请吏部覆总河赵世显条奏，除现在河工效力、贪酷侵欺亏空钱粮官员外，因公降级、革职官员如三年内修防得宜，题请准其降补等款，俱不准行一疏。上曰：“这事着依议。河工需人，其因病休致人员原系出仕之人，有具呈情愿效力河工者，准留河工效力。如三年内修防得宜，着河道总督分别详察保题，酌量降补。”

又覆请兵部所题为补授湖广德安营参将员缺一疏。上曰：“直隶所属地方游击俱着调来引见。”

又覆请刑部等衙门覆广东巡抚满丕所题，马有遇同伊亲兄马仲演轮年取祖遗祭田地租，马有遇强取马仲演四十九年分田租，互相争理，马有遇执棍打伤马仲演左肩，是夜自缢身死。将马有遇拟绞监候，秋后处决。准如所拟一疏。上曰：“马有遇强取亲兄马仲演田租，又殴打伤重以致缢死，据此恐属因打身死，非系自缢。这事情该抚原拟之处及部议俱蒙混不明，着九卿、詹事、科、道会议具奏。”

又覆请刑部汇题案内河南偃师县拿送镶黄旗包衣常寿佐领下商人赵五哥与陈英争告主仆一案，查陈英系赵五哥亲叔祖赵萃中家旧人，陈英向赵萃中求得为民执照，入偃师县民籍居住，皆系情真，应行文该抚，将伊家口、家产查明，解部照例入官。赵五哥已经病故，无庸议一疏。上曰：“这本内赵五哥争告奴仆一案为日甚久，该部不行审结，以至原告监毙。今因此案叩阍，现交内务府总管详查。尚未完结，该部闻知，欲掩饰伊等迟误之过，草率议罪具奏，殊属不合。着吏部会同都察院严察议奏。”

又曰：“前曾谕，事积十日着汇题一次者，原只谕将部院衙门已结案件令其汇题，非令其将督抚等所题事务亦一并汇题。今观各部将督抚等所题事务入在汇题案内启奏者甚多，此断不可。嗣后督抚等所题事务，俱另为一本具奏。着传谕各部。”

上又谓大学士温达等曰：“两淮运使李陈常居官甚善，两淮盐课亏空甚多，彼能革除陋规，体恤商民，大有裨益。不知他将来居大任何如？又台湾道陈瑸居官亦甚好。此两人声名迥著。”

又以各部所奏开列科、道，以吏部郎中卢炳等三十九员内，户部郎中李成辂、礼部主事袁宸黼、刑部郎中张丙厚、工部郎中王克昌四员俱声名不好折子呈览，并以原疏覆请。上曰：“卢炳、詹嗣禄着以科员用，李景迪、施云翔、李楠、李璿、成文运着以道员用。今所开列内李成辂、袁宸黼、张丙厚、王克昌等，九卿诸臣既称声名不好，俱着革职。”又谓大学士温达等曰：“九卿乃国家大臣，凡事当据实启奏。前所保举行取人及今所参李成辂等四人俱属允当，凡事俱当如此。”

又顾学士等曰：“翻译本章关系甚大，昨见本内有假官二字翻作伪官，舛谬殊甚，尔等当留心。昔太宗皇帝时，朝鲜国进表原无不良之语，翻译官意欲兴师，故将表文翻坏，以致问罪往征，朝鲜至今称枉。后纂修实录，见彼表汉文与所翻满文大不相同，始知当时翻译官故译，其咎非轻。今伪官是从逆之名，与假冒不同，何得混误。总由翻译各官皆生长京师，不熟习满语话，以致如此。嗣后其慎之。”

是日，上诣澹泊为德行宫问安。

是日起居注官沈涵、阿尔赛。

初九日壬辰

初十日癸巳　上诣澹泊为德行宫问安。

十一日甲午

十二日乙未

十三日丙申　辰时，上御畅春园内澹宁居听政。部院各衙门官员面奏毕，大学士温达、李光地、萧永藻，学士王思轼、彭始抟、众圣保、邹士璁、巴格、凌绍雯、马良、二郎保、傅尔、胡讷、阿尔法以折本请旨。覆请吏部所题以失于觉察海贼郑尽心等劫夺一案，淮扬道王英谋等分别拟革职、降级、调用一疏。上曰：“这案干连道员、同知、通判、知州、知县等官，俱从宽免革职、调用，着各降二级留任，戴罪效力。”

又覆请礼部等衙门议覆直隶巡抚赵弘燮，以运使王清硕等查拿参革举人查为仁、查为仁之父查日昌逾限一月尚未拿获题参前来，应将伊等照溺职例革职，行文直隶各省八旗及五城步军统领，将查为仁、查日昌拿送，到日质审定拟一疏。上曰："刑部凡审理案内有关要紧人犯不即严查缉获，以致逃遁，随欲草率结案，捏指名色，诿之该抚行文查拿，殊属不合。查为仁父子系有家产殷实之人，逃往何处，若挨户稽查，无有不获之理。着交与刑部，勒限两个月严查缉拿。如限内不获，该部一并严察议奏。"

又覆请兵部所题都司杨麟员缺，以汉侍卫及记名应升都司人员开列一疏。上曰："选授侍卫，状元、榜眼、探花，俱系升参将、游击之人。这折内开列人员虽系选拔侍卫之人，朕俱不识。交与领侍卫内大臣随便带来引见。"

又覆请京口将军马三奇代题江南绅衿兵民保留噶礼一疏。上曰："据奏，江南绅衿兵民合呈噶礼公忠办事，贤能爱民，闻之解任，城乡罢市，哀诉题请留任。据情奏闻未审，果系噶礼居官甚善、抚绥兵民有裨地方，以致激切哀求；抑或噶礼营谋题请。着张鹏翮察明具奏。"

是日起居注官常寿、文志鲸。

十四日丁酉 卯时，上由西直门进神武门，回宫。

顷之，上御文华殿，举行经筵大典，命尚书王掞、侍郎傅绅讲《四书》致知在格物一句，侍郎二格、学士彭始抟讲《易经》夫易开物成，务冒天下之道二句。毕，上回宫。是日，赐大学士、九卿以下，侍读学士以上官员砚。

是日起居注官吴廷桢、海宝。

十五日戊戌 早，上御太和殿升座，升、转文武官员谢恩毕，上回宫。

顷之，奏事员外郎傻子、奏事双全传谕大学士温达等曰："去年中式解元现在脱逃，朕心甚疑。今年中式进士一百六十一名内，或有不能作文，令人顶替入试者亦未可定。人数不多，着于十九日召集部院衙门满汉大臣，备齐试卷，令新中进士赴畅春园，朕亲出题覆试。"

午时，上由神武门出西直门，诣畅春园驻跸。是日，赐翰林官砚。

是日起居注官揆叙、史夔。

十六日己亥 是日，上诣澹泊为德行宫问安。

十七日庚子 是日，奏事员外郎傻子、奏事双全传谕大学士等曰："赵申乔题请云南、贵州、广西三省举人再增数名。今年中式进士原拟于本月十九日覆试，为期甚迫，着于二十日带来考试。其赵申乔所取号卷有名之人亦带来考试。旧例原分南北卷取中，此番覆试仍着照例编号。近来浙江、江南人冒直隶等处北卷考试，及替人考试者甚多。十三省补官之人，其语音朕悉通晓。观人察言，逐一询问，即可识辨。若此三省人文字果好，自不必言。倘非此三省之人，或有顶替考试者，一经发觉，定行处斩示众，决不姑贷！且赵申乔前奏：皇上简用人材，而在下弊端百出。今番考试，若有顶替，则不肖匪类反得侥幸矣。现有查日昌之子不知作何夤缘，得以中式。今解元父子至于脱逃，朕心甚疑。着出示遍晓中式进士等。其中有冒直隶等籍考试或令人替代者，俱赴部据实首报，覆试之日亦许朕前面奏。倘隐忍不发，朕一察出，悔之无及。若不如此惩创，则其弊必不能除也。”

是日起居注官揆叙、王原祁。

十八日辛丑　上诣澹泊为德行宫问安。

十九日壬寅

二十日癸卯　是日，上御大西门出题，亲试新中进士及赵申乔所荐落卷四人毕，回宫。

是日起居注官常寿、陈璋。

二十一日甲辰

二十二日乙巳　辰时，上御畅春园内澹宁居听政。部院各衙门官员面奏毕，御史温达礼等入奏曰：“臣等往山海关审理私参一案，请皇上训谕。”上曰：“奉差审事官员若不要钱，即徇情面。尔等务须从公审理。”温达礼等出。

大学士温达、陈廷敬、李光地、萧永藻，学士王思轼、彭始抟、众圣保、邹士璁、巴格、凌绍雯、马良、二郎保、傅尔、胡讷、阿尔法以折本请旨。覆请礼部等衙门议覆巡视西城御史特穆德等所参原任步军统领陶和气家人周三之子周启雇人进场代做文章、考举一案是实，应将周启革去举人、枷号三个月、鞭一百。行文浙江巡抚，将代周启进场考试之吕梦白严查拿获，解到之日另议具奏一疏。上曰：“这案干连代替周启作文吕梦白现在脱逃，着交与刑部，勒限两个月，严加查拿获日，一并严审究拟具奏。”

又覆请都察院左都御史赵申乔所题，请增云南、贵州、广西进士额数一疏。上曰："朕先因广西、云南、贵州等远省，每次赴京考试，常有不得中式、通省脱科者。念其边陲，穷士跋涉山川，曾谕该部酌量增定额数，以示劝兴。故今三省文风日兴，士子俱各黾勉肄业，考试者渐多。这三省取中进士额数尚少，宜更加增。尔等与九卿会议具奏。赵申乔所荐云南、贵州、广西三省会试不中式者四人，已经覆试。朕阅此四人场内试卷，一卷劣，三卷尚去得。将此亦问九卿。其会场中式之人，朕此番覆试不到者，作何区处，亦着议奏。此番朕面试时逐一细问，无有代替作文及冒籍等项。但试卷内有不通者，若不革去进士，另行补取，则进士数缺矣。于某省革去者，或即将某省不中试卷内择其佳者取补，或将不中式举子再行覆试之处议奏。"又谓大学士温达等曰："今岁考取进士额数无多，止一百六十一人，选拔庶吉士者不过四五十人，其余俱挨次补选。知县县令与民最亲，有刑名钱谷之责。未出仕之前，若不知事宜典礼，则出仕之后，于地方民生安有裨益？今岁考中进士，除选拔庶吉士外，其余着勿回原籍。礼部事少，俱交与礼部，并选翰林内学优品端者数人，派出教习文艺，从事典礼。若有修书处，率同修书。有告病、丁忧、终养等事，仍照例给假。伊等优劣，着教习官员启奏。庸劣者革退，材能茂著者，不论年分，即行升补。至伊等赡养所费无多，稍有钱粮，即可供其养赡。又考中武进士，皆以参将、游击、守备等项员缺补用。此等员缺，俱有约束兵丁，整饬营伍职掌。未补官以前，不可不先令其学习行走。嗣后考取武进士，亦着勿回原籍。现在年满千总俱分拨八旗，武进士等亦着分拨八旗，随围，学习，行走。尔等会同九卿议奏。"

又覆请浙江巡抚王度昭所题杭州、嘉兴、湖州三府及绍兴府属山阴、会稽、萧山、余姚，宁波府属鄞县、慈溪、镇海，台州府属临海、黄岩、太平，温州府属永嘉、平阳等县，请准定为调补之地，拣选具题调补一疏。上曰："州县官与民切近，烦剧之地，才力不及者不能胜任。直隶密云、通州等处有选补之例，应照该抚所题准行。"大学士李光地奏曰："拣选若公，于地方实有裨益，但恐其挟私耳。"上曰："督抚若存心挟私，何事不可？不止此也。着九卿、詹事会议具奏。"毕，大学士等出。

奏事员外郎傻子、奏事双全捧出试卷，交与大学士、九卿，传谕曰：“此试卷着诸大臣阅视，分等第呈览。”

顷之，召大学士、九卿、翰、詹、科、道官员入澹宁居赏海棠、赐食。又赐茶叶、果品。

是日，上诣澹泊为德行宫问安。

是日起居注官常寿、陈璋。

二十三日丙午

二十四日丁未

二十五日戊申 是日，大学士、九卿遵旨，以所议今岁考中各省进士，除选拔庶吉士外，其余俱不准回原籍，并旗下进士交与礼部，选翰林内学优品端者数人，派出教习文艺，从事典礼。若有修书处，率同修书。有告病、丁忧、终养等事，仍照例给假。伊等内有庸劣者，令教习官题参革斥。材优者，令其奏闻，不论年分，即行升补。平等者满三年注册，令伊等回籍候应补之缺。今将伊等均派于八旗，该旗文官捐出俸银，每人各给银三两。如此议定，今大学士陈廷敬、李光地等奏称，将武进士派在八旗教习弓马甚是。又以文进士照武进士派与八旗养赡，臣等于心不安。除选拔庶吉士及在京住家有父兄为官者，所余不过七八十人。自大学士以下、员外郎以上，视品级捐出俸银养赡等语，相应照伊等所请。自汉大学士以下、员外郎以上，视品级捐出俸银，每月每人各给银三两。又考中武进士，除授侍卫及蓝翎侍卫者，其余亦不准回原籍，分拨在八旗满洲、蒙古汉军旗下演习弓马，教以仪度。伊等内若有告病、丁忧、终养等事，仍照例给假，将伊等均拨在旗。该旗文官捐出俸银，每月每人各给银三两。若随围，照汉人护军例给与官马钱粮。若有当差勤谨、人材壮健者，亦准不论俸即行具题补用。庸劣者令该管大人题参革斥。平等者满三年注册，回籍挨次补用一折。又皇上念云南、贵州、广西三省文风日兴，赴试者多，额数外三省已各增一名进士。嗣后，取中额数共定为一百六十四名。赵申乔所荐云南、贵州、广西三省落卷四卷，奉旨有三卷尚去得。应将此三名即作新增之数，与今年新中进士一同殿试一折。又覆试时不到二十六名进士，行文该抚，令其速行咨送。到齐之日，请旨覆试，入于下科取中进士内一同殿试一折。今科取中进士内，文字不堪者已革退。进士若不补取，则额数短少。今考试未中之人回籍者，多不便齐集再行覆试。伏乞皇上将各省考试不中落卷内，挑选其取中之人，行令各该抚咨送，到日同咨取。未到之二十六人一并覆试，入于下科取中进士内一同殿试一折，俱交与奏事员外郎傻子、奏事双全转奏。奉旨："文武进士不令回籍，教习伊等一事，着缮本具奏。增添进士一事姑存之，俟殿试毕另有商酌。余二事准如所议行。"

是日起居注官常寿、文志鲸。

二十六日己酉

二十七日庚戌 辰时，上御畅春园内澹宁居听政。部院各衙门官员面奏毕，大学士温达、陈廷敬、李光地、萧永藻，学士王思轼、彭始抟、众圣保、邹士璁、巴格、凌绍雯、马良、二郎保、傅尔、胡讷、阿尔法以折本请旨。覆请吏部议覆巡抚王度昭等所题，钱塘一县承追款项甚多，任此职者难得升转。其有尽职三年无过奏明，请准带其降级罚俸升转，不准行一疏。上曰："这事着九卿、詹事、科、道会议具奏。"

又覆请刑部等衙门所题正红旗朝奇佐领下闲散人席顺家人李成调戏伊家妇人孙氏，孙氏持小刀恐吓追赶，下阶踏空跌去，戳中李成肚腹身死，将孙氏相应照律拟绞监候，秋后处决一疏。上曰："孙氏乃一妇人，岂能杀人？因下阶踏空跌去，李成向前欲扶，适中孙氏所持之刀，遂致戳死，实为可矜。人命关系重大，着九卿、詹事、科、道会议具奏。"

又覆请川陕总督殷泰题报四川提督马际伯病故一疏。上曰："马际伯居官颇优，人材亦壮健，朕简任提督，正资料理。忽闻患病溘逝，朕深为惊悼。应得恤典，着察例具奏。"

又谓大学士温达等曰："松江提督师懿德居官亦优，但彼系西北人，不服南方水土，今已有病。若久在江南，似属可虑。不但北人，南人久居北方，及回到本地，于水土尚有不相宜者。"

又问大学士李光地曰："福建提督杨琳居官何如？"李光地奏曰："杨琳到任不久，闻得声名亦好。"上曰："然。杨琳居官优，人材亦壮健，文理亦甚明白。奏折皆出己手，督抚中尚有不能自写奏折者。福建将军祖良弼声名颇好，人材亦壮健。今闻伊腿疼，因彼系北方人，不服南方水土之故也。”

毕，上取覆试卷授与大学士等，曰：“朕于大西门面试诸生，见会元文字颇好，尔等阅卷时，何以将会元卷置在二等末？此外，且有将佳者置在后，劣者置在前。其中又有字迹不堪者。”大学士李光地奏曰：“因看卷工夫忙迫，前后次序多有不当。”上曰：“尔等可同九卿再加酌定启奏。”顷之，奏事员外郎傻子、奏事双全、起居注工部侍郎揆叙出传谕正主考赵申乔、副主考徐元梦曰：“落卷中有可中者，着选百卷呈览。又各馆修书举人进场不中人内，亦有学问优者，此等落卷亦着查出，一并呈览。”奏事员外郎傻子、奏事双全传谕大学士、九卿曰：“殿试为期甚迫，这试卷不及再分等第矣。稍可去得及卷上有名之人，俱准其殿试，其不通五卷，革去进士，仍留举人，令其黾勉肄业考试。今年殿试人数甚少，着再行速议具奏。”

是日，上诣澹泊为德行宫问安。

是日起居注官揆叙、张廷玉。

二十八日辛亥

二十九日壬子

四　月

初一日癸丑

初二日甲寅　是日，试天下贡士卜俊民等一百八十人于太和殿前。

是日，上诣澹泊为德行宫问安。

初三日乙卯　是日起居注官常寿、吴廷桢。

初四日丙辰　辰时，上由西直门进神武门，回宫。

酉时，读卷官大学士温达等以殿试一百八十卷公阅，择十卷捧入乾清宫呈览。上阅至第三卷，曰：“此卷文甚佳，字亦端楷，何以拟第三？”大学士李光地奏曰：“第三卷果佳，因讹写一字，故拟居第三。”上曰：

"讹一字无妨，着置在一甲第一。"爰将试卷一一阅毕，又曰："其余试卷内有极不堪者否？"李光地奏曰："不堪者有五卷。"上曰："呈来看。"侍郎揆叙捧卷呈上。上阅皆，谓揆叙曰："尔视此何如？"揆叙奏曰："此五卷错字多，且文字不甚佳。"上曰："此五卷着革退进士。"

是日起居注官常寿、文志鲸。

初五日丁巳 上御太和殿，赐贡士王世琛、沈树本、潘葆光第一甲进士及第，卜俊民等五十人第二甲赐进士出身，乔时适等一百二十四人第三甲赐同进士出身。传胪毕，回宫。

顷之，上御乾清宫，大学士温达、李光地、萧永藻，学士王思轼、彭始抟、众圣保、邹士璁、巴格、凌绍雯、马良、二郎保、傅尔、胡讷、阿尔法以折本请旨。覆请吏部所题刑部侍郎觉罗法喇员缺，以学士众圣保等职名开列一疏。上曰："萨尔泰着调补刑部左侍郎，博音岱着调补刑部右侍郎。藩院右侍郎员缺，着将二郎保补授。"

又覆请吏部覆山西巡抚苏克济所题，请以升任兵部员外郎绛州知州贾晖以升衔留原任，不准行一疏。上曰："贾晖着照该抚所请，仍留原任。"

又覆请吏部所题内阁办事中书田易员缺，以候补中书潘葆光补授一疏。上曰："潘葆光殿试取居一甲第三名，本发还，着另拟具奏。"

又覆请礼部等衙门覆吏科给事中潘锦条奏，属员谒见上司滥着朝服，前曾禁止，但禁止日久，或有滥着者亦未可定，应照科臣条奏再行严禁一疏。上曰："旧例凡有大臣及督抚经过，总兵官以下皆戎装，文官皆朝服迎送。此本内并未申说明白，将本发还，着查明再议具奏。"

又覆请刑部所题假冒广西象州龙门寨巡检孙宜应佥妻流三千里一疏。上曰："孙宜着发黑龙江。"

午时，上由神武门出西直门，诣畅春园驻跸。

是日起居注官吴廷桢、阿尔赛。

初六日戊午 上诣澹泊为德行宫问安。

初七日己未

初八日庚申

初九日辛酉

初十日壬戌　辰时，上御畅春园内澹宁居听政。部院各衙门官员面奏毕，大学士温达、李光地、萧永藻，学士王思轼、彭始抟、众圣保、邹士璁、巴格、凌绍雯、马良、傅尔、胡讷、阿尔法以折本请旨。覆请吏部所题两淮运使李陈常任刑部郎中时承审迟延，相应革职一疏。上曰："两淮盐务甚繁，自李陈常补授运使以来，彻底查明清理，非此人不能胜任。李陈常从宽免革职，着降一级留任。"

又覆请吏部所题以粮船过淮迟延，应将江南江西总督噶礼、江宁巡抚张伯行、江西巡抚郎廷极、浙江巡抚王度昭等议处降级四疏。上曰："粮船起程逾限，即当议处。江西、浙江粮船原起程之时并未逾限，乃为江南粮船所阻，不能越过，故过淮迟延。该部并不将此等处查明分别，一并混行议处，殊属错误。此四本俱发还，着再议作一本具奏。"

又覆请兵部所题四川提督马际伯员缺，以镶蓝旗汉军副都统张朝午等职名开列一疏。上曰："四川提督员缺紧要，着问九卿，总兵内有伊等所知者，令其荐出。宁夏总兵官范时捷居官好，不但兵民感颂，即边外蒙古亦咸称之。陕西要地，此人不便宜移置别处。"

上谓大学士温达等曰："王思懿参陶和气一疏有应议处，故朕未发出。今陶和气之不法，彰明较著，王懿所参皆实。此事着交九卿审明具奏。"

又覆请江南提督师懿德代为绅衿，兵民恳留总督噶礼、巡抚张伯行一疏。上曰："这本亦照马三奇奏疏所票之旨拟票。"

又覆请刑部议处戴名世一疏。上曰："汪灏在内庭纂书年久，其人颇勤，在此案内已经革职，着从宽免死。方登峄之父曾为叛贼吴三桂学士，吴三桂之叛，皆系此人从中怂恿。伪朱三太子一案亦有其名，今又犯法妄行。方氏之人若仍留在本处，则为乱阶矣。将伊等或入八旗，或即正法，始为允当。此事所关甚大，俟朕详思之。"

是日起居注官常寿、励廷仪。

十一日癸亥

十二日甲子　辰时，上御畅春园内澹宁居听政。部院各衙门官员面奏毕，大学士温达、李光地、萧永藻，学士王思轼、彭始抟、众圣保、邹士璁、巴格、凌绍雯、马良、傅尔、胡讷、阿尔法以折本请旨。覆请九卿所题将包揽湖滩河朔捐纳米石额外多取银两书办沈天生应照律拟绞，监候秋后处决。原任尚书齐世武、原任步军统领陶和气等分别拟绞、革职、降级调用一疏。上曰："阅此本，齐世武、陶和气口供并未取入。齐世武品行龌龊无耻，前曾奏云不与人往来，不取一文。今此案受贿矣。陶和气行事大坏，又在鄂善家行走，不时请人会饮。其中亦有惧彼而往者，亦有与彼结党威吓人者。今伊等现监在宗人府，着王雅尔江阿，贝子苏努、公经希，大学士温达、萧永藻，尔等会同刑部详讯。事已发觉，实供则已，若不实供，犹肆巧辨，伊等系已议处死之人，尔等即行严审。"

又覆请吏部所题刑部尚书哈山等所参郎中达兰等俱照例革职一疏。上曰："此参革达兰等俱着永不叙用。刑部事务甚属紧要，现今关差正欲令部院各衙门保举，其革退达兰等缺，着九卿会同，即以保举关差官员内选择引见。礼部主事和顺人去得，办事亦好，着补授刑部员外郎。"

又覆请户部所题为更换江南海关监督倭黑，以部院各衙门保题咨送刑部主事张保等职名开列一疏。上曰："今观开列江南海关官员，所余不过数人，着部院再行保举具奏。此番保举，不必保其长于办事，须择有品行及勤慎年久者保举。今刑部无贤能司官，如保举人员内有朕所知者，朕欲调补刑部。"

又覆请刑部等衙门议处戴名世等一疏。上曰："戴名世等事亦系大案，尔等将本暂且收贮，俟朕思之，回銮后再行奏请。这案内拟绞之汪灏，在修书处效力勤劳，不忍即行处死，着从宽免死释放，不可令回原籍。将伊妻子家产俱入在旗下。此谕旨着晓谕汪灏。"

又覆请总河赵世显所题萧县等处修筑挑水坝等堤一疏。上曰："此萧县等处应筑挑水等坝，关系紧要，着照该督所请，速动钱粮修筑坚固。"

又以九卿遵旨为四川提督员缺，荐天津总兵官杜呈泗等折子呈览，并以原疏覆请。上曰："康泰补授四川提督。"

是日，上诣澹泊为德行宫问安。

是日起居注官俞长策、海宝。

十三日乙丑

十四日丙寅

十五日丁卯

十六日戊辰

十七日己巳 是日，上诣澹泊为德行宫问安。

十八日庚午

十九日辛未

二十日壬申 辰时，上御畅春园内澹宁居听政。部院各衙门官员面奏毕，大学士温达、李光地、萧永藻，学士王思轼、彭始抟、众圣保、邹士璁、巴格、凌绍雯、马良、傅尔、胡讷、阿尔法以折本请旨。覆请吏部所题定例庶吉士派满汉学士教习，今将翰林院开送学士众圣保等职名开列具题，伏乞皇上选出一疏。上谓大学士等曰："汤右曾学问何如？"大学士李光地奏曰："汤右曾善于作文。"上曰："着汤右曾教习汉文。"大学士温达奏曰："着何人教习满文？"上曰："着揆叙教习满文。"

又覆请吏部所题提督江南学政张元臣员缺，着以翰林院侍读学士熊苇等职名开列一疏。上曰："着问九卿具奏。"

又覆请吏部所题直隶巡抚赵弘燮为补授大兴、宛平二县知县员缺，遵旨简选新安县知县陈受连等五员，查高阳县赞助陈守创、青县知县黄志元、南宫县知县李采俱有停升罚俸之案，于例不符，不便调补。新安县知县陈受连、钜鹿县知县郎鉴现无参劾、罚俸事，故乞简用一疏。上曰："着问九卿具奏。"

又覆请刑部等衙门议处湖滩河朔捐纳米石案内受贿齐世武等一疏。上曰："此捐纳事，李仲极、祖允图声名甚劣，李仲极着革职，穆和伦、塔进泰着降三级、从宽免调用，噶敏图着降一级、从宽免调用，祖允图、廖之谅、陈勋俱着解任，余依议。"

又覆请翰林院所题以庶吉士李钟侨等二十六员读清书、卜俊民等四十员读汉书请旨一疏。上曰："读清书庶吉士少，将本发还，着再添入具奏。"

又覆请都察院左都御史赵申乔所题，湖南衡州府蓝山县知县尹秦等勤慎清廉，祈行取至京引见，伏候圣裁一疏。上曰："伊等俱照赵申乔所请，准其行取引见。"

是日，上诣澹泊为德行宫问安。

是日起居注官赵熊诏、阿尔赛。

二十一日癸酉

二十二日甲戌 辰时，上御畅春园内澹宁居听政。部院各衙门官员面奏毕，大学士温达、李光地、萧永藻，学士王思轼、彭始抟、众圣保、邹士璁、巴格、凌绍雯、马良、傅尔、胡讷、阿尔法以折本请旨。覆请吏部所题以漕船过淮迟延缘由，将江南江西总督噶礼、江宁巡抚张伯行各降一级一疏。上曰："阅此本因粮船误缘由，噶礼将粮道臧大受题参，张伯行不能设法催赶起运，以致违限，而又不题参等处，该部并未明晰分别议处，而竟一同议罪，不合。着交九卿再议具奏。"

又覆请吏部所题户部尚书张鹏翮等审奏，江南省有着落四万有奇银两苏州府知府陈鹏年不行详查，误归在无着落银两项下，应责四十板，发黑龙江，准如所拟一疏。及刑部等衙门覆户部尚书张鹏翮等审奏总督噶礼所参革职松江府同知郭朝祚等挖福山等河，侵欺钱粮一案，限一年赔修，限内修完，准其免议；不完从重议处。苏州府知府陈鹏年附会巡抚于准，将存贮修河银两给与各官，应革任，逐回原籍，不许出本县境外一疏。上曰："这两案两议不合，仍应合一，将本发还，着再议具奏。"

又覆请江南海关倭黑所题请展限三个月一疏。上曰："若以禁止不准展限，则必致缺额不能赔补，身家性命攸关。着展限三个月。"

又以九卿遵旨保举提督江南学政官所荐翰林院侍读学士熊苇等折子呈览，并以原疏覆请。上曰："励廷仪在内廷供奉，不便差去。至杨万程仍初学之人，岂可以学问优许之？"又问大学士等曰："熊苇、胡润何如？"大学士李光地奏曰："熊苇为人和平，学问亦好。胡润学问也去得，但为人稍性急。"上曰："以提督江南学政，着胡润去。"

大学士温达等奏曰："臣等遵旨，以直隶巡抚赵弘燮拣选题补大兴、宛平二县知县员缺陈受连等问九卿，据云俱不知其人，并以原疏覆请。"上问李光地曰："此内有尔所知者否？"李光地奏曰："此内有三人不合例，二人合例，但不合例之陈守创、黄志元人都去得。”上曰：“不合例何碍？大兴县知县员缺着陈守创补授，宛平县知县员缺着黄志元补授。”

毕，上谓大学士等曰：“噶礼等一案审理日久，议论沸腾。闻得总督、巡抚互相抵牾。至于学院，若不馈送督抚，督抚亦无如之何。其权在学院而不在督抚。”李光地奏曰：“诚如圣谕，臣昔日曾为巡抚，学院若不馈送，亦无奈何。”

是日起居注官吴廷桢、阿尔赛。

二十三日乙亥　辰时，上御畅春园内澹宁居听政。部院各衙门官员面奏毕，差往陕西审事左都御史赵申乔、侍郎噶敏图入请训旨。上曰：“无庸多训，尔等前去，但从公审理。若朕命尔等如何审理，尔等必致迎合朕意，偏向一边矣。凡处皆有一中，院有院之中，屋有屋之中，中即理也。尔等但洁己处理，从公审理而已。”赵申乔等奏曰：“臣等谨志圣谕遵行。”赵申乔等出。

大学士温达、李光地、萧永藻，学士王思轼、彭始抟、众圣保、邹士璁、巴格、凌绍雯、马良、傅尔、胡讷、阿尔法以折本请旨。上顾大学士温达等曰：“适工科给事中刘士聪条奏，今文官不准本省做官，武官亦应不准本省做官。文官有牧民之责，而又办理地方事务，故未便除授本省。至武官职掌惟兵，故不回避本省做官。刘士聪这条奏断不可行。即文职如居官果善，便除授本省庸何伤？”

又覆请礼事覆直隶各省举人、贡监生员李长庚等所奏，恭遇皇上万寿正诞，求加一科，议准行一疏。上问大学士温达等曰：“尔等之意若何？”大学士李光地奏曰：“天下人多，考试时学问好者为额数所拘，不得中者亦多。今天下太平，又遇皇上万寿正诞，似宜加一科，鼓舞士子，以广皇仁。”大学士温达奏曰：“臣等躬逢盛世，又值万寿正诞，不但臣等不胜欢忭，天下臣民无不欢欣鼓舞，诚千载盛事。似宜加一科。”上曰：“造就人才，实乃美事，着如所议行。”

又覆请刑部等衙门覆审得兵部尚书殷特布等审奏，土默特右翼旗下原任佐领额齐尔家人孤礼业等用药毒死伊主鄂齐尔是实，应将孤礼业等交与该将军，即行凌迟；都统倭赫丹津等分别拟革职、降级、罚俸，准如所拟一疏。上曰："这案内尚书殷特布所审甚明，着照所审，将孤礼业、鄂尔多逊、查得瑚琅俱即行凌迟，雅图、倭赫丹津、苏永祚俱着革职。孤业礼、惠宝俱着各降三级调用，费扬古既经自行检举，着从宽免罚俸。"又谓温达等曰："苏永祚行事甚属不端，不可留在京师，故授归化城副都统。今虽革职，仍不可调回京师。公主在彼居住，将苏永祚留在彼处，着终身为公主守门。但非永行给与公主者，公主有行走处，亦着出力跟随。"

又覆请奏旨收贮户部覆四川巡抚年羹尧所题，四川一省有视人数征丁银者，有视粮数征丁银者，请停其出首，视粮数征丁银。各州县隐匿田地，并请停编审，开荒地亩，增报丁数，议不准行一疏。又题编审成都、保宁、龙安府所属州县新旧丁数及实在征收新增丁银数目一并造册呈报一疏。上曰："这两案交该部一并议奏。"上又曰："定例开垦地亩，六年后方准起科，四川百姓有用竹竿纵横拴结盖房居住者，至六年起科时，原住之人早已避去，而居住此房者，别是一人矣。向彼催征，彼必借称非原住之人。昔年尚有荒地，今天下生齿日繁，荒地人皆开垦已完，即有，只湖广略有些，别省则无。"大学士李光地奏曰："昔日臣省尚有荒地，今人多，山顶上俱种田矣，毫无旷土。"上曰："朕曾问赵申乔湖广有荒地否，赵申乔奏曰今亦无荒地。"又曰："秋收无成，米价固宜腾贵。比来屡岁丰登，米价并未平减，或有谓蒸烧酒用米太多，故米价腾贵。蒸烧酒但用高粱，并不用别样米谷。高粱宜贵，别样米谷宜贱。而高粱价值并未曾比别样米谷腾贵，别样米谷价值亦未曾减于高粱。或有谓殷实人家多屯米粮谋利。朕意买粮屯贮者亦不敢多屯，何则？年岁不可，必多屯之，后若遇有年，则米价必减，贱卖则不能得利，必致伤本。屯粮粜卖之人必预筹此处，不敢多屯。今人稠地窄，各处人民往边外种田居住者甚多，比来屡岁又经丰收，附近京师之人俱赖此谷，大有裨益。而米价终未贱者，皆生齿日繁，僧道匠工，闲人众多之故耳。"又曰："前年羹尧缮折奏称：原任提督岳昇龙借用藩库银一万两，臣等愿捐俸银，代伊还此项银两等语。前任巡抚能泰、前任布政司卞永式擅自借与岳昇龙者，其非固不待言矣。但岳昇龙效力之处甚多，伊等设法完结亦无不可。乃年羹尧以此商之总督殷泰，殷泰不允，年羹尧故将缘由陈奏。以此观之，伊等必不睦，将来必似噶礼、张伯行互相揭参矣。诸大臣尔等志之。”

是日，上念已故大学士陈廷敬，御制挽诗，遣乾清门一等侍卫副都统五格、南书房翰林励廷仪赐银一千两。

上诣澹泊为德行宫问安。

是日起居注官揆叙、王原祈。

二十四日丙子　卯时，上巡视口北，自畅春园启行，驻跸南石槽。

二十五日丁丑　上驻跸密云县城内。是日，怀柔县知县于执中等、古北口等处抽木税兵部郎中尼唐阿等来朝。

二十六日戊寅　上驻跸腰亭子。是日，石匣营副将郑明等来朝。

二十七日己卯　上驻跸两间房。是日，古北口关口防御布泰等、都司孙梦麟等、管站员外郎罗音泰等来朝。

二十八日庚辰　上驻跸王家营子。是日，喀喇沁多罗都棱郡王塞棱遣使来请安，一品他卜囊色棱、三品他卜囊噶尔麻塞棱来请安。

二十九日辛巳　上驻跸喀喇城。

三十日壬午　上驻跸热河。是日，喀喇沁一品他卜囊塞伯来请安。

五　月

初一日癸未　上驻跸行宫。是日辰时，皇太后驾至热河，上率皇太子、诸皇子、大臣、侍卫、官员跪迎请安。

初二日甲申　上驻跸行宫。是日，喀喇沁多罗都棱郡王塞棱来请安进贡。

初三日乙酉　上驻跸行宫。

初四日丙戌　上驻跸行宫。是日，喀喇沁多罗额驸门都遣使来请安。

初五日丁亥　上驻跸行宫。

初六日戊子　上驻跸行宫。

巳时，上御行宫，大学士温达，学士众圣保、马良、傅尔、胡讷以折本请旨。覆请宗人府所题，宗室伯奇之妻孀叩阍，恳乞将伊劣子阿齐图从宽免其锁禁，散禁在家，俾收葬伊之骨骸，议不准行一疏。上曰："本发还，阿齐图之母老而且病，着将阿齐图释放，令终养其母，不许放出。"

又覆请吏部所题四品小京堂员缺，应以内升广东布政使高必弘等职名开列，伏乞皇上简用一员一疏。上曰："部议但以一人内升，今京堂缺多，着以在前开列高必弘、李华之、金培生内升。"

又覆请户部所题苏松等府漕运船只过淮违限，总督噶礼已将粮道臧大受题参，应无庸议；原任巡抚张伯行已经解任降调，俟结案补官之日降一级；臧大受已于别案革职，应将伊降二级调用之处注册存案一疏。上曰："这本收贮，俟张鹏翮现今所审之事到日再奏。"

又覆请兵部所题归化城右翼都统倭赫员缺，以正黄旗护军统领、宗室萨三等职名开列一疏。上曰："着以辛泰补授。"

又覆请兵部所题右卫左翼副都统禅布员缺，以镶黄旗副都统寿智等职名开列一疏。上曰："着以赫雅图调补。"

又覆请兵部覆宁古塔将军觉罗孟俄洛所题，白都纳居住瓜尔查兵六百名，请再以吉林成丁满洲四百名增入编十佐领，议准行一疏。上曰："此事关系钱粮，尔等将本暂且收贮，俟回銮后着议政大臣、旗下大臣、部院满大臣会同详议具奏。"

又覆请刑部覆兵科给事中马之鹏以江西赣县带销盐斤事疏参潮州府知府薛载德一案，相应行文江西巡抚，会同广东巡抚确查明白具题，到日再议一疏。上曰："此事着交与巡抚满丕审明议奏。"

又覆请刑部所题王进财与和尚道津互相掷石戏谑，王进财所掷之石中伤和尚道津脑后殒命，将王进财拟绞，监候秋后处决一疏。上曰："王进财与道津互相掷石戏谑，误中道津脑后身死，王进财着从宽免死，照例减等发落。"

又覆请刑部所题戳死正白旗谢尼浑托和下庄头七蛮子之八十儿拟斩，监候秋后一疏。上曰："八十儿依拟应斩，着监候秋后处决。伊勒尔、图连拿持刀戳人者，二人可嘉，着交与理藩院照例给赏，以示奖励。"

又覆请刑部所题，越墙进旧泰仓内盗米赵三等贼发往黑龙江，与新披甲人为奴；看仓拖沙喇哈番常里住等，俱照例各罚俸二年半一疏。上曰：

"赵三等屡次越墙进仓偷米，看仓官兵并未查拿，此皆由巡查怠玩所致。伊等所任者何事？但照例议处完结，则此辈不知警矣。将伊等照常治罪外，伊等俱系食俸禄钱粮之官兵，应将所盗米石大半着落在赵三名下，小半着落在看仓官兵名下，即令在仓扣除赔补。本发还，着另行定例，一并议奏。"

又覆请刑部所奏原任江宁布政使宜思恭叩阍控告总督噶礼等一案，应差部院满汉堂官，将宜思恭、阿山等带至江南质审明白定拟具奏一疏。上曰："此案虽连及张鹏翮，不可另差人去审，仍交与张鹏翮审明具奏。"

上又曰："户部大人不能办理本部案件事亦多至堆积，凡事并不据理而言，但草率朦混立议，希图完结。即如赣县带销盐斤一案，今议交与郎廷极稽查。郎廷极现在署理江南总督印务，江南地方甚为紧要，岂可差往广东乎？又如粮艘迟误议处张伯行一案，及议编审人丁一案，俱属不当。看来竟不能办理部务，写此谕旨发去，以前刑事多堆积，今办理完结过半矣！兵部尚书殷特布虽满语欠熟，而办事谙练。"

初七日己丑　上驻跸行宫。是日，翁牛特多罗都棱郡王和硕额驸仓津、协理仓津旗下事务二品台吉鄂齐尔来请安进贡。

初八日庚寅　上驻跸行宫。

初九日辛卯　上驻跸行宫。

初十日壬辰　上自行宫启行，驻跸温泉。是日，喀喇沁扎萨克一品塔布囊葛勒尔、多罗额驸门都来请安。

十一日癸巳　上驻跸行宫。是日批本，常寿捧御笔朱书谕刑部，谕旨交与大学士温达。谕旨曰："刑部事务甚为紧要，自补授齐世武、法喇以来，齐世武胆大狂妄，法喇无识无耻，将刑部事务堆积迟延，至于大坏。自补授哈山以来，斥革劣员，剔除积弊，办理之事明而不烦，黾勉从事，一应堆积事件，渐次完结过半，真可谓效力者矣。此谕旨着内阁抄写发往。但刑部事务有关刑名，若只图速完，恐事致草率。今积案将完，促办之间，仍当留意，为此手书。特谕。"

是日，赐内大臣、大学士、一等侍卫、护军参领等鱼。

十二日甲午　上驻跸行宫。是日，赐二等侍卫、三等侍卫、署护军参领鱼。

十三日乙未 上驻跸行宫。

十四日丙申 上驻跸行宫。

申时，上御行宫，大学士温达，学士众圣保、马良、傅尔、胡讷以折本请旨。覆请吏部所题都察院左都御史满都员缺，以吏部侍卫孙柱等职名开列一疏。上曰："本收贮。左都御史穆丹以病告退，今病势若何？"大学士温达奏曰："臣未见穆丹，闻其体弱羸瘦。"上曰："着问穆丹病势若何具奏。"

又覆请礼部所题，今朝鲜国王李焞为免其每年贡献物内银两豹皮谢恩，遣使贡献礼物前来，其贡献礼物交与内务府照数查收一疏。上曰："朝鲜国为免其贡献之物，所进礼物着不必收，但伊等已送到，若又令其赍回，路途之间反为贻累伊等。若具呈，请抵冬至、元旦贡献之物。令该部收呈议奏。其豹皮先有谕旨永行免进，着不必收。将此传谕礼部。"

又覆请刑部所题镶蓝旗沽尔浑佐领下吴尔衮叩阍，状称吾父沽尔哈隐匿盗贼阿思泰缘由拟罪充发，但吾祖母年逾九旬，无人赡养，情愿代吾父充发，议不准行一疏。上曰："沽尔哈之母年逾九旬，沽尔哈免枷号、鞭责，令终养其母。沽尔哈为人不端，不可留在京师。俟伊母亡故后，仍着充发。"

又覆请刑部所题投字帖在畅春园河内山西平阳府民王天佑应拟立斩一疏。上曰："王天佑投帖书名，不可与投匿名帖者比，从宽免其立斩，着改为监候，秋后处决。"

又覆请刑部所题劫夺生员赵坤家强盗王二等五人均应暂立决一疏。上曰："视这案所拟票签，将越牢脱逃王二等五人正法，反将自充发处逃回冯明宽宥拟票，谬矣。本发还，着再拟票进呈。"

又覆请刑部所题偷卖黄白蜡正黄旗委赫图浑托和伊忒格尔图等应各枷号一百五日、鞭一百一疏。上曰："伊忒格尔图何如保郘、殷柱，俟枷责完日，发往打牲乌拉当差。"

又覆请都察院所题原任庆阳府知府陈弘道之妻王氏叩阍案内干连侍郎艾芳曾、员外郎马尼、主事纳齐喀、笔帖式存在等西安质审一疏。上曰：

"不必令艾芳曾等前赴质审，着取供发往。"大学士温达奏曰："圣旨极是，艾芳曾乃钦差大臣，以被告不肖之徒妄行捏造控告之言，即发往质审，比如督抚职掌地方重任，若以被参州县官员妄行诬告，即令质审，则非国体。"上曰："尔言是也。"

上又曰："凡朝政朕尚能记之看过之书，今则不能记矣。"大学士温达奏曰："以臣观之，皇上记性较前更胜，发出折本，臣等恐其遗忘，再三翻阅，及至御前，不尽记忆矣。尝有至二十日始奏折本一次，如许之久，一奏其事，皇上即洞悉始末，皆处置得宜。前皇上幸五台时，一人叩阍，侍卫欲去逐去，皇上命勿逐，因曰：'待朕思之'，即思得其人，曰：'此人前曾叩阍，不曾接其状词'，其人名某，系某处人，必为某事叩阍。令人问之，皆与圣旨相符。臣彼时计算，此事已历十一年矣。以此观之，皇上之记性实迥出寻常！"上曰："前有一人叩阍，朕亦不曾接状。后巡幸山东，此人道服道冠，复来叩阍。朕一见即识其人。此人名某，某年为某事叩阍。令人问之，亦皆相合。彼时恭亲王奏曰：'此人先叩阍时臣亦随侍，臣今全不能识，皇上一见即识其人，实属罕有。'因而羡服不已。"上又曰："昔原任独石口防御有名某者叩阍，朕即识其人，谓曰：'尔非在口外拿跳儿之盗者乎？'其防御欣然对曰：'臣即此人也。'"上又曰："原任经略穆洛，大学士图海、明珠、阿兰泰、左都御史哲尔肯皆记性好，其余都不能及。"

十五日丁酉　上自温泉启行，回热河驻跸。是日，巴林荣宪公主来请安进贡。

十六日戊戌　上驻跸行宫。

十七日己亥　上驻跸行宫。是日，喀尔沁扎萨克镇国公沙木巴尔锡来请安。

十八日庚子　上驻跸行宫。

十九日辛丑　上驻跸行宫。是日巳时，上出行宫前，率善中人员射鼓的。上每发悉中。科尔沁和硕端敏公主遣使来请安。

二十日壬寅　上驻跸行宫。是日巳时，上御行宫，大学士温达，学士众圣保、马良、傅尔、胡讷、马晋泰以折本请旨。覆请户部覆临清监督南泰所题，请于济宁、东昌、德州、馆陶、丘县等五处设口，巡查收税，议不准行一疏。上曰："临清关每年缺额，这事情着九卿、詹事、科、道会同确议具奏。"

又覆请户部覆黑龙江将军宗室杨福等所题，于拉林口等处添设庄屯，请于奉旨免死充发人等内选年少、有妻子、能耕种者，积至十人，即安设一屯，议准行一疏。上曰："本收贮，俟回銮后，着议政大臣、九卿会议具奏。将充发人等各以其类，安插一处方善。"又谓大学士温达等曰："苏州巡抚缺甚要，今悬缺日久，浙江地方亦属紧要。王度昭遥领二省事务，恐至有误。即使张伯行等事平结，张伯行乃现经降级调用之人，缺亦宜补。着交九卿议奏。"

又覆请户部覆四川巡抚年羹尧所题，视粮征丁银各州县令其自首隐匿田亩及开荒增报丁数，乞停止编审，以免造册之烦等语。但编审之时，若不将总数造册申报，以何为凭稽查较对，不便停止造册。行文该抚，令其将视粮征丁银之各州县丁数速行编审造册具题，到日再将今已送到视人征丁银各州册籍一并确查具题一疏。上曰："此事着总督殷泰会同该抚确议具奏。"又谓大学士温达等曰："湖广百姓，往四川开垦耕种者甚多。去时，将伊本处房产俱卖与人，到彼处开垦耕种，至满五年升科之时，复回湖广，争取伊原卖房产田地，兴讼者甚多。巡抚潘宗洛曾将此缮折奏闻。嗣后湖广百姓如有往四川耕种者，令该抚将去耕种人之年貌、姓名、籍贯查明造册，移送四川巡抚，令其确查由四川复至湖广者。着四川巡抚亦如此造册，移送湖广巡抚，对阅稽查，则百姓不得任意往还，而事亦得明白矣。俟巡抚潘宗洛具题到日，着大学士等会同九卿官员确议具奏。"又曰："山东百姓，来口外种田者甚多，前查来种田百姓有十一万有余。伊等皆朕黎庶，既来口外种田生理，若不容留，令伊等何往？伊等去来，并无逼勒，若不互相对阅查明，将来俱为蒙古矣。嗣后山东百姓有来口外种田者，该抚查明年貌、姓名、籍贯，造册移送稽查。由口外回山东去者，亦查明造册，移送该抚，对阅稽查。则百姓不得任意往来，而事亦得明白矣。着大学士、九卿会同徐徐周详定议，勿得急速。俟回銮后再奏。"

又覆请户部所题查得正白旗禅布浑托和新宫总管迈图叩阍，状称将皇上五十万仓粫湮没等语，今臣部将此项缺欠米石及脚价共算银五十万两，照在湖滩河朔运米例顶捐，而五十万仓粫并不至于湮没。此处应无庸议一疏。上曰："此事迈图称湮没银两五十余万甚实，着都察院再行查明确议具奏。"

又覆请礼部所题原任大学士陈廷敬应否与恤、给谥，伏乞上裁一疏。上曰："着加祭一次，仍着与谥。"

是日，乌朱穆秦和硕车臣亲王塞登敦多普来请安进贡。

二十一日癸卯 上驻跸行宫。

二十二日甲辰 上驻跸行宫。

二十三日乙巳 上驻跸行宫。是日，土默特多罗达尔汉贝勒马呢、附在马呢旗下喀尔喀一品台吉库勒尔德来请安进贡。

二十四日丙午 上驻跸行宫。是日，赐侍卫、护军参领、护军、执事人员羊。

二十五日丁未 上驻跸行宫。

二十六日戊申 上驻跸行宫。是日巳时，上御行宫，大学士温达，学士众圣保、马良、傅尔、胡讷以折本请旨。覆请吏部所题按察使王用霖员缺，应拟正合例者止有四川川东参政道王之麟，无有合例拟陪者。参政道内或将俸满未完、罚俸银两者拟陪，或将俸未满、无罚俸者拟陪请旨一疏。上曰："按察使员缺，着将应升道员，通行开列缮折具奏，朕选择补授。嗣后布政使、按察使缺出，不必另行请旨，着将应升官员，通行开列缮折具奏。如此，则事可省矣。"

又覆请刑部等衙门覆直隶赵弘燮审奏，王友之子王克德同侯德山等至胡成训田内盗取谷穗，被胡成训知觉，往去控告，王克德挽贾怀玉拉回认赔。胡成训在外声扬，侯德山等闻知，至王友亲兄之子王克忠家，商定杀死王友，图赖胡成训是实。王克忠相应照律即行凌迟。侯德山拟绞，监候秋后处决。准如所拟一疏。上曰："人命关系重大，凌迟乃属极刑。此事议得不明，着九卿、詹事、科、道会同，将事情缘故再行确议具奏。"

又覆请刑部覆川陕总督殷泰所题，游行百姓连直等并未生事行凶，身带器械结伙行走，送至各该地方官，将伊等安插，令其得所等语，应无庸议；其纵放连直等游行不行查拿地方文武官员，行文该督查参具题一疏。上曰："连直等俱系以行医小业为生，各处糊口游行之民，纵容游行、放过之地方官员，着从宽免其查参。朕谕各省督抚查拿越省游行者，另有深意存焉，奸恶之徒有为僧道而行者，亦有市药卖卦而行者。若不禁止，令其任意行走，结成党类，渐致人多势盛，即行劫掠，有害地方矣。凡多费钱粮豢养兵丁者，特欲剪除恶乱之辈耳。今不防微杜渐，一致蔓延，则难图矣。明季李自成即其验也，不预为之计可乎？"

又覆请理藩院所题为请旨赐恤乌拉特扎萨克原任镇国公杜棱及杜棱之妻二疏。上曰："此二事即一事也。来报杜棱夫妇亡故者亦系一人，应一本具题。该院作二本，谬矣。本发还，着不与恤。"

又覆请理藩院所题审提归并在镶黄旗查哈尔旗分台吉楚禄木，为将伊属下人瓦霸等之女陪嫁叩阍一案，议不准行一疏。上曰："此案所议甚属糊涂，瓦霸等俱系楚禄木本身属下之人，该院如此开脱议奏，殊属太刻。本发还，着会同大学士等议奏。侍郎二郎保有办事之才，但为人性急，急则事必至于大错矣。"

又覆请署理两江总督印务江西巡抚郎廷极所题，广东碣石总兵官李腾芳钦奉上谕往京陛见，行至赣州府，陡染痰火，恳请具题准其休致一疏。上曰："李腾芳患病当早奏乞休，朕闻伊年老，患病不能理事，特命调来引见。今以中途患病推诿不前，奏请乞休，殊属不合。务令调取，来京引见。"

又覆请直隶巡抚赵弘燮题参捕蝗不力之宝坻县知县汤大正等一疏。上曰："汤大正等着严加议处具奏。宝坻县知县员缺甚属紧要，着该抚将直隶知县内拣选才能官员作速调补具奏。"上谓大学士温达曰："学士马晋泰人何如？"温达奏曰："马晋泰年幼时人本去得，至今还去得。"上曰："马晋泰人实明白。"

温达奏曰："臣等遵旨寄字进京问穆丹病势若何，今大学士松柱等回字，内称穆丹到阁，自称病比前好了。以我等观之，穆丹气色亦比前好等语，并以原疏覆请。"上曰："穆丹病已痊愈，着穆丹补授都察院左都御史。"

毕，上去行宫，率善中人员射鼓的。又率善射人员、四川提督庚泰、科尔沁四品台吉三吉扎布等射。上每发悉中。

二十七日己酉　上驻跸行宫。

二十八日庚戌　上驻跸行宫。

二十九日辛亥　上驻跸行宫。是日，乌朱穆秦车臣亲王塞登敦多普遣使来请安进贡。

三十日壬子　上驻跸行宫。

六　月

初一日癸丑　上驻跸行宫。

初二日甲寅　上驻跸行宫。

初三日乙卯　上驻跸行宫。是日，克西克腾扎萨克一品台吉齐巴克查普、协理齐巴克查普旗下事务四品台吉班第来请安。

初四日丙辰　上驻跸行宫。

初五日丁巳　上驻跸行宫。

巳时，上御行宫，大学士温达，学士众圣保、马良、傅尔、胡讷、马晋泰以折本请旨。覆请兵部覆浙闽总督范时崇所参海坛总兵官汤明，巡海官兵遇贼退败，不能约束，相应将汤明革职，交与该督严审定拟具奏一疏。上曰："此事情关系甚重，汤明所奏事情一并交与张鹏翮审明具奏。"

又覆请刑部等衙门覆陕西巡抚永泰所题，以郭樊女与伊母范氏角口，范氏恨怒，持菜刀砍中郭樊女额门。郭樊女将伊母拉倒，夺取菜刀。于公全以脚踏住菜刀，郭樊女复又取斧，故于公全等持菜刀、斧棍，砍打郭樊女，次日殒命。将于公全等审拟军杖具题前来，但于公全等并非范氏亲眷、同族，其中恐有故杀情弊亦未可定。相应行文该抚再行确审定拟，到日再议一疏。上曰："郭樊女平素不孝，凌辱伊母，以致伊母愤恨，执持菜刀砍击，郭樊女反将刀斧夺取抵拒，故于公全等相助殴砍，以致次日身死。该抚审讯甚明，部议以为有故杀情弊，欲行驳审，不合，着再议具奏。”

又覆请湖广总督鄂海奏闻，招抚毛都塘等处五十二寨红苗吴老化等三千余人一疏。上曰：“据奏，毛都塘等处五十二寨红苗吴老化等三千一十二人实心改过剃头，至武昌归顺等语，红苗盘踞深山，生性凶恶，自古以来并未归顺。前两度跳梁，用兵一次，征苗官兵曾经议叙。今总督鄂海等系满洲人，为地方生民实心效力，深入巢穴，设法招抚，殊为可嘉。着将在事官兵议叙。前以满丕为广东巡抚，广东遂尔安靖。以满保为福建巡抚，福建豪横敛迹。可见满洲人也！”

又覆请户部尚书张鹏翮等审奏解任总督噶礼、巡抚张伯行互相揭参一案，将张伯行革职、拟徒、准赎，噶礼降一级留任一疏。上曰：“张伯行参噶礼索银五十万两，两审属情虚。江南一省举人能有几何？纵尽行贿买，亦不能至五十万。即令江南通省捐出，亦不至五十万。不但五十万，噶礼若受赃五万，亦当置之重典。谓噶礼清廉，一文不取，朕亦不信。然其居官效力，有益地方，则胜张伯行百倍。”大学士温达奏曰：“皇上所见甚是。噶礼人才去得，居官颇优，其效力利益地方之处，人不能及。”上又曰：“阅此案，噶礼参张伯行款项内，并未明晰审出一款；张伯行参噶礼款项内有关系国事之语，此处并不曾问明，但附会两造，徇情护庇，若同解劝。事至如此之大，而不彻底审明，但将两造解劝，草率完结，可乎？凡事督抚初参时甚是利害，以为大事。及至覆审时，辄多开释消弭。此等陋习，断不可行。这案着大学士与九卿诸臣等详细看明，会议缮折具奏。”

又覆请户部尚书张鹏翮等审奏主考左必蕃疏参吴泌等买举一案，将行贿买举之吴泌等拟绞，监候秋后处决；副主考赵晋、房官、王曰、俞方名着革职，佥妻，发烟瘴地方充军；主考左必蕃所参虽实，而取中人革退四名，应革职一疏。上曰：“考取举人、进士仍为国选才，所关甚钜。世祖章皇帝谕旨煌煌，朕屡次谕旨亦甚明晰。前此科场作弊，俱照军法议处，今赵晋科场受贿，串通关节，有干国法，并不将伊提拿严审，况伊恶劣不端，举国皆知。如许人得罪，皆由伊所致。正主考左必蕃愚昧之人，全被赵晋愚弄。将伊但照举人革职三名之例革职、充军完结，可乎？此案亦着大学士、九卿诸臣详视会议，缮折具奏。”

是日，喀喇沁四品他布囊旦巴等来请安进贡。

初六日戊午　上驻跸行宫。是日，协理科尔沁和硕达尔汉亲王罗普臧滚布旗下事务二品台吉毕礼滚达赖、四品台吉拉锡来请安。协理阿霸垓多罗郡王吴尔占噶喇普旗下事务二品台吉德穆楚克来请安进贡。

初七日己未　上驻跸行宫。

初八日庚申　上驻跸行宫。是日，喀喇沁扎萨克护国公善巴拉锡遣使来进贡。

初九日辛酉　上驻跸行宫。

初十日壬戌　上驻跸行宫。是日，乌朱穆秦和硕车臣亲王塞登敦多普遣使来请安进贡。

十一日癸亥　上驻跸行宫。是日巳时，上御行宫，大学士温达，学士众圣保、马良、傅尔、胡讷、马晋泰以折本请旨。覆请礼部覆教习进士翰林院侍讲文志鲸等所题，请将御制诗集及皇上御批《通鉴》、御选《古文渊鉴》、《大清会典》、《大清律》、《全唐诗》每种颁赐一部，查在外可得书籍，俱令伊等寻取教习；其外边所无者，照伊等所请，每种各赐一部，恩典出自皇上一疏。上曰：“这事依议。”又谓起居注官工部侍卫揆叙曰：“此等书籍俱收在武英殿，尔等写字去，着由彼赏给。”

又覆请刑部汇题案内殴打护军校吴八十之陈二等拟枷号三个月、枷四十一事。上曰：“这本内殴打护军校吴八十父子之陈二、张秃子、宋二、马五侯、刘五皆系有外号恶徒，俟枷责完日，着发黑龙江，与披甲新满洲为奴。”

又覆请刑部等衙门覆直隶巡抚赵弘燮所题，行劫傅良佐家大盗张成福应立斩，准如所拟一疏。上曰：“张成福从宽免死，照例减等发往黑龙江将军，酌量安插，务期严押解到。”

又覆请刑部覆盛京刑部解送开窑子拐卖人口杨七等拟绞，监候秋后处决一疏。上曰：“笔帖式哈希系开窑子拐卖人口为首之人，事发之后，又避罪在逃，恶劣已极。着将哈希及伊弟兄一并拿至京师严审，伊等恶劣不端，不可留在京师，即罪轻，亦当发往江南、浙江。本发还，着审明再议具奏。”

又覆请湖广总督鄂海所题镇筸凤凰营通判黄澍捐纳同知，请将黄澍仍留原任，照同知升转一疏。上曰：“黄澍着照该督所请留任，候伊应升之缺。”

十二日甲子　上驻跸行宫。是日，敖汉扎萨克多罗郡王垂穆盆尔来请安。

十三日乙丑　上驻跸行宫。是日，科尔沁和硕纯禧公主额驸班第、翁牛特多罗杜棱郡王和硕额驸仓津、喀喇沁多罗杜棱郡王塞棱遣使来请安进贡。科尔沁一品台吉阿齐图布言图来请安进贡。

十四日丙寅　上驻跸行宫。是日，奏事治仪正傻子捧出御笔朱书谕旨，交与领侍卫内大臣公阿灵阿等。谕旨曰：“谕管侍卫内大臣、内务府总督等，近日颇有痢疾热病，皆因山水暴来之故亦未可知。朕思未雨之前，泉水清洁，有益于身，而人不觉。既雨之后，泉水污浊，多致泻痢损伤，而人亦不知也。可传谕各处当差人等并庄头民间，以后勿用河水，况素日所浚之井亦不少，何苦用浊水以致疾病乎。尔等即行晓示，俱令遵旨，特谕。”

是日，阿霸垓多罗卓立克图郡王秉来请安进贡。

十五日丁卯　上驻跸行宫。是日巳时，上御东门，赐达赖喇麻差来请安人噶尔旦张则喀木布囊素扎押额木齐及喇臧汗所差人车臣台吉敦多普达锡等食，令车臣台吉敦多普达锡至座前，上亲赐酒。毕，回宫。

是日，翁牛特多罗达尔汉贝勒额尔德普鄂齐尔来请安。

十六日戊辰　上驻跸行宫。是日，巴林荣宪公主额驸乌尔滚遣使来请安进贡。

十七日己巳　上驻跸行宫。赐大臣、侍卫、护军参领、护军校、护军、执事人员羊。鄂尔多斯固山贝子喇锡查穆苏来请安。科尔沁原任王沙津遣使来请安。

十八日庚午　上驻跸行宫。是日巳时，上御行宫，大学士温达，学士众圣保、马良、傅尔、胡讷、马晋泰以折本请旨。覆请刑部所题汇题案内镶黄旗达巴尔汉佐领下之自充发处逃回，为窃盗之楚库尔泰发往该将军正法一事。上曰："事着依议。楚库尔泰自充发处逃回时，该佐领、骁骑校、管辖人员为何不严行查拿报部？着该都统将不行查报之处彻底查明具奏。"

又覆请大学士等遵旨会同九卿议处总督噶礼、巡抚张伯行，主考左必蕃、赵晋等案，仍交与张鹏翮再审具奏折子呈览，并以原疏覆请。上曰："这案不可仍交与张鹏翮等审理，着穆和伦、张廷枢前去再行严加审明具奏。穆和伦等不必来请训旨。带去司官，令其速行具折请旨。"

十九日辛未 上驻跸行宫。

二十日壬申 上驻跸行宫。

二十一日癸酉 上驻跸行宫。是日，科尔沁和硕图谢图亲王鄂尔齐图来请安。

二十二日甲戌 上驻跸行宫。是日，赐大学士温达御书匾额、扇，兵部尚书公孙徵灏、起居注工部侍郎揆叙扇各一把。

二十三日乙亥 上驻跸行宫。

二十四日丙子 上驻跸行宫。是日，喀尔沁多罗杜棱郡王塞棱遣使请安进贡。

二十五日丁丑 上驻跸行宫。

二十六日戊寅 上驻跸行宫。是日巳时，上御行宫，大学士温达，学士众圣保、马良、傅尔、胡讷、马晋泰以折本请旨。覆请吏部所题江宁巡抚张伯行员缺，以内阁学士王思轼等职名开列一疏。上曰："江宁巡抚甚是紧要，自王度昭为巡抚以来，浙省各项钱粮皆清，但两省事务难于遥为办理。鹿佑、蒋陈锡俱系江南人，不可补授。着大学士等九卿、詹事、科、道官员会同拣选直隶各省现任巡抚及部院汉大臣内能理烦剧、操守佳者具奏。这次不必拣选满洲汉军人。"

又覆请刑部等衙门覆直隶巡抚赵弘燮所题，孙强酗酒花费家业，不顾母妻饥饿，其妻郝氏每次劝止，被伊打骂，因而郝氏怀恨，乘伊夫酒醉熟睡之便，持斧砍其鬓等处身死，郝氏相应照律凌迟，准如所拟一疏。上曰："郝氏砍死伊夫，法不当宽。但孙强平日不孝，恶劣已极，不顾母妻饥饿，饮酒废业。郝氏每次劝解，被伊殴打。伊母恨其不孝，死后同媳私议消弭隐匿不报，应将郝氏改为应绞。本发还，着九卿、詹事、科、道会议具奏。”

又覆请刑部等衙门所题以打死梁炳子之二喜，拟绞，监候秋后处决一疏。上曰：“二喜依拟，应绞，监候秋后处决。大喜同伊弟将人打死，又行逃走，甚属凶恶。俟枷责完日，发往打牲乌拉。”

又覆请刑部等衙门覆安徽巡抚梁世勋所题，杨翠徵与胞弟杨汉臣角口互殴，杨汉臣之子杨治国来救伊父，打杨翠徵，越十三日身死。将杨治国拟立斩，准如所拟一疏。上曰：“杨汉臣被杨翠徵殴打，情急呼伊子杨治国来救，杨治国救父情切，偶击杨翠徵，越十三日身死。着九卿、詹事、科、道会同再议具奏。”

又覆请川陕总督殷泰所题西安理事同知佟玖员缺，请以笔帖式魁通补授一疏。上曰：“督抚衙门笔帖式不便补授本处同知。这员缺该部已拟补人矣，不必行。”

又覆请直隶巡抚赵弘燮所题请以宛平县知县黄志元调补宝坻县知县，其黄志元员缺，请于南宫县知县李采、邢台县知县李大栋、巨鹿县知县郎鉴三员内拣选补授一疏。上曰：“黄志元着照该抚所请调补。黄志元员缺，着李采调补。”

又覆请山东巡抚蒋陈锡所题济东道武廷适员缺，请以济南府知府韩镐补授一疏。上曰：“这题补甚当，韩镐居官优，朕亦知之。着照该抚所请补授。”

又覆请浙江提督吴郡奏闻，游击闫福玉巡哨外洋，遇贼中伤身死，烧毁船只一疏。上曰：“事着交与该部。游击、兵丁失陷，朕早已闻之。朕记得这被贼杀死游击闫福玉，人材壮健，似朕拣选补授之人，着查奏。”

又覆请户部奏闻捐纳日期满限一折。上曰：“捐纳一事甚是紊乱，今已满限，理当停止。着问九卿具奏。”

又覆请刑部所奏永定河捐修赎罪之例与南河顶捐赎罪之例相符，正白旗荆山佐领下箭匠殷特布等二十七人姓名罪犯缘由，相应开明具奏，伏乞上裁一折。上曰：“殷特布等情罪相当，俱不准赎。”

是日，科尔沁和硕卓立克图亲王巴特马来请安进贡。

二十七日己卯 上驻跸行宫。是日，苏尼特多罗杜棱郡王达礼查普、辅国公罗累来请安进贡。

二十八日庚辰 上驻跸行宫。是日，阿霸垓多罗郡王吴尔占噶喇普、协理吴尔占噶喇普旗下事务固山贝子车领敦多普来请安进贡，科尔沁多罗秉图郡王遣使请安。

二十九日辛巳 上驻跸行宫。是日巳时，上出东门，率善射人员射。兵部尚书公孙徵灏以各省保送副将等官引见。上一一令射，启奏履历毕，谓尚书公孙徵灏曰："张自兴有总兵缺出启奏，王允吉遇有副将缺出启奏，马英遇有参将缺出启奏。守备马伏臣着交与提督康泰，在四川补用。曹栻人材不及，着革退。游击余起蛟至任未久，游击王起龙等俱属平常，不称保送。袁立相等俱照先引见官员之例议叙。"既而，上率善中人员射鼓的，上每发悉中。毕，回宫。

七 月

初一日壬午 上驻跸行宫。是日，喀喇沁扎萨克一品塔布囊葛伦尔、多罗额驸门都遣使来请安进贡。

初二日癸未 上驻跸行宫。是日巳时，上出东门，兵部尚书公孙徵灏以各省保送副将等官引见。上一一令射，启奏履历。毕，谓尚书公孙徵灏曰："王景世等俱照先引见官员之例议叙，游击任启良着复伊本名，改为杨尽心。"既而，上率善中人员射。上每发悉中。

初三日甲申 上驻跸行宫。

初四日乙酉 上驻跸行宫。

初五日丙戌 上驻跸行宫。是日，乌朱穆秦多罗厄尔德尼贝勒波木波来请安进贡。

初六日丁亥 上驻跸行宫。

初七日戊子 上驻跸行宫。是日巳时，上御行宫，大学士温达，学士众圣保、马良、傅尔、胡讷、马进泰以折本请旨。覆请刑部覆浙闽总督范时崇所题劫夺贼盗陈五显等拟立斩，准如所拟一疏。上曰：“这本内拟重罪陈五显等俱着解京，再行审明具奏。”

又覆请刑部所题攒典、高国桢等籴买南新仓烂米，更换好米粜卖，应枷号三个月、徒一年，旧任监督监察御史陈廷夔降一级留任一疏。上曰：“陈廷夔身任言职，此等事不能察明，留任言职可乎？着解退御史，仍回原郎中任。”

又覆请刑部汇题案内海塔挑伊七岁幼弟二达子脚筋，应枷号两个月、鞭一百一事；及拐卖杜哈禅夫妇子女之阿丫头等应刺字，发遣宁古塔与穷披甲为奴一事。上曰：“海塔挑伊七岁幼弟之脚筋，凶恶已极。俟枷责之后，发往白都纳当差。拐卖并买杜哈禅夫妇子女之阿丫头巴喇着发遣荆州、江南、浙江。”

又覆请户科题参遇风刮去红本笔帖式法尔泰等一疏。上曰：“昔日本章俱系批本，笔帖式去取批本，笔帖式刘冲汉所拿之本遇风飘失，朕意此内或有情故，将原稿取来阅视，俱系户部事务，并无别故。故将刘冲汉宽免。法尔泰等无意之中忽遇旋风飘失红本，着从宽免交部。”

又覆请浙江巡抚王度昭所题宁波府知府蒋敩员缺，请以宁波府通判李肃补授一疏。上曰：“王度昭所题之人定佳，李肃着照该抚所请补授宁波府知府。”

又覆请贵州巡抚刘荫枢题请陛见：“臣今七十六岁，年老衰迈，祈罢职”一疏。上曰：“刘荫枢不必来京陛见。伊居官素优，年虽老，身尚壮健，着照旧供职。”

又以九卿所奏：“为捐纳一事，皇上所见甚是。六月初五日已经限满，限内具呈未收银者，准其收银外，于六月初五日以后具呈者，概行停止。”折子呈览，并以原疏覆请。上曰：“捐纳之事甚属紊乱，既已满限，着停止。”

大学士温达等奏曰：“臣等遵旨查得，游击闫福玉系皇上三次拣选补授之人。”上颔之。大学士温达奏曰：“闫福玉系一微员，补授十余年，皇上尚志之不忘，真超出寻常矣。”

初八日己丑 上驻跸行宫。

初九日庚寅　上驻跸行宫。

初十日辛卯　上驻跸行宫。

十一日壬辰　上驻跸行宫。是日巳时，上御东门，赐达赖喇嘛请安人噶尔丹张泽喀木布囊素扎押额木齐喇臧汗使人车臣台吉敦多普达锡等食。令车臣台吉敦多普达锡近座前，上亲赐酒毕，回宫。

是日，批本常寿捧出谕吏部御笔朱书谕旨，交与大学士温达。谕旨曰："这二三月吏部掣签月官，俟朕回銮启奏似属积累，照前岁即行启奏。如此，则地方不致久悬缺矣。着大学士将此旨速行文吏部。"

十二日癸巳　上驻跸行宫。是日，科尔沁和硕端敏公主遣使来请安。

十三日甲午　上驻跸行宫。是日，巴林荣宪公主、多罗郡王额驸吴尔滚、乌朱穆秦和硕车臣亲王塞登敦多普遣使来请安进贡。科尔沁多罗贝勒巴克锡古尔来请安。

十四日乙未　上驻跸行宫。是日，鄂尔多斯扎萨克固山贝子罗卜藏来请安进贡。

十五日丙申　上驻跸行宫。是日，协理阿鲁科尔沁多罗贝勒汪占尔旗下事务二品台吉滚他尔遣使来请安进贡。

十六日丁酉　上驻跸行宫。是日午时，上御行宫，大学士温达，学士众圣保、马良、傅尔、胡讷、马进泰以折本请旨。覆请吏部题为补授长芦运使王清硕员缺，以广西平乐府知府柯邓枚等职名开列一疏。上曰："长芦运使员缺甚属紧要，着九卿照前拣选两淮运使李陈常之人拣选具奏。"

又覆请户部所题，审得正蓝旗罗思汉佐领下原任西安骁骑校巴布叩阍，控告同旗陆瑚佐领下骁骑校花善等原系伊兄萨尔布善家人柯萨纳之子孙，伊兄萨尔布善曾抚养和硕安亲王之子宗室塞棱格；萨尔布善亡后，将田产花善等俱与塞棱格占据，入在包衣佐领下等语皆虚，应将巴布枷号三个月、鞭一百，但年逾七旬，照例折赎一疏。上曰："这事所议不明。世祖皇帝时将裕亲王、恭亲王付与殷实官员抚养，及至分封时，将抚养官员产业给与二王具题，朕未允行。大阿哥曾付与内务府总管噶鲁，三阿哥曾付与内大臣绰尔济抚养。分封时拟将伊等产业给与具题，朕俱不准。盖主上之子孙付与属下人员抚养者，特欲令其成人长大耳，并非欲令占其产业也！抚养之人以为主上之子孙，兢兢业业侍奉抚养，能成人长大，即其功也。及其成人长大之后又占其产业，将其人口入在包衣佐领下为奴仆，不但于大体不合，即彼所抚养主上之子孙亦于心不安。五旗多有此事，此风不除，则渐长矣。凡事但以理断之，不可图小利。图小利则于大体有碍。设今将朕子与大学士尔抚养之，及至长成分封之时，将尔产业给与，将尔人口给为奴仆，尔心服乎？前下嫁与阿鲁科尔沁巴特麻之县君曾恳奏献伊三佐领。朕乃天下之共主，在彼处，乃朕之臣庶，取至京师，亦乃朕之臣庶。即将蒙古王一并取之，亦无不可。但恐取至京师，反损坏其旗分，故不准其奏。有年齿蒙古王等闻之，无不感戴流涕。土默特有七佐领，该扎萨克无后，至今朕豢养闲居。彼处前曾奏请编在察哈尔旗下，朕未允行。后又奏请陪送公主，朕以公主何患无人陪送，何用此为，又未准行。此皆朕至公无私之意。今萨尔布善将宗室塞棱格抚养成人，而乃将其产业占据，将其人口入在包衣佐领下为奴，可乎？此处并未明白陈议。本发还，着再议具奏。”大学士温达奏曰：“皇上凡事俱秉公断理，毫无私意。皇上之心即天地之心，亘古以来，无有及之者。臣等得逢圣世，实万幸也！”

又覆请兵部覆浙江提督吴郡所题水师营降级官员请照常拣选题补，不准行一疏。上曰：“降级留任水师营官员着照该提督所请，缺出照常拣选题补，仍令带所降之级。”

又覆请刑部等衙门所题，偷盗正蓝旗公库银两库章京原任三等阿思汉尼哈番阿尔普坦等偷盗银两俱已补纳，相应免死，俱各枷号三个月、鞭一百一疏。上曰：“这案所议不明。凡借公库银两及还银两时，俱以都统印文为凭支借还库。今偏头等偷出公库如许银两，将该旗都统等以为无涉开脱，可乎？此处并未议及。本发还，着再议具奏。”

又覆请通政司所题驳回原任副将张臣武条奏海防之策一本奏闻一疏。上曰：“张臣武朕素知之，因衰老解退。副将为人狂妄，曾参原任总督郭琇。伊系福建人，大学士李光地亦知之，据伊奏称，率数人乘船前往，即可招抚海贼等语，殊为轻忽。将伊奏章驳回者甚当。”

又覆请两广总督赵弘灿为江西赣县带销盐斤明白回奏一疏。上曰：“这事情巡抚满丕审题，到日该部一并确议具奏。”

是日，科尔沁和硕端敏公主、和硕达尔汉亲王罗卜藏滚布、一品台吉乌勒穆及来请安进贡。

十七日戊戌　上驻跸行宫。是日，赐内大臣、侍卫、护军参领、护军、执事人员食。

十八日己亥　上驻跸行宫。是日，郝齐忒多罗厄尔德尼郡王阿噶尼斯达来请安。

十九日庚子　上驻跸行宫。

二十日辛丑　上驻跸行宫。

二十一日壬寅　上驻跸行宫。

二十二日癸卯　上驻跸行宫。是日，喀尔喀图斜图汗汪占尔多尔济、辅国公车林昆尔、多罗贝勒旦进多尔济、扎萨克一品台吉汪布，巴林扎萨克固山贝子鄂齐尔桑来请安进贡。

二十三日甲辰　上驻跸行宫。

巳时，上御行宫，大学士温达，学士众圣保、马良、傅尔、胡讷、马进泰以折本请旨。覆请刑部等衙门覆福建巡抚觉罗满保所题，赖细妹借赖大年之父赖养杉木不还，互相角口。赖细妹扼倒赖养，赖大年持棍殴伤赖细妹，次日殒命。应将赖大年照律拟立斩，准如所拟一疏。上曰："此赖细妹将赖养按倒，以手扼其咽喉。赖大年见伊父被扼，恐其殒命，救父情急，故执木棍殴伤赖细妹，以致次日殒命。着九卿、詹事、科、道会同再议具奏。"

又覆请偏沅巡抚潘宗洛所题城步县知县赵璐员缺，请以邵阳县县丞张大用；蓝山知县尹秦员缺，请以益阳县县丞刘涵补授。仍照伊等原衔升转一疏。上曰："张大用、刘涵着以原品照该抚所请补授。"

又覆请浙江巡抚王度昭所题浙江按察使武图楹员缺，请以驿盐道吕犹龙补授一疏。上曰："吕犹龙朕知之，人亦去得，着照该抚所请补授。"

又覆请浙江巡抚王度昭所题丹徒县知县李成梁因缉贼限满未获，部议降二级调用，请将李成梁带所降之级留任一疏。上曰："李成梁着照该抚所请留任。"

又覆请山西大同总兵官张文焕所题，臣标中军游击杨栋员缺，祈皇上于记名卓异人员内选择补授一疏。上曰："大同镇标中军游击着姚大成补授。"

又覆请左都御史赵申乔所奏，臣等所审知府陈弘道之妻王氏等叩阍事案已经审完，但艾芳曾等口供至今尚未送到，臣等不便久住西安，理应先行奏明一折。上曰："艾芳曾等口供该部业经取送矣。着交赵申乔等速行审明前来。"

二十四日乙巳　上驻跸行宫。是日，科尔沁辅国公布尼来请安进贡。

二十五日丙午　上驻跸行宫。是日，苏尼特二品台吉苏达密来请安进贡。

二十六日丁未　上驻跸行宫。是日，赐四川提督康泰御书匾额、对联、扇子、马一匹、银一千两。

二十七日戊申　上驻跸行宫。

申时，赐胡呼诺尔贝勒塞普滕占尔等食。顷之，上出东门，塞普滕占尔以朝觐礼行礼毕，回宫。

是日，翁牛特多罗杜棱郡王额驸仓津，协理仓津旗下事务二品台吉鄂齐尔、三品台吉布达来请安。

二十八日己酉　上驻跸行宫。是日，喀尔喀多罗贝勒宗对来请安。

二十九日庚戌　上驻跸行宫。

三十日辛亥　上驻跸行宫。

巳时，上御行宫，大学士温达，学士众圣保、马良、傅尔、胡讷、马进泰以折本请旨。覆请刑部所题，酗酒拿小刀戳人三等侍卫宝昌应拟革职、枷号一个月、鞭八十一疏。上曰："宝昌着枷号三个月、鞭一百，发白都纳当差。"

又以九卿所奏，为遵旨补授长芦运使，拣选江南池州府知府马世永等职名开列折子呈览，并以原疏覆请。上曰："着马世永补授。"

顷之，上御东门，兵部尚书公孙徵灏以各省保送副将等官引见，上一一令射。启奏履历毕，谓尚书公孙徵灏曰："副将丁沂等，着照前保送之例议叙。副将欧阳凯、游击叶纪发往浙闽总督，酌量补用。参将尚之瑨声名不好，不能擒贼，不准保送，着回原任，不必革退。"

既而，上率善中人员射鼓的。上每发悉中。毕，回宫。

八　月

初一日壬子　上驻跸行宫。是日，科尔沁多罗秉图郡王伊锡班第来请安进贡。

初二日癸丑　上自热河起行，驻跸中关。是日，喀尔喀扎萨克多罗贝勒诺尔布班第，辅国公汪占尔车木楚克纳木占尔，一品台吉车凌汪布，厄鲁特多罗贝勒和硕额驸阿保来请安进贡。

初三日甲寅　上驻跸温泉。

初四日乙卯　上驻跸热河。

初五日丙辰　上驻跸中关。

初六日丁巳　上驻跸青城。是日，巴林和硕荣宪公主、翁牛特多罗杜棱郡王和硕额驸仓津来请安进贡。

初七日戊午　上驻跸行宫。是日，赐蒙古王、贝勒、贝子、公、台吉、七省官兵、护军校、护军、执事人员鱼。喀尔喀和硕恪靖公主，多罗郡王和硕额驸敦多普多尔济瑚佑诺尔，多罗贝勒塞普滕占尔，多罗贝勒厄尔德尼厄尔克托克托鼐，多罗贝勒罗普臧查汗，贝子车臣代清罗普臧达尔查，贝子阿喇普住尔来请安进贡。

初八日己未　上驻跸张三营。是日，科尔沁和硕纯禧公主来请安。

初九日庚申　上驻跸行宫。是日，赐蒙古王、贝勒、贝子、公、台吉、七省官兵、护军校、护军、执事人员鱼。科尔沁一品台吉乌尔图那苏图来请安。

初十日辛酉　上驻跸黑湾口。是日，巴林固山贝子扎锡那木塔尔来请安。

十一日壬戌　上驻跸可汗铁岭。是日，喀尔喀扎萨克厄尔德尼济农郡王纳木占尔来请安进贡。

十二日癸亥　上驻跸独村口。是日，赐蒙古王、贝勒、贝子、公、台吉等狍。

十三日甲子　上驻跸骅骝杨川。是日，赐蒙古王、贝勒、贝子、公、台吉等宴。

酉时，上御行宫，大学士温达，学士众圣保、马良、傅尔、胡讷、马进泰以折本请旨。覆请刑部等衙门覆山西巡抚苏克济所题，张积之大功兄张慎辱骂张积之母侯氏，张积持木棍殴打，中张慎额门，是夜殒命。相应照律将张积即行处斩。但张积系孤子，应留养亲与否，伏候上裁，仍照律拟立斩一疏。上曰："张慎辱骂张积之母侯氏，致氏气愤泣诉伊子。张积护母，与张慎互相争嚷打死，且张积母亲年老，又无继养之人，着九卿、詹事、科、道会同再议具奏。"

又覆请理藩院所题归化城都统丹进员缺，照例以其子弟骁骑校策汪多尔济等及归化城左右两翼副都统延寿等职名开列一疏。上曰："丹进着革职留任，带罪图功。"

是日，赐瑚佑诺尔贝勒塞布腾扎尔等七人貂帽、缎袍、银鼠短褂。又赐喀尔喀公宝贝等四人帽、袍褂。

十四日乙丑 上驻跸行宫。是日，喀尔喀扎萨克和硕亲王达锡敦多普来请安进贡。

十五日丙寅 上驻跸行宫。是日，赐内大臣、侍卫、部院大臣，蒙古王、贝勒、贝子、公、台吉、七省官兵食。

十六日丁卯 上驻跸哈达鄂佛洛。是日，赐广西提督张朝午鞍马、弓、矢。

十七日戊辰 上驻跸西喇脑海。是日，喀尔喀扎萨克一品台吉厄尔德尼来请安进贡。

十八日己巳 上驻跸野猪川。是日，喀尔喀扎萨克图汗和硕亲王多罗额驸策旺查普、辅国公索诺木伊斯查普、协理索诺木伊斯查普旗下事务二品台吉麻汗地瓦，敖汉多罗郡王垂木盆尔，科尔沁多罗扎萨克图郡王鄂齐尔来请安。

十九日庚午 上驻跸博呼图河洛。

二十日辛未 上驻跸红川。

二十一日壬申 上驻跸行宫。

二十二日癸酉 上驻跸松林南。是日，赐内大臣、都统、护军统领、副都统、侍卫、护军参领、护军校、护军、执事人员、部院大臣、七省官兵，蒙古王、贝勒、贝子、公、台吉等鹿。科尔沁和硕卓礼克图亲王巴忒马，土默特多罗贝勒罗普臧、哈密扎萨克一品达尔汉伯克额敏来请安进贡。

二十三日甲戌 上驻跸厄尔滚高。是日，乌朱穆秦和硕车臣亲王塞登敦多普，扎鲁特多罗贝勒毕鲁瓦、一品台吉拉卜克来请安。

二十四日乙亥 上驻跸杨川、柳林之间。是日，阿鲁科尔沁扎萨克多罗贝勒汪占尔来请安。

二十五日丙子 上驻跸富沟。是日酉时，上御行宫，大学士温达，学士众圣保、马良、傅尔、胡讷、马进泰以折本请旨。覆请吏部所题归化城副都统二等精奇尼哈番苏永祚缘事革职，苏永祚无亲兄弟，应将世袭档内名次注销一疏。上曰："着查绥合之子，俟回銮后引见。"

又覆请归化城副都统二等阿达哈哈番雅图缘事革职，雅图无亲兄弟，应将世袭档内名次注销一疏。上曰："雅图并非在军阵得罪革职，乃系因公得罪者。俟回銮后，着查雅图之子引见。"

又覆请礼部所题朝鲜国王李焞奏请再行严禁海船等语，相应行文奉天将军、府尹及近海该抚等处，再严行务期禁止一疏。上曰："朝鲜国王李焞奏请前往伊国境内海洋捕鱼船只再行严禁，现今内地海洋小寇虽饬地方官严行查拿，但海面辽阔，小寇时或有之。御史陈汝咸前曾条奏禁止船只入海，朕意沿海居民俱赖往日本国贸易为生，若行禁止，于民甚属无益，故不准行。迩来浙省海洋历行劫夺之贼，官员追捕，游击一员被伤身亡。曩者附近朝鲜海洋历行捕鱼船只，曾经申饬盛京将军及沿海地方官员严加巡查缉拿。而今尚有八九只船违禁潜出外洋，竟至朝鲜边界捕鱼，是即贼寇也！嗣后如有此等捕鱼船只潜至朝鲜海面者，许本国即行追剿缉拿。如有生擒，作速解送，毋得因内地之人以致迟疑。尔等拟票，同撰叙翻译汉文进呈。"

又覆请刑部汇题案内前锋苏保不遵嫡母教训，将伊生母尸骸葬伊父坟傍。请将苏保枷号三个月、鞭一百一事。上曰："选侍卫有苏保之名，伊系觉罗尔禅氏。其父名赛保，曾任乾清门侍卫。其祖名星鼐，昔年曾任尚书。苏保之嫡母甚属凶恶，伊生母虽是妾，系生子之妇，将尸骸埋葬伊父坟傍，未为不可？况且凡为仕宦人之嫡母故后，生母若得封诰，岂不葬在坟傍？苏保竭力将伊生母尸骸葬在伊父坟傍，殊为可矜。不必移葬，从宽免枷责。着照常在前锋行走。”

又覆请刑部等衙门覆直隶巡抚赵弘燮所题，以打死常名怀之牛现拟绞，张岐山拟军一案。查得尸格内脑后系致命之处，肋后系不致命之处。张岐山打中常名怀脑后，应改为拟绞，监候秋后处决；牛现改为责四十板一疏。上曰：“自定相验尸伤之例以来，断审罪犯甚多错乱。此案起衅斗殴，正犯拟罪轻，而助殴之人反拟绞。人命关系重大，着九卿、詹事、科、道会同逐一详核定拟具奏。”

又覆请工部郎中觉罗阿尔瑚所奏，凡启奏关差出远差之官员职名不行开列，康熙四十九年四月，臣出牧马，去后启奏。南新关差理应不当开列臣名，违例将臣名开在第一，故将臣点出，不意差满缺额一万七千余两，乞限三年陆续赔完一折。上曰：“阿尔瑚奏称南新关差不应将伊开在第一，因开在第一，将伊点出，实属冤抑等语，果有冤抑之处，点出之时即当控告。乃身到差所，得则嘿嘿无言，失则妄图侥幸控告，可乎？阿尔瑚为人狂妄，着拿送刑部。”

毕，上出行宫前，赐内大臣、都统、护军统领、侍卫、护军参领、护军校、护军、执事人员、七省官兵，蒙古王、贝勒、贝子、公、台吉等鹿。

二十六日丁丑 上驻跸行宫。是日，奏事治仪正傻子、奏事双全传谕领侍卫内大臣公阿灵阿等曰：“比来无雨日久，今者忽雨，污秽之物随山涧流水并下。此水人若饮之，受害非浅。令其流去，间日再取饮之，则无害矣。”

是日，喀尔喀扎萨克、辅国公根敦来请安。

二十七日戊寅 上驻跸行宫。是日，奏事治仪正傻子、奏事双全传谕领侍卫内大臣公阿灵阿等曰：“连日雨雪交下，不得行猎，诸臣必以朕闷坐为念。此雨雪于来年耕种大有裨益。直隶通省若俱如此得雨，则更佳矣。朕不胜欣悦，有何烦闷？”

顷之，奏事治仪正傻子、奏事双全传谕领侍卫内大臣公阿灵阿等曰：

“此处已寒冷，想众人俱必备办冬衣带来，俱着令戴暖帽，穿厚实衣服。不可自以为能耐寒，穿单薄衣服。果能耐寒，隆冬大寒之际，穿单薄，戴小帽，方可谓之耐寒。今方入秋之季，若穿衣单薄，被风伤着，即得病矣。此时之寒，不得与冬时寒冷同视，着遍行晓谕。”

二十八日己卯　上驻跸行宫。

二十九日庚辰　上驻跸乌呼尔岱。

九　月

初一日辛巳　上驻跸乌尔楚克哈达。

初二日壬午　上驻跸德尔吉惠汉地方。是日，赐内大臣、侍卫、随围蒙古人员鹿、狍。科尔沁多罗贝勒阿毕达、协理科尔沁和硕图谢图亲王鄂尔齐旗下事务一品台吉布达，阿鲁科尔沁二品台吉鄂齐尔图来请安。

初三日癸未　上驻跸克尔木泰。

初四日甲申　上驻跸永安摆口。

初五日乙酉　上驻跸石山。

初六日丙戌　上驻跸红门口。是日，喀尔喀扎萨克多罗郡王多尔济喇普坦、镇国公彦中多尔济，扎鲁特多罗贝勒阿地沙来请安。

初七日丁亥　上驻跸巴颜拖罗海。是日，赐内大臣、侍卫、护军统领、都统、副都统、护军参领、护军校、护军、执事人员、部院大臣、七省官兵，蒙古王、贝勒、贝子、公、台吉等鹿、狍。

初八日戊子　上驻跸朱尔哈代硕伦。是日，赐内大臣、侍卫、护军统领、都统、副都统、护军参领、护军校、护军执事人员、部院大臣、七省官兵，蒙古王、贝勒、贝子、公、台吉等鹿、狍。

初九日己丑　上驻跸郭里营。

初十日庚寅　上驻跸纳木僧扎塞。是日，赐领侍卫内大臣公阿灵阿、鄂伦代、侯巴、浑德马各一匹。

十一日辛卯　上驻跸青城。是日，赐蒙古王、贝勒、贝子、公、台吉等宴。赐瑚佑诺尔贝勒色布腾扎尔等银缎、马匹，随伊护卫斋桑等及随围蒙古人员银两有差。又赐和特鬼忒辅国公博贝貂鼠短褂一件。

十二日壬辰　是日，辰时，上出行宫前，阅蒙古人员射毕，率善射人员射，又率善中人员射鼓的。上每发悉中。

是日，上驻跸中关。

十三日癸巳　上驻跸热河。

十四日甲午　上驻跸行宫。是日,乌朱穆秦和硕车臣亲王塞登敦多普、科尔沁多罗扎萨克图郡王鄂齐尔来请安。

十五日乙未　上驻跸行宫。是日未时，上出东门，阅盛京荆州官兵射毕，率善射人员射，又率善中人员射鼓的。上每发悉中。

是日，赐内大臣、侍卫、护军统领、都统、副都统、护军参领、护军校、护军、执事人员、七省官兵羊。

十六日丙申　上驻跸行宫。是日申时，上出东门，阅吉林、乌拉、西安官兵射毕，率善射人员射，又率善中人员射鼓的。上每发悉中。

十七日丁酉　上驻跸行宫。

巳时，上御行宫，大学士温达，学士众圣保、马良、傅尔、胡讷、马进泰以折本请旨。覆请兵部所题福建水师提督吴英员缺，以镶白旗副都统许廷臣等职名开列一疏。上曰："施世骠调补福建水师提督。施世骠员缺，必得熟谙水陆之人补授方有裨益。再三思索，未得其人。朕详思补之。"

又覆请兵部覆浙闽总督范时崇所题澎湖营赶缯船一只装载兵丁往台湾换班，至乌岽失风船坏等语，其溺死官兵，令该督查明报部外，战船等物定限赔补一疏。上曰："据总督范时崇奏称，拨澎湖营赶缯船一只，兵丁乘往台湾换班，失风船坏，千总一员、兵丁二十七名溺死等语，此一船载官兵几何，或系遇贼对敌失船，抑失风船坏欤？若谓船坏官兵俱皆溺死，此信如何得知，系谁来报？若谓余剩数人，船坏沉没，人又何从得出？此等处本内并未声明。本发还，令行文该督彻底查明议奏。"

又覆请刑部等衙门覆山西巡抚苏克济等所题，流民陈四等并不曾从臣管属地方经过，请免查参议驳回一疏。上曰："陈四等系在各处流移糊口之民，并未为非。将伊经过地方官员，从宽免其查参。”

又覆请刑部等衙门覆山西巡抚苏克济所题，以打死大功兄萧武之萧玫即行正法，准如所拟一疏。上曰：“自赵申乔条奏相验死伤之例以来，审断罪犯甚多错乱。据奏，因萧武欠钱粮，县官将萧玫之子拘去责打后，萧玫催萧武，令纳钱粮。萧武醉后反行乱骂，以致萧玫拾石殴打，适中萧武脑后，越八日殒命。萧玫因催征钱粮起衅，无意拾石抛击，萧武被殴身死，应否立决，着问刑部具奏。”

又覆请刑部等衙门所题，原任知州姚弘烈之妻孙氏讦告案内，应将总督殷泰、巡抚岳拜革职一疏。上曰：“殷泰、岳拜居官之优，陕西通省无不尽知。着从宽免革职。”又谓大学士温达曰：“但从陕西来者访问之，俱称殷泰居官之优并惊服。朕何由知殷泰之善而任用之？”温达奏曰：“殷泰原系外省微员，并未曾在部院居官，熟知其善？屡行擢用，升为总督。皇上知人之明，实超越千古。”

又覆请湖广总督鄂海奏闻盘塘窝生苗等寨至武昌投顺一疏。上曰：“览奏镇筸盘塘窝等八十三寨生红苗俱各实心前赴武昌投顺等语，红苗等居深山之中，自古以来并未向化。鄂海等宣示朝廷德意，布扬声威，尽行招抚，殊属可嘉。今红苗等俱已革心，各输悃诚，削发投顺。地方文武官员，务仰体朕无分中外、咸俾尽享升平、宇内无不乐业之意，将红苗等安插得所，从容化导，教之礼义。倘有不肖官员将红苗视为度外，侵蚀扰害者，该督抚即行指名题参，从重治罪。”

毕，上出东门，阅黑龙江、江宁官兵射毕，率善射人员射，又率善中人员射鼓的。上每发悉中。

十八日戊戌 上驻跸行宫。

十九日己亥 上驻跸行宫。是日申时，上出东门，阅杭州官兵射毕，率善射人员射，又率善中人员射鼓的。上每发悉中。

二十日庚子 上驻跸行宫。是日，巴林荣宪公主来请安进贡。

二十一日辛丑 上驻跸行宫。是日，赐额鲁特多罗郡王车凌汪布及跟随来京喇嘛护卫银两、缎匹有差。

二十二日壬寅 上驻跸喀喇城。

二十三日癸卯　上驻跸王家营。

二十四日甲辰　上驻跸鞍子岭。

二十五日乙巳　上驻跸两间房。

二十六日丙午　上驻跸巴克什营。

二十七日丁未　上驻跸腰亭子。是日，古北口关口守御善岱等、石匣营副将郑明等、管站员外郎罗音泰等来朝。

二十八日戊申　上驻跸密云县。是日，密云县知县朱英等、守备蔡崇印等、抽木税兵部郎中尼唐阿等来朝。

二十九日己酉　上驻跸南石槽。

酉时，上御行宫，大学士温达，学士众圣保、马良、傅尔、胡讷、马进泰以折本请旨。覆请吏部覆浙江巡抚王度昭所题温处道、高其佩因分赔银两于限内未完革职，高其佩应赔银两已经于限内起程，但到省交还之日，违限十八日，应请开复，议不准行一疏。上曰："高其佩分赔银两已经交完，着照该抚所请开复。"

又覆请陕西巡抚永泰所题，总督殷泰偶患痰症，不能动转，差官将关防旗牌、文卷等物送至臣衙门，相应报闻等语，将总督殷泰着解任调摄一疏。上曰："殷泰自为兵丁时义勇，朕灼知其优，历加简用。自升授总督以来，不负委任，清洁自持，约束属下，恩威并用，陕省军民无不感戴，朕深爱惜。且陕西地方甚属紧要，曩者张勇、赵良栋曾奏'臣等系陕西人，西边最为要紧，皇上宜留意。'今闻殷泰病已减，着在任调摄。"

又覆请刑部等衙门会审随行兵部解送七儿戳死进住，将七儿拟绞监候、秋后处决一疏。上曰："此事依议。嗣后随行之处，有杀人、偷马之事发露，着令各该管处奏闻，于随行之处审结，即于彼处正法，凶恶之徒始知畏惧。"

又覆请刑部等衙门所题，镶黄旗敦达礼佐领下闲散人巴戒因二哥借伊钱不还，同本旗四十儿等商议，伙打二哥，伤重殒命。将巴戒拟斩监候，秋后处决；四十儿等拟绞监候，秋后处决一疏。上曰："巴戒率众行凶，打死二哥，殊属可恶。着交本旗照新例正法。为从四十儿等之罪，着依议。管属巴戒等之官员本内并未议罪，此等杀人之案，理应议处管属官员。嗣后以此为例。本发还，着再议具奏。”又曰：“石图身为前锋，帮人打死二哥，可恶。秋审时勿恕，即遇恩诏，亦断不可恕！”

又覆请吏部尚书兼管仓场事务富宁安等所题，监禁在狱原任南新仓监督查进孙在中等暂留仓中，同新任监督尼牙达等放伊等任内所收之米，俟米放完之日，仍交刑部一疏。上曰：“查进孙在中提出监狱，仍令带锁，与新任监督同放伊等任内所收之米，俟米放完之日仍交刑部。”

又覆请安徽巡抚梁世勋所题，因盗案降二级调用凤阳府知府蒋国桢请照所降之级留任一疏。上曰：“蒋国桢着照该抚所请，照所降之级仍留原任。”谓大学士温达曰：“督抚所题之人，朕皆照所请录用。此朕之留颜于督抚也！伊等所题之人，贤则可，否则科、道官员自然题参。”

是日，怀柔县知县俞执中、守备赵承贵来朝。

三十日庚戌　未时，上至畅春园驻跸。

是行也，各部院衙门奏章日送内阁，三日一次递送行宫听理。

上驻跸热河时，每日请皇太后安。出哨之后随报请皇太后安十一次。

扈从起居注官揆叙、常寿、海保、阿尔赛。

十　月

初一日辛亥　早，奏事员外郎傻子捧出御笔朱书谕旨宣读，示诸王、贝勒、贝子、大臣。谕旨曰：“谕诸王、贝勒、贝子、大臣以下及众人等，前因胤礽行事乖戾，曾经禁锢。继而朕躬抱疾，亦不自为身计，念父子之恩，从宽免宥。想伊自然痛改前非，昼夜警惕。乃自释放之日，乖戾之心、放纵之处即行显露。朕在众前曾经保过，伊在皇太后、众妃、诸王、大臣前，亦曾坚持盟誓。以今观之，狂易之疾仍然未除，是非莫辨，大失人心。朕隐忍六年不发露者，因有前言故耳。今即每日教训，断非能改者。若又怀惭隐忍，朕今年已六旬，知后日有几？况天下乃太祖、太宗、世祖所创之业，传至朕躬，非朕所创立。恃先圣垂贻景福，守成五十余载。朝乾夕惕，耗尽心血，竭蹶从事，尚有不能尽者。如此狂易成疾，不得众心之人，岂可付托乎？故将胤礽仍行禁锢。为此，特谕。”

傻子又传谕旨曰：“朕不但书此谕旨时有愧，即与天下之人亦有愧焉。朕今虽六旬，赖祖父之福，自幼尝以英杰自许。朕于胤礽非不能制，如此等小儿，禁即禁之，纵即纵之耳。但今之人善者少，而恶者多。胤礽秉性凶残，与恶劣小人结党。胤礽因朕为父，虽无弑逆之心，但小人辈惧日后被诛。倘于朕躬有不测之事，则关系朕一世声名。彼有一小太监善福出便，皆遣人伺守。以此观之，当无处不令人伺守者矣！昨质问彼随侍二太监，当面唾辱，毫无愧色，其不堪可知。况前者释放时，曾有善则为皇太子，否则复行禁锢之旨，详在档册。今毫无可望，故有此谕。”诸王、大臣奏曰：“皇太子乃皇上之子，皇上所知较臣等更切。将皇太子释放，复行册立之后，皇上日加教训，望其自新。今皇上洞鉴其未改，重念太祖、太宗、世祖皇帝创立鸿业，不得已筹画备至，出自乾断，颁示谕旨，臣等有何异议。皇上谕旨甚是，自应钦遵。但皇上所系甚重，惟愿颐养圣躬，宽释焦劳，则亿万臣庶，不胜欣幸矣。”

谕曰：“着晓谕诸臣，自释放皇太子，六年之间，隐忍不易，唯朕乃能之。即今皇太子饮食、服御、陈设等物，较之于朕，殆有倍之。伊所奏欲责之人，朕无不责；欲处之人，朕无不处；欲逐之人，朕无不逐。惟所奏欲诛之人，朕不曾诛，以朕性不嗜杀耳。此何以故？凡以如所欲行，感悦其心，冀其迁善也。朕如此俯从，而仍怙恶不悛，是以灰心，毫无可望。至于臣庶不安，所处为难者，朕亦知之。今众有两处总是一死之言，何则？或有身受主恩，不肯从彼，日后死则死之，倾心向主者；亦有微贱小人，但以目前为计，假意逢迎，结为朋党，被朕知觉，朕即诛之者。此岂非两处俱死之势乎？此六年间，侍朕之人伊未曾责罚者，因朕有勿得责罚之命。至于伊属下、内外人等，令其互相监视，种种捶楚，不可胜计。今番不但伊属下人等，即伊妻孥，亦以为当，俱皆寒心，无一堕泪者。顷在热河驻跸时，朕之侍卫每日射箭欢笑，食颁赐之物，颜色丰润，俱皆愉乐。伊处黄褂侍卫，溽暑之时，流汗执役，肩担扛木，手执锹镢，手足胼胝，哭泣怨望，无有不知者。伊处只有一门，出入之人甚杂，亦众所知。朕虽日遣大臣一员、侍卫十员看守，俱似无目者然。尔等奏请朕躬甚重，宜加颐养，勿致焦劳。自释放皇太子以来，六年之间，朕之心思用尽，容颜清减。众皆缄默，曾无一人如此解劝者。朕今处置已毕，此劝解之言何用？诚不足取。前番之事，朕实愤懑，此番毫不愤懑，谈笑处之而已。皇太子前番之事，朕所诛之人颇多，皆系皇太子恶劣所致。今番此事，锁拿之人亦多，朕不悉诛。伊处有怂恿皇太子为恶而罪当诛者二三人，朕处则无有可诛者。此锁拿之人，今欲放，即放之耳。此番朕亦不穷究，何故令臣庶徒在其间无辜受戮耶？嗣后众等各当绝念，倾心向主，共享太平。后若有奏请皇太子已经改过从善，应当释放者，朕即诛之！果尔，于初拿皇太子时，何无一人保奏？今已颁谕旨完结之后，奏亦无益。倘朕以皇太子迁善，欲行释放，有似国舅不畏死，能言断不可释放者出奏。苟无其能，亦何用哉？朕心甚寒，日后朕若再复此事，难睹人面矣。”

是日，上诣澹泊为德行宫问安。

是日起居注官常寿、文志鲸。

初二日壬子

初三日癸丑　是日，上诣澹泊为德行礼。

初四日甲寅

初五日乙卯　未时，奏事治仪正傻子捧出御笔朱书谕旨示九卿，谕旨曰：“张伯行居官清正，自天下妇孺无不尽知，允称廉吏，但才不如守，果系无能。噶礼虽才干有余，办事敏练，而性喜生事，并未闻其清正之名。伊等互参之案，皆因私隙，听信人言所致，诚为可耻。朕抚驭寰区五十余年，粗通政事，于满汉蒙古军毫无异视，惟以公正处之。且噶礼屡次具折欲参张伯行，朕以张伯行为天下第一清官，断不可参，曾手批不准，亲笔现在噶礼处。这所议是非颠倒，着九卿公阅，务须矢公据实面奏。”

顷之，奏事治仪正傻子复传出谕旨曰：“阅朕此旨是则是，非则非，面奏时即从直具奏，朕不但不加嗔，而且甚喜。汉大臣不必又以皇上圣明奉承具奏。朕办事五十余载，凡满汉大臣无不知朕之意旨，天下满汉大臣俱系朕之臣。惟视一体，并未分别。倘以朕何为不护噶礼，朕乃天下之主，何得止护庇满洲？亦惟顺理行之。这清字票签，着大学士李光地会同侍郎揆叙翻译汉字具奏，汉字内有不合处，改正发出。其汉字票签，朕非不能缮写，但汉书必用文章，关系轻重，故未缮写。以此满文翻译汉字，毫不可易。明日回奏时另有谕旨。”

是日起居注官文志鲸、海宝。

初六日丙辰 辰时，上御畅春园内澹宁居听政。部院各衙门官员面奏毕，九卿、詹事、科、道面奏噶礼、张伯行互参一案。上曰：“从古治天下者，莫要于至公。朕御极五十余年，凡内外大小之事，皆以公心处之。观近日外官，满洲所参，大抵多汉人；汉人所参，大抵多汉军，皆非从公起见。朕悉据理处断，并无偏向。张伯行居官清廉，一文不取，天下人所共知。其家亦殷实。朕巡视河工时，适彼为按察使，知之甚悉，但才具略短耳。噶礼办事历练，至其操守，则朕不能信。若无张伯行在彼，则江南地方，必受其朘削一半矣！彼目前碍于张伯行，不无日后受财之意。语云，文官不要钱，武官不惜命，然后天下乂安。又云，清官不累民。朕为天下主，自幼读书，研究性理。如此等清官朕不为保全，则读书数十年何益？而凡为清官者，亦何所倚恃以自安乎。”左都御史赵申乔奏曰：“上谕清官不累民，张伯行居官果不累民。江南百姓俱受其福。”户部侍郎塔进泰奏曰：“臣前岁往福建，路经苏州，闻得众百姓俱说张伯行做官好，但办事平常。”上曰：“尔等俱系大臣，既知张伯行清官，当会议时何无一言？今朕既有谕旨，尔等方赞其清，亦晚矣。”又曰：“如萧永藻、富宁安、张鹏翮、赵申乔、施世纶、殷泰、张伯行、李陈常，此数人皆清官，朕皆爱惜保全。昔日赵申乔任偏沅巡抚时，居官甚清，但有性气，人皆畏其口直。后与俞益谟互相讦参，彼时亦有以赵申乔为非者。朕细加察访，即彼所辖武官及伊同乡陕西人良心不昧，俱言俞益谟之非，无有以赵申乔为不是者。清官固所当惜，而其言之不可行者，朕亦不行。如赵申乔条奏黄河坍地免粮一事，朕亦不准行。虽所言未当，而并无私见，凡交与伊一应事情，皆实心办理。朕是以护惜之。至陈鹏年稍有声誉，学问亦优，噶礼之欲害之也久矣。张伯行听信陈鹏年之言，是以噶礼与之不和，屡次具折欲参。朕以张伯行天下第一清官，不可参他。各省督抚具折来奏，朕俱有朱笔，亲批付之，从未有令其参一官、举一官者，彼皆收藏有据。朕恐异日遗累于彼，故并不留一字。尔等内有为督抚、现在大臣具折者，皆知之。以此见朕，事无大小，以诚相待也。噶礼曾将陈鹏年虎丘诗二首，奏称内有悖谬语，朕阅其诗，并无干碍。朕纂辑群书甚多，诗中所用典故，朕皆知之。即末句'鸥盟'一句，不过托意渔樵。凡作诗者，喜时则语多欢娱，失意则词多拂郁。如在全篇中指摘一二语以害人，则人皆不能免。陈鹏年其诗现在，非无据者。今与尔等公看，可知朕心之公矣。"因将陈鹏年之诗与诸臣看毕，又曰："噶礼曾参李麟骑射俱劣。李麟在口内迎驾，朕试彼骑射。因被总督所参之人，并未下旨。今李麟现在，若令噶礼与之比试，定不能及彼。时朕已心疑噶礼矣。倘噶礼先具折奏闻，朕必不准其参奏也。"工部尚书满都奏曰："臣随圣驾于途间，曾见皇上阅视李麟骑射，李麟马步箭果好。"兵部侍郎李先复奏曰："李麟现在无病，系打箭炉有功之人。"刑部侍郎张志栋奏曰："臣任江西巡抚时，李麟为九江副将，马步箭甚好，居官亦优。"上曰："朕保全清官，不但文臣鼓舞，而武臣亦皆感励。如师懿德、江琦、额伦特俱称清洁。湖广空粮甚多，鄂海、额伦特抵任以来已补过。二千五百名营伍亦甚整饬。"又曰："噶礼、张伯行互参一案，初次遣官往审，被噶礼制定，不能审出。及再遣官往审，与前互异。尔等诸臣，皆能体朕保全清官至公之意，使为正人。清官者无所疑惧，则人俱欣悦，海宇长享升平之福矣。"九卿出。

大学士温达、松柱、李光地、王掞，学士彭始抟、众圣保、邹士璁、巴格、凌绍雯、马良、傅尔、胡讷、马进泰、沈涵以折本请旨。上顾大学士温达等曰："适九卿入奏噶礼、张伯行之事，朕尽行谕及。张伯行居官甚清，天下人无不知之。清官不累民，诚为难得。朕自幼读书，此等清官若不爱惜保全之，读书何为？为官者亦何所劝励。"大学士温达等奏曰："皇上如此保全清官，凡为官者，俱交相劝勉，无有不欲为好官，黾勉从事者矣。"

温达等覆请九卿覆看得解任总督噶礼所参原任巡抚张伯行畏缩不能出洋等款，皆系情真，相应照户部尚书穆和伦等审题，将张伯行革职；原任巡抚张伯行所参噶礼通同监临等官揽卖举人等款，皆系情虚，亦相应照尚书穆和伦等以毋庸议一疏。上曰："照朕朱书谕旨，书写票签进呈。"

又覆请吏部所题江宁巡抚张伯行员缺，以内阁学士王思轼等职名开列一疏。上曰："这本暂收贮。噶礼、张伯行互参一案，今交九卿议覆，俟具题之日再奏。"

又覆请吏部所题原任大学士熊赐履之子熊志伊应授何职请旨一疏。上曰："熊志伊交于礼部，明年乡场令其乡试。"

又覆请兵部所题广东提督施世骠员缺，以副都统许廷臣等职名开列一疏。上曰："尔等会同九卿公同荐举具奏。"

又覆请兵部覆山东总兵官李雄所题，山东省武举内具呈告降补用者，请照各省保送护军例，先分于八旗，定限同众教习，俟限满时再发本省以千总补用，不准行一疏。上曰："着九卿、詹事、科、道会议具奏。"

又覆请理藩院所题，明年朝正蒙古王等系科尔沁和硕图斜图亲王鄂尔齐图等来朝之班一疏。上曰："来朝正蒙古王等内，除奉差及有本身丧事、有病不能前来者外，其左右两翼王、贝勒、贝子、公、台吉、塔布囊俱令来朝。尔等与理藩院会同议奏。"

又以九卿所奏萧玫并非有意打死萧武，因催拖欠钱粮情急所致，其情可矜折子呈览，并以原疏覆请。上曰："萧玫系催钱粮之人，因萧武拖欠钱粮未完往催，萧武不给而反詈骂，故萧玫拾石掷打，中萧武脑后，越八日殒命。萧玫着改为应斩监候，秋后处决。"

上又顾大学士温达等曰："海洋盗贼甚多，今隆冬之际，北风大作，正海贼归家之时。着兵部、刑部贤能司官各一员，于广东、江浙等处挨查缉拿，庶海贼得以尽灭。今虽有扰于民，而盗尽之后，益民多多矣。"

是日，上诣澹泊为德行宫问安。

是日起居注官史夔、常鼐。

初七日丁巳　是日，九卿遵旨为总督噶礼、巡抚张伯行所下谕旨缮折呈览。顷之，以朱笔批出谕旨，曰："满洲大臣毋以朕为偏向汉人。朕自幼所学，即以所学者见诸行事。虽读书无成，至于至公无私之处，断不让于古人。"

是日起居注官文志鲸、阿尔赛。

初八日戊午

初九日己未

初十日庚申　早，试武举冯云等九十九人于太和殿前。

是日，上诣澹泊为德行宫问安。

是日起居注官文志鲸、阿尔赛。

十一日辛酉　巳时，上为阅殿试武举骑射，御畅春园内西厂。领侍卫内大臣、读卷官、大学士松柱等排列毕，上升座。兵部尚书殷特布等进奏武举冯云等九十九人，分为十班试其骑射。上命领侍卫内大臣、读卷诸臣坐，于是阅冯云等以次骑射，记其优者。因顾殷特布等曰："提督、总兵官在于任所置立产业、不回原籍非美事，若于任所置立产业，居住兵民受其苦累，不待言矣。尔部会同九卿确议具奏。"既而上率善射人员射。上每发悉中。毕，回宫。

是日起居注官文志鲸、阿尔赛。

十二日壬戌　巳时，上御畅春园内西厂，领侍卫内大臣、读卷官、大学士松柱等排列毕，上升座。命领侍卫内大臣、读卷诸臣坐。兵部尚书殷特布等以武举冯云等九十九人，分为十班引进前，试以步射，挽劲弓、舞大刀、掇石，上将冯云等逐一详阅，记其优者。以刘炋、石天锡步射不堪，革退武举。谓殷特布曰："所剩十九人，明日带来试其步射。"上率善射鼓的人员射，又率善射人员射。上每发悉中。毕，回宫。

是日起居注官吴廷桢、海宝。

十三日癸亥　巳时，上御畅春园内西厂，领侍卫内大臣、读卷官、大学士松柱等排列毕，上升座。命领侍卫内大臣、读卷诸臣坐。兵部尚书殷特布等引十二日上未阅完武举十九人进前，试其步射，挽劲弓、舞大刀、掇石。上逐一详阅，又复阅记名优等之李显光等骑射。毕，上率诸皇子、善射侍卫、由进士授为侍卫者射，又率诸皇子及善中人员射鼓的。上每发悉中。所集诸臣、武举无不称奇。

申时，上回宫。

酉时，上御畅春园内澹宁居，读卷官大学士松柱等进前，以武举冯云等试卷进呈。上曰："令兵丁读书考试，诚一美事。武官虽以骑射步射、人材健壮为要，若不读书，则不知兵法矣。"大学士李光地等奏曰："皇上令兵丁读书、考试以来，人皆互相劝勉，颇得人材。"上曰："果然今提镇等官，俱访学问优者，拣选该管兵丁，令其教习。故为兵者亦皆鼓舞，而读书者多矣！"

上阅试卷毕，令拆开封，以李显光为一甲第一名，李维扬为一甲第二名，杨炳为一甲第三名，冯云为二甲第一名，朱伦翰为二甲第二名，命大学士王掞一一批写。又以鲁汝汉、李登云之名签，授于工部侍郎揆叙，曰："此二人之名填写在朱伦翰之后，余俱照尔等所拟填榜。"大学士李光地奏曰："二甲取几人？"上曰："取二十名。"

上问左都御史赵申乔曰："提督师懿德居官何如？"赵申乔奏曰："师懿德居官好，兵民俱安。"大学士王掞奏曰："松江夜不闭户，于地方大有裨益。"上曰："于地方虽有裨益，伊身则受伤矣。师懿德乃北方人，不服南方水土，身得残疾，弓力大减，朕甚惜之。"

上又问李光地曰："尔曾以易数与众讲论乎？"李光地奏曰："臣连日在署，未得空暇。"

上又问赵申乔曰："尔子曾以算法告汝乎？"赵申乔奏曰："曾言之。"上曰："尔意云何？"赵申乔奏曰："臣学问疏浅，不知。"上曰："大略是正理与否，汝亦不能断乎？"赵申乔奏曰："不能断。"上曰："此算法与易数吻合，朕曾以朱子全书对较。朕在渊鉴斋，凡阅诸书，必求其实，以朱子全书对阅。"工部侍郎揆叙奏曰："此算法合于易数即是正理，并非无据者。"大学士李光地奏曰："易数不传，其来久矣。今皇上始发明之。"王掞奏曰："圣学诚为穷本极源者也。"翰林院掌院学士汤右曾奏曰："皇上诚可谓发明前圣未发之奥。"上又曰："今之人看正书者少。宋儒讲论性理者多，亦未尝不作诗赋，所作诗赋皆纯厚。朱子以苏轼所作文字偏于粉饰，然其文字佳美之处，后人实不能及。细阅之，果然偏于粉饰。若看圣贤讲论性理之正书，虽赋性鲁钝，及至日就月，将定有裨益，必不致于恶。"李光地奏曰："皇上此论可为至言。"汤右曾奏曰："圣谕实有关于人心学术。"

是日起居注官常鼐、俞长策。

十四日甲子　早于太和殿前传胪，赐武举李显光、李维扬、杨炳一甲进士及第，冯云等二十人二甲进士出身，万国宁等七十四人三甲同进士出身。

是日起居注官常鼐、吴廷桢。

十五日乙丑　辰时，上御畅春园内澹宁居听政。部院各衙门官员面奏事毕，大学士温达、松柱、李光地、萧永藻、王掞，学士彭始抟、众圣保、邹士璁、巴格、凌绍雯、马良、傅尔、胡讷、马进泰、沈涵，以折本请旨。覆请吏部所题太常寺正卿崔徵璧员缺，以都察院左佥都御史董弘毅等职名开列一疏。上曰："着以李敏启升补，俟俸满三年，再于升转处开列。"

又覆请刑部等衙门覆江西巡抚郎廷极所题，熊大梁蹁中邓大苟之脚，以致角口，因而邓大苟以麻疯烂手涂抹熊大梁之面。熊大梁拿石块打中邓大苟之胸，越七日殒命。应将熊大梁拟绞监候，秋后处决。准如所拟一疏。上曰："熊大梁因误蹁邓大苟之脚，以致角口。邓大苟以麻疯烂手涂抹熊大梁之面，犹纽结不放。熊大梁急欲脱身，用石击打，越七日殒命。熊大梁从宽免死，照例减等发落。"

又覆请刑部等衙门覆浙江巡抚王度昭所题，王阿二因集会与董圣猷角口，以拳打中董圣猷左肋，越十八日殒命。应将王阿二拟绞监候，秋后处决，准如所拟一疏。上曰："董圣猷因集会角口，先殴王阿二。王阿二以拳还殴，越十八日殒命。王阿二着从宽免死，照例减等发落。"

又覆请刑部等衙门覆直隶巡抚赵弘燮所题，以砍死小功尊属靳名成之靳鹏霄拟立斩，准如所拟一疏。上曰："人命关系重大，着九卿、詹事、科、道会议具奏。"

又覆请直隶巡抚赵弘燮题报，井陉县亢旱秋收独歉一疏。上曰："各省督抚每奏折报年谷收成，朕必批令豫筹积贮，以备小有灾荒赈济，谕旨甚明。井陉系小县，村落无几，偶遇小灾，便闻人民不能安堵。如果能遵前旨，于丰年豫为储积，人民何至艰食，不安其居？此皆因地方官奉行不实，全无素蓄所致。嗣后，地方官须遵朕前旨，实心奉行，务期有济民生。"

温达等奏曰："臣等遵旨，会同九卿为补授广东提督施世骠员缺所荐天津总兵官杜呈泗等六人折子呈览。”并以原疏覆请。上曰：“王文雄调补广东提督，贵州提督员缺，着张文焕补授。”

上谓大学士温达等曰：“提督杨琳乃旗下人，人材又壮健。伊所奏章俱亲自书写，学问亦优。旗下人如此者少。”

是日，上诣澹泊为德行宫问安。

是日起居注官赵熊诏、海宝。

十六日丙寅

十七日丁卯

十八日戊辰

十九日己巳 是日，礼部所题，明年皇上六旬大庆，乃普天率土莫大鸿庥，非寻常典礼可比。臣等应请会同大学士、九卿、科、道详议具题一疏。上批：“朕御极以来，惟欲万国乂安，上则敬天法祖，下则垂令名于后世。孜孜然以致须发尽白，心血耗散，历尽忧劳，荡平险阻。自古帝王在位不久，享年不遐者，论者往往归于别故，而未谅帝王之实有所不胜，实有不堪其劳，忧惧所迫，以致短祚也。朕反覆思维，帝尧固辞华封之祝，必似朕临莅年久之君，方能知圣人之言有实也，余则断不能知矣。朕本凉德，惟赖祖考得国之正，积福之深。在位五十余年，寿届六十，今忧劳倍增，血气渐惫。惟恐愈久而力不支，愿不遂，以至不全终始。一世勤瘁，俱属徒然。朕惟知惕厉而已，并无留心祈求甲子之周也。览礼部请旨之奏，悉系虚文，无有实际。朕惟愿为臣清正，为子孝思，弟兄友爱，人人皆读正书，勉尽职业。国安民治，盗贼宁息。各以血诚实意，为朕六秩庆祝，朕即嘉纳。此外之仪，朕无所嗜，亦无所好。这所奏不准行。”

是日起居注官揆叙、汤右曾。

二十日庚午 辰时，上御畅春园内澹宁居听政。部院各衙门官员面奏事毕，大学士温达、松柱、李光地、萧永藻、王掞，学士彭始抟、邹士璁、马良、傅尔、胡讷、马进泰、沈涵以折本请旨。覆请兵部所题福建水师提督吴英员缺，调补广东提督施世骠提标中军原无副将，应将现任中军副将叶国鼎取回，另行补授。这员缺令新任提督拣选坐名题补具奏一疏。上曰：“叶国鼎在水师营年久，谙练营务、水性，着以副将管福建水师提标中军参将事，升转时仍以副将品级并列具奏。”

又覆请兵部覆广东、广西总督赵弘灿所题，广东右翼镇标右营游击沈朝相、左营守备种彪臣已题参在案。沈朝相员缺以臣标左营守备李顺补授，李顺员缺以千总张华补授。议不准行。种彪员缺，请以记名官员内拣选补授之处，议以记名应升守备官员及现任侍卫职名开列折子具奏一疏。上曰：“李顺着照该督所请补授游击。种彪守备员缺，俟千总张华引见时一并补授。”

又覆请都察院所题道员内升外转一疏。上曰:“着问都察院堂官具奏。”

又覆请吏科所题科员内升外转一疏。上曰：“王懿着内升，外转着停止这一次。”

又覆请总河赵世显所题江南徐属河务同知张士伸员缺，请以淮安府海防同知王友德调补一疏。上曰：“王友德着照该督所请调补。”

是日，上诣澹泊为德行宫问安。

是日起居注官蒋廷锡、阿尔赛。

二十一日辛未

二十二日壬申

二十三日癸酉

二十四日甲戌　是日，上诣澹泊为德行宫问安。

酉时，上由西直门进神武门，回宫。

是日起居注官张廷玉、阿尔赛。

二十五日乙亥　上御太和殿升座，升转文武官员谢恩毕，回宫。

顷之，上御乾清门听政。部院各衙门官员面奏事毕，大学士温达、松柱、李光地、萧永藻、王掞，学士彭始抟、众圣保、邹士璁、凌绍雯、马良、傅尔、胡讷、沈涵以折本请旨。覆请九卿覆山东总兵官李雄所题，山东省武举内有具呈乞告降补用者，请照各省保送护军例，先分与八旗，勒定年限，同众教习。俟限满时发本省以千总补用。议不准行一疏。上曰：“告降武举若即以千把总拟用，不谙营务，殊属无益，李雄所奏尚是。将伊等分与八旗，照汉护军教习，然后用之于管辖兵丁防守事务，方有裨益。着问九卿具奏。”

又覆请吏部所题湖南布政使佟国勷员缺，以四川按察使萨穆哈等职名开列一疏。上曰："着阿琳补授。"

又覆请理藩院所题，编在正蓝旗察哈尔旗下巴尔虎僧衮叩阍控告本佐领阿敏等隐瞒壮丁一案是实，将阿敏等议罚俸一疏。上曰："阿敏等俱系新编在察哈尔之人，因不知例，未行比量，非知情故隐。阿敏等俱从宽免罚俸，小校吴齐尔图亦从宽免责。"

温达等奏曰："臣等遵旨以内升外转道员问都察院左都御史揆叙等，揆叙等荐出陈汝咸、李弘文，并以原疏覆请。"上曰："陈汝咸着内升，外转着停止这一次。"

巳时，上由神武门出西直门，诣畅春园驻跸。

是日，赐王、贝勒、贝子、公、内大臣、都统、前锋统领、护军统领、副都统、亲近侍卫银两。

是日起居注官张廷玉、海宝。

二十六日丙子　是日，上谕礼部："朕统御寰区，抚绥万国，中外一体，保育维殷。惟期遐迩咸宁，共享升平之福。至于藩邦有能仰体此心、修明厥职者，朕尤加意优待之。兹朝鲜国王李焞，自袭爵以来，慎守封圻，恪循仪度，岁时贡献方物，克殚悃忱，四十余年，未尝少懈。其国中之事，稍有关系者，必奏明仰请定夺，罔敢隐讳。每于钦差人员，竭尽小心，倍加敬礼。且抚恤国人，善于爱养，所属靡不悦服。朕用是深为嘉美。既尝曲示恩谊，而值彼地饥馑，又自海洋运米赈济。故举国人众，至今犹深感戴。朝鲜贡献，朕屡加裁减，以至甚轻。但国小地隘，其年例贡物内有白金一千两、红豹皮一百四十二张，犹恐艰于备办。嗣后着将二项永停贡献。又闻朝鲜国使沿途馆舍，尽皆倾圮，难以止宿，历年进贡奏事人员，甚为劳瘁。着令各该地方官作速修葺坚固，用副朕加惠远人至意。尔部即遵谕行。特谕。"

是日起居注官揆叙、汤右曾。

二十七日丁丑　是日，上诣澹泊为德行宫问安。

二十八日戊寅

二十九日己卯　辰时，上御畅春园内澹宁居听政。部院各衙门官员面奏事毕，大学士温达、松柱、李光地、王掞，学士彭始抟、邹士璁、马良、傅尔、胡讷、沈涵、绰奇以折本请旨。覆请吏部所题都察院副都御史朝奇员缺，以通政司通政刘相等职名开列一疏。上曰："刘相人仅可，荆山谙练祭祀之事，补授正卿未久。阿锡鼐人平常，这员缺，着查年久郎中引见。"

又覆请户部覆古北口木税监督尼唐阿所题，古北口请照杀虎口兼抽杂税，议准行一疏。上曰："古北口来往行人甚多，不便抽税。若行抽税，则于行人有碍。此所奏无益，不准行。"

又覆请兵部覆兵科给事中常绅，以广东琼州总兵官何国云，自陈疏内但陈奏效力之处，将过犯隐匿不行陈明，殊非为臣之道，题参前来，相应革职一疏。上曰："此所议不当。前直隶巡抚赵弘燮因卷案舛错，吏部议革职，亦与此同。朕特命其明白回奏。部中议事不当者，往往有之，此不致于革职。本发还，着再议具奏。"

又覆请刑部等衙门所题山西、山东、河南三省情真案内折角六事。上曰："折角处俱着缓决。此内俞文言一案姑准缓决，但此人系大光棍，天下人皆知之，不可纵之。其钻营无所不到，朕亦未便深言，尔等志之。秋审时勿得宽宥，即遇诏赦，亦不可赦。惟蒋陈锡能参此人，他人不能。"上又曰："刑部事件俱人命攸关，故凡刑部所奏事，朕必细心详阅，一字不肯轻忽。讹舛者必改正发出。朕在热河驻跸，每各部院本章到时，特命将刑部本章次日送进，以便详阅始发，特以人命为重耳。今河南省情真案内，以打死张五儿高子和拟绞处越幅粘接，不应用印处用印，不合。如此疏忽可乎？着交与该部察议具奏。"

又以九卿议奏山东总兵官李雄疏称山东省武举内有具呈乞告降补用者，以千总补用等语，各省保送把总、兵丁用为护军者，因系遵旨保送之人，其数不多，故分在八旗，照伊等原得俸饷数目给与，赡养妻子。若照李雄所奏准行，则陆续具呈，乞告降补用者多矣。嗣后应永行停止折子呈览，并以原疏覆请。上曰："这所议甚当。着依议。"

是日起居注官揆叙、汤右曾。

十一月

初一日庚辰　是日，上诣澹泊为德行宫问安。

初二日辛巳

初三日壬午

初四日癸未

初五日甲申　辰时，上御畅春园内澹宁居听政。部院各衙门官员面奏毕，大学士温达、松柱、李光地、萧永藻、王掞，学士彭始抟、邹士璁、马良、傅尔、胡讷、沈涵、绰奇以折本请旨。覆请九卿遵旨议奏现任提镇以至守备及丁忧、革职提镇等官，俱不准在任所入民籍、置立产业；若有在任所入民籍、置立产业者，令该地方官严查，催回原籍一疏。上曰："准如所议，于任所置立产业，已经身故及不能回籍者，着该督抚详晰具奏。"

又覆请吏部所题都察院佥都御史董弘毅员缺，以大理寺少卿邵观等职名开列一疏。上曰："由司道内升官员及在京内升官员内，尔等与九卿会同拣选引见。"

又覆请户部所题更换崇文门监督一疏。上顾大学士等曰："崇文门监督甚属紧要，点出居官好者方有裨益。尚之杰居官何如？"大学士萧永藻奏曰："尚之杰任监督年久，情弊尽知。"上曰："既如此，着尚之杰再留一年。"

又覆请兵部覆镇绥将军仍管陕西提督事务潘育龙所题，总督殷泰现今有病，考选军政或俟新任总督到任，明年照例补行；或臣即详加考选，限内具题，相应请旨等语。署理总督事巡抚永泰已经具题展限，仍俟总督殷泰病痊之日照例会同举行一疏。上曰："若俟总督，则太迟矣。着潘育龙考选具题。"

又覆请刑部等衙门覆兵部侍郎觉和托等审题，原任福建水师提督蓝理因勒取银两，翻枷压死张梅观、易斌一案是实，应将蓝理即行处斩，准如所拟一疏。上曰："蓝理应照拟即行处斩，但在台湾澎湖对敌之时奋勇上前，劳绩显著，着从宽免死，调回至京入旗。蔡秋、陈焕俱照所拟应绞监候，秋后处决。”

是日，上诣澹泊为德行宫问安。

是日起居注官文志鲸、阿尔赛。

初六日乙酉

初七日丙戌

初八日丁亥　是日，上诣澹泊为德行宫问安。

初九日戊子　辰时，上御畅春园内澹宁居听政。部院各衙门官员面奏毕，大学士温达、松柱、李光地、萧永藻、王掞，学士彭始抟、邹士璁、马良、傅尔、胡讷、沈涵、绰奇以折本请旨。覆请吏部覆左都御史赵申乔条奏，捐纳补授府道初任为官者，请分给户部等五部学习事务一年，然后补用，议不准行一疏。上曰：“这条奏之事闻之虽善，而有不可行者。尔等云何？”萧永藻奏曰：“府道官员亦不甚多，欲为好官，亦不在此。该部执例议奏为是。”上曰：“是，着依议。”

又覆请刑部等衙门所题，打死步军小校巴雅尔图之步军花子拟绞监候，秋后处决一疏。上曰：“巴雅尔图、花子或系另户人，或系人家人，本内并未声明。若系人家人则已，若系另户人，应照新例完结。若打死者系另户人，花子系人家人，亦应照新例完结。尔等问明具奏。”

又覆请刑部所题镶红旗蒙古都统班第佐领护军校毕礼克免叩阍，控告伊佐领班第以刎颈革退之亲军噶海复行挑取护军等款一案，交与兵部议奏一疏。上曰：“凡当会议之事，即行会议具奏，以前屡有，谕旨甚明。这事将班第等议交与兵部议奏不合，本发还，着兵部与该都统、副都统会议具奏。”

又覆请刑部科衙门初次覆奏情真一疏。上曰：“张弘远、沈佳宾刊刻假印非人命之事，且又自行首出。打死妻之五达子，其妻至十日方死，皆应抽出。陶景荣之兄前已正法，陶景荣亦应抽出。但陶景荣之情罪可恶，不可宽宥。将伊等之名另记，待至三覆奏时，再详思之。”指座傍所置秋审档册曰：“刑部，人命之事，所关甚重，不可少有舛错。这情真罪犯档册，朕逐一详览。或有一案内写秋审字样，或有一案内但止写三法司会审字样，并不写秋审字样。其堂司官所管者何事？人命攸关，如此忽略可乎？将此档案发还，着刑部速行改正具奏。将刑部堂司官，交与该部查议具奏。”

又覆请翰林院所题日讲官沈涵员缺，以少詹王奕清等职名开列一疏。上曰：“这所开列人员朕俱不甚认识，尔等会同翰林院拣选人品端正、学问优者引见。”

是日起居注官常鼐、吴廷桢。

初十日己丑

十一日庚寅　是日，上诣澹泊为德行宫问安。

十二日辛卯　辰时，上御畅春园内澹宁居听政。部院各衙门官员面奏毕，广东碣石总兵官陆臣扬恭请训旨。上曰：“尔昔年出征曾至广东、福建，乃尔熟悉之地，勤练兵马，克尽职掌。闻得尚有海贼，尔到任当严行防查，不可怠忽。若入海巡逻，多带人去。此皆关系国家要务，尔谨志遵行。”陆臣扬出。

大学士温达、松柱、李光地、萧永藻、王掞，学士彭始抟、邹士璁、马良、傅尔、胡讷、沈涵、绰奇以折本请旨。大学士等会同翰林院为补日讲官沈涵员缺，拣选少詹王奕清等引见，并以原疏覆请。上曰：“伊等人如何？”李光地奏曰：“人皆去得。”上曰：“周起渭人去得，学问亦优，着以原官充补日讲官。”

又覆请刑部覆御史花善等审题，四川巡抚年羹尧所参茶商邓惜古控告打箭炉抽税监督博乐侯用大等多取银两入己，博乐侯等多取之银两俱用在公处，应无庸议，准照所拟一疏。上曰：“事着依议。前原任巡抚能泰曾具折奏请四川开矿，朕以此事不可行，用朱笔批发后，又奏称江中有银，请派官监视捞取，以为兵饷。朕亦以此事不可行，用朱笔批发。朕乃人君，岂有在江中捞取银两之理？朕观此二事，即知能泰必贪，从此防之。尔等召能泰来问之。”

又曰：“山东总兵官李雄奏称，洋中有贼舡四只，不知是情急来归顺者，不知是往他处者。”李光地奏曰：“或者来归降陈汝咸者未可定。”上曰：“李雄率兵去矣，尚未得实信。”

又覆请刑部科衙门二次覆奏情真一疏。上曰："本着批是。"又曰："朕以朱笔书写犯人姓名，夹在情真罪犯册内，所夹姓名，着抽出。其中若有名相重者，着陈奏。"

大学士温达等奏曰："臣等遵旨，以打死巴雅尔图之步军花子问刑部尚书哈山等，据云，巴雅尔图是人家人，花子是另户人。"并以原疏覆请。上曰："花子虽系另户人，打死管伊小校，殊属可恶，应照新例完结。本发还，着再议具奏。"

是日，奏事治仪正傻子、员外郎双全传谕吏部曰："前者将重犯档册逐一详阅，有一犯案内将历年九卿会审之处开载者，有一犯案内止将三法司会审之处开载者。朕但以人犯情由为要，其所新审未刊入原板之处，不曾料及，以为遗漏，曾有谕旨。昨日详览刑部添写本年秋审档册，始知朕之错怪其刑部堂司各官。着免查议。嗣后已经刊板之后，九卿会审奉批之时，仍将会审之处，照此添写于三覆奏册内更好。朕性喜自知错误，恶勉强好胜者。朕将此遗误指出。如有勉强好胜之徒，亦自然知耻而悛改矣！"

是日起居注官俞长策、海宝。

十三日壬辰

十四日癸巳　辰时，上御畅春园内澹宁居听政。兼管仓场事务吏部尚书富宁安入奏曰："九江兴武等七处回空漕舡，至东光泊头阻冻，问旗丁云，皆因粮兑装载过闸，以致迟误等语。此舡若俟明年解冻后去而复来，则又必至于迟误。臣等请行文总漕，查在何处迟误，即令伊等之力运至。"上曰："漕运迟误皆有原故，朕曾南巡，知之甚悉。漕舡难于在江停泊，由江左来者，过江自仪真至宝塔湾停泊；由江右来者，亦过江自瓜州至宝塔湾停泊。虽有先到宝塔湾之船，亦必俟未到之舡，按次挨帮行走。故此迟误。条奏者不知其故，皆于他处谩言之矣。"因顾起居注官赵熊诏曰："各处漕舡皆聚于宝塔湾候舡，故此致于迟误。"赵熊诏奏曰："皇上所见极是。"富宁安奏曰："臣等但以为粮兑装载过闸致于迟误，并不知有此情由，亦不能见及于此。"上曰："尔等议奏。"

部院各衙门官员面奏毕，大学士温达、松柱、李光地、萧永藻、王掞，学士彭始抟、邹士璁、马良、傅尔、胡讷、沈涵、绰奇以折本请旨。上顾大学士等曰："适富宁安奏请行查漕舡迟误缘由，伊等不知此故，漕舡迟误，皆由江左江右下来之舡俱泊于宝塔湾，候未到之舡，挨帮按次行走之所致耳！候舡挨帮行走，并无关系。若一到即行，何由得误。朕以此谕之，富宁安甚为心服。"温达奏曰："皇上谕及，臣等始知其由。"李光地奏曰："果如圣谕行走，漕舡断不致于迟误。"王掞奏曰："不但漕舡不误，而于商民亦有裨益。"上又曰："今河道稳妥矣。去岁黄水势旺，清水势弱，并未倒灌。视今年所报黄水、清水相抵，料想无妨。其先清水不能抵黄，每每倒灌。自朕指示筑堤，引清水由北岸流去之后，黄水则不倒灌矣。又将杨家闸处修理，所以大得利益。朕以河道关系甚要，故将河图置于座右，不时详阅。"李光地奏曰："臣等阅河图，但能记其大处地名，不能全记。皇上连小处地名无有不记者。"上又曰："今岁淮安左近虽稍觉欠收，犹其妨碍。易州郯城被水灾，民往南逃矣。"李光地奏曰："易州郯城地势凹下，原系聚水之处，所以当遇水灾。"

大学士温达等覆请户部覆左都御史赵申乔条奏，今皇上施恩天下，将地丁银两俱皆蠲免，请将陕西潼关卫及山西大同府所属改征米豆草束施恩蠲免，议不准行一疏。上曰："潼关卫、大同府所属五十一年应征米豆草束既已征完，今虽蠲免，无益小民。明年应征米豆草束着蠲免。这蠲米豆草束，应作何采买充用，着该抚详议具奏。"

又覆请礼部所题，为差四川、广东、广西、福建主考以编修查嗣瑮等职名开列一疏。上曰："这本内开列之人朕俱不识，俱按次点出。人内有年老疾病、不能看文字、人品不端者，亦未可知，着问九卿。若有知者，即行举出，再行另点。"

又覆请刑部等衙门所题，审得原任御史黑子叩阍，控告原任步军统领陶和气无故将伊拿去，常明、佟九等伙同吓诈伊银六千两是实。陶和气、佟九在别案拟绞，仍在彼案正法。常明枷号两个月、鞭一百。喀喇蛮子等系陶和气属员，受其指使，应无庸议一疏。上曰："事着依议。喀喇蛮子原为侍卫，因为人狂妄，故朕令伊在步军处效力，授为步军协领。今伊附会陶和气妄行，则不可留任步军协领，着交于领侍卫内大臣，令伊在三等侍卫处效力行走。黑子说陶和气曾荐常明，朕记得陶和气并未荐举常明，故试问之。黑子、常明俱行止不端，如同一辙，无少异。正黄旗人无不知之。将常明严紧枷责，发遣白都纳。黑子前该旗曾奏伊家产尽绝，奏之后，又将火仓草豆案内商人金弼等着落伊身一万一千二百有余银两还完。将此交与该旗大臣查明具奏。”

又曰：“俞文言、张霖、查日昌等亦皆系大不端之人，秋审时断不可宥。即遇恩赦，亦不可宥。尔等志之，交与该部。查日昌系拟重罪人犯，而又能令其子中为解元。赵申乔不易被人欺骗，已被查日昌欺骗矣！”

又覆请刑部覆刑部郎中塞德会同直隶巡抚赵弘燮审题，荆州将军达尔占所差赍奏折人二青与荆州佐领硕塞家人刘偏头行至邯郸县下店之夜，刘偏头银两、衣服被人偷去，投井而死。知县萧秉楷以二青为在事之人，着人看守，不容启行。二青诉说批折要紧，迟误不得。萧秉楷不听，二青情急，亦投井而死。知县萧秉楷于二青说出折子时即当申报上司，二青死后方将有折子情由申报上司，殊属不合，应罚俸一年，准如所拟一疏。上曰：“萧秉楷人糊涂，着革职。”

又覆请刑部汇题案内将蓝翎胡世塔家人陈五乃免死，发遣给与胡世塔为奴之人。调取胡世塔来京之时，陈五跟随至京，将伊所识逃出陈二之妻留住为妻，相应将陈五发与宁古塔将军，照新例正法一事。上曰：“蓝翎胡世塔系乌喇调取来京之人，将发遣陈五明知携带来京，以致生事妄行，可恶。胡世塔着革去蓝翎。”

又覆请刑部科衙门所题三覆奏情真罪犯一疏。上问大学士等曰：“尔等细阅之乎？”李光地奏曰：“俱情真罪，当放一线之生路，恩出自上。”上曰：“这情真罪犯册档交与刑部，其中命抽出十五人，另订一本送进。”

大学士温达等奏曰：“臣等遵旨问原任四川巡抚能泰奏请开矿一事，据云奏请二次是实。皇上皆以朱笔批不准行。算开矿所用柴薪、人工价值费用，亦无大益。”上曰：“以此观之，一面奏请，一面即行矣。督抚、提镇奏折一二次，朕即可知其行事。朕手批朱书谕旨俱在伊等处，朕宫内并不留一字，亦并不曾命荐举一人、参劾一人。前巡抚蒋陈锡欲参俞文言，具折奏闻。朕批云，俞文言不端是实，参与不参，在尔定夺。”

是日起居注官常鼐、赵熊诏。

十五日甲午

十六日乙未　申时，上由西直门进神武门回宫。是日，遣官告祭天地、太庙社稷，废黜皇太子胤礽。

是日起居注官蒋廷锡、阿尔赛。

十七日丙申　辰时，上御乾清宫。大学士温达、松柱、李光地、萧永藻、王掞，学士彭始抟、邹士璁、马良、傅尔、胡讷、沈涵、绰奇以掌陕西道事御史巴什三等所题，刑部科衙门三覆奏情真罪犯五十人应勾决者请旨定夺。上将刑部重囚招册逐一详阅，反覆审定，然后勾决。命大学士王掞执笔。上阅至罗杰、周芝荃受周三银两，将邵文卿致死一案，上曰："邵文卿本有病，着免勾。"又阅至四雅图与刘老儿角口，四雅图持小刀连戳刘老儿三刀致死一案，上曰："此真人命无可议者，着勾去。"又阅至索柱见吴大驴上驼，着搭连行走，持棍将吴大脑后击打，吴大昏晕在地，搜夺银钱衣服一案。上曰："凡阅盗案，断不可贷。况索柱本有致死吴大之心，特幸而不死耳。着勾去。"又阅至高二三次拐卖人口一案，上曰："此未伤人，免勾。"又阅至黑子因老哥告诉伊主说伊行凶，故持小刀戳死老哥一案。上曰："此真人命，无可原者，着勾去。"又阅至沙纳海因从前杨福儿告诉伊主说伊懒慢之故，时常角口，彼此斗殴，沙纳海想起从前角口之处，持小刀将杨福儿戳死一案。上曰："此情罪亦无可原，着勾去。"又阅至赵关以料理伊主家事人魏良栋不给家人口粮，少有错处，即便责打，因而持车档将魏良栋殴死一案。上曰："此亦真人命，无可议，着勾去。"又阅至窃盗四儿拒捕伤人一案，上曰："窃盗拒捕伤人，情罪可恶，着勾去。"又阅至张五向刘守义索讨欠钱角口，互相殴打，刘守义持棍将张五打死，尸骸抛入井中一案。上曰："此亦真人命，不可原，着勾去。"又阅至张君甫因偷王道元之木，王道元知觉诉伊主，张君甫怀恨，以称锤打倒，用小刀戳死一案。上曰："此亦无可原者，勾去。"又阅至萧理保因欠三保槟榔钱，曾被三保辱骂，因而怀恨，持小刀将三保戳死一案。上曰："此情罪亦无可原，着勾去。"又阅至黄老儿三次偷刨坟墓，剥取死人衣服、钳子等物一案。上曰："黄老儿三次盗发人冢，情罪可恶，着勾去。"又阅至陈二醉后至良一修家借宿，思从前与良一修角口之处，持小刀戳死良一修，又将良一修之母魏氏连戳数刀一案。上曰："此亦真人命，无可议者，着勾去。"又阅至柱儿以陈大之妻大姐骂伊不去挑水，又批其颊，柱儿遂告诉伊夫陈大，陈大袒护其妻，柱儿遂持小刀将陈大、大姐戳死一案。上曰："此致死两命，着勾去。"又阅至准泰求会元代还欠银，会元不允，彼此殴打，会元持小刀将准泰连戳三刀致死一案。上曰："此亦真人命，无可原者，着勾去。"又阅至七十谎报伊家人冬儿阵亡领身价银七十两一案。谓大学士松柱曰："七十行事不端，尔同旗必知之。"松柱奏曰："七十醉后胆大。"上曰："七十情罪虽属可恶，但未杀人，着免勾。"又阅至李九儿同已正法之庄黑子等将阮福德拉去轮流鸡奸一案。上曰："庄黑子已经正法，李九儿着免勾。"又阅至张有才见一座新坟，遂刨，剥死人衣服等物一案。上曰："凡盗发人冢罪皆不原，张有才止一坟，姑免勾。"又阅至朝奇不安分，到处说谎夤缘钻刺，甚属不端一案。上问大学士等曰："尔等意如何？"大学士温达等奏曰："情真罪当恩出自上耳。"上曰："朝奇人甚乱，无处不到，与俞文言同不可赦也。姑免勾，着刑部严加拘禁，不得使与外交通。"又阅至刘元士与贺保儿鸡奸二年有余，后银钱用完，仍欲鸡奸，贺保儿不从，刘元士忿怒，拔刀将贺保儿戳死一案。上曰："此亦无可原者，着勾去。"又阅至刘大要典李大住房，李大不允，乱骂，刘大遂将李大踢打，伤重身死。及检棺时，又恐吓李大之子李二，以致李二害怕，投井身死一案。上曰："此亦致死二命，着勾去。"又阅至赵瞎子同李二开卖人窑子、拐卖人口一案。上曰："赵瞎子刑部曾奏过，言其废疾，并李二俱免勾。"又阅至邓铎因伊缌麻伯母张氏骂他偷彼柴草，邓铎持锄刀将张氏砍死一案。上曰："此亦无可宽者，着勾去。"又阅至王子方因张文骂伊兄王子庆欺压他儿子起衅，王子方持斧将张文砍死一案。上曰："此亦真人命，着勾去。"又阅至王四将保儿强行鸡奸一案。上曰："此未杀人，着免勾。"又阅至陈复泰用银买任黑子之父任一璧金刚钻一个，后转卖与人，多得银两，以至彼此角口。及任一璧父子持木棍击打，陈复泰遂拔小刀将任一璧戳死一案。上曰："此亦真人命，着勾去。"又阅至杨富因姚义、崔维贤去要厨役，央求明日送去，不允，以致角口，杨富将姚义踢打身死一案。上曰："杨富身充总甲，衅起同事，免勾。"又阅至八儿向罗瑚说主子吩咐房子不与你住，叫你搬至，罗瑚不搬，因而互相角口。罗瑚遂持铁尺将八儿打了几下，又将搭包套在八儿项下勒死一案。上曰："此凶恶无可原，着勾去。"又阅至长七酒醉回家路遇王四之妻庞氏，庞氏遂骂长七，长七乘醉拔出小刀将庞氏戳死一案。上曰："长七与庞氏本无宿嫌，因醉戳死，姑免勾。"又阅至林大两次掘墓，剥取死人衣服、簪环等物一案。上曰："林大盗发人冢已两次，着勾去。"又阅至黄二将已故王弘绪捆吊，持砖打头颅、肩背等处一案。上曰："首犯刘四已经正法，黄二系为从，姑免勾。"又阅至杨朝凤与伊女在院乘凉，刘文嵩临墙窥望，杨朝凤一时动怒，赶至刘文嵩门首，持刀砍死刘文嵩、伊弟刘文伯一案。上问大学士等曰："杨朝凤连毙二命，尔等意如何？"大学士李光地奏曰："杨朝凤诚毙二命，但因刘文嵩欲奸伊女而起。"上曰："此一面之辞，何可偏听？常见持刀杀人者辄云，彼欲鸡奸，我故杀之。绝无证据，此又足信耶？凡此等人皆非知有廉耻，况又毙二命。着予勾。"又阅至姜二向宋君甫索讨利银，以致互相殴打，宋君甫用绳缠勒姜二脖项身死一案。上曰："此亦真人命，着勾去。"又阅至陆二哥因陆五为争地亩缘由，将伊父控告责打，因伤身死缘由，陆二哥怀恨，遂寻见陆五，用枪戳死一案。上曰："此因父死起见，姑免勾。"又阅至魏八因黄二所欠工钱，又行詈骂，遂持小刀戳死黄二一案。上曰："此亦真人命，无可原者，勾去。"又阅至六十八窝留飞贼在家、剖分偷盗银两等物一案。上曰："此窝藏飞贼断不可原，着勾去。"又阅至王三窝藏窃盗在家、剖分偷盗银两等物一案。上曰："窃贼之恶等于强盗，朕所深恶！王三实为窝主，罪在不原，着勾去。"又阅至陈世英、刘鸿恩曾典刘士魁旗地，主唆刘士魁逼要典契，希图夺回地亩，刘鸿恩不允控告，陈世英怀恨窃取孟阳生骨，殖埋在刘鸿恩院内。捏称刘鸿恩同子刘俊英、刘俊杰谋死伊表兄八儿，以致刘俊英无辜禁毙一案。上曰："刘俊英系监毙，陈世英姑免勾。"又阅至赵世杰向伊主五十九借银，五十九不允，詈骂殴打，赵世杰遂持小刀将五十九戳伤一案。上曰："赵世杰系雇工人，戳伤伊主未死，姑免勾。"又阅至赵才六次掘坟，剥取死人衣服等物一案。上曰："六次盗发人冢，凶恶极矣，着勾去。"又阅至和尚黄大、李六开马窑子，偷盗骡马，卖银剖分一案。上曰："未伤人，着免勾。"又阅至白黑子、杨五、陈大偷盗濯灵厂库内铅子一案。上曰："白黑子系首犯，着勾去；余为从，免勾。"又阅至戴麒麟拐出幼男常有藏在园内，后被寻获一案。上曰："未伤人，姑免勾。"又阅至于二所卖之草，太监张文秀欲买，给价短少，不卖，以致彼此詈骂殴打，于二将张文秀额门打伤，逾时殒命一案。上曰："此凶恶，不可宽，着勾去。"又阅至黑旦儿跟随伊主往喀尔沁地方去，伊主着伊等去取茶，八儿所背茶壶欲与黑旦儿背，黑旦儿不允，遂互相角口。黑旦儿拔出小刀，将八儿肚腹戳伤身死一案。上曰："此亦真人命，着勾去。"又阅至沙木巴找寻马匹，至沙克都尔家，饮醉，向沙克都尔说，将我妻接来，为何留至数日，因而詈骂。沙克都尔忿怒，将沙木巴脚踢，逾时殒命。沙木巴之家人喀尔马找寻伊主沙木巴，至沙克都尔家，沙克都尔令阿育席等将喀尔马捆绑杀死一案。上曰："此事已年久，姑免勾。"又阅至巴延孟克偷盗马匹一案。上曰："此贼与强盗无异，不可恕，着勾去。"

勾决事已毕，上谕大学士等曰:"顺治年间，有两犯同名者，一勾一留。唱名时，二人同应，至无由辨别。明日部臣上疏请罪，此由部臣不能详细之所致也。又明季决囚俱于西四牌楼，其时秋决囚亦甚多。崇祯时偶遣内侍往觇有鸣冤者否。俄有一人鸣冤,即归奏闻。乃遣太监袁本清传谕停刑。时禁城不许乘马，而本清习于安佚，两人扶掖，逾时方至，其人已典刑矣。本清不得已，反将应决人犯尽释。崇祯怒，乃杖本清，臀肉俱尽。朕昔亲见本清，言之甚详。此皆不慎之于平时，以致临期舛错。故朕于招册，皆细加研勘，此情真五十人即尽诛之并无冤枉，而三覆奏后应当正法者，朕犹必反覆详究，于无可生之中，求一线可生之路，无非矜慎民命之意也。"

午时，上由神武门出西直门，诣畅春园驻跸。

是日起居注官揆叙、汤右曾。

十八日丁酉　是日，上诣澹泊为德行宫问安。

十九日戊戌 辰时，上御畅春园内澹宁居听政。部院各衙门官员面奏毕，大学士温达、松柱、李光地、萧永藻、王掞，学士彭始抟、邹士璁、马良、傅尔、胡讷、沈涵、绰奇以折本请旨。覆请诸王、贝勒、贝子、公、文武大臣、官员所奏，为圣德崇隆已极，臣民感戴无已，恭逢六旬大庆，普天同欢，请上尊号，以惬舆情，以光大典事一疏。上曰："朕临莅日久，每于读书鉴古之余，思念君天下之道，惟以实心为本，以实政为务。若夸功德，侈祥瑞，加上尊号，以取虚名，无益治道，朕所不喜。前荡平三藩、剿灭噶尔旦之时，诸王大臣等屡有奏请，朕手书批示，谕以断不可行之，故历有旨甚明。此事断不可行。"

又覆请宗人府等衙门所题，审得镇国公经希首告陶和气，"我兄多罗安郡王病故时，不由我们作主，即令将服除去。伊长子舒奇令人将我祖饶余王茔地门开，进里边，周围看视"等款皆实，应将陶和气凌迟处死，舒奇拟绞监候、秋后处决一疏。上曰："陶和气甚属贪恶，乃不可留之人。从宽免其凌迟，令其自尽。舒奇依拟应绞监候，秋后处决。"

又覆请吏部所题正蓝旗二等精奇尼哈番厄尔黑德缘事革职，厄尔黑德无亲兄弟，相应注销世袭官档之名一疏。上曰："此系晋布之祖达诸护所得之官，不可销去。晋布子孙多，着查晋布子孙来引见。"

又覆请户部尚书张鹏翮等所题，审得原任江南布政司宜思恭叩阍控告阿山、宋荦等索取节礼银两一案是实，应将阿山、宋荦等交与该部议处一疏。上曰："这事着刑部会同吏、户二部定议具奏。阿山、宋荦俱皆承认，伊等原系旧为大臣之人，提去审问，惧法，所以承认。念皆系年老解任大臣，这事着宽免。"

是日起居注官张廷玉、阿尔赛。

二十日己亥 申时，上由西直门进神武门回宫。

是日起居注官周起渭、海宝。

二十一日庚子 自是日起，上以冬至节祀圜丘，斋戒三日。

是日，上诣宁寿宫问安。

是日起居注官周起渭、阿尔赛。

二十二日辛丑 是日起居注官周起渭、常鼐。

二十三日壬寅　早，上临太和殿，视祀圜丘祝版毕回宫。

是日起居注官常鼐、吴廷桢。

二十四日癸卯　早，上由午门出正阳门，诣天坛亲祭毕，回宫。

是日起居注官周起渭、海宝。

二十五日甲辰　早，上御乾清宫，大学士温达、松柱、李光地、萧永藻、王掞，学士彭始抟、邹士璁、马良、傅尔、胡讷、沈涵、绰奇以折本请旨。覆请吏部所题为补授安徽布政使马逸姿员缺，以四川按察使沙木哈等十四员职名开列一疏。上曰："安徽布政使缺紧要，外省按察使及部院官员内人品、居官好者问九卿具奏。"

又覆请刑部所题以打死进财得财之六儿拟斩监候、秋后处决一疏。上曰："杀人得财，即应照强盗议处。六儿打死进财得财，该部以为一家人，减一等，但照故杀律拟罪，殊为背谬。本发还，着再议具奏。"

又覆请四川提督康泰所题黎雅营游击员缺，请以臣带至四川、遇缺即用之守备马辅臣补授一疏。上曰："马辅臣人材健壮，朕知之甚确。着照该提督所请补授。"

毕，上顾大学士李光地曰："张鹏翮来奏云，福建水师甚要。"李光地奏曰："张鹏翮曾见提督施世骠否？"上曰："未曾见。张鹏翮虽奉差审事，凡地方之事深为留心。福建水师不比别省水师，台湾、澎湖之地关系甚要，当留心焉。海坛、南湾二处不甚要紧。"李光地奏曰："南湾则不知，海坛实无紧要。闽安是一要口，彼处副将驻扎。海坛总兵将闽安副将移在海坛驻扎，海坛总兵官，移在闽安驻扎方善。"上曰："顷总兵官李雄率水师追赶海贼，至登州海面遇风，几致危殆。今值冬季，北风正多。李雄入洋以来，朕在深宫，甚以为忧，欲速得其信，故令伊家人乘驿驰往。又闻在海贸易商船三日即可到尽山、花鸟。以此观之，伊等用船胜于北人远矣。此皆因在海洋，习惯用船，熟练之故耳。即如北人则善乘马，南人则善行船。若乘马，不但汉人远不及满洲，即汉军亦不足论。船与马不同，马上唯一人一骑，船则众人攸关。"又曰："朕先南巡时，正值年壮，在扬子江黄天荡乘船打戗，独朕之船先到金山寺。扈从诸船俱不能到。后南巡时，朕春秋渐加，则不敢冒险矣。江海中行船甚险，朕经过，所以深知。朕意欲令投诚海贼指引路迳，似属有益。”

是日，上诣宁寿宫问安。由午门出正阳门，谒暂安奉殿、孝陵，南苑旧宫驻跸。

二十六日乙巳　上驻跸赵里。是日，采育防守御常寿等、顺义县防守御常存等、通州副将魏经国等、通永道张连登、通州知州王友直等来朝。

二十七日丙午　上驻跸三河。是日，三河县防守御普成等、知县李春华等来朝。

二十八日丁未　上驻跸五里桥。是日，赐简亲王之子永乾貂帽、马。蓟州知州张盛高等、都司杨之奉等来朝。

二十九日戊申　上驻跸淋河。是日，赐侍卫、护军参领、护军校、护军、执事人员鹿、羊、兔、雉。

三十日己酉　上驻跸汤泉。

辰时，上谒暂安奉殿，行三跪九叩礼，三献爵。举哀毕，又谒孝陵，行三跪九叩礼，三献爵举哀。

是日，赐简亲王内厩马一匹。赐守陵大臣、官员、老人银两。又赐随驾护军参领、护军校、护军、执事人员鹿、羊、兔、雉。

十二月

初一日庚戌　上驻跸西双城子。是日，赐贝子苏努马一匹。遵化州知州刘之琨等、游击赵国良等来朝。

初二日辛亥　上驻跸牛家庄。是日，三屯营副将杨弘德等、喜峰口管站员外郎达锡、关口守御萨克查等来朝。

初三日壬子　上驻跸北台。是日，赐安郡王华圯马一匹。又赐侍卫、执事人员、护军校、护军及扈从诸王、贝子、公等鹿、羊、兔、雉。

初四日癸丑　上驻跸冰窖厂。

初五日甲寅　上驻跸暖泉。

初六日乙卯　上驻跸丫头沟。是日，宴诸王、贝子、公、大臣、蒙古王、台吉、塔布囊及众蒙古。

初七日丙辰　上驻跸鄂伦蒿齐特。是日，赐裕亲王保泰、简亲王之子永乾、镇国公普贵马各一匹。

初八日丁巳　上驻跸西喇乌素。是日，宴诸王、贝子、公、大臣、侍卫、护军参领、护军校、护军、执事人员。赐简亲王雅尔江阿马一匹。又赐和硕端静公主之子纳木桑马一匹。

初九日戊午　上驻跸特蒲克。是日，宴诸王、贝子、公、大臣、侍卫、护军参领、护军校、护军、执事人员、蒙古王、台吉、塔布囊及众蒙古。

初十日己未　上驻跸行宫。是日，赐领侍卫内大臣公阿灵阿马一匹。

十一日庚申　上驻跸应图。是日，赐简亲王之子永乾马一匹。又赐喀喇沁扎萨克一品塔布囊格勒尔、多罗额驸门都、和硕端静公主长史沙津达礼马各一匹。又赐行围蒙古人员鹿、兔、雉。

十二日辛酉　上驻跸行宫。

酉时，上御行宫，大学士松柱，学士阿尔法、绰奇以折本请旨。覆请九卿覆江南苏松水师镇标中军游击吴方熹条奏，自开海以来，添数万船只，各船载货日少，闲住日多。盗心之萌，实基于此。应酌量大小县额，定若干只，毋许溢额多造等款，行文该督抚应否可行，确议具题，到日再议。又凡海上贼船皆系空船，若禁止空船不许出洋，则奸徒不能行劫。巡洋官兵遇有空船即知贼船，便可擒获等款，应准如所奏。又令各省沿海民间小船及渔船尽改为竹筏，则不能扬帆远涉等款，应无庸议。左都御史赵申乔另议，令各省沿海小船渔船尽行改为竹筏，则不能扬帆远涉，而一应通风送信、运米接济之奸可除，准如所奏一疏。上曰："吴方熹条奏之本，赵申乔另议条奏。海洋之人甚多，此等事应画一，一本具奏。将本发回，着画一，一本具奏。"

又覆请吏部所题江西按察使张圣佐员缺，将现任应升浙江金衢严道祖业弘等职名开列一疏。上曰："前九卿荐出人员有余剩者，着查奏，若无，着九卿会同拣选具奏。"

又覆请户部覆正白旗满洲副都统吴尔得黑条奏，请增造通州中南大西仓廒，议不准行一疏。上谓起居注官揆叙、海宝曰："尔等进内侍立，谨记朕旨。尔学士等亦详听之。增添厫座乃一善事，若多增厫座，则入新收贮，挨陈放出。厫一空出，又将新者收入。不但米不致耗费，而且有余，出入之数亦得明白。每年放给米石，皆有一定之数。如此一清，则各仓之弊可无矣。俟回銮后尔等会同九卿、詹事、科、道详议具奏。”

又覆请总理钱法户部侍郎噶敏图题报，宝泉局监督额伊图等所收康熙五十年铜筋并所铸钱数存库铜筋数目一疏。上曰：“前奏销钱局收过铜筋及铜钱数目俱票拟该部查议具奏。今此疏票拟依议，谬矣。本发还，着再拟票进呈。”

又覆请兵部所题以军政自陈疏内不开载年貌、履历罚俸，将江南提督师懿德等分别罚俸、降级调用一疏。上曰：“昔军政提镇自陈奏疏或有一二舛错，经朕看出者有之，不似今年如此之多。此舛错处伊等亦不自知。此事部议似严，本发还，着再议具奏。”

又覆请刑部等衙门覆直隶巡抚赵弘燮所题，现获劫杀赵鼎镛主仆之强盗何四、马二、李茂实，虽招认劫夺是实，但尸首已烂，尸亲不能辨认，将伊等监禁，俟拿获逸盗周起龙等之日审明再行正法等语，今何四等俱招认劫杀是实，行文该抚再行查审定拟具题一疏。上曰：“这案该抚审供明确，该部拘执一处，屡议驳回，殊为琐屑。着问刑部具奏。”

又覆请刑部所题，贵州巡抚刘荫枢、提督王文雄将流民陈四等隐匿不报，不合，相应将伊等各降四级调用，行文该督抚，将陈四等所过镇远等府地方官查明题参，到日再议一疏。上曰：“前将放过陈四等数省地方官员，俱从宽免其议处，这案应照先票拟免罪。本发还，着再拟票进呈。”

又覆请都察院所题，审得正白旗雅尔赛佐领披甲达兰泰之妻叩阍控告本佐领雅尔赛以刎颈之五达子仍留为小校是实，将雅尔赛降二级留任，达兰泰仍留披甲一疏。上曰：“这案所议甚属糊涂，本发还，着再议具奏。”

又覆请山东巡抚蒋陈锡所题，胶州营参将王景奭今升云南援剿右协，副将请带所升之衔留原任一疏。上曰：“云南地方要紧，王景奭已经补授援剿右协，副将着前往赴任。王景奭员缺，着原任副将李麟补授。”

是日，赐裕亲王保泰马一匹。

十三日壬戌　上驻跸八沟。是日，赐贝子鲁宾马一匹。又宴大臣、侍卫、护军参领、护军校、执事人员。

十四日癸亥　上驻跸七沟。是日，赐裕亲王保泰马一匹。

十五日甲子　上驻跸二沟。是日，赐原任领侍卫内大臣、国舅佟国维鹿尾、雉。又赐副将郑明、李麟马各二匹。又赐科尔沁二品台吉毕礼滚达赖吴尔古满尔、四品台吉阿济格鄂齐礼貂帽各一顶，鄂尔斯兔裘各一件。

十六日乙丑　上驻跸张家庄。是日，赐辅国公苏尔金塞勒、额驸孙承运马各一匹。又赐柰曼扎萨克多罗达尔汉郡王垂忠、科尔沁扎萨克和硕图斜图亲王鄂尔齐图马各一匹。又赐大学士温达、李光地、萧永藻、王掞鹿尾、雉。

十七日丙寅　上驻跸热河。是日，奏事治仪正傻子、员外郎双全出传谕诸王、大臣曰："御史陈汝咸等具折奏闻，海贼陈尚义等俱皆投顺，今将此折读与诸王、贝子、公、大臣听之。"读毕，诸王、贝子、公、大臣奏曰："皇上为海贼预为筹画，留心日久。今陈尚义等投顺者，皆由皇上水陆二路遣官，致使栖身无所，亟来投顺。皇上之庙谟，如吴三桂、噶尔丹之贼寇尚且扑灭，此龌龊数贼，何难于收服。"

是日，赐领侍卫内大臣公海金阿尔赛、护军统领苏克准、亲近侍卫关保马各一匹。又赐翰林院庶吉士何国宗元狐皮帽一顶、白狐皮短褂一件。

十八日丁卯　上驻跸行宫。是日，宴诸王、贝子、公、大臣、侍卫、护军参领、护军校、护军、执事人员、蒙古王随围人等。毕，又赐随围蒙古人等银两有差。又赐管马群侍卫达礼库马一匹。

十九日戊辰　上驻跸喀喇城。

酉时，上御行宫，大学士松柱，学士阿尔法、绰奇以折本请旨。覆请兵部覆署理福建水师提督印务、金门总兵官朱光祖题参伊标中军副将叶国鼎，启发元旦表笺之日不来行礼，殊属不敬等语，着该督抚会同新任提督审明具题一疏。上曰："总兵官朱光祖人才不及，张鹏翮曾奏过朕。叶国鼎乃朕拣选补授之人，人材壮健，善于战阵，未知果否，即将伊离任可乎？副将叶国鼎仍着留任，着该督抚、新任提督会同将题参详报之处详审具奏。"

又覆请刑部等衙门所题，正黄旗纳汉太佐领下拨什库费扬古向伊亲嫂要银使用不给，反行詈骂，费扬古遂以脚踢其嫂，拔出所带小刀戳死，费扬古相应照律拟斩监候、秋后处决一疏。上曰："费扬古将伊亲嫂踢伤，又用刀戳伤数处身死，费扬古着交与该旗照新例正法。"

又覆请刑部等衙门所题，正黄旗佛延寿佐领下骆驼上人查海饮醉，与张国平夺取萝卜，以小刀戳张国平胸膛身死。张国安、杨国泰赶来，查海又各戳一下。查海相应照律拟绞监候、秋后处决一疏。上曰："希白杀人者甚多，查海系在内牵骆驼之人，醉持小刀戳伤三人，一人殒命，不应照斗殴杀人律拟罪。查海着交与该旗，照新例正法。"

又覆请刑部等衙门覆署理江宁巡抚印务浙江巡抚王度昭所题，郑爱美与伊兄郑君美为锨沟流水互相角口，郑爱美打伤郑君美头颅，扭压在地，郑君美之子郑二适见，持槌将郑爱美一击，打中右鬓，次日殒命，郑二相应照律拟立斩。准如所拟一疏。上曰："郑爱美将伊兄郑君美殴打扭结在地，压其身，郑二适见，救父情急，即持槌将郑爱美一击，次日殒命。着九卿、詹事、科、道会同再议具奏。"

又覆请刑部等衙门所题，福建乡试房考官吴肇中受王汤三银两取中举人缘由，应将吴肇中拟立决，行贿中式之王汤三、说事过付之林英俱应拟绞监候、秋后处决，正主考介孝瑹、副主考刘俨各降一级调用一疏。又江南乡试副主考赵晋、房考官王曰、俞方名受吴泌、程光奎银两取中举人缘由，相应将赵晋、王曰、俞方名俱拟立决，行贿中式之吴泌、程光奎与说事过付之余继祖、袁炳、郝青田俱应拟绞监候、秋后处决，正主考左必蕃以吴泌、程光奎贿买举人之处，虽据场后风闻即行题参，但吴泌、程光奎中式之卷皆系伊亲手加圈画押以至填榜，竟不知觉，殊属溺职，相应将左必蕃革职一疏。上曰："房考官既拟斩罪，正、副主考应议革职，议降级殊为轻矣。赵晋应当正法，朕另有谕旨。这二本收贮，折签勿得展阅。俟开印后同在京诸臣奏请。"

又以刑部尚书哈山等所奏直隶巡抚赵弘燮所题，劫杀赵鼎镛主仆之强盗何四等议驳回一案，今详查此案，该抚审取口供甚明，乞将本发还，再议折子呈览，并以原疏覆请。上曰："本发还，着再议具奏。"

上谓大学士松柱曰："攻平凉胡三泰时，尔曾预否？"松柱奏曰："攻胡三泰时臣在泰州罗门。"上问曰："在罗门解救镶黄旗夸兰达舒宁阿被贼围困所守营盘，尔曾预否？"松柱奏曰："舒宁阿营盘被贼数万围困攻击，臣等兵到，遣人至舒宁阿处，两边夹攻败贼。此阵臣中伤三处。"上曰："尔等去救之兵，是每佐领各一名耶？"松柱奏曰："此事四十年矣，皇上所记甚明。"上问曰："在平凉三月十八日与贼对敌之时，尔曾预否？"松柱奏曰："彼时臣在陇州关山。"上又问曰："攻取关山营寨时尔曾预否？"松柱奏曰："攻取关山高强堡营寨时，臣得预焉。此阵臣面上被箭射透。"上又问曰："出兵去时尔即为夸兰达？"松柱奏曰："臣自京去时即授为夸兰达。"上又问曰："尔曾进四川否？"松柱奏曰："臣在陕西汉中，后贼败北，同大兵至湖广，历荆州、岳州、长沙、衡州等处。又同贝子准达兵，自荆州、彝陵进四川重庆。"上又问曰："吉哈利对敌，尔曾预否？"松柱奏曰："吉哈利在陆路对敌，臣在水路，攻贼大败。"上又问曰："尔曾可在牡丹园对敌否？"松柱奏曰："臣曾在牡丹园对敌，年久，臣竟忘失，皇上仍记忆不忘。"上曰："尔虽忘之，尔之所行，朕俱记忆在怀。"上又曰："盛京海贼郑尽心等上岸之时，尔属下官兵杀伤者甚多，殊为可嘉。及海贼郑尽心被执，据云，'大兵所射之箭甚犀利可畏，我持数藤牌遮挡，尚被箭射穿，贯脸断齿。'朕视之果然。"松柱奏曰："此阵系防御都喀摩、索礼对敌，乃二员好官。臣但视陆路，所杀贼之数目题报，在海面所杀者又有许多，臣未见，故未奏报。伊等若引贼深入，则又斩首多多矣！"上曰："引贼深入，恐附近村庄被扰，欲护村庄，故不引入，即击败之。其败贼情形，实属可嘉。"

二十日己巳　上驻跸鞍子岭。是日，赐简亲王雅尔江、阿安郡王华圯、贝子苏努马各一匹。

是日辰时，封印。

二十一日庚午　上驻跸两间房。

二十二日辛未　上驻跸腰亭子。是日，赐辅国公普照奉恩、将军华宾马各一匹。提督管古北口总兵官事马进良、参将马龙、游击马璘等，管站员外郎罗音泰、同知郑富民，关口守御善岱等，石匣营副将郑明等来朝。

二十三日壬申 上驻跸密云县。是日，赐庄亲王博果铎马一匹，简亲王雅尔江、阿安郡王华圯、护国公普贵、辅国公赖士普照塞勒苏尔金阿布兰马各二匹，辅国公讷墨孙马一匹。密云县知县朱英等、守备王道义等来朝。

二十四日癸酉 上驻跸三家店。是日，赐接驾诸王、贝勒、贝子、公、大臣，蒙古王、贝勒、贝子、公、台吉、塔布囊等食。赐原任领侍卫内大臣、国舅佟国维马一匹。又赐领侍卫内大臣、侍卫、护军参领、护军校、护军、执事人员鹿、羊、兔、雉。顺义县防守御常存等、知县杨棠等，怀柔县知县于执中等、守备赵成贵等来朝。

二十五日甲戌 午时，上由东直门进神武门，诣宁寿宫问安，回宫。

是行也，部院各衙门奏章日送内阁，内阁三日一次递送行宫听理。自本月十四日奉封印在迩，奏章着一日一次发送。谕旨之后，奏章逐日递送行宫听理。

扈从起居注官揆叙、海宝、阿尔赛。

二十六日乙亥 起居注官常鼐、文志鲸。

二十七日丙子 早，上临中和殿，视除夕祫祭太庙祝版毕，回宫。

是日起居注官吴廷桢、常鼐。

二十八日丁丑 是日起居注官周起渭、海宝。

二十九日戊寅 午时，上御保和殿，以岁暮宴朝正外藩诸王，左翼科尔沁和硕图斜图亲王鄂尔齐图，科尔沁和硕达尔汉亲王罗普藏滚布，科尔沁和硕卓礼克图亲王巴特马，乌朱穆秦和硕车臣亲王赛登敦多普，柰曼多罗达尔汉郡王垂忠，科尔沁多罗郡王纳们厄尔和兔，科尔沁多罗扎萨克兔郡王鄂齐尔，科尔沁多罗秉图郡王伊锡班第，翁牛特多罗杜棱郡王和硕额驸仓津，蒿齐忒多罗厄尔德尼郡王阿噶尼斯达，蒿齐忒多罗郡王押穆皮尔，科尔沁多罗贝勒阿毕达，乌朱穆秦多罗贝勒薄穆布，扎鲁特多罗贝勒毕鲁瓦，科尔沁多罗贝勒巴克什古尔，杜尔伯特固山贝子沙进，阿霸哈纳尔固山贝子额林臣达锡，翁牛特镇国公索纳穆，扎鲁特镇国公苏里，科尔沁镇国公图满尔，苏尼特辅国公罗累，郭尔罗斯辅国公莽塞，科尔沁固山额驸班第，郭尔罗斯扎萨克一品台吉毕礼滚鄂齐尔等；右翼喀尔喀扎萨克图汗和硕亲王多罗额驸则王扎普，喀尔喀和硕亲王达锡敦多普，喀尔喀图斜图汗汪扎尔多尔济，喀喇沁多罗杜棱郡王塞棱，阿霸垓多罗卓立克图郡王秉，敖汉多罗郡王鄂尔齐图，喀尔喀多罗郡王盆苏克，巴林多罗郡王固伦额驸吴尔滚，阿霸垓多罗郡王乌尔占噶喇普，敖汉多罗郡王垂穆盆尔，喀尔喀多罗郡王汪扎尔，毛明安多罗贝勒班第，喀尔喀多罗贝勒宗对，喀尔喀多罗达尔汉贝勒占达固密，喀尔喀多罗贝勒丹进多尔济，阿霸垓多罗贝勒索纳穆喇普坦阿鲁，科尔沁多罗贝勒汪扎尔，喀尔喀多罗贝勒罗普藏，喀尔喀多罗贝勒汪扎尔，喀尔喀固山贝子喇普坦，巴林固山贝子扎锡那穆他尔，阿霸垓固山贝子车领董罗普，喀尔喀固山贝子巴特马汪扎尔，喀喇沁镇国公沙木巴拉锡，喀尔喀镇国公策林布穆，喀尔喀辅国公薄贝，喀尔喀辅国公可塞克，厄鲁特辅国公毛海，厄鲁特辅国公多尔济塞普腾，喀尔喀辅国公策穆楚克那穆扎尔索纳穆伊斯扎普根敦罗普藏，毛明安扎萨克一品台吉鄂尔布，喀喇沁扎萨克一品塔布囊葛伦尔等，及内大臣、侍卫、学士等。诸乐并作，上进酒毕，令左翼科尔沁和硕图斜图亲王鄂尔齐图，右翼喀尔喀扎萨克图汗和硕亲王多罗额驸则王扎普等至御座前，上亲授饮。其余未经皇上亲身授饮之贝勒、贝子、公、额驸、台吉等，俱令侍卫分觞授饮于座次。宴毕，众谢恩，上回宫。

是日，上诣宁寿宫问安。

是日起居注官海宝、阿尔赛。

臣等钦惟皇上临御之五十一年，天人协应，致治郅隆，可以优游太平，挥弦而理矣。而圣心犹兢兢业业，于人才之贤否，官方之清浊，赋役之重轻，庶狱之出入，远人之往来，政事之得失，经画周详，措处尽善。一举念而必为天下图治，一行事而必为万世贻谟。其精微阃奥，不可窥寻，而惟就耳目之所共睹共闻者敷陈一二，已足以轶尧舜，驾百王，世道世法世则矣。昔真德秀谓圣王以敬为修身立政之本，盖言学与治，皆主于自强不息之心也。我皇上心契朱子，以溯源于孔孟，由正心、诚意而出之，为精一执中、平均天下之道。念帝王之所最重者，无如用人，故既得其人，则保全护惜，优崇之礼，隆于始终，垂裕之恩，及乎苗裔。未得其人，则旁求汲引，多方造就。或亲命题，以重敷奏之典；或分董词臣，以弘教育之功。虽远方小省，皆邀作人异数。既已兔罝，足以备干城，棫朴可以为桢干矣。更开万寿恩科，以罗四方俊彦。虽小雅之瑟笙酒醴燕乐嘉宾者，不是过焉。其他若因公降革之员，亦得洗濯，以奋于功名之会。其所以陶冶而典成之者，真如天地之于万物，长养成就，勾萌蠕动，无不咸若其性也。又念国用本于丁银，斟酌损益，务使法良意美，无或更易以滋弊端。添设仓廒，出陈贮新。奸胥积蠹束手，而无所容其侵欺。矜恤民命，至详至慎，不以求其生而不得遂置之法。而又未尝纵赦有罪，使善良反蒙其害也。向化者虽蠢如红苗，亦道之以礼义。挟诈者虽越省游行，亦预绝其非心。辟雍钟鼓，与鸾旂芹藻之声相应和。而大司马九伐之威，未尝一日废而不讲。既开诚心以布公道，而又广咨询以祛壅蔽。务使天地之大，万物之众，虽情伪微暧，千变万化，无不一一得其隐微，而皆措之于安全之地。盖圣人之视天下，虽地有远近，事有缓急，情有亲疏，而其血脉贯通，元气周流，如人之一身，循其首以至足，无毫发之间隔。故养之无不周，而防之无不备。如此也，臣等备员侍从，言动是司，但知随事记注，莫名功德万一，亦犹终日戴天而不知天之高，终日履地而不知地之厚。惟是燥发受书，载观往迹，自生民以来，道全德备，功崇业广，未有如今日之巍巍荡荡、赞颂莫罄者！故掇其大概，以效左右史之职云。